国家社科基金重大项目——汉语方言自然口语变异
有声数据库建设项目资助（批准号：12&ZD177）
澳门基金会和澳门科技大学“资助教师出版书籍计划”资助

甘肃合水太白方言

自然口语语料类编

陈立中/余颂辉　著

南京大学出版社

图书在版编目（CIP）数据

甘肃合水太白方言自然口语语料类编 / 陈立中，余颂辉著. —南京：南京大学出版社，2015.1
ISBN 978-7-305-13984-0

Ⅰ.①甘… Ⅱ.①陈… ②余… Ⅲ.①西北方言—口语—研究—合水县 Ⅳ.①H172.2

中国版本图书馆CIP数据核字(2014)第217961号

出版发行　南京大学出版社
社　　址　南京市汉口路22号　　邮　　编　210093
出 版 人　金鑫荣

书　　名　甘肃合水太白方言自然口语语料类编
著　　者　陈立中　余颂辉
责任编辑　李　清　经　晶　荣卫红　　编辑热线　025-83593963

照　　排　南京紫藤制版印务中心
印　　刷　江苏凤凰通达印刷有限公司
开　　本　787×1092　1/16　印张　68.25　字数　1704 千
版　　次　2015 年 1月第 1 版　2015 年 1月第 1次印刷
ISBN　978-7-305-13984-0
定　　价　220.00元

网址：http://www.njupco.com
官方微博：http://weibo.com/njupco
官方微信号：njupress
销售咨询热线：（025）83594756

总目

前　言

太白镇概况 / 太白方言概况 / 调查对象

（一）太白镇概况

太白是甘肃省庆阳市合水县下辖的一个镇，位于合水县境的东北部，为合水县的东大门。太白镇地处甘肃与陕西两省交界处，北与陕西省志丹县接壤，东同陕西省富县毗连，西北临华池县林镇，西南隔子午岭主脉与本县的蒿咀铺、太莪、固城等乡镇相望。

太白地属子午岭腹地。斜贯县境南北的子午岭主脉将太白与本县其他乡镇分隔开来，岭西的十一个乡镇川塬交错，土地肥沃，人口密集，为全县粮食、经济作物的主产区；岭东的太白镇则丘陵、川台相间，山峁巍峨，森林密布，地广人稀，面积1190多平方公里，约占全县总面积的五分之二强。耕地面积1.17万亩，主要分布于川道。

葫芦河是太白境内的主要河流，它发源于华池县紫坊畔，经东华池流入太白，汇平定川、苗村河、瓦川等河水，于曹家沟出境入陕，至洛川注入洛河。以葫芦河及其支流为依托，在太白境内形成了东、北两个狭长的川道：一是葫芦河川，其北侧主要有马渠沟、平定川等主要沟川；二是苗村川，其南侧分布有郭家川、曹家寺川、烟景川、夏家沟等主要沟川。此外，还有瓦川、八卦寺川等。河流沿川道冲刷成肥沃的滩涂地，适于水稻、玉米生长。

太白于2002年经甘肃省政府批准撤乡建镇。现辖太白、牛车坡、安子坪、莲花寺、葫芦河、连家砭6个行政村，30个自然村，境内还有3个国有林场。

太白镇政府驻地太白街位于葫芦河和苗村河交汇处，距县城93公里（直线距离69公里）。因古时在此建有太白庙而得名太白。

历史上社会的安定与纷乱对太白居民的消长与异动影响巨大。根据2000年第五次人口普查数据，太白共有人口8922人。现今人口约为1.2万。太白镇的居民，其祖先多由外省、外县陆续迁徙而来，其中来自陕西省邻近地区的最多，20世纪五六十年代从四川、河南、安徽等省迁来者数量也不少。

（二）太白方言概况

由于居民来源复杂，太白境内存在众多的口音。部分外来移民尤其是年老者还能使用祖籍地的方言。但是，绝大部分的外来移民都使用当地通行的所谓本地话对外进行交流。祖籍地的方言主要适用于家庭内部。许多较年轻的移民后代已不能流利地使用祖籍地方言进行交际。

太白镇境内通行的所谓本地话（我们称之为太白方言）与合水县境内西华池、店子、太莪、固城等大部分乡镇使用的所谓典型的合水话大体相近，都属于中原官话区的秦陇片，但二者之间存在一定的分歧。本书所辑录的基本上都是发音合作人使用太白方言的会话语料。

1. 太白方言的声母

太白方言声母共有23个（含零声母）：

p	布病北	p^h	步盘怕	m	母门骂						
								f	飞冯符	v	围闻卧
t	到东夺	t^h	太同突	n	怒女硬	l	路连落				
ts	糟增争	ts^h	曹仓寸					s	苏生宋		
tʂ	招蒸注	tʂ^h	潮唱出					ʂ	烧声书	ʐ	绕认日
tɕ	焦见急	tɕ^h	桥全七					ɕ	修旋削		
k	贵国公	k^h	葵开坤					x	灰害红		
∅	衣雨而严约吕										

说明：

（1）p、p^h、m与合口呼韵母相拼时，部分人有唇齿化倾向，近似pf、pf^h、ɱ。

（2）唇齿浊擦音v的浊度较弱。

（3）送气塞音、塞擦音和擦音发音时气流普遍较强。

（4）t^{h}与齐齿呼韵母相拼时，部分人带有擦音色彩，有向tɕ^{h}靠拢的倾向。

（5）n与洪音相拼时音值为[n]，与细音相拼时音值为[ȵ]。

（6）舌根擦音x与舌面央元音韵母ə相拼时，气流很强，小舌常有颤动，实际发音为x^ʀ。

2. 太白方言的韵母

太白方言韵母共有35个（不包括儿化韵）：

ɿ	资词师是						
ʅ	质尺十日						
ʮ	租粗苏诉						
ʯ	猪出书入						
		i	笔敌鸡衣	u	布读古五	y	女举许育
ɑ	八达拉茶	iɑ	加掐霞押	uɑ	抓耍刷花		
				uo	馍脱坐我	yo	略绝靴月
ə	遮车设磕	ie	鳖叠卸野			ye	劣掘恤薛
ər	而儿耳二						
æᴇ	拜爱猜开			uæᴇ	帅怪筷怀		
ei	百德贼黑			uei	堆最水回		
ɑɔ	包刀草高	iɑɔ	苗料小摇				
ou	豆走手狗	iou	丢六球有				
æ̃	半胆三喊	iæ̃	边甜千演	uæ̃	短蒜川官	yæ̃	联全癣院
ɑŋ	帮汤张康	iɑŋ	娘梁讲羊	uɑŋ	庄床光黄		
				uoŋ	东村春婚	yoŋ	论军匀用
əŋ	盆灯陈根	iŋ	平亭庆音				

说明：

（1）遇摄和臻、通两摄合口入声字今逢舌尖前音声母ts、ts^h、s时，韵母多念成舌尖前圆唇元音ɥ（多为精组字）；今逢舌尖后音声母tʂ、tʂʰ、ʂ时，韵母多念成舌尖后圆唇元音ʮ（多为知、庄、章三组字）。ɥ、ʮ与u三个韵母呈互补分布，即ɥ只与舌尖前音声母ts、tsʰ、s相拼；ʮ只与舌尖后音声母tʂ、tʂʰ、ʂ、ʐ相拼；u则只与其他声母相拼，不与舌尖音声母相拼。由于这两个舌尖元音韵母发音时舌尖音色彩比较突出，较有特色，所以单列出来，不与u合并。

（2）以 ɑ 为韵母的零声母音节，元音的音值容易变化为æ。书中的标音对此有所反映。

（3）æᴇ、uæᴇ、ɑɔ、iɑɔ四个韵母中æ与ᴇ、ɑ与ɔ之间的动程较短。

（4）æ̃、iæ̃、uæ̃、yæ̃鼻化色彩较淡，有时几乎失去鼻化色彩，近似æ、iæ、uæ、yæ。

3. 声调

太白方言声调共有4个（不包括轻声和变调）：

阴平	˦˨42	高开婚竹曲黑月
阳平	˩˧13	穷寒人鹅局合急
上声	˥˧53	古口丑好五总岭
去声	˦˦44	骂厚父盖汉共岸

说明：

（1）阴平调起点比4略高。因此阴平与上声调值差别不很明显，有时需仔细比对方能辨别清楚。

（2）太白方言的连读变调相当复杂，变调后的调值有˥˧53、˦˦44、˨˦24、˨˩21四种，前两者分别与本调中的上声和去声调值相同。

（3）太白方言存在典型的、通常伴生着轻音的轻声。但是，大多数在普通话或其他一些方言中念成轻声的音节，在太白方言中实际调值近似于变调˨˩21。

（三）调查对象

1. 主要调查对象

黄志英，男，生于1953年，太白镇葫芦河行政村葫芦河自然村居民。高中毕业文化程度。太白镇文化站干部。

冯华，男，生于1949年，太白镇太白村太白街居民。大学毕业文化程度。病休中学教师。

王贵宝，男，生于1953年，太白镇太白村太白街居民。高中毕业文化程度。

2. 其他调查对象

张海军，男，生于1979年，太白镇牛车坡村店子湾居民。本科文化程度。太白中学教导主任。

侯杰，男，生于1978年，太白镇牛车坡村烟景川居民。本科文化程度。太白中学教师。

卓涌强，男，生于1952年，太白镇安子坪村居民。中专文化程度。太白中学教师。

张先金，男，生于1944年，太白镇太白村木瓜窑居民。初中毕业文化程度。太白村老支书。

此外，本书所涉及的调查对象有太白镇干部王胜利、太白饭店女服务员、太白饭店老板的爷爷，等等，这里不再一一叙述。

凡 例

1. 本书辑录的是调查人与调查对象之间，或是调查对象相互之间的会话语料。按照其会话的主要内容进行分类排列。共分为35个大类，部分大类之下又分为若干小类。

2. 每小类或不分小类的大类之中，根据会话主题分为若干条目。条目名称标注于相关语料的上一行。

3. 有的条目之中包含若干多段会话语料，则用后面带圆点的阿拉伯数字标明序号，以示分别。

4. 有时候一段会话篇幅较长、涉及的内容很丰富，但是又不宜拆分成不同的条目，因此将其视为一个整体，以保持会话的完整性。只是在行文上有的拆成了若干段落，以方便阅读。

5. 有时会话会涉及多个方面的内容，因此有的条目名称会反映多项话题，以顿号隔开。

6. 为了节约版面，我们按照会话进程，以时间为线索，将会话各方的话语连贯排列。

7. 调查人的话语用圆括号标示。括号里的国际音标记录的是调查人模仿当地方言的发音。

8. 若调查人和调查对象的行为动作或现实环境有必要加以说明，以帮助读者理解会话内容，则对相关说明性文字用方括号加以标示。

9. 调查对象的每一句或连贯的几句话语之前均标明调查对象，在话语和调查对象之间加以冒号。如果一段会话中调查对象只有一个，则只在他的第一句话之前标明调查对象。

10. 主要调查对象一般以他们的姓氏作为简称，如“黄”、“冯”、“王”分别代表黄志英、冯华、王贵宝。对于其他调查对象，则在该段会话中该调查对象所说的第一句话前指明其在该段会话中的临时简称，并在简称后用小字明确其所指对象，如“张$_{\text{太白饭店老板的爷爷}}$”、“张$_{\text{张海军}}$”、“张$_{\text{张先金}}$”、“服$_{\text{太白饭店女服务员}}$”、“侯$_{\text{侯杰}}$”、“卓$_{\text{卓涌强}}$”、“王$_{\text{王胜利}}$”。对于临时造访的客人，则在其插入的话语前以“客”表示其身份。

11. 在调查的后期，我们曾邀请黄志英和王贵宝两位调查对象一同讨论某些话题。如果他俩对调查人的话语都做出了反应，而回答的话语不完全相同，则根据他俩发声的先后排列二者的话语。如果他俩几乎在同时说出同样的话语的话，则两个调查对象的简称之间用“&”连接，如“黄&王”或“王&黄”（视发声先后的细微差别而定），然后加冒号，再陈述他俩所说话语。

12. 对于调查人所说的话，用汉字加以记录，不标音。但是，对于调查人模仿调查对象而发的音，则用国际音标记录，一般不注汉字。

13. 对于调查对象所说的话，先用汉字记录，再用国际音标注音。在用汉字记录调查对象的话语时，遇到暂时找不到合适的字来记录的音节，用方框“□”代替。

14. 如果两个音节在语流中合并成了一个音节，则用两个汉字记录，并在这两个汉字的下方加上单横线。有的音节在语流中偶然发生了某些变化，在标音时先记录其实际发音，后记录其正常读音，在正常读音前加箭头“←”，箭头和正常读音置于圆括号中。如：“汃就是烂了么，就熟<u>咧么</u>。pʰɑ˦˨tɕiou˥˧sɿ˥˧luæ̃˨˦（←læ̃˥）ləm˧˧,tɕiou˥ʂʮ˨˧˩liem˦˧.”其中的“<u>咧么</u>”合并成了一个音节，“烂”的读音发生了偶然的变化。有的音节的声母在语流中存在临时脱落的现象，为了帮助理解，文中在该音节的实际读音前加圆括号并在其中标明脱落的声母，如：“就像一条沟里进去了。(tɕ)iou˥ɕiaŋ˥li˦˨˧tʰiaɔ˨˦kou˦˨li˦˨˧tɕiŋ˥tɕʰi˥lə˧.”其中的“就”的声母就发生了脱落现象。

15. 行文中必要的说明通常用小号字直接附加在被说明的对象之后，或是在相关条目全部内容陈述完毕之后附加按语，按语前加“按：”。

一、天文

日月星辰 / 气象

（一）日月星辰

太阳

黄：本地人叫太阳的还是最多。我父亲叫日……叫太阳。叫日头的这好像就是从前塬过来这一部分人。噢，合水这面过来的这个人叫日头的多。pəŋ˥˧ti˦˥zəŋ˨˩˨tɕiaɔ˦tʰæᴇ˦iaŋ˨˩˨ti˨xa˨˩˨sɿ˦tsuei˦tuo˥˧˨.ŋuo˥˧fu˦tɕʰiŋ˥˧˨tɕiaɔ˦zʅ……tɕiaɔ˦tʰæᴇ˦iaŋ˨˩˨.tɕiaɔ˦zʅ˥˧tʰou˨˩˨ti˧tʂə˦xaɔ˥˧˦ɕiaŋ˦tɕiou˦sɿ˦tsʰuoŋ˨˩˨tɕʰiæ̃˨˦yæ̃˨˦kuo˦læᴇ˨˦tʂei˦i˥˦pʰu˦fəŋ˦zəŋ˨˩˨.aɔ˨,xə˨˩˨ʂuei˥˧tʂei˦˥miæ̃˦˨kuo˦læᴇ˨˦ti˧tʂə˦kə˦zəŋ˨˩˨tɕiaɔ˦zʅ˥˧˨tou˨˩˨ti˧tuo˥˧˨.

影住了

（这个挡住你啊说不说“映住了”？）客：也有说“影住”的，也有说“□住”的。嗯。ie˥˦iou˥˧˨ʂuo˥˧iŋ˥˧˨tʂʮ˦˨ti˧,ie˥˦iou˥˧˦ʂuo˥˧naŋ˨˩˨tʂʮ˦˨ti˧.ŋ̍˨.黄：有说影住的这个话咧，嗯。iou˥˧ʂuo˥˦iŋ˥˦tʂʮ˦ti˧tʂə˦kə˦xua˦lie˧,əŋ˨.（就比如说这个，这个房子比那个房子高，把这个阳光都……）客：就譬……tsou˦pʰi˦˥……黄：欸，影住了，呃。ei˦,iŋ˥˧tʂʮ˦˨lə˧,ə˦.客：嗯。ŋ̍˨.王：影住咧啊。iŋ˥˧tʂʮ˦lia˧.（影子的影吗？）王：嗯。ŋ̍˨.黄：嗯。影，影响的，这是影响的影。ə̃˨.iŋ˥˦,iŋ˥˧ɕiaŋ˥˧ti˧,tʂə˦sɿ˦˨iŋ˥˧ɕiaŋ˥˧ti˧liŋ˥˧˨.

歇住了

（比如说这个这禾，这个田里头哈，这个地里头，长了一些苗子，这个这是苗是这个庄稼啦，但是也长了野草。野草还超过了你这个苗，甚至把你盖住了阳光。你这叫……叫什么？）王：歇。ɕie˥˦.（ɕie˦住了？）王：歇住了，嗯，歇住了。ɕie˥˦tʂʮ˦lə˧,ŋ̍˨,ɕie˨˩˨tʂʮ˦˥lə˧.黄：叫“歇住了”，噢，我们这儿叫“歇住了”。tɕiaɔ˦ɕie˥˧tʂʮ˦˨lə˧,aɔ˨,ŋuo˥˧məŋ˧tʂər˦tɕiaɔ˦ɕie˥˧tʂʮ˦˨lə˧.（就是盖，遮住了你的？）黄：噢，遮住咧，啊，叫“歇住了”。aɔ˨,tʂə˥˧tʂʮ˦˨lie˧,a˨,tɕiaɔ˦˨ɕie˥˧tʂʮ˦˨lə˧.王：啊，遮住了叫“歇住咧”。a˨,tʂə˥˧tʂʮ˦˨lə˧tɕiaɔ˦˨ɕie˨˩˨tʂʮ˦˥lie˧.（ɕie˥˧住了是吧？）王：嗯。ŋ̍˨.黄：嗯。ŋ̍˦.（跟休息的“歇”那是一个……一个音吗？）黄：歇。ɕie˥˧.王：怕就是……歇息歇息……怕就是“歇息”那个“歇”么。pʰa˦tɕiou˦sɿ˦ɕ……ɕie˥˧˨ɕi˥˦ɕie˥˧ɕi˥˧˨……pʰa˦tɕiou˦sɿ˦ɕie˥˧ɕi˥˧˨nei˦˨kə˦˨ɕie˥˧muo˧.（“歇一歇”的“歇”字，一样的音吗？）王：啊，“歇一歇”的“歇”，嗯。a˨,ɕie˥˧i˥˧˨ɕie˥˧ti˧ɕie˥˦,ŋ̍˨.黄：嗯。只能是同音字。ŋ̍˨.tsɿ˥˧˨nəŋ˨˦sɿ˦tʰuoŋ˨˦iŋ˥˧˨tsɿ˦˨.

阴凉

黄：太阳晒不着的地方叫……就是比如个啥遮过来，倒下那就是叫阴凉。tʰæᴇ˦iaŋ˨˦sæᴇ˦pu˨˦tʂuo˥˧ti˧ti˦faŋ˥˦tɕiaɔ˦……tɕiou˦sɿ˦pi˥˧zʮ˨˩˨kə˦˨sa˦tʂə˥˧˨kuo˦læᴇ˨˩˨,taɔ˦xa˦næᴇ˦tɕiou˦sɿ˦tɕiaɔ˦iŋ˥˧liaŋ˨˩˨.

风圈儿

黄：风圈儿……这是一种自然现象。头一天如果是发现有太阳带着那个圈儿，第二天是刮风天。fəŋ˥˩tɕʰyɚr˥˩꜔……tʂə˥꜒sɿ˥꜔i˥˩꜔tʂuoŋ˥˩tsɿ˥꜒ʐæ̃˨˦꜔ɕiæ̃˥꜒ɕiɑŋ˥꜔.tʰou˨˦i˥˩꜒tʰiæ̃˥˩ʐʮ˨˦꜔kuo˥˩sɿ˥꜔fɑ˥˩꜔ɕiæ̃˥iou˥˩꜒tʰæᴇ˥꜒iɑŋ˨˦꜔tæᴇ˥tʂə˧nə˥kə˥tɕʰyæ̃r˥˩,ti˥ər˥tʰiæ̃˥˩꜒sɿ˥kuɑ˥˩꜔fəŋ˥˩tʰiæ̃˥˩꜔.

贼星、扫帚星

黄：唰，那不是，要是单个儿的下来就叫贼星或者流星，有时候，很多的是一直就滑下来，或者是一个星星发出那个光，就把那叫扫帚星。ʂuɑ˥˩,næᴇ˥pu˨˦꜔sɿ˥꜔,iɑɔ˥꜒sɿ˥tæ̃˥˩꜔kər˥꜒ti˧xɑ˥læᴇ˨˦꜔tɕiou˥tɕiɑɔ˥tsei˨˦ɕiŋ˥˩xuo˨˦꜒tʂə˥˩꜔liou˨˦ɕiŋ˥˩꜔,iou˥˩sɿ˨˦꜒xou˥,xəŋ˥˩tuo˥˩꜔ti˧sɿ˥꜔i˥˩꜔tʂʰʅ˨˦꜒tɕiou˥꜒xuɑ˨˦꜔xɑ˥꜒læᴇ˨˦꜔,xuo˨˦꜒tʂə˥˩꜔sɿ˥꜔i˥˩꜔kə˥ɕiŋ˥˩ɕiŋ˥˩꜔fɑ˥˩꜒tʂʰʮ˥˩꜔nə˥kə˥kuɑŋ˥˩,tɕiou˥pɑ˥˩꜔næᴇ˥tɕiɑɔ˥꜔sɑɔ˥tʂʮ˥˩꜔ɕiŋ˥˩꜔.（那个外……后面拖个长尾巴是吧？）噢，拖着拖着长尾巴那个，扫帚星。ɑɔ꜔,tʰuo˥˩tʂə˧tʰuo˥˩tʂə˧tʂʰɑŋ˨˦vei˥˩pɑ˧næᴇ˥kə˥,sɑɔ˥tʂʮ˥˩꜔ɕiŋ˥˩꜔.（那个贼星是……）单个儿的那个，嗖，一下子过去那么一个一溜子光，一个光咧，贼星。tæ̃˥˩꜔kər˥꜒ti˧nə˥kə˥,sou˥˩,i˥˩꜔xɑ˥tsɿ˧kuo˥tɕʰy˥nə˥muo˧i˥˩꜔kə˥꜒i˥˩꜔liou˥꜒tsɿ˧kuɑŋ˥˩,i˥˩꜔kə˥kuɑŋ˥˩꜔lie˧,tsei˨˦꜔ɕiŋ˥˩.

北斗七星、蛮斗六星

黄：北斗七星对门儿子有个星星有一……有一坨坨嘛，那是有六个星星咧么，叫它蛮斗六星①。北斗七星啊是一张勺一样的那。pei˥˩꜔tou˥˩꜒tɕʰi˥˩ɕiŋ˥˩꜔tuei˥mɚr˨˦tsɿ˧iou˥˩kə˥꜔ɕiŋ˥˩ɕiŋ˥˩꜔iou˥˩i˥˩꜔……iou˥˩i˥˩꜔tʰuo˨˦꜔tʰuo˨˦꜒mɑ˧,nə˥꜔sɿ˥꜔iou˥˩꜒liou˥˩kə˥꜔ɕiŋ˥˩꜔ɕiŋ˥˩꜔lie˧muo˧,tɕiɑɔ˥꜔tʰɑ˥˩꜔mæ̃˨˦꜔tou˥˩꜒liou˥˩ɕiŋ˥˩꜔.pei˥˩꜔tou˥˩꜒tɕʰi˥˩ɕiŋ˥˩꜔ŋɑ˥sɿ˥꜔i˥˩꜒tʂɑŋ˥˩ʂuo˨˦i˥˩꜔iɑŋ˥ti˧næᴇ˥꜔.（蛮斗是什么呢？）蛮斗就说是那一坨坨子那个星星。mæ̃˨˦꜔tou˥˩tɕiou˥꜒ʂuo˥˩꜔sɿ˥꜔nei˥꜒i˥˩꜔tʰuo˨˦꜔tʰuo˨˦꜒tsɿ˧nə˥kə˥ɕiŋ˥˩ɕiŋ˥˩꜔.（mæ̃˨˦是指南边的是吧？）嗯。ə̃꜔.（那个星星是在是是在……）和北……和欸……和北斗七星是相反方向着咧。xuo˨˦꜒pei˥˩꜒……xuo˨˦꜒ei˥……xuo˨˦꜒pei˥˩꜔tou˥˩꜒tɕʰi˥˩ɕiŋ˥˩꜔sɿ˥꜔ɕiɑŋ˥˩꜔fæ̃˥˩fɑŋ˥˩꜔ɕiɑŋ˥꜒tʂuo˥˩lie˧.

三星

黄：那都谁都知道有三星②咧。næᴇ˥tou˥˩꜔sei˨˦tou˥˩꜔tʂʅ˥˩꜔tɑɔ˥꜒iou˥˩꜔sæ̃˥˩꜔ɕiŋ˥˩꜔lie˧.（三星……）噢，三星。ɑɔ꜔,sæ̃˥˩ɕiŋ˥˩꜔.（成一线是吧？）噢，人……这个……多一半这个农村多一半人晚上这个时间就按三星望出来看。看三星晌午咧，或者是三星还早得很咧。三星一过……三星一过中天就说是这个三星晌午了。ɑɔ꜔,ʐəŋ˨˦……tʂə˥kə˥……tuo˥˩i˥˩꜔pæ̃˥tʂə˥꜔kə˥꜔luoŋ˨˦tsʰuoŋ˥˩꜔tuo˥˩i˥˩꜔pæ̃˥ʐəŋ˨˦væ̃˥˩ʂɑŋ˥꜔tʂə˥kə˥sɿ˨˦tɕiæ̃˥˩꜒tɕiou˥næ̃˥sæ̃˥˩ɕiŋ˥˩꜔vɑŋ˥꜔tʂʰʮ˥˩læᴇ˨˦꜔kʰæ̃˥.kʰæ̃˥sæ̃˥˩ɕiŋ˥˩꜔ʂɑŋ˥˩vu˥˩꜔lie˧,xuei˨˦꜒tʂə˥˩꜒sɿ˥sæ̃˥˩꜔ɕiŋ˥˩꜔xɑ˨˦꜔tsɑɔ˥˩tə˥˩꜔xəŋ˥˩꜔lie˧.sæ̃˥˩ɕiŋ˥˩꜔i˥˩꜔kuo˥……sæ̃˥˩ɕiŋ˥˩꜔i˥˩꜔kuo˥tʂuoŋ˥˩꜒tʰiæ̃˥˩tɕiou˥꜔ʂuo˥˩꜔sɿ˥tʂə˥kə˥sæ̃˥˩꜔ɕiŋ˥˩꜔ʂɑŋ˥˩vu˥˩꜔lə˧.（那是是下半夜了是吧？）一……那一……这个是三星晌午欸就是到晚上的这个十一……十二点到一点钟。i˥˩꜔……nei˥꜒i˥˩꜔……tʂə˥kə˥sɿ˥sæ̃˥˩ɕiŋ˥˩꜔ʂɑŋ˥˩vu˥˩꜔ei꜔tɕiou˥sɿ˥tɑɔ˥væ̃˥˩ʂɑŋ˥ti˧tʂə˥kə˥ʂʅ˨˦i˥˩꜒……ʂʅ˨˦꜔ər˥tiæ̃˥˩꜒tɑɔ˥i˥˩꜔tiæ̃˥˩tʂuoŋ˥˩꜔.（噢，这个子时的样子。）呃，子时就是三星晌午了。ə꜔,tsɿ˥˩ʂʅ˨˦꜔tɕiou˥꜔sɿ˥꜔sæ̃˥˩ɕiŋ˥˩꜔ʂɑŋ˥˩vu˥˩꜔lə˧.

---

① 蛮斗六星：蛮斗即南斗，指斗宿，有星六颗，其形似斗。《史记·天官书》："南斗为庙，其北建星，建星者，旗也。"张守节正义："南斗六星，在南也。"

② 三星：即参宿，冬至节子初三刻五分之中星。旧时我国北方居民夜晚观星计时，尤以观三星最为普遍。三星在正南，多为子夜时分；三星偏西时为下半夜；沉入西边，则天快亮了。

（二）气象

旋风

1. 黄：这个地方，这个地方这个很……气候一个就是刮的是一个刮刮北风，一个刮南风，东南风，西北风，就是这么两个风刮的多一点。再一个就叫是这个旋风。tʂə˦˧˩kə˦˦˥ti˦fɑŋ˥˧˧˩,tʂə˦˦˥kə˦˦˥ti˦fɑŋ˥˧˧˩tʂə˦˧˩kə˦˧˩xəŋ˥˧……tɕʰi˦xou˦˧˩i˥˧˧˩kə˦˦˥tɕiou˦˧˩sɿ˦˧˩kuɑ˥˧˧˩ti·˧sɿ˦i˥˧˧˩kə˦˦˥kuɑ˥˧˧˩kuɑ˥˧˥pei˥˧fəŋ˥˧˧˩,i˥˧˧˩kə˦˦˥kuɑ˥˧˧˩næ̃˩˧˧˩fəŋ˥˧,tuoŋ˥˧næ̃˩˧˧˩fəŋ˥˧,ɕi˥˧˧˩pei˥˧fəŋ˥˧˧˩,tɕiou˦˧˩sɿ˦˧˩tʂə˦muo·˦liɑŋ˥˧˧kə˦fəŋ˥˧˧˩kuɑ˥˧˧˩ti·˧tuo˥˧i˥˧˧˩tiæ̃˥˧˧˩.tsæᴇ˦i˥˧kə˦˧˩tɕiou˦tɕiɑɔ˦sɿ˦tʂə˦kə˦ɕyæ̃˩˧˧˩fəŋ˥˧.（噢，这样转的那个？）噢，转圈圈那个叫旋风。ɑɔ˧˩,tʂuæ̃˦tɕʰyæ̃˥˧tɕʰyæ̃˥˧˧˩nə˦kə˦tɕiɑɔ˦ɕyæ̃˩˧˧˩fəŋ˥˧.

2. 黄：旋风，一般情况下它就是是它中心很快它空中上去了。旋窝儿风那在地底下下的功夫老大的咧还，把好多土，树叶叶都带起来了。ɕyæ̃˩˧˧˩fəŋ˥˧,i˥˧˥pæ̃˥˧tɕʰiŋ˩˧˧˩kʰuɑŋ˦˦˥ɕiɑ˦tʰɑ˥˧˧tɕiou˦sɿ˦sɿ˦tʰɑ˥˧˧˩tʂuoŋ˥˧ɕiŋ˥˧˧˩xəŋ˥˧kʰuæᴇ˦˦˥tʰɑ˥˧˧˩kʰuoŋ˥˧tʂuoŋ˥˧˧˩ʂɑŋ˦tɕʰi˦lə·˧.ɕyæ̃˩˧vuor˥˧fəŋ˥˧˧nə˦tsæᴇ˦ti˦ti˥˧xɑ˦˧˩ɕiɑ˦˧˩ti·˧kuoŋ˥˧fu˥˧˧˩lɑɔ˥˧tɑ˦ti·˦lie·˦xɑ˩˧˧˩,pɑ˥˧˧˩xɑɔ˥˧tuo˥˧˧˩tʰu˥˧,ʂʮ˦ie˥˧ie˥˧˧˩tou˥˧˧˩tæᴇ˦tɕʰi˥˧˧læᴇ˩˧˧˩lə·˧.（噢，旋风跟那个旋窝儿风不一样？）不一样么。旋风这么个呼一刮咧，一转就走脱了。个旋窝儿风那都带把……把地下的东西都能卷起来。pu˩˧˧˩i˥˧˧˩iɑŋ˦˦˥muo·˧.ɕyæ̃˩˧˧˩fəŋ˥˧tʂə˦˦˥muo·˦kə˦˧˩xu˥˧i˥˧˧˩kuɑ˥˧lie·˧,i˥˧˧˩tʂuæ̃˦tɕiou˦tsou˥˧tʰuo˥˧˧˩lə·˧.kə˦ɕyæ̃˩˧vuor˥˧fəŋ˥˧˧˩nei˦tou˥˧˧tæᴇ˦˦˥pɑ˥˧˧˩t……pɑ˥˧˧˩ti˦ɕiɑ˦ti·˦tuoŋ˥˧ɕi·˧tou˥˧˧˩nəŋ˩˧˧˩tɕyæ̃˥˧˧tɕʰi˥˧læᴇ˩˧˧˩.

戗面子风

黄：噢，戗面子，你这风，望来吹着，咱们迎着风望它走，叫戗面子风。风和你方向相反叫戗面子风。ɑɔ˧˩,tɕʰiɑŋ˥˧miæ̃˦tsɿ·˦,ni˥˧˧tʂə˦fəŋ˥˧,vɑŋ˦læᴇ˩˧tʂʰuei˥˧tʂə·˧,tʂɑ˩˧məŋ·˦iŋ˩˧˧˩tʂə·˦fəŋ˥˧vɑŋ˦˧˩tʰɑ˥˧tsou˥˧˧˩,tɕiɑɔ˦tɕʰiɑŋ˥˧˧˩miæ̃˦tsɿ·˧fəŋ˥˧.fəŋ˥˧xuo˩˧˧˩ni˥˧˧fɑŋ˥˧˧˩ɕiɑŋ˦˦˥ɕiɑŋ˥˧˧˩fæ̃˥˧tɕiɑɔ˦tɕʰiɑŋ˥˧miæ̃˦˧˩tsɿ·˧fəŋ˥˧.

寒风、热风

黄：有时候里咧，还叫下那个风，那比如说是这个，欸，冻的很那个风，冷的很啊，冬天那个风，寒风。iou˥˧sɿ˩˧˧˩xou˦li˥˧˧lie·˦,xæᴇ˩˧tɕiɑɔ˦xɑ˦nə˦kə˦fəŋ˥˧,nə˦pi˥˧zʮ˩˧˧˩ʂuo˥˧˧sɿ˦tʂə˦kə˦,ei˧˩,tuoŋ˦˥˧ti·˦xəŋ˥˧nə˦˧˩kə˦˧˩fəŋ˥˧,ləŋ˥˧ti·˧xəŋ˥˧ɑ˧˩,tuoŋ˥˧tʰiæ̃˥˧˧˩nə˦kə˦fəŋ˥˧,xæ̃˩˧fəŋ˥˧.（寒风？）噢，像这这两天刮过来那风就那热风。ɑɔ˧˩,ɕiɑŋ˦˧˩tʂei˦tʂei˦liɑŋ˥˧tʰiæ̃˥˧˧˩kuɑ˥˧˧˩kuo˦læᴇ˩˧˧˩nə˦fəŋ˥˧tɕiou˦nə˦ʐə˥˧fəŋ˥˧.（热风？）噢，热风。迎着面，吹到了你这个脸上以后就感觉热乎乎的那种。寒风么指就是到这个脸上咧，就好像针扎咧，刺骨的那个样子，寒风。ɑɔ˧˩,ʐə˥˧fəŋ˥˧˧˩.iŋ˩˧˧˩tʂuo˥˧miæ̃˦,tʂʰuei˥˧tɑɔ˦˧˩lə·˧ni˥˧tʂə˦kə˦liæ̃˥˧ʂɑŋ˦˧˩i˥˧˧˩xou˦tɕiou˦kæ̃˥˧˧tɕyo˥˧˧ʐə˥˧xu˥˧˧˩xu˥˧˧˩ti·˧nei˦tʂuoŋ˥˧˧˩.xæ̃˩˧fəŋ˥˧muo·˧tsɿ˥˧tɕiou˦sɿ˦tɑɔ˦tʂə˦kə˦liæ̃˥˧ʂɑŋ˦˧˩lie·˧,tsou˦xɑɔ˥˧˧ɕiɑŋ˦tʂəŋ˥˧tsɑ˥˧lie·˦,tsʰɿ˦ku˥˧ti·˧nə˦kə˦iɑŋ˦tsɿ·˧,xæ̃˩˧fəŋ˥˧˧˩.

鬼打墙

（有鬼打墙这种说法没有？）黄：呀，明明是随着风吹的飕飕响咧，呜儿呜儿，这啥子像一……叫鬼打墙咧嘛。iɑ˧˩,miŋ˩˧miŋ˩˧˧sɿ˦suei˩˧˦˥tʂə·˧fəŋ˥˧tʂʰuei˥˧ti·˧sɑɔ˥˧sɑɔ˥˧ɕiɑŋ˥˧lie·˧,vər˩˧vər˩˧,tʂei˦sɑ˦˦˥tsɿ·˧ɕiɑŋ˦i˥˧˧……tɕiɑɔ˦kuei˥˧tɑ˥˧˧tɕʰiɑŋ˩˧˧˩lie·˦mɑ·˧.（风吹得哇哇响的也叫鬼打墙？[模仿风声]唔……这样的？）啊。ɑ˧˩.（这个冬天那个风那么厉害，经常……）经常都有那号儿现象咧，叫鬼打墙咧。tɕiŋ˥˧˧˩tʂʰɑŋ˩˧tou˥˧˧˩iou˥˧˧˩nɑ˦xɑɔr˦ɕiæ̃˦ɕiɑŋ˦lie·˦,tɕiɑɔ˦kuei˥˧tɑ˥˧tɕʰiɑŋ˩˧˧˩lie·˦.

黑云

（黑云和乌云有什么区别？）黄：黑云，整个儿天空里，一四三壁罩得就给你好像到夜晚呀，那个黑云滚滚的那个样子。乌云一般情况下它都不是那么黑的。xei˦yoŋ˨˩,tʂəŋ˥˧kər˧˥tʰiæ̃˥˩kʰuoŋ˥˧li˥˩,i˥˩sɿ˧˥sæ̃˥˩pi˦tsɑɔ˧tei˥˧tɕiou˧kei˧ni˥˧xɑɔ˥˧ɕiɑŋ˧tɑɔ˧ie˧væ̃˥˧iɑ˨,nə˧˩kə˧˩xei˥˩yoŋ˨˩kuoŋ˥˧kuoŋ˥˧ti˨nə˧kə˧iɑŋ˧tsɿ˧.vu˦yoŋ˨˩i˥˧pæ̃˥˧tɕʰiŋ˨˩kʰuɑŋ˧ɕiɑ˧˩tʰɑ˥˧tou˥˧pu˨˩sɿ˧nə˧muo˧xei˥˧ti˨.（不是成……完全遮住了那种……）噢，不是完全遮住的那个啥。投到[①]是黑云那会儿整个儿黑云滚滚那半……整个天都好像都都罩严了。ɑɔ˥˩,pu˨˩sɿ˧væ̃˨˩tɕʰyæ̃˨˩tʂə˦tʂʮ˧˩ti˨nei˧kə˧sɑ˧.tʰou˨˩tɑɔ˧sɿ˧xei˦yoŋ˨˩nei˧xuər˧˩tʂəŋ˥˧kər˧˥xei˥˩yoŋ˨˩˥kuoŋ˥˧kuoŋ˥˧nə˧pæ̃˧……tʂəŋ˥˧kə˧˥tʰiæ̃˥˩tou˥˩xɑɔ˥˧ɕiɑŋ˧tou˥˧tou˥˧tsɑɔ˧niæ̃˨˩lə˧.（就像就像要要要……）噢，要黑了那那个样子，嗯。ɑɔ˧,iɑɔ˧xei˥˧lə˨nei˧nei˧kə˧iɑŋ˧tsɿ˧,əŋ˥˩.

天烧咧

（嗯那个出霞了叫叫不叫这个什么“烧咧”？）黄：烧[②]咧，那说咧么。雨一下，旋下雨的以后，出来一道彩虹，说天烧咧。ʂɑɔ˧lie˧,næᴇ˧˥ʂuo˥˩lie˨muo˨.y˥˧i˥˩ɕiɑ˧˩,ɕyæ̃˧ɕiɑ˧y˥˧ti˨i˥˩xou˧,tʂʰʮ˥˧læᴇ˨˩i˥˩tɑɔ˧tsʰæᴇ˥˧xuoŋ˨˩,ʂuo˥˩tʰiæ̃˥˧ʂɑɔ˧lie˨.（噢，出彩虹叫做“天烧了”？）噢，就是旋下的以后，天一亮噢，叫天烧了。ɑɔ˥˩,tɕiou˧sɿ˧ɕyæ̃˧ɕiɑ˧ti˧i˥˩xou˧,tʰiæ̃˥˧i˥˩liɑŋ˧ɑɔ˥˩,tɕiɑɔ˧tʰiæ̃˥˩ʂɑɔ˧lə˨.（不一定出彩虹吧？）不一定出彩虹。就是那半块亮了，噌一下亮了，就是烧下了。pu˨˩i˥˩tiŋ˧˥tʂʰʮ˥˩tsʰæᴇ˥˧xuoŋ˨˩.tɕiou˧˩sɿ˧˩nei˧pæ̃˧kʰuæᴇ˥˩liɑŋ˧lə˨,tsʰəŋ˥˧i˥˩xɑ˧˩liɑŋ˧lə˨,tɕiou˧˩sɿ˧˩ʂɑɔ˧˦xɑ˧˥lə˨.（噢，就是这个刚下过雨，就太阳出来了，照着你。）噢，刚下过雨，噢，太阳出来，叫烧了。ɑɔ˥˩,kɑŋ˥˩ɕiɑ˧kuo˧y˦,ɑɔ˥˩,tʰæᴇ˧iɑŋ˨˩tʂʰʮ˥˧læᴇ˨˩,tɕiɑɔ˧˩ʂɑɔ˧lə˨.（呃，早上那个和傍晚的时候那个讲不讲出霞了，喊那个就是烧了？）也讲烧了。那这儿这有说法咧。早烧不出门么，晚烧晒死人么。ie˦tɕiɑŋ˥˩ʂɑɔ˧˩lə˨.nə˧˩tʂər˧˦tʂə˧iou˥˧ʂuo˦fɑ˥˩lie˨.tsɑɔ˥˧ʂɑɔ˧˥pu˨˩tʂʰʮ˦məŋ˨˩muo˨,væ̃˥˧ʂɑɔ˧˥sæᴇ˧sɿ˥˧zəŋ˨˩muo˨.（噢，早烧不出门？）噢，早上发现天一烧，那是有雨了，就不要出门了。这个晚烧晒死人，晚上太阳如果旋……你看天阴了，就马上太阳落那两天，一下变的那个云霞不成了红的了？那是那是没有雨了。ɑɔ˥˩,tsɑɔ˥˧ʂɑŋ˧˩fɑ˥˩ɕiæ̃˧tʰiæ̃˦i˥˩ʂɑɔ˧,næᴇ˧sɿ˧iou˥˧y˥˧lə˨,tsou˧pu˨˩iɑɔ˧˥tʂʰʮ˥˩məŋ˨˩lə˧.tʂə˧˩kə˧˩væ̃˥˧ʂɑɔ˧˥sæᴇ˧sɿ˥˩zəŋ˨˩,væ̃˥˧ʂɑŋ˧˩tʰæᴇ˧iɑŋ˨˩zʮ˨˩kuo˥˧ɕyæ̃˧……ni˥˩kʰæ̃˧tʰiæ̃˥˩iŋ˦lə˨,tɕiou˧mɑ˥˧ʂɑŋ˧˩tʰæᴇ˧iɑŋ˨˦luo˦næᴇ˧liɑŋ˥˧tʰiæ̃˥˩,i˥˩xɑ˧˥piæ̃˧ti˨nə˧kə˧yoŋ˨˩ɕiɑ˨˩pu˨˦tʂʰəŋ˨˩lə˧xuoŋ˨˩ti˧lə˨?næᴇ˧sɿ˧nə˧sɿ˧mei˨˩iou˥˧y˥˧lə˨.

天河涨了

黄：我们把那个嗡嗡……天上一工嗡嗡嗡响那个不叫雷响咧，叫天河[③]响咧，天河涨了。天河涨了就说是……就是山上那银河水，那银……天上的天河水都涨了，你听。响的嗡嗡的。意味……天河涨了意味着就马上就有大雨了。ŋuo˥˧məŋ˨pɑ˥˩nə˧kə˧vəŋ˦vəŋ˦ɕ……tʰiæ̃˦ʂɑŋ˧˩i˥˦kuoŋ˥˧vəŋ˧vəŋ˧vəŋ˧ɕiɑŋ˥˧nə˧˩kə˧˩pu˨˩tɕiɑɔ˧luei˨˩ɕiɑŋ˥˩lie˨,tɕiɑɔ˧tʰiæ̃˥˩xuo˨˩ɕiɑŋ˥˩lie˨,tʰiæ̃˥˩xuo˨˩tʂɑŋ˥˩lə˨.tʰiæ̃˥˩xuo˨˩tʂɑŋ˥˩lə˨tɕiou˧˥ʂuo˥˧sɿ˧……tɕiou˧˩sɿ˧˩sæ̃˦ʂɑŋ˧˩næᴇ˧˩iŋ˨˩xuo˨˩ʂuei˥˩,nə˧˩iŋ˨˦……tʰiæ̃˦ʂɑŋ˧˩ti˨tʰiæ̃˥˩xuo˨˩ʂuei˦tou˥˩tʂɑŋ˥˧lə˨,ni˥˩tʰiŋ˦.ɕiɑŋ˦ti˨vəŋ˩vəŋ˧ti˧.i˧vei˧……tʰiæ̃˥˩xuo˨˩tʂɑŋ˥˧lə˨i˧vei˧tʂuo˥˩tsou˧mɑ˥˧ʂɑŋ˧˩tsou˧iou˥˧tɑ˧y˥˧lə˨.

---

① 投到：等到。元关汉卿《鲁斋郎》第二折：“投到安伏下两个小的，收拾了家私，四更出门，急急走来，早五更过也。”

② 烧：《广韵》失照切，指彩霞。唐司空曙《送李嘉祐正字括图书兼往扬州觐省》诗：“晚烧平芜外，朝阳叠浪来。”

③ 天河：指银河。《诗·大雅·云汉》“倬彼云汉”汉郑玄笺：“云汉，谓天河也。”北周庾信《镜赋》：“天河渐没，日轮将起。”

闷雷、推磨雷

黄：有闷雷这一说法咧。声音不太响，但是它是扯起时间老长的咧。它和推磨雷还是另外一回事。推磨雷它那个响那……它那个呼噜噜噜一声，它不是这个好像一转一圈就呼噜噜噜噜噜就响声过去了那个样子。iou˥mən˧lei˩˨tʂei˧i˥˩ʂuo˥fa˥˩lie˧.ʂən˥iŋ˥˩pu˩˨tʰæɛ˧ɕiaŋ˥,tæ̃˧sɿ˧tʰa˥˩ʂɿ˧tʂʰə˥ɕi˥˩sɿ˩˨tɕiæ̃˥lao˥˩tʂʰaŋ˨˩ti˧lie˧.tʰa˥xuo˩˨tʰuei˥˩muo˧luei˨xa˩˨sɿ˧˩liŋ˧væɛ˧i˥˩xuei˨sɿ˧.tʰuei˥˩muo˧luei˨tʰa˥nə˧˩kə˧˩ɕiaŋ˥nə˧˩……tʰa˥nə˧kə˧xu˧lou˧lou˧lou˧i˥˩ʂən˥,tʰa˥˩pu˩˨sɿ˧˥tʂə˧kə˧xao˥ɕiaŋ˧i˥˩tʂuæ̃˧i˥˩tɕʰyæ̃˥tɕiou˧˩xu˥lou˧lou˧lou˧lou˧lou˧tsou˧ɕiaŋ˥ʂən˥˩kuo˧tɕʰy˧lə˧nə˧kə˧iaŋ˧tsɿ˧.

白雨

黄：白雨[1]就是特……下这个欻暴雨那会儿这面就叫下白雨了。pei˨y˥tɕiou˧˩sɿ˧˩tʰei˥˩tʰ……ɕia˧tʂə˧kə˧ei˩pao˧y˥˩nə˧˩xuər˧˩tʂei˧miæ̃˧tɕiou˧tɕiao˧ɕia˧pei˩˨y˥lə˧（为什么叫做白雨呢？）白雨就是大一点，来的快得很这这雨。有时候天明，它天亮的很，哗哗子下开来，就把这叫白雨，下白雨咧。猛然间下下这个雨就是白雨。下大得很了就是再啊不说白雨咧。“下下暴雨咧，喔唷，暴雨大的！”但是多一半儿人都是叫下大白雨咧。pei˨y˥˩tɕiou˧sɿ˧ta˧i˥˩tiæ̃˥˩,læɛ˨ti˧kʰuæɛ˧tei˥˩xən˥˩tʂə˧˩tʂə˧˥y˥˩.iou˥sɿ˩˨xou˧˩tʰiæ̃˥˩miŋ˨,tʰa˥˩tʰiæ̃˥liaŋ˧ti˧xən˥,xua˧xua˧tsɿ˧ɕia˧˩kʰæɛ˥læɛ˩˨,tɕiou˧pa˥˩tʂə˧tɕiao˧pei˩˨y˥,ɕia˧pei˩˨y˥lie˧.mən˥zæ̃˩˨tɕiæ̃˥˩ɕia˧xa˧tʂə˧kə˧y˥˩tɕiou˧˩sɿ˧˩pei˩˨y˥.ɕia˧ta˧tei˧xən˥lə˧tɕiou˧˩sɿ˧˩tsæɛ˧a˧pu˩˨ʂuo˥pei˩˨y˥lie˧.ɕia˧xa˧pao˧y˥˩lie˧,vuo˨iao˩,pao˧y˥˩ta˧ti˧!tæ̃˧˩sɿ˧˩tuo˥i˥˩pæ̃r˧zəŋ˨tou˥˩sɿ˧˩tɕiao˧ɕia˧ta˧pei˨˩y˥lie˧.

淋子雨

黄：[淋子雨]就是比白雨大，但比白雨小，但没有这个……比平常这个雨么可下的大，叫淋子雨。tɕiou˧˩sɿ˧˩pi˥pei˩˨y˥ta˧,tæ̃˧pi˥˩pei˩˨y˥ɕiao˥,tæ̃˧mei˨iou˥˩tʂə˧kə˧……pi˥pʰiŋ˨tʂʰaŋ˨tʂə˧kə˧y˥muo˧kʰə˥˩ɕia˧ti˧ta˧,tɕiao˧˩liŋ˧tsɿ˧y˥˩.（它是一会儿下点一……又不那个还是那个连着下的？）连住下。淋子雨是连住下的。淋子雨就相当于现在这会儿是大雨。大雨就叫淋子雨。liæ̃˩˨tʂʮ˧˥ɕia˧˩.liŋ˧tsɿ˧y˥sɿ˧˩liæ̃˩˨tʂʮ˧˥ɕia˧˩ti˧.liŋ˧tsɿ˧y˥˩tɕiou˧˩ɕiaŋ˥˩taŋ˥˩y˨˩ɕiæ̃˧tsæɛ˧tʂə˧xuər˧sɿ˧˩ta˧y˥˩.ta˧y˥˩tɕiou˧tɕiao˧liŋ˧tsɿ˧y˥˩.（他怎么叫它淋子雨呢？）大么，雨下的大，稠么。很快时间就是……就底都起水了么。大……除咧暴雨下来就叫淋子雨么。白雨。ta˧muo˧,y˥ɕia˧ti˧ta˧,tʂʰou˨muo˧.xən˥kʰuæɛ˧sɿ˩˨tɕiæ̃˥˩tɕiou˧sɿ˧tɕ……tɕiou˧ti˥tou˥˩tɕʰi˥ʂuei˥lə˧muo˧.ta˧t……tʂʰʮ˩˨lie˧pao˧y˥˩xa˧læɛ˨˩tɕiou˧tɕiao˧liŋ˧tsɿ˧y˥muo˧.pei˩˨y˥.

雾雨

（雾雨就是……）黄：噢，带点雾气那个样。你说不下，它……你出去一会儿身上脸上都是都湿咧这个啥。ao˩,tæɛ˧tiæ̃˥˩vu˧tɕʰi˧nə˧kə˧iaŋ˧.ni˥˩ʂuo˥pu˩˨ɕia˧,tʰa˥˩……ni˥˩tʂʰʮ˥tɕʰi˧i˩˨xuər˧ʂən˥ʂaŋ˧˩liæ̃˥ʂaŋ˧˩tou˥˩sɿ˧˥tou˥˩ʂʮ˥lie˧tʂə˧kə˧sa˧.

濛濛雨

黄：这儿这有个农谚头起就说是这个，语……谚语里头就说是：“前濛濛下不下，后濛濛晴不了。”就是天气阴的时候这，你看才才开始天阴咧下雨啊，下的是濛濛雨，这个

① 白雨：指暴雨。宋陆游《大雨中作》诗：“贪看白雨掠地风，飘洒不知衣尽湿。”清钮琇《觚賸·广东月令》：“六月，白雨足。”

就下不下雨。tʂər˦tʂə˧iou˥˧kə˧luoŋ˧˥iæ̃˧tʰou˧˥˩tɕʰie˥˧tɕiou˧ʂuo˥˧sɿ˧tʂə˧kə˧,y˥˧i……iæ̃˧y˥˩li˥˩tʰou˧tɕiou˧ʂuo˥˩sɿ˧:tɕʰiæ̃˧˥məŋ˧˥˩məŋ˧˥˧ɕia˧pu˧˥˩xa˧,xou˧məŋ˧˥˩məŋ˧˥˧tɕʰiŋ˧˥pu˧˥˩liao˥˧.tɕiou˧sɿ˧tʰiæ̃˥˩tɕʰi˧i ŋ˥˧ti˧sɿ˧˥˩xou˧tʂə˧˩,ni˥˧kʰæ̃˧tsʰæɛ˧˥tsʰæɛ˧˥kʰæɛ˥˩sɿ˥˧tʰiæ̃˥˧iŋ˥˧lie˧ɕia˧y˥˧a˩,ɕia˧˦ti˧sɿ˧˩məŋ˧˥məŋ˧˥˧y˥˩,tʂə ˧kə˧tɕiou˧ɕia˧pu˧˥˩xa˧˦y˥˩.（噢，这个雨下不大是吧？）下不大，绝对没有多大的雨。后濛濛晴不了。下了多少天连阴雨咧，它突然下下那个濛濛雨，那天晴不了，还下价。ɕia˧pu ˧˥˧ta˧,tɕyo˧˥˩tuei˧˦mei˧˥iou˥˧tuo˥˩ta˧ti˧y˥˧.xou˧məŋ˧˥˩məŋ˧˥˧tɕʰiŋ˧˥pu˧˥˩liao˥˧.ɕia˧lə˧tuo˥˩ʂao˥˧tʰiæ̃˥˩liæ̃ ˧˥iŋ˥˧y˥˧lie˧,tʰa˥˧tʰu˥˧zæ̃˧˥˩ɕia˧xa˧næɛ˧kə˧məŋ˧˥məŋ˧˥˧y˥˩,næɛ˧tʰiæ̃˥˧tɕʰiŋ˧˥pu˧˥˩liao˥˧,xæɛ˧˥˩ɕia˧tɕia˩.（就是说还会下？）还会下咧。xa˧˥˩xuei˧ɕia˧lie˧.

发水了

（水很多，就是比如说河里的水啊，水势很大，你们是说水大，还说不说？）王：水大嘛。ʂuei˥˧ta˧˦ma˧.黄：水大。我们那里，河里水一多，我们叫水涨了。ʂuei˥˧ta˧.ŋuo˥˧məŋ˧nei˧li˥˧,xuo˧˥li˥˧ʂuei˥˧i˥˧˦tuo˥˧,ŋuo˥˧məŋ˧tɕiao˧ʂuei˥˧tʂaŋ˥˧lə˧.（水大这种说法说不说？）王：说。ʂuo˥˧.黄：说咧。水大也说，也说咧。水涨了，或者是发水了么。ʂuo˥˧lie˧.ʂuei˥˧ta˧ie˥˩ʂuo˥˩,ie˥˧ʂuo˥˩lie˧.ʂuei˥˧tʂaŋ˥˧lə˧,xuei˧˥˧tʂə˥˩sɿ˧˩fa˥˩ʂuei˥˧ləm˧.

虹

1. 黄：这个虹有些是这个下过给……这儿我们这儿这个……这个出后这个虹一般都是这个下白雨以后是经常出这个东西。雨这里一停，就容易出这个虹。tʂə˧˩kə˧˦tɕiaŋ˧iou˥˧ɕie˥˧ ˩sɿ˧˩tʂə˧˩kə˧˩ɕia˧kuo˧kei……tʂər˧˦ŋuo˥˧məŋ˧tʂər˧˦tʂə˧kə˧tɕ……tʂə˧kə˧tʂʰɥ˥˧xou˧˩tʂə˧kə˧tɕiaŋ˧i˥˧ ˧˦pæ̃˥˩tou˥˧sɿ˧tʂə˧kə˧ɕia˧pei˧˥˩y˥˧i˥˩xou˧sɿ˧tɕiŋ˥˩tʂʰaŋ˧˥tʂʰɥ˥˧tʂə˧kə˧tuoŋ˥˧ɕi˧.y˥˧tʂɿ˧˦li˥˩i˥˩tʰiŋ˧˥,tɕiou ˧yoŋ˧˥˩i˧tʂʰɥ˥˧tʂə˧kə˧tɕiaŋ˧.

2. 黄：再一个就讲这个虹么就说是有些虹是吸水虹。tsæɛ˧˦i˥˧kə˧tɕiou˧tɕiaŋ˥˧tʂə˧˩kə˧˩tɕiaŋ˧muo˧tsou˧˦ʂuo˥˩sɿ˧˩iou˥˧ɕie˥˩tɕiaŋ˧sɿ˧ɕi˥˩ʂuei˥˧tɕiaŋ˧˩.（什么tɕiaŋ˧？）吸水虹。ɕi˥˩ʂuei˥˧tɕiaŋ˧˩.（吸水的？）噢，吸水的。农村那个讲就它那个刚下过白雨以后，哗一下停了，那个天么，你站得这个地方，看那个地方，那个虹这一头儿落下来就刚……在河里咧。在水里边。ao˩,ɕi˥˩ʂuei˥˧ti˧.luoŋ˧˥tsʰuoŋ˥˧nə˧kə˧tɕiaŋ˥˧tɕiou˧˩tʰa˥˧nə˧kə˧kaŋ˥˧˦ɕia˧kuo˧pei˧˥˩y˥˧i˥˩xou˧,xua˥˧i˥˧ɕia˧tɕʰiŋ˧˥lə˧,nə˧kə˧tʰiæ̃˥˧muo˧,ni˥˩tsæ̃˧tə˧tʂə˧kə˧ti˧faŋ˥˩,kʰæ̃˧nə˧kə˧ti˧faŋ˥˩,nə˧kə˧tɕiaŋ˧tʂei˧i˥˩tʰour˧˥luo˥˧xa˧˦læɛ˧˥˩tɕiou˧kaŋ˥˧˦……tsæɛ˧xuo˧˥˩li˥˧lie˧.tsæɛ˧ʂuei˥˧li˥˩piæ̃˥˩.（噢，下到河里面去了？）哎，落了河里边儿，说是：“哎呀，那你看吸水着咧么。”æɛ˩,luo˥˧lə˧xə˧˥li˥˩piæ̃r˥˩,ʂuo˥˩sɿ˧˩:æɛ˥˧ia˥˩,næɛ˧˦ni˥˩kʰæ̃˧ɕi˥˩ʂuei˥˧tʂə˧lie˧muo˧.（噢，就是有一头是……）噢，一头……ao˩,i˥˩tʰou˧˥……（伸到河里面那里去了？）伸进河咧，这就这个是……农村讲是那个……（吸水虹）ʂəŋ˥˧tɕiŋ˧˩xə˧˥lie˧,tʂei˧tɕiou˧tʂə˧kə˧ʂ……luoŋ˧˥˩tsʰuoŋ˥˧tɕiaŋ˥˧sɿ˧˩nə˧˩kə˧˩……（跟吸水一样的那，吸起来？）噢，吸水了。那个你看，还下价，你看兀虹都吸水着咧。ao˩,ɕi˥˩ʂuei˥˧lə˧.nei˧kə˧ni˥˧kæ̃˧˩,xa˧˥˩ɕia˧tɕia˩,ni˥˧kʰæ̃˧væ ɛ˧tɕiaŋ˧tou˥˩ɕi˥˩ʂuei˥˧tʂə˧lie˧.

3.（你这个噢南……那个南北东西的这个有没有什么特……呃说法？）黄：那也……虹上有就是咱们前晌不是说下那个，南北虹，东虹子，西虹子，咋么个说咧。再好像没有啥说。nei˧˦ie˥˩……tɕiaŋ˧ʂaŋ˧˩iou˥˩tɕiou˧sɿ˧tʂa˧˥məŋ˧tɕʰiæ̃˧˥˩ʂaŋ˥˧pu˧˥˩ʂɿ˧˩ʂuo˥˧xa˧˩nə˧kə˧,næ̃˧˥pe i˥˩tɕiaŋ˧,tuoŋ˥˧tɕiaŋ˧tsɿ˧,ɕi˥˧tɕiaŋ˧tsɿ˧,tsa˥˩muo˧kə˧˩ʂuo˥˧lie˧.tsæɛ˧xao˥˩ɕiaŋ˧˩mei˧˥˧iou˥˧sa˧ʂuo˥˩.

4.（天上的彩虹你们叫什么？）黄：我们叫虹咧。ŋuo˥˧məŋ˧tɕiao˧tɕiaŋ˧˦lie˧.（tɕiaŋ˧

你们是？）嗯，也念tɕiaŋ˥。虹念tɕiaŋ˥。ŋ̍˨˩,ie˥˧niæ̃˥tɕiaŋ˥.xuoŋ˩˥niæ̃˥tɕiaŋ˥.（虹有几种？）东虹，西虹。tuoŋ˥˧˨˩tɕiaŋ˥,ɕi˥˧˨˩tɕiaŋ˥.（东虹晴西虹雨是吧？）噢，东虹葫芦葫芦西虹雨。ɑɔ˨˩,tuoŋ˥˧˨˩tɕiaŋ˥xu˩˨˩lou˩˥xu˩˨˩lou˩˥ɕi˥˧˨˩tɕiaŋ˥y˥˧.（东虹葫芦啊？）噢，东虹葫芦，东虹不下雨啊。东虹葫芦西虹雨。ɑɔ˨˩,tuoŋ˥˧˨˩tɕiaŋ˥xu˩˨˩lou˩˥˩,tuoŋ˥˧˨˩tɕiaŋ˥˥˩pu˩˨˩ɕia˥y˥˧ɑ˨˩.tuoŋ˥˧˨˩tɕiaŋ˥xu˩˨˩lou˩˥ɕi˥˧˨˩tɕiaŋ˥y˥˧.（不下雨就是葫芦？）啊，葫芦么。ɑ˨˩,xu˩˥lou˩˥˩muo˧.（这个葫芦怎么就又又不下雨了呢？跟不下雨有什么关……怎么会出现这个这么说呢？）这就说不来么，这都听是□呃……先人经常□些口语。tʂei˥tsou˥˨ʂuo˥˧pu˩˨˩læᴇ˩˥muo˧,tʂei˥tou˥˧˨˩tʰiŋ˥˧sɿ˥niæ̃˩˨˩ə˨˩……ɕiæ̃˥˧˨˩zəŋ˩˥tɕiŋ˥˧˨˩tʂʰɑŋ˩˥tʂʰuo˥˧ɕie˥˧˨˩kʰou˥˧y˥˧˨˩.

5. 黄：这个多咧，东西多咧，这个虹这个对虹这虹的这个说法以后，这个欸我记……我很小的时候那个有个啥，有一个我记这个有个劳改释放犯是安徽人，叫个刘正武嘛。他说了个："东虹葫芦西虹雨，南虹出来卖儿女，北虹出来动刀枪。"他就说咧这么一句话，他招来各种祸。当时是六九年中俄……tʂə˥kə˥tuo˥˧lie˧,tuoŋ˥˧ɕi˧tuo˥˧lie˧,tʂə˥kə˥tɕiaŋ˥˥˩tʂə˥kə˥tuei˥tɕiaŋ˥˥˩tʂə˥xuoŋ˩˨˩ti˧tʂə˥kə˥ʂuo˥˧fa˥˧˨˩i˥˧˨˩xou˥,tʂə˥kə˥ei˥ŋuo˥˧tɕi˥……ŋuo˥˧xəŋ˥˧ɕiaɔ˥˧ti˧sɿ˩˥xou˥nə˥kə˥iou˥˧˨˩kə˥sa˥,iou˥˧i˥˧kə˥ŋuo˥˧tɕi˥tʂə˥kə˥iou˥˧kə˥˨˩laɔ˩˨˩kæᴇ˥˧ʂɿ˥˧˨˩faŋ˥˥˩fæ̃˥sɿ˥næ̃˥˧xuei˥˧˨˩zəŋ˩˨˩,tɕiaɔ˥kə˥liou˩˨˩tʂəŋ˥vu˥˧ma˧.tʰa˥˧ʂuo˥˧˨˩lə˧kə˥˨˩:tuoŋ˥˧˨˩tɕiaŋ˥˥˩xu˩˨˩lu˩˥ɕi˥˧˨˩tɕiaŋ˥y˥˧,næ̃˩˨˩tɕiaŋ˥tʂʰɥ˥˧læᴇ˩˨˩mæᴇ˥ər˩˨˩ny˥˧,pei˥˧˨˩tɕiaŋ˥˥˩tʂʰɥ˥˧læᴇ˩˨˩tuoŋ˥taɔ˥˧tɕʰiaŋ˥˧.tʰa˥˧tɕiou˥ʂuo˥˧lie˧tʂə˥mə˥i˥˧tɕy˥xua˥,tʰa˥˧tʂaɔ˥˧˨˩læᴇ˩˥kə˥˧tʂuoŋ˥˧˨˩xuo˥.taŋ˥˧˨˩sɿ˩˥sɿ˥liou˥˧˨˩tɕiou˥˧niæ̃˩˨˩tʂuoŋ˥˧ə˩˨˩……（噢，招祸了？）就招了祸了。tɕiou˥tʂaɔ˥˧˨˩lə˥xuo˥˨˩lə˥.（整他？）后头文……噢，"文化大革命"时候是六九年中越[口误，当为"中俄"]自卫还击战刚开始，他就说这个话了。说过这个话以后说是他是苏修特务。他是苏修这个……嗯，那……xou˥tʰou˧vəŋ˩……ɑɔ˨˩,vəŋ˩˨˩xua˥ta˥kei˥˧˨˩miŋ˥sɿ˩˨˩xou˥sɿ˥liou˥˧tɕiou˥˧niæ̃˩˨˩tʂuoŋ˥˧yo˥˧tsɿ˥vei˥xuæ̃˩˥tɕi˥˧˨˩tʂæ̃˥kaŋ˥˧kʰæᴇ˥˧sɿ˥˧,tʰa˥˧tɕiou˥ʂuo˥˧tʂə˥kə˥xua˥lie˧.ʂuo˥˧kuo˥tʂə˥kə˥xua˥i˥˧˨˩xou˥ʂuo˥˧sɿ˥tʰa˥˧sɿ˥su˥˧ɕiou˥˧tʰei˥˧vu˥.tʰa˥˧sɿ˥su˥˧ɕiou˥˧tʂə˥˨˩kə˥˨˩……ŋ̍˨˩,næᴇ˥˥˩……（噢，动刀枪？）动刀枪咧。tuoŋ˥taɔ˥˧tɕʰiaŋ˥˧lie˧.（那那闹革命呢！）噢，中……珍……珍宝岛自卫还击战六九年打的么。六九年二月份打的。元月底，元月份到二月……三月份打的珍宝岛自卫还击战么。恰巧他是个特……ɑɔ˥,tʂuoŋ˥˧……tʂəŋ˥˧……tʂəŋ˥˧˨˩paɔ˥˧taɔ˥˧tsɿ˥vei˥xuæ̃˩˥tɕi˥˧˨˩tʂæ̃˥liou˥˧˨˩tɕiou˥˧niæ̃˩˨˩ta˥˧ti˧muo˧.liou˥˧˨˩tɕiou˥˧niæ̃˩˨˩ər˥yo˥˧˨˩fəŋ˥˨˩ta˥˧ti˧.yæ̃˩˥yo˥˧ti˥˧,yæ̃˩˥yo˥˧fəŋ˥taɔ˥ər˥yo˥˧……sæ̃˥˧yo˥˧˨˩fəŋ˥˨˩ta˥˧ti˧tʂuoŋ˥˧˨˩paɔ˥˧taɔ˥˧tsɿ˥vei˥xuæ̃˩˥tɕi˥˧˨˩tʂæ̃˥muo˧.tɕʰia˥˧tɕʰiaɔ˥˧˨˩tʰa˥˧sɿ˥kə˥tʰei˥˧˨˩……（他是因为说这个话才……才抓起来了还是……）他原先本身就是个劳改释放犯，就是个运动的积极分子。有运动都要斗他。结果他又这么个劳动时候天出咧个虹么他就……出咧个……这个虹么，他就随便儿说咧一下，有些人把这个就揭开是……这家伙是苏修的走狗、特务，把他就说这家伙……造谣咧，拉着绳儿捆死了。tʰa˥˧ye˩˨˩ɕiæ̃˥˧pəŋ˥˧ʂəŋ˥˧˨˩tɕiou˥˥˩sɿ˥˨˩kə˥˨˩laɔ˩˨˩kæᴇ˥˧ʂɿ˥˧˨˩faŋ˥fæ̃˥,tɕiou˥˨˩sɿ˥˨˩kə˥˨˩yoŋ˥tuoŋ˥ti˧tɕi˥˧˨˩tɕi˩˥fəŋ˥tsɿ˧.iou˥˧yoŋ˥tuoŋ˥tou˥˧˨˩iaɔ˥tou˥tʰa˥˧˨˩.tɕie˥˧˨˩kuo˥˧tʰa˥˧iou˥tʂə˥muo˧kə˥laɔ˩˨˩tuoŋ˥sɿ˩˥xou˥tʰiæ̃˥˧tʂʰɥ˥˧lie˧kə˥ɕiaŋ˥(←tɕiaŋ˥)muo˧tʰa˥˧tɕiou˥……tʂʰɥ˥˧lə˧kə˥tɕi……tʂei˥kə˥tɕiaŋ˥muo˧,tʰa˥˧tɕiou˥suei˩˨˩piæ̃r˥ʂuo˥˧lie˧i˥˧˨˩ɕia˥˨˩,iou˥˧ɕie˥˧˨˩zəŋ˩˥pa˥˧˨˩tʂə˥kə˥tɕiou˥tɕie˥˧kʰæᴇ˥˧sɿ˥……tʂei˥tɕia˥˧˨˩xuo˧sɿ˥su˥˧ɕiou˥˧ti˧tsou˥˧˨˩kou˥˧,tʰei˥˧˨˩vu˥˧,pa˥˧˨˩tʰa˥˧tʂɥ˥(←tsou˥)ʂuo˥˧tʂei˥tɕia˥˧˨˩xuo˧……tsaɔ˥iaɔ˩˨˩lie˥,la˥˧tʂə˧ʂə̃r˩˥kʰuoŋ˥˧sɿ˥˧˨˩lə˧.（死了？）那就是活勒死了一天。nə˥tɕiou˥sɿ˥xuo˩˥lei˥˧sɿ˥˧˨˩lə˧i˥˧˨˩tʰiæ̃˥˧.（累死了？勒死了还是累死了？）绳啊，整天放绳捆绑。ʂəŋ˩˥a˧,tʂəŋ˥˧tʰiæ̃˥˧˨˩faŋ˥ʂəŋ˩˥kʰuoŋ˥˧˨˩paŋ˥˧.（把他勒死了？）噢，活勒死咧那一天。整天都

勒死放精光光么。ɑɔ˩,xuo˩˧lei˥˧sʅ˥˧˩lie˧nei˥i˥˧˩tʰiæ̃˥˧.tʂəŋ˥˧tʰiæ̃˥˧˥tou˥˧˥lei˥˧˩sʅ˥˧fɑŋ˥tɕiŋ˥˧kuɑŋ˥˧˩kuɑŋ˥˧˦muo˧.（给他干活的时候弄的？）啊。干活儿的时候正常干活儿，一休息别人读报纸学习，先把你拿绳捆起来，弄个桩桩把你挂到那个地方。ɑ˥˧.kæ̃˥xuor˩˧ti˧sʅ˩˥xou˥tʂəŋ˥tʂʰɑŋ˩˧kæ̃˥xuor˩˧,i˥˧˥ɕiou˥˧ɕi˥˧˩pie˩˧zʅəŋ˩˥tu˩˧˩pɑɔ˥tsʅ˥˧˥ɕyo˩˧ɕi˩˥,ɕiæ̃˥˧˩pɑ˥˧˩ni˥˧˥nɑ˩˧˩ʂəŋ˩˥kʰuoŋ˥˧tɕʰi˥˧˩læᴇ˩˧˩,nuoŋ˥kə˥tʂuɑŋ˥˧tʂuɑŋ˥˧˩pɑ˥˧˩ni˥˧˥kuɑ˥tɑɔ˥nə˥kə˥ti˦˥fɑŋ˥˧˩.

冷开咧

王：哎呀，这房子还是冷冷儿的啊。æᴇ˩iɑ˧,tʂei˦˥fɑŋ˩˧tsʅ˧xɑ˩˧˩sʅ˥ləŋ˥˧lə̃r˥˧˦tiɑ˧.（是。这一般都是这么冷吗？）欸，这天气那慢慢儿就都就冷开咧，一天比一天冷咧。ei˩,tʂei˦˥tʰiæ̃˥˧˩tɕʰi˦˥nə˥mæ̃˥mæ̃r˥tɕiou˥tou˥˧˩tɕiou˥ləŋ˥˧kʰæᴇ˥˧˩lie˧,i˥˧˦tʰiæ̃˥˧pi˥˧˩i˥˧˩tʰiæ̃˥˧˩ləŋ˥˧lie˧.（一天比一天冷？）嗯。ŋ̍˩.（大概十月份最低温度能够达到多少？）哎呀，零……十月份下来零下都在……æᴇ˩iɑ˧,liŋ˩˧……ʂʅ˩˧yo˥˧fəŋ˥xɑ˥læᴇ˩˥liŋ˩˧ɕiɑ˥tou˥˧˩tsæᴇ˥……（哦，十月就零下啦？）噢。ɑɔ˩.（十月份就开始零下多少度？）就开始都早上起来就在零下咧。tɕiou˥kʰæᴇ˥˧˩sʅ˥˧˥tou˥˧˩tsɑɔ˥˧ʂɑŋ˥tɕʰi˥˧læᴇ˩˧˩tɕiou˥tsæᴇ˥liŋ˩˧ɕiɑ˥lie˧.（都结冰了到时候？）噢，都有咧霜冻了么。一有霜冻就在零下了。ɑɔ˩,tou˥˧˩iou˥˧lie˧ʂuɑŋ˥˧˩tuoŋ˥˧˦lə˧muo˧.i˥˧˩iou˥˧ʂuɑŋ˥˧˩tuoŋ˦˥tɕiou˥tsæᴇ˥liŋ˩˧˩ɕiɑ˥lə˧.

冷子

黄：下冷子[①]咧。兀大碎又是你是它不是说是这个……欸一般下的小咧它是那那……下些米颗颗大的那，像是豆子样的，再么是像鸡蛋大的那号，形容那个冷子大的是下鸡蛋大一颗一颗的。ɕiɑ˥ləŋ˥˧tsʅ˧lie˧.və˦˥tɑ˥suei˥iou˥sʅ˥ni˥˧˩sʅ˦˥tʰɑ˥˧pu˩˧˩sʅ˥ʂuo˥˧˩sʅ˥˩tʂə˥kə˥……ei˩i˥˧˦pæ̃˥˧˩ɕiɑ˥ti˧ɕiɑɔ˥˧lie˧tʰɑ˥˧˥sʅ˥nə˥nə˥……ɕiɑ˥ɕie˥˧˦mi˥˧kʰuo˥˧kʰuo˥˧˩tɑ˥ti˧næᴇ˥˩,ɕiɑŋ˥sʅ˥tou˥tsʅ˧iɑŋ˥˩ti˧,tsæᴇ˥muo˧sʅ˥˩ɕiɑŋ˥tɕi˥˧˩tæ̃˦˥tɑ˥ti˧næᴇ˥xɑɔ˥˩,ɕiŋ˩˧yoŋ˩˥nə˥kə˥ləŋ˥˧tsʅ˧tɑ˦˥ti˧sʅ˥˩ɕiɑ˥tɕi˥˧˩tæ̃˥tɑ˥i˥˧˩kʰuo˥˧i˥˧˩kʰuo˥˧ti˧.（就说冷子就是一个名字？没有别的说法？）噢，没……叫名是冷子。ɑɔ˩,mei˩˧˩……tɕiɑɔ˥miŋ˩˧˩sʅ˦˥ləŋ˥˧tsʅ˧.

冰流子

（有些很长伸下来很长的那种呢？）黄：在山里头经常都冻下那个东西。这里山上山里经常这个平常它那个地方有一点水哟，一到冬天整天儿冻冻冻，冻好大一个，下那个高台那么那形状下来那个，冰流子[②]。tsæᴇ˥sæ̃˥˧li˥˧˩tʰou˧tɕiŋ˥˧˩tʂʰɑŋ˩˧tou˥˧˩tuoŋ˥xɑ˥nə˥kə˥tuoŋ˥˧ɕi˧.tʂei˥li˥˧˥sæ̃˥˧ʂɑŋ˥˩sæ̃˥˧li˥˧˩tɕiŋ˥˧˩tʂʰɑŋ˩˧tʂə˥kə˥pʰiŋ˩˧tʂʰɑŋ˩˧tʰɑ˥˧˥nə˥kə˥ti˥fɑŋ˥˧˥iou˥˧˥i˥˧˩tiæ̃˥˧ʂuei˥˧iɑɔ˧,i˥˧˩tɑɔ˥tuoŋ˥˧tʰiæ̃˥˧˩tʂəŋ˥˧tʰiæ̃r˥˧˩tuoŋ˥tuoŋ˥tuoŋ˥,tuoŋ˥xɑɔ˥˧tɑ˥˩i˥˧˩kə˥,xɑ˥næᴇ˥kə˥kɑɔ˥˧˩tʰæᴇ˩˧˩nə˥muo˧nei˥˩ɕiŋ˩˧˩tʂuɑŋ˥xɑ˥læᴇ˩˥nə˥kə˥,piŋ˥˧˩liou˩˧˩tsʅ˧.（就是那个东西？）啊，叫冰流子。ɑ˩,tɕiɑɔ˥piŋ˥˧˩liou˩˧˩tsʅ˧.（冰流子？）呃，从山上那石崖头起冻下来那个。冰流子。ə˩,tsʰuoŋ˩˧˩sæ̃˥˧ʂɑŋ˥˩nə˥ʂʅ˩˧næᴇ˩˧tʰou˩˧˩tɕʰie˥˧˥tuoŋ˥xɑ˥læᴇ˩˧˩nə˥kə˥.piŋ˥˧˩liou˩˥tsʅ˧.（流是流动的流吗？）啊，流动的流。冰流子么。因为那是水慢慢流的，冻下的这个冰么，冰流子。ɑ˩,liou˩˧˩tuoŋ˥ti˧liou˩˧˩.piŋ˥˧˩liou˩˧˩tsʅ˧muo˧.iŋ˥˧˩vei˥nə˥sʅ˥ʂuei˥˧mæ̃˥mæ̃˥liou˩˧˩ti˧,tuoŋ˥xɑ˥ti˧tʂə˥kə˥piŋ˥˧˩muo˧,piŋ˥˧˩liou˩˧tsʅ˧.

① 冷子：冰雹。王汶石《米燕霞》：“这是一场冷子。大树不要紧；小花小草可就毁了，经这一打，难得还阳了。”

② 冰流子：冰柱。石震《踏察记事》：“一连几个晴天，茅屋檐上结了长长的冰流子，中午，太阳一晒，滴滴答答淌水。听这声音，心里也着急，春天就要来了。”

冰茬子、冰牙子

黄：冰茬子就是这个冻下那个……长下那个雪……霜牙牙子不些的冰。冻下那个。piŋ˥˧˩tsʰɑ˩˧tsɿ˦tɕiou˥sɿ˥tʂə˥kə˥tuoŋ˥xɑ˥nə˥kə˥……tʂɑŋ˥˧xɑ˥˩nə˥kə˥ɕye˥˧……ʂuɑŋ˥˧iɑ˩˧iɑ˩˧˧tsɿ˧pu˩˧ɕi˥˧˩ti˦piŋ˥˧˩.tuoŋ˥xɑ˥nei˥kə˥.（像牙齿一样的那种是吧？）噢，冰牙子。ɑɔ˩,piŋ˥˧˩iɑ˩˧tsɿ˦.（它一般不是在路上吧？）这个有时候路上长的，再一个就是那个石崖底下咋长下那个花花子不些的那号，冻下那个，像雪花一样的那种。tʂə˥kə˥iou˥˧sɿ˩˧xou˥lou˥˧ʂɑŋ˥˩tʂɑŋ˥˧ti˧,tsæᴇ˥i˥˧˩kə˥˩tɕiou˥sɿ˥nə˥kə˥ʂɿ˩˧næᴇ˩˧ti˥˧xɑ˥˩tsɑ˥˧˩tʂɑŋ˥˧xɑ˥˩nə˥kə˥xuɑ˥˧xuɑ˥˧tsɿ˧pu˩˧ɕi˥˧˩ti˦nei˥˩xɑɔ˥˩,tuoŋ˥xɑ˥nə˥kə˥,ɕiɑŋ˥ɕyo˥˧xuɑ˥˧˩i˥˧˩iɑŋ˥ti˦nei˥tʂuoŋ˥˧˩.（噢，就是踩在上面嘎嘎响那个是吗？）啊，就是那个，嗯。ɑ˩,tɕiou˥sɿ˥nə˥kə˥,ə̃˩.（好像一般应该是在那种比较松软的那个土里面长出来的还是怎么的？）噢，那个上头有，这一般的路边的它都有这。ɑɔ˩,nə˥kə˥ʂɑŋ˥tʰou˧iou˥˧,tʂei˥i˥˧˩pæ̃˥˧ti˧lou˥piæ̃˥˧˩ti˧tʰɑ˥˧˩tou˥˧iou˥˧˩tʂei˥.

地油子、雪糁子

黄：再一个就说是这个呃这儿这还有个说法，就说是“天上下的是地油子，地下长的冰流子”。tsæᴇ˥i˥˧˩kə˥˩tɕiou˥ʂuo˥˧˧sɿ˥tʂə˥kə˥ə˩tʂər˥tʂə˥xæᴇ˩˧iou˥˧kə˥˩ʂuo˥˧fɑ˥˧˩,tɕiou˥ʂuo˥˧˧sɿ˥tʰiæ̃˥˧ʂɑŋ˥˩ɕiɑ˥˧ti˧sɿ˥˩ti˥iou˩˧tsɿ˦,ti˥ɕiɑ˥tʂɑŋ˥˧ti˧piŋ˥˧˩liou˩˧tsɿ˦.（天上下的什么？）呃，天上下的地油子。ə˩,tʰiæ̃˥˧ʂɑŋ˥˩ɕiɑ˥ti˦ti˥iou˩˧tsɿ˦.（地油子啊？）地，地油子，地下冻的冰流子。ti˥,ti˥iou˩˧tsɿ˦,ti˥xɑ˥tuoŋ˥ti˦piŋ˥˧˩liou˩˧tsɿ˦.（这个地油子是什么？）地油子就是冬天就是气温非常低……低的情况下，下下来那个雨没有形成雪花，好像雨一……说是雨，它可好像沾冰的那个情况，下到地下就冻住了。ti˥iou˩˧tsɿ˦tɕiou˥sɿ˥tuoŋ˥˧tʰiæ̃˥˧˩tsou˥˩sɿ˥˩tɕʰi˥vəŋ˥˧˩fei˥˧˩tʂʰɑŋ˩˧tiŋ˥˧……ti˥˧ti˧tɕʰiŋ˩˧kʰuɑŋ˥ɕiɑ˥,ɕiɑ˥xɑ˥læᴇ˩˧˧nə˥kə˥y˥˧mei˩˧iou˥˧ɕiŋ˩˧tʂʰəŋ˩˧ɕyo˥˧xuɑ˥˧˩,xɑɔ˥˧˧ɕiɑŋ˥y˥˧i˥˧˩……ʂuo˥˧sɿ˥˩y˥˧,tʰɑ˥˧˧kʰə˥˧˩xɑɔ˥˧˧ɕiɑŋ˥tʂæ̃˥˧˩piŋ˥˧ti˧nə˥kə˥tɕʰiŋ˩˧kʰuɑŋ˥,ɕiɑ˥˧tɑɔ˥˩ti˥xɑ˥tɕiou˥tuoŋ˥tʂʮ˥˧lə˧.（噢，呃是不是一颗一颗的那种？）不是的。pu˩˧sɿ˥˧ti˧.（不是？）噢，它是水……是冰不像冰。一颗一颗的，我们把这叫雪糁子咧。ɑɔ˩,tʰɑ˥˧˩sɿ˥ʂuei˥˧˩……sɿ˥piŋ˥˧˩pu˩˧ɕiɑŋ˥piŋ˥˧˩.i˥˧˩kʰə˥˧i˥˧˩kʰə˥˧ti˧,ŋuo˥˧məŋ˧pɑ˥˧˩tʂə˥tɕiɑɔ˥ɕyo˥˧˩tʂəŋ˥˧tsɿ˧lie˧.（噢！）下下雪糁子着咧。ɕiɑ˥xɑ˥ɕyo˥˧˩tʂəŋ˥˧tsɿ˧tʂə˧lie˧.（噢，雪糁子？）噢，雪糁子。就是……小小那颗颗子那个。它这个地油子么就说是就是临界于冻冰的那个那个雨。说它冻它没冻，但是它着得地下就冻住了。ɑɔ˩,ɕyo˥˧˩tʂəŋ˥˧tsɿ˧.tɕiou˥˩sɿ˥˩ɕi……ɕiɑɔ˥˧ɕiɑɔ˥˧nə˥˩kʰuo˥˧kʰuo˥˧˩tsɿ˧nə˥kə˥.tʰɑ˥˧tʂə˥˩kə˥˩ti˥iou˩˧tsɿ˦muo˧tsou˥˧suo˥˧˩sɿ˥˩tɕiou˥˧sɿ˥˩liŋ˩˧tɕie˥y˩˧tuoŋ˥˧piŋ˥˧˩ti˧nə˥kə˥nə˥kə˥y˥˧˩.ʂuo˥˧˩tʰɑ˥˧˧tuoŋ˥tʰɑ˥˧˩mei˩˧tuoŋ˥,tæ̃˥sɿ˥tʰɑ˥˧˧tʂuo˥˧tə˧ti˥˧xɑ˥˩tɕiou˥˩tuoŋ˥tʂʮ˥˧lə˧.（是那个就像那个这个油是炒菜用的那种油那个那个油吗？）噢，地油子就像那个油一样，滴……掉到地下一结……ɑɔ˩,ti˥iou˩˧tsɿ˦tɕiou˥ɕiɑŋ˥nə˥kə˥iou˩˧i˥˧˩iɑŋ˥˩,tie˥˧˧……tiɑɔ˥tɑɔ˥ti˥xɑ˥˩i˥˧˩tɕie˥˧˧……（掉下来就粘住了？）噢，粘住了就成了冰流子了。ɑɔ˩,tʂæ̃˥˧tʂʮ˥˩lə˧tɕiou˥˩tʂʰəŋ˩˧lə˦piŋ˥˧˩liou˩˧tsɿ˦lə˧.

黑霜、苦霜、水霜

（黑霜、苦霜、水霜都是什么样的呢？）黄：那就是个，黑霜那……那一霜，那是基本上把欸所有这个欸作物一下子打死了。叫黑霜。nə˥tɕiou˥sɿ˥kə˥,xei˥˧ʂuɑŋ˥˧nə˥ʂ……nei˥i˥˧˩ʂuɑŋ˥˧,nə˥˩sɿ˥˩tɕi˥˧˩pəŋ˥˧ʂɑŋ˥˩pɑ˥˧˩ei˩ʂuo˥˧iou˥˧tʂei˥kə˥ei˥tsuo˥˧˧vuo˥˧˩i˥˧˩xɑ˥˧tsɿ˦tɑ˥˧sɿ˥˧˩lə˥.tɕiɑɔ˥xei˥˧ʂuɑŋ˥˧˩.（噢，那是特别厉害的那个！）噢，特别厉害那个霜叫黑霜。ɑɔ˩,tʰə˥˧˩pie˩˧li˥xæᴇ˥nei˥kə˥ʂuɑŋ˥˧˩tɕiɑɔ˥˩xei˥˧ʂuɑŋ˥˧˩.（噢，什么东西都会冻死？）噢。苦霜么那就说是

有些作物它还打不死。ɑɔ˩.kʰu˥ʂuaŋ˥˩muo˧næᴇ˧tsou˧ʂuo˥˩sɿ˧˩iou˥ɕie˥˩tsuo˥˩vuo˥˩tʰɑ˥˩xɑ˧˩tɑ˥pu˧˩sɿ˥.（这个就是苦瓜那个苦吗？）啊，苦。水霜那就是这个表面上下了一点点子。但是这个树……叶叶子头起太都看不来，像绿色的植物都看不来，但是那个板头起或者是那个椽椽子头起噢，有一层层白白的那么个样子。ɑ˩,kʰu˥.ʂuei˥ʂuaŋ˥˩næᴇ˧tɕiou˧sɿ˧tʂə˧˩kə˧˩piɑɔ˥miæ̃˧˩ʂaŋ˧˩ɕiɑ˧lə˧i˥˩tiæ̃˥tiæ̃˥tsɿ˧.tæ̃˧sɿ˧tʂə˧kə˧ʂɥ……ie˥ie˥tsɿ˧tʰou˧˩tɕʰie˥˩tʰæᴇ˧tou˥˩kʰæ̃˧pu˧˩læᴇ˧,ɕiaŋ˧liou˥sə˥˩ti˧tʂɿ˧vuo˥tou˥˩kʰæ̃˧pu˧˩læᴇ˧˩,tæ̃˧sɿ˧na˧kə˧pæ̃˥tʰou˧˩tɕʰie˥˩xuei˧˩tʂə˥˩sɿ˧na˧kə˧tʂʰuæ̃˧˩tʂʰuæ̃˧˩tsɿ˧tʰou˧˩tɕʰie˥ɑɔ˩,iou˥i˥˩tsʰəŋ˧˩tsʰəŋ˧˩pei˧pei˧ti˧na˧muo˧kə˧iaŋ˧tsɿ˧.（tsʰəŋ˧˩tsʰəŋ˧˩？）噢，椽上。ɑɔ˩,tʂʰuæ̃˧˩ʂaŋ˧˩.（椽上啊？）噢，椽上。也就是这外头立的柱子头起，木头头起，有那么一层层。ɑɔ˩,tʂʰuæ̃˧˩ʂaŋ˧˩.ie˥˩tɕiou˧˩sɿ˧tʂei˧væᴇ˧tʰou˧˩li˥tə˧tʂɥ˧tsɿ˧tʰou˧˩tɕʰie˥˩,mu˥tʰou˧˩tʰou˧˩tɕʰie˥˩,iou˥nə˧mə˧i˥˩tsʰəŋ˧˩tsʰəŋ˧˩.（椽，那个椽子上面是吧？）啊，椽子上面有一层层，是水霜。ɑ˩,tʂʰuæ̃˧tsɿ˧ʂaŋ˧miæ̃˧iou˥˩i˥˩tsʰəŋ˧˩tsʰəŋ˧˩,sɿ˧ʂuei˥ʂuaŋ˥˩.（那个有些霜打下来以后就是一片雪白的，那那种霜……）那就是苦霜。nei˧˩tɕiou˧sɿ˧kʰu˥ʂuaŋ˥˩.（噢，那是苦霜？）噢，苦霜。那一下下的整个儿……整个儿作物头起和啥头起都是一片白么。ɑɔ˩,kʰu˥ʂuaŋ˥˩.nei˧˩i˥˩xa˧ɕia˧ti˧tʂəŋ˥kər˧……tʂəŋ˥kər˧tsuo˥˩vuo˥˩tʰou˧˩tɕʰie˥˩xuo˧˩sa˧tʰou˧˩tɕʰie˥˩tou˥˩sɿ˧˩i˥˩pʰiæ̃˥pei˧muo˧.

霜牙子

黄：今儿早起[①]天都有霜牙子咧。冬天的这个霜一般你给下到外面的壳壳儿上，它都是比较大一点。上头长的牙牙子不些的这个。一般这个是……春季里的和秋季里这个霜，它一般很少有牙子，都是那细颗粒的。tɕiɔ̃r˥˩tsɑɔ˥tɕʰi˥˩tʰiæ̃˥˩tou˥˩iou˥˩ʂuaŋ˥iɑ˧˩tsɿ˧lie˧.tuoŋ˥tʰiæ̃˥˩ti˧tʂə˧kə˧ʂuaŋ˥i˥˩pæ̃˥˩ni˥˩kei˧ɕiɑ˧tɑɔ˧væᴇ˧miæ̃˧ti˧kʰə˥˩kʰər˥ʂaŋ˧˩,tʰɑ˥˩tou˥˩sɿ˧pi˥˩tɕiɑɔ˧tɑ˧i˥˩tiæ̃˥˩.ʂaŋ˧tʰou˧tʂaŋ˥ti˧iɑ˧˩iɑ˧˩tsɿ˧pu˧˩ɕi˥tei˥˩tʂə˧kə˧˩.i˥˩pæ̃˥˩tʂə˧kə˧ʂɥ……tʂʰuoŋ˥tɕi˧li˥˩ti˧xu˧˩tɕʰiou˥˩tɕi˧˩li˥˩tʂə˧kə˧ʂuaŋ˥,tʰɑ˥˩i˥˩pæ̃˥xəŋ˥ʂɑɔ˥iou˥˩iɑ˧tsɿ˧,tou˥˩sɿ˧˩næᴇ˧˩ɕi˧kʰuo˥˩li˧˩ti˧.

雾、雾气

黄：雾气，你看。今儿雾……今儿早起雾气大咧。……雾，下下来看它看着不走，不动弹。雾气，那个就是好像一工儿滚动着咧。啊，流动着。来的也快，有时候走的也快，雾气么。vu˧˩tɕʰi˧˩,ni˥˩kʰæ̃˧,tɕiɔ̃r˥˩vu˧……tɕiɔ̃r˥˩tsɑɔ˥tɕʰi˥˩vu˧tɕʰi˧tɑ˧lie˧.……vu˧,ɕiɑ˧xɑ˧læᴇ˧˩kʰæ̃˧tʰɑ˥˩kʰæ̃˧tʂə˧pu˧˩tsou˥,pu˧˩tuoŋ˧tʰæ̃˧˩.vu˧tɕʰi˧,nə˧kə˧tsou˧sɿ˧xɑɔ˥˩ɕiaŋ˧i˥˩kuɔ̃r˥kuoŋ˥˩tuoŋ˧tʂuo˥˩lie˧.ɑ˩,liou˧˩tuoŋ˧tʂə˧.læᴇ˧˩ti˧ie˥˩kʰuæᴇ˧,iou˥˩sɿ˧˩xou˧tsou˥ti˧ie˥˩kʰuæᴇ˧,vu˧tɕʰi˧muo˧.

露水

黄：就说你……冬天……夏天不是正干活着咧，投到旋干的时候，他……“回吧，不行咧，露水都下来了。”噢，就是已经潮气都下来了。tɕiou˧ʂuo˥˩ni˥˩ɕie……tuoŋ˥tʰiæ̃˥˩……ɕiɑ˧tʰiæ̃˥˩pu˧˩sɿ˧tʂəŋ˧kæ̃˧xuo˧tʂə˧lie˧,tʰou˧˩tɑɔ˧ɕyæ̃˧kæ̃˧ti˧sɿ˧˩xou˧,tʰɑ……xuei˧˩pɑ˧,pu˧˩ɕiŋ˧˩lie˧,lou˧ʂuei˥˩tou˥˩xɑ˧læᴇ˧˩lə˧.ɑɔ˩,tɕiou˧˩sɿ˧˩i˥tɕiŋ˥˩tʂʰɑɔ˧˩tɕʰi˧˩tou˥˩ɕiɑ˧læᴇ˧˩lə˧.

二阴子天

（二阴子天是什么？）黄：噢，二阴……就是这个欸说不出太阳就有点太阳，说出太阳今儿没太阳。噢，多云的那个样子。ɑɔ˩,ər˧˩iŋ˥……tsou˧sɿ˧tʂə˧kə˧ei˧ʂuo˥pu˧˩tʂʰɥ˥tʰæᴇ˧iaŋ˧tɕiou˧iou˥tiæ̃˥˩tʰæᴇ˧iaŋ˧,ʂuo˥˩tʂʰɥ˥tʰæᴇ˧iaŋ˧tɕiɔ̃r˥˩muo˥˩tʰæᴇ˧˩iaŋ˧.

① 早起：早上。元秦简夫《东堂老》第一折：“俺等了一早起，没有吃饭哩。”

ɑɔ˩,tuo˥˧˩yoŋ˩˧ti˦nə˥kə˥iaŋ˥tsɿ˧.

下黄沙

冯：咱们这儿今年春……今年春季糟糕得很。天不下雨，干燥得厉害，一直是这个黄风。从从从从内蒙、青海那面儿吹上过来这个家伙。tsɑ˩˧məŋ˦tʂər˥tɕiŋ˥˧˩niæ̃˩˧tʂʰuoŋ˥˧……tɕiŋ˥˧˩niæ̃˩˧tʂʰuoŋ˥˧˩tɕi˥tsɑɔ˥˧˩kɑɔ˥˧˩tei˥˧˩xəŋ˥˧.tʰiæ̃˥˧˩pu˩˧˩ɕiɑ˥y˥˧,kæ̃˥˧˩tsɑɔ˥tei˥˧˩li˥xæᴇ˥˩,i˥˧˩tʂʅ˩˧˥˧sɿ˥tʂə˥kə˥xuɑŋ˩˧fəŋ˥˧.tsʰuoŋ˩˧tsʰuoŋ˩˧tsʰuoŋ˩˧tsʰuoŋ˩˧luei˥məŋ˩˧,tɕʰiŋ˥˧˩xæᴇ˥˧nei˥miæ̃r˥˩tʂʰuei˥˧ʂɑŋ˥˩kuo˥læᴇ˩˧˩tʂə˥kə˥tɕiɑ˥˧xuo˧.（哦，你们叫那个沙尘暴叫“黄风”？）沙尘暴，嗯，沙尘暴。咱们这儿人把……老年人把沙尘暴一直叫“下黄沙哩”，“下黄沙哩”，啊，后来慢慢都知道这个名称，因为这个气象预报报得都知道这个叫，呃，大风扬沙，呃或者这个沙尘暴。sɑ˥˧˩tʂʰəŋ˩˧pɑɔ˥,ən˩,sɑ˥˧˩tʂʰəŋ˩˧pɑɔ˥.tsɑ˩˧məŋ˦tʂər˥zəŋ˩˧pɑ˥˧˩……lɑɔ˥˧niæ̃˩˧˩zəŋ˩˧pɑ˥˧˩sɑ˥˧˩tʂʰəŋ˩˧pɑɔ˥i˥˧˩tʂʅ˩˧˧tɕiɑɔ˥ɕiɑ˥xuɑŋ˩˧sɑ˥˧li˧,ɕiɑ˥xuɑŋ˩˧sɑ˥˧li˧,ɑ˩,xou˥˧˥læᴇ˩˧˩mæ̃˥mæ̃˥tou˥˧˧˥tʂʅ˥˧˩tɑɔ˥tʂə˥kə˥miŋ˩˧˩tʂʰəŋ˥˧˧,iŋ˥˧˩vei˥tʂə˥kə˥tɕʰi˥ɕiɑŋ˥y˥pɑɔ˥pɑɔ˥tə˦tou˥˧˩tʂʅ˥˧˩tɑɔ˥tʂə˩˧˧kə˥tɕiɑɔ˥,ə˩,tɑ˥fəŋ˥˧˩iɑŋ˩˧sɑ˥˧˩,ə˩xuei˩˧˩tʂə˥˧tʂə˥kə˥sɑ˥˧˩tʂʰəŋ˩˧pɑɔ˥.（这也是新……这个新新名词，他们……）啊，新名词。哎，新名词。ɑ˩,ɕiŋ˥˧miŋ˩˧tsʰɿ˩˧˩.æᴇ˩,ɕiŋ˥˧miŋ˩˧tsʰɿ˩˧˩.（他们根据这个新起的个名词，就像那个什么“非典肺炎”一样。）哎，就是。æᴇ˥˧,tɕiou˥˩sɿ˥˩.（那您刚才讲那个“刮黄风”，有这个说法吗？）刮黄风咧么。kuɑ˥˧˩xuɑŋ˩˧fəŋ˥˧lie˧muo˧.（那就是来沙尘暴了吗？）噢，就沙尘暴。下黄沙哩。嗯，风一刮过来，那时候，我小时候，几十年前，下黄沙在现在这个不一样，那个下雾蒙蒙喽火红的呀，看着黄……那个黄末末的，没有大风，没有大风，它这个黄末末的，不见太阳，嗯，那个黄末末的那个，就那个末……黄末子望下来下，老百姓把那叫下黄沙哩，落到地上，落到物体上，落到树上草上，一层子黄末末那个黄土一像就是。现在没有那个东西了，现在一家伙就这个风，吹上给你黄……这个土、沙子就吹下过来了。ɑɔ˩,tɕiou˥˧˥sɑ˥˧˩tʂʰəŋ˩˧pɑɔ˥.ɕiɑ˥xuɑŋ˩˧sɑ˥˧li˧.əŋ˥,fəŋ˥˧˩i˥˧˧˥kuɑ˥˧˩kuo˥læᴇ˩˧˩,nei˥˧˥sɿ˩˧˩xou˥˩,ŋuo˥˧ɕiɑɔ˥˧sɿ˩˧˩xou˥,tɕi˥˧ʂʅ˩˧˩niæ̃˩˧tɕʰiæ̃˩˧,ɕiɑ˥xuɑŋ˩˧sɑ˥˧tsæᴇ˥˩ɕiæ̃˥tsæᴇ˥tʂə˥kə˥pu˩˧˩i˥˧˩iɑŋ˥,næᴇ˥˧˥kə˥˦ɕiɑ˥˩vu˥məŋ˩˧˩məŋ˩˧˩lou˧xuo˥˧˩xuoŋ˩˧ti˦iɑ˧,kʰæ̃˥˧˥tʂuo˥˧˩xuɑŋ˩˧……nə˥˩kə˥˩xuɑŋ˩˧muo˥˧muo˥˧˩ti˧,muo˥˧˩iou˥˧˧tɑ˥˧˥fəŋ˥˧˩,muo˥˧˩iou˥˧˧tɑ˥˧˥fəŋ˥˧˩,tʰɑ˥˧tʂə˥kə˥xuɑŋ˩˧muo˥˧muo˥˧˩ti˧,pu˩˧˩tɕiæ̃˥tʰæᴇ˥iɑŋ˩˧˩,əŋ˩,nə˥kə˥xuɑŋ˩˧muo˥˧muo˥˧˩ti˧nə˥˧˥kə˥˩,tɕiou˥nə˥kə˥m……xuɑŋ˩˧muo˥˧tsɿ˧vɑŋ˥˩xɑ˥læᴇ˩˧˧ɕiɑ˥˧˥,lɑɔ˥˧pei˩˧˩ɕiŋ˥pɑ˥˧˩næᴇ˥tɕiɑɔ˥ɕiɑ˥xuɑŋ˩˧sɑ˥˧li˧,luo˥˧tɑɔ˥˩ti˥˧˥ʂɑŋ˥˩,luo˥˧˩tɑɔ˥vuo˥˧˩tʰi˥˧ʂɑŋ˥˩,luo˥˧˩tɑɔ˥˩ʂʯ˥ʂɑŋ˥˩tsʰɑɔ˥˧ʂɑŋ˥˩,i˥˧˩tsʰəŋ˩˧tsɿ˦xuɑŋ˩˧muo˥˧muo˥˧˩nə˥kə˥xuɑŋ˩˧tʰu˥˧i˥˧˩ɕiɑŋ˥˩tɕiou˥˧˥sɿ˥˩.ɕiæ̃˥tsæᴇ˥muo˥˧˥iou˥˧˧nə˥kə˥tuoŋ˥˧˩ɕi˧lə˧,ɕiæ̃˥tsæᴇ˥i˥˧˩tɕiɑ˥˧˩xuo˧tɕiou˥tʂə˥kə˥fəŋ˥˧,tʂʰuei˥˧ʂɑŋ˥˩kei˥ni˥˧˧xuɑŋ˩˧……tʂə˥kə˥tʰu˥˧,sɑ˥˧tsɿ˧tɕiou˥˩tʂʰuei˥˧˩xɑ˥˩kuo˥læᴇ˩˧˩lə˧.（那个黄末末到底是黄土还是什么东西？）咱们……我呀我想不来。小时候儿，小时候儿，那个家伙像黄沙子那个颜色，下下来那个面面子。tsɑ˩˧məŋ˦……ŋuo˥˧iɑ˧ŋuo˥˧ɕiɑŋ˥˧pu˩˧˩læᴇ˩˧.ɕiɑɔ˥˧sɿ˩˧˩xour˥,ɕiɑɔ˥˧sɿ˩˧˩xour˥,nə˥kə˥tɕiɑ˥˧˩xuo˧ɕiɑŋ˥xuɑŋ˩˧sɑ˥˧tsɿ˧nə˥kə˥iæ̃˩˧sei˥˧,ɕiɑ˥˩xɑ˥læᴇ˩˧˩nə˥˩kə˥˩miæ̃˥˧˥miæ̃˥˩tsɿ˧.（不是花粉吧？）不是花粉。土末。所以碰到到底就结层土。pu˩˧˩sɿ˥xuɑ˥˧˩fəŋ˥˧.tʰu˥˧muo˥˧˩.suo˥˧˧i˥˧˧pʰəŋ˥tɑɔ˥tɑɔ˥˩ti˥˧tɕiou˥tɕie˥˧˩tsʰəŋ˩˧tʰu˥˧.（就是扬土扬在……像空中的浮尘。）哎，扬扬扬过来浮尘，落下来了。这么个东西。æᴇ˩,iɑŋ˩˧iɑŋ˩˧iɑŋ˩˧kuo˥˧˥læᴇ˩˧˩fu˩˧tʂʰəŋ˩˧,luo˥˧˩ɕiɑ˥˧˥læᴇ˩˧˩lə˧.tʂə˥muo˦kə˥tuoŋ˥˧˩ɕi˧.

干

（你这个是旁边有水还挺好！）葫芦河边移石开荒的农民：啊？ɑ˩˧?（啊，旁边有河。）旁边有河，那地里干得很嘛。pʰɑŋ˩˧˩piæ̃˥˧˧iou˥˧xə˩˧,nɑ˥ti˥˧˥li˥˧˧kæ̃˥˧˩tei˥˧˩xəŋ˥˧˩mɑ˧.

（你要是没这个河，你地里都没法浇。）嘿，地里浇不上。地里全靠下雨，这里。xei˩,ti˧li˥˧tɕiɑɔ˥pu˥˩ʂaŋ˧˩.ti˧li˥˧tɕʰyæ̃˥˩kʰɑɔ˧ɕia˧˦y˥,tʂei˧li˥˩.（要拖水吧？）啊？ɑ˥?（要要用车拉水啊？）不拉水。pu˥˩la˥˩ʂuei˥˩.（不拉呀？）嗯。全靠下雨。不下雨也干咧嘛。ŋ̍˥.tɕʰyæ̃˥˩kʰɑɔ˧ɕia˧˦y˥.pu˥˩ɕia˧˦y˥ia˥˧kæ̃˥˩lie˧ma˧.（就让它那么干呐？）啊？ɑ˥?（让它这么干呀？）那你咋么办法？这面积大了嘛你。你浇水你浇到啥时候去？nɑ˧ni˥˧tsa˥muo˥˩pæ̃˧fa˥˧?tʂə˧miæ̃˧tɕi˥˩ta˧lə˧ma˧ni˥˩.ni˥˧tɕiɑɔ˥˩suei˥ni˥˩tɕiɑɔ˥˩tɑɔ˧˩sa˧sɿ˥˩xou˧tɕʰi˧˩?（地里下种了没有？）种咧嘛。玉米都出来了么。那个溜圆那都是玉米么。tʂuoŋ˧˦lə˧ma˧.y˧˦mi˥˧tou˥˩tʂʰʮ˥læᴇ˥˩lə˧muo˧.nə˧kə˧liou˥yæ̃˥nə˧tou˥˩sɿ˧˩y˧˦mi˥muo˧.（噢，那好像好多都没有长出来呀？）干得很么。干得很，基本上出不来嘛。出来短苗着咧么。kæ̃˥tei˥˩xəŋ˥˩muo˧.kæ̃˥tei˥˩xəŋ˥˩,tɕi˥˩pəŋ˥˧ʂaŋ˧tʂʰʮ˥pu˥˩læᴇ˥ma˧.tʂʰʮ˥læᴇ˥tuæ̃˥miɑɔ˥˩tʂuo˥lie˧muo˧.（那现在还不出来它它它还能出来吗？）那就看下啦雨，不下雨就完蛋啦。干死。你们那个地方干吧？næᴇ˧tɕiou˧kʰæ̃˧ɕia˧˦la˧y˥,pu˥˩ɕia˧y˥tsou˧˩væ̃˥˩tæ̃˧la˧.kæ̃˥sɿ˧˩.ni˥məŋ˧nə˧kə˧ti˧faŋ˥˩kæ̃˥pa˧?（呃，我们那儿水多。）你们啥地方的嘛？ni˥məŋ˧sa˧˦ti˧faŋ˥˩tə˧ma˧?（南方的。）南方？næ̃˥˩faŋ˥?（啊。）啊，南方□们个水能浇上。ɑ˩,næ̃˥˩faŋ˥niæ̃˥˩məŋ˧kə˧suei˥nəŋ˥˩tɕiɑɔ˥ʂaŋ˧˩.（哈，那都水田。）那也是山高水高么。像这地方就是川里有水，在山上就没水。næᴇ˧ia˥˩sɿ˧sæ̃˥kɑɔ˥˩suei˥kɑɔ˥˩muo˧.tɕiaŋ˧tʂei˧˦ti˧faŋ˥˧tɕiou˧sɿ˧tʂʰuæ̃˥li˥˩iou˥suei˥˩,tsæᴇ˧sæ̃˥ʂaŋ˧˩tɕiou˧mei˥suei˥˩.（这山上就没水下来哈？）没得。mei˥tei˥˩.（你这些石头有用吗？）没用。muo˥˩yoŋ˧˦.

二、地理

川、塬、峁、梁、坳

1.（有“平川”呐有什么这边的说法吗？）黄：那川那就是，这就是欸，说具体点又就是川区、塬[1]区，噢，就这么个分……区分，嗯。nə˥tʂʰuæ̃˥˧næᴇ˥tɕiou˥˩sʅ˥˩,tʂə˥˦tɕiou˥˩sʅ˥˩ei˩,ʂuo˥˧˩tɕy˥tʰi˥˧tiæ̃˥˧˩iou˥tɕiou˥sʅ˥tʂʰuæ̃˥˧tɕʰy˥˧,yæ̃˨˦tɕʰy˥˧˩,ɑɔ˩,tɕiou˥tʂə˥˩muo˧kə˥˩fəŋ˥˧˩……tɕʰy˥˧˩fəŋ˥˧,ə̃˩.（说不说“平川”？）说么，说“平川”么。ʂuo˥˧muo˧,ʂuo˥˧pʰiŋ˨˦tʂʰuæ̃˥˧˩muo˧.（“平川”？）噢。ɑɔ˩.（平川跟平塬有没有什么区别？）那有区别咧么。塬是高么，川就是就是两面是山，中间夹下这个地叫平川。næᴇ˥˦iou˥˧˩tɕʰy˥˧˩pie˨˦˩lie˧muo˧.yæ̃˨˦sʅ˥kɑɔ˥˧muo˧,tʂʰuæ̃˥˧tɕiou˥˩sʅ˥˦tɕiou˥sʅ˥liɑŋ˥˧˧miæ̃˥sʅ˥sæ̃˥˧,tʂuoŋ˥˧˩tɕiæ̃˥˧˧tɕiɑ˥˧xɑ˥˩tʂə˥kə˥ti˥tɕiɑɔ˥pʰiŋ˨˦tʂʰuæ̃˥˧.（噢，这个山上面平的？）噢。叫平塬么。ɑɔ˧.tɕiɑɔ˥pʰiŋ˨˦yæ̃˨˦˧muo˧.（叫“平塬”？）呃。ə˩.（也单独叫“塬”吗？）就合水那面[2]就叫“塬”，我们这面就不叫“塬”。tɕiou˥xuo˨˦˩ʂuei˥˧nei˥miæ̃˥˩tɕiou˥tɕiɑɔ˥yæ̃˨˦,ŋuo˥˧məŋ˧tʂei˥miæ̃˥tɕiou˥pu˨˦˩tɕiɑɔ˥yæ̃˨˦˩.（你们叫……就叫平塬？）我们叫“山顶”。ŋuo˥˧˧məŋ˧tɕiɑɔ˥sæ̃˥˧˩tiŋ˥˧.（山顶？）噢，山顶，或者是山峁[3]。ɑɔ˩,sæ̃˥˧˩tiŋ˥˧,xuei˨˦˧tʂə˥˧˩sʅ˥˩sæ̃˥˧˩mɑɔ˥˧.（山帽子？）嗯，峁。ə̃˩.mɑɔ˥˧.（哪个mɑɔ˥˧？）“帽子”的“帽”么。它高么。山峁。mɑɔ˥tsʅ˧ti˧mɑɔ˥muo˧.tʰɑ˥˧˩kɑɔ˥˧muo˧.sæ̃˥˧˧mɑɔ˥˧.（峁？）嗯，峁么。əŋ˩,mɑɔ˥˧muo˧.（哪个“峁”？就是山字头，底下一个“卯”的“峁”？）嗯。əŋ˩.（噢，那个你们这里这个山的山顶上有没有耕地？）有么。iou˥˧muo˧.（那种平的、能够耕种的叫“塬”还是叫“山峁”？）叫“梁”[4]。哪个梁，哪个梁。tɕiɑɔ˥liɑŋ˨˦.nɑ˥˧kə˥˩liɑŋ˨˦,nɑ˥˧kə˥˩liɑŋ˨˦.（可以耕种的？）可以耕种的，那就是……它不是圆的，就是……这面这个都是丘陵地带嘛，它形成这不是一长溜子那么个地方啊，有时候比较宽一点，有时候窄一点。这一道梁一道梁的。kʰə˥˧i˥˧˩kəŋ˥˧˩tʂuoŋ˥ti˧,nei˥˦tɕiou˥sʅ˥……tʰɑ˥˧˧pu˨˦˩sʅ˥yæ̃˨˦˩ti˧,tsou˥sʅ˥……tʂei˥miæ̃˥tʂə˥kə˥tou˥˧sʅ˥˩tɕʰiou˥˧liŋ˨˦˩ti˥tæᴇ˥mɑ˧,tʰɑ˥˧˩ɕiŋ˨˦tʂʰəŋ˨˦tʂə˥˦pu˨˦˩sʅ˥˩i˥˧˩tʂʰɑŋ˨˦liou˥tsʅ˧nə˥muo˧kə˥ti˥fɑŋ˥˧˧ɑ˩,iou˥˧˧sʅ˨˦˧xou˥pi˥˧˧tɕiɑɔ˥kʰuæ̃˥˧i˥˧˩tiæ̃˥˧˩,iou˥˧˧sʅ˨˦˧xou˥tsei˥˧i˥˧˩tiæ̃˥˧˩.tʂei˥i˥˧˩tɑɔ˥liɑŋ˨˦i˥˧˩tɑɔ˥liɑŋ˨˦ti˧.（那个跟那边的塬是不是一个东西呢？）不是

① 塬：我国西北黄土地区的一种地貌，四周是流水冲成的沟，中间突起呈台状，边缘陡峭，顶上比较平坦。

② 合水那面：太白人以子午岭分水岭为界将合水县区分为两部分，岭西叫前塬，岭东叫山后。“合水那面”指的就是前塬。

③ 峁：我国西北地区称黄土丘陵为“峁”。

④ 梁：我国西北黄土地区经流水冲刷而形成的顶面比较平缓、呈条状延伸的岭冈，也作墚。吴运铎《把一切献给党·制造枪榴弹》：“那些伪军刚翻过山梁，我们的枪榴弹就象雨点一般飞过去了。”魏钢焰《宝地、宝人、宝事》：“雒南县有个以白塬为中心的四十里墚塬，土地瘠薄，水源极缺。”“墚塬”即梁和塬的合称。

一个东西。□那个一……前边那个塬基本上□是个圆的。这面那都是一溜一溜的那个。pu˩˧˩sɿ˥˦i˥˧˩kə˥˩tuoŋ˥˧ɕi˧.niæ̃˩˧nə˥kə˥i˥˧˩……tɕʰiæ̃˩˧˩piæ̃˥˧nə˥kə˥yæ̃˩˧tɕi˥˧˩pəŋ˥˧ʂɑŋ˥˩niæ̃˩˧˧sɿ˥kə˥yæ̃˩˧ti˧.tʂei˥miæ̃˥nei˥˦tou˥˧˩sɿ˥i˥˧˩liou˥˦i˥˧˩liou˥˦ti˧nei˥˩kə˥˩.（噢，这个那个“塬”是一……差不多是圆形的是吧？）噢，差不多是个圆形的么。ɑɔ˩,tsʰɑ˥pu˩˧˧tuo˥˧sɿ˥kə˥yæ̃˩˧ɕiŋ˩˧˧ti˧muo˧.（你这个“梁”就是长的？）啊，长形的，嗯。ɑ˩,tʂʰɑŋ˩˧ɕiŋ˩˧˧ti˧,ə̃˩.（噢，这个有有这个区别哈。那个这个川它是在山中间的，是吧？）噢，山中间的。ɑɔ˩,sæ̃˥˧tʂuoŋ˥˧tɕiæ̃˥˧˩ti˧.（有水没有水呢？）有水咧。有水才称为川咧。iou˥˧ʂuei˥˧lie˧.iou˥˧ʂuei˥˧tsʰæᴇ˩˧˩tʂʰəŋ˥˧˩vei˩˧˩tʂʰuæ̃˥˧lie˧.（没有水的这种平……这个山沟里面的平的？）那就是干沟么。这个地么就是这号分的，川地，还有台地。nei˥tɕiou˥˩sɿ˥˩kæ̃˥˧˩kou˥˧muo˧.tʂə˥kə˥ti˥˧muo˧tɕiou˥sɿ˥tʂə˥˦xɑɔ˥˩fəŋ˥˧ti˧,tʂʰuæ̃˥˧˩ti˥,xæᴇ˩˧˧iou˥˧˧tʰæᴇ˩˧˧ti˥˩.（tʰæᴇ˩˧˧地是什么东西？）台地就说是在……比这个平地么又高了一台台子的么。tʰæᴇ˩˧ti˥tɕiou˥˦ʂuo˥˧˩sɿ˥˩tsæᴇ˥……pi˥˧tʂə˥˩kə˥˩pʰiŋ˩˧ti˥muo˧iou˥kɑɔ˥˧lə˧li˥˧˩tʰæᴇ˩˧˩tʰæᴇ˩˧˦tsɿ˧ti˧muo˧.（噢，台地。）噢，台地。嗯，一台一台的。ɑɔ˩,tʰæᴇ˩˧ti˥˩.ə̃˩,i˥˧˩tʰæᴇ˩˧i˥˧˩tʰæᴇ˩˧ti˧.（那川顶上那地呢？）这就是……山峁上那就叫梁么。tʂei˥tɕiou˥sɿ˥……sæ̃˥˧˩mɑɔ˥˧ʂɑŋ˥˩næᴇ˥tɕiou˥tɕiɑɔ˥liɑŋ˩˧muo˧.（梁上的地？）呃，梁上的地么。ə˩,liɑŋ˩˧˩ʂɑŋ˥ti˧ti˥muo˧.（梁上的地有没有那个特别的称呼？）这就没有啥咧。嗯。tʂei˥˦tsou˥˩mei˩˧iou˥˧sɑ˥˩lie˧.ə̃˩.（那塬上的地呢？）塬它就是个……塬边里的有些□把……塬地□它是……可分了个坳。yæ̃˩˧tʰɑ˥˧˧tɕiou˥sɿ˥kə˥……yæ̃˩˧piæ̃˥˧li˥˧˩ti˧iou˥˧ɕie˥˧˩niæ̃˩˧pɑ˥˧˩……yæ̃˩˧ti˥niæ̃˩˧˩tʰɑ˥˧˩sɿ˥˩……kʰə˥˧˩fəŋ˥˧lə˧kə˥˩niɑɔ˥˧.（niɑɔ˥˧是什么？）就是这一撇……这一片子地都基本上平着咧啊，但到那个地方形成一点慢坡，这个地方比较低一点，但是在这个地方基本在中心这个地方咧就叫坳[1]。tɕiou˥˩sɿ˥˩tʂei˥i˥˧˧pʰie˥˧……tʂei˥i˥˧˩pʰiæ̃˥˧tsɿ˧ti˥tou˥˧˧tɕi˥˧˩pəŋ˥˧ʂɑŋ˥pʰiŋ˩˧tʂuo˥˧lie˧lɑ˩,tæ̃˥tɑɔ˥nə˥kə˥ti˥fɑŋ˥˧˩ɕiŋ˩˧tʂʰəŋ˩˧i˥˧˧tiæ̃˥˧˧mæ̃˥pʰuo˥˧,tʂə˥kə˥ti˥fɑŋ˥˧˧pi˥˧˧tɕiɑɔ˥ti˥˧i˥˧˩tiæ̃˥˧˩,tæ̃˥sɿ˥tsæᴇ˥tʂə˥kə˥ti˥fɑŋ˥˧˩tɕi˥˧˩pəŋ˥˧tsæᴇ˥tʂuoŋ˥˧ɕiŋ˥˧tʂə˥˩kə˥˩ti˥˦fɑŋ˥˧˩lie˧tɕiou˥tɕiɑɔ˥niɑɔ˥˧.（噢，就是等于是这种山沟？）啊，山沟或者塬咧。ɑ˩,sæ̃˥˧˩kou˥˧xuo˩˧˩tʂə˥˧˩yæ̃˩˧lie˧.（不宽不宽的沟是吗？）呃，但是这是指□那个塬上那面那个地方。ə˩,tæ̃˥sɿ˥tʂei˥˦sɿ˥˩tsɿ˥˧niæ̃˩˧˧nə˥kə˥yæ̃˩˧˩ʂɑŋ˥˦nei˥˦miæ̃˥˩nə˥kə˥ti˥˦fɑŋ˥˧˩.（噢，塬上面的。）啊，塬上面那个地方。稍微地块儿比较大一点啊，慢慢到中间集中在那个地方比较窊[2]一点的地方啊。ɑ˩,yæ̃˩˧ʂɑŋ˥˥˧miæ̃˥˩næᴇ˥kə˥ti˥˦fɑŋ˥˧˩.sɑɔ˥˧˧vei˥˧˧ti˥kʰuar˥˧˧pi˥˧˧tɕiɑɔ˥tɑ˥i˥˧˧tiæ̃˥˧˩ɑ˩,mæ̃˥mæ̃˥tɑɔ˥tʂuoŋ˥˧˩tɕiæ̃˥˧˩tɕi˩˧˦tʂuoŋ˥˧˩tsæᴇ˥nə˥kə˥ti˥fɑŋ˥˧˩pi˥˧tɕiɑɔ˥vɑ˥i˥˧˧tiæ̃˥˧˩ti˧ti˥fɑŋ˥˧ɑ˩.（塬……塬上的，它是一条还是一……一……一……）一片。一片这个地方把那个……种这个……种那个地方……比较窝一点那地方叫坳。i˥˧˩pʰiæ̃˥˧.i˥˧˩pʰiæ̃˥˧tʂə˥kə˥ti˥fɑŋ˥˧˧pɑ˥˧˩nə˥˦kə˥˩……tʂuoŋ˥tʂə˥kə˥……tʂuoŋ˥nə˥kə˥ti˥fɑŋ˥˧˩……pi˥˧˧tɕiɑɔ˥vuo˥˧i˥˧˩tiæ̃˥˧˩nə˥ti˥fɑŋ˥˧˧tɕiɑɔ˥niɑɔ˥˧.（跟那个“鸟”音相同吗？）相同着咧基本上，坳。眼睛像……前面这个就多得很了，什么那烟其坳啊，这个坳，那个坳的，这就是……指……基本上就在塬的中间一带的这个地方叫坳。ɕiɑŋ˥˧˩tʰuoŋ˩˧˩tʂuo˧lie˧tɕi˥˧˩pəŋ˥˧ʂɑŋ˥˩,niɑɔ˥˧.iæ̃˥˧tɕiŋ˥˧ɕiɑŋ˥……tɕʰiæ̃˩˧˩miæ̃˥˦tʂei˥kə˥tɕiou˥tuo˥˧tei˥˧˩xəŋ˥˧lə˧,ʂəŋ˥muo˧nə˥iæ̃˥˧tɕʰi˩˧niɑɔ˥˧æ˧,tʂə˥˩kə˥˦niɑɔ˥˧˩,nɑ˥kə˥niɑɔ˥˧˩ti˧,tʂə˥tɕiou˥sɿ˥……tsɿ˥˧……tɕi˥˧˩pəŋ˥˧ʂɑŋ˥˩tɕiou˥tsæᴇ˥yæ̃˩˧ti˧tʂuoŋ˥˧˩tɕiæ̃˥˧i˥˧˩tæᴇ˥ti˧tʂə˥kə˥ti˥fɑŋ˥˧˧tɕiɑɔ˥niɑɔ˥˧.

---

① 坳：《广韵》於交切。指地面洼下处。《庄子·逍遥游》：“覆杯水于坳堂之上，则芥为之舟，置杯焉则胶，水浅而舟大也。”

② 窊：下凹，低陷。《集韵》乌化切。宋叶适《北斋》诗之二：“方嫌树影瘦，复虑地势窊。”

2.（你们这里就是讲这个“塬”啊，什么什么“塬”，什么“塬”，那个是那个字习惯上写成哪一个字？）习惯是给写成这个“塬”。ɕi˨˩kuæ̃˦sɿ˦kei˦˥ɕie˥˩tʂʰəŋ˩tʂei˦˥kə˦˩yæ̃˨˩.（写不写加不加“土”字？）加“土”字么。有些地方……多一半儿简写现在人都不加。应该这是应该加“土”字，但是现在都写成这个“原”咧。tɕia˥˩tʰu˥tsɿ˦˩muo˧.iou˥ɕie˥˩ti˦faŋ˥˩……tuo˥i˥˩pæ̃r˦tɕiæ̃˥ɕie˥ɕiæ̃˦tsæᴇ˦zəŋ˩tou˥˧pu˨˩tɕia˥˩.iŋ˥˧kæᴇ˥˩tʂə˦sɿ˦iŋ˥˧kæᴇ˥˩tɕia˥˩tʰu˥tsɿ˦˩,tæ̃˦sɿ˦ɕiæ̃˦˥tsæᴇ˦tou˥˩ɕie˥tʂʰəŋ˨˩tʂə˦kə˦yæ̃˨˩lie˧.（以前呢？）以前都有加“土”字咧。黄土高原。这这儿这个“塬”就多得很了。i˥˧tɕʰiæ̃˩tou˥˦iou˥˧tɕia˥˩tʰu˥tsɿ˦˩lie˧.xuaŋ˩tʰu˥kaɔ˥˩yæ̃˧.tʂə˦tʂər˦˥tʂə˦kə˦yæ̃˩tsou˦tuo˥tei˥˩xəŋ˥lə˧.（“塬”是什么意思呢？）“塬”是就是这个山顶上就这有这么一块儿平地，他就把这个叫“塬”。这儿这不是有个特点？黄土高原它这个塬么就是这个“巴掌田，溜溜塬”。yæ̃˩sɿ˦tɕiou˦sɿ˦tʂei˦kə˦sæ̃˥˩tiŋ˥ʂaŋ˦˩tɕiou˦tʂə˦iou˥tʂə˦˥muo˧i˥˩kuər˥pʰiŋ˩ti˦,tʰa˥˧tɕiou˦pa˥˩tʂə˦kə˦tɕiaɔ˦yæ̃˩.tʂər˦tʂə˦pu˨˩sɿ˦iou˥kə˦tʰə˥˩tiæ̃˥?xuaŋ˨˩tʰu˥kaɔ˥˩yæ̃˩tʰa˥˧tʂə˦kə˦yæ̃˩muo˧tɕiou˦sɿ˦tʂə˦kə˦pa˥tʂaŋ˥˩tʰiæ̃˩,liou˦liou˦yæ̃˩.（巴掌田？）巴掌田，那田有一巴掌大。他说下那个是塬么就是一一长溜儿一长溜儿的那个，不是那么个很圆的那个圆，一溜子塬。这个地理特点就是“巴掌田，溜溜塬”。pa˥tʂaŋ˥˩tʰiæ̃˩,nə˦tʰiæ̃˩iou˥˩i˥˧pa˥tʂaŋ˥˩ta˦.tʰa˥ʂuo˥xa˦˩nə˦kə˦sɿ˦˩yæ̃˩muo˧tɕiou˦sɿ˦i˥˩i˥˩tʂʰaŋ˨˩liour˦i˥˩tʂʰaŋ˨˩liour˦ti˧nə˦kə˦,pu˨˩sɿ˦nə˦˥muo˧kə˦˩xəŋ˥yæ̃˨˩ti˧nə˦kə˦yæ̃˩,i˥˩liou˦tsɿ˧yæ̃˩.tʂə˦˩kə˦˩ti˦li˥˩tʰei˥˩tiæ̃˥tɕiou˦˩sɿ˦˩pa˥tʂaŋ˥˩tʰiæ̃˩,liou˦liou˦yæ̃˩.（liou˦liou˦yæ̃˩？）嗯。ə̃˨˩.（刚才讲“一亩田”是什么意思啊？）巴掌田么，就是就是小么，小的那个意思么。巴掌田是溜溜塬么。都是指的那个，塬它不是个圆形的，是一……一长条儿一长溜儿一长溜儿的那个，啊。pa˥tʂaŋ˥˩tʰiæ̃˩muo˧,tɕiou˦sɿ˦tɕiou˦sɿ˦ɕiaɔ˥muo˧,ɕiaɔ˥ti˧nə˦kə˦i˦sɿ˧muo˧.pa˥tʂaŋ˥˩tʰiæ̃˩sɿ˧liou˦liou˦yæ̃˩muo˧.tou˥˧sɿ˦tsɿ˥ti˧nə˦kə˦,yæ̃˩tʰa˥˧pu˨˩sɿ˦kə˦yæ̃˩ɕiŋ˩ti˧,sɿ˦i˥˩tʂʰ……i˥˩tʂʰaŋ˨˩tʰiaɔr˩˧i˥˩tʂʰaŋ˨˩liour˦i˥˩tʂʰaŋ˨˩liour˦ti˧nə˦kə˦,ɑ̃˨˩.（可能是水土流失……）噢，水土流失造成的那种。aɔ˨˩,ʂuei˥tʰu˥liou˩ʂɿ˥˩tsaɔ˦tʂʰəŋ˨˩ti˧nei˦tʂuoŋ˥˩.（本来可能原先是圆的吧？）塬是……从原始那个构造上来说，它是个圆的，但是水土一流失以后就形成这么个。yæ̃˩sɿ˦y……tsʰuoŋ˨˩yæ̃˩sɿ˥nə˦kə˦kou˦tsaɔ˦ʂaŋ˦˩læᴇ˩ʂuo˥˧,tʰa˥˧sɿ˦kə˦yæ̃˩ti˧,tæ̃˦sɿ˦ʂuei˥tʰu˥i˥˩liou˩ʂɿ˥i˥˩xou˦˥tɕiou˦ɕiŋ˩tʂʰəŋ˩˧tʂə˦mə˧kə˦˩.

阴山、阳山

黄：山么就分阴山、阳山。sæ̃˥muo˧tɕiou˦fəŋ˥iŋ˥sæ̃˥˩,iaŋ˩sæ̃˥.（什么叫阴山？什么叫阳山？）西……这日头就是那面靠住这半块的就是……太阳落得这半块去，像这个太白这个地方一样噢，这边就为阴山，那面就为阳山。ɕi˥˩……tʂə˦ər˥tʰou˧tsou˦˩sɿ˦˩nei˦˥miæ̃˦˩kʰaɔ˦tʂʮ˦tʂei˦˥pæ̃˦˩kʰuæᴇ˥˩ti˧tɕiou˦sɿ˦……tʰæᴇ˦iaŋ˩luo˥tə˧tʂei˦˥pæ̃˦kʰuæᴇ˥tɕʰy˦˥,ɕiaŋ˦˩tʂə˦kə˦tʰæᴇ˦pei˨˩tʂə˦kə˦ti˦faŋ˥˩i˥˩iaŋ˦˥aɔ˨˩,tʂei˦piæ̃˥˩tɕiou˦vei˩iŋ˥sæ̃˥˩,nei˦miæ̃˦tɕiou˦vei˩˧iaŋ˩sæ̃˥˩.（向哪边？向东边行吗？）啊，东边，太阳不是西边日头这边就是……事情多一半都是靠南这边就是阴山么，靠北半部这边儿不就是阳山么？a˨˩,tuoŋ˥piæ̃˥˩,tʰæᴇ˦iaŋ˩pu˨˩sɿ˦˩ɕi˥˩piæ̃˥˧ər˥tʰou˧tʂei˦piæ̃˥˩tɕiou˦˩sɿ˦˩……sɿ˦tɕʰiŋ˩tuo˥i˥˩pæ̃˦tou˥˩sɿ˦kʰaɔ˦næ̃˩tʂei˦piæ̃˥˧tɕiou˦sɿ˦iŋ˥sæ̃˥˩muo˧.kʰaɔ˦pei˥pæ̃˦pʰu˦tʂei˦˥piæ̃r˥˩pu˨˩tɕiou˦sɿ˦iaŋ˩sæ̃˥muo˧?（噢，靠北的叫阳山？）啊。a˨˩.（靠南边的……）叫阴山。tɕiaɔ˦iŋ˥sæ̃˥˩.（向着南边儿还是靠着南边儿？）靠着。这就是分开就是南半坡是阴山，北半坡是这个阳山。kʰaɔ˦tʂə˧.tʂə˦tsou˦sɿ˦fəŋ˥˧kʰæᴇ˥tɕiou˦sɿ˦næ̃˩pæ̃˦pʰuo˥˩sɿ˦˩iŋ˥sæ̃˥˩,pei˥paŋ˦（←pæ̃˦）pʰuo˥˧sɿ˦tʂə˦kə˦iaŋ˩sæ̃˥˩.（就是向阳坡？）噢，向

阳的地方叫阳山，背住太阳的地方多一半儿就叫阴山。ɑɔ˩˧,ɕiaŋ˧iaŋ˨˦ti˧ti˧˩faŋ˥˧tɕiaɔ˧iaŋ˨sæ̃˥˧,pei˧tʂʮ˧tʰæᴇ˧iaŋ˨˦ti˧ti˧˩faŋ˥˧tuo˥i˥˧pæ̃r˧˩tɕiou˧tɕiaɔ˧iŋ˥sæ̃˥˧.（等于是一座山，朝着北的就是就是阴山，朝着南的就是阳山？）嗯。ɑ̃˩˧.（这是北边儿，这是南边儿，这是个山，哪边是阴山哪边是阳山嘛？）你这个太白就这么具体啊。咱们看着对门儿这长的树最小那个地方，那就叫阳山。这半块这个山那就叫阴山。ni˥˧tʂə˧kə˧tʰæᴇ˧pei˨˦tɕiou˧tʂə˧muo˧tɕy˧tʰi˥ɑ˩˧.tʂɑ˨mən˧kʰæ̃˧tʂə˧tuei˧mə̃r˨tʂə˧tʂaŋ˥ti˧ʂʮ˧tsuei˧˩ɕiaɔ˥nə˧kə˧ti˧faŋ˥˧,nei˧tɕiou˧tɕiaɔ˧iaŋ˨sæ̃˥˧.tʂei˧pæ̃˧kʰuæᴇ˥˧tʂə˧kə˧sæ̃˥˧nei˧˩tɕiou˧tɕiaɔ˧iŋ˥sæ̃˥˧.（这个这边儿这个非常茂盛的植被……）噢，茂盛这叫阴山。ɑɔ˩˧,maɔ˧ʂəŋ˧tʂei˧tɕiaɔ˧iŋ˥sæ̃˥˧.（向北边儿的就叫阴……阴山？）啊。ɑ˩˧.（北……北坡，阳……南坡？）啊。ɑ˩˧.

山顶、嵝岘

1. 黄：这个你比如这两个地方噢，这是一个峁，下来……下来是一个峁这么地方，这叫山顶，这个地方就叫嵝岘。tʂə˧kə˧ni˥˧pi˥˧ʐʮ˨˦tʂei˧liaŋ˥kə˧˩ti˧faŋ˥˧ɑɔ˩˧,tʂə˧sɿ˧i˥˧kə˧maɔ˥,xɑ˧læᴇ˨˦……xɑ˧˥læᴇ˨˩sɿ˧˩i˥˧kə˧maɔ˥tʂə˧muo˧ti˧˥faŋ˥˧,tʂə˧tɕiaɔ˧sæ̃˥˧tiŋ˥,tʂə˧kə˧ti˧faŋ˥˧tɕiou˧˩tɕiaɔ˧liaɔ˥˦ɕiæ̃˧˩.

2. 黄：这个峁么就说是……你比如，这是一座山么啊，到上来它这个走向以后，它这个地方又高了，又高……高上去以后到这儿慢慢往上去，它是一工儿就这么叽咕咕变咧。这地方都叫山峁么。tʂə˧˩kə˧maɔ˥muo˧tsou˧ʂuo˥˧sɿ˧˩……ni˥pi˥ʐʮ˨˦,tʂə˧sɿ˧˩i˥˧tsuo˧sæ̃˥mu o˧ɑ˩˧,taɔ˧˩ʂaŋ˧læᴇ˨˦tʰɑ˥˧tʂə˧kə˧tsou˥ɕiaŋ˧i˥˧xou˧,tʰɑ˥˧tʂə˧kə˧ti˧˩faŋ˥˧iou˧kaɔ˥˧lə˧,iou˧kaɔ˥˧……kaɔ˥˧ʂaŋ˧tɕʰy˧i˥˧xou˧taɔ˧tʂər˧mæ̃˧mæ̃˧vaŋ˥ʂaŋ˧˦tɕʰy˧˩,tʰɑ˥˧sɿ˧˩i˥˧kuõr˥tɕiou˧tʂə˧muo˧tɕi˥ku˥˦ku˥˧piæ̃˧lie˧.tʂei˧˥ti˧˩faŋ˥˧tou˥˦tɕiaɔ˧sæ̃˥˧maɔ˥muo˧.（顶上叫山峁是吧？）噢，顶上叫山峁。这个底……这窊下去的这一部分么就叫嵝岘。ɑɔ˩˧,tiŋ˥ʂaŋ˧˩tɕiaɔ˧sæ̃˥˧maɔ˥.tʂə˧˩kə˧˩ti˥……tʂə˧˩vɑ˧˩ɕiɑ˧tɕʰy˧ti˧tʂei˧i˥˧pʰu˧fəŋ˧muo˧tɕiou˧˩tɕiaɔ˧˩liaɔ˥˦ɕiæ̃˧˩.

岘子

1.（你们这个两座两两个塬或者是两座山中间的，有一条这样的那个可以通车的那个那个东西叫什么？可过人、通车，窄的。）黄：那，岘子么。næᴇ˧,ɕiæ̃˧tsɿ˧muo˧.（ɕiæ̃˧tsɿ˧？）嗯，岘子么。就像你们望来，你们过来……走时候，嗯，板桥那个塬上望过来走这儿这有一……有个岘子，叫板桥岘子嘛。但是你走……这是你走的是北线。要走南线，从西峰直接到太白，你们就要经过雷家岘子，高楼岘子。ŋ̍˩˧,ɕiæ̃˧tsɿ˧muo˧.tɕiou˧ɕiaŋ˧ni˥mən˧vaŋ˧læᴇ˨,ni˥mən˧kuo˧læᴇ˨˦ts……tsou˥sɿ˨˦xou˧,ŋ̍˩˧,pæ̃˥tɕʰiaɔ˨˩na˧kə˧yæ̃˨˩ʂaŋ˧˥vaŋ˧˩kuo˧læᴇ˨˦tsou˥tʂər˧tʂə˧iou˥˧i˥˧……iou˥kə˧˩ɕiæ̃˧tsɿ˧,tɕiaɔ˧pæ̃˥tɕʰiaɔ˨˩ɕiæ̃˧tsɿ˧ma˧.tæ̃˧sɿ˧ni˥tsou˥……tʂə˧sɿ˧ni˥tsou˥ti˧sɿ˧˩pei˥˧ɕiæ̃˧.iaɔ˧tsou˥˦næ̃˨ɕiæ̃˧,tsʰuoŋ˨ɕi˥˧fəŋ˨˦tʂʅ˨tɕie˥˧taɔ˧tʰæᴇ˧pei˨˦,ni˥˦mən˧tɕiou˧iaɔ˧tɕiŋ˥˧kuo˧luei˨˦tɕia˥ɕiæ̃˧tsɿ˧,kaɔ˥lou˨˦ɕiæ̃˧tsɿ˧.（ɕiæ̃˧tsɿ˧？）呃，岘子就是两个沟，都是沟，中间弄咧个梁梁子搭起来就修了一条车路。ə˩˧,ɕiæ̃˧tsɿ˧tɕiou˧sɿ˧liaŋ˥kə˧kou˥,tou˥˦sɿ˧kou˥.tʂuoŋ˥˧tɕiæ̃˥˦nuoŋ˧lie˧kə˧liaŋ˨liaŋ˨˦tsɿ˧ta˥tɕʰi˥˧læᴇ˨˩tsou˧ɕiou˥lə˧i˥˧tʰiaɔ˨˩tʂʰə˥˧lou˧.（tou˥˦sɿ˧kou˥？）噢，都是沟。它是……就是两个塬嘛。这个塬到那个塬上去，结果中间有一条沟咧么。这沟不得过去，你说……人为地搭条土梁子过来，修个路。这就叫岘子么。ɑɔ˩˧,tou˥˦sɿ˧kou˥.tʰɑ˥˦sɿ˧……tɕiou˧sɿ˧liaŋ˥kə˧˩yæ̃˨ma˧.tʂei˧kə˧yæ̃˨taɔ˧nei˧kə˧yæ̃˨˩ʂaŋ˧tɕʰi˧,tɕie˥˧kuo˥tʂuoŋ˥˧tɕiæ̃˥˧iou˥˦i˥˧tʰiaɔ˨kou˥lie˧muo˧.tʂə˧kou˥pu˨˩tei˥˧kuo˧tɕʰi˧,ni˥˦ʂuo˥˦……ʐəŋ˨vei˨˦ti˧ta˥tʰiaɔ˨˩tʰu˥liaŋ˨tsɿ˧kuo˧læᴇ˨˦,ɕiou˥kə˧˩lou˧.tʂei˧˥tɕiou˧tɕiaɔ˧ɕiæ̃˧tsɿ˧muo˧.

（噢，就是把两个塬连起来的这样的土梁子？）连起来的这个噢土梁子叫岘子么。liæ̃˩˧˧˩tɕʰi˥˧læᴇ˩˧˧˩ti·˧tʂei˥kə˥ɑɔ˩tʰu˥˧liɑŋ˩˧tsɿ·˧tɕiɑɔ˥ɕiæ̃˥tsɿ·˧muo·˧.（这个土梁子它是天然的还是人工的？）有的是天然的，有的是人工造成的。iou˥˧ti·˧sɿ˥tʰiæ̃˥˧zæ̃˩˧˧˩ti·˧,iou˥˧ti·˧sɿ˥zəŋ˩˧kuoŋ˥˧˧˩tsɑɔ˥tʂʰəŋ˩˧˧˩ti·˧.

2.（岘子是什么东西呢？）黄：岘子，它比如是，这面这面有一座大山，这个地方下来以后，这面也有一座大山，这个两个都高。这个中间这个地方是一条沟，这个沟深的很，但是这个沟到这个地方还没有完全断裂。欸，这中间还有细细这么一点点，洼下去，然后这么个连住的这么一点点，很窄的一个土梁梁，这就叫岘子。吉岘[①]的岘子。岘子噢，这就叫岘子。现在……ɕiæ̃˥tsɿ·˧,tʰɑ˥˧˧˩pi˥˧zʮ˩˧˧˩sɿ˥,tʂei˥miæ̃˥tʂei˥miæ̃˥iou˥˧i˥˧˧˩tsuo˥tɑ˥sæ̃˥˧˧˩,tʂə˥kə˥ti˥fɑŋ˥˧˧˩xɑ˥læᴇ˩˧˧˥i˥˧˧˥xou˥,tʂei˥miæ̃˥ie˥˧iou˥˧˧˩i˥˧˧˥tsuo˥tɑ˥sæ̃˥˧˧˩,tʂə˥kə˥liɑŋ˥˧kə˥˧˩tou˥˧˧˩kɑɔ˥˧.tʂei˥˦kə˥˧˩tʂuoŋ˥˧˧˩tɕiæ̃˥˧˧˥tʂə˥kə˥ti˥fɑŋ˥˧˧˩sɿ˥˧˩i˥˧˧˩tʰiɑɔ˩˧kou˥˧,tʂə˥kə˥kou˥˧ʂəŋ˥˧ti·˧xəŋ˥˧,tæ̃˥sɿ˥tʂə˥kə˥kou˥˧tɑɔ˥tʂə˥kə˥ti˥˦fɑŋ˥˧˧˩xɑ˩˧˧˩mei˩˧iou˥˧˧˥væ̃˩˧tɕʰyæ̃˩˧tuæ̃˥lie˥˧˧˩.ei˥,tʂei˥tʂuoŋ˥˧˧˩tɕiæ̃˥˧xɑ˩˧iou˥˧˧˥ɕi˥ɕi˥tʂə˥muo·˧i˥˧˧˩tiæ̃˥˧tiæ̃˥˧,vɑ˥˧˧˩ɕiɑ˥tɕʰy˥,zæ̃˩˧˧˥xou˥tʂə˥muo·˧kə˥liæ̃˩˧˧˩tʂʮ˥˦ti·˧tʂə˥˧˩muo·˧i˥˧˧˩tiæ̃˥˧tiæ̃˥˧˧˩,xəŋ˥˧˧˥tsei˥˧ti·˧i˥˧˧˥kə˥tʰu˥˧liɑŋ˩˧˧˩liɑŋ˩˧˧˥,tʂei˥˦tɕiou˥tɕiɑɔ˥ɕiæ̃˥tsɿ·˧.tɕi˥˧ɕiæ̃˥˧˩ti·˧ɕiæ̃˥tsɿ·˧.ɕiæ̃˥tsɿ·˧ɑɔ˩,tʂei˥˦tɕiou˥˧˩tɕiɑɔ˥˧˩ɕiæ̃˥tsɿ·˧.ɕiæ̃˥tsæᴇ˥……（旁边都塌掉了？）旁边都塌掉了，中间这个地方就有薄薄儿的这么一点点了，这就为岘子。这底下都是一条沟么。你像你们走西峰这面过来什么这个高楼岘子，是这个这个雷家岘子，都是指的这个东西。pʰɑŋ˩˧piæ̃˥˧tou˥˧˧˩tʰɑ˥˧˧˩tiɑɔ˥lə·˧,tʂuoŋ˥˧˧˩tɕiæ̃˥˧˧˥tʂə˥kə˥ti˥fɑŋ˥˧˧˩tsou˥iou˥˧˧˥puo˩˧puor˩˧ti·˧tʂə˥muo·˧i˥˧˧˩tiæ̃˥˧tiæ̃˥˧lə·˧,tʂə˥tɕiou˥vei˩˧˧˩ɕiæ̃˥tsɿ·˧.tʂə˥ti˥˧˧˩xɑ˥˧˩tou˥˧˧˥sɿ˥i˥˧˧˥tʰiɑɔ˩˧kou˥˧muo·˧.ni˥˧˧˥ɕiɑŋ˥ni˥˧məŋ·˧tsou˥˧ɕi˥˧˧˩fəŋ˩˧tʂei˥miæ̃˥kuo˥læᴇ˩˧˧˥ʂɿ˥˧muo·˧nə˥kə˥kɑɔ˥˧lou˩˧˧˩ɕiæ̃˥tsɿ·˧,sɿ˥tʂə˥kə˥tʂə˥kə˥luei˩˧˧˩tɕiɑ˥˧ɕiæ̃˥tsɿ·˧,tou˥˧˧˩sɿ˥˦tsɿ˥˧˧˩ti·˧tʂə˥kə˥tuoŋ˥˧ɕi·˧.

嶄

黄：但是这个这个山，不是所有的山都都是这么都是这个样子啊。你比如这座山峰下来以后在……欸，它在这个地方有一段……有一段平的，但是这个平的它和这个地方来说是这个平可能相当延续这么宽，这么一溜都平了。这个地方，这个平处么，就叫嶄。tæ̃˥sɿ˥tʂə˥kə˥tʂə˥kə˥sæ̃˥˧,pu˩˧˧˩sɿ˥ʂuo˥˧iou˥˧ti·˧sæ̃˥˧tou˥˧˧˩tou˥˧˧˥sɿ˥˧˩tʂə˥muo·˧tou˥˧˧˥sɿ˥˧˩tʂə˥kə˥iɑŋ˥tsɿ·˧ɑ˧˩.ni˥˧pi˥˧zʮ˩˧˧˩tʂei˥˦tsuo˥˧˩sæ̃˥˧˧˩fəŋ˩˧xɑ˥læᴇ˩˧˧˥i˥˧˧˩xou˥˦tsæᴇ˥˧˩……ei˩˧,tʰɑ˥˧˧˥tsæᴇ˥tʂə˥kə˥ti˥fɑŋ˥˧˧˩iou˥˧˧˩i˥˧˧˩tuæ̃˥……iou˥˧i˥˧˧˩tuæ̃˥pʰiŋ˩˧ti·˧,tæ̃˥sɿ˥tʂə˥kə˥pʰiŋ˩˧ti·˧tʰɑ˥˧xuo˩˧˧˩tʂə˥kə˥ti˥fɑŋ˥˧˧˩læᴇ˩˧˧˩ʂuo˥˧˧˩sɿ˥tʂə˥kə˥pʰiŋ˩˧kʰə˥˧˧˩nəŋ˩˧˧˩ɕiɑŋ˥˧˧˥tɑŋ˥˧˧˩iæ̃˩˧˧˩ɕy˥tʂə˥muo·˧kʰuæ̃˥˧,tʂə˥muo·˧i˥˧˧˩liou˥tou˥˧˧˥pʰiŋ˩˧˧˩lə·˧.tʂə˥kə˥ti˥fɑŋ˥˧˧˩,tʂə˥kə˥pʰiŋ˩˧˧˩tʂʰʮ˥˧muo·˧,tɕiou˥tɕiɑɔ˥tɕiæ̃˥˧.

土垛子

（有叫土垛子的说法没有？）王：土垛子有这个说法咧。tʰu˥˧tɕʰiæ̃˥tsɿ·˧iou˥˧tʂə˥kə˥ʂuo˥˧fɑ˥˧˧˩lie·˧.（土垛子是哪儿的人说？）土垛子我们一般就说是这些古代的留下望上多高的，兀是……土……欸那么一个，直……它是原始社会就是墩下来那么个东西叫……把那土叫做土垛子咧。tʰu˥˧tɕiæ̃˥˦tsɿ·˧ŋuo˥˧məŋ·˧i˥˧˧˥pæ̃˥˧tɕiou˥˦ʂuo˥˧˧˩sɿ˥tʂə˥˦ɕie˥˧˧˩ku˥˧tæᴇ˥ti·˧liou˩˧˧˩xɑ˥˦vɑŋ˥˦ʂɑŋ˥˧tuo˥˧˧˥kɑɔ˥˧ti·˧,væᴇ˥s……tʰu˥˧……ei˩˧˧˩nə˥muo·˧i˥˧˧˩kə˥˧˩,tʂɿ……tʰɑ˥˧˧˩sɿ˥˧˩yæ̃˩˧˧˩sɿ˥˧ʂə˥xuei˥tɕiou˥sɿ˥tuoŋ˥˧ɕi·˧tɕiɑɔ˥……pɑ˥˧˧˩næᴇ˥tʰu˥˧tɕiɑɔ˥tsuo˥tʰu˥˧tɕiæ̃˥tsɿ·˧lie·˧.（原始社会留下来那个？）啊，那叫……兀号儿高崖以后一下垮得光留下那么高垛子，那就叫土垛子咧。ɑ˧˩,næᴇ˥tɕiɑɔ˥……væᴇ˥xɑɔr˥kɑɔ˥˧˧˩næᴇ˩˧i˥˧˧˩xou˥˦i˥˧˧˩xɑ˥kʰuɑ˥˧tei˥˧˧˩kuɑŋ˥˧˧˥liou˩˧˧˩xɑ˥nə˥muo˥

① 吉岘：合水县所辖乡，因乡北二里处筑有一土岘而得名。

kaɔ˥˩˨tɕiæ̃˧tsɿ˨,nə˧tɕiou˧tɕiaɔ˧tʰu˥˩tɕiæ̃˧tsɿ˨lie˨.（很高……伞子是个什么东西？）伞子那就说意思就说是那很高的意思。tɕiæ̃˧˥tsɿ˨næᴇ˧tɕiou˧ʂuo˥˩˨i˧˥sɿ˨tɕiou˧˩ʂuo˥˩˨sɿ˧˩nə˧xəŋ˥˩kaɔ˥˩ti˨i˧˩sɿ˧.（噢，很高的一个东西？）啊。ɑ˩˨.（很……很高，那个东西很大，叫不叫伞子呢？）那不叫伞子么。nə˧pu˩˨tɕiaɔ˧tɕiæ̃˧tsɿ˨muo˨.（就是很小很小？）啊，很小，反正就是不大大。高高……ɑ˩˨,xəŋ˥˩ɕiaɔ˥˩,fæ̃˥˩˨tʂəŋ˧tɕiou˧sɿ˧pu˩˨ta˧˥ta˧˩.kaɔ˥˩kaɔ˥˩˨……（有多大？大……大概有多大呢？）它那直径也就是个几……几欸……几米，十来米，那么大。tʰɑ˥˩næᴇ˧tʂɿ˩˨tɕiŋ˧iɑ˥˩tɕiou˧sɿ˧kə˧tɕi˥˩……tɕi˥˩ei˧……tɕi˥˩mi˥˩,ʂɿ˩˨læᴇ˩˥mi˥˩˨,nə˧muo˨ta˧˩.（噢，那上面也不能耕作了？）那不能耕作。那就是那么个土……土伞子。原来我们这儿耕地呀这儿都有个土伞子咧，以后叫兀底下儿人种地咧，把那个挖得弄倒了，放倒了。nə˧˥pu˩˨nəŋ˩˨kəŋ˥˩tsuo˥˩˨.nə˧tɕiou˧sɿ˧nə˧muo˨kə˧tʰu˥˩……tʰu˥˩tɕiæ̃˧˥tsɿ˨.yæ̃˩˨læᴇ˩˥ŋuo˥˩məŋ˨tʂər˧kəŋ˥˩˨ti˧˥ia˨tʂər˧tou˥˩˨iou˥˩kə˧tʰu˥˩tɕiæ̃˧˥tsɿ˨lie˨,i˥˩xou˧tɕiaɔ˧˩væᴇ˧ti˥˩xar˧˩ʐəŋ˩ʈʂuoŋ˧ti˧˥lie˨,pa˥˩˨næᴇ˧kə˧va˥tə˨nuoŋ˧˥taɔ˥˩ə˨,faŋ˧taɔ˥˩lə˨.

高崖、刮红崖

（有这种悬崖绝壁，根本就是看着上去，几乎是垂……垂直的跟地面，根本上不去，你……你那玩意儿叫什么？）王：我们叫高崖咧么。ŋuo˥˩məŋ˨tɕiaɔ˧kaɔ˥˩˨næᴇ˩˨lie˨muo˨.（高崖。有叫刮红岩……刮……刮红崖的说法吗？）刮红崖那就是那号儿直……那石头叫那刮红崖咧么。kua˥˩xuoŋ˩˨næᴇ˩næᴇ˧tɕiou˧sɿ˧nə˧xaɔr˧tsɿ……nə˧ʂɿ˩˨tʰou˨tɕiaɔ˧nə˧kua˥˩xuoŋ˩˨næᴇ˩˨lie˨muo˨.（石头叫刮红崖？）啊，土的话我们叫是高崖。ɑ˩˨,tʰu˥˩ti˨xua˧ŋuo˥˩məŋ˨tɕiaɔ˧sɿ˧kaɔ˥˩˨næᴇ˩.（土的话叫高崖？）嗯。ŋ̍˩˨.（石头叫……这石头叫什么？）石头叫刮红崖咧么。ʂɿ˩˨tʰou˨tɕiaɔ˧kua˥˩xuoŋ˩˨næᴇ˩˨lie˨muo˨.（哪……哪……是……这……这旁边有刮红崖吗？）这旁边兀咱们兀对面儿兀个兀个石崖兀兀就叫刮红崖咧。tʂə˧pʰaŋ˩piæ̃˥˩˨væᴇ˧tsa˩məŋ˨væᴇ˧tuei˧miær˧vu˧kə˧vu˧kə˧ʂɿ˩˨næᴇ˩væᴇ˧væᴇ˧tɕiou˧tɕiaɔ˧kua˥˩xuoŋ˩˨næᴇ˩˨lie˨.

畔

黄：这个畔么就是比这个崖要宽一点它。崖么它就是窄，不是那么宽的。畔那就老宽的。tʂə˧kə˧pʰæ̃˧muo˨tɕiou˧sɿ˧˩pi˥tʂə˧kə˧tɕiæ̃˥iaɔ˧kʰuæ̃˥˩i˥˩ti æ̃˥tʰɑ˥˩˨.tɕiæ̃˥muo˨tʰɑ˥˩tɕiou˧sɿ˧tsei˥,pu˩˨sɿ˧˩nə˧muo˨kʰuæ̃˥ti˨.pʰæ̃˧nei˧tɕiou˧laɔ˥kʰuæ̃˥˩ti˨.（它是也是一……这个山下面一块儿平地？）噢。这个畔字你看，一般来说它用于比较宽的地方。但是有些人……这儿这个当地土话么，他把这个沟，从这个……这是一条深沟，从这个沟里上来，欸，它到那个地方这一……这一点点，到这个平处这儿这了。他把那叫沟畔。ɑɔ˥.tʂə˧kə˧pʰæ̃˧tsɿ˧ni˥kʰæ̃˧˩,i˥˩pæ̃˥˩læᴇ˩ʂuo˥˩˨tʰɑ˥˩yoŋ˧y˩˥pi˥˩tɕiaɔ˧kʰuæ̃˥ti˨ti˧˩faŋ˥˩.tæ̃˧sɿ˧iou˥ɕie˥˩ʐəŋ……tʂər˧tʂə˧kə˧taŋ˥˩ti˧tʰu˥xua˧muo˨,tʰɑ˥˩pa˥˩tʂə˧kə˧kou˥,tsʰuoŋ˩tʂə˧kə˧……tʂə˧˥sɿ˧˩i˥˩tʰiaɔ˩ʂəŋ˥˩kou˥,tsʰuoŋ˩tʂə˧kə˧kou˥li˥˩ʂaŋ˧læᴇ˩˨,ei˧,tʰɑ˥˩taɔ˧nə˧kə˧ti˧faŋ˥˩tʂei˧ti……tʂei˧i˥˩tiæ̃˥tiæ̃˥˩,taɔ˧tʂə˧kə˧pʰiŋ˩tʂʰʮ˥tʂər˧tʂə˧lə˨.tʰɑ˥pa˥˩nə˧tɕiaɔ˧kou˥˩pʰæ̃˧.（沟畔儿？）噢，这个字是最常用一个字。沟畔，院畔，崖畔。你一个院子，欸，底下是这个打下墙或者是底下有个深一点的地方，□把这个院么，这是一块儿院，在这个地方它也叫院畔。ɑɔ˩˨,tʂə˧kə˧tsɿ˧sɿ˧tsuei˧tʂʰaŋ˩yoŋ˧i˥˩kə˧tsɿ˧.kou˥pʰæ̃˧˩,yæ̃˧pʰæ̃˧˩,tɕiæ̃˥pʰæ̃˧˩.ni˥˩i˥˩kə˧yæ̃˧˥tsɿ˨,ei˧,ti˥xa˧˩sɿ˧tʂə˧kə˧ta˥xa˧˩tɕʰiaŋ˩xuei˩˥tʂə˥˩sɿ˧˩ti˥˩xa˧iou˥˩kə˧ʂəŋ˥i˥˩tiæ̃˥˩ti˨ti˧faŋ˥˩,niæ̃˩˥pa˥˩tʂə˧kə˧yæ̃˧muo˨,tʂei˧˥sɿ˧˩i˥˩kʰuar˥yæ̃˧,tsæᴇ˧˩tʂə˧˥kə˧˥ti˧˥faŋ˥˩tʰɑ˥˩ie˥˩tɕiaɔ˧yæ̃˧pʰæ̃˧˩.（塬上面的……）院畔。院子。yæ̃˧pʰæ̃˧.yæ̃˧tsɿ˨.（噢，院子！）噢，院子，里头这个也有个院畔。ɑɔ˩˨,yæ̃˧tsɿ˨,li˥tʰou˨tʂə˧kə˧ie˥io u˥˧kə˥˨˩yæ̃˥pʰæ̃˥˨˩.（噢，就是……这个畔是不是就是台地的意思？）噢，台地的意思，嗯。ɑɔ˨˩,tʰæᴇ˧˥˨˩ti˥ti˨li˥˨˩sɿ˥˨˩,ə̃˨˩.

山谷、峡

（像这种，这种很深的这个底下这样的，两座山中间很深，底下又窄又又深的那样的叫什么？）黄：就看长短咧。tsou˥kʰæ̃˥tʂʰɑŋ˧˥˨˩tuæ̃˥˧lie˨.（呃，有长的呢？）这叫山谷咧。那是个两面这个山绵绵起伏，一坡儿往上走咧，这个东西，底下不宽，但是那个道儿是长长的那个地方，也没有长树么也没有长啥，光秃秃的，再没啥，那就叫山谷。tʂei˥tɕiɑɔ˥sæ̃˥˧˨˩ku˥˧lie˨.nə˥sɿ˥kə˥liɑŋ˥˧miæ̃˥tʂə˥˨˩kə˥˨˩sæ̃˥˧miæ̃˧˥miæ̃˧˥tɕʰi˥˧fu˧˥,i˥˧˦puor˥˧˨˩vɑŋ˥˧˨˩ʂɑŋ˥tsou˥˧lie˨,tʂei˥kə˥tuoŋ˥˧ɕi˨,ti˥˧xɑ˥˨˩pu˧˥˨˩kʰuæ̃˥˧,tæ̃˥˨˩sɿ˥˨˩nə˥˨˩kə˥˨˩tɑɔr˥sɿ˥˨˩tʂʰɑŋ˧˥tʂʰɑŋ˧˥˨˩ti˨nə˥kə˥ti˥fɑŋ˥˧˨˩,ie˥˧˧mei˧˥iou˥˧˧tʂɑŋ˥˧ʂʮ˥muo˨lie˥˧˧mei˧˥iou˥˧˧tʂɑŋ˥˧˧sɑ˥,kuɑŋ˥˧˨˩tʰu˥˧tʰu˥˧ti˨,tsæᴇ˥mei˧˥˧sɑ˥,nei˥tɕiou˥˧˥tɕiɑɔ˥˨˩sæ̃˥˧˨˩ku˥˧.（宽的呢？）宽的那就叫川了。kʰuæ̃˥˧ti˨nei˥tɕiou˥tɕiɑɔ˥tʂʰuæ̃˥˧lə˨.（叫不……那个窄的叫不叫山峡峡？）没有。山峡我们这里还好像没有。峡是这里一般指的是石头。山下来有个石头，哎，在的地方，到那个地方，只有不宽那么点，好两面都是……石头的。这叫峡咧。muo˥˧˨˩iou˥˧˧.sæ̃˥˧ɕiɑ˧˥ŋuo˥˧məŋ˨tʂei˥li˥˧˨˩xɑ˧˥˨˩xɑɔ˥˧˧ɕiɑŋ˥muo˥˧˦iou˥˧˨˩.ɕiɑ˧˥sɿ˥˨˩tʂə˥˧˥li˥˧˨˩i˥˧˨˩pæ̃˥˧tsɿ˥˧ti˨sɿ˥˨˩ʂʅ˧˥˨˩tʰou˦.sæ̃˥˧xɑ˥læᴇ˧˥˧iou˥˧kə˥˨˩ʂʅ˧˥˨˩tʰou˦,æᴇ˥,tsæᴇ˥˦ti˨ti˥fɑŋ˥˧˨˩,tɑɔ˥nə˥kə˥ti˥fɑŋ˥˧˨˩,tsɿ˥˧˧iou˥˧˧pu˧˥˨˩kʰuæ̃˥˧nə˥muo˦tiæ̃˥˧˨˩,xɑɔ˥˧˨˩liɑŋ˥˧miæ̃˥˧˥tou˥˧˨˩sɿ˥˧˥ʂ……ʂʅ˧˥˨˩tʰou˦ti˨.tʂei˥˧˥tɕiɑɔ˥˨˩ɕiɑ˧˥lie˨.（噢，就是那种石山……）噢，石山，啊，石头的山谷，叫石峡。土的一般没有叫峡的。ɑɔ˨˩,ʂʅ˧˥sæ̃˥˧,ɑ˧,ʂʅ˧˥tʰou˦ti˨sæ̃˥˧˦ku˥˧˨˩,tɕiɑɔ˥ʂʅ˧˥ɕiɑ˧˥.tʰu˥˧ti˨i˥˧˦pæ̃˥˧˨˩mei˧˥iou˥˧˧tɕiɑɔ˥ɕiɑ˧˥ti˦.

沟滩

（那种就是像山啊两边都是山，中间那个平的地方叫什么呢？）黄：把那叫坝子。pɑ˥˧˨˩nei˥tɕiɑɔ˥pɑ˥˦tsɿ˨.（是你们这儿叫坝子还是……）叫咿我们这儿那个叫……还都很少。tɕiɑɔ˥i˨˩ŋuo˥˧məŋ˨tʂər˥nə˥˨˩kə˥˧˥tɕiɑɔ˥……xɑ˧˥˨˩tou˥˧˧xəŋ˥˧ʂɑɔ˥˧˨˩.（你们叫什么呢？）我们把那叫沟滩。ŋuo˥˧məŋ˦pɑ˥˧˨˩nei˥tɕiɑɔ˥kou˥˧˦tʰæ̃˥˧lie˨.（沟滩？）噢，沟滩，噢。ɑɔ˨˩,kou˥˧˦tæ̃˥˧,ɑɔ˨˩.（也叫川道吧？）噢。山间，也……一般就就是这个沟底下，或者是沟坝子，嗯，沟滩里就对了。ɑɔ˨˩.sæ̃˥˧˦tɕiæ̃˥˧,ie˥˧tɕy……i˥˧˨˩pæ̃˥˧tsou˥tɕiou˥sɿ˥tʂə˥kə˥kou˥˧˨˩ti˥˧xɑ˥˨˩,xuei˧˥˧tʂə˥˧˧sɿ˥kou˥˧˨˩pɑ˥tsɿ˨,ə̃˨˩,kou˥˧˦tʰæ̃˥˧li˥˧˨˩tɕiou˥˨˩tuei˥˨˩lə˨.（那坝是……坝子是谁说的？）坝那就说是必须是人工造起来的那种。pɑ˥nei˥˨˩tɕiou˥˨˩ʂuo˥˧˨˩sɿ˥˨˩pi˥˧˦ɕy˥˧sɿ˥˨˩zəŋ˧˥kuoŋ˥˧˨˩tsɑɔ˥˦tɕʰi˥˧læᴇ˧˥˨˩ti˨nei˥tʂuoŋ˥˧˨˩.（啊，不是，有没有管那个东西叫坝子的，就是那个？没有？）没有。这儿没有那说。mei˧˥iou˥˧˨˩.tʂər˥mei˧˥˧iou˥˧˧nei˥ʂuo˥˧˨˩.（听过这样说的吗？）听过。tʰiŋ˥˧kuo˥˨˩.（谁谁这么说的？）兀就是四川人把那就叫坝子咧。væᴇ˥tɕiou˥˨˩sɿ˥˨˩sɿ˥tʂʰuæ̃˥˧˨˩zəŋ˧˥pɑ˥˧˨˩næᴇ˥tɕiou˥tɕiɑɔ˥pɑ˥tsɿ˦lie˨.（噢。）噢。外地人来，他把这个……他把那个沟里那片那个地方叫坝子。坝子。ɑɔ˥˧.væᴇ˥ti˥zəŋ˧˥læᴇ˧˥˧,tʰɑ˥˧˧pʰɑ˨˩(←pɑ˥˧)tʂə˥˧˥kə˥˨˩……tʰɑ˥˧˧pɑ˥˧˨˩nə˥kə˥kou˥˧li˥˧˨˩nei˥pʰiæ̃˥˧˧nei˥kə˥ti˥fɑŋ˥˧˨˩tɕiɑɔ˥pɑ˥˦tsɿ˨.pɑ˥tsɿ˨.（你们那个川道有这个说法吧？）有川道说这个说法。嗯。有川道这个说法。iou˥˧tʂʰuæ̃˥˧˨˩tɑɔ˥ʂʮ˨˩（←ʂuo˥˧）tʂə˥kə˥ʂuo˥˧fɑ˥˧˨˩.ə̃˥˧.iou˥˧tʂʰuæ̃˥˧˨˩tɑɔ˥tʂə˥kə˥ʂuo˥˧fɑ˥˧˨˩.（跟跟那个沟滩差不多吧意思？）噢。ɑɔ˥˧.（意思有区别没有？）这基本上就没有啥。啊。tʂei˥˧˥tɕi˥˧˨˩pəŋ˥˧ʂɑŋ˥˨˩tsou˥mei˧˥iou˥˧sɑ˥˨˩.ɑ˨˩.

河渠

（小河叫不叫河渠子？）黄：河渠有咧。河渠。有这个话说咧。xə˧˥˨˩tɕʰy˧˥˧iou˥˧lie˨.xuo˧˥˨˩tɕʰy˧˥˧˥.iou˥˧˧tʂə˥kə˥xuɑ˥˨˩ʂuo˥˧lie˨.（河渠是人工修成的吗？）也不是人工……全部是人

工修成的。水吹下那个也叫河渠咧。ie˥˧pu˨˩sɿ˥˩zəŋ˨˦kuoŋ˥˩……tɕʰyæ̃˨˩pu˥˦sɿ˥˩zəŋ˨˦kuoŋ˥˩ɕiou˥˧tʂʰəŋ˨˩ti˧.ʂuei˥˧tʂʰuei˥˧xɑ˥˩næᴇ˥kə˥ie˥˧˦tɕiɑɔ˥xuo˨˩tɕʰy˨˦˥lie˨.（水吹下是什么东西？）噢，就是水自然吹成的那个渠，走水的那个地方叫河渠。ɑɔ˩,tɕiou˥˩sɿ˥˩ʂuei˥˧tsɿ˥zæ̃˨˩tʂʰuei˥˧tʂʰəŋ˨˩ti˧nə˥kə˥tɕʰy˨˩,tsou˥˧ʂuei˥˧ti˨nə˥kə˥ti˥fɑŋ˥˧˦tɕiɑɔ˥xuo˨˦tɕʰy˨˩.（这个吹是什么意思啊？）吹就是……水靠的那个力量自然冲刷成的那个。tʂʰuei˥˧tɕiou˥sɿ˥ʂ……ʂuei˥˧kʰɑɔ˥ti˧nə˥kə˥li˥˩liɑŋ˥˦tsɿ˥zæ̃˨˩tʂʰuoŋ˥˩ʂuɑ˥˧tʂʰəŋ˨˦ti˧nə˥kə˥.

河槽

黄：这个欸整个的那个河滩那个地方都为……叫河槽。我们这儿这就是“这头发的洪水大不大”，说“欸水大么，水都出槽了”。tʂə˥kə˥ei˩tʂəŋ˥˧kə˥˦ti˨nə˥kə˥xuo˨˩tʰæ̃˥˧nə˥kə˥ti˥fɑŋ˥˩tou˥˧˦vei˨˩……tɕiɑɔ˥xuo˨˦tsʰɑɔ˨˩.ŋuo˥˧məŋ˨tʂər˥tʂə˥tɕiou˥˦sɿ˥˩tʂei˥tʰou˧fɑ˥˧ti˨xuoŋ˥ʂuei˥˧˦tɑ˥pu˨˩tɑ˥,ʂuo˥˩ei˥ʂuei˥˧tɑ˥muo˨,ʂuei˥˧tou˥˧˦tʂʰʮ˥˧tsʰɑɔ˨˩lə˧.（河槽就是等于河床？）噢，河床，就是的，河床。土话就叫河槽么。ɑɔ˦,xə˨˦tʂʰuɑŋ˨˩,tɕiou˥sɿ˥ti˨,xə˨˦tʂʰuɑŋ˨˩.tʰu˥˧xuɑ˥tɕiou˥tɕiɑɔ˥˩xə˨˦tsʰɑɔ˨˦muo˨.（你们没有河床这个说法？）没有。mei˨˦iou˥˩.

河底子

（那河里头被水冲得很滑溜的那种石头？）黄：这儿这……这儿这……河底子总没有怎么石头我们这块儿。都是那个沙石。tʂər˥˦tʂə˥……tʂər˥˦tʂə˥ʂ……xə˨˩ti˥˧tsɿ˨tsuoŋ˥˧mei˨˦iou˥˧tsəŋ˥˧muo˨ʂʅ˨˩tʰou˧ŋuo˥˩məŋ˨tʂə˥˦kʰuər˥˩.tou˥˦sɿ˥nei˥kə˥sɑ˥˩ʂʅ˨˦.（噢。它要要要那种很坚硬的石头它才有可能冲成那样啊。）你像马莲河的话，板桥下来那河里马莲河，河底子全部都是那个东西。水一吹完以后都是粉石板，上面都坑坑窝窝的那个地方，那就滑的焦锨。ni˥˧˦ɕiɑŋ˥mɑ˥˧liæ̃˨˩xuo˨˦tə˧xuɑ˥,pæ̃˥˧tɕʰiɑɔ˨˩xɑ˥læᴇ˨˦nə˥xuo˨˦li˧mɑ˥˧liæ̃˨˩xuo˨˩,xuo˨˩ti˥˧tsɿ˨tɕʰyæ̃˨˩pu˥˦tou˥˩sɿ˥˩nə˥kə˥tuoŋ˥˩ɕi˨.ʂuei˥˧i˥˩tʂʰuei˥˩væ̃˨˦i˥˩xou˥tou˥˧˦sɿ˥fəŋ˥˧ʂʅ˨˩pæ̃˥˧,ʂɑŋ˥miæ̃˥tou˥˧˦kʰəŋ˥˧kʰəŋ˥˩vuo˥˧vuo˥˩ti˧nə˥kə˥ti˥˦fɑŋ˥˩,nə˥˦tsou˥˩xuɑ˨˩ti˨tɕiɑɔ˥˧ɕiæ̃˨˩.

堰

黄：堰[①]。“堰坝”的“堰”。iæ̃˥.iæ̃˥pɑ˥ti˧iæ̃˥.（这里有这个说法哈？）那有咧。那前几年栽稻子它都要压堰咧嘛。næᴇ˥iou˥˧lie˨.næᴇ˥˦tɕʰiæ̃˨˦tɕi˥˩niæ̃˨˦˥tsæᴇ˥˩tʰɑɔ˥˧tsɿ˨tʰɑ˥˧tou˥˩iɑɔ˥niɑ˥iæ̃˥lie˧mɑ˨.（噢。）噢，压堰。ɑɔ˩,niɑ˥iæ̃˥.（niɑ˥iæ̃˥是什么意思？）压堰就是，从这溪……小溪里堵一条土一条坝子起来。就压下这个叫压堰。底下放上些树梢子，放些石头上头，把土这么一层层垒起来。niɑ˥iæ̃˥tɕiou˥˩sɿ˥˩,tsʰuoŋ˨˩tʂə˥ɕi……ɕiɑɔ˥˧ɕi˥˧li˥˩tu˥˩i˥˩tʰiɑɔ˨˦tu˥˩i˥˩tʰiɑɔ˨˩pɑ˥tsɿ˨tɕʰi˥˩læᴇ˨˦.tɕiou˥niɑ˥xɑ˥tʂə˥kə˥tɕiɑɔ˥iɑ˥iæ̃˥.ti˥˧ɕiɑ˥˩fɑŋ˥ʂɑŋ˥ɕie˥˧˦ʂʮ˥sɑɔ˥˧tsɿ˨,fɑŋ˥ɕie˥˧˦ʂʅ˨˩tʰou˧ʂɑŋ˥˦tʰou˨,pɑ˥˩tʰu˥˧tʂə˥muo˧i˥˧˦tsʰəŋ˨˩tsʰəŋ˨˦˥luei˥˧˦tɕʰi˥˧˦læᴇ˨˩.（niɑ˥iæ̃˥？）压堰。四川人……我们把这个就压……就叫堰坝，四川人就叫堰塘。niɑ˥iæ̃˥.sɿ˥tʂʰuæ̃˥˩zəŋ˨˩……ŋuo˥˧məŋ˨pɑ˥˩tʂə˥kə˥tɕiou˥˩niɑ˥……tɕiou˥tɕiɑɔ˥iæ̃˥pɑ˥,sɿ˥tʂʰuæ̃˥˩zəŋ˨˩tɕiou˥tɕiɑɔ˥iæ̃˥tʰɑŋ˨˦.（噢，堰塘。）堰塘。压下那个叫堰塘。把水存起来。iæ̃˥tʰɑŋ˨˦.niɑ˥xɑ˥nə˥kə˥tɕiɑɔ˥iæ̃˥tʰɑŋ˨˦.pɑ˥˩ʂuei˥˧tsʰuoŋ˨˦tɕʰi˥˩læᴇ˨˩.（就存水的那个东西叫……）噢，堰塘。ɑɔ˩,iæ̃˥tʰɑŋ˨˦.（是这一块水叫堰塘？）噢，堰塘，噢。ɑɔ˦,iæ̃˥tʰɑŋ˨˦,ɑɔ˩.（你这块水你们叫堰坝吗？）我们叫堰坝。我们叫坝，四川人叫塘。ŋuo˥˧məŋ˨tɕiɑɔ˥iæ̃˥pɑ˥.ŋuo˥˧məŋ˨tɕiɑɔ˥pɑ˥,sɿ˥tʂʰuæ̃˥˩zəŋ˨˩tɕiɑɔ˥tʰɑŋ˨˦.（就等于四川……你们的堰坝就等于四川的堰塘？）堰塘，噢。iæ̃˥tʰɑŋ˨˦.ɑɔ˥˧.

① 堰：挡水的低坝。北周庾信《明月山铭》：“堤梁似堰，野路疑村。”

石牛

黄：这个河边，我们这儿这有一……有一个东西。你比如这个河是这么个弯弯曲曲这么河，它这个水往往是这个，这儿这有个……有个说法就是“三十年河东，三十年河西”。它一发洪水以后，它这个旋是这样端走的，搞不好这一场水它“呼”一下子都这么拐过来了，河床马上就改道了。哎停一两年，它又打这么拐过去了。所以这个河就不规则。为……人们……人现在为咧就说是这个控制它这个那个什么，它这个地方冲刷的话，在这个地方他人为地隔一段距离做上些东西。做上些石墩墩，这个石墩墩，打下那石头，然后用铁丝……丝那大铁丝把它网起来。这个水它来冲刷的话，它冲到这个地方就是把水的那个冲力减缓一下，这叫“石牛”。这就是和石堰是配套的。你光就石堰有时候这个水的这冲刷力石堰就顶不住。然后你做上些石牛放那个地方的话，它水到这个，水的力量到这儿这这样一转，它刚一拐，它带散回来，几下就把它的力量抵销了。tʂə˥˨˩kə˥˦xə˧˥piæ̃˥˧,ŋuo˥˧məŋ˧tʂər˥˧˥tʂə˥˨˩iou˥˧i˥˧˨˩……iou˥˧i˥˧˨˩kə˥tuoŋ˥˧˨˩ɕi˧.ni˥˧˦pi˥˧˦ʐʯ˧˥˦tʂə˥kə˥xə˧˥sʅ˥tʂə˥muo˧kə˥˨˩væ̃˥˧væ̃˥˧˨˩tɕʰy˥˧tɕʰy˥˧˨˩tʂə˥muo˦xə˧˥˨˩,tʰɑ˥˧˨˩tʂə˥kə˥ʂuei˥˧vɑŋ˥˧vɑŋ˥˧sʅ˥tʂə˥kə˥,tʂər˥tʂə˥iou˥˧kə˥˨˩……iou˥˧kə˥˨˩ʂuo˥˧fɑ˥˧˨˩tɕiou˥sʅ˥sæ̃˥˧ʂʅ˧˥˨˩niæ̃˧˥xə˧˥tuoŋ˥˧˨˩,sæ̃˥˧ʂʅ˧˥˨˩niæ̃˧˥xə˧˥ɕi˥˧.tʰɑ˥˧˨˩i˥˧˥fɑ˥˧˨˩xuoŋ˧˥ʂuei˥˧i˥˧˨˩xou˥,tʰɑ˥˧˦tʂə˥kə˥ɕyæ̃˥˧˥sʅ˥˨˩tʂei˥˦iɑŋ˥tuæ̃˥˧tsou˥˧ti˧,kɑɔ˥˧pu˧˥˨˩xɑɔ˥˧tʂei˥˦i˥˧˨˩tʂʰɑŋ˥˧˨˩ʂuei˥˧tʰɑ˥˧˨˩xu˥˧i˥˧˨˩xɑ˥tsʅ˦tou˥˧˦tʂə˥˦muo˧kuæᴇ˥˧kuo˥˨˩læᴇ˧˥˨˩lə˧,xə˧˥tʂʰuɑŋ˧˥mɑ˥˧ʂɑŋ˥˨˩tɕiou˥˨˩kæᴇ˥˧tɑɔ˥lə˦.æᴇ˥tʰiŋ˧˥i˥˧˨˩liɑŋ˥˧niæ̃˧˥˦,tʰɑ˥˧˨˩iou˥˦tɑ˥˧˨˩tʂə˥˧˥muo˦kuæᴇ˥˧˦kuo˥˦tɕʰy˥˨˩lə˧.ʂuo˥˧i˥˧˦tʂə˥kə˥xuo˧˥tɕiou˥pu˧˥˨˩kʰuei˥˧tsei˥˧˨˩.vei……zəŋ˧˥məŋ˦……zəŋ˧˥ɕiæ̃˥tsæᴇ˥vei˥lie˧tɕiou˥ʂuo˥˧˦sʅ˥tʂə˥kə˥kʰuoŋ˥˦tʂʅ˥tʰɑ˥˧˨˩tʂə˥kə˥nə˥kə˥ʂʅ˥˧˦muo˦,tʰɑ˥˧˦tʂə˥kə˥ti˥fɑŋ˥˧˨˩tʂʰuoŋ˥˧˨˩ʂuɑ˥˧tə˧xuɑ˥˨˩,tsæᴇ˥tʂə˥kə˥ti˥fɑŋ˥˧˨˩tʰɑ˥˧˨˩zəŋ˧˥vei˧˥˨˩ti˦kei˥˧i˥˧˨˩tuæ̃˥tɕy˥li˧˥˨˩tsuo˥˦ʂɑŋ˥˨˩ɕie˥˧˨˩tuoŋ˥˧˨˩ɕi˧.tsuo˥ʂɑŋ˥ɕie˥˧˨˩ʂʅ˧˥tuoŋ˥˧tuoŋ˥˧˨˩,tʂə˥kə˥ʂʅ˧˥tuoŋ˥˧tuoŋ˥˧˨˩,tɑ˥˧˦xɑ˥nə˥ʂʅ˧˥˨˩tʰou˦,zæ̃˧˥xou˥yoŋ˥tʰie˥˧˥sʅ˥˧……sʅ˥˧nə˥˨˩tɑ˥tʰie˥˧˨˩sʅ˥˧pɑ˥˧˨˩tʰɑ˥˧˦vɑŋ˥˧tɕʰi˥˧˨˩læᴇ˧˥˨˩.tʂə˥kə˥ʂuei˥˧tʰɑ˥˧˦læᴇ˧˥tʂʰuoŋ˥˧˨˩ʂuɑ˥˧ti˧xuɑ˥˨˩,tʰɑ˥˧˦tʂʰuoŋ˥˧tɑɔ˥˨˩tʂə˥kə˥ti˥fɑŋ˥˧˨˩tɕiou˥sʅ˥pɑ˥˧˨˩ʂuei˥˧ti˧nə˥kə˥tʂʰuoŋ˥˧li˥˧˨˩tɕiæ̃˥˧˨˩xuæ̃˥˧i˥˧˨˩xɑ˥˨˩,tʂei˥tɕiɑɔ˥ʂʅ˧˥niou˧˥.tʂei˥˦tɕiou˥˨˩sʅ˥˨˩xuo˧˥˨˩ʂʅ˧˥˨˩iæ̃˥sʅ˥˨˩pʰei˥tʰɑɔ˥ti˧.ni˥˧kuɑŋ˥˧˥tsou˥˦ʂʅ˧˥˨˩iæ̃˥iou˥˧sʅ˧˥˨˩xou˥tʂə˥kə˥ʂuei˥˧ti˧tʂə˥tʂʰuoŋ˥˧˨˩ʂuɑ˥˧li˥˧˨˩ʂʅ˧˥˨˩iæ̃˥tɕiou˥tiŋ˥˧pu˧˥˨˩tʂʰʯ˥.zæ̃˧˥˨˩xou˥ni˥˧tsʮ˥ʂɑŋ˥ɕie˥˧˨˩ʂʅ˧˥˨˩niou˧˥˦fɑŋ˥nə˥kə˥ti˥fɑŋ˥˧ti˧xuɑ˥˨˩,tʰɑ˥˧˦ʂuei˥˧tɑɔ˥tʂə˥kə˥,ʂuei˥˧ti˧li˥˧˨˩liɑŋ˥tɑɔ˥tʂər˥tʂə˥tʂei˥˦iɑŋ˥˨˩i˥˧˨˩tʂuæ̃˥˧,tʰɑ˥˧˨˩kɑŋ˥˧˥i˥˧˨˩kuæᴇ˥˧,tʰɑ˥˧˨˩tæᴇ˥˦sæ̃˥˧˨˩xuei˧˥˨˩læᴇ˧˥˨˩,tɕi˥˧xɑ˥tɕiou˥pɑ˥˧˨˩tʰɑ˥˧ti˧li˥˧˨˩liɑŋ˥ti˥˧ɕiɑɔ˥˧˨˩lə˧.

背水渠

（那个那种退水渠怎么说？）黄：背水渠。pei˥ʂuei˥˧˨˩tɕʰy˧˥˨˩.（pei˥ʂuei˥˧˨˩，噢，白色的白呀？）背。pei˥.（哪个pei˥？）不要咧，是脊背的背。背水。你比如这个渠里现用的水这儿用不完了，这给你挖一道渠，从这儿这堵住，这水背到河里去。pu˧˥˨˩iɑɔ˥lie˧,sʅ˥˨˩tɕi˥˧˨˩pei˥˦ti˧pei˥.pei˥ʂuei˥˧˨˩.ni˥˧˨˩pi˥˧ʐʯ˧˥˨˩tʂei˥˦kə˥˨˩tɕʰy˧˥li˥˧ɕiæ̃˥yoŋ˥ti˧ʂuei˥˧tʂər˥yoŋ˥pu˧˥˨˩væ̃˧˥˨˩lə˦,tʂə˥kei˥˨˩ni˥˧˥vɑ˥˧i˥˧˨˩tɑɔ˥tɕʰy˧˥,tsʰuoŋ˧˥˨˩tʂər˥tʂə˥tu˥˧tʂʯ˥˨˩,tʂə˥ʂuei˥˧pei˥˧˥tɑɔ˥˨˩xuo˧˥˨˩li˥˧tɕʰy˥˨˩.（噢，就是说怕它水太深了是吧？）噢，太深了，背出去。ɑɔ˨˩,tʰæᴇ˥ʂəŋ˥˧˨˩lə˧,pei˥tʂʰʯ˥˧˨˩tɕʰi˥˨˩.（一般是这个洪水季节发挥作用还是什么的？）洪水就要……就说是洪水期间，水一浑的话，再不能浇田咧的话，全部都背了。把这个干闸一关，让它都不……这里淌出去。背水渠，一个是水多咧，用不完也背嘛。xuoŋ˥ʂuei˥˧˦tsou˥˧˥iɑɔ˥……tsou˥ʂuo˥˧sʅ˥˨˩xuoŋ˥ʂuei˥˧tɕʰi˧˥tɕiæ̃˥˧˨˩,ʂuei˥˧i˥˧˨˩xuoŋ˧˥tə˧xuɑ˥,tsæᴇ˥pu˧˥˨˩nəŋ˧˥tɕiɑɔ˥˧tʰiæ̃˧˥˨˩lie˧tə˧xuɑ˥˨˩,tɕʰyæ̃˧˥˨˩pu˥˦tou˥˧˨˩pei˥lə˦.pɑ˥˧˨˩tʂə˥kə˥kæ̃˥tsɑ˥˧˨˩i˥˧˨˩kuæ̃˥˧,zɑŋ˥˨˩tʰɑ˥˧˨˩tou˥˧˦p……tʂə˥˦li˥˧˨˩tʰɑŋ˥˧˨˩tʂʰʯ˥˧tɕʰi˥˨˩.pei˥ʂuei˥˧˨˩tɕʰy˧˥˨˩,i˥˧˨˩kə˥˦sʅ˥˨˩ʂuei˥˧˦tuo˥˧lie˧,yoŋ˥pu˧˥˨˩væ̃˧˥ie˥˧˨˩pei˥˨˩mɑ˧.（这个pei˥是什么意思呢？）背就说是这个欹从

偏面这个另挖一条沟子，就是把这个多余的从整体的总的部队减少一部分，放出去。背水渠。pei˥tɕiou˥˩ʂuo˥˧˩sɿ˥˩tʂə˥kə˥ei˩tsʰuoŋ˩˧pʰiæ̃˥˧miæ̃˥˧˥tsə˥˩kə˥˩liŋ˥vɑ˥˧˩i˥˧˩tʰiɑɔ˩˧kou˥˧˩tsɿ˧,tsou˥sɿ˥pɑ˥˧˩tʂə˥kə˥tuo˥˧y˩˧˩ti˧tsʰuoŋ˩˧˩tʂəŋ˥˧tʰi˥˧˩ti˧tsuoŋ˥˧ti˧pu˥˩tuei˥tɕiæ̃˥˧ʂɑɔ˥˧i˥˧˩pʰu˥˧˥fəŋ˥˧˩,fɑŋ˥tʂʰʮ˥˧˩tɕʰi˥˩. pei˥ʂuei˥˧˩tɕʰy˩˧˩.

渗水

黄：渗水就是山边里……但是它也没有泉子，不是像形成一股子直接往上冒的那个东西，但是你它这个永远这个地方好像涓涓的那个小溪一工儿么个往出渗着咧。渗水。时间长咧你看那地方也积老大一盘子水。səŋ˥ʂuei˥˧˩tɕiou˥sɿ˥sæ̃˥˧˩piæ̃˥˧li˥˧˩……tæ̃˥sɿ˥tʰɑ˥˧ie˥˧˩muo˥˧˩iou˥˧tɕʰyæ̃˩˧˩tsɿ˧,pu˩˧˩sɿ˥˧˥ɕiɑŋ˥ɕiŋ˩˧tʂʰəŋ˩˧˧i˥˧˧ku˥˧tsɿ˧tʂɿ˩˧tɕie˥˧vɑŋ˥˧˩ʂɑŋ˥mɑɔ˥˥˧ti˧nə˥kə˥tuoŋ˥˧ɕi˧,tæ̃˥sɿ˥ni˥˧˧tʰɑ˥˧˧tʂə˥kə˥yoŋ˥˧yæ̃˥˧tʂə˥kə˥ti˥fɑŋ˥˧˧xɑɔ˥˧˧ɕiɑŋ˥tɕyæ̃˥˧tɕyæ̃˥˧ti˧nə˥kə˥ɕiɑɔ˥˧ɕi˥˧˩i˥˧˥kuõr˥˧˩muo˧kə˥vɑŋ˥˧˩tʂʰʮ˥˧səŋ˥tʂə˧lie˧.səŋ˥ʂuei˥˧˩.sɿ˩˧˩tɕiæ̃˥˧tʂʰɑŋ˩˧lie˧ni˥˧˧kʰæ̃˥nə˥ti˥fɑŋ˥˧˩ie˥˧tɕi˥˧˩lɑɔ˥˧˧tɑ˥i˥˧˧pʰæ̃˩˧˩tsɿ˧ʂuei˥˧.（是这个渗透那个渗是吧？）噢，“渗透”的“渗”，三点水过去一个“参”字。ɑɔ˩,səŋ˥tʰou˥˧˥ti˧səŋ˥˩,sæ̃˥˧˩tiæ̃˥˧ʂuei˥˧kuo˥tɕʰy˥i˥˧˧kə˥səŋ˥˧tsɿ˥˩.（噢，跟泉水是……）两回事。泉水是往起来冒咧。liɑŋ˥˧xuei˩˧˩sɿ˥˩.tɕʰyæ̃˩˧˩ʂuei˥˧sɿ˥˩vɑŋ˥˧˩tɕʰi˥˧læᴇ˩˧˩mɑɔ˥lie˧.（就是……就是从岩缝当中渗透出来的……）噢，渗出来的那个水，嗯。ɑɔ˩,səŋ˥tʂʰʮ˥˧læᴇ˩˧˩ti˧nə˥kə˥ʂuei˥˧,ə̃˩.（不一定是石头里面吧？）不一定是石头。pu˩˧˩i˥˧tiŋ˥˧˥sɿ˥˩ʂɿ˩˧˩tʰou˧.（泥巴里面呢？）泥巴里头也渗。ni˩˧pɑ˧li˥˧tʰou˧lie˥˧səŋ˥˩.（也叫渗水？）嗯。ə̃˩.

泛水

（地下水呀，这么向上冲出来，地下水涌出来，你们叫什么？）张[先金]：喷。pʰəŋ˥˧.（有叫泛的吗？）哎也叫泛。æᴇ˥ie˥˧tɕiɑɔ˥˩fæ̃˥˩.（叫翻还是泛？）泛，望上泛。泛……喷是高，泛是嗯这个水底下……你把这个水舀少了，它慢慢儿可又起来了，这叫泛水。fæ̃˥,vɑŋ˥˩ʂɑŋ˥˧˥fæ̃˥.f……pʰəŋ˥˧sɿ˥˩kɑɔ˥˧,fæ̃˥˥˧sɿ˥ŋ̍˥tʂə˥kə˥ʂuei˥˧ti˥˧xɑ˥˩……ni˥˧pɑ˥˧˩tʂə˥kə˥ʂuei˥˧iɑɔ˥˧ʂɑɔ˥˧˩lə˧,tʰɑ˥˧˩mæ̃˥mæ̃r˥kʰə˥˧˩iou˥˩tɕʰi˥˧læᴇ˩˧˩lə˧,tʂə˥tɕiɑɔ˥fæ̃˥˥˧ʂuei˥˧˩.

涝坝

黄：涝池，这儿没有。前塬有涝池，人工挖成，前塬那是人工挖成的那么个东西叫涝池。再地方都没有水嘛，就那个地方靠积攒下的那个雨水，形成那么一个地方。有的叫涝水，涝池，有的叫涝坝。lɑɔ˥tʂʰʅ˩˧˧,tʂər˥mei˩˧iou˥˧˩.tɕʰiæ̃˩˧yæ̃˩˧˧iou˥˧˩lɑɔ˥tʂʰʅ˩˧˩,zəŋ˩˧kuoŋ˥˧˩vɑ˥˧˧tʂəŋ˩˧˩,tɕʰiæ̃˩˧yæ̃˩˧˧næᴇ˥˩sɿ˥˩zəŋ˩˧kuoŋ˥˧˩vɑ˥˧˩tʂəŋ˩˧ti˧nə˥muo˧kə˥tuoŋ˥˧ɕi˧tɕiɑɔ˥lɑɔ˥tʂʰʅ˩˧˩.tsæᴇ˥ti˥˧˥fɑŋ˥˧˩tou˥˧˧muo˥˧˩iou˥˧˧ʂuei˥˧mɑ˧,tɕiou˥nə˥kə˥ti˥˧˥fɑŋ˥˩kʰɑɔ˥tɕi˥˧˩tsæ̃˥˧xɑ˥ti˧nə˥kə˥y˥˧ʂuei˥˧˩,ɕiŋ˩˧tʂʰəŋ˩˧nə˥muo˧i˥˧˩kə˥ti˥fɑŋ˥˧˩.iou˥˧ti˧tɕiɑɔ˥lɑɔ˥ʂuei˥˧˩,lɑɔ˥˥˧tʂʰʅ˩˧˩,iou˥˧ti˧tɕiɑɔ˥˩lɑɔ˥pɑ˥˩.（你们这边不挖？）不。噢，你像前头那个他一个是叫涝池，一个叫涝坝。我们这儿这把那个深水的地方也叫它叫涝坝咧。那就是河里冲刷，自然冲刷成的那个地方，那个深水地方，也叫涝坝咧。pu˩˧˩.ɑɔ˩,ni˥˧˧ɕiɑŋ˥tɕʰiæ̃˩˧˩tʰou˧nə˥kə˥tʰɑ˥˧˧i˥˧˩kə˥sɿ˥˩tɕiɑɔ˥lɑɔ˥˥˧tʂʰʅ˩˧˩,i˥˧˩kə˥tɕiɑɔ˥lɑɔ˥pɑ˥˩.ŋuo˥˧məŋ˧tʂər˥tʂə˥pɑ˥˧˩nə˥kə˥ʂəŋ˥˧˩ʂuei˥˧ti˧ti˥˧˥fɑŋ˥˧˩ie˥˧tɕiɑɔ˥˩tʰɑ˥˧˩tɕiɑɔ˥lɑɔ˥pɑ˥˧˥lie˧.nə˥tɕiou˥sɿ˥xuo˩˧˩li˥˧tʂʰuoŋ˥˧˩ʂuɑ˥˧,tsɿ˥zæ̃˩˧˩tʂʰuoŋ˥˧˥ʂuɑ˥˧˩tʂʰəŋ˩˧ti˧nə˥kə˥ti˥fɑŋ˥˧˩,nə˥kə˥ʂəŋ˥˧˩ʂuei˥˧ti˥˩fɑŋ˥˧˩,ie˥˧tɕiɑɔ˥˩lɑɔ˥˥˧pɑ˥˩lie˧.（很深那个地方？）噢，很深的那地方。ɑɔ˩,xəŋ˥˧ʂəŋ˥˧˩ti˧nə˥ti˥fɑŋ˥˧˩.

湫潭

1.（啊，那个，你们这边有那个湫子么？）黄：没有。太白好像还没有湫子。mei˩˧˩iou˥˧˧.tʰæᴇ˥pei˩˧˩xɑɔ˥˧ɕiɑŋ˥˩xɑ˩˧˩mei˩˧iou˥˧˧tɕiou˥˧tsɿ˧.（一般都是山那边是吧？）噢，山那

面。就是干湫子那个安置农场兀有个湫[1]。再一个就是这个杨坪乡上有个湫。再的还都太没有听说。ɑɔ˩,sæ̃˥˩na˥˦miæ̃˦˩.tɕiou˥sɿ˥kæ̃˥˧tɕiou˥˩tsɿ˧nə˦˩kə˦˩næ̃˥˩tʂʅ˥˦nuoŋ˨˩tʂʰɑŋ˥˧vɑ˦˩iou˦˨kə˥tɕiou˥˧.tsæᴇ˥i˦˨kə˥tɕiou˥sɿ˥tʂə˥kə˥iɑŋ˨˦pʰiŋ˨˦ɕiɑŋ˥˩ʂɑŋ˦˩iou˦˨kə˥tɕiou˥˧.tsæᴇ˥˨ti˧xɑ˨˩tou˦˨tʰæᴇ˥mei˨˦iou˦˨tʰiŋ˦˨ʂuo˦˨.（tɕiou˥还是tɕiou˥˧？）湫潭。tɕiou˥˧tʰæ̃˨˩.（湫滩？）湫潭，好像一潭水的潭。那湫潭，嗯。这个湫潭的特点么，它就是这个，一般情况下不外流，它也没有多少也没有来源的源头，就是形成那么一潭死水，但是它也很深，面积还有一定的面积。就是湫潭。tɕiou˥˧tʰæ̃˨˦,xɑɔ˦˨ɕiɑŋ˥i˥˩tʰæ̃˨˦ʂuei˥˧ti˧tʰæ̃˨˦.nə˦˩tɕiou˥˧tʰæ̃˨˩,əŋ˥.tʂə˦˩kə˥tɕiou˥˧tʰæ̃˨˩ti˧tʰei˥˩tiæ̃˥˧muo˧,tʰɑ˦˨tɕiou˥sɿ˥tʂə˥kə˦˩,i˦˥pæ̃˥˩tɕʰiŋ˨˩kʰuɑŋ˥˦ɕiɑ˥pu˨˩væᴇ˥˦liou˨˩,tʰɑ˥˩ie˥˧mei˨˦iou˦˨tuo˥˧ʂɑɔ˥˩ie˥˧mei˨˦iou˥˧læᴇ˨˦yæ̃˨˧ti˧yæ̃˨˦tʰou˨˩,tsou˥sɿ˥ɕiŋ˨˦tʂʰəŋ˨˦nə˥muo˧i˥˩tʰæ̃˨˦sɿ˥˧ʂuei˥˩,tæ̃˥sɿ˥tʰɑ˦˨ie˦˨xəŋ˥˧ʂəŋ˥˩,miæ̃˥tɕi˥˩xɑ˨˩iou˦˨i˦˨tiŋ˥ti˧miæ̃˥tɕi˥˩.tɕiou˦˩sɿ˦˩tɕiou˥˧tʰæ̃˨˩.

2.（他那在县里面说是哪一个林场说那个什么农场还是林场说有一批什么时候的一些就是劳改的人员后来留在这里了呢？）黄：那是干湫子。噢，干湫子安置林场。næᴇ˥˦sɿ˥kæ̃˥˧tɕiou˥˩tsɿ˧.ɑɔ˩,kæ̃˥˧tɕiou˥˩tsɿ˧næ̃˥˩tʂʅ˥˦liŋ˨˩tʂʰɑŋ˥˩.（干jiū子还是qiū子？）干湫子，干湫子。kæ̃˥˩tɕʰiou˥˧tsɿ˧,kæ̃˥˧tɕiou˥˩tsɿ˧.（他们有些什么人？）过去都是犯人。啥时么最后留在……刑……刑满以后，都安置到这场里来啦。kuo˥tɕʰy˥tou˥˩sɿ˦˩fæ̃˥˨zəŋ˨˩.sɑ˥sɿ˨˧muo˧tsuei˥xou˥liou˨˩tsæᴇ˥n……ɕiŋ˨˦……ɕiŋ˨˦mæ̃˥˧i˥˩xou˥,tou˦˥næ̃˥˩tʂʅ˥˦tɑɔ˥tʂei˦˩tʂʰɑŋ˥˧li˥˩læᴇ˨˩lɑ˧.（就留在这里了？）嗯。əŋ˥˧.（那他们这种农场里面说的什么话呀？）那这个话就杂<u>咧啊</u>。到处都是人都有。nə˥˦tʂə˥kə˥xuɑ˥tɕiou˥tsɑ˨˩liɑ˧.tɑɔ˥˨tʂʰʮ˥˩tou˦˨sɿ˥zəŋ˨˧tou˦˨iou˦˨.（有没有通行的话？）通行的话都说的本地话。tʰuoŋ˥˧ɕiŋ˨˩ti˧xuɑ˥tou˦˨ʂuo˥˧ti˧pəŋ˥˧ti˥xuɑ˦˩.（就就是那个合水这边的话？）噢。好多人再问时那都回去了么。都落实政策，不走咧么？ɑɔ˥˧.xɑɔ˥˧tuo˥˩zəŋ˨˦tsæᴇ˦˩vəŋ˥˨sɿ˨˩nə˥tou˦˨xuei˨˩tɕʰi˥˦lə˧muo˧.tou˥˩luo˥˩ʂʅ˨˩tʂəŋ˥˨tsʰei˥˩,pu˨˩tsou˥˧lie˧muo˧?（噢，走了很多是吧？）嗯。əŋ˩.（右派？）右派么。iou˥pʰæᴇ˦˩muo˧.（这个“湫”是什么意思啊？）一个大水塘。吼把人家水……水域的面积，这个水还相当深。就把这个地方叫做湫。这个水也太不外流。一直好像保的是那么一片儿这样子。i˥˩kə˦˩tɑ˥ʂuei˥˩tʰɑŋ˨˦.xou˥˧pɑ˥˧zəŋ˨˩tɕiɑ˦˨ʂuei˥˧……ʂuei˥˧y˥˧ti˧miæ̃˥tɕi˦˨,tʂei˦˩kə˦˩ʂuei˥˧xɑ˨˦ɕiɑŋ˦˥tɑŋ˥˩ʂəŋ˥˧.tɕiou˥pɑ˥˩tʂə˥kə˥ti˦˩fɑŋ˥˩tɕiɑɔ˦˩tsuo˥˩tɕiou˥˧.tʂə˦˩kə˥ʂuei˥˧ie˥˧tʰæᴇ˥pu˨˩væᴇ˥liou˨˩.i˥˩tʂʰʅ˨˥xɑɔ˦˨ɕiɑŋ˥pɑɔ˥˧ti˧ʂʅ˥nə˥muo˧i˥˩pʰiæ̃r˥˧tʂei˥iɑŋ˥tsɿ˧.（嗯，就这种山里面的这个湖泊一样的是吧？）啊，湖泊一样的。ɑ˩,xu˨˦pʰuo˥˧i˥˩iɑŋ˥ti˧.（那干湫子林场还有还有工还有水没有？）还有。里头这个湫还是还好着咧。xæᴇ˨˩iou˦˨.li˦˨tʰou˧tʂə˥kə˥tɕiou˥˧xɑ˨˩sɿ˥xɑ˨˩xɑɔ˥˧tʂuo˥˩lie˧.（它怎么叫做干呢？前面加个干字呢？）干湫子那咱们这个就光知道里头是个湫潭，再是啥子不太清楚咧。kæ̃˥˧tɕiou˥˧tsɿ˧næᴇ˥tʂɑ˨˩məŋ˧tʂə˥kə˥tsou˥kuɑŋ˥˩tʂʅ˦˨tɑɔ˥li˥˧tʰou˧sɿ˥kə˥tɕiou˥˧tʰæ̃˨˩,tsæᴇ˥sɿ˥sɑ˥tsɿ˧pu˨˩tʰæᴇ˥tɕʰiŋ˥˩tʂʰʮ˥˩lie˧.（那湫是人工把它修成的还是天然的？）天然的。tʰiæ̃˥˧zæ̃˨˩ti˧.（天然的？）呣。m̩˥˧.（它是在河上面，这种河岸崩塌，拦住了，还是怎么回事？）好像还不是。xɑɔ˥˧ɕiɑŋ˥xɑ˨˩pu˨˧sɿ˥.（不是这样？）噢，自然形成的那么个的东西。ɑɔ˩,tsɿ˥zæ̃˨˧ɕiŋ˨˦tʂʰəŋ˨˧ti˧nə˥muo˧kə˦˩ti˧tuoŋ˥˩ɕi˧.（它有源头没有？有有进来的……）也……也看不到源头在哪瘩。就那么一潭水。ie˦˨……ie˥˧kʰæ̃˥pu˨˧tɑɔ˥yæ̃˨˦tʰou˨˦tsæᴇ˥nɑ˦˨tɑ˧.tɕiou˥nə˥muo˧i˥˩tʰæ̃˨˦ʂuei˥˧.（非常大？）噢，非常大。ɑɔ˩,fei˥˧tʂʰɑŋ˨˩tɑ˦˩.（它那

---

① 湫：深潭。唐杜甫《乾元中寓居同谷县作歌》之六：“南有龙兮在山湫，古木巃嵸枝相樛。”《广韵》或作即由切。太白方言指积水潭。

里头有多大，干湫子？）哎呀，干湫子那个湫原先有十几亩地大咧。æᴇ˥˩ia˦,kæ̃˥˩tɕiou˥˩˨tsɿ˦ nə˦˩kə˦˩tɕiou˥˩yæ̃˨˩ɕiæ̃˥˩iou˥˩˨ʂʅ˨˩tɕi˥˩mu˥˩˨ti˦˩ta˦˩lie˦.（那也不小哇。）现在就是这个城关镇，那个沟里进去有个杨坪，杨坪那个沟脑里还有一个大湫子。ɕiæ̃˦˩tsæᴇ˦˩tɕiou˦˩˥sɿ˦˩˨tʂə˦˩˨kə˦˩˨tʂʰəŋ˨˩k uæ̃˥˩˨tʂəŋ˦˩,nə˦˩˨kə˦˩kou˥˩li˥˩˨tɕiŋ˦˩tɕʰi˦˩iou˥˩˦kə˦˩iaŋ˨˩pʰiŋ˨˩,iaŋ˨˩pʰiŋ˨˩nə˦˩kə˦˩kou˥˩˨nao˥˩li˥˩˨xæᴇ˨˩iou˥˩˦i˥˩˦ kə˦˩ta˦˩tɕiou˥˩tsɿ˦.（那天在城里面他们说就是他们那里还有个水库。）啊，干湫子水库么。ɑ˦˨,kæ̃˥˩tɕiou˥˩˨tsɿ˦ʂuei˥˩˨kʰu˦˩˥muo˦.（噢，那个水库就是指的是干湫子那个水库啊？）嗯。ə̃˨˩.

料瓜石

黄：料瓜石，它是土里头生长的这么大那疙瘩。料瓜石就像瓜那么大那疙瘩蛋蛋的形状。这个东西含的主要化学成分么，就是碳酸钙。稍微一加工一加热就烧成石灰了。这一般都是烧石灰的原料。料瓜石，它多一多一半儿含碳酸钙，稍微一加……它加工它化学成分一变以后，就变成石……生石灰咧。liao˦˩kua˥˩˨ʂʅ˨˩,tʰɑ˥˩sɿ˦˩˨tʰu˥˩li˥˩tʰou˦səŋ˥˩˨tʂaŋ˥˩ti˦tʂə˦˩muo˦˩ ta˦˩næᴇ˦˩kə˥˩ta˥˩˨.liao˦˩kua˥˩˨ʂʅ˨˩tɕiou˦˩ɕiaŋ˦˩kua˥˩nə˦˩muo˦ta˦˩nə˦˩kə˥˩ta˥˩˨tæ̃˦˩tæ̃˦˩ti˦ɕiŋ˨˩tʂuaŋ˦˩˨.tʂə˦˩kə˦˩tuo ŋ˥˩ɕi˦xæ̃˨˩tə˦tʂʯ˥˩˦iao˦˩xua˦˩ɕyo˨˩tʂʰəŋ˨˩fəŋ˦˩˥muo˦,tɕiou˦˩sɿ˦˩tʰæ̃˦˩suæ̃˥˩˨kæᴇ˦˩.sao˥˩vei˥˩i˥˩˨tɕia˥˩˦kuoŋ˥˩˨i˥˩ ˨tɕia˥˩˦zə˥˩˨tɕiou˦˩ʂao˥˩˨tʂʰəŋ˨˩ʂʅ˨˩xuei˥˩lə˦.tʂei˦˩˥i˥˩˨pæ̃˥˩tou˥˩˨sɿ˦˩˨ʂao˥˩ʂʅ˨˩xuei˥˩ti˦yæ̃˨˩liao˦˩.liao˦˩kua˥˩˨ ʂʅ˨˩,tʰɑ˥˩˦tuo˥˩i˥˩˨tuo˥˩i˥˩˨pær̃˦˩xæ̃˨˩tʰæ̃˦˩suæ̃˥˩˨kæᴇ˦˩,sao˥˩vei˥˩˨i˥˩˨tɕia˥˩˦zəŋ……tʰɑ˥˩˨tɕia˥˩˦kuoŋ˥˩˨tʰɑ˥˩˨xu ɑ˦˩ɕyo˨˩tʂʰəŋ˨˩fəŋ˦˩˥i˥˩˨piæ̃˦˩i˥˩˨xou˦˩,tsou˦˩piæ̃˦˩tʂʰəŋ˨˩ʂ……səŋ˥˩ʂʅ˨˩xuei˥˩lie˦.

羊肝石

黄：大石头里头还有一种叫羊肝石。ta˦˩ʂʅ˨˩tʰou˦li˥˩˨tʰou˦xæᴇ˨˩iou˥˩˦i˥˩˦tʂuoŋ˥˩˦tɕiao˦˩iaŋ˨˩kæ̃ ˥˩˨ʂʅ˨˩.（羊肝石是什么东西？）羊肝石它是介为青石之间，比青石稍微软一点，但是它比这个红砂岩可……iaŋ˨˩kæ̃˥˩ʂʅ˨˩tʰɑ˥˩˦sɿ˦˩tɕie˦˩vei˨˩tɕʰiŋ˥˩ʂʅ˨˩tsɿ˥˩˨tɕiæ̃˥˩˨,pi˥˩tɕʰiŋ˥˩˨ʂʅ˨˩sao˥˩˦vei˥˩˦zuæ̃˥˩i˥˩˨ti æ̃˥˩˨,tæ̃˦˩sɿ˦˩tʰɑ˥˩˦pi˥˩˦tʂə˦˩kə˦˩xuoŋ˨˩sa˥˩iæ̃˨˩kʰə˥˩˨……（大吗？）不大。它也有大块儿的，也有小的。但是这个它就是稍微硬度没有青石那么硬，但是它比红砂岩好。pu˨˩ta˦˩.tʰɑ˥˩˦ie˥˩iou˥˩˨t ɑ˦˩kʰuər˥˩˦ti˦,ie˥˩iou˥˩ɕiao˥˩ti˦.tæ̃˦˩sɿ˦˩˨tʂə˦˩kə˦˩tʰɑ˥˩˦tɕiou˦˩sɿ˦˩˨sao˥˩vei˥˩niŋ˦˩tu˦˩muo˥˩˦iou˥˩tɕʰiŋ˥˩˨ʂʅ˨˩nə˦˩˥ muo˦niŋ˦˩,tæ̃˦˩sɿ˦˩˨tʰɑ˥˩pi˥˩˨xuoŋ˨˩sa˥˩˨iæ̃˨˩xao˥˩˨.（它容易碎吗？）不容易碎。pu˨˩˦yoŋ˨˩i˦˩˨suei˦˩.（是料瓜石里面的一种啊？）不是。它是红砂岩里头的一种。pu˨˩sɿ˦˩.tʰɑ˥˩˦sɿ˦˩xuoŋ˨˩sa˥˩˨iæ̃˨˩li ˥˩tʰou˦ti˦li˥˩˦tʂuoŋ˥˩˨.（噢，什么颜色呢？）浅红色的。tɕʰiæ̃˥˩xuoŋ˨˩sə˥˩ti˦.（也是浅……浅红色的？）啊。ɑ˨˩.（它这个沙沙的是吧？）啊。沙沙的。它这个沙是细腻，细腻一点的沙。它不像红砂岩颗粒那么大。ɑ˨˩.sa˥˩sa˥˩˨ti˦.tʰɑ˥˩tʂə˦˩kə˦˩sa˥˩sɿ˦˩˨ɕi˦˩ni˦˩,ɕi˦˩ni˦˩˥i˥˩˨tiæ̃˥˩˨tə˦sa˥˩.tʰɑ˥˩pu˨˩ɕiaŋ ˦˩xuoŋ˨˩sa˥˩˨iæ̃˨˩kʰə˥˩˦li˦˩˦nə˦˩muo˦ta˦˩.

料石、毛石、条石、石板儿

黄：石匠用尺子打咧方尺的，那就叫料石。ʂʅ˨˩tɕiaŋ˦˩yoŋ˦˩tʂʰʅ˥˩tsɿ˦ta˥˩lie˦faŋ˥˩tʂʰʅ˥˩˨ti˦,n ə˦˩tɕiou˦˩tɕiao˦˩liao˦˩ʂʅ˨˩.（什么叫料……料石是……您再说一下？）料石。你比如一块儿毛石，你这么疙疙瘩瘩的这么一块儿毛石头的话，石匠他如果……他拿尺子给你打成一定形状的东西，就叫料石了。liao˦˩ʂʅ˨˩.ni˥˩pi˥˩zʯ˨˩i˥˩˨kʰuər˥˩mao˨˩ʂʅ˨˩,ni˥˩˦tʂə˦˩muo˦ka˥˩ka˥˩˨ta˥˩ta˥˩ti˦t ʂə˦˩muo˦i˥˩˨kʰuər˥˩mao˨˩ʂʅ˨˩tʰou˦ti˦xua˦˩,ʂʅ˨˩tɕiaŋ˦˩˥tʰɑ˥˩˨zʯ˨˩kuo˥˩˦……tʰɑ˥˩˨na˨˩tʂʰʅ˥˩tsɿ˦kei˥˩ni˥˩˦ta ˥˩tʂʰəŋ˨˩i˥˩˦tiŋ˦˩ɕiŋ˨˩tʂuaŋ˦˩˥ti˦tuoŋ˥˩˨ɕi˦,tɕiou˦˩tɕiao˦˩˨liao˦˩ʂʅ˨˩˨lə˦.（噢，就是加工好的那种？）啊，加工好的石头叫料石，嗯。ɑ˨˩,tɕia˥˩˦kuoŋ˥˩˨xao˥˩ti˦ʂʅ˨˩tʰou˦tɕiao˦˩liao˦˩ʂʅ˨˩,ə̃˥˩.（噢，那种没有加工的叫毛石……毛石吗？）毛石噢。加工好的叫是料石。打成这个长条的这个就叫石条。mao˨˩ʂʅ˨˩ao˨˩.tɕia˥˩˦kuoŋ˥˩˨xao˥˩ti˦tɕiao˦˩sɿ˦˩liao˦˩ʂʅ˨˩.ta˥˩tʂʰəŋ˨˩tʂə˦˩kə˦˩tʂʰaŋ˨˩tʰiao˨˩ti˦tʂə˦˩k ə˥˩tɕiou˥˩tɕiɑɔ˥˩ʂʅ˨˦tʰiɑɔ˨˦.（石条还是条石？）石条，也叫条石。ʂʅ˨˦tʰiɑɔ˨˦,ie˥˧tɕiɑɔ˥tʰiɑɔ˨˦ʂʅ˨˦˧.（两……两种都有说的啊？）啊，都有说的。再一个就是石板儿。石板儿那就是破[①]成一大块儿，薄薄的那种。ɑ˩,tou˥˩iou˥˧ʂuo˥˧ti˧.tsæᴇ˥i˥˧kə˥tɕiou˥sɿ˥ʂʅ˨˦˩pɑ̃r˥˧.ʂʅ˨˦˩pɑ̃r˥˧næᴇ˥tɕiou˥sɿ˥pʰuo˥tʂʰəŋ˨˦˧i˥˩tɑ˥kʰuər˥˧ti˧,puo˨˦˧puo˨˦ti˧nei˥tʂuoŋ˥˧.（这个碑文啊什么都用那个……）啊，都是那个。做碑文儿的那必须是条石，厚度要达到咧。石板儿一般就是不超过十公分，这么一点点，薄薄的这号叫石板儿。ɑ˩,tou˥˧sɿ˥˩nə˥˩kə˥˩.tsuo˥pi˥˧ṽɑ̃r˨˦ti˧nə˥pi˥˧ɕy˥˧sɿ˥tʰiɑɔ˨˦˩ʂʅ˨˦˥,xou˥tu˥iɑɔ˥tɑ˨˦˩tɑɔ˥˦lie˧.ʂʅ˨˦˩pɑ̃r˥˧i˥˧˥pɑ̃˥˩tɕiou˥sɿ˥pu˨˦˩tʂʰɑɔ˥˩kuo˥ʂʅ˨˦kuoŋ˥˩fəŋ˥˧,tʂə˥muo˧i˥˧tiɑ̃˥˩tiɑ̃˥˧˩,puo˨˦puo˨˦˩ti˧tʂei˥xɑɔ˥tɕiɑɔ˥ʂʅ˨˦˩pɑ̃r˥˧.（那个那玩意儿干什么用呢？）欸那拿起来以后切个东西不些得，就能用上。ei˨˦nə˥nɑ˨˦˩tɕʰi˥˧læᴇ˨˦˩i˥˩xou˥tɕʰie˥˧kə˥˩tuoŋ˥˧ɕi˧pu˨˦˩ɕi˥˧tei˥˩,tsou˥nəŋ˨˦˩yoŋ˥˦ʂɑŋ˥˩.

灰尘

黄：灰尘是指这个房里边落下这个东西，简称那种颜色是黑的那种。一摸手都黑了，这叫灰尘。xuei˥˩tʂʰəŋ˨˦sɿ˥tsɿ˥˧tʂə˥˩kə˥˩fɑŋ˨˦li˥˧piɑ̃˥˩luo˥˧xɑ˥˩tʂə˥kə˥tuoŋ˥˧ɕi˧,tɕiɑ̃˥˧tʂʰəŋ˨˦˩nei˥˦tʂuoŋ˥˩iɑ̃˨˦sə˥˧sɿ˥˩xei˥˧ti˧nei˥tʂuoŋ˥˩.i˥˧˥muo˥˩ʂou˥˧tou˥˩xei˥˧lə˧,tʂei˥tɕiɑɔ˥xuei˥˩tʂʰəŋ˨˦.（是房子里面的？）噢，房子里边的。ɑɔ˩,fɑŋ˨˦tsɿ˧li˥˧piɑ̃˥˩ti˧.（欸这对了，你们这个灰是叫灰尘还是灰呢？）灰尘。脏东西就叫灰尘。xuei˥˩tʂʰəŋ˨˦.tsɑŋ˥˧tuoŋ˥˩ɕi˧tɕiou˥tɕiɑɔ˥xuei˥˧tʂʰəŋ˨˦˩.

灰

1.（你们平常烧烧叵做饭用烧的是用稻秆儿还是什么东西？）黄：那是用的木材，木材灰么。那叫灰么。nə˥sɿ˥yoŋ˥ti˧mu˥˧tsʰæᴇ˨˦˩,mu˥˩tsʰæᴇ˨˦xuei˥˧muo˧.nei˥˩tɕiɑɔ˥xuei˥˧muo˧.（那个那个就叫灰？）那个叫灰。nə˥kə˥tɕiɑɔ˥˩xuei˥˧.（烧下来的叫灰？）嗯。ə̃˩.

2.（这个垃圾你们叫什么？）黄：我们把它扫下就叫扫下灰咧，不叫垃圾。垃圾兀老百姓就没有垃圾兀一说。ŋuo˥˧məŋ˧pɑ˥˩tʰɑ˥˩sɑɔ˥˧xɑ˥tɕiou˥tɕiɑɔ˥sɑɔ˥˧xɑ˥xuei˥˧lie˧,pu˨˦˩tɕiɑɔ˥lɑ˥˧tɕi˥˩.lɑ˥˧tɕi˥˩væᴇ˥lɑɔ˥˧pei˥˩ɕiŋ˥˦tsou˥mei˨˦iou˥˧lɑ˥˧tɕi˥˩vei˥i˥˩ʂuo˥˧.（有脏法这种说法没有？）噢，是……把些脏的扫下，这有说法，有这个说法咧。ɑɔ˩,sɿ……pɑ˥˩ɕie˥˧tsɑŋ˥˧ti˧sɑɔ˥˧xɑ˥˩,tʂei˥˦iou˥˧ʂuo˥˧fɑ˥˩,iou˥˧tʂə˥kə˥ʂuo˥˧fɑ˥˩lie˧.（叫脏法还是脏的？）啊，那就是把那些扫下这些柴草麸[②]子或者土，把这些墩出去，没有脏法和垃圾这个说法。æ˩,nei˥tɕiou˥sɿ˥pɑ˥˩nei˥ɕie˥˧sɑɔ˥˧xɑ˥tʂə˥ɕie˥˧tsʰæᴇ˨˦˩tsʰɑɔ˥˧i˥˧tsɿ˧xuo˨˦˧tʂə˥˧tʰu˥˧,pɑ˥˩tʂə˥ɕie˥˧tuoŋ˥˧˩tʂʰʮ˥˧tɕʰi˥,muo˥˩iou˥˧tsɑŋ˥˧fɑ˥˩xuo˨˦˧lɑ˥˧tɕi˥˩tʂə˥kə˥ʂuo˥˧fɑ˥˩.（就是脏的？）呣。m̩˩.

扬尘

黄：再一个，这个房子你看有那蜘蛛网啊，吊[③]下那个东西，有时候它吊下来，时间一长以后熏成……那个地方叫扬尘。tsæᴇ˥i˥˧kə˥˩,tʂə˥kə˥fɑŋ˨˦tsɿ˧ni˥˧kʰɑ̃˥˩iou˥˧nə˥tʂʅ˥˧tʂʮ˥˩vɑŋ˥˧ɑ˩,tiɑɔ˥xɑ˥nei˥kə˥tuoŋ˥˩ɕi˧,iou˥˧sɿ˨˦˧xou˥tʰɑ˥˩tiɑɔ˥ɕiɑ˥˧˥læᴇ˨˦˩,sɿ˨˦˩tɕiɑ̃˥˧i˥˩tʂʰɑŋ˨˦i˥˩xou˥ɕyoŋ˥˧tʂ

① 破：剖开。《庄子·天地》："百年之木，破为牺尊，青黄而文之。"

② 麸：太白称谷物碾磙后簸出的壳屑为"麸子"。《广韵》入声职韵与职切："麸，麦麸。"《玉篇》："麸，麦壳破碎者。"

③ 吊：悬挂。清黄六鸿《福惠全书·刑名·监禁》："将犯人足吊起，头向下卧。"或作"钓"。《三国志平话》卷中："周瑜药贴金疮，钓其左臂。"本字当为"佻"。东汉扬雄《方言》第七："佻，县也。赵魏之间曰佻……燕赵之郊县物于台之上谓之佻。"晋郭璞注："了佻，县物貌。"清章炳麟《新方言·释言》："县也，此即今人所谓佻者。"《黄侃论学杂著·蕲春语》："《方言》七'佻，县也'……案今吾乡亦有此语。字作吊、钓者多，音多啸切。"

ʰ……nə˥kə˥ti˥˦fɑŋ˥˧˨˩tɕiɑɔ˥iɑŋ˩˧˩tʂʰəŋ˩˧˥.（就是就是就那个角上有？）噢，就是那角儿上吊下来那个。ɑɔ˩,tɕiou˥sɿ˥nə˥tɕiɑɔr˥˧ʂɑŋ˥˨˩tiɑɔ˥xɑ˥læᴇ˩˧˩næᴇ˥kə˥.（就那个蜘蛛网是吧？）噢，蜘蛛网，上头再沾些这个欻脏东西，这个地方，这个东西叫扬尘。ɑɔ˩,tʂʅ˥˧˨˩tʂɥ˥˧˨˩vɑŋ˥˧,ʂɑŋ˥tʰou˧ts æᴇ˥tʂæ̃˥˧ɕie˥˧˨˩tʂə˥kə˥ei˥tsɑŋ˥˧tuoŋ˥˧˨˩ɕi˧,tʂə˥kə˥ti˥˦fɑŋ˥˧˨˩,tʂə˥kə˥tuoŋ˥˧˨˩ɕi˧tɕiɑɔ˥iɑŋ˩˧˩tʂʰəŋ˩˧˥.

石灰、纸筋灰

黄：刚烧出来，没有见水的白灰[①]就是就是生石灰。熟石灰，过去它那个东西，前几年时候它把这个石灰，烧成的石灰拿来以后要放水淋[②]咧。把水这面做个网兜网住以后，把这拿水冲的以后把这个细的都淌出去以后，放到池子里边沉淀起来，沉淀起来以后慢慢这个水分渗的部分，蒸发一部分，哎剩下那个都是细的了。这就基本上熟石灰。要墁[③]这个房子以后，放些纸筋，做下那个，把房子……墩[④]緫緫[⑤]，墩过融以后，就拿来抹……抹这个……这个墁这个房子。叫纸筋灰。现在么，都不了。现在专门儿有人加工咧。他把这……还是生石灰，他放粉碎机给你一粉，过滤一过，把这麦草粉碎往里头一加。kɑŋ˥˧˥ʂɑɔ˥˧tʂʰɥ˥˧læᴇ˩˧˩,mei˩˧iou˥˧˧tɕiæ̃˥ʂuei˥˧ti˧pei˩˧˩xuei˥˧tɕiou˥˨˩sɿ˥˨˩tɕiou˥sɿ˥səŋ˥˧ʂʅ˩˧˩xue i˥˧.ʂɥ˩˧ʂʅ˩˧˩xuei˥˧,kuo˥˧˥tɕʰy˥tʰɑ˥˧˧nə˥kə˥tuoŋ˥˧ɕi˧,tɕʰiæ̃˩˧tɕi˥˧niæ̃˩˧sɿ˩˧˩xou˥tʰɑ˥˧˧pɑ˥˧˨˩tʂə˥kə˥ʂʅ˩˧˩xuei˥˧, ʂɑɔ˥˧tʂʰəŋ˩˧˩ti˧ʂʅ˩˧˩xuei˥˧nɑ˩˧læᴇ˩˧i˥˧˨˩xou˥iɑɔ˥fɑŋ˥ʂuei˥˧liŋ˥lie˧.pɑ˥˧˨˩ʂuei˥˧tʂei˥miæ̃˥tsuo˥˦kə˥˨˩vɑŋ˥˧to u˥˧˨˩vɑŋ˥˧tʂɥ˥˨˩i˥˧˨˩xou˥˦,pɑ˥˧˨˩tʂei˥nɑ˩˧˩ʂuei˥˧tʂʰuoŋ˥˧ti˧i˥˧˨˩xou˥˦pɑ˥˧˨˩tʂə˥kə˥ɕi˥ti˧tou˥˧˨˩tʰɑŋ˥˧tʂʰɥ˥˧˨˩tɕʰy ˥i˥˧˨˩xou˥,fɑŋ˥tɑɔ˥tʂʰʅ˩˧˩tsɿ˧li˥˧˨˩piæ̃˥˧˨˩tʂʰəŋ˩˧˩tiæ̃˥tɕʰi˥˧læᴇ˩˧˩,tʂʰəŋ˩˧˩tiæ̃˥tɕʰi˥˧læᴇ˩˧˩i˥˧˨˩xou˥mæ̃˥mæ̃˥t ʂə˥kə˥ʂuei˥˧fəŋ˥˨˩səŋ˥ti˧pʰu˥˦fəŋ˥˨˩,tʂəŋ˥˧˥fɑ˥˧i˥˧˨˩pʰu˥˦fəŋ˥˨˩,æᴇ˩ʂəŋ˥xɑ˥næᴇ˥kə˥tou˥˧˨˩sɿ˥˨˩ɕi˥ti˧lə˧. tʂei˥tɕiou˥tɕi˥˧˨˩pəŋ˥˧ʂɑŋ˥˨˩ʂɥ˩˧ʂʅ˩˧˩xuei˥˧.iɑɔ˥mæ̃˥tʂə˥kə˥fɑŋ˩˧tsɿ˧i˥˧˨˩xou˥˦,fɑŋ˥ɕie˥˧˧tsɿ˥˧tɕiŋ˥˧˨˩,tsuo˥ ˦xɑ˥˨˩nə˥kə˥,pɑ˥˧˨˩fɑŋ˩˧˧ts……tuoŋ˥˧ʐæ̃˩˧ʐæ̃˩˧˩,tuoŋ˥˧kuo˥˨˩yoŋ˩˧i˥˧˨˩xou˥,tsou˥˦nɑ˩˧læᴇ˩˧˧muo˥˧˧…… muo˥˧˧tʂə˥kə˥……tʂə˥˨˩kə˥˨˩mæ̃˥tʂə˥kə˥fɑŋ˩˧tsɿ˧.tɕiɑɔ˥tsɿ˥˧tɕiŋ˥˧˥xuei˥˧.ɕiæ̃˥tsæᴇ˥˥˧˥muo˧,tou˥˧˨˩pu˩˧˩lə˥. ɕiæ̃˥tsæᴇ˥tʂuæ̃˥˧˨˩mɔ̃r˩˧iou˥˧ʐəŋ˩˧˩tɕiɑ˥˧˥kuoŋ˥˧lie˧.tʰɑ˥˧pɑ˥˧˨˩tʂə˥ʂ……xæᴇ˩˧˩sɿ˥səŋ˥˧ʂʅ˩˧˩xuei˥˧,tʰɑ˥˧˧fɑŋ˥ fəŋ˥˧˧suei˥˦tɕi˥˧˨˩kei˥ni˥˧˨˩i˥˧˨˩fəŋ˥˧,kuo˥ly˥i˥˧˨˩kuo˥,pɑ˥˧˨˩tʂə˥mei˥˧tsʰɑɔ˥˧˨˩fəŋ˥˧suei˥˨˩vɑŋ˥˧˥li˥˧˨˩tʰou˧i˥˧˨˩tɕiɑ ˥˧.（麦草？）噢，麦草往进加。你墁的时候你放水一泡，直接拿到墙上就抹咧。纸筋灰。ɑɔ˩,mei˥˧tsʰɑɔ˥˧˨˩vɑŋ˥˧˨˩tɕiŋ˥˨˩tɕiɑ˥˧˨˩.ni˥˧mæ̃˥ti˧sɿ˩˧˩xou˥ni˥˧˧fɑŋ˥ʂuei˥˧i˥˧˨˩pʰɑɔ˥,tʂʅ˩˧tɕie˥˧˨˩nɑ˩˧˩tɑɔ˥tɕʰiɑŋ˩˧˩ ʂɑŋ˥tɕiou˥muo˥˧lie˧.tsɿ˥˧tɕiŋ˥˧˨˩xuei˥˧˨˩.

金

黄：那你是金木水火土五行里头那□这个金分几种咧。那你是沙中金咧……nei ˥˦ni˥˧˨˩sɿ˥˨˩tɕiŋ˥˧˥mu˥˧˨˩ʂuei˥˧xuo˥˧˨˩tʰu˥˧vu˥˧ɕiŋ˩˧li˥˧tʰou˧nei˥˦niæ̃˩˧˧tʂə˥kə˥tɕiŋ˥˧fəŋ˥˧˨˩tɕi˥˧tʂuoŋ˥˧lie˧. nei˥ni˥˧˧sɿ˥sɑ˥˧tʂuoŋ˥˧˨˩tɕiŋ˥˧lie˧……（沙中金是什么意思？）就是沙子中间的这个金……金子，金粒子。水中金咧。tɕiou˥˨˩sɿ˥˨˩sɑ˥˧tsɿ˧tʂuoŋ˥˧˨˩tɕiæ̃˥˧˥ti˧tʂə˥˨˩kə˥˨˩tɕi……tɕiŋ˥˧tsɿ˧,tɕiŋ˥˧˨˩li˩˧˩tsɿ˧. ʂuei˥˧tʂuoŋ˥˧˨˩tɕiŋ˥˧lie˧.（水重金还是水中？）水……水里边的金子。ʂuei˥˧…… ʂuei˥˧li˥˧piæ̃˥˧˨˩ti˧tɕiŋ˥˧tsɿ˧.（沙中金，水中金，还有……）水中金。炉中金。ʂuei˥˧tʂuoŋ˥˧˨˩tɕiŋ˥˧.

---

① 白灰：石灰。宋罗大经《鹤林玉露》卷四："太守王元邃以白酒之和者、红酒之劲者手自剂量，合而为一，杀以白灰一刀圭，风韵顿奇。"

② 淋：《集韵》力鸩切："以水沃也。"

③ 墁：粉刷。《广韵》莫半切："所以涂饰墙。"

④ 墩：击、打。元张国宝《罗李郎》第四折："软肋上粗棍子搠，面皮上大拳墩。"这里是捣纸筋灰的意思。

⑤ 緫：本指丝线等纠缠难理，这里引申指东西有黏性。

lou˨˦tʂuoŋ˥˩˨tɕiŋ˥˩.（路……）火中金。xuo˥˩tʂuoŋ˥˩˨tɕiŋ˥˩˨.（炉中金？）呃，是火炉子里边的那个炉中金。ə˨˦,sɿ˥˨xuo˥˩lou˨˦tsɿ˥˩li˥˩piæ̃˥˩˨ti˨nei˥˩kə˥˩lou˨˦tʂuoŋ˥˩˨tɕiŋ˥˩.（嗯，炉中金。）火中金还是火里边的金子。xuo˥˩tʂuoŋ˥˩˨tɕiŋ˥˩xa˨˦sɿ˥˩xuo˥˩li˥˩piæ̃˥˩ti˨tɕiŋ˥˩tsɿ˨.（火里面的金子？）啊，这都有些区别咧。a˨˦,tʂə˥˩tou˥˩˥iou˥˩ɕie˥˩˨tɕʰy˥˩˨pie˨˦lie˧.（你们这儿有……产金子不产？）不产。pu˨˦tsʰæ̃˥˩.（你们这儿有有什么矿物啊？）没有。mei˨˦iou˥˩˨.（没有矿物？）嗯。ŋ̊˨˦.（我看你们这儿女同志有的是戴两三个金戒指。）那都是买下的嘛。nə˥˩tou˥˩˥sɿ˥˩mæᴇ˥˩xa˥˩˨ti˨ma˨.

水银

黄：我们叫水银。你要说汞，老年人就不知道是啥东西。ŋuo˥˩˥məŋ˨tɕiaɔ˥˩ʂuei˥˩iŋ˨˦.ni˥˩iaɔ˥˩˨ʂuo˥˩˨kuoŋ˥˩,laɔ˥˩niæ̃˨˦zəŋ˨˦tɕiou˥˩pu˨˦tʂɿ˥˩˨taɔ˥˩sɿ˥˩sa˥˩tuoŋ˥˩ɕi˨.（但水银你们过去也有吗？）有。iou˥˩.（这就是说这个家里头拿来干什么用的？）那是知道镀下那个镜子背后那个都知道是镀下的水银。næᴇ˥˩sɿ˥˩tʂɿ˥˩˨taɔ˥˩tu˥˩˥xa˥˩˨nə˥˩˨kə˥˩˨tɕiŋ˥˩tsɿ˨pei˥˩xou˥˩nə˥˩kə˥˩tou˥˩˨tʂɿ˥˩˨taɔ˥˩sɿ˥˩tu˥˩xa˥˩ti˨ʂuei˥˩iŋ˨˦.

煤

（那过去……现在是用……过去是用木炭，现在用煤了？）黄：现在用煤。ɕiæ̃˥˩tsæᴇ˥˩yoŋ˥˩mei˨˦.（煤是从哪边儿过来的？）煤，这都是从外面儿拉进来的。mei˨˦,tʂə˥˩˥tou˥˩˨sɿ˥˩˨tsʰuoŋ˨˦væᴇ˥˩miæ̃r˥˩la˥˩˨tɕiŋ˥˩˥læᴇ˨˦ti˨.（一般是从哪边？甘肃有吗？）甘肃的平凉吗啥。安口、华亭，这一带。这都拉来就是好煤，无烟儿煤，从这面儿拉，啊。kæ̃˥˩ɕy˥˩˥ti˨pʰiŋ˨˦liaŋ˨˦ma˨sa˥˩˨.næ̃˥˩kʰou˨,xua˨˦tʰiŋ˨˦,tʂə˥˩i˥˩˨tæᴇ˥˩.tʂə˥˩˥tou˥˩˨la˥˩˨læᴇ˨˦tɕiou˥˩˨sɿ˥˩˨xaɔ˥˩mei˨˦,vu˨˦iæ̃r˥˩˨mei˨˦,tsʰuoŋ˨˦tʂei˥˩˥miæ̃r˥˩˨la˥˩˨,a˧.（还有差一点的煤是吧？）再差……差一点就是从店头……tsæᴇ˥˩tsʰæᴇ（←tsʰa˥˩）……tsʰa˥˩i˥˩˨tiæ̃˥˩˨tɕiou˥˩˨sɿ˥˩˨tsʰuoŋ˨˦tiæ̃˥˩˥tʰou˧……（店头是在……）陕西的这面，店头这面儿拉过来。ʂæ̃˥˩ɕi˥˩˨ti˨tʂei˥˩miæ̃˥˩,tiæ̃˥˩tʰou˨tʂə˥˩miæ̃r˥˩la˥˩˨kuo˥˩læᴇ˨˦.（那是有烟煤还是……）有烟煤。iou˥˩iæ̃˥˩˥mei˨˦.（一块儿一块儿的还是什么？）一块儿一块儿的。i˥˩˨kʰuər˥˩i˥˩˨kʰuər˥˩ti˨.（那一块儿一块儿的叫什么？）叫大炭么。小一点的那就叫中炭。tɕiaɔ˥˩ta˥˩tʰæ̃˥˩muo˨.ɕiaɔ˥˩i˥˩˨tiæ̃˥˩ti˨næᴇ˥˩tɕiou˥˩tɕiaɔ˥˩tʂuoŋ˥˩˨tʰæ̃˥˩.（再那个粉呢？煤粉？）煤末子。mei˨˦muo˥˩tsɿ˨.（过去那个拿那个煤末子就是……）拌煤砖咧么。pæ̃˥˩mei˨˦tʂuæ̃˥˩liem˨.（搬煤砖还是打煤砖？）打煤砖也……就还叫拌煤砖。拌是提手旁过去那个拌字，拌和的拌。ta˥˩mei˨˦tʂuæ̃˥˩ie˥˩ts……tɕi˥˩（←tɕiou˥˩）xæᴇ˨˦tɕiaɔ˥˩pæ̃˥˩mei˨˦tʂuæ̃˥˩˨.pæ̃˥˩sɿ˥˩tʰi˨˦ʂou˥˩pʰaŋ˨˦kuo˥˩tɕʰi˥˩nə˥˩kə˥˩pæ̃˥˩tsɿ˥˩˨,pæ̃˥˩xuo˨˦ti˨pæ̃˥˩.（是不搅和那个的意思？）黄：啊，嗯。a˥˩,ŋ̊˨˦.

土

黄：白土[①]那是我们这儿土里头□也有一种……土里头还分分三种土咧。白土，黄……黄土，红土，还有黑芦土咧。pei˨˦tʰu˥˩nə˥˩sɿ˥˩ŋuo˥˩məŋ˨tʂər˥˩tʰu˥˩li˥˩˨tʰou˨niæ̃˨˦ia˥˩˥iou˥˩i˥˩˥tʂuoŋ˥˩˥……tʰu˥˩li˥˩tʰou˨xa˨˦fəŋ˥˩˨fəŋ˥˩˨sæ̃˥˩˥tʂuoŋ˥˩tʰu˥˩˨lie˨.pei˨˦tʰu˥˩,xuaŋ˨˦……xuaŋ˨˦tʰu˥˩˨,xuoŋ˨˦tʰu˥˩˨,xæᴇ˨˦iou˥˩˥xei˥˩lou˨˦tʰu˥˩lie˨.（这有什么用呢？各种的……各种……）这就是土质土质的颜色不一样。黑芦土一般都比较肥。啊，像东北的那土它都是黑芦土。tʂei˥˩tɕiou˥˩˨sɿ˥˩˨tʰu˥˩tʂɿ˨˦tʰu˥˩tʂɿ˨˦ti˨iæ̃˨˦sei˥˩pu˨˦i˥˩˨iaŋ˥˩˨.xei˥˩lou˨˦tʰu˥˩i˥˩˥pæ̃˥˩˨tou˥˩˨pi˥˩tɕiaɔ˥˩fei˨˦.a˨˦,ɕiaŋ˥˩tuoŋ˥˩˥pei˥˩ti˨nə˥˩tʰu˥˩tʰa˥˩˨tou˥˩˥sɿ˥˩˨xei˥˩˨lou˨˦tʰu˥˩.（噢，就是那种黑土地？）啊，黑土层啊。a˨˦,xei˥˩˨tʰu˥˩tsʰəŋ˨˦a˨˦.（红土呢？）红土是沾胶泥型的那种土，颜色是……黄土是这这儿

---

① 白土：即白垩。《后汉书·皇甫嵩传》："以白土书京城寺门及州郡官府。"

个……黄土说黄，那相当黄的。除了赧土噢。xuoŋ˨˩tʰu˥˧sɿ˥tʂæ̃˥˨tɕiaɔ˥˧ni˨˩ɕiŋ˨˩ti˧nei˥tʂuoŋ˥˨tʰu˥,iæ̃˨˩sei˥˧sɿ˥˨……xuaŋ˨˩tʰu˥˧sɿ˥˨tʂei˥tʂei˥tɕi˥˦kə˥……xuaŋ˨tʰu˥˧ʂuo˥˨xuaŋ˨,nə˥ɕiaŋ˥˦taŋ˥˨xuaŋ˨ti˧.tʂʰʯ˨˦lə˧næ̃˥˨tʰu˥˦ɑɔ˥˧.（这白土是很白吗？）就是没有这个白么，但是最起码来说是比其他的土墁出来窑就白是。tɕiou˥sɿ˥mei˨iou˥˦tʂə˥kə˥pei˨muo˧,tæ̃˥sɿ˥tsuei˥tɕʰi˥˦mɑ˥˦læᴇ˨˩ʂuo˥˧sɿ˥˨pi˥tɕʰi˨˩tʰɑ˥ti˧tʰu˥˨mæ̃˥tʂʰʯ˥˧læᴇ˨˩iɑɔ˨tɕiou˥pei˨˩sɿ˥˨.（可以用来这个什么刷墙吗？）噢，刷墙么，噢。它还是自已……ɑɔ˨,ʂuɑ˥˨tɕʰiaŋ˨muo˧,ɑɔ˨.tʰɑ˥˨xɑ˨˩sɿ˥tsɿ˥tɕie˥˧……（刷墙以前也用这个？）那个也就放这个土么。那会儿哪有石灰么，哪有白灰吗？自已就是放那个白土，墁一下就对了。nei˥˨kə˥˨ie˥˦tɕiou˥faŋ˥tʂə˥kə˥tʰu˥˧muo˧.nə˥xuər˥na˥iou˥˨ʂʯ˨˩xuei˥˧muo˧,na˥iou˥pei˨˩xuei˥˧mɑ˧?tsɿ˥˦tɕie˥˧tɕiou˥sɿ˥faŋ˥nei˥kə˥pei˨tʰu˥,mæ̃˥i˥˦xɑ˥tɕiou˥tuei˥lə˧.

滋泥、污泥、黑泥

（像滋泥你们这儿有吧？就是阴沟里掏出来那个东西？）黄：有咧么，滋泥[①]么。我们污泥咧。iou˥˨lie˧muo˧,tsɿ˥˨ni˨muo˧.ŋuo˥˦məŋ˧vu˥˧ni˨˩lie˧.（滋泥是从哪儿学来的还是干吗？）黄：污泥。vu˥˧ni˨˩.（有没有说滋泥的？）王：污泥。黑泥。vu˥˧ni˨˩.xei˥˧ni˨˩.黄：啊，黑泥。ɑ˨,xei˥˧ni˨˩.王：河里边儿挖起来就是黑泥。xuo˨li˥˧piæ̃r˥˦vɑ˥˨tɕʰi˥˧læᴇ˨˩tɕiou˥sɿ˥˨xei˥˧ni˨˩.黄：稻田里边淌出，塘里头挖出来那都是滋泥。tʰɑɔ˥tʰiæ̃˨li˥˧piæ̃˥˨tʰaŋ˥˨tʂʰʯ˥˨,tʰaŋ˨li˥tʰou˧vɑ˥˨tʂʰʯ˥˨læᴇ˨˦næᴇ˥tou˥˦sɿ˥˨tsɿ˥˧ni˨˩.（嗯。噢，稻田里的叫滋泥？）黄：嗯。ə̃˨.王：嗯。ŋ̍˨.黄：那臭水沟里挖出来，那就是污泥。nə˥˨tʂʰou˥ʂuei˥˦kou˥˧li˥˨vɑ˥˨tʂʰʯ˥˨læᴇ˨˩,nə˥tɕiou˥sɿ˥vu˥˧ni˨˩.（臭水沟里挖出来是……）黄：污泥。vu˥˧ni˨˩.（污泥？）黄：嗯。ə̃˨.（那河里挖出来的呢？）王：黑泥。xei˥˧ni˨˩.黄：黑的么。xei˥˧tim˧.（那个稻田里挖出来的呢？）黄：滋泥么。tsɿ˥˧ni˨˩m̩˧.（滋泥是什么颜色的呢？）黄：黑不㦬㦬的那。乌不噔噔的那个样子，说黑起不太黑，说紫起不紫那种颜色。xei˥˧pu˨˩tʂʰʯ˥˧tʂʰʯ˥˧ti˧nə˥.vu˥˧pu˨˩təŋ˥˧təŋ˥˦ti˧nə˥kə˥iaŋ˥tsɿ˧,ʂuo˥˨xei˥˧tɕʰi˥˨pu˨˩tʰæᴇ˥xei˥,ʂuo˥˨tsɿ˥˧tɕʰi˥˨pu˨˩tsɿ˥˧nei˥tʂuoŋ˥˨iæ̃˨˩sə˥˨.（那种味道？它闻出来那个。）黄：有那么一种……就……是……iou˥˦nə˥muo˧i˥˨tʂuoŋ˥˦……tsou˥˨……sɿ˥˦ɕ……王：腥味儿。ɕiŋ˥˧vər˥.黄：腥味儿么，水腥气么。ɕiŋ˥˧vər˥muo˧,ʂuei˥˧ɕiŋ˥˨tɕʰi˥˦m̩˧.（嗯。）王：泥腥气。ni˨˩ɕiŋ˥˧tɕʰi˥˨.黄：泥……噢，泥腥气味道。ni˨……ɑɔ˨,ni˨˩ɕiŋ˥˧tɕʰi˥vei˥˨tɑɔ˥˨.（井，好像你们这个井里头如果水经常不流动，也有这种味道。）黄：没有。mei˨˦iou˥˨.（没有？）黄：水里头一般……除咧废井里头挖出来有那个，一般吃水的井里头它不会有那味道。ʂuei˥˧li˥˨tʰou˧i˥˨pæ̃˥˨……tʂʰʯ˨˩lie˧fei˥tɕiŋ˥˨li˥˨tʰou˧vɑ˥˨tʂʰʯ˥˦læᴇ˨˦iou˥˦nə˥kə˥,i˥˦pæ̃˥˦tʂʰʯ˥˧ʂuei˥ti˧tɕiŋ˥˧li˥tʰou˧tʰɑ˥˨pu˨˩xuei˥iou˥˦nə˥vei˥tɑɔ˥.（讲不讲这个是……这个味道好沤的？）黄：不讲。pu˨˩tɕiaŋ˥˨.（沤味道？）黄：不。pu˨˩.王：我们这儿就讲臭味道。ŋuo˥˧məŋ˧tʂər˥tɕiou˥tɕiaŋ˥˦tʂʰou˥˦vei˥˨tɑɔ˥˨.

天然气

（你和尚塬前头就是煤气。）黄：和尚塬[②]那是天然气呀。那都地底下那个气拿上来，老百姓啥都是用的气呀。xə˨˩ʂaŋ˥yæ̃˨nei˥˦sɿ˥˨tʰiæ̃˥˧ʐæ̃˨˩tɕʰi˥iɑ˧.nei˥tou˥˦ti˥ti˥˧ɕiɑ˥nə˥kə˥tɕʰi˥˦nɑ˨˩ʂaŋ˥læᴇ˨˦,lɑɔ˥˧pei˥˨ɕiŋ˥sɑ˥˦tou˥˨sɿ˥˨yoŋ˥ti˧tɕʰi˥iɑ˧.王：那呀整个儿一圈儿……老百姓，老百姓都烧的气。nei˥iɑ˧tʂəŋ˥˦kər˥i˥˨tɕʰyæ̃r˥˦……lɑɔ˥˧pei˥˨ɕiŋ˥˦,lɑɔ˥˧pei˥˨ɕiŋ˥tou˥˦ʂɑɔ˥˨ti˧tɕʰi˥˨.黄：这两天□那个取暖，现在都是把那个气……噗儿，往过一点，往那个……

① 滋泥：污浊的烂泥。《儒林外史》第五十五回："他那一双稀烂的蒲鞋，踹了他一书房的滋泥。"
② 和尚塬：地名，属陕西省富县张家湾镇。

烟洞里一放，嚯嚯嚯嚯，一天到晚的，又不计量，就开始着咧。tʂə˧liaŋ˥˧tʰiæ̃˥˧˩niæ̃˨˦nə˧kə˧tɕʰy˥˧nuæ̃˥˧,ɕiæ̃˧tsæᴇ˧tou˥˧˩sɿ˧pɑ˥˧˩nə˧kə˧tɕʰi˧p……pʰur˥˧,vɑŋ˥˧˩kuo˧˥i˥˧˩tiæ̃˥˧,vɑŋ˥˧˩nə˧kə˧tə……iæ̃˥˧tuoŋ˧˩li˥˧˩i˥˧˩fɑŋ˧,xuo˧xuo˧xuo˧xuo˧,i˥˧˥tʰiæ̃˥˧˩tɑɔ˧væ̃˥˧ti·˧,iou˧pu˨˦tɕi˧liɑŋ˧,tsou˧kʰæᴇ˥˧˩sɿ˥˧˦tʂuo˨˦lie˧.（欸，它……噢，它是国家给他挖出来的还是自己那个？）黄：国家挖出来的呀。kuo˥˧tɕiɑ˥˧˩vɑ˥˧˩tʂʰʮ˥˧læᴇ˨˦˩ti·lia·˧.（不用掉不行的，是吧？）噢，长庆油田把那个这个挖出来以后，他……ɑɔ˩,tʂʰɑŋ˨˦tɕʰiŋ˧iou˨˦tʰiæ̃˨˦pɑ˥˧˩nə˧kə˧tʂə˧kə˧vɑ˥˧˩tʂʰʮ˥˧læᴇ˨˦˩i˥˧˩xou˧˩,tʰɑ˥˧……王：和尚塬，现在和尚塬……xuo˨˦˩ʂɑŋ˧yæ̃˨˦,ɕiæ̃˧tsæᴇ˧xuo˨˦˩ʂɑŋ˧yæ̃˨˦˥……（它好像油田上的天然气，你不用掉那就放掉了。不浪费？）黄：不定放掉了么。再么是点……最后点着烧咧嘛。pu˨˦˩tiŋ˧fɑŋ˧tiɑɔ˧lə·muo·˧.tsæᴇ˧muo·sɿ˧tiæ̃˥˧……tsuei˧xou˧tiæ̃˥˧tʂuo˨˦ʂɑɔ˥˧lie·mɑ·˧.王：和尚塬人烧气不掏钱，点电不掏钱。xuo˨˦˩ʂɑŋ˧yæ̃˨˦zəŋ˨˦˥ʂɑɔ˥˧˩tɕʰi˧pu˨˦˩tʰɑɔ˥˧˩tɕʰiæ̃˨˦,tiæ̃˥˧˦tiæ̃˧pu˨˦˩tʰɑɔ˥˧˩tɕʰiæ̃˨˦˩.（你们搞个管道接到太白来嘛。）黄：啊，不行。我们这里也有气啊，但是我们这个气他不让你用啊。ɑ˥˧,pu˨˦˩ɕiŋ˨˦˩.ŋuo˥˧məŋ·tʂə˧li˥˧˦ie˥˧iou˥˧tɕʰi˧æ·˧,tæ̃˧˩sɿ˧˩ŋuo˥˧məŋ·tʂə˧kə˧tɕʰi˧tʰɑ˥˧˦pu˨˦˩zɑŋ˧ni˥˧˦yoŋ˧˥ɑ·˧.（他好像压缩了吧？）黄：他不是。他这个东西以后……陕西他这这林区是属于集体林区的。我们这儿这个……他这我们这儿这个林场属于国……国有林区。他现在来了个国有林区有林……实验基地和天然林这个保护基地。他这么几个一弄，井不让你打是有天然气不让你开。tʰɑ˥˧pu˨˦˩sɿ˧˩.tʰɑ˥˧tʂə˧kə˧tuoŋ˥˧ɕi·li˥˧˦xou˧s……ʂæ̃˥˧ɕi˥˧˩tʰɑ˥˧˦tʂei˧tʂə˧liŋ˨˦tɕʰy˥˧˩sɿ˧˩ʂʮ˥˧˦y˨˦˥tɕi˨˦˥tʰi˥˧˦liŋ˨˦tɕʰy˥˧ti·˧.ŋuo˥˧məŋ·tʂər˧˥tʂə˧kə˧……tʰɑ˥˧˦tʂə˧ŋuo˥˧məŋ·tʂər˧tʂə˧kə˧liŋ˨˦˩tʂʰɑŋ˥˧˦ʂʮ˥˧y˨˦˥kuei˥˧˩……kuei˥˧˩iou˥˧liŋ˨˦tɕʰy˥˧˩.tʰɑ˥˧˦ɕiæ̃˧tsæᴇ˧læᴇ˨˦lə·kə˧kuo˥˧˩iou˥˧liŋ˨˦tɕʰy˥˧˩iou˥˧liŋ˨˦fu……ʂʅ˨˦˩iæ̃˧˥tɕi˥˧˩ti˧xuo˨˦˩tʰiæ̃˥˧zæ̃˨˦˩liŋ˨˦tʂə˧˩kə˧˩pɑɔ˥˧xu˧tɕi˥˧˩ti˧˩.tʰɑ˥˧˦tʂə˧muo·tɕi˥˧kə˧i˥˧˩nuoŋ˧i˥˧˩xou˧,tɕiŋ˥˧pu˨˦˩zɑŋ˧ni˥˧˦tɑ˥˧sɿ˧˩iou˥˧tʰiæ̃˥˧˩zæ̃˨˦˩tɕʰi˧˥pu˨˦˩zɑŋ˧ni˥˧˦kʰæᴇ˥˧˩.（噢，这个……呃，那些东西都用不了了啊？）黄：啊，用不了么。他现在这把你箍着咧嘛。让……让你开开是欸，那你随便儿……那，随便儿开上一个井的话我们这个欸……这个周围你能烧多大点气？ɑ˩,yoŋ˧˥pu˨˦˩liɑɔ˥˧muo·˧.tʰɑ˥˧˦ɕiæ̃˧tsæᴇ˧tʂə˧˥pɑ˥˧˩ni˥˧˦ku˥˧tʂə·lie·mɑ·˧.zʅ……zɑŋ˧ni˥˧˦kʰæᴇ˥˧˩kʰæᴇ˥˧sei·˧,næᴇ˧ni˥˧˦suei˨˦˩piæ̃r˧……nei˧,suei˨˦˩piæ̃r˧kʰæᴇ˥˧ʂɑŋ˧˩i˥˧˩kə˧tɕiŋ˥˧tə·xuɑ˧ŋuo˥˧məŋ·tʂə˧˩kə˧ei˩i……tʂei˧˥kə˧˩tʂou˥˧˩vei˨˦ni˥˧˩nəŋ˨˦˩ʂɑɔ˥˧tuo˥˧˩tɑ˧tiæ̃˥˧˩tɕʰi˧˥?（那是。）王：现在王茂庄个气……气，井里气大得很，□兀够的去封了。你那那一回那钻那个井，那个气晚上以后那个气一下爆发。一冲，那一声的话，那……ɕiæ̃˧tsæᴇ˧vɑŋ˨˦˩mɑɔ˧tʂuɑŋ˥˧kə˧˩tɕʰi……tɕʰi˧,tɕiŋ˥˧li˥˧˩tɕʰi˧tɑ˧tei˥˧˩xəŋ˥˧,niæ̃˨˦˩və˧˩kou˧ti·tɕʰi˧fəŋ˥˧lə·˧.ni˥˧˦nei˧nei˧i˥˧˦xuei˨˦˩nə˧tsuæ̃˧nə˧kə˧tɕiŋ˥˧,nei˧˩kə˧˩tɕʰi˧˥væ̃˥˧ʂɑŋ˧i˥˧˦xou˧nə˧kə˧tɕʰi˧˥i˥˧˩xɑ˧pɑɔ˧˥fɑ˥˧˩.i˥˧˩tʂʰuoŋ˥˧,nei˧i˥˧˦ʂəŋ˥˧˩ti·xuɑ˧˩,nei˧……黄：四百多米的管子全部都冲出来了。sɿ˧pei˥˧˩tuo˥˧˩mi˥˧ti·kuæ̃˥˧tsɿ·tɕʰyæ̃˨˦˩pu˧˥tou˥˧˦tʂʰuoŋ˥˧˦tʂʰʮ˥˧˦læᴇ˨˦˩lə·˧.王：呃。ə˧.（那不……那不出问题了？那井喷那个出问题呀！）王：那……nei˧……黄：那还不要紧。那个还……那是晚间喷的。整个儿那个欸管子喷上来就像那个欸……全部成了那个弯弯子，架得那树头起都是的。næᴇ˧˥xɑ˨˦˩pu˨˦˩iɑɔ˧˥tɕiŋ˥˧˦.nə˧kə˧xɑ˨˦˩……nə˧sɿ˧væ̃˥˧tɕiæ̃˥˧˦pʰəŋ˥˧ti·˧.tʂəŋ˥˧kər˧˥nə˧kə˧ei˩kuæ̃˥˧tsɿ·pʰəŋ˥˧˩ʂɑŋ˧˥læᴇ˨˦˩tɕiou˧ɕiɑŋ˧nə˧kə˧ei˧tɕʰ……tɕʰyæ̃˨˦˩pu˧˥tʂʰəŋ˨˦˥lə·nə˧kə˧væ̃˥˧væ̃˥˧˩tsɿ·˧,tɕiɑ˧tə·nə˧ʂʮ˧tʰou˨˦˩tɕʰie˥˧tou˥˧˩sɿ˧˩ti·˧.（那个四……四川那个还是重庆啊上次去年……）黄：那个重庆。nə˧kə˧tʂʰuoŋ˨˦˩tɕʰiŋ˧˥.（去年那井……）黄：万县的那个。væ̃˧ɕiæ̃˧ti·nə˧kə˧˩.（井喷那弄的那个……）黄：这个开县，啊？tʂə˧˩kə˧˩kʰæᴇ˥˧ɕiæ̃˧,ɑ˧?（太吓人了！）黄：我们这儿这这个欸十里铺这儿这打下那一口井，那是长庆油田钻探最深的一口井。四千一百多米。那就是准备……原先准

备打这个井的时候么，就是给西气东输工程啊，作为一个配气井打的。结果打出来以后这个欸，一是气压不够嘛，它只有六千多个气压。它需要的气压是七千个气压以上的。结果最后现在作为一个生……作为一个科研井在那里放着咧。ŋuo˥˧mən˧tʂər˥tʂə˥tʂə˥kə˥ei˩ʂʅ˩˧˩li˥˧pʰu˥tʂər˥tʂə˥ta˥˧xa˥nei˥i˥˧˧kʰou˥˧˧tɕiŋ˥˧˩,nə˥sʅ˥tʂʰaŋ˩˧˩tɕʰiŋ˥˦iou˩˧tʰiæ̃˩˧˧tsuæ̃˥tʰæ̃˥tsuei˥˧˥ʂəŋ˥˧ti˧li˥˧˩kʰou˥˧˩tɕiŋ˥˧˩.sʅ˥tɕʰiæ̃˥˧˧i˥˧pei˥˧˩tuo˥˧˩mi˥˧˩.nei˥˦tɕiou˥sʅ˥tʂuoŋ˥˧˧pi˥……yæ̃˩˧ɕiæ̃˥˧˩tʂuoŋ˥˧˧pi˥ta˥˧tʂə˥˩kə˥˩tɕiŋ˥˧ti˧sʅ˩˧˩xou˥muo˦,tsou˥˩sʅ˥˩kei˥˩ɕi˥˧˩tɕʰi˥˦tuoŋ˥˧˩ʂʮ˥˧˧kuoŋ˥˧tʂʰəŋ˩˧˩a˩,tsuo˥˧˩vei˩˧i˥˧˧kə˥pʰei˥˦tɕʰi˥˦tɕiŋ˥˧˩ta˥˧˩ti˧.tɕie˥˧˩kuo˥˧˧ta˥˧tʂʰʮ˥˧˩læᴇ˩˧i˥˧˩xou˥˦tʂə˥kə˥ei˩,i˥˧˩sʅ˥tɕʰi˥ia˥pu˩˧˩kou˥ma˧,tʰa˥˧˧tsʅ˥˧˩iou˥˧˧liou˥˧tɕʰiæ̃˥˧˩tuo˥˧˩kə˥˩tɕʰi˥ia˥.tʰa˥˧˧ɕy˥˧˩iao˥˦ti˧tɕʰi˥˦ia˥sʅ˥tɕʰi˥˧tɕʰiæ̃˥˧˩kə˥˩tɕʰi˥˦ia˥i˥˧˩ʂaŋ˥ti˧.tɕie˥˧˩kuo˥˧˧tsuei˥xou˥ɕiæ̃˥tsæᴇ˥tsuo˥˧˩vei˩˧i˥˧˧kə˥səŋ˥˧˩……tsuo˥˧˩vei˩˧i˥˧˧kə˥kʰə˥˧˩iæ̃˩˧tɕiŋ˥˧tsæᴇ˥nə˥˩i˥˧˧faŋ˥tʂə˦lie˦.（它不能够加压吗？）黄：不能加压。pu˩˧˩nəŋ˩˧tɕia˥˧˧ia˥.（它上不来？）黄：上不来。现在你要叫你……现在他再往深打一点点，这气压就可以……就可以开采了。最后来征地的时候，我们说，那你们用不上，那你给我们，让我们接给一根管管儿，回来叫我们烧。他说那你……现在要给你接这个管子，你就得将近四百万块钱的这个控制设备么。没有四百万块的控制设备，谁敢给你往开一开？往开一开那冒开来了，那整个井喷来的话谁能控制住。我们这个地方最瞎……最大的个不好的地方是，每一口探井都有油，每一坑探井都有气。ʂaŋ˥pu˩˧˧læᴇ˩˧˧.ɕiæ̃˥tsæᴇ˥ni˥˧˧iao˥tɕiao˥˩ni˥˧˧……ɕiæ̃˥tsæᴇ˥tʰa˥˧˧tsæᴇ˥˧˥vaŋ˥˧˩ʂəŋ˥˧ta˥˧i˥˧˩tiæ̃˥˧tiæ̃˥˧˩,tʂə˥tɕʰi˥ia˥tɕiou˥kʰə˥˧i˥˧˩……tɕiou˥kʰə˥˧i˥˧˩kʰæᴇ˥˧˩tsʰæᴇ˥˧lə˧.tsuei˥xou˥læᴇ˩˧tʂəŋ˥˧˩ti˥˦ti˧sʅ˩˧˩xou˥˩,ŋuo˥˧mən˧ʂuo˥˧˩,næᴇ˥ni˥˧mən˧yoŋ˥pu˩˧˩ʂaŋ˥˩,næᴇ˥ni˥˧˧kei˥ŋuo˥˧mən˧,zaŋ˥ŋuo˥˧mən˧tɕie˥˧kei˥˩i˥˧˩kəŋ˥˧˩kuæ̃˥˧kuæ̃r˥˧˩,xuei˩˧˩læᴇ˩˧˧tɕiao˥˩ŋuo˥˧mən˧ʂao˥˧˩.tʰa˥˧˩ʂuo˥˧˩næᴇ˥˦ni˥˧˧……ɕiæ̃˥tsæᴇ˥iao˥kei˥ni˥˧˧tɕie˥˧tʂei˥kə˥kuæ̃˥˧tsʅ˧,ni˥˧˧tɕiou˥tei˥˧˩tɕiaŋ˥˧˩tɕiŋ˥sʅ˥pei˥˧˩væ̃˥kʰuæᴇ˥˧˧tɕʰiæ̃˩˧˩ti˧tʂə˥˩kə˥˩kʰuoŋ˥tʂʅ˥ʂə˥˧˧pi˥muo˧.mei˩˧˩iou˥˧˧sʅ˥pei˥˧˩væ̃˥kʰuæᴇ˥˧˧ti˧kʰuoŋ˥tʂʅ˥ʂə˥˧˧pei˥,sei˩˧kæ̃˥˧˧kei˥ni˥˧˧vaŋ˥˧˩kʰæᴇ˥˧i˥˧˩kʰæᴇ˥˧?vaŋ˥˧˥kʰæᴇ˥˧i˥˧˩kʰæᴇ˥˧nə˥mao˥˧˥kʰæᴇ˥˧˩læᴇ˩˧˩lə˧,nə˥˩tʂəŋ˥˧˧kə˥tɕiŋ˥˧˧pʰəŋ˥˧læᴇ˩˧˧tə˦xua˥˩sei˩˧nəŋ˩˧˧kʰuoŋ˥tʂʅ˥tʂʮ˥˩.ŋuo˥˧mən˧tʂə˥kə˥ti˥faŋ˥˧˧tsuei˥˧˥xa˥˧˩……tsuei˥˧˥ta˥ti˧kə˥˩pu˩˧˩xao˥˧tə˧ti˥˩faŋ˥˧˩sʅ˥˧˥,mei˥˧i˥˧˩kʰou˥˧tʰæ̃˥tɕiŋ˥˧˧tou˥˧˩iou˥˧iou˩˧,mei˥˧i˥˧˩kʰəŋ˥˧˧tʰæ̃˥tɕiŋ˥˧˧tou˥˧˩iou˥˧˧tɕʰi˥.（啊，油和气都是混的？）黄：油和气混着咧。那王茂庄这个现在这个井已经到了洗井的时间了，谁都不敢洗，洗井队来，他都不敢搞这个东西。他就怕这个东西以后他把这个控气装置一卸的话，再……再喷了怎么办。iou˩˧xuo˩˧˧tɕʰi˥xuoŋ˥tʂuo˥˧˩lie˧.nei˥˩vaŋ˩˧˩mao˥tʂuaŋ˥˧tʂə˥˩kə˥˩ɕiæ̃˥tsæᴇ˥tʂə˥kə˥tɕiŋ˥˧i˥˧tɕiŋ˥˧˩tao˥lə˦ɕi˥˧tɕiŋ˥˧ti˧sʅ˩˧˩tɕiæ̃˥˧lə˧,sei˩˧tou˥˧˩pu˩˧˩kæ̃˥˧˧ɕi˥˧,ɕ i˥˧tɕiŋ˥˧tuei˥læᴇ˩˧,tʰa˥˧˧tou˥˧˧pu˩˧˩kæ̃˥˧˧kao˥˧tʂə˥˩kə˥˩tuoŋ˥˧ɕi˧.tʰa˥˧˧tɕiou˥pʰa˥tʂə˥kə˥tuoŋ˥˧ɕi˧i˥˧˩xou˥tʰa˥˧pa˥˧˩tʂə˥˩kə˥˩kʰuoŋ˥˦tɕʰi˥˦tʂuaŋ˥˧˩tʂʅ˥˦i˥˧˩ɕie˥ti˧xua˥˩,tʂæᴇ˥……tsæᴇ˥˧˥pʰəŋ˥˧lə˧tsəŋ˥˧˩muo˧pæ̃˥˩.（他要把它释放出来。）黄：嗯。那是每天……ŋ̍˩.nə˥˦sʅ˥˩mei˥˧tʰiæ̃˥˧˩……王：那还证明他石油上还是……nei˥xa˩˧˧tʂəŋ˥miŋ˩˧˧tʰa˥˧˧ʂʅ˩˧˩iou˩˧˧ʂaŋ˥xa˩˧˩sʅ˥……黄：技术水平还是不行。tɕi˥ʂʮ˥ʂuei˥˧pʰiŋ˩˧˩xa˩˧˩sʅ˥˦pu˩˧˧ɕiŋ˩˧˧.王：技术水平还是不行么。他控制不住么。tɕi˥˩ʂʮ˥ʂuei˥˧pʰiŋ˩˧˩xa˩˧˩sʅ˥pu˩˧˩ɕiŋ˩˧muo˦.tʰa˥˧˩kʰuoŋ˥˦tʂʅ˥˩pu˩˧˩tʂʮ˥˦muo˧.（它不用掉不行。）王：用不了么，控制住不住。yoŋ˥˧˥pu˩˧˩liao˥˧˧muo˦,kʰuoŋ˥˦tʂʅ˥˩tʂʮ˥˦pu˩˧˩tʂʮ˥.（你这个气……气……）黄：嗯。苗村那个井的话，每天下午……要五点钟就点着，擦根火去望着一搭，砰一下烧着以后，尽它烧这么四个小时。ŋ̍˩.miao˩˧˩tsʰuoŋ˥˧nə˥kə˥tɕiŋ˥˧ti˦xua˥,mei˥˧tʰiæ̃˥˧˩ɕia˥vu˥˧˧s……iao˥vu˥˧˩tiæ̃˥˧tʂuoŋ˥˧˧tɕiou˥tiæ̃˥˧tʂuo˩˧,tsʰa˥˧˩kəŋ˥˧˧xuo˥˧tɕʰi˥vaŋ˥tʂuo˩˧i˥˧˩liao˥,pʰəŋ˥˧i˥˧˩xa˥ʂao˥˧˩tʂuo˩˧i˥˧˩xou˥,tɕiŋ˥˧tʰa˥˧˧ʂao˥˧tʂə˥˩muo˧sʅ˥kə˥ɕiao˥˧sʅ˩˧.（好可……好可惜啊！接过来给你们。）黄：他不

给么。tʰa˥˩˨pu˨˩˨kei˦˥muo˧˦.（接过来给你们，又不要花钱又……又好烧。/它接过来它没有控制设备的话，家里的房子完了！）黄：你还是控制不住。ni˥˩˨xa˨˩˨sɿ˦˥kʰuoŋ˦tʂʅ˦pu˨˩˨tʂʯ˦.（你们家房子就没了。）黄：嗯。ŋ̍˨˧.（啊，那气……气压大得很！）黄：就是的。tɕiou˦sɿ˦ti˧˦.（好像看到天天有这个什么压缩石油气的那个运运那个车啊。）黄：那，那都是往过拉的嘛，整个儿往过拉的送着咧。nə˦,nə˦˥tou˥˧sɿ˦vaŋ˥˩˨kuo˦la˥˩ti˧ma˧˦,tʂəŋ˥˧kər˦vaŋ˥˩˨kuo˦la˥˩ti˧suoŋ˦˥tʂə˧lie˧˦.（他是把那个天然气液化了，是吧？）黄：啊，液化以后往过送。a˨˧,ie˦xua˦i˥˩˨xou˦vaŋ˥˧kuo˦suoŋ˦.

三、时间

打春

黄：这是春，本来是个立春，他还是打春了。噢，这都，后边么那都是立秋。立秋倒是说立咧。春天它不说是立春咧。它是打春了。立秋叫立秋了，马上到秋天。tʂə˥˩sɿ˥˩ tʂ^{h}uoŋ˧,pəŋ˧˩læᴇ˩˧sɿ˥kə˥li˧tʂ^{h}uoŋ˧˩,t^{h}ɑ˧˩xæᴇ˩˧˩sɿ˥˩tɑ˧tʂ^{h}uoŋ˧˩lə˧.ɑɔ˩,tʂə˥tou˧˩,xou˥piæ̃˧˩muo˧næᴇ˥tou˧˩sɿ˥˩li˧˩tɕ^{h}iou˧.li˧˩tɕ^{h}iou˧tɑɔ˥sɿ˥ʂuo˧˥li˧lie˧.tʂ^{h}uoŋ˧t^{h}iæ̃˧˩t^{h}ɑ˧˥pu˩˥ʂuo˧sɿ˥˩li˧tʂ^{h}uoŋ˧˩lie˧.t^{h}ɑ˧˥sɿ˥tɑ˧˥tʂ^{h}uoŋ˧lə˧.li˧˦tɕ^{h}iou˧tɕiɑɔ˥li˧˩tɕ^{h}iou˧lə˧,mɑ˧ʂɑŋ˥˩tɑɔ˥tɕ^{h}iou˧t^{h}iæ̃˧˩.

五黄六月

黄：五黄六月，有时候把这……农村有时候经济……时令上讲就是这个，这是个五黄六月，青黄不接的时候，青的还没吃上，这个欸它是青……它是青的，青的还没下来，老的已经完了，这个是洪荒四月。vu˧xuɑŋ˩lioũ˧yo˧˩,iou˧sɿ˩˧xou˥pɑ˧˩tʂə˥……luoŋ˩ts^{h}uoŋ˧iou˧sɿ˩˧xou˥tɕiŋ˧˩tɕi˥˩……sɿ˩˧liŋ˥˦ʂɑŋ˥˩tɕiɑŋ˧tɕiou˥sɿ˥tʂə˥˩kə˥˩,tʂə˥˩sɿ˥˩kə˥vu˧xuɑŋ˩liou˧yo˧˩,tɕ^{h}iŋ˧˩xuɑŋ˩pu˩˧tɕie˧ti˧sɿ˩˧xou˥˦,tɕ^{h}iŋ˧ti˧xɑ˩˧mei˩tʂ^{h}ʅ˧ʂɑŋ˥˩,tʂə˥kə˥ei˥t^{h}ɑ˧˥sɿ˥tɕ^{h}i……t^{h}ɑ˧˥sɿ˥tɕ^{h}iŋ˧ti˧,tɕ^{h}iŋ˧ti˧xɑ˩˧mei˩xɑ˥læᴇ˩˧,lɑɔ˧ti˧i˧˩tɕiŋ˧væ̃˩˧lə˥,tʂə˥kə˥sɿ˥xuoŋ˩xuɑŋ˧˩sɿ˥yo˧˥.（这现在不存在这个问题。）现在不存在这个问题了。ɕiæ̃˥tsæᴇ˥pu˩˧ts^{h}uoŋ˩˧tsæᴇ˥tʂə˥kə˥vəŋ˥t^{h}i˩˧lə˧.

隆冬

黄：冬深一点，就是进九[①]以后叫隆冬。才进入冬天那就是初冬。到最会疑为"后"之误的这个到一九二九三九咧，那就是进入隆冬了。tuoŋ˧˩ʂəŋ˧i˧˩tiæ̃˧˥,tɕiou˥sɿ˥tɕiŋ˥˦tɕiou˧i˧˩xou˥tɕiɑɔ˥luoŋ˩tuoŋ˧.ts^{h}æᴇ˩˧tɕiŋ˥zʅ˧˥tuoŋ˧t^{h}iæ̃˧˩nei˥tɕiou˥sɿ˥tʂ^{h}ʮ˧tuoŋ˧˩.tɑɔ˥tsuei˥xuei˥ti˧tʂei˥˦kə˥˩tɑɔ˥i˧˩tɕiou˧ər˥tɕiou˧˥sæ̃˧˩tɕiou˧lie˧,nə˥tɕiou˥sɿ˥tɕiŋ˥zʅ˧˥luoŋ˩tuoŋ˧lə˧.

数九寒天

（有这个数九天的这个说法吗？）黄：有咧。数九寒天，他说这个话咧。iou˧lie˧.ʂʮ˧˩tɕiou˧xæ̃˩t^{h}iæ̃˧,t^{h}ɑ˧˩ʂuo˧˩tʂə˥kə˥xuɑ˥˩lie˧.（是数九天还是数九寒天呢？）数九天[②]。有的就……有的，一般说的话，这个数九寒天的，就说你这个天冷得很。ʂʮ˧˩tɕiou˧t^{h}iæ̃˧˩,iou˧˩ti˧tɕiou˥……iou˧ti˧,i˧˦pæ̃˧ʂuo˧˥ti˧xuɑ˥,tʂə˥kə˥ʂʮ˧˩tɕiou˧xæ̃˩t^{h}iæ̃˧ti˧,ts

① 九：从每年冬至日起，每九天为一个"九"，共有九个"九"，依次称为"一九、二九、三九……"，直至"九九"。明刘侗、于奕正《帝京景物略·春场》："一九二九，相唤不出手。三九二十七，篱头吹觱篥。四九三十六，夜眠如露宿。五九四十五，家家推盐虎。六九五十四，口中呬暖气。七九六十三，行人把衣单。八九七十二，猫狗寻阴地。九九八十一，穷汉受罪毕。才要伸脚睡，蚊虫獦蚤出。"

② 数九天：指大冷天。元刘唐卿《降桑椹》第一折："数九天怎过遣，大街上高声叫，战兢兢性命难逃。"也叫"数九寒天"。

ou˦ʂuo˥˩ni˥˧tʂə˦kə˦tʰiæ̃˥˧lən˥˧ti˨xən˥˩.（噢。就可以讲数九吗？）噢，可以讲数九。ɑɔ˨˩,kʰə˥˧i˥˩tɕiɑŋ˥˧ʂʮ˥˩tɕiou˥˧.（啊，就是指这个冬天那个很冷的那一段时间？）噢，很冷的时间，嗯。ɑɔ˨˩,xən˥˧lən˥˧ti˨sɿ˩˧tɕiæ̃˥˧,ə̃˨˩.（这个九有几九？）九九。tɕiou˥˧tɕiou˥˩.（嗯，这个，分……都是怎么分的呢？这个九九怎么说？）九九那都是每一九它都有每九的说法咧。tɕiou˥˧tɕiou˥˧næɛ˦˥tou˥˩sɿ˦˩mei˥˧i˥˩tɕiou˥˧tʰɑ˥˩tou˥˩iou˥˩mei˥˧tɕiou˥˧ti˨ʂuo˥˧fɑ˥˩lie˨.（噢。怎么说呢？第一段呢？）这个欸，它是……一九二九冰上走么，一九二九河里头结冰了么。三九四九冻死母狗了么。tʂə˦˩kə˦ei˦,tʰɑ˥˧sɿ˦ɕ……i˥˩tɕiou˥˧ər˦tɕiou˥˧piŋ˥˧ʂɑŋ˦˩tsou˥˧muo˨,i˥˩tɕiou˥˧ər˦tɕiou˥˧xə˩˧li˥˧tʰou˨tɕie˥˧piŋ˥˧lə˨muo˨.sæ̃˥˩tɕiou˥˧sɿ˦tɕiou˥˧tuoŋ˦˥sɿ˥˩mu˥˧kou˥˧lə˨muo˨.（冻死母狗？）噢。ɑɔ˨˩.（把母狗都冻死？）噢。ɑɔ˨˩.（噢，死……呃然后呢？）五九六九，河边走。vu˥˩tɕiou˥˧liou˥˩tɕiou˥˧,xə˩˧piæ̃˥˧tsou˥˩.（河边……）河……河开口咧。x……xə˩˧kʰæɛ˥˩kʰou˥˧lie˨.（河开口？）噢。ɑɔ˨˩.（就是开始解冻了吗？）噢，冻就已经开始解了。ɑɔ˨˩,tuoŋ˦˥tsou˦˩i˥˩tɕiŋ˥˩kʰæɛ˥˩sɿ˥˧tɕie˥˧lə˨.（噢。）七九八九，河边就开柳了。tɕʰi˥˩tɕiou˥˧pɑ˥˩tɕiou˥˧,xə˩˧piæ̃˥˩tsou˦˩kʰæɛ˥˧liou˥˧lə˨.（开溜？）噢，开柳。柳树都变咧颜色。ɑɔ˨˩,kʰæɛ˥˩liou˥˧.liou˥˧ʂʮ˦tou˥˧piæ̃˦lie˨iæ̃˩˧sei˥˧.（啊，噢，开柳！）噢，开柳。ɑɔ˨˩,kʰæɛ˥˩liou˥˧.（柳树的那个就开……开……冒芽了是吧？）噢，就是。ɑɔ˨˩,tɕiou˦sɿ˦.（开了绿色是吧？）噢，噢，有了绿色。嗯。就是，啊……ɑɔ˥˧,ɑɔ˨˩,iou˥˧lə˨ly˥˧sə˥˧.ə̃˨˩.tɕiou˦sɿ˦,ɑ˨˩……（然后？）九九……到九九……tɕiou˥˩tɕiou˥˧……tɑɔ˦tɕiou˥˩tɕiou˥˧……（最后一个呢？）九九把哎，九九啥到头是那？tɕiou˥˩tɕiou˥˧pɑ˥˧æɛ˨˩,tɕiou˥˩tɕiou˥˧sɑ˦tɑɔ˦tʰou˩˧sɿ˦nei˦?（好，我们从头来。）嗯。ə̃˨˩.（一九二九……）一九二九冰上走么，三九四九冻死老母狗儿么，五九六九河开口么，七九八九河边开柳么。噢，九九，九九到了头吧，啥么……九九啥子话是开门太……九九最……啥子九是开门大走吵，你看？这个话那记不起了。i˥˩tɕiou˥˧ər˦tɕiou˥˧piŋ˥˧ʂɑŋ˦˩tsou˥˧muo˨,sæ̃˥˩tɕiou˥˧sɿ˦tɕiou˥˧tuoŋ˦˥sɿ˥˩lɑɔ˥˧mu˥˧kour˥˧muo˨,vu˥˩tɕiou˥˧liou˥˧tɕiou˥˩xə˩˧kʰæɛ˥˩kʰou˥˧muo˨,tɕʰi˥˩tɕiou˥˧pɑ˥˩tɕiou˥˧xə˩˧piæ̃˥˩kʰæɛ˥˧liou˥˧muo˨.ɑɔ˨˩,tɕiou˥˩tɕiou˥˧,tɕiou˥˩tɕiou˥˧tɑɔ˦liɑɔ˥˩tʰou˩˧pɑ˨,sɑ˦˥muo˨……tɕiou˥˩tɕiou˥˧sɑ˦tsɿ˨xuɑ˦˥sɿ˦˩kʰæɛ˥˩mən˩˧tʰæɛ˦……tɕiou˥˩tɕiou˥˧tsuei˦˥……sɑ˦˥tsɿ˨tɕiou˥˧sɿ˦˩kʰæɛ˥˩mən˩˧tɑ˦tsou˥˧sɑ˨,ni˥˩kʰæ̃˦˩?tʂə˦kə˦xuɑ˦˥nɑ˦˩tɕi˦pu˦tɕʰi˥˧lə˨.（好这个一九讲不讲头九？）讲。头九，嗯。这又有说法咧。tɕiɑŋ˥˧.tʰou˩˧tɕiou˥˧,ə̃˨˩.tʂei˦iou˦˩iou˥˧ʂuo˥˧fɑ˥˩lie˨.（噢，那个一九和头九哪一种说得多？）那是一九……说的是一九多一些。nə˦˩sɿ˦˩i˥˩tɕiou˥˧……ʂuo˥˧ti˨sɿ˦˩i˥˩tɕiou˥˧tuo˥˩i˥˩ɕie˥˩.（一九多一些？）嗯。ə̃˨˩.（头九……）少一点。ʂɑɔ˥˧i˥˩tiæ̃˥˩.（什么情况会说？）这是一般有个别人说这个话，说起来有时讲头九这个话咧。tʂə˦˥sɿ˦˩i˥˧pæ̃˥˧iou˥˧kə˦pie˩˧ʐəŋ˩˧ʂuo˥˩tʂə˦˩kə˦˩xuɑ˦,ʂuo˥˩tɕʰi˥˧læɛ˩˧iou˥˧sɿ˩˧tɕiɑŋ˥˧tʰou˩˧tɕiou˥˧tʂə˦˩kə˦˩xuɑ˦lie˨.（嗯。这个到最后这个九都结束了，讲……讲不讲这个九尽？）不讲。pu˩˧tɕiɑŋ˥˧.（啊，这个……那就是就是指九九？）啊，九九。ɑ˨˩,tɕiou˥˩tɕiou˥˧.（九九桃花开？）九九桃花开嘛是九九……啊，九九咋么个是开门……中间咋么话了是开门大走。就说是九……呃，九完以后，指最后一九这是门都敞开着，一直不动了。tɕiou˥˧tɕiou˥˧tʰɑɔ˩˧xuɑ˥˧kʰæɛ˥˧mɑ˨sɿ˦˩tɕiou˥˧tɕiou˥˧……ɑ˨˩,tɕiou˥˧tɕiou˥˧tsɑ˥˧muo˨kə˦˩sɿ˦˩kʰæɛ˥˩mən˩˧……tʂuoŋ˥˩tɕiæ̃˥˧tsɑ˥˧muo˨xuɑ˥˧lə˨sɿ˦˩kʰæɛ˥˩mən˩˧tɑ˦tsou˥˧.tsou˦˩ʂuo˥˩sɿ˦˩tɕiou˥˧……ə˨˩,tɕiou˥˧væ̃˩˧i˥˩xou˦˥,tsɿ˥˩tsuei˦xou˦i˥˩tɕiou˥˧tʂə˦˩sɿ˦˩mən˩˧tou˥˩tʂʰɑŋ˥˧kʰæɛ˥˩tʂə˨,i˥˧tʂʅ˩˧pu˩˧tuoŋ˦˥lə˨.（九外是吧？）噢，九……ɑɔ˨˩,tɕiou˥˧……（就是就是出了九了？）噢，出咧九了以后就是开门都大走了。ɑɔ˨˩,tʂʰʮ˥˧lie˨tɕiou˥˧lə˨i˥˩xou˦tɕiou˦sɿ˦kʰæɛ˥˩mən˩˧tou˥˩tɑ˦tsou˥˧lə˨.（开

门怎么？）开门大走。就说是房间都可以不关门了已经。kʰæᴇ˥˧˨˩məŋ˨˦ta˦tsou˥˧.tɕiou˦ʂuo˥˧˨˩sɿ˦˨˩faŋ˨˦tɕiæ̃˥˧tou˥˧˨˩kʰə˥˧i˥˧˨˩pu˨˦kuæ̃˥˧məŋ˨˦˨˩lə˧i˥˧˨˩tɕiŋ˥˧.（这个大小的大是吧？）啊。ɑ˨˩.（大……大走？）噢，大走。嗯。ɑɔ˨˩,tɑ˦tsou˥˧.ə̃˨˩.（噢，就是随便你走了？）噢，随便就走咧，再不用关门了么。ɑɔ˨˩,suei˨˦˨˩piæ̃˦tɕiou˦tsou˥˧lie˧,tsæᴇ˦pu˨˦˨˩yoŋ˦˥kuæ̃˥˧məŋ˨˦˨˩lə˧muo˧.（噢，一般就是什么时候开始关门，什么时候开门了呢？）兀他到一进九都门关的严严的了。væᴇ˦˥tʰɑ˥˧˨˩taɔ˦˥i˥˧˨˩tɕiŋ˦tɕiou˥˧tou˥˧˨˩məŋ˨˦kuæ̃˥˧ti˧niæ̃˨˦niæ̃˨˦ti˧lə˧.（一……一进九就要关门了？）噢，冻的不行了么。ɑɔ˨˩,tuoŋ˦˨ti˧pu˨˦˨˩ɕiŋ˨˦˨˩lə˧muo˧.（噢。然后一直到……）九九毕[1]了以后，天气一变暖就开门大走了。tɕiou˥˧˨˩tɕiou˥˧pi˥˧lə˧i˥˧˨˩xou˦,tʰiæ̃˥˧˨˩tɕʰi˦˥i˥˧˨˩piæ̃˦nuæ̃˥˧˦tsou˦kʰæᴇ˥˧˨˩məŋ˨˦ta˦tsou˥˧lə˧.（噢。）

历头

黄：皇历[2]是书，皇历是一本书叫的皇历，嗯。xuaŋ˨˦li˥˧sɿ˦˨˩ʂʮ˥˧,xuaŋ˨˦li˥˧sɿ˦˨˩i˥˧˨˩pəŋ˥˧˦ʂʮ˥˧tɕiaɔ˦tə˧xuaŋ˨˦li˥˧,ə̃˨˩.（噢，你这个历头是一张还是那个……）欸，历头[3]是挂下那个一本一沓子那个一年。一年十二个月，它每天都有的这个。ei˨˦,li˥˧tʰaŋ˧（←tʰou˧）sɿ˦˨˩kua˦˨xa˦nə˦kə˦i˥˧˨˩pəŋ˥˧i˥˧˨˩tʰɑ˨˦˨˩tsɿ˧nə˦˨˩kə˦˨˩i˥˧˨˩niæ̃˨˦.i˥˧˨˩niæ̃˨˦ʂʅ˨˦˨˩ər˦kə˦yo˥˧˨˩,tʰɑ˥˧˨˩mei˥˧tʰiæ̃˥˧˨˩tou˥˧˨˩iou˥˧ti˧tʂə˦˨˩kə˦˨˩.（每天撕一张？）噢，每天撕一张这个。ɑɔ˨˩,mei˥˧tʰiæ̃˥˧˨˩sɿ˥˧i˥˧˨˩tʂaŋ˥˧tʂə˦kə˦.（噢，那种小，方的那个？）啊，啊，这叫……这个日历，或者叫历头。ɑ˦,ɑ˨˩,tʂei˦˥tɕiaɔ˦……tʂə˦˨˩kə˦˨˩zʅ˥˧˨˩li˥˧,xuei˨˦˦tʂə˥˧˨˩tɕiaɔ˦li˥˧tʰou˧.（皇历呢？）皇历是指一本书。xuaŋ˨˦li˥˧sɿ˦˨˩tsɿ˥˧i˥˧˨˩pəŋ˥˧ʂʮ˥˧.（一本书？）噢，书上叫这……ɑɔ˨˩,ʂʮ˥˧ʂaŋ˦˨˩tɕiaɔ˦tʂei˦……（是不是就是那个万年历还是什么……）不是万年历。它是每年编一本儿。pu˨˦˨˩sɿ˦væ̃˦niæ̃˨˦li˥˧.tʰɑ˥˧˨˩sɿ˦˨˩mei˥˧niæ̃˨˦piæ̃˥˧˨˩i˥˧˨˩pə̃r˥˧.（噢，一年一本的？）噢，分开一年一本的这个叫皇历。ɑɔ˨˩,fəŋ˥˧˨˩kʰæᴇ˥˧i˥˧˨˩niæ̃˨˦i˥˧˨˩pəŋ˥˧ti˧tʂə˦˨˩kə˦˨˩tɕiaɔ˦xuaŋ˨˦li˥˧˨˩.（噢，它是这样翻还是上下翻？）就……像书一样，它的印刷和……是指的印刷体制，嗯。tsou˦˨˩……ɕiaŋ˦ʂʮ˥˧i˥˧˨˩iaŋ˦,tʰɑ˥˧ti˧liŋ˦˨ʂua˥˧˨˩xuo˨˦˨˩……sɿ˦tsɿ˥˧ti˧liŋ˦˨ʂua˥˧˨˩tʰi˥˧˨˩tʂʅ˦˥,ə̃˨˩.（这个皇历叫不叫老皇历？）叫嘛，老皇历嘛。比如这……tɕiaɔ˦ma˧,laɔ˥˧xuaŋ˨˦˨˩li˥˧ma˧.pi˥˧zʮ˨˦˨˩tʂei˦˥……（老皇历跟一般皇历有什么区别没有？）那没有啥区别。一个叫这……一个就叫皇历，一个……有的还叫历……历书。嗯，有的叫老皇历。nə˦˥mei˨˦˦iou˥˧˦sa˦tɕʰy˥˧˨˩pie˨˦˨˩.i˥˧˨˩kə˦tɕiaɔ˦tʂei˦˥……i˥˧˨˩kə˦˥tɕiou˦tɕiaɔ˦xuaŋ˨˦˨˩li˥˧,i˥˧˨˩kə˦˨˩……iou˥˧ti˧xɑ˨˦˨˩tɕiaɔ˦li˥˧˨˩……li˥˧˨ʂʮ˥˧.əŋ˨˩,iou˥˧ti˧tɕiaɔ˦laɔ˥˧xuaŋ˨˦˨˩li˥˧.（呃，日历呢？）日历就是这个……指这个挂起来的那个。zʅ˥˧˨˩li˥˧tɕiou˦sɿ˦tʂə˦kə˦……tsɿ˥˧tʂə˦kə˦kuɑ˦tɕʰi˥˧læᴇ˨˦˨˩ti˧nei˦kə˦.（一张？）一张一张的翻的那种。i˥˧˨˩tʂaŋ˥˧i˥˧˨˩tʂaŋ˥˧ti˧fæ̃˥˧ti˧nei˦tʂuoŋ˥˧˨˩.（像现在一……那个一大张，上面十二个月都有的那种呢？上面还有图的？）噢，有图的那种那都……那一般就叫是这个日历画。叫日历画儿了。ɑɔ˨˩,iou˥˧tʰu˨˦ti˧nei˦tʂuoŋ˥˧˨˩nei˦˥tou˥˧˨˩……nei˦˥i˥˧˨˩pæ̃˥˧tsou˦tɕiaɔ˦sɿ˦tʂə˦kə˦zʅ˥˧˨˩li˥˧xua˦.tɕiaɔ˦zʅ˥˧˨˩li˥˧xuar˦˨lə˧.（噢，然后，像那种挂起来，然后它……它十二个月每一个月一张的那种呢？）挂历么。kua˦li˥˧muo˧.

① 毕：完了，结束。

② 皇历：依一定历法编制的记载年月日时节候等的专书，旧时由钦天监编制、皇帝鉴定后颁布使用，故称。因封面用黄纸，又称黄历。

③ 历头：旧指历书。宋朱敦儒《鹧鸪天》词："检尽历头冬又残，爱他风雪忍他寒。"今指记有年、月、日、星期、节气、宜忌、纪念日等的本子，一年一本，每日一页，逐日揭去或撕去。有挂在墙上的，也有摆在桌上的。又称"日历"。

古历

（你比如说，我是十月份出生的，我是说“我是老历十月出生的”还是说“我是阴历十月出生的”？）黄：他不这样说。他就说“我是古历[①]几月生下的”。tʰɑ˥˧puʌ˧tʂei˥˩iaŋ˥˩ʂuo˥.tʰɑ˥˧tsou˥˩ʂuo˥˧ŋuo˥sɿ˥˩ku˥li˥˩tɕi˥yo˥˩səŋ˥˩xɑ˥˩ti˩.（古历？）噢，“我是古历几月生下的”，他不说是老历的这个话，噢。他是……ɑɔ˥,ŋuo˥˧sɿ˥ku˥li˥˩tɕi˥yo˥˩səŋ˥˩xɑ˥˩ti˩,tʰɑ˥˧puʌ˧ʂuo˥˧sɿ˥lɑɔ˥li˥˩tə˩tʂə˥kə˥xuɑ˥˩,ɑɔ˥.tʰɑ˥z……（如果是那个呢？不是古历呢？）是不古历，他就说是阳历生下的。sɿ˥˩puʌ˧ku˥li˥˩,tʰɑ˥˧tsou˥ʂuo˥˧sɿ˥iaŋʌli˥˩səŋ˥˩xɑ˥˩ti˩.（阳历？）噢，这个现在这个你像……现在一般这个国家要求的都说是你是阳历几月份生的。但是农村人么都说是，我就给你说我是古历几月几号生下的。一般这儿这的农民给你报下那个生日，生年八字，都是古历，以古历为准着咧，不报阳历。ɑɔ˩,tʂə˥kə˥ɕiæ̃˥˧tsæᴇ˥˧tʂə˥kə˥ni˥ɕiaŋ˥……ɕiæ̃˥tsæᴇ˥i˥˧pæ̃˥tʂə˥kə˥kuo˥tɕia˥˩iɑɔ˥˩tɕʰiouʌti˩tou˥˧ʂuo˥˧sɿ˥ni˥˩sɿ˥˩iaŋʌli˥tɕi˥yo˥˩fəŋ˥˩səŋ˥˩ti˩.tæ̃˥sɿ˥luoŋʌtsʰuoŋ˥zəŋʌmuo˩tou˥˧ʂuo˥˧sɿ˥˩,ŋuo˥tsou˥kei˥ni˥˧ʂuo˥˧ŋuo˥˧sɿ˥ku˥li˥˩tɕi˥yo˥˩tɕi˥xɑɔ˥˩səŋ˥˩xɑ˥˩ti˩.i˥˧pæ̃˥˩tʂər˥tʂə˥˧tə˩luoŋʌmiŋʌkei˥ni˥˧pɑɔ˥xɑ˥˩nə˥˩kə˥˩səŋ˥zʅ˥˩,səŋ˥˩niæ̃ʌpɑ˥tsɿ˥˩,tou˥˧sɿ˥ku˥li˥˩,i˥˩ku˥li˥˩vei˥˩tʂuoŋ˥tʂuo˥˩lie˩,puʌpɑɔ˥iaŋʌli˥.（呃，假如说我讲是那个阳历的五月是讲五月份还是讲什么？讲五月就……就……加……要不要加这个份？）五月份儿咧。兀都可得加。我是五月份儿生下的。vu˥yo˥˩fɔ̃r˥lie˩.væᴇ˥˩tou˥˩kʰə˥˧tei˥tɕia˥˩.ŋuo˥˧sɿ˥vu˥yo˥˩fɔ̃r˥˩səŋ˥xɑ˥˩ti˩.（这个农历就不……不会加这个那个吧？）啊，古历几月的古历几月的就对了。ɑ̃˥,ku˥li˥˩tɕi˥yo˥˩ti˩ku˥li˥˩tɕi˥yo˥˩ti˩tɕiou˥tuei˥lə˩.

正二月

黄：这正二月里来又没有事，没有活干，都闲着咧。噢，农闲时间，这正二月都闲着咧。有时说这个话咧。……二三月，也有，少了，就没有说正二月这个多反正。……五六月□都说是这个，“都五咿五六月了，你看”。……五六月是我们这儿的农忙季节么。……从九月以后就成了闲月咧么。……九十月都是闲的么。tʂə˥tʂəŋ˥˩ər˥yo˥li˥˩læᴇʌiou˥meiʌiou˥sɿ˥,meiʌiou˥xuoʌkæ̃˥,tou˥˧ɕiæ̃ʌtʂuo˥lie˩.ɑɔ˩,luoŋʌɕiæ̃ʌsɿʌtɕiæ̃˥˧,tʂə˥tʂəŋ˥˩ər˥yo˥tou˥˩ɕiæ̃ʌtʂuo˥lie˩.iou˥˧sɿʌʂuo˥˩tʂə˥kə˥xuɑ˥lie˩.……ər˥sæ̃˥yo˥˩,ie˥iou˥,ʂɑɔ˥lə˩,tsou˥mei˥iou˥ʂuo˥tʂəŋ˥˩ər˥yo˥˩tʂə˥kə˥tuo˥fæ̃˥˩tʂəŋ˥.……vu˥liou˥˩yo˥˩niæ̃ʌtou˥˧ʂuo˥sɿ˥˩tʂə˥kə˥,tou˥˧vu˥i˩vu˥liou˥˧yo˥lə˩,ni˥˧kʰæ̃˥.……vu˥liou˥˧yo˥sɿ˥˩ŋuo˥mən˩tʂər˥tə˩luoŋʌmɑŋʌtɕi˥tɕie˥muo˩.……tsʰuoŋʌtɕiou˥yo˥˩i˥˧xou˥tsou˥˩tʂʰəŋʌlə˩ɕiæ̃ʌyo˥lie˩muo˩.……tɕiou˥ʂʅʌyo˥tou˥˧sɿ˥ɕiæ̃ʌti˩muo˩.

前十天、后十天

（一个月十天十天算呢？）黄：这都是……tʂei˥˧tou˥˩sɿ˥˩……（前十天？）噢，就算个前十天做咋咋咧，后十天弄咋咋咧。ɑɔ˥,tsou˥suæ̃˥˧kə˥˩tɕʰiæ̃ʌʂʅʌtʰiæ̃˥tsɥ˥tsɑ˥˧tsɑ˥˧lie˩,xou˥ʂʅʌtʰiæ̃˥nuoŋ˥tsɑ˥˧tsɑ˥˧lie˩.（讲不讲“上旬”？）不。没有说这个话。没有人说这个“旬”。甚么一季度、两季度，那老百姓都不讲。puʌ.muo˥˩iou˥ʂuo˥˩tʂə˥kə˥xuɑ˥.meiʌiou˥zəŋʌʂuo˥˧tʂə˥kə˥ɕyoŋʌ.ʂəŋ˥muo˩i˥˩tɕi˥tu˥,liaŋ˥tɕi˥tu˥,nə˥lɑɔ˥pei˥˩ɕiŋ˥˧tou˥˩puʌtɕiaŋ˥.（那就是十一……从十一到二十，这个十天怎么算？那叫叫什么？）那都光是……你问，这一般他都不详细咧么。那前十天弄个啥子了，在后十天我要做啥咧。

① 古历：指农历。鲁迅《花边文学·过年》：“或者谓之‘废历’，轻之也；或者谓之‘古历’，爱之也。”公历称“阳历”。

nə˥tou˦˨˦kuaŋ˦˨˩s……ni˦˨vəŋ˥˧,tʂei˥˦i˦˨˩pæ̃˦˨tʰɑ˦˨˦tou˦˨˦pu˧˨˩ɕiaŋ˧˨˩ɕi˥lie˦muo˧.næᴇ˥˦tɕʰiæ̃˧˨ʂʅ˧˨˩tʰiæ̃˦˨˦nuoŋ˥kə˥sɑ˥tsʅ˧lə˧,tsæᴇ˥˩xou˥ʂʅ˧˨˩tʰiæ̃˦˨˦ŋuo˦˨˦iɑɔ˥tsʮ˥˦sɑ˥˩lie˧.（中间这十天就不管了？）他就不说那话。tʰɑ˦˨˩tsou˥˩pu˧˨˩ʂuo˦˨nə˥˩xuɑ˥˦.

今儿、明儿

（有说今儿……今儿个、明儿个这种说法没有？）王：没有说。mei˧˨iou˦˨ʂuo˦˨˩.黄：没有。那都是今儿，明儿。mei˧˨˦iou˦˨˩.nə˥tou˦˨˦sʅ˥tɕiə̃r˦˨,miə̃r˧˨.王：呃是今儿个、明儿个是那瘩么，前头嘛。ə˥sʅ˥tɕiə̃r˦˨kə˧,miə̃r˧˨kə˦sʅ˥nɑ˥˦tɑ˧m̩˧,tɕʰiæ̃˧˨˩tʰou˦mɑ˧.黄：前……前塬人说这个“个儿”。tɕʰiæ̃˧˨i……tɕʰiæ̃˧˨yæ̃˧˨˦zəŋ˧˨˦ʂuo˦˨˩tʂə˥kə˥kər˥.（噢，前塬人说个？）黄：啊儿。ɑr˩.王：嗯。ŋ̍˩.（你们这儿不说？）黄&王：嗯。ŋ̍˩.

初儿

（大概什么一段时间才问初几啊？）黄：那就是大约就是上半个月初他问你咧。一过咧初十他就绝对不可能问你今儿问初几。næᴇ˥tɕiou˥˦sʅ˥˩tɑ˥yo˦˨˦tɕiou˥sʅ˥ʂɑŋ˥pæ̃˥kə˥yo˦˨tsʰʮ˦˨˩tʰɑ˦˨˦vəŋ˥ni˦˨˦lie˧.i˦˨˩kuo˥lie˧tʂʰʮ˦˨˩ʂʅ˧˨˦tʰɑ˦˨˦tsou˥tɕyo˧˨˩tuei˥˦pu˧˨˦kʰə˦˨nəŋ˧˨˩vəŋ˥ni˦˨˦tɕiə̃r˦˨˦vəŋ˥tʂʰʮ˦˨tɕi˦˨˩.（噢。可以问初十二？）啊，那不问。ɑ˩,nə˥˦pu˧˨˩vəŋ˥.（呃今天初十二可以说吗？）哎不可能。今儿……今儿初几了？æᴇ˥pu˧˨˩kʰə˦˨nəŋ˧˨˩.tɕiə̃r˦˨......tɕiə̃r˦˨tʂʰʮ˦˨˩tɕi˦˨lə˧?（今儿初八，我初八的时候可也可以问初几是吧？）啊。你要初九你问，你要初十还可以问，那你再过到……ɑ˩.ni˦˨˦iɑɔ˥tʂʰʮ˦˨˩tɕiou˦˨ni˦˨˩vəŋ˥,ni˦˨˦iɑɔ˥tʂʰʮ˦˨˩ʂʅ˧˨xɑ˧˨˩kʰə˦˨i˦˨˩vəŋ˥,nə˥ni˦˨˦tsæᴇ˥kuo˥tɑɔ˥……（超过十你就……）过十口就不问了。kuo˥ʂʅ˧˨˦niæ̃˧˨˦tsou˥˩pu˧˨˩vəŋ˥lə˦.（那要是……那你要怎么……要要问这个这怎么说么？）“今儿十几了？”tɕiə̃r˦˨ʂʅ˧˨˩tɕi˦˨lə˧?（那过了二十号呢？）过了，“今儿二十几了？”kuo˥lə˦,tɕiə̃r˦˨˦ər˥ʂʅ˧˨˦tɕi˦˨lə˧?

大天老亮了

黄：有时候，骂娃娃开咧，他睡下，“你都睡到大天老亮了你还在床上”。再一个骂的最的骂的最土的话，“太阳就晒到尻子[①]上了你睡着”。iou˦˨sʅ˧˨˦xou˥,mɑ˥vɑ˧˨˩vɑ˧˨˦kʰæᴇ˦˨˩lie˧,tʰɑ˦˨˩ʂuei˥˩xɑ˥,ni˦˨tou˦˨˩ʂuei˥tɑɔ˥tɑ˥tʰiæ̃˦˨˩lɑɔ˦˨˦liɑŋ˥lə˦ni˦˨˦xɑ˧˨˩tsæᴇ˥˦tʂʰuɑŋ˧˨˩ʂɑŋ˥˩.tsæᴇ˥i˦˨˦kə˥mɑ˥˧ti˦tsuei˥ti˦mɑ˥ti˦tsuei˥tʰu˦˨tə˧xuɑ˥,tʰæᴇ˥iɑŋ˦tsou˥˩sæᴇ˥tɑɔ˥kou˦˨tsʅ˧ʂɑŋ˥˩lə˦ni˦˨˦ʂuei˥tʂɑɔ˦˨˩.（噢，太阳晒屁股上了？）啊，你还睡着咧。ɑ˥,ni˦˨˦xɑ˧˨ʂuei˥˩tʂə˧lie˧.

一后晌、一前晌

（整整一个下午你们叫什么？）黄：一下午。i˦˨˩ɕiɑ˥˧vu˦˨˩.（一下午？）黄：嗯，一下午，或者，嗯，就是多一半都叫一……整整一个下午就叫一下午啊？ə̃˩,i˦˨˩ɕiɑ˥˧vu˦˨˩,xuo˧˨˦tʂə˦˨˦,ŋ̍˥,tsou˥sʅ˥tuo˦˨i˦˨˩pæ̃˥tou˦˨˩tɕiɑɔ˥˩i˦˨˩……tʂəŋ˦˨tʂəŋ˦˨i˦˨˩kə˥˩ɕiɑ˥˧vu˦˨˩tɕiou˥tɕiɑɔ˥i˦˨˩ɕiɑ˥˧vu˦˨˩ɑ˧?王：噢，一下午嘛。ɑɔ˩,i˦˨˩ɕiɑ˥˧vu˦˨˩mɑ˧.黄：或者是，我们不……这儿这可不叫那么个一下午了。一后晌。xuo˧˨˦tʂə˦˨˩sʅ˥˩,ŋuo˦˨məŋ˧pu˧˨˩……tʂər˥tʂə˥kʰə˦˨˩pu˧˨˩tɕiɑɔ˥˧nə˥muo˦kə˥˩i˦˨˩ɕiɑ˥˧vu˦˨lə˧.i˦˨˩xou˥˧ʂɑŋ˦˨˩.王：一后晌。i˦˨˩xou˥˧ʂɑŋ˦˨˩.黄：一后晌。i˦˨˩xou˥˧ʂɑŋ˦˨˩.（那么整整一上午呢？）黄：一前晌么。i˦˨˩tɕʰiæ̃˧˨˩ʂɑŋ˦˨muo˧.王：一前晌么。i˦˨˩tɕʰiæ̃˧˨˩ʂɑŋ˦˨m̩˧.（叫什么）黄&王：一前晌。i˦˨˩tɕʰiæ̃˧˨˩ʂɑŋ˦˨.

天长夜短、夜长天短

（像你们这种高……这种高纬度地区，白天会很长，你们，晚上稍微短一点，

---

① 尻子：臀部。章炳麟《新方言·释形体》：“今山西平阳、蒲、绛之间谓臀曰尻子，四川亦谓臀为尻子，音稍侈如钩。”

你们叫什么？说昼短夜长还是说昼长夜短，有这种说法没有？还是说天长……）王：天长夜短么。tʰiæ̃˥˧˩tʂʰɑŋ˩˧ie˥tuæ̃˥˧m̩˧.黄：我们是说的是天长夜短。昼这些东西不讲。ŋuo˥˧məŋ˧sɿ˥˩ʂuo˥˧ti˧sɿ˥˩tʰiæ̃˥˧tʂʰɑŋ˩˧ie˥tuæ̃˥˧˩.tʂou˥tʂei˥ɕie˥˧˧tuoŋ˥˧˩ɕi˧pu˩˧˧tɕiɑŋ˥˧˧.（叫什么？）王：天长夜短。tʰiæ̃˥˧tʂʰɑŋ˩˧ie˥tuæ̃˥˧.黄：天长夜短，或者是夜长天短。tʰiæ̃˥˧tʂʰɑŋ˩˧ie˥tuæ̃˥˧˩,xuei˩˧˩tʂə˥˧˩sɿ˥˩ie˥tʂʰɑŋ˩˧tʰiæ̃˥˧tuæ̃˥˧˩.（噢，相反的叫夜长天……）黄：啊。ɑ˩.王：相……噢，相反的。ɕiɑŋ˥˧˩……ɑɔ˩,ɕiɑŋ˥˧˩fæ̃˥˧ti˧.（什么时候天长夜……夜短，什么时候……）黄：那都是过咧夏至，夏至以后，那就说是这个，就是天长……nə˥˩tou˥˧sɿ˥˩kuo˥lie˧ɕiɑ˥tsɿ˥,ɕiɑ˥tsɿ˥i˥˧˧xou˥,nei˥tɕiou˥ʂuo˥˧˧sɿ˥tʂə˥˩kə˥˩,tɕiou˥˩sɿ˥˩tʰiæ̃˥˧tʂʰɑŋ……王：夜长。ie˥tʂʰɑŋ˩˧.黄：呃，欸……ə˥,ei˥……王：夏至，噢，夏至是天长夜短。ɕiɑ˥tsɿ˥,ɑɔ˩,ɕiɑ˥tsɿ˥˧sɿ˥tʰiæ̃˥˧tʂʰɑŋ˩˧ie˥˧tuæ̃˥˧˩.黄：噢，夜……天长夜短。冬至以后是这个，欸，夜长天短。ɑɔ˩,i……tʰiæ̃˥˧˩tʂʰɑŋ˩˧ie˥tuæ̃˥˧˩.tuoŋ˥˧˩tsɿ˥˧i˥˧˩xou˥˧sɿ˥˩tʂə˥˩kə˥˩,ei˩,ie˥tʂʰɑŋ˩˧tʰiæ̃˥˧tuæ̃˥˧˩.王：天短咧。tʰiæ̃˥˧tuæ̃˥˧˩lie˧.（这个天长夜短、夜短天长，呃不，夜长天短它们到什么程度呢你们这当地这种？）王：那就是天能错几个小时啊？nə˥tɕiou˥˩sɿ˥˩tʰiæ̃˥˧˩nəŋ˩˧tsʰuo˥tɕi˥˧kə˥ɕiɑɔ˥˧sɿ˩˧ɑ˥?黄：啊，错过三四个小时咧。ɑ˩,tsʰuo˥kuo˥sæ̃˥˧˩sɿ˥˧kə˥ɕiɑɔ˥˧sɿ˩˧˩lie˧.王：三个多小时。sæ̃˥˧kə˥tuo˥˧ɕiɑɔ˥˧sɿ˩˧˩.黄：三个多小时到四个小时。sæ̃˥˧kə˥˩tuo˥˧ɕiɑɔ˥˧sɿ˩˧tɑɔ˥sɿ˥˧kə˥˧ɕiɑɔ˥˧˩sɿ˩˧˩.（你比如说夏天你什么……基本……呃七八月份什么时候天就亮了？）黄：七……呃，七八月份的话了。tɕʰi˥˧……ə˩,tɕʰi˥˧pɑ˥˧˩yo˥˧fəŋ˥tə˧xuɑ˥lə˧.王：五点……vu˥˧˩tiæ̃˥˧……黄：五点多天亮。vu˥˧˩tiæ̃˥˧tuo˥˧˩tʰæ̃˥˧˩liɑŋ˥.王：五点多就亮了么。vu˥˧˩tiæ̃˥˧tuo˥˧˩tɕiou˥liɑŋ˥ləm˧.（什么时候天黑呢？）王：晚……晚上八点半以后……八点四十左右才黑咧。væ̃˥˧……væ̃˥˧ʂɑŋ˥˩pɑ˥˧˩tiæ̃˥˧pæ̃˥i˥˧˩x……pɑ˥˧˩tiæ̃˥˧sɿ˥˧ʂɿ˩˧˩tsuo˥˧iou˥tsʰæᴇ˩˧˩xei˥˧˩lie˧.黄：才……才黑咧么。tsʰæᴇ˩˧˩……tsʰæᴇ˩˧˩xei˥˧˩liem˧.王：现在成了六点多黑了。ɕiæ̃˥tsæᴇ˥tʂʰəŋ˩˧˩lə˧liou˥˧˩tiæ̃˥˧tou˥˧˩xei˥˧lə˧.黄：六点就黑。五点天……六点钟天亮。liou˥˧˩tiæ̃˥˧tsou˥˩xei˥˧˩.vu˥˧˩tiæ̃˥˧tʰi……liou˥˧˩tiæ̃˥˧tʂuoŋ˥˧˩tʰiæ̃˥˧˩liɑŋ˥.王：啊。ɑ˩.（六点天亮六点黑？）黄&王：嗯。ŋ̍˩.（那过了冬至以后会什么样子呢？）黄：过了冬至的话都是这个噢，五点多天都慢慢都黑下了。kuo˥liɑɔ˥˧˧tuoŋ˥˧˩tsɿ˥˧ti˧xuɑ˥tou˥˧˧sɿ˥tʂə˥˩kə˥˩ɑɔ˩,vu˥˧˩tiæ̃˥˧tuo˥˧˩tʰiæ̃˥˧tou˥˧˩mæ̃˥mæ̃˥tou˥˧˧xei˥˧xɑ˥˩lə˧.王：噢，五点多就黑嘎咧。ɑɔ˩,vu˥˧˩tiæ̃˥˧tuo˥˧˩tsou˥xei˥˧˩kɑ˧lie˧.（什么时候天亮呢？）王：天亮五点，欸呀，六……tʰiæ̃˥˧˩liɑŋ˥˧vu˥˧˩tiæ̃˥˧˧,ei˥˧iɑ˧,liou˥˧˧……黄：点到……tiæ̃˥˧˧tɑɔ˥……王：七……六点……六点多，快七点咧。tɕʰi˥˧˧……liou˥˧˩tiæ̃˥˧……liou˥˧˩tiæ̃˥˧tuo˥˧˧,kʰuæᴇ˥tɕʰi˥˧˩tiæ̃˥˧˩lie˧.黄：啊，天亮了。ɑ˥˧,tʰiæ̃˥˧˩liɑŋ˥lə˧.（哦，快七点天才亮？）黄：啊。ɑ˩.王：嗯。ŋ̍˩.

望前、以后

（两年以前？）黄：这话说咧，两年以前。tʂei˥˧xuɑ˥˩ʂuo˥˧˩lie˧,liɑŋ˥˧˧niæ̃˩˧˧i˥˧˧tɕʰiæ̃˩˧˩.（十年以后？）十年以后也合适着咧。sɿ˩˧niæ̃˩˧˧i˥˧˧xou˥ie˥˧˩xuo˩˧˩tʂʰɿ˥˧˧tʂə˧lie˧.（可以说两年往呃那个往前吗？）也可以这样说，两年往前。ie˥˧kʰə˥˧i˥˧˩tʂei˥˩iɑŋ˥˩ʂuo˥˧,liɑŋ˥˧˧niæ̃˩˧˧vɑŋ˥˧˧tɕʰiæ̃˩˧˩.（呃怎么……你你再那个把说个完整的句子看看？）就是这个，这个铅笔盒儿，要是两年往前的话，这卖五块钱。tɕiou˥˩sɿ˥˩tʂə˥kə˥,tʂə˥kə˥tɕʰiæ̃˥˧˧pi˥˧˩xuor˩˧,iɑɔ˥˩sɿ˥˩liɑŋ˥˧niæ̃˩˧vɑŋ˥˧˧tɕʰiæ̃˩˧˩ti˧xuɑ˥˩,tʂei˥˩mæᴇ˥˧˧vu˥˧kʰuæᴇ˥˧˩tɕʰiæ̃˩˧˩.（噢！）嗯。ə̃˩.（也可以这么说啊？）也可以这么说。ie˥˧kʰə˥˧i˥˧˩tʂə˥˩muo˧ʂuo˥˧.（这个铅笔盒？）噢。是……如果是两年以后的话，这就十块钱一个。ɑɔ˩.sɿ˥……zɿ˩˧˩kuo˥˧˧sɿ˥liɑŋ˥˧niæ˩˧i˥˧˧xou˥tə˧xuɑ˥˩,tʂei˥tɕiou˥ʂɿ˩˧˩kʰuæᴇ˥˧tɕʰiæ̃˩˧˧i

˥kə˥˩.（可以说两年往后吗？）两年以后。liɑŋ˥˧niæ̃˧˩i˥xou˥˩.（说不说两年往……往后？）那不叫，不叫往了。两年就成了……两年就成了以后。nə˥pu˧˩˩tɕiɑɔ˥,pu˧˩˩tɕiɑɔ˥vɑŋ˥˩lə˧.liɑŋ˥niæ̃˧˥tɕiou˥tʂʰəŋ˧˩˩lə˧……liɑŋ˥niæ̃˧˥tɕiou˥tʂʰəŋ˧˩˩lə˧i˥xou˥˩.（噢，往前也可以？）啊，望前可以。你往后就两年以后了。ɑ˩,vɑŋ˥˩tɕʰiæ̃˧˥kʰə˥˩i˥˩.ni˥˩vɑŋ˥˧xou˥tsou˥˩liɑŋ˥niæ̃˧˩i˥xou˥˩lə˧.（这个往后有这个说法没有？）那是看指哪一段子路。你比如走哪一段，走哪一个是路……路的话你是，往前也可以走，往后也可以走。你往前可以走十步，说你再往后走十步，就把这个距离就当是……nə˥˦sɿ˥kʰæ̃˥tsɿ˥˧nɑ˥i˥˩tuæ̃˥tsɿ˧lou˥.ni˥˧pi˥˧ʐʮ˧˥tsou˥˧nɑ˥i˥˩tuæ̃˥,tsou˥˧nɑ˥i˥˩kə˥˩sɿ˥˦lou˥˦……lou˥˦ti˧xuɑ˥ni˥sɿ˥˩,vɑŋ˥˧tɕʰiæ̃˧ie˥˩kʰə˥˧i˥˧tsou˥˩,vɑŋ˥˧xou˥iɑ˥˩kʰə˥i˥˩tsou˥˩.ni˥˩vɑŋ˥˧tɕʰiæ̃˧˥kʰə˥i˥˩tsou˥ʂʅ˧˩pu˥˦,ʂuo˥ni˥˩tsæᴇ˥vɑŋ˥˧xou˥tsou˥ʂʅ˧˩pu˥,tɕiou˥pɑ˥˩tʂə˥kə˥tɕy˥˦li˧˥tɕiou˥tɑŋ˥sɿ˥……（这个往后可……可以表示时间吗？）往后也可以表示时间。噢。vɑŋ˥˧xou˥ie˥˩kʰə˥i˥˩piɑɔ˥˧sɿ˥sɿ˧˩tɕiæ̃˥˩.ɑɔ˩.（啊，往后你就别再找我了。可以这么说吗？）能行咧。嗯，这都能行。nəŋ˧˥ɕiŋ˧˩lie˧.ŋ̍˩,tʂə˥˦tou˥˧nəŋ˧˥ɕiŋ˧˩.

四、传统节日

过节

（[你们这里除了五月单五、八月十五之外]还要过什么节？）张太白饭店老板的爷爷：啊？æ˧˥?（还要过什么节？）过大年嘛。kuo˥tɑ˥niæ̃˧˥mɑ˧.（过大年？）那。næᴇ˥˧˥.（就过这三个节？）哎，那过去过的多，过去了。æᴇ˧˩,nei˥˧˥kuo˥˦tɕ^{h}y˥˩kuo˥ti˧tuo˥˧,kuo˥tɕ^{h}y˥lə˧.（还有什么节？）现……现在……现在人都不太过了。二月二啊。ɕiæ̃˥……ɕiæ̃˥ts……ɕiæ̃˥tsæᴇ˥˧˥ʐəŋ˧˥tou˥˧˦pu˧˥˧t^{h}æᴇ˥˧˥kuo˥˩lə˥.ər˥yo˥˩ər˥ʐɑ˧.（二月二也过节？）啊。三月三呀。四月八呀。æ˧˩.sæ̃˥˩yo˥˧˦sæ̃˥˧iɑ˧.sɿ˥˩yo˥˧˦pɑ˥˧iɑ˧.（四月八是什么，干什么的？）过单呀。kuo˥tæ̃˥˧ʐɑ˧.（啊？）啊？ɑ˧˦?（四月八是……）四月八这是这些孩子做些，啊，花花不些的就给戴上嘛。啊。主要是小孩子嘛，啊。sɿ˥yo˥˧pɑ˥˩tʂə˥sɿ˥tʂei˥ɕie˥˧˦xæᴇ˧˥tsɿ˦tsuo˥ɕie˥˩,æ˧,xuɑ˥˧xuɑ˥˩pu˧˥˧ɕi˥˧ti˧tɕiou˥˩kei˥˩tæᴇ˥ʂɑŋ˥˧˥mɑ˧.ŋæ˧.tʂʮ˥˩iɑɔ˥˧˥sɿ˥ɕiɑɔ˥˧xæᴇ˧˥˧tsɿ˦mɑ˧,ɑ˧.（戴，戴些，戴些那个花？）啊。ŋæ˧˩.（五月有没有吃蛋蛋的你这儿？）五月？vu˥˧yo˥˩?（啊。五月端午就……）五月就是五月单五嘛。vu˥˧yo˥˩tɕiou˥˩sɿ˥˩vu˥˧yo˥˩tæ̃˥˧vu˥˩mɑ˧.（啊。端午吃蛋不吃蛋？）五月单五，我们这里就吃粽子吧。vu˥˧˦yo˥˧˦tæ̃˥˧vu˥˧˦,ŋuo˥˧məŋ˧tʂə˥li˥˩tɕiou˥tʂ^{h}ʅ˥˩tsuoŋ˥˦tsɿ˧p^{h}ɑ˧.（吃粽子？）嗯。ŋ̍˧˩.（粽子。蛋吃不吃？）啊，蛋都不。这这都是做些饭，做些……再就是喝雄黄酒么。æ˧,tæ̃˥˦tou˥˩pu˧˥˧.tʂə˥tʂə˥tou˥˧˦sɿ˥tsuo˥˧˥ɕie˥˩fæ̃˥,tsuo˥˩ɕie˥˩tʂ……tsæᴇ˥tɕiou˥sɿ˥xuo˥˩ɕyoŋ˧˥˧xuɑŋ˧˥˦tɕiou˥˧muo˧.（喝雄黄酒？）嗯。ŋ̍˧˩.（噢。）你们那里喝不喝？ni˥˧məŋ˧nə˥li˧xə˥˧pu˧˥˧xə˥˩?（我们喝雄黄酒，也喝。）也喝啊？ie˥˧xə˥˧˦ɑ˧?（还挂些那个艾叶子。你们挂不挂？）挂嘛。kuɑ˥mɑ˧.（现在过得简单了。）现在都简单。ɕiæ̃˥tsæᴇ˥tou˥˦tɕiæ̃˥˧tæ̃˥˩.（过去还有那些讲究。）过去的讲究得很。嗯。kuo˥˦tɕ^{h}y˥tə˧tɕiɑŋ˥˧tɕiou˥˩tə˧xəŋ˥˧.ŋ̍˧˩.（怎么讲究呢？）单一露……今儿这一天起的早的很早上。起来人出去到山上啊，河滩上就说，打露水，把露……水拜下的话，洗洗脸呀，擦一擦脸呀，擦擦眼睛，我们哎……tæ̃˥˩i˥˩lou˥˧˥……tɕiə̃r˥˩tʂei˥˧˥i˥˧t^{h}iæ̃˥˩tɕ^{h}ie˥˧ti˧tsɑɔ˥˧ti˧xəŋ˥˧tsɑɔ˥˩ʂɑŋ˥˩.tɕ^{h}ie˥˩læᴇ˧˥˧ʐəŋ˧˥tʂ^{h}ʮ˥˩tɕ^{h}i˥˩tɑɔ˥sæ̃˥˧ʂɑŋ˥ɑ˥,xuo˧˥t^{h}æ̃˥˧ʂɑŋ˥˩tɕiou˥ʂuo˥˩,tɑ˥˧lou˥ʂuei˥˧˩,pɑ˥˩lou˥ʂ……ʂuei˥˩pæᴇ˥˧˥xɑ˥tə˧xuɑ˥,ɕi˥˧ɕi˥˩liæ̃˥˧iɑ˧,tsʰɑ˥˩i˥˩ts^{h}ɑ˥˩liæ̃˥˧iɑ˥,ts^{h}ɑ˥˩ts^{h}ɑ˥˩iæ̃˥˧tɕiŋ˥˩,ŋuo˥˧məŋ˧æᴇ˥˧……（先拜一拜再……再洗还是干吗？）就是的。还……tɕiou˥˧˥sɿ˥ti˥.xæᴇ˧˥˧……（就拿这个水擦眼睛？）啊。ŋæ̃˥.（这擦眼睛有什么好处啊？）点它……过去这讲究是多。他说是擦了眼睛，对眼睛好嘛。tiæ̃˥˧˦t^{h}ɑ˥˧˦……kuo˥˦tɕ^{h}y˥tʂə˥tɕiɑŋ˥˧tɕiou˥˩sɿ˥˩tuo˥˧.t^{h}ɑ˥˧˦ʂuo˥˧˦sɿ˥ts^{h}ɑ˥˩lə˧niæ̃˥˧tɕiŋ˥˧˦,tuei˥niæ̃˥˧tɕiŋ˥˩xɑɔ˥˧mɑ˧.（噢，擦脸跟对眼睛好？）啊。ŋɑ˧˩.

三十儿晚上

（你们三十儿晚上有些什么活动？）黄：三十儿晚上这个在这里，当地兀活动一般情况下就是……这个欸三十儿这一天早早的就要吃团圆饭咧么。sæ̃˥˩ʂər˧˥væ̃˥˧ʂɑŋ˥˩tʂə˥kə˥

tsæɛ˥tʂei˥li˥˧˨˩,taŋ˥˧˨˩ti˥væɛ˥xuo˩˧˨˩tuoŋ˥i˥˧˧˥pæ̃˥˧tɕʰiŋ˩˧˨˩kʰuaŋ˥˦ɕia˥tɕiou˥sɿ˥……tʂə˥kə˥ei˥sæ̃˥˧˨˩ʂər˩˧t ʂei˥i˥˧˨˩tʰiæ̃˥˧˨˩tsɑɔ˥˧tsɑɔ˥˧ti˧tsou˥iɑɔ˥tʂʰʅ˥˧˧˥tʰuæ̃˩˧yæ̃˩˧˧˥fæ̃˥lie˧muo˧.（大概几点钟呢？）哎呀，我们这个地方都早了。大概这个最早的十二点□就把……中午十二点都把团年饭吃过了。æɛ˨˩ia˨˩,ŋuo˥˧məŋ˧tʂə˥kə˥ti˥faŋ˥˧˨˩tou˥˧˧˥tsɑɔ˥˧lə˧.tɑ˥kæɛ˥˦tʂə˥˨˩kə˥˨˩tsuei˥tsɑɔ˥˧ti˧ʂʅ˩˧˨˩ər˥tiæ̃˥˧niæ̃˩˧˨˩tsou˥ ˦pɑ˥˧˨˩……tʂuoŋ˥˧˨˩vu˥˧ʂʅ˩˧˨˩ər˥tiæ̃˥˧tou˥˧˨˩pɑ˥˧˨˩tʰuæ̃˩˧˨˩niæ̃˩˧˧˥fæ̃˥tʂʰʅ˥˧˨˩kuo˥˦lə˧.（啊，吃完了，到那时候？）吃……呃，已经吃完了已经。tʂʰʅ˥˧……ə˥,i˥˧tɕiŋ˥˧˨˩tʂʰʅ˥˧˨˩væ̃˩˧˨˩lə˧i˥˧tɕiŋ˥˧˨˩.（是不是各家都不一样的吃饭的时间？）呃，那都是比咧。那你吃饭之前要这个鸣炮咧，放炮咧，那家伙你这个炮一响那就接着这一道庄……ə˨˩,nei˥tou˥˧˧˥sɿ˥pi˥˧lie˧.næɛ˥ni˥˧˧˥tʂʰʅ˥˧˨˩fæ̃˥tsɿ˥˧˧˥tɕʰiæ̃˩˧iɑɔ˥t ʂə˥˨˩kə˥˨˩miŋ˩˧pʰɑɔ˥lie˧,faŋ˥pʰɑɔ˥lie˧,næɛ˥tɕiɑ˥˧˧˥xuo˧ni˥˧tʂə˥kə˥pʰɑɔ˥i˥˧˨˩ɕiaŋ˥˧˧˥næɛ˥tɕiou˥tɕie˥˧tʂuo˥˧ ˨˩tʂei˥i˥˧˨˩tɑɔ˥tʂuaŋ˥˧……（看谁吃得早？）看谁吃的最早咧嘛。kʰæ̃˥sei˩˧tʂʰʅ˥˧ti˧tsuei˥tsɑɔ˥˧lie˧m ɑ˧.（不同的村庄是不是有不同的风俗？）不同的村庄有不同的风俗。有些还……讲究。但是这个，当地的这个陕北人么他就讲究晚上吃咧。pu˩˧˨˩tʰuoŋ˩˧ti˧tsʰuoŋ˥˧tʂuaŋ˥˧˨˩iou˥˧˧˥pu˩˧˨˩tʰ uoŋ˩˧ti˧fəŋ˥˧ɕy˩˧˨˩.iou˥˧ɕie˥˧˨˩xɑ˩˧˨˩……tɕiaŋ˥˧tɕiou˥˧˨˩.tæ̃˥sɿ˥tʂə˥kə˥,taŋ˥˧˨˩ti˥˦ti˧tʂə˥kə˥ʂæ̃˥˧pei˥˧˨˩zəŋ˩˧˨˩mu o˧tʰɑ˥˧˧˥tsou˥tɕiaŋ˥˧˧˥tɕiou˥˧˧˥væ̃˥˧ʂaŋ˥˨˩tʂʰʅ˥˧lie˧.（你们一般都是上午吃？）我们都是……当地人都是看谁吃的早。ŋuo˥˧məŋ˧tou˥˧˨˩sɿ˥˨˩……taŋ˥˧˨˩ti˥˦zəŋ˩˧˨˩tou˥˧˨˩sɿ˥˨˩kʰæ̃˥sei˩˧tʂʰʅ˥˧˨˩ti˧tsɑɔ˥˧.（那安徽人、四川人呢？）这一般到这儿这以后好像都是……都随这儿这个风俗了。都是吃早一点儿。tʂei˥˦i˥˧˧˥pæ̃˥˧˨˩tɑɔ˥tʂər˥tʂə˥i˥˧˨˩xou˥xɑɔ˥˧˧˥ɕiaŋ˥tou˥˧˧˥sɿ˥……tou˥˧˧˥suei˩˧˨˩tʂər˥tʂə˥kə˥fəŋ˥˧ɕy˩˧ ˨˩lə˧.tou˥˧˧˥sɿ˥tʂʰʅ˥˧˧˥tsɑɔ˥˧i˥˧˨˩tiæ̃r˥˧˨˩.（那你们……你们有没有说为什么早一点儿吃晚一点儿吃，有没有什么……什么原因没有？）这没有啥原因好像，啊。tʂə˥˦mei˩˧iou˥˧˧˥sɑ˥yæ̃˩˧iŋ˥˧xɑɔ˥˧ɕia ŋ˥˨˩,ɑ˥˧.（攀比？）噢，攀比的。这个东西吃完他不是说是这个，晚上他还搞一桌桌菜，到三十儿晚上来一股，他还再搞点菜，饿了咱们大家再吃一点儿。ɑɔ˨˩,pʰæ̃˥˧˨˩pi˥˧ti˧.tʂə˥kə˥tuo ŋ˥˧ɕi˧tʂʰʅ˥˧væ̃˩˧tʰɑ˥˧pu˩˧˨˩sɿ˥˦ʂuo˥˧˨˩sɿ˥˨˩tʂei˥˦kə˥˨˩,væ̃˥˧ʂaŋ˥˨˩tʰɑ˥˧xɑ˩˧kɑɔ˥˧i˥˧˨˩tʂuo˥˧tʂuo˥˧˨˩tsʰæɛ˥,tɑɔ˥˨˩sæ̃˥˧˨˩ ʂər˩˧væ̃˥˧ʂaŋ˥˨˩læɛ˩˧i˥˧˨˩ku˥˧,tʰɑ˥˧˨˩xɑ˩˧˨˩tsæɛ˥kɑɔ˥˧tiæ̃˥˧˨˩tsʰæɛ˥,nuo˥˧˥lə˧tʂɑ˩˧məŋ˧tɑ˥tɕiɑ˥˧˧˥tsæɛ˥˧˥tʂʰʅ˥˧˨˩i˥˧˨˩t iæ̃r˥˧˨˩.（那个后面搞的这点这这这些菜搞吃有没有这个什么叫吃什么？）在这个晚上的这个，三十儿中午这个菜就是讲究做的它丰盛一点么。在吃这个之前一般还有个祭奠这个过程咧。啊，把这个菜端上来以后，那这个你就不能先动啊，你就说是这个农村那个是祭奠一下，要饮一口气，你把门开大，这个筷子啥子摆上来以后，哎，有些人还叫他那……什么太爷、太奶奶、祖先，呃，你们都……这个今年大典儿……大年三十儿了，你们回来团年咧么。tsæɛ˥tʂə˥˨˩kə˥˨˩væ̃˥˧ʂaŋ˥˨˩ti˧tʂə˥kə˥,sæ̃˥˧˨˩ʂər˩˧tʂuoŋ˥˧˨˩vu˥˧tʂə˥˨˩kə˥˨˩tsʰæɛ˥tɕiou˥˨˩sɿ˥˨˩tɕiaŋ˥˧tɕi ou˥˧˨˩tsʯ˥ti˧tʰɑ˥˧˨˩fəŋ˥˧˨˩ʂəŋ˥˧˥i˥˧˨˩tiæ̃˥˧˨˩muo˧.tsæɛ˥tʂʰʅ˥˧tʂə˥kə˥tsɿ˥˧˧˥tɕʰiæ̃˩˧i˥˧˧˥pæ̃˥˧˨˩xæɛ˩˧iou˥˧˧˥kə˥tɕi˥tiæ̃˥˦t ʂei˥˨˩kə˥˨˩kuo˥˧˥tʂʰəŋ˩˧˨˩lie˧.ɑ˨˩,pɑ˥˧˨˩tʂə˥kə˥tsʰæɛ˥tuæ̃˥˧˨˩ʂaŋ˥læɛ˩˧˧˥i˥˧˨˩xou˥,nə˥˦tʂə˥˨˩kə˥˨˩ni˥˧tsou˥˦pu˩˧˨˩ nəŋ˩˧ɕiæ̃˥˧˨˩tuoŋ˥ɑ˨˩,ni˥˧˨˩tsou˥˦ʂuo˥˧˨˩sɿ˥˨˩tʂə˥kə˥luoŋ˩˧tsʰuoŋ˥˧nə˥˨˩kə˥˨˩sɿ˥tɕi˥tiæ̃˥˦i˥˧˨˩xɑ˥˨˩,iɑɔ˥˨˩iŋ˥˧i˥˧˨˩kʰ ou˥˧tɕʰi˥,ni˥˧˨˩pɑ˥˧˨˩məŋ˩˧kʰæɛ˥˧˨˩tɑ˥,tʂə˥kə˥kʰuæɛ˥˧˥tsɿ˧sɑ˥tsɿ˧pæɛ˥˧ʂaŋ˥˨˩læɛ˩˧i˥˧˨˩xou˥,æɛ˩˧,iou˥˧ɕie˥˧˨˩zə ŋ˩˧xæɛ˩˧˨˩tɕiɑɔ˥tʰɑ˥˧˧˥næɛ˥s……ʂʅ˥˧˨˩muo˧tʰæɛ˥ie˩˧,tʰæɛ˥næɛ˥˧˧˥næɛ˥˧˧˥,tsʯ˥˧ɕiæ̃˥˧˨˩,ə˨˩,ni˥˧məŋ˧tou˥˧˨˩…… tʂə˥kə˥tɕiŋ˥˧˨˩niæ̃˩˧˨˩tɑ˥tiæ̃r……tɑ˥niæ̃˩˧˧˥sæ̃˥˧˨˩ʂər˩˧lə˥,ni˥˧˧˥məŋ˧xuei˩˧læɛ˩˧˧˥tʰuæ̃˩˧niæ̃˩˧lie˥muo˧.（这个“饮一口气”是什么意思？）那就说是嘣一下。拿……用嘴嘣一下，就说是请你们回来团年咧。啊，就是大年三十了。næɛ˥˨˩tɕiou˥˦ʂuo˥˧˨˩sɿ˥ʂuo˥˧i˥˧˨˩xɑ˥˨˩.nɑ˩˧˨˩……yoŋ˥tsuei˥˧˧˥ʂuo˥˧i˥˧˨˩xɑ ˥˨˩,tɕiou˥ʂuo˥˧˧˥sɿ˥tɕʰiŋ˥˧˨˩ni˥˧məŋ˧xuei˩˧˨˩læɛ˩˧˧˥tʰuæ̃˩˧niæ̃˩˧˨˩lie˥.ɑ˨˩,tɕiou˥˨˩sɿ˥˨˩tɑ˥niæ̃˩˧˧˥sæ̃˥˧ʂʅ˩˧lə˥.（噢，这个“饮一口气”就是就是等于是叫一声？）哎，叫一声，啊。然后么把这个各样吃的

给你揲[1]滴滴[2]外头撇一点，把这个酒么给你在外头祭奠一下。æᴇ˧˩,tɕiɑɔ˥˥˦i˥˧˧˩ʂəŋ˥˧˧˩,ɑ˥˧.ʐæ̃˩˧˩xou˥˥˦muo·˧pɑ˥˧˧tʂə˥kə˥kə˥˧˧˩iɑŋ˥˥˦tʂʰʅ˥˧ti·˧kei˥ni˥˧˧tsʰɑɔ˥˧˧ti˥˧˧ti˥˧˧væᴇ˥tʰou·˧pʰie˥˧i˥˧˧˩tiæ̃˥˧,pɑ˥˧˧˩tʂə˥kə˥tɕiou˥˧muo·˧kei˥ni˥˧˧tsæᴇ˥væᴇ˥tʰou·˧tɕi˥tiæ̃˥i˥˧˧ɕiɑ˥˧˩.（噢，这个菜也要扔点？丢在门外头是……）各样吃的东西都往外头扔一点。kə˥˧˧˩iɑŋ˥tʂʰʅ˥˧ti·˧tuoŋ˥˧ɕi·˧tou˥˧˥˦vɑŋ˥˧˧væᴇ˥tʰou·˧ʐəŋ˥˧i˥˧˧˩tiæ̃˥˧˧˩.（扔到坪……外面坪子里面啊？）不，就是随便扔，扔到院子里就对了。pu˩˧,tsou˥sɿ˥suei˩˧˩piæ̃r˥˧ʐəŋ˥˧,ʐəŋ˥˧tɑɔ˥˧˩yæ̃˥tsɿ·˧li˥˧˧˩tɕiou˥˥˦tuei˥˧˩lə·˧.（呃，人站在房里头吗？）噢，正……人站得桌子跟前就这么撮的就撇出去了。ɑɔ˧˩,tʂəŋ……ʐəŋ˩˧tsæ̃˥tə·˧tʂuo˥˧tsɿ·˧kəŋ˥˧˧˩tɕʰiæ̃˩˧˧tɕiou˥tʂə˥muo·˧tsʰuo˥˧ti·˧tsou˥˧˩pʰie˥˧˧˩tʂʰɥ˥˧tɕʰy˥˧˩lə·˧.（哦，这么撇出去也不太礼貌吧？）噢，能……能行。那就是这么个事嘛，那回事。然后放酒么再祭奠一下。ɑɔ˧˩,nəŋ˩˧……nəŋ˩˧ɕiŋ˩˧˧.næᴇ˥˥˦tsou˥˥˦sɿ˥˧˩tʂə˥˥˦muo·˧kə˥˧˩sɿ˥˥˦mɑ·˧,nə˥xuei˩˧˦sɿ˥.ʐæ̃˩˧˩xou˥fɑŋ˥tɕiou˥˧muo·˧tsæᴇ˥tɕi˥tiæ̃˥˥˦i˥˧˧˩xɑ˥˧˩.（洒一点？）洒一点，就对了。这下才……这下才肯咧吃饭咧。sɑ˥˧i˥˧˧˩tiæ̃˥˧˧˩,tɕiou˥tuei˥lə·˧.tʂei˥xɑ˥˧˩tsʰæᴇ……tʂei˥xɑ˥˧˩tsʰæᴇ˩˧˩kʰəŋ˥˧lie·˧tʂʰʅ˥˧fæ̃˥lie·˧.（欸，这个做这个东西是谁来做呢？）欸，你家里是这个年纪最长，最长的么，啊，掌柜的，一般就是掌柜的你要来搞这个事情。ei˩˧,ni˥˧˧tɕiɑ˥˧li˥˧˧˩sɿ˥tʂə˥kə˥niæ̃˩˧tɕi˥˧tsuei˥˥˦tʂɑŋ˥˧,tsuei˥tʂɑŋ˥˧ti·˧muo·˧,ɑ˧˩,tʂɑŋ˥˧kuei˥˥˦ti·˧,i˥˧˥˦pæ̃˥˧tɕiou˥sɿ˥tʂɑŋ˥˧kuei˥˥˦ti·˧ni˥˧˧iɑɔ˥læᴇ˩˧˩kɑɔ˥˧tʂə˥kə˥sɿ˥˧˩tɕʰiŋ˩˧˩.（这个女的可以吗？）女的一般都不的，多一半都是男……男的搞。ny˥˧ti·˧i˥˧˧pæ̃˥˧˧tou˥˧˧˩pu˩˧˩tə·˧,tuo˥˧i˥˧˧˩pæ̃˥tou˥˧˧sɿ˥næ̃˩˧……næ̃˩˧tə·˧kɑɔ˥˧˧˩.（这搞……比如说你母亲这个年纪最大呢？她也去……）她不搞，噢，这都要我搞去。啊，长子来搞咧。tʰɑ˥˧pu˩˧˩kɑɔ˥˧,ɑɔ˧˩,tʂei˥˥˦tou˥˧˧˩iɑɔ˥ŋuo˥˧kɑɔ˥˧˧˩tɕʰi˥˧˩.ɑ˧˩,tʂɑŋ˥˧tsɿ˥˧læᴇ˩˧kɑɔ˥˧lie·˧.（这个掌柜的一般指的是是哪是哪些人？）掌柜的就是一般这个家里头主事的。噢，主事的这个人。tʂɑŋ˥˧kuei˥ti·˧tɕiou˥˧˩sɿ˥˧˩i˥˧˥˦pæ̃˥˧tʂə˥kə˥tɕiɑ˥˧li˥˧˧˩tʰou·˧tʂɥ˥˧˧sɿ˥ti·˧.ɑɔ˧˩,tʂɥ˥˧˧sɿ˥ti·˧tʂə˥kə˥ʐəŋ˩˧.（哦，那个就说假如说那个年纪大的男人是吧？）噢，那不一定。那不一定啊。这个家里当家理事的，有时候你老年人年纪一大，他就不管事了，那都交给娃娃了。这掌柜的事交咧。ɑɔ˧˩,nə˥˥˦pu˩˧˩i˥˧˧tiŋ˥˧˩.næᴇ˥˥˦pu˩˧˩i˥˧˧tiɑ̃˧˩（←tiŋ˥ɑ˧˩）.tʂei˥kə˥tɕiɑ˥˧li˥˧˧˩tɑŋ˥˧˥˦tɕiɑ˥˧˧li˥˧˧sɿ˥ti·˧,iou˥˧sɿ˩˧˩xou˥ni˥˧˧˩lɑɔ˥˧niæ̃˩˧˩ʐəŋ˩˧˩niæ̃˩˧tɕi˥˥˦i˥˧˧tɑ˥,tʰɑ˥˧˧tsou˥pu˩˧˩kuæ̃˥˧sɿ˥lə·˧,næᴇ˥tou˥˧˧tɕiɑɔ˥˧kei˥˧˩vɑ˩˧˩vɑ˩˧˦lə·˧.tʂə˥tʂɑŋ˥˧kuei˥˥˦ti·˧sɿ˥˧˩tɕiɑɔ˥˧lie·˧.（噢，就说家里面能够主持家务……家事的，嗯。）能够主事的人物。嗯。nəŋ˩˧˩kou˥tʂɥ˥˧sɿ˥˥˦ti·˧ʐəŋ˩˧vuo˥˧˧˩.ə̃˧˩.

（噢，然后……）这个完了以后，晚饭吃过以后，晚上以后，这里边有时这个，投到到要黑咧么，哎，要搭火咧么。噢，这个院里边以后用些木头疙瘩，架一堆大火烧起来。架一堆就是，洋话就是架一堆篝火么。噢，搭一堆火，灯篓点着挂起来。这是这个欸，这是一个程序已经完了么。完了到最后人……一到夜晚以后，还有个祭奠过程咧。当地这个人还有个祭奠过程咧。就说是这个欸拿上这个纸钱，还香，再搞一碗水饭[3]，舀一碗水咧，把这个各……把各样吃的这个东西都里头放一点儿，然后端到十字路口去，这个路的十字交叉的地方，跪在那个地下以后，把纸烧了，这就是给老先人……tʂə˥˧˩kə˥˥˦væ̃˩˧lə·˧li˥˧˧˩xou˥,væ̃˥˧fæ̃˥tʂʰʅ˥˧˧˩kuo˥i˥˧˧˩xou˥,væ̃˥˧ʂɑŋ˥˧˩i˥˧xou˥˧˩,tʂei˥li˥˧˧piæ̃˥˧˧iou˥˧sɿ˩˧˩tʂə˥kə˥,tʰou˩˧˩tɑɔ˥tɑɔ˥iɑɔ˥xei˥˧lie·˧muo·˧,æᴇ˥,iɑɔ˥tɑ˥˧˧˩xuo˥˧lie·˧muo·˧.ɑɔ˧˩,tʂə˥kə˥yæ̃˥li˥˧˧˩piæ̃˥˧˧˩i˥˧˧xou˥yoŋ˥ɕie˥˧˧

---

[1] 揲：取，这里指以筷子夹取。《集韵》初交切。汉张衡《西京赋》：“揲昆鲕，殄水族。”《广雅·释诂一》：“揲，取也。”王念孙疏证：“《众经音义》卷四引《通俗文》：‘浮取曰揲。’”

[2] 滴滴：表示少量。

[3] 水饭：祭奠时用的酒、饭。元本高明《琵琶记·五娘寻夫上路》：“真容已描就了，只就这里烧香纸，奠些水饭，拜辞了二亲出去。”

mu˥˧tʰou˧kə˥˧ta˥˧꜖,tɕia˥i˥˧꜔tuei˥˧꜔ta˥˦xuo˥˧ʂaɔ˥˧tɕʰi˥˧꜖læᴇ˩˧꜖.tɕia˥i˥˧꜔tuei˥˧꜔tɕiou˥꜖sɿ˥꜖,iaŋ˩˧xua˥tɕiou˥sɿ˥tɕia˥i˥˧꜔tuei˥˧꜔kou˥˧꜔xuo˥˧muo˧.aɔ꜖,ta˥˧꜔i˥˧꜔tuei˥˧꜔xuo˥˧,təŋ˥˧lou˥˧꜖tiæ̃˥˧tʂuo˩˧꜖kua˥tɕʰi˥˧læᴇ˩˧꜖.tʂə˥sɿ˥tʂə˥꜖kə˥꜖ei꜖,tʂə˥˥˧sɿ˥i˥˧꜔kə˥tʂʰəŋ˩˧꜖ɕy˥˥˧i˥˧꜖tɕiŋ˥˧꜔væ̃˩˧lə˧muo˧.væ̃˩˧lə˧taɔ˥tsuei˥xou˥ʐʯ˥˧˦……i˥˧꜖taɔ˥ie˥væ̃˥˧i˥˧꜖xou˥,xa˩˧iou˥˧kə˥꜖tɕi˥tiæ̃˥kuo˥tʂʰəŋ˩˧˥˧lie˧.taŋ˥˧꜖ti˥˥˧tʂə˥kə˥ʐəŋ˩˧xæᴇ˩˧iou˥˧kə˥꜖tɕi˥tiæ̃˥kuo˥tʂʰəŋ˩˧꜖lie˧.tɕiou˥ʂuo˥˧꜔sɿ˥tʂə˥kə˥ei˥na˩˧꜖ʂaŋ˥tʂə˥kə˥tsɿ˥˧tɕʰiæ̃˩˧,xæᴇ˩˧꜖ɕiaŋ˥˧,tsæᴇ˥꜖kaɔ˥˧i˥˧꜖væ̃˥˧꜔ʂuei˥˧fæ̃˥,iaɔ˥˧i˥˧꜖væ̃˥˧ʂuei˥˧lie˧,pa˥˧꜖tʂə˥kə˥kə˥˧……pa˥˧꜖kə˥˧꜖iaŋ˥tʂʰʅ˥˧ti˧tʂə˥kə˥tuoŋ˥˧꜔ɕi˧tou˥˧˦li˥˧tʰou˧faŋ˥˦i˥˧꜖tiæ̃r˥˧꜖,ʐæ̃˩˧꜖xou˥˥˧tuæ̃˥˧꜖taɔ˥ʂʅ˩˧꜖tsɿ˥lou˥kʰou˥˧tɕʰi˥꜖,tʂə˥kə˥lou˥ti˧ʂʅ˩˧꜖tsɿ˥˥˧tɕiaɔ˥˧˦tsʰa˥˧ti˧ti˥˥˧faŋ˥˧꜖,kʰuei˥tsæᴇ˥næᴇ˥kə˥ti˥xa˥i˥˧꜖xou˥˥˧,pa˥˧꜖tsɿ˥˧ʂaɔ˥˧lə˧,tʂə˥tɕiou˥sɿ˥kei˥laɔ˥˧꜔ɕiæ̃˥˧ʐəŋ˩˧꜖……（老……老先人？）噢，老先人。就是你们上祖的这些辈辈么。三十儿晚上么给他们也在路上送一碗水饭给他们一吃。再烧点钱，你们拿回去过年去。aɔ˥,laɔ˥˧꜔ɕiæ̃˥˧ʐəŋ˩˧꜖.tɕiou˥꜖sɿ˥꜖ni˥˧məŋ˧ʂaŋ˥tsʯ˥˧꜖ti˧tʂei˥ɕie˥˧꜔pei˥pei˥muo˧.sæ̃˥˧꜖ʂər˩˧væ̃˥˧ʂaŋ˥꜖muo˧kei˥tʰa˥˧məŋ˧ie˥˧꜔tsæᴇ˥lou˥˦ʂaŋ˥꜖suoŋ˥i˥˧꜖væ̃˥˧꜔ʂuei˥˧fæ̃˥kei˥tʰa˥˧꜔məŋ˧i˥˧꜖tʂʰʅ˥˧.tsæᴇ˥ʂaɔ˥˧tiæ̃˥˧꜖tɕʰiæ̃˩˧,ni˥˧məŋ˧na˩˧꜖xuei˩˧꜔tɕʰi˥kuo˥niæ̃˩˧꜖tɕʰy˥˥˧.（噢。那一堆，烧的那一堆火叫什么火？）叫纸么。烧的是钱啊。tɕiaɔ˥tsɿ˥˧muo˧.ʂaɔ˥˧ti˧sɿ˥꜖tɕʰiæ̃˩˧a꜖.（不是，在院子中间那里啊？）那叫咿……就是叫搭火咧。搭一堆大火。再没有啥叫咧。næᴇ˥˥˧tɕiaɔ˥i꜖……tɕiou˥sɿ˥tɕiaɔ˥ta˥˧꜖xuo˥˧lie˧.ta˥˧꜖i˥˧꜔tuei˥˧ta˥꜖xuo˥˧.tsæᴇ˥mei˩˧iou˥˧sa˥꜖tɕiaɔ˥˥˧lie˧.（噢，没有名称？）嗯，没有名称。əŋ˥,mei˩˧꜔iou˥˧꜔miŋ˩˧꜖tʂʰəŋ˥˧.

（呃，然后那个做完那些事情呢？）做完这些事情咧么那……过去那几年还叫坐夜咧么。坐夜大家坐下以后，瓜果李糖拿出来吃着，谝着干传①，就是一般情况下都太不睡觉。tsuo˥væ̃˩˧tʂei˥꜖ɕie˥˧sɿ˥tɕʰiŋ˩˧꜔lie˧muo˧næᴇ˥……kuo˥˦tɕʰy˥꜖næᴇ˥tɕi˥˧꜖niæ̃˩˧xæᴇ˩˧꜖tɕiaɔ˥tsuo˥ie˥˥˧liə˧muo˧.tsuo˥ie˥ta˥tɕia˥˧꜔tsuo˥xa˥i˥˧꜖xou˥˥˧,kua˥˧꜖kuo˥˧li˥˧tʰaŋ˩˧na˩˧꜖tʂʰʯ˥˧læᴇ˩˧꜖tʂʰʅ˥˧tʂə˧,pʰiæ̃˥˧꜖tʂə˧kæ̃˥˧tʂʰuæ̃˩˧,tɕiou˥sɿ˥i˥˧˦pæ̃˥˧tɕʰiŋ˩˧꜖kʰuaŋ˥ɕia˥tou˥˧꜔tʰæᴇ˥pu˩˧꜖ʂuei˥˥˧tɕiaɔ˥꜖.（不睡觉啊？）噢，前几年都讲究。老一辈人咧都太不睡觉。这一夜基本上都坐到亮了。耍一耍。毕咧。现在那都是……投到春晚看完以后啊是够足了。aɔ꜖,tɕʰiæ̃˩˧tɕi˥˧꜖niæ̃˩˧tou˥˧꜔tɕiaŋ˥˧tɕiou˥˧꜖.laɔ˥˧i˥˧꜖pei˥ʐəŋ˩˧lie˧tou˥˧꜖tʰæᴇ˥pu˩˧꜖ʂuei˥˥˧tɕiaɔ˥꜖.tʂei˥i˥˧꜖ie˥tɕi˥˧꜖pəŋ˥˧ʂaŋ˥꜖tou˥˧꜖tsuo˥taɔ˥liaŋ˥˦lə˧.ʂua˥˧꜔i˥˧꜔ʂua˥˧꜔.pi˥˧lie˧.ɕiæ̃˥tsæᴇ˥næᴇ˥tou˥˧꜔sɿ˥……tʰou˩˧꜔taɔ˥tʂʰuoŋ˥˧꜖væ̃˥˧kʰæ̃˥væ̃˩˧i˥˧꜖xou˥˥˧æ˧sɿ˥kou˥tsʯ˥˧꜖lə˧.（坐夜是吧？）嗯，坐夜咧，嗯。ə̃꜖,tsuo˥ie˥lie˧,ə̃˥˧.（就是守到第二天天明？）啊，就是的。坐得那个地方了。a˥˧,tɕiou˥sɿ˥ti˧.tsuo˥tə˧nə˥kə˥ti˥faŋ˥˧lə˧.（那那坐夜的这个过程怎么过啊？这坐……）这没过程啊。就坐到这个地方，咱们大家都闲聊咧，也说带笑，哎这摆出去好多吃的东西。你……tʂə˥˥˧mei˩˧kuo˥tʂʰəŋ˩˧꜖a꜖.tsou˥tsuo˥taɔ˥꜖tʂə˥kə˥ti˥faŋ˥˧꜖,tsa˩˧məŋ˧ta˥tɕia˥˧꜔tou˥˧꜔ɕiæ̃˩˧liaɔ˩˧꜔lie˧,ia˥˧꜖ʂuo˥˧꜔tæᴇ˥ɕiaɔ˥,æᴇ˥tʂei˥pæᴇ˥˧tʂʰʯ˥˧꜖tɕʰi˥xaɔ˥˧tuo˥˧꜖tʂʰʅ˥˧ti˧tuoŋ˥˧ɕi˧.ni˥˧꜖……（谝干传？）谝干传。年轻一代，有些人还是这个……呃，玩儿嘛。有是这个欸有玩儿纸牌的，那前几年以……主要是以玩儿纸牌为主么。这几年来那……年轻人都出去打个麻将了。pʰiæ̃˥˧꜔kæ̃˥˧꜖tʂʰuæ̃˩˧꜖.niæ̃˩˧tɕʰiŋ˥˧i˥˧꜖tæᴇ˥,iou˥˧ɕie˥˧꜖ʐəŋ˩˧꜔xæᴇ˩˧꜔sɿ˥tʂə˥kə˥……ə꜖,væ̃r˩˧ma˧.iou˥˧꜔sɿ˥tʂə˥kə˥ei˥iou˥˧꜔væ̃r˩˧tsɿ˥˧pʰæᴇ˩˧꜖ti˧,næᴇ˥꜖tɕʰiæ̃˩˧tɕi˥˧꜔niæ̃˩˧꜔i……tʂʯ˥˧iaɔ˥˥˧sɿ˥꜖i˥˧꜖væ̃r˩˧tsɿ˥˧꜔pʰæᴇ˩˧vei˩˧꜖tʂʯ˥˧muo˧.tʂei˥tɕi˥˧꜖niæ̃˩˧læᴇ˩˧꜔næᴇ˥……niæ̃˩˧tɕʰiŋ˥˧ʐəŋ˩˧tou˥˧꜖tʂʰʯ˥˧꜖tɕʰy˥ta˥˧꜔kə˥ma˩˧꜖tɕiaŋ˥lə˧.（还到别人家去打麻将啊？）哎，去嘛。æᴇ˥˧,tɕʰy˥ma˧.（噢，三十晚上还跑到别人家去啊？）哎去。那玩儿意农村那个那无所谓。æᴇ˩˧tɕʰy˥.næᴇ˥˥˧væ̃r˩˧꜖i˥luoŋ˩˧tsʰuoŋ˥˧nə˥kə˥næᴇ˥vu˩˧ʂuo˥˧꜖vei˥.

（那那个小孩子晚上得表示一下不？）那要给压岁钱咧么。næᴇ˥iaɔ˥kei˥ia˥˧꜖suei˥˥˧tɕʰ

① 谝干传：闲聊。

iæ̃˨˦˩lie˦muo˧.（啊，那压岁钱怎么说？）给压……给的压岁钱么。发压岁钱么，掌柜的。讲不……掌柜的，这个不仅仅于限制于说是这个光给这个小孩儿给呀。你这个掌柜的必须给全家人都发呀。kei˥ia˥……kei˥ti˦ia˥suei˥tɕʰiæ̃˨˦muo˧.fa˥˧ia˥˩suei˥˦tɕʰiæ̃˨˦muo˦,tʂaŋ˥˧kuei˥˨ti˧.tɕiaŋ˥˧p……tʂaŋ˥˧kuei˥ti˦,tʂə˥˦kə˥˦pu˨˦˩tɕiŋ˥˧tɕiŋ˥˧y˨˦˩ɕiæ̃˥˦tsʅ˥˨y˨˦˩ʂuo˥˧˩sʅ˥˩tʂə˥˩kə˥˩kuaŋ˥˧˨kei˥tʂə˥˩kə˥˩ɕiaɔ˥˧xər˨˦kei˥˩ia˩.ni˥˧tʂə˥kə˥tʂaŋ˥˧kuei˥ti˦pi˥˧˥ɕy˥˧˥kei˥tɕʰyæ̃˨˦tɕia˥˧˩zəŋ˨˦tou˥˧˨fa˥˧˩ia˩.（噢，全家不管老少？）噢，不管老少你都要发压岁钱，这个就是数量不一样那就是咧。小孩儿的给予多一点。其他人相对的少一点。ɑɔ˩,pu˨˦˩kuæ̃˥˧lɑɔ˥˧ʂɑɔ˥˦ni˥˧˩tou˥˧˩iɑɔ˥˦fa˥˧˩ia˥˩suei˥tɕʰiæ̃˨˦,tʂei˥kə˥tɕiou˥˦sʅ˥ʂʮ˥liaŋ˥pu˨˦˩i˥˧˩iaŋ˥˨nə˥tsou˥sʅ˥˦lie˦.ɕiɑɔ˥˧xər˨˦ti˦kei˥y˥tuo˥˧i˥˧˩tiæ̃˥˧˩.tɕʰi˨˦˩tʰa˥˧zəŋ˨˦˥ɕiaŋ˥˧˩tuei˥ti˦ʂɑɔ˥˧i˥˧˩tiæ̃˥˧˩.（那个也要搞个红包装起还是怎么的？）这个有些人搞，多一半儿人都很随便给点钱就对了。tʂə˥˩kə˥iou˥˧ɕie˥˧˩zəŋ˨˦kɑɔ˥˧˥,tuo˥˧i˥˧˩pæ̃r˥˦zəŋ˨˦tou˥˧˩xəŋ˥˧suei˨˦˩piæ̃˥kei˥tiæ̃˥˧˩tɕʰiæ̃˨˦tɕiou˥tuei˥˦lə˧.

年初一

（这个这个大年初一呢叫什么？）黄：年初一么。niæ̃˨˦tʂʰʮ˥˧˥i˥˧muo˧.（年初一。也不加“大”？）不叫“大”。有……有人叫“大”的嘛。有年……年……叫是“大年初一”么。有的这个是“年初一”。这是……pu˨˦˩tɕiɑɔ˥˦ta˥.iou˥˧……iou˥˧zəŋ˨˦˩tɕiɑɔ˥ta˥ti˧ma˧.iou˥˧niæ̃˨˦˥……niæ̃˨˦˥……tɕiɑɔ˥ʂʅ˥ta˥niæ̃˨˦˩tʂʰʮ˥˧˥i˥˧muo˧.iou˥˧ti˧tʂə˥kə˥sʅ˥niæ̃˨˦tʂʰʮ˥˧˩i˥˧.tʂei˥˦sʅ……（你们一般？）我们都一般都……都叫这个“年初一”。这个东西就看，初一就看谁起得早咧么。ŋuo˥˧məŋ˧tou˥˧˩i˥˧˨pæ̃˥˧tou˥˧˩……tou˥˧˩tɕiɑɔ˥tʂə˥kə˥niæ̃˨˦tʂʰʮ˥˧˥i˥˧.tʂə˥˦kə˥˦tuoŋ˥˧˩ɕi˧tsou˥kʰæ̃˥˩,tʂʰʮ˥˧˨i˥˧tsou˥kʰæ̃˥sei˨˦tɕʰi˥˧tei˥˧˩tsɑɔ˥˧lie˧muo˧.（噢，讲不讲“初一儿”？）初一儿，这有个别人还是说咧么。tʂʰʮ˥˧˩iər˥˧,tʂei˥iou˥˧kə˥pie˨˦˥zəŋ˨˦˥xa˨˦˩sʅ˥ʂuo˥˧lie˧muo˧.（个别人说？）啊，口音上还有“初一儿”。ɑ˩,kʰou˥˧iŋ˥˧˥ʂaŋ˥xæᴇ˨˦˩iou˥˧˥tʂʰʮ˥˧˩iər˥˧.（噢。哎，说不说这个“正月初一”？）正月初一也说咧么。tʂəŋ˥˧yo˥˧˩tʂʰʮ˥˧˥i˥˧˥ie˥˧ʂuo˥˧˩lie˧muo˧.（也说？）啊，这是个口头语么有时候。ɑ˩,tʂə˥˦sʅ˥˩kə˥˩kʰou˥˧tʰou˨˦˩y˥˧muo˧iou˥˧˩sʅ˨˦˩xou˥˩.

（噢。正月初一有些什么活动？）主要是以看谁起得早么。tʂʮ˥˧iɑɔ˥sʅ˥˨i˥˧˩kʰæ̃˥sei˨˦tɕʰie˥˧ti˧tsɑɔ˥˧muo˧.（看谁起得早？）啊。ɑ̃˩.（你本来就没睡觉嘛！）噢，就是那么天……鸡一叫以后，天刚麻亮，有些人都放炮了。要比……ɑɔ˩,tsou˥˦sʅ˥nə˥muo˦tʰiæ̃˥˧……tɕi˥˧i˥˧˩tɕiɑɔ˥i˥˧˩xou˥,tʰiæ̃˥˧kaŋ˥˧˨ma˨˦˩liaŋ˥,iou˥˧ɕie˥˧˩zəŋ˨˦tou˥˧˥faŋ˥pʰɑɔ˥lə˦.iɑɔ˥pi˥˧˥……（噢，就放炮，看谁放炮放得早？）噢，看谁炮放的早咧。这一完咧以后，早上起来以后，就说是这个包饺子嘛。早……大年初一这里都是多一半儿都是吃饺子的。ɑɔ˥,kʰæ̃˥sei˨˦pʰɑɔ˥˨faŋ˥ti˦tsɑɔ˥˧lie˧.tʂei˥˦i˥˧˩væ̃˨˦lie˧i˥˧˩xou˥,tsɑɔ˥˧ʂaŋ˥˩tɕʰi˥˧læᴇ˨˦˥i˥˧˩xou˥,tsou˥˩ʂuo˥˧˩sʅ˥tʂə˥kə˥pɑɔ˥˧˩tɕiɑɔ˥˧tsʅ˧ma˧.tsɑɔ˥˧……ta˥niæ̃˨˦˥tʂʰʮ˥˧˩i˥˧tʂei˥li˥˧˩tou˥˧˨sʅ˥˩tuo˥˧i˥˧˩pæ̃r˥˦tou˥˧˩sʅ˥˩tʂʰʅ˥˧˩tɕiɑɔ˥˧tsʅ˧ti˧.

（吃完饺子以后呢？）这个吃完饺子以后，那还有个出……一般情况下，过去都说是有牲畜的这些，有啥有个出行咧么。tʂə˥kə˥tʂʰʅ˥˧˩væ̃˨˦tɕiɑɔ˥˧tsʅ˧i˥˧xou˥,næᴇ˥xæᴇ˨˦iou˥˧kə˥tʂʰʮ˥˧˩……i˥˧˨pæ̃˥˧tɕʰiŋ˨˦˩kʰuaŋ˥ɕia˥,kuo˥tɕʰy˥tou˥˧˩ʂuo˥˧˩sʅ˥˩iou˥˧˥səŋ˥˧ɕy˥˧˩ti˧tʂei˥ɕie˥˧˥,iou˥˧˥sa˥iou˥˧˥kə˥tʂʰʮ˥˧˩ɕiŋ˨˦˩lie˦muo˧.（出行？）啊，出行嘛。出行很咿……也就搞一个随便那么祭奠常式。拾掇个盘子，盘子里头端些这个干果碟子，然后出去，端到十字路口上去，再这个炮一放，烧个香。ɑ˩,tʂʰʮ˥˧˩ɕiŋ˨˦ma˧.tʂʰʮ˥˧˩ɕiŋ˨˦xəŋ˥˧i˩……ie˥˧˥tɕiou˥kɑɔ˥˧i˥˧˥kə˥suei˨˦˩piæ̃˥˨nə˥muo˦tɕi˥tiæ̃˥tʂʰaŋ˨˦˥ʂʅ˥˧˥.ʂʅ˨˦˩tuo˥˧kə˥pʰæ̃˨˦˩tsʅ˦,pʰæ̃˨˦˩tsʅ˦li˥˧tʰou˧tuæ̃˥˧ɕie˥˧˩tʂə˥kə˥kæ̃˥˧˩kuo˥˧tie˨˦˩tsʅ˦,zæ̃˨˦˩xou˥tʂʰʮ˥˧˥tɕʰy˥,tuæ̃˥˧tɑɔ˥˩ʂʅ˨˦˩tsʅ˥lou˥kʰou˥˧ʂaŋ˥tɕʰi˥,tsæᴇ˥tʂə˥kə˥pʰɑɔ˥i˥˧˩faŋ˥,ʂɑɔ˥˧˩kə˥˩ɕiaŋ˥˧.（拿十个

盘子啊？）十字路口。ʂʅ˨˦꜖tsɿ˥lou˥kʰou˥˧.（不是噢，他他这个是……）端一个盘子就行了，里头搞点干果这些去。等于搞个祭奠的形式。tuæ̃˥˧i˥˧꜖kə˥꜕꜓pʰæ̃˨˦꜖tsɿ˦tsou˥ɕiŋ˨˦꜖lə˦,li˥˧tʰou˧kɑɔ˥˧tiæ̃˥˧꜖kæ̃˥˧꜖kuo˥˧tʂei˥ɕie˥˧꜖tɕʰi˥꜖.təŋ˥˧꜖y˨˦꜔kɑɔ˥˧꜔kə˥tɕi˥tiæ̃˥ti˦ɕiŋ˨˦꜖ʂʅ˥˧.（也是到十字路口？）噢，到十字路口去。这么一弄，弄毕以后……ɑɔ˥,tɑɔ˥ʂʅ˨˦꜖tsɿ˥lou˥kʰou˥˧tɕʰi˥꜖.tʂə˥꜕꜓muo˦i˥˧꜖nuoŋ˥,nuoŋ˥pi˥˧i˥˧꜖xou˥……（也烧香吗？）烧。ʂɑɔ˥˧.（钱呢？）这就可儿……十字路口是不烧。他不烧儿纸了已经。tʂei˥꜕꜓tɕiou˥kʰər˥˧꜖……ʂʅ˨˦꜖tsɿ˥lou˥kʰou˥˧sɿ˥꜖pu˨˦꜖ʂɑɔ˥˧.tʰɑ˥˧꜖pu˨˦꜖ʂɑɔr˥˧tsɿ˥˧lə˧li˥˧tɕiŋ˥˧꜖.（噢，不烧纸了？）噢，放炮咧。ɑɔ꜖,fɑŋ˥pʰɑɔ˥lie˧.（白天不烧纸？）白天不烧纸。这个一放炮以后，有牲畜，你家里有啥牛羊呀，马呀，这个就把圈儿门都开开了。pei˨˦꜖tʰiæ̃˥˧pu˨˦꜖ʂɑɔ˥˧꜖tsɿ˥˧.tʂei˥kə˥i˥˧꜖fɑŋ˥pʰɑɔ˥i˥˧꜖xou˥,iou˥˧꜔səŋ˥˧ɕy˥˧꜖,ni˥˧꜔tɕiɑ˥˧li˥˧꜖iou˥˧꜔sɑ˥niou˨˦iɑŋ˨˦iɑ꜖,mɑ˥˧iɑ꜖,tʂə˥kə˥tsʰou˥pɑ˥˧꜖tɕyæ̃r˥məŋ˨˦꜖tou˥˧꜔kʰæɛ˥˧꜔kʰæɛ˥˧lə˧.（噢，把圈门都开开？）噢，圈儿门开开，给点牲口吃，给这马、骡子这头上用红布和红绸子绾下，然后拉出去，把……把……它都是放笼头套着咧嘛，笼头一抹，丢开，炮一放，它跑出去了。ɑɔ꜖,tɕyæ̃r˥məŋ˨˦꜔kʰæɛ˥˧꜒꜔kʰæɛ˥˧,kei˥tiæ̃˥˧꜔səŋ˥˧kʰou˥˧꜖tʂʰʅ˥˧,kei˥tʂə˥mɑ˥˧,luo˨˦꜖tsɿ˦tʂə˥tʰou˨˦꜖ʂɑŋ˥꜕꜓yoŋ˥xuoŋ˨˦pu˥xuo˨˦꜖xuoŋ˨˦tʂʰou˨˦꜖tsɿ˦væ̃˥˧xɑ˥꜖,zæ̃˨˦꜖xou˥lɑ˥˧꜖tʂʰʯ˥˧tɕʰi˥,pɑ˥˧꜔˥……pɑ˥˧꜔……tʰɑ˥˧꜔tou˥˧꜖sɿ˥꜖fɑŋ˥luoŋ˨˦tʰou˦tʰɑɔ˥꜒꜔tʂuo˥˧꜖lie˧mɑ˧,luoŋ˨˦꜖tʰou˦i˥˧꜖mɑ˥˧,tiou˥˧꜖kʰæɛ˥˧,pʰɑɔ˥i˥˧꜖fɑŋ˥꜖,tʰɑ˥˧꜔pʰɑɔ˥˧tʂʰʯ˥˧꜖tɕʰi˥꜖lə˧.（那要是……那个应该一般什么时候它会回来呢？它自己回来吗还是……）那快。下午自己就回来了。næɛ˥꜕꜓kʰuæɛ˥꜖.ɕiɑ˥꜒꜔vu˥˧꜖tsɿ˥tɕie˥˧꜖tsou˥xuei˨˦꜖læɛ˨˦꜕꜓lə˧.（自己回来？）自己就回来了。出行么。tsɿ˥tɕie˥˧꜖tɕiou˥꜖xuei˨˦꜖læɛ˨˦꜕꜓lə˧.tʂʰʯ˥˧꜖ɕiŋ˨˦muo˦.（噢，出行。）嗯。ŋ̍˥.

包饺子时候它还有个程序咧嘛。你包饺子以后，这个一家人包饺子，说这里头包一个……有一个饺子里头包的有钱咧嘛。pɑɔ˥˧꜖tɕiɑɔ˥˧tsɿ˧sɿ˨˦꜔xou˥tʰɑ˥˧꜔xæɛ˨˦iou˥˧kə˥꜖tʂʰəŋ˨˦꜖ɕy˥꜕꜓lie˧mɑ˧.ni˥˧꜔pɑɔ˥˧꜖tɕiɑɔ˥˧tsɿ˧i˥˧꜖xou˥,tʂə˥kə˥i˥˧꜒꜔tɕiɑ˥˧zəŋ˨˦pɑɔ˥˧꜖tɕiɑɔ˥˧tsɿ˧,ʂuo˥˧꜖tʂə˥꜕꜓li˥˧꜖tʰou˦pɑɔ˥˧i˥˧꜖kə˥꜖……iou˥˧i˥˧꜖kə˥tɕiɑɔ˥˧tsɿ˧li˥˧꜔tʰou˦pɑɔ˥˧ti˧iou˥˧꜔tɕʰiæ̃˨˦lie˦mɑ˧.（那个铜钱呀？）啊，包……过去包铜钱么，现在就是钢镚儿。包一个，看谁这个吃上这个就是说明你这个来年这个运……财运好么。ɑ˥,p……kuo˥tɕʰy˥pɑɔ˥˧꜖tʰuoŋ˨˦tɕʰiæ̃˨˦muo˦,ɕiæ̃˥tsæɛ˥tɕiou˥꜖sɿ˥꜖kɑŋ˥˧꜖pə̃r˥.pɑɔ˥˧i˥˧꜖kə˥꜖,kʰæ̃˥sei˨˦tʂə˥kə˥tʂʰʅ˥˧ʂɑŋ˥꜖tʂə˥kə˥tɕiou˥sɿ˥ʂuo˥˧꜖miŋ˨˦ni˥˧tʂə˥kə˥læɛ˨˦niæ̃˨˦꜔tʂə˥kə˥yoŋ˥……tsʰæɛ˨˦꜖yoŋ˥xɑɔ˥˧muo˧.（噢。那个那个刚刚那个钱叫叫什么钱？）这就叫，就叫包钱咧，再没有啥东西。没啥叫的。tʂei˥tɕiou˥tɕiɑɔ˥,tɕiou˥tɕiɑɔ˥pɑɔ˥˧tɕʰiæ̃˨˦꜖lie˦,tsæɛ˥mei˨˦iou˥˧꜔sɑ˥tuoŋ˥˧ɕi˧.mei˨˦sɑ˥tɕiɑɔ˥ti˦.（如果……那那一个包了钱的饺子有没有特别的称呼？）没有，那和再的饺子都一模儿一样的。muo˥˧꜖iou˥˧,næɛ˥꜕꜓xuo˨˦꜖tsæɛ˥ti˦tɕiɑɔ˥˧tsɿ˧tou˥˧꜖i˥˧꜖muor˨˦꜕꜓i˥˧꜖iɑŋ˥ti˧.（好。这个出行它是在包……吃完饺子之后吗？）噢，吃完饺子以后。就是开始就……早饭吃完以后，开始一切的活动的时候一个简单的仪式叫出行。ɑɔ꜖,tʂʰʅ˥˧꜖væ̃˨˦tɕiɑɔ˥˧tsɿ˧i˥˧xou˥.tsou˥sɿ˥kʰæɛ˥˧꜖sɿ˥˧tɕiou˥……tsɑɔ˥˧fæ̃˥tʂʰʅ˥˧꜖væ̃˨˦i˥˧꜖xou˥꜕꜓,kʰæɛ˥˧꜖sɿ˥˧i˥˧꜖tɕʰie˥˧tə˧xuo˨˦꜖tuoŋ˥꜕꜓ti˧sɿ˨˦꜖xou˥i˥˧꜔kə˥tɕiæ̃˥˧tæ̃˥˧꜖ti˧i˨˦sɿ˥˧꜖tɕiɑɔ˥tʂʰʯ˥˧ɕiŋ˨˦.

（好。出行完了之后，接着干什么呢？）这就玩儿了，你都是该玩儿了，再都不做啥了。tʂei˥꜕꜓tɕiou˥꜖væ̃r˨˦lə˦,ni˥˧꜔tou˥˧꜔sɿ˥kæɛ˥˧꜖væ̃r˨˦꜖lə˦,tsæɛ˥tou˥˧꜔pu˨˦꜔tsʯ˥sɑ˥꜖lə˧.（走动吗？）不走……我们这地方好像太不走动。pu˨˦꜔ts……ŋuo˥˧məŋ˧tʂei˥ti˥fɑŋ˥˧꜖xɑɔ˥˧꜔ɕiɑŋ˥tʰæɛ˥pu˨˦꜖tsou˥˧tuoŋ˥꜖.（不……不去拜年？）不。我们讲究初一不出门。pu˨˦꜖.ŋuo˥˧məŋ˧tɕiɑŋ˥˧tɕiou˥˧꜖tʂʰʯ˥˧꜒꜔i˥˧pu˨˦꜖tʂʰʯ˥˧꜖məŋ˨˦.（噢，初一不出门？）噢。初一不出门。初二才拜家庭咧。ɑɔ꜖.tʂʰʯ˥˧꜒꜔i˥˧pu˨˦꜖tʂʰʯ˥˧꜖məŋ˨˦.tʂʰʯ˥˧꜖ər˥tsʰæɛ˨˦꜖pæɛ˥tɕiɑ˥˧tʰiŋ˨˦꜖lie˧.（本家的是吗？）噢，拜家，初

二可以在本家去走一走。初三初四才拜丈人咧。ɑɔ˩,pæᴇ˧˦tɕia˥,tʂʰʯ˥˩ər˧kʰə˥˦i˥˦tsæᴇ˧pəŋ˥ tɕia˥˩tɕʰi˧tsou˥˦i˥˦tsou˥˩.tʂʰʯ˥˦sæ̃˥˩tʂʰʯ˥˩sʅ˧˥tsʰæᴇ˩˨pæᴇ˧tʂaŋ˧zəŋ˩˦lie˨.（啊，到岳母娘家里去？）噢，到岳母家这里去一去。嗯。ɑɔ˩,taɔ˧yo˥˩mu˥tɕia˥˩tʂei˧li˥˩tɕʰi˧i˥˦tɕʰi˧.ə̃˧.（那个，呃，初初初二就是在本家走动是吗？）噢，在本家走动一下。ɑɔ˩,tsæᴇ˧pəŋ˥tɕia˥˩tsou˥˦tuoŋ ˧i˥˦ɕia˧.

（那如果是碰上那个年长的那些，是……这个拜年怎么个拜法？）在现在来的话那就是，打个招呼，问一声“你过年好么”啊，这就对了。年间……用最土的话嘎就说是，你比如叫他舅，说叫个“舅，你年间过的好么”。“噢，年过的好”，啊。tsæᴇ˧ɕi æ̃˧tsæᴇ˧˦læᴇ˩˨tə˨xua˧˩næᴇ˧tɕiou˧sʅ˧,ta˥kə˧˩tʂaɔ˥xu˥˩,vəŋ˧˦i˥˩ʂəŋ˥˩ni˥˩kuo˧niæ̃˩xaɔ˥muo˨a˩,tʂ ei˧tɕiou˧tuei˧lə˨.niæ̃˩kæ̃˥˦……yoŋ˧tsuei˧tʰu˥ti˨xua˧ka˨tɕiou˧ʂuo˥˩sʅ˧,ni˥˦pi˥˦zʯ˩˦tɕiaɔ˧tʰa˥˩tɕi ou˧,ʂuo˥˩tɕiaɔ˧kə˧tɕiou˧,ni˥˦niæ̃˩kæ̃˥˩kuo˧ti˨xaɔ˥muo˨.ɑɔ˩,niæ̃˩kuo˧ti˨xaɔ˥˩,ɑ˩.（呃，你再说一遍那个怎么怎么问候？）就是“舅舅，你年间过的好么”。tɕiou˧sʅ˧tɕiou˧tɕiou˨,ni˥˩n iæ̃˩kæ̃˥˩kuo˧ti˨xaɔ˥muo˨.（niæ̃˩kæᴇ˨？）噢，“你年间过的好么”。ɑɔ˩,ni˥˩niæ̃˩kæ̃˥˩kuo˧ ti˨xaɔ˥muo˨.（niæ̃˩kæᴇ˨是什么意思？这个“年”后面这个kæᴇ˨是什么意思？）年，你年间间过的好么。就是个语气代词么。niæ̃˩,ni˥niæ̃˩kæ̃˥˩kæ̃˥˩kuo˧˦ti˨xaɔ˥muo˨.tsou˧sʅ˧kə˧˩y ˥˦tɕʰi˧tæᴇ˧tsʰʅ˩˨muo˨.（年ka˨ka˧还是kæᴇ˨kæᴇ˧？）嗯，“你年间过的好么”。n̩˩,ni˥˩niæ̃˩ kæ̃˥˩kuo˧ti˨xaɔ˥muo˨.（kæᴇ˧就没有什么特别意思是吧？）就意思……没有啥意思。就是意思说，你年间过的好么。就是这么个话。噢，按过去的来讲的话，现在这些年轻人不了。过去的话，你最起码来说是见咧长辈的话你要给□告个揖嘛。告个揖再说……再说是叫“舅，你年过的好”，这就是这么个。这个在家……这是在外头。在家里的话，那你要问咧，你要磕头咧啊。tɕiou˧i˧˥sʅ˨……mei˩iou˥sa˧i˧sʅ˨.tsou˧sʅ˧i˧˥sʅ˨ʂuo˥˦,ni˥niæ̃˩kæ̃˥˩k uo˧ti˨xaɔ˥muo˨.tsou˧sʅ˧tʂə˧˥muo˨kə˧˩xua˧.ɑɔ˩,næ̃˧kuo˧˦tɕʰy˧˩ti˨læᴇ˩˨tɕiaŋ˥ti˨xua˧˩,ɕiæ̃˧tsæᴇ˧t ʂei˧˩ɕie˥˩niæ̃˩tɕʰiŋ˥zəŋ˩˨pu˩˨lə˨.kuo˧tɕʰy˧ti˨xua˧,ni˥˦tsuei˧tɕʰi˥˦ma˥læᴇ˩˨ʂuo˥˩sʅ˧˩tɕiæ̃˧lie˨tʂaŋ ˥pei˧˩ti˨xua˧˩ni˥˦iaɔ˧kei˧˩niæ̃˩˨kaɔ˧kə˧i˥ma˨.kaɔ˧kə˧i˥tsæᴇ˧ʂ……tsæᴇ˧ʂuo˥sʅ˧˩tɕiaɔ˧tɕiou˧,ni˥ niæ̃˩kuo˧ti˨xaɔ˥,tʂei˧tɕiou˧sʅ˧tʂei˧muo˨kə˧.tʂei˧˩kə˧˩tsæᴇ˧˦tɕia˥……tʂei˧˩sʅ˧˩tsæᴇ˧væᴇ˧˦tʰou˨. tsæᴇ˧˦tɕia˥li˥˩ti˨xua˧˩,næᴇ˧ni˥˦iaɔ˧vəŋ˧˦lie˨,ni˥˦iaɔ˧kʰuo˥˩tʰou˩˨lia˧（←lie˧a˨）.（要跪下磕头？）哎要跪下磕头咧。æᴇ˧iaɔ˧kuei˧˦ɕia˧˩kʰə˥˩tʰou˩˨lie˧.（呃，那个一般这个长辈的话，那些磕头的来了，就还是要那个吧，表示一下不？）那要表示咧。那一般磕头那都有有下数的。那个人□磕头的话，按说咧话，你是你像你就到你……你到那儿磕头的话，人□要坐到炕上去，坐到床上，把盘子端到跟前，在上边喝酒，菜给□摆上，你给□……看一份子酒给你舅放到面前咧，这你才能磕头咧。磕头不能对住人磕。啊，你像这个地方你舅坐在这个地方，你磕头的话，一般情况下，我们那是土窑洞嘛，你必须面朝窑掌磕。nə˧˥iaɔ˧piaɔ˥sʅ˧˩lie˨.nei˧˥i˥˦pæ̃˥kʰuo˥˩tʰou˩nə˧˥tou˥˩iou˥˦iou˥˦xa˧ʂʯ˧ti˨.nə˧kə˧zəŋ˩˨niæ̃˩ ˥kʰuo˥˩tʰou˩ti˨xua˧,næ̃˧ʂuo˥˩lie˨xua˧,ni˥˦sʅ˧ni˥˦ɕiaŋ˧ni˥˦tɕiou˧taɔ˧ni˥˦……ni˥˦taɔ˧nar˧kʰuo˥˩ tʰou˩ti˨xua˧,zəŋ˩˨niæ̃˩˦iaɔ˧tsuo˧˦taɔ˧˩kʰaŋ˧˦ʂaŋ˧˩tɕʰy˧˩,tsuo˧taɔ˧tʂʰuaŋ˩˨ʂaŋ˧˥,pa˥˩pʰæ̃˩˨tsʅ˧tu æ̃˥taɔ˧˩kəŋ˥tɕʰiæ̃˩˨,tsæᴇ˧ʂaŋ˧˦piæ̃˥˩xuo˥˩tɕiou˥,tsʰæᴇ˧˦kei˧˩niæ̃˩˦pæᴇ˥ʂaŋ˧˩,ni˥kei˧niæ̃˩˦ts…… kʰæ̃˧i˥˦fəŋ˧˥tsʅ˨tɕiou˥kei˧ni˥˦tɕiou˧faŋ˧taɔ˧˩miæ̃˧tɕʰiæ̃˩˨lie˧,tʂə˧˥ni˥˩tsʰæᴇ˩˨nəŋ˩˦kʰuo˥˩tʰou˩˨ lie˧.kʰuo˥˩tʰou˩pu˩˨nəŋ˩tuei˧tʂʯ˧˩zəŋ˩kʰuo˥˩.ŋa˥,ni˥˦ɕiaŋ˧tʂə˧˥kə˧ti˧faŋ˥˦ni˥˦tɕiou˧tsuo˧tsæᴇ ˧tʂə˧kə˧ti˧faŋ˥˩,ni˥˦kʰuo˥tʰou˩˨ti˨xua˧˩,i˥˦pæ̃˥tɕʰiŋ˩˨kʰuaŋ˧˥ɕia˧,ŋuo˥mən˨nə˧sʅ˧tʰu˥iaɔ˩˨tuoŋ

˧ma˨,ni˥˩pi˥˧ɕy˥˩miæ̃˧tʂʰaɔ˧˩iaɔ˧˩tʂaŋ˥k ʰuo˥˩.（窑掌是什么东西？）就是这个里边儿嘛。tɕiou˦sɿ˧tʂə˧kə˧li˥piær˥˩ma˨.（正面的墙是吗？）噢，正面，靠着里边这个墙。面向里头墙壁磕。你不能面对着人磕。aɔ˥˩,tʂəŋ˧miæ̃˧,kʰaɔ˧tʂə˧li˥piæ̃˥˩tʂei˧˩kə˧˩tɕʰiaŋ˧˩.miæ̃˧ɕiaŋ˧li˥tʰou˨tɕʰiaŋ˧˩pi˥kʰuo˥˩.ni˥pu˧˩nəŋ˧˩miæ̃˧tuei˧˦tʂə˨zəŋ˧˩kʰuo˥˩.（噢，不能对着人磕啊？）噢，那就不礼貌了太。aɔ˥˩,nə˧˦tsou˧˩pu˧˩li˥maɔ˧˦lə˨tʰæᴇ˧.（那那有什么……呃，这是一个忌讳是吧？）忌讳么，啊。这几年已经没有这事了。也不告揖了，也不磕头了，乡下都是。tɕi˧xuei˧˩muo˨,a˥˩.tʂei˧tɕi˥˩niæ̃˧˩i˥tɕiŋ˥˩mei˧˩iou˥tʂə˧˩sɿ˧˩lə˨.ie˥pu˧˩kaɔ˧˦i˥lə˨,ie˥pu˧˩kʰuo˥˩tʰou˧˩lə˧,ɕiaŋ˥˩ɕia˧˦tou˥˩sɿ˧˩.（告揖是是这么那个拱一拱手还是要必须弯下身去？比外面深些？）欸，你对长辈告……对长辈的告揖你必须深深地告……告揖咧。那一般……一般平班平辈只是……咱们两个见了面，"过年好"，就是这么个，齐起来可以再捧住这样了。你长辈你必须九十度的躬啊，告一个揖。ei˧˩,ni˥˧tuei˧tʂaŋ˥pei˧kə……tuei˧tʂaŋ˥pei˧ti˨kaɔ˧i˥˩ni˥˩pi˥˩ɕy˥ʂəŋ˥˧ʂəŋ˥ti˨kaɔ˧˦……kaɔ˧i˥˧lie˨.næᴇ˧i˥˩pə……i˥˧pæ̃˥pʰiŋ˧˩pæ̃˥pʰiŋ˧˩pei˧˦tsɿ˥˧sɿ˧……tʂa˧˩məŋ˨liaŋ˥ə˥˩（←kə˧）tɕiæ̃˧lə˨miæ̃˧,kuo˧niæ̃˧˩xaɔ˥˩,tɕiou˧sɿ˧tʂə˧muo˨kə˧,tɕʰi˧˩tɕʰi˥læᴇ˧˩kʰə˥˧i˥˧tsæᴇ˧pʰəŋ˥tʂʅ˧˩tʂei˧˦iaŋ˧˩lə˨.ni˥˧tʂaŋ˥pei˧ni˥˩pi˥˧ɕy˥tɕiou˥ʂʅ˧˩tu˧ti˨kuoŋ˥a˥˩,kaɔ˧i˥˧kə˧i˥.（手要伸直吗？）手要伸直嘛你。长……长辈你这个腰至少要有九十度咧。ʂou˥iaɔ˧˩ʂəŋ˥˩tʂʅ˧˩ma˨ni˥˩.tʂaŋ˥……tʂaŋ˥pei˧ni˥˧tʂə˧kə˧iaɔ˥tsɿ˧ʂaɔ˥iaɔ˧iou˥˩tɕiou˥ʂʅ˧˩tu˧lie˨.（大年初二有没有"打牙祭"这个说法？）没有。mei˧˩iou˥˩.（然后初三就是去外家？）噢，外家。到其他亲亲咧都可以走动了已经。aɔ˥˩,væᴇ˧˦tɕia˥˩.taɔ˧tɕʰi˧˩tʰa˥tɕʰiŋ˥tɕʰiŋ˥˩lie˨tou˥˩kʰə˥˩i˥˩tsou˥tuoŋ˧˥lə˨i˥˩tɕiŋ˥˩.

破五儿

（噢，正月里面还有有些什么？）黄：正月里到初五都还有事了。初为……初五为破五儿[①]。tʂəŋ˥yo˥˩li˥˩taɔ˧tʂʰʅ˥˩vu˥tou˥˩xæᴇ˧˩iou˥sɿ˧lə˨.tʂʰʅ˥˧vei˧˩……tʂʰʅ˥˩vu˥vei˧˩pʰuo˧vur˥˩.（破五？）噢，破五儿。初五破五儿么。必须吃饺子。吃饺子讲究填穷坑咧。aɔ˥˩,pʰuo˧vur˥˩.tʂʰʅ˥˩vu˥pʰuo˧vur˥muo˨.pi˥˧ɕy˥˩tʂʰʅ˥˩tɕiaɔ˥tsɿ˨.tʂʰʅ˥˩tɕiaɔ˥tsɿ˨tɕiaŋ˥tɕiou˥˩tʰiæ̃˧˩tɕʰyoŋ˧˩kʰəŋ˥lie˨.（什么？）穷……填穷坑咧。就说是你这个一年四季吃一顿好的就等于把你这个比较穷的那个地方都可以给你补起来。tɕʰyoŋ˧˩……tʰiæ̃˧˩tɕʰyoŋ˧˩kʰəŋ˥lie˨.tsou˧ʂuo˥˧sɿ˧ni˥˧tʂə˧kə˧i˥˩niæ̃˧˩sɿ˧tɕi˧˦tʂʰʅ˥˩i˥˩tuoŋ˧xaɔ˥ti˨tsou˧təŋ˥˧y˧˩pa˥˩ni˥tʂə˧kə˧pi˥˧tɕiaɔ˧tɕʰyoŋ˧˩ti˨nə˧kə˧ti˧faŋ˥˧tou˥˧kʰə˥˧i˥˧kei˧ni˥˧pu˥tɕʰi˥˩læᴇ˧˩.（噢，有这个说法？）再一个就是初一，从初一开始么，这个……不忘记不……扫垃圾，这个房子里边扫咧这个土么，不往出倒了。也不往外扫。它只是往里扫。tsæᴇ˧i˥˩kə˧˩tɕiou˧˩sɿ˧˩tʂʰʅ˥˧i˥,tsʰuoŋ˧˩tʂʰʅ˥˧i˥˩kʰæᴇ˥˩sɿ˥˧muo˧,tʂə˧kə˧……pu˧˩vaŋ˧˩tɕi˧˦pu˧˩tsɿ……saɔ˧la˥tɕi˥˩,tʂei˧˩kə˧˩faŋ˧˩tsɿ˨li˥piæ̃˥˩saɔ˥lie˨tʂə˧kə˧tʰu˥muo˨,pu˧˩vaŋ˥˩tʂʰʅ˥˩taɔ˧˥lə˨.ie˥pu˧˩vaŋ˥˩væᴇ˧˦saɔ˥˩.tʰa˥˧tsɿ˥˧sɿ˧˩vaŋ˥˩li˥saɔ˥˩.（往里面扫？）啊。扫进去以后堆在那个地方，初五早起早早地起来一扫，就把这个垃圾倒了。a˥˩.saɔ˥tɕiŋ˧tɕʰy˧i˥˩xou˧tuei˥tsæᴇ˧˩næᴇ˧kə˧ti˧faŋ˥˩,tʂʰʅ˥˩vu˥tsaɔ˥tɕʰi˥˩tsaɔ˥tsaɔ˥ti˨tɕʰi˥˩læᴇ˧˩i˥˩saɔ˥,tɕiou˧pa˥˩tʂə˧kə˧la˥˩tɕi˥˩taɔ˧lə˨.（噢，这个初五就把垃圾……）破五儿，噢。破五么，你就是把这些肮脏这些东西都端出去，倒出去了。pʰuo˧vur˥˩,aɔ˥˩.pʰuo˧vu˥muo˨,ni˥˧tɕiou˧sɿ˧pa˥˩tʂei˧˦ɕie˥˩

① 破五：指农历正月初五。旧时，初一到初五民间有很多迷信禁忌，如清人富察敦崇《燕京岁时记·破五》："初五日谓之破五，破五之内不得以生米为炊，妇女不得出门。"过了初五之后，这些禁忌即告解除，所以把这一天称为"破五"。

ɑŋ˥˧tsɑŋ˥˩tʂei˧ɕie˥˧tuoŋ˥ɕi·tou˥˩tuæ̃˥˩tʂʰʮ˥˩tɕʰy˧˩,tɑɔ˧tʂʰʮ˥˧tɕʰy˧lə·.（那就是说，基本上这个年到这里就差不多了？）啊，差不多了都已经。但是这只是……只能说是过一段落咧，啊。初五早上……初五早上再把垃圾，这个污垢一清除，吃一顿饺子，就说是把你这个……那……ɑ˩,tsʰɑ˥˧pu˨˦tuo˥lə·tou˥i˥˩tɕiŋ˥˧.tæ̃˧sɿ˧tʂə˧tsɿ˥˩sɿ˧˩……tsɿ˥˩nəŋ˨˦ʂuo˥˩sɿ˧˩kuo˧˥i˥˩tuæ̃˧˥luo˥˩lie·,ɑ˩.tʂʰʮ˥˩vu˥tsɑɔ˥ʐ……tʂʰʮ˥˩vu˥tsɑɔ˥ʂɑŋ˧˩tsæᴇ˧pɑ˥˩lɑ˥tɕi˥˩,tʂə˧kə˧vu˥˩kou˧˥i˥˩tɕʰiŋ˥˩tʂʰʮ˨˦,tʂʰʮ˥i˥˩tuoŋ˧tɕiɑɔ˥tsɿ·,tɕiou˧ʂuo˥˩sɿ˧˩pɑ˥˩ni˥tʂə˧kə˧……næᴇ˧˥……（填穷坑？）啊，坑一……穷坑一填。再到初六一天就好像相安无事。ɑ˩,kʰəŋ˥i˥˩……tɕʰyoŋ˨˦kʰəŋ˥i˥˩tʰiæ̃˨˦.tsæᴇ˧tɑɔ˧tʂʰʮ˥˧liou˥i˥˩tʰiæ̃˥tɕiou˧xɑɔ˥˩ɕiɑŋ˧˥ɕiɑŋ˥˧næ̃˥˧vu˨˦sɿ˧.

人七儿

黄：到初七的话，这都讲的是这个人的节日①。tɑɔ˧tʂʰʮ˥˧tɕʰi˥ti·xuɑ˧,tʂə˧tou˥˩tɕiɑŋ˥ti·sɿ˧tʂə˧kə˧zəŋ˨˦ti·tɕie˥ʐʮ˩.（初七是……）噢，初七。初七这是一般就说是这个人只能往回走，不能往出走了。ɑɔ˩,tʂʰʮ˥˩tɕʰi˥.tʂʰʮ˥˩tɕʰi˥tʂə˧sɿ˧˩i˥˧pæ̃˥tɕiou˧˩ʂuo˥˩sɿ˧tʂə˧kə˧zəŋ˨˦tsɿ˥˧nəŋ˨˦vɑŋ˥˩xuei˨˦tsou˥˩,pu˨˦nəŋ˨˦vɑŋ˥˩tʂʰʮ˥tsou˥˩lə·.（噢，七不出？）啊，人七么。人七儿人七儿么。土话就叫“人七儿”。人七儿这一天咧那就是这个，到下午以后，太阳落山，羊一上圈以后么，老年人就给那些小孩儿要叫魂咧。ɑ˩,zəŋ˨˦tɕʰi˥muo·.zəŋ˨˦tɕʰiər˥zəŋ˨˦tɕʰiər˥muo·.tʰu˥xuɑ˧tɕiou˧tɕiɑɔ˧zəŋ˨˦tɕʰiər˥.zəŋ˨˦tɕʰiər˥tʂei˧i˥˧tʰiæ̃˥lie·nə˧tɕiou˧sɿ˧tʂə˧kə˧,tɑɔ˧ɕiɑ˧vu˥˩i˥˩xou˧,tʰæᴇ˧iɑŋ˨˦luo˥˧sæ̃˥,iɑŋ˨˦i˥˩ʂɑŋ˧tɕyæ̃˧i˥˩xou˧˥muo·,lɑɔ˥niæ̃˨˦zəŋ˨˦tɕiou˧kei˧nei˧ɕi˥˧ɕiɑɔ˥xər˨˦iɑɔ˧tɕiɑɔ˧xuoŋ˨˦lie·.

（“叫魂”是什么东西？）叫魂，就是比如在十字路口上去，叫那个孩子的名字，“你回来”，一个一个答应就说回来了。tɕiɑɔ˧xuoŋ˨˦,tsou˧sɿ˧pi˥˧zʮ˥˧tsæᴇ˧ʂʮ˨˦tsɿ˧˥lou˧kʰou˥ʂɑŋ˧˩tɕʰi˧,tɕiɑɔ˧nə˧kə˧xæᴇ˨˦tsɿ·ti·miŋ˨˦tsɿ˧,ni˥˩xuei˨˦læᴇ˨˦,i˥˩kə˧˥i˥˩kə˧˥tɑ˥˩iŋ˧˥tɕiou˧˩ʂuo˥˩xuei˨˦læᴇ˨˦lə·.（叫魂？）叫魂，“魂魄”的“魂”。tɕiɑɔ˧xuoŋ˨˦,xuoŋ˨˦pʰuo˥ti·xuoŋ˨˦.（噢。那是……那是针对什么……那个叫叫叫叫的些什么人的名字呢？）那一般都是大人给小孩儿叫咧。nei˧˥i˥˩pæ̃˥tou˥˩sɿ˧˩tɑ˧zəŋ˨˦kei˧ɕiɑɔ˥xər˨˦tɕiɑɔ˧˩lie·.（是是是那个活的？）活的。xuo˨˦ti·.（呃，那为什么要叫呢？）这都人……他都讲人有七魂六魄咧么。噢，那就是……tʂei˧˥tou˥˩zəŋ˨˦……tʰɑ˥tou˥˩tɕiɑŋ˥zəŋ˨˦iou˥˩tɕʰi˥˩xuoŋ˨˦liou˥˩pʰuo˥lie·muo·.ɑɔ˩,nə˧tɕiou˧sɿ˧……（他他活的你还叫他？）噢，活的，因为他这个魂随时都在外头走着咧，所以说在人七儿这一天么，你就给这些娃娃们把魂给往回来叫。ɑɔ˩,xuo˨˦ti·,iŋ˥˩vei˧tʰɑ˥˧tʂə˧kə˧xuoŋ˨˦suei˨˦sɿ˨˦tou˥˩tsæᴇ˧˩væᴇ˧˥tʰou·tsou˥tʂə·lie·,ʂuo˥˧i˧ʂuo˥˩tsæᴇ˧zəŋ˨˦tɕʰiər˥tʂə˧i˥˧tʰiæ̃˥muo·,ni˥˧tsou˧kei˧tʂei˧ɕie˥˧vɑ˨˦vɑ˨˦məŋ·pɑ˥xuoŋ˨˦kei˧˩vɑŋ˥˩xuei˨˦læᴇ˨˦tɕiɑɔ˧˥.（要到外面？）到外面，到……必须到十字路口去叫去。tɑɔ˧væᴇ˧˥miæ̃˧˩,tɑɔ˧……pi˥˧ɕy˥˩tɑɔ˧ʂʮ˨˦tsɿ˧lou˧kʰou˥tɕʰy˧˩tɕiɑɔ˧tɕʰy˧.（呃，叫他回来？）啊，叫他回来。而且这个桌子上……到……灶前嘛，欸，放个香炉，里头，你有几个娃娃，有……这一家子人你比有七口人，就烧七炷香么。把魂叫回来了，把这香，哎，脸一洗以后，你把这香都插得这个地方。ŋɑ˩,tɕiɑɔ˧tʰɑ˥˧xuei˨˦læᴇ˨˦.ər˨˦tɕʰie˥˩tʂə˧˩kə˧˩tʂuo˥tsɿ·ʂ……tɑɔ˧……tsɑɔ˧tɕʰiæ̃˨˦mɑ˧,ei˧,fɑŋ˧kə˧ɕiɑŋ˥lou˨˦,li˥tʰou·,ni˥˧iou˥˧tɕi˥kə˧˩vɑ˨˦vɑ˨˦,iou˥……tʂei˧i˥˩tɕiɑ˥tsɿ·zəŋ˨˦ni˥˧pi˥˧iou˥˧tɕʰi˥˩kʰou˥˩zəŋ˨˦,tɕiou˧ʂɑɔ˥˩tɕʰi˥˩tʂʮ˧˥ɕiɑŋ˥muo·.pɑ˥˩xuoŋ˨˦tɕiɑɔ˧xuei˨˦læᴇ˨˦lə·,pɑ˥˧tʂə˧ɕiɑŋ˥,æᴇ˩,liæ̃˥i˥˩

① 人的节日：俗以农历正月初七为人日。传说女娲创造生灵，顺序造出了鸡、狗、猪、羊、牛、马等动物，并于第七天造出人来。

꜖ɕi˥˧i˥˧꜖xou˥꜓,ni˥˧꜔pɑ˥˧꜖tʂə˥ɕiɑŋ˥˧tou˥˧꜖tʂʰɑ˥˧tə꜊tʂə˥kə˥ti˥fɑŋ˥˧꜖.（七口人要包括老人自己在内？）噢，包括老人在内。ɑɔ꜖,pɑɔ˥˧꜓kʰuo˥˧꜔lɑɔ˥˧ʐəŋ˩˧꜖tsæᴇ˥꜖luei˥꜖.（噢，叫回来以后要洗个脸是吧？）哎，那你在在做这些事情之……之前你都要，净……凡敬神你都必须要净面咧么。æᴇ˥,næᴇ˥ni˥˧tsæᴇ˥tsæᴇ˥tsuo˥tʂə˥ɕie˥˧꜔sɿ˥tɕʰiŋ˩˧꜖tʂʅ……tsɿ˥˧꜔tɕʰiæ̃˩˧꜖ni˥˧tou˥˧꜖iɑɔ˥,tɕi……fæ̃˩˧tɕiŋ˥ʂəŋ˩˧ni˥˧꜔tou˥˧꜔pi˥˧꜔ɕy˥˧꜔iɑɔ˥tɕiŋ˥miæ̃˥lie꜊muo꜊.（噢，那个凡是去敬神……）你都要净面咧嘛。ni˥˧꜔tou˥˧꜔iɑɔ˥tɕiŋ˥miæ̃˥꜓lie꜊mɑ꜊.（敬神之前都要净面、洗手？）啊，净面。洗手啥都要洗的干里干净。神这个东西本身就是干净的。你咧不能污染咧神么。ɑ꜖,tɕiŋ˥miæ̃˥.ɕi˥˧ʂou˥˧sɑ˥tou˥˧꜖iɑɔ˥꜖ɕi˥˧ti꜊kæ̃˥˧li꜊kæ̃˥˧꜖tɕiŋ˥꜓.ʂəŋ˩˧tʂə˥kə˥tuoŋ˥˧ɕi꜊pəŋ˥˧ʂəŋ˥˧꜖tɕiou˥sɿ˥kæ̃˥˧tɕiŋ˥꜖ti꜊.ni˥˧lie꜊pu˩˧꜖nəŋ˩˧vu˥˧꜖ʐæ̃˥˧lie꜊ʂəŋ˩˧muo꜉.（噢，这样。噢，是……这个香它是一个人一……一支？）一人一炷香。i˥˧꜖ʐəŋ˩˧i˥˧꜖tʂʮ˥꜓ɕiɑŋ˥˧꜖.（不包括老人？）包括老人。pɑɔ˥˧꜓kʰuo˥˧꜖lɑɔ˥˧ʐəŋ˩˧꜖.（也包括老人？他在喊……叫的这个人自己这个……）它这个香，它这一个，这一个里头，这一个碗里头，这一个香炉里插香的话，它都是有下数的啊。这一辈一辈插下来咧。你这个有……有祖父这一辈儿你几个人，你这个这一排里都插咧一炷香。tʰɑ˥˧tʂə˥꜖kə˥꜖ɕiɑŋ˥˧,tʰɑ˥˧꜔tʂei˥꜓i˥˧꜖kə˥,tʂei˥꜓i˥˧꜖kə˥li˥˧tʰou꜊,tʂei˥꜓i˥˧꜖kə˥væ̃˥˧li˥˧꜖tʰou꜊,tʂei˥i˥˧꜔kə˥ɕiɑŋ˥˧lou˩˧꜖li˥˧꜖tsʰɑ˥˧꜓ɕiɑŋ˥˧ti꜊xuɑ˥꜖,tʰɑ˥˧꜔tou˥˧꜖sɿ˥iou˥˧xɑ˥ʂʮ˥꜖tiɑ꜊.tʂə˥i˥˧꜖pei˥꜓i˥˧꜖pei˥tsʰɑ˥˧꜖xɑ˥꜖læᴇ˩˧꜔lie꜉.ni˥˧꜔tʂə˥kə˥iou˥˧……iou˥˧tsʮ˥˧fu˥tʂei˥i˥˧꜖pər˥ni˥˧꜔tɕi˥˧꜖kə˥꜖ʐəŋ˩˧,ni˥˧꜔tʂei˥kə˥tʂei˥꜓i˥˧꜖pʰæᴇ˩˧꜖li˥˧tou˥˧꜖tsʰɑ˥˧lie꜊i˥˧꜖tʂʮ˥꜓ɕiɑŋ˥˧꜖.（就是最靠里面的？）噢，最靠里边的。你那祖父，爷爷，这个，他上祖父最后到你父亲，最后到你跟前，到小孩儿咧。ɑɔ꜖,tsuei˥kʰɑɔ˥li˥˧piæ̃˥˧꜖ti꜊.ni˥˧꜔nə˥tsʮ˥˧fu˥,ie˩˧꜖ie˩˧꜓,tʂə˥kə˥,tʰɑ˥˧꜖ʂɑŋ˥tsʮ˥˧fu˥꜖tsuei˥xou˥tɑɔ˥ni˥˧꜔fu˥tɕʰiŋ˥˧꜖,tsuei˥xou˥tɑɔ˥ni˥˧kəŋ˥˧꜖tɕʰiæ̃˩˧꜖,tɑɔ˥ɕiɑɔ˥˧꜖xər˩˧lie꜉.（噢，是一……一辈一……一……一排？）一辈一排儿香，一辈呃香啊，都把这样摆下来。i˥˧꜖pei˥꜓i˥˧꜖pʰæᴇr˩˧ɕiɑŋ˥˧꜔,i˥˧꜖pei˥ə꜊ɕiɑŋ˥˧ɑ˥˧,tou˥˧꜖pɑ˥˧꜖tʂei˥꜓iɑŋ˥꜖pæᴇ˥˧ɕiɑ˥꜖læᴇ˩˧꜖.（也包括自己？）包括自己你都要插上。过去说那个是娃娃那会儿说的高兴一点就说是，大人这个香着的快慢都无所谓，小孩儿这个香都说是，“哎呀，你看那谁都跑的快，□都回来了”。是叫魂□谁跑的快，他那个香……pɑɔ˥˧꜔kʰuo˥˧꜔tsɿ˥tɕie˥˧꜖ni˥˧꜖tou˥˧꜖iɑɔ˥tsʰɑ˥˧ʂɑŋ˥꜖.kuo˥꜓tɕʰy˥ʂuo˥˧nə˥kə˥sɿ˥vɑ˩˧꜖vɑ˩˧꜓nə˥xuər˥ʂuo˥˧ti꜊kɑɔ˥˧꜖ɕiŋ˥i˥˧꜖tiæ̃˥˧꜖tsou˥ʂuo˥˧꜔sɿ˥,tɑ˥꜓ʐəŋ˩˧꜖tʂə˥kə˥ɕiɑŋ˥˧tʂuo˩˧ti꜉kʰuæᴇ˥mæ̃˥tou˥˧꜔vu˩˧꜖ʂuo˥˧vei˥,ɕiɑɔ˥˧xər˩˧tʂə˥kə˥ɕiɑŋ˥˧tou˥˧꜖ʂuo˥˧꜖sɿ˥꜖,æᴇ꜖iɑ꜖,ni˥˧kʰæ̃˥꜓nə˥sei˩˧tou˥˧꜖pʰɑɔ˥˧ti꜊kʰuæᴇ˥,niæ̃˩˧꜖tou˥˧꜖xuei˩˧꜖læᴇ˩˧꜓lə꜊.sɿ˥꜖tɕiɑɔ˥xuoŋ˩˧niæ̃˩˧꜖sei˩˧sɿ˥pʰɑɔ˥˧ti꜊kʰuæᴇ˥꜓,tʰɑ˥˧꜔nə˥kə˥ɕiɑŋ˥˧……（烧得越快就是回来得越快是吧？）啊哈，魂回来的越快。ɑ꜖xɑ꜖,xuoŋ˩˧xuei˩˧꜖læᴇ˩˧꜔ti꜉ye˥˧꜖kʰuæᴇ˥.（那老人去叫魂，他叫自己的名字吗？）不叫怕是。这都只限于给小孩儿叫咧。pu˩˧꜖tɕiɑɔ˥pʰɑ˥꜓sɿ˥꜖.tʂə˥꜓tou˥˧꜖tsɿ˥˧꜖ɕiæ̃˥꜓y˥kei˥ɕiɑɔ˥˧xər˩˧tɕiɑɔ˥lie꜊.（叫小孩儿？）啊。ɑ꜖.（成年的都不叫了？）不叫了。pu˩˧꜖tɕiɑɔ˥lə꜊.（在外面叫就只叫小孩儿的？）叫小孩儿了。给小孩儿叫一下。tɕiɑɔ˥ɕiɑɔ˥˧xər˩˧꜖lə˥.kei˥ɕiɑɔ˥˧xər˩˧tɕiɑɔ˥i˥˧꜔xɑ˥.（噢，就是是指比自己辈分低的？）低的，啊。ti˥˧ti꜊,ɑ꜖.（还是只光是那个年龄很小的？）这都是比辈分低些的。一般情况下就是年龄很小的。仅限于年龄小的这一……tʂei˥꜓tou˥˧꜔sɿ˥pi˥˧꜔pei˥꜓fəŋ˥꜖ti˥˧ɕie˥˧꜖ti꜊.i˥˧꜖pæ̃˥˧tɕʰiŋ˩˧꜖kʰuɑŋ˥ɕiɑ˥tsou˥꜓sɿ˥niæ̃˩˧liŋ˩˧꜔xəŋ˥˧ɕiɑɔ˥˧ti꜊.tɕiŋ˥˧꜔ɕiæ̃˥y˩˧꜖niæ̃˩˧꜖liŋ˩˧꜔ɕiɑɔ˥˧ti꜊tʂei˥i˥˧꜖……（没……未成年的是吧？）啊，未成年的这些。ɑ꜖,vei˥tʂʰəŋ˩˧꜖niæ̃˩˧꜖ti꜉tʂei˥꜓ɕie˥˧꜖.（即使他辈分低但是他已经成年了，一样的他不叫了？）这都不叫了，啊。叫的时候嘛，有的拿点……吃的，你是欻拿点这个欻炸下那些油果子呀，或者拿点馒头啊。拿回来以后，叫回来，给他们分的吃。tʂə˥꜓tou˥˧꜖pu˩˧꜖tɕiɑɔ˥꜓lə꜊,ɑ꜖.tɕiɑɔ˥ti꜉sɿ˩˧꜖xou˥꜓mɑ꜊,iou˥˧ti꜊nɑ˩˧꜖tiæ̃˥˧m……tʂʰʅ˥˧ti꜊,ni˥˧꜔sɿ˥ei꜖nɑ˩˧꜖tiæ̃˥˧tʂ ə˥kə˥ei˪tsa˩˪xa˥nei˥ɕie˧˪iou˩˪kuo˧tsɿ˧lia˥,xuei˩˦tʂə˧˪na˩˪tiæ̃˧˦mæ̃˩˪tʰou˧læ˪.na˩xuei˩˪læᴇ˩˦i˧˪xou˥,tɕiaɔ˥xuei˩˦læᴇ˩˦,kei˥tʰa˧˦məŋ˧fəŋ˧ti˧tʂʰʅ˧. (那这个时候，小孩一般是……他叫的时候，小孩子是在家里面？）在家里咧，都在家里。tsæᴇ˥tɕia˧li˧˪lie˧,tou˧˦tsæᴇ˥tɕia˧li˧˪. (不不不到外面去的吧？）呃，不到外面去咧已经。出去这一下，下午□……下午人都回到家了，不可能在外头。ə˪,pu˩˪taɔ˥˦væᴇ˥miæ̃˥tɕʰy˥lie˧li˧˪tɕiŋ˧.tʂʰʮ˧˪tɕʰi˥˦tʂei˥i˧˦ɕia˥,ɕia˥˦vu˧˪niæ̃˩˦……ɕia˥vu˧˦zəŋ˩tou˧˦xuei˩˪taɔ˥tɕia˧lə˧,pu˩˪kʰə˧nəŋ˩tsæᴇ˥væᴇ˥tʰou˧. (呃，上午还是可以在外面活动？）上……上午都可以在外头去。ʂaŋ……ʂaŋ˥˦vu˧˪tou˧˪kʰə˧i˧tsæᴇ˥væᴇ˥tʰou˧tɕʰy˥˪.

正月十三阳光忌，东家不到西家去

（呃，初七过后呢？）黄：初七过后以后这都是不……这几天好像都没多大事了。但是到十三的话，到正月十三就有事了。这就说是这个欸“正月十三阳光忌[1]”嘛。tʂʰʮ˧˪tɕʰi˧kuo˥xou˥i˧˪xou˥tʂei˥˦tou˧˪sɿ˥˪pu˩˪……tʂei˥˦tɕi˧˪tʰiæ̃˧˪xaɔ˧ɕiaŋ˥˪tou˧˪mei˩tuo˧˪ta˥sɿ˥lə˥.tæ̃˥sɿ˥taɔ˥ʂʅ˩˪sæ̃˧ti˧xua˥˪,taɔ˥˦tʂəŋ˧yo˧˪ʂʅ˩˪sæ̃˧tɕiou˥iou˧˦sɿ˥lə˥.tʂə˥tɕiou˥˦ʂuo˧˪sɿ˥tʂə˥kə˥ei˥tʂəŋ˧yo˧˪ʂʅ˩˪sæ̃˧iaŋ˩kuaŋ˧˪tɕi˥ma˧. (哪哪几个字啊？）我看□都是好像是这个。“忌”是那个……ŋuo˧˦kʰæ̃˥niæ̃˩tou˧sɿ˥˪xaɔ˧ɕiaŋ˥sɿ˥tʂə˥˦kə˥.tɕi˥sɿ˥nə˥kə˥……（“祭祀”的“祭”？“祭拜”的……）不是。就是不能干啥的那个“忌”。pu˩˪sɿ˥.tɕiou˥˪sɿ˥˪pu˩˪nəŋ˩kæ̃˥sa˥˪ti˧nə˥kə˥tɕi˥˪. (噢，“忌讳”的“忌”。）噢，“忌讳”的……噢，“忌讳”的“忌”。aɔ˪,tɕi˥xuei˥˪ti˧……aɔ˪,tɕi˥xuei˥˪ti˧tɕi˥. (呃，阳光……）噢，阳光忌。aɔ˪,iaŋ˩kuaŋ˧˪tɕi˥. (噢，“阳光灿烂”的“阳光”？）噢，阳光灿烂。aɔ˪,iaŋ˩kuaŋ˧˪tsʰæ̃˥˦læ̃˥˪. (“忌讳”的“忌”？）噢，“忌讳”的“忌”。aɔ˪,tɕi˥xuei˥˪ti˧tɕi˥. (噢，这个呃是怎么解释？）就是“正月十三阳光忌，东家不到西家去”。tɕiou˥˪sɿ˥˪tʂəŋ˧yo˧˪ʂʅ˩sæ̃˧iaŋ˩kuaŋ˧˪tɕi˥,tuoŋ˧tɕia˧˪pu˩˪taɔ˥ɕi˧tɕia˧˪tɕʰi˥. (噢，就在自己家里？）就自己家里活动，不能到□别人家里去走动了。tsou˥˪tsɿ˥tɕie˧˦tɕia˧li˧˪xuo˩˪tuoŋ˥,pu˩˪nəŋ˩˦taɔ˥niæ̃˩˪pie˩˪zəŋ˩˦tɕia˧li˧˪tɕʰi˥˪tsou˧tuoŋ˥lə˧. (这什么原因呢？）而且这个东西，从一……出去好像这个东西这天都不太吉利这一天。这在过去这个老皇历头起记载的非常清楚。ər˩tɕʰie˧˦tʂə˥˦kə˥˦tuoŋ˧ɕi˧,tsʰuoŋ˩i˧˪s……tʂʰʮ˧tɕʰi˥˪xaɔ˧˦ɕiaŋ˥tʂə˥˦kə˥˦tuoŋ˧˪ɕi˧tʂei˥tʰiæ̃˧˪tou˧˪pu˩˪tʰæᴇ˥tɕi˧li˥˪tʂei˥˦i˧˪tʰiæ̃˧.tʂə˥tsæᴇ˥kuo˥tɕʰy˥tʂə˥˪kə˥˪laɔ˧xuaŋ˩˪li˧tʰou˩˪tɕʰie˧˦tɕi˥tsæᴇ˧ti˧fei˧tʂʰaŋ˩˪tɕʰiŋ˧tʂʰʮ˧˪. (正月十三阳光忌……）啊，东……东家不到西家去么。a˪,t……tuoŋ˧tɕia˧˪pu˩˪taɔ˥ɕi˧tɕia˧˪tɕʰi˥muo˧.

元宵节蒸灯

（好。这个十三了啊。）黄：嗯。ŋ̍˧. (然后就到……）紧接着就到欸正月十五。tɕiŋ˧tɕie˧˪tʂuo˧tɕiou˥taɔ˥ei˥tʂəŋ˧yo˧˪ʂʅ˩˪vu˧. (噢。）没咧啊。正……muo˧˪lia˧.tʂəŋ˧……（十……叫过十五还是过什么？）那元宵节么。nə˥yæ̃˩ɕiaɔ˧˦tɕie˧muo˧. (讲不讲过十五？）过十五是农村的话么。农村人都是过正……过十五咧么。kuo˥ʂʅ˩˪vu˧sɿ˥˪luoŋ˩tsʰuoŋ˧ti˧xua˥muo˧.luoŋ˩tsʰuoŋ˧˦zəŋ˩˦tou˧˦sɿ˥kuo˥tʂəŋ˧……kuo˥ʂʅ˩˪vu˧lie˧muo˧. (你们说吗？）我们说么。过正……正月十五咧么。过十五咧么。ŋuo˧məŋ˧ʂuo˧muo˧.kuo˥tʂəŋ˧……tʂəŋ˧yo˧˪ʂʅ˩˪vu˧lie˧muo˧.kuo˥ʂʅ˩˪vu˧lie˧muo˧. (也叫正月十五？）也叫正月十五。

---

① 阳光忌：疑为“杨公忌”之讹。旧俗迷信以农历正月十三日始，以后每月提前两天为百事禁忌日。相传其说始于宋代堪舆术士杨救贫，因称该日为杨公忌。清梁章钜《浪迹续谈·杨公忌》：“《轨论》云：‘宋术士杨救贫，习堪舆术，为时俗所推，其说一年有十三日，百事禁忌，名曰杨公忌。’……今人所传杨公忌，以正月十三日为始，余每月皆隔前一日，惟七月有两日，一为初一日，一为二十九日，亦隔前一日也，故合为十三日。”

ie˥˧˧tɕiao˦tʂəŋ˥˧yo˥˧˩ʂʅ˩˧˩vu˥˧.

（呃，正月十五元宵节怎么过，你们现在？）元宵节欸，也吃汤圆儿。yæ̃˩˧ɕiao˥˧tɕie˥˧ei˩˧,ie˥˧˧tʂʰʅ˥˧˧tʰɑŋ˥˧yæ̃r˩˧˩.（自己家里做还是买？）啊，自己家里做。ɑ˩,tsɿ˦tɕie˥˧˧tɕia˥˧li˥˧˩tsuo˦˥.（拿什么做呢？）拿是……那还是拿这个欸软米糯米做的嘛。nɑ˩˧s……nə˦˥xɑ˩˧˩sɿ˦nɑ˩˧tʂə˦kə˦ei˩zuæ̃˥˧˩mi˥˧˩nuo˦mi˥˧˩tsuo˦˥ti˧mɑ˩.（这个糯米是你们自己种的还是买的？）欸，前几年都是这自己种的咧。也有……有水稻……ei˥˧,tɕʰiæ̃˩˧tɕi˥˧˩niæ̃˩˧˩tou˥˧˧sɿ˦tʂə˦tsɿ˦tɕie˥˧˧tʂuoŋ˦˥tie˧.ie˥˧˩iou˥˧……iou˥˧ʂuei˥˧˩tao˦……（啊，你们这里也种糯米？）也种糯米，嗯。这个是白天么就是这个也就是吃点汤圆，早起吃汤圆儿。晚上，现在已经把这个东西已经去了。在我小时候是个晚上还要蒸灯咧。ie˥˧tʂuoŋ˦nuo˦mi˥˧˧,ə̃˩.tʂə˦kə˦sɿ˦pei˩˧˩tʰiæ̃˥˧muo˧tɕiou˦sɿ˦tʂə˦kə˦ie˥˧˧tɕiou˦sɿ˦tʂʰʅ˥˧˩tiæ̃˥˧˩tʰɑŋ˥˧yæ̃˩˧˩,tsao˥˧tɕʰi˥˧˩tʂʰʅ˥˧˩tʰɑŋ˥˧yæ̃r˩˧˩.væ̃˥˧ʂɑŋ˦˩,ɕiæ̃˦tsæᴇ˦i˥˧tɕiŋ˥˧˩pɑ˥˧˩tʂə˦kə˦tuoŋ˥˧ɕi˧i˥˧˩tɕiŋ˥˧˧tɕʰy˦˥lə˧.tsæᴇ˦˩ŋuo˥˧ɕiao˥˧sɿ˩˧˩xou˦˥sɿ˦kə˦væ̃˥˧ʂɑŋ˦˩xæᴇ˩˧˩iao˦tʂəŋ˥˧˥təŋ˥˧lie˧.（干什么？）蒸灯。tʂəŋ˥˧˥təŋ˥˧.（tʂəŋ˥˧˩……）灯。təŋ˥˧.（哪个蒸？）灯欸……蒸馍的蒸么。这……蒸东西的蒸么。蒸灯，啊。təŋ˥˧ei˩……tʂəŋ˥˧muo˩˧˩ti˧tʂəŋ˥˧˩muo˧.tʂə˦……tʂəŋ˥˧˥tuoŋ˥˧ɕi˧ti˧tʂəŋ˥˧˩muo˧.tʂəŋ˥˧˥təŋ˥˧˩,ɑ˩.（这个灯怎么蒸呢？）这个灯么不……不能用普通的面蒸，必须用荞面蒸。tʂei˦kə˦təŋ˥˧muo˧pu˩˧˩……pu˩˧˩nəŋ˩˧yoŋ˦pʰu˥˧tʰuoŋ˥˧˩ti˧miæ̃˦tʂəŋ˥˧˩,pi˥˧˧ɕy˥˧˧yoŋ˦tɕʰiao˩˧˩miæ̃˦˥tʂəŋ˥˧˩.（啊，用荞面做成灯的样子吗？）噢，做成灯的……就像这么个样子，做下这么个东西上来。哎，捏个碗碗子，哎，就蒸熟。这蒸必须蒸十二个月。aɔ˩,tsuo˦tʂʰəŋ˩˧təŋ˥˧ti˧……tɕiou˦ɕiɑŋ˦tʂə˦muo˧kə˦iɑŋ˦tsɿ˧,tsuo˦˥xɑ˦˩tʂə˦muo˧kə˦tuoŋ˥˧ɕi˧ʂɑŋ˦læᴇ˩˧˧.æᴇ˩,nie˥˧kə˦˩væ̃˥˧væ̃˥˧˩tsɿ˧,æᴇ˦,tɕiou˦tʂəŋ˥˧ʂɥ˩˧˩.tʂei˦tʂəŋ˥˧pi˥˧˥ɕy˥˧˩tʂəŋ˥˧ʂʅ˩˧˩ər˦˥kə˦yo˥˧˩.（十二个？）噢，十二个月。一年十二个月就蒸十二盏灯。这个灯么，你是你……这是一月的灯，他这个地方就给你掐花边儿的时候是掐了一个豁豁。两个月他就掐两个。aɔ˩,ʂʅ˩˧˩ər˦kə˦˥yo˥˧˩.i˥˧˩niæ̃˩˧ʂʅ˩˧˩ər˦kə˦yo˥˧˧tɕiou˦tʂəŋ˥˧ʂʅ˩˧˩ər˦tsæ̃˥˧˧təŋ˥˧˩.tʂei˦kə˦təŋ˥˧muo˧,ni˥˧sɿ˦ni˥˧……tʂə˦sɿ˦i˥˧yo˥˧˩ti˧təŋ˥˧,tʰɑ˥˧˧tʂə˦kə˦ti˦˥fɑŋ˥˧˩tsou˦˩kei˦˩ni˥˧˧tɕʰia˥˧˩xuɑ˥˧˥piæ̃r˥˧tə˧sɿ˩˧˩xou˦sɿ˦tɕʰia˥˧lə˧i˥˧˩kə˦˥xuo˥˧xuo˥˧˩.liɑŋ˥˧kə˦˥yo˥˧˩tʰɑ˥˧˧tsou˦tɕʰia˥˧˩liɑŋ˥˧kə˦˩.（噢，就是花边上面几个……）噢，几个……这这……aɔ˩,tɕi˥˧kə˦……tʂei˦˥tʂei˦˩……（那豁口是吧？）噢，这就是代个几个月。aɔ˩,tʂei˦˥tɕiou˦˩sɿ˦˩tæᴇ˦kə˦tɕi˥˧kə˦˥yo˥˧˩.（是一个豁口还是一个火……火苗？）一个豁口。嗯。它是本来它这个地方都做。这个灯它不是说是随便捏出的。它是有个面食的一个手工艺咧。它一个面食工艺它为咧揭出来都好看。i˥˧˧kə˦xuo˥˧kʰou˥˧˩.ə̃˦.tʰɑ˥˧˧sɿ˦pəŋ˥˧læᴇ˩˧tʰɑ˥˧˧tʂə˦kə˦ti˦fɑŋ˥˧˩tou˥˧˩tsuo˦˥.tʂə˦kə˦təŋ˥˧tʰɑ˥˧˧pu˩˧sɿ˦˥ʂuo˥˧˩sɿ˦˩suei˩˧˩piæ̃˦nie˥˧tʂʰɥ˥˧˩ti˧.tʰɑ˥˧˧sɿ˦iou˥˧kə˦˩miæ̃˦ʂʅ˩˧˩ti˧i˥˧˩kə˦˩ʂou˥˧kuoŋ˥˧˩i˦lie˧.tʰɑ˥˧˩i˥˧˩kə˦˩miæ̃˦ʂʅ˩˧˧kuoŋ˥˧˩i˦˥tʰɑ˥˧˧vei˦lie˧tɕie˥˧˩tʂʰɥ˥˧læᴇ˩˧˩tou˥˧˩xao˥˧kʰæ̃˦˩.（像那个古时的那个油灯是吗？）噢，像油灯一样。它是做的一定的形状啊，带这个花纹儿子啥咧。它把这一月，二月，这十二个月都分开了，然后放笼里边蒸。蒸出来以么后，在里头它有个……还有个讲究，你比喻这十二个月以后，它有个么很唯心的说法，他说……看这个面灯里这个碗碗里头哪个里头有水咧。aɔ˩,ɕiɑŋ˦iou˩˧təŋ˥˧i˥˧˩iɑŋ˦.tʰɑ˥˧˩sɿ˦˩tsuo˦˥tə˧i˥˧˧tiŋ˦ti˧ɕiŋ˩˧˩tʂuɑŋ˦˥ɑ˩,tæᴇ˦tʂə˦kə˦xua˥˧˩võr˩˧tsɿ˧sa˦˥lie˧.tʰɑ˥˧˧pɑ˥˧˧tʂə˦i˥˧yo˥˧˩,ər˦yo˥˧˧,tʂə˦ʂʅ˩˧˩ər˦kə˦yo˥˧˧tou˥˧˩fəŋ˥˧˩kʰæᴇ˥˧lə˧,zæ̃˩˧˩xou˦fɑŋ˦luoŋ˩˧li˥˧piæ̃˥˧˩tʂəŋ˥˧.tʂəŋ˥˧˥tʂʰɥ˥˧læᴇ˩˧˩i˥˧˩muo˧xou˦,tsæᴇ˦li˥˧tʰou˧tʰɑ˥˧˧iou˥˧˧kə˦……xæᴇ˩˧˩iou˥˧kə˦˩tɕiɑŋ˥˧tɕiou˥˧˩,ni˥˧pi˥˧y˦˥tʂei˦˥ʂʅ˩˧˩ər˦kə˦yo˥˧i˥˧˩xou˦,tʰɑ˥˧˩iou˥˧˩kə˦˩muo˧xəŋ˥˧vei˩˧˩ɕiŋ˥˧ti˧ʂuo˥˧fɑ˥˧˩,tʰɑ˥˧˧ʂuo˥˧˧……kʰæ̃˦tʂə˦kə˦miæ̃˦˥təŋ˥˧˩li˥˧˧tʂə˦kə˦væ̃˥˧væ̃˥˧˩li˥˧tʰou˧nɑ˥˧˧kə˦li˥˧˧tʰou˧iou˥˧ʂuei˥˧lie˧.（它有水？）有

这个蒸馏水空下的，有的里头都就没有蒸馏水。这个咧么，他就说是哪一个月，哎，今年是几月份雨水好，几月份是没有雨水。iou˥˩tʂə˧kə˧tʂəŋ˥˩liou˩˨ʂuei˥˩kʰuoŋ˧xa˧ti˧,iou˥˩ti˧li˥˩tʰou˧tou˥˩tɕiou˧mei˩˨iou˥˩tʂəŋ˥˩liou˩˨ʂuei˥˩.tʂei˧kə˧lie˧muo˧,tʰa˥˩tsou˧ʂuo˥˩sɿ˧na˥˩i˥˩kə˥˩yo˥˩,æᴇ˧,tɕiŋ˥˩niæ̃˩˨sɿ˧tɕi˥˩yo˥˩fəŋ˧y˥˩ʂuei˥˩xaɔ˥˩,tɕi˥˩yo˥˩fəŋ˧sɿ˧mei˩˨iou˥˩y˥˩ʂuei˥˩.（噢，就看雨水？）噢，看雨水咧。aɔ˩,kʰæ̃˧y˥˩ʂuei˥˩lie˧.（有有有蒸馏水存在里面那就就是有雨，下雨？）啊，比如，五月份这个……这个灯里边那里头……有这个蒸馏水空下，在五月是……不会旱的，这五月你看，有雨咧。正月里它那个灯干着它咧，正月是旱咧噢，正月没有水。a˩,pi˥˩zʮ˩˨,vu˥˩yo˥˩fəŋ˧tʂə˧kə˧……tʂə˧kə˧təŋ˥˩li˥˩piæ̃˧næᴇ˧li˥˩tʰou˧tɕ……iou˥˩tʂə˧kə˧tʂəŋ˥˩liou˩˨ʂuei˥˩kʰuoŋ˧xa˧,tsæᴇ˧vu˥˩yo˥˩sɿ……pu˩˨xuei˧xæ̃˧ti˧,tʂə˧vu˥˩yo˥˩ni˥˩kʰæ̃˧,iou˥˩y˥˩lie˧.tʂəŋ˥˩yo˥˩li˥˩tʰa˥˩nə˧kə˧təŋ˥˩kæ̃˥˩tʂə˧tʰa˥˩lie˧,tʂəŋ˥˩yo˥˩sɿ˧xæ̃˧liaɔ˧,tʂəŋ˥˩yo˥˩mei˩˨iou˥˩ʂuei˥˩.（噢，这就叫“蒸灯”？）噢，蒸灯。灯蒸下以后，到晚上黑咧的时候么，把这散发出去以后，到处都放了。这给是……灶爷，灶神爷前头放的，给门上放的，把这个在院里到处是……碾子上，给碾子上放的，磨子上放的，都把油倒上，捻子掸上，就点着了。aɔ˩,tʂəŋ˥˩təŋ˥˩.təŋ˥˩tʂəŋ˥˩xa˧i˥˩xou˧,taɔ˧væ̃˥˩ʂaŋ˧xei˥˩lie˧ti˧sɿ˩˨xou˧muo˧,pa˥˩tʂə˧sæ̃˧fa˥˩tʂʰʮ˥˩tɕʰi˧i˥˩xou˧,taɔ˧tʂʰʮ˥˩tou˥˩faŋ˧lə˧.tʂə˧kei˧sɿ˧……tsaɔ˧ie˩˨,tsaɔ˧ʂəŋ˩˨ie˩˨tɕʰiæ̃˩˨tʰou˧faŋ˧ti˧,kei˧məŋ˩˨ʂaŋ˧faŋ˧ti˧,pa˥˩tʂə˧kə˧tsæᴇ˧yæ̃˧li˥˩taɔ˧tʂʰʮ˥˩sɿ˩……niæ̃˥˩tsɿ˧ʂaŋ˧,kei˧niæ̃˥˩tsɿ˧ʂaŋ˧faŋ˧ti˧,muo˧tsɿ˧ʂaŋ˧faŋ˧ti˧,tou˥˩pa˥˩iou˩˨taɔ˥˩ʂaŋ˩,niæ̃˥˩tsɿ˧tæ̃˥˩ʂaŋ˩,tɕiou˩tiæ̃˥˩tʂuo˩˨lə˧.（它这个油倒上，倒到这个……）倒到这个面灯里头就点它。taɔ˧taɔ˧tʂə˧kə˧miæ̃˧təŋ˥˩li˥˩tʰou˧tɕiou˧tiæ̃˥˩tʰa˥˩.（这里面能烧吗？）能烧嘛。nəŋ˩˨ʂaɔ˥˩ma˧.（它不会融？）不。pu˩˨.（不会不会烧坏啊？）不会烧化的。兀是面……荞面做成的么。pu˩˨xuei˧ʂaɔ˥˩xua˧ti˧.və˧sɿ˧miæ̃˧……tɕʰiaɔ˩˨miæ̃˧tsuo˧tʂʰəŋ˩˨ti˧muo˧.（噢，硬。）欸，硬么，嗯。ei˩,iŋ˧muo˧.ə̃˩.（它那个，比如说他这灶灶王爷灶王爷跟前儿，它是放一盏灯还是多少灯？）灶爷面前放一盏灯么。tsaɔ˧ie˩˨miæ̃˧tɕʰiæ̃˩˨faŋ˧i˥˩tsæ̃˥˩təŋ˥˩muo˧.（有讲究没有说是必须放哪个月的灯呢？讲不讲究？）这个都好像没多大关系。tʂə˧kə˧tou˥˩xaɔ˥˩ɕiaŋ˧mei˩˨tuo˥˩ta˧kuæ̃˥˩ɕi˧.（随便儿放？）噢，随便儿放了。aɔ˩,suei˩˨piær˧faŋ˧lə˧.（你才十二个嗯嗯嗯……）十二个月么。ʂʮ˩˨ər˧kə˧yo˥˩muo˧.（哪这么多嗯嗯那个……它不够吧？）哎，不得够，那一般情况下出去有些……想来你也没多少地方啊，灶前灶前儿放一个，你门前有的……家家都敬的有土神咧。那土神面前放一个，磨子上放一个，碾子上放一个，大门口儿放一个，还其他地方都可……□……其他就去硬□前放一个。哎十二盏灯放的地方多了。æᴇ˩˨,pu˩˨tei˥˩kou˧,næᴇ˧i˥˩pæ̃˥˩tɕʰiŋ˩˨kʰuaŋ˧ɕia˧tʂʰʮ˥˩tɕʰy˧iou˥˩ɕie˥˩……ɕiaŋ˥˩læᴇ˩˨ni˥˩ia˥˩mei˩˨tuo˥˩ʂaɔ˥˩ti˧faŋ˥˩a˧,tsaɔ˧tɕʰiæ̃˩˨tsaɔ˧tɕʰiær˩˨faŋ˧i˥˩kə˧,ni˥˩məŋ˩˨tɕʰiæ̃˩˨iou˥˩ti˧……tɕia˥˩tɕia˥˩tou˥˩tɕiŋ˧ti˧iou˥˩tʰu˥˩ʂəŋ˩˨lie˧.næᴇ˧tʰu˥˩ʂəŋ˩˨miæ̃˧tɕʰiæ̃˩˨faŋ˧i˥˩kə˧,muo˧tsɿ˧ʂaŋ˧faŋ˧i˥˩kə˧,niæ̃˥˩tsɿ˧ʂaŋ˧faŋ˧i˥˩kə˧,ta˧məŋ˩˨kʰour˥˩faŋ˧i˥˩kə˧,xa˩˨tɕʰi˩˨tʰa˥˩ti˧faŋ˥˩tou˥˩kʰə˥˩……pʰu˩˨……tɕʰi˩˨tʰa˥˩tɕiou˧tɕʰi˧niŋ˧pʰu˩˨tɕʰiæ̃˩˨faŋ˧i˥˩kə˧.æᴇ˥˩ʂʮ˩˨ər˧tsæ̃˥˩təŋ˥˩faŋ˧ti˧ti˧faŋ˥˩tuo˥˩lə˧.（就只能蒸十二盏？）啊，只能蒸十二盏灯。而且有些人蒸的更详细了。蒸……他十二盏灯蒸十二生肖咧。a˩,tsɿ˥˩nəŋ˩˨tʂəŋ˥˩ʂʮ˩˨ər˧tsæ̃˥˩təŋ˥˩.ər˩˨tɕʰie˥˩iou˥˩ɕie˥˩zəŋ˩˨tʂəŋ˥˩ti˧kəŋ˧ɕiaŋ˩˨ɕi˧lə˧.tʂəŋ˥˩……tʰa˥˩ʂʮ˩˨ər˧tsæ̃˥˩təŋ˥˩tʂəŋ˥˩ʂʮ˩˨ər˧səŋ˥˩ɕiaɔ˥˩lie˧.（哦，还蒸十二生肖？）啊，十二生肖，他那十二盏灯是十二生肖……捏成的十二生肖。a˩,ʂʮ˩˨ər˧səŋ˥˩ɕiaɔ˥˩,tʰa˥˩næᴇ˧ʂʮ˩˨ər˧tsæ̃˥˩təŋ˥˩sɿ˧ʂʮ˩˨ər˧səŋ˥˩ɕ……nie˥˩tʂʰəŋ˩˨ti˧ʂʮ˩˨ər˧səŋ˥˩ɕiaɔ˥˩.（噢，那个灯的形状就做成生肖的形状是吧？）噢，噢，生

肖的形状。十二生肖。ɑɔ˩˨,ɑɔ˩˨,səŋ˥˧ɕiaɔ˥˧˩˨ti˧ɕiŋ˨˦˩˨tʂuaŋ˧.ʂʅ˨˦˩˨ər˧səŋ˥˧ɕiaɔ˥˧˩˨.（那怎么做呢？是上头有……是下面是有个形状，还是顶着一盏这个灯东西还是怎么弄呢？）它整个儿这个灯它就是捏成一个……是龙它就捏成一个龙的形象。tʰɑ˥˧˩˦tʂəŋ˥˧kər˧˥˧tʂə˧kə˧təŋ˥˧tʰɑ˥˧˩˦tsou˧sʅ˧nie˥˧tʂʰəŋ˨˦i˥˧˩˨kə˧……sʅ˧luoŋ˨˦tʰɑ˥˧˩˨tsou˧˩˨nie˥˧tʂʰəŋ˨˦i˥˧˩˦kə˧luoŋ˨˦ti˧ɕiŋ˨˦˩˨ɕiaŋ˧.（那个那个灯盏在哪儿呢？）啊，灯盏在这个龙的脊背上他搞这么一块儿左右。ɑ˨˦,təŋ˥˧˩˨tsæ̃˥˧tsæᴇ˧tʂə˧kə˧luoŋ˨˦˩˨ti˧tɕi˥˧˩˨pei˧˥˧ʂaŋ˧˩˨tʰɑ˥˧˩˨kaɔ˥˧˩˦tʂə˧muo˧i˥˧˩˨kʰuər˥˧˩˦tsuo˥˧˩˦iou˧.（那兔子也是在脊背上？）啊，兔子脊背上。他都包的形状。ɑ˩˨,tʰu˧tsʅ˧tɕi˥˧˩˨pei˧ʂaŋ˧.tʰɑ˥˧˩˦tou˥˧˩˦paɔ˥˧˩˦ti˧ɕiŋ˨˦˩˨tʂuaŋ˧˥˧.（不在脑袋上吧都？）不可能。不在脑袋上头。pu˨˦˩˨kʰə˥˧nəŋ˨˦˩˨.pu˨˦˩˦tsæᴇ˧naɔ˥˧tæᴇ˧˩˨ʂaŋ˧˩˨tʰou˧.（啊，就都一般在脊背上面？）噢，都在脊背上做油灯。ɑɔ˧,tou˥˧˩˦tsæᴇ˧tɕi˥˧˩˨pei˧˥˧ʂaŋ˧˩˨tsuo˧iou˨˦˩˨təŋ˥˧.

（那你们晚上吃的那个汤圆儿有馅儿没馅儿啊？）有咧么。有的是糖的。有的是肉的么。iou˥˧lie˧muo˧.iou˥˧ti˧sʅ˧˩˨tʰaŋ˨˦˩˨ti˧.iou˥˧ti˧sʅ˧˩˨zou˧ti˧muo˧.（你是晚上吃还是什么时候吃？）那都是早上吃了。早上吃汤圆儿。næᴇ˧˥˧tou˥˧˩˨sʅ˧˩˨tsaɔ˥˧ʂaŋ˧˩˨tʂʰʅ˥˧lə˧.tsaɔ˥˧ʂaŋ˧˩˨tʂʰʅ˥˧˩˨tʰaŋ˥˧yæ̃r˨˦˩˨.（那你这个肉的是煮着吃还是炸着吃？）煮的吃。水煮。他把那个汤圆儿是这个肉这么大个那拌成馅以后，弄上以后，放那罗[①]里头，把这个面放到罗里他是……tʂɥ˥˧ti˧tʂʰʅ˥˧˩˨.ʂuei˥˧tʂɥ˥˧˩˨.tʰɑ˥˧pɑ˥˧˩˨nə˧kə˧tʰaŋ˥˧yæ̃r˨˦˩˨sʅ˧tʂə˧kə˧zou˧tʂə˧muo˧tɑ˧kə˧nə˧pæ̃˧tʂʰəŋ˨˦˩˨ɕiæ̃˧i˥˧˩˨xou˧,nuoŋ˧ʂaŋ˧i˥˧˩˨xou˧,faŋ˧næᴇ˧luo˨˦˩˨li˥˧tʰou˧,pɑ˥˧˩˨tʂə˧kə˧miæ̃˧faŋ˧taɔ˧luo˨˦˩˨li˥˧˩˦tʰɑ˥˧˩˦sʅ˧……（噢，你们不是包的，这叫……滚的？）啊，滚的，滚一滚。ɑ˩˨,kuoŋ˥˧ti˧,kuoŋ˥˧i˥˧˩˨kuoŋ˥˧˩˨.（是滚还是摇，你们这叫？）摇的。这样摇的。iaɔ˨˦ti˧.tʂei˧iaŋ˧iaɔ˨˦ti˧.（摇出来？）啊，摇出来。它自己在摇……ɑ˩˨,iaɔ˨˦tʂʰɥ˥˧læᴇ˨˦˩˨.tʰɑ˥˧˩˨tsʅ˧˥˧tɕie˥˧˩˨tsæᴇ˧iaɔ˨˦˩˦……（拿那个筛子是吧？）噢，拿那筛子。ɑɔ˩˨,nɑ˨˦˩˨næᴇ˧sæᴇ˥˧tsʅ˧.（簸箕？）噢，簸箕。他手上，摇成的那个。ɑɔ˩˨,puo˧tɕi˧.tʰɑ˥˧˩˦ʂou˥˧˩˨ʂaŋ˧,iaɔ˨˦˩˨tʂʰəŋ˨˦˩˨ti˧nei˧˥˧kə˧˩˨.

（好。这个蒸完灯以后那就是点点那个灯哈？）噢，灯一点着，那要……ŋaɔ˩˨,təŋ˥˧i˥˧˩˨tiæ̃˥˧tʂuo˨˦,næᴇ˧iaɔ˧……（那一般也是要到晚上了吧？）到晚上了，啊。都把这灯都点着。这咿在过去来说的话，那就是这个……正月十五晚上还是比较热闹的放……这放放炮，放放花炮。左右有……如果有闹社火[②]的地方的话，还要耍社火咧。taɔ˧væ̃˥˧ʂaŋ˧˩˨lə˧,ɑ˩˨.tou˥˧˩˨pɑ˥˧˩˨tʂə˧təŋ˥˧˩˦tou˥˧˩˦tiæ̃˥˧tʂuo˨˦˩˨.tʂei˧˥˧i˩˨tsæᴇ˧kuo˧˩˦tɕʰy˧læᴇ˨˦˩˨ʂuo˥˧ti˧xuɑ˧,næᴇ˧tsou˧sʅ˧tʂə˧kə˧……tʂəŋ˥˧yo˥˧˩˨ʂʅ˨˦˩˨vu˥˧væ̃˥˧ʂaŋ˧˩˨xɑ˨˦˩˨sʅ˧pi˥˧˩˦tɕiaɔ˧zə˥˧naɔ˧˩˨ti˧faŋ˧……tʂə˧˩˨faŋ˧˩˦faŋ˧˩˨pʰaɔ˧,faŋ˧faŋ˧xuɑ˥˧˩˨pʰaɔ˧.tsuo˥˧˩˨iou˧iou˥˧……zɥ˨˦˩˨kuo˥˧˩˦iou˥˧˩˦naɔ˧ʂə˧xuo˥˧ti˧ti˧˥˧faŋ˥˧˩˨tə˧xuɑ˧,xæᴇ˨˦˩˨iaɔ˧˩˨ʂuɑ˥˧ʂə˧˩˦xuo˥˧lie˧.（耍社火？）啊，扭秧歌儿么。ɑ˩˨,niou˥˧˩˦iaŋ˥˧kər˥˧muo˧.（你们那个花炮是指什么东西？花炮那都……放炮是……）炮是一种……炮是炮仗[③]，响的么。pʰaɔ˧sʅ˧i˥˧˩˨tʂuoŋ˥˧˩˨……pʰaɔ˧sʅ˧pʰaɔ˧tʂaŋ˧,ɕiaŋ˥˧ti˧muo˧.（就是爆竹是吗？）噢，爆竹么。这个花炮它必须打到空中

---

① 罗：细筛的一种。元无名氏《蓝采和》第一折："将着个瓦鉼木钵白磁礶，抄化了些罗头磨底薄麸面。"明宋应星《天工开物·粹精》："凡麦经磨之后，几番入罗，勤者不厌重复。"也用作动词，指过罗。梁斌《红旗谱》十九："春兰说着，尽低了头，眼睛也不抬一抬，只是看着手罗面。"文献中也作"箩"，《广韵》鲁何切："筛箩。"

② 社火：旧时节日村社迎神赛会所扮演的诸种杂戏，后亦演变为群众性的游艺活动。宋范成大《上元纪吴中节物俳谐体三十二韵》"轻薄行歌过，颠狂社舞呈"自注："民间鼓乐谓之社火，不可悉记，大抵以滑稽取笑。"丁玲《三日杂记》："他们又是闹社火的好手，腰肢灵活，嗓音洪亮，小伙子们都乐意跟着他们跑，任他们驱遣。"

③ 炮仗：即爆竹。《七修类稿·诗文二·除夕元旦词》引明沈宜《蝶恋花·除夕》词："炮仗满街惊耗鬼，松柴烧在乌盆里。"

的那种。ɑɔ˨˩,pɑɔ˥˦tʂʮ˥˧muo˧.tʂə˥kə˥xuɑ˥˨pʰɑɔ˥tʰɑ˥˦pi˥˦ɕy˥˨tɑ˥tɑɔ˥˨kʰuoŋ˥˧tʂuoŋ˥˨ti˧næᴇ˥tʂuoŋ˥˦.（有火焰的那个，有花的那……）啊，有火焰的这种啊，花炮么。你这正月里如果没有社火，那就很难急就这些活动。ɑ˨˩,iou˥˦xuo˥˦iæ̃˥˦ti˧tʂei˥tʂuoŋ˥˦ɑ˥,xuɑ˥˨pʰɑɔ˥muo˧.ni˥˨tʂə˥tʂəŋ˥yo˥˨li˥˨ʐʮ˨˩kuo˥mei˨˩iou˥ʂə˥˦xuo˥˨,nə˥tsou˥xəŋ˥næ̃˨˩tɕi˥˨tɕiou˥˦tʂei˥ɕie˥˨xuo˨˩tuoŋ˥.（你们这儿有社火没有？）社火前几年多的是，这二年都太没有人耍了。ʂə˥xuo˥˨tɕʰiæ̃˨˩tɕi˥niæ̃˨˩tuo˥tə˧sʅ˥,tʂə˥ər˥niæ̃˨˩tou˥˦tʰæᴇ˥mei˨˩iou˥˦zəŋ˨˩ʂuɑ˥lə˧.（你们这社火是用什么做成的？）社火是个人……这是个……总的名称叫社火，实际上就是一种活动，也是民间群众自发的组织起来这一种活动。这个里头么，他又是这个欸敲锣打鼓嘛。这主要乐器就是这个……鼓，锣，这个铰子[①]，这几样乐器么。下来耍的那东西么有……ʂə˥xuo˥˨sʅ˥kə˥ʐəŋ˨˩……tʂei˥˦sʅ˥kə˥……tsuoŋ˥ti˧miŋ˨˩tʂʰəŋ˥tɕiɑɔ˥ʂə˥˦xuo˥˨,ʂʅ˨˩tɕi˥˦ʂɑŋ˥tɕiou˥˦sʅ˥i˥˨tʂuoŋ˥xuo˨˩tuoŋ˥,ie˥˨sʅ˥miŋ˨˩tɕiæ̃˥tɕʰyoŋ˨˩tʂuoŋ˥tsʅ˥fɑ˥˨ti˧tsʮ˥tʂʅ˥˨tɕʰi˥læᴇ˨˩tʂei˥i˥˦tʂuoŋ˥˦xuo˨˩tuoŋ˥˦.tʂə˥kə˥li˥˦tʰou˧muo˧,tʰɑ˥˦iou˥sʅ˥tʂə˥kə˥ei˥tɕʰiɑɔ˥˨luo˨˩tɑ˥˦ku˥mɑ˧.tʂə˥˨tʂʮ˥iɑɔ˥˦yo˥˨tɕʰi˥˦muo˧tɕiou˥sʅ˥tʂə˥kə˥……ku˥,luo˨˩,tʂə˥kə˥˨tɕiɑɔ˥tsʅ˧,tʂei˥tɕi˥˦iɑŋ˥yo˥˨tɕʰi˥˦muo˧.ɕiɑ˥˦læᴇ˨˩ʂuɑ˥ti˧nə˥˨tuoŋ˥ɕi˧muo˧iou˥˦……（铰子是什么东西？）铰子，噢，呛呛呛。再一个，他就说是这个，耍的里头有，有耍狮子的，有耍龙灯的，有跑旱船的，噢，扭秧歌儿，这个里头分文故事和武故事。文故事你比如是这个欸你看那他出来是这个青白二蛇，白蛇借……这个白蛇借伞，游西湖咧嘛，那个故事名字就叫“游西湖”嘛。游西湖你看她就……人化妆出来以后都穿的那衣裳，然后敲锣打鼓咧，她在那唱咧，啊哈吭—嗯啊，跑上过来以后……tɕiɑɔ˥tsʅ˧,ɑɔ˨˩,tsʰɑŋ˥tsʰɑŋ˥tsʰɑŋ˥˨.tsæᴇ˥i˥˦kə˥,tʰɑ˥˦tɕiou˥˨ʂuo˥˨sʅ˥tʂə˥kə˥,ʂuɑ˥ti˧li˥˦tʰou˧iou˥˦,iou˥˦ʂuɑ˥˦sʅ˥tsʅ˧ti˧,iou˥˨ʂuɑ˥luoŋ˨˩təŋ˥ti˧,iou˥˦pʰɑɔ˥xæ̃˥tʂʰuæ̃˨˩ti˧,ɑɔ˨˩,niou˥˦iɑŋ˥kər˥˨,tʂə˥kə˥li˥tʰou˧fəŋ˥vəŋ˨˩ku˥sʅ˥xuo˨˩vu˥ku˥sʅ˥.vəŋ˨˩ku˥sʅ˥ni˥˦pi˥ʐʮ˨˩sʅ˥tʂə˥kə˥ei˥ni˥˦kʰæ̃˥nə˥tʰɑ˥˦tʂʰʮ˥læᴇ˨˩sʅ˥tʂə˥kə˥tɕʰiŋ˥˨pei˨˩ər˥ʂə˨˩,pei˨˩ʂə˨˩tɕie˥……tʂə˥kə˥˨pei˨˩ʂə˨˩tɕie˥sæ̃˥,iou˨˩ɕi˥˨xu˨˩lie˧mɑ˧,nə˥kə˥ku˥˦sʅ˥miŋ˨˩tsʅ˥˦tɕiou˥tɕiɑɔ˥iou˨˩ɕi˥˨xu˨˩mɑ˧.iou˨˩ɕi˥˨xu˨˩ni˥˦kʰæ̃˥tʰɑ˥˦tsou˥˨……ʐəŋ˨˩xuɑ˥tʂuɑŋ˥˨tʂʰʮ˥læᴇ˨˩i˥˨xou˥tou˥˦tʂʰuæ̃˥˦tə˧næᴇ˥i˥ʂɑŋ˨˩,ʐæ̃˨˩xou˥tɕʰiɑɔ˥˨luo˨˩tɑ˥ku˥lie˧,tʰɑ˥˦tsæᴇ˥næᴇ˥tʂʰɑŋ˥˦lie˧,ɑ˨˩xɑ˥xɑŋ˥-ŋ̍˥ŋɑ˥,pʰɑɔ˥ʂɑŋ˥kuo˥læᴇ˨˩i˥˨xou˥˦……（她是唱吗？）唱么，这里头有唱词咧嘛。tʂʰɑŋ˥muo˧,tʂə˥li˥˦tʰou˧iou˥˦tʂʰɑŋ˥tsʰʅ˨˩lie˧mɑ˧.（唱词？是唱……唱的什么曲调呢？）唱这个过去都是唱民歌里头的这些。呃，《白蛇传》里头这些东西。tʂʰɑŋ˥tʂə˥kə˥kuo˥tɕʰy˥tou˥˨sʅ˥tʂʰɑŋ˥miŋ˨˩kə˥li˥˨tʰou˧ti˧tʂei˥˦ɕie˥˨.ə˨˩,pei˨˩ʂə˨˩tʂuæ̃˥li˥tʰou˧tʂei˥ɕie˥˦tuoŋ˥ɕi˧.（不是唱秦腔这些东西？）噢，这也有。有些东西是不唱的，是哑子，社火一般多一半是哑巴故事。哑巴故事。你比如是这个呃跑这个关公保皇嫂，哎你看是拿那个关公胡子数了，逮上以后，拿着那大刀，那其他人这锣鼓打上以后，他才能够跑场子。这是这是噢武故事么。文故事一般就是演，有些，文故事就唱咧，带唱的，你像跑旱船，扎成旱船以后，那艄公他带上以后，那个欸一个丫头坐得船里头跑上以后，这个要旋跑着要旋唱咧。噢，这里头他都要依照程序咧。你这个家家这个都讲究这个，为咧讨个吉祥，这个社火么就说是这个每天都请，那个有耍社火的人老百姓都请到到我们家里，今天晚上以后就说是这个，农村把这个，行话么这个土话就叫喝彩咧。ɑɔ˨˩,tʂei˥˦ie˥iou˥˨.iou˥˨ɕie˥˨tuoŋ˥ɕi˧sʅ˥pu˨˩tʂʰɑŋ˥ti˧,sʅ˥iɑ˥tsʅ˧,ʂə˥xuo˥˨i˥˨pæ̃˥tuo˥˦i˥˨pæ̃˥sʅ˥i ɑ˥pɑ˧ku˥˦sʅ˥˨.iɑ˥pɑ˧ku˥sʅ˥.ni˥pi˥ʐʮ˨˩sʅ˥tʂə˥kə˥ə˨˩pʰɑɔ˥tʂə˥kə˥kuæ̃˥kuoŋ˥˨pɑɔ˥xuɑŋ˨˩sɑɔ˥,æᴇ˥ni˥˦kʰæ̃˥sʅ˥nɑ˨˩nə˥kə˥kuæ̃˥kuoŋ˥˨xu˨˩tsʅ˥tʂʰuɑ˥lə˧,tæᴇ˥ʂɑŋ˥i˥˨xou˥,nɑ˨˩tʂə˧nə˥tɑ˥tɑɔ˥˨,nə˥tɕʰi˨˩tʰ

---

① 铰子：铜质小镲的俗称。

ɑ˥˧˧ʐəŋ˩˧˧tʂə˥luo˩˧˩ku˥˧˧tɑ˧˩˩ʂɑŋ˥˩i˧˩˩xou˥,tʰɑ˥˧˩tsʰæᴇ˩˧˩nəŋ˩˧˧kou˥pʰɑɔ˧˩tʂʰɑŋ˧˩tsɿ·˧.tʂə˥sɿ˥tʂə˥sɿ˥˩ɑɔ˩vu˧˩ku˥sɿ˥muo·˧.vəŋ˩˧ku˥sɿ˥i˥˧˩pæ̃˥˧˩tɕiou˥sɿ˥iæ̃˥˧˧,iou˧˩ɕie˥˧˩,vəŋ˩˧ku˥sɿ˥tɕiou˥tʂʰɑŋ˥lie·˧,tæᴇ˥tʂʰɑŋ˥˦ti·˧,ni˥˧˧ɕiɑŋ˥pʰɑɔ˧˩xæ̃˥tʂʰuæ̃˩˧,tsɑ˥˧tʂʰəŋ˩˧˩xæ̃˥tʂʰuæ̃˩˧i˥˧˩xou˥,nə˥sɑɔ˧˩kuoŋ˥˧˩tʰɑ˥˧˩tæᴇ˥tʂɑŋ˥i˥˧˩xou˥˧˥,nə˥kə˥ei˩i˥˧˩kə˥iɑ˥˧tʰou·˧tsuo˥tə·˧tʂʰuæ̃˩˧˩li˥˧˧tʰou·˧pʰɑɔ˥˧˩ʂɑŋ˥˧˥i˥˧˩xou˥˩,tʂə˥kə˥iɑɔ˥ɕyæ̃˥pʰɑɔ˧˩tʂə·˧iɑɔ˥ɕyæ̃˥tʂʰɑŋ˥lie·˧.ɑɔ˩,tʂə˥li˥˧˩tʰou·˧tʰɑ˥˧˧tou˥˧˧iɑɔ˥i˥˧tʂɑɔ˥˩tʂʰəŋ˩˧˩ɕy˥˧˥lie·˧.ni˥˧˧tʂə˥kə˥tɕiɑ˥˧˦tɕiɑ˥˧tʂə˥kə˥tou˥˧˦tɕiɑŋ˧˩tɕiou˥˧˧tʂə˥kə˥,vei˥lie·˧tʰɑɔ˧˩kə˥tɕi˧˩ɕiɑŋ˩˧,tʂə˥kə˥ʂə˥˦xuo˧˩˩muo·˧tɕiou˥ʂuo˥˧˧sɿ˥tʂə˥kə˥mei˧˩tʰiæ̃˥˧˩tou˥˧˩tɕʰiŋ˧˩,næᴇ˥kə˥iou˧˩ʂuɑ˧˩ʂə˥˦xuo˧˩˩ti·˧ʐəŋ˩˧lɑɔ˧˩pei˥˧˩ɕiŋ˥˧˥tou˥˧˩tɕʰiŋ˧˩tɑɔ˥˩tɑɔ˥ŋuo˧˩məŋ·˧tɕiɑ˥˧li˧˩˩,tɕiŋ˥˧˩tʰiæ̃˥˧˩væ̃˧˩ʂɑŋ˥i˥˧˩xou˥˧˥tsou˥˩ʂuo˥˧˩sɿ˥˩tʂə˥kə˥,luoŋ˩˧tsʰuoŋ˧˩pɑ˥˧˧tʂə˥kə˥,xɑŋ˩˧xuɑ˥muo·˧tʂə˥kə˥tʰu˧˩xuɑ˥tɕiou˥tɕiɑɔ˥xuo˥˧˩tsʰæᴇ˧˩lie·˧.（喝彩？）喝彩，噢。到你们家里这个院里去以后哇，龙……狮子舞上，龙耍上以后，锣鼓敲上，到你们这个院子里，像这个院子里头，从大门上进来，你这个掌……主人家，哎，高兴的够呛，放炮咧，放花咧，放这一阵儿，这锣鼓打到这个院里“乒乒乓乒乒乓”打的，打这一气子，转去一弄。那个狮子它上来，它又代表一定的这个吉祥咧嘛。到你这个地方以后，打咧一……一套这个过门儿打过来以后，“当当当当”到那个地方一停，到你这个院里这个地方，狮子它就站下，那个头摇的啊，就那么等……等着咧，这就是等你的在……掌柜的给钱咧。你给上点东西，现在那都是给点烟，呃，给点糖果儿，叫给多少钱。这个一给咧后，唠一过，狮子一合并，那个锣鼓加急就开始打过门了，“嘡—嘡嘡—嘡—啷嘡咿嘡嘡”。这个一打过以后，那个专门有个春官①……xə˥˧˩tsʰæᴇ˧˩,ɑɔ˩.tɑɔ˥ni˥˧˧məŋ·˧tɕiɑ˥˧li˥˧˩tʂə˥kə˥yæ̃˥li˥˧˩tɕʰi˥i˥˧˩xou˥˧˥vɑ˩,luoŋ˩˧……sɿ˧˩tsɿ·˧vu˧˩ʂɑŋ˥˩,luoŋ˩˧ʂuɑ˥˧˧ʂɑŋ˥i˥˧˩xou˥˧˥,luo˩˧˩ku˥˧˧tɕʰiɑɔ˧˩ʂɑŋ˥˩,tɑɔ˥ni˥˧˩məŋ·˧tʂə˥kə˥yæ̃˥tsɿ·˧li˥˧˩,ɕiɑŋ˥tʂə˥kə˥yæ̃˥tsɿ·˧li˥˧˩tou·˧,tsʰuoŋ˩˧˧tɑ˥məŋ˩˧˩ʂɑŋ˥tɕiŋ˥˦læᴇ˩˧˩,ni˥˧˧tʂə˥kə˥tʂɑŋ˧˩……tʂʯ˧˩ʐəŋ˩˧˩tɕiɑ˥˧˩,æᴇ˧˩,kɑɔ˥˧˩ɕiŋ˥ti·˧kou˥tɕʰiɑŋ˥,fɑŋ˥pʰɑɔ˥lie·˧,fɑŋ˥xuɑ˥˧lie·˧,fɑŋ˥tʂə˥i˥˧˩tʂə̃r˥˧˥,tʂə˥luo˩˧˩ku˧˩tɑ˧˩tɑɔ˥˩tʂə˥kə˥yæ̃˥li˥˧˩pʰiɑŋ˥pʰiɑŋ˥pʰɑŋ˧˩pʰiɑŋ˥pʰiɑŋ˥pʰɑŋ˥tɑ˧˩ti·˧,tɑ˧˩tʂei˥˩i˥˧˩tɕʰi˥tsɿ·˧,tʂuæ̃˥tɕʰy˥i˥˧˩nuoŋ˥.nə˥kə˥sɿ˧˩tsɿ·˧tʰɑ˥˧˧ʂɑŋ˥læᴇ˩˧˧,tʰɑ˥˧˧iou˥tæᴇ˥piɑɔ˥˧˧i˥˧tiŋ˥ti·˧tʂə˥kə˥tɕi˥˧˩ɕiɑŋ˩˧lie·˧mɑ·˧.tɑɔ˥ni˧˩tʂə˥kə˥ti˥˧˥fɑŋ˥˧˩i˥˧˩xou˥,tɑ˧˩lie·˧li˥˧˩……i˥˧˩tʰɑɔ˥tʂə˥˩kə˥˩kuo˥mə̃r˩˧tɑ˥˧˩kuo˥læᴇ˩˧˧i˥˧˩xou˥,tɑŋ˩tɑŋ˥tɑŋ˥tɑŋ˥tɑɔ˥nə˥kə˥ti˥fɑŋ˥˧˧i˥˧˩tʰiŋ˩˧,tɑɔ˥˧˥ni˥˧˧tʂə˥kə˥yæ̃˥˦li˥˧˩tʂə˥kə˥ti˥˧˥fɑŋ˥˧˩,sɿ˧˩tsɿ·˧tʰɑ˥˧˧tɕiou˥tʂæ̃˥˩xɑ˥,nə˥kə˥tʰou˩˧iɑɔ˩˧˩ti·˧ɑ˩,tɕiou˥nə˥muo·˧təŋ˥˧˧……təŋ˧˩tʂə·˧lie·˧,tʂei˥tɕiou˥sɿ˥təŋ˧˩ni˧˩ti·˧tsæᴇ˥……tʂɑŋ˧˩kuei˥˦ti·˧kei˥tɕʰiæ̃˩˧˩lie·˧.ni˥˧˧kei˥ʂɑŋ˥˩tiæ̃˥˧˩tuoŋ˧˩ɕi·˧,ɕiæ̃˥tsæᴇ˥nə˥˩tou˥˧˩sɿ˥˩kei˥tiæ̃˥˧˩iæ̃˧˩,ə˩,kei˥˧˥tiæ̃˥˧˩tʰɑŋ˩˧kuor˧˩,tɕiɑɔ˥˩kei˥tuo˥˧˩ʂɑɔ˧˩tɕʰiæ̃˩˧.tʂə˥kə˥i˥˧˩kei˥lie·˧xou˥˧˥,kʰuɑ˧˩i˥˧˩kuo˥,sɿ˧˩tsɿ·˧i˥˧˩xuo˩˧˩piŋ˥˧˥,nə˥kə˥luo˩˧˩ku˧˩tɕiɑ˥˧˩tɕi˥˧tɕiou˥kʰæᴇ˥˧sɿ˧˩˩tɑ˧˩˩kuo˥˧˥məŋ˩˧˩lə·˧,tʰɑŋ˧˩-tʰɑŋ˧˩tʰɑŋ˧˩-tʰɑŋ˧˩-lɑŋ˥˧˧tʰɑŋ˧˩i˩tʰɑŋ˧˩tʰɑŋ˧˩.tʂə˥kə˥i˥˧˩tɑ˧˩kuo˥i˥˧˩xou˥,nə˥kə˥tʂuæ̃˥˧˩məŋ˩˧iou˧˩kə˥˩tʂʰuoŋ˧˩kuæ̃˥˧˩……（春官？）春官，噢。tʂʰuoŋ˧˩kuæ̃˥˧˩,ɑɔ˧˩.（春官是什么呢？村官是吧？）春官，噢。这是“春天”的“春”。tʂʰuoŋ˧˩kuæ̃˥˧˩,ɑɔ˧˩.tʂə˥sɿ˥tʂʰuoŋ˧˩tʰiæ̃˥˧˩ti·˧tʂʰuoŋ˧˩.（噢，春官。“春天”的“春”？）嗯，嗯。“官”么它是这个“官”。这个人么就是一身黑，一身黑，黑礼服，戴个帽帽子，拿个蝇刷刷子②打人。这个人就是嘴要会说。ə̃˩,ə̃˩.kuæ̃˧˩muo·˧tʰɑ˥˧˧sɿ˥tʂə˥kə˥kuæ̃˥˧˩.tʂə˥˩kə˥˧˥ʐəŋ˩˧muo·˧tɕiou˥˩sɿ˥˩i˥˦ʂəŋ˧˩xei˥˧˧,i˥˦ʂəŋ˧˩xei˥˧˩,xei˥˧˩li˧˩fu˩˧,tæᴇ˥kə˥mɑɔ˥˦mɑɔ˥˩tsɿ·˧,nɑ˩˧˩kə˥iŋ˩˧ʂuɑ˧˩ʂuɑ˥˧˩tsɿ·˧tɑ˧˩ʐəŋ˩˧˩.tʂə˥kə˥ʐəŋ

① 春官：当地社火中有一个特殊的、核心的“演员”。他头戴礼帽，身穿黑礼服，随着鼓点声，手执蝇刷，以自己创作的诗句祝福百姓。

② 蝇刷刷子：即蝇拂，驱蝇除尘的用具，多以马尾制成。《红楼梦》第三十六回：“宝钗走近前来，悄悄的笑道：‘你也过于小心了。这个屋里还有苍蝇蚊子？还拿蝇刷子赶什么？’”

ʌtsou˥sʅ˥tsuei˥iao˥˩xuei˥˧ʂuo˥. （那个……蝇刷刷子是个什么东西？）过去那个东西说是这个用马尾做成的。kuo˥˧tɕʰy˥˩næᴇ˥kə˥tuoŋ˥ɕi˧ʂuo˥˩sʅ˥˩tʂə˥kə˥yoŋ˥ma˥vei˥tsuo˥˧tʂʰəŋʌti˧.（哦，赶苍蝇的那个！）噢，赶苍蝇这个。ɑɔ˩,kæ̃˥˧tsʰɑŋ˥iŋʌti˧tʂə˥kə˥.（那那玩意儿是黑的还是什么东西？）黑的。xei˥ti˧.（叫叫“蝇”什么？）蝇刷子。他把这个拿上以后你就是说是这个到哪瘩必须说哪瘩的话。你到□这个院里去咧，你比如说是这一家子人就说些吉祥的话。这是走农村家里。你要是到□这个欤，像旅……像这旅社院里来的话就是说那：社火到门前是……到谁谁谁的门前了，要祝□这个生意兴隆，财源茂盛，这就算对。这一下……iŋʌʂua˥tsʅ˧.tʰɑ˥pa˥˩tʂə˥kə˥naʌ˩ʂaŋ˥i˥˩xou˥ni˥˧tɕʰiou˥sʅ˥ʂuo˥˧sʅ˥tʂə˥kə˥tao˥na˥ta˥˩pi˥˩ɕy˥ʂuo˥na˥˩ta˥˩ti˧xua˥.ni˥˧tao˥niæ̃ʌ˩tʂə˥kə˥yæ̃˥˧li˥˩tɕʰi˥lie˧,ni˥˧pi˥˧zʯʌ˧ʂuo˥˧sʅ˥tʂə˥i˥˧tɕia˥tsʅ˧zəŋʌtɕiou˥ʂuo˥ɕie˥˧tɕi˥˩ɕiaŋʌti˧xua˥.tʂə˥sʅ˥tsou˥˧luoŋʌtsʰuoŋ˥˧tɕia˥li˥˩.ni˥˧iao˥sʅ˥˧tao˥niæ̃ʌ˧tʂə˥kə˥ei˩,ɕiaŋ˥ly˥……ɕiaŋ˥˩tʂə˥ly˥ʂə˥˧yæ̃˥li˥˧læᴇʌ˧tə˧xua˥tɕiou˥sʅ˥ʂuo˥˧næᴇ˥:ʂə˥xuo˥˩tao˥məŋʌtɕʰiæ̃ʌ˧sʅ˥……tao˥sei˥ʂei˥ʂeiʌ˧ti˧məŋʌtɕʰiæ̃ʌ˧lə˧,iao˥tʂʯ˥˧niæ̃ʌ˧tʂə˥kə˥səŋ˥i˥˩ɕiŋ˥˧luoŋʌ,tsʰæᴇʌyæ̃ʌmɑɔ˥ʂəŋ˥,tʂə˥˩tsou˥˩suæ̃˥˩tuei˥˧.tʂei˥i˥˩ɕia˥˧……（他这个念的这些话是押韵的吗？）他都是四六句子押韵着咧。兀他都兀……很少闹这个事情。这么个搞一遍，噢。tʰɑ˥˩tou˥˧sʅ˥˩sʅ˥˩liou˥˧tɕy˥˧tsʅ˧ia˥˩yoŋ˥ʂuo˥˩lie˧.væᴇ˥tʰɑ˥˩tou˥˧væᴇ˥˧……xəŋ˥˧ʂao˥nao˥tʂə˥kə˥sʅ˥tɕʰiŋʌ˩.tʂə˥muo˧kə˥kao˥i˥˩piæ̃˥˩,ɑɔ˩.（那这些这个这这这这一伙演员呢是哪来的呢？）群众……过去都是群众自发组织起来的。tɕʰyoŋʌ˩tʂuoŋ˥……kuo˥tɕʰy˥˩tou˥˩sʅ˥tɕʰyoŋʌ˩tʂuoŋ˥tsʅ˥fa˥˩tsʯ˥tʂʅ˥˩tɕʰi˥læᴇʌ˩ti˧.（那么是不是比如说就像咱们太白镇他是不是有好几支这样的队伍还是就这一支？）哎呀，那……前几年有一……几乎一个组，一个村他都有一个社火队。æᴇ˩ia˩,næᴇ˥˧……tɕʰiæ̃ʌtɕi˥˩niæ̃ʌ˧iou˥˧i˥˧……tɕi˥xu˥˩i˥˩kə˥tsʯ˥˩,i˥˩kə˥tsʰuoŋ˥tʰɑ˥˧tou˥˧iou˥˧i˥˩kə˥˧ʂə˥xuo˥˩tuei˥˩.（那是不是还要比……比赛？）那互……这互相见了面当然要攀比呀。那就是看谁耍的好。这个东西攀比的结果么就是狮子么。狮子要打擂台咧嘛。nə˥xu˥ɕ……tʂə˥xu˥ɕiaŋ˥˩tɕiæ̃˥˧lə˧miæ̃˥taŋ˥˩zæ̃ʌ˧iao˥pʰæ̃˥˩pi˥ia˧.nə˥tɕiou˥sʅ˥kʰæ̃˥sei˥ʂua˥ti˧xao˥.tʂə˥kə˥tuoŋ˥˩ɕi˧pʰæ̃˥˩pi˥ti˧tɕie˥˩kuo˥muo˧tɕiou˥sʅ˥sʅ˥tsʅ˧muo˧.sʅ˥tsʅ˧iao˥ta˥˧luei˥˧tʰæᴇʌ˩lie˧ma˧.（怎么打呢？）那有时候梯子，指下那个狮子上梯子啊，有时候上桌子啊，那都有下数咧。那个，这个长凳凳子他下来以后，那□都给你……有些人也出这个难题。我来以后，社火一进来么，就这长点子的这个凳子我你拿三个凳子。往这里一放，这你都要上头要给你耍咧。有咧凳子，要拿起来以后，你把这凳子必须一个套一个立起来以后，这样挂起来，你狮子都要上这上头去了。那给你端个梯子来以后，你这狮子就要到梯子顶上去了。næᴇ˥˧iou˥sʅʌ˩xou˥tʰi˥tsʅ˧,tsʅ˥xa˥nə˥kə˥sʅ˥tsʅ˧ʂaŋ˥tʰi˥tsʅ˧a˩,iou˥˧sʅʌ˧xou˥ʂaŋ˥˧tʂuo˥tsʅ˧a˧,nə˥˩tou˥˩iou˥˩xa˥˧ʂʯ˥˩lie˧.nə˥kə˥,tʂə˥kə˥tʂʰaŋʌtuoŋ˥tuoŋ˥tsʅ˧tʰɑ˥˩ɕia˥˩læᴇʌi˥˩xou˥,næᴇ˥˧niæ̃ʌ˩tou˥˧kei˥ni˥˧……iou˥ɕie˥˩zəŋʌie˥˧tʂʰʯ˥tʂə˥˩kə˥˩næ̃ʌtʰieʌ.ŋuo˥læᴇʌi˥˩xou˥,ʂə˥xuo˥˩i˥˩tɕiŋ˥˧læᴇʌ˧muo˧,tɕiou˥tʂə˥˩tʂʰaŋʌtiæ̃˥˩tsʅ˧ti˧tʂə˥˩kə˥˩təŋ˥˧tsʅ˧ŋuo˥˧ni˥˧naʌsæ̃˥kə˥˩təŋ˥˧tsʅ˧.vaŋ˥˩tʂə˥li˥˩i˥˩faŋ˥,tʂə˥ni˥˧tou˥˧iao˥ʂaŋ˥tʰou˧iao˥kei˥ni˥˩ʂua˥lie˧.iou˥lie˧təŋ˥˧tsʅ˧,iao˥naʌtɕʰi˥læᴇʌi˥˩xou˥,ni˥pa˥˩tʂə˥təŋ˥˧tsʅ˧pi˥ɕy˥˧i˥kə˥tʰao˥i˥˧kə˥li˥˩tɕʰi˥læᴇʌi˥˩xou˥,tʂə˥iaŋ˥kua˥tɕʰi˥˩læᴇʌ,ni˥˧sʅ˥tsʅ˧tou˥˧iao˥ʂaŋ˥tʂə˥ʂaŋ˥tʰou˧tɕʰy˥˩lə˧.næᴇ˥kei˥ni˥˧tuæ̃˥kə˥˩tʰi˥tsʅ˧læᴇʌi˥˩xou˥,ni˥˧tʂə˥sʅ˥tsʅ˧tɕiou˥iao˥tao˥tʰi˥˧tsʅ˧tiŋ˥ʂaŋ˥˩tɕʰy˥˩lə˧.（那就还是要有点本事呢！）要本事。那是两……狮子是两个人耍的嘛。你头上一个，掌握的这个……这尾巴后头一个人。给你放这一个桌子，放这个桌子上，兀你不能说是我就这个外头转一转，那不行。狮子必须上来到这上头去了。这你互相配合好咧都……头配合

他锣鼓一打，前头那个人一跳，后头人把腰一搦，你不是嘣噔两个人都跳得桌子上去了？iaɔ˥pəŋ˥˧sɿ˥˧˩.nə˥sɿ˥liaŋ˥˧……sɿ˥˧tsɿ˨sɿ˥˧˩liaŋ˥˧kə˥˧˩zəŋ˩˧ʂuɑ˥˧ti˨ma˨.ni˥˧˦tʰou˩˧˩ʂaŋ˥˦i˥˧˩kə˥,tʂaŋ˥˧˦vuo˥˧˦ti˨tʂə˥kə˥……tʂə˥˧˩vei˥˧pa˨xou˥˦tʰou˨i˥˧˩kə˥˦zəŋ˩˧˩.kei˥ni˥˧˦faŋ˥tʂei˥i˥˧˩kə˥tʂuo˥˧tsɿ˨,faŋ˥tʂei˥kə˥tʂuo˥˧tsɿ˨ʂaŋ˥,væᴇ˥ni˥˧pu˩˧˩nəŋ˩˧ʂuo˥˧˦sɿ˥ŋuo˥˧˦tsou˥tʂə˥kə˥væᴇ˥˩˧tʰou˨tʂuæ̃˥i˥˧˦tʂuæ̃˥,nə˥˦pu˩˧˩ɕiŋ˩˧.sɿ˥˧tsɿ˨pi˥˧˦ɕy˥˧˦ʂaŋ˥læᴇ˩˧˦taɔ˥tʂei˥˦ʂaŋ˥˧˩tʰou˨tɕʰy˥˧˩lə˨.tʂə˥ni˥˧˦xu˥ɕiaŋ˥˧˩pʰei˥xə˩˧xaɔ˥˧lie˨tou˥˧˩……tʰou˩˧pʰei˥xuo˩˧˦tʰɑ˥˧˦luo˩˧˩ku˥˧i˥˧˩tɑ˥˧,tɕʰiæ̃˩˧˩tʰou˨nə˥kə˥zəŋ˩˧i˥˧˩tʰiaɔ˥,xou˥tʰou˨zəŋ˩˧pɑ˥˧˩iaɔ˥˧i˥˧˩tsʰou˥˧,ni˥˧˩pu˩˧˦sɿ˥pəŋ˥˧˩təŋ˥˧liaŋ˥˧kə˥˧˩zəŋ˩˧tou˥˧˩˧tʰiaɔ˥tə˨tʂuo˥˧tsɿ˨ʂaŋ˥˧˩tɕʰy˥˧˩lə˨?

（那个耍龙灯不耍呢？）耍嘛。龙灯必须耍……最低龙灯你要耍够十二节咧，每……十二个月么。ʂuɑ˥˧ma˨.luoŋ˩˧təŋ˥˧pi˥˧˩ɕy˥˧ʂ……tsuei˥ti˥˧˩luoŋ˩˧təŋ˥˧ni˥˧˦iaɔ˥ʂuɑ˥˧˦kou˥ʂʅ˩˧˩ər˥tɕie˥˧lie˨,mei˥˧˩……ʂʅ˩˧˩ər˥kə˥yo˥˧muo˨.（是包括龙头在内十二节还是不包括龙头？）不包括龙头要十二个月咧。pu˩˧˦paɔ˥˧˦kʰuo˥˧luoŋ˩˧tʰou˩˧˦iaɔ˥˦ʂʅ˩˧˩ər˥kə˥yo˥˧lie˨.（那是用布做的还是……）用布做下的。yoŋ˥pu˥˩˧tsuo˥˧˩xɑ˥˧˩ti˨.（龙尾算一节吗？）龙尾……算着咧嘛。luoŋ˩˧vei˥˧……suæ̃˥tʂuo˥˧˩lie˨ma˨.（也算一节？）噢，要算一节。它是……ɑɔ˥,iaɔ˥suæ̃˥˦i˥˧˩tɕie˥˧˩.tʰɑ˥˧sɿ˥˧˩……（算十二节里头一节？）啊，十二节，它是头里扎成龙头，然后后头是一节子一节子的ɑ˧˩,ʂʅ˩˧˩ər˥tɕie˥˧˩,tʰɑ˥˧˩sɿ˥˧˩tʰou˩˧˩li˨tsɑ˥˧tʂʰəŋ˩˧˩luoŋ˩˧tʰou˩˧˦,zæ̃˩˧˩xou˥xou˥tʰou˨sɿ˥˧˩i˥˧˩tɕie˥˧tsɿ˨i˥˧˩tɕie˥˧tsɿ˨ti˨.（噢。中间是没有连起来的吗？）连着咧。用布连起来，十二个人，那你这十二个龙头的话你得十二个人耍……十二节子龙你十二个人耍咧嘛。liæ̃˩˧˩tʂuo˥˧lie˨.yoŋ˥˧˩pu˥liæ̃˩˧˩tɕʰi˥˧læᴇ˩˧˩,ʂʅ˩˧˩ər˥˦kə˥˧˩zəŋ˩˧˩,næᴇ˥ni˥˧˦tʂə˥ʂʅ˩˧˩ər˥kə˥˧˩luoŋ˩˧tʰou˩˧˩ti˨xuɑ˥ni˥˧˦tei˥˧˩ʂʅ˩˧˩ər˥kə˥zəŋ˩˧ʂ……ʂʅ˩˧˩ər˥tɕie˥˧tsɿ˨luoŋ˩˧ni˥˧˦ʂʅ˩˧˩ər˥kə˥zəŋ˩˧ʂuɑ˥˧lie˨ma˨.（噢，那个节子里面安不安那个灯？）安着咧。现在都很简单，安个灯泡儿，然后这吻一个人顶上，好几个人都跟上这个，舞来舞去。næ̃˥˧tʂuo˥˧˩lie˨.ɕiæ̃˥tsæᴇ˥˦tou˥˧˩xəŋ˥˧tɕiæ̃˥˧tæ̃˥˧˩,næ̃˥˧kə˥˧˩təŋ˥˧˩pʰɑɔr˥,zæ̃˩˧˩xou˥tʂə˥xu˥˧i˥˧˩kə˥˦zəŋ˩˧˦tiŋ˥˧ʂaŋ˥˧˩,xaɔ˥˧tɕi˥˧kə˥zəŋ˩˧tou˥˧˦kəŋ˥˧ʂaŋ˥˧˩tʂə˥kə˥,vu˥˧læᴇ˩˧vu˥˧˩tɕʰi˥.（他安个灯泡，哪来的那个电呢？）安个电……安个电池就对了么。næ̃˥˧kə˥˧˩tiæ̃˥……næ̃˥˧kə˥˧˩tiæ̃˥tʂʰʅ˩˧˦tsou˥˧˩tuei˥lə˨muo˨.（过去是用什么呢？）过去耍得好那会儿那要用蜡。用蜡做成的。kuo˥tɕʰy˥ʂuɑ˥˧tei˥˧˩xaɔ˥˧nə˥xuər˥˧˩nə˥iaɔ˥yoŋ˥lɑ˥˧.yoŋ˥˩˧lɑ˥˧tsuo˥˦tʂʰəŋ˩˧˩ti˨.

老牛老马歇一天、燎疳

（元宵节过后正月里面还有其他节没有？）黄：正月里，正月丢下个二十三咧。tʂəŋ˥˧yo˥˧˩li˥˧˩,tʂəŋ˥˧yo˥˧˩tiou˥˧xɑ˥˧˩kə˥˧˩ər˥ʂʅ˩˧˦sæ̃˥˧lie˨.（正月二十三，这个是叫什么？）正月二十三，老牛老马歇一天。所有的牲口都不能……也不……tʂəŋ˥˧yo˥˧˩ər˥ʂʅ˩˧˦sæ̃˥˧,laɔ˥˧niou˩˧laɔ˥˧mɑ˥˧ɕie˥˧˩i˥˧˩tʰiæ̃˥˧.ʂuo˥˧iou˥˧ti˨səŋ˥˧kʰou˥˧˩tou˥˧˦pu˩˧˩nəŋ˩˧……ie˥˧˩pu˩˧˦……（不劳动？）不劳动了，噢。然后这一天都让它们休息一天。这个晚上么，正月二十三，呃，还有一个乡俗叫燎疳。pu˩˧˩laɔ˩˧˩tuoŋ˥lə˨,ɑɔ˧˩.zæ̃˩˧˩xou˥tʂei˥i˥˧˦tʰiæ̃˥˧˦tou˥˧˦zaŋ˥tʰɑ˥˧məŋ˨ɕiou˥˧ɕi˥˧˩i˥˧tʰiæ̃˥˧˩.tʂə˥kə˥væ̃˥˧ʂaŋ˥˧˩muo˨,tʂəŋ˥˧yo˥˧˩ər˥ʂʅ˩˧˦sæ̃˥˧,ə˧˩,xæᴇ˩˧˩iou˥˧i˥˧˩kə˥˧˩ɕiaŋ˥˧ɕy˩˧˩tɕiaɔ˥liaɔ˥kæ̃˥˧.（liaɔ˥kæ̃˥˧是什么东西呢？）燎疳么就说是，这一天么[这]些年轻人么就是出去以后，把这个茅草、这蒿子这些捆一大捆以后搬出来，堆在院里头，还是架咧一堆大的篝火，烧着以后，它火焰熊熊的，这个都围着那个咧，连说带笑的。[年]轻人么就是跨过这个火堆嘛……liaɔ˥kæ̃˥˧muo˨tɕiou˥˧˩ʂuo˥˧˩sɿ˥˧˩,tʂei˥i˥˧˩tʰiæ̃˥˧muo˨ɕie˥˧˦niæ̃˩˧˩tɕʰiŋ˥˧zəŋ˩˧muo˨tsou˥sɿ˥tʂʰʅ˥˧tɕʰy˥i˥˧˩xou˥˦,pɑ˥˧˩tʂə˥kə˥maɔ˩˧tsʰaɔ˥˧,tʂə˥xaɔ˥˧tsɿ˨tʂə˥ɕie˥˧˩kʰuoŋ˥˧˦i˥˧˦tɑ˥kʰuoŋ˥˧˩i˥˧˩xou˥˦pæ̃˥˧˩tʂʰʅ˥˧læᴇ˩˧˩,tuei˥˧tsæᴇ˥˧˩yæ̃˥li˥˧tʰou˨,xæᴇ˩˧˩sɿ˥˦tɕiɑ˥lie˨i˥˧˩tuei˥˧tɑ˥ti˨kou˥˧˦xuo˥˧,ʂaɔ˥˧˩tʂuo˩˧i˥˧˩xou˥,tʰɑ˥˧

˦xuo˥˧˦iæ̃˦ɕyoŋ˨˦ɕyoŋ˨˩˨ti˧,tʂə˦kə˦tou˥˧˦vei˨˦tʂuo˥˧˦nə˦kə˦lie˧,liæ̃˨˦ʂuo˥˩˨tæᴇ˦ɕiaɔ˦ti˨.tɕʰiŋ˥˧zəŋ˨˦muo˧tsou˦sɿ˦kʰua˦kuo˦tʂə˦kə˦xuo˥˧tuei˥˧ma˨……（要跨过去？）噢，跳的啊咿蹦到这边高兴的跳的，耍一耍。这个都说是把你这个身上的这个疾病，不吉利这些东西都燎过去了。ɑɔ˨˩,tʰiaɔ˦ti˧la˥˧i˨˩pəŋ˦taɔ˦tʂə˦piæ̃˨˦kaɔ˥˩˨ɕiŋ˦ti˨tʰiaɔ˦ti˨,ʂua˥˧i˥˩˨ʂua˥˩˨.tʂə˦kə˦tou˥˩˨ʂuo˥˧˦sɿ˦pa˥˩˨ni˥˧tʂə˦˩kə˦˩ʂəŋ˥˧ʂaŋ˦˩ti˧tʂə˦kə˦tɕi˨˦˩piŋ˦,pu˨˦˩tɕi˥˧li˦tʂei˦ɕie˥˧˦tuoŋ˥˧ɕi˨tou˥˩˨liaɔ˦kuo˦tɕʰy˦lə˧.（“痯”是什么？）“痯”就是好像是过去是民俗……传说中的一种……欸，一种。说是这个鬼怪嘛啥东西要燎咧，把这个东西燎燎去啊。把一些这个身上这个不……晦气的东西全部都燎出去了。然后最后了，剩下那大火都着过，剩下那火星子了。还弄个土……弄个土疙瘩，啊啪啪，唾些唾沫，往上一□[①]一望出一撇，撇的远远儿的。就是把你身上……kæ̃˥˧tɕiou˦sɿ˦xaɔ˥˧˦ɕiaŋ˦sɿ˦kuo˦˥tɕʰy˦sɿ˦miŋ˨˦sɥ……tʂʰuæ̃˨˦˩ʂuo˥˧tʂuoŋ˥˩˨ti˨i˥˩˨tʂuoŋ˥˧……ei˨˩,i˥˩˨tʂuoŋ˥˧.ʂuo˥˧˦sɿ˦tʂə˦kə˦kuei˥˧kuæᴇ˦ma˧sa˦tuoŋ˥˩˨ɕi˨iaɔ˦liaɔ˦˥lie˨,pa˥˩˨tʂə˦˥kə˦˥tuoŋ˥˩˨ɕi˨liaɔ˦˥liaɔ˦tɕʰi˦˩a˨˩.pa˥˩˨i˥˩˨ɕie˥˧tʂə˦˩kə˦˩ʂəŋ˥˧ʂaŋ˦˩tʂə˦kə˦pu˨˦˩……xuei˦˥tɕʰi˦ti˧tuoŋ˥˧ɕi˨tɕʰyæ̃˨˦˩pu˦tou˥˩˨liaɔ˦˩tʂʰɥ˥˧tɕʰi˦˩lə˨.zæ̃˨˦˩xou˦˥tsuei˦xou˦lə˨,ʂəŋ˦xa˦nə˦˩ta˦xuo˥˧tou˥˩˨tʂuo˨˦˩kuo˦,ʂəŋ˦xa˦na˦xuo˥˧˦ɕiŋ˥˧tsɿ˨lə˨,xa˨˦nuoŋ˦kə˦tʰu˥˧……nuoŋ˦kə˦tʰu˥˧˦kə˥˧ta˥˩˨,a˦pʰa˦pʰa˦,tʰuo˦˥ɕie˥˩˨tʰuo˦˥muo˥˩˨,vaŋ˥˩˨ʂaŋ˦˥i˥˩˨pia˦i˥˧˦vaŋ˦tʂʰɥ˥˧˦i˥˩˨pʰie˥˧,pʰie˥˧ti˨yæ̃˥˧yæ̃r˥˧ti˨.tsou˦sɿ˦pa˥˩˨ni˥˧˦ʂəŋ˥˧ʂaŋ˦˩……（就是那种除……除灾的那种啊？）噢，除灾的，噢。这一过完以后这就年就过完咧噢。一到二十三以后，痯一燎以后，啥都没了。这是算把年过完了。ɑɔ˨˩,tʂʰɥ˨˦˩tsæᴇ˥˧ti˨,ɑɔ˨˩.tʂei˦˥i˥˩˨kuo˦væ̃˨˦˩i˥˩˨xou˦tʂə˦tsou˦niæ̃˨˦tsou˦kuo˦væ̃˨˦liaɔ˧.i˥˩˨taɔ˦ər˦ʂɿ˨˦sæ̃˥˧i˥˩˨xou˦,kæ̃˥˧i˥˩˨liaɔ˦˥i˥˩˨xou˦,sa˦tou˥˧˦muo˥˧lə˨.tʂə˦sɿ˦suæ̃˦pa˥˩˨niæ̃˨˦kuo˦væ̃˨˦˩lə˧.

二月二，龙抬头

（二月呢？）黄：二月二那就是……龙抬头[②]么。ər˦yo˥˩˨ər˦næᴇ˦˩tɕiou˦˩sɿ˦˩……luoŋ˨˦tʰæᴇ˨˦˦tʰou˨˦˩muo˧.（这个这一天有什么庆祝活动没有？）这一天，戴棒槌嘛。tʂei˦i˥˧˦tʰiæ̃˥˧,tæᴇ˦paŋ˦tʂʰuei˨˦˥ma˨.（怎么戴棒槌？）二月二，戴棒槌。这就是一种……二月二，用桃木修成一像棒槌的那种东西。过去洗衣服捶的那个棒槌，他把这个槌上，哎，底下有把红丝线，花红丝线穿成须子。ər˦yo˥˩˨ər˦,tæᴇ˦paŋ˦tʂʰuei˨˦˩.tʂei˦tɕiou˦sɿ˦i˥˩˨tʂuoŋ˥˧……ər˦yo˥˩˨ər˦,yoŋ˦tʰɑɔ˨˦˩mu˥˧ɕiou˥˧tʂʰəŋ˨˦i˥˩˨ɕiaŋ˦˩paŋ˦tʂʰuei˨˦˩ti˧nei˦tʂuoŋ˥˩˨tuoŋ˥˧ɕi˨.kuo˦tɕʰy˦ɕi˥˧˦i˥˩˨fu˨˦˩tʂʰuei˨˦˩ti˧nə˦˩kə˦˩paŋ˦˥tʂʰuei˨˦˩,tʰa˥˧˦pa˥˩˨tʂə˦kə˦tʂʰuei˨˦˩ʂaŋ˦,æᴇ˨˩,ti˥˧xa˦˩iou˥˧pa˥˩˨xuoŋ˨˦sɿ˥˩˨ɕiæ̃˦,xua˥˩˨xuoŋ˨˦sɿ˥˩˨ɕiæ̃˦tʂʰuæ̃˥˩˨tʂʰəŋ˨˦ɕy˥˧˦tsɿ˨.（红丝线是吗？）丝，欸，线噢，线这里头带成须子，然后给娃娃戴在身上。sɿ˥˧,ei˨˩,ɕiæ̃˦˥ɑɔ˨˩,ɕiæ̃˦tʂə˦li˥˩˨tʰou˨tæᴇ˦tʂʰəŋ˨˦ɕy˥˧˦tsɿ˨,zæ̃˨˦˩xou˦kei˦va˨˦˩va˨˦˦tæᴇ˦tsæᴇ˦ʂəŋ˥˧ʂaŋ˦˩.（戴在哪个地方呢？）这都在这个欸身上戴着咧。纽扣上，纽扣上一拴，有的给肩膀上戴的。tʂə˦˥tou˥˩˨tsæᴇ˦tʂə˦kə˦ei˨˩ʂəŋ˥˧ʂaŋ˦˩tæᴇ˦tʂə˧lie˨.niou˥˧˦kʰou˦ʂaŋ˦,niou˥˧˦kʰou˦ʂaŋ˦i˥˩˨ʂuæ̃˥˧,iou˥˧˦ti˧kei˦˩tɕiæ̃˥˧paŋ˥˩˨ʂaŋ˦˩tæᴇ˦ti˨.（噢，这用桃木做成的？）噢，用桃木做成。ɑɔ˨˩,yoŋ˦tʰɑɔ˨˦˩mu˥˧tsuo˦tʂʰəŋ˨˦˩.（没好大吧？）没好大。现在都这么长长一点点。噢，现在现在就大啦。现在有修这么奘[③]有这么长的。mei˨˦xɑɔ˥˩˨ta˦˩.ɕiæ̃˦tsæᴇ˦tou˥˧˦tʂə

① pia˦：象声词。

② 龙抬头：农历二月二日系古人所谓中和节，传说此日安眠了一冬的龙抬起头来。明刘侗、于奕正《帝京景物略·春场》：“二月二日曰龙抬头，煎元旦祭余饼，熏床炕，曰熏虫儿；谓引龙，虫不出也。”清富察敦崇《燕京岁时记·龙抬头》：“二月二日，古之中和节也。今人呼为龙抬头。”

③ 奘：粗而大。《广韵》徂朗切。《西游记》第九十五回：“（大圣）见那短棍儿一头奘，一头细，却似春碓臼的杵头模样。”

˥˦˥muo˧tʂʰɑŋ˩˧˨˩tʂʰɑŋ˩˧˦˥i˥˧˨˩tiæ̃˥˧˨˩tiæ̃˥˧˨˩.ɑɔ˨˩,ɕiæ̃˥tsæᴇ˥ɕiæ̃˥tsæᴇ˥˦˥tɕiou˥˨˩tɑ˥lɑ˧.ɕiæ̃˥tsæᴇ˥iou˥˧ɕiou˥˧˨˩tʂə˥muo˧tʂuɑŋ˥˧˧iou˥˧˧tʂə˥muo˧tʂʰɑŋ˩˧˨˩ti˧.（它是挂在脖子上面还是怎么搞呢？）在纽扣子上这里一拴。tsæᴇ˥niou˥˧kʰou˥tsɿ˧ʂɑŋ˥˨˩tʂə˥li˥˧˧i˥˨˩ʂuæ̃˥˧.（噢，拴在纽扣上面？）啊，拴得纽扣上边那种。ɑ˨˩,ʂuæ̃˥˧tə˧niou˥˧˧kʰou˥˦˥ʂɑŋ˥piæ̃˥˧næᴇ˥˦˥tʂuoŋ˥˧˨˩.（那那背后怎么拴呢？）背后他放针线就给娃娃□的肩膀上，噢，别得肩膀上。pei˥xou˥tʰɑ˥˧˧fɑŋ˥tʂəŋ˥˧˨˩ɕiæ̃˥tɕiou˥kei˥vɑ˩˧˨˩vɑ˩˧˧tsæᴇ˥ti˧tɕiæ̃˥˧pɑŋ˥˧˨˩ʂɑŋ˥˨˩,ɑɔ˨˩,pie˩˧tə˧tɕiæ̃˥˧pɑŋ˥˧˨˩ʂɑŋ˥˨˩.（tsæᴇ˥是……）□噢，缝的……也就是缝得上头了。tsæᴇ˥ɑɔ˨˩,fəŋ˩˧ti˧……ie˥˧tɕiou˥sɿ˥fəŋ˩˧˨˩tə˧ʂɑŋ˥tʰou˧lə˧.（tsæᴇ˥是什么呢？）□就是缝的意思么。这好像和“再一次”的“再”是这个同音着咧。这一天那你是这个……二月二，龙抬头啊，理发。tsæᴇ˥tɕiou˥sɿ˥fəŋ˩˧ti˧i˥sɿ˧muo˧.tʂə˥xɑɔ˥˧˧ɕiɑŋ˥xuo˩˧˧tsæᴇ˥i˥˧˨˩tsʰɿ˥˦˥ti˧tsæᴇ˥sɿ˥˨˩tʂə˥˨˩kə˥˨˩tʰuoŋ˩˧˨˩iŋ˥˧˨˩tʂuo˥˧lie˧.tʂei˥i˥˧˧tʰiæ̃˥˧næᴇ˥ni˥˧˧sɿ˥tʂə˥˨˩kə˥˨˩……ər˥yo˥˧˨˩ər˥,luoŋ˩˧tʰæᴇ˩˧tʰou˩˧ɑ˨˩,li˥˧˧fɑ˥˧.（理发？）噢，男男女女，老……这个老老少少这些娃娃这些啥，都到理发铺里，把头一……头发……推一下，龙抬头，我帮你头一下叩。ɑɔ˨˩,næ̃˩˧næ̃˩˧˧ny˥˧˧ny˥˧˧,lɑɔ˥˧˧……tʂə˥kə˥lɑɔ˥˧lɑɔ˥˧˨˩ʂɑɔ˥˦˥ʂɑɔ˥˦˥tʂə˥ɕie˥˧˧vɑ˩˧˨˩vɑ˩˧˦˥tʂə˥ɕie˥˧˧sɑ˥˨˩,tou˥˧˧tɑɔ˥li˥˧fɑ˥˧˨˩pʰu˥li˥˧˨˩,pɑ˥˧˨˩tʰou˩˧i˥˧˨˩……tʰou˩˧˨˩fɑ˥˧t……tʰuei˥˧i˥˧˨˩ɕiɑ˥˨˩,luoŋ˩˧tʰæᴇ˩˧tʰou˩˧,ŋuo˥˧pɑŋ˥˧˨˩ni˥˧˨˩tʰou˩˧i˥˧˧ɕiɑ˥kʰou˥˨˩.（噢，那那那一天这个理发店生意好得很呐。）啊，理发店生意好。ɑ˨˩,li˥˧˨˩fɑ˥˧tiæ̃˥˦˥səŋ˥˧˨˩i˥xɑɔ˥˧˨˩.

（呃，还有什么其他庆祝活动？吃……吃方面呢？）二月二，这个按农村吃的话，是大早起来不能担水啊，二月二一般不担水。ər˥yo˥˧˨˩ər˥,tʂə˥kə˥læ̃˥（←næ̃˥）luoŋ˩˧tsʰuoŋ˥˧tʂʰʅ˥˧ti˧xuɑ˥˨˩,sɿ˥tɑ˥˨˩tsɑɔ˥˧tɕʰi˥˧læᴇ˩˧˨˩pu˩˧˨˩nəŋ˩˧tæ̃˥˧˨˩ʂuei˥˧ɑ˨˩,ər˥yo˥˧˨˩ər˥i˥˧˧pæ̃˥˧pu˩˧˨˩tæ̃˥˧˨˩ʂuei˥˧.（啊。那就是说二月一就就得就把那个……）把水担好么。pɑ˥˧˨˩ʂuei˥˧tæ̃˥˧˨˩xɑɔ˥˧muo˧.（噢。二月一还是二月初一？）二月初一你就要把水……把水担好么。晚……早起担水，你把龙都担回来了。ər˥yo˥˧˨˩tʂʰʯ˥˧˧i˥˧ni˥˧˧tsou˥iɑɔ˥pɑ˥˧˨˩ʂuei˥˧……pɑ˥˧˨˩ʂuei˥˧tæ̃˥˧˨˩xɑɔ˥˧muo˧.væ̃˥˧……tsɑɔ˥˧tɕʰie˥˧˨˩tæ̃˥˧˨˩ʂuei˥˧,ni˥˧˨˩pɑ˥˧˨˩luoŋ˩˧tou˥˧˨˩tæ̃˥˧xuei˩˧˨˩læᴇ˩˧˨˩lə˧.（二月二就把龙都担回来了？）噢，你要担水的话，把龙都担回来了。ɑɔ˨˩,ni˥˧˧iɑɔ˥tæ̃˥˧˨˩ʂuei˥˧ti˧xuɑ˥˨˩,pɑ˥˧˨˩luoŋ˩˧tou˥˧˨˩tæ̃˥˧xuei˩˧˨˩læᴇ˩˧˨˩lə˧.（那龙就发挥不了作用是吧？）啊哈，就是的。ɑ˨˩xɑ˥˧,tɕiou˥sɿ˥ti˧.（这雨水……是那个那担回来了那就雨水不好还是怎么的？）那不行。那你就不能担回……龙这……二月二，龙抬头，龙是这……整个儿龙都……四海龙王都出来活动着咧。你怎么不担心把他们给担回来了？næᴇ˥˦˥pu˩˧˨˩ɕiŋ˩˧.næᴇ˥ni˥˧˧tsou˥pu˩˧nəŋ˩˧tæ̃˥˧xu……luoŋ˩˧tʂə˥……ər˥yo˥˧˨˩ər˥,luoŋ˩˧tʰæᴇ˩˧˨˩tʰou˩˧˦˥,ləŋ˩˧(←luoŋ˩˧)sɿ˥˨˩tʂə˥˨˩……tʂəŋ˥˧kər˥˦˥luoŋ˩˧tou˥˧˨˩……sɿ˥xæᴇ˥˧˧luoŋ˩˧˨˩vɑŋ˩˧˦˥tou˥˧˨˩tʂʰʯ˥˧læᴇ˩˧˨˩xuo˩˧˨˩tuoŋ˥tʂə˧lie˧.ni˥˧˧tsəŋ˥˧˧muo˧pu˩˧˨˩tæ̃˥˧˧ɕiŋ˥˧˧pɑ˥˧˨˩tʰɑ˥˧məŋ˧kei˥˨˩tæ̃˥˧xuei˩˧˨˩læᴇ˩˧˨˩lə˧?

（这个吃东西有什么讲究？）吃的话，当地的话那就是，二月二，吃的油搅团。tʂʰʅ˥˧ti˧xuɑ˥,tɑŋ˥˧˨˩ti˥˦˥tə˧xuɑ˥næᴇ˥tɕiou˥sɿ˥,ər˥yo˥˧˨˩ər˥,tʂʰʅ˥˧ti˧iou˩˧˨˩tɕiɑɔ˥˧tʰuæ̃˩˧˨˩.（什么东西？这个怎么做成的？）这是用面粉做成的。“搅”是这个“搅”么。tʂə˥˦˥sɿ˥˨˩yoŋ˥miæ̃˥fəŋ˥˧tsuo˥˨˩tʂʰəŋ˩˧˨˩ti˧.tɕiɑɔ˥˧sɿ˥˨˩tʂə˥kə˥tɕiɑɔ˥˧˨˩muo˧.（“搅拌”的“搅”哇？）噢，“搅拌”的“搅”么。“团”是这个“团”么。ɑɔ˨˩,tɕiɑɔ˥˧˧pæ̃˥ti˧tɕiɑɔ˥˧muo˧.tʰuæ̃˩˧sɿ˥tʂə˥kə˥tʰuæ̃˩˧muo˧.（噢，怎么做法呢？）先……将面这个是欻先搅成糊糊子嘛。放到锅里头，然后加工，做熟么。熟了这个起来以后，□晾凉。一晾凉，然后切成块儿，调成汁子，蘸的吃么。ɕ……tɕiɑŋ˥˧˨˩miæ̃˥tʂə˥kə˥sɿ˥ei˥ɕiæ̃˥˧˨˩tɕiɑɔ˥˧tʂʰəŋ˩˧˨˩xu˩˧xu˩˧˦˥tsɿ˧mɑ˧.fɑŋ˥tɑɔ˥kuo˥˧li˥˧˨˩tʰou˧,ʐæ̃˩˧˨˩xou˥tɕiɑ˥˧˨˩kuoŋ˥˧,tsuo˥˨˩ʂʯ˩˧muo˧.ʂʯ˩˧liɑɔ˥˧˧tʂə˥kə˥tɕʰi˥˧læᴇ˩˧˨˩i˥˧˨˩xou˥,liɑɔ˨˩liɑŋ˥liɑŋ˩˧.i˥˧˨˩liɑŋ˥liɑŋ˩˧,ʐæ̃˩˧˨˩xou˥tɕʰie˥˧˨˩tʂʰəŋ˩˧kʰuər˥˧,tʰiɑɔ˩˧˨˩tʂʰəŋ˩˧˧tʂʅ˥˧tsɿ˧,tsæ̃˥ti˧tʂʰʅ˥˧˨˩muo˧.（噢，就是等于是蒸那个糕一样的？）不像糕。糕它是

是放箅子蒸下的。这是放锅里搅成的。pu˨˦꜖ɕiaŋ˥kaɔ˥˧.kaɔ˥˧tʰɑ˥˧sɿ˥sɿ˥faŋ˥pi˥˧꜓tsɿ·˧tʂəŋ˥˧xɑ˥꜖ti·˧.tʂə˥꜒sɿ˥꜖faŋ˥kuo˥˧li˥˧꜖tɕiaɔ˥˧tʂʰəŋ˨˦꜖ti·˧.（就搅成冷却它就变硬了，这样是吧？）噢，变硬咧，噢。ɑɔ꜖,piæ̃˥iŋ˥lie·˧,ɑɔ˥˧.（一块儿一块儿的？）一块儿一块儿的。然后拿出来，切开以后，拌成汁子一……蘸的吃。i˥˧꜓kʰuər˥˧i˥˧꜖kʰuər˥˧ti·˧.zæ̃˨˦꜖xou˥nɑ˨˦꜖tʂʰʮ˥˧læᴇ˨˦꜖,tɕʰie˥˧꜖kʰæᴇ˥˧i˥˧꜖xou˥,pæ̃˥tʂʰəŋ˨˦꜓tʂʮ˥˧tsɿ·li˥˧꜓……tsæ̃˥ti·˧tʂʰʮ˥˧꜖.（噢，里面要放什么香料之类的吗？）不放。那个东西不放。最后吃的时候你兑上汁子就能。pu˨˦꜖faŋ˥.nə˥꜖kə˥꜒tuoŋ˥˧꜖ɕi·˧pu˨˦꜖faŋ˥.tsuei˥xou˥tʂʰʮ˥˧ti·˧sɿ˨˦꜖xou˥ni˥˧꜓tuei˥ʂaŋ˥tʂʮ˥˧tsɿ·˧tsou˥꜖nəŋ˨˦꜖.（盐也不放？）不放。pu˨˦꜖faŋ˥.（就光面？）光面。kuaŋ˥˧꜓miæ̃˥꜖.（噢，就那个就搞点那个蘸的？）噢，蘸的吃么。ɑɔ˥˧,tsæ̃˥ti·˧tʂʰʮ˥˧꜖muo·˧.（好。二月里面还有什么那个？）再没有啥节气了，论农历来讲。tsæᴇ˥mei˨˦iou˥˧꜓sɑ˥tɕie˥˧tɕʰi˥lə·˧,luoŋ˥luoŋ˨˦li˥˧læᴇ˨˦꜖tɕiaŋ˥˧.

三月三，长擀面

（三月呢？）黄：三月三，长擀面么。把这面擀成长的那面条儿，三月……三里他讲要吃咧。sæ̃˥˧yo˥˧sæ̃˥˧,tʂʰɑŋ˨˦꜖kæ̃˥˧miæ̃˥꜖muo·˧.pɑ˥˧꜖tʂə˥miæ̃˥kæ̃˥˧tʂʰəŋ˨˦tʂʰɑŋ˨˦tɑ·˧nə˥miæ̃˥tʰiaor˨˦,sæ̃˥˧yo˥˧꜖s……sæ̃˥˧li˥˧꜓tʰɑ˥˧꜖tɕiaŋ˥˧iaɔ˥tʂʰʮ˥˧lie·˧.（就是用那个擀面杖那个擀是吧？）噢，擀下那个面，噢，切下这个长面。也叫陕他……庆阳人的臊子面么。ɑɔ꜖,kæ̃˥˧xɑ˥nə˥kə˥miæ̃˥,ɑɔ꜖,tɕʰie˥˧xɑ˥tʂə˥kə˥꜖tʂʰɑŋ˨˦miæ̃˥.ie˥˧꜓tɕiaɔ˥ʂæ̃˥˧tʰɑ……tɕʰiŋ˥iaŋ˨˦꜖zəŋ˨˦ti·˧saɔ˥tsɿ·˧miæ̃˥muo·˧.（要多长啊擀成？）那一般里你擀多大一张不行了，不可能有多长那个。næᴇ˥꜒i˥˧꜖pæ̃˥˧li˥˧꜖ni˥˧꜓kæ̃˥˧tuo˥˧꜖tɑ˥i˥˧꜓tʂaŋ˥˧꜓pu˨˦꜖ɕiŋ˨˦꜒lə·˧,pu˨˦꜒kʰə˥˧꜖nəŋ˨˦꜓iou˥˧꜓tuo˥˧꜖tʂʰɑŋ˨˦nə˥kə˥.（有没有比长度的？）那没有。nə˥꜒mei˨˦꜖iou˥˧꜖.

四月四，晾烂盘

（四月呢？）黄：四月好像是没有啥节气这里。sɿ˥yo˥˧꜖xaɔ˥˧꜓ɕiaŋ˥sɿ˥mei˨˦iou˥˧sɑ˥tɕie˥˧꜖tɕʰi˥꜒tʂei˥li·˧.（没有四月四的什么那个啊？）四月四这个说法都……这都很少咧，四月四已经，嗯。sɿ˥yo˥˧꜖sɿ˥tʂə˥kə˥ʂuo˥˧fɑ˥˧꜖tou……tʂei˥꜒tou˥˧꜖xəŋ˥˧ʂaɔ˥˧lie·˧,sɿ˥yo˥˧꜖sɿ˥i˥˧꜖tɕiŋ˥˧,ŋ̍꜖.（以前有吗？）□我看啊，二月二，油搅团；三月三，长擀面。有说是这个，四月四，晾烂盘。niæ̃˨˦꜓ŋuo˥˧kʰæ̃˥ɑ꜖,ər˥yo˥˧꜖ər˥,iou˨˦꜖tɕiaɔ˥˧tʰuæ̃˨˦꜖;sæ̃˥˧꜖yo˥˧꜓sæ̃˥˧꜖,tʂʰɑŋ˨˦꜖kæ̃˥˧miæ̃˥꜖.iou˥˧ʂuo˥˧꜖sɿ˥꜖tʂə˥kə˥,sɿ˥yo˥˧꜖sɿ˥,liaŋ˥læ̃˥꜒pʰæ̃˨˦꜖.（什么意思啊？）不知道。我也不知道□这个啥意思没想。还是指吃的欻东西。不晓做下是啥东西了。pu˨˦꜖tʂʮ˥˧꜖taɔ˥.ŋuo˥˧ia˥˧꜖pu˨˦꜖tʂʮ˥˧꜖taɔ˥niæ̃˨˦꜓tʂə˥kə˥sɑ˥i˥꜒sɿ·˧mei˨˦꜖ɕiaŋ˥˧꜖.xɑ˨˦꜖sɿ˥tsɿ˥˧꜓tʂʰʮ˥˧ti·˧lei꜖tuoŋ˥˧ɕi·˧.pʰiaɔ꜖（←pu˨˦꜖ɕiaɔ˥˧꜖）tsʮ˥꜒xɑ˥꜖sɿ˥꜖sɑ˥tuoŋ˥˧ɕi·˧lə·˧.（吃什么东西？）不知道吃咧个啥子。端上盘子吃了已经。pu˨˦꜖tʂʮ˥˧꜖taɔ˥tʂʰʮ˥˧lie·˧kə˥꜖sɑ˥꜖tsɿ˥.tuæ̃˥˧ʂaŋ˥꜖pʰæ̃˨˦꜖tsɿ˥tʂʰʮ˥˧lə·li˥˧꜖tɕiŋ˥˧.（都已经没有这个习俗了？）没有了，该习俗都没有了并且。mei˨˦꜖iou˥˧lə·˧,kæᴇ˥˧ɕi˨˦꜖sʮ˨˦꜒tou˥˧꜖mei˨˦꜖iou˥˧lə·˧piŋ˥꜒tɕʰie˥˧꜖.

寒食节

黄：寒食节那，那都是这个欻一般是这个，呃这个烧……烧纸[①]，挂坟么，再没有啥。xæ̃˨˦ʂʮ˨˦꜓tɕie˥˧nə˥,nə˥꜒tou˥˧꜖sɿ˥꜖tʂə˥kə˥ei˥i˥˧꜓pæ̃˥˧꜖sɿ˥tʂə˥꜖kə˥꜖,ə˥tʂə˥kə˥ʂaɔ˥˧꜓……ʂaɔ˥˧tsɿ˥˧,kuɑ˥fəŋ˨˦muo·˧,tsæᴇ˥mei˨˦iou˥˧sɑ˥.（寒食的时候烧纸吗？）嗯。寒食该就清明节了。我们这个地方啊只是烧……以挂坟为主。ə̃꜖.xæ̃˨˦ʂʮ˨˦꜒kæᴇ˥˧꜖tɕiou˥꜖tɕʰiŋ˥˧miŋ˨˦tɕie˥˧lə·˧.ŋuo˥˧məŋ·˧tʂə˥kə˥ti˥faŋ˥˧꜖ɑ

① 烧纸：焚化纸钱等以敬先祖、鬼神。宋俞文豹《吹剑录》：“唐王玙传：‘汉以来，丧葬皆瘗钱。后世俚俗稍以纸代钱为鬼事。’……此烧纸、抛珓、焚尸、挽歌之始也。”

˧tsɿ˥˩sɿ˧˩ʂɑɔ˥……i˥˩kuɑ˧fəŋ˩˦vei˩˦tʂʅ˥.（挂坟是什么东西呢？）用纸铰[1]上些钱，然后在那坟上挂起来，一般不烧。yoŋ˧tsɿ˥˧tɕiɑɔ˥ʂɑŋ˧˩ɕie˥˩tɕʰiæ̃˩˦,zæ̃˩˩xou˧tsæᴇ˧nə˧fəŋ˩˩ʂɑŋ˧kuɑ˧˥tɕʰi˥˩læᴇ˩˩,i˥˧pæ̃˥˩pu˩˩ʂɑɔ˥.

清明挂坟

（那个这个清明，过清明有些什么讲究？）黄：清明这里一般就是个挂坟、祭祖、栽树。tɕʰiŋ˥miŋ˩˩tʂə˧li˥˧i˥˧pæ̃˥˧tɕiou˧sɿ˧kə˧kuɑ˧fəŋ˩˦,tɕi˧tsʮ˥,tsæᴇ˥˩ʂʮ˧.（还栽树？）噢，种欸，兀，我们这里栽树全部都必须是……给坟上栽树必须是清明节这天栽。ɑɔ˩,tʂuoŋ˧ei˧,vei˧,ŋuo˥mən˧tʂei˧li˥˧tsæᴇ˥˧ʂʮ˧tɕʰyæ̃˩pu˧˥tou˥˧pi˥ɕy˥˩sɿ˧˩……kei˧fəŋ˩˩ʂɑŋ˧˥tsæᴇ˥˩ʂʮ˧pi˥˧ɕy˥˧sɿ˧tɕʰiŋ˥miŋ˩˩tɕie˥˩tʂei˧tʰiæ̃˥˩tsæᴇ˥˩.（是栽树还是种种种树？）栽。tsæᴇ˥.（呃，清明节就是在在家里还有什么活动吗？）没有。mei˩˦iou˥˩.（就是到那个祖坟那些地方……）啊，祖坟上去祭祖，祭奠一下，栽个树，再就是这个欸把坟院[2]里……把这个坟收拾一收拾。ɑ˩,tsʮ˥fəŋ˩˩ʂɑŋ˧tɕʰi˧tɕi˧tsʮ˥,tɕi˧tiæ̃˧i˥˩ɕiɑ˧˩,tsæᴇ˥˩kə˧˩ʂʮ˧,tsæᴇ˧tɕiou˧sɿ˧tʂə˧kə˧ei˩pɑ˥˩fəŋ˩˦yæ̃˧li˥˧……pɑ˥˩tʂə˧kə˧fəŋ˩˦ʂou˥ʂʅ˩˩i˥˩ʂou˥ʂʅ˩˩.（是上午去下午去啊？）这都是掌握儿……上午去的好。tʂei˧˥tou˥˩sɿ˧˩tʂɑŋ˥vuor˥……ʂɑŋ˧vu˥˩tɕʰy˧tə˧xɑɔ˥.（那个修坟是在清明之前还是……）清明这一天。tɕʰiŋ˥miŋ˩˩tʂei˧i˥˧tʰiæ̃˥.（就当天？）当天，嗯。tɑŋ˥˧tʰiæ̃˥,ə̃˥.（过了那一天不搞了吧？）再不搞了。tsæᴇ˧pu˩˩kɑɔ˥lə˧.（不能搞了吧？）嗯。ə̃˥.

五月里，五端阳

（五月五叫什么？）黄：五月里，五端阳。vu˥yo˥˩li˥˩,vu˥˧tuæ̃˥iɑŋ˩˩.（五月五端阳？）端阳节么。tuæ̃˥iɑŋ˩˦tɕie˥muo˧.（叫不叫“五月当”？）五月单儿五么。vu˥˩yo˥˩tæ̃r˥vu˥˩muo˧.（这个tæ̃˥什么？）五月单么。这是是单双的单可能是。vu˥˩yo˥˩tæ̃˥muo˧.tʂə˧˥sɿ˧sɿ˧tæ̃˥˩ʂuɑŋ˥ti˧tæ̃˥kʰə˥˩nəŋ˩˦sɿ˧.（哪个单？）单，单双的单么这个。tæ̃˥,tæ̃˥˩ʂuɑŋ˥ti˧tæ̃˥muo˧tʂei˧˥kə˧˩.（单五？）噢，五月单……单五。ɑɔ˩,vu˥yo˥˩tæ̃˥……tæ̃˥vu˥˩.（“单的双的”的那个“单”啊？）噢，这个……但是，最……最这个土一点的，一般叫五……单五儿，农村么就是过端阳，端午节咧，有的还叫端ŋ̍˥˩节。这就三种叫法咧。ɑɔ˩,tʂə˧kə˧……tæ̃˧sɿ˧,tsuei˧……tsuei˧tʂə˧˩kə˧˩tʰu˥i˥˩tiæ̃˥˩ti˧,i˥˧pæ̃˥˩tɕiɑɔ˧vu˥……tæ̃˥vur˥˩,luoŋ˩˦tsʰuoŋ˥muo˧tɕiou˧˩sɿ˧˩kuo˧tuæ̃˥iɑŋ˩˩,tuæ̃˥vu˥˩tɕie˥lie˧,iou˥ti˧xɑ˩˩tɕiɑɔ˧tuæ̃˥ŋ̍˥˩tɕie˥˩.tʂei˧tɕiou˧sæ̃˥tʂuoŋ˥˩tɕiɑɔ˧fɑ˥˩lie˧.（哪种说得更更老一点呢？）那就是这个端午，过端午咧么。næᴇ˧tɕiou˧˩sɿ˧˩tʂə˧˩kə˧˩tuæ̃˥vu˥˩,kuo˧tuæ̃˥vu˥˩lie˧muo˧.

（这个端午这一天有些什么讲究啊？）戴香包儿嘛。喝雄黄酒嘛。tæᴇ˧ɕiɑŋ˥˧pɑɔr˥mɑ˧.xə˥ɕyoŋ˩˩xuɑŋ˩˦tɕiou˥mɑ˧.（现在还有人喝吗？）有嘛。雄黄酒现在有人他还喝。不但要喝，而且还要抹嘛。把这雄黄和起来，给这耳朵窟窿里给它抹一点。就是这，啊，这这这里边都抹一点。这个意思么就说是一抹上雄黄以后，再其他昆虫么就不往进钻了。iou˥mɑ˧.ɕyoŋ˩˩xuɑŋ˩˦tɕiou˥ɕiæ̃˧tsæᴇ˧iou˥zəŋ˩˩tʰɑ˥˩xæᴇ˩˦xə˥.pu˩˩tæ̃˧iɑɔ˧xə˥,ər˩˩tɕʰie˥xæᴇ˩˩iɑɔ˧muo˥mɑ˧.pɑ˥˩tʂə˧ɕyoŋ˩˩xuɑŋ˩˦xuo˧tɕʰi˥˧læᴇ˩˩,kei˧tʂə˧ər˥˧tuo˧kʰu˥luoŋ˧li˥˧kei˧tʰɑ˥˧muo˥i˥˩tiæ̃˥˩.tɕiou˧˩sɿ˧˩tʂei˧,ɑ˧,tʂei˧tʂei˧tʂei˧li˥˩piæ̃˥˩tou˥˧muo˥i˥˩tiæ̃˥˩.tʂə˧kə˧i˧sɿ˧muo˧tɕiou˧˥ʂuo˥˩sɿ˧˩i˥˧muo˥ʂɑŋ˧˩ɕyoŋ˩˩xuɑŋ˩˦i˥˩xou˧,tsæᴇ˧tɕʰi˩˩tʰɑ˥kʰuoŋ˥tʂʰuoŋ˩˦muo˧tsou˧pu

---

[1] 铰：剪。北魏贾思勰《齐民要术·养羊》：“白羊三月得草力，毛床动，则铰之。”

[2] 坟院：墓地。元关汉卿《鲁斋郎》第一折：“消不的你请我坟院里坐一坐，教你祖宗都得生天。”

˩˧˧vaŋ˥˧˧˩tɕiŋ˥tsuæ̃˥˧lə·˧.（噢，避免这个昆虫。）噢，昆虫往进钻咧。戴一些这个香包儿么那就说是这个各种各样的。ɑɔ˧˩,kʰuoŋ˥˩tʂʰuoŋ˩˧vaŋ˥˧˧˩tɕiŋ˥tsuæ̃˥˧lie·˧.tæᴇ˥i˥˧˧ɕie˥˧˧˩tʂə˥˧˩kə˥˧˩ɕiaŋ˥˩˧˥pɑɔ r˥˧muo·˧næᴇ˥tɕiou˥ʂuo˥˧˧˩sʅ˥˧˩tʂə˥kə˥kə˥˧˧˩tʂuoŋ˥˧kə˥˧˧˩iaŋ˥ti·˦.（这香包是自己做还是买？）在过去都是自己做，不可能买。tʂæᴇ˥kuo˥˧˥tɕʰy˥˧˩tou˥˩˧˥sʅ˥tsʅ˥tɕie˥˧˧˩tsuo˥˧˥˧,pu˩˧˧˩kʰə˥˧˧˩nəŋ˩˧mæᴇ˥˧˧˩.（啊，里面装些什么东西呢过去？）里面做是……就兑的有用中药兑下的香草草。那就味道相当香的，那拿上爨[①]得很嘛。li˥˧miæ̃˥˧˩tsuo˥˧˥˧z……tsou˥tuei˥˧˥ti·˦iou˥˧˧yoŋ˥tʂuoŋ˥˩yo˥˧˧˩tuei˥xɑ˥ti˦ ɕiaŋ˥˩tsʰɑɔ˥˧˧˩tsʰɑɔ˥˧˧˩.nɑ˥˧˩tɕiou˥˧˩vei˥˧˥tɑɔ˥˧˩ɕiaŋ˥˩˧˥taŋ˥˧˧˩ɕiaŋ˥˩ti·˧,næᴇ˥˧˥˧nɑ˩˧˧˩ʂaŋ˥˧˥˧tsʰuæ̃˥tei˥˧˧xəŋ˥˧mɑ·˧.（也是到药店里面去买买这个？）噢，有药店里头他给你兑下的，兑好着，你去买来就对了么。ɑɔ˧˩,iou˥˧yo˥˧˧˩tiæ̃˥˧˥˧li˥˧˧tʰou·˦tʰɑ˥˧˧kei˥ni˥˧˧tuei˥˧˥xɑ˥˧˩ti·˧,tuei˥˧˥xɑɔ˥˧tʂə·˧,ni˥˧˧tɕʰi˥mæᴇ˥˧læᴇ˩˧ ˩tɕiou˥tuei˥lə·˦muo·˧.（噢。是自己到山上去采吗？）不。兀它……兀有的中药自己采不出来。要是……八种嘛十种中药才能兑成咧。pu˩˧.væᴇ˥˧˥˧tʰɑ˥˧˧˩……væᴇ˥˧˥˧iou˥˧˧˩ti·˧tʂuoŋ˥˩yo˥˧˧˩tsʅ˥tɕ ie˥˧˧˩tsʰæᴇ˥˧˧pu˩˧˧tʂʰʯ˥˧læᴇ˩˧˧˩.iɑɔ˥z……pɑ˥˧˧˩tʂuoŋ˥˧mɑ·˧ʂʅ˩˧tʂuoŋ˥˧˧˩tʂuoŋ˥˩yo˥˧˧˩tsʰæᴇ˩˧˧˩nəŋ˩˧˧tuei˥tʂʰəŋ˩˧ ˩lie·˧.（雄黄也是……）没有。muo˥˧˧˩iou˥˧.（也是到药药铺里去买呀？）噢，雄黄到药铺里去买。ɑɔ˧˩,ɕyoŋ˩˧˧˩xuɑŋ˩˧˥˧tɑɔ˥iɑɔ˥˧˧pʰu˥li˥˧˧tɕʰy˥mæᴇ˥˧˧˩.（那你们抹雄黄是用什么抹？是用手指头蘸一点？）哎用手指头蘸点往上一抹就对了。戴香包，戴这个花线绳绳。æᴇ˥yoŋ˥ʂou˥˧ tsʅ˥˧˧˩tʰou·˧tsæ̃˥tiæ̃˥˧˧vaŋ˥˧˧˩ʂaŋ˥i˥˧˧muo˥˧˧tɕiou˥tuei˥lə·˦.tæᴇ˥˧˥˧ɕiaŋ˥˩˧˥pɑɔ˥˩,tæᴇ˥tʂə˥kə˥xuɑ˥˧˧˩ɕiæ̃˥˧˥˧ʂəŋ˩˧˧˩ ʂəŋ˩˧˥˧.（花线绳儿是吧？）啊，花线绳绳。这个女子娃，哎，她脖子里套一个，在手上，脚上……ɑ˧˩,xuɑ˥˧˧˩ɕiæ̃˥˧˥˧ʂəŋ˩˧ʂəŋ˩˧˥˧.tʂə˥kə˥ny˥˧tsʅ·˧vɑ˩˧˧˩,æᴇ˧˩,tʰɑ˥˧˧˩puo˩˧tsʅ˥˧li˥˧˧˩tʰɑɔ˥i˥˧˧kə˥,tʂæᴇ˥ʂou˥˧ʂɑ ŋ˥,tɕyo˥˧ʂaŋ˥˧˩……（不是红线吧？）五色线。必须有五种颜色做成的啊。vu˥˧sə˥˧˧˩ɕiæ̃˥˧˩.pi˥˧˧ɕ y˥˧˧iou˥˧˧vu˥˧tʂuoŋ˥˧˧˩iæ̃˩˧˧˩sə˥˧tsuo˥tʂʰəŋ˩˧˧ti·˦lɑ˥.（这个专门有有卖这个线的吗？）兀街道上都有咧。这生意大的很啊现在。过五端阳，一个二月二修下那个荷包，修下那个棒槌，五月里端阳里的这个荷包，花线，那都欻值钱的很啊现在。差不多你看那个成本不大那一个手工活，这投到一个端午节，□可以搞几千块钱。那花线才是这么长长一点点子，弄上头还掐两个花花子往上一弄，这个造价，本身的造价不足一毛钱嘛，它可以卖到五毛钱嘛。那个脖子里这个可以卖到一块嘛。香包的价钱更贵，香包你看你做成啥的咧嘛。香包有各种形状的，有做鸡呀，狗哇，兔啊，鱼呀，老鼠呀。væᴇ˥˧˥˧kæᴇ˥˧˧˩tɑɔ˥˧˥˧ʂaŋ˥˧˩tou˥˧˧˩iou˥˧lie·˧. tʂə˥səŋ˥˧i·˧tɑ˥ti·˦xəŋ˥˧ɑ˧˩ɕiæ̃˥tsæᴇ˥.kuo˥vu˥˧˧tuæ̃˥˧iaŋ˩˧˧˩,i˥˧˧˩kə˥ər˥yo˥˧˧˩ər˥ɕiou˥˧xɑ˥˧˩nə˥kə˥xuo˩˧˧˩pɑɔ˥˧,ɕi ou˥˧xɑ˥˧˩næᴇ˥kə˥paŋ˥˧˥tʂʰuei˩˧˧˩,vu˥˧yo˥˧˧˩li˥˧˧˩tuæ̃˥˧iaŋ˩˧˧˩li˥˧˧ti·˦tʂə˥kə˥xuo˩˧˧˩pɑɔ˥˧,xuɑ˥˧˧˩ɕiæ̃˥˧˥˧,nei˥˧˥˧tou˥˧˧˩ ei˧˩tʂʅ˩˧˧˩tɕʰiæ̃˩˧˧˩ti·˦xəŋ˥˧ɑ˧˩ɕiæ̃˥tsæᴇ˥.tsʰɑ˥˧˧˩pu˩˧˧tuo˥˧˧ni˥˧kʰæ̃˥nə˥kə˥tʂʰəŋ˩˧˧˩pəŋ˥˧pu˩˧˧˩tɑ˥næᴇ˥i˥˧˧kə˥ʂou ˥˧kuoŋ˥˧˧˩xuo˩˧,tʂei˥tʰou˩˧˧˩tɑɔ˥i˥˧˧kə˥tuæ̃˥˧vu˥˧˧˩tɕie˥˧,niæ̃˩˧˧kʰə˥˧˧i˥˧˧kɑɔ˥˧˧tɕi˥˧˧tɕʰiæ̃˥˧kʰuæᴇ˥˧˧˩tɕʰiæ̃˩˧˧˩.nə˥x uɑ˥˧˧˩ɕiæ̃˥˧˥˧tsʰæᴇ˩˧˧˩sʅ˥tʂə˥˧˥˧muo·˦tʂʰɑŋ˩˧˧˩tʂʰɑŋ˩˧˧i˥˧˧tiæ̃˥˧˧˩tiæ̃˥˧tsʅ·˧,nuoŋ˥ʂaŋ˥tʰou·˦xæᴇ˩˧˧˩tɕʰiɑ˥˧liaŋ˥˧kə˥˧˩x uɑ˥˧xuɑ˥˧˧˩tsʅ·˧vaŋ˥˧˧˩ʂaŋ˥˧˥˧i˥˧˧˩nuoŋ˥,tʂə˥kə˥tsɑɔ˥tɕiɑ˥,pəŋ˥˧ʂəŋ˥˧˧˩ti·˧tsɑɔ˥tɕiɑ˥pu˩˧˧˩tsʯ˥˧i˥˧˧˩mɑɔ˩˧tɕʰiæ̃˩˧˧˩m ɑ·˧,tʰɑ˥˧˧kʰə˥˧˧i˥˧˧mæᴇ˥tɑɔ˥vu˥˧mɑɔ˩˧tɕʰiæ̃˩˧˧˩mɑ·˧.nə˥kə˥puo˩˧˧˩tsʅ˥˧li˥˧˧˩tʂə˥kə˥kʰə˥˧˧i˥˧˧mæᴇ˥tɑɔ˥i˥˧˧˩kʰu æᴇ˥˧mɑ·˧.ɕiaŋ˥˩˧˥pɑɔ˥˩ti·˧tɕiɑ˥tɕʰiæ̃˩˧˧kəŋ˥˧˥kuei˥˧˩,ɕiaŋ˥˩˧˥pɑɔ˥˩ni˥˧˧kʰæ̃˥ni˥˧˧tsuo˥tʂʰəŋ˩˧˧˩sɑ˥˧˥ti·˧lie·˧mɑ·˧.ɕ iaŋ˥˩˧˥pɑɔ˥˧˧˩iou˥˧˧˩kə˥˧˧˩tʂuoŋ˥˧ɕiŋ˩˧˧˩tʂuaŋ˥ti·˧,iou˥˧˧tsʯ˥˧˥˧tɕi˥˧iɑ˧˩,kou˥˧vɑ˧˩,tʰu˥˧˥ɑ˧˩,y˩˧iɑ˥˧,lɑɔ˥˧ʂʯ˥˧˧˩iɑ˧˩.（是绣的吗它是？）绣的。最有价值的就是绣下的东西。ɕiou˥ti·˧.tsuei˥iou˥˧˧tɕiɑ˥tʂʅ˩˧˧˩ti·˦tɕiou˥sʅ˥ɕ iou˥xɑ˥ti·˦tuoŋ˥˧ɕi·˧.（所有的香包是一样的形状吗还是……）哎不一样。各……各种各样的形状都有。æᴇ˥˧pu˩˧˧˩i˥˧˧˩iaŋ˥.kə˥˧˧˩……kə˥˧˧˩tʂuoŋ˥˧kə˥˧˧˩iaŋ˥ti·˦ɕiŋ˩˧˧˩tʂuaŋ˥tou˥˧iou˥˧˧˩.（它是商家绣

---

① 爨：香气浓郁。

好了，做成现成的了，还是自己家里去做呢？）过去的都是自己家里做的。自己家里有小孩儿，那你这个五月初四那天都在做下，穿针引线的，这个晚上都给娃娃赶出来，第二天早上，有的是肩头上掂①的，有的是脖子里挂一大串子，有的还是脊背上挎的。kuo˥ tɕʰy˥˧ti˧tou˧˥sɿ˥tsɿ˥tɕie˥˧tɕia˥˩li˥˧tsuo˦˥ti˨.tsɿ˥tɕie˥˧tɕia˥˩li˥˧iou˧˥ɕiɑɔ˥˩xər˨˩,næᴇ˥ni˧˥tʂə˥kə˥vu˥˩yo˥˧tʂʰʮ˥˧sɿ˦˥næᴇ˦˧tʰiæ̃˥˧tou˨˦tsæᴇ˦˧tsuo˥xɑ˥,tʂʰuæ̃˨˦tʂəŋ˧˥iŋ˧˥ɕiæ̃˦˥ti˨,tʂə˥kə˥væ̃˥˩ʂɑŋ˦˧tou˥˧kei˥vɑ˨˩vɑ˧˩kæ̃˧˥tʂʰʮ˥˩læᴇ˧˩,ti˥ər˥tʰiæ̃˥˧tsɑɔ˥˩ʂɑŋ˦˧,iou˥˩ti˨sɿ˦˧tɕiæ̃˥˩tʰou˨ʂɑŋ˦˧tiæ̃˥˩ti˨,iou˥˩ti˨sɿ˦˧puo˧˩tsɿ˥˩li˥˧kuɑ˥i˥˧tɑ˥tʂʰuæ̃˥tsɿ˨,iou˥˩ti˨xɑ˧˩sɿ˥tɕi˥˧pei˦˥ʂɑŋ˥kʰuɑ˦˥ti˨.（还可以挂很多啊？）兀挂的好多嘛。这里头还有好多，还有，香包儿不是那个它还有意思有典故咧嘛。欸，你还有避得五毒②的，你还做下那一大片子。这个这上头以后，蝎子蜈蚣，这些东西这五毒都有咧。væᴇ˦˥kuɑ˥ti˧xɑɔ˧˥tuo˥˩mɑ˨.tʂə˥li˥˧tʰou˨xɑ˧˩iou˧˥xɑɔ˥˩tuo˥˧,xɑ˧˩iou˧˥,ɕiɑŋ˨˦pɑɔr˥˩pu˧˩sɿ˦˧nə˦˧kə˦˧tʰɑ˥˩xɑ˧˩iou˥˩i˥sɿ˧iou˥˩tiæ̃˥˩ku˦˥lie˨mɑ˨.ei˥,ni˧˥xɑ˧˩iou˧˥pei˥tei˧˥vu˥˩tu˨˩ti˧,ni˧˥xɑ˨˩tsʮ˥xɑ˥nei˥i˥˧tɑ˥pʰiæ̃˥˩tsɿ˨.tʂə˥kə˥tʂə˥ʂɑŋ˥tʰou˧li˥˧xou˥,ɕie˥˩tsɿ˨vu˨˩kuoŋ˥˩,tʂə˥ɕie˧˥tuoŋ˥˧ɕi˨tʂə˥vu˥˩tu˨˩tou˥˧iou˥˧lie˨.（绣在那个上面吗？）噢，绣在上头，娃娃背褡上它。那是辟邪的。啊，那都可以辟邪。在肩膀上掂着个十二节的蜈蚣，都是去辟邪咧么。ɑɔ˨˩,ɕiou˨˦tsæᴇ˥ʂɑŋ˥tʰou˧,vɑ˧˩vɑ˨˩pei˥˩tɑ˨sɑŋ˥tʰɑ˥˧.nə˥sɿ˥pʰi˥ɕie˧˩ti˧.ɑ˨˩,nɑ˥tou˧˥kʰə˥˩i˥˧pʰi˦˥ɕie˨˩.tsæᴇ˥tɕiæ̃˥˩pɑŋ˥˧ʂɑŋ˥tiæ̃˥˩tʂə˨kə˥ʂɿ˧˩ər˦˥tɕie˥˧ti˧vu˧˩kuoŋ˥˩,tou˧˥sɿ˥tɕʰy˥pʰi˦˥ɕie˧˩lie˧muo˨.（噢，辟邪？）噢，还有上头那……现在做的挂件就多了噢。现在这个庆阳，你如果有机会，哎哟，在这个端午节的话能够到庆阳市去，香包文物……文博会上去看一看，那，到西峰过来以后，香包一条街，专门两面都是和混大卖，全部是卖香包的。噢，各种各样的东西都有。再一个就有庆阳这个民俗香包这个精品展。展览里头有……全是七件一副，这个，各种形状都都在那里展出。ɑɔ˨˩,xæᴇ˧˩iou˧˥ʂɑŋ˥tʰou˧næᴇ˥……ɕiæ̃˥tsæᴇ˥tsuo˥ti˧kuɑ˥tɕiæ̃˥tɕiou˥tuo˥˩liɑɔ˥˧ɑɔ˨˩.ɕiæ̃˥tsæᴇ˥tʂə˥˧kə˥˧tɕʰiŋ˥iɑŋ˨˧,ni˧˥ʐʮ˧˩kuo˧˥iou˧˥tɕi˥˩xuei˥,æᴇ˥iɑɔ˨˩,tsæᴇ˥tʂə˥kə˥tuæ̃˥˩vu˥˧tɕie˥˩ti˧xuɑ˥nəŋ˧˩kou˥tɑɔ˥tɕʰiŋ˥iɑŋ˧˩sɿ˥tɕʰi˦˧,ɕiɑŋ˨˦pɑɔ˥˧vəŋ˨˩vu˥˧……vəŋ˨˩puo˥˧xuei˥ʂɑŋ˦˧tɕʰy˦˧kʰæ̃˥i˧˥kʰæ̃˦˧,næᴇ˦˥,tɑɔ˥ɕi˥˩fəŋ˨˩kuo˥læᴇ˨˦i˥˧xou˥,ɕiɑŋ˨˦pɑɔ˥˧i˥˧tʰiɑɔ˨˩tɕie˥˩,tʂuæ̃˥˧məŋ˨˩liɑŋ˥˩miæ̃˦˥tou˥˧sɿ˦˧xuo˥xuoŋ˥tɑ˦˧mæᴇ˦˧,tɕʰyæ̃˧˩pu˦˥sɿ˦˧mæᴇ˥ɕiɑŋ˨˦pɑɔ˥˩ti˨.ɑɔ˨˩,kə˥˧tʂuoŋ˥˩kə˧˥iɑŋ˥ti˧tuoŋ˥˧ɕi˨tou˧˥iou˧˥.tsæᴇ˥i˧˥kə˥tso u˥iou˧˥tɕʰiŋ˥iɑŋ˧˩tʂə˥kə˥miŋ˨˩ɕy˨˦ɕiɑŋ˨˦pɑɔ˥˧tʂə˥kə˥tɕiŋ˥˧pʰiŋ˥˩tʂæ̃˥˩.tʂæ̃˥˩læ̃˥˩li˥˩tʰou˧iou˥˧……tɕʰyæ̃˧˩sɿ˥tɕʰi˥˧tɕiæ̃˦˥i˥˧fu˥,tʂə˥kə˥,kə˥˧tʂuoŋ˥˩ɕiŋ˨˩tʂuɑŋ˥tou˧˥tou˧˥tsæᴇ˥nə˦˥li˥˧tʂæ̃˥˩tʂʰʮ˥˧.（噢，也是端午之前？）噢，端午之前。他有个欸庆阳市这个民俗香包文博会咧么。这就是端午节那个事情。ɑɔ˨˩,tuæ̃˥˩vu˥˧tsɿ˥˩tɕʰiæ̃˧˩.tʰɑ˥˩iou˥˩kə˥˧ei˩tɕʰiŋ˥iɑŋ˨˩sɿ˥tʂə˥˧kə˥˧miŋ˨˩sʮ˨˦ɕiɑŋ˨˦pɑɔ˥˧vəŋ˨˩puo˥˧xuei˨˦lie˨muo˨.tʂei˦˥tɕiou˥˧sɿ˥˧tuæ̃˥˩vu˥˧tɕie˥˩nei˥kə˥sɿ˥tɕʰiŋ˧˩.

（端午吃有些什么讲究呢？）端午讲究吃粽子、吃焖饭么。tuæ̃˥˩vu˥˧tɕiɑŋ˥˩tɕiou˧˥tʂʰʅ˥˧tsuoŋ˥tsɿ˨,tʂʰʅ˥˧məŋ˦˥fæ̃˥˧muo˨.（也做粽子这里？）啊，做么。ɑ˨˩,tsuo˦˥muo˨.（焖饭是什么东西？）就是兀那糯米蒸成的那糯米糰子嘛。里头放的枣子，然后加上蜂子……放冷以后加上蜂蜜吃。tsou˦˥sɿ˥˧vu˥nə˥nuo˨˦mi˥˧tʂəŋ˥˧tʂʰəŋ˧˩ti˧nə˥nuo˥mi˥˧tʰuæ̃˧˩tsɿ˥˩mɑ˨.li˥˩tʰou˨fɑŋ˥ti˧tsɑɔ˥˩tsɿ˨,ʐæ̃˧˩xou˥tɕiɑ˧˥ʂɑŋ˥fəŋ˥˩tsɿ˨……fɑŋ˥ləŋ˧˥i˥˧xou˥tɕiɑ˥˧ʂɑŋ˦˧fəŋ˥˩mi˥˧tʂʰʅ˥˧.（这个焖是怎

① 掂：扛。

② 五毒：五种毒虫。清吕种玉《言鲭·谷雨五毒》："古者青齐风俗，于谷雨日画五毒符，图蝎子、蜈蚣、蛇虺、蜂、蜮之状，各画一针刺，宣布家户贴之，以禳虫毒。"清富察敦崇《燕京岁时记·天师符》："每至端阳，市肆间用尺幅黄纸……或绘画五毒符咒之形，悬而售之。"

么哪个字呢？）“门”字里头那个“闷”吧，“闷热”的“闷”。焖饭。məŋ˨˩tsʅ˧˥li˥˩tʰou˧˥nə˧ka˧məŋ˧pa˧,məŋ˧ʐə˥˩ti˧məŋ˧.məŋ˧fæ̃˧˩.

（这个有没有往河里面丢丢什么东西的习惯？）没有。这里没有这个乡俗。噢，是纪念屈原，这里好像不纪念他咧好像。mei˨˦iou˥.tʂə˧li˥˦mei˨˦iou˥˦tʂə˧kə˧ɕiaŋ˥ɕy˨˩.ɑɔ˩,sʅ˧tɕi˧niæ̃˧tɕʰy˥˩yæ̃˨,tʂei˧˥li˥˩xaɔ˥˦ɕiaŋ˧pu˨˩tɕi˧niæ̃˧tʰɑ˥˩lie˧xaɔ˥˩ɕiaŋ˧˩.（也没有划龙船的习惯？）没有，那没河么，这里河不像……河小太。mei˨˦iou˥˦,nə˧˥mei˨˦xuo˨˦mu˧o˧,tʂə˧li˥˩xuo˨˦pu˨˩ɕiaŋ˧……xuo˨˦ɕiaɔ˥˩tʰæᴇ˧˥.（划不了。插艾叶不插呢？）哎插嘛。æᴇ˨˦tʂʰɑ˥mɑ˧.（呃，也插艾叶啊？）哎插。æᴇ˨˦tʂʰɑ˥.（这艾叶本地出吗？）出。本地有。tʂʰɥ˥.pəŋ˥˦ti˧iou˥.（噢，也出艾叶？）嗯。你搭早起来以后，赶快去把那个……那都是种下的家的，割回来以后，给他门头头起都架上点儿。有些这个给那女的这个耳朵上也拴点艾叶儿。ŋ̍˧.ni˥ta˥˩tsaɔ˥tɕʰi˥læᴇ˨˩i˥˩xou˧,kæ̃˥kʰuæᴇ˧tɕʰy˧pa˥˩nə˧kə˧……næᴇ˧tou˥˩sʅ˧˩tʂuoŋ˧xɑ˧ti˧tɕia˥ti˧,kuo˥xuei˨˩læᴇ˨˦i˥˩xou˧,kei˧tʰɑ˥˦məŋ˨tʰou˨˩tʰou˨˦tɕʰie˥˦tou˥˩tɕia˧ʂaŋ˧tiæ̃r˥˩.iou˥ɕie˥˩tʂei˧kə˧kei˧nə˧˥ny˥ti˧tʂə˧kə˧ər˥tuo˧ʂaŋ˧˩ia˥˦ʂuæ̃˥tiæ̃˥˩næᴇ˧iər˥˩.（噢，要拴拴到耳朵上面啊？）啊，就她那就这彩色……噢，彩色花线头起拴一点儿。ɑ˩,tsou˧˩tʰɑ˥˦nə˧tsou˧tʂə˧tsʰæᴇ˥sə˥˩……ɑɔ˩,tsʰæᴇ˥sei˥˩xuɑ˥˩ɕiæ̃˧tʰou˨˩tɕʰie˥˩ʂuæ̃˥i˥˩tiæ̃r˥.（是是这么交叉的还是就这么弄的？）就放到这门这个欸墙……门墙上边就对了。tsou˧faŋ˧˦taɔ˧˩tʂə˧məŋ˨˩tʂə˧kə˧ei˧tɕʰi……məŋ˨˩tɕʰiaŋ˨˥ʂaŋ˧piæ̃˥˦tɕiou˧tuei˧lə˧.（噢，就就弄的一个环形的那样的，有点儿有点儿弧度的？）噢，噢，嗯，噢，就把那一放下就对了，把艾叶儿穿上。有些人讲喔这个，好多人早上起来以后还……还去采集露水咧嘛。啊早起起来以后……太阳没有出来，还有好多露水珠珠，哎去拿下以后……ɑɔ˩,ɑɔ˧,əŋ˩,ɑɔ˩,tɕiou˧pa˥˩næᴇ˧i˥˦faŋ˧xɑ˧tɕiou˧tuei˧lə˧,pa˥˩næᴇ˧iər˥˦tʂʰuæ̃˥ʂaŋ˧˩.iou˥ɕie˥˩ʐəŋ˨tɕiaŋ˥vuo˧tʂə˧kə˧,xaɔ˥˦tuo˥˩ʐəŋ˨tsaɔ˥ʂaŋ˧˩tɕʰi˥læᴇ˨˩i˥˦xou˧xɑ˨˩……xɑ˨˩tɕʰi˧tsʰæᴇ˥tɕi˥˩lou˧ʂuei˥lie˧mɑ˧.ɑ˧tsaɔ˥tɕʰi˥˩tɕʰi˥læᴇ˨˩i˥˩x……tʰæᴇ˧iaŋ˨˩muo˥˩iou˥˩tʂʰɥ˥læᴇ˨˩,xæᴇ˨˩iou˥˦xaɔ˥tuo˥˩lou˧ʂuei˥˦tʂɥ˥tʂɥ˥˩,æᴇ˨˦tɕʰi˧na˨xɑ˧i˥˩xou˧……（噢，洗眼睛？）把眼……把眼睛洗一洗，那个凉的刺……pa˥˩niæ̃˥……pa˥˩niæ̃˥tɕiŋ˥˩ɕi˥˩i˥˩ɕi˥˦,nə˧kə˧liaŋ˨ti˧tsʰʅ˧……（用手蘸着洗还是……）啊，蘸到洗以后，眼睛洗的挺亮挺亮的。那可以治病咧嘛。ɑ˩,tʂæ̃˥taɔ˧ɕi˥i˥˩xou˧,niæ̃˥tɕiŋ˥˩ɕi˥ti˧tʰiŋ˥˩liaŋ˧tʰiŋ˥˩liaŋ˧ti˧.nə˧kʰə˥˦i˥˦tʂʅ˧piŋ˧lie˧mɑ˧.（那个除了艾叶，还有还有别的东西吗？）再就没有啥了。tsæᴇ˧tsou˧˥muo˥˩iou˥sa˧lə˧.（就只有艾叶？）只有艾叶。tsʅ˥˩iou˥æᴇ˧ie˥˩.（噢，没有菖蒲之类的啊？）没有。mei˨˩iou˥.

六月六，晒丝绸

（六月呢？）黄：六月有个六月六咧么。liou˥yo˥˩liou˥kə˧˩liou˥˩yo˥˩liou˥lie˧muo˧.（六月六怎么样？）六月六，晒丝绸么。这就说是……liou˥yo˥˩liou˥,sæᴇ˧sʅ˥˩tʂʰou˨muo˧.tʂei˧tɕiou˧˥ʂuo˥˩sʅ˧˩……（呃，就把家里面东西拿去怎样？）啊，家里一到夏天，箱箱柜柜那里头都发霉了。六月六，这这天好，哎都拿出来，搭个地方晾一晾。ɑ˧,tɕia˥li˥˩i˥˩taɔ˧ɕiɑ˧tʰiæ̃˥˩,ɕiaŋ˥ɕiaŋ˥˩kʰuei˧kʰuei˧næᴇ˧li˥tʰou˧tou˥˩fa˥mei˨˩lə˧.liou˥yo˥˩liou˥,tʂei˧tʂə˧tʰiæ̃˥˩xaɔ˥,æᴇ˧tou˥˦na˨˩tʂʰɥ˥læᴇ˨˩,ta˥˩kə˧ti˧˥faŋ˥˩liaŋ˧i˥˦liaŋ˧.（这里也怕发霉吗？）欸发咧嘛。有时候天……一到六月里也天气潮湿得很。ei˥fa˥˩lie˧mɑ˧.iou˥sʅ˧xou˧tɕʰiæ̃˥……i˥˩taɔ˧˥liou˥˦yo˥˦li˥˦ie˥˦tʰiæ̃˥˩tɕʰi˧˥tʂʰaɔ˨˩ʂʅ˥tə˧xəŋ˥˩.

七月七

（七月呢？）黄：乞巧节嘛。七月里七月七么，牛郎会织女么。这都一般没啥讲求。tɕʰi˥˧˧˩tɕʰiɑɔ˥˧˦tɕie˥˧mɑ˧.tɕʰi˥˧yo˥˧˦li˥˧˦tɕʰi˥˧˦yo˥˧˦tɕʰi˥˧muo˧,niou˩˧˧˩lɑŋ˩˧˦xuei˥tʂʅ˥˧ny˥˧˧˩muo˧.tʂei˥˦tou˥˧˧˩i˥˧˧˩pæ̃˥˧mei˩˧sɑ˥tɕiɑŋ˥˧tɕʰiou˩˧˧˩.（那妇女有什么活动没有？）都没有。这都没有啥。tou˥˧˩˧mei˩˧˧˩iou˥˧˧˩.tʂə˥˦tou˥˧˧˩mei˩˧˦iou˥˧˦sɑ˥˧˩.（嗯，这个，现在还把它当作节日不？）不当，好像。pu˩˧˧˩tɑŋ˥,xɑɔ˥˧˧˩ɕiɑŋ˥˧˩.

七月十五是鬼节

（这个七月十五呢？）黄：七月里十五，在本地人不讲究。但是陕北人，在当地的陕北人可讲究。七月十五是鬼节。欸，七月十五他们鬼节上就要蒸好多这个牛头马面那个，蒸鬼咧么。tɕʰi˥˧yo˥˧˧˩li˥˧˧˩ʂʅ˩˧˧˩vu˥˧,tsæᴇ˥˧˩pəŋ˥˧ti˥zʅəŋ˩˧˧˩pu˩˧˧˩tɕiɑŋ˥˧tɕiou˥˧˧˩.tæ̃˥sʅ˥ʂæ̃˥˧pei˥˧˧˩zʅəŋ˩˧,tsæᴇ˥˧˩tɑŋ˥˧˧˩ti˥ti˧ʂæ̃˥˧pei˥˧˧˩zʅəŋ˩˧kʰə˥˧˧˩tɕiɑŋ˥˧tɕiou˥˧˧˩.tɕʰi˥˧yo˥˧˧˩ʂʅ˩˧˧˩vu˥˧sʅ˥˧˩kuei˥˧tɕie˥˧˧˩.ei˥,tɕʰi˥˧yo˥˧˧˩ʂʅ˩˧˧˩vu˥˧˦tʰɑ˥˧məŋ˧kuei˥˧tɕie˥˧˧˩ʂɑŋ˥tsou˥iɑɔ˥tʂəŋ˥˧˧˩xɑɔ˥˧tuo˥˧˧˩tʂə˥˧˩kə˥˧˩niou˩˧tʰou˩˧mɑ˥˧˦miæ̃˥nɑ˥kə˥˧˩,tʂəŋ˥˧˧˩kuei˥˧lie˧muo˧.（噢，就是就是也是用面吗？）啊，用面做成面儿……呃，面塑。最后还是吃了。那都是这个，那没得议程。ɑ˧˩,yoŋ˥miæ̃˥tsuo˥˧˩tʂʰəŋ˩˧miæ̃r˥……ə˧˩,miæ̃˥sʮ˥.tsuei˥xou˥xæᴇ˩˧˧˩sʅ˥tʂʰʅ˥˧lə˧.nə˥tou˥˧˦sʅ˥tʂə˥kə˥,nə˥mei˩˧˦tei˥˧˦i˥˧˩˧tʂʰəŋ˩˧˧˩.

八月十五

1.（八月……）黄：八月中秋么。八月中秋节也叫这个八月十五么。pɑ˥˧yo˥˧˧˩tʂuoŋ˥˧˩˧tɕʰiou˥˧muo˧.pɑ˥˧˦yo˥˧˦tʂuoŋ˥˧˧˩tɕʰiou˥˧tɕie˥˧ie˥˧˦tɕiɑɔ˥tʂə˥kə˥pɑ˥˧yo˥˧˧˩ʂʅ˩˧˧˩vu˥˧muo˧.（中秋节怎么那个呢？）八月十五那就是吃……蒸月饼，吃月饼嘛。pɑ˥˧yo˥˧˧˩ʂʅ˩˧˧˩vu˥˧næᴇ˥tɕiou˥sʅ˥tʂʰʅ˥˧˦……tʂəŋ˥˧˩˧yo˥˧piŋ˥˧˧˩,tʂʰʅ˥˧˩˧yo˥˧piŋ˥˧˧˩mɑ˧.（蒸月饼？）蒸。自己家里要做咧。tʂəŋ˥˧.tsʅ˥tɕi˥˧˦tɕiɑ˥˧li˥˧˧˩iɑɔ˥tsuo˥˦lie˧.（噢，自己家里做？）噢，做成……还是这一种是面塑。ɑɔ˧˩,tsuo˥˦tʂʰəŋ˩˧……xɑ˩˧˧˩sʅ˥˦tʂei˥i˥˧˦tʂuoŋ˥˧˦sʅ˥miæ̃˥sʮ˥.（噢，里面放些什么呢？）这里头是这个欸馅子就放得不一样了。有瓜果梨桃呀，这个芝麻呀，各种糖馅儿呀，这一层一层一层一层一层最后搭起来，蒸好高一层，都蒸起来，□的做的。面塑那个他去手艺高咧么。五颜六色的都染好。等这个月亮上来以后……tʂei˥˦li˥˧˧˩tʰou˧sʅ˥tʂə˥kə˥ei˥ɕiæ̃˥tsʅ˧tsou˥fɑŋ˥tə˧pu˩˧˦i˥˧˦iɑŋ˥lə˧.iou˥˧˦kuɑ˥˧˧˩kuo˥˧li˩˧tʰɑɔ˩˧iɑ˧,tʂə˥kə˥tsʅ˥˧mɑ˩˧˧˩iɑ˧,kə˥˧˩˧tʂuoŋ˥˧˧˩tʰɑŋ˩˧ɕiæ̃r˥˧˩iɑ˧,tʂei˥i˥˧˧˩tsʰəŋ˩˧i˥˧˧˩tsʰəŋ˩˧i˥˧˧˩tsʰəŋ˩˧i˥˧˧˩tsʰəŋ˩˧i˥˧˧˩tsʰəŋ˩˧tsuei˥xou˥tɑ˥˧˧˩tɕʰi˥˧læᴇ˩˧˧˩,tʂəŋ˥˧˧˩xɑɔ˥˧kɑɔ˥˧i˥˧˧˩tsʰəŋ˩˧,tou˥˧˧˩tʂəŋ˥˧˧˩tɕʰi˥˧læᴇ˩˧˧˩,piɑ˥˧ti˧tsuo˥ti˧.miæ̃˥sʮ˥nə˥˧˩kə˥˧˩tʰɑ˥˧˧˩tɕʰi˥˧˩ʂou˥˧i˥˧˩kɑɔ˥˧lie˧muo˧.vu˥˧iæ̃˩˧liou˥˧˦sə˥˧ti˧tou˥˧˧˩zæ̃˥˧xɑɔ˥˧.təŋ˥˧˦tʂə˥kə˥yo˥˧liɑŋ˥˧˩ʂɑŋ˥læᴇ˩˧˦i˥˧˧˩xou˥˦……（要染红啊？）啊，那你要染成一定的色彩咧么上头。ɑ˧˩,nɑ˥ni˥˧˦iɑɔ˥zæ̃˥˧tʂʰəŋ˩˧i˥˧˦tiŋ˥ti˧sə˥˧˧˩tsʰæᴇ˥˧lie˧muo˧ʂɑŋ˥tʰou˧.

（啊，用什么东西嗯嗯调色呢？做的时候就染红了还是……）噢，做的生的时候就染成啰了。放锅里一蒸出来都哎形状都出来了吵。ɑɔ˧˩,tsuo˥˦ti˧səŋ˥˧ti˧sʅ˩˧˧˩xou˥tsou˥zæ̃˥˧tʂʰəŋ˩˧luo˧lə˧.fɑŋ˥kuo˥˧li˥˧˧˩i˥˧˧˩tʂəŋ˥˧tʂʰʮ˥˧læᴇ˩˧˧˩tou˥˧˧˩æᴇ˥ɕiŋ˩˧˧˩tʂuɑŋ˥tou˥˧˦tʂʰʮ˥˧læᴇ˩˧˧˩lə˧sɑ˧.（呃，在锅里就沓起很高吗？）噢，在兀锅里都沓多高了，这一层都做成了。ɑɔ˧˩,tsæᴇ˥væᴇ˥kuo˥˧li˥˧˧˩tou˥˧˦tʰɑ˩˧˦tuo˥˧˩˧kɑɔ˥˧lə˧,tʂei˥˦i˥˧˧˩tsʰəŋ˩˧˧˩tou˥˧˦tsuo˥˦tʂʰəŋ˩˧˧˩lə˧.（那怎么蒸熟啊这么厚？）那能蒸熟了，那他多蒸了一会儿么。næᴇ˥˦nəŋ˩˧˧˩tʂəŋ˥˧ʂʮ˩˧˧˩lə˧,næᴇ˥˦tʰɑ˥˧˧˩tuo˥˧˦tʂəŋ˥˧lə˧li˥˧˧˩xuər˥muo˧.（它那个红色那那种颜色是用什么原料调出来？）过去用食……过去都是欸就拿颜色素……调咧。现在那还讲究拿各种食用色素调咧。kuo˥tɕʰy˥yoŋ˥ʂʅ……kuo˥tɕʰy˥tou˥˧˦sʅ˥ei˥tɕiou˥nɑ˩˧˦iæ̃˩˧˧˩sə˥˧sʮ˥fu……tʰiɑɔ˩˧˧˩lie˧.ɕiæ̃˥tsæᴇ˥nei˥˦xɑ˩˧˧˩tɕiɑŋ˥˧tɕiou˥˧˧˩nɑ˩˧kə˥˧

˩tʂuoŋ˥ʂʅ˨˩yoŋ˥sə˥˩sɿ˥˦tʰiaɔ˨˩lie˧.（原先是拿什么颜色？）原先就是普通的染料就他涂上。yæ̃˨˦ɕiæ̃˥tɕiou˥˩sɿ˥˩pʰu˥tʰuoŋ˥˩ti˧zæ̃˥liaɔ˥tsou˥tʰɑ˥˩tʰu˨˩ʂaŋ˥.（家里这染布用的染料？）噢，有染布那些，噢，染料他涂了。ɑɔ˥,iou˥˧zæ̃˥˧pu˥nei˥ɕie˥˩,ɑɔ˥,zæ̃˥liaɔ˥tʰɑ˥˧tʰu˨˩lə˧.（那玩意儿怎么能吃？）那不管那事了。那会儿都是那么个条件么。næᴇ˥pu˨˩kuæ̃˥nə˥sɿ˥lə˧.nə˥xuər˥tou˥˧sɿ˥nə˥˦muo˧kə˥tʰiaɔ˨˩tɕiæ̃˥muo˧.（他图个吉利喽。）嗯，图个吉利。ŋ̍˩,tʰu˨˩kə˥tɕi˥li˥˩.（噢，吃的时候那个那个染色的那个也吃吗？）那多一半都抠的撇咧，那吃不成。nə˥˩tuo˥i˥˩pæ̃˥˧tou˥˧kʰou˥ti˧pʰie˥lie˧,næᴇ˥˦tʂʰʅ˥pu˨˩tʂʰəŋ˨˩.（扔掉？）噢，扔掉么。等这个月亮上来，月亮圆了，那还有讲究啊，那不能就吃。然后把那切开，用盘子端出去啊，还献月亮咧，给□……月亮老儿先吃一点儿。ɑɔ˥,zəŋ˥tiaɔ˥muo˧.təŋ˥tʂə˥kə˥yo˥liaŋ˥˩ʂaŋ˥læᴇ˨˦,yo˥liaŋ˥˩yæ̃˨˩lə˥,nə˥xæᴇ˨˩iou˥˧tɕiaŋ˥tɕiou˥˩ɑ˩,nə˥˦pu˨˩nəŋ˨˧tsou˥tʂʰʅ˥.zæ̃˨˩xou˥pɑ˥˩næᴇ˥tɕʰie˥˧kʰæᴇ˥,yoŋ˥pʰæ̃˨˩tsɿ˧tuæ̃˥˩tʂʰʮ˥tɕʰi˥˩ɑ˩,xɑ˨˩ɕiæ̃˥˧yo˥liaŋ˥˩lie˧,kei˥iæ̃˥……yo˥˧liaŋ˥laər˥ɕiæ̃˥˩tʂʰʅ˥i˥˩tiær˥˩.（月亮老儿？）啊，月亮老儿嘛。然后把你这西瓜呀，瓜果梨桃都端出去。ɑ˩,yo˥liaŋ˥˩laər˥ma˧.zæ̃˨˩xou˥pɑ˥˩ni˥˧tʂə˥ɕi˥kuɑ˥˩iɑ˥,kuɑ˥˩kuo˥li˨˧tʰaɔ˨˧tou˥˧tuæ̃˥˩tʂʰʮ˥tɕʰi˥˩.（西瓜？）西瓜，都去……ɕi˥kuɑ˥˩,tou˥˧tɕʰi˥……（噢，那个时候西瓜出来了啊？）哎出来，西……都到尾声了么。八月十五有西瓜，这里都少得很了。æᴇ˨˩tʂʰʮ˥˩læᴇ˨˩,ɕi˥tə……tou˥˩taɔ˥vei˥ʂəŋ˥˩lə˧muo˧.pɑ˥˩yo˥˩ʂʅ˨˩vu˥iou˥˧ɕi˥kuɑ˥˩,tʂə˥li˥˧tou˥˩ʂaɔ˥tei˥˩xəŋ˥lə˧（还有，还是要留一点了。）啊，留一点么。那都献月亮去咧么。ɑ˩,liou˨˩i˥tiæ̃˥˩muo˧.nei˥tou˥˧ɕiæ̃˥yo˥liaŋ˥˩tɕʰi˥˩lie˧muo˧.（那献月亮有什么什么礼节呢？）没有，就端出去说是献月的就行。mei˨˩iou˥,tsou˥tuæ̃˥˩tʂʰʮ˥tɕʰy˥˩ʂuo˥˩sɿ˥˩ɕiæ̃˥yo˥˩ti˧tɕiou˥ɕiŋ˨˩.（是搞个桌子那个……）搞个桌桌子，上头摆的上头。kaɔ˥˧kə˥tʂuo˥tʂuo˥˩tsɿ˧,ʂaŋ˥tʰou˧pæᴇ˥ti˧ʂaŋ˥˧tʰou˧.（然后让让它过一会儿？）噢，过一会儿。这就是给小孩儿闻闻。ɑɔ˩,kuo˥˧i˥˩xuər˥˩.tʂei˥tɕiou˥sɿ˥kei˥ɕiaɔ˥xər˨˩və˥ŋ˨˩vəŋ˨˦.（那那自己人也在外面？）人都在外头耍啊，连说带笑的，那会儿天又不冷么。zəŋ˨˩tou˥˩tsæᴇ˥væᴇ˥˧tʰou˧ʂuɑ˥˩ɑ˩,liæ̃˨˩ʂuo˥˧tæᴇ˥ɕiaɔ˥ti˧,nə˥xuər˥tʰiæ̃˥iou˥˩pu˨˩ləŋ˥muo˧.（那个那个就是献了以后就在外面吃还是在里面吃？）都在外头吃了。都在外头又不冷。就是大家献一会儿都是你……tou˥˩tsæᴇ˥˩væᴇ˥˧tʰou˧tʂʰʅ˥lə˧.tou˥˧tsæᴇ˥væᴇ˥tʰou˧iou˥pu˨˩ləŋ˥.tsou˥sɿ˥tɑ˥˧tɕiɑ˥˩ɕiæ̃˥i˥˧xuər˥tou˥˩sɿ˥˦ni˥˩……（就坐在外面吃啊？）啊，坐得外面儿一吃，闲聊一会儿就对了。ɑ˩,tsuo˥tə˧væᴇ˥˧miær˥˩i˥˩tʂʰʅ˥,ɕiæ̃˨˩liaɔ˨˩i˥˧xuər˥˩tsou˥tuei˥˦lə˧.

2. 张太白饭店老板的爷爷：现在是买月饼，过去是自己做啊。弄个蒸馍那个面蒸咧，自己蒸咧。ɕiæ̃˥tsæᴇ˥sɿ˥mæᴇ˥yo˥˩piŋ˥˩,kuo˥˧tɕʰy˥˩sɿ˥˩tsɿ˥˦tɕi˥˩tsuo˥˦ɑ˧.nuoŋ˥tʂə˥kə˥tʂəŋ˥˩muo˨˩nə˥kə˥miæ̃˥tʂəŋ˥lie˧,tsɿ˥tɕi˥˧tʂəŋ˥lie˧.（蒸的？）啊。蒸的。æ˧.tʂəŋ˥tə˧.（那怎么做啊那个月饼？）以后，做下这么大。i˥˩xou˥,tsɿ˥xɑ˥tʂə˥˦muo˧tɑ˥˩.（有盘子……比盘子还大？）欸。做下这么大么，这个这个，欸吔，这就是做个那么四五层儿，上头尖，上头，到上头都这么大大。ei˩.tsɿ˥xɑ˥tʂə˥˦muo˧tɑ˥muo˧,tʂə˥kə˥tʂə˥kə˥,ei˥ie˧,tʂei˥tɕiou˥sɿ˥tsɿ˥kə˥nə˥muo˧sɿ˥vu˥˧tsʰə̃r˨˩,ʂaŋ˥tʰou˧tɕiæ̃˥,ʂaŋ˥tʰou˧,taɔ˥ʂaŋ˥˧tʰou˧tou˥˧tʂə˥muo˧tɑ˥tɑ˥˩.ts˂.s˂.（噢，他跟个塔一样的是吧？）欸，跟个塔是欸。就这么……ŋei˩,kəŋ˥˩kə˥tʰɑ˥sei˧.tɕiou˥tʂə˥muo˧……s˂.（有多高呢？）啊？ɑ˧？（那个，那种月饼你们当时的。）他把噢底子么就是垫的这个你油和糖。是吧？tʰɑ˥˧pɑ˥˧ɑɔ˥ti˥tsɿ˧muo˧tsou˥sɿ˥tiæ̃˥ti˧tʂə˥kə˥ni˥iou˨˩xuo˨˩tʰaŋ˨˩.sɿ˥pɑ˧?（油和糖？）啊，油和糖。做的花子，做得好得很。æ˧,iou˨˩xuo˨˩tʰaŋ˨˩.tsuo˥˩ti˧xuɑ˥tsɿ˧,tsuo˥˩tə˧xaɔ˥tə˧xəŋ˥.（花子是什么东西？）就是做下那花儿嘛。tɕiou˥sɿ˥tsuo˥˩xɑ˥nə˥xuɑr˥mɑ˧.（花？）面

花么，拿面捏下那花子嘛。miæ̃˥xuɑ˥˧muo˧,nɑ˧˥˧miæ̃˥nie˥˧˩xɑ˥˩nə˥xuɑ˥˧tsɿ˦mɑ˧.（贴在上面还是干吗？）啊，贴在上头。æ˧,tʰie˥˧tsæᴇ˥˩ʂɑŋ˥tʰou˧.（你是捏的还是剪……剪出来的那花？）有的是剪的，有的是捏下的。iou˥˧ti˧sɿ˥˩tɕiæ̃˥˧ti˧,iou˥˧ti˧sɿ˥nie˥˧xɑ˥˩ti˧.（捏的。）这个，今天晚天的话就是，放得当面地方，西瓜籽儿，这个这个月饼，是吧？tʂə˥kə˥,tɕiŋ˥˧˩tʰiæ̃˥˧˩væ̃˥˧tʰiæ̃˥˧˦ti˦xuɑ˥tɕiou˥˦sɿ˥˩,fɑŋ˥tə˦tɑŋ˥˧˩miæ̃˥˦ti˥˩fɑŋ˥˧˩,ɕi˥˧kuɑ˥˧˩tsər˥˧,tʂə˥kə˥tʂə˥kə˥yo˥˧piŋ˥˧˩,sɿ˥pɑ˦?（嗯。）对住月亮。tuei˥˩tʂʮ˥yo˥˧liɑŋ˥˩.（也在院子里头弄？）啊，这这上上几炷香。上些子……æ˧,tʂei˥˩tʂei˥ʂɑŋ˥˦ʂɑŋ˥˩tɕi˥˧˦tʂʮ˥ɕiɑŋ˥˧.ʂɑŋ˥˦ɕie˥˧˦tsɿ˧……（还要烧香？烧香干吗呢？）啊，敬月亮咧。æ˥,tɕiŋ˦˥yo˥˧liɑŋ˥˩lie˧.（呃，敬月亮？）嗯。现在人都不太蒸么了。现在很少敬。ŋ̍˩.ɕiæ̃˥tsæᴇ˥˦ʐəŋ˧˥˧tou˥˧˩pu˧˥˧tʰæᴇ˥tsəŋ˥˧˩muo˧lə˦.ɕiæ̃˥tsæᴇ˥xəŋ˥˧ʂɑɔ˥˧tɕiŋ˥˩.（原先在敬月亮是不是还要拜一拜还是干吗？）那对着。nɑ˥˦tuei˥˩tʂə˧.（你们当年是怎么拜……弄的？）那就是，三十呃……到这个今天晚上的话，就是，当面的摆张桌子吧。nɑ˥˩tɕiou˥sɿ˥,sæ̃˥˧˩ʂʅ˧˥˧ə˦p……tɑɔ˥tʂə˥kə˥tɕiŋ˥˧˩tʰiæ̃˥˧˩væ̃˥˧˦tʂʰɑŋ˥（←ʂɑŋ˥）ti˦xuɑ˥,tɕiou˥˩sɿ˦˥,tɑŋ˥˧˩miæ̃˦˥ti˦pæᴇ˥˧tʂɑŋ˥˧˥tʂuo˥˧tsɿ˧pɑ˧.（嗯。）把这个西瓜，切开，摆下嘛，把月饼摆下嘛，把枣儿啊，啊，把这些献的东西一摆，对住月亮的话就是上啦一路香，上上五炷香嘛。pɑ˥˧˩tʂə˥˩kə˥ɕi˥˧kuɑ˥˧˩,tɕʰie˥˧˥kʰæᴇ˥˧˩,pæᴇ˥˧xɑ˥˩mɑ˧,pɑ˥˧˩yo˥˧piŋ˥˧˩pæᴇ˥˧xɑ˥˩mɑ˧,pɑ˥˧˩tsɑɔr˥˧ʐɑ˧,æ˩,pɑ˥˧˩tʂei˥ɕie˥˧˦ɕiæ̃˦˥ti˧tuoŋ˥˧ɕi˧i˥˧˩pæᴇ˥˧,tuei˥˩tʂʰʮ˥yo˥˧liɑŋ˥ti˦xuɑ˥tɕiou˥sɿ˥ʂɑŋ˥lɑ˦i˥˧˩lou˦˥ɕiɑŋ˥˧˩,ʂɑŋ˥ʂɑŋ˥vu˥˧tʂʮ˥ɕiɑŋ˥˧mɑ˧.（五炷香？）哎。再就是烧上些表么，过去是表么。æᴇ˥˧.tsæᴇ˥tɕiou˥sɿ˥ʂɑɔ˥˧˦ʂɑŋ˥ɕie˥˧˦piɑɔ˥˧muo˧,kuo˥tɕʰy˥˩sɿ˥˩piɑɔ˥˧muo˧.（什么表啊？）就是这黄表[①]么。tɕiou˥sɿ˥˩tʂə˥xuɑŋ˧˥˧piɑɔ˥˧muo˧.（要写字儿吗？）不写字儿。pu˧˥˧ɕie˥˧tsər˥˩.（就是……就是个黄纸是吧？）你你你就对准儿月亮，一烧就对了。ni˥˧˦ni˥˧˦ni˥˧tsou˥˩tuei˥tʂuə̃r˥˧˥yo˥˧liɑŋ˥˩,i˥˧˥ʂɑɔ˥˧tɕiou˥tuei˥˦lə˧.（一烧？）啊，一烧。ɑ˩,i˥˧˥ʂɑɔ˥˧˩.（要说……说些什么话不说？）这个欸，有的说，有的不说。他是在……就这个，嗯，总的来说是敬月亮咧嘛。说些……tʂə˥˦kə˥˦ei˩,iou˥˧ti˧ʂuo˥˧,iou˥˧ti˧pu˧˥˧ʂuo˥˧.tʰɑ˥˧˩sɿ˥˩tsæᴇ˥˦……tɕiou˥tʂə˥˩kə˥˦,ŋ̍˩,tsuoŋ˥˧ti˧læᴇ˧˥˧ʂuo˥˧˦sɿ˥tɕiŋ˥yo˥˧liɑŋ˥˩lie˧mɑ˧.ʂuo˥˧ɕie˥˧˦……（嗯。）有一些人……讲究一点儿人说些吉利话，有些的话也不说话的。iou˥˧i˥˧˩ɕie˥˧˦ʐ……tɕiɑŋ˥˧tɕiou˥˧˩i˥˧˩tiæ̃r˥˧˩ʐəŋ˧˥˧ʂuo˥˧ɕie˥˧˩tɕi˥˧˩li˥xuɑ˥,iou˥˧ɕie˥˧˦tə˦xuɑ˥ie˥˧˦pu˧˥˧ʂuo˥˧xuɑ˥˩ti˧.（也不说？）啊。啊。这不给献上些甚么，做下有大肉啦，献儿，献一大大肉啊，弄个碟子啊，这杀啦鸡的话，嗯，弄些鸡肉给老天一献，献毕以后，月亮敬毕以后，遇上个一个子嘛是半个小时，就是端回来了。æ˦.æ˧.tʂə˥˦pu˧˥˧kei˥˩ɕiæ̃˥ʂɑŋ˥ɕie˥˧˩ʂəŋ˥muo˦,tsuo˥˩xɑ˥˩iou˥˧˦tɑ˦˥ʐou˥˧˥lɑ˧,ɕiæ̃r˦˥,ɕiæ̃˥i˥˧˩tɑ˥tɑ˥ʐou˥ɑ˧,nuoŋ˥kə˥tʰie˧˥˧tsɿ˦ɑ˧,tʂei˥sɑ˥˧˩lɑ˦tɕi˥˧tə˦xuɑ˥,ŋ̍˧˥˧,nuoŋ˥ɕie˥˧˦tɕi˥˧˩ʐou˥˦kei˥˩lɑɔ˥˧˩tʰiæ̃˥˧˩i˥˧˩ɕiæ̃˥˦,ɕiæ̃˥pi˥˧˩i˥˧˩xou˥,yo˥˧˩liɑŋ˥˩tɕiŋ˥˦pi˥˧˦i˥˧˦xou˥,y˥˦ʂɑŋ˥˩kə˥˩i˥˧˩kə˥˦tsɿ˧mɑ˦sɿ˥pæ̃˥˦kə˥ɕiɑɔ˥˧sɿ˧˥˧,tɕiou˥˩sɿ˥˩tuæ̃˥˧xuei˧˥˧˩læᴇ˧˥˧˥˦lə˧.（噢。）端在家里这儿，一家人坐下吃喝，就这些。tuæ̃˥˧˩tsæᴇ˦˥tɕiɑ˥˧li˥˧˩tʂər˥,i˥˧˥tɕiɑ˥˧ʐəŋ˧˥˧tsuo˥xɑ˥tʂʰʅ˥˧˥xə˥˧,tɕiou˥tʂə˥ɕie˥˧˩.（在屋里吃还是在院子里吃？）在屋里吃。tsæᴇ˥vu˥˧li˥˧˩tʂʰʅ˥˧˩.（在屋里吃？）嗯。就是。ə̃˥.tsou˥˩sɿ˥˩.（你这个月饼这个里头有没有馅儿还是什么东西？）过去人，蒸的话没有给里头……就是有的是白糖，有的是蜂蜜。kuo˥tɕʰy˥˩ʐəŋ˧˥˧,tʂəŋ˥˧tə˧xuɑ˥˩muo˥˧˩iou˥˧kei˥˩li˥˧tʰou˧……tɕiou˥˦sɿ˥iou˥˧ti˦sɿ˥pei˧˥˧tʰɑŋ˧˥˧˦,iou˥˧ti˦sɿ˥fəŋ˥˧mi˥˧˩.（蜂蜜？）嗯，蒸下的。现在这是有的……人都不太蒸咧。很少蒸。都是买下的月饼。

① 黄表：黄表纸的略称。欧阳山《高干大》第一章：“货架上面，放着两三匹老布……此外就是一些神香黄表之类。”太白人也略称为表。

ŋ̍˨˩,tʂəŋ˥˧˨˩xa˦˨˩tə·.ɕiæ̃˦˨˩tsæᴇ˦˨˦tʂə˦˨˩ʂʅ˦˨˩iou˥˧tə˧……ʐəŋ˨˦tou˥˧˨˩pu˨˦˨˩tʰæᴇ˦tʂəŋ˥˧lie·.xəŋ˥˧ʂaɔ˥˧tʂəŋ˥˧˨˩. tou˥˧˦sʅ˦mæᴇ˥˧xa˦ti˧yo˥˧˦piŋ˥˧˦.（过去还蒸呢？）嗯。ŋ̍˨˩.（那面就是……欸，那个面是发的，发好了面还是干吗？）发好的兀是，和和蒸馍馍一样嘛。fa˥˧˨˩xaɔ˥˧ti·vu˦sʅ˦,xuo˨˦˦xuo˨˦˦tʂəŋ˥˧˨˩muo˨˦muo˨˦˦i˥˧˨˩iaŋ˦˨˦ma·.（蒸馍馍一样？）兀人把面起[①]的好好儿的嘛。嗯。va˦˨˩ʐəŋ˨˦˨˦pa˥˧˨˩miæ̃˦tɕʰi˥˧ti·xaɔ˥˧xaɔr˥˧˨˩ti˧ma·.ŋ̍˨˩.（那么大那怎么吃啊？那是切开它还是……）切的嘛。把月亮，一献毕的话你就端回去一切了，切成这么的方方的，方块儿块儿的。tɕʰie˥˧ti·ma·.pa˥˧˨˩yo˥˧liaŋ˦,i˥˧˨˩ɕiæ̃˦pi˥˧ti·xua˦ni˥˧˦tsou˦tuæ̃˥˧˨˩xuei˨˦˨˩tɕʰi˦i˥˧˦tɕʰie˥˧lə·,tɕʰie˥˧tʂʰəŋ˨˦˨˩tʂə˦muo˧tə˧faŋ˥˧faŋ˥˧˨˩tə·,faŋ˥˧˨˩kʰuər˥˧kʰuər˥˧˨˩tə˧.（跟跟这个半个巴掌那么大？）欸，切成这么方块的就拿着吃。ei˥˧,tɕʰie˥˧˨˩tʂʰəŋ˨˦˨˩tʂə˦muo˧faŋ˥˧˨˩kʰuæᴇ˥˧ti·tsou˦˨˩na˨˦˨˩tʂə˧tʂʰʅ˥˧.（就这么吃啊？）嗯。ŋ̍˨˩.（噢，吃，这个要……你们这儿讲究吃什么菜不讲究？）吃菜的话，那□到今天的话，有啥的吃啥。tʂʰʅ˥˧˨˩tsʰæᴇ˦˨˦ti˧xua˦,na˦tsʅ˨˩taɔ˦tɕiŋ˥˧tʰiæ̃˥˧˦ti˧xua˦,iou˥˧sa˦ti˧tʂʰʅ˥˧sa˦˨˩.（噢，有啥吃啥？）啊。ŋa˥˧.（是要吃些好的还是干吗？）对着咧。忒好的。中秋节是个大节子咧。是吧？tuei˦tʂə˧lie·.tʰie˨˦xaɔ˥˧ti·.tʂuoŋ˥˧˨˩tɕʰiou˥˧˦tɕie˥˧sʅ˦kə˦ta˦˨˦tɕie˥˧˨˩tsʅ·lie·.sʅ˦pa˧?（嗯。）过中秋节的话，在咱们国家的话好多地方都过嘛。kuo˦tʂuoŋ˥˧˨˩tɕʰiou˥˧˦tɕie˥˧tə˧xua˦,tsæᴇ˦tsa˨˦məŋ˧kuei˥˧tɕia˥˧˦tə˧xua˦xaɔ˥˧tuo˥˧˨˩ti˦˨˦faŋ˥˧˨˩tou˥˧˨˩kuo˦ma·.（啊，对对对对对。）凡是咱们汉族人都过，少数民族人是，说是回回不过。fæ̃˨˦sʅ˦tsa˨˦məŋ˧xæ̃˦tsɥ˨˦˨˩ʐəŋ˨˦tou˥˧kuo˦,ʂaɔ˥˧ʂɥ˦miŋ˨˦tsɥ˨˦˦ʐəŋ˨˦˦sʅ˦,ʂuo˥˧˦sʅ˦xuei˨˦˨˩xuei˨˦˨˩pu˨˦˨˩kuo˦.（回回不过的？）嗯。ŋ̍˨˩.（这儿有回回没有？）咱们这里少。平凉就有了。tsa˨˦˨˩məŋ˧tʂə˦˨˦li˥˧˨˩ʂaɔ˥˧.pʰiŋ˨˦˨˩liaŋ˨˦˨˦tɕiou˦˨˩iou˥˧˦lə˧.（平凉就有回回？）啊。回回他也八月十五不过。a˨˩.xuei˨˦˨˩xuei˨˦˨˦tʰa˥˧˦ie˥˧˦pa˥˧˨˩yo˥˧˨˩ʂʅ˨˦˨˩vu˥˧pu˨˦˨˩kuo˦.（八月十五不过？）嗯。五月单五也不过。ŋ̍˨˩.vu˥˧˦yo˥˧˦tæ̃˥˧vu˥˧˦ie˥˧pu˨˦˨˩kuo˦.

3.（八月十五还要烧表还要上香？）张太白饭店老板的爷爷：嗯。现在都不啦。这现在有的上，有的都不。ŋ̍˨˩.ɕiæ̃˦tsæᴇ˦˨˦tou˥˧˨˩pu˨˦˨˩la·.tʂə˦˨˩ɕiæ̃˦tsæᴇ˦iou˥˧ti·ʂaŋ˦,iou˥˧ti·tou˥˧˦pu˨˦˨˩.（你们现在还上……上香不上香？）不，我们孙子他不，啥都不，不干。pu˨˦,ŋuo˥˧˦məŋ˧suoŋ˥˧tsʅ·tʰa˥˧˨˩pu˨˦˨˩,sa˦tou˥˧˦pu˨˦˨˩,pu˨˦˨˩kæ̃˦.（八月十五就跟平常一样？）一样，就是。i˥˧˨˩iaŋ˦,tɕiou˦sʅ˦˥˧˦.（该吃点儿这个肉啊什么。你们这儿除了吃猪肉还吃什么别的肉不吃？）猪肉，鸡肉，牛肉，啥肉都吃嘛。tʂɥ˥˧ʐou˦,tɕi˥˧ʐou˦,niou˨˦ʐou˦,sa˦ʐou˦tou˥˧˦tʂʰʅ˥˧ma·.（啥肉都吃。）你想搞啥就吃啥，就是，嗯。那不是一家一家不同啊，没有统一。ni˥˧˨˩ɕiaŋ˥˧kaɔ˥˧sa˦tsou˦tʂʰʅ˥˧sa˦˨˩,tɕiou˦sʅ˦,ŋ̍˨˩.na˦pu˨˦˨˩sʅ˦i˥˧˦tɕia˥˧˨˩i˥˧˦tɕia˥˧˨˩pu˨˦˨˩tʰuoŋ˨˦a·,mei˨˦iou˥˧tʰuoŋ˥˧i˥˧˨˩.（最讲究的吃什么肉？）最讲究是鸡肉啊，大肉啊。tsuei˦tɕiaŋ˥˧tɕiou˦˨˩sʅ˦˥˧˦tɕi˥˧ʐou˦a˧,ta˦ʐou˦a˧.（大肉就是什么肉？）猪肉啊。tʂɥ˥˧ʐou˦a˧.（大肉……大肉就是猪肉是吧？）嗯。ŋ̍˨˩.

4. 服太白饭店女服务员：你们都咋不到家下去米西[②]吗？不是晚上过八月十五呀么？ni˥˧məŋ·tou˥˧˦tsa˥˧pu˨˦˨˩taɔ˦tɕia˥˧xa˦˨˩kʰə˦˨˩mi˥˧˨˩ɕi˥˧ma·?pu˨˦˨˩sʅ˦væ̃˥˧xaŋ˦˨˩kuo˦pa˥˧yo˥˧˨˩ʂʅ˨˦˨˩vu˥˧ia˧m̩·?（嗯。）你们不回家过八月十五去？ni˥˧məŋ·pu˨˦˨˩xuei˨˦tɕia˥˧kuo˦pa˥˧yo˥˧˨˩ʂʅ˨˦˨˩vu˥˧tɕʰi˦˨˩?（我们要干活啊。）过八月十五夜晚，你们不回去下子？八月十五过了再来么哈。kuo˦pa˥˧yo˥˧˨˩ʂʅ˨˦˨˩vu˥˧ia˦˨˦væ̃˥˧˨˩,ni˥˧˦məŋ˧pu˨˦˦xuei˨˦˨˩tɕʰi˦xa˦tsʅ·?pa˥˧˨˩yo˥˧˨˩ʂʅ˨˦˨˩vu˥˧kuo˦lə˧tsæᴇ˦læᴇ˨˦˨˩muo˧xa·.（过了再来？）嗯。ə̃˨˩.（路费都好几千呢！）路费花几千，你们回去了，你们上……上级领导给你

---

① 起：指发酵。北魏贾思勰《齐民要术·作烧饼法》："面一斗，羊肉二斤，葱白一合，豉汁及盐熬令熟炙之，面当令起。"

② 米西：日语借词，指美餐一顿。

们的。lou˧fei˧xua˥˩˧tɕi˥tɕʰiæ̃˥,ni˥məŋ˨xuei˨˩˨tɕʰi˧lə˨,ni˥˩˧məŋ˨ʂaŋ˧˥……ʂaŋ˧tɕi˥˩˧liŋ˥˩˧tao˥˩˧kei˧ni˥məŋ˨ti˨.

重阳节

（九月呢？）黄：九月有重阳咧。tɕiou˥yo˥˩˧iou˥˩˧tʂʰuoŋ˨˩˨iaŋ˨˩˧lie˨.（重阳你们怎么过的？）重阳节在这儿这这个兀也就是，这里的，就是秋收季节已经到咧，九月里九重阳么，谷子糜子登上场么。这就是说明大面积的秋收已经开始。tʂʰuoŋ˨iaŋ˨˩˧tɕie˥tsæᴇ˧tʂər˧tʂə˧tʂə˧kə˧væᴇ˧ie˥˩˧tɕiou˧˩sɿ˧˩,tʂei˧˥li˥˩ti˨,tɕiou˧sɿ˧tɕʰiou˥˩ʂou˥tɕi˧tɕie˥˩i˥˩tɕiŋ˥tao˧lie˨,tɕiou˥yo˥˩li˥˩tɕiou˥tʂʰuoŋ˨iaŋ˨muo˨,ku˥tsɿ˨mi˨˩tsɿ˥təŋ˥˩ʂaŋ˧tʂʰaŋ˨muo˨.tʂei˧˥tɕiou˧˩sɿ˧˩ʂuo˥˩miŋ˨˩˧ta˧miæ̃˧tɕi˥ti˨tɕʰiou˥˩ʂou˥i˥˩tɕiŋ˥˩˧kʰæᴇ˥˩sɿ˥˩.

十月一，送寒衣

（然后就十月。）黄：十月一，十月一，送寒衣么。这是出自于孟姜女，孟姜里那个典故它。ʂɿ˨˩yo˥˩˧i˥,ʂɿ˨˩yo˥˩˧i˥,suoŋ˧xæ̃˨i˥muo˨.tʂei˧˥sɿ˧˩tʂʰɥ˥˩˧tsɿ˧y˨˩˧məŋ˧tɕiaŋ˥˩ny˥,məŋ˧tɕiaŋ˥˩ny˥nə˧kə˧tiæ̃˥ku˧˩tʰa˥˩.（你们这里这个十月一过这那个过节吗？）不过。pu˨˩kuo˧.（有什么讲究你们这里？）上坟，烧纸，给老先人这个欸送寒衣么。ʂaŋ˧fəŋ˨,ʂao˥˩tsɿ˥,kei˧lao˥˩˧ɕiæ̃˥zəŋ˨˩tʂə˧kə˧ei˧suoŋ˧xæ̃˨i˥muo˨.（给老先人也送寒衣？）哎，送么。你是……æᴇ˥,suoŋ˧muo˨.ni˥˩˧z……（用纸剪成衣服的样子是吧？）衣……剪成衣裳，拿到坟上去给烧一烧么，再烧些钱么。i˥˩˧……tɕiæ̃˥tʂʰəŋ˨i˥ʂaŋ˨˩,na˨˩tao˧fəŋ˨˩ʂaŋ˧tɕʰy˧kei˧ʂao˥i˥˩ʂao˥muo˨,tsæᴇ˧ʂao˥ɕie˥˩tɕʰiæ̃˨muo˨.

腊八

（十二月初八呢？）黄：腊八儿。la˥par˥˩.（腊八怎么过？）腊八儿，煮腊八粥么。la˥par˥˩,tʂɥ˥˩˧la˥˩pa˥˩tʂou˥muo˨.（煮粥？）煮粥么。tʂɥ˥˩˧tʂou˥muo˨.（里面放一些什么？）五谷杂粮煮咧一锅。vu˥ku˥˩tsa˨˩liaŋ˨tʂɥ˥lie˨i˥˩kuo˥.（什么东西都放？）甚么东西都放，煮在里头。ʂəŋ˧˥muo˨tuoŋ˥˩ɕi˨tou˥˩faŋ˧,tʂɥ˥tsæᴇ˧li˥tʰou˨.（腊八？）腊八粥。la˥pa˥˩tʂou˥˩.（这一天也还还是一个节吧？）还是一个节。这都是小节气。xa˨˩sɿ˧˥i˥kə˧tɕie˥.tʂə˧tou˥˩sɿ˧˩ɕiao˥tɕie˥˩tɕʰi˧.（那个叫作过腊八还是个怎么了？）过腊八咧么。腊八儿。kuo˧la˥pa˥˩lie˨muo˨.la˥par˥˩.（这个腊八那天有没有这个就是加工豆豉啊什么之类这些东西的，做酱？）做酱噢，这里的，这几年不太……是那么讲究了。tsuo˧˩tɕiaŋ˧˥ao˩,tʂei˧˩li˥˩˧ti˨,tʂei˧tɕi˥˩niæ̃˨˩pu˨˩tʰæᴇ……sɿ˧nə˧muo˨tɕiaŋ˥tɕiou˥˩lə˨.（原来做吗？）原来还做好像。做豆豉，做豆酱这些，现在都太不做了口去。yæ̃˨læᴇ˨˩˧xa˨˩tsuo˧˥xao˥˩˧ɕiaŋ˧.tsuo˧tou˧˥ʂɿ˧˥,tsuo˧tou˧˥tɕiaŋ˧tʂei˧ɕie˥˩,ɕiæ̃˧tsæᴇ˧tou˥˩tʰæᴇ˧pu˨˩˧tsuo˧˥lie˨niæ̃˨˩tɕʰi˧˩.

除尘送灶

（[腊月]二十三呢？）黄：二十……二十三除尘送灶么。ər˧ʂ……ər˧ʂɿ˨˩˧sæ̃˥tʂʰɥ˨˩˧tʂʰəŋ˨suoŋ˧tsao˧muo˨.（是二十三送灶还是二十四送灶？）二十三就送灶了。ər˧ʂɿ˨˩˧sæ̃˥tɕiou˧˩suoŋ˧tsao˧lə˨.（晚上还是白天送灶？）白天就送灶了。除尘送灶，你赶快把卫生，房里边的家伙，把那东西都搬出去，噢，扫净，噢，然后烧纸，送灶王爷上天么。pei˨˩tʰiæ̃˥tɕiou˧˩suoŋ˧tsao˧lə˨.tʂʰɥ˨tʂʰəŋ˨suoŋ˧tsao˧,ni˥˩˧kæ̃˥kʰuæᴇ˧pa˥˩vei˧˥səŋ˥˩,faŋ˨li˥˩˧piæ̃˥˩˧tə˨tɕia˥xuo˨,pa˥˩˧nə˧tuoŋ˥ɕi˨tou˥˩˧pæ̃˥˩tʂʰɥ˥tɕʰi˧˩,ao˧,sao˥tɕiŋ˧,ao˩,zæ̃˨˩xou˧ʂao˥˩tsɿ˥,suoŋ˧tsao˧vaŋ˨˩ie˨˩ʂaŋ˧˥tʰiæ̃˥muo˨.（那个叫作过腊……过二十三还是……）pu˨˩tɕiao˧.（过小年？）哟，过小年。iao˩,kuo˧ɕiao˥niæ̃˨.（二十四不过那个什么了？）没有咧。二十四就

没咧。二十三把灶都送了。mei˧˥˩iou˥˧lie˧.ər˥ʂʅ˧˥˩sɿ˥˦tsou˥˩muo˥˧lie˧.ər˥ʂʅ˧˥˦sæ̃˥˧pɑ˥˧˩tsɑɔ˥˦tou˥˧˩suoŋ˥lə˧.（这个送灶的时候怎么送法？）这不知道，我们也不讲究那个。没见。tʂə˥pu˧˥˩tʂʅ˥˧tɑɔ˥˩,ŋuo˥˧məŋ˧iɑ˥˧˦pu˧˥˦tɕiɑŋ˥˧˦tɕiou˥˧˦nə˥kə˥.muo˥˧˦tɕiæ̃˥˩.（噢，你们不送啊？）不送他。就知道二十三除尘送灶咧反正。pu˧˥˩suoŋ˥tʰɑ˥˧.tɕiou˥tʂʅ˥˧˦tɑɔ˥ər˥ʂʅ˧˥˦sæ̃˥˧tʂʰʯ˧˥tʂʰəŋ˧˥suoŋ˥tsɑɔ˥lie˧fæ̃˥˧˩tʂəŋ˥˦.（小年就是二十三那天？）噢，小年就是二十三那天。ɑɔ˩,ɕiɑɔ˥˧˩niæ̃˧˥tɕiou˥sʅ˥ər˥ʂʅ˧˥˦sæ̃˥˧nei˥˦tʰiæ̃˥˧˩.（那个灶神叫叫什么？灶王爷还是什么？）灶爷。最土的那个叫法就叫灶爷。tsɑɔ˥˦ie˧˥˩.tsuei˥˦tʰu˥˧ti˧nə˥kə˥tɕiɑɔ˥fɑ˥˧˦tɕiou˥tɕiɑɔ˥tsɑɔ˥˦ie˧˥˩.（有什么那个，儿歌里面有没有唱灶爷的？）灶爷儿歌里头好像没有。这就说是，是说是这个灶王爷是，他那个边里那个对联就是写的嘛。他边里那个，灶王爷他现在是印下那个，中间是灶爷，上联就是这个，“上天言好事”么，下联就是“回头降吉祥”嘛。tsɑɔ˥ie˧˥˩ər˧˥˩kə˥˧li˥˧˦tʰou˧xɑɔ˥˧˦ɕiɑŋ˥mei˧˥iou˥˧˦.tʂə˥˦tɕiou˥˩ʂuo˥˧˩sʅ˥˩,sʅ˥˦ʂuo˥˧˩sʅ˥tʂə˥˩kə˥˩tsɑɔ˥vɑŋ˧˥˩ie˧˥˩sʅ˥,tʰɑ˥˧˦nə˥kə˥piæ̃˥˧li˥˧˩nə˥kə˥tuei˥luæ̃˧˥tɕiou˥˩sʅ˥˩ɕie˥˧˦ti˧mɑ˧.tʰɑ˥˧˩piæ̃˥˧li˥˧˩nə˥kə˥,tsɑɔ˥˦vɑŋ˧˥˩ie˧˥˩tʰɑ˥˧˦ɕiæ̃˥tsæᴇ˥sʅ˥iŋ˥˦xɑ˥˩nə˥˩kə˥˩,tʂuoŋ˥˧˩tɕiæ̃˥˧˦sʅ˥tsɑɔ˥ie˧˥˩,ʂɑŋ˥luæ̃˧˥tɕiou˥sʅ˥tʂə˥˩kə˥˩,ʂɑŋ˥tʰiæ̃˥˧˩iæ̃˧˥˩xɑɔ˥˧sʅ˥muo˧,ɕiɑ˥læ̃˧˥（←luæ̃˧˥）tɕiou˥sʅ˥xuei˧˥tʰou˧˥tɕiɑŋ˥tɕi˥˧ɕiɑŋ˧˥˩mɑ˧.（噢，回头降吉祥？）噢，回头……上天言好事，回头降吉祥么。ɑɔ˩,xuei˧˥tʰou˧˥……ʂɑŋ˥tʰiæ̃˥˧˩iæ̃˧˥˩xɑɔ˥˧sʅ˥,xuei˧˥tʰou˧˥tɕiɑŋ˥tɕi˥˧˩ɕiɑŋ˧˥muo˧.（噢，就是写写出的那个是吗？）啊，写出来那个东西。ɑ˩,ɕie˥˧tʂʰʯ˥˧˩læᴇ˧˥˩nə˥kə˥tuoŋ˥˧˦ɕi˧.（那个灶王爷，灶爷他的那个名，神名叫什么？）不懂，没法考证他。pu˧˥˩tuoŋ˥˧,mei˧˥fɑ˥˧˩kʰɑɔ˥˧˦tʂəŋ˥˦tʰɑ˥˧˩.（现在都不搞这些了？）现在我看我们这半块儿人咧，灶神都不……太不祭咧。前塬贴的狰得很。ɕiæ̃˥tsæᴇ˥ŋuo˥˧˦kʰæ̃˥ŋuo˥˧məŋ˧tʂei˥˦pæ̃˥˩kʰuər˥˧˩ʐəŋ˧˥lie˧,tsɑɔ˥ʂəŋ˧˥˩tou˥˧˩pu……tʰæᴇ˥pu˧˥˩tɕi˥lie˧.tɕʰiæ̃˧˥yæ̃˧˥tʰie˥˧˩ti˧tsəŋ˥˧tə˧xəŋ˥˧˩.（哦，也不贴？）嗯。因为我进咧些灶神，呃卖咧两年都几乎卖不完嘛。我是每年到这个欹后季里卖些画儿了，化妆那些，小孩儿那些和婆娘卖咧。ŋ̍˩.iŋ˥˧˩vei˥ŋuo˥˧tɕiŋ˥lie˧ɕie˥˧˦tsɑɔ˥ʂəŋ˧˥˩,ə˩mæᴇ˥lie˧liɑŋ˥˧niæ̃˧˥tou˥˧˩tɕi˥˧˦xu˥˧˦mæᴇ˥pu˧˥˦væ̃˧˥mɑ˧.ŋuo˥˧sʅ˥mei˥˧˦niæ̃˧˥tɑɔ˥tʂə˥kə˥ei˥xou˥tɕi˥li˥˧˦mæᴇ˥ɕie˥˧˩xuɑr˥lə˥,xuɑ˥˦tʂuɑŋ˥˧˩nei˥ɕie˥˧˩,ɕiɑɔ˥˧xər˧˥nei˥ɕie˥˧˦xuo˧˥˩pʰuo˧˥˩niɑŋ˥mæᴇ˥lie˧.（那个是贴在什么位置？）必须贴到灶的这个正中间。pi˥˧˦ɕy˥˧tʰie˥˧˩tɑɔ˥tsɑɔ˥ti˧tʂə˥kə˥tʂəŋ˥tʂuoŋ˥˧˩tɕiæ̃˥˧˩.（灶的正中间，那个灶门上面啊？）那不是。你这个锅头①，你就必须像贴在你那个地方，贴起来。næᴇ˥˦pu˧˥˩sʅ˥˩.ni˥˧˦tʂə˥kə˥kuo˥˧tʰou˧,ni˥˧˦tsou˥pi˥˧˩ɕy˥˧ɕiɑŋ˥tʰie˥˧˩tsæᴇ˥˩ni˥˧nə˥kə˥ti˥˦fɑŋ˥˧˩,tʰie˥˧˩tɕʰi˥˧læᴇ˧˥˩.（噢，从那边过来是吧？那边是灶门？）灶门在这儿咧。tsɑɔ˥məŋ˧˥tsæᴇ˥tʂər˥lie˧.（噢，灶门是这里？贴在正中间啊？）嗯。ŋ̍˩.（对着锅贴？）噢。ɑɔ˩.（那那如果有几口锅呢？）那只只只敬咧一个灶神，不可能给每一个都都贴嘛。næᴇ˥˦tsʅ˥˧˩tsʅ˥˧tsʅ˥˧˩tɕiŋ˥lie˧i˥˧˩kə˥˦tsɑɔ˥ʂəŋ˧˥˦,pu˧˥˩kʰə˥˧˦nəŋ˧˥˦kei˥mei˥˧i˥˧˩kə˥˩tou˥˧˩tou˥˧˦tʰie˥˧mɑ˧.（你们是敬灶神是吗？）敬。tɕiŋ˥.（噢，那个就是拿东西去供就说是“献”是吧？）噢，献么，呃。ɑɔ˩,ɕiæ̃˥muo˧,ə˩.（那我要去买一张灶神画我们说“买”还是“请”啊？）那都说是“买”现在给你。næᴇ˥tou˥˧˦ʂuo˥˧˩sʅ˥˩mæᴇ˥˧ɕiæ̃˥tsæᴇ˥kei˥˦ni˥˧˩.（以前呢？过去老人家呢？）噢，不说，不说“请”那个话。ɑɔ˩,pu˧˥ʂuo˥˧,pu˧˥ʂuo˥˧tɕʰiŋ˥˧nə˥kə˥xuɑ˥.

① 锅头：锅灶。柳青《创业史》第一部第十七章：“人家谁倒像你小子一样，领带人马、安营下寨、盘锅头起火，成个把月在山里头割竹子呢？”

五、农业

田园 / 农事 / 农用器具和物资

（一）田园

生地、荒地、二荒地

黄：纯粹没有开垦的那个地么叫生地[①]。tʂʰuoŋ˩˧˩tsʰuei˧˥meiʎiou˥˩˧kʰæᴇ˥˩˩kʰəŋ˥˩ti·˧nə˧kə˧ti˧muo·˧tɕiɑɔ˧səŋ˥˩˩ti˧.（这个荒地跟生地有没有区别啊？）有区别啊。生地是从来没有开垦过。没种过。iou˥˩tɕʰy˥˩˩pie˩˧˩ɑ·˧.səŋ˥˩˩ti˧˥sʅ˧˩tsʰuoŋ˩˧læᴇ˩˧meiʎiou˥˩kʰæᴇ˥˩kʰəŋ˥˩kuo˧˩.mei˩˧tʂuoŋ˧kuo˧.（处女地？）噢，没有……处女地叫生地。荒地，这个地就说是，可人在这个历史的角度上这个地噢，种咧几年以后又搁荒咧，再不种了，荒下来了，这个是荒地。这个里头么就说是，草，蒿草这些都长的比较旺盛一点儿，这叫荒地。这是撂咧一半年，就不是旋种的么，这中间么有一二年时间没有种。ɑɔ˩,mei˩˧iou˥˩……tʂʰʮ˥˩ny˥˩ti˧tɕiɑɔ˧səŋ˥˩˩ti˧.xuɑŋ˥˩ti˧,tʂə˧kə˧ti˧tɕiou˧ʂuo˥˩˩sʅ˧˩,kʰə˥˩zəŋ˩˧tsæᴇ˧tʂə˧kə˧li˥˦sʅ˥˩ti·˧tɕyo˥˩˩tu˧˥ʂɑŋ˧˩tʂə˧kə˧ti˧ɑɔ˩,tʂuoŋ˧˦lie·˧tɕi˥˩niæ̃˩˧i˥˩˩xou˧iou˧kə˥˩˩xuɑŋ˥˩lie·˧,tsæᴇ˧pu˩˧˩tʂuoŋ˧˦lə·˧,xuɑŋ˥˩ɕiɑ˧˩læᴇ˩˧˩lə·˧,tʂə˧˥kə˧˥sʅ˧˩xuɑŋ˥˩˩ti˧.tʂə˧˩kə˧˥li˥˩˩tʰou·˧muo·˧tsou˧ʂuo˥˩˧sʅ˧,tsʰɑɔ˥˩,xɑɔ˥˩˩tsʰɑɔ˥˩tʂə˧ɕie˥˩˧tou˥˩˧tʂɑŋ˥˩ti·˧pi˥˩˩tɕiɑɔ˧vɑŋ˧ʂəŋ˧i˥˩˧tiæ̃r˥˩˩,tʂə˧tɕiɑɔ˧xuɑŋ˥˩˩ti˧.tʂə˧sʅ˧liɑɔ˧˦lie·˧i˥˩˩pæ̃˧niæ̃˩˧,tsou˧pu˩˧˩sʅ˧˩ɕyæ̃˧tʂuoŋ˧ti·˧muo·˧,tʂə˧tʂuoŋ˥˩˩tɕiæ̃˥˦muo·˧iou˥˩i˥˩˩ər˧niæ̃˩˧sʅ˩˧˩tɕiæ̃˥˩mei˩˧iou˥˩˧tʂuoŋ˧.（哦，不是旋种的那种？）噢，不是旋种那地。叫二荒地[②]，二荒地。ɑɔ˩,pu˩˧˩sʅ˧ɕyæ̃˧tʂuoŋ˧nə˧˩ti˧.tɕiɑɔ˧˩ər˧xuɑŋ˥˩˩ti˧˩,ər˧xuɑŋ˥˩˩ti˧.（那那种就是说已经撂荒了很长时间，再也种不了的那种地呢？）那叫荒地，直接就叫荒地咧。nə˧tɕiɑɔ˧xuɑŋ˥˩˩ti˧,tʂʅ˩˧tɕie˥˩˩tɕiou˧tɕiɑɔ˧xuɑŋ˥˩˩ti˧˥lie·˧.

上岸地

（比……这个比……比这个河面高的这个呃比较好的这个地，叫不叫上岸地？）黄：上岸地啊？ʂɑŋ˧næ̃˧˥ti˧ɑ·˧?（嗯。）那倒有这个，有这个说法咧。河岸么，上岸地么。nei˧˥tɑɔ˧iou˥˩˧tʂə˧kə˧,iou˥˩˧tʂə˧˩kə˧˩ʂuo˥˩fɑ˥˩˩lie·˧.xuo˩˧˩næ̃˧muo·˧,ʂɑŋ˧næ̃˧tim˧.（它是指这个这个河岸以上高一点的地方是吧？）啊，就是河岸以上高的这样地方。ɑ˩,tsou˧sʅ˧xə˩˧˩næ̃˧˥i˥˩˧ʂɑŋ˧kɑɔ˥˩ti·˧tʂei˧iɑŋ˧ti˧˩fɑŋ˥˩˩.

薄地

黄：有些地，欸有……这儿这那有几种么。有的是石子儿地，土里头那个沙子比较多，遇着像今年这个遇天旱就没有水分了。再沙墚地，再一就是盐碱地。种一般

---

① 生地：未开垦之地。《续资治通鉴·宋神宗熙宁五年》：“挺又括并边生地冒耕田千八百顷，募人佃种，以益边储。”

② 二荒地：指种过而又荒了的地。周立波《暴风骤雨》第二部六：“咱家败下来了，一年到头，除开家口的吃粮，家里就象大水漫过的二荒地似的。”原注：“种过的地又荒了，叫二荒地。”

作物以后，像这个天一雨一涝一会儿那地下盐碱翻上来了，把苗子咬[1]死了。有些地那纯粹薄[2]的种不成。还有些地是……土壤结构的这个，因为土壤结构形成那个，板板地。板板地就说是那个，土结……它那个土壤结构结起来是个，那土，整个儿土层是那碎片片式的。那种地就是硬得很。一般庄稼不生长那些。iou˥˧ɕie˥˧˨˩ti˦,ei˨˩iou˥˧ɕ……tʂər˦tʂə˦nə˦iou˥˧tɕi˥˧tʂuoŋ˥˧muo·˧.iou˥˧ti·˧sɿ˦˨˩ʂʅ˨˦˨˩tsər˥˧ti˦˨˩,tʰu˥˧li˥˧˨˩tʰou·˧nə˦kə˦sa˥˧tsɿ·˧pi˥˧˧tɕiao˦tuo˥˧,y˦˧˥tʂə·˧ɕiaŋ˦tɕiŋ˥˧niæ̃˨˦tʂə˦kə˦y˦tʰiæ̃˥˧˨˩xæ̃˦tɕiou˦mei˨˦iou˥˧˧ʂuei˥˧fəŋ˦˨˩lə·˧.tsæᴇ˦sa˥˧˨˩liaŋ˨˦ti˦˨˩,tsæᴇ˦i˥˧˨˩tɕiou˦˨˩sɿ˦˨˩iæ̃˨˦˨˩tɕiæ̃˥˧ti˦˨˩.tʂuoŋ˦i˥˧˨˩pæ̃˥˧tsuo˥˧˧˥vuo˥˧˨˩i˥˧˨˩xou˦,ɕiaŋ˦tʂə˦kə˦tʰiæ̃˥˧i˥˧˨˩y˥˧i˥˧˨˩lao˦i˥˧˨˩xuər˦nə˦ti˦ɕia˦iæ̃˨˦˨˩tɕiæ̃˥˧fæ̃˥˧ʂaŋ˦˨˩læᴇ˨˦˨˩lə·˧,pa˥˧miao˨˦tsɿ·˧niao˥˧sɿ˥˧˨˩lə·˧.iou˥˧ɕie˥˧˨˩ti˦nə˦tʂʰuoŋ˨˦˨˩tsʰuei˦˧˥˧pʰuo˨˦˨˩ti·˧tʂuoŋ˦pu˨˦˧tʂʰəŋ˨˦˨˩.xa˨˦˨˩iou˥˧ɕie˥˧˨˩ti˦˧˥˧sɿ˦pu……tʰu˥˧ʐaŋ˥˧tɕie˥˧˨˩kou˦˧˥˧ti·˧tʂə˦kə˦,iŋ˥˧˨˩vei˦tʰu˥˧ʐaŋ˥˧tɕie˥˧˨˩kou˦˧˥˧ɕiŋ˨˦tʂʰəŋ˨˦nə˦kə˦,pæ̃˥˧pæ̃˥˧˨˩ti˦˧˥˧.pæ̃˥˧pæ̃˥˧˨˩ti˦˧˥˧tɕiou˦˧˥˧ʂuo˥˧˨˩sɿ˦˨˩nə˦kə˦,tʰu˥˧tɕie˥˧˨˩……tʰa˥˧nə˦kə˦tʰu˥˧ʐaŋ˥˧tɕie˥˧˨˩kou˦tɕie˥˧˨˩tɕʰi˥˧læᴇ˨˦˨˩sɿ˦kə˦,nə˦tʰu˥˧,tʂəŋ˥˧kər˦˧˥˧tʰu˥˧tsʰəŋ˨˦sɿ˦nə˦suei˦pʰiæ̃˥˧pʰiæ̃˥˧˨˩ʂʅ˥˧˨˩ti·˧.nei˦tʂuoŋ˥˧˨˩ti˦tɕiou˦˨˩sɿ˦˨˩niŋ˦tə·˧xəŋ˥˧˨˩.i˥˧˧pæ̃˥˧˧tʂuaŋ˥˧tɕia˦˨˩pu˨˦˨˩səŋ˥˧˨˩tʂaŋ˥˧næᴇ˦˨˩ɕie˥˧˨˩.

粮田

黄：粮田是包括所有那个种庄稼的地都叫粮田。这个东西它是个过去就按这个当地这个下达这个欸给你这个过去按生产任务的话下达的话你多少粮田面积，你比如太白镇，你这一个太白镇你是这个四千亩粮田面积咧，还是多少亩粮田。liaŋ˨˦tʰiæ̃˨˦sɿ˦˨˩pao˥˧˨˩kʰuo˥˧˨˩ʂuo˥˧iou˥˧nə˦kə˦tʂuoŋ˦tʂuaŋ˥˧tɕia·˧ti·˧ti˦tou˥˧˧˥tɕiao˦˨˩liaŋ˨˦tʰiæ̃˨˦˨˩.tʂə˦˨˩kə˦˧˥˧tuoŋ˥˧˨˩ɕi·˧tʰa˥˧˧sɿ˦kə˦kuo˦˧˥tɕʰy˦tɕiou˦næ̃˦tʂə˦kə˦taŋ˥˧˨˩ti˦˧˥˧tʂə˦˨˩kə˦˨˩ɕia˦ta˨˦˧tʂə˦kə˦ei˨˩kei˦ni˥˧˧tʂə˦kə˦kuo˦˧˥tɕʰy˦næ̃˦səŋ˥˧˨˩tsʰæ̃˥˧ʐəŋ˦vu˦tə·˧xua˦˨˩ɕia˦ta˨˦ti·˧xua˦˨˩ni˥˧˧tuo˥˧˨˩ʂao˥˧liaŋ˨˦tʰiæ̃˨˦miæ̃˦tɕi˥˧˨˩,ni˥˧˧pi˥˧ʐʮ˨˦˨˩tʰæᴇ˦pei˨˦˨˩tʂəŋ˦,ni˥˧˧tʂei˦i˥˧˨˩kə˦tʰæᴇ˦pei˨˦˨˩tʂəŋ˦ni˥˧sɿ˦˨˩tʂə˦˨˩kə˦˨˩sɿ˦tɕʰiæ̃˥˧˨˩mu˥˧liaŋ˨˦tʰiæ̃˨˦˨˩miæ̃˦tɕi˥˧lie·˧,xa˨˦˨˩sɿ˦˨˩tuo˥˧˨˩ʂao˥˧mu˥˧˧liaŋ˨˦˨˩tʰiæ̃˨˦˧˥˧.

稻田

（那你这个，就说咱们这个你这太白行政村，就过去这个多不多？）王：啥多？sa˦tuo˥˧˨˩?（那个稻田呐。）稻田多么。原来我们欸全……村有一千来亩地稻[3]田哩，现在丢[4]下几百亩地咧。tao˦tʰiæ̃˨˦tuo˥˧muo·˧.yæ̃˨˦˨˩læᴇ˨˦˧ŋuo˥˧məŋ·˧ei˨˩tɕʰyæ̃˨˦……tsʰuoŋ˥˧iou˥˧˧i˥˧˨˩tɕʰiæ̃˥˧læᴇ˨˦˨˩mu˥˧˨˩ti˦˨˩tʰao˥˧˧tʰiæ̃˨˦li·˧,ɕiæ̃˦tsæᴇ˦tiou˥˧xa˦˨˩tɕi˥˧pei˥˧˨˩mu˥˧ti˦˨˩lie·˧.（那其他的那些稻田呢？）它那是起……起旱种□玉米了。tʰa˥˧˨˩nei˦sɿ˦˨˩tɕʰi˥˧……tɕʰi˥˧xæ̃˦tʂuoŋ˦tʂʰou·˧y˦mi˥˧˨˩lə·˧.（为……为什么种玉米呢？）流……水供不上。liou˨˦˨˩……ʂuei˥˧kuoŋ˦˨˩pu˨˦˨˩ʂaŋ˦˨˩.（水少了？）嗯，水少得很。ŋ̍˨˩,ʂuei˥˧ʂao˥˧tə·˧xəŋ˥˧˨˩.（原先的水大吗？）原来水大么。这几年一直是旱年么。旱的，水供不上。yæ̃˨˦˨˩læᴇ˨˦ʂuei˥˧˨˩ta˦m̩·˧.tʂə˦tɕi˥˧˨˩niæ̃˨˦i˥˧˨˩tʂʅ˨˦sɿ˦˨˩xæ̃˦niæ̃˨˦˨˩m̩·˧.xæ̃˦ti·˧,ʂuei˥˧kuoŋ˦˨˩pu˨˦˨˩ʂaŋ˦.（噢。）水不……供不上嘛，投到插秧兀一段儿时间就，水供不上咧啊。ʂuei˥˧pu˨˦˨˩……kuoŋ˦pu˨˦˨˩ʂaŋ˦ma·˧,tʰou˨˦˨˩tao˦tsʰa˥˧˧˥iaŋ˥˧væᴇ˦˧˥˧i˥˧˨˩tuæ̃r˦sɿ˨˦˨˩tɕiæ̃˥˧˧tɕiou˦,ʂuei˥˧kuoŋ˦˨˩pu˨˦˨˩ʂaŋ˦lia·˧.

---

① 咬：腐蚀；侵蚀。清刘献廷《广阳杂记》卷四：“盖其人为漆所咬，他医皆不识云。”

② 薄：土质贫瘠。《史记·货殖列传》：“越楚则有三俗……其俗剽轻，易发怒，地薄，寡于积聚。”

③ 稻：太白有两读，即[tao˦]和[tʰao˥˧]。《集韵》土晧切：“稻，秔也，关西语。又唐李肇《唐国史补》卷下：关中人呼稻为讨。”检白涤州的调查材料，关中此字亦为透母上声。

④ 丢：遗留，剩下。《儒林外史》第十七回：“我一生是个无用的人，一块土也不曾丢给你们，两间房子都没有了。”

闭口田

黄：你像这个稻田，小川这面这个稻田，它都有这个欸有霦泥田[1]和闭口田。ni˥˧˧ɕiɑŋ˧tʂə˧kə˧tʰɑɔ˥˧tʰiæ̃˨˦,ɕiɑɔ˥˧tʂʰuæ̃˥˧˩tʂei˧˦miæ̃˧˩tʂə˧kə˧tʰɑɔ˥˧tʰiæ̃˨˦,tʰɑ˥˧˧tou˥˧˧iou˥˧tʂə˧˩kə˧˩ei˩iou˥˧˩næ̃˧ni˨˦˩tʰiæ̃˨˦˩xuo˨˦˩pi˧˦kʰou˥˧˩tʰiæ̃˨˦˩.（pi˧˦kʰou˥˧˩tʰiæ̃˨˦˩是什么？）噢，闭口沙。这个田么，就是这个霦泥田，你就是不管到几时，你把它揭[2]了，用耙耙平[3]的话，不管任何时候你踏进去，它都是个软乎的。这个闭口沙这个田么，就是河滩里淤下的这种泥噢，水自然冲刷来淤泥，淤积起来的这个田。这就叫闭口沙。因为这个泥里头含的沙量几乎达到一对半儿了，它这个就是，你就把它揭起来，用耙把它耙平以后，在很短的时间以后它就硬了。ɑɔ˩,pi˧kʰou˥˧˧sɑ˥˧.tʂə˧kə˧tʰiæ̃˨˦muo·,tɕiou˧sɿ˧tʂə˧kə˧næ̃˧˦ni˨˦˩tʰiæ̃˨˦,ni˥˧˧tɕiou˧sɿ˧pu˨˦˩kuæ̃˥˧tɑɔ˧tɕi˥˧sɿ˨˦˩,ni˥˧˧pɑ˥˧˩tʰɑ˥˧˧tɕie˥˧liɑɔ˥˧˩,yoŋ˧pɑ˧pɑ˧pʰiŋ˨˦tə˩xuɑ˧˩,pu˨˦˩kuæ̃˥˧zəŋ˧˦xuo˨˦˩sɿ˨˦˩xou˧ni˥˧˧tʰɑ˨˦˩tɕiŋ˧tɕʰy˧,tʰɑ˥˧˧tou˥˧˧sɿ˧kə˧zuæ̃˥˧xu·ti·. tʂə˧kə˧pi˧˦kʰou˥˧˧sɑ˥˧tʂə˧kə˧tʰiæ̃˨˦muo·,tɕiou˧sɿ˧xuo˨˦˩tʰæ̃˥˧li˥˧˩y˥˧xɑ˧˩ti·tʂei˧tʂuoŋ˥˧˩ni˨˦ɑɔ˩,ʂuei˥˧tsɿ˧zæ̃˨˦˩tʂʰuoŋ˥˧˧ʂuɑ˥˧læᴇ˨˦y˥˧˩ni˨˦,y˥˧˧tɕi˥˧˩tɕʰi˥˧læᴇ˨˦˧ti·tʂə˧kə˧tʰiæ̃˨˦˩. tʂei˧tɕiou˧tɕiɑɔ˧pi˧˦kʰou˥˧˧sɑ˥˧.iŋ˥˧˩vei˧tʂei˧kə˧ni˨˦li˥˧˩tʰou·xæ̃˨˦ti·sɑ˥˧˩liɑŋ˧tɕi˥˧xu·tɑ˨˦˩tɑɔ˧i˥˧˩tuei˧pæ̃r˧lə·,tʰɑ˥˧tʂei˧˩kə˧˩tɕiou˧˩sɿ˧˩,ni˥˧˧tɕiou˧pɑ˥˧˩tʰɑ˥˧tɕie˥˧˩tɕʰi˥˧læᴇ˨˦˩,yoŋ˧pɑ˧pɑ˥˧˩tʰɑ˥˧pɑ˧pʰiŋ˨˦i˥˧˩xou˧,tsæᴇ˧xəŋ˥˧tuæ̃˥˧ti·sɿ˨˦˩tɕiæ̃˥˧i˥˧˩xou˧tʰɑ˥˧˧tsou˧niŋ˧lə·.（噢，凝固起来了？）噢，凝固起来了。ɑɔ˩,niŋ˨˦˩ku˧˦tɕʰi˥˧˩læᴇ˨˦˩lə·.（它就变硬了是吧？）噢，变硬咧。这就叫闭口沙。这个讨嫌就说是，我们这儿这人你旋放就赶快去栽，尽快把秧苗栽下去，它就自然都长住了。如果听[4]上这么几个小时以后哇，不行了，有些闭口沙厉害的你必须拿个木橛子[5]擩个窟窿把这秧苗才能擩进去。就那么厉害。ɑɔ˩,piæ̃˧iŋ˧lie·.tʂei˧˦tɕiou˧˩tɕiɑɔ˧˩pi˧kʰou˥˧˧sɑ˥˧.tʂə˧˩kə˧˦tʰɑɔ˥˧ɕiæ̃˨˦tɕiou˧ʂuo˥˧˩sɿ˧˩,ŋuo˥˧məŋ·tʂər˧tʂə˧˩zəŋ˨˦˩ni˥˧˩ɕyæ̃˧fɑŋ˧tɕiou˧kæ̃˥˧˩kʰuæᴇ˧tɕʰy˧tsæᴇ˥˧,tɕiŋ˥˧˩kʰuæᴇ˧˦pɑ˥˧˩iɑŋ˥˧˩miɑɔ˨˦tsæᴇ˥˧˩xɑ˧tɕʰi˧,tʰɑ˥˧˧tɕiou˧tsɿ˧zæ̃˨˦˩tou˥˧˩tʂɑŋ˥˧tʂʮ˧˩lə·.zʮ˨˦˩kuo˥˧tʰiŋ˧ʂɑŋ˧˩tʂə˧muo·tɕi˥˧kə˧˩ɕiɑɔ˥˧sɿ˨˦i˥˧˩xou˧˦vɑ·,pu˨˦˩ɕiŋ˨˦lə˧,iou˥˧ɕie˥˧˩pi˧kʰou˥˧˧sɑ˥˧li˧˦xæᴇ˧ti·ni˥˧˧pi˧˦ɕy˥˧˩nɑ˨˦kə˧mu˥˧˧tɕyo˨˦tsɿ·zʮ˥˧kə˧˩kʰu˥˧luoŋ˨˦˩pɑ˥˧˩tʂə˧˦iɑŋ˥˧˩miɑɔ˨˦tsʰæᴇ˨˦˧nəŋ˨˦˩zʮ˥˧tɕiŋ˧tɕʰi˧.tsou˧nə˧˦muo·li˧xæᴇ˧.（就说发了……一发洪水以后……）噢，冲过来的那个淤泥。ɑɔ˩,tʂʰuoŋ˥˧˩kuo˧˦læᴇ˨˦˩ti·nə˧kə˧y˥˧˩ni˨˦.（就一定要把它移走？）噢，这个一……一般都移不走了还是。都喜欢这个来把这个……把泥质的这个田里……有些地底下不是石头吗？它淤上这么一层子，淤上两年，自然就是土层就加厚了。但是这个田么永远都是那就是闭口沙田。ɑɔ˩,tʂə˧kə˧i˥˧˩……i˥˧˦pæ̃˥˧˩tou˥˧˩i˨˦pu˨˦˩tsou˥˧lə·xɑ˨˦˩sɿ˧˩.tou˥˧˦ɕi˥˧xuæ̃˥˧˩tʂə˧kə˧læᴇ˨˦pɑ˥˧˩tʂə˧kə˧tʰi……pɑ˥˧˩ni˨˦tʂʅ˥˧tə·tʂə˧kə˧tʰiæ̃˨˦˩li˥˧˧……iou˥˧ɕie˥˧˩ti˧ti˥˧ɕiɑ˧pu˨˦sɿ˧ʂʅ˨˦˩tʰou·mɑ·?tʰɑ˥˧˩y˥˧ʂɑŋ˧˩tʂə˧˦muo·i˥˧˩tsʰəŋ˨˦˩tsɿ·,y˥˧ʂɑŋ˧˩liɑŋ˥˧niæ̃˨˦,tsɿ˧zæ̃˨˦˧tɕiou˧˩ʂʅ˧˩tʰu˥˧˩tsʰəŋ˨˦tsou˧tɕiɑ˥˧˩xou˧lə·.tæ̃˧sɿ˧tʂei˧˦kə˧tʰiæ̃˨˦muo·yoŋ˥˧˧yæ̃˥˧˧tou˥˧˩sɿ˧˩nə˧˩tsou˧˩sɿ˧˩pi˧kʰou˥˧˧sɑ˥˧˩tʰiæ̃˨˦.（噢，这个庄稼那个长得好不？）长的庄稼倒与庄稼生长都没有多大关系。tʂɑŋ˥˧˩ti·tʂuɑŋ˥˧tɕiɑ·tɑɔ˥˧˩y˥˧˧tʂuɑŋ˥˧tɕiɑ·səŋ˥˧˩tʂɑŋ˥˧tou˥˧˩mei˨˦iou˥˧˧

---

① 霦泥田：烂泥田。《集韵》尼赚切：“霦，雨淖也。”太白人形容道路泥泞曰“霦”。

② 揭地：翻地。

③ 耙：《正字通》必驾切。（1）碎土平地的农具。清郝懿行《证俗文》卷三：“《农政全书》，耙制有方耙，有人字耙，如犂，亦用牛驾。但横阔多齿，犂后用之。盖犂以起土，惟深为功，耙以破块，惟细为功。”（2）用耙碎土平地。《西游记》第十八回：“耕田耙地，不用牛具；收割田禾，不用刀杖。”

④ 听：等。《广韵》他定切：“待也。”

⑤ 木橛子：短木桩。柳青《创业史》题叙：“他拄着棍子，在到处插了写着字的木橛子的稻地里，这里看看，那里看看。”

tuo˥˩ta˧kuæ̃˥çi˨. （可以种吗？）这就是这个土它这个土壤结构不一样。tʂei˧˥tɕiou˧˩sɿ˧˩tʂei˧kə˧tʰu˥tʰɑ˥tʂə˧˩kə˧˩tʰu˥ʐɑŋ˥tɕie˥˩kou˧˥pu˨˩i˥˩iɑŋ˧˩.（那还是可以种的吧？）还是可以种。它就是含沙量大一点。xɑ˨˩sɿ˧kʰə˥i˥˩tʂuoŋ˧.tʰɑ˥˧tɕiou˧sɿ˧xæ̃˨sɑ˥˩liɑŋ˧tɑ˧i˥˧tiæ̃˥˩.（它那么种的……那那么硬的话，怎么说那个好种啊？）你把它揭起来以后都无所谓了。揭起来经个给它没有没有板结之前你先把它庄稼种上都无所谓了。ni˥˧pɑ˥˩tʰɑ˥tɕie˥˩tɕʰi˥læᴇ˨˩i˥˩xou˧tou˥˧vu˨˧ʂuo˥˩vei˧˥lə˨.tɕie˥˩tɕʰi˥læᴇ˨˩tɕiŋ˥˧kə˧kei˧tʰɑ˥˧muo˥˩iou˥muo˥˩iou˥pæ̃˥tɕie˥˩tsɿ˥˧tɕʰiæ̃˨ni˥˧ɕiæ̃˥pɑ˥˩tʰɑ˥tʂuɑŋ˥tɕiɑ˨tʂuoŋ˧ʂɑŋ˧tou˥˧vu˨˩ʂuo˥vei˧lə˨.（要改造一下是吧？）啊，改造的话那你就要增加腐殖质它马上就对了。ɑ˩,kæᴇ˥tsɑɔ˧ti˨xuɑ˧˩næᴇ˧ni˥˧tsou˧iɑɔ˧tsəŋ˥˧tɕiɑ˥˩fu˥tʂɿ˨˧tʂɿ˥tʰɑ˥˩mɑ˥ʂɑŋ˧˩tɕiou˧˩tuei˧˥lə˨.

瓜地、瓜园子

（那个种瓜的那个场地呢？）黄：瓜地么，瓜园子么。都是西瓜，小瓜。kuɑ˥˩ti˧muo˨,kuɑ˥˩yæ̃˨˩tsɿ˧muo˨.tou˥˩sɿ˧˩ɕi˥kuɑ˥˩,ɕiɑɔ˥kuɑ˥˩.（小的？）啊，这不这……ɑ̃˩,tʂə˧˥pu˨˩tʂə˧……（大……大的呢？）大的那就叫瓜园子或者是瓜地么，那一大片儿的嘛。这是指吃的那种。这你像再种成是打籽的那些也叫瓜地。种过的瓜地么。tɑ˧˦ti˧næᴇ˧tɕiou˧tɕiɑɔ˧kuɑ˥˩yæ̃˨˩tsɿ˧xuo˨˧tʂə˥˩sɿ˧˩kuɑ˥˩ti˧muo˨,næᴇ˧i˥˩tɑ˧pʰiæ̃r˥ti˨mɑ˨.tʂə˧sɿ˧˩tsɿ˥˧tʂʰʅ˥ti˨nei˧tʂuoŋ˥˩.tʂei˧ni˥˧ɕiɑŋ˧˩tsæᴇ˧tʂuoŋ˧tʂʰəŋ˨˩sɿ˧˩tɑ˥tsɿ˥ti˨nei˧ɕie˥˧ie˥˧tɕiɑɔ˧kuɑ˥˩ti˧˥.tʂuoŋ˧kuo˧tə˨kuɑ˥˩ti˧muo˨.（这个瓜园子跟瓜地有什么区别？）瓜园子是兀指这个有些人是专门种下那个商品瓜，你比如香瓜呀，这西瓜呀，种一大片子专门卖钱咧，这就是瓜园子么。kuɑ˥˩yæ̃˨˩tsɿ˥ʂʅ˧vei˧tsɿ˥˩tʂə˧kə˧iou˥ɕie˥˩zəŋ˨sɿ˧tʂuæ̃˥˩məŋ˨tʂuoŋ˧xɑ˧nɑ˧kə˧ʂɑŋ˥˩pʰiŋ˥kuɑ˥˩,ni˥˩pi˥zʮ˨˩ɕiɑŋ˥kuɑ˥˩iɑ˧,tʂei˧ɕi˥kuɑ˥˩iɑ˧,tʂuoŋ˧i˥˧tɑ˧pʰiæ̃˥tsɿ˨tʂuæ̃˥˩məŋ˨mæᴇ˧tɕʰiæ̃˨lie˧, tʂei˧˥tɕiou˧˩sɿ˧kuɑ˥˩yæ̃˨˩tsɿ˥muo˨.（也拿篱笆围吗？）这一般都不包围，那面积大得我脖子撑的。tʂei˧˥i˥˦pæ̃˥˩tou˥˩pu˨˩pɑɔ˥˧vei˨˧,nə˧˥miæ̃˧tɕi˥˩tɑ˧tei˥˩ŋuo˥˩puo˨˩tsɿ˧tʂʰəŋ˥tə˧.（噢，瓜地就种的是大的是吧？）大范围这种事情。tɑ˧fæ̃˧vei˨˧tʂei˧˥tʂuoŋ˥˩sɿ˧˥tɕʰiŋ˨˩.（噢，这种范围大些？）嗯。ŋ̍˩.

菜地、菜园子

1.（菜地是不是都都得拿篱笆围起来？）黄：不围。pu˨˩vei˨˧.（不围？）那是这几个村子这一块儿地一家挨住挨户的，都分这个地，都是菜地。nə˧˩sɿ˧˩tʂei˧˥tɕi˥˩kə˧tsʰuoŋ˥tsɿ˨tʂei˧i˥˩kʰuər˥ti˧i˥˩tɕiɑ˥næᴇ˥tʂʮ˧˩næᴇ˥˩xu˧tə˨,tou˥˦fəŋ˥˩tʂə˧kə˧ti˧,tou˥˦sɿ˧˩tsʰæᴇ˧ti˧.（噢，也不围？）不围。pu˨˧vei˨˩.（那……）再还有一种地么名字叫自留地。tsæᴇ˧xæᴇ˨iou˥i˥˩tʂuoŋ˥˩ti˧muo˧miŋ˨tsɿ˧tɕiɑɔ˧˩tsɿ˧˥liou˨ti˧˩.（噢，菜园子是什么……那是什么呢？）这个菜园子是指你庄子周围跟前的那一坨坨菜地，必须用墙和篱笆围起来的那个，那叫菜园子。tʂə˧˩kə˧˩tsʰæᴇ˧yæ̃˨˩tsɿ˥sɿ˧˩tsɿ˥˧ni˥˧tʂuɑŋ˥tsɿ˨tʂou˥˩vei˨kəŋ˥tɕʰiæ̃˨˩ti˨næᴇ˧i˥˩tʰuo˨˩tʰuo˨˥tsʰæᴇ˧ti˧,pi˥˦ɕy˥˧yoŋ˧tɕʰiɑŋ˨xuo˨˩li˨˩pɑ˥vei˨˩tɕʰi˥læᴇ˨˩ti˨nə˧kə˧,næᴇ˧˥tɕiɑɔ˧˩tsʰæᴇ˧yæ̃˨˩tsɿ˧.（为什么要要围起来？）这因为防鸡，防其他这个……畜禽来糟蹋咧。tʂə˧˥iŋ˥˩vei˧fɑŋ˨tɕi˥,fɑŋ˨tɕʰi˨˩tʰɑ˥˧tʂə˧kə˧tɕʰi……ɕy˥˧tɕʰiŋ˨˩læᴇ˨˧tsɑɔ˥tʰɑ˥˩lie˨.（噢，远了他就不管了？）远咧他就不管咧。远咧没这些东西。yæ̃˥lie˨tʰɑ˥˧tsou˧pu˨˩kuæ̃˥lie˨.yæ̃˥lie˨mei˨tʂei˧ɕie˥˧tuoŋ˥ɕi˨.（这个那你们种果子的那种地叫叫什么呢？）果园么。kuo˥yæ̃˨muo˧.（也叫果园儿？）嗯。果园儿么。ə̃˩.kuo˥yæ̃r˨muo˧.（果园儿围不围呢？）果园围着咧，不过现在都太不围了。一般的果园都搭的有个围墙咧。现在已经都全部放开了。根本任何果园都不搭墙子。kuo˥yæ̃˨vei˨

˩tʂuo˥˩lie˧,pu˧˥˩kuo˥ɕiæ̃˥tsæᴇ˥˥˧tou˥˩˩tʰæᴇ˥pu˧˥˩vei˧˥lə˦.i˥˩˨˩˦pæ̃˥˩ti˧kuo˥˩yæ̃˧˥tou˥˩˩ta˥˩ti˧iou˥˩˩kə˥˥˧vei˧˥tɕʰiaŋ˧˥˩lie˦.ɕiæ̃˥tsæᴇ˥i˥˩˩tɕiŋ˥˩tou˥˩˩tɕʰyæ̃˧˥˩pu˥˥˧faŋ˥kʰæᴇ˥˩˩lə˧.kʰəŋ˥˩˩pəŋ˥˩꜔zəŋ˥˥˧xuo˧˥˩kuo˥˩yæ̃˧˥tou˥˩˩pu˧˥˩ta˥˩tɕʰiaŋ˧˥˩tsʅ˧.

2．黄：菜园子是庄……庄跟前那叫菜园子。菜地和菜园子两回事咧。tsʰæᴇ˥yæ̃˧˥˩tsʅ˦sʅ˥tʂuaŋ˥˩꜔……tʂuaŋ˥˩˩kəŋ˥˩tɕʰiæ̃˧˥˩næᴇ˥tɕiaɔ˥tsʰæᴇ˥yæ̃˧˥˩tsʅ˦.tsʰæᴇ˥ti˥xuo˧˥꜔tsʰæᴇ˥yæ̃˧˥˩tsʅ˦liaŋ˥˩xuei˧˥˩sʅ˥lie˦.（菜园子是一定围起来的吗？）噢，必须最少要有个篱笆。aɔ˩,pi˥˩꜔ɕy˥˩꜔tsuei˥ʂaɔ˥˩iaɔ˥iou˥˩kə˥˩li˧˥˩pa˦.（没没围起来的呢？）没有围起来就菜地。mei˧˥iou˥˩vei˧˥˩tɕʰi˥˩læᴇ˧˥˩tɕiou˥tsʰæᴇ˥ti˥.

篱笆

（菜园子是不是要拿围墙围起来还是不围？）黄：那不不拿围墙围起来，最起码要拿篱笆扎起来。nə˥pu˧˥˩pu˧˥˩na˧˥vei˧˥꜔tɕʰiaŋ˧˥˥˧vei˧˥tɕʰi˥˩læᴇ˧˥˩,tsuei˥tɕʰi˥˩꜔ma˥˩꜔iaɔ˥na˧˥li˧˥꜔pa˦tsa˥˩tɕʰi˥˩˩læᴇ˧˥˩.（为什么呢？）这里养的鸡多么。tʂə˥li˥˩꜔iaŋ˥˩ti˧tɕi˥˩tuo˥˩˩muo˧.（噢，鸡！）噢，鸡。aɔ˩,tɕi˥˩.（这，噢，要防鸡是吧？）防鸡，防其他动物进去……吵吵咧。faŋ˧˥tɕi˥˩,faŋ˧˥tɕʰi˧˥˩tʰa˥˩꜔tuoŋ˥vuo˥˩˩tɕiŋ˥tɕʰy˥tsʰ……tsʰaɔ˥˩tsʰaɔ˥˩˩lie˧.（不是防人吧我说？）人也防嘛。现在那小孩儿多咧。哼。zəŋ˧˥ia˥˩˩faŋ˧˥ma˦.ɕiæ̃˥tsæᴇ˥næᴇ˥ɕiaɔ˥˩xar˧˥tuo˥˩lie˧.xə̃˥˩.

垅

黄：“一垅[1]两垅”的“垅”。i˥˩˩luoŋ˥˩liaŋ˥˩luoŋ˥˩ti˧luoŋ˥˩.（你们这个字啊呃是平时写写的话是土字加在上面还是加在下面？）加在侧边儿的。tɕia˥˩˩tsæᴇ˥˩tsʰei˥˩piæ̃r˥˩˩ti˧.（侧面？）嗯，侧面。əŋ˩,tsʰə˥˩miæ̃˥˩.（啊，然后你们这个地好像是中间弄不弄沟哇？）太不。tʰæᴇ˥pu˧˥.（就搞平的了一块？）搞平的。就是光两头儿有界石的话，这面栽个石头，这面栽个石头，这是一个。再一个就是栽一朵黄花，或者栽一棵马莲[2]为……为界。不搞沟。kaɔ˥˩pʰiŋ˧˥˩ti˦.tɕiou˥˩sʅ˥˩kuaŋ˥˩˨˩˦liaŋ˥˩tʰour˧˥iou˥˩tɕie˥ʂʅ˧˥˩ti˧xua˥˩,tʂei˥miæ̃˥˩tsæᴇ˥˩kə˥˩ʂʅ˧˥˩tʰou˦,tʂei˥miæ̃˥˩tsæᴇ˥˩kə˥˩ʂʅ˧˥˩tʰou˦,tʂə˥˥˧sʅ˥˩i˥˩˩kə˥˥˧.tsæᴇ˥˨˩˦i˥˩˩kə˥tɕiou˥sʅ˥tsæᴇ˥˩i˥˩˩tuo˥˩xuaŋ˧˥xua˥˩,xuo˧˥꜔tʂə˥˩꜔tsæᴇ˥˩i˥˩˩kʰuo˥˩꜔ma˥˩liæ̃˧˥˩vei˧˥……vei˧˥˩tɕie˥.pu˧˥˩kaɔ˥˩kou˥˩˩.（呃，这个整块地好像都是平的了？）都是平的，嗯。tou˥˩꜔sʅ˥pʰiŋ˧˥˩ti˦,ə̃˩.（没没有中间刺刺成一条一条的这样弄？）拉开一条一条的我们那个就叫犁沟。la˥˩xa˥i˥˩꜔tʰiaɔ˧˥i˥˩꜔tʰiaɔ˧˥ti˦ŋuo˥˩꜔məŋ˦nə˥kə˥tɕiou˥tɕiaɔ˥li˧˥˩kou˥˩.（犁沟？）犁沟。就是犁犁过的这个剩下的那个沟沟叫犁沟。li˧˥˩kou˥˩.tɕiou˥sʅ˥li˧˥li˧˥˩kuo˥ti˧tʂə˥˩kə˥˩ʂəŋ˥xa˥ti˦nei˥kə˥kou˥˩kou˥˩˩tɕiaɔ˥li˧˥˩kou˥˩.（那个犁沟，两条犁沟中间那个拱起的那一条叫什么？）那没，这就不叫啥啊。næᴇ˥˥˧mei˧˥,tʂei˥tɕiou˥pu˧˥꜔tɕiaɔ˥sa˥˩a˦.（你们讲的这个“垅”是什么意思？）垅我们就说是这个，种庄稼你不是现这……种那个欸薄膜儿玉米啊，起下的这个垅，把土中间，把土翻到中间，高起来也叫垅。luoŋ˥˩ŋuo˥˩məŋ˧tɕiou˥˥˧ʂuo˥˩˩sʅ˥tʂə˥kə˥,tʂuoŋ˥tʂuaŋ˥˩tɕia˧ni˥˩pu˧˥˩sʅ˥˩ɕiæ̃˥tʂə˥……tʂuoŋ˥˨˩˦nə˥kə˥ei˩puo˧˥muor˧˥˩y˥mi˥˩˩a˧,tɕʰi˥˩xa˥˩ti˧tʂə˥˩kə˥luoŋ˥˩,pa˥˩˩tʰu˥˩tʂuoŋ˥˩˩tɕiæ̃˥˩˨˩˦,pa˥˩˩tʰu˥˩fæ̃˥˩˩taɔ˥˩tʂuoŋ˥˩˩tɕiæ̃˥˩˨˩˦,kaɔ˥˩˩tɕʰi˥˩˩læᴇ˧˥˩ie˥˩tɕiaɔ˥luoŋ˥˩˩.（就是那个东西！）就是那个东西，嗯，垅。tɕiou˥˥˧sʅ˥˩nə˥kə˥tuoŋ˥˩˩ɕi˧,ə̃˥,luoŋ˥˩.

---

① 垅：成行种植农作物的土埂。南朝宋王僧达《答颜延年》诗：“麦垅多秀色，杨园流好音。”宋梅尧臣《和孙端叟寺丞农具·楼种》诗：“手持高斗柄，觜泻三犂垅。”也作“垄”。

② 马莲：多年生草本植物，根茎粗，叶子线形，花蓝色。叶子富于韧性，可用来捆东西，又可造纸，根可以制刷子。元刘唐卿《降桑椹》第二折：“问神天求的几个桑椹子，救妳妳的命，若无桑椹子，马莲子也罢，吃下去倒消食。”也称马蔺。

绽交子、圆交子

（呃，翻开交子呢？）黄：都不说。这……我们这儿这就统称为……就是这么就是叫做……叫绽交子和圆交子么。tou˥˩pu˨˩ʂuo˥˧.tʂə˦˥……ŋuo˥˧məŋ˧tʂər˦tʂə˦tɕiou˦tʰuoŋ˥˩tʂʰəŋ˥˧vei˨˦……tɕiou˦˩sɿ˦˩tʂə˦muo˧tsou˦˩sɿ˦˩tɕiɑɔ˦tsuo˦……tɕiɑɔ˦tsʰæ̃˦tɕiɑɔ˥˩tsɿ˧xuo˨˩yæ̃˨tɕiɑɔ˥˦tsɿ˧muo˧.（tsʰæ̃˦tɕiɑɔ˥˩tsɿ˧是什么东西？）绽交子就是从这一块儿地，从中间往两边犁咧。才开始犁的时候是从中间犁咧。圆交子是从……从两边儿是往中间揭咧。tsʰæ̃˦tɕiɑɔ˥˩tsɿ˧tɕiou˦sɿ˦tsʰuoŋ˨˩tʂei˦˥i˥˩kʰuər˥˦ti˦,tsʰuoŋ˨tʂuoŋ˥tɕiæ̃˥˨vɑŋ˥˩liɑŋ˥˦piæ̃˥li˨˥lie˧.tsʰæᴇ˨kʰæᴇ˥˩sɿ˥li˨˩ti˧sɿ˨˦xou˦sɿ˦tsʰuoŋ˨˩tʂuoŋ˥˩tɕiæ̃˥˨li˨˩lie˧.yæ̃˨tɕiɑɔ˥˦tsɿ˧sɿ˦˩tsʰuoŋ˨˩……tsʰuoŋ˨˩liɑŋ˥˦piæ̃r˥sɿ˦˩vɑŋ˥˩tʂuoŋ˥˩tɕiæ̃˥˨tɕie˥˩lie˧.（噢，这……那个tsʰæ̃˦是什么？哪个tsʰæ̃˦？）“绽”是往开散的那么意……那个“绽”字么。tsʰæ̃˦sɿ˦˩vɑŋ˥˨kʰæᴇ˥˦sæ̃˥ti˧nə˦muo˧li˦……nə˦kə˦tsʰæ̃˦˥tsɿ˦˩muo˧.（嗯，那个tsʰæ̃˦你你能够写出字来吗？）写不出来。绽交子犁沟壕在两边咧。ɕie˥pu˨˩tʂʰʮ˥læᴇ˨.tsʰæ̃˦tɕiɑɔ˥˩tsɿ˧li˨˩kou˥xɑɔ˨tsæᴇ˦˩liɑŋ˥˦piæ̃˥lie˧.（噢，就是从中间往两边犁是吧？）噢。犁沟壕在两边儿。两个犁沟。圆交子是这个犁沟壕在中间咧。一个犁道犁沟。ɑɔ˩.li˨˩kou˥xɑɔ˨tsæᴇ˦liɑŋ˥piæ̃r˥˩.liɑŋ˥kə˦˩li˨˩kou˥.yæ̃˨tɕiɑɔ˥˦tsɿ˧sɿ˦tʂə˦kə˦li˨˩kou˥xɑɔ˨tsæᴇ˦tʂuoŋ˥˩tɕiæ̃˥˨lie˦.i˥˩kə˦˩li˨˩tɑɔ˦˥li˨˩kou˥˩.（圆形的圆还是菜园的园？）圆形的圆。yæ̃˨ɕiŋ˨˩ti˧yæ̃˨˩.（就是它是从两边往中间犁？）呃，往中间揭么，最后到中间完了么。ə˩,vɑŋ˥˩tʂuoŋ˥˩tɕiæ̃˥˨tɕie˥muo˧,tsuei˦xou˦tɑɔ˦tʂuoŋ˥˩tɕiæ̃˥˩væ̃˨˩lə˧muo˧.

畦子

1.（这个比较宽的那种畦子叫什么？）黄：那就……那……那你看是干啥呀嘛。有的是这个欸，都叫畦子了那这儿。næᴇ˦˥tɕiou˦˩……næᴇ˦˥t……næᴇ˦ni˥kʰæ̃˦sɿ˦kæ̃˦sɑ˦iɑ˧mɑ˧.iou˥ti˧sɿ˦tʂə˦kə˦ei˦,tou˥˩tɕiɑɔ˦tɕʰi˨˩tsɿ˥lə˧nei˦tʂər˦.（有板畦子这个说法吗？）没有板畦子。我们这个有秧畦子这个说法。秧畦子这个说法。育秧苗的。再一个就是菜畦子。搞一个大些的畦畦，中间种点菜苗子。这有菜畦子，有秧畦子。muo˥˨iou˥pæ̃˥tɕʰi˨˩tsɿ˧.ŋuo˥məŋ˧tʂə˦kə˦iou˥˦iɑŋ˥tɕʰi˨˩tsɿ˧tʂə˦kə˦ʂuo˥fɑ˥˩.iɑŋ˥tɕʰi˨˩tsɿ˧tʂə˦kə˦ʂuo˥fɑ˥˩.y˦˨iɑŋ˥˩miɑɔ˨˩ti˧.tsæᴇ˦i˥kə˦tɕiou˦sɿ˦tsʰæᴇ˦tɕʰi˨˩tsɿ˧.kɑɔ˥i˥˩kə˦˩tɑ˦ɕie˥˦ti˧tɕʰi˨˩tɕʰi˨˥,tʂuoŋ˥˩tɕiæ̃˥˩tʂuoŋ˦tiæ̃˥˦tsʰæᴇ˦miɑɔ˨˩tsɿ˧.tʂə˦iou˥˦tsʰæᴇ˦˨tɕʰi˨˩tsɿ˧,iou˥˦iɑŋ˥tɕʰi˨˩tsɿ˧.

2.（呃，那种就指这一块菜叫菜畦子还是叫什么？）黄：那就叫菜地，里头□咧一畦畦菜苗儿，或者种咧一畦畦菜苗儿。næᴇ˦˥tɕiou˦˩tɕiɑɔ˦˩tsʰæᴇ˦ti˦,li˥tʰou˧ɕi˥lie˧i˥˩tɕʰi˨˩tɕʰi˨˦tsʰæᴇ˦miɑɔr˨,xuo˨˦tʂə˥˦tʂuoŋ˦˨lie˧i˥˩tɕʰi˨˩tɕʰi˨˥tsʰæᴇ˦miɑɔr˨˩.（这这这一畦你们叫什么？）畦畦么。tɕʰi˨˩tɕʰi˨˥muo˧.（叫菜畦……）菜一畦子么，啊。菜畦子么。tsʰæᴇ˦i˥˩tɕʰi˨˩tsɿ˧muo˧,ɑ˩.tsʰæᴇ˦tɕʰi˨˩tsɿ˧muo˧.

（二）农事

耕作期

（像你们这个一般的这个劳作时间是什么时候？就是说这个耕作期呀。）王：耕作期那一般的到，每年的三四月，三月去了。kəŋ˥˨tsuo˥tɕʰi˥nei˦i˥˩pæ̃˥ti˧tɑɔ˦,mei˥˩niæ̃˨˥ti˧sæ̃˥˩sɿ˦˨yo˥˩,sæ̃˥yo˥˩tɕʰi˦˩lə˧.（三月？）嗯。ŋ̍˩.（是农历的还是阴历？）农历，农历三月。一般农历二月就开始，翻开地咧么。三月就，就种开咧，耕种开咧。luoŋ˨˩li˧,luoŋ˨˩li˧sæ̃˧˩yo˧˩.i˧˩pæ̃˧luoŋ˨˩li˧ər˥yo˧˩tɕiou˥˩kʰæᴇ˧˩sɿ˧˥,fæ̃˧kʰæᴇ˧˩ti˥˧lie˨muo˨.sæ̃˧yo˧˩tɕiou˥,tɕiou˥tʂuoŋ˥˧kʰæᴇ˧˩lie˨,kəŋ˧˩tʂuoŋ˥˧kʰæᴇ˧lie˨.（三月就种开了？）嗯。ŋ̍˩.（那你说这个稻子呀这些东西你们是什么……什么时候种的呢？）稻子兀就是在谷雨，三月二十几就下种了么。啊，稻子一下种就，下种就是开始育苗儿嘛。到这个古历的五月，四月二十几就开始栽开了。taɔ˥tsɿ˨væᴇ˥tɕiou˥sɿ˥tsæᴇ˥ku˧y˧˩,sæ̃˧yo˧˩ər˥˧sɿ˨˩tɕi˧˥tɕiou˥ɕia˥tʂuoŋ˥˧ləm˨.a˩,tʰaɔ˧tsɿ˨i˧˩ɕia˥tʂuoŋ˥tɕiou˥,ɕia˥tʂuoŋ˥tɕiou˥sɿ˥kʰæᴇ˧˩sɿ˧˥y˥miaɔr˨˩ma˥.taɔ˥tʂə˥kə˥ku˧li˧˩ti˨vu˧yo˧˩,sɿ˥˧yo˧˩ər˥˧ʂɿ˨˩tɕi˧˥tɕiou˥kʰæᴇ˧˩sɿ˧˥tsæᴇ˧kʰæᴇ˧˩lə˨.（那什么时候收……收呢？）收在这八月这，八月二十就，二十几左右就开始收开稻谷咧么。ʂou˧tsæᴇ˥tʂə˥pa˧˩yo˧˩tʂə˥,pa˧yo˧˩ər˥ʂɿ˨˩tsou˥,ər˥˧ʂɿ˨˩tɕi˧˥tsuo˧˥iou˥tɕiou˥kʰæᴇ˧˩sɿ˧ʂou˧kʰæᴇ˧˩tʰaɔ˥ku˧liem˨.（阳历的八月吗？）欸，这古历八月份。ei˥,tʂə˥ku˧li˧˩pa˧˩yo˧˩fəŋ˥˩.（就现在？）啊。到这月底就开始收开稻……稻子了，水稻。ɑ˩.taɔ˥tʂə˥yo˧˩ti˧tɕiou˥kʰæᴇ˧˩sɿ˧˥ʂou˧kʰæᴇ˧˩tʰaɔ˧……taɔ˥˧tsɿ˨lə˨,ʂuei˧˥taɔ˥.（噢。那你这个长得，生长时间很长啊。）生长时间长嘛。末了，这里这里一般都是兀大日月庄稼。一季子么，种一季子庄稼。səŋ˧˩tʂaŋ˧sɿ˧˩tɕiæ̃˧tʂʰaŋ˨˩ma˨.muo˧˩lə˥,tʂə˥˧li˨tʂə˥˧li˨i˧˩pæ̃˧˥tou˧˩sɿ˥væᴇ˥ta˥˧zɿ˧˩yo˧˩tʂuaŋ˧tɕia˨.i˧˩tɕi˥˧tsɿm˨,tʂuoŋ˥i˧˩tɕi˥tsɿ˨tʂuaŋ˧tɕia˨.（嗯。那这个东西他，一般能够，就说一亩能够打多少斤这个……）水稻一亩地就是一千斤左右。ʂuei˧˥taɔ˥˧i˧˩mu˧ti˥tɕiou˥sɿ˥i˧˩tɕʰiæ̃˧tɕiŋ˧˩tsuo˧˩iou˧˩.（一千斤？）噢，一千斤，一千一二，八……八九百。ɑɔ˩,i˧˩tɕʰiæ̃˧tɕiŋ˧˩,i˧˩tɕʰiæ̃˧i˧˩ər˥,pa˧ɕ……pa˧tɕiou˧pei˧˩.（那也……那也不错啊。那也不错。）嗯。玉米的话哎一亩地就是兀一千来斤。ŋ̍˩.y˥mi˧˩ti˨xua˥˩æᴇ˥i˧˩mu˧ti˥tɕiou˥sɿ˥væᴇ˥i˧˩tɕʰiæ̃˧læᴇ˨˩tɕiŋ˧˩.（玉米也是一千来斤？）嗯。ŋ̍˩.

开荒

黄：他们……我们把这个新开这个生地往开挖的时候叫开荒咧。tʰɑ˧məŋ˨……ŋuo˧məŋ˨pa˧˩tʂə˥kə˥ɕiŋ˧kʰæᴇ˧˩tʂə˥kə˥səŋ˧ti˥vaŋ˧˩kʰæᴇ˧˥va˧ti˨sɿ˨˩xou˥tɕiaɔ˥kʰæᴇ˧˩xuaŋ˧lie˨.（噢。烧荒是什么呢？）烧荒是把火烧着，把草烧咧，叫烧荒。开荒……ʂaɔ˧xuaŋ˧sɿ˥pa˧˩xuo˧tiæ̃˧tʂuo˨˩,pa˧˩tsʰaɔ˧ʂaɔ˧lie˨,tɕiaɔ˥ʂaɔ˧˥xuaŋ˧.kʰæᴇ˧xuaŋ˧……（生地也……生地也烧荒，荒地也烧荒？）啊，荒地叫开荒么。那就是拿……把草烧咧，我把这个地要挖出来，变成了种植的地，叫开荒咧。批……过去这儿这不是经常那几年批斗一个小片儿开荒，就是在公家地那个外头我挖一坨坨，就是房这么一瘩一片片，我看那个中我就把这个挖开，叫小片儿开荒。ɑ˩,xuaŋ˧ti˥tɕiaɔ˥kʰæᴇ˧˥xuaŋ˧muo˨.næᴇ˥tɕiou˥sɿ˥na……pa˧˩tsʰaɔ˧ʂaɔ˧lie˨,ŋuo˧˥pa˧˩tʂə˥kə˥ti˥˧iaɔ˥˩va˧˩tʂʰɥ˧læᴇ˨˩,piæ̃˥tʂʰəŋ˨˩lə˥tʂuoŋ˥tʂɿ˨ti˥ti˥,tɕiaɔ˥kʰæᴇ˧˩xuaŋ˧lie˨.pʰi……kuo˥tɕʰy˥tʂər˥tʂə˥pu˨˩sɿ˥tɕiŋ˧˩tʂʰaŋ˨˩næᴇ˥tɕi˧˩niæ̃˨˩pʰi˧tou˥i˧˥kə˥ɕiaɔ˧pʰiæ̃r˧kʰæᴇ˧˥xuaŋ˧,tɕiou˥sɿ˥tsæᴇ˥kuoŋ˧tɕia˧˩ti˥nə˥kə˥væᴇ˥˧tʰou˨ŋuo˧˥va˧i˧˩tʰuo˨˩tʰuo˨˩,tɕiou˥sɿ˥faŋ˨˩tʂə˥muo˨i˨˩ta˧i˧˩pʰiæ̃˧pʰiæ̃˧˩,ŋuo˧kʰæ̃˥næᴇ˥˩kə˥˩tʂuoŋ˥ŋuo˧˩tsou˥pa˧˩tʂə˥kə˥va˧˥kʰæᴇ˧,tɕiaɔ˥˩ɕiaɔ˧pʰiæ̃r˧kʰæᴇ˧˩xuaŋ˧.（那是要挨批评的是吧？）呃，那是要挨斗的。ə˥,nə˥˧sɿ˥˩iaɔ˥næᴇ˧˩tou˥ti˨.

起垄

黄：要说是把两个土弄在一瘩里的话，那叫起垄咧。叫起垄咧。上面再盖上薄膜儿玉米那就叫起垄咧。iaɔ˥˧ʂuo˧˥sɿ˥pa˧˩liaŋ˧(k)ə˥˩tʰu˧nuoŋ˥tsæᴇ˥i˧˩ta˧li˧˩ti˨xua˥,næᴇ˥tɕiaɔ˥tɕʰi˧luoŋ˧lie˨.(tɕ)iaɔ˥tɕʰi˧luoŋ˧lie˨.ʂaŋ˥miæ̃˥tsæᴇ˥˩kæᴇ˥puo˨˩muor˨˩y˥mi˧˥næᴇ˥tɕiou˥tɕiaɔ˥˩tɕʰi˧luoŋ˧lie˨.

你啥能弄下钱你种啥

（你们那个地专门种粮食吗？）黄：专门儿种粮的。这几年那就没有个下数了。这里头是又分有菜地。那那个计划种植那是□把你固定死着咧。不叫你种那个啥你就不能种。叫你种经济作物你都种经济作物。这二年不受这个限制了。现在都返自由归你想种啥。啥能弄下……总的一条原则你啥能弄下钱你种啥。tʂuæ̃˥˧˩mõr˩˧tʂuoŋ˥liaŋ˩˧ti˨.tʂei˥tɕi˥˧˩niæ̃˩˧nə˥tsou˥mei˩˧˩iou˥˧˧kə˥xɑ˥ʂʮ˥˩lə˨.tʂei˥li˥˧tʰou˨sɿ˥iou˥fəŋ˥˧˩iou˥˧˧tsʰæᴇ˥ti˥˩.nə˥˩nə˥˩kə˥˩tɕi˥xuɑ˥tʂuoŋ˥tʂʅ˩˧˧nə˥˩ʂʅ˥˩niæ̃˩˧˩pɑ˥˧˩ni˥˧˧ku˥tiŋ˥sɿ˥˧tʂuo˥˧˩lie˨.pu˩˧˩tɕiɑɔ˥ni˥˧tʂuoŋ˥nə˥kə˥sɑ˥ni˥˧˧tsou˥pu˩˧˩nəŋ˩˧˥tʂuoŋ˥˩.tɕiɑɔ˥ni˥˧˧tʂuoŋ˥tɕiŋ˥˧˩tɕi˥˧˥tsuo˥˧˩vuo˥˧˩ni˥˧˧tou˥˧˩tʂuoŋ˥tɕiŋ˥˧˩tɕi˥˧˥tsuo˥˧˩vuo˥˧˩.tʂə˥ər˥niæ̃˩˧˧pu˩˧˩ʂou˥tʂə˥kə˥ɕiæ̃˥tʂʅ˥lə˨.ɕiæ̃˥tsæᴇ˥tou˥˧˩fæ̃˥˧˧tsɿ˥iou˩˧˧kuei˥˧˩ni˥˧˧ɕiaŋ˥˧tʂuoŋ˥sɑ˥.sɑ˥nəŋ˩˧˩nuoŋ˥˧˥xɑ˥……tsuoŋ˥˧ti˨li˥˧˩tʰiɑɔ˩˧˧yæ̃˩˧tsei˥˧ni˥˧˩sɑ˥nəŋ˩˧˩nuoŋ˥xɑ˥˩tɕʰiæ̃˩˧ni˥˧˩tʂuoŋ˥˧˥sɑ˥˩.

点、溜

（种豆子还是点豆儿？）黄：兀是……豆子都是叫种豆子。吃的那个是点咧几播……点么就是点了几播豆角儿。væᴇ˥˧˥sɿ˥˩……tou˥˦˥tsɿ˨tou˥˧˦˥sɿ˥tɕiɑɔ˥tʂuoŋ˥tou˥tsɿ˨.tʂʰʅ˥˧ti˨nə˥kə˥sɿ˥˩tiæ̃˥˧lie˨tɕi˥˧˧puo˥……tiæ̃˥˧muo˨tɕiou˥˩sɿ˥˩tiæ̃˥˧lie˨tɕi˥˧puo˥˩tou˥˦˥tɕyor˥˧˩.（噢，都叫是点的？）啊，豆角儿是点下的。ɑ˩,tou˥˦˥tɕyor˥˧sɿ˥˩tiæ̃˥˧xɑ˥˩ti˨.（点了……）几播。tɕi˥˧˧puo˥˧˥.（哪个puo˧˥啊？puo˥字怎么……）播也就是棵么，点咧几棵豆角吃……叫……puo˥˧˥iɑ˥˧˧tɕiou˥˩sɿ˥˩kʰə˥˧muo˨,tiæ̃˥˧lie˨tɕi˥˧kʰə˥˧tou˥tɕyo˥˧˩tʂʰ……tɕiɑɔ˥……（噢，一棵叫一播？）啊，一播么。ɑ˩,i˥˧˩puo˥˧˥muo˨.（这个跟那个波浪的波是一……那个吗？菠菜的菠？）可以说是……kʰə˥˧i˥˧˩ʂuo˥˧˩sɿ˥……（一个音吗？）一个音可能是。i˥˧˩kə˥iŋ˥˧kʰə˥˧nəŋ˩˧˩sɿ˥˩.（可以一播什么呢？）几……点咧一……点咧一播豆角，或者是点咧几窝儿豆角儿。tɕi……tiæ̃˥˧lie˨i˥˧˧……tiæ̃˥˧lie˨i˥˧˩puo˥˧˥tou˥˦˥tɕyo˥˧˩,xuei˩˧˧tʂə˥˧˩sɿ˥˩tiæ̃˥˧lie˨tɕi˥˧˧vuor˥˧tou˥tɕyor˥˧˩.（一puor˧˥，这个东西……）一播子指一……是一……一棵嘛。点咧几窝儿，那那一窝儿可能出几棵咧。i˥˧˩puo˥˧˥tsɿ˨tsɿ˥˧i˥˧˩……sɿ˥˧˥i˥˧˩……i˥˧˩kʰuo˥˧mɑ˨.tiæ̃˥˧lie˨tɕi˥˧˧vuor˥˧,næᴇ˥næᴇ˥i˥˧˧vuor˥˧kʰə˥˧˩nəŋ˩˧tʂʰʮ˥˧˧tɕi˥˧˧kʰuo˥˧lie˨.（那除了豆角可以叫一puo˧˥一puo˧˥的，还有什么可以叫一puo˧˥一puo˧˥的呢？）那都说咧。一播儿黄瓜，一播儿西红柿，一播儿茄子，呃是单独的一株么。nei˥˧˥tou˥˧˦˥ʂuo˥˧lie˨.i˥˧˩puor˥˧˥xuaŋ˩˧˩kuɑ˥˧,i˥˧˩puor˥˧˥ɕi˥˧xuoŋ˩˧˩sɿ˥,i˥˧˩puor˥˧˥tɕʰie˩˧˩tsɿ˨,ə˥sɿ˥tæ̃˥˧˩tu˩˧ti˨li˥˧˩tʂʮ˥˧muo˨.（动物可不可以有一puo˥一puo˥的呢？）豆子都不说那个话了。那那号一播儿一播儿这都可以说，一播豆子。tou˥tsɿ˨tou˥˧˩pu˩˧˩ʂuo˥˧nə˥kə˥xuɑ˥lə˨.nei˥nei˥˧˥xɑɔ˥˩i˥˧˩puor˥˧˥i˥˧˩puor˥˧˥tʂei˥˧˥tou˥˧˩kʰə˥˧i˥˧˩ʂuo˥˧˩,i˥˧˩puo˥˧˥tou˥˦˥tsɿ˨.（豆子一puo˥一puo˥？）嗯。呃是个数量词么你。ŋ̍˩.ə˥˧sɿ˥˩kə˥˩ʂʮ˥liaŋ˥tsʰɿ˩˧˩muo˨ni˥˧˩.（这个puo˧˥啊，是不是播种的这个播啊？）可以说是同音字。kʰə˥˧i˥˧˩ʂuo˥˧˧sɿ˥tʰuoŋ˩˧iŋ˥˧tsɿ˥˩.（那除了这个植物哈，农作物可以叫一puo˥一puo˥的，其他的东西可不可以叫一puo˥一puo˥的？）没有。mei˩˧iou˥˧˩.（来了一puo˥鱼？）哎，不可能。æᴇ˩˧,pu˩˧˩kʰə˥˧nəŋ˩˧˩.

（可以讲点豆儿吗？）可以说。点豆子咧。kʰə˥˧i˥˧˩ʂuo˥˧˩.tiæ̃˥˧tou˥tsɿ˧lie˨.（就是一棵一棵栽下去的？）嗯。点豆子它不是说一颗儿。那都……那它可以点下就是一窝窝儿子，也可以点三个，也可点四个。ə̃˩.tiæ̃˥˧tou˥˦˥tsɿ˨tʰɑ˥˧˧pu˩˧˧sɿ˥ʂuo˥˧i˥˧˩kʰər˥˧.næᴇ˥˧˥tou˥˧˩……næᴇ˥tʰɑ˥˧˧kʰə˥˧i˥˧˩tiæ̃˥˧˧xɑ˥tɕiou˥˩sɿ˥˩i˥˧˩vuo˥˧vuor˥˧˩tsɿ˨,ie˥˧˧kʰə˥˧˧i˥˧˧tiæ̃˥˧˧sæ̃˥˧kə˥˩,ie˥˧˧kʰə˥˧˧tiæ̃˥˧˧sɿ˥˧˥kə˥˩.（噢，就是播那个豆子的种。）嗯。但是，我们这里要跟上犁的话，那就不叫点咧，也不叫……也不叫播儿了，叫溜豆子咧。ə̃˩.tæ̃˥sɿ˥,ŋuo˥˧məŋ˨tʂə˥li˥˧˧iɑɔ˥kəŋ˥˧ʂaŋ˥˩li˩˧ti˧xuɑ˥

˨˩,næᴇ˥tɕiou˥pu˨˩˧tɕiao˥tiæ˥˨lie˨,ie˥˧pu˨˩˧tɕiao˥……ia˥˧pu˨˩˧tɕiao˥puor˥˧lə˨,tɕiao˥liou˥tou˥tsɿ˥lie˨.（就跟着犁，哗啦啦就这么走？）噢，跟着犁，就是这么溜上走了。ɑo˨˩,kəŋ˥˨tʂuo˥˨li˨˩˧,tsou˥˨sɿ˥˨tʂə˥˨muo˨liou˥ʂaŋ˥tsou˥˨lə˨.（溜豆子？就是那种机械性的播播播种是吧？）啊，就是这个，嗯。他点籽儿也不叫点籽儿。你比如说是这个，欸，田里给种玉米啥，他可以也是溜玉米，溜糜子咧，溜豆子咧。ɑ˥,tɕiou˥˧ʂɿ˥˨tʂə˥˧kə˥˨,ə̃˥˨.tʰɑ˥˧tiæ˥tsər˥˨ie˥˨pu˨˩˧tɕiao˥tiæ˥˨tsər˥˨.ni˥˨pi˥˨ʐɥ˨˩˧ʂuo˥˨sɿ˥˧tʂə˥˨kə˥˨,ei˥˨,tʰiæ˨˩˧li˥˨kei˥tʂuoŋ˥y˥mi˥˨sa˥˨,tʰɑ˥˨kʰə˥˨i˥˨ia˥˨sɿ˥˨liou˥y˥mi˥˨,liou˥mi˨˩˧tsɿ˥lie˨,liou˥tou˥tsɿ˥lie˨.（田里就这么这么一……）啊，等我头里点上，他后头这么个扫下。ɑ˨˩,təŋ˥˨ŋuo˥˨tʰou˨˩˧li˥tiæ˥˨ʂaŋ˥˨,tʰɑ˥˨xou˥tʰou˥tʂə˥muo˥kə˥sao˥˨xa˥˨.（就是反正机械性的都是可以这么是吧？）啊。ɑ˨˩.（那人工的呢？）就是人工么。人工也叫溜的。犁头里走着，人跟在尻子后头，跟在犁沟壕里溜咧么。溜豆子，呃，也叫……也溜肥料咧么。tɕiou˥˧sɿ˥˨ʐəŋ˨˩˧kuoŋ˥˨muo˨.ʐəŋ˨˩˧kuoŋ˥˨ie˥˨tɕiao˥˨liou˥tə˨.li˨˩˧tʰou˨˩˧li˥˧tsou˥˨tʂə˨,ʐəŋ˨˩˧kəŋ˥˨tsæᴇ˥˨kou˥˨tsɿ˨xou˥tʰou˨,kəŋ˥˨tsæᴇ˥˨li˨˩˧kou˥˨xao˨˩˧li˥˨liou˥lie˨muo˨.liou˥tou˥tsɿ˨,ə˨˩,ie˥˨tɕiao˥……ie˥˧liou˥fei˨˩˧liao˥lie˨muo˨.（反正就说这个欸一条这么……）啊，就是。ɑ˨˩,tsou˥˧sɿ˥˨.（一直顺下去？）啊，顺住下去对了。溜豆子溜糜子你就不能简单么。你就手里面……ɑ˨˩,ʂuoŋ˥tʂʰɥ˨ɕia˥tɕʰy˥tuei˥lə˥.liou˥tou˥tsɿ˨liou˥mi˨˩˧tsɿ˨ni˥˨tsou˥˨pu˨˩˧nəŋ˨˩˧tɕiæ˥˨tæ˥˧muo˨.ni˥˨tsou˥˨ʂou˥˨li˥˨miæ˥……

保墒

黄：保墒那就是说明含水量大了。pao˥˨ʂaŋ˥˨nə˥tɕiou˥sɿ˥ʂuo˥˨miŋ˨˩˧xæ˨˩˧ʂuei˥˨liaŋ˥ta˥lə˥.（那它是它是人去保它还是它自己那个？）这个保墒，就说是这个欸，它这个欸衡量的标准就说是这个，上边下下的这个墒和地底下那个全部都接住了。tʂə˥˨kə˥pao˥˨ʂaŋ˥˨,tsou˥ʂuo˥˨sɿ˥tʂə˥kə˥ei˥,tʰɑ˥˨tʂə˥kə˥ei˥xəŋ˨˩˧liaŋ˨˩˧ti˨piao˥˨tʂuoŋ˥˨tɕiou˥ʂuo˥˧sɿ˥tʂə˥kə˥,ʂaŋ˥˧piæ˥˨ɕia˥xa˥ti˨tʂə˥kə˥ʂaŋ˥˨xuo˨˩˧ti˥ti˥˨ɕia˥˨næᴇ˥kə˥tɕʰyæ˨˩˧pu˥˧tou˥˨tɕie˥˨tʂɥ˥˨lə˨.（接触了？）噢，没有干透了，这就叫保墒了。ɑo˨˩,mei˨˩˧iou˥˨kæ˥˨tʰou˥˧lə˨,tʂei˥tɕiou˥tɕiao˥pao˥˨ʂaŋ˥˨lə˨.（噢，就是说它不……没有干旱……干……干的土层？）噢，没有干土层了。ɑo˨˩,mei˨˩˧iou˥˨kæ˥˨tʰu˥˨tsʰəŋ˨˩˧lə˨.

抢墒

（这个抢墒是什么意思呢？）黄：抢墒就是这个，你翻开的这个地那个墒情不太好，你必须尽快就是把庄稼播下去，把籽种[①]播下去，就抢这一点墒气，它这个籽种能……能萌……泡胀以后能萌发，就是这么意……tɕʰiaŋ˥˨ʂaŋ˥˨tɕiou˥sɿ˥tʂə˥kə˥,ni˥˨fæ˥˨kʰæᴇ˥˨ti˨tʂə˥kə˥ti˥nə˥kə˥ʂaŋ˥tɕʰiŋ˨˩˧pu˨˩˧tʰæᴇ˥xao˥˨,ni˥˨pi˥˨ɕy˥˧tɕiŋ˥˧kʰuæᴇ˥tɕiou˥sɿ˥pa˥˨tʂuaŋ˥˨tɕia˨puo˥˧xa˥tɕʰy˥,pa˥˨tsɿ˥˨tʂuoŋ˥˨puo˥˧xa˥tɕʰy˥,tɕiou˥tɕʰiaŋ˥˨tʂei˥i˥˧tiæ˥˨ʂaŋ˥˨tɕʰi˥,tʰɑ˥˨tʂə˥kə˥tsɿ˥˨tʂuoŋ˥˨nəŋ˨˩˧……nəŋ˨˩˧məŋ˨˩˧……pʰao˥tʂaŋ˥i˥˨xou˥nəŋ˨˩˧məŋ˨˩˧fa˥˨,tɕiou˥sɿ˥tʂə˥muo˨i˥……（噢，就说是趁着它还有墒情？）啊，有墒情，赶快种。ɑ˨˩,iou˥˨ʂaŋ˥˨tɕʰiŋ˨˩˧,kæ˥˨kʰuæᴇ˥tʂuoŋ˥.（赶快种？）叫抢咧。tɕiao˥tɕʰiaŋ˥˨lie˨.

壅土

黄：种庄稼这个好多这个东西都要壅土。你这个覆料儿……覆盖薄膜儿，后头就有个……有个轮子专门儿是壅土的。tʂuoŋ˥tʂuaŋ˥˨tɕia˨tʂə˥kə˥xao˥˨tuo˥˧tʂə˥kə˥tuoŋ˥˨ɕi˨tou˥˧iao˥y

① 籽种：种子。清刘大櫆《少宰尹公行状》："其大略……曰留漕运，曰助籽种，曰劝富民使之相周。"沙汀《风浪》："你们大家究竟是来出工，还是来分籽种的呵？"

oŋ˥˧꜖tʰu˥˧꜖.ni˥˧꜔tʂə˥kə˥fu˥˧liɑɔr˥……fu˥˧kæᴇ˥puo˩˧muor˩˧꜓,xou˥tʰou˧tsou˥iou˥˧꜔kə˥……iou˥˧kə˥꜖lyoŋ˩˧tsɿ˧tʂuæ̃˥˧꜖mə̃r˩˧sɿ˥yoŋ˥˧꜖tʰu˥˧ti˧.

锄地

（这个锄草呢？叫什么？）黄：锄地。tʂʰʮ˩˧꜖ti˥.（锄地？）啊。你问“啥咧嘛”，“锄地<u>去啊</u>”。ɑ꜖,ni˥˧꜔vəŋ˥sɑ˥lie˧mɑ˦,tʂʰʮ˩˧꜖ti˥tɕʰiɑ꜖（←tɕʰi˥ɑ꜖）.（那是指用工具吧？）用工具。必须带那个有锄头的带把的那种东西，嗯。yoŋ˥kuoŋ˥˧꜖tɕy˥.pi˥˧꜕ɕy˥˧꜖tæᴇ˥nə˥kə˥iou˥˧tʂʰʮ˩˧tou˧ti˧tæᴇ˥pɑ˥tə˧nei˥tʂuoŋ˥˧꜖tuoŋ˥˧ɕi˧,ə̃˥˧.（那个……）但是外地人叫……你像河南人和安徽人叫薅草咧。tæ̃˥꜖sɿ˥꜓væᴇ˥ti˥ʐəŋ˩˧tɕiɑɔ˥……ni˥˧꜔ɕiɑŋ˥xuo˩˧꜖næ̃˩˧꜓ʐəŋ˩˧xuo˩˧꜖næ̃˥˧xuei˥˧꜖ʐəŋ˩˧꜔tɕiɑɔ˥xɑɔ˥˧꜖tsʰɑɔ˥˧lie˧.（你们呢？）我们一般就叫锄地咧。ŋuo˥˧məŋ˧i˥˧꜕pæ̃˥˧꜖tɕiou˥tɕiɑɔ˥tʂʰʮ˩˧꜖ti˥lie˦.（如果是用人工去……手去那个呢？）那叫拔咧，拔草咧。nei˥꜓tɕiɑɔ˥꜖pɑ˩˧lie˦,pɑ˩˧tsʰɑɔ˥˧꜖lie˧.（拔草跟那个锄草不是一回事吧？）不是一回事。拔草没工具么，锄草要带工具咧么。pu˩˧꜖sɿ˥꜓i˥˧꜖xuei˩˧sɿ˥.pɑ˩˧꜖tsʰɑɔ˥˧mei˩˧kuoŋ˥˧꜖tɕy˥muo˧,tʂʰʮ˩˧꜖tsʰɑɔ˥˧iɑɔ˥tæᴇ˥kuoŋ˥˧꜖tɕy˥lie˧muo˧.（嗯，要把那个麦……那个麦地里面的那个草去掉叫叫什么？叫薅麦还是叫什么？）还是叫欻锄麦咧。麦子锄了一遍么，人□他那麦子刚返青以后，他拿那个锄锄咧一遍么。xɑ˩˧꜖sɿ˥꜓tɕiɑɔ˥꜓ei꜖tʂʰʮ˩˧mei˥˧lie˧.mei˥˧tsɿ˧tʂʰʮ˩˧꜖lə˧i˥˧꜖piæ̃˥꜕muo˧,ʐəŋ˩˧꜖niæ̃˩˧꜔tʰɑ˥˧꜔nə˥mei˥˧tsɿ˧kɑŋ˥˧꜕fæ̃˥˧tɕʰiŋ˥˧i˥˧꜖xou˥꜓,tʰɑ˥˧꜔nɑ˩˧nə˥kə˥tʂʰʮ˩˧꜔tʂʰʮ˩˧꜖lie˦i˥˧꜖piæ̃˥꜕muo˧.

捞草、薅草

（你们这个拔草你们叫什么？）黄：我们叫捞草咧。ŋuo˥˧məŋ˧tɕiɑɔ˥lɑɔ˩˧tsʰɑɔ˥˧lie˧.（啊，叫什么？）捞草。lɑɔ˩˧tsʰɑɔ˥˧꜖.（lɑɔ˩˧tsʰɑɔ˥˧꜖？）啊。ɑ꜖.（跟“捞”、“捞起来”的“捞”是……）噢。“捞秧子”的“捞”，捞草咧。稻田里去。ɑɔ꜖.lɑɔ˩˧iɑŋ˥˧tsɿ˧ti˧lɑɔ˩˧,lɑɔ˩˧꜖tsʰɑɔ˥˧lie˧.tʰɑɔ˥˧tʰiæ̃˩˧li˥˧꜔tɕʰi˥.（捞草用什么工具啊？）手。ʂou˥˧.（用手？）嗯。用手……他是这个实际上是拔草咧。ŋ̍꜖.yoŋ˥ʂou˥˧……tʰɑ˥˧sɿ˥꜖tʂə˥kə˥ʂʮ˩˧꜖tɕi˥꜓ʂɑŋ˥꜖sɿ˥꜖pɑ˩˧tsʰɑɔ˥˧꜖lie˧.（如果用用那个锄头什么去锄草呢？）用……那叫锄草。有的叫锄草，有的叫薅草。yoŋ˥……næᴇ˥꜓tɕiɑɔ˥꜖tʂʰʮ˩˧tsʰɑɔ˥˧꜖.iou˥˧ti˧tɕiɑɔ˥tʂʰʮ˩˧꜖tsʰɑɔ˥˧꜖,iou˥˧ti˧tɕiɑɔ˥xɑɔ˥˧tsʰɑɔ˥˧꜖.（噢。xɑɔ˥˧就这个这个字。）啊，薅，嗯。ɑ˥˧,xɑɔ˥˧,ŋ̍꜖.（那他薅草是怎么个薅法？）薅就是这个用锄头锄去咧。xɑɔ˥˧tɕiou˥sɿ˥tʂə˥kə˥yoŋ˥tʂʰʮ˩˧꜖tʰou˧tʂʰʮ˩˧꜖tɕʰi˥lie˧.（嗯。）嗯。捞草因为是这里的人都把水里头……在水里头拔出，它就叫捞草咧。ŋ̍꜖.lɑɔ˩˧tsʰɑɔ˥˧꜖iŋ˥˧꜖vei˥ʂɿ˥tʂə˥꜕li˥˧꜖tə˧ʐəŋ˩˧tou˥˧꜔pɑ˥˧꜖ʂuei˥˧li˥˧꜖tʰou˧……tsæᴇ˥ʂuei˥˧li˥˧꜖tʰou˧pɑ˩˧tʂʰʮ˥˧,tʰɑ˥˧꜔tɕiou˥tɕiɑɔ˥lɑɔ˩˧tsʰɑɔ˥˧꜔lie˦.（在水里拔它就这么……）啊，叫捞草，在水里边拔出来叫捞草咧。ɑ꜖,tɕiɑɔ˥lɑɔ˩˧tsʰɑɔ˥˧,tsæᴇ˥ʂuei˥˧li˥˧꜖piæ̃˥˧꜖pɑ˩˧꜖tʂʰʮ˥˧læᴇ˩˧꜔tɕiɑɔ˥lɑɔ˩˧꜖tsʰɑɔ˥˧lie˧.（它在水里头叫捞草？）嗯。ŋ̍꜖.（旱地里头叫……叫薅草？）叫锄草，不叫捞草。tɕiɑɔ˥tʂʰʮ˩˧꜖tsʰɑɔ˥˧,pu˩˧꜖tɕiɑɔ˥lɑɔ˩˧꜓tsʰɑɔ˥˧꜖.（如果旱地里面用手去……）拔。这叫拔草咾。pɑ˩˧.tʂə˥tɕiɑɔ˥pɑ˩˧tsʰɑɔ˥˧꜖lɑɔ˧.（噢，那个是拔。）嗯。əŋ꜖.（锄草和薅草都是从……）都在旱地里的。噢。兀旱地用锄……手中必须要有工具么。tou˥˧꜖tsæᴇ˥꜖xæ̃˥ti˥li˥˧꜖ti˧.ɑɔ꜖.vu˥꜖xæ̃˥ti˥yoŋ˥tʂʰʮ˩˧꜖……ʂou˥˧tʂuoŋ˥˧꜖pi˥˧꜕ɕy˥˧꜔iɑɔ˥iou˥˧kuoŋ˥˧꜖tɕy˥lie˦muo˧.

□谷子

（如果是锄谷子地里面的那个草呢？）黄：那还是叫锄地咧。锄谷子<u>去啊</u>。nə˥꜓xɑ˩˧꜖sɿ˥꜓tɕiɑɔ˥tʂʰʮ˩˧꜖ti˥lie˦.tʂʰʮ˩˧ku˥˧tsɿ˧tɕʰiɑ˥꜖.（锄谷子？）谷子这儿这不叫锄，叫□谷子咧。ku˥˧tsɿ˧tʂər˥꜕tʂə˥pu˩˧꜖tɕiɑɔ˥tʂʰʮ˩˧,tɕiɑɔ˥tsɑ˥˧ku˥˧tsɿ˧lie˧.（砸谷子？）噢，我去□谷

子去啊。ɑɔ˪,ŋuo˥˩˪tɕʰi˧˥tsɑ˥˩˦ku˥˩tsɿ˧tɕʰiɑ˧˩.（哪个砸？）□，就说是……拿锄头把东西砍掉的意思。□，就是把谷子地里这个……谷子一般它那个根系在没有这个……□□的情况下，你如果用锄这么薅除会把它曼根[①]……把那个毛细血……细根么就耧掉了，于谷子生长不好。他们就说是拿这个锄么把有草的地方□掉，把草□了，不……其他地方不……不……不要求他是把这个全部刨一遍。tsɑ˥˩,tɕiou˧˩˪ʂuo˥˩˪sɿ˧˩˪m……nɑ˨˩˪tʂʰɥ˨˩˦tʰou˧pɑ˥˩˪tuoŋ˥˩ɕi˧˩˪kʰæ̃˥˩tiɑɔ˧˩˦ti˧li˧sɿ˧.tsɑ˥˩,tɕiou˧sɿ˧pɑ˥˩˪ku˥˩tsɿ˧ti˧˩˦li˥˩˦tʂə˧kə˧……ku˥˩tsɿ˧i˥˩˦pæ̃˥˩˪tʰɑ˥˩˦nə˧kə˧kəŋ˥˩ɕi˧˩˪tsæᴇ˧mei˨˩iou˥˩˦tʂə˧˩˪kə˧˩˪tsə……tsɑ˥˩tsɑ˥˩˪ti˧tɕʰiŋ˨˩˪kʰuɑŋ˧˩˦ɕiɑ˧,ni˥˩ʐɥ˨˩˪kuo˥˩˦yoŋ˧tʂʰɥ˧tʂə˧muo˧xɑɔ˥˩tʂʰɥ˨˩˦xuei˧pɑ˥˩˪tʰɑ˥˩˦mæ̃˧kəŋ˥˩……pɑ˥˩˪nə˧kə˧mɑɔ˨˩ɕi˧˩˦ɕie˥˩˪……ɕi˧kəŋ˥˩muo˧tɕiou˧˩˪lou˨˩˪tiɑɔ˧˩˦lə˧,y˨˩˦ku˥˩tsɿ˧səŋ˥˩˪tʂɑŋ˥˩pu˨˩˪xɑɔ˥˩.tʰɑ˥˩˦məŋ˧sou˧˩˪ʂuo˥˩˪sɿ˧˩˪nɑ˨˩˪tʂə˧kə˧tʂʰɥ˨˩muo˧pɑ˥˩˪iou˥˩tsʰɑɔ˥˩ti˧ti˧fɑŋ˥˩˪tsɑ˥˩tiɑɔ˧,pɑ˥˩˪tsʰɑɔ˥˩tsɑ˥˩lə˧,p……tɕʰi˨˩˪tʰɑ˥˩˦ti˧fɑŋ˥˩˪pu˨˩……pu˨˩˪ɕ……pu˨˩˪iɑɔ˥˩˪tɕʰiou˨˩tʰɑ˥˩˦sɿ˧pɑ˥˩˪tʂə˧kə˧tɕʰyæ̃˨˩˪pu˧˩˦pʰɑɔ˨˩i˥˩˪piæ̃˧˩.（嗯。那个你是讲“于谷子生长不好”啊？）于谷子生长不好。y˨˩˦ku˥˩tsɿ˧səŋ˥˩˪tʂɑŋ˥˩pu˨˩˪xɑɔ˥˩.（这个“于”就是“对”的意思是吧？）啊，就是的。对谷子生长不行，不利它长。ɑ˪,tɕiou˧sɿ˧ti˧.tuei˧ku˥˩tsɿ˧səŋ˥˩˪tʂɑŋ˥˩pu˨˩˪ɕiŋ˨˩,pu˨˩˦li˧tʰɑ˥˩˪tʂɑŋ˥˩.（你再举几个用这个“于”什么什么那个这样的例子看？）于啊？y˨˩ɑ˪?（嗯。）你比如说是这个欸，稻田里这个草，有种，有一种草就是案板草。它这个草叶叶么就像指头蛋儿，这么大个片片子，它发下儿那个叶叶全部漂得水上咧。如果你把这个东西不捞掉的话，于水的这个欸，太阳晒不到水上，这个水就不得热，于稻子这个生长就不利。ni˥˩˦pi˥˩ʐɥ˨˩˪ʂuo˥˩˦sɿ˧tʂə˧kə˧ei˧,tʰɑɔ˥˩tʰiæ̃˨˩˪li˥˩tʂə˧kə˧tsʰɑɔ˥˩,iou˥˩˦tʂuoŋ˥˩˦,iou˥˩i˥˩˪tʂuoŋ˥˩˦tsʰɑɔ˥˩˦tɕiou˧˩˪sɿ˧˩˪næ̃˧˩˦pæ̃˥˩˪tsʰɑɔ˥˩.tʰɑ˥˩˦tʂə˧kə˧tsʰɑɔ˥˩˦ie˥˩ie˥˩˪muo˧tɕiou˧ɕiɑŋ˧tsɿ˥˩tʰou˧tæ̃r˧,tʂə˧muo˧tɑ˧kə˧pʰiæ̃˥˩pʰiæ̃˥˩˪tsɿ˧,tʰɑ˥˩fɑ˥˩˪xɑr˧nə˧kə˧ie˥˩ie˥˩˪tɕʰyæ̃˨˩˪pu˧pʰiɑɔ˥˩tə˧ʂuei˥˩ʂɑŋ˧˩˪lie˧.ʐɥ˨˩˪kuo˥˩ni˥˩pɑ˥˩˪tʂə˧kə˧tuoŋ˥˩ɕi˧pu˨˩˪lɑɔ˨˩˪tiɑɔ˧˩˦ti˧xuɑ˧,y˨˩˦ʂuei˥˩ti˧tʂə˧kə˧ei˪,tʰæᴇ˧˩˦iɑŋ˨˩˪sæᴇ˧pu˨˩˪tɑɔ˧ʂuei˥˩ʂɑŋ˧˩˪,tʂə˧kə˧ʂuei˥˩tɕiou˧˩˪pu˨˩˪tei˥˩˦ʐə˥˩,y˨˩˦tʰɑɔ˥˩tsɿ˧tʂə˧kə˧səŋ˥˩˪tʂɑŋ˥˩tɕiou˧˩˪pu˨˩˪li˧.

扯水

1.（把这个水从低处……）黄：兜起来。tou˥˩tɕʰi˥˩˪læᴇ˨˩.（往……往高处……）往这么兜么，啊？拿桶……我们这儿是全有就是放……绑个桶，和两个人望起来，噢，往起来动的。vɑŋ˥˩˪tʂə˧muo˧tou˥˩muo˧,ɑ˥˩?nɑ˨˩˪tʰuoŋ˥˩……ŋuo˥˩məŋ˧tʂər˧sɿ˧tɕʰyæ̃˨˩iou˥˩˦tɕiou˧˩˪sɿ˧˩˪fɑŋ˧……pɑŋ˥˩kə˧˩˪tʰuoŋ˥˩,xə˨˩liɑŋ˥˩kə˧˩˪ʐəŋ˨˩vɑŋ˧tɕʰi˥˩læᴇ˨˩,ɑɔ˪,vɑŋ˥˩˦tɕʰi˥˩læᴇ˨˩˪tuoŋ˧˩˪ti˧.（那个动作叫什么？）我们叫扯水咧。往上扯水。ŋuo˥˩˦məŋ˧tɕiɑɔ˧tʂʰə˥˩ʂuei˥˩lie˧.vɑŋ˥˩˪ʂɑŋ˧tʂʰə˥˩ʂuei˥˩.（扯？扯水？）扯水，嗯。tʂʰə˥˩ʂuei˥˩,ŋ̍˪.（呃不叫戽水？）不叫，吭吭。我们叫是扯水，往下扯咧，嗯。pu˨˩˦tɕiɑɔ˧,xɑŋ˪xɑŋ˧.ŋuo˥˩˦məŋ˧tɕiɑɔ˧sɿ˧tʂʰə˥˩ʂuei˥˩,vɑŋ˥˩˪xɑ˧tʂʰə˥˩lie˧,ə̃˧.（是两个人站在河水里头？）他两……两个人站河边里，然后把绳拿起来，都给拿咧两根绳么，噢。tʰɑ˥˩˪liɑŋ˥˩pu……liɑŋ˥˩kə˧ʐəŋ˨˩˦tsæ̃˧xə˨˩piæ̃˥˩li˥˩˪,ʐæ̃˨˩˪xou˧pɑ˥˩˪ʂəŋ˨˩nɑ˨˩˦tɕʰi˥˩˪læᴇ˨˩,tou˥˩kei˧˩˪nɑ˨˩lie˧liɑŋ˥˩kəŋ˥˩˪ʂəŋ˨˩˪muo˧,ɑɔ˪.（对，两根绳儿就就就对了。）噢。ɑɔ˪.（然后往往水里一舀，哼，往水里……往水里一……）扯水。tʂʰə˥˩ʂuei˥˩.

2.（这个一般比如说低一点儿的地方我我要把这个水呀或者弄到高一点儿的地方去，我弄不弄什么东西给弄一下？这河里的水，我弄到高一点儿地方去，是否弄个一像那个杠杆儿一样的弄一下？）黄：没有。我们就是有一种扯水咧。mei˨˩iou˥˩˦.ŋuo˥˩məŋ˧tsou˧sɿ˧i

① 曼根：蔓延的根，细根。《韩非子·解老》：“柢也者，木之所以建生也；曼根者，木之所以持生也。”

ou˥˧i˨˩tʂuoŋ˥˧tʂʰə˥ʂuei˥˧lie˧（车？用水车车水？）不。就像这个……就像这个缸子，是个桶，这儿有襻襻嘛。他弄两根儿绳，把这个上边一挽，把这个底下这个地方一固定，这个就是这样子。嗯，就是要这样了。这样上来以后，两个人站得这个地方就是……pu˨˩˦. tsou˦ɕiaŋ˦tʂə˦kə˦tʰ……tsou˦ɕiaŋ˦tʂə˦kə˦kaŋ˥tsɿ˧,sɿ˦kə˦tʰuoŋ˥,tʂər˦iou˥˧pʰæ̃˦˥pʰæ̃˦˨ma˧.tʰa˥˧nu oŋ˦liaŋ˥kə̃r˨˩ʂəŋ˨˦,pa˥˨tʂə˦kə˦ʂaŋ˦pie˥˨˩i˥˨væ̃˥,pa˥˨tʂə˦kə˦ti˥xa˦tʂə˦kə˦ti˦fa ŋ˥i˥˨ku˦tiŋ˦,tʂə˦k ə˦tɕiou˦sɿ˦tʂə˦iaŋ˦tsɿ˧.ə̃˨,tsou˦sɿ˦iao˦tʂə˦iaŋ˦lə˧.tʂə˦iaŋ˦ʂaŋ˦læᴇ˨˦i˥˧xou˦,liaŋ˥kə˦˨tʂəŋ˨˦tsæ̃˦tə ˧tʂə˦kə˦ti˦faŋ˥˧tɕiou˦sɿ˦……（在水里头？）噢，往水里头一扯一……可以撂好高的啊。ɑo˨,vaŋ˥˨ʂuei˥li˥˨tʰou˧i˥˨tʂʰə˥i˥˨……kʰə˥i˥˨liao˦xao˥kao˥˨tia˧.（噢，那个叫什么？）扯水咧。tʂʰə˥ʂuei˥˨lie˧.（那工具叫什么？）工具就……就是这一般的桶。kuoŋ˥˨tɕy˦tɕiou˦……tɕiou˦sɿ˦tʂə˦i˥pæ̃˥˨ti˧tʰuoŋ˥.（呃，没有特别的？）没有特别……没有专用的家具。mei˨˦iou˥tʰə˥pie……mei˨˦iou˥tʂuæ̃˥˨yoŋ˦ti˧tɕia˥˨tɕy˦.

浇地

（这个浇水，浇地呀，怎么说？）黄：这一般都是浇地咧。tʂei˦i˥˨pæ̃˥tou˥˨sɿ˦˨ tɕiao˥˨ti˦lie˧.（你们这里浇不浇哇？）除了水田浇咧，一般的都不浇。tʂʰʮ˨˦liao˧ʂuei˥t ʰiæ̃˨˦tɕiao˥lie˧,i˥˧pæ̃˥ti˧tou˥˨pu˨˨tɕiao˥.（这个旱土都不浇地啊？）哎咿，很少有浇咧。æᴇ˥i˨,xəŋ˥ʂao˥iou˥˧tɕiao˥lie˧.（那这要干得太厉害了怎么办呢？）那干的太厉害咧，那有时候人……有的人偶然浇一半水嘛。浇上这儿这这个水浇上庄稼，土壤板结的劲就大得很嘛。nei˦kæ̃˥ti˧tʰæᴇ˦li˦xæᴇ˦lie˧,nei˦iou˥sɿ˨˦xou˦zəŋ˨˦……iou˥ti˧zəŋ˨˦nou˥zæ̃˨˦tɕiao˥i˥˨pæ̃˦ʂuei˥˨ ma˧.tɕiao˥ʂaŋ˦tʂər˦tʂə˦tʂə˦kə˦ʂuei˥tɕiao˥ʂaŋ˦tʂuaŋ˥tɕia˧,tʰu˥˧zaŋ˥˧pæ̃˥tɕie˥˨ti˧tɕiŋ˦tɕiou˦ta˦tei˥ ˧xəŋ˥˨ma˧.

捡粪

（那个一般捡的是都是那些牲口的那个？）黄：啊，牲口的粪。嗯。ɑ˨,səŋ˥kʰou˥˨ti˧fəŋ˦˨.ŋ̍˨.（狗呢？狗……狗粪呢？）哎都是……捡粪不……捡粪……æᴇ˥tou˥˨sɿ˦˨……tɕiæ̃˥fəŋ˦pu˨˦……tɕiæ̃˥fəŋ˦˨……（反正碰到什么捡什么？）碰至甚么捡甚么，就是不捡人粪。人粪臭得很。pʰəŋ˥˧tsɿ˦ʂəŋ˦muo˧tɕiæ̃˥ʂəŋ˦˨muo˧,tsou˦sɿ˦pu˨˦tɕiæ̃˥zəŋ˨˦fə ŋ˦.zəŋ˨˦fəŋ˦tʂʰou˦tei˥˧xəŋ˥˨.

挖粪

（呃，那个那个那种牲口的那个圈里面的那个粪呐，把它起出来叫什么？）黄：有的叫……那叫挖咧。iou˥ti˧tɕiao˦……nə˦tɕiao˦va˥lie˧.（挖什么？）挖粪么。va˥˨fəŋ˦muo˧.（还有别的说法没有？）一个欸，现在都有的叫清咧，把粪清出来，有的叫挖出来。i˥˨kə˦ei˨,ɕiæ̃˦tsæᴇ˦tuo˥iou˥ti˧tɕiao˦tɕʰiŋ˥˧lie˧,pa˥˨fəŋ˦tɕʰiŋ˥˨tʂʰʮ˥læᴇ˨˨,iou˥˧ti˧tɕiao˦va˦tʂʰʮ˥ ˨læᴇ˨˨.（讲不讲起圈？）起嘛。过去那个……这个“起圈”这个话是前边儿人说的多。tɕʰi˥ma˧.kuo˦˥tɕʰy˦næᴇ˦kə˦……tʂə˦kə˦tɕʰi˥tɕyæ̃˦tʂə˦kə˦xua˦sɿ˦tɕʰiæ̃˨˦piæ̃r˥zəŋ˨˨ʂuo˥ti˧tuo˥˨.（噢，你们不说？）呃，我们不说。我们……ə˦,ŋuo˥məŋ˧pu˨˨ʂuo˥˨.ŋuo˥məŋ˧……（你们就是“挖粪”？）噢。ɑo˨.（呃，如果是那个猪圈里面的那个粪呢，把它弄出来呢？）那就叫挖咧。nə˦tɕiou˦tɕiao˦va˥˨lie˧.（挖什么？）噢，挖粪么。ɑo˦,va˥˨fəŋ˦muo˧.（讲不讲“挖猪粪”？）哎，讲么。挖猪粪。你挖啥粪就啥粪。æᴇ˥,tɕiaŋ˥muo˧.va˥tʂʮ˥˨fəŋ˦.ni˥˨va˥˨sa˦f əŋ˦tɕiou˦va˥ʂa˦˥fəŋ˦˨.（挖猪粪、挖牛粪？）噢，挖猪粪，挖牛粪，挖羊粪么。ɑo˦,va˥tʂʮ˥˨ fəŋ˦,va˥˨niou˨˦fəŋ˦,va˥˨iaŋ˨˦fəŋ˦muo˧.（呃，那个把厕所里面的粪弄出来呢？）把厕所粪压一

下么。那都要捒[①]出来压咧。pa˥˧˩tsʰei˥˧˩suo˥˧fəŋ˥nia˥i˥˧˩çia˥˩muo·˧.nə˥˧˥tou˥˧˦iao˥tsʰei˥˧˩tʂʰʯ˥˧læᴇ˨˦˩nia˥lie·˧.（弄出来？）噢，捒出来要压咧。ɑɔ˨˩,tsʰei˥˧˩tʂʰʯ˥˧læᴇ˨˦˩iao˥˩nia˥lie·˧.（什么扯出来？扯出来？）噢，厕所捒出来。ɑɔ˨˩,tsʰei˥˧˩suo˥˧tsʰei˥˧tʂʰʯ˥˧˩læᴇ˨˦˩.（tsʰei˥˧？）噢，用铁锨把那捒出来，一压嘛。ɑɔ˨˩,yoŋ˥tʰie˥˧çiæ̃˥˧˩pa˥˧˩næᴇ˥tsʰei˥˧˩tʂʰʯ˥˧læᴇ˨˦˩,i˥˧˩nia˥ma·˧.（tsʰei˥˧，有没有同音字啊？）捒，捒必须这种望拿出来这个东西。提手过去个啥字吧？tsʰei˥˧,tsʰei˥˧pi˥˧˦çy˥˧˦tʂei˥tʂuoŋ˥˧˩vaŋ˥na˨˦˩tʂʰʯ˥˧læᴇ˨˦˩tʂə˥kə˥tuoŋ˥˧çi·˧.tʰi˨˦˩ʂou˥˧kuo˥˧˦tɕʰy˥˩kə˥˩sa˥tsɿ˥pa·˧?（tsʰei˥˧是一个什么动作啊？是这样啊？）噢，就是拿锨这样端出来这个。这叫捒嘛。捒土。ɑɔ˨˩,tɕiou˥˧˥sɿ˥˩na˨˦˩çiæ̃˥˧tʂei˥iaŋ˥tuæ̃˥˧tʂʰʯ˥˧læᴇ˨˦˩tʂə˥˧˥kə˥˩.tʂei˥˧˥tɕiao˥˩tsʰei˥˧ma·˧.tsʰei˥˧˩tʰu˥˧.（噢，用那个铁……铁锹把它铲出来？）啊，铁锹，噢，铲出来人粪，再压上。ɑ˨˩,tʰie˥˧˩tɕʰiao˥˧,ɑɔ˨˩,tsʰæ̃˥˧tʂʰʯ˥˧˩læᴇ˨˦˩ʐəŋ˨˦˥fəŋ˥˧˥,tsæᴇ˥ia˥ʂaŋ˥.（像……你像这样，这面儿那个那个厕所[指所住旅社的厕所]，都是叫tsʰei˥˧出来？）它那个里头是……它那必须要淘咧啊，不淘就拿不出来，那稀屎它不往出的。农村的厕所一般情况下，它都压的有土的，它是干的还可以起出来，那个这次就必须淘粪嘞。tʰɑ˥˧nə˥kə˥li˥˧˦tʰou·˧sɿ˥……tʰɑ˥˧˦nə˥pi˥˧˦çy˥˧˦iao˥tʰɑɔ˨˦˩lia·˧,pu˨˦˩tʰɑɔ˨˦tsou˥nɑ˨˦pu˨˦˦tʂʰʯ˥˧˦læᴇ˨˦˦,nei˥çi˥˧sɿ˥˧˩tʰɑ˥˧˦pu˨˦˦vaŋ˥˧˩tʂʰʯ˥˧˦ti·˧.luoŋ˨˦tsʰuoŋ˥˧tə·˧tsʰə˥˧˩suo˥˧i˥˧˩pæ̃˥˧tɕʰiŋ˨˦˩kʰuaŋ˥˧˥çia˥,tʰɑ˥˧˦tou˥˧˩nia˥ti·˧iou˥˧˦tʰu˥˧ti·˧,tʰɑ˥˧˦sɿ˥kæ̃˥˧ti·˧xɑ˨˦˩kʰə˥˧˦i˥˧˦tɕʰi˥˧tʂʰʯ˥˧˩læᴇ˨˦˦,na˥˩kə˥˩tʂei˥˧˥tsʰɿ˥tɕiou˥pi˥˧˦çy˥˧˦iao˥tʰɑɔ˨˦fəŋ˥lei·˧.

压粪

（那个老百姓一般是说积肥还是攒粪？）黄：有的人多一半儿就说是攒点粪，有的去压点粪。iou˥˧ti·˧ʐəŋ˨˦tuo˥˧˩i˥˧˩pær˥˧˥tɕiou˥˩ʂuo˥˧˩sɿ˥˩tsæ̃˥˧tiæ̃˥˧˩fəŋ˥˧˥,iou˥˧˦ti·˧tɕʰi˥˩nia˥tiæ̃˥˧˩fəŋ˥.（怎么压？）就说是你比如这厕所这粪，我淘出去，再加上些土，把那压起来，等它熟化以后再用。tɕiou˥˩ʂuo˥˧˩sɿ˥˩ni˥˧˦pi˥˧ʐʯ˨˦˩tʂə˥tsʰei˥˧˩ʂuo˥˧tʂə˥fəŋ˥,ŋuo˥˧˩tʰɑɔ˨˦˩tʂʰʯ˥˧tɕʰi˥,tsæᴇ˥tɕia˥˧ʂaŋ˥˩çie˥˧˩tʰu˥˧,pa˥˧˦næᴇ˥nia˥˧˦tɕʰi˥˧˩læᴇ˨˦˩,təŋ˥˧tʰɑ˥˧˩ʂʯ˨˦˩xua˥˧˥i˥˧˩xou˥˧˥tsæᴇ˥yoŋ˥.（封起来？）噢，封起来。ɑɔ˨˩,fəŋ˥˧tɕʰi˥˧˩læᴇ˨˦˩.（让它里头自然发酵？）噢，自然发酵咧。ɑɔ˨˩,tsɿ˥ʐæ̃˨˦˩fa˥˧˩çiao˥lie·˧.

沤粪、涹粪

黄：把肥……粪堆起来一堆望熟的熟化一下就叫沤……沤粪么。pa˥˧˩fei˨˦˦t……fəŋ˥tuei˥˧tɕʰi˥˧˦læᴇ˨˦˩i˥˧˩tuei˥˧vaŋ˥ʂʯ˨˦˩ti·˧ʂʯ˨˦˩xua˥˧˥i˥˧˩çia˥˩tɕiou˥tɕiao˥ou˥˧˥f……ou˥fəŋ˥muo·˧.（噢，堆成堆？）堆成堆，叫它熟……这个熟化的过程就叫沤。tuei˥˧˩tʂʰəŋ˨˦tuei˥˧,tɕiao˥tʰɑ˥˧˦ʂʯ˨˦˦……tʂə˥kə˥ʂʯ˨˦˩xua˥˧˦ti·˧kuo˥˧˦tʂʰəŋ˨˦˩tɕiou˥˩tɕiao˥˩ŋou˥.（噢，让它在里面发酵那个什么……）呃，发酵，这就叫沤粪。ə˨˩,fa˥˧˩çiao˥,tʂei˥˧˥tɕiou˥˩tɕiao˥˩ou˥fəŋ˥˩.（不……不挖坑把它放到坑里面？）也挖坑。有些……挖坑的少。也有这一□□哈？ie˥˧va˥˧˩kʰəŋ˥˧.iou˥˧çie˥˧˩……va˥˧˦kʰəŋ˥˧ti·˧ʂaɔ˥˧.ie˥˧iou˥˧tʂei˥i˥˧˩pʰu˨˦niŋ˨˦˩xa·˧?（挖坑的少，就是堆成堆？）堆成堆，让它自然发酵么。tuei˥˧˩tʂʰəŋ˨˦tuei˥˧,ʐaŋ˥tʰɑ˥˧˦tsɿ˥ʐæ̃˨˦˩fa˥˧˩çiao˥muo·˧.（叫不叫涹粪？）涹[②]粪也……也叫么噢。vuo˥˧˩fəŋ˥˧˦ie˥˧˦s……ie˥˧tɕiao˥muo·˧laɔ˥˧.饶：那叫嘞，也叫嘞，叫涹粪也叫嘞。na˥tɕiao˥˧˦lei·˧,ie˥˧tɕiao˥lei·˧,tɕiao˥vuo˥˧fəŋ˥˧˦ie˥˧tɕiao˥lei·˧.

拉粪

（你一般用什么工具来那个[拉粪]呢？）饶$_{礼金}$：他现在一般咿使用的三轮儿机子

---

① 捒：用锹铲取。《广韵》初麦切：“捒扶也”。

② 涹：沤，长时间浸泡。《广韵》乌禾切。《集韵》：“涹，浊也，沤也。”《周礼·冬官·考工记》“沤其丝”郑玄注：“楚人曰沤，齐人曰涹。”明李实《蜀语》：“衣物涹烂曰沤。”

么。三轮儿……三轮儿机子嘛。tʰɑ˥˩˨ɕiæ̃˦˨tsæᴇ˦i˥˩˨pæ̃˥˩i˨˩sʅ˥˩˨yoŋ˦˨ti˧sæ̃˥˩luə̃r˨˦tɕi˥˩tsʅ˧muo˧. sæ̃˥˩lyə̃r˨˦……sæ̃˥˩lyə̃r˨˦tɕi˥˩tsʅ˧mɑ˧黄：多用是嘣嘣车儿，三轮儿嘣嘣车儿。过去一直放的是这个毛驴车，套的车车子拉，套牲口拉，现在都不咧噢。tuo˥˩˥yoŋ˦sʅ˦pəŋ˦pəŋ˦tʂʰər˥˩,sæ̃˥˩˨lyə̃r˨˦ pəŋ˦pəŋ˦tʂʰər˥˩.kuo˦˨tɕʰy˦˩˨i˥˩˨tʂʅ˨˦˥faŋ˦ti˧sʅ˦˨tʂə˦˨kə˦˨mɑɔ˨˦ly˨˦tʂʰə˥˩˥,tʰɑɔ˦ti˧tʂʰə˥˩tʂʰə˥˩˨tsʅ˧lɑ˥˩,tʰɑɔ˦s əŋ˥˩kʰou˥˩˨lɑ˥˩,ɕiæ̃˦tsæᴇ˦tou˥˩˨pu˨˦liɑɔ˧.

压青

黄：压青是指你像这个水稻的这个田里头，噢，就是这个田比较瘦[①]，他把这个欻青杆的蒿子，或者这容易沤烂这些，割去以后，顺住这个水稻的这个行行压紧，这叫压青。嗯，睬不睬都无所谓。niɑ˦˨tɕʰiŋ˥˩sʅ˦˨tsʅ˥˩ni˥˩˥ɕiaŋ˦tʂə˦kə˦ʂuei˥˩tɑɔ˦˥ti˧tʂə˦kə˦tʰiæ̃˨˦li˥˩tʰou˧,ɑɔ˨˩,tso u˦˥sʅ˦tʂə˦kə˦tʰiæ̃˨˦pi˥˩˥tɕiɑɔ˦sou˦,tʰɑ˥˩pɑ˥˩˨tʂə˦˨kə˦ei˦tɕʰiŋ˥˩˨kæ̃˥˩ti˧xɑɔ˥˩tsʅ˧,xuei˨˦˥tʂə˥˩˨tʂə˦˨yoŋ˨˦˨i˦ou˦ læ̃˦tʂei˦ɕie˥˩˥,kuo˥˩˨tɕʰi˦˥i˥˩˨xou˦,ʂuoŋ˦tʂʮ˦tʂə˦kə˦ʂuei˥˩tɑɔ˦ti˧tʂə˦kə˦xaŋ˨˦˥xaŋ˨˦˨niɑ˦tɕiŋ˥˩˨,tʂei˦˥tɕiɑ ɔ˦˨niɑ˦tɕʰiŋ˥˩.əŋ˨˩,tsʰæᴇ˥˩pu˨˦tsʰæᴇ˥˩tou˥˩˨vu˨˦ʂuo˥˩vei˦.饶：他搁得这个行里啊，欻一这个犁往过一揭下，揭过那个土一下翻过去的话，那这个……tʰɑ˥˩˨kuo˥˩tə˧nə˦kə˦xaŋ˨˦li˥˩ɑ˨˩,ei˦i˥˩˥tʂə˦kə˦ li˨˦vaŋ˥˩˨kuo˦˥i˥˩˨tɕie˥˩xɑ˦˨,tɕie˥˩˨kuo˥˩˥nə˦kə˦tʰu˥˩i˥˩˥xɑ˦fæ̃˥˩kuo˦˨tɕʰy˦ti˧xuɑ˦,nɑ˦˨tʂə˦kə˦……黄：噢，这是一种。再一种就是直接这个秧苗里头，在行子里头空间里头放上，呃，它一沤烂以后，它就起欻作用。ɑɔ˨˩,tʂə˦˥sʅ˦˨i˥˩˨tʂuoŋ˥˩˨.tsæᴇ˦i˥˩˥tʂuoŋ˥˩˥tɕiou˦sʅ˦tʂʮ˨˦tɕie˥˩˨tʂə˦kə˦iaŋ˥˩˨mia ɔ˨˦li˥˩˨tʰou˧,tsæᴇ˦˨xaŋ˨˦tsʅ˧li˥˩˥tʰou˧kʰuoŋ˥˩˥tɕiæ̃˥˩˨li˥˩˨tʰou˧faŋ˦˨ʂaŋ˦˥,ə˨˩,tʰɑ˥˩˥i˥˩˨ŋou˦læ̃˦i˥˩˨xou˦,tʰɑ˥˩˥ tɕiou˦tɕʰi˥˩˨ei˦tsuo˥˩˨yoŋ˦.（噢，那个水田里面不用睬下去啊？）睬啊可以嘛。睬咧，睬了的情况当然好么。前几年，在咱们小的时候，你怕就记不得，前几年这个专门儿有种的一种草的，你比如黄芥呀，臭芸芥呀，这些的话噢，他把这个种上以后，种的那个长的相当好了，本来那东西，它本……本来那是是油……油籽儿。它不是为咧以打油籽儿为种的。它是为咧种肥咧。正长到这个啊六十公分高啊，那长得绿汪汪的。他套个犁子去，一下把这翻个底底下去。tsʰæᴇ˥˩æ˧kʰə˥˩i˥˩˨mɑ˧.tsʰæᴇ˥˩lie˧,tsʰæᴇ˥˩lə˧ti˧tɕʰiŋ˨˦kʰuaŋ˦taŋ˥˩˨ʐæ̃˨˦xɑɔ˥˩muo˧.tɕʰiæ̃ ˨˦tɕi˥˩niæ̃˨˦˨,tsæᴇ˦tsɑ˨˦məŋ˧ɕiɑɔ˥˩ti˧sʅ˨˦˨xou˦,ni˥˩pʰɑ˦tsou˦tɕi˦pu˨˦tei˥˩˨,tɕʰiæ̃˨˦tɕi˥˩niæ̃˨˦˨tʂə˦kə˦tʂuæ̃˥˩˨ mə̃r˨˦iou˥˩˥tʂuoŋ˦ti˧i˥˩˨tʂuoŋ˥˩tsʰɑɔ˥˩ti˧,ni˥˩pi˥˩ʐʮ˨˦˨xuaŋ˨˦˨kæᴇ˦iɑ˧,tʂʰou˦yoŋ˨˦˨kæᴇ˦˨iɑ˧,tʂei˦ɕie˥˩˨tə˧xu ɑ˦˨ɑɔ˨˩,tʰɑ˥˩˥pɑ˥˩˨tʂə˦kə˦tʂuoŋ˦˨ʂaŋ˦i˥˩˨xou˦,tʂuoŋ˦ti˧nə˦kə˦tʂaŋ˥˩ti˧ɕiaŋ˥˩˥taŋ˥˩˨xɑɔ˥˩lə˧,pəŋ˥˩læᴇ˨˦˥nə ˦tuoŋ˥˩ɕi˧,tʰɑ˥˩˥p……pəŋ˥˩læᴇ˨˦˥nei˦˥sʅ˦˨sʅ˦˨iou˨˦˨ts……iou˨˦˨tsər˥˩.tʰɑ˥˩˨pu˨˦sʅ˦vei˦lie˧i˥˩˨tɑ˥˩iou˨˦˨tsə r˥˩vei˨˦tʂuoŋ˦ti˧. tʰɑ˥˩˥sʅ˦vei˦˨lie˧tʂuoŋ˦fei˨˦lie˧.tʂəŋ˦tʂaŋ˥˩tɑɔ˦tʂə˦kə˦æ˦liou˥˩ʂʅ˨˦˨kuoŋ˥˩˥fəŋ˥˩˥kɑɔ˥˩ɑ˨˩, næᴇ˦˥tʂaŋ˥˩tə˧liou˥˩vaŋ˥˩˨vaŋ˥˩˨ti˧.tʰɑ˥˩˥tʰɑɔ˦kə˦li˨˦tsʅ˧tɕʰi˦˥,i˥˩˨xɑ˦˥pɑ˥˩˨tʂə˦fæ̃˥˩kə˦˨ti˥˩ti˥˩˨ɕiɑ˦˨tɕʰi˦˨.（噢，那个就是做绿肥呀？）噢，做绿肥，也叫压青咧。这个都把……压进去。ɑɔ˨˩,tsuo˦˥ ly˥˩˨fei˨˦,ie˥˩˥tɕiɑɔ˦niɑ˦tɕʰiŋ˥˩lie˧.tʂə˦kə˦tou˥˩˥pɑ˥˩˨t……niɑ˦tɕiŋ˦tɕʰi˦.（niɑ˦tɕʰiŋ˥˩？）噢，压青。ɑɔ˨˩,niɑ˦tɕʰiŋ˥˩lie˧.

夏忙

（有这个忙口这个说法吗？）黄：没有。mei˨˦˨iou˥˩˨.（夏忙口？）没有。mei˨˦˨iou˥˩˨.（就是这个夏收以前这……）这都还没有的叫啥东西。tʂei˦˥tou˥˩˨xɑ˨˦mei˨˦˨iou˥˩ti˧tɕiɑɔ˦sɑ˦t uoŋ˥˩ɕi˧.（也没有秋忙口这个吗？）没有。mei˨˦iou˥˩˨.（夏收以后叫不叫忙罢？）不叫。因为这边这个，作为咱们这一块儿来说，现在就不存在夏收的问题。这是前几年，这里，在

① 瘦：比喻土地瘠薄，不肥沃。唐杜甫《秦州杂诗》之十三："瘦地翻宜粟，阳坡可种瓜。"宋叶适《戴肖望挽词》之二："水肥应返钓，田瘦合归犁。"

未包产到户之前么还种点麦子啊，还有一个夏忙咧。那一包产到户以后，这面就不种麦。pu˨˦˧tɕiaɔ˥.iŋ˥˧˩vei˥˦tʂei˥˦piæ̃˥˧˩tʂei˥kə˥,tsuo˥˧˩vei˨˦˦tʂɑ˨˦məŋ˧tʂə˥i˥˧˩kʰuər˥˧læᴇ˨˦ʂuo˥˧˩,ɕiæ̃˥tsæᴇ˥tɕiou˥˩pu˨˦˩tsʰuoŋ˨˦˩tsæᴇ˥˦ɕia˥ʂou˥˧ti˧vəŋ˥tʰi˨˦˩.tʂə˥sɿ˥tɕʰiæ̃˨˦tɕi˥˧niæ̃˨˦˩,tʂei˥li˥˧˩,tsæᴇ˥vei˥˧˥pɑɔ˥˧˩tsʰæ̃˥˧tɑɔ˥xu˥tsɿ˥˧tɕʰiæ̃˨˦muo˧xɑ˨˦˩tʂuoŋ˥tiæ̃˥˧˥mei˥˧tsɿ˧ɑ˩,xæᴇ˨˦iou˥˧˧i˥˧˧kə˥ɕiɑ˥mɑŋ˨˦lie˧.nɑ˥˦i˥˧˩pɑɔ˥˧˩tsʰæ̃˥˧tɑɔ˥xu˥i˥˧˩xou˥˦,tʂei˥miæ̃˥tsou˥˩pu˨˦˩tʂuoŋ˥˦mei˥˧˩.（原先这个你们种麦不种麦呢？）在记事的时候还种些麦。tsæᴇ˥tɕi˥sɿ˥˦ti˧sɿ˨˦˩xou˥xɑ˨˦˩tʂuoŋ˥˧˥ɕie˥˧˩mei˥˧˧.

捆麦

（啊，这个麦子这个割……割了以后就是打成捆，怎么说？）黄：那要先要下䙓咧么。næᴇ˥iɑɔ˥ɕiæ̃˥˧˩iɑɔ˥ɕiɑ˥iɑɔ˥lie˧muo˧.饶：呃，它叫呃那叫捆麦咧么。ə˩,tʰɑ˥˧˧tɕiɑɔ˥˧˥ə˧nə˥tɕiɑɔ˥kʰuoŋ˥˧˧mei˥˧lie˧muo˧.黄：捆麦，捆麦。但是捆麦一起全靠他那个下䙓咧么。拿麦子，两个麦子逮住拧住以后，放得这这以后，这是把䙓子下下，再把麦子搁上，然后再一捆。kʰuoŋ˥˧˧mei˥˧,kʰuoŋ˥˧mei˥˧˩.tæ̃˥˩sɿ˥˩kʰuoŋ˥˧mei˥˧i˥˧˧tɕʰi˥˧˧tɕʰyæ̃˨˦˩kʰɑɔ˥tʰɑ˥˧˧nei˥kə˥ɕiɑ˥iɑɔ˥lie˧muo˧.nɑ˨˦mei˥˧tsɿ˧,liɑŋ˥˧kə˥˩mei˥˧tsɿ˧tæᴇ˥˧tʂʮ˥niŋ˨˦˩tʂʮ˥˦i˥˧˩xou˥,fɑŋ˥tə˧tʂə˥tʂə˥i˥˧˩xou˥,tʂə˥˩sɿ˥˩pɑ˥˧˩iɑɔ˥tsɿ˧ɕiɑ˥xɑ˥,tsæᴇ˥pɑ˥˧˩mei˥˧tsɿ˧kuo˥˧ʂɑŋ˥˩,zæ̃˨˦˩xou˥˦tsæᴇ˥i˥˧˩kʰuoŋ˥˧.（那䙓子是那个……）䙓子。iɑɔ˥tsɿ˧.（用来捆的那个……）噢，这个东西叫䙓子。ɑɔ˥,tʂə˥kə˥tuoŋ˥˧ɕi˧tɕiɑɔ˥iɑɔ˥tsɿ˧.饶：捆的那个就叫䙓子。kʰuoŋ˥˧ti˧nə˥kə˥tɕiou˥tɕiɑɔ˥iɑɔ˥tsɿ˧.（这就像是拿根绳子一样的？）叫䙓子，噢。tɕiɑɔ˥iɑɔ˥tsɿ˧,ɑɔ˩.（他是拿绳子还是拿什么捆呢？）拿这麦子。麦本身那……nɑ˨˦˩tʂə˥mei˥˧tsɿ˧.mei˥˧pəŋ˥˧ʂəŋ˥˧˩nei˥˩……饶：呃，那还就是那个麦子。ə˩,nə˥xɑ˨˦tɕiou˥˦sɿ˥nə˥kə˥mei˥˧tsɿ˧.黄：就是拿本身……拿麦捆。tɕiou˥sɿ˥nɑ˨˦˩pəŋ˥˧ʂəŋ˥˧˩……nɑ˨˦mei˥˧kʰuoŋ˥˧˩.饶：本身拿个麦还那个还两个还，呃……pəŋ˥˧ʂəŋ˥˧˩nɑ˨˦˩kə˥mei˥˧xɑ˨˦˩nə˥˩kə˥xɑ˨˦˩liɑŋ˥˧kə˥xɑ˨˦˩,ə˩……黄：头对头引……tʰou˨˦˩tuei˥tʰou˨˦iŋ˥˧˩……饶：头对头下拧到一块啊，那就叫下䙓咧。tʰou˨˦˩tuei˥tʰou˨˦xɑ˥niŋ˨˦˩tɑɔ˥i˥˧˩kʰuæᴇ˥˧ɑ˧,næᴇ˥tɕiou˥tɕiɑɔ˥ɕiɑ˥iɑɔ˥˧˥lie˧.（噢。那要打结不？）呃不打结。他逮住一拧，噢，一拧，两个他拧到一块了，然后把它一往地下一放。这就叫下䙓。ə˩pu˨˦˩tɑ˥˧tɕie˥˧˩.tʰɑ˥˧˧tæᴇ˥˧tʂʮ˥˩i˥˧˩niŋ˨˦,ɑɔ˩,i˥˧˩niŋ˨˦,liɑŋ˥˧kə˥˩tʰɑ˥˧˥niŋ˨˦˩tɑɔ˥i˥˧˩kʰuæᴇ˥˧lə˧,zæ̃˨˦˩xou˥pɑ˥˧˩tʰɑ˥˧˧i˥˧˧vɑŋ˥˧˧ti˥xɑ˥i˥˧˩fɑŋ˥.tʂei˥tɕiɑɔ˥ɕiɑ˥iɑɔ˥.黄：不打结。那你一拧，一拧把它还收住，还一拧住就对了。pu˨˦˩tɑ˥˧tɕie˥˧˩.næᴇ˥˦ni˥˧i˥˧˩niŋ˨˦,i˥˧˩niŋ˨˦pɑ˥˧˩tʰɑ˥˧˩xɑ˨˦ʂou˥˧tʂʮ˥,xɑ˨˦i˥˧˩niŋ˨˦˩tʂʮ˥˦tɕiou˥tuei˥lə˧.（它不会松开呀？）饶：不会松。pu˨˦˩xuei˥˦suoŋ˥˧˩.黄：不会分开。pu˨˦˩xuei˥˦fəŋ˥˧˩kʰæᴇ˥˧˩.（这个iɑɔ˥一般用一些什么来做iɑɔ˥哇？）就是割哪一样庄稼就用哪一样东西做䙓啊。割糜子你就是糜子䙓。麦子你要麦子做䙓。割水稻你就……稻子你就用稻子做䙓么。tɕiou˥sɿ˥kuo˥˧˩nɑ˥˧i˥˧˩iɑŋ˥tʂuɑŋ˥˧tɕiɑ˧tsou˥yoŋ˥nɑ˥˧i˥˧˩iɑŋ˥tuoŋ˥˧ɕi˧tsuo˥iɑɔ˥ɑ˧.kuo˥˧˩mi˨˦˩tsɿ˧ni˥˧˧tsou˥sɿ˥mi˨˦˩tsɿ˧iɑɔ˥˩.mei˥˧tsɿ˧ni˥˧˧iɑɔ˥mei˥˧tsɿ˧tsuo˥iɑɔ˥.kuo˥˧˩ʂuei˥˧tɑɔ˥ni˥˧˧tsou˥……tɑɔ˥˧˥tsɿ˧ni˥˧˧tsou˥yoŋ˥tʰɑɔ˥˧tsɿ˧tsuo˥iɑɔ˥muo˧.

碾场

（就是我们一般这个欸那个在场上有牲口吧？它那个牲口这个拉屎拉得那个场上要弄个什么东西给装着？那什么……）黄：没有，我们这儿没有。mei˨˦iou˥˧˧,ŋuo˥˧məŋ˧tʂər˥˩mei˨˦˧iou˥˧˧.（那牲口就随便儿拉？）随便儿拉。拉啦你……即就是你旋碾场的，把它那个欸拉下来，那你就抰出去就对了。suei˨˦˩piæ̃r˥lɑ˥˧˩.lɑ˥˧lɑ˧ni˥˧˧……tɕi˥˧˩tɕiou˥˦sɿ˥˩ni˥˧˧ɕyæ̃˥niæ̃˥˧tʂʰɑŋ˨˦˩ti˧,pɑ˥˧tʰɑ˥˧˧nə˥kə˥ei˥lɑ˥˧ɕiɑ˥˩læᴇ˨˦,næᴇ˥ni˥˧˧tsou˥˩tsʰei˥˧˧tʂʰʮ˥˧tɕʰi˥˩tɕiou˥˩tuei˥˩lə˧.（也不拿个什

么东西装着？）哎，都不是不让的东西走。æᴇ˩˧,tou˥˩pu˩˧sʅ˥pu˩˨ʐaŋ˥ti˧tuoŋ˥˩˨ɕi˧tsou˥˩.

掠场

黄：掠场那就是说把大上边的主要的长一点的秸秆已经这个已经起走了，剩下小一点的这个……拿着这个木杈就拾不出了。这是拿这个扫帚把这个一掠，周围掠过来，叫掠场。就把比较长一点的那些，麸……薄麸呀的，这些东西掠起来叫掠场咧。lyo˥˩tʂʰaŋ˩˧nə˥tsou˥sʅ˥ʂuo˥˩pa˥˩ta˥ʂaŋ˥piæ̃˥˩˨ti˧tʂʯ˧iao˥˧ti˧tʂʰaŋ˩˧i˥˩˨tiæ̃˥˩ti˧tɕie˥˩kæ̃˥˩i˥˩tɕiŋ˥˩tʂə˥kə˥i˥˩tɕiŋ˥˩tɕʰi˥˩tsou˥˩lə˧,ʂəŋ˥xa˥ɕiao˥˩i˥˩tiæ̃˥˩ti˧tʂə˥kə˥ts……na˩˨tʂə˧tʂə˥kə˥mu˥˩˨tsʰa˥˩tɕiou˥˩ʂʅ˩˧pu˩˨tʂʰʯ˥˩˨lə˧.tʂə˥sʅ˥na˩˧tʂə˥kə˥sao˥˩˨tʂʯ˥˩pa˥˩tʂə˥kə˥i˥˩˨lyo˥˩,tʂou˥˩vei˩˧lyo˥˩kuo˥læᴇ˩˨,tɕiao˥lyo˥˩tʂʰaŋ˩˨.tɕiou˥pa˥˩pi˥˩tɕiao˥˧tʂʰaŋ˩˧i˥˩˨tiæ̃˥˩˨ti˧nei˥ɕie˥˩,i˥˩……pao˩˧i˥˩ia˧ti˧,tʂei˥ɕie˥˩˨tuoŋ˥˩ɕi˧lye˥˩tɕʰi˥˩læᴇ˩˧˨tɕiao˥lyo˥˩tʂʰaŋ˩˨lie˧.

扬场

黄：你要趁这个风把这个扬起来叫风……靠风的力量把这个麸吹掉咧么，这叫扬场咧么。ni˥˩iao˥tʂʰəŋ˥tʂə˥kə˥fəŋ˥˩pa˥˩tʂə˥kə˥iaŋ˩˨tɕʰi˥˩læᴇ˩˨tɕiao˥fəŋ˥˩……kʰao˥fəŋ˥˩ti˧li˥˩lian˥pa˥˩tʂə˥kə˥ei˥tʂʰuei˥˩tiao˥lie˧muo˧,tʂei˥tɕiao˥iaŋ˩˧tʂʰaŋ˩˨lie˧muo˧.（那那那打场的时候应该……扬场的时候一般都是风比较大的时候是吧？）噢，风比较大的时候。ao˩,fəŋ˥˩pi˥˩˨tɕiao˥ta˥ti˧sʅ˩˨xou˥˩.（是顺着风扬还是逆着风扬？）这都一般都是这个麸逆风扬场着咧。站在侧面扬咧。不能是专对着风或者是碰着风，那给你降一头一脸儿的。你就……风向这个……向这个地方，往这个方向吹的话，人都在这个地方撂着咧。tʂə˥˧tou˥˩i˥˩˨pæ̃˥˩tou˥˩˨sʅ˥tʂə˥kə˥ei˥ni˩˧fəŋ˥˩iaŋ˩˧tʂʰaŋ˩˨tʂə˧lie˧.tsæ̃˥tsæᴇ˥tsʰei˥˩miæ̃˥˩iaŋ˩˨lie˧.pu˩˨nəŋ˩˧sʅ˥tʂuæ̃˥˩tuei˥˩˨tʂuo˥˩fəŋ˥˩˨xuei˩˧˨tʂə˥˩sʅ˥pʰəŋ˥tʂə˥fəŋ˥˩˨,næᴇ˥kei˥ni˥˩kaŋ˥i˥˩tʰou˩˧i˥˩liær˥˩ti˧.ni˥˩tsou˥……fəŋ˥˩ɕiaŋ˥tʂə˥kə˥……ɕiaŋ˥tʂə˥kə˥ti˥faŋ˥˩,vaŋ˥˩tʂei˥˧kə˥faŋ˥˩ɕiaŋ˥tʂʰuei˥˩tə˧xua˥˩,ʐəŋ˩˧tou˥˩˨tsæᴇ˥tʂei˥˧kə˥ti˥faŋ˥˩˨liao˥tʂuo˥˩˨lie˧.（那这么撂那个……）撂起来，麦子……麦落得这个地方，麸子风都吹走了。liao˥˩˨tɕʰi˥˩læᴇ˩˨,mei˥˩tsʅ˧……mei˥˩luo˥˩tə˧tʂə˥kə˥ti˥faŋ˥˩˨,i˥˩tsʅ˧fəŋ˥˩tou˥˩tʂʰuei˥˩tsou˥˩lə˧.

翻场

黄：翻场那都……那是碾了一……碾过一……碾过一茬再翻一下么叫翻场咧。fæ̃˥˩tʂʰaŋ˩˧nei˥˧tou˥˩……nə˥sʅ˥niæ̃˥˩lie˧i˥˩……niæ̃˥˩kuo˥i˥˩˨……niæ̃˥˩kuo˥i˥˩˨tsʰa˩˨tsæᴇ˥fæ̃˥˩i˥˩xa˥muo˧tɕiao˥fæ̃˥˩tʂʰaŋ˩˧lie˧.

溻场

（你在那打碾，突然雨下来了。哗，完喽！庄稼也完喽，人也浇湿喽！）王：我们这儿叫日塌咧。ŋuo˥˩məŋ˧tʂər˥˩˨(tɕ)iao˥ʐʅ˥˩tʰa˥˩lie˧.（有叫溻场的说法吗？）溻场那……溻场那就说是我们这个碾……在……在这场里边，比若碾这个糜子咧嘛碾谷子咧噢，一下唰一下下雨咧。这叫溻场咧。tʰa˥˩tʂʰaŋ˩˧næᴇ˥……tʰa˥˩tʂʰaŋ˩˧næᴇ˥tɕiou˥˧ʂuo˥˩sʅ˥ŋuo˥˩məŋ˧tʂə˥kə˥niæ̃˥˩……tsæᴇ……tsæᴇ˥tʂə˥tʂʰaŋ˩˧li˥˩piæ̃˥˩˨,pi˥˩ʐuo˥˩niæ̃˥˩tʂə˥kə˥mi˩˨tsʅ˧lie˧ma˧niæ̃˥˩˨ku˥˩tsʅ˧lie˧ao˧,i˥˩xa˥ʂua˥˩i˥˩xa˥ɕia˥y˥˩lie˧.tʂei˥tɕiao˥tʰa˥˩tʂʰaŋ˩˨lie˧.

巷

黄：巷，就是这个，你把撂到空中去以后，这个，这个地方都是这个哎，扬咧一大堆麦子了，扬过来了。这个地方接过来以后就是风吹过去的这个，哎，这都是麦叶子，中间这个地方么，这个有个空隙，这地方叫巷么。xaŋ˥,tɕiou˥sʅ˥tʂə˥kə˥,ni˥˩pa˥˩liao˥tao˥kʰuoŋ

˥˩tʂuoŋ˥˩˧˩tɕʰy˧i˥˩˧˩xou˥,tʂə˧kə˥,tʂə˧kə˧ti˧faŋ˥˩˧˩tou˥˩˧sɿ˧tʂə˧˧˩kə˧˧˩æᴇ˧˩,iaŋ˨˦lie˥i˥˩˧ta˧˧˩tuei˥˩˧mei˥˩tsɿ˧lə˥,iaŋ˨˦˧˩kuo˧læᴇ˨˦˧˩lə˥.tʂə˧kə˧ti˧faŋ˥˩˧˩tɕie˥˩˧˩kuo˧læᴇ˨˦˧˩i˥˩˧˩xou˧tɕiou˧sɿ˧fəŋ˥˩tʂʰuei˥˩˧˩kuo˧tɕʰi˧ti˧tʂə˧˧˩kə˧˧˩,æᴇ˧˩,tʂə˧˧˥tou˥˩˧˩sɿ˧˧˩mei˥˩˨˦ie˥˩tsɿ˧,tʂuoŋ˥˩˧˩tɕiæ̃˧˨˦tʂə˧kə˧ti˧˧˩faŋ˥˩˧˩muo˧,tʂə˧kə˧iou˥˩˧kə˧kʰuoŋ˧ɕi˥,tʂə˧˧˥ti˧˧˩faŋ˥˩˧˩tɕiao˧xaŋ˧muo˧.（这地方就没……东西比较少吧？）这都噢地方比较少。这里头既有麦麸子，欸也有麦粒儿么。这个地落……落下的话，这个地方落过去的那一堆渣渣子就叫麦余儿，麦余子么。这叫巷么。这是指大堆的粮食，这是麦……麦糠。就是这么个地方。这个地方这空隙叫麦……巷么。tʂə˧tou˥˩ao˧˩ti˧faŋ˥˩˧pi˥˩˧tɕiao˧ʂao˥˩˧.tʂə˧˧˥li˥˩˧˩tʰou˧tɕi˧iou˥˩˧mei˥˩˨˦i˥˩tsɿ˧,ei˧ia˥˩iou˥˩mei˥˩˧˩liər˨˦muo˧.tʂə˧kə˧ti˧luo˥˩……luo˥˩xa˧ti˥xua˧,tʂə˧kə˧ti˧faŋ˥˩˧˩luo˥˩˧˩kuo˧˨˦tɕʰy˧ti˥nei˧i˥˩˧tuei˥˩˧tsa˥˩tsa˥˩˧˩tsɿ˧tɕiou˧tɕiao˧mei˥˩˧˩yər˨˦,mei˥˩˧˩y˨˦˧˩tsɿ˥˩muo˧.tʂei˧˧˥tɕiao˧xaŋ˧muo˧.tʂə˧˧˥sɿ˧tsɿ˥˩ta˧tuei˥˩˧˩ti˧liaŋ˨˦˧˩ʂʅ˨˦˥,tʂə˧sɿ˧mei˥˩˨˦……mei˥˩˨˦kʰaŋ˥˩.tɕiou˧sɿ˧tʂə˧˧˥muo˧kə˧ti˧faŋ˥˩.tʂə˧kə˧ti˧˧˩faŋ˥˩˧˩tʂə˧˧˩kʰuoŋ˧˨˦ɕi˧tɕiao˧mei˥˩˧……xaŋ˧muo˧.（嗯，这个是大堆的粮食是吧？）这是大堆的粮食，这个是麦麸子。tʂə˧˧˥sɿ˧ta˧tuei˥˩˧ti˥liaŋ˨˦˧˩ʂʅ˨˦˥,tʂə˧˧˥kə˧˧˩sɿ˧˧˩mei˥˩˨˦i˥˩tsɿ˧.（麸子是什么？）麸子就是这个麦皮皮么。i˥˩tsɿ˧tɕiou˧sɿ˧tʂə˧kə˧mei˥˩˧˩pʰi˨˦˧˩pʰi˨˦˥muo˧.（麦麸。）麦麸子。mei˥˩˨˦i˥˩tsɿ˧.（噢，麦麸子。中间那段儿叫糠？）噢，嗯。ao˧,ŋ̍˧˩.（噢，这个就是喊那个麦麦余？）麦……噢，麦余子，撂出去的。这个比麦……它比麦麸子大，但是比麦可轻，比麦麸子可重。它这样一掠以后，因为这里头它还有咿还有还有粮食，再一个还没有碾脱的那种麦壳壳子，它都掠过去，撂到这儿去了。mei˥˩˨˦……ao˧˩,mei˥˩˧˩y˨˦˧˩tsɿ˥,liao˧tʂʰʮ˥˩tɕʰi˧˧˩ti˧.tʂə˧kə˧pi˥˩mei˥˩˧˩……tʰa˥˩˧pi˥˩˧mei˥˩˨˦i˥˩tsɿ˧ta˧,tæ̃˧˧˩sɿ˧˧˩pi˥˩˧mei˥˩kʰə˥˩˧˩tɕʰiŋ˥˩,pi˥˩˧mei˥˩˨˦i˥˩tsɿ˧kʰə˥˩˧˩tʂuoŋ˧.tʰa˥˩˧tʂə˧iaŋ˧i˥˩˨˦lyo˥˩i˥˩˧˩xou˧,iŋ˥˩˧˩vei˧tʂə˧˧˥li˥˩˧˩tʰou˧tʰa˥˩˧˩xæᴇ˨˦iou˥˩˧i˧xæᴇ˨˦iou˥˩˧xæᴇ˨˦iou˥˩liaŋ˨˦˧˩ʂʅ˨˦˥,tsæᴇ˧i˥˩˧kə˧xa˨˦˧˩mei˨˦iou˥˩˧niæ̃˥˩tʰuo˥˩ti˧nei˧tʂuoŋ˧mei˥˩˨˦kʰə˥˩kʰə˥˩tsɿ˧,tʰa˥˩˧˩tou˥˩˨˦lyo˥˩˧˩kuo˧tɕʰy˧,liao˧tao˧tʂər˧tɕʰi˧˧˩lə˧.

麦余子

（余子是什么东西？）黄：就是没有碾完，啊，它那个里头还那个，经过扬场以后，剩下那个把把子，里头还有还有麦子咧，麦粒咧，需要进一步碾一下，再撂出去，叫麦余子。tɕiou˧˧˩sɿ˧˧˩mei˨˦iou˥˩niæ̃˥˩væ̃˨˦,a˧˩,tʰa˥˩˧næᴇ˧kə˧li˥˩tʰou˧xa˨˦˧næᴇ˧kə˧,tɕiŋ˥˩˧˩kuo˧˧˥iaŋ˨˦tʂʰaŋ˨˦i˥˩˧˩xou˧,ʂəŋ˧xa˧nə˧kə˧pa˧˨˦pa˧˧˩tsɿ˧,li˥˩˧˩tʰou˧xæᴇ˨˦iou˥˩˧xæᴇ˨˦iou˥˩˧mei˥˩tsɿ˧lie˧,mei˥˩˧˩li˨˦˧˩lie˥,ɕy˥˩˧˩iao˧tɕiŋ˧˨˦i˥˩˧˩pu˧˧˩niæ̃˥˩i˥˩˧˩xa˧˧˩,tsæᴇ˧liao˧tʂʰʮ˥˩tɕʰi˧˧˩,tɕiao˧mei˥˩y˨˦˧˩tsɿ˥.

折

（那个扬场的时候把那个麦余子啊扫到两头这个叫叫什么？）黄：两头的……liaŋ˥˩tʰou˨˦˧˩ti˥……（叫“打”还是叫什么）你折过来就对咧么。叫折么。把这扫的折……折到临……临堆下。ni˥˩˧˩tʂə˥˩kuo˧˨˦læᴇ˨˦˥tɕiou˧tuei˧lə˥muo˧.tɕiao˧tʂə˥˩muo˧.pa˥˩˧˩tʂə˧sao˥˩ti˧tʂə˥˩……tʂə˥˩tao˧liŋ˨˦ʂʮ……liŋ˨˦tuei˥˩xa˧˧˩.

谷柴、谷穰子

（已经那个脱粒完了的那个谷穗子叫什么？）黄：脱粒完的那那叫欸那就叫柴了么。里头上头再没东西咧，就叫它谷秆[①]子，或者是谷柴么。tʰuo˥˩˧˩li˨˦˧˩væ̃˨˦˧˩ti˥nə˧nə˧tɕiao˧ei˧nə˧˧˥tɕiou˧tɕiao˧tsʰæᴇ˨˦˧˩lə˥muo˧.li˥˩tʰou˧ʂaŋ˧tʰou˥tsæᴇ˧muo˥˩˧˩tuoŋ˥˩ɕi˧lie˥,tɕiou˧˧˥tɕiao˧tʰa˥˩˧˩ku˥˩˧˩kæ̃˥˩

① 秆：禾本类植物的茎，多指节秆中空的稻麦等。《左传・昭公二十七年》：“令曰：‘不爇却氏，与之同罪。’或取一编菅，或取一秉秆，国人投之，遂弗爇也。”杜预注：“秆，稾也。”陆德明释文：“《说文》云：秆，禾茎也。或古旦反。”

tsɿ·˧,xuo˩˧˨˦tʂə˥˧˨˩sɿ˧˨˩ku˥˧˨˩tsʰæE˩˧muo·˥.（谷柴呀？）啊。ɑ˨˩.（所以就用来烧火了？）就这用来烧火了。tɕiou˧tʂə˧yoŋ˧læE˩˧˨˩ʂɑɔ˥˧˨˩xuo˥˧lə·˧.（叫不叫谷穰头？）也的……有的也叫谷穰[①]子么。ie˥˧˦ti……iou˥˧ti·˧lie˥˧˦tɕiɑɔ˧ku˥˧˨˩ʐɑŋ˩˧˨˩tsɿ·˥muo·˧.（谷穰子？）谷穰子，秆子就不能叫穰子。它……在你打的时候，把那个打的……打掉的那些叶子或者是前头那谷穗穗都抛完的那个……比较一堆乱麻一样的那个东西，那叫穰子咧。ku˥˧˨˩ʐɑŋ˩˧˨˩tsɿ˥˧,kæ̃˥˧tsɿ·˧tɕiou˧pu˩˧˨˩nəŋ˩˧tɕiɑɔ˧ʐɑŋ˩˧˨˩tsɿ·˥.tʰɑ˥˧˦ts……tsæE˧˨˩ni˥˧˦tɑ˥˧ti·˧sɿ˩˧˨˩xou˧˨˦,pɑ˥˧˨˩nə˧kə˧tɑ˥˧ti·˧ti……tɑ˥˧tiɑɔ˧˨˦ti·˥nei˧ɕie˥˧˦ie˥˧tsɿ·˧xuei˩˧˦tʂə˥˧˦sɿ˧tɕʰiæ̃˩˧˨˩tʰou·˥næE˧ku˥˧˨˩suei˧˨˦suei˧˨˩tou˥˧˨˩pʰɑɔ˥˧˨˩væ̃˩˧ti·˥nə˧kə˧ʂ……pi˥˧˦tɕiɑɔ˧i˥˧˨˦tuei˥˧luæ̃˧mɑ˩˧i˥˧˦iɑŋ˧ti·˥nə˧kə˧tuoŋ˥˧˦ɕi·˥,næE˧˨˦tɕiɑɔ˧˨˩ʐɑŋ˩˧˨˩tsɿ·˥lie·˧.（噢，那个……那个不……还不是指那个谷穗子是吧？）不是指谷穗子。那整个儿那都整个儿那个筛……扬出来这个又经过这个哎扬场以后扫出去的那个长一点的，那都叫谷穰子咧么。pu˩˧˨˩sɿ˧tsɿ˥˧˦ku˥˧˨˩suei˧tsɿ·˧.næE˧˨˩tʂəŋ˥˧kər˧næE˧˨˦tou˥˧˨˩tʂəŋ˥˧kər˧˨˦næE˧˨˩kə˧˨˩ʂæE……iɑŋ˩˧tʂʰɥ˥˧˨˩læE˩˧˨˩tʂə˧kə˧iou˧tɕiŋ˥˧˨˩kuo˧˨˦tʂə˧kə˧æE˧iɑŋ˩˧tʂʰɑŋ˩˧i˥˧˨˩xou˧sɑɔ˥˧tʂʰɥ˥˧tɕʰi˧ti·˥nei˧kə˧tʂʰɑŋ˩˧i˥˧˦tiæ̃˥˧˦ti·˥,næE˧˨˦tou˥˧˨˩tɕiɑɔ˧ku˥˧˨˩ʐɑŋ˩˧tsɿ·˥lie·˧muo·˧.

净柴

黄：净柴，那个柴，已经丢下那些最后那些柴柴秆秆了，说那个里头可能还有粮食颗颗咧，我再净一遍，那叫净柴。tɕiŋ˧tsʰæE˩˧,nə˧kə˧tsʰæE˩˧˦,i˥˧tɕiŋ˥˧˨˩tiou˥˧xɑ˧nei˧ɕie˥˧˦tsuei˧xou˧nei˧ɕie˥˧˨˩tsʰæE˩˧˨˩tsʰæE˩˧˦kæ̃˥˧kæ̃˥˧˨˩lə·˧,ʂuo˥˧˨˩nə˧kə˧li˥˧tʰou·˧kʰə˥˧˦nəŋ˩˧˦xæE˩˧˨˩iou˥˧liɑŋ˩˧˨˩ʂʅ˩˧˦kʰuo˥˧kʰuo˥˧˨˩lie·˧,ŋuo˥˧˦tsæE˧tɕiŋ˧˨˦i˥˧˨˩piæ̃˧,nə˧tɕiɑɔ˧tɕiŋ˧tsʰæE˩˧.

稻糠

（这个稻壳儿吧，这稻壳儿这个拿下来以后，做成的糠你们叫什么？）黄：米糠。叫做……mi˥˧˨˩kʰɑŋ˥˧˨˩.tɕiɑɔ˧tsɥ˧……（叫米糠？）粗的壳壳叫稻子壳壳么，稻壳子么，里头煮下那个二壳子那就叫稻糠。tsʰɥ˥˧ti·˧kʰə˥˧kʰə˥˧˨˩tɕiɑɔ˧tʰɑɔ˥˧˦tsɿ·˥kʰuo˥˧kʰuo˥˧˨˩muo·˧,tʰɑɔ˥˧˦kʰuo˥˧tsɿ·˧muo·˧,li˥˧tʰou·˧tʂɥ˥˧xɑ˧nə˧kə˧ər˧kʰə˥˧˨˩tsɿ·˧næE˧tɕiou˧tɕiɑɔ˧tʰɑɔ˥˧kʰɑŋ˥˧˨˩.（里头剥下来的，剥那……那……）细的么<u>那噢</u>。ɕi˧˨˦ti·˧m̩˨˩nɑɔ˨˩（←nə˧˨˩ɑɔ˨˩）.（还没有碾碎的时候呢？）呃，那都没有个啥东西。ə˨˩,nei˧˨˦tou˥˧˨˩mei˩˧iou˥˧kə˧˨˩sɑ˧˨˦tuoŋ˥˧ɕi·˧.（没什么稻糠皮什么的？）呃，没有。ə˨˩,mei˩˧iou˥˧˨˩.（细……细的时候，已经已经碾碎了，做成糠叫稻糠是吧？）啊，最后碾完剩下那个细的那个，像面一样那就叫稻糠。ɑ˨˩,tsuei˧xou˧niæ̃˥˧væ̃˩˧ʂəŋ˧xɑ˧nə˧kə˧ɕi˧˨˦ti·˧nə˧˨˩kə˧˨˩,ɕiɑŋ˧miæ̃˧˨˦i˥˧˦iɑŋ˧næE˧tɕiou˧˨˩tɕiɑɔ˧˨˩tɑɔ˧kʰɑŋ˥˧.（tɑɔ˧kʰɑŋ˨˩还是tʰɑɔ˧kʰɑŋ˨˩？）啊，稻……噢，有时念tɑɔ˧tsɿ·˧kʰɑŋ˥˧咧，有的tɑɔ˧kʰɑŋ˥˧，有的念tʰɑɔ˥˧tsɿ·˧kʰɑŋ˥˧˨˩。ɑ˨˩,tʰɑɔ˥˧˦k……ɑɔ˨˩,iou˥˧sɿ˩˧˨˩niæ̃˧tɑɔ˧tsɿ·˧kʰɑŋ˥˧lie·˧,iou˥˧ti·˧tɑɔ˧kʰɑŋ˥˧,iou˥˧˦ti·˥niæ̃˧tʰɑɔ˥˧tsɿ·˧kʰɑŋ˥˧˨˩.

豆蔓子、豆柴

（那个豆子的那个秸秆叫什么？）黄：豆柴么。tou˧tsʰæE˩˧muo·˥.（叫不叫豆蔓子呢？）叫么，叫豆蔓子么，豆蔓子，豆柴么。tɕiɑɔ˧muo·˥,tɕiɑɔ˧tou˧væ̃˧tsɿ·˥muo·˧,tou˧væ̃˧tsɿ·˧.tou˧tsʰæE˩˧muo·˧.（这名称有什么区别，两个名称？）这有了。你这个没有脱粒以前，扒下那个叫豆蔓子么。如果一旦放场里一打碾以后就成了豆柴了。tʂə˧˨˦iou˥˧lə·˧.ni˥˧˦tʂə˧kə˧mei˩˧iou˥˧tʰuo˥˧˨˩li˩˧i˥˧˨˩tɕʰiæ̃˩˧,pɑ˥˧˨˩xɑ˧˨˦nə˧˨˦kə˧˨˦tɕiɑɔ˧tou˧væ̃˧tsɿ·˥muo·˥.ʐɥ˩˧˨˩kuo˥˧i˥˧˨˦tæ̃˧˨˦fɑŋ˧tʂʰɑŋ˩˧˨˩li˥˧˦i˥˧˨˩tɑ˥˧niæ̃˥˧i˥˧˨˩xou˧˨˦tɕiou˧˨˩tʂʰəŋ˩˧˨˩lə·˥tou˧tsʰæE˩˧˨˩lə·˥.

① 穰：禾谷皮壳的碎屑。明徐光启《农政全书》卷三七："木自南而北多枯，寒而不枯，只于腊月去根旁土，麦穰厚覆之，燃火深培如故，则不过一二年，皆结实。"

砍玉米

（玉米连那个秆子一起挖……挖出来呢？）黄：不。我们这是这个光扳。把它先……先斫倒以后，然后扳咧，扳掉。puʎʟ.ŋuoⅥməŋ˧tʂə˥sɿ˥tʂə˥kə˥kuɑŋⅥpæ̃Ⅵ.pɑⅥtʰɑⅥçiæ̃Ⅵtʂ……çiæ̃Ⅵtʂuo˥tɑɔⅥiⅥxou˥,ʐæ̃ʎxou˥pæ̃Ⅵlie˧,pæ̃Ⅵtiɑɔ˥.（噢，先砍倒哇？）噢，先砍……这里大面积的，不可能站下扳，不可能拿镢头挖去。一家子种七八亩，上十亩，你那样子根本不行。ɑɔʟ,çiæ̃Ⅵkʰæ̃Ⅵ……tʂei˥˦liⅥtɑ˥miæ̃˥tɕiⅥti˧,puʎkʰəⅥnəŋʎtsæ̃˥xɑ˥pæ̃Ⅵ,puʎkʰəⅥnəŋʎnɑʎtɕyo Ⅵtʰou˧vɑⅥtɕʰi˥.iⅥtɕiɑⅥtsɿ˧tʂuoŋ˥tɕʰiⅥpɑⅥmuⅥ,ʂɑŋ˥ʂɿʎmuⅥ,niⅥnæᴇ˥˦iɑŋ˥tsɿ˧kəŋⅥpəŋⅥpuʎçiŋʎ.（噢，先割倒，然后从那个秆子上面把它掰下来？）噢，扳下来。ɑɔʟ,pæ̃Ⅵçiɑ˥læᴇʎ.（扳下来哈？）嗯，扳下来。ŋ̍ʟ,pæ̃Ⅵçiɑ˥læᴇʎ.

窖洋芋

（像这个红薯挖回来以后一般是怎么个收……收藏呢？）黄：那有窖咧么。næᴇ˥˦iouⅥtɕiɑɔ˥lie˧muo˧.（噢，放到窖里面？）啊，放到窖里头把它放下。ɑʟ,fɑŋ˥tɑɔ˥tɕiɑɔ˥liⅥtʰou˧pɑⅥtʰɑⅥfɑŋ˥çiɑ˥.（窖……你们那个窖是往下挖的还是往……平着挖的？）窖萝卜的窖[①]是端[②]挖下去的。窖洋芋的窖挖下去以后，旋往进挖，挖成窑。tɕiɑɔ˥luo ʎpuⅥti˧tɕiɑɔ˥sɿ˥tuæ̃Ⅵvɑ˥çiɑ˥tɕʰy˥ti˧.tɕiɑɔ˥iɑŋʎy˥˦ti˧tɕiɑɔ˥vɑⅥçiɑ˥tɕʰi˥iⅥxou˥,çyæ̃˥vɑŋⅥtɕ iŋ˥vɑⅥ,vɑⅥtʂʰəŋʎiɑɔʎ.（噢，那个装……装那个洋芋的那个窑叫什么？）洋芋窖么。iɑŋʎy˥tɕiɑɔ˥muo˧.（呃，有没有专门放……放这个红薯的这个窖？）那有咧么。那有些人种的多咧，他就要专门……这都结构就不一样咧嘛。næᴇ˥˦iouⅥlie˧muo˧.næᴇ˥iouⅥ çieⅥzəŋʎtʂuoŋ˥ti˧tuoⅥlie˧,tʰɑⅥtsou˥iɑɔ˥tʂuæ̃Ⅵməŋʎ……tʂə˥touⅥtɕieⅥkou˥˦tsou˥puʎiⅥiɑ ŋ˥lie˧mɑ˧.（结构不一样？）结构不一样。红薯比较难放么，弄不好就烂完了么。洋芋你挖一个窖只要是这个温度适中的话，那它永远都，又不……又不长芽子咧，也不虚，也水……水分也太不蒸发么。tɕieⅥkou˥˦puʎiⅥiɑŋ˥.xuoŋʎʂʮⅥpiⅥtɕiɑɔ˥næ̃ʎfɑŋ˥muo˧ ,nuoŋ˥puʎxɑɔⅥtɕiou˥læ̃˥væ̃ʎlə˧muo˧.iɑŋʎy˥˦niⅥvɑⅥiⅥkə˥tɕiɑɔ˥tsɿⅥiɑɔ˥sɿ˥tʂə˥kə˥vəŋⅥtu˥ ʂɿⅥtʂuoŋⅥti˧xuɑ˥,næᴇ˥tʰɑⅥyoŋⅥyæ̃ⅥtouⅥ,iou˥˦puʎs……iou˥˦puʎtʂɑŋⅥiɑʎtsɿ˧lie˧,ieⅥpuʎç yⅥ,ieⅥʂueiⅥf……ʂueiⅥfəŋ˥ieⅥtʰæᴇ˥puʎtʂəŋⅥfɑⅥmuo˧.（嗯，把那个……呃，那个红薯，放红薯的那个窖啊它它有些什么特殊的要求呢？）那就不知道了。我们没有……都没有挖过那东西。næᴇ˥˦tsou˥puʎtʂɿⅥtɑɔ˥lə˧.ŋuoⅥməŋ˧muoⅥiouⅥ……touⅥmeiʎiouⅥvɑⅥku o˥næᴇ˥tuoŋⅥçi˧.（平时家里面收的点红薯……）啊，收的那一点早就吃完了。根本不存在……ɑʟ,ʂouⅥti˧nei˥iⅥtiæ̃ⅥtsɑɔⅥtsou˥tʂʰʅⅥvæ̃ʎlə˧.kəŋⅥpəŋⅥpuʎtsʰuoŋʎtsæᴇ˥……（那个是就这样吃生的还是怎么加工呢红薯？）那就多了。红薯一般儿这里边儿有蒸的吃，哎，有放……有熬粥吃的。一般就这几种简单的吃。næᴇ˥˦tsou˥tuoⅥlə˧.xuoŋʎʂʮⅥiⅥpæ̃rⅥtʂei˥ ˦liⅥpiæ̃rⅥiouⅥtʂəŋⅥti˧tʂʰʅⅥ,æᴇ˥,iouⅥfɑŋ˥……iouⅥɑɔʎtʂouⅥtʂʰʅⅥti˧.iⅥpæ̃Ⅵtɕiou˥tʂei˥tɕiⅥtʂu oŋⅥtɕiæ̃Ⅵtæ̃Ⅵti˧tʂʰʅⅥ.（嗯，有没有加工成这种干的？）哎不，都本地都根本不……没有那号儿事。一家咧连一百斤红薯都挖不下么。最多挖个一百来斤红薯么，谁还有把……æᴇʎpuʎ,touⅥpəŋⅥti˥touⅥkəŋⅥpəŋⅥpuʎ……meiʎiouⅥnæᴇ˥xɑɔr˥sɿ˥.iⅥtɕiɑⅥlie˧liæ̃ʎiⅥpeiⅥtɕiŋⅥx

---

① 窖：在太白方言中既可作名词，表示贮藏物品的地洞或坑，也可作动词，表示在地窖中贮藏和储存东西。动词用法亦见于文献，如《史记·货殖列传》："秦之败也，豪杰皆争取金玉，而任氏独窖仓粟。"裴骃集解引徐广曰："窖音校，穿地以藏也。"

② 端：正而不偏斜，直而不弯曲。宋姜夔《续书谱·真》："悬针者，笔欲极平，自上而下，端若引绳。"

uoŋ˨˩ʂɣ˥tou˥˩va˥˩pu˨˩xa˥muo˧.tsuei˥tuo˥˩va˥kə˥˩i˥˧pei˥læᴇ˨˩tɕiŋ˥xuoŋ˨˩ʂɣ˥˧muo˧,sei˨xa˨˧iou˥pa˥˩……（把那个洋芋放到那个窖里面去，这个这个呃动作叫作下窖还是叫什么？）下窖么。洋芋窖么。ɕia˥tɕiaɔ˥muo˧.tɕiaɔ˥iaŋ˨˩y˥muo˧.（窖洋芋？）嗯。ə̃˩.（窖洋芋是吧？）噢，窖洋芋。aɔ˩,tɕiaɔ˥iaŋ˨˩y˥.（讲下窖么？）下窖也……也说。ɕia˥tɕiaɔ˥ie˥˧ʂ......ie˥ʂuo˥˩.

抹包谷

黄：要有脱粒机你就拿脱粒机，没有脱粒机就放连枷往下打嘛，打玉米。iaɔ˥iou˥tʰuo˥˩li˨tɕi˥ni˥˧tɕiou˥na˨˧tʰuo˥˩li˨tɕi˥˩,mei˨iou˥˧tʰuo˥˩li˨tɕi˥tɕiou˥faŋ˥liæ̃˨˩tɕia˥˧vaŋ˥˩ɕia˥ta˥ma˧,ta˥y˥˧mi˥˩.（噢，用连枷来打？）啊，用棍棒也可以打。a˩,yoŋ˥kuoŋ˥paŋ˥ia˥˩kʰə˥i˥˩ta˥.（不叫剥玉……剥玉米、剥包谷？）不。这现在都太不剥了。旋是全剥的话，我们这里也不叫剥。也叫抹包谷。就是从那个棒……从那个棒子头起以后玉米心心把它抹掉，叫抹包谷。pu˨˩.tʂə˥ɕiæ̃˥tsæᴇ˥tou˥˩tʰæᴇ˥pu˨˧puo˥lə˧.ɕyæ̃˥sɿ˥tɕʰyæ̃˨puo˥ti˧xua˥˩,ŋuo˥məŋ˥tʂə˥li˥˧ie˥pu˨˩tɕiaɔ˥puo˥.ie˥˩tɕiaɔ˥ma˥paɔ˥ku˥˩.tɕiou˥sɿ˥tsʰuoŋ˨˩nə˥kə˥paŋ......tsʰuoŋ˨˩nə˥kə˥paŋ˥˧tsɿ˧tʰou˨˩tɕʰie˥˧i˥˩xou˥y˥˧mi˥˩ɕiŋ˥˧ɕiŋ˥˧pa˥˩tʰa˥˧ma˥tiaɔ˥,tɕiaɔ˥ma˥paɔ˥ku˥˩.（就两个包谷这么这么弄还是……）啊，是拿手，先拿一个脱粒一个心心嘛，拿那个心心，拿这个心心再把这个抹掉嘛，抹掉这籽嘛，叫抹包谷。a˥,sɿ˥na˨˩ʂou˥,ɕiæ̃˥na˨i˥˧kə˥tʰuo˥˩li˨i˥˧kə˥tɕiŋ˥˧ɕiŋ˥ma˧,na˨nə˥kə˥tɕiŋ˥˧ɕiŋ˥˩,na˨tʂə˥kə˥tɕiŋ˥˧ɕiŋ˥˩tsæᴇ˥pa˥˩tʂə˥kə˥ma˥˩tiaɔ˥˧ma˧,ma˥˩tiaɔ˥tʂə˥kə˥tsʰɿ˥（←tsɿ˥）ma˧,tɕiaɔ˥ma˥paɔ˥ku˥˩.（抹包谷还是抹玉米啊？）有的叫抹玉米、抹包谷么，这都是不同的些说法。iou˥ti˧tɕiaɔ˥ma˥˩y˥mi˥˧,ma˥˩paɔ˥ku˥˩muo˧,tʂə˥˧tou˥˩sɿ˥pu˨˩tʰuoŋ˨˩ti˧ɕie˥˧ʂuo˥fa˥˩.

腰

黄：我们这是你这个糜子，欤或者是谷子，这个欤太长了，碾起来费事得很，把穗子腰[①]下来就对了。嗯，光把穗子腰下来就对了。ŋuo˥məŋ˧tʂə˥sɿ˥ni˥˧tʂə˥kə˥mi˨˩tsɿ˧,ei˥xuo˨˧tʂə˥˩sɿ˥ku˥tsɿ˧,tʂə˥kə˥ei˥˩tʰæᴇ˥tʂʰaŋ˨lə˧,niæ̃˥tɕʰi˥˩læᴇ˨˩fei˥sɿ˥tei˥˧xəŋ˥˩,pa˥˩suei˥tsɿ˧iaɔ˥˧xa˥˩læᴇ˨tsou˥tuei˥lə˧.ə̃˩,kuaŋ˥˧pa˥˩suei˥tsɿ˧iaɔ˥xa˥˩læᴇ˨˩tsou˥tuei˥lə˧.

敹

（用碾子碾出粮食的粗壳叫不叫chuàn或者chuān？）张先金：也叫敹[②]。ie˥tɕiaɔ˥˩tʂʰuæ̃˥.（chu à n还是chu ā n？）敹，就……出，就是一个和一个摩擦的兀个敹，兀个字。tʂʰuæ̃˥,tɕiou˥˩......tʂʰɣ˥˩,tɕiou˥sɿ˥i˥˩kə˥xuo˨˧i˥˧kə˥muo˨tsʰa˥ti˧vu˥˩kə˥˩tʂʰuæ̃˥,vu˥kə˥tsʰɿ˥.（磨就叫tʂʰuæ̃？）啊。a˩.（磨也叫tʂʰuæ̃？）啊。a˩.（chu à n还是chu ā n？）嗯，敹。ə̃˩,tʂʰuæ̃˥.（有没有同音的字？跟那个穿衣服的穿呢？）呃不一样的。ə˥pu˨˥i˥iaŋ˥˩ti˧.（穿衣服的穿怎么念呢？）也叫敹。兀个敹字我不……好像不……ie˥tɕiaɔ˥tʂʰuæ̃˥˩.vu˥˩kə˥tʂʰuæ̃˥tsɿ˥˩ŋuo˥pm̩......xaɔ˥ɕiaŋ˥pm̩......（不会写？）啊。a˩.（同音不同音呢？）呃同音。就叫敹好像。ə˥tʰuoŋ˨iŋ˥˩.tɕiou˥tɕiaɔ˥tʂʰuæ̃˥xaɔ˥ɕiaŋ˥。（还是跟这个喘气的喘……[做喘气动作]）噢。aɔ˥.（是这个喘和这个穿的音是一样的？）啊，音是一样的。a˩,iŋ˥sɿ˥i˥˩iaŋ˥˧ti˧.（哪个喘的音一样的？）敹嘛，把它……敹的就是说是……敹的意思就是说是把它㕷皮儿敹掉。tʂʰuæ̃˥ma˧,pa˥˩tʰa˥˧tʂʰ......tʂʰuæ̃˥ti˧tɕiou˥˧sɿ˥ʂuo˥˩sɿ˥˩......tʂʰuæ̃˥ti˧li

① 腰：作动词，表示拦腰截取的意思。

② 敹：用碾子碾出粮食的粗壳。《说文》：“敹，小舂也。从攴，算声。”段注：“谓稍舂之。……亦作䉵。”段注：“此谓小舂，谓稍舂之。”（按：《集韵》揣綰切：“䉵，磨粟。”）《篇海》：“除谷芒也。”《广韵》叉万切：“敹，小舂也，亦作䉵。”《五方元音》：“元韵合口，虫母，去声，小舂也，除谷芒也。”《唐韵》作初豢切。太白方言今念上声。

˧sɿ˧tɕiou˥˩sɿ˥˩ʂuo˥˧˩sɿ˥˩pa˥˧˩tʰa˥˧˧m̩˩pʰiər˨˦tʂʰuæ̃˥˧tiao˥.（噢。）啊。a˩.

重茬、回茬

黄：重茬，你比如去年，去年种的玉米，你这趟是再继续种玉米，这就重茬了。回茬，就是比如是麦子，你比如把麦收咧以后，还可以再种一季子庄稼。他马上就给你种点糜子或者啥，这叫回茬咧。tʂʰuoŋ˨˦˩tsʰa˨˦˧,ni˥˧pi˥˧ʐʮ˨˦˩tɕʰy˥niæ̃˨˦˩,tɕʰy˥niæ̃˨˦˩tʂuoŋ˥ti˧y˥˨˦m i˥˧˩,ni˥˧˧tʂei˥tʰaŋ˥sɿ˥tʂæᴇ˥（←tsæᴇ˥）tɕi˥˨˦ɕy˥tʂuoŋ˥y˥mi˥˧˧,tʂei˥tɕiou˥tʂʰuoŋ˨˦˩tsʰa˨˦˥lə˧.xuei˨˦˩tsʰa ˨˦˥,tɕiou˥˩sɿ˥˩pi˥˧ʐʮ˨˦˩sɿ˥mei˥˧tsɿ˧,ni˥˧˩pi˥˧ʐʮ˨˦˩pa˥˧˩mei˥˧ʂou˥˧lie˧i˥˧˧xou˥,xa˨˦˩kʰə˥˧i˥˧˩tsæᴇ˥tʂuoŋ˥i˥˧˩tɕi˥ tsɿ˧tʂuaŋ˥˧tɕia˧.tʰa˥˧˩ma˥˧ʂaŋ˥˩tɕiou˥kei˥ni˥˧˧tʂuoŋ˥tiæ̃˥˧˩mi˨˦˩tsɿ˧xuo˨˦˧tʂə˥˧˧sa˥,tʂei˥˥˧tɕiao˥xuei˨˦˩tsʰa ˨˦˥lie˧.（噢，等于是种两季？）种两季叫回茬咧，嗯。重茬是种重茬子，他还是一年一季么。指上年种了的，下年再接着种叫重茬。tʂuoŋ˥liaŋ˥˧tɕi˥tɕiao˥xuei˨˦˩tsʰa˥˧lie˧,ə̃˩.tʂʰuoŋ˨˦˩tsʰa ˨˦˥sɿ˥tʂuoŋ˥tʂʰuoŋ˨˦˩tsʰa˨˦˥tsɿ˧,tʰa˥˧xa˨˦˩sɿ˥i˥˧˩niæ̃˨˦i˥˧˩tɕi˥˨˦muo˧.tsɿ˥˧˧ʂaŋ˥˨˦niæ̃˨˦˩tʂuoŋ˥˨˦lə˧ti˧,ɕia˥niæ̃˨˦˩ tsæᴇ˥tɕie˥˧tʂuo˥˧˩tʂuoŋ˥tɕiao˥tʂʰuoŋ˨˦tsʰa˨˦˩.

（三）农用器具和物资

犁

黄：犁分两种犁么。一种分为耩犁[①]么。li˨˦fəŋ˥˧˩liaŋ˥˧tʂuoŋ˥˧˩li˨˦˩muo˧. i˥˧˩tʂuoŋ˥˧fəŋ˥˧˩vei˨˦tɕiaŋ˥˧li˨˦˩muo˧.（tɕiaŋ˥˧li˨˦˩？）耩犁是用来下籽的犁。一种叫做山地犁，是用来翻地的犁。tɕiaŋ˥˧li˨˦sɿ˥yoŋ˥læᴇ˨˦ɕia˥tsɿ˥˧ti˧li˨˦˩.i˥˧˩tʂuoŋ˥˧tɕiao˥tsuo˥sæ̃˥˧˩ti˥˥˧li˨˦˩,sɿ˥yoŋ˥˥˧læᴇ˨˦˩f æ̃˥˧˩ti˥˥˧ti˧li˨˦˩.（有这个步犁的说法吧？）有嘛。有些人把山地犁叫步犁[②]咧。iou˥˧ma˧.iou˥˧ɕi e˥˧˩zəŋ˨˦pa˥˧˩sæ̃˥˧˩ti˥˥˧li˨˦˧tɕiao˥pu˥li˨˦˩lie˧.（山地犁？）噢，也叫步犁。ao˥,ie˥˧˧tɕiao˥pu˥li˨˦˩.（也叫步犁？）嗯。ŋ̍˩.（呃，有木头做的，有铁做的，是吧？）木头做成的，前头带一个……只安一个铧，这就叫耩犁。纯粹用铁做成的，就叫步犁，也叫山地犁。mu˥˧tʰou˧tsuo˥˥˧tʂʰə ŋ˨˦˩ti˧,tɕʰiæ̃˨˦˩tʰou˧tæᴇ˥i˥˧˧kə˥……tsʰɿ˥˧˨˦næ̃˥˧i˥˧˩kə˥xua˨˦,tʂə˥tɕiou˥tɕiao˥tɕiaŋ˥˧li˨˦˩.tʂʰuoŋ˨˦˩tsʰuei˥yoŋ ˥tʰie˥˧tsuo˥˩tʂʰəŋ˨˦˩ti˧,tɕiou˥tɕiao˥pu˥li˨˦˧,ie˥˧˧tɕiao˥sæ̃˥˧˩ti˥˥˧li˨˦˩.（噢，两种犁就分别用作不同的用途是吧？）啊，就是的。步犁和山地犁是用来翻地的，耩犁么就直接用来下籽用的。a˩,tɕiou˥˥˧sɿ˥˩ti˧.pu˥li˨˦xuo˨˦˩sæ̃˥˧˩ti˥li˨˦sɿ˥yoŋ˥læᴇ˨˦fæ̃˥˧ti˥ti˧,tɕiaŋ˥˧li˨˦muo˧tsou˥tʂɿ˨˦tɕie˥˧˩yoŋ˥læᴇ˨˦˩ɕia ˥˨˦tsɿ˥˧yoŋ˥ti˧.

（这个这个步犁你帮我画一画大概是个什么形状呢这里步犁？）步犁那个……这就是个步犁。这是牵引的地方。这儿这又安个把把这就是。拉上去就是这么个。这就是个耩犁……这就是步犁。这就是……这是犁座子。前面有翻土……这上头叫翻土板儿。这尖的叫铧……犁铧嘛。噢，这是……不过咱们画这个立体感不强就是了。pu˥li˨˦nei˥kə˥……tʂei˥˥˧tɕiou˥sɿ˥kə˥pu˥li˨˦˩.tʂə˥˥˧sɿ˥˩tɕʰiæ̃˥˨˦iŋ˥˧ti˧ti˥faŋ˥˧˧.tʂər˥tʂə˥˩iou˥n æ̃˥˧kə˥˩pa˥˨˦pa˥tʂə˥tɕiou˥sɿ˥.la˥˧ʂaŋ˥tɕʰy˥tɕiou˥sɿ˥tʂə˥muo˧kə˥˩.tʂə˥tɕiou˥sɿ˥kə˥tɕiaŋ˥˧li˨˦˩……

① 耩犁：耧车。一种畜力条播机。由牲畜牵引，后面有人扶，可同时完成开沟和下种两项工作。《广雅・释地》：“耩，耕也。”王念孙疏证：“耕与耩一声之转。今北方犹谓耕而下种曰‘耩’矣。”“耩”也指以耧播种。北魏贾思勰《齐民要术・胡麻》：“漫种者，先以耧耩，然后散子。”

② 步犁：一种改良的畜力犁，比旧式犁耕得较宽和较深，耕时人须随犁步行。

tʂə˥tɕiou˥sɿ˥pu˥li˩˧˩.tʂei˥˦tɕiou˥sɿ˥……tʂə˥˦sɿ˥˩li˩˧˩tsuo˥tsɿ˧.tɕʰiæ̃˩˧˩miæ̃˥iou˥˧˧fæ̃˥˧˩tʰu˥˧……tʂə˥ʂaŋ˥tʰou˧tɕiɑɔ˥fæ̃˥˧˩tʰu˥˧pæ̃r˥˧.tʂə˥tɕiæ̃˥˧ti˧tɕiɑɔ˥˩xu……li˩˧xuɑ˩˧mɑ˧.ɑɔ˥,tʂə˥sɿ˥……pu˩˧˩kuo˥tʂɑ˩˧məŋ˧xuɑ˥tʂə˥kə˥li˥˧˩tʰi˥˧kæ̃˥˧pu˩˧˩tɕʰiɑŋ˩˧tɕiou˥sɿ˥lə˧.（这一段叫什么？）叫犁把子么。tɕiɑɔ˥li˩˧˩pɑ˥tsɿ˧muo˧.（那这个犁把子上面这一个柄呢？）这叫欹提手么。tʂə˥tɕiɑɔ˥ei˩tʰi˩˧˩ʂou˥˧muo˧.（这一段呢？）这叫犁辕子么。tʂei˥tɕiɑɔ˥li˩˧iæ̃˩˧˩tsɿ˧muo˧.（这个这个前面这个尖的叫什么？）叫欹犁尖子么。这里边是翻土板儿么。tɕiɑɔ˥ei˩li˩˧˩tɕiæ̃˥˧tsɿ˧muo˧.tʂei˥˦li˥˧˩piæ̃˥˧˩sɿ˥˩fæ̃˥˧˩tʰu˥˧pæ̃r˥˧muo˧.（犁尖子是不是就是犁……犁铧呀？）那……那你是这个欹也可以叫犁铧嘛。嗯。这个地方……后边儿这一部分叫翻土板儿么。这一坨坨这儿叫鐴头[①]。næᴇ˥˦……næᴇ˥˦ni˥˧sɿ˥tʂə˥kə˥ei˥ie˥˧kʰə˥˧i˥˧˩tɕiɑɔ˥li˩˧xuɑ˩˧mɑ˧.ə̃˩.tʂə˥kə˥ti˥f……xou˥˦piæ̃r˥˧˩tʂei˥i˥˧˧pʰu˥fəŋ˥tɕiɑɔ˥fæ̃˥˧˩tʰu˥˧pæ̃r˥˧muo˧.tʂei˥i˥˧˧tʰuo˩˧˩tʰuo˩˧˧tʂər˥tɕiɑɔ˥pi˥˧tʰou˧.（嗯？）这个地方这还有咧，这个地方这儿这还是这个半圆形的，这个地方还有一个部件儿，这个地方叫鐴头。这个鐴头么，它是连接前头这个犁铧和这个后头犁座子这个东西，因为拿这个东西的话，鐴头一安说，它可以使犁向左翻，也可以向右翻。tʂə˥˩kə˥˦ti˥fɑŋ˥˧˧tʂə˥˦xæᴇ˩˧˩iou˥˧lie˧,tʂə˥kə˥ti˥fɑŋ˥˧˧tʂər˥tʂə˥xɑ˩˧˩sɿ˥˦tʂə˥kə˥pæ̃˥yæ̃˩˧˧ɕiŋ˩˧˧ti˧,tʂə˥kə˥ti˥fɑŋ˥˧˩xɑ˩˧iou˥˧i˥˧˧kə˥pʰu˥tɕiæ̃r˥,tʂə˥kə˥ti˥fɑŋ˥˧˩tɕiɑɔ˥˦pi˥˧tʰou˧.tʂə˥˩kə˥pi˥˧tʰou˧muo˧,tʰɑ˥˧˩sɿ˥˩liæ̃˩˧tɕie˥˧tɕʰiæ̃˩˧˩tʰou˧tʂə˥kə˥li˩˧xuɑ˩˧˧xuo˩˧˧tʂə˥kə˥xou˥tʰou˧li˩˧˩tsuo˥tsɿ˧tʂə˥kə˥tuoŋ˥˧˧ɕi˧,iŋ˥˧˩vei˥nɑ˩˧˩tʂə˥kə˥tuoŋ˥˧ɕi˧tə˧xuɑ˥˩,pi˥˧tʰou˧i˥˧˩næ̃˥˧ʂuo˥˧˧,tʰɑ˥˧˧kʰə˥˧i˥˧˩sɿ˥˧˩li˩˧˧ɕiɑŋ˥tsuo˥˧fæ̃˥˧˩,ie˥˧˧kʰə˥˧˧i˥˧˩ɕiɑŋ˥iou˥˦fæ̃˥˧˩.（噢，就是这个……决定它这个泥巴倒的方向？）啊，倒的方向的么。这底下这个剩这个地方还有个底座子咧么。ɑ˩,tɑɔ˥˧ti˧fɑŋ˥˧˩ɕiɑŋ˥˦ti˧muo˧.tʂə˥ti˥˧xɑ˥˩tʂə˥kə˥ʂəŋ˥tʂə˥kə˥ti˥˦fɑŋ˥˧˩xæᴇ˩˧iou˥˧kə˥ti˥˧tsuo˥˦tsɿ˧lie˧muo˧.（噢，底座子？）底座儿么。犁底么。ti˥˧˩tsuor˥muo˧.li˩˧˩ti˥˧muo˧.（底座儿还是底座子？）犁……犁底。li……li˩˧˩ti˥˧˧.（嗯？）犁底。li˩˧ti˥˧.（这个名称叫什么？底下这个。）犁底么。底下这一部分叫犁底么。犁底上头是鐴头。鐴头上去是翻土板儿么。li˩˧˩ti˥˧muo˧.ti˥˧xɑ˥tʂei˥i˥˧˧pʰu˥fəŋ˥tɕiɑɔ˥li˩˧˩ti˥˧muo˧.li˩˧˩ti˥˧ʂɑŋ˥tʰou˧sɿ˥pi˥˧tʰou˧.pi˥˧tʰou˧ʂɑŋ˥tɕʰy˥sɿ˥˩fæ̃˥˧˩tʰu˥˧pæ̃r˥˧muo˧.（这个地方叫什么？）兀叫这个欹，前头□把这叫，有的把这个，最土的话叫母猪嘴。væᴇ˥tɕiɑɔ˥tʂə˥˦kə˥˩ei˩,tɕʰiæ̃˩˧˩tʰou˧niæ̃˩˧˧pɑ˥˧˩tʂei˥tɕiɑɔ˥,iou˥˧ti˧pɑ˥˧˩tʂə˥kə˥,tsuei˥tʰu˥˧ti˧xuɑ˥tɕiɑɔ˥mu˥˧tʂʮ˥˧˩tsuei˥˧.（母什么？）母猪嘴。它因为它这个地方像个猪嘴一样的这么个，前头这么个形……mu˥˧tʂʮ˥˧˩tsuei˥˧.tʰɑ˥˧˩iŋ˥˧˩vei˥˦tʰɑ˥˧˧tʂə˥kə˥ti˥˦fɑŋ˥˧˩ɕiɑŋ˥kə˥tʂʮ˥˧˩tsuei˥˧i˥˧˩iɑŋ˥ti˧tʂə˥muo˧kə˥,tɕʰiæ̃˩˧˩tʰou˧tʂə˥muo˧kə˥ɕiŋ˩˧˧……（猪嘴巴是吧？）啊。这个地方是……这个东西因为它上边有……有四……四个眼儿。这四个眼就取决于这个犁的深与浅。它挂的越高，犁越深。挂的越浅，往底下挂那就是把犁拉起来了。挂在上头的话，犁拉下去了。这个这个问题……犁尖子就犁的深。嗯，这个有的人，普通话么把这个就叫调节板儿。ɑ˩.tʂə˥kə˥ti˥fɑŋ˥˧˧s……tʂə˥kə˥tuoŋ˥˧ɕi˧iŋ˥˧˩vei˥tʰɑ˥˧ʂɑŋ˥˦piæ̃˥˧˩iou˥˧˧……iou˥˧sɿ……sɿ˥kə˥niæ̃r˥˧.tʂə˥sɿ˥kə˥niæ̃˥˧tsou˥˩tɕʰy˥˧tɕyo˥˦y˩˧˧tʂə˥kə˥li˩˧ti˧ʂəŋ˥˧y˥˧˩tɕʰiæ̃˥˧.tʰɑ˥˧˩kuɑ˥˦ti˧yo˥˦kɑɔ˥˧,li˩˧yo˥˧˩ʂəŋ˥˧;kuɑ˥ti˧yo˥˧˩tɕʰiæ̃˥˧,vɑŋ˥˧˩ti˥˧ɕiɑ˥˩kuɑ˥næᴇ˥tɕiou˥sɿ˥pɑ˥˧˩li˩˧lɑ˥˧˩tɕʰi˥˧læᴇ˩˧˩lə˧.kuɑ˥

---

① 鐴头：犁耳。安于犁铧上方的金属部件，用以翻转和破碎犁起的土块。《广韵》必益切：“鐴土犂耳。”元王祯《农书》卷十三：“无鐴而耕曰耩。”明徐光启《农政全书》卷二一：“鐴，犂耳也。其形不一。耕水田曰瓦缴，曰高脚；耕陆田曰镜面，曰碗口，随地所宜制也。”明李实在《蜀语》中称犁耳为“鐴耳”：“犁上铁板曰鐴耳。”《玉篇》作“鐾”：“鐾，犁耳也。”或写作“壁”。唐陆龟蒙《耒耜经》：“民之习者通谓之犂。冶金而为之者，曰犂镵，曰犂壁……耕之土曰墢，墢犹块也。起其墢者镵也，覆其墢者壁也。”

˥˩tʂæᴇ˧ʂaŋ˧tʰou˩tə˩xua˧,li˨˦la˥˩xa˧tɕʰi˧˥lə˩.tʂə˧kə˧tʂə˧kə˧vəŋ˧tʰi……li˨˦tɕiæ̃˥˧tsɿ˩tɕiou˧li˨˩ti˩ʂəŋ˥.ŋ̍˩,tʂə˧kə˧iou˥ti˩zəŋ˨˦,pʰu˥tʰuoŋ˥˩xua˧muo˩pa˥˩tʂə˧kə˧tɕiou˧tɕiao˧tʰiao˨˦tɕie˥˩pæ̃r˥.（跟这个犁底垂直，连接犁辕和犁底的装置……）叫鐴头么。tɕiao˧pi˥tʰou˩muo˩.（鐴头？）嗯。əŋ̍˩.（叫鐴头啊？就是有些地方叫犁剑。）这前头这个叫犁尖子。tʂə˧tɕʰiæ̃˨˩tʰou˩tʂə˧kə˧tɕiao˧li˨˦tɕiæ̃˥tsɿ˩.（那个犁辕前面有个钩子吧？）噢，那那有钩子，那是这个欸牵引的这个有犁……钩搭么。ɑɔ˩,nei˧nei˧˥iou˥˩kou˥tsɿ˩,nei˧˥sɿ˧tʂə˧kə˧ei˧tɕʰiæ̃˥˧iŋ˥ti˩tʂə˧kə˧iou˥˧li˨˦……kou˥ta˥˩muo˩.（那个叫什么？）钩搭。kou˥ta˥˩.

（嗯，连接缰绳和犁钩之间有一个横木吧？）嗯。ə̃˩.（这个横木叫什么？）这叫翘板子。tʂə˧tɕiao˧tɕʰiao˧pæ̃˥tsɿ˩.（板子啊？）啊，板子。这个这个头起……因为这个地方两个牲口拉的话，它都必须这儿有一个眼儿，这儿有一个眼儿，中间这一个眼儿和犁上这个连接着咧。这地方就叫翘……你一拉上过来过去都翘着咧。把这叫翘板子。ɑ˩,pæ̃˥tsɿ˩.tʂə˧kə˧tʂə˧kə˧tʰou˨˩tɕʰie……iŋ˥˩vei˧tʂə˧kə˧ti˧faŋ˥˧liaŋ˥kə˧˩səŋ˥kʰou˥˩la˥ti˩xua˧˩,tʰa˥˩tou˥˩pi˥˧ɕy˥˩tʂər˧iou˥˧i˥˩kə˧˩niæ̃r˥,tʂər˧˥iou˥˧i˥˩kə˧˩niæ̃r˥,tʂuoŋ˥˩tɕiæ̃˥˧tʂei˧i˥˩kə˧niæ̃r˥xuo˨˩li˨˩ʂaŋ˧˥tʂə˧kə˧liæ̃˨˩tɕie˥tʂə˩lie˩.tʂei˧ti˧faŋ˥˧tɕiou˧tɕiao˧tɕʰiao˧˥……ni˥˧i˥˩la˥ʂaŋ˧˩kuo˧læᴇ˨˦kuo˧tɕʰy˧tou˥˧tɕʰiao˧tʂuo˥˧lie˩.pa˥˩tʂə˧tɕiao˧tɕʰiao˧pæ̃˥˧tsɿ˩.（噢，它就翘起来了是吗？）啊，它不是。它是平的嘛。你一拉它就是前后翘咧么。ɑ˩,tʰa˥pu˨˩sɿ˧.tʰa˥˧sɿ˧pʰiŋ˨˩ti˩ma˩.ni˥˧i˥˩la˥tʰa˥˧tɕiou˧sɿ˧tɕʰiæ̃˨˩xou˧˥tɕʰiao˧lie˩muo˩.（噢，这个这个翘，翘起来这个翘是吧？）噢，对着咧。叫翘板子。ɑɔ˧,tuei˧tʂə˩lie˩.tɕiao˧tɕʰiao˧˥pæ̃˥tsɿ˩.

（嗯，这这里的这根，这里是绳子吧？）钩子，这儿有个钩子。kou˥tsɿ˩,tʂər˧˥iou˥˧kə˧kou˥tsɿ˩.（噢，那里有个钩子。这个地方钩子叫什么？）这个地方，这儿这过来以后，这儿这还有一个弯钩儿连过去，这个地方还有个……这是两根绳，这儿中间套个牲口。这个地方，这一段段还有一段木头，这个木头头起铆了一个，铆了一个铁钩子，来钩到这个眼里。这一段儿木头，叫炮辘轳，炮辘子。tʂei˧˥kə˧˩ti˧faŋ˥˩,tʂər˧tʂə˧kuo˧˥læᴇ˨˦i˥˩xou˧,tʂər˧˥tʂə˧xæᴇ˨˦iou˥˧i˥˧kə˧væ̃˥˩kour˥luæ̃˨˩kuo˧tɕʰy˧,tʂə˧kə˧ti˧faŋ˥˩xæᴇ˨˦iou˥˧kə˧……tʂə˧sɿ˧liaŋ˥kəŋ˥˩ʂəŋ˨˦,tʂər˧tʂuoŋ˥˩tɕiæ̃˥˧tʰɑɔ˧kə˧səŋ˥kʰou˩.tʂə˧kə˧ti˧faŋ˥˧,tʂei˧i˥˩tuæ̃˧tuæ̃˧xæᴇ˨˩iou˥˧i˥˩tuæ̃˧mu˥tʰou˩,tʂə˧kə˧mu˥tʰou˩tʰou˨˩tɕʰie˥˧mɑɔ˥˩lə˩i˥˧kə˧,mɑɔ˥˩lə˩i˥˧kə˧tʰie˥˩kou˥tsɿ˩,læᴇ˨˦kou˥tɑɔ˧˩tʂə˧kə˧niæ̃˥li˥˩.tʂei˧˥i˥˩tuæ̃r˧mu˥tou˩,tɕiao˧pʰɑɔ˧˥lou˥˩lou˩,pʰɑɔ˧˥lou˥˩tsɿ˩.（叫什么？）叫炮辘。tɕiao˧pʰɑɔ˧˥lou˥˩.（打炮的炮啊？）可以说这个。kʰə˥i˥˩ʂuo˥˧tʂə˧kə˧.（是这个吗？）不是这个炮字。炮辘。pu˨˩sɿ˧˥tʂə˧kə˧pʰɑɔ˧tsɿ˧˩.pʰɑɔ˧˥lou˥˩.（你看看能不能写出字来呀？）炮辘……pʰɑɔ˧lou˥˧……（或者字音相同的字？）辘轳的辘好像是。是这个炮。炮辘。炮字是这个炮。lou˥lou˩ti˩lou˥xɑɔ˥˩ɕiaŋ˧sɿ˧.sɿ˧tʂə˧kə˧˥pʰɑɔ˧˩.pʰɑɔ˧˥lou˥˩.pʰɑɔ˧˥tsɿ˧˩sɿ˧tʂə˧kə˧pʰɑɔ˧.（辘轳的辘？）嗯，炮辘。这叫翘板子，这叫炮辘。这是……这是牲口拉的这个，牲口这个套上的东西。ŋ̍˩,pʰɑɔ˧lou˥˩.tʂə˧˥tɕiao˧tɕʰiao˧˥pæ̃˥tsɿ˩,tʂə˧˥tɕiao˧pʰɑɔ˧˥lou˥˩.tʂə˧sɿ˧……tʂə˧sɿ˧səŋ˥kʰou˩la˥ti˩tʂə˧kə˧,səŋ˥kʰou˩tʂə˧kə˧tʰɑɔ˧˥ʂaŋ˧˩ti˩tuoŋ˥ɕi˩.（连接这个炮……那个炮辘跟这个翘板子中间的这个这个钩子叫什么？）这一般情况下就是炮辘子上带的。tʂei˧˥i˥˧pæ̃˥tɕʰiŋ˨˩kʰuaŋ˧ɕia˧tɕiou˧sɿ˧pʰɑɔ˧lou˥tsɿ˩ʂaŋ˧˩tæᴇ˧ti˩.（叫什么？）没有单独叫的，没……mei˨˦iou˥˩tæ̃˥˧tu˨˦tɕiao˧ti˩,mei˨˦……（没有单独那个啊？）嗯。ə̃˩.（好，这个……这个叫？这个里面……）这叫套嘛。tʂei˧tɕiao˧tʰɑɔ˧ma˩.（绳子？）啊，绳子做……挽下的套么。就是牲口……给牲口身上往上加的那个东西叫套么。

ɑ˨˩,ʂəŋ˨˦˨˩tsɿ˧tsuo˥……væ̃˥˧xɑ˥˨˩ti˧tʰɑɔ˥muo˧.tɕiou˥sɿ˥səŋ˥˧kʰou˧……kei˥səŋ˥˧kʰou˧ʂəŋ˥˧ʂɑŋ˥˨˩vɑŋ˥˧˨˩ʂɑŋ˥tɕiɑ˥˧ti˧nə˥kə˥tuoŋ˥˧˥ɕi˧tɕiɑɔ˥tʰɑɔ˥muo˧.（那个缰绳？）这叫曳绳了。tʂə˥tɕiɑɔ˥ie˥˧ʂəŋ˨˦˨˩lə˧.（啊？）这叫曳绳。tʂə˥tɕiɑɔ˥ie˥˧ʂəŋ˨˦˨˩.（曳绳？）啊。ɑ˨˩.（这个拖，拖的意思？这个"曳"是吧？）啊。对着咧。曳绳。ɑ˨˩.tuei˥tʂə˧lie˧.ie˥˧ʂəŋ˨˦˨˩.（这个不叫曳把吧？）不叫。噢，叫……这叫炮辘子，不叫曳把。pu˨˦˨˩tɕiɑɔ˥.ɑɔ˨˩,tɕiɑɔ˥……tʂə˥˧tɕiɑɔ˥pʰɑɔ˥lou˥˧˨˩tsɿ˧,pu˨˦˥tɕiɑɔ˥ie˥˧˨˩pɑ˥.（然后再往前面套……这个，这里呢？这一头怎么搞？）这一头有个，这一头它在上头有这么个，有这么东西往牲口身上套的。tʂei˥i˥˧˨˩tʰou˨˦iou˥˧kə˥,tʂei˥i˥˧˨˩tʰou˨˦tʰɑ˥˧˥tsæᴇ˥ʂɑŋ˥˧˥tʰou˧iou˥˧˥tʂə˥muo˧kə˥,iou˥˧˥tʂə˥muo˧tuoŋ˥˧ɕi˧vɑŋ˥˧˨˩səŋ˥˧kʰou˧ʂəŋ˥˧ʂɑŋ˥˨˩tʰɑɔ˥˧˥ti˧.（嗯，三角形的？）这……不是的，它是两个木头的，上头放个绳一穿，穿上，底下开着咧。从骡子那个，或者马这个脖子里放下去。骡子脖……脖子里还有个东西，总是用这个棉布或者是麻，做成一个这么个……tʂə……pu˨˦˨˩sɿ˥ti˧,tʰɑ˥˧sɿ˥lian˥˧kə˥˨˩mu˥˧tʰou˧ti˧,ʂɑŋ˥tou˧fɑŋ˥kə˥ʂəŋ˨˦i˥˧˨˩tʂʰuæ̃˥˧,tʂʰuæ̃˥˧ʂɑŋ˥˨˩,ti˥˧xɑ˥˨˩kʰæᴇ˥˧tʂuo˥˧˨˩lie˧.tsʰuoŋ˨˦˨˩luo˨˦˨˩tsɿ˧nə˥kə˥,xuo˨˦˨˩tʂə˥˧˥mɑ˥˧tʂə˥˨˩kə˥˨˩puo˨˦tsɿ˥˧li˥˧˥fɑŋ˥xɑ˥˧˥tɕʰi˥˨˩.luo˨˦˨˩tsɿ˧puo˨˦˨˩ʂɿ……puo˨˦˨˩tsɿ˥˧li˥˧˨˩xæᴇ˨˦˨˩iou˥˧kə˥˨˩tuoŋ˥˧ɕi˧,tsuoŋ˥˧˨˩sɿ˥˨˩yoŋ˥tʂə˥kə˥miæ̃˨˦˨˩pu˥xuei˨˦˥tʂə˥˧˨˩sɿ˥˨˩mɑ˨˦,tsuo˥˧˥tʂʰəŋ˨˦i˥˧˥kə˥tʂə˥muo˧kə˥……（垫的？）呃，做成这么个欸东西。圆形的这么个。ə˥,tsuo˥˧˥tʂʰəŋ˨˦tʂə˥muo˧kə˥ei˥tuoŋ˥˧ɕi˧.yæ̃˨˦ɕiŋ˨˦˥ti˧tʂə˥muo˧kə˥.（在下面是吗？）噢，这都是给骡子身上，到一个这个地方，这两……这个地方是……这两个地方是满住着咧。给骡子是往脖子里头，从它头上套进去，这叫膔膔。ɑɔ˨˩,tʂə˥˧˥tou˥˧˥sɿ˥kei˥luo˨˦˨˩tsɿ˧ʂəŋ˥˧ʂɑŋ˥˨˩,tɑɔ˥i˥˧˥kə˥tʂə˥kə˥ti˥fɑŋ˥˧˥,tʂə˥lian˥˧……tʂə˥kə˥ti˥fɑŋ˥˧˥sɿ˥……tʂə˥lian˥˧kə˥ti˥fɑŋ˥˧˥sɿ˥mæ̃˥˧tʂɥ˥tʂə˧lie˧.kei˥luo˨˦˨˩tsɿ˧sɿ˥vɑŋ˥˧˨˩puo˨˦˨˩tsɿ˧li˥˧˨˩tʰou˧,tsʰuoŋ˨˦˨˩tʰɑ˥˧tʰou˨˦˨˩ʂɑŋ˥˧˥tʰɑɔ˥tɕiŋ˥tɕʰi˥˨˩,tʂə˥tɕiɑɔ˥yoŋ˥˧yoŋ˥˧˨˩.（叫什么？）膔膔。yoŋ˥˧yoŋ˥˧˨˩.（哪个yoŋ˥˧？）膔肿的膔。yoŋ˥˧˨˩tʂuoŋ˥˧ti˧yoŋ˥˧.（噢，膔肿的膔？）噢，膔肿的膔。膔膔。这就是给牲口意思就说是，拿这个东西，把夹板子和这个骡子这个身体隔开的嘛。ɑɔ˨˩,yoŋ˥˧˨˩tʂuoŋ˥˧ti˧yoŋ˥˧˥.yoŋ˥˧yoŋ˥˧˨˩.tʂei˥tɕiou˥˧˥sɿ˥kei˥səŋ˥˧kʰou˧i˥˧˥sɿ˧tsou˥˧˥ʂuo˥˧˨˩sɿ˥˨˩,nɑ˨˦tʂə˥kə˥tuoŋ˥˧ɕi˧,pɑ˥˧˨˩tɕiɑ˥˧˨˩pæ̃˥˧tsɿ˧xuo˨˦˥tʂə˥kə˥luo˨˦˨˩tsɿ˧tʂə˥kə˥ʂəŋ˥˧˨˩tʰi˥˧kei˥˧˨˩kʰæᴇ˥˧ti˧mɑ˧.（噢，这个就是垫……）噢，垫子。是垫……ɑɔ˨˩,tiæ̃˥˧˥tsɿ˧.sɿ˥tiæ̃˥……（垫在这个……）骡子这个前胛子上面。luo˨˦˨˩tsɿ˥˧tʂə˥kə˥tɕʰiæ̃˨˦˨˩tɕiɑ˥˧tsɿ˧ʂɑŋ˥miæ̃˥.（那个那个这个东西上面？）噢，这叫夹板子嘛。这叫……ɑɔ˨˩,tʂei˥˧˥tɕiɑɔ˥tɕiɑ˥˧˨˩pæ̃˥˧tsɿ˧mɑ˧.tʂei˥tɕiɑɔ˥……（夹板子？）噢，夹板嘛。ɑɔ˨˩,tɕiɑ˥˧˨˩pæ̃˥˧mɑ˧.（噢，这个……）嗯，这叫膔膔么。ŋ̍˨˩,tʂei˥tɕiɑɔ˥yoŋ˥˧yoŋ˥˧˨˩muo˧.（这个夹板下面它用什么来来固定呢？）这有个绳……这有个……这这儿挽了个绳子么。tʂei˥iou˥˧˥kə˥ʂ……tʂei˥iou˥˧˥kə……tʂei˥tʂər˥væ̃˥˧lə˧kə˥˨˩ʂəŋ˨˦tsɿ˥˧muo˧.（也是用绳子？）啊。ɑ˨˩.（这这些绳子有什么名称没有？）绳子底下叫，这叫襻绳，底下叫襻绳。ʂəŋ˨˦˨˩tsɿ˧ti˥˧xɑ˥˨˩tɕiɑɔ˥,tʂei˥˧˥tɕiɑɔ˥pʰæ̃˥ʂəŋ˨˦˨˩,ti˥˧xɑ˥tɕiɑɔ˥pʰæ̃˥ʂəŋ˨˦˥.（底下的叫襻……襻绳？）啊。ɑ˨˩.（上面的呢？）上头那名字叫啥咧吵？哎呀，这个名字我……说不来。ʂɑŋ˥˧˥tʰou˧næᴇ˥miŋ˨˦˨˩tsɿ˥tɕiɑɔ˥sɑ˥˧˥lie˧sɑ˧?æᴇ˥iɑ˥,tʂə˥kə˥miŋ˨˦tsɿ˥ŋuo˥˧˥ʂ……ʂuo˥˧˨˩pu˨˦˨˩læᴇ˨˦.（没关系呢！）这是前头这就完了。完了以后，从这个地方来以后，从犁……从这个地方，钩返回来以后，有……有两道绳过来，有两的地方，这拉过来一道绳，这个绳前头套下这个牲口，这个，这是这个欸……牲口这儿这套下来以后，过来以后，这个绳么拉过来，从……外侧拉过来么，这个牲口么，它这儿戴咧个杈子。tʂə˥˧˥sɿ˥˨˩tɕʰiæ̃˨˦˨˩tʰou˧tʂə˥tsou˥˨˩væ̃˨˦˨˩lə˧.væ̃˨˦˨˩lə˧i˥˧˨˩xou˥,tsʰuoŋ˨˦˨˩tʂə˥kə˥ti˥˨˩fɑŋ˥˧˨˩læᴇ˨˦i˥˧˨˩xou˥,tsʰuoŋ˨˦˨˩li˨˦……tsʰuoŋ˨˦˨˩tʂə˥kə˥ti˥˨˩fɑŋ˥˧˨˩,kou˥˧˨˩fæ̃˥˧xuei˨˦˨˩læᴇ˨˦˥i˥˧˨˩xou˥,iou……iou˥˧˥lian˥˧tɑɔ˥ʂəŋ˨˦kuo˥læᴇ˨˦˨˩,iou˥˧˥lian˥˧kə˥˨˩ti˥˧˥fɑŋ˥˧˨˩,tʂə˥lɑ˥˧˨˩

kuo˧læᴇ˨˦i˧˨taɔ˧˥ʂəŋ˨,tʂə˧kə˧ʂəŋ˨˦tɕʰiæ̃˨˩tʰou˧tʰɑɔ˧xɑ˧tʂə˧kə˧səŋ˧˨kʰou˨,tʂə˧kə˧,tʂei˧˥sɿ˧tʂə˧kə˧ei˧s……səŋ˧˨kʰou˨tʂər˧tʂə˧tʰɑɔ˧xɑ˧læᴇ˨˦i˧˨xou˧,kuo˧læᴇ˨˦i˧˨xou˧,tʂə˧kə˧ʂəŋ˨muo˧lɑ˧˨kuo˧læᴇ˨˩,tsʰuoŋ˨……væᴇ˧tsʰei˧˨lɑ˧˨kuo˧læᴇ˨˩muo˨,tʂə˧kə˧səŋ˧˨kʰou˨muo˨,tʰɑ˧˨tʂər˧tæᴇ˧lie˨kə˧tsʰɑ˧˦tsɿ˨.（戴了个什么？）杈子。tsʰɑ˧tsɿ˨.（嘴巴上面是吧？）噢，就是那嚼子。把这个绳拿过来，这叫撇绳。ɑɔ˨,tɕiou˧sɿ˧nə˧tɕyo˨˩tsɿ˧˨.pɑ˧˨tʂə˧kə˧ʂəŋ˨nɑ˨˩kuo˧læᴇ˨˩,tʂei˧tɕiɑɔ˧pʰie˧˨ʂəŋ˨˩.（这个套住牛嘴巴的那个那个叫嚼子是吧？）嚼子噢，叫杈子。土话叫杈子。噢，实际上就是个嚼子。tɕyo˨˩tsɿ˧˨ɑɔ˨,tɕiɑɔ˧tsʰɑ˧˦tsɿ˨.tʰu˧˨xuɑ˧tɕiɑɔ˧tsʰɑ˧tsɿ˨.ɑɔ˨,ʂʅ˨˩tɕi˧˥ʂɑŋ˧tɕiou˧˥sɿ˧kə˧tɕyo˨˩tsɿ˧˨.（tsʰɑ˧tsɿ˨啊？）噢，杈子。ɑɔ˨,tsʰɑ˧tsɿ˨.（哪个tsʰɑ˧呢？）交叉的杈。这个撇绳么过来就在杈子上拴着咧。噢，在这这这这半过拉过来，在这个……在这个嘴这个地方一拉，这不是牲口不听话的话，你这个揭地的□住后头一拉这个绳，叫它左就左。tɕiɑɔ˧˨˦tsʰɑ˧˨ti˨tsʰɑ˧.tʂə˧kə˧pʰie˧˨ʂəŋ˨˩muo˨kuo˧læᴇ˨˩tɕiou˧tsæᴇ˧tsʰɑ˧tsɿ˧ʂɑŋ˧ʂuæ̃˧˨tʂuo˧˨lie˨.ɑɔ˨,tsæᴇ˧tʂə˧tʂə˧tʂə˧tʂə˧pæ̃˧kuo˧lɑ˧˨kuo˧læᴇ˨˦,tsæᴇ˧tʂə˧kə˧ʂ……tsæᴇ˧tʂə˧kə˧tsuei˧˨tʂə˧kə˧ti˧faŋ˧˨˦i˧˨˦lɑ˧˨,tʂə˧pu˨˩sɿ˧˨səŋ˧˨kʰou˨pu˨˩tʰiŋ˧˨xuɑ˧˨˦ti˨xuɑ˧,ni˧tʂə˧˨kə˧˨tɕie˧˨ti˧˥ti˨tæ̃˧tʂʯ˧xou˧tʰou˨i˧˨˦lɑ˧˨tʂə˧˨kə˧˨ʂəŋ˨,tɕiɑɔ˧tʰɑ˧˨˦tsuo˧˨tɕiou˧tsuo˧˨.（噢，这个就等于控制它方向的？）噢，控制它方向的。这是两个牲口，就是这面一个控制这面一个这面。叫它拉……叫它左转，它就要转，它就是这么个，起了这么个作用。ɑɔ˨,kʰuoŋ˧tʂʅ˧tʰɑ˧˨faŋ˧˨ɕiaŋ˧ti˨.tʂə˧sɿ˧liaŋ˧˨kə˧˨səŋ˧˨kʰou˨,tsou˧sɿ˧tʂei˧miæ̃˧˨i˧˨kə˧˥kuoŋ˧tʂʅ˧tʂei˧miæ̃˧i˧˨kə˧tʂei˧˥miæ̃˧˨.tɕiɑɔ˧tʰɑ˧˨˦lɑ˧˨……tɕiɑɔ˧tʰɑ˧˨˦tsuo˧˨tʂuæ̃˧˨,tʰɑ˧˨˦tsou˧iɑɔ˧tʂuæ̃˧˨,tʰɑ˧˨tɕiou˧˨sɿ˧˨tʂə˧muo˨kə˧,tɕʰi˧˨lə˨tʂə˧˥muo˨kə˧tsuo˧˨yoŋ˧˨.（哦，这个杈子？）噢，这叫撇绳。一撇的撇。撇绳。ɑɔ˨,tʂei˧tɕiɑɔ˧pʰie˧˨ʂəŋ˨˩.i˧˨pʰie˧˨ti˨pʰie˧˨.pʰie˧˨ʂəŋ˨˩.（两根，哈？）嗯。ŋ̍˨.（这个这个杈子啊它是就说完全把它的嘴巴这样罩住了还是……）哎，没有。它只是打嘴里套……嘴里套进去的叫杈子。如果是整个儿是牛，牲口的话，为了怕它嫌它吃的话，那也可用铁丝编成的那么个半圆形的……æᴇ˨,mei˨iou˧˨.tʰɑ˧˨˦tʂʅ˧˨˦sɿ˧˨tɑ˧˨tsuei˧˨li˧˨tʰɑɔ˧……tsuei˧˨li˧˨tʰɑɔ˧˨tɕiŋ˧˨˦tɕʰy˨ti˨tɕiɑɔ˧tsʰɑ˧tsɿ˨.zʯ˨˩kuo˧˨sɿ˧tʂəŋ˧˨kər˧˥sɿ˧niou˨,səŋ˧˨kʰou˨tə˨xuɑ˧˨,vei˧˥liɑɔ˧˨pʰɑ˧tʰɑ˧˨˦ɕiæ̃˨˩tʰɑ˧˨˦tʂʰʅ˧˨ti˨xuɑ˧˨,næᴇ˧ie˧˨kʰə˧˨˦yoŋ˧tʰie˧˨sɿ˧˨piæ̃˧˨tʂʰəŋ˨˩ti˨nə˧muo˨kə˧pæ̃˧yæ̃˨ɕiŋ˨˦ti˨……（网一样的东西是吧？）网子一样的。就把它戴在这个上头戴着。那叫笼嘴。vaŋ˧˨tsɿ˨i˧˨˦iaŋ˧ti˨.tɕiou˧pɑ˧˨˦tʰɑ˧˨˦tæᴇ˧tsæᴇ˧tʂə˧kə˧ʂɑŋ˧˥˦tʰou˨tæᴇ˧tʂə˨.næᴇ˧tɕiɑɔ˧luoŋ˨˩tsuei˧˨.（笼嘴？）噢，笼嘴。笼子的笼。噢，这叫笼嘴。嗯。ɑɔ˨,luoŋ˨˩tsuei˧˨.luoŋ˨˩tsɿ˧˨ti˨luoŋ˨.ɑɔ˨,tʂei˧tɕiɑɔ˧luoŋ˨˩tsuei˧˨.əŋ˨.（套……是只是牛？）牛，这牲口都有咧。都有这个欸有这个笼嘴这一说咧。那都是，防止它吃咧嘛。niou˨,tʂə˧səŋ˧˨kʰou˨tou˧˨˦iou˧˨˦lie˨.tou˧˨˦iou˧˨˦tʂə˧kə˧ei˧iou˧˨tʂə˧kə˧luoŋ˨˩tsuei˧˨tʂei˧i˧˨ʂuo˧˨lie˨.næᴇ˧˥tou˧˨˦sɿ˧,faŋ˨˩tsɿ˧˨˦tʰɑ˧˨˦tʂʰʅ˧˨lie˨mɑ˨.（你这个，这个两根绳啊，它半路上面有没有什么固定的？）没有。muo˧˨iou˧˨.（没有固定啊？它不会掉下去？）是的。因为这个地方，在这个牲口的身上，它这儿这这个牲口下来这是脖子。到这里，它这个安臁臁的这个前后这个地方，他把两面这个曳绳么，有个褡褙。这两个绳子么，在这个两个绳子，把这两个绳子互相缩起来，有个绳子在牲口那个脊背上放着咧。这有个褡褙，就是，他把这个弄上去以后，你这个牲口么，它这个绳搭在这个上头，□……你都掉不到底下去么。sɿ˧ti˨.iŋ˧˨vei˧˥tʂə˧˥kə˧ti˧faŋ˧˨˦,tʂæᴇ˧tʂə˧kə˧səŋ˧˨kʰou˨ti˨ʂəŋ˧˨ʂaŋ˧˨,tʰɑ˧˨tʂər˧˨˦tʂə˧tʂə˧kə˧səŋ˧˨kʰou˨xɑ˧læᴇ˨˦tʂə˧sɿ˧puo˨˩tsɿ˨.taɔ˧˨tʂə˧li˧˨˦,tʰɑ˧˨˦tʂə˧kə˧næ̃˧˨yoŋ˧˨yoŋ˧˨ti˨tʂə˧kə˧tɕʰiæ̃˨˩xou˧tʂə˧kə˧ti˧faŋ˧˨,tʰɑ˧˨˦pɑ˧˨liaŋ˧˨miæ̃˧tʂə˧kə˧ie˧˨ʂəŋ˨˩muo˨,iou˧˨˦kə˧tɑ˧˨pei˧˨.tʂə˧liaŋ˧˨kə˧˨ʂəŋ˨˩tsɿ˧˨muo˨,tsæᴇ˧tʂə˧kə˧liaŋ˧˨kə˧ʂəŋ˨˩tsɿ˨,pɑ˧˨tʂə˧liaŋ˧˨

kə˧ʂəŋ˨˩tsɿ˧xu˧ɕiaŋ˥˦vǣ˥tɕʰi˥˦læᴇ˨˦,iou˥˦kə˧ʂəŋ˨˩tsɿ˧tsæᴇ˧səŋ˥kʰou˨nə˧kə˧tɕi˥˩pei˧˥ʂaŋ˧˩faŋ˧tʂuo˥˦lie˨.tʂei˧iou˥˦kə˧ta˥pei˨,tɕiou˧sɿ˧,tʰɑ˥˦pa˥˩tʂə˧kə˧nuoŋ˧ʂaŋ˧tɕʰi˧i˥˩xou˧,ni˥˦tʂə˧kə˧səŋ˥kʰou˨muo˨,tʰɑ˥˩tʂə˧kə˧ʂəŋ˨ta˥tsæᴇ˧tʂə˧kə˧ʂaŋ˧˥tʰou˨,niæ˨˦……ni˥˩tou˥˩tiao˧˥pu˨˦tao˧ti˧˥ɕia˧˩tɕʰi˧˩muo˨.（噢，有个褡褙？）噢，有个褡褙么。这个撇绳么在就在褡褙上头这儿这穿过去了。这也就说是这个，撇绳也不至于掉到地下么。牲口踏不到脚底下去。ɑɔ˩,iou˥kə˧˩ta˥˩pei˧muo˨.tʂə˧kə˧pʰie˥ʂəŋ˨˩muo˧tsæᴇ˧tɕiou˧tsæᴇ˧ta˥˩pei˧˥ʂaŋ˧tʰou˧tʂər˧tʂə˧tʂʰuæ̃˥˩kuo˧tɕʰi˧lə˧.tʂei˧ie˥˩tsou˧ʂuo˥˩sɿ˧tʂə˧kə˧,pʰie˥ʂəŋ˨˩ia˥˦pu˨˦tsɿ˧y˨˦tiao˧˥tao˧˩ti˧˥ɕia˧˩muo˨.səŋ˥kʰou˧tʰɑ˨˦pu˨˦tao˧tɕyo˥˩ti˥xɑ˧˥tɕʰi˧˥.（褡褙要要整个儿得穿……套一套吗？）啊，不。肚子上就不套，光在脊背上套着咧。ɑ˧,pu˨˩.tu˧˥tsɿ˧ʂaŋ˧tɕiou˧pu˨˩tʰao˧,kuaŋ˥˦tsæᴇ˧tɕi˥˩pei˧˥ʂaŋ˧˩tʰɑo˧tʂuo˥lie˨.（脊背脊背上就套一套一段绳儿是吧？）啊，套个绳，□住就对了。ɑ˩,tʰɑo˧kə˧ʂəŋ˨˩,tæ̃˥tʂʮ˧˩tɕiou˧tuei˧lə˧.（这个搭背是个是用什么做成的？）就随便这个麻绳一做成就对了。它一般都是这个曳绳长。曳绳不是长得很？往夹板上拴下，长下那一截。他把这两个……两个绳套往一瘩里一绾，就放得这中间了。一般这曳绳断咧，再把这松一松，再弥一截儿，松一松就弥一截儿。不可能是单纯的在跟前做一背子褡褙，不可能。tsou˧suei˨˩piæ̃˧tʂə˧kə˧ma˨ʂəŋ˨˩i˥˩tsuo˧˥tʂʰəŋ˨˩tɕiou˧˩tuei˧˩lə˨.tʰɑ˥i˥˩pæ̃˥tou˥˦sɿ˧tʂə˧kə˧ie˥ʂəŋ˨˩tʂʰɑŋ˨.ie˥ʂəŋ˨˩pu˨˦sɿ˧tʂʰaŋ˨tei˥xəŋ˥˩?vaŋ˥˩tɕia˥˩pæ̃˥ʂaŋ˧ʂuæ̃˥xɑ˧˩,tʂʰaŋ˨˩xɑ˧˥næᴇ˧i˥˩tɕie˨˥.tʰɑ˥˦pa˥˦tʂə˧liaŋ˥kə˧ʂ……liaŋ˥kə˧˩ʂəŋ˨tʰao˧vaŋ˥˩i˥˩ta˥li˥˩i˥˩væ̃˥,tsou˧˥faŋ˧tə˧tʂə˧tʂuoŋ˥˩tɕiæ̃˥˩lə˧.i˥˦pæ̃˥tʂə˧ie˥ʂəŋ˨˩tuæ̃˧˥lie˨,tsæᴇ˧pa˥˩tʂə˧suoŋ˥i˥˩suoŋ˥˦,tsæᴇ˧mi˨˦i˥˦tɕiər˨˦,suoŋ˥i˥˩suoŋ˥˦tsou˧mi˨i˥˩tɕiər˨˩.pu˨˩kʰə˥nəŋ˨sɿ˧tæ̃˥˩tʂʰuoŋ˨˩ti˧tsæᴇ˧kəŋ˥˩tɕʰiæ̃˨˩tsuo˧˥i˥˩pei˧tsɿ˧ta˥pei˧,pu˨˩kʰə˥˩nəŋ˨.（噢，就是那个曳绳它那个就是比较长？）噢，长的那一部分。把两根曳绳绾起来作为……做一个姿势。ɑɔ˩,tʂʰɑŋ˨˩ti˧nei˧i˥˦pʰu˧˥fəŋ˧˩.pa˥˩liaŋ˥kəŋ˥˩ie˥ʂəŋ˨væ̃˥tɕʰi˥læᴇ˨˩tsuo˥vei˨˩……tsuo˧˥i˥˩kə˧tsɿ˥ʂʅ˥˩.（噢，挽成一个这样的形状？）啊，就是……就叫褡褙。这个啥，这是步犁。耩犁，耩犁子和是同你说下这个耩犁子和这不一样。ɑ˧,tɕiou˧sɿ……tɕiou˧tɕiao˧ta˥pei˧.tʂə˧kə˧˥sa˧˩,tʂə˧˥sɿ˧˩pu˧li˨˩.tɕiaŋ˥li˨˩,tɕiaŋ˥li˨˩tsɿ˧xuo˨˦sɿ˧tʰuoŋ˨˩ni˥˦ʂuo˥xɑ˧˩tʂə˧kə˧tɕiaŋ˥li˨˩tsɿ˧xuo˨˦tʂə˧pu˨˩i˥˩iaŋ˧.（耩犁不一样啊？）啊。耩犁……ɑ˦.tɕiaŋ˥li˨˩……（耩犁是不是缰绳的那个缰前面？）就怕是这个缰吧。tɕiou˧pʰɑ˧sɿ˧tʂə˧kə˧tɕiaŋ˥pa˩.（音一样吧？）音一样着咧。iŋ˥i˥˩iaŋ˧˥tʂə˨lie˨.（嗯，这是播种用的哈？）嗯。它的这个前头那个东西，和这个……步犁都一样，还是带牵引着咧。它这个地方是，它这个，这个犁把子是木头削成的。木头，削成一个东西。它这个地方来，削成这么大肚肚形，这个地方叫犁脸。ŋ˩.tʰɑ˥˦tə˧tʂə˧kə˧˥tɕʰiæ̃˨˩tʰou˧nə˧kə˧tuoŋ˥ɕi˨,xuo˨˦tʂə˧kə˧s……pu˧li˨˩tou˥˩i˥˩iaŋ˧˥,xa˨˩sɿ˧˥tæᴇ˧tɕʰiæ̃˥˩iŋ˥tʂə˨lie˨.tʰɑ˥˩tʂə˧kə˧˥ti˧faŋ˥˦sɿ˧,tʰɑ˥˦tʂə˧kə˧,tʂə˧kə˧li˨˩pa˧tsɿ˨sɿ˧mu˥tʰou˨ɕyo˥tʂʰəŋ˨˩ti˨.mu˥tʰou˨,ɕyo˥tʂʰəŋ˨˩i˥˦kə˧tuoŋ˥ɕi˨,tʰɑ˥˦tʂə˧kə˧ti˧faŋ˥˩læᴇ˨˩,ɕyo˥tʂʰəŋ˨˩tʂə˧muo˧ta˧tu˧tu˧ɕiŋ˨˩,tʂə˧kə˧ti˧faŋ˥˩tɕiao˧ly˩(←li˨˩)liæ̃˥.（叫什么？）犁的脸。li˨ti˧liæ̃˥.（犁脸？）噢，犁脸。ɑɔ˩,li˨˩liæ̃˥.（这个地方是吧？）噢，这个地方。ɑɔ˩,tʂə˧kə˧ti˧faŋ˥˩。（这个犁脸是不是就相当于那个铧？）噢，就像过去，就像步犁的那个翻土板儿一样。ɑɔ˩,tsou˧˥ɕiaŋ˧˩kuo˧tɕʰi˧,tsou˧ɕiaŋ˧pʰu˧li˨˩ti˧nə˧kə˧fæ̃˥˩tʰu˥pæ̃r˥i˥˩iaŋ˧˩.（噢，就像翻土板？）那……啊，它是这么个，那个形状么，它削下那个犁犁个脸么就像人这个手这么翻下去这么样子。这两面都有。这中……中间是个抱肚肚。过来以后，这将……将来安个，买个铁……生铁造出的那种，铧尖子。往这个木头头起一安，就对了嗯。nei˧……ɑ˩,tʰɑ˥˦sɿ˧tʂə˧muo˧kə˧,nə˧kə˧ɕiŋ˨˩t ʂuaŋ˥˧muo˧,tʰa˥˩˧ɕiao˥˩xa˥˩næᴇ˥kə˥li˩˦˧˩li˩˦˧kə˥liæ̃˥˩muo˧tsou˥ɕiaŋ˥zəŋ˩˦tʂə˥kə˥ʂou˥˩tʂə˥muo˧fæ̃˥˩˧˩xa˥tɕʰi˥tʂə˥˧˩muo˧liaŋ˥˧tsɿ˧.tʂei˥liaŋ˥˩˧miæ̃˥tou˥˩˧˩iou˥˩˧˩.tʂə˥tʂuoŋ˥˩˦……tʂuoŋ˥˩˧tɕiæ̃˥˩˧sɿ˥˧˩kə˥˧˩pao˥tu˥tu˥˧˩.kuo˥læᴇ˩˦˧i˥˩˧˩xou˥,tʂə˥tɕiaŋ……tɕiaŋ˥˩˧˩læᴇ˩˦næ̃˥˩kə˥˧˩,mæᴇ˥˩kə˥tʰie˥˩……səŋ˥˩tʰie˥˩˧˩tsao˥tʂʰʮ˥˩˧˩ti˧nei˥˧tʂuoŋ˥˩˧˩,xua˩˦tɕiæ̃˥˩tsɿ˧.vaŋ˥˩˧˩tʂə˥kə˥mu˥˩tʰou˧tʰou˩˦˧˩tɕʰie˥˩i˥˩˦næ̃˥˩,tsou˥tuei˥˩˦lə˧lə̃˧˩.（安在这个前面呀？）噢，安到……安到这个前面。ao˧˩,væ̃˥˩(←næ̃˥˩)tao˥˧˩……næ̃˥˩tao˥˧˩tʂə˥kə˥tɕʰiæ̃˩˦˧˩miæ̃˥.（叫什么？叫什么铧？叫铧……铧什么？铧尖子啊？）叫铧……铧尖子。这是……这叫犁……铧就对了。这个铧么就是是这个欸分两种。一种就是五爪铧。tɕiao˥xua˩˦……xua˩˦tɕiæ̃˥˩tsɿ˧.tʂə˥sɿ……tʂə˥tɕiao˥li˩˦……xua˩˦tsou˥tuei˥lə˥.tʂə˥˧˩kə˥˧xua˩˦muo˧tsou˥sɿ˥sɿ˥tʂə˥kə˥ei˥fəŋ˥˩˧˩liaŋ˥˩tʂuoŋ˥˩˧˩.i˥˩˧˩tʂuoŋ˥˩tɕiou˥sɿ˥vu˥˩tsao˥˩˧˩xua˩˦˧˩.（五个指头的？）不是。大。它这个犁脸也大。就是翻得豁出去这个，起下这个沟么就比较深一点。pu˩˦˧˩sɿ˥˧˩.ta˥.tʰa˥˩tʂə˥kə˥li˩˦liæ̃˥˩ie˥˩ta˥˧˩.tsou˥˧˩sɿ˥˧˩fæ̃˥˩tei˥˩˧˩xuo˥˩˧˩tʂʰʮ˥˩tɕʰi˥tʂə˥kə˥,tɕʰi˥˩xa˥tʂə˥kə˥kou˥˩muo˧tsou˥pi˥˩˧tɕiao˥ʂəŋ˥˩i˥˩˧˩tiæ̃˥˩˧˩.（是这个五还是舞舞跳舞的那个舞？）这个五。这个五。tʂə˥˧˩kə˥˧vu˥˩˧˩.tʂə˥˧˩kə˥˧vu˥˩˧˩.（这个五啊？）噢，一二三四五的五爪铧。这个是欸这是一个。再一个么就叫叉铧。ao˧˩,i˥˩˧˩ər˥sæ̃˥˩˧˩sɿ˥vu˥˩ti˧vu˥˩tsao˥˩˧˩xua˩˦˧˩.tʂə˥kə˥sɿ˥ei˧˩tʂə˥˧sɿ˥i˥˩˧kə˥.tʂæᴇ˥i˥˩kə˥muo˧tɕiou˥tɕiao˥tsʰa˥˩xua˩˦˧˩.（tsʰa˥˩，这个“叉”是吧？）不是。这是这个欸这个“插”了。pu˩˦˧sɿ˥.tʂə˥sɿ˥tʂə˥kə˥ei˧˩tʂə˥˧˩kə˥˧tsʰa˥˩lə˧.（插进去的插？）这个叉字。底下这个，这个叉。tʂə˥˧˩kə˥˧tsʰa˥˩tsɿ˥˧˩.ti˥˩xa˥˧˩tʂə˥kə˥,tʂei˥kə˥tsʰa˥˩˧˩.（叉铧子？）嗯，叉铧子，它是比较小一点。啊。说……就说是步犁的最大特点，它就是可以把土一面翻。这个欸耩犁么它只是豁了一个沟，土向两面走了。ŋ̍˧˩,tsʰa˥˩xua˩˦tsɿ˧,tʰa˥˩sɿ˥˧˩pi˥˩˧tɕiao˥ɕiao˥˩i˥˩˧˩tiæ̃˥˩˧˩.a˧˩.ʂuo˥˩……tɕiou˥ʂuo˥˩˧˩sɿ˥˧˩pu˥li˩˦ti˧tsuei˥ta˥tʰə˥˩˧˩tiæ̃˥˩,tʰa˥˩˧tɕiou˥sɿ˥˧˩kʰə˥˩i˥˩˧˩pa˥˩˧˩tʰu˥˩i˥˩˧˩miæ̃˥fæ̃˥˩˧˩.tʂə˥kə˥ei˧˩tɕiaŋ˥˩li˩˦˧˩muo˧tʰa˥˩tsɿ˥˩˧˩sɿ˥xuo˥˩lə˧li˥˩˧˩kə˥kou˥˩,tʰu˥˩ɕiaŋ˥˩˦liaŋ˥˩˧miæ̃˥tsou˥˩˧˩lə˧.（噢，这个中间豁一条沟？）噢，它只豁一条沟，供这个点籽的用咧。步犁么那是一般情况下它都说是这个，这是一块儿地的话，它把土这样揭上，等于是……ao˧˩,tʰa˥˩˧tsɿ˥˩˦xuo˥˩i˥˩˧˩tʰiao˩˦kou˥˩,kuoŋ˥tʂə˥kə˥tiæ̃˥˩tsɿ˥˩ti˧yoŋ˥lie˧.pu˥li˩˦muo˧næᴇ˥sɿ˥i˥˩˦pæ̃˥˩˧tɕʰiŋ˩˦˧˩kʰuaŋ˥ɕia˥tʰa˥˩˧tou˥˩˧ʂuo˥˩˧˩sɿ˥˧˩tʂə˥kə˥,tʂə˥sɿ˥i˥˩˦kʰuər˥˩˧ti˥˩˦ti˧xua˥˧˩,tʰa˥˩˧pa˥˩˧˩tʰu˥˩tʂə˥iaŋ˥tɕie˥˩˧˩ʂaŋ˥˧˩,təŋ˥˩˧y˩˦˧sɿ˥……（翻过去？）都是，都往这面翻。tou˥˩˧sɿ˥,tou˥˩˦vaŋ˥˩˧˩tʂei˥˧miæ̃˥˧˩fæ̃˥˩˧˩.（往一边翻？）噢。它是……它揭下这个东西没有……没有犁沟。这个犁沟就是犁揭过去那个剩下的那个壕……犁子翻下那个壕么，就叫犁沟。ao˧˩.tʰa˥˩˧sɿ˥……tʰa˥˩˧tɕie˥˩˧˩xa˥˧˩tʂə˥kə˥tuoŋ˥˩ɕi˧muo˥˩˦iou˥˩……mou˥˩˦iou˥˩li˩˦˧˩kou˥˩.tʂə˥˧˩kə˥˧li˩˦˧˩kou˥˩tɕiou˥˧˩sɿ˥li˩˦tɕie˥˩˧˩kuo˥˩˦tɕʰi˥nei˥kə˥ʂəŋ˥xa˥ti˧nə˥kə˥xao……li˩˦tsɿ˧fæ̃˥˩xa˥˧˩nə˥kə˥xao˩˦muo˧,tɕiou˥tɕiao˥li˩˦˧˩kou˥˩.（噢，这个那那那个是步犁哈？）噢，这是步犁。耩犁么，过去是不……它是……ao˧˩,tʂə˥˧sɿ˥˧˩pu˥li˩˦˧˩.tɕiaŋ˥˩li˩˦muo˧,kuo˥tɕʰy˥sɿ˥pu˩˦……tʰa˥˩sɿ˥˧˩……（就拉条沟？）啊。拉一条沟。它是两面翻土咧。a˧˩.la˥˩i˥˩˧˩tʰiao˩˦kou˥˩.tʰa˥˩˧sɿ˥liaŋ˥˩miæ̃˥fæ̃˥˩˧˩tʰu˥˩lie˧.（它……噢，那它这个犁脸它是一种拱形的啊？）噢，拱形的么，啊。ao˥,kuoŋ˥˩ɕiŋ˩˦˧˩ti˧muo˧,a˧˩.（它就等于这个土它就是往两边走了？）往两边走了，嗯。vaŋ˥˩˧liaŋ˥˩piæ̃˥˩˧˩tsou˥˩˧˩lə˧,ŋ̍˧˩.

耙

1.（这个耙叫什么？）黄：有一种东西也是这个东西。也像这个东西。形状和这一样的。但是这个上头么，可不是编的是条子。这个地方这个耱档么它是可没有用这个耱梃，是用的耱梁子。iou˥˩i˥˩˧˩tʂuoŋ˥˩tuoŋ˥˩ɕi˧ie˥˩sɿ˥tʂə˥kə˥tuoŋ˥˩ɕi˧.ie˥˩ɕiaŋ˥˩˦tʂə˥kə˥tuoŋ˥˩ɕi˧.ɕiŋ˩˦˧˩tʂuaŋ˥xuo˩˦˧˩tʂə˥˧i˥˩˧liaŋ˥˧ti˧.tæ̃˥sɿ˥tʂei˥˧kə˥˧˩ʂaŋ˥˩˦tʰou˧muo˧,kʰə˥˩˧˩pu˩˦˧˩sɿ˥piæ̃˥ti˧sɿ˥˧˩tʰiao˩˦˧˩tsɿ˥˩.tʂə˥kə˥ti˥faŋ

˧˩˨tʂə˥kə˥muo˥tɑŋ˥muo˦tʰɑ˧˩˨sɿ˥˩kʰə˧˩˨muo˧˩˦iou˧˩yoŋ˥tʂə˥kə˥muo˥tʰiŋ˧˩,sɿ˥˩yoŋ˥˧ti˦muo˥liɑŋ˨˦˩tsɿ˧˩.（哦，样子也是一样？）样子是一样的。噢，是这么三个。但是这个地方人口都钉的是这了。噢，这这这都是他隔成一个一是隔几段儿。iɑŋ˥tsɿ·˧sɿ˥˩i˧˩˨iɑŋ˥ti·˧.ɑɔ˨˩,sɿ˥tʂə˥muo˦sæ̃˧˩kə˥˩.tæ̃˥sɿ˥tʂei˥˦kə˥ti˥˧fɑŋ˧˩˨zəŋ˨˦niæ̃˨˦˧tou˧˩˨tiŋ˥˧ti·˧sɿ˥˩tʂei˥˦lə·˧.ɑɔ˨˩,tʂei˥˦tʂei˥˦tʂei˥˦tou˧˩˧sɿ˥tʰɑ˧˩˧kei˧˩˨tʂʰəŋ˨˦i˧˩˧kə˥˦i˧˩˦sɿ˥˩kei˧˩˨tɕi˧˩tuæ̃r˥.（四条是吧？）噢，隔上四条子。这个上头么，这每个上头么，它都是给你，都钉的……ɑɔ˨˩,kei˧˩ʂɑŋ˥˩sɿ˥˦tʰiɑɔ˨˦tsɿ˦.tʂə˥˦kə˥˦ʂɑŋ˥˧tʰou·˧muo·˨,tʂə˥mei˧˩kə˥˩ʂɑŋ˥˧tʰou·˧muo·˨,tʰɑ˧˩˧tou˧˩˨sɿ˥˩kei˥ni˧˩˧,tou˧˩˨tiŋ˥˧ti˦……（有钉子是吧？）这这钉子都朝下，这三个头起都有，这三个头起都有。这两边，这两边这些东西都有这个，都有这个钉子咧。tʂə˥˦tʂə˥tiŋ˧˩tsɿ·˧tou˧˩˧tʂʰɑɔ˨˦˩ɕiɑ˥,tʂə˥˦sæ̃˧˩kə˥˩tʰou˨˦˩tɕʰie˧˩tou˧˩˧iou˧˩˧,tʂə˥˦sæ̃˧˩kə˥˩tʰou˨˦˩tɕʰie˧˩tou˧˩˧iou˧˩˧.tʂə˥liɑŋ˧˩piæ̃˧˩˨,tʂə˥liɑŋ˧˩piæ̃˧˩˨tʂə˥ɕie˧˩˧tuoŋ˧˩˨ɕi·˧tou˧˩˦iou˧˩˧tʂə˥kə˥,tou˧˩˦iou˧˩˧tʂə˥kə˥tiŋ˧˩tsɿ·˧lie·˨.（很多钉子一排？）噢，好几排子钉子噢。ɑɔ˨˩,xɑɔ˧˩(tɕ)i˧˩˨pʰæᴇ˨˦˩tsɿ˦tiŋ˧˩tsɿ·˧ɑɔ˨˩.（好几排……好几排钉子？）好几排钉子。它是这个东西，这个牵引它是这儿这过来一个环子。上头钉咧个铁环子。就和牲口那个套拿来往上一挂，他拉上走了。这，这个东西不叫耱了。叫耙[1]。xɑɔ˧˩tɕi˧˩pæᴇ˨˦tiŋ˧˩tsɿ·˨.tʰɑ˧˩˧sɿ˥tʂə˥kə˥tuoŋ˧˩ɕi·˨,tʂə˥˩kə˥˦tɕʰiæ̃˧˩˨iŋ˧˩tʰɑ˧˩˧sɿ˥tʂər˥˧tʂə˥kuo˥læᴇ˨˦˧i˧˩˧kə˥xuæ̃˨˦˩tsɿ˦.ʂɑŋ˥tʰou˦tiŋ˥lie˦kə˥tʰie˧˩xuæ̃˨˦tsɿ˦.tsou˥xuo˨˦˩səŋ˧˩kʰou·˧nə˥kə˥tʰɑɔ˥nɑ˨˦læᴇ˨˦˧vɑŋ˧˩˨ʂɑŋ˥i˧˩˧kuɑ˥,tʰɑ˧˩˦lɑ˧˩ʂɑŋ˥˩tsou˧˩lə·˨.tʂei˥,tʂei˥˩kə˥˦tuoŋ˧˩ɕi·˧pu˨˦˩tɕiɑɔ˥muo˥lə·˨.tɕiɑɔ˥pɑ˥.（耙，耙地的那个耙？）噢，耙地的耙。这叫耙。嗯。这就是，这个说没？这个耙里头分为两种耙。一种这个刺子是木头的，削下木橛子。一种是铁橛子。这叫铁耙，或者是叫木耙。这个东西，不是你这个，土地比较太硬了，那胡墼疙瘩太大了，这个靠这个耱么已经往它耱不平了，然后把这个铁耙子踏上去，把这个地耙一遍。ɑɔ˨˩,pɑ˥ti˥ti·˧pɑ˥.tʂei˥tɕiɑɔ˥pɑ˥.ŋ̍˨˩.tʂei˥˦tɕiou˥sɿ˥,tʂei˥˦kə˥˩ʂuo˧˩˦mei˨˦˩?tʂə˥˦kə˥˩pɑ˥li˧˩˨tʰou·˧fəŋ˧˩˨vei˨˦liɑŋ˧˩tʂuoŋ˧˩˨pɑ˥˩.i˧˩˨tʂuoŋ˧˩tʂə˥kə˥tsʰɿ˥tsɿ˦sɿ˥mu˧˩tʰou·˧ti·˨,ɕyo˧˩˧xɑ˥mu˧˩tɕyo˧˩˨tsɿ·˨.i˧˩˨tʂuoŋ˧˩sɿ˥tʰie˧˩tɕyo˧˩˨tsɿ·˨.tʂə˥tɕiɑɔ˥tʰie˧˩˨pɑ˥,xuo˨˦˦tʂə˧˩˨sɿ˥tɕiɑɔ˥mu˧˩pɑ˥˩.tʂə˥˩kə˥˦tuoŋ˧˩ɕi·˨,pu˨˦˩sɿ˥ni˧˩tʂə˥kə˥,tʰu˧˩ti˥pi˧˩˧tɕiɑɔ˥tʰæᴇ˥niŋ˥lə·˨,næᴇ˥xu˨˦˩tɕi˧˩˧kə˧˩tɑ˧˩˨tʰæᴇ˥tɑ˥˧lə·˨,tʂə˥˩kə˥˩kʰɑɔ˥tʂə˥kə˥muo˥muo·˧i˧˩tɕiŋ˧˩˨vɑŋ˧˩˨tʰɑ˧˩˧muo˥˧pu˨˦˩pʰiŋ˨˦˩lə˦,zæ̃˨˦˩xou˥pɑ˧˩˨tʂə˥kə˥tʰie˧˩˨pɑ˥tsɿ˦tʰɑ˨˦˩ʂɑŋ˥tɕʰy˥,pɑ˧˩˨tʂə˥kə˥ti˥pɑ˥i˧˩˧piæ̃˥˩.（那这个像这个条子叫什么？）那……那叫耙……那就是这个耙梁子，或者是耙……这外头这一圈子就叫耙框么。这个是长方形么。næᴇ˥tɕi……næᴇ˥tɕiɑɔ˥pɑ˥……næᴇ˥tɕiou˥˩sɿ˥˩tʂə˥˩kə˥˩pɑ˥liɑŋ˨˦˩tsɿ˦,xuo˨˦˩tʂə˧˩˨sɿ˥˩pɑ˥……tʂə˥væᴇ˥˧tʰou·˧tʂei˥i˧˩˨tɕʰyæ̃˧˩tsɿ·˧tɕiou˥tɕiɑɔ˥pɑ˥kʰuɑŋ˧˩muo·˨.tʂə˥˦kə˥˩sɿ˥˩tʂʰɑŋ˨˦fɑŋ˧˩˨ɕiŋ˨˦muo˦.（噢，这个长方形的？）啊，长方形的么。这中间是几个拉的桄子。ɑ˨˩,tʂʰɑŋ˨˦fɑŋ˧˩˨ɕiŋ˨˦˩ti˦muo·˨.tʂə˥˦tʂuoŋ˧˩˨tɕiæ̃˧˩˧sɿ˥tɕi˧˩˧kə˥lɑ˧˩ti·˧kuɑŋ˧˩tsɿ·˨.（这个长方形的叫耙什么？耙梁子？）耙框子这四周的这几个。pɑ˥kʰuɑŋ˧˩tsɿ·˧tʂə˥sɿ˥˧tʂou˧˩˧ti˦tʂei˥˦tɕi˧˩˨kə˥˩.（耙框子？）嗯，也叫耙梁子。ə̃˨˩,ie˧˩tɕiɑɔ˥pɑ˥liɑŋ˨˦tsɿ˦.（耙框子就是耙梁子吗？）噢，就是耙梁子。嗯。ɑɔ˥,tɕiou˥˦sɿ˥˩pɑ˥liɑŋ˨˦tsɿ˦.ə̃˨˩.（这个这个中间的这根呢？）兀还是叫梁。væᴇ˥˦xɑ˨˦˩sɿ˥˦tɕiɑɔ˥liɑŋ˨˦.（梁？）嗯，三根。这个都是起了起稳定作用的么。ə̃˨˩.sæ̃˧˩kəŋ˧˩˨.tʂei˥˦kə˥˦tou˧˩˨sɿ˥˩tɕʰi˧˩lə·˧tɕʰi˧˩vəŋ˧˩tiŋ˥˦tsuo˧˩˨yoŋ˥ti˦m

---

① 耙：《正字通》必驾切。碎土平地的农具。清郝懿行《证俗文》卷三：“《农政全书》，耙制有方耙，有人字耙，如犁，亦用牛驾。但横阔多齿，犁后用之。盖犁以起土，惟深为功，耙以破块，惟细为功。”也用作动词，指用耙碎土平地。《西游记》第十八回：“耕田耙地，不用牛具；收割田禾，不用刀杖。”

uo˧.（这个前面这个环呢？）兀叫个，兀就是耙环子嘛。væᴇ˥tɕiaɔ˥˦kə˥,væᴇ˥˦tɕiou˥sɿ˥pɑ˥xuæ̃˨˩˦tsɿ˥˧mɑ˧.（嗯，有这种叫法吗？）有咧。它是靠做那个东西，做牵引拉，拉牵引那个东西。iou˥˧lie˧.tʰɑ˥˧˩sɿ˥˧˩kʰɑɔ˥tsuo˥˧˩nə˥kə˥tuoŋ˥˧ɕi˧,tsuo˥˧˩tɕʰiæ̃˥˧˩iŋ˥˧lɑ˥˧,lɑ˥˧tɕʰiæ̃˥˧˩iŋ˥˧nei˥kə˥tuoŋ˥˧ɕi˧.（噢，用这个耙去那个这个平地叫做耙地？）耙地，嗯。旱地里用这个，这种地是……这个耱一般用于旱地。这是水旱两地都用这个东西。栽秧子之前把地往地平的钯也放这种。也叫平耙吧。这就是这是这是平的叫平耙么。pɑ˥ti˥,õ˧˩.xæ̃˥ti˥˦li˥˧˩yoŋ˥tʂə˥kə˥,tʂei˥˦tʂuoŋ˥˧˥ti˥sɿ˥……tʂei˥˦kə˥˧˩muo˥i˥˧˦pæ̃˥˧˩yoŋ˥y˨˩˦xæ̃˥ti˥˧˩.tʂei˥˦sɿ˥˧˩ʂuei˥˧xæ̃˥liaŋ˥˧˥ti˥tou˥˧˦yoŋ˥tʂə˥kə˥tuoŋ˥˧ɕi˧.tsæᴇ˥˧˦iaŋ˥˧tsɿ˧tsɿ˥˧tɕʰiæ̃˨˩˦pɑ˥˧˩ti˥vaŋ˥˧˩ti˥pʰiŋ˨˩˦ti˧pʰɑ˨˩˦ie˥˧faŋ˥tʂei˥tʂuoŋ˥˧˩.ie˥˧˥tɕiaɔ˥pʰiŋ˨˩˦pɑ˥pɑ˧.tʂei˥˦tɕiou˥˧˩sɿ˥˧˩tʂə˥˦sɿ˥˧˩tʂə˥˦sɿ˥˧˩pʰiŋ˨˩˦ti˧tɕiaɔ˥pʰiŋ˨˩˦pɑ˥muo˧.（还有不平的耙吗？）就是咱们那天说咧，那个它还有一个是这个，呃，还有一种的耙它是这么个耙。它是这个耙。这个耙上头它可……它还有这种立耙咧嘛。tɕiou˥sɿ˥tʂɑ˨˩˦məŋ˧nei˥˦tʰiæ̃˥˧˩ʂuo˥˧lie˧,næᴇ˥kə˥tʰɑ˥˧˥xæᴇ˨˩˦iou˥˧i˥˧˩kə˥˧˩sɿ˥tʂə˥kə˥,ə˧˩,xæᴇ˨˩˦iou˥˧i˥˧˥tʂuoŋ˥˧˥ti˧pɑ˥tʰɑ˥˧˥sɿ˥tʂə˥˦muo˧kə˥˧˩pɑ˥.tʰɑ˥˧˩sɿ˥˧˩tʂə˥˦kə˥˦pɑ˥.tʂə˥˦kə˥˦pɑ˥ʂaŋ˥˦tʰou˧tʰɑ˥˧˥kʰə˥˧˩……tʰɑ˥˧˥xæᴇ˨˩˦iou˥˧˥tʂei˥tʂuoŋ˥˧˥li˥˧pɑ˥lie˧mɑ˧.（噢，这个立起来那个耙？）呣。这个欸，这叫立……立耙。这还……这是直接仅仅限于水地。它这个地方，每个这个头起还有一个，有个牵引的东西。是这个……m̩˧˩.tʂə˥˧˩kə˥˦ei˧˩,tʂei˥tɕiaɔ˥li……li˥˧pɑ˥˧˩.tʂə˥˦xɑ˨˩˦……tʂei˥˦sɿ˥˧˩tʂɿ˨˩˦tɕie˥˧˩tɕiŋ˥˧tɕiŋ˥˧˥ɕiæ̃˥y˨˩˦ʂuei˥˧ti˥˧˩.tʰɑ˥˧˩tʂə˥kə˥ti˥faŋ˥˧˩,mei˥˧kə˥˧˩tʂə˥˦tʂə˥˦tʰou˨˩˦tɕʰie˥˧˥xæᴇ˨˩˦iou˥˧i˥˧˩kə˥,iou˥˧kə˥˧˩tɕʰiæ̃˥˧˩iŋ˥˧ti˧tuoŋ˥˧˩ɕi˧.sɿ˥tʂə˥kə˥……（一个还是两个？）两个。liaŋ˥˧kə˥.（一边一个哈？）噢，一面一个。这两面都有刺，这就叫立耙。ɑɔ˧˩,i˥˧˩miæ̃˥˦i˥˧˩kə˥.tʂə˥liaŋ˥˧˥miæ̃˥tou˥˧˩iou˥˧tsʰɿ˥,tʂei˥tɕiou˥tɕiaɔ˥li˥˧pɑ˥˧˩.（这个上面这个梁呢？）呃就扶手嘛。这人手逮着咧嘛。ə˥tsou˥fu˨˩˦ʂou˥˧mɑ˧.tʂə˥zəŋ˨˩˦ʂou˥˧tæᴇ˥˧tʂə˧lie˧mɑ˧.（这个两根呢？）这立……立……这个□叫那个啥？哎叫啥东西个吵？扶手。啊是具体把这叫啥咧吵？耖。耙耖好像是这个。tʂə˥li˥˧……li˥˧˥……tʂə˥kə˥niæ̃˨˩˦tɕiaɔ˥nə˥kə˥sɑ˥?æᴇ˥tɕiaɔ˥sɑ˥˧˩tuoŋ˥˧˩ɕi˧kə˥˧˩sɑ˧?fu˨˩˦ʂou˥˧.ɑ˥sɿ˥tɕy˥tʰi˥˧˥pɑ˥˧˩tʂə˥tɕiaɔ˥sɑ˥˧˦lie˧sɑ˧?tsʰɑɔ˥.pɑ˥tsʰɑɔ˥xɑɔ˥˧˩ɕiaŋ˥˦sɿ˥tʂə˥kə˥.（哪个tsʰɑɔ˥呢？）耙耖么是叫啥子咧？哎呀，这儿这这个人怕刚走了，和我一搭来下这个人能说清楚咧这个。pɑ˥tsʰɑɔ˥muo˧sɿ˥tɕiaɔ˥sɑ˥˧tsɿ˧lie˧?æᴇ˧˩iɑ˧˩,tʂər˥tʂə˥tʂə˥kə˥zəŋ˨˩˦pʰɑ˥tɕiaŋ˥˧˦tsou˥˧lə˧,xuo˨˩˦ŋuo˥˧i˥˧˩tɑ˥˧læᴇ˨˩˦xɑ˥˦tʂə˥kə˥zəŋ˨˩˦nəŋ˨˩˦ʂuo˥˧tɕʰiŋ˥˧tʂʰʮ˥˧˩lie˧tʂei˥˧˩kə˥˧˩.（嗯，这个这根呢？）哎呀，那□把那叫叫耙啥咧吵？æᴇ˥iɑ˥,nei˥˦niæ̃˨˩˦pɑ˥˧˩næᴇ˥tɕiaɔ˥tɕiaɔ˥pɑ˥sɑ˥˧˩lie˧sɑ˧?（像这些齿是叫齿还是叫什么？）嗯，耙刺么。兀叫耙刺。嗯。哎呀，我叫个啥我都叫不上来了。我都常不……我们常不弄这个东西。没有在……ŋ̍˧˩,pɑ˥tsʰɿ˥muo˧.væᴇ˥˦tɕiaɔ˥pɑ˥tsʰɿ˥.õ˧˩.æᴇ˧˩iɑ˧˩,ŋuo˥˧tɕiaɔ˥kə˥sɑ˥ŋuo˥˧tou˥˧˩tɕiaɔ˥˦pu˨˩˦ʂaŋ˥læᴇ˨˩˦lə˧.ŋuo˥˧tou˥˧˩tʂʰaŋ˨˩˦pu˨˩˦……ŋuo˥˧məŋ˧tʂʰaŋ˨˩˦pu˨˩˦nuoŋ˥tʂə˥kə˥tuoŋ˥˧ɕi˧.mei˨˩˦iou˥˧tsæᴇ˥……（这个两个拉的这个这个叫什么？）哎呀，哎呀，把个……啥子，叫不上来。æᴇ˧˩iɑ˧˩,æᴇ˥iɑ˥,pɑ˥˧˩kə˥……sɑ˥tsɿ˧,tɕiaɔ˥pu˨˩˦ʂaŋ˥læᴇ˨˩˦.（嗯，耙就这两种是吧？）嗯。耙就这两种。ŋ̍˧˩.pɑ˥˦tɕiou˥tʂei˥liaŋ˥˧tʂuoŋ˥˧˩.（没有什么大铁耙？）没有。铁耙那就是这儿这的那个就是它。把这个叫……木头的叫木耙，铁的叫铁耙。它的总称叫平耙么。muo˥˧˩iou˥˧.tʰie˥˧˩pɑ˥˦næᴇ˥tɕiou˥sɿ˥tʂər˥˦tʂə˥ti˧næᴇ˥kə˥tɕiou˥sɿ˥tʰɑ˥˧˩.pɑ˥˧˩tʂə˥kə˥tɕiaɔ˥……mu˥˧tʰou˧ti˧tɕiaɔ˥mu˥˧pɑ˥,tʰie˥˧ti˧tɕiaɔ˥tʰie˥˧pɑ˥.tʰɑ˥˧˥tə˧tsuoŋ˥˧tʂʰəŋ˥˧tɕiaɔ˥pʰiŋ˨˩˦pɑ˥muo˧.

2.（这个那个去去把那个把那个地呀弄平叫什么？）钯子。pʰɑ˨˩˦tsɿ˥.（那个那个……）耙地咧么。pɑ˥ti˥lie˧muo˧.（那个那种农具呢？）这个农子（←具）一个就是欸一种就是简单的钯子。tʂə˥꜖kə˥꜖luoŋ˩˧tsɿ˧i˥˧꜖kə˥꜓tɕiou˥sɿ˥ei˩i˥˧꜖tʂuoŋ˥˧tɕiou˥sɿ˥tɕiæ̃˥˧tæ̃˥˧꜖ti˩pʰɑ˩˧꜖tsɿ˧.（那是用手拿着这样搞的？）噢，拿手这叫钯子。ɑɔ꜖,nɑ˩˧꜖ʂou˥˧tʂei˥꜓tɕiɑɔ˥pʰɑ˩˧꜖tsɿ˧.（那种大的呢？）还有一种是牲口拉的那种长的。那叫铁耙。xæᴇ˩˧꜖iou˥˧i˥˧꜖tʂuoŋ˥˧꜖sɿ˥꜖səŋ˥˧kʰou˥˧꜖lɑ˥˧ti˩nei˥tʂuoŋ˥˧꜖tʂʰɑŋ˩˧ti˧.næᴇ˥tɕiɑɔ˥tʰie˥˧꜖pɑ˥.（铁耙？）噢。我们这里还有还有一种么。ɑɔ꜖.ŋuo˥˧məŋ˩tʂei˥li˧xæᴇ˩˧꜖iou˥˧꜔xæᴇ˩˧iou˥˧꜖i˥˧꜖tʂuoŋ˥˧muo˩.（啊。）还有一种就是这就叫平……还有一种叫平耙立耙。xæᴇ˩˧iou˥˧i˥˧꜔tʂuoŋ˥˧꜔tɕiou˥sɿ˥tʂei˥꜓tɕiou˥tɕiɑɔ˥pʰiŋ……xæᴇ˩˧iou˥˧i˥˧꜔tʂuoŋ˥˧꜔tɕiɑɔ˥pʰiŋ˩˧pɑ˥li˥˧pɑ˥꜖.（平耙、立耙有什么区别呢？）平耙就是这个欸它是一个长方形的。长方形的，底下带的木刺或者是带的是这个欸铁丝噢，他牲口拉上以后这样走的。这个欸，立耙么就说是这个把子做两个把子立起来，人在上头扶的，底下还是刺刺子，可以往过拉。叫立耙和平耙。pʰiŋ˩˧pɑ˥tɕiou˥꜓sɿ˥꜖tʂei˥kei˥tʰɑ˥˧꜔sɿ˥i˥˧꜔kə˥tʂʰɑŋ˩˧fɑŋ˥˧꜖ɕiŋ˩˧ti˩.tʂʰɑŋ˩˧fɑŋ˥˧꜖ɕiŋ˩˧ti˩,ti˥˧ɕiɑ˥꜖tæᴇ˥ti˧mu˥˧tsʰɿ˥xuei˩˧꜔tʂə˥˧꜖sɿ˥tæᴇ˥ti˧sɿ˥꜖tʂə˥꜖kə˥꜖ei꜖tʰie˥˧sɿ˥˧ɑɔ꜖,tʰɑ˥˧꜔səŋ˥˧kʰou˥˧꜓lɑ˥˧ʂɑŋ˥i˥˧꜖xou˥tʂei˥iɑŋ˥tsou˥˧ti˩.tʂə˥kei˥꜖,li˥˧pɑ˥muo˧tɕiou˥ʂuo˥˧꜔sɿ˥tʂə˥kə˥pɑ˥tsɿ˧tsuo˥꜓liɑŋ˥˧kə˥꜖pɑ˥tsɿ˧li˥˧꜖tɕʰi˥˧læᴇ˩˧꜖,zəŋ˩˧tsæᴇ˥ʂɑŋ˥tʰou˩fu˩˧ti˧,ti˥˧xɑ˥꜖xɑ˩˧sɿ˥tsʰɿ˥tsʰɿ˥tsɿ˩,kʰə˥˧꜔i˥vɑŋ˥˧꜔kuo˥lɑ˥˧꜖.tɕiɑɔ˥li˥˧pɑ˥xuo˩˧꜖pʰiŋ˩˧pɑ˥꜖.（哪个立呢？）立起来的立。平……再一种就是平耙。li˥˧꜖tɕʰi˥˧læᴇ˩˧꜖ti˩li˥˧.pʰiŋ˩˧꜖……tsæᴇ˥i˥˧꜖tʂuoŋ˥˧tɕiou˥꜖sɿ˥꜖pʰiŋ˩˧pɑ˥꜖.

钯子

（呃，还有一些带带把的，然后那一头带齿的那种，就这样搂东西的？）那叫钯子[1]。钯子有两种嘛。一种是这个欸猪八戒掂的那一种钯子嘛。næᴇ˥tɕiɑɔ˥pʰɑ˩˧꜖tsɿ˧.pʰɑ˩˧꜖tsɿ˧iou˥˧꜔liɑŋ˥˧tʂuoŋ˥˧꜖mɑ˩.i˥˧꜖tʂuoŋ˥˧sɿ˥tʂə˥kə˥ei˥tʂʮ˥˧pɑ˥˧꜖tɕie˥꜓tiæ̃˥˧꜔ti˧nei˥i˥˧꜔tʂuoŋ˥˧꜔pʰɑ˩˧tsɿ˧mɑ˩.（噢，猪八戒的？）噢，那一种嘛。ɑɔ꜖,nei˥꜓i˥˧꜔tʂuoŋ˥˧꜖mɑ˩.（噢，钯子有……那个名称上有有几有有……）有两种嘛。猪八戒掂的那种钯子么就是这个……有人把那个，因为这个刺刺一般都是九根刺的，有的把那叫九刺钯。再一种么就说是这个欸水田里用的这种钯子。水田里用的这种钯子么它就是这个，它就套下来这个就那个了。它是四个刺儿的。四……噢，四刺耙。它这么个，戴上来，这儿这有个裤裤，安个，安个把，这就是这个欸这叫钉钯了。iou˥˧꜔liɑŋ˥˧tʂuoŋ˥˧꜖mɑ˩.tʂʮ˥˧pɑ˥˧꜖tɕie˥꜓tiæ̃˥˧ti˩nei˥tʂuoŋ˥˧꜖pʰɑ˩˧꜖tsɿ˧muo˩tɕiou˥sɿ˥tʂə˥kə˥……iou˥˧zəŋ˩˧pɑ˥˧꜖nə˥kə˥,iŋ˥˧꜖vei˥꜓tʂə˥kə˥tsʰɿ˥tsʰɿ˥꜖i˥˧꜓pæ̃˥˧꜖tou˥˧꜔sɿ˥tɕiou˥˧kəŋ˥˧꜖tsʰɿ˥ti˧,iou˥˧ti˩pɑ˥˧꜖næᴇ˥tɕiɑɔ˥tɕiou˥˧tsʰɿ˥pʰɑ˩˧꜖.tsæᴇ˥꜓i˥˧꜖tʂuoŋ˥˧muo˩tsou˥ʂuo˥˧꜔sɿ˥tʂə˥kə˥ei꜖ʂuei˥˧tʰiæ̃˩˧꜖li˥˧yoŋ˥ti˧tʂei˥tʂuoŋ˥˧꜖pʰɑ˩˧tsɿ˧.ʂuei˥˧tʰiæ̃˩˧li˥˧꜔yoŋ˥ti˧tʂei˥tʂuoŋ˥˧꜔pʰɑ˩˧tsɿ˧muo˩tʰɑ˥˧꜔tɕiou˥sɿ˥tʂə˥kə˥,tʰɑ˥˧꜔tɕiou˥tʰɑɔ˥xɑ˥læᴇ˩˧꜖tʂə˥kə˥tsou˥꜖nə˥꜖kə˥lə˧.tʰɑ˥˧꜔sɿ˥sɿ˥꜓kə˥꜖tsʰər˥ti˧.sɿ˥……ɑɔ꜖,sɿ˥tsʰɿ˥pɑ˥.tʰɑ˥˧꜔tʂə˥muo˧kə˥,tæᴇ˥ʂɑŋ˥læᴇ˩˧꜔,tʂər˥tʂə˥iou˥˧꜔kə˥kʰu˥kʰu˥,næ̃˥˧꜖kə˥꜖,næ̃˥˧꜖kə˥꜖pɑ˥,tʂei˥tɕiou˥sɿ˥tʂə˥kə˥ei˥tʂei˥tɕiɑɔ˥tiŋ˥˧pʰɑ˩˧꜖lə˩.（钉钯，啊？）噢，钉钯。ɑɔ꜖,tiŋ˥˧pʰɑ˩˧꜖.（这个叫四齿钯还是钉钯？）钉钯，叫钉钯。tiŋ˥˧pʰɑ˩˧꜖,tɕiɑɔ˥tiŋ˥˧pʰɑ˩˧꜖.（不叫四齿钯？）不叫四刺钯。这个欸是叫九刺钯也能行，要叫……叫钯子也能行。钉钯和钯子就分开来了。pu˩˧꜖tɕiɑɔ˥sɿ˥tsɿ꜖（←tsʰɿ˥）pʰɑ˩˧꜖.tʂə˥꜖kə˥꜓ei꜖sɿ˥꜖tɕiɑɔ˥tɕiou˥˧tsʰɿ˥pʰɑ˩˧iɑ˥˧꜔nəŋ˩˧꜔ɕiŋ˩˧꜔,iɑɔ˥tɕiɑɔ˥……tɕiɑɔ˥pʰɑ˩˧꜖tsɿ˥˧iɑ˥˧꜔nəŋ˩˧꜔ɕiŋ˩˧꜖.tiŋ˥˧pʰɑ˩˧꜖xuo˩˧꜔pʰɑ˩˧꜖tsɿ˥˧tɕiou˥fəŋ˥˧꜖kʰæᴇ˥˧læᴇ˩˧꜖lə˧.（噢，钯子就是一般是指九……九齿

[1] 钯子：聚拢和疏散柴草、谷物或除草、平整土地的锄类农具，有长柄，一端有铁齿、木齿或竹齿。《说郛》卷七五引宋陆泳《吴下田家志》："九九八十一，犁钯一齐出。一日脱膊，三日齷齪。"《红楼梦》第四十七回："你一个媳妇，虽然帮着，也是天天'丢下钯儿弄扫帚'。""钯"也写作"耙"。《儿女英雄传》第十八回："虽然如此，我输了理可不输气，输了气可不输嘴，且翻打他一耙，倒问他。"

钯？）噢，九刺钯。七……有九个刺儿的，有七个刺儿的，钉钯它只有四个刺儿。钉钯只有四个刺儿。ɑɔ˨,tɕiou˥˩tsʰɿ˦pʰɑ˨˩.tɕʰi˥˩˧……iou˥˩tɕiou˥˩kə˦˨tsʰər˦ti˧,iou˥˩˧tɕʰi˥˩kə˦˨tsʰər˦ti˧,tiŋ˥˩pʰɑ˨˩˨tʰɑ˥˩˧tsæᴇ˨（←tsɿ˥˩）iou˥˩˧sɿ˦˥˩kə˦˨tsʰər˦˨.tiŋ˥˩pʰɑ˨˩˨tsɿ˥˨iou˥˩sɿ˦˨kə˦˨tsʰər˦˨.（那个钯子九齿的跟跟七齿的有什么不同吗？）那都没有啥不同。næᴇ˦˥tou˥˨mei˨˩iou˥˩˧sɑ˦pu˨˩˥tʰuoŋ˨˩.（名称？）名称都没啥不同。miŋ˨˩tʂʰəŋ˥˩tou˥˨mei˨˩sɑ˦pu˨˩˥tʰuoŋ˨˩˧.（叫不叫九齿钯？）有些人叫九个刺儿的九刺儿钯，多一半人都叫钯子。简称都是钯子，不说那个多少反正。这个是用来挖泥的嘛。就是昨天……饶老师来说他是……他正在那里糊田坎咧。iou˥˩ɕie˥˨zəŋ˨˩tɕiɑɔ˦tɕiou˥˩kə˦˨tsʰər˦ti˧tɕiou˥˩tsʰər˦pʰɑ˨˩,tuo˥˩i˥˨pæ̃˦˥zəŋ˨˩tou˥˨tɕiɑɔ˦pʰɑ˨˩tsɿ˧.tɕiæ̃˥˩tʂʰəŋ˥˩tou˥˩˧sɿ˦pʰɑ˨˩tsɿ˧,pu˨˩ʂuo˥˩nə˦kə˦tuo˥˨ʂɑɔ˥˩fæ̃˥˨tʂəŋ˦˥.tʂə˦˨kə˦˥sɿ˦˨yoŋ˦læᴇ˨˩˧vɑ˥˩ni˨˩ti˧mɑ˧.tɕiou˦sɿ˦tsuo˨˩tʰiæ̃˥˩iɑɔ˨˩……zɑɔ˨˩lɑɔ˥˩sɿ˥˨læᴇ˨˩ʂuo˥˨tʰɑ˥˩sɿ˦˨……tʰɑ˥˩˧tʂəŋ˦tsæᴇ˦nɑ˦˥li˥˨xu˨˩tʰiæ̃˨˩˨kʰæ̃˥˩lie˧.（xu˨˩tʰiæ̃˨˩xæᴇ˥˩是什么东西？）糊田坎咧。xu˨˩tʰiæ̃˨˩˨kʰæ̃˥˩lie˧.（田……田……糊田坎？）噢，糊田坎儿，就是糊那个田那个埂咧。他就是用钉钯把这个泥抓起来，往这边边儿这么个一抹。哎，拍一拍，就糖光了。挖一这稀泥这么，这是为咧……水里用这个钯子，是钉钯。ɑɔ˨,xu˨˩tʰiæ̃˨˩˨kʰæ̃r˥˩,tɕiou˦sɿ˦xu˨˩nə˦kə˦tʰiæ̃˨˩nə˦kə˦kəŋ˦˥lie˧.tʰɑ˥˩˧tɕiou˦sɿ˦yoŋ˦˥tiŋ˥˩pʰɑ˨˩pɑ˥˨tʂə˦kə˦ni˨˩tʂuɑ˥˨tɕʰi˥˩læᴇ˨˩,vɑŋ˥˨tʂə˦piæ̃˥˩piæ̃r˥˨tʂə˦muo˧kə˦i˥˨muo˥˩.æᴇ˦,pʰei˥˩i˥˨pʰei˥˩,tsou˦muo˦kuɑŋ˥˩lə˧.vɑ˥˩i˥˨tʂə˦ɕi˥˩˧ni˨˩tʂə˦˥muo˧,tʂə˦sɿ˦vei˦˥lie˧……ʂuei˥˩li˥˨yoŋ˦tʂə˦kə˦pʰɑ˨˩tsɿ˧,sɿ˦tiŋ˥˩pʰɑ˨˩.（这个，这一段叫什么？这个木头？）钯子把么。pʰɑ˨˩tsɿ˧pɑ˦muo˧.（嗯。这个地方呢？）这都统称钯子，再没有……tʂei˦˥tou˥˨tʰuoŋ˥˩˧tʂʰəŋ˥˩˧pʰɑ˨˩tsɿ˧,tsæᴇ˦mei˨˩iou˥˨……（这个把子斗进去那个叫裤……裤裤还是裤子？）噢，裤裤。还是个裤子这儿这。ɑɔ˨,kʰu˦kʰu˦˨.xɑ˨˩sɿ˦kə˦kʰu˦tsɿ˧tʂər˦tʂə˦˨.（裤子,裤子还是裤裤？）裤裤。kʰu˦kʰu˦˨.（这里叫不叫项呢？）叫项咧。那个项。tɕiɑɔ˦ɕiɑŋ˦lie˧.nə˦˨kə˦xɑŋ˦˥.（啊，xɑŋ˦？）噢，项。ɑɔ˨,xɑŋ˦.（xɑŋ˦tsɿ˧还是xɑŋ˦？）项。xɑŋ˦.（这里就是叫？）钯子刺么。pʰɑ˨˩tsɿ˧tsʰɿ˦˥muo˧.（这个钯子里面有有有大的铁做的吧？噢，这个这……）哎都没有得，多一半儿都……都是……æᴇ˥˩tou˥˨muo˥˩iou˥˩tei˥˩˧,tuo˥˩i˥˨pær˦˥tou˥˨s……tou˥˩˧sɿ˦……（捡粪用的呢？）那粪杈子么。捡粪锨锨，捡粪杈杈。nə˦fəŋ˦˥tsʰɑ˥˩tsɿ˧muo˧.tɕiæ̃˥˩˧fəŋ˦ɕiæ̃˥˩ɕiæ̃˥˨,tɕiæ̃˥˩˧fəŋ˦tsʰɑ˥˩tsʰɑ˥˨.（啊，捡粪还有那个锨锨？）噢，锨锨。锨是铁锨的锨，金字过去一个欣字。ɑɔ˨,ɕiæ̃˥˩ɕiæ̃˥˨.ɕiæ̃˥˩sɿ˦˨tʰie˥˩ɕiæ̃˥˨ti˧ɕiæ̃˥˨,tɕiŋ˥˩tsɿ˦˨kuo˦tɕʰy˦i˥˩˧kə˦ɕiæ̃˥˩tsɿ˦˨.（那是平的是吧？）平的。哎就是拿了个废……哎小小的那种废铁铁，安个把把，就这儿以后，最小的有小得很那那不叫锨锨了，叫铲子，捡粪铲子。大一点的就叫锨锨。pʰiŋ˨˩ti˥˩.æᴇ˦tɕiou˦˥sɿ˦˨nɑ˨˩lə˦kə˦fei˦……æᴇ˦ɕiɑɔ˥˩ɕiɑɔ˥˩ti˧nei˦tʂuoŋ˥˩˧fei˦˥˩tʰie˥˩tʰie˥˨,næ̃˥˩kə˦˨pɑ˦pɑ˦˨,tsou˦tʂər˦i˥˨xou˦,tsuei˦ɕiɑɔ˥˩ti˧iou˥˩ɕiɑɔ˥˩tei˥˨xəŋ˥˩næᴇ˦næᴇ˦pu˨˩˥tɕiɑɔ˦ɕiæ̃˥˩ɕiæ̃˥˨lə˧,tɕiɑɔ˦tsʰæ̃˥˩tsɿ˧,tɕiæ̃˥˩˧fəŋ˦tsʰæ̃˥˩tsɿ˧.tɑ˦i˥˩˧tiæ̃˥˨ti˧tɕiou˦tɕiɑɔ˦ɕiæ̃˥˩ɕiæ̃˥˨.（捡粪杈子是什么呢？）杈子，有些人弄些铁丝，弯那么个网，弄个杈杈子去以后，那是……tsʰɑ˥˩tsɿ˧,iou˥˩ɕie˥˨zəŋ˨˩nuoŋ˦ɕie˥˨tʰie˥˨sɿ˥˩,væ̃˥˩nə˦muo˧kə˦vɑŋ˥˩,nuoŋ˦kə˦tsʰɑ˥˩tsʰɑ˥˨tsɿ˧tɕʰi˦i˥˨xou˦,næᴇ˦˥sɿ˦˨……（那个筐……那个是背在身上那个筐子还是用篓子呢？）那是叫粪筐么。nə˦sɿ˦tɕiɑɔ˦fəŋ˦kʰuɑŋ˥˩muo˧.（是什么样的？也是一个挺大的还是什么？）那是个……有的是那一面天那是背的，有的把……我们这个地方多一半儿都是手里提的。提个粪筐啊。提上就走了。nɑ˦˨sɿ˦˨kə……iou˥˩ti˧sɿ˦nei˦˥i˥˨miæ̃˦tʰiæ̃˥˩nɑ˦˨sɿ˦pei˥˩ti˧,iou˥˩ti˧pɑ˥˨……ŋuo˥˩məŋ˧tʂə˦kə˦ti˦fɑŋ˥˩tuo˥˩i˥˨pær˦˥tou˥˨sɿ˦˨ʂou˥˩li˥˨tʰi˨˩ti˧.tʰi˨˩kə˦fəŋ˦˥kʰuɑŋ˥˨ɑ˨.tʰi˨˩ʂɑŋ˦˥tsou˦˨tsou˥˩lə˧.（跟篮子差不多大吗？）

噢，就像这么篮子这么大弄式。胳膊上一抏就走了。ɑɔ˨˩,tsou˥ɕiɑŋ˥tʂə˥muo˧lǣ˨˦tsɿ˧tʂə˥muo˧tɑ˥nuoŋ˥ʂʅ˧˩.kə˧puo˧˩ʂɑŋ˥i˧˩kʰuæᴇ˧tsou˥tsou˧˩lə˧.

（欸，有没有就说这种刮钯？）没有。muo˧˩iou˧˩.（就是搂土哇或者捡粪用的那个没有齿的宽板的钯。）没有。mei˩˨iou˧˩.（那个晒谷子用的呢？晒粮食用的？）那叫推板。那就很简单。就，简单，就像这么个东西。一块儿板子，这后头安个把把，这就是这么翻。nei˥tɕiɑɔ˥tʰuei˧pæ̃˧˩.næᴇ˥˦tsou˥˩xəŋ˧tɕiæ̃˧tæ̃˧˩.tɕiou˥,tɕiæ̃˧tæ̃˧˩,tsou˥ɕiɑŋ˥tʂə˥muo˧kə˥tuoŋ˧˩ɕi˧.i˧˩kʰuər˧˦pæ̃˧tsɿ˧,tʂə˥xou˥tʰou˧næ̃˧kə˥˩pɑ˥˦pɑ˥,tʂei˥tɕiou˥sɿ˥tʂə˥˦muo˧fæ̃˧˩.（把那个谷子推平？）往推……往……往传这一推就对了。叫推板。vɑŋ˧˩tʰuei˧˦……vɑŋ˧˦……vɑŋ˧˩tʂʰuæ̃˨˦tʂei˥i˧˩tʰuei˧tɕiou˥tuei˥lə˧.tɕiɑɔ˥˦tʰuei˧pæ̃˧˩.（呃。有……晒谷子的时候要翻动那个带齿的不？）有咧。iou˧lie˧.（那个叫什么？）咹，那把那叫啥咧不清楚。æ̃˧,næᴇ˥pɑ˧˦næᴇ˥tɕiɑɔ˥sɑ˥lie˧pu˩˦tɕʰiŋ˧tʂʰʯ˧˩.（木钯？）那也可以叫木钯。那都是，那……那个刺儿就宽了。那实际上就很简单。它就这么一块儿板子，它是这么过来以后，它无非是这个，它是给你凿了些，这……这是□□，这互……互相做了些齿齿是这么个出来以后，这又窝进去，这又窝进去咧，哎，这儿就是，后头安个把，认不出来以后，拍上。næᴇ˥iɑ˧˩kʰə˧i˧˩tɕiɑɔ˥mu˧˩pʰɑ˩˦.næᴇ˥˦tou˧˦sɿ˥,næᴇ˥˦……nə˥kə˥tsʰər˥tɕiou˥kʰuæ̃˧lə˧.næᴇ˥˦ʂʅ˩˦tɕi˥˦ʂɑŋ˥˩tsou˥xəŋ˧tɕiæ̃˧tæ̃˧˩.tʰɑ˧˦tɕiou˥tʂə˥muo˧i˧˩kʰuər˧˦pæ̃˧tsɿ˧,tʰɑ˧˩sɿ˥˦tʂə˥vuo˧（←muo˧）kuo˥læᴇ˩˦i˧˩xou˥,tʰɑ˧˦vu˩˦fei˧˩sɿ˥tʂə˥kə˥,tʰɑ˧˦sɿ˥kei˥ni˧˦tsɑɔ˨˦lə˧ɕie˧˦,tʂei˥˦……tʂei˥sɿ˥xuoŋ˥tɕiæ̃˧˦,tʂə˥xu˥˦……xu˥˦ɕiɑŋ˧˦tsuo˥˦lə˧ɕie˧˦tsʰɿ˧tsʰɿ˧sɿ˥tʂə˥muo˧kə˥tʂʰʯ˧læᴇ˨˦i˧˩xou˥,tʂə˥iou˥vuo˧˩tɕiŋ˥tɕʰi˥,tʂə˥iou˥vuo˧˩tɕiŋ˥tɕʰi˥lie˧,æᴇ˥,tʂər˥tɕiou˥˦sɿ˥˩,xou˥tʰou˧næ̃˧˩kə˥pɑ˥,zəŋ˥pu˩˦tʂʰʯ˧læᴇ˨˦i˧˩xou˥,pʰei˧˩ʂɑŋ˥.（这个叫什么？）还叫木钯子嘛那叫。xɑ˩˦tɕiɑɔ˥mu˧pʰɑ˩˦tsɿ˧mɑ˧næᴇ˥tɕiɑɔ˥.（木钯子？）嗯。哎呀，这都不确切。这都我说下这个这个都不太对。也不常用的这些东西。ə̃˧˩.æᴇ˩iɑ˩,tʂə˥˦tou˧˩pu˩˦tɕʰyo˧tɕʰie˧.tʂə˥tou˧˦ŋuo˧˦ʂuo˧xɑ˥tʂə˥kə˥tʂə˥kə˥tou˧˩pu˩˦tʰæᴇ˥tuei˥.iɑ˧˩pu˩˦tʂʰɑŋ˨˦yoŋ˥ti˧tʂei˥ɕie˧˦tuoŋ˧ɕi˧.

糖

（这个那个糖是什么东西？糖？）黄：糖[①]，是用这个欸山上的这个木头，用三根欸，它这个东西是这个，用三根木棍，这么三根棍子，它这个每一个棍子头起以后它就有……它都有这么个东西把这串起来的。用这么四个东西把它串起来。muo˥,sɿ˥˩yoŋ˥˦tʂə˥kə˥ei˩sæ̃˧ʂɑŋ˥ti˧tʂei˥kə˥mu˧tʰou˧,yoŋ˥sæ̃˧kəŋ˧˩ei˥,tʰɑ˧˦tʂə˥kə˥tuoŋ˧ɕi˧sɿ˥tʂə˥kə˥,yoŋ˥sæ̃˧kəŋ˧˩mu˧˩kuoŋ˥,tʂə˥muo˧sæ̃˧kəŋ˧˩kuoŋ˥˦tsɿ˧,tʰɑ˧˦tʂə˥kə˥mei˧i˧˩kə˥kuoŋ˥˦tsɿ˧tʰou˩˦tɕʰie˧˦i˧˩xou˥tʰɑ˧˦tsou˥iou˧˦……tʰɑ˧˩tou˧˦iou˧˦tʂə˥muo˧kə˥tuoŋ˧ɕi˧pɑ˧˩tʂə˥tʂʰuæ̃˥˦tɕʰi˧˩læᴇ˩˦ti˧.yoŋ˥tʂə˥muo˧sɿ˥kə˥tuoŋ˧ɕi˧pɑ˧˩tʰɑ˧˦tou˧˦tʂʰuæ̃˥˦tɕʰi˧˩læᴇ˩˦.（这个这个串起来的这个是用什么材料做成的呢？）这还是用木头的。这东西叫糖档[②]。这个，这个棍，这叫糖梃[③]。tʂə˥xɑ˩˦sɿ˥yoŋ˥muo˧tʰou˧ti˧.tʂə˥˦tuoŋ˧˩ɕi˧tɕiɑɔ˥muo˥tɑŋ˥.tʂə˥˦kə˥˩,tʂə˥kə˥˦kuoŋ˥,tʂə˥tɕiɑɔ˥mu o˥tʰiŋ˧.（muo˥tɑŋ˥？）噢，糖档。ɑɔ˨˩,muo˥tɑŋ˥.（哪个tɑŋ˥呢？“挡住”的tɑŋ˥？）嗯。糖档。ŋ̍˨˩.muo˥tɑŋ˥.（这个是，糖档指的是这个还是……）啊，这个，这个，噢这叫糖梃，

① 糖：《川篇》莫个切。即耱，一种平整土地用的农具。长方形，用藤条或荆条编成。也用作动词，指用糖平整土地。柳青《创业史》第一部第二十章：“他请生禄和他一块犁了一遍，糖了三遍，泡在那里，只等农技员来了，铺粪，撒种。”

② 档：《集韵》丁浪切。《正字通·木部》：“档，俗谓横木框档。”

③ 梃：棍棒。《孟子·梁惠王上》：“杀人以梃与刃，有以异乎？”

这个字，这个，这个字不合适。糖梃。提手过去个廷字。ɑ˩,tʂə˥kə˥,tʂə˥kə˥,ɑɔ˩tʂə˥tɕiɑɔ˥muo˥tɕʰiŋ˧,tʂə˥kə˥tsɿ˥,tʂə˥kə˥,tʂə˥kə˥tsɿ˥pu˨˩˦xuo˨˩˦tʂʰʅ˧˩.muo˥tʰiŋ˧.tʰi˨˩˦ʂou˧kuo˥tɕʰy˥kə˥˩tʰiŋ˧tsɿ˥.（挺，啊，这个啊？这个啊？）哎不是……可以这么样写，同音着咧。这个板板么叫耱档。æᴇ˥pu˨˩˦sɿ˥˩……kʰə˧i˧˩tʂə˥muo˥iɑŋ˥ɕie˧,tʰuoŋ˨˩˦iŋ˧tʂuo˧˩lie·˧.tʂei˥kə˥˩pæ̃˧pæ̃˧˩muo·˧tɕiɑɔ˥muo˥tɑŋ˥.（这个板，这个是吧？）噢，这叫耱档。ɑɔ˩,tʂei˥˧tɕiɑɔ˥muo˥tɑŋ˥.（就是把三根串起来的那些东西？）噢，三根串起来这个东西叫耱档的。剩下这些东西它就是放条子以后，放条子以后编起的。ɑɔ˩,sæ̃˧kəŋ˧˩tʂʰuæ̃˥˩tɕʰi˧læᴇ˨˩˦tʂə˥kə˥tuoŋ˧ɕi·˧tɕiɑɔ˥muo˥tɑŋ˥ti·˧.ʂəŋ˥˦ɕi ɑ˥tʂə˥˧ɕie˧˩tuoŋ˧ɕi·˧tʰɑ˧˦tsou˥sɿ˥fɑŋ˥tʰiɑɔ˨˩˦tsɿ˧i˧˩xou˥,fɑŋ˥tʰiɑɔ˨˩˦tsɿ˧i˧˩xou˥piæ̃˧tɕʰi˧˩ti·˧.（噢，搞一些条子编起？）噢，木……放木条子把这都是搭起，把这空隙都编起来。ɑɔ˩,mu˧……fɑŋ˥˦mu˧tʰiɑɔ˨˩˦tsɿ˧pɑ˧˩tʂə˥˧tou˧˩sɿ˥tɑ˧˩tɕʰi˧,pɑ˧˩tʂə˥kʰuoŋ˥ɕi˧˩tou˧˦piæ̃˧tɕʰi˧˩læᴇ˨˩˦.（嗯，这个条子叫什么呢？）兀这……这些条子么……væᴇ˥˩tʂei˥˧……tʂei˥ɕie˧˦tʰiɑɔ˨˩˦tsɿ˧muo·˧……（不是，这个耱档中间的这个？）那些东西叫耱条。这就是，这就这么简单的，这都是用木头做成的这个东西。nə˥ɕie˧˦tuoŋ˧ɕi·˧tɕiɑɔ˥muo˥tʰiɑɔ˨˩˦.tʂei˥˧tɕiou˥˩sɿ˥˩,tʂei˥˧tɕiou˥˩tʂə˥muo·˧tɕiæ̃˧tæ̃˧˩ti·˧,tʂei˥˧tou˧˦sɿ˥yoŋ˥mu˧tʰou·˧tsuo˥˧tʂʰəŋ˨˩˦ti·˧tʂə˥muo·˧kə˥tuoŋ˧ɕi·˧.（干吗用的呢？）耱地咧。muo˥ti˥lie·˧.（耱地的？）噢，耱地。你把地揭成以后翻下那个地，疙疙瘩瘩的，好好溜溜的，把这个东西往上以后，哎牲口把这个一拉，拉上过去以后，人站得上头以后，这一下子……ɑɔ˩,muo˥ti˥.ni˧pɑ˧˩ti˥tɕie˧tʂʰəŋ˨˩˦i˧˩xou˥fæ̃˧xɑ˥˩nə˥kə˥ti˥,kɑ˧kɑ˧˦tɑ˧˦tɑ˧˦ti·˧,xɑɔ˧˩xɑɔ˧liou˥liou˥ti·˧,pɑ˧˩tʂə˥kə˥tuoŋ˧˩ɕi·˧vɑŋ˧˩ʂɑŋ˥i˧˩xou˥,æᴇ˥səŋ˧kʰou·˧pɑ˧˩tʂə˥kə˥i˧˦lɑ˧,lɑ˧ʂɑŋ˥˩kuo˥tɕʰi˥i˧˩xou˥,zʐəŋ˨˩˦tsæ̃˥tə·˧ʂɑŋ˥tʰou·˧i˧˩xou˥,tʂei˥i˧˩ɕiɑ˥tsɿ·˧……（噢，就把它的平……）噢。就是。ɑɔ˥.tɕiou˥sɿ˥.（平地的是吧？）噢，耱地，就是叫耱平了。ɑɔ˦,muo˥ti˥,tɕiou˥sɿ˥tɕiɑɔ˥muo˥piŋ˨˩˦lə·˧.（它是往哪个方向拖呢？是往这个方向拖还是这样方向拖呢？）这个，条子这个，你这个条子是这个，从这个地方返回去，到这面这头儿的，后头它有个欸，只能放一个方向耱，你就说是这个方向耱，那就是这头儿牵引着咧。tʂei˥˧kə˥˩,tʰiɑɔ˨˩˦tsɿ˧tʂə˥˩kə˥˩,ni˧tʂə˥kə˥tʰiɑɔ˨˩˦tsɿ˧sɿ˥tʂə˥˩kə˥˩,tsʰuoŋ˨˩˦tʂə˥kə˥˧ti˥fɑŋ˧˩fæ̃˧˩xuei˨˩˦tɕʰi˥˧,tɑɔ˥tʂei˥miæ̃˥tʂei˥tʰour˨˩˦ti·˧,xou˥tʰou·˧tʰɑ˧˦iou˧kə˥˩ei˩,tsɿ˧˩nəŋ˨˩˦fɑŋ˥i˧˩kə˥˧fɑŋ˧˩ɕiɑŋ˥˧muo˥,ni˧˦tsou˥ʂuo˧˩sɿ˥˩tʂə˥kə˥fɑŋ˧˩ɕiɑŋ˥˧muo˥,næᴇ˥tɕiou˥˩sɿ˥˩tʂei˥tʰour˨˩˦tɕʰiæ̃˧˩iŋ˧tʂuo˧˩lie·˧.（噢，往那边……）噢，往这面牵……ɑɔ˩,vɑŋ˧˩tʂei˥˦miæ̃˥tɕʰiæ̃˧˦……（往那个方向牵引？）噢，往这个方向牵引。主要靠后头这个，它编过去的那个东西嘛都是……后头那个条子这个扳过去就是这个样子，这个形状。往上一踏这个，这还有些条子尾嘛，条尾这个把把子过去以后，踏上以后，把那些胡墼疙瘩那些咧，他都人站到上头，把那胡墼疙瘩耱的碎碎的了。就靠这个后……后边这个东西杀土咧么。ɑɔ˩,vɑŋ˧˩tʂə˥˧kə˥˧fɑŋ˧˦ɕiɑŋ˥tɕʰiæ̃˧˦iŋ˧˦.tʂʮ˧iɑɔ˥˧kʰɑɔ˥xou˥˦tʰou·˧tʂə˥kə˥,tʰɑ˧˦piæ̃˧˩kuo˥˦tɕʰy˥ti·˧nə˥kə˥tuoŋ˧ɕi·˧mɑ·˧tou˧˦sɿ˥˩……xou˥tʰou·˧nə˥kə˥tʰiɑɔ˨˩˦tsɿ·˧tʂə˥kə˥pæ̃˧˩kuo˥tɕʰi˥tɕiou˥sɿ˥tʂə˥˧kə˥˧iɑŋ˥˦tsɿ·˧,tʂə˥˧kə˥˧ɕiŋ˨˩˦tʂuɑŋ˥.vɑŋ˧˩ʂɑŋ˥i˧˩tʰɑ˨˩˦tʂə˥kə˥,tʂə˥xæᴇ˨˩˦iou˧ɕie˧˩tʰiɑɔ˨˩˦tsɿ·˧vei˧mɑ·˧,tʰiɑɔ˨˩˦vei˧tsə˥kə˥pɑ˥˦pɑ˥tsɿ·˧kuo˥tɕʰi˥i˧˩xou˥,tʰɑ˨˩˦ʂɑŋ˥i˧˩xou˥,pɑ˧˩nə˥ɕie˧˦xuo˨˩˦（←xu˨˩˦）tɕi˧˦kɑ˧tɑ˧˩næᴇ˥ɕie˧lie·˧,tʰɑ˧˩tou˧˦zʐəŋ˨˩˦tsæ̃˥tɑɔ˥ʂɑŋ˥tʰou·˧,pɑ˧˩næᴇ˥xu˨˩˦tɕi˧˦kɑ˧tɑ˧˩muo˥ti·˧suei˥suei˥ti·˧lə·˧.tɕiou˥kʰɑɔ˥tʂə˥kə˥xou˥……xou˥piæ̃˧˩tʂə˥kə˥tuoŋ˧˩ɕi·˧sɑ˧˩tʰu˧lie·˧muo·˧.

锨

（那个锨有些什么锨呐？）黄：平常劳动工具上用的这个锨么就是方

锨、圆锨么。pʰiŋ˩˧tʂʰaŋ˩˧lɑɔ˩˧tuoŋ˥kuoŋ˥˩tɕy˥˧ʂaŋ˥yoŋ˥ti˧tʂə˥˨kə˥˨ɕiæ̃˥˩muo˧tɕiou˥sɿ˥faŋ˥˩ɕiæ̃˥˨,yæ̃˩˧ɕiæ̃˥˩muo˧.（就是锨哇？）噢，就是锨，铁锨。方锨、圆锨么。但是你这个……ɑɔ˨,tɕiou˥sɿ˥tɕʰiɑɔ˥˩,tʰie˥˧tɕʰiɑɔ˥˩.faŋ˥˩tɕʰiɑɔ˥˨,yæ̃˩˧tɕʰiɑɔ˥˩muo˧.tæ̃˥sɿ˥ni˥˧tʂə˥kə˥……（哎，你们方言中叫什么？）嗯？方言就叫圆头铁锨、方锨。ə̃˩˧?faŋ˥˩iæ̃˩˧tɕiou˥˧tɕiɑɔ˥˨yæ̃˩˧tʰou˩˧tʰie˥˩ɕiæ̃˥˨,faŋ˥˩ɕiæ̃˥˨.（有木头做的锨吗？）扬场用的全部都是木头锨，木锨。iɑŋ˩˧tʂʰɑŋ˩˧yoŋ˥ti˧tɕʰyæ̃˩˧pu˥˧tou˥˧sɿ˥mu˥˨tʰou˧ɕiæ̃˥˨,mu˥˩ɕiæ̃˥˨.

镢

1.（镢头呢？）黄：镢头那就是上去那天咱们说的这个东西。兀有襻镢、蛮镢、□疑为“溜”之讹子镢、尖镢，这几种。tɕyo˥˩tʰou˧nei˥tɕiou˥sɿ˥ʂaŋ˥tɕʰy˥nei˥˧tʰiæ̃˥˨tʂɑ˩˧məŋ˧ʂuo˥˩ti˧tʂə˥kə˥tuoŋ˥˨ɕi˧.væ˥˧iou˥˨pʰæ̃˥˧tɕyo˥˨,mæ̃˩˧tɕyo˥˩,tɕiou˥tsɿ˧tɕyo˥˨,tɕiæ̃˥˩tɕyo˥˨,tʂei˥˧tɕi˥˩tʂuoŋ˥˨.（这个镢……镢头跟这个锄有……那个一般的锄有什么区别？）那可这有区别咧。说你都薄镢头子打下，安下把，它可以直挖的嘛。噢，最大的特点以后它是可以这样直挖么。你锄你就挖不成么。锄它是这个项一戴以后，你是个弯弯子，你只能锄地嘛。你拿这个一挖，就把前头挖坏了嘛你。nə˥kʰə˥˨tʂei˥iou˥˨tɕʰy˥˩pie˩˧lie˧.ʂuo˥˨ni˥˩tou˥˨puo˩˧tɕyo˥˩tʰou˧tsɿ˧tɑ˥˩xɑ˥˨,næ̃˥˩xɑ˥˨pɑ˥,tʰɑ˥˧kʰə˥˩i˥˨tʂɿ˩˧vɑ˥˩ti˧mɑ˧.ɑɔ˥,tsuei˥tɑ˥ti˧tʰə˥˨tiæ̃˥˩i˥˨xou˥tʰɑ˥˧sɿ˥kʰə˥˩i˥˩tʂei˥iɑŋ˥tʂɿ˩˧vɑ˥˩muo˧.ni˥˧tʂʰʮ˩˧ni˥˧tsou˥vɑ˥˩pu˩˧tʂʰəŋ˩˧muo˧.tʂʰʮ˩˧tʰɑ˥˧sɿ˥tʂə˥kə˥xɑŋ˥i˥˨tæ˥i˥˨xou˥,ni˥˧sɿ˥kə˥væ̃˥˩væ̃˥˨tsɿ˧,ni˥˩tsɿ˥˧nəŋ˩˧tʂʰʮ˩˧ti˥mɑ˧.ni˥˨nɑ˩˧tʂə˥kə˥i˥˧vɑ˥˩,tsou˥pɑ˥˨tɕʰiæ̃˩˧tʰou˧vɑ˥˨xuæ˥˧lə˧mɑ˧ni˥˧.（噢，镢头它它这个这一带有什么不同跟这个？）这……它这个打下以后，它是直接下来就是这么个欸，这儿这是这个铆下来以后，它就直接是这么个，这是个刃子，在这个把之间安过去，它就直接是这么个东西嘛。tʂei˥……tʰɑ˥˩tʂə˥kə˥tuoŋ˥˩ɕi˧i˥˨xou˥,tʰɑ˥˩sɿ˥˨tʂɿ˩˧tɕie˥˨xɑ˥læ˩˧tsou˥˨sɿ˥˨tʂə˥˧muo˧kə˧ei˨,tʂər˥tʂə˥sɿ˥tʂə˥kə˥mɑɔ˥˩xɑ˥læ˩˧i˥˨xou˥,tʰɑ˥˧tsou˥tʂɿ˩˧tɕie˥˩sɿ˥tʂə˥muo˧kə˥˨,tʂə˥sɿ˥kə˥zəŋ˥˧tsɿ˧,tsæ˥tʂə˥kə˥pɑ˥tsɿ˥˧tɕiæ̃˥˩næ̃˥˨kuo˥tɕʰy˥,tʰɑ˥˨tsou˥˨tʂɿ˩˧tɕie˥˩sɿ˥˨tʂə˥˧muo˧kə˥˧tuoŋ˥˨ɕi˧mɑ˧.（就是锄板上面就有洞？）噢，锄板……这个镢头上头都有眼，也有镢襻咧嘛。上头这一部分，把它叫镢襻么。这底下这一部分叫镢刃么。它所以说，它这个把子□……ɑɔ˨,tʂʰʮ˩˧pæ̃˥˩……tʂə˥kə˥tɕyo˥˧tʰou˧ʂɑŋ˥˧tʰou˧tou˥˨io u˥˧niæ̃˥˩,ie˥˩iou˥˩tɕyo˥˨pʰæ̃˥lie˧mɑ˧.ʂɑŋ˥˧tʰou˧tʂei˥˧i˥˨pʰu˥˧fəŋ˥˨,pɑ˥˨tʰɑ˥˧tɕiɑɔ˥tɕyo˥˨pʰæ̃˥muo˧.tʂei˥ti˥˩xɑ˥˨tʂə˥i˥˧pʰu˥˧fəŋ˥˨tɕiɑɔ˥tɕyo˥˨zəŋ˥muo˧.tʰɑ˥˨ʂuo˥˩i˥˩ʂuo˥˨,tʰɑ˥tʂə˥kə˥pɑ˥tsɿ˧niæ̃˩˧……（这个把呢？）噢，镢把么。ɑɔ˨,tɕyo˥˨pɑ˥muo˧.（然后这一这一块呢？）这整个都叫镢板么。除了镢……这就很简单，镢……镢襻下来就是镢刃。这啊就可以叫镢板么那倒是。tʂei˥˧tʂəŋ˥˩kə˥˧tou˥˨tɕiɑɔ˥tɕyo˥˨pæ̃˥˩muo˧.tʂʰʮ˩˧lə˧tɕyo˥˨……tʂei˥˧tɕiou˥xəŋ˥˩tɕiæ̃˥˩tæ̃˥˨,tɕyo˥˨……tɕyo˥˨pʰæ̃˥xɑ˥læ˩˧tɕiou˥sɿ˥tɕyo˥˨zəŋ˥.tʂə˥æ˧tɕiou˥kʰə˥˩i˥˨tɕiɑɔ˥tɕyo˥˨pæ̃˥˩muo˧næ˥tɑɔ˥sɿ˥.（有这个讲法吗？）啊，也有这个叫法讲。ɑ˨,ie˥˩iou˥˩tʂə˥kə˥tɕiɑɔ˥fɑ˥˧tɕiɑŋ˥˨.（呃，镢啊有有有襻镢，这个襻镢……）就是这种的嘛。tɕiou˥˨sɿ˥˨tʂei˥˧tʂuoŋ˥˨ti˧mɑ˧.（这种？）啊，还有一种是蛮镢。就说是这个薄厚不一样……不一样了。ɑ˨,xæ˩˧iou˥˩i˥˧tʂuoŋ˥˩sɿ˥mæ̃˩˧tɕyo˥˩.tɕiou˥ʂuo˥˧sɿ˥tʂə˥kə˥puo˩˧xou˥˧ʂɑŋ˥˨pu˩˧i˥˨iɑŋ˥……pu˩˧i˥˨iɑŋ˥lə˧.（什么东西不一样？）就是这个刃子……tɕiou˥sɿ˥tʂə˥kə˥zəŋ˥˧tsɿ˧……（厚薄？）噢，厚薄上不一样了。襻镢么那它都是这个，一般就说是这个，这是这个镢板么，就比较薄一点。呃。ɑɔ˨,xou˥puo˩˧ʂɑŋ˥˧pu˩˧i˥˨iɑŋ˥lə˧.pʰæ̃˥˧tɕyo˥˨muo˧næ˥tʰɑ˥˧tou˥˧sɿ˥tʂə˥kə˥,i˥˧pæ̃˥˨tɕiou˥˧ʂuo˥˧sɿ˥tʂə˥kə˥,tʂə˥sɿ˥tʂə˥kə˥tɕyo˥˨pæ̃˥˩muo˧,tsou˥pi˥˧tɕiɑɔ˥pɑɔ˩˧i˥˨tiæ̃˥˨.ə˨.（襻镢薄一点？）薄一点。蛮镢么那就说是这

个……pɑɔ˨˦i˥˧꜖tiæ̃˥˧꜖.mæ̃˨˦꜖tɕyo˥˧muo˧næᴇ˥tɕiou˥ʂuo˥sʅ˥tʂə˥kə˥……（厚？）厚。而且是比较，比这个稍微大一点，是整个儿看着啊。xou˥.ər˨˦tɕʰie˥˧꜖sʅ˥꜖pi˥˧꜓tɕiɑɔ˥,pi˥˧꜓tʂə˥kə˥sɑɔ˥˧꜓vei˥˧꜓tɑ˥i˥˧꜓tiæ̃˥˧꜖,sʅ˥tʂəŋ˥˧kər˥kʰæ̃˥tʂuo˥˧ɑ꜖.（这个襻镢是不是宽一些？）宽一点儿。kʰuæ̃˥˧i˥˧꜖tiæ̃r˥˧꜖.（长一些？）长还……长也……tʂʰɑŋ˨˦xɑ˨˦꜓……tʂʰɑŋ˨˦ie˥˧꜖……（锄板是不是比那个一般蛮蛮镢要长一些？）就说是稍……这都基本上长短都错不下。tɕiou˥꜖ʂuo˥˧꜖sʅ˥꜖sɑɔ˥˧……tʂə˥꜓tou˥˧꜖tɕi˥˧꜖pəŋ˥˧ʂɑŋ˥꜖tʂʰɑŋ˨˦꜖tuæ̃˥˧tou˥˧꜖tsʰuo˥pu˨˦꜓xɑ˥.（蛮镢蛮镢要宽一点？）嗯。ŋ̍꜖.（它厚一点？）厚一点，嗯。xou˥i˥˧꜓tiæ̃˥˧꜖.ŋ̍꜖.（背背上厚一点儿？）噢，就是这个锄板整个都……ɑɔ꜖,tɕiou˥꜖sʅ˥꜖tʂə˥kə˥tʂʰʯ˨˦꜖pæ̃˥˧tʂəŋ˥˧kə˥tou˥˧꜖……（襻镢厚一些还是蛮镢厚一些？）蛮镢厚么。蛮镢是，一般用来挖其他东西。襻镢你都不能挖这个。mæ̃˨˦꜖tɕyo˥˧xou˥muo˧.mæ̃˨˦꜖tɕyo˥˧sʅ˥,i˥˧꜓pæ̃˥˧꜖yoŋ˥læᴇ˨˦꜓vɑ˥˧tɕʰi˨˦꜖tʰɑ˥˧tuoŋ˥˧꜓ɕi˦.pʰæ̃˥꜓tɕyo˥˧꜓ni˥˧tou˥˧꜓pu˨˦꜖nəŋ˨˦vɑ˥˧tʂə˥kə˥.

2.（这个锄头讲不讲镢头？）黄：有镢头。大。iou˥˧꜓tɕyo˥˧tʰou˧.tɑ˥.（很大的那种？）啊，很大的那个。不是过于大的那个……东西。这里头是这个分蛮镢……ɑ꜖,xəŋ˥˧꜖tɑ˥꜖ti˦nei˥kə˥.pu˨˦꜖sʅ˥kuo˥y˨˦꜓tɑ˥ti˦nə˥kə˥t……tuoŋ˥˧ɕi˧.tʂei˥li˥˧꜖tʰou˧sʅ˥tʂə˥kə˥fəŋ˥˧꜖mæ̃˨˦꜖tɕyo˥˧……（mæ̃˨˦꜖tɕyo˥˧是什么东西？）襻镢。蛮镢就是比较大一点的那种，厚实一点的叫蛮镢。襻镢么，就是大一点，但是薄，轻一点。还有尖镢。pʰæ̃˥꜓tɕyo˥˧꜖.mæ̃˨˦꜖tɕyo˥˧tɕiou˥꜖sʅ˥꜖pi˥˧tɕiɑɔ˥꜖tɑ˥i˥˧꜓tiæ̃˥˧꜖ti˧nei˥tʂuoŋ˥˧꜖,xou˥ʂʅ˨˦꜖i˥˧꜖tiæ̃˥˧ti˧tɕiɑɔ˥mæ̃˨˦꜖tɕyo˥˧.pʰæ̃˥꜓tɕyo˥˧꜖muo˧,tsou˥sʅ˥tɑ˥꜓i˥˧꜖tiæ̃˥˧꜖,tæ̃˥sʅ˥pɑɔ˨˦,tɕʰiŋ˥˧i˥˧꜖tiæ̃˥˧꜖.xæᴇ˨˦꜖iou˥˧꜓tɕiæ̃˥˧tɕyo˥˧꜖.（尖的？）尖的，啊。tɕiæ̃˥˧ti˧,ɑ꜖.（尖的？）嗯。ŋ̍꜖.（mæ̃˨˦꜖tɕyo˥˧是什么形状的呢？）蛮镢就说是比较大，厚，拽实一点的，比较结实一点的，叫蛮镢。mæ̃˨˦꜖tɕyo˥˧tɕiou˥꜖ʂuo˥˧꜖sʅ˥꜖pi˥˧꜓tɕiɑɔ˥tɑ˥,xou˥,tʂuæᴇ˥꜓ʂʅ˨˦꜖i˥˧꜖tiæ̃˥˧꜖ti˧,pi˥˧꜓tɕiɑɔ˥tɕie˥˧ʂʅ˨˦꜖i˥˧꜖tiæ̃˥˧꜖ti˧,tɕiɑɔ˥mæ̃˨˦꜖tɕyo˥˧.（大？）嗯。大。ŋ̍꜖.tɑ˥.（又厚是吧？）哎又厚这个，蛮镢。æᴇ˥˧iou˥xou˥tʂə˥꜖kə˥꜖,mæ̃˨˦꜖tɕyo˥˧.（mæ̃˨˦是哪个字呢？）蛮就是比较厚实的那个。蛮字是个……mæ̃˨˦tɕiou˥꜓sʅ˥pi˥˧꜓tɕiɑɔ˥xou˥ʂʅ˨˦꜓ti˦nə˥kə˥.mæ̃˨˦tsʅ˥sʅ˥kə˥……（你可不可以写出字来呢？）哎呀。这个蛮字把我也难住咧。æᴇ˥˧iɑ꜖.tʂə˥kə˥mæ̃˨˦tsʅ˥꜓pɑ˥˧꜓ŋuo˥˧æ˧næ̃˨˦꜖tʂʯ˥lie˥.（写个同音字就可以了。）蛮。漫。“漫山遍野”的“漫”字吧。mæ̃˨˦.mæ̃˥.mæ̃˥꜓sæ̃˥˧꜖piæ̃˥ie˥˧ti˧mæ̃˥tsʅ˥pɑ˧.（蛮，这个人野蛮的蛮？）噢，野蛮的蛮或者是蛮……ɑɔ꜖,ie˥˧mæ̃˨˦꜖ti˦mæ̃˨˦꜓xuei˨˦꜓tʂə˥˧꜖sʅ˥mæ̃……（蛮镢？）嗯。蛮镢。ŋ̍꜖.mæ̃˨˦tɕyo˥˧꜖.（蛮镢。还有襻镢是什么？）襻镢。就是薄……薄一点的。大小和这个一样，但是它薄，轻巧。pʰæ̃˥꜓tɕyo˥˧꜖.tɕiou˥꜖sʅ˥꜖pɑɔ˨˦……puo˨˦i˥˧꜖tiæ̃˥˧꜖ti˧.tɑ˥ɕiɑɔ˥˧꜓xuo˨˦꜓tʂə˥kə˥i˥˧꜖iɑŋ˥,tæ̃˥sʅ˥tʰɑ˥˧꜓puo˨˦,tɕʰiŋ˥˧tɕʰiɑɔ˥˧꜖.（跟审判的判一样的音吗？）一样，襻镢。i˥˧꜖iɑŋ˥,pʰæ̃˥tɕyo˥˧꜖.（嗯，还有一种什么镢？）尖镢。挖比较硬的那个土的话，它它用它那个尖。tɕiæ̃˥˧tɕyo˥˧꜖.vɑ˥˧꜖pi˥˧tɕiɑɔ˥꜖niŋ˥ti˧nə˥kə˥tʰu˥˧tə˧xuɑ˥꜖,tʰɑ˥˧꜖tʰɑ˥˧꜓yoŋ˥tʰɑ˥˧꜓nə˥kə˥tɕiæ̃˥˧.（是不是跟那个洋镐差不多？）和洋镐一样，洋镐是两头的啊，它是一头儿。xuo˨˦꜖iɑŋ˨˦kɑɔ˥˧i˥˧꜖iɑŋ˥,iɑŋ˨˦kɑɔ˥˧sʅ˥꜖liɑŋ˥˧tʰou˨˦꜖ti˦ɑ˦,tʰɑ˥˧sʅ˥꜖i˥˧꜖tʰour˨˦.（一头的？）啊。还有溜……溜子镢。这都有四种镢头咧。窄一点。矛子长。ɑ꜖.xæᴇ˨˦꜖iou˥˧꜓liou˥……liou˥tsʅ˧tɕyo˥˧.tʂə˥tou˥˧꜖iou˥˧꜓sʅ˥tʂuoŋ˥˧꜖tɕyo˥˧tʰou˧lie˧.tsei˥˧i˥˧꜖tiæ̃˥˧꜖.miɑɔ˨˦꜓tsʅ˧tʂʰɑŋ˨˦.（那个liou˥是哪个呢？）溜，一溜两溜的溜。liou˥,i˥˧꜖liou˥liɑŋ˥˧꜓liou˥ti˦liou˥.（窄的？）嗯，窄的，嗯，长一点。ŋ̍꜖,tsei˥˧ti˧,ə̃˥,tʂʰɑŋ˨˦i˥˧꜓tiæ̃˥˧꜖.

锄

（锄头有几种呢？）黄：锄头……tʂʰʯ˨˦꜖tʰou˥˧……（嗯，先画……画一个它的这个结构哇。是带把子吧。）嗯。ŋ̍꜖.（下面呢？）这个下头以后，他安一个欽，下来这个应该是个……画下这个不像。tʂə˥kə˥ɕia˥˧˥tʰou·li˥˧˧˩xou˥,tʰɑ˥˧˧næ̃˥˧i˥˧˧˩kə˥ei˧˩,xɑ˥læᴇ˩˧˧˩tʂə˥kə˥iŋ˥˧˧kæᴇ˥˧˩sɿ˥kə˥……xuɑ˥xɑ˥tʂə˥kə˥pu˩˧˧˩ɕiɑŋ˥.（没关系。这个大概意思就行了。这里是那个吧？）噢，这就是这个，这是个锄把嘛。下次……下来这个地方，这儿安下这个东西，这儿安下以后这叫锄项么。ɑɔ˧˩,tʂei˥˦tɕiou˥sɿ˥tʂə˥kə˥,tʂə˥˦sɿ˥kə˥tʂʰɥ˩˧˧˩pɑ˥mɑ·˧.ɕiɑ˥˧˥tsʰɿ˥˧˩……ɕiɑ˥˧˥læᴇ˩˧˧˩tʂə˥kə˥ti˥fɑŋ˥˧˧˩,tʂər˥˧˥næ̃˥˧xɑ˥˧˩tʂə˥kə˥tuoŋ˥˧ɕi·˧,tʂər˥næ̃˥˧˧˩xɑ˥i˥˧˧˩xou˥tʂə˥tɕiɑɔ˥tʂʰɥ˩˧˧˩xɑŋ˥muo·˧.（这个地方呢？）这叫锄项。tʂə˥˦tɕiɑɔ˥tʂʰɥ˩˧˧˩xɑŋ˥.（不是，安那个把子的有……）噢，安把子这个地方。这就……ɑɔ˧˩,næ̃˥˧˧˩pɑ˥tsɿ·˧tʂə˥kə˥ti˥fɑŋ˥˧˧˩.tʂei˥˦tɕiou˥……（那个那个孔那一带？）这都，这统一叫锄项。tʂei˥tou˥˧˧˩,tʂei˥tʰuoŋ˥˧i˥˧˧˩tɕiɑɔ˥tʂʰɥ˩˧˧˩xɑŋ˥.（锄项，锄……）锄项，噢，对。tʂʰɥ˩˧˧˩xɑŋ˥,ɑɔ˧˩,tuei˥˧˩.（锄的脖子？）噢，锄的脖子，对着咧。ɑɔ˧˩,tʂʰɥ˩˧˧˩ti·˧puo˩˧tsɿ·˧,tuei˥tʂuo˥˧˧lie·˥.（这个地方叫不叫裤？）这不叫裤。这就叫锄项。下来以后，这个弯下来以后，安下这个地方，就叫这个锄板子。tʂei˥˦pu˩˧˧˩tɕiɑɔ˥kʰu˥˧˩.tʂei˥tɕiou˥tɕiɑɔ˥tʂʰɥ˩˧˧˩xɑŋ˥.xɑ˥læᴇ˩˧˧˩i˥˧˧˩xou˥,tʂə˥kə˥væ̃˥˧˧˩xɑ˥læᴇ˩˧˧i˥˧˧˩xou˥,næ̃˥˧xɑ˥˧˩tʂə˥kə˥ti˥fɑŋ˥˧˧˩,tɕiou˥tɕiɑɔ˥tʂə˥˧˩kə˥˧˩tʂʰɥ˩˧˧˩pæ̃˥˧tsɿ·˧.（锄板子？）嗯。锄板子这个地方。这是个弯形的嘛。就弯，弯，弯弓一样的那个叫锄板子。ŋ̍˧˩.tʂʰɥ˩˧˧˩pæ̃˥˧tsɿ·˧tʂə˥kə˥ti˥˦fɑŋ˥˧˧˩.tʂə˥sɿ˥kə˥væ̃˥˧ɕiŋ˩˧˧˩ti·˧mɑ·˧.tsou˥væ̃˥˧,væ̃˥˧,væ̃˥˧˥kuoŋ˥˧i˥˧˧˩iɑŋ˥ti·˧næᴇ˥kə˥tɕiɑɔ˥tʂʰɥ˩˧˧˩pæ̃˥˧tsɿ·˧.（那上面有钩子吗锄头上面？）没有。锄钩子是它这个是这个地方。它是这个地方，这个弯弯的地方，它有个舌头形式的，它要和这个锄板子连接那个地方，那叫锄钩。muo˥˧˥iou˥˧˧˩.tʂʰɥ˩˧˧kou˥˧tsɿ·˧sɿ˥tʰɑ˥˧˧tʂə˥kə˥sɿ˥tʂə˥˧˥kə˥˦ti˥fɑŋ˥˧˧˩.tʰɑ˥˧˧sɿ˥tʂə˥˧˥kə˥˦ti˥fɑŋ˥˧˧,tʂə˥kə˥væ̃˥˧væ̃˥˧˧˩tə·˧ti˥˦fɑŋ˥˧˧˩,tʰɑ˥˧˧iou˥˧˧kə˥ʂə˩˧˧˩tʰou·˧ɕiŋ˩˧˧˩ʂɿ˥˧ti·˧,tʰɑ˥˧˧iɑɔ˥xuo˩˧˧tʂə˥kə˥tʂʰɥ˩˧˧˩pæ̃˥˧tsɿ·˧liæ̃˩˧tɕie˥˧nə˥kə˥ti˥fɑŋ˥˧˧˩,næᴇ˥˦tɕiɑɔ˥tʂʰɥ˩˧˧˩kou˥˧.（这个连接这个锄项跟锄板的中间的那个地方是吧？）那个舌头叫做锄……锄钩子。nə˥kə˥ʂə˩˧˧˩tʰou·˧tɕiɑɔ˥tsuo˥tʂʰɥ˩˧……tʂʰɥ˩˧kou˥˧tsɿ·˧.（这么弯弯的地方这个地方叫……这是锄板子？）啊。就是这么个，它是这么个弯下来就像这个地方，它这个地方，不是这个要安锄板儿咧么？就是这个地方，这叫锄钩子。ŋɑ˧˩.tɕiou˥sɿ˥tʂə˥muo·˧kə˥,tʰɑ˥˧˧sɿ˥tʂə˥˦muo·˧kə˥˧˩væ̃˥˧˧˩xɑ˥læᴇ˩˧˧˩tsou˥˧˩ɕiɑŋ˥˧˩tʂə˥kə˥˦ti˥˧˩fɑŋ˥˧˧˩,tʰɑ˥˧˧˩tʂə˥kə˥˦ti˥˧˩fɑŋ˥˧˧˩,pu˩˧˧sɿ˥tʂə˥kə˥iɑɔ˥næ̃˥˧tʂʰɥ˩˧˧˩pær˥˧lie·˧muo·˧?tɕiou˥˧˩sɿ˥˧˩tʂə˥˧˩kə˥˦ti˥˧˩fɑŋ˥˧˧˩,tʂei˥˦tɕiɑɔ˥tʂʰɥ˩˧˧˩kou˥˧tsɿ·˧.（就那一点点啊？）就那一点点叫锄钩子。这个锄板子它头起就是三角形的，呈三角形。tɕiou˥næᴇ˥˦i˥˧˥tiæ̃˥˧˧˩tiæ̃˥˧˧˩tɕiɑɔ˥tʂʰɥ˩˧˧˩kou˥˧tsɿ·˧.tʂə˥˧˩kə˥˦tʂʰɥ˩˧˧˩pæ̃˥˧tsɿ·˧tʰɑ˥˧˧tʰou˩˧˧˩tɕʰie˥˧˧tɕiou˥sɿ˥sæ̃˥˧tɕyo˥˧˧˩ɕiŋ˩˧˧˩ti·˧,tʂʰəŋ˩˧˧˩sæ̃˥˧tɕyo˥˧˧˩ɕiŋ˩˧˧˩.（有没有……就是说有些它是没有这个锄项的吧？）锄……锄它必须要有这个东西。tʂʰɥ˩˧tʰ……tʂʰɥ˩˧tʰɑ˥˧˧˩pi˥˧˥ɕy˥˧˧˩iɑɔ˥iou˥˧˧tʂə˥kə˥tuoŋ˥˧ɕi·˧.（必须要有那个？）没有这个东西就成了铲子了，你就锄不成地。mei˩˧iou˥˧tʂə˥kə˥tuoŋ˥˧ɕi·˧tɕiou˥tʂʰəŋ˩˧˧˩lə·˧tsʰæ̃˥˧tsɿ·˧lə·˧,ni˥˧tsou˥tʂʰɥ˩˧pu˩˧˧tʂʰəŋ˩˧ti˥˧˩.（有没有直接就是说，比如说它这个锄是是是这个样这个这个形状啊，然后这里一个洞，它就是那个，然后这个把子就安在这里，就没有那个弯。）那你，那就成了个直的了，必须是铲子。没有这个，没有这个锄项你就锄不成地。næᴇ˥ni˥˧,næᴇ˥tɕiou˥tʂʰəŋ˩˧˧˩lə·˧kə˥tʂɿ˩˧˧˩ti·˧lə·˧,pi˥˧˧ɕy˥˧˧sɿ˥tsʰæ̃˥˧tsɿ·˧.muo˥˧˥iou˥˧tʂə˥kə˥,muo˥˧˥iou˥˧tʂə˥kə˥tʂʰɥ˩˧˧˩xɑŋ˥ni˥˧˧tsou˥tʂʰɥ˩˧pu˩˧˧tʂʰəŋ˩˧ti˥˧˩.（噢，它它有些地方呢它就叫做这个有这个有这个弯的就叫作项锄。）噢，有叫项锄的。ɑɔ˧˩,iou˥˧tɕiɑɔ˥xɑŋ˥tʂʰɥ˩˧˧˩ti·˧.（有没有这个襻锄？）有咧么。iou˥˧lie·˧muo·˧.（襻锄是什么样呢？）襻锄这个一般它那个襻锄是这个，它这个欸锄板子以后是这么个，这个长吊形的。它是这么个形式，前头这个宽窄，前后宽窄基本上是一样的那种，它叫襻锄。再有一种锄么，它是像这个，虽然是个欸，这是个三

角形的，锄板子这么个下来以后到这儿这，这么这种半圆形的，但是它那个中间么，前面这点点是刃子。后头这些地方，这中间都镂空着咧。pʰæ̃˥tʂʰʮ˨˦˩tʂə˥˩kə˥˩i˥˧˧pæ̃˥˧˩tʰɑ˥˧nə˥k ə˥pʰæ̃˥tʂʰʮ˨˦˩sɿ˥tʂə˥kə˥,tʰɑ˥˧tʂə˥kə˥ei˩tʂʰʮ˨˦˩pæ̃˥˧tsɿ·i˥˧˩xou˥sɿ˥tʂə˥˦muo·kə˥,tʂə˥kə˥tʂʰɑŋ˨˦˩tiɑɔ˥ɕiŋ˨˦ ˩ti·˩.tʰɑ˥˧˧sɿ˥tʂə˥˦muo·kə˥ɕiŋ˨˦˩ʂʅ˥˧˧,tɕʰiæ̃˨˦˩tʰou·tʂə˥kə˥kʰuæ̃˥˧˧tsei˥˧,tɕʰiæ̃˨˦˩xou˥kʰuæ̃˥˧˧tsei˥˧tɕi˥˧˩pəŋ˥˧ ʂɑŋ˥˩sɿ˥˩i˥˧˩iɑŋ˥˦ti·nei˥tʂuoŋ˥˧˩,tʰɑ˥˧˧tɕiɑɔ˥pʰæ̃˥tʂʰʮ˨˦˥.tsæᴇ˥˧iou˥˧˩i˥˧˩tʂuoŋ˥˧tʂʰʮ˨˦muo·,tʰɑ˥˧˧sɿ˥ɕiɑŋ ˥tʂə˥kə˥,suei˥˧ʐæ̃˨˦˩sɿ˥kə˥ei˥,tʂə˥sɿ˥kə˥sæ̃˥˧tɕyo˥˧˩ɕiŋ˨˦ti·,tʂʰʮ˨˦˩pæ̃˥˧tsɿ·tʂə˥muo·kə˥xɑ˥læᴇ˨˦˧i˥˧˩xou˥t ɑɔ˥tʂər˥tʂə˥,tʂə˥muo·tʂei˥tʂuoŋ˥˧˧pæ̃˥yæ̃˨˦ɕiŋ˨˦˩ti·,tæ̃˥sɿ˥tʰɑ˥˧nə˥kə˥tʂuoŋ˥˧˩tɕiæ̃˥˧muo·,tɕʰiæ̃˨˦˩miæ̃˥ tʂei˥tiæ̃˥˧tiæ̃˥˧˩sɿ˥˩ʐəŋ˥tsɿ·.xou˥˧tʰou·tʂei˥˦ɕie˥˧˧ti˥fɑŋ˥˧˧,tʂei˥tʂuoŋ˥˧˩tɕiæ̃˥˧˧tou˥˧˩lou˨˦˩kʰuoŋ˥˧tʂuo˥˧˩l ie·.（嗯，啊，镂空了？）镂空着咧这些地方，这叫漏锄。lou˨˦˩kʰuoŋ˥˧tʂuo˥˧˩lie·tʂei˥ɕie˥˧˧ti˥ fɑŋ˥˧˧,tʂei˥tɕiɑɔ˥lou˥tʂʰʮ˨˦˩.（这个？）欸，不是这个镂，漏。ei˨˦,pu˨˦˩sɿ˥tʂə˥kə˥lou˨˦,lou˥.（漏掉的漏是吧？）噢，漏掉的漏，三点水那个嗯。ɑɔ˩,lou˥tiɑɔ˥ti·lou˥,sæ̃˥˧˩tiæ̃˥˧ʂuei˥˧nə˥kə˥ə̃˩.（这个？）噢，叫漏锄。ɑɔ˥,tɕiɑɔ˥lou˥tʂʰʮ˨˦˩.（噢，就是它这个锄板那个上面有个被那个镂空了？）镂空着咧。讲是它土一锄以后，它就不跟上锄走么，满都从这个后头走了，叫漏锄，漏土咧么。漏锄。lou˨˦˩kʰuoŋ˥˧tʂuo˥˧˩lie·.tɕiɑŋ˥˧sɿ˥tʰɑ˥˧˧tʰu˥˧i˥˧˩tʂʰʮ˨˦i˥˧xou˥,tʰɑ˥˧˩tsou˥˩p u˨˦˩kəŋ˥˧ʂɑŋ˥˩tʂʰʮ˨˦tsou˥˧muo·,mæ̃˥˧tou˥˧˩tsʰuoŋ˨˦tʂə˥kə˥xou˥˧tʰou·tsou˥˧lə·,tɕiɑɔ˥˩lou˥tʂʰʮ˨˦˩,lou˥tʰu ˥˧lie·muo·.lou˥tʂʰʮ˨˦˩.（漏锄。噢，这种锄叫什么呢？）这叫……tʂei˥tɕiɑɔ˥……（襻锄啊还是叫什么锄？）哎呀，这个锄□把这叫……叫漏锄……这不叫漏锄，这叫是这个，这叫做啥锄咧吵你看？我这个地方少得很，这都是其他地方来下的这种锄，漏锄，啊，这就叫项锄，就叫做项锄，嗯。æᴇ˩iɑ˩,tʂə˥kə˥˦tʂʰʮ˨˦niæ̃˨˦˩pɑ˥˧˩tʂei˥tɕiɑɔ˥……tɕiɑɔ˥lou˥tʂʰʮ……tʂ ə˥˦pu˨˦˧tɕiɑɔ˥lou˥tʂʰʮ˨˦,tʂə˥tɕiɑɔ˥sɿ˥tʂə˥kə˥,tʂə˥tɕiɑɔ˥tsʮ˥sɑ˥˧tʂʰʮ˨˦˩lie·sɑ·ni˥˧kʰæ̃˥˩?ŋuo˥˧tʂə˥kə˥ti˥ ˦fɑŋ˥˧˩ʂɑɔ˥˧tə·xəŋ˥˧,tʂə˥˦tou˥˧˧sɿ˥tɕʰi˨˦˩tʰɑ˥˧ti˥fɑŋ˥˧˧læᴇ˨˦˩xɑ˥ti·tʂei˥tʂuoŋ˥˧tʂʰʮ˨˦˩,lou˥tʂʰʮ˨˦˩,ɑ˩,tʂə˥tɕi ou˥tɕiɑɔ˥xɑŋ˥tʂʰʮ˨˦˩,tɕiou˥˦tɕiɑɔ˥tsuo˥xɑŋ˥tʂʰʮ˨˦˥,ŋ̍˩.（就是锄这个锄板上面它是没有洞的？）没有洞的，呃。而且它这个锄板子基本上前后就是一样的。它呈长方形的，这么……mei˨˦iou˥˧tuoŋ˥ti·,ə˩.ər˨˦tɕʰie˥˧˩tʰɑ˥˧tʂə˥kə˥tʂʰʮ˨˦˩pæ̃˥˧tsɿ·tɕi˥˧˩pəŋ˥˧ʂɑŋ˥sɿ˥tɕʰiæ̃˨˦˩xou˥tsou˥˩sɿ˥˩i˥˧˩iɑŋ ˥˦ti·.tʰɑ˥˧˩tʂʰəŋ˨˦˩tʂʰɑŋ˨˦fɑŋ˥˧ɕiŋ˨˦˩ti·,tʂə˥muo·……（长方形的？）噢，长方形的这么个，嗯。ɑɔ˩,tʂʰɑŋ˨˦fɑŋ˥˧ɕiŋ˨˦˩ti·tʂə˥muo·kə˥,ŋ̍˩.（没有这个……这个襻锄到底是是个什么东西？）襻锄还是和这个锄是一模儿一样的。就是它……pʰæ̃˥tʂʰʮ˨˦˩xɑ˨˦˩sɿ˥˦xuo˨˦˩tʂə˥kə˥tʂʰʮ˨˦sɿ˥i˥˧˩m uor˨˦˥i˥˧˩iɑŋ˥ti·.tsou˥sɿ˥tʰɑ˥˧˧ti·……（区别在哪里呢？）区别就说是，锄它是个三角……半三角形的。它这个是这个半……长方形的。tɕʰy˥˧˩pie˨˦tɕiou˥ʂuo˥˧˧sɿ˥,tʂʰʮ˨˦tʰɑ˥˧sɿ˥kə˥sæ̃˥˧tɕyo˥˧ ˩……pæ̃˥sæ̃˥˧tɕyo˥˧˩ɕiŋ˨˦ti·.tʰɑ˥˧tʂə˥kə˥sɿ˥˩tʂə˥˩kə˥˩pæ̃˥……tʂʰɑŋ˨˦fɑŋ˥˧˩ɕiŋ˨˦ti·.（噢，襻锄是指那种就是半半圆形的？）半圆形的是锄嘛。襻是它就是这个欸基本上是长方形的这么个样子的。这种的。pæ̃˥yæ̃˨˦ɕiŋ˨˦ti·sɿ˥tʂʰʮ˨˦˩mɑ·.pʰæ̃˥sɿ˥˩tʰɑ˥˧˧tɕiou˥sɿ˥tʂə˥kə˥ei˩tɕi˥˧˩pəŋ˥˧ʂɑŋ˥sɿ˥tʂʰ ɑŋ˨˦fɑŋ˥˧ɕiŋ˨˦ti·sɿ˥tʂə˥muo·kə˥iɑŋ˥tsɿ·ti·.tʂei˥tʂuoŋ˥˧˩ti·.（襻锄是长方形的？）噢，襻锄是长方形的。锄是这个欸就是这种三角形的，这它……这前头是这么个，它后头这个锄板子，哎，这儿，这儿那个半圆形的这种，实际上就是个三角形。这儿这有这么裤子，安个，安个锄……锄项就这么个。在这儿安咧。ɑɔ˩,pʰæ̃˥tʂʰʮ˨˦˩sɿ˥tʂʰɑŋ˨˦fɑŋ˥˧˩ɕiŋ˨˦ti·.tʂʰʮ˨˦sɿ˥tʂə˥kə˥ei˩tso u˥sɿ˥tʂei˥tʂuoŋ˥˧˩sæ̃˥˧tɕyo˥˧˩ɕiŋ˨˦ti·,tʂə˥˦tʰɑ˥˧˧……tʂə˥tɕʰiæ̃˨˦˩tʰou·sɿ˥tʂə˥muo·kə˥,tʰɑ˥˧˩xou˥tʰou·tʂə ˥kə˥tʂʰʮ˨˦˩pæ̃˥˧tsɿ·,æᴇ˩,tʂər˥,tʂər˥nə˥kə˥pæ̃˥yæ̃˨˦ɕiŋ˨˦˧ti·tʂə˥tʂuoŋ˥˧˩,ʂʅ˨˦˩tɕi˥˦ʂɑŋ˥tɕiou˥˦sɿ˥kə˥sæ̃˥˧tɕ yo˥˧˩ɕiŋ˨˦.tʂər˥tʂə˥iou˥˧tʂə˥muo·kʰu˥tsɿ·,næ̃˥˧˩kə˥,næ̃˥˧˧kə˥tʂʰʮ˨˦˧……tʂʰʮ˨˦˩xɑŋ˥tɕiou˥tʂə˥muo·kə˥.

tsæᴇ˧tʂər˧˩næ˥˩lie˨.（你这儿刚才讲有个裤子啊？）噢，有个裤子在这儿咧。ɑɔ˥,iou˥˧kə˧˩kʰu˧tsʅ˧tsæᴇ˧tʂər˧lie˧.（裤子是用来安那个锄锄项的是吧？）噢，安这个锄这个咿，噢，锄项的这个嘴子的么。ɑɔ˩,næ˥˩tʂə˧˩kə˧tʂʰʮ˩˧tʂə˧˩kə˧˩,ɑɔ˩,tʂʰʮ˩˨ɕiaŋ˧ti˧tʂə˧˩kə˧tsuei˥˧tsʅ˧ti˧muo˨.（哦，那叫裤子？）噢，锄裤子。ɑɔ˥,tʂʰʮ˩˨kʰu˧tsʅ˨.（有这个镢锄子吗？）镢锄这儿这少得很，这儿没得。tɕyo˥˧tʂʰʮ˩˨tʂər˧˩tʂə˧ʂɑɔ˥˧tə˧xəŋ˥˩,tʂər˧˩mei˩˧tei˥˨.（噢，很小的用来锄草的那种小锄头呢？）菜锄子么。tsʰæᴇ˧tʂʰʮ˩˨tsʅ˧muo˨.（菜锄子？）啊，锄是……专门儿用来锄菜的。它那个小么。和这形状是一模儿一样的，就是……就是这个欸，整个小一点就是了么。ɑ˩,tʂʰʮ˩˨sʅ˧˩……tʂuæ˥˩mər˩yoŋ˧læᴇ˩˨tʂʰʮ˩˨tsʰæᴇ˧ti˨.tʰɑ˥˩næᴇ˧˩kə˧˩ɕiɑɔ˥˧muo˨.xuo˩˨tʂei˧ɕiŋ˩˨tʂuaŋ˧sʅ˧˩i˥˩muor˩˨i˥˩iaŋ˧ti˧,tɕiou˧sʅ˧ɕy……tɕiou˧sʅ˧tʂə˧˩kə˧ei˩,tʂəŋ˥˩kə˧ɕiɑɔ˥˧i˥˩tiæ˥˩tɕiou˧˩sʅ˧lə˧muo˨.

镰

1.（你们讲镰刀还是镰子还是镰？）黄：叫“镰”，直接一个字叫“镰”。tɕiɑɔ˧liæ˩.tʂʅ˩tɕie˥˧i˥˩kə˧˩tsʅ˧tɕiɑɔ˧liæ˩.（那个刃呢？镰刀的那个刃呢？）镰……那……那就是这个镰刀，说刃，有咧，叫，讲镰刃，镰刃子的话，那就是叫做，那个镰就叫钐镰了。割麦的用的都是钐镰。钐镰是木头做下的么。搁木头架架头起安咧个镰刃子么，安了个镰刃子么，啊。liæ˩……næᴇ˧……næᴇ˧˩tɕiou˧˩sʅ˧˩tʂə˧˩kə˧˩liæ˩˨tɑɔ˥,ʂuo˥˩zəŋ˧,iou˥lie˧,tɕiɑɔ˧……tɕiaŋ˥liæ˩˨zəŋ˧,liæ˩˨zəŋ˧tsʅ˧ti˧xua˧,næᴇ˧tɕiou˧sʅ˧tɕiɑɔ˧tsuo˧,nei˧kə˧liæ˩tɕiou˧tɕiɑɔ˧sæ˧liæ˩˨lə˨.kə˥˩mei˥ti˧yoŋ˧ti˧tou˥˧sʅ˧sæ˧liæ˩˨.sæ˧liæ˩sʅ˧mu˥tʰou˧tsuo˧˩xɑ˧˩ti˧muo˨.kə˥˩mu˥tʰou˧tɕia˧˩tɕia˧˩tʰou˩˨tɕʰie˥˧næ˥lie˧kə˧˩liæ˩˨zəŋ˧tsʅ˧muo˨,næ˥˩lə˧kə˧˩zəŋ˧tsʅ˧muo˨,ɑ˩.（可是它的把是木头的？）木头的。它那个架子都是木头的。mu˥tʰou˧ti˨.tʰɑ˥˧nə˧kə˧tɕia˧˩tsʅ˧tou˥˩sʅ˧mu˥tʰou˧ti˨.（什么样的？）实际上，它这个东西就是，就是简单的这么个，这么个东西。这上头这儿这，这儿这安咧个把，这么过来以后，在这个前头的这个地方，这都是木头做成的，这把也是木头的，这个地方么，为咧控……控制那个镰刃子么，他斜在这儿这钉咧个铁片子他。这儿这，这儿这还有几个……小小的牙子，这都是为咧控制镰刃子的。这个叫码簧。ʂʅ˩˨tɕi˧˩ʂaŋ˧,tʰɑ˥˧tʂə˧˩kə˧˩tuoŋ˥˧ɕi˧tsou˧sʅ˧,tsou˧sʅ˧tɕiæ˥tæ˥˩ti˧tʂə˧muo˧kə˧,tʂə˧muo˧kə˧tuoŋ˥ɕi˨.tʂə˧ʂaŋ˧˩tʰou˧tʂər˧tʂə˧,tʂər˧tʂə˧næ˥˩lie˧kə˧˩pɑ˧,tʂə˧muo˧kuo˧læᴇ˩˧i˥˩xou˧,tsæᴇ˧tʂə˧˩kə˧tɕʰiæ˩˨tʰou˧ti˧tʂə˧kə˧ti˧˩faŋ˥˩,tʂə˧tou˥˩sʅ˧mu˥tʰou˧tsuo˧tʂʰəŋ˩˨ti˧,tʂə˧pɑ˧˩ia˥˩sʅ˧mu˥tʰou˧ti˨,tʂə˧kə˧˩ti˧faŋ˥˩muo˨,vei˧lie˧kʰuoŋ˧……kʰuoŋ˧tʂʰʅ˧（←tʂʅ˧）nə˧kə˧liæ˩˨zəŋ˧˩tsʅ˧muo˨,tʰɑ˥˩ɕie˩tsæᴇ˧tʂər˧tʂə˧tiŋ˧lie˧kə˧tʰie˥˩pʰiæ˥tsʅ˧tʰɑ˥˩.tʂər˧˩tʂə˧,tʂər˧tʂə˧xæᴇ˩iou˥˧tɕi˥kə˧ɕ……ɕiɑɔ˥ɕiɑɔ˥ti˧ia˩tsʅ˧,tʂə˧˩tou˥˩sʅ˧vei˧lie˧kʰuoŋ˧tʂʅ˧liæ˩˨zəŋ˧tsʅ˧ti˧.tʂə˧kə˧tɕiɑɔ˧mɑ˥xuaŋ˩˨.（就就就是这个河里面那个蚂蟥？）不。铁码簧。码东西这个码。pu˩˧.tʰie˥mɑ˥˩xuaŋ˩˨.mɑ˥˧tuoŋ˥ɕi˧tʂei˧kə˧mɑ˥.（码东西的码？）噢，码。噢，码簧。ɑɔ˩,mɑ˥.ɑɔ˩,mɑ˥xuaŋ˩˨.（是这个码吗？）噢，还不是的。ɑɔ˥,xɑ˩˨pu˩˧sʅ˧˩ti˨.（码钉的码？）码。可以是……可以同音字，但是绝对不是这个字。mɑ˥.kʰə˥i˥˩s……kʰə˥i˥tʰuoŋ˩iŋ˥˩tsʅ˧,tæ˧sʅ˧tɕyo˩˨tuei˧˩pu˩˨sʅ˧tʂə˧˩kə˧˩tsʅ˧˩.（是把东西码起来叫码起来吗？）不。它是这个，把这个你像……这个东西，码簧这个事情，就是我们这儿这有就常用的一种一个东西。你比如盖房，它这一根房梁，这根这根椽子和这个椽子来以后，连接这个椽子咋连咧？他就放码簧把这个这么搭住。这个码簧就是一根钢筋，这一根钢筋，弯下来。pu˩˨.tʰɑ˥sʅ˧tʂə˧kə˧,pɑ˥˩tʂə˧kə˧ni˥˩ɕiaŋ˧……tʂə˧kə˧tuoŋ˥˩ɕi˨,mɑ˥xuaŋ˩˨tʂə˧kə˧sʅ˧tɕʰiŋ˩˨,tsou˧˩sʅ˧˩ŋuo˥məŋ˧tʂər˧tʂə˧iou˥˧tsou˧（←tsou˧）tʂʰaŋ˩yoŋ˧ti˧i˥˩tʂuoŋ˥˩i˥˧kə˧tuoŋ˥ɕ i˧˩.ni˥pi˥ʐʅ˨˩kæᴇ˦faŋ˨,tʰɑ˥˩tʂei˦˥i˥˩kəŋ˥faŋ˨liaŋ˨,tʂei˦kəŋ˥˩tʂei˦˥kəŋ˥˩tʂʰuæ̃˨tsɿ˦xuo˨˩tʂə˦kə˦tʂʰuæ̃˨˩tsɿ˦læᴇ˨i˥˩xou˦,liæ̃˨tɕie˥tʂə˦kə˦tʂʰuæ̃˨tsɿ˦tsɑ˥˩liæ̃˨˩lie˧?tʰɑ˥tsou˦faŋ˦mɑ˥xuaŋ˨˩pɑ˥˩tʂə˦kə˦tʂə˦˥muo˧tɑ˥tʂʅ˦˩.tʂə˦kə˦mɑ˥xuaŋ˨˩tsou˦sɿ˦i˥˩kəŋ˥kaŋ˥˧tɕiŋ˥,tʂei˦i˥˧kəŋ˥kaŋ˥˧tɕiŋ˥,væ̃˥˩xɑ˦læᴇ˨˩.（噢，就是码钉！）码钉，噢。把这个打下来以后，哎，望这中间往下一打。这叫个码簧么。这儿这过来，这是镰牙么。这都是为咧固定镰刃子的。mɑ˥tiŋ˥˩,ɑɔ˩˨.pɑ˥˩tʂə˦kə˦tɑ˥xɑ˦˥læᴇ˨˩i˥˩xou˦,æᴇ˦,vaŋ˦tʂə˦tʂuoŋ˥˩tɕiæ̃˥˩vaŋ˥˩xɑ˦i˥˩tɑ˥.tʂei˦˥tɕiɑɔ˦kə˦mɑ˥xuaŋ˨˩muo˧.tʂər˦˥tʂə˦kuo˦læᴇ˨˧,tʂə˦sɿ˦liæ̃˨iɑ˨muo˧.tʂə˦˥tou˥˩sɿ˦˩vei˦lie˧ku˦tiŋ˦liæ̃˨˩ʐəŋ˦˥tsɿ˧ti˧.（叫镰牙？）嗯，镰牙么。这是码簧。ə̃˩˨,liæ̃˨iɑ˨muo˧.tʂə˦sɿ˦mɑ˥xuaŋ˨˩.（这个镰……镰……这个钐镰，它……它都是那个……都是木头做的？）木头做下的。mu˥tʰou˧tsuo˦˥xɑ˦˩ti˧.（没有……没有铁的？）没有的。muo˥˧iou˥˧ti˧.（那怎么……它怎么割得断那些东西呢？）哎，那你前头这儿就有个，安咧个镰刃子着咧么。就该刮胡子刀刀一样，你没得，没刀片你拿啥割咧。镰有个镰刃子咧么。æᴇ˨,næᴇ˦˥ni˥tɕʰiæ̃˨˩tʰou˧tʂər˦tɕiou˦iou˥kə˦˩,næ̃˥lie˧kə˦˩liæ̃˨˩ʐəŋ˦˥tsɿ˧tʂə˧lie˧muo˧.tɕiou˦kæᴇ˥˧kuɑ˥xu˨tsɿ˦tɑɔ˥tɑɔ˥˩i˥˧iaŋ˦,ni˥˧mei˨tə˧,mei˨tɑɔ˥˩pʰiæ̃˥ni˥˩nɑ˨sɑ˦kuo˥lie˧.liæ̃˨iou˥kə˦˩liæ̃˨˩ʐəŋ˦˥tsɿ˧lie˧muo˧.（有没有完全是铁做的那种？）少的很。那重的你就拿不动么。这个就是为咧轻巧的。ʂɑɔ˥ti˧xəŋ˥.næᴇ˦tʂuoŋ˦ti˧ni˥˧tsou˦nɑ˨pu˨˩tuoŋ˦muo˧.tʂə˦˥kə˦tsou˦sɿ˦vei˦lie˧tɕʰiŋ˥tɕʰiɑɔ˥˩ti˧.（呃，这些东西叫不叫镰架子？）镰架子嘛。嗯。弯这里就叫镰架子么。liæ̃˨˩tɕiɑ˦˥tsɿ˧mɑ˧.ŋ̍˩˨.væ̃˥˩tsə˦˥li˥˩tɕiou˦tɕiɑɔ˦liæ̃˨˩tɕiɑ˦˥tsɿ˧muo˧.（有木镰、铁镰的区分吗？）有咧么。这就叫木镰么。铁镰它是个头，它只是一个镰刀头，欸，安个木头把也就对了么，铁镰嘛。iou˥lie˧muo˧.tʂei˦˥tɕiou˦˩tɕiɑɔ˦mu˥liæ̃˨muo˧.tʰie˥liæ̃˨tʰɑ˥˧sɿ˦kə˦tʰou˨,tʰɑ˥˧tsɿ˥˧sɿ˦i˥˧kə˦liæ̃˨˩tɑɔ˥tʰou˨,ei˩˨,næ̃˥˧kə˦mu˥tʰou˧pɑ˦ie˥˩tɕiou˦tuei˦lə˧muo˧,tʰie˥liæ̃˨mɑ˧.（这个木镰就叫作钐镰是吧？）噢，叫钐镰。嗯。ɑɔ˦,tɕiɑɔ˦sæ̃˦liæ̃˨.ə̃˥.（噢，铁镰它的它的那个……）头全部是铁的。tʰou˨tɕʰyæ̃˨˩pu˦sɿ˦tʰie˥ti˧.（噢，头是铁……铁的？）嗯。ŋ̍˩˨.（把是木的？）把是木的。嗯。pɑ˦˥sɿ˦mu˥ti˧.ə̃˩˨.（噢，叫铁镰。有弯镰吗？）弯镰是……是南方的东西，这儿这没有弯镰。væ̃˥˩liæ̃˨sɿ˦˩……sɿ˦næ̃˨˩faŋ˥ti˧tuoŋ˥˩ɕi˧,tʂər˦˥tʂə˦mei˨iou˥væ̃˥˩liæ̃˨.（你们……你们割……割那个稻子是用那个……）用钐镰割。yoŋ˦sæ̃˦liæ̃˨˩kuo˥˩.（用钐镰割？）嗯。收麦子用钐镰。ŋ̍˩˨.ʂou˥˧mei˥tsɿ˧yoŋ˦sæ̃˦liæ̃˨˩.（一般的铁镰是干吗用的？）斫玉米的。tʂuo˥y˦mi˥˩ti˧.（斫玉米的？）噢，斫玉米。ɑɔ˩˨,tʂuo˥y˦mi˥˩.（那那这个还蛮利了？）蛮利么，噢，利它肯定是利得很。这钐镰这个东西这不太结实。你像玉米那个杆，我们这儿的玉米杆子这么奘，它一……它一下子斫坏了。mæ̃˨˧li˦muo˧,ɑɔ˩˨,li˦tʰɑ˥˩kʰəŋ˥tiŋ˦˥sɿ˦li˦tə˧xəŋ˥˩.tʂə˦sæ̃˦˥liæ̃˨˩tʂə˦kə˦tuoŋ˥ɕi˧tʂə˦pu˨˩tʰæᴇ˦tɕie˥ʂʅ˨˩.ni˥˧ɕiaŋ˦y˦˥mi˥˩nə˦kə˦kæ̃˥,ŋuo˥məŋ˧tʂər˦tə˧y˦mi˥˩kæ̃˥tsɿ˧tʂə˦muo˧tʂuaŋ˥˧,tʰɑ˥i˥……tʰɑ˥i˥˩xɑ˦tsɿ˧tʂuo˥˩xuæᴇ˦˩lə˧.

2.（用那个大钐子那个……）黄：没有，这面没有钐咧。mei˨iou˥,tʂei˦miæ̃˦˩mei˨iou˥sæ̃˦lie˧.（那个大钐刀哇？）噢，没有。咱们这面是就是就有个钐镰，没有钐刀。ɑɔ˩˨,mei˨iou˥˧.tsɑ˨məŋ˧tʂei˦miæ̃˦sɿ˦tɕiou˦sɿ˦tsou˦iou˥kə˦sæ̃˦liæ̃˨,mei˨iou˥sæ̃˦tɑɔ˥˩.（有……有没有用那个钐镰呢？）有……有钐镰咧。iou˥˧s……iou˥sæ̃˦liæ̃˨˩lie˧.（钐镰是比较短的是吧？）短么。它是一个刃子。只有这么长一点咧。三十公分，一个铁……一个片子，安的个木头架架么。tuæ̃˥muo˧.tʰɑ˥sɿ˦˩i˥˧kə˦ʐəŋ˦˥tsɿ˧.tsɿ˥˩iou˥tʂə˦˥muo˧tʂʰaŋ˨i˥˩tiæ̃˥˩lie˧.sæ̃˥ʂʅ˨˩kuoŋ˥˧fəŋ˥,i˥˩kə˦tʰie˥˩……i˥˩kə˦pʰiæ̃˥tsɿ˧,næ̃˥ti˧kə˦mu˥tʰou˧tɕiɑ˦˥tɕiɑ˦˩muo˧.（刀片只有这么宽啊？）噢，这么宽啊，三十公分啊。ɑɔ˩˨,tʂʅ˦˥muo˧kʰuæ̃˥ɑ˧,sæ̃˥ʂʅ˨˩kuoŋ˥˧fəŋ˥ɑ˧.（是一般

的……）长短三十公分，再有……一……二十来公分……十几公分宽么那个就。tʂʰɑŋ˨˩tuæ̃˥˧sæ̃˥ʂʅ˨˩kuoŋ˥˧fəŋ˥,tsæᴇ˦iou˦ʂ……i˥˩ʂ……ər˦ʂʅ˨˩læᴇ˨˩kuoŋ˥˧fəŋ……ʂʅ˨˩tɕi˥kuoŋ˥˩fəŋ˥˩kʰuæ̃˥muo˩nei˦kə˦tɕiou˦.（噢，就是一般的这种镰……镰子是吧？）嗯。ə̃˨˩.

3. 张太白饭店老板的爷爷：买个镰啊？mæᴇ˥kə˦liæ̃˨˩ɑ˩?客：啊，买个镰呀。ɑ˥,mæᴇ˥kə˦liæ̃˨˩iɑ˩.张：几块钱？兀镰几块钱？tɕi˥kʰuæᴇ˥˧tɕʰiæ̃˨˧?væᴇ˦liæ̃˨tɕi˥kʰuæᴇ˥˧tɕʰiæ̃˨˩?客：七块。tɕʰi˥kʰuæᴇ˥˩.张：我看兀镰打……打的还美的很。ŋuo˥kʰæ̃˦væᴇ˦liæ̃˨tɑ˥……tɑ˥˧ti˩xɑ˨˩mei˥ti˩xəŋ˥˩.客：嗯。ə̃˨˩.张：嗯。ŋ̍˨˩.（这是……这个镰是干吗用呢？）张：砍玉米嘛。kʰæ̃˥y˦mi˥˧mɑ˩.张的儿媳：来坐一阵儿？læᴇ˨tsuo˦i˥˧tʂə̃r˦˩?（他这是故意做成歪把的还是干吗？）客：啊？ɑ˥?（它为什么故意弄成这歪的呀？）客：要敲打么。好使唤。iɑɔ˦tɕʰiɑɔ˥˧tɑ˥muo˩.xɑɔ˥sʅ˥xuæ̃˦˩.张的儿媳：歪的好使唤。væᴇ˥tə˩xɑɔ˥sʅ˥xuæ̃˦.（噢，歪的，歪的好使？）张：这都是厂子做下的，加工下的。tʂə˦tou˥˧sʅ˦tʂʰɑŋ˥tsʅ˩tsʮ˦xɑ˦ti˩,tɕiɑ˥kuoŋ˥xɑ˦˩ti˩.客：这不快吗？好使唤。tʂə˦pu˨˧kʰuæᴇ˦ma˩?xɑɔ˥sʅ˥xuæ̃˦˩.张：嗯。ə̃˥.

篾片

黄：篾片噢，没有，这里他。mie˥˩pʰiæ̃˥ɑɔ˨˩,muo˥˩iou˥,tʂə˦li˥˩tʰɑ˥˩.（你你你你刚才讲那个篾片这个篾字这个这个音你是怎么得来的呢？）这是听着……这是前两年我们不是搞那个啥搞那个香菇咧，香菇头起做下那个隔层晒的那个放烤炉里烤的那个东西，当时就是这个东西，放竹子编下的，篾片。一方方，一米大的，一块儿一块儿的。这从河……是河南拉过来的。tʂə˦sʅ˦tʰiŋ˥tʂə˩……tʂə˦sʅ˦tɕʰiæ̃˨liɑŋ˨˩niæ̃˨ŋuo˥məŋ˩pu˨˩sʅ˦kɑɔ˥nə˦kə˦sɑ˦kɑɔ˥nə˦kə˦ɕiɑŋ˥˧ku˥lie˩,ɕiɑŋ˥˧ku˥tʰou˨˩tɕʰie˥˧tsʮ˦xɑ˦nə˦kə˦kə˥tsʰəŋ˨sæᴇ˦ti˩nə˦kə˦fɑŋ˦tʂə˦kʰɑɔ˥lou˨˩li˥kʰɑɔ˥ti˩nə˦kə˦tuoŋ˥ɕi˩,tɑŋ˥˩sʅ˨tɕiou˦sʅ˦tʂə˦kə˦tuoŋ˥ɕi˩,fɑŋ˦tʂʮ˥˩tsʅ˩piæ̃˥xɑ˦˩ti˩,mie˥˩pʰiæ̃˥.i˥˩fɑŋ˥˩fɑŋ˥,i˥˧mi˥tɑ˦ti˩,i˥˩kʰuɑr˥i˥˩kʰuɑr˥ti˩.tʂə˦tsʰuoŋ˨xuo……sʅ˦xuo˨˩næ̃˨˧lɑ˥˩kuo˦˩læᴇ˨˩ti˩.

笼

（这个这个筐……筐子你们怎么叫？）黄：我们叫笼[1]咧。ŋuo˥˧məŋ˩tɕiɑɔ˦luoŋ˥lie˩.（呃，不叫筐子？）不叫筐子。大笼，小笼，老笼。pu˨˩tɕiɑɔ˦˨kʰuɑŋ˥tsʅ˩.tɑ˦˧luoŋ˥˩,ɕiɑɔ˥luoŋ˥˩,lɑɔ˥luoŋ˥˩.（这个大笼是个什么样的，用来装什么的？）这它就分开了。小笼就说是咱们，小笼就一般提个东西，担个土，担个粪，都用小笼了。有的把那叫二笼子。二笼子是细……细……比小笼子大一点的那个。tʂei˦˧tʰɑ˥˧tsou˦fəŋ˥˧kʰæᴇ˥lə˩.ɕiɑɔ˥luoŋ˥˩tsou˦ʂuo˥˧sʅ˦tʂɑ˨məŋ˦,ɕiɑɔ˥luoŋ˥˩tsou˦i˥˧pæ̃˥tʰi˨˩kə˦tuoŋ˥ɕi˩,tæ̃˥kə˦˩tʰu˥,tæ̃˥kə˦˩fəŋ˦,tou˥˩yoŋ˦ɕiɑɔ˥luoŋ˥˩lə˩.iou˥ti˩pɑ˥˩næᴇ˦tɕiɑɔ˦ər˦˧luoŋ˥˩tsʅ˩.ər˦luoŋ˥˩tsʅ˩sʅ˦ɕi˦……ɕi˦……pi˥˩ɕiɑɔ˥luoŋ˥˩tsʅ˩tɑ˦˧i˥˩tiæ̃˥˧ti˩næᴇ˦kə˦.（大笼？）啊。ɑ˨˩.（二笼子？）二笼子。ər˦luoŋ˥tsʅ˩.（小……）再是小笼。嗯。tsæᴇ˦sʅ˦ɕiɑɔ˥luoŋ˥˩.ŋ̍˨˩.（小笼？）嗯。ŋ̍˨˩.（大笼和小笼就不加"子"？）噢，大笼的话，有些人把这个还叫老笼。ɑɔ˨˩,tɑ˦luoŋ˥tə˩xuɑ˦˩,iou˥ɕie˥˩zəŋ˨pɑ˥˩tʂə˦kə˦xæᴇ˨˩tɕiɑɔ˦lɑɔ˥luoŋ˥˩.（噢，也叫老笼？）啊，老笼。这都是提个草，提个柴草子啥，还装得……ɑ˨˩,lɑɔ˥luoŋ˥˩.tʂə˦tou˥˩sʅ˦˩tʰi˨˩kə˦tsʰɑɔ˥,tʰi˨˩kə˦tsʰæᴇ˨˩tsʰɑɔ˥tsʅ˩sɑ˦˩,xɑ˨˩tʂuɑŋ˥˧tei˥……（装柴草的？）噢，装柴草的。二……二笼子那就是稍微担的东西多一点。这个一般小笼都是过去就那个担粪笼，叫粪笼。ɑɔ˨˩,tʂuɑŋ˥˩tsʰæᴇ˨˩tsʰɑɔ˥ti˩.ər˦……ər˦luoŋ˥tsʅ˩næᴇ˦tɕiou˦sʅ˦sɑɔ˥˧vei˥˧tæ̃˥ti˩tuoŋ˥ɕi˩tuo˥i˥˩tiæ̃˥˩.tʂə˦kə˦i˥˧pæ̃˥ɕiɑɔ˥luoŋ˥˩tou˥˩sʅ˦˩kuo˦˧tɕʰy˦tɕiou˦næᴇ˦kə˦tæ̃˥˩fəŋ˦luoŋ˥˩,tɕiɑɔ˦˩fəŋ˦luoŋ˥˩.（噢，也叫粪笼？）噢，粪笼。ɑɔ˨˩,fəŋ˦luoŋ˥˩.（担粪的啊？）啊，

① 笼：《广韵》力董切："竹器。"

担粪用的。ɑ˩,tæ̃˥˩fəŋ˦˥yoŋ˦ti˧.（这个二笼子一般装一些什么东西？）那就是担其他东西稍微匀开咧就是。稍微大一点的东西，不……næᴇ˦tɕiou˦˥sɿ˦˩tæ̃˥˩tɕʰi˩˩tʰɑ˥˧tuoŋ˥˩ɕi˧saɔ˥˧vei˥˧yoŋ˩˩kʰæᴇ˥˩lie˧tɕiou˦˩sɿ˦˩.saɔ˥˧vei˥˧tɑ˦˥i˥˩tiæ̃˥˩ti˧tuoŋ˥˩ɕi˧,pu……（噢，也不一定非要担什么啊？）不一定要拿啊。pu˩i˥˧tiŋ˦iaɔ˦nɑ˩˩ɑ˧.（这个有担笼这个称呼吗？）有咧么。你担一担笼来么。iou˥˩lie˧muo˧.ni˥˧tæ̃˥i˥˩tæ̃˦luoŋ˥˩læᴇ˩˩muo˧.（噢，就是两个就是一……）噢，两个就叫一担么。ɑɔ˩,liɑŋ˥˩kə˦˩tɕiou˦tɕiaɔ˦i˥˩tæ̃˦muo˧.（一担？）嗯。ŋ̍˩.（有一种笼子专门叫做担笼的吗？）没有。muo˥˧iou˥˩.（有没有用竹子编成的笼？）这儿没有竹子，就没有竹子笼。tʂər˦mei˩iou˥˧tʂʯ˥tsɿ˧,tsou˦mei˩iou˥˩tʂʯ˥˧tsɿ˧luoŋ˥˩.（那你是用什么编？）都是用藤条儿编啊。tou˥˧sɿ˦yoŋ˦tʰəŋ˦tʰiaɔr˩piæ̃˥ɑ˧.（藤条编的？）嗯。ŋ̍˩.

筛子

黄：筛子就分为两种。用是粗筛。一种是细筛。sæᴇ˥tsɿ˧tɕiou˦fəŋ˥˩vei˩liɑŋ˥tʂuoŋ˥˩.yoŋ˦sɿ˦tsʰʯ˥sæᴇ˥˩.i˥˩tʂuoŋ˥sɿ˦˩ɕi˦˧sæᴇ˥˩.（粗筛子，细筛子？）啊，细筛子。嗯。ɑ˩,ɕi˦˧sæᴇ˥˩tsɿ˧.ə̃˩.（粗……）粗的多一半儿都是筛柴草咧么。tsʰʯ˥ti˧tuo˥i˥˩pæ̃r˦tou˥˧sɿ˦sæᴇ˥tsʰæᴇ˩˩tsʰɑɔ˥lie˧muo˧.（粗筛子？）嗯。细……ə̃˩.ɕi˦˧……（要加子吗？）细筛子么。ɕi˦˧sæᴇ˥˩tsɿ˧muo˧.（不讲碎筛子？）嗯，叫碎筛子么。还有一种，有……有些人么把这个粗的筛子叫草筛咧。ə̃˩,tɕiaɔ˦suei˦˧sæᴇ˥˩tsɿ˧muo˧.xæᴇ˩iou˥i˥˩tʂuoŋ˥,iou……iou˥ɕie˥˩zəŋ˩muo˧pɑ˥˩tʂə˦kə˦tsʰʯ˥ti˧sæᴇ˥˧tsɿ˧tɕiaɔ˦tsʰɑɔ˥sæᴇ˥˩lie˧.（噢，粗筛也叫草筛？）也……也叫草筛么。前塬有些人喂牲口细数一点的人么，把这个草拿个筛子他筛一筛，土稍微净给牲口吃，叫草筛么。ie˥˧……ie˥˧tɕiaɔ˦tsʰɑɔ˥sæᴇ˥˩muo˧.tɕiæ̃˩yæ̃˩iou˥ɕie˥˩zəŋ˩vei˦səŋ˥kʰou˧ɕi˦˧ʂʯ˦i˥˩tiæ̃˥˩ti˧zəŋ˩muo˧,pɑ˥˩nə˦kə˦tsʰɑɔ˥nɑ˩˩kə˦sæᴇ˥tsɿ˧tʰɑ˥˩sæᴇ˥i˥˩sæᴇ˥,tʰu˥saɔ˥vei˥˩tɕiŋ˦kei˦˩səŋ˥kʰou˧tʂʰʅ˥˩,tɕiaɔ˦tsʰɑɔ˥sæᴇ˥˩muo˧.（这个粗筛和草筛加不加"子"？）筛子兀都多一半都加"崽"咧……"子"着咧，筛子。sæᴇ˥tsɿ˧væᴇ˦˥tou˥˧tuo˥˧i˥˧pæ̃˦tou˥˩tɕiɑ˥˩tsæᴇ˥lie˧……tsɿ˥tʂə˧lie˧,sæᴇ˥tsɿ˧.（这个……不是噢，"粗"，前面加了"粗"和"草"？）粗筛子，细筛子。tsʰʯ˥sæᴇ˥˩tsɿ˧,ɕi˦sæᴇ˥˩tsɿ˧.（啊，把东西拿……拿那个筛子去筛一下讲"过筛"还是讲什么？）叫筛。呣。筛一下。tɕiaɔ˦sæᴇ˥.m̩˩.sæᴇ˥i˥˩xɑ˦˩.（讲不讲过筛？）讲咧，讲咧，过筛子。过筛，你比如说把粮食扬出来以后，这里头还有渣渣咧，过筛一下。tɕiɑŋ˥˧lie˧,tɕiɑŋ˥lie˧,kuo˦sæᴇ˥˩tsɿ˧.kuo˦˧sæᴇ˥˩,ni˥˧pi˥˧zʯ˩ʂuo˥˩pɑ˥˩liɑŋ˩ʂʅ˩˥iɑŋ˩tʂʰʯ˥læᴇ˩i˥˧xou˦,tʂə˦li˥˧tʰou˧xæᴇ˩iou˥˧tsɑ˥tsɑ˥˩lie˧,kuo˦˧sæᴇ˥˩i˥˩xɑ˦˩.

簸箕

（这个簸箕，你们讲的簸箕跟这个筛子是不是一回事？）黄：哎，不是。两回事。簸箕是这个欻端上搧头咧么，筛子是逮上摇头咧么。筛子靠往下漏咧么。簸箕是靠你搧起来的那个风，把那些土和这个麸子往出来……带出去的嘛。æᴇ˥˧,pu˩sɿ˦˩.liɑŋ˥xuei˩sɿ˦˩.puo˦˧tɕi˥˩sɿ˦tʂə˦kə˦ei˦tuæ̃˥ʂɑŋ˦˩ʂæ̃˥tʰou˩˥lie˧muo˧,sæᴇ˥tsɿ˧sɿ˦tæᴇ˥ʂɑŋ˦˩iaɔ˩tʰou˩˩lie˧muo˧.sæᴇ˥tsɿ˧kʰɑɔ˦˥vɑŋ˥˩xɑ˦lou˦˧lie˧muo˧.puo˦tɕi˥˩sɿ˦˩kʰɑɔ˦ni˥˧ʂæ̃˥tɕʰi˥˩læᴇ˩˧ti˧nə˦kə˦fəŋ˥,pɑ˥˩næᴇ˦ɕie˥˧tʰu˥xuo˩˧tʂə˦kə˦ti˥˧tsɿ˧vɑŋ˥˩tʂʰʯ˥˧læᴇ˩˧ʂʅ……tæᴇ˦˧tʂʰʯ˥˩tɕʰy˦ti˧mɑ˧.（这个簸箕有有些什么簸箕？）簸箕就那一种。puo˦˧tɕi˥˧tɕiou˦nei˦i˥˩tʂuoŋ˥.（就一种？）噢，就分个大小，有个……有有些大些，有些小一点，但多一半儿都是那些中号。ɑɔ˩,tsou˦˥fəŋ˥˩kə˦˩tɑ˦ɕiaɔ˥˧,iou˥kə˦˥tɕi……iou˥iou˥ɕie˥˩tɑ˦ɕie˥˧,iou˥ɕie˥˩ɕiaɔ˥i˥˩tiæ̃˥˩,tæ̃˦tuo˥i˥˩pæ̃r˦tou˥˩sɿ˦˩nei˦˥ɕie˥˩tʂuoŋ˥xaɔ˦˩.（簸箕？）簸箕。puo˦tɕʰi˧.

孛篮

黄：孛篮，深的嘛。还是用条子编成的。它是个深的，一种深东西么。孛篮。pʰu˩˧˩læ̃˩˧˦˥,ʂəŋ˥˧ti˧ma˧.xa˩˧˩sɿ˥yoŋ˥tʰiaɔ˩˧˩tsɿ˦piæ̃˥˧tʂʰəŋ˩˧˩ti˦.tʰa˥˧˩sɿ˥kə˥ʂəŋ˥˧ti˧,i˥˧˥tʂuoŋ˥˧˥ʂəŋ˥˧tuoŋ˥˧ɕi˧muo˧.pu˩˧˩læ̃˩˧˦˥.（pʰu˩˧˩læ̃˩˧˦˥？）嗯。过去……ŋ̍˥.kuo˥˨˦tɕʰy˥……（孛篮？）噢，过去这个东西是一般用来就说是这个磨面的时候拿罗儿在里边罗面咧么。ɑɔ˩,kuo˥tɕʰy˥tʂə˥kə˥tuoŋ˥˧ɕi˧sɿ˥˩i˥˧˨˦pæ̃˥˧˩yoŋ˥læᴇ˩˧tɕiou˥ʂuo˥˧˥sɿ˥tʂə˥kə˥muo˥miæ̃˥ti˧sɿ˩˧˩xou˥na˩˧luor˩˧tsæᴇ˥li˦˧piæ̃˥˧˩luo˩˧miæ̃˥lie˧muo˧.（噢，揉面噢？）呃，罗面咧。赶面。你是推……放磨子头起推下以后，然后放这个罗子，罗儿，把这个细点的，把面罗到里头的叫孛篮么。ə˩,luo˩˧miæ̃˥lie˧.kæ̃˥˧˩miæ̃˥.ni˥˧˥sɿ˥tʰuei……faŋ˥muo˥tsɿ˦tʰou˩˧˩tɕʰie˥˧˥tʰuei˥˧xa˥˨˦i˥˧˩xou˥,zæ̃˩˧˩xou˥faŋ˥tʂə˥kə˥luo˩˧˩tsɿ˦,luor˩˧,pa˥˧˩tʂə˥kə˥ɕi˥tiæ̃˥˧˥ti˦,pa˥˧˩miæ̃˥luo˩˧˩taɔ˥li˥˧tʰou˧ti˧tɕiaɔ˥pʰu˩˧˩læ̃˩˧˦˥muo˧.（pʰu˥是哪个pʰu˥？）孛。pʰu˩˧.（pʰu˩˧？）嗯，孛篮么。ŋ̍˩,pʰu˩˧˩læ̃˩˧˦˥muo˧.（那玩意儿很大吧？）呃，大么。ə˥˧,ta˥muo˧.（养蚕是不是也用那玩意儿？）用咧，可以用，养蚕可以用孛篮。yoŋ˥lie˧,kʰə˥˧i˥˧˩yoŋ˥.iaŋ˥˧tsʰæ̃˩˧kʰə˥˧i˥˧yoŋ˥pʰu˩˧˩læ̃˩˧˦˥.（那个呢？针……放针线用的那小笸箩呢？）针线孛篮儿么。tʂəŋ˥˧ɕiæ̃˥pʰu˩˧˩læ̃r˩˧˦˥muo˧.（噢，针线的也是。）噢，针线……ɑɔ˩,tʂəŋ˥˧ɕiæ̃˥˩……（它要高一点儿吧？）啊，高一点么，细一点去。现在都不用了。过去那老年人那都放，端个针线孛篮这么大里头，针头线脑儿的都在里头放着。ɑ˥,kaɔ˥˧i˥˧˩tiæ̃˥˧˥muo˦,ɕi˥˨˦i˥˧tiæ̃˥˧˩tɕʰi˥˩.ɕiæ̃˥tsæᴇ˥tou˥˧˩pu˩˧˩yoŋ˥lə˦.kuo˥tɕʰy˥nə˥laɔ˥˧niæ̃˩˧˩zəŋ˩˧˩næᴇ˥tou˥˧˨˦faŋ˥,tuæ̃˥˧kə˥˩tʂəŋ˥˧ɕiæ̃˥pʰu˩˧˩læ̃˩˧˥tʂə˥muo˦ta˥li˥˧tʰou˧,tʂəŋ˥˧˩tʰou˩˧ɕiæ̃˥naɔr˥˧ti˧tou˥˧˥tsæᴇ˥li˥˧tʰou˧faŋ˥tʂə˧.（她现在拿什么用呢？）现在没有人要那，那落伶的放那个地方。弄个塑料袋儿一提，一绾搭绾搭，望那里一撇，又不需要地方。ɕiæ̃˥tsæᴇ˥mei˩˧iou˥˧zəŋ˩˧iaɔ˥næᴇ˥,næᴇ˥˦˥luo˥˧liæ̃˩˧˩tə˧faŋ˥nə˥kə˥ti˥faŋ˥˧˩.nuoŋ˥kə˥suo˥liaɔ˥tər˥i˥˧˩tʰi˩˧,i˥˧˩væ̃˥˧ta˧væ̃˥˧ta˧,vaŋ˥nə˥˦˥li˥˧˩i˥˧˩pʰie˥˧,iou˥pu˩˧˥ɕy˥˧˥iaɔ˥ti˥faŋ˥˧.（这个比那个针线笸箩大的那种笸箩，不是……不做针线的那个那种笸箩叫不叫大笸箩？）那都不。不说这个话了。孛篮就是个孛篮。næᴇ˥˦˥tou˥˧˩pu˩˧˩.pu˩˧˩ʂuo˥˧tʂə˥˦˥kə˥˦˥xua˥lə˦.pʰu˩˧˩læ̃˩˧˦˥tɕiou˥sɿ˥kə˥pʰu˩˧˩læ̃˩˧˦˥.（孛篮是扁的哈？）嗯，有扁的，有圆的么。孛篮里头不但有，过去这里不但有这个针线孛篮，还有烟孛篮咧么。ŋ̍˥,iou˥˧˥piæ̃˥˧ti˧,iou˥˧˥yæ̃˩˧˩ti˧muo˧.pʰu˩˧˩læ̃˩˧˦˥li˥˧tʰou˧pu˩˧tæ̃˥iou˥˧˥,kuo˥tɕʰy˥tʂei˥˦˥li˥˧˩pu˩˧tæ̃˥iou˥˧˥tʂə˥kə˥tʂəŋ˥˧ɕiæ̃˥˩pu˩˧˩læ̃˩˧˦˥,xæᴇ˩˧iou˥˧˥iæ̃˥˧pʰu˩˧˩læ̃˩˧˦˥lie˧muo˧.（烟……）烟孛篮。iæ̃˥˧pʰu˩˧˩læ̃˩˧˥.（晒烟的？）就这么大一个盒盒子给你，揉的那旱烟末儿咧放上，来弄些烟草给你，来上来给你把孛篮的烟孛篮端来，你挖一锅子，抽一锅子么，烟孛篮儿。tɕiou˥tʂə˥muo˦ta˥i˥˧˥kə˥xuo˩˧˩xuo˩˧˥tsɿ˧kei˥ni˥˧˥,zou˩˧˩ti˦næᴇ˥xæ̃˥iæ̃˥˧˥muor˥˧lie˧faŋ˥ʂaŋ˥,læᴇ˩˧nuoŋ˥˦˥ɕie˥˧˩iæ̃˥˧˨˦tsʰaɔ˥˧˩kei˥ni˥˧˥,læᴇ˩˧ʂaŋ˥læᴇ˩˧˥kei˥ni˥˧˥pa˥˧˩pu˩˧˥læ̃˩˧˥ti˦iæ̃˥˧˩pʰu˩˧˩læ̃˩˧˦˥tuæ̃˥˧˩læᴇ˩˧,ni˥˧˥va˥˧i˥˧˩kuo˥˧tsɿ˧,tʂʰou˥˧i˥˧˩kuo˥˧tsɿ˧muo˧,iæ̃˥˧pʰu˩˧˩læ̃r˩˧˦˥.

扫帚

（好，这个扫把。）黄：有的叫扫帚，有的叫扫把。iou˥˧ti˧tɕiaɔ˥saɔ˥tʂʯ˥˧˩,iou˥˧ti˧tɕiaɔ˥saɔ˥pa˥˧˩.（你们哪种说得多？）扫帚多。扫帚是指扫院的那个东西叫扫帚。saɔ˥tʂʯ˥˧˩tuo˥˧.saɔ˥˨˦tʂʯ˥˧˩sɿ˥˩tsɿ˥˧saɔ˥˧yæ̃˥˨˦ti˧nə˥kə˥tuoŋ˥˧ɕi˧tɕiaɔ˥saɔ˥˨˦tʂʯ˥˧˩.（扫……扫场院的是吧？）啊。ɑ˩.（大……大的？）噢，大的。ɑɔ˩,ta˥˨˦ti˧.（你大的用什么编的那个扫帚？）这山上有这个有……有些草。有的放生……这个秸秆儿编下的。有的是专门儿山上有那个扫帚苗苗，一种叶子，叶子，一种植物，啊。tʂei˥sæ̃˥˧ʂaŋ˥˩iou˥˧˥tʂə˥kə˥iou˥˧……iou˥˧˩ɕie˥˧˩tsʰaɔ˥˧.

iou˥˧ti˧faŋ˥səŋ˥˧……tʂə˥kə˥tɕie˥˧˩kæ̃r˥˧piæ̃˥˧˩xa˥˩ti˧.iou˥˧ti˧sɿ˥˩tʂuæ̃˥˧˩mə̃r˨˦sæ̃˥˧ʂaŋ˥˩iou˥˧˧nə˥kə˥sɑɔ˥tʂʯ˥˧˩miɑɔ˨˦˩miɑɔ˨˦˧,i˥˧˧tʂuoŋ˥˧˧ie˥˧tsɿ˧,ie˥˧tsɿ˧,i˥˧˩tʂuoŋ˥˧˩tʂʯ˨˦vuo˥˧,ɑ˩.（噢，有一种扫帚苗苗？）啊，扫帚苗儿。现在还有专门儿种的那种家的。那个扫帚。铁……那叫铁扫儿。它那个名字也是铁扫儿。那个长乎长大了以后，欸，你把它压成一下就是扫叶啊。ɑ˥,sɑɔ˥tʂʯ˥˧˧miɑɔr˨˦˧.ɕiæ̃˥tsæᴇ˥xæᴇ˨˦˩iou˥˧tʂuæ̃˥˧˩mə̃r˨˦˧tʂuoŋ˥˧ti˧nei˥tʂuoŋ˥˧˩tɕia˥˧ti˧.nə˥kə˥sɑɔ˥tʂʯ˥˧˩.tʰie˥˧˧……nei˥tɕiɑɔ˥tʰie˥˧˩sɑɔr˥.tʰɑ˥˧˧nə˥kə˥miŋ˨˦tsɿ˥˧ie˥˧sɿ˥˩tʰie˥˧˩sɑɔr˥.nə˥kə˥tʂaŋ˥˧xu˧tʂaŋ˥˧ta˥lə˧li˥˧˩xou˥,ei˨˦,ni˥˧˧pa˥˧˩tʰɑ˥˧˧nia˥tʂʰəŋ˨˦˩i˥˧˩ɕia˥tɕiou˥sɿ˥sɑɔ˥ie˥˧˧ɑ˧.（是不是那种棕树一样的东西？）不像。它像这……它就是一种……它仅次于就是乔灌一类的东西。比乔灌好像，可达不到乔灌那么大的木质。pu˨˦˩ɕiaŋ˥.tʰɑ˥˧˩ɕiaŋ˥tʂə˥……tʰɑ˥˧tsou˥sɿ˥i˥˧˧tʂuoŋ˥˧˧……tʰɑ˥˧˩tɕiŋ˥˧˧tsʰɿ˥y˨˦˧tɕiou˥˩sɿ˥˩tɕʰiɑɔ˨˦˩kuæ̃˥i˥˧˩luei˥ti˧tuoŋ˥˧˩ɕi˧.pi˥˧tɕʰiɑɔ˨˦˩kuæ̃˥xɑɔ˥˧˧ɕiaŋ˥,kʰə˥˧˩ta˨˦pu˨˦˧tɑɔ˥tɕʰiɑɔ˨˦˩kuæ̃˥nə˥muo˧ta˥ti˧mu˥˧tʂɿ˥˧˩.（噢，就砍下来就直接可以用了？）干咧以后就可以用了。kæ̃˥˧lie˧li˥˧˧xou˥tsou˥˩kʰə˥˧˩i˥˧˩yoŋ˥lə˧.（要要它是把很多扎在一起还是……）噢，把很……很多……就是几根扎到一捆儿就对了。但是这个扫院的叫扫帚。扫地的就叫筶帚。ɑɔ˩,pa˥˧˩xəŋ˥˧……xəŋ˥˧tuo˥˧˩……(tɕ)iou˥˧sɿ˥˩tɕi˥˧kəŋ˥˧˩tsa˥˧˩tɑɔ˥˧i˥˧˩kʰuõr˥˧tsou˥tuei˥lə˧.tæ̃˥˧sɿ˥tʂə˥kə˥sɑɔ˥˧yæ̃˥ti˧tɕiɑɔ˥sɑɔ˥tʂʯ˥˧˩.sɑɔ˥˧ti˥˧ti˧tɕiou˥tɕiɑɔ˥tʰiɑɔ˨˦˩tʂʯ˥˧.（扫床吧好像还要？）我们讲扫炕筶帚。ŋuo˥˧məŋ˧tɕiaŋ˥˧˩sɑɔ˥˧kʰaŋ˥tʰiɑɔ˨˦˩tʂʯ˥˧.（噢，扫炕筶帚？）扫炕筶帚小么。sɑɔ˥˧kʰaŋ˥tʰiɑɔ˨˦˩tʂʯ˥˧˧ɕiɑɔ˥˧muo˧.（哎，昨天看到他这里有一个这么长一点的，那种把儿，那个就是那个像像那个筶帚一样的，那个那个叫什么？）扫炕筶帚么。sɑɔ˥˧kʰaŋ˥tʰiɑɔ˨˦˩tʂʯ˥˧muo˧.（那就是用来扫炕的吗？）啊，扫……那有的叫刷子咧。ɑ˩,sɑɔ˥˧……næᴇ˥iou˥˧ti˧tɕiɑɔ˥ʂua˥˧tsɿ˧lie˧.（小小的？）噢，小小的。ɑɔ˩,ɕiɑɔ˥˧ɕiɑɔ˥˧ti˧.

撮子

（撮子是什么玩意儿？）黄：撮子有铁撮子，有木撮子。tsʰuo˥˧tsɿ˧iou˥˧˧tʰie˥˧tsʰuo˥˧˩tsɿ˧,iou˥˧˧mu˥˧tsʰuo˥˧˩tsɿ˧.（什么样子的？）像个簸箕一样那么，这是铁的做成的。ɕiaŋ˥kə˥puo˥˧tɕi˥˧˩i˥˧˧iaŋ˥nə˥muo˧,tʂə˥sɿ˥tʰie˥˧ti˧tsuo˥˧tʂʰəŋ˨˦ti˧.（前面……前面……）前面是个岔口口么。tɕʰiæ̃˨˦˩miæ̃˥˧sɿ˥kə˥tʂʰa˥˧kʰou˥˧kʰou˥˧˩muo˧.（哟，那个扫垃圾那玩意儿是？）就是叫撮子。tɕiou˥sɿ˥tɕiɑɔ˥tsʰuo˥˧tsɿ˧.

脱粒机

黄：这面只有是脱稻子的。哎一般不种麦，就没有那些东西，多一半都是脱玉米的，脱粒……脱玉米的有脱粒机，脱稻子的有脱稻子机，也叫……脱稻子的也叫打稻机。tʂei˥˧miæ̃˥tsɿ˥˧˩iou˥˧sɿ˥tʰuo˥˧˩tʰɑɔ˥˧tsɿ˧ti˧.æᴇ˥˧i˥˧˩pæ̃˥˧pu˨˦˩tʂuoŋ˥mei˥˧˧,tsou˥mei˨˦iou˥˧næᴇ˥ɕie˥˧˧tuoŋ˥˧ɕi˧,tuo˥˧i˥˧˩pæ̃˥tou˥˧˩sɿ˥˩tʰuo˥˧˩y˥mi˥˧˩ti˧,tʰuo˥˧˩li……tʰuo˥˧˩y˥mi˥˧˩ti˧iou˥˧˧tʰuo˥˧˩li˨˦tɕi˥˧˩,tʰuo˥˧˩tʰɑɔ˥˧tsɿ˧ti˧iou˥˧˧tʰuo˥˧˩tʰɑɔ˥˧tsɿ˧tɕi˥˧,ie˥˧˧tɕiɑɔ˥……tʰuo˥˧˩tʰɑɔ˥˧tsɿ˧ti˧ie˥˧˧tɕiɑɔ˥ta˥˧tʰɑɔ˥˧tɕi˥˧˩.（哪种说得多些？）那就是这个脱粒机多一点儿么。nə˥˧tsou˥sɿ˥tʂə˥kə˥tʰuo˥˧˩li˨˦tɕi˥˧˩tuo˥˧i˥˧˩tiæ̃r˥˧muo˧.（不是噢，那个稻子的？）稻子叫，还是叫脱稻子机。tɑɔ˥˧tsɿ˧tɕiɑɔ˥,xa˨˦˩sɿ˥tɕiɑɔ˥tʰuo˥˧˩tʰɑɔ˥˧tsɿ˧tɕi˥˧˩.（脱稻子的？）啊，脱稻……呃，还是叫脱粒机叫是。ɑ˩,tʰuo˥˧˩tʰɑɔ˥˧……ə˩,xa˨˦˩sɿ˥tɕiɑɔ˥tʰuo˥˧˩li˨˦tɕi˥˧tɕiɑɔ˥sɿ˥.（噢，稻子的也叫脱粒机？）噢，也叫脱粒机。ɑɔ˩,ie˥˧tɕiɑɔ˥tʰuo˥˧˩li˨˦tɕi˥˧˩.（讲不讲“打稻机”？）太不叫。这个，这面都没有得这个话好像。tʰæᴇ˥pu˨˦˩tɕiɑɔ˥.tʂə˥˧kə˥˩,tʂei˥miæ̃˥tou˥˧˩mei˨˦iou˥˧tei˥˧˧tʂə˥kə˥˩xua˥xɑɔ˥˧˩ɕiaŋ˥˩.

连枷

（拿那个棒槌去打麦子？）黄：那不叫棒槌呀。那个叫欸，他打的就是专门儿有一种工具叫做连枷。nə˧pu˨˩˨˩tɕiao˧paŋ˧tʂʰuei˨˩˨˩ia˩.nə˧kə˧tɕiao˧ei˧,tʰa˥˩ta˥˩ti˧tɕiou˧sʅ˧tʂuæ̃˥˩mə̃r˩˦iou˥˩i˥˩˩tʂuoŋ˥˩kuoŋ˥˩˩tɕy˧tɕiao˧tsuo˧liæ̃˨˩˨˩tɕia˥˩˥.（哟，用连枷打噢？）啊，用连枷打咧。a˩,yoŋ˧liæ̃˨˩˨˩tɕia˥˩ta˥˩lie˧.（嗯，那个叫做打……打麦子还是捶麦子么？）有的叫捶，有的叫打。噢，打的这个范围比较广。iou˥˩ti˧tɕiao˧tʂʰuei˩˦,iou˥˩ti˧tɕiao˧ta˥˩.aɔ˩,ta˥˩ti˧tʂə˧kə˧fæ̃˧vei˩˦pi˥˩˩tɕiao˧kuaŋ˥˩.（谷子呢，收回来以后用什么打？）这还是用连枷打咧。tʂə˧˥xa˨˩sʅ˧yoŋ˧liæ̃˨˩tɕia˥˩˥ta˥˩lie˧.（噢，那个讲讲打谷还是讲……）噢，打谷子。aɔ˩,ta˥˩˥ku˥˩tsʅ˧

风车

（风车呢？）黄：哎有么。风车，这个净粮食用的那个大的那叫风车。æᴇ˥˩iou˥˩muo˧.fəŋ˥˩tʂə˥˩,tʂə˧kə˧tɕiŋ˧liaŋ˨˩ʂʅ˩˥yoŋ˧ti˧nə˧kə˧ta˧ti˧næᴇ˧tɕiao˧fəŋ˥˩tʂʰə˥˩.（你这里的风车是个什么形状的？）呀，那画不来。那大的焦锨了。ia˩,næᴇ˧˥xua˧pu˩˥læᴇ˨˩.næᴇ˧˥ta˧ti˧tɕiao˥˩ɕiæ̃˥˩lə˧.（它那个摇的那个那个部分那个里面像鼓一样的那个东西叫什么？）风扇么。里头搅的风，轮子带的是这个欸带是带动风扇转着咧么。fəŋ˥˩ʂæ̃˧˥muo˧.li˥˩tʰou˧tɕiao˥˩˥ti˧fəŋ˥˩,lyoŋ˨˩tsʅ˥˩tæᴇ˧ti˧sʅ˧tʂə˧kə˧ei˧tæᴇ˧sʅ˧tæᴇ˧tuoŋ˧fəŋ˥˩ʂæ̃˧tʂuæ̃˧tʂuo˥˩lie˧muo˧.（那些就说这个风扇的各个部位怎么称呼啊风车？）那☐啥……我看那☐还有……放粮食往下来走的这个地方那个口口子叫舌头。盛粮……那就我都叫不上来。næᴇ˧˥niæ̃˨˩sa˧˥……ŋuo˥˩kʰæ̃˧næᴇ˧˥niæ̃˨˩xæᴇ˩˦iou˥˩ʂ……faŋ˧liaŋ˨˩ʂʅ˩˥vaŋ˥˩xa˧˥læᴇ˨˩tsou˥˩ti˧tʂə˧kə˧ti˧faŋ˥˩˥næᴇ˧kə˧kʰou˥˩kʰou˥˩tsʅ˧tɕiao˧ʂə˨˩tʰou˧.tʂʰəŋ˩˦liaŋ˨˩……næᴇ˧˥tsou˧ŋuo˥˩tou˥˩˥tɕiao˧pu˩˥ʂaŋ˧læᴇ˩˥.（什么头啊？）舌头。ʂə˨˩tʰou˧.（噢，吐出来的地方？）那个都是控制着，它的这个缝缝的这个漏粮的快慢么，就靠这个，靠这个来控制咧么。nə˧kə˧˥tou˥˩sʅ˧kʰuoŋ˧tʂʅ˧tʂə˧,tʰa˥˩tə˧tʂə˧kə˧fəŋ˧˥fəŋ˧ti˧tʂə˧kə˧lou˧liaŋ˨˩ti˧kʰuæᴇ˧mæ̃˧muo˧,tsou˧kʰao˧tʂə˧kə˧,kʰao˧tʂə˧kə˧læᴇ˨˩kʰuoŋ˧tʂʅ˧lie˧muo˧.（噢，那个地方，这个，对，放……放谷子下来的那个口？）噢，就是那个地方，嗯。aɔ˧,tɕiou˧sʅ˧nə˧kə˧ti˧faŋ˥˩,ə̃˩.（噢。上面的那个叫什么呢那个就是放粮食的那个？）不知道。兀晓☐叫个啥东西？pu˨˩tʂʅ˥˩tao˧.væᴇ˧ɕiao˥˩niæ̃˨˩tɕiao˧kə˧sa˧tuoŋ˥˩ɕi˧?（讲斗吗？）斗是个斗，不知道里头啥斗反正。tou˥˩sʅ˧kə˧tou˥˩,pu˩˥tʂʅ˥˩˥tao˧li˥˩tʰou˧sa˧tou˥˩˥fæ̃˥˩tʂəŋ˧˥.

碌碡

（噢，就是那个，那个碾子啊，石头做的那？）黄：那叫碌碡。næᴇ˧tɕiao˧lou˥˩tsʰɥ˨˩.（这个碌碡是个大的是是盘子吧？）那不是的。næᴇ˧˥pu˩˥sʅ˧ti˧.（人站在旁边这个就是这么碾吧？啊，不是不是不是。）问那叫碾子。vəŋ˧næᴇ˧˥tɕiao˧niæ̃˥˩tsʅ˧.（站在上面吗？用牲口拖吗？你们那碌……碌碡是是个什么样呢？）碌碡它就是这个欸，是个，它都是这个欸，是这么个圆柱体么。它这么个圆柱体以后，中间这儿这这儿这你挖喽，最具原始的东西这里头挖进去一个窝，这儿这安了个欸木脐，噢，这个木……木……木脐子。这上边……lou˥˩tsʰɥ˩˦tʰa˥˩tsou˧sʅ˧tʂə˧kə˧ei˧,sʅ˧kə˧,tʰa˥˩tou˥˩sʅ˧tʂə˧kə˧ei˧,sʅ˧tʂə˧muo˧kə˧yæ̃˩˦tʂɥ˧tʰi˥˩muo˧.tʰa˥˩tʂə˧muo˧kə˧yæ̃˩˦tʂɥ˧tʰi˥˩i˥˩xou˧,tʂuoŋ˥˩tɕiæ̃˥˩˥tʂər˧˥tʂə˧tʂər˧tʂə˧ni˥˩va˥˩lou˧,tsuei˧tɕy˧yæ̃˨˩sʅ˧ti˧tuoŋ˥˩ɕi˧tʂei˧li˥˩tʰou˧va˥˩tɕiŋ˧tɕʰi˧i˥˩kə˧vuo˥˩,tʂər˧tʂə˧næ̃˥˩lə˧kə˧ei˧mu˥˩tɕʰi˩˥,aɔ˩,tʂə˧kə˧mu˥˩……mu˥˩tʂɥ……mu˥˩tɕʰi˩˦tsʅ˧.tʂə˧ʂaŋ˧piæ̃˥˩˥……（木脐子？）噢，木脐子。aɔ˩,mu˥˩tɕʰi˩˦tsʅ˧.（肚脐的脐是吧？）嗯。ŋ̍˥˩.（啊？）噢。aɔ˥˩.（你这个地方这个叫木脐子

啊？）嗯。木脐儿嘛。土话叫木脐儿么。ɔ̃˩.mu˧˩tɕʰiər˨˦ma˦.tʰu˧xua˥tɕiaɔ˥mu˧˩tɕʰiər˨˦muo˦.（鼓出来的叫木脐？）噢，鼓出来着咧。这是就这样拉出来。这是这个，这，外围的这些东西，这叫桲架。ɑɔ˩,ku˥˧˧tʂʰʮ˧˩læᴇ˨˦˩tʂə˧lie˧.tʂə˥sɿ˥tɕiou˥tʂə˥iaŋ˥la˧˩tʂʰʮ˧˩læᴇ˨˦˩.tʂei˥sɿ˥tʂə˥kə˥,tʂei˥˧,væᴇ˥vei˨˦ti˦tʂei˥ɕie˥˧˧tuoŋ˥˧ɕi˧,tʂei˥tɕiaɔ˥puo˥˧tɕie˧(←tɕia˥).（这个框都叫puo˥˧tɕie˧吗？）啊，桲架。把这个欵，把这个碌碡在里头套着咧嘛。ɑ˩,puo˥˧tɕie˧(←tɕia˥).pa˧˩tʂə˥kə˥ei˥,pa˧˩tʂə˥kə˥lou˥˧tʂʰʮ˨˦˩tsæᴇ˥li˧tʰou˧tʰɑɔ˥tʂuo˥˧lie˧ma˧.（puo˥˧tɕie˧？）噢，桲架。ɑɔ˩,puo˥˧tɕie˧(←tɕia˥).（这个puo˥˧tɕie˧是是……能写得出字来吗？）桲……puo˥˧……（就是那个簸箕的那个簸啊？那簸箕啊？）不是的。桲架。字我还写起不上来咧，这家伙。这是靠这个牵引咧。这儿这讲来这个是把这个牲口套上以后，这儿绾个啥，把这个牲口，这么一套牲口，就这么拉上走咧。靠这个碾场咧么，碌碡。pu˨˦˩sɿ˥ti˧.puo˥˧tɕie˧(←tɕia˥).tsɿ˥˧ŋuo˧xɑ˨˦˩ɕie˥˧tɕʰi˧pu˨˦˩ʂaŋ˥læᴇ˨˦˩lie˦,tʂei˥˧tɕia˧˩xuo˧.tʂə˥˧sɿ˥kʰɑɔ˥tʂə˥kə˥tɕʰiæ̃˧˩iŋ˧lie˧.tʂər˥tʂə˥tɕiaŋ˧˩læᴇ˨˦tʂei˥˧kə˥sɿ˥pa˧˩tʂə˥kə˥səŋ˧kʰou˧tʰɑɔ˥ʂaŋ˥i˧˩xou˥,tʂər˥væ̃˧kə˥sa˥,pa˧˩tʂə˥kə˥səŋ˧kʰou˧,tʂə˥muo˦i˥˧tʰɑɔ˥səŋ˧kʰou˧,tɕiou˥tʂə˥muo˦la˧˩ʂaŋ˥tsou˧lie˧.kʰɑɔ˥tʂə˥kə˥niæ̃˧tʂʰɑŋ˨˦lie˦muo˧,lou˥˧tʂʰʮ˨˦˩.（人是站在后面还是站在上面呢？）人拉……人不站。人你把牲口拉上就对咧嘛。这儿有个牲口你……你……你把牲口拉上以后，它这么个往下走以后，它是靠牲口你是……这是一大片场，你站……你站在中……绳长咧的话，你站在中间以后，绳的长短，这个牲口就把这个碌碡拉上走咧，沿这个场转着咧。zəŋ˨˦la˧……zəŋ˨˦pu˨˦˩tsæ̃˥˧.zəŋ˨˦ni˧pa˧˩səŋ˧kʰou˧la˧ʂaŋ˥tɕiou˥tuei˥lie˦ma˦.tʂər˥iou˥˧kə˥səŋ˧kʰou˧ni˥˧……ni˥˧……ni˥˧pa˧˩səŋ˧kʰou˧la˧ʂaŋ˥i˧˩xou˥,tʰa˥˧tʂə˥muo˦kə˥vaŋ˥˧xa˥tsou˥˧i˧˩xou˥,tʰa˥˧sɿ˥kʰɑɔ˥səŋ˧kʰou˧ni˧zɿ˥˩……tʂə˥sɿ˥i˧˩ta˥pʰiæ̃˥˧tʂʰɑŋ˨˦,ni˧tsæ̃……ni˧tsæ̃˥tsæᴇ˥tʂuoŋ˧˩……ʂəŋ˨˦tʂʰɑŋ˨˦lie˦ti˦xua˥,ni˧tsæ̃˥tsæᴇ˥tʂuoŋ˧˩tɕiæ̃˥˧i˧˩xou˥,ʂəŋ˨˦ti˦tʂʰɑŋ˨˦˩tuæ̃˧,tʂə˥kə˥səŋ˧kʰou˧tsou˥pa˧˩tʂə˥kə˥lou˥˧tʂʰʮ˨˦˩la˧˩ʂaŋ˥tsou˧lie˦,iæ̃˨˦tʂə˥kə˥tʂʰɑŋ˨˦tʂuæ̃˥tʂuo˧lie˦.（水田里用不用这个玩意儿呢？）哎，不用。你这……这石头的，好家伙。æᴇ˨˦,pu˨˦˩yoŋ˥.ni˧˩tʂei˥˧……tʂei˥˧ʂʮ˨˦˩tʰou˦ti˧,xɑɔ˥˧tɕia˧˩xuo˧.（有啊。南南方水田就用这个。）这儿我们这儿这不用，这不行。这的人说碌碡曳到半坡里了，你你拉到半坡里去以后，你……你拉不……不拉去，拉起拉不动了，你是……丢起不敢丢，丢起就跑了。tʂər˥˧ŋuo˧məŋ˧tʂər˥tʂə˥pu˨˦˩yoŋ˥,tʂei˥˧pu˨˦˩ɕiŋ˨˦˩.tʂə˥˧ti˧zəŋ˨˦ʂuo˥˧lou˧tʂʰʮ˨˦ie˧tɑɔ˥˩pæ̃˥pʰuo˧li˧˩lə˧,ni˥˧ni˥˧la˧tɑɔ˥˩pæ̃˥pʰuo˧li˧˩tɕʰi˥i˧˩xou˥,ni˥˧ts……ni˥˧la˧pu……pu˨˦la˧tɕʰi˥,la˧tɕʰi˧la˧pu˨˦˩tuoŋ˥˧lə˧,ni˥˧sɿ˥tsʰ……tiou˧tɕʰi˧˩pu˨˦˩kæ̃˥˧tiou˥˧,tiou˧tɕʰi˧˩tɕiou˥pʰɑɔ˧lə˧.（那个这这是用来那个压场的是吧？）噢，用来就是打碾的，这个碾麦子，碾麦，碾糜子，碾……都是……都……都用这东西咧。ɑɔ˩,yoŋ˥˧læᴇ˨˦˩tɕiou˥sɿ˥ta˧niæ̃˧ti˧,tʂə˥˩kə˩niæ̃˥˧mei˧tsɿ˧,niæ̃˧mei˧,niæ̃˧mi˨˦˩tsɿ˦,niæ̃˧……tou˥˧sɿ˥……tou˥˧……tou˥˧yoŋ˥tʂei˥tuoŋ˧ɕi˧lie˧.（那个呢，如果是地……那个旱地里面就拉着这个东西去拉呢？）那它这个东西，那到这儿这就不叫这个欵不叫碌碡了，因为它这个东西，这个长么，一般就是这个欵，这是只有一米多，最长不超过一米。这个都是几十公分大这么一个，大了牲口拉不动。但是这个欵，你是旱地里用的那个的话，那就长了。næᴇ˥˧tʰa˥˧tʂə˥kə˥tuoŋ˧ɕi˧,næᴇ˥˧tɑɔ˥tʂər˥˧tʂə˥tɕiou˥pu˨˦˩tɕiaɔ˥˧tʂə˥kə˥ei˥pu˨˦˩tɕiaɔ˥lou˥˧tʂʰʮ˨˦˩lə˧,iŋ˧˩vei˥˧tʰa˥˧tʂə˥kə˥tuoŋ˧ɕi˧,tʂə˥kə˥˧tʂʰɑŋ˨˦muo˦,i˥˧pæ̃˧tɕiou˥sɿ˥tʂə˥kə˥ei˩,tʂə˥˧sɿ˥tsɿ˧˩iou˧i˧˩mi˧tuo˥˧,tsuei˥tʂʰɑŋ˨˦pu˨˦˩tʂʰɑɔ˧˩kuo˥˧i˧˩mi˧.tʂə˥kə˥tou˥˧sɿ˥tɕi˧ʂʮ˨˦kuoŋ˥˧fəŋ˧ta˧˩tʂə˥˧muo˦i˥˧kə˥,ta˥˧lə˧səŋ˧kʰou˧la˧pu˨˦˩tuoŋ˥˩.tæ̃˥sɿ˥tʂə˥kə˥ei˥,ni˥˧sɿ˥xæ̃˥ti˥li˧˩yoŋ˥ti˦nei˥kə˥ti˦xua˥,nei˥˧tsou˥tʂʰɑŋ˨˦liaɔ˥˧.（噢，还长些？）那至少要

有一米长咧。一般都是这个……有些好……这个中间这个稍微细一点的话，碌碡细一点的话，有两米长咧。那就不叫碌碡了，那就叫镇压器。nə˥tsɿ˥ʂaɔ˥˧iaɔ˥iou˥˧˧i˥˧˩mi˥˧tʂʰaŋ˩˧lie˧.i˥˧˦pæ̃˥˧˩tou˥˧˧sɿ˥tʂə˥kə˥i……iou˥˧ɕie˥˧˩xaɔ˥˧s……tʂə˥kə˥tʂuoŋ˥˧˩tɕiæ̃˥˧˦tʂə˥kə˥saɔ˥˧vei˥˧ɕi˥i˥˧˧tiæ̃˥˧˧tə˧xua˥,lou˥˧tʂʰʮ˩˧˩ɕi˥i˥˧˧tiæ̃˥˧˧tə˧xua˥,iou˥˧˧liaŋ˥˧˦mi˥˧tʂʰaŋ˩˧˩lie˧.nei˥tɕiou˥pu˩˧˩tɕiaɔ˥˦lou˥˧tʂʰʮ˩˧˩lə˧,nei˥tɕiou˥tɕiaɔ˥tʂəŋ˥ia˥tɕʰi˥.（镇压？）噢，镇压咧。aɔ˩,tʂəŋ˥ia˥lie˧.（这个啊？）噢，对着咧。镇压器么。aɔ˩,tuei˥tʂuo˥˧˩lie˧.tʂəŋ˥ia˥tɕʰi˥muo˧.（武器的器呀？）噢，镇压器了就叫。aɔ˩,tʂəŋ˥ia˥tɕʰi˥lə˧tsou˥tɕiaɔ˥.（老人家就管这叫镇压器是吗？还是……）老人家就把这不叫。这是现在就把这叫镇压器咧。laɔ˥˧zəŋ˩˧˩tɕia˥˧˧tɕiou˥pa˥˧˩tʂə˥pu˩˧˩tɕiaɔ˥.tʂə˥sɿ˥ɕiæ̃˥tsæᴇ˥tsou˥pa˥˧˩tʂei˥tɕiaɔ˥tʂəŋ˥ia˥tɕʰi˥lie˧.（过去呢？）过去的晓把这个叫啥咧吵？kuo˥tɕʰy˥ti˧ɕiaɔ˥˧˧pa˥˧˩tʂei˥kə˥tɕiaɔ˥sa˥lie˧sa˧?（碾子？）还叫碾子咧，那个，姆，过去老儿一般就是还叫碌碡咧。他们这个碌碡……xa˩˧˩tɕiaɔ˥niæ̃˥˧tsɿ˧lie˧,næᴇ˥˦kə˥,m̩˩,kuo˥˦tɕy˥laɔr˥˧i˥˧˧pæ̃˥˧˧tɕiou˥sɿ˥xa˩˧˩tɕiaɔ˥lou˥˧tʂʰʮ˩˧˩lie˧.tʰa˥˧˧məŋ˧tʂə˥kə˥lou˥˧˩tʂʰʮ˩˦……（这在在水在旱地里那么长的大东西……）啊，长碌碡。那是碌碡，有些是碾场的，有的是把地往下……是那个地虚得很，种子种不下去，下去不得出来。他就套上牲口去把那个碾一下。a˩,tʂʰaŋ˩˧lou˥˧˩tʂʰʮ˩˦.nei˥sɿ˥lou˥˧tʂʰʮ˩˧,iou˥˧ɕie˥˧˩sɿ˥˩niæ̃˥˧tʂʰaŋ˩˧˩ti˧,iou˥˧ti˧sɿ˥˩pa˥˧˩ti˥vaŋ˥˧˩xa……sɿ˥nə˥kə˥ti˥˦ɕy˥˧tə˧xəŋ˥˧˩,tʂuoŋ˥˧tsɿ˧tʂuoŋ˥pu˩˧˧xa˥˦tɕʰi˥,xa˥tɕʰi˥pu˩˧˧tei˥˧˧tʂʰʮ˥˧læᴇ˩˧˩.tʰa˥˧˧tɕiou˥tʰaɔ˥ʂaŋ˥səŋ˥˧kʰou˧tɕʰi˥pa˥˧˩næᴇ˥kə˥niæ̃˥˧i˥˧˩ɕia˥˩.

囤

1.（那个用那个苇……芦苇呀或者是那个篾做成的那种装粮食那个包子叫什么？）黄：叫囤。囤子。tɕiaɔ˥tuoŋ˥.tuoŋ˥tsɿ˧.（囤，是……那是大的吧？）大的嘛。ta˥ti˧ma˧.（很高、圆的那个是吧？）嗯，很高的圆的那。这里边，可以装，有的大一点的囤子可以装几千斤粮食。一般都装几百斤粮食。ə̃˩,xəŋ˥˧˧kaɔ˥˧ti˧yæ̃˩˧ti˧næᴇ˥.tʂə˥li˥˧piæ̃˥˧˩,kʰə˥˧i˥˧˩tʂuaŋ˥˧,iou˥˧ti˧ta˥i˥˧˧tiæ̃˥˧˧ti˧tuoŋ˥tsɿ˧kʰə˥˧i˥˧˩tʂuaŋ˥˧˩tɕi˥˧˧tɕʰiæ̃˥˧tɕiŋ˥˧˩liaŋ˩˧˩ʂʅ˩˧˩.i˥˧˦pæ̃˥˧tou˥˧˧tʂuaŋ˥˧˧tɕi˥˧pei˥˧˩tɕiŋ˥˧˩liaŋ˩˧˩ʂʅ˩˧˧.（你们是拿芦苇做还是拿什么做？）不。我们是用山上的这个乔木……乔灌木的这种条子编成的，叫条囤。pu˩˧.ŋuo˥˧məŋ˧ʂʅ˥yoŋ˥sæ̃˥˧ʂaŋ˥ti˧tʂə˥kə˥tɕʰiaɔ˩˧mu˥˧……tɕʰiaɔ˩˧˩kuæ̃˥mu˥˧˩ti˧tʂei˥tʂuoŋ˥˧˧tʰiaɔ˩˧˩tsɿ˧piæ̃˥˧tʂʰəŋ˩˧˩ti˧,tɕiaɔ˥tʰiaɔ˩˧tuoŋ˥˩.（噢，就跟我们昨天在那儿看的是一样吗？）啊。那是……那是装玉米的。a˩.nei˥˦sɿ˥……nei˥˦sɿ˥˩tʂuaŋ˥˧˩y˥mi˥˧˩ti˧.（那叫玉米楼还是……）是玉米楼……叫玉米仓。sɿ˥˩y˥mi˥˧˩lou˩˧˩……(tɕ)iaɔ˥˩y˥mi˥˧˧tsʰaŋ˥˧.（y˥mi˥˧˧tsʰaŋ˥˧？）噢，这儿叫玉米仓，不叫囤子。它……aɔ˩,tʂər˥tɕiaɔ˥y˥mi˥˧˧tsʰaŋ˥˧,pu˩˧˩tɕiaɔ˥tuoŋ˥tsɿ˧.tʰa˥˧……（噢，玉米它是单独放的，放……）噢，玉米单独放的。它是带……带心心的玉米，它必须装在玉米仓里头。如果是一旦脱粒了以后，它会……仍然还要拿回去放到囤子里面儿去。aɔ˩,y˥mi˥˧˧tæ̃˥˧˩tu˩˧faŋ˥ti˧.tʰa˥˧˩sɿ˥˩tæᴇ˥……tæᴇ˥ɕiŋ˥˧˦ɕiŋ˥˧˩ti˧y˥mi˥˧˧,tʰa˥˧˧pi˥˧˦ɕy˥˧˩tʂuaŋ˥˧˩tsæᴇ˥y˥mi˥˧˧tsʰaŋ˥˧li˥˧˩tʰou˧.zʮ˩˧˩kuo˥˧sɿ˥˩i˥˧˦tæ̃˥˩tʰuo˥˧˩li˩˧˩lə˧i˥˧˩xou˥˦,tʰa˥˧˧xuei˥˦x……zəŋ˥˦zæ̃˩˧˩xæᴇ˩˧˩iaɔ˥na˩˧xuei˩˧˩tɕʰy˥faŋ˥taɔ˥tuoŋ˥tsɿ˧li˥˧˩miæ̃r˥tɕʰi˥.（家里面有囤子吗？）家里面有囤子么。都是于……放粮的那个于……那个里……窑里边儿，都放的有装粮的这个囤子。有大囤、小囤。tɕia˥˧li˥˧˩miæ̃˥iou˥˧˧tuoŋ˥˦tsɿ˧muo˧.tou˥˧˩sɿ˥˩y˩˧˧……faŋ˥liaŋ˩˧˩ti˧nə˥kə˥y˩˧˩……nə˥kə˥li˥˧˩……iaɔ˩˧li˥˧piæ̃r˥˧˩,tou˥˧˦faŋ˥ti˧iou˥˧˧tʂuaŋ˥˧˩liaŋ˩˧˩ti˧tʂə˥kə˥tuoŋ˥tsɿ˧.iou˥˧˧ta˥tuoŋ˥,ɕiaɔ˥˧tuoŋ˥˩.（噢，窑里面再放囤子啊？）噢，再放囤子装。aɔ˩,tsæᴇ˥˦faŋ˥tuoŋ˥tsɿ˧tʂuaŋ˥˧˩.（噢，那个窑好像没

有这么大吧？）哎，那这就像这个□……就像这一间房也放好多囤子啊。æᴇ˩˧,næᴇ˦˥˧tʂei˦tɕiou˦ɕiaŋ˦tʂə˦˨kə˦˥˧niæ̃˧˨……tɕiou˦ɕiaŋ˦tʂei˦˥˧i˥˩tɕiæ̃˥faŋ˩˧ia˥˨faŋ˦xaɔ˥tuo˥˨tuoŋ˦tsɿ·a·˩.

2. 黄：那往回拿[粮食]的话，那你就要拿口袋往回装咧。næᴇ˦vaŋ˥˨xuei˩˧na˩˧tə˦xua˦,næᴇ˦ni˥˦tɕiou˦iaɔ˦na˧˨kʰou˥tæᴇ˦˨vaŋ˥˨xuei˩˧tʂuaŋ˥lie·˩.（拿口袋？）噢，口袋、麻袋嘛。先拿这些东西往回装咧。装回去以后，然后再倒到囤子里边儿去。aɔ˨,kʰou˥tæᴇ˦,ma˩˧tæᴇ˦ma·˩.ɕiæ̃˥˦na˩˧tʂei˦˥˧ɕie˥˨tuoŋ˥˦ɕi˥˦vaŋ˥˨xuei˩˧tʂuaŋ˥lie·˩.tʂuaŋ˥˨xuei˩˧tɕʰy˦˥˧i˥˩xou˦,zæ̃˧˨xou˦˥˧tsæᴇ˦taɔ˦taɔ˦tuoŋ˦tsɿ·li˥˨piæ̃r˥˦tɕʰi˦.（他不是就这样放到那个窑洞里面？）哎不是。不，疙他都一般回去专门儿有装粮的囤，盛粮食的囤子咧么。æᴇ˥pu˧˨sɿ˦.pu˩˧,ə˥tʰa˥˨tou˥˨i˥˨pæ̃˥xuei˧˨tɕʰy˦tʂuæ̃˥˨mɑ̃r˩˧iou˥˦tʂuaŋ˥liaŋ˧˨ti·tuoŋ˦,tʂʰəŋ˩˧liaŋ˧˨ʂɿ˩˧˥ti·tuoŋ˦˥tsɿ·lie·muo·˩.（还有小一点的吗，比囤子小一点的装粮食的东西吗？）那囤欸，那一般情况下，最小的也都装个一百来斤，装几十斤的。那个囤子分大囤小囤么。nə˦tuoŋ˦ei˨,næᴇ˦˥˧i˥˨pæ̃˥tɕʰiŋ˧˨kʰuaŋ˦ɕia˦,tsuei˦˥ɕiaɔ˦ti·ia˥˦tou˥˦tʂuaŋ˥˨kə˦˨i˥˦pei˥læᴇ˩˧tɕiŋ˥˨,tʂuaŋ˥˨tɕi˥ʂɿ˧˨tɕiŋ˥ti·˩.nə˦kə˦tuoŋ˦˥tsɿ·fəŋ˥˨ta˦˥˧tuoŋ˦ɕiaɔ˥tuoŋ˦˨muo·˩.

（那个那个一般老百姓他会就是称这样的这个把粮食装入囤子的最常用叫法是什么？）黄：那就是，老百姓那就是打粮入囤就对了。næᴇ˦tsou˦sɿ˦,laɔ˥pei˧˨ɕiŋ˦˥næᴇ˦tɕiou˦˨sɿ˦˨ta˥liaŋ˧˨zʮ˥˨tuoŋ˦tsou˦tuei˦lə˦.（入囤子？）噢，放到囤里，倒到囤里，倒到囤里去了，他还不叫入，把粮食打来以后他倒到囤子里放下就对了。aɔ˨,faŋ˦˥taɔ˦˨tuoŋ˦li˥˨,taɔ˦taɔ˦tuoŋ˦li˥˦,taɔ˦˥taɔ˦˨tuoŋ˦li˥˦tɕʰy˦˥˧lə·˩,tʰa˥xa˧˨pu˧˨tɕiaɔ˦zʮ˥,pa˥˨liaŋ˧˨ʂɿ˩˧˦ta˥læᴇ˩˧i˥˨xou˦tʰa˥˨taɔ˦taɔ˦tuoŋ˦tsɿ·li˥˨faŋ˦ɕia˦tɕiou˦tuei˦lə˦.

囤子

（那个，有一些这样围……围一下，一……一长条哇，这个围成一个圆的那个……那个叫什么？）黄：我们这面儿没有，前塬里，哎他有那个东西。而且现在给放这个塑料欸都可以拿这螺丝一做，底下衬个啥，他一围，他把粮倒出去。我们这个，太白地区没有这个东西。ŋuo˥mən˦tʂei˦miæ̃r˦mei˩˧iou˥˨,tɕʰiæ̃˩˧yæ̃˧˨li˥˦,æᴇ˦tʰa˥˨iou˥nə˦kə˦tuoŋ˥˨ɕi·˩.ər˩˧tɕʰie˥˨ɕiæ̃˦tsæᴇ˦kei˦faŋ˦tʂə˦kə˦suo˦liaɔ˦ei˨tou˥˨kʰə˥i˥˨na˩˧tʂə˦luo˩˧sɿ˥i˥˦tsuo˦˥˧,ti˥ɕia˦tsʰəŋ˦kə˦sa˦,tʰa˥˨i˥˨vei˩˧,tʰa˥˨pa˥liaŋ˩˧taɔ˦tʂʰʮ˥˦tɕʰi˦.ŋuo˥mən·tʂə˦kə˦,tʰæᴇ˦pei˩˧ti˦tɕʰy˥˦mei˩˧iou˥˦tʂə˦kə˦tuoŋ˥ɕi·˩.（你们要是叫那个东西叫什么？）我们没有那东西。一般是有些把那叫围子咧么。ŋuo˥mən·mei˩˧iou˥nə˦tuoŋ˥ɕi·˩.i˥˨pæ̃˥˨sɿ˦iou˥ɕie˥˨pa˥˨næᴇ˦tɕiaɔ˦vei˧˨tsɿ˥lie·muo·˩.（叫不叫茓子？）不叫。pu˧˨tɕiaɔ˦.

席包

黄：有的是把，把这个用芦苇碾成的那个簾簾子啊，哎把两头这样卷返回来以后，拿线一缭，这样墩起来。iou˥ti·sɿ˦pa˥˨,pa˥˨tʂə˦kə˦yoŋ˦lou˩˧vei˥˦niæ̃˥tʂʰəŋ˧˨ti·nə˦kə˦mi˧˨mi˩˧˥tsɿ·a˨,æᴇ˨pa˥˨liaŋ˥tʰou˩˧tʂə˦iaŋ˦tɕyæ̃˥fæ̃˥˨xuei˧˨læᴇ˩˧˦i˥˨xou˦,na˧˨ɕiæ̃˦i˥˨liaɔ˩˧,tʂə˦˥˧iaŋ˦˨tuoŋ˥˦tɕʰi˦læᴇ˧˨.（用线缭的是吗？）噢，拿这个咿，麻绳，才能他把这缭起来。往地下一墩，底下衬个啥，这里头也可以倒。这个叫席包。aɔ˨,na˩˧tʂə˦kə˦i˨,ma˩˧ʂəŋ˩˧,tsʰæᴇ˩˧nəŋ˧˨tʰa˥pa˥˦tʂə˦liaɔ˩˧tɕʰi˥læᴇ˧˨.vaŋ˥˨ti˦ɕia˦i˥˦tuoŋ˥,ti˥ɕia˦˨tsʰəŋ˦kə˦sa˦,tʂə˦˥˧li˥˨tʰou˦ia˥kʰə˥˨i˥˨taɔ˦˨.tʂə˦˥˧tɕiaɔ˦ɕi˧˨paɔ˥.（你这里有啊？）这里，我们这里都太不用。这都是前塬用的东西。tʂə˦˥˧li˥˨,ŋuo˥mən·tʂə˦li˥˦tou˥˨tʰæᴇ˦pu˧˨yoŋ˦.tʂə˦˥˧tou˥˨sɿ˦˨tɕʰiæ̃˩˧yæ̃˩˧yoŋ˦ti·tuoŋ˥ɕi·˩.

铡子

（铡子底下是一块板子还是什么？一块木头还是板子呢？）黄：这一块儿木头，它到这儿这去以后，这……这中间是镂空的么。这个中间有个缝子咧么。镂空后，这儿这……这儿这有个空的。这上头它要安铡刀咧嘛。这个铡刀在这上头这儿这，搁铡栓把这个地方连接上。有个铡背噢，铡背头起安的是铡刃嘛。这个铡栓……铡栓把这个欸铡背连接到这个铡墩头起。这会这样上下就可以铡了。tʂei˥i˥˧˨˩kʰuər˥˧˦mu˥˧tʰou˧,tʰɑ˥˧˨˩taɔ˥˨˩tʂər˥˦tʂə˥tɕʰi˥i˥˧˨˩xou˥,tʂə˥……tʂə˥˦˥tʂuoŋ˥˧˨˩tɕiæ̃˥˦sɿ˥lou˩˧kʰuoŋ˥˧ti˧muo˧.tʂə˥kə˥tʂuoŋ˥˧˨˩tɕiæ̃˥˧˦iou˥˧kə˥˨˩fəŋ˥˦tsɿ˧lie˧muo˧.lou˩˧kʰuoŋ˥˧xou˥˨˩,tʂər˥˦tʂə˥……tʂər˥˦tʂə˥iou˥˧˦kə˥kʰuoŋ˥˧ti˧.tʂə˥ʂaŋ˥˦tʰou˧tʰɑ˥˧˦iaɔ˥næ̃˥˧tsɑ˩˧taɔ˥˧lie˧mɑ˧.tʂə˥kə˥tsɑ˩˧taɔ˥˧tsæᴇ˥tʂə˥ʂaŋ˥tʰou˧tʂər˥˦tʂə˥,kə˥˧˨˩tsɑ˩˧˨˩ʂuæ̃˥˧pɑ˥˧˨˩tʂə˥kə˥ti˥faŋ˥˧˨˩liæ̃˩˧tɕie˥˧ʂaŋ˥.iou˥˧˨˩kə˥˨˩tsɑ˥˧˨˩pei˥ɑɔ˨˩,tsɑ˩˧˨˩pei˥tʰou˩˧˨˩tɕʰie˥˧˦næ̃˥˧ti˧sɿ˥tsɑ˩˧˨˩ʐəŋ˥mɑ˧.tʂə˥kə˥tsɑ˩˧˨˩ʂuæ̃˥˧……tsɑ˩˧˨˩ʂuæ̃˥˧pɑ˥˧˨˩tʂə˥kə˥ei˨˩tsɑ˩˧˨˩pei˥liæ̃˩˧tɕie˥˧˨˩taɔ˥tʂə˥kə˥tsɑ˩˧tuoŋ˥˧tʰou˩˧˨˩tɕʰie˥˧˨˩.tʂə˥xuei˥tʂə˥iaŋ˥˨˩ʂaŋ˥ɕiɑ˥tsou˥˨˩kʰə˥˧i˥˧tsɑ˩˧˨˩lə˥.（这个下面这个这个东西叫？）叫铡墩。tɕiaɔ˥tsɑ˩˧tuoŋ˥˧.（墩子那个墩是吧？）噢，墩子的墩。铡墩。上边的叫铡……铡背。ɑɔ˨˩,tuoŋ˥˧tsɿ˧ti˧tuoŋ˥˧˨˩.tsɑ˩˧tuoŋ˥˧.ʂaŋ˥˦piæ̃˥˧˨˩ti˧tɕiaɔ˥tsɑ˩˧……tsɑ˩˧˨˩pei˥.（这个刀的那个背是吧？）噢，刀的那个背。ɑɔ˨˩,taɔ˥˧ti˧nə˥kə˥pei˥.（噢，那个叫铡刃？）噢，铡刃，啊。这个地方，穿的这个地方有个，有那个，这叫铡栓。这个铡背头起它有铡把。这个连接铡刃……连接铡背的那个铡把咧嘛。ɑɔ˨˩,tsɑ˩˧˨˩ʐəŋ˥,ɑ˨˩.tʂə˥kə˥ti˥faŋ˥˧˨˩,tʂʰuæ̃˥˧ti˧tʂə˥kə˥ti˥faŋ˥˧˨˩iou˥˧kə˥,iou˥˧˨˩nə˥kə˥,tʂei˥˦˥tɕiaɔ˥tsɑ˩˧ʂuæ̃˥˧˦.tʂei˥kə˥tsɑ˩˧˨˩pei˥tʰou˩˧˨˩tɕie˥˧˦tʰɑ˥˧˦iou˥˧˦tsɑ˩˧˨˩pɑ˥.tʂə˥kə˥liæ̃˩˧tɕie˥˧tsɑ˩˧˨˩ʐəŋ……liæ̃˩˧tɕie˥˧tsɑ˩˧˨˩pei˥ti˧nei˥kə˥tsɑ˩˧˨˩pɑ˥lie˧mɑ˧.（然后这一条槽叫什么？）我看，我把这个叫……那叫个啥呀？铡口。铡口两边这不是平的。这个木头上边么哎，这地方，这……两边错开都有铡钉咧。ŋuo˥˧kʰæ̃˥,ŋuo˥˧pɑ˥˧˨˩tʂə˥kə˥tɕiaɔ˥……nə˥tɕiaɔ˥˨˩kə˥˨˩sɑ˥iɑ˧?tsɑ˩˧˨˩kʰou˥˧.tsɑ˩˧˨˩kʰou˥˧liaŋ˥˧piæ̃˥˧˨˩tʂə˥pu˩˧˨˩sɿ˥˦˥pʰiŋ˩˧˨˩ti˧.tʂə˥kə˥mu˥˧tʰou˧ʂaŋ˥˦piæ̃˥˧˨˩muo˧æᴇ˧,tʂə˥ti˥faŋ˥˧˨˩,tʂə˥l……liaŋ˥˧piæ̃˥˧˨˩tsʰuo˥˦kʰæᴇ˥˧˨˩tou˥˧˨˩iou˥˧tsɑ˩˧˨˩tiŋ˥˧lie˧.（这个铡钉起什么作用？）这个铡钉，它是笡咧的，它又……离这个铡口有一寸高。你把这个草擩进去以后，你把铡子拿下来的话，它是个塞的，草你铡的候时……它往后溜么。起咧个固定草的作用。tʂə˥kə˥tsɑ˩˧tiŋ˥˧,tʰɑ˥˧˦sɿ˥tɕʰie˥˦˥lie˧ti˧,tʰɑ˥˧˦iou˥ʂ……li˩˧tʂə˥kə˥tsɑ˩˧˨˩kʰou˥˧iou˥˧˦i˥˧˨˩tsʰuoŋ˥kaɔ˥˧˨˩.ni˥˧pɑ˥˧˨˩tʂə˥kə˥tsʰaɔ˥˧ʐʮ˩˧˦tɕiŋ˥˦tɕʰi˥i˥˧˨˩xou˥,ni˥˧pɑ˥˧˨˩tsɑ˩˧˨˩tsɿ˥˧nɑ˩˧˦xɑ˥læᴇ˩˧˦ti˧xuɑ˥˨˩,tʰɑ˥˧˦ʂʅ˥kə˥sei˥˧ti˧,tsʰaɔ˥˧ni˥˧˦tsɑ˩˧ti˧xou˥ʂʅ……tʰɑ˥˧˨˩vaŋ˥˧˨˩xou˥liou˥muo˧.tɕʰi˥˧lie˧kə˥ku˥tiŋ˥tsʰaɔ˥˧ti˧tsuo˥˧˨˩yoŋ˥.（固……把这个草固定了它把？）啊。你人……这是靠手往这一填，它这个不是这底下，上头往上一铡，你这么擩住以后就……草不是……你要没有这个铡钉，这是个光的么，一压，草打溜出去了。ɑ˨˩.ni˥˧˨˩ʐəŋ˩˧ʂ……tʂə˥˦˥sɿ˥˨˩kʰaɔ˥ʂou˥˧vaŋ˥˧˨˩tʂei˥i˥˧˨˩tʰiæ̃˩˧,tʰɑ˥˧˦tʂə˥kə˥pu˩˧˨˩sɿ˥tʂə˥ti˥˧xɑ˥˨˩,ʂaŋ˥˦tʰou˧vaŋ˥˧˨˩ʂaŋ˥˦˥i˥˧˨˩tsɑ˩˧,ni˥˧˦tʂə˥muo˧ʐʮ˥˧tʂʮ˥i˥˧˨˩xou˥tsou……tsʰaɔ˥˧pu˩˧˨˩sɿ˥……ni˥˧iaɔ˥˦˥mei˩˧iou˥˧tʂə˥kə˥tsɑ˩˧˨˩tiŋ˥˧,tʂə˥sɿ˥kə˥kuaŋ˥˧ti˧muo˧,i˥˧˨˩niɑ˥˦˥,tsʰaɔ˥˧tɑ˥˧˨˩liou˥tʂʰʮ˥˧˦tɕʰi˥lə˧.（噢。这铡钉是用铁做的？）铁做的。全部都是铁的。嗯。tʰie˥˧tsuo˥˨˩ti˧.tɕʰyæ̃˩˧˨˩pu˥˦˥tou˥˧˦sɿ˥tʰie˥˧ti˧.ŋ̍˨˩.（你草往里头塞叫草往里头擩还是干什么？）擩。擩草咧。ʐʮ˥˧˦.ʐʮ˥˧tsʰaɔ˥˧˨˩lie˧.（就是把那个草往那个铡刀下面放？）噢，往铡口里擩咧，噢。ɑɔ˨˩,vaŋ˥˧˨˩tsɑ˩˧kʰou˥˧li˥˧˨˩ʐʮ˥˧lie˧,ɑɔ˨˩.（把这个铡刀压下去叫什么？）铡咧嘛。就念铡嘛。tsɑ˩˧˨˩lie˧mɑ˧.tɕiou˥niæ̃˥tsɑ˩˧mɑ˧.（讲不讲压铡子？）再不。但是这个你是一个人铡不下去。有些东西两个人铡咧。一个人站到这儿这铡嘛。把铡把逮住以后，这儿这有一个人……tsæᴇ˥˦˥pu˩˧˨˩.tæ̃˥sɿ˥tʂei˥˦˥kə˥˦˥ni˥˧sɿ˥˨˩i˥˧˨˩kə˥˦˥ʐəŋ˩˧˨˩tsɑ˩˧pu˩˧˨˩xɑ

˧tɕʰi˧.iou˥ɕie˥˩tuoŋ˥ɕi˧lliaŋ˥kə˧˩zəŋ˩˧tsa˩˧lie˧.i˥˩kə˧˥zəŋ˩tsæ̃˧˥tao˧˩tʂər˧˥tʂə˧tsa˩˧ma˧.pa˥˩tsa˩˧pɑ˧˥tæᴇ˥tʂɿ˧i˥˩xou˧,tʂər˧tʂə˧iou˥i˥˧kə˧zəŋ˩˧……（专门负责压？）噢，负责……这个地方，这个人用手一……一……但是到这个地方么，哎，还有一个人，就这儿这一起以后，在这个铡背上压的。这叫贴背咧。ɑɔ˩,fu˧tsei˥˧v……tʂə˧kə˧ti˧faŋ˥˩,tʂei˧kə˧zəŋ˩yoŋ˧ʂou˥i˥˩……i˥˧zɑɔ……tæ̃˧˩sɿ˧˩tao˧tʂə˧˥kə˧˥ti˧˥faŋ˥˧muo˧,æᴇ˩,xæᴇ˩˧iou˥i˥˧kə˧zəŋ˩˧,tsou˧tʂər˧˥tʂə˧i˥˩tɕʰi˥˧i˥˩xou˧,tsæᴇ˧tʂə˧kə˧tsa˩˧pei˧˥ʂaŋ˧nia˧ti˧.tʂei˧tɕiao˧tʰie˥˩pei˧˥lie˧.（噢，在背上压？）噢，在铡背上。他压的是铡把，它是拿一个手么，欸，给帮个力。他这么往下一压，他在这儿么出劲往下一压。这就省点力么。ɑɔ˩,tsæᴇ˧tsa˩˧pei˧ʂaŋ˧˩.tʰɑ˥nia˧ti˧sɿ˧tsa˩˧pa˧,tʰɑ˥sɿ˧˩na˩i˥˩kə˧ʂou˥muo˧,ei˩,kei˧paŋ˥kə˧˩li˥.tʰɑ˥tʂə˧muo˧vaŋ˥˩xa˧i˥˧nia˧,tʰɑ˥˧tsæᴇ˧tʂər˧muo˧tʂʰɥ˥tɕiŋ˧vaŋ˥˩xa˧i˥˩nia˧.tʂə˧tɕiou˧səŋ˥˧tiæ̃˥˧li˥muo˧.（叫贴背？）贴背么。tʰie˥˩pei˧muo˧.（噢，贴背。就是帮着压铡刀背的人，是指人还是这个行为？）人。zəŋ˩.（是指这个人？）噢，人。你没有人你就贴不成背嘛。ɑɔ˩,zəŋ˩.ni˥mei˩iou˥zəŋ˩˧ni˥tsou˧˩tʰie˥pu˩˧tʂʰəŋ˩pei˧ma˧.（啊，还是行为。）还是行为么。xa˩˧sɿ˧˥ɕiŋ˩vei˩muo˧.（这个贴背的人有什么那个没有？）没有。mei˩iou˥˩.（没有名称啊？）没有啥……嗯，没有啥名称。mei˩iou˥sa˧……ə̃˩,mei˩iou˥sa˧miŋ˩˧tʂʰəŋ˥.（揣草。把什么东西往里塞也叫揣进去？）噢，叫揣进去。ɑɔ˩,tɕiao˧zɥ˥˧tɕiŋ˧tɕʰi˧˩.（如果我这墙上开条缝，我把东西给揣进去？）噢，填……叫揣进去。但是有些土话就不叫揣了。ɑɔ˩,tʰiæ̃˩……tɕiao˧zɥ˥tɕiŋ˧˥tɕʰi˧˩.tæ̃˧sɿ˧iou˥ɕie˥˩tʰu˥xua˧tɕiou˧pu˩˧tɕiao˧zɥ˥lə˧.（叫什么？）你把那缝缝……填。他给叫填。缝缝里头他可叫填进去。ni˥˧pa˥˩nə˧fəŋ˧˥fəŋ˧˩liŋ……tʰiæ̃˩.tʰɑ˥˧kei˧tɕiao˧tʰiæ̃˩.fəŋ˧˥fəŋ˧˩li˥˩tʰou˧tʰɑ˥˧kʰə˧˩tɕiao˧tʰiæ̃˩tɕiŋ˧tɕʰi˧.（什么东西塞在床底下，怕人看见？）嗯。那可叫塞咧。ŋ̍˩.næᴇ˧˥kʰə˥˩tɕiao˧sei˥lie˧.（那桌子底下肯定……桌子底儿、箱子底儿是不是揣进去？）揣进去嘛。zɥ˥tɕiŋ˧tɕʰi˧˥ma˧.（那个瓶子啊瓶子这个开口比较小，拿个东西这样把它……）塞住。sei˥tʂɥ˧˩.

木杈

1.（木杈子有吗？）黄：哎有咧么。木……木杈么。æᴇ˥iou˥˩lie˧muo˧.mu˥˩……mu˥˩tsʰɑ˥muo˧.（木杈干吗用的？）翻秸秆儿的啊。这又分两股的，三股的，还有五股的，还有五股杈。fæ̃˥tɕie˥˩kæ̃r˥tia˧.tʂei˧˥iou˧fəŋ˥˩liaŋ˥ku˥˩ti˧,sæ̃˥ku˥˩ti˧,xæᴇ˩˧iou˥˧vu˥ku˥˩ti˧,xæᴇ˩˧iou˥˧vu˥ku˥˧tsʰɑ˥˩.（五股的，两股的，还有什么？）五股的，两股的，三股子的，三股……三股杈，四股杈，五股杈。vu˥ku˥˩ti˧,liaŋ˥ku˥˩ti˧,sæ̃˥˩ku˥tsɿ˧ti˧,sæ̃˥ku˥˧……sæ̃˥˩ku˥˧tsʰɑ˥,sɿ˧ku˥˩tsʰɑ˥˩,vu˥ku˥˩tsʰɑ˥˩.（有六股的吗？）没有。mei˩˧iou˥˧.（噢，三、四、五？）噢，三四五。还有二咧，两股杈咧。ŋao˥,sæ̃˥˩sɿ˧vu˥.xæᴇ˩˧iou˥˩ər˧lie˧,liaŋ˥ku˥˩tsʰɑ˥lie˧.（那个有没有铁杈子？）有么，铁杈么。iou˥muo˧,tʰie˥tsʰɑ˥muo˧.（那木头杈和铁杈有什么区别，用途啊，用法什么的？）都是一样的。铁杈结实……结实么。tou˥˧sɿ˧i˥˩iaŋ˧ti˧.tʰie˥˩tsʰɑ˥˧tɕie˥ʂ……tɕie˥ʂɿ˩muo˧.（有没有这个沙杈？）没有。mei˩˧iou˥˩.（那跟……那有排杈没有？）我们这儿里有虎杈。ŋuo˥məŋ˧tʂər˧li˥˧iou˥˧xu˥tsʰɑ˥˩.（虎杈是什么东西？）虎杈是三股子。xu˥tsʰɑ˥˧sɿ˧sæ̃˥˩ku˥tsɿ˧.（三股子的？）噢，打……狩猎用的。ɑɔ˩,ta˥˧……ʂou˧lie˥yoŋ˧ti˧.（狩猎用的？xu˥就是那个……）老虎的虎么。lao˥xu˥˩ti˧xu˥˧muo˧.（噢，虎杈？）虎杈。xu˥tsʰɑ˥˩.（狩猎用的？）狩猎用的么。它是两面两个铁锥么。ʂou˧lie˥yoŋ˧ti˧muo˧.tʰɑ˥˧sɿ˧liaŋ˥miæ̃˧liaŋ˥˧kə˧tʰie˥tʂuei˥muo˧.（两边儿是铁锥？）铁锥么。

中间是刀么。你……你拿这个，安上个长把，你打猎的话，一旦虎扑来咧的话，你把挺上去就把它挺住。一把它挺住了，再一个两边的就打肉里扎进去，中间咧扎进去，等于把它杀啦。tʰie˥˩tʂuei˥muo˩.tʂuoŋ˥˩tɕiæ̃˥˧sɿ˥taɔ˥muo˩.ni˥˧……ni˥˧na˩tʂə˥kə˥,næ̃˥ʂaŋ˥˩kə˥˩tʂʰa ŋ˨˩pa˥,ni˥˧ta˥lie˥˩tə˩xua˥˩,i˥˧tæ̃˥˩xu˥pʰu˥læᴇ˨˩lie˩ti˩xua˥,ni˥pa˥tʰiŋ˥ʂaŋ˥˧tɕʰy˥tsou˥pa˥˩tʰa˥˧tʰi ŋ˥tʂɥ˥˩.i˥pa˥˩tʰa˥˧tʰiŋ˥tʂɥ˥˩lə˩,tsæᴇ˥i˥˧kə˥liaŋ˥piæ̃˥˧ti˩tɕiou˥ta˥˩zou˥li˩tsa˥˩tɕiŋ˥tɕʰy˥,tʂuoŋ˥˩tɕ iæ̃˥˧lie˩tsa˥˩tɕiŋ˥tɕʰi˥,təŋ˥˧y˨˩pa˥˩tʰa˥˧sa˥la˩.（那个这里以前有老虎吗？）哎呀，这有……豹子么。æᴇ˥i˩,tʂə˥iou˥……paɔ˥˧tsɿ˩muo˩.（没老虎？）没老虎。有豹子咧么。mei˨˩laɔ˥xu˥˩.iou˥˧paɔ˥tsɿ˩lie˩muo˩.（也有人打过豹子啊？）哎，打。前两年都把它打咋咧。æᴇ˨˩,ta˥˩.tɕ iæ̃˨˩liaŋ˥niæ̃˨˩tou˥˧pa˥˩tʰa˥˧ta˥˧tsa˥lie˩.（现在还有吗？）打……现在打咧山上没东西了。ta˥……ɕiæ̃˥tsæᴇ˥ta˥lie˩sæ̃˥ʂaŋ˥˩muo˥˧tuoŋ˥ɕi˩lə˩.（让他们去打呀？）现在打一个最少……最低判三年有期徒刑。去年冬天有一个逮咧一个，无意中逮咧一个给你弄死咧。我估计他都是七年哈十年徒刑判。ɕiæ̃˥tsæᴇ˥ta˥i˥˩kə˥tsuei˥ʂaɔ˥˧……tsuei˥˧ti˥˧pʰæ̃˥sæ̃˥˩niæ̃˨˩iou˥˧tɕʰi˥˧t ʰu˨˩ɕiŋ˨˩.tɕʰy˥niæ̃˨˩tuoŋ˥tʰiæ̃˥˩iou˥i˥˩kə˥tæᴇ˥lie˩i˥˩kə˥,vu˨˩i˥˧tʂuoŋ˥˧tæᴇ˥lie˩i˥˩kə˥kei˥ni˥˧nuoŋ˥ ˧sɿ˥lie˩,ŋuo˥˧ku˥˧tɕi˥tʰa˥˧tou˥˩sɿ˥˩tɕʰi˥niæ̃˨˩xa˩ʂɿ˨˩niæ̃˨˩tʰu˨˩ɕiŋ˨˩pʰæ̃˥.（他逮了一个怎么又给弄死了？）噢，那是国家级，现在都升级了，都是国家……原先是国家级保护儿三级动物，现在是国家级二级动物。aɔ˩,nə˥sɿ˥kuo˥tɕia˥˩tɕi˥,ɕiæ̃˥tsæᴇ˥tou˥˩ʂəŋ˥˧tɕi˥lə˩,tou˥˩sɿ˥˩kuo˥ tɕia˥˩……yæ̃˨˩ɕiæ̃˥sɿ˥kuo˥tɕia˥˩tɕi˥˩paɔ˥˧xur˥sæ̃˥tɕi˥˩tuoŋ˥vuo˥˩,ɕiæ̃˥tsæᴇ˥sɿ˥kuo˥tɕia˥˩tɕi˥˩ər˥ tɕi˥˩tuoŋ˥vuo˥˩.（什么东西？）豹子啊。paɔ˥tsɿ˩a˩.（豹子啊？）嗯。ŋ̍˥.（这个排杈这种说法就没有？）没有。mei˨˩iou˥˩.（那个有的杈子里头，柄和那个那个叫什么，柄和杈子之间可以转换的，有没有？）没有他那个排杈。排杈，前塬人碾麦，用的以后，他做下以后，起这个麦秸以后，那好长，来以后在那儿一推，起来就端上走了。我们这里他不用那些东西。mei˨˩iou˥˧tʰa˥na˥kə˥pʰæᴇ˨˩tsʰa˥.pʰæᴇ˨˩tsʰa˥,tɕʰiæ̃˨˩yæ̃˨˩zəŋ˨˩niæ̃˥˧mei˥,yoŋ˥ti˩i˥˧xou˥,tʰ a˥˧tsuo˥xa˥i˥˩xou˥,tɕʰi˥tʂə˥kə˥mei˥tɕie˥˩i˥˩xou˥,na˥xaɔ˥tʂʰaŋ˨˩,læᴇ˨˩i˥˩xou˥tsæᴇ˥nar˥i˥˩tʰuei˥, tɕʰi˥læᴇ˨˩tsou˥tuæ̃˥ʂaŋ˥˩tsou˥˧lə˩.ŋuo˥məŋ˩tʂei˥li˩tʰa˥˧pu˨˩yoŋ˥nei˥ɕie˥˧tuoŋ˥ɕi˩.

2.（谷杈有没有？比如说这个，我捆好喽，我这么杈起来。）黄：没有。muo˥˧iou˥˩.（那怎么弄呢？）我们那是，拿两股杈一杈住，撇上去就对了。ŋuo˥məŋ˩næᴇ˥˩sɿ˥,na˨˩li aŋ˥ku˥˧tsʰa˥˧i˥˧tsʰa˥tʂɥ˥˩,pʰie˥˩ʂaŋ˥tɕʰi˥tɕiou˥tuei˥lə˩.（噢，就就是拿两股杈是吧？）啊，就拿两股……a˩,tɕiou˥na˨˩liaŋ˥ku˥……（他他那个东西就叫两股杈？）嗯。ə̃˩.（也不叫专专门叫谷谷杈？）不叫。但是他有一个东西，我们这个地方也没有。但是个这个东西是实际存在的。扦担。pu˨˩tɕiaɔ˥.tæ̃˥sɿ˥tʰa˥˩iou˥i˥˩kə˥tuoŋ˥ɕi˩,ŋuo˥məŋ˩tʂə˥kə˥ti˥faŋ˥ie˥mei˨˩iou˥˩. tæ̃˥sɿ˥kə˥˩tʂə˥kə˥tuoŋ˥ɕi˩sɿ˥ʂɥ˨˩tɕi˥tsʰuoŋ˨˩tsæᴇ˥ti˩.tɕʰiæ̃˥tæ̃˥˩.（什么？）扦担。tɕʰiæ̃˥˩tæ̃˥.（扦担。）嗯。ə̃˩.（扦担是什么东西？）就他那个窑窑末上立下那个担子。水担。它不安钩钩。就和这个一样。这面儿再削尖。然后捆两捆麦子。往后……tsou˥tʰa˥˧nə˥kə˥iaɔ˨˩ia ɔ˨˩muo˥˩ʂaŋ˥li˥xa˥˩nə˥kə˥tæ̃˥tsɿ˩.ʂuei˥tæ̃˥˩.tʰa˥˧pu˨˩næ̃˥˧kou˥kou˥˩.tsou˥xuo˨˩tʂə˥kə˥i˥˩iaŋ˥˩. tʂei˥miær˥tsæᴇ˥ɕyo˥˩tɕiæ̃˥.zæ̃˨˩xou˥kʰuoŋ˥˧liaŋ˥˧kʰuoŋ˥˧mei˥tsɿ˩.vaŋ˥xou˥……（这杈一下，那杈一下，就这么掂上？）哎，这就是担着走了。æᴇ˨˩,tʂei˥tɕiou˥sɿ˥tæ̃˥tʂuo˥˩tsou˥˧lə˩.（你这里有吗？）我们这里过……过去有零儿把有，现在都没有。ŋuo˥məŋ˩tʂə˥li˩kuo……kuo ˥tɕʰy˥iou˥˧liə̃r˨˩pa˥˩iou˥˩,ɕiæ̃˥tsæᴇ˥tou˥˩mei˨˩iou˥˧.（过去有？）过去有扦担。现在是……kuo˥tɕʰy˥iou˥˩tɕʰiæ̃˥tæ̃˥˩.ɕiæ̃˥tsæᴇ˥sɿ˥……（怎么是“扦”呢？）杈的是么。啊，我们把这

个杈叫是扦。南方有些地方……现在人，我们这里头，谁出那个力嘛。弄个架架车，弄嘣嘣车去，嘣嘣嘣拉回来了，又不出力。tsʰɑ˥ti˧sɿ˥˩muo˧.ɑ˥,ŋuo˥˩mən˧pɑ˥˩tʂə˥kə˥tsʰɑ˥tɕiɑɔ˥sɿ˥tɕʰiæ̃˥.næ̃˩˩fɑŋ˥˩iou˥ɕie˥˩ti˥˩fɑŋ˥˩……ɕiæ̃˥˩tsæᴇ˥ʐəŋ˩,ŋuo˥mən˧tʂə˥li˥˩tʰou˧,sei˩tʂʰʯ˥˩næᴇ˥˩kə˥˩li˥mɑ˧.nuoŋ˥kə˥tɕiɑ˥tɕiɑ˥tʂʰə˥,nuoŋ˥pəŋ˥pəŋ˥tʂʰə˥tɕʰi˥,pəŋ˥pəŋ˥pəŋ˥lɑ˥xuei˩˩læᴇ˩˥lə˧,iou˥pu˩˥tʂʰʯ˥˩li˥˩.

车

（你们这个车啊，有有什么样的车过去？除了现在什么嘣嘣车啊这些，这个老老辈的那个？）黄：这那是那过去那个车，那原始的车多了。呃，有牛车，牛车是木头轱辘的啊。就是电视上看那个一旦都那些拉下那个牛车，那种叫牛车么，最原始的那车么。马车么。马车是稍微现代一点的，胶皮轱辘的了。还有土车子。tʂei˥˩nei˥˩sɿ˥˩nei˥˩kuo˥˩tɕʰy˥nə˥kə˥tʂʰə˥,nə˥yæ̃˩˩sɿ˥ti˧tʂʰə˥tuo˥lə˧.ə˩,iou˥niou˩˩tʂʰə˥,niou˩˩tʂʰə˥sɿ˥˩mu˥tʰou˧ku˥lou˧tiɑ˧.tɕiou˥˩sɿ˥˩tiæ̃˥sɿ˥ʂɑŋ˥kʰæ̃˥nə˥kə˥i˥˩tæ̃˥tou˥˩nei˥ɕie˥˩lɑ˥xɑ˥˩nə˥kə˥niou˩˩tʂʰə˥˩,nei˥˩tʂuoŋ˥˩tɕiɑɔ˥˩niou˩˩tʂʰə˥muo˧,tsuei˥yæ̃˩˩sɿ˥ti˧nei˥tʂʰə˥˩muo˧.mɑ˥tʂʰə˥˩muo˧.mɑ˥tʂʰə˥˩sɿ˥˩sɑɔ˥˩vei˥˩ɕiæ̃˥tæᴇ˥i˥˩tiæ̃˥˩ti˧,tɕiɑɔ˥˩pʰi˩ku˥lou˧ti˧lə˧.xæᴇ˩iou˥˩tʰu˥tʂʰə˥˩tsɿ˧.（土车子是什么样儿的呢？）单轮子土车，双轮子土车。tæ̃˥˩lyoŋ˩tsɿ˧tʰu˥tʂʰə˥˩,ʂuɑŋ˥lyoŋ˩˩tsɿ˧tʰu˥tʂʰə˥˩.（噢，单轮子的？）噢，双轮子的。ɑɔ˩,ʂuɑŋ˥luoŋ˩˩tsɿ˧ti˧.（独轮儿……不叫独轮车，就叫土车子？）啊，叫土车子。ɑ˥,tɕiɑɔ˥tʰu˥tʂʰə˥˩tsɿ˧.（那你那个这个叫不叫大车呢那马拉的那个？）叫大车么。tɕiɑɔ˥tɑ˥˩tʂʰə˥muo˧.（大车指的是牛车还是马车你们？）马车。那必须是……大……所谓的大车套牲口在四个牲口上。mɑ˥tʂʰə˥˩.nə˥˩pi˥˩ɕy˥˩sɿ˥……tɑ˥˩……ʂuo˥vei˥˩ti˧tɑ˥˩tʂʰə˥˩tʰɑɔ˥˩səŋ˥˩kʰou˧tsæᴇ˥sɿ˥kə˥˩səŋ˥kʰou˧ʂɑŋ˥˩.（有没有拉拉车这种说法呢？）有拉拉车。最古老的人那么见那个胶皮轱辘的车就叫拉拉车。iou˥lɑ˥˩lɑ˧tʂʰə˥˩.tsuei˥ku˥lɑɔ˥ti˧ʐəŋ˩˥nə˥muo˧tɕiæ̃˥nə˥kə˥tɕiɑɔ˥˩pʰi˩ku˥lou˧ti˧tʂə˥tɕiou˥tɕiɑɔ˥lɑ˥lɑ˥˩tʂʰə˥.（有硬脚子车这种说法吗？）硬脚子车就是牛车，老牛车么。niŋ˥tɕyo˥tsɿ˧tʂʰə˥tɕiou˥sɿ˥niou˩˩tʂʰə˥,lɑɔ˥niou˩˩tʂʰə˥muo˧.（那你这个当时那轱辘是怎么做的？用什么木头……那个老牛车的轱辘自己做的话？）就是你用硬杂木来做成么。tsou˥sɿ˥ni˥˩yoŋ˥niŋ˥tsɑ˩mu˥læᴇ˩˩tsuo˥˩tʂʰəŋ˩muo˧.（硬杂木？）啊。是比较坚硬一点的木头。ɑ˩.sɿ˥pi˥tɕiɑɔ˥˩tɕiæ̃˥˩niŋ˥i˥˩tiæ̃˥˩ti˧mu˥tʰou˧.（那你是挖出来一个圆呢还是怎么弄呢？）它是一块儿一块儿斗到一块儿的。斗到一块儿以后，它外边以后，还是这个，你这一个，它那个很简单么。它都是这么个半圆形的这个嘛，它都是这个半圆形的弄成的么。这……这……这上边它将来都安的有这个……tʰɑ˥˩sɿ˥i˥˩kʰuər˥i˥˩kʰuər˥tou˥˩tɑɔ˥˩i˥˩kʰuər˥˩ti˧.tou˥˩tɑɔ˥˩i˥˩kʰuər˥i˥˩xou˥,tʰɑ˥˩væᴇ˥˩piæ̃˥˩i˥˩xou˥,xɑ˩sɿ˥tʂə˥kə˥,ni˥˩tʂei˥i˥˩kə˥,tʰɑ˥nə˥kə˥xəŋ˥tɕiæ̃˥tæ̃˥˩muo˧.tʰɑ˥˩tou˥˩sɿ˥˩tʂə˥muo˧kə˥pæ̃˥yæ̃˩ɕiŋ˩˥ti˧tʂə˥kə˥mɑ˧,tʰɑ˥˩tou˥˩sɿ˥tʂə˥kə˥pæ̃˥yæ̃˩ɕiŋ˩˥ti˧nuoŋ˥tʂʰəŋ˩˥ti˧muo˧.tʂei˥……tʂei˥ʂ……tʂei˥ʂɑŋ˥piæ̃˥˩tʰɑ˥˩tɕiɑŋ˥˩læᴇ˩˥tou˥˩næ̃˥ti˧iou˥˩tʂə˥kə˥……（这个叫什么一根儿一根儿的棍子啊？）车掌嘛。tʂʰə˥˩tsʰəŋ˥mɑ˧.（车掌？）啊，咱们这个架子车头起辐……这自行车它叫辐条么。这就叫车条么，车掌么。啊，这个上头么，他把这个上头又……又打的有铁……打成铁板。ɑ˥,tʂɑ˩˩məŋ˧tʂə˥kə˥tɕiɑ˥tsɿ˧tʂʰə˥tʰou˩˩tɕʰie˥˩f……tʂei˥tsɿ˥˩ɕiŋ˩tʂʰə˥tʰɑ˥˩tɕiɑɔ˥fu˥tʰiɑɔ˩˩muo˧.tʂə˥tɕiou˥tɕiɑɔ˥tʂʰə˥˩tʰiɑɔ˩muo˧,tʂʰə˥˩tsʰəŋ˥muo˧.ɑ˩,tʂə˥kə˥ʂɑŋ˥˩tʰou˧muo˧,tʰɑ˥˩pɑ˥˩tʂə˥˩kə˥ʂɑŋ˥˩tʰou˧iou˥……iou˥tɑ˥ti˧iou˥tʰie˥˩……tɑ˥tʂʰəŋ˩tʰie˥˩pæ̃˥.（铁板？）噢。ɑɔ˩.（一块一块拼起来？）一……一块一块把这个包住。你光木头围的能行？i˥˩……i˥˩kʰuæᴇ˥i˥˩kʰuæᴇ˥pɑ˥˩tʂə˥kə˥pɑɔ˥tʂʯ˥˩.n i˧˩kuaŋ˥˩mu˥tʰou˧vei˩˥ti˧naŋ˩˥çiŋ˩˩?（整个儿都包住还是包住那个两……两个拼接的那个缝？）不。光是这个……他把是这个外头这个外轮……外轮廓都放这个木头，放的……铆钉铆住了，也包括这个缝他最后都铆住了。pu˩.kuaŋ˥˩sɿ˥tʂə˥kə˥……tʰɑ˥˩pa˧˩sɿ˥tʂə˥kə˥væᴇ˥˩tʰou˧tʂei˥kə˥væᴇ˥l……væᴇ˥luoŋ˩kʰuo˥tou˥˩faŋ˥tʂə˥kə˥mu˥tʰou˩,faŋ˥ti……mɑɔ˥tiŋ˧˩mɑɔ˥tʂʮ˧˩lə˧,ie˧˩pɑɔ˥˩kʰuo˥˩tʂə˥kə˥fəŋ˥tʰɑ˥˩tsuei˥xou˥tou˥˩mɑɔ˥˩tʂʰʮ˩(←tʂʮ˥)lə˧.（它是一块儿长铁板儿还是什么？）欸，兀长铁块你铆不住啊。那你只是这个几十公分长一块儿一块儿的。ei˩,væᴇ˥˥tʂʰɑŋ˩tʰie˧˩kʰuæ̃ᴇ˥˩ni˥˩mɑɔ˥pu˩tʂʰʮ˥ɑ˩.næᴇ˥ni˥˩tsɿ˥˩sɿ˥˩tʂə˥kə˥tçi˥ʂʮ˩kuoŋ˥˩fəŋ˥tʂʰɑŋ˩i˧˩kʰuər˥i˧˩kʰuər˥ti˧.（它是铁皮还是铁板？）铁板。铁皮咋铆不住？那……过去这个铁匠最难打的就是这个东西啊！打这个包体包车的这个，打这个铆钉子啊，这……那铆钉都不是小个儿的铆钉啊。那铆钉那个儿至少都要这么大那铆铆嘞。tʰie˧˩pæ̃˥.tʰie˧˩pʰi˩tsɑ˧˩mɑɔ˥˩pu˩˥ʂʮ˥?næᴇ˥˥……kuo˥tçʰy˥tʂə˥kə˥tʰie˧˩tçiaŋ˥tsuei˥næ̃˩˩tɑ˥ti˧tçiou˥sɿ˥tʂə˥kə˥tuoŋ˥çi˧ɑ˧!tɑ˥˩tʂə˥kə˥pɑɔ˧˩tʰi˥pɑɔ˥˩tʂʰə˥ti˧tʂə˥kə˥,tɑ˧˩tʂə˥˩kə˥mɑɔ˥tiŋ˧˩tsɿ˧ɑ˩,tʂei˥˥……næᴇ˥mɑɔ˥tiŋ˧˩tou˧˩pu˩sɿ˥çiɑɔ˥kər˥ti˧mɑɔ˥tiŋ˧˩ɑ˧.nə˥mɑɔ˥tiŋ˧˩nə˥kər˥tsɿ˥ʂɑɔ˥tou˥iɑɔ˥tʂə˥muo˧tɑ˥næᴇ˥mɑɔ˥˩mɑɔ˥˩lei˧.（是两边儿都得穿过去吗？）从这个地方穿过来啊！这儿这一个铆钉，大铆钉，从这个地方打过来，这面……tsʰuoŋ˩tʂə˥kə˥ti˥faŋ˥˩tʂuæ̃˧˩kuo˥læᴇ˩˩ɑ˩!tʂər˥tʂə˥i˧˩kə˥mɑɔ˥tiŋ˧˩,tɑ˥mɑɔ˥tiŋ˧˩,tʂʰuoŋ˩˩tʂə˥kə˥ti˥faŋ˥˩tɑ˥kuo˥læᴇ˩˥,tʂei˥miæ̃˥……（就比如说，比如说是这个，你得打过去吗？）打过去，这面拿过去，这面又是盖盖嘛，这面就弄个铁钳子，弄个铁圈儿，把这个铁打返回去，铆……铆住嘛。tɑ˥˩kuo˥tçʰy˥,tʂei˥˥miæ̃˧˩nɑ˩˥kuo˥tçʰi˥,tʂei˥˥miæ̃˧˩iou˥˩sɿ˥˩kæᴇ˥kæᴇ˥mɑ˧,tʂei˥˥miæ̃˧˩tsou˥nuoŋ˥kə˥tʰie˧˩tçʰiæ̃˩tsɿ˥,nuoŋ˥kə˥tʰie˧˩tçʰyær˥,pɑ˧˩tʂə˥kə˥tʰie˥tɑ˥fæ̃˧˩xuei˩˩tçʰy˥,mɑɔ˧˩……mɑɔ˥tʂʮ˥˥mɑ˧.（它是这个这边有个接的还是把把整个儿就给打打圆了？）整个儿都要打圆咧嘞。tʂəŋ˥kə˥tou˧˩iɑɔ˥tɑ˥yæ̃˩˩lie˧lei˧.（这边本身是圆的？）啊，这面儿本身是个圆。ɑ˩,tʂei˥˥miær˧˩pəŋ˥ʂəŋ˧˩sɿ˥kə˥yæ̃˩˩.（插过去，然后整个儿把把这边也也得打……打返？）打铆了么，噢。tɑ˥mɑɔ˧˩lə˧muo˧,ɑɔ˩.（打……打毛了？）那你就搞一个垫片儿么。搞上……你像这么大的个木头的话，哎，他搞，这面是那么个，它这……到这面来以后，他弄上个铁皮子……铁片儿，把这个往进一套，然后把这个打拍下去，叫铆嘛。铆子嘛。næᴇ˥ni˥˩tsou˥kɑɔ˥i˧˩kə˥tiæ̃˥pʰiær˥muo˧.kɑɔ˥ʂaŋ˥˩……ni˥çiaŋ˥tʂə˥muo˧tɑ˥ti˧kə˥mu˥tʰou˧ti˧xuɑ˧,æᴇ˥,tʰɑ˧˩kɑɔ˥,tʂei˥miæ̃˧˩sɿ˥˩nə˥muo˧kə˧˩,tʰɑ˧˩tʂei˥m……tɑɔ˧˩tʂei˥˥miæ̃˥læᴇ˩i˧˩xou˥,tʰɑ˧˩nuoŋ˥ʂaŋ˥kə˥tʰie˧˩pʰi˩tsɿ˧……tʰie˧˩pʰiær˥,pɑ˧˩tʂə˥kə˥vaŋ˥˩tçiŋ˥i˧˩tʰɑɔ˥,zæ̃˩˩xou˥pɑ˧˩tʂə˥kə˥tɑ˥˩pʰei˥xɑ˥tçʰi˥,tçiɑɔ˥mɑɔ˥˩mɑ˧.mɑɔ˥˩tsɿ˥mɑ˧.（mɑɔ˩还是mɑɔ˥？）铆，铆钉的……铆钉嘛。给它铆住……铆起来么。mɑɔ˥˩,mɑɔ˥tiŋ˧˩ti˧……mɑɔ˧˩tiŋ˥mɑ˧.kei˧˩tʰɑ˧˩mɑɔ˥tʂʰʮ……mɑɔ˥tçʰi˧˩læᴇ˩˩muo˧.（那你看这个车，这样的，我们已经打好了，这个车的车掌子。是吧？这中间的叫什么这个圆的？）兀叫……vɑ˥˥tçiɑɔ˥……（那车掌子是这这头支的这个……）噢，外……外轮廓么。ŋɑɔ˩,væᴇ˥˩……væᴇ˥˩lyoŋ˩˩kʰuo˥muo˧.（这个这玩意儿，背后也支的这些这……噢，里……里边那个也为轮廓呢？）轮廓叫……哞。哎呀，这都几十年都……没有这个东西了。luoŋ˩kʰuo˥tçiɑɔ˥……m̩˩.æᴇ˥iɑ˩,tʂə˥˥tou˧˩tçi˥ʂʮ˩niæ̃˩tou˧˩……muo˧˩iou˧˩tʂə˥kə˥tuoŋ˥çi˧llə˧.（没用过那个东西？）没东西了。叫个车……车啥咧吵你看？mei˩tuoŋ˧˩çi˧llə˧.tçiɑɔ˥kə˥tʂʰə˧˩……tʂʰə˧˩sɑ˥˩lie˧sɑ˧ni˧˩kʰæ̃˥˩?（车……车轴还是车杠？）呃，是它……轴在里头转的那个……不转的那个东西叫车轴。ə˥,ʂʮ˧˩tʰɑ˥˩……tʂou˩tsæᴇ˥li˥tʰou˧tʂuæ̃˥˩ti˧nə˥kə˥……pu˩tʂuæ̃˥˩ti˧nə˥kə˥tuoŋ˥çi˧tçiɑɔ˥tʂʰə˧˩tʂou˩.（圆的，那玩

意儿。）噢，外头这个欸安这个欸车……安是一点点的边。ɑɔ˩,væᴇ˥˧tʰou˧tʂə˥kə˥ei˧næ̃˦tʂə˥kə˥ei˥tʂʰə˩……næ̃˦sɿ˥˩i˦˩tiæ̃˦tiæ̃˦ti˧piæ̃˦˩.（那现在这个附近都是差不多。）噢，对着咧。那些叫个啥东西吵？记不起了。ɑɔ˩,tuei˥tʂə˧lie˧.næᴇ˥ɕie˦˧tɕiɑɔ˥kə˥sɑ˥tuoŋ˦ɕi˧sɑ˧?tɕi˥pu˩˧tɕʰi˦˧lə˧.（噢，这个叫车掌子啦。）嗯。ə̃˩.（再弄啊弄……）噢，这是这一圈圈噢。ɑɔ˩,tʂə˥˩sɿ˥˩tʂei˥˧i˦˩tɕʰyæ̃˦tɕʰyæ̃˦˩ɑɔ˩.（这一圈圈这个整个儿叫什么呢？车辋子啊？）哎呀，哎呀，我那叫啥咧？我都忘光光咧。æᴇ˦iɑ˩,æᴇ˥iɑ˥,ŋuo˦˧nə˥tɕiɑɔ˥sɑ˥lie˥?ŋuo˦˧tou˦˧vɑŋ˥kuɑŋ˦˩kuɑŋ˦˩lie˧.（这个这个这个叫车掌啦，一条一条的？噢，一……一大片叫什么呢？）记不起了。tɕi˥˩pu˩˧tɕʰi˦˧lə˧.（那好。我插到那个……比如说这这边套一个，这边套，中间那个叫轴。）轴，嗯。tʂou˩,ŋ̍˩.（那不掉下来了吗？）那……那一面，在两面这边儿有……有车□子□着咧么。n……næᴇ˥˧i˦˩miæ̃˥,tsæᴇ˥liɑŋ˦miæ̃˥tʂei˥˧piæ̃r˦˩iou˦˧……iou˦˧tʂʰə˦˩tsæᴇ˥tsɿ˧tsæᴇ˥˧tʂə˧lie˧muo˧.（就是卡住这个不让它轮子滚出来了？）土话叫□子，洋话叫欸……叫销子。tʰu˦xuɑ˥tɕiɑɔ˥˩tsæᴇ˥tsɿ˧,iɑŋ˩xuɑ˥tɕiɑɔ˥ei˥……tɕiɑɔ˥ɕiɑɔ˦tsɿ˧.（那好，这个车啊当时这个牛车是不是……旁边有没有挡板？）哎有咧么。你……你还有箱咧么。æᴇ˥˧iou˦˩lie˧muo˧.ni˦˩……ni˦˩xæᴇ˩iou˦˧ɕiɑŋ˦lie˧muo˧.（嗯，还有什么？）牛车你要有箱咧么。你光不能就弄个车轱辘子啊。你要做成一个车辕咧么，还有带有车辕咧么你。niou˩˩tʂʰə˦ni˦˧iɑɔ˥iou˦˧ɕiɑŋ˦lie˧muo˧.ni˦˩kuɑŋ˦˧pu˩nəŋ˩tsou˥nuoŋ˥kə˥tʂʰə˦˩ku˦lou˧tsɑ˧.ni˦˧iɑɔ˥tsɿ˥˧tʂʰəŋ˩i˦˧kə˥tʂʰə˦˩yæ̃˩lie˧muo˧,xæᴇ˩iou˦˧tæᴇ˥iou˦˧tʂʰə˦˩yæ̃˩lie˧muo˧ni˦˩.（欸，讲讲这个这些东西怎么……）辕就和咱们那个建那个架架车一样有这个……有的叫车棚，有的叫车……要有车棚咧么，车棚、车辕么。yæ̃˩tsou˥˧xuo˩tʂɑ˩məŋ˧nə˥kə˥tɕiæ̃˥nə˥kə˥tɕiɑ˥tɕiɑ˥tʂʰə˦i˦˩iɑŋ˥iou˦˧tʂə˥kə˥……iou˦ti˧tɕiɑɔ˥tʂʰə˦˩pʰəŋ˩,iou˦ti˧tɕiɑɔ˥tʂʰə˦˩……iɑɔ˥iou˦˧tʂʰə˦˩pʰəŋ˩lie˧muo˧,tʂʰə˦˩pʰəŋ˩tʂʰə˦˩yæ̃˩muo˧.（这这这是车啦，这两个这个这这我们这这是画一个车，这个这个这玩意儿叫什么？）这叫车辕么。tʂə˥˧tɕiɑɔ˥tʂʰə˦˩yæ̃˩muo˧.（这叫车辕？）嗯。ə̃˩.（这中间是不是还要架一个？）这不架咧。这这地方来过来以后，这都是安个……戕橛，这是这里头套牲口的话，这里头就要套一个……套一个马股桥咧，驾辕的嘛。这后头有车箱。这儿这儿把……这儿把轱辘，这两个地方安轱辘的话，你……tʂə˥˧pu˩˩tɕiɑ˥lie˧.tʂei˥˧tʂei˥˧ti˥fɑŋ˦˧læᴇ˩kuo˥læᴇ˩˧i˦˩xou˥,tʂei˥˧tou˦˩sɿ˥˩næ̃˦kə˥tɕʰy……tɕʰiɑŋ˦tɕyo˦˩,tʂə˥˩sɿ˥˩tʂə˥li˦˧tʰou˧tʰɑɔ˥˧səŋ˦kʰou˧ti˧xuɑ˥,tʂei˥li˦˩tʰou˧tsou˥iɑɔ˥tʰɑɔ˥i˦˧kə˥……tʰɑɔ˥i˦˧kə˥mɑ˦ku˦tɕʰiɑɔ˩˩lie˧,tɕiɑ˥yæ̃˩˩ti˧mɑ˧.tʂə˥xou˥tʰou˧iou˦˧tʂʰə˦˩ɕiɑŋ˦.tʂər˥tʂər˥˧pɑ˦˩……tʂər˥pɑ˦˧ku˦lou˧,tʂei˥liɑŋ˦˩kə˩ti˥fɑŋ˦˧næ̃˦˧ku˦lou˧tə˧xuɑ˥˩,ni……（这个就是这么拉着了？）噢，这是这个马套一个牲口架上。ɑɔ˩,tʂə˥˧sɿ˥˩tʂə˥˩kə˥mɑ˦tʰɑɔ˥i˦˧kə˥səŋ˦˩kʰou˧tɕiɑ˥ʂɑŋ˥.（那在那个套的那个犁的那些用具差不多吧？）都和这都一模儿一样的，他往上一挂就对了。tou˦˧xuo˩tʂə˥tou˦˩i˦˩muor˩˧i˦˩iɑŋ˥ti˧,tʰɑ˦˩vɑŋ˦ʂɑŋ˥˧i˦˩kuɑ˥˧tsou˥˩tuei˥lə˧.（一般我们套上那个，叫不叫驾辕？）叫这个这个这个马叫驾辕咧么。tɕiɑɔ˥tʂə˥kə˥tʂə˥kə˥tʂə˥kə˥mɑ˦tɕiɑɔ˥tɕiɑ˥yæ̃˩˩lie˧muo˧.（马叫驾辕？）印，这个就是这个套上这个牲口就叫驾辕咧么。ɑŋ˩,tʂə˥kə˥tɕiou˥˧sɿ˥˩tʂə˥˩kə˥˩tʰɑɔ˥ʂɑŋ˥tʂə˥kə˥səŋ˦kʰou˧tɕiou˥tɕiɑɔ˥tɕiɑ˥yæ̃˩˩lie˧muo˧.（这种行为吗？）啊，这种行为叫驾辕咧么。ɑ˥,tʂei˥tʂuoŋ˦ɕiŋ˩vei˩tɕiɑɔ˥tɕiɑ˥yæ̃˩˩lie˧muo˧.（我就是我把这个东西给套上牲口这个这个动作就叫驾辕？）哎，这不叫。æᴇ˩,tʂə˥˧pu˩˩tɕiɑɔ˥.（那个叫什么？）那叫套车咧。næᴇ˥tɕiɑɔ˥tʰɑɔ˥˧tʂʰə˦lie˧.（套车？）你套车咧。ni˦tʰɑɔ˥tʂʰə˦lie˧.（什么叫驾辕呢？）驾辕就说是把这个牲口拉来，这个里头，这个马的，它的作用就是驾辕咧。tɕiɑ˥yæ̃˩tsou˥˧ʂuo˦sɿ˥

˩pɑ˥˧˩tʂə˥kə˥səŋ˥˧kʰou˧lɑ˥˧˩læᴇ˩˧,tʂə˥˦kə˥˦li˥˧tʰou˧,tʂə˥˩kə˥mɑ˥˧ti˧,tʰɑ˥˧ti˧tsuo˥˧˩yoŋ˥tɕiou˥˩sɿ˥˩tɕiɑ˥yæ̃˩˧˩lie˦.（马就是驾辕？）啊，你是骡子马套到这个车……车这个欸车把上的这个东西叫驾辕咧。它的……它做……所做的这个工作叫驾辕。ɑ˩.ni˥˧˧sɿ˥luo˩˧˩tsɿ˧mɑ˥˧tʰɑɔ˥tɑɔ˥tʂə˥kə˥tʂʰə˥˧˩tʂ……tʂʰə˥˧tʂə˥kə˥ei˥tʂʰə˥˧˩pɑ˥˦ʂɑŋ˥˩ti˧tʂə˥˦kə˥˦tuoŋ˥˧˩ɕi˧tɕiɑɔ˥tɕiɑ˥yæ̃˩˧˩lie˦.tʰɑ˥˧ti˧……tʰɑ˥˧ts……suo˥˧˧tsuo˥˦ti˧tʂə˥kə˥kuoŋ˥˧tsuo˥˧˩tɕiɑɔ˥tɕiɑ˥yæ̃˩˧˩.（马在驾辕？）啊。ɑ˩.（是马在驾辕吗？）必须要马驾辕咧。马和骡子、牛套到车里头，你人能把那驾起呀？那柜柜车一拉几千斤，着……着急咧，你装不合适，这一个牲口身上驮几百斤，上千斤重咧。pi˥˧˨ɕy˥˧˩iɑɔ˥mɑ˥˧tɕiɑ˥yæ̃˩˧˩lie˦.mɑ˥˧xuo˩˧˩luo˩˧˩tsɿ˦,niou˩˧,tʰɑɔ˥tɑɔ˥tʂʰə˥˧˩li˥˧tʰou˧,ni˥˧˩zəŋ˩˧nəŋ˩˧˩pɑ˥˧˩næᴇ˥tɕiɑ˥tɕʰiɑ˥˧˩?næᴇ˥˦kʰuei˥˦kʰuei˥˦tʂʰə˥˧i˥˧˩lɑ˥˧tɕi˥˧˧tɕʰiæ̃˥˧tɕiŋ˥˧˩,tʂɑɔ˥˧……tʂɑɔ˥˧˩tɕi˥˧˩lie˦,ni˥˧˧tʂuɑŋ˥˧pu˩˧˩xuo˩˧˩tʂʰʅ˥˧,tʂei˥i˥˧˩kə˥səŋ˥˧kʰou˧ʂəŋ˥˧ʂɑŋ˥˩tʰuo˩˧tɕi˥˧˧pei˥˧tɕiŋ˥˧˩,ʂɑŋ˥tɕʰiæ̃˥˧tɕiŋ˥˧˩tʂuoŋ˥lie˧.（有没有那个拉稍这种说法？）有咧么。哎，那这这……这过去咧是这个欸，牛车的话，一般套三个牲口，套这个欸，前头再套上两个牲口，就拉着走了。你要……iou˥˧lie˧muo˧.æᴇ˩˧,nei˥˦tʂə˥˩tʂei˥˦x……tʂei˥˦kuo˥tɕʰy˥lie˦sɿ˥tʂə˥kə˥ei˥,niou˩˧˩tʂʰə˥˧ti˦xuɑ˥,i˥˧˧pæ̃˥˧˧tʰɑɔ˥sæ̃˥˧kə˥˩səŋ˥˧kʰou˧,tʰɑɔ˥tʂə˥kə˥ei˩,tɕʰiæ̃˩˧˩tʰou˦tsæᴇ˥tʰɑɔ˥ʂɑŋ˥liɑŋ˥˧kə˥˩səŋ˥˧˩kʰou˧,tsou˥˨lɑ˥˧˩tʂə˧tsou˥˧lə˧.ni˥˧˧iɑɔ˥……（中……后头你……后……前头是两个，后头是一个？）后头是一个。这胶皮轱辘车的话，你前头，这就叫四大套么你。xou˥tʰou˧sɿ˥i˥˧kə˥˩.tʂei˥tɕiɑɔ˥˧˩pʰi˩˧ku˥˧lou˧tʂʰə˥˧tə˧xuɑ˥˩,ni˥˧˧tɕʰiæ̃˩˧˩tʰou˦,tʂə˥˦tɕiou˥tɕiɑɔ˥sɿ˥tɑ˥˩tʰɑɔ˥muo˧ni˥˧˩.（这个三套嘛一个……前头有三个……）前头三个，后头套一个么你。tɕʰiæ̃˩˧˩tʰou˦sæ̃˥˧kə˥˩,xou˥tʰou˦tʰɑɔ˥i˥˧˩kə˥muo˧ni˥˧˩.（前头两个，后头一个呢？）那叫三……那三套么。这是牛轱辘子。这木轱辘子车有三套就拉动啦。那是你胶皮轱辘子你得四个套。那着急了，有些上屲的还不得上去啊。你在上头，这个屲一滑，你像有欸六十度的屲……坡……这个屲……这个坡这个坡度的话，稍微长一点，你靠这四个牲口拉不上去啊。那就是两套的牲口，原……把原牲口不动了，把这些拉稍的这些牲口都全部卸下来以后……nə˥˩tɕiɑɔ˥sæ̃˥˧˨……nə˥sæ̃˥˧tʰɑɔ˥muo˧.tʂə˥sɿ˥niou˩˧ku˥˧lou˧tsɿ˦.tʂei˥mu˥˧ku˥˧lou˧tsɿ˧tʂʰə˥˧iou˥˧˧sæ̃˥˧tʰɑɔ˥tsou˥lɑ˥˧˩tuoŋ˥lɑ˧.nə˥˦sɿ˥ni˥˧˩tɕiɑɔ˥˧˩pʰi˩˧ku˥˧lou˧tsɿ˧ni˥˧˧tei˥˧˩sɿ˥kə˥tʰɑɔ˥˩.nə˥tʂɑɔ˥˧˩tɕi˥˧˩lə˦,iou˥˧ɕie˥˧˩ʂɑŋ˥vɑ˥ti˦xɑ˩˧˩pu˩˧˩tei˥˧˩ʂɑŋ˥˨tɕʰiɑ˥˩.ni˥tsæᴇ˥ʂɑŋ˥tʰou˦,tʂə˥kə˥vɑ˥i˥˧˩xuɑ˩˧,ni˥˧ɕiɑŋ˥˨iou˥˧˧ei˥liou˥˧ʂʅ˩˧˩tu˥ti˦vɑ˥……pʰuo˥˧……tʂə˥˩kə˥˩vu……tʂə˥kə˥pʰu˥˧（←pʰuo˥˧）tʂə˥˩kə˥˩pʰuo˥˧˩tu˥˨ti˦xuɑ˥,sɑɔ˥˧vei˥˧˩tʂʰɑŋ˩˧i˥˧˧tiæ̃˥˩,ni˥˧˩kʰɑɔ˥tʂə˥sɿ˥˦kə˥˩səŋ˥˧kʰou˧lɑ˥˧pu˩˧˩ʂɑŋ˥˦tɕʰiɑ˥˩.nei˥tɕiou˥sɿ˥liɑŋ˥˧tʰɑɔ˥ti˦səŋ˥˧kʰou˧,yæ̃˩˧……pɑ˥˧˩yæ̃˩˧səŋ˥˧kʰou˧pu˩˧˩tuoŋ˥lə˦,pɑ˥˧˧tʂə˥ɕie˥˧˧lɑ˥˧˨sɑɔ˥˧ti˧tʂei˥ɕie˥˧˧səŋ˥˧kʰou˧tou˥˧˩tɕʰyæ̃˩˧˩pu˥ɕie˥˧˧xɑ˥læᴇ˩˧˩i˥˧˩xou˥……（拉稍是什么意思呢？）拉稍就是前头这些牲口都叫拉稍的么。lɑ˥˧˨sɑɔ˥˧tɕiou˥sɿ˥tɕʰiæ̃˩˧˩tʰou˦tʂei˥ɕie˥˧˧səŋ˥˧kʰou˧tou˥˧˩tɕiɑɔ˥lɑ˥˧˩sɑɔ˥˧ti˧muo˧.（噢，前面那些牲口。后面……这中间那个叫……）就叫驾辕的么。再要……再卸上三个牲口来以后，和这个牲……和这三个牲口往上一挂，这就叫拉稍咧么。tɕiou˥tɕiɑɔ˥tɕiɑ˥yæ̃˩˧˩ti˦muo˧.tsæᴇ˥˨iɑɔ˥……tsæᴇ˥ɕie˥˧˧ʂɑŋ˥sæ̃˥˧kə˥˩səŋ˥˧kʰou˧læᴇ˩˧i˥˧˩xou˥,xuo˩˧˩tʂə˥kə˥səŋ˥˧˩……xuo˩˧˩tʂə˥sæ̃˥˧˩kə˥˩səŋ˥˧kʰou˧vɑŋ˥˧˩ʂɑŋ˥i˥˧˩kuɑ˥,tʂei˥tɕiou˥tɕiɑɔ˥lɑ˥˧˨sɑɔ˥˧lie˧muo˧.（噢，就是前面的叫拉稍的？）噢，后头……后面的……ɑɔ˩,xou˥˨tʰou˧……xou˥˨miæ̃˥˦ti˧……（后面就是……）驾辕的，啊。tɕiɑ˥yæ̃˩˧˩ti˦,ɑ˦.（驾着辕的。那不是……）很关键的这个马。xəŋ˥˧kuæ̃˥˧˩tɕiæ̃˥˦ti˧tʂə˥kə˥mɑ˥˧˩.（比如说这个我们四大套的这种东西说不说这个马叫辕马什么稍马？）哎叫辕马么，辕骡么。æᴇ˥tɕiɑɔ˥yæ̃˩˧mɑ˥˧muo˧,yæ̃˩˧luo˩˧muo˧.（辕马、辕骡……）稍马，噢。sɑɔ˥˧˩mɑ˥˧,ɑɔ˩.（加不加“子”

呢，辕马子、辕……辕骡子？）那光……那叫辕马、稍马咧。næᴇ˥˦kuaŋ˥˦˨˩……næᴇ˥˦tɕiaɔ˥yæ̃˨˩ma˥,saɔ˥ma˥˨˩lie˩.（那个牛叫不叫辕牛呢？）牛不叫。niou˨˩pu˨˩˨˩tɕiaɔ˥.（就是马和骡叫？）噢，马和骡子。ɑɔ˨˩,ma˥xuo˨˩˨˩luo˨˩tsɿ˩.（噢，辕马、辕骡子？辕骡还是辕骡子？）就是辕马、辕骡。tɕiou˥sɿ˥yæ̃˨˩ma˥,yæ̃˨˩luo˨˩.（噢，那个前面的就是稍马？）嗯。ə̃˨˩.（这个我们控……那我们怎么控制前面这个马呢？）那都一般……咿这都是……用……把牲口训练成以后，用这个呃特殊的语言来控制它咧。nə˥˦tou˥˨˩i˥˨˩pæ̃˥˧……i˨˩tʂei˥˦tou˥˨˩sɿ˥˨˩……yoŋ˥……pa˥˨˩səŋ˥kʰou˩ɕyoŋ˥liæ̃˥tʂʰəŋ˨˩i˥˨˩xou˥,yoŋ˥tʂə˥kə˥ə˩tʰei˥ʂɥ˨˩ti˩y˥iæ̃˨˩˨˩læᴇ˨˩kʰuoŋ˥tʂɿ˥tʰa˥˨˩lie˩.（他不是我拉那个缰绳拉……拉着前面？）那你就拉不上了。你这套骡车……套这个马车，那么大的马车，那么远，你能把它拉住？一个是这个，它这个，坐得这个地方，吆车的就坐得车上，他往这儿一坐，手里掂了个鞭子，这个牲口么它是……这为内套么，这是这个右边，这个靠左边这就是内套么。这面儿这个马叫外套么。næᴇ˥˦ni˥˨˩tɕiou˥˨˩la˥pu˨˩ʂaŋ˥lə˩.ni˥˧tʂə˥tʰɑɔ˥luo˨˩tʂʰ……tʰɑɔ˥tʂə˥˨˩kə˥˨˩ma˥tʂʰə˥˨˩,na˥˦muo˩ta˥ti˩ma˥tʂʰə˥˨˩,na˥muo˩yæ̃˥,ni˥nəŋ˨˩pa˥˨˩tʰa˥la˥˨˩tʂɥ˥?i˥˨˩kə˥˦sɿ˥tʂə˥kə˥,tʰa˥tʂə˥kə˥,tsuo˥˧tə˩tʂə˥kə˥ti˥faŋ˥˨˩,iaɔ˥˧tʂʰə˥ti˩tsou˥tsuo˥tə˩tʂʰə˥ʂaŋ˥˨˩,tʰa˥˧vaŋ˥˨˩tʂər˥i˥˨˩tsuo˥,ʂou˥li˥˨˩tiæ̃˥lə˩kə˥˨˩piæ̃˥tsɿ˩.tʂə˥kə˥səŋ˥kʰou˩muo˩tʰa˥sɿ˥tʂ……tʂə˥˦vei˨˩luei˥tʰɑɔ˥muo˩,tʂə˥sɿ˥tʂə˥kə˥iou˥˧piæ̃˥˨˩,tʂə˥˨˩kə˥˨˩kʰaɔ˥tsuo˥piæ̃˥˨˩tʂə˥tɕiou˥˨˩sɿ˥˨˩luei˥tʰɑɔ˥˨˩muo˩.tʂei˥˧miæ̃r˥tʂə˥kə˥ma˥tɕiaɔ˥˨˩væᴇ˥tʰɑɔ˥˨˩muo˩.（噢，中间那个呢？）啊，中间这是不说它。ɑ˨˩,tʂuoŋ˥˨˩tɕiæ̃˥˧tʂei˥sɿ˥pu˨˩ʂuo˥tʰa˥˨˩.（不说它？）指的是……中间这个随便套个牲口，把它都……它不调皮一点的，不听话的那个把它夹中间嘛。这外套和内……首套，噢，这叫首套，这叫外套么。tsɿ˥˧ti˩sɿ˥tʰ……tʂuoŋ˥˨˩tɕiæ̃˥˧tʂə˥kə˥suei˨˩piæ̃r˥tʰɑɔ˥kə˥səŋ˥kʰou˩,pa˥˨˩tʰa˥˧tou˥˧……tʰa˥˧pu˨˩tʰiaɔ˨˩pʰi˨˩i˥˧tiæ̃˥˧ti˩,pu˨˩tʰiŋ˥˨˩xua˥˧ti˩nə˥kə˥pa˥˨˩tʰa˥tɕia˥tʂuoŋ˥˨˩tɕiæ̃˥˧ma˩.tʂə˥˨˩væᴇ˥˧tʰɑɔ˥xuo˨˩luei˥……ʂou˥tʰɑɔ˥˨˩,ɑɔ˨˩,tʂə˥tɕiaɔ˥ʂou˥tʰɑɔ˥˨˩,tʂə˥tɕiaɔ˥væᴇ˥tʰɑɔ˥˨˩muo˩.（这个都是听话的？）这都是听话的么。tʂə˥˦tou˥˧sɿ˥tʰiŋ˥˨˩xua˥˧ti˩muo˩.（这个ʂou˥tʰɑɔ˥˨˩？）首套。ʂou˥tʰɑɔ˥˨˩.（哪个ʂou˥？为首的首啊？）为首的首，这个首。vei˨˩ʂou˥ti˩ʂou˥,tʂə˥˨˩kə˥˦ʂou˥˨˩.（那个内套，你刚才讲的内套，就是首套是吧？）噢，靠住……噢，内套就是靠住里头的，里首的这个么，叫首套么。这叫外套么。嗯，外是这个外么。这个，他是靠这个特殊的语言，你比如吆牲口的话，他有喔—喔。ɑɔ˨˩,kʰɑɔ˥tʂɥ˥……ɑɔ˨˩,luei˥tʰɑɔ˥˨˩tɕiou˥˨˩sɿ˥˨˩kʰɑɔ˥tʂɥ˥li˥tʰou˩ti˩,li˥ʂou˥˨˩ti˩tʂə˥kə˥muo˩,tɕiaɔ˥ʂou˥tʰɑɔ˥muo˩.tʂei˥tɕiaɔ˥væᴇ˥tʰɑɔ˥˨˩muo˩.ə̃˨˩,væᴇ˥sɿ˥tʂə˥kə˥væᴇ˥muo˩.tʂei˥˦kə˥˨˩,tʰa˥˧sɿ˥˨˩kʰɑɔ˥tʂə˥kə˥tʰə˥ʂɥ˥˨˩ti˩y˥iæ̃˨˩,ni˥pi˥ʐɥ˨˩iaɔ˥˧səŋ˥kʰou˩ti˩xua˥˨˩,tʰa˥˧iou˥˧vuo˨˩-vuo˨˩.（啊，这是什么呢？）喔——喔——喔，这就是这个叫，向外边走。吁——吁，吁——吁，就是往里边走。vuo˨˩-vuo˨˩-vuo˨˩,tʂə˥tɕiou˥sɿ˥tʂə˥kə˥˨˩tɕiaɔ˥,ɕiaŋ˥væᴇ˥piæ̃˥˨˩tsou˥˨˩.y˥-y˥,y˥-y˥,tɕiou˥sɿ˥vaŋ˥˨˩li˥piæ̃˥˨˩tsou˥˨˩.（y˥就是往里走？）噢，喔就是往外走。ɑɔ˨˩,vuo˨˩tɕiou˥sɿ˥vaŋ˥˨˩væᴇ˥tsou˥˨˩.（要叫几声呢？）那就不可能……那你它叫不来的话，你就喔——喔——喔——喔，它就，它就从……往里走了。或者从……næᴇ˥tsou˥˨˩pu˨˩kʰə˥nəŋ˨˩……næᴇ˥ni˥˧tʰa˥˧tɕiaɔ˥˧pu˨˩læᴇ˨˩˨˩ti˩xua˥,ni˥˧tsou˥˨˩vuo˨˩-vuo˨˩-vuo˨˩-vuo˨˩,tʰa˥˨˩tɕiou˥,tʰa˥˧tɕiou˥tsʰuoŋ˨˩……vaŋ˥˨˩li˥˧tsou˥˨˩lə˩.xuei˨˩tʂə˥˨˩tsʰuoŋ˨˩……（y˥就往里头走？）啊啊，喔—喔，它就向外走了。ɑ˥ɑ˥,vuo˨˩-vuo˨˩,tʰa˥˧tsou˥ɕiaŋ˥væᴇ˥tsou˥˨˩lə˩.（y˥就手这个手手手手这边走？）啊，喔，它就是往外头走咧。ɑ˥,vuo˨˩,tʰa˥˧tɕiou˥sɿ˥vaŋ˥˨˩væᴇ˥˧tʰou˩tsou˥lie˩.（停呢？）呕，一声，喔，喊喔，一个单字它就停住了。ou˥,i˥˨˩ʂəŋ˥˨˩,vuo˨˩,xæ̃˥˨˩vuo˨˩,i˥˨˩kə˥tæ̃˥˨˩tsɿ˥˦tʰa˥˨˩tɕiou˥˨˩t ʰiŋ˨˩tʂʅ˦˥lə˩.（vuo˩，单字就停住了？）它就停住了。tʰa˥˧tɕiou˦tʰiŋ˨˩tʂʅ˦˥lə˩.（那要走呢？）嘚。噢，这一记喝……tei˥.ao˨˩,tʂei˦i˥˨tɕi˦˥xuo˨˩……（叫什么？）嘚，噢，就是吆这个意思，叫嘚。tei˥,ao˨˩,tɕiou˦˨sʅ˦˨iao˥tʂə˦kə˦i˦sʅ˦,tɕiao˦tei˥.（跟这个得到的得差不多音？）啊。一声，它就跟上，它就走，起步了。ã˥.i˥˧ʂəŋ˥,tʰa˥˧tɕiou˦kəŋ˥˧ʂaŋ˦,tʰa˥˧tɕiou˥tsou˥˧,tɕʰi˥ pu˦˨lə˩.（不叫"驾"？）也有人加……驾，咱们这儿这人……那是东北口音，这儿这没有那个。ie˥iou˥˨zəŋ˩tɕiao˦……tɕia˥,tʂa˩məŋ˦tʂər˦tʂə˦zəŋ˩……nə˦˥sʅ˦˨tuoŋ˥˧pei˥˨kʰou˥iŋ˥˨,tʂər˦t ʂə˦mei˩iou˥nə˦kə˦.（哦，叫"嘚"？）嘚啾。嗯。有些人，有些夹带语气字的那喊"嘚啾"。tei˥tɕʰiou˩.ə̃˨.iou˥ɕie˥˨zəŋ˨˩,iou˥ɕie˥˨tɕia˥tæᴇ˦˨y˥˧tɕʰi˦tsʅ˦tə˩nə˦˨xæ̃˥˨tei˥tɕʰiou˩.（嘚啾？）噢，它就走了。ao˦,tʰa˥˨tɕiou˦tsou˥lə˩.（这个停下来就是？）喔。vuo˩.（"喔"一下，不叫"喔啾"？）啊，不叫喔啾。那叫喔。你，你喊声，喔一声，它就站下来。a˦,pu˨˩tɕiao˦˨vuo˨˩tɕʰiou˩.næᴇ˦˨tɕiao˦˨vuo˩.ni˥,ni˥˨xæ̃˥ʂəŋ˥˨,vuo-o˩i˥˨ʂəŋ˥˨,tʰa˥˧tsou˦tsæ̃˦˨xa˦˥l æᴇ˨˩.（它那个就是说前面那个那个稍哇，这个拉拉稍的这个也有个缰绳牵着吧？）这，不牵。这是互相之间有连绳连着咧。tʂei˦˥,pu˨˩tɕʰiæ̃˥.tʂə˦˥sʅ˦xu˦˧ɕiaŋ˥˨tsʅ˥tɕiæ̃˥˨iou˥liæ̃˩ʂəŋ˩˧ liæ̃˩tʂuo˥lie˩.（连着。那那它拿什么给跟跟这个车连着呢？）那车头头有个大曳绳咧么。n æᴇ˦tʂʰə˥tʰou˩tʰou˩˧iou˥˧kə˦ta˦ie˥ʂəŋ˨˩lie˩muo˩.（大曳绳？）噢，这个曳绳就在车轴上拴着咧么。ao˨˩,tʂə˦˨kə˦ie˥ʂəŋ˩tsou˦tsæᴇ˦tʂʰə˥tʂou˨˩ʂaŋ˦˥ʂuæ̃˥˨tʂuo˥˨lie˩muo˩.（曳绳？）啊。这，这就是……进去……ã˥.tʂei˦˥,tʂei˦˥tɕiou˦sʅ……tɕiŋ˦tɕʰy˦……（这个是稍绳吧？）噢，稍绳么。ao˨˩,sao˥ʂəŋ˨˩muo˩.（你们叫曳绳还是叫稍绳？）叫曳绳咧。这有一……一栚股子绳，到这儿这来还有个铁环子咧么。你这个牲口它都在这个，都在这上头追的拉拉咧。tɕiao˦ie˥ʂəŋ˨˩lie˩.tʂei˦˥iou˥˨i˥˨k……i˥˨tʂuaŋ˥ku˥tsʅ˩ʂəŋ˩,tao˦tʂər˦˧tʂə˦læᴇ˨˩xæᴇ˩˧iou˥˧kə˦tʰie˥˨x uæ̃˨˩tsʅ˩lie˩muo˩.ni˥˧tʂei˦kə˦səŋ˥˨kʰou˩tʰa˥˧tou˥˨tsæᴇ˦tʂə˦kə˦,tou˥˨tsæᴇ˦tʂei˦˥ʂaŋ˦tʰou˩tʂuei˥˧ti˩la ˥la˥˨lie˩.（那我要是骑这个牲口呢？）骑牲口那你……你就……你就叫骑么。tɕʰi˩səŋ˥kʰou˩næᴇ˦ni˥˧……ni˥˧tsou˦……ni˥˧tɕiou˦tɕiao˦tɕʰi˩muo˩.（骑牲口？）嗯，骑牲口么。ə̃˨.tɕʰi˩səŋ˥kʰou˩muo˦.（这比如说我要我要给那个牲口那个装不装鞍子？）哎，那你要……那你要……æᴇ˨,næᴇ˦˥ni˥˨iao˦˨n……næᴇ˦˥ni˥˧iao˦˨……（哎，不是，我要……我就驾车的时候装不装鞍子？）驾车的时候，稍牲口不装鞍子。这个……驾辕的这个你必须要要。驾车的时候稍牲口不装鞍子。这个驴……驾辕的这个你必须要要，必须要加个鞍子咧。tɕia˦tʂʰə˥ti˩sʅ˨˩xou˦,sao˥səŋ˥˨kʰou˩pu˩˧tʂuaŋ˥˧næ̃˥˧tsʅ˩.tʂə˦kə˦y……tɕia˦yæ̃˨˩ti˩tʂə˦kə˦ni˥˨ pi˥˧ɕy˥˨iao˦iao˦,pi˥ɕy˥˧iao˦tɕia˥˨kə˦˥næ̃˥˨tsʅ˩lie˩.（加什么鞍子？）小鞍子。小小的一个鞍子。因为这个碎鞍不像骑马那个大鞍子。它碎碎儿的一点，在这牲口脊背上放的。ɕiao˥æ̃˥˨tsʅ˩.ɕiao˥ɕiao˥ti˩i˥˧kə˦næ̃˥tsʅ˩.iŋ˥˨vei˦˥tʂə˦kə˦suei˦næ̃˥pu˨˩ɕiaŋ˦tɕʰi˨˩ma˥nə˦kə˦ta˦næ̃˥˨ tsʅ˩.tʰa˥˧suei˦suər˦ti˩i˥˨tiæ̃˥,tsæᴇ˦tʂə˦səŋ˥kʰou˩tɕi˥˨pei˦ʂaŋ˦faŋ˦ti˩.（他是目的是为什么呢？）整个辕头起有一个……有一个圆形褡褙咧嘛。这个圆形褡褙，整个辕的重量都要放到这个牲口，辕牲口身上咧。那你不衬住，一下不是把牲口压住它了。tʂəŋ˥kə˦˥yæ̃˩tʰou˨˩tɕʰie˥˧io u˥i˥˨kə˦……iou˥i˥˨kə˦˨yæ̃˩ɕiŋ˩ta˥˨pei˦lie˩ma˩.tʂə˦kə˦yæ̃˩ɕiŋ˩ta˥˨pei˦,tʂəŋ˥kə˦˥yæ̃˩ti˩tʂuoŋ˦liaŋ˦ tou˥˧iao˦faŋ˦tao˦tʂə˦kə˦səŋ˥kʰou˩,yæ̃˩səŋ˥kʰou˩ʂəŋ˥ʂaŋ˦˨lie˩.næᴇ˦ni˥˧pu˨˩tsʰəŋ˦˥tʂʅ˦,i˥˨xa˦pu˩˧ sʅ˦pa˥˨səŋ˥kʰou˩nia˦tʂʅ˦tʰa˥˨lə˩.（哦，你就拿个鞍子给垫着它？）噢，垫得上头。ao˨˩,tiæ̃˦˧tə˩ʂaŋ˦tou˦.（那你鞍子它会不会掉下来？）哎，掉不下来。那在这个上头固定了，在这个褡……上头，上褡褙上固定着咧么。æᴇ˩,tiao˦pu˩˧xa˦læᴇ˩˧.næᴇ˦˥tsæᴇ˦tʂə˦kə˦ʂaŋ

˧˥tʰou˨ku˧tiŋ˧lə˦,tsæᴇ˧tʂə˧kə˧ta˥˩……ʂaŋ˧tʰou˨,ʂaŋ˧ta˥˩pei˧ʂaŋ˧ku˧tiŋ˧˥tʂuo˥˩lie˨muo˨.（固……拿什么固定呢？）那都有拿绳索固定着咧。næᴇ˧˥tou˥˩iou˥˩na˩˨ʂəŋ˨suo˥˩ku˧tiŋ˧tʂuo˥˧lie˦.（拿绳索还……拿带子还是拿绳索呢？）那……过去都说是……马车上头这些东西全部是皮子的。用牛皮和成……生皮布做成的。næᴇ˧……kuo˧˥tɕʰy˧tou˥˩ʂuo˥˧sʅ˧……ma˥tʂʰə˥˩ʂaŋ˧tʰou˧tʂə˧ɕie˥˧tuoŋ˥ɕi˨tsʰyæ̃˨˩pu˧˥sʅ˧˩pʰi˨˩tsʅ˧ti˨.yoŋ˧niou˨pʰi˨˩xuo˨˧tʂʰəŋ˨˧s……səŋ˥˩pʰi˨pu˧˥tsuo˧˥tʂʰəŋ˨˩ti˨.（有没有什么辕带、肚带这种说法？）哎有咧么。骡子你拽……这个也……叫褡褙，上半叫褡褙，底下……这个马车你要叫这个欸肚带，上肚带咧是。æᴇ˥iou˥lie˨muo˨.luo˨tsʅ˧ni˥˧tʂuæᴇ˧˥……tʂə˧kə˧ie˥˧……tɕiaɔ˧ta˥˩pei˧.ʂaŋ˧˥pæ̃˧tɕiaɔ˧ta˥˩pei˧,ti˥xa˧……tʂə˧kə˧ma˥tʂʰə˥˩ni˥˧iaɔ˧tɕiaɔ˧tʂə˧kə˧ei˩tu˧tæᴇ˧,ʂaŋ˧tu˧tæᴇ˧lie˧sʅ˧.（上肚带？这个东西……）噢，那你不上……aɔ˩,næᴇ˧˥ni˥pu˩ʂaŋ˧……（呃，马……就是这后头这个马上吧？）啊。a˩.（上的这个肚带？）上的肚带。你上……辕那……上头叫褡褙，不叫……辕带。ʂaŋ˧ti˨tu˧tæᴇ˧.ni˥˩ʂaŋ˧……yæ̃˨nei˧……ʂaŋ˧˥tʰou˨tɕiaɔ˧ta˥pei˧˩,pu˩tɕiaɔ˧t……yæ̃˨tæᴇ˧.（噢，上头叫褡褙？）褡褙。你不上褡褙，那是……这个辕重了，不是打地下你……压得都……都……都落到地下去了？你辕轻了，你如果不上肚带，那不是跳起来了？辕打空中拿着咧，马把那都没办法了。ta˥pei˧˩.ni˥pu˩ʂaŋ˧ta˥pei˧˩,nə˧˥sʅ˧˩……tʂə˧kə˧yæ̃˨tʂuoŋ˧lə˨,pu˩sʅ˧ta˥˩ti˧xa˧ni……nia˧ti˨tou……tou˥˩……tou˥˩luo˥taɔ˩ti˧˥xa˧˩tɕʰi˧˩lə˨?ni˥˧yæ̃˨tɕʰiŋ˥lə˨,ni˥˧zʮ˩kuo˥pu˩ʂaŋ˧tu˧tæᴇ˧,næᴇ˧pu˩sʅ˧tʰiaɔ˧tɕʰi˥læᴇ˨˩lə˨?yæ̃˨ta˥˩kʰuoŋ˥tʂuoŋ˥˩na˨tʂuo˥˩lie˨,ma˥˧pa˥˩na˧tou˥˩muo˥˩pæ̃˧˥fa˥˩lə˨.（那就是说这个肚带是是为了防止它它那个跳起来？）嗯。ə̃˧.（那个辕……这个叫做褡褙，是为为了防防它压下去？）噢，兀……这个东西，这里头很关键的就是这个辕马。它要牵制……它关系到这个走哪个……走哪个地方去以后，它都是这个，它是掌握方向的么你。aɔ˩,væᴇ˧……tʂə˧kə˧tuoŋ˥ɕi˨,tʂə˧˥li˥˩tʰou˨xəŋ˥kuæ̃˥˩tɕiæ̃˧ti˨tɕiou˧sʅ˧tʂə˧kə˧yæ̃˨ma˧.tʰa˥iaɔ˧˩tɕʰiæ̃˥˩tʂ……tʰa˥kuæ̃˥˩ɕi˧˥taɔ˧tʂə˧kə˧˩tsou˥na˥kə……tsou˥na˥kə˧˩ti˧˥faŋ˥˩tɕʰi˧i˥˩xou˧,tʰa˥tou˥˩sʅ˧˩tʂə˧kə˧,tʰa˥sʅ˧˩tʂaŋ˥vuo˥˩faŋ˥˩ɕiaŋ˧˥ti˨muo˨ni˥˩.（辕马是掌握方向的？）噢。它在这里头至……至关重要的一头牲口。aɔ˧.tʰa˥tsæᴇ˧tʂə˧li˥˧tʰou˧tsʅ˧……tʂʅ˧kuæ̃˥˩tʂuoŋ˧iaɔ˧ti˨i˥˩tʰou˨˩səŋ˥kʰou˨.（它是最……最厉害的？）噢，最厉害的么你。aɔ˩,tsuei˧li˧xæᴇ˧ti˨muo˨ni˥˩.（它比这两个还厉害？）它要要求是最……个儿又大，力气又好么，还听话么。tʰa˥iaɔ˧˩iaɔ˧˩tɕʰiou˨sʅ˧tsuei˧……kər˧iou˧ta˧,li˥tɕʰi˧iou˧xaɔ˥muo˨,xa˨˩tʰiŋ˥˩xua˧˥muo˨.

挡板

（你们那个比如说拉粪桶那个车吧，后头是是这么打开的还是从下面儿打开的？）黄：兀都是后面往开打咧。væᴇ˧˥tou˥˧sʅ˧xou˧miæ̃˧˩vaŋ˥˩kʰæᴇ˥ta˥˩lie˨.（这这个是这，这是个箱子啊，我是我是这个这个后头一个一一个这样的……）插板插的它。车插板儿呃，插着咧嘛。tsʰa˥pæ̃r˥˩tsʰa˥ti˨tʰa˥˩.tʂʰə˥˩tsʰa˥pæ̃r˥˩ə˩,tsʰa˥tʂə˨lie˨ma˨.（插的？）后挡板儿么。xou˧taŋ˧˥pæ̃˥˩muo˨.（后挡板？）嗯。əŋ˩.（叫不叫粪扇？）不叫。pu˩tɕiaɔ˧.（叫挡板儿？）叫挡板。前挡板，后挡板是。你像这个马车不可能，马车那个这面有轱辘，你这面咋下粪去咧嘛？必须在后头，兀是一面儿是下粪咧。不像现在那个嘣嘣机子四面都可以……三面子都可以抛。tɕiaɔ˧taŋ˥pæ̃˥˩.tɕʰiæ̃˨taŋ˥˧pæ̃˥˩,xou˧˥taŋ˥˧pæ̃˥˩sʅ˧˩.ni˥˧ɕiaŋ˧tʂə˧kə˧ma˥tʂʰə˥˩pu˩kʰə˥nəŋ˨,ma˥tʂʰə˥˩nə˧kə˧tʂei˧˥miæ̃˧˩iou˥˧ku˥lu˨,ni˥˧tʂei˧˥miæ̃r˧˩tsa˥ɕia˧˥fəŋ˧tɕʰi˧lie˨ma˧?pi˥˧ɕy˥˩tsæᴇ˧xou˧tʰou˨,və˧˥sʅ˧˩i˥˩miæ̃r˧˥sʅ˧˩ɕia˧fəŋ˧lie˧.pu˩ɕiaŋ˧ɕiæ̃˧tsæᴇ˧nə˧kə˧

æᴇ˥na˥kə˥pəŋ˥pəŋ˥tɕi˧˩tsɿ˧sɿ˥miæ̃˥tou˧˩k^hə˧˩i……sæ̃˧˩miæ̃˥˦tsɿ˧tou˧˩k^hə˧˩i˧˩p^hɑɔ˧˩.（那你平平常别的东西么？）别的东西都是一……一般架架车也……pie˩˧tə˧tuoŋ˧˩ɕi˧tou˧˩sɿ˥i˧˩……i˧˩pæ̃˧˩tɕia˥tɕia˥tʂ^hə˧˩ia˧˩……（下果子呀下什么都都都是从后面儿上？）那是你马车拉，你必须是后面儿上咧。nə˧˩sɿ˧˩ni˧˩ma˧˩tʂ^hə˧˩la˧,ni˧˩pi˧˩ɕy˧˩sɿ˥xou˥miæ̃r˥ʂaŋ˥lie˧.

牛槅头

（牛脖子上面架的那个东西呢？弯弯的。）黄：我们是槅头。ŋuo˧˩məŋ˧sɿ˥kei˧˩t^hou˧.（啊？）牛槅头。niou˩˧kei˧˩t^hou˧.（就是架这儿，脖子……）啊，脖子里架上那个弯弯，牛槅头。ɑ˧˩,puo˩˧tsɿ˧li˧tɕia˥ʂaŋ˥nə˥kə˥væ̃˧˩væ̃˧˩,niou˩˧kei˧˩t^hou˧.（这个是不是胳膊的胳啊？）不像。槅头。槅是隔开的那个意思……那个隔么。这就是意思是说把那个……绳没有直接绾到牛的脖子，放这个木头把那隔开着咧。槅头。过去多一半儿是，你们见那二牛抬杠去了，两个牛脖子加个长棒，绾上走。我们这儿这没有，就是脖子弄个弯弯子，弄两个布角角，噌，一弄绳绳一绾，往那个牛脖子上一拴下。pu˧˩ɕiaŋ˥.kei˧˩t^hou˧.kei˧˩sɿ˥kei˧˩k^hæᴇ˧˩ti˧nə˥kə˥i˥˦s……nə˥kə˥˦kei˧˩muo˧.tʂei˥tɕiou˥sɿ˥i˥˦sɿ˧sɿ˥ʂuo˧˩pa˧˩nə˥kə˥ni……ʂəŋ˩˧mei˧˩i ou˧˩tʂɿ˩˧tɕie˧˩væ̃˧˩tɑɔ˥niou˩˧ti˧puo˩˧tsɿ˥,faŋ˥tʂə˥kə˥mu˧˩t^hou˧pa˧˩nə˥kei˧˩k^hæᴇ˧˩tʂə˧lie˧.kei˧˩t^hou˧.kuo˥tɕ^hy˥tuo˧˩i˧˩pæ̃r˥sɿ˥,ni˧˩məŋ˧tɕiæ̃˥nə˥ər˥niou˩˧t^hæᴇ˩˧kaŋ˥˦tɕ^hi˥lə˧,liaŋ˧˩kə˥niou˩˧puo˩˧tsɿ˥tɕia˧˩kə˥tʂ^haŋ˩˧paŋ˥,væ̃˧˩ʂaŋ˥tsou˧˩.ŋuo˧˩məŋ˧tʂər˥tʂə˥mei˩˧iou˧˩,tɕiou˥sɿ˥puo˩˧tsɿ˥nuoŋ˥kə˥væ̃˧˩væ̃˧˩tsɿ˧,nuoŋ˥liaŋ˧˩kə˥pu˥tɕyo˧˩tɕyo˧˩,ts^həŋ˧˩,i˧˩nuoŋ˥ʂəŋ˩˧ʂəŋ˩˧i˧˩væ̃˧˩,vaŋ˧˩nə˥kə˥niou˩˧puo˩˧tsɿ˧ʂaŋ˥i˧˩ʂuæ̃˧˩xa˥.（那叫牛槅头？）牛隔头。niou˩˧kei˧˩t^hou˧.

鞅子绳儿、膔膔

（有没有什么鞅带这种说法？）黄：没有这个。muo˧˩iou˧˩tʂei˥˦kə˥.（没有哈？没有鞅带？）鞅子是牛……iaŋ˧˩tsɿ˧sɿ˥niou˩˧……（噢，牛，牛的带子叫鞅带？）牛脖子里拴下这个叫鞅子绳儿。niou˩˧puo˩˧tsɿ˧˩li˧˩ʂuæ̃˧˩xa˥tʂə˥kə˥tɕiɑɔ˥iaŋ˧˩tsɿ˧ʂə̃r˩˧.（鞅子绳儿？牛脖子在这儿拴拴着？）噢，这个牛槅头不是吊下来以后，到这儿这固定这个脖子里，这个叫鞅子绳儿。ɑɔ˧˩,tʂə˥kə˥niou˩˧kei˧˩t^hou˧pu˩˧sɿ˥tiɑɔ˥xa˥læᴇ˩˧i˧˩xou˥,tɑɔ˥tʂər˥tʂə˥ku˥tiŋ˥tʂə˥kə˥puo˩˧tsɿ˧˩li˧˩,tʂə˥kə˥tɕiɑɔ˥iaŋ˧˩tsɿ˧ʂə̃r˩˧.（那个在这儿垫块儿土……垫块……都得在这儿垫一……垫一块儿棉花什么东西吧？）不是……不垫。pu˩˧sɿ˥……pu˩˧tiæ̃˥.（包包都不垫？）不垫。牛啥都不垫，牛就是个木头。做那个木头槅头，往下脖子里一卡也就对了。pu˩˧tiæ̃˥.niou˩˧sa˥tou˧˩pu˩˧tiæ̃˥.niou˩˧tsou˥sɿ˥kə˥mu˧˩t^hou˧.tsɿ˥nə˥kə˥mu˧˩t^hou˧kei˧˩t^hou˧,vaŋ˧˩xa˥puo˩˧tsɿ˧li˧˩i˧˩k^ha˧˩ie˧˩tɕiou˥˦tuei˥lə˧.（它……它无所谓的？）它无所谓。它那个老脊……这个脖子跟前这个肉聚下那么多。那是一用以后把那聚这么大疙瘩，自己就把它那么都挺起了。t^ha˧˩vu˩˧ʂuo˧˩vei˥.t^ha˧˩nə˥kə˥lɑɔ˧˩tɕi˧˩……tʂə˥kə˥puo˩˧tsɿ˧kəŋ˧˩tɕ^hiæ̃˩˧tʂə˥kə˥ʐou˥tɕy˥˦xa˥na˥muo˧tuo˧˩.na˥sɿ˥i˧˩yoŋ˥i˧˩xou˥,pa˧˩na˥tɕy˥tʂə˥muo˧ta˥kə˧˩ta˧˩,tsɿ˥tɕie˧˩tsou˥pa˧˩t^ha˧˩nə˥˦muo˧tou˧˩t^hiŋ˧˩tɕ^hi˧˩lə˧.（那马得……马得弄个……）马你必须拿膔膔。马和骡子必须戴膔膔。ma˧˩ni˧˩pi˧˩ɕy˧˩na˩˧yoŋ˧˩yoŋ˧˩.ma˧˩xuo˩˧luo˩˧tsɿ˧pi˧˩ɕy˧˩tæᴇ˥yoŋ˧˩yoŋ˧˩.

撇绳

（欸，你驾车时来拉那个有没有叫襻绳的？拉的那个绳子？）黄：襻绳。呃都很少叫反正。p^hæ̃˥˦ʂəŋ˩˧.ə˧tou˧˩xəŋ˧˩ʂɑɔ˧˩tɕiɑɔ˥fæ̃˧˩tʂəŋ˥.（听过没有？）哎，听过么。襻绳有么。有那个说法咧。æᴇ˩˧t^hiŋ˧˩kuo˥muo˧.p^hæ̃˥˦ʂəŋ˩˧iou˧˩muo˧.iou˧˩nə˥kə˥ʂuo˧˩fa˧˩lie˧.（怎么拉的这个绳子？左右拉的这种绳子叫襻绳？）那不……我们那叫……那叫撇绳咧，不叫襻绳。当地人叫撇绳咧。不叫襻绳。nə˦pu˩tɕi……ŋuo˥mən˧nə˦tɕiaɔ˦tɕʰi……nə˦tɕiaɔ˦pʰie˥ʂən˩lie˧,pu˩tɕiaɔ˦pʰæ̃˦ʂən˩.taŋ˥ti˦zən˩tɕiaɔ˦pʰie˥ʂən˩lie˧,pu˩tɕiaɔ˦pʰæ̃˦ʂən˩.

鼻楦子

（一般你们牵着牛是牵着脖子还是拴个拴个拴个鼻……鼻……鼻子呀？）黄：我们这里……前塬人给扎的鼻楦子。我们这个地方在角篓头起拴一根绳就对了。ŋuo˥mən˧tʂə˦li˧……tɕʰiæ̃˩yæ̃˩zən˩kei˦tsa˥ti˧pi˩ɕyæ̃˦tsɿ˧.ŋuo˥mən˧tʂə˦kə˦ti˦faŋ˥tsæᴇ˦tɕyo˥lou˧tʰou˩tɕʰie˥ʂuæ̃˥i˥kən˩ʂən˩tsou˦tuei˦lə˧.（角上？）噢，牛犄角底下绾根绳一拉。aɔ˩,niou˩tɕi˥tɕiaɔ˥ti˥xa˦væ̃˥kən˩ʂən˩i˥la˥.（这这儿不插，什么都不插？）不插，啥都不插。pu˩tsʰa˥,sa˦tou˥pu˩tsʰa˥.（原先都没有插……插牛的？）没有。我们这里么，这个牛是指前塬那些人牲口他都扎咧有鼻楦子。mei˩iou˥.ŋuo˥mən˧tʂə˦li˥muo˧,tʂə˦kə˦niou˩sɿ˦tsɿ˥tɕʰiæ̃˩yæ̃˩nei˦ɕie˥zən˩sən˥kʰou˧tʰa˥tou˥tsa˥lie˧iou˥pi˩ɕyæ̃˦tsɿ˧.（鼻楦子？）嗯。ŋ̍˩.

笼嘴、梃棍子

（这个有时候他怕它偷吃，是不是都得都得戴个戴个罩罩？）黄：哎，很少戴。我们这里牲口都很少戴笼嘴。æᴇ˩,xən˥ʂaɔ˥tæᴇ˦.ŋuo˥mən˧tʂei˦li˧sən˥kʰou˧tou˥xən˥ʂaɔ˥tæᴇ˦luoŋ˩tsuei˥.（不戴笼嘴？）不戴笼嘴。pu˩tæᴇ˦luoŋ˩tsuei˥.（那你们那个平常这个拉磨的时候，用牲口拉磨是不是要戴笼嘴？）多也很少。tuo˥ia˥xən˥ʂaɔ˥.（也少啊？）啊，那很……a˩,na˦xən˥……（它不怕偷吃？）哎，不是。我们……我那是……我家里买咧个牲口，你就把它套上以后，往上一吆，它……你不喊它，它一工在那里地方就走它走了。绝对不想起去偷的吃。也有偷的吃那些牲口哇，那也有给戴笼子……戴笼嘴都不顶事。那要给它挺个梃棍子咧。æᴇ˩,pu˩sɿ˦.ŋuo˥mən˧……ŋuo˥nə˦sɿ˦……ŋuo˥tɕia˥li˥mæᴇ˥lie˧kə˦sən˥kʰou˧,ni˥tsou˦pa˥tʰa˥tʰaɔ˦ʂaŋ˦i˥xou˦,vaŋ˥ʂaŋ˦i˥iaɔ˥,tʰa˥……ni˥pu˩xæ̃˥tʰa˥,tʰa˥i˥kuoŋ˥tsæᴇ˦na˦li˥ti˦faŋ˥tɕiou˦tsou˥tʰa˥tsou˥lə˧.tɕyo˩tuei˦pu˩ɕiaŋ˥tɕʰi˥tɕʰi˦tʰou˥ti˧tʂʰɿ˥.ie˥iou˥tʰou˥ti˧tʂʰɿ˥næᴇ˦ɕie˥ʂən˥kʰou˧va˧,næᴇ˦ia˥iou˥kei˦tæᴇ˦luoŋ˩tsɿ˧……tæᴇ˦luoŋ˩tsuei˥tou˥pu˩tiŋ˥sɿ˦.næᴇ˦iaɔ˦kei˦tʰa˥tʰiŋ˥kə˦tʰiŋ˥kuoŋ˦tsɿ˧lie˧.（是叫什么？）梃棍子。tʰiŋ˥kuoŋ˦tsɿ˧.（梃棍子是什么东西？）这个磨在这个地方转着咧。它围住这个……这个大圆这么个一工儿拉上东西往过走咧。它一站住，你不给它挺，它返回来，这儿有个缰绳，还在这个磨上拴着咧。它后头拉下这个啊磨棍这么个一工儿，它就拉着这么走咧。它要偷的吃，这个是个软绳，它随便都可以把这个磨上东西吃上。哎，你给它地方弄个棍，这儿这前头有个杈杈。tʂə˦kə˦muo˦tsæᴇ˦tʂə˦kə˦ti˦faŋ˥tʂuæ̃˦tʂuo˥lie˧.tʰa˥vei˩tʂʮ˦tʂə˦kə˦……tʂə˦kə˦ta˦yæ̃˩tʂə˦muo˧kə˦i˥kuõr˥la˥ʂaŋ˦tuoŋ˥ɕi˧vaŋ˥kuo˦tsou˥lie˧.tʰa˥i˥tsæ̃˦tʂʮ˦,ni˥pu˩kei˦tʰa˥tʰiŋ˥,tʰa˥fæ̃˥xuei˩læᴇ˩,tʂər˦iou˥kə˦tɕiaŋ˥ʂən˩,xa˩tsæᴇ˦tʂə˦kə˦muo˦ʂaŋ˦ʂuæ̃˥tʂuo˥lie˧.tʰa˥xou˦tʰou˧la˥xa˦tʂə˦kə˦a˩muo˦kuoŋ˦tʂə˦muo˧kə˦i˥kuõr˥,tʰa˥tɕiou˦la˥tʂə˧tʂə˦muo˧tsou˥lie˧.tʰa˥iaɔ˦tʰou˥ti˧tʂʰɿ˥,tʂə˦kə˦sɿ˦kə˦zuæ̃˥ʂən˩,tʰa˥suei˩piæ̃˦tou˥kʰə˥i˥pa˥tʂei˦kə˦muo˦ʂaŋ˦tuoŋ˥ɕi˧tʂʰɿ˥ʂaŋ˦.æᴇ˦,ni˥kei˦tʰa˥ti˦faŋ˥nuoŋ˦kə˦kuoŋ˦,tʂər˦tʂə˦tɕʰiæ̃˩tʰou˧iou˥kə˦tsʰa˥tsʰa˥.（棍子啊？）啊，一头儿绑……固定在这儿这，一头儿固定在它嘴上。它，这不是啊？a˩,i˥tʰour˩paŋ˥……ku˦tiŋ˦tsæᴇ˦tʂər˦tʂə˦,i˥tʰour˩ku˦tiŋ˦tsæᴇ˦tʰa˥tsuei˥ʂaŋ˦.tʰa˥,tʂə˦pu˩sa˧（←sɿ˦a˧）?（哦，就把它的嘴巴那里固定那个？）噢，撑住了。aɔ˩,tsʰəŋ˥tʂʮ˦lə˧.（哦，它就不能够偷过去了？）它偷不过去了么。tʰa˥tʰou˥pu˩kuo˦tɕʰy˦lə˧muo˧.（叫叫梃棍子？）啊，梃棍子么。a˩,tʰiŋ˥kuoŋ˦tsɿ˧muo˧.

夹嘴子

（这个驴拉磨时候偷……偷吃叫什么？驴偷嘴儿？）黄：偷吃。驴偷吃。tʰou˥˧˧˩tʂʰʅ˥˧˧˩. y˨˦tʰou˥˧tʂʰʅ˥˧.（叫不叫驴夹嘴儿？）不叫。pu˨˦˧˩tɕiɑɔ˦.（没有哈？）那可是啥？这个牲口那个笼统有软笼统，有夹嘴子咧。nei˦˥kʰə˥˧˧˩sɿ˦sɑ˦?tʂə˦kə˦səŋ˥˧kʰou˧nə˦kə˦luoŋ˨˦˧˩tʰuoŋ˥˧iou˥˧˧ʐuæ̃˥˧luoŋ˨˦˧˩tʰuoŋ˥˧,iou˥˧˨˦tɕiɑ˥˧tsuei˥˧tsɿ˧lie˧.（夹嘴子是什么？）夹嘴子是这个歘……软笼统它直接就说是给你这个……你如果是这是个驴的话，你这么个下来的话，这个驴头下来以后，这一般这么个下来，这个驴头这么个过去的话，它一般的笼统么它只是弄个绳这么个穿一下，上去这儿这一拉，这么样拉过来以后，哎，这儿安个铁环，就拉着走了。这是指驴你都随便儿可以拉得住。但是骡子，它那个头上那个劲就大的焦鏉咧，而且这个指望这个软笼统，你把它拿不住，最后就给它弄个夹嘴子，弄个木头，给它这么两面弄上个木头，这面儿两头儿一拴，这面儿这个……这个是个……这个是个活的，一弄以后就说是这两个东西么，一拉就夹住了。木头是个硬的嘛，它那个骨头也是个硬的，一下拉住，这就是把它就制住了。夹嘴子。tɕiɑ˥˧tsuei˥˧˧tsɿ˧sɿ˦tʂə˦kə˦ei˦……ʐuæ̃˥˧luoŋ˨˦˧˩tʰuoŋ˥˧tʰɑ˥˧˧tʂʅ˨˦tɕie˥˧˧˩tsou˦ʂuo˥˧˧˩sɿ˦˧˩kei˦ni˥˧˧tʂə˦kə˦……ni˥˧˧ʐʮ˨˦˧˩kuo˥˧˧sɿ˦tʂə˦˥sɿ˦˧˩kə˦˧˩y˨˦ti˧xuɑ˦,ni˥˧˧tʂə˦muo˧kə˦xɑ˦læᴇ˨˦˧ti˧xuɑ˦,tʂə˦kə˦y˨˦tʰou˨˦xɑ˦læᴇ˨˦˧i˥˧˧˩xou˦,tʂei˦i˥˧˨˦pæ̃˥˧˧tʂə˦muo˧kə˦xɑ˦læᴇ˨˦˧,tʂə˦kə˦y˨˦tʰou˨˦tʂə˦muo˧kə˦kuo˦tɕʰy˦tə˧xuɑ˦˧˩,tʰɑ˥˧˧i˥˧˨˦pæ̃˥˧tə˧luoŋ˨˦˧˩tʰuoŋ˥˧muo˧tʰɑ˥˧˧tsɿ˥˧˧˩sɿ˦nuoŋ˦kə˦ʂəŋ˨˦tʂə˦muo˧kə˦tʂʰuæ̃˥˧i˥˧˧˩xɑ˦˧˩,ʂɑŋ˦tɕʰy˦tʂər˦tʂə˦i˥˧˨˦lɑ˥˧˧˩,tʂə˦muo˧iɑŋ˦lɑ˥˧˧˩kuo˦læᴇ˨˦˧i˥˧˧˩xou˦,æᴇ˦,tʂər˦næ̃˥˧kə˦˧˩tʰie˥˧˧˩xuæ̃˨˦,tɕiou˦lɑ˥˧tʂə˧tsou˥˧lə˧.tʂə˦˥sɿ˦˧˩tsɿ˥˧y˨˦ni˥˧˧tou˥˧˧suei˨˦˧˩piær˦kʰə˥˧˧i˥˧˧lɑ˥˧tei˥˧˧˩tʂʮ˦˧˩.tæ̃˦sɿ˦luo˨˦˧˩tsɿ˥˧,tʰɑ˥˧nə˦kə˦tʰou˨˦˧˩ʂɑŋ˦nə˦kə˦tɕiŋ˦tsou˦tɑ˦ti˧tɕiɑɔ˥˧ɕiæ̃˥˧˧˩lie˧.ər˨˦tɕʰie˥˧˧˩tʂə˦kə˦tsɿ˥˧vɑŋ˦˧˩tʂə˦kə˦ʐuæ̃˥˧luoŋ˨˦˧˩tʰuoŋ˥˧,ni˥˧pɑ˥˧tʰɑ˥˧nɑ˨˦pu˨˦˧˩tʂʰʮ˦,tsuei˦xou˦tou˥˧˧kei˦tʰɑ˥˧˧nuoŋ˦kə˦tɕiɑ˥˧tsuei˥˧˧˩tsɿ˧,nuoŋ˦kə˦mu˥˧tʰou˧,kei˦tʰɑ˥˧˧tʂə˦muo˧liɑŋ˥˧miæ̃˦nuoŋ˦ʂɑŋ˦kə˦mu˥˧tʰou˧,tʂei˦miær˦˧˩liɑŋ˥˧˧tʰour˨˦˧i˥˧˧˩ʂuæ̃˥˧˧˩,tʂei˦miær˦tʂə˦kə˦……tʂə˦˥kə˦˥sɿ˦kə˦……tʂə˦˥kə˦˥sɿ˦kə˦xuo˨˦˧˩ti˧.i˥˧˧˩nuoŋ˦i˥˧˧˩xou˦tsou˦ʂuo˥˧˧˩sɿ˦˧˩tʂə˦liɑŋ˥˧kə˦˧˩tuoŋ˥˧ɕi˧muo˧,i˥˧˨˦lɑ˥˧tsou˦tɕiɑ˥˧tʂʮ˦˥lə˧.mu˥˧tʰou˧sɿ˦˧˩kə˦˧˩niŋ˦˨˦ti˧mɑ˧,tʰɑ˥˧nə˦kə˦ku˥˧tʰou˧iɑ˥˧˧sɿ˦kə˦niŋ˦ti˧,i˥˧˧˩xɑ˦˥lɑ˥˧˧˩tʂʮ˦˧˩,tʂei˦tɕiou˦sɿ˦pɑ˥˧˧˩tʰɑ˥˧˧˩tɕiou˦˥tʂʅ˦tʂʮ˦˧˩lə˧.tɕiɑ˥˧tsuei˥˧˧˩tsɿ˧.

杈子、小缰子

（一般这个那个大牲口也戴嚼子吧？这样的。）黄：戴，那就多一半儿都要戴咧。不戴它，你就逮不住。tæᴇ˦˨˦,næᴇ˦˥tsou˦˧˩tuo˥˧i˥˧˧˩pær˦˥tou˥˧˧iɑɔ˦tæᴇ˦lie˧.pu˨˦˧˩tæᴇ˦tʰɑ˥˧˧˩,ni˥˧˧tsou˦tæᴇ˥˧pu˨˦˧˩tʂʰʮ˦˧˩.（你叫嚼子还是叫什么？）杈子嘛。牲口杈子。还有一种就说是杈子，小缰子。tsʰɑ˦tsɿ˧mɑ˧.səŋ˥˧kʰou˧tsʰɑ˦tsɿ˧.xɑ˨˦˧˩iou˥˧i˥˧˧˩tʂuoŋ˥˧˧˩tsou˦ʂuo˥˧˧˩sɿ˦tsʰɑ˦tsɿ˧,ɕiɑɔ˥˧tɕiɑŋ˥˧˧˩tsɿ˧.（小缰子？）小缰子。嗯。缰绳的缰，啊。ɕiɑɔ˥˧tɕiɑŋ˥˧˧˩tsɿ˧.ə̃˦.tɕiɑŋ˥˧ʂəŋ˨˦˧˩ti˧tɕiɑŋ˥˧,ɑ˧˩.（小缰子？）噢，小缰子。ɑɔ˧˩,ɕiɑɔ˥˧tɕiɑŋ˥˧˧˩tsɿ˧.（是……这个两个有什么区别？）杈子直接牲口嚼到嘴里，就这么大个东西。噢，它直接望嘴里一嚼以后，就这么个样子了。小缰子是一根……是用铁一……一环套一环，套成个这么个铁链子形式的，一头儿给它拴到这边，一头儿从这面往过来一走，这随便可以拉，过来过去拉，就一下可以把它这个嘴都可以把处得一块儿去。tsʰɑ˦tsɿ˧tʂʅ˨˦tɕie˥˧˧˩ʂəŋ˥˧kʰou˧tɕyo˨˦˧˩tɑɔ˦tsuei˥˧li˥˧˧˩,tɕiou˦tʂə˦muo˧tɑ˦˨˦kə˦˧˩tuoŋ˥˧ɕi˧.ɑɔ˦,tʰɑ˥˧˧tʂʅ˨˦tɕie˥˧vɑŋ˦tsuei˥˧li˥˧˧˩i˥˧˧˩tɕyo˨˦i˥˧˧˩xou˦,tɕiou˦tʂə˦muo˧kə˦iɑŋ˦tsɿ˧lə˧.ɕiɑɔ˥˧tɕiɑŋ˥˧tsɿ˧sɿ˦˧˩i˥˧˧˩kəŋ˥˧˧……sɿ˦yoŋ˦tʰie˥˧i……i˥˧˧˩xuæ̃˨˦tʰɑɔ˦i˥˧˧˩xuæ̃˨˦˧˩,tʰɑɔ˦tʂʰəŋ˨˦˧˩kə˦tʂə˦˥muo˧kə˦˧˩tʰie˥˧˧˩liæ̃˦˨˦tsɿ˧ɕiŋ˨˦˧˩ʂʅ˥˧ti˧,i˥˧˧˩tʰour˨˦kei˦tʰɑ˥˧˧ʂuæ̃˥˧tɑɔ˦˧˩tʂei˦˥piæ̃˥˧˧˩,i˥˧˧˩tʰour˨˦tsʰuoŋ˨˦˧˩tʂei˦miæ̃˦˧˩vɑŋ˥˧˧˩kuo˦læᴇ˨˦˧˩i˥˧˧˩tsou˥˧,tʂə˦˥suei˨˦˧˩piæ̃˦kʰə˥˧˧i˥˧˧lɑ˥˧,kuo˦læᴇ˨˦˧kuo˦tɕʰi˦lɑ˥˧,tsou˦i˥˧˧˩xɑ˦˥kʰ ə˥˦i˥˦pa˥˨tʰa˥tʂə˧kə˧tsuei˥tou˥˨kʰə˥˦i˥˦pa˥˦tʂʰʮ˥tə˧li˥˨kʰuər˥tɕʰi˧˨.（这个那个那那个小铁链也是在嘴巴里头？）噢，要嘴……嘴巴里头咧。这是最厉害了。牲口要……不听话的话，就给它上个小缰子。ɑɔ˥,iɑɔ˧˦tsuei˥……tsuei˥pa˧li˥tʰou˧lie˧.tʂə˧˦sʅ˧˨tsuei˧˦li˧xæᴇ˧˨lə˧.səŋ˥kʰou˧liɑɔ˧tɕʰ……pu˨˩tʰiŋ˥˨xua˧˦ti˧xua˧˨,tsou˧kei˧˨tʰa˥˦ʂaŋ˧kə˧ɕiɑɔ˥tɕiaŋ˥˨tsʅ˧.（噢。那比如说笼头这儿有……还不是有铁环吗？）啊，就是……穿到铁环子里头穿过去。a˨,tsou˧˦sʅ……tʂʰuæ̃˥tɑɔ˧˨tʰie˥˨xuæ̃˨˩tsʅ˧li˥˦tʰou˧tʂʰuæ̃˥˨kuo˧tɕʰi˧.（哎，一般的笼头，戴一个笼头，它不不穿铁环子吧？）笼头都有环子咧嘛。luoŋ˨˩tʰou˧tou˥˨iou˥xuæ̃˨˩tsʅ˧lie˧ma˧.（里……里头就有环子吗？）噢，两边里，两边里都有环子嘛。ɑɔ˨,liaŋ˥piæ̃˥˦li˥˨,liaŋ˥˦piæ̃˥li˥˨tou˥˨iou˥xuæ̃˨˩tsʅ˧ma˧.（我比如说我戴个笼头，这里头还有环子吗？）没有，里头没有。muo˥˦iou˥˦,li˥tʰou˧mei˨˩iou˥˨.（这两边这环子叫什么呀？）那杈环子嘛。nə˧tsʰa˧xuæ̃˨˩tsʅ˧ma˧.（杈环子？）噢，杈环子，或者是牲笼头环么。ɑɔ˨,tsʰa˧xuæ̃˨˩tsʅ˧,xuei˨˩tʂə˥˨sʅ˧səŋ˥luoŋ˨˩tʰou˧xuæ̃˨˩muo˧.

蒙眼

（那你们那个什么要不要罩着它的眼睛呢有些有些牲口？）黄：哎你推磨的话，欸，推磨就要夹住，就推磨碾米这些东西你要蒙住咧啊。æᴇ˥ni˥tʰuei˥˨muo˧˦tə˧xua˧,ei˥,tʰuei˥˨muo˧˦tɕiou˧iɑɔ˧tɕia˥tʂʮ˧˨,tɕiou˧˦tʰuei˥˨muo˧niæ̃˥mi˥tʂei˧ɕie˥˦tuoŋ˥˦ɕi˧ni˥˦iɑɔ˧məŋ˨˩tʂʮ˧lia˧.（让它转圈？）噢，要它转圈圈咧。那你……ɑɔ˧,iɑɔ˧tʰa˥˦tʂuæ̃˧˦tɕʰyæ̃˥tɕʰyæ̃˥˨lie˧.næᴇ˧˦ni˥˨……（拿个什么东西给蒙住了？）那有驴蒙眼咧嘛。næᴇ˧˦iou˥y˨˩məŋ˨˩niæ̃˥lie˧ma˧.（噢，驴蒙……蒙眼？）噢，你是……有的叫，给驴蒙的那叫驴蒙眼，再的其他东西叫蒙眼么。ɑɔ˨,ni˥˨sʅ˧……iou˥ti˧tɕiɑɔ˧,kei˧y˨˩məŋ˨˩ti˧nei˧tɕiɑɔ˧y˨˩məŋ˨˩niæ̃˥,tsæᴇ˧ti˧tɕʰi˨˩tʰa˥tuoŋ˥˨ɕi˧tɕiɑɔ˧məŋ˨˩niæ̃˥muo˧.（其他东西都叫蒙眼？）专门儿做的话就是用草……用草帽顶顶子，然后草帽顶顶子，编下像草帽顶顶子那个一样，边里放布给它一幔，给它弄的望头上一戴，两个眼睛扣的严严的。它就……这是一……tʂuæ̃˥˨mɑ̃r˨˩tsʅ˧˦ti˧xua˧tɕiou˧sʅ˧yoŋ˧tsʰɑɔ˥……yoŋ˧tsʰɑɔ˥˦maor˧˦tiŋ˥tiŋ˥˨tsʅ˧,zæ̃˨˩xou˧tsʰɑɔ˥˦mɑɔ˧tiŋ˥tiŋ˥˨tsʅ˧,piæ̃˥xa˧˨ɕiaŋ˧tsʰɑɔ˥˦mɑɔ˧tiŋ˥tiŋ˥˨tsʅ˧nə˧kə˧i˥˦iaŋ˧,piæ̃˥li˥˨faŋ˧pu˧kei˧tʰa˥˦i˥˨mæ̃˧,kei˧tʰa˥˦nuoŋ˧ti˧vaŋ˧tʰou˨˩ʂaŋ˧i˥˦tæᴇ˧,liaŋ˥˦kə˧niæ̃˥tɕiŋ˥˨kʰou˧ti˧niæ̃˨˩niæ̃˨˦ti˧.tʰa˥˦tɕiou˧……tʂə˧˦sʅ˧i˥˨……（就是拿个布做一圈儿吗？）哎，不是。草帽子嘛。草帽顶顶，哼。像个碗碗的，给它弄好一扣……æᴇ˨,pu˨˩sʅ˧˨.tsʰɑɔ˥mɑɔ˧˦tsʅ˧ma˧.tsʰɑɔ˥˨mɑɔ˧tiŋ˥tiŋ˥˨,hŋ̍˨.ɕiaŋ˧kə˧væ̃˥væ̃˥˨ti˧,kei˧tʰa˥˦nuoŋ˧xɑɔ˥˦i˥˨kʰou˧……（它两边都扣？扣两个是吧？）扣两个，就给它扣的严严的。kʰou˧liaŋ˥˦kə˧,tsou˧kei˧tʰa˥˦kʰou˧ti˧niæ̃˨˩niæ̃˨˦ti˧.（一边扣一个？扣两个还是扣一个？）一面扣一个么。中间一个……像个眼镜一样的，你中间一戴，哼哼。我们一天儿骂人的话就把你这个东西，把你戴下这个眼镜叫驴蒙眼咧嘛。现在谁给你做那个咧嘛？随便拿个衣裳，去给它后头一绾，拿个衣裳，拿个布也……一块儿布也把它挡住了。i˥˨miæ̃˧kʰou˧i˥˨kə˧muo˧.tʂuoŋ˥tɕiæ̃˧˦i˥˦kə˧……ɕiaŋ˧kə˧niæ̃˥tɕiŋ˧i˥˦iaŋ˧ti˧,ni˥˦tʂuoŋ˥˨tɕiæ̃˥i˥˨tæᴇ˧,xə̃˥xə̃˨.ŋuo˥məŋ˧li˥˨tʰiær˥ma˧zəŋ˨˩ti˧xua˧tɕiou˧pa˥˨ni˥˦tʂə˧kə˧tuoŋ˥˨ɕi˧,pa˥˨ni˥tæᴇ˧xa˧tʂə˧kə˧niæ̃˥tɕiŋ˧tɕiɑɔ˧y˨˩məŋ˨˩niæ̃˥lie˧ma˧.ɕiæ̃˧tsæᴇ˧sei˨˩kei˧ni˥˦tsʅ˧nə˧kə˧lie˧ma˧?suei˨˩piæ̃˧˦na˨˩kə˧i˥ʂaŋ˨˩,tɕʰi˧kei˥˦tʰa˥˦xou˧tʰou˧i˥˨væ̃˥,na˨˩kə˧i˥ʂaŋ˨˩,na˨˩kə˧pu˧ie˥˦……i˥˨kʰuər˥pu˧ia˥˦pa˥˨tʰa˥˦taŋ˥˦tʂʮ˧˨lə˧.

后鞦

（后鞦是什么？）黄：给这个牲口拖下的那个东西噢，绑得牲口身上，但怕它是往前……往前鼓咧嘛，给拿那个绳晾得这个牛的这个尾巴后头或者是骡子马这个尾巴后头，这不是往后走就就拉住了么？这个就叫后鞦。kei˦tʂə˦kə˦səŋ˥˧kʰou˥˧˩tʰuo˥˧˩xɑ˦˥ti·˧nə˦˨kə˦˨tuoŋ˥˧ɕi·˧ɑɔ˨˩,pɑŋ˥˧tə·˧səŋ˥˧kʰou˥˧˩ʂəŋ˥˧ʂɑŋ˦˨,tæ̃˦˨pʰɑ˦tʰɑ˥˧˧sɿ˦vɑŋ˥˧˧tɕʰiæ̃˨˦……vɑŋ˥˧˧tɕʰiæ̃˨˦ku˥˧lie·˧mɑ·˧,kei˦nɑ˨˦nə˦kə˦ʂəŋ˨˦lɑŋ˦tə·˧tʂə˦kə˦niou˨˦˨ti·˧tʂə˦kə˦i˥˧pɑ·˧xou˦tʰou·˧xuo˨˦˧tʂə˥˧˩sɿ˦luo˨˦˨tsɿ·˧mɑ˥˧˧tʂə˦˨kə˦˨i˥˧pɑ·˧xou˦˥tʰou·˧,tʂə˦pu˨˦˨sɿ˦vɑŋ˥˧˩xou˦tsou˥˧˧tɕiou˦tsou˦˨lɑ˥˧tʂʮ˦˨lə·˧muo·˧？tʂə˦kə˦tɕiɑɔ˦xou˦˥tɕʰiou˥˧˩.

绊子

黄：这个字……这个字念pæ̃˦。这我们这儿人叫pʰæ̃˦。tʂə˦kə˦tsɿ……tʂə˦kə˦tsɿ˦niæ̃˦pæ̃˦.tʂə˦ŋuo˥˧məŋ·˧tʂər˦ʐəŋ˨˦tɕiɑɔ˦˨pʰæ̃˦.（嗯，举个呃一句话看看？）绊子。pʰæ̃˦tsɿ·˧.（pʰæ̃˦tsɿ·˧是什么东西？）绊子就是这个牲口，如果是跑的话，没办法，就把牲口的一个前蹄子，或者是给后蹄子两个不晓拉住一拴，中间弄个绳子，就叫……绊子，它就跑不动了。pʰæ̃˦tsɿ·˧tɕiou˦sɿ˦tʂə˦kə˦ʂəŋ˥˧kʰou˥˧˩,ʐʮ˨˦˨kuo˥˧˧sɿ˦pʰɑɔ˥˧ti·˧xuɑ˦˨,muo˥˧˩pæ̃˦fɑ˥˧˩,tsou˦pɑ˥˧˩səŋ˥˧kʰou˥˧˩ti·˧i˥˧˩kə˦tɕʰiæ̃˨˦tʰi˨˦˨tsɿ˧,xuo˨˦˧tʂə˥˧˩sɿ˦˨kei˦˨xou˦tʰi˨˦˨tsɿ˧liɑŋ˥˧kə˦˨pu˨˦˨ɕiɑɔ˥˧˧lɑ˥˧tʂʮ˦˨i˥˧˩ʂuæ̃˥˧,tʂuoŋ˥˧tɕiæ̃˥˧˧nuoŋ˦kə˦ʂəŋ˨˦tsɿ·˧,tɕiou˦tɕiɑɔ˦˨p……pʰæ̃˦tsɿ˧,tʰɑ˥˧˧tɕiou˦pʰɑɔ˥˧pu˨˦˨tuoŋ˦lə˧.（噢，就是拴住牛的一只前腿、一只后腿？）一只后退啊。叫绊子。i˥˧˩tʂʅ˥˧˩xou˦tʰuei˥˧˩ɑ˨˩.tɕiɑɔ˦pʰæ̃˦tsɿ·˧.（绊子？）啊，绊子。ɑ˨˩,pʰæ̃˦tsɿ·˧.（那我问你呀，我绊你一脚呢？）那都是这个我给你跐个绊脚。næᴇ˦˥tou˥˧˧sɿ˦tʂə˦˨kə˦˨ŋuo˥˧kei˦ni˥˧˧tsʰɿ˥˧kə˦˨pæ̃˦tɕyo˥˧˩.（pæ̃˦tɕyo˥˧˩？）噢，绊脚。ɑɔ˨˩,pæ̃˦tɕyo˥˧.（pæ̃˦tɕyo˥˧˩？）嗯。ŋ̍˨˩.（噢，使绊脚叫pæ̃˦？）嗯。ŋ̍˨˩.（这个pʰæ̃˦tsɿ·˧是不是那个襻子？有可能是那个“襻”呢。sɿ˥˧˩pæ̃˦tɕyo˥˧˩？）嗯。ŋ̍˨˩.（再说一下使绊脚？）使绊脚。sɿ˥˧pæ̃˦tɕyo˥˧˩.（pæ̃˦tɕyo˥˧˩？）嗯。ŋ̍˨˩.（sɿ˥˧pæ̃˦tɕyo˥˧˩？）嗯。ŋ̍˨˩.（tɕyo˥˧还是tɕyo˥˧˩？）脚。使个腿绊下你脚啊。tɕyo˥˧.sɿ˥˧kə˦˨tʰuei˥˧pæ̃˦˥xɑ˦˨ni˥˧˩tɕyo˥˧ɑ·˧.（sɿ˥˧pæ̃˦tɕyo˥˧˩？）嗯，使绊脚。ɔ̃˨˩,sɿ˥˧pæ̃˦tɕyo˥˧.（那个呢，绊子呢？）绊子。pæ̃˦tsɿ·˧.（pæ̃˦tsɿ·˧还是pʰæ̃˦tsɿ·˧？）绊子。pæ̃˦tsɿ·˧.（就是绑着牛的那个？）啊，一个前腿，一个后……是喊那个绊子么。ɑ˨˩,i˥˧˧kə˦tɕʰiæ̃˨˦˨tʰuei˥˧,i˥˧˧kə˦x……sɿ˦˥xæ̃˥˧˩nə˦kə˦pæ̃˦tsɿ·˧muo·˧.（那是pæ̃˦tsɿ·˧还是pʰæ̃˦tsɿ·˧？）绊子。pæ̃˦tsɿ·˧.（不叫pʰæ̃˦tsɿ·˧了？）嗯。不叫。ŋ̍˨˩.pu˨˦˨tɕiɑɔ˦.（你刚才又说pʰæ̃˦tsɿ·˧欤？）pʰæ̃˦tsɿ·˧吗是pæ̃˦tsɿ·˧，反正……这个，这个东西……pʰæ̃˦tsɿ·˧mɑ·˧sɿ˦pæ̃˦tsɿ·˧,fæ̃˥˧˩tʂəŋ˦˥……tʂə˦˨kə˦˥,tʂə˦kə˦tuoŋ˥˧ɕi·˧……（你记一下，那不急。没事儿，想一想这个。）绊子。pæ̃˦tsɿ·˧.（pæ̃˦tsɿ·˧？）嗯。有时候它是这个，牲口说稍有调皮的现象，马、骡子这些的话，他只能把前腿给绑住。它不可能去绑前后腿，绑前后腿踢咧。欻牛这些都好就……好点，不好动的这些动物，拉……可以把前腿……拉一点前腿左右腿给它分开，前头是右腿，后头就是左腿。这么一拉，它走都走不动了。ŋ̍˨˩.iou˥˧sɿ˨˦˨xou˦tʰɑ˥˧˧sɿ˦tʂə˦˨kə˦˨,səŋ˥˧kʰou˥˧˩ʂuo˥˧˩sɑɔ˥˧iou˥˧˧tʰiɑɔ˨˦pʰi˨˦ti·˧ɕiæ̃˦ɕiɑŋ˦,mɑ˥˧,luo˨˦˨tsɿ·˧tʂə˦ɕie˥˧ti·˧xuɑ˦˨,tʰɑ˥˧˧tsɿ˥˧˩nəŋ˨˦pɑ˥˧˩tɕʰiæ̃˨˦˨tʰuei˥˧kei˦pɑŋ˥˧tʂʮ˦˨.tʰɑ˥˧˧pu˨˦˨kʰə˥˧˧nəŋ˨˦˧tɕʰy˦pɑŋ˥˧tɕʰiæ̃˨˦˨xou˦˥tʰuei˥˧˩,pɑŋ˥˧˩tɕʰiæ̃˨˦˧xou˦tʰuei˥˧˧tʰi˥˧lie·˧.ei˨˩niou˨˦tʂei˦ɕie˥˧˧tou˥˧˧xɑɔ˥˧tsou……xɑɔ˥˧tiæ̃˥˧˧,pu˨˦˨xɑɔ˦tuoŋ˦˥tʂei˦˨ɕie˥˧˩tuoŋ˦vuo˥˧˩,lɑ˥˧˩……kʰə˥˧i˥˧pɑ˥˧˩tɕʰiæ̃˨˦˨tʰuei˥˧˩……lɑ˥˧i˥˧˧tiæ̃˥˧˩tɕʰiæ̃˨˦˨tʰuei˥˧tsuo˥˧˧iou˦tʰuei˥˧kei˦˥tʰɑ˥˧fəŋ˥˧˥kʰæᴇ˥˧˩,tɕʰiæ̃˨˦˨tʰou˨˦˥sɿ˦iou˦tʰuei˥˧˩,xou˦tʰou·˧tɕiou˦sɿ˦tsuo˥˧tʰuei˥˧˩.tʂə˦muo·˧i˥˧˩lɑ˥˧,tʰɑ˥˧˧tsou˥˧˧tou˥˧˧tsou˥˧pu˨˦˨tuoŋ˦˨lə·˧.（噢，那马就只绑前面的？）只绑前腿。噢。tsɿ˥˧˧pɑŋ˥˧˧tɕʰiæ̃˨˦˨tʰuei˥˧.ɑɔ˨˩.（那个叫什么？）还是叫绊子。xæᴇ˨˦˨sɿ˦˥tɕiɑɔ˦pæ̃˦tsɿ·˧.（pæ̃˦tsɿ？）嗯。ŋ̍˨˩.（pæ̃˦tsɿ，不叫pʰæ̃˦tsɿ啊？）嗯。ŋ̍˨˩.

夯、石猴儿

黄：我们这儿里有个分别。木质的叫夯，石质的叫猴儿。ŋuo˥mən˩tʂər˧li˩iou˥kə˧˩fən˥pie˩.mu˥tʂʅ˥ti˩tɕiao˧xaŋ˥,ʂʅ˩tʂʅ˥˩ti˩tɕiao˧xour˩.（猴子的猴哇？）啊，猴子的猴儿。ɑ˥,xou˩tsʅ˩ti˩xour˩.（猴儿？）嗯，猴儿，石猴儿。ə̃˧,xour˩,ʂʅ˩˩xour˩˧.（拿手这么打的？）啊，这是这是四个人，至少要五个人一，五个人一瘩的么。中间一个掌握的，四个人从四角子撂到空中，放下来。木头的它是那一个墩墩了，中间都提起来打的。这就分清了。ɑ˩,tʂə˧sʅ˧tʂə˧sʅ˧sʅ˧kə˧zən˩,tsʅ˧ʂao˥iao˧vu˥kə˧˩zən˩i˥˩,vu˥kə˧˩zən˩i˥˩ta˥ti˩muo˩.tʂuoŋ˥˩tɕiæ̃˧i˥˧kə˧tʂaŋ˥vuo˥˩ti˩,sʅ˧kə˧˩zən˩tsʰuoŋ˩sʅ˧kə˧tɕyo˥tsʅ˩liao˧tao˧kʰuoŋ˥tʂuoŋ˥˩,faŋ˧ɕia˧læᴇ˩˩.mu˥tʰou˩ti˩tʰɑ˥˧sʅ˧næᴇ˧i˥˩kə˧tuoŋ˥tuoŋ˥˩lə˩,tʂuoŋ˥˧tɕiæ̃˥˧tou˥˧tʰi˩tɕʰi˥˩læᴇ˩˩ta˥ti˩.tʂei˧tɕiou˧˩fən˥˧tɕʰiŋ˥˩lə˩.

撑杆

（我要把那个什么低一点儿的比如说东西我要搬到你……比如说你家就住在这上边儿，我那边儿又不愿意上去。我能不能说搞一个什么这个给给你弄上去？）黄：那你拿梯子么。næᴇ˧ni˥˧na˩˩tʰi˥tsʅ˩muo˩.（不拿梯子。就太重，比如说自行车要要搬上去，我又不愿搬搬上去，是不是可以去做一个那个什么杠杆儿呀。那个杆子树在这上面，就这么一拉，比如说这是从上面一拉……）撑杆么，撑杆。tʂʰəŋ˥kæ̃˥˩muo˩,tʂʰəŋ˥kæ̃˥˩.（啊，叫撑杆儿？）撑杆儿么。借……这个地方放了，往这儿以后就借……叫撑杆么。tʂʰəŋ˥kæ̃r˥˩muo˩.tɕia˧……tʂə˧kə˧ti˧faŋ˥˩faŋ˧lə˧,vaŋ˥˩tʂər˧i˥˩xou˧˥tɕiou˧tɕia˧……tɕiao˧tʂʰəŋ˥kæ̃˥˩muo˩.（就是我这东西挂在这儿……）噢，这边使劲……ɑɔ˧,tʂei˧piæ̃˥˧sʅ˥tɕiŋ˧˥……（你人在这儿，你人在这里控制，一……一吊一吊就上去了。）起来，嗯。tɕʰi˥˩læᴇ˩,ə̃˩.（那边儿有个人就接着。）啊，直接这么个。撑杆么。ɑ˩,tʂʅ˩tɕie˥˧tʂə˧muo˩kə˧˩.tʂʰəŋ˥kæ̃˥˩muo˩.

扁担

（扁担要不够长怎么办？）黄：那就肯定要够长咧，不够长了不能……扁担不能接么。接下担断了么。næᴇ˧tsou˧kʰəŋ˥˩tiŋ˧iao˧kou˧tʂʰɑŋ˩lie˩,pu˩kou˧tʂʰɑŋ˩lə˩pu˩nəŋ˩˧……piæ̃˥tæ̃˧˩pu˩nəŋ˩tɕie˥muo˩.tɕie˥xa˧˩tæ̃˥˩tuæ̃˧lə˩muo˩.（那个扁担一般是什么木头？）呃，柔性比较好一点的木头做下。ə˧,zou˩ɕiŋ˧pi˥˧tɕiao˧xao˥i˥˩tiæ̃˥˩ti˩mu˥tʰou˩tsuo˧˥ɕia˧˩.（那个上面加一条的那个呢？他扁担上面有些加一条哇，中间。）背娃娃。pei˧va˥va˥˩.（嗯？）背娃娃。pei˧˥va˥˩va˥˩.（为了怕它担断了？）怕它担断了咧。pʰɑ˧tʰɑ˥˧tæ̃˥˩tuæ̃˧˥lə˩lie˩.（这叫什么？）背娃娃。给扁担背个娃娃么。pei˧˥va˩˩va˥˩.kei˧piæ̃˥tæ̃˧˩pei˧kə˧va˩˩va˩˥muo˩.（那你那扁担上头是削成那个样子还是钉个个什么那个牙齿上面？）没有。那直接削成那个样子。mei˩˩iou˥˧.nə˧tʂʅ˩tɕie˥˩ɕyo˥tʂʰəŋ˩˩nə˧kə˧iaŋ˧tsʅ˩.（有没有就是两头带钩子的那种扁担？）都是带钩子的啊。都带钩儿咧。扁担钩儿么你。那你拿个绳子绾上，上头底……底下再弄个铁钩子，或者弄个木钩子。那你担水必须底下有个钩子啊。tou˥˧sʅ˧˩tæᴇ˧kou˥tsʅ˩tia˩.tou˥˧tæᴇ˧kour˥lie˩.piæ̃˥˧tæ̃˧˥kour˥muo˩ni˥˩.næᴇ˧ni˥˧na˩kə˧ʂəŋ˩tsʅ˩væ̃˥saŋ˧˩,ʂaŋ˧tʰou˩ti˥……ti˥xa˧˩tsæᴇ˧nuoŋ˧kə˧tʰie˥kou˥tsʅ˩,xuei˩˧tʂə˥˩nuoŋ˧kə˧mu˥kou˥tsʅ˩.næᴇ˧ni˥tæ̃˥˩ʂuei˥pi˥˧ɕy˥˩ti˥˧xa˧iou˥˧kə˧kou˥tsʅ˩a˩.（那个绳子是一般的绳子吗？）一般的绳子么。随便弄个甚……布带带就可以弄成咧。有的可以弄成铁环环的。i˥˧pæ̃˥ti˩ʂəŋ˩tsʅ˩muo˩.suei˩˩piæ̃˧˥nuoŋ˧kə˧ʂəŋ˧˥……pu˧˥tæᴇ˧tæᴇ˧tsou˧˩kʰə˥˩i˥˩nuoŋ˧˥tʂʰəŋ˩lie˩.iou˥ti˩kʰə˥˧i˥˧nuoŋ˧tʂʰəŋ˩˩tʰie˥xuæ̃˩˩xuæ̃˩˥ti˩.

（扁担那个钩子你们叫什么？）水担钩子么。ʂuei˥˧tæ̃˧kou˥˧tsɿ˨muo˨.（不叫水担絜子？）不叫。上头那一截截绳叫絜子。pu˨˩tɕiɑɔ˥.ʂaŋ˧tʰou˧nei˧i˥˧tɕie˨˦tɕie˨˩ʂəŋ˨˦tɕiɑɔ˥˩ɕy˧tsɿ˨.（上头那个绳子？）噢，和扁担接触，绾的那个地方叫……絜子。ɑɔ˨˩,xuo˨˩piæ̃˥˧tæ̃˧˩tɕie˥˩tʂʯ˨˦,væ̃˥˧ti˨nə˧kə˧ti˧faŋ˥˩tɕiɑɔ˥ʂ……ɕy˧tsɿ˨.（这个套在扁担头上？）啊。ɑ˨˩.（这叫绳子叫是絜子？）我们别绳子，我们不叫絜子。絜子是前塬人。ŋuo˥˧məŋ˧pie˨˩ʂəŋ˨˦tsɿ˥,ŋuo˥˧məŋ˨pu˨˦tɕiɑɔ˥ɕy˧tsɿ˨.ɕy˧tsɿ˨sɿ˧˩tɕʰiæ̃˨˦yæ̃˨˦ʐəŋ˨˩.（前塬人叫絜子？）嗯。ə̃˨˩.

水担

（那比如说我过去上工的时候，有人特地挑到这个这个工地，这个当然是劳动场地去，送饭，像那样的那样的担子叫什么呢？叫不叫饭担子？）黄：不叫。最简单的人，最老时的话叫水担。pu˨˩tɕiɑɔ˥.tsuei˧tɕiæ̃˥˧tæ̃˥˩ti˨ʐəŋ˨˩,tsuei˧lɑɔ˥˧sɿ˨˩ti˨xuɑ˧tɕiɑɔ˥ʂuei˥˧tæ̃˧˩.（水担？）都是多一半儿是用来担水的，所以多一……顾名思义叫水担。tou˥˦sɿ˧˩tuo˥i˥˩pæ̃r˧sɿ˧˩yoŋ˧læᴇ˨˦tæ̃˥˩ʂuei˥˧ti˨,ʂuo˥i˥˩tuo˥i˥˩……ku˧miŋ˨˦sɿ˥˩i˧tɕiɑɔ˥ʂuei˥˧tæ̃˧˩.

磨子、碾子

（那个放碾子的房子你们叫什么？）黄：房子啊？faŋ˨˦tsɑ˥?（放碾子的？）这东西，没有。tʂei˧tuoŋ˥˩ɕi˨,mei˨˩iou˥˦.（有没有碾房？）没有。mei˨˦iou˥˦.（那你们磨磨子都在外……磨……推……推磨什么都在外头吗？）磨一般也有房子里边的。那就叫磨……磨子里头叫磨窑。muo˧i˥˦pæ̃˥˩ie˥iou˥faŋ˨˦tsɿ˥li˥piæ̃˥˩ti˨.næᴇ˧tɕiou˧tɕiɑɔ˥muo……muo˧˦tsɿ˨li˥tʰou˨tɕiɑɔ˥muo˧iɑɔ˨˦.（没有碾窑？）没有，碾子都在外头咧。mei˨˦iou˥˩.niæ̃˥tsɿ˨tou˥˦tsæᴇ˧˩væᴇ˧tʰou˨lie˨.（你们那个碾子跟磨不是一回事，是吧？）呃不是一回事。ə˥pu˨˩sɿ˧i˥˦xuei˨˩sɿ˥.（碾子是碾碾什么的呢？）碾子这个欸碾子……碾稻子呀，碾糜子呀，碾谷子呀。niæ̃˥tsɿ˨tʂə˧kə˧ei˧niæ̃˥tsɿ……niæ̃˥tʰɑɔ˥tsɿ˨iɑ˨,niæ̃˥mi˨˩tsɿ˥iɑ˨,niæ̃˥˦ku˥tsɿ˨iɑ˨.（它是脱壳还是干什么呢？）脱壳儿的。磨子的话它都是这个欸磨面的嘛。tʰuo˥˩kʰər˥ti˨.mo˧˦tsɿ˨ti˨xuɑ˧˩tʰɑ˥˦tou˥˦sɿ˧˦tʂə˧˩kə˧ei˨muo˧miæ̃˧˦ti˨mɑ˨.（磨粉？）噢，磨粉。ɑɔ˨˩,muo˧fəŋ˥.（磨成粉状的东西，那才用磨子？）噢。叫……ɑɔ˨˩.tɕiɑɔ˧˦……（啊，噢，你说！）叫法，从这个欸迷信的角度上，它叫法都不一样嘛。tɕiɑɔ˧˦fɑ˥˩,tsʰuoŋ˨˩tʂei˧kei˧(←kə˧ei˧)mi˨˩ɕiŋ˧˦ti˨tɕyo˥˩tu˧ʂaŋ˧,tʰɑ˥˦tɕiɑɔ˧˦fɑ˥˩tou˥˩pu˨˩i˥˩iaŋ˧mɑ˥.（不一样啊？）啊，你这个磨子兀……磨为青龙嘛。ɑ˨˩,ni˥˩tʂə˧˩kə˧muo˧˦tsɿ˨vei˧……muo˧˦vei˨˦tɕʰiŋ˥˩luoŋ˨˦mɑ˥.（噢，磨为青龙？）噢，造磨子时，就是……碾子是青龙吗是磨子？一个是青……碾……呃，你看这个都是我想这都是哪哪放着咧。呣。碾子。左青龙。ɑɔ˨˩,tsɑɔ˧muo˧˦tsɿ˨sɿ˨˩,tsou˧˦sɿ˧……niæ̃˥tsɿ˨sɿ˧tɕʰiŋ˥˩luoŋ˨˦mɑ˨sɿ˧muo˧˦tsɿ˨?i˥˩kə˧˦sɿ˧˩tɕʰiŋ˥……niæ̃˥……ə˥,ni˥kʰæ̃˧tʂə˧kə˧tou˥˦sɿ˧ŋuo˥˦ɕiaŋ˥˦tʂə˧tou˥˦sɿ˧˩nɑ˥nɑ˥˩faŋ˧˦tʂuo˥˩lie˨.m̩˨˩.niæ̃˥tsɿ˨.tsuo˥tɕʰiŋ˥˩luoŋ˨˦.（右白虎。）右白虎，噢，它就是一个……碾子在右半块咧，磨子在左半块咧。iou˧pei˨˩xu˥,ɑɔ˨˩,tʰɑ˥˩tsou˧˩sɿ˧˩i˥˩kə˧……niæ̃˥tsɿ˨tsæᴇ˧iou˧˦paŋ˨˩（←pæ̃˧）kʰuæᴇ˥˦lie˨,muo˧˦tsɿ˨tsæᴇ˧tsuo˥paŋ˨˩（←pæ̃˧）kʰuæᴇ˥˩lie˨.（磨子是这么推的？）啊。欸，那是一……方向都是一样的。但是它是这个，你比如这一个房子，在你这个院子里安的话，那有下数咧。左边安的是这个欸青龙，右边安的是白虎。ŋɑ˨˩.ei˨˩,næᴇ˧˦sɿ˧˩i˥˩……faŋ˥˩ɕiaŋ˧˦tou˥˩sɿ˧˩i˥˩iaŋ˧˦ti˨.tæ̃˧sɿ˧tʰɑ˥˦sɿ˧tʂə˧kə˧,ni˥pi˥ʐʯ˨˩tʂə˧˦i˥˩kə˧˦faŋ˨˦tsɿ˥,tsæᴇ˧ni˥tʂə˧kə˧yæ̃˧˦tsɿ˨li˥˩næ̃˥tə˨xuɑ˧,næᴇ˧iou˥˦xɑ˧ʂʯ˧˩lie˨.tsuo˥piæ̃˥˦næ̃˥ti˨sɿ˧tʂə˧kə˧ei˧tɕʰiŋ˥˩luoŋ˨˦,iou

˧˥piæ̃˥˩næ̃˥˧tə·sɿ˧˩pei˩˥xu˥˧.（噢，什么是青龙，什么是白虎啊？）我看，磨子是青龙，碾子是白虎。ŋuo˥˧kʰæ̃˧,muo˧˥tsɿ·sɿ˧˩tɕʰiŋ˥˩luoŋ˩,niæ̃˥˧tsɿ·sɿ˧pei˩˥xu˥˩.（就说，那就是磨就要放在靠东边的？）我们是左为上嘛。左为上，右为下嘛。ŋuo˥˧məŋ·sɿ˧˩tsuo˥˧vei˩˥ʂaŋ˧ma·˩.tsuo˥˧vei˩˥ʂaŋ˧,iou˧˥vei˩˥ɕia˧ma·˩.（磨子是放在靠？）上边的，哦。ʂaŋ˧˥piæ̃˥˩ti·˩,ɔ̃˧.（东边还是西边啊？）那你是看你庄子里说了。那你只是……这个是……他是以左右为准咧。næᴇ˧˥ni˥˩sɿ˧˩kʰæ̃˧ni˥˧tʂuaŋ˥˧tsɿ·li˥˩ʂuo˥˧lə·˩.næᴇ˧˥ni˥˧tsɿ˥˩sɿ˧……tʂə˧˩kə˧˥sɿ˧……tʰɑ˥˧sɿ˧i˥˩tsuo˥˧iou˧˥vei˩˥tʂuoŋ˥˧lie˧.

碾盘、磨盘子

（碾子底下有一个大的石盘吧？）黄：碾盘嘛。磨子底下也有个盘么，叫磨盘子。磨子两块儿石头在那里错咧嘛□。碾子是拿石头……这……这一块儿石板头起放了个石轱辘子压咧嘛。niæ̃˥˧pæ̃˩ma·˩.muo˧˥tsɿ·ti˥˧xa˧˩ia˥˧iou˥˩kə˧˩pʰæ̃˩muo·˩,tɕiaɔ˧muo˧pʰæ̃˩tsɿ·˩.muo˧˥tsɿ·liaŋ˥˧kʰuər˥˧ʂʅ˩˥tʰou·tsæᴇ˧˩næᴇ˧li·tsʰuo˧˥lie·ma·niæ̃˩˥.niæ̃˥˧tsɿ·sɿ˧na˩˥ʂʅ˩˥tʰou·ʂ……tʂei˧t……tʂei˧i˥˩kʰuər˥˧ʂʅ˩˥pæ̃˥˧tʰou˩˥tɕʰie˥˧faŋ˧lə·kə˧ʂʅ˩˥ku˥˧lu˥˩tsɿ·nia˧˥lie·ma·˩.

围桩

（碾，这个中间插的那个叫什么？）黄：叫围桩么。tɕiaɔ˧vei˩˥tʂuaŋ˥˧muo·˩.（嗯？）围桩。vei˩tʂuaŋ˥˧.（哪个vei˩tʂuaŋ˥˧？桅杆的桅？）桅杆的……欸，围绕的围。木桩的……噢，木桩的桩。vei˩kæ̃˥˧ti·……ei˧,vei˩˥ʐaɔ˥˧ti·vei˩˥.mu˥˩tʂuaŋ˥˧ti·……ɑɔ˩,mu˥˧tʂuaŋ˥˧ti·tʂuaŋ˥˧.

桲架

（碾子有个什么架子啊？）黄：那和这个欸碌碡一样么。它有个桲架咧。nə˧˥xuo˩˥tʂə˧kə˧ei˧lou˥˧tʂʰʯ˩˥i˥˩iaŋ˧muo·˩.tʰɑ˥˧iou˥˧kə˧puo˥˧tɕie·˩（←tɕia˧）lie·˩.（底下，放在这个盘子底下？）放到这个轱辘……那和……实际上……实际上和这个欸碾场这个碌碡是一回事么。碌碡是拉上……碌碡是拉上阔场大范围的转咧么。这个碾子你只能围着这个磨盘转嘛。这个围桩把你就固定死了么。你只能围着这个围桩在这个……这一圈子小范围的旋转。faŋ˧taɔ˧tʂə˧kə˧ku˥˧lu·˩……næᴇ˧˥xuo˩˥……ʂʅ˩˥tɕi˧˥ʂaŋ˧˩……ʂʅ˩˥tɕi˧˥ʂaŋ˧˩xuo˩˥tʂə˧kə˧ei˧niæ̃˥˧tʂʰaŋ˩tʂə˧˩kə˧˩lou˥˧tʂʰʯ˩˥sɿ˧˩i˥˩xuei˩˥sɿ˧˩muo·˩.lou˥˧tʂʰʯ˩˥sɿ˧˩la˥˧ʂaŋ˧˩……lou˥˧tʂʰʯ˩˥sɿ˧˩la˥˧ʂaŋ˧˩kʰuo˥˧tʂʰaŋ˩ta˧fæ̃˧vei˩ti·tʂuæ̃˧lie·muo·˩.tʂə˧˩kə˧niæ̃˥˧tsɿ·ni˥˧tsɿ˥˩nəŋ˩˥vei˩˥tʂuo˥˧tʂə˧˩kə˧˩muo˧pʰæ̃˩tʂuæ̃˧˩ma·˩.tʂə˧kə˧vei˩˥tʂuaŋ˥˧pa˥˩ni˥˧tsou˧ku˧tiŋ˧˥sɿ˥˧lə·muo·˩.ni˥˧tsɿ˥˩nəŋ˩˥sɿ˧˩vei˩˥tʂə˥˧tʂə˧˩kə˧˩vei˩˥tʂuaŋ˥˧tsæᴇ˧˩tʂə˧˩kə˧˩……tʂei˧i˥˩tɕʰyæ̃˥˧tsɿ·ɕiaɔ˥˧fæ̃˧vei˩˥ti·ɕyæ̃˩˥tʂuæ̃˧.（那个桲架呢？桲架呢？）桲架，桲架就还是这个欸……桲架，你这个围桩在这儿这，这个地方以后，碾轱辘子在这儿这，这么个样子，你做下那个桲架么，还是是这么个样子，这一面么这个欸在这个围桩头起套着咧么，这个桲架有半块在围……围桩上咧么。所以你拉下这个桲架，它永远只是围着围桩转。puo˥˧tɕie·˩,puo˥˧tɕie·tsou˧˩xa˩˥sɿ˧˥tʂə˧kə˧ei˩……puo˥˧tɕie·˩,ni˥˧tʂə˧kə˧vei˩˥tʂuaŋ˥˧tsæᴇ˧tʂər˧˥tʂə˧,tʂə˧kə˧ti˧˥faŋ˥˩i˥˩xou˧,niæ̃˥˧ku˥˧lou·tsɿ·tsæᴇ˧tʂər˧˥tʂə˧,tʂə˧muo·kə˧iaŋ˧tsɿ·˩,ni˥˧tsuo˧˥xa˧˩nə˧kə˧puo˥˧tɕie·muo·˩,xa˩˥sɿ˧˩sɿ˧˩tʂə˧˥muo·kə˧iaŋ˧tsɿ·˩,tʂə˧i˥˩miæ̃˧˥muo·tʂə˧kə˧ei˩tsæᴇ˧tʂə˧kə˧vei˩˥tʂuaŋ˥˧tʰou˩˥tɕʰie˥˧tʰaɔ˧tʂə·lie·muo·˩,tʂə˧kə˧puo˥˧tɕie·iou˥˧pæ̃˧kʰuæᴇ˥˧tsæᴇ˧˩vei˩˥tɕie……vei˩˥tʂuaŋ˥˧ʂaŋ˧˩lie·muo·˩.ʂuo˥˧i˥˩ni˥˧la˥˧xa˩˥tʂə˧kə˧puo˥˧tɕie·˩,tʰɑ˥˩yoŋ˥˧yæ̃˥˧tsɿ˥˧sɿ˧˥vei˩˥tʂuo˥˧vei˩˥tʂuaŋ˥˧tʂuæ̃˧.

罗圈、拨子、眼棍子

黄：[磨子]那中间是套了一个罗圈么。你磨顶上，磨是个圆的，这儿这有一个磨眼儿的话，那你倒下粮食它是往一面子走咧么。哎，有像……有像这么个罗圈把这个底底取咧，把这个东西往这儿一墩，你把这个倒到里头，它不是……næᴇ˥˦tʂuoŋ˥˩tɕiæ˥˧sɿ˥˩tʰɑɔ˥l ə·li˥˩kə˥luo˩˨tɕʰyæ˥muo·l.ni˥˩muo˥˧tiŋ˥ʂɑŋ˥˩,muo˥˧sɿ˥kə˥yæ˩˨ti˥,tʂər˥tʂə˥iou˥i˥˩kə˥muo˥˧niær˥ ti·xuɑ˥˩,nə˥ni˥˧tɑɔ˥xɑ˥liɑŋ˩˨ʂʅ˩˦tʰɑ˥sɿ˥˩vɑŋ˥˩i˥˩miæ˥˦tsɿ·tsou˥lie·muo·l.æᴇ˥,iou˥ɕiɑŋ˥……iou˥ɕ iɑŋ˥tʂə˥˦muo·kə˥luo˩˨tɕʰyæ˥pɑ˥˩tʂə˥kə˥ti˥ti˥˩tɕʰy˥lie·l,pɑ˥˩tʂə˥kə˥tuoŋ˥ɕi·vɑŋ˥˩tʂər˥i˥˩tuoŋ˥,ni˥ ˩pɑ˥˩tʂə˥˦kə˥˦tɑɔ˥tɑɔ˥li˥tʰou·l,tʰɑ˥pu˩˨sɿ˥……（怎么样让这个粮食往那个洞里面走呢？要要用东西把它扒下去吗？）那只是这个，如果是圆颗粮食，还可以……你不用管，它自己都淌下，你紧……把它里头往出挡似的往下走咧。但是到最后，你像加工以后都到半成品这个地方呀，它往下走的话就鸡毛都不啊……一旦顿就不下去了。这就所以么，他给搞咧那么个东西，那个拨子。这个拨子么就在这个磨顶上头。那个这有摇的话啊，它在上头绑咧这么个杆杆，杆杆头起么带了这么个东西。这是，哎，这上头不……这儿杆杆，这个在磨眼里头插着咧。这个磨一工儿转着咧，这个东西一工儿跟上这么个转着咧。一直拨的把这个东西都拨下去。一般这个里头还有东西咧。这磨眼里头，为了控制它这个下的太快，这还个眼棍子。nə˥˦tsɿ˥˧sɿ˥tʂə˥kə˥,ʐʮ˩˨kuo˥sɿ˥˩yæ˩kʰuo˥liɑŋ˩˨ʂʅ˩˧,xɑ˩˨kʰə˥i˥˩…… ni˥pu˩˨yoŋ˥kuæ˥,tʰɑ˥˩tsɿ˥tɕie˥˩tou˥˩tʰɑŋ˥˩xɑ˥˩,ni˥tɕiŋ˥v……pɑ˥˩tʰɑ˥˧li˥tʰou·vɑŋ˥˩tʂʰʮ˥tɑŋ˥˧sɿ˥ ˩tə·vɑŋ˥˩xɑ˥tsou˥˩lie·l.tæ˥sɿ˥tɑɔ˥tsuei˥xou˥,ni˥˧ɕiɑŋ˥tɕiɑ˥˧kuoŋ˥i˥˩xou˥˦tou˥˧tɑɔ˥pæ˥tʂʰəŋ˩˨pʰiŋ ˥tʂə˥kə˥ti˥˩fɑŋ˥˩iɑ˩,tʰɑ˥˧vɑŋ˥˩xɑ˥tsou˥ti·xuɑ˥tɕiou˥tɕi˥˩mɑɔ˩tou˥˩pu˩ɑ……i˥˩tæ˥tuoŋ˥tsou˥˩pu ˩˨xɑ˥˧tɕʰi˥˩lə·l.tʂei˥˦tɕiou˥˩suo˥i˥muo·l,tʰɑ˥˧kei˥kɑɔ˥lie·nə˥muo·kə˥tuoŋ˥ɕi·l,nei˥kə˥puo˥tsɿ·l.tʂə˥ kə˥puo˥tsɿ·muo·tsou˥tsæᴇ˥tʂə˥kə˥muo˥tiŋ˥ʂɑŋ˥˧tʰou·l.nei˥kə˥tʂei˥˦iou˥˩iɑɔ˩ti·xuɑ˥˩ɑ˥,tʰɑ˥˧tsæᴇ ˥ʂɑŋ˥˧tʰou·pɑŋ˥lie·tʂə˥muo·kə˥kæ˥kæ˥˩,kæ˥kæ˥˩tʰou˩˨tɕʰie˥˧muo·tæᴇ˥lə·tʂə˥˧muo·kə˥tuoŋ˥˩ɕ i·l.tʂə˥˩sɿ˥˧,æᴇ˩,tʂə˥ʂɑŋ˥tʰou·pu……tʂər˥kæ˥kæ˥˩,tʂə˥kə˥tsæᴇ˥muo˥niæ˥li˥˩tʰou·tsʰɑ˥tʂə·lie·l.tʂə ˥kə˥muo˥i˥˩kuõr˥tʂuæ˥˧tʂə·lie·l,tʂə˥kə˥tuoŋ˥ɕi·li˥˧kuõr˥kəŋ˥˧ʂɑŋ˥tʂə˥muo·kə˥tʂuæ˥tʂə·lie·l.i˥˧tʂʅ ˩puo˥ti·pɑ˥˩tʂə˥kə˥tuoŋ˥ɕi·tou˥˧puo˥˩xɑ˥˩tɕʰi˥˩.i˥˧pæ˥tʂə˥kə˥li˥tʰou·xɑ˩iou˥˧tuoŋ˥ɕi·lie·l.tʂə˥˩m uo˥niæ˥li˥˩tʰou·l,vei˥˧liɑɔ˥˩kʰuoŋ˥tʂʅ˥tʰɑ˥˧tʂə˥kə˥ɕiɑ˥˧ti·tʰæᴇ˥kʰuæᴇ˥,tʂə˥xæᴇ˩˨kə˥niæ˥kuoŋ˥˩ts ɿ·l.（碾棍子？）噢，眼棍子。这个眼棍子……ɑɔ˩,niæ˥kuoŋ˥˧tsɿ·l.tʂə˥kə˥niæ˥kuoŋ˥˧tsɿ·l……（那磨里面也叫碾棍子？）噢，眼，这是“眼子”的“眼眼”的“眼”。ɑɔ˩,niæ˥,tʂə˥s ʅ˥niæ˥tsɿ·ti·niæ˥niæ˥˩ti·niæ˥.（眼棍子？）噢，眼棍子。噢。ɑɔ˩,niæ˥kuoŋ˥tsɿ˥.ɑɔ˩.（“眼睛”的“眼”？）噢，“眼睛”的“眼”，可不是那个“碾”字。这是控制它的这个流量大小的。这就随便拿个木棍儿往那儿一插……ɑɔ˩,niæ˥tɕiŋ˥˩ti·niæ˥,kʰə˥pu˩˨sɿ˥næᴇ˥˦kə˥ ˦niæ˥tsɿ˥˩.tʂə˥sɿ˥kʰuoŋ˥tʂʅ˥tʰɑ˥ti·tʂə˥kə˥liou˩˨liɑŋ˥tɑ˥ɕiɑɔ˥ti·l.tʂei˥˦tɕiou˥˦suei˩˨piæ˥nɑ˩˨kə˥mu ˥˩kuõr˥vɑŋ˥˩nar˥i˥˩tsʰɑ˥……（插在里面？）插在里头。它都淌的起，它就往下淌的下。tsʰɑ˥tsæᴇ˥li˥tʰou·l.tʰɑ˥˧tou˥˧tʰɑŋ˥ti·tɕʰi˥˩,tʰɑ˥˧tsou˥vɑŋ˥˩xɑ˥tʰɑŋ˥ti·ɕiɑ˥˧.（噢，均匀一下？）均匀一点了，噢。这是这个才开始原样的时候插的个眼棍子。到最后的话都……你插上这个，你不拿这个拨子拨，他一旦粉子进入砻囪将会噎住了。它就不往下淌了。你如果这个一工儿转上的话，它不是噎不住？再一个把两面儿这个细粮都一拨子拨上往下走了。tɕyoŋ˥yoŋ˩˨ti˥tiæ˥˩lə˥,ɑɔ˩.tʂə˥˦sɿ˥tʂə˥kə˥tsʰæᴇ˩kʰæᴇ˥sɿ˥yæ˩iɑŋ˥ti·sɿ˩xou˥tsʰɑ˥ti·kə˥˩niæ˥kuoŋ˥˧ tsɿ·l.tɑɔ˥tsuei˥xou˥˧ti·xuɑ˥˩tou˥˧……ni˥˧tsʰɑ˥ʂɑŋ˥˩tʂə˥kə˥,ni˥pu˩nɑ˩tʂə˥kə˥puo˥tsɿ·puo˥,tʰɑ˥˩i˥˩ tæ˥fəŋ˥tsɿ·tɕiŋ˥ʐʮ˥˩luoŋ˩tsʰuoŋ˥˩tɕiɑŋ˥˧xuei˥ie˥tʂʮ˥˩lə·l.tʰɑ˥˧tsou˥pu˩˨vɑŋ˥˩xɑ˥tʰɑŋ˥lə·l.ni˥˩ʐʮ˩˨k uo˥tʂə˥kə˥i˥˩kuõr˥tʂuæ˥ʂɑŋ˥ti·xuɑ˥,tʰɑ˥˧pu˩˧sɿ˥ie˥˩pu˩˨tʂʰʮ˥?tsæᴇ˥i˥˧kə˥pɑ˥˩liɑŋ˥miær˥tʂə˥kə˥ɕ i˦liaŋ˨˦tou˥˧˥i˥˧˩puo˥˧tsɿ˧puo˥˧ʂaŋ˦˨˩vaŋ˥˧˩xa˦tsou˥˧˩lə˧.

砓磨子

（呃，那个磨用了一段时间以后它就怎么样了？）黄：老了。laɔ˥˧lə˧.（老了？）嗯。ŋ̍˨˩.（就是那个不……不……磨……磨……不好了，是吧？）噢，那磨齿子都磨平了，石头磨平了么。ɑɔ˨˩,nə˦˨˩muo˦tsʰɿ˥˧tsɿ˧tou˥˧˩muo˨˦pʰiŋ˨˦˨˩lə˧,ʂʅ˨˦˨˩tʰou˨˦˥muo˨˦pʰiŋ˨˦˨˩lə˧muo˧.（那你们是不是要请人怎么弄？）请个匠人砓一下。砓字实际上就是錾。tɕʰiŋ˥˧kə˦˨˩tɕiaŋ˦zəŋ˨˦˥tuæ̃˦i˥˧˥ɕia˦˨˩.tuæ̃˦˥˧tsɿ˦˨˩ʂʅ˨˦˨˩tɕi˦ʂaŋ˦tɕiou˦˨˩sɿ˦˨˩tsʰæ̃˦.（砓磨子？）啊，砓磨子。ɑ˨˩,tuæ̃˦muo˦tsɿ˧.（那个砓磨子的人呢，叫什么？）石匠。ʂʅ˨˦˨˩tɕiaŋ˦.（啊？）石匠。ʂʅ˨˦tɕiaŋ˦.（叫不叫砓匠？）不叫。pu˨˦˨˩tɕiaɔ˦˨˩.

磨齿、磨口、磨膛、磨槽子

（哎，那那上面那个一齿一……一个齿一个齿叫磨齿还是磨牙？）黄：磨齿。muo˦tsʰɿ˥˧.（那你……还有一个就是，它流下来不是有一个……有个这玩意儿吗？它有一个口子流下来的，欸，磨豆酱啊什么，那个口儿叫什么？）那一般这个是……它这个磨齿排下这个外外它就后，他把这个外沿叫磨口咧么。nei˦˥i˥˧˦pæ̃˥˧˨˩tʂə˦˨˩kə˦ʂʅ˦……tʰɑ˥˧˨˩tʂə˦˨˩kə˦˨˩muo˦˥˧tsʰɿ˥˧pʰæᴇ˨˦˨˩xɑ˦˥tʂə˦kə˦væᴇ˦væᴇ˦tʰɑ˥˧˥tɕiou˦xou˦,tʰɑ˥˧˥pɑ˥˧˨˩tʂə˦kə˦væᴇ˦iæ̃˨˦tɕiaɔ˦˨˩muo˦kʰou˥˧lie˧muo˧.（啊，外沿儿叫磨口？）啊。正中间叫磨膛嘛。ɑ˨˩.tʂəŋ˦tʂuoŋ˥˧˨˩tɕiæ̃˦˥˧tɕiaɔ˦muo˦tʰɑŋ˨˦˨˩ma˧.（正中间，怎么怎么正中间那个叫磨膛？）这个磨子是上扇子是个突出，下扇子是突进去的。上扇子是突出来的。你这个东西下来以后，这个粮食下来以后，淌不上去以后，你都在这个欸下扇子里头咧。这个磨膛么，它里头都是凿成一定的形状，一个圈以后，它这个转出来以后，它就必须先到磨膛里头慢慢转。tʂə˦kə˦muo˦˥˧tsɿ˧sɿ˦˨˩ʂaŋ˦˥˧ʂæ̃˦tsɿ˧sɿ˦kə˦tʰu˥˧˨˩tʂʰʯ˥˧,ɕia˦˥˧ʂæ̃˦tsɿ˧sɿ˦˨˩tʰu˥˧˨˩tɕiŋ˦˥˧tɕʰy˦˥ti˧.ʂaŋ˦˥˧ʂæ̃˦tsɿ˧sɿ˦˨˩tʰu˥˧˨˩tʂʰʯ˥˧læᴇ˨˦˨˩ti˧.ni˥˧˥tʂə˦kə˦tuoŋ˥˧ɕi˧xɑ˦˥˧læᴇ˨˦˨˩i˥˧˨˩xou˦,tʂə˦kə˦liaŋ˨˦˨˩ʂʅ˨˦˥xa˦˥˧læᴇ˨˦˨˩i˥˧˨˩xou˦,tʰaŋ˥˧pu˨˦˨˩ʂaŋ˦tɕʰi˦i˥˧˨˩xou˦,ni˥˧˥tou˥˧˥tsæᴇ˦tʂə˦kə˦ei˦ɕia˦˥˧ʂæ̃˦tsɿ˧li˥˧tʰou˧lie˧.tʂə˦kə˦muo˦tʰaŋ˨˦muo˧,tʰɑ˥˧˥li˥˧tʰou˧tou˥˧˨˩sɿ˦tsʰuo˨˦˨˩tʂʰəŋ˨˦˥i˥˧˥tiŋ˦ti˧ɕiŋ˨˦˨˩tʂuaŋ˦,i˥˧˨˩kə˦tɕʰyæ̃˥˧i˥˧˨˩xou˦,tʰɑ˥˧˥tʂə˦kə˦tʂuæ̃˦tʂʰʯ˥˧læ̃˨˦˨˩i˥˧˨˩xou˦,tʰɑ˥˧˥tsou˦pi˥˧˦ɕy˥˧˨˩ɕiæ̃˥˧˨˩taɔ˦muo˦tʰɑŋ˨˦li˥˧tʰou˧mæ̃˦mæ̃˦tʂuæ̃˦.（然后从口子出来？）噢，从口出来。ɑɔ˨˩,tsʰuoŋ˨˦˨˩kʰou˥˧tʂʰʯ˥˧˨˩læᴇ˨˦˨˩.（就那个槽叫磨膛是吧？）啊，里边，啊，里边那个，里边那个槽儿叫磨膛。那……ɑ˨˩,li˥˧piæ̃˥˧˨˩,ɑ˨˩,li˥˧piæ̃˥˧˨˩nə˦kə˦,li˥˧piæ̃˥˧˨˩nə˦kə˦tsʰɑɔr˨˦tɕiaɔ˦muo˦tʰɑŋ˨˦˨˩.nei˦……（这外头不是还有一个一个那个槽吗？）那叫磨豆腐的呀。那一般这个欸旱磨子，磨面的那个头起没那一套说的。næᴇ˦˥tɕiaɔ˦muo˦tou˦fu˥˧˨˩ti˧iɑ˨˩.næᴇ˦i˥˧˦pæ̃˥˧tʂə˦˨˩kə˦˥ei˨˩xæ̃˦muo˦˥˧tsɿ˧,muo˦miæ̃˦ti˧nə˦kə˦tʰou˨˦˨˩tɕʰie˥˧tou˥˧˨˩mei˨˦nei˦i˥˧˥tʰɑɔ˦ʂuo˥˧ti˧.（磨豆腐那那那槽儿叫什么呢？）那欸磨槽子你。nei˦˥ei˨˩muo˦tsʰɑɔ˨˦˨˩tsɿ˧ni˥˧˨˩.（磨膛和磨槽不是一回事儿？）噢，哎不回事。磨膛是为……指磨子里头的么。磨槽……槽子是外围么。ɑɔ˨˩,æᴇ˥˧pu˨˦˨˩xuei˨˦˨˩sɿ˦˥.muo˦tʰɑŋ˨˦sɿ˦vei˨˦˥……tsɿ˥˧muo˦˥˧tsɿ˧li˥˧tʰou˧ti˧muo˧.muo˦tʰɑɔ……tsʰɑɔ˨˦˨˩tsɿ˥˧sɿ˦˨˩væᴇ˦vei˨˦muo˧.

手扳磨儿

（你们都是大磨子啊？）黄：都是大磨子。tou˥˧˥sɿ˦tɑ˦muo˦tsɿ˧.（没有这种小的？）哎没有。手扳……小的，那就是推豆腐那个，那叫手扳磨儿。æᴇ˨˩mei˨˦iou˥˧˥.ʂou˥˧pæ̃˥˧˨˩……ɕiaɔ˥˧ti˧,nə˦tɕiou˦sɿ˦tʰuei˥˧˨˩tou˦˥˧fu˥˧˨˩nə˦kə˦,nə˦˥tɕiaɔ˦ʂou˥˧pæ̃˥˧˨˩muor˦˨˩.（手扳磨它那个磨边上有一个把手吧？）啊，有个把手。ɑ˦,iou˥˧kə˦˨˩pɑ˥˧ʂou˥˧.（那个把手叫什么？）手把儿么。这就是这个哎拿手弄的。还有一种么就是这个稍微省力一点儿的，也快一点的，那就不……那就不拿手扳了。它这个，从这个磨子这儿这，这儿这出来以后，他给它楔了一个木头的，这个木头里头凿个眼儿，哎，拿上这么个楞子，这个楞子前头这儿这有个拱的，往这个里头一套。ʂou˥paɾ˧muo˨.tʂə˧˥tɕiou˧sɿ˧tʂə˧kə˧æᴇ˩na˩ʂou˥nuoŋ˧˩ti.xæᴇ˩iou˥i˥˩t ʂuoŋ˥muo˨tsou˧sɿ˧tʂə˧kə˧sao˥˧vei˥˧səŋ˥˧li˥i˥˩tiæ̃r˥ti˨,ia˥˩kʰuæᴇ˧˥i˥˩tiæ̃˥ti˨,næᴇ˧tsou˧pu˩…… nə˧tsou˧pu˩na˩ʂou˥pæ̃˥lə˨.tʰa˥tʂə˧kə˧,tsʰuoŋ˩˧tʂə˧kə˧muo˧˥tsɿ˨tʂəɾ˧tʂə˧,tʂəɾ˧tʂə˧tʂʰʮ˥læᴇ˩i˥˩x ou˧,tʰa˥˩kei˧˩tʰa˥˧ɕie˥lə˨i˥˧kə˧mu˥tʰou˨ti˨,tʂə˧kə˧mu˥tʰou˨li˥˩tʰou˨tsao˩˩kə˧iæ̃r˥,æᴇ˧,na˩ʂaŋ˧ tʂə˧muo˨kə˧˩kuæᴇ˥tsɿ˨,tʂə˧kə˧kuæᴇ˥tsɿ˨tɕʰiæ̃˩˩tʰou˧tʂəɾ˧tʂə˧iou˥˧kə˧kuoŋ˥ti˨,vaŋ˥˩tʂə˧kə˧li˥tʰ ou˨li˥˧tʰao˧.（噢，这个这个眼叫什么？）啊，那晓叫个啥我的方言？æ˩,nə˧˥ɕiao˥tɕiao˧kə ˧sa˧ŋuo˥˧tə˨faŋ˥iæ̃˩˩?（那个楞子叫什么？）就叫个楞子。这，这个都，这都比手拉上省劲。tɕiou˧tɕiao˧kə˧kuæᴇ˥tsɿ˨.tʂei˧,tʂə˧kə˧˥tou˥˩,tʂə˧˥tou˥˩pi˥˧ʂou˥la˥˩ʂaŋ˧˩səŋ˥tɕiŋ˧.（楞子上头不是有个插下去，插的那个？）噢，插下去那个。ao˩,tsʰa˥˩xa˧˥tɕʰi˧nei˧kə˧.（那那玩意儿叫什么？）都不知道叫个啥反正。这都是很少用这个。我们都不……太不用这个。这都快得多了。tou˥˩pu˩˩tʂʅ˥˧tao˧tɕiao˧kə˧sa˧fæ̃˥tʂəŋ˧.tʂə˧˥tou˥˩sɿ˧˩xəŋ˥ʂao˥yoŋ˧˥tʂə˧˩kə˧˩. ŋuo˥məŋ˨tou˥˩pu˩˩……tʰæᴇ˧pu˩˩yoŋ˧˥tʂə˧˩kə˧˩.tʂei˧˥tou˥˩kʰuæᴇ˧˥tei˥˩tuo˥lə˨.

推磨、拉豆瓣儿

（磨面磨麦怎么说？）黄：那就是……我们那都统称。那你就欸统称那就叫是这个推磨咧。næᴇ˧˥tɕiou˧sɿ˧……ŋuo˥məŋ˨næᴇ˧tou˥˩tʰuoŋ˥˩tʂʰəŋ˥.næᴇ˧ni˥˧tsou˧ei˧tʰuoŋ˥˩tʂʰəŋ˥n æᴇ˧tɕiou˧tɕiao˧sɿ˧tʂə˧kə˧tʰuei˥˩muo˩lie˨.（推磨？）啊，你推麦……推的玉米也是磨，推的面、推的麦还是磨，推磨咧。a˧,ni˥˧tʰuei˥mei˥˩……tʰuei˥˩tə˨y˧˥mi˥˩ia˥sɿ˧˩muo˩,tʰuei˥ti˨mi æ̃˧,tʰuei˥ti˨mei˥xa˩˩sɿ˧˥muo˩,tʰuei˥˩muo˩lie˨.（反正不管……不管磨的什么？）啊。但是有时……这不同的种类那你可就不一样了。你如果是像拉些欸粗一点的，或者是你像做豆子……做豆腐的话，你要把那浑囵豆子拉来的话也放磨里弄咧。但就不能说是推了。那叫拉豆瓣儿咧。a˩.tæ̃˧sɿ˧iou˥sɿ˩˩……tʂei˧pu˩˩tʰuoŋ˩ti˨tʂuoŋ˥luei˧˥nei˧ni˥˧kʰə˥˩tsou˧pu˩˩i˥˩iaŋ˧l ə˨.ni˥zʮ˩˩kuo˥sɿ˧ɕiaŋ˧la˥ɕie˥˩ei˧tsʰʮ˥i˥˩tiæ̃˥˧ti˨,xuei˩˩tʂə˥˩sɿ˧ni˥˧ɕiaŋ˧tsuo˧˩tou˧tsɿ˨……tsuo˧˩t ou˧fu˥˩ti˨xua˧˩,ni˥˧iao˧pa˥˩næᴇ˧xuoŋ˩˩luoŋ˩˧tou˧tsɿ˨la˥˩læᴇ˩ti˨xua˧ie˥faŋ˧˩muo˧li˥˩nuoŋ˧lie˧. tæ̃˧tɕiou˧pu˩˩nəŋ˩ʂuo˥˧sɿ˧tʰuei˥lə˨.næᴇ˧tɕiao˧la˥tou˧˩pæ̃r˧lie˨.（拉豆瓣儿？）噢，拉些豆瓣儿。就是把豆子通过磨子以后把它搞成两半儿，把它皮一下子去掉就对了，拉豆瓣儿咧。ao˩,la˥ɕie˥˩tou˧pæ̃r˧.tɕiou˧sɿ˧pa˥˩tou˧tsɿ˨tʰuoŋ˥˩kuo˧muo˧tsɿ˨i˥˩xou˧˥pa˥˩tʰa˥˧kao˥tʂʰəŋ˩˩liaŋ˥p æ̃r˧,pa˥˧tʰa˥˧pʰi˩i˥˩xa˧˩tsɿ˨tɕʰy˧tiao˧tɕiou˧tuei˧lə˨,la˥˩tou˧pæ̃r˧lie˨.（拉豆瓣儿？）拉豆瓣儿。再一个就说是这个，欸你喝这个玉米粥，熬粥的那个颗粒比较大的那个的话，拉糁子……拉糁子咧。那也叫拉咧，那不叫磨，不叫磨糁子，叫拉糁子。la˥˩tou˧pæ̃r˧.tsæᴇ˧i˥˧kə˧˩tɕio u˧ʂuo˥˧sɿ˧tʂə˧kə˧,ei˩ni˥˩xuo˥tʂə˧kə˧y˧mi˥˧tʂou˥,nao˩tʂou˥ti˨nə˧˩kə˧˩kʰuo˥li˩˩pi˥˧tɕiao˧ta˧ti˨nə ˧kə˧ti˨xua˧,la˥˩səŋ˥tsɿ˨……la˥˩tʂəŋ˥tsɿ˨lie˨.næᴇ˧˥a˥˩tɕiao˧la˥lie˨,nə˧pu˩˩tɕiao˧muo˧,pu˩˩tɕiao˧m uo˩tʂəŋ˥˩tsɿ˨,tɕiao˧la˥tʂəŋ˥tsɿ˨.

碓窝子

1. 黄：春米的春。但是这里人不春米。碾，碾米。tʂʰuoŋ˥˩mi˥ti˨tʂʰuoŋ˥.tæ̃˧sɿ˧˩tʂə˧li˥˧ zəŋ˩pu˩˩tʂʰuoŋ˥mi˥.niæ̃˥,niæ̃˥mi˥˩.（噢，都是碾的是吧？）碾咧，嗯。niæ̃˥lie˨,ə̃˩.（但你知道这个“春”，是吗？）嗯。知道这个“春”。ə̃˩.tʂʅ˥˩tao˧tʂə˧kə˧tʂʰuoŋ˥.（哎，那过去你们用那个水碓吗？你们不是有碓吗？）有碓，这都很早。我看，这里的碓都是五几年到四几年这个南方人上来以后有。我们搞文物普查的时候就发现这个川路边里有几个碓窝子，碓米，舂了米的。以后都很少有了。过去我们都是用兀碾盘拿个碾轱辘在上头转，或者簸的这个啥。iou˥˧tuei˥,tʂə˥tou˥˧˩xəŋ˥˧tsɑɔ˥˧.ŋuo˥˧kʰæ̃˥˩,tʂə˥˥˧li˥˧˩ti·tuei˥tou˥˧˩sɿ˥˩vu˥˧tɕi˥˧niæ̃˩˧˩tɑɔ˥sɿ˥tɕi˥˧˩niæ̃˩˧˩tʂə˥kə˥næ̃˩˧˩fɑŋ˥˧zəŋ˩˧˩ʂɑŋ˥læᴇ˩˧˧i˥˧˩xou˥iou˥˧˩.ŋuo˥˧məŋ·kɑɔ˥˧vəŋ˩˧vuo˥˧˩pʰu˥˧tsʰɑ˩˧˩ti·sɿ˩˧˧xou˥tsou˥fɑ˥˧˩ɕiæ̃˥tʂə˥kə˥tʂʰuæ̃˥˧lou˥˥˦piæ̃˥˧˩li˥˧˩iou˥˧tɕi˥˧kə˥˩tuei˥˥˦vuo˥˧˩tsɿ·,tuei˥mi˥˧˧,tʂʰuoŋ˥˧˩lə·mi˥˧ti·.i˥˧˩xou˥tou˥˧˧xəŋ˥˧ʂɑɔ˥˧iou˥˧˩lə·.kuo˥˥˦tɕʰy˥ŋuo˥˧məŋ·tou˥˧˧sɿ˥yoŋ˥˥˧væᴇ˥˩niæ̃˥˧pæ̃˩˧nɑ˩˧˩kə˥niæ̃˥˧˧ku˥˧lou·tsæᴇ˥ʂɑŋ˥tou·tʂuæ̃˥,xuo˩˧˧tʂə˥˧˩tʂʰuæ̃˥˧ti·tʂə˥kə˥sɑ˥.（啊，这个有没有水碓啊？）水碓，这面这个好像就是水碓的。因为它这个，这面是石板，它对上个碓窝子转咧去，马上就出去，河流么。ʂuei˥˧tuei˥,tʂei˥miæ̃˥tʂei˥kə˥xɑɔ˥˧ɕiɑŋ˥tɕiou˥˥˧sɿ˥ʂuei˥˧tuei˥ti·.iŋ˥˧˩vei˥˥˧tʰɑ˥˧tʂə˥kə˥,tʂei˥miæ̃˥sɿ˥ʂɿ˩˧˩pæ̃˥˧,tʰɑ˥˧˧tuei˥ʂɑŋ˥kə˥tuei˥˥˦vuo˥˧˩tsɿ·tʂuæ̃˥˧lie·tɕʰi˥˩,mɑ˥˧ʂɑŋ˥˩tsou˥tʂʰʮ˥˧tɕʰi˥˩,xə˩˧liou˩˧muo·.（噢。见过哈？）见过。嗯。tɕiæ̃˥kuo˥.əŋ˩.

2.（你们这儿有碓吧？）黄：过去有，现在没咧。到现在还是从南方人把那弄上来的。kuo˥tɕʰy˥iou˥˧,ɕiæ̃˥tsæᴇ˥muo˥˧˩lie·.tɑɔ˥ɕiæ̃˥tsæᴇ˥˥˧xɑ˩˧˩sɿ˥tsʰuoŋ˩˧˩næ̃˩˧˩fɑŋ˥˧zəŋ˩˧˩pɑ˥˧˩næᴇ˥nuoŋ˥ʂɑŋ˥læᴇ˩˧˩ti·.（你们小时候也见过吧？）见过，嗯。tɕiæ̃˥kuo˥,ŋ̍˥˧.

踏窝子

黄：踏窝子也叫辣子窝窝。tʰɑ˩˧˩vuo˥˧tsɿ·ie˥˧˧tɕiɑɔ˥lɑ˥˧˧tsɿ·vuo˥˧vuo˥˧˩.（踏药也这么弄吗？）那它也可以放到那里头踏。næᴇ˥˥˧tʰɑ˥˧iɑ˥˧˩kʰə˥˧i˥˧˩fɑŋ˥tɑɔ˥nə˥li˥˧tʰou·tʰɑ˩˧˩.（都都管它叫辣子窝窝？）辣子窝窝。lɑ˥˧tsɿ·vuo˥˧vuo˥˧˩.（噢，我这是放药放别的东西也叫辣子窝窝？）都能行。tou˥˧˥nəŋ˩˧˩ɕiŋ˩˧.（叫不叫蒜窝窝？）叫列么。那可以捣蒜么。你弄啥就叫啥窝窝。tɕiɑɔ˥lie·muo·.næᴇ˥kʰə˥˧˧i˥˧˧tɑɔ˥˧suæ̃˥muo·.ni˥˧˧nuoŋ˥sɑ˥tɕiou˥tɕiɑɔ˥sɑ˥˥˦vuo˥˧˩vuo˥˧˩.（辣子窝窝就……就是蒜窝窝吗？）辣子窝窝也可以……也可……也是蒜窝窝。蒜窝窝也是辣子窝窝，也叫踏调和的踏窝子。lɑ˥˧tsɿ·vuo˥˧vuo˥˧˩ie˥˧kʰə˥˧i˥˧……ie˥˧kʰ……ie˥˧sɿ˥˩suæ̃˥˥˦vuo˥˧˩vuo˥˧˩.suæ̃˥˥˦vuo˥˧˩vuo˥˧˩ie˥˧sɿ˥˩lɑ˥˧tsɿ·vuo˥˧vuo˥˧˩,ie˥˧˩tɕiɑɔ˥tʰɑ˩˧tʰiɑɔ˩˧˩xuo˥˥˧ti·tʰɑ˩˧vuo˥˧tsɿ·.（噢，就是一个东西？）一个东西么。i˥˧˩kə˥tuoŋ˥˧ɕi·muo·.（你们是用脚踩还是用那个手来捣哇？）兀都是放手捣咧，手里头……除咧碾槽子放脚蹬咧，再都是手。væᴇ˥˥˧tou˥˧˥sɿ˥˩fɑŋ˥ʂou˥˧tɑɔ˥˧lie·,ʂou˥˧li˥˧˩tʰou·……tʂʰʮ˩˧˩lie·niæ̃˥˧tsʰɑɔ˩˧˩tsɿ·fɑŋ˥tɕyo˥˧təŋ˥˧lie·,tsæᴇ˥tou˥˧˥sɿ˥ʂou˥˧.（没有说这样一踏一踏……）没有没有没有，没有那号东西。mei˩˧iou˥˧mei˩˧iou˥˧˩mei˩˧˩iou˥˧˩,mei˩˧iou˥˧˧nə˥xɑɔ˥tuoŋ˥˧ɕi·.

水碓子、水碾子

（有……以前有那个水碓吗？）黄：水碓子是很早以前有的，现在都没有得。ʂuei˥˧tuei˥tsɿ·sɿ˥˩xəŋ˥˧tsɑɔ˥˧i˥˧˩tɕʰiæ̃˩˧iou˥˧ti·,ɕiæ̃˥tsæᴇ˥tou˥˧˩mei˩˧iou˥˧tei˥˧˩.（这是早到什么时候？）哎呀，兀早到清代以……清代到清代以前的东西。清代以后都没有。æᴇ˥iɑ˩,væᴇ˥˥˧tsɑɔ˥˧tɑɔ˥tɕʰiŋ˥˧tæᴇ˥i˥˧˧……tɕʰiŋ˥˧tæᴇ˥tɑɔ˥tɕʰiŋ˥˧tæᴇ˥i˥˧tɕʰiæ̃˩˧˩ti·tuoŋ˥˧˩ɕi·.tɕʰiŋ˥˧˩tæᴇ˥˥˧i˥˧˧xou˥tou˥˧˩mei˩˧iou˥˧˩.（那个时候水还大一点儿？）啊，水还大一点儿。ɑ˩,ʂuei˥˧xɑ˩˧˩tɑ˥i˥˧˧tiæ̃r˥˧˩.（嗯，那个有那个石碾……水碾子吗？）有吧。这里的话有……有两道儿槽嘛，中间一个……一个大水轮子带上咕噜咕噜，那叫水碾子。iou˥˧pɑ.tʂei˥˧li˥˧˩tə·xuɑ˥˩iou˥˧˧……iou˥˧˧liɑŋ˥˧tɑɔr˥tsʰɑɔ˩˧mɑ·,tʂuoŋ˥˧˩tɕiæ̃˥˧˥i˥˧˩kə˥……i˥˧˧kə˥tɑ˥ʂuei˥˧lyoŋ˩˧tsɿ·tæᴇ˥ʂɑŋ˥ku˥˧˩lou·ku˥˧˩lou·,næᴇ˥tɕiɑɔ˥ʂuei˥˧niæ̃˥˥˧tsɿ·.（现在还能用吗？）啊，早就不用了。那都是很早以前的。æ˥,tsɑɔ˥˧tsou˥˩pu˩˧˩yoŋ˥˩lə·.nei˥˥˧tou˥˧˩sɿ˥˩xəŋ˥˧tsɑɔ˥˧˧i˥˧˩tɕʰiæ̃˩˧˩ti·.（也是遗迹

是吧？）噢，遗迹。ɑɔ˩,i˩˧tɕi˥˧.（您在的时候就没看见过了？）啊没有。我还是搞文物普查时我记欸找着的。æ˥˧mei˩˧˩iou˥˧˩.ŋuo˥˧xɑ˩˧˩sɿ˥kɑɔ˥˧vəŋ˩˧vuo˥˧˩pʰu˥˧tsʰɑ˩˧sɿ˩˧˦ŋuo˥˧˦tɕi˥˩ei˩tʂɑɔ˥˧tʂuo˥˧˩ti·˧.（那个大……那个碾槽就是用石头做成的还是那个……）啊，石头的。ɑ˩,ʂɿ˩˧˩tʰou·˦ti·˧.（凿成的？）嗯。ə̃˩.（那个用水带动它转的那个轮子呢？）那都是……我光是看了那么个痕迹，上头那些东西都没有见过。nei˥˨tou˥˧˩sɿ˥˩……ŋuo˥˧kuɑŋ˥˧˦sɿ˥kʰæ̃˥lə·˦nə˥muo·˧kə˥˩xəŋ˩˧tɕi˥˧,ʂɑŋ˥˦tʰou·˧nei˥ɕie˥˧˦tuoŋ˥˧ɕi·˧tou˥˧˩mei˩˧iou˥˧tɕiæ̃˥kuo˥.

罗

1.（这个罗，罗是个什么意思？你你刚才讲的那个罗？）黄：罗是一个木头圈子嘛。里边，底下掌的个底子，有铜底子，有粗的，有细的嘛。这是要罗下的面要粗面，要细面嘛。luo˩˧sɿ˥i˥˧˩kə˥mu˥˧tʰou·˧tɕʰyæ̃˥˧tsɿ·˧mɑ·˧.li˥˧piæ̃˥˧˩,ti˥˧xɑ˥˩tʂɑŋ˥˧ti·˧kə˥ti˥˧tsɿ·˧,iou˥˧˦tʰuoŋ˩˧ti˥˧tsɿ·˧,iou˥˧˦tsʰɥ˥˧ti·˧,iou˥˧˦ɕi˥ti·˧mɑ·˧.tʂə˥sɿ˥iɑɔ˥˦luo˩˧˩xɑ˥˨ti·˦miæ̃˥iɑɔ˥tsʰɥ˥˧˩miæ̃˥,iɑɔ˥ɕi˥miæ̃˥muo·˧.（噢，就是……那是……那也是一种工具吧？）一种工具。这个罗带个竹子头儿着咧。i˥˧˩tʂuoŋ˥˧kuoŋ˥˧˩tɕy˥.tʂə˥kə˥luo˩˧tæᴇ˥kə˥tʂɥ˥˧tsɿ·˧tʰour˩˧˩tʂuo˥˧lie·˧.（也带竹字头吗？）啊，带竹字头咧，箩。ɑ˩,tæᴇ˥tʂɥ˥˧tsɿ·˧tʰou˩˧˩lie˧,luo˩˧.（那个罗也可以指那种动作是吧？用那个罗筛东西叫……）也可以用么。ie˥˧kʰə˥˧i˥˧˩yoŋ˥muo˧.（也叫罗吗？）也叫罗么。ie˥˧tɕiɑɔ˥luo˩˧˦muo˧.（嗯，嗯，用罗罗东西？可以这么说……）啊，你把面罗一下。ɑ˩,ni˥˧pɑ˥˧˩miæ̃˥luo˩˧i˥˧˦ɕiɑ˥˩.（噢，把面罗一下？）噢，罗一下。有些的话你……但是有些地方都不……不叫罗了。你比如你这个面里头起虫啦，隔一下。ɑɔ˩,luo˩˧i˥˧˦ɕiɑ˥˩.iou˥˧ɕie˥˧˩ti·˧xuɑ˥˦n̩˥˧˦……tæ̃˥sɿ˥iou˥˧ɕie˥˧˩ti˥˦fɑŋ˥˧˩tsou˥p……pu˩˧˩tɕiɑɔ˥luo˩˧˩lə˧.ni˥˧˦pi˥˧˦zɥ˩˧˦ni˥˧˦tʂə˥kə˥miæ̃˥li˥˧˦tʰou·˦tɕʰi˥˧tʂʰuoŋ˩˧˩lɑ˧,kei˥˧i˥˧˦ɕiɑ˥.（kei˥˧？）隔，啊。kei˥˧,ɑ˩.（kei˥˧？）啊。隔开的隔。ɑ˩.kei˥˧˦kʰæᴇ˥˧ti·˧kei˥˧.（噢，kei˥˧，念kei˥˧？隔？）隔，噢，隔一下。同音的么，就是这个。隔一下。kə˥˧˦,ɑɔ˩,kə˥˧i˥˧˩ɕiɑ˥˩.tʰuoŋ˩˧iŋ˥˧ti·˧muo·˧,tɕiou˥sɿ˥tʂə˥kə˥.kei˥˧i˥˧˦ɕiɑ˥.（也……也跟“罗”的意思差不多？）啊，罗的意思是指一模儿一样的东西。但它就说是就说是把……你把那些……面起虫了以后，你隔一下，把那个虫……把起虫的那些颗颗，把虫隔出来就对了么。ɑ˥,luo˩˧˩ti·˦i˥˦sɿ·˧sɿ˥˨tsɿ˥˧˩i˥˧˩muor˩˧˨i˥˧˩iɑŋ˥˦ti·˦tuoŋ˥˧ɕi·˧.tæ̃˥tʰɑ˥˧tɕiou˥˩ʂuo˥˧˩sɿ˥˩tɕiou˥ʂuo˥˧˦sɿ˥pɑ˥˧˦……ni˥˧pɑ˥˧˩nei˥ɕie˥˧……miæ̃˥tɕʰi˥˧tʂʰuoŋ˩˧˩lə·˦i˥˧˩xou˥,ni˥˧˦kei˥˧i˥˧˩xɑ˥˩,pɑ˥˧˩nei˥kə˥tʂʰuoŋ˩˧……pɑ˥˧˩tɕʰi˥˧tʂʰuoŋ˩˧˩ti·˦nei˥ɕie˥˧˦kʰuo˥˧kʰuo˥˧˩,pɑ˥˧˩tʂʰuoŋ˩˧kei˥˧˩tʂʰɥ˥˧læᴇ˩˧˩tɕiou˥tuei˥lə˧muo·˧.（就是说用罗把那个……）面……隔……miæ̃˥……kei˥˧……（面当中的虫子……）啊，隔出来么。啊，有些面不粗的很？你隔一下，它就细了么。把粗的那一部分隔出来。ɑ˩,kei˥˧tʂʰɥ˥˧læᴇ˩˧muo˧,ɑ˩.iou˥˧ɕie˥˧˩miæ̃˥pu˩˧˦tsʰɥ˥˧ti·˧xəŋ˥˧˩?ni˥˧˩kei˥˧i˥˧˩ɕiɑ˥˩,tʰɑ˥˧˦tɕiou˥ɕi˥˧˦lə·˧muo·˧.pɑ˥˧˩tsʰɥ˥˧ti·˧næᴇ˥pu˥fəŋ˥kei˥˧˩tʂʰɥ˥˧læᴇ˩˧˩.（噢，那也是kei˥˧˩？）那也叫隔。næᴇ˥˨iɑ˥˧tɕiɑɔ˥˩kei˥˧.（起虫的，还有一些有……有……有……那个……）有土……哎……iou˥˧˩tʰu˥˧tsɿ……æᴇ˥……（有渣儿的……）啊，有渣的这些。ɑ˥,iou˥˧˦tsɑ˥˧ti·˧tʂei˥ɕie˥˧˦.

2. 黄：罗这里头是这个欸我们这儿这人就是粗罗、细罗。细罗。luo˩˧tʂei˥li˥˧tʰou·˧sɿ˥tʂə˥kə˥ei˥ŋuo˥˧məŋ·˧tʂər˥tʂə˥zəŋ˩˧˦tɕiou˥˩sɿ˥˩tsʰɥ˥˧luo˩˧,ɕi˥luo˩˧˩.ɕi˥luo˩˧˩.（碎罗还是细罗？）碎的。碎罗。粗的、细的，碎罗儿，大体上分了一下。再还有个是这个欸铁丝罗儿。suei˥˦ti·˧.suei˥luo˩˧˩.tsʰɥ˥˧ti·˧,ɕi˥ti·˧,suei˥luor˩˧˩,tɑ˥tʰi˥˧ʂɑŋ˥˩fəŋ˥˧lə·˧i˥˧˩ɕiɑ˥˩.tsæᴇ˥xæᴇ˩˧iou˥˧˦kə˥sɿ˥tʂə˥kə˥ei˥tʰie˥˧˦sɿ˥˧luor˩˧˩.（铁丝罗，用铁丝做的？）用铁丝做底子。yoŋ˥tʰie˥˧˩sɿ˥˧tsuo˥ti˥˧tsɿ·˧.（做底子？）啊，那都是一般就是罗点大些的东西了。ŋɑ˩,nə˥˨tou˥˧˩sɿ˥˩i˥˧˦pæ̃˥˧tsou˥sɿ˥luo˩˧˦tiæ̃˥˧˩tɑ˥˦ɕie˥˧˩ti

˦tuoŋ˥˧ɕi˦˨lə˦.（你们这个罗是有多大？）兀一般最大只是个有个四十来公分大的。væᴇ˦˥˧i˥˧˨ pæ̃˥˧˨tsuei˦˥ta˦˥tsɿ˥˧˨sɿ˦˥kə˦˥iou˥˧˥kə˦˥sɿ˦˥ʂʅ˨˥læᴇ˨˩kuoŋ˥˧fəŋ˥˧˨ta˦˥˨ti˦˨.（口……口这个……）噢，口是最大四十公分。ɑɔ˧˨,kʰou˥˧sɿ˦˥tsuei˦˥ta˦˥sɿ˦˥ʂʅ˨˩kuoŋ˥˧˨fəŋ˥˧˨.（高呢？）高就是个……哎呀，有个二十四五公分。二十来公分。就个二十来公分。都没哪么高。kɑɔ˥˧tɕiou˦˥sɿ˦˥kə˦˥……æ ᴇ˦˥iɑ˧˨,iou˥˧kə˦˥˨ər˦˥ʂʅ˨˩sɿ˦˥vu˥˧˨kuoŋ˥˧fəŋ˥˧˨.ər˦˥ʂʅ˨˥læᴇ˨˩kuoŋ˥˧fəŋ˥˧˨.tsou˦˥kə˦˥˨ər˦˥ʂʅ˨˩læᴇ˨˩kuoŋ˥˧˨fəŋ˥˧. tou˥˧˥mei˨˩nə˦˥muo˦kɑɔ˥˧.（是用来挑东西的吧？）欸不是。用来罗面的。ŋei˨˩pu˨˩sɿ˦˥˨. yoŋ˦˥læᴇ˨˩luo˨˩miæ̃˦˥ti˦˨.（噢，只有这一种？）噢，只有这一种。ɑɔ˧˨,tsɿ˥˧˨iou˥˧tʂei˦˥i˥˧˨tʂuoŋ˥˧. （没有那个大筐子是吧？）没有没有没有，不叫了。muo˥˧˨iou˥˧muo˥˧˥iou˥˧˥muo˥˧˥iou˥˧˥,pu˨˩ tɕiɑɔ˦˥lə˦.（那做成那种大筐子那那种呢？）没有东西。muo˥˧˨iou˥˧˥tuoŋ˥˧ɕi˦.（没没有这种比较……）哎没有没有人做兀号儿东西。æᴇ˥˧mei˨˩iou˥˧˨mei˨˩iou˥˧˥zʅəŋ˨˩tsuo˦˥vu˦˥˨xɑər˦˥˨tuoŋ˥˧ɕi˦.

罗面桄桄、罗面杈杈

（罗架子呢？）黄：那就不叫罗架子咧。罗面桄桄。nə˦˥tɕiou˦˥pu˨˩tɕiɑɔ˦˥luo˨˩tɕia˦˥˧tsɿ˦lie˦.luo˨˩miæ̃˦˥kuaŋ˥˧˥kuaŋ˥˧˨.（桄桄？）噢，又叫罗面杈杈。罗面桄桄是中间两根子。两头儿做咧那么个木档档，放到罗儿底，这叫罗面……罗面桄桄。罗面杈杈是寻个木……寻这个木头杈杈。直接往底下放就放上罗圈么。ɑɔ˧˨,iou˦˥tɕiɑɔ˦˥luo˨˩miæ̃˦˥tsʰɑ˥˧tsʰɑ˥˧˨.luo˨˩miæ̃˦˥kuaŋ˥˧˥kuaŋ˥˧˨sɿ˦˥tʂuoŋ˥˧˨tɕiæ̃˥˧˥liaŋ˥˧kəŋ˥˧˨tsɿ˦.liaŋ˥˧tʰour˨˩tsuo˦˥lie˦nə˦˥muo˦kə˦˥mu˥˧taŋ˦˥taŋ˦˥˨,faŋ˦˥tɑɔ˦˥luor˨˩ti˥˧˨,tʂei˦˥tɕiɑɔ˦˥luo˨˩miæ̃˦˥……luo˨˩miæ̃˦˥kuaŋ˥˧˥kuaŋ˥˧˨.luo˨˩miæ̃˦˥tsʰɑ˥˧tsʰɑ˥˧˨sɿ˦˥ɕiŋ˨˩kə˦˥m……ɕiŋ˨˩tʂə˦˥kə˦˥mu˥˧tʰou˦tsʰɑ˥˧tsʰɑ˥˧˨.tʂʅ˨˩tɕie˥˧˨vaŋ˥˧ti˥˧˨ɕia˦˥faŋ˦˥tɕiou˦˥faŋ˦˥ʂaŋ˦˥˨luo˨˩tɕʰyæ̃˥˧muo˦.（这个桄桄这个桄是什么意思，桄？）就是这个欸一个掌子么，一个……削掌子就叫……土话叫桄桄。tɕiou˦˥sɿ˦˥˨tʂə˦˥kə˦˥ei˦˥i˥˧˨kə˦˥˨tʂəŋ˥˧tsɿ˦muo˦,i˥˧˨kə˦˥……ɕye˥˧˨tʂəŋ˥˧tsɿ˦tɕiou˦˥tɕiɑɔ˦˥……tʰu˥˧xua˦˥tɕiɑɔ˦˥kuaŋ˥˧kuaŋ˥˧˨.（桌子什么也有桄桄？）哎，有桄桄咧嘛。æᴇ˦˥,iou˥˧kuaŋ˥˧˨kuaŋ˥˧˨lie˦ma˦.（你们罗最上面那一层是不是得粗一点儿，厚一点儿？）那叫削皮……那你要把那个抓取出来的话，那这个动作就叫削皮皮咧。抓皮皮么。nei˦˥tɕiɑɔ˦˥ɕyo˨˩pʰi……nei˦˥ni˥˧iɑɔ˦˥pa˥˧˨nə˦˥kə˦˥tʂua˥˧tɕʰy˥˧˨tʂʰʯ˥˧˥læᴇ˨˩ti˦xua˦,nə˦˥tʂə˦˥kə˦˥tuoŋ˦˥tsuo˥˧˨ tɕiou˦˥tɕiɑɔ˦˥ɕyo˨˩pʰi˨˩pʰi˨˩lie˦.tʂua˥˧pʰi˨˩pʰi˨˩muo˦.（不是。这是罗……罗圈儿啦，罗圈儿这个这这这这这上面这一层是不是粗一……）不是。pu˨˩sɿ˦˥˨.（都是上下一边薄？）那一……上下一样的。嗯。na˦˥i˥˧˨……ʂaŋ˦˥ɕia˦˥i˥˧˨iaŋ˦˥ti˦.ŋ̍˨.（那圈它是用什么材料做成的？）柳木做成的。把那……liou˥˧mu˥˧˨tsuo˦˥tʂʰəŋ˨˩ti˦.pa˥˧˨nei˦˥……（编出来的是吧？）不是的。把柳木要刨成一块儿……呃做……刨成一块儿板子，就是欸三到……两到三公分的，最厚四公分的那么厚薄板子，圈起来的。因为柳……柳木的这个木头的可塑性大么。pu˨˩sɿ˦˥ti˦. pa˥˧˨liou˥˧mu˥˧˨iɑɔ˦˥pʰɑɔ˨˩tʂʰəŋ˨˩i˥˧˥kʰuər˥˧˥……ə˦tsuo˦˥……pʰɑɔ˨˩tʂʰəŋ˨˩i˥˧˥kʰuər˥˧˥pæ̃˥˧tsɿ˦,tsou˦˥sɿ˦˥ei˦˥sæ̃˥˧˨tɑɔ˦˥……liaŋ˥˧tɑɔ˦˥sæ̃˥˧kuoŋ˥˧˨fəŋ˥˧tə˦,tsuei˦˥xou˦˥sɿ˦˥kuoŋ˥˧˨fəŋ˥˧tə˦nə˦˥muo˦xou˦˥pɑɔ˨˩pæ̃˥˧tsɿ˦,tɕʰyæ̃˥˧tɕʰi˥˧˨læᴇ˨˩ti˦.iŋ˥˧˨vei˦˥liou˥˧……liou˥˧mu˥˧˨ti˦tʂə˦˥kə˦˥mu˥˧tʰou˦ti˦kʰə˥˧sɥ˦˥ɕiŋ˦˥ta˦˥˨muo˦.（圈起来以后要拿拿钉子拴着还是拿什么？）现在都拿钉子一钉。过去都放竹籯子，像做……放呃……等于放线一样把那都穿起来。ɕiæ̃˦˥tsæᴇ˦˥tou˥˧˨na˨˩tiŋ˥˧tsɿ˦i˥˧˨tiŋ˦˥.kuo˦˥tɕʰy˦˥tou˥˧˨faŋ˦˥tʂʯ˥˧m i˨˩tsɿ˦,ɕiaŋ˦˥tsuo˦˥……faŋ˦˥ə……təŋ˥˧˥y˨˩faŋ˦˥ɕiæ̃˦˥i˥˧˨iaŋ˦˥pa˥˧˨nə˦˥tou˥˧˥tʂʰuæ̃˥˧tɕʰi˥˧˨læᴇ˨˩.（竹簸子啊？你们这里不是不产竹子吗？）那那个东西这个织罗儿的没有本地的。织罗儿不是河南人就是安徽人。nei˦˥nei˦˥kə˦˥tuoŋ˥˧˨ɕi˦tʂə˦˥kə˦˥tʂʅ˥˧˨luor˨˩ti˦mei˨˩iou˥˧pəŋ˥˧˥ti˦˥ti˦.tʂʅ˥˧˨luo˨˩ti˦pu˨˩sɿ˦˥xuo˨˩næ̃˨˩zʅəŋ˨˩tɕiou˦˥sɿ˦˥næ̃˥˧xuei˥˧˨zʅəŋ˨˩.（噢，他们从南方弄过来的？）噢，南方来他都担

上担担。他都是一天就“织罗儿喽”，吼上就来了。ɑɔ˪,næ̃˩˪fɑŋ˥˩læᴇ˩˦tʰɑ˥˩˫tou˥˩˫tæ̃˥˩ʂɑŋ˧˪tæ̃˧tæ̃˧.tʰɑ˥˩˪tou˥˩˪sɿ˧˪i˥˩˫tʰiæ̃˥˩tsou˧"tʂʅ˥˩˪luor˩˦lou˧",xou˥˩ʂɑŋ˧˪tɕiou˧˦læᴇ˩˪lə˧.

罗框、罗圈

（有这个罗框吗？）黄：有罗框这一说。iou˥˩luo˩˪kʰuɑŋ˥˩tʂei˧i˥˩˫ʂuo˥˩.（罗框是用来干吗的？）罗框就是磨面的上头用来盛粮食的那个东西叫罗框。luo˩˦kʰuɑŋ˥˩tɕiou˧˪sɿ˧˪muo˧miæ̃˧ti˧ʂɑŋ˧tʰou˧yoŋ˧læᴇ˩˪tʂʰəŋ˩˦liɑŋ˩˪ʂʅ˩˦ti˧nə˧kə˧tuoŋ˥˩ɕi˧tɕiɑɔ˧luo˩˦kʰuɑŋ˥˩˪。（没有那个大的，跟你说，这么大的没有。）没有，就是这么大的那个罗圈，不上底子叫罗框儿。mei˩˦iou˥˩,tsou˧˦sɿ˧˪tʂə˧˦muo˧tɑ˧tə˧nə˧kə˧luo˩˪tɕʰyæ̃˥˩,pu˩˪ʂɑŋ˧˥ti˥˩tsɿ˧tɕiɑɔ˧luo˩˪kʰuɑ̃r˥˩.（噢，不上……不上底子，就是罗面……罗面栊栊就是那个吧？）哎，罗面的那个罗儿，不上底子叫罗……叫罗圈。æᴇ˥˩,luo˩˪miæ̃˧˦ti˧nə˧kə˧luor˩˦,pu˩˪ʂɑŋ˧ti˥˩tsɿ˧tɕiɑɔ˧luo˩˪……tɕiɑɔ˧luo˩˪tɕʰyæ̃˥˩.（噢，底子还要重新上的？）呀，那你是这个磨子上头磨面的时候你这个你……你要是没有这么个东西，那你把麦子倒上就……它四面都洒啦么，你咋弄咧？把这个套上之后，你玉米、豆豆倒上，它也不往出走咧。这叫罗圈儿么。iɑ˧,nei˧ni˥˩sɿ˧tʂə˧kə˧muo˧˥tsɿ˧ʂɑŋ˧˥tʰou˧muo˧miæ̃˧ti˧sɿ˩˪xou˧ni˥˩˫tʂə˧kə˧ni˥˩˫……ni˥˩˫iɑɔ˧sɿ˧˪mei˩˦iou˥˩˫tʂə˧muo˧kə˧tuoŋ˥˩ɕi˧,næᴇ˧ni˥˩˫pɑ˥˩˪mei˥˩tsɿ˧tɑɔ˧ʂɑŋ˧tsou˧……tʰɑ˥˩˫sɿ˧miæ̃˧tou˥˩˪sɑ˥˩lɑ˧muo˧,ni˥˩˫tsɑ˥˩˪nuoŋ˧lie˧?pɑ˥˩˪tʂə˧˦kə˧˦tʰɑɔ˧ʂɑŋ˧tʂʅ˥˩˪xou˧,ni˥˩˪y˧˥mi˥˩˪,tou˧tou˧tɑɔ˧ʂɑŋ˧,tʰɑ˥˩iɑ˥˩˪pu˩˪vɑŋ˥˩˫tʂʰʮ˥˩tsou˥˩˫lie˧.tʂei˧tɕiɑɔ˧luo˩˪tɕʰyæ̃r˥˩muo˧.（那罗底儿和罗……罗圈儿是怎么结合到一起的？用什么方法呢一般？）那□是织罗儿的□就是……把罗儿底子等好以后，那你再这个再放一层子，你比如罗圈，要把罗圈的话，你几十公分，它那个，它跨上这么三……三公分这么一片子。它……它弯成一圈的话，比那个罗圈的外……内径少上一点的话，它不是把那个罗儿底子不是夹得里头去了？næᴇ˧niæ̃˩˪sɿ˧tʂʅ˥˩luor˩˦ti˧niæ̃˩˪tsou˧sɿ˧……pɑ˥˩˪luor˩˪ti˥˩tsɿ˧təŋ˥˩˫xɑɔ˥˩i˥˩˪xou˧,næᴇ˧˦ni˥˩˪tsæᴇ˧tʂə˧kə˧tsæᴇ˧fɑŋ˧i˥˩˫tsʰəŋ˩˪tsɿ˧,ni˥˩pi˥˩ʐʮ˩˪luo˩˪tɕʰyæ̃˥˩,iɑɔ˧˪pɑ˥˩˪luo˩˪tɕʰyæ̃˥˩ti˧xuɑ˧,ni˥˩˫tɕi˥˩ʂʅ˩˪kuoŋ˥˩˪fəŋ˥˩,tʰɑ˥˩˫nə˧kə˧,tʰɑ˥˩˪kʰuɑ˧˦ʂɑŋ˧tʂə˧muo˧s……sæ̃˥˩kuoŋ˥˩˪fəŋ˥˩tʂə˧muo˧i˥˩˪pʰiæ̃˧tsɿ˧.tʰɑ˥˩˫……tʰɑ˥˩˫væ̃˥˩tʂʰəŋ˩˪i˥˩˫tɕʰyæ̃˥˩tə˧xuɑ˧˪,pi˥˩nə˧kə˧luo˩˪tɕʰyæ̃˥˩ti˧væᴇ˧……luei˧tɕiŋ˧ʂɑɔ˥˩ʂɑŋ˧˪i˥˩˪tiæ̃˥˩˫tə˧xuɑ˧,tʰɑ˥˩˫pu˩˪sɿ˧˦pɑ˥˩˪nə˧kə˧luor˩˫ti˥˩˫tsɿ˧pu˩˪sɿ˧tɕiɑ˥˩tə˧li˥˩tʰou˧tɕʰy˧˪lə˧?（夹在里面去了？）夹在里头，放钉子一钉。tɕiɑ˥˩˫tsæᴇ˧li˥˩tʰou˧,fɑŋ˧tiŋ˥˩tsɿ˧i˥˩˪tiŋ˧.

面柜儿、面箱

（这个罗面有个柜子吧？）黄：也有面柜咧。有面柜，也有面……有木头做成的，叫面箱，装面的那个柜柜子叫面柜儿。ie˥˩iou˥˩˪miæ̃˧kʰuei˧lie˧.iou˥˩miæ̃˧kʰuei˧,ie˥˩˫iou˥˩˫miæ̃……iou˥˩˫mu˥˩tʰou˧tsuo˧˦tʂʰəŋ˩˪ti˧,tɕiɑɔ˧˪miæ̃˧ɕiɑŋ˥˩,tʂuɑŋ˥˩˪miæ̃˧˥ti˧nə˧kə˧kʰuei˧kʰuei˧˪tsɿ˧tɕiɑɔ˧˪miæ̃˧kʰuər˧.（噢，面柜儿是指装面的柜子？）啊，装面的柜子叫面柜。罗面的那个，供罗面用的那个箱，那个敞口的那个东西。面箱没有盖盖，没有盖盖子，敞口的。面柜儿那就是有盖儿，有帮，底，都有的。ɑ˪,tʂuɑŋ˥˩˪miæ̃˧˥ti˧kʰuei˧tsɿ˧tɕiɑɔ˧miæ̃˧kʰuei˧.luo˩˪miæ̃˧ti˧nə˧kə˧,kuoŋ˧luo˩˪miæ̃˧yoŋ˧ti˧nə˧kə˧ɕiɑŋ˥˩,nə˧kə˧tʂʰɑŋ˥˩kʰou˥˩tə˧nə˧kə˧tuoŋ˥˩˪ɕi˧.miæ̃˧ɕiɑŋ˥˩mei˩˦iou˥˩kæᴇ˧kæᴇ˧,mei˩˦iou˥˩kæᴇ˧˥kæᴇ˧˪tsɿ˧,tʂʰɑŋ˥˩kʰou˥˩ti˧.miæ̃˧kʰuər˧nə˧tsou˧˪sɿ˧˪iou˥˩kər˧,iou˥˩pɑŋ˥˩˪,ti˥˩,tou˥˩˪iou˥˩lie˧.（噢，面柜有盖儿？）噢，面箱是光有帮，有底没有盖儿。ŋɑɔ˪,miæ̃˧ɕiɑŋ˥˩sɿ˧˪kuɑŋ˥˩˪iou˥˩pɑŋ˥˩˪,iou˥˩ti˥˩mei˩˦iou˥˩˫kər˧.

面缸缸

（有面……面……面那个面瓮吗？）黄：没有。瓮是前几年，有人有是这个瓦罐儿，弄成那个装面的，是那不……muo˥˩iou˥˧.vəŋ˦˥sɿ˦˩tɕʰiæ̃˩˧tɕi˥˩niæ̃˨˩,iou˥˨zəŋ˩˧iou˥˩sɿ˦tʂə˦kə˦va˥˩kuæ̃r˦,nuoŋ˦tʂʰəŋ˩˨nə˦kə˦tʂuaŋ˥˩miæ̃˦ti˧,sɿ˦nə˦pu˨˩……（从小就是都是拿木头装的，装……）噢，那是前几年有。现在都……ɑɔ˨˩,nei˦sɿ˦tɕʰiæ̃˩˧tɕi˥˩niæ̃˩˧iou˥˧.ɕiæ̃˦tsaᴇ˦tou˥˩i……（前几年那那种东西叫什么？）那就叫面缸缸。面缸缸前几年有卖的咧，现在没有人卖咧。那个东西不结实，是瓦瓦的嘛。næᴇ˦tɕiou˦˩tɕiaɔ˦˩miæ̃˦˥kaŋ˥˩kaŋ˥˩.miæ̃˦˥kaŋ˥˩kaŋ˥˩tɕʰiæ̃˩˧tɕi˥˩niæ̃˨˩iou˥˧mæᴇ˦ti˧lie˧,ɕiæ̃˦tsæᴇ˦mei˩˧iou˥˩zəŋ˩˧mæᴇ˦lie˧.nə˦kə˦tuoŋ˥˩ɕi˧pu˨˩tɕie˥˩ʂʅ˨˩,sɿ˦va˥˩va˥˩ti˧ma˧.（那你们过去就一直是用木头做的？）现在，这都是你靠山吃山了，都是靠山上的木头做下的。现在更简单么。连面缸缸也没有了，连面柜儿也没了。ɕiæ̃˦tsæᴇ˦,tʂei˦˥tou˥˩sɿ˦˩ni˦kʰɑɔ˦˥sæ̃˥˩tʂʰʅ˥˩sæ̃˥˩lə˧,tou˥˧sɿ˦kʰɑɔ˦sæ̃˥˩ʂaŋ˦˩tə˧mu˥˩tʰou˦tsuo˦˥xa˦˩ti˧.ɕiæ̃˦tsæᴇ˦kəŋ˦tɕiæ̃˥˩tæ̃˥˩muo˧.liæ̃˩˧miæ̃˦kaŋ˥˩kaŋ˥˩a˥˩mei˩˧iou˥˩lə˧,liæ̃˨˩miæ̃˦kʰuər˦ia˥˩muo˥˩lə˧.（拿个水泥做个……）水泥都不要。买一袋子面，拎了往那个地方一墩，挖的吃完了，袋子一撇就对了么。ʂuei˥˩ni˩˧tou˥˩pu˨˩iaɔ˦.mæᴇ˥˩i˥˩tæᴇ˦tsɿ˧miæ̃˦,liŋ˩˧lə˧vaŋ˥˩nə˦kə˦ti˦faŋ˥˩i˥˩tuoŋ˥,va˦ti˧tʂʰʅ˥˩væ̃˩˧lə˧,tæᴇ˦tsɿ˧i˥˩pʰie˥˩tsou˦tuei˦lə˧muo˧.

和面盆儿

（那个盆呢？装面的盆呢？）黄：那有咧么。装面就不用盆，就是和面用盆咧。nei˦˥iou˥˩lie˧muo˧.tʂuaŋ˥˩miæ̃˦tsou˦pu˨˩yoŋ˦pʰəŋ˨˩,tɕiou˦sɿ˦xuo˩˧miæ̃˦yoŋ˦pʰəŋ˨˩lie˧.（和面那个盆叫什么？）那就是和面盆么。næᴇ˦˥tɕiou˦˩sɿ˦˩xuo˨˩miæ̃˦˥pʰəŋ˨˩muo˧.（名字，它的名字？）名字就叫个和面盆儿，有的叫面盆儿，有的叫和面盆儿。miŋ˩˧tsɿ˦˥tɕiou˦tɕiaɔ˦kə˦xuo˨˩miæ̃˦pʰə̃r˩˧,iou˥˩ti˧tɕiaɔ˦miæ̃˦pə̃r˩˧,iou˥˩ti˧tɕiaɔ˦xuo˨˩miæ̃˦pʰə̃r˩˧.（面盆儿？）嗯。ə̃˨˩.（那洗脸的呢？）脸盆。liæ̃˥˩pʰəŋ˨˩.（有专门儿洗脚的盆子？）脚盆子。tɕiaɔ˥˩pʰəŋ˨˩tsɿ˧.（在南方这个面盆和脸盆儿是一回事儿。）我们不行。我们那都是欸啥东西都专用的。ŋuo˥˩məŋ˧pu˨˩ɕiŋ˨˩.ŋuo˥˩məŋ˧nə˦˥tou˥˧sɿ˦ei˦sa˦tuoŋ˥˩ɕi˧tou˥˩tʂuæ̃˥˩yoŋ˦ti˧.（不是。我们那边脸就叫做面。所以这个脸盆就是面盆，洗脸就叫洗面。）但是这儿这，我们这儿这有些南……南方人，他把有些东西他就不分。他尿尿的那个盆，他照样可以拿来洗脸么。我们就不行。我们那你尿尿那个尿盆儿就是尿盆儿。那毕竟不能拿来洗脸的。洗脚的盆也不能洗脸。这你这这……但是南方人在我们这儿他都是一盆儿装啊。他可以洗脸，也可以尿尿，他可以洗脚丫子。tæ̃˦sɿ˦tʂər˦˥tʂə˦˩,ŋuo˥˩məŋ˧tʂər˦˥tʂə˦˩iou˥˩ɕie˥˩næ̃˨˩……næ̃˨˩faŋ˥˩zəŋ˩˧,tʰɑ˥˩pa˥˩iou˥˩ɕie˥˩tuoŋ˥˩ɕi˧tʰɑ˥˧tsou˦pu˩˧fəŋ˥.tʰɑ˥˧niaɔ˦niaɔ˦ti˧nə˦kə˦pʰəŋ˩˧,tʰɑ˥˧tʂaɔ˦iaŋ˦kʰə˥˩i˥˩na˩˧læᴇ˩˧ɕi˥˩liæ̃˥˩muo˧.ŋuo˥˩məŋ˧tsou˦˩pu˨˩ɕiŋ˨˩.ŋuo˥˩məŋ˧næᴇ˦˥ni˥˩niaɔ˦˥niaɔ˦˥nə˦kə˦niaɔ˦˥pʰə̃r˨˩tɕiou˦˥sɿ˦˩niaɔ˦pʰə̃r˨˩.nə˦pi˥˩tɕiŋ˦˥pu˨˩nəŋ˩˧na˩˧læᴇ˩˧ɕi˥˩liæ̃˥˩ti˧.ɕi˦tɕiaɔ˥˩ti˧pəŋ˩˧ie˥˩pu˨˩nəŋ˨˩ɕi˥˧liæ̃˥.tʂei˦ni˥˩tʂei˦tʂei˦˩……tæ̃˦sɿ˦næ̃˨˩faŋ˥˩zəŋ˨˩tsæᴇ˦ŋuo˥˩məŋ˧tʂər˦tʰɑ˥˧tou˥˩sɿ˦˩i˥˩pʰə̃r˩˧tʂuaŋ˥˩ɑ˨˩.tʰɑ˥˧kʰə˥˩i˥˩ɕi˥˩liæ̃˥,ie˥˧kʰə˥˩i˥˩niaɔ˦niaɔ˦,tʰɑ˥˩kʰə˥˩i˥˩ɕi˥˩tɕyo˥˩iɑ˥˩tsɿ˧.（欸，还有女同志这个用专门儿用的那个盆儿没有？）那就……那有咧嘛。næᴇ˦˥tɕiou˦……næᴇ˦˥iou˥˩lie˧ma˧.（那叫什么盆儿？）那都是一……一……没有啥名字，没有啥子名。nei˦˥tou˥˩sɿ˦˩i˥˩……i˥˩……mei˩˧iou˥˩sa˦miŋ˨˩tsɿ˦,mei˩˧iou˥˩sa˦tsɿ˧miŋ˨˩.

瓮

黄：瓮就是那个大口口大肚肚，那个地方，不带耳子那种。vəŋ˦˥tɕiou˦sɿ˦nə˦kə˦ta˦kʰou˥˩kʰou˥˩ta˦tu˦tu˦˩,nə˦kə˦ti˦faŋ˥,pu˨˩tæᴇ˦ər˥˩tsɿ˧nei˦tʂuoŋ˥˩.（你们过去都拿拿这些东西干

什么用啊瓮啊？）拿瓮就装面装米。这个瓮装下面，咱们这儿这是天再潮，再湿滕[①]，把这个瓮子倒下这个麦面不挣[②]，不……不受潮。不挣，就说是不结块儿。nɑ˩˧vəŋ˥˦tsou˥˩tʂuɑŋ˥˩miæ̃˥tʂuɑŋ˥˩mi˥.tʂə˥kə˥vəŋ˥˦tʂuɑŋ˥xɑ˥˩miæ̃˥,tʂɑ˩˧məŋ˧tʂər˥tʂə˧sɿ˥tʰiæ̃˥tsæᴇ˥tʂʰɑɔ˩˧,tsæ̃˥ʂɿ˥tʰəŋ˩˧,pɑ˥˩tʂə˥kə˥vəŋ˥˦tsɿ˧tɑɔ˥xɑ˥tʂə˥kə˥mei˥˩miæ̃˥pu˩˧tʂəŋ˥,pu˩˧tʂ……pu˩˧ʂou˥tʂʰɑɔ˩˧.pu˩˧tʂəŋ˥,tɕiou˥ʂuo˥˧sɿ˥pu˩˧tɕie˥˩kʰuɑr˥.（哪些东西可以tʂəŋ˥……tʂəŋ˥呢？）面么，这就是指的面粉一类这些。miæ̃˥muo˧,tʂei˥tɕiou˥sɿ˥tsɿ˥ti˧miæ̃˥fəŋ˥i˥˩luei˥tʂei˥ɕie˥˩.（面粉？）噢，都容易挣。ɑɔ˩,tou˥˧yoŋ˩˧i˥˦tsəŋ˥˩.（石灰呢？）石灰也吸水么，也挣。ʂɿ˩˧xuei˥ie˥ɕi˥˩ʂuei˥muo˧,ie˥tsəŋ˥.（水泥？）水泥也都挣。ʂuei˥ni˩˧ie˥tou˥˩tʂəŋ˥˩.（都可以这样tʂəŋ˥啊？）啊，都兀这挣。ɑ˩,tou˥˩və˥tʂə˥˩tʂəŋ˥.（啊，你说水泥那个什么那个结块儿了怎么说？）失效了。ʂɿ˥˩ɕiɑɔ˥lə˧.（噢，不是失效了嘞，就是就是把这个结块儿了这个意思就是按那个刚才那个tʂəŋ˥讲讲出来吵。）水泥噢，也……ʂuei˥ni˩˧ɑɔ˩,ie˥……（水泥怎么样了？）水泥我好像不得叫啥的吵咧？ʂuei˥ni˩˧ŋuo˥˧xɑɔ˥ɕiɑŋ˥pu˩˧tei˥˧tɕiɑɔ˥sɑ˥˦ti˧sɑ˧lie˧?（讲不讲tʂəŋ˥，tʂəŋ˥了？）不叫，水泥不……太不叫挣了好像，不能叫挣，只能叫失效。pu˩˧tɕiɑɔ˥,ʂuei˥ni˩˧p……tʰæᴇ˥pu˩˧tɕiɑɔ˥tʂəŋ˥lə˧xɑɔ˥ɕiɑŋ˥˩,pu˩˧nəŋ˩˧tɕiɑɔ˥tʂəŋ˥,tsɿ˥˩nəŋ˩˧tɕiɑɔ˥ʂɿ˥˩ɕiɑɔ˥.（石灰呢？）那就成了熟石灰了。nei˥˦tɕiou˥˩tʂʰəŋ˩˧lə˧ʂʮ˩˧ʂɿ˩˧xuei˥˩lə˧.（那就那个面……面吧？）噢，面子。ɑɔ˩,miæ̃˥tsɿ˧.（面子怎么样呢？）面子成了熟……变熟了都已经。miæ̃˥tsɿ˧tʂʰəŋ˩˧lə˧ʂʮ……piæ̃˥ʂʮ˩˧lə˧tou˥˩i˥˩tɕiŋ˥˩.（不是面子，就面粉啊？）面粉就叫挣了。那你就吃的时候它结下一块儿咧么。这都一……多一半儿这个人你这个……这儿这这个一般这个面噢它是口袋外外一摸，一结块儿，说呀这面已经挣了。这个面一挣就不好吃了。不是吃上燃，就是带酸味儿了。miæ̃˥fəŋ˥tɕiou˥tɕiɑɔ˥tʂəŋ˥lə˧.nə˥˦ni˥tsou˥˩tʂʰɿ˥ti˧sɿ˩˧xou˥tʰɑ˥tɕie˥˩xɑ˥i˥˧kʰuɑr˥lie˧muo˧.tʂə˥tuo˥i……tuo˥i˥˩pæ̃r˥tʂə˥kə˥zəŋ˩˧ni˥˧tʂə˥˩kə˥˩……tʂər˥tʂə˥tʂə˥˩kə˥˩i˥˧pæ̃˥tʂə˥˩kə˥˩miæ̃˥ɑɔ˩tʰɑ˥˧sɿ˥kʰou˥tæᴇ˥væᴇ˥væᴇ˥i˥˧muo˥,i˥˧tɕie˥˩kʰuər˥,ʂuo˥˩iɑ˧tʂə˥˦miæ̃˥i˥˩tɕiŋ˥˧tʂəŋ˥lə˧.tʂə˥kə˥miæ̃˥i˥˩tʂəŋ˥tɕiou˥pu˩˧xɑɔ˥˧tʂʰɿ˥lə˧.pu˩˧sɿ˥tʂʰɿ˥ʂɑŋ˥˩zæ̃˩˧,tɕiou˥sɿ˥tæᴇ˥suæ̃˥˩vər˥lə˧.（噢，面一tʂəŋ˥就不好吃了？）不好吃了。挣了这个就是面变咧，就是不……一个是一结块儿以后，蒸下馒头燃的不行……pu˩˧xɑɔ˥tʂʰɿ˥lə˧.tʂəŋ˥lə˧tʂə˥kə˥tɕiou˥˦sɿ˥miæ̃˥piæ̃˥lie˧,tɕiou˥sɿ˥pu˩˧……i˥˩kə˥sɿ˥i˥˧tɕie˥˩kʰuɑr˥i˥˩xou˥,tʂəŋ˥xɑ˥˩mæ̃˩˧tʰou˧zæ̃˩˧ti˧pu˩˧ɕiŋ˩˦……

背篓儿

（那个这个背上有些背着那个装东西的那个那个那个篓子一样的东西叫什么？）黄：本地没有得。都是进口儿来的。四川人背来的都叫背篓儿。pəŋ˥ti˥˦mei˩˧iou˥˧tei˥˩.tou˥˧sɿ˥tɕiŋ˥˦kʰour˥læᴇ˩˧ti˧.sɿ˥˦tʂʰuæ̃˥˩zəŋ˩˧pei˥˩læᴇ˩˧ti˧tou˥˩tɕiɑɔ˥˩pei˥lour˥˧.（你们叫什么？）我们不叫。我们没东西。ŋuo˥məŋ˧pu˩˧tɕiɑɔ˥.ŋuo˥məŋ˧muo˥˧tuoŋ˥ɕi˧.

斧头

黄：过去叫斧头。现在有钢板扁下那个叫作钢板斧头。木匠用的就叫偏斧。kuo˥˦tɕʰy˥tɕiɑɔ˥fu˥tʰou˧.ɕiæ̃˥tsæᴇ˥iou˥˧kɑŋ˥˩pæ̃˥piæ̃˥xɑ˥˩nə˥˩kə˥˩tɕiɑɔ˥tsuo˥kɑŋ˥˩pæ̃˥fu˥tʰou˧.mu˥tɕiɑŋ˥˩yoŋ˥˦ti˧tɕiou˥˩tɕiɑɔ˥˩pʰiæ̃˥fu˥˩.（片斧？）嗯。ŋ̍˩.（一片一片的？）偏。pʰiæ̃˥.（片下来的片？）啊，它是，木匠的斧头只是一面刃子。它只能偏，它不能剁。它一面是个直

① 湿滕：指空气非常潮湿。《说文·水部》："滕，水超踊也。"
② 挣：这里指面粉受潮而结块变硬。

的。这面就是那个暴肚肚子，“木匠偏斧是一面子剥”么。ɑ˩,tʰɑ˥˧sɿ˦˥,mu˥˧tɕiaŋ˥˩ti˧fu˥˧tʰou˧tsɿ˥˧˩sɿ˥˩i˥˧˩miæ̃˧˥zəŋ˥tsɿ˧.tʰɑ˥˧tsɿ˥˦nəŋ˨˦pʰiæ̃˥˧,tʰɑ˥˦pu˨˦˩nəŋ˨˦tuo˥.tʰɑ˥˦i˥˧˩miæ̃˧˥sɿ˥kə˥tʂʅ˨˦ti˦.tʂei˥miæ̃˥˩tɕiou˥˩sɿ˥˩nə˥kə˥pɑɔ˧˥tu˦˥tu˥˩tsɿ˧,mu˥˧tɕiaŋ˥˧˩pʰiæ̃˥˧fu˥˧˩sɿ˥i˥˧˩miæ̃˧˥tsɿ˧puo˥˧muo˧.（这个“偏”你们你们……）“偏离方向”的“偏”。pʰiæ̃˥˧li˨˦faŋ˥˧˩ɕiaŋ˧˥ti˧pʰiæ̃˥˧.（偏斧啊？）噢，偏斧么。ɑɔ˥˩,pʰiæ̃˥˧fu˥˧˩muo˧.（木匠叫是……削木头……）啊，就用的斧头叫偏斧么。ɑ˩,tsou˥yoŋ˥ti˦fu˥˧tʰou˧tɕiɑɔ˥pʰiæ̃˥˧fu˥˧˩muo˦.（一……一面子什么？）噢，一……木匠……木匠斧头是一面儿偏么。这里头，歇后语里头的一个东西。ɑɔ˥˩,i˥˧˩……mu˥˧tɕiaŋ˥……mu˥˧tɕiaŋ˥˩fu˥˧tʰou˧sɿ˥˩i˥˧˩miæ̃r˥pʰiæ̃˥˧muo˧.tʂei˥li˥˧tʰou˧,ɕie˥˧˩xou˥y˥˧li˥˧˩tʰou˧ti˧i˥˧˩kə˥tuoŋ˥˧ɕi˧.

錾

（这个石头啊，打石头那个短的那个……）黄：錾么。tsæ̃˥muo˧.（tsæ̃˥？）錾。tsæ̃˥.（那个东西就是一个字还是那个要加“子”啊或者加什么的？）錾。tsæ̃˥.（tsæ̃˥？）嗯，錾。那兀都是这个……这个里头要去分开就是铁匠錾、石匠錾。这个錾有几种錾。有带腕的錾，就是独把儿錾。ŋ̍˩,tsæ̃˥.nə˥və˥tou˥˦sɿ˥tʂə˥kə˥……tʂə˥kə˥li˥˧˩tʰou˧liɑɔ˥tɕʰy˥fəŋ˥˧˩kʰæᴇ˥˧tɕiou˥˩sɿ˥˩tʰie˥˧tɕiaŋ˥˩tsæ̃˥,ʂʅ˨˦˩tɕiaŋ˧˥tsæ̃˥˩.tʂə˥˩kə˥˩tsæ̃˥iou˥˦tɕi˥˧tʂuoŋ˥˧tsæ̃˥˩.iou˥˧tæᴇ˥væ̃˧˥ti˧tsæ̃˥˩,tɕiou˥˩sɿ˥˩tu˨˦˩par˥tsæ̃˥˩.（带带带腕的？）带腕的，噢，带腕的。因为这个上头，上头那一截是木头的，中间再……再安一截截，底下么再弄个錾头来安到这一截子上。这大概是最原始的錾。tæᴇ˥væ̃˧˥ti˧,ɑɔ˥˩,tæᴇ˦˥væ̃˥˧ti˧.iŋ˥˧˩vei˥tʂei˧˥kə˧˥ʂaŋ˦˥tʰou˧,ʂaŋ˦˥tʰou˧næᴇ˧˥i˥˧˩tɕie˨˦sɿ˥˩mu˥˧tʰou˧ti˧,tʂuoŋ˥˧˩tɕiæ̃˥˦tsæᴇ˥……tsæᴇ˥næ̃˥˧i˥˧˩tɕie˨˦˩tɕie˨˦˩,ti˥˧xɑ˥muo˦tsæᴇ˥nuoŋ˥kə˥tsæ̃˥tʰou˨˦læᴇ˨˦˩ŋæ̃˥˧tɑɔ˥˩tʂei˥i˥˦tɕie˨˦tsɿ˧ʂaŋ˥˩.tʂə˥tɑ˥kæᴇ˥sɿ˥tsuei˥yæ̃˨˦˩sɿ˥˧ti˧tsæ̃˥˩.（tæᴇ˥væ̃r˧˥ti˧？）带腕儿的。tæᴇ˦˥væ̃r˧˥ti˧.（væ̃r˧˥就是拐弯还是那个腕？）腕儿。væ̃r˥.（手腕？）手腕儿的腕儿。噢，带腕的錾。ʂou˥˧væ̃r˥ti˧væ̃r˧˥.ɑɔ˥˩,tæᴇ˦˥væ̃˧˥ti˧tsæ̃˥˩.（噢，带腕儿？）噢，带腕。噢，带腕的錾。再就是手把錾。就直接这一根钢钎望前头打尖。那是这样砸咧。这样砸的就说是这个瞎的，就是濽[1]的够呛。□带腕儿的这个錾么，这中间有木头，互相隔开以后就于人的这个手腕儿么获缓冲作用。ɑɔ˥˩,tæᴇ˥væ̃˧˥.ɑɔ˥˩,tæᴇ˥væ̃˧˥ti˧tsæ̃˥˩.tsæᴇ˥tɕiou˥sɿ˥ʂou˥˧pɑ˥˧˩tsæ̃˥˩.tsou˥tʂʅ˨˦tɕie˥˧˩tʂei˥i˥˧˩kəŋ˥˧kaŋ˥˦tɕʰiæ̃˥˧vaŋ˥tɕʰiæ̃˨˦˩tʰou˦tɑ˥˦tɕiæ̃˥˧.næᴇ˥sɿ˥tʂei˧˥iaŋ˥˩tsɑ˨˦˩lie˧.tʂə˥iaŋ˥˩tsɑ˨˦ti˧tɕiou˥ʂuo˥˧˩sɿ˥tʂə˥kə˥xɑ˥˧ti˧,tɕiou˥˩sɿ˥˩tsæ̃˥ti˧kou˥˩tɕʰiaŋ˥˩.niæ̃˨˦˩tæᴇ˥væ̃r˧˥ti˧tʂə˥kə˥tsæ̃˥muo˦,tʂə˥tʂuoŋ˥˧˩tɕiæ̃˥˦iou˥˦mu˥˧tʰou˧,xu˥ɕiaŋ˥˦kei˥˧kʰæᴇ˥˧i˥˧˩xou˥tsou˥y˨˦zəŋ˨˦ti˦tʂə˥kə˥ʂou˥˧væ̃r˧˥muo˧xuo˨˦˩xuæ̃˥˧tʂʰuoŋ˥˧˩tsuo˥˧˩yoŋ˥˩.（噢，这个呃那个什么？）带腕儿的錾和手把錾。tæᴇ˥væ̃r˥ti˦tsæ̃˥xuo˨˦˩ʂou˥˧pɑ˥˧˩tsæ̃˥˩.（ʂou˥˧……par˥˧˩？）啊。ɑ˩.（ʂou˥˧par˥ti˧？）手把錾。ʂou˥˧pɑ˥˧˩tsæ̃˥˩.（ʂou˥˧pɑ˥˧˩？）嗯，手把。就是把握的把，手把錾。ə̃˩,ʂou˥˧pɑ˥˧.tɕiou˥sɿ˥pɑ˥˧vuo˥˧˩ti˦pɑ˥˧.ʂou˥˧pɑ˥˧˩tsæ̃˥˩.（ʂou˥˧pɑ˥˧tsæ̃˥？）嗯。əŋ˩.

桩

（呃，那种就是打在这个木头里，呃，打在那个地上的那种桩子呢？）黄：也叫木头桩。ie˥˧tɕiɑɔ˥mu˥˧˩tʰou˧tʂuaŋ˥˧.（这个桩是讲一根还是一只还是什么？）一根。i˥˧˩kəŋ˥˧.（这个桩是不是一般指比较大的？）那不是。nei˧˥pu˨˦sɿ˥.（小一点的呢？）小一点的也就叫木桩咧。那没有，不分大。那就是就是给你区别开来，你是个大木桩、小木桩。ɕiɑɔ˥˧i˥˧˩tiæ̃˥˦ti˦lie˥˦(tɕ)iou˥tɕiɑɔ˥mu˥˧˩tʂuaŋ˥˧˩lie˧.næᴇ˧˥mei˨˦iou˥˦,pu˨˦˩fəŋ˥˧˩tɑ˥.næᴇ˧˥tɕiou˥˩sɿ˥˩tsou˥sɿ˥kei˥ni˥˦tɕʰy˥˧˩pie˨˦kʰæᴇ˥˧læᴇ˨˦˩,ni˥˦sɿ˥kə˥tɑ˥mu˥˧˩tʂuaŋ˥˧˩,ɕiɑɔ˥˧mu˥˧˩tʂuaŋ˥˧˩.（小的叫不叫

① 濽：清阮葵生《茶馀客话》卷十六：“《俗字》：溅水上衣曰‘濽’。”这里引申指石头碎末飞溅。

桩桩？）也叫桩桩咧。ie˥˩˧tɕiaɔ˦tʂuaŋ˥tʂuaŋ˥˩˨lie˨.（就是……叫桩桩一般指是大的还是小的？）那是小的。那还有一种东西，它叫摆桩。næᴇ˦˥sɿ˦ɕiaɔ˥ti˨.nə˦xa˨˩iou˥i˥˧tʂuoŋ˥˧tuoŋ˥˨ɕi˨,tʰa˥˨tɕiaɔ˦pæᴇ˥tʂuaŋ˥˨.（这是什么意思？）摆桩，你像这个，为了栅开，哎修个坝子，把水栅上来，它底下压些梢子，然后用木头，把这么奘那木头，很高的那个，削成这么，打成那么一长溜子，这就叫摆桩了。打成一摆子了。pæᴇ˥tʂuaŋ˥˨,ni˥˧ɕiaŋ˦tʂə˦kə˦,vei˦lə˨ts a˦kʰæᴇ˦˨,æᴇ˨ɕiou˥kə˦˨pa˦tsɿ˨,pa˥˨ʂuei˥tsa˦ʂaŋ˦læᴇ˨˦,tʰa˥˨ti˥ɕia˦˨nia˦ɕie˥˧saɔ˥tsɿ˨,zæ̃˨˩xou˦yoŋ˦mu˥tʰou˨,pa˥˨tʂə˦muo˨tʂuaŋ˥˧nə˦mu˥tʰou˨,xəŋ˥kaɔ˥˨ti˨nə˦kə˦,ɕyo˥tʂʰəŋ˨tʂə˦˥muo˨,ta˥tʂʰəŋ˨n ə˦muo˨i˥˨tʂʰaŋ˨˩liou˦tsɿ˨,tʂei˦tɕiou˦tɕiaɔ˦pæᴇ˥tʂuaŋ˥˨lə˨.ta˥tʂʰəŋ˨˩i˥˨pæᴇ˥tsɿ˨lə˨.（压些梢子是什么东西？）就是这些欸……tɕiou˦˥sɿ˦tʂə˦ɕie˥ei˨……（树梢是吧？）噢，树梢子，乔灌木么。把这乔灌木弄上以后，然后，中间把这木桩子钉进去，把它挡住么。上头把石头一压，再把土往上一倒，把水就拦住了。aɔ˨,ʂʮ˦saɔ˥˨tsɿ˨,tɕʰiaɔ˨˩kuæ̃˦mu˥˨muo˨.pa˥˨tʂei˦tɕʰiaɔ˨˩kuæ̃˦mu˥˨nuoŋ˦ʂaŋ˦i˥˨xou˦,zæ̃˨˩xou˦,tʂuoŋ˥˨tɕiæ̃˥˩pa˥˧tʂə˦mu˥˨tʂuaŋ˥tsɿ˨tiŋ˦tɕiŋ˦tɕʰy˦,pa˥˨tʰa˥˧taŋ˥˧tʂʮ˦˨muo˨.ʂaŋ˦tʰou˨pa˥˨ʂʅ˨˩tʰou˨i˥˧nia˦,tsæᴇ˦pa˥˨tʰu˥vaŋ˥˨ʂaŋ˦i˥˧taɔ˦,pa˥˨ʂuei˥tsou˦˨læ̃˨˩tʂʮ˦lə˦.（噢，那个你刚……刚才讲的这个这个是成排的桩……）噢，成排的橛叫摆桩。aɔ˨,tʂʰəŋ˨pʰæᴇ˨˩ti˨tɕye˨tɕiaɔ˦pæᴇ˥tʂuaŋ˥˨.（哪个摆啊？）摆。pæᴇ˥.（摆上去的那个摆吗？）噢，摆……噢，摆出来的摆。aɔ˨,pæᴇ……aɔ˨,pæᴇ˥tʂʰʮ˥˨læᴇ˨˩ti˨pæᴇ˥.（这个摆呀？摆设的摆呀？）噢，摆设的摆。aɔ˨,pæᴇ˥ʂə˥˨ti˨pæᴇ˥.（它为了防水用的是吧？）它只是为咧栅堰用的一些东西啊。tʰa˥˧tsɿ˥˨sɿ˦vei˦˩lie˨tsa˦iæ̃˦yoŋ˦ti˨i˥˨ɕie˥˨tuoŋ˥ɕi˨la˨.（眨眼儿，眨什么眼儿？）栅堰，栅堰也就叫压堰，堵水咧么。tsa˦iæ̃˦,tsa˦iæ̃˦ie˥˧tɕiou˦˨tɕiaɔ˦˨nia˦iæ̃˦˨,tu˥ʂuei˥lie˨muo˨.（噢，堰！）堰。iæ̃˦.（“都江堰”的“堰”？）噢，都江堰的堰噢。aɔ˦,tu˥˧tɕiaŋ˥˧iæ̃˦˥ti˨iæ̃˦˥aɔ˨.（栅就是这个就是……）压的意思，啊。nia˦ti˨i˦sɿ˨,æ˨.（打个桩还是扎个桩？）打个桩。ta˥kə˦˨tʂuaŋ˥˨.（这个先挖个坑，然后再弄一个桩子进去？）那叫栽个桩。nei˦tɕiaɔ˦tsæᴇ˦˥kə˦˨tʂuaŋ˥˨.

钉子

1. 黄：这个钉钉是没大没小，也可能是个大钉钉，也可是碎钉钉。tʂə˦˨kə˦tiŋ˥tiŋ˥˨sɿ˦˨muo˥˨ta˦muo˥˨ɕiaɔ˥,ie˥˧kʰə˥˨nəŋ˨sɿ˦kə˦ta˦tiŋ˥tiŋ˥˨,ie˥˧kʰə˥˨sɿ˦suei˦tiŋ˥˨tiŋ˥˨.

2.（这边钉棺材钉子有没有这么长的？）黄：我们那棺材见不得铁。ŋuo˥məŋ˨nə˦ku æ̃˥tsʰæᴇ˨˩tɕiæ̃˦pu˨˩tei˥˨tʰie˥.（那怎么办？）那都是用木头钉子钉下的。不能见铁么。我们那个棺材只是底座儿，做成在人没有死之前给钉咧个底座儿，那是铁钉子钉下的。是个装饰品。但是把这个人抬到这个墓坑跟前，在埋的时候，必须把这个底座儿打掉。nə˦to u˥˧sɿ˦˨yoŋ˦mu˥tʰou˨tiŋ˥tsɿ˨tiŋ˦xa˦ti˨.pu˨˩nəŋ˨tɕiæ̃˦tʰie˥muo˨.ŋuo˥məŋ˨nə˦kə˦kuæ̃˥tsʰæᴇ˨˩tsɿ˥˧s ɿ˦˨ti˥tsuor˦,tsuo˦˥tʂʰəŋ˨tsæᴇ˦zəŋ˨mei˨˩iou˥˧sɿ˥˧tsɿ˥tɕʰiæ̃˨kei˦˨tiŋ˦˥lie˨kə˦˨ti˥tsuor˦,næᴇ˦sɿ˦tʰie˥˧tiŋ˥tsɿ˨tiŋ˦xa˦ti˨.sɿ˦˨kə˦˨tʂuaŋ˥ʂʅ˥˨pʰiŋ˥.tæ̃˦sɿ˦pa˥˨tʂə˦kə˦zəŋ˨tʰæᴇ˨˩taɔ˦tʂə˦kə˦mu˦kʰəŋ˥˨kəŋ˥ tɕʰiæ̃˨,tsæᴇ˦mæᴇ˨ti˨sɿ˨˩xou˦,pi˥˧ɕy˥˨pa˥˨tʂə˦kə˦ti˥tsuor˦˨ta˥tiaɔ˦.（噢，还把底座儿打掉？）噢，底座儿打掉。把这个板子取掉，把这个座儿子取掉，把这个板要放到这个土上来。aɔ˨,ti˥˧tsuor˦ta˥tiaɔ˦.pa˥˨tʂə˦kə˦pæ̃˥tsɿ˨tɕʰy˥tiaɔ˦,pa˥˨tʂə˦kə˦tsuor˦tsɿ˨tɕʰy˥tiaɔ˦,pa˥˨tʂə˦kə˦pæ̃˥ia ɔ˦faŋ˦taɔ˦tʂə˦kə˦tʰu˥ʂaŋ˦˨læᴇ˨˩.

3. 最初那个，最老的[钉子]就是铁匠打下的。tsuei˦tʂʰʮ˥næᴇ˦˨kə˦˨,tsuei˦laɔ˥ti˨tɕiou˦sɿ˦tʰ ie˥˨tɕiaŋ˦ta˥xa˦˨ti˨.

钳子、镊子

1. 黄：镊子是两个，一……带尖尖的那个，或者是在前头突出的那个镊子。nie˥˧tsɿ˨sɿ˥liaŋ˥˧kə˧˩,i˥˧……tæᴇ˥˧˥tɕiæ̃˥˧tɕiæ̃˥˩ti˨nə˥kə˥,xuei˨˩˦˧tʂə˥˩sɿ˥tsæᴇ˥tɕʰiæ̃˨˩˦tʰou˧tʰu˥˧˧tʂʰʮ˥˧˧ti˧nə˥kə˥nie˥˧tsɿ˨.

2. 黄：钳子有几种钳子咧么你。有打铁的钳子。tɕʰiæ̃˨˩˦tsɿ˧iou˥˧˧tɕi˥˧tʂuoŋ˥˧tɕʰiæ̃˧˥tsɿ˧lie˧muo˧ni˥˩.iou˥˧˧tɑ˥˧˧tʰie˥˧ti˨tɕʰiæ̃˧˥tsɿ˧.（那个打铁的钳子叫什么？）那就叫欸钳子么。还有手钳……手钳儿。næᴇ˥˥˧tɕiou˧˩tɕiɑɔ˥ei˥tɕʰiæ̃˨˩˦tsɿ˧muo˨.xæᴇ˨˩˦iou˥˧˧ʂou˥˧tɕʰi……ʂou˥˧tɕʰiæ̃r˨˩˦.（手钳儿是什么呢？）手钳儿就是咱们带那个……带绝缘胶布的那个钳子，带胶把儿的那个。ʂou˥˧tɕʰiæ̃r˨˩˦tɕiou˥sɿ˥tʂɑ˧˥məŋ˧tæᴇ˥nə˥kə˥……tæᴇ˥tɕyo˧˥yæ̃˧˥tɕiɑɔ˥˩pu˥ti˧nə˥kə˥tɕʰiæ̃˨˩˦tsɿ˨,tæᴇ˥tɕiɑɔ˥˩pɑr˥ti˨nə˧˩kə˧˩.（老虎……老虎钳子？）噢，老虎钳子。也叫老虎钳子，也叫手钳儿。ɑɔ˩,lɑɔ˥˧xu˥˩tɕʰiæ̃˧˥tsɿ˧.ie˥˧˧tɕiɑɔ˥lɑɔ˥˧xu˥˩tɕʰiæ̃˧˥tsɿ˧,ie˥˧tɕiɑɔ˥ʂou˥˧tɕʰiæ̃r˨˩˦.（它有好几种啊。还有那种尖嘴儿的，扁嘴儿的，你们？）那是尖嘴钳子嘛。兀你是拿个尖的来，就叫个尖嘴钳子么。你拿下头这是秃的那个钳子，可以来往回拔的那个就叫汽工钳子咧。nə˥sɿ˥tɕiæ̃˥˩tsuei˥˧tɕʰiæ̃˧˥tsɿ˨mɑ˨.vu˥˥˧ni˥˩sɿ˧˩nɑ˨˩˦kə˥tɕiæ̃˥˧tə˨læᴇ˧˥˧,tɕiou˥tɕiɑɔ˥kə˥tɕiæ̃˥˧˩tsuei˥˧tɕʰiæ̃˨˩˦tsɿ˨muo˨.ni˥˩nɑ˧˥xɑ˥tʰou˨˩˦tʂə˥sɿ˥tʰu˥˧ti˨nə˥kə˥tɕʰiæ̃˨˩˦tsɿ˧,kʰə˥˧i˥˩læᴇ˧˥vɑŋ˥˩xuei˧˥pɑ˧˥ti˧nə˥kə˥tɕiou˥tɕiɑɔ˥tɕʰi˥˧˥kuoŋ˥˩tɕʰiæ̃˨˩˦tsɿ˨lie˨.（哪个tɕʰi˥？）就是那是，那个东西是实际上是汽车这个专用工具，叫汽工钳子。还有扒带钳子咧。专门儿……专门儿用来修自行车嘛，叫扒带咧。扒带钳子。扒带钳儿。tsou˥sɿ˥nə˥˥˧sɿ˧˩,nə˥kə˥tuoŋ˥˩ɕi˨sɿ˧˩ʂʅ˨˩˦tɕi˥˥˧ʂɑŋ˧˩sɿ˧˩tɕʰi˥tʂʰə˥˩tʂə˥˩kə˧˩tʂuæ̃˥˩yoŋ˥˥˧kuoŋ˥˩tɕy˥,tɕiɑɔ˧˩tɕʰi˥kuoŋ˥˩tɕʰiæ̃˧˥tsɿ˨.xæᴇ˨˩˦iou˥˧˧pɑ˨˩˦tæᴇ˥tɕʰiæ̃˨˩˦tsɿ˨lie˨.tʂuæ̃˥˩mə̃r˧˥……tʂuæ̃˥˩mə̃r˧˥yoŋ˥læᴇ˧˥˧ɕiou˥˩tsɿ˥ɕiŋ˧˥tʂʰə˥˧mɑ˨,tɕiɑɔ˥pɑ˨˩˦tæᴇ˥lie˥. pɑ˨˩˦tæᴇ˥tɕʰiæ̃˨˩˦tsɿ˨.pɑ˨˩˦tæᴇ˥tɕʰiæ̃r˨˩˦.（哪个扒？）扒，往下扒下来的扒。pɑ˧˥,vɑŋ˥˩ɕiɑ˥pɑ˨˩˦ɕiɑ˥læᴇ˨˩˦ti˨pɑ˨˩˦.

3. 黄：妇女用的那种欸拔针的这个钳子……fu˥ny˥˧yoŋ˥˧˥ti˨nei˥tʂuoŋ˥˧˧ei˩pɑ˧˥tʂəŋ˥˧ti˨tʂei˥kə˥tɕʰiæ̃˧˥tsɿ˨……（噢，拔针？纳鞋底子是不那个？）噢。那就不叫钳子了，叫针镊子。ɑɔ˩.næᴇ˥tɕiou˥pu˨˩˦tɕiɑɔ˥tɕʰiæ̃˨˩˦tsɿ˧lə˨,tɕiɑɔ˥tʂəŋ˥˧˥nie˥˧tsɿ˨.（它也很大吧？）小，不大。它那个嘴嘴基本上尖着咧。ɕiɑɔ˥˧,pu˨˩˦tɑ˥.tʰɑ˥˧nə˥kə˥tsuei˥˧tsuei˥˩tɕi˥˧˧pəŋ˥˧˧ʂɑŋ˥tɕiæ̃˥˧tʂə˨lie˨.

4.（那种……）黄：拔胡子的，没有得。pɑ˧˥xu˨˩˦tsɿ˧ti˨,muo˥˧˥iou˥˧tei˥˩.（这里都是刮的还是剃的？）都是刮的。或者拿刀子剃。tou˥˧˧sɿ˥kuɑ˥˧ti˨.xuei˨˩˦˥tʂə˥˩nɑ˧˥tɑɔ˥˧tsɿ˨tʰi˥˥˧.（像以前老人家很很很早以前都是用这个东西这么拔。）那我们这儿都是拿刀子……剃头刀子把它刮掉。nə˥ŋuo˥˧məŋ˨tʂər˥tou˥˧˧sɿ˥nɑ˧˥tɑɔ˥˧tsɿ˨……tʰi˥tʰou˧˥tɑɔ˥˧tsɿ˨pɑ˥˧˧tʰɑ˥˧˧kuɑ˥˧tiɑɔ˥.

扳手

1. 黄：最土的就是这个扳手。扳子那只是咿说的多，但是不土么。tsuei˥tʰu˥˧ti˨tɕiou˥sɿ˥tʂə˥kə˥pæ̃˥˧ʂou˨.pæ̃˥˧tsɿ˨nə˥tsɿ˥˩sɿ˧˩i˥ʂuo˥˩ti˨tuo˥˧,tæ̃˥sɿ˥pu˨˩˦tʰu˥˧muo˨.

2. 黄：活动扳子……那个头起打了“劳动”两个字，那个扳子多一半儿头起都带字着咧，有的人把那叫“劳动扳手”。xuo˨˩˦tuoŋ˥pæ̃˥˧tsɿ˨……nə˥kə˥tʰou˨˩˦tɕʰie˥˧˧tɑ˥˧lə˨lɑɔ˨˩˦tuoŋ˥liɑŋ˥˧kə˧˩tsɿ˥,nə˥kə˥pæ̃˥˧tsɿ˨tuo˥˧i˥˩pæ̃r˥tʰou˨˩˦tɕʰie˥˧˧tou˥˩tæᴇ˥tsɿ˥tʂə˧lie˥,iou˥˧ti˨ʐəŋ˧˥pɑ˥˩næᴇ˥tɕiɑɔ˥lɑɔ˨˩˦tuoŋ˥pæ̃˥˧ʂou˨.（它哪儿产的呀它是？）不知道。反正就是只有“劳动”两个字。pu˨˩˦tʂʅ˥˩tɑɔ˥˥˧.fæ̃˥˩tʂəŋ˥tsou˥sɿ˥tsɿ˥˧˧iou˥˧˧lɑɔ˨˩˦tuoŋ˥liɑŋ˥˧kə˧˩tsɿ˧˩.

槌子

（啊，这样的……那个工具呢？）黄：槌子嘛。tʂʰuei˩˧ʎ˩tsɿ˧ma˧.（槌子有大有小啊！有的敲那个敲铁盆儿的那种，那个那个小的叫什么？也是槌子？）那你看你是欸……næᴇ˧ni˥˩kʰæ̃˧˥ni˥˩sɿ˧ei˧……（大的呢？）榔头。laŋ˩˧˩˥tʰou˧.（这个打，嘡……）铁锤嘛。tʰie˥˩tʂʰuei˩˧ma˧.（那叫铁锤是吧？）那都叫的……那都叫的具体了。那就根据上头那个分量来说了。有的上头是这个八道来的。nə˧˥tou˥˩tɕiaɔ˧ti˧……nə˧tou˥˩˥tɕiaɔ˧ti˧tɕy˧tʰi˥˩lə˧.nə˧ts ou˧kəŋ˥˩tɕy˧˥ʂaŋ˧˥tʰou˧nə˧kə˧fəŋ˧˥liaŋ˧˩læᴇ˩˧ʂuo˥˩lə˧.iou˥˩ti˧ʂaŋ˧˥tʰou˧sɿ˧tʂə˧kə˧pa˥˩taɔ˧˩læᴇ˩˧t i˧.（八磅的是吧？）呃叫八磅槌。有大的就是这十六磅的。ə˧tɕiaɔ˧pa˥˩paŋ˧tʂʰuei˩˧.iou˥˩ta˧ ti˧tɕiou˧sɿ˧tʂə˧ʂʅ˩liou˥˩paŋ˧ti˧.（十六磅的叫什么？）十六磅槌么。ʂʅ˩liou˥˩˥paŋ˧tʂʰuei˩˧muo˧.

（我记得过去打金子打银子，你们这儿不是很多女同志戴这个，那种的呢？小小的。）钉锤儿。钉锤儿它有两个作用咧。钉锤它一面，它是弯起来的这么个样子。这面有口咧。它可以把钉子拔出来。tiŋ˥˩tʂʰuər˩˧.tiŋ˥˩tʂʰuər˩˧tʰa˥˩˥iou˥˩˥liaŋ˥˩kə˧˩tsuo˥˩yoŋ˧lie˧.tiŋ˥˩tʂʰuei˩˧tʰa˥˩˥i˥˩˩m iæ̃˧,tʰa˥˩sɿ˧˩væ̃˥˩tɕʰi˥˩læᴇ˩˧ti˧tʂə˧muo˧kə˧iaŋ˧tsɿ˧.tʂə˧miæ̃˧˩iou˥˩˥kʰou˥˩lie˧.tʰa˥˩˥kʰə˥˩i˥˩pa˥˩tiŋ˥˩tsɿ˧ pa˩˧tʂʰʮ˥˩læᴇ˩˧.（噢，就是羊角一样的？）噢，羊羊角子。它先往底下这么一弄，带着这个杠杆儿的作用，它给作用拔钉子。aɔ˩,iaŋ˩˧iaŋ˩˧tɕyo˥˩tsɿ˧.tʰa˥˩ɕiæ̃˥˩vaŋ˥˩ti˥˩xa˧tʂə˧muo˧i˥˩ nuoŋ˧,tæᴇ˧tʂə˧tʂə˧kə˧kaŋ˧kæ̃r˥˩ti˧tsuo˥˩yoŋ˧,tʰa˥˩kei˧˩tsuo˥˩˥yoŋ˧pa˩˧tiŋ˥˩tsɿ˧.（那个叫什么？）钉锤儿。tiŋ˥˩tʂʰuər˩˧.（那也叫钉锤儿是吧？）噢，钉锤儿。嗯。aɔ˩,tiŋ˥˩tʂʰuər˩˧.ə̃˩.（就这么大的，就是那个金匠铁……金匠用打打打金器用。）金匠拿那个是，它是一头儿是个，为一头儿是个尖的么。tɕiŋ˥˩tɕiaŋ˧˩na˩˧nə˧kə˧sɿ˧,tʰa˥˩sɿ˧˩i˥˩tʰour˩˧sɿ˧kə˧,vei˩˧i˥˩tʰour˩˧sɿ˧kə˧tɕi æ̃˥˩ti˧muo˧.（啊，对呀！它也叫钉锤儿吗？）也叫钉锤儿么。ie˥˩tɕiaɔ˧tiŋ˥˩tʂʰuər˩˧muo˧.（还有这修鞋的，一头这个扁的那种。）那是那就叫钉锤，也叫钉锤儿，嗯。nə˧˥sɿ˧næᴇ˧˥tɕi ou˧tɕiaɔ˧tiŋ˥˩tʂʰuei˩˧,ie˥˩tɕiaɔ˧tiŋ˥˩tʂʰuər˩˧,ə̃˧.（小槌子叫不叫槌槌儿？）也叫咧。兀都是些土话，一般都是这个……ie˥˩tɕiaɔ˧lie˧.væᴇ˧˥tou˥˩sɿ˧˩ɕie˥˩tʰu˥˩xua˧,i˥˩pæ̃˥˩tou˥˩sɿ˧tʂə˧kə˧……（槌槌还是槌槌儿？）槌槌。tʂʰuei˩˧tʂʰuei˩˥.（不加“儿”？）嗯。ə̃˩.

绳子

1. 黄：过去还背庄稼咧。这个这个有些是，收下这个粮食要往回来背咧。合下那么个绳，那叫背绳。喊往回来背庄稼的那叫背绳。kuo˧tɕʰy˧xa˩˧pei˥˩tʂuaŋ˥˩tɕia˧lie˧.tʂə˧kə˧tʂə˧˩kə˧ ˩iou˥˩ɕie˥˩sɿ˧,ʂou˥˩xa˧˩tʂə˧kə˧liaŋ˩˧ʂʅ˩˧iaɔ˧vaŋ˥˩xuei˩˧læᴇ˩˥pei˥˩lie˧.xuo˩˧xa˧nə˧muo˧kə˧ʂəŋ˩˧,næ ᴇ˧tɕiaɔ˧pei˥˩ʂəŋ˩˧.xæ̃˥˩vaŋ˥˩xuei˩˥læᴇ˩˥pei˥˩tʂuaŋ˥˩tɕia˧ti˧næᴇ˧tɕiaɔ˧pei˥˩ʂəŋ˩˧.

2. 黄：你这个为咧欸给揭地用的那一个长绳还叫撇绳。ni˥˩tʂə˧kə˧vei˧˥lie˧ei˧kei˧˩tɕ ie˥˩ti˧˥yoŋ˧˥ti˧nei˧i˥˩kə˧tʂʰaŋ˩˧ʂəŋ˩˧xa˩˧tɕiaɔ˧pʰie˥˩ʂəŋ˩˧.（给什么？）揭地用……拉住叫牲口停止的那个绳叫撇绳。tɕie˥˩ti˧yoŋ˧……la˥˩tʂʮ˧˩tɕiaɔ˧səŋ˥˩kʰou˧tʰiŋ˩˧tsɿ˥˩ti˧nei˧kə˧ʂəŋ˩˧tɕia ɔ˧pʰie˥˩ʂəŋ˩˧.（那个做鞋用的那个？）鞋底绳子。纳鞋底子是这个，有的叫纳鞋底子，有的……有的叫这个……鞋底子多一半叫纳咧。xæᴇ˩˧ti˥˩ʂəŋ˩˧tsɿ˧.na˥˩ɕie˩˧ti˥˩tsɿ˧sɿ˧tʂə˧kə˧,iou ˥˩ti˧tɕiaɔ˧na˥˩ɕie˩˧ti˥˩˥tsɿ˧,iou˥˩˥ti˧……iou˥˩ti˧tɕiaɔ˧tʂə˧kə˧……ɕie˩˧ti˥˩tsɿ˧tuo˥˩i˥˩pæ̃˧tɕiaɔ˧na˥˩lie˧.（嗯，纳鞋底，纳鞋底子还是纳鞋底？）纳鞋底么。na˥˩ɕie˩˧ti˥˩muo˧.（啊，那个绳……纳鞋底那个那个那个绳子叫什么绳？）那都叫个绳子，底绳子。næᴇ˧˥tou˥˩tɕiaɔ˧kə˧ʂəŋ˩˧tsɿ˧, ti˥˩ʂəŋ˩˧tsɿ˧.（很细的那种绳子呢？）那就……那就看啥绳绳了。有的□给那线绳子，有的叫麻绳子。nə˧tsou˧……nə˧tsou˧kʰæ̃˧sa˧˥ʂəŋ˩˧ʂəŋ˩˥lə˧.iou˥˩ti˧niæ̃˩˧kei˧nə˧ɕiæ̃˧˥ʂəŋ˩˧tsɿ˧,iou˥˩ti˧

tɕiɑɔ˦mɑ˨˩ʂəŋ˨˩˦tsɿ˧.（线绳子，麻绳子？）噢，那是用线合成的就叫线绳子。用麻合成叫是线绳……就叫麻绳子。ɑɔ˨˩,nə˦˩sɿ˦˩yoŋ˦ɕiæ̃˦xuo˨˩˨˩tʂʰəŋ˨˩ti˧tɕiou˦tɕiɑɔ˦ɕiæ̃˦ʂəŋ˨˩tsɿ˧.yoŋ˦mɑ˨˩xuo˨˩tʂʰəŋ˨˩˦tɕiɑɔ˦˩sɿ˦˩ɕiæ̃˦ʂəŋ˨˩˦……tɕiou˦˩tɕiɑɔ˦˩mɑ˨˩ʂəŋ˨˩˦tsɿ˧.（那绳绳儿是什么意思呢？）绳绳那还就是指咧一根绳，是土话，绳绳。ʂəŋ˨˩ʂəŋ˨˩˦næᴇ˦xɑ˨˩tɕiou˦sɿ˦tsɿ˥˧lie˧li˥˧kəŋ˥˧ʂəŋ˨˩,sɿ˦tʰu˥˧xuɑ˦˩,ʂəŋ˨˩ʂəŋ˨˩˦.（粗的还是细的？）那都不分粗细。你拿个……噢，你拿一个绳来，你拿这么奘还是个绳，你拿这细的还是根绳。næᴇ˦˦tou˥˩pu˨˩fəŋ˥˩tsʰʮ˥˩ɕi˦.ni˥˧nɑ˨˩kə˦……ɑɔ˨˩,ni˥nɑ˨˩i˥˩kə˦˩ʂəŋ˨˩læᴇ˨˩,ni˥˧nɑ˨˩tʂə˦muo˧tʂuɑŋ˥xɑ˨˩sɿ˦kə˦ʂəŋ˨˩,ni˥˧nɑ˨˩tʂə˦ɕi˦ti˧xɑ˨˩sɿ˦kəŋ˥ʂəŋ˨˩.（那一般讲绳绳儿，它是不是主要指那个细一点的？）细一点的。一般都讲细一点的。就是欸，你拿个袋子，你拿根绳绳来，把这个袋口口子绑住。ɕi˦i˥˧tiæ̃˥˩ti˧.i˥˧pæ̃˥tou˥˩tɕiɑŋ˥ɕi˦i˥˧tiæ̃˥˩ti˧.tsou˦sɿ˦ei˨˩,ni˥˧nɑ˨˩kə˦tæᴇ˦tsɿ˧,ni˥˧nɑ˨˩kəŋ˥ʂəŋ˨˩ʂəŋ˨˩˦læᴇ˨˩,pɑ˥˩tʂə˦kə˦tæᴇ˦kʰou˥kʰou˥˩tsɿ˧pɑŋ˥tʂʰʮ˦˩.（有那个铁绳子吗？）没有。那就叫钢……铁绳子就叫钢丝绳了。mei˨˩iou˥˩.nei˦˦tɕiou˦˩tɕiɑɔ˦˩kɑŋ……tʰie˥ʂəŋ˨˩tsɿ˧tɕiou˦˩tɕiɑɔ˦˩kɑŋ˥˩sɿ˥ʂəŋ˨˩lə˧.

土木灰

（有没有到山上搞那些那个植被来沤到那个地方？）黄：有嘛。在前几年咱们给□烧火火咧，烧火给□。iou˥mɑ˧.tsæᴇ˦tɕʰiæ̃˨˩tɕi˥niæ̃˨˩tsɑ˨˩məŋ˧kei˦niæ̃˨˩ʂɑɔ˥˩xuo˥xuo˥˩lie˧,ʂɑɔ˥˩xuo˥kei˦˦niæ̃˨˩.饶：噢，那啊有。那都是七几年了啊？ɑɔ˨˩,nei˦˦æ˧iou˥.nei˦˦tou˥sɿ˦˩tɕʰi˥tɕi˥˩niæ̃˨˩lə˧lɑ˨˩?黄：七几年都……tɕʰi˥tɕi˥˩niæ̃˨˩tou˥˩……饶：我的印象在……ŋuo˥ti˧liŋ˦ɕiɑŋ˦sɿ˦tsæᴇ˦˦……黄：七四年七二三年好像都那样搞么。tɕʰi˥˩sɿ˦niæ̃˨˩˦tɕʰi˥˩ər˦sæ̃˥niæ̃˨˩xɑɔ˥˩ɕiɑŋ˦tou˥˧nə˦˩iɑŋ˦˩kɑɔ˥muo˧.饶：它是山上沤的那个灰噢。他……他是把那个山上那个树叶子噢，树叶子和那个拌拌上它那个草噢，哎，从那个半山往下刮到山根底，然后把那些细茅丝望这里一砍，砍伐个树叶是和那个欸草嘛压得底下，欸那树梢子望……欸，压住上面是盖起土啊，把这一点着，这些……这叫溇肥咧噢。tʰɑ˥˧sɿ˦sæ̃˥ʂɑŋ˦˩nou˦ti˧nə˦kə˦xuei˥˧ɑɔ˧.tʰɑ˥˩……tʰɑ˥˧sɿ˦pɑ˥˩nə˦˩kə˦˩sæ̃˥ʂɑŋ˦˩nə˦kə˦ʂʮ˦˧ie˥tsɿ˧lɑɔ˨˩,ʂʮ˦˧ie˥tsɿ˧xuo˨˩˦nə˦kə˦pæ̃˦˧pæ̃˦˧ʂɑŋ˦˩tʰɑ˥˧nə˦kə˦tsʰɑɔ˥ɑɔ˨˩,æᴇ˨˩,tsʰuoŋ˨˩˦nə˦kə˦pæ̃˦˧sæ̃˥˩vɑŋ˥xɑ˦˩kuɑ˥tɑɔ˦˩sæ̃˥kəŋ˥˩ti˥,zæ̃˨˩xou˦pɑ˥˩næᴇ˦ɕie˥˩ɕi˦mɑɔ˨˩sɿ˥vɑŋ˦tʂə˦li˥˧i˥˩kʰæ̃˥,kʰæ̃˥fɑ˨˩kə˦ʂʮ˦˧ie˥sɿ˦˩xuo˨˩nə˦kə˦ei˨˩tsʰɑɔ˥mɑ˧iɑ˦tə˧ti˥xɑ˦˩,ei˦nei˦ʂʮ˦˧sɑɔ˥tsɿ˧vɑŋ˦……ei˨˩,iɑ˦tʂʮ˦ʂɑŋ˦˧miæ̃˦sɿ˦kæᴇ˦tɕʰi˥˩tʰu˥ɑ˨˩,pɑ˥˩tʂei˦i˥˩tiæ̃˥tʂʰuo˨˩,tʂə˦˦ɕie˥˩……tʂei˦˦tɕiɑɔ˦vuo˥fei˨˩˨˩liɑɔ˧.黄：用溇肥，也叫沤肥咧。yoŋ˦vuo˥fei˨˩,ɑ˥˧tɕiɑɔ˦ŋou˦˦fei˨˩˨˩lie˧.饶：也叫溇肥，也叫沤肥咧。然后把这个着过以后么，老百姓还在放些笼啊，笼还就是我们叫的筐啊，有些人叫笼。呃，有些人叫筐。ie˥tɕiɑɔ˦vuo˥fei˨˩˨˩,ie˥tɕiɑɔ˦ŋou˦˦fei˨˩˨˩lie˧.zæ̃˨˩xou˦pɑ˥˩tʂə˦kə˦tʂuo˨˩kuo˦˧i˥˩xou˦˧muo˧,lɑɔ˥pei˨˩ɕiŋ˦xɑ˨˩tsæᴇ˦fɑŋ˦˧ɕie˥˩luoŋ˥ɑ˨˩,luoŋ˥xɑ˨˩tɕiou˦˦sɿ˦˩ŋuo˥˧məŋ˧tɕiɑɔ˦ti˧kʰuɑŋ˥ɑ˨˩,iou˥ɕie˥˩zəŋ˨˩tɕiɑɔ˦˩luoŋ˥.ə˦,iou˥ɕie˥˩zəŋ˨˩tɕiɑɔ˦˩kʰuɑŋ˥.（就是那大筐子啊？）黄：噢，那这筐子。一人担一担。大集体哈，这一下就说是从那个下，半山啊底下下担下很远的地方，担得地里去。担下地里去下，这个给老百姓咋计报酬啊？就是过秤。啊，每担一担给你过秤。这个这生产队有个记工员儿啊，给你每一秤过了秤，然后就给你记……嗯，记到这个欸纸上，然后到黑了就给你一算，呃，这个账下某人还是嗯过呃担了多……多少，呃李四担了多少，给你账一算下，你一个……担得多咧你都得的报酬多下，得工啊得工分儿多；担得少你，得工分儿少。这都是前几年。ɑɔ˨˩,nɑ˦tʂə˦kʰuɑŋ˥tsɿ˧.i˥˩zəŋ˨˩tæ̃˥i˥˩tæ̃˦˦.tɑ˦tɕi˥˩tʰi˥xɑ˧,tʂei˦i˥xɑ˦˧tɕiou˦ʂuo˥˩sɿ˦tsʰuoŋ˨˩nə˦˦kə˦xɑ˦,pæ̃˦sæ̃˥˩ɑ˨˩ti˥xɑ˦˩xɑ˦˩tæ̃˥xɑ˦˩xəŋ˥yæ̃˥tə˧ti˦˧fɑŋ˥˩,tæ̃˥tə ti˦˨li˥˩tɕʰi˦.tæ̃˥xa˨˩ti˦˨li˥˩tɕʰi˦xa˦,tʂei˦˧kə˦kei˦laɔ˥pei˥˩ɕiŋ˦tsa˥˧tɕi˦paɔ˦˧tʂʰou˨˩a˦?tɕiou˨˩sɿ˨˩kuo˦tʂʰəŋ˦.a˩,mei˥tæ̃˥i˥˩tæ̃˦kei˦ni˥˧kuo˦tʂʰəŋ˦.tʂə˦kə˦tʂə˨˩səŋ˥˩tsʰæ̃˥˧tuei˦iou˥˧kə˦tɕi˦˧kuoŋ˨˩yæ̃ ra˩,kei˦ni˥˧mei˥i˥˩tʂʰəŋ˦kuo˦˧lə tʂʰəŋ˦,zæ̃˨˩xou˦˧tɕiou˦kei˦ni˥˧tɕi˦˧……ə̃˩,tɕi˦˧taɔ˦tʂə˦kə˦ei˩tsɿ˥ʂaŋ˨˩,zæ̃˨˩xou˦taɔ˦xei˥lə tsou˦kei˦ni˥˧i˥˩suæ̃˦,ə˩,tʂə˦kə˦tʂaŋ˦˧ɕia˨˩mu˥zəŋ˩xa˨˧sɿ˦ə̃˦kuo˦ə˩tæ̃˥lə tuo˥˩……tuo˥˩ʂaɔ˥,ə˦li˥sɿ˦˧tæ̃˥lə tuo˥˩ʂaɔ˥˧,kei˦ni˥˧tʂaŋ˦i˥˩suæ̃˦xa˦,n̩˥i˥˩kə˦……tæ̃˥ti tuo˥lie ni˥˧tsou˦tei˥ti paɔ˦˧tʂʰou˨˩tuo˥xa˨˩,tei˥kuoŋ˥˧a tei˥kuoŋ˥˧fə̃r˥tuo˥;tæ̃˥ʂaɔ˥˩n̩˥˧,tei˥kuoŋ˥˩fə̃r˥˩ʂaɔ˥˩. tʂə˦˧sɿ˨˩tɕʰiæ̃˩tɕi˥˩niæ̃˨˩.饶：这都是七几年。tʂei˦tou˥˧sɿ˦tɕʰi˥tɕi˥˩niæ̃˨˩.黄：七几年就是。现在已经不行了。tɕʰi˥tɕi˥˩niæ̃˨˩tɕiou˨˩sɿ˨˩.ɕiæ̃˦tsæᴇ˦i˥tɕiŋ˥˩pu˨˩ɕiŋ˨˩lə.饶：啊，现在不了。a˩,ɕiæ̃˦tsæᴇ˦pu˨˩lə.黄：现在的话，你要这样搞的话，你就是破坏植被么。ɕiæ̃˦tsæᴇ˦tə xua˦,ni˥˧iaɔ˦tʂei˦˧iaŋ˨˩kaɔ˥tə xua˨˩,ni˥˧tɕiou˦sɿ˦pʰuo˦xuæᴇ˦tʂʅ˨˧pei˦muo.饶：呃，对着咧。那现在是不行。ə˦,tuei˦tʂə lie.nə˦ɕiæ̃˦tsæᴇ˦sɿ˦pu˨˩ɕiŋ˨˩.黄：破坏自然，破坏植被么。它那个东西一般就是一烧以后，肥……就肥料的成分就把钾的成分就加进去了。钾的成分再多一点。再加上它本身刮下来这个土就是腐殖质。pʰuo˦xuæᴇ˦tsɿ˨˩iæ̃˩,pʰuo˦xuæᴇ˦tʂʅ˨˧pei˦muo.tʰa˥˩nə˦kə˦tuoŋ˥ɕi li˥˧pæ̃˥tɕiou˦sɿ˨˩i˥˩ʂaɔ˥i˥˩xou˦,fei˨˧……tɕiou˨˩fei˨˩liaɔ˦ti tʂʰəŋ˨˩fəŋ˦tɕiou˦pa˥˩tɕia˥ti tʂʰəŋ˨˩fəŋ˦tɕiou˦tɕia˥˩tɕiŋ˦tɕʰi˦lə˦.tɕia˥ti tʂʰəŋ˨˩fəŋ˦tsæᴇ˦tuo˥i˥˩tiæ̃˥˩.tsæᴇ˦tɕia˥ʂaŋ˨˩tʰa˥pəŋ˥ʂəŋ˥˩kua˥˩xa˦˧læᴇ˨˩tʂə˦kə˦tʰu˥tɕiou˨˩sɿ˨˩fu˥tʂʅ˧tʂʅ˨˩.（噢，连土都刮下来？）黄：噢，连土都刮一……aɔ˩,liæ̃˨˩tʰu˥tou˥˩kua˥i˥˩……饶：连土刮到了。它那个土是黑的。植被都……liæ̃˨˩tʰu˥kua˥taɔ˦˩lə.tʰa˥˧nə˦kə˦tʰu˥sɿ˦xei˥ti.tʂʅ˨˩pei˦˧tou˥˩……（那不对它那个那个山上的植被这影响很大呀？）饶：是一种破坏嘛。那纯粹是一种破坏么。sɿ˦i˥˧tʂuoŋ˥˧pʰuo˦xuæᴇ˦˧ma.nə˦tʂʰuoŋ˨˩tsʰuei˦sɿ˦i˥˧tʂuoŋ˥˧pʰuo˦xuæᴇ˦muo.黄：那个时……太没人等你……太都不管那些噢。现在已经……nə˦˧kə˨˩sɿ˨˩……tʰæᴇ˦muo˥˩zəŋ˩təŋ˥˩ni˥˧……tʰæᴇ˦tou˥˧pu˩kuæ̃˥na˨˩ɕie˥˩aɔ˩.ɕiæ̃˦tsæᴇ˦i˥tɕiŋ˥˩……（那个那个把那个那些树叶什么东西把它弄一下……）黄：都是……去烧着了。tou˥˧sɿ˦……tɕʰi˦ʂaɔ˥tʂuo˨˩lə˦.（讲打青还是割青呢？）黄：那那不，那都是枯……枯萎了以后的树叶子。næᴇ˦˧nə˦˧pu˨˩,nə˦tou˥˧sɿ˦……nə˦˧tou˥˧sɿ˦kʰu˥……kʰu˥˩vei˥lie i˥˧xou˦ti ʂʮ˦lie˥tsɿ.（噢，枯萎了？）黄：嗯。ə̃˩.（青的还是不搞哈？）黄：青的不搞。tɕʰiŋ˥ti pu˨˧kaɔ˥˩.

化肥

（那个如果是施化肥呢？）黄：一种是……化肥那就是一种是撒化肥咧，就是撒的。一种是追。每一窝每一窝往上点的这个肥料叫追肥。i˥˩tʂuoŋ˥sɿ˦……xua˦fei˩næᴇ˦tɕiou˨˩sɿ˨˩i˥˩tʂuoŋ˥sɿ˦sa˥xua˦fei˨˩lie,tɕiou˦sɿ˦sa˥ti.i˥˩tʂuoŋ˥˧sɿ˦tʂuei˥.mei˥i˥˧vuo˥mei˥i˥˧vuo˥vaŋ˥˩ʂaŋ˦tiæ̃˥ti tʂə˦kə˦fei˨˩liaɔ˦tɕiaɔ˦tʂuei˥fei˨˩.（追是吧？）嗯，追咧啊，噢，追，追东西的这个，追人的追。n̩˩,tʂuei˥lie a˥,aɔ˩,tʂuei˥˩,tʂuei˥˩tuoŋ˥ɕi ti tʂə˦kə˦,tʂuei˥˩zəŋ˨˩ti tʂuei˥˩.（讲不讲上化肥呢？）上嘛，也可以说上化肥，追化肥。再一个是大面积把这个肥料就说是……撒到这个地里面叫撒化肥。ʂaŋ˦ma,ie˥kʰə˥i˥˩ʂuo˥˩ʂaŋ˦xua˦fei˨˩,tʂuei˥xua˦fei˨˩.tsæᴇ˦i˥˩kə˦sɿ˦ta˦miæ̃˦tɕi˥˩pa˥˩tʂə˦kə˦fei˨˩liaɔ˦tsou˨˩ʂuo˥˩sɿ˦……sa˥taɔ˦tʂə˦kə˦ti˦li˥˩miæ̃˨˩tɕiaɔ˦sa˥xua˦fei˨˩.

粪

1.（你们这里粪呐，就有些什么样的粪，就是用作农家肥的这些粪呐？）黄：啊，粪噢？这个有些啥粪噢？a˩,fəŋ˦˧aɔ˦?tʂə˦kə˦iou˥˧ɕie˥˧sa˦fəŋ˦aɔ˦?（嗯。）牛粪，羊粪，猪粪。还有人粪。niou˨˩fəŋ˦,iaŋ˨˩fəŋ˦,tʂʮ˥˩fəŋ˦.xæᴇ˨˩iou˥˧zəŋ˨˩fəŋ˦˧.（人粪有什么特别的称呼没有？）那就叫大粪。有些他叫人大粪咧□还。næᴇ˥˦tɕiou˥tɕiaɔ˥ta˥fəŋ˥˩.iou˨˩˦ɕie˨˧t^hɑ˨˧tɕiaɔ˥zə ŋ˩˧ta˥fəŋ˥˦lie·˧niæ̃˧˩xæᴇ˧˥.

2.（厕所粪就是厕所里面的那个……）黄：啊，厕所里头出出来这个粪。但是这个你像这个欸你过咧这面的话，到这个岭那面咧，□还叫灰圈么。ɑ˨˩,ts^hə˨˩suo˨˩˦li˨˧t^hou·˧tʂ^hʮ˨˩t ʂ^hʮ˨˩˦læᴇ˩˧tʂə˥kə˥fəŋ˥˩.tæ̃˥sɿ˥tʂə˥kə˥ni˨˧ɕiaŋ˥tʂə˥kə˥ei˥ n̩˨˧kuo˥lie·˧tʂə˥miæ̃˥˦ti·˧xuɑ˥,taɔ˥tʂə˥kə˥liŋ ˨˩˦nei˥˦miæ̃˥lie˧,niæ̃˧˥xɑ˧˩tɕiaɔ˥xuei˨˧tɕ^hyæ̃˥˩muo·˧.（灰圈粪？）啊，灰圈粪。他把厕所叫灰圈。ɑ˨˩,xuei˨˧tɕyæ̃˥fəŋ˥˩.t^hɑ˨˧pa˨˩ts^hei˨˩suo˨˧tɕiaɔ˥xuei˨˧tɕyæ̃˥˩.（在哪个地方呢？）在……从这个洞子……洞子……过咧洞子那面，这个字多一半儿还不是所有的。那面就是段家集、肖咀乡，这些叫灰圈。tsæᴇ˥˦……ts^huoŋ˩˧tʂə˥kə˥tuoŋ˥˦tsɿ·˧……tuoŋ˥˦tsɿ·˧……kuo˥˦lie·˧tuoŋ˥˦ts ɿ·˧nei˥˦miæ̃˥,tʂə˥˦kə˥˦tsɿ˥tuo˨˧i˨˩pæ̃r˥xɑ˧˩pu˩˧sɿ˥ʂuo˨˩˦iou˨˩˦ti·˧.nei˥˦miæ̃˥tɕiou˥sɿ˥tuæ̃˥˦tɕia˨˩tɕi˩˧,ɕia ɔ˨˩˦tsuei˨˩ɕiaŋ˨˩˦,tʂei˥˦ɕie˨˩tɕiaɔ˥xuei˨˧tɕ^hyæ̃˥˩.（噢，那离那个宁县很近了？）噢，离宁县已经近了，啊。离宁县还呃近得很。近些，这些叫灰圈么。aɔ˨˩,li˩˧niŋ˧˩ɕiæ̃˥i˨˩tɕiŋ˨˧tɕiŋ˥lə˧,ɑ˨˩˦. li˩˧niŋ˧˩ɕiæ̃˥xɑ˧˩ə˨˩tɕiŋ˥tə·˧xəŋ˨˩.tɕiŋ˥ɕie˨˧,tʂei˥˦ɕie˨˧tɕiaɔ˥xuei˨˧tɕ^hyæ̃˥˩muo·˧.

粪骨朵

（呃，那个把那个粪，那个一块一块的那个粪把它打碎呀是用什么工具啊？）黄：有的木榔头嘛，有粪骨朵咧么。iou˨˩˦ti·˧mu˨˩laŋ˧˩t^hou˨˩˦ma·˧,iou˨˩fəŋ˥ku˨˩˦tu·˧lie·˧muo·˧.（粪……粪骨朵？）噢，粪骨朵，这么长那个木头的，截一个，中间儿凿个欸眼儿，安个把儿。aɔ˨˩,fəŋ˥ku˨˩˦tou·˧,tʂə˥muo·˧tʂ^haŋ˩˧nei˥kə˥mu˨˧t^hou·˧ti·˧,tɕie˩˧i˨˩kə˥˩,tʂuoŋ˨˩˦tɕiæ̃r˨˧tsuo˧˩kə˥ei˥niæ̃r˨˩˦,næ̃˨˩˦ kə˥˩par˥.

六、植物

农作物 / 树木 / 花卉 / 草 / 菌藻

（一）农作物

五谷杂粮

（五谷杂粮说不说呢？）黄：哎说咧。五谷杂粮么。五谷兀就一工儿说五谷这话咧。æᴇ˥˧ʂuo˥˩lie˧.vu˥˧ku˥˩꜖tsɑ˨˦꜔liɑŋ˨˦꜔muo˧.vu˥˧ku˥˩꜖væᴇ˥tsou˥i˥˩꜖kuõr˥˩ʂuo˥˩vu˥˧ku˥˩꜖tʂə˥xuɑ˥lie˦.（单独说五谷说不说？）哎说咧么。五谷么。æᴇ˥˧ʂuo˥˩lie˧muo˧.vu˥˧ku˥˩꜖muo˧.（五谷是什么意思呢？）五谷是指的粮食的种类么。vu˥˧ku˥˩꜖sɿ˥꜖tsɿ˥˧ti˧liɑŋ˨˦ʂʅ˨˦꜒ti˧tʂuoŋ˥˧luei˥꜒muo˧.（杂粮呢？）杂粮是指秋……秋季里种下这些庄稼多一半儿都是五谷……杂粮嘛。tsɑ˨˦liɑŋ˨˦꜔sɿ˥tsɿ˥˧꜔tɕʰiou˥˩……tɕʰiou˥˩tɕi˥li˥˧꜔tʂuoŋ˥xɑ˥tʂei˥ɕie˥˩꜔tʂuɑŋ˥˩tɕiɑ˧tuo˥˩i˥˩꜖pæ̃r˥tou˥˩꜖sɿ˥vu˥˧k……tsɑ˨˦liɑŋ˨˦mɑ˦.（那个五谷指的是哪些呢？）谷子、糜子、高粱、稻秫、黄豆，这些都是指的，只要凑够五样子就是五谷。ku˥˩꜖tsɿ˧,mi˨˦꜖tsɿ˦,kɑɔ˥˩liɑŋ˨˦꜖,tʰɑɔ˥˧ʂʮ˥꜖,xuɑŋ˨˦꜖tou˥,tʂei˥ɕie˥˩꜔tou˥˩꜔sɿ˥tsɿ˥˧ti˧,tsɿ˥˧꜖iɑɔ˥tsʰou˥kou˥vu˥˧iɑŋ˥tsɿ˧tɕiou˥sɿ˥vu˥˧ku˥˩꜖.（没有特指……）没有特指定下的哪一个就是的。mei˨˦iou˥˩꜔tʰə˥˩tsɿ˥˧꜖tiŋ˥xɑ˥ti˦nɑ˥˩꜔i˥˩꜔kə˥tsou˥꜒sɿ˥꜖ti˧.（那杂……杂粮也……杂粮跟这个五谷不是一回事儿吧？）呃不是一回事。杂粮那是通指就是这个秋季里收下这些都说是……你比喻，麦子□就不叫杂粮咧啊。ə˥꜒pu˨˦꜖sɿ˥꜖i˥˩xuei˨˦꜖sɿ˥꜖.tsɑ˨˦liɑŋ˨˦næᴇ˥sɿ˥tʰuoŋ˥˩꜖tsɿ˥˧tɕiou˥sɿ˥tʂə˥kə˥tɕʰiou˥˩꜖tɕi˥꜒li˥˩꜖ʂou˥˩xɑ˥꜖tʂə˥ɕie˥˩꜔tou˥˩꜖ʂuo˥˩꜖sɿ˥……ni˥˩꜔pi˥˩꜔y˥,mei˥˩tsɿ˧niæ̃˨˦꜔tɕiou˥pu˨˦꜔tɕiɑɔ˥tsɑ˨˦liɑŋ˨˦꜔liɑ˧.（麦子不能叫杂粮是吧？）啊，麦子就不能叫杂粮。ɑ꜖,mei˥˩tsɿ˧tɕiou˥꜖pu˨˦꜖nəŋ˨˦tɕiɑɔ˥tsɑ˨˦liɑŋ˨˦꜖.（水稻也不能叫杂粮吧？）水稻都不是杂粮咧已经这。杂粮里头你是小……小米呀，绿豆，豇豆呀，这都是杂粮里头的。suei˥˧tɑɔ˥tou˥˩꜖pu˨˦꜖sɿ˥꜒tsɑ˨˦liɑŋ˨˦꜔lie˦li˥˩tɕiŋ˥˩꜖tʂei˥꜖.tsɑ˨˦liɑŋ˨˦li˥˧꜖tʰou˧ni˥˩꜖sɿ˥꜖ɕiɑɔ……ɕiɑɔ˥˧mi˥˧iɑ꜖,y˥˩tou˥꜖,tɕiɑŋ˥˩tou˥꜖iɑ꜖,tʂei˥꜒tou˥˩꜖sɿ˥꜖tsɑ˨˦liɑŋ˨˦li˥˧꜖tʰou˧ti˦.

粗粮、细粮

（有粗粮细粮的分别没有？）黄：有咧么。于……麦子□就是叫细……统称是细粮么。iou˥˧lie˧muo˧.y˨˦……mei˥˩tsɿ˧niæ̃˨˦꜖tɕiou˥sɿ˥tɕiɑɔ˥ɕi˥꜒……tʰuoŋ˥˧꜖tʂʰəŋ˥˩sɿ˥꜖ɕi˥liɑŋ˨˦꜖muo˧.（大米叫不叫细粮呢？）那都是细粮一类的呀。nə˥꜒tou˥˩꜖sɿ˥꜖ɕi˥liɑŋ˨˦i˥˩꜖luei˥ti˧iɑ˧.（粗粮指指指指……）粗粮就是像玉米呀，豆子呀这些，小米这些，这都是粗颗粮咧。tsʰʮ˥˩liɑŋ˨˦tɕiou˥꜖sɿ˥꜖ɕiɑŋ˥y˥mi˥˧꜖iɑ꜖,tou˥tsɿ˧iɑ꜖tʂei˥꜖ɕie˥˩꜖,ɕiɑɔ˥˧꜓mi˥˧tʂei˥꜖ɕie˥˩꜖,tʂei˥tou˥˩꜖sɿ˥꜖tsʰʮ˥˩kʰuo˥˩꜖liɑŋ˨˦꜖lie˧.（那为什么把那些叫作粗粮呢？）那当时这个你……你在这个仓库里，国家给你供应粮的时候，那一月给你打面么，只是三十……供应你三十斤粮，那都是只……只给你记咧这个二十五斤细面么，剩下的就是打的是米……打的是黄……打斤米呀，再这些东西，归到杂粮里头去了。nə˥tɑŋ˥˩꜖sɿ˨˦tʂə˥kə˥ni˥˧……ni˥˩꜔tsæᴇ˥tʂə˥kə˥tsʰɑŋ˥˩꜖kʰu˥꜒li˥˩꜖,kuo˥˩tɕiɑ˥˩꜖kei˥ni˥˩꜔kuoŋ˥iŋ˥liɑŋ˨˦ti˦sɿ˨˦꜖xou˥,næᴇ˥i˥˩꜓yo˥˩꜖kei˥ni˥˩꜔tɑ˥˧miæ̃˥꜒muo˧,tsɿ˥˩꜖sɿ˥sæ̃˥˩ʂʅ˨˦꜖……

kuoŋ˥iŋ˥ni˥˧꜔sæ̃˥˧ʂʅ˩˧꜖tɕiŋ˥˧꜖liaŋ˩˧,nə˥tou˥˧꜖sɿ˥tsɿ˥˧꜖……tsɿ˥˧꜖kei˥ni˥˧꜔tɕi˥˩˧lie·˧tʂə˥꜖kə˥꜖ər˥ʂʅ˩˧꜔vu˥˧tɕiŋ˥˧꜖ɕi˥miæ̃˥muo·˧,ʂəŋ˥xɑ˥꜖ti·˧tɕiou˥꜖sɿ˥꜖tɑ˥˧꜔ti˦sɿ˥m……tɑ˥˧꜔ti˦sɿ˥xuaŋ˩˧……tɑ˥˧꜖tɕiŋ˥˧꜖mi˥˧iɑ꜖,tsæᴇ˥tʂei˥ɕie˥˧꜔tuoŋ˥˧꜖ɕi·˧,kuei˥˧tɑɔ˥꜖tsɑ˩˧liaŋ˩˧li˥˧꜖tʰou·˧tɕʰi˥꜖lə·˧.

麦

（你这个麦子呀，就是指大麦还是小麦？）黄：麦这个范围都……就多了。mei˥˧tʂə˥꜖kə˥꜖fæ̃˥˩˧vei˩˧꜖tou˥˧……tɕiou˥tuo˥˧lə·˧.（你们这儿种的麦有哪几种？）我们这里种有小麦么。ŋuo˥˧məŋ·˧tʂə˥li˦tʂuoŋ˥iou˥˧꜔ɕiɑɔ˥˧mei˥˧꜖muo·˧.（小麦？）小麦，洋麦。ɕiɑɔ˥˧mei˥˧꜖,iaŋ˩˧mei˥˧꜖.（洋麦是什么东西？）个子长的高嘛。kə˥tsɿ·˧tʂaŋ˥˧꜔ti˦kɑɔ˥˧mɑ·˧.（那个……那个洋人的那个洋吗？）噢，洋人的洋么。洋麦么。燕麦么。ɑɔ꜖,iaŋ˩˧ʐəŋ˩˧꜖ti˦iaŋ˩˧꜖muo·˧.iaŋ˩˧mei˥˧꜖muo·˧.iæ̃˥mei˥˧꜖muo·˧.（燕麦能吃吗？）吃嘛。tʂʰʅ˥˧mɑ·˧.（一般是……）它……小麦里头还分春麦和秋麦咧。tʰɑ˥˧꜖……ɕiɑɔ˥˧mei˥˧꜖li˥˧tʰou·˧xɑ˩˧꜖fəŋ˥˧꜔tʂʰuoŋ˥˧mei˥˧꜖xuo˩˧꜖tɕʰiou˥˧mei˥˧꜖lie·˧.（春麦和秋麦？）啊，春天种的咧么。冬……噢，冬麦和这个秋麦是分。ɑ꜖,tʂʰuoŋ˥˧tʰiæ̃˥˧꜖tʂuoŋ˥ti˥lie·˧muo·˧.tuoŋ˥˧……ɑɔ꜖,tuoŋ˥˧mei˥˧꜖xuo˩˧꜔tʂə˥kə˥tɕʰiou˥˧mei˥˧꜖sɿ˥˧˥˧fəŋ˥˧꜖.（洋麦、大麦有什么区别没有？）这个大麦我们这儿这没种过，反正这个洋麦个子长的又高，它那个吃上就不行。tʂə˥꜖kə˥tɑ˥˩˧mei˥˧꜖ŋuo˥˧məŋ·˧tʂər˥˩˧tʂə˥muo˥˧꜖tʂuoŋ˥˩˧kuo˥꜖,fæ̃˥˧꜖tʂəŋ˥tʂə˥kə˥iaŋ˩˧mei˥˧kuo˥˩˧tsɿ·˧tʂaŋ˥˧ti·˧iou˥˩˧kɑɔ˥˧,tʰɑ˥˧꜔nə˥kə˥tʂʰʅ˥˧ʂaŋ˥꜖tsou˥꜖pu˩˧꜖ɕiŋ˩˧.（味道不行？）气候啊……吃咧胀肚子。燕麦那好了。燕麦炊炒面，做熟食，也炒着吃。它那个就是产量低得很。tɕʰi˥˩˧xou˥꜖ɑ꜖……tʂʰʅ˥˧lie·˧tʂaŋ˥tu˥tsɿ˦.iæ̃˥mei˥˧꜖nə˥xɑɔ˥˧lə·˧.iæ̃˥mei˥˧꜔tsʰuei˥˧꜖tsʰɑɔ˥˧miæ̃˥꜖,tsuo˥꜖ʂɥ˩˧ʂʅ˩˧꜔,ɑ˥˧꜖tsʰɑɔ˥˧tʂə·˧tʂʰʅ˥˧.tʰɑ˥˧nə˥kə˥tɕiou˥꜖sɿ˥꜖tsʰæ̃˥˧liaŋ˥ti˥˧tei˥˧꜖xəŋ˥˧꜖.

麦秆儿、麦秸

黄：麦秸子是碾过的那个呃……粮食是整个儿欸都碾完了以后，起起来这个麦秆儿，叫麦秸。mei˥˧tɕie˥˧꜖tsɿ·˧sɿ˥꜖niæ̃˥˧kuo˥˩˧ti·˧nə˥kə˥ə꜖……liaŋ˩˧꜖ʂʅ˩˧˥˧sɿ˥tʂəŋ˥˧꜔kər˥ei꜖tou˥˧꜖niæ̃˥˧væ̃˩˧꜖lə˦i˥˧꜖xou˥,tɕʰi˥˧tɕʰi˥˧læᴇ˩˧꜖tʂə˥꜖kə˥꜖mei˥˧꜖kæ̃r˥˧,tɕiɑɔ˥mei˥˧tɕie˥˧꜖.（也是麦秆儿碾完了以后那……）啊。ɑ꜖.（就还还没有碾的叫麦秆儿？）噢。ŋɑɔ꜖.（还没碾的叫麦秆儿，碾完了叫麦秸？）呃，麦秸么。那已经是砸扁了么已经。ə꜖,mei˥˧tɕie˥˧꜖muo·˧.nei˥˥˧˥˧i˥˧tɕiŋ˥˧꜖sɿ˥꜖tsɑ˩˧꜖piæ̃˥˧lə·˧muo·˧i˥˧tɕiŋ˥˧꜖.（麦秆儿有没有叫麦秆子的？）哎有咧么。有些人这是说话带点后语就是麦秆子。æᴇ˥˧iou˥˧꜖lie·˧muo·˧.iou˥˧ɕie˥˧꜖ʐəŋ˩˧tʂə˥ʂʅ˥ʂuo˥˧꜖xuɑ˥tæᴇ˥tiæ̃˥˧꜖xou˥y˥˧꜔tɕiou˥꜖sɿ˥꜖mei˥˧꜖kæ̃˥˧tsɿ·˧.（嗯，那你说这个，这比如说，那个我要拿拿的做下褄的那个麦麦麦秆子是叫麦秆还是叫麦秸？）那是麦秆子你去……麦秸子麦秸子碾成这么长的了，你能下个褄？nə˥˥˧˥˧sɿ˥꜖mei˥˧꜖kæ̃˥˧tsɿ·˧ni˥˧꜖tɕʰy˥˥˧˥˧……mei˥˧tɕie˥˧꜖tsɿ·˧mei˥˧tɕie˥˧꜖tsɿ·˧niæ̃˥˧tʂʰəŋ˩˧꜖tʂə˥muo˦tʂʰɑŋ˩˧꜖tə˦lə˦,ni˥˧nəŋ˩˧꜖ɕiɑ˥kə˥iɑɔ˥?（那叫麦秆子还是叫麦秆儿？）麦秆儿么。mei˥˧꜖kæ̃r˥˧muo·˧.（麦秆儿也可以下褄，麦秆子……都是一样的可以下这？）啊，兀是一个东西么。ɑ꜖,væᴇ˥˥˧˥˧sɿ˥꜖i˥˧꜖kə˥tuoŋ˥˧ɕi·˧muo·˧.

荞麦

（荞麦有没有？）黄：哎有咧么。红杆杆，绿叶叶，长的黑颗颗。æᴇ˥˧iou˥˧꜖lie·˧muo·˧.xuoŋ˩˧꜖kæ̃˥˧kæ̃˥˧,ly˥˧꜖ie˥˧ie˥˧꜖,tʂaŋ˥˧ti·˧xei˥˧꜖kʰuo˥˧kʰuo˥˧꜖.（叫什么？红杆杆儿，绿叶叶，长个什么？）长些黑颗颗么。tʂaŋ˥˧ɕie˥˧꜖xei˥˧꜖kʰuo˥˧kʰuo˥˧꜖muo·˧.（长些黑颗颗？）呃，它是三棱子，嗯。ə꜖,tʰɑ˥˧꜔sɿ˥sæ̃˥˧꜖ləŋ˩˧꜖tsɿ˦,ŋ̍꜖.（噢，这是一句……一一句谣……民谣还是什么东西？）这都属于民谣里头的。这是说个笑话儿。就是这个，一个工农兵大学生出去，上了两年学，回来就像是这个，本来很土，回来他就撇两撇洋腔儿。问他爸咧，说是这个："爸爸，这是啥东西嘛？这个红杆杆儿，绿叶叶儿，这是个啥东西嘛？"他爸气懆了，翻回来就打。他说啥呀？"爸爸，这不打咧，看把荞麦踏坏了。"tʂə˧˥tou˥˩ʂʮ˥˩y˩˦miŋ˩˦iaɔ˩˦li˥˩tʰou˧ti˧.tʂə˧sɿ˧ʂuo˥˩kə˧˩ɕiaɔ˧˥xuar˧˩.tsou˧sɿ˧tʂə˧kə˧,i˥˩kə˧kuoŋ˥˩luoŋ˩˦piŋ˥˩ta˧ɕyo˩˦səŋ˥˩tʂʰʮ˥˩tɕʰi˧,ʂaŋ˧lə˧liaŋ˥˩niæ̃˩˦ɕyo˩˦,xuei˩˦læᴇ˩˦tsou˧ɕiaŋ˧sɿ˧tʂə˧kə˧,pəŋ˥˩læᴇ˩˦xəŋ˥˩tʰu˥˩,xuei˩˦læᴇ˩˦tʰɑ˥˩tɕiou˧pʰie˥˩liaŋ˥˩pʰie˥˩iaŋ˩˦tɕʰiɑ̃r˥˩.vəŋ˧˥tʰɑ˥˩pɑ˩˦lie˧,ʂuo˥˩sɿ˧tʂə˧kə˧:pɑ˩˦pɑ˩˦,tʂə˧sɿ˧sɑ˧˥tuoŋ˥˩ɕi˧mɑ˧?tʂə˧kə˧xuoŋ˩˦kæ̃˥˩kæ̃r˥˩,lu˥˩ie˥˩iər˥˩,tʂə˧sɿ˧kə˧sɑ˧˥tuoŋ˥˩ɕi˥˩mɑ˩.tʰɑ˥˩pɑ˩˦tɕʰi˧tsʰɑɔ˧lə˧,fæ̃˥˩xuei˩˦læᴇ˩˦tɕiou˧tɑ˥˩.tʰɑ˥˩ʂuo˥˩ʂɑ˧˥iɑ˧?pɑ˩˦pɑ˩˦,tʂə˧pu˩˦tɑ˥˩lie˧,kʰæ̃˧pɑ˥˩tɕʰiaɔ˩˦mei˥˩tʰɑ˩˦xuæᴇ˧˥lə˧.（好。那个刚才这红杆杆……）绿叶叶，呣。lu˥˩ie˥˩ie˥˩,m̩˧.（lu˥˩ie˥˩ie˥˩还是liou˥˩ie˥˩ie˥˩？）叶叶有的么，叶子是绿的么,杆杆儿它那个……它主杆儿是个红的么，叶叶是个绿的么。开的是白花花儿么。ie˥˩ie˥˩iou˥˩ti˧muo˧,ie˥˩tsɿ˧sɿ˧ly˥˩ti˧muo˧.kæ̃˥˩kæ̃r˥˩tʰɑ˥˩næᴇ˧kə˧tɕʰ……tʰɑ˥˩tʂʮ˥˩kæ̃r˥˩sɿ˧kə˧xuoŋ˩˦ti˧muo˧,ie˥˩ie˥˩sɿ˧kə˧ly˥˩ti˧muo˧.kʰæᴇ˥˩ti˧sɿ˧pei˩˦xuɑ˥˩xuar˥˩muo˧.（开的是白花花儿？）啊，结的是三棱棱。ɑ˩,tɕie˥˩ti˧sɿ˧sæ̃˥˩ləŋ˩˦ləŋ˩˦.（三棱棱？）荞麦都是三棱子颗么。tɕʰiaɔ˩˦mei˥˩tou˥˩sɿ˧sæ̃˥˩ləŋ˩˦tsɿ˧kʰuo˥˩muo˧.（三……噢，三……三个棱的？）啊，三角形的那个棱棱。这就是荞麦么。ɑ˩,sæ̃˥˩tɕiaɔ˥˩ɕiŋ˩˦ti˧nə˧kə˧ləŋ˩˦ləŋ˩˦.tʂei˧tɕiou˧sɿ˧tɕʰiaɔ˩˦mei˥˩muo˧.（还有什么什么还有什么黑颗颗是什么意思？）它那个颗颗最后是，原先是红的嘛，最后就变成黑颗儿了。tʰɑ˥˩næᴇ˧kə˧kʰuo˥˩kʰuo˥˩tsuei˧xou˧sɿ˧,yæ̃˩˦ɕiæ̃˥˩sɿ˧xuoŋ˩˦ti˧mɑ˧,tsuei˧xou˧tsou˧piæ̃˧tʂʰəŋ˩˦xei˥˩kʰuər˧lə˧.（变黑了啊？）啊，熟了都是黑的么。ɑ˩,ʂʮ˩˦lə˧tou˥˩sɿ˧xei˥˩ti˧muo˧.（荞麦皮儿？）哎有咧么。荞麦那个皮皮子做枕芯子的。æᴇ˥˩iou˥˩lie˧muo˧.tɕiaɔ˩˦mei˥˩nə˧kə˧pʰi˩˦pʰi˩˦tsɿ˧tsuo˧tʂəŋ˥˩ɕiŋ˥˩tsɿ˧ti˧.（做什么？）做枕头芯子里边儿装的那个瓤子么。tsuo˧tʂəŋ˥˩tʰou˧ɕiŋ˥˩tsɿ˧li˥˩piæ̃r˥˩tʂuaŋ˥˩tə˧nə˧kə˧ʐaŋ˩˦tsɿ˧muo˧.（你们叫它那个皮叫什么？）荞麦皮儿么。tɕʰiaɔ˩˦mei˥˩pʰiər˩˦muo˧.（嗯，像一般的这个皮你们就叫皮皮儿是吧？）啊，荞麦皮儿，皮皮，啥皮子啊。ŋɑ˩,tɕʰiaɔ˩˦mei˥˩pʰiər˩˦,pʰi˩˦pʰi˩˦,sɑ˧˥pʰi˩˦tsɿ˧ɑ˧.（一般做枕头芯子，除了拿荞麦皮，还拿别的做吗？）拿稻壳儿也做咧。nɑ˩˦taɔ˧kʰər˧ie˥˩tsuo˧˥lie˧.

稻子

1.（你们这里的水稻是大概是什么年年间才开始种的？）黄：水稻三几年就开始种水稻了。ʂuei˥˩taɔ˧sæ̃˥˩tɕi˥˩niæ̃˩˦tɕiou˧kʰæᴇ˥˩sɿ˥˩tʂuoŋ˧ʂuei˥˩taɔ˧lə˧.（三几年就开始了？）啊，三几年从有些南方啊……ɑ˩,sæ̃˥˩tɕi˥˩niæ̃˩˦tsʰuoŋ˩˦iou˥˩ɕie˥˩næ̃˩˦faŋ˥˩ɑ˩……（那个时候啊它那个米呀不像现在那个那个皮都给磨掉了，他那时候就是把外面那一层壳弄掉了。那个那个米带了还有米皮的那种米，那个叫叫什么呢？）那好像在这里它没有多大分别。没有人分开把那叫。啊。nə˧xaɔ˥˩ɕiaŋ˧tsæᴇ˧tʂə˧li˥˩tʰɑ˥˩mei˩˦iou˥˩tuo˥˩tɑ˧fəŋ˥˩pie˩˦.mei˩˦iou˥˩ʐəŋ˩˦fəŋ˥˩kʰæᴇ˥˩pɑ˥˩nə˧tɕiaɔ˧.ɑ˥˩.

2.（除了软稻子，还一般的这种稻子，还有还有别的大米没有？）黄：没有了。再全有它就是在品种的区别上，稻子品种的区别上有……有说法。在一般听来，统称它就是稻子。mei˩˦iou˥˩lə˧.tsæᴇ˧tɕʰyæ̃˩˦iou˥˩tʰɑ˥˩tɕiou˧sɿ˧tsæᴇ˧pʰiŋ˥˩tʂuoŋ˥˩ti˧tɕʰy˥˩pie˩˦ʂaŋ˧,tʰaɔ˥˩tsɿ˧pʰiŋ˥˩tʂuoŋ˥˩ti˧tɕʰy˥˩pie˩˦ʂaŋ˧iou˥˩……iou˥˩ʂuo˥˩fɑ˥˩.tsæᴇ˧i˥˩pæ̃˥˩tʰiŋ˥˩læᴇ˩˦,tʰuoŋ˥˩tʂʰəŋ˥˩tʰɑ˥˩tɕiou˧sɿ˧tʰaɔ˥˩tsɿ˧.（品种是什么？）啊，那你这个种子……那你就人你还有姓黄的，姓李的咧。ɑ˩,næᴇ˧ni˥˩tʂə˧kə˧tʂuoŋ˥˩tsɿ˧……næᴇ˧ni˥˩tsou˧ʐəŋ˩˦ni˥˩xæᴇ˩˦iou˥˩ɕiŋ˧xuaŋ˩˦ti˧,ɕiŋ

˧li˥˧ti˨lie˨˩.（噢，就是说……）啊，那你稻子里头……ɑ˨˩,næᴇ˧ni˥˧˧tʰɑɔ˥˧tsɿ˨li˥˧tʰou˨……（噢么就是说什么是什么是某某二号什么……）啊，某某二号，有京西呀，欸，有千斤小大呀，还有是欸还有……还有金皇，有……呃那个啥，金皇后呀。这是它这么个。ɑ˨˩,mou˥˧mou˥˧˨˩ər˧xɑɔ˧,iou˥˧˧tɕiŋ˥˧˨˦ɕi˥˧iɑ˨˩,ei˨˩,iou˥˧tɕʰiæ̃˥˧tɕiŋ˥˧˨˩ɕiɑɔ˥˧tɑ˧iɑ˨,xɑ˨˦iou˥˧˧sɿ˧ei˧xɑ˨˦˨˩iou˥˧˧……xɑ˨˦˨˩iou˥˧˧tɕiŋ˥˧xuɑŋ˨˦˨˩,iou˥˧˨˦tɕi……ə˨˩nə˧kə˧sɑ˧,tɕiŋ˥˧xuɑŋ˥˧˨˩xou˧˥˧iɑ˨˩.tʂə˧sɿ˧tʰɑ˥˧˨˩tʂə˧˥muo˨kə˧.

谷子

（这个你们讲的这个谷……谷子是指什么？）黄：我们讲的这个谷子，它只是一种细……一种单纯的就有一种五谷的名字叫谷子。ŋuo˥˧məŋ˨tɕiɑŋ˥˧ti˨tʂə˧kə˧ku˥˧tsɿ˨,tʰɑ˥˧˨˩tsɿ˥˧˨˩sɿ˧˥i˥˧˨˩tʂuoŋ˥˧ɕi……i˥˧˨˩tʂuoŋ˥˧tæ̃˥˧˨˩tʂʰuoŋ˨˦˨˩ti˨tɕiou˧iou˥˧˨˩i˥˧˨˩tʂuoŋ˥˧vu˥˧ku˥˧˨˩ti˨miŋ˨˦˨˩tsɿ˧˥tɕiɑɔ˧ku˥˧tsɿ˨.（麦子也能叫谷子吗？）麦子不叫谷子这面。mæᴇ˥˧tsɿ˨pu˨˦˨˩tɕiɑɔ˧ku˥˧˧tsɿ˨tʂei˧miæ̃˧.（谷子是指高粱还是指什么？）不是。高粱不是的。pu˨˦˨˩sɿ˧.kɑɔ˥˧liɑŋ˨˦˨˩pu˨˦˨˩sɿ˧ti˨.（黄米？）也不是的。黄米叫糜子。ie˥˧pu˨˦˨˩sɿ˧ti˨.xuɑŋ˨˦˨˩mi˥˧tɕiɑɔ˧mi˨˦˨˩tsɿ˥˧.（那谷子是个是个什么样呢？）它长这么奘，像个欸像猫尾巴形状的那种。tʰɑ˥˧˨˩tʂɑŋ˥˧tʂə˧muo˨tʂuɑŋ˥˧,ɕiɑŋ˧kə˧ei˧ɕiɑŋ˧mɑɔ˨˦vei˥˧pɑ˨ɕiŋ˨˦˨˩tʂuɑŋ˧ti˨nei˧tʂuoŋ˥˧˨˩.（谷子是不是粟啊？）不是的，还是长起来的这个。长起来以后，它那个穗子有奘的……有这么奘的了，有这么长一个，上边它是那个欸结上那个颗颗么就是一……那籽么是一疙瘩一疙瘩的那个。那个咱们喝的那个小米粥，小米就是谷子做成的。谷米。pu˨˦˨˩sɿ˧ti˨,xɑ˨˦˨˩sɿ˧tʂɑŋ˥˧tɕʰi˥˧læᴇ˨˦˨˩ti˨tʂə˧kə˧.tʂɑŋ˥˧tɕʰi˥˧læᴇ˨˦˨˩i˥˧˨˩xou˧,tʰɑ˥˧˧nə˧kə˧suei˧˥tsɿ˨iou˥˧˨˦tʂuɑŋ˥˧ti˨……iou˥˧˧tʂə˧˥muo˨tʂuɑŋ˥˧˨˩ti˨lə˨,iou˥˧˧tʂə˧muo˨tʂʰɑŋ˨˦i˥˧˨˩kə˧,ʂɑŋ˧˥piæ̃˥˧˨˩tʰɑ˥˧sɿ˧nə˧kə˧ei˧tɕie˥˧ʂɑŋ˧˨˩næᴇ˧kə˧kʰuo˥˧kʰuo˥˧˨˩muo˨tɕiou˧sɿ˧i……nei˧tsɿ˥˧muo˨sɿ˧i˥˧˧kə˥˧tɑ˥˧˨˩i˥˧˨˦kə˥˧tɑ˥˧˨˩ti˨nei˧˨˩kə˧˨˩.nə˧kə˧tʂɑ˨˦məŋ˨xə˥˧ti˨nə˧kə˧ɕiɑɔ˥˧˨˩mi˥˧˧tʂou˥˧,ɕiɑɔ˥˧˨˦mi˥˧tɕiou˧sɿ˧ku˥˧tsɿ˨tsuo˧˥tʂʰəŋ˨˦˨˩ti˨.ku˥˧˨˩mi˥˧.（稻子你们不叫谷子吧？）不叫。pu˨˦˧tɕiɑɔ˧.

高粱

1. 黄：[笤帚高粱]那个，它那个长下那个穗子将来把籽儿一挖，一那个的话就是可以绑成这个扫地的那个笤帚么。nə˧kə˧,tʰɑ˥˧nə˧kə˧tʂɑŋ˥˧xɑ˧˨˩nə˧kə˧ɕy˧˥tsɿ˨tɕiɑŋ˥˧˨˩læᴇ˨˦pɑ˥˧˨˩tsər˥˧i˥˧˨˩vɑ˥˧,i˥˧˨˩nə˧kə˧ti˨xuɑ˧˨˩tɕiou˧˨˩sɿ˧kʰə˥˧˧i˥˧˧pɑŋ˥˧tʂʰəŋ˨˦˨˩tʂə˧˨˩kə˧˨˩sɑɔ˧ti˧ti˨nə˧kə˧tʰiɑɔ˨˦˨˩tʂɥ˥˧muo˨.

2. 黄：柴高粱嘴嘴子只有一点点，但是它那个箭箭很长，可以做成锅……可以两层子拿绳子纳在一瘩里。做成锅盖呀，缸盖呀。tsʰæᴇ˨˦kɑɔ˥˧liɑŋ˨˦˨˩tsuei˥˧tsuei˥˧˨˩tsɿ˨tsɿ˥˧˨˩iou˥˧i˥˧˨˩tiæ̃˥˧˧tiæ̃˥˧˧,tæ̃˧sɿ˧tʰɑ˥˧˧nə˧kə˧tɕiæ̃˧tɕiæ̃˧˨˩tsɿ˨xəŋ˥˧tʂʰɑŋ˨˦˨˩,kʰə˥˧i˥˧˨˩tsuo˧˥tʂʰəŋ˨˦˨˩kuo˥˧˨˩……kʰə˥˧˧i˥˧˧liɑŋ˥˧tsʰəŋ˨˦tsɿ˨nɑ˨˦˨˩ʂəŋ˨˦˨˩tsɿ˨nɑ˥˧˨˩tsæᴇ˧˨˩i˥˧˨˩tɑ˥˧li˥˧˨˩.tsuo˧˥tʂʰəŋ˨˦kuo˥˧˨˩kæᴇ˧iɑ˨,kɑŋ˥˧˨˩kæᴇ˧iɑ˨.

3. 黄：米高粱那都是专门儿一簸那个可以吃啊可以睡，可以作为饲料喂牲口么。mi˥˧˨˩kɑɔ˥˧˨˩liɑŋ˨˦˨˩næᴇ˧tou˥˧˨˩sɿ˧˨˩tʂuæ̃˥˧˨˩mə̃r˨˦˧i˥˧˨˩tʂʰuæ̃˥˧næᴇ˧kə˧kʰə˥˧˧i˥˧˧tʂʰɿ˥˧zæ˨kʰə˥˧˧i˥˧˧ʂuei˧˥,kʰə˥˧˧i˥˧˧tsuo˥˧˨˩vei˨˦sɿ˥˧˨˩liɑɔ˧vei˧səŋ˥˧kʰou˨muo˨.

稻秫

黄：陕北人的主要吃的东西就是糜子和谷子。ʂæ̃˥˧pei˥˧˨˩zəŋ˨˦ti˨tʂɥ˥˧iɑɔ˧˥tʂʰɿ˥˧ti˨tuoŋ˥˧˨˩ɕi˨tɕiou˧˨˩sɿ˧˨˩mi˨˦˨˩tsɿ˧xuo˨˦˨˩ku˥˧tsɿ˨.（就那很很小很小一粒一粒的？）啊，红颜色的，或者是颜……嗯。ɑ˨˩,xuoŋ˨˦iæ̃˨˦˨˩sə˥˧ti˨,xuei˨˦˨˩tʂə˥˧˨˩sɿ˧˥iæ̃˨˦˨˩s……ə̃˨˩.（有红色的？）它没有皲皮的它就是红的嘛，还有黑的嘛，黄的嘛。tʰɑ˥˧mei˨˦iou˥˧˧tʂʰuæ̃˥˧pʰi˨˦ti˨tʰɑ˥˧˧tɕiou˧sɿ˧xuoŋ˨˦ti˨mɑ˨,xæᴇ˨˦˨˩iou˥˧˧xei˥˧ti˨mɑ˨,xuɑŋ˨˦ti˨mɑ˨.（把那皮儿弄了就是……）就是黄的了。tɕiou˧sɿ˧xuɑŋ˨˦ti˨lə˨.（就是秫吧？）秫是稻秫啊。“极目楚天舒”，哎，毛……老欸老毛

回……回韶山吗哪瘩咧，有……有个……那个头起有个“舒”（秫），那个“舒”（秫）是高粱。ʂɥ˥˧˧sɿ˧tʰɑɔ˥˧ʂɥ˥˧˩ɑ˩.tɕi˨˦mu˥˧˩tʂʰɥ˥˧tʰiæ̃˥˧˩ʂɥ˥˧,æᴇ˨˦,mɑɔ˨˦˧……lɑɔ˥˧ei˩lɑɔ˥˧mɑɔ˨˦xuei˨˦……xuei˨˦ʂɑɔ˨˦˩sæ̃˥˧ma·˧na˥˧ta˥˧˩lie·˧,iou˥˧˩……iou˥˧kə˧˩……nə˧kə˧tʰou˨˦˩tɕʰie˥˧˩iou˥˧kə˧˩ʂɥ˥˧,nə˧kə˧ʂɥ˥˧˩sɿ˧˩kɑɔ˥˧liɑŋ˨˦˩.

棉花

1.（那个呢，你们种棉花不种？）黄：种……不种棉花。tʂuoŋ˧˦……pu˨˦˩tʂuoŋ˧miæ̃˨˦˩xuɑ˥˧.（不种？）嗯。合水，庆阳地区只有板桥种棉花。ə̃˩.xuo˨˦˩ʂuei˥˧,tɕʰiŋ˧iɑŋ˨˦˩ti˧tɕʰy˥˧˩tsɿ˥˧˩iou˥˧˧pæ̃˥˧tɕʰiɑɔ˨˦˩tʂuoŋ˧miæ̃˨˦˩xuɑ˥˧˩.（板桥可以种棉花？）板桥可以种棉花。熊家坳儿，庆……庆阳庆阳县的熊家坳儿见过。像我这里的……pæ̃˥˧tɕʰiɑɔ˨˦˩kʰə˥˧˧i˥˧˧tʂuoŋ˧miæ̃˨˦xuɑ˥˧˩.ɕyoŋ˨˦˩tɕia˥˧˧niɑɔr˧,tɕʰi……tɕʰiŋ˧iɑŋ˨˦˩tɕʰiŋ˧iɑŋ˨˦˩ɕiæ̃˧ti·˧ɕyoŋ˨˦˩tɕia˥˧˧niɑɔr˧tɕiæ̃˧kuo˧˩.ɕiɑŋ˧vuo˥˧˩tʂə˧˥li˥˧˩tə·˧……（噢，你们这里这么好的条件怎么不种呢？）产量低得很。tsʰæ̃˥˧liɑŋ˧˥ti˥˧˩tə·˧xəŋ˥˧˩.

2. 黄：这个地方不适宜种棉花，产量不行。这儿冻的很么。欸，气候上也不行。嗯欸，去年还是老曹还还在□□□了个地种……种西瓜咧吧，他说他试验成功了，其实也不，哪哪成功么？种时我见咧，但是后半年我没去看。棉花就是板桥种咧。tʂə˧kə˧ti˧faŋ˥˧˧pu˨˦˩ʂʅ˨˦˩ni˨˦˥tʂuoŋ˧miæ̃˨˦˩xuɑ˥˧˩,tsʰæ̃˥˧liɑŋ˧pu˨˦˩ɕiŋ˨˦˩.tʂər˧tuoŋ˧˦ti·˧xəŋ˥˧˩muo·˧.ei˧,tɕʰi˧xou˧˥ʂɑŋ˧˩ia˥˧pu˨˦˩ɕiŋ˨˦˩.ŋ̍˧ŋei˧,tɕʰi˧niæ̃˨˦˧xɑ˨˦˩sɿ˧lɑɔ˥˧tsʰɑɔ˨˦xɑ˨˦˩xɑ˨˦˩tsæᴇ˧iɑɔ˨˦liŋ˧kuei˧˦lə·˧kə˧ti˧tʂuoŋ˧……tʂuoŋ˧˦ɕi˥˧kuɑ˥˧˩lie·˧pɑ·˧,tʰɑ˥˧ʂuo˥˧˩tʰɑ˥˧˧ʂʅ˧iæ̃˧tʂʰəŋ˨˦kuoŋ˥˧lə·˧,tɕʰi˨˦˩ʂʅ˨˦˧ie˥˧pu˨˦˩,nɑ˥˧˧nɑ˥˧˧tʂʰəŋ˨˦kuoŋ˥˧muo·˧?tʂuoŋ˧˦sɿ˨˦˩ŋuo˥˧tɕiæ̃˧˦lie·˧,tæ̃˧˩sɿ˧xou˧˦pæ̃˧˩niæ̃˨˦˩ŋuo˥˧muo˥˧˩tɕʰi˧˥kʰæ̃˧˩.miæ̃˨˦˩xuɑ˥˧tɕiou˧sɿ˧pæ̃˥˧tɕʰiɑɔ˨˦˩tʂuoŋ˧lie·˧.

豆

（大豆你们叫什么东西？）黄：我们也不种。ŋuo˥˧məŋ·˧ia˥˧˧pu˨˦˩tʂuoŋ˧.（那豆类你们种哪些东西呢？）我们就是黄豆、小豆、绿豆、豇豆。ŋuo˥˧məŋ·˧tɕiou˧sɿ˧xuɑŋ˨˦˩tou˧,ɕiɑɔ˥˧tou˧,lu˥˧tou˧˩,tɕiɑŋ˥˧tou˧˩.（红豆种不种？）嗯？ə̃˨˦?（红豆呢？）红豆种咧么。吃的那个。xuoŋ˨˦˩tou˧˥tʂuoŋ˧lie·˧muo·˧.tʂʰʅ˥˧ti·˧nə˧˩kə˧˩.（小豆是是那个什么样子的？）颗颗小么。也叫赤小豆么，红颜色的。kʰə˥˧kʰə˥˧˩ɕiɑɔ˥˧muo·˧.ie˥˧˩tɕiɑɔ˧tʂʰʅ˥˧ɕiɑɔ˥˧tou˧˩muo·˧,xuoŋ˨˦iæ̃˨˦˩sə˥˧ti·˧.（就是红豆吧？）不是。赤小豆药用的一种么。现在大面积的，日本人大面积的进口中国的赤小豆么。搞食用色素和这个……pu˨˦˩sɿ˧.tʂʰʅ˥˧ɕiɑɔ˥˧tou˧yo˥˧yoŋ˧ti·˧i˥˧˩tʂuoŋ˥˧muo·˧.ɕiæ̃˧tsæᴇ˧tɑ˧miæ̃˧tɕi˥˧˩ti·˧,zʅ˥˧˩pəŋ˥˧zəŋ˨˦˩tɑ˧miæ̃˧tɕi˥˧˩ti·˧tɕiŋ˧kʰou˥˧˧tʂuoŋ˥˧kuo˥˧˩ti·˧tʂʰʅ˥˧˩ɕiɑɔ˥˧tou˧˩muo·˧.kɑɔ˥˧ʂʅ˨˦˩yoŋ˧sə˥˧˩sɥ˧˥xuo˨˦˩tʂə˧kə˧n……（黄豆……黄豆，小豆，还有什么？）黄豆，小豆，豇豆。xuɑŋ˨˦˩tou˧,ɕiɑɔ˥˧tou˧˩,tɕiɑŋ˥˧tou˧˩.（豇豆？）啊。ɑ˩.（嗯，绿豆？）ly˥˧tou˧˩.（绿豆本地种吧？）种么。tʂuoŋ˧muo˧.（红豆种不种？）红豆种。红豆就是豆角子么。吃里头豆角么。xuoŋ˨˦˩tou˧˥tʂuoŋ˧˩.xuoŋ˨˦˩tou˧˥tsou˧˩sɿ˧˩tou˧˦tɕiɑɔ˥˧tsɿ·˧muo·˧.tʂʰʅ˥˧˩li˥˧˩tʰou·˧tou˧˦tɕiɑɔ˥˧muo·˧.（啊，豆角儿你们叫红豆？）啊。ɑ˩.（就这么长一根儿的叫……）啊，叫红豆么。ɑ˩,tɕiɑɔ˧xuoŋ˨˦˩tou˧muo˧.（噢，那玩意儿叫红豆。但豆角有……有青的呀也有。）那都它是青的。都把它统称叫……那叫……那叫豇豆。næᴇ˧˥tou˥˧˩tʰɑ˥˧˩sɿ˧˩tɕʰiŋ˥˧ti·˧.tou˥˧˩pɑ˥˧˩tʰɑ˥˧˧tʰuoŋ˥˧˩tʂʰəŋ˥˧tɕiɑɔ˧s……nə˧tɕiɑɔ˧tɕ……nə˧tɕiɑɔ˧tɕiɑŋ˥˧tou˧˩.（啊，豇豆就是这个长豆角？）啊，菜豆，菜豆，豇豆角儿。ɑ˩,tsʰæᴇ˧tou˧,tsʰæᴇ˧tou˧,tɕiɑŋ˥˧tou˧tɕyor˥˧˩.（那红豆是那种短一点的是吧？）短一点的嘛，啊。tuæ̃˥˧i˥˧˩tiæ̃˥˧ti·˧ma·˧,ɑ˩.（颜色有时候变红的啊？）

啊。ɑ˨˩.（还有什么豆儿？）豆子就这几种吧？tou˥˧˦tsɿ˧tɕiou˥tʂei˥tɕi˥˧tʂuoŋ˥˩pa˧?（豌豆儿有没有？）豌豆不种。væ̃˥˧˦tou˥pu˨˩˨tʂuoŋ˥.（四季豆儿这些都不种？）哎种咧嘛。四季豆儿你还是吃的这个果儿，吃的它外头这个肉么你。æᴇ˥˧tʂuoŋ˥˧˦lie˧mɑ˧.sɿ˥tɕi˥tour˥ni˥˧˨xɑ˨˩˨sɿ˥tʂʰʅ˥˧ti˧tʂə˥˨kə˥˨kuor˥˧,tʂʰʅ˥˧ti˧tʰɑ˥˧˦væᴇ˥tʰou˧tʂə˥˨kə˥˨zou˥muo˧ni˥˨.（昨天我们不是吃那个？）噢，那就四季豆么。ɑɔ˨˩,næᴇ˥tɕiou˥˨sɿ˥tɕi˥tou˥muo˧.（你这里种不喽？）种嘛。那大面积的都有。tʂuoŋ˥˧˦mɑ˧,næᴇ˥˦tɑ˥miæ̃˥tɕi˥˨ti˧tou˥˨iou˥˨.（荷兰豆呢？）不种。pu˨˩˦tʂuoŋ˥.（吃豆苗儿吗？）不吃。我们吃豆芽咧。pu˨˩tʂʰʅ˥˨.ŋuo˥˦mən˥tʂʰʅ˥˨tou˥iɑ˨˩lie˥.（你豆芽儿分哪几种？）那黄豆芽，绿豆芽。这个就这两种最多么。næᴇ˥˦xuɑŋ˨˩tou˥iɑ˨˩˦,ly˥tou˥˨iɑ˨˩.tʂə˥˨kə˥˨tɕiou˥tʂə˥liɑŋ˥tʂuoŋ˥˨tsuei˥˧˦tuo˥muo˧.（黑豆有没有？）有咧么，黑豆么。iou˥lie˧muo˧,xei˥˨tou˥˦muo˧.（黑豆是……）颜色是黑的么。是黄豆的一种么。它还是和黄……还是颜色变了就是，但是还是黄豆壳么。iæ̃˨˩sə˥sɿ˥˨xei˥ti˧muo˧.sɿ˥xuɑŋ˨˩tou˥˦ti˧i˥˨tʂuoŋ˥muo˧.tʰɑ˥˨xɑ˨˩sɿ˥˦xuo˨˩xuɑŋ˨˩s……xɑ˨˩sɿ˥iæ̃˨˩sə˥piæ̃˥lə˧tɕiou˥˦sɿ˥˨,tæ̃˥sɿ˥xɑ˨˩sɿ˥˦xuɑŋ˨˩tou˥kʰə˥muo˧.（皮是黑色是吧？）啊，皮是黑……黑色的么。那里头还有一种绿豆，也绿……绿滚豆。ɑ˨˩,pʰi˨˩sɿ˥˨xə˥……xei˥sə˥˨ti˧muo˧.nə˥li˥tʰou˧xɑ˨˩iou˥˦i˥˦tʂuoŋ˥˦ly˥tou˥˨,ie˥˨ly˥˦……ly˥˨kuoŋ˥tou˥˨.（叫绿什么东西？）绿滚豆。它还是黄豆的一种东西么，就是它有……ly˥˨kuoŋ˥tou˥˨.tʰɑ˥˦xɑ˨˩sɿ˥˦xuɑŋ˨˩tou˥ti˧i˥˨tʂuoŋ˥˦tuoŋ˥ɕi˧muo˧,tsou˥˨sɿ˥˨tʰɑ˥iou˥˨……（驴公豆啊？）绿滚豆。绿……绿，绿颜色的绿。土话就叫liou˥……呃，绿滚豆。liou˥˨kuoŋ˥tou˥˨.ly˥˦……ly˥,ly˥iæ̃˨˩sə˥tə˧ly˥.tʰu˥xuɑ˥tɕiou˥tɕiɑɔ˥liou……ə˨˩,liou˥˨kuoŋ˥tou˥˨.（绿就是liou˥么！）绿的也叫liou˥的嘛。ly˥ti˧ie˥˨tɕiɑɔ˥˨liou˥ti˧mɑ˧.（公，公，公，那个公母的公吗？）啊，滚，滚翻的，滚了的滚么。æ˨˩,kuoŋ˥,kuoŋ˥fæ̃˥ti˧,kuoŋ˥lə˧ti˧kuoŋ˥muo˧.（滚呐？）滚，滚豆。kuoŋ˥,kuoŋ˥tou˥˨.（这个公家的公啊？）哎不是。这个石头从它这这滚……滚过去咧。这么个……æᴇ˨˩pu˨˩sɿ˥.tʂə˥kə˥ʂʅ˨˩tʰou˧tsʰuoŋ˨˩tʰɑ˥˦tʂə˥tʂə˥kuoŋ˥……kuoŋ˥kuo˥tɕʰi˥lie˥.tʂə˥˦muo˧kə˥……（滚呐？）噢，滚豆子。ɑɔ˨˩,kuoŋ˥tou˥˨tsɿ˧.（绿滚豆。也是黄豆的一种是吧？）黄豆的……黄豆的一种品种么。xuɑŋ˨˩tou˥˦ti˧……xuɑŋ˨˩tou˥˦ti˧i˥˨tʂuoŋ˥pʰiŋ˥tʂuoŋ˥muo˧.（呃，颜色是绿色？）颜……皮皮是绿色么。iæ̃˨˩……pʰi˨˩pʰi˨˩sɿ˥liou˥iæ̃˨˩sei˥muo˧.（噢，有那个绿……就是绿黄豆。）绿黄豆。它你把那个壳儿一去，外头壳儿一去，里头照样是黄的。这儿的绿的它是……你昨天吃下的……你昨天吃下那个豆腐干儿，甘泉豆腐干儿你是那个，就是那个豆子绿……绿滚豆做成的。ly˥xuɑŋ˨˩tou˥.tʰɑ˥˦ni˥˦pɑ˥˨næᴇ˥kə˥kʰər˥i˥˨tɕʰy˥,væᴇ˥tʰou˧kʰər˥i˥˨tɕʰy˥,li˥tʰou˧tʂɑɔ˥iɑŋ˥sɿ˥xuɑŋ˨˩ti˧.tʂər˥˦tə˧ly˥ti˧tʰɑ˥˦sɿ˥……ni˥tsuo˨˩tʰiæ̃˥˦tʂʰʅ˥xɑ˥˨ti˧……ni˥tsuo˨˩tʰiæ̃˥˦tʂʰʅ˥xɑ˥˨nə˥kə˥tou˥fu˥˨kær˥,kæ̃˥tɕʰyæ̃˨˩tou˥fu˥˨kær˥ni˥˨sɿ˥nə˥kə˥,tɕiou˥sɿ˥nə˥kə˥tou˥tsɿ˧ly˥˦……ly˥˨kuoŋ˥tou˥˨tsuo˥˦tʂʰəŋ˨˩ti˧.

（这个你们这种豆角儿你们就叫那个什么？也叫豆……有豆角儿这种说法没有？）有咧嘛。豆角……豆角子。iou˥lie˧mɑ˧.tou˥˧˦tɕyo˥˨……tou˥˧˦tɕyo˥tsɿ˧.（就这么长长的，你们叫豇豆的？）哎，不是。豇豆那□是，豆角子□都是这么长长了，豇豆□就是这么长的了。有三尺儿的，有二尺儿的。æᴇ˨˩,pu˨˩sɿ˥.tɕiɑŋ˥tou˥˨næᴇ˥niæ̃˨˩sɿ˥,tou˥˧˦tɕyo˥tsɿ˧niæ̃˨˩tou˥˦sɿ˥tʂə˥˦muo˧tʂʰɑŋ˨˩tʂʰɑŋ˨˩lə˧,tɕiɑŋ˥tou˥˨niæ̃˨˩tɕiou˥˨sɿ˥˨tʂə˥˦muo˧tʂʰɑŋ˨˩ti˧lə˧.iou˥˨sæ̃˥tʂʰʅ˥˨tɕi˥˦ti˧,iou˥˨ər˥tʂʰʅ˥˨tɕi˥ti˧.（那豆角，豆角子跟这个红豆不一样吧？）红豆和红豆角子是姊妹两个么，都……都是……都是……都是母的嘛。xuoŋ˨˩tou˥xuo˨˩tou˥tɕyo˥tsɿ˧sɿ˥tsɿ˥mei˥liɑŋ˥kə˥˨

muo˩,tou˥˧……tou˥˧sɿ˥mu……tou˥˧sɿ˥ni……tou˥˧sɿ˥mu˥ti˩ma˩.（颜色同不同？）那那都豆角是这是有绿颜色的，也有酱色的，还有红色的咧，豆角子。nei˥˧nei˥˧tou˥˩tou˥tɕyo˥˩sɿ˥˩tʂei˥˧sɿ˥˩iou˥˧ly˥iæ̃˧˩sə˥ti˩,ie˥˧iou˥˧tɕiaŋ˥˧sə˥ti˩,xæɛ˧iou˥˧xuoŋ˧sə˥ti˩lie˩,tou˥tɕyo˥˩tsɿ˩.（它跟红豆是差不多样子是吧？）噢，红豆和豆角子是一个……一个东西么。ɑɔ˩,xuoŋ˧˩tou˥xuo˧˩tou˥˧tɕyo˥tsɿ˩sɿ˥˩i˥˩kə˥……i˥˩kə˥tuoŋ˥ɕi˩muo˩.（一个东西啊？）啊。ɑ˩.（那为什么叫……把它叫做红豆呢？）那这个名字人家都习惯就把它叫红豆么。næɛ˥tʂə˥kə˥miŋ˧˩tsɿ˥˧zəŋ˧˩tɕia˥tou˥˩ɕi˧˩kuæ̃˥˧tsou˥˩pɑ˥˩tʰɑ˥tɕiaɔ˥xuoŋ˧˩tou˥muo˩.（这个绿的也叫红豆？）绿的也叫红豆。ly˥ti˩ie˥˧tɕiaɔ˥xuoŋ˧˩tou˥.

（有刀……刀豆没有这种这种刀豆没有？）呃都在红豆里头算着咧。刀刀豆儿么。ə˥tou˥˧tsæɛ˥xuoŋ˧˩tou˥li˥tʰou˩suæ̃˥˧tʂə˩lie˩.taɔ˥taɔ˥˩tour˥muo˩.（刀刀豆跟红豆……）还是个东西，还是吃的外头那个东西。我们就叫刀刀豆儿么。xɑ˧˩sɿ˥kə˥tuoŋ˥ɕi˩,xɑ˧˩sɿ˥˧tʂʰɿ˥ti˩væɛ˥tʰou˩nə˥kə˥tuoŋ˥ɕi˩.ŋuo˥˩məŋ˩tɕiou˥tɕiaɔ˥taɔ˥taɔ˥˩tour˥muo˩.（这是很扁的呀！扁的一种刀豆儿。）啊，就是扁的那，就像个刀刀刃子样的。ɑ˩,tɕiou˥˧sɿ˥˩piæ̃˥ti˩nə˥˩,tsou˥ɕiaŋ˥kə˥taɔ˥taɔ˥˩zəŋ˥tsɿ˩iaŋ˥˩ti˩.（它这样的，欸，这这这这……）宽么，也有，多的是它那个欸刀刀豆么。kʰuæ̃˥muo˩,ie˥˧iou˥˧,tuo˥ti˩sɿ˥tʰɑ˥˩nei˥kei˥taɔ˥taɔ˥˩tou˥muo˩.

还有……还有蛇豆豆咧。xɑ˧˩iou˥ʂ……xɑ˧˩iou˥ʂə˧tou˥˩tou˥lie˩.（蛇豆是什么？）蛇豆还是红豆的一个种类么。蛇豆长得就和蛇一模儿一样的嘛。ʂə˧˩tou˥˧xɑ˧˧sɿ˥xuoŋ˧tou˥˧ti˩i˥˩kə˥˩tʂuoŋ˥˧luei˥˧muo˩.ʂə˧tou˥˧tʂɑŋ˥˧tə˩tɕiou˥xuo˧˩ʂə˧i˥˩muor˧˩i˥˩iaŋ˥ti˩ma˩.（哦呵，像是……弯弯曲曲是吧那种？）弯弯曲曲，头上……结一个股子。可以长到一两米长。都这么奘一个一个的。væ̃˥væ̃˥˩tɕʰy˥tɕʰy˥˩,tʰou˧˩ʂ……tɕie˥i˥˩kə˥˩ku˥tsɿ˩.kʰə˥i˥tʂɑŋ˥taɔ˥˧i˥˩liaŋ˥mi˥tʂʰɑŋ˧˩.tou˥˩tʂə˥˧muo˩tʂuɑŋ˥i˥˩kə˥˧i˥˩kə˥˧ti˩.（那那豆子，里头的豆子有多大呢？）那个是……它那个豆子，豆子这个欸米米倒不太大，就是这个外头这个外表这个肉厚得很。nə˥kə˥sɿ……tʰɑ˥˧nə˥kə˥tou˥˧tsɿ˩,tou˥˧tsɿ˩tʂə˥˩kei˥˩mi˥mi˥˩taɔ˥pu˧˩tʰæɛ˥ta˥˩,tsou˥sɿ˥tʂə˥kə˥væɛ˥˧tʰou˩tʂə˥kə˥væɛ˥˧piaɔ˥tʂə˥kə˥zou˥xou˥tə˩xəŋ˥.（那切下来就这么吃？）啊，切……可以切丝，可以剁节节嘛。ɑ˩,tɕʰ……kʰə˥i˥tɕʰie˥sɿ˥,kʰə˥i˥˧tuo˥˧tɕie˥tɕie˥˩ma˩.（啊，它是弯弯曲曲的。）弯弯曲曲的么□，就好像是……你猛一看就好像蛇在那个地方爬着咧。那一颗子子根要五块钱了。væ̃˥væ̃˥˩tɕʰy˥tɕʰy˥˩ti˩muo˩niæ̃˧˩,tsou˥xaɔ˥˧ɕiaŋ˥ʂ……ni˥məŋ˥i˥˩kʰæ̃˥tsou˥xaɔ˥˧ɕiaŋ˥ʂə˧tsæɛ˥˩nə˥kə˥ti˥faŋ˥˧pʰɑ˧tʂə˩lie˩.næɛ˥˧i˥˩kʰə˥tsɿ˩tsɿ˥kəŋ˥˩iaɔ˥vu˥˩kʰuæɛ˥tɕʰiæ̃˧˩lə˩.（那个多吗那种东西？）没有。这是外头才引进的这个品种，这一两年有个别人种咧。mei˧˩iou˥˩.tʂə˥˧sɿ˥˩væɛ˥tʰou˩tsʰæɛ˧iŋ˥˧tɕiŋ˥ti˩tʂə˥kə˥pʰiŋ˥tʂuoŋ˥,tʂei˥i˥˩liaŋ˥niæ̃˧iou˥˧kə˥pie˧˩zəŋ˧tʂuoŋ˥lie˩.

豇豆

1.（你们这里豇豆是什么样子啊？）黄：小小的，圆的，沾点……这么个……ɕiaɔ˥ɕiaɔ˥ti˩,yæ̃˧˩ti˩,tʂæ̃˥˩tiæ̃˥˩……tʂə˥muo˩kə˥˩……（长的还是短的？）长的。这么长长一点点那个。沾点儿……白白的，是……就稍微带点红色的。tʂʰɑŋ˧˩ti˩.tʂə˥muo˩tʂʰɑŋ˧˩tʂʰɑŋ˧˩i˥˩tiæ̃˥tiæ̃˥˩nə˥˩kə˥˩.tʂæ̃˥˩tiær˥˩……pei˧pei˧˩ti˩,sɿ˥……tɕiou˥saɔ˥˧vei˥˧tæɛ˥tiæ̃˥˩xuoŋ˧sə˥˩lə˩.

2.（那豇豆有几种？）黄：豇豆，吃菜的那种和打籽的那种两回事咧。熬米汤喝，熬……熬粥喝的那个豇豆，它也叫豇豆。但是你长这么长的那个，三四尺长那个也叫豇豆。tɕiaŋ˥tou˥˩,tʂʰɿ˥˩tsʰæɛ˥˧ti˩nei˥tʂuoŋ˥˩xuo˧˩ta˥tsɿ˥ti˩nei˥tʂuoŋ˥˩liaŋ˥xuei˧˩sɿ˥˩lie˩.naɔ˧mi˥tʰɑŋ˥˩xuo˥˩,naɔ˧……ɑɔ˧tʂou˥xuo˥ti˩nə˥kə˥tɕiaŋ˥tou˥˩,tʰɑ˥˩ie˥tɕiaɔ˥˩tɕiaŋ˥tou˥˩.tæ̃˥

sɿ˥ni˥˦tʂaŋ˥tʂə˥˦muo˧tʂʰaŋ˨ti˧nə˥kə˥,sæ̃˥sɿ˥˩tʂʰʅ˥tʂʰaŋ˨næᴇ˥kə˥ie˥tɕiao˥˩tɕiaŋ˥˩tou˥˦.（哦，做菜吃的？）哦，做菜吃的。ɑɔ˩,tsuo˥˩tsʰæᴇ˥˦tʂʰʅ˥ti˧.（那个那个……）菜豇豆么。tsʰæᴇ˥tɕiaŋ˥˩tou˥˦muo˧.（菜豇豆？）就叫……噢，是分开，做菜吃那个分开来着就叫菜豇豆儿。tɕiou˥˩tɕiao˥˩……ɑɔ˩,sɿ˥˩fəŋ˥˦kʰæᴇ˥,tsuo˥˩tsʰæᴇ˥˦tʂʰʅ˥nə˥˩kə˥˩fəŋ˥˩kʰæᴇ˥læᴇ˨˩tʂə˧tɕiou˥˩tɕiao˥˩tsʰæᴇ˥tɕiaŋ˥˩tour˥˩.（那个打籽的呢？）豇豆。tɕiaŋ˥tou˥˩.（一般讲豇豆就是指那个打籽的吗？）打籽的那个，啊。菜豇豆那就是这个吃菜的那个，就筷子这么，就像这么奘奘那个嘛。ta˥tsɿ˥ti˧nei˥˩kə˥˩,a˩.tsʰæᴇ˥tɕiaŋ˥˩tou˥˩næᴇ˥tɕiou˥sɿ˥tʂə˥˩kə˥˩tʂʰʅ˥˩tsʰæᴇ˥˦ti˧næᴇ˥kə˥,tɕiou˥kʰuæᴇ˥tsɿ˧tʂə˥mə˧,tɕiou˥˦ɕiaŋ˥˩tʂə˥muo˧tʂuaŋ˥tʂuaŋ˥˩nə˥kə˥ma˧.

豌豆

（你们这里这个豌豆是个什么样子的？）黄：豌豆是扯蔓蔓，结上这么大绿绿儿的那个蛋蛋么。væ̃˥tou˥sɿ˥tʂʰə˥væ̃˥væ̃˥˩,tɕie˥ʂaŋ˥˩tʂə˥muo˧ta˥liou˥liour˥˩ti˧nə˥kə˥tæ̃˥tæ̃˥muo˧.（什么形状的？）叶叶是灰……灰灰灰灰的那么个叶子。ie˥ie˥˩sɿ˥xuei˥……xuei˥xuei˥˦xuei˥xuei˥˦ti˧nə˥muo˧kə˥ie˥tsɿ˧.（圆的还是什么样的？）圆的。绿的。yæ̃˨˩ti˧.liou˥ti˧.（溜圆的吗？）噢，溜圆的。ɑɔ˩,liou˥yæ̃˨ti˧.（啊有绿的？）有绿的。很少，在前几年有……现在都……那产量低的，一般都太没有人种这个了。啊。iou˥ly˥˩ti˧.xəŋ˥ʂao˥,tsæᴇ˥tɕʰiæ̃˨tɕi˥niæ̃˨˩iou˥˩……ɕiæ̃˥tsæᴇ˥tou˥˩……næᴇ˥tsʰæ̃˥˦liaŋ˥ti˥ti˧,i˥˦pæ̃˥˩tou˥˦tʰæᴇ˥mei˨iou˥˦zəŋ˨tʂuoŋ˥tʂə˥kə˥lə˧.ɑ˥.

红芋

1.（红芋它有皮是白色的，有的是红色的，你们有没区分？）黄：没有区分。我们统一都……见咧的都是红色，没有再见其他。mei˨iou˥˦tɕʰy˥˩fəŋ˥˩.ŋuo˥məŋ˧tʰuoŋ˥i˥˩tou˥˩……tɕiæ̃˥lie˧ti˧tou˥˦sɿ˥˩xuoŋ˨˩ti˧,mei˨iou˥˩tsæᴇ˥tɕiæ̃˥˦tɕʰi˨˩tʰɑ˥.（它有很多种啊！它有的是里头是粉状的，有的是那个软的，很好吃的。）没有。我们就那一种。mei˨iou˥˩.ŋuo˥məŋ˧tsou˥nə˥i˥˩tʂuoŋ˥˩.

2. 黄：呃两天街上卖的满都是红芋苗子么。……我们这边儿红芋粉都是外来的。ə˥liaŋ˥tʰiæ̃˥˩kæᴇ˥ʂaŋ˥˩mæᴇ˥ti˧mæ̃˥tou˥˩sɿ˥˩xuoŋ˨y˥miao˨tsɿ˧muo˧.……ŋuo˥məŋ˧tʂə˥piæ̃r˥˩xuoŋ˨y˥fəŋ˥tou˥˩sɿ˥˩væᴇ˥læᴇ˨˩ti˧.（那个红薯加工成一些什么东西你们可以？）这面这里我们这儿都是微量的。那些东西一般都不加工。红薯就是种一点，除了欻蒸的吃，再就再不加工甚。都那……很少微量一点点东西。一家连二三十斤都挖不下。就这么个小这么点点。tʂei˥˦miæ̃˥tʂei˥li˥˦ŋuo˥məŋ˧tʂər˥tou˥˩sɿ˥˩vei˥˩liaŋ˥ti˧.nei˥˩ɕie˥tuoŋ˥˦ɕi˧i˥˦pæ̃˥˩tou˥˩pu˨˩tɕia˥˦kuoŋ˥˩.xuoŋ˨ʂʮ˥˦tsou˥˩sɿ˥˩tʂuoŋ˥i˥˩tiæ̃˥˩,tʂʰʮ˨˩liao˥ei˩tʂəŋ˥˩ti˧tʂʰʅ˥,tsæᴇ˥tsou˥tsæᴇ˥pu˨˩tɕia˥˦kuoŋ˥ʂəŋ˥˩.tou˥˩nei˥˦ʂ……xəŋ˥ʂao˥˩vei˥˩liaŋ˥i˥˩tiæ̃˥tiæ̃˥˩tuoŋ˥ɕi˧.i˥˩tɕia˥liæ̃˨˩ər˥sæ̃˥˦ʂʅ˨˦tɕiŋ˥˩tou˥˩va˥˩pu˨˩xa˥˩.tɕiou˥tʂə˥muo˧kə˥˩ɕiao˥tʂə˥muo˧tiæ̃˥˩tiæ̃˥˩.

3. 黄：这面没有红薯，红薯很少，普遍用的都是土……都是种的洋芋，也叫土豆儿。这都是挖洋芋，这东西比较多。tʂei˥miæ̃˥mei˨iou˥xuoŋ˨˩ʂʮ˥˩,xuoŋ˨˩ʂʮ˥xəŋ˥˦ʂao˥,pʰu˥piæ̃˥˦yoŋ˥ti˧tou˥˦sɿ˥tʰu˥……tou˥˦sɿ˥tʂuoŋ˥ti˧sɿ˥iaŋ˨˩y˥,ie˥˦tɕiao˥tʰu˥˦tour˥.tʂə˥˦tou˥˩sɿ˥˩va˥iaŋ˨˩y˥˦,tʂei˥˦tuoŋ˥˦ɕi˧pi˥tɕiao˥˦tuo˥˩.（呃，然后……噢，红薯都种得很少啊？）很少。那都是一家，是，种也不多，几行行子。xəŋ˥˩ʂao˥˦.næᴇ˥˦tou˥˩sɿ˥˩i˥˩tɕia˥,sɿ˥˩,tʂuoŋ˥ia˥˦pu˨˦tuo˥˦,tɕi˥xaŋ˨xaŋ˨˩tsɿ˧.（那是挖红芋还是挖……）噢，挖红……挖红芋，有的人也叫挖红芋，有的也叫挖红薯咧。ɑɔ˩,va˥xuoŋ˨˩……va˥xuoŋ˨y˥,iou˥ti˧zəŋ˨ia˥˦tɕiao˥va˥xuoŋ˨y˥,iou˥˦ti˧ie˥˦tɕiao˥va˥˩

xuoŋ˨˦ʂɥ˥˧˧lie˥˧.

红薯苗儿

（那个红薯那个秧子怎么培育的？）黄：炕出来的。kʰɑŋ˥tʂʰɥ˥˧˩læᴇ˨˦˩ti˧.（怎么炕法？）不知道。我们本地人没人炕。pu˨˦˩tʂʅ˥˧˧tɑɔ˥.ŋuo˥˧məŋ˧pəŋ˥˧ti˥ʐəŋ˨˦˧mei˨˦ʐəŋ˨˦˧kʰɑŋ˥.（你们种……这本地种吗？）种咧。都是买下的苗子上……tʂuoŋ˥lie˥˧.tou˥˧˩sʅ˥˩mæᴇ˥˧xɑ˥˩ti˧mi ɑɔ˨˦˩tsʅ˧ʂɑŋ˥˦……（噢那苗子都是买的？）买下的。嗯。本地不可以炕。mæᴇ˥˧xɑ˥˩ti˧.ŋ̍˩.pəŋ˥˧ti˥pu˨˦˩kʰə˥˧i˥˧kʰɑŋ˥.（那个炕苗子的那个那个东西那个那个场地叫什么？）不知道。从来不……从来没有那个东西。pu˨˦˧tʂʅ˥˧˧tɑɔ˥.tsʰuoŋ˨˦læᴇ˨˦˧pu˨˦……tsʰuoŋ˨˦læᴇ˨˦˧mei˨˦iou˥˧nə˥kə˥t uoŋ˥˧ɕi˧.（不知道，反正就是就买秧子？）噢，买秧子。买红薯苗儿咧。ɑɔ˩,mæᴇ˥˧iɑŋ˥˧˩tsʅ˧.mæᴇ˥˧xuoŋ˨˦˩ʂɥ˥˧miɑɔr˨˦˩lie˧.（噢，红薯那个那个苗是叫秧子还是叫苗？）噢，红薯苗儿。ɑɔ˩,xuoŋ˨˦˩ʂɥ˥˧miɑɔr˨˦˩.（不叫秧子啊？）不叫。你买些红薯苗儿回去栽去咧。pu˨˦˩tɕiɑɔ˥.ni˥˧mæᴇ˥˧ɕie˥˧˩xuoŋ˨˦˩ʂɥ˥˧miɑɔr˨˦˧xuei˨˦˩tɕʰy˥tsæᴇ˥˧tɕʰy˥˩lie˧.

洋芋

1.（洋芋有什么不同的品种啊？叫法？）黄：那也有了，有白的，有乌的了。næᴇ˥˦iɑ ˥˧˩iou˥˧lə˧,iou˥˧pei˨˦˩ti˧,iou˥˧vu˥˧ti˧lə˧.（白的，乌的？）那是颜色上区别了，它的本质东西它是一样的。nɑ˥sʅ˥iæ̃˨˦˩sei˥˧ʂɑŋ˥˩tɕʰy˥˧pie˨˦lə˧,tʰɑ˥˧ti˧pəŋ˥˧tʂʅ˥˧˩tuoŋ˥˧ɕi˧tʰɑ˥˧sʅ˥i˥˧˩iɑŋ˥˦ti˧.

2.（就是你们这个这种吃根茎吃……还有些什么……什么植物呢？）黄：那都是洋芋多一点儿，哎萝卜呐，胡萝卜呐，这些都是吃根的么。葱，葱那叶子也能吃，根也能吃。这都是……这些……多一点儿。næᴇ˥˦tou˥˧˩sʅ˥˩iɑŋ˨˦y˥tuo˥˧i˥˧˩tiæ̃r˥˧˩,æᴇ˩luo˨˦˩pu˥˧nɑ˧,xu˨˦˩luo˨˦˩p u˥˧nɑ˧,tʂə˥ɕie˥˧tou˥˧˩sʅ˥˩tʂʰʅ˥˧˩kəŋ˥˧ti˧muo˧.tsʰuoŋ˥˧,tsʰuoŋ˥˧nə˥ie˥˧tsʅ˧ie˥˧nəŋ˨˦tʂʰʅ˥˧˩,kəŋ˥˧ie˥˧˩nəŋ˨˦tʂʰʅ˥˧.tʂə˥˦tou˥˧˩sʅ˥˩……tʂə˥˩ɕie˥˧ts……tuo˥˧i˥˧˩tiæ̃r˥˧˩.

芋头、山药

1.（就是有一种带毛的那种洋芋你们……）黄：那不可能有，洋芋不带毛。nə˥˦pu˨˦˩k ʰə˥˧nəŋ˨˦˧iou˥˧˩,iɑŋ˨˦y˥˦pu˨˦˩tæᴇ˥mɑɔ˨˦˩.（噢，不是芋……洋芋，是芋头。）芋头没有……没有东西。吃上又没有味儿那个东西。我是见上个集上市场上卖的也有。y˥tʰou˧mei˨˦iou˥˧……muo˥˧˩iou˥˧˧tuoŋ˥˧ɕi˧.tʂʰʅ˥˧ʂɑŋ˥iou˥mei˨˦iou˥˧˩vər˥nə˥kə˥tuoŋ˥˧ɕi˧.ŋuo˥˧sʅ˥˩tɕiæ̃˥ʂɑŋ˥kə˥tɕi˨˦˩ʂɑŋ˥sʅ˥˦tʂ ʰɑŋ˨˦˩ʂɑŋ˥mæᴇ˥ti˧ie˥˧˧iou˥˧˩.（这里也有卖的吗？）也有卖的。但不是……那是外地拉来的，绝对不是本地的。ie˥˧iou˥˧mæᴇ˥˦ti˧.tæ̃˥˩pu˨˦˩sʅ˥˦……nə˥˦sʅ˥˩væᴇ˥˦ti˥˦lɑ˥˧˩læᴇ˨˦˩ti˧,tɕyo˨˦˩tuei˥˦pu ˨˦˩sʅ˥˩pəŋ˥˧ti˥˦ti˧.

2.（那个药物里面呐，那个山药，那个药物里面也叫做这个淮山。）黄：那都是药……全有都是药物里头。芋头没有。芋头也没得，山药都少得很，没有得。næᴇ˥˦tou˥˧˩sʅ˥˩yo˥˧……tɕʰyæ̃˨˦iou˥˧tou˥˧˩sʅ˥˩yo˥˧vuo˥˧˩li˥˧tʰou˧.y˥tʰou˧muo˥˧iou˥˧˩.y˥tʰou˧iɑ˥˧˩mei˨˦tei ˥˧˩,sæ̃˥˧yo˥˧˩tou˥˧˩ʂɑɔ˥˧tə˧xəŋ˥˧,mei˨˦iou˥˧tei˥˧˦.

萝卜

（这个萝卜你们有些什么萝卜？）黄：那分白萝卜，胡萝卜。土话叫黄萝卜。nə˥fə ŋ˥˧˩pei˨˦luo˨˦˩puo˥,xu˨˦luo˨˦˩puo˥.tʰu˥˧xuɑ˥tɕiɑɔ˥xuɑŋ˨˦luo˨˦˧puo˧.（那个皮是红色的那种白萝卜呢？）那那叫紫皮儿萝卜。næᴇ˥nə˥tɕiɑɔ˥tsʅ˥˧pʰiər˨˦˩luo˨˦˧pu˧.（还有一种心儿是红的，有没有？）红心子……红心萝卜。这就指两种萝卜是最……两种紫皮儿的就是辣，最辣么。xuoŋ˨˦˩ɕiŋ˥˧tsʅ……xuoŋ˨˦˩ɕiŋ˥˧luo˨˦˩pu˧.tʂə˥tɕiou˥˩tsʅ˥˧liɑŋ˥˧tʂuoŋ˥˧˩luo˨˦˩pu˧sʅ˥tsuei˥˩……liɑŋ˥˧tʂuo ŋ˥˧˧˩tsɿ˥˧pʰiər˩˧˩ti˦tɕiou˥sɿ˥lɑ˥˧,tsuei˥˦lɑ˥˧˧˩muo˧.（最辣？）啊。ɑ˧˩.（那个皮是红色，里面还是白色的，啊？是吧？）啊。紫皮儿萝卜这个欸紫皮儿蒜么，低头的婆娘扬头的汉么。ɑ˧˩.tsɿ˥˧pʰiər˩˧luo˩˧˩pu˦tʂə˥kə˥ei˥tsɿ˥˧pʰiər˩˧suæ̃˥muo˧,ti˥˧tʰou˩˧˩ti˦pʰuo˩˧niɑŋ˩˧˧iɑŋ˩˧tʰou˩˧˩ti˦xæ̃˥muo˦.（叫什么？）紫皮儿萝卜紫皮儿蒜，低头的婆娘扬头的汉。tsɿ˥˧pʰiər˩˧luo˩˧˩pu˦tsɿ˥˧pʰiər˩˧suæ̃˥,ti˥˧tʰou˩˧˩ti˦pʰuo˩˧niɑŋ˩˧˧iɑŋ˩˧tʰou˩˧˩ti˦xæ̃˥˩.（噢，低着头的婆娘？）低着头的婆娘，这个婆娘老歪的咧，惹不起呀。ti˥˧tʂə˧tʰou˩˧˩ti˦pʰuo˩˧niɑŋ˩˧˧,tʂə˥kə˥pʰuo˩˧˩niɑŋ˩˧˧lɑɔ˥˧væᴇ˥˧ti˧lie˧,zə˥˧pu˩˧˩tɕʰi˥˧iɑ˧˩.（呃，这个就是说很正经的是吧？）不是。这婆娘就是，按咱们这个话说是，按洋话来的说是这个……pu˩˧˩sɿ˥.tʂə˥pʰuo˩˧˩niɑŋ˩˧˧tɕiou˥˦sɿ˥˩,næ̃˥tʂɑ˩˧məŋ˦tʂə˥kə˥xuɑ˥ʂuo˥˧˧sɿ˥,næ̃˥iɑŋ˩˧xuɑ˥læᴇ˩˧˧tə˦ʂuo˥˧˧sɿ˥tʂə˥kə˥……（很泼辣？）很泼辣这个人。xəŋ˥˧˧pʰuo˥˧lɑ˥˧˧˩tʂei˥kə˥zəŋ˩˧.（噢，惹不起？）惹不起。zə˥˧pu˩˧˩tɕʰi˥˧˧.（扬头呢？）扬头的汉，你看那个走路头扬的高高的来了，那神气活现的，那就不好打交道。iɑŋ˩˧tʰou˩˧˩ti˦xæ̃˥,ni˥˧˧kʰæ̃˥˩nə˥kə˥tsou˥˧lou˥tʰou˩˧iɑŋ˩˧ti˦kɑɔ˥˧kɑɔ˥˧˧˩ti˧læᴇ˩˧˩lə˧,næᴇ˥˦ʂəŋ˩˧˩tɕʰi˥xuo˩˧˩ɕiæ̃˥ti˦,nə˥˦tsou˥˩pu˩˧˩xɑɔ˥˧tɑ˥˧tɕiɑɔ˥˧˧˩tɑɔ˥˩.（噢。那红皮的蒜也是很辣的哈？）红皮的蒜和紫……紫皮儿……紫皮儿……紫皮儿萝卜紫皮儿蒜，就是颜色不是那么红色，紫色的，那蒜都辣的吃不成，萝卜也辣的吃不成。xuoŋ˩˧pʰi˩˧˩ti˦suæ̃˥xuo˩˧˩tsɿ˥˧……tsɿ˥˧pʰiər˩˧……tsɿ˥˧pʰiər……tsɿ˥˧pʰiər˩˧luo˩˧˩pu˦tsɿ˥˧pʰiər˩˧suæ̃˥˩,tɕiou˥sɿ˥iæ̃˩˧˩sə˥˧pu˩˧˩sɿ˥nə˥˦muo˧xuoŋ˩˧sə˥˧˧˩,tsɿ˥˧sə˥˧˧˩ti˧,næᴇ˥˦suæ̃˥tou˥˧˧lɑ˥˧˧˩ti˧tʂʰʅ˥˧pu˩˧˩tʂʰəŋ˩˧˩,luo˩˧˩pu˦ie˥˧˧lɑ˥˧˧˩ti˧tʂʰʅ˥˧pu˩˧˩tʂʰəŋ˩˧˩.

葱

（那个葱有些什么葱？）黄：葱，有大葱，有羊角葱。tsʰuoŋ˥˧,iou˥˧˧˩tɑ˥tsʰuoŋ˥˧˧˩,iou˥˧˧iɑŋ˩˧tɕyo˥˧tsʰuoŋ˥˧˧˩.（羊角葱是什么？）羊角葱，它那个杆杆儿是这个欸红颜色的，皮皮是红的。iɑŋ˩˧tɕiɑɔ˥˧tsʰuoŋ˥˧,tʰɑ˥˧˧næᴇ˥kə˥ei˥kæ̃˥˧kæ̃r˥˧˧˩sɿ˥tʂə˥kə˥ei˧˩xuoŋ˩˧iæ̃˩˧˩sə˥˧ti˧,pʰi˩˧˩pʰi˩˧˥sɿ˥˩xuoŋ˩˧˩ti˦.（是那洋葱是吧？）噢，洋葱。ɑɔ˧˩,iɑŋ˩˧tsʰuoŋ˥˧.（圆圆的、扁扁的？）不，哎不是。pu˩˧,æᴇ˧˥pu˩˧˩sɿ˥˩.（啊？）哎不是。它和葱一……和大葱是一模儿一样的。大葱它是全是白的啊，这个皮皮是黄的是……是红的。æᴇ˧˥pu˩˧˩sɿ˥˩.tʰɑ˥˧˧xuo˩˧˩tsʰuoŋ˥˧i˥˧˧˩……xuo˩˧˩tɑ˥tsʰuoŋ˥˧sɿ˥˩i˥˧˧˩muor˩˧˥i˥˧˧˩iɑŋ˥ti˧.tɑ˥tsʰuoŋ˥˧˧tʰɑ˥˧sɿ˥˩tɕʰyæ̃˩˧˩sɿ˥˦pei˩˧˩tiɑ˦,tʂə˥˩kə˥˦pʰi˩˧˩pʰi˩˧˥sɿ˥˩xuɑŋ˩˧tə˧sɿ……sɿ˥xuoŋ˩˧ti˦.（就我们吃的那个家里小的那个大蒜。）大蒜是大蒜。tɑ˥suæ̃˥sɿ˥˩tɑ˥suæ̃˥.（下面结的那个叫大蒜？）不结。pu˩˧˩tɕie˥˧.（啊，那是另外一个……）它和葱一模儿一样的。tʰɑ˥˧˧xuo˩˧˩tsʰuoŋ˥˧i˥˧˧˩muor˩˧˥i˥˧˧˩iɑŋ˥ti˧.（又跟葱……葱又一模一样？）和葱是一模儿一样的，但是它是洋葱。xuo˩˧˩tsʰuoŋ˥˧sɿ˥˩i˥˧˧˩muor˩˧˥i˥˧˧˩iɑŋ˥ti˦,tæ̃˥sɿ˥tʰɑ˥˧sɿ˥˩iɑŋ˩˧tsʰuoŋ˥˧.（羊角葱它有些什么特点呢？）羊角葱辣味儿大么。iɑŋ˩˧tɕyo˥˧tsʰuoŋ˥˧˧lɑ˥˧˧˩vər˥˦tɑ˥˩muo˧.（皮红？）啊，皮红啊，它这个比较呛，刺鼻么。ɑ˧˩,pʰi˩˧xuoŋ˩˧ɑ˧˩,tʰɑ˥˧˧tʂə˥kə˥pi˥˧tɕiɑɔ˥˩tɕʰiɑŋ˥˩,tsʰɿ˥˦pi˩˧muo˧.（样子还是跟那个大葱一样？）和大葱一模儿一样的。xuo˩˧˩tɑ˥tsʰuoŋ˥˧˧˩i˥˧˧˩muor˩˧˥i˥˧˧˩iɑŋ˥ti˦.（大小呢，粗细呢？）粗细它就不及大葱那么大。tsʰʮ˥˧˧˩ɕi˥˦tʰɑ˥˧˧˩tɕiou˥˩pu˩˧˩tɕi˩˧˩tɑ˥˦tsʰuoŋ˥˧˧˩nə˥muo˦tɑ˥.（小葱呢？有没有小葱？）小葱是育下那苗子叫小葱。ɕiɑɔ˥˧tsʰuoŋ˥˧˧˩sɿ˥˩y˥xɑ˥næᴇ˥miɑɔ˩˧˩tsɿ˦tɕiɑɔ˥˩ɕiɑɔ˥˧tsʰuoŋ˥˧˧˩.（还有一种做菜那么小小的这个做香料用的那种葱呢？）没有。muo˥˧˧˩iou˥˧.（这儿没有？）小葱也叫葱娃。ɕiɑɔ˥˧tsʰuoŋ˥˧˧˩ie˥˧˧tɕiɑɔ˥tsʰuoŋ˥˧vɑ˩˧˩.（葱有绿的，有白的，分开吃的。有下面一段儿是白的，上面一段儿是绿的。你是叫葱叶子还是叫葱什么？）葱叶子。tsʰuoŋ˥˧˧˩ie˥˧tsɿ˧.（下面呢？）上边的就叫葱叶子么，底下叫裤裤么。ʂɑŋ˥piæ̃˥˧tə˧tɕiou˥tɕiɑɔ˥tsʰuoŋ˥˧˧˩ie˥˧tsɿ˧

muo˧,ti˦xa˥˩tɕiaɔ˥kʰu˥kʰu˥˧muo.（不叫葱白什么的？）不叫葱白，叫……土话叫裤裤么。pu˧˩tɕiaɔ˥tsʰuoŋ˦˩pei˧˩,tɕiaɔ˥……tʰu˦xua˥tɕiaɔ˥kʰu˥˧kʰu˥˩muo˧.（那个底下那个那个像胡须那样的那个呢？）葱胡子。tsʰuoŋ˦xu˧˩tsɿ˧.（那个从上面开的那个花呢？）花苞苞，葱苞苞。xua˦˥paɔ˦paɔ˦˩,tsʰuoŋ˦˩paɔ˦paɔ˦˩.（呃，像那个葱啊，假如说把它切得很碎的那种，叫叫什么？）葱丝儿。tsʰuoŋ˦˩sər˦.（不是丝。就是……）葱末儿。tsʰuoŋ˦˥muor˦.（讲不讲葱花儿？）也叫葱花儿，也叫葱末儿。土一点的就是葱花。ie˦˥tɕiaɔ˥tsʰuoŋ˦xuar˦˩,ie˦˥tɕiaɔ˥tsʰuoŋ˦˥muor˦.tʰu˦i˦˩tiæ̃˦˩ti˧tɕiou˥˩sɿ˥˩tsʰuoŋ˦xua˦˩.

莲藕

（你们种藕……那个河里面有藕没有？莲藕啊？）黄：哎，兀都是外地的。前……前两年在这儿这也有人种，也成功着咧。但是这个欸本地没有。æɛ˩,væɛ˥˧tou˦˩sɿ˥˩væɛ˥ti˥ti˧.tɕʰiæ̃˧……tɕʰiæ̃˧liaŋ˦niæ̃˧˥tsæɛ˥tʂər˥tʂə˥ie˦iou˦˩zəŋ˧tʂuoŋ˥,ie˦˥tʂʰəŋ˧˩kuoŋ˦tʂuo˦˩lie˧.tæ̃˥sɿ˥tʂə˥kə˥ei˩pəŋ˦ti˥˧mei˧˩iou˦˩.（那藕儿还是有吗？）有。在市场上现在卖的多的是它。iou˦.tsæɛ˥sɿ˥tʂʰaŋ˦ʂaŋ˥˩ɕiæ̃˥˧tsæɛ˥˩mæɛ˥ti˥tuo˦ti˧sɿ˥˩tʰa˦˩.（藕怎么说？）莲藕么。liæ̃˧˩ou˦muo˧.

茄子

（茄子是……是本地就有的吧？）黄：茄子兀本地都有。tɕʰie˧˩tsɿ˧væɛ˥˩pəŋ˦ti˥˧tou˦˩iou˦˩.（茄子有好几……好……有有圆的，也还有那种长条儿的那种，都分不分呢？）那你……那茄子种类多了。有牛心茄……牛心茄子。næɛ˥˧ni˦˩……næɛ˥tɕʰie˧˩tsɿ˧tʂuoŋ˦˥luei˥tuo˦lə˧.iou˦˩niou˧˩ɕiŋ˦tɕʰie……niou˧˩ɕiŋ˦tɕʰie˧˩tsɿ˧.（牛心茄子是什么？）它那个形状就像个牛的心么。有长茄子，长得多长那个。有圆蛋儿茄子。tʰa˦˥næɛ˥kə˥ɕiŋ˧˩tʂuaŋ˥tsou˥ɕiaŋ˥kə˥niou˧ti˧ɕiŋ˦muo˧.iou˦˥tʂʰaŋ˧tɕʰie˧tsɿ˧,tʂaŋ˦tə˧tuo˦˥tʂʰaŋ˧˩nə˥˩kə˥˩.iou˦yæ̃˧˩tær˥tɕʰie˧˩tsɿ˧.（圆蛋儿茄子是什么？）这么大疙瘩。还有二莀茄。tʂə˥˧muo˧ta˥ka˦ta˧.xæɛ˧˩iou˦˥ər˥miŋ˦tɕʰie˧˩.（啥？）二莀茄。这个莀。草字头儿，底下一个民。是像氏字，也是氏字这么个。ər˥miŋ˦tɕʰie˧˩.tʂə˥kə˥miŋ˦˥.tsʰaɔ˦tsɿ˥˩tʰour˧,ti˦xa˥˩i˦˩kə˥miŋ˧˩.sɿ˥ɕiaŋ˥sɿ˥˧tsɿ˥˩,ie˦˩sɿ˥˩sɿ˥˧tsɿ˥˩tʂə˥muo˧kə˥.（这个莀是什么意思？）这个品种□就叫这么个名字。tʂə˥˩kə˥˩pʰiŋ˦tʂuoŋ˦niæ̃˧˩tɕiou˥tɕiaɔ˥tʂə˥muo˧kə˧miŋ˧tsɿ˥˩.（是本地的品种还是外地引进的？）这是外地引进的品种。这个东西是天津引过来的。tʂə˥˧sɿ˥˩væɛ˥ti˥iŋ˦tɕiŋ˥˧ti˧pʰiŋ˦tʂuoŋ˦˩.tʂə˥kə˥tuoŋ˦ɕi˧sɿ˥˩tʰiæ̃˦tɕiŋ˦˩iŋ˦˥kuo˥læɛ˧˥ti˧.（还有什么茄？）还有红茄子，绿茄子。xæɛ˧iou˦˥xuoŋ˧tɕʰie˧˩tsɿ˧,ly˦tɕʰie˧˩tsɿ˧.（绿茄子还有？）啊。生绿生绿的。红茄子是那皮儿红……肝红色的那种。a˩.səŋ˦˥ly˦səŋ˦˩ly˦˩ti˧.xuoŋ˧tɕʰie˧˩tsɿ˧sɿ˥nə˥pʰiər˧xu……kæ̃˦˩xuoŋ˧sei˦ti˧nei˥tʂuoŋ˦˩.（那白茄子呢？）也有白的啊，纯白的，啊。ie˦iou˦˩pei˧˩tia˧,tʂʰuoŋ˧pei˧˩ti˧,a˩.（你们叫什么？）还叫白茄子。xa˧˩tɕiaɔ˥pei˧tɕʰie˧˩tsɿ˧.（还有什么茄子呢？）再没了。tsæɛ˥muo˦˩lə˧.

西瓜

（那你们这个自己不种西瓜这边儿？）黄：种咧，家家都种些，种一点儿。tʂuoŋ˥˧lie˧,tɕia˦˥tɕia˦tou˦˩tʂuoŋ˥˧ɕie˦,tʂuoŋ˥i˦˥tiær˦˩.（那西瓜有什么小品种……品种没有？）啊哟，西瓜那品种好家伙。这面常种的西瓜就是P2么，新红宝么。a˩iaɔ˩,ɕi˦kua˦˩næɛ˥pʰiŋ˦˥tʂuoŋ˦˥xaɔ˦tɕia˦xuo˧.tʂei˥miæ̃˥˩tʂʰaŋ˧tʂuoŋ˥ti˧ɕi˦kua˦˩tɕiou˥sɿ˥pʰi˦ər˥muo˧,ɕiŋ˦xuoŋ˧˩paɔ˦muo˧.（你们就土生的这个西瓜有这种……有些什么什么叫法没有？）哎都没有了这几年。æɛ˦tou˦˩mei˧iou˦lə˧tʂei˥˧tɕi˦˩niæ̃˧.（什么十道线儿？）哎呀，兀品种多了，谁能记下？光我今年家属

卖……卖西瓜都要卖十个品种了。大面积种的就是新红宝和P2么。兰……兰州的西瓜还有反修一号儿，反……反欸反修二号儿，还有反帝西瓜。那都是前几年搞下的那个。æᴇ˩iɑ˩, væᴇ˥˦pʰiŋ˥˧tʂuoŋ˥˧tuo˥˧lə˧,sei˧˥nəŋ˩˧tɕi˥xɑ˥?kuɑŋ˥˧ŋuo˥˧tɕiŋ˥˧niæ̃˧˥tɕiɑ˥˩ʂʅ˥˧mæᴇ˥……mæᴇ˥ɕi˥˧kuɑ˥˩tou˥˧iɑɔ˥mæᴇ˥ʂʅ˧˥kə˥˦pʰiŋ˥˧tʂuoŋ˥˧lə˧.tɑ˥miæ̃˥tɕi˥˩tʂuoŋ˥ti˧tɕiou˥˩sʅ˥˩ɕiŋ˥˧xuoŋ˩˧pɑɔ˥˧xuo˩˧pʰi˥˧ər˥muo˧.læ̃˧˥……læ̃˩˧tʂou˥˧ti˧ɕi˥˧kuɑ˥˩xæᴇ˩˧iou˥˧fæ̃˥˧ɕiou˥˩i˥˧xɑɔr˥˩,fæ̃˥˧……fæ̃˥˩ei˥˧fæ̃˥˧ɕiou˥˩ər˥˦xɑɔr˥˩,xæᴇ˩˧iou˥˧fæ̃˥˧ti˥˦ɕi˥˧kuɑ˥˩.nə˥tou˥˧sʅ˥tɕʰiæ̃˧˥tɕi˥˧niæ̃˩˧kɑɔ˥˧xɑ˥˩ti˧nei˥kə˥.

响坍

黄：[西瓜]最后……熟到最后的么，成了一包儿水了，响坍了。tsuei˥xou˥s……ʂʮ˩˧tɑɔ˥˦tsuei˥xou˥˧ti˧muo˧,tʂʰəŋ˩˧lə˧i˥˧pɑɔr˥˩ʂuei˥˧lə˧,ɕiɑŋ˥˧tʰæ̃˥˩lə˧.（这个是在地里响……叫响坍还是什么？）那你不摘，在地里也响坍，拉到家里也响坍。nə˥˦ni˥˧pu˩˧tsei˥˧,tsæᴇ˥ti˥li˥˩ie˥˩ɕiɑŋ˥˩tʰæ̃˥˩,lɑ˥˩tɑɔ˥tɕiɑ˥li˥˩ie˥˧ɕiɑŋ˥˧tʰæ̃˥˩.

黄瓜

（黄瓜你们这儿种不种？）黄：那种咧么。næᴇ˥˦tʂuoŋ˥lie˧muo˧.（黄瓜叫什么？）就叫个黄瓜。tɕiou˥tɕiɑɔ˥kə˥xuɑŋ˧˥kuɑ˥˩.（你们这种黄瓜是什么样儿的黄瓜？是带……上面有有那种小刺儿的黄瓜还是什么？）那我们……那你就……它就叫本……本地的土黄瓜咧嘛它是。有线黄瓜。næᴇ˥˦ŋuo˥˩məŋ˥……næᴇ˥ni˥˩tɕiou˥……tʰɑ˥˩tɕiou˥˩tɕiɑɔ˥˩pəŋ˥˧……pəŋ˥˧ti˥ti˧tʰu˥˧xuɑŋ˩˧kuɑ˥˧lie˧mɑ˧tʰɑ˥˩sʅ˥˦.iou˥˩ɕiæ̃˥xuɑŋ˩˧kuɑ˥˩.（什么线黄瓜？）线黄瓜是你……你们经常吃的那种浑身长刺儿的那个长的细细儿的那种。ɕiæ̃˥xuɑŋ˩˧kuɑ˥˧sʅ˥˩ni˥˧……ni˥˧məŋ˧tɕiŋ˥˩tʂʰɑŋ˧˥tʂʰʅ˥˧ti˧nei˥tʂuoŋ˥˩xuoŋ˧˥ʂəŋ˥˩tʂɑŋ˥˧tsʰər˥ti˧nə˥kə˥tʂɑŋ˥˧ti˧ɕi˥ɕiər˥ti˧nei˥˦tʂuoŋ˥˩.（也也不长的那种。）嗯。õ˩.（上头有时候还是开个开个花儿。）啊，就是的么。那叫线黄瓜么。再个就是白黄瓜么。ɑ˩,tɕiou˥sʅ˥˩ti˧muo˧.nei˥tɕiɑɔ˥˩ɕiæ̃˥˧xuɑŋ˩˧kuɑ˥˧muo˧.tsæᴇ˥kə˥˩tɕiou˥˩sʅ˥˩pei˧˥xuɑŋ˩˧kuɑ˥˧muo˧.（白黄瓜，白黄瓜我也……）噢，颜色是白的。ɑɔ˩,iæ̃˧˥sə˥˧sʅ˥˩pei˧˥ti˧.（它样子呢？）样子就……就比较奘了，大一点儿。iɑŋ˥˧tsʅ˧tɕiou˥……tsou˥pi˥˧tɕiɑɔ˥tʂuɑŋ˥˧lə˧,tɑ˥i˥˩tiær˥˧.（那个刺少是吗？）刺少。嗯。再一个就是秋黄瓜。tsʰʅ˥ʂɑɔ˥˩.õ˩.tsæᴇ˥i˥˧kə˥tɕiou˥˩sʅ˥˩tɕʰiou˥˧xuɑŋ˩˧kuɑ˥˧.（秋黄瓜是什么呢？）这么奘，这么长一根。tʂə˥muo˧tʂuɑŋ˥˧,tʂə˥muo˧tʂʰɑŋ˧˥i˥˩kəŋ˥˩.（比那个白黄瓜还……还大？）比它大么。比它大的多了。pi˥˧tʰɑ˥˩tɑ˥˧muo˧.pi˥˩tʰɑ˥˧tɑ˥ti˧tuo˥˧lə˧.（是在秋天那个秋？）啊，秋天，噢，做完……立秋以后长的最多的。ɑ˩,tɕʰiou˥˧tʰiæ̃˥˩,ɑɔ˩,tsuo˥væ̃˧˥……li˥˧tɕʰiou˥˧i˥˩xou˥˦tʂɑŋ˥˧ti˧tsuei˥˧tuo˥˩ti˧.（什么颜色呢？）绿色的。ly˥˧sə˥˧ti˧.（是不是就是菜瓜呀？）哎不是的。æᴇ˧˥pu˩˧sʅ˥ti˧.（就是还是黄瓜的味道？）还是黄瓜味道。xɑ˩˧sʅ˥˦xuɑŋ˧˥kuɑ˥˧vei˥tɑɔ˥.（你们有菜瓜没有？）有么。iou˥˧muo˧.（菜瓜是菜瓜？）菜瓜是菜瓜。tsʰæᴇ˥kuɑ˥˧sʅ˥˩tsʰæᴇ˥kuɑ˥˩.（像黄瓜这一类就是种种植的还有还有什么底下呢？线黄瓜，白黄瓜，秋黄瓜，还有什么黄瓜？）还有个懒黄瓜咧。懒黄瓜不搭架。xæᴇ˧˥iou˥˧kə˥læ̃˥˧xuɑŋ˩˧kuɑ˥˧lie˧.læ̃˥˧xuɑŋ˩˧kuɑ˥˧pu˩˧tɑ˥˩tɕiɑ˥.（懒的是吧？）噢，懒的很。就是……它长起来，它就是顺地爬蔓蔓。ɑɔ˩,læ̃˥˧ti˧xəŋ˥˩.tsou˥sʅ˥……tʰɑ˥˩tʂɑŋ˥˧tɕʰi˥˩læᴇ˩˧,tʰɑ˥˧tɕiou˥sʅ˥ʂuoŋ˥ti˥pʰɑ˩˧væ̃˥væ̃r˥˩.（它不用搭架的？）不用搭架，它就可以长。pu˩˧yoŋ˥tɑ˥˩tɕiɑ˥,tʰɑ˥˧tsou˥kʰə˥˧i˥˩tʂɑŋ˥˧.

菜瓜

（你那个菜瓜是个什么样的？）黄：菜瓜，我们这儿的所谓的菜瓜就是西葫芦。菜瓜里头还有一种东西叫瓠子。tsʰæᴇ˥˧˥kuɑ˥˧˩,ŋuo˥˧məŋ·˨tʂər˥˧˥tə·˨ʂuo˥˧˦vei˥ti·˨tsʰæᴇ˥˧˥kuɑ˥˧˩tɕiou˥sɿ˥ɕi˥˧˩xu˨˩lou˨˦˧.tsʰæᴇ˥˧˥kuɑ˥˧˩li˥˧tʰou·˨xæᴇ˨˦iou˥˧˦i˥˧˦tʂuoŋ˥˧˦tuoŋ˥˧ɕi·˨tɕiɑɔ˥xu˥˦tsɿ·˨.（瓠子是什么样的？）长这么奘，这么长一个一个的。tʂɑŋ˥˧˦tʂə˥muo·˧tʂuɑŋ˥˧˦,tʂə˥muo·˧tʂʰɑŋ˨˦i˥˧˩kə˥˦i˥˧˩kə˥˦ti·˨.（哈，这么长的啊？）啊哈。ɑ˥-xɑ˥˧.（里头也是软软的？）里头……它这个是吃那个皮儿咧嘛。外头那个吃那个肉……肉咧么。li˥˧tʰou·˨……tʰɑ˥˧˩tʂə˥kə˥sɿ˥˩tʂʰʅ˥˧nə˥kə˥pʰiər˨˦lie·˧mɑ·˨.væᴇ˥tʰou·˨nə˥kə˥tʂʰʅ˥˧nə˥kə˥ʐou˥……ʐou˥˧˥lie·˨muo·˨.（啊，要……皮要刮掉？）皮不。嫩的就不用刮皮，直接就那么炒。pʰi˨˦pu˨˩.lyoŋ˥ti·˨tɕiou˥˩pu˨˩yoŋ˥˧˥kuɑ˥˧pʰi˨˩,tʂʅ˨˦tɕie˥˧˩tɕiou˥nə˥muo·˧tsʰɑɔ˥˧.（它不像那个黄瓜那么脆脆的吧？）欸那……那生不能吃，熟吃。炒好了火，火候掌握好了，哎吃上脆脆的。ei˨˦nei˥˦……nə˥˦səŋ˥˧pu˨˩nəŋ˨˦tʂʰʅ˥˧˩,ʂʮ˨˦tʂʰʅ˥˧˩.tsʰɑɔ˥˧xɑɔ˥˧liɑɔ˥˧˩xuo˥˧,xuo˥˧xou˥˩tʂɑŋ˥˧vuo˥˧˩xɑɔ˥˧lə·˨,æᴇ˨˦tʂʰʅ˥˧ʂɑŋ˥˩tsʰuei˥˩tsʰuei˥˦ti·˨.（那皮是什么颜色的？）皮是黄黄的那么个，绿黄那么个样子。pʰi˨˦sɿ˥˩xuɑŋ˨˦xuɑŋ˨˩ti·˧nə˥muo·˧kə˥,liou˥˧xuɑŋ˨˦nə˥muo·˧kə˥iɑŋ˥tsɿ·˨.

丝瓜

（丝瓜有几种？）黄：丝瓜就那种。sɿ˥˧kuɑ˥˧˩tɕiou˥nei˥i˥˧˩tʂuoŋ˥˧.（你们这儿丝瓜很大吗？还是……）它这么奘，这么长一个。tʰɑ˥˧˩tʂə˥muo·˧tʂuɑŋ˥˧,tʂə˥muo·˧tʂʰɑŋ˨˦i˥˧˩kə˥˩.（丝瓜也这么长啊？）啊。你……你……你一块儿种的多……多上点粪，它就长这……越长的大。ɑ˩.ni˥˧˦……ni˥˧……ni˥˧i˥˧˦kʰuər˥˧˦tʂuoŋ˥ti·˧tuo˥˧˩……tuo˥˧˩ʂɑŋ˥tiæ̃˥˧˩fəŋ˥,tʰɑ˥˧˩tɕiou˥tʂɑŋ˥˧tʂei˥……yo˥˧˥tʂɑŋ˥˧ti·˨tɑ˥˩.（噢，这个地方土肥呀。那个丝瓜有没有呃那种长棱角的那种八棱瓜？八棱丝瓜？）没有。muo˥˧˥iou˥˧˦.（就是它棱角那个伸起蛮长的那种。）这伸起蛮长的，它也就是基本上光着的。tʂə˥˦ʂəŋ˥˧˩tɕʰi˥˧mæ̃˨˦tʂʰɑŋ˨˩ti·˧,tʰɑ˥˧˦iɑ˥˧˦tsou˥sɿ˥˩tɕi˥˧˩pəŋ˥˧ʂɑŋ˥˩kuɑŋ˥˧tʂə·˨lie·˨.

冬瓜

1.（你们这个本地产的白瓜籽儿跟南瓜籽儿能不能用……拿来种呢？）黄：那是两回事。那我们本地产瓜籽的我们叫冬瓜，冬天的冬，冬瓜。它是专门儿供来产籽的。nə˥sɿ˥liɑŋ˥˧xuei˨˦sɿ˥˩.nə˥ŋuo˥˧məŋ·˨pəŋ˥˧˦ti˥tsʰæ̃˥˧kuɑ˥˧˩tsɿ˥˧ti·˨ŋuo˥˧məŋ·˨tɕiɑɔ˥tuoŋ˥˧kuɑ˥˧˩,tuoŋ˥˧˩tʰiæ̃˥˧˩ti·˧tuoŋ˥˧,tuoŋ˥˧kuɑ˥˧˩.tʰɑ˥˧˦sɿ˥tʂuæ̃˥˧˩mə̃r˨˦kuoŋ˥læᴇ˨˦tsʰæ̃˥˧tsɿ˥˧ti·˨.（它是长在地上还是结在结在架……架子上？）地……呃不搭架，在地里……地里扯蔓……扯藤子，在地上结。ti˥……ə˥˧pu˨˩tɑ˥˧˩tɕiɑ˥,tsæᴇ˥˩ti˥li˥˧˦……ti˥li˥˧˦tʂʰə˥˧væ̃˥……tʂʰə˥˧tʰəŋ˨˦tsɿ·˨,tsæᴇ˥˩ti˥˧˥ʂɑŋ˥˩tɕie˥˧˩.（冬瓜，那专门用来打籽？）专门用来打籽。tʂuæ̃˥˧˩məŋ·˧yoŋ˥læᴇ˨˦tɑ˥˧tsɿ˥˧.（外头不吃的？外头那个东西不吃的？）但是你要吃也能吃。那和西葫芦是一回事么，就是一个科么。tæ̃˥sɿ˥ni˥˧˦iɑɔ˥tʂʰʅ˥˧˦iɑ˥˧˩nəŋ˨˦tʂʰʅ˥˧˩.næᴇ˥xuo˨˩ɕi˥˧˩xu˨˩lou˨˦sɿ˥i˥˧˩xuei˨˦sɿ˥˩muo·˨,tsou˥˩sɿ˥˦i˥˧˩kə˥kʰə˥˧muo·˨.（还有一种外头吃的那种冬瓜，这个皮是青的，里头是白的，中间儿是空心的，那个那个还长着白毛，打……做个汤啊什么，外头都这个很多地方都有的。）市场上卖的多的是。sɿ˥tʂʰɑŋ˥˧ʂɑŋ˥˩mæᴇ˥ti·˧tuo˥˧ti·˨sɿ˥˩.（嗯，那玩意儿叫什么？你们这儿不种？）不知道叫个啥东西。pu˨˩tʂʅ˥˧˩tɑɔ˥tɕiɑɔ˥kə˥sɑ˥˧˥tuoŋ˥˧ɕi·˨.（没有人种？）没有人种。这二年有人种，那个太大了那个东西。我们那那长，这儿这长，说长这么长一个，几乎欸有长四五十斤重的那个。mei˨˦iou˥˧zəŋ˨˦tʂuoŋ˥.tʂə˥ər˥niæ̃˨˦iou˥˧zəŋ˨˦tʂuoŋ˥,nə˥kə˥tʰæᴇ˥˦tɑ˥˧˥lə·˨nə˥kə˥tuoŋ˥˧˩ɕi·˨.ŋuo˥˧məŋ·˨næᴇ˥næᴇ˥tʂɑŋ˥˧,tʂər˥˧˥tʂə˥tʂɑŋ˥˧,ʂuo˥˧˦tʂɑŋ˥˧˩tʂə˥˦muo·˧tʂʰɑŋ˨˩i˥˧˩kə˥˩,tɕi˥˧xu˥˧˩ei˩iou˥˧˦tʂɑŋ˥˧˦sɿ˥vu˥˧˦ʂʅ˨˦tɕiŋ˥˧tʂuoŋ˥ti·˧næᴇ˥˩kə˥˩.（是，你你这里可能卖也卖不完。）嗯，那都是剁开卖的你。ə̃˩, næɛ˥˩tou˥˧sɿ˥tuo˥˧kʰæɛ˥˩mæɛ˥ti˥ni˥.（切一段儿，切一段儿，就这么卖？）就是的。做个汤挺好吃的。tɕiou˥sɿ˥ti˧.tsuo˥˩kə˥˩tʰaŋ˥tʰiŋ˥˩xaɔ˥˩tʂʰʅ˥ti˧.（你们过去这个？）不种。这一半年有人一种种上那么一播子都自己又吃不完，再就没人种它了。pu˩˩tʂuoŋ˥.tʂə˥˩i˥˩pæ̃˥niæ̃˩iou˥zəŋ˩i˥˩tʂuoŋ˥tʂuoŋ˥ʂaŋ˥nə˥muo˧i˥˩puo˥˩tsɿ˧tou˥˩tsɿ˥tɕie˥˧iou˥tʂʰʅ˥pu˩˩væ̃˩,tsæɛ˥tɕiou˥muo˥˩zəŋ˩tʂuoŋ˥tʰa˥˩lə˧.

2.（这个瓜那个说那个白瓜籽人怎么说？）冯：白瓜籽儿。pei˩kua˥˩tsər˥.（就你们这儿特产？）啊，就咱们这儿特产。a˩,tɕiou˥tsa˩məŋ˥tsər˥tʰei˥˩tsʰæ̃˥.（这是用什么做的？是南瓜里头的吗？）冬瓜里面儿的。tuoŋ˥kua˥˩li˥˩miæ̃r˥ti˧.（冬瓜里头的？）哎。南瓜里面也有籽儿，但是它不叫不叫白瓜籽儿。白瓜籽儿一定要是冬瓜里面的。æɛ˥.næ̃˩kua˥lei˥˧miæ̃˥˩ie˥iou˥tsər˥,tæ̃˥sɿ˥tʰa˥˧pu˩˩tɕiaɔ˥pu˩˩tɕiaɔ˥pei˩kua˥˩tsər˥.pei˩kua˥˩tsər˥i˥˩tiŋ˥iaɔ˥sɿ˥˩tuoŋ˥kua˥˩li˥˩miæ̃˥ti˧.（噢，冬瓜籽儿啊？）嗯，葫芦籽儿。葫芦。ŋ̍˩,xu˩lu˩˧tsər˥˩.xu˩lu˩˥.（就那个葫芦。噢。）葫芦里面儿长老咧以后那个籽儿。xu˩lu˩˥li˥˩miæ̃r˥tʂaŋ˥laɔ˥lie˧i˥˩xou˥nə˥kə˥tsər˥˩.（葫芦是冬瓜？不是，那个那个叫冬瓜？）哎，那叫冬瓜。啊葫芦，那葫芦嫩嫩葫芦嫩嫩着的叫葫芦，老咧叫老葫。老葫芦就是冬瓜。æɛ˩,nə˥tɕiaɔ˥tuoŋ˥kua˥˩.a˩xu˩lu˩˥,na˥˩xu˩lu˩˥lyoŋ˥lyoŋ˥xu˩lu˩˧lyoŋ˥lyoŋ˥tʂə˧ti˧tɕiaɔ˥xu˩lu˩˥,laɔ˥lie˧tɕiaɔ˥laɔ˥xu˩˩.laɔ˥xu˩˩lu˩˧tɕiou˥˩sɿ˥˩tuoŋ˥kua˥˩.（老……噢，冬瓜是指那个老葫芦？）哎，冬瓜就是指老葫芦。æɛ˥,tuoŋ˥kua˥˩tɕiou˥sɿ˥tsɿ˥laɔ˥xu˩˩lu˩˧.（那个那吃的那种带毛的那种瓜呢？）就这个。吃的这个冬瓜……tɕiou˥˩tʂei˥˩kə˥˩.tʂʰʅ˥tə˧tʂə˥kə˥tuoŋ˥kua˥˩……（这么这么大一个，这么大一个的就是有一些这个绿的那个那个绿那个绿色的皮呀……）啊嗯。那个绿色那个大冬瓜皮呀？ŋa˥ŋ̍˥.nə˥kə˥ly˥sə˥˩nə˥kə˥ta˥tuoŋ˥˧kua˥˩pʰi˩ia˧?（啊！）那个不叫咱们不叫冬瓜。nei˥˩kə˥˩pu˩˩tɕiaɔ˥tsa˩məŋ˥pu˩˩tɕiaɔ˥tuoŋ˥kua˥˩.（那叫什么？）那个把那个叫个什么东西。反正咱们这儿就是大面积的种这个葫芦。nei˥˩kə˥˩pa˥˩nei˥˩kə˥˩tɕiaɔ˥kə˥ʂʅ˥muo˧tuoŋ˥ɕi˧.fæ̃˥˩tʂəŋ˥tsa˩məŋ˥tʂər˥tɕiou˥sɿ˥ta˥miæ̃˥tɕi˥˩ti˧tʂuoŋ˥tʂei˥kə˥xu˩lu˩˧.（葫芦。嗯。）葫芦老咧以后叫老冬瓜。xu˩lu˩˧laɔ˥lie˧i˥˩xou˥tɕiaɔ˥laɔ˥˧tuoŋ˥kua˥˩.（但是那那……那要加老吗？）啊？a˩?（要加老吗？这个老老老葫芦？那叫冬瓜？）老老葫芦叫老叫冬瓜么。laɔ˥laɔ˥xu˩˩lu˩˧tɕiaɔ˥laɔ˥tɕiaɔ˥tuoŋ˥kua˥˩muo˧.（要不要加这个老呢？）不加老。pu˩˧tɕia˥˩laɔ˥.（不加老？）呣。m̩˥.（冬瓜？）叫冬瓜。tɕiaɔ˥tuoŋ˥kua˥˩.（噢，你们旁边这个河就叫葫芦河是吧？）葫芦河。xu˩lu˩˧xə˩˩.（那不叫冬瓜河？）呵呵呵呵。xə˥˧xə˥˧xə˥xə˥˩.（那个……那好，还没老的就叫葫芦是吧？）没有老那小的嫩的叫葫芦。mei˩iou˥˧laɔ˥nei˥ɕiaɔ˥ti˧lyoŋ˥ti˧tɕiaɔ˥xu˩˩lu˩˧.（老冬瓜叫冬瓜，呃老老葫芦叫冬瓜？）老葫芦叫冬瓜。laɔ˥xu˩lu˩˧tɕiaɔ˥tuoŋ˥kua˥˩.（那你们吃的那个葫芦叫什么呢？）吃的那个……吃的这个葫芦……tʂʰʅ˥ti˧nə˥kə˥……tʂʰʅ˥ti˧tʂə˥kə˥xu˩lu˩˧……（噢，吃的那个冬瓜？）冬瓜籽儿么。吃的那个瓜籽儿就是冬瓜籽儿。tuoŋ˥kua˥˩tsər˥muo˧.tʂʰʅ˥ti˧nə˥kə˥kua˥˩tsər˥tɕiou˥sɿ˥tuoŋ˥kua˥˩tsər˥.（呃，就是这种东西。）噢，这个？这个叫啥？我不知道。它这是这么大个家伙。aɔ˩,tʂei˥kə˥?tʂei˥˩kə˥˩tɕiaɔ˥sa˥?ŋuo˥pu˩˩tʂʅ˥˧taɔ˥.tʰa˥˧tʂə˥˩sɿ˥tʂə˥˩muo˧ta˥kə˥tɕia˥xuo˧.（啊。这这不种？）煞后这不种.sa˥˧xou˥tʂə˥pu˩˩tʂuoŋ˥˩.（不种？噢，难怪，那不种。）

3.（这个这个你们讲的这个冬瓜叫什么？那冬瓜是指……）黄：冬瓜就是产籽的那个瓜，也就是里头产籽儿的那个瓜，叫冬瓜。tuoŋ˥kua˥˩tɕiou˥˩sɿ˥˩tsʰæ̃˥tsɿ˥ti˧nə˥kə˥kua

˦,ie˦˨tɕiou˥˦sɿ˥li˦tʰou˩tsʰæ̃˦tsər˦ti˩næᴇ˥kə˥kuɑ˦˨,tɕiɑɔ˥tuoŋ˦kuɑ˦˨.（那个吃……那个白瓜籽那个……）噢，白瓜籽，产下就是供人吃的，那不是榨油的那个瓜。专门儿产籽的瓜叫冬瓜。ɑɔ˨,pei˨˦kuɑ˦˨tsɿ˦,tsʰæ̃˦xɑ˥tɕiou˥sɿ˥kuoŋ˥ʐəŋ˦tʂʰʅ˦ti˩,nə˥˦pu˦˨ʂʅ˥˨tsɑ˥iou˦˨ti˩nei˥tʂuoŋ˦˨kuɑ˦.tʂuæ̃˦˨mõr˦tsʰæ̃˦tsɿ˦ti˩kuɑ˦tɕiɑɔ˥tuoŋ˦kuɑ˦˨.（是不是就是那个老葫芦？）就是老葫芦，嗯。tɕiou˥sɿ˥lɑɔ˦xu˦lu˦˦,ə̃˨.（那个，这没老的葫芦呢？）那就叫嫩的么，嫩瓜。næᴇ˥tɕiou˥tɕiɑɔ˥lyoŋ˥ti˩muo˩,lyoŋ˥kuɑ˦˨.（啊？）嫩瓜。lyoŋ˥kuɑ˦˨.（lyoŋ˦？）嫩，嗯。lyoŋ˥.əŋ˨.（lyoŋ˥kuɑ˦˨？）噢，嫩瓜蛋子么。ɑɔ˨,lyoŋ˥kuɑ˦˨tæ̃˥tsɿ˩muo˩.（lyoŋ˥kuɑ˦˨？）嗯。əŋ˨.（lyoŋ˥kuɑ˦˨就是指那个葫芦啊？）噢，指那个葫芦。ɑɔ˨,tsɿ˦næᴇ˥kə˥xu˦lu˦˨.（是……你们讲的那个葫芦是中间卡……卡腰的那种葫芦吗？）不……不卡。我们这儿这儿这那个冬瓜它就是这个一直就是一种筒状的。它要么是奘这么长这么奘一个的，要么它就是个大圆盘儿的。pu˦˨……pu˦˨tɕʰiɑ˦.ŋuo˦mən˩tʂər˥tʂər˥tʂə˥nə˥kə˥tuoŋ˦kuɑ˦˨tʰɑ˦tɕiou˥˨sɿ˥˨tʂə˥˨kə˥˨i˦˨tʂʅ˦tɕiou˥sɿ˥i˦˨tʂuoŋ˦˨tʰuoŋ˦tʂuɑŋ˥˨ti˩.tʰɑ˦˨iɑɔ˥muo˩sɿ˥˨tʂuɑŋ˦tʂə˥muo˩tʂʰɑŋ˦˦tʂə˥muo˩tʂuɑŋ˦˦i˦˨kə˥ti˩,iɑɔ˥muo˩tʰɑ˦˦tɕiou˥sɿ˥˨kə˥˨tɑ˥yæ̃˦pʰæ̃r˦˨ti˩.（什么颜色？）各种颜色的都有。这个有一种是青的黑皮的，有一品是你像大瓣瓜籽的话它都是黄色的，中间带点欻绿道道的那种。kə˦˨tʂuoŋ˦iæ̃˦˨sə˦ti˩tou˦˨iou˦˨.tʂə˥kə˥iou˦i˦˦tʂuoŋ˦˦sɿ˥tɕʰiŋ˦ti˩xei˦pʰi˦˨ti˩,iou˦i˦˨pʰiŋ˦sɿ˥˨n̩˦˦ɕiɑŋ˥˨tɑ˥pæ̃˥kuɑ˦˨tsɿ˦ti˩xuɑ˥˨tʰɑ˦˦tou˦˦sɿ˥xuɑŋ˦sə˦ti˩,tʂuoŋ˦˨tɕiæ̃˦˦tæᴇ˥tiæ̃˦˦ei˨ly˦tɑɔ˥tɑɔ˥ti˩næᴇ˥tʂuoŋ˦˨.（就是和……南瓜吧？）南瓜是南瓜。næ̃˦˨kuɑ˦sɿ˥˨næ̃˦˨kuɑ˦.（啊？）南瓜是南瓜。南瓜它又分甜南……甜南瓜和面南瓜。næ̃˦˨kuɑ˦sɿ˥˨næ̃˦˨kuɑ˦.næ̃˦˨kuɑ˦tʰɑ˦˦iou˥fəŋ˦˨tʰiæ̃˦næ̃˦……tʰiæ̃˦næ̃˦˨kuɑ˦xuo˦˨miæ̃˥næ̃˦˨kuɑ˦.（啊，对对对！）冬瓜里头它是……它只是产籽儿的，这个东西。外头那东西一般不吃。tuoŋ˦kuɑ˦˨li˦˦tʰou˩tʰɑ˦˦sɿ˥……tʰɑ˦˦tsɿ˦˦sɿ˥tsʰæ̃˦tsər˦ti˩,tʂə˥kə˥tuoŋ˦˦ɕi˩.væᴇ˥tʰou˩nə˥tuoŋ˦˨ɕi˩i˦˨pæ̃˦˨pu˦˨tʂʰʅ˦.（哦，不能吃？）不能吃。pu˦˨nəŋ˦tʂʰʅ˦˨.（是……有……是不是像西瓜一样的？）不像西瓜。pu˦˨ɕiɑŋ˥ɕi˦˨kuɑ˦˨.（不像西瓜？）噢，它是外表上好像和那个西葫芦是一……一回事噢，但是它那个就是专门儿产籽的，里头那个瓜籽就大、多。西葫芦是个一头大、一头小么。ɑɔ˨,tʰɑ˦sɿ˥˨væᴇ˥piɑɔ˦ʂɑŋ˥˨xɑɔ˦˦ɕiɑŋ˥xuo˦˨nə˥kə˥ɕi˦xu˦˨lu˦˦sɿ˥˨i˦……i˦˨xuei˦sɿ˥˨ɑɔ˨,tæ̃˥sɿ˥tʰɑ˦nə˥kə˥tsou˥sɿ˥tʂuæ̃˦˨mõr˦sɿ˥tsʰæ̃˦tsɿ˦ti˩,li˦tʰou˩nə˥kə˥kuɑ˦˨tsɿ˦tɕiou˥˨tɑ˥,tuo˦.ɕi˦˨xu˦˨lu˦˦sɿ˥kə˥i˦˨tʰou˦˨tɑ˥,i˦˨tʰou˦ɕiɑɔ˦muo˩.（lyoŋ˥kuɑ˦˨？）哦，嫩瓜。ə˨,lyoŋ˥kuɑ˦˨.（lyoŋ˥kuɑ˦˨是……哪个lyoŋ˥呢？这个lyoŋ˥假如说写出字来应该是哪个字？）lyoŋ˥是这个，哎呀，我记得是咋么个……过来是个……lyoŋ˥……[笑]lyoŋ˥是就是这个……lyoŋ˥sɿ˥tʂə˥kə˥,æᴇ˥iɑ˨,ŋuo˦˦tɕi˥tə˩sɿ˥tsɑ˦muo˩kə˩……kuo˥læᴇ˦˦sɿ˥kə˥˨……lyoŋ˥……lyoŋ˥sɿ˥˨tɕiou˥sɿ˥tʂə˥kə˥……（lyoŋ˥kuɑ˦˨是不是就是葫芦？）lyoŋ˥瓜也就是葫芦，葫芦lyoŋ˥的时候……这儿这之后一个葫芦老了……lyoŋ˥kuɑ˦˨ie˦˦tɕiou˥sɿ˥xu˦˨lu˦˨,xu˦lu˦˦lyoŋ˥ti˩sɿ˦˨xou˥……tʂər˥tʂə˥tsɿ˦˦xou˥i˦˦kə˥xu˦lu˦˦lɑɔ˦lə˩……（这个lyoŋ˥是嫩的意思是吧？）嫩的意思，嗯。nuoŋ˥ti˩i˥˨sɿ˩,ə̃˨.（那可能就是"嫩"。你们说"这东西好嫩"你们说什么？）噢，就是那个东西好嫩么。ɑɔ˨,tɕiou˥˦sɿ˥˨væᴇ˥˦tuoŋ˦˦ɕi˩xɑɔ˦lyoŋ˥muo˩.（那就是"嫩"。就是"嫩"。"嫩"又念成了lyoŋ˥。）嗯。əŋ˨.

南瓜

1. 黄：南瓜，我们的南瓜，我们的最土的话叫番瓜。番瓜也就是南瓜。næ̃˦˨kuɑ˦,ŋuo˦mən˩ti˩næ̃˦˨kuɑ˦˦,ŋuo˦mən˩ti˩tsuei˥tʰu˦ti˩xuɑ˥tɕiɑɔ˥fæ̃˦kuɑ˦˨.fæ̃˦kuɑ˦˨ie˦˦tɕiou˥sɿ˥næ̃˦˨kuɑ˦.

（还有还有别的那个说法吗？）再一句就是倭瓜。tsæᴇ˧i˥˩tɕy˧tɕiou˧sɿ˧vuo˥kuɑ˥˩.（倭瓜跟番……一般的番瓜有什么不同吗？）它同一个……同是一个科，但是这个……这个南瓜吃上它是面的，倭瓜吃上是甜的。tʰɑ˥˩tʰuoŋ˨˦i˥˩kə˧……tʰuoŋ˨˦sɿ˧˩i˥˩kə˧kʰə˥,tæ̃˧sɿ˧tʂə˧˩kə˧˩……tʂə˧˩kə˧˩næ̃˨˦˩kuɑ˥tʂʰʅ˥ʂɑŋ˧˩tʰɑ˥sɿ˧˩miæ̃˧˩ti˧,vuo˥kuɑ˥˩tʂʰʅ˥ʂɑŋ˧˩sɿ˧tʰiæ̃˨˦˩ti˧.（它形状呢？）形状，大体上都……大体上都一样。ɕiŋ˨˦˩tʂuɑŋ˧˥,tɑ˧tʰi˥ʂɑŋ˧˩tou˥˩y……tɑ˧tʰi˥ʂɑŋ˧˩tou˥˩i˥˩iɑŋ˧˥.（你们这儿的这个南瓜是这样圆的还是这个这样？）啥的都有。有圆个儿的，也有长的咧。还有金钩儿的那种。sɑ˧ti˧tou˥˩iou˥˩.iou˥yæ̃˨˦˩kər˧ti˧,ie˥iou˥tʂʰɑŋ˨˦ti˧lie˧.xæᴇ˨˦iou˥˧tɕiŋ˥˧kour˥ti˧nei˧tʂuoŋ˥˩.（那种就是圆的，就像一个一个一个这样的，蒲团一样的，这样的南瓜叫什么南瓜？）那叫倭瓜。næᴇ˧tɕiɑɔ˧vuo˥kuɑ˥˩.（噢，倭瓜就是指这种是吗？）噢，是圆盘儿，长个大圆盘儿式的那种。ɑɔ˩,sɿ˧yæ̃˨˦pʰæ̃r˨˦,tʂɑŋ˥kə˧˩tɑ˧yæ̃˨˦pʰæ̃r˨˦ʂɿ˥ti˧nei˧tʂuoŋ˥˩.（长条的呢？）长条儿的那那还是叫南瓜里头的。tʂʰɑŋ˨˦tʰiɑɔr˨˦ti˧nei˧nə˧xɑ˨˦˩sɿ˧tɕiɑɔ˧næ̃˨˦kuɑ˥li˥˩tʰou˧ti˧.（欸有南瓜这个说法吗？）有么。南瓜多了。南瓜圆的也有，长条的也有。iou˥muo˧.næ̃˨˦˩kuɑ˥tuo˥lə˧.næ̃˨˦˩kuɑ˥yæ̃˨˦ti˧lie˥˧iou˥˧,tʂʰɑŋ˨˦tʰiɑɔ˨˦ti˧lie˥˧iou˥˧.（统称啊？）噢，统称的。这个番瓜也统称。番瓜，它最土的名字叫番瓜么。ɑɔ˩,tʰuoŋ˥tʂʰəŋ˥ti˧.tʂə˧˩kə˧˩fæ̃˥kuɑ˥˧ie˥˧tʰuoŋ˥tʂʰəŋ˥.fæ̃˥kuɑ˥˧,tʰɑ˥˧tsuei˧tʰu˥ti˧miŋ˨˦˩tsɿ˧tɕiɑɔ˧fæ̃˥kuɑ˥˩muo˧.

2.（南瓜就是næ̃˨˦kuɑ˥˩？）黄：南瓜。南瓜。我们这面人，你要是这儿这，你要说南瓜，有些人也不懂得啥叫个南瓜。næ̃˨˦˩kuɑ˥.næ̃˨˦˩kuɑ˥.ŋuo˥məŋ˧tsei˧˥miæ̃˧˩zəŋ˨˦,ni˥iɑɔ˧˥sɿ˧tʂər˧˥tʂə˧˩,ni˥iɑɔ˧˥ʂuo˥˩næ̃˨˦˩kuɑ˥,iou˥ɕie˥˩zəŋ˨˦ie˥˧pu˨˦˩tuoŋ˥tei˥˩sɑ˧˥tɕiɑɔ˧kə˧˩næ̃˨˦˩kuɑ˥.（不……没种过还是什么原因？）种在种哩，它不叫南瓜，它叫面瓜。ɑɔ˩,tʂuoŋ˧˥tsæᴇ˧˩tʂuoŋ˧˥lie˧,tʰɑ˥pu˨˦˩tɕiɑɔ˧næ̃˨˦˩kuɑ˥,tʰɑ˥tɕiɑɔ˧˩miæ̃˧kuɑ˥˩.（噢，面瓜？）噢，面瓜。也叫番瓜。ɑɔ˩,miæ̃˧kuɑ˥˩.ie˥tɕiɑɔ˧fæ̃˥kuɑ˥˩.（噢，番瓜？）番瓜面么。fæ̃˥kuɑ˥˩miæ̃˧muo˧.（“番邦”的“番”？）噢，番噢。番瓜。面瓜。ɑɔ˨˦,fæ̃˥ɑɔ˨˦.fæ̃˥kuɑ˥˩.miæ̃˧˩kuɑ˥.（平时南瓜说得少，是吧？）说得少。几乎欸没有人说南瓜。这个瓜里头，南瓜里头它分几种咧嘛。有一种面的，有一种甜的。甜的那个瓜么就把这儿这叫欸叫倭瓜。ʂuo˥tei˧ʂɑɔ˥.tɕi˥xu˥˩ei˩me i˨˦iou˥zəŋ˨˦ʂuo˥˩næ̃˨˦˩kuɑ˥.tʂə˧kə˧kuɑ˥li˥˩tou˧,næ̃˨˦˩kuɑ˥li˥˩tʰou˧tʰɑ˥˩fəŋ˥˩tɕi˥tʂuoŋ˥lie˧mɑ˧.iou˥i ˥˩tʂuoŋ˥miæ̃˧ti˧,iou˥i˥˩tʂuoŋ˥tʰiæ̃˨˦˩ti˧.tʰiæ̃˨˦˩ti˧nə˧˩kə˧˩kuɑ˥muo˧tɕiou˧pɑ˥˩tʂər˧tʂə˧˩tɕiɑɔ˧˩ei˩tɕi ɑɔ˧˥vuo˥kuɑ˥˩.（vuo˥kuɑ˥˩？）噢，倭瓜。ɑɔ˩,vuo˥kuɑ˥˩.（噢，也叫倭瓜？）也叫倭瓜，噢。ie˥˧tɕiɑɔ˧vuo˥kuɑ˥˩,ɑɔ˧.（啊，就是这个“倭寇”的“倭”？）噢，倭寇的倭。叫倭瓜。ɑɔ˩,vuo˥˩kʰou˧˥ti˧vuo˥.tɕiɑɔ˧vuo˥kuɑ˥˩.（vuo˥kuɑ˥˩?）嗯。ŋ̍˩.（噢，甜的就是倭……）倭的，嗯。倭瓜。vuo˥ti˧,ŋ̍˩.vuo˥kuɑ˥˩.（那个面瓜就是不甜的，是吧？）面那是不……不甜，粉多，噢。miæ̃˧nə˧˩sɿ˧˩pu……pu˨˦˩tʰiæ̃˨˦,fəŋ˥tuo˥˩,ɑɔ˩.（番瓜？）番瓜。fæ̃˥kuɑ˥˩.（番瓜就是那种不……就是统称还是怎么的呢？）噢，统称的这个瓜。ɑɔ˨˦,tʰuoŋ˥tʂʰəŋ˥ti˧tʂə˧˩kə˧˩kuɑ˥.

3.（金瓜？黄黄的。）黄：有咧。iou˥lie˧.（也跟梨瓜差不多大。）嗯，差不多大，这么大。但是那个壳儿硬的就皮厚得很。ə̃˩,tsʰɑ˥pu˨˦˩tuo˥˧tɑ˧,tʂə˧muo˧tɑ˧.tæ̃˧sɿ˧nə˧kə˧kʰər˥niŋ˧ti˧tɕiou˧pʰi˨˦xou˧tə˧xəŋ˥˧.（是不是就是南瓜的一种啊？）噢，南瓜的一种。ɑɔ˩,næ̃˨˦˩kuɑ˥ti˧i˥˩tʂuoŋ˥˩.

瓠子

（有没有瓠……瓠瓜呀、瓠子这样的东西？）黄：有瓠子咧。iou˥˧xu˧tsɿ˧lie˧.（嗯，瓠子，也有瓠子？）也有瓠子咧。ie˥iou˥˩xu˧˦tsɿ˨lie˨.（这是什么东西？）瓠子这个欸，我们这儿种那个瓠子它是这个这么奘这么长一个的，叫“瓠子”。xu˧tsɿ˨tʂər˧˦kə˧˩kə˧˩ei˩,ŋuo˥˩mən˨tʂər˧tʂuoŋ˧nə˧kə˧xu˧tsɿ˨tʰɑ˥sɿ˧˩tʂə˧kə˧tʂə˧muo˨tʂuaŋ˥tʂə˧muo˨tʂʰaŋ˩˦i˥˩kə˧ti˨,tɕiao˧xu˧tsɿ˨.（啊，也有，也有，差点儿没[问到]……你看以后[得注意点]……青色的？）青色的。tɕʰiŋ˥sə˥˩ti˨.（这个有有点儿有有点儿那个……）弯形。væ̃˥ɕiŋ˩˦.（有点儿弯形？）噢，弯形。ɑɔ˩,væ̃˥ɕiŋ˩˦.（哈，你看看。像胳臂那么长的？）哎，有长不的，我们这儿种还有这么常的。æᴇ˧,iou˥˩tʂʰaŋ˩˦pu˨ti˨,ŋuo˥mən˨tʂər˧tʂuoŋ˧xæᴇ˩˦iou˥˩tʂə˧muo˨tʂʰaŋ˩˦ti˨.（噢，还有这么长的？）噢，一米多的都有咧。ɑɔ˩,i˥˩mi˥tuo˥˩ti˨tou˥˩iou˥lie˨.（里头……切开来里头籽儿是白的？）啊，籽儿是白的，嗯。ɑ˧,tsər˥˩sɿ˧pei˩˦ti˨,ə̃˩.（它跟葫芦不是一样吗？）不是，不是一个科的，不是，不一样。我们那只吃……能吃它外头那个肉，只能……只能吃它外头那个肉。pu˩˦sɿ˧,pu˩˦sɿ˧i˥˩kə˧kʰuo˥˩ti˨,pu˩˦sɿ˧˩,pu˩˦i˥˩iaŋ˧˩.ŋuo˥mən˨nə˧tʂɿ˥˩tʂʰɿ……nəŋ˩˦tʂʰɿ˥tʰɑ˥˩væᴇ˧tʰou˨nə˧kə˧zou˧,tsɿ˥˩nəŋ˩……tsɿ˥˩nəŋ˩˦tʂʰɿ˥tʰɑ˥˩væᴇ˧˦tʰou˨næᴇ˧kə˧zou˧.（切开了也可以这个做汤喝呀，也可以也可以……）噢，做汤喝噢，可以炒……炒成片儿吃。瓠子。ɑɔ˩,tsuo˧˩tʰaŋ˥xə˥˩ɑɔ˩,kʰə˥i˥˩tsʰɑɔ˥tsʰɿ……tsʰɑɔ˥tsʰəŋ˩˦pʰiær˥˩tʂʰɿ˥.xu˧tsɿ˨.

苦瓜

（苦瓜有几种？）黄：苦瓜这儿的就那一种。kʰu˥kua˥˩tʂər˧˦ti˨tɕiou˧nei˧i˥˩tʂuoŋ˥.（苦瓜，你们苦瓜多大的块儿？）苦瓜不大，苦瓜个儿不一大咧，长四五寸长咧。不大的个。kʰu˥kua˥˩pu˩˦ta˧,kʰu˥kua˥˩kər˧pu˩˦i˥˩ta˧lie˨,tʂʰaŋ˩˦sɿ˧˩vu˥tsʰuoŋ˧˩tʂʰaŋ˩˦lie˨.pu˩˦ta˧ti˨kə˧˩.（我以为你们这儿苦……）苦瓜那就吃了个嫩，投到长那么大那就咬不动了。kʰu˥kua˥˩næᴇ˧tsou˧tʂʰɿ˥lə˨kə˧˩lyoŋ˧,tʰou˩˦tao˧tʂaŋ˥˩nə˧muo˨ta˧næᴇ˧tsou˧niao˥pu˩˦tuoŋ˧˩lə˨.

蒜

黄：我们，过去几年种咧一种叫洋蒜。它那个也是底下皮儿是红的。它不是圆圆的，它是个半圆形的，长那么个半……两个往一瘩里长就是个圆形的。一擘可以擘开，有时候是四五个在一块儿长咧。那叫洋蒜。ŋuo˥mən˨,kuo˧˦tɕʰy˥tɕi˥niæ̃˩tʂuoŋ˧lie˨i˥˩tʂuoŋ˥tɕiao˧iaŋ˩suæ̃˧.tʰɑ˥nə˧kə˧ie˥sɿ˧ti˥xa˧˩pʰiər˩sɿ˧xuoŋ˩ti˨.tʰɑ˥pu˩˦sɿ˧˦yæ̃˩yæ̃˩˦ti˨,tʰɑ˥sɿ˧kə˧pæ̃˧˦yæ̃˩˦ɕiŋ˩˦ti˨,tʂaŋ˥˩nə˧muo˨kə˧pæ̃˧˦……liaŋ˥kə˧˩vaŋ˥˩i˥˩ta˥li˥˩tʂaŋ˥tɕiou˧˩sɿ˧˩kə˧˩yæ̃˩ɕiŋ˩˦ti˨.i˥˩pei˥˩kʰə˥i˥˩pei˥˦kʰæᴇ˥˩,iou˥sɿ˩˦xou˧sɿ˧sɿ˧vu˥˩kə˧˦tsæᴇ˧˩i˥˩kʰuər˥tʂaŋ˥lie˨.næᴇ˧˦tɕiao˧˩iaŋ˩suæ̃˧˩.（噢，它跟那蒜子一样的嗯味道吗？我们昨天吃的那个蒜是什么？）那叫大头蒜。næᴇ˧tɕiao˧ta˧tʰou˩suæ̃˧˩.（大头蒜？）大头蒜。和那个是味道儿一模儿一样的，但是比那个味道要好的多。ta˧tʰou˩˦suæ̃˧.xuo˩˦nə˧kə˧sɿ˧˩vei˧˦taor˧˩i˥˦muor˩˦i˥˩iaŋ˧ti˨,tæ̃˧sɿ˧pi˥nə˧kə˧vei˧˦tao˧iao˧˩xao˥ti˨tuo˥.（比……比大头蒜味道……）噢，比大头蒜爨得多了。那个一擘，咬上一嘴的话，刺的你这个马上眼泪都下来了。ɑɔ˩,pi˥˩ta˧˦tʰou˩˦suæ̃˧˦tsʰuæ̃˧tei˥˩tuo˥lə˨.nə˧kə˧i˥˩pei˥,niao˥ʂaŋ˧˩i˥˩tsuei˥tə˨xua˧˩,tsʰɿ˧ti˨ni˥˩tʂə˧kə˧ma˥ʂaŋ˧˩niæ̃˥luei˧˩tou˥˩xa˧læᴇ˩˦lə˨.（是不是就是洋葱啊？洋葱是这么大的，它是一层一层一层一层的。）哎这不。这是瓣儿。æᴇ˩tʂə˧˦pu˩˦.tʂə˧˦sɿ˧˦pær˧.（噢，瓣儿啊？）噢，瓣，它一个一……最少要两个瓣儿的，要么了四瓣儿，五六瓣儿，都在一瘩里长着咧。ɑɔ˩,pæ̃˧,tʰɑ˥i˥˩kə˧˩i˥˩……tsuei˧ʂao˥iao˧˩liaŋ˥kə˧˩pær˧˩ti˨,iao˧muo˨lə˨sɿ˧pær˧,vu˥liou˥˩pær˧˦,tou˥˩tsæᴇ˧˦i˥˩ta˥li˥˩tʂaŋ˥˩tʂə˥lie˨.

蒜苗儿、蒜薹

1. 黄：蒜苗儿是大蒜的这个嫩苗苗就叫……suæ̃˥miaɔr˩˥sʅ˥ta˥suæ̃˥ti˧tʂə˥˩kə˥˩lyoŋ˥miaɔ˩˩miaɔ˩˧tɕiou˥˩tɕiaɔ˥˩……（绿苗苗叫蒜苗？）是蒜苗儿么。sʅ˥suæ̃˥miaɔr˩muo˧.

2. 黄：它是这个蒜苗儿中间抽出来的那个叫蒜薹。tʰɑ˥sʅ˥tʂə˥kə˥suæ̃˥miaɔr˩tʂuoŋ˥tɕiæ̃˥˩tʂʰou˥˩tʂʰʯ˥læᴇ˩˩ti˧nə˥kə˥tɕiaɔ˥suæ̃˥tʰæᴇ˩˩.

大葱蒜

（那种扁扁的，圆圆的，然后皮是红色的，它的那个欸可以一层一层把它剥开的？）黄：大葱蒜。ta˥tsʰuoŋ˥˧suæ̃˥.（啊？）大葱蒜我们叫。ta˥tsʰuoŋ˥˧suæ̃˥ŋuo˥˩məŋ˧tɕiaɔ˥.（大……）嗯，大肚子，也叫洋葱么。是这么大个儿的都有，也有这么大个儿的那。ŋ̍˩,ta˥tu˥˩tsʅ˧,ie˥tɕiaɔ˥iaŋ˩tsʰuoŋ˥muo˧.sʅ˥˩tʂə˥muo˧ta˥kər˥ti˧tou˥˩iou˥,ie˥iou˥˩tʂə˥muo˧ta˥kər˥ti˧nə˥.（对对对对。一层一层的那玩意儿。）一层一层剥咧对了。i˥˩tsʰəŋ˩i˥˩tsʰəŋ˩paɔ˥lie˧tuei˥lə˧.（那个很冲人呐。）嗯，兀家……但是比起洋……洋蒜来说，它可是小巫见大巫。ə̃˩,væᴇ˥tɕia˥……tæ̃˥sʅ˥pi˥tɕʰi˥˩iaŋ˩……iaŋ˩˩suæ̃˥læᴇ˩˩ʂuo˥˩,tʰɑ˥˧kʰə˥˩sʅ˥ɕiaɔ˥vu˥˩tɕiæ̃˥ta˥vu˥˩.（是吗？洋蒜还还厉害些啊？）噢。洋蒜咬一嘴你……咬不好你鼻子眼窝你就水……水……水都下来了我给你说。ɑɔ˩.iaŋ˩˩suæ̃˥niaɔ˥i˥˩tsuei˥ni˥˩……niaɔ˥pu˩˩xaɔ˥ni˥˩pi˩tsʅ˧niæ̃˥vuo˥˩ni˥tsou˥ʂuei˥˧……ʂuei˥˧……ʂuei˥tou˥˩xa˥læᴇ˩˧lə˧ŋuo˥˧kei˥ni˥˧ʂuo˥˩.

韭菜

（你们这里怎么怎么弄出韭黄的？）黄：我们不……当地不搞。ŋuo˥məŋ˧pu˩˩……taŋ˥˩ti˥pu˩˩kaɔ˥.（当地不产啊？）不产。我们冬天韭菜都冻死兀了，没有韭菜了。pu˩˧tsʰæ̃˥˩.ŋuo˥məŋ˧tuoŋ˥tʰiæ̃˥˩tɕiou˥tsʰæᴇ˥˩tou˥˩tuoŋ˥˧sʅ˥væᴇ˥˧lə˧,mei˩iou˥tɕiou˥tsʰæᴇ˥˩lə˧.（韭菜花，有没有？）那有咧，但是不吃嘛。næᴇ˥˧iou˥lie˧,tæ̃˥sʅ˥pu˩tʂʰʅ˥ma˧.（那做酱吗？）太没有人做、吃那个东西。tʰæᴇ˥muo˥˩iou˥zəŋ˩˩tsʯ˥˩tʂʰʅ˥nə˥kə˥tuoŋ˥ɕi˧.（韭菜苔呢？）韭菜苔也有咧，那就也不吃。tɕiou˥tsʰæᴇ˥˩tʰæᴇ˩æ˧iou˥˩lie˧,næᴇ˥tsou˥ia˥pu˩˩tʂʰʅ˥.（就是吃韭……平常的割的？）啊，光吃韭菜。ɑ˩,kuaŋ˥˧tʂʰʅ˥˧tɕiou˥tsʰæᴇ˥˩.（韭菜苔有这个讲法没有？）有这……有这个讲法。iou˥tʂə˥……iou˥tʂə˥kə˥tɕiaŋ˥fa˥˩.（韭菜苔是指哪一部分呢你们那种？）韭菜芯儿中间长……长上来那个开花儿的那个杆杆就叫……tɕiou˥tsʰæᴇ˥ɕiə̃r˥tʂuoŋ˥˩tɕiæ̃˥˧tʂaŋ˥……tʂaŋ˥ʂaŋ˥˧læᴇ˩˩nə˥kə˥kʰæᴇ˥˩xuar˥tə˧nə˥kə˥kæ̃˥kæ̃˥˩tɕiou˥˩tɕiaɔ˥˩……

姜

（姜有……有好几种没有？）黄：本地不产。pəŋ˥˧ti˥pu˩˩tsʰæ̃˥.（本地就不种不种生姜？）种生姜，不结疙瘩。tʂuoŋ˥səŋ˥tɕiaŋ˥˩,pu˩˧tɕie˥˧kə˥ta˥˩.（就过去一直就没用过还？）用咧，但是这个东西本地种下不晓……yoŋ˥˧lie˧.tæ̃˥sʅ˥tʂə˥kə˥tuoŋ˥ɕi˧pəŋ˥ti˥˧tʂuoŋ˥xa˥pu˩˩ɕiaɔ˥……（买过来的？）买回来的，不结疙瘩的。mæᴇ˥xuei˩˧læᴇ˩˧ti˧,pu˩˧tɕie˥˧ka˥ta˥˩ti˧.

辣子

（你这个辣椒有些什么那个不同的那个说法？像那种大个的呢？短的呢？）黄：那就又分开了。那有……欸，有叫……有线辣子嘛。nə˥˧tsou˥˩iou˥˩fəŋ˥˩kʰæᴇ˥lə˧.nə˥˧iou˥˧……ei˥,iou˥˧tɕiaɔ˥……iou˥˧ɕiæ̃˥˧la˥˩tsʅ˧ma˧.（嗯？）线辣子嘛。ɕiæ̃˥˧la˥˩tsʅ˧ma˧.

（鲜辣子？）细么，长长么。ɕi˥muo·˧,tʂaŋ˥˩tʂʰaŋ˩˦muo·˧.（叫什么鲜啊，鲜辣子？）线，针线的线么。ɕiæ̃˥,tʂəŋ˥˩ɕiæ̃˥˧ti·˧ɕiæ̃˥muo·˧.（线辣子？）嗯。ə̃˩.（就是就是那个长的，尖的，是吧？大的？）啊。ɑ˩.（比较粗个是吧？）嗯。ə̃˩.（但是又长？）就是的。tɕiou˥˧sɿ˥˩ti·˧.（吃青的吧？）吃，这都能吃青的。线辣子。还有大炮辣子。tʂʰʅ˥,tʂei˥˧tou˥˧nəŋ˩˦tʂʰʅ˥tɕʰiŋ˥˩ti·˧.ɕiæ̃˥la˥˩tsɿ·˧.xæᴇ˩˦iou˥˧ta˥pʰaɔ˥la˥˩tsɿ·˧.（大炮啊？）嗯。ə̃˩.（这样的？）噢，大的，大个儿的。ɑɔ˥,ta˥ti·˧,ta˥kər˥ti·˧.（像灯笼一样的那种？）呃，那叫柿子辣子。ə˥,nei˥˧tɕiaɔ˥˩sɿ˥tsɿ·˧la˥tsɿ·˧.（是那个就是大炮是这个解放军用的那个大炮啊？）啊，大炮式的，就这种大炮辣子。ɑ˥,ta˥paɔ˥ʂʅ˥ti·˧,tɕiou˥tʂei˥˧tʂuoŋ˥˩ta˥pʰaɔ˥la˥tsɿ·˧.（大吗？）哎很大么。æᴇ˥xəŋ˥ta˥˩muo·˧.（比线辣子还大？）比线辣子大哪哪去了。那家伙，一个可以长这么奘这么长一个一个的那。皮有多厚。又不……那个辣子不辣。pi˥˩ɕiæ̃˥˧la˥tsɿ·˧ta˥na˥˩na˥˩tɕʰy˥˧lə·˧.næᴇ˥˧tɕia˥˧xuo·˧,i˥˩kə˥˧kʰə˥i˥tʂaŋ˥tʂə˥muo·˧tʂuaŋ˥˧tʂə˥muo·˧tʂʰaŋ˩˦i˥˩kə˥˧i˥˩kə˥˧ti·˧næᴇ˥˩.pʰi˩˧iou˥˧tuo˥˧xou˥.iou˥pu˩˦……nə˥kə˥la˥tsɿ·˧pu˩˦la˥.（还有柿子辣子？）噢，柿子辣子。ŋɑɔ˩,sɿ˥tsɿ·˧la˥tsɿ·˧.（柿子辣子就是像柿子一样的？）啊，像柿子一样大。说柿子一样大，也这么大。ɑ˩,ɕiaŋ˥sɿ˥tsɿ·˧i˥˩iaŋ˥ta˥.ʂuo˥sɿ˥tsɿ·˧i˥˩iaŋ˥ta˥,ia˥˧tʂə˥muo·˧ta˥.（你都是青辣子，有红辣椒没有？）这些都长红了，都可以长红啊。tʂei˥˧ɕie˥˧tou˥˧tʂaŋ˥xuoŋ˩˦lə·˧,tou˥˧kʰə˥˩i˥˩tʂaŋ˥xuoŋ˩˦ɑ˩.（红了以后叫什么？）红了就叫红辣子了。这里头还有羊角辣子，羊角，羊角辣子。xuoŋ˩˦lə·˧tsou˥tɕiaɔ˥xuoŋ˩˦la˥tsɿ·˧lə·˧.tʂə˥li˥˩tʰou·˧xæᴇ˩˦iou˥˧iaŋ˩˦tɕiaɔ˥˩la˥tsɿ·˧,iaŋ˩˦tɕyo˥,iaŋ˩˦tɕyo˥la˥tsɿ·˧.（就那种怎……怎么样的？小的？）啊。欸，羊角辣子都是大辣子，没小的，嗯。这辣子，羊角辣子又分特大羊角辣子里面。还有鸡心辣子。ɑ˩.ei˥,iaŋ˩˦tɕyo˥la˥tsɿ·˧tou˥˧sɿ˥ta˥la˥˩tsɿ·˧,mei˩ɕiaɔ˥ti·˧,ə̃˩.tʂə˥la˥tsɿ·˧,iaŋ˩˦tɕyo˥la˥tsɿ·˧iou˥fəŋ˥tʰə˥˩ta˥˧iaŋ˩˦tɕyo˥˩la˥tsɿ·˧li˥˩miæ̃˥.xæᴇ˩˦iou˥˧tɕi˥˧ɕiŋ˥la˥tsɿ·˧.（鸡心辣子是什么东西？）就像这个指头蛋儿这么大咧。tsou˥ɕiaŋ˥tʂə˥kə˥tsɿ˥tʰou·˧tãr˥tʂə˥muo·˧ta˥˧lie·˧.（就就这么小的？跟朝天椒它们大？）啊，那一个都可以把你辣的昏过去我给你说。ɑ˩,næᴇ˥i˥˩kə˥˧tou˥˧kʰə˥i˥pa˥˩ni˥˧la˥ti·˧xuoŋ˥kuo˥˩tɕʰi˥˩ŋuo˥˧kei˥ni˥˧ʂuo˥˩.（呃，什么颜色？）红的。xuoŋ˩˦ti·˧.（是自己种下的还是……）自己种下的。tsɿ˥tɕie˥˧tʂuoŋ˥ɕia˥˩ti·˧.（它是朝上还是那个……）不，它是向……向下吊的。pu˩˦,tʰa˥˧sɿ˥ɕiaŋ˥……ɕiaŋ˥ɕia˥tiaɔ˥ti·˧.（有……有没有种朝上的那种辣椒？）朝天椒。tʂʰaɔ˩˦tʰiæ̃˥˧tɕiaɔ˥˧.（朝天椒是红的还是黄的？）红的。xuoŋ˩˦ti·˧.（那个辣些还是鸡心辣子辣些？）鸡心辣子辣呀。还有猪灌肠咧。tɕi˥˧ɕiŋ˥la˥˩tsɿ·˧la˥˩ia˩.xæᴇ˩˦iou˥˧tʂʮ˥˩kuæ̃˥tʂʰaŋ˩˧lie·˧.（啊？）猪灌肠辣子。tʂʮ˥˩kuæ̃˥˧tʂʰaŋ˩˦la˥tsɿ·˧.（猪灌肠辣子什么个样子啊？）还是大么，个儿大。它长的那个疙疙瘩瘩的，像个猪那个灌肠，一褶一褶，那个。还有个螺丝辣子。xa˩˦sɿ˥˧ta˥muo·˧,kər˥ta˥˩.tʰa˥˩tʂaŋ˥ti·˧nə˥kə˥ka˥˩ka˥˩ta˥˩ta˥˩ti·˧,ɕiaŋ˥kə˥tʂʮ˥˧nə˥kə˥kuæ̃˥tʂʰaŋ˩˦,i˥˧tʂə˥˩i˥˧tʂə˥˩,nə˥kə˥.xæᴇ˩˦iou˥˧kə˥luo˩˦sɿ˥la˥tsɿ·˧.（弯弯曲曲那个？）弯儿弯儿曲曲那个。这都是辣家伙。vãr˥˩vãr˥˩tɕʰy˥tɕʰy˥nə˥kə˥.tʂə˥tou˥˩sɿ˥la˥tɕia˥˩xuo·˧.（螺丝辣子就像那个螺丝一样的是吧？）噢，就它长下……它也长的挺大的。是弯弯曲曲的那个。ɑɔ˩,tsou˥tʰa˥˧tʂaŋ˥xa˥˩……tʰa˥˧ia˥˧tʂaŋ˥ti·˧tʰiŋ˥ta˥ti·˧.sɿ˥væ̃˥væ̃˥˩tɕʰy˥tɕʰy˥˩ti·˧nə˥kə˥˩.（你讲的这个螺丝是那种那种工……那个就是那种铁器螺丝……）噢，那种螺丝。ɑɔ˩,nei˥˧tʂuoŋ˥˩luo˩˦sɿ˥˧.（还是指那个河里面那种螺蛳？）欸不是。铁器。ei˩˦pu˩˦sɿ˥.tʰie˥˩tɕʰi˥˧.（好。这辣子，还有什么辣子？）就是我看线辣子，是灯……朝天椒，鸡心辣子，猪灌肠，大炮辣子，就这些吧。

tsou˥˧sɿ˥˩ŋuo˥˧kʰæ̃˦ɕiæ̃˦la˥˧tsɿ˨,sɿ˥˩tən˥……tʂʰɑɔ˨˩tʰiæ̃˥˧tɕiɑɔ˥,tɕi˥˧ɕiŋ˥la˥tsɿ˨,tʂʮ˥˩kuæ̃˥˧tʂʰɑŋ˨˩,tɑ˦pʰɑɔ˦la˥tsɿ˨,tɕiou˥˧tʂə˦ɕie˥˧pɑ˨.

苆莲

（苆莲菜？）黄：苆莲有咧么。长疙瘩，这么大个疙瘩。苆莲菜么，有咧。tɕʰyo˥liæ̃˨˩iou˥lie˨muo˨.tʂɑŋ˥kɑ˥tɑ˨,tʂə˥˧muo˨tɑ˥˩kə˥˩kə˥tɑ˨.tɕʰyo˥liæ̃˨˩tsʰæᴇ˦muo˨,iou˥lie˨.（苆莲还是苤蓝？）苤莲。土话叫苆咧。实际上就是苤莲。pʰie˥liæ̃˨˩.tʰu˥xuɑ˦tɕiɑɔ˦tɕʰie˥lie˨.ʂɿ˨˩tɕi˥˧ʂɑŋ˦tɕiou˦sɿ˦pʰie˥liæ̃˨˩.（这种菜什么样子的？）根，长个根，上头长这么大个圆蛋。kən˥,tʂɑŋ˥kə˥˩kən˥,sɑŋ˦tʰou˨tʂɑŋ˥tʂə˦muo˨tɑ˦kə˦yæ̃˨˩tæ̃˦.（绿色的嘛！）绿色的嘛，啊。提起泡菜噢给……ly˥sə˥ti˨mɑ˨,ɑ˩.tʰi˨˩tɕʰi˥pʰɑɔ˦tsʰæᴇ˦ɑɔ˩kei˥˧……（硬……硬，呃，那个肉质比较硬。）硬，泡菜去，泡好了吃，脆脆的么。iŋ˦,pʰɑɔ˦tsʰæᴇ˦tɕʰi˥˩,pʰɑɔ˦xɑɔ˥lə˨tʂʰɿ˥˩,tsʰuei˦tsʰuei˦ti˨muo˨.

青菜

黄：所有发绿的东西我们都把它叫青菜。ʂuo˥iou˥fɑ˥˧ly˥ti˨tuoŋ˥ɕi˨ŋuo˥˧mən˨tou˥˧pɑ˥˩tʰɑ˥˧tɕiɑɔ˦tɕʰiŋ˥tsʰæᴇ˥˩.（就等于是蔬菜？）噢儿，蔬菜一律都叫青菜。ɑɔr˩,ʂʮ˥tsʰæᴇ˥˧i˥˩ly˥˧tou˥˧tɕiɑɔ˦tɕʰiŋ˥˩tsʰæᴇ˥˩.

油菜

黄：油菜的种类就多了。油菜都几十个品种么你。一般家里都种那么一两……一两种。iou˨˩tsʰæᴇ˥˧tə˨tʂuoŋ˥luei˥˩tsou˦tuo˥lə˨.iou˨˩tsʰæᴇ˥˧tou˥˩tɕi˥ʂʮ˨˩kə˥˧pʰiŋ˥˩tʂuoŋ˥˩muo˨ni˥˩.i˥˧pæ̃˥tɕiɑ˥li˥˩tou˥˩tʂuoŋ˦nə˦muo˨li˥˩liɑŋ˥pʰi……i˥˩liɑŋ˥tʂuoŋ˥.（哪些……除了这个小油菜还有什么油菜？）甚么欸这都是外地品种了。上海青啊，鸡毛菜呀，这都是油菜的种类。ʂən˥˩muo˨lei˩tʂə˦tou˥˩sɿ˥˩væᴇ˦ti˦pʰiŋ˥˩tʂuoŋ˥˩lə˨.ʂɑŋ˦xæᴇ˥˧tɕʰiŋ˥ɑ˩,tɕi˥˩mɑɔ˨˩tsʰæᴇ˦iɑ˨,tʂə˦tou˥˧sɿ˦iou˨˩tsʰæᴇ˦ti˨tʂuoŋ˥luei˥˧.（你们本身……本地的品种有哪些呢？）本地的品种就是小白菜，啊，就是鸡毛菜这一个。pən˥ti˦ti˨pʰiŋ˥tʂuoŋ˥tɕiou˦sɿ˦ɕiɑɔ˥pei˨˩tsʰæᴇ˥˧,ɑ˩,tɕiou˦sɿ˦tɕi˥˩mɑɔ˨˩tsʰæᴇ˦tʂei˦i˥kə˥˩.（噢。那个那种叶子大的那种吗？）不大。油菜的叶子都不大，都小小的，嗯。什么上海青呀，四季青呀，田园青呀。pu˨˩tɑ˦.iou˨˩tsʰæᴇ˦ti˨lie˥tsɿ˨tou˥˧pu˨˩tɑ˦,tou˥˧ɕiɑɔ˥˩ɕiɑɔ˥˩ti˨,ə̃˩.ʂɿ˥˩muo˨ʂɑŋ˦xæᴇ˥˧tɕʰiŋ˥iɑ˨,sɿ˦tɕi˦tɕʰiŋ˥iɑ˨,tʰiæ̃˨˩yæ̃˨˩tɕʰiŋ˥iɑ˨.

白菜

（白菜呢？）黄：白菜那你分冬白菜和夏白菜。pei˨˩tsʰæᴇ˦˧nə˥˩ni˥˧fən˥˩tuoŋ˥pei˨˩tsʰæᴇ˦xuo˨˩ɕiɑ˦pei˨˩tsʰæᴇ˦.（冬白菜、夏白菜有什么区别没有？）就是冬天种的和夏天种的。tɕiou˦˩sɿ˥˩tuoŋ˥tʰiæ̃˥˩tʂuoŋ˦ti˨xuo˨˩ɕiɑ˦tʰiæ̃˥˩tʂuoŋ˦ti˨.（白菜有多少种？）白菜，那就分呃包头白，包上一疙瘩的了。pæᴇ˨˩tsʰæᴇ˦,næᴇ˦tɕiou˥˩fən˥ə˩pɑɔ˥tʰou˨˩pei˨˩,pɑɔ˥ʂɑŋ˦˩i˥˩kɑ˥tɑ˨tə˨lə˨.（就这种的，噢，一个一个一圈儿，一层一层的包。）一层一层的，叫包头白。i˥˩tsʰən˨˩i˥˩tsʰən˨˩ti˨,tɕiɑɔ˦pɑɔ˥tʰou˨˩pei˨˩.（不包的呢？）叫白菜。还有筒子白，长这么奘个奘，长这么高一个一个的，很攒实，它叶子不往过来扎，长的攒儿攒儿的，长这么高咧。这都是冬菜里头的。tɕiɑɔ˦pei˨˩tsʰæᴇ˥˩.xæᴇ˨˩iou˥˧tʰuoŋ˥tsɿ˨pei˨˩,tʂɑŋ˥˩tʂə˦muo˨tʂuɑŋ˥˧kə˦tʂuɑŋ˥˧,tʂɑŋ˥˩tʂə˦˧muo˨kɑɔ˥i˥˩kə˦˧i˥˩kə˦ti˨,xən˥tsʰuæ̃˨ʂʮ˨˩,tʰɑ˥ie˥tsɿ˨pu˨˩vɑŋ˥˩kuo˦læᴇ˨˩tsɑ˥,tʂɑŋ˥ti˨tsʰuæ̃r˨˩tsʰuæ̃r˨˩ti˨,tʂɑŋ˥˩tʂə˦˧muo˨kɑɔ˥˩lie˨.tʂə˦tou˥˩sɿ˦tuoŋ˥tsʰæᴇ˦li˥˧tʰou˨ti˨.（夏白菜有些什么呢？）夏白菜没有多大□□了都。ɕiɑ˦pei˨˩tsʰæᴇ˦mei˨iou˥tuo˥˩tɑ˦tɕʰyoŋ˩tʂʮ˩lə˨tou˥˩.（像那种散开的白菜……）噢，那就叫欸夏白菜咧嘛。多一半儿夏天种咧。

ɑɔ˥,næᴇ˥˦tɕiou˥tɕiɑɔ˥ei˩çia˥pei˨˩˨tsʰæᴇ˥˦lie˧ma˧.tuo˥i˨˩pæ̃r˥çia˥tʰiæ̃˨˩tʂuoŋ˥lie˧.（那那种那个散开的叫什么白菜？）兀就叫夏白菜了。也叫包头白，也叫卷心白。væᴇ˥˦tɕiou˥tɕiɑɔ˥çia˥pei˨˩˨tsʰæᴇ˥˦lə˧.ia˥˧tɕiɑɔ˥pɑɔ˥tʰou˨pei˨˩˧,ie˥˧tɕiɑɔ˥tɕyæ̃˥çiŋ˨˩pei˨˩.（那种市场上买的那种包菜呢？就包得很紧，这么圆，这么扁。中间那个……）也叫莲花白。ie˥tɕiɑɔ˥liæ̃˨˩xua˥pei˨.（青的？）青的。也叫甘蓝。tɕʰiŋ˥ti˧.ie˥˧tɕiɑɔ˥kæ̃˥læ̃˨.（但是甘蓝是就是全是青的吗？有有别的颜色吗？）甘蓝也是青的，这个莲花白也是青的呀。kæ̃˥læ̃˨ie˥˨sɿ˥˩tɕʰiŋ˥ti˧,tʂə˥kə˥liæ̃˨˩xua˥pei˨ia˥˨sɿ˥˩tɕʰiŋ˥ti˧ia˧.（就是这个指的莲花白嘛。）啊，就是指的莲花白嘛。甘蓝早么。甘蓝吃上要比莲花白好吃么。甘蓝才能长多大？你甘蓝，一个甘蓝长上二三斤，三四斤就大得很了。莲花白一个可以长三十公斤。你水、肥只要跟上，那家伙长得这么厚，这么大一个一个的。ɑ˨,tɕiou˥˦sɿ˥˩tsɿ˥˩tə˧liæ̃˨˩xua˥pei˨˩ma˧.kæ̃˥læ̃˨tsɑɔ˥muo˧.kæ̃˥læ̃˨tʂʰʅ˥ʂaŋ˥˩iɑɔ˥pi˥˧liæ̃˨˩xua˥pei˨˩xɑɔ˥˧tʂʰʅ˥muo˧.kæ̃˥læ̃˨tsʰæᴇ˨˩nəŋ˨˧tʂaŋ˥tuo˥ta˥˩?ni˥˩kæ̃˥læ̃˨,i˥˩kə˥kæ̃˥læ̃˨tʂaŋ˥ʂaŋ˥˩ər˥sæ̃˥˩tɕiŋ˥˩,sæ̃˥sɿ˥˦tɕiŋ˥˩tsou˥˦ta˥tə˧xəŋ˥lə˧.liæ̃˨˩xua˥pei˨i˥˧kə˥kʰə˥i˥˧tʂaŋ˥˧sæ̃˥ʂʅ˨kuoŋ˥˩tɕiŋ˥˩.ni˥˩ʂuei˥fei˨tsɿ˥˩iɑɔ˥kəŋ˥ʂaŋ˥˩,næᴇ˥˦tɕia˥˩xuo˧tʂaŋ˥˧tə˧tʂə˥˦muo˧xou˥,tʂə˥˦muo˧ta˥˩i˥˩kə˥˦i˥˩kə˥˦ti˧.

莴笋

（莴笋这边种不种？）黄：种，大面积的都有。tʂuoŋ˥˧,ta˥miæ̃˥tɕi˥˩ti˧tou˥iou˥.（莴笋叶子可以吃。）杆杆儿还可以吃么。kæ̃˥kæ̃r˥˩xa˨˩kʰə˥i˥˩tʂʰʅ˥˩muo˧.（皮你们吃不吃？）不吃。我们光吃过杆杆儿，削咧吃里头那个心心。凉拌么。pu˨˩tʂʰʅ˥.ŋuo˥məŋ˧kuaŋ˥˧tʂʰʅ˥˧kuo˥kæ̃˥kæ̃r˥˩,çyo˥lie˧tʂʰʅ˥˩li˥tʰou˧nə˥kə˥çiŋ˥çiŋ˥˩.liaŋ˨˩pæ̃˥muo˧.（莴笋叶子也吃的？）吃。tʂʰʅ˥.（你们吃的那个莴笋叶子，除了莴笋叶子还吃莴笋心还是莴笋？）莴笋那个杆杆儿。vuo˥suoŋ˥˩nə˥kə˥kæ̃˥kæ̃r˥˩.（莴笋杆儿？）噢，它有一个那心子，呃。杆那个心子必须把皮扒掉。ɑɔ˨,tʰa˥iou˥i˥˩kə˥˩nə˥˩çiŋ˥tsɿ˧,ə˨.kæ̃˥nə˥kə˥çiŋ˥tsɿ˧pi˥˧çy˥˧pa˥˩pʰi˨pa˥˩tiɑɔ˥.

苦荬

黄：苦荬，叶子和敛青菜一模儿一样的，但是它不起苔嘛，长一撮子上来那么个，啊。kʰu˥mæᴇ˥˩,ie˥tsɿ˧xuo˨˧ei˥tɕʰiŋ˥tsʰæᴇ˥˩i˥˩muor˨˦i˥˩iaŋ˥ti˧,tæ̃˥sɿ˥tʰa˥˧pu˨˧tɕʰi˥tʰæᴇ˨ma˧,tʂaŋ˥i˥˩tsuo˥tsɿ˧ʂaŋ˥læᴇ˨˩nə˥muo˧kə˥,ɑ˨.

茼蒿、空心菜

（茼蒿它什么样子？）黄：叶叶是花的，杆杆儿是空的么。也叫空心菜，也叫茼蒿菜么。ie˥ie˥˩sɿ˥˩xua˥ti˧,kæ̃˥kæ̃r˥˩sɿ˥˩kʰuoŋ˥ti˧muo˧.ie˥˧tɕiɑɔ˥kʰuoŋ˥çiŋ˥˩tsʰæᴇ˥,ie˥˧tɕiɑɔ˥tʰuoŋ˨˩xɑɔ˥tsʰæᴇ˥muo˧.（空心菜叫茼蒿？）哦哟，是两回事。空心菜是空心菜。茼蒿是茼蒿。ou˨iɑɔ˥,sɿ˥˩liaŋ˥xuei˨˩sɿ˥.kʰuoŋ˥çiŋ˥˩tsʰæᴇ˥sɿ˥kʰuoŋ˥çiŋ˥˩tsʰæᴇ˥.tʰuoŋ˨˩xɑɔ˥sɿ˥˩tʰuoŋ˨˩xɑɔ˥.（你们空心菜叫什么？顺便儿问一问。）叫空心菜。tɕiɑɔ˥kʰuoŋ˥çiŋ˥˩tsʰæᴇ˥.（就叫空心菜？）嗯。ŋ̍˨.（是本地本身本身有的还是从外地引进的？）这是外地引进下的好像。tʂə˥˩sɿ˥˩væᴇ˥ti˥iŋ˥tɕiŋ˥˧xa˥˩ti˧xɑɔ˥çiaŋ˥˩.

落恰菜

（有没有扫帚菜？）黄：有咧嘛，扫帚苗儿嘛，扫苗苗儿。扫帚菜。iou˥lie˧ma˧,sɑɔ˥tʂʮ˥˧miɑɔr˨ma˧,sɑɔ˥miɑɔ˨˩miɑɔr˨˧.sɑɔ˥tʂʮ˨˩tsʰæᴇ˥.（扫帚菜是什么样子呢？）叶叶小小的，尖尖的那么个，上头长些灰毛毛。ie˥ie˥˩çiɑɔ˥çiɑɔ˥ti˧,tɕiæ̃˥˩tɕiæ̃˥˩ti˧nə˥˩muo˧kə˥˩,ʂaŋ˥tʰou˧tʂaŋ˥çie˥˩xuei˥˩mɑɔ˨mɑɔ˨˧.（你们就叫扫帚菜还是叫什么？）啊，我们土名字叫落恰菜。

ɑ˨˩,ŋuo˥˧mən˧tʰu˥˧miŋ˩˧˨˩tsɿ˥tɕiɑɔ˥luo˥˧liæ̃˩˧˨˩tsʰæᴇ˥˨˩.（叫什么？）落怜。luo˥˧liæ̃˩˧˨˩.（哪个luo˥˧˨˩，luo˥？）落叶的落字，落怜。luo˥˧꜔ie˥˧ti˧luo˥˧tsɿ˥˨˩,luo˥˧liæ̃˩˧˨˩.（落下来的那个落啊？）啊，落下的落。落怜。ɑ˨˩,luo˥˧ɕiɑ˥˨˩ti˧luo˥˧.luo˥˧liæ̃˩˧˨˩.（落，lie˩˧，ie˥字？）噢，落怜，落怜菜。ɑɔ˨˩,luo˥˧liæ̃˩˧˨˩,luo˥˧liæ̃˩˧˨˩tsʰæᴇ˥.（莲花的莲啊？）哎呀，和那个字只能是同音。æᴇ˨˩iɑ˨˩,xuo˩˧˨˩nə˥kə˥tsɿ˥tsɿ˥˧˨˩nəŋ˩˧˥˦sɿ˥tʰuoŋ˩˧iŋ˥˧.（这个你们叫叫扫帚菜还是落怜菜？）有的人叫扫帚菜，多一半儿人叫落怜。iou˥˧ti˧zəŋ˩˧꜔tɕiɑɔ˥sɑɔ˥tʂʮ˥˧˨˩tsʰæᴇ˥˨˩,tuo˥˧i˥˧˨˩pæ̃r˥˥˦zəŋ˩˧˨˩tɕiɑɔ˥luo˥˧liæ̃˩˧˨˩.（落怜子？）噢，落怜菜，没有“子”。ɑɔ˨˩,luo˥˧liæ̃˩˧˨˩tsʰæᴇ˥,mei˩˧iou˥˧tsɿ˥˧.

水芹菜

黄：水芹菜。ʂuei˥˧tɕʰiŋ˩˧˨˩tsʰæᴇ˥.（水芹菜也是山上挖的吗？）野的，野生的。ie˥˧ti˧,ie˥˧səŋ˥˧˨˩ti˧.（水边的是吧？）啊，水边的。ɑ˨˩,ʂuei˥˧piæ̃˥˧˨˩ti˧.（那你们自己种……种芹菜不种？）种。也种芹菜。家养的也有。tʂuoŋ˥.ie˥˧tʂuoŋ˥tɕʰiŋ˩˧˨˩tsʰæᴇ˥.tɕiɑ˥˧iɑŋ˥˧ti˧iɑ˥˧꜔iou˥˧꜔.（我看你们芹菜有的很……很粗，很……很壮一样。）那是家养的。家种下的。野的都恐怕没有那么大，但是这个家的……野的味道比这味道厉害。nə˥˦sɿ˥˨˩tɕiɑ˥˧˨˩iɑŋ˥˧ti˧.tɕiɑ˥˧tʂuoŋ˥˨˩xɑ˥˨˩ti˧.ie˥˧ti˧tou˥˧˨˩kʰuoŋ˥˧˨˩pʰɑ˥mei˩˧iou˥˧nə˥muo˧tɑ˥,tæ̃˥sɿ˥tʂə˥kə˥tɕiɑ˥˧ti˧……ie˥˧ti˧vei˥꜔tɑɔ˥˨˩pi˥˧꜔tʂə˥˦vei˥tɑɔ˥li˥xæᴇ˥˦.（冲……味道冲一些是吧？）噢，味道冲。ɑɔ˨˩,vei˥tɑɔ˥˨˩tʂʰuoŋ˥.（好吃吗？）你吃不惯就吃不惯那个东西。ni˥˧꜔tʂʰʅ˥˧pu˩˧˨˩kuæ̃˥tsou˥tʂʰʅ˥˧pu˩˧˨˩kuæ̃˥nə˥kə˥tuoŋ˥˧˨˩ɕi˧.

蕨菜

黄：我们这儿这个蕨菜就像那个敆节节……河汉里那个节节草一样的。吃上硬硬的。你……你如果是发的不好的话吃，晒干咧以后纯粹是个硬的。ŋuo˥˧mən˧tʂər˥tʂə˥kə˥tɕyo˥˧˨˩tsʰæᴇ˥tsou˥˦ɕiɑŋ˥nei˥kei˥tɕie˥˧tɕie˥˧˨˩……xuo˩˧˨˩tsʰɑ˥˧li˥˧˨˩næᴇ˥kə˥tɕie˥˧tɕie˥˧˨˩tsʰɑɔ˥˧i˥˧˨˩iɑŋ˥ti˧.tʂʰʅ˥˧ʂɑŋ˥˨˩niŋ˥niŋ˥ti˧.ni˥˧˨˩……ni˥˧˨˩zʮ˩˧˨˩kuo˥˧sɿ˥˨˩fɑ˥˧ti˧pu˩˧˨˩xɑɔ˥˧ti˧xuɑ˥˨˩tʂʰʅ˥˧,sæᴇ˥kæ̃˥˧lie˧i˥˧˨˩xou˥tʂʰuoŋ˩˧˨˩tsʰuei˥˦sɿ˥kə˥niŋ˥ti˧.（里面黏黏的是吧？）不黏。吃上是……吃上是个脆的。蕨菜，这都是这个山野菜里头的。pu˩˧˨˩niæ̃˩˧.tʂʰʅ˥˧ʂɑŋ˥sɿ˥……tʂʰʅ˥˧ʂɑŋ˥sɿ˥kə˥tsʰuei˥ti˧.tɕye˥˧꜔tsʰæᴇ˥,tʂə˥˦tou˥˧˨˩sɿ˥tʂə˥˨˩kə˥˨˩sæ̃˥˧˨˩ie˥˧tsʰæᴇ˥li˥˧˨˩tʰou˧ti˧.

荏

（有这个荏？这个这个……）黄：有咧，有荏[1]么。iou˥˧lie˧,iou˥˧zəŋ˥˧muo˧.（这个是干什么用的？）油，还是油料。iou˩˧,xɑ˩˧˨˩sɿ˥˦iou˩˧˨˩liɑɔ˥.（可吃的吗？）可吃，生也可以吃，熟也可吃，炸下的油更香。kʰə˥˧˨˩tʂʰʅ˥˧,səŋ˥˧iɑ˥˧˨˩kʰə˥˧i˥˧tʂʰʅ˥˧˨˩,ʂʮ˩˧iɑ˥˧˨˩kʰə˥˧tʂʰʅ˥˧˨˩,tsɑ˩˧xɑ˥ti˧iou˩˧kəŋ˥ɕiɑŋ˥˧˨˩.

小麻子、线麻、老麻子

1. 黄：线麻也叫大麻，是专门儿用来剥麻用的那种麻，叫它大麻。ɕiæ̃˥mɑ˩˧ie˥˧꜔tɕiɑɔ˥tɑ˥mɑ˩˧˨˩,sɿ˥tʂuæ̃˥˧˨˩mə̃r˩˧yoŋ˥læᴇ˩˧˨˩puo˥˧mɑ˩˧yoŋ˥ti˧nei˥tʂuoŋ˥˧꜔mɑ˩˧,tɕiɑɔ˥˨˩tʰɑ˥˧˨˩tɑ˥mɑ˩˧˨˩.

2. 黄：小麻子就是我们经常吃油的那个油的……那个麻子就叫小麻子么。ɕiɑɔ˥˧mɑ˩˧tsɿ˧tɕiou˥sɿ˥ŋuo˥˧mən˧tɕiŋ˥˧˨˩tʂʰɑŋ˩˧tʂʰʅ˥˧iou˩˧˨˩ti˧nə˥˨˩kə˥˨˩iou˩˧ti˧……nə˥kə˥mɑ˩˧tsɿ˧tɕiou˥tɕiɑɔ˥ɕiɑɔ˥˧mɑ˩˧˨˩tsɿ˧muo˧.（吃的香油还是什么？）就是吃的麻油。tɕiou˥sɿ˥tʂʰʅ˥˧ti˧mɑ˩˧iou˩˧˨˩.

3. 黄：蓖麻就叫老麻子嘛。pi˥˧mɑ˩˧tɕiou˥tɕiɑɔ˥lɑɔ˥˧mɑ˩˧tsɿ˥˧mɑ˧.（叶子绿绿的，大大

① 荏：《广韵》如甚切。即白苏，一年生草本植物，茎方，种子可榨油(苏子油)，叶对生，可提取芳香油。茎叶和种子均可供药用。《方言》第三：“苏亦荏也。关之东西或谓之苏，或谓之荏。”

的？）呃，花花的么，巴掌大那个花。ə˩,xua˥˧xua˥˧˩ti˧muo˧,pa˥˧tʂaŋ˥˧˩ta˥nə˥kə˥xua˥˧˩.

4. 黄：苎麻。这个念苎麻。niŋ˧˥ma˧˥˧.tʂə˥kə˥niæ̃˥niŋ˧˥ma˧˥˧.（苎麻。）没有。mei˧˥iou˧˥˩.（有没有听过？）没得。mei˧˥tei˥˧˩.（是不是确实没有？那个，呃，这个用麻织成的那种袜子什么之类讲不讲那个有没有什么这个苎麻袜子？）没有。mei˧˥iou˥˧˩.（你们这儿有麻种麻不种？）种我们种的都是吃的一种食用的麻籽。tʂuoŋ˥ŋuo˥˧məŋ˧tʂuoŋ˥ti˧tou˥˧˩sɿ˥˩tʂʰʅ˥˧ti˧i˥˧˩tʂuoŋ˥˧ʂʅ˧˥˩yoŋ˥ti˧ma˧˥˩tsɿ˥˧.（芝麻？）芝麻……没有芝麻。小……大麻籽……小……小麻籽，专门儿用来榨油的。tsɿ˥˧ma……mei˧˥iou˥˧˧tsɿ˥˧ma˧˥˩.ɕi……ta˥ma˧˥˩tsɿ˥˧˧……ɕi……ɕiaɔ˥˧ma˧˥˩tsɿ˥˧˧,tʂuæ̃˥˧˩mə̃r˧˥yoŋ˥læᴇ˧˥˧tsa˥iou˧˥˩ti˧.（嗯，大麻籽，小麻籽。）呃，再一个就是供来……这个麻子种出来以后，种得比较稠，呃用来剥麻的。剥……ə˩,tsæᴇ˥i˥˧˧kə˥tɕiou˥sɿ˥kuoŋ˥˦læᴇ˧˥˩……tʂə˥kə˥ma˧˥˩tsɿ˥˧˧tʂuoŋ˥tʂʰʮ˥˧læᴇ˧˥˩i˥˧˩xou˥,tʂuoŋ˥ti˧pi˥˧˧tɕiaɔ˥tʂʰou˧˥,ə˩yoŋ˥læᴇ˧˥˧puo˥˧˩ma˧˥˩ti˧.puo˥˧……（噢那个剥麻的那个东西叫什么？）那叫“线麻”。专门儿是……它那个长的稠得很，株间的距离么都不能超过这个五六寸。最多就是这个三四寸远一点儿三寸远一点儿。næᴇ˥tɕiaɔ˥ɕiæ̃˥ma˧˥˩.tʂuæ̃˥˧˩mə̃r˧˥sɿ˥……tʰa˥˧næᴇ˥kə˥tʂaŋ˥˧ti˧tʂʰou˧˥tei˥˧xəŋ˥˧˩,tʂʮ˥˧tɕiæ̃˥˧˩ti˧tɕy˥li˧˥muo˧tou˥˧˩pu˧˥˩nəŋ˧˥tʂʰaɔ˥˧˩kuo˥tʂə˥˩kə˥˩vu˥˧liou˥˧˧tsʰuoŋ˥.tsuei˥tuo˥˧˩tɕiou˥sɿ˥tʂə˥˩kə˥˩sæ̃˥˧˩sɿ˥tsʰuoŋ˥yæ̃˥˧i˥˧˩tiæ̃r˥˧˩sæ̃˥˧˩tsʰuoŋ˥yæ̃˥˧i˥˧˩tiæ̃r˥˧˩.（叫那个“线麻”是吗？）噢，线麻。它长的个儿高。aɔ˩,ɕiæ̃˥ma˧˥˩.tʰa˥˧˩tʂaŋ˥˧ti˧kər˥kaɔ˥˧.（那个叶子什么颜色？）叶子颜色还是这个巴掌式的那种颜色。ie˥˧tsɿ˧iæ̃˧˥sei˥˧xa˧˥˩sɿ˥tʂə˥kə˥pa˥˧˧tʂaŋ˥˧˩ʂʅ˥˧˩ti˧næᴇ˥tʂuoŋ˥˧˩iæ̃˧˥sə˥˧˩.（嗯，背面什么颜色？）背面是条纹式的那种，花花的这么颜色。pei˥miæ̃˥sɿ˥˩tʰiaɔ˧˥˩vəŋ˧˥˩ʂʅ˥˧˩ti˧nei˥˦tʂuoŋ˥˧˩,xua˥˧xua˥˧˩ti˧tʂei˥tʂuoŋ˥˧˩iæ̃˧˥sə˥˧˩.（线麻？）线麻。这是专门儿用来剥的。ɕiæ̃˥ma˧˥˩.tʂə˥˦sɿ˥˩tʂuæ̃˥˧˩mə̃r˧˥yoŋ˥læᴇ˧˥puo˥˧ti˧.（就是……就是苎麻是吧？啊？）它是把那个一……tʰa˥˧˧sɿ˥pa˥˧˩nə˥kə˥i˥˧˩……（是不是就是苎麻呀？它那个背面呐那个叶子啊要是翻开翻过来……）aɔ˩,fæ̃˥˧˦kʰæᴇ˥˧.（是不是带点白色？）不。这儿这这个麻子就是纯绿颜色的。pu˧˥.tʂər˥˦tʂə˥tʂə˥˩kə˥˩ma˧˥˩tsɿ˧tsou˥sɿ˥tʂʰuoŋ˧˥liou˥˧iæ̃˧˥˩sə˥˧ti˧.（呃，叶面，上面是绿颜色的）绿的。ly˥˧ti˧.（下面带白色。）底下灰白的嘛。ti˥˧xa˥˩xuei˥˧pei˧˥˩ti˧ma˧.（嗯？灰白？）灰灰的，白白的。那样。xuei˥˧xuei˥˧˦ti˧,pei˧˥pei˧˥ti˧nei˥tʂuoŋ˥˧˧.（灰灰的啊？）啊，那个样子。a˩,nə˥kə˥iaŋ˥tsɿ˧.（就是吧？弄不好就是苎麻呀。它那个就是第二年还要种吗？）不行了。当年这是一年植物。pu˧˥˩ɕiŋ˧˥lə˧.taŋ˥˧˩niæ̃˧˥tʂə˥sɿ˥˩i˥˧˩niæ̃˧˥səŋ˥˧˩tʂʅ˧˥˩vuo˥˧.（一年生？）噢。aɔ˩.（那个完了之后是要拔掉吗？）然……然后用……用……用刀把它斫……再把上边这个腐叶全部都和这枝杈全部都科[①]得净净的。科完以后就像这样一根短短的。然后用水，把它泡上几天以后，这个上面这个麻枲[②]么能剥下来离以后，然后拿出来晒下，放太阳一晒干以后，这就一批批把外头那皮剥掉啊。ʐæ̃˧˥……ʐæ̃˧˥˩xou˥yoŋ˥t……yoŋ˥t……yoŋ˥taɔ˥˧pa˥˧˩tʰa˥˧˧tʂuo˥˧……tsæᴇ˥˩pa˥˧˩ʂaŋ˥˦piæ̃˥˧˩tʂə˥˩kə˥˩fu˥˧˦ie˥˧tɕʰyæ̃˧˥˩pu˥tou˥˧˩xuo˧˥˧tʂə˥tsɿ˥˧˩tsʰa˥˦tɕʰyæ̃˧˥˩pu˥˦tou˥˧˩kʰuo˥˧tei˥˧˩tɕiŋ˥tɕiŋ˥ti˧.kʰuo˥˧˩væ̃˧˥i˥˧˩xou˥tsou˥ɕiaŋ˥tʂə˥iaŋ˥i˥˧˩kəŋ˥˧tuæ̃˥˧tuæ̃˥˧˩ti˧.ʐæ̃˧˥˩xou˥yoŋ˥ʂuei˥˧,pa˥˧˩tʰa˥˧˧pʰaɔ˥ʂaŋ˥tɕi˥˧tʰiæ̃˥˧˩i˥˧˩xou˥,tʂə˥kə˥ʂaŋ˥miæ̃˥tʂə˥kə˥ma˧˥ɕi˥˧˧muo˧nəŋ˧˥puo˥˧ɕia˥læᴇ˧˥˩li˥lə˧i˥˧˩xou˥,ʐæ̃˧˥˩xou˥na˧˥˩tʂʰʮ˥˧læᴇ˧˥˩sæᴇ˥˦xa˥

---

① 科：整枝，修剪。《广韵》苦禾切。“程也，条也，本也，品也。又科断也。”唐无可《题崔驸马林亭》诗：“宫花野药半相和，藤蔓参差惜不科。”五代齐己《和孙支使惠示院中庭竹之什》：“剪黄憎旧本，科绿惜新生。”

② 麻枲：即麻。《礼记·内则》：“执麻枲，治丝茧，织纴、组、紃，学女事，以共衣服。”

˨˩,faŋ˧tʰæᴇ˧iaŋ˨˩˩i˥˩sæᴇ˧kæ̃˥˩i˥˩xou˧,tʂei˧˥tɕiou˧˩i˥˩pʰi˥pʰi˥˩pa˥˩væᴇ˧tʰou˧nə˧pʰi˨puo˥˩tiao˧˥a˦.（它那个就是它第二年你是需要重新去那个……）重新种植咧。tʂʰuoŋ˨ɕiŋ˥˦tʂuoŋ˧tʂʅ˨˩lie˦.（重新种？）噢，重新要种咧。ɑɔ˨,tʂʰuoŋ˨ɕiŋ˥˦iao˧tʂuoŋ˧lie˦.（它那个它那个是木本还是草本？）木本的。mu˥pəŋ˥˩ti˦.（噢，你们还把它挖掉啊？）噢，挖掉咧。ɑɔ˨,va˥˩tiao˧lie˦.（那个那个它那个就是是重新用种子还是就……）用种子。yoŋ˧tʂuoŋ˥tsʅ˦.（这又不像苎麻欤！）这儿这这个麻子这儿这这这个有几种咧，你像个蓖麻，大麻……tʂər˧˦tʂə˧tʂə˧kə˧ma˨˩tsʅ˧tʂər˧tʂə˧tʂə˧tʂə˧kə˧iou˥tɕi˥tʂuoŋ˥lie˦,ni˥˦ɕiaŋ˧kə˧pi˥ma˨˩,ta˧ma˨……（啊，蓖麻也有？）噢，蓖麻，这都有咧。嗯。ɑɔ˨,pi˥ma˨,tʂə˧˥tou˥˩iou˥lie˦.ŋ̍˨.（那个叫线麻？）嗯。线麻。ŋ̍˨.ɕiæ̃˧ma˨˩.（ɕiæ̃˧ma˨˩？）嗯。ŋ̍˨.

麻子

（麻子有有零售的吗？）黄：不也有零售的？零售是生的。pu˨˦ie˥˦iou˥˩liŋ˨˩ʂou˧ti˦?liŋ˨˩ʂou˧sʅ˧səŋ˥ti˦.（这个麻子好像没有什么……不饱满一样的啊？）这是一炒就是这样。这是人，嗯，抽烟的人，想戒烟，那是买点麻子，无聊得很了，抽点这个，吃……吃点……嗑点麻子。tʂə˧˩sʅ˧˩i˥˩tsʰao˥tɕiou˧˩sʅ˧˩tʂə˧˥iaŋ˧˩.tʂə˧˥sʅ˧˩zəŋ˨,ŋ̍˧,tʂʰou˥˦iæ̃˥ti˦zəŋ˨,ɕiaŋ˥tɕie˧˦iæ̃˥˩,nə˧sʅ˧mæᴇ˥tiæ̃˥˩ma˨˩tsʅ˧,vu˨liao˨tei˥˦xəŋ˥lə˦,tʂʰou˥tiæ̃˥˩tʂei˧˩kə˧˩,tʂʰ……tʂʰʅ˥tiæ̃˥˩……kʰə˥˩tiæ̃˥ma˨tsʅ˧.（打发日子喽。）嗯。好……这个麻子生着……生着吃还可以……可以起杀虫、润肺，还有美容的效果。熟吃不行。ŋ̍˨.xaɔ……tʂə˧kə˧ma˨˩tsʅ˧səŋ˥tʂə˦……səŋ˥tʂə˦tʂʰʅ˥˩xa˨kʰə˥˦i˥˩……kʰə˥i˥˩tɕʰi˥sa˥˩tʂʰuoŋ˨,zuoŋ˧fei˧,xæᴇ˨iou˥˦mei˥zuoŋ˨ti˦ɕiao˧kuo˥˦.ʂʯ˨tʂʰʅ˥˩pu˨˩ɕiŋ˨.（噢，店子里面也有这种生的买呀？）嗯。ŋ̍˨.（这附近哪个店子有？）街道上原先卖水果那个摊摊上有。一斤给他四块钱。kæᴇ˥˩tao˧˥ʂaŋ˧˩yæ̃˨ɕiæ̃˥˦mæᴇ˧˦ʂuei˥kuo˥nə˧kə˧tʰæ̃˥tʰæ̃˥˩ʂaŋ˧˩iou˥˩.i˥˦tɕiŋ˥kei˧˩tʰa˥˩sʅ˧˥kʰuæᴇ˥˩tɕʰiæ̃˨.

綮麻

黄：綮麻，有綮麻咧。就那个……把那剥起来，还是放水里那么……趁湿的剥了，剥着织麻袋用的那个麻，就叫綮麻，噢，綮麻。綮麻就是织麻袋用的那个原料，就叫綮麻。tɕʰiŋ˥˦ma˨˩,iou˥tɕʰiŋ˥˦ma˨˩lie˦.tɕiou˧nə˧kə˧……pa˥˩nə˧puo˥˩tɕʰi˥læᴇ˨˩,xa˨˩sʅ˧faŋ˧ʂuei˥li˥˩nə˧˩muo˦……tʂʰəŋ˧ʂʅ˥ti˦puo˥lə˦,puo˥tʂə˦tʂʅ˥ma˨˩tæᴇ˧yoŋ˧ti˦nə˧kə˧ma˨,tɕiou˧tɕiao˧tɕʰiŋ˥ma˨˩,ɑɔ˨,tɕʰiŋ˥˦ma˨˩.tɕʰiŋ˥˦ma˨˩tɕiou˧˥sʅ˧˩tʂʅ˥ma˨˩tæᴇ˧˥yoŋ˧ti˦nə˧kə˧yæ̃˨˩liao˧,tɕiou˧tɕiao˧tɕʰiŋ˥ma˨˩.

旋麻

黄：有一种东西，有一种草，叫旋麻。iou˥i˥˩tʂuoŋ˥˩tuoŋ˥˩ɕi˦,iou˥i˥˩tʂuoŋ˥˦tsʰao˥,tɕiao˧ɕyæ̃˨˩ma˨˥.（哪个旋呢？）哎呀。都是哪个旋？反正这个草咬人咧。æᴇ˨ia˨.tou˥˦sʅ˧na˥˩kə˧˥ɕyæ̃˨˩?fæ̃˥˩tʂəŋ˧tʂə˧kə˧tsʰao˥niao˥zəŋ˨˩lie˦.（它什么样子？）它咿长好高，叶叶上带绿的，叶叶是花的，花花儿的，它那个头起浑身长满那个小刺刺。那个刺刺子，你顺住它那个刺血上去，没有反应的；你稍微一……稍微一不顺住它那刺刺一抹就……就扎上了。去年就我们这儿里叫蜇一下，那一蜇，他就手上马上起这么大的红疙瘩，连疼带咬的。tʰa˥˦i˧tʂaŋ˥˦xao˥˦kao˥,ie˥ie˥˩ʂaŋ˧tæᴇ˧liou˥ti˦,ie˥ie˥˩sʅ˧˩xua˥ti˦,xua˥˦xuar˥˦ti˧,tʰa˥˦næᴇ˧kə˧tʰou˨˦tɕʰie˥˦xuoŋ˨ʂəŋ˥˦tʂaŋ˥mæ̃˥nə˧˩kə˧ɕiao˥tsʰʅ˧˥tsʰʅ˧˩.nə˧kə˧tsʰʅ˧tsʰʅ˧˩tsʅ˦,ni˥˦ʂuoŋ˧˦tʂʯ˧tʰa˥˦na˧kə˧tsʰʅ˧va˧˩ʂaŋ˧tɕʰi˧˩,mei˨iou˥˦fæ̃˥˦iŋ˧˥ti˦;ni˥˦sao˥˦vei˥˦i˥˩……sao˥vei˥i˥˩pu˨˩ʂuoŋ˧˦tʂʯ˧tʰa˥˦na˧tsʰʅ˧tsʰʅ˧i˥˩ma˥tsou˧˩……tɕiou˧tsa˥˩ʂaŋ˧˩lə˦.tɕʰy˧˥niæ̃˨˩tɕiou˧ŋuo˥məŋ˧tʂər˧li˥˦tɕiao˧tʂə˥i˥˩ɕia˧˩,næᴇ˧˥i˥˩tʂə˥,tʰa˥˦tɕiou˧ʂou˥ʂaŋ˧˩ma˥ʂaŋ˧˩tɕʰi˥˦tʂə˧muo˧ta˧tə˧xuoŋ˨˩kə˥ta˦,liæ̃˨tʰəŋ˨tæᴇ˧niao˥˦ti˦.（噢。

就不是……是不是就是那个荨麻？）噢，荨……它……可能就是那荨麻。ɑɔ˩˥,tɕʰiæ̃˨˩……tʰɑ˥˩……kʰə˥˩nəŋ˨˦tɕiou˥sʅ˥næᴇ˥tɕʰiæ̃˨˦mɑ˨˩.（摸就起疹子是吧？）噢，起疹子么。唯一的办法是吐……擤些鼻抹到上头。ɑɔ˩˥,tɕʰi˥˩˧tʂəŋ˥tsʅ˧muo˧.vei˨˦i˥˩ti˧pæ̃˥fɑ˥˩sʅ˥˩tʰu˥……ɕiŋ˥ɕie˥˩pi˨˦muo˥˧tɑɔ˥ʂɑŋ˥˩tʰou˧.（用鼻涕呀？）啊哈，鼻涕抹一抹都好像……ɑ˩˥-xɑ˥,pi˨˩tʰi˥muo˥i˥˧muo˥˧tou˥˩xɑɔ˥ɕiɑŋ˥˩……

落花生

黄：花生少些，没个啥……就叫花生。xuɑ˥˧səŋ˥ʂɑɔ˥ɕie˥,mei˨˦kə˥˩s……tɕiou˥tɕiɑɔ˥xuɑ˥˧səŋ˥.（种不种？）种哩。现……这几年还种得多了。都是家家反正也不成为商品，都是自己种点儿吃咧。tʂuoŋ˥li˧.ɕiæ̃˥……tʂei˥˦tɕi˥˩niæ̃˨˦xɑ˨˩tʂuoŋ˥tei˥˧tuo˥lə˧.tou˥˧sʅ˥tɕiɑ˥˧tɕiɑ˥˩fæ̃˥˩tʂəŋ˥ie˥pu˨˩tʂʰəŋ˨˦vei˨˦ʂɑŋ˥˩pʰiŋ˥,tou˥˧sʅ˥tsʅ˥˧tɕie˥˩tʂuoŋ˥˧tiæ̃r˥˩tʂʰʅ˥lie˧.（还有别的叫法没有？）落花生。luo˥xuɑ˥˩səŋ˥˩.（老人家叫……管它叫什么呢？）叫落花生。tɕiɑɔ˥luo˥xuɑ˥˧səŋ˥.

烟

黄：整个烟就是栽烟咧，就是栽下那烟就叫烟叶。tʂəŋ˥kə˥˦iæ̃˥tsou˥sʅ˥tsæᴇ˥˧iæ̃˥lie˧,tɕiou˥sʅ˥tsæᴇ˥xɑ˥˩nə˥iæ̃˥tɕiou˥˩tɕiɑɔ˥˩iæ̃˥˧ie˥˩.（种烟还是栽烟？）栽咧。烟必须是育苗栽咧。tsæᴇ˥lie˧.iæ̃˥pi˥ɕy˥˩sʅ˥˩y˥miɑɔ˨˦tsæᴇ˥lie˧.（呃，不烤的，不烤制的那种那个烟，就是直接把它晒干抽的那个呢？）旱烟么。xæ̃˥iæ̃˥˩muo˧.（旱烟有一种叶子比较小，又比较圆的。）小叶子烟么。这个吃上比较冲么，劲大。ɕiɑɔ˥ie˥˩tsʅ˧iæ̃˥muo˧.tʂə˥˩kə˥tʂʰʅ˥ʂɑŋ˥˩pi˥˧tɕiɑɔ˥tʂʰuoŋ˥muo˧,tɕiŋ˥tɑ˥˩.（那个……这里抽烟的时候是是怎么个抽法？是有有那个烟筒的吗？）有的是拿下烟袋抽嘛。旱烟袋。有的是卷……弄个纸纸卷个喇叭筒儿抽。iou˥ti˧sʅ˥˩nɑ˨˩xɑ˥iæ̃˥˩tæᴇ˥˦tʂʰou˥˩mɑ˧.xæ̃˥iæ̃˥˩tæᴇ˥.iou˥ti˧sʅ˥˩tɕi……nuoŋ˥kə˥tsʅ˥tsʅ˥˩tɕyæ̃˥kə˥˩lɑ˥pɑ˧tʰuõr˥tʂʰou˥˩.（喇叭……喇叭筒儿？）啊。卷个喇叭筒儿，烟拿手里，裤口卷起。喇叭筒儿烟。ɑ˩˥.tɕyæ̃˥˧kə˥lɑ˥pɑ˧tʰuõr˥,iæ̃˥˧nɑ˨˩ʂou˥li˥˩,kʰu˥˩kʰou˥˩tɕyæ̃˥˧tɕʰi˥˩.lɑ˥pɑ˧tʰuõr˥iæ̃˥˩.（欸，抽水烟的吗？）有抽水烟的。iou˥tʂʰou˥˩ʂuei˥iæ̃˥˩ti˧.（呃，也有烤烟的哈？）有烤烟。iou˥kʰɑɔ˥iæ̃˥˩.

缓役

黄：缓役就说是，这个役么就说是好像死了一下。这个它马上养分达不到那个水平以后，它就要黄咧嘛。黄一下，缓那么几天以后，根一扎下去，马上又……xuæ̃˥i˨˦tɕiou˥ʂuo˥˧sʅ˥,tʂə˥˩kə˥i˨˦muo˧tsou˥ʂuo˥˩sʅ˥˩xɑɔ˥˧ɕiɑŋ˥sʅ˥lə˧i˥˩ɕiɑ˥˩.tʂə˥kə˥tʰɑ˥˧mɑ˥ʂɑŋ˥˩iɑŋ˥fəŋ˥˩tɑ˨˦pu˨˦tɑɔ˥nə˥kə˥ʂuei˥pʰiŋ˨˩i˥˩xou˥,tʰɑ˥˧tsou˥iɑɔ˥xuɑŋ˨˦lie˧mɑ˧.xuɑŋ˨˦i˥˩xɑ˥˩,xuæ̃˥nə˥muo˧tɕi˥tʰiæ̃˥˧i˥˧xou˥,kəŋ˥i˥˩tsɑ˥˩xɑ˥tɕʰi˥,mɑ˥ʂɑŋ˥˩iou˥˩……

返青

黄：返青是直接就说是这个欸庄稼直接死了，又活了，这叫返青了。fæ̃˥˧tɕʰiŋ˥sʅ˥˩tʂʅ˨˦tɕie˥tsou˥ʂuo˥˩sʅ˥˩tʂə˥kə˥ei˩tʂuɑŋ˥tɕiɑ˧tʂʅ˨˦tɕie˥sʅ˥lə˧,iou˥xuo˨˦lə˧,tʂei˥˦tɕiɑɔ˥˩fæ̃˥tɕʰiŋ˥˩lə˧.（死了又活了？）噢，这叫返青了，噢。你看是全部死的，叶子都枯萎完咧，但是欸，就像这天旱，全部都旱死完了，结果一下雨，唰，它都发……全部发起来了，这就返青。ɑɔ˩˥,tʂei˥tɕiɑɔ˥fæ̃˥˧tɕʰiŋ˥lə˧,ɑɔ˩˥.ni˥˧kʰæ̃˥sʅ˥tɕʰyæ̃˨˩pu˥sʅ˥ti˧,ie˥tsʅ˧tou˥˩kʰu˥˧vei˥væ̃˨˦lie˥,tæ̃˥sei˥,tɕiou˥ɕiɑŋ˥tʂə˥tʰiæ̃˥˩xæ̃˥,tɕʰyæ̃˨˩pu˥˦tou˥˩xæ̃˥sʅ˥˩væ̃˨˦lə˧,tɕie˥kuo˥i˥˩ɕiɑ˥˧y˥˩,ʂuɑ˥,tʰɑ˥˩tou˥fɑ˥˩……tɕʰyæ̃˨˩pu˥˦fɑ˥˩tɕʰi˥˩læᴇ˨˩lə˧,tʂei˥tɕiou˥˩fæ̃˥˧tɕʰiŋ˥.（那这个这个稻子它那个就是是开始黄了，然后又变绿了这个。）这都很少，没有得事情。除咧插下秧苗有

这个事情，一到收割以后都不容易了。tʂei˦tou˥˩xəŋ˥˧ʂɑɔ˥˧,mei˨˦iou˥tei˥˩sɿ˦tɕʰiŋ˨˩.tʂʰʯ˨˩lie˧tsʰɑ˥xɑ˦˩iɑŋ˥˩miɑɔ˨˦iou˥˧tʂə˦kə˦sɿ˦˩tɕʰiŋ˨˧,i˥˩tɑɔ˦˥ʂou˥˧kə˥i˥˧xou˦tou˥˩pu˨˩yoŋ˨˩i˦lə˧.

圆杆儿、怀胎、出穗儿、扬花、灌浆、勾头

（发蔸以后，它长到一定的这个程度它就这个底下杆子变圆了吧？）黄：啊。ɑ˩.（那叫什么？）这实际上就叫……□们把这叫圆杆儿咧嘛是。再紧接着，上头都是，叶苞上就是开始胀大了么，这就都怀胎了。怀胎，马上最后就是出穗儿，扬花。tʂə˦˥ʂɿ˨˩tɕi˦˥ʂɑŋ˦˩tɕiou˦tɕiɑɔ˦……niæ̃˨˦məŋ˧pɑ˥˩tʂei˦tɕiɑɔ˦yæ̃˨˦kæ̃r˥lie˧mɑ˧sɿ˦˩.tsæᴇ˦tɕiŋ˥tɕie˥˩tʂə˧,ʂɑŋ˦tʰou˧tou˥˧sɿ˦,ie˥˧pɑɔ˥ʂɑŋ˦tsou˦sɿ˦kʰæᴇ˥˩sɿ˥˩tʂɑŋ˦tɑ˦˥lə˧muo˧,tʂei˦tɕiou˦tou˥˩xuæᴇ˨˦tʰæᴇ˥lə˧.xuæᴇ˨˦tʰæᴇ˥˧,mɑ˥ʂɑŋ˦˩tsuei˦xou˦tɕiou˦sɿ˦tʂʰʯ˥˩suər˦,iɑŋ˨˦xuɑ˥.（然后它那个就是开始，这个谷子长成，就慢慢里面有了那个浆，叫什么？）灌浆。kuæ̃˦tɕiɑŋ˥.（灌浆以后它里面慢慢就长成米了，怎么讲？）这以后都再不叫它了。灌浆以后，慢慢就叫成熟的了。tʂei˦˥i˥xou˦˥tou˥˩tsæᴇ˦˩pu˨˩tɕiɑɔ˦tʰɑ˥˧lə˧.kuæ̃˦˥tɕiɑŋ˥˩i˥˧xou˦,mæ̃˦mæ̃˦tɕiou˦tɕiɑɔ˦tʂʰəŋ˨˦ʂʯ˨˩ti˧lə˧.（嗯。这样呢？）勾穗儿，就勾头了。kou˥˩suər˦˥lə˧,tɕiou˦kou˥˩tʰou˨˦lə˧.（勾头还是勾穗？）勾头了，叫勾头。农语……农谚是个有么。我们这里的农谚是：白露不勾头，割了喂老牛。kou˥˩tʰou˨˦lə˧,tɕiɑɔ˦˥kou˥˩tʰou˨˩.luoŋ˨˦y˥˧……luoŋ˨˦iæ̃˦sɿ˦kə˦iou˥muo˧.ŋuo˥məŋ˧tʂei˦˥li˥˩ti˧luoŋ˨˦iæ̃˦sɿ˦:pei˨˩lou˦˥pu˨˧kou˥tʰou˨˦,kə˥lə˧vei˦lɑɔ˥niou˨˦.（什么东西啊？）白露……白露，节气里头不是有个白露咧么？白露不勾头，割了喂老牛。就凑合不了了已经。pei˨˩lou……pei˨˩lou˦,tɕie˥˩tɕʰi˦˥li˥˧tʰou˧pu˨˧sɿ˦iou˥kə˦pei˨˩lou˦˥lie˧muo˧?pei˨˩lou˦˥pu˨˧kou˥tʰou˨˦,kə˥lə˧vei˦lɑɔ˥niou˨˦.tɕiou˦˩tsʰou˦˥xuo˨˦pu˨˩liɑɔ˥lə˧i˥˩tɕiŋ˥.（噢，就是说长不好了？）长不好咧已经，嗯。tʂɑŋ˥pu˨˩xɑɔ˥lie˧i˥˩tɕiŋ˥,ə̃˩.（噢，就……就干脆就给牛做饲料算了。）噢，给牛做草去了。ɑɔ˩,kei˦niou˨˦tsuo˦tsʰɑɔ˥tɕʰi˦˩lə˧.

（二）树木

树林

（噢，这个一片这个……一片树叫什么？）黄：这个叫一……这个叫一……这个一峁是欸……这……这个树么就是看你咋么个叫咧。有些这个树么就是这一峁树，或者这一沟树，这一梁……tʂə˦kə˦tɕiɑɔ˦i˥˩……tʂə˦kə˦tɕiɑɔ˦i˥˩……tʂə˦˥kə˦˩i˥˩mɑɔ˥sei˦……tʂei˦……tʂei˦kə˦ʂʯ˦˥muo˧tɕiou˦sɿ˦kʰæ̃˦ni˥˧tsɑm˥kə˦˩tɕiɑɔ˦˥lie˧.iou˥ɕie˥˩tʂə˦kə˦ʂʯ˦muo˧tɕiou˦˥sɿ˦˩tʂei˦i˥˩mɑɔ˥ʂʯ˦,xuei˨˧tʂə˥˩tʂei˦i˥˩kou˥ʂʯ˦˩,tʂei˦i˥˩liɑŋ……（这名称有什么区别？两个名称。）这有了。你这个呃嗯，再一就说是看树种了么。有些树□是多一半都是小叶杨，哎叫杨树林，棡[1]树林。tʂə˦˥iou˥lə˧.ni˥˧tʂə˦kə˦ə-ŋ̍˦,tsæᴇ˦˥i˥˩tɕiou˦ʂuo˥˩sɿ˦˩kʰæ̃˦ʂʯ˦tʂuoŋ˥lə˧muo˧.iou˥ɕie˥˩ʂʯ˦niæ̃˨˩sɿ˦˩tuo˥i˥˩pæ̃˦tou˥˩sɿ˦˩ɕiɑɔ˥ie˥˩iɑŋ˨˦,æᴇ˩tɕiɑɔ˦iɑŋ˨˩ʂʯ˦˥liŋ˨˧,kɑŋ˥˧ʂʯ˦˩liŋ˨˦.（棡树林是什么东西？）棡就是那个桐字么。那棡那个木字旁过来个同字，青棡么。kɑŋ˥tɕiou˦sɿ˦nə˦kə˦tʰuoŋ˨˩tsɿ˦˥muo˧.næᴇ˦kɑŋ˥nə˦kə˦mu˥tsɿ˦˩pʰɑŋ˨˦kuo˦læᴇ˨˩kə˦˩tʰuoŋ˨˩tsɿ˦˥,tɕʰiŋ˥˩kɑŋ˥muo˧

① 棡：《集韵》居郎切。木名，青棡，落叶乔木，叶子长椭圆形，木材坚硬。

树梢子、树头

黄：树梢子指上……顶上边那点叫树梢子。噢，树……整个儿这个前头那个上头那一瘩说是这个欸洋话叫树冠么，我们叫树头么。ʂʮ˥sɑɔ˥˩tsɿ˨.tsɿ˥˩ʂaŋ˥˧……tiŋ˥˩saŋ˥˧piæ̃˥˩neі˥tiæ̃˥˩tɕiɑɔ˥ʂʮ˥sɑɔ˥˩tsɿ˨.ɑɔ˩,ʂʮ˥……tʂəŋ˥˩kər˥˧tʂə˥kə˥tɕʰiæ̃˩˧tʰou˨nə˥kə˥ʂaŋ˥˧tʰou˨nei˥i˥˩ta˨ʂuo˥˩sɿ˥tʂə˥kei˥iaŋ˩˧xua˥tɕiɑɔ˥ʂʮ˥kuæ̃˥muo˨,ŋuo˥˩məŋ˨tɕiɑɔ˥ʂʮ˥tʰou˩˧muo˨.

老皮

（树表面的那层皮呢？）黄：树皮。叫老皮。老……ʂʮ˥pʰi˩˧.tɕiɑɔ˥lɑɔ˥˩pʰi˩˧.lɑɔ˥˩……（老皮是吧？）啊，最上面的那层叫老皮么。ɑ˩,tsuei˥ʂaŋ˥miæ̃˥ti˨nei˥tsʰəŋ˩˧tɕiɑɔ˥lɑɔ˥˩pʰi˩˧muo˨.（就最外面的那一层是吧？）啊，最外头的。这个老皮里头指枫树，欸独栗树，这些都叫老皮。这个都是皮毕竟厚的那种嘛。嗯。ɑ˩,tsuei˥vae˥tʰou˨ti˨.tʂə˥kə˥lɑɔ˥˩pʰi˩˧li˥˩tʰou˨tsɿ˥˩kaŋ˥˩ʂʮ˩,ei˩tu˩˧li˥˩ʂʮ˥,tʂei˥ɕie˥˩tou˥˩tɕiɑɔ˥lɑɔ˥˩pʰi˩˧.tʂə˥kə˥tou˥˩sɿ˥pʰi˩˧pi˥˩tɕiŋ˥xou˥ti˨nei˥tʂuoŋ˥˩mɑ˨.ə̃˩.

树轱辘

（欸这个木头轱辘……）黄：啊，那有指木头轱辘。把树截下来，中间那一段儿就叫木头轱辘。ɑ˩,nei˥iou˥˩tsɿ˥˩mu˥˩tʰou˨ku˥˩lou˨.pa˥˩ʂʮ˥tɕie˩˧ɕia˥læ˩˧,tʂuoŋ˥˩tɕiæ̃˥˩nei˥i˥˩tuær˥tɕiou˥tɕiɑɔ˥mu˥˩tʰou˨ku˥˩lou˨.（啊，这个就是这个圆木？）噢，圆木么。就是树轱辘。ɑɔ˩,yæ̃˩˧mu˥˩muo˨.tsou˥sɿ˥ʂʮ˥ku˥˩lou˨.（树……树轱辘还是木头轱辘？）树轱辘。ʂʮ˥ku˥˩lou˨.

伐树、打树、斫树、砍树

1. 黄：那是有材料的树，大了的树……比较大的树的话那就不叫斫树，那也不叫砍树，你根本力量就达不到那个东西了。那就是伐树。nə˥sɿ˥iou˥˩tsʰæ˩˧liɑɔ˥ti˨ʂʮ˥,ta˥lə˨ti˨ʂ……pi˥˩tɕiɑɔ˥ta˥ti˨ʂʮ˥tə˥xua˥nə˥tɕiou˥pu˩˧tɕiɑɔ˥tʂuo˥˩ʂʮ˥,næ˥ia˥˩pu˩˧tɕiɑɔ˥kʰæ̃˥˩ʂʮ˥,ni˥˩kəŋ˥˩pəŋ˥˩li˥˩liaŋ˥tɕiou˥ta˩˧pu˩˧tɑɔ˥nə˥kə˥tuoŋ˥˩ɕi˨lə˨.nə˥tɕiou˥sɿ˥fa˩˧ʂʮ˥.（这个嗯那个特别粗壮的树叫做伐树是吧？）就必须往上伐咧，啊。最土的叫法叫打树。tɕiou˥pi˥˩ɕy˥˩vaŋ˥˩ʂaŋ˥fa˩˧lie˨,ɑ˩.tsuei˥tʰu˥˩ti˨tɕiɑɔ˥fa˥˩tɕiɑɔ˥ta˥˩ʂʮ˥.（打呀？）啊。打还是伐的意思。ŋɑ˩.ta˥˩xa˩˧sɿ˥fa˩˧ti˨i˥sɿ˨.（噢，就是对那些特别粗壮的？）ɑ˩.（用机器还是用斧头？）人……人工，拿锯子，拿截锯往掉锯咧，嗯。zəŋ˩˧……zəŋ˩˧kuoŋ˥˩,na˩˧tɕy˥tsɿ˨,na˩˧tɕie˩˧tɕy˥vaŋ˥˩tiɑɔ˥tɕy˥lie˨,ə̃˩.

2.（你们是削木头还是斫？）黄：我们一般就是叫斫树。ŋuo˥˩məŋ˨i˥˩pæ̃˥˩tɕiou˥˩sɿ˥˩tɕiɑɔ˥tʂuo˥˩ʂʮ˥.（斫树？）斫。叫砍。就这两种说法。tʂuo˥˩.tɕiɑɔ˥kʰæ̃˥˩.tɕiou˥tʂei˥liaŋ˥˩tʂuoŋ˥˩ʂuo˥˩fa˥˩.（哪种土呢？）斫比较土么。tʂuo˥˩pi˥˩tɕiɑɔ˥tʰu˥˩muo˨.（就是反正是砍就是斫？）嗯。ŋ̍˩.

（你你们像假如假如说到山上去砍点那个柴火什么东西……整棵树一块儿砍还是砍……砍砍枝？）那，我们这儿就是，去稍微远一点的，不好拿的，我光砍中间大的，小的我都不要。我把那个主干掂回来，至于那些枝枝杈杈的那个，哎落怜的拿来干啥。nei˥˧,ŋuo˥˩məŋ˨tʂər˥tɕiou˥sɿ˥,tɕʰy˥sɑɔ˥˩vei˥˩yæ̃˥˩i˥˩tiæ̃˥˩ti˨,pu˩˧xɑɔ˥˩nɑ˩˧ti˨,ŋuo˥˩kuaŋ˥˩kʰæ̃˥tʂuoŋ˥˩tɕiæ̃˥˩ta˥ti˨,ɕiɑɔ˥˩ti˨ŋuo˥˩tou˥˩pu˩˧iɑɔ˥.ŋuo˥˩pa˥˩nə˥kə˥tʂʮ˥˩kæ̃˥˧tiæ̃˥˩xuei˩˧læ˩˧,tsɿ˥y˩˧nei˥ɕie˥tsɿ˥˩tsɿ˥˩tsʰa˥tsʰa˥ti˨nei˥kə˥,æ˥˩luo˥˩liæ̃˩˧ti˨na˩˧læ˩˧kæ̃˥sa˥˩.

3. 黄：斫树的话也有人叫是"砍树"，也有叫"斫树"。这个相对而来说是"砍"用的多一点。tʂuo˥˩ʂʮ˥ti˨xua˥ie˥˩iou˥˩zəŋ˩˧tɕiɑɔ˥sɿ˥kʰæ̃˥˩ʂʮ˥,ie˥˩iou˥˩tɕiɑɔ˥tʂuo˥˩ʂʮ˥.tʂə˥kə˥ɕiaŋ˥˩tuei˥˧ər˩˧læ˩˧ʂuo˥˩sɿ˥kʰæ̃˥˩yoŋ˥ti˨tuo˥˩i˥˩tiæ̃˥˩.（砍肉呢？）那也砍啊。næ˥ɑ˥˩kʰæ̃˥˩ɑ˩.

（不说……是说剁肉还是砍肉？）那你看啥么。剁肉的话，那你是剁饺子馅儿呢，你必须要“剁”。næᴇ˥ni˥kʰæ̃˥˩sa˥muo˧.tuo˥ʐou˥ti˧xua˥,næᴇ˥ni˥˩sɿ˥tuo˥tɕiao˥˧tsɿ˧ɕiær˥˨nə˧,ni˥˩pi˥˩ɕy˥˩tiao˥tuo˥.（我到街上这个你你是说斫了两斤肉还是砍了两斤肉？）那我也不说这个话。næᴇ˥ŋuo˥ia˥˩pu˩˧ʂuo˥˩tʂə˥kə˥xua˥.（啊，给我斫两斤……）是……我不，“你给我卖……”，“我称上几斤肉”就对了。sɿ˥……ŋuo˥pu˩˧,ni˥˩kei˥ŋuo˥˩mæᴇ˥……ŋuo˥˩tʂʰəŋ˥ʂaŋ˥˩tɕi˥tɕiŋ˥˩ʐou˥tɕiou˥˩tuei˥˩lə˧.（称上几斤肉？）噢，“我称几斤肉”。ao˥,ŋuo˥˩tʂʰəŋ˥tɕi˥˩tɕiŋ˥˩ʐou˥.

科

（用木头打叫不叫科？）张$_{先金}$：也叫科，有人叫科。科。ie˥tɕiao˥kʰuo˥,iou˥zəŋ˩˧tɕiao˥kʰuo˥.kʰuo˥.（嗯，是本地说kʰuo˥吗？还是外……那个，我们就管本地，不管那个洞……那个山岭那边，子午岭那边的就不管了。）我们就是说……把这个树科一下。ŋuo˥məŋ˧tɕiou˥sɿ˥ʂuo˥˩n……pa˥˩tʂə˥kə˥ʂʯ˥˨kʰuo˥i˥˩ɕia˥˩.（叫什么？）拿树……树了啥，麻茬。na˩˧ʂʯ˥˩……ʂʯ˥lə˧sa˥,ma˩˧tsʰa˩˧.（ma˩˧tsʰa˩˧是什么？）呃，长下兀个树不标致，说：拿这……拿个棒去把兀个科一下。有这个科的这意思。ə˥,tʂaŋ˥xa˥vu˥kə˥ʂʯ˥pu˩˧piao˥tʂɿ˥˨,ʂuo˥˩:na˩˧tʂə˥……na˩˧kə˥paŋ˥tɕʰi˥pa˥˩və˥kə˥kʰuo˥i˥˩ɕia˥˩.iou˥˩tʂə˥kə˥kʰuo˥ti˧tʂei˥i˥˩sɿ˧.（kʰuo˥一下是为了……kʰuo˥它干吗呢？）科的……不要分枝么。kʰuo˥ti˧n……pu˩˧iao˥˦fəŋ˥˩tsɿ˥muo˧.（砍树枝也叫科吗？）砍……啊，科掉不叫砍，砍树就叫砍。科，可能就是去掉树枝的意思么晓是咋么个科。科，把树科一下。kʰæ̃˥˩……a˩,kʰə˥˩tiao˥pu˩˧tɕiao˥kʰæ̃˥,kʰæ̃˥ʂʯ˥tɕiou˥˩tɕiao˥˩kʰæ̃˥.kʰuo˥,kʰə˥˩nəŋ˩˧tɕiou˥˩sɿ˥˩tɕʰy˥˦tiao˥ʂʯ˥tsɿ˥ti˧i˥sɿ˧muo˧ɕiao˥sɿ˥˩tsa˥muo˧kə˥˩kʰuo˥.kʰuo˥,pa˥˩ʂʯ˥kʰuo˥i˥˩ɕia˥˩.

果树

黄：那你好多……这个山上好多树么它都结果呀，但是不能吃啊。哼。næᴇ˥ni˥˩xao˥tuo˥˩……tʂə˥˩kə˥˩sæ̃˥ʂaŋ˥˩xao˥tuo˥˩ʂʯ˥muo˧tʰa˥˩tou˥˨tɕie˥˩kuo˥ia˩,tæ̃˥sɿ˥pu˩˧nəŋ˩˧tʂʰʅ˥ʐa˩.xə̃˥.（这个果树是指是这个种的那些，还是指就凡是结果的？）那不是的。果树那都是凡是人吃的这一部分。是人自然养育成的这些，都是果树。nə˥˦pu˩˧sɿ˥ti˧.kuo˥ʂʯ˥nə˥tou˥˩sɿ˥˩fæ̃˩˧sɿ˥˩ʐəŋ˩˧tʂʰʅ˥ti˧tʂei˥i˥˩pʰu˥˦fəŋ˥˩.sɿ˥˩ʐəŋ˩˧tsɿ˥ʐæ̃˩˧iaŋ˥y˥˦tʂʰəŋ˩˧ti˧tʂei˥ɕie˥˨,tou˥˩sɿ˥kuo˥ʂʯ˥˩.（嗯。那种天然的结……结果的不一定叫果树吧？）不一定叫果树。那你比如这个樱桃儿，它就叫樱桃儿树，它不可能叫果树。还有这个杏子。你在……养到家里，养到园子里，就叫果树园里的，叫果树，你到山上去，就成了个杏树了。pu˩˧i˥˩tiŋ˥tɕiao˥kuo˥ʂʯ˥˩.næᴇ˥ni˥˩pi˥˩ʐʯ˩˥tʂə˥kə˥iŋ˥tʰaor˩˧,tʰa˥˩tɕiou˥tɕiao˥iŋ˥tʰaor˩˧ʂʯ˥,tʰa˥˨pu˩˧kʰəŋ˥˩nəŋ˩˧tɕiao˥kuo˥ʂʯ˥˩.xæᴇ˩˧iou˥˩tʂə˥kə˥ɕiŋ˥tsɿ˧.ni˥˩tsæᴇ˥……iaŋ˥tao˥˩tɕia˥li˥˩,iaŋ˥tao˥˩yæ̃˩˧tsɿ˧li˥˩,tɕiou˥tɕiao˥kuo˥ʂʯ˥yæ̃˩˦li˥˩ti˧,tɕiao˥kuo˥ʂʯ˥˩,ni˥˩tao˥sæ̃˥ʂaŋ˥˩tɕʰi˥,tɕiou˥tʂʰəŋ˩˧lə˧kə˥ɕiŋ˥ʂʯ˥lə˧.

莫胡梨

黄：山楂是有野野山楂，有呃种养的山楂。这野山楂叫莫胡梨，叫莫胡梨，野山楂。家山楂叫山楂，土话叫sæ̃˥tsʰa˩˧，洋话叫sæ̃˥tsa˥˩。sæ̃˥tsa˥˩sɿ˥iou˥˩ie˥ie˥sæ̃˥˩tsa˥˩,iou˥ə˩tʂuoŋ˥iaŋ˥ti˧sæ̃˥˩tsa˥˩.tʂə˥˩ie˥sæ̃˥˩tsa˥˩tɕiao˥˩muo˥xu˩˧li˩˧,tɕiao˥muo˥xu˩˧li˩˧,ie˥sæ̃˥˩tsa˥˩.tɕia˥sæ̃˥˩tsa˥˩tɕiao˥sæ̃˥tsa˥˩,tʰu˥xua˥tɕiao˥sæ̃˥tsʰa˩˧,iaŋ˩˧xua˥tɕiao˥sæ̃˥tsa˥˩.

枣儿

黄：枣儿它分家枣儿和野枣儿两种。家枣儿就叫枣儿，这个欸……tsaɔr˥˧tʰa˥˧˨˩fəŋ˥˧˦tɕia˥˧tsaɔr˥˧xuo˨˩˦ie˥˧tsaɔr˥˧˨˩liaŋ˥˧tʂuoŋ˥˧˨˩.tɕia˥˧tsaɔr˥˧˦tɕiou˥tɕiaɔ˥tsaɔr˥˧,tʂə˥kə˥ei˨˩……（家里面的这个家是吧？）呃，就是这个人工种植下的这种。就就就叫枣树。这个欸野的就叫酸枣儿。ə˨˩,tɕiou˥sɿ˥tʂə˥˨˩zəŋ˨˩˦kuoŋ˥˧˨˩tʂuoŋ˥tʂɿ˨˩˦xa˥˦ti˧tʂei˥tʂuoŋ˥˧˨˩.tɕiou˥˨˩tɕiou˥˦tɕiou˥tɕiaɔ˥tsaɔ˥˧ʂɥ˥˧˨˩.tʂə˥kə˥ei˥ie˥˧ti˧tɕiou˥tɕiaɔ˥suæ̃˥˧tsaɔr˥˧˨˩.（酸枣？）噢，酸枣儿。因为它这个果实吃上酸着咧嘛。aɔ˨˩,suæ̃˥˧˨˩tsaɔr˥˧.iŋ˥˧˨˩vei˥˦tʰa˥˧˦tʂə˥kə˥kuo˥˧ʂɿ˨˩˦tʂʰɿ˥˧ʂaŋ˥˨˩suæ̃˥˧tʂuo˥˧˨˩lie˧ma˧.（噢，野生的它是酸的是吧？）是个酸的，嗯。sɿ˥kə˥suæ̃˥˧ti˧,ə̃˨˩.

桃

1.（桃树？）黄：桃树有咧。分山桃儿家桃儿么。tʰaɔ˨˩˦ʂɥ˥˦iou˥˧lie˧.fəŋ˥˧˨˩sæ̃˥˧tʰaɔr˨˩˦tɕia˥˧tʰaɔr˨˩˦muo˧.（山桃是山上的野生的啊？）啊，野生的。a˨˩,ie˥˧səŋ˥˧˨˩ti˧.（家桃就是家里面种的？）像吃的那个，啊儿。ɕiaŋ˥tʂʰɿ˥˧ti˧nə˥kə˥,ar˨˩.（那野生的好吃吗？）野生的吃不成。ie˥˧səŋ˥˧˨˩ti˧tʂʰɿ˥˧pu˨˩˦tʂʰəŋ˨˩˦.（吃不了？）啊。但是桃核可是一……欸药品。ã˨˩.tæ̃˥˨˩sɿ˥˨˩tʰaɔ˨˩˦xu˨˩˦kʰə˥˧˨˩sɿ˥˨˩i˥˧˨˩……ei˥yo˥˧˨˩pʰiŋ˥˧.（像山桃核还是？）呃，山桃核儿。ə˨˩,sæ̃˥˧tʰaɔ˨˩˦xur˨˩˦.（它是做什么用的药呢？）这是……一种是药，一种是这个欸化妆品里头的。好多化妆品里头都有山桃核儿。tʂə˥sɿ˥……i˥˧˨˩tʂuoŋ˥˧sɿ˥˨˩yo˥˧,i˥˧˨˩tʂuoŋ˥˧sɿ˥tʂə˥kə˥ei˥xua˥˦tʂuaŋ˥˧˨˩pʰiŋ˥˧li˥˧˨˩tʰou˨˩˦ti˧.xaɔ˥˧tuo˥˧˨˩xua˥tʂuaŋ˥˧˨˩pʰiŋ˥˧li˥˧˨˩tʰou˧tou˥˧˨˩iou˥˧sæ̃˥˧˨˩tʰaɔ˨˩˦xur˨˩˦.

2.（这个桃仁儿吃吗？）黄：也能吃。那就要经过炮制咧。拿水把里头那个苦味儿要拔掉咧。ie˥˧nəŋ˨˩˦tʂʰɿ˥˧˨˩.næᴇ˥tɕiou˥iaɔ˥tɕiŋ˥˧˨˩kuo˥pʰaɔ˨˩˦tʂɿ˥lie˧.na˨˩˦ʂuei˥˧pa˥˧˨˩nə˥kə˥li˥˧tʰou˧nə˥kə˥kʰu˥˧vər˥˦iaɔ˥pa˨˩˦tiaɔ˥lie˧.

杏

（那杏树有没有品种的区分？）黄：那有……这分个家杏儿么，曹杏儿么。næᴇ˥˦iou˥˧……tʂei˥˦fəŋ˥˧˨˩kə˥˨˩tɕia˥˧˨˩ɕiə̃r˥muo˧,tsʰaɔ˨˩˦ɕiə̃r˥muo˧.（什么？）杏树就是普通……这杏里头有几种杏嘛。有曹杏儿……ɕiŋ˥ʂɥ˥tɕiou˥˨˩sɿ˥˨˩pʰu˥˧tʰuoŋ˥˧˨˩……tʂə˥ɕiŋ˥˦li˥˧˨˩tʰou˧iou˥˧tɕi˥˧tʂuoŋ˥˧ɕiŋ˥ma˧.iou˥˧˦tsʰaɔ˨˩˦ɕiə̃r˥˨˩……（曹杏儿是什么？）曹杏儿就是这个一种……有一种杏的杏树……杏树的名字就叫曹杏儿。tsʰaɔ˨˩˦ɕiə̃r˥tɕiou˥˦sɿ˥˨˩tʂə˥kə˥i˥˧˨˩tʂuoŋ˥˧……iou˥˧i˥˧˨˩tʂuoŋ˥˧˦ɕiŋ˥ti˧ɕiŋ˥˦ʂɥ……ɕiŋ˥ʂɥ˥ti˧miŋ˨˩˦tsɿ˥˦tɕiou˥tɕiaɔ˥tsʰaɔ˨˩˦ɕiə̃r˥.（哪个曹呢？）“曹操”的“曹”。tsʰaɔ˨˩˦tsʰaɔ˥˧ti˧tsʰaɔ˨˩˦.（噢，曹杏儿？）曹杏。这个吃……杏儿大，吃上这个果肉厚，吃上又不酸。tsʰaɔ˨˩˦ɕiŋ˥.tʂə˥˦kə˥˨˩tʂʰɿ……ɕiə̃r˥ta˥,tʂʰɿ˥˧ʂaŋ˥˨˩tʂə˥˨˩kə˥˨˩kuo˥˧zou˥xou˥,tʂʰɿ˥˧ʂaŋ˥˨˩iou˥˦pu˨˩˦suæ̃˥˧.（哦，还有呢？）还有接杏儿。xæᴇ˨˩˦iou˥˧˦tɕie˥˧ɕiə̃r˥.（哪个接？）“嫁接”的“接”。tɕia˥˦tɕie˥˧˨˩ti˧tɕie˥˧.（嫁接出来的是吧？）噢，嫁接出来的。aɔ˨˩,tɕia˥˦tɕie˥˧˨˩tʂʰɥ˥˧læᴇ˨˩˦ti˧.（再还有？）李广杏儿。li˥˧kuaŋ˥˧ɕiə̃r˥.（李……李广啊？）啊。这是以这个……这一个历史典故的咱们说不上来，就是以李广的名字命名下这个李广杏儿。这……这儿这这是这几年才引进来的。听说这个，听说多一半儿在甘肃的九泉地区的这个安西县，李广杏儿最多，那就是那历史典故就发生在那里。ã˥.tʂə˥˦sɿ˥i˥˧˦tʂə˥kə˥……tʂə˥˦i˥˨˩kə˥li˥˧˦sɿ˥˧˨˩tiæ̃˥˧˦ku˥ti˧tʂa˨˩˦məŋ˧ʂuo˥˧pu˨˩˦ʂaŋ˥læᴇ˨˩˦,tsou˥˨˩sɿ˥i˥˧˦li˥˧kuaŋ˥˧ti˧miŋ˨˩˦tsɿ˥˦miŋ˥miŋ˨˩˦xa˥tʂə˥kə˥li˥˧kuaŋ˥˧ɕiə̃r˥.tʂə˥……tʂər˥˦tʂə˥˨˩tʂei˥˦sɿ˥˨˩tʂei˥˦tɕi˥˧˨˩niæ̃˨˩˦tsʰæᴇ˨˩˦iŋ˥˧˦tɕiŋ˥˦læᴇ˨˩˦ti˧.tʰiŋ˥˧˨˩ʂuo˥˧˨˩tʂə˥˦kə˥,tʰiŋ˥˧˦ʂuo˥˧˦tuo˥˧i˥˧˨˩pær˥tsæᴇ˥kæ̃˥˧ɕy˥˨˩ti˧tɕiou˥˧tɕʰyæ̃˨˩˦ti˥tɕʰy˥˧ti˧tʂə˥˨˩kə˥˨˩næ̃˥˧ɕi˥˧˨˩ɕiæ̃˥,li˥˧kuaŋ˥˧ɕiə̃r˥tsuei˥˦tuo˥˧˨˩,nə˥tɕiou˥sɿ˥kə˥li˥˧˦sɿ˥˧˨˩tiæ̃˥˧ku˥˦tɕiou˥˨˩fa˥˧˦səŋ˥˧˨˩tsæᴇ˥næᴇ˥˦li˥˧˨˩.

李子

黄：这是不同的树，这都是嫁接而成的。不同的树接下的，这个叫不同的李子。你比如杏李子，就是在杏树上接下的。tʂə˥sɿ˥pu˩˧˩t^{h}uoŋ˩˧˩ti˦ʂʯ˥,tʂə˥˧tou˥˧˩sɿ˥˩tɕia˥˦tɕie˥˧ər˩˧˩tʂ^{h}əŋ˩˧˩ti˨.pu˩˧˩t^{h}uoŋ˩˧˩ti˦ʂʯ˥tɕie˥˧xa˥ti˦,tʂə˥kə˥tɕiao˥pu˩˧˩t^{h}uoŋ˩˧˩ti˦li˥˧tsɿ˨.ni˥˧˦pi˥˧˦zʯ˩˧˦sɿ˥ɕiŋ˥˦li˥˧tsɿ˨,tɕiou˥sɿ˥tsæᴇ˥ɕiŋ˥ʂʯ˥ʂaŋ˥tɕie˥˧xa˥˩ti˨.（噢。这个梅李树是在梅树上面接的是吧？）不是的。它把这个……因为它那个上头果树在成熟的时候，红红的，或者是黑的，那个表面上有一层白白的灰灰的那个东西，人就把那个叫墨咧。欸，那个墨是墨汁的墨。pu˩˧˩sɿ˥ti˨.t^{h}a˥˧˦pa˥˧˩tʂə˥kə˥m……iŋ˥˧˩vei˥˧t^{h}a˥˧na˥˧kə˥˩ʂaŋ˥˦t^{h}ou˨kuo˥˧ʂʯ˥tsæᴇ˥tʂ^{h}əŋ˩˧˩ʂʯ˩˧˩ti˦sɿ˩˧˩xou˥,xuoŋ˩˧xuoŋ˩˧˩ti˦,xuei˩˧˦tʂə˥˧˩sɿ˥xei˥˧ti˨,nə˥kə˥piao˥˧miæ̃˥ʂaŋ˥iou˥˧i˥˧˩ts^{h}əŋ˩˧pei˩˧pei˩˧˦ti˦xuei˥˧˩xuei˥˧˩ti˦nə˥kə˥tuoŋ˥˧ɕi˨,zəŋ˩˧tsou˥pa˥˧˩næᴇ˥˧kə˥˩tɕiao˥mei˩˧˩lie˦.ei˩,ne˥kə˥mei˩˧sɿ˥mei˩˧tʂʅ˥˧ti˨mei˩˧.（啊，还有别的这个……李……李呢？李树吗？）那你杏儿……杏李子，桃李子。这个欸这是两种了么。再还有樱桃的一种。nə˥ni˥˧˦ɕiə̃r˥……ɕiŋ˥li˥˧tsɿ˨,t^{h}ao˩˧li˥˧tsɿ˨.tʂə˥kə˥ei˥tʂə˥sɿ˥liaŋ˥˧tʂuoŋ˥˧˩lə˨muo˨.tsæᴇ˥xæᴇ˩˧˩iou˥˧˦iŋ˥˧t^{h}ao˩˧˩ti˦i˥˧˦tʂuoŋ˥˧˩.（樱桃？）啊。a˩.（用樱桃嫁接出来的？）用樱桃接下的。这是最好的嘛。它是这个水……水大嘛，汁多，甜嘛。yoŋ˥iŋ˥˧t^{h}ao˩˧˩tɕie˥˧˦xa˥ti˦.tʂə˥˧sɿ˥˩tsuei˥xao˥˧ti˨ma˨.t^{h}a˥˧˩sɿ˥˩tʂə˥kə˥ʂuei˥˧……ʂuei˥˧ta˥ma˨,tʂʅ˥˧tuo˥˧,t^{h}iæ̃˩˧ma˦.

梨

（梨树有一些什么梨？）黄：梨在当地品种就多了。这一般的就是这个甚么那香蕉梨呀，这个欸嘣……脆梨。li˩˧tʂæᴇ˥taŋ˥˧˩ti˥˧p^{h}iŋ˥˧tʂuoŋ˥˧tɕiou˥˩tuo˥˧lə˨.tʂə˥˧i˥˧˩pæ̃˥˧ti˨tɕiou˥˩sɿ˥˩tʂə˥˩kə˥˩ʂəŋ˥˧muo˦næᴇ˥ɕiaŋ˥˧tɕiao˥˧˩li˩˧ia˦,tʂə˥kə˥ei˥pəŋ˥……ts^{h}uei˥li˩˧.（哪个ts^{h}uei˥？）吃上嘎嘣脆的那个脆。tʂ^{h}ʅ˥˧ʂaŋ˥˩ka˥˧pəŋ˥˧˩ts^{h}uei˥ti˦nə˥˩kə˥˩ts^{h}uei˥.（香蕉梨，脆梨？）啊，啊，还有雪花梨。砀山梨。a˩,a˩,xæᴇ˩˧˩iou˥˧˦ɕyo˥˧xua˥˧˩li˩˧.taŋ˥sæ̃˥˧˩li˩˧˩.（哪个taŋ˥sæ̃˥˧˩？）这个地方的名字叫做砀山。这还有香蕉……香的苹果梨。兰州的苹果梨是相当出……冬……苹果梨，兰州的冬果梨。tʂə˥˩kə˥˩ti˥˦faŋ˥˧˩ti˨miŋ˩˧˩tsɿ˥˧tɕiao˥˩tsuo˥˩taŋ˥sæ̃˥˧˩.tʂə˥˩xæᴇ˩˧˩iou˥˧˦ɕiaŋ˥˧tɕiao˥˧˩……ɕiaŋ˥˧ti˨p^{h}iŋ˩˧kuo˥˧li˩˧.læ̃˩˧˩tʂou˥˧ti˨p^{h}iŋ˩˧kuo˥˧li˩˧˦sɿ˥ɕiaŋ˥˧˩taŋ˥˧˩tʂ^{h}ʯ……tuoŋ˥˧˦……p^{h}iŋ˩˧kuo˥˧li˩˧˩,læ̃˩˧˩tʂou˥˧ti˨tuoŋ˥˧˩kuo˥˧li˩˧˩.（冻果梨还是冬果梨？）冬果，冬天的冬，苹果的果，冬果梨。那不大，但你看那个黑的样子不好看，那吃上甜的焦锹，甜的……汁大的……tuoŋ˥˧˩kuo˥˧,tuoŋ˥˧t^{h}iæ̃˥˧˩ti˦tuoŋ˥˧,p^{h}iŋ˩˧kuo˥˧˩ti˦kuo˥˧,tuoŋ˥˧˩kuo˥˧li˩˧˩.næᴇ˥˧pu˩˧˩ta˥,tæ̃˥ni˥˧k^{h}æ̃˥˦nə˥˩kə˥˩xei˥˧ti˨iaŋ˥tsɿ˨pu˩˧˩xao˥˧k^{h}æ̃˥˩,næᴇ˥tʂ^{h}ʅ˥˧ʂaŋ˥˩t^{h}iæ̃˩˧˩ti˦tɕiao˥˧ɕiæ̃˥˧˩,t^{h}iæ̃˩˧˩ti˦……tʂʅ˥˧ta˥˦ti˨……（嗯，鸭梨有吗？）有，鸭梨有咧么。iou˥˧,ia˥˧li˩˧iou˥˧lie˨muo˨.（有……山上有没有野生的那个梨？）没有。那都是人为的把它这个接下……嫁接下的。muo˥˧˦iou˥˧˦.næᴇ˥tou˥˧sɿ˥˩zəŋ˩˧vei˩˧˦ti˦pa˥˧˩t^{h}a˥˧˦tʂə˥˩kə˥˩tɕie˥˧xa˥˩……tɕia˥˦tɕie˥˧xa˥˩ti˨.

樱桃

黄：樱桃一般都是野的，有多一半是野的挖回来，自己从新[1]栽植的，就叫家樱桃了，山上那叫野樱桃。iŋ˥˧t^{h}ao˩˧˩i˥˧˦pæ̃˥˧˩tou˥˧˦sɿ˥ie˥˧ti˨,iou˥˧˦tuo˥˧i˥˧˩pæ̃˥sɿ˥ie˥˧ti˨va˥˧xuei˩˧˩læᴇ˩˧˦,tsɿ˥tɕie˥˧˩ts^{h}uoŋ˩˧ɕiŋ˥˧˩tsæᴇ˥˧tʂʅ˩˧˩ti˦,tɕiou˥tɕiao˥tɕia˥˧iŋ˥˧t^{h}ao˩˧˩lə˨,sæ̃˥˧ʂaŋ˥˩nə˥tɕiao˥ie˥˧iŋ˥˧˩t^{h}ao˩˧˩.（噢，山上的也有？）哎，山上多的是。æᴇ˩˧,sæ̃˥˧ʂaŋ˥˩tuo˥˧tə˨sɿ˥˩.（好吃吗？）好吃么。果实成

① 从新：重新。表示从头另行开始或再一次。宋文天祥《与赣州属县宰》：“郡家禀使者之命，欲于十县从新整刷一番。” 鲁迅《南腔北调集·又论“第三种人”》：“对于‘第三种人’的讨论，这极有从新提起和展开的必要。”

了，红红的，甜甜的那个。xaɔ˥˩tʂʰʅ˥muo˦.kuo˥ʂʅ˨˩tʂʰəŋ˨˩ləꜜ,xuoŋ˨xuoŋ˨˩tiꜜ,tʰiæ̃˨˩tʰiæ̃˨˩ti˦næᴇ˥˩kə˥˩.（采得到吗？）这个要到五月单五……端午以后了，端午节以后才……才成熟了。樱桃儿好吃树难栽么，朋友好交口难开嘛。tʂə˦kə˦iaɔ˦taɔ˦vu˥yo˥˩tæ̃˥vu˥˩……tuæ̃˥vu˥˩i˥˩xou˦lə˦,tuæ̃˥vu˥˩tɕie˥i˥˩xou˦tsʰæᴇ˨˩……tsʰæᴇ˨tʂʰəŋ˨˩ʂʅ˨˩lə˦.iŋ˥tʰɑɔr˨˩xaɔ˥tʂʰʅ˥˩ʂʅ˦næ̃˨˩tsæᴇ˥muo˦,pʰəŋ˨˩iou˥xaɔ˥tɕiaɔ˥˩kʰou˥næ̃˨˩kʰæᴇ˥ma˦.（容易栽回来吗？）实际上这个是这个也容易栽活，但是信天游就不这么唱了。这个信天游就唱的是“樱桃儿好吃树难栽，朋友好交口难开”么，“要吃樱桃儿把树栽，要交朋友开口来”么。ʂʅ˨˩tɕi˦ʂaŋ˦tʂə˦kə˦sʅ˦tʂə˦kə˦ie˥iŋ˨（←yoŋ˨）i˦tsæᴇ˥˩xuo˨,tæ̃˦sʅ˦ɕiŋ˦tʰiæ̃˥˩iou˨tsou˦pu˨˩tʂə˦muo˦tʂʰaŋ˦lə˦.tʂə˦kə˦ɕiŋ˦tʰiæ̃˥˩iou˨tɕiou˦tʂʰaŋ˦ti˦sʅ˦iŋ˥tʰɑɔr˨˩xaɔ˥tʂʰʅ˥˩ʂʅ˦næ̃˨˩tsæᴇ˥,pʰəŋ˨˩iou˥xaɔ˥tɕiaɔ˥kʰou˥næ̃˨˩kʰæᴇ˥muo˦,iaɔ˦tʂʰʅ˥˩iŋ˥tʰɑɔr˨˩pa˥ʂʅ˦tsæᴇ˥,iaɔ˦tɕiaɔ˥pʰəŋ˨˩iou˥kʰæᴇ˥˩kʰou˥læᴇ˨˩muo˦.（再往下唱呢？）这就是，这……这就是……当时这个就说是两个人对唱的时候这一句话。前头已经唱完了么。过去有一首歌儿不是这个，欸有一首民歌里头也唱这个的嘛。幸福不是……幸福不是从天降，头起也怕不是“樱桃儿好吃树难栽”么。tʂei˦tɕiou˦sʅ˦,tʂei˦……tʂei˦tɕiou˦sʅ˦tɕ……taŋ˥˩sʅ˨tʂə˦kə˦tsou˦ʂuo˥˩sʅ˦liaŋ˥kə˦zəŋ˨tuei˦tʂʰaŋ˦ti˦sʅ˨˩xou˦tʂei˦i˥˩tɕy˦xua˦.tɕʰiæ̃˨˩tʰou˦i˥˩tɕiŋ˥˩tʂʰaŋ˦væ̃˨˩lə˦muo˦.kuo˦tɕʰy˦iou˥i˥˩ʂou˥˩kər˥pu˨sʅ˦tʂə˦kə˦,ei˦iou˥i˥˩ʂou˥miŋ˨kə˥li˥˩tʰou˦ia˥˩tʂʰaŋ˦tʂə˦kə˦tə˦ma˦.ɕiŋ˦fu˥˩pu˨˩sʅ˦……ɕiŋ˦fu˥˩pu˨˩sʅ˦tsʰuoŋ˨˩tʰiæ̃˥˩tɕiaŋ˦,tʰou˨˩tɕʰie˥˩ia˥˩pʰɑ˦pu˨sʅ˦iŋ˥tʰɑɔr˨˩xaɔ˥˩tʂʰʅ˥ʂʅ˦næ̃˨tsæᴇ˥muo˦.

柿子

黄：柿子树在前塬里有，咱们这里太白这一带几乎没有柿子树。sʅ˦tsʅ˦ʂʅ˦tsæᴇ˥˩tɕʰiæ̃˨yæ̃˨˩li˥˩iou˥˩,tʂa˨mən˦tʂei˦li˥˩tʰæᴇ˦pei˥˩tʂei˦i˥˩tæᴇ˦tɕi˥˩xu˥˩muo˥˩iou˥˩sʅ˦tsʅ˦ʂʅ˦.（呃，很少是吧？）没有的，几……没有。从来不结，它都冻死了么这里。mei˨˩iou˥ti˦,tɕi˥……mei˨˩iou˥.tsʰuoŋ˨læᴇ˨˩pu˨˩tɕie˥,tʰɑ˥˩tou˥˩tuoŋ˦˥sʅ˥˩lə˦muo˦tʂei˦li˥˩.（噢。他那边怎么会冻不死呢？）那边气候就比这面暖和。næᴇ˦˥miæ̃˦tɕʰi˦˥xou˦˩tsou˦pi˥˩tʂei˦miæ̃˦nuæ̃˥xuo˨˩.（还暖和些啊？）温暖么，啊。vəŋ˥˩nuæ̃˥muo˦,ɑ˩.（那个柿子那个木材还可以用吗？）可以用。kʰə˥i˥˩yoŋ˦.（叫什么？）那都实际上柿子树还是放樱……放枣树接下的么，放旧枣树接下的。næᴇ˦tou˥˩ʂʅ˨˩tɕi˦ʂaŋ˦sʅ˦tsʅ˦ʂʅ˦xa˨˩sʅ˦faŋ˦iŋ……faŋ˦tsaɔ˥ʂʅ˦tɕie˥xa˦˩ti˦muo˦,faŋ˦tɕiou˦tsaɔ˥˩ʂʅ˦tɕie˥˩xa˦ti˦.（噢，嫁接出来的？）啊，嫁接出来，柿子都是嫁接的。ɑ˩,tɕia˦˥tɕie˥˩tʂʰʅ˥læᴇ˨˩,sʅ˦tsʅ˦tou˥˩sʅ˦˩tɕia˦˥tɕie˥˩tə˦.（有一种很小，个……个儿很小的那个柿子叫什么？）火罐儿柿子吗是咧？xuo˥kuæ̃r˦sʅ˦tsʅ˦ma˦sʅ˦lie˦?（有这个说法是吧？）有么，火罐儿柿子么。这么大大，小么。iou˥muo˦,xuo˥kuæ̃r˦sʅ˦tsʅ˦muo˦.tʂə˦muo˦ta˦ta˦,ɕiaɔ˥muo˦.（好吃吗？）好吃么，最好吃的柿子，火罐儿柿子。xaɔ˥tʂʰʅ˥˩muo˦,tsuei˦xaɔ˥˩tʂʰʅ˥ti˦sʅ˦tsʅ˦,xuo˥˩kuæ̃r˦sʅ˦tsʅ˦.（那个有……有种很面的那个柿子呢？）那晓叫这种啥子的？那柿子大。那柿子倒涩的咧，谁都不敢尝。nə˦ɕiaɔ˥˩tɕiaɔ˦tʂə˦tʂuoŋ˥˩sa˦tsʅ˦tə˦?nə˦sʅ˦tsʅ˦ta˦.nə˦sʅ˦tsʅ˦taɔ˦sei˥ti˦lie˦,sei˨˩tou˥˩pu˨˩kæ̃˥ʂaŋ˨˩.（大的不好吃是吧？）不好吃。pu˨˩xaɔ˥˩tʂʰʅ˥.（涩的呢？）涩。那要摘下来有后熟过程咧。那你要放冷水，把碱子么放上以后，然后放冷水拔，不时添一注，就把这个涩味儿去掉了。那数九寒天柿子都在树上挂着。sə˥.nə˦iaɔ˦tsei˥˩xa˦læᴇ˨˩iou˥˩xou˦ʂʅ˨˩kuo˦tʂʰəŋ˨˩lie˦.næᴇ˦ni˥˩iaɔ˦faŋ˦˥ləŋ˥ʂuei˥,pa˥˩tɕiæ̃˥tsʅ˦muo˦faŋ˦ʂaŋ˦i˥˩xou˦˥,zæ̃˨˩xou˦faŋ˦˥ləŋ˥ʂuei˥pa˨,pu˨˩sʅ˨˩tʰiæ̃˥i˥˩tʂʅ˦,tɕiou˦pa˥˩tʂə˦kə˦sə˥vər˦tɕʰy˦tiaɔ˦lə˦.nə˦ʂʅ˦˩tɕiou˥xæ̃˨˩tʰiæ̃˥sʅ˦tsʅ˦tou˥˩tsæᴇ˦˩ʂʅ˦ʂaŋ˦kua˦tʂə˦.（怎么不摘下来呢？）

都没有熟透么。tou˥˧˩mei˩˧iou˥˧˧ʂʯ˨˩tʰou˥muo·˧.（到那个时候都还没熟透啊？）哎，冻得个冰疙瘩它还好好的。还在后熟阶段。æ˨˩,tuoŋ˥tə˧kə˥piŋ˥˧˩kə˥˧ta˥˧˩tʰa˥˧˧xa˨˩xaɔ˥˧xaɔ˥˧˩ti·˧. xa˨˩tsæᴇ˥xou˥ʂʯ˩˧˧tɕie˥˧tuæ̃˥˩.（那什么时候才熟得透哇？）一般都到咿腊月里树上还有柿子。i˥˧˩pæ̃˥˧tou˥˧˩taɔ˥i˩la˥˧yo˥˧˩li˥˧˩ʂʯ˥ʂaŋ˥xæᴇ˩˧iou˥˧˩sɿ˥˥˧tsɿ·˧.

石榴

黄：石榴咱们这里没有，但是经常卖的有。石榴在秦岭以南咧。秦岭以北就……以秦岭为界着咧。秦岭以南有柿子咧……石榴咧。秦岭以北就没有柿子……没有石榴。ʂʅ˨˩liou˩˧˥˧tʂa˩˧məŋ˧tʂei˥˥˧li˥˧˩mei˩˧iou˥˧˧,tæ̃˥sɿ˥tɕiŋ˥˧˩tʂʰaŋ˩˧mæᴇ˥ti·˧iou˥˧˩.ʂʅ˨˩liou˩˧˥˧tsæᴇ˥tɕʰiŋ˨˩liŋ˥˧i˥˧˩næ̃˩˧ie·˧.tɕʰiŋ˨˩liŋ˥˧˧i˥˧˧pei˥˧tsou˥˩……i˥˧˩tɕʰiŋ˨˩liŋ˥˧vei˨˩tɕie˥tʂə·˧lie·˧.tɕʰiŋ˨˩liŋ˥˧i˥˧˩næ̃˩˧iou˥˧˧sɿ˥tsɿ·˧lie·˧……ʂʅ˨˩liou˩˧˥˧lie·˧.tɕʰiŋ˨˩liŋ˥˧i˥˧˩pei˥˧tsou˥˩mei˩˧iou˥˧sɿ˥tsɿ·˧……mei˩˧iou˥˧ʂʅ˨˩liou˩˧˧.

栗

（这个有毛栗、板栗吗？）黄：有咧，毛栗、板栗都有。但都是这个……这儿这……这儿这有毛李子。板栗，没有得。iou˥˧lie·˧,maɔ˨˩li˥˧pæ̃˥˧li˥˧˩tou˥˧˩iou˥˧.tæ̃˥˩tou˥˧˩sɿ˥tʂə˥kə˥……tʂər˥tʂə˥……tʂər˥tʂə˥iou˥˧maɔ˨˩li˥˧tsɿ·˧.pæ̃˥˧li˥˧˩,mei˩˧iou˥˧˩tei˥˧˩.（板栗没有？）去年我们从河南的西峡县去搞了一千多株，回来都没栽活。tɕʰy˥niæ̃˨˩ŋuo˥˧məŋ·˧tsʰuoŋ˨˩xuo˨˩næ̃˩˧˥˧ti·˧ɕi˥˧˩ɕia˩˧ɕiæ̃˥tɕʰi˥kaɔ˥˧lə·˧li˥˧˩tɕʰiæ̃˥˧tuo˥˧˩tʂʯ˥˧˩,xuei˨˩læᴇ˩˧˧tou˥˧˩mei˨˩tsæᴇ˥˧˩xuo˩˧.（噢，种不活？）种不活。我栽了四……七八棵都……都没有……七八棵都死了。tʂuoŋ˥pu˨˩xuo˩˧.ŋuo˥˧˧tsæᴇ˥˧lə·˧sɿ˥……tɕʰi˥˧pa˥˧˩kʰuo˥˧tou˥˧˩……tou˥˧˩mei˩˧iou˥˧˧……tɕʰi˥˧pa˥˧˩kʰuo˥˧tou˥˧˩sɿ˥˧lə·˧.

毛李子

1. 黄：我们这儿了还有种野生的山李子。就是这个李子。它是长这么大的蛋蛋，吃上那山……ŋuo˥˧˧məŋ·˧tʂər˥lə·˧xæᴇ˩˧iou˥˧tʂuoŋ˥˧˩ie˥˧səŋ˥˧˩ti·˧sæ̃˥˧li˥˧tsɿ·˧.tɕiou˥˩sɿ˥˩tʂei˥˥˧kə˥li˥˧tsɿ·˧.tʰa˥˧˧sɿ˥tʂaŋ˥˧tʂə˥˥˧muo·˧ta˥tə·˧tæ̃˥tæ̃˥,tʂʰʅ˥˧˩ʂaŋ˥˥˧nə˥˩sæ̃˥˧……（外头是硬壳儿？）外……这个还外头不是……我们这儿这个不是硬壳。熟了它倒是个软的。我们叫毛李子。væᴇ˥……tʂə˥kə˥˥˧xa˨˩væᴇ˥tʰou·˧pu˨˩sɿ˥……ŋuo˥˧məŋ·˧tʂər˥tʂə˥kə˥pu˩˧˧sɿ˥niŋ˥kʰə˥˧˩.ʂʯ˨˩lə·˧tʰa˥˧˧taɔ˥sɿ˥kə˥ʐuæ̃˥˧ti·˧.ŋuo˥˧˧məŋ·˧tɕiaɔ˥maɔ˩˧li˥˧tsɿ·˧.（也不对。我……没有壳啊？）没有壳儿。mei˩˧iou˥˧kʰər˥˧˩.（没壳儿就不是栗子欸！那个栗子，这个这个栗呢就是那个……）带壳儿的那种。tæᴇ˥kʰər˥˧ti·˧nei˥tʂuoŋ˥˧.（呃，带呃褐色的那个壳。）没有。mei˩˧iou˥˧˩.（里面，这个壳里面呢跟肉中间它还一层这个带毛的那种皮。）嗯。那只是见过。那是河南多的是。ə̃˨˩.næᴇ˥˥˧tʂʅ˥˧˩ʂʅ˥˥˧tɕiæ̃˥kuo˥.nei˥sɿ˥xuo˨˩næ̃˩˧˧tuo˥˧ti·˧sɿ˥˥˧.（啊，你们这里有没有？）栽它不活。tsæᴇ˥˧tʰa˥˧˩pu˩˧˧xuo˩˧.（栽不活啊？）你像去年栽咧儿……几千都没有活一棵。ni˥˧˩ɕiaŋ˥tɕʰy˥niæ̃˨˩tsæᴇ˥˧lie·˧tɕi˥˧kə……tɕi˥˧tɕʰiæ̃˥˧˩tou˥˧˩mei˩˧iou˥˧˧xuo˩˧i˥˧˩kuo˥˧.（这个他讲的这个li˥˧还还不一定是那个不是那个东西。不是这个玩意儿。）不是那个玩意儿，嗯。pu˨˩sɿ˥nə˥kə˥væ̃˩˧iər˥,ə̃˥˧.

2.（你们这个毛栗是什么样儿的东西？）黄：我们这儿毛李子这么大个红的，果实是红的。吃上酸甜酸甜的那个。毛李子。ŋuo˥˧məŋ·˧tʂər˥maɔ˩˧li˥˧tsɿ·˧tʂə˥muo˧ta˥kə˥xuoŋ˩˧ti˧,kuo˥˧ʂʯ˨˩sɿ˥xuoŋ˨˩ti˧.tʂʰʅ˥˧ʂaŋ˥˩suæ̃˥˧tʰiæ̃˩˧suæ̃˥˧˩tʰiæ̃˩˧ti˧nei˥kə˥.maɔ˨˩li˥˧tsɿ·˧.（有壳儿吧？）没有壳儿。muo˥˧˧iou˥˧˧kʰər˥˧˩.（山毛丹吧？）我们这儿……ŋuo˥˧məŋ·˧tʂər˥……（只吃外头那个毛儿吧？）不。吃里头，连那个……它里头有……有点……里头有这么大个核儿，外头吃上甜酸甜酸的。噢，李子。pu˩˧.tʂʰʅ˥˧˩li˥˧tʰou·˧,liæ̃˩˧næᴇ˥kə˥……tʰa˥˧˩li˥˧tʰou·˧iou……iou˥˧tiæ̃˥˧˩……

li˥˧tʰou·iou˥˧tʂə˧muo·ta˧kə˧xər˥˧,væᴇ˧tʰou·tʂʰʅ˥˧ʂɑŋ˧˩tʰiæ̃˨˦suæ̃˥˧tʰiæ̃˨˦suæ̃˥˧ti·.ɑɔ˩,li˥˧tsɿ·.（就……就吃外头那些红的红红的东西是吗？）啊，就是的，啊。ɑ˩,tɕiou˧sɿ˧ti·,ɑ˩.（红的东西里头有水分？）有水分。iou˥˧ʂuei˥˧fəŋ˧˩.（山毛丹吧？反正我没吃过，看过那个超市里买的写着“山毛丹”，这么大一个儿的。）哎，这没法……这是这么大。这么大，红红的。æᴇ˨˦,tʂə˧˥mei˨˦fɑ˥˧˩……tʂə˧˥sɿ˧tʂə˧˥muo·tɑ˧.tʂə˧˥muo·tɑ˧,xuoŋ˨˦xuoŋ˨˦˨ti·.（不是杨梅吧？）不是杨梅。pu˨˦˨sɿ˧˥iɑŋ˨˦˨mei˨˦˨.（那个有这么长的一根儿一根儿的须子，圆的，就跟那个什么戏台上那个那个什么绒球一样的那个那个？）这没有，这没有。这是结甚么？它毛李子在山上，那饽饽子……树树都长这么高高一点点，结这么大大的蛋蛋，红红咧。tʂə˧˥mei˨˦˨iou˥˧˩,tʂə˧˥mei˨˦˨iou˥˧˩.tʂə˧˥sɿ˧tɕie˥˧ʂəŋ˧˩muo·?tʰɑ˥˧˩mɑɔ˨˦li˥˧tsɿ·tsæᴇ˧sæ̃˥˧ʂɑŋ˧˩,nə˧puo˥˧puo˥˧˩tsɿ·……ʂʮ˧˥ʂʮ˧˩tʰɑ˥˧˩tʂɑŋ˥˧tʂə˧muo·kɑɔ˥˧kɑɔ˥˧˩i˥˧˩tiæ̃˥˧tiæ̃˥˧,tɕie˥˧tʂə˧muo·tɑ˧tɑ˧tə·tæ̃˧tæ̃˧,xuoŋ˨˦xuoŋ˨˦˨lie·.

苹果

黄：这个果子，这里前前一个时期的苹果里头就有个缘分系列咧么。红颜色，黄颜色，都是这么大个儿，那个果子挺好吃的，就是不耐贮存。tʂə˧kə˧kuo˥˧tsɿ·,tʂə˧˥li˥˧˩tɕʰiæ̃˨˦˨tɕʰiæ̃˨˦i˥˧˧kə˧sɿ˨˦˧tɕʰi˥˧ti·pʰiŋ˨˦˥kuo˥˧li˥˧˩tʰou·tɕiou˧iou˥˧˧kə˧yæ̃˨˦fəŋ˧ɕi˧lie˥˧˧lie·muo·.xuoŋ˨˦iæ̃˨˦˨sə˥˧,xuɑŋ˨˦iæ̃˨˦˨sei˥˧˧,tou˥˧˧sɿ˧tʂə˧muo·tɑ˧kər˧,nə˧kə˧kuo˥˧tsɿ·tʰiŋ˥˧˧xɑɔ˥˧˧tʂʰʅ˥˧ti·,tɕiou˧sɿ˧pu˨˦˨næᴇ˧tʂʮ˧tsʰuoŋ˨˦˨.（那个大概苹果大概是几月份出产呐？）那个黄颜色和红颜色就啊……那就八月份以后到……nei˧˥kə˧xuɑŋ˨˦iæ̃˨˦˨sei˥˧xuo˨˦˨xuoŋ˨˦iæ̃˨˦˨sei˥˧tsou˧˩ɑ˩……nei˧tsou˧pɑ˥˧yo˥˧˩fəŋ˧i˥˧˩xou˧tɑɔ˧……（农历八月份就……呃，那个就是……）噢，就……就上市了。八月。ɑɔ˩,tsou˧˩……tsou˧˩ʂɑŋ˧sɿ˧lə·.pɑ˥˧yo˥˧˩.（阳历八月就有了？）啊，阳历八月就上市咧。ɑ˩,iɑŋ˨˦li˥˧pɑ˥˧yo˥˧˩tɕiou˧˩ʂɑŋ˧˥sɿ˧˩lie·.

刺梨

（嗯，山上有一种这个很小的那个梨子，叫不叫火梨？）黄：那太不能吃么。有咧么。红的么。吃上面不嗒嗒的，没有味道么。nə˧tʰæᴇ˧pu˨˦˨nəŋ˨˦tʂʰʅ˥˧muo·.iou˥˧lie·muo·.xuoŋ˨˦˨ti·muo·.tʂʰʅ˥˧ʂɑŋ˧˩miæ̃˧pu˨˦˧tɑ˥˧˩tɑ˥˧˩ti·,mei˨˦iou˥˧vei˧tɑɔ˧muo·.（不好吃？）不好吃。pu˨˦˨xɑɔ˥˧tʂʰʅ˥˧˩.（野生的啊？）野生的。ie˥˧səŋ˥˧˩ti·.（这个这个呃它上面有刺吧？那个枝……枝子上面？）长刺咧么，有刺咧。tʂɑŋ˥˧tsʰɿ˧˥lie·muo·,iou˥˧tsʰɿ˧˩lie·.（叫不叫……叫不叫刺梨？）也叫刺梨。ie˥˧tɕiɑɔ˧tsʰɿ˧li˨˦˨.

杜梨

（杜梨？）黄：杜梨有咧么。马杜梨，叫杜梨。tu˧˥li˨˦˩iou˥˧lie·muo·.mɑ˥˧tu˧li˨˦˨,tɕiɑɔ˧˩tu˧˦li˨˦˨.（叫不叫糖梨？）也叫糖杜梨。ie˥˧˧tɕiɑɔ˧tʰɑŋ˨˦tu˧li˨˦˨.（糖杜梨？）它是两种东西。一种是长指头盖儿这么大一个，它熟了就是个黑的，吃上里头那个汁子甜酸甜酸的。这是一种。还有一种是个马杜梨。它是像那苹果，小小的那么个，碎碎儿的。那个吃上，它熟了以后是个面的，吃到嘴里是个沙的，像沙子样的，马杜梨它。tʰɑ˥˧˧sɿ˧liɑŋ˥˧tʂuoŋ˥˧˦tuoŋ˥˧˩ɕi·.i˥˧˩tʂuoŋ˥˧sɿ˧tʂɑŋ˥˧tsɿ˥˧tʰou·kər˧tʂə˧muo·tɑ˧i˥˧kə˧˩,tʰɑ˥˧ʂʮ˨˦˨lə·tɕiou˧sɿ˧kə˧xei˥˧ti·,tʂʰʅ˥˧ʂɑŋ˧˩li˥˧tʰou·nə˧kə˧tʂʅ˥˧tsɿ·tʰiæ̃˨˦suæ̃˥˧tʰiæ̃˨˦suæ̃˥˧ti·.tʂə˧˥sɿ˧˩i˥˧tʂuoŋ˥˧˩.xæᴇ˨˦˨iou˥˧i˥˧˧tʂuoŋ˥˧˧sɿ˧kə˧mɑ˥˧tu˧li˨˦˨.tʰɑ˥˧˩sɿ˧˩ɕiɑŋ˧nə˧pʰiŋ˨˦˥kuo˥˧,ɕiɑɔ˥˧ɕiɑɔ˥˧ti·nə˧muo·kə˧,suei˧suər˧ti·.nə˧kə˧tʂʰʅ˥˧ʂɑŋ˧˩,tʰɑ˥˧ʂʮ˨˦˨lə·i˥˧˩xou˧˥sɿ˧˩kə˧˩miæ̃˧ti·,tʂʰʅ˥˧˧tɑɔ˧tsuei˥˧li˥˧˩sɿ˧˩kə˧˩sɑ˥˧ti·,ɕiɑŋ˧sɑ˥˧tsɿ·iɑŋ˧ti·,mɑ˥˧˩tu˧˩li˨˦˨tʰɑ˥˧˩.

核桃

黄：我们叫核桃，有些咬舌子叫kʰə˧˩桃。ŋuo˥˧məŋ˨tɕiaɔ˥xə˩˧˩tʰaɔ˩˧˥,iou˥˧ɕie˧˩˩nia ɔ˥˧ʂə˩˧˩tsʅ˨tɕiaɔ˥kʰə˧˩tʰaɔ˩˧˩.（谁……什么人叫kʰə˧˩tʰaɔ˩˧˩？）哎呀，好多人都……我看啊……哪瘩人□们叫kʰə˧˩桃？æᴇ˥ia˥,xaɔ˥˧tuo˧˩˩ʐəŋ˩˧tou˧˩˧……ŋuo˥˧˩kʰæ̃˥˧˥a˩……na˥˧ta ˨ʐəŋ˩˧niæ̃˩˧˩məŋ˨tɕiaɔ˥kʰə˧˩tʰaɔ˩˧˩？（是这个地方吗？）还不是这个地方。哪瘩人……xa˩˧pu˩˧˩sʅ˥˧˥tʂə˥kə˥ti˥faŋ˧˩˧.na˥˧ta˨ʐəŋ˩˧˧……（太白有没有人叫？）没有。太白人叫核桃。mei˩˧iou˥˧˩.tʰæᴇ˥˧˥pei˩˧˩ʐəŋ˩˧tɕiaɔ˥xə˩˧˩tʰaɔ˩˧˥.

山葡萄

（山葡萄是什么？）黄：野的。ie˥˧ti˨.（那个能吃吗？）能吃。它的籽儿大，粒儿小么。吃上也是甜酸嘛。nəŋ˩˧tʂʰʅ˧˩.tʰa˧˩˧ti˨tsər˥˧ta˥,liər˩˧˩ɕiaɔ˥˧muo˨.tʂʰʅ˥˧ʂaŋ˥ie˥˧sʅ˥˩tʰiæ̃˩˧suæ̃˥˧ma˨.

木瓜、文冠果

1.（木瓜呢？）黄：木瓜，有。mu˧˩kua˧˩˩,iou˧˩˧.（它也是结在树上的吗？）木瓜也是结得树上的，里头一个大的。打开里头有……有指甲盖儿这么大那瓤。还有一层，再把那个包裹以后，里头又像像螺蛳一样的。它那米……它那米米就像螺……就像河里那个螺蛳一样。那个瓣瓣儿那么个吃上。mu˧˩kua˧˩˩ia˥˧sʅ˥tɕie˧˩tə˨ʂʮ˥ʂaŋ˥˧˥ti˨,li˥˧tʰou˨li˧˩˧k ə˥ta˥˧ti˨.ta˥˧kʰæᴇ˧˩˩li˧˩˧tʰou˨iou˧˩˧……iou˧˩˧tsʅ˥˧tɕia˧˩˩kər˥tʂə˥muo˨ta˥næᴇ˥˧˥ʐaŋ˩˧.xæᴇ˩˧˩iou˥˧i˧˩˩tsʰəŋ˩˧˩,tsæᴇ˥pa˥˧˩nə˥kə˥paɔ˧˩˩kuo˥˧i˧˩˩xou˥,li˥˧tʰou˨iou˥ɕiaŋ˥ɕiaŋ˥luo˩˧sʅ˥˧i˧˩˩iaŋ˥ti˨.tʰa˧˩˧nə˥m……tʰa˧˩˧nə˥mi˥˧mi˧˩˩tɕiou˥ɕiaŋ˥luo˩˧……tɕiou˥ɕiaŋ˥xə˩˧˩li˧˩˧nə˥kə˥luo˩˧˩sʅ˥˧i˧˩˩iaŋ˥.nə˥˩kə˥˩pæ̃˥pæ̃r˥nə ˥muo˨kə˥tʂʰʅ˥˧ʂaŋ˥˩.（吃米呀？）吃那个米米，吃上，脆香脆香的。木瓜。tʂʰʅ˧˩˧nə˥kə˥mi˥˧ mi˧˩˩,tʂʰʅ˥˧ʂaŋ˥˩,tsʰuei˥ɕiaŋ˧˩˩tsʰuei˥ɕiaŋ˧˩˩ti˨.mu˧˩˧kua˧˩˩.（叫不叫文冠果？）叫文冠果[1]。实际上，我最后考证了一下，咱们这儿那个木……咱们这儿这个木瓜好像和人□江青在山西大寨搞的那个文冠果儿怕不是一回事啊。tɕiaɔ˥vəŋ˩˧˩kuæ̃˧˩˧kuo˥˧˩.ʂʅ˩˧˩tɕi˥˧˥ʂaŋ˥˩,ŋuo˥˧tsuei˥xou ˥kʰaɔ˥˧tʂəŋ˥˧lə˨li˧˩˩ɕia˥˩,tʂa˩˧məŋ˨tʂər˥nə˥kə˥mu˧˩……tʂa˩˧məŋ˨tʂər˥tʂə˥kə˥mu˧˩kua˧˩˩xaɔ˥˧˧ɕiaŋ˥xu o˩˧˩ʐəŋ˩˧˩niæ̃˩˧˧tʂaŋ˧˥（←tɕiaŋ˧˩）tɕʰiŋ˧˩tsæᴇ˥sæ̃˧˩ɕi˧˩˩ta˥tsæᴇ˥kaɔ˥˧ti˨na˥kə˥vəŋ˩˧˩kuæ̃˧˩˧kuor˥˧pʰa˥p u˩˧˩sʅ˥˧˥i˧˩˩xuei˩˧sʅ˥˩a˩.（不知道是不是一回事。）不知道。我看那好像是……不是一回事。pu˩˧˩tʂʅ˧˩˩taɔ˥.ŋuo˥˧kʰæ̃˥næᴇ˥xaɔ˥˧˧ɕiaŋ˥s……pu˩˧˩sʅ˥˧i˧˩˩xuei˩˧sʅ˥˩.（照片上……）噢，照片儿上，根据江青在……在六六年，哎呀……七六年在山西的大寨不是栽了好多的文冠果儿么。aɔ˩,tʂaɔ˥pʰiæ̃r˥ʂaŋ˥˩,kəŋ˧˩˩tɕy˥tɕiaŋ˧˩˧tɕʰiŋ˧˩tsæᴇ˥ɕi……tsæᴇ˥liou˧˩˩liou˧˩niæ̃˩˧,æᴇ˥ia˥……tɕʰi˧˩ ˩liou˧˩niæ̃˩˧˩tsæᴇ˥sæ̃˧˩ɕi˧˩˩ti˨ta˥tsæᴇ˥pu˩˧˩sʅ˥˩tsæᴇ˧˩lə˨xaɔ˥˧tuo˧˩˩ti˨vəŋ˩˧kuæ̃˧˩˩kuor˥˧muo˨.（啊。这个你们讲文冠果就是指木瓜是吧？）咱们这儿这他有些人把那个指的文冠果儿，我看好像不系一……不是一个科……属类的好像。tʂa˩˧məŋ˨tʂər˥tʂə˥tʰa˧˩˧iou˥˧ɕie˧˩˩ʐəŋ˩˧pa˧˩˩nə˥kə˥tsʅ˥˧ti˨v əŋ˩˧˩kuæ̃˧˩˧kuor˧˩˩,ŋuo˥˧kʰæ̃˥xaɔ˥˧˩ɕiaŋ˥pu˩˧˩ɕi˥˧˥i˧˩˩……pu˩˧˩sʅ˥˧˥i˧˩˩kə˥kʰ……ʂʮ˩˧luei˥ti˨xaɔ˥˧ɕiaŋ˥˩.（老人家就叫木瓜？）叫木瓜。tɕiaɔ˥mu˧˩kua˧˩˩.（文冠果儿是后来这个……）后来人叫下的嘛。xou˥læᴇ˩˧˩ʐəŋ˩˧tɕiaɔ˥xa˥ti˨ma˨.（看那些报纸上它的……）啊，这说下的叫的文冠果儿。a˧˩,tʂə˥˧˥ʂuo˧˩xa˥˩ti˨tɕiaɔ˥ti˨vəŋ˩˧kuæ̃˧˩˧kuor˥˧˩.

---

① 文冠果：是我国特有的一种优良木本食用油料树种，也有优良的药用、观赏价值和园林用途。又名“文官果”，“文化大革命”期间，因其寓意“文官掌权”，受到了江青的青睐。别名“木瓜”。

2. 黄：穆柯寨[①]上是木瓜拿下那个拐杖就是木瓜树做成的。降龙杖。那是红的，树棍里头红一道子，黄一道子，刻出来相当好看。mu˥˧kʰə˥˧˩tsæᴇ˦ʂaŋ˦sɿ˦mu˥˧kua˥˧˩na˨˦˩xa˦nə˦kə˦kuæᴇ˥˧tʂaŋ˦tɕiou˦˩sɿ˦˩mu˥˧kua˥˧˩ʂʮ˦˧tsuo˦˧tʂʰəŋ˨˦˩ti˧.ɕiaŋ˨˦luoŋ˨˦tʂaŋ˦.nə˦sɿ˦xuoŋ˨˦ti˧,ʂʮ˦kuoŋ˦li˥˧tʰou˧xuoŋ˨˦i˥˧tao˦tsɿ˧,xuaŋ˨˦i˥˧tao˦tsɿ˧,kʰə˥˧tʂʰʮ˥˧˩læᴇ˨˦˩ɕiaŋ˥˧taŋ˥˧xao˥˧kʰæ̃˦˩.

酸枣儿

黄：就是野枣……枣树里头那么个野树……野枣树就叫酸枣。tɕiou˦˩sɿ˦˩ie˥˧tsao˥˧……tsao˥˧ʂʮ˦˩li˥˧˩tʰou˧nə˦muo˧kə˦ie˥˧ʂʮ……ie˥˧tsao˥˧ʂʮ˦˩tɕiou˦tɕiao˦suæ̃˥˧tsao˥˧˩.（那我们所讲的酸枣还是不一样。）这是山坡儿上长下那个野生的那个东西。它那个果实吃上酸得很。tʂə˦˩sɿ˦˩sæ̃˥˧pʰuor˥˧ʂaŋ˦˩tʂaŋ˥˧xa˦nə˦kə˦ie˥˧səŋ˥˧˩ti˧nə˦kə˦tuoŋ˥˧ɕi˧.tʰa˥˧næᴇ˦kə˦kuo˥˧ʂʮ˨˦˩tʂʰʮ˥˧ʂaŋ˦˩suæ̃˥˧tə˧xəŋ˥˧˩.（你们这里有一棵那个什么酸枣王是吧？）在固城的王昌寺。大的焦锨。最起码有这么奘。tsæᴇ˦ku˦˧tʂʰəŋ˨˦˩ti˧vaŋ˨˦˩tʂʰaŋ˥˧sɿ˦.ta˦ti˧tɕiao˥˧ɕiæ̃˥˧˩.tsuei˦tɕʰi˥˧ma˥˧iou˥˧˩tʂə˦muo˧tʂuaŋ˥˧.

柰子

（呃，这个果……果树里面有柰子吗？）黄：有咧么。柰子么。这么大大。柰李树。iou˥˧lie˧muo˧.læᴇ˦tsɿ˧muo˧.tʂə˦muo˧ta˦ta˦.læᴇ˦li˥˧ʂʮ˦.（跟李……跟李子差不多吗？）比李子还小。pi˥˧li˥˧tsɿ˧xæᴇ˨˦˩ɕiao˥˧.

果子

（果子是专门有一种这样的果树是吧？）黄：没有。兀是统称叫果子树。果子，欸，果子当然有果子树了。它只有这么大个儿的嘛。不像……介……仅次于苹果那么大。那是夏季的，夏果子么。muo˥˧˩iou˥˧,və˦sɿ˦tʰuoŋ˥˧tʂʰəŋ˥˧tɕiao˦kuo˥˧tsɿ˧ʂʮ˦.kuo˥˧tsɿ˧,ei˦,kuo˥˧tsɿ˧taŋ˥˧˩ʐæ̃˨˦iou˥˧kuo˥˧tsɿ˧ʂʮ˦lə˧.tʰa˥˧tsɿ˥˧˩iou˥˧tʂə˦muo˧ta˦kər˦ti˧ma˧.pu˨˦˩ɕiaŋ˦……tɕie˦……tɕiŋ˥˧tsʰɿ˦y˨˦pʰiŋ˨˦kuo˥˧nə˦˩muo˧ta˦.nə˦sɿ˦˩ɕia˦tɕi˦˩ti˧,ɕia˦kuo˥˧˩tsɿ˧muo˧.（有哪三种？）呃，就……那就算叫米果么。那就叫米果，就叫那一种叫米果。ə˩,tsou˦ɕi……nə˦tɕiou˦suæ̃˦tɕiao˦mi˥˧kuo˥˧˩muo˧.nə˦tɕiou˦tɕiao˦mi˥˧kuo˥˧˩,tɕiou˦tɕiao˦nei˦i˥˧˩tʂuoŋ˥˧tɕiao˦mi˥˧kuo˥˧˩.（有酸果吗？）有酸果儿么。iou˥˧suæ̃˥˧˩kuor˥˧muo˧.（酸，呃，怎么发音的？）酸果么，酸果子么。suæ̃˥˧˩kuo˥˧muo˧,suæ̃˥˧kuo˥˧tsɿ˧muo˧.（这个泡果呢？）没有见。mei˨˦iou˥˧tɕiæ̃˦.

无花果儿

黄：无花果儿这底下都有咧。结这么大那蛋蛋，不开花儿，那个树还挺高的。vu˨˦˩xua˥˧˩kuor˥˧tʂə˦ti˥˧xa˦˩tou˥˧˩iou˥˧lie˧.tɕie˥˧tʂə˦muo˧ta˦nə˦tæ̃˦tæ̃˦˩,pu˨˦˩kʰæᴇ˥˧˩xuar˥˧,nə˦˩kə˦˩ʂʮ˦xa˨˦tʰiŋ˥˧˩kao˥˧ti˧.（那个那个那个果吃了没有？）能吃咧。去年，不知道是个啥人儿，反正我们那个武装部那副部长栽下那么几个。那果子长一个他们那孩子掐一个就吃了。nəŋ˨˦tʂʰʮ˥˧˩lie˧.tɕʰy˦niæ̃˨˦,pu˨˦˩tʂʮ˥˧tao˦sɿ˦kə˦sa˦ʐər˨˦,fæ̃˥˧˩tʂəŋ˦ŋuo˥˧məŋ˧nə˦˩kə˦˩vu˥˧tʂuaŋ˥˧˩pʰu˦nə˦fu˦pu˦tʂaŋ˥˧tsæᴇ˥˧xa˦˩nə˦muo˧tɕi˥˧kə˦.næᴇ˦kuo˥˧tsɿ˧tʂaŋ˥˧i˥˧˩kə˦˩tʰa˥˧məŋ˧nə˦xæᴇ˨˦tsɿ˧tɕʰia˥˧i˥˧˩kə˦tsou˦tʂʰʮ˥˧˩lə˧.（那个很甜呢！）先还不知道怎么个，不知道。ɕiæ̃˥˧˩xa˨˦˩pu˨˦tʂʮ˥˧tao˦tsəŋ˥˧muo˧kə˦˩,pu˨˦tʂʮ˥˧tao˦˩.

油松、红松、塔柏

1.黄：根据它这个质啊，有一种它这个油质比较大的这个松树就就就把它叫油松。

① 穆柯寨：相传宋时辽国南犯，摆下天门阵，因天门阵布满毒气，宋军损失惨重，主将杨六郎烦恼异常。后来打听到天门阵的毒气非降龙木不能破解。杨宗保奉命带兵飞驰穆柯寨借降龙木，与穆桂英刀枪相见，阵前招亲。后穆桂英锯了大棵降龙木随杨宗保去破天门阵。降龙木是木瓜树的别称。

kəŋ˥˩tɕy˧˥tʰɑ˥˩tʂə˧kə˧tʂʅ˥al,iou˥i˥˩tʂuoŋ˥tʰɑ˥˩tʂə˧kə˧iou˩tʂʅ˥˩pi˥˩tɕiaɔ˧ta˧˥ti˧tʂə˧kə˧suoŋ˥ʂʯ˧˩tɕiou˧tɕiou˧tɕiou˧pa˥˩tʰɑ˥tɕiaɔ˧iou˩suoŋ˥.（噢，就是松树的一种。）啊，松树的一种。al,suoŋ˥ʂʯ˥˩ti˧i˥˩tʂuoŋ˥.（这个油脂比较多？）啊，油质比较大。al,iou˩tʂʅ˥pi˥˩tɕiaɔ˧ta˧.

2.（呃，像这里这个松树一般有些什么种类呀？）黄：这东西一般儿就是个油松，红松。tʂə˧˥tuoŋ˥ɕi˧i˥˩pæ̃r˥˩tɕiou˧˩sɿ˧˩kə˧˩iou˩suoŋ˥˩,xuoŋ˩suoŋ˥˩.（噢，有红松啊？）啊，红松都是人工……这面的松树多一半都是人工种植的么。al,xuoŋ˩suoŋ˥tou˥˩sɿ˧˩ẓəŋ˩kuoŋ˥˩i……tʂei˧˥miæ̃˧ti˧suoŋ˥ʂʯ˧˩tuo˥i˥˩pæ̃˧tou˥˩sɿ˧˩ẓəŋ˩kuoŋ˥˩tʂuoŋ˧tʂʅ˩ti˧muo˧.（嗯。还有别的品种没有？）再都没有啥咧。这里……最近我还……这几年搞下这是这个欸有……有人工弄下的那塔松。tsæᴇ˧˥tou˥˩mei˩iou˥sa˧lie˧.tʂə˧˥li˥˩……tsuei˧tɕiŋ˧ŋuo˥xa˩……tʂei˧tɕi˥˩niæ̃˩kaɔ˥xa˧˩tʂə˧sɿ˧tʂə˧kə˧ei˧iou˥˩……iou˥˩ẓəŋ˩kuoŋ˥˩nuoŋ˧xa˧ti˧næᴇ˧tʰɑ˥suoŋ˥˩.（噢，有塔松？）噢，叫塔柏。就是那塔柏。aɔl,tɕiaɔ˧tʰɑ˥˩pei˥.tɕiou˧sɿ˧˩nə˧tʰɑ˥pei˥˩.（啊，塔塔塔柏，塔柏？）啊，塔柏，这都是人工养殖下的么。al,tʰɑ˥˩pei˥,tʂə˧˥tou˥˩sɿ˧˩ẓəŋ˩kuoŋ˥˩iaŋ˥tʂʅ˩xa˧˥ti˧muo˧.

松塔塔、松籽儿

（那个松树那个果儿呢？）黄：松塔塔。籽儿，结籽儿的那个疙瘩叫松塔塔。里头那个籽儿么叫松籽儿。suoŋ˥tʰɑ˥˩tʰɑ˥˩.tsər˥,tɕie˥˩tsər˥ti˧nə˧kə˧ka˥ta˧tɕiaɔ˧suoŋ˥tʰɑ˥˩tʰɑ˥˩.li˥tʰou˧nə˧kə˧tsər˥muo˧tɕiaɔ˧suoŋ˥˩tsər˥.（这里的松籽儿有有采下来吃的吗？）哎有咧么。æᴇ˥iou˥˩lie˧muo˧.

柏树

（柏树有些什么种类？）黄：柏树有两种，一种是油柏，一种是刺柏。pei˥ʂʯ˧iou˥˩liaŋ˥tʂuoŋ˥˩,i˥˩tʂuoŋ˥˩sɿ˧iou˩pei˥,i˥˩tʂuoŋ˥˩sɿ˧˩tsʰɿ˧pei˥˩.（刺柏是有刺的那个刺是吧？）啊，它那个叶子是带刺儿着咧。这个木质这个咿刺柏就不如油柏么。它的木质比较疏松。a˧,tʰɑ˥˩næᴇ˧kə˧ie˥tsɿ˧sɿ˧˩tæᴇ˧tsʰər˧tʂə˧lie˧.tʂə˧˩kə˧mu˥tʂʅ˥˩tʂə˧kə˧˩i˧tsʰɿ˧˥pei˥˩tɕiou˧pu˩ẓʯ˩˥iou˩pei˥muo˧.tʰɑ˥˩tə˧mu˥tʂʅ˩pi˥˩tɕiaɔ˧ʂʯ˥suoŋ˥.

背打树

（小叶杨树呢？）王：嗯，小叶杨树我们就叫杨……杨树么。ə̃l,ɕiaɔ˥ie˥˩iaŋ˩ʂʯ˧ŋuo˥mən˧tɕiou˧tɕiaɔ˧iaŋ˩……iaŋ˩ʂʯ˧˥muo˧.（有叫背打木的吗？）背打木是和杨树是两样……两样的说了。pei˥˩ta˥˩mu˥˩sɿ˧˩xuo˩iaŋ˩ʂʯ˧sɿ˧liaŋ˥iaŋ˧˩……liaŋ˥iaŋ˧˩ti˧ʂuo˥˩lə˧.（嗯，它是什么样的呢？）杨树的叶子是个圆的，这么大子圆的，背打树叶子是个刁刁子，尖尖子。iaŋ˩ʂʯ˧ti˧ie˥tsɿ˧sɿ˧kə˧yæ̃˩ti˧,tʂə˧muo˧ta˧tsɿ˧yæ̃˩ti˧,pei˥˩ta˥˩ʂʯ˧ie˥tsɿ˧sɿ˧kə˧tiaɔ˥˩tiaɔ˥˩tsɿ˧,tɕiæ̃˥tɕiæ̃˥˩tsɿ˧.（也是杨树的一种哦？）它是杨树一种的。tʰɑ˥˩sɿ˧iaŋ˩ʂʯ˧i˥˩tʂuoŋ˥ti˧.（叫什么？）那叫欸背打树么。nei˧tɕiaɔ˧ei˧pei˥˩ta˥˩ʂʯ˧˩muo˧.（背打树还是背打木？）嗯，我们这儿叫背打树咧。背打树是。ŋ̍l,ŋuo˥mən˧tʂər˧tɕiaɔ˧pei˥˩ta˥˩ʂʯ˧˩lie˧.pei˥˩ta˥˩ʂʯ˧˩sɿ˧˩.

椿树

1.（噢，那个椿树？）黄：有咧么，有椿树么。iou˥lie˧muo˧,iou˥tʂʰuoŋ˥˩ʂʯ˧˩muo˧.（椿树。有几种？）这有香椿和臭椿两种么。tʂə˧iou˥˩ɕiaŋ˥tʂʰuoŋ˥˩xuo˩tʂʰou˧˥tʂʰuoŋ˥˩liaŋ˥tʂuoŋ˥˩muo˧.（那个香椿上面那个嫩芽叫什么？）香椿芽儿么。ɕiaŋ˥tʂʰuoŋ˥˩iar˩muo˧.（你们这个是怎么个加工呢？）吃么。拿回去凉……放水里去烫一下，或者是叫掠一下么，出来凉拌么。tʂʰʅ˥muo˧.na˩xuei˩tɕʰy˧liaŋ˩……faŋ˧ʂuei˥li˥˩tɕʰy˧tʰaŋ˧i˥˩ɕia˧˩,xuei˩˥tʂə˥˩sɿ˧tɕiaɔ˧

lyo˥˧i˥˧˩ɕia˥muo˧˩,tʂʰʮ˥˧læᴇ˧˥˩liaŋ˧˥pæ̃˥muo˧˩.（有没有晒干那个的？）哎，有咧……咱们这里的农村都不……一般都不往干里晒。这是这几年才形成点商品来卖咧，前几年都是无非是自己想吃咧，去扳一点儿一吃，谁还给你想去卖？现在都……农村都反上卖城里人的钱咧，就是卖客了，也加工成干品，欸。æᴇ˧˥,iou˥˧˩lie……tʂɑ˧˥məŋ˧tʂə˥˧˥li˥˧˩ti˧luoŋ˧˥tsʰuoŋ˥˧˩tou˥˧˩pu˧˥……i˥˧˩pæ̃˥˧˩tou˥˧˩pu˧˥˩vaŋ˥˧˩kæ̃˥˧li˥˧˩sæᴇ˥.tʂə˥sʅ˥tʂei˥˧˥tɕi˥˧˩niæ̃˧˥˩tsʰæᴇ˧˥˩ɕiŋ˧˥tʂʰəŋ˧˥tiæ̃˥˧˩ʂaŋ˥˧˩pʰiŋ˥˧˩æᴇ˧˥˩mæᴇ˥lie˧,tɕʰiæ̃˧˥tɕi˥˧˩niæ̃˧˥tou˥˧˩sʅ˥vu˧˥fei˥˧sʅ˥˧˩tsʅ˥tɕie˥˧˩ɕiaŋ˥˧˩tʂʰʅ˥lie˧,tɕʰi˥pæ̃˥˧i˥˧˩tiæ̃r˥˧i˥˧˩tʂʰʅ˥,sei˧˥xɑ˧˥˩kei˥ni˥˧˩ɕiaŋ˥˧tɕʰi˥˧˩mæᴇ˥?ɕiæ̃˥tsæᴇ˥tou˥˧˩……luoŋ˧˥tsʰuoŋ˥tou˥˧˩fæ̃˥˧ʂaŋ˥˧˩mæᴇ˥tʂʰəŋ˧˥˩li˥˧ʐəŋ˧˥˩ti˧tɕʰiæ̃˧˥˩lie˧,tɕiou˥˧˩sʅ˥˧˩mæᴇ˥kʰei˥˧˩lə˧,ie˥tɕia˥˧˩kuoŋ˥tʂʰəŋ˧˥˩kæ̃˥˧˩pʰiŋ˥,ei˧˩.

2. 黄：这个的椿芽儿分两种。能吃的那叫香椿芽儿。不能吃的那叫臭椿芽儿。这个树这个……tʂə˥˧˩kə˥˧˥ti˧tʂʰuoŋ˥˧˩iar˧˥fəŋ˥˧˩liaŋ˥tʂuoŋ˥˧˩.nəŋ˧˥tʂʰʅ˥ti˧nei˥tɕiao˥ɕiaŋ˥tʂʰuoŋ˥˧˩iar˧˥.pu˧˥˩nəŋ˧˥tʂʰʅ˥ti˧nei˥tɕiao˥tʂʰou˥tʂʰuoŋ˥˧˩iar˧˥.tʂei˥˧˩kə˥˧˥ʂʮ˥˧˩tʂei˥˧˩kə˥˧˥……（噢，能吃的叫作香椿芽？）啊，不能吃的叫臭椿。街道上卖的都是香椿芽儿。ɑ˧˩,pu˧˥˩nəŋ˧˥tʂʰʅ˥ti˧tɕiao˥tʂʰou˥tʂʰuoŋ˥˧˩.tɕie˥˧˩tao˥ʂaŋ˥˧˩mæᴇ˥ti˧tou˥˧˩sʅ˥ɕiaŋ˥˧˩tʂʰuoŋ˥˧˩iar˧˥.（那当然呐！）噢，都是能吃的那个。ɑɔ˧˩,tou˥˧˩sʅ˥nəŋ˧˥tʂʰʅ˥ti˧nei˥˧˩kə˥˧˩.（不能吃的他也卖不……卖不来钱。）那臭的焦锨咧，离老远的臭的。næᴇ˥˧˩tʂʰou˥ti˧tɕiao˥ɕiæ̃˥˧˩lie˧,li˧˥lao˥˧˩yæ̃˥˧˩tə˧tʂʰou˥˧˥ti˧.

榆树

（榆树有吧？）黄：榆树有咧。y˧˥ʂʮ˥˧˥iou˥˧lie˧.（榆树的那个木材呢？）榆木么。y˧˥mu˥˧muo˧.（这个说人这个脑袋傻，叫不叫榆木脑袋？）叫嘛。你是榆木造呢。榆木本身就，它那个木质比较顽么,再一个笨一点，就叫那个榆木脑袋。开窍儿……tɕiao˥˧˥ma˧.ni˥˧sʅ˥˧˩y˧˥mu˥˧tsao˥˧˥nə˧.y˧˥mu˥˧pəŋ˥˧ʂəŋ˥˧˩tɕiou˥˧˩,tʰɑ˥˧˩na˥kə˥mu˥tʂʅ˥˧˩pi˥˧˩tɕiao˥væ̃˧˥muo˧,tsæᴇ˥i˥˧˩kə˥pəŋ˥i˥˧˩tiæ̃˥˧˩,tɕiou˥tɕiao˥nə˥kə˥y˧˥mu˥˧nao˥tæᴇ˥˧˩.kʰæᴇ˥˧˩tɕʰiaor˥……（比较……比较顽儿是指那个顽强是吧？）顽就是韧……韧性比较好。væ̃˧˥tɕiou˥sʅ˥ʐəŋ˥˧˥......ʐəŋ˥˧˥ɕiŋ˥pi˥˧˩tɕiao˥xao˥˧˩.（噢，就是个，你这个榆木脑袋？）嗯，榆木脑袋，不开窍。ŋ̍˧˩,y˧˥mu˥˧˩nao˥tæᴇ˥˧˩,pu˧˥˩kʰæᴇ˥˧˩tɕʰiao˥˧˥.

榆钱儿

（这个榆钱儿有什么作用吗？）黄：这就是榆树的籽儿。它那个东西，那它将来落下来就可以长，就可以……tʂə˥tɕiou˥sʅ˥y˧˥˩ʂʮ˥ti˧tsər˥˧.tʰɑ˥˧˩nə˥kə˥tuoŋ˥˧ɕi˧,næᴇ˥˧˥tʰɑ˥˧˩tɕiaŋ˥˧˩læᴇ˧˥luo˥˧˩xɑ˥læᴇ˧˥˩tɕiou˥kʰə˥˧˩i˥˧˩tʂaŋ˥˧,tsou˥kʰə˥˧˩i˥˧˩……（长出新的来？）长出新的来么。tʂaŋ˥˧˩tʂʰʮ˥ɕiŋ˥ti˧læᴇ˧˥muo˧.（那个以前有没有吃的？）欸，那救了好多人的命咧。那个是欸灾荒年的话捋……把这个榆钱捋下来，蒸一蒸吃，那个好……那就好东西。ei˥˧,næᴇ˥˧˥tɕiou˥˧˥lə˧xao˥tuo˥˧˩ʐəŋ˧˥˩ti˧miŋ˥lie˧.næᴇ˥kə˥sʅ˥ei˥tsæᴇ˥˧˩xuaŋ˥˧niæ̃˧˥tə˧xua˥ly˥˧˩……pa˥˧˩tʂə˥kə˥y˧˥tɕʰyæ̃˧˥˩ly˥˧˩ɕia˥læᴇ˧˥˩,tʂəŋ˥˧i˥˧˩tʂəŋ˥˧˩tʂʰʅ˥,nə˥˧˩kə˥˧˩xao˥˧˩……nə˥tsou˥xao˥tuoŋ˥˧˩ɕi˧.（呃，就把它蒸熟吃啊？）啊，蒸熟吃么。拌点面，拌成撮撮子，这就是好饭。ɑ˧˩,tʂəŋ˥ʂʮ˧˥tʂʰʅ˥˧˩muo˧.pæ̃˥tiæ̃˥˧˩miæ̃˥.pæ̃˥tʂʰəŋ˧˥tsʰuo˥tsʰuo˥˧˩tsʅ˧,tʂə˥tsou˥˧˩sʅ˥˧˩xao˥fæ̃˥˧˩.（tsʰuo˥tsʰuo˥˧˩tsʅ˧是什么？）就是把这个榆钱里头放点作料，然后和面和得一块儿里，放篦子上蒸熟，叫馉拉。tɕiou˥sʅ˥pa˥˧˩tʂə˥kə˥y˧˥˩tɕʰiæ̃˧˥li˥tʰou˧faŋ˥˧˥tiæ̃˥˧˩tsuo˥˧˩liao˥,ʐæ̃˧˥˩xou˥xuo˧˥miæ̃˥xuo˥tə˧i˥˧˩kʰuər˥˧li˥˧˩,faŋ˥pi˥˧tsʅ˧ʂaŋ˥˧˩tʂəŋ˥˧ʂʮ˧˥,tɕiao˥pu˥˧la˧.（pu˥˧la˧?）馉拉，嗯。散散儿的那么个。哎呀，这个“馉”，叫啥么个“馉”咧？哼哼，拿同音字。那个“拉住”这个好像，提手旁儿，过去个“立”字这个。pu˥˧˥la˧,ə̃˧˩.sæ̃˥˧sæ̃r˥˧ti˧nə˥muo˧kə˥.æᴇ˧˩ia˧˩,tʂə˥kə˥pu˥,tɕiao˥˧˩sa˥˧muo˧kə˥˧˩p u˥˧lie·l?xəŋ˥xəŋ˥,nɑ˩˧tʰuoŋ˩iŋ˥˧tsɿ˥.nə˥˧kə˥˧lɑ˥˧tʂʯ˥˧tʂə˥kə˥xɑɔ˥˧ɕiɑŋ˥˧,tʰi˩˧ʂou˥˧pʰɑ̃r˩˧,kuo˥tɕʰy˥kə˥li˥˧tsɿ˥˧tʂə˥˧kə˥˧.（就是那个用那个榆钱儿……）就是榆钱儿做成的。tɕiou˥sɿ˥y˩˧tɕʰiæ̃r˩˧tsuo˥˧tʂʰəŋ˩˧ti·l.（做成的那个吃那个那个食品，啊？）啊，食品么。ɑ˩˧,ʂʯ˩˧pʰiŋ˥˧muo·l.（现在还有人吃吗？）现在很少有人吃啦。ɕiæ̃˥tsæᴇ˥xəŋ˥˧ʂɑɔ˥˧iou˥˧ʐəŋ˩tʂʰʯ˥˧lɑ·l.

榆树皮

黄：过去这个我们这里那个榆树的皮，把榆树的这个老皮，把外头这层老皮全部偏掉，剩下里头的那一层白皮，就是……里头这个，剩下那个嫩些的那个白皮，剥下来叫榆树皮。然后把这个东西晒干，擘碎，放碾子轧成面，然后和玉米，把玉米再推成细面，把这个榆树皮么和这个玉米面儿和进去以后，这好像就是一种助燃剂，你本来就是放……放这个铁床子可以压成这个玉……玉米面饸饹，你要是没有这个榆树皮，你压下那都断成截截子了。你要把这个榆树皮面完了以后一加那个，它好长咧。kuo˥˧tɕʰy˥tʂə˥kə˥ŋuo˥˧məŋ·ltʂei˥˧li˥˧nə˥kə˥y˩˧ʂʯ˥˧ti·lpʰi˩,pɑ˥˧y˩˧ʂʯ˥˧ti·ltʂə˥˧kə˥˧lɑɔ˥˧pʰi˩,pɑ˥˧væᴇ˥˧tʰou·ltʂei˥tsʰəŋ˩lɑɔ˥˧pʰi˩˧tɕʰyæ̃˩˧pu˥pʰiæ̃˥˧tiɑɔ˥,ʂəŋ˥xɑ˥li˥˧tʰou·lti·lnei˥˧i˥˧tsʰəŋ˩˧pei˩pʰi˩˧,tɕiou˥sɿ˥l……li˥˧tʰou·ltʂə˥kə˥,ʂəŋ˥xɑ˥nə˥kə˥luoŋ˥ɕie˥˧ti·lnei˥kə˥pei˩pʰi˩˧,puo˥˧xɑ˥læᴇ˩˧tɕiɑɔ˥y˩˧ʂʯ˥˧pʰi˩.ʐæ̃˩˧xou˥pɑ˥˧tʂə˥kə˥tuoŋ˥ɕi·lsæᴇ˥˧kæ̃˥,pei˥˧suei˥,fɑŋ˥˧niæ̃˥tsɿ·ltsɑ˩˧tʂʰəŋ˩˧miæ̃˥,ʐæ̃˩˧xou˥xuo˩˧y˥˧mi˥˧,pɑ˥˧y˥˧mi˥˧tsæᴇ˥tʰuei˥˧tʂʰəŋ˩ɕi˥miæ̃˥,pɑ˥˧tʂə˥kə˥y˩˧ʂʯ˥˧pʰi˩muo·lxuo˩˧tʂə˥kə˥y˥mi˥˧miæ̃r˥xuo˥tɕiŋ˥tɕʰi˥i˥˧xou˥,tʂei˥xɑɔ˥ɕiɑŋ˥tɕiou˥sɿ˥i˥˧tʂuoŋ˥˧tʂʯ˥ʐæ̃˩tɕi˥,ni˥˧pəŋ˥˧læᴇ˩˧tsou˥˧sɿ˥˧fɑŋ˥˧……fɑŋ˥tʂə˥kə˥tʰie˥˧tʂʰuɑŋ˩˧tsɿ·lkʰə˥˧i˥˧niɑ˥tʂʰəŋ˩˧tʂə˥kə˥˧y˥˧……y˥mi˥˧miæ̃˥xə˩˧lɑɔ˥,ni˥˧iɑɔ˥sɿ˥mei˩iou˥˧tʂə˥kə˥˧y˩˧ʂʯ˥˧pʰi˩,ni˥˧niɑ˥xɑ˥˧næᴇ˥tou˥˧tuæ̃˥tʂʰəŋ˩˧tɕie˩˧tɕie˩˧tsɿ·llə·l,ni˥˧iɑɔ˥pɑ˥˧tʂə˥kə˥y˩˧ʂʯ˥˧pʰi˩miæ̃˥væ̃˩˧lə·li˥˧xou˥i˥˧tɕiɑ˥˧nə˥kə˥˧,tʰɑ˥˧xɑɔ˥˧tʂʰɑŋ˩˧lie·l.（噢，它有……那……可以拉得很长啊？）拉的很长，而且……而且很好吃那个东西。lɑ˥˧ti·lxəŋ˥˧tʂʰɑŋ˩˧,ər˩tɕʰie˥˧……ər˩tɕʰie˥˧xəŋ˥˧xɑɔ˥˧tʂʰʯ˥˧nə˥kə˥tuoŋ˥˧ɕi·l.（是吗？）噢，那前……我们小时候那都是主食。ɑɔ˩˧,næᴇ˥tɕʰiæ̃˩……ŋuo˥˧məŋ·lɕiɑɔ˥˧sɿ˩˧xou˥nə˥tou˥˧sɿ˥tʂʯ˥˧ʂʯ˩˧.（那叫榆树皮还是叫什么呢？）那叫榆树皮。弄下那个面叫榆皮面儿么。和玉米面儿往一磨里一……一和，加工起来的叫玉……玉米饸饹么。nə˥tɕiɑɔ˥y˩˧ʂʯ˥˧pʰi˩.nuoŋ˥xɑ˥nə˥kə˥miæ̃˥tɕiɑɔ˥y˩pʰi˩˧miæ̃r˥muo·l.xuo˩˧y˥mi˥˧miæ̃r˥vɑŋ˥˧i˥˧tɑ˥˧li˥˧i˥˧……i˥˧xuo˥,tɕiɑ˥˧kuoŋ˥˧tɕʰi˥˧læᴇ˩˧ti·ltɕiɑɔ˥y˥……y˥˧mi˥˧xə˩˧lɑɔ˥muo·l（玉米饸饹是吧？）噢，玉米饸……玉米面……玉米面饸饹。ɑɔ˩˧,y˥˧mi˥˧xə˩˧l……y˥mi˥˧miæ̃˥……y˥˧mi˥˧miæ̃˥xə˩˧lɑɔ˥˧.（榆皮面儿还是……）玉……玉……榆皮面，玉米面儿。加榆皮面儿，和起来放床子压下的。y˥……y˥……y˩pʰi˩˧miæ̃˥,y˥˧mi˥˧miæ̃r˥.tɕiɑ˥˧y˩˧pʰi˩˧miæ̃r˥,xuo˥˧tɕʰi˥˧læᴇ˩˧fɑŋ˥tʂʰuɑŋ˩˧tsɿ˥niɑ˥xɑ˥˧ti·l.（呃，叫什么饸饹？）玉米面饸饹，呃，玉米面饸饹。简称饸饹面么。y˥mi˥˧miæ̃˥xə˩˧lɑɔ˥˧,ə˩˧,y˥mi˥˧miæ̃˥xə˩˧lɑɔ˥˧.tɕiæ̃˥tʂʰəŋ˥˧xə˩˧lɑɔ˥˧miæ̃˥˧muo·l.

龙爪柳

黄：□说是有龙爪柳的，但是我还没有见过。不晓……龙爪柳是人为的，人……人为就是通过人工欸……集中经过修剪以后，人为的把它造成的柳树叫龙爪柳。niæ̃˩˧ʂuo˥sɿ˥˧iou˥˧lyoŋ˩˧tʂuɑ˥˧liou˥˧ti·l,tæ̃˥sɿ˥ŋuo˥˧xæᴇ˩˧mei˩iou˥˧tɕiæ̃˥kuo˥.pu˩˧ɕiɑɔ……luoŋ˩˧tʂuɑ˥˧liou˥˧sɿ˥˧ʐəŋ˩vei˩˧ti˥,ʐəŋ˩˧……ʐəŋ˩vei˩˧tsou˥˧sɿ˥˧tʰuoŋ˥˧kuo˥˧ʐəŋ˩kuoŋ˥˧ei˩……tɕi˩˧tʂuoŋ˥˧tɕiŋ˥˧kuo˥˧ɕiou˥˧tɕiæ̃˥˧i˥˧xou˥˧,ʐəŋ˩vei˩˧ti·lpɑ˥˧tʰɑ˥tsɑɔ˥tʂʰəŋ˩˧ti·lliou˥˧ʂʯ˥˧tɕiɑɔ˥luoŋ˩˧tʂuɑ˥˧liou˥˧.

旱柳

黄：旱柳那就不是河边里栽那种柳树。旱柳长不大。xæ̃˥˧liou˥˧næᴇ˥tɕiou˥pu˩˧sɿ˥˧xə˩pi

æ̃˥li˥˩tsæᴇ˥næᴇ˥tʂuoŋ˥˧lioụ˥˧ʂɿ˥.xæ̃˥liou˥˧tʂaŋ˥pu˨˩ta˥.

沙柳

1.（沙柳是个什么……它是长在沙子那个那个什么地方？）黄：不是的。它那个杆杆儿是欸……这个木质还比较硬一点，它那个杆杆儿就是红的。它上去抽出来那个枝，侧翼枝这个条条都细得很，它那叶叶长的……哎呀，它那整个叶子都很……攢的很密集，但是它都很细小那个样子。噢，嗯，沙柳。pu˨˩sɿ˥ti˩.tʰa˥˧nə˥kə˥kæ̃˥kæ̃r˥˩sɿ˥ei˩……tʂə˥˩kə˥˦mu˥tʂʅ˥xa˨˩pi˥˧tɕiao˥niŋ˥i˥˧tiæ̃˥˩,tʰa˥˧nə˥kə˥kæ̃˥kæ̃r˥˩tɕiou˥sɿ˥xuoŋ˨˩ti˩.tʰa˥˩ʂaŋ˥˦tɕʰy˥tʂʰou˥˩tʂʰʅ˥læᴇ˨˩nə˥kə˥tsɿ˥,tsʰei˥i˥˩tsɿ˥tʂə˥kə˥tʰiao˨˩tʰiao˨˧tou˥˩ɕi˥tei˥˧xəŋ˥,tʰa˥˩nei˥ie˥ie˥˩tʂaŋ˥ti˩ɕ……æᴇ˩ia˩,tʰa˥˧nə˥tʂəŋ˥kə˥ie˥tsɿ˩tou˥˩xəŋ˥……tsuæ̃˥tə˩xəŋ˥mi˥˩tɕi˨˦,tæ̃˥sɿ˥tʰa˥˩tou˥˩xəŋ˥˧ɕi˥ɕiao˥nə˥kə˥iaŋ˥tsɿ˩.ao˩,ŋ̍˩,sa˥˩liou˥.（很细小？）啊。不像柳树那个叶子那么大。那个枝条儿发的那么嫩生。沙柳是一种搞编织的这个最好的这个材料。ã˥.pu˨˩ɕiaŋ˥liou˥ʂʅ˥nə˥kə˥ie˥tsɿ˩nə˥muo˩ta˥.nə˥kə˥tsɿ˥tʰiaor˨˧fa˥˩ti˩nə˥muo˩lyoŋ˥ʂəŋ˩.sa˥˩liou˥sɿ˥˩i˥˩tʂuoŋ˥kao˥piæ̃˥˩tʂʅ˥ti˩tʂə˥˩kə˥˩tsuei˥xao˥ti˩tʂə˥˩kə˥˩tsʰæᴇ˨˩liao˥.

2.（沙柳？）黄：有。iou˥.（在……在……那个是长在沙子里面啊？）河……没有，河边里到处都是咧。xə˨˩……mei˨˧iou˥,xə˨˧piæ̃˥li˥˩tao˥tʂʰʅ˥tou˥˩sɿ˥lie˥.

倒栽柳

黄：垂柳也叫倒栽柳。它倒栽下以后它是长出来的，往下长咧。你栽顺咧它是往上长，你栽倒了往下长咧。tʂʰuei˨˧liou˥˩ie˥˧tɕiao˥tao˥tsæᴇ˥˩liou˥.tʰa˥˧tao˥˧tsæᴇ˥˩xa˥i˥˩xou˥tʰa˥˧sɿ˥tʂaŋ˥tʂʰʅ˥˩læᴇ˨˩ti˩,vaŋ˥˩xa˥tʂaŋ˥lie˩.ni˥˧tsæᴇ˥˩ʂuoŋ˥lie˩tʰa˥sɿ˥vaŋ˥˩ʂaŋ˥tʂaŋ˥˩,ni˥˧tsæᴇ˥˩tao˥lie˩tʰa˥˩vaŋ˥˩xa˥tʂaŋ˥˩lie˩.（噢，还要是看栽的时候怎么栽是吧？）啊，就是的，嗯。a˩,tɕiou˥sɿ˥ti˩,ə̃˩.（它一般就是长到那个样子，它这个枝子就垂下来了嘛。）垂下来，嗯。这是按说是这么个，农村有个倒栽柳的这个说法咧。tʂʰuei˨˩ɕia˥læᴇ˨˩,ə̃˩.tʂə˥˦sɿ˥˩næ̃˥˦ʂuo˥˩sɿ˥˩tʂə˥muo˩kə˥.luoŋ˨˧tsʰuoŋ˥iou˥˧kə˥tao˥tsæᴇ˥˩liou˥ti˩tʂə˥kə˥ʂuo˥fa˥˩lie˩.

柳树毛毛

（这个柳上面长的那个这个有时候这个一吹就是飞起来。）黄：柳絮嘛。liou˥ɕy˥ma˩.（叫不叫柳树毛毛？）也叫柳树毛毛。它那个九九，八九九九河边开柳，它就是一个看那个柳树上长那个毛……毛毛虫。柳树那个才开始是柳絮的形成时间么，都是这么长那个毛鼓茸茸的那么个东西。时间一长，长大了以后，它只是掉下个絮絮有这么长，风一摆动它……ie˥˧tɕiao˥liou˥˧ʂʅ˥mao˨˩mao˨˧.tʰa˥˧næᴇ˥kə˥tɕiou˥˩tɕiou˥,pa˥˩tɕiou˥tɕiou˥˩tɕiou˥xə˨˧piæ̃˥˩kʰæᴇ˥˧liou˥˧,tʰa˥˧tsou˥˩sɿ˥i˥˩kə˥˩kʰæ̃˥nə˥kə˥liou˥ʂʅ˥ʂaŋ˥tʂaŋ˥˧nə˥kə˥mao˨˩……mao˨˩mao˨˧tʂʰuoŋ˨.liou˥ʂʅ˥nə˥kə˥tsʰæᴇ˨˧kʰæᴇ˥˩sɿ˥˧liou˥ɕy˥˦ti˩ɕiŋ˨˧tʂʰəŋ˨˧sɿ˨˩tɕiæ̃˥muo˩,tou˥˧sɿ˥tʂə˥˦muo˩tʂʰaŋ˨˧nə˥kə˥mao˨˧ku˥zuoŋ˨˩zuoŋ˨˩ti˩nə˥muo˩kə˥tuoŋ˥˩ɕi˩.sɿ˨˩tɕiæ̃˥i˥˩tʂʰaŋ˨˧,tʂaŋ˥ta˥lə˩i˥˩xou˥˦,tʰa˥tsɿ˥˩sɿ˥tiao˥xa˥kə˥ɕy˥˦ɕy˥˩iou˥˩tʂə˥˦muo˩tʂʰaŋ˨˩,fəŋ˥i˥˩pæᴇ˥tuoŋ˥˩tʰa˥˩……

槐树

1.（这个槐树呢？）黄：槐树有。这分土槐洋槐。xuæᴇ˨˩ʂʅ˥˦iou˥˩.tʂei˥˦fəŋ˥˩tʰu˥xuæᴇ˨˩iaŋ˨˧xuæᴇ˨˩.（土槐洋槐有什么区别呢？）洋槐树就是咱们路边里见那个结角角，开洋槐花，浑身长刺儿的那个，就叫洋槐树。土槐么就是这个哎长成花叶叶那个，上……身上没有刺儿么。iaŋ˨˧xuæᴇ˨˩ʂʅ˥tɕiou˥˦sɿ˥˩tʂa˨˩məŋ˩lou˥piæ̃˥˩li˥˩tɕiæ̃˥næᴇ˥kə˥tɕie˥˧tɕyo˥tɕyo˥˩,kʰæᴇ˥˩iaŋ˨˧xuæᴇ˨˧xua˥,xuoŋ˨˧ʂəŋ˥˩tʂaŋ˥tsʰər˥˦ti˩nə˥kə˥˩,tɕiou˥tɕiao˥ia ŋ˩xuæᴇ˩˨ʂʯ˥.tʰu˦xuæᴇ˩muo˦tɕiou˥sɿ˥tʂə˥˨kə˥˨æᴇ˨tʂaŋ˦˨tʂʰəŋ˩˥xua˦˥ie˦ie˦˨nə˥˨kə˥˨,ʂaŋ˥……ʂəŋ˦ʂaŋ˥˨mei˩iou˦tsʰər˥muo˦.（那个上面没刺？）啊，没刺儿。叶叶上、杆上都没有刺。洋槐树浑身长的刺儿。ɑ˨,mei˩tsʰər˥.ie˦ie˦ʂaŋ˥˨,kæ̃˦ʂaŋ˥˨tou˦˨mei˩iou˦tsʰɿ˥.iaŋ˩xuæᴇ˩˨ʂʯ˥xuoŋ˩ʂəŋ˦˨tʂaŋ˦˥ti˦tsʰər˥˨.

2.（你们讲什么"家有二亩桐，辈辈不受穷"，有这个说法没有？）黄：秋桐木啊？那是槐树吧？家有二亩槐吧？tɕʰiou˦˥tʰuoŋ˩mu˦ɑ˨?nə˥sɿ˥xuæᴇ˩˨ʂʯ˥˦pɑ˧?tɕia˦˨iou˦ər˥m u˦˨xuæᴇ˩˨pɑ˧?（家有二亩槐，怎么说？）辈辈都不受害吧？pei˥pei˥tou˦˨pu˩˨ʂou˥xæᴇ˥pɑ˧?（噢，辈辈都不受害？）是不受害吗不受穷。兀个就是，兀是就像街道上在这儿栽上两边栽上树蔸蔸，槐树么，青……青槐么。那个有槐米嘛，产槐米咧么。sɿ˥pu˩˨ʂou˥˦xæᴇ˥mɑ˧pu˩˨ʂou˥tɕʰyoŋ˩˨.vu˥˨kə˥˦tsou˥˦sɿ˥˨,væᴇ˥sɿ˥tɕiou˥ɕiaŋ˥kæᴇ˦˨tɑɔ˥˦ʂaŋ˥tsæᴇ˥tʂər˥tsæᴇ˦ʂaŋ˥˨liaŋ˦piæ̃˦˨tsæᴇ˦ʂaŋ˥˨ʂʯ˥tou˦˥tou˦˥,xuæᴇ˩˨ʂʯ˥muo˧,tɕʰi……tɕʰiŋ˦xuæᴇ˩muo˧.nə˥kə˥iou˦˥xuæᴇ˩˨mi˦mɑ˧,tsʰæ̃˦xuæᴇ˩˨mi˦lie˧muo˧.

银杏

（这山上没有银杏树啊？）黄：没有。mei˩iou˦˨.（叫不叫白果？）银杏，没有。前年是从哪里种这个药材咧。栽咧一部分，都挖撇了。iŋ˩˨ɕiŋ˥,muo˦˥iou˦.tɕʰiæ̃˩˨niæ̃˩˥sɿ˥tsʰuoŋ˩˨nɑ˦li˦˨tʂuoŋ˥tʂə˥kə˥yo˦tsʰæᴇ˩˨lie˧.tsæᴇ˦lie˧i˦˨pʰu˥˦fəŋ˥˨,tou˦˥vɑ˦pʰie˦lə˧.（噢，挖……挖掉扔了？）扔了。ʐəŋ˦lə˧.（干吗呢？为什么？）那是一个人是在这儿这搞投资咧，种银杏树咧。把树种下这种老百姓，这个欸搞产业调整咧，临毕最后种下他跑了。老百树当为"姓"要那个又没有用了。nə˥sɿ˥i˦kə˥˨ʐəŋ˩sɿ˥tsæᴇ˥tʂər˥tʂə˥kɑɔ˦tʰou˩˨tsɿ˦lie˧,tʂuoŋ˥iŋ˩˨ɕiŋ˥ʂʯ˥lie˧.pɑ˦˨ʂʯ˥˦tʂuoŋ˥xɑ˥tʂə˥tʂuoŋ˦˨lɑɔ˦pei˩˨ɕiŋ˥,tʂə˥kə˥ei˨kɑɔ˦tsʰæ̃˦nie˦˨tʰiɑɔ˩˨tʂəŋ˦lie˧,liŋ˩pi˦˨tsuei˥xou˥tʂuoŋ˥xɑ˥tʰɑ˦˥pʰɑɔ˦lə˧.lɑɔ˦pei˦˨ʂʯ˥iɑɔ˥nə˥kə˥iou˥mei˩iou˦˨yoŋ˥lə˧.（那个银杏树很贵啊？）贵，那是这儿这作为一种药材来说它是……那就不是的。kuei˥,næᴇ˥sɿ˥tʂər˥˦tʂə˥˨tsuo˦˨vei˩˥i˦˨tʂuoŋ˦˥yo˦tsʰæᴇ˩˨læᴇ˩ʂuo˦˨tʰɑ˦˨sɿ˥˨……næᴇ˥˦tɕiou˥˨pu˩˨sɿ˥˦tə˧.

槟榔

（你们这里嚼槟榔吗？）黄：嚼。tɕiɑɔ˩.（也有人嚼啊？）也有人嚼，那医院里卖下那个东西。他那个……都知道板……板胡的那个厚壳子，就是槟榔那……槟榔壳子做成的。ie˦iou˦ʐəŋ˩˨tɕiɑɔ˩˥,næᴇ˥i˦yæ̃˥˦li˦˨mæᴇ˥xɑ˥nə˥kə˥tuoŋ˦ɕi˧.tʰɑ˦˥nə˥kə˥……tou˦˥tʂɿ˦˨tɑɔ˥pæ̃˦xə˩……pæ̃˦xu˩˨ti˧nə˥kə˥xou˥kʰə˦tsɿ˧,tɕiou˥sɿ˥piŋ˦laŋ˩˨nə˥……piŋ˦laŋ˩kʰə˦tsɿ˧tsʯ˥˨tʂʰəŋ˩˨ti˧.

大马茹、小马茹

（马茹子叫不叫野刺梅？）黄：叫野刺梅嘛。我们叫大马茹，大马茹叫野刺梅。tɕiɑɔ˥ie˦tsʰɿ˥˦mei˩˨mɑ˧.ŋuo˦˥məŋ˧tɕiɑɔ˥tɑ˥˦mɑ˦ʐʯ˩˨,tɑ˥˦mɑ˦ʐʯ˩˥tɕiɑɔ˥ie˦tsʰɿ˥mei˩˨.（噢。还有小马茹是吧？）小马茹，还有小马茹。ɕiɑɔ˦mɑ˦˥ʐʯ˩˥,xæᴇ˩iou˦˥ɕiɑɔ˦mɑ˦˥ʐʯ˩˨.（小马……小马茹就不是野刺梅？）不是的。小马茹就是马茹核。pu˩˨sɿ˥˦ti˧.ɕiɑɔ˦mɑ˦ʐʯ˩˥tɕiou˥sɿ˥mɑ˦ʐʯ˩˨xu˩.（马茹核啊？）噢，大马茹核那个茹……大……大……小……就是那个锐核儿那个。ɑɔ˨,tɑ˥mɑ˦˥ʐʯ˩˨xu˩nə˥kə˥ʐʯ˩……tɑ˥……tɑ˥……ɕ……tɕiou˥sɿ˥nə˥kə˥ʐuei˥xuər˩nə˥kə˥.

马茹花

（呃，绒线花？）黄：绒线花那怕就是说的是这个马茹么，马茹树么。ʐuoŋ˩˨ɕiæ̃˥xu

ɑ˥˧nə˧pʰɑ˧tsou˧˥sɿ˧˩ʂuo˥˧ti˨sɿ˧tʂə˧kə˧ma˥˧zɿ˩˨muo˨,ma˥˧zɿ˩˨ʂɿ˧muo˨.（马茹树上面开的那个花叫什么？）它开它那个花就是，这一个树一个枝条儿，整个都是一个……一嘟噜子就上去了。就像穿下的样的那。tʰɑ˥˧kʰæᴇ˥˧tʰɑ˥˩næᴇ˧kə˧xua˥˧tsou˧sɿ˧,tʂei˧i˥˩kə˧˥ʂɿ˧i˥˩kə˧˥tsɿ˥˩tʰiaər˩˨,tʂəŋ˥˧kə˧tou˥˩sɿ˧˩i˥˧kə˧t……i˥˩tu˥˧lou˨tsɿ˨tsou˧ʂaŋ˧tɕʰy˧lə˨.tsou˧ɕiaŋ˧tʂʰuæ̃˥˧xɑ˧˩ti˨liaŋ˧ti˨næᴇ˧.（那个花叫什么？）叫马茹花。tɕiaɔ˧ma˥˧zɿ˩˨xua˥˩.

马茹核

黄：这都是……马……茹核这是一名……这个的核核子里，中药……中药上把这个核核子不就……土话叫马茹核，中药叫锐核儿。tʂə˧˥tou˥˧sɿ˧……ma˥……zɿ˩˨xu˩˨tʂə˧sɿ˧i˥˩miŋ˩˨ts……tʂə˧kə˧ti˨xu˩˨xu˩˨tsɿ˨li˥˩,tʂuoŋ˥˧yo˥˩……tʂuoŋ˥˧yo˥˩ʂaŋ˧pa˥˩tʂə˧kə˧xu˩˨xu˩˨tsɿ˨pu˩˨tɕiou˧……tʰu˥˧xua˧tɕiaɔ˧ma˥˧zɿ˩˨xu˩˨,tʂuoŋ˥˧yo˥˩tɕiaɔ˧zuei˧xuər˩˨.（xu˩˨是什么？胡子的胡啊？）不是。核是这个。实际上是这个核，锐核儿这个是。现在，它现在写的这个药品广告头起都满都成咧这个了，成了“锐胡”了。pu˩˨sɿ˧.xu˩˨sɿ˧tʂə˧˩kə˧˩.ʂɿ˩˨tɕi˧˥ʂaŋ˧˩sɿ˧˩tʂə˧kə˧xæᴇ˥˧,zuei˧xər˥˧tʂə˧˥kə˧sɿ˧.ɕiæ̃˧tsæᴇ˧,tʰɑ˥˧ɕiæ̃˧tsæᴇ˧ɕie˥˧ti˨tʂə˧kə˧yo˥˩pʰiŋ˥˧kuaŋ˥˧kaɔ˧˥tʰou˩˨tɕʰie˥˧tou˥˧mæ̃˥˧tou˥˧tʂʰəŋ˩˨lie˨tʂə˧kə˧lə˨,tʂʰəŋ˩˨lə˨zuei˧xu˩˨lə˨.

糊儿杆

黄：糊儿杆，它心是空的，外头长的细细的。前几年我们这里人穷，买不起那竹子做的筷子。就到山上去把那个拣短的细一点的，把那个搞回来以后截成筷子这么长，就是那个糊儿杆筷子。xu˩˨ər˩˨kæ̃˥˩,tʰɑ˥˩ɕiŋ˥˧sɿ˧kʰuoŋ˥˧ti˨,væᴇ˧tʰou˨tʂaŋ˥˧ti˨ɕi˧ɕi˧ti˨.tɕʰiæ̃˩˨tɕi˥˧niæ̃˩˨ŋuo˥˧məŋ˨tʂei˧li˥˩zəŋ˩˨tɕʰyoŋ˩˨,mæᴇ˥˧pu˩˨tɕʰi˥˧næᴇ˧tʂɿ˥˧tsɿ˨tsuo˧˥ti˨kʰuæᴇ˧˥tsɿ˨.tɕiou˧taɔ˧sæ̃˥˧ʂaŋ˧˩tɕʰi˧pɑ˥˩næᴇ˧kə˧tɕiæ̃˥˧tuæ̃˥˧ti˨ɕi˧i˥˩tiæ̃˥˧ti˨,pɑ˥˩næᴇ˧kə˧kaɔ˥˧xuei˩˨læᴇ˩˨i˥˩xou˧tɕie˩˨tʂʰəŋ˩˨kʰuæᴇ˧˥tsɿ˨tʂə˧muo˨tʂʰɑŋ˩˨,tɕiou˧sɿ˧nə˧kə˧xu˩˨ər˩˨kæ̃˥˩kʰuæᴇ˧tsɿ˨.

烂皮袄

黄：烂皮袄是个树么。它那个树皮，今年长上一年，第二年新树皮上来，它就自动脱落了。风一吹，他就披得上头，烂皮袄。læ̃˧pʰi˩˨naɔ˥˧sɿ˧kə˧˩ʂɿ˧˥muo˨.tʰɑ˥˧nə˧kə˧ʂɿ˧pʰi˩˨,tɕiŋ˥˧niæ̃˩˨tʂaŋ˥˧ʂaŋ˧˩i˥˩niæ̃˩˨,ti˧˩ər˧niæ̃˩˨ɕiŋ˥˧ʂɿ˧˩pʰi˩˨ʂaŋ˧læᴇ˩˨,tʰɑ˥˧tɕiou˧tsɿ˧tuoŋ˧tʰuo˥˩luo˥˧lə˨.fəŋ˥˧i˥˩tʂʰuei˥˧,tʰɑ˥˧tsou˧pʰei˥˧tə˨ʂaŋ˧˥tʰou˨,læ̃˧pʰi˩˨naɔ˥˧.

漆树

黄：生漆，这前一两年，这个歘有些人雇下这个四川人来割漆。割漆的时候，他是把这个漆树的这个树皮，用……用刀割开个口子。然后……然后用个竹子……竹筒子，插到这个口子上，底下接个桶桶，流……流下来的这个液……汁子就叫生漆。səŋ˥˧tɕʰi˥˧,tʂei˧tɕʰiæ̃˩˨i˥˩liaŋ˥˧niæ̃˩˨,tʂə˧kə˧ei˧iou˥˧ɕie˥˩zəŋ˩˨ku˧xɑ˧tʂə˧kə˧sɿ˧tʂʰuæ̃˥˩zəŋ˩˨læᴇ˩˨kə˥˧tɕʰi˥˧.kə˥˧tɕʰi˥˧ti˨sɿ˩˨xou˧,tʰɑ˥˧sɿ˧pɑ˥˩tʂə˧kə˧tɕʰi˥˧ʂɿ˧ti˨tʂə˧˩kə˧˩ʂɿ˧pʰi˩˨,yoŋ˧……yoŋ˧taɔ˥˧kɑ˥˩kʰæᴇ˥˧kə˧˩kʰou˥˧tsɿ˨.zæ̃˩˨xou˧……zæ̃˩˨xou˧yoŋ˧kə˧tʂɿ˥˧tsɿ˨……tʂɿ˥˩tʰuoŋ˥˧tsɿ˨,tsʰɑ˥˧taɔ˧tʂə˧kə˧kʰou˥˧tsɿ˨ʂaŋ˧˩,ti˥˧ɕia˧tɕie˥˧kə˧˩tʰuoŋ˥˧tʰuoŋ˥˩,l……liou˩˨ɕia˧læᴇ˩˨ti˨tʂə˧˩kə˧˩ie˥˧……tʂɿ˥˧tsɿ˨tɕiou˧tɕiaɔ˧səŋ˥˧tɕʰi˥˧.（生漆？）啊。ɑ˩.（噢，那个什么颜色？）才开始流出来是白色的，最后就成了黑的。tsʰæᴇ˩˨kʰæᴇ˥˩sɿ˥˧liou˩˨tʂʰɿ˥˧læᴇ˩˨sɿ˧˩pei˩˨sə˥˧ti˨,tsuei˧xou˧tɕiou˧˩tʂʰəŋ˩˨lə˨xei˧ti˨.（是慢慢地就成了黑的？）啊，慢慢都氧化以后都就变成黑的了。ɑ˩,mæ̃˧mæ̃˧tou˥˧iaŋ˥˧xua˧i˥˩xou˧tou˥˧tɕiou˧˩piæ̃˧tʂʰəŋ˩˨xei˧ti˨lə˨.（是不跟南方这个割橡胶差不多？）啊，有那个……歘，像那个东西。它咬人咧那东西，有些人这个歘就是实际上就是过敏。ɑ˩,iou˥˧nə˧kə˧……

ei˦˨˦,ɕiaŋ˥nə˥kə˥tuoŋ˦˨˧˩ɕi˧.tʰɑ˦˨˥˧niɑɔ˦˨˦zəŋ˧˩˨lie˧nə˥tuoŋ˦˨˧˩ɕi˧,iou˦˨˦ɕie˦˨˧˩zəŋ˧˩˨tʂə˥kə˥ei˧˩tɕiou˥˧˩sɿ˥˧˩ʂɿ˧˩˨˧˩tɕi˥ ˥˧ʂɑŋ˥tɕiou˥˧˩sɿ˥˧˩kuo˥miŋ˦˨˦.（就是这滴在这里很刺痒？）哎那不一定。它那个过敏不是那么个简单的过敏。æᴇ˧˩næᴇ˥˧puʌ˧˩i˦˨˧˩tiŋ˥˧˩.tʰɑ˦˨˦nə˥kə˥kuo˥miŋ˦˨˥˧puʌ˧˩sɿ˥˧˩nə˥˧muo˧kə˥tɕiæ̃˦˨˦tæ̃˦˨˧˩ti˧ku o˥miŋ˦˨˧˩.（你说的咬人是什么意思呢？）这咬人以后它就是，它漆树的那个化学成分，有时候是接触你的皮肤，有时候你呼吸道一呼吸，从着这个毛细……从你这个毛细血……这个汗孔里头进去以后，它可以就和你这个起过敏反应。一过敏反应以后，你身上就长这么大那疙瘩。起的……发那疙瘩，那硬块儿，脸上到处都是的。你人就发高烧，内……他内心里就发难过，到最后么，你治的不及时，这个地方就溃烂了，流脓。tʂei˥˧˩niɑɔ˦˨˦ zəŋ˧˩˨i˦˨˧˩xou˥˧tʰɑ˦˨˧˩tɕiou˥˧sɿ˥˧˩,tʰɑ˦˨˥˧tɕʰi˦˨˦ʂʮ˥˧˩ti˧nə˥˧˩kə˥˧˩xuɑ˥ɕyo˧˩˨tʂʰəŋ˧˩˨fəŋ˥˧,iou˦˨˦sɿ˧˩˨xou˥sɿ˥˧˩tɕi e˦˨˧˩tʂʮ˧˩˨ni˦˨˦ti˧pʰi˧˩˨fu˦˨˦,iou˦˨˦sɿ˧˩˨xou˥ni˦˨˥˧xu˦˨˦ɕi˦˨˧˩tɑɔ˥i˦˨˧˩xu˦˨˦ɕi˦˨˧˩,tsʰuoŋ˧˩˨tʂuo˦˨˥˧tʂə˥kə˥mɑɔ˧˩˨ɕi˥…… tsʰuoŋ˧˩˨ni˦˨˦tʂə˥kə˥mɑɔ˧˩˨ɕi˥ɕye˦˨˧˩……tʂə˥˧˩kə˥˧˩xæ̃˥kʰuoŋ˦˨˦li˦˨˧˩tʰou˧tɕiŋ˥tɕʰi˥i˦˨˧˩xou˥,tʰɑ˦˨˥˧kʰə˦˨˥˧i˦˨˥˧ts ou˥xə˧˩˨ni˦˨˦tʂə˥kə˥tɕʰi˦˨˦kuo˥miŋ˦˨˥˧fæ̃˦˨˥˧iŋ˥.i˦˨˧˩kuo˥miŋ˦˨˥˧fæ̃˦˨˦iŋ˥˧i˦˨˧˩xou˥,ni˦˨˧˩ʂəŋ˦˨˦ʂɑŋ˥˧˩tsou˥tʂɑŋ˦˨˥˧tʂə˥ muo˧tɑ˥næᴇ˥kə˦˨˦tɑ˧.tɕʰi˦˨˦ti˧……fɑ˦˨˧˩næᴇ˥˧˩kə˦˨˦tɑ˧,næᴇ˥niŋ˥kʰuər˦˨˦,liæ̃˦˨˧˩ʂɑŋ˥˧tɑɔ˥tʂʰʮ˥˧˩tou˦˨˧˩sɿ˥˧ti˧. ni˦˨˧˩zəŋ˧˩˨tsou˥fɑ˦˨˧˩kɑɔ˦˨˦˨ʂɑɔ˦˨˦,luei˥……tʰɑ˦˨˥˧luei˥˦˨ɕiŋ˦˨˦li˦˨˧˩tsou˥fɑ˦˨˧˩næ̃˧˩˨kuo˥,tɑɔ˥tsuei˥xou˥muo˧,n i˦˨˥˧tʂɿ˥ti˧puʌ˧˩tɕiʌ˧˩sɿʌ˥˧,tʂə˥kə˥ti˥fɑŋ˦˨˧˩tɕiou˥˧˩kʰuei˥˧˩læ̃˥˧lə˧,liou˧˩˨luoŋ˧˩˨˥˧.（那你们这个这说……说什么叫咬人呢？这个咬人……）这实际上就是过敏么。tʂə˥ʂʮ˧˩˨tɕi˥˧ʂɑŋ˥tɕiou˥sɿ˥kuo˥˦˨miŋ˦˨˦ muo˧.（过敏叫咬人？）啊。ɑ̃˧˩.（那我这儿破了，我滴……滴个盐上去，说不说咬人？）那不咬……那不说。næᴇ˥˧puʌ˧˩niɑɔ……næᴇ˥˧puʌ˧˩ʂuo˦˨˧˩.（那蜇人？）啊。ɑ̃˧˩.（蜇得难受还是咬得难受？）蜇的难受。tʂə˦˨˦tə˧næ̃˧˩˨ʂou˥.（噢，那个盐是蜇人？）噢，盐是蜇咧么。ɑɔ˧˩,iæ̃˧˩˨sɿ˥tʂə˦˨˦lie˧muo˧.（就是呼吸道这些东西就叫咬人？）那东西……有些东西……有些人，你就把那个，你就这伤口烂了，你把那个漆拿点抹上，他也无所谓。有些人这个就说是这个树底下，他说是树底下往过一走……næᴇ˥˧tuoŋ˦˨˦ɕi˧……iou˦˨˦ɕie˦˨˧˩tuoŋ˦˨˧˩ɕi˧……iou˦˨˦ ɕie˦˨˧˩zəŋ˧˩˨,ni˦˨˥˧tsou˥pɑ˦˨˧˩næᴇ˥kə˥,ni˦˨˦tsou˥˧tʂə˥˧ʂɑŋ˦˨˧˩kʰou˦˨˦læ̃˥lə˧,ni˦˨˦pɑ˦˨˧˩nə˥kə˥tɕʰi˦˨˦nɑ˧˩˨tiæ̃˦˨˦muo˦˨˦ʂɑŋ˥˧˩,t ʰɑ˦˨˧˩ie˦˨˧˩vu˧˩˨ʂuo˦˨˦vei˥.iou˦˨˦ɕie˦˨˧˩zəŋ˧˩˨tʂə˥kə˥tsou˥ʂuo˦˨˥˧sɿ˥tʂə˥kə˥ʂʮ˥ti˦˨˦xɑ˥˧˩,tʰɑ˦˨˥˧ʂuo˦˨˥˧sɿ˥ʂʮ˥ti˦˨˦xɑ˥˧˩v ɑŋ˦˨˧˩kuo˥i˦˨˧˩tsou˦˨˦……（有……闻着那味儿了？）他不要说闻那个味儿，他就是那个头低下是那个地方往过走都好着咧。你不要说那个东西。你说有漆树，坏了，很快他浑身都起疙瘩。tʰɑ˦˨˦puʌ˧˩iɑɔ˥˧ʂuo˦˨˧˩vəŋ˧˩˨nə˥˧kə˥˧˩vər˥,tʰɑ˦˨˥˧tsou˥sɿ˥nə˥kə˥tʰou˧˩˨ti˦˨˦xɑ˥˧˩ʂɿ˥nə˥kə˥ti˥˧fɑŋ˦˨˧˩vɑŋ ˦˨˧˩kuo˥tsou˦˨˦tou˦˨˧˩xɑɔ˦˨˦tʂuo˦˨˧˩lie˧.ni˦˨˦puʌ˧˩iɑɔ˥˦˨ʂuo˦˨˦nə˥˧˩kə˥˧˩tuoŋ˦˨˧˩ɕi˧.ni˦˨˥˧ʂuo˦˨˥˧iou˦˨˥˧tɕʰi˦˨˦ʂʮ˥˧˩,xuæᴇ˥ lə˧,xəŋ˦˨˦kʰuæᴇ˥tʰɑ˦˨˧˩xuoŋ˧˩˨ʂəŋ˦˨˦tou˦˨˧˩tɕʰi˦˨˦kə˦˨˦tɑ˧.（噢，精神上都过敏？）噢，精神上都不行。有时候你看你，一直都不过敏，过去有个这个欸有个人跟它有个这个故事吧。他说用那漆树做下这个扁担相当好，韧性也好，担上这个弹性也好。他担上这个这个卖货郎子这个货郎子，他担上卖那个过年的这个扁担都不……但是那一次么就担上以后，回去以后这个上……一上讴以后，身上一出水以后，可能是身体抵抗能力一低以后这个，就这个过敏了。一过敏么，才开始他就打喷嚏，咳嗽。这个一瘩里走的那个货郎子么就说："哎，你咋啦？你怎么咳嗽？"他说："哎，这是我欸出来时间长了，我老婆想我咧嘛，在家里念过我咧。正兀自打喷嚏咧。"这个回去以后就骂他婆娘咧，说"你这个没唉没心没肺的，我一天出去挣钱咧"，说"□们男人出去是念三六九都念过咧。你他妈的连一回都不念过我"。兀婆娘想了半天就没办法。"这家伙，这根本都没有那一点道理么，有啥道理么。我在家里念过你，你能知道我念过你，你能打喷嚏啊？"想了办法，没有办法

想么。就给他偷的他那个手……过去都弄……擦汗拿那个手帕，偷的把那个辣面子给他来弄，手帕这个捏了些，撒上，逮住一揉以后，他不是上一上𠙶，一出水，拉出来一擦汗，哼，鼻子上往过以后就咳嗽。他说，打掉喷嚏了，说："哎呀，婆娘这下有心了，念过子我。" ɑɔ꜖,tɕiŋ˥˧ʂəŋ˩˧꜖ʂɑŋ˧tou˥˧꜔pu˩˧꜔ɕiŋ˩˧꜖.iou˥˧sɿ˩˧꜖xou˧ni˥˧꜔kʰæ̃˧ni˥˧꜔,i˥˧꜖tʂʰʅ˩˧˥˩tou˥˧꜖pu˩˧꜖kuo˧miŋ˥˧꜔,kuo˧tɕʰy˧iou˥˧kə˧꜖tʂə˧kə˧ei꜖iou˥˧꜔kə˧ʐəŋ˩˧kəŋ˥˧꜔tʰɑ˥˧꜔iou˥˧kə˧tʂə˧kə˧ku˧sɿ˧pɑ˨.tʰɑ˥˧꜔ʂuo˥˧꜔yoŋ˧nə˧tɕʰi˥˧ʂʯ˧꜖tsuo˧˥˩xɑ˧꜖tʂə˧kə˧piæ̃˥˧tæ̃˧꜖ɕiɑŋ˥˧꜔tɑŋ˥˧꜔xɑɔ˥˧꜖,ʐəŋ˧˥˩ɕiŋ˧iɑ˥˧꜔xɑɔ˥˧꜔,tæ̃˥˧ʂɑŋ˧꜖tʂə˧kə˧tʰæ̃˩˧ɕiŋ˧iɑ˥˧꜖xɑɔ˥˧꜖.tʰɑ˥˧꜖tæ̃˥˧ʂɑŋ˧tʂə˧kə˧tʂə˧kə˧mæᴇ˧xuo˧lɑŋ˩˧꜖tsɿ˨tʂə˧꜖kə˧꜖xuo˧˥˩lɑŋ˩˧꜖tsɿ˨,tʰɑ˥˧꜖tæ̃˥˧ʂɑŋ˧꜖mæᴇ˧˥˩nə˧꜖kə˧꜖kuo˧꜖niæ̃˩˧꜖ti˦tʂə˧kə˧piæ̃˥˧tæ̃˧꜖tou˥˧꜔pu˩˧꜔……tæ̃˧꜖sɿ˧꜖næᴇ˧˥˩i˥˧꜖tsʰɿ˧muo˦tɕiou˧tæ̃˥˧꜖ʂɑŋ˧꜖i˥˧꜖xou˧,xuei˩˧꜖tɕʰi˧˥˩i˥˧꜔xou˧tʂə˧kə˧ʂɑŋ˧……i˥˧꜔ʂɑŋ˧vɑ˧i˥˧꜖xou˧,ʂəŋ˥˧ʂɑŋ˧꜖i˥˧˨˦tʂʰʯ˥˧꜖ʂuei˥˧i˥˧꜖xou˧,kʰə˥˧꜖nəŋ˩˧sɿ˧ʂəŋ˥˧꜖tʰi˥˧ti˥˧꜖kʰɑŋ˧˥˩nəŋ˩˧li˥˧꜖i˥˧˨˦ti˥˧i˥˧꜖xou˧tʂə˧kə˧,tsou˧tʂə˧kə˧kuo˧miŋ˥˧lə˨.i˥˧꜖kuo˧miŋ˥˧muo˨,tsʰæᴇ˩˧kʰæᴇ˥˧꜖sɿ˥˧꜖tʰɑ˥˧꜔tɕiou˧tɑ˥˧pʰəŋ˧˨˦tʰi˧꜖,kʰə˥˧sou˨.tʂei˧kə˧i˥˧꜖tɑ˥˧li˥˧꜖tsou˥˧tə˨næᴇ˧kə˧꜖xuo˧˥˩lɑŋ˩˧꜔tsɿ˦muo˦tsou˧ʂuo˥˧꜔:æᴇ˧,ni˥˧tsɑ˥˧꜖lɑ˦?ni˥˧꜔tsəŋ˥˧꜔muo˦kʰə˥˧sou˨?tʰɑ˥˧꜖ʂuo˥˧꜖:æᴇ˩˧,tʂə˧sɿ˧ŋuo˥˧ei꜖tʂʰʯ˥˧læᴇ˩˧꜖sɿ˩˧꜖tɕiæ̃˥˧tʂʰɑŋ˩˧lə˦,ŋuo˥˧lɑɔ˥˧pʰuo˩˧꜖ɕiɑŋ˥˧ŋuo˥˧꜖lie˨mɑ˨,tsæᴇ˧꜖tɕiɑ˥˧li˥˧꜖niæ̃˧˨˦kuo˧꜖ŋuo˥˧lie˨.tʂəŋ˧vu˧tsɿ˧tɑ˥˧pʰəŋ˧˨˦tʰi˧꜖lie˨.tʂə˧kə˧xuei˩˧꜖tɕʰi˧˥˩i˥˧꜖xou˧tsou˧mɑ˧pʰuo˩˧꜖niɑŋ˩˧˥˩lie˨,ʂuo˥˧꜔ni˥˧tʂə˧kə˧muo˥˧꜔æᴇ˦muo˥˧˨˦ɕiŋ˥˧muo˥˧꜖fei˧ti˦,ŋuo˥˧i˥˧꜖tʰiæ̃˥˧꜔tʂʰʯ˥˧tɕʰi˧꜖tsəŋ˧tɕʰiæ̃˩˧lie˦,ʂuo˥˧꜖niæ̃˩˧˥˩məŋ˨næ̃˩˧꜖ʐəŋ˩˧꜔tʂʰʯ˥˧tɕʰi˧꜖sɿ˧꜖niæ̃˧sæ̃˥˧liou˥˧꜖tɕiou˥˧tou˥˧꜖niæ̃˧kuo˧˥˩lie˨.ni˥˧tʰɑ˥˧꜔mɑ˥˧ti˨liæ̃˩˧꜖i˥˧꜖xuei˩˧tou˥˧꜖pu˩˧꜖niæ̃˧kuo˧ŋuo˥˧꜖.vu˧pʰuo˩˧꜖niɑŋ˩˧˥˩ɕiɑŋ˥˧lə˨pæ̃˧tʰiæ̃˥˧꜔tsou˧mei˩˧pæ̃˧fɑ˥˧꜖.tʂei˧˥˩tɕiɑ˥˧xuo˨,tʂə˧kəŋ˥˧꜖pəŋ˥˧tou˥˧mei˩˧iou˥˧nei˧i˥˧꜖tiæ̃˥˧꜔tɑɔ˧˨˦li˥˧꜖muo˨,iou˥˧꜔sɑ˧˨˦tɑɔ˧꜖li˥˧꜖muo˨.ŋuo˥˧꜔tsæᴇ˧tɕiɑ˥˧li˥˧꜖niæ̃˧˨˦kuo˧ni˥˧꜔,ni˥˧꜔nəŋ˩˧꜖tʂɿ˥˧tɑɔ˧꜖ŋuo˥˧꜔niæ̃˧kuo˧ni˥˧꜔,ni˥˧꜔nəŋ˩˧꜖tɑ˥˧꜔pʰəŋ˧tʰi˧˥˩ɑ˦?ɕiɑŋ˥˧lə˨pæ̃˧fɑ˥˧꜖,mei˩˧iou˥˧pæ̃˧fɑ˥˧꜖ɕiɑŋ˥˧muo˨.tsou˧kei˧꜖tʰɑ˥˧꜖tʰou˥˧ti˨tʰɑ˥˧꜔nə˧kə˧ʂou˥˧……kuo˧tɕʰy˧tou˥˧꜔nuoŋ˧……tsʰɑ˥˧꜖xæ̃˧nɑ˩˧꜖nɑ˧kə˧ʂou˥˧pʰɑ˧꜖,tʰou˥˧ti˨pɑ˥˧꜖nɑ˧kə˧lɑ˥˧꜖miæ̃˧tsɿ˨kei˧꜖tʰɑ˥˧læᴇ˩˧꜖nuoŋ˧˥˩,ʂou˥˧pʰɑ˧tʂə˧kə˧nie˥˧lə˨ɕie˥˧꜖,sɑ˥˧ʂɑŋ˧꜖,tæᴇ˥˧tʂʯ˧i˥˧꜔ʐou˩˧꜔i˥˧꜖xou˧˥˩,tʰɑ˥˧꜔pu˩˧꜔sɿ˧ʂɑŋ˧i˥˧꜖ʂɑŋ˧vɑ˧,i˥˧꜖tʂʰʯ˥˧꜖ʂuei˥˧,lɑ˥˧꜖tʂʰʯ˥˧læᴇ˩˧꜔i˥˧꜔tsʰɑ˥˧꜖xæ̃˧˥˩,hŋ̍˥˧,pi˩˧tsɿ˦ʂɑŋ˧vɑŋ˥˧kuo˧i˥˧꜖xou˧tɕiou˧kʰə˥˧sou˨.tʰɑ˥˧ʂuo˥˧꜔,tɑ˥˧tiɑɔ˧꜖pʰəŋ˧˨˦tʰi˧꜖lə˨,ʂuo˥˧꜖:æᴇ˩˧iɑ˥˧꜖,pʰuo˩˧꜖niɑŋ˩˧꜔tʂei˧˥˩xɑ˧iou˥˧꜔ɕiŋ˥˧꜖lə˨,niæ̃˧kuo˧tsɿ˨ŋuo˥˧꜖.

白蜡树

黄：街道上栽了那么多树就叫白蜡树。新街道那个树都叫白蜡树。tɕie˥˧꜖tɑɔ˧˥˩ʂɑŋ˧tsæᴇ˥˧lə˨nə˧mə˦tuo˥˧꜖ʂʯ˧tɕiou˧tɕiɑɔ˧pei˩˧꜖lɑ˥˧ʂʯ˧꜖.ɕiŋ˥˧tɕie˥˧꜖tɑɔ˧nə˧kə˧ʂʯ˧˥˩tou˥˧˨˦tɕiɑɔ˧pei˩˧꜔lɑ˥˧꜖ʂʯ˧꜖.（它都是那么细一棵儿的？还没……还没大？）噢，没长大么，那是栽下两年么。ɑɔ꜖,mei˩˧tʂɑŋ˥˧tɑ˧muo˦,næᴇ˧˥˩sɿ˧tsæᴇ˥˧ɕiɑ˧꜖liɑŋ˥˧niæ̃˩˧꜖muo˨.

椴树

黄：子午岭价值最高的树就叫椴树。不多，几株。那个木头的这个可塑性非常强。tsɿ˥˧vu˥˧꜖liŋ˥˧tɕiɑ˧tʂʅ˩˧꜔tsuei˧kɑɔ˥˧꜖ti˨ʂʯ˧tɕiou˧꜖tɕiɑɔ˧꜖tuæ̃˧˥˩ʂʯ˧꜖.pu˩˧꜖tuo˥˧꜖,tɕi˥˧tʂʯ˥˧꜖.nə˧kə˧mu˥˧tʰou˨ti˨tʂə˧kə˧kʰə˥˧sʯ˧˥˩ɕiŋ˧˥˩fei˥˧꜖tʂʰɑŋ˩˧tɕʰiɑŋ˩˧꜖.

（三）花卉

芍药

黄：芍药有几种，夜色不同嘛。白的，红的，黄的。ʂuo˩˧꜖iɑɔ˥˧꜔iou˥˧꜔tɕi˥˧꜔tʂuoŋ˥˧꜔,iæ̃˩˧꜖sə

˥pu˩˦˩tʰuoŋ˩˦˩ma˧.pei˩˦˩ti˧,xuoŋ˩˦˩ti˧,xuaŋ˩˦˩ti˧.（名称上有不同吗？）噢，那叫白芍药。统称就是芍药花，就是颜色不同分来的那个。aɔ˥,nei˥tɕiaɔ˥pei˩˦ʂuo˩˦˩iaɔ˥˧.tʰuoŋ˥tʂʰəŋ˥tɕiou˥˩sɿ˥˩ʂaɔ˩˦˩iaɔ˥xua˥˩,tɕiou˥sɿ˥iæ̃˩˦sə˥pu˩˦˩tʰuoŋ˩˦fəŋ˥læᴇ˩˦˩ti˧nə˥kə˥.

玫瑰

（那个玫瑰花有没有？）黄：玫瑰花儿少。mei˩˦˩kuei˥˧xuar˥ʂaɔ˥˩.（这儿没有吗？）就……野玫瑰。有野玫瑰。tʂou˥i……ie˥mei˩˦˩kuei˥˩.iou˥ie˥˩mei˩˦˩kuei˥˩.（老人家管那个叫什么呢？）我们把那叫大马茹。大马茹花儿。实际就是一种玫瑰花儿。ŋuo˥məŋ˧pa˥˩næᴇ˥tɕiaɔ˥ta˥˧ma˥ʐʮ˩˦˩.ta˥ma˥ʐʮ˩˦xuar˥.ʂʅ˩˦˩tɕi˥˧tɕiou˥˩sɿ˥˩i˥˩tʂuoŋ˥˧mei˩˦˩kuei˥˧xuar˥˩.（就是这一种野玫瑰？）噢。aɔ˩.

紫瓣牡丹

黄：但是太白还有一种花。在子午岭林区来说是可以这<u>个欸</u>也是稀……稀少的一个原始花种。叫紫瓣牡丹。tæ̃˥sɿ˥tʰæᴇ˥pei˩˦xa˩˦iou˥i˥˧tʂuoŋ˥˧xua˥˩.tsæᴇ˥˩tsɿ˥vu˥˩liŋ˥liŋ˩˦tɕʰy˥læᴇ˩˦ʂuo˥˩sɿ˥˩kʰə˥i˥˩tʂə˥kei˥ie˥˩sɿ˥kə˥ɕi˥˩tɕi……ɕi˥˩ʂaɔ˥ti˧i˥˩kə˥˩yæ̃˩˦sɿ˥˧xua˥˩tʂuoŋ˥.tɕiaɔ˥˩tsɿ˥pæ̃˥mu˥tæ̃˥˩.（叫什么？）紫瓣牡丹。tsɿ˥pæ̃˥mu˥tæ̃˥˩.（紫斑……）噢，赤橙黄绿青蓝紫的那个紫。紫瓣牡丹。aɔ˩,tʂʰʅ˥tʂʰəŋ˩˦xuaŋ˩˦ly˥tɕʰiŋ˥˩læ̃˩˦tsɿ˥ti˧nə˥kə˥tsɿ˥.tsɿ˥pæ̃˥˧mu˥tæ̃˥˩.（板子的板啊？）紫瓣，噢。紫瓣，花瓣儿的瓣儿。tsɿ˥˩pæ̃˥˧,aɔ˩.tsɿ˥pæ̃˥˧,xua˥˩pær˥˧ti˧pær˥.（紫瓣牡丹。它它有什么那个？）这是子午岭林区里头唯一的一种原始树种。开花咧，它开出来的牡丹花儿咧。小小的那个花朵牡丹，叫紫瓣牡丹。tʂə˥˧sɿ˥˩tsɿ˥vu˥liŋ˥liŋ˩˦tɕʰy˥li˥˩tʰou˧vei˩˦i˥ti˧i˥˩tʂuoŋ˥yæ̃˩˦sɿ˥ʂʮ˥tʂuoŋ˥˩.kʰæᴇ˥˩xua˥lie˧,tʰa˥kʰæᴇ˥˩tʂʰʮ˥˩læᴇ˩˦˩ti˧mu˥tæ̃˥˩xuar˥lie˧.ɕiaɔ˥ɕiaɔ˥ti˧nə˥kə˥xua˥˩tuo˥mu˥tæ̃˥˩,tɕiaɔ˥tsɿ˥pæ̃˥mu˥tæ̃˥˩.（它是长在灌木上还是怎么的？）在灌木丛里……丛中长着咧。tsæᴇ˥˩kuæ̃˥mu˥˩tsʰuoŋ˩˦li˥……tsʰuoŋ˩˦tʂuoŋ˥˩tʂaŋ˥tʂə˧lie˧.（不高哇？）也长这么高咧。独杆儿上头开个花。ie˥tʂaŋ˥tʂə˥˩muo˧kaɔ˥lie˧.tu˩˦kær˥ʂaŋ˥tʰou˧kʰæᴇ˥˩kə˥˧xua˥˩.（是你们这老话儿叫紫瓣牡丹还是它学名叫紫瓣牡丹？）老话儿叫紫瓣牡丹。学……学名它也现在没有个儿……林业上它还没有研究出来这个树种属于一种啥……啥子科类的。laɔ˥xuar˥tɕiaɔ˥tsɿ˥pæ̃˥mu˥tæ̃˥˩.ɕyo˩˦……ɕyo˩˦miŋ˩˦tʰa˥ia˥˩ɕiæ̃˥tsæᴇ˥mei˩˦iou˥kər˥……liŋ˩˦nie˥ʂaŋ˥tʰa˥xa˩˦mei˩˦iou˥iæ̃˩˦tɕiou˥tʂʰʮ˥læᴇ˩˦˩tʂə˥kə˥ʂʮ˥tʂuoŋ˥˧ʂʮ˥˧y˩˦i˥˩tʂuoŋ˥sa˥……sa˥tsɿ˧kʰuo˥˩luei˥˧ti˧.（你们都过去都见过这种？）见过。就在这个沟里头，顺着这个山上翻过去，就这个沟里它的沟掌上，就有那一个山上有，再个地方都没有。tɕiæ̃˥kuo˥.tɕiou˥tsæᴇ˥tʂə˥kə˥kou˥li˥˩tʰou˧,ʂuoŋ˥tʂuo˥˧tʂə˥kə˥sæ̃˥ʂaŋ˥˩fæ̃˥˩kuo˥tɕʰy˥,tɕiou˥tʂə˥kə˥kou˥li˥˩tʰa˥˧tə˥kou˥˩tʂaŋ˥ʂaŋ˥˩,tɕiou˥iou˥˧nei˥˧i˥˩kə˥˩sæ̃˥ʂaŋ˥˩iou˥,tsæᴇ˥˧kə˥˩ti˥faŋ˥˩tou˥˧mei˩˦iou˥˩.（它的颜色是紫的？）紫……也不是的。它的名字叫紫瓣牡丹，但是它的开花花还有各种各样各种颜色的都有。tsɿ……ie˥pu˩˦sɿ˥˧ti˧.tʰa˥˧tə˧miŋ˩˦tsɿ˥˧tɕiaɔ˥tsɿ˥pæ̃˥˩mu˥tæ̃˥˩,tæ̃˥sɿ˥tʰa˥˧ti˧kʰæᴇ˥xua˥˩xua˥xæᴇ˩˦iou˥˧kə˥˩tʂuoŋ˥kə˥˩iaŋ˥˧kə˥˩tʂuoŋ˥iæ̃˩˦sə˥ti˧tou˥˩iou˥.

洋牡丹

黄：这牡丹里头有……有……像这个芍药呀，紫瓣牡丹呀，还有这个欸洋牡丹。tʂə˥mu˥tæ̃˥˩li˥˩tʰou˧iou˥˧……iou˥˧……ɕiaŋ˥tʂə˥kə˥ʂuo˩˦iaɔ˥ia˧,tsɿ˥pæ̃˥mu˥tæ̃˥˩ia˧,xæᴇ˩˦iou˥˧tʂə˥kə˥ei˥iaŋ˩˦mu˥tæ̃˥˩.（洋人的洋？）噢，洋人的洋，洋牡丹。aɔ˩,iaŋ˩˦ʐəŋ˩˦˩ti˧iaŋ˩˦,iaŋ˩˦mu˥tæ̃˥˩.（引进来的？）这还只是本地这些品种好像。这开……各种各样颜色都有。tʂə˥˧xa

⅄⅃tsɿ˥sɿ˥⅃pəŋ˥ti˥⅂tʂei˦ɕie˥⅃pʰiŋ˥tʂuoŋ˥xaɔ˥⅃ɕiaŋ˦⅃.tʂə˦⅂kʰæᴇ˥……kə˥⅃tʂuoŋ˥kə˥⅃iaŋ˦iæ̃⅄⅃sə˥tou˥⅃iou˥⅃.（这个洋是家里面养的那个羊还是……）欸不是。西洋的洋。洋牡丹。ei˥pu⅄⅃sɿ˥⅃.ɕi˥⅃iaŋ⅄⅃ti˧iaŋ⅄⅃.iaŋ⅄mu˥tæ̃˥⅃.（你本地的怎么还叫做洋牡丹呢？）它这个花个子长的也比较……兀那是最好，它长这么高。从打□□，从开始长起来，开第一朵儿花开始的话，就花期特别长，它一直能开，败了又开，败了能开，只要天不打……不打霜，冻不死，我永远开，一工儿都开。tʰɑ˥tʂə˦kə˦xua˥kə˦tsɿ˧tʂaŋ˦ti˧ie˥⅃pi˥⅃tɕiaɔ˦……væᴇ˦næᴇ˦sɿ˦⅃tsuei˦xaɔ˥，tʰɑ˥⅃tʂaŋ˥tʂə˦muo˧kaɔ˥⅃.tsʰuoŋ⅄ta˥pʰuo⅄ku˥，tsʰuoŋ⅄kʰæᴇ˥⅃sɿ˥tʂaŋ˥tɕʰi˥læᴇ⅄⅃，kʰæᴇ˥⅃ti˦i˥⅃tuor˥⅃xua˥kʰæᴇ˥⅃sɿ˥⅃ti˧xua˦，tsou˦xua˥tɕʰi˥tʰə˥⅃pie⅄tʂʰɑŋ⅄⅃，tʰɑ˥⅃i˥⅃tʂʅ⅂nəŋ⅄kʰæᴇ˥，pæᴇ˦lə˧iou˦kʰæᴇ˥⅃，pæᴇ˦lə˧nəŋ⅄kʰæᴇ˥⅃，tsɿ˥⅃iaɔ˦tʰiæ̃˥pu⅄⅃ta˥……pu⅄⅃ta˥ʂuaŋ˥，tuoŋ˦pu⅄⅃sɿ˥，ŋuo˥⅃yoŋ˥yæ̃˥⅃kʰæᴇ˥⅃，i˥⅃kuõr˥tou˥⅃kʰæᴇ˥⅃.

毛毛虫

（毛毛虫是什么东西？）黄：欸，养下来那个花萼嘟这里头长出来，这儿都指头这么奘一个那个欸，这一窟窿子下来，上头是像那毛毛虫浑身都长的毛。ei⅃，iaŋ˥xa˦læᴇ⅄nə˦kə˦xua˥ku˥⅃tou˧tʂə˦li˥tʰou˧tʂaŋ˥tʂʰʮ˥læᴇ⅄⅃，tʂər˦tou˥tsɿ˥tʰou˧tʂə˦muo˧tʂuaŋ˥i˥⅃kə˦næᴇ˦kə˦ei˦，tʂei˦⅃i˥⅃kʰu˥luoŋ˧tsɿ˧xa˦læᴇ⅄，ʂaŋ˦tʰou˧sɿ˦ɕiaŋ˦næᴇ˦maɔ⅄⅃maɔ⅄tʂʰuoŋ⅄⅃xuoŋ⅄ʂəŋ˥⅃tou˥⅃tʂaŋ˥ti˧maɔ⅄.（这是像仙人球一样的是吧？）噢，像仙人球，但是仙人球系……它头起没……不带刺儿，它都敞开兀一大窟窿。ɑɔ⅃，ɕiaŋ˦ɕiæ̃˥zəŋ⅄⅃tɕʰiou⅄，tæ̃˦sɿ˦ɕiæ̃˥zəŋ⅄⅃tɕʰiou⅄ɕi˦……tʰɑ˥tʰou⅄⅃tɕʰie˥meiˀ……pu⅄⅃tæᴇ˦tsʰər˦，tʰɑ˥⅃tou˥⅃tʂʰɑŋ˥kʰæᴇ˥væᴇ˦i˥⅃ta˦⅃kʰu˥luoŋ⅄⅃.

山丹丹

黄：本地……本地这就是那个山……山丹儿花么。山丹丹花儿。pəŋ˥⅃ti˦⅃……pəŋ˦ti˦tʂei˦tɕiou˦sɿ˦nə˦kə˦sæ̃……sæ̃˥⅃tæ̃r˥xua˥muo˧.sæ̃˥⅃tæ̃˥tæ̃˥⅃xuar˥.（噢，山丹丹花？）嗯。那是本地的花儿。õ⅃.nə˦sɿ˦pəŋ˥ti˦ti˧xuar˥⅃.（红红的？）啊，红红的。ŋɑ⅃，xuoŋ⅄xuoŋ⅄ti˧.（山丹丹是不是就是那个杜鹃啊？）不是。山丹丹它是……山丹丹它花根子像个蒜头儿一样。和这个蒜，咱们吃那个大蒜一模儿一样。上……杆杆上头开个花。挺好看的那个。pu⅄⅃sɿ˦.sæ̃˥⅃tæ̃˥tæ̃˥⅃tʰɑ˥ʂʅ……sæ̃˥⅃tæ̃˥tæ̃˥⅃tʰɑ˥⅃xua˥kəŋ˥tsɿ˧ɕiaŋ˦kə˦suæ̃˦tʰour⅄i˥⅃iaŋ˦⅃.xuo⅄tʂə˦kə˦suæ̃˦，tʂa⅄məŋ˧tʂʰʅ˥nə˦kə˦ta˦suæ̃˦i˥⅃muor⅄i˥⅃iaŋ˦⅃.ʂaŋ˦……kæ̃˥kæ̃˥⅃ʂaŋ˦tʰou˧kʰæᴇ˥kə˦⅃xua˥.tʰiŋ˥⅃xaɔ˥⅃kʰæ̃˦ti˧nə˦⅃kə˦⅃.（嗯嗯，绿色？）红色的，花是红的。xuoŋ⅄sə˥ti˧，xua˥sɿ˦⅃xuoŋ⅄ti˧.（红色？）噢，红色的。ɑɔ⅃，xuoŋ⅄sə˥ti˧.（噢，红艳艳。）红艳艳。xuoŋ⅄⅃iæ̃˦iæ̃˦⅃.

大碗碗花

黄：这里有个大碗碗花，大碗儿花。tʂə˦li˥iou˥kə˦ta˦væ̃˥væ̃˥xua˥，ta˦væ̃r˥xua˥⅃.（手腕儿的腕儿？）啊，大碗儿花。它是扯个蔓子，开四面花，就像个喇叭儿一样。喇叭儿花。也叫牵牛花。ɑ⅃，ta˦væ̃r˥xua˥⅃.tʰɑ˥⅃sɿ˦tʂʰə˥væ̃˦tsɿ˧，kʰæᴇ˥⅃sɿ˦miæ̃˦xua˥，tsou˦ɕiaŋ˦kə˦la˥par˥⅃i˥⅃iaŋ˦⅃.la˥par˥⅃xua˥.ie˥tɕiaɔ˦tɕʰiæ̃˥⅃niou⅄xua˥.

（四）草

毛蜡台

（蒲公英你们叫什么？）黄：那叫……就叫蒲公英。næᴇ˦˥tɕiɑɔ˦˨˩……tɕiou˦tɕiɑɔ˦pʰu˩˧˨˩kuoŋ˥˧iŋ˥˧˨˩.（有没有什么土的说法？）叫毛蜡台。tɕiɑɔ˦mɑɔ˩˧˨˩lɑ˥˧˧tʰæᴇ˩˧.（毛蜡台是什么东西？）也把那个叫毛蜡……啊，就叫……吃那个掐的是那个杆杆。那个杆杆有白面咧，吃上甜甜儿的。ie˥˧pɑ˥˧˨˩nə˦kə˦tɕiɑɔ˦mɑɔ˩˧˨˩lɑ˥˧˧……æ˨˩,tɕiou˦˥tɕiɑɔ˦……tʂʰʅ˥˧nə˦kə˦tɕʰiɑ˥˧ti˧ʂʅ˦˨˩nə˦kə˦kæ̃˥˧kæ̃˥˧˨˩.nə˦kə˦kæ̃˥˧kæ̃˥˧˨˩iou˥˧pei˩˧˨˩miæ̃˦˥lie˧,tʂʰʅ˥˧ʂɑŋ˦˨˩tʰiæ̃˩˧tʰiæ̃r˩˧˨˩ti˧.（拉，点蜡烛的那个蜡？）哎呀，说不来，反正都是……反正用毛蜡台儿。æᴇ˦iɑ˦,ʂuo˥˧pu˩˧˨˩læᴇ˩˧˨˩,fæ̃˥˧˨˩tʂəŋ˦˥tou˥˧˨˩sʅ˦˨˩……fæ̃˥˧˨˩tʂəŋ˦˥yoŋ˦mɑɔ˩˧lɑ˥˧tʰər˩˧.（毛蜡台？）也不是叫毛蜡……毛蜡台不是它。iɑ˥˧˧pu˩˧˨˩sʅ˦˥tɕiɑɔ˦mɑɔ˩˧lɑ˥˧……mɑɔ˩˧˨˩lɑ˥˧˧tʰæᴇ˩˧pu˩˧˨˩sʅ˦tʰɑ˥˧˨˩.（毛蜡台是什么呢？）毛蜡台是这个，这河里，像浮草一样，长下那个叶子，中间长个杆杆上来，长下这么奘，这么长一个。mɑɔ˩˧˨˩lɑ˥˧tʰæᴇ˩˧sʅ˦tʂə˦kə˦,tʂə˦xə˩˧˨˩li˥˧,ɕiɑŋ˦fu˩˧˨˩tsʰɑɔ˥˧i˥˧˨˩iɑŋ˦˨˩,tʂɑŋ˥˧xɑ˦nə˦kə˦ie˥˧tsʅ˧,tʂuoŋ˥˧˨˩tɕiæ̃˥˧tʂɑŋ˥˧kə˦˨˩kæ̃˥˧kæ̃˥˧˨˩ʂɑŋ˦læᴇ˩˧˨˩,tʂɑŋ˥˧xɑ˦˨˩tʂə˦muo˧tʂuɑŋ˥˧˨˩,tʂə˦muo˧tʂɑŋ˩˧i˥˧kə˦˨˩.（是河里的？）河里的。那个长着刺的哈，打响梆噔噔噔打那个。但是你把那个一晒干，一捐，呼吸气后吹气，漫天都是的，就像蒲公英那个。xə˩˧˨˩li˥˧ti˧.nə˦˨˩kə˦˨˩tʂɑŋ˥˧tʂə˧tsʰʅ˦ti˧xɑ˧,tɑ˥˧˨˩ɕiɑŋ˥˧pɑŋ˦təŋ˦təŋ˦təŋ˦˨˩tɑ˥˧nə˦˨˩kə˦˨˩.tæ̃˦˨˩sʅ˦˨˩ni˥˧pɑ˥˧˨˩næᴇ˦kə˦i˥˧˨˩sæᴇ˦˩˧kæ̃˥˧˨˩,i˥˧˩˧ye˥˧,ɸ,mæ̃˦˥tʰiæ̃˥˧˨˩tou˥˧˨˩sʅ˦˨˩ti˧,tsou˦ɕiɑŋ˦pu˩˧˨˩kuoŋ˥˧iŋ˥˧˨˩nə˦kə˦.（它那杆子就就就碎了是吧？）杆子不碎，它是执意展现它那个密集型的长下那个东西，那小毛毛子。kæ̃˥˧tsʅ˧pu˩˧˨˩suei˦,tʰɑ˥˧˧sʅ˦tʂʅ˥˧˨˩i˦˨˩tʂæ̃˥˧˧ɕiæ̃˦˨˩tʰɑ˥˧˧nə˦kə˦mi˥˧˩˧tɕi˩˧˨˩ɕiŋ˩˧ti˧tʂɑŋ˥˧xɑ˦˨˩nə˦kə˦tuoŋ˥˧ɕi˧,næᴇ˦ɕiɑɔ˥˧mɑɔ˩˧˨˩mɑɔ˩˧˥tsʅ˧.（那上面球一样的？）啊，像那么球儿一样的。它都是那细毛毛子。哎，有这么奘，有这么长一个。一晒干以后，你把那一捋，一吹那漫天都是。ɑ˦,ɕiɑŋ˦nə˦muo˧tɕʰiour˩˧i˥˧˨˩iɑŋ˦˨˩ti˧.tʰɑ˥˧˨˩tou˥˧˩˧sʅ˦nə˦ɕi˦˥mɑɔ˩˧˨˩mɑɔ˩˧˥tsʅ˧.æᴇ˩˧,iou˥˧˧tʂə˦˩˧muo˧tʂuɑŋ˥˧,iou˥˧˧tʂə˦muo˧tʂʰɑŋ˩˧i˥˧˧kə˦.i˥˧˨˩sæᴇ˦kæ̃˥˧i˥˧˨˩xou˦,ni˥˧˧pɑ˥˧˨˩næᴇ˦i˥˧˩˧y˥˧,i˥˧˩˧tʂʰuei˥˧næᴇ˦˨˩mæ̃˦˥tʰiæ̃˥˧˨˩tou˥˧˨˩sʅ˦˨˩.（都吸饱了水了它那个？）没……那里头不吸饱水。它那个就好像是，它那个果实就是那么个东西。垂垂的，它那个果实也就像蒲公英那个。只是，蒲公英吹吹因为它是籽儿么。m……næᴇ˦˥li˥˧tʰou˧pu˩˧˨˩ɕi˥˧˨˩pɑɔ˥˧˨˩ʂuei˥˧˧.tʰɑ˥˧nə˦kə˦tɕiou˦xɑɔ˥˧˧ɕiɑŋ˦sʅ˦˨˩,tʰɑ˥˧˧nə˦kə˦kuo˥˧ʂʅ˩˧tɕiou˦˨˩sʅ˦˨˩nə˦muo˧kə˦tuoŋ˥˧ɕi˧.tʂʰuei˩˧˨˩tʂʰuei˩˧˥ti˧,tʰɑ˥˧˧næᴇ˦kə˦kuo˥˧ʂʅ˩˧iɑ˥˧˧tɕiou˦ɕiɑŋ˦pʰu˩˧˨˩kuoŋ˥˧iŋ˥˧˨˩næᴇ˦kə˦.tsʅ˥˧˨˩sʅ˦˨˩,pʰu˩˧˨˩kuoŋ˥˧iŋ˥˧˨˩tʂʰuei˥˧˨˩tʂʰuei˥˧iŋ˥˧˧vei˩˧˧tʰɑ˥˧˧sʅ˦tsər˥˧muo˧.（它那个不是蒲公英？）不是蒲公英。pu˩˧˨˩sʅ˦˥pʰu˩˧˨˩kuoŋ˥˧iŋ˥˧˨˩.

苦苦菜

（苦菜呢？）黄：哎，多的是。ŋæᴇ˩˧,tuo˥˧ti˧sʅ˦˨˩.（叫什么呢？）就叫苦苦菜么。还有个洋苦苦菜。洋苦苦菜比这个苦苦菜长的叶子发白，那个叶子发白。那……啥子的根汁子比较大，苦着咧，纯粹吃不成。tɕiou˦tɕiɑɔ˦kʰu˥˧kʰu˥˧˨˩tsʰæᴇ˦muo˧.xæᴇ˩˧iou˥˧˧kə˦iɑŋ˩˧kʰu˥˧˨˩kʰu˥˧˨˩tsʰæᴇ˦.iɑŋ˩˧kʰu˥˧˨˩kʰu˥˧˨˩tsʰæᴇ˦pi˥˧tʂə˦˨˩kə˦˨˩kʰu˥˧kʰu˥˧˨˩tsʰæᴇ˦tʂɑŋ˥˧ti˧ie˥˧tsʅ˧fɑ˥˧pei˩˧,nə˦kə˦ie˥˧tsʅ˧fɑ˥˧˨˩pei˩˧.nei˦……sɑ˦˨˩tsʅ˧ti˧kəŋ˥˧˧tʂʅ˥˧tsʅ˧pi˥˧˨˩tɕiɑɔ˦tɑ˦,kʰu˥˧tʂə˧lie˧,tʂʰuoŋ˩˧˨˩tsʰuei˦˥tʂʰʅ˥˧pu˩˧˨˩tʂʰəŋ˩˧˨˩.

蒿子

（蒿子跟茼蒿有什么区别？）黄：那是那……你看，这有几种咧嘛。茼蒿，还有臭蒿。nə˦sʅ˦nə˦……ni˥˧kʰæ̃˦˨˩,tʂə˦˥iou˥˧˨˩tɕi˥˧tʂuoŋ˥˧lie˧mɑ˧.tʰuoŋ˩˧˨˩xɑɔ˥˧,xæᴇ˩˧˨˩iou˥˧˧tʂʰou˦˩˧xɑɔ˥˧˨˩.（还有什么臭蒿哇？）啊。有白蒿，有铁杆儿蒿子。这都……多少种咧么。ɑ˨˩.iou˥˧pei˩˧˨˩xɑɔ˥˧,i ou˥˧˧tʰie˥˧˩kæ̃r˥˧xaɔ˥˧tsɿ˧.tʂei˧˧˥˧tou˥˧˩……tuo˥˧ʂaɔ˥˧˩tʂuoŋ˥˧lie˧muo˧.（噢，茼蒿只是它一种啊？）嗯。ŋ̍˩.（这个蒿子，蒿子是统称吗？）啊，一个统称么。ɑ˩,i˥˧˩kə˧˩tʰuoŋ˥˧˩tʂʰəŋ˥˧muo˧.（啊。臭蒿能吃吗？）臭蒿不能吃。从去年开……从去年开始好像也大量收购咧，不知道是弄啥。tʂʰou˧xaɔ˥˧˩pu˧˥˩nəŋ˧˥tʂʰʅ˥˧.tsʰuoŋ˧˥˩tɕʰy˧niæ̃˧˥˩kʰæᴇ˥˧……tsʰuoŋ˧˥˩tɕʰy˧niæ̃˧˥˩kʰæᴇ˥˧˩sɿ˥˧˧xaɔ˥˧˧ɕiaŋ˧ie˥˧˩ta˧liaŋ˧ʂou˥˧˩kou˧˧˥˧lie˧,pu˧˥˧tʂʅ˥˧˧taɔ˧sɿ˧nuoŋ˧sa˧˩.（它是种的还是野生的？）野生的。这都是野……这些蒿子都是野生的。ie˥˧səŋ˥˧˩ti˧.tʂə˧tou˥˧˦sɿ˧ie˥˧˧……tʂə˧ɕie˥˧˧xaɔ˥˧tsɿ˧tou˥˧˦sɿ˧˩ie˥˧səŋ˥˧˩ti˧.（那个茼蒿在……不是家里自己菜园里面种的吗？）这不太多，这面儿都不……少得很。tʂə˧˧˥˧pu˧˥˩tʰæᴇ˧tuo˥˧˩,tʂei˧˥˧miæ̃r˧˩tou˥˧˩pu˧˥˩……ʂaɔ˥˧˧tə˧xəŋ˥˧.（除了这个臭蒿、茼蒿，还有白蒿是吧？）白蒿子。白蒿子就是这个欸中药里头茵陈。pei˧˥˩xaɔ˥˧tsɿ˧.pei˧˥˩xaɔ˥˧tsɿ˧tɕiou˧sɿ˧tʂə˧˩kə˧˩ei˩tʂuoŋ˥˧yo˥˧˩li˥˧˧tʰou˧liŋ˥˧tʂʰəŋ˧˥˩.（茵陈是什么东西？）一种中药。i˥˧˩tʂuoŋ˥˧˧tʂuoŋ˥˧yo˥˧˩.（它那药是干吗用的呢？）主要治疗用于治肝炎这类病。tʂʅ˥˧˩iaɔ˧tʂʅ˧liaɔ˧˥˧yoŋ˧y˧˥˧tʂʅ˧kæ̃˥˧˩iæ̃˧˥˧tʂei˧luei˧piŋ˧˩.（肝炎？）啊。特别上海那年甲肝的话，这茵陈就最值钱。ɑ˩.tʰə˥˧˩pie˩˧ʂaŋ˧xæᴇ˥˧˧nei˧niæ̃˧˥˧tɕia˥˧˦kæ̃˥˧tə˧xua˧˩,tʂə˧˩iŋ˥˧tʂʰəŋ˧˥˩tɕiou˧˩tsuei˧tʂʅ˧˥˩tɕʰiæ̃˧˥˩.（有那个咪蒿子吗？咪咪蒿，或者米蒿蒿？）没有。muo˥˧˧iou˥˧˧.（是黄花蒿就是。）兀都不知道是……名字就是叫啥么。这蒿子多咧，不知道是哪一种么。væᴇ˧˧˥˧tou˥˧˩pu˧˥˩tʂʅ˥˧˩taɔ˧sɿ……miŋ˧˩tsɿ˧tɕiou˧sɿ˧tɕiaɔ˧sa˧˩muo˧.tʂei˧xaɔ˥˧tsɿ˧tuo˥˧lie˧,pu˧˥˩tʂʅ˥˧˩taɔ˧sɿ˧na˥˧i˥˧˩tʂuoŋ˥˧muo˧.（那你只说了才说了两三种呐。）一个铁杆儿蒿子咧么。i˥˧˩kə˧tʰie˥˧˩kæ̃r˥˧xaɔ˥˧tsɿ˧lie˧muo˧.

狗儿蔓

黄：我们这儿有个狗儿蔓么。ŋuo˥˧məŋ˧tʂər˧˥˧iou˥˧˩kə˧˩kour˥˧væ̃˧˥˧muo˧.（狗儿蔓？）嗯。ŋ̍˩.（就街上跑那个狗……）啊，狗儿蔓么。ɑ̃˧,kour˥˧væ̃˧muo˧.（是干吗？是干吗的？）还是一种草么。xa˧˥˩sɿ˧˥˧i˥˧˩tʂuoŋ˥˧˩tsʰaɔ˥˧muo˧.（它那个草有什么作用？）扯蔓蔓，开花花，开这么大个喇叭儿花儿。tʂʰə˥˧væ̃˧væ̃˧˩,kʰæᴇ˥˧˦xua˥˧xua˥˧˩,kʰæᴇ˥˧˩tʂə˧muo˧ta˧kə˧la˥˧par˧xuar˥˧.

莎草

冯：咱们这儿就有莎草，就叫莎草么。tsa˧˥˩məŋ˧tʂər˧tɕiou˧iou˥˧˧sa˥˧tsʰaɔ˥˧˩,tɕiou˧tɕiaɔ˧sa˥˧tsʰaɔ˥˧˩.（是一种什么样的草呢？）是一种长的细细儿的，不长杆儿，一下长起来像头发一样，翻起来那么一墩子一墩子，把那个叫莎草。sɿ˧i˥˧˧tʂuoŋ˥˧˧tʂaŋ˥˧ti˧ɕi˧ɕiər˧ti˧,pu˧˥˩tʂaŋ˥˧kæ̃r˥˧,i˥˧˩xa˧tʂaŋ˥˧tɕʰi˥˧læᴇ˧˥˩ɕiaŋ˧tʰou˧˥˩fa˥˧i˥˧˩iaŋ˧˩,fæ̃˥˧˩tɕʰi˥˧læᴇ˧˥˩nə˧muo˧i˥˧˦tuoŋ˥˧tsɿ˧i˥˧˦tuoŋ˥˧tsɿ˧,pa˥˧˩nə˧kə˧tɕiaɔ˧sa˥˧tsʰaɔ˥˧˩.

苇子

（这个炕上那个席子叫什么？）黄：苇子炕席。y˥˧˩tsɿ˧kʰaŋ˧ɕi˧˥˩.（不讲那“簟子”啊？）嗯。ə̃˩.（有的地方是竹子做的。他们这儿就没有。）我们放是这个欸放苇子。我们这里的席……炕席子是苇……放苇子做下的。ŋuo˥˧məŋ˧faŋ˧sɿ˧tʂə˧kə˧ei˩faŋ˧y˥˧tsɿ˧.ŋuo˥˧məŋ˧tʂə˧˧˥˧li˥˧˩ti˧ɕi……kʰaŋ˧ɕi˧˥˧tsɿ˧sɿ˧y……faŋ˧y˥˧tsɿ˧tsuo˧˧˥˧xa˧˩ti˧.（放苇子是什么？）苇子，一种芦科植物。它像芦草一样，比芦草长的奘，高。最高可以长得这么高呢。y˥˧tsɿ˧,i˥˧˩tʂuoŋ˥˧˩lou˧˥kʰə˥˧˩tʂʅ˧˥˩vuo˥˧.tʰa˥˧˧ɕiaŋ˧lou˧˥˩tsʰaɔ˥˧i˥˧˩iaŋ˧,pi˥˧˩lou˧˥˩tsʰaɔ˥˧tʂaŋ˥˧˩ti˧tʂuaŋ˥˧˧,kaɔ˥˧.tsuei˧kaɔ˥˧˩kʰə˥˧i˥˧˩tʂaŋ˥˧tə˥˧˩tʂə˧˧˥˧muo˧kaɔ˥˧˩nə˧.（这个y˧怎么写？）“芋”是这个欸草字头儿底下那个“芋”。y˧sɿ˧tʂə˧kə˧ei˩tsʰaɔ˥˧tsɿ˧tʰour˧˥˩ti˥˧xa˧˩nə˧˧˥˧kə˧˩y˧˥˧.（“芋头”的“芋”？）嗯，“芋头”的“芋”，嗯。ə̃˩,y˧tʰou˧ti˧y˧,ə̃˩.（苇子席？）噢，苇子席。

嗯。ɑɔ˨˩,y˥˧tsɿ˧ɕi˨˩˨.əŋ˨˩.（叫什么？）苇子，苇子席。嗯。y˥˧tsɿ˧,y˥˧˧tsɿ˧ɕi˨˩˨.əŋ˨˩.（ɕi˨˩还是ɕi˨？）席，席位的席。ɕi˨,ɕi˨˩veiˉ˥ti˧ɕi˨˩.（“席位”的“席”？）嗯。ɑ̃˨˩.（做这个炕？）啊。铺炕的。ɑ̃˨˩.pʰu˥˩kʰɑŋ˥ti˧.（苇子就是一种芦科的植物是吗？）噢，芦科植物，嗯。ɑɔ˨˩,lu˨kʰə˥˩tʂɿ˨vuo˥˩.ɑ̃˥˧.（跟吃的那个芋子不一样吧？）不一样。咱们包的那个粽子叶子，你吃的那个粽子里的叶子就是这个苇子的叶子。pu˨˥i˥˩iɑŋ˥.tʂɑ˨məŋ˧pɑɔ˥ti˧nə˥kə˥tsuoŋ˥˧tsɿ˧ie˥tsɿ˧,ni˥˧tʂʰʅ˥ti˧nə˥kə˥tsuoŋ˥˧tsɿ˧li˥˧tə˧ie˥tsɿ˧tɕiou˥sɿ˥tʂə˥kə˥y˥tsɿ˧ti˧ie˥tsɿ˧.（噢，那还不是那个东西，不是“芋头”的“芋”。箬，箬叶？/他没有那东西。箬叶是什么，是什么样的？你们种过没有，你们家？/我们不种，但是山上有。）这不是野生的，这是种下的。tʂə˥pu˨˩sɿ˥ie˥səŋ˥˩ti˧,tʂə˥sɿ˥tʂuoŋ˥xɑ˥˩ti˧.（种下的？）嗯。ɑ̃˨˩.（那个，你你这里种啊？）种，这里有么。这像芦苇一样，就是河里……长的也……地要肥，肥沃一点，可以长这么房子这么高。噢，它可以长指头那么奘的。然后做席子。剥外面那一层子敛，那个是放碌碡，放个东西把这个碾扁以后，再就破两半儿，拿这个就编席子。tʂuoŋ˥,tʂə˥˥li˥˩iou˥muo˧.tʂei˥ɕiɑŋ˥lou˨vei˥i˥˩iɑŋ˥˥,tɕiou˥sɿ˥xuo˨˩l˥……tʂɑŋ˥ti˧ie˥˧……ti˥iɑɔ˥fei˨,fei˨vu˥i˥˩tiæ̃˥˧,kʰə˥i˥tʂɑŋ˥tʂə˥muo˧fɑŋ˨tsɿ˧tʂə˥muo˧kɑɔ˥˩.ɑɔ˨˩,tʰɑ˥˩kʰə˥˧i˥˧tʂɑŋ˥˧tsɿ˥tʰou˧nə˥muo˧tʂuɑŋ˥˧ti˧.zæ̃˨˩xou˥tsuo˥˥ɕi˨˩tsɿ˧.puo˥˩væᴇ˥˧miæ̃˥nei˥i˥˧tsʰəŋ˨˩zei˧（←tsɿ˧ei˨˩）,nei˥kə˥sɿ˥fɑŋ˥˧lou˥tʂʰʮ˧,fɑŋ˥kə˥tuoŋ˥ɕi˧pɑ˥˩tʂə˥kə˥niæ̃˥piæ̃˥i˥˩xou˥,tsæᴇ˥tɕiou˥pʰuo˥liɑŋ˥pæ̃r˥,nɑ˨tʂə˥kə˥tsou˥piæ̃˥˩ɕi˨tsɿ˧.（绑蓑衣是不是也用这个东西？）不pu˨.（你们蓑衣用什么做的？）蓑衣，蓑衣那就是……这……本地没有那个东西。suo˥i˥˩,suo˥i˥˩næᴇ˥tɕiou˥sɿ˥……tʂei˥……pəŋ˥ti˥˥mei˨iou˥˩nə˥kə˥tuoŋ˥ɕi˧.（外头买的？）它都是外头进……的。嗯。tʰɑ˥˧tou˥˧sɿ˥væᴇ˥tʰou˧tɕiŋ˥kʰ……ti˧.ɑ̃˨˩.

苜蓿

黄：[苜蓿]喂牲口，喂……喂猪的么。叫紫……叫紫花儿苜蓿。开那花儿是紫的，叫紫花儿苜蓿。vei˥˧səŋ˥kʰou˥˩,vei˥˩……vei˥tʂʮ˥ti˧muo˧.tɕiɑɔ˥tsɿ˥……tɕiɑɔ˥tsɿ˥xuɑr˥˩mu˥ɕy˥˩.kʰæᴇ˥nə˥˩xuɑr˥sɿ˥tsɿ˥ti˧,tɕiɑɔ˥tsɿ˥xuɑr˥˩mu˥ɕy˥˩.（野生的呢？）野生的不叫苜蓿咧啊。ie˥səŋ˥˩ti˧pu˨˩tɕiɑɔ˥mu˥ɕy˥˩liɑ˧.（叫什么呢？）叫马钱。tɕiɑɔ˥mɑ˥tɕʰiæ̃˨˥.（叫什么？）马钱，马钱草。mɑ˥tɕʰiæ̃˨˩,mɑ˥tɕʰiæ̃˨˥tsʰɑɔ˥˩.

甘草

黄：甘草是产量最高。这几年采的没东西了。甘草……kæ̃˥tsʰɑɔ˥˩sɿ˥˩tsʰæ̃˥˧liɑŋ˥tsuei˥˧kɑɔ˥˩.tʂei˥tɕi˥˩niæ̃˨tsʰæᴇ˥ti˧muo˥˩tuoŋ˥ɕi˧lə˧.kæ̃˥tsʰɑɔ˥˩……（没有东西了？采完了？）少得很了。嗯。ʂɑɔ˥tə˧xəŋ˥lə˧.ɑ̃˥.（宁夏是不是甘……甘草也多？）宁夏也有甘草噢。liŋ˨˩ɕiɑ˥˥ie˥˧iou˥˧kæ̃˥tsʰɑɔ˥˩ɑɔ˥.（甘草它……它不种吗？）也种，人工现在也种着咧。过去挖的是这个八二年，八三年，八六年。ie˥˧tʂuoŋ˥,zəŋ˨kuoŋ˥˩ɕiæ̃˥tsæᴇ˥ie˥˧tʂuoŋ˥tʂə˧lie˧.kuo˥˧tɕʰy˥vɑ˥tə˧sɿ˥tʂə˥kə˥pɑ˥˩ər˥niæ̃˨˩,pɑ˥˧sæ̃˥˩niæ̃˨˩,pɑ˥˧liou˥niæ̃˨˩.（那都是野生的是吧？）八六年我在做甘草生意。pɑ˥˧liou˥niæ̃˨˩ŋuo˥˧tsæᴇ˥tsuo˥˧kæ̃˥tsʰɑɔ˥˩səŋ˥i˥˩.（噢，你还做过甘草生意啊？）噢，由于……由于计划生育的时候，和乡上闹僵了，我回去了，不干了。我做呃一个月的甘草生意，我收下那甘草都是甘草王，都是这个奘的。ɑɔ˨˩,iou˨˩y˨˥……iou˨˩y˨˥tɕi˥xuɑ˥səŋ˥˩y˥˥ti˧sɿ˨xou˥,xuo˨˩ɕiɑŋ˥ʂɑŋ˥nɑɔ˥tɕiɑŋ˥lə˧,ŋuo˥˧xuei˨˩tɕʰi˥˥lə˧,pu˨˩kæ̃˥˧lə˧.ŋuo˥˧tsuo˥˥ə˧i˥˩kə˥˧yo˥˧ti˥kæ̃˥tsʰɑɔ˥˩səŋ˥i˥˩,ŋuo˥ʂou˥˩xɑ˥næᴇ˥kæ̃˥tsʰɑɔ˥˩tou˥˧sɿ˥kæ̃˥tsʰɑɔ˥˩vɑŋ˨,tou˥˧sɿ˥˥tʂə˥muo˧tʂuɑŋ˥˧ti˧.（这么粗的啊？）啊，这么粗的。

有个七八尺长的，有几丈长的。ɑ˥,tʂə˥muo˧tsʰʮ˥˧ti˧.iou˥˧kə˥˨˩tɕʰi˥˧pɑ˥˧˨˩tʂʰʮ˥˧tʂʰɑŋ˧˩˨˩ti˧,iou˨˩˦˧˥tɕi˨˩˦˧˥tʂɑŋ˥˥˦tʂʰɑŋ˧˩˨˩ti˧.（怎么挖出来的？）那都是硬拿的铁锹子捣出来的。有一根甘草都是称到七八斤重的咧。næᴇ˥tou˥˧˨˩sɿ˥˨˩niŋ˥nɑ˧˩˧˥ti˧˧tʰi˨˩（←tʰie˥˧）ɕiæ̃˥˧tsɿ˧tɑɔ˥˧tʂʰʮ˥˧˨˩læᴇ˧˩˨˩ti˧.iou˥˧i˨˩˦kəŋ˥˧˨˩kæ̃˥˧tsʰɑɔ˥˧˧˥tou˥˧˧˥sɿ˥tʂʰəŋ˥˧˨˩tɑɔ˥tɕʰi˥˧˨˩pɑ˨˩˦tɕiŋ˥˧˨˩tʂuoŋ˥ti˧lie˧.（喔哟，我们从来没有见过这么这样的甘草欸！）那会儿七八年你来到这个对门儿这个院院子里啊，我就在，我就在对门儿这个前头这儿这有个……这个湖南小张开下的这个门市里头，我就在这个里头咧，文化站就在这儿咧，后院里就是……县药材公司收药的。我就在这儿这做生意。那后院里那甘草啊，摞的个山一样。næᴇ˥xuər˥tɕʰi˨˩˦pɑ˥˧niæ̃˧˩ni˥˧˧˥læᴇ˧˩˧˥tɑɔ˥tʂə˥kə˥tuei˥mə̃r˧˩tʂə˥kə˥yæ̃˥yæ̃˥tsɿ˧li˥˧˨˩ɑ˧,ŋuo˥˧˧˥tɕiou˥tsæᴇ˥,ŋuo˥˧tɕiou˥tsæᴇ˥tuei˥mə̃r˧˩tʂə˥kə˥tɕʰiæ̃˧˩˨˩tʰou˧tʂər˥˨˩˦tʂə˥iou˥˧kə˥˨˩……tʂə˥kə˥xu˧˩næ̃˧˩˧˥ɕiɑɔ˥˧˨˩tʂɑŋ˥˧˧˥kʰæᴇ˥˧xɑ˥˨˩ti˧tʂə˥kə˥məŋ˧˩˨˩sɿ˥˥˦li˥˧˨˩tʰou˧,ŋuo˥˧tɕiou˥tsæᴇ˥tʂə˥˥˦kə˥˥˦li˥˧˨˩tʰou˧lie˧,vəŋ˧˩˨˩xuɑ˥tsæ̃˥tɕiou˥tsæᴇ˥tʂər˥˨˩˦lie˧,xou˥yæ̃˥li˥˧˨˩tɕiou˥˨˩sɿ˥˨˩˦i……ɕiæ̃˥yo˥˧˨˩tsʰæᴇ˧˩˨˩kuoŋ˥˧˨˩˦sɿ˥˧ʂou˥˧˨˩˦yo˥˧ti˧.ŋuo˥˧tɕiou˥tsæᴇ˥tʂər˥˨˩˦tʂə˥tsuo˥səŋ˥˧i˥˨˩.næᴇ˥˥˦xou˥yæ̃˥li˥˧˧˥næᴇ˥kæ̃˥˧tsʰɑɔ˥˧˨˩ɑ˧,luo˥ti˧kə˥˨˩sæ̃˥˧i˥˧˨˩iɑŋ˥˨˩.（现在都没有看到了。）噢，合水县药材公司收甘草收咧齐院深，最后，没人要啦。ŋɑɔ˨,xuo˧˩˨˩ʂuei˥˧ɕiæ̃˥yo˥˧˨˩tsʰæᴇ˧˩˨˩kuoŋ˥˧˨˩˦sɿ˥˧ʂou˥˧˨˩kæ̃˥˧tsʰɑɔ˥˧˨˩ʂou˥˧lie˧tɕʰi˧˩˥˦yæ̃˥˨˩˦ʂəŋ˥˧˨˩,tsuei˥xou˥,mei˧˩zəŋ˧˩˧˥iɑɔ˥lɑ˧.（那怎么办？）要是不那那就倒闭。就为那一笔甘草生意，合水县药材公司破产了。iɑɔ˥sɿ˥˥˦pu˧˩˨˩nɑ˥˥˦nɑ˥˥˦tɕiou˥tɑɔ˥˧pi˥˨˩.tɕiou˥vei˥næᴇ˥i˥˧˨˩pi˥˧kæ̃˥˧˨˩tsʰɑɔ˥˧˨˩səŋ˥˧i˥˨˩,xuo˧˩˨˩ʂuei˥˧ɕiæ̃˥yo˥˧tsʰæᴇ˧˩˨˩kuoŋ˥˧˧˥sɿ˥˧˧˥pʰuo˥tsʰæ̃˥˧lə˧.（可能一下挖得太多了！）挖得太多了。vɑ˥˧tei˥˧˨˩tʰæᴇ˥tuo˥˧lə˧.（现在山上也没有了吧？）有了，少么。iou˥˧lə˧,ʂɑɔ˥˧muo˧.（难得找到了？）啊，很难找到，挖不下那么好的了。ɑ˥˧,xəŋ˥˧˨˩næ̃˧˩tʂɑɔ˥˧˨˩tɑɔ˥,vɑ˥˧pu˧˩˨˩xɑ˥nə˥muo˧xɑɔ˥˧ti˧lə˧.（欸，发菜你们这儿也有没有？）有么，发菜么。iou˥˧muo˧,fɑ˥˧˨˩tsʰæᴇ˥muo˧.（也去挠？）啊。他把那个……发菜少得很，我们这儿没发菜。甘草拿回来啊，那都是给……说是给这个欸出口，加工……加工成粉草，一米长，拿刀子把外头那个表皮都刮得净净，黄亮黄亮的那个，就是十二根一捆十二根一捆，哎好的焦锹。前两天那个……甘肃……中国人这个……疯狂的这个采伐采挖，那了不得。那都可以……ɑ̃˨˩.tʰɑ˥˧pɑ˥˧˨˩nə˥kə˥……fɑ˥˧˨˩tsʰæᴇ˥˥˦ʂɑɔ˥˧˨˩tə˧xəŋ˥˧˨˩,ŋuo˥˧məŋ˧tʂər˥mei˧˩fɑ˥˧˨˩tsʰæᴇ˥.kæ̃˥˧tsʰɑɔ˥˧˨˩nɑ˧˩xuei˧˩˨˩læᴇ˧˩˥˦ɑ˧,nə˥tou˥˧˨˩sɿ˥˨˩kei˥……ʂuo˥˧˧˥sɿ˥kei˥˨˩˦tʂə˥kə˥ei˨˩tʂʰʮ˥˧˨˩kʰou˥˧,tɕiɑ˥˧˨˩ku……tɕiɑ˥˧˨˩˦kuoŋ˥˧˨˩tʂʰəŋ˧˩˧˥fəŋ˥˧tsʰɑɔ˥˧˨˩,i˥˧˨˩˦mi˥˧tʂʰɑŋ˧˩,nɑ˧˩tɑɔ˥˧tsɿ˧pɑ˥˧˨˩væᴇ˥tʰou˧nə˥kə˥piɑɔ˥˧pʰi˧˩tou˥˧˨˩kuɑ˥˧tei˥˧˨˩tɕiŋ˥tɕiŋ˥,xuɑŋ˧˩˨˩liɑŋ˥xuɑŋ˧˩˨˩liɑŋ˥ti˧næᴇ˥kə˥,tɕiou˥sɿ˥ʂʮ˧˩˨˩ər˥kəŋ˥˧˨˩i˥˧˨˩kʰuoŋ˥˧ʂʮ˧˩˨˩ər˥kəŋ˥˧˨˩i˥˧˨˩kʰuoŋ˥˧,æᴇ˥˧xɑɔ˥˧˧˥ti˧tɕiɑɔ˥˧ɕiæ̃˥˧˨˩.tɕʰiæ̃˧˩˨˩liɑŋ˥˧tʰiæ̃˥˧˨˩nei˥kə˥……kæ̃˥˧ɕy˥˧˨˩……tʂuoŋ˥˧kuo˥˧˨˩zəŋ˧˩tʂə˥kə˥……fəŋ˥˧˨˩kʰuɑŋ˧˩ti˧tʂə˥kə˥tsʰæᴇ˥˧fɑ˧˩tsʰæᴇ˥˧vɑ˥˧,næᴇ˥˥˦liɑɔ˥˧pu˧˩˨˩tei˥˧˨˩.nə˥˨˩tou˥˧kʰə˥˧i˥˧˧˥……（盗墓也是那个前两年……）噢，说起这个样子可以说是这个……百万大军铺天盖地而来呀，那家伙。ŋɑɔ˨,ʂuo˥˧tɕʰi˥˧˨˩tʂə˥kə˥iɑŋ˥tsɿ˧kʰə˥˧i˥˧˧˥ʂuo˥˧˧˥sɿ˥tʂə˥˨˩kə˥˨˩……pei˥˧˨˩væ̃˥tɑ˥˨˩˦tɕyoŋ˥˧˨˩pʰu˥˧˨˩˦tʰiæ̃˥˧˨˩kæᴇ˥ti˥ər˧˩˨˩læᴇ˧˩˨˩iɑ˧,næᴇ˥˥˦tɕiɑ˥˧˨˩xuo˥˧˨˩.（疯了。）疯了那是。fəŋ˥˧lə˧næᴇ˥˥˦sɿ˥˨˩.（这个眼前，图到眼前这点小利。）那个地方，那个时候的甘草，一斤就说是这个葱杆，就是直接指那个大号，一斤才卖着是这个八毛钱一斤。nə˥˨˩kə˥˥˦ti˥fɑŋ˥˧˧˥,nə˥kə˥sɿ˧˩xou˥ti˧kæ̃˥˧tsʰɑɔ˥˧˨˩,i˥˧˨˩˦tɕiŋ˥˧˨˩tɕiou˥ʂuo˥˧˧˥sɿ˥tʂə˥kə˥tsʰuoŋ˥˧kæ̃r˥˧˨˩,tsou˥sɿ˥tʂʮ˧˩tɕie˥˧˨˩tsɿ˥˧nə˥˨˩kə˥˨˩tɑ˥xɑɔ˥˨˩,i˥˧˨˩tɕiŋ˥˧tsʰæᴇ˧˩˨˩mæᴇ˥tʂɑɔ˧˩sɿ˥˨˩tʂə˥˨˩kə˥˨˩pɑ˥˧mɑɔ˧˩˨˩tɕʰiæ̃˧˩˨˩i˥˧˨˩tɕiŋ˥˧˨˩.（一斤八毛？）啊，这个毛草，就是那细根子草，卖三分钱一斤。就那一个人一天就卖四五十块钱，就搞四五十块钱咧。现在这一斤，一斤葱杆儿都涨到七……七块钱一斤，你一天挖不下几十块钱。只要有一样，哪一……山上哪一样药材

能……能采，能卖钱，那是一拥而上，几天时间，没啦。ɑ꜖,tʂə˥kə˥mɑɔ˩˧tsʰɑɔ˥˧,tɕiou˥꜖sɿ˥꜖nə˥꜖ɕi˥kəŋ˥˧kəŋ˥˧꜖tsɿ꜔tsʰɑɔ˥˧,mæᴇ˥sæ̃˥˧fəŋ˥˧꜖tɕʰiæ̃˩˧i˥˧꜖tɕiŋ˥˧꜖.tsou˥næᴇ˥꜒i˥˧꜖kə˥꜒zəŋ˩˧꜖i˥˧꜓tʰiæ̃˥˧tsou˥mæᴇ˥sɿ˧vu˥˧꜓ʂʅ˩˧꜓kʰuæᴇ˥˧tɕʰiæ̃˩˧꜖,tsou˥꜖kɑɔ˥˧sɿ˧vu˥˧꜓ʂʅ˩˧꜓kʰuæᴇ˥˧tɕʰiæ̃˩˧꜖lie꜔.ɕiæ̃˥tsæᴇ˥tʂə˥꜖i˥˧꜖tɕiŋ˥˧,i˥˧꜖tɕiŋ˥˧꜓tsʰuoŋ˥˧kæ̃r˥˧꜖tou˥˧꜖tʂɑŋ˥˧tɑɔ˥꜖tɕʰi˥˧……tɕʰi˥˧kʰuæᴇ˥˧tɕʰiæ̃˩˧꜖i˥˧tɕiŋ˥˧꜖,ni˥˧i˥˧꜓tʰiæ̃˥˧꜖vɑ˥˧꜖pu˩˧꜖xɑ˥꜒tɕi˥˧꜖ʂʅ˩˧꜖kʰuæᴇ˥˧tɕʰiæ̃˩˧꜖.tsɿ˥˧꜖iɑɔ˥꜒iou˥˧i˥˧꜖iɑŋ˥,nɑ˥˧i˥˧꜖……sæ̃˥˧ʂɑŋ˥꜖nɑ˥˧i˥˧꜖iɑŋ˥yo˥˧tsʰæᴇ˩˧꜖nəŋ˩˧……nəŋ˩˧꜖tsʰæᴇ˥˧,nəŋ˩˧꜖mæᴇ˥tɕʰiæ̃˩˧꜓,næᴇ˥sɿ˥i˥˧꜓yoŋ˥˧ər˩˧꜖ʂɑŋ˥,tɕi˥˧tʰiæ̃˩˧꜖sɿ˩˧꜖tɕiæ̃˥˧,mei˩˧lɑ꜔.（这都是毁灭性的搞。）都是毁灭性的。而且……太白这个生意做到甚么程度？有这个穿地龙，拿斗篷车装一车子穿地龙，从我们这个地方拉往宝鸡制药厂的话，在这儿装车的时候，装一层子药，撒一层子土，浇些水。tou˥˧꜓sɿ˥xuei˥˧mie˥˧꜖ɕiŋ˥꜒ti꜔.ər˩˧tɕʰie˥˧꜖z……tʰæᴇ˥pei˥˧꜖tʂə˥kə˥səŋ˥˧i˥꜖tsuo˥꜖tɑɔ˥꜒ʂəŋ˥꜒muo꜔tʂʰəŋ˩˧꜖tu˥?iou˥˧꜓tʂə˥kə˥tʂʰuæ̃˥˧꜖ti˥꜒luoŋ˩˧,nɑ˩˧tou˥˧pʰəŋ˩˧tʂʰə˥˧tʂuɑŋ˥˧i˥˧꜖tʂʰə˥˧tsɿ꜔tʂʰuæ̃˥˧꜖ti˥꜒luoŋ˩˧꜖,tsʰuoŋ˩˧꜖ŋuo˥˧məŋ꜔tʂə˥kə˥ti˥fɑŋ˥˧꜖lɑ˥˧꜖vɑŋ˥˧pɑɔ˥˧tɕi˥˧꜖tʂʅ˥yo˥˧꜓tʂʰɑŋ˥˧ti꜔xuɑ˥꜖,tsæᴇ˥tʂər˥tʂuɑŋ˥˧꜓tʂʰə˥˧ti꜔sɿ˩˧꜖xou˥꜒,tʂuɑŋ˥˧i˥˧꜖tʂʰəŋ˩˧꜖tsɿ꜔yo˥˧,sɑ˥˧i˥˧꜖tʂʰəŋ˩˧꜖tsɿ꜔tʰu˥˧,tɕiɑɔ˥˧ɕie˥˧꜖ʂuei˥˧.（故意？）故意这样倒嘛。那你像你这个欸，你这个一斤药，一药材……一斤穿地龙在这儿是六毛钱收下的，你去也就大不了交咧六毛钱一斤，你如果不加土不加水，那车轱辘子怎么办？你的这个，你赚钱的这个路从哪里来？ku˥i˥tʂei˥꜖iɑŋ˥꜖tɑɔ˥˧mɑ꜔.næᴇ˥ni˥˧꜓ɕiɑŋ˥ni˥˧tʂə˥kə˥꜒ei꜖,ni˥˧꜓tʂə˥kə˥i˥˧꜖tɕiŋ˥˧yo˥˧,i˥˧꜓yo˥˧tsʰæᴇ˩˧꜖i……i˥˧꜓tɕiŋ˥˧tʂʰuæ̃˥˧꜖ti˥luoŋ˩˧tsæᴇ˥tʂər˥sɿ˥꜖liou˥˧mɑɔ˩˧tɕʰiæ̃˩˧ʂou˥˧xɑ˥꜖ti꜔,ni˥˧tɕʰi˥ie˥˧꜖tɕiou˥꜖tɑ˥pu˩˧꜖liɑɔ˥˧tɕiɑɔ˥˧lie꜔liou˥˧mɑɔ˩˧tɕʰiæ̃˩˧꜖i˥˧꜖tɕiŋ˥˧꜖,ni˥˧ʐʮ˩˧꜖kuo˥˧pu˩˧꜖tɕiɑ˥˧꜖tʰu˥˧pu˩˧꜖tɕiɑ˥˧꜖ʂuei˥˧,næᴇ˥tʂʰə˥˧꜖ku˥˧lou꜔tsɿ꜔tsəŋ˥˧꜖muo꜔pæ̃˥꜖?ni˥˧ti꜔tʂə˥kə˥,ni˥˧tɕiæ̃˥tɕʰiæ̃˩˧꜖ti꜔tʂə˥kə˥lou˥tsʰuoŋ˩˧꜖nɑ˥˧li˥˧꜖læᴇ˩˧꜖?（本地资源还是不少啊！）啊，就是这几年破坏的不行了。ɑ꜖,tɕiou˥꜒sɿ˥꜖tʂei˥tɕi˥˧꜖niæ̃˩˧pʰuo˥꜒xuæᴇ˥ti꜔pu˩˧꜖ɕiŋ˩˧꜖lə꜔.（他没得一个开发的这个综合性的长远计划。）就是没有计划的开发，就把这东……资源破坏完了。tɕiou˥sɿ˥mei˩˧iou˥˧tɕi˥xuɑ˥ti꜔kʰæᴇ˥˧꜓fɑ˥˧,tsou˥pɑ˥˧tʂə˥tuoŋ˥˧……tsɿ˥˧꜖yæ̃˩˧pʰuo˥xuæᴇ˥væ̃˩˧꜖lə꜔.（就是这种这种搞法……）前几年这个欸子午岭林区的这个采伐，国家也欸大量的采伐，每天运输木头的这个车子车流也是源源不断。tɕʰiæ̃˩˧tɕi˥˧꜖niæ̃˩˧꜓tʂə˥kə˥꜖ei꜖tsɿ˥˧vu˥˧꜖liŋ˥˧liŋ˩˧tɕʰy˥˧꜖ti꜔tʂə˥kə˥tsʰæᴇ˥˧fɑ˩˧,kuo˥˧tɕiɑ˥˧꜖iɑ˥˧ei꜖tɑ˥liɑŋ˥ti꜔tsʰæᴇ˥˧fɑ˩˧꜖,mei˥˧tʰiæ̃˥˧꜖yoŋ˥ʂʮ˥mu˥˧꜖tʰou꜔ti꜔tʂə˥kə˥tʂʰə˥˧tsɿ꜔tʂʰə˥˧꜖liou˩˧iɑ˥˧꜓sɿ˥yæ̃˩˧yæ̃˩˧꜓pu˩˧꜖tuæ̃˥.（也是前几年弄的？）噢，前几年。现在都是这个，子午岭都是，天然林保护工程启动以后，停止采伐咧啊么。ɑɔ꜖,tɕʰiæ̃˩˧tɕi˥˧niæ̃˩˧꜖.ɕiæ̃˥tsæᴇ˥tou˥˧꜖sɿ˥꜖tʂə˥꜖kə˥꜖,tsɿ˥˧vu˥˧꜖liŋ˥˧tou˥˧꜖sɿ˥꜖,tʰiæ̃˥˧ʐæ̃˩˧꜖liŋ˩˧꜓pɑɔ˥˧xu˥kuoŋ˥˧tʂʰəŋ˩˧꜖tɕʰi˥˧tuoŋ˥i˥˧꜖xou˥,tʰiŋ˩˧꜖tsɿ˥˧tsʰæᴇ˥˧fɑ˩˧꜖liɑ꜔muo꜔.（那个时候采伐是县里头还是……）那是国家采的么。nə˥sɿ˥kuo˥˧tɕiɑ˥˧꜖tsʰæᴇ˥˧ti꜔muo꜔.

老鼠燃燃

（牛蒡？）黄：牛籽儿，我们叫牛籽儿。又名叫老鼠燃燃。niou˩˧꜖tsər˥˧,ŋuo˥˧məŋ꜔tɕiɑɔ˥niou˩˧꜖tsər˥˧.iou˥miŋ˩˧꜓tɕiɑɔ˥lɑɔ˥˧ʂʮ˥˧꜖ʐæ̃˩˧꜖ʐæ̃˩˧꜓.（ʐæ̃˩˧꜖ʐæ̃˩˧꜓是什么？）因为它那个果实么是这么大一个圆球儿，这个圆球外头就像刺猬一样的。刺猬它那个针……外头那个皮子有针针，它这满栽……它那个尖尖满栽倒钩子。老鼠燃燃就说这个东西，你给老鼠洞里把那玩意给它填进去，老鼠从那儿往过一走，那个钩钩就把老鼠毛能钩……叫老鼠燃燃。iŋ˥˧꜖vei˥꜒tʰɑ˥˧꜓nə˥kə˥kuo˥˧ʂʅ˩˧꜖muo꜔sɿ˥꜖tʂə˥muo꜔tɑ˥i˥˧꜖kə˥꜖yæ̃˩˧tɕʰiour˩˧꜖,tʂə˥kə˥yæ̃˩˧tɕʰiou˩˧꜓væᴇ˥tʰou꜔tsou˥ɕiɑŋ˥tsʰɿ˥vei˥i˥˧꜖iɑŋ˥꜒ti꜔.tsʰɿ˥vei˥tʰɑ˥nə˥kə˥tʂəŋ……væᴇ˥tʰou꜔nə˥kə˥pʰi꜔tsɿ꜔iou˥˧꜓tʂəŋ˥˧tʂəŋ˥˧꜖,tʰɑ˥˧꜓tʂə˥mæ̃˥˧tsæᴇ˥˧꜖……tʰɑ˥˧꜓nə˥kə˥tɕiæ̃˥˧tɕiæ̃˥˧꜖mæ̃˥˧tsæᴇ˥˧꜖tɑɔ˥˧꜓kou˥˧꜖tsɿ꜔.lɑɔ˥˧ʂʮ˥˧꜖ʐæ̃˩˧꜖ʐæ̃˩˧꜖tɕiou˥ʂuo˥˧꜓tʂə˥꜖kə˥꜒tuoŋ˥˧ɕi꜔,ni˥˧꜓kei˥lɑɔ˥˧ʂʮ˥˧꜖tuoŋ˥꜓li˥˧꜖pɑ˥˧꜖nə˥væ̃˩˧꜖i˥kei˥꜒tʰɑ˥˧꜖tʰiæ̃˩˧꜖tɕiŋ˥tɕʰi˥,lɑɔ˥˧ʂʮ˥˧꜖tsʰuoŋ˩˧꜖nɑr˥

vaŋ˥˩kuo˧i˥˧tsou˥,nə˧kə˧kou˥kou˥˩tsou˧pa˥˩lɑɔ˥ʂʮ˥˩mɑɔ˩nəŋ˩˩kou˥……tɕiɑɔ˧lɑɔ˥ʂʮ˥˩zæ̃˩zæ̃˩˩.（这个是哪个字啊？）燃，是那个粘么。我们小时候经常耍的话，趁你不小心，我去摘一疙瘩来以后，把你头发上压住一揉……你急毛都把这个取不下来你，除非你把头发这么拽下好多子，把那个么去……zæ̃˩,sʅ˧nə˧kə˧tʂæ̃˥muo˧.ŋuo˥mən˧ɕiɑɔ˥sʅ˩˩xou˧tɕiŋ˥˩tʂʰɑŋ˩ʂua˥˩ti˧xua˧˩,tʂʰəŋ˧ni˥˧pu˩˩ɕiɑɔ˥ɕiŋ˥˩,ŋuo˥˧tɕʰi˧tsei˥˧i˥˩kə˥ta˧læᴇ˩i˥˩xou˧,pa˥˧ni˥˧tʰou˩˩fa˥ʂaŋ˧˩nia˧tʂʮ˧i˥˩zou˩……ni˥˧tɕi˥˩mɑɔ˩tou˥pa˥˩tʂə˧kə˧tɕʰy˥˧pu˩˧ɕia˧læᴇ˩˩ni˥˧,tʂʰʮ˩˩fei˥ni˥pa˥˩tʰou˩˩fa˥tʂə˧˩muo˧tʂuei˧xa˧læᴇ˩˧xɑɔ˥tuo˥˩tsʅ˧,pa˥˩nə˧kəm˧tɕʰi……

旱刺蓟、水刺蓟

（哪个都用得多，是“水刺蓟”还是“旱刺蓟”说得多？）黄：那你看你要的哪瘩咧。那个东西指草……它是见咧哪个说哪个。水刺蓟长的比较大，比较胖。旱刺蓟长的瘦。næᴇ˧˥ni˥kʰæ̃˧ni˥˧iɑɔ˧tə˧na˥˩ta˥˩lie˧.nə˧kə˧tuoŋ˥ɕi˧tsʅ˥˩tsʰɑɔ˥t……tʰɑ˥sʅ˧˩tɕiæ̃˧˥lie˧na˥kə˧˩ʂuo˥˩na˥kə˧˩.ʂuei˥tsʰʅ˧˥tɕie˥˩tʂɑŋ˥ti˧pi˥˧tɕiɑɔ˧ta˧,pi˥˧tɕiɑɔ˧pʰɑŋ˧.xæ̃˧tsʰʅ˧tɕie˥˧tʂɑŋ˥ti˧sou˧.

无根草

黄：无根草，它那个都是那细丝丝子，没有根，但是它爬上来的那灌木头起，一爬一大网子，它是一大片子，红的，红的，绿的，黄的。vu˩kəŋ˥˩tsʰɑɔ˥,tʰɑ˥nə˧kə˧tou˥˧sʅ˧nə˧ɕi˧sʅ˥sʅ˥˩tsʅ˧,mei˩iou˥˧kəŋ˥,tæ̃˧sʅ˧tʰɑ˥pʰɑ˩˩ʂɑŋ˧læᴇ˩˧tə˧næᴇ˧kuæ̃˧mu˥˩tʰou˩˩tɕʰie˥˧,i˥˩pʰɑ˩i˥˩ta˧vaŋ˥tsʅ˧,tʰɑ˥sʅ˧˩i˥˩ta˧pʰiæ̃˥tsʅ˧,xuoŋ˩˩ti˧,xuoŋ˩˩ti˧,ly˥ti˧,xuaŋ˩ti˧.（它靠什么那个吸养分呢？）它靠吸这个灌木头起的水分和营养生长咧。tʰɑ˥˧kʰɑɔ˧ɕi˥tʂə˧kə˧kuæ̃˧mu˥˩tʰou˩˩tɕʰie˥˧ti˧ʂuei˥fəŋ˧˩xuo˩˩iŋ˩iaŋ˥˩səŋ˥˩tʂaŋ˥lie˧.

薏子蒿、薏子箭

黄：薏子蒿，薏子箭。i˧˩tsʅ˧xɑɔ˥,i˧˩tsʅ˧tɕiæ̃˧.（就是洗衣服用的吗？）欸，那是个……不是那个了。那个薏是草字脑，底下个主意的意。ei˩,nei˧˥sʅ˧kə˧……pu˩˩sʅ˧nə˧kə˧lə˧.nə˧kə˧i˧˥sʅ˧tsʰɑɔ˥tsʅ˧˩nɑɔ˥˧,ti˥˧xa˧kə˧tʂʮ˥i˧ti˧i˧˥.（噢，薏子。）噢，薏子箭，薏子蒿，这都是治蛇咬咧来的是这个特效药你。ɑɔ˩,i˧˥tsʅ˧tɕiæ̃˧,i˧˩tsʅ˧xɑɔ˥˩,tʂei˧˥tou˥˩sʅ˧˩tʂʅ˧ʂə˩iɑɔ˥lie˧læᴇ˩ti˧sʅ˧tʂə˧kə˧tʰə˥˩ɕiɑɔ˧˥yo˥˩ni˥˩.（蛇毒的是吧？）啊，治蛇毒的最好的药。ɑ˩,tʂʅ˧ʂə˩tu˩ti˧tsuei˧xɑɔ˥ti˧yo˥˧.

沙打旺

（沙打旺？）黄：哎有咧。那是那几年，胡耀邦来的种下的嘛。æᴇ˥iou˥˩lie˧.næᴇ˧˥sʅ˧nei˧tɕi˥˩niæ̃˩˩,xu˩˩iɑɔ˧paŋ˥læᴇ˩˧ti˧tʂuoŋ˧˥xa˧˩ti˧ma˧.（噢，胡耀邦到这儿来？）胡耀邦到甘肃来视察的时候，种树种草咧。xu˩˩iɑɔ˧paŋ˥tɑɔ˧˩kæ̃˥ɕy˥˩læᴇ˩˩sʅ˧tsʰɑ˥ti˧sʅ˩˩xou˧˩,tʂuoŋ˧ʂʮ˧tʂuoŋ˧tsʰɑɔ˥lie˧.（噢，你们叫……你们把它叫什么？）也叫沙打旺。ie˥tɕiɑɔ˧sa˥˩ta˥vaŋ˧˩.

（五）菌藻

菌类

（那你们这些菌类植物里头啊有哪些东西你能够举举例子？）黄：这首先最著名的是羊肚菌儿么。这个欸……有蘑菇。tʂə˧ʂou˥ɕiæ̃˥˩tsuei˧tʂʮ˧miŋ˩˩ti˧sʅ˧iaŋ˩˩tu˥tɕyə̃r˧muo˧.

tʂə˥kə˥ei˥……iou˥˩muo˩˥ku˥˩.（蘑菇？）啊，松针蘑菇。ɑ˩˧,suoŋ˥˩˧tʂəŋ˥˩muo˩˥ku˥˩.（松针菇？）啊，松针菇。还有鸡腿菇。ɑ˩˧,suoŋ˥˩tʂəŋ˥˩˧ku˥˩.xæᴇ˩˥iou˥˩˧tɕi˥˩tʰuei˥˩ku˥˩.（鸡腿菇和松针菇有什么区别呢？）哎不一样。鸡腿菇，你看表面上，啊长的细细儿的，但是那个土里头你拔出来，就像那么鸡的大腿一样。鸡腿菇。松针菇。æᴇ˥˩pu˩˥i˥˩iaŋ˥.tɕi˥˩tʰuei˥˩ku˥˩,ni˥˩kʰæ̃˥piɑɔ˥˩miæ̃˥ʂaŋ˥,ɑ˩tʂaŋ˥˩ti˩ɕi˥ɕiər˥ti˩,tæ̃˥sɿ˥nə˥kə˥tʰu˥˩li˥˩tʰou˩ni˥˩pa˩˥tʂʰʮ˥˩læᴇ˩˥,tɕiou˥ɕiaŋ˥nə˥muo˩tɕi˥˩ti˩ta˥tʰuei˥˩i˥˩iaŋ˥.tɕi˥˩tʰuei˥˩ku˥˩.suoŋ˥˩˧tʂəŋ˥˩ku˥˩.（就这些菌类植物，不……不见得就是蘑菇了。木耳有没有？）哎有咧么，木耳么。æᴇ˥˩iou˥˩lie˩muo˩,mu˥˩ər˥˩muo˩.（木耳是黑的还是什么？）黑的。山木耳么。xei˥˩ti˩.sæ̃˥˩mu˥˩ər˥˩muo˩.（你们叫山木耳还是……）嗯，山木耳。ŋ̍˩,sæ̃˥˩mu˥˩ər˥˩.（还是叫石木耳？）山木耳。sæ̃˥˩mu˥˩ər˥˩.（有没有这个下过了雨以后地上结那种……）那叫地荚荚。nə˥tɕiɑɔ˥ti˥˧ʐuæ̃˥˩ʐuæ̃˥˩.（地荚荚？）啊。ɑ˩.（这个是……一晒就没了？）啊。地荚荚。ɑ˩.ti˥˧ʐuæ̃˥˩ʐuæ̃˥˩.（荚？）啊。荚荚。有的把那叫地耳子。ɑ˩.ʐuæ̃˥˩ʐuæ̃˥˩.iou˥˩ti˩pa˥˩næᴇ˥tɕiɑɔ˥ti˥˧ər˥˩tsɿ˩.（黑的？）黑的。黄黄儿的，不是那么过于黑。xei˥˩˧tə˩.xuaŋ˩˥xuãr˩˥ti˩,pu˩˥sɿ˥nə˥muo˩kuo˥˧y˩˥xei˥˩.（那个香……香菇叫什么？）就叫香菇。tɕiou˥tɕiɑɔ˥ɕiaŋ˥˩˧ku˥˩.（香菇还是香蕈？）香菇。哎都是兀……兀从……从河南西峡县运进来的。香菇，平菇，凤尾菇，马尾菇，这都是引进的品种啦。ɕiaŋ˥˩˧ku˥˩.æᴇ˥˩tou˥˩sɿ˥væᴇ˥……væᴇ˥˧tsʰuoŋ˩˥……tsʰuoŋ˩˥xə˩˥næ̃˩˧ɕi˥˩ɕia˩˥ɕiæ̃˥yoŋ˥tɕiŋ˥læᴇ˩˥ti˩.ɕiaŋ˥˩ku˥˩,pʰiŋ˩˥ku˥˩,fəŋ˥vei˥˩˧ku˥˩,ma˥˩vei˥˩˧ku˥˩,tʂei˥˧tou˥˩˧sɿ˥iŋ˥˩˧tɕiŋ˥ti˩pʰiŋ˥˩˧tʂuoŋ˥˩la˩.（有……还有什么样的蘑菇？树上长……经常长各种各样的蘑菇。）噢，各种各样的蘑菇。兀有些名字都叫不上来，但是有些能吃，有些不能吃嘛。有些地下长下这么大大那个，这么大大，上头顶顶像个小伞么，颜色黄黄的，我们还把那叫狗尿苔。ɑɔ˩,kə˥˩tʂuoŋ˥kə˥˩iaŋ˥ti˩muo˩˥ku˥˩.væᴇ˥iou˥˩ɕie˥˩miŋ˩˥tsɿ˥˧tou˥˩tɕiɑɔ˥pu˩˥ʂaŋ˥læᴇ˩˥,tæ̃˥sɿ˥iou˥˩ɕie˥˩nəŋ˩˥tʂʰʅ˥˩,iou˥˩ɕie˥˩pu˩˥nəŋ˩˥tʂʰʅ˥˩ma˩.iou˥˩ɕie˥˩ti˥xa˥tʂaŋ˥˩xa˥˩tʂə˥muo˩ta˥ta˥næᴇ˥kə˥,tʂə˥muo˩ta˥ta˥,ʂaŋ˥tʰou˩tiŋ˥˩tiŋ˥˩ɕiaŋ˥kə˥ɕiɑɔ˥˩sæ̃˥˩muo˩,iæ̃˩˥sei˥˩xuaŋ˩˥xuaŋ˩˥ti˩,ŋuo˥˩məŋ˩xa˩˥pa˥˩næᴇ˥tɕiɑɔ˥kou˥˩niɑɔ˥˧tʰæᴇ˩˥.（还有些什么菌类的呢？）哎呀，石……æᴇ˩ia˩,ʂʅ˩……（那个白木耳你们有没有？）没有。muo˥˩iou˥˩.（吃不吃呢？）吃咧，那叫银耳了。银耳是人工培养下的，没有天然的。tʂʰʅ˥˩lie˩,nei˥tɕiɑɔ˥iŋ˩˥ər˥˩lə˩.iŋ˩˥ər˥˩sɿ˥ʐəŋ˩˥kuoŋ˥˩pʰei˩˥iaŋ˥˩xa˥˩ti˩,mei˩˥iou˥˩tʰiæ̃˥˩ʐæ̃˩˥ti˩.（不是……是不是本地培养？）本地也有种的。也种白木……也种银耳。耳子这个有人工……人工的，有天然的么。人工耳子才卖了八块钱一斤，天然耳子一斤卖到四十块钱。pəŋ˥˩ti˥˧ie˥˩iou˥˩tʂuoŋ˥ti˩.ie˥˩tʂuoŋ˥pei˩˥mu˥˩……ie˥˩tʂuoŋ˥iŋ˩˥ər˥˩.ər˥˩tsɿ˩tʂə˥kə˥iou˥˩ʐəŋ˩˥kuoŋ˥˩s……ʐəŋ˩˥kuoŋ˥˩ti˩,iou˥˩tʰiæ̃˥˩ʐæ̃˩˥ti˩muo˩.ʐəŋ˩˥kuoŋ˥˩ər˥˩tsɿ˩tsʰæᴇ˩˥mæᴇ˥lə˩pa˥˩kʰuæᴇ˥˩tɕʰiæ̃˩˥i˥˩tɕiŋ˥˩,tʰiæ̃˥˩ʐæ̃˩˥ər˥˩tsɿ˩i˥˩tɕiŋ˥˩mæᴇ˥tɔ˥sɿ˥ʂʅ˩˥kʰuæᴇ˥˩tɕʰiæ̃˩˥.

菌儿

黄：还有一种就……就是树上长的。xæᴇ˩˥iou˥˩i˥˩tʂuoŋ˥˩tɕiou˥˧ɕ……tɕiou˥sɿ˥ʂʮ˥˧ʂaŋ˥tʂaŋ˥˩ti˩.（啊，树上长的也有？）树上长那个半圆形的那个，这么厚一个，把那叫菌儿。ʂʮ˥ʂaŋ˥tʂaŋ˥˩nə˥kə˥pæ̃˥yæ̃˩˥ɕiŋ˩˥ti˩nei˥kə˥,tʂə˥˧muo˩xou˥i˥˩kə˥,pa˥˩næᴇ˥tɕiɑɔ˥tɕyə̃r˥.（就是叫菌儿？）叫菌儿。噢。tɕiɑɔ˥tɕyə̃r˥.ɑɔ˩.（树上长的？）嗯。杨树菌儿，或者是榆树菌儿。这东西和青辣子炒瘦肉别有一番风味儿。那个吃上本身就像瘦肉一样。ə̃˩.iaŋ˩˥ʂʮ˥˧tɕyə̃r˥,xuei˩˥tʂə˥˩sɿ˥y˩˥ʂʮ˥˧tɕyə̃r˥.tʂei˥˧tuoŋ˥˩ɕi˩xuo˥tɕʰiŋ˥˩la˥tsɿ˩tsʰɑɔ˥˩sou˥ʐou˥pie˩˥iou˥˩i˥˩fæ̃˥˩fəŋ˥˩vər˥˧.na˥kə˥tʂʰʅ˥˩ʂaŋ˥pəŋ˥˩ʂəŋ˥˩tɕiou˥ɕiaŋ˥sou˥ʐou˥i˥˩iaŋ˥.（它好像它就

是半圆的，它那……）啊，半圆形的噢。ɑ˨˩,pæ̃˦yæ̃˨˩ti˧lɑɔ˨˩.（它那半圆就是长在树上的。）啊儿，那半圆在树上长着咧。再一种就是杨树菌相当贵。ɑr˨˩,næᴇ˦˥pæ̃˦yæ̃˨˦tsæᴇ˦ʂʮ˦˥ʂɑŋ˦˨tʂɑŋ˥˦tʂə˧lie˧.tsæᴇ˦i˦˨tʂuoŋ˥tɕiou˦˨sʅ˦˨iɑŋ˨˩ʂʮ˦˥tɕyoŋ˦ɕiɑŋ˦˥˦tɑŋ˥˨kuei˦.（你们那个菌儿有多大的在这边？）哎呀，那个咿杨树上长下那个菌儿和榆树上长下那个菌儿，有长十几斤重的。多大那么一个盘子，像那都已经吃不成了。那都是变成木质的了。一般就是长这么大大，长四五斤。æᴇ˦iɑ˨˩,næᴇ˦˥kə˦˨i˨˩iɑŋ˨˩ʂʮ˦˥ʂɑŋ˦˨tʂɑŋ˥xɑ˦˨nə˦kə˦tɕyə̃r˦xuo˨˩y˨˩ʂʮ˦˥ʂɑŋ˦˨tʂɑŋ˥nə˦kə˦tɕyə̃r˦,iou˥tʂɑŋ˥ʂʅ˨˩tɕi˥tɕiŋ˥˨tʂuoŋ˦ti˧.tuo˥˦tɑ˦˨nə˦muo˧li˥˦kə˦pʰæ̃˨˩tsʅ˧,ɕiɑŋ˦nei˦˥tou˥˨i˥tɕiŋ˥˨tʂʰʅ˥pu˨˩tʂʰəŋ˨˩lə˧.nə˦˥tou˥˨sʅ˦˨piæ̃˦tʂʰəŋ˨˦mu˥tʂʅ˥˨ti˧lə˧.i˥˦pæ̃˥˨tɕiou˦sʅ˦tʂɑŋ˥tʂə˦˥muo˧tɑ˦tɑ˦,tʂɑŋ˥sʅ˦vu˥˦tɕiŋ˥˨.（大的可以拿在家里摆着它好看呢！）噢，那，那回来不长时间它都慢慢都不好了。没有营养分它就不长了。ɑɔ˨˩,nei˦˥,nei˦˥xuei˨˩læᴇ˨˦pu˨˩tʂʰɑŋ˨sʅ˨˩tɕiæ̃˥tʰɑ˥˦tou˥˨mæ̃˦mæ̃˦tou˥˨pu˨˩xɑɔ˥lə˧.mei˨iou˥˦iŋ˨˩iɑŋ˥fəŋ˦˨tʰɑ˥˦tsou˦pu˨˩tʂɑŋ˥lə˧.（还……还有什么东西没有？树上长的那个？）杨树菌儿，黑桦树菌儿，那都是菌种的，这都是药类，这几年都是在这个，好多人来收购这些东西。iɑŋ˨˩ʂʮ˦˥tɕyə̃r˦,xei˥˨xuɑ˦˥ʂʮ˦˥tɕyə̃r˦,nə˦˥tou˥˨sʅ˦˨tɕyoŋ˦˥tʂuoŋ˥˦ti˧,tʂə˦˥tou˥˨sʅ˦˨yo˥luei˦˨,tʂei˦tɕi˥˨niæ̃˨˦tou˥˦sʅ˦tsæᴇ˦tʂə˦kə˦,xɑɔ˥tuo˥˨ʐəŋ˨læᴇ˨˩ʂou˥˨kou˦˥tʂei˦˨ɕie˥˨tuoŋ˥ɕi˧.

羊肚菌

黄：菌。tɕyoŋ˦.（你们这里有养的吗？）就食用菌？tɕiou˦ʂʅ˨˩yoŋ˦tɕyoŋ˦？（嗯。）羊肚菌。这是子午岭里头最名贵的菌种……菌类。iɑŋ˨tu˥tɕyoŋ˦.tʂə˦sʅ˦tsʅ˥vu˥liŋ˥li˥˨tʰou˧tsuei˦miŋ˨˩kuei˦ti˧tɕyoŋ˦tʂuoŋ……tɕyoŋ˦luei˦.（哪几个字啊？羊肚？）嗯。ŋ̍˨˩.（"羊肚子"的那个"肚"是吧？）噢，噢，"羊肚子"的"肚"。ɑɔ˦,ɑɔ˨˩,iɑŋ˨tu˥tsʅ˧ti˧tu˥˨.（这是长在什么地方的？）这就在阴的这个咿树底下，这有时候也背儿……在土里头长出来的一种菌。tʂei˦tɕiou˦tsæᴇ˦iŋ˥ti˧tʂə˦kə˦i˨ʂʮ˦ti˥ɕiɑ˦,tʂei˦iou˥˨sʅ˨xou˦ie˥pər……tsæᴇ˦tʰu˥li˥tʰou˧tʂɑŋ˥tʂʰʮ˥˨læᴇ˨˩ti˧i˥˨tʂuoŋ˥tɕyoŋ˦.（嗯。）嗯。ŋ̍˨˩.（嗯，怎么发音？iɑŋ˨……）羊肚菌。iɑŋ˨tu˥˨tɕyoŋ˦˥.（这这玩意儿很名贵是吧？）这很名贵。这这这几年来说是子午岭山里头营养价值和这个歛……tʂə˦˥xəŋ˥miŋ˨˦kuei˦.tʂə˦tʂə˦tʂei˦tɕi˥niæ̃˨læᴇ˨˦ʂuo˥˨sʅ˦˨tsʅ˥˦vu˥˦liŋ˥˦sæ̃˥li˥˨tʰou˧iŋ˨˩iɑŋ˥tɕiɑ˦tʂʅ˨xuo˨˩tʂə˦˥kə˦˨ei……（现在还有没有？）有。iou˥.（卖的是……他们都在挖？）没有。这是山上吃的。这已经过了。每年的这个四月底到五月初，时间生长期间就是这么个儿十一二天时间。超过这个季节，它就长虫了。muo˥˨iou˥.tʂə˦sʅ˦sæ̃˥ʂɑŋ˦˨tʂʰʅ˥˦ti˧.tʂei˦˥i˥tɕiŋ˥˨kuo˦˥lə˧.mei˥niæ̃˨˩ti˧tʂei˦˨kə˦sʅ˦yo˥˨ti˥tɑɔ˦vu˥yo˥˦tʂʰʮ˥,sʅ˨˩tɕʰiæ̃˥˦səŋ˥˨tʂɑŋ˥tɕʰi˨˩tɕiæ̃˥tɕiou˦sʅ˦tʂə˦˨muo˧kər˦˨ʂʅ˨˦i˥˨ər˦tʰiæ̃˥sʅ˨˩tɕiæ̃˥.tʂʰɑɔ˥˨kuo˦tʂə˦kə˦tɕi˦˥tɕie˥˨,tʰɑ˥˦tɕiou˦tʂɑŋ˥˦tʂʰuoŋ˨˩lə˧.（那不采吗？不采下来呀？）啊，就采不下来。ɑɔ˨˩,tsou˦tsʰæᴇ˥˦pu˨˦ɕiɑ˦˥læᴇ˨˩.（加工不？）加工以后就是这个歛……它是简单的加工。一般靠自然烘干。放……太阳把这晒干就行。tɕiɑ˥˦kuoŋ˥i˥˨xou˦˥tɕiou˦sʅ˦tʂə˦kə˦ei……tʰɑ˥sʅ˦˨tɕiæ̃˥tæ̃˥˨ti˧tɕiɑ˥˦kuoŋ˥˨.i˥˦pæ̃˥˨kʰɑɔ˦tsʅ˦zæ̃˨˩xuoŋ˥˦kæ̃˥˨.fɑŋ˦……tʰæᴇ˦iɑŋ˧pɑ˥˨tʂə˦sæᴇ˦kæ̃˥˨tɕiou˦ɕiŋ˨˩.（它这个有干货吗？）有。iou˥.（也有干货卖？）也有干货卖。再一个是放烘干炉里，最好的就是放烘干炉里直接烘干以后，简单的，好一点的人还放硫磺……ie˥iou˥kæ̃˥˨xuo˦˥mæᴇ˦.tsæᴇ˦i˥˦kə˦sʅ˦fɑŋ˦xuoŋ˥˦kæ̃˥˨lou˨˩li˥,tsuei˦xɑɔ˥ti˧tɕiou˦sʅ˦fɑŋ˦xuoŋ˥˦kæ̃˥˨lou˨˩li˥˨tʂʅ˨˩tɕie˥˨xuoŋ˥˦kæ̃˥˨i˥˨xou˦,tɕiæ̃˥tæ̃˥˨ti˧,xɑɔ˥i˥˨tiæ̃˥˨ti˧ʐəŋ˨xɑ˨˩fɑŋ˦liou˨˩xuɑŋ˨˦……（xuoŋ˥˦kæ̃˥˨lou˨？）烘干炉。xuoŋ˥˦kæ̃˥˨lou˨.（"炉子"的"炉"是吧？）噢，"炉子"的"炉"。ɑɔ˨˩,lou˨tsʅ˧ti˧lou˨˩.

（“炉子”的“炉”念成lou˩˧？）噢，lou˩˧。烘干炉。把这个烘干以后，搞一个简单的加……外头加一个包装，四两包装，今天就卖到七百元。ɑɔ˩,lou˩˧.xuoŋ˥˧˧˥kæ̃˥˧˩lou˩˧.pɑ˥˧˩tʂə˥kə˥xuoŋ˥˧˧˥kæ̃˥˧i˥˧˧xou˥,kɑɔ˥˧i˥˧˩kə˥˩tɕiæ̃˥˧tæ̃˥˧˩ti·˧tɕiɑ˥˧˧……væᴇ˥tʰou·˧tɕiɑ˥˧i˥˧˩kə˥˩˧pɑɔ˥˧˧˥tʂuɑŋ˥˧,sɿ˥liɑŋ˥˧˩pɑɔ˥˧˧˥tʂuɑŋ˥˧,tɕiŋ˥˧˩tʰiæ̃˥˧˩tɕiou˥˩˧mæᴇ˥tɑɔ˥tɕʰi˥˧pei˥˧˩yæ̃˩˧.（七百？）七百元。噢。tɕʰi˥˧pei˥˧˩yæ̃˩˧.ɑɔ˥˧.（四两东西就卖七百啊？）噢。四两都卖七百元。这两天鲜的，就是山上刚采回来那个都是鲜的，七十五块钱一斤。ɑɔ˥.sɿ˥liɑŋ˥˧˩tou˥˧˩mæᴇ˥˩tɕʰi˥˧pei˥˧˩yæ̃˩˧˩.tʂə˥liɑŋ˥˧tʰiæ̃˥˧˩ɕiæ̃˥˧ti·˧,tɕiou˥sɿ˥sæ̃˥˧ʂɑŋ˥˩kɑŋ˥˧˧˥tsʰæᴇ˥˧xuei˩˧˩læᴇ˩˧˥˩næᴇ˥kə˥tou˥˧˩sɿ˥˩ɕiæ̃˥˧ti·˧,tɕʰi˥˧˧ʂʅ˩˧˧vu˥˧kʰuæᴇ˥˧˩tɕʰiæ̃˩˧˩i˥˧˩tɕiŋ˥˧˩.（晒干了能能能有多重呢？）七斤才干咧一……六……今年的据说是五斤到六斤的样子才干咧一……一斤。tɕʰi˥˧tɕiŋ˥˧˩tsʰæᴇ˩˧˩kæ̃˥˧lie·˧i˥˧……liou˥˧……tɕiŋ˥˧niæ̃˩˧˩ti·˧tɕy˥ʂuo˥˧˧sɿ˥vu˥˧tɕiŋ˥˧˩tɑɔ˥liou˥˧tɕiŋ˥˧˩ti·˧liɑŋ˥tsɿ·˧tsʰæᴇ˩˧˩kæ̃˥˧lie·˧i˥˧˩……i˥˧˩tɕiŋ˥˧.（那就得四百来块钱这个四百来块钱成本？）噢，噢，成本。再加上包装，它一包装是四两就可以卖到七百块钱。ɑɔ˩,ɑɔ˩,tʂʰəŋ˩˧˩pəŋ˥˧.tsæᴇ˥tɕiɑ˥˧ʂɑŋ˥˩pɑɔ˥˧˧˥tʂuɑŋ˥˧,tʰɑ˥˧˩i˥˧˩pɑɔ˥˧˧˥tʂuɑŋ˥˧sɿ˥˩sɿ˥liɑŋ˥˧tɕiou˥˩kʰə˥˧i˥˧˧mæᴇ˥tɑɔ˥tɕʰi˥˧˩pei˥˧˩kʰuæᴇ˥˧tɕʰiæ̃˩˧˩.（那了不得啊！那他一年采采个十来斤那你可以了！）它能产这么多？一天上去有些人，一天拾两三个，有的……但是我们那个老……我们那个同学那一天就采咧十斤。他就碰着了。他碰着那一天就采咧十斤。tʰɑ˥˧˩nəŋ˩˧˩tsʰæ̃˥˧˧tʂə˥məŋ·˧tuo˥˧˩?i˥˧˩tʰiæ̃˥˧ʂɑŋ˥tɕʰy˥iou˥˧ɕie˥˧˩zəŋ˩˧,i˥˧˩tʰiæ̃˥˧ʂʅ˩˧liɑŋ˥˧sæ̃˥˧˩kə˥˩,iou˥˧ti·˧……tæ̃˥sɿ˥ŋuo˥˧məŋ·˧nə˥kə˥lɑɔ˥˧˧……ŋuo˥˧məŋ·˧nə˥kə˥tʰuoŋ˩˧ɕyo˩˧˧næᴇ˥i˥˧˩tʰiæ̃˥˧tɕiou˥˩tsʰæᴇ˥˧lie·˧ʂʅ˩˧˩tɕiŋ˥˧.tʰɑ˥˧˧tɕiou˥pʰəŋ˥˧˧tʂuo˩˧lə·˧.tʰɑ˥˧pʰəŋ˥˧˧tʂuo˩˧˧nei˥i˥˧˩tʰiæ̃˥˧tsou˥tsʰæᴇ˥˧˧lie·˧ʂʅ˩˧˩tɕiŋ˥˧.（那不有几百块钱呐？）几百块钱么。那一斤七十五块钱你看，就七百五十块钱。tɕi˥˧pei˥˧˩kʰuæᴇ˥˧˩tɕʰiæ̃˩˧˩muo·˧.næᴇ˥i˥˧˩tɕiŋ˥˧tɕʰi˥˧ʂʅ˩˧˩vu˥˧˩kʰuæᴇ˥˧˩tɕʰiæ̃˩˧ni˥˧˩kʰæ̃˥,tsou˥tɕʰi˥˧pei˥˧˩vu˥˧ʂʅ˩˧˩kʰuæᴇ˥˧tɕʰiæ̃˩˧˩.

苔藓

黄：噢，那个有些是潮潮的那个石头上啊，石头上长下那个毛毛子，他把那叫……叫绿藓吗是咋么个是。苔藓，苔藓。ɑɔ˩,næᴇ˥kə˥iou˥˧ɕie˥˧˩sɿ˥˩tʂʰɑɔ˩˧tʂʰɑɔ˩˧˧tə·˧nə˥kə˥ʂʅ˩˧˩tʰou·˧ʂɑŋ˥˩ɑ˥˧,ʂʅ˩˧˩tʰou·˧ʂɑŋ˥˩tʂɑŋ˥˧xɑ˥˩nə˥kə˥mɑɔ˩˧˩mɑɔ˩˧˧tsɿ·˧,tʰɑ˥˧˧pɑ˥˧˩næᴇ˥tɕiɑɔ˥˩……tɕiɑɔ˥ly˥˧˩ɕiæ̃˥˧mɑ·˧sɿ˥tsɑ˥˧muo·˧kə˥˩sɿ˥˩.ɕiæ̃˥˧tʰæ̃˩˧,ɕiæ̃˥˧tʰæᴇ˩˧.

石花

黄：石头上面长下那个（苔藓），长这么长的毵，有这么高高那个。它是平的，如果不突不长出来，那个叫石花么。ʂʅ˩˧tʰou·˧ʂɑŋ˥miæ̃˥tʂɑŋ˥˧˧xɑ˥nei˥kə˥,tʂɑŋ˥˧tʂə˥muo·˧tʂʰɑŋ˩˧tə·˧zuoŋ˩˧,iou˥˧˧tʂə˥muo·˧kɑɔ˥˧kɑɔ˥˧˩nə˥˩kə˥˩.tʰɑ˥˧˧sɿ˥pʰiŋ˩˧ti·˧,zʮ˩˧˩kuo˥˧pu˩˧˩tʰu˥˧˩pu˩˧˩tʂɑŋ˥˧˧tʂʰʮ˥˧læᴇ˩˧˩,nə˥kə˥tɕiɑɔ˥ʂʅ˩˧xuɑ˥˧muo·˧.

七、动物

畜 / 禽 / 兽 / 虫 / 鱼

（一）畜

高脚子

黄：高脚子那就是这个欸必须……kaɔ˥tɕyo˥˩tsɿ·nær˦tɕiou˦sɿ˦tʂə˦kə˦ei˦pi˥˧ɕy˥……（高脚子？）高脚……高脚子。这就是指的牛与骡、马是高脚子。kaɔ˥tɕiaɔ˥……kaɔ˥˩tɕyo˥tsɿ·.tʂei˦tɕiou˦sɿ˦tsɿ˥ti·niou˩y˥luo˧˩ma˥sɿ˦˩kaɔ˥tɕyo˥˩tsɿ·.

马鬃

黄：这个鬃披下来是向右的，有的是向左的。这就分了个左鬃马和右鬃马。tʂə˦˩kə˦tsuoŋ˥pʰei˥˩ɕia˦læɛ˧˥sɿ˦ɕiaŋ˦iou˦˧ti·,iou˥ti·sɿ˦˩ɕiaŋ˦˧tsuo˥ti·.tʂei˦tɕiou˦fəŋ˥lə·kə˦˩tsuo˥tsuoŋ˥˩ma˥xuo˧˩iou˦tsuoŋ˥˩ma˥.（噢，就是看这个马它的鬃往那边走？）马的鬃往……往哪边倒咧。嗯。ma˥˧ti·tsuoŋ˥vaŋ˥˧……vaŋ˥˧na˥piæ̃˥˩taɔ˥lie·.ə̃˩.

泡牛

1.（那个公牛叫什么？）黄：犍牛。公牛叫泡牛。泡牛。tɕiæ̃˥niou˧˩.kuoŋ˥˧niou˧˥tɕiaɔ˦pʰaɔ˥niou˧˩.pʰaɔ˥niou˧˩.（跟跑步的跑那样？）噢。骟了的，你就说是这个存在着有性的这种，它可以是欸传宗接代的这种叫泡牛。aɔ˩.ʂæ̃˦lə·ti·,ni˥˩tɕiou˦˧ʂuo˥˩sɿ˦˩tʂə˦kə˦tsʰuoŋ˩tsæɛ˦˧tʂə·iou˥ɕiŋ˦ti·tʂei˦tʂuoŋ˥˩,tʰa˥˧kʰə˥i˥˩sɿ˦ei˦tʂʰuæ̃˧tsuoŋ˥˩tɕie˥˩tæɛ˦ti·tʂə˦tʂuoŋ˥˧tɕiaɔ˦pʰaɔ˥niou˧˩.（噢，就是还还有还有生育能力的那种动物……）还有生育能力就叫公牛叫做泡牛。骟了的牛叫犍牛。这些牛，犍牛就是兀……专门儿用来用的那些那些牛。骟咧以后再不让它繁殖了么。是光来用来耕作的这个牛叫犍牛。泡牛是既担……不但要耕作，它还要担……担负到这个繁殖的任务咧么。xæɛ˧iou˥səŋ˥˧y˦˩nəŋ˧li˥˩tɕiou˦tɕiaɔ˦kuoŋ˥niou˧tɕiaɔ˦tsuo˦˩pʰaɔ˥niou˧.ʂæ̃˦lie·ti·niou˧tɕiaɔ˦tɕiæ̃˥niou˧˩.tʂei˦ɕie˥˩niou˧,tɕiæ̃˥niou˧tɕiou˦sɿ˦væɛ˦……tʂuæ̃˥˩mə̃r˧yoŋ˦læɛ˧yoŋ˦ti·nei˦ɕie˥˩nei˦ɕie˥˧niou˧˥.ʂæ̃˦lie·i˥˩xou˦tsæɛ˦pu˧˩zaŋ˦tʰa˥fæ̃˧tʂɿ˧˩lə˦muo·.sɿ˦kuaŋ˧læɛ˧˩yoŋ˦læɛ˧˩kəŋ˥˧tsuo˥ti·tʂə˦˩kə˦˩niou˧tɕiaɔ˦tɕiæ̃˥niou˧˩.pʰaɔ˥niou˧˩sɿ˦˩tɕi˦tæ̃˥˧……pu˧tæ̃˦˩iaɔ˦kəŋ˥˧tsuo˥˩,tʰa˥xæɛ˧iaɔ˦tæ̃˥˩f……tæ̃˥˩fu˦˧taɔ˦tʂə˦kə˦fæ̃˧tʂɿ˧ti·zəŋ˦vu˦lie·muo·.

2.（配种的那个公牛呢？）黄：种公牛。也叫泡牛。tʂuoŋ˥kuoŋ˥niou˧˩.ie˥tɕiaɔ˦pʰaɔ˥niou˧˩.（欸那个那个泡牛不是指母牛吗？噢，公牛。）欸，公牛。它是公牛的这个统称，它都叫这个……性是没有去性的这个牛它都叫呃泡牛么。啊，这就是说你要留下这个欸留下作为这个种公牛的话，那那个一般情况下那就是，再的牛多一半都把性去了，它这个牛不去性么。还叫泡牛。总的来说，没有叫，没有……骟过的……这个公牛都叫泡牛。欸这个个别的这个欸为咧区分开来嘛，就是留下个别的这个没有去性的作为种牛的话，有人给它再叫一下，就把它区分叫个种公牛。但是这里的本地人么，你即就是留下种公牛，也没有人个人还给你很明显的它是个种公牛。就叫泡牛。先有泡牛个它们。ei⅄,kuoŋ˥˩niou⅄.tʰɑ˥˩sɿ˥˩kuoŋ˥˩niou⅄ti˩tʂə˥kə˥tʰuoŋ˥˩tʂʰəŋ˥˩,tʰɑ˥˩tou˥˩tɕiɑɔ˥tʂə˥kə˥……ɕiŋ˥˩sɿ˥˩mei⅄iou˥˩tɕʰy˥ɕiŋ˥ti˩tʂə˥kə˥niou⅄tʰɑ˥˩tou˥˩tɕiɑɔ˥ə˩pʰɑɔ˥˩niou⅄muo˩.ɑ˩,tʂə˥tɕiou˥sɿ˥tʂuo˥˩ni˥˩iɑɔ˥liou⅄xɑ˥tʂə˥kə˥ei˥liou⅄xɑ˥tsuo˥˩vei⅄tʂə˥kə˥tʂuoŋ˥˩kuoŋ˥˩niou⅄ti˩xuɑ˥˩,næᴇ˥nə˥kə˥i˥˩pæ̃˥˩tɕʰiŋ⅄kʰuɑŋ˥˩ɕiɑ˥næᴇ˥˩tɕiou˥sɿ˥,tsæᴇ˥ti˩niou⅄tuo˥˩i˥˩pæ̃˥tou˥˩pɑ˥˩ɕiŋ˥tɕʰy˥˩lə˩,tʰɑ˥˩tʂə˥kə˥niou⅄pu⅄tɕʰy˥˩ɕiŋ˥muo˩.xɑ⅄tɕiɑɔ˥kə˥pʰɑɔ˥˩niou⅄.tsuoŋ˥˩ti˩læᴇ⅄ʂuo˥˩,muo˥˩iou˥˩tɕiɑɔ˥,muo˥˩iou˥˩tɕ……ʂæ̃˥kuo˥˩ti˩……tʂə˥kə˥kuoŋ˥˩niou⅄tou˥˩tɕiɑɔ˥pʰɑɔ˥˩niou⅄.ei˥˩tʂə˥˩kə˥˩kə˥pie⅄ti˩tʂə˥kə˥˩ei˥vei˥lie˩tɕʰy˥˩fəŋ˥˩kʰæᴇ˥˩læᴇ⅄mɑ˩,tsou˥sɿ˥liou⅄xɑ˥˩kə˥pie⅄ti˩tʂə˥kə˥mei⅄iou˥˩tɕʰy˥˩ɕiŋ˥ti˩tsuo˥˩vei⅄tʂuoŋ˥˩niou⅄ti˩xuɑ˥˩,iou˥˩zəŋ⅄kei˥˩tʰɑ˥˩tsæᴇ˥tɕiɑɔ˥i˥˩xɑ˥,tɕiou˥pɑ˥˩tʰɑ˥˩tɕʰy˥˩fəŋ˥˩tɕiɑɔ˥kə˥tʂuoŋ˥˩kuoŋ˥˩niou⅄.tæ̃˥sɿ˥tʂei˥˩li˥˩ti˩pəŋ˥˩ti˥zəŋ⅄muo˩,ni˥˩tɕi˥˩tɕiou˥˩sɿ˥liou⅄xɑ˥tʂuoŋ˥˩kuoŋ˥˩niou⅄,iɑ˥˩mei⅄iou˥˩zəŋ⅄kə˥zəŋ⅄xɑ⅄kei˥ni˥˩xəŋ˥˩miŋ⅄ɕiæ̃˥˩ti˩tʰɑ˥˩sɿ˥kə˥tʂuoŋ˥˩kuoŋ˥˩niou⅄.tsou˥tɕiɑɔ˥pʰɑɔ˥˩niou⅄.ɕiæ̃˥˩iou˥˩pʰɑɔ˥˩niou⅄kə˥tʰɑ˥˩məŋ˩.

牛娃儿

（噢，不分那个性别那个那种小牛？）黄：那叫牛娃儿嘛。牛娃儿。næᴇ˥tɕiɑɔ˥niou⅄vɑr⅄mɑ˩.niou⅄vɑr⅄.（牛娃儿？）噢，才下的那叫牛娃子么。那不分性别的话那就是个牛娃子么。ɑɔ˩,tsʰæᴇ⅄ɕiɑ˥ti˩næᴇ˥tɕiɑɔ˥niou⅄vɑ⅄tsɿ˥muo˩.nə˥pu⅄fəŋ˥˩ɕiŋ˥pie⅄ti˩xuɑ˥næᴇ˥tɕiou˥sɿ˥kə˥niou⅄vɑ⅄tsɿ˩muo˩.（讲不讲牛犊子？）也叫……牛犊子有人叫，但这是很少一批……很少一部分人把那叫牛犊子。ie˥˩tɕiɑɔ˥……niou⅄tu⅄tsɿ˩iou˥˩zəŋ⅄tɕiɑɔ˥,tæ̃˥tʂə˥sɿ˥xəŋ˥˩ʂɑɔ˥˩i˥˩pʰi……xəŋ˥˩ʂɑɔ˥˩i˥˩pʰu˥fəŋ˥zəŋ⅄pɑ˥˩nə˥tɕiɑɔ˥niou⅄tu⅄tsɿ˩.

驴肾、牛鞭子、狗毬

（呃，那个，像公驴那个那个那个东西叫什么？）黄：肾嘛。ʂəŋ˥muo˩.（其他的那个像像那个骡子什么这些……）都不叫？tou˥˩pu⅄tɕiɑɔ˥.（马？）都不噢。tou˥˩pɑɔ˩.（为什么驴它单独这个要叫个这个名字呢？）它那都不知道咋么个为啥光把它那个叫“肾”咧。tʰɑ˥˩næᴇ˥˩tou˥˩pu⅄tʂɿ˥˩tɑɔ˥tsɑ˥˩muo˩kə˥vei˥sɑ˥kuɑŋ˥˩pɑ˥˩tʰɑ˥˩nə˥kə˥tɕiɑɔ˥ʂəŋ˥lie˩.（什么原因啊？）哎呀，这是当年，这口是，也有说下这么……这与武则天咋么个有关系嘞。æᴇ˩iɑ˩,tʂə˥sɿ˥tɑŋ˥˩niæ̃⅄,tʂei˥˩niæ̃⅄sɿ˥,ie˥˩iou˥˩ʂuo˥˩xɑ˥tʂə˥muo˩……tʂei˥y˥˩vu˥˩tsei˥˩tʰiæ̃˥˩tsɑ˥˩muo˩kə˥iou˥˩kuæ̃˥˩ɕi˥lei˩.（与武则天有关系啊？）啊哈哈。ɑ˥xɑ˥xɑ˥.（怎么回事儿呢？）说不来。我听人是隐隐乎乎说下这么个话，咱们说不来这个事。但是牛就不叫啊。ʂuo˥˩pu⅄læᴇ⅄.ŋuo˥˩tʰiŋ˥˩zəŋ⅄sɿ˥iŋ˥˩iŋ˥˩xu˥˩xu˥˩ʂuo˥˩xɑ˥tʂə˥muo˩kə˥xuɑ˥˩,tsɑ⅄məŋ˩ʂuo˥˩pu⅄læᴇ⅄tʂə˥kə˥sɿ˥˩.tæ̃˥sɿ˥niou⅄tsou˥pu⅄tɕiɑɔ˥˩ɑ˩.（嗯。牛也不叫？）牛叫鞭子。niou⅄tɕiɑɔ˥piæ̃˥˩tsɿ˩.（噢，牛鞭子？）是牛鞭子，啊。牛是叫鞭子。sɿ˥niou⅄piæ̃˥˩tsɿ˩,ɑ˩.niou⅄sɿ˥tɕiɑɔ˥piæ̃˥˩tsɿ˩.（狗呢？）狗才那把它叫那叫狗毬嘛。这都顾不上欸。kou˥˩tsʰæᴇ⅄næᴇ˥˩pɑ˥˩tʰɑ˥˩tɕiɑɔ˥næᴇ˥tɕiɑɔ˥kou˥˩tɕʰiou⅄mɑ˩.tʂə˥˩tou˥˩ku˥˩pu⅄ʂɑŋ˥˩ei˩.

壳郎子、肥猪、猹猪、年猪、脚猪子

1.（猪，这个母猪和公猪都叫去了势才能卖，那个叫什么？）黄：那叫欸肥猪了。næᴇ˥tɕiɑɔ˥ei˩fei⅄tʂɥ˥˩lə˩.王：哎，嗨，去了势那就是叫壳郎子嘛。æᴇ˩,xæᴇ˥˩,tɕʰy˥˩lə˩sɿ˥˩næᴇ˥tɕiou˥sɿ˥tɕiɑɔ˥kʰə˥˩lɑŋ⅄tsɿ˩mɑ˩.黄：啊，叫壳郎子。ɑ˩,tɕiɑɔ˥kʰə˥˩lɑŋ⅄tsɿ˩.（kʰə˥˩lɑŋ⅄tsɿ˩是……）黄：这是公猪母……不管是公的母的，一骟以后去势就叫壳

郎子。tʂə˥sɿ˥kuoŋ˥˧tʂʯ˥˧˧˩mu˥˧……pu˨˦˧˩kuæ̃˥˧sɿ˥kuoŋ˥˧ti˧mu˥˧ti˧,i˥˧˧˩ʂæ̃˥꜓i˥˧˧˩xou˥tɕʰy˥꜓ʂʅ˥tɕiou˥˧˩tɕiɑɔ˥˧˩kʰə˥˧lɑŋ˨˦˧˩tsɿ˧.（就是架子猪？）黄：啊，架子猪。ɑ˧˩,tɕiɑ˥tsɿ˦tʂʯ˥˧˧˩.（长得很肥的，可以卖的？）黄：啊，就是。那就叫肥猪了。ɑ˧˩,tɕiou˥꜓sɿ˥.nə˥꜓tɕiou˥tɕiɑɔ˥fei˨˦tʂʯ˥˧lə˧.

2.（劁只能用在猪身上？）黄：劁[①]只能用在猪身上。tɕʰiɑɔ˥˧tsɿ˥˧˧˩nəŋ˨˦꜔yoŋ˥tsæᴇ˥tʂʯ˥˧ʂəŋ˥˧˧˩ʂɑŋ˥˧˩.（劁过的猪呃是什么呢？就是叫什么壳郎猪？）王：壳郎子。kʰə˥˧lɑŋ˨˦˧˩tsɿ˧.黄：呃，壳郎子猪。或者架子猪。ə˧˩,kʰə˥˧lɑŋ˨˦˧˩tsɿ˧tʂʯ˥˧.xuei˨˦꜔tʂə˥˧꜔tɕiɑ˥tsɿ˦tʂʯ˥˧.（肥猪？）王：或者架子猪。xuei˨˦˧˩tʂə˥˧꜔tɕiɑ˥tsɿ˦tʂʯ˥˧˧˩.黄：肥猪啊。但是母猪劁过的话，母猪可以去势，母猪的话，可以……fei˨˦tʂʯ˥˧ɑ˧.tæ̃˥˧˩sɿ˥˧˩mu˥˧tʂʯ˥˧˧˩tɕʰiɑɔ˥˧˧˩kuo˥ti˧xuɑ˥˧˩,mu˥˧tʂʯ˥˧˧˩kʰə˥˧i˥˧˧˩tɕʰy˥꜓ʂʅ˥˧˩,mu˥˧tʂʯ˥˧꜔ti˦xuɑ˥,kʰə˥˧˧˩i˥˧˧˩……王：结果那就叫猹了么，那叫猹猪。tɕie˥˧˧˩kuo˥˧næᴇ˥tɕiou˥tɕiɑɔ˥tsʰɑ˨˦˧˩ləm˦,næᴇ˥(tɕ)iɑɔ˥tsʰɑ˨˦tʂʯ˥˧.黄：就这叫，就成咧猹了，母猪猹。tɕiou˥tʂə˥˧˩tɕiɑɔ˥,tɕiou˥tʂʰəŋ˨˦˧˩lie˦tsʰɑ˨˦˧˩lə˦,mu˥˧tʂʯ˥˧˧˩tsʰɑ˨˦.

3.（母猪猹一……这个大概是什么样子的？）黄：母猪猹，实际上你平常你也就看不来。给你买肉……喂肥以后，你一不……不知道的人么，你就吃上合适……其他猪肉一模儿一样的。但是这个猪……母猪这个肉么就是一般有病的人就不能吃这个东西。一吃可以把病逗犯。mu˥˧tʂʯ˥˧˧˩tsʰɑ˨˦,ʂʅ˨˦˧˩tɕi˥꜓ʂɑŋ˥ni˥˧pʰiŋ˨˦tʂʰɑŋ˨˦ni˥˧ie˥˧˧˩tsou˥˧˩kʰæ̃˥꜕pu˨˦˧˩læᴇ˨˦꜔.kei˥˧˩ni˥˧꜔mæᴇ˥zʯ……vei˥fei˨˦i˥˧˧˩xou˥,ni˥˧i˥˧˧˩pu˨˦꜔……pu˨˦˧˩tʂʅ˥˧tɑɔ˥˧˩ti˧zəŋ˨˦muo˧,ni˥˧˧˩tsou˥tʂʰʅ˥˧ʂɑŋ˥˧˩xuo˨˦˧˩tʂʰʅ˥˧tʂ……tɕʰi˨˦˧˩tʰɑ˥˧꜔tʂʯ˥˧˧˩zou˥i˥˧˧˩muor˨˦꜓i˥˧˧˩iɑŋ˥꜕ti˧.tæ̃˥sɿ˥tʂə˥˧˩kə˥˧˩tʂʯ……mu˥˧tʂʯ˥˧˧˩tʂə˥˧˩kə˥˧˩zou˥muo˧tsou˥˧˩sɿ˥˧˩i˥˧꜕pæ̃˥˧iou˥˧piŋ˥ti˧zəŋ˨˦tsou˥pu˨˦˧˩nəŋ˨˦tʂʰʅ˥˧tʂə˥˧˩kə˥˧˩tuoŋ˥˧˧˩ɕi˧.i˥˧꜕tʂʰʅ˥˧kʰə˥˧i˥˧˧˩pɑ˥˧˧˩piŋ˥tou˥fæ̃˥˧˩.（那个种猪你们叫什么？）黄&王：脚猪子。tɕyo˥˧tʂʯ˥˧˧˩tsɿ˧.黄：也叫种猪啊？ie˥˧tɕiɑɔ˥tʂuoŋ˥˧tʂʯ˥˧˧˩ɑ˧?王：啊。ɑ˧˩.（种猪是现……现在说的？）黄：嗯。ŋ̍˧˩.（老人家叫什么？）王：啊。过去叫脚猪子么。ɑ˧˩.kuo˥꜕tɕʰy˥tɕiɑɔ˥tɕyo˥˧tʂʯ˥˧˧˩tsɿ˧muo˧.黄：买咧一个……叫脚猪子。mæᴇ˥˧˧˩lie˦i˥˧꜔kə˥……tɕiɑɔ˥˧˩tɕyo˥˧tʂʯ˥˧˧˩tsɿ˧.王：现在就是叫种猪。ɕiæ̃˥˧˩tsæᴇ˥꜓tsou˥˧˩sɿ˥˧˩tɕiɑɔ˥tʂuoŋ˥˧tʂʯ˥˧˧˩.

4. 黄：这是这里一骟欸……一骟咧以后喂下的这个猪么，在它长条条的时候么，这叫壳郎子嘛。tʂə˥sɿ˥tʂə˥꜕li˥˧˧˩i˥˧˧˩ʂei˧˩……i˥˧˧˩ʂæ̃˥꜕lie˦i˥˧꜔xou˥vei˥꜕xɑ˥ti˦tʂei˥kə˥tʂʯ˥˧muo˧,tsæᴇ˥tʰɑ˥˧꜔tʂɑŋ˥˧tʰiɑɔ˨˦˧˩tʰiɑɔ˨˦꜓ti˧sɿ˨˦˧˩xou˥꜓muo˧,tʂei˥˧˩tɕiɑɔ˥kʰə˥˧lɑŋ˨˦˧˩tsɿ˧mɑ˧.（是母猪是吧？）牙猪母猪都统称。只要去了势的，它都统称壳郎子。后边你再追肥，吃的话，准备杀的，宰杀之前这叫肥猪。有的人把这个叫年猪。iɑ˨˦˧˩tʂʯ˥˧꜔mu˥˧tʂʯ˥˧˧˩tou˥˧˧˩tʰuoŋ˥˧˧˩tʂʰəŋ˥˧.tsɿ˥˧˧˩iɑɔ˥tɕʰy˥꜓liɑɔ˥˧˧˩ʂʅ˥꜕ti˧,tʰɑ˥˧˧˩tou˥˧˧˩tʰuoŋ˥˧tʂʰəŋ˥˧꜔kʰə˥˧lɑŋ˨˦˧˩tsɿ˧.xou˥꜕piæ̃˥˧˧˩ni˥˧꜔tsæᴇ˥꜕tʂuei˥˧˧˩fei˨˦,tʂʰʅ˥˧ti˧xuɑ˥,tsuoŋ˥˧꜔pi˥sɑ˥˧ti˧,tsæᴇ˥˧sɑ˥˧˧˩tsɿ˥˧tɕʰiæ̃˨˦tʂei˥꜓tɕiɑɔ˥˧˩fei˨˦tʂʯ˥˧˧˩.iou˥˧ti˧zəŋ˨˦pɑ˥˧˧˩tʂə˥kə˥tɕiɑɔ˥niæ̃˨˦tʂʯ˥˧˧˩.（噢，是过年用的？）噢，过年用的。我们这个地方一般这个，这个猪太不卖嘛，多一半儿都是自己杀的吃咧。所以一年喂一个，最后么就把这个叫年猪。这个公猪不骟的，留下做种的那个就叫脚猪子。ɑɔ˧˩,kuo˥niæ̃˨˦yoŋ˥ti˦.ŋuo˥˧məŋ˧tʂə˥kə˥ti˥fɑŋ˥˧˧˩i˥˧꜕pæ̃˥˧tʂə˥kə˥,tʂə˥kə˥tʂʯ˥˧tʰæᴇ˥pu˨˦˧˩mæᴇ˥mɑ˧,tuo˥˧i˥˧˧˩pæ̃r˥tou˥˧˧˩sɿ˥˧˩tsɿ˥tɕi˥˧˧˩sɑ˥˧ti˧tʂʰʅ˥˧lie˧.ʂuo˥˧˧˩i˥˧˧˩i˥˧˧˩niæ̃˨˦vei˥i˥˧˧˩kə˥,tsuei˥xou˥muo˧tɕiou˥pɑ˥˧˧˩tʂə˥kə˥tɕiɑɔ˥niæ̃˨˦tʂʯ˥˧˧˩.tʂei˥kə˥kuoŋ˥˧tʂʯ˥˧˧˩pu˨˦˧˩ʂæ̃˥ti˦,liou˨˦˧˩xɑ˥tsuo˥˧˩tʂuoŋ˥˧ti˧nə˥˧˩kə˥˧˩tɕiou˥˧˩tɕiɑɔ˥tɕyo˥˧tʂʯ˥˧˧˩tsɿ˧.（脚猪子？）嗯。ə̃˥.（叫不叫猪公子？）也叫猪公子，但是少么，多一半儿叫脚猪子。ie˥˧꜔tɕiɑɔ˥tʂʯ˥˧˧˩kuoŋ˥˧tsɿ˧,tæ̃˥˧˩sɿ˥˧˩ʂɑɔ˥˧muo˧,tuo˥˧i˥˧˧˩pæ̃r˥tɕiɑɔ˥tɕyo˥˧tʂʯ˥˧˧˩tsɿ˧.

---

① 劁：《广韵》昨焦切：“刈草。”借以表示阉割。

喙

（那个猪啊狗啊在那儿，这么拿拿拿鼻子或者……）黄：那可叫拱开了。我们叫喙[1]开了。nei˥˦kʰə˥˨˩˧tɕiɑɔ˥kuoŋ˥˨kʰæᴇ˥˨˩˧lə˧.ŋuo˥˨mən˧tɕiɑɔ˥xuei˥˨kʰæᴇ˥˨˩˧lə˧.王：叫喙开。tɕiɑɔ˥xuei˥˨kʰæᴇ˥˨˩˧.黄：叫喙哩。那可不叫拱，喙。tɕiɑɔ˥xuei˥˨li˧.nei˥kʰə˥˨˩˧pu˨˩˧tɕiɑɔ˥kuoŋ˥˨,xuei˥˨.（不叫拱开是吧？）王：嗯。ŋ̍˩˧.黄：嗯。不叫拱开，叫喙开。ŋ̍˩˧.pu˨˩˧tɕiɑɔ˥kuoŋ˥˨kʰæᴇ˥˨˩˧,tɕiɑɔ˥xuei˥˨kʰæᴇ˥˨˩˧.（那么，你说的这个，都说什么家里有钱，肥猪拱门，你说肥猪是xuei˥门，xuei˥˨门？）王：喙门。xuei˥˨məŋ˨˩.黄：呃那我们就叫喙咧，叫。ə˥ŋuo˥˨mən˧tɕiou˥tɕiɑɔ˥xuei˥˨lie˧,tɕiɑɔ˥˩˧.王：喙门。xuei˥˨məŋ˨˩.

求偶、交配

（各种动物的发情你们说什么？）黄：猪叫跑食咧嘛。tʂʮ˥˨tɕiɑɔ˥pʰɑɔ˥˨˦ʂʅ˨˩lie˧mɑ˧.（发情只能指雌性动物吧？）黄：啊。ɑ˥˨.王：嗯。ŋ̍˥˨.（那个羊呢？）黄：羊叫走羔咧么。iɑŋ˨tɕiɑɔ˥tsou˥˨˦kɑɔ˥˨liem˧.王：走羔。tsou˥˨˦kɑɔ˥˨.（牛呢？）黄：牛走犊嘛。niou˨tsou˥˨tu˨muo˧.王：寻犊。ɕiŋ˨tu˨.黄：寻犊。ɕiŋ˨tu˨.（马呢？）黄：马起骒。mɑ˥˨tɕʰi˥˨˦kʰuo˥.王：马起骒么。mɑ˥˨tɕʰi˥˨˦kʰuo˥m̩˧.（鸡有没有说这是……没有？）王：鸡没有听过。tɕi˥˨mei˨˦iou˥˨˦tʰiŋ˥˨kuo˥˩˧.（就这些，就是这些哺乳动物有？）王：嗯。ə̃˩˧.黄：鸡没有嗯。鸡那就是，欸，鸡叫踏蛋哩就是了，鸡交配叫踏蛋咧么。tɕi˥˨mei˨˦iou˥˨˦ə̃˩˧.tɕi˥˨nei˥tɕiou˥sɿ˥,ei˥,tɕi˥˨˦tɕiɑɔ˥tʰɑ˨˩tæ̃˥˦li˧tɕiou˥sɿ˥lə˧,tɕi˥˨tɕiɑɔ˥˨˩˧pʰei˥tɕiɑɔ˥tʰɑ˨˩tæ̃˥lie˧muo˧.（鸭子呢？）王：鸭子是围蛋咧。iɑ˥˨tsɿ˧sɿ˥vei˨tæ̃˥˩˧lie˧.（山上那个鸟？）黄：鸟一般叫求偶哩吗是叫做啥咧。niɑɔ˥˨i˥˨˦pæ̃˥˨tɕiɑɔ˥tɕʰiou˨˩nou˥˨li˧mɑ˧sɿ˥tɕiɑɔ˥tsɿ˥sɑ˥˩˧lie˧.（求偶那是那是……）黄：嗯。现在的说法。ə̃˩˧.ɕiæ̃˥tsæᴇ˥˦ti˧ʂuo˥˨˩˧fɑ˥˨˩˧.（嗯，过去没有……就没有注意这种东西？）黄：没有注意这个东西。mei˨iou˥˨tʂʮ˥i˥tʂə˥˩˧kə˥˩˧tuoŋ˥˨˩˧ɕi˧.王：过去没有注意。kuo˥tɕʰy˥mei˨˩iou˥˨˩˧tʂʮ˥i˥.（好。猪？）黄：跑食。pʰɑɔ˥˨ʂʅ˨˩.（猪跑食是发情啦。交配？公猪母猪交配？）黄：嗯，那还叫跑食么，我们把这统称。ŋ̍˩˧,nei˥xɑ˨˩tɕiɑɔ˥pʰɑɔ˥˨ʂʅ˨muo˧,ŋuo˥˨mən˧pɑ˥˨˩˧tʂə˥tʰuoŋ˥˨˦tʂʰəŋ˥˨.（是叫跑食还叫打圈？）黄：打圈也行，兀跑……tɑ˥˨˩˧tɕyæ̃˥˦æ˥˨˩˧ɕiŋ˨˩,vu˥˩˧pʰɑɔ˥˨……王：打圈也行，跑食也行。tɑ˥˨˩˧tɕyæ̃˥˦æ˥˨˩˧ɕiŋ˨˩,pʰɑɔ˥˨ʂʅ˨˦ie˥˨˩˧ɕiŋ˨˩.黄：跑食也能行。pʰɑɔ˥˨ʂʅ˨˦ie˥˨˩˧nəŋ˨˩ɕiŋ˨˩.（羊？）黄：走……羊就叫走羔么。ts……iɑŋ˨tɕiou˥tɕiɑɔ˥tsou˥˨kɑɔ˥˨˩˧muo˧.（走羔是发情。交配也叫走羔吗？）黄：交配也叫走羔。tɕiɑɔ˥˨˩˧pʰei˥˦ie˥˨˦tɕiɑɔ˥tsou˥˨kɑɔ˥˨˩˧.王：羊兀就兀一个说法。iɑŋ˨væᴇ˥˩˧tɕiou˥væᴇ˥i˥˨˩˧kə˥˦ʂuo˥˨˩˧fɑ˥˨˩˧.黄：啊。ŋɑ˥˨.（羊有什么说法？）王：羊就有一个说法。iɑŋ˨tɕiou˥iou˥˨˦i˥˨˩˧kə˥˦ʂuo˥˨˩˧fɑ˥˨˩˧.黄：羊就……就那一个说法。它走羔。iɑŋ˨tɕiou˥ʂ……tɕiou˥næᴇ˥i˥˨˩˧kə˥ʂuo˥˨˩˧fɑ˥˨˩˧.tʰɑ˥˨˦tsou˥˨kɑɔ˥˨˩˧.（牛呢？）黄：牛那也就叫走……niou˨nei˥æ˥˨˩˧tɕiou˥tɕiɑɔ˥tsou˥˨……王：寻……寻犊咧么。ɕ……ɕiŋ˨˩tu˨lie˧muo˧.黄：啊，寻犊就叫，这个老泡牛一那个，一劁那个不要走犊咧么。æ˩˧,ɕiŋ˨tu˨˦tɕiou˥tɕiɑɔ˥,tʂə˥˩˧kə˥˩˧lɑɔ˥˨˦pʰɑɔ˥˨niou˨˩i˥˨nə˥˩˧kə˥,i˥˨˩˧tɕʰiɑɔ˥˨nə˥˩˧kə˥˩˧pu˨˩iɑɔ˥tsou˥˨tu˨˦liem˧.（牛走犊？）黄：啊，牛的就走犊咧么。ɑ˩˧,niou˨ti˧tɕiou˥tsou˥˨tu˨˩liem˧.（马？）黄：马那还叫是这个配咧么，啊？mɑ˥˨næᴇ˥xɑ˨˩tɕiɑɔ˥sɿ˥tʂə˥kə˥pʰei˥˨lie˧muo˧,ɑ˧?王：嗯。ŋ̍˩˧.（马就是配了？）王：配马。pʰei˥mɑ˥˨.黄：嗯，配马。驴还是配么。ə̃˩˧,pʰei˥mɑ˥˨.ly˨xɑ˨˩sɿ˥˦pʰei˥˩˧muo˧.（养的蚕那个尾巴对在一

---

[1] 喙：《广韵》许秽切。鸟兽等的嘴。《战国策·燕策二》："蚌方出曝而鹬啄其肉，蚌合而拑其喙。"这里用作动词，表示用嘴拱，念上声。

起？蛾子？）王：哼，那晓叫啥？xəŋ˧,næᴇ˧ɕiɑɔ˥tɕiɑɔ˧sɑ˧˩?黄：晓□是啥？噢，……兀说不来。ɕiɑɔ˥niæ̃˨˩sɿ˧sɑ˧?ɑɔ˩,ɕi……tɕi……væᴇ˧˥ʂuo˥˩pu˨˩læᴇ˨.

狗连绳

（狗交……狗交配呢？）王：狗交配欸叫狗连绳。也有叫狗连蛋的咧。kou˥tɕiɑɔ˥˩pʰei˧lei˩tɕiɑɔ˧kou˥liæ̃˨˧ʂəŋ˨.ie˥iou˥tɕiɑɔ˧kou˥˧liæ̃˨˧tæ̃˧ti·llie·l.（绳……绳是什么东西？）狗连绳那就说是那狗和……呃嗯……狗交配不是就连在一瘩里了么？kou˥˧liæ̃˨˧ʂəŋ˨nei˧tɕiou˧ʂuo˥ ˩sɿ˧˩nə˧kou˥xuo……ə˩n……kou˥tɕiɑɔ˥˩pʰei˧pu˨˩sɿ˧˩tɕiou˧liæ̃˨˧tsæᴇ˧i˥˩tɑ˥˩li˥ləm·l?（嗯。）就叫……人叫连绳咧。tɕiou˧tɕiɑɔ˧……zəŋ˨tɕiɑɔ˧liæ̃˨˧ʂəŋ˨˩lie˧.（绳是到底是个什么东西？是它生殖器吗是？）那就是，那就是拿那个，那个绳来比喻就它那个生殖器么连在一瘩里了么。næᴇ˧tɕiou˧sɿ˧,næᴇ˧˥tɕiou˧sɿ˧nɑ˨nə˧kə˧,nə˧kə˧ʂəŋ˨læᴇ˨˧pi˥y˧˩tɕiou˧tʰɑ˥˧nə˧kə˧səŋ˥˩tʂɿ˨tɕʰi˧muo·lliæ̃˨˩tsæᴇ˧i˥˧tɑ˥˨li˥ləm·l.

骟狗

黄：狗很……哎呀，有百分之一的狗骟，实际是那个狗是咬人咬的没有办法，或者是嫌那个跑的没办法了，把那个骗咧。在一般情况下不会骟咧。kou˥xəŋ˥……ŋæᴇ˩iɑ˩,iou˥pei˥˩fəŋ˥˧tsɿ˥˧i˥ti·lkou˥ʂæ̃˧,ʂɿ˨˩tɕie˧˥sɿ˧˩nə˧kə˧kou˥sɿ˧˩niɑɔ˥zəŋ˨niɑɔ˥ti·lmei˨iou˥pæ̃˧˨fɑ˥˩,xuo˨˥tʂə˥˩sɿ˧˩ɕiæ̃˨˩nə˧kə˧pʰɑɔ˥ti·lmuo˥˩pæ̃˧˨fɑ˥˩lə·l,pɑ˥˩nə˧kə˧ʂæ̃˧lie˧.tsæᴇ˧i˥˩pæ̃˥tɕʰiŋ˨˩kʰuɑŋ˧ɕiɑ˧pu˨˩xuei˧ʂæ̃˧lie˧.

二尾子

黄：二尾子欸，我们这儿这指这个猪或者是牲口啥去势以后不彻底么，就比如是它是两个欸睾丸儿，结果去掉了一个睾丸儿，那个睾丸儿在肚子里头哪瘩寻不着，没挖出来，这就是二尾子嘛。骂这个，骂有些人是这个不男……不男不女的，说话做啥不男不女的，把那个也叫二尾子。ər˧˨i˥˩tsɿ·lei˩,ŋuo˥mən·ltʂər˧˨tʂə˧tsɿ˥tʂə˧kə˧tʂɥ˥xuei˨˧tʂə˥˩sɿ˧˩səŋ˥kʰou·lsɑ˧tɕʰy˧ʂɿ˧i˥˩xou˧pu˨˩tʂʰə˥˩ti˥muo·l,tɕiou˧pi˥zɥ˨˩sɿ˧˩tʰɑ˥˧sɿ˧liɑŋ˥kə˧˩ei˩kɑɔ˥˩vær˨,tɕie˥˩kuo˥˩tɕʰy˧tiɑɔ˧lə·li˥˩kə˧˩kɑɔ˥˩vær˨,nə˧kə˧kɑɔ˥˩vær˨tsæᴇ˧tu˧tsɿ·lli˥˧tʰou·lnɑ˥tɑ˥˩ɕiŋ˨pu˨˩tʂʰuo˨,mei˨vɑ˥˩tʂʰɥ˥læᴇ˨˩,tʂei˧˥tɕiou˧˩sɿ˧˩ər˧i˥tsɿ·lmɑ·l.mɑ˧tʂə˧kə˧,mɑ˧iou˥ɕie˥˩zəŋ˨sɿ˧˩tʂə˧˩kə˧˩pu˨˩næ̃˨˩……pu˨˩næ̃˨pu˨˩ny˥ti·l,ʂuo˥˩xuɑ˧tsɿ˧sɑ˧pu˨˩næ̃˨pu˨˩ny˥ti·l,pɑ˥˩næᴇ˧˥kə˧iɑ˥˩tɕiɑɔ˧ər˧i˥tsɿ·l.（那个一般是指男人吧？）一般指男人，嗯。i˥˧pæ̃˥tsɿ˥˩næ̃˨˩zəŋ˨˥,əŋ˩.（没有女人叫做二尾子的吧？）没有。mei˨iou˥˩.

谷草

（这个谷草？）黄：就叫谷草。tɕiou˧tɕiɑɔ˧ku˥tsʰɑɔ˥˩.（它……它是专门种的作料的吗？）是……那还是打咧收咧庄稼的庄稼粮食以后，剩下这个不后就是谷草么。不可能给你……sɿ˧˩……nə˧˥xɑ˨˩sɿ˧tɑ˥lie·lʂou˥lie·ltʂuɑŋ˥tɕiɑ·lti·ltʂuɑŋ˥tɕiɑ·lliɑŋ˨˩ʂɿ˨˥i˥˩xou˧,ʂəŋ˧˥xɑ˧tʂə˧kə˧pu˨˧xou˧tɕiou˧˩sɿ˧˩ku˥˩tsʰɑɔ˥muo·l.pu˨˩kʰə˥nəŋ˨kei˧˥ni˥˩……（噢。就不一定指哪一种粮食？）谷草就是专门儿是指谷子。必须是谷子。ku˥˩tsʰɑɔ˥tɕiou˧sɿ˧tʂuæ̃˥˩mə̃r˨sɿ˧tsɿ˥˧ku˥˩tsɿ·l.pi˥˧ɕy˥˧sɿ˧ku˥tsɿ·l.（谷……噢，谷……噢，谷子的草？）叫谷草么。糜子的草你……你当然要叫糜子了，糜草。稻子的草你就叫稻……稻草么。玉米的秆子那就叫玉米秆儿么。tɕiɑɔ˧ku˥˩tsʰɑɔ˥muo·l.mi˨˩tsɿ˧ti·ltsʰɑɔ˥ni˥˩……ni˥˧tɑŋ˥zæ̃˨iɑɔ˧tɕiɑɔ˧mi˨˧tsɿ˧lə·l,mi˨˩tsʰɑɔ˥.tʰɑɔ˥tsɿ·lti·ltsʰɑɔ˥ni˥˧tɕiou˧tɕiɑɔ˧tʰɑɔ˥ʂ……tʰɑɔ˥tsʰɑɔ˥muo·l.y˧˥mi˥˧ti·lkæ̃˥tsɿ·lnei˧tɕiou˧tɕiɑɔ˧y˧˥mi˥˩kær˥muo·l.

拉料

黄：拉料就是拿……指这个去把这个，玉米或者是东西放磨子拉碎咧，就粉碎咧。la˥˧˨˩liao˧˧˥tɕiou˧tsɿ˧na˨˦……tsɿ˥˧tʂə˧˨˩kə˧˨˩tɕʰi˧pa˥˧˨˩tʂə˧kə˧,y˧˥mi˥˧˨˩xuei˨˦˥tʂə˥˧˨˩sɿ˧tuoŋ˥˧ɕi˧faŋ˧muo˧tsɿ˧la˥˧˨˩suei˧lie˧,tsou˧˨˩fəŋ˥˧suei˧lie˧.（噢，拉碎？）啊，叫拉料，噢。a˨˩,tɕiao˧la˥˧˨˩liao˧,ao˨˩.（讲打料吗？）不讲。有叫粉料的，现在多一……拿……兀儿不拿磨子推咧，就拿……叫粉碎机粉咧，那叫粉料咧。pu˨˦˨˩tɕiaŋ˥˧˨˩.iou˥˧˦tɕiao˧fəŋ˥˧liao˧ti˧,ɕiæ̃˧tsæᴇ˧tuo˥˧i˥˧˨˩……na˨˦……vər˧pu˨˦˨˩na˨˦muo˧tsɿ˧tʰuei˥˧lie˧,tɕiou˧na˨˦……tɕiao˧fəŋ˥˧suei˧˥tɕi˥˧˨˩fəŋ˥˧lie˧,nə˧tɕiao˧fəŋ˥˧liao˧lie˧.

和食

（我把那个……比如说喂猪啊什么，拿那个草拌一拌，叫不叫拌草啊什么东西？）黄：和食咧嘛。xuo˧ʂʅ˨˦˨˩lie˧ma˧.（那是……那是一般……比如说那个驴呢？驴吃草的。）驴吃草，你要给驴……欸，有……那你有一道程序……程序，你要给吃的话，料叫□进去，把草铡碎，把这……把草用水拌湿，再把料撒地上头，那叫拌草了。ly˨˦tʂʰʅ˥˧˨˩tsʰao˥˧,ni˥˧˦iao˧kei˧y˨˦……ei˨˩,iou˥˧……nei˧˥ni˥˧iou˥˧i˥˧˨˩tao˧tʂʰəŋ˨˦˨˩ɕy˧……tʂʰəŋ˨˦˨˩ɕy˧,ni˥˧˦iao˧kei˧tʂʰʅ˥˧ti˧xua˧,liao˧tɕiao˧tʂæ̃˥˧˨˩tɕiŋ˧˥tɕʰi˧,pa˥˧˨˩tsʰao˥˧tsa˨˦˨˩suei˧,pa˥˧˨˩tʂə……pa˥˧˨˩tsʰao˥˧yoŋ˧ʂuei˥˧pæ̃˧˥ʂʅ˥˧˨˩,tsæᴇ˧pa˥˧˨˩liao˧sa˥˧tə˧ʂaŋ˧tʰou˧,næᴇ˧˥tɕiao˧˨˩pæ̃˧tsʰao˥˧lə˧.（什么料呢？）那你只要把这个欸各种东西都……啥料都可以啊。你也可以把麦麸子给撒上，麦皮皮，把玉米、黄豆这些都□了……næᴇ˧˥ni˥˧tsɿ˥˧˦iao˧pa˥˧˨˩tʂə˧kə˧ei˧kə˥˧˦tʂuoŋ˥˧˦tuoŋ˥˧˨˩ɕi˧tou˥˧˨˩……sa˧˥liao˧tou˥˧˦kʰə˥˧i˥˧˨˩a˧.ni˥˧˦ia˥˧˦kʰə˥˧i˥˧˨˩pa˥˧˨˩mei˥˧˨˩fu˥˧tsɿ˧kei˧˨˩sa˥˧ʂaŋ˧˨˩,mei˥˧pʰi˨˦˨˩pʰi˨˦˥,pa˥˧˨˩y˧˥mi˥˧˦,xuaŋ˨˦tou˧tsei˧ɕie˥˧tou˥˧˨˩tsʰa˥˧l……（倒了水，然后拌一下儿？）那……那你要必须拉成面子咧。næᴇ˧……næᴇ˧ni˥˧˦iao˧pi˥˧˦ɕy˥˧˦la˥˧tʂʰəŋ˨˦˨˩miæ̃˧˥tsɿ˧lie˧.（噢，拉成面子？）这都是混的给它吃草咧，吃料咧么。tʂə˧tou˥˧˦sɿ˧xuoŋ˥˧ti˧kei˧˨˩tʰa˥˧tʂʰʅ˥˧˨˩tsʰao˥˧lie˧,tʂʰʅ˥˧˨˩liao˧˥lie˧muo˧.（猪呢？猪就是和食？）就……猪就和食嘛。tɕiou˧……tʂʮ˥˧tɕiou˧˨˩xuo˧ʂʅ˨˦ma˧.（猪就和食？）喂猪嘛。这……vei˧˥tʂʮ˥˧ma˧.tʂei˧˥……（那你这个不可能拿手去那么这么弄吧？）啊，那都有猪食铲子咧么。你拿猪食铲子铲，噢。a˧,næᴇ˧˥tou˥˧˨˩iou˥˧˦tʂʮ˥˧˨˩ʂʅ˨˦tsʰæ̃˥˧tsɿ˧lie˧muo˧.ni˥˧˨˩na˨˦tʂʮ˥˧˨˩ʂʅ˨˦tsʰæ̃˥˧tsɿ˧tsʰæ̃˥˧˨˩,ao˧.（猪食铲子。铲子还是杈子？）铲子么，那都有专门儿的工具咧么那。tsʰæ̃˥˧tsɿ˧muo˧,nə˧˥tou˥˧˨˩iou˥˧˦tʂuæ̃˥˧˨˩mə̃r˨˦ti˧kuoŋ˥˧˨˩tɕy˧˥lie˧muo˧næᴇ˧.（那那个呢？喂驴的那那玩意儿呢？那个拌草的那工……）拌草棍么你。pæ̃˧tsʰao˥˧˦kuoŋ˧muo˧ni˥˧˨˩.

喂

（我比如说我这养养鸡养马养牛这养些牲口呢说叫什么呢？叫养还是叫看？）黄：我们不叫养咧，我们叫喂咧。ŋuo˥˧məŋ˧pu˨˦˨˩tɕiao˧iaŋ˥˧lie˧,ŋuo˥˧məŋ˧tɕiao˧vei˧lie˧.（喂，不叫看？）看都不……不叫去。看是前头人说的。kʰæ̃˥˧tou˥˧˨˩pu˨˦tʂ……pu˨˦˦tɕiao˧tɕʰi˧.kʰæ̃˥˧sɿ˧˨˩tɕʰiæ̃˨˦˨˩tʰou˧zəŋ˨˦ʂuo˥˧ti˧.（喂猪，喂羊……）噢，喂猪，你喂咧个……喂了几个牲口。ao˨˩,vei˧˥tʂʮ˥˧˨˩,ni˥˧˦vei˧lie˧kə˧……vei˧lie˧tɕi˥˧kə˧˨˩səŋ˥˧kʰou˧.（那鸡鸭什么这些东西也叫喂吧？）叫喂。猪叫喂咧。牛，喂咧几个马，这都这都是喂咧。但是养就不叫养下的了，叫放下咧，你放了出羊。tɕiao˧vei˧.tʂʮ˥˧tɕiao˧˨˩vei˧˥lie˧.niou˨˦,vei˧˥lie˧tɕi˥˧kə˧˨˩ma˥˧,tʂə˧tou˥˧˨˩tʂə˧˥tou˥˧˨˩sɿ˧˥vei˧lie˧.tæ̃˧sɿ˧iaŋ˨˦tɕiou˧pu˨˦˨˩tɕiao˧iaŋ˥˧xa˧˨˩ti˧lə˧,tɕiao˧faŋ˧˥xa˧lie˧,ni˥˧˦faŋ˧lə˧tʂʰʮ˥˧˨˩iaŋ˨˦˨˩.（也是养的？）噢，也是养下的，但是它的说法就不同了。ao˨˩,ie˥˧sɿ˧˨˩iaŋ˥˧xa˧˨˩ti˧,tæ̃˧sɿ˧tʰa˥˧˦tə˧ʂuo˥˧fa˥˧˨˩tɕiou˧˥pu˨˦˨˩tʰuoŋ˨˦˨˩lə˧.

（二）禽

菴一窝鸡娃儿

黄：这儿这你不要……你要说是去农村，你要说谁你给我孵一窝小鸡儿，那一般儿人都太不懂这个东西。听不懂。你要是你菴崽……你给我菴一窝鸡娃儿，菴一窝鸡娃儿，那懂。tʂər˦tʂə˦ni˥˨pu˨˦˨˩iao˦……ni˥˨iao˦˥˧ʂuo˥˨˨˩sɿ˦˨˩tɕʰi˦luoŋ˨˦tsʰuoŋ˥˨˨˩,ni˥˨iao˦ʂuo˥˨˨˩sei˨˦ni˥˨kei˦˨˩ŋuo˥˨˨˩fu˨˦i˥˨vuo˥˨˨˩ɕiao˥˨tɕiər˥˨˨˩,næᴇ˦i˥˨˨˦pæ̃r˥˨˨˩zəŋ˨˦tou˥˨˨˩tʰæᴇ˦pu˨˦˨˩tuoŋ˥˨tʂə˦˨˩kə˦˨˩tuoŋ˥˨ɕi·.tʰiŋ˥˨pu˨˦˨˩tuoŋ˥˨˨˩.ni˥˨˧iao˦sɿ˦ni˥˨˧pao˦tsæᴇ˥˨˧……ni˥˨˧kei˦ŋuo˥˨˧pao˦i˥˨˧vuo˥˨˨˩tɕi˥˨var˨˦˨˩,pao˦i˥˨˧vuo˥˨˨˩tɕi˥˨var˨˦,næᴇ˦tuoŋ˥˨˨˩.

攒鸡

（阉了的公鸡呢？）黄：一般情况下都没有人阉它。i˥˨˨˦pæ̃˥˨tɕʰiŋ˨˦˨˩kʰuaŋ˦˥˧ɕia˦tou˥˨˧mei˨˦iou˥˨zəŋ˨˦iæ̃˥˨˨˩tʰɑ˥˨˨˩.（不阉它怎么长……长壮啊？）那一直……这儿这那里说是那就一家……喂十个喂十个公鸡他也不阉一个。nei˦˥˧i˥˨˨˩tʂʅ˨˦˥˧……tʂər˦˨˦tʂə˦˨˩nei˦˥˧li˥˨˨˩ʂuo˥˨˨˩sɿ˦˨˩nə˦tsou˦i˥˨˨˦tɕia˥˨˨˩……vei˦ʂʅ˨˦˨˩kə˦vei˦ʂʅ˨˦˨˩kə˦kuoŋ˥˨tɕi˥˨˨˩tʰɑ˥˨˧ia˥˨˧pu˨˦˧iæ̃˥˨i˥˨˨˩kə˦.（噢，它不阉啊？）不阉。pu˨˦˥˧iæ̃˥˨˨˩.（噢，那南方它就是一般到了下半年了就把那个公鸡阉了，呃那个……不是呃，鸡长到那个快一斤的样子就把它阉了。）这儿不。tʂər˦˨˦pu˨˦˨˩.（阉了，到了下半年快过年了就把它圈起来。那个长得那个那个特别肥壮。）我们……那我们把那个圈起来喂叫攒鸡咧么。那只是控制它……只给它吃，不让它动弹么。ŋuo˥˨məŋ·……næᴇ˦ŋuo˥˨məŋ·pɑ˥˨˨˩nə˦kə˦tɕyæ̃˦˨˦tɕʰi˥˨˨˩læᴇ˨˦˨˩vei˦tɕiao˦tsæ̃˥˨˨˦tɕi˥˨lie·muo·.nə˦tsɿ˥˨˨˩sɿ˦˨˩kʰuoŋ˦tʂʅ˦tʰɑ˥˨ʂ……tsɿ˥˨˨˩kei˦tʰɑ˥˨˧tʂʰʅ˥˨,pu˨˦˨˩zɑŋ˦˨˦tʰɑ˥˨˨˩tuoŋ˦˨˦tʰæ̃˨˦˥˧muo·.（哪个tsæ̃˥˨˨˦呢？）就是攒这个意思。把东西往……往多里积少成多的那个攒字。tɕiou˦sɿ˦tsæ̃˥˨tʂə˦˨˩kə˦˨˩i˦sɿ·.pɑ˥˨˨˩tuoŋ˥˨ɕi·vɑŋ˥˨˨˩……vɑŋ˥˨˨˩tuo˥˨li˥˨˨˩tɕi˥˨˨˩ʂao˥˨tʂʰəŋ˨˦tuo˥˨ti·nei˦kə˦tsæ̃˥˨tsɿ˦˨˩.（噢，攒呐？）嗯。ŋ̍˨˩.（噢。是指那种那种动作是吧？不是指那种鸡吧？）指这一种动作叫攒鸡咧，嗯。tsɿ˥˨tʂei˦i˥˨˨˩tʂuoŋ˥˨˧tuoŋ˦˨˦tsuo˥˨˨˩tɕiao˦tsæ̃˥˨˧tɕi˥˨˨˩lie·,ə̃˨˩.（噢。那样那样那样的鸡叫什么鸡呢？）攒下的鸡就叫攒鸡。他把那个鸡弄下咧，它……它只是那个地方能……能卧下，刚能站起咧，它头伸不起来。它要打……想打鸣都不行么。鸡打鸣必须头……脖子伸长，它才能打出来。你给它控制下，它……它只能站起来，头抬不起来，它就打不成鸣么。tsæ̃˥˨˧xɑ˦ti·tɕi˥˨tɕiou˦˨˩tɕiao˦˨˩tsæ̃˥˨˧tɕi˥˨˨˩.tʰɑ˥˨pɑ˥˨˨˩næᴇ˦kə˦tɕi˥˨nuoŋ˦˨˦xɑ˦˨˩lie·,tʰɑ˥˨˧……tʰɑ˥˨˧tsɿ˥˨˨˩sɿ˦nə˦kə˦ti˦faŋ˥˨˨˩nəŋ˨˦……nəŋ˨˦vuo˦˨˦xɑ˦˨˩,kaŋ˥˨˨˦nəŋ˨˦˨˩tsæ̃˦tɕʰi˥˨lie·,tʰɑ˥˨˨˩tʰou˨˦ʂəŋ˥˨˨˩pu˨˦˨˩tɕʰi˥˨læᴇ˨˦˨˩.tʰɑ˥˨iao˦tɑ˥˨……ɕiaŋ˥˨tɑ˥˨miŋ˨˦tou˥˨˨˩pu˨˦˨˩ɕiŋ˨˦˨˩muo·.tɕi˥˨tɑ˥˨˧miŋ˨˦tʰɑ˥˨˧pi˥˨˧ɕy˥˨˧tʰou˨˦……puo˨˦˨˩tsɿ·ʂəŋ˥˨˨˩tʂʰɑŋ˨˦,tʰɑ˥˨˧tsʰæᴇ˨˦˨˩nəŋ˨˦˧tɑ˥˨˧tʂʰʯ˥˨læᴇ˨˦˨˩.ni˥˨˧kei˦tʰɑ˥˨˧kʰuoŋ˦tʂʅ˦xɑ˦,tʰɑ˥˨˨˩……tʰɑ˥˨˧tsɿ˥˨˨˩nəŋ˨˦tsæ̃˦tɕʰi˥˨˧læᴇ˨˦˨˩,tʰou˨˦tʰæᴇ˨˦˨˩pu˨˦˧tɕʰi˥˨læᴇ˨˦˨˩,tʰɑ˥˨˧tɕiou˦tɑ˥˨pu˨˦˨˩tʂʰəŋ˨˦˨˩miŋ˨˦muo˦.（噢。这一般是攒多久呢？）那根据情况。一般情况就有的攒这么个欸攒这么个几十天，有的攒一个月……个月，直到它……感觉它肥得很了，那就……nei˦˥˧kəŋ˥˨˨˩tɕy˦˥˧tɕʰiŋ˨˦˨˩kʰuaŋ˦˥˧.i˥˨˨˩pæ̃˥˨tɕʰiŋ˨˦˨˩kʰuaŋ˦˥˧tɕiou˦˨˩iou˥˨ti·tsæ̃˥˨˧tʂə˦˥˧muo·kə˦˨˩ei˦tsæ̃˥˨˧tʂə˦muo·kə˦tɕi˥˨ʂʅ˨˦tʰiæ̃˥˨,iou˥˨ti·tsæ̃˥˨˧i˥˨˨˩kə˦˨˦yo˥˨……kə˦˨˦yo˥˨˨˩,tʂʅ˨˦˨˩tao˦˥˧tʰɑ˥˨˨˩……kæ̃˥˨tɕyo˥˨˨˩tʰɑ˥˨˨˩fei˨˦˨˩tei˥˨˧xəŋ˥˨lə·,nə˦tɕiou……（那那那攒公鸡还是母鸡啊？）公鸡母鸡都可以攒。kuoŋ˥˨tɕi˥˨˨˩mu˥˨tɕi˥˨˨˩tou˥˨˨˦kʰə˥˨˨˩i˥˨˨˩tsæ̃˥˨˨˩.（噢，就不阉它？）不。它那个是强制喂食咧嘛。不是叫它自己吃咧么。把它一逮，就一把把子……脖子捏住是，嘴张开以后，把这面，把这饲料混成那软硬是它那结结子，它硬往进填咧么。pu˨˦˨˩.tʰɑ˥˨næᴇ˦kə˦sɿ˦tɕʰiaŋ˥˨tʂʅ˦˥˧vei˦ʂʅ˨˦˨˩lie·ma·.pu˨˦˨˩sɿ˦˥˧tɕiao˦tʰɑ˥˨tsɿ˦˨˦tɕie˥˨˨˩tʂʰʅ˥˨lie·muo·.pɑ˥˨˨˩tʰɑ˥˨i˥˨˨˦tæᴇ˥˨,tɕiou˦˨˩i˥˨˨˦pɑ˥˨pɑ˥˨˨˩tsɿ·……puo˥˨˨˩tsɿ·nie˥˨tʂʯ˦˨˩sɿ˦,tsuei˥˨tʂɑŋ˥˨˨˦kʰæᴇ˥˨i˥˨˨˩xou˦˥˧,pɑ˥˨˨˩tʂə˦miæ̃˦,pɑ˥˨˧tʂə˦sɿ˥˨˨˩liao˦xuoŋ˦tʂʰəŋ˨˦˧nə˦zuæ̃˥˨niŋ˦sɿ˦tʰɑ

˥˧nə˥tɕie˥˧tɕie˥˧˩tsɿ˧,tʰɑ˥˧˩niŋ˥vaŋ˥˧˩tɕiŋ˥tʰiæ̃˨˦lie˧muo˧.

跳窝

（跳窝是什么意思？）黄：跳窝就是这个欸它就在这个地方也下不下嘛。要到那个地方去。光叫唤咧，下不下蛋么。tʰiao˥vuo˥˧˩tɕiou˥sɿ˥tʂə˥kə˥ei˧tʰɑ˥˧tɕiou˥˧˩tsæᴇ˥tʂə˥kə˥ti˥˧faŋ˥˧˩ie˥˧ɕia˥pu˨˦xa˥ma˧.iao˥tao˥nə˥kə˥ti˥˧˩faŋ˥˧˩tɕʰi˥˧.kuaŋ˥˧tɕiao˥xuæ̃˥˧lie˧,ɕia˥pu˨˦xa˥tæ̃˥muo˧.

引蛋

（呃，有这个引蛋这个习惯吗？）黄：有。放个……放个……窝窝里放个蛋哄它来……来里头下蛋，有引蛋这个。iou˥˧.faŋ˥kə˥……faŋ˥kə˥……vuo˥˧vuo˥˧˩li˧faŋ˥kə˥tæ̃˥xuoŋ˥˧tʰɑ˥˧˩læᴇ˨˦……læᴇ˨˦li˥˧tʰou˧ɕia˥tæ̃˥,iou˥˧iŋ˥˧tæ̃˥˧˩tʂə˥˧˩kə˥˧˩.

鸡鸭同圈

（这个这里这个鸡和鸭它这个那个圈是怎么个那个搞法？）黄：多一半儿都是鸡鸭同圈着咧。鸡在上面，鸭子……鸡在架上咧，鸭子在底下咧。tuo˥˧i˥˧pær̃˥˧tou˥˧sɿ˥tɕi˥˧ia˥˧tʰuoŋ˨˦tɕyæ̃˥tʂuo˥˧lie˧.tɕi˥˧tsæᴇ˥˧˩ʂaŋ˥˧miæ̃˥˧˩,ia˥˧˩tsɿ˧……tɕi˥˧tsæᴇ˥˧˩tɕia˥ʂaŋ˥lie˧,ia˥˧tsɿ˧tsæᴇ˥ti˨˩˦xa˥˧˩lie˧.（噢，鸡在上面？）嗯，鸭……鸡……ə̃˧˩,ia˥˧˩……tɕi˥˧……（鸭在下面？）噢，鸡□上了架了么，鸭子上不了架么。ɑə˧˩,tɕi˥˧niæ̃˨˦ʂaŋ˥lə˧tɕia˥˧lə˧muo˧,ia˥˧tsɿ˧ʂaŋ˥˧pu˨˦liao˥˧tɕia˥˧˩muo˧.（嗯。就所以有这个赶……赶鸭上架的那个……有那个说法。）啊，就是的。不晓这个事，你……你按照那个量做去咧么。ɑ˥,tɕiou˥sɿ˥ti˧.pu˨˦ɕiao˥˧˩tʂei˥˧kə˥˧sɿ˥,ni˥˧……ni˥˧æ̃˥˧tʂao˥˧˩nə˥kə˥liaŋ˥tsuo˥˧tɕʰi˥˧˩lie˧muo˧.（它是用木头搭的是吧？）木头搭的，嗯。mu˥˧tʰou˧ta˥˧ti˧,ə̃˧˩.

小鹅

（那个小鹅？小小的那个鹅子？）黄：这少得很。我也没个啥子叫法，我也听……没听说过。tʂei˥˧ʂao˥˧tei˥˧˩xəŋ˥˧.ŋuo˥˧˩ia˥˧mei˨˦kə˥sa˥˧tsɿ˧tɕiao˥˧fa˥˧˩,ŋuo˥˧˩ɑ˥˧˩tʰiŋ˥˧……mei˨˦tʰiŋ˥˧ʂuo˥˧˩kuo˥˧˩.（养吗？）养。那都是……哎呀，可以说百分之一……百分之欸……哎呀，连百分之二都没有得。iaŋ˥˧.nei˥˧tou˥˧sɿ˥……æᴇ˧˩ia˧˩,kʰə˥˧i˨˩˦ʂuo˥˧pei˥˧˩fəŋ˥˧tsɿ˥˧˩i˥˧……pei˥˧˩fəŋ˥˧tsei˥˧˩……æᴇ˧˩ia˧˩,liæ̃˨˦pei˥˧˩fəŋ˥˧tsɿ˥˧˩ər˥tou˥˧˩mei˨˦iou˥˧tei˥˧˩.（啊，很少人家养是吧？）欸，很少养。ei˧˩,xəŋ˨˩˦ʂao˨˩˦iaŋ˥˧˩.（那他要养的话，他是去买那个……）买也这个……mæᴇ˥˧ie˥˧tʂə˥kə˥……（小……）买这个小鹅回来以后自己也……mæᴇ˥˧tʂə˥kə˥ɕiao˨˩˦ə˨˦xuei˨˦læᴇ˨˦i˥˧˩xou˥sɿ˥tɕie˥˧˩ie˥˧……（那他他如果到市场上去买那个小鹅，叫买买鹅什么？鹅娃子还是鹅什么？）哎呀，那就不知道了。没有见过这个。嗯。æᴇ˧˩ia˧˩,næᴇ˥tsou˥pu˨˦tʂɿ˥˧tao˥˧˩lə˧.mei˨˦iou˥˧tɕiæ̃˥kuo˥tʂə˥kə˥.ə̃˧˩.（你们家没养过？）没有。mei˨˦iou˥˧˩.

鸽虎

（鸽虎？）黄：不知道是个啥鸟鸟。pu˨˦tʂɿ˥˧tao˥sɿ˥kə˥sa˥niao˥˧niao˥˧˩.（颜色是苍紫色，比鹞子要大，它吃鸽子，吃斑鸠。）那倒有咧。我经常看着那种大斑鸠，可能耐，一扑下来它有时候一抱能抱两个都走了。næᴇ˥˧tao˥iou˥˧lie˧.ŋuo˥˧tɕiŋ˥˧˩tʂʰaŋ˨˦kʰæ̃˥tʂuo˥˧˩nei˥˧tʂuoŋ˥˧˩ta˥pæ̃˥˧tɕiou˥˧˩,kʰə˥˧˩nəŋ˨˦næᴇ˥,i˥˧pʰu˥˧xa˥læᴇ˨˦tʰɑ˥˧iou˨˩˦sɿ˨˦xou˥i˥˧pao˥nəŋ˨˦pao˥˧liaŋ˨˩˦kə˥tou˥˧tsou˨˩˦lə˧.（那叫什么？）哎呀，我们把那还是叫鹞子咧。æᴇ˥ia˧˩,ŋuo˥˧məŋ˧pa˥˧˩næᴇ˥xa˨˦sɿ˥˧tɕiao˥iao˥tsɿ˧lie˧.

鹌鸰

（这个鹌鸰呢？）黄：雀儿吗？tɕʰiaor˥˧ma˧?（嗯？）雀雀。tɕʰiao˥˧tɕʰiao˥˧˩.（雀雀

就是鹌鸰啊？）哎，那就说是……是一种鹌……是一种鸟儿么，啊？不……哎呀，这是尾巴长得很。尾……它上头还写的是不是尾巴长得很？这个……树林子里头……æᴇ˩,nə˥tɕiou˥˦ʂuo˥˧˩sʅ˥˩……sʅ˥i˥˧˩tʂuoŋ˥˧˦tɕi˥˧……sʅ˥i˥˧˩tʂuoŋ˥˧˦niaɔr˥˧muo˨,a˩?pu˨˦˦tʂ……æᴇ˩ia˩,tʂə˥˦sʅ˥i˥˧pa˨tʂʰaŋ˨˦˩tei˥˧˦xəŋ˥˧.vei˥˧……tʰa˥˧˩ʂaŋ˥tʰou˨xæᴇ˨˦˦ɕie˥˧ti˨sʅ˥˦pu˨˦˦sʅ˥˦i˥˧pa˨tʂʰaŋ˨˦˩tə˨xəŋ˥˧˦?tʂə˥˩kə˥˩tɕ……ʂʮ˥liŋ˨˦˩tsʅ˨li˥˧tʰou˨……（嗯，尾巴长。）尾巴长，就是尾巴……i˥˧pa˨tʂʰaŋ˨˦˩,tɕiou˥˩sʅ˥i˥˧pa˨……（翅膀也长。）翅膀子也长。在树林子里……tsʰʅ˥˦paŋ˥˧˦tsʅ˨lie˥˧˦tʂʰaŋ˨˦˩.tsæᴇ˥ʂʮ˥liŋ˨˦˩tsʅ˨li˥˧˩……（有白斑。）嗯，就是的，白斑。ŋ̍˩,tɕiou˥sʅ˥ti˨,pei˨˦pæ̃˥˧.（这叫什么？）叫不上名字。反正那你这个东西都多的。tɕiaɔ˥pu˨˦ʂaŋ˥miŋ˨˦˩tsʅ˨.fæ̃˥˧˩tʂəŋ˥næᴇ˥ni˥˧˦tʂə˥kə˥tuoŋ˥˧ɕi˨tou˥˧˩tuo˥˧ti˨.（经常瞧见？）哎，瞧咧。你到树里，山里的进去，沟里头进去，它喳喳喳喳喳喳一声，一下一飞多长。æᴇ˨˦,tɕʰiaɔ˨˦˩lie˨.ni˥˧taɔ˥ʂʮ˥˦li˥˧˦,sæ̃˥˧li˥˧˩ti˨tɕiŋ˥˦tɕʰi˥,kou˥˧li˥˧˩tʰou˨tɕiŋ˥tɕʰi˥,tʰa˥˧˦tsa˨˦tsa˥tsa˥tsa˥tsa˥tsa˥i˥˧˩ʂəŋ˥˧,i˥˧˩xa˥i˥˧˩fei˥˧tuo˥˧˦tʂʰaŋ˨˦˦.

白肚鸦儿

（麻野鹊？）黄：有咧。尾巴短，肚肚是个白的。iou˥˧lie˨.i˥˧pa˨tuæ̃˥˧,tu˥tu˥sʅ˥kə˥pei˨˦˩ti˨.（怎么叫？）啊，我们叫鸦鹊儿咧。白肚鸦儿。最……老百姓最叫得土的就是白肚鸦儿。a˩,ŋuo˥˧məŋ˨tɕiaɔ˥ia˥˧tɕʰyor˥˧lie˨.pei˨˦˩tu˥˦iar˥˧.tsuei˥luo˨˦……laɔ˥˧pei˥˧˩ɕiŋ˥tsuei˥tɕiaɔ˥tə˨tʰu˥˧ti˨tɕiou˥˩sʅ˥˩pei˨˦˩tu˥˦iar˥˧.（白肚……）欸欸，肚肚子底下全部是白的。它尾巴没有喜鹊儿那个尾巴那么长。ei˩ei˥,tu˥˩tu˥tsʅ˨ti˥˧xa˥˩tɕʰyæ̃˨˦˩pu˥sʅ˥pei˨˦˩ti˨.tʰa˥˧˦i˥˧pa˨mei˨˦iou˥˧˦ɕi˥˧tɕʰyor˥˧˩nə˥kə˥i˥˧pa˨nə˥muo˨tʂʰaŋ˨˦.

乌鸦、老鸹

1. 黄：乌鸦是乌鸦，老鸹是老鸹。乌鸦嘴是红的，它小。老鸹是浑身黑，没有不黑的地方。嘴黑，爪乌黑，毛黑，肉都是黑的，啊。vu˥˧ia˥˧˩sʅ˥vu˥˧ia˥˧˩,laɔ˥˧va˥˧˩sʅ˥laɔ˥˧va˥˧˩.vu˥˧ia˥˧˩tsuei˥˧sʅ˥xuoŋ˨˦˩ti˨,tʰa˥˧˩ɕiaɔ˥˧.laɔ˥˧kua˥˧˩sʅ˥˩xuoŋ˨˦ʂəŋ˥˧xei˥˧˦,mei˨˦iou˥˧pu˨˦˩xei˥˧ti˨ti˥˦faŋ˥˧˩.tsuei˥˧xei˥˧,tsa˥˧vu˥˧˩xei˥˧˩,maɔ˨˦xei˥˧˩,zʅou˥tou˥˧˩sʅ˥xei˥˧ti˨,a˥.

2.（乌鸦呢？）黄：有说咧不，乌鸦么。iou˥˧ʂuo˥˧lie˨pu˨,vu˥˧ia˥˧˩muo˨.（你你们叫乌鸦叫什么？）我们……乌鸦也叫咧。有一种乌鸦它是这个……嘴是红的，把它叫红嘴鸦么。还有一种是全身黑的那个叫老鸹。ŋuo˥˧məŋ˨tɕ……vu˥˧ia˥˧˩ia˥˧˦tɕiaɔ˥lie˨.iou˥˧i˥˧˩tʂuoŋ˥˧˦vu˥˧ia˥˧˩tʰa˥˧˦sʅ˥tʂə˥kə˥……tsuei˥˧sʅ˥˩xuoŋ˨˦˩ti˨,pa˥˧˩tʰa˥˧˦tɕiaɔ˥xuoŋ˨˦˩tsuei˥˧˦ia˥˧muo˨.xæᴇ˨˦˩iou˥˧i˥˧˦tʂuoŋ˥˧˦sʅ˥tɕʰyæ̃˨˦ʂəŋ˥˧˦xei˥˧ti˨nei˥˩kə˥˩tɕiaɔ˥laɔ˥˧va˥˧˩.（噢，乌鸦是统称是吧？）噢，乌鸦是统称么。aɔ˩,vu˥˧ia˥˧˩sʅ˥˩tʰuoŋ˥˧tʂʰəŋ˥˧˦muo˨.

雁

黄：哎有大雁的话那是路过咧一下么。æᴇ˩iou˥˧˩ta˥iæ̃˥ti˨xua˥˩næᴇ˥sʅ˥lou˥kuo˥˦lie˨i˥˧˩xa˥˩muo˨.（这个天上飞的那个大雁呢？）那就叫雁么。næᴇ˥˦tɕiou˥tɕiaɔ˥iæ̃˥muo˨.（叫不……讲不讲咕喽雁？）哎有的说咕喽雁这个话咧。有人叫么。æᴇ˩iou˥˧ti˨ʂuo˥˧˩ku˥˧lou˨iæ̃˥tʂə˥˩kə˥˩xua˥lie˨.iou˥˧zʅəŋ˨˦tɕiaɔ˥muo˨.（这个为什么叫做咕喽雁呢？）因为它往过飞的时候一工儿咕咕咕咕咕叫唤咧。iŋ˥˧˩vei˥˦tʰa˥˧vaŋ˥˧˩kuo˥fei˥˧ti˨sʅ˨˦˩xou˥i˥˧˦kuõr˥˧˦ku˨˦ku˨˦ku˨˦ku˨˦ku˨˦tɕiaɔ˥˦xuæ̃˥˩lie˨.（这里的雁有没有那那个区别的这个叫法？）没有。muo˥˧˦iou˥˧˩.（就是一个名字？）因为这儿这这个雁到这里来说是很少落。iŋ˥˧˩vei˥˦tʂər˥tʂə˥tʂə˥˩kə˥˩iæ̃˥˦taɔ˥tʂei˥˦li˥˧˩læᴇ˨˦suo˥˧˩sʅ˥˩xəŋ˥˧ʂaɔ˥˧˦luo˥˧.（噢，都是飞过？）啊，它都是过路的雁。就是今年我听我们家属说是，

一天下午在我这个一块儿地里，落了一群雁。ɑ˩˨,tʰɑ˥˧tou˥˧sɿ˥kuo˥lou˥ti˧liæ̃˥˨.tɕiou˥sɿ˥tɕiŋ˥˨n iæ̃˧ŋuo˥tʰiŋ˥˨ŋuo˥mən˧tɕiɑ˥˨ʂʮ˥˧ʂuo˥˧sɿ˥,i˥˨tʰiæ̃˥˨ɕiɑ˥˧vu˥˨tsæᴇ˥˨ŋuo˥tʂə˥˨kə˥˨i˥˨kʰuər˥˧ti˥˧li˥˨,l uo˥lə˧li˥tɕʰyoŋ˧˨iæ̃˥.

鸽子

（你们这个山……那个房……房脊上那搞的那个鸽子，为什么为什么就是都搞两个鸽子呢？）黄：平安。pʰiŋ˧˨næ̃˥.（这是……呃，为什么这个当初为什么要搞那个就是是……是不是这个本地的野鸽子很多啊？）也不是本地的野鸽子很多。前几年多，现在也没了，基本上少得很。好像那都是一种象征和平的那个意思。ie˥pu˧˨sɿ˥˨pəŋ˥ti˥˧ti˧lie˥kə˥˨ts ɿ˧xəŋ˥˧tuo˥˧.tɕʰiæ̃˧tɕi˥niæ̃˧tuo˥,ɕiæ̃˥tsæᴇ˥ie˥˧muo˥lə˧,tɕi˥˨pəŋ˥ʂaŋ˥˨ʂɑɔ˥tə˧xəŋ˥.xɑɔ˥ɕiaŋ˥næᴇ˥˧to u˥˧sɿ˥i˥˧tʂuoŋ˥˧ɕiaŋ˥tʂəŋ˥˨xə˧pʰiŋ˧˨ti˧nə˥˨kə˥˨i˥˧sɿ˧.

嘣嘣吃

（呃，啄木鸟？）黄：哎有咧，啄木鸟。也叫嘣嘣吃么。æᴇ˥iou˥˨lie˧,tʂuo˥˨mu˥˨niɑɔ˥.ie˥˧tɕiɑɔ˥pəŋ˥pəŋ˥tʂʰʅ˥muo˧.（这个嘣嘣是它那个声音啊？）嗯。ə̃˩˨.（啄那个木头的声音？）啊，它一个儿嘣儿嘣儿嘣儿呃你。它不吃就不……不嘣去嘛。ɑ˩˨,tʰɑ˥i˥˧kuor˥pə̃r˥pə̃r˥pə̃r˥ə˩˨ni˥˧.tʰɑ˥˧pu˧˧tʂʰʅ˥tɕiou˥pu˧˨……pu˧˨pəŋ˥tɕʰi˥˨mɑ˧.（噢，嘣嘣吃？）啊，它嘣嘣吃它，它之所以嘣它就是为咧把那树皮叨开。ɑ˩˨,tʰɑ˥˧pəŋ˥pəŋ˥tʂʰʅ˥˨tʰɑ˥˨,tʰɑ˥˧tsɿ˥˨suo˥i˥˨pəŋ˥˧tʰɑ˥˧tɕiou˥sɿ˥vei˥lie˧pɑ˥˨nə˥ʂʮ˥pʰi˧˧tɑɔ˥˧kʰæᴇ˥.

信猴、鸱拐子、石猴子

黄：哎呀，猫头鹰和信猴怕是一个东西吧。就是的，叫……我们叫信猴。æᴇ˩˨iɑ˩˨,mɑɔ˧tʰou˧˨iŋ˥xuo˧˨ɕiŋ˥˧xou˧˨pʰɑ˥˨sɿ˥˨i˥˨kə˥tuoŋ˥ɕi˧pɑ˧.tɕiou˥sɿ˥ti˧,tɕiɑɔ˥……ŋuo˥mən˧tɕiɑɔ˥ɕiŋ˥˧xou˧˨.（什么ɕiŋ˥˧xou˧˨？哪……那两个字啊？）猴是猴子的猴么，信是通信的信么。xou˧sɿ˥˨xou˧˨tsɿ˥ti˧xou˧˨muo˧,ɕiŋ˥˧sɿ˥˨tʰuoŋ˥˨ɕiŋ˥˧ti˧ɕiŋ˥muo˥.（讲不讲鸱叫？鸱叫子？）不叫。鸱拐子。pu˧˨tɕiɑɔ˥.tsʰɿ˥˧kuæᴇ˥˨tsɿ˧.（是这个猫头鹰吗？）哎呀，鸱拐子是不是这个啥？拐子的拐，反正鸱拐子。æᴇ˩˨iɑ˩˨,tsʰɿ˥˧kuæᴇ˥˧tsɿ˧sɿ˥pu˧˧sɿ˥tʂə˥kə˥sɑ˥ʔkuæᴇ˥tsɿ˧ti˧kuæᴇ˥,fæ̃˥˨tʂəŋ˥tsʰɿ˥kuæᴇ˥˨tsɿ˧.（这个拐弯的拐呀？）啊，有鸱拐子这一说咧，不知道是不是猫头鹰反正。ɑ˩˨,iou˥˧tsʰɿ˥kuæᴇ˥tsɿ˧tʂei˥i˥˨ʂuo˥lie˧,pu˧˨tʂʅ˥˨tɑɔ˥sɿ˥p u˧˨sɿ˥˨mɑɔ˧tʰou˧˨iŋ˥fæ̃˥˨tʂəŋ˥.（噢，它怎么……鸱拐子这个叫声是个怎么样的？晚上叫还是白天叫？）都是晚上叫咧。这个是……噢，猫头鹰晚上也叫咧，鸱拐……啊，鸱拐子就是猫头鹰。还有一种叫石猴子。这还好像没见过。这个……这个叫法可能就是kou˧kou˧，kou˥kou˧，它就是那么个样子，嗯。tou˥˧sɿ˥væ̃˥ʂaŋ˥˨tɕiɑɔ˥lie˥.tʂə˥kə˥sɿ˥˨……ɑɔ˩˨,mɑɔ˧tʰou˧˨iŋ˥væ̃˥ʂaŋ˥˨iɑ˥˧tɕiɑɔ˥lie˧,tsʰɿ˥kuæᴇ˥……æ˩˨,tsʰɿ˥kuæᴇ˥tsɿ˧tɕiou˥˧sɿ˥˨mɔɑ˧tʰou˧˨i ŋ˥.xæᴇ˧iou˥i˥˨tʂuoŋ˥tɕiɑɔ˥ʂʅ˧xou˧˨tsɿ˥.tʂei˥xɑ˧˨xɑɔ˥˧ɕiaŋ˥muo˥˨tɕiæ̃˥˧kuo˥˨.tʂə˥kə˥……tʂə˥˧kə ˥˧tɕiɑɔ˥fɑ˥˨kʰə˥˨nəŋ˧tɕiou˥sɿ˥kou˧kou˧,kou˥kou˧,tʰɑ˥˧tɕiou˥sɿ˥nə˥muo˧kə˥iaŋ˥tsɿ˧,ə̃˩˨.（啊，就是……也是晚上叫？）也是晚上叫。ie˥sɿ˥væ̃˥ʂaŋ˥tɕiɑɔ˥.

八哥儿

（那个鹦鹉叫什么？）黄：没有鹦鹉这儿这。muo˥˨iou˥iŋ˥vu˥˨tʂər˥tʂə˥˨.（叫不叫八哥儿？）叫八哥儿。也知道这个东西。也……多一半儿，农村多一半儿最叫得土的就是八哥儿。tɕiɑɔ˥pɑ˥kər˥˨.ie˥˧tʂʅ˥˨tɑɔ˥˧tʂə˥kə˥tuoŋ˥ɕi˧.ie˥˨……tuo˥i˥˨pær˥,luoŋ˧tsʰuoŋ˥˨tuo˥i˥˨pær ˥tsuei˥˧tɕiɑɔ˥tə˧tʰu˥ti˧tɕiou˥sɿ˥pɑ˥kər˥˨.（它这个据说剪一下舌头，它可以学人讲话。）啊，

对着咧。ɑ˥,tuei˥tʂə˧lie˧.（你们这里剪它的舌头吗？）哎，没有，没这些程……农村就没有喂八哥儿的。兀□谁个就说是这个八哥儿，不是有地方连得放……以黄河为界了吗是以江为界咧个啥，有的地方八哥儿会说话咧，但是八哥儿一过了河就不说了。æᴇ˥˩,mei˨˦iou˥˩,mei˨˦tʂei˥˧ɕie˥˩tʂʰəŋ……luoŋ˨˦˧tsʰuoŋ˥˩tsou˥mei˨˦˧iou˥˩vei˥pɑ˥˩˧kər˥˩˧ti˧.vu˥˧niæ̃˨˦˧sei˨˦˧kə˥˧tsou˥ʂuo˥˩˧sɿ˥tʂə˥kə˥pɑ˥˩kər˥˩˧,pu˨˦˧sɿ˥iou˥˩ti˥˩faŋ˥˩˧liæ̃˨˦˧tə˧faŋ˥……i˥˩˧xuaŋ˨˦xə˨˦vei˨˦˧tɕie˥˩lə˧mɑ˧sɿ˥i˥˩tɕiaŋ˥˩vei˨˦˧tɕie˥lie˧kə˥sɑ˥,iou˥˩ti˧ti˥faŋ˥˩pɑ˥˩kər˥˩˧xuei˥ʂuo˥˩˧xuɑ˥lie˥,tæ̃˥˧sɿ˥˧pɑ˥˩kər˥˩˧i˥˩˧kuo˥lə˧xuo˨˦tsou˥˧pu˨˦˧ʂuo˥˩lə˧.（啊，过了黄河就不说话了？）嗯。还是有个啥子典故反正，不好说着咧。ə̃˧.xɑ˨˦˧sɿ˥iou˥˩kə˥˧sɑ˥˩tsɿ˧tiæ̃˥˩ku˥fæ̃˥˩˧tʂəŋ˥,pu˨˦˧xɑɔ˥˩ʂuo˥˩tʂə˧lie˧.

呱啦鸡

（山鸡和野鸡是一回事吗？）黄：不一回事。山鸡是麻的多么。山鸡也有人叫呱啦鸡嘛。因为它纯粹……纯粹不像再的鸡一样，它一群到一瘩里好像都是一工……一工儿这么呱……呱儿呱儿呱儿呱儿呱儿呱儿呱儿呱儿呱儿呱儿呱儿，就像母鸡叫唤那个样子，不停地叫唤，就所以给它叫呱啦鸡。pu˨˦i˥˩˧xuei˨˦˧sɿ˥.sæ̃˥˩tɕi˥˩˧sɿ˥mɑ˨˦˧ti˧tuo˥˩˧muo˧.sæ̃˥˩tɕi˥˩ie˥˩˧iou˥˩zəŋ˨˦˧tɕiɑɔ˥kuɑ˥˩lɑ˥˩˧tɕi˥˩mɑ˧.iŋ˥˩˧vei˥tʰɑ˥˩tʂʰuoŋ˨˦tsʰuei˥……tʂʰuoŋ˨˦˧tsʰuei˥˧pu˨˦˧ɕiaŋ˥tsæᴇ˥ti˧tɕi˥˩i˥˩˧iaŋ˥˧,tʰɑ˥˩i˥˩˧tɕʰyoŋ˨˦tɑɔ˥i˥˩˧tɑ˥˩li˥˩˧xɑɔ˥˩ɕiaŋ˥tou˥˩sɿ˥i˥˩˧ku……i˥˩kuõr˥˩˧tʂə˥muo˧kuɑ……kuɑr˥kuɑr˥kuɑr˥kuɑr˥kuɑr˥kuɑr˥kuɑr˥kuɑr˥kuɑr˥kuɑr˥kuɑr˥,tɕiou˥ɕiaŋ˥mu˥˩tɕi˥˩˧tɕiɑɔ˥xuæ̃˥nə˥kə˥iaŋ˥tsɿ˧,pu˨˦˧tʰiŋ˨˦˧ti˧tɕiɑɔ˥xuæ̃˥,tɕiou˥ʂuo˥˩i˥˩˧kei˥˧tʰɑ˥˩tɕiɑɔ˥kuɑ˥˩lɑ˥˩˧tɕi˥˩˧.

翠鸟儿

黄：哎呀，头上绿绿的那个怕就叫个翠鸟儿。æᴇ˧iɑ˧,tʰou˨˦˧ʂaŋ˥˧liou˥˩˧liou˥˩˧ti˧nə˥kə˥pʰɑ˥tɕiou˥tɕiɑɔ˥kə˥tsʰuei˥niɑɔr˥˩.（它那个羽毛啊……）嗯，绿得很。ŋ̍˧,liou˥˩tə˧xəŋ˥˩.（绿色的，然后一下扎到水里面去就抓到鱼了。）没有。muo˥˩˧iou˥˩˧.（有那个……你们那个那个那身上绿的绿色的那个鸟叫什么？）哎哟，你晓叫个啥子啊？头是个绿的。头是个绿的。它那个脑袋上头有一……有一撮撮毛，挺长的。嘴也尖尖的，给人啊感觉……脑大大的那么个。晓叫做啥鸟哕你看？有的，鸟儿就有。æᴇ˧iɑɔ˧,ni˥˩ɕiɑɔ˥˩tɕiɑɔ˥kə˥sɑ˥tsɑ˧?tʰou˨˦sɿ˥kə˥liou˥˩ti˧.tʰou˨˦sɿ˥kə˥liou˥˩ti˧.tʰɑ˥˩nə˥kə˥nɑɔ˥˩tæᴇ˥˧ʂaŋ˥˩tʰou˧iou˥˩i˥˩˧……iou˥˩i˥˩˧tsuo˥˩tsuo˥˩˧mɑɔ˨˦,tʰiŋ˥˩tʂʰaŋ˨˦ti˧.tsuei˥˩ie˥˩˧tɕiæ̃˥˩tɕiæ̃˥˩ti˧,kei˥zəŋ˨˦ɑ˧kæ̃˥˩tɕyo˥˩˧……nɑɔ˥˩tɑ˥tɑ˥ti˧nə˥muo˧kə˥.ɕiɑɔ˥˩tɕiɑɔ˥tsuo˥sɑ˥niɑɔ˥˩sɑ˧ni˥˩˧kʰæ̃˥˧?iou˥˩ti˧,niɑɔr˥˩tsou˥˧iou˥˩˧.（名……名字呢？）叫不上来。tɕiɑɔ˥pu˨˦ʂaŋ˥læᴇ˨˦.

豌豆包儿谷

（有这个揭被鸟吗？）黄：没有。mei˨˦˧iou˥˩˧.（四声杜鹃就是。叫不叫摘豆儿？）没有。这不是豌豆包儿谷吗？muo˥˩˧iou˥˩˧.tʂə˥pu˨˦sɿ˥væ̃˥˩tou˥˧pɑɔr˥˩ku˥˩˧mɑ˧?（嗯？有一种豌豆包谷啊？）这……这每年谷雨前后，欸，种地之前它来一个，□儿，叫法是……不就是，豌豆包儿谷，豌豆包谷。tʂei˥……tʂə˥mei˥˩niæ̃˨˦ku˥˩y˥˩˧tɕʰiæ̃˨˦˧xou˥,ei˧,tʂuoŋ˥ti˥tsɿ˥˩tɕʰiæ̃˨˦˧tʰɑ˥˩˧læᴇ˨˦i˥˩˧kə˥˧,niæ̃r˨˦˧,tɕiɑɔ˥fɑ˥˩sɿ……pu˨˦tɕiou˥˧sɿ˥˧,væ̃˥˩tou˥pɑɔr˥˩ku˥˩,væ̃˥˩tou˥pɑɔ˥˩ku˥˩.（你们就把它叫做豌豆包谷？）啊，豌豆包谷嘛。谷雨前后你刚准备种……点瓜种豆了，那个豌豆包儿谷就来了。那是候鸟儿么，豌豆包儿谷，嗯。ɑ˧,væ̃˥˩tou˥˧pɑɔ˥˩ku˥˩˧mɑ˧.ku˥˩y˥˩tɕʰiæ̃˨˦˧xou˥˧ni˥˩kaŋ˥˩tʂuoŋ˥˩pi˥tʂuoŋ˥……tiæ̃˥˩kuɑ˥˩˧tʂuoŋ˥tou˥lə˧,nə˥kə˥væ̃˥˩˧tou˥pɑɔr˥˩ku˥˩˧tɕiou˥læᴇ˨˦lə˧.nə˥sɿ˥xou˥niɑɔr˥˩muo˧,væ̃˥˩tou˥pɑɔr˥˩ku˥˩,ə̃˥.（它为什么叫做……叫豌豆包谷呢？）这还有个典故咧，咱们说不上来。tʂei˥˧xæᴇ˨˦˧iou˥˩kə˥˧tiæ̃˥˩ku˥˧lie˧,tsɑ˨˦˧məŋ˧ʂuo˥˩pu˨˦˧ʂaŋ˥læᴇ˨˦.

水鸡子

黄：就河里头这儿这的……这儿这就是有个欸水鸡子。tsou˥˩xuo˨˩li˥tʰou˧tʂər˥tʂə˥ti˧……tʂər˥tʂə˥tɕiou˥ʂʅ˥iou˥˩kə˥˩ei˩ʂuei˥˩tɕi˥˧tsʅ˧.（水鸡子？）噢。水鸡子不大大，像这么大个一点点，黑得……黑娃……黑得……就像鸡娃儿那么大大一点点。那个水里头就灵活的是焦锹。你看着那，你根本就逮不住。ɑɔ˥.ʂuei˥˩tɕi˥˩tsʅ˧pu˨˩ta˥˦ta˥˩,ɕiaŋ˥tʂə˥˦muo˧ta˥˩kə˥i˥˩tiæ̃˥˩tiæ̃˥˩,xei˥˩tei˥˩……xei˥˩vɑ˨˩……xei˥˩tei˥˩……tɕiou˥ɕiaŋ˥˦tɕi˥˩var˨˩na˥muo˧ta˥˦ta˥˩i˥˩tiæ̃˥˩tiæ̃˥˩.nə˥kə˥ʂuei˥˩li˥˩tʰou˧tsou˥liŋ˨˩xuo˨˩ti˧sʅ˥tɕiɑɔ˥˩ɕiæ̃˥˩.ni˥˩kʰæ̃˥tʂə˧na˥,ni˥˩kəŋ˥˩pəŋ˥˩tɕiou˥tæᴇ˥˩pu˨˩tʂʰʮ˥.（抓它不住？）欸抓不住。你手都……你噌往……手往那那一那，它噌下打水里头就进去了。ei˨˩tʂuɑ˥˩pu˨˩tʂʮ˥.ni˥˩ʂou˥˩tou……ni˥˩tsʰəŋ˥˩vaŋ˥˩……ʂou˥˩vaŋ˥˩na˥na˥i˥˩na˥,tʰɑ˥˩tsʰəŋ˥˩xɑ˥ta˥˩ʂuei˥˩li˥˩tʰou˧tsou˥˩tɕiŋ˥˦tɕʰi˥˩lə˧.（噢，扎到水里面？）啊，投到你再一听它就到前面多远就出来。水鸡子。ɑ˩,tʰou˨˩tɑɔ˥ni˥˩tsæᴇ˥i˥˩tʰiŋ˥˩tʰɑ˥˩tsou˥tɑɔ˥tɕʰiæ̃˨˩miæ̃˥tuo˥˩yæ̃˥˩tsou˥˩tʂʰʮ˥˩læᴇ˨˩.ʂuei˥˩tɕi˥˩tsʅ˧.

伙连伴儿

黄：[伙连伴儿]这多得很，黑雀雀，黄肚肚。tʂə˥tuo˥˩tə˧xəŋ˥˩,xei˥˩tɕʰiɑɔ˥˩tɕʰiɑɔ˥˩,xuɑŋ˨˩tu˥˦tu˥˩.（黄色的？）黑色的。xei˥˩sə˥˩ti˧.（噢，黑色的鸟？）啊儿。它这个欸肚肚底下这个羽毛是这个沾那么……深深……深沉的，就像橙色的那么个样子。ɑr˩.tʰɑ˥˩tʂə˥kə˥ei˥tu˥tu˥ti˥˩xɑ˥tʂə˥kə˥y˥˩mɑɔ˨˩sʅ˥tʂə˥kə˥tʂæ̃˥˩na˥muo˧x……ʂəŋ˥˩ʂəŋ˥˩……ʂəŋ˥˩tʂʰəŋ˨˩ti˧,tɕiou˥ɕiaŋ˥tʂʰəŋ˨˩sə˥˩ti˧na˥muo˧kə˥iaŋ˥˦tsʅ˧.（噢，这个这个腹部是橙色的？）呃，橙色的。叫伙连伴儿么。ə˩,tʂʰəŋ˨˩sə˥˩ti˧.tɕiɑɔ˥xuo˥˩liæ̃˨˩pær̃˥muo˧.

鹭鸶

（还有什么鸟没有？）黄：鸟，这有个鹭鸶么。鹭鸶我们……鹭鸶我们这儿这个唯一的这个候鸟儿。它是这个哎……niɑɔ˥˩,tʂə˥iou˥˩kə˥lou˥sʅ˥˩muo˧.lou˥sʅ˥˩ŋuo˥˩məŋ˧……lou˥sʅ˥˩ŋuo˥˩məŋ˧tʂər˥tʂə˥kə˥vei˨˩i˥˩ti˧tʂə˥kə˥xou˥niɑɔr˥˩.tʰɑ˥˩sʅ˥tʂə˥kə˥æᴇ˥……（这个鹭……鹭鸶？）鹭鸶，啊。它是……兀是……每年是……兀是……呃是，它对季节掌握非常灵敏的。lou˥sʅ˥˩,ɑ˩.tʰɑ˥˩sʅ˥……və˥˦sʅ˥……mei˥˩niæ̃˨˩sʅ˥……və˥˦sʅ˥……ə˥sʅ˥,tʰɑ˥˩tuei˥tɕi˥˦tɕie˥˩tʂaŋ˥˩vuo˥˩fei˥˩tʂʰɑŋ˨˩liŋ˨˩miŋ˥˩ti˧.（一般是什么时候来？）每年的谷雨，在这个惊蛰前后，它来，第三天都不停，肯定在惊蛰那天就来了。mei˥˩niæ̃˨˩tə˧ku˥˩y˥˩,tsæᴇ˥tʂə˥kə˥tɕiŋ˥˩tʂə˨˩tɕʰiæ̃˨˩xou˥,tʰɑ˥˩læᴇ˨˩,ti˥sæ̃˥˩tʰiæ̃˥˩tou˥˩pu˨˩tʰiŋ˨˩,kʰəŋ˥˩tiŋ˥˦tsæᴇ˥tɕiŋ˥˩tʂə˨˩nei˥tʰiæ̃˥˩tsou˥˩læᴇ˨˩lə˧.（噢，噢，惊蛰那天准时来？）啊，准时来了。到欸……总不得立……立秋，它都马上走了。ɑ˩,tʂuoŋ˥˩sʅ˨˩læᴇ˨˩lə˧.tɑɔ˥ei˩kʰ……tsuoŋ˥˩pu˨˩tei˥˩li˥˩……li˥˩tɕʰiou˥˩,tʰɑ˥˩tou˥˩ma˥˩ʂaŋ˥˩tsou˥˩lə˧.（噢，立秋之前走？）一进伏它就走了。i˥˩tɕiŋ˥˦fu˨˩tʰɑ˥˩tsou˥˩tsou˥˩lə˧.（就是在停留在本地？）噢，在停留在本地就这么长时间。它到这儿这来只是进行孵化的。来到这儿这只是一对儿一对儿的。来到这儿这孵化以后，儿子一菢出来，把儿子一练习的，儿子一会飞咧，它就走了。ɑɔ˩,tsæᴇ˥tʰiŋ˨˩liou˨˩tsæᴇ˥pəŋ˥˩ti˥tɕiou˥tʂə˥muo˧tʂʰɑŋ˨˩sʅ˨˩tɕiæ̃˥˩.tʰɑ˥˩tɑɔ˥tʂər˥tʂə˥læᴇ˨˩tsʅ˥˩sʅ˥˩tɕiŋ˥ɕiŋ˨˩fu˥˩xuɑ˥ti˧.læᴇ˨˩tɑɔ˥tʂər˥tʂə˥tsʅ˥˩sʅ˥˩i˥˩tuər˥˦i˥˩tuər˥˦ti˧.læᴇ˨˩tɑɔ˥tʂər˥tʂə˥fu˥˩xuɑ˥˦i˥˩xou˥,ər˨˩tsʅ˧i˥˩pɑɔ˥tʂʰʮ˥˩læᴇ˨˩,pa˥˩ər˨˩tsʅ˧i˥˩liæ̃˥ɕi˨˩ti˧,ər˨˩tsʅ˧i˥˩xuei˥fei˥˩lie˧,tʰɑ˥˩tɕiou˥tsou˥˩lə˧.（你讲的这个鹭鸶它不是白鹭吧？）不是白鹭。pu˨˩sʅ˥˦pei˨˩lou˥.（有……有白鹭吗？）白鹭好像没有。这是那个腿长，这个嘴尖，身子不太大大那么个，腿长，还尾巴尖尖咧么。一天在河……你到这面儿这水……水流上，在大……大川那面的

河里，这两天到处经常子可以见到它，吃鱼着咧。出来打食咧嘛。这几年没了。前两……前几年我们这个欸住在那地方这个河……这个地里有这么十几棵大树，只有……只有我们庄子跟前住的多么。那是个大树，直接住的满满儿的。那要说是你像你这个来，头一晚上你都……你住到我们家里，你一晚上都睡不着觉。pei˩˧˩lou˥˦xaɔ˥˧˧ɕiaŋ˥muo˥˧˧iou˥˧˩.tʂə˥sɿ˥nə˥kə˥tʰuei˥˧tʂʰɑŋ˩˧,tʂə˥˩kə˥˩tsuei˥˧tɕiæ̃˥˧,ʂəŋ˥˧tsɿ˧pu˩˧˧tʰæᴇ˥tɑ˥tɑ˥˩nə˥˦muo˧kə˥˩,tʰuei˥˧tʂʰɑŋ˩˧˩,xæᴇ˩˧˩i˥˧pɑ˧tɕiæ̃˥˧tɕʰiæ̃˧˩(←tɕiæ̃˥˧)lie˧muo˧.i˥˧˧tʰiæ̃˥˧tsæᴇ˥x……ni˥˧˩taɔ˥tʂei˥˦miæ̃r˥˩tʂei˥ʂ……ʂuei˥˧liou˩˧˩ʂɑŋ˥,tsæᴇ˥tɑ˥˧……tɑ˥˧tʂʰuæ̃˥˧˧nei˥˦miæ̃˥tə˧xə˩˧˩li˥˧,tʂei˥liɑŋ˥˧tʰiæ̃˥˧˩taɔ˥tʂʰʮ˥˧tɕiŋ˥˧˩tʂʰɑŋ˩˧tsɿ˧kʰə˥˧i˥˧tɕiæ̃˥taɔ˥tʰɑ˥˧˩,tʂʰʅ˥˧y˩˧˩tʂə˧lie˧.tʂʰʮ˥˧læᴇ˩˧˩tɑ˥˧ʂʅ˩˧˩lie˧mɑ˧.tʂei˥tɕi˥˧˩niæ̃˩˧muo˥˧lə˧.tɕʰiæ̃˩˧liɑŋ˥˧……tɕʰiæ̃˩˧tɕi˥˧˩niæ̃˩˧ŋuo˥˧məŋ˧tʂə˥kə˥ei˥tʂʮ˥˧tsæᴇ˥˩nə˥ti˥˧fɑŋ˥˧˩tʂə˥kə˥xuo……tʂə˥kə˥ti˥li˥˧˧iou˥˧tʂə˥˩muo˧ʂʅ˩˧˩tɕi˥˧kʰuo˥˧˩tɑ˥ʂʮ˥,tsɿ˥˧˩iou˥˧……tsɿ˥˧˩iou˥˧˧ŋuo˥˧məŋ˧tʂuɑŋ˥˧tsɿ˧kəŋ˥˧tɕʰiæ̃˩˧˩tʂʮ˥ti˧tuo˥˧muo˧.næᴇ˥sɿ˥kə˥tɑ˥ʂʮ˥,tʂʅ˩˧˩tɕie˥˧˩tʂʮ˥ti˧mæ̃˥˧mæ̃r˥˧˩ti˧.næᴇ˥˦iaɔ˥ʂuo˥˧˩sɿ˥˩ni˥˧ɕiɑŋ˥˧ni˥˧tʂə˥˩kə˥˩læᴇ˩˧,tʰou˩˧i˥˧˩væ̃˥˧ʂɑŋ˥˩ni˥˧tou˥˧˩……ni˥˧˧tʂʮ˥taɔ˥ŋuo˥˧məŋ˧tɕiɑ˥˧li˥˧˩,ni˥˧˧i˥˧˩væ̃˥˧ʂɑŋ˥˩tou˥˧˩ʂuei˥pu˩˧˩tʂuo˩˧tɕiaɔ˥˦.（那么叫哇？）啊。它有时候叫唤，声音可大的焦锨。叽叽喳喳一晚上，有时候还稍微遇一点天敌来一惊动的话，它美美能叫几声。ɑ˧˩.tʰɑ˥˧iou˥˧sɿ˩˧˩xou˥tɕiaɔ˥xuæ̃˥,ʂəŋ˥˧iŋ˥˧˩kʰə˥˧˩tɑ˥ti˧tɕiaɔ˥˧ɕiæ̃˥˧˩.tɕi˥˧tɕi˥˧˩tsɑ˥˧tsɑ˥˧˩i˥˧˩væ̃˥˧ʂɑŋ˥˩,iou˥˧sɿ˩˧˩xou˥˦xɑ˩˧˩saɔ˥˧˧vei˥˧˧y˥˧i˥˧tiæ̃˥˧˩tʰiæ̃˥˧ti˩˧læᴇ˩˧i˥˧˩tɕiŋ˥˧˩tuoŋ˥˧tə˧xuɑ˥˩,tʰɑ˥˧˩mei˥˧mei˥˧˧nəŋ˩˧˩tɕiaɔ˥tɕi˥˧ʂəŋ˥˧˩.

（三）兽

狼

（山上有狼吗？）黄：山上过去有，现在都没了。这个有人倒……倒有时候……有时候有人说这个话咧，就骂你："你不听话，就狼把你吃咧去。"有吓娃娃里头。sæ̃˥˧ʂɑŋ˥kuo˥tɕʰy˥˩iou˥˧,ɕiæ̃˥tsæᴇ˥tou˥˧˩muo˥˧lə˧.tʂə˥˩kə˥˦iou˥˧˩ʐəŋ˩˧taɔ˥……taɔ˥iou˥˧sɿ˩˧˩xou˥……iou˥˧sɿ˩˧˩xou˥iou˥˧ʐəŋ˩˧ʂuo˥˧˧tʂə˥kə˥xuɑ˥lie˧,tsou˥˩mɑ˥ni˥˧˩:ni˥˧pu˩˧˩tʰiŋ˥˧˩xuɑ˥,tɕiou˥lɑŋ˩˧pɑ˥˧˩ni˥˧˩tʂʰʅ˥˧lie˧tɕʰi˥˩.iou˥˧˩xɑ˥vɑ˩˧˩vɑ˩˧˥li˥˧˩tʰou˧.

猯

（貛？）黄：貛有。我们这里叫猯。xuæ̃˥˧iou˥˧˩.ŋuo˥˧məŋ˧tʂei˥li˥˧˧tɕiaɔ˥tʰuæ̃˥˧.（这个貛有几种吧？）貛欸至少有两种。一个你叫这人貛，狗貛。xuæ̃˥˧ei˧˩tsɿ˥ʂaɔ˥˧˧iou˥˧˧liɑŋ˥˧tʂuoŋ˥˧˩.i˥˧˧kə˥ni˩˧˩tɕiaɔ˥tʂə˥ʐəŋ˩˧xuæ̃˥˧˩,kou˥˧xuæ̃˥˧˩.（人猯还是……）人猯，狗猯。ʐəŋ˩˧tʰuæ̃˥˧,kou˥˧tʰuæ̃˥˧˩.（为什么叫做……加个"人"、加个"狗"呢？）它因为……这就是这它猯的那个爪爪上分咧。如果是狗猯的话，它前头那几个爪爪，那五个爪爪嘛，是圆圆的那么个，在一瘩里收着。tʰɑ˥˧˧iŋ˥˧˩vei˥……tʂei˥˦tɕiou˥sɿ˥tʂei˥tʰɑ˥˧˧tʰuæ̃˥˧ti˧nei˥kə˥tsaɔ˥˧tsaɔ˥˧˩ʂɑŋ˥˦fəŋ˥˧˩lie˧.ʐʮ˩˧˩kuo˥˧sɿ˥kou˥˧tʰuæ̃˥˧˩ti˧xuɑ˥,tʰɑ˥˧˧tɕʰiæ̃˩˧˩tʰou˧nei˥tɕi˥˧˧kə˥tsaɔ˥˧tsaɔ˥˧˩,nə˥vu˥˧kə˥˩tsaɔ˥˧tsaɔ˥˧˩mɑ˧,sɿ˥yæ̃˩˧yæ̃˩˧˩ti˧nə˥muo˧kə˥,tsæᴇ˥i˥˧˩tɑ˥˧li˥˧˩ʂou˥˧tʂə˧.（噢，往里面收……弯？）噢，往里头收着咧，弯着咧。这个狗猯。人猯么，它的爪爪是撑开着咧，而且爪爪子长。再个欸它这个腥的程度也不一样。狗猯不太腥，人猯腥的够呛。ɑɔ˧˩,vɑŋ˥˧˩li˥˧tʰou˧ʂou˥˧tʂə˧lie˧,væ̃˥˧tʂə˧lie˧.tʂə˥kə˥kou˥˧tʰuæ̃˥˧˩.ʐəŋ˩˧tʰuæ̃˥˧muo˧,tʰɑ˥˧˧tə˧tsaɔ˥˧tsaɔ˥˧˩sɿ˥˩tʂʰəŋ˥˧˩kʰæᴇ˥˧tʂə˧lie˧,ər˩˧tɕʰie˥˧˧tsaɔ˥˧tsaɔ˥˧˩tsɿ˧tʂʰɑŋ˩˧.tsæᴇ˥kei˥tʰɑ˥˧˧tʂə˥kə˥ɕiŋ˥˧ti˧tʂʰəŋ˩˧˩tu˥˦iɑ˥˧˩pu˩˧˩i˥˧˩iɑŋ˥.kou˥˧tʰuæ̃˥˧pu˩˧˩tʰæᴇ˥ɕiŋ˥˧,ʐ əŋ˥tʰuæ̃˥˩ɕiŋ˥˧ti˧kou˥tɕʰiaŋ˥.（噢，气味？）噢，气味大得很。ɑɔ˨˩,tɕʰi˥vei˥tɑ˥tə˧xəŋ˥˩.（是指它的肉腥还是指它的气味？）肉……肉腥。ʐou˥˦……ʐou˥˦ɕiŋ˥˩.（是哪一……那个狗獾腥些是吧？）哎，人獾腥些。æᴇ˨˩,ʐəŋ˧˥xuæ̃˥˩ɕiŋ˥˧ɕie˥˩.

（猪猫它跟狗猫有什么区别？）黄：它那蹄蹄上分着咧。蹄蹄上和那个嘴上都粘猪的那个形状咧。它那个蹄蹄不像是这个再的那个是爪爪子，它那只有蹄蹄，是瓣儿形。tʰɑ˥˩˦nə˥tʰi˧˥tʰi˧˥ʂaŋ˥˨fəŋ˥˩tʂuo˥˩lie˧.tʰi˧˥tʰi˧˥ʂaŋ˥˨xuo˧˥˦nə˥kə˥tsuei˥˧ʂaŋ˥˨tou˥˦tʂæ̃˥˧tʂɿ˥˧ti˧nə˥kə˥ɕiŋ˧˥tʂuaŋ˥lie˧.tʰɑ˥˧nə˥kə˥tʰi˧˥tʰi˧˥pu˧˥ɕiaŋ˥tsɿ˥tʂə˥kə˥tsæᴇ˥ti˧nə˥kə˥sɿ˥tʂuɑ˥˧tʂɑ˥˩tsɿ˧,tʰɑ˥˩˦nə˥tsɿ˥˩˦iou˥˩˦tʰi˧˥tʰi˧˥,sɿ˥˨pæ̃r˥ɕiŋ˧˥.

羊鹿子

（这个狍子你们这里叫羊鹿吗？）黄：这羊鹿子，有羊鹿子，晓羊鹿子和狍子是不是一个科。tʂə˥iaŋ˧˥lou˥˧tsɿ˧,iou˥˧iaŋ˧˥lou˥˧tsɿ˧,ɕiɑɔ˥˧iaŋ˧˥lou˥˧tsɿ˧xuo˧˥pʰɑɔ˧tsɿ˧sɿ˥pu˧˥sɿ˥i˥˩kə˥kʰə˥˩.（有羊鹿这个说法吗？）有咧么。羊鹿子么。羊鹿子鹿，统称叫鹿么。一……多一半儿人都叫羊鹿子么。iou˥˧lie˧muo˧.iaŋ˧˥lou˥˧tsɿ˧muo˧.iaŋ˧˥lou˥˧tsɿ˧lou˥˧,tʰuoŋ˥˩tʂʰəŋ˥˧tɕiɑɔ˥lou˥˧muo˧.i˥˩……tuo˥˧i˥˩pæ̃r˥ʐəŋ˧˥tou˥˦tɕiɑɔ˥iaŋ˧˥lou˥˧tsɿ˧muo˧.（有梅花鹿？）有梅花儿鹿嘛。这是人工饲养的么。iou˥˧mei˧˥xuar˥˧lou˥˦ma˧.tʂə˥sɿ˥ʐəŋ˧˥kuoŋ˥˩sɿ˥˩iaŋ˥˧ti˧muo˧.（这里不产？）在大山门林场，喂了好……tsæᴇ˥tɑ˥˩sæ̃˥˧məŋ˧˥liŋ˧˥tʂʰaŋ˥˦,vei˥lə˧xɑɔ˥˧……（它本身是外头引进的还是……）外头引进的。væᴇ˥˦tʰou˧liŋ˥˧tɕiŋ˥ti˧.（那羊鹿子是野生的是吧？）野生的。ie˥˧səŋ˥˩ti˧.

豹子

（豹子也有几种吧？）黄：豹子有两种。土豹子和金钱豹。土豹的就是浑身有……浑身是这个麻的，有这个欸，带有点黑道道。这种样子。金钱豹它是这个身上成为钱状的那一坨儿一坨儿的那个。pɑɔ˥tsɿ˧iou˥˦liaŋ˥˧tʂuoŋ˥˩.tʰu˥˧pɑɔ˥tsɿ˧xuo˧˥tɕiŋ˥˩tɕʰiæ̃˧˥pɑɔ˥˩.tʰu˥˧pɑɔ˥ti˧tɕiou˥sɿ˥xuoŋ˧˥ʂəŋ˥˩iou……xuoŋ˧˥ʂəŋ˥˩sɿ˥tʂə˥kə˥ma˧˥ti˧,iou˥˦tʂə˥kə˥ei˨˩,tæᴇ˥iou˥˦tiæ̃˥˩xei˥˩tɑɔ˥˦tɑɔ˥˨.tʂei˥˦tʂuoŋ˥˩iaŋ˥tsɿ˧.tɕiŋ˥˩tɕʰiæ̃˧˥pɑɔ˥tʰɑ˥˦sɿ˥tʂə˥kə˥ʂəŋ˥˧ʂaŋ˥˨tʂʰəŋ˧˥vei˧˥tɕʰiæ̃˧˥tʂuaŋ˥ti˧nə˥i˥˩tʰuor˧˥i˥˩tʰuor˧˥ti˧næᴇ˥kə˥.（噢，花色不一样哈？）噢，花色不一样。ɑɔ˥,xuɑ˥˦sə˥pu˧˥i˥˩iaŋ˥.

黄鹞

（为什么把黄鼠狼叫作“黄鹞”呢？）黄：哎家伙就是跑的也快，灵敏度高得很。æᴇ˥˧tɕiɑ˥xuo˧tsou˥˨sɿ˥˨pʰɑɔ˥˧ti˧lia˥˦kʰuæᴇ˥,liŋ˧˥miŋ˥˦tu˥˦kɑɔ˥˩tə˧xəŋ˥˩.（是不是说它像那个鹞子一样的抓鸡呀？）噢，抓鸡么，吃……吃鸡咧么。ɑɔ˨˩,tʂuɑ˥˩tɕi˥˧muo˧,tʂʰʅ˥˩……tʂʰʅ˥˩tɕi˥˧lie˧muo˧.（它这个放放个屁得熏死人的那种。）就是的。狐子也欸，狐子也……也放屁么。狐狸那个，它那药儿是个救命屁咧么。狗撵狐子的话，撵撵撵，马上撵上了，它一个屁打的狗都返回来了。tɕiou˥sɿ˥˨ti˧.xu˧˥tsɿ˧ie˥˧ei˨˩,xu˧˥li˧˥ie˥˩……ie˥˦faŋ˥˦pʰi˥˨muo˧.xu˧˥li˧˥nə˥kə˥,tʰɑ˥˦nei˥yor˥˦sɿ˥˦kə˥˨tɕiou˥miŋ˥pʰi˥˨liem˧.kou˥˧niæ̃˥˧xu˧˥tsɿ˧ti˧xuɑ˥,niæ̃˥˦niæ̃˥˦niæ̃˥˦,mɑ˥ʂaŋ˥niæ̃˥˧ʂaŋ˥˨lə˧,tʰɑ˥˧i˥˩kə˥pʰi˥tɑ˥˧ti˧kou˥˧tou˥˩fæ̃˥˧xuei˧˥læᴇ˧˥lə˥.（那黄鼠狼也放屁的吧？）黄鼠狼也放屁。xuaŋ˧˥ʂɿ˥˧laŋ˧˥ia˥˩faŋ˥pʰi˥˦lie˧.

兔儿

（过去家里养不养兔子？）黄：养，现在都有人养。iaŋ˥˧,ɕiæ̃˥˦tsæᴇ˥˦tou˥˩iou˥˧ʐəŋ˧˥iaŋ˥˧.（就是老……老年间呢？）啊，老年间没有。现在一种兔子么就是这个肉兔，一种就是毛兔。家养下那个兔子一种是……肉兔也像獭兔儿，獭兔它就是专门儿供人吃的。

ɑ˩˨,lɑɔ˥˧niæ̃˨˩˦tɕiæ̃˥˨meiɑ˦˧iou˥˨˦.ɕiæ̃˥tsæᴇ˥i˥˨tʂuoŋ˥˦tʰu˥tsɿ˧muo˧tsou˥sɿ˥tʂə˥kə˥zou˥˧tʰu˥,i˥˨tʂuoŋ˥˦tɕiou˥˦sɿ˥˨mɑɔ˨˦tʰu˥.tɕiɑ˥ianŋ˥˦xɑ˥˨nə˥kə˥tʰu˥tsɿ˧i˥˨tʂuoŋ˥˦sɿ˥……zou˥˧tʰu˥ie˥˨˦ɕianŋ˥tʰɑ˥˨tʰuər˥,tʰɑ˥˨tʰu˥˦tʰɑ˥˨˦tɕiou˥sɿ˥tʂuæ̃˥˨mɑ̃r˨˦kuoŋ˥zəŋ˨˦tʂʰʅ˥˦ti˧.（獭兔是吧？）啊，獭兔，啊。有一种就是……ɑ˩˨,tʰɑ˥˨tʰu˥,ɑ˩˨.iou˥i˥˨tʂuoŋ˥˦tɕiou˥sɿ˥……（这个海獭的……水獭那个獭是吧？）啊，獭兔。再一种就是长毛兔子。浑身熏白，那毛一拃多长。就靠这个，把这个兔毛……ɑ˥,tʰɑ˥˨tʰu˥.tsæᴇ˥i˥˨tʂuoŋ˥˦tɕiou˥sɿ˥tʂʰɑŋ˨˦mɑɔ˨˦tʰu˥tsɿ˧.xuoŋ˨˦ʂəŋ˥˨ɕyoŋ˥pei˨˦,nɑ˥mɑɔ˨˦i˥˨tʂɑ˥˦tuo˥˦tʂʰɑŋ˨˩.tɕiou˥kʰɑɔ˥tʂə˥kə˥,pɑ˥˨tʂə˥kə˥tʰu˥mɑɔ˨˦……

老鼠

（这个老鼠有几种呢？）黄：老鼠这个就是这个欸分家老鼠……lɑɔ˥˦ʂʮ˥˨tʂə˥kə˥tɕiou˥sɿ˥tʂə˥kə˥ei˥fəŋ˥˨tɕiɑ˥lɑɔ˥˦ʂʮ˥˨……（嗯，嗯，家老鼠？）和瞎老鼠。xuo˨˦xɑ˥lɑɔ˥˦ʂʮ˥˨.（旱老鼠？）瞎老鼠。xɑ˥lɑɔ˥˦ʂʮ˥˨.（噢，瞎……瞎老鼠啊？）噢，瞎瞎，那个就是那个。就叫……也叫瞎灰。还有外头一种是野老鼠，还有一种叫跳鼠子。ɑɔ˩˨,ɕiɑ˥ɕiɑ˥˨,nə˥kə˥tɕiou˥˦sɿ˥nə˥kə˥.tɕiou˥˨tɕiɑɔ˥……ie˥˨˦tɕiɑɔ˥xɑ˥˨xuei˥.xæᴇ˨˩iou˥˨˦væᴇ˥˦tʰou˧i˥˨tʂuoŋ˥˨˦sɿ˥ie˥˦lɑɔ˥˨ʂʮ˥˨,xæᴇ˨˩iou˥i˥˨˦tʂuoŋ˥˨˦tɕiɑɔ˥tʰiɑɔ˥ʂʮ˥˨tsɿ˧.（跳起来那跳吗？）啊，它那个一个前腿，它后腿腿长，前腿腿短。它就在野外生存咧，不会到家里来。野外还有一种老鼠么叫仓鼠。还是灰的。ɑ˩˨,tʰɑ˥˨˦nə˥kə˥i˥˨kə˥˦tɕʰiæ̃˨˩tʰuei˥,tʰɑ˥˨˦xou˥˦tʰuei˥˨tʰuei˥˨tʂʰɑŋ˨˦,tɕʰiæ̃˨˩tʰuei˥tʰuei˥˨tuæ̃˥.tʰɑ˥˨˦tsou˥tsæᴇ˥ie˥væᴇ˥˦səŋ˥˨tsʰuoŋ˨˦lie˧,pu˨˩xuei˥tɑɔ˥tɕiɑ˥li˥˨læᴇ˨˩.ie˥væᴇ˥˦xæᴇ˨˩iou˥i˥˨tʂuoŋ˥˨lɑɔ˥˦ʂʮ˥˨muo˧tɕiɑɔ˥tsʰɑŋ˥ʂʮ˥˨.（仓鼠？）嗯。ŋ̍˩˨.（这个黑色的吗？）还是灰的。xɑ˨˩sɿ˥xuei˥ti˧.（灰的？）嗯。为啥叫它仓鼠咧？它这个一天出去以后，先打洞，洞子打下以后，它一工儿就是给它那个储备粮食，储备吃的东西。ə̃˩˨.vei˥sɑ˥tɕiɑɔ˥tʰɑ˥˨˦tsʰɑŋ˥ʂʮ˥˨lie˧?tʰɑ˥tʂə˥kə˥i˥˨tʰiæ̃˥tʂʰʮ˥tɕʰi˥i˥˨xou˥,ɕiæ̃˥˨tɑ˥tuoŋ˥,tuoŋ˥tsɿ˧tɑ˥xɑ˥i˥˨xou˥,tʰɑ˥˨kuõr˥tsou˥sɿ˥kei˥˨tʰɑ˥nə˥kə˥tʂʮ˥pi˥liɑŋ˨˩ʂʮ˨˦,tʂʮ˥pi˥tʂʰʅ˥ti˧tuoŋ˥˨ɕi˧.（噢，那仓库的仓？）仓库的仓，仓鼠。还有一种，野外一种这个欸老鼠么，它这个样子么像猫一样的，但比猫小，圪狸猫儿。它尾巴挺长咧，长得挺乖的那个东西。圪狸猫儿。tsʰɑŋ˥˨kʰu˥˦ti˧tsʰɑŋ˥˦,tsʰɑŋ˥ʂʮ˥˨.xɑ˨˩iou˥i˥˨tʂuoŋ˥˦,ie˥væᴇ˥˦i˥˨tʂuoŋ˥˦tʂei˥kə˥ei˥˨lɑɔ˥˦ʂʮ˥˨muo˧,tʰɑ˥˦tʂə˥kə˥iɑŋ˥˦tsɿ˧muo˧ɕiɑŋ˥mɑɔ˨˩i˥˨iɑŋ˥ti˧,tæ̃˥pi˥mɑɔ˨˩ɕiɑɔ˥,kə˥li˨˩mɑɔr˨˩.tʰɑ˥i˥pɑ˧tʰiŋ˥˦tʂʰɑŋ˨˩lie˧,tʂɑŋ˥˦tə˧tʰiŋ˥˦kuæᴇ˥ti˧nə˥kə˥tuoŋ˥ɕi˧.kə˥li˨˩mɑɔr˨˩.（噢，很漂亮？）哎。挺漂……æᴇ˥,tʰiŋ˥˨pʰiɑɔ……（是不是松鼠啊？）松鼠，啊，我们这儿叫松……松鼠也圪狸猫儿。suoŋ˥˦ʂʮ˥˨,ɑ˩˨,ŋuo˥mən˧tʂər˥tɕiɑɔ˥suoŋ˥……suoŋ˥˦ʂʮ˥˨ie˥˨˦tɕiɑɔ˥kə˥li˨˩mɑɔr˨˩.（也不是很大？）不大，欸……pu˨˩tɑ˥,ei˥……（但是尾巴挺长？）尾巴挺长。那个一拃拃长一个。vei˥pɑ˧tʰiŋ˥˨˦tʂʰɑŋ˨˩lie˧.nei˥˦kə˥˦i˥˨tsɑ˥tsɑ˥˨tʂʰɑŋ˨˦i˥˨kə˥.（是在树上面跑来跑去的吗？）噢，树上跑……跑来跑咧。ɑɔ˥,ʂʮ˥˦ʂɑŋ˥pʰɑɔ˥˨,pʰɑɔ˥læᴇ˨˩pʰɑɔ˥lie˧.（啊，那可能就是松鼠吧？）松鼠，嗯。suoŋ˥˨ʂʮ˥,ŋ̍˩˨.（吃的是松籽儿？）吃的松籽儿。这儿这那它啥都吃它啦。tʂʰʅ˥ti˧suoŋ˥˨tsər˥.tʂər˥˦tʂə˥næᴇ˥tʰɑ˥˨˦sɑ˥˦tou˥˨tʂʰʅ˥˨tʰɑ˥˨lɑ˧.（有这个黄鼠吗？）没有好像。muo˥˦iou˥˦xɑɔ˥˨ɕiɑŋ˥˨.（这个地老鼠的一种？）地老鼠，没有得。ti˥lɑɔ˥˦ʂʮ˥˨,mei˨˦iou˥˦tei˥˨.（这身上黄色，有些人把它弄来玩？）没有得。mei˨˦iou˥˦tei˥˨.（有地老鼠这个说法吗？）有地老鼠这个说法。iou˥ti˥lɑɔ˥˦ʂʮ˥˦tʂə˥kə˥ʂuo˥fɑ˥˨.（是不是就是瞎鼠啊？）不是。瞎鼠根本在地底下咧，它不可能出来。pu˨˩sɿ˥˨.ɕiɑ˥ʂʮ˥˦kəŋ˥˨pəŋ˥tsæᴇ˥ti˥ti˥ɕiɑ˥˨lie˧,tʰɑ˥˨˦pu˨˩kʰə˥nəŋ˨˦tʂʰʮ˥læᴇ˨˩.

瞎瞎

黄：我们这个地方地里这个欸鼠害比较严重。ŋuo˥˧mən˧tʂə˦kə˦ti˦faŋ˥˧ti˦˧li˥˧tʂə˦kə˦ei˦ʂʮ˥˧xæᴇ˦pi˥˩tɕiao˦iæ̃˧˩tʂuoŋ˧˥.（鼠害呀？）噢，鼠害。地里有一种，地底下有一种老鼠叫瞎瞎。那家伙吃的肥头贼儿耳的，那就在地底下害人。它就是拉庄稼的这个根子做啥。那都坏的焦锨。现……鼠害现在在这山上，是这个，是……是粮食作物的天敌，是……天敌，也……也是这个地下作物的天敌。这个鼠……瞎瞎多得很。你这个菜地里，它都拉这个菜苗子。你种上些儿指甲花儿，不来了。ɑɔ˧˥,ʂʮ˥˧xæᴇ˦.ti˦˧li˥˩iou˥˧i˥˩tʂuoŋ˥˩,ti˦˧ti˥˧ɕia˦˧iou˥˧i˥˧tʂuoŋ˦˧lao˥˧ʂʮ˥˧tɕiao˦ɕia˥˧ɕia˥˧.næᴇ˦˥tɕia˥˧xuo˧tʂʰʮ˥ti˧fei˧˩tʰou˧˩tsər˧ər˥˧tə˧,næᴇ˦tɕiou˦tsæᴇ˦ti˦˧ti˥˧xa˦˧xæᴇ˦zəŋ˧˩.tʰa˥˩tɕiou˦˧sɿ˦˧la˥˧tʂuaŋ˥˧tɕia˧ti˧tʂə˦kə˦kəŋ˥˧tsɿ˧tsʮ˦˥sa˦˧.nə˦tou˥˩xuæᴇ˦ti˧tɕiao˥˧ɕiæ̃˥˧.ɕiæ̃˦……ʂʮ˥˧xæᴇ˦ɕiæ̃˦tsæᴇ˦tsæᴇ˦tʂə˦sæ̃˥˧ʂaŋ˦˧,sɿ˦tʂə˦kə˦,sɿ˦……sɿ˦liaŋ˧˩ʂʮ˧˥tsuo˥˧vuo˥˧ti˧tʰiæ̃˥˧ti˧˩,sɿ˦……tʰiæ̃˥˧ti˧˩,ie˥˧……ie˥˧sɿ˦tʂə˦kə˦ti˦ɕia˦tsuo˥˧vuo˥˧ti˧tʰiæ̃˥˧ti˧˩.tʂə˦kə˦ʂʮ˦……ɕia˥˧ɕia˥˧tuo˥˧tə˧xəŋ˥˧.ni˥˩tʂə˦kə˦tsʰæᴇ˦ti˦li˥˧,tʰa˥˧tou˥˧la˥˩tʂə˦kə˦tsʰæᴇ˦miao˧˩tsɿ˧.ni˥˩tʂuoŋ˦˧ʂaŋ˦ɕiər˥˧tsɿ˥˧tɕia˥˧xuar˥,pu˧˩læᴇ˧˩lə˧.（噢，还可以赶那个？）它就走了。啊，它就走了。tʰa˥˩tsou˦tsou˥˧lə˧.a˧˥,tʰa˥˩tsou˦tsou˥˧lə˧.（味儿重还是干吗？）那个味儿重吗不晓怎么回事，它反正害怕那个东西。nə˦˧kə˦˧vər˦tʂuoŋ˦ma˧pu˧˩ɕiao˥˩tsəŋ˥˧muo˧xuei˧˩sɿ˦,tʰa˥˧fæ̃˥˧tʂəŋ˦xæᴇ˦pʰa˦nə˦kə˦tuoŋ˥˧ɕi˧.（噢，ɕia˥˧ɕia˥˧是哪个ɕia˥？）目字过去个害怕的害么。mu˥˧tsɿ˦˧kuo˦tɕʰy˦kə˦xæᴇ˦pʰa˦ti˧xæᴇ˦muo˧.（噢，目字，一个……噢，瞎子那个瞎是吧？）噢，噢，瞎子的瞎么。ɑɔ˧˥,ɑɔ˧˥,ɕia˥˧tsɿ˧ti˧ɕia˥˧muo˧.（噢，因为它躲在地底下？）噢。也叫瞎瞎，也叫瞎灰。ɑɔ˧˥.ia˥˧tɕiao˦ɕia˥˧ɕia˥˧,ia˥˩tɕiao˦xa˥˧xuei˥˩.（xa˧˥xuei˥˩？）噢，眼窝……它出来……它只能在地下活动。ɑɔ˧˥,niæ̃˥˧vuo˥˧……tʰa˥˩tʂʰʮ˥˧læᴇ˧˩……tʰa˥˧tsɿ˥˩nəŋ˧˩tsæᴇ˦ti˦ɕia˦xuo˧˩tuoŋ˦˧.（那个xuei˥˩呢？）灰是哪个灰它？它一出来，一见阳光，它那眼窝就瞅不着了，就瞎跑咧。瞎灰。xuei˥˩sɿ˦na˥˧kə˦xuei˥˧tʰa˥˧?tʰa˥˩i˥˧tʂʰʮ˥˧læᴇ˧˩,i˥˧tɕiæ̃˦iaŋ˧˩kuaŋ˥˧,tʰa˥˩næᴇ˦niæ̃˥˧vuo˥˧tɕiou˦tsʰou˥˧pu˧˩tʂʰuo˧˩lə˦,tsou˦xa˥˧pʰao˥˧lie˧.xa˥˧xuei˥˩.（噢，它它不敢出来的？）不敢出来。它就一到地面上，它就胡扑咧。它马上在尻子脚下挖洞往进钻。pu˧˩kæ̃˥˧tʂʰʮ˥˧læᴇ˧˩.tʰa˥˩tsou˦i˥˧tao˦˥ti˦miæ̃˦˥ʂaŋ˦˧,tʰa˥˩tsou˦xu˧˩pʰu˥˧lie˧.tʰa˥˩ma˥˧ʂaŋ˦˧tsæᴇ˦kou˥˧tsɿ˧tɕyo˥˩xa˦va˥˧tuoŋ˦vaŋ˥˧tɕiŋ˦tsuæ̃˥.（xu˧˩pʰu˥˧lie˧是什么意思？）胡扑咧就是没有目的地乱跑咧么。xu˧˩pʰu˥˧lie˧tɕiou˦sɿ˦muo˥˧iou˥˩mu˥˧ti˥˧tə˧luæ̃˦pʰao˥˧lie˧muo˧.

猫老鼠

（松鼠你们叫什么？）王：松鼠叫猫老鼠。suoŋ˥˧ʂʮ˥˧tɕiao˦mao˧˩lao˥˧ʂʮ˥˧.（猫老鼠是什么东西？）猫老鼠就是松鼠么。mao˧˩lao˥˧ʂʮ˥˧tɕiou˦˥sɿ˦˥suoŋ˥˧ʂʮ˥˧muo˧.（就这么大点儿？）噢，那么大点。ɑɔ˧˥,nə˦˧muo˧ta˦tiæ̃˥˧.（尾巴长长的？）呃尾巴多长。ə˦i˥pa˧tuo˥˩tʂʰaŋ˧˩.（嗯。）毛奓下。猫老鼠。mao˧˩tsa˦xa˦.mao˧˩lao˥˧ʂʮ˥˧.（有叫沟狸猫的吗？）噢，也有叫圪狸猫儿。ɑɔ˧˥,ia˥˧iou˥˧tɕiao˦kə˥˩li˧˩maor˧.（啊？圪狸猫还是沟狸猫？）圪狸猫儿。我们这儿叫圪狸猫儿。kə˥˧li˧˩maor˧˩.ŋuo˥˧mən˧tʂər˦tɕiao˦kə˥˧li˧˩maor˧˩.（再念一下。）圪狸猫儿。kə˥˧li˧˩maor˧˩.

盐蝙核儿

黄："蝙蝠"的"蝙"。piæ̃˥fu˥˧ti˧piæ̃˥.（你们叫什么？）我们不叫"蝙蝠"。ŋuo˥˧mən˧pu˧˩tɕiao˦piæ̃˥fu˥˧.（你们叫什么？）我们叫盐蝙核儿①。

① "核儿"疑是"猴儿"的变音。山东淄博称蝙蝠为"檐边胡子"。

ŋuo˥mən˧tɕiao˧iæ̃˩˦piæ̃˥˩xuər˩.（iæ̃˩……piæ̃˥……xu˩？）噢，盐蝙核儿。ɑo˩,iæ̃˩˦piæ̃˥˩xuər˩.（iæ̃˩，iæ̃˩还是iæ̃˧？）iæ̃˧，iæ̃˩˦piæ̃˥˩xuər˩。“蝙蝠”就是这个“蝙”。iæ̃˧.iæ̃˩˦piæ̃˥˩xuər˩.piæ̃˥fu˥˩tɕiou˧sɿ˧tʂə˧kə˧piæ̃˥.（piæ̃˥？）盐蝙核儿。iæ̃˩˦piæ̃˥˩xuər˩.（xuər˩？）嗯。əŋ˩.（这个xuər˩是什么字呢？）xuər˩，这儿这那个xuər˩就像“核儿”的意思。xuər˩,tʂər˧tʂə˧nə˧kə˧xuər˩tsou˧ɕiaŋ˧xər˥ti˧i˧˩sɿ˧.（哪个xə˥？）核儿，木字过去……xər˥,mu˥tsɿ˧˩kuo˧tɕʰy˧……（“核心”的那个“核”呀？）噢，“核心”的“核儿”。啊，盐蝙核儿。ɑo˩,xə˥˩ɕiŋ˥tə˧xər˥˩.ɑ˩,iæ̃˩˦piæ̃˥˩xuər˩.（哪个xə˩来着？）就像……就像是这个。[书写“核”字]tɕiou˧ɕiaŋ˧……tɕiou˧ɕiaŋ˧sɿ˧tʂə˧kə˧.（啊，“核儿”！）噢，盐蝙核儿。把一颗……ɑo˩,iæ̃˩˦piæ̃˥˩xər˩.pɑ˥i˥˩kʰuo˥˩……（你们这个桃……桃子核儿是也叫xuər˩是吧？）噢，也叫xuər˩。嗯。ɑo˧,ie˥˦tɕiao˧xuər˩.ə̃˩.（这个iæ̃˦……这个iæ̃˨……iæ̃˦piæ̃˩xuər˩？）噢，盐蝙核儿。ɑo˩,iæ̃˩˦piæ̃˥˩xuər˩.（你们怎你们怎么看待这个蝙蝙蝙蝠的？怎么叫这个那个？）这个东西我们这儿的它由于它白天……这个东西白天又不动弹么。晚上欸……就是晚上出光景么。就这个盐蝙核儿，我们小的时候，耍的时候，经常这个一到晚上，太阳一落，夜莺子刚下来的时候，它就出来飞起来咧。我们就把这个鞋撂到空中去。tʂə˧kə˧tuoŋ˥ɕi˧ŋuo˥mən˧tʂər˧tə˧tʰɑ˥˩iou˩˩y˩˦tʰɑ˥˦pei˩˩tʰiæ̃˥ts……tʂə˧kə˧tuoŋ˥˩ɕi˧pei˩˩tʰiæ̃˥iou˧pu˩˩tuoŋ˧tʰæ̃˩˩muo˧.væ̃˥ʂaŋ˧ei˧……tsou˧sɿ˧væ̃˥ʂaŋ˧˩tʂʰʮ˥kuaŋ˥˩tɕiŋ˥muo˧.tɕiou˧tʂə˧kə˧˩iæ̃˩˦piæ̃˥˩xuər˩,ŋuo˥mən˧ɕiao˥ti˧sɿ˩˩xou˧,ʂuɑ˥ti˧sɿ˩˩xou˧,tɕiŋ˥˩tʂʰaŋ˩tʂə˧kə˧i˥˩tao˧væ̃˥ʂaŋ˧˩,tʰæᴇ˧iaŋ˩˦i˥˩luo˥,ie˧iŋ˥tsɿ˧kaŋ˥˦ɕia˧læᴇ˩˦ti˧sɿ˩˩xou˧˩,tʰɑ˥˦tɕiou˧tʂʰʮ˥læᴇ˩˩fei˥tɕʰi˥˩læᴇ˩˩lie˧.ŋuo˥mən˧tɕiou˧pɑ˥˩tʂə˧kə˧xæᴇ˩liao˧tao˧kʰuoŋ˥tʂuoŋ˥˩tɕʰi˧.（它开始掉下来了？）啊，它就……叫它往里头钻咧。ɑ˩,tʰɑ˥˦tsou˧……tɕiao˧˩tʰɑ˥vaŋ˧li˥˦tʰou˧tsuæ̃˥lie˧.（啊，它往里头钻？）啊。这个还说咧么：盐蝙核儿，驮盐来么，驮你妈，臭鞋来么。噢，盐蝙猴儿驮鞋来么……ɑ˩.tʂei˧kə˧˩xɑ˩ʂuo˥lie˧muo˧:iæ̃˩piæ̃˥˩xuər˩,tʰuo˩iæ̃˩˩læᴇ˩˨muo˧,tʰuo˩ni˥˦mɑ˥˩,tʂʰou˧xæᴇ˩˩læᴇ˩˨muo˧.ɑo˩,iæ̃˩˦piæ̃˥˩xour˩tʰuo˩xæᴇ˩˩læᴇ˩˨muo˧……（偷鞋来？）驮，噢，驮。tʰuo˩,ɑo˩,tʰuo˩.（驮鞋来？）噢，驮鞋来。ɑo˩,tʰuo˩ɕie˩læᴇ˩˦.（下面一句呢？）驮你妈的臭鞋来嘛。tʰuo˩ni˥˩mɑ˥ti˧tʂʰou˧xæᴇ˩læᴇ˩˦mɑ˧.（拖你妈臭还来是什么意思？）驮你妈的臭鞋来。就是……tʰuo˩˩ni˥˦mɑ˥ti˧tʂʰou˧xæᴇ˩˩læᴇ˩˨.tɕiou˧˨sɿ˧˩……（臭鞋来啊？）臭鞋来。这个儿小孩么就耍的都撇着玩嘛。盐蝙猴儿，驮鞋儿咧，驮鞋来就叫你……叫这个盐蝙核儿，你把这个鞋驮上，走。tʂʰou˧ɕie˩˩læᴇ˩˦.tʂei˧˥kər˧˨ɕiao˥xæᴇ˩muo˧tsou˧ʂuɑ˥tə˧tou˥˩pʰie˥tʂə˧væ̃˩mɑ˧.iæ̃˩˦piæ̃˥˩xɑor˩,tʰuo˩xɑr˩˩lie˧,tʰuo˩xæᴇ˩˩læᴇ˩˨tɕiou˧tɕiao˧ni˥……tɕiao˧tʂə˧kə˧iæ̃˩˦piæ̃˥˩xər˩,ni˥˦pɑ˥˩tʂə˧kə˧xæᴇ˩tʰuo˩˩ʂaŋ˧,tsou˥.

豺狗子

（这山上有狍子吗？）黄：狍子多。多余来的。pʰɑo˩˩tsɿ˧tuo˥.tuo˥y˩˩læᴇ˩˩ti˧.（有吗？）有。iou˥.（也有？也叫什么？）我们这面咿儿种。一种就是这个欸羊鹿嘛。ŋuo˥mən˧tʂei˧miæ̃˧i˧tɕi˥tʂuoŋ˥˩.i˥˩tʂuoŋ˥tɕiou˧sɿ˧tʂə˧kə˧ei˩iaŋ˩lou˥mɑ˧.（羊鹿？）嗯。ə̃˩.（iaŋ˩lou˥？）羊鹿。iaŋ˩lou˥.（像羊一样的是吗？）还在鹿科的一种，长角着的鹿。一种是羊鹿，梅花鹿。再一种是叫……这个狍可能就是指的那种豺狗子。这儿的土话叫豺狗子。xɑ˩˩tsæᴇ˧lou˥kʰuo˥˩ti˧i˥˩tʂuoŋ˥,tʂaŋ˥tɕyo˥˩tʂuo˧ti˧lou˥.i˥˩tʂuoŋ˥sɿ˧iaŋ˩lou˥˩,mei˩˩xuɑ˥lou˥˩.tsæᴇ˧i˥˦tʂuoŋ˥˩sɿ˧˩tɕiao˧……tʂə˧kə˧pʰɑo˩kʰə˥˩nəŋ˩tɕiou˧sɿ˧tsɿ˥ti˧nei˧tʂuoŋ˥˩tsʰæᴇ˩˩kou˥tsɿ˧.tʂər˧ti˧tʰu˥xuɑ˧tɕiao˧tsʰæᴇ˩˩kou˥tsɿ˧.（也是鹿哈？）它是好像……tʰɑ˥sɿ˧˩xɑo˥ɕiaŋ˧……

（像狼？）羯子就咿鹿一样的。不像。就像这个羊一样，但是它身上长下那个毛毛子这个斑点式的，带花花的那个麻麻的那种。tɕie˥˩˧tsɿ·tsou˧i˧lou˥i˥˨iaŋ˧ti·.pu˨˦ɕiaŋ˧.tsou˧ɕiaŋ˧tʂə˧˨kə˧˨iaŋ˨˦i˥˨iaŋ˧,tæ˧sɿ˧tʰɑ˥˩ʂəŋ˥ʂaŋ˧˨tʂaŋ˥xa˧˨nə˧kə˧mɑɔ˨˦mɑɔ˨˦tsɿ·tʂə˧˨kə˧˨pæ̃˥˨tiæ̃˥ʂʅ˥˨ti·,tæᴇ˧xua˥xua˥˨ti·nei˧kə˧ma˨˦ma˨˦ti·nei˧tʂuoŋ˥˨.（那那个长得不像狗吧？）有点像狗，这个东西。iou˥tiæ̃˥˨ɕiaŋ˧kou˥,tʂə˧kə˧tuoŋ˥˨ɕi·.（不吃肉吧？）能吃肉咧。这东西相当厉害的一种东西。nəŋ˨˦tʂʰʅ˥˨ʐou˧lie·.tʂə˧tuoŋ˥ɕi·ɕiaŋ˥˩taŋ˥˨li˧˦xæᴇ˧˨ti·i˥˨tʂuoŋ˥tuoŋ˥˨ɕi·.（那个东西是吃肉的是吧，那玩意儿？）噢，那玩意儿它是吃肉的，而且它把……山上几乎所有的动物都有点害怕它。ɑɔ˨,nei˧˦væ̃˨˦iər˧tʰɑ˥sɿ˧˨tʂʰʅ˥˨ʐou˧ti·,ər˨˦tɕʰie˥˨tʰɑ˥pa˥˨……sæ̃˥ʂaŋ˧˨tɕi˥xu˥˨ʂuo˥iou˥ti·tuoŋ˧˦vuo˥˨tou˥˨iou˥tiæ̃˥˨xæᴇ˧pʰɑ˧tʰɑ˥˨.（鬣狗？）不是。它是一种野生动物。它吃东西……pu˨˦sɿ˧.tʰɑ˥sɿ˧˨i˥˨tʂuoŋ˥˨ie˥səŋ˥˨tuoŋ˧vuo˥.tʰɑ˥˩tʂʰʅ˥˨tuoŋ˥ɕi·……（叫叫叫豺狗是吧？）豺狗子，噢。tsʰæᴇ˨˦kou˥tsɿ·,ɑɔ˨.（小小的？）小小的，很小小的那么的那个东西。ɕiɑɔ˥ɕiɑɔ˥ti·,xəŋ˥ɕiɑɔ˥ɕiɑɔ˥ti·nə˧muo·ti·nə˧kə˧tuoŋ˥ɕi·.（那个一伙儿一……有时一伙儿一起出来吗？）它是出来以后……它猎食的话就说是你再凶狠的东西，你豹子、狼在外，它都怕它三分。因为啥？它这个比较灵活比较敏捷一点。它撵起以后就难舍啦，扑上去了。跳上去以后就爪子抓上一顿，不是咬你的肉咧，而是爪子掏进去以后就在你这个……把你肠子往出来拽。tʰɑ˥sɿ˧˨tʂʰʮ˥læᴇ˨˦i˥˨xou˧……tʰɑ˥lie˥˨ʂʅ˧ti·xua˧˨tsou˧ʂuo˥˨sɿ˧˨ni˥˩tsæᴇ˧ɕyoŋ˥˨xəŋ˥ti·tuoŋ˥ɕi·,ni˥pɑɔ˧tsɿ·,laŋ˨˦tsæᴇ˧væᴇ˧˦,tʰɑ˥˨tou˥˨pʰɑ˧tʰɑ˥sæ̃˥˨fəŋ˥˨.iŋ˥˨vei˧˦sa˧?tʰɑ˥tʂə˧kə˧pi˥tɕiɑɔ˧˦liŋ˨˦xuo˨˦pi˥tɕiɑɔ˧˦miŋ˥tɕie˨˦i˥˨tiæ̃˥˨.tʰɑ˥˨niæ̃˥tɕʰi˥i˥˨xou˧tɕiou˧næ̃˨˦ʂə˥la·,pʰu˥˨ʂaŋ˧tɕʰy˧lə·.tʰiɑɔ˧˨ʂaŋ˧˦tɕʰy˧i˥˨xou˧tsou˧tʂua˥tsɿ·tʂua˥ʂaŋ˧˨i˥˨tuoŋ˧,pu˨˦sɿ˧niɑɔ˥ni˥˩ti·ʐou˧lie·,ər˨˦sɿ˧tʂua˥tsɿ·tʰɑɔ˥˨tɕiŋ˧tɕʰi˧i˥˨xou˧tɕiou˧tsæᴇ˧ni˥˩tʂə˧kə˧……pa˥˨ni˥˩tʂʰaŋ˨˦tsɿ·vaŋ˥˨tʂʰʮ˥læᴇ˨˦tʂuæᴇ˧.（就是豺狗！）豺狗。tsʰæᴇ˨˦kou˥.（豺狗！）豺狗，嗯。tsʰæᴇ˨˦kou˥,əŋ˨.（没有狍子啊？）没有。狍子不知道这个本地来说是个啥东西了？mei˥˨iou˥.pʰɑɔ˨˦tsɿ·pu˨˦tʂʅ˥˩tɑɔ˧tʂə˧kə˧pəŋ˥ti˧˨læᴇ˨˦ʂuo˥˩sɿ˧kə˧sa˧˦tuoŋ˥ɕi·lə·?（也也就是鹿科的一种，也吃草。）那……那都没有。nə˧……nə˧tou˥˨muo˥˦iou˥˩.

水獭

（水獭这边儿没有。）黄：有咧。水獭有咧。iou˥lie·.ʂuei˥tʰɑ˥˨iou˥lie·.（不是不是不是。有没有那个调查人把黄的话听成了"水塔"……水里面的一种动物。）就是的么。tɕiou˧sɿ˧˨ti·muo·.（有吗？）有么，水獭。iou˥muo·,ʂuei˥tʰɑ˥˨.（这儿也有这种水獭？）嗯，有水獭咧。õ˨,iou˥ʂuei˥tʰɑ˥˨lie·.（跟老鼠差不多的那个？）噢，和老鼠样，在水里头，跑得快的焦锨，□象声词……你可不逮不住那个。ɑɔ˨,xuo˨˦lɑɔ˥ʂʮ˥˨iaŋ˧,tsæᴇ˧ʂuei˥li˥˨tʰou·,pʰɑɔ˥˨ti·kʰuæᴇ˧ti·tɕiɑɔ˥ɕiæ̃˥˨,tʂʰʮ˧……ni˥˨kʰə˥˨pu˨˦tæᴇ˥pu˨˦tʂʮ˧nei˧kə˧.（噢。有旱獭吗？）旱獭也有。xæ̃˧tʰɑ˥˨ia˥˨iou˥˨.（也有？）嗯。əŋ˨.

（四）虫

姑娘

（蚕子儿长大了，是这么大的蚕。）黄：姑娘。ku˥niaŋ˨˦.（小小的，就是那小小，很小很小的是吧？）黑的……黑的晓……黑的那个晓叫啥子咧吵？慢慢长嘎子就成了……

就叫个姑娘了。噢，就叫蚕姑娘了。xei˥˧ti˨……xei˥˧ti˨ɕiao˥……xei˥˧ti˨nə˦˨kə˦ɕiao˥˦tɕiao˦sɑ˦tsɿ˨lie˨sa˨?mæ̃˦mæ̃˦tʂaŋ˥kɑ˨tsɿ˨tɕiou˦tʂʰəŋ˨˩lə˦……tɕiou˦tɕiao˦kə˦ku˥niaŋ˨˩lə˨.（噢，慢慢儿长？）噢，就叫蚕姑娘了。ɑɔ˩,tɕiou˦tɕiao˦tsʰæ̃˨˩ku˥niaŋ˨˩lə˨.（第一个破……破茧的破子儿的那个蚕呢？头上还有个王字儿？）晓叫个啥子吵？哎都说不来了。叫不来。ɕiao˥tɕiao˦kə˦sa˦tsɿ˨sa˨?æᴇ˥tou˥˦ʂuo˥pu˨˩læᴇ˨˩lə˦.tɕiao˦pu˨˦læᴇ˨.（它要是没桑叶它会吃别的蚕。）不知道。那都……那都没有见过那东西。不知道。pu˨˩tʂɿ˥taɔ˦.næᴇ˦˥tou˥……næᴇ˦˥tou˥mei˨iou˥tɕiæ̃˦kuo˦nei˦˥tuoŋ˥ɕi˨.pu˨˩tʂɿ˥taɔ˦.（蚕这个小小的你们叫什么你过去养蚕的时候？）哎呀，那时我也小咧么。都不知道。æᴇ˥ia˩,næᴇ˦˥sɿ˨˦ŋuo˥ia˥ɕiao˥lie˨muo˨.tou˥˦pu˨˦tʂɿ˥taɔ˦˩.（大一点儿呢？）再大一点，最后的话，一变白就叫姑娘了。tsæᴇ˦˥ta˦i˥˦tiæ̃˥˦,tsuei˦xou˦tə˨xua˦˩,i˥˩piæ̃˦pei˨tɕiou˦tɕiao˦ku˥niaŋ˨˩lə˨.

上架、结茧、抽丝

（上架是什么呢？）黄：那都是专门儿给它……我们把这个，把青㭎树叶子给它……nə˦˥tou˥sɿ˦˩tʂuæ̃˥mɔ̃r˨kei˦tʰa˥˦……ŋuo˥məŋ˨pa˥tʂə˦kə˦,pa˥tɕʰiŋ˥kaŋ˥˦ʂʮ˦ie˥tsɿ˨kei˦˩tʰa˥˦……（青㭎树叶子？）噢，青㭎树那个枝枝子连叶子，给它拿回来，往这个地方一立。它在底下上架，自己爬上去以后，把那两个㭎树叶子往一搭里一拉，敛，做窝它啦。因为这个好摘咧哈。㭎树叶子敛兀的很利，你是皮儿都拿来了。再的兀些像麦秸上头那些啥，它上去都长刺刺岔岔的，这么不好往下摘么。ɑɔ˩,tɕʰiŋ˥kaŋ˥˦ʂʮ˦nə˦kə˦tsɿ˥tsɿ˥tsɿ˨liæ̃˨ie˥tsɿ˨,kei˦tʰa˥˦na˨˦xuei˨˦læᴇ˨˦,vaŋ˥tʂə˦kə˦ti˦faŋ˥˦i˥˩li˥.tʰa˥˦tsæᴇ˦ti˥xa˦ʂaŋ˦tɕia˦,tsɿ˦tɕie˥pʰa˨˩ʂaŋ˦tɕʰi˦i˥˦xou˦,pa˥nə˦liaŋ˥kə˦kaŋ˥˦ʂʮ˦ie˥tsɿ˨vaŋ˥i˥ta˥li˥i˥˦la˥,ei˨,tsuo˦˥vuo˥tʰa˥la˨.iŋ˥vei˦˥tʂei˦kə˦xaɔ˥tsei˥lie˨xa˨.kaŋ˥˦ʂʮ˦ie˥tsɿ˨lei˩væᴇ˦ti˨xəŋ˥li˦˥,ni˥sɿ˦pʰiər˨tou˥na˨læᴇ˨˩lə˨.tsæᴇ˦ti˨vei˦ɕie˥ɕiaŋ˦meiɕie˥ʂaŋ˦tʰou˨nei˦ɕie˥sa˦˩,tʰa˥ʂaŋ˦tɕʰy˦tou˥tʂaŋ˥tsʰɿ˦tsʰɿ˦tsʰa˦tsʰa˦ti˨,tʂə˦muo˨pu˨xaɔ˥vaŋ˥ɕia˦tsei˥muo˨.（然后呢？然后这个它就结了茧了？）噢，结了茧咧么。ɑɔ˩,tɕie˥lə˨tɕiæ̃˥liem˨.（茧里头有什么东西？）这里头有蚕姑娘了。把那个叫蛹么。tʂei˦li˥tʰou˨iou˥tsʰæ̃˨˩ku˥niaŋ˨˩lə˨.pa˥nə˦kə˦tɕiao˦yoŋ˥muo˨.（你们把它叫蚕姑娘还是蚕蛹？）蚕蛹。tsʰæ̃˨˩yoŋ˥.（你们蚕蛹怎么处理的呢一般这个，结了茧以后你们怎么处理它？）那你要蒸。一出来遛子儿的，你就……经常出来出蛾蛾嘛。不敛不出子敛，不遛子儿的那些，你就赶快要……你顾的上抽丝你就抽丝，顾不上抽丝要放锅里蒸一下。næᴇ˦ni˥iao˦tʂəŋ˥.i˥tʂʰʮ˩læᴇ˨˦liou˦tsər˥ti˨,ni˥tsou˦p……tɕiŋ˥tʂʰaŋ˨˩tʂʰʮ˥læᴇ˨˩tʂʰʮ˥ŋuo˨ŋuo˨˩ma˨.pu˨ei˦pu˨tʂʰʮ˥tsɿ˥ei˩,pu˨liou˦tsər˥ti˨nei˦ɕie˥,ni˥tsou˦kæ̃˥kʰuæᴇ˦iao˦……ni˥ku˦ti˨ʂaŋ˦tʂʰou˥sɿ˥ni˥tsou˦tʂʰou˥sɿ˥,ku˦pu˨ʂaŋ˦tʂʰou˥sɿ˥iao˦faŋ˦kuo˥li˥tʂəŋ˥i˥ɕia˦˩.（蒸一下就好了？）你不蒸，它在里头变成蛹，它最后都咬破出来了。一蒸把它蒸死了么。ni˥pu˨tʂəŋ˥,tʰa˥tsæᴇ˦li˥tʰou˨piæ̃˦tʂʰəŋ˨yoŋ˥,tʰa˥tsuei˦xou˦tou˥niao˥pʰuo˦tʂʰʮ˥læᴇ˨˩lə˨.i˥tʂəŋ˥pa˥tʰa˥tʂəŋ˥sɿ˥ləm˨(←lə˨muo˨).（然后呢？然后你拿拿自己抽丝还是卖卖了？）这里多一半都是自己抽丝咧。tʂei˦li˥tuo˥i˥pæ̃˦tou˥sɿ˥tsɿ˦tɕie˥tʂʰou˥sɿ˥lie˨.（抽丝有些什么程序呢你们当时？）哎呀，我见□们把……烧一锅水，把那茧壳壳倒到锅里煮咧嘛。æᴇ˩ia˩,ŋuo˥tɕiæ̃˦niæ̃m˨˩pa˥……ʂaɔ˥i˥kuo˥ʂuei˥,pa˥nə˦tɕiæ̃˥tɕʰyo˥tɕʰyo˥taɔ˦taɔ˦kuo˥li˥tʂʮ˥lie˨ma˨.（茧雀雀是什么？）茧壳壳就是那个蚕做下那个哎茧么。tɕiæ̃˥tɕʰyo˥tɕʰyo˥tɕiou˦sɿ˦nə˦kə˦tsʰæ̃˨tsuo˦˥xa˦nə˦kə˦æᴇ˦tɕiæ̃˥muo˨.（嗯，茧叫茧雀雀？）噢，茧壳壳么。ɑɔ˩,tɕiæ̃˥tɕʰyo˥tɕʰyo˥muo˨.（麻雀的雀？）哎不是。壳壳实际上就是壳壳么。æᴇ˨pu˨˩sɿ˦.

tɕʰyo˥˧tɕʰyo˥˧˩ʂʅ˨˩˧tɕi˥ʂaŋ˥tɕiou˥sɿ˥kʰə˥˧kʰə˥˧˩muo˧˩.（就地壳的壳那个。）嗯。煮嘎子最后以后，打到……底下一捞，捞上来那么几个，看是几根子，然后看这个长短，就洗……几根子拿在一瘩里就放这个线桄子，然后就开始桄了。ŋ̍˧˩.tʂʯ˥˧ka˧tsɿ˧tsuei˥xou˥i˥˧˩xou˥,ta˥˧˩taɔ˥……ti˥˧xa˥i˥˧˩laɔ˨˦,laɔ˨˩˧ʂaŋ˥læᴇ˨˩˧˥nə˥muo˧tɕi˥˧˥kə˥,kʰæ̃˥sɿ˥tɕi˥˧˥kəŋ˥˧tsɿ˧,zæ̃˨˩˧xou˥kʰæ̃˥tʂə˥kə˥tʂʰɑŋ˨˩˧tuæ̃˥˧,tsou˥ɕi˥˧……tɕi˥˧kəŋ˥˧˩tsɿ˧na˨˩˧tsæᴇ˥i˥˧˩ta˥˧li˥˧˩tsou˥˦faŋ˥tʂə˥kə˥ɕiæ̃˥kʰuaŋ˥tsɿ˧,zæ̃˨˩˧xou˥tsou˥kʰæᴇ˥˧˩sɿ˥˧˩kʰuaŋ˥lə˧.（线桄子是什么……什么玩意儿是？）啊，木头做下那么缠线的。ɑ˧˩,mu˥˧tʰou˧tsuo˥˦xa˥nə˥muo˧tʂʰæ̃˨˩˧ɕiæ̃˧˦ti˧.（什么形状的？）那就是这个中间一根，那个两头这个做上这么个档档，木头档档，手里一拿以后就这样。缠线的桄子。næᴇ˥˦tɕiou˥sɿ˥tʂə˥˧˩kə˥˧˩tʂuoŋ˥˧˩tɕiæ̃˥˧˥i˥˧˩kəŋ˥˧,nə˥kə˥liaŋ˥˧tʰou˨˩˧tʂə˥kə˥tsuo˥˦ʂaŋ˥tʂə˥muo˧kə˥taŋ˥taŋ˥,mu˥˧tʰou˧taŋ˥taŋ˥,ʂou˥˧li˥˧˩i˥˧˩na˨˦i˥˧˩xou˥tɕiou˥tʂei˥˦iaŋ˥˧˩.tʂʰæ̃˨˩˧ɕiæ̃˥ti˧kʰuaŋ˥tsɿ˧.（你们这个叫不叫缫丝还是叫什么？还是提丝还是……）我们叫欸抽丝咧。ŋuo˥˧məŋ˧tɕiaɔ˥ei˧˩tʂʰou˥˧˩sɿ˥˧lie˧.（抽丝？）嗯。ŋ̍˧˩.（放在开水里面煮煮煮？）噢，煮一煮以后，把头煮出来你就清出来。ɑɔ˧˩,tʂʯ˥˧i˥˧˩tʂʯ˥˧i˥˧˩xou˥,pa˥˧˩tʰou˨˦tʂʯ˥˧˩tʂʰʯ˥˧læᴇ˨˩˧ni˥˧˩tɕiou˥tɕʰiŋ˥˧tʂʰʯ˥˧˩læᴇ˨˩˧.（你们是就这么拿手……拿手这么拿，那不烫坏了手了吗？）哎，那要拿那个东西往上来捞咧么。æᴇ˥,næᴇ˥˦iaɔ˥˧˩na˨˩˧kə˥tuoŋ˥˧ɕi˧vaŋ˥˧˩ʂaŋ˥læᴇ˨˩˧laɔ˨˩˧lie˧muo˧.（拿什么呢？）不知道。我都不见过，没见过抽丝的。pu˨˩˧tʂʅ˥˧˩taɔ˥.ŋuo˥˧tou˥˧˥pu˨˩˧tɕiæ̃˥kuo˥,muo˥˧˥tɕiæ̃˥kuo˥tʂʰou˥˧˩sɿ˥˧˩ti˧.（你你你们家自己养蚕的时候，你母亲……）欸，那那会儿小的，谁管那些事咧？ei˧˩,nei˥˦ne i˥xuər˥ɕiaɔ˥˧tə˧,sei˨˩˧kuæ̃˥˧næᴇ˥˧˩ɕie˥˧sɿ˥˧˩lie˥?（噢。抽完了以后你们是自己织布还是干吗？）我们那可是……少量的嘛。过去那个线，不是买线非常困难？那些丝……抽丝出来以后，然后合成线，自己做鞋呀，做其他针线用了。ŋuo˥˧məŋ˧nə˥kʰə˥˧˩ʂ……ʂaɔ˥˧liaŋ˥ti˧ma˧.kuo˥˧˩tɕʰy˥nə˥kə˥ɕiæ̃˥,pu˨˩˧sɿ˥˧˩mæᴇ˥˧ɕiæ̃˥fei˥˧˩tʂʰɑŋ˨˩˧kʰuoŋ˥˦næ̃˨˩˧?næᴇ˥ɕie˥˧˥sɿ……tʂʰou˥˧˩sɿ˥˧tʂʰʯ˥˧læᴇ˨˩˧i˥˧˩xou˥,zæ̃˨˩˧xou˥xuo˨˩˧tʂʰəŋ˨˩˧˥ɕiæ̃˥,tsɿ˥tɕie˥˧˥tsuo˥˦ɕie˨˩˧ia˥,tsuo˥tɕʰi˨˩˧tʰɑ˥˧˥tʂəŋ˥˧ɕiæ̃˥yoŋ˥lə˥.（噢，就是干这个。）噢，就抽成丝线，然后扎花咧么。染成颜色以后，攒成花线，扎花咧。ɑɔ˧˩,tʂou˥(←tsou˥)tʂʰou˥˧tʂʰəŋ˨˦sɿ˥˧˩ɕiæ̃˥,zæ̃˨˩˧xou˥tsɑ˥˧˩xuɑ˥˧liem˧.zæ̃˥˧tʂʰəŋ˨˦iæ̃˨˩˧sə˥˧i˥˧˩xou˥˦,tsæ̃˥˧tʂʰəŋ˨˩˧xuɑ˥˧˩ɕiæ̃˥,tsɑ˥˧˩xuɑ˥˧lie˧.（拿什么染呢？）那各种颜料么。你要啥就随便儿。næᴇ˥˦kə˥˧˩tʂuoŋ˥˧iæ̃˨˩˧liaɔ˥muo˧.ni˥˧˩iaɔ˥˦sɑ˥tɕiou˥suei˨˩˧piær˥˦.（是买的还是山上采的还是？）哎，是买的。那玩儿意，那些颜……涂料自己……山上哪有？æᴇ˨˦,sɿ˥˧˩mæᴇ˥˧ti˧.næᴇ˥˧˦vær˨˩˧zəŋ˧,næᴇ˥˦ɕie˥˧˩iæ̃˨˩˧……tʰu˨˩˧liaɔ˥tsɿ˥tɕie˥˧˥……sæ̃˥˧ʂaŋ˥˧˩na˥˧˥iou˥˧˩?

蚕蛹

（你们那个蚕蛹啊吃不吃的？）黄：本地人不吃。外地人吃的香的焦锨。有的锅里捞上来，那都已经煮熟了。那家伙，吃的嘴里那白沫子淌的都吃。我们吃的话，那就要炮制咧，不炮制都不吃。放……到……放油锅里炸一下，噢，炮一……炮制一下，然后出来把调料，哎，盐这些撒上以后，香香的吃。pəŋ˥˧ti˥zəŋ˨˩˧˥pu˨˩˧tʂʰʅ˥˧˩.væᴇ˥ti˥zəŋ˨˩˧˥tʂʰʅ˥˧ti˧ɕiaŋ˥˧ti˧tɕiaɔ˥˧ɕiæ̃˥˧˩.iou˥˧ti˧kuo˥˧li˥˧˩laɔ˨˦ʂaŋ˥˦læᴇ˨˩˧,næᴇ˥tou˥˧˥i˥tɕiŋ˥˧˩tʂʯ˥˧ʂʯ˨˩˧lə˥.næᴇ˥˦tɕia˥˧˥xuo˧,tʂʰʅ˥˧ti˧tsuei˥˧li˥˧˥nə˥pei˨˦muo˥˧tsɿ˧tʰaŋ˥˧ti˧tou˥˧˩tʂʰʅ˥˧.ŋuo˥˧məŋ˧tʂʰʅ˥˧ti˧xua˥˧˩,næᴇ˥tsou˥iaɔ˥pʰaɔ˨˩˧tʂʅ˥lie˧,pu˨˩˧pʰaɔ˨˦tʂʅ˥˦tou˥˧˩pu˨˩˧tʂʰʅ˥˧˩.faŋ˥……taɔ˥……faŋ˥iou˨˦kuo˥˧li˥˧˩tʂa˨˦i˥˧˩xa˥˧˩,ɑɔ˧˩,pʰɑɔ˨˦i˥˧……pʰɑɔ˨˩˧tʂʅ˥˦i˥˧˥ɕia˥,zæ̃˨˩˧xou˥tʂʰʯ˥˧læᴇ˨˩˧pa˥˧tʰiaɔ˨˩˧liaɔ˥,æᴇ˧˩,iæ̃˨˦tʂə˥ɕie˥˧˥sa˥˧ʂaŋ˥˧˩i˥˧˩xou˥,ɕiaŋ˥˧˥ɕiaŋ˥˧˥ti˧tʂʰʅ˥˧˩.

蚕屎

（蚕拉出那个黑黑的那个屎啊？）黄：蚕屎么。tsʰæ̃˨˩˧sɿ˥˧muo˧.（你们拿着干什么用呢？）那东西相当好的。我们有的拿出……拿着装枕头。næᴇ˧˥ tuoŋ˧˩ ɕi˧ ɕiaŋ˦˧ taŋ˦˧ xaɔ˥˧ ti˧. ŋuo˥˧ məŋ˧ iou˥˧ ti˧ na˨˧ tʂʰʯ……na˨˧ tʂə˦ tʂuaŋ˧˦ tʂəŋ˥˧ tʰou˧.（有那么多吗？）哎有啊。你……你养上这个……过去蚕儿你都养……讲究你养了几孛篮么。几孛篮就是你那个孛子，你那个孛子你看养你几孛子咧。投到你，蚕投到你过这么四五孛子的话，从头收到尾，那个欸蚕那屎多了。那是这个枕上那是这<u>个欸</u>那是……可以说是保健枕，保健枕么你。凉的很么。æᴇ˨˦ iou˧˩ a˧.ni˥˧……ni˦˧ iaŋ˥˧ ʂaŋ˥ tʂə˥ kə˥……kuo˦˥ tɕʰy˥ tsʰær˨˦ ni˧˩ tou˧˩ iaŋ˥˧……tɕiaŋ˥˧ tɕiou˧˩ ni˦˧ iaŋ˥˧ lə˧ tɕi˥˧ pʰu˨˩ læ˨˦ muo˧.tɕi˥˧ pʰu˨˩ læ˨˦ tɕiou˥ sʅ˥ ni˦˧ nə˥ kə˥ puo˨˦ tsʅ˦,ni˦˧ nə˥ kə˥ puo˨˩ tsʅ˦ ni˦˧ kʰæ˥ iaŋ˦˧ ni˦˧ tɕi˥˧ puo˨˩ tsʅ˦ lie˧.tʰou˨˩ taɔ˥ ni˥˧,tsʰæ˨˦ tʰou˨˩ taɔ˥ ni˥˧ kuo˥ tʂə˥ muo˦ sʅ˦˥ vu˧˩ puo˨˦ tsʅ˦ ti˦ xua˥˩,tsʰuoŋ˨˦ tʰou˨˧ ʂou˧˩ taɔ˥ vei˥˧,nə˥ kə˥ ei˩ tsʰæ˨˦ nə˥ sʅ˦˧ tuo˥˧ liaɔ˧˩.næᴇ˧˥ sʅ˥ tʂə˥ kə˥ tʂəŋ˥˧ ʂaŋ˥˩ næᴇ˥ sʅ˥ tʂə˥ kei˥ næᴇ˧˥ sʅ˥ tʰ……kʰə˥˧ i˧˩ ʂuo˧˩ sʅ˥˩ paɔ˦˧ tɕiæ˧˥ tʂəŋ˦˧,paɔ˦˧ tɕiæ˧˥ tʂəŋ˥˧ muo˧ ni˧˩.liaŋ˨˦ ti˦ xəŋ˧˩ muo˧.

蜘蛛网儿

（蜘蛛在……是在墙上还是在哪儿？）黄：多一半在那<u>个欸</u>……停起的。再一个是在六七月份以后，这个蜘蛛在外边那墙角儿，就那几个椽子中间，织网开嘛。tuo˥˧ i˧˩ pæ˧˥ tsæᴇ˥ nə˥ kei˥……tʰiŋ˨˦ tɕʰi˧˩ ti˧.tsæᴇ˥ i˧˩ kə˥˩ sʅ˥ tsæᴇ˥ liou˥˧ tɕʰi˥˧ yo˧˩ fəŋ˥˩ i˧˩ xou˥,tʂə˥ kə˥ tʂʅ˥˧ tʂʯ˧˩ tsæᴇ˥ væᴇ˥ piæ˦˧ næᴇ˥ tɕʰiaŋ˨˦ tɕiaɔr˥˧,tsou˧˥ næᴇ˥˩ tɕi˥˧ kə˥˩ tʂʰuæ˨˩ tsʅ˦ tʂuoŋ˧˩ tɕiæ˧˦,tʂʅ˧˩ vaŋ˥˧ kʰæᴇ˦˧ ma˦.（你管那个就叫网子？）啊，蜘蛛网儿么。a˩,tʂʅ˧˩ tʂʯ˧˩ vãr˥˧ muo˧.

红蚂蚁

黄：红蚂蚁大，大个儿的那个欸，腰腰子又细。浑身子都沾这个红色的那种。xuoŋ˨˦ ma˥˧ i˧˩ ta˥,ta˥ kər˥ ti˦ nə˥ kə˥ ei˥,iaɔ˥˧ iaɔ˧˩ tsʅ˦ iou˥ ɕi˥.xuoŋ˨˦ ʂəŋ˥˧ tsʅ˧ tou˦˧ tʂæ˧˩ tʂə˥ kə˥ xuoŋ˨˦ sə˥˧ ti˧ nei˥ tʂuoŋ˧˩.（有的还咬人呢！）那个□就……就咬人。næᴇ˥ kə˥ niæ˨˧ tɕiou˥……tɕiou˥ iaɔ˦˧ zəŋ˨˩.（好毒的吧好像？）嗯。咬了那个……酸疼酸疼的那个。ŋ̍˩.niaɔ˥˧ lə˦ nə˥ kə˥ s……suæ˥˧ tʰəŋ˨˦ suæ˥˧ tʰəŋ˨˦ ti˦ nei˥ kə˥.

潮虫

（还有那种那个湿湿虫有没有？）黄：湿……哎有咧么。在地下那个臭……下欸……那个，我……有的叫……把那湿湿虫有的叫潮虫。ʂʅ˥˧……æᴇ˨˦ iou˧˩ lie˧ muo˧.tʂæᴇ˥ ti˥ xa˥ nə˥˩ kə˥˩ tʂʰou˥……ɕia˥ ei˩……nə˥ kə˥,ŋuo˦˧……iou˥˧ ti˦ tɕiaɔ˥……pa˦˧ næᴇ˥ ʂʅ˥˧ ʂʅ˧˩ tʂʰuoŋ˨˦ iou˥˧ ti˦ tɕiaɔ˥ tʂʰaɔ˨˦ tʂʰuoŋ˨˩.（潮虫？你们叫什么的多呢？）叫潮虫的多。tɕiaɔ˥ tʂʰaɔ˨˦ tʂʰuoŋ˨˩ ti˦ tuo˧˩.（什么样儿的？）扁扁的这……周围是……它是扁扁的，像个瓜籽儿一样的那个，啊。这……它那个前头长几个撂撂子，后头一转身……一转圈儿都是那个腿腿。地方越潮湿，那个底下越肯长那个东西。piæ˦˧ piæ˦˧ ti˦ tʂə˧˥……tʂou˧˦ vei˨˧ ʂ……tʰa˦˧ sʅ˥ piæ˥˧ piæ˥˧ ti˦,ɕiaŋ˥ kə˥ kua˧˩ tsər˥˧ i˧˩ iaŋ˥ ti˦ nei˥ kə˥,a˥.tʂei˥……tʰa˥˧ næᴇ˥ kə˥ tɕʰiæ˨˩ tʰou˦ tʂaŋ˦˧ tɕi˦˧ kə˥ liaɔ˧˥ liaɔ˥˩ tsʅ˧,xou˥ tʰou˧ i˧˩ tʂuæ˦˥ ʂəŋ˥˧……i˧˩ tʂuæ˦˥ tɕʰyær˥˧ tou˦˧ sʅ˥ nə˥ kə˥ tʰuei˥˧ tʰuei˧˩.ti˦˥ faŋ˧˩ yo˧˩ tʂʰaɔ˨˦ ʂʅ˥˧,nə˥˩ kə˥˩ ti˥˧ xa˥˩ yo˦˧ kʰəŋ˦˧ tʂaŋ˦˧ nə˥ kə˥ tuoŋ˥˧ ɕi˧.

牛牛

（那管小孩子……小孩儿小鸡鸡叫什么？）黄：叫牛牛。tɕiaɔ˥ niou˨˩ niou˨˥.（牛牛是不是也是一种害虫啊还是什么？）不是。牛牛是指娃娃的那个小鸡鸡。pu˨˩ sʅ˥.niou˨˩ niou˨˦ sʅ˥ tsʅ˥˧ va˨˩ va˨˧ tə˧ nə˥ kə˥ ɕiaɔ˦˧ tɕi˥˧ tɕi˧˩.（欸，有什么动物叫牛牛吗？）有些人把这个地下爬的那种小昆虫，小小的，不大大那个，把那个叫牛牛。啊。这个牛牛，它是这个牛牛。和娃娃那那个小鸡鸡……娃娃那个小鸡鸡牛牛是“扭一下”的“扭”，□把这个叫牛牛。把那小昆虫也叫牛牛咧。iou˥˧ɕie˥˧˩zəŋ˨˦pɑ˥˧˩tʂə˥kə˥ti˥ɕiɑ˥pʰɑ˨˦˩ti˦nə˥tʂuoŋ˥˧˧ɕiɑɔ˥˧kʰuoŋ˥˧tʂʰuoŋ˨˦,ɕiɑɔ˥˧ɕiɑɔ˥˧ti˧,pu˨˦˩tɑ˥˦tɑ˥nei˥kə˥,pɑ˥˧˩næᴇ˥˦kə˥˦tɕiɑɔ˥niou˨˦˩niou˨˦˥.ɑ˩.tʂə˥˩kə˥˦niou˨˦˩niou˨˦˥,tʰɑ˥˧˧sʅ˥tʂə˥˦kə˥˦niou˨˦˩niou˨˦˥.xuo˨˦˩vɑ˨˦˩vɑ˨˦˥næᴇ˥nə˥kə˥ɕiɑɔ˥˧˧tɕi˥˧tɕi˥˧˩……vɑ˨˦˩vɑ˨˦˥næᴇ˥kə˥ɕiɑɔ˥˧˧tɕi˥˧tɕi˥˧˩niou˨˦˩niou˨˦˥sʅ˥niou˥˧˦i˥˧˩xɑ˥˩ti˦niou˥˧˩,niæ̃˨˦˩pɑ˥˧˩tʂə˥kə˥tɕiɑɔ˥niou˨˦˩niou˨˦˥.pɑ˥˧˩næᴇ˥ɕiɑɔ˥˧˧kʰuoŋ˥˧tʂʰuoŋ˨˦iɑ˥˧˧tɕiɑɔ˥niou˨˦˩niou˨˦˥lie˧.

蚰蜒

（蜈蚣有没有？）黄：有么。蝎……我们叫蚰蜒么。iou˥˧muo˧.ɕie˥˧……ŋuo˥˧məŋ˧tɕiɑɔ˥iou˨˦˩iæ̃˨˦˥muo˧.（噢，蜈蚣你们叫蚰蜒？）嗯。这么长，那都和……头里是这么个弯弯是这么个，后头有……啊，到处都是长下那爪爪。ŋ̍˩.tʂə˥muo˦tʂʰɑŋ˨˦,næᴇ˥tou˥˧˧xuo……tʰou˨˦li˦sʅ˥tʂə˥muo˦kə˥væ̃˥˧væ̃˥˧˩sʅ˥˩tʂə˥muo˦kə˥,xou˥tʰou˦iou˥˧˩……æ˥,tɑɔ˥tʂʰʯ˥˧˧tou˥˧˩sʅ˥˩tʂɑŋ˥˧xɑ˥˩nə˥tʂuɑ˥˧tʂuɑ˥˧˩.

蝎子

1.（这儿有蝎子没有？）黄：哎有咧。卖的好少的，多的是。晚上逮，白天卖嘛。æᴇ˨˦iou˥˧˩lie˧.mæᴇ˥ti˦xɑɔ˥˧˩ʂɑɔ˥˧ti˧,tuo˥˧ti˧sʅ˥˩.væ̃˥˧ʂɑŋ˥˩tæᴇ˥˧,pei˨˦˩tʰiæ̃˥˧mæᴇ˥mɑ˧.（是种的那养蝎子还是还是……）养的，这儿这养活都不……太不成功。都是山上逮的野蝎子。iɑŋ˥˧ti˧,tʂər˥˦tʂə˥iɑŋ˥˧xuo˨˦˩tou˥˧˩pu˨˦˩……tʰæᴇ˥pu˨˦˩tʂʰəŋ˨˦kuoŋ˥˧.tou˥˧˧sʅ˥sæ̃˥˧ʂɑŋ˥˩tæᴇ˥˧ti˧ie˥˧ɕie˥˧˩tsʅ˧.

2.（蝎子是山上爬的还是长在……）黄：山上爬下的，到处都有。哪瘩这个地方比较干燥，暖和一点，这个……就……就在家里都有蝎……蝎子嘛。sæ̃˥˧ʂɑŋ˥˩pʰɑ˨˦˩xɑ˥ti˦,tɑɔ˥tʂʰʯ˥˧˧tou˥˧˩iou˥˧˩.nɑ˥˧tɑ˥˧˩tʂə˥˦kə˥ti˥fɑŋ˥˧˧pi˥˧˧tɕiɑɔ˥kæ̃˥˧˩tsɑɔ˥,nuæ̃˥˧xuo˨˦˩i˥˧˧tiæ̃˥˧˧,tʂə˥kə˥……tɕiou˥……tɕiou˥tsæᴇ˥tɕiɑ˥˧li˥˧˧tou˦iou˥˧˧tɕie……ɕie˥˧tsʅ˧.（你们这儿有多大的蝎子？）哎呀，山上逮下那老蝎子有的，有的可……铅笔杆儿奘就对了。这……现在这个，我们这儿这这几年这，今年还是罢了，前两年到前头去这个，就今年也……也有，不过少了。一到晚上是这个天一黑下来，百万大军都上山了，你还都……男男女女都走了。æᴇ˨˦iɑ˩,sæ̃˥˧ʂɑŋ˥˩tæᴇ˥˧xɑ˥˩næᴇ˥lɑɔ˥˧ɕie˥˧˩tsʅ˧iou˥˧ti˦,iou˥˧ti˧kʰ……tɕʰiæ̃˥˧˦pi˥˧˧kæ̃r˥˧tʂuɑŋ˥˧˧tɕiou˥˧˧tuei˥lə˦.tʂei˥˦……ɕiæ̃˥˦tsæᴇ˥˦tʂə˥kə˥,ŋuo˥˧məŋ˧tʂər˥˦tʂə˥tʂei˥tɕi˥˧˩niæ̃˨˦tʂei˥,tɕiŋ˥˧˩niæ̃˨˦xɑ˨˦˩sʅ˥˦pɑ˥lə˦,tɕʰiæ̃˨˦liɑŋ˥˧niæ̃˨˦˧tɑɔ˥tɕʰiæ̃˨˦˩tʰou˦tɕʰi˥tʂə˥kə˥,tɕiou˥tɕiŋ˥˧˩niæ̃˨˦ie˥˧˧……ie˥˧iou˥˧,pu˨˦˩kuo˥ʂɑɔ˥˧lə˧.i˥˧˩tɑɔ˥væ̃˥˧ʂɑŋ˥˩sʅ˥tʂə˥kə˥tʰiæ̃˥˧i˥˧˩xei˥˧˩xɑ˥læᴇ˨˦˧,pei˥˧˩væ̃˥tɑ˥tɕyoŋ˥˧˩tou˥˧˩ʂɑŋ˥˦sæ̃˥˧lə˧,ni˥˧xæᴇ˨˦˩tou˥˧˧……næ̃˨˦næ̃˨˦˧ny˥˧ny˥˧tou˥˧˩tsou˥˧lə˧.（抓蝎子？）一人提个罐头瓶子，拿个镊子，再拿个小铁棍儿，脊背上背个矿灯，头里像矿的……矿工那个头起戴这么大个镜子，往那儿一走，就是那胡墼狭狭里、石头里都搬起来以后……i˥˧˩zəŋ˨˦tʰi˨˦˧kə˥kuæ̃˥tʰou˦pʰiŋ˨˦˩tsʅ˦,nɑ˨˦˩kə˥nie˥˧tsʅ˧,tsæᴇ˥nɑ˨˦˩kə˥ɕiɑɔ˥˧tʰie˥˧˩kuõr˥,tɕi˥˧˩pei˥ʂɑŋ˥pei˥˧kə˥˩kʰuɑŋ˥˧təŋ˥˧˩,tʰou˨˦˩li˥˧˧ɕiɑŋ˥kʰuɑŋ˥˧tə˦……kʰuɑŋ˥˧kuoŋ˥˧˩nɑ˥kə˥tʰou˨˦˩tɕʰie˥˧˧tæᴇ˥tʂə˥muo˦tɑ˥kə˥tɕiŋ˥tsʅ˦,vɑŋ˥˧˩nɑr˥i˥˧˩tsou˥˧,tɕiou˥sʅ˥næᴇ˥xu˨˦˩tɕi˥˧˧tɕʰiɑ˥˧˦tɕʰiɑ˥˧˩li˥˧˩,ʂʯ˨˦˩tʰou˦li˥˧˧tou˥˧˩pæ̃˥˧˩tɕʰi˥˧læᴇ˨˦˩i˥˧˩xou˥……（胡墼狭狭是什么东西？）就是胡墼疙……这么大那胡墼疙瘩搬起来，那个里头，那个缝缝叫狭狭。那蝎子在那……蝎子一见亮，它都往亮处爬嘛。拿镊子镊起来以后，放到罐头瓶子里。有家一晚上可以逮一百多条蝎子。那都……tɕiou˥sʅ˥xu˨˦˩tɕi˥˧˧kə˥˧……tʂə˥muo˦tɑ˥næᴇ˥xu˨˦˩tɕi˥˧˧kə˥˧tɑ˧pæ̃˥˧˩tɕʰi˥˧læᴇ˨˦˩,nə˥kə˥li˥˧˧tʰou˧,nə˥kə˥fəŋ˥˦fəŋ˥tɕiɑɔ˥tɕʰiɑ˥˧˦tɕʰiɑ˥˧˩.næᴇ˥ɕie˥˧tsʅ˧tsæᴇ˥næᴇ˥……ɕie˥˧tsʅ˧i˥˧˩tɕiæ̃˥liɑŋ˥,tʰɑ˥˧˧tou˥˧˧vɑŋ˥˧˩liɑŋ˥tʂʰʯ˥pʰɑ˨˦mɑ˦.nɑ˨˦nie˥˧tsʅ˧niɑ˥˧˦tɕʰi˥˧˧læᴇ˨˦˧i˥˧˩xou˥,fɑŋ˥tɑɔ˥kuæ̃˥tʰou˦pʰiŋ˨˦˩tsʅ˦li˥˧˩.iou˥˧tɕiɑ˥˧˩i˥˧˩væ̃˥˧ʂɑŋ˥˩kʰə˥˧i˥˧tæᴇ˥˧˩i˥˧˦pei˥˧tuo˥˧˩tʰiɑɔ˨˦˥ɕie˥˧tsʅ˧.nɑ˥˦tou˥˧˧……（那蝎子怎么……卖多少

钱一个？）那是称两两，称斤的。两两克克子卖咧。nə˥sɿ˥tʂʰəŋ˥˩liaŋ˥liaŋ˥˩,tʂʰəŋ˥˩tɕiŋ˥ti˩. liaŋ˥liaŋ˥˩kʰə˥kʰə˥˩tsɿ˩mæᴇ˥lie˩.（克克？）一克二克的克么。那都一晚上有时候有些人卖几百块钱。i˥˩kʰə˥ər˥˩kʰə˥˩ti˩kʰə˥muo˩.næᴇ˥tou˥˩i˥˩væ̃˥ʂaŋ˥˩iou˥sɿ˩xou˥iou˥ɕie˥˩zəŋ˩mæᴇ˥tɕi˥pei˥˩kʰuæᴇ˥˩tɕʰiæ̃˩.

壁虎

（它你们这个是打……碰着壁虎是打死了还是怎么着？）黄：不打。兀都没人都……pu˩˩ta˥.və˥tou˥˩muo˥˩zəŋ˩tou˥˩……（玩儿过没有？）也不玩儿。那都有给……ie˥pu˩˩vær˩.nə˥tou˥˩iou˥˩kei……（故意把它尾巴砍断了？）感觉到都懔得很，没人逗兀些东西。kæ̃˥tɕyo˥˩tao˥tou˥˩liŋ˥˩tə˩xəŋ˥,mei˩zəŋ˩˩tou˥˩væᴇ˥ɕie˥˩tuoŋ˥ɕi˩.（说那玩意儿爬到人的耳朵鼻子里头就完了。）哎，那都不可能的事。æᴇ˩,næᴇ˥tou˥˩pu˩˩kʰə˥nəŋ˩ti˩sɿ˥˩.

地蛆

黄：地蛆，兀都有嘛。ti˥tɕʰy˥˩,və˥tou˥˩iou˥ma˩.（地蛆是也是吃西瓜还是……）呃是一种害虫，那到处都……都有那号儿的东西。ə˥sɿ˥˩i˥˩tʂuoŋ˥˩xæᴇ˥tʂʰuoŋ˩˩,nə˥tao˥˩tʂʰɥ˥˩tou˥˩……tou˥˩iou˥næᴇ˥xaor˥ti˩tuoŋ˥ɕi˩.

麻蠓子

黄：蚊子叫蠓子，啊。蠓……蠓子里头还有些东西还叫麻蚊，麻蚊子。我们这儿这所谓的麻蠓子就比……就是你说的比那个绿头苍蝇还大的多的多有。vəŋ˩tsɿ˩tɕiao˥məŋ˥tsɿ˩,a˩.məŋ˥……məŋ˥tsɿ˩li˥tʰou˩xa˩˩iou˥ɕie˥˩tuoŋ˥ɕi˩xa˩˩tɕiao˥ma˩vəŋ˩˩,ma˩vəŋ˩˩tsɿ˩.ŋuo˥məŋ˩tʂər˥˩tʂə˥ʂuo˥˩vei˥ti˩ma˩məŋ˥˩tsɿ˩tɕiou˥pi˥˩……tɕiou˥sɿ˥ni˥˩ʂuo˥ti˩pi˥˩nə˥kə˥liou˥˩tʰou˩˩tsʰaŋ˥iŋ˩˩xæᴇ˩˩ta˥ti˩tuo˥ti˩tuo˥iou˥˩.（麻……麻蚊子叫麻蠓子？）啊，麻蠓子么。a˩,ma˩məŋ˥tsɿ˩muo˩.（就是牛身上的那种吧？）牛身上的，啊。一到夏天以后，特别是这面到伏天以后……niou˩ʂəŋ˥ʂaŋ˥ti˩,a˩.i˥˩tao˥ɕia˥˩tʰiæ̃˥˩i˥˩xou˥,tʰei˥˩pie˩sɿ˥tʂei˥miæ̃˥tao˥fu˩˩tʰiæ̃˥i˥˩xou˥……（你们……我看你们蚊子还有很大……很大的有呢？）哎，哎很大的有。æᴇ˥,æᴇ˥xəŋ˥˩ta˥ti˩iou˥˩.

小咬儿

（蚊子你们讲什么？）黄：蚊子。这个里头分儿……□。就看咬人不咬人那个。vəŋ˩tsɿ˩.tʂə˥kə˥li˥˩tʰou˩fəŋ˥˩tɕi˥……niæ̃˩.tɕiou˥kʰæ̃˥niao˥zəŋ˩pu˩˩niao˥˩zəŋ˩˩nə˥kə˥.（咬人的呢？）这个是咬人的。蚊子。还有种叫小咬儿。tʂə˥kə˥sɿ˥niao˥zəŋ˩˩ti˩.vəŋ˩tsɿ˩.xæᴇ˩iou˥˩tʂuoŋ˥˩tɕiao˥ɕiao˥niaor˥.（什么小鸟是什么？小咬？）小咬儿。小咬儿。它比这个小一点，但是也照样叮人。ɕiao˥iaor˥.ɕiao˥niaor˥.tʰa˥pi˥˩tʂə˥kə˥ɕiao˥i˥˩tiæ̃˥˩,tæ̃˥sɿ˥ie˥˩tʂao˥iaŋ˥tiŋ˥zəŋ˩.（叮人？）啊。它这个叮的就没有这个吃……这个人……咬人这么厉害。a˩.tʰa˥tʂə˥kə˥tiŋ˥ti˩tɕiou˥mei˩iou˥˩tʂə˥kə˥tʂʰɿ˥˩……tʂə˥kə˥zəŋ˩……niao˥˩zəŋ˩tʂə˥muo˩li˥xæᴇ˥˩.（我看的有这么大的这儿有。）噢，多长的一个个的那个？ao˩,tuo˥˩tʂʰaŋ˩˩ti˩i˥˩kə˥kə˥ti˩nei˥kə˥？（这么大一个的。）啊，在方没有那么大的。比那个小小的多那个那就叫蚊子。小咬儿很是飞得，碰住你飞着，隐隐能看着那一点，那个多得很。这投到六七月份，你到这儿来，已经感觉到这个东西。a˩,tsæᴇ˥faŋ˥˩mei˥˩iou˥˩nə˥muo˩ta˥ti˩.pi˥˩nə˥kə˥ɕiao˥ɕiao˥˩ti˩tuo˥nə˥kə˥næᴇ˥tɕiou˥tɕiao˥˩vəŋ˩˩tsɿ˩.ɕiao˥niaor˥xəŋ˥ʂɿ˥˩fei˥tə˩,pʰuoŋ˥tʂɥ˥˩ni˥˩fei˥tʂə˩,iŋ˥iŋ˥nəŋ˩˩kʰæ̃˥tʂuo˥˩næᴇ˥i˥˩tiæ̃˥˩,næᴇ˥kə˥tuo˥tei˥˩xəŋ˥.tʂei˥tʰou˥˩tao˥liou˥tɕʰi˥˩yo˥˩fəŋ˥˩,ni˥˩tao˥tʂər˥læᴇ˩˩,i˥tɕiŋ˥˩kæ̃˥tɕyo˥˩tao˥˩tʂə˥kə˥tuoŋ˥˩ɕi˩.（小咬就是那个小一点的是吗？）噢，小一点的蚊子。

ɑɔ˨˩,ɕiɑɔ˥˧i˥˧˩tiæ̃˥˧ti˧vəŋ˨˦tsɿ˦.

虱

（虱子有没有？）黄：狮子没有。sɿ˥˧tsɿ˧mei˨˦iou˥˧˧.（咬人的。不是那个！身上长的那个，欻哟身上脏死了。这掐死那……）虱。我们叫虱。sei˥˧.ŋuo˥˧˩məŋ˧tɕiɑɔ˥sei˥˧.（有没有虮子？）哎，有……有虱就有虮子么。æᴇ˨˩,iou˥˧˩……iou˥˧sei˥˧tsou˥iou˥˧˧tɕi˥˧tsɿ˧muo˧.（虱子和虮子有什么区别没有？）虮子是虱的蛋么你。tɕi˥˧tsɿ˧sɿ˥˩sei˥˧ti˧tæ̃˥muo˧ni˥˧˩.（这个臭虱那有没有？）臭虱有咧么。现在都没了，过去都有。那……tʂʰou˥sei˥˧˩iou˥˧lie˧muo˧.ɕiæ̃˥tsæᴇ˥tou˥˧˩muo˥˧lə˧,kuo˥˦tɕʰy˥˩tou˥˧˩iou˥˧˩.næᴇ˥˦˥……（那个鸡身上有……有那个吧？）有鸡虱咧。iou˥˧˧tɕi˥˧sei˥˧˩lie˧.（墙根下呢？）墙根下没有么。tɕʰiɑŋ˨˦kəŋ˥˧˩ɕia˥˦mei˨˦˨iou˥˧˩muo˧.（有些那个墙根下它那个潮湿脏的地方它也有那个虱子。）这儿这少。tʂər˥˦tʂə˥˩ʂɑɔ˥˧˩.（人身上长那个虱子有……）那有么。现在……现在也有人身上长虱子咧，叫虱。nei˥˦˥iou˥˧˩muo˧.ɕiæ̃˥tsæᴇ˥……ɕiæ̃˥tsæᴇ˥æ˥˧˩iou˥˧˩zəŋ˨˦˨ʂəŋ˥˧ʂɑŋ˥˩tʂɑŋ˥˧sei˥˧˩tsɿ˧lie˧,tɕiɑɔ˥sei˥˧.（还有头发上也经常有那个那个。）嗯。长虱了。ŋ̍˨˩.tʂɑŋ˥˧˧sei˥˧lə˧.（那长了那个，长了那个东西怎么处理呢？怎么解决问题？）现在好洗……好解决么。ɕiæ̃˥tsæᴇ˥xɑɔ˥˧˧ɕi……xɑɔ˥˧˧tɕie˥˧tɕyo˥˧˩muo˧.（以前呢？）和点药一洗就罢了么。xuo˥tiæ̃˥˧˧yo˥˧i˥˧˩ɕi˥˧tsou˥pɑ˥˩ləm˦.（原先呢？）以前拿那个篦梳往下刮。i˥˧tɕʰiæ̃˨˦nɑ˨˦˨nə˥kə˥pi˥˦ʂʮ˥˧˩vɑŋ˥˧˩xɑ˥kuɑ˥˧.（篦子叫篦梳？）嗯。篦子。刮虱的那个篦就是篦子。那个细签签，它那个欻刺儿这……细，柔性又好。ŋ̍˨˩.pi˥˦tsɿ˧.kuɑ˥˧˩sei˥˧ti˧nə˥kə˥pi˥tɕʰiou˥˩sɿ˥˩pi˥tsɿ˧.nə˥kə˥ɕi˥tɕʰiæ̃˥˧tɕʰiæ̃˥˧˩,tʰɑ˥˧˩nə˥kə˥ei˨˩tsʰər˥tʂei˥ɕi……ɕi˥,ʐou˨˦ɕiŋ˥iou˥xɑɔ˥˧˩.（那个叫篦子还是篦梳？）篦子，也叫篦梳。pi˥˦tsɿ˧,ie˥˧˧tɕiɑɔ˥pi˥ʂʮ˥˧˩.

蛐蛐儿

（你们逮不逮蛐蛐儿？）黄：不逮。pu˨˦˨tæᴇ˥˧.（不玩儿？）不，啊，没……这儿没有人玩儿那东西。pu˨˦˨,ɑ˨˦,mei˨˦……tʂər˥˦˥mei˨˦iou˥˧˩zəŋ˨˦˨vær̃˨˦nə˥tuoŋ˥˧ɕi˧.（小孩儿不玩儿那蛐蛐儿？）不玩儿。pu˨˦˨vær̃˨˦.（蛐蛐有公的母的。）啊，不知道。不……不玩儿。这儿太没人逗兀东西。æ˥˧,pu˨˦˨tʂʅ˥˧˩tɑɔ˥.pu……pu˨˦˨vær̃˨˦.tʂər˥˦˥tʰæᴇ˥˦˥mei˨˦˨zəŋ˨˦˧tou˥˧˦və˥˦˥tuoŋ˥˧˩ɕi˧.（有时候晚上那个灶……灶……这个厨房里面居居居那个那个叫着，你们管那个叫什么？）就叫蛐蛐儿。tɕiou˥tɕiɑɔ˥˩tɕʰy˥˧tɕʰyər˥˧˩.（也叫蛐蛐儿？）嗯。ŋ̍˨˩.（家里面的跟野外的有区别没有？）没有。那没有人玩儿，也没有人逮它反正就是。mei˨˦iou˥˧˧.nə˥˦˥mei˨˦iou˥˧zəŋ˨˦vær̃˨˦,ie˥˧ mei˨˦iou˥˧zəŋ˨˦tæᴇ˥˧tʰɑ˥˧˩fæ̃˥˧˩tʂəŋ˥tɕiou˥˦˥sɿ˥˩.

蚂鸡铃儿

黄：哎呀蚂鸡铃儿，这东西在小时候经常说这个话咧，这字就不好写了。蚂鸡铃儿，铃儿是这个铃铛的铃么，蚂鸡铃儿。这东西它叫唤咧嘛。蟋蟀它吱喽吱喽吱喽叫唤。æᴇ˥ia˥ma˥˧˧tɕi˥˧˩liɔ̃r˨˦,tʂə˥tuoŋ˥˧˧ɕi˦tsæᴇ˥ɕiɑɔ˥˧sɿ˨˦˨xou˥tɕiŋ˥˧˩tʂʰɑŋ˨˦ʂuo˥˧˩tʂə˥kə˥xuɑ˥lie˦,tʂə˥tsɿ˥tsou˥˩pu˨˦˨xɑɔ˥˧ɕie˥˧˩lə˧.ma˥˧tɕi˥˧˩liɔ̃r˨˦,liɔ̃r˨˦sɿ˥tʂə˥kə˥liŋ˨˦˨tɑŋ˥˧ti˧liŋ˨˦muo˦,ma˥˧˩tɕi˥˧˩liɔ̃r˨˦.tʂə˥tuoŋ˥˧˧ɕi˦tʰɑ˥˧˧tɕiɑɔ˥xuæ̃˥˩lie˧ma˧.ɕi˥˧˩ʂuæᴇ˥tʰɑ˥˧˧tsɿ˥˧lou˧tsɿ˥˧lou˧tsɿ˥˧lou˧tɕiɑɔ˥xuæ̃˥˩.（噢，像这个铃铛一样的叫……）啊，像个铃铛一叫唤咧。我们……我们一天就是拍手咧么。它在空中吱儿吱儿吱儿飞翔走咧，你一拍手它就落下来咧。ɑ˨˩,ɕiɑŋ˥˩liŋ˨˦tɑŋ˥˧˩i˥˧˩tɕiɑɔ˥xuæ̃˥˩lie˧.ŋuo˥˧məŋ˧……ŋuo˥˧məŋ˧i˥˧˩tʰiæ̃˥˧tsou˥sɿ˥pʰei˥˧˩ʂou˥˧lie˧muo˧.tʰɑ˥˧˧tsæᴇ˥kʰuoŋ˥˧tʂuoŋ˥˧˩tsər˨˦tsər˨˦tsər˨˦fei˥˧ɕiɑŋ˨˦˨tsou˥˧lie˧,ni˥˧i˥˧˧pʰei˥˧˩ʂou˥˧tʰɑ˥˧˧tsou˥luo˥xɑ˥˦læᴇ˨˦˨lie˧.

金龟子

黄：金龟子一……哎呀，每年这个欸……我们这个……阳历的这个十一月份到十二月份，玩儿的这么害时候的咧。乡政府那楼里头那房……我们那房子里头有时候，几天……五六天不回来的话，那房子吵起个乱蛋翻炒起。tɕiŋ˧˦ kuei˧ tsɿ˩ i˧˩……æɛ˩ iɑ˩,mei˧ niæ̃˨˦ tʂə˥ kə˥ ei˥……ŋuo˧ məŋ˩ tʂə˥ kə˥……iɑŋ˨˦ li˧ ti˩ tʂə˥ kə˥ ʂʅ˨˦ i˧ yo˧˥ fəŋ˥ tɑɔ˥ ʂʅ˨˦ ər˥˦ yo˧˩ fəŋ˥,væ̃r˨˦ ti˩ tʂə˥ muo˩ xæɛ˥ sʅ˨˦ xou˥ ti˩ lie˩.ɕiɑŋ˧˩ tʂəŋ˥ fu˧˥ nə˥ lou˨˦ li˧˩ tʰou˩ nə˥ fɑŋ˨……ŋuo˧˥ məŋ˩ nə˥ fɑŋ˨˦ tsɿ˩ li˧˥ tʰou˩ iou˧ sʅ˨˩ xou˥,tɕi˧ tʰiæ̃˧˩……vu˧ liou˧˩ tʰiæ̃˧ pu˨˩ xuei˨˩ læɛ˨˥ tə˩ xuɑ˥,nə˥ fɑŋ˨˩ tsɿ˩ tsʰɑɔ˧ tɕʰi˧˩ kə˥˩ luæ̃˥ tæ̃˥ fæ̃˧˥ tsʰɑɔ˧ tɕʰi˧˩.

蚂蚁

（这个蚂蚁里面它有分工吧？）蚂蚁有分工么，那也有严格的分工。mɑ˧ i˨˩ iou˧ fəŋ˧˩ kuoŋ˧˩ muo˩,næɛ˥ ie˧˩ iou˧ iæ̃˨ kə˧ ti˩ fəŋ˧˩ kuoŋ˧˩.（那你们这个分工……不同的分工的蚂蚁有没有名字？）那没有名字。但是你要仔细地观察去，它蚂蚁是干啥的就是干啥的。næɛ˥˦ mei˨˥ iou˧˥ miŋ˨˩ tsɿ˥.tæ̃˥ sʅ˥ ni˧ iɑɔ˥ tsɿ˧ ɕi˥˦ ti˩ kuæ̃˧˩ tsʰɑ˨˥ tɕʰi˥˦,tʰɑ˧˥ mɑ˧ i˨˩ sʅ˥ kæ̃˥ sɑ˥ ti˩ tɕiou˥ sʅ˥ kæ̃˥˦ sɑ˥˩ ti˩.

蝉蜕

（这个知了啊，知了它的这个壳，蜕下来那个壳叫什么？）黄：啥虫吵你？sɑ˥ tʂʰuoŋ˨˩ sɑ˩ ni˧˩?（这知了哇？）就是蜕下那个壳儿，医……兀医药药里头的嘛。啥子吵？叫不上来。tɕiou˥ sʅ˥ tʰuei˥ xɑ˥ nə˥ kə˥ kʰər˧,i˧……væɛ˥ i˧ yo˧ yo˧ li˧˩ tʰou˥ ti˩ mɑ˩.sɑ˥ tsɿ˩ sɑ˩?tɕiɑɔ˥ pu˨˩ ʂɑŋ˥ læɛ˨.（你们小时候捡过没有？）我们这里不捡。ŋuo˧ məŋ˩ tʂei˥ li˧˥ pu˨˩ tɕiæ̃˧˩.（不……它是可以做药的呢！）做药的。这儿这的好像没有人捡那些东西。tsuo˥ iɑɔ˧ ti˩.tʂər˥˦ tʂə˥ ti˩ xɑɔ˧˥ ɕiɑŋ˥ mei˨ iou˧ zəŋ˨˥ tɕiæ̃˧˥ nei˥ ɕie˧˥ tuoŋ˧ ɕi˩.

蜉蝣

（蜉蝣呢？）黄：啥东西了？sɑ˥˦ tuoŋ˧ ɕi˩ lə˩?（就是在水面上那个滑行的那种。）啊，那个东西我……那叫啥东西给吵？那名字不合适。ɑ˩,nei˥ kə˥ tuoŋ˧ ɕi˩ ŋuo˧……næɛ˥ tɕiɑɔ˥ sɑ˥˦ tuoŋ˧ ɕi˩ kei˥˦ sɑ˩?nə˥ miŋ˨˩ tsɿ˩ pu˨˩ xuo˨˩ tʂʰʅ˧˩.（不叫蜉蝣啊？）你头里讲下是水面上长那个四个爪爪子，像跑得太快那个，拿手一抓，腥气的够呛。叫个啥子吵你看？ni˧ tʰou˨˩ li˧˥ tɕiɑŋ˧ xɑ˥ sʅ˥ ʂuei˧ miæ̃˥˦ ʂɑŋ˥ tʂɑŋ˧ nə˥ kə˥ sʅ˥ kə˥ tsɑɔ˧ tsɑɔ˧ tsɿ˩,ɕiɑŋ˥ pʰɑɔ˧ tei˧˩ tʰæɛ˥˦ kʰuæɛ˥ nə˥ kə˥,nɑ˨˩ ʂou˧ i˧˩ tʂuɑ˧,ɕiŋ˧ tɕʰi˥˩ ti˩ kou˥ tɕʰiɑŋ˥˦.tɕiɑɔ˥ kə˥ sɑ˥ tsɿ˩ sɑ˩ ni˧˩ kʰæ̃˥˩?

收蜂

（过去你们养蜂之前，怎么怎么怎么怎么把那个蜂弄过来呢？）黄：那你收回来就对了嘛。næɛ˥ ni˧˥ ʂou˧ xuei˨˩ læɛ˨˩ tsou˥ tuei˥ lə˩ mɑ˩.（怎么收回来？）拿个笼笼子，或者是拿个笊篱。它落在那个地方咧，你把它收的它。nɑ˨˩ kə˥ luoŋ˧ luoŋ˧˥ tsɿ˩,xuei˨˥ tʂə˧˥ sʅ˥ nɑ˨˩ kə˥ tsɑɔ˥ li˨˩.tʰɑ˧˥ luo˧ tsæɛ˥ nə˥ kə˥ ti˥ fɑŋ˧˥ lie˩,ni˧˥ pɑ˧˩ tʰɑ˧˥ ʂou˧ ti˩ tʰɑ˧˩.（把一整个儿蜂……蜂窝子给收回来？）哎，那整……光光蜂一收嘛，窝子你回来再做个窝嘛。æɛ˥,næɛ˥ tʂəŋ˧……kuɑŋ˧˥ kuɑŋ˧˥ fəŋ˧ i˧˩ ʂou˧ mɑ˩,vuo˧ tsɿ˩ ni˧ xuei˨˩ læɛ˨˥ tsæɛ˥ tsʅ˥ kə˥ vuo˧ mɑ˩.（那它还要有蜂王这些东西啊？）哎，那你收的时候，王不上来，你是……王不上笊篱，其他蜂就不上来。æɛ˥,næɛ˥ ni˧˥ ʂou˧ ti˩ sʅ˨˩ xou˥,vɑŋ˨ pu˨˩ ʂɑŋ˥ læɛ˨˩,ni˧ sʅ˥˩……vɑŋ˨ pu˨˩ ʂɑŋ˥ tsɑɔ˥ li˨˩,tɕʰi˨˩ tʰɑ˧ fəŋ˧˩ tɕiou˥ pu˨˩ ʂɑŋ˥˦ læɛ˨˩.（那你笊篱上得放点儿什么东西吧？）啥东西都不放就能收回来。sɑ˥˦ tuoŋ˧˥ ɕi˩ tou˧˩ pu˨˩ fɑŋ˥ tsou˥˩ nəŋ˨˩ ʂ ou˥˧xuei˧˥˩læᴇ˧˥˩.（那你怎么发现蜂王呢？）欸，那蜂王，蜂王大么，它是，蜂王都在始终……一转圈子，其他工蜂围的严严的么。ei˧˥,næᴇ˥fəŋ˥˧vɑŋ˧˥˩,fəŋ˥˧˩vɑŋ˧˥tɑ˥muo˧,tʰɑ˥˧˧sɿ˥,fəŋ˥˧˩vɑŋ˧˥tou˥˧˧tsæᴇ˥sɿ˥˧tʂuoŋ˥˧˩……i˥˧˩tʂuæ̃˥tɕʰyæ̃˥˧tsɿ˧,tɕʰi˧˥˩tʰɑ˥˧˧kuoŋ˥˧fəŋ˥˧˩vei˧˥˩ti˧niæ̃˧˥niæ̃˧˥˩ti˧muo˧.（你先把那个蜂……蜂子赶开还是干吗？）哎，你都不用赶，你……你就自己在那那，你慢慢看着，灯里看着。它往上收的时候，再的这个其他蜂慢慢往上爬，爬下它不……不固定嘛，它都是乱爬嘛。一乱爬，只要蜂王一露头，蜂王往上一爬，蜂王往这个地方一……一那个……一爬的话，其他蜂瞬时就把包儿……蜂王就包围了。蜂王一上去，再的蜂很快就到那个笊篱头起爬的满满儿的。那你拿上，你就端下就走咧。你看快掉得忽闪忽闪，它也掉不了。拿回去放在挖下那个蜂窝里头，或者做下那蜂窝里头。æᴇ˥,ni˥˧tou˥˧pu˧˥˩yoŋ˥kæ̃˥˧,ni˥˧˧……ni˥˧˧tsou˥tsɿ˥˧˥tɕie˥˧˩tsæᴇ˥nə˥nə˥,ni˥˧˧mæ̃˥mæ̃˥kʰæ̃˥tʂə˧,təŋ˥˧li˥˧˩kʰæ̃˥tʂə˧.tʰɑ˥˧˧vɑŋ˥˧˩ʂɑŋ˥ʂou˥˧ti˧sɿ˧˥˩xou˥,tsæᴇ˥ti˧tʂei˥kə˥tɕʰi˧˥˩tʰɑ˥˧fəŋ˥˧˩mæ̃˥mæ̃˥vɑŋ˥˧˩ʂɑŋ˥pʰɑ˧˥,pʰɑ˧˥˩xɑ˥tʰɑ˥˧pu˧˥˩……pu˧˥˩ku˥˥˧tiŋ˥mɑ˧,tʰɑ˥˧˧tou˥˧˩sɿ˥˩luæ̃˥pʰɑ˧˥mɑ˧.i˥˧˩luæ̃˥pʰɑ˧˥˧,tsɿ˥˧˩iɑɔ˥˥˧fəŋ˥˧˩vɑŋ˧˥i˥˧˩lou˥tʰou˧˥,fəŋ˥˧˩vɑŋ˧˥vɑŋ˥˧ʂɑŋ˥i˥˧˩pʰɑ˧˥,fəŋ˥˧˩vɑŋ˧˥vɑŋ˥˧˩tʂə˥kə˥ti˥fɑŋ˥˧˩i˥˧˩……i˥˧˩nə˥kə˥……i˥˧˩pʰɑ˧˥ti˧xuɑ˥˩,tɕʰi˧˥˩tʰɑ˥˧fəŋ˥˧˧ɕiŋ˥˥˧sɿ˧˥˩tɕiou˥˩pɑ˥˧˩pɑɔr˥˧˧……fəŋ˥˧˩vɑŋ˧˥tsou˥˩pɑɔ˥˧vei˧˥˩lə˧.fəŋ˥˧˩vɑŋ˧˥i˥˧˩ʂɑŋ˥˧˥tɕʰy˥˩,tsæᴇ˥ti˧fəŋ˥˧xəŋ˥˧kʰuæᴇ˥tɕiou˥tɑɔ˥nə˥kə˥tsɑɔ˥li˧˥˩tʰou˧˥˩tɕʰie˥˧pʰɑ˧˥˩ti˧mæ̃˥˧mæ̃r˥˧ti˧.nə˥ni˥˧˧nɑ˧˥˩ʂɑŋ˥,ni˥˧˧tsou˥tuæ̃˥˧xɑ˥˩tɕiou˥tsou˥˧lie˧.ni˥˧˧kʰæ̃˥˥˧kʰuæᴇ˥tiɑɔ˥tə˧xu˥˧ʂæ̃˥˧˩xu˥˧ʂæ̃˥˧˩,tʰɑ˥˧ie˥˧˧tiɑɔ˥pu˧˥˧liɑɔ˥˧˩.nɑ˧˥xuei˧˥˩tɕʰi˥fɑŋ˥tsæᴇ˥vɑ˥˧xɑ˥˩nə˥kə˥fəŋ˥˧˧˥vuo˥˧˩li˥˧tʰou˧,xuo˧˥˧tʂə˥˧˧tsuo˥˥˧xɑ˥nə˥fəŋ˥˧˧˥vuo˥˧˩li˥˧tʰou˧.（你们是做……做蜂窝是吧？拿箱子做还是……）做，啊，做成箱子的。tsuo˥,ɑ˩,tsuo˥˩tʂʰəŋ˧˥ɕiɑŋ˥˧tsɿ˧ti˧.（蜂箱还是什么？）蜂箱。fəŋ˥˧ɕiɑŋ˥˧˩.（不要戴什么防护工具吗？）不用。pu˧˥˩yoŋ˥.（那不蜇你呀？）收蜂的时候它绝对不蜇你。ʂou˥˧˧˥fəŋ˥˧ti˧sɿ˧˥˧xou˥tʰɑ˥˧˧tɕyo˧˥˩tuei˥˥˧pu˧˥˩tʂə˥˧ni˥˧˩.（收蜂的时候不蜇？）噢，你割糖的时候它是咬你咧。ɑɔ˥,ni˥˧˧kə˥˧˩tʰɑŋ˧˥ti˧sɿ˧˥˩xou˥tʰɑ˥˧˧sɿ˥niɑɔ˥˧ni˥˧˩lie˧.（那那那你戴什么防护？）那就戴蜂帽儿么。næᴇ˥tɕiou˥tæᴇ˥fəŋ˥˧˩mɑɔr˥muo˧.（蜂帽是什么样的？）蜂帽那就是透明的兀纱做成的嘛。fəŋ˥˧˩mɑɔ˥˥˧næᴇ˥tɕiou˥sɿ˥tʰou˥miŋ˧˥˧ti˧væᴇ˥sɑ˥˧tsuo˥˩tʂʰəŋ˧˥˩ti˧mɑ˧.（上面也是纱还是草帽？）上面都是纱做下的。ʂɑŋ˥˧˥miæ̃˥tou˥˧˩sɿ˥sɑ˥˧tsuo˥˥˧xɑ˥˩ti˧.（不戴个手套儿什么的？）不戴。pu˧˥˩tæᴇ˥.（那不蜇手吗？）无所谓，不怕。蜂儿一般不蜇人。vu˧˥˩suo˥˧vei˥,pu˧˥˩pʰɑ˥.fə̃r˥˧i˥˧˧˥pæ̃˥˧pu˧˥˩tʂə˥˧ʐəŋ˧˥˩.

养蜂

（你们这儿有养蜂的没有？）黄：本地，前几年有，现在没有养蜂的了。pəŋ˥˧ti˥,tɕʰiæ̃˧˥tɕi˥˧˩niæ̃˧˥iou˥˧˧,ɕiæ̃˥tsæᴇ˥mei˧˥iou˥˧˧iɑŋ˥˧fəŋ˥˧˩ti˧lə˧.（你们过去老年间有没有养蜂的？）有么。兀七几年欸，投到我看……iou˥˧muo˧.væᴇ˥˥˧tɕʰi˥˧tɕi˥˧˩niæ̃˧˥˩ei˩,tʰou˧˥˩tɑɔ˥vuo˥˧˩kʰæ̃˥……（你们亲戚里头有养蜂的没有？）欸，七三四年我们家都几十窝蜂嘛。ei˩,tɕʰi˥˧sæ̃˥˧˩sɿ˥niæ̃˧˥˧ŋuo˥˧məŋ˧tɕiɑ˥˧tou˥˧˩tɕi˥˧˧ʂɿ˧˥˩vuo˥˧fəŋ˥˧˩mɑ˧.

割糖

（那你们是割蜂下来还是怎么弄的？你介绍介绍你们当时怎么养蜂的？）黄：我们是养蜂都是咿比较先进一点。它都是人工饲养的嘛。那个糖嘛就是放摇糖机往下摇糖咧。ŋuo˥˧məŋ˧z̰ɿ˧iɑŋ˥˧fəŋ˥˧˩tou˥˧˩sɿ˥˩i˩pi˥˧˧tɕiɑɔ˥ɕiæ̃˥˧˩tɕiŋ˥˧˥i˥˧˩tiæ̃˥˧˩.tʰɑ˥˧tou˥˧˩sɿ˥˩ʐəŋ˧˥kuoŋ˥˧˩sɿ˥˧˧iɑŋ˥˧˧ti˧mɑ˧.nə˥kə˥tʰɑŋ˧˥mɑ˧tsou˥sɿ˥fɑŋ˥iɑɔ˧˥tʰɑŋ˧˥tɕi˥˧vɑŋ˥˧˩xɑ˥iɑɔ˧˥tʰɑŋ˧˥˩lie˧.（你们是叫蜂糖还是叫蜂蜜？）叫蜂糖。拿下来以后你把那个片……它那个片子提出来，一提的，然后拿那个欻蜂刀，啊，它这么这么宽，这么长，把上边那一层子蜡往掉一削。tɕiaɔ˧fəŋ˥tʰɑŋ˨˩. na˨˩xɑ˧læᴇ˨˦i˥xou˧ni˥pa˥˩nə˧kə˧pʰiæ̃˥……tʰɑ˥nə˧kə˧pʰiæ̃˥tsʅ˧tʰi˨˧tʂʰʮ˥læᴇ˨˩,i˥˩tʰi˨˧ti˧,zæ̃˨˩xou˧na˨˧nə˧kei˧fəŋ˥˦taɔ˥,ɑ˩,tʰɑ˥˩tʂə˧muo˧tʂə˧muo˧kʰuæ̃˥,tʂə˧muo˧tʂʰɑŋ˨˩,pa˥˩ʂaŋ˧˦piæ̃˥˦nei˧i˥˦tsʰəŋ˨˩tsʅ˧la˥vaŋ˥˩tiaɔ˧i˥˦ɕyo˥.（那那个蜡也有用的呀！）有用的么。哪有……没有撇的。iou˥yoŋ˧ti˧muo˧.næᴇ˥iou˥……muo˥˦iou˥˦pʰie˥tə˧.（你削在地上还是……）哎，那都削的放到地方儿先跟它。舍的撇？那几十块钱一斤咧。æᴇ˨˧,næᴇ˧˦tou˥˦ɕyo˥ti˧faŋ˧taɔ˧ti˧˦fãr˥˩ɕiæ̃˥˩kəŋ˥˩tʰa˧˩.ʂə˥ti˧pʰie˥?næᴇ˧tɕi˥ʂʅ˨˩kʰuæᴇ˥tɕʰiæ̃˨˩i˥˩tɕiŋ˥lie˧.（嗯，你们是管它叫蜂蜡还是叫什么蜡？）蜂蜡嘛。fəŋ˥˦la˥muo˧.（蜂蜡还是黄蜡？）蜂蜡。把这两面一弄，往那桶桶里一夹，逮住一摇，靠那个高速旋转那个甩力把那糖甩出来。然后再的放进去。但是土蜂土养的话，不拿这个。现在这个一般儿人土养蜂的话，他再不叫这个欻摇糖了。他叫割糖咧。fəŋ˥la˥˩.pa˥˦tʂə˧liaŋ˥miæ̃˧i˥˩nuoŋ˧,vaŋ˥˦nə˧tʰuoŋ˥tʰuoŋ˥˩li˥˩i˥˩tɕia˥,tæᴇ˥tʂʮ˧i˥˦iaɔ˨˧,kʰɑɔ˧nə˧kə˧kaɔ˥sʮ˥˩ɕyæ̃˨˩tʂuæ̃˧nə˧kə˧ʂuæᴇ˥li˥˦pa˥˩nə˧tʰaŋ˨˧ʂuæᴇ˥tʂʰʮ˥˩læᴇ˨˩.zæ̃˨˩xou˧tsæᴇ˧ti˧faŋ˧tɕiŋ˧tɕʰy˧.tæ̃˧sʅ˧tʰu˥fəŋ˥˩tʰu˥iaŋ˥ti˧xua˧,pu˨˩na˨˧tʂə˧kə˧.ɕiæ̃˧tsæᴇ˧tʂə˧kə˧i˥˩pæ̃r˥zəŋ˨˧tʰu˥iaŋ˥˦fəŋ˥ti˧xua˧˩,tʰɑ˥˦tsæᴇ˧pu˨˩tɕiaɔ˧tʂə˧kə˧ei˧iaɔ˨˧tʰaŋ˨˩lə˧.tʰɑ˥˦tɕiaɔ˧kə˥tʰaŋ˨˩lie˧.（它怎么割呢？）他把□□□做下那个片，齐根儿的给它铲了。tʰɑ˥˦pa˥˦tsəŋ˥tʰi˨˧tsəŋ˥tsʅ˧xɑ˧nə˧kə˧pʰiæ̃˥˦,tɕʰi˨˧kə̃r˥ti˧kei˧tʰɑ˥˦tsʰæ̃˥lə˧.（噢，他整个儿就给铲了？）啊。整个铲出来以后，比如这一窝子里头做了十个子片，他就可以铲六个子，给留上四个子，够它吃就对了么。把其他弄过来以后，再……噢，再过这……把蜂片和蜂蜡过出来以后，成了蜂糖了。ɑ˩.tʂəŋ˥˦kər˧tsʰæ̃˥tʂʰʮ˥˩læᴇ˨˩i˥˩xou˧,pi˥˦zʮ˨˦tʂei˧i˥˩vuo˥tsʅ˧li˥tʰou˧tsʮ˧liaɔ˥˦ʂʅ˨kə˧˦tsʅ˧pʰiæ̃˥˦,tʰɑ˥˦tsou˧kʰə˥i˥˩tsʰæ̃˥˦liou˥kə˧˩tsʅ˧,kei˧˩liou˨˩ʂaŋ˧sʅ˧kə˧tsʅ˧,kou˧tʰɑ˥˦tʂʰʅ˥tɕiou˧˩tuei˧˩lə˧muo˧.pa˥˩tɕʰi˨˩tʰɑ˥nuoŋ˧kuo˧læᴇ˨˦i˥˩xou˧,tsæᴇ˧˦……ɑɔ˩,tsæᴇ˧kuo˧tʂə˧……pa˥˩fəŋ˥˩pʰiæ̃˥˦xuo˨˦fəŋ˥˦la˥kuo˧tʂʰʮ˥læᴇ˨˩i˥˩xou˧,tʂʰəŋ˨˩lə˧fəŋ˥tʰɑŋ˨˩lə˧.

蜂糖

（这个蜂糖有有哪哪几种？）黄：蜂糖那就是这个你甩下那个糖那就是这个生蜂糖。fəŋ˥tʰɑŋ˨˧næᴇ˧tɕiou˧˩sʅ˧˩tʂə˧kə˧ni˥˦ʂuæᴇ˥xɑ˧nə˧kə˧tʰɑŋ˨˧næᴇ˧tɕiou˧˦sʅ˧˩tʂə˧kə˧səŋ˥fəŋ˥tʰɑŋ˨˩.（生蜂糖？要不要弄熟了还是干吗？）弄熟了的就叫熟蜂糖咧。nuoŋ˧ʂʮ˨˩liaɔ˥ti˧tɕiou˧tɕiaɔ˧ʂʮ˨fəŋ˥˩tʰɑŋ˨˩lie˧.（有什么区别呢？）生蜂糖医药价值高嘛。səŋ˥fəŋ˥˩tʰɑŋ˨˧i˥yo˥˩tɕia˧tʂʅ˨kaɔ˥ma˧.（土蜂糖不能那个……）土当为"熟"蜂糖就不如这个生蜂糖咧。tʰu˥fəŋ˥tʰɑŋ˨˧tsou˧pu˨˧zʮ˨˦tʂə˧kə˧səŋ˥fəŋ˥˩tʰɑŋ˨˩lie˧.（噢，熟蜂糖是吧？）啊。土当为"熟"蜂是……生蜂糖里头还……它还有蜡质咧。ɑ˩.tʰu˥fəŋ˥˦ʂʅ˧……səŋ˥fəŋ˥˩tʰɑŋ˨˧li˥˦tʰou˧xæᴇ˨˧……tʰɑ˥˦xæᴇ˨˧iou˥˦la˥tʂʅ˥˩lie˧.（有蜡质？）噢，你熟蜂糖基本上把蜡质全部提啊出去了。ɑɔ˩,ni˥˩ʂʮ˨fəŋ˥tʰɑŋ˨˩tɕi˥˩pəŋ˥ʂaŋ˧˩pa˥˩la˥tʂʅ˥˩tɕʰyæ̃˨˩pu˧tʰi˨æ˧tʂʰʮ˥tɕʰi˧˩lə˧.

蜂蜡

（那你们蜂蜡拿来干吗呢？）黄：蜂蜡卖了嘛。fəŋ˥˦la˥mæᴇ˧˦lə˧ma˧.（嗯，一般拿来干什么用呢？）那就是卖掉了。nə˧tɕiou˧sʅ˧mæᴇ˧tiaɔ˧lə˧.（他们去干什么用呢？你有没有问？）织布咧么□是。织布那个综子[1]头起么啥子要使那个东西咧。tʂʅ˥˩pu˧lie˧muo˧niæ̃˨˩sʅ˧.tʂʅ˥˩pu˧˦nə˧kə˧tsəŋ˧tsʅ˧tʰou˨˩tɕʰie˥˦muo˧sa˧tsʅ˧iaɔ˧sʅ˥nə˧kə˧tuoŋ˥˩ɕi˧li

① 综子：织机上使经线上下交错以便梭子通过的装置。汉刘向《列女传·鲁季敬姜》："推而往，引而来者，综也。"

e˨.（什么东西？）不知道。织布的梭子吗是个啥拿那个东西。pu˨˦tʂʅ˧˩tao˥.tʂʅ˧˩pu˥ti˨suo˧tsɿ˨ma˨sɿ˥kə˥sa˥na˨nə˥kə˥tuoŋ˧ɕi˨.

工蜂、雄蜂

（工蜂雄蜂有什么区别吗？）黄：那有的是欻出去采……负责采的，有的负责采糖的，有的是负……采蜜的，有的负责在家里是……是……这个做糖的嘛。næᴇ˥˦iou˧ti˨sɿ˥˩ei˩tʂʰʮ˧tɕʰi˥˩tsʰæᴇ˧……fu˥tsei˧˩tsʰæᴇ˧ti˨,iou˧ti˨fu˥tsei˧˦tsʰæᴇ˧tʰaŋ˨˩ti˨,iou˧ti˨sɿ˥f……tsʰæᴇ˧˦mi˧ti˨,iou˧ti˨fu˥tsei˧˦tsæᴇ˥tɕia˧li˧˩ʂ……ʂ……tʂə˥kə˥tsuo˥˦tʰaŋ˨˩ti˨ma˨.

马蜂

1.（马蜂跟黄蜂不同吧？）黄：马蜂是腰腰细嘛。黄蜂它是腰腰是基本上不是那么明显就是了。ma˧fəŋ˧˩sɿ˥˩iao˧iao˧˩ɕi˥ma˨.xuaŋ˨fəŋ˧tʰa˧˩sɿ˥˩iao˧iao˧˩sɿ˥˩tɕi˧˩pəŋ˧ʂaŋ˥˩pu˨˦sɿ˥nə˥muo˨miŋ˨˩ɕiæ̃˧tɕiou˥˩sɿ˥˩lə˨.

2.（马蜂窝捅不得吧？）黄：马蜂窝捅不得，蜇人。ma˧fəŋ˧˦vuo˧tʰuoŋ˧pu˨˩tei˧˩,tʂə˧zəŋ˨.（你小时候捅过没有？）啊，常做就是。最善于弄那个事。那打上多刺激。去杀烂有时候。组织起来去跟……把它打的打，保护的保护。æ˨,tʂʰaŋ˨tsʮ˥tɕiou˥sɿ˥.tsuei˥ʂæ̃˥y˨˦nuoŋ˥nə˥kə˥sɿ˥.nə˥ta˧ʂaŋ˥tuo˧˩tsʰɿ˥˦tɕi˧˩.tɕʰy˥sa˧læ̃˥iou˧sɿ˨˩xou˥.tsʮ˧tʂʅ˧˩tɕʰi˧læᴇ˨˩tɕʰi˥kəŋ˧……pa˧˩tʰa˧˦ta˧ti˨ta˧˩,pao˧˦xu˥˦ti˨pao˧˦xu˥.（还有保护的啊？）那蜂一打，过来蜂来蜇你的话，那要有人保护。你不保护的话，最后那个不是这个蜂把你蜇下了？nə˥fəŋ˧i˧˩ta˧,kuo˥˦læᴇ˨˩fəŋ˧læᴇ˨tʂə˧ni˧˦ti˨xua˥,næᴇ˥iao˥iou˧˩zəŋ˨pao˧xu˥.ni˧pu˨˩pao˧xu˥˦tə˨xua˥˩,tsuei˥xou˥nə˥kə˥pu˨˩sɿ˥tʂə˥kə˥fəŋ˧pa˧˩ni˧˦tʂə˧xa˥˩lə˨?

3.（马蜂也叫土窝子蜂？）黄：哎，马蜂是马蜂，马蜂它是在树里，树那个窟窿儿里头钻下那个。æᴇ˨,ma˧fəŋ˧˩sɿ˥ma˧fəŋ˧˩,ma˧fəŋ˧˩tʰa˧˦sɿ˥tsæᴇ˥ʂʮ˥li˧˩,ʂʮ˥næᴇ˥kʰə˥ku˧luõr˨˩li˧˩tʰou˨tsuæ̃˧xa˥˩na˥kə˥.

木蜂、土蜂

（有这个木蜂吗？）黄：木蜂是个啥它？mu˧fəŋ˧˩sɿ˥kə˥sa˥tʰa˧˩?（木头的木，木蜂。）有咧。土蜂、木蜂都有。iou˧lie˨.tʰu˧fəŋ˧˩,mu˧fəŋ˧˩tou˧˦iou˧˩.（这个木……木蜂你们叫不叫木钻子？）木钻子么。它往那个树……树干啥它都钻下那个窟窿儿，在里头钻进去了。mu˧tsuæ̃˥tsɿ˨muo˨.tʰa˧˦vaŋ˧˩næᴇ˥kə˥ʂʮ˥……ʂʮ˥kæ̃˥˦sa˥tʰa˧˦tou˧˦tsuæ̃˥xa˥na˥kə˥kʰu˧luõr˨˩,tsæᴇ˥li˧tʰou˨tsuæ̃˧˩tɕiŋ˥tɕʰi˥˦lə˨.（嗯。你们土话叫什么？）还是叫木蜂。xa˨˩sɿ˥tɕiao˥mu˧fəŋ˧˩.（木蜂还是木钻子？）木……木蜂。mu……mu˧fəŋ˧˩.（不叫木钻子啊？）不叫。pu˨˩tɕiao˥.（那土蜂叫不叫土钻子呢？）那就叫土蜂。næᴇ˥˦tɕiou˥tɕiao˥tʰu˧fəŋ˧˩.（不叫土钻子啊？）不叫。pu˨˩tɕiao˥.（什么人叫土钻子啊？）哎呀，那我们这里好像还太不听……太没听说个人叫个土钻子的好像。æᴇ˩ia˨,næᴇ˥ŋuo˧m əŋ˨tʂə˥li˧˦xao˧˦ɕiaŋ˥xa˨˩tʰæᴇ˥pu˨˦tʰi……tʰæᴇ˥mei˨tʰiŋ˧ʂuo˧˩kə˥zəŋ˨tɕiao˥kə˥tʰu˧tsuæ̃˥tsɿ˨ti˨xa o˧˦ɕiaŋ˥.

麻子怪

1.（噢，有没有叫……叫那个什么土窝蜂？）黄：土窝子么。那就叫土窝儿蜂。我在头里是叫麻子怪嘛。tʰu˧vuo˧˩tsɿ˨muo˨.nə˥˩tɕiou˥tɕiao˥tʰu˧vuor˧˩fəŋ˧.ŋuo˧˦tsæᴇ˥tʰou˨˩li˧˦sɿ˥tɕiao˥ma˨tsɿ˨kuæᴇ˥ma˨.（噢，它跟土蜂不一样吗？）不一样。土蜂是在这干的个墙壁头起这里钻的窝窝。这个土蜂和麻子怪它总是在地底下寻个干燥一点的地方，一般水淌不进去那么个地方。它在地……做个窝。pu˩˧꜔i˥˧꜔iaŋ˥.tʰu˥˧fəŋ˥˧꜖sʅ˥tsæᴇ˥tʂə˥kæ̃˥˧ti˧kə˥꜖tɕʰiaŋ˩˧ pi˥˧tʰou˩˧꜖tɕʰie˥˧꜔tʂei˥꜒li˥˧꜖tsuæ̃˥ti˧vuo˥˧vuo˥˧꜖.tʂə˥kə˥tʰu˥˧fəŋ˥˧꜖xuo˩˧꜖ma˩˧꜖tsʅ˧kuæᴇ˥tʰa˥˧tsuoŋ˥˧꜖sʅ˥ts æᴇ˥ti˥꜓ti˥˧ɕia˥꜖ɕiŋ˩˧꜖kə˥kæ̃˥˧꜖tsao˥꜓i˥˧꜖tiæ̃˥˧꜖ti˧ti˥faŋ˥˧꜖,i˥˧꜓pæ̃˥˧꜖ʂuei˥˧tʰaŋ˥˧pu˩˧꜖tɕiŋ˥꜓tɕʰi˥꜖nə˥muo˧kə ˥ti˥faŋ˥˧꜔.tʰa˥˧꜔tsæᴇ˥꜖ti˥꜓vu……tsuo˥꜖kə˥꜓vuo˥˧.（它有翅膀是吧？）有翅膀么。可以飞么。iou˥˧tsʰʅ˥paŋ˥˧muo˧.kʰə˥˧꜔i˥˧꜔fei˥˧muo˧.

2.（地窝子蜂？）黄：就是地底下打个洞，在底下一窝子。tsou˥꜖sʅ˥꜖ti˥ti˥˧xa˥꜖ta˥˧kə˥꜖tu oŋ˥,tsæᴇ˥꜖ti˥˧xa˥i˥˧꜔vuo˥˧tsʅ˧.（噢，那叫地窝子蜂？）呃，地窝子蜂也叫麻子怪。那家伙，你不小心，扑腾踏一脚，你跑都跑不赢。它不是从上头追起来，从上头咧来叮你，从裤裆里往上钻了。ə꜖,ti˥vuo˥˧꜖tsʅ˧fəŋ˥˧꜔ie˥˧꜔tɕiao˥ma˩˧tsʅ˧kuæᴇ˥.næᴇ˥꜒tɕia˥˧꜖xuo˧,ni˥˧pu˩˧꜖ɕiao˥˧ɕiŋ˥˧꜖,pʰu˥˧꜖tʰ əŋ˥˧꜔tʰa˩˧i˥˧꜔tɕyo˥˧,ni˥˧꜔pʰao˥˧tou˥˧꜖pʰao˥˧pu˩˧꜖iŋ˩˧.tʰa˥˧pu˩˧꜖sʅ˥꜒tsʰuoŋ˩˧꜖ʂaŋ˥꜓tʰou˧tʂuei˥˧꜖tɕʰi˥˧læᴇ˩˧꜖,tsʰuoŋ ˩˧꜖ʂaŋ˥꜓tʰou˧lie˧læᴇ˩˧꜖tiŋ˥˧ni˥˧꜖,tsʰuoŋ˩˧꜖kʰu˥꜓taŋ˥˧li˥˧꜖vaŋ˥˧꜖ʂaŋ˥tsuæ̃˥˧lə˧.

人头蜂

黄：人头蜂在那个避雨的那个石崖，石头上。ʐəŋ˩˧tʰou˩˧fəŋ˥˧꜔tsæᴇ˥nə˥kə˥pʰi˥y˥˧ti˧nə˥kə˥ ʂʅ˩˧꜔næᴇ˩˧꜖,ʂʅ˩˧tʰou˧ʂaŋ˥.（石崖下面儿？）石崖下面做一个做一个蜂巢，那蜂巢就和人头一模儿一样的。有鼻子有眼……眼窝的。它出入就从这鼻子眼睛这个嘴里往出走的。ʂʅ˩˧næᴇ˩˧꜔ ɕia˥miæ̃˥tsuo˥꜒i˥˧꜔kə˥tsuo˥꜒i˥˧꜔kə˥fəŋ˥˧꜖tsʰao˩˧,nə˥fəŋ˥˧꜖tsʰao˩˧tɕiou˥xuo˩˧꜔ʐəŋ˩˧tʰou˩˧i˥˧꜖muor˩˧꜒i˥˧꜖iaŋ˥t i˧.iou˥˧pi˩˧꜖tsʅ˧iou˥˧꜔ni……niæ̃˥˧vuo˥˧꜖ti˧.tʰa˥˧꜖tʂʰʯ˥˧꜓ʐʯ˥˧tsou˥tsʰuoŋ˩˧꜔tʂə˥pi˩˧꜖tsʅ˧niæ̃˥˧tɕiŋ˥˧꜔tʂə˥kə˥tsue i˥˧li˥˧꜖vaŋ˥˧꜖tʂʰʯ˥˧tsou˥˧tə˧.

蹦虫

（蠓虫有没有？）黄：蹦虫。pəŋ˥꜓tʂʰuoŋ˩˧꜖.（蹦虫是什么东西？）蹦虫就是咿，就是咿这个牛虻，它有一种是叮牛……我们把那叫叮牛蜂儿。pəŋ˥tʂʰuoŋ˩˧꜖tɕiou˥sʅ˥i꜖,tɕiou˥꜖sʅ˥li ꜖tʂə˥kə˥꜖niou˩˧maŋ˩˧,tʰa˥˧꜖iou˥˧i˥˧꜖tʂuoŋ˥˧꜖sʅ˥tiŋ˥˧ni……ŋuo˥˧məŋ˧pa˥˧꜖nə˥tɕiao˥tiŋ˥˧꜖niou˩˧fə̃r˥˧.（叮牛fə̃r˥˧是什么？）叮牛蜂。蜜蜂的蜂。tiŋ˥˧꜖niou˩˧fəŋ˥˧.mi˥˧fəŋ˥˧꜖ti˧fəŋ˥˧.（噢，叮牛蜂？）啊。它是这个每年是这个欻春草发芽以后，春季以后，它从这个草叶叶里头这个孵化出来以后，它就去寻这个牲……寻这个牲……牛这些东西。像这个牛呀，像是这个鹿子呀，这些东西，它把它这个屁股么都直接扎下去，扎到牛皮里头扎进去。然后把卵么就产得那个牛皮里……里头。靠牛的这个身体上这个营养，靠那个啥把那个孵成这个……成长起来。最后起下那个都是那个，有指头蛋儿这么大那个虫，蹦虫。靠那个来寄……寄生过冬咧。a꜖.tʰa˥˧sʅ˥꜖tʂə˥kə˥mei˥˧niæ̃˩˧sʅ˥tʂə˥kə˥ei˥tʂʰuoŋ˥˧꜖tsʰao˥˧fa˥˧꜖ia˩˧i˥˧꜖xou˥꜒,tʂʰuoŋ˥˧꜖tɕi˥꜒i˥˧꜖xou˥ ,tʰa˥˧꜔tsʰuoŋ˩˧tʂə˥kə˥tsʰao˥˧ie˥˧ie˥˧꜖li˥˧꜔tʰou˧tʂə˥kə˥fu˥˧꜖xua˥꜓tʂʰʯ˥˧læᴇ˩˧꜖i˥˧꜖xou˥,tʰa˥˧꜔tsou˥tɕʰi˥ɕiŋ˩˧tʂə ˥kə˥səŋ˥˧……ɕiŋ˩˧tʂə˥kə˥səŋ˥˧……niou˩˧tʂei˥ɕie˥˧꜔tuoŋ˥˧ɕi˧.ɕiaŋ˥tʂə˥kə˥niou˩˧ia˥,ʂaŋ˥（←ɕiaŋ˥） sʅ˥tʂə˥kə˥lou˥˧tsʅ˧ia꜖,tʂei˥ɕie˥˧꜔tuoŋ˥˧ɕi˧,tʰa˥˧pa˥˧꜖tʰa˥˧꜔tsə꜖（←tʂə˥）kə˥꜖pʰi˥꜖ku˥˧꜖muo˧tou˥˧꜖tʂʅ˩˧tɕ ie˥˧꜖tsa˥˧꜖xa˥tɕʰi˥,tsa˥˧tao˥꜖niou˩˧pʰi˩˧li˥˧꜖tʰou˧tsa˥˧꜖tɕiŋ˥tɕʰi˥꜖.ʐæ̃˩˧꜖xou˥pa˥˧꜖nuæ̃˥˧muo˧tɕiou˥꜖tʂʰæ̃˥˧t ə˧nə˥kə˥niou˩˧pʰi˩˧li˥˧꜔tʰ……li˥˧tʰou˧.kʰao˥niou˩˧ti˧tʂə˥kə˥ʂəŋ˥˧꜖tʰi˥˧ʂaŋ˥꜖tʂə˥kə˥iŋ˩˧꜖iaŋ˥˧,kʰao˥nə ˥kə˥sa˥pa˥˧꜖nə˥kə˥fu˥˧꜔tʂʰəŋ˩˧tʂə˥kə˥ʂ……tʂʰəŋ˩˧tʂaŋ˥˧tɕʰi˥˧læᴇ˩˧꜖.tsuei˥xou˥tɕʰi˥˧xa˥nə˥kə˥tou˥˧꜖sʅ ˥꜒nə˥kə˥,iou˥˧tsʅ˥˧tʰou˧tæ̃r˥tʂə˥꜒muo˧ta˥nə˥kə˥tʂʰuoŋ˩˧꜖,pəŋ˥tʂʰuoŋ˩˧꜖.kʰao˥nə˥kə˥læᴇ˩˧꜖tɕi˥꜒…… tɕi˥꜒səŋ˥˧꜖kuo˥tuoŋ˥˧꜖lie˧.（那个……那个什么样子呢蹦虫？）呀，像个豆子咧，像指甲盖儿这么……像指甲盖儿这么大那个虫，头圆圆的，两头儿尖么。ia˥˧,ɕiaŋ˥kə˥tou˥꜓ tsʅ˧lie˧,ɕiaŋ˥tsʅ˥˧tɕia˥˧꜖kər˥tʂə˥꜖muo˧……ɕiaŋ˥tsʅ˥˧tɕia˥˧꜖kər˥tʂə˥muo˧ta˥nə˥kə˥tʂʰuoŋ˩˧꜖,tʰou˩˧

yæ̃ʎyæ̃ʎʟti˧,liaŋ˥tʰourʎtɕiæ̃˥muo˨.（就像蓖麻一样的是吧？）噢，像蓖麻一样的，嗯。ɑɔ˥,ɕiaŋ˥pi˥maʎʟi˥ʟiaŋ˥ti˧,ŋ̍˥.

臭盘盘

（臭盘虫有没有？）黄：臭盘盘么，有咧么。tʂʰou˥pæ̃˥pæ̃˥ʟmuo˨,iou˥liem˨.（它干吗的呢？）那就是那种虫，还是个吃……吃个菜不些的，爬下遛下那个啥，那臭的……nei˥ʟ tɕiou˥sɿ˥nei˥tʂuoŋ˥ʟtʂʰuoŋʎ,xaʎʟsɿ˥kə˥tʂʰʅ˥……tʂʰʅ˥kə˥ʟtsʰæᴇ˥ʟpuʎɕi˥ti˨,pʰaʎʟxa˥liou˥xa˥nə˥kə˥ sa˥ʟ,næᴇ˥ʟtʂʰou˥ti˧……

蛾蛾

（那个蛾子呀有很多种啊。还有那个麦秕子里面飞的那个蛾子，你们管……管那个叫什么？）黄：我们都把那统一称叫蛾……蛾蛾。ŋuo˥mən˨tou˥ʟpa˥ʟnə˥tʰuoŋ˥i˥ʟtʂʰən˥ʟtɕiaɔ˥ ŋuo……ŋuoʎʟŋuoʎʟ.（不叫谷蛾什么的？）不。啥……再啥都没有分啥种类，光就……那个蛾蛾都多得很了。那种类这里如果是投到……puʎ.sa˥ʟ……tsæᴇ˥sa˥tou˥ʟmeiʎiou˥ʟfəŋ˥sa˥ tʂuoŋ˥ʟluei˥,kuaŋ˥ʟtɕiou˥……nə˥kə˥ŋuoʎʟŋuoʎʟtou˥ʟtuo˥tə˨xəŋ˥lə˨.næᴇ˥tʂuoŋ˥ʟluei˥tʂə˥ʟli˥ʟʐʅʎ ʟkuo˥sɿ˥tʰouʎʟtaɔ˥……（大的小的都有？）大的小的，各种颜色的都有。黑的，红的，黄的，麻的。ta˥ti˨ɕiaɔ˥ti˨,kə˥ʟtʂuoŋ˥iæ̃ʎʟsei˥ti˨tou˥ʟiou˥ʟ.xei˥ti˨,xuoŋʎti˧,xuaŋʎti˧,maʎti˧.（嗯。跟蝴蝶有区分吗？）蝴蝶就是蝴蝶儿么。xuʎʟtie˥tɕiou˥ʟsɿ˥ʟxuʎʟtiər˥muo˨.（蝴蝶不叫蛾蛾嘛！）不叫蛾子。蛾子那个，它那个膀膀子就不像蝴蝶儿。蝴蝶儿□那个膀膀子薄嘛，蛾子它那个中间它那个身体就胖得很么。puʎʟtɕiaɔ˥ŋuoʎtsɿ˨.ŋuoʎʟtsɿ˧nə˥kə˥,tʰɑ˥ʟnə˥kə˥paŋ˥paŋ˥ ʟtsɿ˨tsou˥puʎʟɕiaŋ˥ʟxuʎʟtiər˥.xuʎʟtiər˥niæ̃ʎnæᴇ˥kə˥paŋ˥paŋ˥ʟtsɿ˨puoʎma˧,ŋəʎʟtsɿ˧tʰɑ˥ʟnə˥kə˥tʂuoŋ ˥ʟtɕiæ̃˥ʟtʰɑ˥ʟnə˥kə˥ʂəŋ˥ʟtʰi˥tɕiou˥ʟpʰɑŋ˥tə˨xəŋ˥ʟmuo˨.

蝴蝶儿

（蝴……蝴蝶呢？）黄：蝴蝶儿那就是蝴蝶儿。xuʎʟtiər˥n̩ʟtɕiou˥sɿ˥xuʎʟtiər˥.（有没有分析各种各样儿的？）没有。有的还叫彩蝶儿咧。meiʎiou˥ʟ.iou˥ti˨xaʎʟtɕiaɔ˥tsʰæᴇ˥tiər˥ʟlie˨.（彩蝶儿？）嗯。这不那颜色不是五颜六色的？ə̃ʟ.tʂə˥puʎʟnei˥iæ̃ʎʟsei˥puʎʟsɿ˥vu˥iæ̃ʎʟ liou˥sə˥ti˨?（抓不抓？）抓。tʂuɑ˥.（抓着玩儿还是干吗？）玩儿么。væ̃rʎmuo˧.（拿什么抓呢？）我们抓那些……前几年……拿衣裳把那硬往住捂咧。现在简单的很。ŋuo˥mən˨tʂuɑ˥næᴇ˥ɕ……tɕʰiæ̃ʎtɕi˥ʟniæ̃ʎn……naʎi˥ʂaŋʎʟpa˥ʟnæᴇ˥niŋ˥vaŋ˥ʟtʂʯ˥vu˥lie˨.ɕiæ̃˥tsæᴇ˥tɕiæ̃˥tæ̃˥ʟti˨xəŋ˥ʟ.（现在拿什么？）现在拿个棍儿。棍儿头里给它挑上点沥青吗啥东西。它在那地方，你奔到跟前去，跑跑儿去，一弄把它掌住了。ɕiæ̃˥tsæᴇ˥naʎʟkə˥kuõr˥. kuõr˥tʰouʎʟli˨kei˥ʟtʰɑ˥ʟtʰiaɔ˥ʂaŋ˥ʟtiæ̃˥ʟli˥ʟtɕʰiŋ˥ma˨sa˥tuoŋ˥ʟɕi˨,tʰɑ˥ʟtsæᴇ˥nə˥ti˥ʟfaŋ˥,ni˥pəŋ ˥taɔ˥kəŋ˥ʟtɕʰiæ̃ʎʟtɕʰi˥,pʰaɔ˥pʰaɔr˥tɕʰy˥ʟ,i˥ʟnuoŋ˥ʟtsou˥pa˥ʟtʰɑ˥ʟtʂaŋ˥tʂʯ˥ʟlə˨.（噢。那知了也可以这么粘呢？）知了不容易。那家伙比……比蛾蛾劲真大。那一般粘子你，它只要发现，身体愿意，就它嗵一下子窜了。tʂʅ˥liaɔ˥ʟpuʎʟyoŋʎʟi˥.næᴇ˥ʟtɕia˥ʟxuo˨pi˥ʟ…… pi˥ʟŋuoʎʟŋuoʎʟtɕiŋ˥tʂəŋ˥ʟta˥.næᴇ˥ʟi˥ʟpæ̃˥tʂæ̃˥tsɿ˨ni˥,tʰɑ˥tsɿ˥ʟiaɔ˥ʟfa˥ʟɕiæ̃˥,ʂəŋ˥ʟtʰi˥ʟyæ̃˥i˥,tsou˥tʰ ɑ˥ʟtuoŋ˥i˥ʟxa˥tsɿ˨tsʰuæ̃˥lə˨.

花大姐

黄：花大姐都不……还……也是害虫。它……虽然花大姐它也吃其他虫虫咧，但是它到菜上去啊把菜遛的窟窿眼睛的。xuɑ˥ʟta˥tɕie˥tou˥ʟpuʎʟ……xaʎʟ……ie˥sɿ˥ʟxæᴇ˥tʂʰuoŋʎʟ. tʰɑ˥……suei˥ʐæ̃ʎʟxuɑ˥ʟta˥tɕie˥tʰɑ˥æ˨tʂʰʅ˥ʟtɕʰiʎʟtʰɑ˥tʂʰuoŋʎʟtʂʰuoŋʎʟlie˧,tæ̃˥sɿ˥tʰɑ˥ʟtaɔ˥tsʰæᴇ

˦˨ʂaŋ˦˨˩tɕʰi˩a˩pa˥˩tsʰæᴇ˦liou˦ti˩kʰu˥˩luoŋ˧˩˨niæ̃˥tɕiŋ˥˩tə˨.（那是不是就是七星瓢虫？）就是的可能。这……这东西都有些统称，根本个别……tɕiou˦tsɿ˦ti˩kʰə˥˩nəŋ˧˩.tʂə˦˩s……tʂei˦˥tuoŋ˥˩ɕi˩tou˥˩iou˥ɕie˥˩tʰuoŋ˥˩tʂʰəŋ˥˩,kəŋ˥˩pəŋ˥kə˦pie˧˦……（你这个老百姓说不说七星瓢虫？）老百姓也有人叫七星瓢虫咧。laɔ˥pei˥˩ɕiŋ˦ie˥˩iou˥˩zəŋ˧˩tɕiaɔ˦tɕʰi˥ɕiŋ˥˩pʰiaɔ˧tʂʰuoŋ˧˩lie˨.（老人家呢？）老人家也……老人家都太不说法这些。laɔ˥zəŋ˧˩tɕia˥˩ie˥˩……laɔ˥zəŋ˧˩tɕia˥˩tou˥˩tʰæᴇ˦pu˧˩ʂuo˥fa˥˩tʂə˦ɕie˥˩.（就说什么花大姐是吧？）噢，花大姐儿。aɔ˦,xua˥˩ta˦tɕiər˥˩.

屎爬牛、粪壳郎儿

1.（屎爬牛是什么东西？）王：屎爬牛是那黑的，就把那玩粪疙瘩那……把那叫屎爬牛咧。黑壳硬壳的。sɿ˥pʰa˧˩niou˧sɿ˦næᴇ˦xei˥ti˨,tɕiou˦pa˥˩næᴇ˦væ̃˧fəŋ˦kə˥ta˨næᴇ˦……pa˥˩næᴇ˦tɕiaɔ˦sɿ˥pʰa˧˩niou˧˦lie˨.xei˥kʰə˥niŋ˦kʰə˥ti˨.

2. 黄：澳大利亚在咱们中国就进的这个东西。澳大利亚这个……这是个生物儿治……治那个咧吵。这个牲口的粪便不经过屎壳郎儿的这个生物处理以后容易生虫。长出来好多虫就。如果是粪壳郎儿把这个里头的一些有机质吃过以后，就不长虫啦。他这是进口咧好多放到草原上去。aɔ˦ta˦li˦ia˥tsæᴇ˦tʂa˧məŋ˨tʂuoŋ˥kuo˥˩tɕiou˦tɕiŋ˦ti˨tʂə˦kə˦tuoŋ˥ɕi˨.aɔ˦ta˦li˦ia˥tʂə˦kə˦tsʰ……tʂə˦˩sɿ˦kə˦səŋ˥vuor˥˩tʂʅ˦……tʂʅ˦nə˦kə˦˩lie˨sa˦˩.tʂə˦kə˦səŋ˥kʰou˥˩ti˨fəŋ˦piæ̃˦pu˧˩tɕiŋ˥˩kuo˦sɿ˥kʰə˥˩lãr˧ti˨tʂə˦kə˦səŋ˥vuo˥˩tʂʰʮ˥˩li˥i˥˩xou˦˩yoŋ˧˩i˦səŋ˥˩tʂʰuoŋ˧.tʂaŋ˥tʂʰʮ˥˩læᴇ˧˩xaɔ˥tuo˥˩tʂʰuoŋ˧tɕiou˦.zʮ˧˩kuo˥sɿ˦fəŋ˦kʰə˥˩lãr˧pa˥˩tʂə˦kə˦li˥tʰou˨ti˨i˥˩ɕie˥˩iou˥tɕi˥˩tʂʅ˥tʂʰʅ˥˩kuo˦i˥˩xou˦,tɕiou˦pu˧˩tʂaŋ˥tʂʰuoŋ˧˩la˨.tʰa˥˩tʂei˦sɿ˦tɕiŋ˦kʰou˥lie˨xaɔ˥tuo˥˩faŋ˦taɔ˦tsʰaɔ˥˩yæ̃˧˩ʂaŋ˦˩tɕʰy˦˩.

圪蚤

黄：这个农村去以后你像这个农村去，你如果说跳蚤，可可以说是不一……多一半儿人不知道是跳蚤；你要说是圪蚤，那都知道那个是圪蚤。tʂə˦˩kə˦luoŋ˧tsʰuoŋ˥tɕʰi˦i˥˩xou˦ni˥˩ɕiaŋ˦tʂə˦˩kə˦˩luoŋ˧tsʰuoŋ˥tɕʰi˦,ni˥˩zʮ˧˦kuo˥˩ʂuo˥˩tʰiaɔ˦tsaɔ˥˩,kʰə˥˩kʰə˥i˦ʂuo˥sɿ˦˩pu˧˩i˥˩……tuo˥i˥˩pæ̃r˦zəŋ˧pu˧˩tʂʅ˥˩taɔ˦sɿ˦˩tʰiaɔ˦tsaɔ˥˩;ni˥˩iaɔ˦ʂuo˥˩sɿ˦˩kə˥tsaɔ˥˩,næᴇ˦tou˥˩tʂʅ˥˩taɔ˦nə˦kə˦sɿ˦kə˥tsaɔ˥˩.

蚂蟥

黄：蚂蟥。ma˥xuaŋ˧˩.（叫不叫钻皮虫？）不叫。光叫蚂蟥咧。pu˧˩tɕiaɔ˦.kuaŋ˥˩tɕiaɔ˦ma˥xuaŋ˧˩lie˨.（有两种啊。一种是这个一头叮的，还有两头都都给你叮。）有有有。这几年都不……田里都没了。前几年，稻田里多的是。现在……那要是拿车子，钻得腿上，一顿撇子都打掉了。你逮住拽歘，拽，拽掉半截子子，那块儿也不出来。iou˥iou˥˩iou˥˩.tʂei˦˩tɕi˥˩niæ̃˧tou˥˩pu˧˩……tʰiæ̃˧li˥tou˥˩mei˧˩lə˨.tɕʰiæ̃˧tɕi˥niæ̃˧˩,tʰaɔ˥˩tʰiæ̃˧˩li˥˩tuo˥ti˨sɿ˦˩.ɕiæ̃˦tsæᴇ˦……næᴇ˦iaɔ˦sɿ˦na˧˩tʂʰə˥tsɿ˨,tsuæ̃˥˩tə˦tʰuei˥ʂaŋ˦˩,i˥˩tuoŋ˦pʰie˥tsɿ˨tou˥˩ta˥tiaɔ˦lə˦.ni˥˩tæᴇ˥tʂʮ˦˩tʂuei˦˩ei˧˩,tʂuei˦,tʂuei˦tiaɔ˦pæ̃˦tɕie˧˩tsɿ˨,nei˦kʰuər˦a˨pu˧˩tʂʰʮ˥læᴇ˧˩.（嗯。那怎么办？）打嘛。打得你往出来打。ta˥ma˨.ta˥tə˨ni˥˩vaŋ˥˩tʂʰʮ˥læᴇ˧˩ta˥˩.（那你们平常为了防蚂蟥，有没有什么防护措施？）过去是穿的……雨靴子嘛。现在绑个塑料纸歘，它都说进不去了。kuo˦tɕʰy˦sɿ˦tʂʰuæ̃˥ti˨ɕ……y˥˩ɕyo˥tsɿ˨ma˨.ɕiæ̃˦tsæᴇ˦paŋ˥kə˦sʮ˦liaɔ˦tsɿ˥ei˧˩,tʰa˥˩tou˥˩ʂuo˥˩tɕiŋ˦˩pu˧˩tɕʰi˦lə˨.

蛤蟆、癞蛤蟆

1. 黄：蛤蟆是这个……蛤蟆是河里的那种，水里头的叫蛤蟆。旱地里叫癞蛤蟆，因为它那个身上长着长满这么大的那个毒瘤的那个东西，那叫癞蛤蟆。xə˨˦˧˩ma˨˦˦sɿ˥˧˩tʂə˥˧˩kə˥˧˩……xə˨˦˧˩ma˨˦˦sɿ˥xuo˨˦li˨˩˦ti·˧nei˥tʂuoŋ˨˩˦˧˩,ʂuei˨˩˦li˨˩˦˧˩tʰou·˧ti·˧tɕiao˥xə˨˦˧˩ma˨˦˦. xæ̃˥ti˥li˨˩˦˧˩tɕiao˥læᴇ˥xə˨˦˧˩ma˨˦˧˩,iŋ˨˩˦˧˩vei˥tʰɑ˨˩˦˦nə˥kə˥ʂəŋ˨˩˦ʂaŋ˥˧˩tʂaŋ˨˩˦tʂuo·˧tʂaŋ˨˩˦mæ̃˨˩˦tʂə˥muo·˧ta˥ti·˧nə˥˧˩kə˥˧˩tu˨˦liou˨˦˧˩ti·˧nə˥kə˥tuoŋ˨˩˦ɕi·˧,næᴇ˥tɕiao˥læᴇ˥xə˨˦˧˩ma˨˦˧˩.

2. 黄：这地方，我们这儿这这个很明显的一个，一到这个欸夏季噢，一……一要发……下白雨，下这个雷阵雨，河里这个马上要涨水了那个啥，那些东西都往山……都往高处去了。叮咚叮咚，都……成群结队的都往山上跑。tʂei˥˦ti˥˧˩faŋ˨˩˦˧˩,ŋuo˨˩˦məŋ·˧tʂər˥˦tʂə˥tʂə˥kə˥xəŋ˨˩˦miŋ˨˦˧˩ɕiæ̃˨˩˦ti·˧i˨˩˦˦kə˥,i˨˩˦˧˩tao˥˦tʂə˥kə˥ei˥ɕia˥˦tɕi˥˧˩ao˧˩,i˨˩˦˧˩ɕi……i˨˩˦˦iao˥fa˨˩˦˧˩……ɕia˥pei˨˦˧˩y˨˩˦,ɕia˥tʂə˥kə˥luei˨˦˧˩tʂəŋ˥y˨˩˦˧˩,xə˨˦˧˩li˨˩˦tʂə˥kə˥ma˨˩˦ʂaŋ˥˧˩iao˥tʂaŋ˨˩˦ʂuei˨˩˦lə·˧nə·˧næᴇ˥kə˥sa˥,næᴇ˥ɕie˨˩˦˦tuoŋ˨˩˦ɕi·˧tou˨˩˦˦vaŋ˨˩˦˧˩sæ̃˨˩˦˧˩……tou˨˩˦˦vaŋ˨˩˦˧˩kao˨˩˦tʂʰʮ˥˧˩tɕʰi˥˧˩lə·˧.tiŋ˨˩˦tuoŋ˨˩˦˧˩tiŋ˨˩˦tuoŋ˨˩˦˧˩,tou˨˩˦˦……tʂʰəŋ˨˦tɕʰyoŋ˨˦˦tɕie˨˩˦˧˩tuei˥ti·˧tou˨˩˦˦vaŋ˨˩˦˧˩sæ̃˨˩˦ʂaŋ˥˧˩pʰao˨˩˦˧˩.

林蛙

（你们这里个……这里山里面那个林……中国林蛙叫什么？林蛙？）黄：也就叫个林蛙。ie˨˩˦tɕiou˥tɕiao˥kə˥liŋ˨˦va˨˩˦˧˩.（有……有这个叫法吗？）有咧。有……前一个时期养下那个他们把……人工饲养下那个么就叫个林蛙。iou˨˩˦lie·˧.iou……tɕʰiæ̃˨˦i˨˩˦˦kə˥sɿ˨˦˦tɕʰi˨˩˦˦iaŋ˨˩˦xa˥nə˥kə˥tʰɑ˨˩˦˦məŋ·˧pa……ʐəŋ˨˦kuoŋ˨˩˦˧˩sɿ˨˩˦iaŋ˨˩˦xa˥nə˥kə˥muo·˧tsou˥tɕiao˥kə˥liŋ˨˦va˨˩˦˧˩.（爬树吗？）嗯啊，晓它爬不爬，我还没见过反正。就是前一个……有个人要……去年几时谁要养林蛙咧么。最后……ŋ̍˨˦ŋa˨˩˦,ɕiao˨˩˦tʰɑ˨˩˦˧˩pʰɑ˨˦pu˨˦˦pʰɑ˨˦˧˩,ŋuo˨˩˦xa˨˦˧˩mei˨˦tɕiæ̃˥kuo˥fæ̃˨˩˦˧˩tʂəŋ˥.tɕiou˥˧˩sɿ˥˧˩tɕʰiæ̃˨˦i˨˩˦˦kə˥……iou˨˩˦kə˥˧˩ʐəŋ˨˦iao˥……tɕʰy˥˦niæ̃˨˦˧˩tɕi˨˩˦sɿ˨˦sei˨˦iao˥iaŋ˨˩˦liŋ˨˦va˨˩˦˧˩lie·˧muo·˧.tsuei˥˦xou˥……（噢，没养成？）没有。mei˨˦iou˨˩˦˧˩.（你们这里怎么这个企业老是搞不成器啊？）现在是政府是推广啥事这个失败啥事。这两天……现在所以弄得这个老百姓提起政府倡导下那个事情，那就要考虑考虑，敢弄不敢弄。一弄就吃亏了。ɕiæ̃˥tsæᴇ˥˦sɿ˥tʂəŋ˥fu˨˩˦sɿ˥˧˩tʰuei˨˩˦˧˩kuaŋ˨˩˦sa˥sɿ˥tʂə˥˧˩kə˥˧˩ʂɿ˨˩˦˧˩pʰæᴇ˥˦sa˥sɿ˥.tʂə˥˧˩liaŋ˨˩˦˦tʰiæ̃˨˩˦˦……ɕiæ̃˥tsæᴇ˥ʂuo˨˩˦i˨˩˦˧˩nuoŋ˥tei˨˩˦˦tʂə˥kə˥lao˨˩˦pei˨˩˦˧˩ɕiŋ˥tʰi˨˦˧˩tɕʰi˨˩˦˦tʂəŋ˥˦fu˨˩˦tʂʰaŋ˥tao˨˩˦xa˥nə˥kə˥sɿ˥tɕʰiŋ˨˦˦,næᴇ˥tsou˥iao˥kʰɑo˨˩˦˦ly˥kʰɑo˨˩˦˦ly˥,kæ̃˨˩˦nuoŋ˥pu˨˦˧˩kæ̃˨˩˦nuoŋ˥.i˨˩˦˧˩nuoŋ˥˦tsou˥tʂʰʅ˨˩˦˧˩kʰuei˨˩˦lə·˧.

蛇

（你们这儿有多少种蛇啊？）黄：哎呀，蛇的种类就多了。有这个欸……这最大体上分就是毒蛇和无毒蛇。毒蛇一种，再就是这个无毒蛇就是……那叫菜蛇。æᴇ˧˩ia˧˩,ʂə˨˦˧˩ti·˧tʂuoŋ˨˩˦˦luei˥tɕiou˥tuo˨˩˦lə·˧.iou˨˩˦˦tʂə˥kə˥ei˥……tʂə˥tsuei˥˦ta˥tʰi˨˩˦ʂaŋ˥˧˩fəŋ˨˩˦tɕiou˥sɿ˥tu˨˦ʂə˨˦˦xuo˨˦˧˩vu˨˦tu˨˦˦ʂə˨˦˧˩.tu˨˦ʂə˨˦˦i˨˩˦˦tʂuoŋ˨˩˦˧˩,tsæᴇ˥tɕiou˥sɿ˥˧˩tʂə˥kə˥vu˨˦tu˨˦˦ʂə˨˦˦tɕiou˥sɿ˥……næᴇ˥tɕiao˥tsʰæᴇ˥ʂə˨˦˧˩.（在哪儿呢？）这都在山上稻……菜蛇一般，多一半都在这个稻田周围的，河谷周围的这种。它颜色就是个绿……绿颜色的，菜绿的。山上这些蛇么就架势像那油菜花，是那种蛇，它都是麻的，麻蛇。一般毒蛇的话，有黑的，啊，也有白的。这个白的……白蛇和黄蛇这里头都有，但不一定是毒蛇。毒蛇一个就是在头上分咧。tʂə˥˦tou˨˩˦˦tsæᴇ˥sæ̃˨˩˦ʂaŋ˥˧˩tao˥……tsʰæᴇ˥ʂə˨˦i˨˩˦˧˩pæ̃˨˩˦,tuo˨˩˦i˨˩˦˧˩pæ̃˨˩˦˦tou˨˩˦˧˩tsæᴇ˥˦tʂə˥kə˥tao˥tʰiæ̃˨˦tʂou˨˩˦˧˩vei˨˦tə˥,xə˨˦ku˨˩˦tʂou˨˩˦˧˩vei˨˦ti·˧tʂei˥tʂuoŋ˨˩˦˧˩.tʰɑ˨˩˦˦iæ̃˨˦sei˨˩˦tɕiou˥˧˩sɿ˥˧˩kə˥˧˩ly˨˩˦……ly˨˩˦iæ̃˨˦˧˩sei˨˩˦ti·˧,tsʰæᴇ˥˦liou˨˩˦˧˩ti·˧.sæ̃˨˩˦ʂaŋ˥˧˩tʂei˥ɕie˨˩˦˦ʂə˨˦muo·˧tɕiou˥tɕia˥

˦sʅ˧˩ɕiaŋ˧næᴇ˧iou˨˦˩tsʰæᴇ˧˦xuɑ˥˧,sʅ˧næᴇ˧˦tʂuoŋ˥˧˩ʂə˨˦,tʰɑ˥˧˧tou˥˧˩sʅ˧˩mɑ˨˦˩ti˧,mɑ˨˦ʂə˨˦˩.i˥˧˩pæ̃˥˧˧tu˨˦ʂə˨˦˩ti˧xuɑ˧,iou˥˧˧xei˥˧ti˧,ɑ˩,ie˥˧˧iou˥˧˧pei˨˦˩ti˧.tʂə˧kə˧pei˨˦t……pei˨˦ʂə˨˦xuo˨˦˩xuɑŋ˨˦ʂə˨˦˧tʂə˧li˥˧tʰou˧tou˥˧˩iou˥˧,tæ̃˧˩pu˨˦i˥˧˧tiŋ˧sʅ˧tu˨˦ʂə˨˦˩.tu˨˦ʂə˨˦i˥˧˩kə˧˦tsou˧sʅ˧tsæᴇ˧tʰou˨˦˩ʂɑŋ˧˦fəŋ˥˧˩lie˧.（呃，头上怎么分呢？）头上有些毒蛇的话，一般是菜蛇它头都是这个欸，它都……头都是那么个，欸，是个圆形的，半圆形的这种。tʰou˨˦˩ʂɑŋ˧iou˥˧ɕie˥˧˩tu˨˦ʂə˨˦˩ti˧xuɑ˧˩,i˥˧˦pæ̃˥˧˩sʅ˧˩tsʰæᴇ˧ʂə˨˦tʰɑ˥˧˩tʰou˨˦tou˥˧˩sʅ˧˦tʂə˧kə˧ei˩,tʰɑ˥˧˩tou˥˧˦……tʰou˨˦tou˥˧˩sʅ˧nə˧muo˧kə˧,ei˩,sʅ˧kə˧yæ̃˨˦ɕiŋ˨˦˩ti˧,pæ̃˧yæ̃˨˦ɕiŋ˨˦˩ti˧tʂei˧˩tʂuoŋ˥˧.（没毒的？）没毒的这个……噢，没有毒。有毒的那头都是三角形的。再有些是麻蛇，它那个蛇的这个脊背上有一条白线，从尾巴到头上都是一条白蛇疑为“线”之讹，这都是毒蛇。mei˨˦tu˨˦˩ti˧tʂei˧kə……ɑɔ˩,mei˨˦iou˥˧tu˨˦˩.iou˥˧tu˨˦˩ti˧næᴇ˧tʰou˨˦tou˥˧˩sʅ˧˩sæ̃˥˧tɕyo˥˧˩ɕiŋ˨˦˩ti˧.tsæᴇ˧˩iou˥˧ɕie˥˧˧sʅ˧mɑ˨˦ʂə˨˦˧,tʰɑ˥˧˩nə˧kə˧ʂə˨˦ti˧tʂei˧kə˧tɕi˥˧˩pei˧˦ʂɑŋ˧˩iou˥˧i˥˧˩tʰiɑɔ˨˦˩pei˨˦ɕiæ̃˧,tsʰuoŋ˨˦˩i˥˧pɑ˧tɑɔ˧tʰou˨˦˩ʂɑŋ˧tou˥˧˧sʅ˧i˥˧˩tʰiɑɔ˨˦˩pei˨˦ʂə˨˦˩,tʂei˧˦tou˥˧˩sʅ˧˩tu˨˦ʂə˨˦˧.（麻蛇也是毒蛇？）噢，麻蛇这有的还不是。多一半儿麻蛇都不是毒蛇。这儿这这个毒蛇就是这个欸蝮蛇是最毒的。再一个就是七寸子。七寸子也叫七寸蝮蛇。它这个东西，你看平常在不……没有……就说是不发威的情况下，不大大，也不奘嗯咋么个。一旦发威，它的话是……它马上就铺开咧，那就看到大的很。铺开。再一个，它这个欸……ɑɔ˩,mɑ˨˦ʂə˨˦˧tʂə˧iou˥˧ti˧xɑ˨˦˩pu˨˦sʅ˧.tuo˥˧i˥˧˩pæ̃r˧˦mɑ˨˦ʂə˨˦˧tou˥˧˧pu˨˦˩sʅ˧˦tu˨˦˩ʂə˨˦˩.tʂər˧˦tʂə˧tʂə˧kə˧tu˨˦ʂə˨˦tɕiou˧sʅ˧tʂə˧˩kə˧˩ei˩fu˥˧ʂə˨˦sʅ˧tsuei˧tu˨˦˩ti˧.tsæᴇ˧i˥˧˧kə˧tɕiou˧sʅ˧tɕʰi˥˧tsʰuoŋ˧˩tsʅ˧.tɕʰi˥˧tsʰuoŋ˧tsʅ˧ie˥˧˧tɕiɑɔ˧tɕʰi˥˧tsʰuoŋ˧˩fu˥˧ʂə˨˦.tʰɑ˥˧˧tʂə˧kə˧tuoŋ˥˧ɕi˧,ni˥˧˧kʰæ̃˧pʰiŋ˨˦tʂʰɑŋ˨˦tsæᴇ˧pu˨˦˧……mei˨˦iou˥˧……tɕiou˧˦ʂuo˥˧˩sʅ˧˩pu˨˦˩fɑ˥˧˦vei˥˧ti˧tɕʰiŋ˨˦˩kʰuɑŋ˧˦ɕiɑ˧,pu˨˦˧tɑ˧tɑ˧˩,ie˥˧pu˨˦˩tʂuɑŋ˥˧ŋ̍˩tsɑ˥˧˧muo˧kə˧.i˥˧˦tæ̃˧˩fɑ˥˧˦vei˥˧,tʰɑ˥˧˧tə˧xuɑ˧ʂ……tʰɑ˥˧˩mɑ˥˧ʂɑŋ˧tɕiou˧pʰu˥˧˩kʰæᴇ˥˧lie˧,nə˧tsou˧kʰæ̃˧tɑɔ˧tɑ˧ti˧xəŋ˥˧˧.pʰu˥˧˩kʰæᴇ˥˧.tsæᴇ˧˦i˥˧˩kə˧˩,tʰɑ˥˧tʂei˧kə˧ei˧……（它平常是团在一起还是干吗？）团在一起的。要是一旦欸发威的话，是……咬你做啥的话，它走路跑的话，不像一般的蛇它是在个草上面……弯上走哈。tʰuæ̃˨˦˩tsæᴇ˧i˥˧˩tɕʰi˥˧ti˧.iɑɔ˧sʅ˧˩i˥˧˦tæ̃˧˩ei˥˧fɑ˥˧˦vei˥˧tə˧xuɑ˧,s……niɑɔ˥˧ni˥˧˧tsʮ˧sɑ˧ti˧xuɑ˧,tʰɑ˥˧˩tsou˥˧lou˧pʰɑɔ˥˧tei˥˧˩xuɑ˧˩,pu˨˦˩ɕiɑŋ˧˦i˥˧˦pæ̃˥˧ti˧ʂə˨˦tʰɑ˥˧˧sʅ˧tsæᴇ˧kə˧tsʰɑɔ˥˧ʂɑŋ˧˩miæ̃˧vu……væ̃˥˧ʂɑŋ˧˩tsou˥˧xɑ˧.（它怎么呢？）蝮蛇是弩咧。它是两头往一瘩里一走，往……往这一挺，嗖，就是七八尺远出去了。fu˥˧ʂə˨˦sʅ˧pie˨˦lie˧.tʰɑ˥˧sʅ˧liɑŋ˥˧tʰou˨˦vɑŋ˥˧˩i˥˧˩tɑ˥˧li˥˧˩i˥˧˩tsou˥˧,vɑŋ˥˧˩……vɑŋ˥˧˩tʂei˧˦i˥˧˩tʰiŋ˥˧,sou˥˧,tɕiou˧sʅ˧tɕʰi˥˧pɑ˥˧˩tʂʰʅ˥˧yæ̃˥˧˩tʂʰʮ˥˧˩tɕʰi˧˩lə˧.（噢，就跟弹簧一样？）噢，弹簧一样往开一丢，嗖，一下。那是相当厉害的蛇。ɑɔ˩,tʰæ̃˨˦xuɑŋ˨˦i˥˧˧iɑŋ˧vɑŋ˥˧˩kʰæᴇ˥˧i˥˧˩tiou˥˧,sou˥˧,i˥˧˩xɑ˧˩.nə˧˦sʅ˧˩ɕiɑŋ˥˧˩tɑŋ˥˧˩li˧˦xæᴇ˧˩ti˧ʂə˨˦˩.（呃你们老人家有个很多种蛇都有些什么名称呢？）那就是乌梢蛇。næᴇ˧˦tɕiou˧sʅ˧vu˥˧sɑɔ˥˧˩ʂə˨˦.（五骚蛇是什么蛇？）尾巴是这个就是那上头是……麻的么，麻蛇嘛，脊背上带黑……带一个黑线的那种叫乌梢蛇。i˥˧pɑ˧sʅ˧˩tʂə˧kə˧tɕiou˧sʅ˧næᴇ˧ʂɑŋ˧tʰou˧sʅ˧……mɑ˨˦ti˧muo˧,mɑ˨˦ʂə˨˦˧mɑ˧,tɕi˥˧˩pei˧˦ʂɑŋ˧tæᴇ˧xei……tæᴇ˧i˥˧˩kə˧˩xei˥˧˩ɕiæ̃˧˦ti˧nei˧tʂuoŋ˥˧˩tɕiɑɔ˧vu˥˧sɑɔ˥˧˩ʂə˨˦˩.（背上有线的那种？）啊，带……菜绿蛇。ɑ˩,tæᴇ˧……tsʰæᴇ˧liou˥˧˩ʂə˨˦.（叫什么？）菜绿的，颜色是菜绿的，头上……头上那一截子，正头上那一截子可颜色鲜亮得很。红的，绿的，黄的，都有那么一截子。这是菜绿蛇。嗯这个蝮蛇、白蛇……tsʰæᴇ˧˦lio u˥˧˩ti˧,iæ̃˨˦˩sə˥˧sʅ˧˩tsʰæᴇ˧˦liou˥˧˩ti˧,tʰou˨˦˩ʂɑŋ˧˦……tʰou˨˦˩ʂɑŋ˧˦næᴇ˧˩i˥˧˩tɕie˨˦tsʅ˧,tʂəŋ˧tʰou˨˦˩ʂɑŋ˧˦nei˧i˥˧˧tɕie˨˦˩tsʅ˧kʰə˥˧˩iæ̃˨˦˩sei˥˧ɕiæ̃˥˧˧liɑŋ˧tei˥˧˧xəŋ˥˧˧.xuoŋ˨˦˩ti˧,ly˥˧ti˧,xuɑŋ˨˦ti˧,tou˥˧˦iou˥˧˩nə˧muo˧i˥˧˩tɕʰie˦（←tɕie˨˦）tsʅ˧.tʂə˧˩sʅ˧˩tsʰæᴇ˧ly˥˧ʂə˨˦˩.ə̃˧tʂə˧kə˧fu˥˧ʂə˨˦˩,pei˨˦ʂə˨˦˧……（白色的？）啊，白色的，嗯。ɑ˩,pei˨˦sə˥˧ti˧,əŋ˩.（你们就叫它白蛇？）啊，叫它白蛇。ɑ˧,tɕiɑɔ˧tʰɑ˥˧˧pei˨˦ʂə˨˦˩.（还

有……还有别的蛇没有？）大体上就是这么几种蛇反正。ta˧tʰi˥ʂaŋ˧˩tɕiou˧˩sɿ˧˩tʂə˧muo˧tɕi˥t ʂuoŋ˥ʂə˩˩fæ̃˥˩tʂəŋ˧.（有没有一种这个盘在那里，土黄色的？）那有么。菜……油菜花，油菜花，蛇的名字就叫油菜花。næᴇ˧˥iou˥muo˧.tsʰæᴇ……iou˩˩tsʰæᴇ˧xua˥,iou˩˩tsʰæᴇ˧xua˥,ʂə˩ti˧ miŋ˩˩tsɿ˧˥tɕiou˧tɕiao˧iou˩˩tsʰæᴇ˧˥xua˥˩.（噢，油菜花。但是它也有毒哇。）这儿这的油菜花太没有毒。tʂər˧tʂə˧ti˧iou˩˩tsʰæᴇ˧xua˥˩tʰæᴇ˧˥mei˩˩iou˥tu˩˩.（你们乡下那个蛇有什么想起来？它那个有那个烙铁头吗？）没有。mei˩iou˥˩.（有……有有一种那个眼镜蛇，有这种吗？）没有。这里没有。mei˩iou˥˩.tʂei˧˥li˥˩mei˩iou˥˩.（蟒蛇有吗？）蟒蛇有，少得很。maŋ˥ʂə˩iou˥,ʂao˥tə˧xəŋ˥.（见过吗？）没有见过。muo˥˧iou˥˧tɕiæ̃˧˩kuo˧˩.（但是这个地方有？）有，嗯。iou˥,ŋ̍˩.（那个尾巴那里摇起这个哗哗哗地响的那种呢？）没有，响尾蛇没得。mei˩iou˥˩,ɕiaŋ˥vei˥˩ʂə˩mei˩tei˥˩.（你们这儿蟒蛇就叫蟒蛇？）嗯。ŋ̍˩.（有……有没有人发现过有蟒蛇？）蟒……有人……他发现那么大的蛇的话，就根本不是蛇了，肯定就是蟒。maŋ˥˩……iou˥zəŋ˩……tʰa˩fa˥˩ɕiæ̃˧nə˧˥muo˧ta˧ti˧ʂə˩tə˧xua˧,tsou˧kəŋ˥˩pəŋ˥pu˩˩sɿ˧˥ʂə˩lə˧, kʰəŋ˥tiŋ˧˥tɕiou˧˩sɿ˧˩maŋ˥.（这个水里面有什么蛇吗？）水里边就叫水蛇。这里花……这里一般有时有绿的，有白的，这里各种各样的它都有。ʂuei˥li˥˩piæ̃˥˩tɕiou˧tɕiao˧ʂuei˥ʂə˩˩. tʂei˧˥li˥˩xua˥……tʂei˧˥li˥˩i˥˧pæ̃˥iou˥sɿ˩˩iou˥˧ly˥ti˧,iou˥˧pei˩˩ti˧,tʂei˧li˥˧kə˥˩tʂuoŋ˥kə˥˩iaŋ˧ti˧tʰa ˥tou˥˩iou˥˩.（名称有区别没有？）没有啥区别好像。mei˩iou˥sa˧tɕʰy˥pie˩xao˥˩ɕiaŋ˧˥.（反正就叫水蛇？）嗯，就叫水蛇。ŋ̍˩,tɕiou˧tɕiao˧ʂuei˥ʂə˩˩.（那你们平常逮蛇不逮蛇？）这是从那个，自从欸“非典”以后，就不逮了，也太不吃了。前几年那两天有……有一这么几年有个吃蛇的那个热。投到到这两天里，这个街道里哪个饭馆儿里进去，欸，要一盘儿蛇肉随便就给你端上来。现在“非典”以后没人吃了。tʂə˧˥sɿ˧˥tsʰuoŋ˩˩nə˧kə˧,tsɿ˧˥tsʰuoŋ˩ei˩fei˥˩tiæ̃˥i˥˩xou˧,tɕiou˧pu˩˩tæᴇ˥lə˧,ie˥tʰæᴇ˧pu˩˧tʂʰʅ˥lə˧.tɕʰiæ̃˩tɕi˥niæ̃˩˧næᴇ˧liaŋ˥tʰiæ̃˥˩iou˥……iou˥i˥˩t ʂə˧muo˧tɕi˥niæ̃˩iou˥˧kə˧tʂʰʅ˥˧ʂə˩ti˧nə˧kə˧zə˥.tʰou˩˩tao˧˥tao˧tʂə˧˥liaŋ˥˩tʰiæ̃˥˩li˥˧,tʂə˧kə˧tɕie˥˩tao˧ ˥li˥˩na˥kə˧˩fæ̃˧kuæ̃r˥li˥˩tɕiŋ˧tɕʰi˧,ei˩,iao˧˥i˥˩pʰæ̃r˩ʂə˩zou˧suei˩˩piæ̃˧tɕiou˧˩kei˧˩ni˥tuæ̃˥˩ʂaŋ˧˥læ ᴇ˩˩.ɕiæ̃˧tsæᴇ˧fei˥˩tiæ̃˥i˥˩xou˧˥muo˥˩zəŋ˩tʂʰʅ˥lə˧.（那你们那过去困难的时……时候，没改革开放以前弄不弄蛇呢？）不弄。那就所以那个时……那几年那个蛇就多得焦锨。“非典”以前几年逮的以后这蛇就少了。pu˩˩nuoŋ˧.nei˧tɕiou˧ʂuo˥i˥˩nei˧kə˧sɿ˩˧……nei˧tɕi˥˩niæ̃˩nə˧kə ˧ʂə˩tɕiou˧tuo˥tə˧tɕiao˥ɕiæ̃˥˩.fei˥˩tiæ̃˥i˥˩tɕʰiæ̃˩tɕi˥niæ̃˩tæᴇ˥ti˧li˥˩xou˧tʂə˧ʂə˩tɕiou˧ʂao˥lə˧.（有……有没有说你烫伤了，拿蛇油一抹就就凉得很？）没有这个话。mei˩iou˥˧tʂə˧kə˧xua˧˩.（你们都不弄这个？）不弄。pu˩˩nuoŋ˧.（抓到蛇都是吃掉了？）抓住蛇都是吃了。tʂua˥tʂʯ˧˩ʂə˩tou˥˧sɿ˧tʂʰʅ˥lə˧.（有没有蛇胆什么都……都不说泡酒啊这些东西都不弄？）哎泡。蛇胆泡酒。拿白酒泡嘛。泡下那绿的啊酒嘛。æᴇ˥pʰao˧˩.ʂə˩˩tæ̃˥pʰao˧tɕiou˥. na˩pei˩˩tɕiou˥pʰao˧˩ma˧.pʰao˧xa˧næᴇ˧liou˥ti˧a˩tɕiou˥ma˧.（绿的酒？）啊，绿的嘛。a˩,ly˥ti˧ma˩.（那个就就叫蛇胆酒还是叫什么？）蛇胆酒。有些人这个直接很……很残忍的么。那蛇逮住，两把把它弄死以后，把那个皮一欻，欻下来以后，现场就把这个蛇胆揪掉了，嘴一张就吃了。ʂə˩˩tæ̃˥tɕiou˥˩.iou˥ɕie˥˩zəŋ˩tʂə˧˩kə˧˩tʂʅ˩tɕie˥xəŋ˥…… xəŋ˥tsʰæ̃˩zəŋ˥˧ti˧muo˧.nə˧ʂə˩tæᴇ˥tʂʯ˧˩,liaŋ˥pa˥˧pa˥˩tʰa˥˧nuoŋ˧sɿ˥i˥˩xou˧,pa˥˩nə˧kə˧pʰi˩i˩˩tʂʰ ua˥,tʂʰua˥xa˧˥læᴇ˩˩i˥˩xou˧,ɕiæ̃˧tʂʰaŋ˥tsou˧pa˥˩tʂə˧kə˧ʂə˩tæ̃˥˧tɕiou˥˩tiao˧lə˧,tsuei˥i˥˧tʂaŋ˥tsou˧˩tʂ ʰʅ˥˩lə˧.（把皮剥下来叫tʂʰua˥下来？）噢，欻下来。当时蛇可以最多的一条能卖到这个三四十块钱一条。ao˩,tʂʰua˥ɕia˧˩læᴇ˩˩.taŋ˥˩sɿ˩ʂə˩kʰə˥i˥˩tsuei˧tuo˥˩ti˧i˥˩tʰiao˩nəŋ˩mæᴇ˧tao˧tʂ ə˥꜖kə˥꜖sæ̃˥˧sɿ˥ʂʅ˨˦꜔kʰuæᴇ˥˧tɕʰiæ̃˨˦꜖i˥˧꜖tʰiɑɔ˨˦꜖.（你们一般见到……逮住的蛇是多大的？）一般这里的蛇没有过于大的。一般都是一斤多的都……都老大的了。二斤以上的蛇都很少。i˥˧꜓pæ̃˥˧tʂei˥li˥˧꜖tə·˧ʂə˨˦mei˨˦iou˥˧꜔kuo˥y˨˦꜔tɑ˥꜖ti·˧.i˥˧꜓pæ̃˥˧tou˥˧꜔sɿ˥i˥˧꜓tɕiŋ˥˧꜖tuo˥˧ti·˧tou˥˧꜖……tou˥˧꜖lɑɔ˥˧tɑ˥ti·˧lə˥.ər˥tɕiŋ˥˧꜖i˥˧꜔ʂɑŋ˥ti·˧ʂə˨˦tou˥˧꜖xəŋ˥˧ʂɑɔ˥˧.（啊，那个……蛇蜕下的那个白色的那一层叫什么？）蛇皮。ʂə˨˦꜔pʰi˨˦.（有没有弄来做药的？）有嘛。医药这里都有。我们这个地方有些人这个夏天锄地啊，锄的那个把，天一热以后那个逮得手里是……是个是个热的啊。假设人的这个手爱出水的话，这个光的也不好逮，而且时间长了以后这个汗气和这个锄把长期接触以后有那个味道，嫌那个味道不好。为了凉起见，他逮一个蛇，把蛇皮一欻，然后把这个蛇皮筒到那个锄把头起。逮上凉凉的，还是个涩的。再一个过去把蛇皮弄咧以后幔胡琴儿嘛。iou˥˧mɑ·˧.i˥˧꜖yo˥˧꜖tʂə˥꜕li˥˧꜖tou˥˧꜓iou˥˧꜖.ŋuo˥˧məŋ·˧tʂə˥kə˥ti˥fɑŋ˥˧꜔iou˥˧ɕie˥˧꜖ʐəŋ˨˦tʂə˥꜖kə˥꜖ɕiɑ˥꜓tʰiæ̃˥˧꜖tʂʰʮ˨˦꜖ti˥꜓ɑ꜖,tʂʰʮ˨˦꜖ti·˧nə˥kə˥pɑ˥,tʰiæ̃˥˧꜔i˥˧꜖ʐə˥˧i˥˧꜖xou˥nə˥kə˥tæᴇ˥˧tə·˧ʂou˥˧li˥˧꜖sɿ˥꜖……sɿ˥꜕kə˥sɿ˥kə˥ʐə˥˧ti·˧lɑ꜖.tɕiɑ˥˧꜔ʂə˥˧꜔ʐəŋ˨˦ti·˧tʂə˥kə˥ʂou˥˧næᴇ˥tʂʰʮ˥˧꜖ʂuei˥˧ti·˧xuɑ˥꜖,tʂei˥꜖kə˥꜖kuɑŋ˥˧ti·˧ie˥˧꜔pu˨˦꜖xɑɔ˥˧꜔tæᴇ˥˧,ər˨˦tɕʰie˥˧sɿ˨˦꜖tɕiæ̃˥˧tʂʰɑŋ˨˦꜖lə·˧li˥˧꜖xou˥tʂə˥꜖kə˥꜖xæ̃˥tɕʰi˥xuo˨˦꜔tʂə˥kə˥tʂʰʮ˨˦꜖pɑ˥tʂʰɑŋ˨˦꜖tɕʰi˨˦꜔tɕie˥˧꜖tʂʮ˨˦i˥˧꜖xou˥iou˥˧꜔nə˥kə˥vei˥tɑɔ˥꜖,ɕiæ̃˨˦꜔næᴇ˥kə˥vei˥꜓tɑɔ˥꜖pu˨˦꜖xɑɔ˥˧꜔.vei˥lie·˧liɑŋ˨˦tɕʰi˥˧꜔tɕiæ̃˥,tʰɑ˥˧tæᴇ˥˧꜖i˥˧꜖kə˥꜖ʂə˨˦,pɑ˥˧꜖ʂə˨˦pʰi˨˦꜔i˥˧꜔tʂʰuɑ˥˧,ʐæ̃˨˦꜖xou˥pɑ˥˧꜖tʂə˥kə˥ʂə˨˦pʰi˨˦꜔tʰuoŋ˥˧tɑɔ˥nə˥kə˥tʂʰʮ˨˦꜖pɑ˥tʰou˨˦꜔tɕʰie˥˧꜔.tæᴇ˥˧ʂɑŋ˥liɑŋ˨˦liɑŋ˨˦ti·˧,xɑ˨˦꜖sɿ˥kə˥sei˥˧ti·˧.tsæᴇ˥i˥˧kə˥꜖kuo˥tɕʰy˥pɑ˥˧꜖ʂə˨˦pʰi˨˦꜔nuoŋ˥lie·˧li˥˧꜖xou˥mæ̃˥꜓xu˨˦꜖tɕʰiə̃r˨˦mɑ·˧.（啊。蒙……这个蒙上胡琴，幔胡琴儿是吧？）幔咧，我们叫幔胡琴儿。蛇一般情况下，任何蛇，它在咬你的情况，在时……向你进攻的时候，它绝对不可能说是这个平白无故地进攻你，它必须做好充分的准备，它才能进攻你。它这个咬人的话，它必须盘起来才能咬你。它也怕盘起来，它这个头奓不起来，它就咬不上你。它的这个速度非常快，噌一下子就翻回来了。因为我见这个东西时候，猫和狗蛇它咬不上。因为它外头……外头都不是长的有毛咧？而且这些猫和狗它反应都非常灵敏。狗经常……狗和猫经常耍……耍蛇。蛇它就没有办法。蛇你看它盘下一堆的放那个地方去，猫就蹲得那个地方，就和它两个玩儿。它只是这么个等下不动弹了，猫拿那个爪子去抽头上……打一撇子，它着急了，嘣，嘣，等几……它就倒几下，猫就……猫就趔了在那儿看看咧。它不动弹啦，猫就拍它一下。mæ̃˥lie·˧,ŋuo˥˧꜔məŋ·˧tɕiɑɔ˥mæ̃˥xu˨˦꜖tɕʰiə̃r˨˦꜖.ʂə˨˦i˥˧꜖pæ̃˥˧tɕʰiŋ˨˦꜖kʰuɑŋ˥ɕiɑ˥,ʐəŋ˥꜕xuo˨˦ʂə˨˦꜔,tʰɑ˥˧꜖tsæᴇ˥niɑɔ˥˧ni˥˧꜖ti·˧tɕʰiŋ˨˦꜖kʰuɑŋ˥,tsæᴇ˥ʂʅ……ɕiɑŋ˥꜖ni˥˧꜔tɕiŋ˥kuoŋ˥˧ti·˧sɿ˨˦xou˥,tʰɑ˥˧꜖tɕyo˨˦꜖tuei˥꜕pu˨˦꜖kʰə˥˧꜔nəŋ˨˦꜔ʂuo˥˧꜖sɿ˥꜖tʂə˥꜖kə˥꜖pʰiŋ˨˦pei˨˦꜔vu˨˦꜖ku˥꜕ti·˧tɕiŋ˥kuoŋ˥˧ni˥˧꜖,tʰɑ˥˧꜖pi˥˧꜓ɕy˥˧꜔tsuo˥꜖xɑɔ˥˧꜔tʂʰuoŋ˥˧fəŋ˥꜖ti·˧tʂuoŋ˥˧꜔pi˥,tʰɑ˥˧꜖tsʰæᴇ˨˦꜖nəŋ˨˦꜔tɕiŋ˥kuoŋ˥˧꜔ni˥˧꜖.tʰɑ˥˧tʂə˥kə˥niɑɔ˥˧ʐəŋ˨˦ti·˧xuɑ˥꜖,tʰɑ˥˧꜖pi˥˧꜓ɕy˥˧꜖pʰæ̃˨˦꜖tɕʰi˥˧læᴇ˨˦꜖tsʰæᴇ˨˦꜖nəŋ˨˦꜔niɑɔ˥˧ni˥˧꜖.tʰɑ˥˧ie˥˧꜖pʰɑ˥pʰæ̃˨˦꜖tɕʰi˥˧læᴇ˨˦꜖,tʰɑ˥˧꜔tʂə˥kə˥tʰou˨˦tsɑ˥pu˨˦꜖tɕʰi˥˧læᴇ˨˦꜖,tʰɑ˥˧꜔tsou˥niɑɔ˥˧pu˨˦꜖ʂɑŋ˥꜓ni˥˧꜖.tʰɑ˥˧꜔tə·˧tʂə˥꜕kə˥꜖sʮ˥˧꜖tu˥꜕fei˥˧꜖tʂʰɑŋ˨˦kʰuæᴇ˥,tsʰəŋ˥˧i˥˧꜖xɑ˥tsɿ·˧tsou˥fæ̃˥˧꜖xuei˨˦læᴇ˨˦꜖lə·˧.iŋ˥˧꜖vei˥ŋuo˥˧tɕiæ̃˥tʂə˥kə˥tuoŋ˥˧ɕi·˧sɿ˨˦꜔xou˥,mɑɔ˨˦xuo˨˦꜖kou˥˧ʂə˨˦tʰɑ˥˧꜖niɑɔ˥˧pu˨˦꜖ʂɑŋ˥.iŋ˥˧꜖vei˥꜕tʰɑ˥˧꜔væᴇ˥tʰ……væᴇ˥tʰou·˧tou˥˧꜖pu˨˦꜖sɿ˥tʂɑŋ˥˧ti·˧iou˥˧꜖mɑɔ˨˦꜖lie˧?ər˨˦tɕʰie˥˧꜖tʂei˥꜕ɕie˥˧꜖mɑɔ˨˦xuo˨˦꜖kou˥˧tʰɑ˥˧꜖fæ̃˥˧iŋ˥꜕tou˥˧꜖fei˥˧꜖tʂʰɑŋ˨˦liŋ˨˦꜖miŋ˥˧.kou˥˧tɕiŋ˥˧꜖tʂʰ……kou˥˧xuo˨˦꜖mɑɔ˨˦tɕiŋ˥˧꜖tʂʰɑŋ˨˦ʂuɑ˥˧……ʂuɑ˥˧ʂə˨˦.ʂə˨˦tʰɑ˥˧꜔tsou˥mei˨˦iou˥˧꜖pæ̃˥꜓fɑ˥˧꜖.ʂə˨˦ni˥˧꜔kʰæ̃˥tʰɑ˥˧꜔pʰæ̃˨˦꜖xɑ˥i˥˧꜔tuei˥˧ti·˧fɑŋ˥꜓nə˥꜖kə˥꜖ti˥꜓fɑŋ˥˧꜖tɕʰi˥꜖,mɑɔ˨˦tɕiou˥tuoŋ˥˧tə·˧nə˥kə˥ti˥fɑŋ˥˧꜖,tɕiou˥xuo˨˦꜖tʰɑ˥˧liɑŋ˥˧kə˥꜖væ̃r˨˦.tʰɑ˥˧tsɿ˥˧꜖sɿ˥꜖tʂə˥꜕muo·˧kə˥꜖təŋ˥˧xɑ˥꜖pu˨˦꜖tuoŋ˥꜓tʰæ̃˨˦꜖lə·˧,mɑɔ˨˦nɑ˨˦꜖nə˥kə˥tʂuɑ˥˧tsɿ·˧tɕʰi˥tʂʰou˥˧꜖tʰou˨˦ʂ……tɑ˥˧i˥˧꜖pʰie˥˧tsɿ·˧,tʰɑ˥˧tʂɑɔ˥˧꜖tɕi˨˦lə·˧,pəŋ˥˧,pəŋ˥˧,təŋ˥˧tɕi˥˧꜖……tʰɑ˥˧꜔tɕiou˥tɑɔ˥˧tɕi˥˧ɕiɑ˥,mɑɔ˨˦꜔tɕiou˥……mɑɔ˨˦꜔tɕiou˥lie˨˦lə·˧tsæᴇ˥nɑr˥kʰæ̃˥kʰæ̃˥꜖lie·˧.tʰɑ˥˧pu˨˦꜖tuoŋ˥꜓tʰæ̃˨˦꜖lɑ·˧,mɑɔ˨˦꜖tɕiou˥pʰei˥˧tʰɑ˥˧꜔i˥˧xɑ˥꜖.（哦，猫、狗都玩儿蛇。）

噢，猫狗都玩儿蛇。ɑɔ˩,maɔ˩kou˥˩tou˥˩˧vɑ̃r˩˩ʂə˩˩.（蛇一般儿吃什么呢？）蛇一般咿它可以吃雀儿，可以吃老鼠啊。老鼠是它的主要的这个食物嘛。它也可以吃鸡蛋。ʂə˩i˥˩pæ̃˥˩i˩tʰɑ˥˩˧kʰə˥˩i˥˩tʂʰʅ˥˩tɕʰiaɔr˥˩,kʰə˥˩i˥˩tʂʰʅ˥˩laɔ˥˩ʂʮ˥˩ɑ˩.laɔ˥˩ʂʮ˥˩sʅ˥˩tʰɑ˥˩˧ti˧tʂʮ˥˩˧iaɔ˥˩ti˧tʂə˥˩kə˥˩ʂʅ˩vuo˥˩ma˧.tʰɑ˥˩˧a˧kʰə˥˩i˥˩tʂʰʅ˥˩tɕi˥˩tæ̃˥.（吃鸡蛋？）嗯。ŋ̍˩.（就这么直接吞下去还是怎么弄啊？）直接吞下去。蛇，相当聪明。tʂʅ˩tɕie˥˩tʰuoŋ˥˩ɕia˥˩tɕʰi˥˩.ʂə˩,ɕiaŋ˥˩˧taŋ˥˩tsʰuoŋ˥˩miŋ˩˩.（你……你见过蛇吃鸡蛋？）蛇……见过嘛。ʂə˩……tɕiæ̃˥kuo˥ma˧.（啊，怎么吃的呢？）它把食……它把鸡蛋这个，你看，才开始你只仔细看，你不能言喘。你只悄悄地等在那儿看。这个蛇去了以后这个，把这个鸡蛋吸的以后，它这么个转咧。转转转，最后就把那小坨子那……鸡蛋也有大坨有小坨咧么。把那个小坨来咧，它都是嘴张大以后，吸吸吸，慢它……慢慢吸得就吸进来了。吸进来，一吸过它那个脖子，它嘴要是能闭住的话，它头就奓起来了。往起来一绊，两下就绊烂了。tʰɑ˥˩˧pa˥˩ʂʅ˩……tʰɑ˥˩˧pa˥˩tɕi˥˩tæ̃˥tʂə˥kə˥,ni˥˩kʰæ̃˥,tsʰæᴇ˩kʰæᴇ˥˩sʅ˥˩ni˥˩tsʅ˥˩tsʅ˥˩˧ɕi˩kʰæ̃˥,ni˥˩pu˩˩nəŋ˩niæ̃˩˩tʂʰuæ̃˥˩,ni˥˩˧tsʅ˥˩˧tɕʰiaɔ˥˩tɕʰiaɔ˥˩ti˧təŋ˥˩tsæᴇ˥˩na˥na˥kʰæ̃˥.tʂə˥kə˥ʂə˩tɕʰi˥lə˧li˥˩xou˥tʂə˥kə˥,pa˥˩tʂə˥kə˥tɕi˥˩tæ̃˥ɕi˥˩ti˧li˥˩xou˥,tʰɑ˥˩˧tʂə˥muo˧kə˥tʂuæ̃˥lie˧.tʂuæ̃˥tʂuæ̃˥tʂuæ̃˥,tsuei˥xou˥tsou˥pa˥˩næᴇ˥ɕiaɔ˥˩tʰuo˩˩tsʅ˥næᴇ˥……tɕi˥˩tæ̃˥ia˥˩˧iou˥˩˧ta˥˩tʰuo˩˩˧iou˥˩˧ɕiaɔ˥˩tʰuo˩˩liem˧.pa˥˩˧nə˥kə˥ɕiaɔ˥˩tʰuo˩˩læᴇ˩˧lie˧,tʰɑ˥˩˧tou˥˩˧sʅ˥tsuei˥˩tʂaŋ˥˩ta˥i˥˩xou˥,ɕi˥˩ɕi˥˩˧ɕi˥˩˧,mæ̃˥tʰɑ˥˩……mæ̃˥mæ̃˥ɕi˥˩tei˥˩tɕiou˥˩ɕi˥˩tɕiŋ˥læᴇ˩˩lə˧.ɕi˥˩tɕiŋ˥læᴇ˩˩,i˥˩˧ɕi˥˩kuo˥tʰɑ˥˩˧næᴇ˥kə˥puo˩˩tsʅ˧,tʰɑ˥˩˧tsuei˥˩iaɔ˥sʅ˥nəŋ˩pi˥˩˧tʂʮ˥tə˧xua˥˩,tʰɑ˥˩˧tʰou˩tɕiou˥tsa˥tɕʰi˥˩˧læᴇ˩˧lə˧.vaŋ˥˩tɕʰi˥˩læᴇ˩˩i˥˩pæ̃˥˩,liaŋ˥˩xa˥tɕiou˥˩pæ̃˥læ̃˥lə˧.（它那个鸡蛋不是整个的吗？它怎么能给……）它是可以吞下去啊。tʰɑ˥˩˧sʅ˥kʰə˥˩˧i˥˩˧tʰəŋ˥˩xa˥tɕʰia˩(←tɕʰi˥a˧).（吞下去以后它那消化得了？蛋壳儿也能消化吗？）兀都消化的光光的。那吞……吞一只多大的雀儿，一个蛇，大些的蛇可以把那兔儿吞到肚子去。væᴇ˥tou˥˩ɕiaɔ˥˩˧xua˥ti˧kuaŋ˥˩kuaŋ˥˩ti˧.næᴇ˥təŋ˥˩（←tʰəŋ˥˩）……tʰəŋ˥˩i˥˩tʂʅ˥˩tuo˥˩˧ta˥ti˧tɕʰiaɔr˥˩,i˥˩kə˥ʂə˩,ta˥ɕie˥˩ti˧ʂə˩kʰə˥˩i˥˩pa˥˩na˥˩tʰuor˥˩˧tʰəŋ˥˩taɔ˥˩tu˥tsʅ˧tɕʰi˥˩.（把什么？）把兔子。pa˥˩tʰu˥tsʅ˧.（兔子？）噢，兔子它都可以吸进去。但是你，它现吸的都成功了，马上嘴都可以合住了，你一个是把是蛇一岔的话，它都吸不进去了。它必须出劲把那个东西排出来，再从新往进吸。ɑɔ˩,tʰu˥tsʅ˧tʰɑ˥˩tou˥˩kʰə˥˩i˥˩ɕi˥˩tɕiŋ˥tɕʰi˥˩.tæ̃˥sʅ˥ni˥˩,tʰɑ˥˩˧ɕiæ̃˥ɕi˥˩ti˧tou˥˩tʂʰəŋ˩˩kuoŋ˥˩lə˧,ma˥˩ʂaŋ˥tsuei˥˩tou˥˩kʰə˥˩i˥˩xuo˩˩tʂʰʮ˥lə˧,ni˥˩i˥˩kə˥sʅ˥pa˥˩sʅ˥ʂə˩i˥˩tsʰa˥ti˧xua˥˩,tʰɑ˥˩˧tou˥˩˧ɕi˥˩pu˩˧tɕiŋ˥tɕʰi˥lə˧.tʰɑ˥˩˧pi˥˩˧ɕy˥˩tʂʰʮ˥˩tɕiŋ˥pa˥˩nə˥kə˥tuoŋ˥˩ɕi˧pʰæᴇ˩˩tʂʰʮ˥˩læᴇ˩˩,tsæᴇ˥tsʰuoŋ˩ɕiŋ˥˩vaŋ˥˩tɕiŋ˥ɕi˥˩.（那个家里面那个那个这个家里面那种无毒蛇呢？）那还是叫蛇。nei˥xa˩˩ʂʅ˥tɕiaɔ˥ʂə˩˩.（叫不叫家蛇？）没有。我们这里没有人养蛇的。那呃……见咧蛇，谁都吓的跑咧。mei˩iou˥˩.ŋuo˥˩məŋ˧tʂei˥li˥˩˧mei˩iou˥˩˧zəŋ˩˧iaŋ˥˩ʂə˩˩ti˧.nə˥-ə˥˩……tɕiæ̃˥lie˧ʂə˩,sei˩tou˥˩xa˥ti˧pʰaɔ˥˩˧lie˧.（呃，家里面一般的都是无毒蛇的。）嗯。兀那不一定。这里头有时候家里跑进来的那蛇也不一定是无毒的。ŋ̍˩.væᴇ˥næᴇ˥pu˩˩i˥˩˧tiŋ˥.tʂə˥li˥˩˧tʰou˧iou˥˩sʅ˩˩xou˥tɕia˥˩li˥˩pʰaɔ˥˩˧tɕiŋ˥læᴇ˩˧ti˧nə˥ʂə˩ia˥˩pu˩˧i˥˩˧tiŋ˥sʅ˥vu˩tu˩˩ti˧.

蛇蜍子

（那个四脚蛇你们把它叫什么？）黄：蛇蜍子么。ʂə˩˩tʂʰʮ˩˥tsʅm˧.（有没有……这里有没有大的那种大蜥蜴？）没有。都是小得很了。mei˩iou˥˩.tou˥˩˧sʅ˥ɕiaɔ˥˩tə˧xəŋ˥˩lə˧.（那个身上斑……那个就是说各种花纹那个是吧？）没有得。这里头它再……哎呀，再停隔几天，这山上上去那种蛇蜍子到处都是的，跑得处处的。muo˥˩˧iou˥˩˧tei˥˩.tʂei˥li˥˩˧tʰou˧tʰɑ˥˩tsæᴇ˥˧……æᴇ˩ia˩,tsæᴇ˥tʰiŋ˩˧kei˥˩tɕi˥˩tʰiæ̃˥˩,tʂə˥sæ̃˥˩ʂaŋ˥ʂaŋ˥˩˧tɕʰi˥nei˥tʂuoŋ˥˩˧

ʂəʎʟtʂʰʅ˩ʎ˥tsɿ˧taɔ˥tʂʰʅ˥tou˥˧ʟ˦sɿ˦ti˧,pʰaɔ˥teiʎʟtʂʰʅ˩tʂʰʅ˥ʟti˧.（很多啊？）嗯。很多。都是小的，没有大的。ŋ̍ʟ.xəŋ˥tuo˥ʟ.tou˥˦sɿ˥ɕiaɔ˥ti˧,meiʎiou˥ta˥ti˧.（这么大一点儿的？）欸，那都这么长长一点点的嗯，这么长长的，这么长长的那。eiʎ,nei˥˦tou˥˦tʂə˥ʎmuo˧tʂʰaŋʎʟtʂʰaŋʎ˦i˥ʟtiæ̃˥ʟ tiæ̃˥ʟti˧ə̃˥,tʂə˥muo˧tʂʰaŋʎʟtʂʰaŋʎʟti˧,tʂə˥muo˧tʂʰaŋʎʟtʂʰaŋʎʟti˧nə˥.

（五）鱼

大鱼

（你们这儿有多大的鱼？大一点儿的。）黄：哎呀，最大的，哎呀，前两年涨水的话，这个鱼塘里养了多少年的那个，最大的就是个三十斤重的。æᴇʎiaʟ,tsuei˥ta˥ti˧,æᴇ˥iaʟ,tɕʰiæ̃ʎliaŋ˥niæ̃ʎtʂaŋ˥ʂuei˥ti˧xua˥ʟ,tʂə˥ʟkə˥ʟyʎtʰaŋʎʟli˥˦iaŋ˥lə˧tuo˥ʂaɔ˥niæ̃ʎ˦ti˧nə˥kə˥,tsuei˥ʎta˥ti˧tɕiou˥ʟsɿ˥ʟkə˥ʟsæ̃˥ʂʅʎʟtɕiŋ˥ʟtʂuoŋ˥˦ti˧.（三十斤？）啊，就算草鱼。aʟ,tsou˥suæ̃˥tɕʰaɔ˥yʎʟ.（一般你们都是多大鱼？）一般就是二三斤重。i˥˦pæ̃˥tɕiou˥ʟsɿ˥ʟər˥sæ̃˥ʟtɕiŋ˥ʟtʂuoŋ˥ʎ.

花子、寸子

黄：你这个……像是你放鱼的话，给池塘里放你就说："你放花子咧吗还是放……放条子咧么？放寸子咧么？"ni˥tʂə˥kə˥……ɕiaŋ˥sɿ˥ni˥ʟfaŋ˥yʎʟti˧xua˥,kei˥tʂʰʅʎtʰaŋʎʟli˥˦faŋ˥ni˥ʟtɕiou˥ʎʂuo˥˦:ni˥˦faŋ˥˦xua˥tsɿ˧lie˧ma˧xaʎʟsɿ˥faŋ˥……faŋ˥tʰiaɔʎʟtsɿ˧lie˧muo˧?faŋ˥tsʰuoŋ˥˦tsɿ˧lie˧muo˧?（花子和寸子有什么区别？）花子就小得很那个儿，也就是鱼花花儿。寸子的话，你就要放一寸的，它寸五子的吗寸二再的鱼。xua˥tsɿ˧tɕiou˥ɕiaɔ˥tə˧xəŋ˥næᴇ˥ʟkər˥ʟ,ie˥˦tɕiou˥sɿ˥yʎʟxua˥xuar˥ʟ.tsʰuoŋ˥˦tsɿ˧ti˧xua˥,ni˥˦tsou˥iaɔ˥faŋ˥i˥ʟtsʰuoŋ˥ti˧,tʰa˥˦tsʰuoŋ˥vu˥tsɿ˧ti˧ma˧tsʰuoŋ˥ər˥tsæᴇ˥ʎti˧yʎ.

武昌鱼

黄：这里还有武昌鱼、马口鱼。tʂei˥li˥ʟxæᴇʎʟiou˥˦vu˥tʂʰaŋ˥ʟyʎ,ma˥kʰou˥yʎʟ.（武昌鱼？）噢，武昌鱼。就是老毛吃了，"才饮长沙水，又食武昌鱼"那个鱼。aɔʟ,vu˥tʂʰaŋ˥ʟyʎ.tsou˥sɿ˥laɔ˥maɔʎtʂʰʅ˥lə˧,tsʰæᴇʎʟiŋ˥tʂʰaŋʎsa˥ʟʂuei˥˦,iou˥ʂʅʎ˦vu˥tʂʰaŋ˥ʟyʎnə˥kə˥yʎʟ.（是你们引进的吧？）引进的，嗯。iŋ˥tɕiŋ˥˦ti˧,ə̃ʟ.（也在那河里种吗？）在鱼塘里头养着。tsæᴇ˥yʎtʰaŋʎʟli˥tʰou˧liaŋ˥tʂə˧.（马口鱼是什么？）兀晓……比泥鳅大啊些。væᴇ˥ɕiaɔ˥˦……pi˥niʎʟtɕʰiou˥ta˥˦a˧ɕie˥ʟ.（也能吃？）能吃。nəŋʎtʂʰʅ˥ʟ.

鲫鱼

（那天我们吃的是……在桌上吃的那那种大块儿的那叫什么鱼啊？）兀是鲤鱼……兀是欸鲫……鲫鱼。væᴇ˥ʎsɿ˥li˥y……və˥ʎsɿ˥ei˥tɕi˥……tɕi˥yʎʟ.（是鲫鱼？）嗯，鲫鱼做下的。ə̃˥,tɕi˥yʎtsuo˥ʎxa˥ti˧.（鲫鱼有这么大的吗？）哎有嘛。æᴇ˥iou˥ʟma˧.（那天那个鱼好像还不小。）不小咧，嗯。那东西。这是个活的么，我看那是现杀现做的个鱼。……本地最多的个鱼就是兀鲢鱼、草鱼、鲫鱼，这些比较多些了。puʎɕiaɔ˥lie˧,ə̃ʟ.nə˥tuoŋ˥ʟɕi˧.tʂə˥sɿ˥kə˥xuoʎti˧muo˧,ŋuo˥ʟkʰæ̃˥næᴇ˥sɿ˥ɕiæ̃˥sa˥ʟɕiæ̃˥tsuo˥ʎti˧kə˥yʎ.……pəŋ˥ti˥ʎtsuei˥˦tuo˥ʟti˧kə˥ʟyʎtɕiou˥sɿ˥vei˥liæ̃ʎyʎ,tsʰaɔ˥yʎ,tɕi˥yʎ,tʂei˥ɕie˥˦pi˥˦tɕiaɔ˥tuo˥ɕie˥ʟlə˧.

虾米

（你们虾米是多大的？）黄：哎呀，太白那虾米也有……不大大，反正就像……æ

ᴇ˩iɑ˩,tʰæᴇ˧pei˩˩nə˧ɕiɑ˥˩mi˥˧ie˥˧iou˥˧……pu˩˩tɑ˧˥tɑ˧˥,fæ̃˥˩tʂəŋ˧tsou˧ɕiɑŋ˧……（没有大个儿的虾子？）没有。还没有多得像这么那种虾仁那么大。那现在都是小虾。mei˩˩iou˥.xɑ˩˩ mei˩iou˥tuo˥˧tə˧ɕiɑŋ˧tʂə˧muo˧nei˧tʂuoŋ˥˧ɕiɑ˥˩zəŋ˩nə˧muo˧tɑ˧.næᴇ˧ɕiæ̃˧˩tsæᴇ˧˥tou˥˩sʅ˧˩ɕiɑɔ˥ɕiɑ˥˩.（过去有大虾子没有？）没有。muo˥˩iou˥。（一直都没有大虾子？）一直都没有。前几年好像虾还不太多，这……现在这几年看这不虾还多下了。太不发洪水了，那个虾子就多下了。i˥˩tʂʅ˩˥tou˥˧mei˩˧iou˥˧.tɕʰiæ̃˩tɕi˥niæ̃˩˧xɑɔ˥˧ɕiɑŋ˧ɕiɑ˧xɑ˩˩pu˩˩tʰæᴇ˧tuo˥˩,tʂə……ɕiæ̃˧tsæᴇ˧tʂei˧˥tɕi˥˩niæ̃˩kʰæ̃˧tʂə˧pu˩˧ɕiɑ˥˧xɑ˩˧tuo˥xɑ˧˩lə˧.tʰæᴇ˧pu˩˧fɑ˥˩xuoŋ˩ʂuei˥lə˧,nə˧kə˧ɕiɑ˥ tsʅ˧tɕiou˧˥tuo˥˩xɑ˧˩lə˧.

泥鳅

（你们这儿鱼有些什么样的鱼啊？）黄：最多的就是泥鳅儿么。tsuei˧˥tuo˥˩ti˧tɕiou˧˩ sʅ˧˩ni˩˩tɕʰiour˥muo˧.（泥鳅是多大一个儿的？）泥鳅最大的一……泥鳅也就是个一半两。ni˩˩tɕʰiou˥tsuei˧tɑ˧ti˧i˥˩……ni˩˩tɕʰiou˥iɑ˥˧tɕiou˧˩sʅ˧˩kə˧˩i˥˩pæ̃˧liɑŋ˥˧.

鳖

黄：鳖。pie˥.（你们这儿有没有这玩意儿？）有咧。iou˥lie˧.（这这你们你们是叫“鳖”还是叫什么东西呢？）我们叫“鳖”。ŋuo˥məŋ˧tɕiɑɔ˧pie˥.（不叫“甲鱼”？）不叫。没“甲鱼”这个成语。有的叫“王八”，有的叫“鳖”。pu˩˩tɕiɑɔ˧. mei˩tɕiɑ˥˩y˩tʂə˧kə˧tʂʰəŋ˩˩y˥.iou˥ti˧tɕiɑɔ˧vɑŋ˩˩pɑ˥,iou˥ti˧tɕiɑɔ˧pie˥.（噢，你们就叫“鳖”？）嗯，我们叫“鳖”，土话叫“鳖”。əŋ˩,ŋuo˥məŋ˧tɕiɑɔ˧pie˥,tʰu˥xuɑ˧tɕiɑɔ˧pie˥.（现在还是……河里还有没有？）很少了，现在。xəŋ˥ʂɑɔ˥lə˧,ɕiæ̃˧tsæᴇ˧.（过去小时候看过？）哎，多的……就子午……这个东西，八一二年都多的焦锹。æᴇ˩,tuo˥˩tə˧……tɕiou˧tsʅ˥vu˥˩…… tʂə˧˥kə˧tuoŋ˥˩ɕi˧,pɑ˥i˥˩ər˧niæ̃˩˧tou˥˧tuo˥˩ti˧tɕiɑɔ˥ɕiæ̃˥˩.（是吗？）噢，我们每天下午去河里去拿枪打。ɑɔ˩,ŋuo˥məŋ˧mei˥tʰiæ̃˥˩ɕiɑ˧˥vu˥˩tɕʰi˧xuo˩˩li˥˧tɕʰi˧nɑ˩tɕʰiɑŋ˥˩tɑ˥.（以前还蛮多啊？）很蛮多咧。叫四川人上来把这个……南方人上把个逮下了。xəŋ˥˩mæ̃˩tuo˥lie˧. tɕiɑɔ˧sʅ˧tʂʰuæ̃˥˩zəŋ˩ʂɑŋ˧læᴇ˩˧pɑ˥˩tʂə˧kə˧……næ̃˩˩fɑŋ˥zəŋ˩˧ʂɑŋ˧pɑ˥˧kə˧tæᴇ˥xɑ˧lə˧.（他们吃这个？）他们吃这个。他们拿那个……他都是拿角针儿逮嘛。他现在……他有好多这个省市的成员。他来以后是这个，晚上油裤穿上，一到晚上都出发，搞好多的，都拿着走了。tʰɑ˥məŋ˧tʂʰʅ˥tʂə˧kə˧.tʰɑ˥məŋ˧nɑ˩nə˧kə˧……tʰɑ˥tou˥˧sʅ˧nɑ˩tɕyo˩tʂə̃r˥tæᴇ˥mɑ˧. tʰɑ˥ɕiæ̃˧tsæᴇ˧……tʰɑ˥iou˥xɑɔ˥tuo˥˩tʂə˧kə˧səŋ˥˩sʅ˧˥ti˧tʂʰəŋ˩˩yæ̃˩˧.tʰɑ˥læᴇ˩i˥˩xou˧sʅ˧˩tʂə˧kə˧,væ̃˥ʂɑŋ˧iou˩˧kʰu˧tʂʰuæ̃˥ʂɑŋ˧˩,i˥˩tɑɔ˧væ̃˥ʂɑŋ˧˩tuo˥˩tʂʰʯ˥fɑ˥,kɑɔ˥xɑɔ˥tuo˥ti˧,tou˥˩nɑ˩˩tʂuo˧tsou˥lə˧.（拿着吃还是卖？）卖，你舍得吃？mæᴇ˧,ni˥ʂə˥tə˧tʂʰʅ˥˩?

乌龟

黄：有乌龟这个说法。那前几年他这个一唱戏以后，他又来搞展览的头起这里面。千年的龟。那年拿咧一个千年龟，孛篮那么大一个千年龟了。iou˥vu˥˩kuei˥tʂə˧kə˧ʂuo˥fɑ˥˩. næᴇ˧˥tɕʰiæ̃˩tɕi˥˩niæ̃˩tʰɑ˥tʂə˧kə˧i˥˩tʂʰɑŋ˧ɕi˧i˥˩xou˧,tʰɑ˥iou˧læᴇ˩˩kɑɔ˥tʂæ̃˥˩læ̃˥ti˧tʰou˩˩tɕʰie˥˧tʂei ˧li˥miæ̃˧˩.tɕʰiæ̃˥niæ̃˩˩ti˧kuei˥.nei˧˥niæ̃˩nɑ˩lie˧i˥˧kə˧tɕʰiæ̃˥˩niæ̃˩kuei˥,pʰu˩˩læ̃˩˧nə˧muo˧tɑ˧i˥˩kə ˧tɕʰiæ̃˥niæ̃˩˩kuei˥lə˧.

螃蟹儿

（你们吃的是公螃蟹母螃蟹？）黄：我们是光吃的……光吃那些爪爪子咧，里头不吃。ŋuo˥məŋ˧sʅ˧˩kuɑŋ˥˧tʂʰʅ˥˧ti˧……kuɑŋ˥˧tʂʰʅ˥˧næᴇ˧ɕie˥˧tsɑɔ˥tsɑɔ˥˩tsʅ˧lie˧,li˥˧tʰou˧pu˩

˧˩tʂʰʅ˥˧.（这里螃蟹有多大一个？）也有这么大个。ie˥˧꜔iou˥˧꜔tʂə˥˦muo˧ta˥kə˥.（母螃蟹那个黄是非常补的。）没人吃它的。这么大一个的，像张……都吃……唯一就是……muo˥˧˧˩zəŋ˩˧˦tʂʰʅ˥˧˧˩tʰa˥˧꜔ti˧.tʂə˥˦muo˧ta˥˧˩i˥˧˧˩kə˥ti˧,ɕiaŋ˥tʂaŋ˥˧……tou˥˧tʂʰʅ˥˧……vei˩˧꜔i˥˧꜔tɕiou˥sʅ˥……（你们吃一般是怎么个吃法？炸一下还是……）炸一下。我们把那些腿腿扳下来，放油一炸，翻个边子，拌点作料。tsa˩˧i˥˧꜔ɕia˥.ŋuo˥˧məŋ˧pa˥˧˧˩næᴇ˥ɕie˥˧꜔tʰuei˥˧tʰuei˥˧˧˩pæ̃˥˧˧˩xa˥læᴇ˩˧꜔,faŋ˥iou˩˧꜔i˥˧꜔tsa˩˧,fæ̃˥˧꜔kə˥piæ̃˥˧tsʅ˧,pæ̃˥tiæ̃˥˧꜔tsuo˥˧˧˩liao˥.（中间那团儿呢？）撇么。pʰie˥˧muo˧.（这腿是最没味的……味道的，中间那个是最好的。）我们吃上补钙咧。还光……光吃那个爪爪子补钙咧。ŋuo˥˧məŋ˧tʂʰʅ˥˧ʂaŋ˥˧˩pu˥˧kæᴇ˥lie˧.xæᴇ˩˧˧˩kuaŋ˥˧꜔……kuaŋ˥˧꜔tʂʰʅ˥˧꜔nə˥kə˥tʂua˥˧tʂua˥˧˧˩tsʅ˧pu˥˧kæᴇ˥lie˧.

螺蛳

（那个螺蛳吃过没有？）黄：吃过么。都……买那麻辣的食品，一盒……tʂʰʅ˥˧kuo˥˧˩muo˧.tou˥˧꜔……mæᴇ˥˧꜔nə˥ma˩˧la˥˧tə˧ʂʅ˩˧˧˩pʰiŋ˥˧,i˥˧˧˩xə˩˧……（是本地河里捞的还是……）不是的。外地的。pu˩˧˧˩sʅ˥˦ti˧.væᴇ˥ti˥˧˩ti˧.（这里河里面有没有？）有咧。iou˥˧lie˧.（有，不吃啊？）没人吃兀。mei˩˧zəŋ˩˧꜔tʂʰʅ˥˧væᴇ˥˧˩.（有多大一个？）哎，都比这大一点儿。æᴇ˧˩,tou˥˧pi˥˧tʂə˥ta˥i˥˧꜔tiæ̃r˥˧˧˩.（那个田里面有没有？）田里头欻少。tʰiæ̃˩˧˧˩li˥˧tʰou˧lei˧ʂao˥˧.（有没有这么大个儿的？）哎，也有见这么大个儿的水田。æᴇ˥,ie˥˧iou˥˧tɕiæ̃˥tʂə˥muo˧ta˥kər˥ti˧ʂuei˥˧tʰiæ̃˩˧.（那个叫什么？）还是叫螺蛳咧。xa˩˧˧˩sʅ˥˦tɕiao˥luo˩˧sʅ˥˧lie˧.（叫不叫田螺？）田螺儿。嗯，叫田螺。tʰiæ̃˩˧꜔luor˩˧꜔.ŋ̍˥,tɕiao˥tʰiæ̃˩˧꜔luo˩˧꜔.

海蚌儿

黄：蛤。蛤蜊。xa˥˧.xa˥˧˧˩li˥.（有有那个吗？）有咧。iou˥˧lie˧.（有是吧？蛤蜊什么玩意儿那是？）那海蚌儿就是给你就叫蛤蜊嘛。na˥xæᴇ˥˧pæ̃r˥˧˩tɕiou˥˧˩ʂʅ˧˩kei˥˧꜔ni˥˧tsou˥tɕiao˥xa˥˧˧˩li˥˦ma˧.（生在哪里？）湖里泥里头长下那个，长下，长下，一张一张的，有么。xu˩˧li˥˧꜔ni˩˧li˥˧˧˩tʰou˧tʂaŋ˥˧xa˥˧˩næᴇ˥kə˥,tʂaŋ˥˧xa˥˧˩,tʂaŋ˥˧xa˥˧˩,i˥˧˧˩tʂaŋ˥˧i˥˧˧˩tʂaŋ˥˧ti˧,iou˥˧muo˧.（叫什么？）我们叫海蚌儿。ŋuo˥˧məŋ˧tɕiao˥xæᴇ˥˧pæ̃r˥˧˩.（xæᴇ˥˧pæ̃r˧˩？）嗯。海蚌儿。ə̃˥.xæᴇ˥˧pæ̃r˥˧˩.（pæ̃r˧˩？）嗯。ə̃˧˩.（嗯。说慢一点看？）海蚌儿。xæᴇ˥˧pæ̃r˥˧˩.（pæ̃r˧˩？）蚌儿。海蚌儿。pæ̃r˥˧˩.xæᴇ˥˧pæ̃r˥˧˩.（就是那个“蚌”字。蚌。）就说是蚌这个咧。tɕiou˥˦ʂuo˥˧˧˩sʅ˥˧˩paŋ˥tʂə˥˦kə˥˧˩lie˧.（海蚌？）嗯。在泥欻嗯……在鱼塘里边爬出来的，那泥里头的。ŋ̍˧˩.tsæᴇ˥ni˩˧ei˥ŋ̍˧˩……tsæᴇ˥y˩˧꜔tʰaŋ˩˧li˥˧piæ̃˥˧˧˩pʰa˩˧˧˩tʂʰʅ˥˧læᴇ˩˧˧˩ti˧,næᴇ˥ni˩˧li˥˧˧˩tʰou˩˧˧˩ti˧.（就是蚌壳啊？）蚌壳儿，啊。paŋ˥kʰər˥˧,a˧˩.（带壳儿的，里头有些肉，还能吃呢。）光那个舌头有这么个，□有一指多宽那么一点点。kuaŋ˥˧꜔nə˥kə˥ʂə˩˧˧˩tʰou˧iou˥˧˧˩tʂə˥˦muo˧kə˥,niæ̃˩˧iou˥˧i˥˧˧˩tsʅ˥˧tuo˥˧˧˩kʰuæ̃˥˧na˥muo˧li˥˧˧˩tiæ̃˥˧˧˩tiæ̃˥˧.（呃，对对。你再给我一遍？）海蚌儿。xæᴇ˥˧pæ̃r˥˧˩.（pæ̃r˧˩，带点鼻化了。）嗯。ŋ̍˧˩.（呃以前呀像那种那个装那个香啊，把两个合在一起那个，那个呃那个东西叫什么呢？）海蚌儿油。这儿这有个过去有个润肤的那个，黄黄的那个，实际上过去又讲是凡士林。对咧着啊？xæᴇ˥˧pæ̃r˥˧˩iou˩˧.tʂər˥˧꜔tʂə˥iou˥˧kə˥˧˩kuo˥tɕʰy˥iou˥˧꜔kə˥zuoŋ˥˧꜔fu˥˧˧˩ti˧nei˥kə˥,xuaŋ˩˧xuaŋ˩˧˧˩ti˧nei˥kə˥˧˩,ʂʅ˩˧˧˩tɕi˥˦ʂaŋ˥kuo˥tɕʰy˥iou˥tɕiaŋ˥˧sʅ˥˧˩fæ̃˩˧sʅ˥liŋ˩˧˦.tuei˥lie˧tʂə˧a˧?（对对对。那个壳儿呢？）那个壳儿就叫海蚌儿。nə˥˧˩kə˥kʰər˥˧tɕiou˥tɕiao˥xæᴇ˥˧pæ̃r˥˧˩.

逮鱼

（你们逮鱼是怎么逮啊？）黄：那……有……钓鱼咧嘛。nei˥˦ti……iou˥˧ti……tiao˥y˩˧꜔lie˥ma˥.（用钓……钓竿子钓？）钓竿子钓。有的是……有用粘网粘。

tiaɔ˥kæ̃˥˧tsɿ˧tiaɔ˥.iou˥˧˧ti˦sɿ˥……iou˥˧˧yoŋ˥tʂæ̃˦˩vaŋ˥˧˧tʂæ̃˥˧.（粘网是什么东西？）网。它是一个……它那个非常细的一种渔网。它把这个池塘隔开，它底下都有梭子把它给压下去以后，这个鱼往过来一游以后就把它粘住了。一粘住，它一绊嘛，越绊那个网子缠的越多，最后它就出不去了。粘网嘛。前两天我们这个，对门儿有个时候个娃娃进去和我们乡上这个欸计生专干两个去，他们三个，四个去钓鱼去了。啥钓了四条马口鱼吧。那个娃钓了四斤重的一个鲤鱼。vaŋ˥˧.tʰɑ˥˧˧sɿ˥i˥˧˧kə˥……tʰɑ˥˧˧næᴇ˥kə˥fei˦˩tʂʰɑŋ˨˦ɕi˥ti˦i˦˩tʂuoŋ˥˧y˨˩vaŋ˥˧.tʰɑ˥˧˧pa˦˩tʂə˥kə˥tʂʰʅ˨˦tʰɑŋ˨˦kei˦˩kʰæᴇ˥˧,tʰɑ˥˧˧ti˥˧xɑ˥tou˦˩iou˥˧suo˥˧tsɿ˧pa˦˩tʰɑ˥˧kei˥niɑ˥xɑ˥tɕʰi˥i˦˩xou˥,tʂei˥kə˥y˨˦vaŋ˦˩kuo˥˦læᴇ˨˩i˦˩iou˨˦i˦˩xou˥tsou˥pa˦˩tʰɑ˥˧˧tʂæ̃˥˧tʂʮ˥˩lə˧.i˥˧˥tʂæ̃˥˧tʂʮ˥,tʰɑ˥˧i˦˩pæ̃˥ma˧,yo˦˩pæ̃˥˦nə˥kə˥vaŋ˥˧tsɿ˧tʂʰæ̃˨˩ti˦yo˥˧˥tuo˦˩,tsuei˥xou˥tʰɑ˥˧˧tsou˥tʂʰʮ˥˧pu˨˩tɕʰi˥˩lə˦.tʂæ̃˦˩vaŋ˥˧ma˧.tɕʰiæ̃˨˩liaŋ˥˧tʰiæ̃˦˩ŋuo˥˧məŋ˧tʂə˥kə˥,tuei˥mə̃r˨˦˧iou˥˧kə˥ʂʅ˨˦˧xou˥kə˥˩vɑ˨˦˧vɑ˨˦˧tɕiŋ˥˧˥tɕʰi˥˩xuo˨˩ŋuo˥˧˧məŋ˦ɕiaŋ˥˧ʂaŋ˥˩tʂə˥kə˥ei˥tɕi˥səŋ˦˩tʂuæ̃˦˩kæ̃˥liaŋ˥˧kə˥˩tɕʰi˥˩,tʰɑ˥˧˧məŋ˦sæ̃˥˧kə˥˩,sɿ˥˦kə˥˦tɕʰi˥tiaɔ˥y˨˩tɕʰy˥˦lə˧.ʂa˥˦tiaɔ˥lə˦sɿ˥tʰiaɔ˨˩ma˥˧kʰou˥˧y˨˩pa˧.nə˥˦kə˥˦va˨˦tiaɔ˥lə˦sɿ˥tɕiŋ˦˩tʂuoŋ˥ti˦i˥˧˧kə˥li˥˧y˨˩.

钩鱼

（钓，钓鱼啊！）黄：噢，钓鱼么。我们叫钩鱼么。ɑɔ˩,tiaɔ˥y˨˦muo˦.ŋuo˥˧məŋ˧tɕiaɔ˥kou˦˩y˨˦muo˧.（怎么个钩法？）还是拿上鱼竿子，挂上蚂子往上来钩鱼。xɑ˨˩sɿ˥˦nɑ˨˩ʂaŋ˥y˨˦kæ̃˦˩tsɿ˧,kuɑ˥ʂaŋ˥iŋ˦˩tsɿ˧vaŋ˦˩ʂaŋ˥˦læᴇ˨˩kou˦˩y˨˦.（那个钓竿呢？）钓竿还是买下的那个。自己简易地做一个那就拿个木头杆杆，放到石头上，弄个针，把大头针弯个钩钩，挂点蚯蚓就行啦。tiaɔ˥˧˥kæ̃˦˩xɑ˨˩sɿ˥mæᴇ˥˧˧xɑ˥ti˦næᴇ˥kə˥˩.tsɿ˥tɕie˦˩tɕiæ̃˥˧i˥˦ti˧tsuo˥˩i˥˧˩kə˥˩nə˥tsou˥nɑ˨˦kə˥mu˦˩tʰou˨˦kæ̃˦˩kæ̃˦˩,fɑŋ˥taɔ˥ʂʅ˨˩tʰou˨˦ʂaŋ˥˩,nuoŋ˥kə˥tʂəŋ˥˧,pa˦˩ta˥tʰou˨˦˧tʂəŋ˥˧˧væ̃˦˩kə˥˩kou˥˧kou˦˩,kuɑ˥tiæ̃˥˧˧tɕʰiou˥˧iŋ˦˩tɕiou˥ɕiŋ˨˩la˦.（钩鱼？）啊，钩鱼么。上头钩……ɑ˩,kou˦˩y˨˦muo˧.ʂaŋ˥tʰou˦kou˦˩……（叫钓竿儿还是叫什么？这叫……）我们叫鱼竿儿。ŋuo˥˧məŋ˧tɕiaɔ˥y˨˦kæ̃r˥˧.

杀鱼

（你们自己家里做……做鱼的话怎怎么怎么收拾呢？）黄：那就先把它荷包开杀，肚子倒咧，鳞刮嘎咧啊。næᴇ˥˦tsou˥ɕiæ̃˥˧pa˦˩tʰɑ˥˧˧xuo˨˦paɔ˥˧˧kʰæᴇ˥˧˧sa˥˧˧,tu˥tsɿ˧taɔ˥lie˦,liŋ˨˦kuɑ˥˧ka˧lia˧.

八、民居

庄院 / 房屋 / 窑洞、窨子及堡子等 / 附属设施 / 建筑材料

（一）庄院

庄子

1．黄：庄子就是指……你比如这个院子，总称就叫庄子。因为过去那个地方都是打下的土窑洞。它这一个庄子里头也就打得那么三四只窑。这三四个窑子合到一块儿，带个院院儿，这个就叫庄子。土话就叫庄子。tṣuaŋ˥˩tsɿ·˧tɕiou˥sɿ˥tsɿ˥˩……ni˥˩˩˨pi˥˩zʮ˨˦˩˨tṣei˥kə˥yæ̃˥˧˥tsɿ·˧,tsuoŋ˥˩tṣʰəŋ˥˩tɕiou˥tɕiaɔ˥tṣuaŋ˥˩tsɿ·˧.iŋ˥˩˩˨vei˥˦˥kuo˥˧˥tɕʰy˥nə˥kə˥ti˥faŋ˥˩˧tou˥˩˧˥sɿ˥˩˨ta˥˩ɕia˥˩˨ti·˧tʰu˥˩iaɔ˨˦˩˨tuoŋ˥.tʰa˥˩˧tṣei˥i˥˩˩˨kə˥tṣuaŋ˥˩tsɿ·˧li˥˩˧tʰou·˧ia˥˩˧tɕiou˥sɿ˥ta˥˩tei˥˩˩˨nə˥muo·˧sæ̃˥˩˩˨sɿ˥tṣʮ˥˩˧iaɔ˨˦.tṣei˥sæ̃˥˩˩˨sɿ˥kə˥iaɔ˨˦tsɿ·˧xuo˨˦˩˨taɔ˥i˥˩˩˨kʰuər˥˩,tæᴇ˥kə˥˩˨yæ̃˥yæ̃r˥˩˨,tṣei˥kə˥tɕiou˥tɕiaɔ˥tṣuaŋ˥˩tsɿ·˧.tʰu˥˩xua˥tɕiou˥tɕiaɔ˥tṣuaŋ˥˩tsɿ·˧.（这一个庄子里头是住一家人还是住几家人？）那就是分儿了，那□它有个大庄和小庄。大庄子搞不好住一二十家子咧，小庄咧是那么个独院院儿，住一半家子人。næᴇ˥˦˥tsou˥˩˨sɿ˥˩˨fə̃r˥˩˩˨lə·˧,nei˥˦˥niæ̃˨˦˧iou˥˩˧kə˥ta˥tṣuaŋ˥˩˧xuo˨˦˩˨ɕiaɔ˥˩tṣuaŋ˥˩˩˨.ta˥˧˥tṣuaŋ˥˩˩˨tsɿ·˧kaɔ˥˩pu˨˦˩˨xaɔ˥˩tṣʮ˥i˥˩˩˨ər˥ṣʮ˨˦˧tɕia˥˩tsɿ·˧lie·˧,ɕiaɔ˥˩tṣuaŋ˥˩˩˨lie·˧sɿ˥nə˥muo·˧kə˥tu˨˦˩˨yæ̃˥yæ̃r˥˩˨,tṣʮ˥i˥˩˩˨pæ̃˥tɕia˥˩tsɿ·˧zəŋ˨˦˩˨.

2.（你这个庄子是指很多人家还是一户人家？）黄：一户人也是庄子，很多人也叫一个庄。i˥˩˩˨xu˥˦˥zəŋ˨˦˩˨ie˥˩˧sɿ˥tṣuaŋ˥˩tsɿ·˧,xəŋ˥˩tuo˥˩˩˨zəŋ˨˦ie˥˩˧tɕiaɔ˥i˥˩˩˨kə˥tṣuaŋ˥˩.（一个庄？）啊。ã˩˨.（啊，庄子就是指一户人家？）欸，一户人家也行，几户人家也叫一个庄。ei˩˨,i˥˩˩˨xu˥˦˥zəŋ˨˦˩˨tɕia˥˩˧ie˥˩ɕiŋ˨˦˩˨,tɕi˥˩xu˥˦˥zəŋ˨˦˩˨tɕia˥˩˧ie˥˩tɕiaɔ˥˩˨i˥˩˩˨kə˥tṣuaŋ˥˩.（这个加“子”跟不加“子”有什么区别？）兀是……区别区分没有啥区别。你去我们庄，也有新庄子，那里头住的人就多了。有些庄有可能是单独只一个人啊。你比如高庄，那你就不能说是再指一户人了，那也十来户人咧，它就是一个名字叫高庄。və˥˦˥ṣ……tɕʰy˥˩˩˨pie˨˦tɕʰy˥˩fəŋ˥˩˩˨mei˨˦˧iou˥˩˧sa˥tɕʰy˥˩˩˨pie˨˦.ni˥˩˩˨tɕʰy˥ŋuo˥˩məŋ·˧tṣuaŋ˥˩,ie˥˩˧iou˥˩˧ɕiŋ˥˩tṣuaŋ˥˩˩˨tsɿ·˧,næᴇ˥li˥˩˧tʰou·˧tṣʮ˥ti·˧zəŋ˨˦tɕiou˥tuo˥˩lə·˧.iou˥˩ɕie˥˩˩˨tṣuaŋ˥˩iou˥˩˧kʰə˥˩˧nəŋ˨˦˧sɿ˥tæ̃˥˩˩˨tu˨˦tsɿ˥˩i˥˩˩˨kə˥˦˥zəŋ˨˦˩˨a·˧.ni˥˩˧pi˥zʮ˨˦˧kaɔ˥˩tṣuaŋ˥˩˩˨,næᴇ˥ni˥˩˧tsou˥˦˥pu˨˦˩˨nəŋ˨˦˩˨ṣuo˥˩˩˨sɿ˥˩˨tsæᴇ˥tsɿ˥˩˩˨i˥˩˩˨xu˥˦˥zəŋ˨˦˧lə·˧,næᴇ˥˦˥ia˥˩˩˨ṣʮ˨˦læᴇ˨˦˥xu˥˩˨zəŋ˨˦˧lie·˧,tʰa˥˩˧tsou˥sɿ˥i˥˩˩˨kə˥˦˥miŋ˨˦tsɿ˥˦˥tɕiaɔ˥kaɔ˥˩tṣuaŋ˥˩˩˨.（噢。这个庄就是指村庄？）村庄啊。tsʰuoŋ˥˩tṣuaŋ˥˩˩˨a˥˩.（那可……可以是一户的，也可以是很多户的？）啊，可以是一户，很多户的。a˩˨,kʰə˥˩˧i˥˩˧sɿ˥i˥˩˩˨xu˥˦˥,xəŋ˥˩tuo˥˩˩˨xu˥ti·˧.

3.（欸，假如说那个两个人走着走着，哎，发现前面一个很小的那个村，一个村子，哎，这个就告诉另外一个人啊说，哎，前面有个什么？）黄：前面有个庄子。哎，前面有个庄子。tɕʰiæ̃˨˦˩˨miæ̃˥iou˥˩˩˨kə˥˩˨tṣuaŋ˥˩tsɿ·˧.æᴇ˩˨,tɕʰiæ̃˨˦˩˨miæ̃˥˦˥iou˥˩˩˨kə˥˩˨tṣuaŋ˥˩˩˨tsɿ·˧.（小庄？）不说小庄。pu˨˦ṣuo˥˩˩˨ɕiaɔ˥˩˩˨tṣuaŋ˥˩.（只有两三户人家的？）噢，直接直接那，欸，前头有个庄子咧。aɔ˩˨,tṣʮ˨˦tɕie˥˩˩˨tṣʮ˨˦tɕie˥˩˧nə˥,ei˥˩,tɕʰiæ̃˨˦˩˨tʰou·˧iou˥˩˩˨kə˥˩˨tṣuaŋ˥˩tsɿ·˧lie·˧.

空庄子

（这个空庄子呢？）黄：没有人了，不住了。mei˩˧iou˥˧˩ʐəŋ˩˧˧lə˧,pu˩˧˩tʂʮ˧lə˧.（就是那种……）人搬走咧的，啊。废弃的庄。ʐəŋ˩˧˩pæ̃˥˧˩tsou˥˧lie·ti·,ɑ˩.fei˧tɕʰi˧˥ti·tʂuɑŋ˥˧˩.

老庄子

（老庄子就是指那个现在不用了的？）黄：噢，噢，也，那，老庄子那不一定。老庄子过去居住咧的，现在重修下宅基地，搬过来的，它是他那个原来那个庄也是。ɑɔ˩,ɑɔ˩,ie˥˧,næᴇ˧˥,lɑɔ˥˧tʂuɑŋ˥˧˩tsɿ·næᴇ˧˥pu˩˧˩i˥˧˧tiŋ˥˧˩.lɑɔ˥˧tʂuɑŋ˥˧˩tsɿ·kuo˧tɕʰy˧˩tɕy˥˧˧tʂʮ˧lie·ti·,ɕiæ̃˧tsæᴇ˧tʂʰuoŋ˩˧ɕiou˥˧xɑ˧˩tsæᴇ˥˧˧tɕi˥˧˩ti˧,pæ̃˥˧˩kuo˧læᴇ˩˧˩ti·,tʰɑ˥˧sɿ˧˩tʰɑ˥˧˧nə˧kə˧yæ̃˩˧læᴇ˩˧˩nə˧kə˧tʂuɑŋ˥˧˧ie˥˧sɿ˧˩.（噢，就是……就说呃……）以前住过的地方都叫老庄子。i˥˧˧tɕʰiæ̃˩˧tʂʮ˧kuo˧ti·ti˧fɑŋ˥˧˧tou˥˧˧tɕiɑɔ˧lɑɔ˥˧tʂuɑŋ˥˧˩tsɿ·.

老家

（你们这个老家是什么概念？）黄：老家，一个就说是这个原籍地，叫“老家”。再一个就说是你比如弟兄两个，原……过去在一块儿住着咧，最后分家了。lɑɔ˥˧tɕiɑ˥˧˩,i˥˧˩kə˧tsou˧ʂuo˥˧˧sɿ˧tʂə˧kə˧yæ̃˩˧tɕi˩˧˩ti˧,tɕiɑɔ˧lɑɔ˥˧tɕiɑ˥˧˩.tsæᴇ˧i˥˧kə˧˩tɕiou˧ʂuo˥˧˧sɿ˧ni˥˧˧pi˥˧˧ʐʮ˩˧˧ti˧ɕyoŋ˥˧˩liɑŋ˥˧kə˧˩,yæ̃˩˧˩……kuo˧tɕʰy˧tsæᴇ˧i˥˧˩kʰuər˥˧tʂʮ˧tʂuo˥˧lie·,tsuei˧xou˧fəŋ˥˧˧tɕiɑ˥˧lə·.（老屋子啊？）啊，老屋子，现在就叫“老家”。ɑ˩,lɑɔ˥˧˧vu˥˧tsɿ·,ɕiæ̃˧tsæᴇ˧tɕiou˧tɕiɑɔ˧lɑɔ˥˧˧tɕiɑ˥˧.（父母的那个屋子啊？）啊，父母那个屋子叫“老家”。ɑ˧,fu˧˥mu˥˧˩nə˧kə˧vu˥˧tsɿ·tɕiɑɔ˧lɑɔ˥˧˧tɕiɑ˥˧˩.（后来另开出……自己过了？）啊，自己过咧，再回到那个地方叫“回老家去”。ɑ˩,tsɿ˧tɕie˥˧˩kuo˧˥lie·,tsæᴇ˧xuei˩˧˩tɑɔ˧˥nə˧kə˧ti˧˥fɑŋ˥˧˩tɕiɑɔ˧xuei˩˧lɑɔ˥˧tɕiɑ˥˧˩tɕʰi˧˩.

前院、后院

（有这个前院后院的这个讲法吗？）黄：有咧，前院后院这种。那个盖房□就有前院后院咧。iou˥˧lie·,tɕʰiæ̃˩˧yæ̃˧xou˧yæ̃˧tʂei˧tʂuoŋ˥˧˧.næᴇ˧kə˧kæᴇ˧fɑŋ˩˧niæ̃˩˧˩tsou˧iou˥˧˧tɕʰiæ̃˩˧yæ̃˧xou˧yæ̃˧lie·.（这个房子，是正房的前面、后面叫是前院、后院还是怎么？）噢，就是正房的前面和后面。ɑɔ˩,tɕiou˧sɿ˧tʂəŋ˧fɑŋ˩˧ti·tɕʰiæ̃˩˧miæ̃˩˧xə˩˧˩xou˧miæ̃˧.（噢，正房前面就叫前院，后面就叫后院？）啊，后面就叫后院，啊。ɑ˩,xou˧miæ̃˧tɕiou˧tɕiɑɔ˧xou˧yæ̃˧,æ˩.

四合头院子

（这个三……三合头、四合头有这样的区分吗？）黄：四合头院子那实际……那有咧么。那它是盖的往……四合头院子那就上去这个……这个除了主房，上房、下房、偏房这都盖，四面都盖着咧。sɿ˧xuo˩˧˩tʰou˩˧˩yæ̃˧tsɿ·næᴇ˧ʂʮ˩˧˩tɕi˧˥ʂ……næᴇ˧iou˥˧lie·muo·.næᴇ˧tʰɑ˥˧˧sɿ˧kæᴇ˧˥ti·vɑŋ˥˧˥……sɿ˧xuo˩˧˩tʰou˩˧˥yæ̃˧tsɿ·næᴇ˧tɕiou˧ʂɑŋ˧tɕʰy˧tʂə˧kə˧……tʂə˧kə˧tʂʰʮ˩˧˩liɑɔ˥˧˧tʂʮ˥˧fɑŋ˩˧,ʂɑŋ˧fɑŋ˩˧,ɕiɑ˧fɑŋ˩˧,pʰiæ̃˥˧fɑŋ˩˧tʂə˧tou˥˧˩kæᴇ˧,sɿ˧miæ̃˧tou˥˧˩kæᴇ˧tʂuo˥˧˧lie˧.（噢，这个你们叫厢房叫偏房是吧？）啊，偏房。ɑ˧,pʰiæ̃˥˧fɑŋ˩˧˩.（噢，就说四面都是有……）都有……都有房子，都有建筑物咧么。tou˥˧˥iou˥˧……tou˥˧˥iou˥˧fɑŋ˩˧tsɿ˧,tou˥˧˥iou˥˧˩tɕiæ̃˧tʂʮ˥˧˥vuo˥˧lie·muo·.（三合头呢？）三合头那就是，那可能是……就有一面没有盖么。都有……就是一面正房，盖咧两面偏房。再的前头这里空着咧。sæ̃˥˧xuo˩˧˩tʰou˩˧næᴇ˧tɕiou˧sɿ˧,næᴇ˧kʰə˥˧˩nəŋ˩˧sɿ˧tɕ……tɕiou˧iou˥˧˧i˥˧˩miæ̃˧mei˩˧iou˥˧˧kæᴇ˧muo·.tou˥˧˩iou˥˧kʰuo……tsou˧sɿ˧i˥˧˩miæ̃˧˥tʂəŋ˧fɑŋ˩˧˩,kæᴇ˧lie˧liɑŋ˥˧˧miæ̃˧pʰiæ̃˥˧fɑŋ˩˧˩.tsæᴇ˧tə˧tɕʰiæ̃˩˧˩tʰou˧tʂei˧li˥˧˩kʰuoŋ˧tʂuo˥˧lie·.（这空着的一般是前面那里是吧？）啊。有些它是把这个院子，前头就成了院子了。ɑ˩.iou˥˧ɕie˥˧˩tʰɑ˥˧˧sɿ˧pɑ˥˧˩tʂə˧kə˧yæ̃˧tsɿ˧,tɕʰiæ̃˩˧˩tʰou˧tɕiou˧tʂʰəŋ˩˧˩lə˧yæ̃˧˥tsɿ·lə·.（呃，

四合头就等于相当于是那个四合院？）四面都有，呃，四合院儿么，都有建筑物咧。sɿ˥miæ̃˥tou˥˧˦iou˥˧,ə˨,sɿ˥xə˨˦˨yæ̃r˥muo˧,tou˥˧˨iou˥˧tɕiæ̃˥tʂʮ˥˧˨vuo˥˧lie˧.（啊。你那个四合头土话怎么讲？）四合头么。sɿ˥xuo˨˦˨tʰou˨˦˥muo˧.（sɿ˥xuo˨tʰou˥˦？）嗯。ŋ̍˨.（那个三xuo˨tʰou˥˦？）嗯。三合头这个话都太不说。很少有人说。ŋ̍˨.sæ̃˥˧xuo˨˦˨tʰou˨˦˥tʂə˥˨kə˥˨xuɑ˥tou˥˧˨tʰæᴇ˥pu˨˥ʂuo˥˧.xəŋ˥˧ʂɑɔ˥˧iou˥˧˨zəŋ˨˦ʂuo˥˧˨.

进

（有这个两进三进这样的区分吗？）黄：这都少。嗨。tʂei˥˦tou˥˧˨ʂɑɔ˥˧.m̩˨.（以前大户人家有吗？）这面就没有啥大户人家。没有那个东西。嗯。tʂei˥˧˦miæ̃˥˨tsou˥˦mei˨˦iou˥˧sɑ˥tɑ˥xu˥zəŋ˨˦˨tɕiɑ˥˧.mei˨˦iou˥˧næᴇ˥kə˥tuoŋ˥˧ɕi˧.ə̃˨.（都是外来的逃荒的。）嗯。ŋ̍˨.（现在有起两进三进这样的吗？）没有。mei˨˦˨iou˥˧.

胡同、巷子

（你们是叫巷子还是叫胡同？）黄：叫胡同多。tɕiɑɔ˥xu˨˦˨tʰuoŋ˨˦˥tuo˥˧˨.（是城里头有胡同还是指哪一方面？）城里边都……它有胡同。tʂʰəŋ˨˦˨li˥˧piæ̃˥˧˨tou˥˧˨……tʰɑ˥˧˥iou˥˧˥xu˨˦˨tʰuoŋ˨˦˥.（你们这边，比如说现在……）我们这边的城都没有胡同。ŋuo˥˧məŋ˧tʂei˥piæ̃˥˧˨tə˧tʂʰəŋ˨˦tou˥˧˨mei˨˦iou˥˧xu˨˦˨tʰuoŋ˨˦˥.（没有胡同？）就是……我们这个胡同就说是这个旋走的这个路，啊，两面这个是有山，这中间有好长一段子距离。tɕiou˥sɿ˥……ŋuo˥˧məŋ˧tʂə˥kə˥xu˨˦˨tʰuoŋ˨˦˥tsou˥ʂuo˥˧˨sɿ˥˨tʂə˥˨kə˥˨ɕyæ̃˥˦tsou˥˧ti˧tʂə˥˨kə˥˨lou˥,ɑ˨,liɑŋ˥˧miæ̃˥tʂə˥kə˥sɿ˥iou˥˧˨sæ̃˥˧,tʂə˥tʂuoŋ˥˧˨tɕiæ̃˥˧˥iou˥˧xɑɔ˥˧tʂʰɑŋ˨˦i˥˧˨tuæ̃˥tsɿ˧tɕy˥li˨˦.（你们叫胡同？）我们叫胡同。ŋuo˥˧məŋ˧tɕiɑɔ˥xu˨˦˨tʰuoŋ˨˦˨.（不是……不是城里的那个巷吧？）不是……不是城里头那个巷。pu˨˦˨sɿ˥˦……pu˨˦˨sɿ˥tʂʰəŋ˨˦li˥˧tʰou˧nə˥kə˥ɕiɑŋ˥˨.（就是那个比如说两……两边有高山……）噢，两边有高山，中间这一段路……ɑɔ˥,liɑŋ˥˧piæ̃˥˧˦iou˥˧kɑɔ˥˧˦sæ̃˥˧˨,tʂuoŋ˥˧˨tɕiæ̃˥˦tʂei˥i˥˧˨tuæ̃˥lou˥……（这个都叫胡同啊？）噢，是比较古一点。ɑɔ˨,sɿ˥pi˥˧˥tɕiɑɔ˥ku˥˧i˥˧˨tiæ̃˥˧˨.（古一点这玩意儿？）噢，就说是，太……这个人太不……很少有人烟这个地方，就叫胡洞嗯。ɑɔ˨,tɕiou˥ʂuo˥˧˥sɿ˥,tʰæᴇ˥……tʂə˥kə˥zəŋ˨˦tʰæᴇ˥p……xəŋ˥˧ʂɑɔ˥˧iou˥˧˨zəŋ˨˦iæ̃˥˧tʂə˥kə˥ti˥fɑŋ˥˧˥,tɕiou˥tɕiɑɔ˥xu˨˦˨tuoŋ˥ŋ̍˥˧.（胡洞儿还是胡同？）胡……胡洞儿。最土的话叫胡洞儿。xu˨˦˨t……xu˨˦˨tuõr˥.tsuei˥tʰu˥˧ti˧xuɑ˥tɕiɑɔ˥xu˨˦˨tuõr˥.（噢，这个中间有路？）噢，中间有路咧。ɑɔ˨,tʂuoŋ˥˧tɕiæ̃˥˧˦iou˥˧˥lou˥lie˧.（两边是高山？）啊，两边是山，或者是这个……ɑ˥,liɑŋ˥˧˥piæ̃˥˧˥sɿ˥sæ̃˥˧,xuei˨˥tʂə˥˧˨sɿ˥tʂə˥kə˥……（那是在野外了？）野外。ie˥˧væᴇ˥.（这个在……在在城市里面啊，这个那种小巷子，啊那种就是呃很很很细小的那种街巷叫什么？）这儿这我看把那叫……tʂər˥˦tʂə˥ŋuo˥˧˨kʰæ̃˥˦pɑ˥˧˨nə˥tɕiɑɔ˥……（你看北京话叫胡同，你们叫什么？）这儿这儿……tʂər˥˦tʂər˥……（村里面也有这吧，你你看你们村里那么多人？）我们这，我们那个人住的广的。一家子离一家八十丈远。根本不存在那个问题。县城把那个叫……叫巷子。ŋuo˥˧məŋ˧tʂə˥˨,ŋuo˥˧məŋ˧nə˥kə˥zəŋ˨˦tʂʮ˥ti˧kuɑŋ˥˧ti˧.i˥˧˨tɕiɑ˥˧tsɿ˧li˥i˥˧˥tɕiɑ˥˧pɑ˥˧ʂʅ˨˦˨tʂɑŋ˥yæ̃˥˧.kəŋ˥˧˨pəŋ˥˧pu˨˦˨tsʰuoŋ˨˦˨tsæᴇ˥nə˥˦kə˥˨vəŋ˥tʰi˨˦.ɕiæ̃˥tʂʰəŋ˨˦pɑ˥˧˨nə˥kə˥tɕiɑɔ……tɕiɑɔ˥xɑŋ˥˦tsɿ˧.（巷子？）噢，县城把……合水人都把那个叫巷子。土话叫巷子。噢，你在哪……你在哪个巷子里住着咧？ɑɔ˨,ɕiæ̃˥tʂʰəŋ˨˦pɑ˥˧˨……xuo˨˦˨ʂuei˥˧zəŋ˨˦tou˥˧˥pɑ˥˧˨nə˥kə˥tɕiɑɔ˥xɑŋ˥˦tsɿ˧.tʰu˥˧xuɑ˥tɕiɑɔ˥xɑŋ˥˦tsɿ˧.ɑɔ˨,ni˥˧tsæᴇ˥nɑ˥˧˥……ni˥˧˥tsæᴇ˥nɑ˥˧˥kə˥xɑŋ˥˦tsɿ˧li˥˧˨tʂʮ˥tʂuo˥˧lie˧?

前门

黄：咱们吃饭这个地方往那面走就是前门，往这面就说是后门。tʂɑ˨˦məŋ˧tʂʰʅ˥˧˨fæ̃˥tʂə˥

kə˥ti˥faŋ˥˧˧vaŋ˥˧˩nei˥˦miæ̃˥˩tsou˥˧tɕiou˥sɿ˥tɕʰiæ̃˩˧˧məŋ˩˧˧,vaŋ˥˧˩tʂei˥˦miæ̃˥tɕiou˥suo˥˧˧sɿ˥xou˥məŋ˩˧˩.（这个前门叫不叫头门？）也有叫头门的。ie˥˧iou˥˧tɕiao˥tʰou˩˧məŋ˩˧˧ti˧.（你……你们你们到底叫什么？）我们这个地方多一半儿都叫前门，叫头门的寥寥的反正。ŋuo˥˧məŋ˧tʂə˥˦kə˥˩ti˥˨faŋ˥˧˧tuo˥˧i˥˧˩pæ̃r˥tou˥˧˩tɕiao˥tɕʰiæ̃˩˧məŋ˩˧˧,tɕiao˥tʰou˩˧məŋ˩˧˩ti˧liao˩˧liao˩˧˧ti˧fæ̃˥˧˩tʂəŋ˥.

过道儿

黄：过道儿倒有咧。你看咱们走的冯老师家过去那那那个就叫过道儿。kuo˥˨taor˥˨tao˥iou˥˧lie˧.ni˥˧˧kʰæ̃˥tsa˩˧məŋ˧tsou˥˧tə˧fəŋ˩˧˩lao˥˧sɿ˥˧˩æ˧（←tɕia˥˧）kuo˥tɕʰy˥nə˥˩nə˥˩nə˥kə˥tɕiou˥tɕiao˥kuo˥taor˥˩.（冯老师哪哪个地方过道？）咱们往进走那个大门就是过道儿么。tsa˩˧məŋ˧vaŋ˥˧˩tɕiŋ˥tsou˥˧˧nə˥kə˥ta˥məŋ˩˧tɕiou˥˩sɿ˥˩kuo˥taor˥muo˧.

照壁子

（影壁？）黄：影壁子。iŋ˥˧pi˥˧˩tsɿ˧.（你们叫什么？）也叫影壁子。ie˥˧tɕiao˥iŋ˥˧pi˥˧˩tsɿ˧.（影壁子还是照壁子？）照壁子。那就说是，迷信的说法来说是，你比如你这个庄向，像他这个这个庄子这个房这么个盖着，是面向南着咧，它是面向南的，或者对面儿这个山，或者是哪一条沟，对这个庄子从风水先生说是不利。他给前头垒一座墙，这就叫照壁子。tʂao˥˨pi˥˧˩tsɿ˧.næᴇ˥˦tsou˥˦ʂuo˥˧˩sɿ˥˩,mi˩˧˩ɕiŋ˥˦ti˧ʂuo˥˧fa˥˧˩læᴇ˩˧˩ʂuo˥˧˩sɿ˥,ni˥˧pi˥˧ʐʯ˩˧˩ni˥˧tʂə˥kə˥tʂuaŋ˥˧˩ɕiaŋ˥,ɕiaŋ˥tʰa˥˧˧tʂə˥kə˥tʂə˥˩kə˥˦tʂuaŋ˥˧˧tsɿ˧tʂə˥kə˥faŋ˩˧tʂə˥muo˧kə˥kæᴇ˥tʂə˧,sɿ˥miæ̃˥ɕiaŋ˥næ̃˩˧˩tʂuo˥˧lie˧,tʰa˥˧˩sɿ˥˩miæ̃˥ɕiaŋ˥næ̃˩˧tə˧,xuei˩˧˦tʂə˥˧˩tuei˥miæ̃r˥tʂə˥kə˥sæ̃˥˧,xuei˩˧˦tʂə˥˧˩sɿ˥na˥˧i˥˧˩tʰiao˩˧kou˥˧,tuei˥tʂə˥kə˥tʂuaŋ˥˧tsɿ˧tsʰuoŋ˩˧fəŋ˥˧ʂuei˥˧˩ɕiæ̃˥˧səŋ˥˧˩ʂuo˥˧˩sɿ˥˩pu˩˧˩li˥.tʰa˥˧˧kei˥tɕʰiæ̃˩˧˩tʰou˧luei˥˧i˥˧˩tsuo˥tɕʰiaŋ˩˧,tʂei˥tɕiou˥tɕiao˥˩tʂao˥pi˥˧tsɿ˧.（你们不叫影壁吧？）不叫影壁子。pu˩˧˧tɕiao˥iŋ˥˧˧pi˥˧tsɿ˧.

偏门子

（偏门儿？）黄：不是正门，有的叫后门，有的叫偏门子。pu˩˧˩sɿ˥˩tʂəŋ˥məŋ˩˧,iou˥˧ti˧tɕiao˥xou˥məŋ˩˧˩,iou˥˧ti˧tɕiao˥pʰiæ̃˥˧məŋ˧tsɿ˧.（偏门子还是岔门子？）啊。a˩.（岔门，小门，偏门子？）这都是有咧。啊。tʂə˥˦tou˥˧˧iou˥˧˧lie˧.a˩.（你们到底……到底就说通行的叫法是什么本地老百姓？）通行的兀是大门、后门、偏门子。tʰuoŋ˥˧ɕiŋ˩˧˧ti˧və˥˦sɿ˥˩ta˥məŋ˩˧,xou˥məŋ˩˧,pʰiæ̃˥˧məŋ˧tsɿ˧.（偏门子？）嗯。这都是指小门。你比如这个，一圈都是院墙，那院墙外头有个猪圈或者是厕所，从偏门子出去就到了。这就是所谓挖那么个圆洞洞最近，钻……搞个门门进来。ə̃˥˧.tʂei˥˦tou˥˧˧sɿ˥tsɿ˥˧ɕiao˥˧məŋ˩˧˩.ni˥˧˧pi˥˧ʐʯ˩˧˩tʂə˥kə˥,i˥˧˩tɕʰyæ̃˥˧tou˥˧˩sɿ˥˩yæ̃˥˨tɕʰiaŋ˩˧˩,nə˥yæ̃˥˨tɕʰiaŋ˩˧˩væᴇ˥tʰou˧iou˥˧kə˥˩tʂʯ˥˧˩tɕyæ̃˥xuei˩˧˧tʂə˥˧˩sɿ˥˩tsʰə˥˧˩suo˥˧,tsʰuoŋ˩˧pʰiæ̃˥˧məŋ˩˧˩tsɿ˧tʂʰʯ˥˧tɕʰi˥˩tɕiou˥tao˥˨lə˧.tʂei˥tɕiou˥˩sɿ˥˩suo˥˧˧vei˥va˥˧nə˥muo˧kə˥yæ̃˩˧˩tuoŋ˥˨tuoŋ˥˩tsuei˥tɕiŋ˥,tsuæ̃˥……kao˥˧kə˥˩məŋ˩˧məŋ˩˧˧tɕiŋ˥læᴇ˩˧˩.

（二）房屋

上房、下房

黄：左边儿为上就叫上房，右边儿为下就叫下房。窑洞也一样，任何地方都是左为上，右为下。tsuo˥˧piæ̃r˥˧˩vei˩˧˩ʂaŋ˥tɕiou˥tɕiao˥ʂaŋ˥faŋ˩˧˩,iou˥piæ̃r˥˧˩vei˩˧˩ɕia˥˦tɕiou˥tɕiao˥ɕia˥faŋ˩˧˩.iao˩˧˩tuoŋ˥˦ia˥˧˩i˥˧˩iaŋ˥,ʐəŋ˥˦xuo˩˧ti˥faŋ˥˧˩tou˥˨sɿ˥tsuo˥˧vei˩˧˩ʂaŋ˥,iou˥vei˩˧˩ɕia˥.

起脊

（那个你们铺完了……房梁……房……房脊是这样的哈……）黄：嗯。ŋ̍˧˩.（顶上还……就房梁上……房脊上，你们是叫铺……）起脊咧么。tɕʰi˥˧˦tɕi˥˧lie˧muo˧.（啊？）起脊咧。房脊么。tɕʰi˥˧˦tɕi˥˧lie˧.faŋ˩˧tɕi˥˧muo˧.（盖……盖那……你们房脊叫什么东西？）脊呀，起个脊么，房脊么。tɕi˥˧ia˧,tɕʰi˥˧kə˥˧˩tɕi˥˧muo˧,faŋ˩˧tɕi˥˧muo˧.（房脊上还要盖一层瓦。盖不盖？）盖一层瓦，上头再……有的是直接放瓦头几层子。有些瓦头起再压一层子砖么。kæᴇ˥i˥˧˦tsʰəŋ˩˧˧˩va˥˧,ʂaŋ˥tʰou˦tsæᴇ˥tsʰ……iou˥˧ti˧sɿ˥˧˩tʂɿ˩˧tɕie˥˧˧˩faŋ˥va˥˧tʰou˩˧tɕi˥˧tsʰəŋ˩˧tsɿ˧.iou˥˧ɕie˥˧˦va˥˧tʰou˩˧˧˩tɕʰie˥˧˦tsæᴇ˥nia˥i˥˧˧˩tsʰəŋ˩˧˧˩tsɿ˦tʂuæ̃˥˧muo˧.（那顶上那个瓦呢叫什么瓦？房房顶上，房脊上那个瓦？）房顶上那……脊瓦么。faŋ˩˧˧˩tiŋ˥˧ʂaŋ˥næᴇ˥……tɕi˥˧˧˩va˥˧muo˧.（那你们像那个有瓦当叫流水瓦吧？）啊，流水瓦。而且上头现在现在的盖房，欸咿，都不用那些东西了。都是水泥做成的那种脊兽，啊，都是……a˥,liou˩˧˧˩ʂuei˥˧va˥˧˧˩.ər˩˧tɕʰie˥˧˧˩ʂaŋ˥˧˥tʰou˧ɕiæ̃˥tsæᴇ˥ɕiæ̃˥˧˥tsæᴇ˥˧˥ti˧kæᴇ˥faŋ˩˧,ei˥i˧˩,tou˥˧˧˩pu˩˧˧˩yoŋ˥nei˥ɕie˥˧˦tuoŋ˥˧ɕi˧lə˧.tou˥˧˦sɿ˥ʂuei˥˧ni˩˧tsuo˥˧˥tʂʰəŋ˩˧˧˩ti˦nei˥tʂuoŋ˥˧˧˩tɕi˥˧˧˩ʂou˥,a˧˩,tou˥˧˧˩sɿ˥……（那个红色的那个呢？）啊，红……都给你斗的兀兀陶空的那种，有这个欸老寿字，或者是陶成这个花形的，陶个花瓶，直接那一层子关系。两边的房头还带个……房脊的那个兽。a˧˩,xuoŋ˩˧……tou˥˧˦kei˥ni˥˧˦tou˥ti˦væᴇ˥væᴇ˥tʰaɔ˩˧˧˩kʰuoŋ˥˧ti˧nei˥tʂuoŋ˥˧˧˩,iou˥˧˦tʂə˥kə˥ei˥laɔ˥˧ʂou˥˧˥tsɿ˥˧˩,xuei˩˧˦tʂə˥˧˧˩sɿ˥˧˩tʰaɔ˩˧˧˩tʂʰəŋ˩˧tʂə˥kə˥xua˥˧ɕiŋ˩˧ti˦,tʰaɔ˩˧˦kə˥xua˥˧˧˩pʰiŋ˩˧,tʂɿ˩˧˥tɕie˥˧˧˩lei˥i˥˧˦tsʰəŋ˩˧˧˩tsɿ˦kuæ̃˥˧ɕi˧.liaŋ˥˧piæ̃˥˧˦ti˦faŋ˩˧tʰou˩˧xa˩˧˧˩tæᴇ˥kə˥ʂ……faŋ˩˧tɕi˥˧ti˧nei˥kə˥ʂou˥.（我看你们这儿还有什么鸽子还是什么东西？）啊，那都是放顶上。这个正中间么，搞个万年青。a˧˩,nei˥˧˥tou˥˧˧˩sɿ˥˧˩faŋ˩˧tiŋ˥˧ʂaŋ˥˧˩.tʂə˥˧˩kə˥˧˩tʂəŋ˥tʂuoŋ˥˧˧˩tɕiæ̃˥˧˦muo˦,kaɔ˥˧kə˥˧˩væ̃˥niæ̃˩˧tɕʰiŋ˥˧.（噢，那叫万年青是吧？）呃，万年青那么个。ə˧˩,væ̃˥niæ̃˩˧tɕʰiŋ˥˧nə˥muo˦kə˥.（就就这玩意儿是……看那个对面儿？）就是噢，对的，就是万年青。tɕiou˥˧˩sɿ˥˧˥aɔ˥,tuei˥ti˧.tɕiou˥tɕiaɔ˥væ̃˥niæ̃˩˧tɕʰiŋ˥˧.（所以搞个卐字嘛。）噢，万年青。两面两头儿这个叫脊兽嘛。aɔ˧˩,væ̃˥niæ̃˩˧tɕʰiŋ˥˧.liaŋ˥˧miæ̃˥liaŋ˥˧tʰour˩˧tʂə˥kə˥tɕiaɔ˥tɕi˥˧˧˩ʂou˥ma˧.（就是那……那个……）奓起来那个云子嘛。tsa˥˧˥tɕʰi˥˧læᴇ˩˧˦nə˥kə˥yoŋ˩˧˧˩tsɿ˦ma˧.（那个那两只鸟叫什么呢？）鸽子么，和平鸽么。kə˥˧tsɿ˧muo˧,xə˩˧pʰiŋ˩˧kə˥˧muo˧.（不是……那个那个它它是……我知道那个动物是鸽子，但是这个瓦呢？）那是专门儿放石灰做成的。nə˥sɿ˥tʂuæ̃˥˧˧˩mə̃r˩˧faŋ˥ʂɿ˩˧˧˩xuei˥˧tsuɿ˥tʂʰəŋ˩˧˧˩ti˧.（没有名称？）没有名称。mei˩˧iou˥˧˧˩miŋ˩˧tʂʰəŋ˩˧˧˩.（为什么用鸽子呢？）平安。pʰiŋ˩˧næ̃˥˧˧˩.（和平鸽。）和平鸽。xə˩˧pʰiŋ˩˧˧˩kə˥˧.（呵呵呵呵，有这个意思吗？）啊。万年青是万年……长寿么。它那个云兽么，两两头那个你看房头那个咋的？云兽么。a˥.væ̃˥niæ̃˩˧tɕʰiŋ˥˧sɿ˥˧˩væ̃˥niæ̃˩˧tʂʰ……tʂʰaŋ˩˧ʂou˥muo˧.tʰa˥˧˦nə˥kə˥yoŋ˩˧ʂou˥muo˧,liaŋ˥˧liaŋ˥˧tʰou˩˧nə˥kə˥ni˥˧˦kʰæ̃˥nə˥kə˥faŋ˩˧tʰou˩˧nə˥kə˥tsa˥˧ti˧?yoŋ˩˧ʂou˥muo˧.（这个……你们有没有瓦条这个称呼？）没有。muo˥˧˧˩iou˥˧˦.（没有？就很多那个碎瓦子你们这分不分的你们有各种各样的称呼？）有叫瓦砾子，碎瓦就叫瓦片儿的。iou˥˧tɕiaɔ˥va˥˧li˥˧˧˩tsɿ˧,suei˥va˥˧tɕiou˥˧˩tɕiaɔ˥˧˩va˥˧pʰiær˥˧ti˧.（瓦片儿？）噢，那一般都是碎物了，没有用的东西。aɔ˧˩,nei˥˧˥i˥˧˧˩pæ̃˥˧tou˥˧˧˩sɿ˥˧˩suei˥vuo˥˧˧˩lə˧,muo˥˧˧˩iou˥˧˦yoŋ˥ti˦tuoŋ˥˧˧˩ɕi˧.（老百姓叫那种东西叫什么？）有这种东西，但是老百姓不常叫。但文物上有时候有。iou˥˧tʂei˥tʂuoŋ˥˧˦tuoŋ˥˧ɕi˧,tæ̃˥sɿ˥laɔ˥˧pei˥˧˧˩ɕiŋ˥˧˥pu˩˧˧˩tʂʰaŋ˩˧tɕiaɔ˥.tæ̃˥vəŋ˩˧vuo˥˧ʂaŋ˥˧˩iou˥˧˦ʂɿ˩˧˦xou˥iou˥˧˧˩.

厦子

1.（那个厢房叫不叫厦子？）黄：偏面子盖上那房有叫厦子的。pʰiæ̃˥˧miæ̃˥tsɿ˧˩kæᴇ˥˧˥ʂa

ŋ˥na˥faŋ˩iou˥tɕiao˥sa˥tsɿ˩ti˩.（那是……厦子是指……是指房屋是……房坡是斜的还是怎么的？）斜的。ɕie˩ti˩.（一面斜的还是两面斜？）一面斜。i˥miæ̃˥ɕie˩.（一面斜的就叫厦子是吧？）嗯，厦子。ŋ̍˩,sa˥tsɿ˩.

2. 冯：咱们这儿人就经常念这个厦字咧。为啥？咱们把盖下两边儿水的这下水的这个房叫鞍架房，这是两边儿出水嘛。如果说是一边出水的房子，叫厦子。厦。我问你盖了个盖了个嗯鞍架么你盖咧个厦子？我盖了个厦子。tsa˩məŋ˩tʂər˥zəŋ˩tɕiou˥tɕiŋ˥tʂʰaŋ˩niæ̃˥tsə˥kə˥sa˥tsɿ˥lie˩.vei˥sa˥?tsa˩məŋ˩pa˥kæᴇ˥xa˥liaŋ˥piær˥ʂuei˥ti˩tʂei˥ɕia˥ʂuei˥ti˩tʂei˥kə˥faŋ˩tɕiao˥næ̃˥tɕia˥faŋ˩,tʂə˥sɿ˥liaŋ˥piær˥tʂʰʮ˥ʂuei˥ma˩.zʮ˩kuo˥ʂuo˥sɿ˥i˥piæ̃˥tʂʰʮ˥ʂuei˥ti˩faŋ˩tsɿ˩,tɕiao˥sa˥tsɿ˩.sa˥.ŋuo˥vəŋ˥ni˥kæᴇ˥lə˩kə˥kæᴇ˥lə˩kə˥õ˩næ̃˥tɕia˥muo˩ni˥kæᴇ˥lie˩kə˥sa˥tsɿ˩?ŋuo˥kæᴇ˥lə˩kə˥sa˥tsɿ˩.

倒撅尻厦子

黄：噢，那是那个撅……倒撅尻厦子。你就像这个墙，这个院的话，在那个……在那个那个那个碎窑洞这个这一溜溜盖……盖厦子的话，那就是撅尻……倒撅尻厦子么。高的那一面在后头咧嘛，前面低嘛。倒撅尻厦子。这个院的面向这么个着咧么你。这个面是这么个，那个面可朝这么个咧，这个厦子都是倒撅尻厦子。ao˩,næᴇ˥sɿ˥nə˥kə˥tɕyo……tao˥tɕyo˥kou˥sa˥tsɿ˩.ni˥tsou˥ɕiaŋ˥tʂə˥kə˥tɕʰiaŋ˩,tʂə˥kə˥yæ̃˥ti˩xua˥,tsæᴇ˥næᴇ˥kə˥tɕʰi……tsæᴇ˥nə˥kə˥nə˥kə˥nə˥kə˥suei˥iao˩tuoŋ˥tʂə˥kə˥tʂei˥i˥liou˥liou˥kæᴇ˥……kæᴇ˥sa˥tsɿ˥ti˩xua˥,næᴇ˥tsou˥sɿ˥tɕyo˥kou˥……tao˥tɕyo˥kou˥sa˥tsɿ˥muo˩.kao˥ti˩nei˥i˥miæ̃˥tsæᴇ˥xou˥tʰou˩lie˩ma˩,tɕʰiæ̃˩miæ̃˥ti˥ma˩.tao˥tɕyo˥kou˥sa˥tsɿ˩.tʂə˥kə˥yæ̃˥ti˩miæ̃˥ɕiaŋ˥tʂə˥muo˩kə˥tʂə˩lie˩muo˩ni˥.tʂə˥kə˥miæ̃˥sɿ˥tʂə˥muo˩kə˥,nə˥kə˥miæ̃˥kʰə˥tʂʰao˩tʂə˥muo˩kə˥lie˩,tʂə˥kə˥sa˥tsɿ˩tou˥sɿ˥tao˥tɕyo˥kou˥sa˥tsɿ˩.（噢，就是这个前面低，后面高是吧？）后面高么，倒撅尻厦子。xou˥miæ̃˥kao˥muo˩,tao˥tɕyo˥kou˥sa˥tsɿ˩.（后面高？）啊。这个厦子你这个欹这么个盖下去咧，你前头低么。内来流水的嘛。a˩.tʂə˥kə˥sa˥tsɿ˩ni˥tʂə˥kə˥tɕʰi˥tʂə˥muo˩kə˥kæᴇ˥xa˥tɕʰi˥lie˩,ni˥tɕʰiæ̃˩tʰou˩ti˥muo˩.luei˥læᴇ˩liou˩ʂuei˥ti˩ma˩.（它这个坡朝着那个，朝着街道。）啊，朝街道了么。a˩,tʂʰao˩tɕie˥tao˥lə˩muo˩.

鞍间

（这个鞍间呢？）黄：有这个说法咧。鞍间。iou˥tʂə˥kə˥ʂuo˥fa˥lie˩.næ̃˥tɕiæ̃˥.（鞍间到底是个什么意思啊？）鞍间的，鞍间房，鞍间房是……是这个两面流水的叫鞍间。鞍间房。næ̃˥tɕiæ̃˥ti˩,næ̃˥tɕiæ̃˥faŋ˩,næ̃˥tɕiæ̃˥faŋ˩sɿ˥……sɿ˥tʂə˥kə˥liaŋ˥miæ̃˥liou˩ʂuei˥ti˩tɕiao˥næ̃˥tɕiæ̃˥.næ̃˥tɕiæ̃˥faŋ˩.（噢，两面流的？）噢，两面流水的。它是起脊以后它是这样流水的。这叫鞍间房了。你厦子就是……就是这一面流水。ao˩,liaŋ˥miæ̃˥liou˩ʂuei˥ti˩.tʰa˥sɿ˥tɕʰi˥tɕi˥i˥xou˥tʰa˥sɿ˥tʂei˥iaŋ˥liou˩ʂuei˥ti˩.tʂei˥tɕiao˥næ̃˥tɕiæ̃˥faŋ˩lə˥.ni˥sa˥tsɿ˩tsou˥sɿ˥……tsou˥sɿ˥tʂei˥i˥miæ̃˥liou˩ʂuei˥.（噢，一面流水的那种？）哎，一面流水，这面儿是个垂直的么。æᴇ˩,i˥miæ̃˥liou˩ʂuei˥,tʂei˥miær˥sɿ˥kə˥tʂʰuei˩tʂʅ˩ti˩muo˩.

一搭椽、两搭椽

1.（鞍间还有别的说法吗？）黄：鞍间，别的说法倒没有了。næ̃˥tɕiæ̃˥,pie˩ti˩ʂuo˥fa˥tao˥mei˩iou˥lə˩.（叫不叫两椽？）没有。muo˥iou˥.（呃，两……两搭拉？）我们这两……两搭拉，这儿这在我们这儿这这个两搭拉它是指的这个……指的这个椽短的很，一搭椽，两搭椽。就……ŋuo˥məŋ˩tʂə˥liaŋ˥……liaŋ˥ta˥la˩,tʂər˥tʂə˥tsæᴇ˥ŋuo˥məŋ˩tʂər˥tʂə˥

tʂə˥꜖kə˥꜖liaŋ˥˧꜔ta˥˧la·tʰa˥˧꜖sɿ˥꜖tsɿ˥˧ti·tʂə˥kə˥……tsɿ˥˧ti·tʂə˥kə˥tʂʰuæ̃˩˧tuæ̃˥˧ti·xəŋ˥˧꜖,i˥˧꜓ta˥˧꜖tʂʰuæ̃˩˧,liaŋ˥˧ ta˥˧꜖tʂʰuæ̃˩˧꜖.tɕiou˥꜓……（两搭椽？）啊，就……就说是从这个地方到这儿这，它是个……这时候都还有讲个几檩咧嘛。这个……这上头是……有掌……有是……呃，有的是这个五檩的，有的是七檩的。噢，是……它是这么个，它有檩条儿咧嘛。这个一搭椽么它是从这个地方到这儿这来，这个椽长得很。像我们这房子就说是……ŋã˥,tɕiou˥……tɕiou˥꜓suo˥˧꜖sɿ˥ ꜖tsʰuoŋ˩˧꜖tʂə˥꜓kə˥꜓ti˥faŋ˥˧꜔tao˥tʂər˥꜓tʂə˥꜖,tʰa˥˧sɿ˥kə˥……tʂə˥꜓sɿ˩˧꜖xou˥tou˥˧꜔xæᴇ˩˧꜖iou˥˧꜔tɕiaŋ˥˧kə˥꜖tɕ i˥˧liŋ˥˧lie·ma·.tʂə˥꜖kə˥꜓tʂɥ……tʂə˥꜓ʂaŋ˥꜓tʰou·sɿ˥꜖i……iou˥˧tʂaŋ˥˧……iou˥˧sɿ˥……ə꜖,iou˥˧ti·sɿ˥tʂə˥ kə˥vu˥˧꜖liŋ˥˧ti·,iou˥˧ti·sɿ˥tɕʰi˥˧liŋ˥˧꜖ti·.ao꜖,sɿ˥꜖……tʰa˥˧꜔sɿ˥tʂə˥꜓muo·kə˥,tʰa˥˧꜖iou˥˧liŋ˥˧tʰiaor˩˧꜖lie·ma·.tʂə˥kə˥i˥˧꜓ta˥˧tʂʰuæ̃˩˧muo·tʰa˥˧꜖sɿ˥꜖tsʰuoŋ˩˧꜖tʂə˥꜓kə˥꜓ti˥faŋ˥˧꜔tao˥tʂər˥꜓tʂə˥꜖læᴇ˩˧꜖,tʂə˥kə˥tʂʰuæ̃˩˧tʂʰaŋ ˩˧꜖tei˥˧xəŋ˥˧꜖.ɕiaŋ˥ŋuo˥˧məŋ·tʂə˥faŋ˩˧tsɿ·tsou˥suo˥˧꜔sɿ˥……（就一直从房脊到了房檐？）啊，到房檐就这一根椽。两搭椽它是这个贯……这个叫贯椽子。这个贯椽子短得很。它一搭只能搭在这儿，必须再拿一根椽。这就叫一搭……a꜖,tao˥faŋ˩˧iæ̃˩˧꜔tɕiou˥tʂə˥i˥˧꜓kəŋ˥˧tʂuæ̃˩˧꜖.liaŋ˥˧ta˥˧ ꜖tʂʰuæ̃˩˧tʰa˥˧sɿ˥꜖tʂə˥꜖kə˥꜖kuæ̃˥……tʂə˥kə˥tɕiao˥kuæ̃˥꜓tʂʰuæ̃˩˧꜖tsɿ·.tʂə˥kə˥kuæ̃˥꜓tʂʰuæ̃˩˧꜖tsɿ·tuæ̃˥˧tə·xəŋ˥˧꜖.tʰa˥˧꜖i˥˧꜓ta˥˧tsɿ˥˧꜖nəŋ˩˧ta˥˧tsæᴇ˥꜖tʂər˥,pi˥˧꜓ɕy˥˧꜖tsæᴇ˥na˩˧i˥˧kəŋ˥˧꜖tʂʰuæ̃˩˧꜖.tʂei˥tɕiou˥tɕiao˥i˥˧꜓ta˥˧……（贯椽子？）贯椽子，嗯。这个是这个，这个房，我们这儿这个盖房它这个结构来说是，你比如说是这个，这是两间房到这儿这啊。两间房下来，到这个地方这个，这个檩条儿就没有这么长。你像那个房盖上五间房的话，那瞅下几丈长，就没有……不可没有这么长的檩条儿么。檩条儿一般都是一丈一二的。它这个地方，到这儿这来的话，它必须有一个大栿咧。这有一个大栿在这个地方咧。就是你没买……kuæ̃˥tʂʰuæ̃˩˧tsɿ·,ə̃꜖.tʂə˥kə˥꜓sɿ˥tʂə˥kə˥,tʂə˥kə˥faŋ˩˧,ŋuo˥˧məŋ·tʂər˥꜓tʂə˥kə˥kæᴇ˥faŋ˩˧tʰa˥˧꜓tʂə˥kə˥tɕie˥˧꜖kou˥꜓læᴇ˩˧꜓ʂuo˥˧꜔sɿ˥,ni˥˧pi˥˧ʐ ɥ˩˧꜖ʂuo˥˧꜔sɿ˥tʂə˥kə˥,tʂə˥sɿ˥liaŋ˥˧tɕiæ̃˥˧꜖faŋ˩˧tao˥tʂər˥tʂə˥a꜖.liaŋ˥˧tɕiæ̃˥˧꜖faŋ˩˧xa˥læᴇ˩˧꜔,tao˥tʂə˥kə˥ti˥꜖ faŋ˥˧꜖tʂə˥kə˥,tʂə˥kə˥liŋ˥˧tʰiaor˩˧tsou˥mei˩˧iou˥˧꜔tʂə˥muo·tʂʰaŋ˩˧.ni˥˧꜔ɕiaŋ˥næᴇ˥kə˥faŋ˩˧kæᴇ˥ʂaŋ˥꜓vu˥˧ tɕiæ̃˥˧꜖faŋ˩˧ti·xua˥,næᴇ˥tʂʰou˥˧xa˥tɕi˥˧꜔tʂaŋ˥tʂʰaŋ˩˧,tsou˥mei˩˧iou˥˧……pu˩˧꜖kʰə˥˧nəŋ˩˧iou˥˧꜔tʂə˥muo·t ʂʰaŋ˩˧ti·liŋ˥˧tʰiaor˩˧muo·.liŋ˥˧tʰiaor˩˧i˥˧꜓pæ̃˥˧tou˥˧꜔sɿ˥i˥˧꜖tʂaŋ˥i˥˧꜖ər˥ti·.tʰa˥˧꜖tʂə˥kə˥ti˥faŋ˥˧꜖,tao˥tʂər˥꜓tʂ ə˥læᴇ˩˧ti·xua˥꜖,tʰa˥˧꜖pi˥˧꜓ɕy˥˧꜔iou˥˧i˥˧꜖kə˥꜖ta˥fu˩˧lie·.tʂə˥iou˥˧i˥˧꜖kə˥꜖ta˥fu˩˧tsæᴇ˥tʂə˥kə˥ti˥꜓faŋ˥˧꜖lie·. tsou˥꜖sɿ˥꜖ni˥˧꜔mei˩˧꜖mæᴇ˥˧꜔……（噢，就是那个三角形的架子啊？）噢，三角形那个架子必须把上头个檩条儿撑住。ao꜖,sæ̃˥˧tɕiao˥˧꜖ɕiŋ˩˧nə˥kə˥tɕia˥tsɿ·pi˥˧꜔ɕy˥˧꜔pa˥˧꜖ʂaŋ˥tʰou·kə˥liŋ˥˧tʰiaor ˩˧tʂʰəŋ˥˧꜔tʂɥ˥.（叫……那个叫什么？）叫大栿。tɕiao˥ta˥fu˩˧.（哪个大栿？）大……ta˥……（大栿？）噢，栿。ao꜖,fu˩˧.（辐条的辐吗？）就是这个栿。tɕiou˥sɿ˥tʂə˥꜓kə˥꜓fu˩˧꜖.（楼栿的栿噢？）嗯。ŋ̍꜖.（是不是楼栿的栿啊？）楼栿的栿。嗯。大栿。啊，檩……檩子是檩条儿。lou˩˧fu˩˧꜓ti·fu˩˧꜖.ŋ̍꜖.ta˥fu˩˧꜖.a˥,l……liŋ˥˧tsɿ·sɿ˥liŋ˥˧tʰiaor˩˧.（噢，这个……这个就是跟那个房脊平行的那个？）这叫檩条儿么。tʂei˥tɕiao˥liŋ˥˧tʰiaor˩˧muo·.（那叫檩条儿？）啊。和这个房脊呈垂直角度的，这叫哎……这叫檩条儿。大栿是这个敛也是和这个是平行的。这个上头檩条儿么是指这个像这样横着放的这个叫檩条儿。这么个放下来的叫贯椽。a꜖.xuo˩˧꜖tʂə˥kə˥faŋ˩˧tɕi˥˧tʂʰəŋ˩˧꜖tʂʰuei˩˧꜓tʂɥ˩˧꜓tɕyo˥˧꜖tu˥ti·,tʂei˥tɕiao˥æᴇ˥……tʂei˥꜓tɕiao˥liŋ˥˧tʰiaor˩˧꜖.ta ˥fu˩˧꜓sɿ˥tʂə˥kə˥ei˥lie˥˧sɿ˥xuo˩˧꜓tʂə˥kə˥sɿ˥pʰiŋ˩˧ɕiŋ˩˧꜓ti·.tʂə˥kə˥ʂaŋ˥꜓tʰou·liŋ˥˧tʰiaor˩˧muo·sɿ˥tsɿ˥˧tʂə˥kə˥ ɕiaŋ˥꜖tʂei˥˧iaŋ˥꜖xəŋ˩˧tʂuo˥˧꜖faŋ˥ti·tʂə˥kə˥tɕiao˥liŋ˥˧tʰiaor˩˧.tʂə˥꜓muo·kuo˥faŋ˥xa˥læᴇ˩˧꜖ti·tɕiao˥kuæ̃˥ ꜓tʂʰuæ̃˩˧꜖.

2.（噢，有这个三……三椽房、四椽房这样说法吗？）黄：那它就是那前塬那些喜欢的。那个没有木头。我们还是兀挑那木头，谁给你咧。我们两搭椽都没得。一搭椽都出去……我们那贯椽子要一丈五尺长咧。næᴇ˧˥tʰa˥˧tɕiou˧˥sʅ˧˩næᴇ˧tɕʰiæ̃˩˧yæ̃˩˥nei˧˩ɕie˥˩ɕi˥xuæ̃˥˩ti˧.nə˧kə˧muo˥˩iou˥˧mu˥tʰou˧.ŋuo˥mən˧xa˩˨sʅ˧və˧tʰiao˥nə˧˥mu˥tʰou˧,sei˩kei˧ni˥˧lie˧.ŋuo˥mən˧liaŋ˥ta˥˩tʂʰuæ̃˩˥tsou˧mei˩˥tei˥˧.i˥˦ta˥˩tʂʰuæ̃˩tou˥˩tʂʰʮ˥tɕʰi˧˩……ŋuo˥˧mən˧næᴇ˧kuæ̃˧˦tʂʰuæ̃˩˥tsʅ˧liao˧i˥˩tʂaŋ˧vu˥tʂʰʅ˥˩tʂʰaŋ˩˨lie˧.（噢。那有这木材都都有这么多啊这么好啊？）呃山上有的是，我挑的挑的斫好的咧么。ə˥sæ̃˥ʂaŋ˧˩iou˥ti˧sʅ˧,ŋuo˥˧tʰiao˥tə˧tʰiao˥tə˧tʂuo˥˧xao˥˧ti˧lie˧muo˧.（那现在不让你砍了呢？）不让砍咧，现在都……都上的是水泥椽么。水泥椽，水泥檩子么。水泥檩子它最起码有一……有四米的咧么。四米杆三四就一丈二了。pu˩˨zaŋ˧kʰæ̃˥lie˧,ɕiæ̃˧tsæᴇ˧tou˥˩n……tou˥˩ʂaŋ˧ti˧sʅ˧ʂuei˥ni˩tʂʰuæ̃˩˨muo˧.ʂuei˥ni˩tʂʰuæ̃˩˥,ʂuei˥˧ni˩˥liŋ˥tsʅ˧muo˧.ʂuei˥˧ni˩˥liŋ˥˧tsʅ˧tʰa˥˧tsuei˧tɕʰi˥˧ma˥˧iou˥˧i˥˩……iou˥˧sʅ˧˦mi˥˩ti˧liem˧.sʅ˧mi˥˧kæ̃˥˩sæ̃˥˩sʅ˧˥tsou˧i˥˧tʂaŋ˧ər˧lə˧.

檩条儿

1.（这个檩子叫不叫檩条子？）黄：叫……叫檩条子嘛，也叫檩条子么。tɕiao……tɕiao˧liŋ˥˧tʰiao˩˥tsʅ˧ma˧,ie˥˧tɕiao˧liŋ˥tʰiao˩˨tsʅm˧.（就是檩子是吧？）啊。a˩.（檩条子跟檩子是一样的？）噢，檩条儿，这个"子"字一般都不需……ao˩,liŋ˥tʰiaor˩,tʂei˧˩kə˧˩tsʅ˥tsʅ˧˩i˥˧pæ̃˥tou˥˩pu˩˨ɕy˥˩……（檩条儿跟檩是一回事不？）一回事，啊。i˥˩xuei˩sʅ˧,a˩.

2.（这个房脊上的那根……那一根檩呢？）黄：中檩。第二根檩子叫二……叫二檩嘛。tʂuoŋ˥˩liŋ˥.ti˧˩ər˧˥kəŋ˥˧liŋ˥tsʅ˧tɕiao˧ər˧˩……tɕiao˧˩ər˧liŋ˥˩ma˧.（从……是从顶上往下数是吧？）啊，从上头往下数嘛。中檩，二檩，三檩嘛。最后到口口上这个叫檐檩么。a˩,tsʰuoŋ˩˨ʂaŋ˧tʰou˧vaŋ˥˩xa˧ʂʮ˥˩ma˧.tʂuoŋ˥˩liŋ˥,ər˧˦liŋ˥˩,sæ̃˥˩liŋ˥ma˧.tsuei˧xou˧tao˧kʰou˥kʰou˥˩ʂaŋ˧˩tʂə˧kə˧tɕiao˧iæ̃˩˨liŋ˥muo˧.（有这个槽檩这个说法吗？）太没有。tʰæᴇ˧mei˩iou˥˩.（它是这个三椽或者四椽房子当中，架在大梁上面的那个檩子。）就是的。tɕiou˧sʅ˧ti˧.（叫……叫不叫槽檩？）我们这边儿不叫。那是前塬叫咧。我们这面儿不叫。ŋuo˥mən˧tʂei˧piæ̃r˥˧pu˩˨tɕiao˧˩.nə˧sʅ˧tɕʰiæ̃˩yæ̃˩˥tɕiao˧˩lie˧.ŋuo˥mən˧tʂei˧miæ̃r˧pu˩˨tɕiao˧.（你……你们叫什么呢？）我们那就是一檩、二檩、三檩、四……这檐檩是就……就把它代表完了。ŋuo˥mən˧næᴇ˧tɕiou˧sʅ˧i˥˩liŋ˥˧,ər˧liŋ˥˧,sæ̃˥˩liŋ˥,sʅ˧˩……tʂei˧˥iæ̃˩˨liŋ˥sʅ˧tɕiou˧˥……tɕiou˧˥pa˥˩tʰa˥˧tæᴇ˧piao˥væ̃˩˨lə˧.

梁

黄：大梁我给你说了就是的么。这两间房中间如果没有这个墙，怎么办？中间横过去一个三角撑撑子。上去挑上这么给往上一弄，两面带个人字梁。这个梁么，大梁分工字梁和人字梁。ta˧liaŋ˩˥ŋuo˥˧kei˧ni˥˧ʂuo˥lə˧tɕiou˧˥sʅ˧ti˧muo˧.tʂei˧liaŋ˥tɕiæ̃˥˩faŋ˩tʂuoŋ˥˧tɕiæ̃˥˧ʐʮ˩˨kuo˥mei˩iou˥tʂə˧kə˧tɕʰiaŋ˩,tsəŋ˥muo˧pæ̃˧?tʂuoŋ˥˧tɕiæ̃˥˧xəŋ˧kuo˧tɕʰy˧i˥˧kə˧sæ̃˥tɕyo˥˩tsʰəŋ˥tsʰəŋ˥˩tsʅ˧.ʂaŋ˧tɕʰy˧tʰiao˥˧ʂaŋ˧tʂə˧muo˧kei˧vaŋ˥˩ʂaŋ˧i˥˧nuoŋ˧,liaŋ˥˧miæ̃˧tæᴇ˧kə˧zəŋ˩˨tsʅ˧˥liaŋ˩˨.tʂə˧kə˧liaŋ˩muo˧,ta˧liaŋ˩fəŋ˥˩kuoŋ˥tsʅ˧liaŋ˩xuo˩˨zəŋ˩˨tsʅ˧˥liaŋ˩˨.（工字梁和什么梁？）工字梁和人字梁。kuoŋ˥tsʅ˧˩liaŋ˩xuo˩˨zəŋ˩˨tsʅ˧˥liaŋ˩˨.（人字？）啊。这个人字梁就是这么个东西。这叫人字梁。这个工字梁这个大楸到这儿这上去以后，它还有咧。这儿这上去还有这么个东西。这还有个二梁子咧。a˩.tʂə˧kə˧zəŋ˩˨tsʅ˧˥liaŋ˩˥tɕiou˧sʅ˧tʂə˧muo˧kə˧tuoŋ˥ɕi˧.tʂei˧tɕiao˧zəŋ˩˨tsʅ˧˥liaŋ˩˨.tʂə˧kə˧kuoŋ˥tsʅ˧˩liaŋ˩tʂə˧kə˧ta˧fu˩˥tao˧tʂər˧tʂə˧ʂaŋ˧tɕʰi˧i˥˩xou˧,tʰa˥˧xæᴇ˩iou˥lie˧.tʂər˧˦tʂə˧ʂaŋ˧tɕʰi˧xæᴇ˩iou˥tʂə˧muo˧kə˧tuoŋ˥ɕi˧.tʂə˧xæ ᴇ˧˥˨˩iou˥˩˧kə˥ər˥liaŋ˧˥˨˩tsɿ˧lie˧.（噢，二梁子？）啊，还有个二梁上就最后才能撑得上头去了。这工字梁。人字梁就是直接一个人字形的。它这个……它这个是互相之间拉的紧么，就靠这个钢筋旋成丝以后，把这拉成一个整体的。工字梁是直接就放立柱，把这个硬撑住咧，立起来的，嗯。ɑ˨˩,xæᴇ˧˥˨˩iou˥˩˧kə˥ər˥˥˩liaŋ˧˥˧ʂaŋ˥tɕiou˥tsuei˥xou˥˥˩tsʰæᴇ˧˥˧nəŋ˧˥˧tsʰəŋ˥˩tə˧ʂaŋ˥tʰou˧tɕʰi˥lə˧.tʂə˥kuoŋ˥˩tsɿ˥˨˩liaŋ˧˥˨˩.zəŋ˧˥˨˩tsɿ˥˥˩liaŋ˧˥tɕiou˥˨˩sɿ˥˨˩tʂʅ˧˥tɕie˥˩i˥˩˨˩kə˥˨˩zəŋ˧˥˨˩tsɿ˥˥˩ɕiŋ˧˥˨˩ti˧.tʰɑ˥˩˧tʂə˥kə˥……tʰɑ˥˩tʂə˥kə˥sɿ˥xu˥ɕiaŋ˥˩˨˩tsɿ˥˩˧tɕiæ̃˥˩˧la˥˩ti˧tɕiŋ˥˩˨˩muo˧,tsou˥kʰɑo˥tʂə˥kə˥kaŋ˥˩˧tɕiŋ˥˩ɕyæ̃˧˥tʂʰəŋ˧˥sɿ˥˩i˥˩˨˩xou˥˥˩,pɑ˥˩˨˩tʂə˥la˥˩tʂʰəŋ˧˥i˥˩˧kə˥tʂəŋ˥˩tʰi˥˩ti˧.kuoŋ˥˩tsɿ˥˨˩liaŋ˧˥sɿ˥tʂʅ˧˥tɕie˥˩tsou˥faŋ˥li˥˩˨˩tʂʅ˥,pɑ˥˩˨˩tʂə˥kə˥niŋ˥˧˥tsʰəŋ˥˩tʂʰʅ˥˨˩lie˧,li˥˩˨˩tɕʰi˥˩læᴇ˧˥˨˩ti˧,ə̃˥˩.（像这种，这种中间的这个这样的叫什么？）把这叫立柱么。pɑ˥˩˨˩tʂei˥˥˩tɕiɑo˥li˥˩˨˩tʂʅ˥˥˩muo˧.（噢，这个竖的？）噢，竖的。ɑo˨˩,ʂʅ˥˧˥ti˧.（竖着的叫立柱？）嗯。ə̃˨˩.（那个横着的呢？）二梁子。ər˥liaŋ˧˥˨˩tsɿ˧.（二梁？）二梁么。二梁在这儿支着咧。ər˥liaŋ˧˥˨˩muo˧.ər˥liaŋ˧˥˧tsæᴇ˥tʂər˥tsɿ˥˩tʂə˧lie˧.（噢，这个是二梁。）嗯。ə̃˨˩.（这个叫立柱。）嗯。上头……上头这儿这，到这儿这上去就成了一条主的了。丢下一个了。ə̃˨˩.ʂaŋ˥tʰou˧……ʂaŋ˥tʰou˧tʂər˥tʂə˥,tɑo˥tʂər˥˧˥tʂə˥˨˩ʂaŋ˥tɕʰi˥tɕiou˥tʂʰəŋ˧˥˨˩lə˧i˥˩˨˩tʰiɑor˧˥tʂʅ˥˩ti˧lə˧.tiou˥˩˨˩xɑ˥˨˩i˥˩˨˩kə˥lə˧.（嗯。这个主……主的竖的呢？）这是……这个不通着。tʂə˥sɿ˥……tʂə˥kə˥pu˧˥˧tʰuoŋ˥˩tʂə˧.（不通的？）不通。在这个上头，在这个上头墩着咧。立柱么。pu˧˥˨˩tʰuoŋ˥˩.tsæᴇ˥tʂə˥kə˥ʂaŋ˥˧˥tʰou˧,tsæᴇ˥tʂə˥˥˩kə˥˥˩ʂaŋ˥˨˩tʰou˧tuoŋ˥˩tʂə˧lie˧.li˥˩˨˩tʂʅ˥˥˩muo˧.（啊，这个也叫立柱？）嗯。中柱个立柱，中柱。ə̃˨˩.tʂuoŋ˥˩˨˩tʂʅ˥˥˩kə˥li˥˩tʂʅ˥˨˩,tʂuoŋ˥˩tʂʅ˥˨˩.（噢，这个叫中柱是吧？）呃叫中柱。ə˥tɕiɑo˥tʂuoŋ˥˩˨˩tʂʅ˥.（不叫……）不叫立柱了。pu˧˥˨˩tɕiɑo˥li˥˩˨˩tʂʅ˥˥˩lə˧.（不是一般的立柱吗？）啊，不是一般的立柱。ɑ˨˩,pu˧˥˧sɿ˥i˥˩˧pæ̃˥˩ti˧li˥˩˨˩tʂʅ˥˥˩.（大梁中间通向脊檩的柱子，那就是这个……）嗯，就是中柱。ə̃˨˩,tɕiou˥sɿ˥tʂuoŋ˥˩˨˩tʂʅ˥.（这个中柱？）嗯。ə̃˨˩.（不叫……叫不叫这个筒柱子？）也叫咧。筒柱子啊。ie˥˩tɕiɑo˥lie˥.tʰuoŋ˥˩tʂʅ˥tsɿ˧ɑ˨˩.（你们叫什么？）我们叫中柱咧。ŋuo˥˩məŋ˧tɕiɑo˥tʂuoŋ˥˩˨˩tʂʅ˥lie˥.（不叫筒柱子哈？）不叫。pu˧˥˨˩tɕiɑo˥.

栿

黄：横梁叫栿。这个大梁头起以后，它这个中间不加墙它就要放一个大梁么。有个栿么，叫大栿么。xəŋ˥liaŋ˧˥˨˩tɕiɑo˥˥˩fu˧˥˨˩.tʂə˥kə˥ta˥liaŋ˧˥tʰou˧˥˨˩tɕʰie˥˩˧i˥˩˨˩xou˥,tʰɑ˥˩˧tʂə˥kə˥tʂuoŋ˥˩˨˩tɕiæ̃˥˩˧pu˧˥˧tɕia˥˩tɕʰiaŋ˧˥tʰɑ˥˩˧tsou˥iɑo˥faŋ˥i˥˩˧kə˥ta˥liaŋ˧˥muo˧.iou˥˩kə˥˨˩fu˧˥muo˧,tɕiɑo˥ta˥fu˧˥˨˩muo˧.（还有小栿么？）小栿上面这上面的叫……ɕiɑo˥˩fu˧˥ʂaŋ˥miæ̃˥tʂei˥ʂaŋ˥˧˥miæ̃˥ti˧tɕiɑo˥……（大栿上面架的……）架的那就叫叫小栿咧么。tɕia˥ti˧nei˥tɕiou˥tɕiɑo˥tɕiɑo˥ɕiɑo˥˩fu˧˥˨˩lie˧muo˧.

插栿

（大梁上面的那个架子叫不叫插栿？）黄：也叫插栿咧。ie˥˩tɕiɑo˥tsʰɑ˥˩˨˩fu˧˥˨˩lie˧.（是哪个位置？）这上面这位置了。tʂei˥ʂaŋ˥˧˥miæ̃˥tʂei˥vei˥tʂʅ˥˨˩lə˧.（哪……哪一根叫作插栿？）它，先把这个……这个地方有个趄撑子。这么个撑下这个，这有个插栿咧啊。tʰɑ˥˩,ɕiæ̃˥˩˧pɑ˥˩˨˩tʂə˥kə˥……tʂə˥kə˥ti˥faŋ˥˩˧iou˥˩kə˥˨˩ɕyo˧˥tsʰəŋ˥˩tsɿ˧lie˧.tʂə˥muo˧kə˥tsʰəŋ˥˩xɑ˥˨˩tʂə˥kə˥,tʂə˥iou˥˩kə˥˨˩tsʰɑ˥˩fu˧˥˨˩lie˧ɑ˨˩.

墙

1.（嗯，这个墙你们这个有山墙有有什么墙的区别吧？）黄：有咧么。山墙，两头的这个欸两头子那个墙……墙那叫山墙。iou˥˩lie˧muo˧.sæ̃˥˩tɕʰiaŋ˧˥˨˩,liaŋ˥˩tʰou˧˥˨˩ti˧tʂə˥kə˥˨˩ei˥liaŋ˥˩tʰou˧˥˨˩tsɿ˧nə˥kə˥tʂʰuaŋ˧˥（←tɕʰiaŋ˧˥）……tɕʰiaŋ˧˥næᴇ˥tɕiɑo˥sæ̃˥˩tɕʰiaŋ˧˥˨˩.（哦，就是纵向的

这种是吧？）啊，啊儿，这个墙，这个墙面就叫山墙。ɑ˪,ar˥,tʂei˧kə˧tɕʰiɑŋ˩,tʂei˧˥kə˧˥tɕʰiɑŋ˨˩miæ̃˧tɕiou˥tɕiɑɔ˧sæ̃˥tɕʰiɑŋ˨˩.（两头纵向的那个墙？）噢，叫山墙。ɑɔ˪,tɕiɑɔ˧sæ̃˥tɕʰiɑŋ˨˩.（中间的那个也叫山墙不呢？）中间的就不叫山墙了。你叫隔墙子。隔开的隔。tʂuoŋ˥ tɕiæ̃˥˧ti˧tɕiou˥pu˩˧tɕiɑɔ˧sæ̃˥tɕʰiɑŋ˨˩lə˧.ni˥˧tɕiɑɔ˧kə˥tɕʰiɑŋ˨˩tsɿ˧.kə˥˦kʰæᴇ˥ti˧kə˥.（噢，那个前后的就是平……那个横向的那个墙呢？）这个墙这就前墙，那是后墙。tʂə˧kə˧˥tɕʰiɑŋ˨˩tʂə˧tɕiou˥tɕʰiæ̃˩tɕʰiɑŋ˨˩,nə˧˥sɿ˧˥xou˧tɕʰiɑŋ˨˩.（哪边儿开门儿哪边儿是前墙？）那边是前墙。na˧piæ̃˥˧sɿ˧tɕʰiæ̃˩tɕʰiɑŋ˨˩.

2.（你们山墙是不是会突出一块儿？）黄：过去突，现在不突。kuo˧˦tɕʰy˧tʰu˥,ɕiæ̃˧tsæᴇ˧pu˨˩tʰu˥.（噢，现在墙……它在这儿就已经不突……）现在都不突了。兀都早都不……已经不突了已经。根本就没有……不要那一坨坨了。ɕiæ̃˧tsæᴇ˧tou˥˩pu˩˥tʰu˥˩lə˧.væᴇ˧˥tou˥˩tsɑɔ˥tou˥˩pu˩˧……i˥˧tɕiŋ˥˧pu˩˧tʰu˥lə˧i˧tɕiŋ˥˩.kəŋ˥˩pəŋ˥tsou˧mei˩˧iou˥˧……pu˩iɑɔ˧˥næᴇ˧i˥˧tʰuo˩tʰuo˩˥lə˧.（过去你们咱这儿还能从山墙上看出来？）啊，能看住那个欸。它那个檩条儿长么。檩条儿……出来它至少要一尺多长咧。现在这个东西已经改咧，根本不……ɑ˩,nəŋ˨˩kʰæ̃˧tʂʮ˧nə˧kei˧.tʰɑ˥næᴇ˧kə˧liŋ˥tʰiɑɔr˩tʂʰɑŋ˩muo˧.liŋ˥tʰiɑɔr˩tʂʮ……tʂʰʮ˥læᴇ˨˩tʰɑ˥˩tsɿ˧ʂɑɔ˥iɑɔ˧i˥˩tʂʰʮ˥tuo˥˩tʂʰɑŋ˩lie˧.ɕiæ̃˧tsæᴇ˧tʂə˧kə˧tuoŋ˥˩ɕi˧tou˥˩i˥tɕiŋ˥˩kæᴇ˥lie˧,kəŋ˥˩pəŋ˥pu˩˧……（省事了。）省事了。那是把使用面积加大咧么。səŋ˥sɿ˧lə˧.nə˧sɿ˧pɑ˥˩sɿ˥yoŋ˧miæ̃˧tɕi˥˩tɕiɑ˥˩tɑ˧lie˧muo˧.

摆山

（这个山墙上面呐那些木头叫不叫摆山？）黄：就是的，摆山。它是放……放檩条儿，放栿，放檩条儿的么。做下那材材放木头板子垫住了。tɕiou˧sɿ˧ti˧,pæᴇ˥sæ̃˥˩.tʰɑ˥˧sɿ˧faŋ˧˦……faŋ˧liŋ˥tʰiɑɔr˩,faŋ˧fu˨˩,faŋ˧liŋ˥tʰiɑɔr˨˩ti˧muo˧.tsʮ˧xɑ˧næᴇ˧tsʰæᴇ˩˧tsʰæᴇ˩˧faŋ˧˦mu˥tʰou˧pæ̃˥tsɿ˧tiæ̃˧˦tʂʮ˧˩lə˧.

柱子

（建房子放柱子吗？）黄：过去都……都建房……都放柱子。现在都在墙上放着。过去我们盖房的话，就说是盖这么一个房的话，一……地基打成以后么，这些都是柱子。这些柱子以后，欸，这底下还有这个还有个柱顶石，还有柱顶石咧。这是……这指的柱顶石。在它每一个字的上……每一个大栿的头头上，它都有一个。隔间子上去以后这……它都要顶檩条咧。都有一个。都要拿柱子顶。先立……我们过去叫立木。你先把这个房的这个架子做成以后儿，整个儿把这个都……都立起来了。然后再做这个……才做……垒这个砖……砖活咧。现在兀，现在么盖房么都在墙上放着咧。所以把这些柱子这些东西全部都省略了。没有柱子了。过去，老盖房的你必须有柱子。kuo˧tɕʰy˧tou˥˦……tou˥˦tɕiæ̃˧f……tou˥˦faŋ˧tʂʮ˧˥tsɿ˧.ɕiæ̃˧tsæᴇ˧tou˥˩tsæᴇ˧tɕʰiɑŋ˨˩ʂaŋ˧˥faŋ˧tʂuo˥˧.kuo˧˦tɕʰy˧ŋuo˥məŋ˧kæᴇ˧faŋ˨˩ti˧xua˧˩,tsou˧˥suo˥˩sɿ˧˩kæᴇ˧tʂə˧˥muo˧i˥˩kə˧faŋ˩ti˧xua˧,i˥˩……ti˧tɕi˥˩ta˥tʂʰəŋ˩i˥˩xou˧muo˧,tʂei˧˥ɕie˥˩tou˥˦sɿ˧˩tʂʮ˧tsɿ˧.tʂei˧˥ɕie˥˩tʂʮ˧˦tsɿ˧i˥˩xou˧,ei˧,tʂei˧ti˥xa˧˩xæᴇ˩iou˥˧tʂə˧˩kə˧˩xæᴇ˩iou˥˧kə˧tʂʮ˧˦tiŋ˥ʂʅ˩,xæᴇ˩iou˥˧tʂʮ˧tiŋ˥˩ʂʅ˩lie˧.tʂei˧sɿ˧……tʂei˧tʂʅ˥˧tə˧tʂʮ˧tiŋ˥˩ʂʅ˩.tsæᴇ˧tʰɑ˥˩mei˥i˥˩kə˧tsɿ˧tə˧ʂaŋ˧……mei˥i˥˩kə˧ta˧fu˩ti˧tʰou˩tʰou˩˥ʂaŋ˧˩,tʰɑ˥˩tou˥˦iou˥i˥˩kə˧˩.kei˥tɕiæ̃˥˧tsɿ˧ʂaŋ˧˦tɕʰy˧i˥˩xou˧˥tʂə˧……tʰɑ˥˧tou˥˩iɑɔ˧tiŋ˥liŋ˥tʰiɑɔr˩lie˧.tou˥˦iou˥i˥˩kə˧˩.tou˥˦iɑɔ˧na˩tʂʮ˧tsɿ˧tiŋ˥˩.ɕiæ̃˥li˥˩……ŋuo˥məŋ˧kuo˧tɕʰy˧tɕiɑɔ˧li˥mu˥˩.ni˥˧ɕiæ̃˥pa˥˩tʂə˧kə˧f aŋ˩ti˧tʂə˧kə˧tɕia˧tsɿ˧tsʮ˧tʂʰəŋ˩i˥˩xour˧,tʂəŋ˥kər˧pa˥˩tʂə˧kə˧tou˥˩……tou˥˦li˥˩tɕʰi˥læᴇ˨˩lə˧.

zæ̃˧˥˧xou˥˦tsæᴇ˥tsuo˥˦tʂə˥˧kə˥˧……tsʰæᴇ˧˥˧tsuo˥……luei˥˩tʂə˥kə˥tʂuæ̃˥˩……tʂuæ̃˥˩xuo˧˥˧lie˧.ɕiæ̃˥tsæᴇ˥vei˥,ɕiæ̃˥tsæᴇ˥muo˧kæᴇ˥faŋ˧˥muo˧tou˥˩˧tsæᴇ˥tɕʰiaŋ˧˥˧ʂaŋ˥˦faŋ˥tʂuo˥˩lie˧.ʂuo˥˩i˥˩pa˥˩˩tʂei˥˦ɕie˥˩˩tʂʮ˥˨tsɿ˧tʂei˥ɕie˥˩˦tuoŋ˥˩ɕi˧tɕʰyæ̃˧˥˧pu˥˦tou˥˩˩səŋ˥˩lyo˥˩˩lə˧.mei˧˥iou˥˩tʂʮ˥tsɿ˧lə˧.kuo˥˨tɕʰy˥˧,lɑɔ˥˩kæᴇ˥faŋ˧˥˧ti˧ni˥˩˦pi˥˩˧ɕy˥˩˩iou˥˩˦tʂʰʮ˥tsɿ˧.（先立木。）啊，这叫说那个欸说那个欸点这叫土柱子。因为过去都是土木结构的。这个东西么将来都垒到墙里头去了，外头看不着，叫土柱子。ɑ˧˩,tʂei˥˦tɕiɑɔ˥ʂuo˥˩nei˥kə˥ei˥ʂuo˥˩nei˥kə˥ei˥˦tiæ̃˥˩˩tʂei˥tɕiɑɔ˥tʰu˥˩tʂʮ˥tsɿ˧.iŋ˥˩˩vei˥kuo˥˨tɕʰy˥tou˥˩˩sɿ˥˧tʰu˥˩mu˥˩˩tɕie˥˩˩kou˥ti˧.tʂə˥˧kə˥tuoŋ˥˩ɕi˧muo˧tɕiaŋ˥˩˩læᴇ˧˥tou˥˩˦luei˥˩tɑɔ˥˧tɕʰiaŋ˧˥˧li˥˩tʰou˧tɕʰi˥˧lə˧,væᴇ˥tʰou˧kʰæ̃˥pu˧˥˦tʂuo˧˥,tɕiɑɔ˥tʰu˥˩tʂʮ˥˨tsɿ˧.（就是墙中间的……）嗯，这个柱子啊，叫土柱子。ŋə̃˥,tʂə˥kə˥tʂʮ˥tsɿ˧ɑ˥˩,tɕiɑɔ˥tʰu˥˩tʂʮ˥tsɿ˧.（你们当时这个外头看不到任何一根木头吗？）看不着。除了一贯椽子你可以看着，枤可以看着。kʰæ̃˥pu˧˥˦tʂɑɔ˧˥.tʂʰʮ˧˥˧liɑɔ˥˩i˥˩˩kuæ̃˥˨tʂʰuæ̃˧˥˦tsɿ˧ni˥˩kʰə˥˩i˥˩˩kʰæ̃˥tʂuo˧˥˦,fu˧˥kʰə˥˩˩i˥˩˩kʰæ̃˥tʂuo˧˥˦.（这个这个山墙中间中间位置的这个柱子呢？）还是土柱子。xɑ˧˥˧sɿ˥tʰu˥˩tʂʮ˥tsɿ˧.（叫不叫山柱？）叫山柱咧。那个高一点。到这儿这来叫山柱，通顶。tɕiɑɔ˥sæ̃˥˩˩tʂʮ˥lie˦.nə˥kə˥kɑɔ˥˩i˥˩˩tiæ̃˥˩˩.tɑɔ˥tʂər˥tʂə˥læᴇ˧˥˧tɕiɑɔ˥sæ̃˥˩˩tʂʮ˥,tʂʰuoŋ˥˩tiŋ˥˩˩.（噢，一直到顶？）噢，要到顶子上咧。山柱么。ɑɔ˥,iɑɔ˥tɑɔ˥tiŋ˥˩tsɿ˧ʂaŋ˥˧lie˧.sæ̃˥˩˩tʂʮ˥muo˧.（这个屋檐那个地方那根柱子呢？那样的柱子？支撑那个屋檐的？）那没有得。我们这个，它这个椽，直接下来以后就前头有个檩条咧，是在檩条上放着咧。那个你是看，看个咋弄咧。有些人家□有钱一点儿，所以他那个在这个前墙，这个墙做完的情况下，往前伸着咧，它有个房廊儿咧。这个往……房廊往……往墙下来一下这个地方么，出于这个椽没处放去了，他必须要立个立柱，这就叫廊柱。nə˥˦mei˧˥˧iou˥˩tei˥˩˩.ŋuo˥˩˦məŋ˧tʂə˥kə˥,tʰɑ˥˩tʂə˥kə˥tʂʰuæ̃˧˥,tʂɿ˧˥tɕie˥˩˩xɑ˥læᴇ˧˥˦i˥˩˩xou˥tɕiou˥tɕʰiæ̃˧˥˧tʰou˦iou˥˩˦kə˥liŋ˥˩tʰiɑɔ˧˥˧lie˦,sɿ˥tsæᴇ˥liŋ˥˩tʰiɑɔ˧˥˧ʂaŋ˥˦faŋ˥tʂə˦lie˦.næᴇ˥˦kə˥˧ni˥˩sɿ˥kʰæ̃˥,kʰæ̃˥kə˥tsɑ˥˩nuoŋ˥˨lie˧.iou˥˩ɕie˥˩˩zəŋ˧˥˧tɕiɑ˥˩niæ̃˧˥˧iou˥˩tɕʰiæ̃˧˥i˥˩˩tiæ̃r˥˩˩,ʂuo˥˩i˥˩˩tʰɑ˥˩næᴇ˥kə˥tsæᴇ˥tʂə˥kə˥tɕʰiæ̃˧˥tɕʰiaŋ˧˥,tʂə˥kə˥tɕʰiaŋ˧˥tsʮ˥væ̃˧˥˧ti˦tɕʰiŋ˧˥˧kʰuaŋ˥ɕiɑ˥,vɑŋ˥˩˩tɕʰiæ̃˧˥ʂəŋ˥˩tʂə˧lie˧,tʰɑ˥˩˦iou˥˩˦kə˥faŋ˧˥lɑ̃r˧˥˧lie˦.tʂə˥kə˥vaŋ˥˩˧……faŋ˧˥laŋ˧˥˦vaŋ˥˩˩……vaŋ˥˩˩tʂʰaŋ˧˥（←tɕʰiaŋ˧˥）ɕiɑ˥˦læᴇ˧˥˧i˥˩˩xɑ˥tʂə˥kə˥ti˥faŋ˥˩˩muo˧,tʂʰʮ˥˩y˧˥˦tʂə˥kə˥tʂʰuæ̃˧˥mei˧˥tʂʰʮ˥faŋ˥tɕʰi˥lə˧,tʰɑ˥˩˩pi˥˩˧ɕy˥˩˦iɑɔ˥li˥˩kə˥˧li˥˩˩tʂʮ˥,tʂei˥tɕiou˥tɕiɑɔ˥laŋ˧˥tʂʮ˥˧.（廊柱？）噢，廊柱。ɑɔ˧˩,laŋ˧˥˧tʂʮ˥.（噢，前门那叫房廊儿？）噢，房廊儿。ŋɑɔ˧˩,faŋ˧˥lɑ̃r˧˥.（廊柱下面也放那个柱顶石吗？）都是……都放柱顶石。那就要墙相当……那就在露天里放着，那都要相当讲究的了。呃凿……tou˥˩˧sɿ˥……tou˥˩˧faŋ˥tʂʮ˥tiŋ˥˩˩ʂɿ˧˥˧.næᴇ˥˦tɕiou˥iɑɔ˥tɕʰiaŋ˧˥˧ɕiaŋ˥˩˧taŋ……næᴇ˥˦tsou˥tsæᴇ˥lou˥˨tʰiæ̃˥˩˩li˥˩˩faŋ˥tʂə˦,næᴇ˥˦tou˥˩˦iɑɔ˥ɕiaŋ˥˩˧taŋ˥˩˩tɕiaŋ˥˩tɕiou˥˩˩ti˧lə˧.ə˥tsɑɔ˧˥……（柱顶石是放在泥巴里面还是廊柱地上上面铺一层石头再放柱顶石？）那你就是把底下地基欻夯实以后么，直接就把这个柱顶石放在这个地基头起了。næᴇ˥ni˥˩˦tsou˥sɿ˥pɑ˥˩˩ti˥˩xɑ˥ti˥˨tɕi˥˩˩ei˧˩xaŋ˥˩ʂɿ˧˥i˥˩˩xou˥˦muo˧,tʂɿ˧˥tɕie˥˩˦tɕiou˥pɑ˥˩˩tʂə˥kə˥tʂʮ˥tiŋ˥˩˩ʂɿ˧˥faŋ˥tsæᴇ˥tʂə˥˧kə˥˧ti˥tɕi˥˩˦tʰou˧˥˧tɕʰie˥˩˦lə˦.（那那个房廊子要不要铺铺砖呢铺石头？）那当然要铺了。næᴇ˥˦taŋ˥˩˩zæ̃˧˥iɑɔ˥pʰu˥˩lə˧.（是铺砖还是铺石头？）前……前头要铺条石咧嘛。把条石铺下，然后再把那个垫起来的咧。tɕʰiæ̃˧˥˦……tɕʰiæ̃˧˥˧tʰou˦iɑɔ˥pʰu˥˩tʰiɑɔ˧˥ʂɿ˧˥˧lie˦mɑ˧.pɑ˥˩˩tʰiɑɔ˧˥ʂɿ˧˥˦pʰu˥˩xɑ˥˧,zæ̃˧˥˧xou˥tsæᴇ˥pɑ˥˩˩næᴇ˥kə˥tiæ̃˥tɕʰi˥˩˦læᴇ˧˥˧ti˦lie˦.（嗯，有这个明柱、暗柱的这个区别吗？）有咧么。明柱那就像这个房廊这个廊柱，这就是明柱。iou˥˩lie˧muo˧.miŋ˧˥tʂʮ˥næᴇ˥tɕiou˥ɕiaŋ˥tʂə˥kə˥faŋ˧˥laŋ˧˥˦tʂə˥kə˥laŋ˧˥tʂʮ˥,tʂei˥˦tɕiou˥sɿ˥miŋ˧˥tʂʮ˥˧.（噢，能看得见的？）呃，能看得见。暗柱就是在土里头咧么。像那土柱子都在土里头咧，刺着咧。ə˧˩,nəŋ˧˥˧kʰæ̃˥tə˧tɕiæ̃˥.næ̃˥˦tʂʮ˥tɕiou ɿ˥tsæᴇ˥tʰu˥˧li˥˧tʰou˧lie˧muo˧.tɕiaŋ˥˩nə˥tʰu˥˧tʂʮ˥tsɿ˧tou˥˩tsæᴇ˥tʰu˥˧li˥˧tʰou˧lie˧,tsʰɿ˥tʂə˧lie˥.（有暗柱吗？）有暗柱咧嘛。暗柱就是那……过去盖房多一半儿都是暗柱子嘛。有……穷人家盖房，那个柱子都是那土柱子，都在里头暗着咧嘛你。都是暗柱嘛。iou˥˧næ̃˥tʂʮ˥lie˧ma˥.næ̃˥tʂʮ˥tɕiou˥sɿ˥næᴇ˥……kuo˥tɕʰy˥kæᴇ˥faŋ˩˧tuo˥˧i˥˩pær˥tou˥˩sɿ˥˩næ̃˥tʂʮ˥tsɿ˧ma˧.iou˥˧……tɕʰyoŋ˩˧zəŋ˩˧tɕia˥˩kæᴇ˥faŋ˩˧,næᴇ˥kə˥tʂʮ˥tsɿ˧tou˥˩sɿ˥nə˥tʰu˥˧tʂʮ˥tsɿ˧,tou˥˩tsæᴇ˥li˥˧tʰou˧næ̃˥tʂə˧lie˧ma˧ni˥˩.tou˥˩sɿ˥næ̃˥tʂʮ˥˩ma˧.（这个土柱子跟暗柱子是不是就是一个……）一回事嘛。i˥˩xuei˩˧sɿ˥ma˧.（一般叫什么呢？）都叫这……土柱子么你。tou˥˩tɕiao˥tʂə˥……tʰu˥˧tʂʮ˥tsɿ˧muo˧ni˥˩.（不叫暗柱子是吧？）不叫暗柱子。pu˩˧tɕiao˥æ̃˥tʂʮ˥tsɿ˧.

简脚

（这个……这个前后这个檐墙啊，这个前后这个墙啊，它那个根部用砖头或者石头……是用砖头和……和石头砌……砌成的吗？）黄：有砖的，有石头的么。iou˥˧tʂuæ̃˥˧ti˧,iou˥˧ʂʅ˩˧tʰou˧ti˧muo˧.（这个叫……叫不叫简脚？）简脚。tɕiæ̃˥˧tɕyo˥˩.（呃，怎么讲？）简砖。tɕiæ̃˥˧tʂuæ̃˥˩.（简……）简砖。拿来垒那个砖就叫简砖，叫简脚么。tɕiæ̃˥˧tʂuæ̃˥˩.na˩˧læᴇ˩˧luei˥˧nə˥kə˥tʂuæ̃˥˧tɕiou˥tɕiao˥tɕiæ̃˥˧tʂuæ̃˥˩,tɕiao˥tɕiæ̃˥˧tɕyo˥˩muo˧.（噢，这个这个这种行为叫做简脚？）啊，简脚。ɑ˩,tɕiæ̃˥˧tɕyo˥˩.（呃，砖呢就叫……）简砖么。砖头的砖么。tɕiæ̃˥˧tʂuæ̃˥˩muo˧.tʂuæ̃˥˧tʰou˧ti˧tʂuæ̃˥˧muo˧.（那个如果是石头呢？不是砖头，是……）石……石头不可能垒那个的。石头都是底下你看，底下做地基用的。ʂʅ˩˧……ʂʅ˩˧tʰou˧pu˩˧kʰə˥˧nəŋ˩˧luei˥˧nə˥kə˥ti˧.ʂʅ˩˧tʰou˧tou˥˩sɿ˥ti˥˧xa˥˩ni˥˧kʰæ̃˥,ti˥˧ɕia˥˩tsuo˥˩ti˥tɕi˥˩yoŋ˥˩ti˧.（讲不讲简脚石？）没有。mei˩˧iou˥˩.

楼板

（楼板？）黄：哎有咧，楼板。æᴇ˥˧iou˥˩lie˧,lou˩˧pæ̃˥˩.（那楼板是钉在上面的还是……）上头的。ʂaŋ˥tʰou˧ti˧.（上头的？）这就叫楼板儿么。tʂei˥tɕiou˥tɕiao˥lou˩˧pær˥˧muo˧.（这天花板呐！天花板跟楼板不一样吧？）不一样。pu˩˧i˥˧iaŋ˥.（你们这个讲楼板是怎么个钉法？）兀你就墙砌起来以后铺楼板咧么，楼板铺得上头就对了。væᴇ˥ni˥˧tsou˥˩tɕʰiaŋ˩˧tɕʰi˥˩tɕʰi˥˧læᴇ˩˧i˥˩xou˥pʰu˥˧lou˩˧pæ̃˥˧lie˧muo˧,lou˩˧pæ̃˥˧pʰu˥˧tə˧ʂaŋ˥tʰou˧tɕiou˥tuei˥lə˧.（那那是两层以上才会铺楼板吧？）你平房你不铺楼板咋弄？ni˥˧pʰiŋ˩˧faŋ˩˧ni˥˧pu˩˧pʰu˥˧lou˩˧pæ̃˥˩tsa˥˩nuoŋ˥?（噢，也……也是要铺楼板是吧？）也铺咧楼板么。楼板上头再撒瓦。ie˥˧pʰu˥˧lie˧lou˩˧pæ̃˥˧muo˧.lou˩˧pæ̃˥˧ʂaŋ˥tʰou˧tsæᴇ˥sa˥˧va˥˩.（噢，楼板上面再……）噢，你做过处理咧以后，现在，这地方你是这个欤拿这个沥青处理都不顶事么。ɑɔ˥,ni˥˧tsu˥˩kuo˥tʂʰʮ˥˧li˥˧lie˧i˥˩xou˥,ɕiæ̃˥tsæᴇ˥,tʂei˥ti˥faŋ˥˧ni˥˧sɿ˥tʂə˥kə˥ei˩na˩˧tʂə˥kə˥li˥˩tɕʰiŋ˥˧tʂʰʮ˥˧li˥˧tou˥˩pu˩˧tiŋ˥˧sɿ˥muo˧.（这漏哈？）嗯，漏咧。ŋ̍˩,lou˥lie˧.

顶棚

黄：现在的顶棚不同了么。过去的顶棚是纸糊下的。ɕiæ̃˥tsæᴇ˥ti˧tiŋ˥˧pʰəŋ˩˧pu˩˧tʰuoŋ˩˧lə˧muo˧.kuo˥tɕʰy˥ti˧tiŋ˥˧pʰəŋ˩˧sɿ˥tsɿ˥˧xu˩˧xa˥ti˧.（啊，纸糊的？）啊。下寻木头条子钉上。或者绑些苇子。ŋa˩.xa˥ɕiŋ˩˧mu˥˧tʰou˧tʰiao˩˧tsɿ˧tiŋ˥ʂaŋ˥.xuei˩˧tʂə˥˩paŋ˥˧ɕie˥˩y˥˧tsɿ˧.（y˥˧子？）噢，就是咱们说下那个苇子，那像芦苇一样的那个。把那一个儿一个儿的放报纸一缠，弄……那面儿钉个窟窿儿，这面儿一穿上兀，底下方报纸一糊，上头放白纸再一糊。现在的顶棚这就是石膏顶棚。ɑɔ˩,tɕiou˥sɿ˥tʂa˩˧məŋ˧ʂuo˥˧xa˥˩nə˥kə˥y˥˧tsɿ˧,næᴇ˥ɕiaŋ˥lou˩˧vei˥˧i˥˩iaŋ˥ti˧næᴇ˥kə˥.pa˥˩næᴇ˥i˥˩kər˥i˥˩kər˥ti˧faŋ˥pao˥tsɿ˥˧i˥˩tʂʰæ̃˩˧,nuoŋ˥……nei˥m iæ̃r˥tiŋ˥kə˥kʰu˥˩luõr˨˩˨,tʂei˥miæ̃r˥i˥˩˨tʂʰuæ̃˥˩ʂaŋ˥˨vu˥,ti˥˩xa˥˨faŋ˥pao˥tsɿ˥˦i˩˨xu˨˩˨,ʂaŋ˥tʰou˧faŋ˥pei˨˩˨tsɿ˥˩tsæᴇ˥i˥˦xu˨˩.ɕiæ̃˥tsæᴇ˥ti˧tiŋ˥˩pʰəŋ˨˩˨tʂei˥tɕiou˥sɿ˥ʂɿ˨˩kao˥˩tiŋ˥˩pʰəŋ˨˩.（糊顶棚是你自己糊还是别人给你糊？）你自己咧会糊你就自己糊，不会糊咧你请匠人。ni˥˦tsɿ˥˦tɕie˥˩˨lie˧xuei˥xu˨ni˥˦tɕiou˥tsɿ˥tɕie˥˩˨xu˨˩˨,pu˨˩xuei˥xu˨˩˨lie˧ni˥˦tɕʰiŋ˥˩tɕiaŋ˥˦zəŋ˨˩.（请匠人有有专门儿糊顶棚的？）噢，那个是口糊一个平米儿多少钱么。这是一种嘛。那再石膏顶棚。这也……这……这种还不叫石……这个口还……这这叫不锈钢的了。这这这条子它是不锈钢的杈杈条子。还有一种是这个欸PVC的。ɑɔ˨˩,næᴇ˥˦kə˥˨sɿ˥˨niæ̃˨˩˨xu˨˦i˥˦kə˥pʰiŋ˨˩˨miər˥˩tuo˥˦ʂao˥˦tɕʰiæ̃˨˩˨muo˧.tʂei˥˦sɿ˥˧i˥˩˨tʂuoŋ˥˩ma˧.næᴇ˥tsæᴇ˥ʂɿ˨˩˨kao˥˩tiŋ˥˩pʰəŋ˨˩˨.tʂei˥ie˥˩˨……tʂei˥……tʂei˥tʂuoŋ˥˩˨xɑ˨˩˨pu˨˩˨tɕiao˥ʂ……tʂə˥kə˥niæ̃˨˩˨xɑ˨˩˨……tʂei˥tʂei˥tɕiao˥pu˨˩˨ɕiou˥kaŋ˥˩ti˧lə˧.tʂei˥tʂei˥tʂei˥˦tʰiao˨tsɿ˧tʰɑ˥˦sɿ˥pu˨˩˨ɕiou˥kaŋ˥˩ti˧tsʰɑ˥tsʰɑ˥tʰiao˨tsɿ˧.xæᴇ˨iou˥˩i˥˩˨tʂuoŋ˥˩sɿ˥tʂə˥kə˥ei˨˩pʰi˥vei˥sei˥˩ti˧.（什么？）PVC的。一种化学品兀。pʰi˥vei˥sei˥˩ti˧.i˥˦tʂuoŋ˥˩˨xuɑ˥ɕyo˨˦pʰiŋ˥˩vei˥.（哦，那是现在的了。）噢，现在的么。ɑɔ˨˩,ɕiæ̃˥tsæᴇ˥ti˧muo˧.

房檐台子

（房檐台，房檐台儿？）黄：就是这个……前头这个滴……有的叫滴水，有的叫房檐台。tɕiou˥˦sɿ˥tʂə˥kə˥……tɕʰiæ̃˨˩˨tʰou˧tʂə˥kə˥tie˥˩……iou˥˦ti˧tɕiao˥˦tie˥˩ʂuei˥˩˨,iou˥˦ti˧tɕiao˥faŋ˨iæ̃˨˦tʰæᴇ˨˩.（你们叫什么？）我们叫欸房檐台子咧。房檐台子台子以后，它不是那个齐的，就像现在打下这个水泥，现在叫滴水嘛。过去我们叫房檐台儿。这房檐台儿过去哪有水泥？都打成了石条，铺这么宽，石条铺过来。ŋuo˥˩məŋ˧tɕiao˥˦vei˨˩faŋ˨iæ̃˨˦tʰæᴇ˨˩tsɿ˧lie˧.faŋ˨iæ̃˨˦tʰæᴇ˨˩tsɿ˧tʰæᴇ˨tsɿ˧i˥˩˨xou˥,tʰɑ˥˦pu˨˩sɿ˥næᴇ˥kə˥tɕʰi˨˩ti˧,tɕiou˥˦ɕiaŋ˥ɕiæ̃˥tsæᴇ˥tɑ˥˩xɑ˥˨tʂə˥kə˥ʂuei˥˩ni˨,ɕiæ̃˥˨tsæᴇ˥tɕiao˥tie˥˩ʂuei˥˩˨ma˧.kuo˥˦tɕʰy˥ŋuo˥˩məŋ˧tɕiao˥faŋ˨iæ̃˨˦tʰər˨.tʂə˥faŋ˨iæ̃˨˦tʰər˨kuo˥tɕʰy˥na˥˩iou˥˩ʂuei˥˩ni˨˩?tou˥˦tɑ˥˩tʂʰəŋ˨˩lə˧ʂɿ˨˦tʰiao˨,pʰu˥˩tʂə˥muo˧kʰuæ̃˥˩,ʂɿ˨tʰiao˨pʰu˥˩kuo˥˦læᴇ˨˩.

门

（你你看看呐，画……画一个门的不同的部位叫什么名叫什么？）黄：这上头，一般上头都还都看……都带那么……这个门上头么还都带这么点儿窗子。这底下这个，这一道边边现在不安的这个地方，这就叫门框儿。门……tʂei˥˦ʂaŋ˥˦tʰou˧,i˥˩pæ̃˥˩ʂaŋ˥tʰou˧tou˥˦xɑ˨˩tou˥˩kʰæ̃˥˨……tou˥˩tæᴇ˥˦nə˥muo˧……tʂə˥kə˥məŋ˨ʂaŋ˥tʰou˧muo˧xɑ˨˩tou˥˩tæᴇ˥tʂə˥muo˧tiæ̃r˥˩tʂʰuaŋ˥tsɿ˧.tʂei˥ti˥˩xa˥˨tʂə˥kə˥,tʂei˥˦i˥˩tao˥piæ̃˥˩piæ̃˥˩ɕiæ̃˥tsæᴇ˥pu˨næ̃˥˩ti˧tʂə˥kə˥ti˥faŋ˥˩,tʂei˥˦tɕiou˥tɕiao˥məŋ˨kʰuãr˥˩.məŋ˨˩……（这个两条竖的是吧？）噢，两条竖的。整个儿这个东西叫门……门墙。最土的话叫门墙。ɑɔ˨˩,liaŋ˥tʰiao˨ʂɥ˥ti˧.tʂəŋ˥˩kər˥˦tʂə˥kə˥tuoŋ˥ɕi˧tɕiao˥˦məŋ˨˩……məŋ˨˩tɕʰiaŋ˨˦.tsuei˥˦tʰu˥˩ti˧xuɑ˥tɕiao˥məŋ˨˩tɕʰiaŋ˨˦.（噢，整个门？）噢，整个这一个一转圈这都叫门墙。山墙，墙，墙壁的墙么。这是……噢……ɑɔ˨˩,tʂəŋ˥˩kə˥˦tʂei˥˦i˥˩kə˥˨i˥˩tʂuæ̃˥tɕʰyæ̃˥˩tʂə˥˨tou˥˦tɕiao˥məŋ˨˩tɕʰiaŋ˨˦.sæ̃˥˩tɕʰiaŋ˨˩,tɕʰiaŋ˨,tɕʰiaŋ˨pi˥˩ti˧tɕʰiaŋ˨muo˧.tʂei˥˦ʂ……ɑɔ˥……（门墙？）嗯。这儿这是那个合叶子。这儿这……在这个……这里头……这儿再安一块儿，里头就是这个啥，就是咱们开的这个东西，这叫门。ŋ̍˨.tʂər˥tʂə˥sɿ˥nə˥kə˥xuo˨lie˥˩tsɿ˧.tʂər˥tʂə˥……tsæᴇ˥tʂə˥kə˥……tʂei˥li˥tʰou˧……tʂər˥tsæᴇ˥næ̃˥˩i˥˦kʰuər˥˦,li˥˩tʰou˧tɕiou˥sɿ˥tʂə˥kə˥sɑ˥,tsou˥sɿ˥tʂɑ˨məŋ˧kʰæᴇ˥˩ti˧tʂə˥kə˥˦tuoŋ˥˩ɕi˧,tʂei˥tɕiao˥məŋ˨.（噢。）门。məŋ˨.（这个门……那个门板就叫门是吧？）啊，就叫门么。ɑ˨,tɕiou˥tɕiao˥məŋ˨muo˧.（你们这个门多数是一扇开的还是两扇开的？）那你是分单扇儿门、双扇儿门咧么。这就叫单扇儿门。nei˥ni˥˩sɿ˥˨fəŋ˥˩tæ̃˥˩ʂæ̃r˥˦məŋ˨,ʂuaŋ˥˩ʂæ̃r˥˦məŋ˨˩lie˧muo˧.tʂei˥˦tɕiou˥tɕiao˥tæ̃˥˩ʂæ̃r˥˦məŋ˨˩.（噢，

单扇门？）单扇儿门，双……tæ̃˥˨ʂæ̃r˥˦məŋ˧˨,ʂuaŋ˥˦……（过去你们是单扇儿的多还是双扇儿的多？）窑里头，过去的窑百分之一百都是双扇儿门。iaɔ˧˨li˥tʰou˨,kuo˦tɕʰy˦ti˨liaɔ˧pei˥˨fəŋ˥tsʅ˥˨i˥˦pei˥tou˥˨sʅ˦suaŋ˥˨ʂæ̃r˦məŋ˧˨.（双扇？）噢，双扇儿门。这几年以后，社会发展咧，都嫌那个落怜得很，都搞成单扇儿门了。嗯。但是盖房，这个房的正中间这个中屋的那个门，必须是双扇儿的。ɑɔ˨,ʂuaŋ˥˨ʂæ̃r˦˥məŋ˧˨.tʂei˦˥tɕi˥˨niæ̃˧i˥˨xou˦,ʂə˦xuei˦fa˥˨tʂæ̃˥lie˨,tou˥˦ɕiæ̃˧˨nə˦kə˦luo˥liæ̃˧˨tei˥˨xəŋ˥˨,tou˥˦kaɔ˥˨tʂʰəŋ˧tæ̃˥˨ʂæ̃r˦˥məŋ˧˨lə˨.ŋ̍˨.tæ̃˦sʅ˦kæɛ˦faŋ˧,tʂə˦kə˦fɑŋ˧˨ti˨tʂəŋ˦tʂuoŋ˥˨tɕiæ̃˥˦tʂə˦kə˦tʂuoŋ˥˨vu˥ti˨nə˦kə˦məŋ˧,pi˥˦ɕy˥sʅ˦˨suaŋ˥˨ʂæ̃r˦ti˨.（好。这个上面这一根叫什么？这一条。）这还叫……还是门框子上头的。嗯。tʂei˦˥xɑ˧˨tɕiaɔ˦……xɑ˧˨sʅ˦˥məŋ˧˨kʰuaŋ˥tsʅ˨ʂaŋ˦tʰou˨ti˨,ə̃˨.（这一条？）那就没有啥了。nə˦˥tsou˦˨mei˧iou˥sa˦lə˨.（叫不叫过方？）过……过方，现在都不了。原先上头他垒这个上头的时候，过去都不是没有砖头，也没有水泥吗？它是放土坯子垒的嘛。土坯子垒，他垒上去以后，怕这个土坯子下来把这个压弯了，把它压坏了，他这上头搀一块儿木头板板子，或者是木头方方子，这叫枕木嘛。kuo˦……kuo˦˦faŋ˥,ɕiæ̃˦tsæɛ˦tou˥˨pu˧˨lə˨.yæ̃˧ɕiæ̃˥ʂaŋ˦˥tʰou˨tʰɑ˥˦luei˥tʂə˦kə˦ʂaŋ˦˦tʰou˨ti˨sʅ˧˨xou˦,kuo˦˦tɕʰy˦tou˥˨pu˧˨sʅ˦mei˧˨iou˥˦tʂuæ̃˥tʰou˨,ia˥mei˧˨iou˥˦ʂuei˥ni˧ma˨?tʰɑ˥˦sʅ˦fɑŋ˦tʰu˥pʰei˥tsʅ˨luei˥ti˨ma˨.tʰu˥pʰei˥tsʅ˨luei˥,tʰɑ˥˦luei˥ʂaŋ˦˥tɕʰi˦i˥˨xou˦,pʰɑ˦tʂə˦kə˦tʰu˥˦pʰei˥tsʅ˨xɑ˦læɛ˧˦pɑ˥˨tʂə˦kə˦nia˦væ̃˥lə˨,pɑ˥˨tʰɑ˥˦nia˦xuæɛ˦lə˨,tʰɑ˥˦tʂei˦˥ʂaŋ˦tʰou˨tæ̃˥i˥˨kʰuər˥˦mu˥tʰou˨pæ̃˥pæ̃˥˨tsʅ˨,xuei˧˦tʂə˥˨sʅ˦mu˥tʰou˨faŋ˥faŋ˥˨tsʅ˨,tʂei˦tɕiaɔ˦tʂəŋ˥mu˥˨ma˨.（枕木？）噢，偏个枕木罩上头去。ɑɔ˨,pʰiæ̃˥˦kə˦tʂəŋ˥mu˥˨tsaɔ˦˥ʂaŋ˦tʰou˨tɕʰi˦˨.（枕木下面那那根就说门上面那个方啊，那……）那就不叫啥，也不搞那……nə˦tsou˦pu˧˦tɕiaɔ˦sa˦˨,ie˥pu˧˨kaɔ˥˨nə˦˥……（没有名啊？）没有名字。mei˧iou˥˨miŋ˧tsʅ˦˨.（这个底下呢？）门槛儿么。məŋ˧˨kʰæ̃r˥muo˨.（门……门槛儿？）这……这门就没有门槛儿。原先本来这个我们这个门底下太……兀都锯了门槛，他锯下那个茬子在那儿那。他把那个门槛儿锯掉了。tʂei˦……tʂei˦˥məŋ˧tsou˦mei˧iou˥məŋ˧˨kʰæ̃r˥˨.yæ̃˧ɕiæ̃˥˦pəŋ˥læɛ˧˨tʂə˦kə˦ŋuo˥məŋ˨tʂə˦kə˦məŋ˧ti˥xɑ˦˨tʰæɛ˦……væɛ˦tou˥˦tɕy˦lə˨məŋ˧˨kʰæ̃˥,tʰɑ˥˨tɕy˦xɑ˦nə˦kə˦tsʰɑ˧tsʅ˨tsæɛ˦nar˦nə˦.tʰɑ˥pɑ˥˨nə˦kə˦məŋ˧˨kʰæ̃r˥tɕy˦tiaɔ˦˥lə˨.（你们过去门槛儿是不是很高？）那不一定。那门高……门槛儿高了，你进来，不小心满栽倒了。næɛ˦˥pu˧˨i˥˦tiŋ˦˨.næɛ˦məŋ˧˨kaɔ˥……məŋ˧˨kʰæ̃r˥˦kaɔ˥lə˨,ni˥˦tɕiŋ˦læɛ˧˦,pu˧˨ɕiaɔ˥ɕiŋ˥˨mæ̃˥tsæɛ˥˦taɔ˥lə˨.（有的乡下有的门槛儿可以坐人呢？）那高嘛。那比这高。有的……有一句话就讲“你那门槛儿高得很”，就说是，本来说是“哎，你到我们家里喝茶”，他“哎不行，你那门槛儿高，我不去”，跳不进去么。næɛ˦kaɔ˥ma˨.næɛ˦pi˥˦tʂei˦˥kaɔ˥˨.iou˥˦ti˨……iou˥i˥˨tɕy˦xua˦tsou˦tɕiaŋ˥˦ni˥˦næɛ˦məŋ˧˨kʰæ̃r˥˦kaɔ˥tei˥˨xəŋ˥˦,tsou˦˥ʂuo˥˨sʅ˦˨,pəŋ˥læɛ˧ʂuo˥˨sʅ˦˨,æɛ˦,ni˥taɔ˦ŋuo˥məŋ˨tɕia˥li˥˨xuo˥˨tʂʰɑ˧˨,tʰɑ˥˨æɛ˥pu˧˨ɕiŋ˧˨,ni˥næɛ˦məŋ˧˨kʰæ̃r˥kaɔ˥˨,ŋuo˥pu˧˨tɕʰi˦˨,tʰiaɔ˦˥pu˧˨tɕiŋ˦tɕʰi˦muo˨.（欸，这个窗，这两个窗叫什么？）这就叫门……门窗。呃，就是这个……tʂei˦˥tɕiou˦tɕiaɔ˦məŋ˧……məŋ˧˨tʂʰuaŋ˥.ə˨,tɕiou˦˥sʅ˦tʂə˦kə˦……（翻窗？呃，门……门窗？）嗯，也没个啥，叫，上头叫啥子。ŋ̍˨,ie˥mei˧kə˦sa˦,tɕiaɔ˦,ʂaŋ˦tʰou˨tɕiaɔ˦sa˦tsʅ˨.（这个门扇就叫门是吧？）啊，门扇，这就叫门扇么。ŋɑ˨,məŋ˧˨ʂæ̃˦,tʂei˦˥tɕiou˦tɕiaɔ˦məŋ˧˨ʂæ̃˦muo˨.（你们有门扇这个说法吗？）有门扇这个说法。iou˥məŋ˧˨ʂæ̃˦tʂə˦kə˦ʂuo˥fa˥˨.（这个是……这个门后面把它这样……）门划子嘛。它开……这个，这是些锁子，过去那么地方是木头做下的。məŋ˧xua˧˨tsʅ˨ma˨.tʰɑ˥kʰæɛ˥˨……tʂə˦kə˦,tʂə˦˥sʅ˦ɕie˥˦suo˥tsʅ˨,kuo˦˦tɕʰy˦nə˦kə˦ti˦faŋ˥˦sʅ˦mu˥tʰou˨tsy˦xa˦ti˨.（那个叫什么？）叫

门……门划子嗨。tɕiaɔ˥məŋ˩……məŋ˩xua˧˩tsɿ˧m̩˦.（滑动的滑是吧？）嗯。ə̃˨.（也不叫门闩？）不叫。叫门划子。pu˧˩tɕiaɔ˥.tɕiaɔ˥məŋ˩xua˩tsɿ˦.（铁的吗？）木头的。它是这个木头做出来以后，这面儿做一个，这面儿，这个……mu˧tʰou˦ti˦.tʰa˧tsɿ˥tʂə˥kə˥mu˧tʰou˦tsuo˥tʂʰʯ˧˨læᴇ˩i˧˨xou˥,tʂei˥miæ̃r˥˨tsuo˥i˧˨kə˥˨,tʂei˥miæ̃˥,tʂei˥kə˥……（中间那根儿棍儿叫门划子啊？）噢。ɑɔ˨.（那旁边？）这统一都……统一都叫门划子么。一个东西这叫……tʂei˥tʰuoŋ˧i˧tou˧˨……tʰuoŋ˧i˧tou˧˨tɕiaɔ˥məŋ˩xua˧˩tsɿ˦muo˦.i˧˨kə˥tuoŋ˧ɕi˦tʂei˥tɕiaɔ˥……（你们这叫什么？）噢，你就插进去就堵住了，你就怪就开不开了。ɑɔ˨,ni˧tɕiou˥tsʰa˧˨tɕiŋ˥tɕʰi˥tɕiou˥˨tu˧tʂʯ˥˨lə˦,ni˧˨tsou˥˨kuæᴇ˥tsou˥kʰæᴇ˧˨pu˧˩kʰæᴇ˧˨lə˦.（它应该是由几个部分构成的啦！）由三个部分组成的。iou˩sæ̃˧kə˥˨pu˥fəŋ˥˨tsɿ˧tʂʰəŋ˧˩ti˦.（那三个部分名称有没有那个？）没有。兀都叫门划子就对了。mei˩˨iou˧˨.væᴇ˥tou˧˨tɕiaɔ˥məŋ˩xua˧˩tsɿ˦tɕiou˥˨tuei˥lə˦.（好。这个……门后面，背后那个……）叫门背后么。tɕiaɔ˥məŋ˧˩pei˥xou˥muo˦.（暗……暗锁啊？门……）那就是咱们说那个门插子么……门……门划子么。过去……næᴇ˥tɕiou˥sɿ˥˨tʂa˧˩məŋ˦ʂuo˧nə˥kə˥məŋ˩tsʰa˧˨tsɿ˦muo˦……məŋ˩……məŋ˩xua˩tsɿ˦muo˦.kuo˥tɕʰy˥˨……（有那个暗锁啊，是……是……）暗锁，它是有时有些东西以后，为了以防万一以后，他给这个门插子这儿这上去以后，还……还搞……还搞了个销子。末了你有些人在外头拿个锥子的话，一拨一拨，门划子拨……拨……æ̃˥suo˧,tʰa˧sɿ˥˨iou˧sɿ˩iou˧ɕie˧˨tuoŋ˧ɕi˦i˧xou˥,vei˥lə˦i˧faŋ˩væ̃˥i˧i˧˨xou˥,tʰa˧kei˥tʂə˥kə˥məŋ˩tsʰa˧tsɿ˦tʂər˥tʂə˥ʂaŋ˥tɕʰi˥i˧˨xou˥,xa˩……xa˩kaɔ˧……xa˧˩kaɔ˧lə˦kə˥˨ɕiaɔ˧tsɿ˦.muo˧lə˦ni˧iou˧ɕie˧˨zəŋ˩tsæᴇ˥væᴇ˥tʰou˦na˩˨kə˥tʂuei˧tsɿ˦tə˦xua˥˨,i˧puo˧i˧˨puo˧,məŋ˩xua˧˩tsɿ˦puo˧˨……puo˧˨……（拨不开他再？）他这个插子插销往上一插，你就……tʰa˧tʂə˥kə˥tsʰa˧tsɿ˦tsʰa˧ɕiaɔ˧vaŋ˧˨ʂaŋ˥i˧˨tsʰa˧,ni˧˨tsou˥……（对，那玩意儿叫什么呢？）那叫插……插子么。næᴇ˥tɕiaɔ˥tsʰa˧ɕ……tsʰa˧tsɿ˦muo˦.（插子？）啊，插销儿么，是□讲。a˨,tsʰa˧ɕiaɔr˧˨muo˦,ʂɿ˧˨niæ̃˩tʂaŋ˨（←tɕiaŋ˧）.（你们叫什么？）我们也叫门插子。这是是啥？这是现代门。过去那个老式门，弄下那一个东西，没有这个合叶儿。ŋuo˧məŋ˦lia˧tɕiou˥tɕiaɔ˥məŋ˧˩tsʰa˧tsɿ˦.tʂei˥sɿ˥sɿ˥sa˥˨?tʂei˥sɿ˥˨ɕiæ̃˥tæᴇ˥məŋ˧˩.kuo˥tɕʰy˧˨nə˥kə˥laɔ˧ʂɿ˧˩məŋ˧˩,nuoŋ˥xa˥na˥i˧kə˥tuoŋ˧˨ɕi˦,mei˩iou˧tʂə˥kə˥xuo˩iər˧.（那你们用什么呢？）我们用……做这个门的时候么，这个地方长嘛，长，这上边也长一点儿。给这个上头那个横木过去外头兀兀儿，再褙了一块儿木头，这个楣子……木头里头这个上头挖个眼儿，这个长下这个不是打眼里穿上去了？底下这个，这个门，放这个门槛儿的地方么，它横横子有这么……这个横横这儿这又安两个门墩子。ŋuo˧məŋ˦yoŋ˥……tsuo˥tʂə˥˨kə˥məŋ˧˩ti˦sɿ˧˩xou˥muo˦,tʂə˥kə˥ti˥faŋ˧tʂʰaŋ˩ma˦,tʂʰaŋ˩,tʂə˥ʂaŋ˥piæ̃˧˨ia˧tʂʰaŋ˩i˧tiæ̃r˧˨.kei˥tʂə˥kə˥ʂaŋ˥tʰou˦nə˥kə˥xəŋ˥muo˧˨kuo˥tɕʰi˥væᴇ˥tʰou˦va˥var˥,tsæᴇ˥pei˥lə˦i˧˨kʰuər˧mu˧tʰou˦,tʂə˥kə˥mei˩tsɿ˦……mu˧tʰou˦li˧tʰou˦tʂə˥kə˥ʂaŋ˥tʰou˦va˧kə˥˨niæ̃r˧,tʂə˥kə˥tʂʰaŋ˩xa˥tʂə˥˨kə˥˨pu˩sɿ˥˨ta˧˨niæ̃r˧li˧˨tʂʰuæ̃˧˨ʂaŋ˥tɕʰi˥lə˦?ti˧xa˥˨tʂə˥kə˥,tʂə˥kə˥məŋ˩,faŋ˥tʂə˥kə˥məŋ˩˨kʰæ̃r˧ti˦ti˥faŋ˧muo˦,tʰa˧˨xəŋ˩xəŋ˩tsɿ˦iou˧tʂə˥muo˦tʂ……tʂə˥kə˥xəŋ˩xəŋ˩tʂər˥tʂə˥iou˥næ̃˧˨liaŋ˧kə˥˨məŋ˩tuoŋ˧tsɿ˦.（门墩子？）噢，这儿有两个门墩子咧。这个地方，这个门墩子上头这不……挖个窝窝，底下这个铆儿，底下上下这边儿就在那个铆儿里头咧，上头在这儿管着咧。这……上……长下这一部分叫门转。ŋaɔ˨,tʂər˥iou˧liaŋ˧kə˥˨məŋ˩tuoŋ˧tsɿ˦lie˦.tʂə˥˨kə˥ti˥faŋ˧,tʂə˥kə˥məŋ˩tuoŋ˧tsɿ˦ʂaŋ˥tʰou˦tʂə˥˨pu˧˩sou……va˧˨kə˥˨vuo˧vuo˧˨,ti˧xa˥tʂə˥kə˥maɔr˧,ti˧xa˥ʂaŋ˥xa˥tʂei˥piæ̃r˧tɕiou˥tsæᴇ˥nə˥kə˥maɔr˧li˧˨tʰou˦lie˥,ʂaŋ˥tʰou˦tsæᴇ˥tʂər˥kuæ̃˧tʂə˦lie˦.tʂə˥ʂ……ʂaŋ˥……tʂʰaŋ˩xa˥tʂe i˥i˥˩˪pʰu˥˦fəŋ˥tɕiɑɔ˥məŋ˩˥tsuæ̃r˥˦.（门嘴是吧？）门转儿。məŋ˩˩tsuæ̃r˥˦.（这是……这是往上那个……）噢，往……ɑɔ˪,vɑŋ˩˪……（这个门板上面的那个……）那长下的那溜么。nei˥tʂʰɑŋ˩˩xɑ˥˦ti˧nei˥liou˥muo˧.（长一点这个是？）噢，这个门边子上边儿长下这一溜子叫门转儿。ɑɔ˥˦,tʂə˥kə˥məŋ˩piæ̃˩tsɿ˧ʂɑŋ˥˦piæ̃r˩˪tʂʰɑŋ˩˩xɑ˥˦tʂei˥i˩˪liou˥tsɿ˧tɕiɑɔ˥məŋ˩tʂuæ̃r˥˦.（下面呢？）下面还叫门转儿。底下这个门墩子头起这个窝窝叫转窝子。这你一拉就说是这个它也就说是这么个拉开底下这个上旋转咧。老毛说下那个话是"流水不腐，户枢不蠹"，就是经常转动的那个门转儿，虫就不钻。ɕiɑ˥˦miæ̃˥xɑ˩˪tɕiɑɔ˥məŋ˩tsuæ̃r˥.ti˩xɑ˥tʂə˥kə˥məŋ˩tuoŋ˩tsɿ˧.tʰou˩˩tɕʰie˩˦tʂə˥kə˥vuo˩vuo˩˪tɕiɑɔ˥tsuæ̃˥˦vuo˩˪tsɿ˧.tʂei˥˦ni˩˪i˩˦lɑ˩tɕiou˥˦ʂuo˩˦sɿ˥tʂə˥kə˥tʰɑ˩˦ie˩tɕiou˥ʂuo˩˦sɿ˥tʂə˥muo˧kə˥lɑ˩˪kʰæᴇ˩˦ti˩xɑ˥tʂə˥kə˥ʂɑŋ˥ɕyæ̃˩˪tʂuæ̃˥lie˧.lɑɔ˩mɑɔ˩ʂuo˩xɑ˥˪nə˥kə˥xuɑ˥sɿ˥,liou˩˩ʂuei˩pu˩˩fu˩˪,xu˥˦ʂɥ˩˪pu˩˪tu˥˦,tɕiou˥sɿ˥tɕiŋ˩˪tʂʰɑŋ˩tʂuæ̃˥tuoŋ˥ti˧nə˥kə˥məŋ˩˩tsuæ̃r˥˦,tʂʰuoŋ˩tsou˥˪pu˩˩tsuæ̃˥.（啊，这个户枢。）啊，户枢不蠹。ɑ˪,xu˥˦ʂɥ˩˦pu˩˩tu˥˦.（那个那个上面的那个这里这个洞呢？带洞的那个东西？）那都没欸……那也没个啥固定的叫法咧。næᴇ˥˦tou˩˪mei˩ei˪……næᴇ˥˦iɑ˩˪mei˩kə˥sɑ˥ku˥tiŋ˥ti˧tɕiɑɔ˥fɑ˩lie˧.（叫门斗吗？）也叫门斗。可以叫门斗。ie˩˦tɕiɑɔ˥məŋ˩tou˩.kʰə˩i˩˪tɕiɑɔ˥məŋ˩tou˩˪.（门斗是上面的还是下面的？）上头的。门墩是底下的。ʂɑŋ˥˦tʰou˧ti˧.məŋ˩tuoŋ˩sɿ˥˪ti˩xɑ˥˪ti˧.（门斗子还是门斗？）门斗。这是过去最老式的传统的门。它那个上头以后，这个可以……它现在就说是它钉了个是呃是三保险咧还是个锁子咧。过去那个门么它是不钉那个。它钉门闩子咧。məŋ˩tou˩.tʂə˥sɿ˥˪kuo˥˦tɕʰy˥tsuei˥˦lɑɔ˩ʂɿ˩ti˧tʂʰuæ̃˩˩tʰuoŋ˩ti˧məŋ˩˩.tʰɑ˩nə˥kə˥ʂɑŋ˥tʰou˧i˩˪xou˥,tʂə˥˪kə˥˦kʰə˩i˩˪……tʰɑ˩˦ɕiæ̃˥˪tsæᴇ˥˦tsou˥ʂuo˩˪sɿ˥˪tʰɑ˩˦tiŋ˥˦lə˧kə˥˪sɿ˥˪ə˪sɿ˥˪sæ̃˩pɑɔ˩˪ɕiæ̃˩lie˧xɑ˩˩sɿ˥kə˥suo˩tsɿ˧lie˧.kuo˥˦tɕʰy˥nə˥kə˥məŋ˩˩muo˧tʰɑ˩˪sɿ˥˪pu˩˩tiŋ˥˦nə˥kə˥.tʰɑ˩˪tiŋ˥məŋ˩˩ʂuæ̃˩˦tsɿ˧lie˧.（门什么？）门闩子。məŋ˩˩ʂuæ̃˩˦tsɿ˧.（把它闩紧那个闩是吧？）啊，闩紧的闩。他拿铁打下那么个一环儿套一环儿那个，在这儿这打个老鸹嘴子，钉进来，把这个往上头一弄。这儿这再打个老鸹嘴子。拿这一扣，拿个……实际上它就是打咧这么个，这就是这么个铁，这么个过来以后这么个地方儿，转了个圈儿，这么转过去以后，这个地方，他钉透了么。从这个里头钉透以后，这面儿两下这么一……一那个……外头你这样竖起来嘛，啊。再就是弄下这个链子，再这么一套一个。ɑ˪,ʂuæ̃˩˪tɕiŋ˩ti˧ʂuæ̃˩.tʰɑ˩˪nɑ˩tʰie˩tɑ˩xɑ˥nɑ˥muo˧kə˥i˩˪xuæ̃r˩tʰɑɔ˥i˩˪xuæ̃r˩nə˥kə˥,tsæᴇ˥˪tʂər˥˦tʂə˥tɑ˩˦kə˥lɑɔ˩vɑ˩˪tsuei˩tsɿ˧,tiŋ˥tɕiŋ˥læᴇ˩˦,pɑ˩˪tʂə˥kə˥vɑŋ˩˪ʂɑŋ˥tʰou˧i˩˪nuoŋ˥.tʂər˥tʂə˥tsæᴇ˥tɑ˩˦kə˥lɑɔ˩vɑ˩˪tsuei˩tsɿ˧.nɑ˩˦tʂə˥i˩˪kʰou˥,nɑ˩˦kə˥……ʂɿ˩˪tɕi˥˦ʂɑŋ˥tʰɑ˩˦tɕiou˥˦sɿ˥˪tɑ˩lie˧tʂə˥˦muo˧kə˥˪,tʂei˥tɕiou˥˦sɿ˥˪tʂə˥muo˧kə˥tʰie˩,tʂə˥muo˧kə˥kuo˥læᴇ˩˦i˩˪xou˥tʂə˥muo˧kə˥ti˥fɑ̃r˩˪,tʂuæ̃˥lə˧kə˥tɕʰyæ̃r˩,tʂə˥˪muo˧tʂuæ̃˥kuo˥tɕʰi˥i˩˪xou˥,tʂə˥˦kə˥ti˥fɑŋ˩˦,tʰɑ˩˦tiŋ˥tʰou˥˦lə˧muo˧.tsʰuoŋ˩˪tʂə˥˦kə˥li˩tʰou˧tiŋ˥tʰou˥i˩˪xou˥,tʂei˥miæ̃r˥liɑŋ˩ɕiɑ˥tʂə˥muo˧i˩˪……i˩næᴇ˥˪kə˥˪……væᴇ˥tʰou˧ni˩˦tʂei˥iɑŋ˥ʂɥ˥˦tɕʰi˩˪læᴇ˩˩mɑ˧,ɑ˧.tsæᴇ˥tsou˥˪sɿ˥˪nuoŋ˥xɑ˥tʂə˥kə˥liæ̃˥tsɿ˧,tsæᴇ˥tʂə˥muo˧i˩˪tʰɑɔ˥i˩˪kə˥˪.（那个链子叫什么呢？）这就是门闩子嘛。tʂei˥tɕiou˥sɿ˥məŋ˩˩ʂuæ̃˩˦tsɿ˧mɑ˧.（然后拿锁一套？）噢，往上一套。这个，这儿这有一个，这儿这还有个老鸹嘴子咧嘛。往上这个，往这个老鸹嘴子上一扣，拿个锁子一锁就行啦。这就最原始的东西这些东西。ɑɔ˥,vɑŋ˩˪ʂɑŋ˥˦i˩˦tʰɑɔ˥.tʂə˥kə˥,tʂər˥˦tʂə˥iou˩i˩˪kə˥˪,tʂər˥˦tʂə˥xæᴇ˩˩iou˩kə˥˪lɑɔ˩vɑ˩˪tsuei˩tsɿ˧lie˧mɑ˧.vɑŋ˩˪ʂɑŋ˥tʂə˥kə˥,vɑŋ˩˪tʂə˥kə˥lɑɔ˩vɑ˩˦tsuei˩tsɿ˧ʂɑŋ˥i˩˪kʰou˥,nɑ˩˩kə˥suo˩tsɿ˧i˩˪suo˩tɕiou˥˪ɕiŋ˩˩lɑ˧.tʂei˥tɕiou˥tsuei˥yæ̃˩˩sɿ˩ti˧tuoŋ˩˪ɕi˩˪tʂei˥˦ɕie˩˪tuoŋ˩˪ɕi˧.（里头要是锁门呢？）里头锁门就拿这个锁。li˩tʰou˧suo˩məŋ˩tɕiou˥nɑ˩˩tʂə˥kə˥ʂuo˩˪.（两扇门的

呢？）两扇门，那你这面是个门……链子，这面还有个门环子咧么。这面有个老鸹嘴子，带咧这么大个门环子。你这个穿过去，穿在这个里头，往这一拉，往上头一扣。liaŋ˥ʂæ̃˥məŋ˩,næᴇ˥ni˥˦tʂei˥˧miæ̃˥sɿ˥kə˥məŋ˩li……liæ̃˥tsɿ˧,tʂei˥˧miæ̃˥xɑ˩˦iou˥˦kə˥məŋ˩xuæ̃˨˩tsɿ˧lie˧muo˧.tʂei˥˨miæ̃˥iou˥˦kə˥lao˥vɑ˥˩tsuei˥tsɿ˧,tæᴇ˥lie˧tʂə˥muo˧tɑ˥kə˥məŋ˩xuæ̃˨˩tsɿ˧.ni˥tʂə˥kə˥tʂʰuæ̃˥˩kuo˥˨tɕʰi˥˩,tʂʰuæ̃˥tsæᴇ˥tʂə˥kə˥li˥˩tʰou˧,vaŋ˥˩tʂə˥˧i˥˩la˥,vaŋ˥˩ʂaŋ˥˧tʰou˧i˥˩kʰou˥˩.（也是外……从外头？）噢，从外头咧。ɑɔ˥,tsʰuoŋ˨˩væᴇ˥˨tʰou˧lie˧.（那……两扇门儿要从里头弄呢？）里头还是门划子啊。还是门划子划住。li˥tʰou˧xɑ˩˩sɿ˥˧məŋ˩xuɑ˨˩tsɑ˥（←tsɿ˧ɑ˥）.xɑ˨˩sɿ˥˧məŋ˩xuɑ˩˦tsɿ˧xuɑ˨˩tʂʮ˥˧.（那这样会不会动啊？）呃你兀动□也动么。那门只要□安的门缝合的好，你就咋么个你都□不动。ə˥ni˥˦və˥˧tuoŋ˥niæ̃˨˩ie˥˩tuoŋ˥muo˧.nə˥məŋ˩tsɿ˥˩iɑɔ˥niæ̃˨˩næ̃˥ti˧məŋ˩fəŋ˥xuo˨˩ti˧xɑɔ˥,ni˥˦tsou˥tsɑ˥muo˧kə˥˧ni˥˩tou˥˩tsʰuoŋ˥pu˩˦tuoŋ˥˩.（要不要拿顶门杠来顶呀到时候？）那有人顶咧嘛。有些人还放那个放不结实，还抱个铡墩墩得里头咧，那……næᴇ˥˧iou˥˩zəŋ˩tiŋ˥lie˧ma˧.iou˥ɕie˥˩zəŋ˩xɑ˨˩faŋ˥nə˥kə˥faŋ˥pu˩tɕie˥ʂʮ˩,xɑ˨˩pɑɔ˥kə˥tsɑ˩tuoŋ˥tuoŋ˥tə˧li˥˦tʰou˧lie˧,næᴇ˥˧……（铡墩儿是吧？）铡墩是咱们去……你昨天说那个铡子么，那个墩子。那大嘛。那都是你是……你是害怕咧，睡不着了，你把这个顶住在上头。这是……是铡坏了，再好把那个铡墩能留到。tsɑ˩tuoŋ˥sɿ˥tsɑ˩məŋ˧tɕʰy˥……ni˥˦tsuo˨˩tʰiæ̃˥ʂuo˥nə˥kə˥tsɑ˨˩tsɿ˥muo˧,nə˥kə˥tuoŋ˥tsɿ˧.næᴇ˥tɑ˥ma˧.næᴇ˥tou˥˩sɿ˥ni˥sɿ˥……ni˥sɿ˥xæᴇ˥pʰɑ˥lie˧,ʂuei˥pu˩˦tʂʰuo˨˩lə˥,ni˥˦pɑ˨˩tʂə˥kə˥tiŋ˥tʂʮ˩tsæᴇ˥˩ʂaŋ˥˨tʰou˧.tʂei˥sɿ˥……sɿ˥tsɑ˩xuæᴇ˥lə˥,tsæᴇ˥xɑɔ˥˦pɑ˥˦nə˥kə˥tsɑ˩tuoŋ˥nəŋ˨˩liou˨˩tɑɔ˥.（那个叫什么铡？铡墩子？）铡墩。tsɑ˩tuoŋ˥.（那个木杠，啊，把那个这个插那个木杠？先放……放木杠的，往旁边一根儿一根儿的棍子。哼，一下。）欸，在老百姓家里谁弄那号了？ei˥,tsæᴇ˥˩lɑɔ˥pei˥˩ɕiŋ˥˧tɕiɑ˥li˥˩sei˩nuoŋ˥nei˥˧xɑɔ˥˩lə˧?（呵呵，没弄那个这个那个的。那个顶门的杠子呢？）顶门杠子。tiŋ˥məŋ˩kaŋ˥tsɿ˧.（也弄吗？没有这玩意儿就就就……）请拿顶门杠子杠住嘛。tɕʰiŋ˥nɑ˩tiŋ˥məŋ˩kaŋ˥tsɿ˧kaŋ˥tʂʮ˥˩ma˧.（杠住？）嗯。ŋ̍˩.（顶门杠子杠住？）噢，顶住。ɑɔ˩,tiŋ˥tʂʮ˥˩.（顶住还是杠住？）顶住。tiŋ˥tʂʮ˥˩.（讲不讲“杠住”？）有些……这个杠住是……他是……他咋么个弄的呀？杠住他他他他把这个门……他就在这个地方，他搞这么个东西，这儿这也搞这么个东西，直接弄这么长杠子往这个里头一……iou˥ɕie˥˩……tʂə˥kə˥kaŋ˥˦tʂʮ˥˩sɿ˥˩……tʰɑ˥sɿ˥……tʰɑ˥˦tsɑ˥muo˧kə˥˩nuoŋ˥ti˧iɑ˧?kaŋ˥tʂʮ˥tʰɑ˥˦tʰɑ˥˦tʰɑ˥tʰɑ˥˦pɑ˥˦tʂə˥˧kə˥˧məŋ˩……tʰɑ˥tɕiou˥tsæᴇ˥tʂə˥˧kə˥˧ti˥faŋ˥˩,tʰɑ˥˩kɑɔ˥tʂə˥muo˧kə˥tuoŋ˥ɕi˧,tʂər˥tʂə˥ie˥kɑɔ˥˦tʂə˥muo˧kə˥tuoŋ˥ɕi˧,tʂʮ˩tɕie˥˩nuoŋ˥tʂə˥muo˧tʂʰaŋ˩kaŋ˥tsɿ˧vaŋ˥˩tʂə˥kə˥li˥tʰou˧i˥˩……（一搁就行？）往上一搁，你就把□门……vaŋ˥˩ʂaŋ˥i˥˩kə˥,ni˥˦tsou˥pɑ˥˩tsʰuoŋ˥˩məŋ˩……（那叫什么那个？）那叫门杠嘛你。这是……一般情况下老百姓家里谁套那个什么？那整天把这个取下，哎，放到这儿这落怜的要死。拿鱼……这么个鱼叉，往过以去……næᴇ˥˧tɕiɑɔ˥məŋ˩kaŋ˥ma˧ni˥˩.tʂei˥sɿ˥……i˥˦pæ̃˥tɕʰiŋ˨˩kʰuaŋ˥ɕiɑ˥lɑɔ˥pei˥˩ɕiŋ˥˦tɕiɑ˥li˥˩sei˩tʰɑɔ˥nə˥˧kə˥˧ʂʮ˥muo˧?næᴇ˥tʂəŋ˥tʰiæ̃˥˩pɑ˥˩tʂə˥kə˥tɕʰy˥xɑ˥,æᴇ˥,faŋ˥tɑɔ˥tʂər˥tʂə˥luo˥liæ̃˨˩ti˧iɑɔ˥˦sɿ˥˦.nɑ˩˧y˨˩……tʂə˥˧muo˧kə˥y˨˩tsʰɑ˥,vaŋ˥˩kuo˥i˥˩tɕʰy˥……（像刚才你讲的这个，这个东西叫什么？这地方，用来插那个杠子的？）那叫……叫个啥。这都是他们……这就是些单位上，过去有些单位，就说是那也没这么个暗锁，没啥，商店里头去不是……他是为咧保险起见这样搞的。老百姓家里谁搞那些事嘛！nei˥˧tɕiɑɔ˥˩……tɕiɑɔ˥kə˥sɑ˥.tʂei˥˧tou˥˦sɿ˥tʰiæml˩（←tʰɑ˥məŋ˧）……tʂei˥˧tɕiou˥sɿ˥ɕie˥˩tæ̃˥˩vei˥˧ʂaŋ˥˩,kuo˥tɕʰy˥iou˥ɕie˥˩tæ̃˥˩vei˥˧,tɕiou˥˩ʂuo˥˩sɿ˥˩nɑ˥˧ie˥˩mei˩tʂə˥muo˧kə˥næ̃˥

suo˥,mei˩˧sa˧,ʂaŋ˥˩tiæ̃˧˥li˥˩tʰou˩tɕʰi˧pu˩˧sɿ˧……tʰa˥˧sɿ˧vei˧lie˩pao˥˩ɕiæ̃˥tɕʰi˥˩tɕiæ̃˧˥tʂei˧˥iaŋ˧˩ka ɔ˥ti˩.lao˥pei˥˩ɕiŋ˧˥tɕia˥li˥˩sei˩˧kao˥nei˧ɕie˥˧sɿ˧˧ma˩!（也没什么可偷的。）没有啥可偷的嘛。就是晚上不锁门，门不闭户，前几年我们那里谁锁门咧？晚上睡觉也不锁门。meiʎiou˥sa˧kʰə˥tʰou˥ti˩ma˩.tsou˧sɿ˧væ̃˥ʂaŋ˧˩pu˩˧suo˥məŋ˩˧,məŋ˩˧pu˩˧pi˧xu˧,tɕʰiæ̃˩˧tɕi˥niæ̃˩˧ŋuo˥ məŋ˩nə˧li˥˧sei˩˧suo˥məŋ˩˧lie˧?væ̃˥ʂaŋ˧ʂuei˧tɕiao˧æ˩pu˩˧suo˥məŋ˩˧.

（以前那个门外面它有那个就是像老虎一样的那个那个圆形的那个，然后就是……）那是个装饰品，那叫门环。nə˧sɿ˧kə˧tʂuaŋ˥ʂɿ˥˩pʰiŋ˥˧,nə˧tɕiao˧məŋ˩˧xuæ̃˩˧.（那个……那个连……把那个门环连起来那个金属片，叫不门牌儿？）嗯，门牌儿。ŋ̍˧,məŋ˩˧pʰər˩˧˩.（你们现在这个户口，这个是每一家每一户钉……钉的那个东西也叫门牌儿吗？）门牌儿，嗯。那这钉的多，那一……这是这是个基本……单位上买的。农村现在兀门上他……他钉的多下了。星级农户了。五星级的，十星级农户都……məŋ˩˧pʰər˩˧,ŋ̍˩. nə˧˩tʂei˧˥tiŋ˧ti˩tuo˥˩,nə˧i˥˧……tʂə˧sɿ˧˩tʂə˧sɿ˧kə˧tɕi˥˩pəŋ……tæ̃˥˩vei˧˥ʂaŋ˧mæᴇ˥˧ti˩.nuoŋ˩˧tsʰuo ŋ˥ɕiæ̃˧tsæᴇ˧vei˧məŋ˩˧ʂaŋ˧tʰa˥˧……tʰa˥˧tiŋ˧˩ti˩tuo˥xa˧˩lə˩.ɕiŋ˥tɕi˥˩nuoŋ˩˧xu˧lə˩.vu˥ɕiŋ˥˩tɕi˥˩ti˩, ʂɿ˩ɕiŋ˥tɕi˥˩nuoŋ˩˧xu˧tou……

（那个门有些什么门呢？那个格子门有没有？）门，咱们现在这个门都很简单，就是光木门子啥。过去那个欸门口还就是这个分什么三槛儿门、四槛儿门。məŋ˩˧,tʂa˩˧məŋ˩ɕiæ̃ ˧tsæᴇ˧tʂə˧kə˧məŋ˩˧tou˥˧xəŋ˥tɕiæ̃˥tæ̃˥˩,tɕiou˧sɿ˧kuaŋ˥˧mu˥˩məŋ˩˧tsɿ˩sa˧˩.kuo˧˧tɕʰy˧˩nə˧kə˧ei˧m əŋ˩˧niæ̃˩˧xa˩˧tɕiou˧sɿ˧tʂə˧kə˧fəŋ˥ʂɿ˥˩muo˩sæ̃˥˩kʰæ̃r˥məŋ˩˧,sɿ˧kʰæ̃r˥˩məŋ˩˧.（三槛儿门、四槛儿门有什么区别呢？）三槛儿门，这就是那三槛儿么。咱们这门就叫三槛儿门。sæ̃˥˩kʰæ̃ r˥məŋ˩˧,tʂei˧˥tɕiou˧sɿ˧nə˧sæ̃˥˩kʰæ̃r˥məŋ˩˧muo˧.tʂa˩˧məŋ˩tʂə˧məŋ˩˧tɕiou˧tɕiao˧sæ̃˥˩kʰæ̃r˥məŋ˩˧.（为什么叫三槛儿呢？）那上头就把两槛儿占了是。一槛儿，两槛儿，底下那个门槛儿。næᴇ˧ʂaŋ˧˥tʰou˩tsou˧pa˥˩liaŋ˥kʰæ̃r˥˩tʂæ̃˧lə˩sɿ˧.i˥˩kʰæ̃r˥,liaŋ˥kʰæ̃r˥,ti˥xa˧nə˧kə˧məŋ˩˧kʰæ̃r˥.（哦，就是带那个……）噢，带那个横……横木。ɑɔ˩,tæᴇ˧nə˧kə˧xəŋ˧……xəŋ˧mu˥˩.（……那个翻窗的那个叫三槛儿门？）三槛儿门。sæ̃˥˩kʰæ̃r˥məŋ˩˧.（啊。那四槛门呢？）四槛儿门外头还有个风门子咧。都归人门是外头还有个门。sɿ˧kʰæ̃r˥˧məŋ˩˧væᴇ˧tʰou˩xæᴇ˩˧iou˥˧kə˧fəŋ˥mə ŋ˩˧tsɿ˩lie˩.tou˥˧kuei˥ʐəŋ˩˧məŋ˩˧sɿ˧væᴇ˧tʰou˩xa˩˧iou˥kə˧məŋ˩˧.（哦，纱窗……纱门儿？）纱门儿么。sa˥˩mə̃r˩˧muo˩.（带纱窗的门？）噢，叫四槛儿门咧。ɑɔ˩,tɕiao˧sɿ˧kʰæ̃r˥məŋ˩˧lie˩.（带纱门儿子的。）带纱门咧么。tæᴇ˧sa˥məŋ˩˧lie˩muo˩.（有那个格扇门吗？）有咧嘛。这个门，像这个门，三槛儿门，四槛儿门，这都无所谓。最……还有……这你……这你们来已经基本上见不到了是。是住……陕北人就是那个花窗子。iou˥lie˩ma˩.tʂə˧kə˧ ˥məŋ˩˧,ɕiaŋ˧tʂə˧kə˧˥məŋ˩˧,sæ̃˥˩kʰæ̃r˥məŋ˩˧,sɿ˧kʰæ̃r˥˩məŋ˩˧,tʂei˧˥tou˥˩vu˩˧ʂuo˥˧vei˧.tsuei˧…… xæᴇ˩˧iou˥……tʂei˧ni˥……tʂei˧˥ni˥məŋ˩læᴇ˩˧i˥tɕiŋ˥˩tɕi˥˩pəŋ˥ʂaŋ˧˩tɕiæ̃˧pu˩˧tao˧lə˩sɿ˧˩. sɿ˧tʂɿ˧……ʂæ̃˥pei˥˩ʐəŋ˩˧tsou˧sɿ˧nə˧kə˧xua˥˧tʂʰuaŋ˥tsɿ˩.（哦，带花格的是吧？）花格。它整个儿这个窑都是那个木……都是门窗。它都是做成一定的图形的。xua˥˧kə˥.tʰa˥˩tʂəŋ˥kər ˧˥tʂə˧kə˧iao˩˧tou˥˩sɿ˧˩nə˧kə˧mu……tou˥˧sɿ˧məŋ˩˧˩tʂʰuaŋ˥˩.tʰa˥˩tou˥˧sɿ˧tsuo˧˥tʂʰəŋ˩i˥˧tiŋ˧ti˩tʰu ˩˧ɕiŋ˩˧ti˧.（叫花窗子？）花窗子。陕北的那个，典型的陕北风味儿了么。xua˥˧tʂʰuaŋ˥tsɿ˩. ʂæ̃˥pei˥˩ti˩nə˧kə˧,tiæ̃˥ɕiŋ˩˧ti˩ʂæ̃˥pei˥˩fəŋ˥˩vər˧˥lə˩muo˩.（花窗子就包括门呐？）包括门了。门是这个门扇不变，但是它这地方全部都是窗子。pao˥˩kʰuo˥məŋ˩˧lə˧.məŋ˩˧sɿ˧tʂə˧kə ˧məŋ˩˧ʂæ̃˧˥pu˩˧piæ̃˧,tæ̃˧sɿ˧˩tʰa˥˧tʂə˧ti˧faŋ˥˩tɕʰyæ̃˩˧pu˧˥tou˥˩sɿ˧˩tʂʰuaŋ˥tsɿ˩.（那采光比较

好。）采光比较好。tsʰæᴇ˥˧kuaŋ˥˧˩pi˥˧˧tɕiaɔ˥xaɔ˥˧˩.（那看到毛主席有张相就是那个……）啊，刚刚就是那个陕北那个窑洞。ɑ˩,kaŋ˥˧˦kaŋ˥˧˧tɕiou˥sɿ˥nə˥kə˥ʂæ̃˥˧pei˥˧˩nə˥kə˥iaɔ˧˨˩tuoŋ˥˦.（我们这儿过去也有这样的门吗？）过去都是那样的门。陕北这个都是，只要是陕北人都是那号儿门。这个门已经，这……这门现在已经换了。这门换过以后就是这个……这也都是八几年到……七八十年代，到九十年代以后，就没有这个门了。kuo˥tɕʰy˥tou˥˧˦sɿ˥˩næᴇ˥iaŋ˥ti˧məŋ˧˨˩.ʂæ̃˥˧pei˥˧˩tʂə˥kə˥tou˥˧˧sɿ˥,tsɿ˥˧˩iaɔ˥˦sɿ˥ʂæ̃˥˧pei˥˧˩zəŋ˧˨tou˥˧˦sɿ˥nə˥˩xaɔr˥˦məŋ˧˨˩.tʂə˥kə˥məŋ˧˨i˥˧tɕiŋ˥˧˩,tʂei˥˦……tʂə˥˦məŋ˧˨ɕiæ̃˥tsæᴇ˥i˥˧˩tɕiŋ˥˧˩xuæ̃˥˦lə˧.tʂə˥kə˥məŋ˧˨xuæ̃˥kuo˥i˥˧˩xou˥˦tɕiou˥˦sɿ˥tʂə˥kə˥……tʂə˥iɑ˥˧˩tou˥˧˧sɿ˥pɑ˥˧tɕi˥˧˩niæ̃˧˨˩taɔ˥……tɕʰi˥˧˩pɑ˥˧ʂɿ˧˨˩niæ̃˧˨˩tæᴇ˥,taɔ˥tɕiou˥˧ʂɿ˧˨˩niæ̃˧˨˩tæᴇ˥˦i˥˧˩xou˥˩,tsou˥mei˧˨iou˥˧tʂə˥kə˥məŋ˧˨˩lə˧.（他不用这个门儿是为什么呢？）落怜得很。落怜，太啰唆了。光这个一……你糊那个……糊那个窗户纸就把人糊的害死了。现在在这么个以后欸，弄一块儿玻璃一钉，这都行了么。那家伙经常要糊咧么。一……糊一个窗子得半天。那个纸又贵，一般的纸糊上，太阳一晒就破了。还必须拿那白麻纸糊。luo˥˧liæ̃˧˨˩tei˥˧˩xəŋ˥˧˩.luo˥˧liæ̃˧˨˩,tʰæᴇ˥˦luo˥˧suo˥˧˩lə˧.kuaŋ˥˧˦tʂə˥kə˥i˥˧˩……ni˥˧˩xu˧˨nə˥kə˥……xu˧˨nə˥kə˥tʂʰuaŋ˥˧xu˥˩tsɿ˥˧tsou˥˩pɑ˥˧˩zəŋ˧˨xu˧˨˧ti˧xæᴇ˥sɿ˥˧˩lə˧.ɕiæ̃˥tsæᴇ˥tsæᴇ˥tʂə˥muo˧kə˥i˥˧˩xou˥ei˥,nuoŋ˥i˥˧˧kʰuər˥˧˧puo˥˧li˧˨˩i˥˧˩tiŋ˥,tʂei˥˦tou˥˧˩ɕiŋ˧˨˩lə˧muo˧.næᴇ˥˦tɕiɑ˥˧˩xuo˧tɕiŋ˥˧˩tʂʰɑŋ˧˨iaɔ˥xu˧˨˩lie˧muo˧.i˥˧˩……xu˧˨i˥˧˧kə˥tʂʰuaŋ˥˧tsɿ˧tei˥˧˩pæ̃˥˦tʰiæ̃˥˧.nə˥kə˥tsɿ˥˧iou˥˩kuei˥,i˥˧˦pæ̃˥˧ti˧tsɿ˥˧xu˧˨˩ʂɑŋ˥,tʰæᴇ˥iaŋ˧i˥˧˩sæᴇ˥tsou˥˩pʰuo˥lə˧.xɑ˧˨˩pi˥˧˦ɕy˥˧˧nɑ˧˨˧nə˥pei˧˨mɑ˧˨˩tsɿ˥˧xu˧˨˩.（那种门叫不叫格子门？）格子门，嗯。kə˥˧tsɿ˧məŋ˧˨,ə̃˩.（也叫花窗子，也叫格子门？）噢，花窗儿门。嗯。ɑɔ˩,xuɑ˥˧˦tʂʰuɑ̃r˥˧məŋ˧˨.ə̃˩.（花窗是不是指窗，不指门？）窗子。它那个整个儿一个窑它都说是一个一整个儿那个山墙它都是放那个做起来的啊。除了这个地方这个窗台儿垒咧这么一点点，是砖砌起来的，再全部都是木头做下的。tʂʰuaŋ˥˧tsɿ˧.tʰɑ˥˧næᴇ˥˩kə˥˩tʂəŋ˥˧kər˥i˥˧˩kə˥iaɔ˧˨tʰɑ˥˧˧tou˥˧˩ʂuo˥˧˩sɿ˥˩i˥˧˩kə˥i˥˧˩tʂəŋ˥˧kər˥˦nə˥˩kə˥˩sæ̃˥˧tɕʰiaŋ˧˨˩tʰɑ˥˧˩tou˥˧˦sɿ˥faŋ˥nə˥kə˥tsuo˥˦tɕʰi˥˧læᴇ˧˨˩tiɑ˧.tʂʰʮ˧˨˩liaɔ˥˧tʂə˥kə˥ti˥faŋ˥˧˩tʂə˥kə˥tʂʰuaŋ˥˧˩tʰər˧˨luei˥˧lie˧tʂə˥˦muo˧i˥˧˩tiæ̃˥˧tiæ̃˥˧,sɿ˥˩tʂuæ̃˥˧tɕʰi˥˧˩tɕʰi˥˧læᴇ˧˨˩ti˧,tsæᴇ˥tɕʰyæ̃˧˨˩pu˥˦tou˥˧˧sɿ˥mu˥˧tʰou˧tsuo˥˦xɑ˥˩ti˧.（有这个隔扇门吗？）隔扇子，那都是多个……这儿这那个隔扇子门那就是说门外头带了个纱窗。kə˥˧˩ʂæ̃˥˦tsɿ˧,næᴇ˥˦tou˥˧˧sɿ˥tuo˥˧kə˥……tʂər˥˦tʂə˥nə˥kə˥kə˥˧˩ʂæ̃˥˦tsɿ˧məŋ˧˨næᴇ˥tɕiou˥sɿ˥ʂuo˥˧məŋ˧˨˩væᴇ˥tou˥˧˩tæᴇ˥˦lə˧kə˥˩sɑ˥˧˩tʂʰuaŋ˥˧˩.（哦，带纱窗的就是隔扇门？）叫是两扇子了。tɕiaɔ˥˦ʂɿ˥˩liaŋ˥˧ʂæ̃˥tsɿ˧lə˧.（就是四槛门儿？你们叫什么？）我们也叫那叫隔扇子门咧。ŋuo˥˧məŋ˧lie˥˧˧tɕiaɔ˥næᴇ˥tɕiaɔ˥kə˥˧˩ʂæ̃˥tsɿ˧məŋ˧˨˩lie˧.

（那个贴对联的那个？）门墙。məŋ˧˨˩tɕʰiaŋ˧˨˦.（噢，贴在门墙上面？）噢，在门墙上贴着咧。就在这两边一贴对了。现在那是木头……这个门墙宽咧么，门墙也贴；门墙上不宽的话，这砖头上一贴就对了。ɑɔ˩,tsæᴇ˥məŋ˧˨˩tɕʰiaŋ˧˨˦ʂɑŋ˥˩tʰie˥˧tʂə˧lie˧.tɕiou˥˦tsæᴇ˥˩tʂei˥liaŋ˥˧˧piæ̃˥˧˩i˥˧˩tʰie˥˧tuei˥˩lə˧.ɕiæ̃˥tsæᴇ˥nə˥˩sɿ˥˩mu˥˧tʰou˧……tʂə˥kə˥məŋ˧˨˩tɕʰiaŋ˧˨˧kʰuæ̃˥˧lie˧muo˧,məŋ˧˨˩tɕʰiaŋ˧˨˦ɑ˥˧˧tʰie˥˧;məŋ˧˨˩tɕʰiaŋ˧˨˦ʂɑŋ˥˩pu˧˨˩kʰuæ̃˥˧tə˧xuɑ˥,tʂei˥tʂuæ̃˥˧tʰou˧ʂɑŋ˥˦i˥˧˩tʰie˥˧tɕiou˥˩tuei˥˦lə˧.（它外头也不挂什么东西……东西，专门儿贴这个？）啊。ɑ˥.（这个核桃疙瘩？）啥叫核桃……sɑ˥˦tɕiaɔ˥˩xə˧˨˩tʰɑɔ……（连接这个门楣和勾转的木头，正八边形或十二边形？）噢。装饰品。在这儿咧。这儿这这这几个地方，这儿做了一个，这儿做了一个。因为你上头安那个门转的时候啊，给那个上头安的时候，要到外头是褙了一块儿木头过来了么。为了把这个两个连接起来，就是做了个门转。制咧那么个东西，门那个。就是你说下那个东西。ɑɔ˩˧.tʂuaŋ˥˧ʂʅ˥˧˩pʰiŋ˥˧˩.tsæᴇ˥tʂər˥˨lie·˩.tʂər˥˨tʂə˥tʂei˥tʂei˥˦tɕi˥˧˩kə˥˩ti˥faŋ˥˧,tʂər˥˨tsʮ˥lə·li˥˧˩kə˥˩,tʂər˥˨tsʮ˥lə·li˥˧kə˥.iŋ˥˧˩vei˥˦ni˥˧ʂaŋ˥tʰou·˧næ̃˥˧nə˥kə˥məŋ˩˧˩tsuæ̃˥˦ti·˧sʅ˩˧˩xou˥ɑ˩,kei˥nə˥kə˥ʂaŋ˥tʰou·˧næ̃˥˧ti·˧sʅ˩˧˩xou˥,iɑɔ˥tɑɔ˥˩væᴇ˥˦tʰou·˧sʅ˥˩pei˥˨lə·li˥˧˩kʰuər˥˧mu˥˧tʰou·˧kuo˥læᴇ˩˧lə·˧muo·˥.vei˥liɑɔ˥˧pɑ˥˧˩tʂə˥kə˥liɑŋ˥˧kə˥˩liæ̃˩˧tɕie˥˧˩tɕʰi˥˧læᴇ˩˧˩,tɕiou˥˩sʅ˥˩tsʮ˥lə·˧kə˥məŋ˩˧˩tsuæ̃˥˦.tsʅ˥lie·˧nə˥muo·˧kə˥tuoŋ˥˧ɕi·˩,məŋ˩˧nə˥˩kə˥˩.tɕiou˥sʅ˥ni˥˧ʂuo˥˧xɑ˥˩nə˥kə˥tuoŋ˥˧ɕi·˥.（你们叫什么？）哎呀，我们把它叫啥咧吵？再把这修成八卦儿的，或者是各种形状的那个东西啊。就是这两个东西。兀有咧。æᴇ˥iɑ˩,ŋuo˥˧məŋ·˧pɑ˥˧˩tʰɑ˥˧tɕiɑɔ˥sɑ˥lie·˧sɑ·˥?tʂæᴇ˥pɑ˥˧˩tʂei˥ɕiou˥˧tʂʰəŋ˩˧˩pɑ˥˧˩kuar˥ti·˩,xuei˩˧tʂə˥˧˩sʅ˥kə˥˧˩tʂuoŋ˥˧ɕiŋ˩˧˩tʂuɑŋ˥ti·˧næᴇ˥kə˥tuoŋ˥˧˩ɕi·˩ɑ˩.tɕiou˥˩sʅ˥˩tʂei˥˦liɑŋ˥˧kə˥tuoŋ˥˧˩ɕi·˩.væᴇ˥˦iou˥˧˩lie·˩.（叫不叫虎牙？）哎呀，那不晓把那……我们把那……这儿晓把那叫……æᴇ˩iɑ˩,nɑ˥pu˩˧tɕiɑɔ˥˧pɑ˥˧˩næᴇ˥……ŋuo˥˧məŋ·˧pɑ˥˧˩næᴇ˥……tʂər˥ɕiɑɔ˥˧pɑ˥˧˩næᴇ˥tɕiɑɔ˥˩……（核桃疙瘩？）就是个修下这核儿桃疙瘩形式的。tɕiou˥sʅ˥˩kə˥˩ɕiou˥˧xɑ˥tʂə˥xər˩˧tʰɑɔ˩˧kə˥˧tɑ·˧ɕiŋ˩˧˩ʂʅ˥˧ti·˩.（你们叫什么？）说不来咧那个东西。ʂuo˥˧˩pu˩˧˩læᴇ˩˧˩lie·˧nɑ˥˩kə˥˩tuoŋ˥˧ɕi·˩.

（这个转窝子，转窝子就是那个钻窝子吧？）噢，就是那个转窝子。嗯。就是那个安门转儿的那个兀兀儿那个东西。ɑɔ˩,tɕiou˥˦sʅ˥˩nə˥kə˥tsuæ̃˥vuo˥˧˩tsʅ·˩.əŋ˥˧.tɕiou˥˦sʅ˥nə˥kə˥næ̃˥˧˩məŋ˩˧tsuæ̃r˥ti·˧nei˥˩kə˥˩vɑ˥˨vɑr˥˩nei˥kə˥tuoŋ˥˧ɕi·˩.（这是……是这个钻还是转动的那个转？）转动的转。tʂuæ̃˥tuoŋ˥ti·˧tʂuæ̃˥.

棚木

（窗棚木？）黄：棚木，那和这个上头一样，上头还扎咧个木头着咧，窗棚木。pʰəŋ˩˧mu˥˧,nei˥˦xuo˩˧˩tʂə˥kə˥ʂaŋ˥tʰou·li˥˧˩iɑŋ˥,ʂɑŋ˥tʰou·˧xɑ˩˧tsɑ˥˧lie·˧kə˥˩mu˥˧tʰou·˧tʂə·˧lie·˩,tʂʰuɑŋ˥˧˩pʰəŋ˩˧mu˥˧˩.（窗棚木还是……你叫不……）棚木。pʰəŋ˩˧mu˥˧˩.（不叫……不叫那个枕木吧？）噢，棚木，不叫枕木。叫棚木。枕成了底下的了。棚木。这个也叫棚木。ɑɔ˩,pʰəŋ˩˧mu˥˧˩,pu˩˧˩tɕiɑɔ˥tʂəŋ˥˧mu˥˧˩.tɕiɑɔ˥pʰəŋ˩˧mu˥˧˩.tʂəŋ˥˧tʂʰəŋ˩˧˩lə·˧ti˥˧xɑ˥˩ti·˧lə·˩.pʰəŋ˩˧mu˥˧˩.tʂə˥˩kə˥ie˥˧tɕiɑɔ˥pʰəŋ˩˧˩mu˥˧˩.（那个……那个也叫……）棚木啊。pʰəŋ˩˧mu˥˧˩ɑ˩.（枕木叫棚木？）要叫棚木。iɑɔ˥tɕiɑɔ˥pʰəŋ˩˧mu˥˧˩.（你们不叫枕木吧？）噢，不叫枕木，叫棚木。ɑɔ˩,pu˩˧˩tɕiɑɔ˥tʂəŋ˥˧mu˥˧˩,tɕiɑɔ˥pʰəŋ˩˧mu˥˧˩.

窗子

（你们过去窗子是这么开的还是上下开的？）黄：我们过去那窗子从来都不开。ŋuo˥˧məŋ·˧kuo˥tɕʰy˥nə˥tʂʰuɑŋ˥˧tsʅ·˧tsʰuoŋ˩˧læᴇ˩˧tou˥˧pu˩˧˩kʰæᴇ˥˧˩.（不开的？）不开窗子，嗯。自从有了玻璃窗子以后，做下窗扇子往开开咧。以前那个窗子做下那个花桃桃儿，拿纸一糊，永远都不开，除非把那个打了打破。pu˩˧˩kʰæᴇ˥˧tʂʰuɑŋ˥˧tsʅ·˥,õ˩.tsʅ˥˦tsʰuoŋ˩˧iou˥˧lə·˧puo˥˧li·˧tʂʰuɑŋ˥˧tsʅ·li˥˧˩xou˥˦,tsʮ˥xɑ˥tʂʰuɑŋ˥˧˩ʂæ̃˥˨tsʅ·˧vɑŋ˥˧˩kʰæᴇ˥˧kʰæᴇ˥˧lie·˩.i˥˧tɕʰiæ̃˩˧næᴇ˥kə˥tʂʰuɑŋ˥˧tsʅ·˧tsʮ˥xɑ˥nə˥kə˥xuɑ˥˨kuɑŋ˥˧kuɑ̃r˥˧˩,nɑ˩˧tsʅ˥˧i˥˧˩xu˩˧,yoŋ˥˧yæ̃˥˧tou˥˧˩pu˩˧˩kʰæᴇ˥˧˩,tʂʰʮ˩˧fei˥˧pɑ˥˧˩nə˥kə˥tɑ˥˧lə·˧tɑ˥˧pʰuo˥.

窗钩子

（有那个窗钩么？）黄：窗钩，那些那那个欸，过去这号儿木头的上头有咧么。窗钩子么。往这个开开以后是个金属的，拧住以后，这个上头弯弯有一个，这个上头带一点。你出来以后，往上这么一钩，撑住以后，风吹他是窗扇子不动了。有窗钩子咧。tʂʰuɑŋ˥˨kou˥˧,næᴇ˥˦ɕie˥˧˩næᴇ˥næᴇ˥kə˥ei˩,kuo˥tɕʰy˥tʂə˥xɑɔr˥mu˥˧tʰou·˧ti·˧ʂɑŋ˥˨tʰou·˧iou˥˧lie·˧muo·˩.tʂʰuɑŋ˥˨kou˥˧tsʅ·˧muo·˩.vɑŋ˥˧˩tʂə˥kə˥kʰæᴇ˥˨kʰæᴇ˥˧i˥˧˩xou˥˦sʅ˥˩kə˥˩tɕiŋ˥˧˩ʂʮ˥˧ti·˥,niŋ˩˧tʂʮ˥˦i˥˧˩xou˥,tʂə˥kə˥ʂɑŋ˥˨tʰou·˧væ̃˥˧væ̃˥˧iou˥˧i˥˧˩kə˥,tʂə˥˦kə˥˦ʂɑŋ˥˨tʰou·˧tæᴇ˥i˥˧tiæ̃˥˧˩.ni˥˧tʂʰʮ˥˧læᴇ˩˧˩i˥˧˩xou˥,v ɑŋ˥˩ʂɑŋ˧tʂə˧muo˧li˥˩ʎkou˥˩,tsʰəŋ˥˩tʂʅ˧i˥˩ʎxou˧,fəŋ˥˩tʂʰuei˥˩tʰɑ˥˩˧sɿ˧tʂʰuɑŋ˥˩ʎʂæ̃˧˥tsɿ˧pu˩ʎtuoŋ˧˥lə˧.iou˥˩tʂʰuɑŋ˥˩ʎkou˥˩tsɿ˧lie˧.（欸，这个窗钩子叫不……是不是就是那个风钩哇？）呃，风钩儿，当是风钩儿。əʎ,fəŋ˥˩kour˥˩ʎ,tɑŋ˧˥sɿ˧fəŋ˥˩kour˥˩ʎ.（你们叫什么？）我们叫……叫窗……我们也叫风钩儿咧。ŋuo˥˩mən˧tɕiɑɔ˧……tɕiɑɔ˧tʂʰuɑŋ˥˩˧……ŋuo˥˩mən˧liɑ˥˩˧tɕiɑɔ˧fəŋ˥˩kour˥˩ʎlie˧.（哪一种那个老百姓叫？）老百姓那就叫窗钩子那。lɑɔ˥˩pei˥˩ʎɕiŋ˧˥nei˧tɕiou˧tɕiɑɔ˧tʂʰuɑŋ˥˩˥kou˥˩tsɿ˧nei˧.

窗棍儿

（那个以前那个用来防盗的安在这个窗子上面那个铁棍？）黄：兀铁棍儿叫……窗啥子吵你？væᴇ˧tʰie˥˩ʎkuõr˧˥tɕiɑɔ˧……tʂʰuɑŋ˥˩ʎsɑ˧˥tsɿ˧sɑ˧ni˥˩ʎ?（窗棍儿还是什么？）叫个窗啥子吵你？tɕiɑɔ˧kə˧tʂʰuɑŋ˥˩ʎsɑ˧˥tsɿ˧sɑ˧ni˥˩ʎ?（有……有这棍儿没有？）哎，有咧呃是，那门上现在都安个咧。木头门全部都安的兀个上边。æᴇʎ,iou˥˩˧lie˧lə˥˩sɿ˧ʎ,nə˧mən˥˩ʎʂɑŋ˧ɕiæ̃˧tsæᴇ˧tou˥˩ʎnæ̃˥˩ʎkə˧ʎlie˧.mu˥˩tʰou˧mən˥˩ʎtɕʰyæ̃ʎʎpu˧˥tou˥˩ʎnæ̃˥˩˧ti˧vu˧kə˧ʂɑŋ˧ʎpiæ̃˥˩.（这上头还安……安这个？）还安着咧。嗯。那就叫个啥子棍儿吵？xɑʎʎæ̃˥˩tʂə˧lie˧.ə̃ʎ.næᴇ˧ʎtɕiou˧˥tɕiɑɔ˧kə˧sɑ˧tsɿ˧kuõr˧sɑ˧?（钢筋？）拿钢筋安咧。说不来了。nɑʎʎkɑŋ˥˩˥tɕiŋ˥˩˧næ̃˥˩ʎlie˧.ʂuo˥˩ʎpuʎʎlæᴇʎʎlə˧.

帘子

（一般这个帘子是用什么做你们？）黄：现在专门儿有做门帘子的布料儿。现在夏天这里一般尽是反正有是用纱网儿做一个嘛。既可以开开，就是可以挡住蚊子不进来。ɕiæ̃˧tsæᴇ˧tʂuæ̃˥˩ʎmõrʎiou˥˩˧tsuo˧mənʎliæ̃ʎʎtsɿ˧ti˧pu˧liɑɔr˧.ɕiæ̃˧tsæᴇ˧ɕiɑ˧˥tʰiæ̃˥˩ʎtʂei˧li˥˩˧i˥˩˥pæ̃˥˩tɕiŋ˧sɿ˧fæ̃˥˩ʎtʂəŋ˧˥iou˥˩sɿ˧ʎyoŋ˧sɑ˥˩ʎvɑ̃r˥˩tsuo˧˥i˥˩ʎkə˧˥mɑ˧.tɕi˧kʰə˥˩˧i˥˩˧kʰæᴇ˥˩˥kʰæᴇ˥˩,tɕiou˧sɿ˧kʰə˥˩i˥˩ʎtɑŋ˥˩˧tʂʮ˧vəŋʎʎtsɿ˧puʎ˧tɕiŋ˧læᴇʎ˧.（有竹子做的吗？）有咧嘛。iou˥˩lie˧mɑ˧.（竹子做的叫什么？）还是窗帘儿么。竹帘子么。那就叫竹帘子了。xɑʎʎsɿ˧˥tʂʰuɑŋ˥˩ʎliæ̃rʎmuo˧.tʂʮ˥˩liæ̃ʎʎtsɿ˧muo˧.næᴇ˧tɕiou˧tɕiɑɔ˧tʂʮ˥˩liæ̃ʎʎtsɿ˧lə˧.（你们过去是用什么做呢？）过去都用布做咧。kuo˧tɕʰy˧tou˥˩ʎyoŋ˧pu˧tsuo˧˥lie˧.（什么布呢？）哎就土布么。æᴇ˥˩tɕiou˧tʰu˥˩pu˧muo˧.（土布做的？）啊。过去做，现在……过去那个竹子是好洗，的确良，的确良，薄薄的的确良做一个。现在有专门儿的窗帘子布料。ɑ˧.kuo˧˥tɕʰy˧tsuo˧˥,ɕiæ̃˧tsæᴇ˧……kuo˧˥tɕʰy˧nə˧kə˧tsʮ˥˩tsɿ˧sɿ˧ʎxɑɔ˥˩ɕi˥˩,ti˥˩ʎtɕʰyo˥˩liɑŋʎ,ti˥˩ʎtɕʰyo˥˩liɑŋʎ,puoʎpuoʎ˧ti˧ti˧ti˥˩ʎtɕʰyo˥˩liɑŋʎtsuo˧˥i˥˩ʎkə˧ʎ.ɕiæ̃˧tsæᴇ˧iou˥˩ʎtʂuæ̃˥˩ʎmõrʎti˧tʂʰuɑŋ˥˩ʎliæ̃ʎʎtsɿ˧pu˧liɑɔ˧.（那冬天就不开……不开门儿了是吧？）冬天子开门儿啊，冬天……吊个棉布帘帘，棉布门帘儿。tuoŋ˥˩tʰiæ̃˥˩ʎtsɿ˧kʰæᴇ˥˩mõrʎ˧zɑ˧,tuoŋ˥˩tʰiæ̃˥˩˧……tiɑɔ˧kə˧miæ̃ʎʎpu˧˥liæ̃ʎʎliæ̃ʎ˧,miæ̃ʎʎpu˧˥mənʎʎliæ̃rʎʎ.（是棉布门帘儿是实心的还是什么？）棉布门帘儿。miæ̃ʎʎpu˧˥mənʎʎliæ̃rʎ˧.（就是块棉布？）那里头还装棉花咧。næᴇ˧li˥˩tʰou˧xæᴇʎʎtʂuɑŋ˥˩miæ̃ʎʎxuɑ˥˩lie˧.

（三）窑洞、窨子及堡子等

窑的结构

黄：窑这个砌齐的像前面那个墙，就像砌……前面砌下那个，那个齐……前头砖起下那个啊，那就把那叫窑面子。你这么这一块儿下来以后这是个，整个儿下来这个地方，这地方，这么过来在这地方……iɑɔʎtʂə˧kə˧tɕʰie˥˩tɕʰiʎʎti˧ɕiɑŋ˧tɕʰiæ̃ʎʎmiæ̃˧˥nə˧kə˧tɕʰiɑŋʎ,tsou˧

ɕiaŋ˧tɕʰie˥˧……tɕʰiæ̃˨˩miæ̃˧tɕʰie˥˧xa˧nə˧kə˧,nə˧kə˧tɕʰi˩˧……tɕʰiæ̃˨˩tʰou·tʂuæ̃˥˧tɕʰi˥˧xa˧˩nə˧kə˧a˩,næᴇ˧˥tɕiou˧˥pa˥˩næᴇ˧tɕiaɔ˧iaɔ˨˩miæ̃˧tsɿ˦.ni˥˩tʂə˧muo·tʂei˧i˥˩kʰuər˥˦xa˧læᴇ˩˧˥i˥˩xou˧tʂə˧˥sɿ˧kə˧,tʂəŋ˥˧kər˧˥xa˧læᴇ˨˩tʂə˧kə˧ti˧faŋ˥˩,tʂei˧ti˧faŋ˥˩,tʂə˧muo·kuo˧læᴇ˨˩tsæᴇ˧tʂə˧ti˧˥faŋ˥˩……（前面是院子啦。）噢，前面是这个，这是……aɔ˩,tɕʰiæ̃˨˩miæ̃˧˥sɿ˧tʂə˧kə˧,tʂei˧˥sɿ˧˩……（这个前面是院子吧？）这是院子啊，这你打下这窑这这么下来。tʂei˧˥sɿ˧˩yæ̃˨˦tsɿ·a˩,tʂə˧˥ni˥˦ta˥˧xa˧tʂə˧iaɔ˩˧tʂei˧tʂə˧muo·xa˧læᴇ˨˩.（一般是打几孔窑啊？）一般情况下是你这个看是咋么个打咧。如果是你这像这个面子的话那就是它最多只能打三孔，打三孔到四孔窑。这这个上头这一部分么，都叫窑面子。最土的这个话么叫崖面子。窑和窑隔下这个东西，这一坨儿距离叫窑膀子。最……最高的这个地方，窑的这个最高这个顶那叫窑顶。这地方，将来，在这个地方还要留门嘛。留门，这个地方还……还留窗子，这是这么高再留个窗子，这是个门，上边儿这一部分么，这个地方他再安个窗子，嗯，剩下这些地方的话，这就，这都是垒起来的。放砖栅起来。这叫山墙。i˥˨˦pæ̃˥˧tɕʰiŋ˨˩kʰuaŋ˧˥ɕia˧sɿ˧ni˥˧tʂə˧kə˧kʰæ̃˧sɿ˧tsa˥˧muo·kə˧˩ta˥˧lie·.zʅʮ˨˩kuo˥˧sɿ˧ni˥˦tʂə˧ɕiaŋ˧tʂə˧˩kə˧˥miæ̃˧tsɿ·tə·xua˧˩næᴇ˧tɕiou˧sɿ˧tʰa˥˩tsuei˧˨˦tuo˥˩tsɿ˥˩nəŋ˩˧ta˥˦sæ̃˥˧kʰuoŋ˥˩,ta˥˦sæ̃˥˧kʰuoŋ˥˩taɔ˧sɿ˧˨˦kʰuoŋ˥˩iaɔ˨˩.tʂə˧tʂə˧kə˧ʂaŋ˧˨˦tʰou·tʂei˧˥i˥˩pʰu˧˥fəŋ˧˩muo·,tou˥˩tɕiaɔ˧iaɔ˨˩miæ̃˧˨˦tsɿ·.tsuei˧˨˦tʰu˥˧ti·tʂə˧kə˧xua˧muo·tɕiaɔ˧næᴇ˨˩miæ̃˧tsɿ·.iaɔ˩˧xuo˨˩iaɔ˩˧kei˥˧xa˧˩tʂə˧kə˧tuoŋ˥˧ɕi·,tʂei˧i˥˩tʰuor˨˩tɕy˧˥li˨˩tɕiaɔ˧iaɔ˩˧paŋ˥˧tsɿ·.tsuei˧˨˦……tsuei˧˨˦kaɔ˥˧ti·tʂə˧kə˧ti˧˨˦faŋ˥˩,iaɔ˩˧ti·tʂei˧kə˧tsuei˧˨˦kaɔ˥˩tʂə˧kə˧tiŋ˥˧næᴇ˧tɕiaɔ˧iaɔ˨˩tiŋ˥˧.tʂə˧ti˧faŋ˥˩,tɕiaŋ˥˩læᴇ˩˧,tsæᴇ˧tʂə˧kə˧ti˧faŋ˥˩xæᴇ˩˧iaɔ˧liou˩˧məŋ˩˧ma˦.liou˩˧məŋ˩˧,tʂə˧kə˧ti˧faŋ˥˦xa˨˩……xa˨˩liou˩˧tʂʰuaŋ˥˧tsɿ·,tʂə˧˩sɿ˧tʂə˧muo·kaɔ˥˦tsæᴇ˧liou˨˩kə˧tʂʰuaŋ˥˧tsɿ·,tʂə˧˥sɿ˧˩kə˧məŋ˩˧,ʂaŋ˧˨˦piær˥˩tʂei˧i˥˩pʰu˧˥fəŋ˧muo·,tʂə˧kə˧ti˧faŋ˥˩tʰa˥˩tsæᴇ˧næ̃˥˩kə˧˩tʂʰuaŋ˥˧tsɿ·,ə̃˧,ʂəŋ˧xa˧tʂei˧ɕie˥˦ti˧faŋ˥˩tə·xua˧˩,tʂei˧tɕiou˧,tʂə˧tou˥˩sɿ˧luei˥˧tɕʰi˥˩læᴇ˨˩ti·.faŋ˧˨˦tʂuæ̃˥˧tsa˥˧tɕʰi˥˩læᴇ˨˩.tʂei˧tɕiaɔ˧sæ̃˥˧tɕʰiaŋ˨˩.（噢，那个叫山墙？）啊，山墙。这个叫天窗。这叫门。这个叫窗子。a˩,sæ̃˥˩tɕʰiaŋ˩˧.tʂei˧kə˧˩tɕiaɔ˧tʰiæ̃˥˧tʂʰuaŋ˥˩.tʂei˧tɕiaɔ˧məŋ˩˧.tʂə˧kə˧tɕiaɔ˧˩tʂʰuaŋ˥˧tsɿ·.（他门儿也也安什么门框啊什么东……）哎，那都一回……和这是一回事了。这就是这么多东西。那你是看，这是指像这种情况的。有的这个他挖出来以后是挖个巷子，这面儿这个崖面子也高得很。æᴇ˩,nə˧˥tou˥˩i˥˩xuei˩˧……xuo˨˩tʂə˧˥sɿ˧˩i˥˩xuei˩˧sɿ˧lə˦.tʂei˧˥tɕiou˧sɿ˧tʂə˧muo·tuo˥˦tuoŋ˥˩ɕi·.næᴇ˧ni˥˧sɿ˧˩kʰæ̃˧˩,tʂei˧˥sɿ˧˩tsɿ˥˧ɕiaŋ˧tʂei˧˥tʂuoŋ˥˩tɕʰiŋ˨˩kʰuaŋ˧˥ti·.iou˥˧ti·tʂə˧kə˧tʰa˥˦va˥˩tʂʰʮ˥˩læᴇ˨˩i˥˩xou˧sɿ˧va˥˧kə˧˩xaŋ˧˨˦tsɿ·,tʂei˧˨˦miær˧tʂei˧kə˧næᴇ˨˩miæ̃˧tsɿ·ie˥˧kaɔ˥˩tə·xəŋ˥˩.（xaŋ˧tsɿ·是什么东西？）就比如这是一块儿土的话，你这一块儿土的话，这是一块儿弃土的话，我们把这个房子取这么大一块儿的话，这挖进去点，这面儿还有个立……立……立面儿咧，那面儿还有个面咧。这就是挖咧一道巷子进去了。崖面子挖咧一道巷子，你在主面儿打咧几个窑，欸，这地方还可以打窑嘛。tɕiou˧pi˥˧zʅʮ˨˩tʂə˧˥sɿ˧˩i˥˩kʰuər˥˦tʰu˥˧ti·xua˧,ni˥˦tʂei˧i˥˩kʰuər˥˦tʰu˥˧ti·xua˧˩,tʂə˧sɿ˧i˥˩kʰuər˧tɕʰi˧tʰu˥˧tə·xua˧˨˦,ŋuo˥˧məŋ·pa˥˩tʂə˧kə˧faŋ˩˧tsɿ·tɕʰy˥˦tʂə˧muo·ta˧i˥˩kʰuər˥˦tə·xua˧˩,tʂə˧va˥˩tɕiŋ˧˨˦tɕʰi˧˧˥tiæ̃˥˩,tʂei˧˨˦miær˧˩xa˨˩iou˥˧kə˧˩li˥˨˦……li˥˩……li˥˩miær˧lie˦,nei˧˥miær˧˩xa˨˩iou˥˧kə˧˩miæ̃˧lie˦.tʂei˧tɕiou˧sɿ˧va˥˧lie·i˥˩taɔ˧xaŋ˧˨˦tsɿ·tɕiŋ˧tɕʰi˧lə˦.næᴇ˨˩miæ̃˧tsɿ·va˥˧lie·i˥˩taɔ˧˥xaŋ˧˨˦tsɿ·,ni˥˦tsæᴇ˧tʂʮ˥˧miær˧ta˥˧lie·tɕi˥˧kə˧iaɔ˨˦,ei˥˧,tʂei˧˥ti˧faŋ˥˦xa˨˩kʰə˥˧i˥˩ta˥˩iaɔ˩˧ma˦.（这个侧面的窑是吧？）啊，那个……ŋa˩,næᴇ˧kə˧……（这个xaŋ˧˥tsɿ˦是不是指侧面的窑洞？）噢，指……这个巷……巷子是指在你一块儿山上，挖进去了个巷子。aɔ˧,tsʰɿ……tʂə˧˥kə˧˥xaŋ˧……xaŋ˧tsɿ·sɿ˧˩tsɿ˥˧tsæᴇ˧ni˥˦i˥˩kʰuər˥˦sæ̃˥˧ʂaŋ˧˩,va˥˩tɕiŋ˧˨˦tɕʰy˧˥lə·kə˧˩xaŋ˧˥tsɿ·.（巷子？）噢，挖出来个巷子。你

比如这地方，这都是山，这都是山的话，那你去这个地方，从这中间挖下来以后，这儿走咧。那这个地方儿，这地方仍然还是山呀，这就叫，你中间取了土的这个地方就叫个巷子嘛。噢，你修个崖面子的时候，你不……这两面的土你又没挖，不是……往这地方仍然土还在咧嘛。这么个下来以后，你在这个地方，你在这些地方打咧窑了，哎，这些地方下来还可以打窑么。ɑɔ˩˨,va˥˩tʂʰʮ˥˩læᴇ˨˩˨kə˧˨çiaŋ˧˥tsɿ˨.ni˥pi˥ʐʮ˨˩˨tʂei˧˥ti˧˨faŋ˥˨,tʂei˧˥tou˥˧sɿ˧sæ̃˥,tʂei˧tou˥˧sɿ˧sæ̃˥tə˨xua˧˨,næᴇ˧˥ni˥tɕʰi˧˨tʂə˧˨kə˧˥ti˧faŋ˥˧,tsʰuoŋ˨˩˨tʂə˧tʂuoŋ˥˨tɕiæ̃˥˧va˥˨xa˧˨læᴇ˨˧i˥˧xou˧,tʂər˧˨tsou˥˨lie˨.næᴇ˧tʂei˧˥kə˧˥ti˧fɑ̃r˧,tʂei˧˥ti˧˨faŋ˥˨ʐəŋ˥ʐæ̃˨˧xa˨˩˨sɿ˧sæ̃˥ia˨,tʂei˧˥tɕiou˧˨tɕiaɔ˧˨,ni˥tʂuoŋ˥˨tɕiæ̃˥˧tɕʰy˥lə˨tʰu˥ti˨tʂə˧kə˧ti˧faŋ˥˧tɕiou˧tɕiaɔ˧kə˧xaŋ˧tsɿ˨ma˨.ɑɔ˩˨,ni˥˧çiou˥kə˧˨næᴇ˨˩˨miæ̃˧tsɿ˨ti˨sʮ˨˩˨xou˧,ni˥pu˨˩˨……tʂə˧˨liaŋ˥˧miæ̃˧ti˨tʰu˥ni˥˨iou˧˨mei˨˩va˥,pu˨˩˨sɿ˧˨……vaŋ˥˨tʂei˧˥ti˧faŋ˥˧ʐəŋ˥ʐæ̃˨˩˨tʰu˥xa˨˩˨tsæᴇ˧˥lie˨ma˨.tʂə˧muo˨kə˧˨xa˧læᴇ˨˧i˥˧xou˧,ni˥tsæᴇ˧tʂə˧kə˧ti˧˥faŋ˥˨,ni˥˧tsæᴇ˧tʂei˧˥çie˥˨ti˧faŋ˥˨ta˥lie˨iaɔ˨lə˧,æᴇ˨˩,tʂei˧˥çie˥˨ti˧faŋ˥˨xa˧læᴇ˨˧xa˨˩kʰə˥i˥˨ta˥iaɔ˨˩˨muo˨.（噢，这个地方还可以打窑？）噢，这地方，这地方都可以打窑嘛。ɑɔ˩˨,tʂə˧˥ti˧˥faŋ˥˨,tʂei˧ti˧faŋ˥˧tou˥˧kʰə˥˨i˥˨ta˥˧iaɔ˨˧ma˧.（那是在巷子里面？）噢，这就在巷子里面。ɑɔ˩˨,tʂei˧tɕiou˧tsæᴇ˧çiaŋ˧˥tsɿ˨li˥miæ̃˧˨.（噢，这个这一块场地就叫巷子？）噢，这一块儿场地都叫巷子嘛。ɑɔ˩˨,tʂei˧i˥˨kʰuər˥˧tʂʰaŋ˥ti˧tou˥˨tɕiaɔ˧xaŋ˧tsɿ˨ma˧.（就是用来……用来那个呃修造这个窑洞的这个前面……呃，挖下去的这一块台地……）这还是……这是太白作为这么个情况。tʂə˧xa˨˩˨sɿ˧……tʂə˧˥sɿ˧˨tʰæᴇ˧˥pei˨˩˨tsuo˥˨vei˨˧tʂə˧˥muo˨kə˧˨tɕʰiŋ˨˩˨kʰuaŋ˧.

（这个窑洞有没有分工？）这一般都是这个欸没有啥分工。还是……这个庄子还是一座……和这个盖房一样。tʂei˧˥i˥pæ̃˥˨tou˥˧sɿ˧tʂə˧kə˧ei˧mei˨˩iou˥sa˧faŋ˥˧kuoŋ˥˨.xa˨˩˨sɿ˧˥……tʂə˧kə˧tʂuaŋ˥tsɿ˨xa˨˩˨sɿ˧˥i˥˨tsuo˧˥……xuo˨˩˨tʂə˧kə˧kæᴇ˧faŋ˨˩i˥˨iaŋ˧˥.（噢。假如说这个啊，这家主人家，主人，就说户主，呃，掌掌柜的他会住哪个洞？）掌柜的，父母亲如果在的话，这这中窑就是老上一辈人住咧。tʂaŋ˥kuei˧˥ti˨,fu˧˥mu˥tɕʰiŋ˥˨ʐʮ˨˩˨kuo˥˧tsæᴇ˧ti˨xua˧˨,tʂei˧tʂei˧tʂuoŋ˥˨iaɔ˨˩tɕiou˧sɿ˧laɔ˥ʂaŋ˧˥i˥˨pei˧ʐəŋ˨˩tʂʮ˧lie˨.（噢，中间的那个窑是给老一辈人住的？）老一辈人住咧。你这个掌柜的这个左……上边你这个灶房必须在左半块。上半作灶房。这你就是你当掌柜的你们住的。laɔ˥i˥˨pei˧ʐəŋ˨˩tʂʮ˧lie˨.ni˥tʂə˧kə˧tʂaŋ˥kuei˧˥ti˨tʂə˧kə˧tsuo˥……ʂaŋ˧˥piæ̃˥˨ni˥˧tʂə˧kə˧tsaɔ˧˥faŋ˨˩pi˥˧çy˥˧tsæᴇ˧tsuo˥paŋ˩˨（←pæ̃˧）kʰuæᴇ˥˨.ʂaŋ˧˥pæ̃˧tsuo˥˨tsaɔ˧˥faŋ˨˩˨.tʂei˧˥ni˥˧tɕiou˧sɿ˧ni˥taŋ˥˨tʂaŋ˥kuei˧ti˨ni˥məŋ˨tʂʮ˧ti˨.（灶房啊？）灶房。也叫伙房。tsaɔ˧faŋ˨˩˨.ie˥˧tɕiaɔ˧xuo˥faŋ˨˩˨.（噢，伙房？）啊。这个窑么就是娃娃们住的。噢，也就……这个人少的话这里头可以放粮食。ɑ˩˨.tʂei˧kə˧iaɔ˨muo˨tɕiou˧˨sɿ˧˨va˨˩va˨˩məŋ˨tʂʮ˧ti˨.ɑɔ˩ie˥tɕiou˧˨……tʂə˧˨kə˧˨ʐəŋ˨ʂaɔ˥ti˨xua˧tʂə˧˥li˥˨tʰou˨kʰə˥˧i˥˧faŋ˧liaŋ˨˩ʂʮ˨˧.（噢，右手边是给小孩子住的？）噢，为下嘛。ɑɔ˩˨,vei˨˩˨çia˧ma˨.（噢，中间是给老人住的？）给老人住的。上头是……kei˧laɔ˥ʐəŋ˨˩˨tʂʰʮ˧ti˧.ʂaŋ˧tʰou˨sɿ˧……（左左边就是给那个……）给你掌柜的住的地方。kei˧˨ni˥˨tʂaŋ˥kuei˧˥ti˨tʂʮ˧˨ti˨ti˧˨faŋ˥˨.（掌柜的还有伙房也都在这儿？）啊，这都在这里个……一个里头。过去我们不分这个伙房或者是这个啥，一般中间也就叫客厅。ɑ˩˨,tʂei˧tou˥˨tsæᴇ˧tʂei˧li˥kə˧˨……i˥˨kə˧li˥tʰou˨.kuo˧tɕʰy˧ŋuo˥məŋ˨pu˨˩˨fəŋ˥tʂə˧kə˧xuo˥faŋ˨˧xuo˨˧tʂə˥˧sɿ˧tʂə˧kə˧sa˧˨,i˥˧pæ̃˥˧tʂuoŋ˥tɕiæ̃˥˧ie˥˧tɕiou˧tɕiaɔ˧kʰə˥tʰiŋ˥˨.（噢，中间那里。）啊，这个都收拾得比较好，老人住上，一般来人么都接待得中窑里去。ɑ˩˨,tʂə˧kə˧tou˥˧ʂou˥ʂʮ˨˩˨tə˨pi˥˧tɕiaɔ˧xaɔ˥,laɔ˥ʐəŋ˨˩tʂʮ˧ʂaŋ˧,i˥˧pæ̃˥˨læᴇ˨˩ʐəŋ˨˧muo˨tou˥˨tɕie˥˨tæᴇ˧˥tə˨tʂuoŋ˥˨iaɔ˨˩li˥˧tɕʰi˧.

（这个窑洞里面有些什么讲……讲究啊？）窑洞里头就没有啥了。窑掌就……造里头是，那个地方就叫窑……最里边儿深那个地方就叫窑掌。iaɔ˩˥tuoŋ˥li˥t^hou˧tɕiou˥mei˩iou˥sa˥lə˧.iaɔ˩˥tʂaŋ˥tsou˥……tsaɔ˥li˥t^hou˧sɿ˥˩,næᴇ˥˥kə˥˥ti˥faŋ˥˧tsou˥tɕiaɔ˥iaɔ˩˧……tsuei˥˧li˥p^hiær˥˩ʂəŋ˥nə˥kə˥ti˥faŋ˥˧tɕiou˥tɕiaɔ˥iaɔ˩tʂaŋ˥.（这堵墙吗？）啊，那就叫窑掌。a˥,næᴇ˥˥tɕiou˥tɕiaɔ˥iaɔ˩˥tʂaŋ˥˧.（就是窑洞正面的，朝……朝外，朝门的那个墙是吧？）窑洞正面的，噢，到最后的那个叫窑掌。iaɔ˩˥tuoŋ˥tʂəŋ˥miæ̃˥tə˧,aɔ˩,taɔ˥tsuei˥xou˥˧ti˧nə˥kə˥tɕiaɔ˥iaɔ˩˥tʂaŋ˥.（那这这这个呢？这个东西呢？）这面儿也叫窑膀儿，这面儿也叫窑膀儿。tʂei˥˥miær˥ie˥tɕiaɔ˥iaɔ˩˥pãr˥,tʂei˥miær˥ie˥˧tɕiaɔ˥iaɔ˩pãr˥˩.（顶上那圆的呢？）窑顶。iaɔ˩tiŋ˥.（那炕垒在哪儿呢？进门的左手还是右手？）那，这都是一般在这个欸进门的这个右手里盘的炕。næᴇ˥˥,tʂei˥˥tou˥˩sɿ˥˩i˥˧pæ̃˥˩tsæᴇ˥tʂə˥kə˥ei˩tɕiŋ˥məŋ˩˥ti˧tʂei˥˩kə˥˩iou˥ʂou˥˩li˥˩p^hæ̃˩ti˧k^haŋ˥.（进门的右手？它这个地方不是开门吗？）欸，它这个，我们这个欸窑的话，这个门开开，这个炕就在这跟前咧，就可以上炕。一进门就到炕前了。ei˥,t^ha˥tʂə˥˥kə˥˥,ŋuo˥məŋ˧tʂə˥kə˥ei˥iaɔ˩tə˧xua˥,tʂə˥kə˥məŋ˩k^hæᴇ˥˩k^hæᴇ˥,tʂei˥kə˥k^haŋ˥tɕiou˥tsæᴇ˥tʂə˥kəŋ˥tɕ^hiæ̃˩˥lie˧,tɕiou˥k^hə˥i˥˩ʂaŋ˥k^haŋ˥.i˥˩tɕiŋ˥˥məŋ˩tɕiou˥taɔ˥k^haŋ˥kəŋ˥tɕ^hiæ̃˩˥lə˧.（门是放在这边儿还是这边儿呢一般？）门一般都在这个欸右手……右手咧。məŋ˩i˥˩pæ̃˥tou˥˩tsæᴇ˥tʂə˥˩kə˥˩ei˩iou˥ʂ……iou˥˧ʂou˥˩lie˧.（右手？在这边儿？）嗯，在那面咧，嗯。炕是在左手盘着咧。ə̃˩,tsæᴇ˥næᴇ˥˥miæ̃˥˩lie˧,ə̃˩.k^haŋ˥sɿ˥tsæᴇ˥tsuo˥ʂou˥˩p^hæ̃˩˥tʂuo˥lie˧.

（有……有那个住人的，还有……还有做其他用的那个窑呢？）那放粮食的么。nə˥faŋ˥liaŋ˩˥ʂʅ˩˥ti˧muo˧.（嗯。放粮食的叫……叫什么窑？）那就，那也是没有个啥喊个了。没有啥叫法。还是你就哪个住人着，哪个闲着就把粮食放下对了。nə˥tɕiou˥,næᴇ˥˥ia˥˧sɿ˥mei˩iou˥kə˥sa˥xæ̃˥˩kə˥lə˧.muo˥˧iou˥sa˥˧tɕiaɔ˥fa˥˩.xa˩˥sɿ˥ni˥˧tsou˥na˥kə˥tʂʅ˥zəŋ˩˥tʂuo˥˧,na˥kə˥ɕiæ̃˩˥tʂuo˥tsou˥pa˥˩liaŋ˩faŋ˥xa˥tuei˥˥lə˧.（养……养那个猪的呢？）那不可能放在窑里去住。猪圈……nə˥˥pu˩˥k^hə˥nəŋ˩faŋ˥tsæᴇ˥iaɔ˩li˥tɕ^hy˥tʂʅ˥.tʂʅ˥˩tɕyæ̃˥˥……（是不是可能放在边上呢？）不可能。pu˩˥k^hə˥nəŋ˩˥.（反正窑洞里面都不……）窑洞里头啥都没有得。就是住人地方咧啊，就不可能把猪放里头去。iaɔ˩˥tuoŋ˥˥li˥t^hou˧sa˥tou˥˩mei˩iou˥˧tei˥˩.tsou˥sɿ˥tʂʅ˥zəŋ˩˥ti˥˥faŋ˥˧lia˥,tɕiou˥pu˩˥k^həŋ˥nəŋ˩˧pa˥˩tʂʅ˥faŋ˥li˥˩t^hou˧tɕ^hi˥.

地坑庄

黄：你像走董子塬儿上去，就到西峰周围的话，这是依山为……依山为那为准的。你比如这个有个山，我可以这样搞。董子塬上它就没有山，也没有沟，你咋修咧？这一块儿平地，我从这个平地里挖这么大个坑挖下去。ni˥˧ɕiaŋ˥tsou˥tuoŋ˥tsɿ˧yær˩˥ʂaŋ˥˥tɕ^hi˥˩,tɕiou˥taɔ˥ɕi˥˩fəŋ˩tʂou˥˩vei˩ti˧xua˥,tʂə˥˥sɿ˥˩i˥˧sæ̃˥vei˩˧……i˥˧sæ̃˥vei˩˧nə˥vei˩˥tʂuoŋ˥ti˧.ni˥˧pi˥˩zʅ˩˧tʂə˥˥kə˥˥iou˥kə˥˩sæ̃˥,ŋuo˥˧k^hə˥˧i˥˧tʂə˥˥iaŋ˥˩kaɔ˥.tuoŋ˥tsɿ˧yæ̃˩˥ʂaŋ˥t^ha˥˧tɕiou˥mei˩iou˥˧sæ̃˥,ie˥mei˩˥iou˥˧kou˥,ni˥˩tsa˥˧ɕiou˥lie˧?tʂei˥i˥˩k^huər˥p^hiŋ˩˥ti˥˥,ŋuo˥ts^huoŋ˩˥tʂə˥kə˥p^hiŋ˩˥ti˥˥li˥˩va˥˧tʂə˥muo˧ta˥kə˥k^həŋ˥va˥˩xa˥tɕ^hi˥.（挖个坑？）噢，把这个土都取上来。取上来，我这四面都可以修窑。这就叫地坑庄。aɔ˥,pa˥˩tʂə˥kə˥t^hu˥tou˥˧tɕ^hy˥˧ʂaŋ˥læᴇ˩˥.tɕ^hy˥ʂaŋ˥˥læᴇ˩˥,ŋuo˥˧tʂə˥sɿ˥˥miæ̃˥tou˥˧k^hə˥˩i˥˩ɕiou˥iaɔ˩˥.tʂei˥tɕiou˥tɕiaɔ˥ti˥˧k^həŋ˥˩tʂuaŋ˥˩.（噢，就说这个在塬上平……这个深挖下去？）噢，深挖下去。aɔ˩,ʂəŋ˥˧va˥˩ɕia˥˥tɕ^hi˥˩。（啊，挖……挖成的一般是四……四边形的吗？）噢，四边形的嘛。aɔ˩,sɿ˥piæ̃˥˩ɕiŋ˩˥ti˧ma˧.（跟个盆儿似的？）噢，盆儿以后挖下去，四边形的，也可以挖成，噢，都是长方形的，或者挖成方形的这么

坑挖下去，这就是最……董子塬上最古老的民宅，地坑庄。ɑɔ˨˩,pʰə̃r˨˦i˥˧˩xou˥vɑ˥˧˩xɑ˥tɕʰi˥,sɿ˥piæ̃˥˧˩ɕiŋ˨˦˩ti˧,ie˥˧˦kʰə˥˧˦i˥˧˦vɑ˥˧˩tʂʰəŋ˨˦,ɑɔ˨˩,tou˥˧˩sɿ˥tʂʰɑŋ˨˦fɑŋ˥˧˩ɕiŋ˨˦ti˧,xuei˨˦˦tʂə˥˧˩vɑ˥˧˩tʂʰəŋ˨˦˦tʂəŋ˥fɑŋ˥˧˩ɕiŋ˨˦˩ti˧tʂə˥muo˧kʰəŋ˥˧vɑ˥˧˩xɑ˥tɕʰi˥,tʂei˥˦tɕiou˥˩sɿ˥˩tsuei˥……tuoŋ˥˧tsɿ˧yæ̃˨˦˩ʂɑŋ˥tsuei˥˨ku˥˧lɑɔ˥˧ti˧miŋ˨˦tsæᴇ˥˧˩,ti˥˦kʰəŋ˥˧˩tʂuɑŋ˥˧˩.（董子塬是吧？）董子塬啊，庆阳市都在董子塬上咧。它这个地坑庄子，和这个……我们这是依山……根据山势修庄咧。董子塬上它是在平地里挖庄子咧。tuoŋ˥˧tsɿ˧yæ̃˨˦ɑ˨˩,tɕʰiŋ˥iɑŋ˨˦˩sɿ˥tou˥˧˨tsæᴇ˥˩tuoŋ˥˧tsɿ˧yæ̃˨˦˩ʂɑŋ˥˦lie˧.tʰɑ˥˧tʂei˥˩kə˥˩ti˥˨kʰəŋ˥˧˦tʂuɑŋ˥˧tsɿ˧,xuo˨˦˩tʂə˥kə˥……ŋuo˥˧məŋ˧tʂə˥sɿ˥i˥˧sæ̃˥˧˩……kəŋ˥˧˩tɕy˥˦sæ̃˥˧˩ʂɿ˥˦ɕiou˥˧˩tʂuɑŋ˥˧lie˧.tuoŋ˥˧tsɿ˧yæ̃˨˦˩ʂɑŋ˥tʰɑ˥˧˦sɿ˥˩tsæᴇ˥˩pʰiŋ˨˦˩ti˥˦li˥˧˩vɑ˥˧˩tʂuɑŋ˥˧tsɿ˧lie˧.（他们叫地坑庄，你们叫什么庄呢？）我们……我们就叫那……就叫庄子就对了。ŋuo˥˧məŋ˧tʂ……ŋuo˥˧məŋ˧tɕiou˥tɕiɑɔ˥nə˥……tɕiou˥tɕiɑɔ˥tʂuɑŋ˥˧tsɿ˧tɕiou˥˩tuei˥˦lə˧.（庄子，没有什么特别名称啊？）没有啥的啊。它这个地方地坑庄它还必须要有这个……有上来的路咧么。它不是四面子都弄下以后，修下以后这儿这打个洞子，再带点儿坡度就上去了。噢，地坑庄中间还有个……还有一套设备咧。正中间这个地方要挖一个大粪坑。mei˨˦iou˥˧˩sɑ˥tə˧ɑ˨˩.tʰɑ˥˧˦tʂei˥kə˥ti˥˦fɑŋ˥˧˩ti˥˨kʰəŋ˥˧˦tʂuɑŋ˥˧tʰɑ˥˧xɑ˨˦˩pi˥˧˩ɕy˥˧iɑɔ˥iou˥˧˦tʂə˥kə˥……iou˥˧˦ʂɑŋ˥˨læᴇ˨˦˩ti˧lou˥lie˧muo˧.tʰɑ˥˧˦pu˨˦sɿ˥sɿ˥miæ̃˥tsɿ˧tou˥˨nuoŋ˥xɑ˥i˥˧˩xou˥,ɕiou˥˧xɑ˥˩i˥˧˩xou˥tʂər˥tʂə˥tɑ˥˧kə˥˩tuoŋ˥˨tsɿ˧,tsæᴇ˥tæᴇ˥tiæ̃r˥˧˩pʰuo˥˧˩tu˥tsou˥˩ʂɑŋ˥tɕʰi˥lə˧.ɑɔ˨˩,ti˥˨kʰəŋ˥˧˦tʂuɑŋ˥˧tʂuoŋ˥˧˩tɕiæ̃˥˧˨xæᴇ˨˦˩iou˥˧kə˥˩……xæᴇ˨˦˩iou˥˧i˥˧˦tʰɑɔ˥ʂə˥˧˦pi˥lie˧.tʂəŋ˥tʂuoŋ˥˧˩tɕiæ̃˥˧˨tʂə˥kə˥ti˥fɑŋ˥˧˦iɑɔ˥vɑ˥˧i˥˧˩kə˥˩tɑ˥fəŋ˥kʰəŋ˥˧˩.（正中间挖一个大粪坑，嗯，这……）一下雨这个水就没有出去嘛。它是挖下这个坑嘛，要是一下雨就这个在这个平方面积里下下这个雨么都到这个地方去了。末了你水放不去啊。这……i˥˧˩ɕiɑ˥˨y˥˧˦tʂə˥kə˥ʂuei˥˧tsou˥˩mei˨˦iou˥˧˦tʂʰʮ˥˧˩tɕʰi˥˦mɑ˧.tʰɑ˥˧˦sɿ˥vɑ˥˧xɑ˥˩tʂə˥kə˥kʰəŋ˥˧mɑ˧,iɑɔ˥˩sɿ˥˩i˥˧˩ɕiɑ˥˨y˥˧˩tɕiou˥tʂə˥kə˥tsæᴇ˥˩tʂə˥˦kə˥˦pʰiŋ˨˦fɑŋ˥˧˦miæ̃˥tɕi˥˧˦li˥˧˦ɕiɑ˥xɑ˥tʂə˥kə˥y˥˧muo˧tou˥˧˦tɑɔ˥tʂə˥˦kə˥˦ti˥˩fɑŋ˥˧˩tɕʰi˥˩lə˧.muo˥˧˦lə˧ni˥˧˦ʂuei˥˧fɑŋ˥pu˨˦tʂʰʮ˥˧tɕʰiɑ˨˩（←tɕʰi˥ɑ˨˩）.tʂei˥˦……（那积的这个水然后怎么处理呢？）给它慢慢渗掉就对了么。kei˥tʰɑ˥˧˦mæ̃˥mæ̃˥səŋ˥tiɑɔ˥tɕiou˥˩tuei˥˩lə˧muo˧.（哦，渗下去了？）啊，渗地下去就对了。ɑ˨˩,səŋ˥tiɑ˥（←ti˥xɑ˥）tɕʰy˥tɕiou˥˩tuei˥˩lə˧.（那要是水太大了那怎么办？）水太大咧这就淹死他。那家伙，那人□这个地方基本上，它这个上头都是一面都……都垒的有好多好高咧。ʂuei˥˧tʰæᴇ˥˨tɑ˥lie˧tʂei˥˦tɕiou˥iæ̃˥˧˩sɿ˥˧˩tʰɑ˥˧˩.næᴇ˥˦tɕiɑ˥˧˩xuo˧,næᴇ˥˦zəŋ˨˦˩niæ̃˨˦˦tʂə˥˩kə˥˩ti˥fɑŋ˥˧˩tɕi˥˧˩pəŋ˥˧ʂɑŋ˥,tʰɑ˥˧˦tʂə˥kə˥ʂɑŋ˥˨tʰou˧tou˥˧˩sɿ˥˩i˥˧˩miæ̃˥˦tou˥˧˩……tou˥˧˩luei˥˧ti˧iou˥˧˦xɑɔ˥˧tuo˥˧˩xɑɔ˥˧˦kɑɔ˥˧lie˧.（挡水？）啊，都……水都挡的，绝对不会叫水下去。那下去了得？除非下那就说是特大的那瓢泼大雨，或者其他地方水大得从门洞子里进去。一般情况下，下下那个水它都好着咧。ɑ˨˩,tou˥˧˩s……ʂuei˥˧tou˥˧˩tɑŋ˥˧˨ti˧,tɕyo˨˦˩tuei˥˦pu˨˦˩xuei˥tɕiɑɔ˥˩ʂuei˥˧xɑ˥tɕʰi˥˩.næᴇ˥xɑ˥˨tɕʰi˥˩liɑɔ˥˧tei˥˧˩?tʂʰʮ˨˦fei˥˧˦ɕiɑ˥næᴇ˥tɕiou˥suo˥˧˦sɿ˥tʰə˥˧˩tɑ˥˦ti˧næᴇ˥pʰiɑɔ˨˦pʰuo˥˧˩tɑ˥y˥˧˦,xuei˨˦˦tʂə˥˧˦tɕʰi˨˦˩tʰɑ˥˧ti˥˦fɑŋ˥˧˩ʂuei˥˧tɑ˥˩tei˥˧˦tsʰuoŋ˨˦˦məŋ˨˦˩tuoŋ˥˨tsɿ˧li˥˧˦tɕiŋ˥tɕʰi˥.i˥˧˨pæ̃˥˧˩tɕʰiŋ˨˦˩kʰuɑŋ˥ɕiɑ˥˩,ɕiɑ˥xɑ˥nə˥˩kə˥˩ʂuei˥˧tʰɑ˥˧˩tou˥˧˩xɑɔ˥˧˦tʂə˧lie˧.（像地坑庄它是……是不是上面还可以做呢？就说我我我地坑庄这这一坪做了，楼上是不是还可以挖窑洞呢？）那不行了。那土……那你就挖的深得很了。那你得挖多深？但是我们这里的话，过去都有这个东西。你比如说这个过去为咧这个欸放东西，或者是这个欸，还有前几年那个土匪也比较盛行。你住到住下，他噌一下都来了，来他就可以把你按到这个地方。但是我给这个窑上头我再挖个高窑子，他就上不来了。næᴇ˥˦pu˨˦˩ɕiŋ˨˦˩lə˧.næᴇ˥˦tʰu˥˧……næᴇ˥˦ni˥˧˦tsou˥vɑ˥˧ti˧ʂəŋ˥˧tei˥˧˩xəŋ˥˧lə˧.næᴇ˥˦ni˥˧˦tei˥˧˦vɑ˥˧tuo˥˧˨ʂəŋ˥˧˩?tæ̃˥sɿ˥ŋuo˥˧məŋ˧tʂei˥li˥˧˦tə˧xuɑ˥˩,kuo˥

˥˦tɕʰy˥tou˥˧˨˩iou˥˧tʂə˥˨˩kə˥˨˩tuoŋ˥˧˨˩ɕi˨.ni˥˧pi˥˧zʅ˩˧˨˩ʂuo˥˧˧tʂə˥kə˥kuo˥˦tɕʰy˥vei˥lie˨tʂei˥˨˩kə˥˨˩ei˨˩faŋ˥˦tuo ŋ˥˧ɕi˨,xuei˩˧˧tʂə˥˧˨˩sʅ˥tʂə˥kə˥ei˨˩,xɑ˩˧˨˩iou˥˧˧tɕʰiæ̃˩˧tɕi˥˧˧niæ̃˩˧˧nə˥kə˥tʰu˥˧fei˥˧˨˩iɑ˥˧˨˩pi˥˧tɕiɑɔ˥˨˩ʂəŋ˥ɕiŋ˩˧˨˩.ni ˥˧˧tʂʅ˥tɑɔ˥tʂʅ˥˧˥xɑ˥˨˩,tʰɑ˥˧˧tsʰəŋ˥˧i˥˧˧xɑ˥tou˥˧˦læᴇ˩˧˨˩lə˧,læᴇ˩˧tʰɑ˥˧˧tsou˥kʰə˥˧i˥˧˨˩pɑ˥˧˨˩ni˥˧˧næ̃˥tɑɔ˥tʂə˥kə˥ ti˥faŋ˥˧˨˩.tæ̃˥sʅ˥ŋuo˥˧˧kei˥tʂə˥kə˥iɑɔ˩˧ʂaŋ˥tʰou˨ŋuo˥˧˧tsæᴇ˥vɑ˥˧kə˥˨˩kɑɔ˥˧iɑɔ˩˧˨˩tsʅ˨,tʰɑ˥˧˧tsou˥ʂaŋ˥pu˩˧˧l æᴇ˩˧˨˩lə˧.（挖个高窑？）噢，高窑子嘛。我在我个窑顶上插住这些地方，然后我再，在这个地方再挖个窑。ɑɔ˥,kɑɔ˥˧iɑɔ˩˧˨˩tsʅ˨mɑ˨.ŋuo˥˧˧tsæᴇ˥ŋuo˥˧˧kə˥iɑɔ˩˧˨˩tiŋ˥˧ʂaŋ˥˨˩tsʰɑ˥˧tʂʅ˥tʂei˥˧˥ɕie˥˧˨˩ti ˥faŋ˥˧˨˩,zæ̃˩˧˨˩xou˥ŋuo˥˧˧tsæᴇ˥˦,tsæᴇ˥tʂə˥kə˥ti˥faŋ˥˧˧tsæᴇ˥vɑ˥˧˧kə˥iɑɔ˩˧˨˩.（再挖个……挖个……）这个窑……tʂə˥kə˥iɑɔ˩˧˨˩……（高窑？）噢，高窑子，我住在那个里头去。我这里头是放的梯子，我掂……掂上去了。我一上去咧，你一来了，我把梯子逮住抽的放上头去了。你这个崖面子你就端上不……ɑɔ˨˩,kɑɔ˥˧iɑɔ˩˧˨˩tsʅ˧,ŋuo˥˧˧tʂʅ˥tsæᴇ˥nə˥kə˥li˥˧tʰou˨tɕʰi˥˨˩.ŋuo˥˧tʂei˥l i˥˧˧tʰou˨sʅ˥˨˩faŋ˥ti˨tʰi˥˧tsʅ˨,ŋuo˥˧˧tiæ̃˥˧……tiæ̃˥˧˧ʂaŋ˥˦tɕʰi˥˨˩lə˨.ŋuo˥˧i˥˧˨˩ʂaŋ˥˦tɕʰi˥lie˧,ni˥˧i˥˧˨˩læᴇ˩˧lə˧,ŋu o˥˧˧pɑ˥˧˧tʰi˥˧tsʅ˨tæᴇ˥˧tʂʅ˥˨˩tʂʰou˥˧˨˩ti˨faŋ˥ʂaŋ˥tʰou˨tɕʰi˥˨˩lə˨.ni˥˧tʂə˥kə˥næᴇ˩˧˨˩miæ̃˥tsʅ˧ni˥˧tsou˥˨˩tuæ̃˥˧ʂa ŋ˥pu……（你那个梯子是软梯子吗还是什么？）硬的。iŋ˥˦ti˨.（硬的？）啊，硬梯子。ɑ˨˩,iŋ˥tʰi˥˧tsʅ˨.（那可以抽走？）啊，抽走么。ɑ˨˩,tʂʰou˥˧˨˩tsou˥˧muo˨.（活动的是吧？）活动梯子。这叫高窑子么。现在都没咧。这是过去为咧防土匪，它就有高窑。xuo˩˧˨˩tuoŋ˥tʰi˥˧tsʅ˨. tʂei˥tɕiɑɔ˥kɑɔ˥˧iɑɔ˩˧˨˩tsʅ˨muo˨.ɕiæ̃˥tsæᴇ˥tou˥˧˨˩mei˩˧lie˧.tʂə˥˧˥sʅ˥˨˩kuo˥˦tɕʰy˥vei˥lie˨faŋ˩˧tʰu˥˧fei˥˧˨˩,tʰɑ˥˧˧ tsou˥iou˥˧˧kɑɔ˥˧iɑɔ˩˧.

粮食窑

黄：这都……我们这儿这多一半儿都叫欸装粮的那个窑，或者是装粮的那个房。tʂə˥t……ŋuo˥˧məŋ˨tʂər˥˦tʂə˥tuo˥i˥˧˨˩pær˥tou˥˧˨˩tɕiɑɔ˥ei˨˩tʂuaŋ˥˧˨˩liaŋ˩˧˨˩ti˨nə˥kə˥iɑɔ˩˧,xuei˩˧˧tʂə˥˧˧sʅ˥tʂua ŋ˥˧˨˩liaŋ˩˧˨˩ti˨nə˥kə˥faŋ˩˧.（噢，专门有一间窑是装粮的？）噢，那是专门是……专门儿放粮的那个地方。ɑɔ˨˩,nei˥˧˥sʅ˥˨˩tʂuæ̃˥˧˨˩məŋ˨s……tʂuæ̃˥˧˨˩mə̃r˨faŋ˥liaŋ˩˧ti˨nei˥kə˥ti˥faŋ˥˧˨˩.（那个装粮的那个窑叫什么？）那是粮食窑。nə˥sʅ˥liaŋ˩˧˨˩ʂʅ˩˧˥iɑɔ˩˧˨˩.

垈窑

黄：在一般情况下，你比如我们这儿这是了黄土高原这个窑，这个窑如果是发现上头现裂子，马上淌土块儿快塌咧那个，用些木头把这顶起来，这叫垈[①]。垈窑。这个都搞的多了。撑的意思，垈窑。tʂæᴇ˥i˥˦pæ̃˥˧tɕʰiŋ˩˧˨˩kʰuaŋ˥ɕiɑ˥,ni˥˧pi˥˧zʅ˩˧˥ŋuo˥˧məŋ˨tʂər˥˦tʂə˥˨˩sʅ˥˧˥lia ɔ˥˧˨˩xuaŋ˩˧tʰu˥˧kɑɔ˥˧˨˩yæ̃˩˧tʂə˥kə˥iɑɔ˩˧,tʂə˥˨˩kə˥˨˩iɑɔ˩˧zʅ˩˧˨˩kuo˥˧sʅ˥fɑ˥˧˨˩ɕiæ̃˥ʂaŋ˥tʰou˨ɕiæ̃˥lie˥˧tsʅ˨,mɑ˥˧ʂaŋ˥ ˨˩tʰaŋ˥˧˧tʰu˥˧˧kʰuər˥˧˧kʰuæᴇ˥tʰɑ˥˧lie˨nə˥kə˥˨˩,yoŋ˥ɕie˥˧˧mu˥˧tʰou˨pɑ˥˧˨˩tʂə˥tiŋ˥˧tɕʰi˥˧˨˩læᴇ˩˧˨˩,tʂei˥tɕiɑɔ˥tɕi æ̃˥.tɕiæ̃˥iɑɔ˩˧˨˩.tʂə˥kə˥˧˥tou˥˧˨˩kɑɔ˥˧˧ti˨tuo˥˧lə˨.tsʰəŋ˥˧ti˨i˨sʅ˧,tɕiæ̃˥iɑɔ˩˧˨˩.（那个字怎么写呢？）“建设”的“建”。tɕiæ̃˥ʂə˥˧˧ti˨tɕiæ̃˥.

窨子

黄：窨子。多的是窨子。我们这儿这是土窨子、石窨子。嗯。iŋ˥tsʅ˨.tuo˥˧˨˩ti˨sʅ˥iŋ˥tsʅ˨. ŋuo˥˧məŋ˨tʂər˥tʂə˥sʅ˥tʰu˥˧iŋ˥tsʅ˨,ʂʅ˩˧iŋ˥tsʅ˨.əŋ˨˩.（你们那个窨子是怎么做的？怎么挖的？）石头打它。在那山头起选很高那地方，比较危险那地方，然后凿进去，凿成那个房间一样的。ʂʅ˩˧˨˩tʰou˨tɑ˥˧˨˩tʰɑ˥˧˨˩.tsæᴇ˥nə˥sæ̃˥˧tʰou˩˧˨˩tɕʰie˥˧˧ɕyæ̃˥˧xəŋ˥˧kɑɔ˥˧˨˩nə˥ti˥faŋ˥˧˨˩,pi˥˧˧tɕiɑɔ˥vei˩˧˨˩ɕiæ̃˥˧nei˥ti˥fa ŋ˥˧˨˩,zæ̃˩˧˨˩xou˥tsuo˩˧˧tɕiŋ˥tɕʰy˥˨˩,tsuo˩˧˧tʂʰəŋ˩˧˧nə˥kə˥faŋ˩˧tɕiæ̃˥˧i˥˧˨˩iaŋ˥ti˨.（那个就叫窨子？）叫窨

① 垈，《字汇》作甸切。撑屋使不倾斜。明焦竑《俗书刊误·俗用杂字》：“撑屋使不欹邪曰垈。”清王逋《蚓庵琐语》：“郡庠明伦堂欹。郡主谋垈直之，计费不赀。”

子。tɕiao˧iŋ˧tsɿ˩.（iŋ˧tsɿ˩？）窨子。这是……iŋ˧tsɿ˩.tʂə˧˥sɿ˧˩……（那干吗用呢？）这是为了防土匪。他上去以后人就到里……这里头生活设施齐全，我一进去以后，这是这个地方，我是在这个地方，这……这中间一带有有栈道咧。这打几个桩，放置点木板，我一进去我们木板一抽，你就过不来了。防土匪用的。tʂə˧˩sɿ˧˩vei˧liao˧˩faŋ˩˧tʰu˧˥fei˧.tʰɑ˧˥ʂaŋ˧˦tɕʰy˧i˧˩xou˧zəŋ˩˧tsou˧tao˧li˧˩……tʂei˧˥li˧˩tʰou˩səŋ˧˩xuo˩˧ʂə˧˥sɿ˧˥tɕʰi˩˧tɕʰyæ̃˩˧,ŋuo˧˥i˧˩tɕiŋ˧˦tɕʰi˧i˧˩xou˧,tʂə˧˥sɿ˧tʂə˧kə˧ti˧faŋ˧˥,ŋuo˧˥sɿ˧tsæᴇ˧tʂə˧kə˧ti˧faŋ˧˥,tʂə˧……tʂə˧˥tʂuoŋ˧˩tɕiæ̃˧˦i˧˥tæᴇ˧iou˧˥iou˧˥tɕʰiæ̃˧tao˧lie˩.tʂei˧tɑ˧˥tɕi˧˥kə˧tʂuaŋ˧,faŋ˧tsɿ˧tiæ̃˧˥mu˧˩pæ̃˧,ŋuo˧˥i˧˩tɕiŋ˧tɕʰi˧ŋuo˧məŋ˩mu˧˩pæ̃˧i˧˩tʂʰou˧˩,ni˧˥tsou˧kuo˧pu˩˥læᴇ˩˧lə˩.faŋ˩˧tʰu˧˥fei˧yoŋ˧tə˩.（这有事儿就家里全跑到那儿去？）噢，全跑了。那个候时社会不动，社会动荡的时候他都全部都狳[①]到那个里头住下。这这边儿有好多。你……你们是那天过去看一个石……ɑɔ˩,tɕʰyæ̃˩˧pʰɑɔ˧˥lə˩.nə˧kə˧xou˧ʂɿ˩˧ʂə˧˥xuei˧˥pu˩˧tuoŋ˧˥,ʂə˧˥xuei˧˥tuoŋ˧taŋ˧ti˩sɿ˩˧xou˧tʰɑ˧˩tou˧˩tɕʰyæ̃˩˧pu˩˧tou˧˩tʂʰuæ̃˧˩tao˧˩nə˧kə˧li˧˥tʰou˩tʂɿ˧xɑ˧.tʂei˧tʂei˧piæ̃r˧˩iou˧˥xɑɔ˧˥tuo˧˩.ni˧˩……ni˧˥məŋ˩sɿ˧˩nei˧˥tʰiæ̃˧˩kuo˧tɕʰy˧kʰæ̃˧i˧˥kə˧ʂɿ˩˧……（噢，弄得不好那那个地方是石窨子呢！）那个地方石头打下那么多的那个那个地方在？nə˧kə˧ti˧faŋ˧˩ʂɿ˩˧tʰou˩˥tɑ˧˥xɑ˧˩nə˧muo˧tuo˧˥ti˩nə˧kə˧nə˧kə˧ti˧faŋ˧˩tsæᴇ˧？（一排！）一排，那就叫石窨子。i˧˥pʰæᴇ˩˧,nei˧˥tɕiou˧tɕiao˧ʂɿ˩˧iŋ˧tsɿ˩.（那个地方能够防住土匪吗？）能嘛。那过去那个欸它比较……欸，一般情况下武器啥是比较那个的。他把吊桥一抽，底下都是几丈高的石崖，你就过不来嘛。你过来我可以我弄个长矛子把你捅下去。nəŋ˩˧mɑ˩.nə˧kuo˧tɕʰy˧næᴇ˧kə˧ei˩tʰɑ˧˥pi˧˥tɕiao˧……ei˩,i˧˦pæ̃˧˩tɕʰiŋ˩˧kʰuaŋ˧ɕiɑ˧vu˧˥tɕʰi˧˥ʂɑ˧sɿ˧pi˧˥tɕiao˧nə˧kə˧ti˩.tʰɑ˧˥pɑ˧˩tiao˧tɕʰɑɔ˩˧i˧˥tʂʰou˧,ti˧˥ɕiɑ˧tou˧˥sɿ˧tɕi˧˥tʂaŋ˧kao˧˥ti˩sɿ˩˧næᴇ˩˧,ni˧˥tsou˧kuo˧pu˩˥læᴇ˩˧mɑ˩.ni˧˥kuo˧læᴇ˩˥ŋuo˧˥kʰə˧˥i˧˥nuoŋ˧kə˧tʂʰaŋ˩˧mao˩˥tsɿ˩pɑ˧˩ni˧˥tʰuoŋ˧˥ɕiɑ˧˩tɕʰy˧˦.

土堡子、土围子

黄：我们这儿这土围……多一半儿就把这个过去修下那种呃城堡来的，土堡子那些，呃一个叫……一个叫土堡子，一个叫土围子么。ŋuo˧˥məŋ˩tʂər˧tʂə˧tʰu˧˥vei˩˧……tuo˧˥i˧˩pæ̃r˧tɕiou˧pɑ˧˩tʂə˧kə˧kuo˧˦tɕʰy˧˩ɕiou˧˥xɑ˧˩nei˧tʂuoŋ˧˩ə˩˧tʂʰəŋ˩˧pu˧˥læᴇ˩˧ti˩,tʰu˧˥pu˧˥tsɿ˩nei˧ɕie˧˩,ə˩i˧˩kə˧tɕiao˧……i˧˩kə˧tɕiao˧tʰu˧˥pu˧˥tsɿ˩,i˧˩kə˧tɕiao˧tʰu˧˥vei˩˧tsɿ˩muo˩.（土围子跟土堡子有什么区别？）都是一……土围子它必须是搭了个墙起来以后有个战壕形式的。土……堡……堡垒的堡它这里头有多少号马，得有点这个藏人的地方和住人的地方。tou˧˥sɿ˧i˧˩……tʰu˧˥vei˩˧tsɿ˩tʰɑ˧˥pi˧˩ɕy˧˥sɿ˧tɑ˧˥lə˩kə˧˩tɕʰiaŋ˩˧tɕʰi˧˩læᴇ˩˧i˧˩xou˧iou˧˥kə˧˩tʂæ̃˧xao˩˧ɕiŋ˩˧ʂɿ˧˥ti˩.tʰu˧˥……pu……pu˧˥luei˧˥ti˩pu˧˥tʰɑ˧˥tʂə˧li˧˥tʰou˩˧iou˧˥tuo˧˩ʂao˧˥xao˧mɑ˧,tei˧˩iou˧˥tiæ̃˧˩tʂə˧˩kə˧˩tsʰaŋ˩˧zəŋ˩˧ti˩ti˧˩faŋ˧˩xuo˩˧tʂɿ˧zəŋ˩˧ti˩ti˧˩faŋ˧˩.

（四）附属设施

灶房、饭厅

（食堂……单位的食堂叫什么？）黄：那叫伙食。nei˧tɕiao˧xuo˧˥ʂɿ˩˧.（噢，不是噢，就是那个那那样的一个一个场所。煮饭那个吃饭的场所。）灶房。吃饭的……做饭的地方叫灶房么，吃饭地方……地方叫食欸叫饭厅么。tsao˧˦faŋ˩˧.tʂʰɿ˧˩fæ̃˧˥ti˧……

① 狳：跑。《广韵》丑戀切："兽走草。"

tsuo˥˧˩fæ̃˥˦ti˧ti˥fɑŋ˥˧˧˥tɕiɑɔ˥tsɑɔ˥˨fɑŋ˩˧˩muo˧,tʂʰʅ˥˧˧˩fæ̃˥˦ti˥˧˩fɔ̃······ti˥˧˧˩fɑŋ˥˧˧˥tɕiɑɔ˥ʂʅ˩˦ei˩tɕiɑɔ˥˧˩fæ̃˥˨tʰiŋ˥˧muo˧.

棚圈

（猪是一般养在什么地方呢？）黄：猪一般就是这个院子里边，离人都好远咧。噢，院……猪圈、厕……厕所、牲口棚，兀它都是院子，离人远那。tʂɥ˥˧i˥˧˧˩pæ̃˥˧tɕiou˥sʅ˥tʂə˥kə˥yæ̃˥˨tsʅ˧li˥˧piæ̃˥˧˧˩,li˩˧zəŋ˩˧tou˥˧˧˩xɑɔ˥˧yæ̃˥˧lie˧.ɑɔ˩,yæ̃˥······tʂɥ˥˧tɕyæ̃˥,tsʰei˥˧˧˩······tsʰei˥˧˧˩suo˥˧˧˥,səŋ˥˧kʰou˥˧˧˩pʰəŋ˩˧,væᴇ˥˦tʰɑ˥˧˧˩tou˥˧˧˥sʅ˥yæ̃˥tsʅ˦,li˩˧zəŋ˩˧yæ̃˥˧˧˩næᴇ˥.（哎，冬天怕不怕冻着和什么？）那它都搭的有棚咧么。现在给猪……猪也搭的有棚，牲口都是圈里头都盖的有棚。næᴇ˥˦tʰɑ˥˧˧˥tou˥˧˧˩tɑ˥˧ti˧liou˥˧˧˥pʰəŋ˩˧˩lie˦muo˧.ɕiæ̃˥tsæᴇ˥kei˥tʂɥ˥˧······tʂɥ˥˧ie˥˧˧˥tɑ˥˧ti˧liou˥˧˧˥pʰəŋ˩˧,səŋ˥˧kʰou˧tou˥˧˧˥sʅ˥tɕyæ̃˥li˥˧˧˩tʰou˧tou˥˧˧˩kæᴇ˥ti˦liou˥˧˧˥pʰəŋ˩˧.（嗯，反正牲口住的那个那个叫马房还是叫牲口棚啊或什么呢？）牲口圈。səŋ˥˧kʰou˥˧˧˩tɕyæ̃˥.（那生产队的时候那个牲口圈叫什么？）那叫饲养室。nei˥tɕiɑɔ˥sʅ˥˧˩iɑŋ˥˧ʂʅ˥˧˨.（sʅ˧˩iɑŋ˥˧ʂʅ˥˨？）噢，那多了么牲……那是不可能圈里面圈得下么。生产队的就叫饲养室。ɑɔ˩,nə˥tuo˥˧lə˧muo˧səŋ˥˧······nə˥sʅ˥pu˩˧˩kʰə˥˧nəŋ˩˧˥tɕyæ̃˥˨li˥˧˧˩miæ̃˥˧˩tɕʰyæ̃˥˧tei˥˧˧˩xɑ˥˧˩muo˧.səŋ˥˧˧˩tsʰæ̃˥˧tuei˥ti˦tɕiou˥tɕiɑɔ˥sʅ˥˧˩iɑŋ˥˧ʂʅ˥˧˨.（呃，养牛的那个圈呢？）牛圈么。niou˩˧˩tɕyæ̃˥muo˦.（养羊的？）羊圈么。iɑŋ˩˧tɕyæ̃˥muo˦.（猪的呢？）猪圈么。生产队养的话那就□都成了猪场了。tʂɥ˥˧˧˩tɕyæ̃˥muo˦.səŋ˥˧˧˩tsʰæ̃˥˧tuei˥iɑŋ˥˧ti˧xuɑ˥˧˩næᴇ˥tɕiou˥niæ̃˩˧˩tou˥˧˧˩tʂʰəŋ˩˧˩lə˦tʂɥ˥˧˧˩tʂʰɑŋ˥˧lə˧.（噢，猪场！）噢，□就养的多。ɑɔ˩,niæ̃˩˧tsou˥iɑŋ˥˧˧˥ti˦tuo˥˧.

猪窝

黄：猪卧的那地方那叫猪窝嘛。tʂɥ˥˧vuo˥˨ti˦nə˥ti˥fɑŋ˥˧˧˩nei˥tɕiɑɔ˥tʂɥ˥˧˨vuo˥˧mɑ˧.（那就是猪圈还是什么？）啊，猪圈里头的。ɑ˧˩,tʂɥ˥˧˧˩tɕyæ̃˥li˥˧tʰou˧ti˧.（里头？哦，猪圈里头？）那你还是……那你还给□搭个睡觉的地方咧么。næᴇ˥ni˥˧˧˥xæᴇ˩˧˩sʅ˥······næᴇ˥ni˥˧˧˥xæᴇ˩˧˩kei˥niæ̃˩˧˩tɑ˥˧kə˥˧˩ʂuei˥tɕiɑɔ˥˨ti˧ti˥fɑŋ˥˧lie˧muo˧.

鸡窝

（你们是给鸡做个房子还是做个什么东西？）黄：鸡哟？tɕi˥˧iɑɔ˧？（啊？）鸡吗啥？tɕi˥˧mɑ˦sɑ˥？（嗯。）盖个小房房儿么。kæᴇ˥kə˥ɕiɑɔ˥˧fɑŋ˩˧˩fɑ̃r˩˧˥muo˧.（那个小房房叫什么？）鸡窝么。tɕi˥˧˧˥vuo˥˧muo˧.（叫不叫鸡架？）啊，不。那里头，里头做下那个，搭下那个一台台儿的那□就是鸡……鸡架么。æ˥,pu˩˧˩.næᴇ˥li˥˧tʰou˧,li˥˧tʰou˧tsuo˥˦xɑ˥nə˥kə˥,tɑ˥˧xɑ˥næᴇ˥kə˥i˥˧˧˩tʰæᴇ˩˧tʰər˩˧˥ti˦næᴇ˥niæ̃˩˧˩tɕiou˥sʅ˥tɕi˥˧˧˩······tɕi˥˧˧˩tɕiɑ˥muo˦.（噢，在鸡窝里面搭成的……）搭成欸……放木头搭个一层儿欸……搭下那个……tɑ˥˧tʂʰəŋ˩˧˩ei˩······fɑŋ˥˨mu˥˧tʰou˧tɑ˥˧kə˥˧˩i˥˧˧˥tsʰə̃r˩˧ei˥······tɑ˥˧xɑ˥˧˩nə˥kə˥······（一层放一个鸡？）噢，欸，那都是搭过去一放下，鸡那是自由主义，上去你随便儿往哪瘩就都对了么。谁给你固……固定。ɑɔ˥,ei˩˧,næᴇ˥˦tou˥˧˧˩sʅ˥tɑ˥˧˧˩kuo˥˨tɕʰi˥i˥˧˧˥fɑŋ˥xɑ˥,tɕi˥˧næᴇ˥sʅ˥tsʅ˥iou˩˧tʂɥ˥˧˧˥i˥,ʂɑŋ˥˨tɕʰi˥ni˥˧˧˥suei˩˧˩piæ̃r˥vɑŋ˥˧˧˥nɑ˥˧tɑ˥˧˧˩tɕiou˥tou˥˧˧˥tuei˥lə˦muo˧.sei˩˧kei˥ni˥˧˧˥ku······ku˥tiŋ˥.（呃，狗窝呢？）狗就随……有些给狗还垒那么个碎地方，有些根本不垒，随便，自由主义，想到哪儿卧就到哪儿卧。kou˥˧tɕiou˥˧˩suei˩˧······iou˥˧ɕie˥˧˧˩kei˥kou˥˧xɑ˩˧˩luei˥˧nə˥muo˦kə˥suei˥ti˥fɑŋ˥˧˧˥,iou˥˧ɕie˥˧˧˩kəŋ˥˧˧˩pəŋ˥˧pu˩˧˩luei˥˧,suei˩˧˩piæ̃˥,tsʅ˥˦iou˩˧tʂɥ˥˧˧˩i˥˦,ɕiɑŋ˥˧tɑɔ˥nɑr˥˧˧˥vuo˥tɕiou˥nɑr˥˧˧˥vuo˥.

茅房

1. 黄：厕所……太白叫茅房，过了洞子叫灰圈。就合水这一块儿都叫灰圈。这儿有个合水边上的段家集乡上一个文艺汇演的时候，是个有个老两口儿逛县城，这里头是老婆子就要上灰圈去。tsʰə˥˧˩ʂuo˥˧……tʰæᴇ˥pei˧˥˩tɕiɑɔ˥mɑɔ˧˥fɑŋ˧˥,kuo˥liɑɔ˥˧˧tuoŋ˥tsɿ˧tɕiɑɔ˥xuei˦˨tɕyæ̃˥˩.tɕiou˥xuo˧˥˩ʂuei˥˧tʂei˥i˦˨˧kʰuər˥˧˧tou˦˨˩tɕiɑɔ˥xuei˦˨tɕyæ̃˥˩.tʂər˥iou˥˧kə˥˩xuo˧˥˩ʂuei˥˧piæ̃˦˨ʂɑŋ˥˩tə˧tuæ̃˥æ˧tɕi˧˥ɕiɑŋ˦˨ʂɑŋ˥˩i˦˨˧kə˥vəŋ˧˥i˥xuei˥iæ̃˥˧ti˧sɿ˧˥˩xou˥,sɿ˥kə˥iou˥˧˧kə˥lɑɔ˥˧liɑŋ˥˧kʰour˥˧kuɑŋ˥ɕiæ̃˥tʂʰəŋ˧˥,tʂə˥li˦˨˩tʰou˧˥˩sɿ˥lɑɔ˥˧pʰuo˧˥˩tsɿ˧tɕiou˥iɑɔ˥ʂɑŋ˥xuei˦˨tɕyæ̃˥˩tɕʰy˥˩.

2.（解手那个地方叫什么？）黄：厕……厕所么。tsʰ……tsʰei˦˨˩suo˥˧muo˧.（老人家叫什么？）老人家欸……咱们这儿这多一半儿还叫，有的叫，一般欸，上茅房去啊？lɑɔ˥˧ʐəŋ˧˥˩tɕiɑ˦˨˧ei˥tɕ……tʂɑ˧˥məŋ˦tʂər˥tʂə˥tuo˦˨i˦˨˩pæ̃r˥xɑ˧˥˩tɕiɑɔ˥,iou˥˧ti˧tɕiɑɔ˥,i˦˨˩pæ̃˦˨ei˩,ʂɑŋ˥mɑɔ˧˥fɑŋ˧˥˩tɕʰi˥˧˥ɑ˧?（茅房？）茅房啊。mɑɔ˧˥˩fɑŋ˧˥˧ɑ˩.（叫什么？）茅房。但是欸……稍微往远走一点的，还有叫灰圈。mɑɔ˧˥˩fɑŋ˧˥˧.tæ̃˥˩sɿ˥ei˥s……sɑɔ˦˨˧vei˦˨˧vɑŋ˥˧˩yæ̃˥˧tsou˥˧i˦˨˩tiæ̃˥˧˩ti˧,xɑ˧˥˩iou˥˧˧tɕiɑɔ˥xuei˦˨tɕʰyæ̃˥˩.（噢，那是那个前塬了？）啊，前塬叫灰圈。咱们这儿这一般就叫茅房。现在都叫一点，叫厕所。ɑ˩,tɕʰiæ̃˧˥yæ̃˧˥tɕiɑɔ˥xuei˦˨tɕyæ̃˥˩.tʂɑ˧˥məŋ˦tʂər˥tʂə˥i˦˨˥pæ̃˦˨˩tɕiou˥tɕiɑɔ˥mɑɔ˧˥˩fɑŋ˧˥˧.ɕiæ̃˥tsæᴇ˥tou˦˨˩tɕiɑɔ˥i˦˨˩tiæ̃˥˧˩,tɕiɑɔ˥tsʰei˦˨˩suo˥˧.

3.（你们这个，像一般农民家里这个厕所在什么位置？）黄：厕所都在下手里头，肯定都在右半块，不会到左边去。tsʰei˦˨˩suo˥˧tou˦˨˩tsæᴇ˥xɑ˥ʂou˥˧˧li˦˨˩tʰou˧,kʰəŋ˥˧tiŋ˥˧˥tou˦˨˩tsæᴇ˥iou˥pɑŋ˩(pæ̃˥)kʰuæᴇ˥˩,pu˧˥˩xuei˥tɑɔ˥tsuo˥˧piæ̃˦˨˩tɕʰi˥˩.（那，这个右边是吧？）啊，都远离这个其他的。ŋɑ˩,tou˦˨˩yæ̃˥˧li˧˥tʂə˥kə˥tɕʰi˧˥˩tʰɑ˦˨tə˧.（在院子里面，是前院还是后院？）那一般都在后院里。næᴇ˥i˦˨˩pæ̃˦˨tou˦˨˩tsæᴇ˥xou˥yæ̃˥˩li˦˨˩.（也是搭一栋房子还是怎么搞？）搭个棚……搭个房，简易房房。tɑ˦˨kə˥pʰəŋ......tɑ˦˨kə˥˩fɑŋ˧˥˩,tɕiæ̃˥˧˧i˥fɑŋ˧˥˩fɑŋ˧˥˧.（那这个装那个的坑呢？）粪坑么，也……也叫茅……也叫茅厕么。fəŋ˥kʰəŋ˦˨muo˧,ie˥˧˧……ie˥˧˧tɕiɑɔ˥mɑɔ……iɑ˥˧˧tɕiɑɔ˥mɑɔ˧˥˩sɿ˦˨muo˧.（欸像我们，有一有一天我们去散步哇，走到那边，过了那个桥，那边有个地方，它就是舂的那个墙啊，那往地……地上挖两个坑。那种那种东西叫什么？）茅坑么。mɑɔ˧˥kʰəŋ˦˨muo˧.（那是村……村里面整个的还是哪一个个人家的？）哎都是个人家里的。你是……公共的那就叫公厕咧。æᴇ˥˧tou˦˨˩sɿ˥˩kə˥˧˥ʐəŋ˧˥˩tɕiɑ˦˨li˥˧˩ti˧.ni˥˧˩sɿ˥……kuoŋ˦˨˩kuoŋ˥˧˥ti˦næᴇ˥tɕiou˥tɕiɑɔ˥kuoŋ˦˨˥tsʰei˦˨lie˧.（农村有公厕吗？）没有。呃都是一家一户个人的。mei˧˥iou˥˧˧.ə˥˧tou˦˨˧sɿ˥i˦˨˥tɕiɑ˦˨i˦˨˩xu˥kə˥˧˥ʐəŋ˧˥˩ti˧.

炕

1.（炕一般是拿土坯子垒还是拿砖坯子垒？）黄：那现在的好些……过去是拿，欸，有几种炕咧嘛。一种呃这个煨火的炕，一种是这个欸打泥炕。næᴇ˥˩ɕiæ̃˥tsæᴇ˥˧˥ti˧xɑɔ˥˧˩ɕi……kuo˥˧˥tɕʰy˥sɿ˥nɑ˧˥,ei˩,iou˥˧˧tɕi˥˧˧tʂuoŋ˥˧kʰɑŋ˥˩lie˧mɑ˧.i˦˨˩tʂuoŋ˥˧ə˥tʂə˥kə˥vei˦˨xuo˥˧ti˧kʰɑŋ˥,i˦˨˩tʂuoŋ˥˧sɿ˥tʂə˥kə˥ei˥tɑ˦˨ni˧˥˩kʰɑŋ˥˩.（打泥炕是什么炕？）打泥炕就说是你把这个，它撑下以后，你这个……这是个炕，它提前么里头，我们这山上不是木头多吗？他垒下个墙墙子垒得这里头，这小小的地方，再垒上一层子这个……帮帮撇出来。给这上头把那木头韧木头这都这样搭上。搭上木头以后，然后把那个泥，和上些泥巴，那个长……长点那个稻草弄在里头和到定咧，泥和的稠稠的，然后倒得这个上头。倒在这个上头以后，等它这个水分扯干……完下扯干子以后啊，它不是僵了？弄个木榔头，狠劲地砸它，把它砸实，叫打泥炕嘛。tɑ˥˧ni˧˥kʰɑŋ˥tɕiou˥˧˥ʂuo˦˨˩sɿ˥˩ni˥˧pɑ˥˧˩tʂə˥kə˥,tʰɑ˦˨˧tsʰəŋ˦˨xɑ˥˧˥i˥˧˩xou˥,ni˥˧˧tʂə˥kə˥f……tʂə˥˧˥sɿ˥kə˥kʰɑŋ˥,tʰɑ˦˨˧tʰi˧˥tɕʰiæ̃˧˥muo˧li˥˧tʰou˧,ŋuo˥˧˧məŋ˦tʂə˥sæ̃˦˨ʂɑŋ˥˩pu˧˥˩sɿ˥mu˦˨tʰou˧tuo˦˨mɑ˧?tʰɑ˦˨˧luei˥˧xɑ˥kə˥tɕʰiɑŋ˧˥˩tɕʰiɑŋ˧˥˧tsɿ˦luei˥˧˧tə˦tʂə˥li˥˧tʰou˧,tʂei˥˩ɕiɑɔ˥˧ɕiɑɔ˥˧ti˦ti˥fɑŋ˥˧˧,tsæᴇ˥luei˥˧ʂɑŋ˥˩i˦˨˩tsʰəŋ˧˥˩tsɿ˦tʂə˥kə˥……pɑŋ˦˨pɑŋ˦˨˩pʰie˦˨˩tʂʰʮ˦˨˧læᴇ˧˥˧.kei˥tʂə˥ʂɑŋ˥˧˥tʰou˧pɑ

˥˩˩næᴇ˥mu˥˧tʰou˦˧ʐəŋ˧˥mu˥˧tʰou˦˧tʂə˥tou˥˩tʂə˥iaŋ˥ta˥˧ʂaŋ˥˩.ta˥˧ʂaŋ˧˥mu˥˧tʰou˦˧i˥˩xou˥,ʐæ̃˨˩xou˥pa˥˩nə˥kə˥ni˨,xuo˥˧ʂaŋ˥ɕie˥˩ni˨˩pa˦,nə˥˩kə˥˩tʂʰaŋ˨……tʂʰaŋ˨tiæ̃˥˩nə˥kə˥tʰaɔ˥˧tsʰaɔ˥˧nuoŋ˥tsæᴇ˥li˥˩tʰou˦xuo˥taɔ˥tiŋ˥lie˦,ni˨xuo˥ti˦tʂʰou˨tʂʰou˨˩ti˦,ʐæ̃˨˩xou˥taɔ˥tə˦tʂə˥kə˥ʂaŋ˥˧tʰou˦.taɔ˧˥tsæᴇ˥tʂə˥kə˥ʂaŋ˥tʰou˦i˥˩xou˥,təŋ˥˧tʰa˥˩tʂə˥kə˥ʂuei˥˧fəŋ˥˩tʂʰə˥˧kæ̃˥˩……væ̃˨˩xa˥tʂʰə˥˧kæ̃˥˩tsɿ˦i˥˩xou˥a˥,tʰa˥˩pu˨˩sɿ˥tɕiaŋ˥˧lə˦?nuoŋ˥kə˥mu˥˧laŋ˨˩tʰou˦,xəŋ˥˧tɕiŋ˥ti˦tsa˨˩tʰa˥˩,pa˥˩tʰa˥˩tsa˨ʂɿ˨˩,tɕiaɔ˥ta˥˧ni˨˩kʰaŋ˥˧ma˦.（还有什么炕呢？）石板炕。ʂɿ˨˩pæ̃˥˧kʰaŋ˥˩.（石板子做的？）呃，这是还是像这么个垒下的。这中间还给你垒下几个柱柱子。然后把那山上那石头破成这么厚那板，都往这上头一铺。ə˥,tʂə˥sɿ˥xa˨˩sɿ˥˧ɕiaŋ˥tʂə˥muo˦kə˥luei˥˧xa˥˩ti˦.tʂei˥˧tʂuoŋ˥˩tɕiæ̃˥˩xa˨˩kei˥ni˥˩luei˥˧xa˥˩tɕi˥˧kə˥˩tʂɥ˥˩tʂɥ˥˩tsɿ˦.ʐæ̃˨˩xou˥pa˥˩næᴇ˥sæ̃˥˧ʂaŋ˥˩næᴇ˥˩ʂɿ˨˩tʰou˦pʰuo˥tʂʰəŋ˨tʂə˥muo˦xou˥næᴇ˥pæ̃˥˧,tou˥˩vaŋ˥˩tʂə˥ʂaŋ˥tʰou˦i˥˩pʰu˥˧.（放在床板儿上吗？）还只是炕么。放到底下么。你把石头就在底下，然后在这上头把那个干土，就那塘土，尽灰尘那个那个土，给这上……把这塞住……底下墁上点泥，再给这上头装上些黄土，再把那泥和上些，再往上头一墁一烧干，就行啦。xa˨˩tsɿ˥˧sɿ˥kʰaŋ˧˥muo˦.faŋ˥taɔ˥ti˥˧ɕia˥˩muo˦.ni˥˩pa˥˩ʂɿ˨˩tʰou˦tsou˥˧tsæᴇ˥˩ti˥˧ɕia˥˩,ʐæ̃˨˩xou˥tsæᴇ˥tʂə˥ʂaŋ˥tʰou˦pa˥˩nə˥kə˥kæ̃˥˩tʰu˥˧,tsou˥nə˥tʰaŋ˨˩tʰu˥˧,tɕiŋ˥˩xuei˥˧tʂʰəŋ˨nə˥kə˥nə˥kə˥tʰu˥˩,kei˥tʂə˥ʂaŋ˥……pa˥˩tʂə˥sei˥˧tʂ……ti˥˧xa˥˩mæ̃˥˧ʂaŋ˥˩tiæ̃˥˩ni˨,tsæᴇ˥kei˥tʂə˥ʂaŋ˥˧tʰou˦tʂuaŋ˥˩ʂaŋ˥ɕie˥˩xuaŋ˨˩tʰu˥˧,tsæᴇ˥pa˥˩næᴇ˥ni˨xuo˥ʂaŋ˥ɕie˥˩,tsæᴇ˥vaŋ˥˩ʂaŋ˥tʰou˦i˥˩mæ̃˥i˥˩ʂaɔ˥˩kæ̃˥˧,tsou˥tɕiŋ˨˩la˦.（嗯。那个平常烧炕是放在放在这个上面烧吗？）哎，不。这这，这里头，这这个这个炕墙子，这儿有炕洞门咧嘛。你把柴从这个里头填进去了么。你还能放得这上头烧？你有铺盖，每天不烧着了？æᴇ˨,pu˨˩.tʂə˥˧tʂə˥˩,tʂei˥li˥˧tʰou˦,tʂei˥tʂei˥kə˥tʂei˥kə˥kʰaŋ˥tɕʰiaŋ˨˩tsɿ˦,tʂər˥iou˥˩kʰaŋ˥tuoŋ˥˩məŋ˨˩lie˦ma˦.ni˥˩pa˥˩tsʰæᴇ˨˩tsʰuoŋ˨tʂə˥kə˥li˥˧tʰou˦tʰiæ̃˨˩tɕiŋ˥tɕʰi˥lə˦muo˦.ni˥˩xa˨˩nəŋ˨˩faŋ˥tə˦tʂə˥˧ʂaŋ˥tʰou˦ʂaɔ˥˧?ni˥˩iou˥˩pʰu˥˧kæᴇ˥˩,mei˥˧tʰiæ̃˥˩pu˨˩ʂaɔ˥˧tʂʰuo˨˩lə˥?（没见过炕！）没见过炕你。mei˨˩tɕiæ̃˥kuo˥kʰaŋ˥ni˥˩.（那你那个炕……）和这个床一模儿一样的，是东西它那一样，这个不说是里头是个……跟这个……床里头是框啷，空间咧么。xuo˨˩tʂə˥kə˥tʂʰuaŋ˨i˥˩muor˨˧i˥˩iaŋ˥ti˦,sɿ˥tuoŋ˥˧ɕi˥˩tʰa˥˩nə˥i˥˩iaŋ˥,tʂə˥˩kə˥pu˨˩ʂuo˥˩sɿ˥li˥˧tʰou˦sɿ˥kə˥……kəŋ˥˩tʂə˥kə˥……tʂʰuaŋ˨li˥˧tʰou˦sɿ˥˩kʰuaŋ˥˧laŋ˦,kʰuoŋ˥˩tɕiæ̃˥˩lie˦muo˦.（它里头有个有个回回形的吧？）噢，是个空间么。aɔ˨,sɿ˥˩kə˥˩kʰuoŋ˥˩tɕiæ̃˥˩muo˦.（它这个烟囱从哪里出呢？）这一……你是这个前头这个炕，就是前炕么。这这个这个窑壁这个地方，它是从窑壁……窑嘴下是钻上去个烟洞着咧。tʂei˥˧i˥˩……ni˥˩sɿ˥tʂə˥kə˥tɕʰiæ̃˨˩tʰou˦tʂə˥˧kə˥˧kʰaŋ˥,tɕiou˥sɿ˥tɕʰiæ̃˨kʰaŋ˥muo˦.tʂei˥tʂei˥kə˥tʂə˥kə˥iaɔ˨˩pi˥˧tʂə˥kə˥ti˥faŋ˥˩,tʰa˥˩sɿ˥tsʰuoŋ˨˩iaɔ˨˩pi˥˧……iaɔ˨˩tsuei˥˧xa˥˩sɿ˥tsuæ̃˥ʂaŋ˥tɕʰy˥kə˥iæ̃˥˧tuoŋ˥˩tʂə˦lie˦.（噢，还从窑上钻个钻个洞？）钻个洞上去么。有的是掌炕。掌炕就在这顶顶上里头盘个炕，它后头也钻个烟洞上去。tsuæ̃˥kə˥tuoŋ˥ʂaŋ˥tɕʰi˥muo˦.iou˥˧ti˦sɿ˥tʂaŋ˥˧kʰaŋ˥˩.tʂaŋ˥˧kʰaŋ˥tɕiou˥tsæᴇ˥tʂə˥tiŋ˥˧tiŋ˥˩ʂaŋ˥˩li˥˧tʰou˦pʰæ̃˨kə˥kʰaŋ˥˩,tʰa˥˩xou˥˧tʰou˦ia˥˧tsuæ̃˥kə˥iæ̃˥˧tuoŋ˥˩ʂaŋ˥˧tɕʰi˥˩.（哦，就是靠那个的叫掌炕？）掌炕。到这儿这的叫前炕么。tʂaŋ˥˧kʰaŋ˥˩.taɔ˥tʂər˥˧tʂə˥˧ti˦tɕiaɔ˥tɕʰiæ̃˨˩kʰaŋ˥muo˦.（它那个填火的那个那那窟窿在什么地方呢？）你这个炕墙子，像这个，这个床你在这个地方就可以挖一个洞。ni˥tʂə˥˩kə˥˩kʰaŋ˥tɕʰiaŋ˨˩tsɿ˦,ɕiaŋ˥˩tʂə˥kə˥,tʂə˥kə˥˧tʂʰuaŋ˨ni˥˩tsæᴇ˥tʂə˥kə˥ti˥˩faŋ˥˩tɕiou˥˩kʰə˥i˥˩va˥i˥˩kə˥˩tuoŋ˥˧.（在这个地方？）啊。a˩.（还是在这个地方？）那都……那……不管哪个地方都行。啊。næᴇ˥tou˥˧……næᴇ˥˧t……pu˨˩kuæ̃˥˧na˥˧kə˥˩ti˥˩faŋ˥˩tou˥˩ɕiŋ˨.a˩.（不管哪个地方？那个那个那那个方方孔叫什么东西？）炕洞门么。和灶火

门儿是一回事么你。kʰɑŋ˥tuoŋ˥məŋ˩muo˧.xuo˩˦tsɑɔ˧xuo˥˦mɑ̃r˩sɿ˥˦i˥˦xuei˩sɿ˥muo˧ni˥˦.（它这个里面那个空的那个那种空间叫什么呢？）那就是这个欸，记得把那个叫啥咧吵你？炕洞。næᴇ˥tɕiou˥sɿ˥tʂə˥kə˥ei˥,tɕi˥˦tə˧pɑ˥˦næᴇ˥kə˥tɕiɑɔ˥sɑ˥˨lie˧sɑ˧ni˧?kʰɑŋ˥tuoŋ˥.（就是指里面的空间？）啊，里头的空间么。ɑ˦,li˥tʰou˧ti˧kʰuoŋ˥˦tɕiæ̃˥˦muo˧.（它这个烧火的这个地方这个地方有一个坑吧？）没有。muo˥˨iou˥˨.（没有坑啊？）现……过去是那么个。现在只怕人都为咧这个干净起见的话，这个盘下这个火炕只煨……房子里边儿不烧。你像这个房子，我在那个地方盘个炕，我在那个炕洞子那里……后墙边住咧。我这个前炕啊被……房子里头又冻不脏，又不降嘛。过去都在房子里边儿就……ɕ……kuo˥˨tɕʰy˥sɿ˥nə˥muo˧kə˥.ɕiæ̃˥tsæᴇ˥tsɿ˥˦pʰɑ˥˦zəŋ˩tou˥˨vei˥lie˧tʂə˥˦kə˥˦kæ̃˥˦tɕiŋ˥˦tɕʰi˥˦tɕiæ̃˥˦tə˧xuɑ˥˦,tʂə˥kə˥pʰæ̃˩˦xɑ˥˦tʂə˥kə˥xuo˥kʰɑŋ˥tsɿ˥˦vei˥……fɑŋ˩˦tsɿ˧li˥piæ̃r˥˦pu˩˦ʂɑɔ˥.ni˥˨ɕiɑŋ˥tʂə˥kə˥fɑŋ˩˦tsɿ˧,ŋuo˥˨tsæᴇ˥nə˥kə˥ti˥˦fɑŋ˥˦pʰæ̃˩˦kə˥kʰɑŋ˥,ŋuo˥˨tsæᴇ˥nə˥kə˥kʰɑŋ˥tuoŋ˥tsɿ˧nə˥˦li˥˦……xou˥tɕʰiɑŋ˩˦piæ̃˥˨tʂʮ˥˦lie˧.ŋuo˥tʂə˥kə˥tɕʰiæ̃˩kʰɑŋ˥æ˧pei˥˦……fɑŋ˩˦tsɿ˧li˥tʰou˧iou˥tuoŋ˥˦pu˩˦tsɑŋ˥,iou˥˦pu˩˦kɑŋ˥˨mɑ˧.kuo˥˨tɕʰy˥˦tou˥˦tsæᴇ˥fɑŋ˩˦tsɿ˧li˥piæ̃r˥˦tsou˥˦……（pu˩˦kɑŋ˥是什么意思？）pu˩˦kɑŋ˥就是这个尘土不往起来飞么。pu˩˦kɑŋ˥tɕiou˥sɿ˥tʂə˥˦kə˥˦tʂʰəŋ˩˦tʰu˥pu˩˦vɑŋ˥˦tɕʰi˥læᴇ˩˦fei˥muo˧.（它这个你像烧炕的话，它这个灰你……你那个不……它不……不挖个坑，它那个不是……）啊不，那不，那直接全在里头啊。这个烧下这个柴草么，直接和这个炕坯接触着咧。你这个样子以后，这草必须填在这里头去，柴草必须填在里……火着起来就在这上边烧着咧。ɑ˦pu˩˦,næᴇ˥˦pu˩˦,nə˥tʂʅ˩tɕie˥tɕʰiæ˦（←tɕʰyæ̃˩）tsæᴇ˥li˥tʰou˧læ˦.tʂə˥kə˥ʂɑɔ˥xɑ˥tʂə˥kə˥tsʰæᴇ˩˦tsʰɑɔ˥muo˧,tʂʅ˩tɕie˥˦xuo˩˨tʂə˥kə˥kʰɑŋ˥pʰi˥˨tɕie˥˦tʂʮ˩˨tʂuo˥lie˧.ni˥˨tʂə˥kə˥iɑŋ˥tsɿ˧i˥˦xou˥,tʂə˥tsʰɑɔ˥pi˥˦ɕy˥tʰiæ̃˩˦tsæᴇ˥tʂə˥li˥tʰou˧tɕʰi˥˦,tsʰæᴇ˩˦tsʰɑɔ˥pi˥˦ɕy˥tʰiæ̃˩˦tsæᴇ˥li˥˨……xuo˥tʂuo˥˦tɕʰi˥læᴇ˩˦tɕiou˥tsæᴇ˥tʂei˥˦ʂɑŋ˥˦piæ̃˥˦ʂɑɔ˥tʂuo˩˦lie˧.（那不那一块儿不烫死人了？）那不怕么。你烧得少么。你可以不……不放硬柴烧，你可以把这些就是那穰柴，放些锯末子，煨些煤末子，它着了以后它把这个熏热就对了。这是你说那个也有这个可能，也……如果是陕北人盘炕的话，他和我们这个地方又不一样了。他可以弄下这个地说是这个地方必须要有一个坑，而且他在这个地方架点明火一烧，它这个里头，像这个盘这个欸，它就炕里边……他都是这样，欸，他都搞上这么些洞洞子，拐过来，拐过去，最后又从这个地方拐过来，噢，它最后一直打这个地方拐过来，最后是一直拐到这个地方，这烟洞在这儿咧，都到这儿这去了。搞不好他烧……烧炕的时候，在这面烧咧，或者是这面儿烧咧，它都是这个火么就顺顺个洞洞子猱咧。□兀猱到这儿这时候，打上头上去了。这叫回流洞子。næᴇ˥˦pu˩˦pʰɑ˥˦muo˧.ni˥˨ʂɑɔ˥tei˥˦ʂɑɔ˥muo˧.ni˥˦kʰə˥i˥pu˩˦……pu˩˦fɑŋ˥niŋ˥tsʰæᴇ˩˦ʂɑɔ˥˨,ni˥kʰə˥i˥pɑ˥˦tʂə˥ɕie˥˨tɕiou˥sɿ˥nə˥zɑŋ˥tsʰæᴇ˩˦,fɑŋ˥ɕie˥˨tɕy˥˨muo˥tsɿ˧,vei˥ɕie˥˦mei˩muo˥tsɿ˧,tʰɑ˥˨tʂuo˩lə˧i˥˦xou˥tʰɑ˥˨pɑ˥˦tʂə˥kə˥ʂuoŋ˥˨zə˥tɕiou˥˦tuei˥˦lə˧.tʂə˥sɿ˥ni˥ʂuo˥˦nə˥˦kə˥˦ie˥iou˥tʂə˥kə˥kʰə˥nəŋ˩˦,ie˥˨……zʮ˩˦kuo˥sɿ˥ʂæ̃˥pei˥˦zəŋ˩˦pʰæ̃˩˦kʰɑŋ˥tə˧xuɑ˥˦,tʰɑ˥˨xuo˩˦ŋuo˥məŋ˧tʂə˥kə˥ti˥fɑŋ˥˨iou˥pu˩˦i˥˨iɑŋ˥lə˧.tʰɑ˥kʰə˥˨i˥˦nuoŋ˥˨xɑ˥tʂə˥kə˥ti˥ʂuo˥˨sɿ˥tʂə˥kə˥ti˥˦fɑŋ˥˦pi˥˨ɕy˥˨iɑɔ˥iou˥˨i˥˨kʰəŋ˥,ər˩˦tɕʰie˥˦tʰɑ˥tsæᴇ˥tʂə˥kə˥ti˥fɑŋ˥˦tɕiɑ˥tiæ̃˥miŋ˩xuo˥˦i˥˦ʂɑɔ˥˦,tʰɑ˥˨tʂə˥kə˥li˥tʰou˧,ɕiɑŋ˥tʂə˥kə˥pʰæ̃˩tʂə˥kə˥ei˦,tʰɑ˥˨tsou˥kʰɑŋ˥˨li˥piæ̃˥˦……tʰɑ˥˦tou˥˦sɿ˥tʂei˥˦iɑŋ˥˦,ei˥,tʰɑ˥˦tou˥˦kɑɔ˥ʂɑŋ˥tʂə˥˦muo˧ɕie˥˦tuoŋ˥˨tuoŋ˥˦tsɿ˧,kuæᴇ˥kuo˥læᴇ˩˦,kuæᴇ˥kuo˥tɕʰi˥,tsuei˥xou˥iou˥tsʰuoŋ˩˦tʂə˥kə˥ti˥fɑŋ˥˦kuæᴇ˥kuo˥læᴇ˩˦,ɑɔ˦,tʰɑ˥˨tsuei˥xou˥i˥˦tʂʅ˩˦tɑ˥˦tʂə˥kə˥ti˥fɑŋ˥˨kuæᴇ˥kuo˥læᴇ˩˦,tsuei˥xou˥sɿ˥i˥˦tʂʰʅ˩˦kuæᴇ˥tɑɔ˥˦tʂə˥˦kə˥˦ti˥˦fɑŋ˥˦,tʂei˥iæ̃˥tuoŋ˥˦tsæᴇ˥tʂər˥lie˥,tou˥˨tɑɔ˥tʂər˥tʂə˥tɕʰi˥˦lə˧.

kaɔ˥pu˨˩xaɔ˥˧tʰɑ˥˧ʂaɔ˥……ʂaɔ˥˩kʰɑŋ˧ti·ls˨˩xou˧,tsæᴇ˧tʂei˧˥miæ̃˧ʂaɔ˥lie·l,xuo˨˧tʂə˥˩sʅ˧tʂei˧˥miæ̃r˧ʂaɔ˥lie·l,tʰɑ˥˩tou˥˧sʅ˧tʂə˧kə˧xuo˥muo·ltsou˧ʂuoŋ˧ʂuoŋ˧kə˧tuoŋ˧˥tuoŋ˧˩tsʅ·ltʂʰuæ̃˧lie·l.niæ̃˨˩vei˧˥tʂʰuæ̃˧taɔ˧˩tʂər˧tʂə˧sʅ˨˩xou˧˥,ta˥˩ʂaŋ˧tʰou·lʂaŋ˧tɕʰi˧lə·l.tʂei˧˥tɕiaɔ˧xuei˨lliou˨tuoŋ˧tsʅ·l.（你们这里有没有搞回流洞子的？）有，有的嘛。实际上，洋话来讲就叫火道，这个火道烧上以后就这么上去咧啊。现在更简单。既不打泥炕了，也不拿石板盘了。街道上你看，我们街道上放的有这么宽……有三十公分宽，有个欸一米二长的那个小水泥板儿，那叫炕墼子。它那个更简单。你把周围一……欸，把这个里头这个墙墙做好以后，抬三块儿……抬那么三块儿水泥板儿往上一放，拿泥一抹就烘得成了。这是一种。过去前塬人么就说是没有水泥板儿的时候，他也做炕墼子，就是用泥巴，和成泥，里头放点长麦秸。这啥，欸，弄面儿弄个筐，把这些泥放得这个里头要还墁下，最后这个晒干，一抬起来，活像水泥板儿，去往这炕里头一支……iou˥,iou˥ti·lma·l.ʂʅ˨˩tɕi˧˥ʂaŋ˧˩,iaŋ˨xua˧læᴇ˨˩tɕiaŋ˥tɕiou˧tɕiaɔ˧xuo˥taɔ˧,tʂə˧kə˧˩xuo˥taɔ˧ʂaɔ˥˩ʂaŋ˧i˥˩xou˧˥tsou˧tʂə˧˥muo·lʂaŋ˧tɕʰi˧lie·lal.ɕiæ̃˧tsæᴇ˧kəŋ˧˥tɕiæ̃˥˩tæ̃˥˩.tɕi˧˥pu˨˩tɑ˥ni˨˩kʰɑŋ˧lə·l,ie˥pu˨˩na˨ʂʅ˨˩pæ̃˥pʰæ̃˨˩lə·l.tɕie˥˩taɔ˧˥ʂaŋ˧ni˥kʰæ̃˧,ŋuo˥məŋ·lkæᴇ˥˩taɔ˧ʂaŋ˧faŋ˧ti·liou˥˧tʂə˧muo·lkʰuæ̃……iou˥˧sæ̃˥ʂʅ˨˩kuoŋ˥˩fəŋ˥˧kʰuæ̃˥,iou˥kə˧leil.i˥˩mi˥˧ər˧tʂʰɑŋ˨˩ti·lnə˧kə˧ɕiaɔ˥ʂuei˥ni˨˩pæ̃r˥,nə˧tɕiaɔ˧kʰɑŋ˧˥tɕi˥tsʅ·l.tʰɑ˥˧nə˧kə˧kəŋ˧˥tɕiæ̃˥˩tæ̃˥˩.ni˥pa˥˩tʂou˥˩vei˨i˥˩……eil,pa˥˩tʂə˧kə˧li˥tʰou·ltʂə˧kə˧tɕʰiaŋ˨˩tɕʰiaŋ˨˧tsuo˧˩xaɔ˥i˥˩xou˧,tʰæᴇ˨sæ̃˥˩kʰuər˧……tʰæᴇ˨nə˧˥muo·lsæ̃˥˩kʰuər˧˥ʂuei˥ni˨˩pæ̃r˥vaŋ˥˩ʂaŋ˧i˥˩faŋ˧,na˨ni˨˧i˥˩muo˥tsou˧˩xuoŋ˥˧tə·ltʂʰəŋ˨˩lə·l.tʂə˧˥sʅ˧i˥˧tʂuoŋ˥˧.kuo˧˥tɕʰi˧tɕʰiæ̃˨yæ̃˨˧zəŋ˨˩muo·ltsou˧ʂuo˥˩sʅ˧˩muo˥˩iou˥ʂuei˥ni˨˩pæ̃r˥ti·lsʅ˨˩xou˧,tʰɑ˥˧ie˥˧tsuo˧˩kʰɑŋ˧tɕi˥tsʅ·l,tsou˧sʅ˧yoŋ˧ni˨˩pa˧,xuo˧˩tʂʰəŋ˨˧ni˨,li˥˧tʰou·lfaŋ˧tiæ̃˥˩tʂʰɑŋ˨mei˥tɕie˥˩.tʂə˧sa˧,ei˧,nuoŋ˧miæ̃r˧nuoŋ˧˥kə˧˩kʰuaŋ˧,pa˥˩tʂə˧ɕie˥˧ni˨faŋ˧tə·ltʂə˧kə˧li˥˧tʰou·liaɔ˧xa˨˩mæ̃˧˥xa˧˩,tsuei˧xou˧tʂə˧kə˧sæᴇ˧kæ̃˥,i˥˧tʰæᴇ˨˩tɕʰi˥læᴇ˨˩,xuo˨˩ɕiaŋ˧˥ʂuei˥ni˨˩pæ̃r˥,tɕʰi˧vaŋ˥˩tʂə˧kʰɑŋ˧li˥tʰou·li˥˧tsʅ˥……（呃，如果说这个这里烧的时间长了，那灰太多了，要把这个灰弄出去，这个叫什么？）那叫掏灰咧。把灰掏了。往出掏东西的掏。næᴇ˧tɕiaɔ˧tʰaɔ˥˩xuei˥lie·l.pa˥˩xuei˥tʰaɔ˥lə·l.vaŋ˥˩tʂʰʯ˥tʰɑɔ˥˩tuoŋ˥ɕi·lti·ltʰaɔ˥.（应该是炕是靠这个窗户这边吧？）噢，靠这窗户这边。ɑɔl,kʰaɔ˧tʂə˧tʂʰuaŋ˥xu˧˩tʂei˧˥piæ̃˥˩.

2.（这个炕啊，是怎么个打法？）黄：那东西，炕这个打法，它实际上就是这个欸……也就是和这个欸……放砖搭了个……周围搭个墙墙子么那种。也很简单这个东西。nə˧˥tuoŋ˥˩ɕi·l,kʰɑŋ˧˥tʂə˧kə˧ta˥fa˥˩,tʰɑ˥ʂʅ˨˩tɕi˧˥ʂaŋ˧tsou˧˥sʅ˧tʂə˧kə˧ei˧……ie˥tɕiou˧sʅ˧xuo˨˩tʂə˧kə˧eil……faŋ˧˥tʂuæ̃˥ta˥lə·lkə˧˩……tʂou˥˩vei˨ta˥kə˧˩tɕʰiaŋ˨˩tɕʰiaŋ˨˧tsʅ·lmuo·lnei˧˥tʂuoŋ˥˩.ie˥xəŋ˥tɕiæ̃˥tæ̃˥˩tʂei˧kə˧tuoŋ˥ɕi·l.

（这个……跟那个锅台连起来的那个炕有没有？）有么。好多这个欸，这儿这多一半儿的，呀，百分之六七十的，百……七八十的炕都和锅台连着咧。iou˥muo·l.xaɔ˥tuo˥˩tʂə˧kə˧ei˧,tʂər˧˥tʂə˧tuo˥i˥˩pæ̃r˧˥ti·l,ial,pei˥˩fəŋ˥tsʅ˥˧liou˥tɕʰi˥˩ʂʅ˨ti·l,pei˥˩……tɕʰi˥pa˥˩ʂʅ˨ti·lkʰɑŋ˧tou˥˧xuo˨˧kuo˥tʰæᴇ˨˩liæ̃˨˩tʂə·llie·l.（那种连起来的炕叫……叫什么炕？）还是叫炕。xa˨˩sʅ˧˥tɕiaɔ˧˩kʰɑŋ˧˩.（叫不叫烧炕？）兀不叫。它那个东西，锅头这个和炕连在一瘩里它有它的好处嘛。væᴇ˧˥pu˨˩tɕiaɔ˧˩.tʰɑ˥˩næᴇ˧kə˧tuoŋ˥ɕi·l,kuo˥tʰou·ltʂə˧kə˧xuo˨˩kʰɑŋ˧liæ̃˨˩tsæᴇ˧˥i˥˩ta˥li˥˩tʰɑ˥˩iou˥tʰɑ˥˩ti·lxaɔ˥tʂʰʯ˧˩ma·l.（它利用那个余热啊？）利用这个锅……锅头做饭的这个余热就不用烧么，就可以了。li˧yoŋ˧tʂə˧˩kə˧˩kuo……kuo˥tʰou·ltsuo˧˩fæ̃˧˥tə·ltʂə˧kə˧y˨zə˥tsou˧˩pu˨˩yoŋ˧ʂaɔ˥muo·l,tsou˧˩kʰə˥i˥˩lə·l.

（那个炕的那个跟那个锅连起来那个那个口儿，就是放柴火进去那个口儿叫……叫什么？）嗯，那还是……那是这个，是后头锅头这个到永远，它到几时以后，在连着它这个，它你自欸不……不用连，锅头烧的时候它是只在锅头上一烧，炕头上就不用烧，炕都热了。ṇ˨˦,nei˧˥xa˨˦˩sɿ˧˨k……næᴇ˧˥sɿ˧˨tʂə˧kə˧,sɿ˧xou˧˥tʰou˨kuo˦tʰou˨tʂə˧kə˧tao˧yoŋ˧˦yæ̃˦,tʰa˦˥ta ɔ˧tɕi˦sɿ˨˦˩i˦˨xou˧˨,tsæᴇ˧liæ̃˨˦tʂə˨tʰa˦˥tʂə˧kə˧,tʰa˦ni˦˨tsɿ˧ei˧pu˨˥……pu˨˦yoŋ˧˥liæ̃˨˦,kuo˦tʰou˨ʂao˦t i˨sɿ˨˦xou˧tʰa˦˥sɿ˧tsɿ˦˨tsæᴇ˧kuo˦tʰou˨ʂaŋ˧i˦˨ʂao˦,kʰaŋ˧tʰou˨ʂaŋ˧tɕiou˧pu˨˦yoŋ˧˥ʂao˦˨,kʰaŋ˧tou˦˥ʐ ə˦lə˨.（如果没有连起来呢？）没有连的那个，没有连的的话那那就是单列，锅头是锅子，炕是炕。mei˨˦iou˦liæ̃˨˦ti˨nei˧kə˧,mei˨˦iou˦liæ̃˨˦ti˨tə˨xua˧nei˧nei˧tsou˧sɿ˧˨tæ̃˦˨lie˦,kuo˦tʰou˨sɿ˧˨k uo˦tsɿ˨,kʰaŋ˧sɿ˧kʰaŋ˧˨.

（有那炕边子吗？）啊，炕边子才……那就是，现在的话都……都不存在这个问题了。过去有这个炕边子，有专门儿用木头做下那个。炕边子。有炕栏杆。ɑ˨,kʰaŋ˧˦piæ̃˦tsɿ˨tsʰæᴇ˨……næᴇ˧˥tɕiou˧sɿ˧,ɕiæ̃˧tsæᴇ˧ti˨xua˧˨tou˦……tou˦˨pu˨˦tsʰuoŋ˨˦tsæᴇ˧˥tʂə˧kə˧vəŋ˧tʰi˨˦lə˨.kuo˧˦tɕʰy˧iou˦tʂə˧kə˧˨kʰaŋ˦˧piæ̃˦tsɿ˨,iou˦˥tʂuæ̃˦˨m ə̃r˨yoŋ˧mu˦tʰou˨tsuo˧˥xa˧nə˧kə˧.kʰaŋ˧˦piæ̃˦tsɿ˨.iou˦˥kʰaŋ˧læ̃˨˦kæ̃˦.（还有栏杆啊？）还有栏杆儿。现在都没有了。xæᴇ˨˥iou˦˥læ̃˨˦kæ̃r˦.ɕiæ̃˧tsæᴇ˧tou˦˨mei˨iou˦˨lə˨.（栏杆在哪个位置啊？）栏杆是你单独的话，它都是里头，哎，弄木头做一个，做起来一个。如果不单独的话，那就是和锅头连接的那个地方，它总要把炕和锅头隔开咧嘛。那你就做上这个欸三十公分高那么个墙墙……墙墙子。过去拿木头做的，上头放个板板子咧，放个油灯。过去那没有电灯，这上头是放个煤油等不些的。这就是这个……叫炕栏么。læ̃˨˦kæ̃˦˥sɿ˧ni˦tæ̃˦˨tu˨ ˨ti˨xua˧˨,tʰa˦˥tou˦˥sɿ˧li˦tʰou˨,æᴇ˧,nuoŋ˧˦mu˦tʰou˨tsuo˧˥i˦˨kə˧˨,tsuo˧tɕʰi˦læᴇ˨˦i˦˨kə˧˨.ʐu˨˦kuo˦ ˥pu˨˥tæ̃˦˨tu˨˦ti˨xua˧˨,næᴇ˧tsou˧˨sɿ˧xuo˨˦kuo˦tʰou˨liæ̃˨tɕie˦ti˨nə˧kə˧ti˧faŋ˦˥,tʰa˦˨tsuoŋ˧˥iao˧pa˦˨ kʰaŋ˧xuo˨˦kuo˦tʰou˨kei˦˨kʰæᴇ˦lie˨ma˨.næᴇ˧ni˦˥tsou˧tsuo˧˥ʂaŋ˧˨tʂei˧kə˧ei˧sæ̃˦ʂɿ˨˦kuoŋ˦˥fəŋ˦˥k ao˦nə˧muo˨kə˧tɕʰiaŋ˨˦tɕʰ……tɕʰiaŋ˨˦tɕʰiaŋ˨˥tsɿ˨.kuo˧tɕʰy˧na˨mu˦tʰou˨tsuo˧˥ti˨,ʂaŋ˧tʰou˨faŋ˧kə ˧pæ̃˦pæ̃˦˨tsɿ˨lie˨,faŋ˧kə˧iou˨˦təŋ˦.kuo˧tɕʰy˧nə˧mei˨˦iou˦˥tiæ̃˧təŋ˦˨,tʂei˧ʂaŋ˧˦tʰou˨sɿ˧faŋ˧kə˧mei˨i ou˨˥təŋ˦pu˨˦ɕi˦˥ti˨.tʂei˧tɕiou˧sɿ˧tʂə˧kə˧……tɕiao˧kʰaŋ˧læ̃˨muo˨.（哦，就……灯放在那个炕栏上面？）啊，灯在炕栏上面儿放着咧。现在就不了。现在都是这个直接砌个墙墙上来。ɑ˨ ,təŋ˦tsæᴇ˧kʰaŋ˧læ̃˨ʂaŋ˧miæ̃r˧faŋ˧tʂuo˦˥lie˨.ɕiæ̃˧tsæᴇ˧tsou˧˨pu˨˦lə˨.ɕiæ̃˧tsæᴇ˧tou˦˨sɿ˧tʂə˧kə˧tʂɿ˨tɕi e˦˨tɕʰi˦kə˧˨tɕʰiaŋ˨˦tɕʰiaŋ˨˥ʂaŋ˧læᴇ˨˥.（炕栏是那个栏杆的栏还是拦住的拦？）栏杆的栏……栏杆的栏。木头做下的，木字过去个兰字么。læ̃˨˦kæ̃˦ti˨læ̃˨˦……læ̃˨˦kæ̃˦ti˨læ̃˨˥.mu˦tʰou˨tsu o˧˥xa˧ti˨,mu˦tsɿ˧˨kuo˧tɕʰy˧kə˧læ̃˨˦tsɿ˧˥muo˨.

（除了这个炕边之外，其他的这个三面有没有这个讲法？）没有啥讲头咧。mei˨˦iou˦sa˧tɕiaŋ˦tʰou˨lie˨.（叫不叫炕头起？）没有。除非是这个炕安得这个地方的话，炕在这个地方，把这个地方叫炕窑。mei˨˦iou˦˨.tʂʰʮ˨fei˦sɿ˧tʂə˧kə˧kʰaŋ˧næ̃˦tə˨tʂə˧kə˧ti˧faŋ˦tə˨ xua˧˨,kʰaŋ˧tsæᴇ˧tʂə˧kə˧ti˧faŋ˦˨,pa˦˨tʂə˧kə˧ti˧faŋ˦˨tɕiao˧˨kʰaŋ˧iao˨.（炕什么？）炕窑。炕窑子。kʰaŋ˧iao˨.kʰaŋ˧˦iao˨˦tsɿ˨.（炕窑哇？）啊。这就是炕窑子。有些就说是这个，这是个平的。有些那个窑洞，他打下那个窑洞么，这个炕窑子以后，他挖进去着咧。ɑ˨.tʂei˧˥tsou ˧˨sɿ˧˨kʰaŋ˧˦iao˨˦tsɿ˨.iou˦ɕie˦˨tsou˧ʂuo˦˨sɿ˧˨tʂə˧kə˧,tʂei˧˥sɿ˧˨kə˧˨pʰiŋ˨˦ti˨.iou˦ɕie˦˨nə˧kə˧iao˨˦tuo ŋ˧,tʰa˦˥ta˦xa˧˨nə˧kə˧iao˨˦tuoŋ˧muo˨,tʂə˧˨kə˧˨kʰaŋ˧˦iao˨˦tsɿ˨i˦xou˧˨,tʰa˦va˦˥tɕiŋ˧˦tɕʰy˧˥tʂə˨lie˨.（啊，挖进去？）啊，把这个土么这个地方挖出个窑窑子形式的。这个炕有多宽，它又挖

进去一截子。就形成个炕窑子。a˥,pa˥˩tʂə˥kə˥tʰu˥muo˧tʂə˥˧kə˥˦ti˥faŋ˥˩va˥tʂʰɥ˥˨kə˥iaɔ˩˨iaɔ˨˧tsɿ˧ɕiŋ˩˨ʂɿ˥ti˧.tʂə˥kə˥kʰaŋ˥iou˥˩tuo˥˩kʰuæ̃˥,tʰa˥˨iou˥va˥˩tɕiŋ˥˧tɕʰi˥i˥˩tɕie˩˦tsɿ˧.tɕiou˥ɕiŋ˩˨tʂʰəŋ˩˨kə˥kʰaŋ˥˧iaɔ˩˨tsɿ˧.（他挖进去可以干什么呢？）这个窑不是窄吗？你把炕盘得太宽了，不是需要地方咧吗？他把这个地方往进挖一下，把炕搭到个那……这……这个窑膀子里头不是拓进去咧？tʂə˥kə˥iaɔ˩pu˩˨sɿ˥tsei˥ma˧?ni˥pa˥˩kʰaŋ˥pʰæ̃˩˨tei˥˨tʰæᴇ˥˧kʰuæ̃˥lə˧,pu˩˨sɿ˥ɕy˥˨iaɔ˥ti˥faŋ˥˨lie˧ma˧?tʰa˥˨pa˥˩tʂə˥kə˥ti˥faŋ˥˩vaŋ˥˩tɕiŋ˥va˥i˥˩xa˥˩,pa˥˩kʰaŋ˥ta˥˩taɔ˥kə˥˩nei˥……tʂə˥……tʂə˥kə˥iaɔ˩paŋ˥tsɿ˧li˥tʰou˧pu˩˨sɿ˥tʰuo˥˩tɕiŋ˥tɕʰi˥˦lie˧?（噢，等于是它是伸进去了？）噢，伸进去一点么。这叫炕窑子么。aɔ˩,ʂəŋ˥˩tɕiŋ˥˧tɕʰi˥i˥˩tiæ̃˥muo˧.tʂei˥tɕiaɔ˥kʰaŋ˥˧iaɔ˩˨tsɿ˧muo˧.（哦，炕窑子。）嗯，炕窑子么。ŋ̍˩,kaŋ˥iaɔ˩˨tsɿ˥muo˧.

（有炕围子吗？）炕围子是这个欸炕窑子里边儿以后，挂的那么一层子这个布，就像窗帘子样子，边里头围着，叫炕围子么。kʰaŋ˥vei˩˨tsɿ˥sɿ˥tʂə˥kə˥ei˩kʰaŋ˥iaɔ˩˨tsɿ˥li˥piær˥˩i˥˩xou˥,kua˥ti˧nə˥muo˧i˥˩tsʰəŋ˩˨tsɿ˥tʂə˥kə˥pu˥,tɕiou˥ɕiaŋ˥tʂʰuaŋ˥liæ̃˩˨tsɿ˧iaŋ˥tsɿ˥,piæ̃˥li˥˩tʰou˧vei˩˨tʂə˧,tɕiaɔ˥kʰaŋ˥˦vei˩˨tsɿ˥muo˧.（哦，就在这个炕窑子三面是吧？）啊，三面子。这个是为咧挡土，或者它……过去是放纸糊一下，现在不拿纸糊咧。就是拿布的，欸，往上拿钉钉一钉这一转圈圈。a˩,sæ̃˥˩miæ̃˥tsɿ˧.tʂei˥kə˥˩sɿ˥˩vei˥lie˧taŋ˥˨tʰu˥,xuei˩˦tʂə˥˩tʰa˥˩……kuo˥tɕʰy˥sɿ˥˩faŋ˥˨tsɿ˥xu˩i˥˩xa˥˩,ɕiæ̃˥tsæᴇ˥pu˩˨na˩˨tsɿ˥xu˩˨lie˧.tsou˥sɿ˥na˩˨pu˥˨ti˧,ei˩,vaŋ˥˩ʂaŋ˥na˩tiŋ˥tiŋ˥˩i˥˩tiŋ˥tsei˥i˥˩tʂuæ̃˥tɕʰyæ̃˥tɕʰyæ̃˥˩.（那叫炕围子是吧？）噢，炕围子么。aɔ˩,kʰaŋ˥vei˩˨tsɿ˥muo˧.

（那个炕上面铺什么呢？）那你是有炕席。næᴇ˥˦ni˥˨sɿ˥iou˥˩kʰaŋ˥ɕi˩.（嗯，最底下？）底下是席么。ti˥ɕia˥˩sɿ˥˩ɕi˩muo˥.（那那个叫什么？）席。ɕi˩.（炕席还是席？）炕席。你就叫个席就对了。上来，毡。呃儿，褥子嘛。kʰaŋ˥ɕi˩.ni˥˩tɕiou˥˦tɕiaɔ˥˦kə˥˩ɕi˩tɕiou˥˩tuei˥lə˥.ʂaŋ˥læᴇ˩˨,tʂæ̃˥.ər˥,zɥ˥tsɿ˧ma˧.（毡上面放褥子是吧？）毡上面放褥子。tʂæ̃˥ʂaŋ˥˦miæ̃˥faŋ˥zɥ˥tsɿ˧.（这个毡是毛毡吗？）毛毡。maɔ˩tʂæ̃˥.（是羊毛做的还是……）羊毛做的。毡上面就是铺褥子么。iaŋ˩maɔ˩˨tsuo˥˦ti˧.tʂæ̃˥ʂaŋ˥miæ̃˥tsou˥˩sɿ˥pʰu˥˩zɥ˥tsɿ˧muo˧.（那席以前是用什么东西编的？）用苇子编的。yoŋ˥y˥tsɿ˧piæ̃˥ti˧.（这个y˥tsɿ˧到底是个什么东西啊？）哎，芦草么，实际上就是。æᴇ˩,lu˩˨tsʰaɔ˥muo˧,ʂɿ˩˨tɕi˥˦ʂaŋ˥˩tɕiou˥˦sɿ˥˩.（芦草哇？）啊，芦草的一种么。它比芦草长的高就是了么。苇子么。a˩,lu˩˨tsʰaɔ˥ti˧i˥˩tʂuoŋ˥muo˧.tʰa˥˩pi˥lu˩˨tsʰaɔ˥tsaŋ˥ti˧kaɔ˥tɕiou˥sɿ˥lə˥muo˧.y˥tsɿ˥muo˧.（现在有有用别的东西编的吗？）没有。席也有竹子主要是竹篾子编成的席。mei˩iou˥˩.ɕi˩ie˥˨iou˥˨tʂɥ˥tsɿ˧tʂɥ˥˨iaɔ˥sɿ˥tʂɥ˥mi˩˨tsɿ˥piæ̃˥˩tʂʰəŋ˩˨ti˧ɕi˩˨.（那个叫什么呢？）它还叫席嘛。它叫竹席子嘛。tʰa˥˩xa˩˨tɕiaɔ˥˦ɕi˩˨ma˧.tʰa˥˨tɕiaɔ˥tʂɥ˥ɕi˩˨tsɿ˧ma˧.（有那个凉席吗？）有么。凉席，但不是这个炕上铺的东西。iou˥muo˧.liaŋ˩ɕi˩˨,tæ̃˥˦pu˩˨sɿ˥˦tʂə˥kə˥kʰaŋ˥ʂaŋ˥˩pʰu˥ti˧tuoŋ˥ɕi˧.（哦，不铺在炕上啊？）哎不铺。æᴇ˥pu˩pʰu˥˩.（那铺到哪儿呀？）那是床上铺的东西。我们这里炕上就铺……不可能铺凉席子。那都是火炕么。næᴇ˥˦sɿ˥˩tʂʰuaŋ˩˨ʂaŋ˥pʰu˥˩ti˧tuoŋ˥˩ɕi˧.ŋuo˥məŋ˧tʂei˥li˥˨kʰaŋ˥ʂaŋ˥tsou˥˩pʰu˥˩……pu˩˨kʰə˥˩nəŋ˩pʰu˥liaŋ˩ɕi˩˨tsɿ˥.næᴇ˥tou˥˦sɿ˥˩xuo˥kʰaŋ˥muo˧.

（有炕箱子吗？）现在一般都不，没有得咧啊。ɕiæ̃˥tsæᴇ˥i˥˩pæ̃˥tou˥˩pu˩,mei˩iou˥tei˥˩lia˥.（啊，以前？）以前还有那个东西。炕箱子。i˥˨tɕʰiæ̃˩xa˩iou˥˨nə˥kə˥tuoŋ˥ɕi˧.kʰaŋ˥ɕiaŋ˥tsɿ˧.（它是木头做的？）木头做的。mu˥tʰou˧tsuo˥˦ti˧.（有几层呢？）那就一层子还，里头放个被褥就对了。nə˥tsou˥i˥˩tsʰəŋ˩˨tsɿ˥xa˩,li˥tʰou˧faŋ˥kə˥pi˥zɥ˥˨tsou˥˩tuei˥˩lə˧.

（那是放在炕的哪一个位置啊？）炕里边，炕窑子里边这么放。kʰaŋ˥li˥piæ̃˥˩˨,kʰaŋ˥iaɔ˨˩˨tsɿ˧li˥piæ̃˥˩˨tʂə˥˦mə˧faŋ˥˩˨.（哦，放在炕窑子里面放一条是吗？）啊。a˩˨.（几个呢一般是？）哎一个。æᴇ˥i˥˩kə˥.（一个有那么长啊？）哎有长，就大大的那个嘛。æᴇ˥iou˥˩˨tʂʰaŋ˨˩˨,tsou˥˦ta˥ta˥ti˧næᴇ˥kə˥ma˧.（那就平时不轻易搬动的啊？）哎不搬动。æᴇ˥pu˨˩˨pæ̃˥˦tuoŋ˥.

（那个炕头放什么？）炕头不放啥。kʰaŋ˥tʰou˨pu˨˩˨faŋ˥sa˥˩˨.（有炕头柜吗？）没有。muo˥˩˨iou˥.（它那个栏杆那里它不是做成柜子呀？）不。不做成柜子。pu˨.pu˨˩˨tsuo˥˦tʂʰəŋ˨kuei˥tsɿ˧.（它有些地方就是砌成墙吧？）啊。有些地方砌成墙。a˩˨.iou˥çie˥˩˨ti˥˦faŋ˥˩˨tɕʰi˥tʂʰəŋ˨tɕʰiaŋ˨˩˨.（你们不砌墙啊？）现在都砌成墙了。çiæ̃˥tsæᴇ˥tou˥˦tɕʰi˥tʂʰəŋ˨tɕʰiaŋ˨˩˨lə˧.（那个墙叫什么呢？）炕墙子。kʰaŋ˥tɕʰiaŋ˨tsɿ˧.（那个拦的东西叫不叫焙拦子？）不叫。pu˨˩˨tɕiaɔ˥.

（那个炕坯呢？）没有的叫些炕坯。mei˨iou˥tə˧tɕiaɔ˥çie˥˦kʰaŋ˥pʰi˥.（砌那个炕他是……砌……砌那个炕啊他用的什么材料？）哎就是和下泥嘛。æᴇ˥tɕiou˥sɿ˥xuo˨˩˨xa˥ni˨ma˧.（要做成土坯子吧？）哎那头里咱们在上午说过那那些东西那没有……不用做土坯子嘛。那是拿砖做的么现在都是。炕墙子都是拿砖……æᴇ˩˨næᴇ˥˦tʰou˨˩˨li˥tʂa˨˩˨məŋ˧tsæᴇ˥ʂaŋ˥˦vu˥˩˨ʂuo˥˩˨kuo˥nə˥næᴇ˥çie˥˦tuoŋ˥çi˧nə˥˦mei˨iou˥˩˨……pu˨˩˨yoŋ˥˦tsuo˥tʰu˥pʰi˥˩˨tsɿ˧ma˧.nə˥sɿ˥na˨˩˨tʂuæ̃˥tsuo˥ti˧muo˧çiæ̃˥tsæᴇ˥tou˥˩˨sɿ˥˩˨.kʰaŋ˥tɕʰiaŋ˨˩˨tsɿ˧tou˥˦sɿ˥na˨˦tʂuæ̃˥……（那以前呢？）以前……以前，我们这儿这是有拿土坯子做的，有拿石头垒起来的么。i˥˦tɕʰiæ̃……i˥tɕʰiæ̃˨,ŋuo˥məŋ˧tʂər˥tʂə˥sɿ˥iou˥na˨tʰu˥pʰi˥tsɿ˧tsuo˥˦ti˧,iou˥na˨ʂɿ˨˩˨tʰou˧luei˥tɕʰi˥˩˨læᴇ˨˩˨ti˧muo˧.（那个用来砌那个炕墙子的那个土坯叫什么呢？）土墼子。tʰu˥tɕi˥˩˨tsɿ˧.

（炕前面的那一块地面叫什么？）没……不叫啥。mei˨˦……pu˨˩˨tɕiaɔ˥sa˥.（就是炕脚地？）欸，那是脚地是统称都叫脚地，不一定炕。ei˩˨,nei˥sɿ˥tɕyo˥˩˨ti˥sɿ˥tʰuoŋ˥˩˨tʂʰəŋ˥tou˥˦tɕiaɔ˥tɕyo˥˩˨ti˥,pu˨˩˨i˥tiŋ˥kʰaŋ˥.（这个窑里面那个？）噢，都是脚地。aɔ˩˨,tou˥sɿ˥tɕyo˥˩˨ti˥.（那个炕前面那一块呢？）没有单独叫的。muo˥˦iou˥˦tæ̃˥˩˨tu˨tɕiaɔ˥˩˨ti˥.（噢。炕下面的那一块这个地面呢？）那都在里头咧么。那都是炕……它在炕里边咧，就不存在叫么。nei˥˦tou˥˩˨tsæᴇ˥li˥tʰou˧lie˧muo˧.nə˥tou˥˩˨sɿ˥˩˨kʰaŋ˥˦……tʰa˥˦tsæᴇ˥kʰaŋ˥˦li˥piæ̃˥˩˨lie˧,tsou˥pu˨˦tsʰuoŋ˨˩˨tsæᴇ˥˦tɕiaɔ˥muo˧.

（窑内墙上面不挖洞啊？）不挖。除咧挖那个炕窑子以外，再不可能再挖烂都挖。再不可能把那个挖得坑坑洼洼的了。pu˨˩˨va˥.tʂʰʮ˨˩˨lie˧va˥nə˥kə˥kʰaŋ˥iaɔ˨˩˨tsɿ˧i˥˩˨væᴇ˥,tsæᴇ˥pu˨˩˨kʰə˥˩˨nəŋ˨tsæᴇ˥va˥læ̃˥˦tou˥˦va˥.tsæᴇ˥pu˨˩˨kʰə˥nəŋ˨pa˥˩˨nə˥kə˥va˥tei˥˩˨kʰəŋ˥˩˨kʰəŋ˥˦va˥va˥ti˧lə˧.

3.（过去那个炕是跟这个灶台连在一起的。）王：对着咧。tuei˥tʂə˧lie˧.（两个连在一起的那……那个，中间那个连接的地方叫什么？）王：连着兀儿兀儿，说是……连的兀一头儿嘛，是兀儿隔下那个东西嘛。liæ̃˨˩˨tʂə˧vər˥vər˥˩˨,ʂuo˥˩˨sɿ˥m……liæ̃˨ti˧væᴇ˥i˥˩˨tʰour˨ma˧,sɿ˥vər˥kei˥xa˥˩˨nə˥kə˥tuoŋ˥çi˧ma˧.（啊？）王：是连的炕……sɿ˥˩˨liæ̃˨˩˨ti˧kʰaŋ˥……（呃，隔，隔的那……那个叫什么？）王：那叫炕墙。nei˥tɕiaɔ˥kʰaŋ˥tɕʰiaŋ˨.（连的那块儿呢？）王：连的那一块儿那叫猫眼儿。liæ̃˨˩˨ti˧nei˥i˥˩˨kʰuər˥˦nə˥˩˨tɕiaɔ˥maɔ˨niæ̃r˥.（叫什么？）王：猫眼儿。maɔ˨niæ̃r˥.（猫……）王：[写字]咱们那个猫。猫能钻过那眼叫猫眼。tsa˨məŋ˧nə˥kə˥maɔ˨.maɔ˨nəŋ˨tsuæ̃˥˩˨kuo˥nə˥niæ̃˥tɕiaɔ˥maɔ˨niæ̃˥.（噢，猫眼。）王：嗯，炕和锅头连接那个地方。ŋ̍˩˨,kʰaŋ˥xuo˨˩˨kuo˥tʰou˧liæ̃˨tɕie˥nei˥kə˥ti˥faŋ˥˩˨.（锅台跟烧炕的地方连

在一起的那个地方呢？连接的地方呢？）王：和烧炕那个地方连？xuo˧˩ʂaɔ˥˩kʰaŋ˧˥nə˧kə˧ti˧faŋ˥˧li˥˩?（嗯。）王：那一般锅头和烧炕是在两下着咧呣。nei˧i˥˧pæ̃˥˧kuo˥tʰou˧xuo˧˩ʂaɔ˥˩kʰaŋ˧sɿ˧tsæᴇ˧liaŋ˥xa˧tʂə˧lie˧m̩˧.（两下的？）嗯，不在一块儿。ŋ̍˩,pu˧˩tsæᴇ˧i˥˩kʰuər˥.（炕的一……一头叫什么东西？）王：那就，嗯，叫边，炕边儿。nei˧tɕiou˧˩,ŋ̍˧,tɕiaɔ˧˩piæ̃˥,kʰaŋ˧piæ̃r˥.

灶

黄：那它是这……我们那就是这么大，这个灶就……灶就这么大。这儿这隔一块儿出来，这儿前头是个大锅，后头弄个小点……是个小锅，这就完了。很简单。但是……næᴇ˧˥tʰa˥˩sɿ˧˩tʂə˧˩……ŋuo˥mən˧næᴇ˧tɕiou˧˥sɿ˧˩tʂə˧˥mə˧ta˧,tʂə˧˩kə˧˩tsaɔ˧˥tsou……tsaɔ˧˥tɕiou˧tʂə˧muo˧ta˧˩.tʂər˧tʂə˧ka˥˧i˥˧kʰuər˥˧tʂʰʮ˥læᴇ˧˩,tʂər˧tɕʰiæ̃˧˩tʰou˧sɿ˧kə˧ta˧˥kuo˥˩,xou˧tʰou˧nuoŋ˧kə˧ɕiaɔ˥tiæ̃˥˩……sɿ˧˩kə˧˩ɕiaɔ˥kuo˥˩,tʂə˧˥tɕiou˧væ̃˧˩lə˧.xən˥tɕiæ̃˥tæ̃˥˩.tæ̃˧sɿ˧……（有……有……有风箱没有呢？）没有。也不要风箱，也不要鼓风。mei˧˩iou˥˧.ia˥˧pu˧˩iaɔ˧fəŋ˥ɕiaŋ˥˩,ia˥˧pu˧˩iaɔ˧ku˥fəŋ˥˩.（要……要连着烟筒没有？）啊，那……这儿这上去肯定要连烟洞咧。不连烟洞烟往哪里？a˩,næᴇ˧˥……tʂər˧tʂə˧˩ʂaŋ˧tɕʰi˧kʰəŋ˥tiŋ˧iaɔ˧liæ̃˧iæ̃˥tuoŋ˧˩lie˧.pu˧˩liæ̃˧iæ̃˥tuoŋ˧˩iæ̃˥vaŋ˥˩na˥˩li˥˩?

（这个……这个灶台你们一般怎么布局法？）这面安个大锅，这面安个小锅就对了。tʂei˧miæ̃˧næ̃˥kə˧˩ta˧˥kuo˥˧,tʂei˧miæ̃˧næ̃˥kə˧˩ɕiaɔ˥kuo˥˩tɕiou˧tuei˧˩lə˧.（你画一个看看！）烧火在这个地方烧嘛。ʂaɔ˥˩xuo˥tsæᴇ˧tʂə˧kə˧ti˧faŋ˥˩ʂaɔ˥˩ma˧.（这是靠……这是靠门那边吧烧火的？）我们这个火都是从……从里头向外烧咧。ŋuo˥mən˧tʂə˧kə˧xuo˥tou˥˧sɿ˧tsʰuoŋ˧……tsʰuoŋ˧li˥tʰou˧ɕiaŋ˧væᴇ˧ʂaɔ˥lie˧.（噢，从里面向外烧？）噢，再一个是嗯看你烟洞最后是哪瘩咧。烟洞要是在里头，那就从这儿烧。如果是烟洞在这儿咧，你从那个……从里头要往外烧。烟洞在那儿，从外往里头烧。这一般布局就是这么个。这安个大些的锅么，这儿这安个小一点的锅就对了。这后边这儿这有个……要是这儿这连住炕的话，这后边就是炕了。这儿这有个炕墙子。这儿垒了个炕墙子。这儿这有个炕墙。这儿有个炕墙子。这儿这是这个小锅。这是大锅。这是这个欻灶火门么。aɔ˩,tsæᴇ˧i˥˧kə˧sɿ˧˩n̩˧kʰæ̃˧˩ni˥˧iæ̃˥tuoŋ˧˩tsuei˧xou˧sɿ˧na˥ta˥˩lie˧.iæ̃˥tuoŋ˧˩iaɔ˧˩sɿ˧˩tsæᴇ˧˥li˥tʰou˧,næᴇ˧tɕiou˧tsʰuoŋ˧˩tʂər˧˥ʂaɔ˥˩.zʮ˩kuo˥sɿ˧iæ̃˥tuoŋ˧tsæᴇ˧tʂər˧lie˧,ni˥˩tsʰuoŋ˧nə˧kə˧pu……tsʰuoŋ˧˩li˥tʰou˧iaɔ˧vaŋ˥˩væᴇ˧˥ʂaɔ˥˩.iæ̃˥tuoŋ˧tsæᴇ˧nar˧,tsʰuoŋ˧˩væᴇ˧vaŋ˥˧li˥ʂaɔ˥˩.tʂei˧˥i˥˩pæ̃˥pu˧tɕʰy˧tɕiou˧sɿ˧tʂə˧muo˧kə˧˩.tʂæᴇ˧næ̃˥˩kə˧˩ta˧ɕie˥˧ti˧kuo˥muo˧,tʂər˧tʂə˧næ̃˥˩kə˧˩ɕiaɔ˥i˥˩tiæ̃˥˩ti˧kuo˥tɕiou˧˩tuei˧˩lə˧.tʂə˧xou˧piæ̃˥˩tʂər˧˥tʂə˧iou˥˧kə˧……iaɔ˧sɿ˧tʂər˧˥tʂə˧liæ̃˧˩tʂʮ˧kʰaŋ˧˥ti˧xua˧,tʂə˧xou˧˥piæ̃˥˩tɕiou˧sɿ˧kʰaŋ˧lə˧.tʂər˧tʂə˧iou˥kə˧˩kʰaŋ˧tɕʰiaŋ˧˩tsɿ˧.tʂər˧luei˥lə˧kə˧˩kʰaŋ˧tɕʰiaŋ˧˩tsɿ˧.tʂər˧tʂə˧iou˥kə˧˩kʰaŋ˧tɕʰiaŋ˧˩.tʂər˧iou˥kə˧˩kʰaŋ˧tɕʰiaŋ˧˩tsɿ˧.tʂər˧tʂə˧sɿ˧tʂə˧kə˧ɕiaɔ˥kuo˥˩.tʂə˧sɿ˧ta˧kuo˥˩.tʂə˧˥sɿ˧tʂə˧kə˧ɕei˧tsaɔ˧xuo˥˧mən˧˩muo˧.（它这个里面还有……安不安那个嗯那个烧水……热水的那种锅？）不。就是……我们这儿这就这么一个锅就对了。pu˧˩.tɕiou˧sɿ˧……ŋuo˥mən˧tʂər˧tʂə˧tɕiou˧tʂə˧˥muo˧i˥˩kə˧˥kuo˥tsou˧˩tuei˧lə˧.（一个大锅？）一个大锅，一个小锅就对了。i˥˩kə˧ta˧˥kuo˥˩,i˥˩kə˧ɕiaɔ˥kuo˥˩tsou˧˩tuei˧lə˧.（噢，大锅干什么用呢？）大锅用来烧水，蒸馒头，做饭，下面条儿都是这个。小锅就光是用来炒菜的么。ta˧kuo˥˧yoŋ˧˥læᴇ˧˩ʂaɔ˥˩ʂuei˥,tʂəŋ˥˩mæ̃˧˩tʰou˧,tsuo˧˩fæ̃˧˥,ɕia˧miæ̃˧tʰiaɔr˧tou˥˩sɿ˧˥tʂə˧˩kə˧˥.ɕiaɔ˥kuo˥˩tsou˧kuaŋ˥˧sɿ˧yoŋ˧læᴇ˧˩tsʰaɔ˥tsʰæᴇ˧ti˧muo˧.（噢，炒菜的？）炒菜烧汤都在小锅里。tsʰaɔ˥tsʰæᴇ˧ʂaɔ˥˩tʰaŋ˥tou˥˩tsæᴇ˧˩ɕiaɔ˥kuo˥˩li˥˩.

（烧汤，你们讲烧汤是喝的，那个做那个喝的汤还是什么？）喝的汤也行咧，你这个……我们这儿吃面条儿必须要有做汤咧嘛。xə˥ti˧tʰaŋ˥˩ie˥˩ɕiŋ˧˩lie˧,ni˥tʂə˥kə˥……ŋuo˥məŋ˧tʂər˥tʂʰʅ˧˩miæ̃˥tʰiaər˧˩pi˧˩ɕy˥˩iaə˥iou˥˩tsuo˧˩tʰaŋ˥lie˧ma˧.

（你们这个……比如说这……这是灶门子，那头有没有一个出灰的地方？）没有。灰都在这个地方往出来。mei˧˩iou˥˩.xuei˥tou˥˩tsæᴇ˥tʂə˥kə˥ti˥˩faŋ˧˩vaŋ˥˩tʂʰʯ˥læᴇ˧˩.（要……要从那儿灶里头扒出来？）挖出来么。那个灰都……我们那个灰它就绝对不会到这个这个锅底下去的。灰都在……全在这个大锅底下咧。va˧˩tʂʰʯ˥læᴇ˧˩muo˧.na˥kə˥xuei˥tou˧˩……ŋuo˥məŋ˧na˥kə˥xuei˥tʰɑ˥˩tɕiou˥tɕyo˧˩tuei˥˩pu˧˩xuei˥taə˥tʂə˥kə˥tʂə˥kə˥kuo˧˩ti˥xa˥tɕʰi˥˩ti˧.xuei˥tou˥˩tsæᴇ˥ts……tɕʰyæ̃˧˩tsæᴇ˥˩tʂə˥˩kə˥˩ta˥kuo˧˩ti˥xa˥˩lie˧.（小锅就是蹭点儿火就够了？）噢，蹭点……随便儿蹭点火就进去以后，紧堵的那个地方，这个要和炕壁连接这个地方，你拿石头堵不住的话，这这前锅就热不了。这个火满打后头抽上走了。ɑə˧,tsʰəŋ˥˩tiæ̃˧˩ts……suei˧˩piæ̃r˥˩tsʰəŋ˥tiæ̃˧˩xuo˥tɕiou˥tɕiŋ˥tɕʰi˥i˧˩xou˥,tɕiŋ˥tu˥ti˧tʂə˥kə˥˩ti˥faŋ˥˩,tʂə˥kə˥˩iaə˥xuo˧˩kʰaŋ˥pi˧˩liæ̃˧˩tɕie˥tʂə˥kə˥ti˥˩faŋ˧˩,ni˥˩na˧˩ʂʅ˧˩tʰou˧tu˥pu˧˩tʂʰʯ˥ti˧xua˥,tʂei˥tʂei˥tɕʰiæ̃˧˩kuo˥tɕiou˥zə˥pu˧˩liao˥.tʂə˥˩kə˥˩xuo˥mæ̃˥ta˥˩xou˥˩tʰou˧tʂʰou˥ʂaŋ˧˩tsou˥lə˧.（噢，你们还分前锅后锅？）啊，前锅后锅么。ɑ̃˧,tɕʰiæ̃˧˩xou˥kuo˥muo˧.（这个是前锅吧？）这是前锅，这是后锅么。tʂei˥˩sʅ˧˩tɕʰiæ̃˧˩kuo˥,tʂei˥˩sʅ˧˩xou˥kuo˥˩muo˧.

井

1.（你们这里好像很少打井啊？）黄：几乎差不多家家都有井。tɕi˥xu˥˧tsʰɑ˥˩pu˧˩tuo˥tɕia˥˩tɕia˥tou˥˩iou˥tɕiŋ˥˩.（噢，家家都有井？）əŋ˧,tɕia˥˩tɕia˥˩tou˥˩iou˥tɕiŋ˥˩.（这山上能打出井水来吗？）能咧。有的深得很。nəŋ˧˩lie˧.iou˥˩tə˧ʂəŋ˥tə˧xəŋ˥˩.（深？）深，嗯。像太白这个地方，这个地方都打不四……就像在这个地方打井，他打这个至少得四丈到五丈深。就是个欻……ʂəŋ˥,əŋ˧.ɕiaŋ˥tʰæᴇ˥pei˥˩tʂə˥kə˥ti˥˩faŋ˥˩,tʂə˥kə˥˩ti˥˩faŋ˧˩tou˧˩ta˥pu˧˩sʅ˥……tɕiou˥ɕiaŋ˥tsæᴇ˥tʂə˥kə˥˩ti˥˩faŋ˧˩ta˥tɕiŋ˧˩,tʰɑ˧˩ta˥tʂə˥kə˧˩tsʅ˥ʂaə˥tei˧˩sʅ˥tʂaŋ˥taə˥vu˥tʂaŋ˧˩ʂəŋ˥.tɕiou˥sʅ˥kə˥ei˧……（噢，四丈到五丈深？）五丈深。到乡政府，我们这个地方打井，打两丈深。vu˥tʂaŋ˧˩ʂəŋ˥˩.taə˥ɕiaŋ˧˩tʂəŋ˥fu˥,ŋuo˥məŋ˧tʂə˥kə˥ti˥faŋ˧˩ta˥tɕiŋ˥,ta˥liaŋ˥tʂaŋ˧˩ʂəŋ˥˩.（噢，那个水是不是……好像这里的盐碱度很高是吧？）啊，水碱大得很。这个水烧开以后，多烧上这么四五分钟，满都……煮成那号儿咧。嗯。水……水质硬的很这儿这。ɑ˧,ʂuei˥tɕiæ̃˥ta˥tei˥˩xəŋ˥.tʂə˥kə˥ʂuei˥ʂaə˥˩kʰæᴇ˥i˥˩xou˥,tuo˥˩ʂaə˥ʂaŋ˧˩tʂə˥muo˧sʅ˥vu˥fəŋ˥˩tʂuoŋ˥˧,mæ̃˥tou˥……tʂʯ˥˩tʂʰəŋ˧˩nə˥xaər˥˩lie˧.əŋ˧.ʂuei˥……ʂuei˥tʂʅ˥niŋ˥ti˧xəŋ˥˩tʂər˥tʂə˥.

2.（那个那个井啊，这个它它的那个那个那一圈，那个叫叫井什么？）黄：有的把那叫井沿么。iou˥ti˧pa˥˩nə˥tɕiaə˥tɕiŋ˥iæ̃˧˩muo˧.（井沿？）啊，外头那一片是专门儿放石头做下那么个圆圈儿。ɑ˧,væᴇ˥˩tʰou˧næᴇ˥i˥˩pʰiæ̃˥sʅ˧˩tʂuæ̃˥˩mə̃r˧˩faŋ˥ʂʅ˧˩tʰou˧tsuo˧˩xa˥nə˥muo˧kə˥yæ̃˧˩tɕʰyæ̃r˥.（啊，然后这个这一筒呢？）井筒子么，井筒么。tɕiŋ˥tʰuoŋ˥tsʅ˧muo˧,tɕiŋ˥tʰuoŋ˥muo˧.（加“子”吗？）加。tɕia˥.（它有没有下去的那个那个那个梯子？）有咧么。呃，都……iou˥lie˧muo˧.ə˥,tou˥˩……（下去挖出来的还是……）拿咿……那你不挖，你最后你下去打井的人最后怎么上来的？na˧˩i˥……nei˥ni˥˩pu˧˩va˥,ni˥˩tsuei˥xou˥ni˥˩xa˥tɕʰi˥ta˥tɕiŋ˥ti˧zəŋ˥tsuei˥xou˥tsəŋ˥muo˧ʂaŋ˥læᴇ˧˩ti˧?（噢，他就是挖一……一排那种坑？）噢，两面他给你挖那么这脚踏子么。他隔这个一……一二尺，二尺来远，多高挖一个，隔二尺多远他挖一个他。你下去这个脚这么倒上去就下去了。上来踏下就上来了。ɑə˥,liaŋ˥miæ̃˥tʰɑ˥˩kei˥ni˥˩

va˥˧na˦muo˧tʂei˦tɕyo˥˧tʰɑ˨˩tsɿ˧muo˨.tʰɑ˥˧kei˥˧tʂə˦kə˦i˥˧……i˥˧ər˦tʂʰʅ˥˧,ər˦tʂʰʅ˥˧læᴇ˨˩yæ̃˥,tuo˥˧kaɔ˥˧va˥i˥˧kə˦,kei˥ər˦tʂʰʅ˥˧tuo˥˧yæ̃˥˧tʰɑ˥va˥i˥˧kə˦tʰɑ˥˧.ni˥xa˦˥tɕʰi˦tʂə˦kə˦tɕyo˥tʂə˦muo˧taɔ˦ʂaŋ˦˧tɕʰy˦˧tsou˦xa˦˧tɕʰi˦˥lə˨.ʂaŋ˦læᴇ˨˩tʰɑ˨˩xa˦˧tɕiou˦˥ʂaŋ˦læᴇ˨˩lə˨.

半落子井

（说这个太白还有什么半口井是怎么回事？）张太白饭店老板的爷爷：啊，这是在这儿叮铃梆啷就指是，他这儿有个窨是。ɑ˨˩,tʂə˦˥sɿ˦˧tsæᴇ˦˧tʂər˦˥tiŋ˦liŋ˦paŋ˥laŋ˨tɕiou˦tsɿ˥˧sɿ˦,tʰɑ˥˧tʂər˦iou˥kə˦iŋ˦˥sɿ˦˧.（嗯。）从这个窨子头，那原先人拿这个，呃，钻了……给给就……打下去的话不是这个河里水往上吊咧么。tsʰuoŋ˨˩tʂə˦˧kə˦˧iŋ˦˥tsɿ˧tʰou˧,nə˦yæ̃˨˩ɕiæ̃˥˧zəŋ˨˩na˨˩tʂə˦˥kə˦˧,ə˨˩,tsuæ̃˦˧……kei˦˧kei˦tsou˦……ta˥xa˦tɕʰi˦˥ti˧xua˦pu˨˩sɿ˦tʂə˦kə˦xuo˨˩li˥˧ʂuei˥vaŋ˥˧ʂaŋ˦tiaɔ˦lie˨muo˨.（啊，就吊河里水？）挖窨子的时候吊了。所以叫半落子……半落子井。va˥˧iŋ˦˥tsɿ˨ti˨sɿ˨˩xou˦tiaɔ˦lə˨.ʂuo˥i˥˧tɕiaɔ˦pæ̃˦luo˥˧tsɿ˨……pæ̃˦luo˥˧tsɿ˨tɕiŋ˥.（半落子井是吧？）嗯。兀现在要是在咧，出了我们兀大门就看着了。啊。ŋ̍˨˩.və˦˥ɕiæ̃˦tsæᴇ˦iaɔ˦˥sɿ˦˧tsæᴇ˦˧lie˧,tʂʰʅ˥˧lə˨ŋuo˥mən˧væᴇ˦ta˦mən˨˩tɕiou˦˧kʰæ̃˦˥tʂʰuo˨˩˥lə˨.ɑ˨˩.

敞口井

黄：敞口子井，那就是过去是学大寨的时候打下那个大口井叫敞口井。那家伙直径抽下四五米大咧。那就是放抽水机往起……安个抽水机往起抽咧。tʂʰɑŋ˥kʰou˥tsɿ˨tɕiŋ˥,nei˦tsou˦˧sɿ˦˧kuo˦˥tɕʰy˦sɿ˦˧ɕyo˨˩ta˦tsæᴇ˦ti˨sɿ˨˩xou˦˧ta˥xa˦˧nə˦kə˦ta˦kʰou˥˧tɕiŋ˥˧tɕiaɔ˦tʂʰɑŋ˥kʰou˥˧tɕiŋ˥˧.næᴇ˦˥tɕia˥˧xuo˨tʂʅ˨˩tɕiŋ˦tʂʰou˥xa˦˧sɿ˦vu˥˧mi˥ta˦˧lie˨.nei˦tɕiou˦˧sɿ˦˧faŋ˦˧tʂʰou˥˧ʂuei˥tɕi˥vaŋ˥˧tɕʰ……næ̃˥kə˦˧tʂʰou˥˧ʂuei˥tɕi˥˧vaŋ˥˧tɕʰie˥˧tʂʰou˥lie˨.（现在还有没有那敞口子井？）没的了，少了。muo˥˧ti˨lə˨,ʂaɔ˥lə˨.

打井

（这个挖井还是打井？）黄：打井。ta˥tɕiŋ˥˧.（讲不讲挖井？）不叫挖，叫打井。pu˨˩tɕiaɔ˦va˥˧,tɕiaɔ˦ta˥˧tɕiŋ˥˧.（这没办法挖，太深了？）没有办法挖，那就深得很咧嘛。mei˨˩iou˥˧pæ̃˦fa˥˧va˥˧,næᴇ˦tsou˦ʂəŋ˥tə˨xəŋ˥lie˨muo˨.（这个打怎么打法呢你们？）打就是打打么。指打个咧一米子大么，然后把土一挖深……往上来吊么。ta˥tɕiou˦˧sɿ˦˧ta˥ta˥muo˨.tsɿ˥˧ta˥kə˦˧lie˨i˥˧mi˥tsɿ˨ta˦muo˧,zæ̃˨˩xou˦pa˥˧tʰu˥i˥˧va˥˧ʂəŋ˥˧……vaŋ˥˧ʂaŋ˦læᴇ˨˩tiaɔ˦muo˨.（这个这么这样松的土这么打下去，不怕它垮呀？）哎不怕。æᴇ˥pu˨˩pʰɑ˦˧.（是人进去一层一层挖下去啊？）一……人一层一层挖下……挖下去。i˥˧……zəŋ˨˩i˥˧tsʰəŋ˨˩i˥˧tsʰəŋ˨˩va˥˧ʂa˦……va˥˧ɕia˦tɕʰy˦.（没有机械？）没有。打井从来不用机械打，都是人工打出来。muo˥˧iou˥˧.ta˥tɕiŋ˥tsʰuoŋ˨˩læᴇ˨˩pu˨˩yoŋ˦˧tɕi˥˧tɕie˦˥ta˥˧,tou˥˧sɿ˦zəŋ˨˩kuoŋ˥˧ta˥˧tʂʰʅ˥˧læᴇ˨˩.（噢，都是挖的？）嗯。ɔ̃˨˩.（那个有没有这种就是用管子这么直接打进去……）那没有，那除非□欸县水电局有那打井机子咧。那是打的是深井么。那他至少打四五十米深咧。他然后是放钻头钻下去，把套管儿下下去。nə˦˥mei˨˩iou˥˧,nə˦˥tʂʰʅ˨˩fei˥niæ̃˨˩ei˨˩ɕiæ̃˦ʂuei˥tiæ̃˦tɕy˨˩iou˥˧næᴇ˦ta˥˧tɕiŋ˥˧tɕi˥tsɿ˨lie˨.nə˦˧sɿ˦˧ta˥ti˨sɿ˦˧ʂəŋ˥tɕiŋ˥˧muo˨.næᴇ˦tʰɑ˥˧tsɿ˦ʂaɔ˥ta˥˧sɿ˦vu˥˧ʂʅ˨˩mi˥ʂəŋ˥˧lie˨.tʰɑ˥˧zæ̃˨˩xou˦sɿ˦faŋ˦tsuæ̃˦tʰou˨˩tsuæ̃˦xa˦tɕʰi˦,pa˥˧tʰaɔ˦kuær˥˧ɕia˦ɕia˦tɕʰi˦.

淘井

（那个井里面要是这个沉积的东西太多了，要把它弄……里面的那些沉积的东西弄出来，那个叫什么？）黄：叫淘井。tɕiaɔ˦tʰaɔ˨˩tɕiŋ˥˧.（不是掏？）不是掏，叫淘。大浪淘沙的淘么。pu˨˩sɿ˦tʰaɔ˥,tɕiaɔ˦˧tʰaɔ˨˩.ta˦laŋ˦tʰaɔ˨˩sa˥ti˨tʰaɔ˨˩muo˨.（这个是要人进去淘吗？）

人。人进去先把水一搞，先把这个用……用泵……过去没有泵的话就说是靠人把水刮净，然后把里头沉积下那些东西挖出来。zəŋ˩.zəŋ˩˧tɕiŋ˥tɕʰi˥ɕiæ̃˥˩pɑ˥˩ʂuei˥˩i˥˩˧kɑɔ˥˩,ɕiæ̃˥˩pɑ˥˩tʂə˥˩kə˥˩y……yoŋ˥pəŋ˥……kuo˥tɕʰy˥˩mei˩˧iou˥˩pəŋ˥ti˧xuɑ˥˩tɕiou˥ʂuo˥˩˦sɿ˥kʰɑɔ˥zəŋ˩pɑ˥˩ʂuei˥˩kuɑ˥˩tɕiŋ˥,zæ̃˩˧xou˥pɑ˥˩li˥˩tʰou˧tʂʰəŋ˩˧tɕi˥˩xɑ˥˩nə˥ɕie˥˩˦tuoŋ˥˩ɕi˧vɑ˥˩tʂʰʮ˥˩læᴇ˩˧.（那刮得净啊？）那挖得净么。næᴇ˥˦vɑ˥˩tei˥˩tɕiŋ˥muo˧.（那个如果现在有没有用机械来洗井的？）没有。除非是打深井，他放机械洗。这个洗井多一半儿是石油上有洗井的，这老百姓谁洗……洗井？muo˥˦iou˥˩.tʂʰʮ˩˦fei˥˩sɿ˥˩tɑ˥˩ʂəŋ˥˩tɕiŋ˥˩,tʰɑ˥˩fɑŋ˥tɕi˥˩tɕie˥ɕi˥˩.tʂə˥˩kə˥˦ɕi˥˩tɕiŋ˥˩tuo˥˩i˥˩pæ̃r˥sɿ˥ʂʮ˩iou˩˧ʂɑŋ˥˦i˩（←iou˥˩）ɕi˥˩tɕiŋ˥˩ti˧,tʂə˥lɑɔ˥˩pei˥˩ɕiŋ˥˦sei˩˧ɕi……ɕi˥˩tɕiŋ˥˩.

辘轳

（这个辘轳要拿架子支不支？）黄：那你……多一半儿都打的石头支着咧。næᴇ˥ni˥˩……tuo˥˩i˥˩pæ̃r˥tou˥˩tɑ˥˩ti˧ʂʮ˩˧tʰou˧tsɿ˥˩tʂə˧lie˧.（石头支的。）啊。ɑ˩.（就没有辘轳架子？）哎有么。那随便只是……勤快人来打个石头的，懒人来就弄两个棒，放兀，弄个杈杈一撑。æᴇ˥˩iou˥˩muo˧.næᴇ˥˦suei˩˧piæ̃˥tsɿ˥˩sɿ˥˦……tɕʰiŋ˩˧kʰuæᴇ˥˦zəŋ˩˧læᴇ˩˦tɑ˥˩kə˥˩ʂʮ˩˧tʰou˧ti˧,læ̃˥˩zəŋ˩˧læᴇ˩˦tɕiou˥nuoŋ˥liɑŋ˥˩kə˥˩pɑŋ˥,fɑŋ˥vei˥˦,nuoŋ˥kə˥tsʰɑ˥tsʰɑ˥˩i˥˩tsʰəŋ˥˩.（啊，那个杈杈撑起的叫什么？）那都没有啥固定的说法。næᴇ˥˦tou˥˩mei˩˧iou˥˩sɑ˥ku˥tiŋ˥ti˧ʂuo˥˩fɑ˥˩.（那个辘轳上面那个绳呢？）井绳么。tɕiŋ˥˩ʂəŋ˩˧muo˧.（呃，下面要吊个桶吧？）下头不吊。那就是随便子，就光有个绳，再一个捏钩。ɕiɑ˥˩tʰou˧pu˩˧tiɑɔ˥.næᴇ˥˦tɕiou˥sɿ˥suei˩˧piæ̃˥˦tsɿ˧,tsou˥kuɑŋ˥˩iou˥˩kə˥˩ʂəŋ˩,tsæᴇ˥i˥˩˦kə˥nie˥˩kou˥˩.（捏钩是什么？）就是挂桶的那个东西。tɕiou˥˩sɿ˥˩kuɑ˥˩˧tʰuoŋ˥˩ti˧nə˥kə˥tuoŋ˥˩ɕi˧.（nie˥˩kou˩，哪个nie˥˩呢？）手……拿手捏住的捏。ʂou˥˩……nɑ˩˧ʂou˥˩nie˥˩tʂʮ˥˩ti˧nie˥˩.（它那个桶是拿……拿钩的，那不掉下去了？）哎，它那个钩子，它那个东西，它是底下是这么个，这上个捏子头起，它还有个铁环子咧嘛，它这个这个东西有有弹性咧。æᴇ˩,tʰɑ˥˩˦nə˥kə˥kou˥˩tsɿ˧,tʰɑ˥˩˦nə˥kə˥tuoŋ˥˩ɕi˧,tʰɑ˥˩˦sɿ˥ti˥˩xɑ˥˩sɿ˥tʂə˥˩˦muo˧kə˥˩,tʂə˥˩ʂɑŋ˥kə˥nie˥˩tsɿ˧tʰou˩˧tɕʰie˥˩˦,tʰɑ˥˩˦xæᴇ˩˧iou˥˩kə˥˩tʰie˥˩xuæ̃˩˧tsɿ˥lie˧mɑ˧,tʰɑ˥˩˦tʂə˥kə˥tʂə˥kə˥tuoŋ˥˩ɕi˧iou˥˩˦iou˥˩˦tʰæ̃˩˧ɕiŋ˥˩lie˧.（捏钩是拿铁做的？）噢，铁做的么，那都是蘸[①]咧火的。你这么往住一捏，它这个铁环子来就把这个钩在这个上头了。这个上头都有个坑坑子咧么。你手一丢，这弹性弹过去了。你啥都不得下来。除非其他那个地方是……井绳断了，那个钩子不会开的。ɑɔ˩,tʰie˥˩tsuo˥˦ti˧muo˧,nə˥˦tou˥˩sɿ˥˩tʂæ̃˥lie˧xuo˥˩ti˧.ni˥˩˦tʂə˥muo˧vɑŋ˥˩tʂʮ˥˦i˥˩˦nie˥˩,tʰɑ˥˩˦tʂə˥kə˥tʰie˥˩xuæ̃˩˧tsɿ˧læᴇ˩˧tsou˥pɑ˥˩tʂə˥kə˥kou˥˩tsæᴇ˥˩tʂə˥˦kə˥˦ʂɑŋ˥tʰou˧lə˧.tʂə˥kə˥ʂɑŋ˥tʰou˧tou˥˩iou˥˩kə˥˩kʰəŋ˥˩˦kʰəŋ˥˩tsɿ˧lie˧muo˧.ni˥˩˦ʂou˥˩i˥˩˦tiou˥˩,tʂə˥tʰæ̃˩˧ɕiŋ˥tʰæ̃˩˧kuo˥tɕʰi˥˩lə˧.ni˥˩sɑ˥˦tou˥˩pu˩˧tei˥˩˦xɑ˥læᴇ˩˦.tʂʰʮ˩˧fei˥˩tɕʰi˩˧tʰɑ˥nə˥kə˥ti˥˦fɑŋ˥˩˦sɿ˥……tɕiŋ˥˩ʂəŋ˩˧tuæ̃˥lə˧,nə˥kə˥kou˥˩tsɿ˧pu˩˧xuei˥kʰæᴇ˥ti˧.（那这个就是说你挑水的时候把那个桶子套上去。）啊，套上去。ɑ˩,tʰɑɔ˥ʂɑŋ˥tɕʰy˥˩.（它没有专门用来打水的哪个东西？）没有，没有，没有专门儿的。muo˥˦iou˥˩,muo˥˦iou˥˩,muo˥˦iou˥˩tʂuæ̃˥˩mɑ̃r˩˧ti˥.（那你这绳子挂在那个辘轳上，它不掉下来？）那缠着咧么，它咋能掉下？nə˥˦tʂʰæ̃˩˧tʂuo˥˩lie˧muo˧,tʰɑ˥˩˦tsɑ˥˩nəŋ˩˦tiɑɔ˥xɑ˥?（我知道缠着。这上面那头你缠缠缠，它也掉下。要……拿拿个东西固定吧？）那都，那随便就固定在一头就对了。næᴇ˥˦tou˥˩,nɑ˥˦suei˩˧piæ̃˥tsou˥˦ku˥tiŋ˥tsæᴇ˥i˥˩tʰou˩tɕiou˥tuei˥lə˥.（那是钉在上面还是拴在上面？）那都在上面拴着咧。nə˥˦tou˥˩tsæᴇ˥ʂɑŋ˥miæ̃˥ʂuæ̃˥tʂə˧lie˧.（怎么

① 蘸：这里指淬火。如文献中称经过淬火工艺的钢为“蘸钢”。元无名氏《碧桃花》第三折：“这一个戗金铠身上穿，那一个蘸钢鞭腕上悬。”

拴的？）兀都辘轳头起□都钉下一个东西咧。往拴……væᴇ˧˥tou˥˩lou˥˩lou˩tʰou˦˨tɕʰie˥˧niæ̃˦˨tou˥˧tiŋ˧xɑ˧i˥˩kə˧tuoŋ˥ɕi˩lie˩.vaŋ˥˩ʂuæ̃˥ʂ……（那个东西叫什么？）那都是没个啥固定的名字。nə˧˥tou˥˩sɿ˧˩mei˦˨kə˧sɑ˧ku˧tiŋ˧ti˩miŋ˦˨tsɿ˧.

（五）建筑材料

砖

黄：现在用的砖都是用机器，模子压出来的砖，叫机砖。ɕiæ̃˧tsæᴇ˧yoŋ˧ti˩tʂuæ̃˥tou˥˩sɿ˧˩yoŋ˧tɕi˥˩tɕʰi˧˥,muo˦˨tsɿ˩niɑ˧tʂʰʮ˥læᴇ˦˨ti˩tʂuæ̃˥,tɕiɑɔ˧tɕi˥tʂuæ̃˥˩.（你们过去呢？）欸，再一个就是这个手工砖。ei˩,tsæᴇ˧˥i˥˧kə˧tɕiou˧sɿ˧tʂə˧˩kə˧˩ʂou˥kuoŋ˥˩tʂuæ̃˥˩.（手工砖是用手做成的是吧？）噢。用手把这……做这么大个斗子，一个斗子三块儿砖，然后把泥塞在里头去，然后拿个板板爿子[①]一刮，呃儿一扣，扣下去，做出来这么个砖，手工砖。但是过去的砖么，有方砖。ɑɔ˥˧.yoŋ˧ʂou˥pɑ˥˩tʂei˧……tsʮ˧tʂə˧muo˩tɑ˧kə˧tou˥tsɿ˩,i˥˩kə˧tou˥tsɿ˩sæ̃˥˩kʰuər˧tʂuæ̃˥,zæ̃˦˨xou˧pɑ˥˩ni˦sei˥tsæᴇ˧˩li˥tʰou˩tɕʰi˧˩,zæ̃˦˨xou˧nɑ˦˨kə˧pæ̃˥pæ̃˥˩tɕʰiɑŋ˦tsɿ˩i˥˩kuɑ˥,ər˧i˥˧kʰou˧,kʰou˧xɑ˧˥tɕʰi˧˩,tsuo˧tʂʰʮ˥læᴇ˦˨tʂə˧muo˩kə˧tʂuæ̃˥˩,ʂou˥kuoŋ˥˩tʂuæ̃˥˩.tæ̃˧sɿ˧kuo˧˦tɕʰy˧˩ti˩tʂuæ̃˥muo˩,iou˥˧faŋ˥tʂuæ̃˥˩.（方砖是什么？）这是朝代以前的都汉代以前的时候这个。有大条砖，方砖。一个条砖相当于现在的就是这个两块儿机砖还大一点。方砖，四四方方一块儿砖，这个有大小的。有三十公分大的砖。有四五十公分，二十公分大的方砖。还有一种砖叫手印砖。tʂə˧˥sɿ˧˩tʂʰɑɔ˦˨tæᴇ˧i˥˩tɕʰiæ̃˦˨ti˩tou˥˩xæ̃˧tæᴇ˧i˥˩tɕʰiæ̃˦˨ti˩sɿ˦˨xou˧tʂə˧˥kə˧˥.iou˥˧tɑ˧˩tʰiɑɔ˦˨tʂuæ̃˥˩,faŋ˥tʂuæ̃˥˩.i˥˩kə˧˥tʰiɑɔ˦˨tʂuæ̃˥˩ɕiɑŋ˥˧tɑŋ˥˩y˦˧ɕiæ̃˧tsæᴇ˧ti˩tɕiou˧sɿ˧tʂə˧kə˧liɑŋ˥kʰuər˥˧tɕi˥tʂuæ̃˥˩xɑ˦˨tɑ˧i˥˧tiæ̃˥˩.faŋ˥tʂuæ̃˥,sɿ˧sɿ˧faŋ˥faŋ˥˩i˥˩kʰuər˥˧tʂuæ̃˥,tʂə˧˩kə˧iou˥tɑ˧ɕiɑɔ˥ti˩.iou˥˧sæ̃˥ʂʅ˦˨kuoŋ˥˩fəŋ˥˩tɑ˧ti˩tʂuæ̃˥˩.iou˥sɿ˧vu˥˩ʂʅ˦˨kuoŋ˥˩fəŋ˥˩,ər˧ʂʅ˦˧kuoŋ˥˩fəŋ˥˩tɑ˧ti˩faŋ˥tʂuæ̃˥˩.xæᴇ˦iou˥i˥˩tʂuoŋ˥˧tʂuæ̃˥tɕiɑɔ˧ʂou˥iŋ˧tʂuæ̃˥˩.（手印砖是什么呢？）这是过去咱们在汉代墓里头挖出来的那个砖，每一块儿砖头起都有一个手印子。tʂə˧sɿ˧kuo˧˦tɕʰy˧˩tʂɑ˦məŋ˩tsæᴇ˧xæ̃˧tæᴇ˧mu˧li˥˩tʰou˩vɑ˥˩tʂʰʮ˥læᴇ˦˨ti˩nə˧kə˧tʂuæ̃˥˩,mei˥i˥˩kʰuər˥˧tʂuæ̃˥tʰou˦˨tɕʰie˥˧tou˥˦iou˥˩i˥˩kə˧ʂou˥iŋ˧˥tsɿ˩.（那……那个手印子都是一样的吗？）都是……就好像是在做工的时候这……专门儿上头压咧这个。tou˥˧sɿ……tsou˧xɑɔ˥˧ɕiɑŋ˧sɿ˧tsæᴇ˧tsuo˧˩kuoŋ˥ti˩sɿ˦˨xou˧tʂə……tʂuæ̃˥˩mə̃r˦ʂɑŋ˧tʰou˩niɑ˧lie˩tʂə˧˩kə˧˩.（特意沾上的。）噢，特意沾上的。手印砖。还有楔楔砖，过去那种砖。ɑɔ˩,tʰə˥˦i˧tʂæ̃˥˩ʂɑŋ˧˩ti˩.ʂou˥iŋ˧tʂuæ̃˥˩.xæᴇ˦iou˥˧tɕyo˥˦ɕie˥tʂuæ̃˥˩,kuo˧tɕʰy˧nei˧tʂuoŋ˥˩tʂuæ̃˥˩.（是什么那个？）楔楔砖。它那个砖么就是这个欸从那个形状上来讲么它就是这样过来的。tɕyo˥˦ɕie˥tʂuæ̃˥.tʰɑ˥˧nə˧kə˧tʂuæ̃˥muo˩tsou˧sɿ˧tʂə˧kə˧ei˧tsʰuoŋ˦˨tʂə˧kə˧ɕiŋ˦˨tʂuɑŋ˧ʂɑŋ˧˩læᴇ˦˨tɕiɑŋ˥muo˩tʰɑ˥˧tɕiou˧sɿ˧tʂei˧iɑŋ˧˩kuo˧læᴇ˦˧ti˩.（梯形的？）啊，是个梯形的啊。这么个过来以后它，它是这么个过来的这个砖。这个砖么它就是专门儿过去那个砖箍墓啊，专门儿做成的这个砖。往往一插以后，上头土往下一压以后，都把立树上。楔楔砖。ɑ˩,sɿ˧˩kə˧˩tʰi˥ɕiŋ˦˨ti˩ɑ˩.tʂə˧muo˩kə˧kuo˧læᴇ˦˨i˥˩xou˧˥tʰɑ˥˩,tʰɑ˥˩sɿ˧˩tʂə˧muo˩kə˧kuo˧˩læᴇ˦˨ti˩tʂə˧kə˧tʂuæ̃˥˩.tʂə˧kə˧tʂuæ̃˥˩muo˩tʰɑ˥˩tɕiou˧˩sɿ˧˩tʂuæ̃˥˩mə̃r˦kuo˧tɕʰy˧nə˧kə˧tʂuæ̃˥ku˥˩mu˧ɑ˩,tʂuæ̃˥˩mə̃r˦tsuo˧˥tʂʰəŋ˦˨ti˩tʂə˧kə˧tʂuæ̃˥˩.vaŋ˥˩tʂʮ˧i˥˩tsʰɑ˥i˥˩xou˧,ʂɑŋ˧˥tʰou˩tʰu˥vaŋ˥˩xɑ˧˥i˥˩niɑ˧i˥˩xo

---

① 爿子：剖木为二，左半为爿。《龙龛手鉴》疾羊切。

u˥,tou˥˨˧pɑ˥˨˩li˥˨˩ʂʮ˥˦ʂɑŋ˥˩.tɕyo˥˨ɕie˥˨˩tʂuæ̃˥˨˩.（呃，还有什么那个？）这个砖这里分是……过去来讲一直到现在，老百姓把这种箍墓的这种砖，老百姓完全是统称为墓砖。因为这个方砖它有几种用途咧。你去到这个西安，噢，皇城这一带去以后，它也有砖。它这是铺地用的砖。多一半儿……民间用的铺地的砖。这个……我们这里的，太白这流域这个砖多一半儿都是……tʂə˥˩kə˥tʂuæ̃˥˨tʂei˥˦li˥˨˩fəŋ˥˨sɿ……kuo˥˨˦tɕʰy˥˩læɛ˨˦˩tɕiɑŋ˥˨i˥˨˩tʂʮ˨˦˦tɑɔ˥ɕiæ̃˥tsæɛ˥,lɑɔ˥˨pei˥˨˩ɕiŋ˥pɑ˥˨˩tʂei˥tʂuoŋ˥˨˩ku˥˨˩mu˥ti˧tʂei˥tʂuoŋ˥˨˧tʂuæ̃˥˨,lɑɔ˥˨pei˥˨˩ɕiŋ˥væ̃˨˦˩tɕʰyæ̃˨˦˩sɿ˥tʰuoŋ˥˨˩tʂʰəŋ˥˨vei˨˦˩mu˥tʂuæ̃˥˨˩.iŋ˥˨˩vei˥tʂə˥kə˥fɑŋ˥˨tʂuæ̃˥˨tʰɑ˥˨˩iou˥˨˧tɕi˥˨tʂuoŋ˥˨yoŋ˥tʰu˨˦˩lie˧.ni˥˨˧tɕʰi˥tɑɔ˥tʂə˥kə˥ɕi˥˨næ̃˥˨˩,ɑɔ˩,xuɑŋ˨˦tʂʰəŋ˨˦tʂei˥i˥˨˧tæɛ˥tɕʰi˥i˥˨˩xou˥,tʰɑ˥˨˧ie˥˨˩iou˥˨˩tʂuæ̃˥˨,tʰɑ˥˨˩tʂei˥˦sɿ˥˩pʰu˥˨˩ti˥˦yoŋ˥˩ti˧tʂuæ̃˥˨˩.tuo˥˨i˥˨˩pæ̃r˥p……miŋ˨˦tɕiæ̃˥˨˩yoŋ˥ti˦pʰu˥˨˩ti˥˦ti˧tʂuæ̃˥˨˩.tʂə˥˩kə˥˩……ŋuo˥˨məŋ˧tʂei˥li˦tə˧,tʰæɛ˥˨˦pei˨˦˩tʂei˥liou˨˦y˥˨˧tʂə˥kə˥tʂuæ̃˥˨tuo˥˨i˥˨˩pæ̃r˥tou˥˨˩sɿ˥˩……（你这个这种铺地的砖你们叫什么？）还叫砖……方砖。xɑ˨˦˩tɕiɑɔ˥tʂuæ̃˥˨……fɑŋ˥˨tʂuæ̃˥˨˩.（你们这儿铺地也是用方砖吗？）我们现在都没有人烧这……这都是手工的。这些砖都是手工的。ŋuo˥˨˧məŋ˧ɕiæ̃˥tsæɛ˥tou˥˨˩mei˨˦iou˥˨ʐəŋ˨˦ʂɑɔ˥˨tʂei……tʂei˥˦tou˥˨˩sɿ˥˩ʂou˥˨kuoŋ˥˨˩ti˧.tʂei˥ɕie˥˨˧tʂuæ̃˥˨tou˥˨˩sɿ˥˩ʂou˥˨kuoŋ˥˨˩ti˧.（过去有？）过去有。kuo˥tɕʰy˥iou˥˨˩.（这个砖有烧跟不烧的这个区别吗？）那就……烧的砖就是烧下的……砖，没有烧的那个砖叫生坯子。叫砖坯子。nei˥ts……ʂɑɔ˥˨ti˧tʂuæ̃˥˨tɕiou˥˩sɿ˥˩ʂɑɔ˥˨xɑ˥˩ti˧ʂ……tʂuæ̃˥˨,mei˨˦iou˥˨ʂɑɔ˥˨ti˧nə˥kə˥tʂuæ̃˥˨tɕiɑɔ˥˩səŋ˥˨˩pʰei˥˨tsɿ˧.tɕiɑɔ˥tʂuæ̃˥˨˩pʰei˥˨tsɿ˧.（生坯子还是砖坯子？）砖坯子。实际上……砖坯子就是没有烧的那种生砖，叫砖坯子。tʂuæ̃˥˨pʰei˥˨tsɿ˧.ʂʮ˨˦˩tɕi˥˦ʂɑŋ˥˩tʂuo……tʂuæ̃˥˨˩pʰei˥˨tsɿ˧tɕiou˥sɿ˥mei˨˦iou˥˨˧ʂɑɔ˥˨ti˧nei˥˦tʂuoŋ˥˨˩səŋ˥˨tʂuæ̃˥˨˩,tɕiɑɔ˥tʂuæ̃˥˨˩pʰei˥˨tsɿ˧.（生砖？）噢，生砖。ɑɔ˩,səŋ˥˨tʂuæ̃˥˨˩.（səŋ˥˨tʂuæ̃˩，有没有这个名称？）有咧，生砖。iou˥˨lie˧,səŋ˥˨tʂuæ̃˥˨˩.（那种烧好的呢？）那就叫砖。næɛ˥tɕiou˥tɕiɑɔ˥tʂuæ̃˥˨.（讲不讲火砖？）火砖，啊，也叫火砖。xuo˥˨tʂuæ̃˥˨˩,ɑ˥,ie˥˨˧tɕiɑɔ˥xuo˥˨tʂuæ̃˥˨˩.（有这个说法是吧？）嗯。ŋ̍˩.（火砖是那种什么颜色的？）这有红……这个里头有个，它还有个技术要求。不洇火的那个砖出来就是红颜色的。噢，不洇水的砖。有些是……不是把这个温度烧到一定的温度，看到这个砖熟了以后啊，它过去那个土窑，顶子上头挖了个大坑，把那个墁好以后，在上头倒点儿水，降温咧。温很快降下去以后，这个砖烧出来就是灰砖。tʂei˥iou˥˨˧x……tʂei˥˦kə˥˩li˥˨tʰou˧iou˥˨kə˥˩,tʰɑ˥˨˧xɑ˨˦iou˥˨kə˥˩tɕi˥ʂʮ˥iɑɔ˥˨tɕʰiou˨˦˩.pu˨˦˩iŋ˥xuo˥˨ti˧nə˥˩kə˥˩tʂuæ̃˥˨tʂʰʮ˥˨læɛ˨˦˩tɕiou˥sɿ˥xuoŋ˨˦iæ̃˨˦˩sə˥˨ti˧.ɑɔ˩,pu˨˦˩iŋ˥ʂuei˥˨ti˧tʂuæ̃˥˨.iou˥˨ɕie˥˨˩sɿ˥……pu˨˦˧sɿ˥pɑ˥˨˩tʂə˥kə˥vəŋ˥˨˩tu˥˦ʂɑɔ˥˨˩tɑɔ˥i˥˨˧tiŋ˥˦tə˧vəŋ˥˨˩tu˥,kʰæ̃˥tɑɔ˥tʂə˥kə˥tʂuæ̃˥˨ʂʮ˨˦˩lə˦i˥˨˩xou˥˦ɑ˧,tʰɑ˥˨˩kuo˥tɕʰy˥nə˥kə˥tʰu˥˨iɑɔ˨˦˩,tiŋ˥˨tsɿ˧ʂɑŋ˥˨˦tʰou˧vɑ˥˨lə˧kə˥˩tɑ˥kʰəŋ˥˨,pɑ˥˨˩nə˥kə˥mæ̃˥xɑɔ˥˨i˥˨˩xou˥˦,tsæɛ˥ʂɑŋ˥˨˦tʰou˧tɑɔ˥tiæ̃r˥˨˩ʂuei˥˨,tɕiɑŋ˥˨˦vəŋ˥˨lie˧,vəŋ˥˨xəŋ˥˨kʰuæɛ˥tɕiɑŋ˥xɑ˥tɕʰi˥i˥˨˩xou˥˦,tʂə˥˩kə˥˩tʂuæ̃˥˨ʂɑɔ˥˨˩tʂʰʮ˥˨˩læɛ˨˦˩tɕiou˥sɿ˥xuei˥˨tʂuæ̃˥˨˩.（噢，这个灰砖就是那青砖啊？）噢，青砖噢。ɑɔ˩,tɕʰiŋ˥˨tʂuæ̃˥˨˩ɑɔ˩.（你们是讲灰砖还是青砖？）我们讲青砖。这是不洇……洇了水的就成了青砖咧。不洇水的这个，让它自然冷却的这个砖么，这出来就是红砖。ŋuo˥˨˧məŋ˦tɕiɑŋ˥˨˧tɕʰiŋ˥˨tʂuæ̃˥˨˩.tʂə˥sɿ˥pu˨˦˩iŋ˥……iŋ˥liɑɔ˥˨˩ʂuei˥˨ti˧tɕiou˥tʂʰəŋ˨˦˩lə˦tɕʰiŋ˥˨tʂuæ̃˥˨˩lie˧.pu˨˦˩iŋ˥ʂuei˥˨ti˧tʂə˥˩kə˥˩,zɑŋ˥tʰɑ˥˨˧tsɿ˥˨˦zæ̃˨˦˩ləŋ˥˨tɕʰyo˥˨˩ti˧tʂə˥kə˥tʂuæ̃˥˨muo˧,tʂei˥tʂʰʮ˥˨læɛ˨˦˩tɕiou˥˦sɿ˥˩xuoŋ˨˦tʂuæ̃˥˨˩.（那你们平常建房子啊老百姓建房子用用什么砖，就过去不是现在啊？）过去都用的就是青砖。kuo˥˨˦tɕʰy˥˦tou˥˨˩yoŋ˥ti˦tɕiou˥sɿ˥tɕʰiŋ˥˨tʂuæ̃˥˨˩.（用青砖这儿？）呣。m̩˩.（青砖比比那种火砖要好一点儿还是干吗？）硬度……就说是这个人工砖来说是话，它那个硬度好一点。因为这个它湿水咧以后，基本上就不像灰……再一般盖房子就再不用洇水咧。iŋ˥tu˥……tɕiou˥ʂuo˥˨˧sɿ˥

˩tʂə˥˩kə˥˩zʐəŋ˩˧kuoŋ˥˧tʂuæ̃˥˧læᴇ˩˧˧ʂuo˥˧˧sɿ˥˩xuɑ˥˥˧,tʰɑ˥˧˧nə˥kə˥iŋ˥tu˥xɑɔ˥˧˩i˥˧˩tiæ̃˥˧˩.iŋ˥˧˩vei˥tʂə˥kə˥tʰɑ˥˧˧ ʂɿ˩˧˩ʂuei˥˧lie·li˥˧˧xou˥,tɕi˥˧˩pəŋ˥˧ʂɑŋ˥tɕiou˥pu˩˧˩ɕiɑŋ˥xuei˥˧˧tʂ……tsæᴇ˥i˥˧˩pæ̃˥˧kæᴇ˥fɑŋ˩˧˩tsɿ·tsou˥tsæᴇ˥ pu˩˧˩yoŋ˥iŋ˥˧ʂuei˥˧˩lie·˧.

瓦

（你们过去有些什么瓦呀？）黄：瓦，你看要大……分大瓦小瓦。vɑ˥˧,ni˥˧˧kʰæ̃˥iɑɔ˥tɑ˥……fəŋ˥˧˩tɑ˥vɑ˥˧˩ɕiɑɔ˥˧vɑ˥˧˩.（大瓦小瓦有什么区别？）这就在尺寸上的那个啥。tʂei˥tɕiou˥tsæᴇ˥tʂʰʅ˥˧˩tsʰuoŋ˥ʂɑŋ˥˩ti·nei˥kə˥sɑ˥.（那么一般老百姓家盖房子用什么瓦？）一般老百姓用的都是这个小瓦，小小的那个。做一个，噢，一做一个瓦罐儿，然后，坯子一做，做成以后，放到地下晒干咧了，兀他每个地方都给你划一下，到时要再“啪”一拍，就四块儿瓦。这就这种小瓦。它手工的。i˥˧pæ̃˥˧lɑɔ˥˧pei˥˧˩ɕiŋ˥˥˧yoŋ˥ti·tou˥˧sɿ˥ tʂə˥˩kə˥˩ɕiɑɔ˥˧vɑ˥˧,ɕiɑɔ˥˧ɕiɑɔ˥˧ti·nei˥kə˥.tsʮ˥i˥˧˩kə˥˩,ɑɔ˩,i˥˧˩tsʮ˥˥˧i˥˧˩kə˥vɑ˥˧kuæ̃r˥,zʐæ̃˩˧˩xou˥,pʰei˥˧tsɿ· i˥˧˩tsʮ˥,tsʮ˥tʂʰəŋ˩˧˩i˥˧˩xou˥,fɑŋ˥tɑɔ˥ti˥˩xɑ˥˩sæᴇ˥kæ̃˥˧lie·lə·,væᴇ˥tʰɑ˥˧˩mei˥˧kə˥ti˥fɑŋ˥˧˧tou˥˧˧kei˥ni˥˧˧ xuɑ˥˧i˥˧˩xɑ˥,tɑɔ˥sɿ˩˧˩iɑɔ˥tsæᴇ˥pʰɑ˥i˥˧˩pʰei˥˧,tɕiou˥sɿ˥kʰuər˥˧˩vɑ˥˧˩.tʂei˥tɕiou˥tʂei˥tʂuoŋ˥˧˩ɕiɑɔ˥˧vɑ˥˧˩. tʰɑ˥˧˩ʂou˥˧kuoŋ˥˧˩ti·.（晒出来的？）啊，晒……晒干，然后放到那窑里烧出来的这个。ɑ˩,s……sæᴇ˥kæ̃˥˧˩,zʐæ̃˩˧˩xou˥fɑŋ˥tɑɔ˥nə˥iɑɔ˩˧li˥˧˧ʂɑɔ˥˧˩tʂʰʮ˥˧læᴇ˩˧˩ti·tʂə˥kə˥.（是什么颜色的呢？）青的。tɕʰiŋ˥˧ti·.（青的？）青瓦，啊。tɕʰiŋ˥˧vɑ˥˧˩,ɑ˥˧.（瓦有没有红的当时你们？）有。瓦，你不洇水，它就是红的。iou˥˧.vɑ˥˧,ni˥˧pu˩˧˩iŋ˥ʂuei˥˧,tʰɑ˥˧˧tɕiou˥sɿ˥xuoŋ˩˧˩ti·.（那个名称上有区别吗？）没有。muo˥˧iou˥˧˩.（就是烧过的跟没烧过的那个名称？）那都没有啥区分。nei˥˥˧tou˥˧˩mei˩˧iou˥˧˧sɑ˥tɕʰy˥˧fəŋ˥˧˩.（有……有青瓦红瓦这个区别？）啊，青瓦红瓦，有这个区别。再一个瓦有瓶瓦[1]。ɑ˩,tɕʰiŋ˥˧vɑ˥˧˩xuoŋ˩˧vɑ˥˧˧,iou˥˧tʂə˥kə˥˥˧tɕʰy˥˧˩pie˩˧˩. tsæᴇ˥i˥˧˧kə˥vɑ˥˧iou˥˧˩tʰuoŋ˥˧vɑ˥˧˩.（什么？）瓶瓦，小，只怕只有这么奘奘一点儿半块儿的。就是过去建那个庙宇头起经常撒下那个小瓦。它是撒一个瓦，楞楞跟前盖一个瓦。这个瓦，这两叶子瓦，都撒成这两叶子瓦，这中间不是有缝隙吗？他在……他在上头这个缝隙盖一叶子瓦。撒一叶子瓦，这儿这再盖一叶子瓦。tʰuoŋ˥˧vɑ˥˧˩,ɕiɑɔ˥˧,tʂʅ˥˧˩pʰɑ˥˥˧tsɿ˥˧i ou˥˧tʂə˥muo·tʂuɑŋ˥˧˧tʂuɑŋ˥˧˧i˥˧˧tiæ̃r˥˧˧pæ̃˥kʰuər˥˧ti·.tɕiou˥sɿ˥kuo˥tɕʰy˥tɕiæ̃˥nə˥kə˥miɑɔ˥˧y˥˧˩tʰou˩˧˩ tɕʰie˥˧˧tɕiŋ˥˧˩tʂʰɑŋ˩˧sɑ˥˧˧xɑ˥nə˥kə˥ɕiɑɔ˥˧vɑ˥˧˩.tʰɑ˥˧sɿ˥sɑ˥˧i˥˧˩kə˥vɑ˥˧,ləŋ˩˧˩ləŋ˩˧˧kəŋ˥˧tɕʰiæ̃˩˧˩kæᴇ˥i˥˧˩kə˥ ˩vɑ˥˧˩.tʂə˥˩kə˥vɑ˥˧,tʂə˥liɑŋ˥˧ie˥˧˩tsɿ·vɑ˥˧,tou˥˧˩sɑ˥˧tʂʰəŋ˩˧˩tʂə˥liɑŋ˥˧ie˥˧˩tsɿ·vɑ˥˧,tʂə˥˥˧tʂuoŋ˥˧˩tɕiæ̃˥˧pu˩˧˧ sɿ˥iou˥˧˩fəŋ˥˧ɕi˥˧˩mɑ·?tʰɑ˥˧˩tsæᴇ˥˥˧……tʰɑ˥˧˧tsæᴇ˥ʂɑŋ˥tʰou·tʂei˥kə˥fəŋ˥ɕi˥˧˧kæᴇ˥i˥˧˧ie˥˧˩tsɿ·vɑ˥˧˩.s ɑ˥˧i˥˧˩ie˥˧˧tsɿ·vɑ˥˧˧,tʂər˥tʂə˥tsæᴇ˥kæᴇ˥i˥˧˧ie˥˧˩tsɿ·vɑ˥˧.（那你们过去的瓦是怎么怎么弄的呢？）这是过去庙宇上……前几年就说是……早年的时代有这个东西。现在都没有得。tʂə˥ ˥˧sɿ˥˩kuo˥˧tɕʰy˥˩miɑɔ˥˧y˥˧˩ʂɑŋ˥˩……tɕʰiæ̃˩˧tɕi˥˧niæ̃˩˧˩tɕiou˥˥˧ʂuo˥˧˩sɿ˥˩……tsɑɔ˥˧niæ̃˩˧˩ti·sɿ˩˧˩tæ ᴇ˥iou˥˧˧tʂə˥kə˥tuoŋ˥˧˩ɕi·.ɕiæ̃˥tsæᴇ˥tou˥˧˩mei˩˧iou˥˧tei˥˧˩.（瓶瓦就等于是半弧形的那种？）噢，半弧形。嗯。ɑɔ˩,pæ̃˥xu˩˧˩ɕiŋ˩˧˩.ə̃˩.（然后朝上的，就说这个这样这样弯着朝上的这个瓦叫什么瓦？）这个还……这咱们……我……咱们都不清楚咧。光叫是……这个是瓶瓦这种。tʂə˥kə˥xɑ˩˧……tʂei˥tʂɑ˩˧məŋ·……ŋuo˥˧˧……tsɑ˩˧məŋ·tou˥˧˧pu˩˧˧tɕʰiŋ˥˧tʂʰʮ˥˧˩lie·. kuɑŋ˥˧tɕiɑɔ˥sɿ˥ɕ……tʂə˥kə˥sɿ˥tʰuoŋ˥˧vɑ˥˧˩tʂei˥tʂuoŋ˥˧˩.（讲……叫不叫阴瓦？朝上的，这样

---

① 瓶瓦：覆扣在阴瓦相接处的阳瓦。瓶，《集韵》徒东切：“小牡瓦也。或从同。”文献中也作“瓵”、“㼧”。《说文》：“瓵，俗作㼧，圆而上覆之瓦。”《玉篇》：“瓵，牡瓦也。”太白方言念上声调。

弯的？）不知道。pu˨˦˩tʂʅ˥˧˩taɔ˥.（这种朝上的？）这都……这个名称就不清楚咧。这都旧得很了。这种瓦还分几种瓦。带瓦当的瓦。它同是这样的一个瓦，它出来以后，欸，它这么个，还有一个，它口口上不是……它不是齐的下来，哎它带个瓦当。个水就下来以后淌出来，从这个尖尖上淌下去咧。叫带瓦当的瓦。tʂei˥˦˥tou˥˧˩p……tʂə˥kə˥miŋ˨˦tʂʰəŋ˥˧˦tsou˥pu˨˦˩tɕʰiŋ˥˧tʂʰʮ˥˧˩lie˨.tʂei˥˦˥tou˥˧˩tɕiou˥tei˥˧˩xəŋ˥˧˩lə˨.tʂei˥tʂuoŋ˥˧˩va˥˧xa˨˦fəŋ˥˧˩tɕi˥˧tʂuoŋ˥˧va˥˧˩.tæᴇ˥va˥˧taŋ˥˦ti˨va˥˧˩.tʰa˥˧˦tʰuoŋ˨˦sʅ˥tʂei˥iaŋ˥ti˧i˥˧˦kə˥va˥˧,tʰa˥˧˦tʂʰʮ˥˧læᴇ˨˦i˥˧˩xou˥,ei˨˦,tʰa˥˧˦tʂə˥muo˧kə˥,xa˨˦iou˥˧i˥˧˩kə˥˩,tʰa˥˧˦kʰou˥˧kʰou˥˧˩ʂaŋ˥pu˨˦˩sʅ˥……tʰa˥˧˦pu˨˦˩sʅ˥tɕʰi˨˦ti˧xa˥læᴇ˨˦˦,æᴇ˥tʰa˥˧˦tæᴇ˥kə˥va˥˧taŋ˥,kə˥ʂuei˥˧tɕiou˥xa˥læᴇ˨˦˦i˥˧˩xou˥tʰaŋ˥˧˦tʂʰʮ˥˧˦læᴇ˨˦˦,tsʰuoŋ˨˦˦tʂə˥kə˥tɕiæ̃˥˧tɕiæ̃˥˧˩ʂaŋ˥˩tʰaŋ˥˧xa˥tɕʰi˥lie˧.tɕiaɔ˥˩tæᴇ˥va˥˧taŋ˥ti˧va˥˧.（噢，那一般都是在屋檐那里的。）噢，屋檐上撒的那一溜子，叫带瓦当的瓦。这在文物上还有一定价值。aɔ˩,vu˥˧˩iæ̃˨˦˩ʂaŋ˥˦˥sa˥˧˦ti˧nei˥i˥˧˩iou˥tsʅ˨,tɕiaɔ˥˩tæᴇ˥va˥˧˦taŋ˥ti˨va˥˧˩.tʂei˥˦˥tsæᴇ˥vəŋ˨˦vuo˥˧˩ʂaŋ˥˩xa˨˦˩iou˥˧˦i˥˧˦tiŋ˥tɕia˥tʂʅ˨˦˩.（它庙里头那个瓦叫瓻瓦还是筒啊？）琉璃瓦。瓻瓦。噢，就那个小瓦，那……liou˨˦˩li˨˦˦va˥˧˩.tʰuoŋ˥˧va˥˧˩.aɔ˩,tɕiou˥nə˥kə˥ɕiaɔ˥˧va˥˧˩,næᴇ˥……（跟跟筒子一样的筒是吧？）噢，筒子的筒啊。瓻瓦。aɔ˩,tʰuoŋ˥˧tsʅ˨ti˨tʰuoŋ˥˧a˩.tʰuoŋ˥˧va˥˧˩.（那你们家里用的不叫……）不叫，那只是小瓦。pu˨˦˩tɕiaɔ˥,nə˥˦˥tsʅ˥˧˦sʅ˥ɕiaɔ˥˧va˥˧˩.（你们的一般那个叫小瓦，叫不叫碎瓦呢？）不叫，叫小瓦。pu˨˦˩tɕiaɔ˥,tɕiaɔ˥ɕiaɔ˥˧va˥˧˩.（呃，你们小瓦是怎么铺的？也是这样这样这样铺的吗？）小瓦不。小瓦不是这个，互相之间它是错了一个儿，互相搀一下。你比如它是这个呈斜角，斜线形望上……往上撒的。你这个瓦撒得这个地方，这个瓦必须撒得这个地方，这么互相搀上过来以后，撒上下去咧。这样以后不是把缝子都都接起来，这个的缝子接得这儿这，这个的缝子接得这儿这。ɕiaɔ˥˧va˥˧pu˨˦˩.ɕiaɔ˥˧va˥˧pu˨˦˦sʅ˥tʂə˥kə˥,xu˥˦ɕiaŋ˥˧˩tsʅ˥˧tɕiæ̃˥˧˩tʰa˥˧˦sʅ˥tsʰuo˥˦lie˨i˥˧˩kər˥˦˥,xu˥ɕiaŋ˥˧˦tsʰæ̃˥˧i˥˧˩xa˥˩.ni˥˧˩pi˥˧ʐʮ˨˦˩tʰa˥˧sʅ˥˩tʂə˥kə˥tʂʰəŋ˨˦ɕie˨˦tɕyo˥˧˩,ɕie˨˦˩ɕiæ̃˥ɕiŋ˨˦vaŋ˥ʂaŋ˥……vaŋ˥˧˦ʂaŋ˥sa˥˧˦ti˧.ni˥˧˩tʂə˥˦kə˥va˥˧sa˥˧tə˨tʂə˥kə˥ti˥faŋ˥˧˩,tʂə˥kə˥va˥˧pi˥˧˩ɕy˥˧˩sa˥˧tə˨tʂə˥kə˥ti˥faŋ˥˧˩,tʂə˥˦˥muo˨xu˥ɕiaŋ˥˧˩tsʰæ̃˥˧ʂaŋ˥˩kuo˥læᴇ˨˦˦i˥˧˩xou˥,sa˥˧ʂaŋ˥˩xa˥tɕʰi˥lie˨.tʂə˥˦˥iaŋ˥˩i˥˧˩xou˥pu˨˦˦sʅ˥pa˥˧˩fəŋ˥tsʅ˨tou˥˧˩tou˥˧˦tɕie˥˧˩tɕʰi˥˧læᴇ˨˦˩,tʂə˥kə˥ti˨fəŋ˥tsʅ˨tɕie˥˧˩tə˨tʂər˥tʂə˥,tʂə˥kə˥ti˧fəŋ˥tsʅ˧tɕie˥˧˩tə˨tʂər˥tʂə˥.（都是朝上的？）噢，都朝上的。都是仰面朝上的。这不……不漏水么。搀起来的。再一种瓦还叫棺瓦。aɔ˩,tou˥˧˦tʂʰaɔ˨˦˩ʂaŋ˥ti˨.tou˥˧˦sʅ˥iaŋ˥˧˩miæ̃˥tʂʰaɔ˨˦˩ʂaŋ˥ti˨.tʂə˥pu˨˦˩……pu˨˦˩lou˥ʂuei˥˧muo˨.tsʰæ̃˥˧tɕʰi˥˧˩læᴇ˨˦˦ti˧.tsæᴇ˥i˥˧˩tʂuoŋ˥˧va˥˧xa˨˦˩tɕiaɔ˥kuæ̃˥˧˩va˥˧.（叫什么？棺瓦啊？）棺瓦。棺材的棺。kuæ̃˥˧˩va˥˧.kuæ̃˥˧tsʰæᴇ˨˦˩ti˧kuæ̃˥˧.（哎，是干什么用的呢？）埋人用的。这在文物上在汉代就有这个东西。它一般情况下都是有三十多公分宽，有将近一米长那种大瓦。底下铺一样子，把这个尸体往上逮，放上头扣一叶，就埋了。mæᴇ˨˦ʐəŋ˨˦yoŋ˥ti˨.tʂə˥tsæᴇ˥vəŋ˨˦vuo˥˧˩ʂaŋ˥˩tsæᴇ˥˩xæ̃˥tæᴇ˥tɕiou˥˩iou˥˧tʂə˥kə˥tuoŋ˥˧ɕi˨.tʰa˥˧˩i˥˧˦pæ̃˥˧˩tɕʰiŋ˨˦˩kʰuaŋ˥˦˥ɕia˥tou˥˧˩sʅ˥iou˥˧˦sæ̃˥˧ʂʅ˨˦˩tuo˥˧˦kuoŋ˥˧˩fəŋ˥˧˩kʰuæ̃˥˧,iou˥˧˦tɕiaŋ˥˧˩tɕiŋ˥i˥˧˦mi˥˧tʂʰaŋ˨˦nei˥tʂuoŋ˥˧˩ta˥va˥˧˩.ti˥˧ɕia˥˩pʰu˥˧i˥˧˩iaŋ˥tsʅ˧,pa˥˧˩tʂə˥kə˥sʅ˥˧˩tʰi˥˧vaŋ˥˧˩ʂaŋ˥tæᴇ˥˧,faŋ˥ʂaŋ˥tʰou˧kʰou˥˦i˥˧˩ie˥˧,tsou˥˦˥mæᴇ˨˦˩lə˨.（噢，就就等于是做棺材用一样？）做棺材，噢，棺瓦。tsuo˥˩kuæ̃˥˧tsʰæᴇ˨˦˩,aɔ˩,kuæ̃˥˧˩va˥˧.（就是老百姓都都知道有这种瓦？）哎有这个东西。这是很古的事，好多就是出土的这种瓦。æᴇ˥˧iou˥˧˩tʂə˥˩kə˥˩tuoŋ˥˧˩ɕi˨.tʂei˥˦˥sʅ˥˩xəŋ˥˧ku˥˧ti˨sʅ˥˩,xaɔ˥˧tuo˥˧˩tɕiou˥˩sʅ˥˩tʂʰʮ˥˧˩tʰu˥˧ti˨tʂə˥˩tʂuoŋ˥˧˩va˥˧.（就搞两片瓦就埋了？）噢，搞两片瓦那是把你埋咧。棺瓦。这就在汉代有些嘛。aɔ˩,kaɔ˥˧liaŋ˥˧pʰiæ̃˥˧˩va˥˧na˥˩sʅ˥˩pa˥˧˩ni˥˧mæᴇ˨˦˩lie˧.kuæ̃˥˧˩va˥˧.tʂei˥tɕiou˥tsæᴇ˥xæ̃˥tæᴇ˥iou˥˧ɕie˥˧˩ma˧.（我们这儿出土过这种东西没有？）有。这文物好多文化

馆里头有棺瓦。iou˥.tʂə˥vəŋ˩˧vuo˥xɑɔ˥tuo˥˨vəŋ˩˥xuɑ˥kuæ̃˥li˥tʰou·liou˥kuæ̃˥˨vɑ˥.（就是咱们太白有没有这个？）咱们太白还没有挖到好像。咱们挖下的那种瓦么，没有那么大。那个瓦要行的话至少得四叶子瓦。不过我太白我也收集过一次有这么宽，有这么长的瓦。但是不像□那个，那个好长一个一个的。tʂɑ˩˨məŋ·tʰæᴇ˥pei˩˨xɑ˩˥mei˩˧iou˥vɑ˥˨tɑɔ˥˦xɑɔ˥˥ɕiɑŋ˥.tsɑ˩˧məŋ·vɑ˥xɑ˥˨ti·nei˥tʂuoŋ˥˥vɑ˥muo·,mei˩˧iou˥nə˥˦muo·tɑ˥.nɑ˥˨kə˥˦vɑ˥iɑɔ˥ɕiŋ˩˧ti·xuɑ˥˨tsɿ˥ʂɑɔ˥tei˥˨sɿ˥ie˥˨tsɿ·vɑ˥˨.pu˩˨kuo˥ŋuo˥tʰæᴇ˥˦pei˩˨ŋuo˥iɑ˥˨ʂou˥˨tɕi˩˦kuo˥i˥˨tsʰɿ˥iou˥˥tʂə˥muo·kʰuæ̃˥˨,iou˥˥tʂə˥muo·tʂʰɑŋ˩˧ti·vɑ˥˨.tæ̃˥˨sɿ˥˨pu˩˨ɕiɑŋ˥˦niæ̃˩˧nə˥kə˥,nɑ˥kə˥xɑɔ˥tʂʰɑŋ˩˧i˥˨kə˥˦i˥˨kə˥˦ti·.

胡墼、泥墼子

（土坯子你们叫什么？）王：就是烧砖捣那个土坯子啊？tɕiou˥sɿ˥ʂɑɔ˥˦tʂuæ̃˥tɑɔ˥˥nə˥kə˥tʰu˥˥pʰei˥tsɿ·lɑ·?（嗯，嗯。）我们叫泥墼子咧。ŋuo˥məŋ·tɕiɑɔ˥ni˩˧tɕi˥tsɿ·lie·.（胡墼是什么东西？）噢，也叫胡墼咧。对着咧。胡墼，我们这儿叫胡墼，那就是□……啊，把兀胡墼就说崖上塌下来兀土疙瘩叫胡墼咧。要是拓下这坯子的话就叫泥墼子咧。ɑɔ˨,ie˥˥tɕiɑɔ˥xu˩˨tɕi˥lie·.tuei˥tʂə·lie·.xu˩˨tɕi˥,ŋuo˥məŋ·tʂər˥tɕiɑɔ˥xu˩˨tɕi˥,næᴇ˥æ˥˨tɕiou˥˦sɿ˥niæ̃˩˨……ɑ·,pɑ˥˨və˥xu˩˨tɕi˥tɕiou˥ʂuo˥˥næᴇ˩˨ʂɑŋ˥˦tʰɑ˩˨xɑ˥˦læᴇ˩˥və˥tʰu˥˥kə˥tɑ·tɕiɑɔ˥xu˩˨tɕi˥lie·.iɑɔ˥sɿ˥tʰuo˥xɑ˥˨tʂə˥pʰei˥tsɿ·tə·xuɑ˥tɕiou˥tɕiɑɔ˥ni˩˧tɕi˥tsɿ·lie·.（噢，土块子？）啊，土块子就叫胡墼咧。ɑ˨,tʰu˥˥kʰuæᴇ˥tsɿ·tɕiou˥tɕiɑɔ˥xu˩˨tɕi˥lie·.（天上……这个山上掉下来的？）啊，掉下来那就叫胡墼。要是咱们弄上兀儿号坯子的话，它哎叫泥墼子。ɑ˨,tiɑɔ˥xɑ˥læᴇ˩˥næᴇ˥˦tɕiou˥tɕiɑɔ˥xu˩˨tɕi˥.iɑɔ˥sɿ˥tsɑ˩məŋ·nuoŋ˥ʂɑŋ˥vur˥xɑɔ˥pʰei˥tsɿ·ti·xuɑ˥,tʰɑ˥˥æᴇ˥tɕiɑɔ˥ni˩˧tɕi˥tsɿ·.

纸筋

（你这个纸筋是个什么东西呢？）黄：纸筋就是把这个麦草经过碾压以后，现在是放粉碎机把那粉成很碎的那末末。过去的话那要放碾子……tsɿ˥tɕiŋ˥˨tɕiou˥sɿ˥pɑ˥˥tʂə˥kə˥mei˥tsʰɑɔ˥˨tɕiŋ˥˨kuo˥niæ̃˥iɑ˥i˥˨xou˥,ɕiæ̃˥tsæᴇ˥sɿ˥fɑŋ˥fəŋ˥suei˥tɕi˥˨pɑ˥˨nə˥fəŋ˥tʂʰəŋ˩˨xəŋ˥suei˥ti·nə˥muo˥muo˥˨.kuo˥tɕʰy˥˨ti·xuɑ˥˨næᴇ˥iɑɔ˥fɑŋ˥niæ̃˥tsɿ·……（碾子？）噢，碾槽，把那把水加上以后，打成糨，把那都泡的燃燃的，做成以后，因为你单纯的放这个灰，抹上可别口子咧嘛，没有燃性么。你把纸筋往上一加，它就等于是加咧钢筋了，它就不别了，不裂缝了。ɑɔ˨,niæ̃˥tsʰɑɔ˩˨,pɑ˥˨nei˥pɑ˥˨ʂuei˥tɕiɑ˥ʂɑŋ˥˨i˥˨xou˥˦,tɑ˥˨tʂʰəŋ˩˧tɕiɑŋ˥,pɑ˥˨næᴇ˥tou˥˨pʰɑɔ˥ti·ʐæ̃˩˧ʐæ̃˩˧ti·,tsuo˥˦tʂʰəŋ˩˧i˥˨xou˥˦,iŋ˥˨vei˥ni˥tæ̃˥˨tʂʰuoŋ˩˧ti·fɑŋ˥tʂə˥kə˥xuei˥,muo˥ʂɑŋ˥˨kʰə˥˨pie˥˦kʰou˥tsɿ·lie·mɑ·,mei˩˧iou˥ʐæ̃˩˧ɕiŋ˥˨muo·.ni˥pɑ˥˨tsɿ˥tɕiŋ˥˨vɑŋ˥˨ʂɑŋ˥˦i˥˨tɕiɑ˥˨,tʰɑ˥˥tɕiou˥təŋ˥˨y˩˦sɿ˥˨tɕiɑ˥lie·kɑŋ˥˦tɕiŋ˥lə·,tʰɑ˥˨tɕiou˥˨pu˩˨pie˥˦lə·,pu˩˨lie˥˨fə̃r˥lə˥.

九、日常生活用品

卧具及床上用品 / 房内用品 / 厨房用品

（一）卧具及床上用品

床

1.（那个床，这里有些什么床？）黄：兀都分了个单人床、双人床、沙发床嘛。vei˧˦ tsou˧˩ fəŋ˥˩ lə˧ kə˧ tæ̃˥˩ zəŋ˨˩ tʂʰuaŋ˨˦,ʂuaŋ˥˩ zəŋ˨˩ tʂʰuaŋ˨˩,sa˥˩ fa˥˩ tʂʰuaŋ˨˦ ma˧.（有架子床吗？）那学校里有，公家有，私人没有架子床。næᴇ˧ ɕyo˨˩ ɕiaɔ˧ li˥˧ iou˥˩,kuoŋ˥˩ tɕia˥˩ iou˥˧,sɿ˥˩ zəŋ˨˦ mei˨˩ iou˥˩ tɕia˧ tsɿ˧ tʂʰuaŋ˨˩.（公家的那个叫什么？）叫架子床。学校里有的床就是睡两层子以上的叫架子床。单层子的也不叫架子床。tɕiaɔ˧ tɕia˧ tsɿ˧ tʂʰuaŋ˨˩.ɕyo˨˩ ɕiaɔ˧˥ li˥˧ iou˥˩ ti˧ tʂʰuaŋ˨˦ tsou˧ tsɿ˧ ʂuei˧ liaŋ˥˩ tsʰəŋ˨˩ tsɿ˧ i˥˩ ʂaŋ˧˥ ti˧ tɕiaɔ˧ tɕia˧ tsɿ˧ tʂʰuaŋ˨˩.tæ̃˥˩ tsʰəŋ˨˩ tsɿ˧ ti˧ ie˥˧ pu˨˩ tɕiaɔ˧ tɕia˧ tsɿ˧ tʂʰuaŋ˨˩.

2.（像以前这个一个像那个这样的带三角形的那种呢？）黄：没有。兀是四……兀是四川人的。mei˨˩ iou˥˧.və˧˦ sɿ˧ sɿ˧……væᴇ˧˦ sɿ˧ sɿ˧ tʂʰuæ̃˥˩ zəŋ˨˩ ti˧.（四川人睡那种炕啊，呃床啊？）啊。四川人有时候做下那个床带……带架子咧欸。它前头那还……那它也是一层子，无非是上头前头护了个欸帘子就是了。ɑ˩.sɿ˧˦ tʂʰuæ̃˥˩ zəŋ˨˦ iou˥˧ sɿ˨˧ xou˧ tsɿ˧ xa˧ nə˧ kə˧ tʂʰuaŋ˨˩ ta……tæᴇ˧ tɕia˧ tsɿ˧ lie˧ ei˩.tʰa˥˩ tɕʰiæ̃˨˩ tʰou˧ nei˧˦ xa˨˧……nei˧˦ tʰa˥˧ ia˥˩ sɿ˧˩ i˥˩ tsʰəŋ˨˩ tsɿ˧,vu˨˦ fei˥˩ sɿ˧˩ ʂaŋ˧˥ tʰou˧ tɕʰiæ̃˨˩ tʰou˧ xu˧ lə˧ kə˧˩ ei˩ liæ̃˨˩ tsɿ˧ tɕiou˧˩ sɿ˧˩ lə˧.

3.（像以前那个，前面这个雕……雕……雕刻啊那种那个？）黄：呃是……那是四川人里头久……历……历史朝代久远的，现……在我的记忆里头绝对没有那号儿床。ə˧ sɿ˧……nə˧˦ sɿ˧˩ sɿ˧ tʂʰuæ̃˥˩ zəŋ˨˦ li˥˧ tʰou˧ tɕiou˥˩ k……li˥˩……li˥˩ sɿ˥˧ tʂʰɑɔ˨˩ tæᴇ˧ tɕiou˥˩ yæ̃˥˩ ti˧,ɕiæ̃˧……tsæᴇ˧ ŋuo˥˩ ti˧ tɕi˧ i˧ li˥˧ tʰou˧ tɕyo˥˩ tuei˧˦ mei˨˩ iou˥˩ nə˧ xɑɔr˧ tʂʰuaŋ˨˩.（你们这里都没有过雕花床哈？）没有，没有那东西。全有是电视上电影上看下的。mei˨˩ iou˥˩,mei˨˩ iou˥˩ nə˧ tuoŋ˥˩ ɕi˧.tɕʰyæ̃˨˧ iou˥˩ sɿ˧˩ tiæ̃˧ sɿ˧ ʂaŋ˧ tiæ̃˧ iŋ˥˧ ʂaŋ˧ kʰæ̃˧˦ xa˧˩ ti˧.

枕头

黄：这叫洋枕头指带枕套、枕巾的枕头。tʂei˧˦ tɕiaɔ˧ iaŋ˨˦ tʂəŋ˥˩ tʰou˧.（还有土枕头啊？）那当然。土枕头就是这么奘……这么奘这么长个桩桩。næᴇ˧˦ taŋ˥˧ zæ̃˨˩.tʰu˥˩ tʂəŋ˥˩ tʰou˧ tɕiou˧ sɿ˧ tʂə˧ muo˧ tʂuaŋ˥……tʂə˧ muo˧ tʂuaŋ˥˧ tʂə˧ muo˧ tʂʰaŋ˨˩ kə˧ tʂuaŋ˥˩ tʂuaŋ˥˩.（圆圆的是吧？）圆圆的。两头有绣花。两头都有绣下的花嘞。yæ̃˨˦ yæ̃˨˩ ti˧.liaŋ˥˩ tʰou˨˧ iou˥˧ ɕiou˧ xua˥˩.liaŋ˥˩ tʰou˨˦ tou˥˧ iou˥˧ ɕiou˧ xa˧ ti˧ xua˥˩ lei˧.（一个人睡还是两个人睡呢？）本地人是一个人一睡。陕北人是两个人一个枕头。这么奘这么长。pəŋ˥˩ ti˧˦ zəŋ˨˦ sɿ˧ i˥˩ kə˧˦ zəŋ˨˦ i˥˧ ʂuei˧.ʂæ̃˥˩ pei˥˩ zəŋ˨˦ sɿ˧˩ liaŋ˥˩ kə˧˩ zəŋ˨˦ i˥˧ kə˧ tʂəŋ˥˩ tʰou˧.tʂə˧˦ muo˧ tʂuaŋ˥˩ tʂə˧˦ muo˧ tʂʰaŋ˨˩.（里面塞的什么东西啊？）荞麦皮。稻子糠。稻壳儿，荞麦皮儿。tɕʰiaɔ˨˩ mei˥˩ pʰi˨˧.tʰɑɔ˥˧ tsɿ˧ kʰaŋ˥.tʰɑɔ˥˩ kʰər˥˩,tɕʰiaɔ˨˩ mei˥˩ pʰiər˨˧.（那个那个蚕的屎。）蚕的屎，那少得很么。tsʰæ̃˨˩ ti˧ sɿ˥˧,nei˧˦ ʂaɔ˥˩ tei˥˩ xəŋ˥˩ muo˧.

草垫子

（有草垫子不床上？）黄：没有。我……床上没得。现在谁还铺草垫子么？最起码要铺个海绵垫儿嘛。mei˩˨˧iou˥˧.ŋuo˥˧……tʂʰuɑŋ˩˨˧ʂɑŋ˧˥˩mei˩˨tei˥˧˨.ɕiæ̃˧˨tsæᴇ˧˥˩sei˩˨xɑ˩˨˧pʰu˥˧˨tsʰɑɔ˥˧tiæ̃˧tsɿm˦˧?tsuei˧tɕʰi˥˧mɑ˥˧iɑɔ˧pʰu˥˨kə˧˨xæᴇ˥˧miæ̃˩˨tiæ̃r˧mɑ˨˩.（以前有没有铺的？）以前也没有人铺草垫子咧。i˥˧˦tɕʰiæ̃˩˨˦iɑ˥˧˨mei˩˨iou˥˧zəŋ˩˨˦pʰu˥˧˨tsʰɑɔ˥˧tiæ̃˧tsɿ˦˧lie˦˧.

毯子

（毯子呢？）黄：哎有咧么。叫毯……æᴇ˥˧iou˥˧˨lie˨˩muo˨˩.tɕiɑɔ˧tʰæ̃……（你们叫毯子还叫什么？）哎叫毯子么。那就线毯子和毛毯两种。用毛织成的毯子就叫毛毯，线织成的毯子就叫线毯。æᴇ˧tɕiɑɔ˧tʰæ̃˥˧tsɿ˨˩muo˨˩.nei˧˥˩tɕiou˧˨ɕiæ̃˧tʰæ̃˥˧tsɿ˨˩xuo˩˨˧mɑɔ˩˨˧tʰæ̃˥˧liɑŋ˥˧tʂuoŋ˥˧˨.yoŋ˧mɑɔ˩˨tʂʅ˥˧tʂʰəŋ˩˨˧ti˦˧tʰæ̃˥˧tsɿ˨˩tɕiou˧tɕiɑɔ˧mɑɔ˩˨˧tʰæ̃˥˧,ɕiæ̃˧tʂʅ˥˧˨tʂʰəŋ˩˨˧ti˦˧tʰæ̃˥˧tsɿ˨˩tɕiou˧tɕiɑɔ˧ɕiæ̃˧tʰæ̃˥˧.

毡子

（你们讲的那个毡跟那个毯……毯子是不是一样的？）黄：哎，那错的天上地下了。那是个啥嘛？你毯子是个薄薄的嘛。这个毯子……毡□就这么厚咧你。æᴇ˩˨,næᴇ˧˥˩tsʰuo˧ti˦˧tʰiæ̃˥˧ʂɑŋ˧˨ti˧xɑ˧˨lə˨˩.næᴇ˧˥˩sɿ˧kə˧sɑ˧˨mɑ˨˩?ni˥˧˦tʰæ̃˥˧tsɿ˨˩sɿ˧kə˧pɑɔ˩˨pɑɔ˩˨˧ti˦˧mɑ˨˩.tʂə˧kə˧tʰæ̃˥˧tsɿ˨˩……tʂæ̃˥˧niæ̃˩˨˧tɕiou˧tʂə˧muo˦˧xou˧lie˨˩ni˥˧˨.（哦，毡子厚一些是吧？）毡子厚。tʂæ̃˥˧tsɿ˨˩xou˧.（这是什么呢？）兀是毯子么你。və˧˥˩sɿ˧tʰæ̃˥˧tsɿ˨˩muo˨˩ni˥˧˨.（这个不是。）那它是垫子嘛。这毡，那个毡子硬的敲上带……响咧那。nə˧˥˩tʰɑ˥˧˨sɿ˧˨tiæ̃˧˦tsɿ˨˩mɑ˨˩.tʂei˧˥˩tʂæ̃˥˧,nə˧˨kə˧tʂæ̃˥˧tsɿ˨˩niŋ˧˦ti˦˧tɕʰiɑɔ˥˧ʂɑŋ˧˨tæᴇ˧ɕi……ɕiɑŋ˥˧lie˨˩nə˧˨.（弄起响啊它也？）噢，那是……毡的硬度是可以是个……角角……你提住一个角角，只要你……有劲，一个角你就可以把这个整个毡子可以端起来。ɑɔ˨˧,næᴇ˧˥˩sɿ˧……tʂæ̃˥˧ti˨˩niŋ˧tu˧sɿ˧kʰə˥˧i˥˧˨sɿ˧kə˧……tɕyo˥˧tɕyo˥˧˨……ni˥˧˦tʰi˩˨˧tʂʮ˧˥˩i˥˧˦kə˧tɕyo˥˧tɕyo˥˧˨,tsɿ˥˧˨iɑɔ˧˥˩ni˥˧y……iou˥˧tɕiŋ˧,i˥˧˨kə˧tɕyo˥˧ni˥˧˨tɕiou˧kʰə˥˧i˥˧pɑ˥˧˨tʂə˧kə˧tʂəŋ˥˧kə˧tʂæ̃˥˧tsɿ˨˩kʰə˥˧i˥˧tuæ̃˥˧˨tɕʰi˥˧læᴇ˩˨˧.（就是一块儿板儿了！）噢，像一块儿板儿一样的那。ɑɔ˨˧,ɕiɑŋ˧i˥˧˦kʰuər˥˧˦pæ̃r˥˧i˥˧˨iɑŋ˧ti˦˧næᴇ˧˨.（什么材料做成的？）毛么。mɑɔ˩˨muo˦˧.（羊毛？）羊毛。iɑŋ˩˨mɑɔ˩˨˦.

盖的档头

1.（这个……就是……就是盖在脖子上面呃脖……脖子这里这一头呢被子的？被子的这一头呢？）黄：那叫档头么。nə˧˥˩tɕiɑɔ˧tɑŋ˧tʰou˨˩muo˨˩.（什么？）被子档头么。pi˧tsɿ˦˧tɑŋ˧˦tʰou˨˩muo˨˩.（盖的档头还是被子档头？）盖……盖的档头也有，被子档头也有，都叫。kæᴇ˧˦……kæᴇ˧˦ti˨˩tɑŋ˧tʰou˦˧iɑ˥˧˦iou˥˧˦,pi˧tsɿ˦˧tɑŋ˧tʰou˦˧iɑ˥˧˦iou˥˧˦,tou˥˧˦tɕiɑɔ˧.（呃，靠脚下那一头呢？）那它是两头都叫档头，没有……那拉的这头儿也能盖，那头儿也能盖，根本没有个固定的说一定要盖被子这头。nei˧˥˩tʰɑ˥˧˨sɿ˧liɑŋ˥˧tʰou˩˨tou˥˧˦tɕiɑɔ˧tɑŋ˧tʰou˦˧,mei˩˨iou˥˧……næᴇ˧lɑ˥˧˨ti˨˩tʂei˧tʰour˩˨˦iɑ˥˧˦nəŋ˩˨˦kæᴇ˧,nei˧˥˩tʰour˩˨˧ɑ˥˧˨nəŋ˩˨˧kæᴇ˧,kəŋ˥˧˨pəŋ˥˧mei˩˨iou˥˧kə˧˨ku˧tiŋ˧ti˦˧ʂuo˥˧˨i˥˧˦tiŋ˧iɑɔ˧kæᴇ˧pi˧tsɿ˦˧tʂei˧tʰou˩˨˧.（反正睡在哪一头就是哪一头。）啊，睡得哪一头是哪一头。ɑ˨˧,ʂuei˧˥˩tə˦˧nɑ˥˧i˥˧˨tʰou˩˨˦sɿ˧nɑ˥˧i˥˧˨tʰou˩˨˧.

2.（你们这个被子档头是……缝不缝一个毛巾呢，怕弄……弄脏了？）现在都是被套，谁给弄咧？拉住……谁缝那咧？ɕiæ̃˧tsæᴇ˧tou˥˧˨sɿ˧˨pi˧tʰɑɔ˧,sei˩˨kei˧nuoŋ˧lie˨˩?lɑ˥˧tʂʮ˧˨……sei˩˨fəŋ˩˨˦nə˧lie˦˧?（过去呢？）过去有被子档头儿咧么，有……有……有缝一块儿么。kuo˧tɕʰy˧iou˥˧pi˧tsɿ˦˧tɑŋ˧˨tʰour˩˨˥˩lie˨˩muo˨˩,iou˥˧……iou˥˧……iou˥˧˨fəŋ˩˨i˥˧˦kʰuər˥˧˦muo˦˧.（另一头就不缝？）不缝。pu˩˨˥˩fəŋ˩˨˦.（那缝了的那一块，就是缝在那个上面的那一块东西叫什么？）那就叫个盖的档头。nei˧˥˩tɕiou˧˥˩tɕiɑɔ˧kə˧kæᴇ˧ti˦˧tɑŋ˧tʰou˨˩.（噢，那块儿布叫盖的档

头？）啊。那是很久以前的事情咧。现在谁缝那个？现在被套儿脏咧，一扒，再……光洗被套儿咧。ɑ˩.næᴇ˦˥sʅ˦˥xəŋ˥tɕiou˥i˥˩tɕʰiæ̃˧ti˧sʅ˦tɕʰiŋ˧˦lie˧.ɕiæ̃˦tsæᴇ˦sei˧fəŋ˧˩nə˦˩kə˦˩?ɕiæ̃˦tsæᴇ˦pi˦tʰɑɔr˦tsɑŋ˥lie˧,i˥˩pɑ˥,tsæᴇ˦……kuɑŋ˥˩ɕi˥pi˦tʰɑɔr˦lie˧.

（二）房内用品

尿槽槽

（像以前啊这个冬天冷，这个晚上不想出门，拉尿用什么东西啊？）黄：尿盆子。尿槽槽。niɑɔ˦pʰəŋ˧˩tsʅ˧.niɑɔ˦tsʰɑɔ˧˩tsʰɑɔ˧˦.（尿槽槽是什么？）用木头，把一面儿刨平，中间刨个槽槽，你尿得那个里头。最原始的那个东西叫尿槽槽。yoŋ˦mu˥tʰou˧,pɑ˥˩i˥˩miæ̃r˦pʰɑɔ˦pʰiŋ˧,tʂuoŋ˥˦tɕiæ̃˥˦pʰɑɔ˦˥kə˦˩tsʰɑɔ˧˩tsʰɑɔ˧˦,ni˥˩niɑɔ˦tə˧nə˦kə˦li˥˩tʰou˧.tsuei˦yæ̃˧˩sʅ˥ti˧nə˦˩kə˦˩tuoŋ˥ɕi˧tɕiɑɔ˦niɑɔ˦tsʰɑɔ˧˩tsʰɑɔ˧˦.（那男人有没有特殊的那种……）没有。mei˧iou˥˩.（没尿壶？）没有尿壶。mei˧iou˥˦niɑɔ˦˥xu˧˩.（男同志女同志都用一样的？）都一……都是那个尿槽子，尿槽槽。tou˥˦i˥˩……tou˥˦sʅ˦nə˦kə˦niɑɔ˦tsʰɑɔ˧˩tsʅ˦,niɑɔ˦˥tsʰɑɔ˧˩tsʰɑɔ˧˦.（那个……）男的最大不了有些多的话就是弄那个葫芦。næ̃˧˩ti˧tsuei˦tɑ˦pu˧˩liɑɔ˥˦iou˥ɕie˥˩tuo˥ti˧xuɑ˦˩tsou˦˩sʅ˦˩nuoŋ˦nə˦kə˦xu˧lou˧.（用个葫芦？）葫芦中间这么偏点子割个窟窿儿。也有尿壶嘛。xu˧lou˧tʂuoŋ˥˦tɕiæ̃˥˦tʂə˦˥muo˧pʰiæ̃˥tiæ̃˥˦tsʅ˧kɑ˥˦kə˦kʰu˥luõr˧˩.ie˥iou˥˦niɑɔ˦xu˧mɑ˧.（也有尿壶？）少得很么是。ʂɑɔ˥tə˧xəŋ˥muo˧sʅ˦˩.（尿葫芦说不说？）尿壶。niɑɔ˦xu˧.

火盆子

1.（像以前呐，冬天有没有就说那个取暖的那种手上拿着的？）黄：手炉子？没有，我们这里没有手炉。ʂou˥˩lou˧tsʅ˧?mei˧˩iou˥,ŋuo˥məŋ˧tʂei˦li˥˦mei˧iou˥ʂou˥lou˧˩.（那你冬天要是外出的话，不在室内那你怎么保暖呢？）那就戴个手套儿就对了。næᴇ˦˥tɕiou˦tæᴇ˦kə˦ʂou˥tʰɑɔr˦tsou˦tuei˦lə˧.（有没有这个烤火的那种火笼之类的？）没有。回到房子里头就有火盆子。mei˧˦iou˥˩.xuei˧˩tɑɔ˦˥fɑŋ˧˩tsʅ˧li˥˩tʰou˧tɕiou˦iou˥˦xuo˥pʰəŋ˧˩tsʅ˧.（火盆子是是是什么做的？铁……铁做的吗还是怎么做的？）还有拿泥做下的，有铁做下的。xæᴇ˧˩iou˥˦nɑ˧ni˧tsuo˦˥xɑ˦˩ti˧,iou˥˦tʰie˥tsuo˦˥xɑ˦˩ti˧.（叫火盆儿还是火盆子？）火盆儿。xuo˥pʰə̃r˧˦.（里头烧什么呢？）烧木炭。ʂɑɔ˥mu˥˩tʰæ̃˦.（用……有用那个热水来取暖的吗？）没有。mei˧˦iou˥˩.

2.（以前这个取暖啊，这个有没有这个暖壶这个东西？）黄：没有。muo˥˩iou˥˩.（嗯，也不要用？）不用。就是个火……呃，以前取暖就是个火炉子，呃，就是个火盆儿。有木炭了搭上个木炭，没有木炭了抱一……抱些劈柴点着。pu˧˦yoŋ˦.tsou˦˥sʅ˦kə˦xuo……əl,i˥tɕʰiæ̃˧tɕʰy˥˦nuæ̃˥˦tɕiou˦˥sʅ˦kə˦˩xuo˥lou˧˩tsʅ˦,əl,tsou˦˥sʅ˦kə˦˩xuo˥pʰə̃r˧˩.iou˥mu˥˩tʰæ̃˦lə˦tɑ˥ʂɑŋ˦kə˦˩mu˥˩tʰæ̃˦,mei˧iou˥pu˩（←mu˥）tʰæ̃˦lə˧pɑɔ˦i……pɑɔ˦ɕie˥˦pʰi˥tsʰæᴇ˧˩tiæ̃˥tʂuo˧˩.（那烟不炝得难受吗？）那怕啥？那都是冻的对不住了，你就不怕炝。næᴇ˦˥pʰɑ˦˩sɑ˦?næᴇ˦tou˥˩sʅ˦tuoŋ˦ti˧tuei˦pu˧˩tʂʮ˦lə˧,ni˥˩tsou˦˩pu˧˩pʰɑ˦tɕʰiɑŋ˦˩.（那冬天冬天的话那一那个窑洞里面不就熏得不像样啊？）本身那窑洞都熏的发明咧，还怕那咧？pəŋ˥ʂəŋ˥˦nə˦iɑɔ˧˩tuoŋ˦tou˥˩ɕyoŋ˥ti˧fɑ˥miŋ˧˩lie˦,xæᴇ˧˩pʰɑ˦næᴇ˦˥lie˧?

火筷子

（有火筷子没有？）黄：有火筷子咧。火筷子是烤火盆儿时用的，啊。攥个木炭儿，攥个火屎炭儿的。iou˥xuo˥kʰuæᴇ˧tsɿ˩lie˩.xuo˥kʰuæᴇ˧˥tsɿ˩sɿ˧˩kʰɑɔ˥xuo˥pʰə̃r˩˥sɿ˩˥yoŋ˧ti˩,ɑ˩.tsʰɑɔ˥kə˧˩mu˥˩tʰæ̃r˧,tsʰɑɔ˥kə˧˩xuo˥˧ʂɿ˥˧tʰæ̃r˧ti˩.（拿铁做的吗？）拿铁做的么。拿木头的烧着了。nɑ˩˥tʰie˥tsuo˧˥ti˩muo˩.nɑ˩˥mu˥tʰou˩ti˩ʂɑɔ˥tʂuo˩˥lə˩.

折叠扇

（还有这个呢？）黄：嗯，折叠扇嘛。n̩˩,tʂə˥˩tie˩˥ʂæ̃˧mɑ˩.（叫折叠扇还是折扇子？）折扇子，折叠扇嘛。tʂə˥˩ʂæ̃˧tsɿ˩,tʂə˥tie˩˥ʂæ̃˧mɑ˩.（纸扇，叫不叫？）叫纸扇子。有的是纸的，有的是竹签儿做的，有木头片儿做的那。tɕiɑɔ˧tsɿ˥sæ̃˧tsɿ˩.iou˥ti˩sɿ˧tsɿ˥ti˩,iou˥ti˩sɿ˧˩tʂɥ˥˩tɕʰiæ̃r˥tsɥ˧ti˩,iou˥mu˥˩tʰou˩pʰiæ̃r˥tsɥ˧ti˩næᴇ˧.（有的什么做的？）木头片片做下的。mu˥tʰou˩pʰiæ̃˥pʰiæ̃˥˩tsuo˧xɑ˧ti˩.

蒿褄子

（那你……你们那个在炕……用炕，挂不挂蚊帐啊？）黄：不挂。pu˩˥kuɑ˧˩.（那要有蚊子怎么办？）点个蒿褄子熏一下。tiæ̃˥kə˧˩xɑɔ˥iɑɔ˧tsɿ˩ɕyoŋ˥i˥˩xɑ˧˩.（点什么？）火褄嘛。xuo˥iɑɔ˧tsɿ˩mɑ˩.（什么腰子啊？）用艾蒿那一种蒿子，拧成绳嘛，晒干，晚上你点着，这个蚊子闻着这个味味它就走，它都不敢来了。yoŋ˧˩næᴇ˧xɑɔ˥nei˧i˥˩tʂuoŋ˥˧xɑɔ˥tsɿ˩,niŋ˩˥tʂʰəŋ˩˥ʂəŋ˩˥mɑ˩,sæᴇ˧kæ̃˥,væ̃˥ʂɑŋ˧ni˥˧tiæ̃˥tʂuo˩˥,tʂə˧kə˧vəŋ˩˥tsɿ˩vəŋ˩˥tʂuo˩˥tʂə˧kə˧vei˧˥vei˧˩tʰɑ˥˩tɕiou˧˩tsou˥,tʰɑ˥˩tou˥˩pu˩˥kæ̃˥læᴇ˩˥lə˧.（噢，那个东西叫什么？）叫艾蒿儿么。tɕiɑɔ˧˩næᴇ˧˥xɑɔr˥˩muo˩.（蒿腰子是什么？）蒿褄子，就是拿那个艾蒿拧成的一个绳叫蒿褄子么。xɑɔ˥iɑɔ˧tsɿ˩,tɕiou˧˥sɿ˧˩nɑ˩˥næᴇ˧kə˧næᴇ˧xɑɔ˥˩niŋ˩˥tʂʰəŋ˩˥ti˩i˥˧kə˧ʂəŋ˩˥tɕiɑɔ˧˩xɑɔ˥iɑɔ˧tsɿ˩muo˩.（噢，那种，相当于这个绳子一样的东西你们也叫腰子哈？）噢，褄子么。ɑɔ˧,iɑɔ˧tsɿ˩muo˩.（呃，蚊帐现在有用的吧？）现在有用的。ɕiæ̃˧tsæᴇ˧˥iou˥˩yoŋ˧˥ti˩.（那叫什么呢？）还是叫蚊帐么。xɑ˩˥sɿ˧˥tɕiɑɔ˧vəŋ˩˥tʂɑŋ˧muo˩.

水壶

（呃，提水用的铁的那个壶呢？）黄：水壶。ʂuei˥xu˩˥.（什么样子的你们那水壶？）有滴滴大的。上头口口小一点，带个盖儿的那号儿。过去，很久以前没有铁的，都是铜的。铜壶。现在是这个都是铝铅壶啊。iou˥˧ti˥ti˥˧tɑ˧ti˩.ʂɑŋ˧tʰou˩kʰou˥kʰou˥˩ɕiɑɔ˥i˥˩tiæ̃˥˩,tæᴇ˧kə˧kər˧ti˩nə˧xɑɔr˧˩.kuo˧tɕʰy˧,xəŋ˥tɕiou˥i˥˩tɕʰiæ̃˩˥mei˩˥iou˥˧tʰie˥ti˩,tou˥˩sɿ˧˥tʰuoŋ˩˥ti˩.tʰuoŋ˩˥xu˩˥.ɕiæ̃˧tsæᴇ˧sɿ˧tʂə˧kə˧tou˥˧sɿ˧y˥tɕʰiæ̃˥˩xu˩˥ɑ˩.（那是什么情况下用那个东西啊？）一般情况下都太……不泡茶不做啥都不用兀些。过去那一担子怕烧那，放那个烧个水不些的。现在都不用了。i˥˩pæ̃˥tɕʰiŋ˩˥kʰɑŋ˧˥ɕiɑ˧˩tou˥˩tʰæᴇ˧˩……pu˩˥pʰɑɔ˧tsʰɑ˩˥pu˩˥tsɥ˧sɑ˧tou˥˧pu˩˥yoŋ˧væᴇ˧˩ɕie˥˩.kuo˧tɕʰy˧næᴇ˧i˥˩tæ̃˧˥tsɿ˩pʰɑ˧˩ʂɑɔ˥nə˧,fɑŋ˧nə˧kə˧ʂɑɔ˥kə˧˩ʂuei˥pu˩˥ɕi˥ti˩.ɕiæ̃˧tsæᴇ˧tou˥˩pu˩˥yoŋ˧lə˩.

洋碱

1. 黄：肥皂是洗衣裳的。用来洗衣裳的叫肥皂。fei˩˥tsɑɔ˧sɿ˧ɕi˥˧i˥ʂɑŋ˩˥ti˩.yoŋ˧læᴇ˩˥ɕi˥˧i˥ʂɑŋ˩˥ti˩tɕiɑɔ˧fei˩˥tsɑɔ˧˥.（你们叫洋碱还是什么？）也叫洋碱。最土的是洋碱。ie˥˧tɕiɑɔ˧iɑŋ˩˥tɕiæ̃˥.tsuei˧tʰu˥ti˩sɿ˧˩iɑŋ˩˥tɕiæ̃˥˧.（现在一般说什么？）那就是肥皂么。næᴇ˧˥tɕiou˧sɿ˧fei˩˥tsɑɔ˧muo˩.

2.（那平常洗衣服拿什么？）黄：拿洋碱嘛。nɑ˩˥iɑŋ˩˥tɕiæ̃˥mɑ˩.（外头买的那个？）啊，洋碱嘛。肥皂嘛。再拿洗衣粉儿嘛。ɑ˩,iɑŋ˩˧˩tɕiæ̃˥˧mɑ˧.fei˩˧˩tsɑɔ˥mɑ˧.tsæᴇ˥˩nɑ˩˧˩çi˥˧i˦˩fə̃r˥˧mɑ˧.（你们是一……一块儿一块儿买还是一条一条买还是怎么着？）现在都是一条儿一条儿的买咧，谁还买一块儿？çiæ̃˥tsæᴇ˥tou˥˧˧sɿ˥i˦˩tʰiɑɔr˩˧i˦˩tʰiɑɔr˩˧ti˧mæᴇ˥˧lie˧,sei˩˧˩xɑ˩˧˩mæᴇ˥˧i˦˩kʰuər˥˧?（有没有说买一箱子放那儿放……用着的？）农村现在买洗衣粉也没有买袋袋儿的。我提一大袋子。买香皂，买肥皂这些他都是最多买个两盒儿，不可能买的多。洗衣粉的是欸……去……拎……拎一袋子就走了。luoŋ˩˧tsʰuoŋ˥˧çiæ̃˥tsæᴇ˥mæᴇ˥˧˧çi˥˧i˦˩fəŋ˥˧iɑ˦˩mei˩˧iou˥˧mæᴇ˥˧˧tæᴇ˥tər˥˩ti˧.ŋuo˥˧˧tʰi˩˧˧i˥˧˧tɑ˥tæᴇ˥tsɿ˧.mæᴇ˥˧çiɑŋ˦˩tsɑɔ˥,mæᴇ˥˧fei˩˧˩tsɑɔ˥˦tʂei˥˦çie˦˩tʰɑ˥˧˧tou˥˧˧sɿ˥tsuei˥˩tuo˦˩mæᴇ˥˧kə˥˩liɑŋ˥˧xər˩˧˩,pu˩˧˩kʰə˥˧˧nəŋ˩˧˧mæᴇ˥˧˧ti˧tuo˦˩.çi˥˧i˦˩fəŋ˥˧tə˧sei˩（←sɿ˥ei˧）……tɕʰi˥ts……liŋ˩˧……liŋ˩˧i˦˩tæᴇ˥tsɿ˧tɕiou˥tsou˦˩lə˧.

肥皂

（你们那个肥皂，这个老百姓讲什么？）黄：这个，嗯，现在叫肥皂。过去还有一个……这就分了一……一个……一个……一……就说是洗手的它叫香皂，他说这种就叫肥皂。tʂə˥˩kə˥˦,əŋ˩,çiæ̃˥tsæᴇ˥tɕiɑɔ˥fei˩˧˩tsɑɔ˥.kuo˥˩tɕʰy˥˩xæᴇ˩˧˧iou˥˧˧i˥˧˧kə˥……tʂə˥˦tɕiou˥˩fəŋ˥˧lə˧i˦˩……i˥˩kə˥˩……i˦˩kə˥……i˥˧˧……tɕiou˥ʂuo˦˩sɿ˥˩çi˥˧ʂou˥˧ti˧tʰɑ˥˧˧tɕiɑɔ˥çiɑŋ˥˧tsɑɔ˥˩,tsʰɑ˦˩ʂuo˥˧˧tʂei˥˦tʂuoŋ˥˧tɕiou˥tɕiɑɔ˥fei˩˧˩tsɑɔ˥.（老辈人呢？）洋碱。iɑŋ˩˧˩tɕiæ̃˥˧.（嗯，iɑŋ˩tɕiæ̃˥˧是指香皂还是肥皂？）肥皂。洋碱是指的是香……呃，肥皂。fei˩˧˩tsɑɔ˥.iɑŋ˩˧˩tɕiæ̃˥˧sɿ˥tsɿ˥˧ti˧sɿ˥˩çiɑŋ˦˩tsɿ……ə˥,fei˩˧˩tsɑɔ˥.（洗衣服用的那个。）嗯，洗衣服用的。ə̃˩,çi˥˧i˦˩fu˩˧˧yoŋ˥ti˧.（那个香的那个呢？）香的那个……还叫香皂。çiɑŋ˥˧ti˧nə˥kə˥y˩……xæᴇ˩˧˩tɕiɑɔ˥çiɑŋ˥˧˧tsɑɔ˥.（可能开始的时候没有啊？）啊，刚开始没有。好像这个好像是从……刚开始咧这是老一辈人好像是有那个欸同样类型了都叫洋皂。ɑ˩,kɑŋ˦˩kʰæᴇ˦˩sɿ˥˩mei˩˧˧iou˥˧˧.xɑɔ˥˧˧çiɑŋ˥tʂə˥kə˥xɑɔ˥˧˧çiɑŋ˥sɿ˥˩tsʰuoŋ˩˧……kɑŋ˦˩kʰæᴇ˦˩sɿ˥˧˧lie˧tʂə˥sɿ˥lɑɔ˥˧i˦˩pei˥zəŋ˩˧xɑɔ˥˧˧çiɑŋ˥sɿ˥iou˥˧˧nə˥kə˥ei˧tʰuoŋ˩˧˩iɑŋ˥˩luei˥˦çiŋ˩˧˩lə˧tou˥˧˧tɕiɑɔ˥iɑŋ˩˧tsɑɔ˥.（噢，洋皂？）噢，洗手的那个就不一样了。这个我也想起来了。洗手的那个它叫洋胰子。ɑɔ˩,çi˥˧ʂou˥˧ti˧nei˥kə˥tɕiou˥pu˩˧˩i˦˩iɑŋ˥˩lə˧.tʂə˥˩kə˥ŋuo˥˧ɑ˧çiɑŋ˥˧tɕʰi˦˩læᴇ˩˧˩lə˧.çi˥˧ʂou˥˧ti˧nə˥kə˥˩tʰɑ˥˧˧tɕiɑɔ˥iɑŋ˩˧i˩˧˧tsɿ˧.（洋胰子？）噢，洋胰子。也叫这个欸……洋皂，洋胰子。现在么就叫肥皂，洋皂。ɑɔ˩,iɑŋ˩˧˩i˩˧˧tsɿ˧.ie˥˧tɕiɑɔ˥tʂə˥kə˥ei˥……iɑŋ˩˧˩tsɑɔ˥,iɑŋ˩˧˩i˩˧˧tsɿ˧.çiæ̃˥tsæᴇ˥˦muo˧tɕiou˥tɕiɑɔ˥fei˩˧˩tsɑɔ˥,iɑŋ˦˩tsɑɔ˥.（呃那个洋……洋碱是……）洋碱。iɑŋ˩˧tɕiæ̃˥˧.（那那那也是那时候的吧？）也是那时候的。嗯。ie˥˧sɿ˥˩nei˥˦sɿ˩˧˩xou˥˦ti˧.əŋ˥˧.（嗯。以……以前有没有用那个稻草或者是麦麦麦草把它烧成灰再……）有咧嘛，有。这里里头就说是欸……用荞麦……荞柴……荞麦秆秆烧成灰，然后过一遍水水洗衣。iou˥˧lie˧muo˧,iou˥˧.tʂə˥˦li˥˧˩li˥˧˩tʰou˧tsou˥ʂuo˦˩sɿ˥˩tʂə˥kə˥ei˩……yoŋ˥tɕʰiɑɔ˩˧˩mei˥˧……tɕʰiɑɔ˩˧tsʰæᴇ˩˧˩……tɕʰiɑɔ˩˧˩mei˥˧˧kæ̃˥˧kæ̃˥˧˩ʂɑɔ˦˩tʂʰəŋ˩˧xuei˥˧,zæ̃˩˧˩xou˥kuo˥i˦˩piæ̃˥ʂuei˥˧ʂuei˥˧˩çi˥˧i˦˩.（噢。那个水叫什么？）叫碱水么。tɕiɑɔ˥tɕiæ̃˥˧ʂuei˥˧muo˧.（tɕiæ̃˥˧ʂuei˩？）噢，碱水。这个水又是碱的，碱性的嘛。ɑɔ˩,tɕiæ̃˥˧ʂuei˥˧˩.tʂə˥kə˥ʂuei˥˧iou˥sɿ˥tɕiæ̃˥˧ti˧,tɕiæ̃˥˧çiŋ˥ti˧mɑ˧.（这里有没有皂荚树？）没有，这里好像还没有皂角。没有皂角树。这里有时候，我小时候，见一种□有一种草草咧，就是咱们一种这个欸……圆叶子的这个植物，叫灰藋。muo˩˧˩iou˥˧,tʂə˥li˥˧˩xɑɔ˥˧çiɑŋ˥˩xɑ˩˧˩mei˩˧iou˥˧tsɑɔ˥tɕiɑɔ˥˧˩.mei˩˧iou˥˧tsɑɔ˥tɕiɑɔ˥˧˧ʂʮ˥˩.tʂə˥li˥˧˩iou˥˧sɿ˩˧˩xou˥,ŋuo˥˧çiɑɔ˥˧sɿ˩˧˩xou˥,tɕiæ̃˥i˦˩tʂuoŋ˥˧˧niæ̃˩˧˩iou˥˧i˦˩tʂuoŋ˥˧tsʰɑɔ˥˧tsʰɑɔ˥˧˩lie˧,tɕiou˥sɿ˥tʂɑ˩˧məŋ˧i˦˩tʂuoŋ˥˧tʂə˥kə˥ei˩……yæ̃˩˧ie˦˩tsɿ˧ti˧˧tʂə˥kə˥tʂʅ˩˧vuo˦˩,tɕiɑɔ˥xuei˦˩tʰiɑɔ˩˧˩.（xuei˦˩tʰiɑɔ˩？）灰

藋。啊，灰藋。xuei˦tʰiaɔ˧˩.ã˩,xuei˦tʰiaɔ˧˩.（哪个xuei˦？）呃，徽菜，安徽的徽，徽菜。əl,xuei˦˩tsʰæᴇ˧,næ̃˦xuei˦˩ti˧xuei˦˩,xuei˦tsʰæᴇ˧.（噢，噢，徽草。）欸，他把这个东西然后拿来以后弄上就用手揉一下，把里边的汁子挤出来以后，汁子挤出来以后，也可以洗衣裳。它还是呈碱……呈碱性的，啊。naɔ˩,tʰɑ˦pɑ˦˩tʂə˧kə˧tuoŋ˦ɕi˧ʐæ̃˧˩xou˧nɑ˧˩læᴇ˧˥i˦˩xou˧nuoŋ˧ʂɑŋ˧tɕiou˧yoŋ˧ʂou˦ʐou˧i˦xɑ˧˩,pɑ˦˩li˦piæ̃˦˩tə˧tɕi˧（←tʂʅ˦）tsʅ˧tɕi˦˥tʂʰɥ˦˥læᴇ˧˥i˦˩xou˧,tʂʅ˦tsʅ˧tɕi˦˥tʂʰɥ˦˥læᴇ˧˥i˦˩xou˧,ie˦kʰə˦i˦˩ɕi˦˩i˦ʂɑŋ˧.tʰɑ˦xɑ˧˩sʅ˧tʂʰəŋ˧˩tɕiæ̃˦……tʂʰəŋ˧˩tɕiæ̃˦ɕiŋ˧˩ti˧,ã˩.（那个那个汁你们是讲tɕi˧tsʅ˧还是tʂʅ˦tsʅ˧？）念欸……tʂʅ˦tsʅ˧咧。niæ̃˧ei˩……tʂʅ˦tsʅ˧lie˧.（呃，这个老百姓讲是讲tɕi˦tsʅ˧不？）老百姓就不像这么个叫咧。老百姓那就是这个挤下的那个灰藋水水，他是叫，他叫灰藋水儿。哦。laɔ˦pei˦˩ɕiŋ˧˥tsou˧˩pu˧˩ɕiɑŋ˧tʂə˧muo˧kə˧tɕiaɔ˧lə˧.laɔ˦pei˦˩ɕiŋ˧nei˧tɕiou˧sʅ˧tʂə˧kə˧tɕi˦xɑ˧˩ti˧nei˧kə˧xuei˦tʰiaɔ˧˩ʂuei˦ʂuei˦˩,tʰɑ˦sʅ˧˩tɕiaɔ˧˩,tʰɑ˦˥tɕiaɔ˧xuei˦˩tʰiaɔ˧˩ʂuər˦.ɔ̃˩.

腴子

（那以前是不是拿那个猪身上的那个那个什么东西来洗衣服啊？）黄：猪身上那个腴子那要砸咧么。tʂɥ˦ʂəŋ˦ʂɑŋ˧nə˧kə˧i˧˥tsʅ˧næᴇ˧iaɔ˧tsɑ˧˩lie˧muo˧.（要什么？）要和碱，还有其他东西兑起来才能用咧。iaɔ˧xuo˧˩tɕiæ̃˦,xæᴇ˧˥iou˦˥tɕʰi˧˩tʰɑ˦tuoŋ˦˩ɕi˧tuei˧˥tɕʰi˦læᴇ˧˩tsʰæᴇ˧˩nəŋ˧˥yoŋ˧lie˧.（噢，还要加工一下是吧自己？）那肯定要加工咧嘛。næᴇ˧kʰəŋ˦˩tiŋ˧˥iaɔ˧tɕia˦˩kuoŋ˦lie˧ma˧.（是自己加工吗？）自己加工嘛。tsʅ˧˥tɕi˦˩tɕia˦˩kuoŋ˦ma˧.（你会加工么？）会啊。xuei˧æ˧.（怎么个搞法？）把……把那个猪腴子弄下，然后把这个碱这个欸兑起来以后，然后掂着……放……底下衬一块儿木头板儿，掂个槌槌他尽砸咧嘛。把那个一直砸燃，砸的看着那里细了，有筋子了，然后再把它盘成一捆儿就成了。pɑ˦˥……pɑ˦˥nə˧kə˧tsɥ˦˩i˧˥tsʅ˧nuoŋ˧xɑ˧,ʐæ̃˧˩xou˧pɑ˦˩tʂə˧kə˧˩tɕiæ̃˦tʂə˧˩kə˧˩ei˧tuei˧tɕʰi˦læᴇ˧˩i˦˩xou˧,ʐæ̃˧˩xou˧tiæ̃˦tʂə˧……fɑŋ˧……ti˦xɑ˧˩tsʰəŋ˧i˦˩kʰuər˦˥mu˦tʰou˧pæ̃r˦,tiæ̃˦kə˧˩tʂʰuei˧˩tʂʰuei˧˥tʰɑ˦˩tɕʰiŋ˦tsɑ˧˩lie˧ma˧.pɑ˦˩næᴇ˧kə˧i˦˩tʂʰʅ˧˥tsɑ˧ʐæ̃˧˥,tsɑ˧˩ti˧kʰæ̃˧tʂə˧nə˧li˦˩ɕi˧lə˧,iou˦˥tɕiŋ˦tsʅ˧lə˧,ʐæ̃˧˩xou˧tsæᴇ˧pɑ˦˩tʰɑ˦pʰæ̃˧˩tʂʰəŋ˧˥i˦˩kʰuõr˦tɕiou˧˩tʂʰəŋ˧˩lə˧.（这个怎么ɕi˧lə˧？）就是砸燃以后……tɕiou˧sʅ˧tsɑ˧ʐæ̃˧i˦˩xou˧……（把它砸烂了是吧？）砸，非要砸的细细的，然后感觉到那个已经就说是干咧，就是这个块儿已经硬下咧噢，砸下那个东西就必须就说是这个有咧这个韧性了这个时候，这是可以往一块儿抟了。tsɑ˧,fei˦˩iaɔ˧˥tsɑ˧˩ti˧ɕi˧ɕi˧ti˧,ʐæ̃˧˩xou˧kæ̃˦tɕyo˦˩taɔ˧nə˧kə˧i˦tɕiŋ˦˩tɕiou˧ʂuo˦˩sʅ˧˩kæ̃˦lie˧,tɕiou˧sʅ˧tʂə˧kə˧kʰuər˦i˦tɕiŋ˦˩niŋ˧˥xɑ˧˩lie˧laɔ˩,tsɑ˧˩xɑ˧nə˧kə˧tuoŋ˦ɕi˧tsou˧pi˦˩ɕy˦˩tɕiou˧˥ʂuo˦˩sʅ˧˩tʂə˧˩kə˧˩iou˦lie˧tʂə˧kə˧ʐəŋ˧˥ɕiŋ˧˥lə˧tʂə˧kə˧sʅ˧˩xou˧,tʂə˧sʅ˧˩kʰə˦i˦˩vɑŋ˦˩i˦˩kʰuər˦tʰuæ̃˧˩lə˧.（哦，把它弄成一团？）弄成一团，然后再……在底下放手慢慢地揉，揉的冻成块儿，就成出腴子了。nuoŋ˧tʂʰəŋ˧˥i˦˥tʰuæ̃˧,ʐæ̃˧˩xou˧˥tsæᴇ˧……tsæᴇ˧ti˦xɑ˧fɑŋ˧˥ʂou˦mæ̃˧mæ̃˧tə˧ʐou˧,ʐou˧˩ti˧tuoŋ˧˥tʂʰəŋ˧˩kʰuər˦,tɕiou˧tʂʰəŋ˧˩tʂʰɥ˦˩i˧tsʅ˧lə˧.（哦，它自己会冻成块儿？）哎，你自己……你要拿，你要自己要活动，你……人工手工要把那做成块儿咧嘛你。那是……那是不是用来洗衣裳的。那是用来洗手的。过去没有香皂的情况下，洗手洗脸都要靠那个东西洗咧。æᴇ˩,ni˦tsʅ˧˥tɕi˦˩……ni˦˥iaɔ˧na˧,ni˦˥iaɔ˧tsʅ˧˥tɕi˦˩iaɔ˧xuo˧˩tuoŋ˧,ni˦˥……ʐəŋ˧kuoŋ˦˩ʂou˦kuoŋ˦˥iaɔ˧pɑ˦˩næᴇ˧tsuo˧˥tʂʰəŋ˧˩kʰuər˦˥lie˧ma˧ni˦˩.nə˧sʅ˧……nə˧˥sʅ˧˩pu˧˩sʅ˧yoŋ˧˥læᴇ˧˥ɕi˦i˦ʂɑŋ˧˩ti˧.nə˧˥sʅ˧˩yoŋ˧˥læᴇ˧ɕi˦˥ʂou˦ti˧.kuo˧˥tɕʰy˧mei˧˩iou˦ɕiɑŋ˦˩tsaɔ˧ti˧tɕʰiŋ˧˩kʰuɑŋ˧ɕia˧,ɕi˦ʂou˦ɕi˦liæ̃˦tou˦˩iaɔ˧kʰaɔ˧nə˧kə˧tuoŋ˦ɕi˧ɕi˦lie˧.（那它不变味道吗？）不变。那里头如果是人口现在这个砸这个猪腴子的话，还给它买点……买点……买一块儿

香皂，把香皂和那个都砸到一块儿。pu˨˩˧piæ̃˦.næᴇ˦li˥˧tʰou˧zʮ˨˩kuo˥˧sɿ˦˨zəŋ˨˩niæ̃˨˩˧ɕiæ̃˦tsæᴇ˦˥t ʂə˦˨kə˦˨tsɑ˨˩˧tʂə˦kə˦tʂʮ˥˩i˨˦tsɿ˧ti˥xuɑ˦,xɑ˨˩kei˦tʰɑ˧˥mæᴇ˥˧tiæ̃˥˩……mæᴇ˥˧tiæ̃˥˩……mæᴇ˥˧i˥˩kʰuər˥˧ ɕiɑŋ˥˩tsɑɔ˦,pɑ˥˩ɕiɑŋ˥˩tsɑɔ˦˥xuo˨˩˧nə˦kə˦tou˥˩tsɑ˨˩tɑɔ˦˥i˥˩kʰuər˥˧.（现在还有砸的啊？）哎有砸的么。洗出来的话就是这个欸就成了香皂儿味儿了。但是它用那个东西洗手要比你香皂好咧。ŋæᴇ˩˧iou˥˧tsɑ˨˩tə˥muo˥.ɕi˥˧tʂʰʮ˥˧læᴇ˨˩tə˧xuɑ˦tsou˦sɿ˦tʂə˦˨kə˦˨ei˨˩tɕiou˦tʂʰəŋ˨˩lə˥ɕiɑŋ˥˩tsɑɔr˦˥ vər˦˨lə˧.tæ̃˦˨sɿ˦˨tʰɑ˥˧yoŋ˦nə˦kə˦tuoŋ˥˧ɕi˧ɕi˥˧ʂou˥˧iɑɔ˦pi˥˧ni˥˧ɕiɑŋ˥˩tsɑɔ˦˥xɑɔ˥˩lie˧.（还好些？）洗下手是个绵的，光。噢，特别是冬天。ɕi˥˧xɑ˦˨ʂou˥˧sɿ˦˨kə˦˨miæ̃˨˩ti˥muo˧,kuɑŋ˥˧.ɑɔ˨˩,tʰei˥˩pie ˨˦sɿ˦˨tuoŋ˥˧tʰiæ̃˥˩.

四平柜

1.（四平柜是什么东西？）黄：那就是做下，根据那个尺寸。næᴇ˦tɕiou˦sɿ˦tsuo˦˥xɑ ˦˨,kəŋ˥˩tɕy˦nə˦kə˦tʂʰʅ˥˧tsʰuoŋ˦˨.（嗯，四四方方儿？）方方儿的。这都是这个欸，这最起码得四尺长嘛，得二尺五宽么。上头做两个盖儿，能揭开的那种。fɑŋ˥˧fɑ̃r˥˩ti˥.tʂei˦tou˥˩ sɿ˦tʂə˦kə˦ei˨˩,tʂə˦˨tsuei˦tɕʰi˥˧mɑ˥˧tei˥˩sɿ˦tʂʰʅ˥˩tʂʰɑŋ˨˩mɑ˥,tei˥˩ər˦tʂʰʅ˥˧vu˥˧kʰuæ̃˥˧muo˧.ʂɑŋ˦tʰou ˥tsuo˦˨liɑŋ˥˧kə˦˨kər˦,nəŋ˨˩tɕie˥˩kʰæᴇ˥˧ti˧nei˦tʂuoŋ˥˩.（是从上面揭开的？）啊，从上面揭。ɑ˨˩,tsʰuoŋ˨˩ʂɑŋ˥˦miæ̃˦tɕie˥˧.（两个门吗？）没有门。muo˥˩iou˥˧məŋ˨˩.（两个盖是吧？）啊，两个盖。ɑ˨˩,liɑŋ˥˧kə˦˨kæᴇ˦.（呃，就是一边一个？）嗯。ŋ̍˦.

2.（这个叫什么？）黄：那个柜，那叫四平柜。nə˦kə˦kuei˦,nei˦tɕiɑɔ˦sɿ˦pʰiŋ˩˧kʰuei˦˨.（为什么叫四平柜呢？）这个过去里头这个，你看它这个里头，既有那面装的东西，这面又有抽屉，还又有这个门门子，里头还做的有账簿，还有四种作用哩。也叫四平柜……四平柜。这叫欸小……这叫小立柜。tʂə˦kə˦kuo˦˥tɕʰy˦li˥˧tʰou˧tʂə˦˨kə˦˨,ni˥˩kʰæ̃˦˨tʰɑ˥˧tʂə˦kə˦li˥˧tʰ ou˧,tɕi˦iou˥˧nei˦miæ̃˦˨tʂuɑŋ˥˧ti˧tuoŋ˥˧ɕi˧,tʂei˦miæ̃˦iou˦iou˥˧tʂʰou˥˧tʰi˧,xæᴇ˩˧iou˦iou˥˧tʂə˦kə˦məŋ˩˧m əŋ˨˦tsɿ˧,li˥˧tʰou˧xæᴇ˩˧tsʮ˦ti˥iou˥˧tʂɑŋ˦˥pʰu˦˨,xæᴇ˨˩iou˥˧sɿ˦˥tʂuoŋ˥˩tsuo˥˩yoŋ˦˥li˧.iɑ˥˧tɕiɑɔ˦sɿ˦piŋ˩˧（←pʰiŋ˩˧）kʰu……sɿ˦˥pʰiŋ˩˧kʰuei˦˨.tʂei˦˥tɕiɑɔ˦ei˨˩ɕiɑɔ˥˧……tʂei˦tɕiɑɔ˦ɕiɑɔ˥˧li˥˩kʰuei˦.（这小立柜？）啊。ɑ˨˩.（这叫呢？）这叫中衣柜。tʂei˦tɕiɑɔ˦tʂuoŋ˥˧i˥˩kuei˦.（那面是不是还有可以开的？）没有开的，就这一面儿。mei˩˧iou˥˧kʰæᴇ˥˧ti˧,tɕiou˦tʂei˦i˥˩miæ̃r˦.（那这个里头怎么开呢？这这这么大！）那个里头，它是里头装的，盖盖揭开放的。nə˦˨kə˦li˥˧tʰou ˧,tʰɑ˥˧sɿ˦li˥˧tʰou˧tʂuɑŋ˥˧ti˧,kæᴇ˦˥kæᴇ˦˨tɕie˥˦kʰæᴇ˥˧fɑŋ˦ti˧.（这上面是盖子？）啊，盖子么。ɑ˨˩,kæᴇ˦˥tsɿ˧muo˧.（噢。）这是最古老的这个东西，叫四平柜。tʂə˦sɿ˦tsuei˦˥ku˥˧lɑɔ˥˧ti˧tʂə˦kə˦ tuoŋ˥˧ɕi˧,tɕiɑɔ˦sɿ˦˥pʰiŋ˩˧kʰuei˦˨.

八仙柜

黄：八仙柜的话，上头是……上头是两个盖，这中……这这这个边边子这儿这还要做个柜柜子。这个门子还能拉开的。pɑ˥˩ɕiæ̃˥˧kʰuei˦ti˥xuɑ˦,ʂɑŋ˦tʰou˥sɿ……ʂɑŋ˦˥tʰou˧sɿ˦liɑŋ˥˧ə˨˩（←kə˦）kæᴇ˦,tʂei˦tʂuoŋ˥˧……tʂei˦tʂei˦tʂei˦kə˦pʰiæ̃˥˧pʰiæ̃˥˩tsɿ˧tʂər˦˥tʂə˦˨xæᴇ˨˩iɑɔ˦tsʮ˦kə˦k uei˦˥kuei˦˨tsɿ˧.tʂei˦kə˦məŋ˨˩tsɿ˥xæᴇ˨˩nəŋ˨˩˧lɑ˥˩kʰæᴇ˥˧ti˧.（边上是吧？）噢，边上有个，就是这一头儿嘛，这是一个八仙柜的话，它靠住这一头的话，这个地方还做了个像这个柜柜子这么贴下那柜柜，能拉开的么。上头还带抽屉的那种。噢，而且这个柜柜子，这个往开开以后，它的柜子里头，盖盖揭开里头，他还做一个放东西的盘子，叫掌盘么。ɑɔ˨˩,piæ̃˥˧ʂɑŋ˦˨iou˥˧kə˦˨,tɕiou˦˨sɿ˦˨tʂei˦˥i˥˩tʰour˩˧mɑ˥,tʂə˦˥sɿ˦˨i˥˩kə˦˥pɑ˥˩ɕiæ̃˥˧kʰuei˦˥tə˧xu ɑ˦,tʰɑ˥˩kʰɑɔ˦tʂʮ˦tʂei˦i˥˧tʰou˨˩ti˧xuɑ˦˨,tʂə˦˨kə˦˨ti˦˥fɑŋ˥˩xɑ˨˩tsʮ˦lə˥kə˦ɕiɑŋ˦˨tʂə˦˥kə˦˥kuei˦˥k uei˥˩tsɿ˧tʂə˥mə˧tʰie˥˧xɑ˥˩nə˥kuei˥kuei˥,nəŋ˨˩la˥˩kʰæᴇ˥˧ti˧muo˧.ʂɑŋ˥tʰou˧xɑ˨˩tæᴇ˥tʂʰou˥˧tʰi˥˩ti˧nei˥tʂuoŋ˥˩.ɑɔ˦˩,ər˨˦tɕʰie˥˩tʂə˥kə˥kʰuei˥˧kʰuei˥˩tsɿ˧,tʂə˥kə˥vɑŋ˥˩kʰæᴇ˥˧kʰæᴇ˥˧i˥˩xou˥˦,tʰɑ˥˩tə˧kuei˥tsɿ˧li˥˧tʰou˧,kæᴇ˥kæᴇ˥tɕie˥˩kʰæᴇ˥˧li˥˩tʰou˧,tʰɑ˥˩xɑ˨˩tsuo˥˦i˥˧kə˥fɑŋ˥tuoŋ˥˩ɕi˧ti˧pʰæ̃˨˩tsɿ˧,tɕiɑɔ˥tʂɑŋ˥˧pʰæ̃˨˩muo˧.（手掌的掌啊？）噢，手掌的掌。掌盘，是木头盘子的盘么。它这个东西就是里头做成格格的。欸，你可以推进去，放在里头，取东西出来，拉出来，掌盘。ɑɔ˦˩,ʂou˥˧tʂɑŋ˥˧ti˧tʂɑŋ˥˩.tʂɑŋ˥˧pʰæ̃˨˦,sɿ˥mu˥˧tʰou˧pʰæ̃˨˩tsɿ˧ti˧pʰæ̃˨˦muo˧.tʰɑ˥˧tʂə˥kə˥tuoŋ˥˩ɕi˧tɕiou˥˩sɿ˥˩li˥˧tʰou˧tsuo˥˦tʂʰəŋ˨˦kə˥˧kə˥˩ti˧.ei˥,ni˥˧kʰə˥˧i˥˧tʰuei˥˩tɕiŋ˥˧tɕʰy˥˩,fɑŋ˥tsæᴇ˥li˥˩tʰou˧,tɕʰy˥˧tuoŋ˥˩ɕi˧tʂʰʮ˥˧læᴇ˨˩,la˥˩tʂʰʮ˥˧læᴇ˨˩,tʂɑŋ˥˧pʰæ̃˨˩.（欸那个……那个……什么样子呢外观的那个八仙柜？你画一下看！）这就是八仙柜，就是像这么个，就像这么个东西。tʂei˥˦tɕiou˥˦sɿ˥˩pa˥˩ɕiæ̃˥˧kʰuei˥,tsou˥˦sɿ˥˩ɕiɑŋ˥tʂə˥˦muo˧kə˥˩,tsou˥ɕiɑŋ˥tʂə˥˦muo˧kə˥tuoŋ˥˩ɕi˧.（高不高？）也就这么高。ie˥˧tɕiou˥tʂə˥˩muo˧kɑɔ˥˩.（从从地上到……）噢，从地上到这么个。ɑɔ˦˩,tsʰuoŋ˨˩ti˥ʂɑŋ˥tɑɔ˥tʂə˥muo˧kə˥.（它的上面还……还有门啊？）可以开个。它……它除了这门子，八仙柜是……就是一……一头儿多咧那么个东西，再的是和这一模儿一样的，和那个四平柜一样，都要揭开就行了。kʰə˥˧i˥˧kʰæᴇ˥˧kə˥.tʰɑ……tʰɑ˥˧tʂʰʮ˨˩liɑɔ˥˧tsə˥˩mei˥˦（←məŋ˨˦）tsɿ˧,pa˥˩ɕiæ̃˥˧kʰuei˥sɿ˥……tɕiou˥˦sɿ˥i……i˥˩tʰour˨˦tuo˥˧lie˧nə˥˦muo˧kə˥˩tuoŋ˥˧ɕi˧,tsæᴇ˥ti˧sɿ˥xuo˨˩tʂei˥˦i˥˩muor˨˦i˥˩iɑŋ˥˧ti˧,xuo˨˩nə˥kə˥sɿ˥˦pʰiŋ˨˦kʰuei˥i˥˩iɑŋ˥,tou˥˧iɑɔ˥tɕie˥˩kʰæᴇ˥˧tsou˥ɕiŋ˨˩lə˥.（它那柜子顶上还能揭开？）它的……八仙柜它都是上面揭咧。四平柜它都是从上头开咧。tʰɑ˥˩tə˧……pa˥˩ɕiæ̃˥˧kʰuei˥tʰɑ˥˧tou˥˧sɿ˥˩ʂɑŋ˥miæ̃˥tɕie˥˧lie˧.sɿ˥pʰiŋ˨˦kʰuei˥tʰɑ˥˩tou˥˧sɿ˥˩tsʰuoŋ˨˩ʂɑŋ˥˧tʰou˧kʰæᴇ˥˧lie˧.（啊，不是从旁边儿是这么开？）旁边是……八仙柜这是一头儿留了这么一点儿。这整个儿的还是给……柜子从上边往开。pʰɑŋ˨˦piæ̃˥˧sɿ˥˩……pa˥˩ɕiæ̃˥˧kʰuei˥tʂə˥sɿ˥i˥˩tʰour˨˦liou˨˩lə˧tʂə˥muo˧i˥˩tiær˥˩.tʂə˥˩tʂəŋ˥˧kər˥ti˧xa˨˩sɿ˥kei˥……kʰuei˥tsɿ˧xa˨˩sɿ˥tsʰuoŋ˨˩ʂɑŋ˥˦piæ̃˥˩vɑŋ˥˩kʰæᴇ˥˩.（那就跟箱子差不多了？）哎不一样嘛。箱子的那个盖，它最起码来说是两边……它那个盖揭开有个盖咧。这往侧一……就这么一块儿木板儿我……æᴇ˥˧pu˨˩i˥˩iɑŋ˥˦ma˧.ɕiɑŋ˥˧tsɿ˧ti˧nə˥kə˥kæᴇ˥,tʰɑ˥˧tsuei˥tɕʰi˥˧ma˥˧læᴇ˨˩ʂuo˥˩sɿ˥liɑŋ˥˧piæ̃˥˩……tʰɑ˥˩nə˥kə˥kæᴇ˥tɕie˥˩kʰæᴇ˥˧iou˥˧kə˥kæᴇ˥˧lie˧.tʂei˥vɑŋ˥˩tsʰei˥˧i˥˩tɕi……tɕiou˥tʂei˥muo˧i˥˩kʰuər˥˧mu˥˩pær˥˧ŋuo˥˩……（一个平板儿？）一个平板儿我就开开了。i˥˩kə˥pʰiŋ˨˩pær˥˧ŋuo˥˩tsou˥kʰæᴇ˥˩kʰæᴇ˥˧lə˧.（它上面有什么装饰没有？）那就是欸无非是这个柜头起画个……装饰一点儿，画点儿花儿不些的，这没……nə˥tsou˥˦sɿ˥ei˩vu˨˩fei˥˩sɿ˥tʂə˥kə˥kʰuei˥tʰou˨˩tɕʰie˥˧xua˥kə˥……tʂuɑŋ˥˧ʂʮ˥˩i˥˧tiær˥˩,xua˥tiær˥˧xuar˥˧pu˨˩ɕi˥˧ti˧,tʂə˥mei˨……（有没有那个铜片片，像个桃叶一样的……）那有咧么。那你这个柜子这个闩子，这个闩子这些来的，像这些拉手这都是……过去都是铜的么，现在那都是铁的。拉个……安个拉手，过去……nei˥˦iou˥˩lie˧muo˧.nei˥ni˥˧tʂə˥kə˥kʰuei˥˧tsɿ˧tʂə˥kə˥ʂuæ̃˥˧tsɿ˧,tʂə˥kə˥ʂuæ̃˥˧tsɿ˧tʂei˥ɕie˥˩læᴇ˨˩ti˧,ɕiɑŋ˥˧tʂei˥ɕie˥˧la˥˩ʂou˧tʂei˥tou˥˩sɿ˥˩……kuo˥tɕʰy˥tou˥˩sɿ˥tʰuoŋ˨˩ti˧muo˧.ɕiæ̃˥tsæᴇ˥nə˥tou˥˩sɿ˥˩tʰie˥˧ti˧,la˥˩kə˥˩……næ̃˥˩kə˥˩la˥˩ʂou˧,kuo˥˦tɕʰy˥˩……（那个铜的那个片片叫什么？）箱篦子么。ɕiɑŋ˥˩pi˥tsɿ˧muo˧.（箱鼻子？）篦子，篦梳的篦，呃。pi˥tsɿ˧,pi˥˧ʂʮ˥˩ti˧pi˥,əɔ˩.（你们这是什么形状的呢？）都多一半儿是长方形的，也有圆的。tou˥˩tuo˥˧i˥˧pær˥sɿ˥tʂʰɑŋ˨˦fɑŋ˥˩ɕiŋ˨˩ti˥,ie˥˧iou˥˩yæ̃˨˦ti˥.（有没有那种……有半圆儿的？）哎，它都是一个圆儿。æᴇ˦,tʰɑ˥˧tou˥˩sɿ˥˩i˥˩kə˥yær˨˩.

板柜

（板柜是什么样？）黄：板柜就是这些柜……人不修边幅嘛。是四面都是木头推下那么个。上头盖盖能揭开。这都多一半儿用来放粮食，放面的么。pæ̃˥˧kuei˧tɕiou˧sɿ˧tʂei˧ɕie˥˧kuei˧……zəŋ˨˩pu˨˧ɕiou˥˧pʰiæ̃˥˧（←piæ̃˥˧）fu˥˩ma˨.sɿ˧sɿ˧miæ̃˧tou˥˩sɿ˧˩mu˥˧tʰou˨tʰuei˥˧xa˧nə˧mu o˧kə˧˩.ʂaŋ˧tʰou˧kæᴇ˧kæᴇ˧nəŋ˨˩tɕie˥˩kʰæᴇ˥.tʂei˧˥tou˥˩tuo˥˧i˥˩pæ̃r˧yoŋ˧˦læᴇ˨˩faŋ˧liaŋ˨˩ʂʅ˨˥,faŋ˧˩miæ̃˧˦ti˨muo˨.

梳头匣子

（妇女同志化妆的时候有这么个小箱子，小柜子呀，里头装点儿首饰呀什么的。）黄：那叫梳头匣子。梳头匣子梳妆台嘛。na˧˥tɕiaɔ˧ʂʮ˥˩tʰou˨˩ɕia˨˩tsɿ˨.ʂʮ˥˧tʰou˨˩ɕia˨˩tsɿ˧ʂʮ˥˧tʂuaŋ˥˩tʰæᴇ˨˩ma˧.（你们叫梳妆台还是梳妆匣子？）梳……梳妆台是梳妆台，梳头匣子☐是梳头匣子。ʂʮ……ʂʮ˥˧tʂuaŋ˥˩tʰæᴇ˨˩sɿ˧˩ʂʮ˥˧tʂuaŋ˥˩tʰæᴇ˨˩,ʂʮ˥˩tʰou˨˩ɕia˨˩tsɿ˧niæ̃˨˩sɿ˧ʂʮ˥˩tʰou˨˩ɕia˨˩tsɿ˧.（这个梳头匣子里面一般都放些什么东西啦？）女人的化妆品嘛。ny˥˧zəŋ˨˩ti˨xua˧˦tʂuaŋ˥˩pʰiŋ˥˧ma˨.（嗯。以前那些呃那个那个旧时候那些妇女化妆用……一般用些什么东西？）那也是梳子、篦子嘛。呃，粉，胭脂，头花。næᴇ˧˥ia˥˧sɿ˧ʂʮ˥˧tsɿ˨,pi˧tsɿ˨ma˨.ə˨˩,fəŋ˥˧,iæ̃˥˧tsɿ˥˩,tʰou˨˩xua˥˧.（粉和胭脂有什么区区区别吗？）欸，咋个嘛？胭脂是带红颜色儿的么，粉该是白的嘛。ei˨˩,tsa˥˧kə˧˩ma˨?iæ̃˥˧tsɿ˥˩sɿ˧˩tæᴇ˧xuoŋ˨˩iæ̃˨˩sər˥˧ti˨muo˨,fəŋ˥˧kæᴇ˥˩sɿ˧˩pei˨˩ti˨ma˧.（噢。还有呢？）这整个儿头饰它都是……女人的那些欸化妆品它都在那匣子里装着咧。嗯。tʂə˧tʂəŋ˥˧kər˧tʰou˨˩ʂʅ˥˧tʰa˥˧tou˥˩sɿ˧……ny˥˧zəŋ˨˩ti˨nei˧ɕie˥˧ei˨xua˧˦tʂuaŋ˥˩pʰiŋ˥˧tʰa˥˩tou˥˦tsæᴇ˧næᴇ˧ɕia˨˩tsɿ˧li˥˩tʂuaŋ˥˧tʂə˨lie˨.ə̃˧.（都是用什么做的头花儿？）那你看你有钱没有钱啦嘛。有钱你可以拿金子做下，没钱了做银子的嘛。没有银子的，你可以买铁的，马牙铁的那些，看上灵亮的都是。næᴇ˧˥ni˥˧kʰæ̃˧ni˥˧iou˥˧tɕʰiæ̃˨˩mei˨˩iou˥˧tɕʰiæ̃˨˩la˨ma˨.iou˥˧tɕʰiæ̃˨˩ni˥˧kʰə˥˧i˥˧na˨˩tɕiŋ˥˧tsɿ˨tsuo˧xa˧,muo˥˩tɕʰiæ̃˨˩lə˧tsuo˧iŋ˨˩tsɿ˧ti˨ma˨.muo˥˦iou˥˧iŋ˨˩tsɿ˧ti˨,ni˥˧kʰə˥˧i˥˧mæᴇ˥˧tʰie˥˧ti˨,ma˥˧ia˨˩tʰie˥˧ti˨nei˧ɕie˥˧,kʰæ̃˧ʂaŋ˧liŋ˨˩liaŋ˧ti˨tou˥˧sɿ˧˩.（有木头做的吧？）梳子用木头做的咧，但是那些头饰不可能拿木头做去。ʂʮ˥˧tsɿ˨yoŋ˧mu˥˧tʰou˨tsuo˧ti˧lie˧,tæ̃˧sɿ˧nei˧ɕie˥˧tʰou˨˩ʂʅ˥˧pu˨˩kʰə˥˩nəŋ˨˩na˨˩mu˥˩tʰou˨tsuo˧tɕʰie˧.（我说那个匣子噢！）匣子都是木头做下的。ɕia˨˩tsɿ˧tou˥˧sɿ˧mu˥˧tʰou˨tsuo˧˥xa˧˩ti˨.

箱架子、箱柜儿

黄：箱子现在……过去箱子……支箱子叫它箱架子。钉个木头架架，把那放上。ɕiaŋ˥˧tsɿ˨ɕiæ̃˧tsæᴇ˧……kuo˧tɕʰy˧ɕiaŋ˥˧tsɿ˨……tsɿ˥˩ɕiaŋ˥˧tsɿ˨tɕiaɔ˧tʰa˥˧ɕiaŋ˥˩tɕia˧˦tsɿ˨.tiŋ˧kə˧mu˥˧tʰou˨tɕia˧˦tɕia˧,pa˥˩na˧faŋ˧ʂaŋ˧.（噢，还有箱架子我们这里？）噢，现在都已经又进步了。现在又做个箱柜儿。aɔ˧,ɕiæ̃˧tsæᴇ˧tou˥˩i˥˧tɕiŋ˥˩iou˧tɕiŋ˧pʰu˧lə˨.ɕiæ̃˧tsæᴇ˧iou˧tsuo˧˥kə˧˩ɕiaŋ˥˩kuər˧.（箱柜？）噢，箱柜。和这个东西一模儿一样的。就是这个面子上不放其他东西了。把箱子放到个上头就对了。aɔ˨˩,ɕiaŋ˥˩kuei˧.xuo˨˩tʂə˧kə˧tuoŋ˥˧ɕi˨li˥˩muor˨˥i˥˩iaŋ˧ti˧.tsou˧sɿ˧tʂə˧kə˧miæ̃˧˦tsɿ˨ʂaŋ˧˩pu˨˩faŋ˧tɕʰi˨˩tʰa˥˧tuoŋ˥˧ɕi˨lə˨.pa˥˩ɕiaŋ˥˧tsɿ˨faŋ˧taɔ˧kə˧ʂaŋ˧tʰou˧tɕiou˧tuei˧lə˨.（哦，专门用来放箱子的？）专门儿放来放箱子。tʂuæ̃˥˩mə̃r˨˩faŋ˧læᴇ˨˩faŋ˧ɕiaŋ˥˧tsɿ˨.（那底下还是可以……）底下是放个鞋来的。ti˥˧ɕia˧tʰa˥˧sɿ˧faŋ˧kə˧ɕie˨˩læᴇ˨˥ti˨.（作柜子用吗？）啊，作柜子，放个被子，放个箱子就……用处就多了。把空间，有效的空间都用上了。a˨˩,tsuo˧˩kuei˧˦tsɿ˨,faŋ˧kə˧pi˧tsɿ˨,faŋ˧kə˧ɕiaŋ˥˧tsɿ˨tsou˧……yoŋ˧tʂʰʮ˧tɕiou˧tuo˥˧lə˨.pa˥˩kʰuoŋ˥˦tɕiæ̃˥˩,iou˥˧ɕiaɔ˧ti˧kʰuoŋ˥˦tɕiæ̃˥˩tou˥˩yoŋ˧ʂaŋ˧˥lə˨.

桌子

1.（这个桌子叫什么？）黄：就叫个桌子。tɕiou˦˥tɕiao˦kə˦tʂuo˥˩tsɿ˧.（你们不叫台吧？）不叫。台那就是，现在兴下的有叫写字台嘛。又叫办公桌儿么。还又叫这个欸那个三斗儿桌子。pu˨˦˧˥tɕiao˦.tʰæᴇ˨˦næᴇ˦tɕiou˦˨sɿ˦˨,ɕiæ̃˦tsæᴇ˦ɕiŋ˥˩xa˦˨ti˧iou˥˩˧˥tɕiao˦ɕie˥˩tsɿ˦˥tʰæᴇ˨˦ma˧.iou˦tɕiao˦pæ̃˦˧˥kuoŋ˥˩˨tʂuor˥˩muo˧.xæᴇ˨˦˨iou˦tɕiao˦tʂə˦kə˦ei˦nə˦kə˦sæ̃˥˩˨tour˥˩tʂuo˥˩tsɿ˧.（三斗桌子。像这种应该叫做三斗桌子吧？）三个三个抽屉么。三斗儿桌。sæ̃˥˩kə˦˨sæ̃˥˩kə˦˨tʂʰou˥˩tʰi˦˨muo˧.sæ̃˥˩˨tour˥˩tʂuo˥˩˨.

2.（有大……大小的这个桌子的区分吗？）黄：桌子那你是……像这种桌子叫这个欸办公桌子，三斗儿桌子。那还有这个哎吃饭桌子，八仙桌子。炕桌子。tʂuo˥˩tsɿ˧næᴇ˦ni˥˩˧˥sɿ˦˨……ɕiaŋ˦tʂei˦˥tʂuoŋ˥˩˨tʂuo˥˩tsɿ˧tɕiao˦˥tʂə˦˨kə˦˨ei˨pæ̃˦˧˥kuoŋ˥˩˨tʂuo˥˩tsɿ˧,sæ̃˥˩˨tour˥˩tʂuo˥˩tsɿ˧.næᴇ˦xæᴇ˨˦˨iou˥˩tʂə˦kə˦æᴇ˦tʂʰʅ˥˩˨fæ̃˦tʂuo˥˩tsɿ˧,pa˥˩˨ɕiæ̃˥˩tʂuo˥˩tsɿ˧.kʰaŋ˦˧˥tʂuo˥˩˨tsɿ˧.（炕上面，放炕上面的桌子？）那是小嘛，腿腿短么，放得炕上就坐下可以吃饭么，炕桌子。nə˦˥sɿ˦˨ɕiao˥˩ma˧,tʰuei˥˩tʰuei˥˩˨tuæ̃˥˩muo˧,faŋ˦tə˧kʰaŋ˦˥ʂaŋ˦˨tɕiou˦tsuo˦xa˦kʰə˥˩i˥˩˨tʂʰʅ˥˩˨fæ̃˦muo˧,kʰaŋ˦˧˥tʂuo˥˩tsɿ˧.

3. 黄：低桌子，先把那小桌子腿短一点，那个叫低桌子。那个……炕桌子的一个类型。ti˥˩tʂuo˥˩tsɿ˧,ɕiæ̃˥˩pa˥˩˨næᴇ˦ɕiao˥˩tʂuo˥˩˨tsɿ˧tʰuei˥˩tuæ̃˥˩i˥˩˨tiæ̃˥˩˨,nə˦kə˦tɕiao˦ti˥˩tʂuo˥˩tsɿ˧.næᴇ˦kə˦kʰ……kʰaŋ˦˧˥tʂuo˥˩tsɿ˧ti˧i˥˩˧˥kə˦luei˦ɕiŋ˨˦.（噢，也可以放炕上？）噢，也可以放炕上，可以放到地上。aɔ˨˦,ie˥˩kʰə˥˩i˥˩faŋ˦kʰaŋ˦ʂaŋ˦˨,kʰə˥˩i˥˩˨faŋ˦tao˦ti˦˧˥ʂaŋ˦˨.（噢，放到炕上……放到地上又又放到地……炕上？）啊。a˦.（那不怕它那个那个脚上面搞脏了？）欸，那点都无所谓。ei˨,nei˦˥tiæ̃˥˩˨tou˥˩˨vu˨˦ʂuo˥˩vei˦.（这个地桌子……地桌子你们……）低是高低的低，可不是地哟。ti˥˩sɿ˦˨kao˥˩˧˥ti˥˩ti˧ti˥˩,kʰə˥˩˨pu˨˦sɿ˦ti˦˧˥iao˧.（啊，低桌子。呃，也可以叫做什么？）炕桌子，低桌子。kʰaŋ˦˧˥tʂuo˥˩tsɿ˧,ti˥˩tʂuo˥˩tsɿ˧.（是一回事是吧？）一回事，呃。i˥˩˨xuei˨˦sɿ˦,ə˨.

三斗儿桌子

黄：这把这叫……这种……简单的这种桌子叫三斗儿桌子。tʂei˦˥pa˥˩˨tʂei˦˥tɕiao˦……tʂei˦˥tʂuoŋ˥˩˨……tɕiæ̃˥˩tæ̃˥˩˨ti˧tʂei˦tʂuoŋ˥˩˨tʂuo˥˩tsɿ˧tɕiao˦sæ̃˥˩˨tour˥˩tʂuo˥˩˨tsɿ˧.（三斗桌子？）啊，三斗儿桌子，因为它有三个斗斗么。那面那个就不，那个这桌子，那叫写字台。a˨,sæ̃˥˩˨tour˥˩tʂuo˥˩˨tsɿ˧,iŋ˥˩˨vei˦˥tʰa˥˩˧˥iou˥˩˧˥sæ̃˥˩kə˦˨tou˥˩tou˥˩˨muo˧.nei˦˧˥miæ̃˦nei˦kə˦tɕiou˦pu˨˦˨,nei˦˨kə˦˥tʂə˦tʂuo˥˩tsɿ˧,nei˦tɕiao˦ɕie˥˩˧˥tsɿ˦tʰæᴇ˨˦.（哪个？）那面那个放电视那，那叫写字台了。nei˦˧˥miæ̃˦nei˦kə˦faŋ˦tiæ̃˦sɿ˦nei˦,nei˦tɕiao˦ɕie˥˩tsɿ˦tʰæᴇ˨˦˨lə˦.

炕桌子、茶儿

（这个像……像桌子一样的，那个可以放……放茶杯的那些？）黄：我们这儿没有那号东西。ŋuo˥˩məŋ˦tʂər˦mei˨˦˨iou˥˩nei˦xao˦tuoŋ˥˩ɕi˧.（就相当于现在的这个茶几的？）没有。mei˨˦iou˥˩˨.（现在有没有茶几？）现在有茶儿咧。过去就没有得。那是过去那都是还是炕上摆那么个有炕桌子。你来，咱们坐到炕上……ɕiæ̃˦tsæᴇ˦iou˥˩˨tʂʰa˨˦tɕi˥˩˧˥lie˧.kuo˦tɕʰy˦tsou˦˨mei˨˦iou˥˩tei˥˩˨.næᴇ˦sɿ˦kuo˦˧˥tɕʰy˦næᴇ˦tou˥˩˧˥sɿ˦xa˨˦sɿ˦kʰaŋ˦ʂaŋ˦pæᴇ˥˩nə˦muo˧kə˦iou˥˩˧˥kʰaŋ˦˧˥tʂuo˥˩tsɿ˧.ni˥˩˨læᴇ˨˦,tʂa˨˦məŋ˦tsuo˦tao˦kʰaŋ˦ʂaŋ˦˨……（吃饭、喝茶什么都在上面？）都都坐得炕上咧嘛。tou˥˩˧˥tou˥˩˧˥tsuo˦tə˧kʰaŋ˦ʂaŋ˦lie˧ma˧.（写字儿也在炕上吧？）写字儿也在炕上么。那上头暖暖和和的又不冻。ɕie˥˩tsər˦ie˥˩˧˥tsæᴇ˦kʰaŋ˦ʂaŋ˦muo˧.næᴇ˦˥ʂaŋ˦˧˥tʰou˧nuæ̃˥˩

nuæ̃˥˩˧xuo˨˩˧xuo˨˩˧ti˧lioup˥u˩˧tuoŋ˥.（茶儿你再说一次吧！）茶儿。tsʰa˨˩tɕi˥˩.

凳

（板凳是方的还是长的？）黄：板凳是方的。pæ̃˥˩təŋ˥sɿ˥faŋ˥˩ti˧.（四四方方儿的？）啊。四四方方的叫板凳，长钓钓的叫杌凳子。ŋa˥.sɿ˥sɿ˥faŋ˥˩faŋ˥˩˧ti˧tɕiao˥˩˥pæ̃˥˩təŋ˥˩˧,tʂʰaŋ˨˩tiao˥tiao˥˩˧ti˧tɕiao˥vu˥˩təŋ˥˩˧tsɿ˧.（可以坐两个人的呢？）那叫长凳子。你比如这个凳子也就这么大大一点点，它是面子是个长的。这么……这么宽这么长那个。四条腿。它那个凳子那个腿腿是有角度的。它叫杌凳子。你这个腿腿直上直下的小方的这叫方凳子。næᴇ˥tɕiao˥tʂʰaŋ˨˩təŋ˥˩˧tsɿ˧.ni˥˩pi˥˩ʐʯ˨˩tʂə˥kə˥təŋ˥˩˧tsɿ˧ie˥˩tɕiou˥tʂə˥muo˧ta˥ta˥i˥˩˧tiæ̃˥˩˧tiæ̃˥˩,tʰa˥˩˧sɿ˥˩˧miæ̃˥tsɿ˧sɿ˥kə˥tʂʰaŋ˨˩ti˧.tʂə˥muo˧tʂ……tʂə˥muo˧kʰuæ̃˥˩˧tʂə˥muo˧tʂʰaŋ˨˩nə˥˩˧kə˥˩˧.sɿ˥tʰiao˨˩tʰuei˥˩.tʰa˥˩næᴇ˥kə˥təŋ˥˩˧tsɿ˧nə˥kə˥tʰuei˥˩tʰuei˥˩sɿ˥˩˧iou˥˩tɕyo˥˩˧tu˥˩˧ti˧.tʰa˥˩tɕiao˥vu˥˩təŋ˥˩˧tsɿ˧.ni˥˩tʂə˥kə˥tʰuei˥˩tʰuei˥˩˧tʂʅ˨˩ʂaŋ˥tʂʅ˨˩xa˥ti˧ɕiao˥˩faŋ˥˩ti˧tʂei˥tɕiao˥faŋ˥˩təŋ˥tsɿ˧.（如果是这样的长……呃，就就这么宽子这个有这么长的可以坐坐两个人的那个？）条凳么。tʰiao˨˩təŋ˥muo˧.（像以前搞集体的时候是不是有很长的那种凳子啊？可以坐坐坐好几个人的那种？）条椅嘛。tʰiao˨˩i˥˩ma˧.（凳子欸！）条椅。也有……很长的那凳子嘛。tʰiao˨˩i˥˩.ie˥˩iou˥˩˧tʂʰ……xəŋ˥˩tʂʰaŋ˨˩ti˧næᴇ˥təŋ˥tsɿ˧ma˧.（就是……那是条椅那是有靠背的吧？）有靠背的嘛。iou˥˩kʰao˥pei˥˩˧ti˧ma˧.（没有靠背的呢？）没有靠背的就叫凳子嘛。条凳嘛。mei˨˩iou˥˩kʰao˥pei˥ti˧tɕiou˥˩˧tɕiao˥˩˧təŋ˥tsɿ˧ma˧.tʰiao˨˩təŋ˥ma˧.（条椅是看电影儿用的那种？）啊，当就是那种。a˥,taŋ˥˩tɕiou˥sɿ˥nei˥˩˧tʂuoŋ˥˩˧.

马扎子

黄：可以合起来，可以打开，上头可以襻绳子，也可以襻皮条，也可以襻带……带子，马扎子。kʰə˥˩i˥˩˧xuo˨˩˧tɕʰi˥˩læᴇ˨˩,kʰə˥˩i˥˩˧ta˥˩kʰæᴇ˥˩˧,ʂaŋ˥tʰou˧kʰə˥˩i˥˩˧pʰæ̃˥˩˧ʂəŋ˨˩tsɿ˧,ie˥˩kʰə˥˩i˥˩˧pʰæ̃˥˩˧pʰi˨˩tʰiao˨˩,ie˥˩kʰə˥˩i˥˩˧pʰæ̃˥tæᴇ˥……tæᴇ˥˩˧tsɿ˧,ma˥˩tsa˥˩˧tsɿ˧.

油灯

（像这个油灯啊，是这这这样是吧？它这个这个下面这这个这个各个部位怎么叫？）黄：这是座子嘛，这是柱子嘛。这是油碗儿么。tʂei˥˩˧sɿ˥˩˧tsuo˥˩˧tsɿ˧ma˧,tʂə˥˩˧sɿ˥˩˧tʂʯ˥˩˧tsɿ˧ma˧.tʂei˥˩˧sɿ˥˩˧iou˨˩vær˥˩muo˧.（噢，油……油碗？）噢，油灯头嘛。aɔ˩˧,iou˨˩təŋ˥˩˧tʰou˨˩ma˥.（啊，这里还有个拿手端的东西吧？）啊。就是的嘛。a˩˧.tɕiou˥sɿ˥ti˧ma˧.（那个这个东西叫什么？）手……这个是叫，啊哟，这个叫……叫手把吗是灯啊灯把儿反正这些。我们这个地方，这个上头还放咧。这是……这你画下这个刚是底下一个……底下的一部分。这个油灯还在这上头墩着咧。ʂou˥˩p……tʂə˥kə˥sɿ˥tɕiao˥,ã˥iao˥,tʂei˥kə˥tɕiao˥……tɕiao˥˩˧ʂou˥˩pa˥˩˧ma˧sɿ˥˩˧təŋ˥˩˧a˩˧təŋ˥˩˧par˥˩˧fæ̃˥˩˧tʂəŋ˥tʂə˥ɕie˥˩.ŋuo˥˩məŋ˧tʂə˥˩˧kə˥˩˧ti˥faŋ˥˩˧,tʂə˥kə˥ʂaŋ˥˩tʰou˧xa˨˩˧faŋ˥lie˧.tʂə˥sɿ˥……tʂei˥˩˧ni˥˩xua˥xa˥tʂə˥˩˧kə˥kaŋ˥˩sɿ˥ti˥˩xa˥i˥˩kə˥……ti˥˩xa˥˩˧ti˧i˥˩˧pʰu˥fəŋ˥.tʂə˥kə˥iou˨˩təŋ˥˩xa˨˩˧tsæᴇ˥tʂei˥ʂaŋ˥tʰou˧tuoŋ˥˩tʂuo˥˩˧lie˧.（噢，油灯怎么呢？）这叫灯……整个儿这个叫个灯座子。这个整个一个全部叫灯座子。像这个油灯在这上头放着咧。tʂei˥˩tɕiao˥˩təŋ˥˩˧……tʂəŋ˥˩kər˥˩tʂə˥kə˥tɕiao˥˩kə˥˩˧təŋ˥˩˧tsuo˥˩tsɿ˧.tʂə˥kə˥tʂəŋ˥˩kə˥˩i˥˩˧kə˥tɕʰyæ̃˨˩pu˥˩tɕiao˥təŋ˥˩˧tsuo˥˩tsɿ˧.ɕiaŋ˥tʂə˥kə˥iou˨˩təŋ˥˩tsæᴇ˥tʂei˥˩ʂaŋ˥tʰou˧faŋ˥tʂə˧lie˧.（噢，放在这个上面？）啊，放在这个上……a˩˧,faŋ˥tsæᴇ˥tʂə˥kə˥ʂaŋ˥……（还可以端起走的是吧？）可以端起走，嗯。kʰə˥˩i˥˩˧tuæ̃˥˩˧tɕʰi˥˩tsou˥˩,ŋ̍˩˧.（那一……那个上面那一部分是是什么样子啊？）那就叫灯。那你……可以烧油灯的再有这么大个生铁……næᴇ˥tɕiou˥tɕiao˥təŋ˥˩.næᴇ˥˩˧ni˥˩……

kʰə˦i˥˩ʂɑɔ˥˩iou˩tən˥ti˧tsæᴇ˧iou˥tʂə˧muo˧tɑ˧kə˧sən˥tʰie˥˩……（锅子？）噢，锅子，烧着咧。ɑɔ˥,kuo˥tsɿ˧,ʂɑɔ˥tʂə˧lie˧.（那叫锅子欸叫什么？）叫灯头。tɕiɑɔ˧tən˥˩tʰou˩.（不叫油碗儿？）不叫油碗儿。pu˩˧tɕiɑɔ˧iou˩˩vɛ̃r˥˩.（这个上面这个东西还是叫油碗吧？呃，这叫锅……那个灯碗吗？）灯碗子。tən˥˩vɛ̃˥tsɿ˧.（上面那个叫灯碗子？）这个地方叫灯碗子。tʂə˧kə˧ti˧fɑn˥˧tɕiɑɔ˧˩tən˥˩vɛ̃˥tsɿ˧.

台灯

（看不大清啊现在。）黄：你把台灯兀兀儿捏一下，底下底下底下。ni˥˩pɑ˥˩tʰæᴇ˩tən˥vɑ˧vɑr˧nie˥i˥˩xɑ˧˩,ti˥xɑ˧˩ti˥xɑ˧˩ti˥xɑ˧˩.（行。）王：能看见吗？nən˩˩kʰɛ̃˧˥tɕiɛ̃˧˥mɑ˧?（能能能能，行，就这样……）黄：你把那个，欸兀兀一抬就不是不着了。你把那个灯头往高处扳一下。ni˥˩pɑ˥˩nə˧kə˧,ei˧˥və˧və˧i˥˩tʰæᴇ˩tsou˧˩pu˩˩sɿ˧˩pu˩˩tʂuo˩˩lə˧.ni˥pɑ˥˩nə˧kə˧tən˥tʰou˩vɑn˥˩kɑɔ˥tʂʰʮ˧˩pɛ̃˥i˥˩xɑ˧˩.

攒钱罐罐子

（这个欸小孩子那些什么硬币呀什么丢得那个里面，那个叫什么？）黄：攒钱罐罐子吗是个啥子啊？啊，说不来。忘了。那个东西叫个……说不来。tsɛ̃˥˩tɕʰiɛ̃˩˩kuɛ̃˧˥kuɛ̃˧˩tsɿ˧mɑ˧sɿ˧kə˧sɑ˧˥tsɿ˧ɑ˩?ɑ˩,ʂuo˥˩pu˩˩læᴇ˩.vɑn˧lə˧.nə˧˩kə˧˩tuon˥ɕi˧tɕiɑɔ˧kə˧……ʂuo˥˩pu˩˩læᴇ˩.

（三）厨房用品

厨柜

黄：柜子还有厨柜嘛。kuei˧tsɿ˧xɑ˩iou˥˩tʂʰʮ˩kʰuei˧˩mɑ˧.（是厨房里面的？）专门儿装……放的锅碗瓢盆儿那些东西。在厨房里放一个厨柜儿。tʂuɛ̃˥˩mɑ̃r˩tʂuɑn˥……fɑn˧ti˧kuo˥˩vɛ̃˥pʰiɑɔ˩pʰɑ̃r˩˥nei˧ɕie˥˩tuon˥ɕi˧.tsæᴇ˧tʂʰʮ˩fɑn˩li˥˩fɑn˧i˥˩kə˧˩tʂʰʮ˩kʰuər˧˩.（这个它……那是那大概有多高哇橱柜？）厨柜儿就是个两米多高。tʂʰʮ˩˩kuər˧˥tɕiou˧˩sɿ˧˩kə˧˩liɑn˥mi˥tuo˥˩kɑɔ˥˩.（两米多高？）啊。ɑ˩.（从地下到……到……）啊，到地儿它是两米高。ɑ˧,tɑɔ˧tiər˧tʰɑ˥˩sɿ˧˩liɑn˥mi˥˩kɑɔ˥˩.（那也放不了那么多锅碗儿瓢盆儿呀？）哎，那个锅又不用放。兀我们那锅安死了就拔不掉嘛你。里头放个盆盆儿，放个碗儿，放个碟子就行了。æᴇ˩,nə˧kə˧kuo˥iou˧˩pu˩˥yon˧fɑn˧.vu˧nuo˥mən˧nə˧kuo˥nɛ̃˥˩sɿ˥lə˧tɕiou˧pɑ˩pu˩˩tiɑɔ˧mɑ˧ni˥˧.li˥tʰou˧fɑn˧kə˧pʰən˩˩pʰɑ̃r˩˥,fɑn˧kə˧vɛ̃r˥,fɑn˧kə˧tie˩˩tsɿ˧tɕiou˧ɕin˩˩lə˧.（那你这个碗……呃，那个厨柜哪那么多东西放？）那就是放不了多少。那也就放不了多少东西么那个。næᴇ˧tɕiou˧˩sɿ˧˩fɑn˧pu˩˩liɑɔ˥˩tuo˥˩ʂɑɔ˥.næᴇ˧ɑ˥˧tsou˧fɑn˧pu˩˩liɑɔ˥˩tuo˥˩ʂɑɔ˥tuon˥˩ɕi˧muo˧næᴇ˧kə˧.（它是分几层吧？）分几层么。fən˥˩tɕi˥tsʰən˩muo˧.（上面放什么那顶上那一层？）顶上那头起放个碗儿，放个碟子不些的。底下这些都放盆盆不些的。有些这个厨柜儿还带面柜儿着咧。上头那层子放的是锅……放这个碗儿、碟子那些啥。这个地方，底下往开一揭的，就是放……这面是米，这面儿是面。tin˥ʂɑn˧næᴇ˧tʰou˩˩tɕʰie˥˧fɑn˧kə˧vɛ̃r˥,fɑn˧kə˧tie˩˩tsɿ˧pu˩˩ɕi˥ti˧.ti˥xɑ˧tʂei˧ɕie˥˧tou˥˧fɑn˧pʰən˩˩pʰən˩˥pu˩ɕi˥ti˧.iou˥ɕie˥˧tʂə˧kə˧tʂʰʮ˩kʰuər˧xɑ˩tæᴇ˧miɛ̃˧kʰuər˧tʂə˧lie˧.ʂɑn˧tʰou˧nei˧tsʰən˩tsɿ˧fɑn˧ti˧sɿ˧kuo……fɑn˧tʂə˧kə˧vɛ̃r˥,tie˩˩tsɿ˧nei˧˥ɕie˥sɑ˧.tʂə˧kə˧ti˧fɑn˥˧,ti˥xɑ˧˩vɑn˥˩kʰæᴇ˥i˥˩tɕie˥ti˧,tɕiou˧˩sɿ˧˩fɑn˧˥m……tʂei˧miɛ̃˧sɿ˧mi˥,tʂei˧miɛ̃r˧sɿ˧miɛ̃˧.（噢，放这……还还放这些粮食那个。）噢，放粮食咧。ɑɔ˩,fɑn˧liɑn˩˩ʂʮ˩˥lie˧.

锅

（嗯，炒菜的那个那个铁的那个呢？/大锅，大铁锅，大倭锅的？）黄：我们那就又叫炒瓢嘛。ŋuo˥mәŋ˧nә˧tɕiou˧iou˧tɕiao˧tsʰɑɔ˥pʰiaɔ˩ma˧.（tsʰɑɔ˥pʰiaɔ˩？）噢，炒瓢么。那都是一般小些咧，带把儿的那种。ɑɔ˪,tsʰɑɔ˥pʰiaɔ˩muo˧.næᴇ˧tou˥˦sɿ˧i˥˦pæ̃˥˦ɕiaɔ˥ɕie˥˦lie˧,tæᴇ˧par˧ti˧nei˧tʂuoŋ˥˪.（哎，那是勺子。）炒瓢。tsʰɑɔ˥pʰiaɔ˩.（噢，这样的那个！）可以颠起来的那种。嗯。嗯。kʰә˥i˥˪tiæ̃˥˪tɕʰi˥˪læᴇ˩˦ti˧nei˧tʂuoŋ˥˦.ә̃˧.ә̃˪.（tsʰɑɔ˥pʰiaɔ˩。）在北方这个食堂里头，做菜他多一半都放炒瓢炒咧。炒锅，炒瓢。tʂæᴇ˧pei˥faŋ˥˪tʂә˧kә˧ʂɿ˩tʰaŋ˩˪li˥tʰou˧,tsuo˧˪tsʰæᴇ˧tʰɑ˥˪tuo˥i˥˪pæ̃˧tou˥˦faŋ˧tsʰɑɔ˥pʰiaɔ˩tsʰɑɔ˥˪lie˧.tsʰɑɔ˥kuo˥˪,tsʰɑɔ˥pʰiaɔ˩.（tsʰɑɔ˥pʰiaɔ˩是指那个带长把的那个东西还是指那个锅？）噢指带把儿的。ɑɔ˥tsɿ˥˪tæᴇ˧par˧ti˧.（那个菜是放在那里面的是吧？）放在里边……放在里边的，啊。它不是去……这个一个手拿着，一个手拿勺的嘛？他还要翻咧嘛。faŋ˧tsæᴇ˧li˥pi……faŋ˧tsæᴇ˧li˥piæ̃˥˪ti˧,ɑ˪.tʰɑ˥pu˩˪sɿ˧tɕʰy˧……tʂә˧˪kә˧i˥˪kә˧ʂou˥na˩tʂә˧,i˥˪kә˧ʂou˥na˩ʂuo˩˦ti˧ma˧?tʰɑ˥xæᴇ˩˪iao˧fæ̃˥lie˧ma˧.（噢，噢，就是那个带长……带带带把的……/炒锅。）炒锅。有的叫炒锅，有的叫炒勺么。tsʰɑɔ˥kuo˥˪.iou˥ti˧tɕiao˧tsʰɑɔ˥kuo˥˪,iou˥ti˧tɕiao˧tsʰɑɔ˥ʂuo˩muo˧.（tsʰɑɔ˥pʰiaɔ˩？）嗯，炒瓢。n̩˪,tsʰɑɔ˥˦pʰiaɔ˩.（tsʰɑɔ˥pʰiaɔ˩？）炒瓢，炒锅。tsʰɑɔ˥˦pʰiaɔ˩,tsʰɑɔ˥kuo˥˪.（都是指一一个一样东西？）都是一个东西，嗯。tou˥˦sɿ˧i˥˪kә˧tuoŋ˥ɕi˧,ә̃˪.（也讲tsʰɑɔ˥ʂɑɔ˩啊？）嗯，也叫炒勺啊。ŋ̍˪,ie˥tɕiao˧tsʰɑɔ˥ʂɑɔ˩a˧.（tsʰɑɔ˦pʰiaɔ˩？）嗯，炒瓢。ŋ̍˪,tsʰɑɔ˥pʰiaɔ˩.（嗯再说一遍？）炒瓢。炒勺。tsʰɑɔ˥pʰiaɔ˩.tsʰɑɔ˥ʂuo˩.（ʂuo˩？嗯，tsʰɑɔ˥锅呢？）炒锅。tsʰɑɔ˥˦kuo˥.（嗯再说一遍？）炒锅。tsʰɑɔ˥˦kuo˥.（tsʰɑɔ˦kuo˥？）嗯，就是炒的多了，你比如一次要出十桌子菜的话，每桌子菜一个的话，炒勺和炒瓢这已经炒不出来了，他就放锅……带耳子那个锅他来炒咧，先焖，安上锅炒去咧。ŋ̍˪,tɕiou˧˪sɿ˧˪tsʰɑɔ˥ti˧tuo˥liao˥˪,ni˥˪pi˥zʯ˩˪i˥˪tsʰɿ˧iao˧tʂʰʯ˥˦ʂɿ˩tʂuo˥tsɿ˥˪tsʰæᴇ˧ti˧xua˧˪,mei˥tʂuo˥tsɿ˧tsʰæᴇ˧i˥˪kә˧ti˧xua˧˪,tsʰɑɔ˥ʂɑɔ˩xuo˩˪tsʰɑɔ˥pʰiaɔ˩tʂei˧i˥˪tɕiŋ˥˦tsʰɑɔ˥˦pu˩˦tʂʰʯ˥læᴇ˩˪lә˧,tʰɑ˥˪tsou˧˪faŋ˧kuo˥……tæᴇ˧әr˥tsɿ˧nә˧kә˧kuo˥tʰɑ˥˦læᴇ˩˦tsʰɑɔ˥˪lie˧,ɕiæ̃˥mәŋ˧,næᴇ˥˪ʂaŋ˧˪kuo˥tsʰɑɔ˥˪tɕʰi˧˪lie˧.（tsʰɑɔ˦锅大些吗？）炒锅大嘛，锅一次就可以出五六个到十个菜咧。噢，大一点的锅它就……tsʰɑɔ˥˦kuo˥ta˧ma˧,kuo˥i˥˪tsʰɿ˧tsou˧kʰә˥i˥˪tʂʰʯ˥˪vu˥liou˥˪kә˧tao˧ʂɿ˩˪kә˧˦tsʰæᴇ˧lie˧.ɑɔ˪,ta˧i˥˦tiæ̃˥˪ti˧kuo˥˪tʰɑ˥tsou˧……（那就没有把手吧？）没有。那都是和……带耳子那种咧。mei˩iou˥˪.næᴇ˧tou˥˪sɿ˧˦xuo˩˪……tæᴇ˧әr˥tsɿ˧nei˧˦tʂuoŋ˥˪lie˧.（这部队里拉练的经常背那种锅。）噢。噢就那种锅咧。ɑɔ˪.ɑɔ˧tɕiou˧nei˧tʂuoŋ˥˦kuo˥˪lie˧.（那tsʰɑɔ˥ʂɑɔ˩呢？）勺小么。ʂɑɔ˩ɕiao˥muo˧.（ʂuo˩呢？）勺这些瓢儿。ʂuo˩tʂei˧ɕie˥˦pʰiaɔr˩.（ʂuo˩跟那个瓢是一样的是吧？）噢，一样的。嗯。这都小么。ɑɔ˪,i˥˪iaŋ˧˦ti˧.ә̃˪.tʂei˧˦tou˥˪ɕiao˥muo˧.（噢，炒锅就不同。）啊，炒锅就不同，炒锅大么，啊？ɑ˪,tsʰɑɔ˥kuo˥˪tɕiou˧˪pu˩˪tʰuoŋ˩˦,tsʰɑɔ˥kuo˥˪ta˧muo˧,ɑ˥?（大些，嗯。/那个锅是不是也用来做饭的，蒸馒头？）做。可以做饭么。tsuo˧˦.kʰә˥i˥˪tsuo˧˪fæ̃˧muo˧.

锅圈子

（这锅提起来，这旁……这一圈儿叫什么呢？叫不叫锅帮子还是什么？）黄：叫锅圈子。tɕiao˧kuo˥˪tɕʰyæ̃˥tsɿ˧.（锅圈子是……是指炉子上面这一个圈，还是用来……用来放锅子的圈？）噢，炉子上面……啊，炉子上那个就是个圈儿。ɑɔ˪,lou˩˪tsɿ˧ʂaŋ˧˪miæ̃˧˪……æ˪,lou˩˪tsɿ˧ʂaŋ˧nә˧kә˧tsou˧sɿ˧˪kә˧˪tɕʰyær˥.（欸，那我这个锅是一个凹形的，这这这一圈儿不……这叫不叫锅帮子？）我们就没那号儿凹形的锅。ŋuo˥mәŋ˧tsou˧mei˩nә˧xaor˧ŋao˧ɕiŋ˩

˩ti˧kuo˥˩.（锅底有没有？）那除了后边安一个是烙……烙饼子的那个锅是底儿是个平的。næᴇ˥tʂʰʮ˩˩liaɔ˥˦xou˥˦piæ̃˥˩næ̃˥i˥˩kə˥˩sʅ˥˩laɔ……laɔ˥˦piŋ˥tsʅ˧ti˧nə˥kə˥kuo˥sʅ˥˩tiər˥sʅ˥kə˥pʰiŋ˩˧ti˧.（其他都不叫锅底？）都不叫。tou˥˦pu˩˦tɕiaɔ˥.（欸，你那锅……锅下面儿有没有那个小……小脚哇？）没有。mei˩iou˥˩.（都是平的？）都是平的。tou˥˦sʅ˥pʰiŋ˩˩ti˧.（烙饼子那锅是怎么呢？还得把这锅端了？）烙饼子那你是把这个锅提了，专门儿有这个工具锅，你往这儿一墩就对了么。laɔ˥˦piŋ˥tsʅ˧næᴇ˥ni˥˦sʅ˥pa˥˩tʂə˥kə˥kuo˥tʰi˩˩liaɔ˥˦,tʂuæ̃˥˩mə̃r˩iou˥tʂə˥˩kə˥˩kuoŋ˥˩tɕy˥kuo˥˩,ni˥˦vaŋ˥˩tʂər˥i˥˩tuoŋ˥tsou˥tuei˥˩lə˧muo˧.（大小差不多是吧？）大小都差不多。ta˥ɕiaɔ˥tou˥˩tsʰa˥˩pu˩˦tuo˥˩.

锅盖子

（锅盖子有没有？）黄：有咧么。锅盖子。iou˥lie˧muo˧.kuo˥˩kæᴇ˥tsʅ˧.（你拿什么做呢？）现在……最原始的就是用那秸秸么。稻秫杆儿。稻秫杆儿做一个嘛。木头做一个嘛。现在卖的都有铁的嘛，铝的嘛。ɕiæ̃˥tsæᴇ˥……tsuei˥yæ̃˩˩sʅ˥ti˧tɕiou˥˩sʅ˥˩yoŋ˥nə˥tɕie˥˦tɕie˥˩muo˧.tʰaɔ˥ʂʮ˥˩kæ̃r˥.taɔ˥ʂʮ˥˩kæ̃r˥tsuo˥˦i˥˩kə˥ma˧.mu˥tʰou˧tsuo˥˦i˥˦kə˥˩ma˧.ɕiæ̃˥tsæᴇ˥mæᴇ˥ti˧tou˥˩iou˥˦tʰie˥ti˧ma˧,ly˥ti˧ma˧.（不锈钢的？）不锈钢的嘛这都是。pu˩ɕiou˥kaŋ˥ti˧ma˧tʂei˥˦tɕiou˥˩sʅ˥˩.

锅铲子

（锅铲子？）黄：那炒菜都要有铲子么。nə˥˩tsʰaɔ˥tsʰæᴇ˥tou˥˩iaɔ˥iou˥˩tsʰæ̃˥tsʅ˧muo˧.（不炒菜的时候是用什么呢？）那这个农村没有炒勺勺，都是锅……锅铲子炒咧。nei˥tʂə˥kə˥luoŋ˩tsʰuoŋ˥mei˩˩iou˥˦tsʰaɔ˥ʂaɔ˩˦ʂaɔ˩,tou˥˦sʅ˥kuo˥˩……kuo˥˩tsʰæ̃˥tsʅ˧tsʰaɔ˥lie˧.（锅铲子叫不叫铁匙和铁锹？）不叫。不叫。我们这里就叫这锅铲子。pu˩˩tɕiaɔ˥.pu˩˩tɕiaɔ˥˦.ŋuo˥mən˧tʂei˥li˥˦tɕiou˥tɕiaɔ˥tʂei˥˩kuo˥˩tsʰæ̃˥tsʅ˧.（锅铲子就是……）前头打成那个形式……这个就后头带个把儿那号儿的。锅铲子。tɕʰiæ̃˩˩tʰou˧ta˥tʂʰəŋ˩˩nə˥kə˥ɕiŋ˩ʂʅ……tʂə˥˩kə˥˩tɕiou˥˩xou˥tʰou˧tæᴇ˥kə˥par˥nei˥˩xaor˥˩ti˧.kuo˥˩tsʰæ̃˥tsʅ˧.（那个筒子叫什么？）那叫裤裤么。nei˥˦tɕiaɔ˥˩kʰu˥kʰu˥˦muo˧.

鏊

黄：平底鏊[①]，烙……专门儿烙馍馍的，这个底底是平的。还有一种是中间是突起来的那种，那个叫鏊，鏊子。pʰiŋ˩˩ti˥aɔ˥,laɔ˥˩……tʂuæ̃˥˩mə̃r˩luo˥muo˩muo˩˦ti˧,tʂə˥kə˥ti˥ti˥˩sʅ˥˩pʰiŋ˩˩ti˧.xæᴇ˩iou˥i˥˩tʂuoŋ˥sʅ˥˩tʂuoŋ˥˩tɕiæ̃˥˦sʅ˥tʰu˥˩tɕʰi˥læᴇ˩˩ti˧nei˥tʂuoŋ˥˩,nə˥kə˥tɕiaɔ˥naɔ˥,naɔ˥tsʅ˧.

火炉子

（有炉子没有？）黄：一般家里都没……没有炉子。i˥˩pæ̃˥tɕia˥li˥˩tou˥˩mei˩˩……mei˩˩iou˥lou˩tsʅ˧.（就不生炉子？）噢。那火炉子那家里都有咧。你烤火都是有火炉子。aɔ˩.na˥˩xuo˥lou˩˩tsʅ˧næᴇ˥tɕia˥li˥˩tou˥˩iou˥lie˧.ni˥˦kʰaɔ˥˦xuo˥tou˥˦sʅ˥iou˥˦xuo˥lou˩˩tsʅ˧.（呃，那……那火炉子，火炉子是……是个什么形状的？）火炉子，底下个圆筒筒。底下这是……有个炉……底下有个……有个底座座。xuo˥lou˩˩tsʅ˥,ti˥ɕia˥kə˥yæ̃˩˩tʰuoŋ˥tʰuoŋ˥˩.ti˥xa˥˩tʂei˥sʅ˥……iou˥kə˥˩lou˩……ti˥xa˥iou˥kə˥˩……iou˥˩kə˥˩ti˥tsuo˥˦tsuo˥˩.（底座座？）

① 鏊：《广韵》五到切。一种平底锅，常用以烙饼。《水浒传》第六十五回：“宋江道：‘我只觉背上好生热疼。’众人看时，只见鏊子一般赤肿起来。”清王士禛《池北偶谈·谈异四·鏊字擀字》：“鏊，鱼到切。字书曰：饼鏊。今山东俚语尚然。富郑公言：太宗既下并州，欲乘胜收复蓟门，咨于众。参知政事赵昌言对曰：‘自此取幽州，如热鏊翻饼耳。’殿前都指挥使呼延赞曰：‘此鏊难翻。’”

上头有个炉盘。ʂaŋ˥tʰou˧iou˥˧kə˧˩lou˨˦pʰæ̃˨˦.（炉盘上面装不装烟筒呢？）那你不装烟洞烟往哪儿往？næᴇ˥ni˥˧pu˨˦tʂuaŋ˥˧iæ̃˥˧tuoŋ˧˩iæ̃˥˧vaŋ˥˧nar˧vaŋ˥˧？（炉的那个下面有个门儿，是叫门儿还是叫什么？）炉门子嘛。lou˨˦məŋ˨˦tsɿ˧ma˧.（你们那个炉门子是不是……是……有时候得……装不装个去，有时候可以关着，有时候不可以关着？）那你关住……你开开就着了，你关住就灭了。næᴇ˧˩ni˥˧kuæ̃˥˧tʂʮ˧˩……ni˥˧kʰæᴇ˥˧kʰæᴇ˥˧tsou˧tʂuo˨˦lə˧,ni˥˧kuæ̃˥˧tʂʮ˧˩tɕiou˧˩mie˥˧lə˧.（那关的那个东西呢？）也就……还叫炉门么。ɑ˥˧tɕiou˧˥……xɑ˨˦tɕiɑɔ˧˥lou˨˦məŋ˨˦muo˧.（啊，一个一个这样的，圆……圆形的那个？）不是的。pu˨˦sɿ˧˥ti˧.（啊？）往来回扳的。它是那个扁……长方形的这么。vaŋ˥˧læᴇ˨˦xuei˨˦pæ̃˥˧ti˧.tʰɑ˥˧sɿ˧nə˧˩kə˧˩piæ̃˥˧……tʂʰaŋ˨˦faŋ˥˧ɕiŋ˨˦ti˧tʂei˧˥muo˧.（带点儿圆？）噢，带点圆形的那号儿。ɑɔ˩,tæᴇ˧tiæ̃˥˧yæ̃˨˦ɕiŋ˨˦ti˧nei˧xɑɔr˧.（呱嗒给关上，呱嗒给关上。）开开了，啊。kʰæᴇ˥˧kʰæᴇ˥˧lə˧,ɑ˩.（那个叫……叫什么？）炉门儿么。lou˨˦mə̃r˨˦muo˧.（你炉门儿是……炉门儿进去以后……）哪有炉齿子咧么你。næᴇ˧iou˥˧lou˨˦tsʰɿ˥˧tsɿ˧lie˧muo˧ni˥˧.（它有……有一个铁……铁箅子没有？）那就箅……这个铁箅子就叫炉齿子嘛。næᴇ˧˩tɕiou˧pi˧˩……tʂei˧˥kə˧tʰie˥˧pi˧tsɿ˧tɕiou˧tɕiɑɔ˧lou˨˦tsʰɿ˥˧tsɿ˧ma˧.（你们是烧煤还是烧什么呢？）烧煤烧柴都有。ʂɑɔ˥˧mei˨˦ʂɑɔ˥˧tsʰæᴇ˨˦tou˥˧iou˥˧.（这个里面这个整个这个空间叫……）炉膛。lou˨˦tʰaŋ˨˦.（那你们平常是不是有……有没有一个那个铁饼似的东西盖在炉……炉面儿上的？你晚上不用的时候盖上？）它那个炉子，上头是这个……tʰɑ˥˧næᴇ˧kə˧lou˨˦tsɿ˧,ʂaŋ˧˥tʰou˧sɿ˧tʂə˧kə˧……（管子喽？）四四方方的这么个，这叫炉盘。这个……sɿ˧sɿ˧faŋ˥˧faŋ˥˧ti˧tʂə˧muo˧kə˧,tʂei˧tɕiɑɔ˧lou˨˦pʰæ̃˨˦.tʂə˧kə˧˩……（炉盘？）啊，炉盘。它炉盘这个地方，它挖出去这么个地方，这就是烟洞。烟洞在这儿咧。下边这个里头么，它还有炉圈咧嘛。这个炉圈一般这里头都要三圈儿咧。中间这是炉盖盖么。ɑ˩,lou˨˦pʰæ̃˨˦.tʰɑ˥˧lou˨˦pʰæ̃˨˦tʂə˧kə˧ti˧fa ŋ˥˧,tʰɑ˥˧va˥˧tʂʰʮ˥˧tɕʰi˧tʂə˧muo˧kə˧ti˧faŋ˥˧,tʂei˧tɕiou˧sɿ˧iæ̃˥˧tuoŋ˧˩.iæ̃˥˧tuoŋ˧tsæᴇ˧tʂər˧˥lie˧.ɕia˧piæ̃˥˧tʂə˧kə˧li˥˧tʰou˧muo˧,tʰɑ˥˧xa˨˦iou˥˧lou˨˦tɕʰyæ̃˥˧lie˧ma˧.tʂə˧kə˧lou˨˦tɕʰyæ̃˥˧i˥˧pæ̃˥˧tʂei˧˥li˥˧tʰou˧tou˥˧iɑɔ˧sæ̃˥˧tɕʰyæ̃r˥˧lie˧.tʂuoŋ˥˧tɕiæ̃˥˧tʂei˧˥sɿ˧lou˨˦kæᴇ˧kæᴇ˧muo˧.（噢，炉盖盖？）啊，炉盖盖么。这是炉圈么。ɑ˩,lou˨˦kæᴇ˧kæᴇ˧muo˧.tʂei˧˥sɿ˧lou˨˦tɕʰyæ̃˥˧muo˧.（炉盖盖中间是不是有个眼儿？）那肯定要有眼咧嘛。nə˧kʰəŋ˥˧tiŋ˧˥iɑɔ˧iou˥˧iær˥˧lie˧ma˧.（你是……那么提呀，是那么提起来吗？）啊。ɑ˩.（拿什么提呀？）那上头都要带把儿咧么你。næᴇ˧ʂaŋ˧tʰou˧tou˥˧iɑɔ˧˥tæᴇ˧par˧lie˧ma˧ni˥˧.（那手……手提那不是也烫坏了？）那把儿长咧，它是……它不可能传热传得那么远么。næᴇ˧par˧˥tʂʰaŋ˨˦lie˧,tʰɑ˥˧sɿ˧˩……tʰɑ˥˧pu˨˦kʰə˥˧nəŋ˨˦tʂʰuæ̃˨˦zə˥˧tʂʰuæ̃˨˦tə˧nə˧˥muo˧yæ̃˥˧muo˧.（你不拿个钩子的钩过来，啪？）呃，那炉钩子你当然有了。你烧炉子没有炉钩子哪行了？那是附属工具这儿要有咧嘛。ə˧,næᴇ˧lou˨˦kou˥˧tsɿ˧ni˥˧taŋ˥˧zæ̃˨˦iou˥˧lə˧.ni˥˧ʂɑɔ˥˧lou˨˦tsɿ˧mei˨˦iou˥˧lou˨˦kou˥˧tsɿ˧na˥˧ɕiŋ˨˦lə˧?nə˧sɿ˧˩fu˥˧ʂʮ˨˦kuoŋ˥˧tɕy˧˥tʂər˧iɑɔ˧iou˥˧lie˧ma˧.（炉钩子？）嗯。夹煤的夹子那都要有咧。ŋ̍˩.tɕia˥˧mei˨˦ti˧tɕia˥˧tsɿ˧nə˧tou˥˧iɑɔ˧iou˥˧lie˧.（夹煤的是夹子还是火钳？）火钳也能行是夹子也能行。xuo˥˧tɕʰiæ̃˨˦ia˥˧nəŋ˨˦ɕiŋ˨˦sɿ˧tɕia˥˧tsɿ˧ia˥˧nəŋ˨˦ɕiŋ˨˦.（夹子跟火钳有区别吗？）那当然。火钳是……næᴇ˧˥taŋ˥˧zæ̃˨˦,xuo˥˧tɕʰiæ̃˨˦sɿ˧……（就是……）窄嘛。夹子……夹子是那个前面就宽么，嘴宽么。tsei˥˧ma˧.tɕia˥˧tsɿ˧……tɕia˥˧tsɿ˧sɿ˧nə˧kə˧tɕʰiæ̃˨˦miæ̃˧tsou˧kʰuæ̃˥˧muo˧,tsuei˥˧kʰuæ̃˥˧muo˧.（嗯。那个这个里……里面有一个这样的圆柱形的那个……）噢，圆柱形的那洞么，那就是炉膛嘛。ɑɔ˩,yæ̃˨˦tʂʮ˧˥ɕiŋ˨˦ti˧nei˧tuoŋ˧˥muo˧,nei˧˥tɕiou˧sɿ˧lou˨˦tʰaŋ˨˦m ɑ˦˨.（那个那个那个东西本身呢？）那就叫炉膛。na˦˨tɕiou˦˧tɕiao˦˨lou˥˧tʰɑŋ˥˨.（叫不叫炉心呐？）不叫。pu˥˨tɕiao˦.（你们是自……自己做炉子还是买一个炉子？）这都是铸铁做成的。tʂei˦˧tou˦˨sɿ˦˨tʂʮ˦˨tʰie˨˨tsuo˦tʂʰəŋ˥˨ti˦˨.（它……它有一个这样的圆柱形的东西，那个……）啊。ɑ˨.（这样的，这这这个东西这个东西你们没有名字啊？）就是炉膛么。这个里头这个空间么。tɕiou˦˧sɿ˦˨lou˥˧tʰɑŋ˥˨muo˨.tʂə˦˨kə˦˨li˨˧tʰou˨tʂə˦˨kʰuoŋ˨˧tɕiæ̃˨˨muo˨.（炉膛是指那个空间吧？）啊。我们……ɑ˨.ŋuo˨mən˦˨……（这样一个东西呀！）我们都是把这个东西拿回来以后就把这个东西放土……放泥巴塞下的嘛。一追……你这个光这个铸铁烧下以后，热的快，它冷的也快嘛。还不这……烧上不利嘛，不肯着嘛。如果是你把这个欻追一下，旋成一定的形状，那就烧上火都旺得很么。ŋuo˨mən˦˨tou˦˧sɿ˦pa˨˨tʂə˦kə˦tuoŋ˨ɕi˨na˥˨xuei˥˨læᴇ˥˧i˨˨xou˦tsou˦pa˨˨tʂə˦kə˦tuoŋ˨ɕi˨faŋ˦tʰu˨tʂʮ……faŋ˦˨ni˥˨pa˨sei˨xa˦˨ti˨ma˨.i˨˧tʂuei˨……ni˨tʂə˦kə˦kuaŋ˨˧tʂə˦kə˦tʂʮ˦˧tʰie˨˨ʂao˨xa˦˧i˨˨xou˦,zə˨ti˨kʰuæᴇ˦,tʰɑ˨˧ləŋ˨ti˨ie˨˧kʰuæᴇ˦ma˦˨.xa˥˨pu˥˧tʂə˦……ʂao˨ʂaŋ˦˨pu˥˨li˦˧ma˨,pu˥˨kʰəŋ˨tʂao˥ma˨.zʮ˥˨kuo˨sɿ˦˨ni˨pa˨˨tʂə˦kə˦ei˨tʂuei˨i˨˨ɕia˦˨,ɕyæ̃˦tʂʰəŋ˥i˨˧tiŋ˦ti˨ɕiŋ˥˨tʂuaŋ˦,næᴇ˦tsou˦ʂao˨ʂaŋ˦˨xuo˨tou˨˨vaŋ˦tə˨xəŋ˨muo˨.（什么tʂuei˨一下？tʂuei˨是什么意思？）哎你这个有铸铁……那个炉膛那个铸铁都这么奘一窟窿，你得多少煤？哎，那我弄个土……弄土把这里头去……整个儿把这个都铸起来嘛。铸起来我在里头挖一个，本来这么大个圆柱体，我里头挖出来，只有这么大圆柱体。æᴇ˨ni˨tʂə˦kə˦iou˨˨tʂʮ˦˧tʰi……nə˦kə˦lou˥tʰɑŋ˥nə˦kə˦tʂʮ˦˧tʰie˨˨tou˨˨tʂə˦muo˨tʂuaŋ˨˧i˨˨kʰu˨luo ŋ˥˨,ni˨˧tei˨˧tuo˨ʂao˨˨mei˥˨?æᴇ˨,næᴇ˦˧ŋuo˨nuoŋ˦kə˦tʰu˨……nuoŋ˦tʰu˨pa˨˨tʂə˦li˨tʰou˨tɕʰy˦……tʂəŋ˨kər˦˧pa˨˨tʂə˦kə˦tou˨˧tʂʮ˦tɕʰi˨læᴇ˥˨ma˨.tʂʮ˦tɕʰi˨læᴇ˥˨ŋuo˨˧tsæᴇ˦li˨tʰou˨va˨i˨˨kə˦˨……pəŋ˨˧læᴇ˥˧tʂə˦muo˨ta˦˧kə˦˨yæ̃˥˨tʂʮ˦tʰi˨,ŋuo˨li˨tʰou˨va˨˨tʂʰʮ˨læᴇ˥˨,tsɿ˨˨iou˨tʂə˦muo˨ta˦yæ̃˥˨tʂʮ˦˧tʰi˨˨.（哦，你这个心子是不能拿出来的？）不能拿出来的。pu˥˨nəŋ˥na˥˨tʂʰʮ˨læᴇ˥˨ti˨.（是先拿泥巴给糊一个心子？）噢，这糊好了这。糊个心子咧。他卖的炉子他是给你卖那个，只卖那个外壳儿么。ɑɔ˨,tʂei˦˨xu˥˨xao˨liao˨˨tʂə˦˨.xu˥kə˦tɕiŋ˨tsɿ˨lie˨.tʰɑ˨˨mæᴇ˦ti˨lou˥˨tsɿ˨tʰɑ˨˧sɿ˦kei˦ni˨˧mæᴇ˦nə˦˨kə˦˨,tsɿ˨˨mæᴇ˦nə˦˨kə˦˨væᴇ˦kʰər˨muo˨.（噢，这个就买个……卖个壳给你啊？）啊。ɑ˨.（买个这个，买个这个的给你？）噢，就是的么。ɑɔ˦,tɕiou˦˧sɿ˦˨ti˨muo˨.（然后……然后我拿泥巴给糊糊糊……糊一糊一个圆……圆柱形出来？）噢。你不糊也可以嘛。你不糊你就这么个架上烧么。ɑɔ˨.ni˨pu˥˨xu˥˧ia˨˨kʰə˨i˨˨ma˨.ni˨pu˥˨xu˥ni˨˧tɕiou˦tʂə˦˧muo˨kə˦˨tɕia˦tʂaŋ˦ʂao˨muo˨.（没有一个这样的东西给你啊？你买不到吗？）有。iou˨.（陶……那个那个就是用那个什么烧出来的？）那耐火砖做……耐火砖烧下那个。nə˦˨næᴇ˦xuo˨˧tʂuæ̃˨tsuo˦˧……næᴇ˦xuo˨˧tʂuæ̃˨ʂao˨xa˦˨nə˦˨kə˦˨.（啊，那个东西叫什么？）叫炉衬么。tɕiao˦˧lou˥˨tsʰəŋ˦muo˨.（然后再拿泥巴得给给给呃糊上？）啊。我欻你要拿泥糊，你就不要这个炉衬。那炉衬这家伙不行。它烧上也不利。ɑ˨.ŋuo˨ei˨ni˨iao˦˨na ˥ni˥xu˥˧,ni˨˧tsou˦pu˥˨iao˦˧tʂə˦kə˦lou˥˨tsʰəŋ˦.næᴇ˦lou˥˨tsʰəŋ˦tʂei˦tɕia˨xuo˨pu˥˨ɕiŋ˥.tʰɑ˨˧ʂao˨ʂaŋ˦˨ia˨pu˥˨li˦˨.（还不好？）不好。你不糊，就这个东西，就这个圆柱体，你烧煤一次倒十斤煤。我要把这里头一糊，我一次倒二斤煤了。pu˥˨xao˨.ni˨pu˥˨xu˥,tɕiou˦tʂə˦kə˦tuoŋ˨ɕi˨,tɕiou˦tʂə˦kə˦yæ̃˥˨tʂʮ˦tʰi˨,ni˨˧ʂao˨mei˥˨i˨˨tsʰɿ˦˧tao˦sɿ˥˨tɕiŋ˨mei˥˨.ŋuo˨iao˦pa˨˨tʂə˦li˨tʰou˨i˨˨xu˥,ŋuo˨i˨˨tsʰɿ˦tao˦ər˦tɕiŋ˨˨mei˥˨lə˨.（噢。炉齿放在这儿？）啊，炉齿在底下这儿咧嘛。上来这不是，紧接着这又是炉圈，一圈儿，二圈，有的□下有三圈。这儿这个炉盖盖，这不行了？ɑ˨,lou˥˨tsʰɿ˨tsæᴇ˦˨ti˨xa˦˨tʂər˦˨lie˨ma˨.ʂaŋ˦˧læᴇ˥˨tʂə˦pu˥˨sɿ˦˨,tɕiŋ˨tɕie˨˨tʂuo˨tʂei˦iou˦

sɿ˥lou˨˩tɕʰyæ̃˥˩,i˥˩tɕʰyæ̃r˥˩,ər˥tɕʰyæ̃˥˩,iou˥ti·tsʰuoŋ˥˧xa˥iou˥˧sæ̃˥tɕʰyæ̃˥˩.tʂər˥tʂə˥kə˥lou˨˩kæᴇ˥kæᴇ˥˩,tʂə˥pu˨˧ɕiŋ˨˩lə·?（有时候炉……炉子这个烧得不利了，这个风不行了，拿个……）你底下风门儿……ni˥˩ti˥xa˥˩fəŋ˥˩mə̃r˨˩……（咕……哐……）哎，那不行。那你……你越通就越灭了。æᴇ˨,næᴇ˥˧pu˨˩ɕiŋ˨˩.næᴇ˥ni˥˧……ni˥˧yo˥˩tʰuoŋ˥tsou˥˩yo˥˩mie˥˩lə·.（通……呃，有没有通一下的？）通一下是从底下这个炉门这个地方通咧，不能从上头往下通啊。tʰuoŋ˥i˥˩ɕia˥sɿ˥tsʰuoŋ˨˩ti˥xa˥tʂə˥kə˥lu˨məŋ˨tʂə˥kə˥ti˥faŋ˥˧tʰuoŋ˥lie·,pu˨˩nəŋ˨tsʰuoŋ˨˩ʂaŋ˥˧tʰou·vaŋ˥˩xa˥tʰuoŋ˥a˩.（我们都从上面往下通。）那你就越通越灭了。那你……你从上头这么往下通，把那些炉渣子炉灰都突的把那个箅子眼儿都封严了，那能能能利吗？那个炉钩子你藉底下这么钩一钩，把那个箅子就……næᴇ˥ni˥˧tsou˥yo˥˧tʰuoŋ˥yo˥˧mie˥˩lə·.næᴇ˥ni˥˧……ni˥tsʰuoŋ˨˩ʂaŋ˥˧tʰou·tʂə˥muo·vaŋ˥˩xa˥tʰuoŋ˥,pa˥˩næᴇ˥ɕie˥˧lou˨tsa˥tsɿ·lou˨xuei˥tou˥˧tʰu˥ti·pa˥˩næᴇ˥kə˥pi˥˧tsɿ·niæ̃r˥tou˥˩fəŋ˥niæ̃˨˩lə˥,næᴇ˥nəŋ˨nəŋ˨˩nəŋ˨˩li˥˧ma·?nə˥kə˥lou˨kou˥tsɿ·ni˥˧tɕia˥ti˥˧xa˥tʂə˥muo·kou˥i˥˩kou˥,pa˥˩næᴇ˥kə˥pi˥˧tsɿ·tɕiou˥˩……（噢，就用炉钩子钩？）啊，炉钩子两下钩的那个……ã˩,lou˨kou˥tsɿ·liaŋ˥xa˥kou˥ti·nə˥kə˥……（没有拿通条通的？）没有。muo˥˩iou˥˩.（那你们晚上不用了，是不是也也得拿个什么东西给盖一下它还是干吗？）你把上头的盖盖盖严，底下这风门儿拉住一关，它就不着了么。ni˥pa˥˩ʂaŋ˥tʰou·tə·kæᴇ˥kæᴇ˥kæᴇ˥niæ̃˨˩,ti˥xa˥tʂə˥fəŋ˥˩mə̃r˨la˥tʂʮ˥˩i˥˩kuæ̃˥,tʰa˥˧tsou˥pu˨˩tʂuo˨˩lə·muo·.（也不说拿个煤饼子给给给糊上？）哎不，兀上头倒点……加点煤……煤把它封住就对了么。æᴇ˥pu˨˩,væᴇ˥˧ʂaŋ˥˧tou·tao˥tiæ̃˥˩t……tɕia˥tiæ̃˥˩mei˨˩ɕi……mei˨pa˥˩tʰa˥˧fəŋ˥tʂʮ˥˩tɕiou˥tuei˥˧lə·muo·.（加湿煤干煤呢？）哎嗨嗨，加湿……干煤。加湿煤还能了得？加湿煤，烧下进来炉筒子，两下把炉筒子烧坏了。æᴇ˨xæᴇ˥xæᴇ˥˩,tɕia˥ʂʅ……kæ̃˥mei˨.tɕia˥˩ʂʅ˥mei˨xæᴇ˨˩nəŋ˨˧liao˥˧tə˥˧?tɕia˥˩ʂʅ˥mei˨˧,ʂao˥˩xa˥tɕiŋ˥læᴇ˨˧lou˨˩tʰuoŋ˥˧tsɿ˥,liaŋ˥xa˥˩pa˥˩lou˨˩tʰuoŋ˥tsɿ·ʂao˥˩xuæᴇ˥lə˥.

硬柴

黄：硬柴就是这个木头，木材都叫硬柴。niŋ˥˧tsʰæᴇ˨˩tɕiou˥sɿ˥tʂə˥kə˥mu˥tʰou·,mu˥tsʰæᴇ˨tou˥˧tɕiao˥niŋ˥tsʰæᴇ˨˩.（那些枝枝叶叶呢？）那都不叫。软柴，那□们前塬把麦秸叫软柴。næᴇ˥˧tou˥˩pu˨˩tɕiao˥.zʮæ̃˥tsʰæᴇ˨˧,næᴇ˥niæ̃˨˧məŋ·tɕʰiæ̃˨yæ̃˨˧pa˥˩mei˥tɕie˥˩tɕiao˥zʮæ̃˥tsʰæᴇ˨˩.（你们这边那些？）我们这边儿没有软柴说法。ŋuo˥məŋ·tʂei˥piæ̃r˥˧mei˨iou˥˧zʮæ̃˥tsʰæᴇ˨˩ʂuo˥fa˥˩.

瓤柴

黄：瓤柴，那有些人那个掳下一把柴烧炕，那叫……不一定是掳这么些。zaŋ˥tsʰæᴇ˨˩,næᴇ˥iou˥ɕie˥˩zəŋ˨nə˥kə˥lu˥xa˥˩i˥˧pa˥˧tsʰæᴇ˨ʂao˥kʰaŋ˥,næᴇ˥˧tɕiao˥˩……pu˨˩i˥˧tiŋ˥sɿ˥˩lu˥tʂə˥muo·ɕie˥˧.（瓤……瓤柴是什么意思啊？）瓤柴就是踏融了的那些柴，容易燃烧的那些，他都不要，叫……就是燃点比较低的那个。zaŋ˥tsʰæᴇ˨˩tɕiou˥sɿ˥tʰa˨zuoŋ˨˩lə·ti·næᴇ˥ɕie˥˧tsʰæᴇ˨˩,yoŋ˨˩i˥˧zæ̃˨˩ʂao˥ti·næᴇ˥˩ɕie˥˩,tʰa˥˧tou˥˧pu˨˧iao˥,tɕiao˥˩……tɕiou˥˩sɿ˥˩zæ̃˨˩tiæ̃˥pi˥˧tɕiao˥ti˥ti·nei˥kə˥.（噢，容易燃烧的……）啊，容易燃烧的……a˩,zuoŋ˨˩i˥zæ̃˨˩ʂao˥ti·……（那种柴火？）柴火叫瓤柴。tsʰæᴇ˨˩xuo˥˧tɕiao˥zaŋ˥tsʰæᴇ˨˩.

火镰

（你那个点火用什么？）黄：火柴么，打火机子。xuo˥tsʰæᴇ˨˩muo·,ta˥˩xuo˥˩tɕi˥tsɿ·.（那以前叫什么呢？老……）火镰。xuo˥liæ̃˨˩.（老人家？）用火镰，有火……火绳绳往着点。yoŋ˥xuo˥liæ̃˨˩,iou˥˩xuo˥……xuo˥ʂəŋ˨˩ʂəŋ˨˧vaŋ˥˩tʂuo˨˩tiæ̃˥˩.（火镰，火绳它……那

个……）往着搕么。打火星子烧着它。vaŋ˥˧˩tsuo˩˧kʰə˥˧˩muo˧.ta˥˧˧xuo˥˧˧ɕiŋ˧˩tsɿ˧ʂɑɔ˥˧˩tʂuo˩˧tʰɑ˥˧˩.（那个火镰在什么上面打？）有火石咧嘛。iou˥˧xuo˥˧ʂʅ˩˧˩lie˦ma˧.（火石？）嗯。ŋ̍˩.（啊。用那个火绳再去引？）打下那个火星子就把火绳子烧着了么。燃点后，噗……吹着了么。ta˥˧xa˥nə˥kə˥xuo˥˧˧ɕiŋ˧˩tsɿ˧tɕiou˥pa˥˧˩xuo˥˧ʂəŋ˩˧˩tsɿ˦ʂɑɔ˥˧˩tʂuo˩˧˩lə˦muo˧.zæ̃˩˧tiæ̃˥˧˩xou˥˦,pʰu……tʂuei˧˩tʂuo˩˧˩lə˦muo˧.（有没有这样这样那个弄出火来？）钻燧取火没有的。tsuæ̃˥suei˩˧tɕʰy˥˧˧xuo˥˧˧mei˩˧iou˥˧˩ti˧.

火石

（他怎么拿呢？就比如说我拿着火石，那火捻子是放在这上头还……）黄：你就把这么个往上一放，这么个拿到一瘩里，这个是在跟前放……这么个一打，这个就易产生那个火花。这个就非常肯着的。一弄，呲儿，一下就着了。一着了，那个就着了，这就拿上去，噗，噗……一气吹得马上就起焰了。ni˥˧˧tsou˥pa˥˧˩tʂə˥˦muo˦kə˥vaŋ˥˧˩ʂaŋ˥i˧˩faŋ˥,tʂə˥muo˦kə˥na˩˧˩tɑɔ˥i˧˩ta˧˩li˥˧˩,tʂə˥kə˥sɿ˥tsæᴇ˥kəŋ˧˩tɕʰiæ̃˩˧˩faŋ˥……tʂə˥muo˦kə˥i˧˩ta˥˧,tʂə˥kə˥tsou˥i˥˩tsʰæ̃˥˧səŋ˥˧˩nə˥kə˥xuo˥˧xua˥˧˩.tʂə˥kə˥tsou˥˩fei˥˧˩tʂʰaŋ˩˧kʰəŋ˥˧tʂuo˩˧˩ti˧.i˧˩nuoŋ˥,tsʰər˩˧,i˧˩xa˥˩tsou˥tʂuo˩˧˩lə˧.i˧˩tʂuo˩˧lə˦,nə˥kə˥tsou˥tʂuo˩˧˩lə˦,tʂə˥tsou˥na˩˧˩ʂaŋ˥˦tɕʰy˥˩,pʰu˩,pʰu……i˧˩tɕʰi˥˩tʂʰuei˧˩tə˦ma˥˧ʂaŋ˥tsou˥tɕʰi˥˧iæ̃˥lə˦.

火草

黄：我们这儿这就是山上一种这火草，那个叶子噢一指来宽，你把那个拿回来晒干一揉，那都绒得很，像棉花样的。ŋuo˥˧məŋ˧tʂər˥tʂə˥tɕiou˥˩sɿ˥˩sæ̃˥˧ʂaŋ˥˩i˧˩tʂuoŋ˥˧˩tʂə˥˩xuo˥˧˧tsʰɑɔ˥˧,nə˥˩kə˥˩ie˧˩tsɿ˧ɑɔ˩i˧˩tsɿ˥˧læᴇ˩˧kʰuæ̃˧˩,ni˥˧pa˥˧˩nə˥kə˥na˩˧˩xuei˩˧˩læᴇ˩˧˩sæᴇ˥kæ̃˥˧i˧˩ʐou˩˧,nə˥tou˧˩ʐuoŋ˩˧tə˦xəŋ˥˧˧,ɕiaŋ˥miæ̃˩˧˩xua˧˩iaŋ˥˩ti˧.

吹火棍子、风箱

（你们有没有火棍子啊？通火棍？）黄：不要。pu˩˧˧iɑɔ˥.（没有吹火的？）没有。现在谁要那个？mei˩˧iou˥˧˩.ɕiæ̃˥tsæᴇ˥sei˩˧˩iɑɔ˥nei˥˦kə˥˩?（像以前烧这个大……那个这个锅的时候哇是不是要拿个东西吹？）不吹不吹。我们这儿那个柴那么好烧，还给你……弄点干柴往上一点，呃，吼……吼就着了。要甚么吹火棍子？pu˩˧tʂʰuei˧˩pu˩˧tʂʰuei˧˩.ŋuo˥˧məŋ˦tʂər˥nə˥kə˥tsʰæᴇ˩˧nə˥muo˦xɑɔ˥˧˧ʂɑɔ˥˧,xæᴇ˩˧˩kei˥ni˥˧˧……nuoŋ˥tiæ̃˥˧˧kæ̃˧˩tsʰæᴇ˩˧vaŋ˥˧˩ʂaŋ˥˦i˧˩tiæ̃˥˧,ə̃˥,xou˥˧……xou˥˧tsou˥˩tʂuo˩˧˩lə˦.iɑɔ˥ʂəŋ˥muo˧tʂʰuei˧˩xuo˥˧kuoŋ˥˦tsɿ˧?

（没有吹的？）黄：没有。mei˩˧˩iou˥˧˩.（就是拉风箱？）不拉风箱。pu˩˧˧la˥˧˧fəŋ˥˧˩ɕiaŋ˥˧˩.（风箱也不拉？这里有没有风箱？）哎不要风箱。我们那东西本身往着一点，火就挺大的。有时候着咧你浇都浇不灭，你还再往上……还把拿个往大里吹？那干干的干劈柴，哪有干柴点火不着的了？æᴇ˩˧pu˩˧˧iɑɔ˥fəŋ˧˩ɕiaŋ˥˧˩.ŋuo˥˧˧məŋ˦nə˥tuoŋ˧˩ɕi˧pəŋ˥˧ʂəŋ˥˧˩vaŋ˥˧˩tʂʰuo˩˧˧i˧˩tiæ̃˥˧,xuo˥˧tsou˥tʰiŋ˥˧ta˥ti˦.iou˥˧˧sɿ˩˧˧xou˥tʂɑɔ˩˧˧lie˦ni˥˧˧tɕiɑɔ˧˩tou˧˩tɕiɑɔ˧˩pu˩˧mie˧˩,ni˥˧xa˩˧˩tsæᴇ˥˦vaŋ˥˧˩ʂaŋ……xa˩˧˧pa˥˧˧næᴇ˥kə˥vaŋ˥˧˩ta˥˦li˥˧˧tʂʰuei˧˩?næᴇ˥kæ̃˧˩kæ̃˧˩ti˦kæ̃˧˩pʰi˧˩tsʰæᴇ˩˧,na˥˧iou˥˧kæ̃˧˩tsʰæᴇ˩˧tiæ̃˥˧xuo˥˧pu˩˧˩tʂuo˩˧˩ti˦lə˧?（那什么地方要使风箱呢？）风箱前塬里他们烧……烧的都用风箱。fəŋ˧˩ɕiaŋ˧˩tɕʰiæ̃˩˧yæ̃˩˧˩li˥˧˧tʰɑ˧˩məŋ˧ʂɑɔ˥˧˩……ʂɑɔ˧˩ti˧tou˧˦yoŋ˥fəŋ˧˩ɕiaŋ˥˧˩.（铁匠铺里有没有风箱？）铁匠铺里你打铁当然要有风箱。tʰie˧˩tɕiaŋ˥˩pʰu˥li˥˧˧ni˥˧˧ta˥˧tʰie˧˩taŋ˧˩zæ̃˩˧iɑɔ˥iou˥˧˩fəŋ˧˩ɕiaŋ˥˧˩.

炕杈子、灰钯

（炕杈子和灰钯一回事吗？）黄：杈子是前头是两个，有个杈杈。灰钯是前头档了个木档档。tsʰɑ˥tsɿ˧sɿ˧˩tɕʰiæ̃˦˩tʰou˧sɿ˧liɑŋ˥kə˧˩,iou˥˧kə˧tsʰɑ˥tsʰɑ˥˩.xuei˥pʰɑ˦˩sɿ˧tɕʰiæ̃˦˩tʰou˧tɑŋ˧lə˧kə˧mu˥˩tɑŋ˧˥tɑŋ˧˩.（档了个木档子？）噢，档个木档子。或者是拿……ɑɔ˩,tɑŋ˧kə˧mu˥˩tɑŋ˧tsɿ˧.xuei˦˧tʂə˥˩sɿ˧˩nɑ˦˩……（两个杈子是绑了一个木……）哎，没有。它是直接是这个欹这一根上头给这前头或者是打个铆儿。然后安上弄……æᴇ˦,muo˥˩iou˥.tʰɑ˥˧sɿ˧tʂɿ˦tɕie˥sɿ˧tʂə˧kə˧ei˧tʂei˧i˥˩kəŋ˥ʂɑŋ˧tʰou˧kei˧tʂə˧tɕʰiæ̃˦˩tʰou˧xuei˦˧tʂə˥˧sɿ˧tɑ˥kə˧˩mɑɔr˥.zæ̃˦˩xou˧næ̃˥ʂɑŋ˧˩nuoŋ˧……（这个就直接插一根儿进去？）噢，插进去一个。现在人更简单。弄个铁……钢管儿，前头焊一截子铁板儿，行啦。ɑɔ˩,tsʰɑ˥tɕiŋ˧˥tɕʰy˧˩i˥˩kə˧˩.ɕiæ̃˧tsæᴇ˧zəŋ˦kəŋ˧tɕiæ̃˥tæ̃˥˩.nuoŋ˧kə˧tʰie˥˩……kɑŋ˥˩kuæ̃r˥,tɕʰiæ̃˦˩tʰou˧xæ̃˧i˥˩tɕie˦˥tsɿ˧tʰie˥˩pæ̃r˥,ɕiŋ˦˩lɑ˧.（灰钯子？）灰钯。xuei˥pʰɑ˦˩.

马勺

（舀水的你们叫什么？）黄：马勺。mɑ˥ʂuo˦˩.（mɑ˧ʂuo˩？）马勺。嗯。mɑ˥ʂuo˦˩.ə̃˩.（不叫“瓢”？）叫。有时候也有叫……tɕiɑɔ˧.iou˥sɿ˦˩xou˧ie˥iou˥tɕiɑɔ˧……（葫芦剖……破破一半儿就……）□得……□得水上面，那个……ʂɑɔ˥tə˧……ʂɑɔ˥tə˧ʂuei˥ʂɑŋ˧˩miæ̃˧˩,nə˧kə˧……（噢，那是漂在水上啊？）啊，这叫……也叫马勺，也叫瓢，瓢头儿。ɑ˩,tʂei˧˥tɕiɑɔ˧……ie˥tɕiɑɔ˧mɑ˥ʂuo˦˩,ie˥tɕiɑɔ˧pʰiɑɔ˦,pʰiɑɔ˦tʰour˦.（pʰiɑɔ˦tʰour˦？）嗯。瓢。əŋ˩.pʰiɑɔ˦.（这个mɑ˥ʂuo˩这个mɑ˥是什么？）姓马的马。ɕiŋ˧mɑ˥ti˧mɑ˥.（姓马的“马”？）啊。马勺，勺子。嗯，马勺。ɑ˩.mɑ˥ʂɑɔ˦,ʂɑɔ˦tsɿ˧.ə̃˧,mɑ˥ʂɑɔ˦˩.（嗯，“马勺”再说一遍？）马勺。mɑ˥ʂuo˦˩.（mɑ˥……ʂuo˩？）马勺。mɑ˥ʂuo˦˩.（mɑ˥ʂuo˩？）嗯。还有一种叫法，瓜篱。əŋ˩.xæᴇ˦iou˥˧i˥˧tʂuoŋ˥˧tɕiɑɔ˧fɑ˥˩,kuɑ˥li˦˩.（kuɑ˥li˩？kuɑ˥……）噢，马勺也叫瓜篱。ɑɔ˦,mɑ˥ʂuo˦˩iɑ˥˧tɕiɑɔ˧kuɑ˥li˦˩.（kuɑ˥li˩。）嗯。əŋ˩.（“西瓜”的“瓜”？）嗯。əŋ˥.（kuɑ˥li˩。）嗯。əŋ˩.（这个跟那个笊篱一个性质的是吧？）不是。这是舀……pu˦˩sɿ˧.tʂə˧˩sɿ˧˥iɑɔ˥……（我说这个篱呀可能就是那个那个那个……）噢，和这个是一样的。嗯。但是这个都是不漏水的意思唻。瓜篱。ɑɔ˩,xuo˦tʂei˧kə˧sɿ˧˩i˥˩iɑŋ˧ti˧.əŋ˩.tæ̃˧˩sɿ˧˩tʂə˧kə˧tou˥˩sɿ˧pu˦˩lou˧ʂuei˥ti˧i˧˩sɿ˧læᴇ˧.kuɑ˥li˦˩.（也叫“瓢头儿”？）嗯，也叫瓢头儿。这个是……这种瓜篱它一般用……有些人用来舀水的，有些又是面缸缸里头弄那么个瓜篱，舀面的。əŋ˩,ie˥tɕiɑɔ˧pʰiɑɔ˦tʰour˦.tʂə˧kə˧sɿ˧……tʂei˧tʂuoŋ˥˧kuɑ˥li˦˩tʰɑ˥˩i˥˧pæ̃˥˩yoŋ˧˥……iou˥ɕie˥˩zəŋ˦yoŋ˧læᴇ˦iɑɔ˥ʂuei˥ti˧,iou˥ɕie˥˩iou˧sɿ˧miæ̃˧˥kɑŋ˥kɑŋ˥˩li˥tʰou˧nuoŋ˧nə˧muo˧kə˧kuɑ˥li˦˩,iɑɔ˥˩miæ̃˧ti˧.（好，这个“瓢头儿”怎么说？）瓢头儿。pʰiɑɔ˦tʰour˦.（pʰiɑɔ˦tʰour˦？）嗯。瓢头儿。əŋ˩.pʰiɑɔ˦tʰour˦.（呃，这个三样，三三个，就是瓢头儿跟它们……）马勺，瓜篱。mɑ˥˧ʂuo˦˩,kuɑ˥li˦˩.（马勺，瓜篱。都是一样？）都是一样东西。tou˥˧sɿ˧i˥˩iɑŋ˧tuoŋ˥ɕi˧.（一个东西？）一个东西。嗯。i˥˩kə˧tuoŋ˥ɕi˧.əŋ˩.（是什么东西做的呢？）这也是……有的是木头做下的，有是弄葫芦锯成两半儿的，有的是铁的。tʂə˧ie˥˩sɿ˧……iou˥ti˧sɿ˧˩mu˥tʰou˧tsuo˧˥xɑ˧˩ti˧,iou˥sɿ˧nuoŋ˧xu˦˩lu˦˧tɕy˧tʂʰəŋ˦˩liɑŋ˥pæ̃r˧ti˧,iou˥ti˧sɿ˧˩tʰie˥ti˧.（啊，那个有什么……名字呢有区别吗这个不同的品种？）没有没有多大区别。那是全被他……muo˥˩iou˥muo˥˩iou˥tuo˥˩tɑ˧tɕʰy˥˩pie˦.næᴇ˧sɿ˧tɕʰyæ̃˦pei˧˥tʰɑ˥˩……（木头把它挖成的那种？）木头做下的是木马勺嘛。mu˥tʰou˧tsuo˧˥xɑ˧ti˧sɿ˧mu˥mɑ˥˧ʂuo˦mɑ˧.（木马勺？）噢，木马勺嘛。铁的造下就是铁马勺。你这个葫芦做下那个就叫个马勺咧。ɑɔ˩,muo˥mɑ˥˧ʂuo˦˩mɑ˧.tʰie˥ti˧tsɑɔ˧xɑ˧tɕiou˧sɿ˧tʰie˥mɑ˥˧ʂuo˦˩.ni˥˩tʂə˧˩kə˧˩xu˦lu˦˧tsuo˧˥xɑ˧nə˧kə˧tɕiou˧tɕiɑɔ˧kə˧mɑ˥ʂuo˦˩lie˧.（噢，葫芦的

就不叫葫芦马勺？）噢，不叫葫芦马勺，叫葫……叫马勺咧。木头的它没有……木头用那个镟子[1]镟出的那种。ɑɔ˩,pu˨˦˧tɕiaɔ˥xu˨˦lu˨˦˧mɑ˥˧ʂuo˨˦˩,tɕiaɔ˥xu……tɕiaɔ˥mɑ˥˧ʂuo˨˦˩lie·˧.mu˥˧tʰou·˧ti·˧tʰɑ˥˧˩mei˨˦iou˥˧……mu˥˧tʰou·˧yoŋ˥nə˥kə˥ɕyæ̃˥tsɿ·˧ɕyæ̃˥tʂʰʮ˥˧˩ti·˧nei˥tʂuoŋ˥˧˩.

笊篱

（那个家里煮饺子那个的，煮面用的那个叫笊篱啥？）黄：笊篱么。tsɑɔ˥li˨˦˩muo·˧.（用铁做的……铁丝儿做的还是用竹子做的？）有竹子的，有铁的。现在多……百分之百都是……都是铁的。iou˥˧tʂʮ˥˧tsɿ˦ti˦,iou˥˧˧tʰie˥˧˩ti·˧.ɕiæ̃˥tsæᴇ˥tuo˥˧……pei˥˧˩fəŋ˥˧˧tsɿ˥˧˩pei˥˧tou˥˧˩sɿ˥˩ts……tou˥˧˩sɿ˥˩tʰie˥˧ti·˧.（这个竹……竹子做成的笊篱叫什么？）竹笊篱。tʂʮ˥˧˩tsɑɔ˥li˨˦˩.（铁的呢？）铁笊篱。tʰie˥˧tsɑɔ˥li˨˦˧.（你们过去自己……就是说竹子的时候，也没有铁的时候，是拿什么做呢？）那我们在河……河滩里扯些……扯些柳条儿回来编一个。næᴇ˥ŋuo˥˧˧məŋ˦tsæᴇ˥˩xə˨˦˩……xə˨˦˩tʰæ̃˥˧li˥˧˩tʂʰə˥˧ɕie˥˧˩……tʂʰə˥˧ɕie˥˧˩liou˥˧tʰiɑɔr˨˦xuei˨˦˩læᴇ˨˦˧piæ̃˥˧i˥˧˩kə˥˩.（柳笊篱？）那就叫笊篱。nə˥˩tɕiou˥˦tɕiɑɔ˥tsɑɔ˥li˨˦˧.

油甿

（油甿，过去烧油的那个甿……油甿呃装油……）黄：装油的那个是个欸……tʂuɑŋ˥˧iou˨˦˩ti˦nei˥kə˥sɿ˥kə˥ei˩……（什么样形状的？）黄：这么奘，这么高嘛。上头一个……tʂə˥muo˦tʂuɑŋ˥˧˧,tʂə˥muo˦kɑɔ˥˧mɑ·˧.ʂɑŋ˥tʰou˨˦˧i˥˧˧kə˥……王：中间细脖项，细脖子,这么大个碗碗。tʂuoŋ˥˧˩tɕiæ̃˥˧˦ɕi˥puo˨˦˩xɑŋ˥˦,ɕi˥puo˨˦tsɿ˦,tʂə˥muo˦tɑ˥kə˥væ̃˥˧væ̃˥˧˩.黄：怕是这么个脖……是个……上头这么大一个……细脖脖，上头一个碗碗形是。pʰɑ˥sɿ˥tʂə˥muo˦kə˥puo˨˦˦s……sɿ˥kə˥˩……ʂɑŋ˥tʰou˦tʂə˥muo˦tɑ˥i˥˧˧kə˥ts……ɕi˥puo˨˦˩puo˨˦˦,ʂɑŋ˥tʰou˦i˥˧˧kə˥væ̃˥˧væ̃˥˧˩ɕiŋ˨˦sɿ˥˩.（跟烧瓶啊？有点像烧瓶吗？）黄：有点像烧瓶。iou˥˧tiæ̃˥˧˩ɕiɑŋ˥ʂɑɔ˥˧pʰiŋ˨˦.（下面……下面圆圆的？）黄：啊，上边圆……它底下还不是过于圆的。它底下……上头这么大，就慢慢下来以后，像个圆柱体，但是它底下那个圆柱面积又小了。它中……ɑ˩,ʂɑŋ˥piæ̃˥˧˩yæ̃˨˦ɕ……tʰɑ˥˧˧ti˥˧xɑ˥˩xɑ˨˦˩pu˨˦˩sɿ˥kuo˥y˨˦˧yæ̃˨˦˩ti˦.tʰɑ˥˧˩ti˥˧xɑ˥˩……ʂɑŋ˥˦tʰou·˧tʂə˥muo˦tɑ˥,tsou˥mæ̃˥mæ̃˥xɑ˥læᴇ˨˦˧i˥˧˩xou˥,ɕiɑŋ˥kə˥yæ̃˨˦˩tʂʮ˥tʰi˥˧˩,tæ̃˥sɿ˥tʰɑ˥˧˧ti˥˧xɑ˥nə˥kə˥yæ̃˨˦˩tʂʮ˥miæ̃˥tɕi˥˧˧iou˥ɕiɑɔ˥˧lə·˧.tʰɑ˥˧tʂuoŋ˥˧˦……（嗯。上……在在在上面还有个细脖子啊？）黄：啊，上头再一个细脖脖，还有个碗儿，还有那么个碗碗子形式的再。ɑ˩,ʂɑŋ˥tʰou˦tsæᴇ˥i˥˧˩kə˥˩ɕi˥puo˨˦˩puo˨˦˧,xæᴇ˨˦iou˥˧˧kə˥væ̃r˥˧,xæᴇ˨˦iou˥˧nə˥muo˦kə˥væ̃˥˧væ̃˥˧˩tsɿ·˧ɕiŋ˨˦˩ʂʅ˥˧ti˦tsæᴇ˥.王：能倒油开来就倒得那碗碗里淌进去。nəŋ˨˦tɑɔ˥iou˨˦˩kʰæᴇ˥˧læᴇ˨˦˩tɕiou˥˩tɑɔ˥tə˦nə˥væ̃˥˧væ̃˥˧˩li˥˧˩tʰɑŋ˥˧tɕiŋ˥˩tɕʰi˥˩.黄：倒油开来它倒得这个里头……本身就好像那个地方就带了个漏斗儿形。tɑɔ˥iou˨˦˩kʰæᴇ˥˧læᴇ˨˦˩tʰɑ˥˧˩tɑɔ˥tə˦tʂə˥kə˥li˥˧tʰou·˧……pəŋ˥˧ʂəŋ˥˧˩tɕiou˥xɑɔ˥˧˧ɕiɑŋ˥nə˥kə˥ti˥fɑŋ˥˧˩tɕiou˥tæᴇ˥lə˦kə˥lou˥tour˥˧˩ɕiŋ˨˦˩.王：像个漏斗啊的。tɕiɑŋ˥˩kə˥˩lou˥tou˥˧ɑ·˧ti·˧.黄：油甿[2]，那是装油的个容器。iou˨˦xɑŋ˨˦,nə˥sɿ˥tʂuɑŋ˥˧iou˨˦˩ti·˧kə˥zʮoŋ˨˦˩tɕʰi˥.（现在见不着了？）黄：现在没有了。ɕiæ̃˥tsæᴇ˥mei˨˦iou˥˧lə·˧.王：现在没咧都。ɕiæ̃˥tsæᴇ˥mei˨˦lie·˧tou˥˧˩.

油溜子

（有没有说漏斗的说法？）王：漏斗，□也有人叫，说这个漏斗咧。lou˥˦tou˥˧˩,niæ̃˨˦

---

① 镟子：指以绳索带动回旋着切削的装置。慧琳《一切经音义》卷九引三国魏周成《难字》："（旋）谓以绳转轴裁木为器者也。"用这种方式加工器具的行为也称镟。北魏贾思勰《齐民要术·种榆白杨》："梜者旋作独乐及盏。"

② 油甿：装油的坛子。《集韵》乎攻、胡江二切。慧琳《一切经音义》卷三十《大方广宝箧经》下卷音义："甿，项江反，《考声》云：'瓶类也，大者受一斗。'今无大小之制也。"

ie˥˧iou˥˧˨˩zəŋ˩˧tɕiaɔ˥,ʂuo˥˧tʂə˥˨˩kə˥˨˩lou˥tou˥˧˨˩lie˨.（他是说漏了还是说什么东西？）王：那漏斗那就是表示那种，呃，那个叫啥东西，兀个油溜子那号儿，人口就叫漏斗咧么。那就帮你……nə˥˨˩lou˥˧˥tou˥˧nə˥tɕiou˥sɿ˥piaɔ˥˧sɿ˥nei˥tʂuoŋ˥˧˦˥,ə˨˩,nei˥kə˥tɕiaɔ˥sa˥˧˥tuoŋ˥˧˨˩ɕi˨,vu˥kə˥iou˩˧˨˩liou˥˧˥tsɿ˨nei˥xaɔr˥˨˩,zəŋ˩˧˨˩niæ̃˩˧˦˥tɕiou˥tɕiaɔ˥lou˥˧˥tou˥˧˨˩lie˨muo˨.nei˥˨˩tɕiou˥paŋ˥˧˦˥ni˥˧˦˥……（油溜子？）黄：嗯。ŋ̍˨˩.（噢，你们漏斗是油溜子？）黄：嗯。ŋ̍˨˩.王：啊，油溜子呣。我们这儿把漏斗子叫油溜子。ɑ˨˩,iou˩˧liou˥tsɿ˨m̩˨.ŋuo˥˧˦˥məŋ˨tʂər˥pa˥˧˨˩lou˥tou˥˧˨˩tsɿ˨tɕiaɔ˥iou˩˧˨˩liou˥˧˥tsɿ˨.

汤盆儿

（什么情况下用那个汤盆儿？）黄：大么。ta˥muo˨.（什么……什么时候……）你做下有汤的话就用汤盆儿么。ni˥˧˦˥tsuo˥˧˥xa˥˧˥iou˥˧˦˥tʰaŋ˥˧ti˨xua˥˨˩tsou˥yoŋ˥tʰaŋ˥˧˨˩pʰə̃r˩˧muo˦.（自己一个……一个人端着汤盆儿喝啊？）那不可能。那就大家都是放那个地方，你该舀的喝啊。næᴇ˥˧˥pu˩˧˨˩kʰə˥˧˨˩nəŋ˩˧˨˩.næᴇ˥tsou˥ta˥˧˥tɕia˥˧˨˩tou˥˧˨˩sɿ˥˨˩faŋ˥nə˥kə˥ti˥faŋ˥˧˦˥,ni˥˧˨˩kæᴇ˥˧˨˩iaɔ˥˧ti˨xə˥˧˨˩ɑ˨˩.

土暖锅儿、转槽

（你们把那个肉片放到那个……那个火锅里面这个……这个叫……叫什么？）黄：涮。ʂuæ̃˥.（叫涮？）噢，多涮一下。ɑɔ˨˩,tuo˥˧˨˩ʂuæ̃˥i˥˧˦˥xa˥˨˩.（家里面涮吗过年的时候？）不，那都太不。家里都……吃火锅儿都……不……都不……都不搞那些事情，落怜的。pu˩˧,næᴇ˥˧˥tou˥˧˨˩tʰæᴇ˥pu˩˧˨˩.tɕia˥˧li˥˧˨˩tou˥˧˨˩……tʂʰʅ˥˧˨˩xuo˥˧kuor˥˧˨˩tou˥˧˨˩……pu˩˧˨˩……tou˥˧˨˩pu˩˧˥……tou˥˧˦˥pu˩˧˦˥kaɔ˥˧nei˥˨˩ɕie˥˧˨˩sɿ˥˨˩tɕʰiŋ˩˧˥,luo˥˧liæ̃˩˧˨˩ti˨.（不搞火锅啊？）搞火锅儿搞咧。那都是嫌那事情落怜得很。kaɔ˥˧˦˥xuo˥˧kuor˥˧˨˩kaɔ˥˧lie˨.næᴇ˥tou˥˧˨˩sɿ˥ɕiæ̃˩˧˨˩næᴇ˥sɿ˥˨˩tɕʰiŋ˩˧˦˥luo˥˧liæ̃˩˧˨˩tei˥˧˨˩xəŋ˥˧˨˩.（噢，嫌那个不干净？麻烦，嫌它麻烦是吧？）噢，麻烦得很，嗯。ɑɔ˨˩,ma˩˧fæ̃˩˧˦˥tə˦xəŋ˥˧,ŋ̍˨˩.（那你那火锅是事先炖好端……端上去啊？）我们那个火锅就是自然火锅。欸，老百姓骂人就叫转槽。ŋuo˥˧məŋ˦nə˥kə˥xuo˥˧kuo˥˧˨˩tɕiou˥sɿ˥tsɿ˥˧˥zæ̃˩˧˨˩xuo˥˧kuo˥˧˨˩.ei˥,laɔ˥˧pei˥˧˨˩ɕiŋ˥˧˥ma˥˧˥zəŋ˩˧˨˩tɕiou˥tɕiaɔ˥tʂuæ̃˥˧˥tsʰaɔ˩˧˨˩.（用砖头砌成的槽啊？）不。砂锅子。它是有周围这么大，像火锅儿那个样子，它中间是装的是火，这个以后，你这个里头把汁子，哎，是个圆的么像个，圆的以后你像，就像这么个东西，这是个圆的，这个里头还有个炉子咧嘛，还有个圆心子，这里头装的火嘛。你把炭都打这里头放进去。这外边还有个外围，欸，这么大一个，就像这么个圆形的。把汁子往里头一放，把各种菜都放进去，这一转圈就可以放好多菜呀。pu˩˧.sa˥˧kuo˥˧˨˩tsɿ˨.tʰa˥˧˨˩sɿ˥iou˥˧tʂou˥˧˨˩vei˩˧tʂə˥muo˦ta˥,ɕiaŋ˥xuo˥˧kuor˥˧˨˩nə˥kə˥iaŋ˥tsɿ˦,tʰa˥˧˨˩tʂuoŋ˥˧˨˩tɕiæ̃˥˧˥sɿ˥tʂuaŋ˥˧ti˨sɿ˥˨˩xuo˥˧,tʂə˥kə˥i˥˧˨˩xou˥,ni˥˧˦˥tʂə˥kə˥li˥˧˦˥tʰou˦pa˥˧˨˩tʂʅ˥˧tsɿ˨,æᴇ˥˧,sɿ˥˨˩kə˥˨˩yæ̃˩˧˨˩ti˦muo˨ɕiaŋ˥kə˥,yæ̃˩˧˨˩ti˦i˥˧˨˩xou˥ni˥˧˦˥ɕiaŋ˥,tɕiou˥ɕiaŋ˥tʂə˥muo˦kə˥tuoŋ˥˧ɕi˨,tʂə˥sɿ˥kə˥yæ̃˩˧˨˩ti˦,tʂə˥kə˥li˥˧tʰou˨xæᴇ˩˧˨˩iou˥˧kə˥˨˩lou˩˧˨˩tsɿ˦lie˨ma˨,xæᴇ˩˧˨˩iou˥˧˦˥kə˥yæ̃˩˧˨˩ɕiŋ˥˧tsɿ˨,tʂei˥li˥˧tʰou˨tʂuaŋ˥˧ti˨xuo˥˧ma˨.ni˥˧pa˥˧˨˩tʰæ̃˥tou˥˧˨˩ta˥˧˨˩tʂə˥˧˥li˥˧˨˩tʰou˨faŋ˥tɕiŋ˥tɕʰi˥.tʂə˥˨˩væᴇ˥˧˥piæ̃˥˧˨˩xæᴇ˩˧˨˩iou˥˧˦˥kə˥væᴇ˥vei˩˧˨˩,ei˥,tʂə˥muo˦ta˥i˥˧˦˥kə˥˨˩,tɕiou˥ɕiaŋ˥tʂə˥muo˦kə˥yæ̃˩˧ɕiŋ˩˧˨˩ti˦.pa˥˧˨˩tʂʅ˥˧tsɿ˨vaŋ˥li˥˧tʰou˨i˥˧˨˩faŋ˥,pa˥˧˨˩kə˥˧˨˩tʂuoŋ˥˧tsʰæᴇ˥tou˥˧˦˥faŋ˥tɕiŋ˥tɕʰi˥,tʂei˥˧˥i˥˧˨˩tʂuæ̃˥˧˥tɕʰyæ̃˥˧tɕiou˥˨˩kʰə˥˧i˥˧˨˩faŋ˥xaɔ˥˧tuo˥˧˨˩tsʰæᴇ˥ia˦.（一转圈是吧？）噢，一转圈这么大个圆的都可以放菜嘛。这你可以肉呀，瘦肉呀，土豆片片呀，菜呀，都放进去。底下这儿有个口口你呃一吹，呃里头火着咧，一次那都煎的。那就叫土火锅，也叫土暖锅儿。ɑɔ˨˩,i˥˧˨˩tʂuæ̃˥˧˥tɕʰyæ̃˥˧˨˩tʂə˥muo˦ta˥kə˥yæ̃˩˧ti˦tou˥˧˥kʰə˥˧i˥˧˨˩faŋ˥tsʰæᴇ˥ma˨.tʂə˥˨˩ni˥˧˨˩kʰə˥˧˦˥i˥˧˦˥zou˥ia˦,sou˥zou˥ia˦,tʰu˥˧˦˥tou˥pʰiæ̃˥˧pʰiæ̃˥˧˦˥ia˦,tsʰæᴇ˥ia˦,tou˥˧˦˥faŋ˥tɕiŋ˥tɕʰi˥.ti˥˧xa˥˨˩tʂər˥˧˥iou˥˧˦˥kə˥kʰou˥˧kʰou˥˧˦˥ni˥˧˦˥ə˨˩i˥˧˨˩tʂʰuei˥˧,ə˥li˥˧˦˥tʰou˦xuo˥˧tʂuo˩˧˨˩lie˦,i˥˧˨˩tsʰɿ˥˧˥næᴇ˥tou˥˧˦˥tɕiæ̃˥˧ti˦.næᴇ˥tɕiou˥tɕiaɔ˥tʰu˥˧xuo˥˧kuo˥˧˨˩,ie˥˧˦˥tɕiaɔ˥tʰu˥˧nuæ̃˥˧kuor˥˧˨˩.（土暖锅儿？）噢，

骂人开来就叫转槽么。ɑɔ˪,ma˧ʐəŋ˩˪kʰæᴇ˥˩læᴇ˩˪tɕiou˧tɕiɑɔ˧tʂuæ̃˧tsʰɑɔ˩˪muo˧.（转……）转槽么。tʂuæ̃˧tsʰɑɔ˩muo˧.（转槽，那个马槽那个槽？）噢，像那个马槽。马槽也有圆的那么，也有圆槽咧么。ɑɔ˧,ɕiɑŋ˧nə˧kə˧ma˥˩tsʰɑɔ˩˪.ma˥˩tsʰɑɔ˩ia˥˩˫iou˥˩˫yæ̃˩˪ti˧nə˧muo˧,ie˥˩iou˥˩˪yæ̃˩tsʰɑɔ˩˪lie˧muo˧.（噢，这个老人家不高兴就是那个说的是吧？）噢，就是转槽咧。骂人咧嘛。ɑ˪,tɕiou˧˪sʅ˧˪tʂuæ̃˧˩tsʰɑɔ˩˪lie˧.ma˧ʐəŋ˩˪lie˧ma˧.（它是拿什么做的？是砂……砂……砂锅子还是……）砂锅子。sa˥˩kuo˥˩tsʅ˧.（也做成这个……并不……所有的东西都是砂的？）噢，都是砂的。现在国家……大饭……大酒店里它是铜的嘛，紫铜的嘛。ɑɔ˪,tou˥˩˫sʅ˧sa˥˩˪ti˧.ɕiæ̃˧tsæᴇ˧kuo˥˩tɕia˥˩˫……ta˧fæ̃˧……ta˧tɕiou˥˩tiæ̃˧li˥˩˪tʰa˥˩˫sʅ˧tʰuoŋ˩˪ti˧ma˧,tsʅ˥˩tʰuoŋ˩˪ti˧ma˧.（老人家这个这个说是嫌它浪费还是嫌它麻烦？）不是。是骂你咧。说：你吃啥？我吃……你今儿晌午是不是吃的转槽？pu˩˪sʅ˧.sʅ˧˪ma˧˩ni˥˩lie˧.ʂuo˥˩˪:ni˥˩tʂʰʅ˥˩ti˧sa˧?ŋuo˥˩tʂʰʅ˥˩˪……ni˥˩tɕiə̃r˥˩ʂaŋ˥˩vu˥˩˪sʅ˧˥pu˩˪sʅ˧tʂʰʅ˥˩ti˧tʂuæ̃˧˩tsʰɑɔ˩˪?（说你这个人怎么……为什么说……）不是。这也是个……是个代词儿，也不是是说骂你咧。这个东西，他说你吃转槽，你就吃的是土暖锅儿。噢，也是土火锅儿。pu˩˪sʅ˧.tʂei˧˥ie˥˩sʅ˧kə˧……sʅ˧˪kə˧˪tæᴇ˧tsʰər˩,ia˥˩pu˩˪sʅ˧˥sʅ˧˪ʂuo˥˩˪ma˧˥ni˥˩˪lie˧.tʂə˧kə˧tuoŋ˥˩ɕi˧,tʰa˥˩ʂuo˥˩˪ni˥˩tʂʰʅ˥˩˪tʂuæ̃˧˩tsʰɑɔ˩˪,ni˥˩˫tsou˧tʂʰʅ˥˩ti˧sʅ˧˪tʰu˥˩nuæ̃˥˩kuor˥˩˪.ɑɔ˪,ia˥˩˫sʅ˧tʰu˥˩xuo˥˩kuor˥˩˪.（噢，土暖锅？）噢，暖锅儿。ɑɔ˪,nuæ̃˥˩kuor˥˩˪.（暖锅就是火锅他是这样。）火锅儿么，嗯。那个煮……东西煮出来，那个就和火锅儿那味儿是一样的嘛。xuo˥˩kuor˥˩˪muo˧,ŋ̍˪.nə˧kə˧tʂʮ˥˩˫……tuoŋ˥˩ɕi˧tʂʮ˥˩˫tʂʰʮ˥˩læᴇ˩˪,nə˧kə˧tɕiou˧xuo˩˪xuo˥˩kuor˥˩˪nə˧vər˧sʅ˧˪i˥˩˪iɑŋ˧˩ti˧ma˧.（噢，那还好些。）嗯，好些么。ə̃˧,xɑɔ˥˩ɕie˥˩˪muo˧.

盘子

（用盘子装菜吗？）黄：那你……炕上吃饭，你必须把菜搁碟子去端去以后，这是一个盘子，你各种各样的菜都端那个地方，拿盘子端起放到那儿。na˧˪ni˥˩˫……kʰɑŋ˧˥ʂɑŋ˧˪tʂʰʅ˥˩˪fæ̃˧,ni˥˩˫pi˥˩ɕy˥˩˫pa˥˩˪tsʰæᴇ˧kə˥˩tie˩˪tsʅ˧tɕʰi˧tuæ̃˥˩tɕʰi˧˩i˥˩˪xou˧,tʂei˧˥sʅ˧i˥˩˫kə˧pʰæ̃˩˪tsʅ˧,ni˥˩kə˥˩˪tʂuoŋ˥˩kə˥˩˪iɑŋ˧tə˧tsʰæᴇ˧tou˥˩˫tuæ̃˥˩nə˧kə˧ti˧fɑŋ˥˩˫,na˩pʰæ̃˩˪tsʅ˧tuæ̃˥˩tɕʰi˥˩fɑŋ˧˩tɑɔ˧˪nar˧˪.（那个端菜用的那个方的盘子装啊？）就叫木盘子嘛。叫盘子嘛。tɕiou˧˪tɕiɑɔ˧˪mu˥˩pʰæ̃˩˪tsʅ˧ma˧.tɕiɑɔ˧˪pʰæ̃˩˪tsʅ˧ma˧.（噢，那个那个一……一个一个叫碟子啊？）嗯。噢，碟子么。ə̃˪.ɑɔ˧,tie˩˪tsʅ˧muo˧.（碟子搁在盘子里？）盘子再端得炕桌子上。pʰæ̃˩tsʅ˧tsæᴇ˧tuæ̃˥˩tə˧kʰɑŋ˧˩tʂuo˥˩tsʅ˧ʂɑŋ˧˪.

汤碗、面碗

（那个吃臊子面的那个碗？）黄：呃还就是普通的碗。ə˥˩xa˩˪tɕiou˧sʅ˧pʰu˥˩tʰuoŋ˥˩˪ti˧væ̃˥˩˪.（就是普通的碗啊？）嗯。ə̃˪.（有没有叫做喝汤碗？）没有。它是这个区分的话，它是有个汤碗和面碗区分。是在过事的时候，它一般这个欻汤是汤，面是面，不能往一瘩里倒。倒进去的话，如果那你……你比如你只有两个人，我端上来这个饭碗，我一次端三四碗的话，你汤面不分开，把面都捞到里头，投到你把那一碗面吃完，这个这一碗面不是已经糊了吗？我们这个地方土话叫馇①了嘛。muo˥˩iou˥˩˪.tʰa˥˩˫sʅ˧tʂə˧˥kə˧˥tɕʰy˥˩˪fəŋ˥˩ti˧xua˧˪,tʰa˥˩˫sʅ˧iou˥˩kə˧˪tʰɑŋ˥˩væ̃˥˩˫xuo˩˪miæ̃˧væ̃˥˩˪tɕʰy˥˩˪fəŋ˥˩.sʅ˧˪tsæᴇ˧˪kuo˧sʅ˧ti˧sʅ˩˪xou˧,tʰa˥˩˪i˥˩pæ̃˥˩˪tʂə˧kə˧e

① 馇：熬煮。奚青汶《心里美》：“她光顾高兴，饭在锅里忘了捞，都馇粥了。”太白话在这里引申指面条儿泡烂变糊。“馇”在文献中也作“插”。如《醒世姻缘传》第五十四回：“试了试手段，煎豆腐也有滋味；擀薄饼也能圆泛；做水饭，插黏粥，烙火烧，都也通路。”本字当为“焣”。“焣”，《广韵》楚洽切：“火干也。”《方言》：“熬、焣，火干也。凡以火而干五谷之类，自山而东齐楚以往谓之熬，秦晋之间或谓之焣。”

i˩tʰɑŋ˥˧sɿ˥˩tʰɑŋ˥˧,miæ̃˥sɿ˥˩miæ̃˥,pu˨˦˩nəŋ˨˦vɑŋ˥˧˩i˥˧˩tɑ˥˧li˥˧˩tɑɔ˥.tɑɔ˥tɕiŋ˥tɕʰi˥˦ti·˧xuɑ˥˩,zʮ˨˦˩kuo˥˧˧næᴇ˥ni˥˧˧……ni˥˧˧pi˥˧˧zʮ˨˦˧ni˥˧˧tsɿ˥˧˩iou˥˧˧liɑŋ˥˧kə˥˩zəŋ˨˦,ŋuo˥˧tuæ̃˥˧˩ʂɑŋ˥læᴇ˨˦˧tʂə˥˩kə˥˩fæ̃˥˩væ̃˥˧,ŋuo˥˧i˥˧˩tsʰɿ˥˦tuæ̃˥˧˩sæ̃˥˧˩sɿ˥væ̃˥˧tə·˧xuɑ˥˩,ni˥˧˧tʰɑŋ˥˧˩miæ̃˥˦pu˨˦˩fəŋ˥˧˩kʰæᴇ˥˧,pɑ˥˧˩miæ̃˥tou˥˧˩lɑɔ˨˦˩tɑɔ˥li˥˧tʰou·˧,tʰou˨˦˩tɑɔ˥ni˥˧˧pɑ˥˧˩nei˥i˥˧˧væ̃˥˧˧miæ̃˥tʂʰʅ˥˧˩væ̃˨˦,tʂei˥kə˥tʂei˥i˥˧˧væ̃˥˧˧miæ̃˥˦pu˨˦˩sɿ˥˩i˥˧tɕiŋ˥˧˩xu˨˦lə·˧mɑ·˧?ŋuo˥˧məŋ·˧tʂə˥kə˥ti˥fɑŋ˥˧˧tʰu˥˧xuɑ˥tɕiɑɔ˥tsʰɑ˥˧lə·˧mɑ·˧.（糊了叫tsʰɑ˥˧lɑ·˧？）噢，馇咧嘛，噢。这你都是不好吃咧么。他如果是面一碗，汤一碗，哎你吃完了以后，再把这个面，这个面再倒得这个汤里头去，这个面不是就没有馇么？ɑɔ˩,tsʰɑ˥˧lie·˧mɑ·˧,ɑɔ˩.tʂei˥ni˥˧˧tou˥˧˧sɿ˥pu˨˦˩xɑɔ˥˧˧tʂʰʅ˥˧lie·˧muo·˧.tʰɑ˥˧˧zʮ˨˦˩kuo˥˧sɿ˥miæ̃˥i˥˧˩væ̃˥˧˧,tʰɑŋ˥˧i˥˧˩væ̃˥˧˩,æᴇ˥ni˥˧tʂʰʅ˥˧˩væ̃˨˦˩lə·˧i˥˧˩xou˥,tsæᴇ˥pɑ˥˧˩tʂə˥kə˥miæ̃˥,tʂə˥kə˥miæ̃˥tsæᴇ˥tɑɔ˥tə·˧tʂə˥kə˥tʰɑŋ˥˧li˥˧˩tʰou·˧tɕʰi˥,tʂə˥kə˥miæ̃˥pu˨˦˩sɿ˥˩tɕiou˥mei˨˦˧iou˥˧˧tsʰɑ˥˧muo·˧?

老碗

（大碗叫老……老碗是吧？）黄：老碗大咧。老碗那个哎又深，嗯它这个深浅也深，它那个口面也大么。lɑɔ˥˧væ̃˥˧˩tɑ˥˩lie·˧.lɑɔ˥˧væ̃˥˧˩næᴇ˥kə˥æᴇ˥iou˥ʂəŋ˥˧˩,ŋ̍˩tʰɑ˥˧˧tʂə˥kə˥ʂəŋ˥˧˩tɕʰiæ̃˥˧iɑ˥˧˩ʂəŋ˥˧,tʰɑ˥˧˧nə˥kə˥kʰou˥˧miæ̃˥iɑ˥˧˧tɑ˥muo˥.（噢，那装菜还是装什么用的？）装菜。tʂuɑŋ˥˧˩tsʰæᴇ˥˦.

碎碗碗

（你……你像你那个碗，小孩他不知道你……拿那个碗儿一……他不给摔碎了？）黄：那摔碎咧再换一个嘛那。næᴇ˥˦ʂuæᴇ˥˧˩suei˥lie·˧tsæᴇ˥xuæ̃˥i˥˧˩kə˥˩mɑ·˧næᴇ˥˩.（你不……不一……不不给他特制做一个碗儿啊？）哎不。娃娃那时候兀碎碗碗……买个碎碗碗都对咧。æᴇ˥˧pu˨˦˩.vɑ˨˦˩vɑ˨˦˦næᴇ˥sɿ˨˦˩xou˥væᴇ˥suei˥væ̃˥˧˩væ̃˥˧˩……mæᴇ˥˧kə˥˩suei˥˦væ̃˥˧˩væ̃˥˧˩tou˥˧˩tuei˥˦lie·˧.（不拿个木头给他镟一个？）哼，不。xŋ̍˥˧,pu˨˦.

酒盅子

（酒盅子大概有多大？）黄：也有大个儿的。ie˥˧iou˥˧˩tɑ˥kər˥˦tə·˧.（那大个儿的也叫酒盅子？）也可以装一两多的。还有可以装二两多的。ie˥˧˧kʰə˥˧˧i˥˧˧tʂuɑŋ˥˧i˥˧˩liɑŋ˥˧tuo˥˧˩ti·˧.xæᴇ˨˦˧iou˥˧˧kʰə˥˧˧i˥˧˧tʂuɑŋ˥˧˩ər˥liɑŋ˥˧tuo˥˧˩ti·˧.（都叫酒盅子吗？）酒……噢，酒杯子，酒盅子。也叫……tɕiou˥˧˧……ɑɔ˩,tɕiou˥˦pei˥˧˩tsɿ·˧,tɕiou˥˧tʂuoŋ˥˧˩tsɿ·˧.ie˥˧˧tɕiɑɔ˥……（是杯子再大一点的那种是吧？）噢，那都统称……统称酒杯子。反正那有大有小。ɑɔ˩,næᴇ˥tou˥˧˦tʰuoŋ˥˧˩tʂʰəŋ˥˧……tʰuoŋ˥˧˩tʂʰəŋ˥˧tɕiou˥˧˧pei˥˧tsɿ·˧.fæ̃˥˧tʂəŋ˥næᴇ˥iou˥˧˧tɑ˥˦iou˥˧˩ɕiɑɔ˥˧.（像我们这个就上回前两天弄的那个……）酒盅盅。tɕiou˥˧˧tʂuoŋ˥˧tʂuoŋ˥˧˩.（叫酒盅盅？）啊。ɑ˩.（啊，装个几钱酒。）啊。ɑ˩.（叫酒盅盅？）嗯。ŋ̍˩.（这个有的喝米酒啊，有的喝那个烧酒，都有没有烧酒杯儿？）米酒……米……呃，□有……我们这面儿叫黄酒嘛。黄酒盅子就像杯子那么大那个。mi˥˧tɕiou˥˧˩……mi˥˧˧……ə˥˧,niæ̃˨˦˩iou˥˧˧……ŋuo˥˧məŋ·˧tʂei˥miæ̃r˥tɕiɑɔ˥xuɑŋ˨˦˩tɕiou˥˧mɑ·˧.xuɑŋ˨˦˩tɕiou˥˧tʂuoŋ˥˧tsɿ·˧tɕiou˥ɕiɑŋ˥pei˥˧tsɿ·˧nə˥muo·˧tɑ˥nə˥kə˥.（黄酒？）噢，黄酒盅子。ɑɔ˩,xuɑŋ˨˦˩tɕiou˥˧tʂuoŋ˥˧˩tsɿ·˧.

酒壶儿

（你们那个一般喝酒拿什么装的呀？不是，除了盅子，你拿个什么……）黄：哎有酒壶儿咧么。æᴇ˥iou˥˧˧tɕiou˥˧xuər˨˦˩lie˥muo·˧.（黄酒也装壶吗？）黄酒也壶啊。黄酒要烧热喝的，不能冷喝嘛。xuɑŋ˨˦˩tɕiou˥˧ie˥˧˩xu˨˦˩ɑ·˧.xuɑŋ˨˦˩tɕiou˥˧iɑɔ˥ʂɑɔ˥˧˦zə˥˧xuo˥˧ti·˧,pu˨˦˩nəŋ˨˦ləŋ˥˧xuo˥˧˩mɑ·˧.（有没一个这这种的？这样的，这样的东西？）有么。那就叫酒壶么。iou˥˧muo·˧.næᴇ˥˦tɕiou˥tɕiɑɔ˥tɕiou˥˧xu˨˦˩muo·˧.（那还有个这样的带带带茶壶嘴儿的那种。）还是酒壶嘛。xaʎɭsʅ˥ʎtɕiou˥xuʎɭma˧.（这个上头有一个盖儿？）都是酒壶么。tou˥ʎsʅ˥tɕiou˥xuʎɭmuo˧.（呃，以前用什么东西做啊？那个酒壶用什么东西做？）原先酒壶满是铜的。yæ̃ʎɕiæ̃˥ ˥tɕiou˥xuʎɭmæ̃˥sʅ˥ɭtʰuoŋʎɭti˧.（有锡的吧？）锡的，啊。ɕi˥ti˧,ɑɭ.（它搁在热水里面还是搁在……）噢，搁到热水里头，有的是搁火里头都煨一煨咧。ɑɔɭ,kə˥tɑɔ˥ɭʐə˥ɭʂuei˥li˥ʎtʰou˧,iou˥ti˧sʅ˥kə˥ɭxuo˥li˥ɭtʰou˧tou˥ʎvei˥i˥ɭvei˥ʎlie˧.（它是不是把那个……比如说，是不是外头有一个装的……装热水，然后把这个放进去？）不，直接放……放炭火上煨它。puʎ,tʂʅʎtɕie˥ɭfaŋ˥……faŋ˥tʰæ̃˥xuo˥ʂaŋ˥ɭvei˥tʰɑ˥ɭ.（有烧酒壶这个说法没有？）有咧么。烧酒壶么。白酒就叫烧酒。iou˥lie˧muo˧.ʂɑɔ˥tɕiou˥ɭxuʎmuo˧.peiʎɭtɕiou˥tɕiou˥tɕiɑɔ˥ʂɑɔ˥tɕiou˥ɭ.

罐儿

（那个出去干活，拿不拿罐子提……提点饭去？）黄：那是陕北人送饭的罐子，我们这里不。nə˥sʅ˥ʂæ̃˥pei˥ɭʐəŋʎsuoŋ˥fæ̃˥tʰiʎɭti˧kuæ̃˥tsʅ˧,ŋuo˥məŋ˧tʂei˥li˥ʎpuʎɭ.（你们不提罐子送饭？）不提，噢。puʎɭtʰiʎ,ɑɔɭ.（送饭提什么呢？）提个罐儿么。tʰiʎɭkə˥kuæ̃r˥muo˧.（啊？）提个罐儿。tʰiʎɭkə˥kuæ̃r˥.（还是罐子？）嗯。ə̃ɭ.（罐儿里头搁什么呢？）你做下啥饭你就提咋么。ni˥tsʮ˥xɑ˥sɑ˥fæ̃˥ni˥tsou˥tʰiʎɭtsɑ˥muo˧.（搁不搁馍？馍放在口上？）不。puʎɭ.（那菜拿什么去装？）菜拿另外的东西去装。tsʰæᴇ˥nɑʎɭliŋ˥væᴇ˥ti˧tuoŋ˥ɭɕi˧tɕʰi˥ɭtʂuɑŋ˥ɭ.

缸

黄：那装……做啥就叫啥么你。装水就叫水缸，腌咸菜就叫咸菜缸。装肉就叫肉缸。næᴇ˥tʂuɑŋ˥……tsʮ˥sɑ˥tɕiou˥tɕiɑɔ˥sɑ˥muo˧ni˥ɭ.tʂuɑŋ˥ɭʂuei˥tɕiou˥tɕiɑɔ˥ʂuei˥kɑŋ˥ɭ,iæ̃˥ɕiæ̃ʎɭtsʰæᴇ˥ʎtɕiou˥tɕiɑɔ˥ɕiæ̃ʎɭtsʰæᴇ˥ʎkɑŋ˥ɭ.tʂuɑŋ˥ɭʐou˥ʎtɕiou˥ɭtɕiɑɔ˥ɭʐou˥ʎkɑŋ˥ɭ.（肉也装在缸里头？）哎，兀一个……杀一个猪，你把就直接弄熟，装成一块儿一块儿的，压在那缸里头，把油一往下一灌，一年都吃的是这个肉么你。æᴇ˥,vu˥ʎi˥ɭkə˥……sɑ˥i˥ɭkə˥tʂʮ˥,ni˥ʎpɑ˥ʎtsou˥tʂʅʎtɕie˥ɭnuoŋ˥ʂʮʎ,tʂuɑŋ˥tʂʰəŋʎɭi˥ɭkʰuər˥i˥ɭkʰuər˥ti˧,niɑ˥tsæᴇ˥næᴇ˥kɑŋ˥li˥ɭtʰou˧,pɑ˥ɭiouʎi˥ɭvɑŋ˥ɭxɑ˥ʎi˥ɭkuæ̃˥,i˥ɭniæ̃ʎtou˥ɭtʂʰʅ˥ti˧sʅ˥ɭtʂə˥kə˥ʐou˥muo˧ni˥ɭ.（那不会坏呀？）坏不了。xuæᴇ˥puʎɭliɑɔ˥ɭ.（很……腌得很咸是吧？）腌的咸一点儿就行了嘛。也叫腊肉么。你吃着我们的就是我们的腊肉。iæ̃˥ti˧ɕiæ̃ʎi˥ʎtiæ̃r˥ɭtɕiou˥ɭɕiŋʎɭlə˥ma˧.ie˥ʎtɕiɑɔ˥lɑ˥ɭʐou˥muo˧.ni˥ʎtʂʰʅ˥ʎtʂə˥ŋuo˥məŋ˧tə˥tɕiou˥sʅ˥ŋuo˥məŋ˧tə˧lɑ˥ɭʐou˥.（这个腊肉它不要晒呀？）那我们那个都是装进去它就好了。næᴇ˥ŋuo˥məŋ˧næᴇ˥kə˥tou˥ʎsʅ˥tʂuɑŋ˥ɭtɕiŋ˥tɕʰi˥tʰɑ˥ɭtsou˥xɑɔ˥lə˧.（要不要熏？）不熏。puʎɭɕyoŋ˥.（就是这么腌起叫腊肉？）这么腌起么，啊。吃上也是这股腊肉味儿。tʂə˥muo˧iæ̃˥ɭtɕʰi˥muo˧,ɑɭ.tʂʰʅ˥ʎʂɑŋ˥iɑ˥ʎsʅ˥tʂə˥ɭku˥ɭlɑ˥ɭʐou˥ʎvər˥ɭ.

菜碟子

（这个装菜的碟子呢？）黄：菜碟子。tsʰæᴇ˥tieʎɭtsʅ˧.（这个有没有大的碟子？）那有大了。现在那碟子太有大的那。有这么大个儿的碟子咧。有圆的，有椭圆的。那有……还有……有的像鱼一样的，鱼碟子。nei˥ʎiou˥ɭtɑ˥lə˧.ɕiæ̃˥tsæᴇ˥næᴇ˥tieʎɭtsʅ˥tʰæᴇ˥ʎiou˥ɭtɑ˥ti˧nei˥.iou˥ɭtʂə˥ʎmuo˧tɑ˥kər˥ti˧tieʎɭtsʅ˧lie˧.iou˥yæ̃ʎɭti˧,iou˥ɭtʰuo˥yæ̃ʎɭti˧.nei˥iou˥ʎ……xɑʎɭiou˥ʎ……iou˥ti˧ɕiɑŋ˥yʎi˥ɭiɑŋ˥ti˧,yʎtieʎɭtsʅ˧.（家里面用碟子吗平时？）用。哪个家里……现在在农村家里大碟子、小碟子、鱼碟子都有么，椭圆的。yoŋ˥.nɑ˥kə˥ɭtɕiɑ˥li˥ɭ……ɕiæ̃˥tsæᴇ˥tsæᴇ˥luoŋʎtsʰuoŋ˥ɭtɕiɑ˥li˥ɭtɑ˥tieʎɭtsʅ˧,ɕiɑɔ˥tieʎɭtsʅ˧,yʎtieʎtsʅ˥tou˥ʎiou˥ɭmuo˧,tʰuo˥yæ̃ʎɭti˧.（那个带花的呢？）都是带花儿的现在。噢，不带花儿那碟子就不就没有人要？

tou˥˩˨sɿ˦tæᴇ˦xuar˥˩ti˧ɕiæ̃˦tsæᴇ˦.ɑɔ˨˩,pu˨˩˦tæᴇ˦xuar˥˩næᴇ˦tie˨˩˦tsɿ˧tɕiou˦pu˨˩˦tsou˦mei˨˩iou˥˩zəŋ˨˩˦iɑɔ˦?（叫不叫花碟子？）不叫。那都叫瓷碟子就对了。pu˨˩˦tɕiɑɔ˦.næᴇ˦tou˥˩˨tɕiɑɔ˦tsʰɿ˨˩˦tie˨˩˦tsɿ˧tɕiou˦tuei˦˩˨lə˧.

筷篓子

（装筷子的那个东西叫什么？）黄：筷篓子。kʰuæᴇ˦˩˨lou˥˩˨tsɿ˧.（那是用什么东西做的？）过去用杆杆，用稻秫杆杆做。kuo˦˩˨tɕʰy˦yoŋ˦kæ̃˥˩kæ̃˥˩˨,yoŋ˦tʰɑɔ˥˩ʂɥ˦˩˨kæ̃˥˩kæ̃˥˩˨tsuo˦.（编的，还是那个……）编一个。用木头钉一个。现在买个塑料的。piæ̃˥˩i˥˩˨kə˦˩˨.yoŋ˦mu˥˩tʰou˧tiŋ˦˩˨i˥˩˨kə˦˩˨.ɕiæ̃˦tsæᴇ˦mæᴇ˥˩kə˦˩˨sɥ˦˩˨liɑɔ˦ti˧.

饸饹面床子

（有这个压面吗？）黄：那专门儿有这个压面的那个家具咧嘛。næᴇ˦˥˩tʂuæ̃˥˩˨mə̃r˨˩˦iou˥˩tʂə˦kə˦niɑ˦miæ̃˦ti˧nə˦kə˦tɕiɑ˥˩˨tɕy˦lie˧mɑ˧.（有这个压面机了啊？）噢，压面机。现在那个这……把那叫压面床子嘛。过去叫饸饹面床子嘛。ɑɔ˨˩,niɑ˦miæ̃˦tɕi˥˩.ɕiæ̃˦˩˨tsæᴇ˦nə˦kə˦tʂə˦m……pɑ˥˩˨næᴇ˦tɕiɑɔ˦niɑ˦miæ̃˦tʂʰuɑŋ˨˩˦tsɿ˧mɑ˧.kuo˦tɕʰy˦tɕiɑɔ˦xə˨˩˦lɑɔ˥˩miæ̃˦tʂʰuɑŋ˨˩˦tsɿ˧mɑ˧.

模子

黄：模子。mu˨˩˦tsɿ˧.（模子？）啊。做月饼，做那……做月饼用的那嘛。ɑ˨˩.tsuo˦˩˨yo˥˩piŋ˥˩˨,tsuo˦næᴇ˦……tsuo˦˩˨yo˥˩piŋ˥˩˨yoŋ˦ti˧næᴇ˦˥˩mɑ˧.（啊，做月饼你们用那个？）啊，用那个模子。ɑ˦,yoŋ˦nɑ˦kə˦mu˨˩˦tsɿ˧.（大的有多大？）大的也不大，就这么大个儿的。tɑ˦˥˩ti˧liɑ˥˩˨pu˨˩˦tɑ˦,tɕiou˦˥˩tʂə˦˥˩muo˧tɑ˦kər˦ti˧.（你月饼不是有那么大个儿的吗？）那是蒸月饼咧，不叫做咧。nə˦˥˩sɿ˦tʂəŋ˥˩yo˥˩˨piŋ˥˩˨lie˧,pu˨˩˦tɕiɑɔ˦tsuo˦˥˩lie˧.（噢，蒸跟做还不一样啊？）啊。这是放油炕，这是放炉子烤出来的你。ɑ˨˩.tʂə˦sɿ˦fɑŋ˦iou˨˩˦kʰɑŋ˦,tʂə˦˥˩sɿ˦˩˨fɑŋ˦lou˨˩˦tsɿ˧kʰɑɔ˥˩tʂʰɥ˥˩˨læᴇ˨˩˦ti˧ni˥˩˨.

刀

（那个做那个面食用的刀呢？）黄：那还就是这个菜刀用咧么。næᴇ˦˥˩xɑ˨˩˦tɕiou˦sɿ˦tʂə˦kə˦tsʰæᴇ˦tɑɔ˥˩yoŋ˦lie˧muo˧.（噢，就拿菜刀？）嗯。ŋ̍˨˩.（没有专门那个那个什么切面刀哇？）菜……前面人……前塬人有切面刀。tsʰæᴇ˦……tɕʰiæ̃˨˩˦miæ̃˦zəŋ˨˩˦……tɕʰiæ̃˨˩˦yæ̃˨˩˦zəŋ˨˩˦iou˥˩˨tɕʰie˥˩˨miæ̃˦tɑɔ˥˩˨.（你们不用？）我们不用。ŋuo˥˩məŋ˧pu˨˩˦yoŋ˦˩˨.（就一把刀了事？）嗯。他那个切面刀是夹刃子刀。做那么个刀背，把个镰刃子往里头一夹就对了。ə̃˨˩.tʰɑ˥˩nei˦kə˦tɕʰie˥˩˨miæ̃˦tɑɔ˥˩sɿ˦˩˨tɕiɑ˥˩˨zəŋ˦tsɿ˧tɑɔ˥˩˨.tsuo˦nə˦˥˩muo˧kə˦˩˨tɑɔ˥˩˨pei˦,pɑ˥˩˨kə˦˩˨liæ̃˨˩˦zəŋ˦tsɿ˧vɑŋ˥˩˨li˥˩tʰou˧i˥˩˨tɕiɑ˥˩tsou˦˩˨tuei˦˥˩lə˧.（用镰刃子做啊？）噢，镰刃子夹得里头就对了。ɑɔ˨˩,liæ̃˨˩˦zəŋ˦˥˩tsɿ˧tɕiɑ˥˩tə˧li˥˩tʰou˧tɕiou˦˩˨tuei˦˥˩lə˧.

木筲

黄：装水的那个大桶，就像那个缸那么大那个，它还比那个还大，木头的。tʂuɑŋ˥˩˨ʂuei˥˩ti˧næᴇ˦kə˦tɑ˦tʰuoŋ˥˩˨,tɕiou˦ɕiɑŋ˦nə˦kə˦kɑŋ˥˩nə˦muo˧tɑ˦nə˦˩˨kə˦˩˨,tʰɑ˥˩˦xɑ˨˩˦pi˥˩˦nə˦kə˦xɑ˨˩˦tɑ˦,mu˥˩tʰou˨˩˦ti˧.（那挑得动？）那是盛水桶。你把水担回来往里头倒咧么它是啊。那叫木筲。nə˦sɿ˦tʂʰəŋ˨˩˦ʂuei˥˩tʰuoŋ˥˩˨.ni˥˩pɑ˥˩˨ʂuei˥˩tæ̃˥˩˨xuei˨˩˦læᴇ˨˩˦vɑŋ˥˩˨li˥˩tʰou˧tɑɔ˦˩˨lie˧muo˧tʰɑ˥˩˨sɿ˦˩˨ɑ˦.næᴇ˦tɕiɑɔ˦mu˥˩˦sɑɔ˥˩˨.（也挺高吧？）欸，那还能高？最多这么高都了不得了你，二尺来，连三尺都不占有。就是个二尺……二尺七八。ei˨˩,næᴇ˦˥˩xɑ˨˩˨nəŋ˨˩˦kɑɔ˥˩˦?tsuei˦˩˨tuo˥˩˨tʂə˦muo˧kɑɔ˥˩˨tou˥˩˨liɑɔ˥˩pu˨˩˦tei˥˩˨lə˧ni˥˩˨,ər˦tʂʰɿ˥˩˨læᴇ˨˩,liæ̃˨˩sæ̃˥˩tʂʰɿ˥˩˨tou˥˩˨pu˨˩˦tʂæ̃˦iou˥˩˦.

tsou˦sɿ˦kə˦ər˦tʂʰʅ˥˩˧……ər˦tʂʰʅ˥˩˧tɕʰi˥˩˧pɑ˥˩.

甑

（有甑吗？）黄：有么。iou˥˩muo˨˧.（这个蒸……蒸饭还是蒸什么呢？）蒸饭这些都用……都用它。tʂəŋ˥˩˧fæ̃˦tʂei˦ɕie˥˩˧tou˥˩˧yoŋ˦……tou˥˩˧yoŋ˦tʰɑ˥˩˧.（你们这里甑是什么样子啊？）铁的有种。底下有窟窿儿眼睛的那种。tʰie˥˩ti˨˧iou˥˩˧tʂuoŋ˥˩.ti˥˩˧xɑ˦iou˥˩˧kʰu˥˩luõr˧˩˧niæ̃˥˩tɕiŋ˥˩˧tə˨˧nei˦˦˥tʂuoŋ˥˩˧.（有多高呢？）高它这么高咧。kɑɔ˥˩tʰɑ˥˩˧tʂə˦˧muo˧kɑɔ˥˩˧lie˨˧.（才这么高一点啊？）啊。ɑ˦.（那叫甑啊？）啊。上头个锅盖嘛。ɑ˦.ʂɑŋ˦tʰou˧kə˦kuo˥˩˧kæᴇ˦mɑ˨˧.（你们街上那个那边那就是甑啊？）那是笼。næᴇ˦˦˥sɿ˦˧luoŋ˧˩.（呃，笼跟甑有什么区别呢？）甑是个铁的嘛。带……属于带把把子，可以提起来那个嘛。tsəŋ˦˦˥sɿ˦˧kə˦˧tʰie˥˩ti˨˧mɑ˨˧.tæᴇ˦˦˥……ʂʮ˥˩˧y˧˩˧tæᴇ˦pɑ˦pɑ˦˧tsɿ˨˧,kʰə˥˩i˥˩˧tʰi˧˩˧tɕʰi˥˩læᴇ˧˩˧næᴇ˦kə˦mɑ˧.（那个笼也有把把啦？）笼也有把把么。luoŋ˧˩iɑ˥˩˧iou˥˩˧pɑ˦pɑ˦muo˨˧.（那怎么区分呢？）甑只有一层子么你。笼可……笼可以上到十层。tsəŋ˦tsɿ˥˩˧iou˥˩i˥˩˧tsʰəŋ˧˩˧tsɿ˧muo˨˧ni˥˩˧.luoŋ˧˩kʰə˥˩˧……luoŋ˧˩kʰə˥˩i˥˩˧ʂɑŋ˦tɑɔ˦ʂʅ˧˩tsʰəŋ˧˩˧.

十、人品

一般称谓 / 贬称 / 职业称谓

（一）一般称谓

老的

（讲不讲老的？）黄：土话有的……有的说这个老的咧。tʰu˥xua˧iou˥ti˧l……iou˥ti˧ʂuo˥˩tʂə˧kə˧lao˥ti˧lie˧.（什么情况下用老的呢？）那是一般有时候这个和人说个啥事情了都是，牵扯到这个上一辈人就说老的如何长短。næᴇ˧˥sɿ˧˩i˥˩pæ̃˥˩iou˥sɿ˨˩xou˧˥tʂə˧˩kə˧˩xuo˨˩zəŋ˨ʂuo˥kə˧˩sa˧˥sɿ˧tɕʰiŋ˨˩lə˧tou˥˩sɿ˧˩,tɕʰiæ̃˥˩tʂʰə˥tao˧tʂə˧˩kə˧˩ʂaŋ˧i˥˩pei˧zəŋ˨˩tɕiou˧˩ʂuo˥˩lao˥ti˧zʮ˨˩xuo˨˩tʂʰaŋ˨˩tuæ̃˥.

老人家

（对那种老人家怎么称呼？）黄：老人一般你是老年人。lao˥zəŋ˨˩i˥˩pæ̃˥ni˥˩sɿ˧˩lao˥niæ̃˨˩zəŋ˨˩.（嗯，还有别的叫法没有？）再好像是没有啥了好像。tsæᴇ˧xao˥ɕiaŋ˧sɿ˧mei˨iou˥sa˧lə˧xao˥˩ɕiaŋ˧.（叫不叫老汉？）噢，那有……单个儿的叫那就叫老汉儿么。整个儿统称么，那就是这个老年人。这个老年人就包括男男女女都有了。叫老汉儿。ao˩,næᴇ˧˥iou˥……tæ̃˥˩kər˧˥ti˧tɕiao˧nei˧tɕiou˧tɕiao˧lao˥xæ̃r˧˩muo˧.tʂəŋ˧˥kər˧˥tʰuoŋ˥˩tʂʰəŋ˥muo˧,nei˧tɕiou˧sɿ˧tʂə˧kə˧lao˥niæ̃˨˩zəŋ˨˩.tʂə˧kə˧lao˥niæ̃˨˩zəŋ˨˩tɕiou˧pao˥˩kʰuo˨˩næ̃˨næ̃˨˩ny˥ny˥tou˥˩iou˥lə˧.tɕiao˧lao˥xæ̃r˧˩.（老年人还是老……老人家？）噢，叫……也叫老人家。总称么就是老人家。再就说是那个……这个你像这个对于男的那就叫老汉儿么，有的也叫老头子嘛。ao˩,tɕiao˧l……ie˥˩tɕiao˧lao˥zəŋ˨˩tɕia˥˩.tsuoŋ˥˩tʂʰəŋ˥muo˧tɕiou˧sɿ˧lao˥zəŋ˨˩tɕia˥˩.tsæᴇ˧˩tɕiou˧˥ʂuo˥˩sɿ˧˩nə˧kə˧……tʂə˧kə˧ni˥ɕiaŋ˧tʂə˧kə˧tuei˧y˨˩næ̃˨˩ti˧nei˧tɕiou˧tɕiao˧lao˥xæ̃r˧˩muo˧,iou˥ti˧ie˥˩tɕiao˧lao˥tʰou˨˩tsɿ˧ma˧.（"老头子"是不是有点儿不尊重的意思呢？）噢，那都太不尊重了。ao˩,næᴇ˧˥tou˥˩tʰæᴇ˧pu˨˩tsuoŋ˥˩tʂuoŋ˧lə˧.（"老汉儿"呢？）老汉儿那都还不要紧。lao˥xæ̃r˧næᴇ˧˥tou˥˩xa˨˩pu˨˩iao˧tɕiŋ˥˩.（还不带那种贬味是吧？）太不贬反正。那再一个是老婆子么，那……女的么就叫老婆子。tʰæᴇ˧pu˨˩piæ̃˥fæ̃˥˩tʂəŋ˧.nə˧˩tsæᴇ˧i˥˩kə˧sɿ˧lao˥pʰuo˨˩tsɿ˧muo˧,nə˧……ny˥ti˧muo˧tɕiou˧˩tɕiao˧lao˥pʰuo˨˩tsɿ˧.（那要尊重她一点呢？）那一般情况下那……næᴇ˧˥i˥˩pæ̃˥tɕʰiŋ˨˩kʰuaŋ˧ɕia˧nei˧˥……（尊称人家怎么呃称？）尊称的话咧也就……那就是搭个……呃，搭个啥子吵我看那就。老婆子。那基般这个这都不带发语的。尊称的话有时候把□叫个老太太，那就尊称了。tsuoŋ˥˩tʂʰəŋ˥ti˧xua˧˩lie˧lie˥tɕiou˧tʂ……nei˧tɕiou˧sɿ˧ta˥˩kə˧˩……ə˧,ta˥˩kə˧˩sa˧tsɿ˧sa˧ŋuo˥˩kʰæ̃˧nei˧˩tɕiou˧˩.lao˥pʰuo˨˩tsɿ˧.næᴇ˧˥tɕi˥˩pæ̃˥tʂə˧kə˧tʂə˧˥tou˥˩pu˨˩tæᴇ˧fa˥˩y˥ti˧.tsuoŋ˥˩tʂʰəŋ˥ti˧xua˧iou˥˩sɿ˨˩xou˧pa˥˩niæ̃˨˩tɕia˧kə˧lao˥tʰæᴇ˧˥tʰæᴇ˧˩,nei˧tɕiou˧tsuoŋ˥˩tʂʰəŋ˥˩lə˧.（噢，老太太？）啊，老太太就尊称了。有的还叫这个……你像这个男的的话，你叫□老头子，欸，一般叫老大爷，那就感觉对人□这个就是……a˧,lao˥tʰæᴇ˧˥tʰæᴇ˧˩tɕiou˧tsuoŋ˥˩tʂʰəŋ˥˩lə˧.iou˥ti˧xæᴇ˨˩tɕiao˧tʂə˧˩kə˧˩……

ni˥˩˦çiaŋ˥tʂə˥kə˥næ̃˧˩˨ti˧tə˧xua˥,ni˥˩˨tɕiao˥niæ̃˧˩˨lao˥˧tʰou˧˩˨tsɿ˧,ei˥,i˥˩˨pæ̃˥˩˦tɕiao˥lao˥˩˦ta˥˩˦ie˧˩˨,nei˥tsou˥kæ̃˥˧tɕyo˥˩˨tuei˥ʐəŋ˧˩˨niæ̃˧˩˦tʂə˥kə˥tsou˥sɿ˥……（老头子那是……）一般一定的叫法。i˥˩˨pæ̃˥˧i˥˩˨tiŋ˥ti˧tɕiao˥fa˥˩˨.（那人家会不会生气啊？）那会生气啊。那□……næᴇ˥˦xuei˥˨səŋ˥˩˨tɕʰi˥a˧.nei˥niæ̃˧˩˦……（喊人家老头子？）喊□老头子，那□当然会……你喊老大爷，那□就笑……笑着咧么。投到……xæ̃˥˩˦niæ̃˧˩˦lao˥˩˦tʰou˧˩˨tsɿ˧,nei˥niæ̃˧˩˦taŋ˥˩˦ʐæ̃˧˩˦xuei˥……ni˥˧xæ̃˥˧lao˥˧ta˥˩˦ie˧˩˨,nei˥niæ̃˧˩˨tsou˥çiao˥……çiao˥˩˦tʂuo˥˩˨liem˧.tʰou˧˩˨tao˥……（那要喊人家老婆子是不是也会生气呢？）喊□老婆子□当然不愿意。□一般情况就不开……xæ̃˥niæ̃˧˩˦lao˥pʰuo˧˩˨tsɿ˧niæ̃˧˩˦taŋ˥˩˦ʐæ̃˧˩˨pu˧˩˦yæ̃˥i˥˨.niæ̃˧i˥˩˦pæ̃˥˩˨tɕʰiŋ˧˩˨kʰuaŋ˥tsou˥˨pu˧˩˦kʰæᴇ˥˩˦……（那……那你要怎么喊才……）那咧……那你叫……叫□老太太，或者是这个老奶奶。næᴇ˥˦lie˧……næᴇ˥ni˥˩˦tɕiao˥……tɕiao˥niæ̃˧˩˨lao˥˧tʰæᴇ˥˦tʰæᴇ˥,xuei˧˩˦tʂə˥˩˦sɿ˥tʂə˥kə˥lao˥˧næᴇ˥˧næᴇ˥˧.（噢，老奶奶？）啊，最土一点就是老奶奶，那□就是当然高兴了。a˨,tsuei˥tʰu˥˧i˥˩˨tiæ̃˥˩˨tɕiou˥˨sɿ˥˨lao˥˧næᴇ˥˧næᴇ˥˩˨,nei˥˦niæ̃˧˩˨tsou˥sɿ˥taŋ˥˩˦ʐæ̃˧˩˦kao˥˩˨çiŋ˥˦lə˧.（这个……称那个老年的这个男子，可不可以叫老者？）太没有。tʰæᴇ˥mei˧iou˥˩˨.（老者？）没有，这边。mei˧˩˦iou˥˩˦,tʂei˥piæ̃˥˩˨.（老先生？）哎哟，这一般这里文化程度都不是那么过于高的。称……称呼先生的几乎都没有。æᴇ˨iao˨,tʂei˥˦i˥˩˨pæ̃˥˧tʂei˥˦li˥˩˨vəŋ˧˩˨xua˥tʂʰəŋ˧˩˨tu˥tou˥˩˦pu˧˩˦sɿ˥nə˥muo˧kuo˥y˧˩˦kao˥˩˨ti˧.tʂʰəŋ˥……tʂʰəŋ˥xu˥˩˨çiæ̃˥səŋ˥˩˨ti˧tɕi˥xu˥˩˨tou˥˩˨mei˧˩˨iou˥˧.

老大爷

（这个其实你走在外面啊，你要问路，那你那个问那个那个老的……老头，那你就喊他喊什么？）黄：那你根据年龄你喊。那你就最起码，问□老大爷，或者是喊……有些嘴甜的是叫个爷爷。老爷爷，如何长短，就是这么个话了。nei˥˦ni˥kəŋ˥˩˨tɕy˥niæ̃˧˩˦liŋ˧˩˦ni˥˩˨xæ̃˥˩˨.nei˥ni˥˩˦tsou˥tsuei˥i˥（←tɕʰi˥）ma˥˩˨,vəŋ˥˦niæ̃˧lao˥ta˥ie˧˩˨,xuei˧˩˨tʂə˥˩˦sɿ˥xæ̃˥˩˦……iou˥çie˥˩˨tsuei˥tʰiæ̃˧˩˨ti˧sɿ˥tɕiao˥kə˥ie˧ie˧˩˦.lao˥ie˧ie˧˩˦,ʐʮ˧˩˨xuo˧˩˦tʂʰaŋ˧˩˨tuæ̃˥˩˦,tsou˥sɿ˥tʂə˥˦muo˧kə˥˦xua˥˨lə˧.（叫不叫老汉叔？）呃没那个话。欸还撇嘴的，不说话。ə˥mei˧nə˥˦kə˥˦xua˥˨.ei˥xa˧˩˨pʰie˥tsuei˥˩˦ti˧,pu˧˩˨ʂuo˥˩˨xua˥˦.

老少欠

（年纪老了，这个，仍……仍然这个辛……辛勤劳动说不说老少欠？）王：就是咧。那就说你……人说这个老少欠咧。这个老人在屋里，你叫他停着蹲啊，他不蹲，他一工儿就要想找个啥干，说，人说，欸，兀是个老少欠。tɕiou˥sɿ˥˨lie˧.nei˥˦tɕiou˥ʂuo˥˩˦ni˥˩˦……ʐəŋ˧ʂuo˥tʂə˥kə˥lao˥˩˦ʂao˥˩˦tɕʰiæ̃˥˦lie˧.tʂə˥kə˥lao˥ʐəŋ˧˩˨tsæᴇ˥vu˥˩li˥˩˨,ni˥˩˦tɕiao˥˨tʰa˥˩˦tʰiŋ˧˩˨tʂə˧tuoŋ˥˩a˧,tʰa˥˩˦pu˧˩tuoŋ˥,tʰa˥˩˨i˥˩˨kuõr˥tɕiou˥iao˥çiaŋ˥tʂao˥kə˥˨sa˥kæ̃˥,ʂuo˥˩˨,ʐəŋ˧ʂuo˥˩˨,ei˨,vei˥˦sɿ˥kə˥lao˥ʂao˥˩˦tɕʰiæ̃˥˨.（是好话是坏话？）兀是好话么。və˥sɿ˥xao˥xua˥˨muo˧.

碎娃

（碎娃子？）黄：有咧，碎娃。碎娃指……一般指……是最小的那个娃叫碎娃。iou˥lie˧,suei˥va˧.suei˥va˧tsɿ˥……i˥˩˨pæ̃˥˩˨tsɿ˥……sɿ˥tsuei˥˩˦çiao˥ti˧nə˥kə˥va˧tɕiao˥suei˥va˧.（噢，最小的孩子？）啊。a˥.（那是是指那个家里面那个还是指……）家里面最小的。tɕia˥li˥˩˨miæ̃˥tsuei˥˩˦çiao˥ti˧.（那要是外面那个一个小孩怎么说？）那也可以指。那来咧个碎碎儿。谁个抱咧一个碎娃娃，那叫做碎娃。谁啊抱碎娃你看？nei˥˦ia˥˩˨kʰə˥i˥tsɿ˥˩˨.næᴇ˥læᴇ˧lie˧kə˥suei˥suər˥˨.sei˧˩˨kə˥pao˥lie˧i˥˩˨kə˥suei˥va˧˩˦va˧˩˦,næᴇ˥tɕiao˥tsuo˥suei˥va˧˩˨.sei˧˩˨a˧pao˥suei˥va˧ni˥˧kʰæ̃˥˨?

蛋蛋、狗狗

黄：有的叫……就是非常爱这个娃的时候叫蛋蛋。iou˥ti˩tɕiɑɔ˧……tɕiou˧sʅ˧fei˥˩tʂʰɑŋ˩næᴇ˧˥tʂə˧˩kə˧˩vɑ˩˩ti˩sʅ˩˥xou˧tɕiɑɔ˧tæ̃˧˥tæ̃˧˩.（爱称是一种？）噢，爱称是一……那叫蛋蛋。再一个么还有是这个……有些人更亲一点了那是儿子娃娃叫狗狗。ɑɔ˩,æᴇ˧˥tʂʰəŋ˥˩sʅ˧˩i˥˩……nei˧˩tɕiɑɔ˧˩tæ̃˧˥tæ̃˧˩.tsæᴇ˧i˥˥kə˧muo˩xæᴇ˩˥iou˥˥sʅ˧tʂə˧kə˧……iou˥ɕie˥˩zəŋ˩kəŋ˧tɕʰiŋ˥i˥˩tiæ̃˥˩lə˩næᴇ˧sʅ˧ər˩˩tsʅ˩vɑ˩˥xɑ˩˩tɕiɑɔ˧kou˥˥kou˥˩.（狗狗是吧？）啊，狗狗，嗯。狗狗就是牛牛的意思嘛。牛牛也是这个……牛牛是叫……指小孩儿的那个儿子娃的那个生殖器叫牛牛。ɑ˩,kou˥˥kou˥˥,ə̃˩.kou˥˥kou˥˥tɕiou˧sʅ˧niou˩˩niou˩˥ti˩i˧sʅ˧mɑ˩.niou˩˩niou˩˥iɑ˥sʅ˧tʂə˧kə˧……niou˩˩niou˩˥sʅ˧˩tɕiɑɔ˧˥……tsʅ˥ɕiɑɔ˥xər˩ti˩nə˧˩kə˧˩ər˩˩tsʅ˩vɑ˩˥ti˩nə˧kə˧səŋ˥˩tʂʅ˩˥tɕʰi˧tɕiɑɔ˧niou˩˩niou˩˥.

妞妞

（女孩也可以叫狗狗吗？）黄：女孩儿不……女孩儿那都不叫了。ny˥xər˩pu˩˩tɕi……ny˥xər˩nə˧tou˥˥pu˩˥tɕiɑɔ˧lə˩.（那种那个很可爱的那种小女孩呢？）啊，很可爱的小女孩儿把那个叫啥咧？女孩儿好像还太没有多少这个。这个对儿子，对这个儿子这个就比较那个些。æ˥,xəŋ˥kʰə˥æᴇ˧˥ti˩ɕiɑɔ˥˩ny˥˩xər˩pɑ˥˩næᴇ˧kə˧tɕiɑɔ˧sɑ˧lie˩?ny˥xər˩˩xɑɔ˥˥ɕiɑŋ˧xɑ˩˩tʰæᴇ˧mei˩˩iou˥tuo˥˩ʂɑɔ˥tʂə˧˩kə˧˩.tʂə˧kə˧tuei˧ər˩˩tsʅ˩,tuei˧tʂə˧˩kə˧˩ər˩˩tsʅ˩tʂə˧kə˧tsou˧pi˥˥tɕiɑɔ˧nə˧˩kə˧˩ɕie˥˩.（这个男……）哎，女子叫妞妞，碎妞妞。怪疼了，把那个爱称叫妞妞。æᴇ˧,ny˥tsʅ˩tɕiɑɔ˧˥niou˥niou˥˩,suei˧˥niou˥niou˥˩.kuæᴇ˧˥tʰəŋ˩˥lə˩,pɑ˥˩næᴇ˧kə˧næᴇ˧tʂʰəŋ˥tɕiɑɔ˧niou˥niou˥˩.

炒面人

黄：很熟悉，我们这儿这把这个非常熟悉的这个人么，一见到就叫这个，炒面人么。xəŋ˥ʂɥ˩˩ɕi˥,ŋuo˥məŋ˩tʂər˧tʂə˧pɑ˥˩tʂə˧kə˧fei˥˩tʂʰɑŋ˩ʂɥ˩˩ɕi˥ti˩tʂə˧kə˧zəŋ˩muo˩,i˥˩tɕiæ̃˧tɑɔ˧tɕiou˧tɕiɑɔ˧tʂə˧˩kə˧˩,tsʰɑɔ˥miæ̃˧˩zəŋ˩˩muo˩.（叫什么？）黄：炒面人。tsʰɑɔ˥miæ̃˧˩zəŋ˩.（草面人？）黄：嗯。m̩˩.（草……草吗？）黄：炒面。这是烧炒的那个炒。炒面这个东西就是把各种东西炒熟了欸，把原粮炒熟以后，推成面，和得一块儿的这个。形容这个熟的这个就焦锨了。tsʰɑɔ˥miæ̃˧.tʂə˧˥sʅ˧˩ʂɑɔ˥˩tsʰɑɔ˥ti˩nə˧kə˧tsʰɑɔ˥.tsʰɑɔ˥miæ̃˧tʂə˧˩kə˧˩tuoŋ˥ɕi˩tɕiou˧sʅ˧pɑ˥˩kə˥˩tʂuoŋ˥˥tuoŋ˥ɕi˩tsʰɑɔ˥ʂɥ˩˩lei˩,pɑ˥˩yæ̃˩liɑŋ˩tsʰɑɔ˥ʂɥ˩i˥˩xou˧,tʰuei˥tʂʰəŋ˩miæ̃˧,xuo˧tə˩i˥˩kʰuɑr˥ti˩tʂə˧˩kə˧˩.ɕiŋ˩yoŋ˩tʂə˧kə˧ʂɥ˩˩ti˩tʂə˧kə˧tsou˧tɕiɑɔ˥ɕiæ̃˥˩lə˩.（噢。）黄：炒面人，熟的很。tsʰɑɔ˥miæ̃˧zəŋ˩,ʂɥ˩˩ti˩xəŋ˥.（就是熟人了？）黄：嗯，熟人。ə̃˧,ʂɥ˩zəŋ˩˥.王：炒的面，炒面人呃炒的不是兀个草字啊。是……是火字过来个炒菜的炒。tsʰɑɔ˥ti˩miæ̃˧,tsʰɑɔ˥miæ̃˧˩zəŋ˩ə˩tsʰɑɔ˥tə˩pu˩˩sʅ˧˥vu˧˥kə˧˥tsʰɑɔ˥tsʅ˧˩ɑ˩.s……sʅ˧xuo˥tsʅ˧kuo˧læᴇ˩˥kə˧tsʰɑɔ˥tsʰæᴇ˧˥ti˩tsʰɑɔ˥˩.黄：啊，炒菜的炒。ɑ˩,tsʰɑɔ˥tsʰæᴇ˧ti˩tsʰɑɔ˥˩.王：炒面人。tsʰɑɔ˥miæ̃˧˥zəŋ˩˩.

自己人、一家子

（我们是自己人，怎么说？）黄：自己人。tsʅ˧tɕie˥˩zəŋ˩.（啊？）咱们是一伙儿的，或者是自己人么。tsɑ˩˩məŋ˩sʅ˧i˥˩xuor˥ti˩,xuo˩˥tʂə˥˩sʅ˧tsʅ˧tɕie˥˩zəŋ˩˩muo˩.（不说自家人吗？）不说。自家人一般就是指一家子。pu˩˩ʂuo˥˩.tsʅ˧tɕiɑ˥˩zəŋ˩i˥˩pæ̃˥tsou˧sʅ˧tsʅ˥i˥˩tɕiɑ˥tsʅ˩.（本家的是吧？）本家的人这就是自家人。pəŋ˥tɕiɑ˥tə˩zəŋ˧tʂei˧tɕiou˧sʅ˧tsʅ˧˥tɕiɑ˥˩zəŋ˩˩.（呃，本家讲不讲家屋？）欸，这讲咧。家务。ei˧˥,tʂei˧˩tɕiɑŋ˥lie˩.tɕiɑ˥˩vu˧˥.（怎么……你说一句话看看！）家务么。这事是咱们家里自家的事，或者是自家的事，家里的事。tɕiɑ˥˩vu˧˥muo˩.tʂei˧sʅ˧sʅ˧tʂɑ˩˩məŋ˩tɕiɑ˥li˥˩tsʅ˧˥tɕiɑ˥˩ti˩sʅ˧,xuei˩˥tʂə˥˥sʅ˧tsʅ˧˥tɕiɑ˥˩ti˩sʅ˧,tɕiɑ˥li˥˩t i˧sɿ˥꜖.（这个家屋你说一句话看看？）家务。指这个……比如是这个有件事情说是，这是我们自己的家务事，于你别人无关。tɕiɑ˥˧꜖vu˥.tsɿ˥˧tʂə˥kə˥……pi˥˧ʐʮ˩˧꜖sɿ˥tʂə˥kə˥iou˥˧tɕiæ̃˥sɿ˥tɕʰiŋ˩˧꜖ʂuo˥˧꜖sɿ˥꜖,tʂə˥꜒꜔sɿ˥ŋuo˥˧꜔məŋ˧tsɿ˥꜔꜒tɕie˥˧꜖ti˧tɕiɑ˥˧꜖vu˥꜒꜔sɿ˥꜖,y˩˧ni˥˧꜖pie˩˧꜖ʐəŋ˩˧꜔vu˩˧kuæ̃˥˧꜖.（噢，那是那个这个务啊？）啊。家务事情的事么。ɑ꜖.tɕiɑ˥˧꜖vu˥꜒꜔sɿ˥꜔꜒tɕʰiŋ˩˧꜖ti˧sɿ˥muo˧.（有没有用这个屋的？）没有。mei˩˧iou˥˧꜖.（噢，比如说我们两个……你……你假如说在外面碰到一个也是姓黄的，那说，哎，我们两个还是什么呢？）我们还是一家子么。同姓的叫一家子嘛。ŋuo˥˧məŋ˧xɑ˩˧꜖sɿ˥i˥˧꜖tɕiɑ˥˧tsɿ˧muo˧.tʰuoŋ˩˧ɕiŋ˥ti˧tɕiɑɔ˥i˥˧꜖tɕiɑ˥˧tsɿ˧mɑ˧.（如果是同姓又同宗的呢？）那也这里都太……那都是欸，哎呀，那我们……那这个就叫……同姓是叫一家子。我们那我们叫啥咧吵？nei˥꜒꜔ie˥˧꜖tʂei˥꜒꜔li˥˧꜖tou˥˧꜖tʰæᴇ˥……næᴇ˥꜒꜔tou˥˧꜔sɿ˥ei꜖,æᴇ꜖iɑ꜖,næᴇ˥ŋuo˥˧꜖məŋ˧……næᴇ˥꜒꜔tʂə˥kə˥tɕiou˥tɕiɑɔ˥……tʰuoŋ˩˧꜖ɕiŋ˥sɿ˥tɕiɑɔ˥i˥˧꜔tɕiɑ˥˧tsɿ˧.ŋuo˥˧꜖məŋ˧næᴇ˥꜒꜔ŋuo˥˧꜖məŋ˧tɕiɑɔ˥sɑ˥꜔꜒lie˧sɑ˧?（呃，叫不叫自家屋？）不叫。pu˩˧꜔tɕiɑɔ˥.（噢。自家？）不叫。pu˩˧꜔tɕiɑɔ˥.（门头？）都不。tou˥˧꜔pu˩˧꜔.（门中？）没有。mei˩˧꜖iou˥˧꜖.

外人

黄：外人就是指不是自己的庄庄，外人。væᴇ˥ʐəŋ˩˧꜖tɕiou˥sɿ˥tsɿ˥˧꜔pu˩˧꜖sɿ˥꜖tsɿ˥tɕie˥˧꜖ti˧tʂuɑŋ˥˧꜖tʂuɑŋ˥˧꜖,væᴇ˥ʐəŋ˩˧꜖.（呃，称……你又不是外人。嗯，没关系呢！）就是，这就说是把你当自家人看待咧么，就是这么个意思。tɕiou˥sɿ˥,tʂei˥꜒꜔tɕiou˥ʂuo˥˧꜔sɿ˥pɑ˥˧꜖ni˥˧tɑŋ˥tsɿ˥tɕiɑ˥˧꜖ʐəŋ˩˧kʰæ̃˥tæᴇ˥꜔꜒lie˧muo˧,tɕiou˥꜖sɿ˥꜖tʂə˥꜒꜔muo˧kə˥꜒꜔i˥꜖sɿ˧.（你……你们怎么说呢？）兀就说是，那你又不是个外人。væᴇ˥꜒꜔tɕiou˥꜖ʂuo˥˧꜖sɿ˥,nei˥ni˥˧iou˥꜖pu˩˧꜖sɿ˥꜖kə˥væᴇ˥꜒꜔ʐəŋ˩˧꜖.

拈香弟兄、摆设弟兄

1.（那拈香兄弟是什么东西呢？）王：拈香兄弟那就说是，呃，比方说你和你谁比较关系好的话了，咱们就是那，成下那个拈香……那也就把那那要喝……那那那那喝酒磕头。以后就成了拈香弟兄了。niæ̃˥˧꜔꜒ɕiɑŋ˥˧꜖ɕyoŋ˥˧ti˥nei˥tɕiou˥ʂuo˥˧꜖sɿ˥,ə˥,pi˥˧fɑŋ˥˧꜖ʂuo˥˧꜖ni˥˧xuo˩˧꜔ni˥˧꜔sei˩˧pi˥˧꜔tɕiɑɔ˥kuæ̃˥˧꜖ɕi˥xɑɔ˥˧ti˧xuɑ˥lə˧,tsɑ˩˧məŋ˧tɕiou˥sɿ˥næᴇ˥,tʂʰəŋ˩˧꜒꜔xɑ˥nə˥kə˥niæ̃˥˧꜔꜒ɕiɑŋ˥˧……nei˥ɑ˥˧꜖tɕiou˥nə˥næᴇ˥iɑɔ˥xuo……nə˥nə˥nə˥nə˥xuo˥˧꜖tɕiou˥˧kʰuo˥˧꜖tʰou˩˧.i˥˧꜔xou˥tɕiou˥tʂʰəŋ˩˧꜖lə˧niæ̃˥˧꜔꜒ɕiɑŋ˥˧꜖ti˥ɕyoŋ˥˧꜖lə˧.

2. 黄：那你过去它这个欸结拜兄弟他要欸摆……摆香案以后烧香咧么。næᴇ˥ni˥˧꜔kuo˥꜔꜒tɕʰy˥tʰɑ˥˧tʂə˥kə˥ei˥tɕie˥˧꜖pæᴇ˥꜒꜔ɕyoŋ˥˧꜖ti˥꜒꜔tʰɑ˥˧꜔iɑɔ˥ei꜖pæᴇ˥˧……pæᴇ˥˧ɕiɑŋ˥˧꜖næ̃˥i˥˧꜖xou˥ʂɑɔ˥˧꜖ɕiɑŋ˥˧lie˧muo˧.（是同一年生的吗？）这不一定。这个的话你是……tʂə˥꜒꜔pu˩˧꜖i˥˧꜔tiŋ˥꜖.tʂə˥꜖kə˥꜒꜔ti˧xuɑ˥ni˥˧꜔sɿ˥……（反正是拜把的那个是吧？）噢，拜把子的，这就叫拈香弟兄。ɑɔ꜖,pæᴇ˥꜔꜒pɑ˥˧tsɿ˧ti˧,tʂei˥tɕiou˥tɕiɑɔ˥niæ̃˥˧꜔꜒ɕiɑŋ˥˧ti˥ɕyoŋ˥˧꜖.

3.（结拜的呢？）王：结拜弟兄是，这儿叫摆设。tɕie˥˧꜖pæᴇ˥꜒꜔ti˥ɕyoŋ˥˧꜖sɿ˥,tʂər˥tɕiɑɔ˥pæᴇ˥˧ʂə˥˧꜖.（叫不叫拈香弟兄？）也叫咧。ie˥˧tɕiɑɔ˥lie˧.（拈香弟兄跟摆设有区别没有？）没有区别。它是一样的。mei˩˧iou˥˧tɕʰy˥˧꜖pie˩˧꜖.tʰɑ˥˧꜔sɿ˥i˥˧꜖iɑŋ˥ti˧.（他是不是还要，还要到那个……）摆设弟兄就和拈香弟兄是一样的，他们就说是拜……在一块儿拜来的。pæᴇ˥˧ʂə˥˧꜖ti˥꜔꜒ɕyoŋ˥˧꜖tɕiou˥꜖xuo˩˧꜔niæ̃˥˧꜔꜒ɕiɑŋ˥˧꜖ti˥꜔꜒ɕyoŋ˥˧꜖sɿ˥i˥˧꜖iɑŋ˥꜒꜔ti˧,tʰɑ˥˧məŋ˧tɕiou˥ʂuo˥˧꜖sɿ˥꜖pæᴇ˥꜔꜒……tsæᴇ˥i˥˧꜖kʰuər˥˧꜔pæᴇ˥꜔꜒læᴇ˩˧꜖ti˧.（噢。）嗯。ŋ̍꜖.（还要拜？）呣。m̩꜖.（要到菩萨面前拜还是到哪儿？）菩……有是菩萨面前，有的就是在那个，呃，点上一炷香，再就是两个对……摆设一下，就把……把这个酒一喝以后，跪下一磕头就对了。pʰu˩˧꜖……iou˥˧sɿ˥pʰu˩˧꜖sɑ˥˧miæ̃˥꜖tɕʰiæ̃˩˧꜖,iou˥˧ti˧tɕiou˥sɿ˥tsæᴇ˥nə˥kə˥,ə˥,tiæ̃˥˧ʂɑŋ˥i˥˧꜖tʂʮ˥ɕiɑŋ˥˧,tsæᴇ˥tɕiou˥sɿ˥liɑŋ˥˧(k)ə˥꜖tuei˥……

pæᴇ˥ʂə˥˩i˥˩xɑ˧˩,tɕiou˧pɑ˥˩……pɑ˥˩tʂə˧kə˧tɕiou˥i˥˩xuo˥i˥˧xou˧,kʰuei˧xɑ˧i˥˧kʰuo˥˩tʰou˩tɕiou˧tue i˧˩lə˨.

同岁的

（比如说这一群人呐，都是三十岁。你有没有说这个平三十这种说法？）黄：那没有。一群人不可能说是这么是。nə˧˥mei˩˩iou˥˩.i˥˩tɕʰyoŋ˩ʐəŋ˩˧pu˩˩kʰə˥˩nəŋ˩˧ʂuo˥˩ sɿ˧˩tʂə˧˥muo˨sɿ˧.（呃，一伙儿人吧。就几个人都……都是三十岁。）黄：那不可能那么个说去。我们这儿是，不是这么个说法。nei˧˥pu˩˩kʰə˥˩nəŋ˩nə˧˥muo˨kə˧ʂuo˥˩tɕʰ i˧˩.ŋuo˥mən˨tʂər˧sɿ˧,pu˩˩sɿ˧˩tʂə˧˥muo˨kə˧ʂuo˥˩fɑ˥˩.王：我们，就是我们这……我们几个同……同岁的。ŋuo˥˧mən˨,tɕiou˧˩sɿ˧˩ŋuo˥mən˨tʂə˧……ŋuo˥mən˨tɕi˥˧kə˧tʰuoŋ˩˩……tʰuoŋ˩˩suei˧˥ti˨.黄：这都是同岁的。tʂə˧˥tou˥˧sɿ˧tʰuoŋ˩˩suei˧˥ti˨.（同岁的？）王：嗯。ŋ̍˩.黄：都是同岁的。tou˥˧sɿ˧tʰuoŋ˩˩suei˧˥ti˨.（那给人家介绍呢？比如说，这个部队里面，这个一个班都是二十……二十二岁的小伙子。）黄：那都……这儿这没有……nei˧˥tou˥˧……tʂər˧˥tʂə˧mei˩˧iou˥˩……王：一般都，这儿都不说兀话。i˥˧pæ˥tou˥˧,tʂər˧˥tou˥˧pu˩˧ʂuo˥˧væᴇ˧˥xuɑ˧˩.黄：都不说……tou˥˧pu˩˥ʂuo˥˧……王：我们是同岁的，或者同年的。ŋuo˥˩mən˨sɿ˧tʰuoŋ˩˩suei˧˥ti˨,xuo˩˩tʂə˥tʰuoŋ˩niæ̃˩˩ti˨.黄：或者是同岁的，这都，我们都同年生的。xuei˩˧tʂə˥˩sɿ˧˩tʰuoŋ˩˩suei˧˥ti˨,tʂə˧˥tou˥˩,ŋuo˥mən˨tou˥˩tʰuoŋ˩ni æ̃˩sən˥ti˨.王：嗯。ŋ̍˩.黄：嗯，一般儿大。ə̃˩,i˥˧pæ̃r˥˩tɑ˧.

（二）贬称

妇道人家

（什么时候叫这个“妇道人家”？）黄：这就是一般，在平时你比如那个重大的场合来说，那都不让她们去了。露面的么就是男人。哎，这些妇道人家你就不要要了。tʂei˧tɕi ou˧˥sɿ˧˩i˥˩pæ̃˥,tsæᴇ˧pʰiŋ˩sɿ˩ni˥˧pi˥˧ʐʅ˩˧nə˧˩kə˧˩tʂuoŋ˧tɑ˧ti˨tʂʰɑŋ˥xuo˩˧læᴇ˩˧ʂuo˥˧,næᴇ˧tou˥˧pu ˩˩ʐɑŋ˧tʰɑ˥˧mən˨tɕʰi˧lə˨.lou˧miæ̃˧ti˨muo˨tɕiou˧˩sɿ˧˩næ̃˩˩ʐən˩˥.æᴇ˩,tʂei˧ɕie˥˧fu˧tɑo˧ʐən˩˩tɕiɑ˥ni˥ts ou˧˩pu˩˩iɑo˧˩iɑo˧˥lə˧.（噢，就是这有……有一种贬低的味道是吧？）噢，有一种贬低的味道。ɑo˧,iou˥i˥˩tʂuoŋ˥˩piæ̃˥ti˥˩ti˨vei˧˥tɑo˧˩.

懒汉、二流子

1.（有没有这个懒汉，一般你们称他叫什么呢？）黄：叫懒汉，也叫二流子。tɕiɑo ˧læ̃˥xæ̃˧˩,ie˥˧tɕiɑo˧ər˧liou˩˧tsɿ˨.王：啊，懒汉儿，二流子么。ɑ˩,læ̃˥xæ̃r˧˩,ər˧liou˩˧tsɿ˨muo˨.（二流子是……）黄：懒汉儿，二流子。læ̃˥xæ̃r˧,ər˧liou˩˧tsɿ˨.（还，还有点，有，有点流气啦。懒汉就什么事儿都不干呢。日上三竿他都不起来。）黄：那就是懒汉呣。nei˧˥tɕiou˧sɿ˧læ̃˥xæ̃˧˩m̩˨.王：懒惰。læ̃˥tuo˧˥.

2.（这个人把事情啊不当个事儿，好好的事儿他不……不好好做，这样的人呢？就是不认真呐，做事情。）王：我们这儿把哎就叫那二流子、懒汉。懒汉、二流子。ŋuo˥mən˨ tʂər˧pɑ˥˩æᴇ˧tsou˧tɕiɑo˧nə˧ər˧liou˩tsɿ˨,læ̃˥xæ̃˧˩.læ̃˥xæ̃˧˩,ər˧liou˩˧tsɿ˨.

懒蛋

（有没有烂担的说法？）黄：没有。mei˩˧iou˥˧.（læ̃˧tæ̃˥。）懒蛋。læ̃˥tæ̃˧.（啊，

læ̃˧˦……læ̃˨˩tæ̃˥是什么意思你们这里？）我们这儿有说懒蛋，兀是……说兀人……人是个懒蛋。ŋuo˥˧məŋ˨tʂər˥˧iou˥˧ʂuo˥˧˨læ̃˥˧tæ̃˥,væᴇ˥˥sɿ˥……ʂuo˥˧˨væᴇ˥˥zəŋ……zəŋ˨˩sɿ˥kə˥læ̃˥˧tæ̃˥.（什么意思呢？懒蛋，懒蛋那是？）那就是懒得很。næᴇ˥tɕiou˥ʂɿ˥læ̃˥˧tei˥˧˨xəŋ˥˧˨.

逛山

（那种在街上游手好闲，这个总想找点什么事情的一个惹事的那种人呢？）黄：逛山。kuaŋ˥˧sæ̃˥˧˨.（衣服这个衫还是什么衫？）不是的。游山玩水的那个山，山。pu˨˩˦sɿ˥ti˥˨.iou˨˩sæ̃˥˧˨væ̃˨˩ʂuei˥˧ti˨nei˥kə˥sæ̃˥˧,sæ̃˥˧.（就是二流子是吧？）噢，二流子么。也叫二流子。土话叫二流子，叫逛山。ɑɔ˨˩,ər˥liou˨˩˦tsɿ˨muo˨.ie˥˧˦tɕiaɔ˥ər˥liou˨˩˦tsɿ˨.tʰu˥˧xuɑ˥tɕiaɔ˥ər˥liou˨˩˦tsɿ˨,tɕiaɔ˥˨kuaŋ˥˧sæ̃˥˧˨.（叫不……叫不叫街痞？）也叫咧么，街皮么。ie˥˧˦tɕiaɔ˥lie˨muo˨,tɕie˥˧˨pʰi˨˩muo˨.（三个都叫？）啊。有些地方不叫他街皮，叫他地……地皮咧啊。有的把那叫……现在还有一种叫法叫混子么。ɑ˨.iou˥˧ɕie˥˧˦ti˥faŋ˥˧˨pu˨˩tɕiaɔ˥tʰɑ˥˧tɕie˥˧˨pʰi˨˩,tɕiaɔ˥tʰɑ˥˧ti˥˨……ti˥pʰi˨˩lia˨.iou˥˧ti˨pɑ˥˧˨næᴇ˥tɕ……ɕiæ̃˥tsæᴇ˥xæᴇ˨˩iou˥˧i˥˧˨tʂuoŋ˥˧tɕiaɔ˥fɑ˥˧˨tɕiaɔ˥˨xuoŋ˥˧tsɿ˨muo˨.

土豹子、落架的凤凰

1. 黄：那有时候□是城里人骂乡里人那是骂是个土豹子咧。一般情况下那这，就是□城里人到乡里下去了□，那骂□都是落架的凤凰了。næᴇ˥iou˥˧sɿ˥˨xou˥˦niæ̃˨˩sɿ˥˨tʂʰəŋ˨˩li˥˧zəŋ˨˩ma˥˧ɕiaŋ˥˧li˥˧˨zəŋ˨˩nə˥˦sɿ˥˨ma˥sɿ˥kə˥tʰu˥˧paɔ˥tsɿ˨lie˨.i˥˧pæ̃˥˧tɕʰiŋ˨˩kʰuaŋ˥˦ɕia˥næᴇ˥˦tʂə˥˨,tɕiou˥sɿ˥niæ̃˨˩tʂʰəŋ˨˩li˥˧zəŋ˨˩˦taɔ˥ɕiaŋ˥˧li˥˧˨xa˥tɕʰi˥lə˥niæ̃˨˩,nə˥˨ma˥niæ̃˨˩tou˥˧˨sɿ˥˨luo˥˧˨tɕia˥ti˨fəŋ˥˧xuaŋ˨˩lə˨.（嗯，什么？）落架的凤凰了，连鸡都不如你。luo˥˧˨tɕia˥ti˨fəŋ˥˧xuaŋ˨˩lə˨,liæ̃˨˩tɕi˥˧tou˥˧˨pu˨˩zɥ˨˩ni˥˧˦.（落架的凤凰是吗？）啊，不如个鸡么你。ɑ˨˩,pu˨˩zɥ˨˩kə˥tɕi˥˧muo˨ni˥˧˨.（噢，连鸡都不如？）连鸡都不如了。liæ̃˨˩tɕi˥˧tou˥˧˨pu˨˩zɥ˨˩lə˥.

2.（呃，这个你刚才讲的这个土包子是吧？）黄：噢，土豹子□是城里人骂……骂你这个，骂咱们就是比较土一点那个了。看不起，这是看不起的人么，嗯。ɑɔ˨˩,tʰu˥˧paɔ˥tsɿ˨niæ̃˨˩˦sɿ˥tʂʰəŋ˨˩li˥˧zəŋ˨˩ma˥……ma˥ni˥˧˨tʂə˥kə˥,ma˥tʂa˨˩məŋ˨tɕiou˥˨sɿ˥˨pi˥˧˦tɕiaɔ˥tʰu˥˧i˥˧˨tiæ̃˥˧nə˥kə˥lə˨.kʰæ̃˥pu˨˩˦tɕʰi˥˧˦,tʂei˥˦sɿ˥kʰæ̃˥pu˨˩˦tɕʰi˥˧ti˨zəŋ˨˩muo˨,ɑ̃˨˩.（哪个包呢？）土豹子嘛。tʰu˥˧paɔ˥tsɿ˨ma˨.（豹子？就是山上那个豹子吗？）啊，山上那个豹子，那个……那个金钱豹当然值钱，你个土豹子就不值钱嘛。ɑ˨˩,sæ̃˥˧ʂaŋ˥˨nə˥kə˥paɔ˥tsɿ˥,nə˥kə˥……nə˥kə˥tɕiŋ˥˧˨tɕʰyæ̃˨˩（←tɕʰiæ̃˨˩）paɔ˥˦taŋ˥˧˦zæ̃˨˩˦tʂɿ˨˩tɕʰiæ̃˨˩,ni˥˧˦kə˥tʰu˥˧paɔ˥tsɿ˨tɕiou˥pu˨˩tʂɿ˨˩tɕʰiæ̃˨˩ma˨.

大老粗儿

（讲不讲老粗？大老粗？）黄：哎说……讲咧嘛。那个老粗儿，大老粗儿。æᴇ˥˧ʂuo……tɕiaŋ˥˧lie˨ma˨.nei˥˨kə˥˨laɔ˥˧˦tsʰuər˥˧,ta˥laɔ˥˧˦tsʰuər˥˧.（那是指那种没文化的还是指那个就是那种乡里那个？）噢，讲你这个没有文化，穿戴各方面都显的这个落后一点那个大老粗儿。ɑɔ˥˧,tɕiaŋ˥˧ni˥˧˦tʂə˥kə˥mei˨˩iou˥˧vəŋ˨˩xua˥˦,tʂʰuæ̃˥˧˨tæᴇ˥kə˥˧˨faŋ˥˧˨miæ̃˥tou˥˧˨ɕiæ̃˥˧ti˨tʂə˥kə˥luo˥˧˨xou˥˦i˥˧˨tiæ̃˥˧˨nə˥kə˥ta˥laɔ˥˧˦tsʰuər˥˧.

山里人

（呃，像这种这个这个塬子上的人，要是他贬低那个山里面的人怎么说？比如说前塬人贬低你们太白的这些人？）黄：你是个山后的么。ni˥˧sɿ˥˨kə˥sæ̃˥˧˨xou˥˦ti˨muo˨.（山……山后的？）噢，山后人么你。山里人么，最……最简单的一句就是你是你……你个山里人么你。都看不起你了。ɑɔ˩,sæ̃˥˩xou˧˩ʐəŋ˩˩muo˧ni˥˩.sæ̃˥li˥˩ʐəŋ˩muo˧,tsuei˧……tsuei˧tɕiæ̃˥tæ̃˥˩ti˧i˥˩tɕy˧xua˧tɕiou˧˩sɿ˧˩ni˥sɿ˧˩ni˥˩……ni˥˩kə˧sæ̃˥li˥˩ʐəŋ˩muo˧ni˥˩.tou˥˩kʰæ̃˧pu˩˩tɕʰi˥˩ni˥˩lə˧.（这有没有贬低那个川……那个那种河川里面的那个那个那个山沟里面的人？）那才都和山里人是一……一个称呼。næᴇ˧˩tsʰæᴇ˩˩tou˥xuo˩˩sæ̃˥li˥˩ʐəŋ˩sɿ˧˩i˥˩……i˥˩kə˧˩tʂʰəŋ˥˩xu˥˩.

炒面脑儿

1.（你们……要是这个山里面的人要贬低人家这个平塬上的人呢？）黄：我们那贬咧就骂咧么。他炒面脑么你。ŋuo˥mən˧nə˧piæ̃˥lie˧tsou˧ma˧lie˧muo˧.tʰɑ˥˩tsʰɑɔ˥miæ̃˧˩nɑɔ˥˩muo˧ni˥˩.（那个脑？）脑袋的脑么。nɑɔ˥tæᴇ˧˩ti˧nɑɔ˥˩muo˧.（炒面是那个……是……是那个拿锅子……拿……锅子炒那个炒是吧？）炒面脑儿那就是这个欸，那个炒面那个东西本身就是个把各种粮食加工熟以后，然后磨成面的那个麦子。tsʰɑɔ˥miæ̃˧˩nɑor˥˩næᴇ˧tɕiou˧sɿ˧tʂə˧kə˧ei˧,nə˧˩kə˧˩tsʰɑɔ˥miæ̃˧næᴇ˧kə˧tuoŋ˥ɕi˧pəŋ˥ʂəŋ˥˩tɕiou˧sɿ˧kə˧˩pɑ˥˩kə˥˩tʂuoŋ˥liɑŋ˩˩ʂʅ˩˩tɕiɑ˥kuoŋ˥˩ʂʮ˩i˥˩xou˧,ʐæ̃˩˩xou˧muo˧tʂʰəŋ˩˩miæ̃˧˩ti˧næᴇ˧˩kə˧˩mei˥˩tsʅ˧.（炒菜那个炒嘛！）啊，炒啊。这个欸……炒熟的那种面叫炒面脑儿。就骂他嘛那是。炒面不是单纯的一样子做成的。那是好多庄稼混合起来的。说你兀都是那混混子合下个欸。ɑ˩,tsʰɑɔ˥ɑ˩.tʂə˧˩kə˧˩ei˩……tsʰɑɔ˥ʂʮ˩˩ti˧næᴇ˧tʂuoŋ˥˩miæ̃˧tɕiɑɔ˧tsʰɑɔ˥miæ̃˧˩lɑor˥.tsou˧˩mɑ˧tʰɑ˥mɑ˧næᴇ˧sɿ˧.tsʰɑɔ˥miæ̃˧˩pu˩˩sɿ˧˩tæ̃˥˩tʂʰuoŋ˩˩ti˧i˥˩iɑŋ˧˩tsɿ˧tsɣ˧˩tʂʰəŋ˩˩ti˧.næᴇ˧sɿ˧xɑɔ˥tuo˥˩tʂuɑŋ˥tɕiɑ˧˩xuoŋ˧xuo˩tɕʰi˥læᴇ˩˩ti˧.ʂuo˥ni˥væᴇ˧tou˥˩sɿ˧˩nə˧xuoŋ˧˩xuoŋ˧˩tsɿ˧xuo˩xɑ˧kei˧（←kə˧ei˧）.

2. 黄：现在前头那些人过来……把我们就不叫[乡里人]了。[把]我们叫“山后人”。ɕiæ̃˧tsæᴇ˧tɕʰiæ̃˩˩tʰou˩˩nei˧ɕie˥˩ʐəŋ˩kuo˧˩læᴇ˩˩……pɑ˥˩ŋuo˥mən˧tɕiou˧pu˩˩tɕiɑɔ˧lə˧.ŋuo˥˩mən˧tɕiɑɔ˧sæ̃˥˩xou˧˩ʐəŋ˩˩.（山后人？）啊。ɑ˩.（是在山那边的是吧？）啊。我们是“山后人”，哼。ɑ˩.ŋuo˥˩mən˧sɿ˧sæ̃˥˩xou˧˩ʐəŋ˩˩,xəŋ˥.（噢，你说他们叫前塬人？）啊，我们叫“山里人”给。简称就是“山里人”。ɑ˩.ŋuo˥mən˧tɕiɑɔ˧˩sæ̃˥li˥˩ʐəŋ˩˩kei˧.tɕiæ̃˥tʂʰəŋ˥tɕiou˧˩sɿ˧˩sæ̃˥li˥˩ʐəŋ˩˩.（说自己是山里人？）噢。ŋɑɔ˩.（你们说自己是山里人吗？）我们不说，我们说“太白的”。ŋuo˥mən˧pu˩˩ʂuo˥˩,ŋuo˥mən˧ʂuo˥˩tæᴇ˧˩pei˩˩ti˧.（太白人？）啊，“太白人”。ɑ˩,tʰæᴇ˧pei˩˩ʐəŋ˩˩.（你们管他们叫什么呢？）我们把叫“塬上的”。ŋuo˥mən˧pɑ˥˩tɕiɑɔ˧yæ̃˩˩ʂɑŋ˧ti˧.（塬上人？）嗯。骂开来的就是这个“炒面脑脑”。ə̃˩.mɑ˧kʰæᴇ˥˩læᴇ˩˩tə˧tɕiou˧sɿ˧tʂə˧kə˧tsʰɑɔ˥miæ̃˧˩nɑɔ˥˩nɑɔ˥˩.（叫什么？）把前塬儿的叫“炒面脑脑”。pɑ˥˩tɕʰiæ̃˩yæ̃r˩˩ti˧tɕiɑɔ˧tsʰɑɔ˥miæ̃˧˩nɑɔ˥˩nɑɔ˥˩.（炒面郎？）噢嚎，炒面脑嚎。ɑɔ˩xɑɔ˩,tsʰɑɔ˥miæ̃˧˩nɑɔ˥˩xɑɔ˥.（什么炒？哪哪几个字啊？）炒，火字过去个少字嘛。tsʰɑɔ˥,xuo˥tsʅ˧kuo˧tɕʰy˧kə˧ʂɑɔ˥tsʅ˧˩mɑ˧.（炒面郎？）噢，炒面脑嚎。脑袋的脑。炒面脑嚎。ɑɔ˩,tsʰɑɔ˥miæ̃˧˩nɑɔ˥˩xɑɔ˩.nɑɔ˥tæᴇ˧ti˧nɑɔ˥.tsʰɑɔ˥miæ̃˧˩nɑɔ˥˩xɑɔ˩.（为什么这么说呢？）脑子的脑么。反正现在……nɑɔ˥tsʅ˧ti˧nɑɔ˥muo˧.fæ̃˥˩tʂəŋ˧ɕiæ̃˧tsæᴇ˧……（为什么这么说他炒……）骂咧嘛。哼，骂他……mɑ˧lie˧mɑ˧.xəŋ˥,mɑ˧tʰɑ˥……（什么意思呢？这这骂他的它也有个意思呀？）这晓□咋么个叫咧像。tʂə˧tɕiɑɔ˥niæ̃˧tsɑ˥muo˧kə˧tɕiɑɔ˧lie˧ɕiɑŋ˧˩.（那个那那边的人骂这边的人吗？）骂咧。mɑ˧lie˧.（说什么呢？）把这面儿人叫骂啥咧吵你看。山里狼吗是叫啥吵？pɑ˥˩tʂei˧˩miær˧ʐəŋ˩tɕiɑɔ˧mɑ˧sɑ˧lie˧sɑ˧ni˥˩kʰæ̃˧˩.sæ̃˥li˥˩lɑŋ˩mɑ˧sɿ˧˩tɕiɑɔ˧sɑ˧sɑ˧?

二细子

（那个办事很仔细的人呢？很细心，很……叫不叫细人？）黄：那人……那人……有些人，虽然这个话好像是个……是个贬低的词，实际上还是个好词。二细子么那是。nei˥˦ʐəŋ˨˦˧……nei˥˦ʐəŋ˨˦˧……iou˦˨ɕie˦˨˩ʐəŋ˨˦,suei˦˨ʐæ̃˨˦˩tʂə˥kə˥xua˥xaɔ˦˨˩ɕiaŋ˥sɿ˥kə˥……sɿ˥kə˥piæ̃˦˨˧ti˦˨ti·˨tsʰʅ˨˦˩,ʂʅ˨˦˩tɕi˥˦ʂaŋ˥xa˨˦˩sɿ˥kə˥xaɔ˦˨˧tsʰʅ˨˦˧.ər˥ɕi˥˧tsɿ·˨muo·˨nə˥sɿ˥.（二细子？）啊。这个人做啥都细得很。a˨˩.tʂə˥kə˥ʐəŋ˨˦tsʮ˥sa˥˧tou˦˨˩ɕi˥˦tə·˨xəŋ˦˨˩.（呃，都心细是吧？）啊，心细么。ã˨˩,ɕiŋ˦˨˩ɕi˥˧muo·˨.

现世宝儿

黄：把这个东西，你比如说是这个爱跟时代走的那些人，嗯，爱跟上服装流行走的那个人，跟着社会走的这个人啊。pa˦˨˩tʂə˥kə˥tuoŋ˦˨ɕi·˨,ni˦˨˩pi˦˨ʐʮ˨˦˩ʂuo˦˨˧sɿ˥tʂə˥kə˥næᴇ˥kəŋ˦˨sɿ˨˦˩tæᴇ˥tsou˦˨ti·˨nei˥ɕie˦˨˧ʐəŋ˨˦˩,ə̃˨˩,næᴇ˥kəŋ˦˨ʂaŋ˥˩fu˨˦tʂuaŋ˦˨˩liou˨˦ɕiŋ˨˦tsou˦˨ti·˨nə˥kə˥ʐəŋ˨˦˧,kəŋ˦˨tʂə·˨ʂə˥xuei˥tsou˦˨ti·˨tʂə˥kə˥ʐəŋ˨˦˩a˥·.（噢，赶时髦的人？）赶时髦儿的人。哎，一个叫赶时髦儿，再个叫现世宝。就是女人很……一老来把自己往出来显得很，叫现世宝儿。kæ̃˦˨sɿ˨˦˩maɔr˨˦˩ti·˨ʐəŋ˨˦˩.æᴇ˥,i˦˨˩kə˥˧tɕiaɔ˥kæ̃˦˨sɿ˨˦˩maɔr˨˦,tsæᴇ˥kə˥tɕiaɔ˥ɕiæ̃˥ʂʅ˥paɔ˦˨.tsou˥sɿ˥ny˦˨ʐəŋ˨˦˧xəŋ˦˨˩……i˦˨˩laɔ˦˨læᴇ˨˦pa˦˨˩tsɿ˥˧tɕi˦˨˩vaŋ˦˨˩tʂʰʮ˦˨læᴇ˨˦˩ɕiæ̃˦˨tei˦˨˩xəŋ˦˨˧,tɕiaɔ˥˩ɕiæ̃˥ʂʅ˥paɔr˦˨.（就是赶时髦儿的人是吧？）噢，赶时髦的人么。现世宝儿。aɔ˨˩,kæ̃˦˨sɿ˨˦˩maɔ˨˦˩ti·˨ʐəŋ˨˦˩muo·˨.ɕiæ̃˥ʂʅ˥paɔr˦˨.

四不像

（四不像是指什么人啊？）黄：是你弄啥子，你啥都想弄咧，实际上你啥都弄不成么，四不像。sɿ˥ni˦˨˩nuoŋ˥sa˥tsɿ·˨,ni˦˨˧sa˥˧tou˦˨˩ɕiaŋ˦˨˧nuoŋ˥lie·˨,ʂʅ˨˦˩tɕi˥ʂaŋ˥ni˦˨sa˥˧tou˦˨˩nuoŋ˥pu˨˦˧tʂʰəŋ˨˦˩muo·˨,sɿ˥˦pu˨˦˩ɕiaŋ˥.（噢，什么事情都想……都想做，都都是那个……）噢。甚么事情你都弄不成么。aɔ˨˩.səŋ˥˦muo·˨sɿ˥tɕʰiŋ˨˦˧ni˦˨˧tou˦˨˩nuoŋ˥˦pu˨˦˩tʂʰəŋ˨˦˩muo·˨.（但是又做不好？）都做不好么。你是个四不像嘛。tou˦˨˩tsuo˥˦pu˨˦˩xaɔ˦˨muo·˨.ni˦˨˧sɿ˥kə˥sɿ˥˦pu˨˦˩ɕiaŋ˥ma·˨.

二百五

黄：二百五就是那号儿……二百五就是讲是那个是那半吊子一类的了。说话……二百五，这个二百五是这个贬义词。那你就说明你这个人做啥就是……说话做啥就说是没有点这个歘……原则性的那个东西，想说啥就啥，是胡说乱谝的这些人。这是二百五。ər˥pei˦˨˩vu˦˨tsou˥sɿ˥nə˥xaɔr˥……ər˥pei˦˨˩vu˦˨tsou˥sɿ˥tɕiaŋ˦˨sɿ˥nə˥kə˥sɿ˥˩nə˥˩pæ̃˥tiaɔ˥tsɿ·˨i˦˨˧luei˥ti·˨lə˥.ʂuo˦˨˩xua˥……ər˥pei˦˨˩vu˦˨,tʂə˥˩kə˥˩ər˥pei˦˨˩vu˦˨sɿ˥˩kə˥˩piæ̃˦˨i˥tsʰʅ˨˦˩.næᴇ˥˦ni˦˨tɕiou˥ʂuo˦˨˩miŋ˨˦ni˦˨˧tʂə˥kə˥ʐəŋ˨˦tsʮ˥sa˥tɕiou˥sɿ˥n……ʂuo˦˨˩xua˥tsʮ˥sa˥tɕiou˥˩ʂuo˦˨˩sɿ˥˩mei˨˦˩iou˦˨tiæ̃˦˨˧tʂə˥kə˥ei˨˩……yæ̃˨˦tsei˦˨ɕiŋ˥ti·˨nə˥kə˥tuoŋ˦˨˧ɕi·˨,ɕiaŋ˦˨ʂuo˦˨˩sa˥tɕiou˥sa˥,sɿ˥xu˨˦ʂuo˦˨˩luæ̃˥pʰiæ̃˦˨ti·˨tʂei˥ɕie˦˨˧ʐəŋ˨˦˩.tʂə˥˦sɿ˥˩ər˥pei˦˨˩vu˦˨˩.

谎子

（还有这个百九六的这个说法吗？）黄：哎有咧么，就是……那叫个谎……谎子么。æᴇ˦˨iou˦˨lie·˨muo·˨,tsou˥sɿ˥……næᴇ˥tɕiaɔ˥kə˥xuaŋ……xuaŋ˦˨tsɿ·˨muo·˨.（谎子？）啊，谎儿。谎子是你说话都没有一句实话么。a˨˩,xuãr˦˨.xuaŋ˦˨˧tsɿ·˨sɿ˥ni˦˨ʂuo˦˨˩xua˥˧tou˦˨˧mei˨˦iou˦˨i˦˨˩tɕy˥˦ʂʅ˨˦xua˥muo·˨.（噢，就是说话这个胡说八道……）胡说八道那个。他也不胡说八道，但是他说下那个话没一句实话。xu˨˦˦ʂuo˦˨˩pa˦˨˩taɔ˥nə˥kə˥.tʰa˦˨a˦˨pu˨˦˧xu˨˦˩ʂuo˦˨˩pa˦˨˩taɔ˥,tæ̃˥sɿ˥tʰa˦˨˧ʂuo˦˨xa˥nə˥kə˥xua˥mei˨˦i˦˨˧tɕy˥ʂʅ˨˦xua˥˩.（噢，不诚实？）噢，不诚实么。aɔ˨˩,pu˨˦˩tʂʰəŋ˨˦ʂʅ˨˦˩muo·˨.

二毬

（二毬货？）黄：二毬这儿是有咧。二毬子是他半吊子货，说话又忙个遮短，就那二百五。ər˥tɕʰiou˩ʦʂər˥sɿ˥˩iou˥˩lie˩.ər˥tɕʰiou˩ʦɿ˩sɿ˥˩tʰa˥˩pæ̃˥tiao˥ʦɿ˩xuo˥,ʂuo˥˩xua˥˩iou˥˩maŋ˩˩kə˥ʦʂə˥˩tuæ̃˥,ʦou˥na˥ər˥pei˥˩vu˥.（二毬还是二毬货？）二毬货也有的叫，有的骂他个二毬你看。ər˥tɕʰiou˩xuo˥a˥˩iou˥ti˩tɕiao˥,iou˥ti˩ma˥tʰa˥˩kə˥ər˥tɕʰiou˩ni˥˩kʰæ̃˥˩.（这个二毬货跟这个二毬子……）呃是一个东西。ə˥˩sɿ˥˩i˥˩kə˥tuoŋ˥ɕi˩.（都是指男人还是女人？）都是指男人。tou˥˩sɿ˥ʦɿ˥næ̃˩˩ʐəŋ˩˩.

愣屣、狰屣、狰三

（说这个人呐胆子很大，很莽撞这个人，你们叫什么呢？）黄：这和咱们叫那愣汉还不一样啊？ʦʂə˥xuo˩˩ʦa˩˩məŋ˥tɕiao˥nə˥ləŋ˥˩xæ̃˥˩xa˩˩pu˩˩i˥˩iaŋ˥a˩?王：呃不一样。ə˥pu˩˩i˥˩iaŋ˥˩.（愣汉是什么东西？）王：愣汉那这人傻着咧。ləŋ˥˩xæ̃˥nə˥ʦʂə˥˩ʐəŋ˩ʂa˥ʦʂə˩lie˩.黄：傻子啊？ʂa˥ʦɿ˩a˩?（冷汉是吧？）黄：啊，愣汉，愣汉。a˥,ləŋ˥xæ̃˥˩,ləŋ˥˩xæ̃˥˩.（愣汉是傻子啦。他比较有勇力，比比较勇勇敢，或者说你办办事情欤……也不是。反正就是有这么莽撞。）王：泼辣是吧？pʰuo˥la˥˩sɿ˥˩pa˩?黄：嗯？ŋ̍˩?王：嗯，那是不叫泼辣？ŋ̍˥,nə˥sɿ˥pu˩˩tɕiao˥pʰuo˥la˥˩?黄：也不叫泼辣的反正。ie˥pu˩˩tɕiao˥pʰuo˥la˥˩tə˩fæ̃˥˩ʦʂəŋ˥.（胆子特别大这个人。）黄：嗯。胆子又大，做啥又那个家伙。这过去土话不知道叫啥。现在把那叫猛男咧嘛。ŋ̍˩.tæ̃˥ʦɿ˩iou˥ta˥,ʦɿ˥sa˥iou˥nə˥kə˥tɕia˥xuo˩.ʦʂə˥kuo˥tɕʰy˥tʰu˥xua˥pu˩ʦʂɿ˥tao˥tɕiao˥sa˥˩.ɕiæ̃˥ʦæᴇ˥pa˥˩nə˥tɕiao˥məŋ˥næ̃˩˩lie˩ma˩.（猛男？）黄：嗯。ə̃˩.（那是什么时候开始说是叫猛男呢？）黄：啊，这猛男都叫下好十来年了。都好……æ˩,ʦʂə˥məŋ˥næ̃˩tou˥˩tɕiao˥xa˥xao˥ʂɿ˩˩læᴇ˩niæ̃˩˩lə˩.tou˥˩xao˥……（十来年？）黄：嗯。ŋ̍˩.（但是过去叫什么呢？）黄：本来，□在过去兀个叫啥咧吵？pəŋ˥˩læᴇ˩˩,niæ̃˩˩ʦæᴇ˥˩kuo˥tɕʰy˥vu˥˩kə˥˩tɕiao˥sa˥lie˩sa˩?王：过去都太没这个。kuo˥tɕʰy˥tou˥tʰæᴇ˥muo˥˩ʦʂə˥˩kə˥˩.（有叫什么争的屣？）王：狰屣。有叫狰三的。ʦəŋ˥˩suoŋ˩.iou˥tɕiao˥ʦəŋ˥sæ̃˥˩ti˩.黄：啊，叫狰三咧。a˩,tɕiao˥ʦəŋ˥sæ̃˥˩lie˩.王：又叫狰三，又叫狰屣，啊？iou˥tɕiao˥ʦəŋ˥sæ̃˥˩,iou˥tɕiao˥ʦəŋ˥˩suoŋ˩,a˩?黄：又叫狰屣嘛，啊？iou˥tɕiao˥ʦəŋ˥suoŋ˩˩ma˩,a˩?（是这……也是这种人吗？）王：嗯。ə̃˩.黄：噢，也是这种人。胆大。弄啥以后这个就是……有叫狰三的。ao˥,ie˥sɿ˥ʦʂei˥ʦʂuoŋ˥ʐəŋ˩˩.tæ̃˥ta˥.nuoŋ˥sa˥i˥˩xou˥ʦʂə˥kə˥tɕiou˥˩sɿ˥˩……iou˥tɕiao˥ʦəŋ˥sæ̃˥˩ti˩.（说这个人很争，说不说呢？）黄：不说。pu˩ʂuo˥˩.（不说？）黄：呣。m̩˩.王：欸，咋不说？说兀人狰得很。ei˩,ʦa˥pu˩˩ʂuo˥˩?ʂuo˥˩væᴇ˥ʐəŋ˩ʦəŋ˥tə˩xəŋ˥.黄：嗯。ə̃˩.（有说，有骂这个人叫争屣的没有？真是个争屣？）王：有，有时候骂人了，就说兀二毬着咧，呃弄个啥还。iou˥˩,iou˥˩sɿ˩˩xou˥ma˥ʐəŋ˩˩lə˥,tɕiou˥ʂuo˥˩væᴇ˥ər˥tɕʰiou˩˩ʦʂə˥lie˩,ə˥nuoŋ˥kə˥sa˥xæᴇ˩˩.黄：呃，或者叫二毬着咧。或者兀是个愣屣。ə˩,xuei˩˩ʦʂə˥˩tɕiao˥ər˥tɕʰiou˩˩ʦʂə˥lie˩.xuei˩˩ʦʂə˥˩væᴇ˥sɿ˥kə˥ləŋ˥suoŋ˩.王：啊，愣屣，或者二毬着咧。a˩,ləŋ˥suoŋ˩,xuo˩˩ʦʂə˥ər˥tɕʰiou˩˩ʦʂə˥lie˩.（愣屣是吧？）黄：嗯。ə̃˩.王：嗯。ŋ̍˩.（二毬是什么东西？）黄：二毬那是指……ər˥tɕʰiou˩nə˥sɿ˥ʦɿ˥……王：二毬就是天不怕，地不怕那种。ər˥tɕʰiou˩tɕiou˥sɿ˥tʰiæ̃˥pu˩˩pʰa˥,ti˥pu˩˩pʰa˥nei˥ʦʂuoŋ˥˩.黄：天不怕地不怕。办啥事根本不考前，不，不考虑前因后果那些人。tʰiæ̃˥pu˩˩pʰa˥ti˥pu˩˩pʰa˥.pæ̃˥sa˥sɿ˥kəŋ˥˩pəŋ˥pu˩˩kʰao˥tɕʰiæ̃˩˩,pu˩˩,pu˩˩kʰao˥ly˥tɕʰiæ̃˩iŋ˥˩xou˥kuo˥nei˥ɕie˥˩ʐəŋ˩˩.

软耳朵

（他这个人呢，比如说，我要做什么事情，我跟你说的时候，嗯，这样有理。他又跑这儿，不能这么做啊，这样做会怎么。欸，这也觉得有理。另外一个人来，他又觉得那个。）黄：软耳朵呣。ʐuæ̃˦ər˦tuo˧m̩˧.（软耳朵？）黄：啊，软耳朵么。那你是，你这么个一说，别人说下的合适着，到那那一说，他也……那就没有主……形容这没有主张这些人。ɑ˪,ʐuæ̃˦ər˦˪tuo˧muo˧.nei˧ni˦sɿ˧,ni˦tʂə˧muo˧kə˧i˦˪ʂuo˦,pie˩˪zəŋ˩˥ʂuo˦xɑ˧tə˧xuo˩˪tʂʰʅ˦tʂə˧,tɑ ɔ˧nɑ˧nɑ˧i˦˪ʂuo˦,tʰɑ˦˥iɑ˦z……nə˧tsou˧muo˦˪iou˦˥tʂʮ˦˥……ɕiŋ˩˪yoŋ˩˥tʂə˧muo˦˥iou˦˥tʂʮ˦tʂɑŋ˦˪t ʂei˧ɕie˦˪zəŋ˩˪.（噢。）王：墙头草，随风倒呣。tɕʰiɑŋ˩tʰou˩tsʰɑɔ˦,suei˩fəŋ˦˪tɑɔ˦m̩˧.（是……说不说耳根子软？）黄：说，也说耳根子软么。ʂuo˦˥,ie˦ʂuo˦˪ər˦˥kəŋ˦˪tsɿ˧ʐuæ̃˦muo˧.王：也说耳根子软咧。ie˦ʂuo˦˥ər˦kəŋ˦˪tsɿ˧ʐuæ̃˦lie˧.黄：耳根子软呣。ər˦kəŋ˦˪tsɿ˧ʐuæ̃˦m̩˧.（是耳根软还是耳根子软？）黄：耳根子软。ər˦kəŋ˦˪tsɿ˧ʐuæ̃˦˪.（说不说他软耳根呢？不说？）黄：软耳朵，不说软耳根子。一……多一半儿都说是个软耳朵。ʐuæ̃˦ər˦tuo˧,pu˩˪ʂuo˦˥ʐuæ̃˦ ˥ər˦˥kəŋ˦tsɿ˧.i˦˪……tuo˦˪i˦˪pæ̃r˧tou˦˪ʂuo˦˥sɿ˧˪kə˧˪ʐuæ̃˦ər˦˪tuo˧.

闷葫芦

（那还有的人，怎么跟他说话，他就是就不……呃，也不理你，欸就就是，反正性格比较内向，也不是说他故意生你的气啊。像这样的是怎么样？）黄：有些人是那闷葫芦儿。闷葫芦么。那就是你再说死的话，我反正是，我不吭声……不发表意见么。iou˦ɕie˦˪ʐ əŋ˩sɿ˧nə˧məŋ˧xu˩˪lour˩˥.məŋ˧xu˩˪lou˩˥muo˧.nei˧˪tsou˧˪sɿ˧ni˦˥tsæᴇ˧ʂuo˦˪sɿ˦ti˧xuɑ˧,ŋuo˦˥fæ̃˦˪tʂə ŋ˧sɿ˧,ŋuo˦pu˩˪kʰəŋ˦˪ʂəŋ……pu˩˥fɑ˦˪piɑɔ˦i˧tɕiæ̃˧muo˧.

小炉匠

黄：男人见不得婆娘跟别人呀男人说话，小炉匠。næ̃˩˪zəŋ˩˥tɕiæ̃˧pu˩˥tei˦˪pʰuo˩˪niɑŋ ˩˥kəŋ˦˪pie˩zəŋ˩˥iɑ˧næ̃˩˪zəŋ˩˥ʂuo˦˪xuɑ˧,ɕiɑɔ˦lou˩˪tɕiɑŋ˧˪.（心……心胸狭窄的男人就是？）噢，心胸狭窄的男人叫小炉匠。ɑɔ˪,ɕiŋ˦˥ɕyoŋ˦˥ɕiɑ˩tsei˦ti˧næ̃˩˪zəŋ˩˥tɕiɑɔ˧ɕiɑɔ˦lou˩˪tɕiɑŋ˧˪.（还有那个，这个女人见自己爱……这个男人跟别人说话她也这个疑神疑鬼。）都统称是小炉匠。tou˦˥tʰuoŋ˦˪tʂʰəŋ˦sɿ˧˪ɕiɑɔ˦lou˩˪tɕiɑŋ˧˪.（女人也可以叫小炉匠？）噢，也叫小炉匠。ɑɔ˪,ie˦tɕiɑɔ˧ɕiɑɔ˦lou˩˪tɕiɑŋ˧˪.

烧料子货

（钱又没什么钱，他还摆阔。）黄：穷烧么。我们把这叫……有的叫穷烧么。自己又穷还烧料子拉饥的那个。tɕʰyoŋ˩ʂɑɔ˦muo˧.ŋuo˦məŋ˧pɑ˦˪tʂə˧tɕiɑɔ˧……iou˦ti˧tɕiɑɔ˧tɕʰyoŋ˩ʂɑɔ˦muo˧.tsɿ˧tɕie˦˥iou˧tɕʰyoŋ˩xɑ˩˪ʂɑɔ˦liɑɔ˧tsɿ˧lɑ˦˪tɕi˦ti˧nei˧kə˧.

犟毬、犟板筋、犟种、犟屣

1.（啊，那种脾气这个犟得很，死不回头那种人。）黄：要就讲一个……土话来说犟种么。iɑɔ˧˥tɕiou˧˪tɕiɑŋ˦˥i˦˥kə˧……tʰu˦xuɑ˧læᴇ˩˪ʂuo˦˪tɕiɑŋ˧˥tʂuoŋ˦muo˧.（犟种？）噢，犟种。还有把他叫啥嘛你看？形容这个人，形容这号儿人那就把那叫死牛顶墙根儿么。牛都是那么个，牛都错了以后，头顶在那个墙上，把它都能狰死它都不松。这就是那形容犟得很那个人么。再一个就说是那再形容说你兀人不到黄河心不死。ɑɔ˪,tɕiɑŋ˧˥tʂuoŋ˦. xæᴇ˩˪iou˦˥pɑ˦˥tʰɑ˦˥tɕiɑɔ˧sɑ˧˥mɑ˧ni˦˪kʰæ̃˧˪?ɕiŋ˩yoŋ˩tʂə˧kə˧zəŋ˩,ɕiŋ˩yoŋ˩˥tʂə˧˥xɑɔr˧˪zəŋ˩næ ᴇ˧˥tɕiou˧pɑ˦˪næᴇ˧tɕiɑɔ˧sɿ˦niou˩tiŋ˦˪tɕʰiɑŋ˩kæ̃r˦muo˧.niou˩tou˦sɿ˧˪nə˧˪muo˧kə˧˪,niou˩tou˦˥ts ʰuo˧˥lə˧i˦˪xou˧,tʰou˩tiŋ˦tsæᴇ˧˪nə˧kə˧tɕʰiɑŋ˩˪ʂɑŋ˧˥,pɑ˦˪tʰɑ˦tou˦˪nəŋ˩˪tsəŋ˦˥sɿ˦˥tʰɑ˦˥tou˦˥pu˩

˪suoŋ˥˩.tʂei˥tɕiou˥sɿ˥nə˥ɕiŋ˨˩yoŋ˨˩˧tɕiaŋ˥tə˥xəŋ˥˩nə˥kə˥zəŋ˨˩muo˧.tsæᴇ˥i˥˩˧kə˥tɕiou˥ʂuo˥˩˧sɿ˥nə˥tsæᴇ˥ɕiŋ˨˩yoŋ˨˩˧ʂuo˥˩˧ni˥˩væᴇ˥zəŋ˨˩pu˨˩˨tao˥xuaŋ˨˩xuo˨˩ɕiŋ˥˩pu˨˩˨sɿ˥˩.（叫不叫牛毬客？）不叫。pu˨˩˨tɕiao˥˨.（呃，犟毬不进尿壶子？）那那我们那我们这儿骂不像那么骂你。犟毬还扳不到尿壶里去。næᴇ˥næᴇ˥ŋuo˥˩məŋ˧næᴇ˥˦ŋuo˥˩məŋ˧tʂər˥ma˥pu˨˩˨ɕiaŋ˥nə˥˦muo˧ma˥ni˥˩˨.tɕiaŋ˥tɕʰiou˨˩xa˨˩˨pæ̃˥˩pu˨˩˨tao˥niao˥xu˨˩˨li˥˩˨tɕʰi˥˨.（什么？）犟毬扳不到尿壶里。tɕiaŋ˥tɕʰiou˨˩pæ̃˥˩pu˨˩˨tao˥niao˥xu˨˩˨li˥˩˨.（扳还是办？）扳。pæ̃˥˩.（扳？）噢，扳不到尿壶……你是个犟毬，把你扳不到尿壶里。ao˨,pæ̃˥˩pu˨˩˨tao˥niao˥xu˨˩˧……ni˥˩sɿ˥˨kə˥˨tɕiaŋ˥tɕʰiou˨˩˨,pa˥˩˨ni˥˩˨pæ̃˥˩pu˨˩˨tao˥niao˥xu˨˩˨li˥˩˨.（扳不倒是吧？）噢，扳不到尿壶里去。你还犟的你扳不到尿壶嘛。ao˨,pæ̃˥˩pu˨˩˨tao˥niao˥xu˨˩˨li˥˩˨tɕʰi˥˨.ni˥˩xa˨˩˨tɕiaŋ˥˧ti˧ni˥˩˨pæ̃˥˩pu˨˩˨tao˥niao˥xu˨˩˨ma˧.（他是怎么呢？就是搊尿都不肯是吧？）就说你兀，你兀个人就犟得啥的，像个毬啊的，哼，给你那个就……叫你往尿壶里尿，你快咋不话，你扳到去，他歇下。tsou˥ʂuo˥˩˧ni˥˩væᴇ˥,ni˥˩vu˥kə˥zəŋ˨˩tsou˥tɕiaŋ˥˧tə˧sa˥˧tə˧,ɕiaŋ˥kə˥tɕʰiou˨˩a˥ti˧,xə̃˥,kei˥ni˥˩nə˥kə˥˨tɕiou˥……tɕiao˥ni˥˩vaŋ˥˩˧niao˥˧xu˨˩˨li˥˩˨niao˥,ni˥˩kʰuæᴇ˥˨tsa˥˩pu˨˩˨xua˥˧,ni˥˩˧pæ̃˥˩pu˨˩˨tao˥tɕʰi˥,tʰa˥˩˨ɕie˥˩˧xa˥˦.（讲不讲犟屄？）叫咧。犟屄。tɕiao˥lie˧.tɕiaŋ˥suoŋ˨˩˨.

2.（这人比较固执，说什么？）王：固执是保守吧？ku˥˦tʂʅ˥˩˨sɿ˥˨pao˥˩˧ʂou˥˩˧va˥（←pa˥）?黄：固执还不是保守。ku˥tʂʅ˥˩˧xa˨˩pu˨˩˨sɿ˥pao˥˩˧ʂou˥˩˨.王：还不是保守。xa˨˩˨pu˨˩˨sɿ˥˦pao˥˩˨ʂou˥˩˨.（犟？）黄：犟。tɕiaŋ˥.王：犟。tɕiaŋ˥.黄：啊，犟。ã˨,tɕiaŋ˥.王：犟板筋。tɕiaŋ˥˧pæ̃˥˩˨tɕiŋ˥˩˨.黄：犟板筋。对着咧。tɕiaŋ˥˧pæ̃˥˩˨tɕiŋ˥˩˨.tuei˥tʂə˧lie˧.（犟板筋是说这个固执的人吧？）黄：啊，固执的人。a˥˩,ku˥tʂʅ˥˩˧ti˧zəŋ˨˩˨.（有没有说什么犟毬这种说法？）黄：那都是经常骂人的个话，你，这个犟毬扳不到尿壶里你。nei˥˦tou˥˩˨sɿ˥˨tɕiŋ˥˩˨tʂʰaŋ˨˩ma˥zəŋ˨˩˨ti˧kə˥xua˥,ni˥˩˧,tʂə˥kə˥tɕiaŋ˥tɕʰiou˨˩pæ̃˥˩pu˨˩˨tao˥niao˥xu˨˩˨li˥˩˨ni˥˩˨.王：骂人开来就是你毬……尿壶。ma˥zəŋ˨˩˨kʰæᴇ˥˩læᴇ˨˩˧tɕiou˥˨sɿ˥˨ni˥˩˧tɕʰiou˨˩……niao˥xu˨˩˨.（讲什么？）黄：犟毬扳不到尿壶里么。tɕiaŋ˥tɕʰiou˨˩pæ̃˥˩pu˨˩˨tao˥niao˥xu˨˩˨li˥˩˨muo˧.王：犟毬扳不到尿壶里。tɕiaŋ˥tɕʰiou˨˩pæ̃˥˩pu˨˩˨tao˥niao˥xu˨˩˨li˥˩˨.（犟毬……）王：扳不到……pæ̃˥˩˨pu˨˩˨tao˥……（这个，这个也是比较重要的。）王：嗯。ŋ̍˨.黄：嗯，扳不到尿壶里。õ˥,pæ̃˥˩˨pu˨˩˨tao˥niao˥xu˨˩˨li˥˩˨.（扳不到尿壶里？）王&黄：啊。a˨.（怎么？为什么？）黄：这个……尿尿本身是个壶……葫芦子形式的。想尿尿咧，你这个犟毬把你还……急忙把尿壶里扳不进去，尿到外头去了。犟毬扳不到尿壶里。有时候有骂犟种的这个话咧。你个犟种。tʂə˥˨kə˥˨p……niao˥niao˥pəŋ˥˩ʂəŋ˥˩˧sɿ˥kə˥xu˨˩……xu˨˩lou˧tsɿ˧ɕiŋ˨˩ʂʅ˥˩˧ti˧.ɕiaŋ˥˩niao˥˧niao˥lie˥,ni˥˩˧tʂə˥kə˥tɕiaŋ˥tɕʰiou˨˩pa˥˩˨ni˥˩xa˨˩……tɕi˥˩˨maŋ˨˩pa˥˩˨niao˥xu˨˩˨li˥˩˨pæ̃˥˩˨pu˨˩˨tɕiŋ˥tɕʰi˥,niao˥tao˥væᴇ˥˧tʰou˧tɕʰi˥˨lə˧.tɕiaŋ˥tɕʰiou˨˩pæ̃˥˩˨pu˨˩˨tao˥niao˥xu˨˩˨li˥˩.iou˥˩sɿ˨˩˨xou˥iou˥˩ma˥tɕiaŋ˥tʂuoŋ˥˩ti˧tʂə˥kə˥xua˥lie˧.ni˥˩kə˥˨tɕiaŋ˥tʂuoŋ˥˩.（犟种？）黄：嗯。ŋ̍˨.

麻迷儿

（有的人啊，好坏呀什么都不分。那叫什么？好坏也不分，是非不分的人。）王：是非不分的？啊，兀就是说不来啊。sɿ˥fei˥˩˧pu˨˩˧fəŋ˥˩ti˧?a˨,væᴇ˥tɕiou˥sɿ˥ʂuo˥˩˨pu˨˩˨læᴇ˨˩a˥.（嗯。有叫麻迷的吗？）没有。mei˨˩˨iou˥˩˨.（麻迷儿？）麻迷儿有咧。噢，好坏不分，这叫麻迷儿有哩。ma˨˩miər˨˩iou˥˩˨lie˧.ao˨,xao˥˩xuæᴇ˥pu˨˩˧fəŋ˥˩˧,tʂə˥tɕiao˥ma˨˩˧miər˨˩iou˥˩˨li˧.（叫什么？）麻迷儿。ma˨˩miər˨˩.（是什么意思呢？他这个人怎……有些什么举动呢？）麻迷儿兀就是那号儿……人家把哎叫緂屄咧，兀就是那瞎话好话都都都都听不进去么。

maʎmiərʎvæᴇ˥tɕiou˥sɿ˥nə˥xaɔr˥……zəŋʎ(tɕ)ia˥˩pa˥˩æᴇ˥tɕiaɔ˥zæ̃ʎsuoŋʎlie˧,væᴇ˥tɕiou˥sɿ˥næᴇ˥xa˥˩xua˥xaɔ˥xua˥tou˥˩tou˥˩tou˥˩tou˥˩tʰiŋ˥pu˩ɬtɕiŋ˥tɕʰi˥˩muo˧.（也叫zæ̃ʎsuoŋʎ是吧？）啊，兀叫繎屣。a˩,væᴇ˥tɕiaɔ˥zæ̃ʎsuoŋ˩.

半脑子

（脑子不聪明那种，木木的，那个叫什么？）黄：笨的很。pəŋ˥ti˧xəŋ˥˩.（脑子不大清醒，那种叫什么呢？）黄：二杆杆。ər˥kæ̃˥kæ̃˥˩.（叫什么？）黄：二杆子。半脑子，二杆子。ər˥kæ̃˥˩tsɿ˧.pæ̃˥naɔ˥tsɿ˧,ər˥˩kæ̃˥tsɿ˧.（半脑子？）黄：嗯。ə̃˩.（就是也不是，就你也是个正常人，但……）黄：呃也是正常人，但是说话弄啥做事以后，他都和别人不一样。ə˩ie˥sɿ˥tʂəŋ˥tʂʰaŋ˩zəŋ˩,tæ̃˥sɿ˥ʂuo˥˩xua˥nuoŋ˥sa˥tsɥ˥sɿ˥i˥˩xou˥,tʰa˥˩tou˥˩xuo˩pieʎzəŋ˩pu˩i˥˩iaŋ˥.王：半脑子。半脑子咧。pæ̃˥naɔ˥tsɿ˧.pæ̃˥naɔ˥tsɿ˧lie˧.（糊涂呢？）王：糊涂。xu˩tu˧.黄：糊涂这个话有咧，嗯。xu˩tu˧tʂə˥kə˥xua˥iou˥˩lie˧,ə̃˩.（跟这个意思差不多吗？）王：嗯。ŋ̍˩.黄：嗯。糊涂虫。ŋ̍˥.xu˩tu˧tʂʰuoŋ˩.（这个心呐很笨，说不说他闷？）王：不说这个闷的话。pu˩ʂuo˥tʂə˥kə˥məŋ˥tə˧xua˥.黄：不说闷。pu˩ʂuo˥˩məŋ˥.王：欸，闷也说咧。你这个，这个娃娃闷得很那娃。ei˩,məŋ˥ia˥˩ʂuo˥lie˧.ni˥˩tʂə˥kə˥,tʂə˥kə˥va˩va˩məŋ˥tə˧xəŋ˥˩nə˥va˩.黄：那不聪明也叫闷咧，对着咧，嗯。nə˥pu˩tsʰuoŋ˥miŋ˩ie˥˩tɕiaɔ˥məŋ˥lie˧,tuei˥tʂə˧lie˧,ə̃˥.王：闷得很。məŋ˥tə˧xəŋ˥˩.（叫məŋ˥？）王：嗯。ə̃˥.黄：不聪明也叫闷，嗯。pu˩tsʰuoŋ˥miŋ˩ie˥˩tɕiaɔ˥məŋ˥,ŋ̍˩.（心眼少说不说？）黄：啊，就是可。a˥,tɕiou˥sɿ˥kʰə˥˩.王：嗯。心眼少。ŋ̍˥.ɕiŋ˥˩niæ̃˥˩ʂaɔ˥˩.（也说心眼少？）王：嗯。ŋ̍˩.黄：嗯。ə̃˩.（怎么说呢？）王：心眼……少。ɕiŋ˥˩niæ̃˥ʂ……ʂaɔ˥.（跟……跟那个跟闷有什么区别没有？）黄：没有啥区别。meiʎiou˥sa˥tɕʰy˥˩pie˩.王：没有啥区别。meiʎiou˥sa˥tɕʰy˥˩pieʎ.（心实，心眼实说不说呢？）黄：呃，咱们这儿多一半，兀是个实心眼儿啊？ə˥,tʂaʎməŋ˧tʂər˥tuo˥i˥˩pæ̃˥˩,væᴇ˥sɿ˥kə˥ʂɿʎɕiŋ˥˩niæ̃r˥a˧?王：嗯。ŋ̍˩.

蔫蔫

（性情缓慢的人一般说什么？性情缓慢这种，这种行为一般说什么呢？）黄：性情缓慢一般都……有的把这叫蔫蔫啊？ɕiŋ˥tɕʰiŋʎxuæ̃˥˩mæ̃˥i˥˩pæ̃˥tou˥……iou˥ti˧pa˥˩tʂə˥tɕiaɔ˥niæ̃˥niæ̃˥˩a˧?（那这个人啦，蔫蔫他。）啊，人，就是个蔫蔫。你再弄兀就是那么个样子反正，又不起性又不咋。a˩,zəŋʎ,tsou˥sɿ˥kə˥niæ̃˥niæ̃˥˩.ni˥˩tsæᴇ˥nuoŋ˥væᴇ˥tɕiou˥˩sɿ˥˩nə˥muo˧kə˥iaŋ˥tsɿ˧fæ̃˥˩tʂəŋ˥,iou˥pu˩tɕʰi˥ɕiŋ˥iou˥pu˩tsa˥˩.（叫蔫蔫？）嗯。ə̃˩.（欸，说不说不起性？）说咧么，不起性么。有些人还骂那个起性慢得很。ʂuo˥lie˧muo˧,pu˩tɕʰi˥ɕiŋ˥muo˧.iou˥ɕie˥˩zəŋʎxa˩ma˥nə˥˩kə˥˩tɕʰi˥˩ɕiŋ˥mæ̃˥tə˧xəŋ˥.（起性是什么意思呢？）哼哼。那就是生殖器往起来奓咧。那叫起性。哼。xə̃˥xə̃˥˩.nei˥tsou˥sɿ˥səŋ˥˩tʂɿ˩tɕʰi˥vaŋ˥˩tɕʰi˥læᴇ˩tsa˥lie˧.nei˥tɕiaɔ˥tɕʰi˥ɕiŋ˥.xŋ̍˩.（噢！）哼哼哼。xə̃˥xə̃˥˩xə̃˥˩.

死秧子

（行动迟缓的人，你一般说他是什么呢？蔫秧子还是蔫什么东西？说不说？）黄：行动迟缓，蔫秧子，咱们这面不说，不叫蔫秧子。ɕiŋ˩tuoŋ˥tʂʰɿʎxuæ̃˥,niæ̃˥˩iaŋ˥tsɿ˧,tʂaʎməŋ˧tʂei˥miæ̃˥pu˩ʂuo˥,pu˩tɕiaɔ˥niæ̃˥˩iaŋ˥tsɿ˧.（蔫什……有什么说法没有？）王：死秧子气呀，对吧？sɿ˥iaŋ˥˩tsɿ˧tɕʰi˥ia˧,tuei˥pa˧?黄：我们把那叫死秧子。不叫蔫秧子。ŋuo˥məŋ˧pa˥˩nə˥tɕiaɔ˥sɿ˥iaŋ˥˩tsɿ˧.pu˩tɕiaɔ˥niæ̃˥iaŋ˥˩tsɿ˧.王：死秧子气咧。sɿ˥iaŋ˥˩tsɿ˧tɕʰi˥lie˧.（为什么叫死秧子呢？）黄：就是暮囊得很。你再吼着，再说着，反正

我就是我那个劲儿跟你说。tɕiou˥˩sʅ˥˩mu˥˩naŋ˧tə˧xəŋ˥˩.ni˥˩tsæᴇ˥xou˥tʂə˧,tsæᴇ˥ʂuo˥˩tʂə˧,fæ̃˥˩tʂəŋ˥ŋuo˥tsou˥˩sʅ˥ŋuo˥nə˥kə˥tɕiər˥kəŋ˥ni˥˩ʂuo˥˩.王：死秧子气，你叫他跑两百步，他就这么蹼踏蹼踏的。这个人骂咧。sʅ˥iaŋ˥˩tʂʅ˧tɕʰi˥,ni˥˩tɕiao˥˩tʰɑ˥˩pʰao˥liaŋ˥˩pei˥˩pu˥,tʰɑ˥tɕiou˥tʂə˥muo˧pʰu˥˩tʰɑ˩pʰu˥˩tʰɑ˩ti˧.tʂə˥kə˥zəŋ˩ma˥˩lie˧.（你比如说是要下雨了，人家都说跑两步，他……）王：啊，他都不。他就这么蹼踏。ɑ˩.tʰɑ˥˩tou˥˩pu˩.tʰɑ˥˩tɕiou˥tʂə˥muo˧pʰu˥˩tʰɑ˩.黄：嗯。他，他还原是他那个……动作呣。ə̃˩.tʰɑ˥˩,tʰɑ˥xɑ˩yæ̃˩sʅ˥tʰɑ˥˩nə˥kə˥tə……tuoŋ˥tsuo˥m̩˧.王：就说，兀个人死秧子气。tsou˥˩ʂuo˥˩,væᴇ˥kə˥zəŋ˩sʅ˥iaŋ˥˩tʂʅ˧tɕʰi˥.

费缰绳驴

（说这个人很费手吗？）黄：没有。mei˩iou˥˩.（爱破坏东西这个。）黄：这都没有这个费手这个说法。tʂə˥˩tou˥˩mei˩iou˥tʂə˥kə˥fei˥ʂou˥˩tʂə˥kə˥ʂuo˥fɑ˥˩.（你看比如说给……新给他买的一个，一个什么东西，他弄两天它就坏了。）黄：费手这个话，没有说的好像。fei˥ʂou˥tʂə˥kə˥xuɑ˥,mei˩iou˥ʂuo˥˩ti˧xɑo˥˩ɕiaŋ˥˩.王：嗯。ŋ̍˩.（听过没有？）王：有人，骂……骂……骂娃娃们个骂，有时骂败家子儿咧。iou˥zəŋ˩,m……ma……ma˥va˩va˩məŋ˧kə˥ma˥,iou˥sʅ˩ma˥pæᴇ˥tɕia˥˩tsər˥lie˧.黄：骂……骂败家子。mə……ma˥pæᴇ˥˩tɕia˥tsʅ˧.王：败家子。pæᴇ˥˩tɕia˥tsʅ˧.黄：嗯。但是没有手……没有骂费手的这个事情。但是也有骂费缰绳驴这个话咧。ə̃˩.tæ̃˥sʅ˥mei˩iou˥ʂou……mei˩iou˥ma˥fei˥ʂou˥ti˧tʂə˥kə˥sʅ˥tɕʰiŋ˩.tæ̃˥sʅ˥ie˥iou˥ma˥fei˥tɕiaŋ˥ʂəŋ˩y˩tʂə˥kə˥xua˥lie˧.（叫什么？）黄：费缰绳驴。fei˥tɕiaŋ˥ʂəŋ˩y˩.（它是什么意思呢？）黄：它就是……tʰɑ˥tsou˥˩sʅ˥……王：骂你你你啥都费劲。给你弄上啥你都弄烂。ma˥ni˥˩ni˥˩ni˥˩sa˥˩tou˥˩fei˥tɕiŋ˥˩.kei˥ni˥˩nuoŋ˥ʂaŋ˥˩kə˥sa˥˩ni˥˩tou˥˩nuoŋ˥˩læ̃˥˩.黄：弄……啥东西都费得很么。弄上啥你都，在你跟前来都是……nuoŋ˥……sa˥tuoŋ˥ɕi˧tou˥˩fei˥tə˧xəŋ˥˩muo˧.nuoŋ˥ʂaŋ˥sa˥˩ni˥˩tou˥˩,tsæᴇ˥˩ni˥kəŋ˥tɕʰiæ̃˩læᴇ˩tou˥˩sʅ˥˩m……王：衣服那你是……i˥fu˧na˥ni˥ʂʅ˥˩……黄：几天穿坏了，给你个东西你把那弄坏了。tɕi˥tʰiæ̃˥˩tʂʰuæ̃˥˩xuæᴇ˥˩lə˧,kei˥ni˥˩kə˥tuoŋ˥ɕi˧ni˥pa˥˩nə˥nuoŋ˥xuæᴇ˥lə˧.王：给你兀，几天穿得坏嘛。骂费缰绳驴。kei˥˩ni˥væᴇ˥,tɕi˥tʰiæ̃˥˩tʂʰuæ̃˩tə˧xæᴇ˥（←xuæᴇ˥）ma˧.ma˥fei˥tɕiaŋ˥˩ly˩.

栽拐

（不成器。这个你这个家伙不成器，比如说骂儿子，你这个不成器的东西。）王：栽拐么。tsæᴇ˥˩kuæᴇ˥muo˧.（叫什么？）栽拐。tsæᴇ˥˩kuæᴇ˥.（怎么说tsæᴇ˩kuæᴇ˥呢？）你弄啥都不成器，淘神你，就是个栽拐么。ni˥˩nuoŋ˥sa˥tou˥˩pu˩tʂʰəŋ˩tɕʰi˥,tʰao˩səŋ˩ni˥˩,tɕiou˥˩sʅ˥˩kə˥˩tsæᴇ˥˩kuæᴇ˥muo˧.（哪个怪啊？）拐弯儿的拐么。kuæᴇ˥˩vær˥ti˧kuæᴇ˥muo˧.（骂人说不说你坏蛋，嗯，tsæᴇ˩kuæᴇ˥？）啊。ɑ̃˩.（可以这么说吗？）可以这么说。kʰə˥i˥˩tʂə˥˩muo˧ʂuo˥˩.（怎么怎么弄呢？）你是个栽拐么。ni˥˩sʅ˥˩kə˥˩tsæᴇ˥˩kuæᴇ˥muo˧.

卖先人柱顶石的

（那个败家子。）黄：哎有咧么。败家子儿么。æᴇ˥iou˥˩lie˧muo˧.pæᴇ˥tɕia˥˩tsər˥muo˧.（叫不叫踢家子？）不叫。多一……这儿……这儿这都……都叫个败家子儿。pu˩tɕiao˥.tuo˥i˥˩p……tʂər˥……tʂər˥tʂə˥tou˥˩……tou˥˩tɕiao˥kə˥pæᴇ˥tɕia˥˩tsər˥.（卖柱顶石的？）哎有咧么。骂开来，你这卖先人柱顶石的！æᴇ˥iou˥˩lie˧muo˧.ma˥kʰæᴇ˥˩læᴇ˩,ni˥˩tʂə˥mæᴇ˥ɕiæ̃˥zəŋ˩tʂʮ˥tiŋ˥˩ʂʅ˩ti˧!（啊？）卖先人柱顶石的！mæᴇ˥ɕiæ̃˥zəŋ˩tʂʮ˥tiŋ˥˩ʂʅ˩ti˧!（卖先人柱顶石是吧？）把你们老先人买的这号儿东西都往来的踢咧。卖柱顶石就叫吃老本儿的么。pɑ˥˩ni˥˩məŋ˧lao˥˩ɕiæ̃˥zəŋ˩mæᴇ˥˩ti˧tʂə˥xaor˥tuoŋ˥ɕi˧tou˥˩vaŋ˥˩læᴇ˩tə˧tʰi˥lie˧.mæᴇ˥tʂʮ˥tiŋ˥˩ʂʅ˩

tɕiou˥tɕiaɔ˥tʂʰʅ˩˨laɔ˩˨pɐ̃r˩ti˨muo˨.（吃老本的，然后……）噢，卖先人柱顶石那都这个骂着咧么。aɔ˨,mæᴇ˥ɕiæ̃˩zəŋ˨˩tʂʮ˥tiŋ˩˨ʂʅ˨næᴇ˥tou˩˨tʂə˥kə˥ma˥˨tʂə˨lie˨muo˨.（噢，那就是败家子了！）噢，败家子么。aɔ˨,pæᴇ˥tɕia˩˨tsɿ˨muo˨.

滑头

黄：油嘴滑舌的这个人也把那叫那滑头。iou˨˩tsuei˩xua˨ʂə˨˩ti˨tʂei˥kə˥zəŋ˨ie˩˨pa˩˨ne i˥tɕiaɔ˥nei˥˨xua˨˩tʰou˨.（滑头？）嗯。那就滑的焦锨咧，说话油嘴滑舌的。他是逢住甚么样的人都能说，逢住甚么样的事他都能弄。ɔ̃˨.næᴇ˥tsou˥xua˨˩ti˨tɕiaɔ˩ɕiæ̃˩˨lie˨,ʂuo˩˨xua ˥iou˨˩tsuei˩xua˨ʂə˨˩ti˨.tʰa˩˨sɿ˥fəŋ˨˩tʂʮ˥ʂəŋ˥˨muo˨iaŋ˥ti˨zəŋ˨tou˩˨nəŋ˨ʂuo˩,fəŋ˨˩tʂʮ˥˨ʂəŋ˥muo ˨liaŋ˥ti˨sɿ˥tʰa˩tou˩˨nəŋ˨˩nuoŋ˥˨.（见人说鬼话，啊，见人说人话，见……）见鬼说鬼话。tɕiæ̃˥kuei˩˨ʂuo˩˨kuei˩xua˥˨.

嘴儿客、嘴儿癖

1. 黄：这就是我们这儿这人最土的，叫那嘴儿客。就是耍嘴皮子咧，再啥都不行噢。这就形容他就是嘴上点功夫，再没有啥子。tʂei˥˨tɕiou˥˨sɿ˥˨ŋuo˩məŋ˨tʂər˥tʂə˥zəŋ˨˩tsuei˥˨tʰu˩t i˨,tɕiaɔ˥nə˥tsuei˩ər˨˩kʰei˩˨.tɕiou˥˨sɿ˥ʂua˩tsuei˩pʰi˨˩tsɿ˨lie˨,tsæᴇ˥sa˥˨tou˩pu˨˩ɕiŋ˨˩aɔ˩.tʂei˥tɕiou˥ɕ iŋ˨˩yoŋ˨˩tʰa˩˨tɕiou˥˨sɿ˥˨tsuei˩ʂaŋ˥˨tiæ̃˩˨kuoŋ˩fu˩˨,tsæᴇ˥˨mei˨˩iou˩sa˥˨tsɿ˨.

2. 黄：再一个点都是形容，有些是和这个嘴儿癖相比来说就说是那些有些人说是这个说说笑笑，从□门前过着，这些人他笑也没有啥。你看你像咱们跟前不说不笑的，你光要做实活咧。tsæᴇ˥˨i˩kə˥tiæ̃˩tou˩˨sɿ˥ɕiŋ˨yoŋ˨˩,iou˩ɕie˩˨sɿ˥xuo˨˩tʂə˥kə˥tsuər˩pʰi˩ɕiaŋ˨˩pi˩læᴇ˨ʂuo ˩˨tɕiou˥ʂuo˩˨sɿ˥nei˥ɕie˩˨iou˩ɕie˩˨zəŋ˨ʂuo˩˨sɿ˥˨tʂə˥kə˥ʂuo˩ʂuo˩˨ɕiaɔ˥ɕiaɔ˥,tsʰuoŋ˨niæ̃˨˩məŋ˨tɕʰiæ̃ ˨kuo˥tʂə˨,tʂə˥˨ɕie˩˨zəŋ˨tʰa˩˨ɕiaɔ˥˨ie˩˨mei˨iou˩sa˥˨.ni˩kʰæ̃˥ni˩ɕiaŋ˥tsa˨˩məŋ˨kəŋ˩tɕʰiæ̃˨˩pu˨˩ʂuo ˩pu˨˩ɕiaɔ˥ti˨,ni˩kuaŋ˩˨iaɔ˥tsʮ˥ʂʅ˨xuo˨˩lie˨.

啰实活的

（啰实活的？）黄：哎都是个，这还都是个呃发咧些贬义词实际上。æᴇ˩tou˩˨sɿ˥˨kə˥˨,tʂei˥˨xa˨˩tou˩˨sɿ˥kə˥ə˨fa˩˨lie˨ɕie˩˨piæ̃˩i˥˨tsʰʅ˨ʂʅ˨˩tɕi˥˨ʂaŋ˥˨.（哪个词是贬义词啊？）这个啰实活的，你骂他啰实活的。指你别人说话一般都是很含蓄的啊，结果你……啰下这个话就一针见血地跟他这么说。啰实活的嘛。tʂə˥kə˥tie˨ʂʅ˨xuo˨˩ti˨,ni˩ma˥˨tʰa˩˨tie˨ʂʅ˨xuo˨˩ti˨.tsɿ˩ ni˩pie˨˩zəŋ˨ʂuo˩˨xua˥i˩˨pæ̃˩˨tou˩˨sɿ˥˨xəŋ˩xæ̃˨ɕy˩ti˨a˨,tɕie˩˨kuo˩ni˩ʂ......tie˩˨xa˥tʂə˥kə˥xua ˥tsou˥i˩˨tʂəŋ˩˨tɕiæ̃˥ɕie˩tə˨kəŋ˩tʰa˩tʂə˥˨muo˨ʂuo˩˨.tie˨ʂʅ˨xuo˨˩ti˨ma˨.（不给人家留余地？）不留余地么。pu˨˩liou˨y˨˩ti˥muo˨.（这说话说得人家就是很尴尬是吧？）很尴尬的那个嘛。xəŋ˩kæ̃˩˨ka˥ti˨nei˥kə˥ma˥.

二月萝卜

（呃，如果说一个人心……那种坏心眼很多……）黄：噢，坏心……坏心眼指啥子？欸，这不对么□是。二月里萝卜不是形容坏心眼儿么？二月萝卜是心虚着咧么。aɔ˨,xuæᴇ˥ɕiŋ˩˨……xuæᴇ˥ɕiŋ˩˨niæ̃˩tsɿ˩˨sa˥tsɿ˨?ei˩,tʂə˥pu˨˩tuei˥muo˨niæ̃˨˩sɿ˥˨.ər˥yo˩˨li˩˨luo˨˩p u˨pu˨˩sɿ˥˨ɕiŋ˨yoŋ˨˩xuæᴇ˥ɕiŋ˩˨niær˩muo˨?ər˥yo˩˨luo˨pu˨sɿ˥ɕiŋ˩ɕy˩tʂə˨lie˨muo˨.（是一首这样的歌还是什么呢？）不是。它就形容这个人不行。pu˨˩sɿ˥.tʰa˩˨tɕiou˥ɕiŋ˨˩yoŋ˨˩tʂə˥kə˥zəŋ˨pu ˨˩ɕiŋ˨˩.（噢，这个人是个二月萝卜？）噢，二月萝卜。这个萝卜投到到到这二月里的话，那就怪外头看好着，里头心都是虚……没有水分了么。aɔ˨,ər˥yo˩˨luo˨˩pu˨.tʂə˥kə˥luo˨˩pu˨tʰ ou˨˩taɔ˥taɔ˥taɔ˥tʂə˥˨ər˥˨yo˩˨li˩˨ti˨xua˥,næᴇ˥tsou˥kuæᴇ˥væᴇ˥˨tʰou˨kʰæ̃˥xaɔ˩˨tʂə˨,li˩tʰou˨ɕiŋ˩tou˩

˦sɿ˦ɕy……mei˩˥iou˥˦˧ʂuei˥˦fəŋ˦˩lə˩muo˩.

奓尾巴狼

黄：狼它的尾巴奓起来它了不得了。那就是感觉它就狰得很了。laŋ˩˥tʰɑ˥˦˧tə˩li˥pa˩tsa˦tɕʰi˥˦læᴇ˩˥˩tʰɑ˥˩liaɔ˥pu˩˥˩tei˥˩lə˩.næᴇ˦tɕiou˦sɿ˦kæ̃˥tɕyo˥˩tʰɑ˥˦˧tsou˦tsəŋ˥tə˩xəŋ˥lə˩.（狼尾巴tsa˦起来是什么？立起来？）噢，立起来了。狼尾巴一般情况下拖着咧嘛，是狼感觉到它那个……尾巴奓起来，那都感觉它都狰得很了。ɑɔ˩,li˥tɕʰi˥˩læᴇ˩˥˩lə˩.laŋ˩˥i˥pa˩li˥˦pæ̃˥tɕʰiŋ˩˥˩kʰuaŋ˦ɕia˦tʰuo˥tʂə˩lie˩ma˩,sɿ˦˩laŋ˩˥kæ̃˥tɕyo˥˩taɔ˦˩tʰɑ˥˦næᴇ˦kə˦……i˥pa˩tsa˦tɕʰi˥˩læᴇ˩˥˩,næᴇ˦tou˥˦kæ̃˥tɕyo˥˩tʰɑ˥˦sɿ˦tsəŋ˥tə˩xəŋ˥lə˩.（那就发威了？）噢，发威咧。谁把我还咋？ɑɔ˩,fa˥˩vei˥lie˩.sei˩˥pa˥˩ŋuo˥xɑ˩˥˩tsɑ˥˩?（谁什么？）就是谁还把我能咋嘛？意思就说是狼那都是感觉到目中无人了那阵儿。tɕiou˦˩sɿ˦˩sei˩˥xɑ˩˥˩pa˥˩ŋuo˥nəŋ˩˥˩tsɑ˥˩ma˦?i˦sɿ˦tɕiou˦˩suo˥˩sɿ˦˩laŋ˩˥næᴇ˦tou˥˩sɿ˦kæ̃˥tɕyo˥˩taɔ˦mu˥tʂuoŋ˥˩vu˩˥ʐəŋ˩˥˩lə˩nei˦˩tʂə̃r˦˥.（这个地方这个tsa˦就是个什么意思啊？）奓就是往起来，是起来的意思。tsa˦tɕiou˦˩sɿ˦˩vɑŋ˥˩tɕʰi˥˩læᴇ˩˥˩,sɿ˦˩tɕʰi˥˩læᴇ˩˥˩ti˩i˦˩sɿ˩.

燃屣、燃糜子、燃糨子

1.（这个很，很难缠的一个东西叫什么？说……）黄：很难缠这个东西。xəŋ˥næ̃˩˥tʂʰæ̃˩˥˩tʂə˦kə˦tuoŋ˥˩ɕi˩.（说不说ʐæ̃˩˥？）黄：说咧么。燃么。ʂuo˥lie˩muo˩.ʐæ̃˩˥muo˩.（ʐæ̃˩˥？）黄：你这个人燃的很。ni˥˩tʂə˦kə˦ʐəŋ˩˥ʐæ̃˩˥˩ti˩xəŋ˥˩.王：燃屣。ʐæ̃˩˥suoŋ˩˥.黄：燃屣。ʐæ̃˩˥suoŋ˩˥.（噢，这是骂人这是？）黄：啊。ɑ˩.王：嗯，说你这燃屣。ŋ̍˥,ʂuo˥˩ni˥tʂə˦ʐæ̃˩˥suoŋ˩˥.黄：你咋么燃了？你咋啊……你是个燃屣么你。ni˥tsa˥muo˩ʐæ̃˩˥lə˦?ni˥tsa˥˩m̩˦……ni˥˦sɿ˦kə˦ʐæ̃˩˥suoŋ˩˥˩muo˩ni˥˩.

2.（还有什么骂法没有？说法没有？说这个人，这个很ʐæ̃˩˥的人。）黄：有些人骂娃娃说咧。骂娃娃是个燃糜子。iou˥ɕie˥˩ʐəŋ˩˥ma˦va˩˥˩va˩˥˦ʂuo˥˩lie˩.ma˦va˩˥˩va˩˥˦sɿ˦kə˦ʐæ̃˩˥mi˩˥˩tsɿ˩.（叫什么？）黄：燃糜子。ʐæ̃˩˥mi˩˥˩tsɿ˩.（mi˩tsɿ˩是什么东西？）王：糜子我们叫吃的一种米叫燃米。mi˩˥˩tsɿ˩ŋuo˥məŋ˩tɕiaɔ˦tʂʰʅ˥ti˩i˥˩tʂuoŋ˥mi˥˩tɕiaɔ˦ʐæ̃˩˥mi˥.黄：吃的，吃的一种这个敹五谷叫做……tʂʰʅ˥ti˩,tʂʰʅ˥ti˩i˥˩tʂuoŋ˥tʂə˦kə˦ei˦vu˥ku˥˩tɕiaɔ˦tsuo˦˥mə……王：做下饭就燃得很，也不煮……tsɥ˦xa˦fæ̃˦tɕiou˦ʐæ̃˩˥tə˩xəŋ˥,ie˥pu˩˥˩tʂɥ˥˩……黄：呃，做下是燃的，把那娃娃就……ə˩,tsɥ˦˥xa˦sɿ˦ʐæ̃˩˥˩ti˩,pa˥˩nə˦va˩˥˩va˩˥˦tɕiou˦……王：就这，过年做甑糕那叫那燃糜子么。tɕiou˦tʂə˦˥,kuo˦niæ̃˩˥tsuo˦˥tɕiŋ˦˥kaɔ˥nə˦tɕiaɔ˦˥nə˦˩ʐæ̃˩˥mi˩˥˩tsɿm˩.黄：燃糜子。ʐæ̃˩˥mi˩˥˩tsɿ˩.

3.（有没有说这个ʐæ̃˩˥糨子的说法？）黄：有咧么。骂你个燃糨子么。iou˥lie˩muo˩.ma˦ni˥˦kə˦ʐæ̃˩˥˩tɕiaŋ˦˥tsɿm˩.王：有么。嗯。iou˥muo˩.ŋ̍˩.（这个ʐæ̃˩˥糨子和ʐæ̃˩˥糜子有区别没有？或者和燃屣这三个加起来？）王：是一样的。sɿ˦˩i˥˩liaŋ˦˥ti˩.黄：一样的。i˥˩liaŋ˦˥ti˩.（但是同样都可以这样骂吗？）黄：嗯，都可以这样骂。形容燃得很那个人么，就是掉得糨子盆里了。ə̃˥,tou˥˦kʰə˥˩i˥˩tʂə˦˥liaŋ˦˩ma˦.ɕiŋ˩˥yoŋ˩˥˦ʐæ̃˩˥tə˩xəŋ˥nə˦˩kə˦˩ʐəŋ˩˥muo˦,tɕiou˦sɿ˦ni˥tiaɔ˦tə˩tɕiaŋ˦tsɿ˩pʰəŋ˩˥˩li˥lə˩.

瓜屣

（你们有这个瓜屣这个说法吗？）黄：有咧么。瓜屣么。骂人咧么。iou˥lie˩muo˩.kua˥˩suoŋ˩˥muo˩.ma˦ʐəŋ˩˥˩lie˩muo˩.（是说他怎么样呢？）说你卖买这个事情你吃亏了，你还……还感觉到……感觉不来。瓜子哟瓜屣着咧么。ʂuo˥˩ni˥mæᴇ˦mæᴇ˥tʂə˦kə˦sɿ˦tɕʰiŋ˩˥˩ni˥˦tʂʰʅ˥˩kʰuei˥lə˩,ni˥xɑ˩˥˩……xɑ˩˥˩kæ̃˥tɕyo˥˩taɔ˦˥……

kæ̃˥tɕyo˥˩pu˩˨læᴇ˩˦.kuɑ˥tsɿ˧yo˦kuɑ˥suoŋ˩˨tʂuo˥lie˧muo˧.（就是傻子？）呃儿，傻子么，你傻着咧。ər˩,ʂɑ˥tsɿ˧muo˧,ni˥˩ʂɑ˥tʂə˧lie˧.

瓜子

（老实、傻这种人叫什么呢？说不说瓜？）黄：有时候也叫瓜子咧。iou˥sɿ˩˨xou˦ie˥˧tɕiao˦kuɑ˥tsɿ˧lie˧.（叫瓜子还是……）嗯，瓜子。瓜子这个都一般情况下这都，都和老实不能放到一痞里去。ə̃˩,kuɑ˥tsɿ˧.kuɑ˥tsɿ˧tʂə˦kə˦tou˥˩i˥˩pæ̃˥tɕʰiŋ˩˨kʰuɑŋ˦˥ɕiɑ˦tʂə˦˥tou˥˩,tou˥˩xuo˩˨lao˥ʂɿ˧pu˩˨nəŋ˩˦faŋ˦tao˦i˥˩tɑ˥li˧tɕʰi˦˩.（他是什么呢？）瓜子那纯粹就是，啥都不知道咧。kuɑ˥tsɿ˧nei˦tsʰuoŋ˩˨tsʰuei˦˥tsou˦sɿ˦,sɑ˦˥tou˥˩pu˩˨tʂɿ˥tao˦˩lie˧.（就是，这个严重的低能？）噢，低能儿呣。ɑɔ˩,ti˥˩nəŋ˩˦ər˩˨m̩˧.（叫瓜子？）嗯，瓜子。ə̃˩,kuɑ˥tsɿ˧.（但也说老实吧？）呃不说。老实那就是一般……但是……老实这个，你不能呃，这儿这就不能，那，那这个做啥，那□思维啥都很正常，啥都好着咧，就是没有言语少一点，干活比较……这……ə˦pu˩˨ʂuo˥˩.lao˥ʂɿ˧nə˦tsou˦˩sɿ˦˩i˥˦pæ̃˥˩……tæ̃˦˥sɿ˦˩n……lao˥ʂɿ˧tʂə˦kə˦,ni˥pu˩˨nəŋ˩˦ə˧,tʂər˦˥tʂə˦tsou˦˩pu˩˨nəŋ˩˦,nei˦,nei˦˥tʂə˦˩kə˦˩tsɿ˦sɑ˦,nei˦˥niæ̃˩˨sɿ˥˩vei˩˦sɑ˦tou˥˩xəŋ˥˦tʂəŋ˦tʂʰɑŋ˩˨,sɑ˦tou˥˩xao˥tʂə˧lie˧,tɕiou˦sɿ˦muo˥˩iou˥iæ̃˩˨y˥ʂao˥i˥˩tiæ̃˥˩,kæ̃˦xuo˩˦pi˥˩tɕiao˦˩……tʂə……（善良，心里……）啊，善良心，啊？这叫老实。ɑ˩,ʂæ̃˦liaŋ˩˦ɕiŋ˥˩,ɑ˩?tʂə˦tɕiao˦lao˥ʂɿ˩˨.

傻子

（这个呃傻……傻子也怎么讲？）黄：傻子，就说是这个神……大脑有问题，那就叫傻子。ʂɑ˥tsɿ˧,tɕiou˦ʂuo˥˦sɿ˦tʂə˦kə˦˩ʂ……tɑ˦nao˥˦iou˥˩vəŋ˦˥tʰi˩˨,nei˦tɕiou˦tɕiao˦ʂɑ˥tsɿ˧.（讲不讲“瓜子”？）瓜子咿叫咧么。傻子，瓜子，呆子你……你个呆子样。kuɑ˥tsɿ˧i˦tɕiao˦lie˧muo˧.ʂɑ˥tsɿ˧,kuɑ˥tsɿ˧,tæᴇ˥tsɿ˧ni˥˦……ni˥˦kə˦tæᴇ˥tsɿ˧iaŋ˦.（也讲“呆子”？）也叫呆子。傻子、瓜子、呆子么。ie˥˦tɕiao˦tæᴇ˥tsɿ˧.ʂɑ˥tsɿ˧,kuɑ˥tsɿ˧,tæᴇ˥tsɿ˧muo˧.（也叫“傻子”？）噢，也叫傻子。ɑɔ˦,ie˥tɕiao˦˩ʂɑ˥tsɿ˧.（ʂɑ˥tsɿ˧？）傻子么。ʂɑ˥˦tsɿ˧muo˦.（呃，傻子怎么说？）傻子。ʂɑ˥tsɿ˧.（ʂɑ˥tsɿ˧？）那娃傻的焦锨。这个有些人叫疯子他。疯子可是和这不是一样的。nə˦˥vɑ˩˦ʂɑ˥˦ti˧tɕiao˥ɕiæ̃˥˩.tʂə˦˥kʰə˥˩iou˥ɕie˥˩zəŋ˩˦tɕiao˦fəŋ˥tsɿ˧tʰɑ˥˩.fəŋ˥tsɿ˧kʰə˥˩sɿ˦xuo˩˦tʂə˦pu˩˨sɿ˦˩i˥˩iaŋ˦ti˧.（疯子是癫……就是神经不正常。）神经不合适那些人就把那叫疯子咧。ʂəŋ˩˦tɕiŋ˥˦pu˩˨xuo˩˨tʂʰʅ˥nei˦ɕie˥˩zəŋ˩˦tɕiou˦pɑ˥˩næᴇ˦tɕiao˦fəŋ˥tsɿ˧lie˧.（“疯子”还有别的说法没有？）疯子再没有啥说的了。疯子有一个就说是疯的不太厉害的那个人，二杆子的嘛。fəŋ˥tsɿ˧tsæᴇ˦mei˩˦iou˥˩sɑ˦ʂuo˥ti˧lə˧.fəŋ˥tsɿ˧iou˥i˥˩kə˦tɕiou˦ʂuo˥˦sɿ˦fəŋ˥ti˧pu˩˨tʰæᴇ˦˥li˦˥xæᴇ˦˩ti˧nə˦kə˦zəŋ˩˨,ər˦kæ̃˥tsɿ˧ti˧mɑ˧.（啊，二……）二杆子。ər˦kæ̃˥tsɿ˧.（二杆子？）二杆子，大脑不太清楚的那些人，做啥就把这叫二杆子。ər˦kæ̃˥tsɿ˧,tɑ˦nao˥˦pu˩˨tʰæᴇ˦˥tɕʰiŋ˥˩tʂʰʮ˥ti˧næᴇ˦ɕie˥˦zəŋ˩˨,tsɿ˦sɑ˦tɕiou˦pɑ˥˩tʂə˦tɕiao˦ər˦kæ̃˥tsɿ˧.（就有……有点儿傻又不是……）噢，有点傻但不是那么傻得厉害，那块儿二杆子。ɑɔ˩,iou˥tiæ̃˥˦ʂɑ˥˦tæ̃˦pu˩˨sɿ˦˥nə˦muo˧ʂɑ˥tei˥˩li˦xæᴇ˦˩,nei˦˩kʰuər˥˦tɕiao˦ər˦kæ̃˥tsɿ˧.（那比傻子还好一点儿？）噢，比傻子好一点儿。ɑɔ˩,pi˥˩ʂɑ˥tsɿ˧xao˥i˥˩tiær˥˩.（就是半疯？）噢，半疯。ɑɔ˩,pæ̃˦fəŋ˥˩.（也不是半疯。半……）他是间歇性的，就是大脑就是缺根弦那个是。tʰɑ˥sɿ˦˩tɕiæ̃˥ɕie˥˩ɕiŋ˦ti˧,tsou˦sɿ˦tɑ˦˥nao˥˦tsou˦sɿ˦tɕʰyo˥kəŋ˥˩ɕiæ̃˩˦næᴇ˦˩kə˦˩sɿ˦˩.（就是还是有点傻。）还是有点傻，噢。xɑ˩˨sɿ˦iou˥tiæ̃˥˩ʂɑ˥,ɑɔ˩.（这半傻他呢还。）噢，半傻子。ɑɔ˩,pæ̃˦ʂɑ˥˩tsɿ˧.（他并不是指疯啊，那二杆子。）噢，不是。ɑɔ˩,pu˩˨sɿ˦.（那是不是这个人头脑迟钝的人也说他二杆子呢？）那还不是的。这个人他只是是一阵一阵的。那个那个二杆子叫来，啥

活都敢做咧。噢，啥病来他，你叫他弄啥就弄啥。你若是清醒了那阵那啥事都没有了。nei꜒꜋xaʌ꜖puʌ꜖sɿ꜒ti꜖.tʂə꜒kə꜒zəŋʌtʰɑꜜ꜖tsɿꜜsɿ꜒sɿ꜒꜖iꜜ꜖tsəŋ꜒iꜜ꜖tsəŋ꜒꜋ti꜖.nə꜒꜖kə꜒nə꜒kə꜒ər꜒kæ̃ꜜtsɿ꜖tɕiaɔ꜒꜖æᴇʌ,sa꜒xuoʌtouꜜ꜖kæ̃ꜜtsɿ꜒lie꜖.ɑɔ꜖,sa꜒piŋ꜒læᴇʌ꜖tʰɑꜜ,niꜜ꜒tɕiaɔ꜒tʰɑꜜ꜖nuoŋ꜒sa꜒tʰɑꜜ꜖tsou꜒nuoŋ꜒sa꜒꜖.niꜜ꜒ʐuoꜜsɿ꜒꜖tɕʰiŋꜜ꜖ɕiŋꜜlə꜖nei꜒tʂəŋ꜒nə꜒sa꜒sɿ꜒touꜜ꜖meiʌiouꜜ꜖lə꜖.（噢，二杆子他他并不是总这样？）噢，并不是总这样，嗯。ɑɔ꜖,pəŋꜜ（←piŋ꜒）puʌ꜖sɿ꜒꜖tsuoŋꜜtʂei꜒iaŋ꜒꜖,ə̃ꜜ.（这个就是间歇性的那个……）间歇性的那个样子。tɕiæ̃ꜜɕieꜜ꜖ɕiŋ꜒tə꜖nə꜒kə꜒iaŋ꜒꜖tsɿ꜖.（傻……傻子，间歇性神经病。）嗯。ŋ̍꜖.（间歇性神经病。）一个么就是叫二杆子，一个叫半吊子么。iꜜ꜖kə꜒꜋muo꜖tɕiou꜒sɿ꜒꜖tɕiaɔ꜒ər꜒kæ̃ꜜtsɿ꜖,iꜜ꜖kə꜒tɕiaɔ꜒pæ̃꜒tiaɔ꜒tsɿ꜖muo꜖.（噢，还有个“半吊子”。）一个半吊子么。iꜜ꜖kə꜒pæ̃꜒tiaɔ꜒tsɿ꜖muo꜖.（半吊子和二杆子差不多？）噢，半……这半吊子和二杆子兀是一样的么。ɑɔ꜖,pæ̃꜒꜋……tʂei꜒꜖pæ̃꜒tiaɔ꜒tsɿ꜖xuoʌər꜒kæ̃ꜜtsɿ꜖və꜒꜋sɿ꜒꜖iꜜ꜖iaŋ꜒ti꜖muo꜖.（还不完全是精神病。）噢，不完全是病。ɑɔ꜖,puʌ꜖væ̃ʌtɕʰyæ̃ʌsɿ꜒piŋ꜒꜖.（就是是那种就是智力不发达。）噢，智力不发达。ɑɔ꜖,tsɿ꜒liꜜ꜒puʌ꜒fɑꜜ꜖tɑʌ꜖.（有时候傻起来他就什么那个事情都……）你是别人总是不敢总说是人总说是你不敢把激。你把那个一激的话，他啥活都做咧。你不要激咧，他在那个地方他还好像啊无所谓。niꜜ꜒sɿ꜒pieʌʐəŋʌ꜋tsuoŋꜜsɿ꜒꜖puʌ꜖kæ̃ꜜtsuoŋꜜʂuoꜜ꜖sɿ꜒꜖zəŋʌtsuoŋꜜ꜖ʂuoꜜ꜖sɿ꜒꜖niꜜpuʌ꜖kæ̃ꜜpɑꜜ꜖tɕiꜜ.niꜜ꜒pɑꜜ꜖næᴇ꜒kə꜒iꜜ꜖tɕiꜜtə꜖xuɑ꜒꜖,tʰɑꜜ꜒sa꜒xuoʌ꜖touꜜ꜖tsuo꜒꜋lie꜖.niꜜ꜒puʌ꜖iaɔ꜒tɕiꜜlie꜖,tʰɑꜜ꜒tsæᴇ꜒nə꜒kə꜒ti꜒faŋꜜ꜖tʰɑꜜxaʌ꜖xaɔꜜ꜒ɕiaŋ꜒ɑ꜖vuʌ꜖suoꜜ꜒vei꜒.（这个“半吊子”再说一下看？）半吊子。pæ̃꜒tiaɔ꜒tsɿ꜖.

二迷子

黄：我们就叫□……ŋuoꜜməŋ꜖tɕiou꜒tɕiaɔ꜒niæ̃ʌ꜒……（糊里糊涂？）二子迷子么。ər꜒tsɿ꜖miʌtsɿ꜖muo꜖.（说这种人怎么样呢？）哎二迷迷的，就说是这个……æᴇ꜒ər꜒miʌmiʌ꜋tə꜖,tɕiou꜒꜖ʂuoꜜ꜖sɿ꜒tʂə꜒kə꜒……（叫什么？）大脑儿不太清醒，二迷迷。二迷迷，一二三四的二，二迷子。这人说懂着咧，实际上，你听他说他懂咧，实际上他不懂。就是二迷迷。tɑ꜒naɔrꜜpuʌ꜖tʰæᴇ꜒꜋tɕʰiŋꜜ꜖ɕiŋꜜ,ər꜒miʌmiʌ꜖.ər꜒miʌmiʌ꜖,iꜜ꜖ər꜒sæ̃ꜜ꜖sɿ꜒ti꜖ər꜒,ər꜒miʌtsɿ꜖.tʂə꜒zəŋʌʂuoꜜ꜖tuoŋꜜtʂuoꜜ꜖lie꜖,ʂɿʌ꜖tɕi꜒ʂaŋ꜒,niꜜ꜒tʰiŋꜜtʰɑꜜ꜖ʂuoꜜtʰɑꜜ꜖tuoŋꜜlie꜖,ʂɿʌ꜖tɕi꜒ʂaŋ꜒tʰɑꜜ꜒puʌ꜖tuoŋꜜ.tɕiou꜒꜖sɿ꜒꜖ər꜒miʌmiʌ꜖.

倨势鬼

黄：倨势鬼，这是我们经常骂人这个话。tɕyꜜsɿ꜒꜖kueiꜜ,tʂə꜒sɿ꜒ŋuoꜜməŋ꜖tɕiŋꜜ꜖tʂʰaŋʌma꜒zəŋʌ꜒tʂei꜒kə꜒xuɑ꜒.（是什么人那是？）实际上你就说是有些人把他是这个，感觉他本事大得很噢，在你跟前一工儿好像是这个他那有多大的本事。目……主要是个目中无人那个啥。再一个就说是你就好像他的官有多大那个样子，倨的那个样子。ʂɿʌ꜖tɕi꜒꜋ʂaŋ꜒niꜜtsou꜒ʂuoꜜ꜖sɿ꜒꜖iouꜜɕieꜜ꜖zəŋʌpɑꜜ꜖tʰɑꜜ꜒sɿ꜒tʂə꜒kə꜒꜖,kæ̃ꜜtɕyoꜜ꜖tʰɑꜜ꜒pəŋꜜsɿ꜒꜖tɑ꜒tə꜖xəŋꜜɑɔ꜖,tsæᴇ꜒niꜜ꜒kəŋꜜtɕʰiæ̃ʌ꜖iꜜ꜒kuõrꜜxaɔꜜ꜒ɕiaŋ꜒sɿ꜒tʂə꜒kə꜒tʰɑꜜ꜒næᴇ꜒iouꜜ꜒tuoꜜ꜖tɑ꜒ti꜖pəŋꜜsɿ꜒꜖.muꜜ꜖……tʂųꜜiaɔ꜒sɿ꜒꜖kə꜒muꜜ꜖tʂuoŋꜜ꜖vuʌzəŋʌnə꜒kə꜒sa꜒.tsæᴇ꜒꜋iꜜ꜒kə꜒tɕiou꜒ʂuoꜜ꜖sɿ꜒꜖niꜜ꜒tsou꜒xaɔꜜ꜒ɕiaŋ꜒tʰɑꜜ꜒ti꜖kuæ̃ꜜiouꜜ꜖tuoꜜ꜒tɑ꜒nə꜒kə꜒iaŋ꜒tsɿ꜖,tɕyꜜti꜖nə꜒kə꜒iaŋ꜒tsɿ꜒.（这个倨是什么意思呢？傲慢无礼？）傲慢无礼这个意思。ɑɔ꜒mæ̃꜒vuʌ꜖liꜜtʂei꜒kə꜒i꜒꜋sɿ꜖.（傲慢狂妄？）噢，狂妄的那样。ɑɔ꜒,kʰuaŋʌ꜖vaŋ꜒ti꜖nei꜒꜖iaŋ꜒꜖.

骚货

（这个爱说脏话的人，痞里痞气，那个一天到晚嘴巴上面没得个干净的。）黄：骚货嘛。saɔꜜ꜖xuo꜒ma꜖.（指男人还是女人呐？）男人也叫骚货，女的也把她叫骚货咧。næ̃ʌ꜖zəŋʌ꜋iaꜜ꜒tɕiaɔ꜒saɔꜜ꜖xuo꜒,nyꜜti꜖ieꜜ꜒pɑꜜ꜖tʰɑꜜ꜒tɕiaɔ꜒saɔꜜ꜖xuo꜒lie꜒.（噢，就说话痞的？）噢，就是的。一老没有个正经话反正。ɑɔ˨˩,tɕiou˦˥sɿ˦ti˧.i˥˩lɑɔ˥˧mei˩˧iou˥˧˦kə˦tʂəŋ˦tɕiŋ˥˩xuɑ˦fæ̃˥˩tʂəŋ˦.

蔫驴

黄：噢，这个话可有咧，蔫驴踢死人。ɑɔ˨˩,tʂə˦˥kə˦˥xuɑ˦kʰə˥˩iou˥˩lie˧,niæ̃˥˩ly˩˧tʰi˥˧sɿ˥˩zəŋ˩˧.（这个一般什么情况下用这句话？）就说是你看过一天蔫不夯夯的噢不说话，着急了说一句话它够你受的给你是。tɕiou˦ʂuo˥˩sɿ˦˩ni˥˧kʰæ̃˦kuo˦i˥˩tʰiæ̃˥˧niæ̃˥˧pu˩˨tɑ˥˧˦tɑ˥˧˦ti˧lɑɔ˦pu˩˧ʂuo˥˧˦xuɑ˦˥,tʂɑɔ˥˩tɕi˥˩liɑɔ˥˧ʂuo˥˩i˥˩tɕy˦xuɑ˦tʰɑ˥˧˦kou˦ni˥˧˦ʂou˦ti˧kei˦ni˥˩sɿ˦˩.

装死鬼

（有些小孩呀，你喊他半天都喊不动，他就玩玩还是玩他的去了，你喊喊喊不回。）黄：装死鬼么。tʂuɑŋ˥˧sɿ˦˩kuei˥˧muo˧.（装死鬼啊？）啊。明知道你叫那个事情着，我就管的他。没那个事情你叫的进去，就我就是不去。ɑ˨˩.miŋ˩˧tʂɿ˥˩tɑɔ˦ni˥˧tɕiɑɔ˦˥nə˦kə˦sɿ˦tɕʰiŋ˩˧tʂə˦,ŋuo˥˧˦tsou˦kuæ̃˥˧tə˧tʰɑ˥˩.mei˩˧nə˦kə˦sɿ˦tɕʰiŋ˩˧ni˥˧˦tɕiɑɔ˦˥ti˧tɕiŋ˦˥tɕʰi˦˩,tɕiou˦ŋuo˥˧˦tsou˦˥sɿ˦˩pu˩˨tɕʰi˦˩.（装作没听见他？）噢，我就装那个没听见么。ɑɔ˨˩,ŋuo˥˧tɕiou˦tʂuɑŋ˥˧nə˦˩kə˦˩muo˥˩tʰiŋ˥˧tɕiæ̃˦˩muo˧.

扒灰头

黄：我们这儿这，那都是这个有些东西看咋么个说咧噢。你比如是这个欸老公公如果是和这个儿媳妇有染的这个，那就叫扒灰头。老公……老公公和儿媳妇的那个行为就叫扒灰。ŋuo˥˧məŋ˧tʂər˦tʂə˦,næᴇ˦tou˥˧˦sɿ˦tʂə˦kə˦iou˥˧ɕie˥˩tuoŋ˥˧ɕi˧kʰæ̃˦tsɑ˥˧muo˧kə˦˩ʂuo˥˧lie˧lɑɔ˨˩.ni˥˩pi˥˧zʯ˩˧˦sɿ˦tʂə˦kə˦ei˨˩lɑɔ˥˧˦kuoŋ˥˧kuoŋ˥˩zʯ˩˨kuo˥˧sɿ˦xuo˩˧tʂə˦kə˦ər˩˧ɕi˥˧fu˦˩iou˥˧zæ̃˥˧ti˧tʂə˦˩kə˦˩,næᴇ˦˥tɕiou˦tɕiɑɔ˦pɑ˥˧˦xuei˥˩tʰou˩˧.lɑɔ˥˧˦kuoŋ˥˧……lɑɔ˥˧˦kuoŋ˥˧kuoŋ˥˩xuo˩˨ər˩˨ɕi˥˧fu˦˩ti˧nə˦kə˦ɕiŋ˩˧vei˩˧˦tɕiou˦tɕiɑɔ˦pɑ˥˧˦xuei˥˧.

烙铁

1. 黄：形容这个有些人就说是这个贪的比较贪的无厌的那个人就叫烙铁。ɕiŋ˩˧yoŋ˩˧tʂə˦kə˦iou˥˧ɕie˥˩zəŋ˩˧tsou˦ʂuo˥˧˦sɿ˦tʂə˦kə˦tʰæ̃˥˧ti˧pi˥˧˦tɕiɑɔ˦tʰæ̃˥˧ti˧vu˩˨iæ̃˦ti˧nə˦kə˦zəŋ˩˧tɕiou˦tɕiɑɔ˦luo˥˧tʰie˥˩.（什么什么样的人叫烙铁？）贪的无厌的那些人。tʰæ̃˥˧ti˧vu˩˨iæ̃˦ti˧nei˦ɕie˥˧˦zəŋ˩˨.（为什么呢？）因为它每放到这个地方它总要沾一块儿去嘞，烙铁。有些人，我们把那些人就是把他的姓氏加上，或者是“刘烙铁”是“卓烙铁”咧么。iŋ˥˩vei˦tʰɑ˥˧˦mei˥˧fɑŋ˦˥tɑɔ˦˩tʂə˦kə˦ti˦fɑŋ˥˧˦tʰɑ˥˧˦tsuoŋ˥˩iɑɔ˦tʂæ̃˥˧i˥˩kʰuər˥˧tɕʰy˦˥lei˧,luo˥˧tʰie˥˩.iou˥˧ɕie˥˩zəŋ˩˧,ŋuo˥˧məŋ˧pɑ˥˩næᴇ˦ɕie˥˧˦zəŋ˩˧tɕiou˦˩sɿ˦˩pɑ˥˩tʰɑ˥˧ti˧ɕiŋ˦sɿ˦tɕiɑ˥˧ʂɑŋ˦˩,xuei˩˧˦tʂə˥˩sɿ˦˩liou˩˧luo˥˧tʰie˥˩sɿ˦˩tʂuo˥˧luo˥˧tʰie˥˧lie˧muo˧.

2. 黄：再一个咱们这儿这形，把这个爱占便宜这个人，我们这儿就是，这是最形象的一个说法，比喻你是烙铁。tsæᴇ˦i˥˧˦kə˦tsɑ˩˧məŋ˧tʂər˦tʂə˦ɕiŋ˩˧,pɑ˥˩tʂə˦kə˦næᴇ˦tʂæ̃˦pʰiæ̃˩˨i˧tʂə˦kə˦zəŋ˩˨,ŋuo˥˧məŋ˧tʂər˦tɕiou˦sɿ˦,tʂə˦sɿ˦˩tsuei˦ɕiŋ˩˨ɕiɑŋ˦˥ti˧i˥˧˦kə˦ʂuo˥˧˦fɑ˥˩,pi˥˧y˦ni˥˩sɿ˦˩luo˥˧tʰie˥˩.（噢！）黄：烙铁。luo˥˧tʰie˥˩.（到哪儿都得弄一下。）黄：啊，那只要往那个地方放，非沾一点不行。ɑ˨˩,nei˦˩tsɿ˥˩iɑɔ˦˥vɑŋ˥˧˦nə˦kə˦ti˦fɑŋ˥˩fɑŋ˦,fei˥˩tʂæ̃˥˧i˥˩tiæ̃˥˩pu˩˨ɕiŋ˩˨.王：那就是时没事欸的把你是沾一撇子。næᴇ˥˧tɕiou˦sɿ˦sɿ˩˨mei˩˥sei˦˥（←sɿ˦ei˦）ti˧pɑ˥˩ni˥˧˦sɿ˦tʂæ̃˥˧i˥˩pʰie˥tsɿ˧.黄：非沾一点去就不行。烙铁。fei˥˧˦tʂæ̃˥˧i˥˩tiæ̃˥˧tɕʰi˦tsou˦˩pu˩˨ɕiŋ˩˨.luo˥˧tʰie˥˩.王：我们这儿有个刘烙铁。ŋuo˥˧˦məŋ˧tʂər˦iou˥˧˦kə˦liou˩˧luo˥˧tʰie˥˩.黄：嗯。ə̃˨˩.（这怎么，刘烙铁是，当地的人还是什么？）王：当地人。tɑŋ˥˩ti˦zəŋ˩˨.黄：当地人。兀就是爱占便宜。tɑŋ˥˩ti˦zəŋ˩˨.væᴇ˦tɕiou˦˥sɿ˦næᴇ˦tʂæ̃˦kə˦pʰiæ̃˩˨i˧.王：兀就爱占便宜。

跟你两个做生意，就要把你沾你一撇，跟你一做就把你的烙咧。人把他就叫兀个……væᴇ˥tɕiou˥˦næᴇ˥tʂæ̃˥pʰiæ̃˩˦i˧.kəŋ˥˩ni˥˦liaŋ˥(k)ə˥˩tsɿ˥səŋ˥˩i.˧,tɕiou˥iao˥pa˥˩ni˥˦tʂæ̃˥ni˥˩i˥˩pʰie˥˩.kəŋ˥˩ni˥i˥˦tsɿ˥tɕiou˥pa˥˩ni˥˦tə˧luo˥lie˧.zəŋ˩pa˥˩tʰa˥˦tɕiou˥tɕiao˥vu˥kə˥……黄：谁，你总是不能和他打交道。sei˩,ni˥tsuoŋ˥sɿ˥˩pu˩˩nəŋ˩xuo˩˩tʰa˥ta˥˦tɕiao˥˩tao˥˩.王：你和他打交……ni˥˩xuo˩˩tʰa˥ta˥tɕiao˥˩……黄：你和他打交道，非烙你一块儿不行。ni˥xuo˩˩tʰa˥˦ta˥˦tɕiao˥˦tao˥˩,fei˥˦lao˥ni˥˩i˥˩kʰuər˥pu˩˩ɕiŋ˩˩.王：嗯。õ˩.（他现在这个人呢？）黄：还在。xa˩˦tsæᴇ˥.王：那人在咧。na˥˩zəŋ˩˦tsæᴇ˥lie˧.（那多大年纪呢？）王：四十，四十来岁。sɿ˥ʂɿ˩˩,sɿ˥ʂɿ˩˩læᴇ˩˩suei˥˩.黄：呃年纪兀四十来岁儿人。本地人给他送的外号儿就是个烙铁。刘烙铁呣。ə˥niæ̃˩˩tɕi˥˩vei˥˦sɿ˥ʂɿ˩˩læᴇ˩˩suər˥˩zəŋ˩˦.pəŋ˥ti˥zəŋ˩kei˥tʰa˥˦suoŋ˥ti˧væᴇ˥xaor˥tɕiou˥˩sɿ˥˩kə˥˩luo˥tʰie˥˩.liou˩luo˥tʰie˥m̩˧.（噢，那比你们还小呢！）黄：比我们小呣。pi˥˦ŋuo˥məŋ˧ɕiao˥m̩˧.王：比我们小。pi˥˦ŋuo˥məŋ˧ɕiao˥.

龟儿子、三川儿半、四川舅子

1. （呃，四……四川的人呢？）黄：就四川人，或者四川龟儿子。tɕiao˥sɿ˥˦tʂʰuæ̃˥˩zəŋ˩˩,xuei˩˦tʂə˥˩sɿ˥tʂʰuæ̃˥˦kuei˥ər˩˩tsɿ˧.（哪个用得多一点？）嗯？ŋ̍˩?（哪个用得……用得这个……）那都一般你就不骂人。那是人不熟，那就是口是四川人。有的还叫三川儿半咧。nə˥tou˥˦i˥˩pæ̃˥ni˥tsou˥˩pu˩˩ma˥zəŋ˩.nə˥˩sɿ˥˩zəŋ˩pu˩˩ʂɿ˩,næᴇ˥˩tɕiou˥sɿ˥niæ̃˩˩sɿ˥˩sɿ˥˦tʂʰuæ̃˥˩zəŋ˩˩.iou˥ti˧xæᴇ˩˩tɕiao˥sæ̃˥tʂʰuær˥˩pæ̃˥lie˧.（叫什么？）三川儿半。sæ̃˥˩tʂʰuær˥˩pæ̃˥.（三川半？）啊哈噢。a˩xa˥aɔ˩.（噢，还不到四川？）啊，还不到……就说是你兀都是个三川儿半人。这……这就是指下那个啥……就说是小小的生在四川，结果长在这个……长在咱们这个地方儿啊。a˩,xa˩˦pu˩˦tao˥……tɕiou˥˩ʂuo˥˩sɿ˥ni˥væᴇ˥tou˥˦sɿ˥kə˥sæ̃˥tʂʰuær˥˩pæ̃˥˦zəŋ˩˩.tʂei˥……tʂei˥˦tɕiou˥sɿ˥tsɿ˥xa˥nə˥kə˥sa˥……tɕiou˥ʂuo˥˦sɿ˥ɕiao˥ɕiao˥ti˧səŋ˥tsæᴇ˥sɿ˥tʂʰuæ̃˥˩,tɕie˥˩kuo˥˦tʂaŋ˥tsæᴇ˥tʂə˥kə˥……tʂaŋ˥tsæᴇ˥tsa˩məŋ˧tʂə˥kə˥ti˥fãr˥˩a˩.（不能够算纯粹的四川人？）噢，不可能纯粹的四川人。你把……aɔ˩,pu˩˩kʰə˥˦nəŋ˩˦tʂʰuoŋ˩˩tsʰuei˥tə˧sɿ˥tʂʰuæ̃˥zəŋ˩˩.ni˥pa˥˩……（那个饶礼金就是这样的人吧？）噢，那他是三川儿半么你。他说话是咱们这儿人嘛。一般么，总称一般骂开来你这个……四川人不一旦就……他这个口头语是个龟儿子吗？这就是这个欸一旦都叫他就是龟儿子。aɔ˩,nei˥˦tʰa˥sɿ˥˩sæ̃˥˩tʂʰuær˥˩pæ̃˥˦muo˧ni˥˩.tʰa˥˦ʂuo˥˩xua˥˦sɿ˥˩tʂa˩məŋ˧tʂər˥zəŋ˩˩ma˧.i˥˩pæ̃˥muo˧,tsuoŋ˥˩tʂʰəŋ˥i˥˩pæ̃˥ma˥˦kʰæᴇ˥˩læᴇ˩˩ni˥˦tʂə˥kə˥……sɿ˥tʂʰuæ̃˥˩zəŋ˩˩pu˩˩i˥˩tæ̃˥tsou˥……tʰa˥˦tʂə˥kə˥kʰou˥tʰou˧y˥sɿ˥˩kə˥˩kuei˥ər˩˩tsɿ˧m a˧?tʂei˥tɕiou˥˩sɿ˥˩tʂə˥kə˥ei˩i˥˦tæ̃˥tou˥˦tɕiao˥tʰa˥˦tɕiou˥sɿ˥kuei˥ər˩˩tsɿ˧.（你这么说他也不生气吗？）不生气，兀都生气？pu˩səŋ˥˩tɕʰi˥˦,væᴇ˥˦tou˥˩səŋ˥˩tɕʰi˥˦?

2. （这个说四川人讲不讲四川舅子？）黄：不叫。哎，那有时候是……这是骂人咧，你个四川舅子。pu˩˩tɕiao˥˩.æᴇ˩,næᴇ˥iou˥sɿ˩xou˥˦sɿ˥……tʂə˥˦sɿ˥˩ma˥zəŋ˩˩lie˥,ni˥˩kə˥˩sɿ˥˦tʂʰuæ̃˥˩tɕiou˥tsɿ˧.（就是说他矮……矮小是吧？）噢，就是矮小的意思。那他是……aɔ˩,tɕiou˥˩sɿ˥˩æᴇ˥˩ɕiao˥ti˧i˥sɿ˧.na˥tʰa˥˩sɿ˥˩……（哪个tɕiou˥啊？）小舅子么那个。ɕiao˥tɕiou˥tsɿ˧muo˧næᴇ˥˦kə˥˩.（嗯？）舅子那就是咧，我们这儿就是妻……这个这儿这那个我们把……这儿把这个妻弟叫小舅子么。tɕiou˥˦tsɿ˧næᴇ˥tɕiou˥sɿ˥˩lie˥,ŋuo˥məŋ˧tʂər˥tɕiou˥sɿ˥tɕʰi……tʂə˥˩kə˥˩tʂər˥˦tʂə˥nə˥kə˥ŋuo˥məŋ˧pa˥˩……tʂər˥˦pa˥˩tʂə˥kə˥tɕʰi˥˩ti˥˦tɕiao˥ɕiao˥tɕiou˥˩tsɿ˧muo˧.（四川舅子？）啊，四川舅子那就是骂他是个小舅子。a˩,sɿ˥˦tʂʰuæ̃˥˩tɕiou˥˦tsɿ˧næᴇ˥tɕiou˥sɿ˥ma˥tʰa˥˦sɿ˥kə˥ɕiao˥tɕiou˥˩tsɿ˥.（噢，那个“舅”啊？）啊，那个舅么。

ɑ˨˩,næᴇ˥˦kə˥˦tɕiou˥muo˦.

河南蛋儿、河南侉子、大裤裆

1.（这个讲不讲河南蛋子？）黄：河南蛋儿么。河南蛋儿……河南……通常都就……一般最……容易叫的就是河南蛋儿么。他……xə˨˩næ̃˨˦tæ̃r˥muo˧.xə˨˩næ̃˨˦tæ̃r˥……xə˨˩næ̃˨˦……tʰuoŋ˥˨tʂʰɑŋ˨tou˥˨tɕiou˥……i˥˨pæ̃˥˨tsuei˥x……yoŋ˨˩i˥tɕiɑɔ˥ti˧tɕiou˥˨sɿ˥˨xuo˨˩næ̃˨˦tæ̃r˥muo˧.tʰɑ˥……（噢，要……是什么原因把他们叫做河南蛋儿呢？）说话吵得很嘛。ʂuo˥˨xuɑ˥tsʰɑɔ˥tə˧xəŋ˥mɑ˧.（说话……）吵，噢。就说是这个语言咱们不统一，把他……叫吵。tsʰɑɔ˥,ɑɔ˥.tɕiou˥˨ʂuo˥˨sɿ˥˨tʂə˥kə˥y˥iæ̃˨˦tsɑ˨˦məŋ˧pu˨˩tʰuoŋ˥i˥˨,pɑ˨˩tʰɑ˥˨……tɕiɑɔ˥tsʰɑɔ˥.（哪个草啊？那个……那个……粗糙的糙？）吵呃吵架的吵。tsʰɑɔ˥ə˨tsʰɑɔ˥˦tɕiɑ˥ti˧tsʰɑɔ˥˨.（但是那也不叫做河南蛋呐！河南蛋子呐！）河南蛋儿。xə˨˩næ̃˥tæ̃r˥˦.（那个“担子”的“担”是吧？“挑担子”的“担”？）哎，鸡蛋的蛋，河南蛋。æᴇ˨˩,tɕi˥˨tæ̃˥˦ti˧tæ̃˥,xə˨˩næ̃˨˦tæ̃˥.（噢，那个“蛋”呐？）啊哈噢，河南蛋儿。ɑ˥xɑɔ˥,xuo˨˩næ̃˥tæ̃r˥.（哎，有人说他们是因为他们那个来的时候都是挑着担子过来的才叫他们“河南担儿”。）那行，我们一般都叫河南蛋儿就是……就是个是……贬义词了。næᴇ˥˨ɕiŋ˨,ŋuo˥məŋ˧i˥˦pæ̃˥˦tou˥˦tɕiɑɔ˥xuo˨˩næ̃˨˦tæ̃r˥tɕiou˥sɿ˥……tsou˥sɿ˥kə˥sɿ˥˨……miæ̃˥i˥tsʰɿ˨˩lə˥.（miæ̃˥i˥tsʰɿ˨啊？）嗯。ŋ̍˨.（miæ̃˥i˥tsʰɿ˨是什么意思啊？）实际上就是骂他咧。噢，发音是个miæ̃˥义词。ʂɿ˨˩tɕi˥ʂɑŋ˥tsou˥sɿ˥mɑ˥˦tʰɑ˥˨lie˧.ɑɔ˨,fɑ˥˨iŋ˥sɿ˥˨kə˥miæ̃˥i˥˨tsʰɿ˨˩.（噢。miæ̃˥i˥tsʰɿ˨啊？）啊。ŋɑ˥.（有贬……贬低……）噢，贬他咧，嗯。ɑɔ˨,piæ̃˥tʰɑ˥˨lie˧,õ˥.（这个这个贬怎么会念……说成miæ̃˥呢？）哎，人有时候就是这个胡说哩，那就是指的他……不太尊敬他么。æᴇ˨,zəŋ˨iou˥˨sɿ˨˦xou˥tsou˥˨sɿ˥˨tʂə˥˨kə˥˨xu˨ʂuo˥˨lie˧,nə˥tsou˥˦sɿ˥˨tsɿ˥˨ti˧tʰɑ˥……pu˨˩tʰæᴇ˥tsuoŋ˥˨tɕiŋ˥˦tʰɑ˥˨muo˧.（啊，这个蛋怎么又那个呢又又又说他吵呢？）哼哼，河南蛋儿。xõ˥xõ˥,xuo˨˩næ̃˨˦tæ̃r˥.（噢，“鸡蛋”的“蛋”？）嗯。ŋ̍˨.

2. 黄：侉子。kʰuɑ˥tsɿ˧.（呃，侉子？）嗯，个侉子，你看你那河南侉子。õ˦,kə˥kʰuɑ˥tsɿ˧,ni˥˦kʰæ̃˥ni˥˦nə˥xuo˨˩næ̃˨˦kʰuɑ˥tsɿ˧.（嗯啊嗯哪些地方的人你们叫他是“侉子”？）我们把河南人叫都是“侉子”。ŋuo˥˦məŋ˧pɑ˥˨xuo˨˩næ̃˨˦zəŋ˨tɕiɑɔ˥tou˥˦sɿ˥kʰuɑ˥tsɿ˧.（kʰuɑ˥tsɿ˧？）嗯。河南人两种称呼，一种是侉子，一种大裤裆。嗯，大裤裆。õ˨.xuo˨˩næ̃˨˦zəŋ˨liɑŋ˥tʂuoŋ˥˨tʂʰəŋ˥xu˥˨,i˥˨tʂuoŋ˥tɕiou˥sɿ˥kʰuɑ˥tsɿ˧,i˥˨tʂuoŋ˥˨tɑ˥˨kʰu˥˦tɑŋ˥˨.əŋ˨,tɑ˥˨kʰu˥˦tɑŋ˥˨.（为什么叫“大裤裆”呢？）河南人前几年来到这个地方，穿上那个裤子，它是这个不像是老式裤子上还有个裤腰，它那个裤裆大。说句笑话，它说是兀那老年人他穿上那个棉裤啊，他腰……为了腰里这个腰围暖和起见，打上了好多结子，他可以把裤子解开，一……两三岁的小孩儿他可以穿到裤裆里头可以捂住，可以给娃娃取暖的，那个是大裤裆。xuo˨˩næ̃˨˦zəŋ˨tɕʰiæ̃˨tɕi˥niæ̃˨læᴇ˨tɑɔ˥tʂə˥kə˥ti˥fɑŋ˥˦,tʂʰuæ̃˥ʂɑŋ˥nə˥kə˥kʰu˥tsɿ˧,tʰɑ˥sɿ˥˨tʂə˥˨kə˥˨pu˨˩ɕiɑŋ˥zɿ˧(←ʂɿ˥)lɑɔ˥ʂɿ˥˨kʰu˥tsɿ˧ʂɑŋ˥xɑ˨˩iou˥kə˥˨kʰu˥˦iɑɔ˥,tʰɑ˥˦nə˥kə˥kʰu˥tɑŋ˥˨tɑ˥.ʂuo˥˦tɕy˥ɕiɑɔ˥˦xuɑ˥˨,tʰɑ˥ʂuo˥˦sɿ˥və˥nə˥lɑɔ˥niæ̃˨˩zəŋ˨tʰɑ˥˦tʂʰuæ̃˥ʂɑŋ˥˨nə˥kə˥miæ̃˨˩kʰu˥˦ɑ˧,tʰɑ˥˦iɑɔ˥……vei˥lə˧iɑɔ˥li˥˨tʂə˥kə˥iɑɔ˥˨vei˨nuæ̃˥xuo˨˩tɕʰi˥˦tɕiæ̃˥,tɑ˥˨ʂɑŋ˥lə˧xɑɔ˥tuo˥˨tɕie˥tsɿ˧,tʰɑ˥˦kʰə˥˦i˥˦pɑ˥˨kʰu˥tsɿ˧kæᴇ˥˦kʰæᴇ˥,i˥˨……liɑŋ˥sæ̃˥˨suei˥ti˧ɕiɑɔ˥xɑr˨tʰɑ˥˦kʰə˥˦i˥˦tʂʰuæ̃˥˨tɑɔ˥kʰu˥tɑŋ˥li˥˨tʰou˧kʰə˥˦i˥˦vu˥tʂʮ˥˨,kʰə˥˦i˥kei˥˦vɑ˨˩vɑ˨˦tɕʰy˥nuæ̃˥ti˧,nə˥kə˥sɿ˥tɑ˥kʰu˥˦tɑŋ˥˨.（噢，这个“大……”）大裤裆。tɑ˥kʰu˥˦tɑŋ˥˨.（大……裤……）裆。tɑŋ˥˨.（大裤裆？）嗯。ŋ̍˨.（好，这个连起来说看？）河南大裤裆。xə˨˩næ̃˨˦tɑ˥kʰu˥˦tɑŋ˥˨.（大裤

裆？）黄：嗯。这各个地方的都有。河南人叫大裤裆。ŋ̍˨.tʂə˥˧kə˧˨kə˥ti˥faŋ˧˨ti˧tou˧˨iou˧.xə˨˩nǣ˨˩˦zəŋ˨tɕiao˥ta˥kʰu˥taŋ˧˨.

河北狼、陕西草娃儿、甘肃土豆儿、贼老陕、青海鬼子

黄：四川叫龟儿子。sɿ˥tʂʰuǣ˧˦kʰ tɕiao˥kuei˧ər˨˩tsɿ˧.（呃，四川龟儿子？）呃，四川龟儿子。ə˨,sɿ˥tʂʰuǣ˧˦kuei˧ər˨˩tsɿ˧.（龟，呃，龟儿子？）噢，四川龟儿子。ɑɔ˨,sɿ˥˧tʂʰuǣ˧˨kuei˧ər˨˩tsɿ˧.（安徽人呢？）安徽人好像还太没有说法。河南大裤裆。四川龟儿子。河北狼么。nǣ˧xuei˧˨zəŋ˨xɑɔ˧˦çiaŋ˥xɑ˨˩tʰæᴇ˥muo˧˨iou˧˦ʂuo˧fɑ˧˨.xə˨˩nǣ˨˩˦ta˥kʰu˥taŋ˧˨.sɿ˥tʂʰuǣ˧˨kuei˧ər˨˩tsɿ˧.xə˨pei˧˨laŋ˨muo˧.（河北什么？）河北狼。xə˨pei˧˨laŋ˨.（狼？）啊，河北……ɑ˨,xə˨pei˧˨……（“豺狼”的“狼”啊？）啊，“豺狼”的“狼”。ɑ˨,tsʰæᴇ˨laŋ˨˩ti˧laŋ˨˩.（河北狼？）嗯。ŋ̍˨.（为什么叫“狼”呢？）□都把那叫河北狼么。陕西草娃儿么。niǣ˨˩˦tou˧˦pɑ˧˨nə˥tɕiao˥xə˨pei˧˨laŋ˨muo˧.ʂǣ˧çi˧˨tsʰɑɔ˧˨var˨˩˦muo˧.（叫什么？）陕西草娃儿。ʂǣ˧çi˧˨tsʰɑɔ˧˨var˨˩˦.（tsʰɑɔ˨var˦？）噢，陕西草娃儿。ɑɔ˨,ʂǣ˧çi˧˨tsʰɑɔ˧˨var˨˩˦.（草娃？）草娃儿，啊哈。tsʰɑɔ˧˨var˨,ɑ˥xɑ˨.（就是山上那个草那个“草”啊？）陕西草娃儿么。ʂǣ˧çi˧˨tsʰɑɔ˧˨var˨˩˦muo˧.（陕西的吧？）嗯。ŋ̍˨.（嗯，再说一遍“草娃儿”看？）草娃儿，陕西草娃儿。tsʰɑɔ˧˨var˨˩,ʂǣ˧çi˧˨tsʰɑɔ˧˨var˨˩˦.（tsʰɑɔ˨var˦？）嗯。ŋ̍˨.（还有别的省的人的这个这种这类称呼？）我看吧，河南侉子，陕西草娃儿，河北狼。甘肃的土豆儿么。ŋuo˧˨kʰǣ˥˧pɑ˧,xuo˨˩nǣ˨˩˦kʰuɑ˧tsɿ˧,ʂǣ˧çi˧˨tʂʰɑɔ˧˨var˨˩˦,xə˨pei˧˨laŋ˨.kǣ˧çy˧˨tə˧tʰu˧˦tour˥muo˧.（甘肃土豆儿？）噢嚯，甘肃土豆儿子。ɑɔ˨xuo˧,kǣ˧çy˧˨tʰu˧tour˥tsɿ˧.（甘肃土豆儿，是吧？）嗯。陕西人要是……也叫“陕西草娃儿”，也叫“贼老陕”么。ŋ̍˨.ʂǣ˧çi˧˨zəŋ˨iao˥ʂ……ie˧˦tɕiao˥ʂǣ˧çi˧˨tsʰɑɔ˧˨var˨˩˦,ie˧tɕiao˥tsei˨lao˧˨ʂǣ˧muo˧.（叫什么？“贼老山”？）贼老陕么。那家伙贼的很。tsei˨lao˧˨ʂǣ˧muo˧.væᴇ˥˧tɕia˧˨xuo˧tsei˨ti˧xəŋ˧˨.（贼老……）贼老陕。tsei˨lao˧˨ʂǣ˧.（ʂǣ˧？）啊。ɑ˨.（ʂǣ˧是什么？）啊。贼老陕。ɑ˨.tsei˨lao˧˨ʂǣ˧.（ʂǣ˧就是“陕西”的“陕”是吧？）“陕西”的“陕”。嗯。把青海人也叫“青海鬼子”么。ʂǣ˧çi˧˨ti˧ʂǣ˧.ŋ̍˨.pɑ˧˨tɕʰiŋ˧˨xæᴇ˧zəŋ˨ia˧˦tɕiao˥tɕʰiŋ˧˨xæᴇ˧kuei˧tsɿ˧.（鬼子？）啊。青海鬼子。ɑ˨.tɕʰiŋ˧˨xæᴇ˧kuei˧tsɿ˧.（青海鬼子。）啊。青海鬼子么。ɑ˨.tɕʰiŋ˧˨xæᴇ˧kuei˧tsɿ˧muo˧.（这儿也有青海人到这儿生……）有哩么。青海人把青海人的这个汉人叫“青海鬼子”么，把青海兀回民叫“回回”么。iou˧li˧muo˧.tɕʰiŋ˧˨xæᴇ˧zəŋ˨˩pa˧˨tɕʰiŋ˧˨xæᴇ˧zəŋ˨˩ti˧tʂə˥kə˥xǣ˥zəŋ˨˩tɕiao˥tɕʰiŋ˧˨xæᴇ˧kuei˧tsɿ˧muo˧,pa˧˨tɕʰiŋ˧˨xæᴇ˧vei˥xuei˨miŋ˨˩˦tɕiao˥xuei˨˩xuei˨˩˦muo˧.（xuei˨xuei˦？）嗯。xuei˨˩xuei˨˩˦。ŋ̍˥.xuei˨˩xuei˨˩˦.（回回？）嗯。ŋ̍˨.（这“回”单独怎么讲的啊？）回子。xuei˨˩tsɿ˧.（xuei˨？）嗯。xuei˨。ŋ̍˨.xuei˨.（xuei˨……xuei˨xuei˦？）嗯。xuei˨˩xuei˨˩˦。ŋ̍˨.xuei˨˩xuei˨˩˦.（指青海的……）回民。这个就把回回这信斯伊……信伊兰……伊斯教……xuei˨˩miŋ˨˩.tʂə˥kə˥tsou˥˨pa˧˨xuei˨˩xuei˨˩˦tʂə˥çiŋ˥sɿ˧˨i˧˨……çiŋ˥i˧˦lǣ˨˩……i˧˦sɿ˧˦lǣ˨tɕiao˥˨……（这个不一定只青海的回民吧？）噢，不是青……噢，不是青海人的回……ɑɔ˨,pu˨˩sɿ˥tɕʰiŋ˧˨……ɑɔ˨,pu˨˩sɿ˥tɕʰiŋ˧˨xæᴇ˧ti˧xuei˨˩……（就说回民。）噢，回民。ɑɔ˨,xuei˨miŋ˨˩˦.（对于所有的回民都是这么讲？）所有你……所有的回民都把他叫“回回”。ʂuo˧iou˧ni˧˨……ʂuo˧iou˧ti˧xuei˨miŋ˨˩˦tou˧˦pa˧˨tʰa˧˨tɕiao˥xuei˨˩xuei˨˩˦.（也叫“回子”是吧？）噢，也叫“回子”。ɑɔ˨,ie˧˦tɕiao˥xuei˨˩tsɿ˧.（好，还有还有还有没有别的称呼呢？）再好像啥没有啥称呼了的好像。tsæᴇ˥xɑɔ˧˨çiaŋ˥˦sa˥mei˨iou˧˦sa˥tʂʰəŋ˧xu˧˨lə˧ti˧xɑɔ˧˨çiaŋ˥˨.（没有是吧？）

嗯。ŋ̍˩.

烂嘴子

（话呀很多，而且没有分寸，这样的人叫什么？）王：话又很多啊？xuɑ˥iou˥xəŋ˥˧˦tuo˥˧ɑ˨?（嗯。话多，而且说话没有分寸，这样的人叫什么？有烂嘴子的说法没有？）有咧。iou˥˧lie˨.（他是什么样的人？）烂嘴子兀啥话都谝咧么，都说咧么。能说的他也说咧，不能说他还说咧。læ̃˥˦tsuei˥˧tsɿ˨və˥sɑ˥xuɑ˥tou˥˩ph iæ̃˥˧lie˨muo˨,tou˥˩ʂuo˥˧liem˨.nəŋ˧˩ʂuo˥˧ti˨th ɑ˥˦iɑ˥˦ʂuo˥˩lie˨,pu˧˩nəŋ˧˩ʂuo˥˧th ɑ˥˦xɑ˧˩ʂuo˥˩lie˨.

僵老五

（有没有叫僵老五的？）王：僵老五那就是，那就是，我们这儿叫僵老五那就说你该上人的钱，账要不下，这就叫僵老五。tɕiɑŋ˥˩lɑɔ˥˩vu˥˧næE˥tɕiou˥sɿ˥,nə˥tɕiou˥sɿ˥,ŋuo˥˧məŋ˨tʂər˥tɕiɑɔ˥tɕiɑŋ˥˩lɑɔ˥˩vu˥˧næE˥tɕiou˥ʂuo˥˩ni˥˦kæE˥˧ʂɑŋ˥˩zəŋ˧˦ti˦tɕh iæ̃˧˩,tʂɑŋ˥iɑɔ˥pu˧˩xɑ˥,tʂə˥tɕiou˥tɕiɑɔ˥tɕiɑŋ˥˩lɑɔ˥˩vu˥˧.

丢三凉

（说话不负责任呐，做事顾前不顾后的人，有没有叫丢三的？）王：叫个……那有叫你，叫那丢三凉咧。tɕiɑɔ˥kə˥……nei˥˦iou˥˧tɕiɑɔ˥ni˥˦,tɕiɑɔ˥nə˥tiou˥˧˦sæ̃˥˩liɑŋ˧˩lie˦.（叫什么？）丢三凉。tiou˥˧˦sæ̃˥˩liɑŋ˧˩.（tiou˦sæ̃˩liɑŋ˧˩是什么意思？）那就是这……三丈高，两丈低，说话没有个……人就不敢相信兀么。nei˥tɕiou˥sɿ˥tʂə……sæ̃˥˩tʂɑŋ˥˦kɑɔ˥˩,liɑŋ˥˦tʂɑŋ˥ti˥˧,ʂuo˥˩xuɑ˥muo˥˧˦iou˥˧kə˥kh……zəŋ˧˩tɕiou˥pu˧˩kæ̃˥˧ɕiɑŋ˥˩ɕiŋ˥væE˥˥muo˨.

大散

（空话连篇这种人呢？言过其实，就喜欢吹呀什么这种人呢？有叫大散的吗？）王：有叫大散的咧。呃信息饭馆儿个一天我们把哎叫大散咧。iou˥˧tɕiɑɔ˥tɑ˥sæ̃˥ti˦lie˨.ə˥ɕiŋ˥ɕi˥˦fæ̃˥kuæ̃r˥˧kə˥˩i˥˧˦th iæ̃˥˩ŋuo˥˦məŋ˦pɑ˥˦æE˥tɕiɑɔ˥tɑ˥sæ̃˥lie˦.（信息饭馆为什么把他叫大散？）兀他……说话你说上那话各儿各样的，胡谝胡说哩，人把叫大散伙客。væE˥˥th……ʂuo˥˩xuɑ˥ni˥˦ʂuo˥˧ʂɑŋ˥˩nə˥xuɑ˥kuo˥˧ər˨kə˥˩iɑŋ˥ti˨,xu˧˩ph iæ̃˥˧xu˧˩ʂuo˥˧li˨,zəŋ˧˩pɑ˥˦tɕiɑɔ˥tɑ˥sæ̃˥xuo˥˧kh ei˥˩.（叫什么？）叫散伙客，叫大散咧，冯大散。tɕiɑɔ˥sæ̃˥˦xuo˥˩kh ei˥˩,tɕiɑɔ˥tɑ˥sæ̃˥lie˨,fəŋ˧˩tɑ˥sæ̃˥.

瘦猴儿、麻杆儿

（那小瘦子呢？）黄：瘦猴儿。sou˥xour˧˩.（瘦猴儿大……但是这个嗯那个年……年纪大的人也……不是，大人也可以说瘦猴儿啦。）黄：大人欸，那也叫瘦猴儿咧，娃娃那也把那叫……tɑ˥˦zəŋ˨˧ei˩,nei˥˥ɑ˥˦tɕiɑɔ˥sou˥xour˧˩lie˦,vɑ˧˩vɑ˨˦nei˥ɑ˥˦pɑ˥˩nei˥tɕiɑɔ˥……王：娃娃那叫是……娃娃□兀叫瘪……瘪得很么。vɑ˧˩vɑ˨˧nei˥tɕiɑɔ˥˦sɿ˥˩……vɑ˧˩vɑ˨˦niæ̃˧˩væE˥tɕiɑɔ˥tɕh yo˧˩……tɕh yo˧˩tə˦xəŋ˥˩muo˨.黄：娃娃不叫瘦，叫瘪咧我们。vɑ˧˩vɑ˨˦pu˧˩tɕiɑɔ˥sou˥,tɕiɑɔ˥tɕh yo˧˩lie˨ŋuo˥˩məŋ˨.王：瘪咧。tɕh yo˧˩lie˨.（tɕh yo˧˩是也是瘦？）黄：瘦，嗯。sou˥,ə̃˩.王：嗯。ŋ̍˩.黄：有的，娃娃一般都不说。大人有些人，娃娃稍微大嘎子，说你稍微长的像个麻杆儿咧。iou˥˧ti˦,vɑ˧˩vɑ˨˦i˥˩pæ̃˥˧tou˥˦pu˧˩ʂuo˥˦.tɑ˥˦zəŋ˨˧iou˥˧ɕie˥˩zəŋ˧˩,vɑ˧˩vɑ˨˧sɑɔ˥˦vei˥˦tɑ˥˦kɑ˨tsɿ˨,ʂuo˥˦ni˥˦sɑɔ˥˦vei˥˦tʂɑŋ˥˧ti˦ɕiɑŋ˥kə˥mɑ˧˩kæ̃r˥˧lie˨.（麻杆儿？）黄：嗯。ə̃˩.（就是那个，大，大麻籽那个那个……）黄：噢，大麻子那个麻杆儿，瘦的那看那。ɑɔ˩,tɑ˥˥mɑ˧˩tsɿ˥˧nə˥kə˥mɑ˧˩kæ̃r˥˧,sou˥ti˦ni˥˦kh æ̃˥˥nei˧˩.

长条、电线杆子

（有的人呐，长得又高又瘦，那个人叫……那说这个人怎么样？）王：我们这儿就叫长条嘛。ŋuo˥mən˧tʂər˥tɕiou˥tɕiao˥tʂʰaŋ˩˧tʰiao˧ma˧.黄：长条，对着咧。tʂʰaŋ˩˧tʰiao˩˧,tuei˥tʂə˧lie˧.（那你说不说这个人长得长或什么东西？）黄：不说。就叫长条。pu˩˧ʂuo˥˧.tɕiou˥tɕiao˥tʂʰaŋ˩tʰiao˩˧.王：就叫长条嘛。我们兀老支书就□把叫驴长条咧，高咧高么。tɕiou˥tɕiao˥tʂʰaŋ˩tʰiao˩˧ma˧.ŋuo˥mən˧væɛ˥lao˥˧tsɿ˥ʂɥ˥˧tɕiou˥niæ̃˩˧pa˥˧tɕiao˥y˩tʂʰaŋ˩tʰiao˩˧lie˧,kao˥lie˧kao˥m̩˧.黄：有的把那叫电线杆子哩。iou˥ti˧pa˥˧nei˥tɕiao˥tiæ̃˥ɕiæ̃˥kæ̃˥tsɿ˧li˧.

杵子

（小胖子叫什么呢？那个小孩，小孩子比较胖的这种。）黄：一般叫胖墩儿。i˥˧pæ̃˥tɕiao˥pʰaŋ˥tuõr˥.（还有别的称法没有？）黄：杵子。tʂʰuei˥（←tʂʰɥ˥）tsɿ˧.（tʂʰuei˥子？）黄：啊，胖的像个杵子。杵子。a˧,pʰaŋ˥ti˧ɕiaŋ˥kə˥tʂʰɥ˥tsɿ˧.tʂʰɥ˥tsɿ˧.（tʂʰɥ˥子？）黄：啊，像个杵子样的。a˧,ɕiaŋ˥kə˥tʂʰɥ˥tsɿ˧iaŋ˥ti˧.（哪个tʂʰɥ˥？）黄：捣地的那个杵子。实际上他那个，那个也不是，杵子不是胖的和圆圆儿的？上头圆圆的，底下那么个。tao˥ti˥ti˧nei˥kə˥tʂʰɥ˥tsɿ˧.ʂɿ˩tɕi˥ʂaŋ˥tʰa˥nə˥kə˥,nə˥kə˥æ˥pu˩sɿ˥,tʂʰɥ˥tsɿ˧pu˩sɿ˥pʰaŋ˥ti˧xə˩y æ̃˩yæ̃r˩ti˧?ʂaŋ˥tʰou˧yæ̃˩yæ̃˩ti˧,ti˥xa˥nə˥muo˧kə˥.（那叫tʂʰɥ˥子？）黄：啊，杵子，嗯。就是谁家这娃，你看兀娃胖的像个杵子样的啊？a˧,tʂʰɥ˥tsɿ˧,ə̃˧.tsou˥sɿ˥sei˩æ˧tʂə˥va˩,ni˥kʰæ̃˥væɛ˥va˩pʰaŋ˥ti˧ɕiaŋ˥kə˥tʂʰɥ˥tsɿ˧iaŋ˥ti˧a˧?王：嗯。ŋ̍˧.

麻袋、矮子、矮巴子

（又矮又胖。）黄：嗯，矮，矮子嘛。ŋ̍˩,æɛ˥,æɛ˥tsɿ˧ma˧.王：矮子。æɛ˥tsɿ˧.（矮子还不是，矮子有瘦的呢！又矮又胖。）黄：那就是矮巴子。我们再把那种，把那号儿矮巴子人呃叫大人咧。næɛ˥tɕiou˥sɿ˥næɛ˥pa˧tsɿ˧.ŋuo˥mən˧tsæɛ˥pa˥˧nei˥tʂuoŋ˥˧,pa˥˧nə˥xaor˥n æɛ˥pa˧tsɿ˧zə̃ŋ˩ə˧tɕiao˥ta˥zə̃ŋ˩˧lie˧.（还叫什么ta˥zəŋ˩是什么东西？）黄：啊，小大人么。a˧,ɕiao˥ta˥zəŋ˩muo˧.王：那就……næɛ˥tɕiou˥s……（呃，那是侏儒啦！）黄：啊。a˧.王：噢。ao˧.（他也不是说长得是比较矮，也也算是正常人，也不是那个侏儒那么点点，但是又胖。）黄：麻袋么。ma˩˧tæɛ˥muo˧.（麻袋？）黄：嗯。ə̃˧.王：一麻袋高，两麻袋粗。i˥˧ma˩tæɛ˥kao˥˧,liaŋ˥ma˩tæɛ˥tsʰɥ˥.黄：啊，是……奘那……有些人那个个子不高，像麻袋那么高一点，但是那个比麻袋还奘么。麻袋嘛。a˥,z……tʂuaŋ˥nə˥˧……iou˥ɕie˥zəŋ˩nə˥kə˥kə˥tsɿ˧pu˩kao˥,ɕiaŋ˥ma˩tæɛ˥nə˥muo˧kao˥i˥˧tiæ̃˥˧,tæ̃˥sɿ˥nə˥kə˥pi˥ma˩tæɛ˥xa˩tʂuaŋ˥muo˧.ma˩tæɛ˥ma˧.

戴蒙眼的、石头背后的

（像讲这个戴这个东西的人呢？戴眼镜儿的。）黄：戴眼镜儿那个人啊？要骂开来就是你戴蒙眼的。tæɛ˥iæ̃˥tɕiə̃r˥nə˥kə˥zəŋ˩a˧?iao˥ma˥kʰæɛ˥læɛ˩tɕiou˥sɿ˥ni˥tæɛ˥məŋ˩niæ̃˥tə˧.（啊？）戴了个蒙眼嘛。tæɛ˥lə˧kə˥məŋ˩niæ̃˥ma˧.（戴蒙……噢，就像驴子一样？）像驴一样的么。一工儿戴咧个蒙眼嘛。ɕiaŋ˥ly˩i˥˧iaŋ˥ti˧muo˧.i˥˧kuõr˥tæɛ˥lie˧kə˥məŋ˩niæ̃˥ma˧.（噢。说这种人呢？）戴眼镜儿的嘛。tæɛ˥niæ̃˥tɕiə̃r˥ti˧ma˧.（是说戴眼镜儿的还是戴蒙眼的？）那骂你下来就叫你是戴蒙眼咧。不骂你下来就是戴眼镜儿的。再一个就说是骂……就你这个戴眼镜那个人他石头背后的么。næɛ˥ma˥ni˥xa˥læɛ˩tɕiou˥tɕiao˥ni˥sɿ˥tæɛ˥məŋ˩niæ̃˥lie˧.pu˩ma˥ni˥xa˥læɛ˩tɕiou˥sɿ˥tæɛ˥niæ̃˥tɕiə̃r˥ti˧.tsæɛ˥i˥kə˥tɕiou˥ʂuo˥sɿ˥ma˥……

tsou˧ni˥˧tʂə˧kə˧tæᴇ˧niæ̃˥˧tɕiŋ˧nei˧kə˧zəŋ˨˦tʰɑ˥˨ʂʅ˨˩tʰou˨pei˧˦xou˧˥ti˩muo˩.（嗯？）石头背后的。ʂʅ˨˩tʰou˨pei˧xou˧˩ti˩.（石头背后？）啊。眼镜片子都石头做下的么。那你人都……石头在前头咧，你在后头咧，石头背后的。ɑ˩.niæ̃˥˧tɕiŋ˧pʰiæ̃˥tsʅ˩tou˥˨ʂʅ˨˩tʰou˨tsuo˧˥xɑ˧˩ti˩muo˩.næᴇ˧ni˥˧zəŋ˨tou˥˩……ʂʅ˨˩tʰou˨tsæᴇ˧tɕʰiæ̃˨˩tʰou˨lie˩,ni˥tsæᴇ˧xou˧tʰou˨lie˩,ʂʅ˨˩tʰou˨pei˧xou˧ti˩.

四眼子、眼镜儿

（眼睛不好呢？）黄：瞎子。ɕiɑ˥tsʅ˩.（那是完全看不见。就稍微像我这样近视眼呢，这个叫什么东西？）王：眼睛人也没有……niæ̃˥tɕiŋ˥˩zəŋ˨˩iɑ˥˩mei˨˩iou˥ts……黄：咱们这儿里叫近视眼儿么。tʂɑ˨məŋ˨tʂər˧li˥˧tɕiɑɔ˧tɕiŋ˧sʅ˧iæ̃r˥muo˩.（嗯。）黄：一般都叫近视眼儿。i˥˦pæ̃˥tou˥˩tɕiɑɔ˧tɕiŋ˧sʅ˧niæ̃r˥.（嗯。还有什么取笑的说法没有？什么四……四眼的那个？）黄：我们叫……有叫四眼子，有的叫眼镜儿嘛。ŋuo˥˧məŋ˨tɕiɑɔ˧……iou˥tɕiɑɔ˧sʅ˧niæ̃˥tsʅ˩,iou˥ti˩tɕiɑɔ˧niæ̃˥tɕiə̃r˧mɑ˩.（噢，四眼子？）黄：嗯。戴眼镜的把那叫四眼子么。有的是戴……直接就叫眼镜儿嘛。ə̃˩.tæᴇ˧˦niæ̃˥tɕiŋ˧ti˨pɑ˥˩nei˧tɕiɑɔ˧sʅ˧niæ̃˥tsʅm˩.iou˥ti˨sʅ˧tæᴇ˧pɑ……tʂʅ˨tɕie˥˩tɕiou˧tɕiɑɔ˧niæ̃˥˧tɕiə̃r˧mɑ˩.（眼镜儿？）王：嗯。ŋ̍˩.黄：嗯。ə̃˩.（还有别的说法没有？）黄：有的把那叫看不清么。iou˥ti˨pɑ˥˩nei˧tɕiɑɔ˧kʰæ̃˧pu˨˧tɕʰiŋ˥muo˩.

婆娘群里的老会长

黄：[与王贵宝开玩笑]这些婆娘你也来给你笑咧，她也来给你点头咧，她还来把你要问一下。你是婆娘……就是婆娘群里的老会长么现在。tʂei˧ɕie˥pʰuo˨˩niɑŋ˨˥ni˥iɑ˥˧læᴇ˨kei˧ni˥˧ɕiɑɔ˧lie˩,tʰɑ˥iɑ˥˩læᴇ˨kei˧ni˥˧tiæ̃˥tʰou˨˩lie˩,tʰɑ˥xɑ˨˩læᴇ˨pɑ˥˩ni˥˧iɑɔ˧vəŋ˧˦i˥˩xɑ˧˩.ni˥sʅ˧˩pʰuo˨˩niɑŋ˨˧……tɕiou˧sʅ˧pʰuo˨˩niɑŋ˨˧tɕʰyoŋ˨li˥˧ti˩lɑɔ˥xuei˧˦tʂɑŋ˥˩muo˩ɕiæ̃˧˩tsæᴇ˧˥.

歪嘴和尚

（有没有说歪嘴和尚的说法？）黄：有咧么。歪嘴和尚你把经给念错了么。iou˥lie˩muo˩.væᴇ˥tsuei˥˧xə˨˩ʂɑŋ˧ni˥˧pɑ˥˧tɕiŋ˥kei˧niæ̃˧tsʰuo˧˦lə˩muo˩.（什么？这是……这是什么……）歪嘴和尚你就把经念错了。væᴇ˥tsuei˥˧xə˨˩ʂɑŋ˧ni˥˧tsou˧pɑ˥˩tɕiŋ˥niæ̃˧tsʰuo˧˦lə˩.（把经念错了？）噢，你这个不……你发音不合适，念出来那个经就不对么。ɑɔ˩,ni˥tʂə˧kə˧pu˨˧……ni˥˧fɑ˥˦iŋ˥pu˨˩xuo˨˩tʂʰʅ˥,niæ̃˧tʂʰʮ˥˩læᴇ˨˩nə˧kə˧tɕiŋ˥tɕiou˧pu˨˩tuei˧˦muo˩.（那你们这个歪嘴和尚就指……一般是指什么样的人？生活中？）就说是把传级上的……传达上级精神以后，不按上级精神那个传达，自己想做下就做啥咧。歪嘴的和尚么你。tɕiou˧ʂuo˥˧sʅ˧˩pɑ˥˩tʂʰuæ̃˨tɕi˥˧ʂɑŋ˧˦tə˧……tʂʰuæ̃˨tɑ˨ʂɑŋ˧tɕi˥˧tɕiŋ˥ʂəŋ˨˩i˥˩xou˧,pu˨˩næ̃˧ʂɑŋ˧tɕi˥˧tɕiŋ˥ʂəŋ˨˩nə˧˩kə˧˩tʂʰuæ̃˨tɑ˨,tsʅ˧tɕie˥˧ɕiɑŋ˥tsʮ˧xɑ˧tɕiou˧tsʮ˧sɑ˧lie˧.væᴇ˥tsuei˥ti˩xuo˨˩ʂɑŋ˧muo˩ni˥˩.

（三）职业称谓

长工、短工、零工儿

（像以前那个长工怎么说呢？）黄：那就叫长工。这个工分两种咧。你如果是，你比如你到人口们家里，你雇下你是常年在这里干活的，那就是长工。而且你这是比如是……就做这么几天活，或者是一半个月，叫短工。噢，打短工的。再的就是做零活的。那是临时我急得需要你来，叫来你给我干一下活，那就是零工儿，做零活的。næᴇ˥tɕiou˥tɕiaɔ˥tʂʰaŋ˨˦kuoŋ˥˧.tʂə˥kə˥kuoŋ˥˧fəŋ˥˧˨liaŋ˥˧tʂuoŋ˥˧˨lie˧.ni˥˧zʯ˨˦˨kuo˥˧sɿ˥,ni˥˧pi˥˧zʯ˨˦˨ni˥˧taɔ˥˦ zəŋ˨˦˨niæ̃˨˦˧məŋ˦tɕia˥˧li˥˧˨,ni˥˧˨ku˥˦xa˥ni˥˧˧sɿ˥tʂʰaŋ˨˦niæ̃˨˦tsæᴇ˥˨tʂei˥li˥˧˧kæ̃˥xuo˨˦˨ti˦,nei˥tɕiou˥sɿ˥tʂʰaŋ ˨˦kuoŋ˥˧.ər˨˦tɕie˥˧˧ni˥˧˧tʂei˥sɿ˥pi˥˧zʯ˨˦˨s……tɕiou˥tsuo˥˨tʂə˥muo˦tɕi˥˧˧tʰiæ̃˥˧xuo˨˦,xuei˨˦˨tʂə˥˧˨sɿ˥˨i˥˧˨pæ̃˥k ə˥˦yo˥˧,tɕiaɔ˥tuæ̃˥˧kuoŋ˥˧˨.aɔ˨,ta˥˧tuæ̃˥˧kuoŋ˥˧˨ti˧.tsæᴇ˥ti˦tɕiou˥˨sɿ˥˨tsuo˥˦liŋ˨˦xuo˨˦˨ti˦.nə˥˨sɿ˥˨liŋ˨˦sɿ˨˦˧ ŋuo˥˧˧tɕi˥˧tei˥˧˨ɕy˥˧˨iaɔ˥ni˥˧læᴇ˨˦˨,tɕiaɔ˥læᴇ˨˦˧ni˥˧˧kei˥ŋuo˥˧˧kæ̃˥˦i˥˧˨ɕia˥xuo˨˦,nei˥tɕiou˥sɿ˥liŋ˨˦kuõr˥˧,tsʯ ˥liŋ˨˦xuo˨˦˨ti˦.

大工、小工

（这个……家里盖房子呀，有大工小工的这种说法没有？）黄：啊有咧么，大工小工。a˥˧iou˥˧˨lie˧muo˧,ta˥kuoŋ˥˧˨ɕiaɔ˥˧kuoŋ˥˧˨.王：有咧么。大工是大工钱，小工是小工钱。iou˥˧liem˧.ta˥kuoŋ˥˧˧sɿ˥ta˥kuoŋ˥˧˨tɕʰiæ̃˨˦˨,ɕiaɔ˥˧kuoŋ˥˧˧sɿ˥ɕiaɔ˥˧kuoŋ˥˧˨tɕʰiæ̃˨˦˨.（大工是什么东西？）黄：大工指技术活儿的那些人。ta˥kuoŋ˥˧˧tsɿ˥˧˧tɕi˥ʂʯ˥˦xuor˨˦˧ti˦nei˥ɕie˥˧ ˨zəŋ˨˦˨.王：大工□就是干技术活儿咧么。ta˥˦kuoŋ˥˧˨niæ̃˨˦˨tɕiou˥˨sɿ˥˨kæ̃˥tɕi˥ʂʯ˥˦xuor˨˦˨li em˧.黄：技术活儿就是大工。tɕi˥ʂʯ˥xuor˨˦tɕiou˥sɿ˥ta˥kuoŋ˥˧˨.王：技术活儿就是大工。tɕi˥ʂʯ˥xuor˨˦˧tɕiou˥˨sɿ˥˨ta˥kuoŋ˥˧˨.（那个其他的呢？小工是什么呢？）王：小工就是给□打杂的么你。ɕiaɔ˥˧˧kuoŋ˥˧tɕiou˥sɿ˥kei˥niæ̃˨˦˧ta˥˧tsa˨˦ti˦muo˧ni˥˧˨.黄：就是帮忙儿的这个。tɕiou˥sɿ˥paŋ˥˧˨mãr˨˦ti˦tʂei˥˨kə˥˨.王：帮忙咧姆。paŋ˥˧˨maŋ˨˦˨lie˦m̩˧.（有大工钱小工钱也说吗？）黄：哎说咧么。大工钱小工钱。æᴇ˥ʂuo˥˧lie˧muo˧.ta˥kuoŋ˥˧˧tɕʰiæ̃˨˦˨ɕiaɔ˥˧kuoŋ˥˧˨tɕʰiæ̃˨˦˨.王：有说咧。iou˥˧ʂuo˥˧˨lie˧.

工头儿

（长工里面的那个头子？）黄：噢，还是个……工头儿。现在也有工头儿咧么欸。现在这个打工的出去一帮子里头有个领头儿的就叫工头儿嘛。ŋaɔ˨,xa˨˦˨sɿ˥˦kə˥˨…… kuoŋ˥˧˨tʰour˨˦.ɕiæ̃˥tsæᴇ˥ie˥˧˨iou˥˧˨kuoŋ˥˧˨tʰour˨˦˨lie˧mei˧.ɕiæ̃˥tsæᴇ˥tʂə˥kə˥ta˥˧kuoŋ˥˧˨ti˧tʂʰʯ˥˧tɕʰi˥i˥i˥˧˨pa ŋ˥˧tsɿ˧li˥˧tʰou˧iou˥˧˧kə˥liŋ˥˧tʰour˨˦˨ti˦tɕiou˥tɕiaɔ˥kuoŋ˥˧˨tʰour˨˦˧ma˦.

奶妈子

（这个给别人喂奶的人呢？）黄：这儿这太没有得这。tʂər˥tʂə˥tʰæᴇ˥mei˨˦˨iou˥˧te i˥˧˦tʂə˥.（给别人……给人家小孩子喂奶。）那那也……一来么欸有个别那么就叫奶妈子。næᴇ˥˨næᴇ˥˨ie˥˧……i˥˧læᴇ˨˦˨muo˦ei˥iou˥˧kə˥˦pie˨˦næᴇ˥muo˦tɕiou˥tɕiaɔ˥næᴇ˥˧ma˥˧˨tsɿ˧.（好。那个就是请个奶妈子，然后你得给她给她那个钱呐。这个钱叫什么钱？）这说不来。这里一般情况下都不存在这个问题。tʂei˥ʂuo˥˧pu˨˦˨læᴇ˨˦˨.tʂei˥˦li˧i˥˧˦pæ̃˥˧˨tɕʰiŋ ˨˦˨kʰuaŋ˥ɕia˥tou˥˧˧pu˨˦˧tsʰuoŋ˨˦˨tsæᴇ˥˦tʂə˥kə˥vəŋ˥˦tʰi˨˦˨.（都自己喂？）都自己喂。之所以叫，那就是娃娃才生下那两天，她在没有奶汁的情况下，那就寻个人奶两天。tou˥˧˨tsɿ˥˦tɕie˥˧˧vei˥.tsɿ˥˧˨suo˥˧i˥˧˨tɕiaɔ˥,næᴇ˥tɕiou˥sɿ˥va˨˦˨va˨˦tsʰæᴇ˨˦˨səŋ˥˧xa˥næᴇ˥liaŋ˥˧tʰiæ̃˥˧˨,tʰa˥˧˧tsæᴇ˥mei˨˦iou˥˧næᴇ˥˧tʂʅ˥˧˨ti˧tɕʰiŋ˨˦˨kʰuaŋ˥˦ɕia˥,næᴇ˥tsou˥ɕiŋ˨˦˨kə˥˦zəŋ˨˦˧næᴇ˥˧liaŋ˥˧tʰiæ̃˥˧˨.（奶两天？）嗯，奶两天就对了。没有专职奶妈子。ə̃˨,næᴇ˥˧liaŋ˥˧tʰiæ̃˥˧˨tsou˥˨tuei˥lə˦.mei˨˦iou˥˧tʂuæ̃˥˧tʂʅ˥˧˨næᴇ˥˧ma˥˧˨tsɿ˧.（那个就是给奶……奶妈的那个钱叫不叫奶子钱？）我们这儿那□就没有得。ŋuo˥˧məŋ˧tʂər˥næᴇ˥˨niæ̃˨˦tsou˥muo˥˧˨iou˥˧tei˥˧˧.（不存在这个问题！）不再用……pu˨˦˨tsæᴇ˥˦yoŋ˥……（不给钱是吧？）也不……ie˥˧p……（一般就是请别人奶两

天。）噢，奶两天。你就给□钱，□也不可能要。ɑɔ˪,næᴇ˥liɑŋ˥˪tʰiæ̃˥˪.ni˥˫tsou˦kei˦˥niæ̃˩˪tɕʰiæ̃˩,niæ̃˩ɑ˥˫pu˩˥˩kʰə˥˪nəŋ˩iɑɔ˦.（呃，如果是这个小孩呃那个这长大了，他叫那个给他喂奶的女的这个丈夫叫什么？）不可能叫啥。pu˩˪kʰə˥˪nəŋ˩tɕiɑɔ˦sɑ˦˪.（有没有名称？）没有。mei˩˪iou˥˪.（他长大了叫那个给他喂过奶的那个女的呢？）那也不叫啥。那都按辈分……就按这个辈分来说是这个……比……是他是欸……和这个娃娃如果是一辈的，那□该叫嫂子咧，叫啥就叫咧。比这个大一辈的，那有叫婶婶的，要……要叫啥的。næᴇ˦˥iɑ˥˪pu˩˪tɕiɑɔ˦sɑ˦.nei˦˥tou˥˪næ̃˦pei˦˫fəŋ˦˪ts……tsou˦˪næ̃˦tʂə˦kə˦pei˦˫fəŋ˦˪læᴇ˩ʂuo˥˫sʅ˦tʂə˦˪kə˦˪……pi˥˫tʂ……sʅ˦tʰɑ˥sei˦……xuo˩˪tʂə˦kə˦vɑ˩˪vɑ˩˥ʐʮ˩˪kuo˥sʅ˦˪i˥˪pei˦˥ti˧,nei˦˥niæ̃˩˪kæᴇ˥˪tɕiɑɔ˦˫sɑɔ˥tsʅ˧lie˧,tɕiɑɔ˦sɑ˦tɕiou˦tɕiɑɔ˦lie˧.pi˥˫tʂə˦kə˦tɑ˦i˥˪pei˦˥ti˧,nei˦iou˥˫tɕiɑɔ˦ʂəŋ˥səŋ˥˪ti˧,iɑɔ˦ts……iɑɔ˦tɕiɑɔ˦sɑ˦˪ti˧.（有没有就说欸小时候这个就是这个生下来以后，父母亲……母亲没有奶呀，就把他抱到别人家去，等他那个……就说就说那边就给他奶，等他长大一点再把他接回来？）没有，我们绝对没有这儿这。mei˩iou˥˫,ŋuo˥məŋ˧tɕyo˩˪tuei˦˥mei˩iou˥˪tʂər˦tʂə˦.（没有哈？）不搞这甚事。哪怕自己买奶粉给吃的都不说那话。pu˩˪kɑɔ˥˪tʂə˦˪səŋ˦sʅ˦.nɑ˥pʰɑ˦˪tsʅ˦tɕie˥˫mæᴇ˥˫næᴇ˥˫fəŋ˥kei˦˪tʂʰʅ˥ti˧tou˥˪pu˩˪ʂuo˥˪nə˦xuɑ˦.（以前有没有这种呢？）没有。muo˥˪iou˥˪.

师傅

（呃，那种这个做手艺的呢？）黄：那做啥的就是啥师傅。nə˦tsʮ˦˫sɑ˦ti˧tɕiou˦sʅ˦sɑ˦sʅ˥fu˦˪.（呃统称呢？）统称的就是师傅。这都分别以后有些东西那就不一样了。打铁的你就是铁匠。你这个欸做木活的你就是木匠。做石活的你就是石匠。tʰuoŋ˥˪tʂʰəŋ˥ti˧tɕiou˦sʅ˦sʅ˥fu˦˪.tʂei˦tou˥˪fəŋ˥˪pie˩˥i˥˪xou˦iou˥ɕie˥˪tuoŋ˥ɕi˧nei˦tsou˦pu˩˪i˥˪iɑŋ˦lə˧.tɑ˥˫tʰie˥ti˧ni˥˫tɕiou˦sʅ˦tʰie˥tɕiɑŋ˦˪.ni˥˫tʂə˦kə˦ei˦tsuo˦˫mu˥xuo˩˪ti˧ni˥˫tɕiou˦sʅ˦mu˥tɕiɑŋ˦˪.tsuo˦˥ʂʅ˩xuo˩˫ti˧ni˥˫tɕiou˦sʅ˦ʂʅ˩˪tɕiɑŋ˦˥.

伙计

1.（饭馆儿里的那个服务员你们叫什么呢？说得比较粗俗的这个。那是你服务员是很很文明……）黄：很文明。xəŋ˥vəŋ˩˪miŋ˩˪.王：服务员哎些叫……fu˩˪vu˦yæ̃˩˪æᴇ˥ɕie˥˫tɕiɑɔ˦……

2. 黄：端饭的么。tuæ̃˥˪fæ̃˦˫ti˧muo˧.王：端饭的㑚。tuæ̃˥˪fæ̃˦˫ti˧m̩˧.（有没有说叫伙计的？）王：没有。在这里头兀打杂咧。mei˩iou˥˪.tsæᴇ˦˪tʂə˦˫li˥˪tʰou˧væᴇ˦tɑ˥tsɑ˩lei˧.黄：没有。这里都就叫打兀……mei˩iou˥˪.tʂə˦˥li˥˪tou˥˪tɕiou˦tɕiɑɔ˦tɑ˥˪væᴇ˦……（店里头呢？）黄：店里头……tiæ̃˦˫li˥tʰou˧……（店里头卖货的那个售货员啦，过去叫什么？）王：过去叫……kuo˦tɕʰy˦tɕiɑɔ˦……（老人家这个……比如说他过去在什么什么西安什么店做过什么东西？）王：当过伙计。那也叫伙计。tɑŋ˥˪kuo˦˪xuo˥tɕi˦˪.nei˦iɑ˥˫tɕiɑɔ˦xuo˥tɕi˦˪.黄：当过伙计。嗯。那也叫伙计在这里。tɑŋ˥˪kuo˦˪xuo˥tɕi˦˪.ə̃˪.nei˦˥iɑ˥˪tɕiɑɔ˦xuo˥tɕi˦˪tsæᴇ˦tʂə˦˥li˥˪.（伙计就说是卖货的叫伙计？）黄：欸，那都多咧，再□做啥的他，都把他叫伙计咧。ei˪,nei˦˥tou˥˪tuo˥lie˧,tsæᴇ˦˥niæ̃˩˪tsʮ˦sɑ˦˫ti˧tʰɑ˥˪,tou˥˪pɑ˥˫tʰɑ˥˫tɕiɑɔ˦xuo˥tɕi˦˪lie˧.王：伙计那还给□里头……干，啥都干咧。xuo˥tɕi˦nei˦˫xɑ˩˫kei˦niæ̃˩˫li˥tʰou˧s……s……kæ̃˦,sɑ˦˥tou˥˪kæ̃˦˫lie˧.黄：啥都给□他们家做咧他。sɑ˦˫tou˥˪kei˦˥niæ̃˩˪tʰɑ˥məŋ˧tɕiɑ˥˪tsʮ˦lie˧tʰɑ˥˪.王：伙计那就是雇下我这个里头……啥活……xuo˥tɕi˦˪næᴇ˦˥tɕiou˦˪sʅ˦˪ku˦˫xɑ˦ŋuo˥˫tʂə˦kə˦li˥tʰou˧s……sɑ˦˥xuo˩˪……（旅……旅社里头也叫伙计吗？）黄：叫服务员儿咧啊？

现……tɕiɑɔ˥fu˨˩˧vu˦˥yæ̃r˩˧lie˦ɑ˨?ɕiæ̃˥……王：旅……旅社现在人叫上服务员儿。ly˥˧˦……ly˥˧ ˦ʂə˥˦˥ɕiæ̃˥tsæᴇ˥zəŋ˨˩˧tɕiɑɔ˥ʂɑŋ˥˩fu˨˩˧vu˦˥yæ̃r˨˩.（过去旅……旅社你们过……一般叫店吧？）黄：叫店么。tɕiɑɔ˥tiæ̃˥muo˨.王：店员儿，那也叫店员儿咧。tiæ̃˥yæ̃r˨˩˧,næᴇ˦˥ie˥˨tɕiɑɔ˥tiæ̃˥yæ̃r˨˩˧lie˦.

箍罗儿匠

黄：箍罗儿匠就是给那个人……给人这个箍缸箍盆的那些。ku˥˧luor˥˩tɕiɑŋ˥˩tɕiou˥sɿ˥kei˥nə˥kə˥zəŋ˩˧˦……kei˥zəŋ˩˧tʂə˥kə˥ku˥˧˦kɑŋ˥˧ku˥˨pʰəŋ˨˩˧ti˦nei˥˩ɕie˥˨.（罗是哪个罗呢？）罗面的罗嘛。luo˨˩˧miæ̃˥ti˦luo˩˧˦mɑ˦.

木工

（拉锯子，到山上那种？）黄：解板的那些噢，那叫木工咧。tɕie˥˧pæ̃˥˧ti˧nei˥˩ɕiɑɔ˨˩（←ɕie˥˧ɑɔ˨˩），nei˦˥tɕiɑɔ˥mu˥˧kuoŋ˥˨lie˧.（不叫木匠？）也叫木匠这个。ie˥˧˦tɕiɑɔ˥mu˥˧tɕiɑŋ˥˩tʂə˥˩kə˥˩.

毡匠

黄：还有毡匠。专门给人擀毡的。他把那个毛也就是放弹棉絮那样弹好以后，然后像弹棉絮样的弄啊。弹的铺展以后，然后把这个清油啊，水呀，豆面呀，然后都洒得上头以后，卷起来，就像这么一下卷卷卷卷起来……xɑ˨˩˧iou˥˧˦tʂæ̃˥˧tɕiɑŋ˥˩.tʂuæ̃˥˨məŋ˩˧kei˥zəŋ˩˧˦kæ̃˥˧˦tʂæ̃˥˧ti˧.tʰɑ˥˧pɑ˥˨næᴇ˥kə˥mɑɔ˩˧iɑ˥˧˦tɕiou˥˩sɿ˥˩fɑŋ˥tʰæ̃˩˧miæ̃˨˩˧ɕy˥nei˥iɑŋ˥tʰæ̃˨˩˧xɑɔ˥˧i˥˨xou˥,zæ̃˩˧xou˥˦˥ɕiɑŋ˥tʰæ̃˩˧miæ̃˨˩˧ɕy˦˥iɑŋ˥˩tə˧nuoŋ˦˥ɑ˨˩.tʰæ̃˨˩˧ti˦pʰu˥˨tʂæ̃˥˧i˥˨xou˥,zæ̃˨˩˧xou˥pɑ˥˨tʂə˥kə˥tɕʰiŋ˥˨iou˩˧æ˦,ʂuei˥˧iɑ˧,tou˥miæ̃˥iɑ˦,zæ̃˨˩˧xou˥tou˥˨sɑ˥˧tə˧ʂɑŋ˥tʰou˦i˥˨xou˥,tɕyæ̃˥˧tɕʰi˥˨læᴇ˨˩˧,tsou˥ɕiɑŋ˥tʂə˥muo˦i˥˨xɑ˥tɕyæ̃˥˨tɕyæ̃˥˧tɕyæ̃˥˧tɕyæ̃˥˨tɕʰi˥˧læᴇ˨˩˧……（是擀面一样搞法是吗？）噢，这下一弄以后，把这个帘……那是竹帘子上铺着咧么。然后把这个帘子放这个绳……绳子捆起来，就压得这个地下蹬咧。ɑɔ˨˩,tʂei˦˥xɑ˥i˥˨nuoŋ˥i˥˨xou˥,pɑ˥˨tʂə˥kə˥liæ̃˨˩˧……nə˥sɿ˥tʂʮ˥˧liæ̃˨˩˧tsɿ˦ʂɑŋ˥˩pʰu˥˧tʂə˧lie˧muo˨.zæ̃˨˩˧xou˥pɑ˥˨tʂə˥kə˥liæ̃˩˧tsɿ˦fɑŋ˥tʂə˥kə˥ʂəŋ˩˧……ʂəŋ˩˧tsɿ˦kʰuoŋ˥˧tɕʰi˥˨læᴇ˨˩˧,tɕiou˥niɑ˥tə˦tʂə˥kə˥ti˥xɑ˥təŋ˥˧lie˧.（təŋ˥˧？）噢，蹬。就是得光脚，光着脚丫子，你蹬过来，我蹬过去，你蹬过来，我蹬过去。蹬个一气子以后，然后这个……那个毛在里头不是已经都折了？他再把这个欸……再换一个方向。原先是这么个蹬着了，现在换个方向这么个可蹬咧。最后一直蹬的硬踏的把那个毛都是过……越来越这个越瓷，越来越瓷，这里都是，就把毡片子就擀成了嘛。ɑɔ˨˩,təŋ˥˧.tsou˥˩sɿ˥˩tei˥˧kuɑŋ˥˧tɕyo˥˨,kuɑŋ˥˧tʂə˧tɕiɑɔ˥˨iɑ˥˧tsɿ˧,ni˥˧təŋ˥˨kuo˥læᴇ˩˧˦,ŋuo˥˧təŋ˥˨kuo˥tɕʰi˥,ni˥˧təŋ˥˨kuo˥læᴇ˩˧˦,ŋuo˥˧təŋ˥˨kuo˥tɕʰi˥.təŋ˥˧kə˥˩i˥˨tɕʰi˥tsɿ˦i˥˨xou˥,zæ̃˨˩˧xou˥tʂə˥kə˥……nə˥kə˥mɑɔ˩˧tsæᴇ˥li˥˧tʰou˧pu˩˧˦sɿ˥i˥˧tɕiŋ˥˨tou˥˧˦tʂə˥˨lə˦?tʰɑ˥˨tsæᴇ˥pɑ˥˨tʂə˥kə˥ei˨˩……tsæᴇ˥xuæ̃˥i˥˧˦kə˥fɑŋ˥˨ɕiɑŋ˥.yæ̃˩˧ɕiæ̃˥˧˦sɿ˥tʂə˥˦muo˦kə˥təŋ˥˧tʂə˧lə˧,ɕiæ̃˥tsæᴇ˥xuæ̃˥kə˥fɑŋ˥˨ɕiɑŋ˥tʂə˥muo˦kə˥kʰə˥˨təŋ˥˧lie˧.tsuei˥xou˥i˥˨tʂʰʅ˩˧˦təŋ˥˧ti˧niŋ˥tʰɑ˨˩˧ti˦pɑ˥˨nə˥kə˥mɑɔ˩˧tou˥˨sɿ˥˩kuo˥……yo˥˨læᴇ˩˧yo˥˧˦tʂə˥kə˥yo˥˨tsʰʅ˩˧˦,yo˥˨læᴇ˩˧yo˥˧˦tsʰʅ˩˧˦,tʂei˥li˥˨tou˥˨sɿ˥˩,tsou˥pɑ˥˧˦tʂæ̃˥˨pʰiæ̃˥˧tsɿ˧tsou˥kæ̃˥˧tʂʰəŋ˨˩˧lə˦mɑ˧.（yo˨˩læᴇ˩˧yo˦tsʰʅ˦是什么意思啊？）瓷就是这个密呢嘛，结实了已经。tsʰʅ˩˧tɕiou˥sɿ˥tʂə˥kə˥mi˥˧nə˧mɑ˧,tɕie˥˧ʂʅ˨˩˧lə˧i˥˨tɕiŋ˥˧.（密？）噢，这个互相之间，毛和毛已经这个长到一块儿了。ɑɔ˨˩,tʂə˥˩kə˥˩xu˥ɕiɑŋ˥˨tsɿ˥˧tɕiæ̃˥˨,mɑɔ˩˧xuo˨˩˧mɑɔ˩˧i˥˧tɕiŋ˥˨tʂə˥˩kə˥˩tʂɑŋ˥˧tɑɔ˥˩i˥˨kʰuər˥˧lə˧.（瓷实的瓷是吧？）啊，瓷实的瓷么。最后这个地方以后，最后还洗嘛。把这个毡以后，捡起放竹帘子捡起来以后，烧那个九十度以上的开水，倒得这个上头，一烫以后，然后是这个，这个从来都蹬的劲大的很了那些那个，呃，拿脚硬再那么踩，手拉上逮住

这么个硬拽，拽的把这个梆紧的那个紧。最后，慢慢就……最后都……擀到最后么，原先都这么厚的毛毯子，最后都擀这么点点了。蹬紧了。ɑ˨˩,tsʰɿ˧˩ʂʅ˧˥ti˧tsʰɿ˧˩muo˧.tsuei˥xou˥tʂə˥kə˥ti˥fɑŋ˥˧i˥˨xou˥˧,tsuei˥xou˥xæᴇ˧˩ɕi˥mɑ˧.pɑ˥˨tʂə˥kə˥tʂæ̃˥i˥˨xou˥,tɕiæ̃˥tɕʰi˥˧fɑŋ˥tʂʯ˥˨liæ̃˧˩tsɿ˧tɕiæ̃˥˧tɕʰi˥˧læᴇ˧˥i˥˨xou˥,ʂɑɔ˥˧nə˥kə˥tɕiou˥ʂʅ˧˨tu˥i˥˧ʂɑŋ˥˧ti˧kʰæᴇ˥˨ʂuei˥,tɑɔ˥tə˧tʂə˥kə˥ʂɑŋ˥tʰou˧,i˥˨tʰɑŋ˥i˥˧xou˥,zæ̃˧˥xou˥sɿ˥tʂə˥kə˥,tʂə˥kə˥tsʰuoŋ˧˩læᴇ˧˥tou˥˧təŋ˥ti˧tɕiŋ˥˦tɑ˥ti˧xəŋ˥lə˧næᴇ˥˧ɕie˥˧nə˥kə˥,ə˨˩,nɑ˧tɕyo˥niŋ˥tsæᴇ˥nə˥muo˧tsʰæᴇ˥,ʂou˥lɑ˥ʂɑŋ˥˨tæᴇ˥˦tʂʯ˥tʂə˥muo˧kə˥niŋ˥tʂuei˥,tʂuei˥ti˧pɑ˥˨tʂə˥kə˥pɑŋ˥˦tɕiŋ˥ti˧nə˥˨kə˥˨tɕiŋ˥.tsuei˥xou˥,mæ̃˥˨mæ̃˥˨tɕiou˥˧……tsuei˥xou˥tou……kæ̃˥tɑɔ˥˨tsuei˥xou˥muo˧,yæ̃˧ɕiæ̃˥˨tou˥˧tʂə˥muo˧xou˥ti˧mɑɔ˧˩tʰæ̃˥tsɿ˧,tsuei˥xou˥tou˥˨kæ̃˥˧tʂə˥muo˧tiæ̃˥˨tiæ̃˥˨lə˧.təŋ˥˨tɕiŋ˥lə˧.

叮叮匠

（补锅的呢？）黄：那……那叫叮叮匠咧吧？nɑ˥˨……næᴇ˥tɕiɑɔ˥tiŋ˥˦tiŋ˥˨tɕiɑŋ˥lie˧pɑ˧?（叮叮当当打的啊？）噢，叮叮当当的他们。这都是以前的工种了。现在都没人弄那事了。ɑɔ˨˩,tiŋ˥tiŋ˥˨tɑŋ˥˧tɑŋ˥˧ti˧tʰɑ˥məŋ˧.tʂei˥˧tou˥˨sɿ˥˨i˥tɕʰiæ̃˧˩ti˧kuoŋ˥˨tʂuoŋ˥lə˧.ɕiæ̃˥tsæᴇ˥tou˥˨muo˥˨zəŋ˧nuoŋ˥nə˥˨sɿ˥˨lə˧.

皮匠

（这个修鞋的？修鞋补鞋的那个？）黄：那没有人带……不给他们……不是……不是匠人。næᴇ˥˧mei˧iou˥˧zəŋ˧tæᴇ˥……pu˧˥kei˥tʰɑ˥˧məŋ˧……pu˧˩sɿ˥……pu˧˩sɿ˥˧tɕiɑŋ˥zəŋ˧˩.（不叫皮匠啊？）啊，有皮匠咧，皮匠可有咧。皮匠过去专门儿缝皮子。这种缝皮大衣的，缝皮褥子的这些。ɑ˥,iou˥pʰi˧˩tɕiɑŋ˥˧lie˧,pʰi˧˩tɕiɑŋ˥˧kʰə˥˨iou˥lie˧.pʰi˧˩tɕiɑŋ˥˧kuo˥tɕʰy˥tʂuæ̃˥˨mə̃r˧fəŋ˧pʰi˧˩tsɿ˧.tʂei˥tʂuoŋ˥˧fəŋ˧pʰi˧˩tɑ˥i˥ti˧,fəŋ˧pʰi˧˩zʯ˥tsɿ˧ti˧tʂei˥˧ɕie˥˨.（噢，那叫皮匠是指那些？）噢，指那些人，啊。ɑɔ˨˩,tsɿ˥˨nei˥˧ɕie˥˨zəŋ˧,ɑ˨˩.（跟裁缝差不多？）和……噢，他裁缝差不多。他不过缝的这个专职就是做皮活的，叫皮匠。修鞋的，他欸只能是修鞋的，他不能算匠人么。xuo˧˩……ɑɔ˨˩,tʰɑ˥˨tsʰæᴇ˧˩fəŋ˧˥tsʰɑ˥˨pu˧tuo˥˨.tʰɑ˥˧pu˧˩kuo˥fəŋ˧˩ti˧tʂə˥kə˥tʂuæ̃˥˨tʂʅ˥tɕiou˥sɿ˥tsuo˥˨pʰi˧xuo˧˩ti˧,tɕiɑɔ˥pʰi˧˩tɕiɑŋ˥˧.ɕiou˥ɕie˥˨ti˧,tʰɑ˥ei˨tsɿ˥˧nəŋ˧˥sɿ˥ɕiou˥ɕie˧˩ti˧,tʰɑ˥pu˧˩nəŋ˧suæ̃˥tɕiɑŋ˥˦zəŋ˧˩muo˧.

贩子

1.（贩子？）黄：贩子有么。那你……那口有大贩子、小贩子。还有二道贩子么。fæ̃˥˦tsɿ˧iou˥muo˧.nə˥ni˥˧……næᴇ˥˧niæ̃˧˥iou˥˧tɑ˥fæ̃˥tsɿ˧ɕiɑɔ˥fæ̃˥tsɿ˧.xæᴇ˧˩iou˥˧ər˥˧tɑɔ˥fæ̃˥tsɿ˧muo˧.（这个怎么区别？）二道贩子就说是这个欸，指你把我东西……我把东西从他跟前到我跟前来，你再从我手里再到……再弄去，你就是二道贩子。ər˥˧tɑɔ˥fæ̃˥tsɿ˧tɕiou˥˧ʂuo˥˨sɿ˥tʂə˥kə˥ei˥,tsɿ˥˧ni˥pɑ˥˨ŋuo˥˧tuoŋ˥ɕi˧……ŋuo˥pɑ˥˨tuoŋ˥ɕi˧tsʰuoŋ˧˩tʰɑ˥kəŋ˥˨tɕʰiæ̃˧˩tɑɔ˥ŋuo˥kəŋ˥˨tɕʰiæ̃˧˩læᴇ˧˩,ni˥˧tsæᴇ˥tsʰuoŋ˧˩ŋuo˥ʂou˥˨li˥˨tsæᴇ˥˨tɑɔ˥˧……tsæᴇ˥nuoŋ˥˨tɕʰi˥˧,ni˥tɕiou˥˨sɿ˥˨ər˥˧tɑɔ˥fæ̃˥˧tsɿ˧.（他是中间那个经手的？）噢，中间……中间商，噢。是二道贩子。ɑɔ˨˩,tʂuoŋ˥˨tɕiæ̃˥˨……tʂuoŋ˥˨tɕiæ̃˥˦ʂɑŋ˥,ɑɔ˥.sɿ˥˨ər˥˧tɑɔ˥fæ̃˥˧tsɿ˧.（这个其……第一道呢？）那叫贩子嘛。næᴇ˥tɕiɑɔ˥fæ̃˥˦tsɿ˧mɑ˧.（叫不叫头道贩子、二道……）不叫。能叫个贩子嘛。pu˧˥tɕiɑɔ˥.nəŋ˧tɕiɑɔ˥kə˥fæ̃˥tsɿ˧mɑ˥.（一道贩子、头道贩子？）不叫。那光就是指二头起，这有个二道贩子咧，称呼就对了。pu˧˩tɕiɑɔ˥.næᴇ˥kuɑŋ˥˦tɕiou˥sɿ˥tsɿ˥˨ər˥˦tʰou˧˩tɕʰie˥˨,tʂei˥˧iou˥˧kə˥ər˥˧tɑɔ˥fæ̃˥tsɿ˧lie˧,tʂʰəŋ˥xu˥˧tɕiou˥tuei˥˨lə˧.

2. 黄：这个啥子，贩子这个啥都贩咧。啥能挣钱他弄啥么，贩子么。过去叫投机倒把的么你。“文革”……“文革”期间给他戴个词儿就是投机倒把犯么。tʂə˦kə˦sɑ˦˥tsɿ˧,fæ̃˦tsɿ˧tʂə˦˨kə˦˨sɑ˦˥tou˥˨fæ̃˦lie˧.sɑ˦nəŋ˨˦˨tsəŋ˦tɕʰiæ̃˨˦tʰɑ˥˦nuoŋ˦sɑ˦muo˧,fæ̃˦tsɿ˧muo˧.kuo˦tɕʰy˦tɕiɑɔ˦tʰou˨˦tɕi˥˦tɑɔ˥˧pɑ˥˧ti˧muo˧ni˥˨.vəŋ˨˦kei˥˨……vəŋ˨˦kei˥˧tɕʰi˨˦˨tɕiæ̃˥˦kei˦tʰɑ˥˦tæᴇ˦kə˦tsʰər˨˦tɕiou˦sɿ˦tʰou˨˦tɕi˥˦tɑɔ˥˦pɑ˥˦fæ̃˦muo˧.

做小生意的

（这个像那个摆……专门摆摊子，摆地摊的呢？）黄：做小生意的么。tsɥ˦˨ɕiɑɔ˥˦səŋ˥˧i˦˨ti˧muo˧.（叫不叫这个摊……摊贩？）也叫摊贩。ie˥˧tɕiɑɔ˦tʰæ̃˥˨fæ̃˦.（摊贩老还是做小生意的老？）这儿这人多一半都叫做小……做小生意的咧。tʂər˦tʂə˦˨zəŋ˨˦tuo˥˧i˥˨pæ̃˦tou˥˨tɕiɑɔ˦tsuo˦˨ɕiɑɔ˥˦……tsɥ˦˨ɕiɑɔ˥˦səŋ˥˧i˦˨ti˧lie˧.

行商、坐商

（噢，这种……有这个行商坐商的区别吗？）黄：这个都欸……我们这儿人那都是那个摆摊儿的，摆地摊儿的，那就是坐商，就是这个开门市的，□就有固定地点的。行商一般那就是现在都叫那送货上门的，也叫那乡村货郎，担个担担，走乡串户的那些。tʂə˦˨kə˦˥˦tou˥˦ei˦……ŋuo˥˧məŋ˧tʂər˦˥zəŋ˨˦˧næᴇ˦tou˥˨sɿ˦nə˦kə˦pæᴇ˥˦tʰæ̃r˥˧ti˧,pæᴇ˥˧ti˦˥tʰæ̃r˥˧ti˧,næᴇ˦tɕiou˦sɿ˦tsuo˦˥ʂɑŋ˥˨,tɕiou˦sɿ˦tʂə˦kʰæᴇ˥˧məŋ˨˦˨sɿ˦˥ti˧,niæ̃˨˦˨tsou˦iou˥˦ku˦tiŋ˦ti˦tiæ̃˥˧ti˧.ɕiŋ˨˦ʂɑŋ˥˧i˥˦pæ̃˥˦næᴇ˦tɕiou˦sɿ˦ɕiæ̃˦tsæᴇ˦tou˥˨tɕiɑɔ˦næᴇ˦suoŋ˦˥xuo˦ʂɑŋ˦məŋ˨˦˨ti˦,ie˥˨tɕiɑɔ˦˨næᴇ˦˨ɕiɑŋ˥˦tsʰuoŋ˥˨xu˦˥˦（←xuo˦）lɑŋ˨˦˨,tæ̃˥˨kə˦˨tæ̃˦˥tæ̃˦˨,tsou˦˥˦ɕiɑŋ˥˨tʂʰuæ̃˦xu˦ti˧nei˦˨ɕie˥˨.（那叫货郎子啊？）噢，货郎子，嗯。ɑɔ˨˩,xuo˦˥˦lɑŋ˨˦˨tsɿ˧,ŋ̍˨˩.

哑子

1.（为什么把中人叫作哑子呢？）黄：这是……哑子他不是明说的。我们这个地方是这个说生意以后是这个一般是暗说咧。tʂə˦˥˦sɿ˦˨……iɑ˥˧tsɿ˧tʰɑ˥˦pu˨˦˧sɿ˦miŋ˨˦ʂuo˥˧ti˧.ŋuo˥˧məŋ˧tʂə˦kə˦ti˦fɑŋ˥˦sɿ˦tʂə˦kə˦ʂuo˥˨səŋ˥˧i˦i˥˦xou˦˨sɿ˦tʂə˦kə˦i˥˦pæ̃˥˨sɿ˦˨næ̃˦ʂuo˥˨lie˧.（暗中说的？）暗中说咧。你比如说这个杯子，你是个卖……你是个卖家，我是个买家。这不能说是这个杯子……哪怕这杯子一……卖……卖一百块钱咧，这个就先问你咧么，这个经纪人首先问你啊嘛。撩撩揭起来，或者是戴个帽子，帽子往下一扣，把手扣住以后捏了么，捏码子咧嘛。问你……æ̃˦˥tʂuoŋ˥˦ʂuo˥˧lie˧.ni˥˧pi˥˧zɥ˨˦˨ʂuo˥˨tʂə˦˨kə˦pʰei˥˧tsɿ˧,ni˥˧sɿ˦˨kə˦˨mæᴇ˦……ni˥˧sɿ˦˨kə˦˨mæᴇ˦tɕiɑ˥˨,ŋuo˥˧sɿ˦˨kə˦˨mæᴇ˥˧tɕiɑ˥˨.tʂə˦pu˨˦˨nəŋ˨˦ʂuo˥˨sɿ˦˨tʂə˦kə˦pʰei˥˦tsɿ˧……nɑ˥˦pʰɑ˦tʂə˦pʰei˥˧tsɿ˧i˥˨……mæᴇ˦ʂ……mæᴇ˦i˥˨pei˥˧kʰuæᴇ˥˨tɕʰiæ̃˨˦˨lie˦,tʂə˦˨kə˦˥˦tsou˦ɕiæ̃˥˨vəŋ˦ni˥˧lie˧muo˧,tʂə˦˨kə˦˥˦tɕiŋ˥˨tɕi˦˥˦zəŋ˨˦ʂou˥˧ɕiæ̃˥˨vəŋ˦˥ni˥˧æ˧mɑ˧.liɑɔ˨˦liɑɔ˨˦˧tɕie˥˨tɕʰi˥˧læᴇ˨˦˨,xuei˨˦˧tʂə˥˨sɿ˦tæᴇ˦kə˦mɑɔ˦˥tsɿ˧,mɑɔ˦˥tsɿ˧vɑŋ˥˨xɑ˦i˥˨kʰou˦˥˦,pɑ˥˨ʂou˥˧kʰou˦tʂɥ˦i˥˦xou˦nie˥˧ləm˧,nie˥˨mɑ˥˧tsɿ˧lie˧mɑ˧.vəŋ˦˨ni˥˦……（捏码子？）噢，捏码子，问你要……要啥价？你该给出一个指头，那就是这个……那不用说，知道这个东西是个大价钱，至少得一百块钱，那就你擩一个指头。你一捏，返回来问兀是……这他可问我：“他朝着你掏多少□？”这中间都互相靠这个捏码子捏咧。ɑɔ˨˩,nie˥˨mɑ˥˧tsɿ˧,vəŋ˦ni˥˦iɑɔ˦……iɑɔ˦sɑ˦tɕiɑ˦˨?ni˥˧kæᴇ˥˦kei˦tʂʰɥ˥˦i˥˧kə˦˨tsɿ˥˧tʰou˧,næᴇ˦tɕiou˦sɿ˦tʂə˦kə˦……næᴇ˦pu˨˦˨yoŋ˦˥˦ʂuo˥˨,tʂɿ˥˨tɑɔ˦˥˦tʂə˦kə˦tuoŋ˥˧ɕi˧sɿ˦˨kə˦˨tɑ˦tɕiɑ˦tɕʰiæ̃˨˦˨,tsɿ˦ʂɑɔ˥˦tei˥˧i˥˨pei˥˧kʰuæᴇ˥˨tɕʰiæ̃˨˦,næᴇ˦tsou˦ni˥˦zɥ˥˧i˥˦kə˦tsɿ˥˧tʰou˧.ni˥˦i˥˨nie˥˧,fæ̃˥˧xuei˨˦˨læᴇ˨˦˧vəŋ˦væᴇ˦sɿ˦˥˦……tʂə˦tʰɑ˥˨kʰə˥˦vəŋ˦ŋuo˥˧,tʰɑ˥˨tʂʰɑɔ˨˦˨tʂə˧ni˥˧tʰɑɔ˥˧tuo˥˨ʂɑɔ˥˧niæ̃˨˦˨?tʂei˦˥˦tʂuoŋ˥˦tɕiæ̃˥˦tou˥˦xu˦ɕiɑŋ˥˦kʰɑɔ˦tʂə˦kə˦nie˥˨mɑ˥˧tsɿ˧nie˥˧lie˧.（噢，就是……）

噢，捏的这个，他……ɑɔ˩,nie˥˧tə˦tʂə˥kə˥,tʰɑ˥˧……（这罩住就是不让别人看到？）不让别人看着么。这个也叫交易。他感觉到你这个价钱接近了，你要了一百块钱，他给咧八十块钱，甚至给咧九十块钱，交易马上感觉到这个生意可以成了，说“我就吼了”。pu˧˩ʐɑŋ˥pie˧˩ʐəŋ˨˦kʰæ̃˥tʂɑɔ˩˧muo˦.tʂei˥kə˥ie˥˧tɕiɑɔ˥tɕiɑɔ˥˩i˥˦.tʰɑ˥˧kæ̃˥˧tɕyo˥˩tɑɔ˥ni˥˧tʂə˥˩kə˥˩tɕiɑ˥tɕʰiæ̃˧˩tɕie˥˩tɕiŋ˥lə˧,ni˥˨iɑɔ˥˨lə˧i˥˩pei˥˧kʰuæᴇ˥˩tɕʰiæ̃˨˦,tʰɑ˥˨kei˥lie˦pɑ˥˧ʂʅ˧˩kʰuæᴇ˥˧tɕʰiæ̃˧˩,ʂəŋ˥tsʅ˥ke i˥lie˦tɕiou˥˧ʂʅ˧˩kʰuæᴇ˥˩tɕʰiæ̃˨˦,tɕiɑɔ˥˩i˥mɑ˥˧ʂɑŋ˥˩kæ̃˥˧tɕyo˥˩tɑɔ˥tʂə˥kə˥səŋ˥˧i˥˩kʰə˥˧i˥˩tʂʰəŋ˧˩lə˦,ʂuo˥˩ ŋuo˥˧tsou˥xou˥˧lə˧.（xou˥˧？）噢，“我吼咧”。就是我分明了，我给你说，我就吼了。有的就说是“我叫了，九十五块钱”。ɑɔ˩,ŋuo˥˨xou˥˧lie˧.tɕiou˥sʅ˥ŋuo˥˧fəŋ˥˩miŋ˧˩lə˦,ŋuo˥˨kei˥ni˥˨ ʂuo˥˩,ŋuo˥˨tsou˥xou˥˧lə˧.iou˥˧ti˧tɕiou˥˦ʂuo˥˩sʅ˥˩ŋuo˥˧tɕiɑɔ˥˨lə˧,tɕiou˥˨ʂʅ˩˧vu˥˨kʰuæᴇ˥˨tɕʰiæ̃˧˩.（这是就是说对外就是这么讲是吧？）噢，对外就给你们两个都说了。九十五块钱我一叫明了，再不能反悔了。这是那个交易人他就掌握咧，他有这个五块钱的这个互相这个活动余地咧。根据那个生意的大小么，他就是这个……ɑɔ˩,tuei˥væᴇ˥tɕiou˥kei˥ni˥˨məŋ˦liɑŋ˥˧kə˥˩tou ˥˩ʂuo˥˧lə˧.tɕiou˥˧ʂʅ˩˧vu˥˧kʰuæᴇ˥˩tɕʰiæ̃˨˦ŋuo˥˧i˥˩tɕiɑɔ˥miŋ˨˦lə˦,tsæᴇ˥˦pu˧˩nəŋ˨˦fæ̃˥˧xuei˥˧lə˧.tʂə˥sʅ˥nə˥kə ˥tɕiɑɔ˥˩i˥˦ʐəŋ˨˦tʰɑ˥˨tɕiou˥tʂɑŋ˥˧vuo˥˩lie˧,tʰɑ˥˧iou˥˨tʂə˥kə˥vu˥˧kʰuæᴇ˥˩tɕʰiæ̃˨˦ti˦tʂə˥kə˥xu˥ɕiɑŋ˥˨tʂə˥ kə˥xuo˧˩tuoŋ˥y˧˩ti˥lie˧.kəŋ˥˩tɕy˥˦nə˥kə˥səŋ˥˧i˥˩ti˧tɑ˥ɕiɑɔ˥˧muo˧,tʰɑ˥˨tɕiou˥sʅ˥tʂə˥kə˥……（他就中间人？）他做中间人么，噢，他就是……tʰɑ˥˨tsuo˥tʂuoŋ˥˩tɕiæ̃˥˩ʐəŋ˨˦muo˦,ɑɔ˩,tʰɑ˥˨tɕiou˥s ʅ˥……（鸭子？）哑子么，啊。iɑ˥˧tsʅ˧muo˧,ɑ˦.（就是河里面那种鸭子那个？）哎，那个不是那个鸭子。是个哑哑的哑。æᴇ˨˦,næᴇ˥kə˥pu˧˩sʅ˥˨nə˥kə˥iɑ˥˩tsʅ˦.sʅ˥kə˥iɑ˥˧iɑ˥˩ti˧iɑ˥˩.（哑巴的哑是吗？）噢。哑子，嗯。不是河里那个鸭子。ɑɔ˩.iɑ˥˧tsʅ˧,əŋ˩.pu˧˩sʅ˥xuo˧˩li˥˧nə˥kə˥iɑ˥˩tsʅ˧.（噢，像他们……他们那个暗语呀，这个一般这个这个一是怎么表示的？）一一般是一个指头。i˥˧i˥˩pæ̃˥˧sʅ˥˩i˥˧kə˥˩tsʅ˥˧tʰou˧.（一个指头？）噢，这就二……二，三，四那就是这四个指头。五是满打贯了嘛。ɑɔ˩,tʂei˥˦tɕiou˥ər˥˦tʂ……ər˥,sæ̃˥˧,sʅ˥nei˥˩tɕiou˥˩sʅ˥˩tʂei˥˦s ʅ˥kə˥tsʅ˥˧tʰou˧.vu˥˧sʅ˥mæ̃˥˧tɑ˥˧kuæ̃˥˨lə˧mɑ˧.（噢，这个就五个手指头那个？）啊。这往出来一蹦的话这就……ɑ˩.tʂei˥vɑŋ˥˩tʂʰʮ˥˧læᴇ˧˩i˥˩pəŋ˥˧ti˧xuɑ˥˩tʂei˥˦tɕiou˥˩……（六？）六。撮撮子……liou˥˧.tsuo˥˧tsuo˥˩tsʅ˧……（噢，这个七，七它是那个大拇指跟……跟食指、中指是吧？）噢，这个……嗯，这三个一合么。这一撮撮子九都出来了。ɑɔ˩,tʂə˥kə˥……ə̃˩,tʂə˥sæ̃˥˧kə˥˩i˥˩xuo˨˦muo˦.tʂə˥˦i˥˩tsuo˥˧tsuo˥˩tsʅ˧tɕiou˥˧tou˥˩tʂʰʮ˥˩læᴇ˧˩lə˦.（十呢？）十还是拿一代着咧。ʂʅ˨˦xɑ˧˩sʅ˥˩nɑ˨˦i˥˨tæᴇ˥tʂə˧lie˧.（十还是一？）啊。十给你杠一下子，那你就知道了。八。ɑ˩.ʂʅ˨˦kei˥ni˥˨kɑŋ˥i˥˨xɑ˥tsʅ˦,næᴇ˥ni˥˨tsou˥tʂʅ˥˧tɑɔ˥˩lə˧.pɑ˥˩.（这是八？）嗯。ə̃˩.（噢，这个手势还差不多！）嗯。ŋ̍˩.（他就是罩住不让别人看到！）呃，不让，不能看。你这生意本来是个瞒的么。ə˥,pu˧˩ʐɑŋ˥˦,pu˧˩nəŋ˧˩kʰæ̃˥˨.ni˥˨tʂə˥səŋ˥˧i˥˩pəŋ˥˧læᴇ˧˩sʅ˥˩kə˥˩mæ̃˨˦ ti˧muo˧.（欸，他这种这个在做生意的时候他有没有什么用别的语言来代替这个数……数字的？）没有。muo˥˨iou˥˩.（比如说他说话用……讲一，他就不讲一，讲别的。）没有。那没有。哎，很明显。他就是放这个手语，然后打着互相捏这以后，来就说是这个买家和卖家，你卖多少钱咧，他掏多少钱咧。这个哑子交易么，欸，一……说官话么就是个交易，这个经纪人，他也是经纪人，他在中间给你活络这个生意，就说是感觉到就是，哎，你比如说是说你有个东西，你卖一百，“哎，不值一百”，说“那你给多钱咧嘛”，那就是给……给这个说咧。最后他又问你问你问到最后了，感觉到你这个，一个你这东西想卖咧，他还想买咧，这个价钱错的不远了，就是你少上几个，他添上两个，生意就成了。

mei˨˩˧˨˩iou˥˧˨˩.nə˥˥˦mei˨˩˧˨˩iou˥˧˨˩.æᴇ˧,xəŋ˥˧miŋ˨˩˧˨˩ɕiæ̃˥˧˨˩.tʰɑ˥˧tɕiou˥˥˦sɿ˥˨˩faŋ˥tʂə˥kə˥ʂou˥˧y˥˧˨˩,ʐæ̃˨˩˧˨˩xou˥tɑ˥˧tʂə˨ xu˥ɕiaŋ˥˧˧nie˥˧tʂei˥i˥˧˨˩xou˥,læᴇ˨˩˧˨˩tsou˥˥˦ʂuo˥˧˨˩sɿ˥˨˩tʂə˥kə˥mæᴇ˥˧tɕiɑ˥˧˨˩xuo˨˩˧˨˩mæᴇ˥tɕiɑ˥˧˨˩,ni˥˧˧mæᴇ˥tuo˥˧˨˩ ʂɑɔ˥˧tɕʰiæ̃˨˩˧˨˩lie˧,tʰɑ˥˧˧tʰɑɔ˥˧tɑɔ˧（←tuo˥˧ʂɑɔ˥˧）tɕʰiæ̃˨˩˧˨˩lie˧.tʂə˥kə˥iɑ˥˧tsɿ˨tɕiɑɔ˥˧˨˩i˥˥˦muo˨,ei˥,i˥˧ʂʮ˨……ʂuo˥˧˨˩kuæ̃˥˧xuɑ˥muo˨tɕiou˥sɿ˥kə˥tɕiɑɔ˥˧˨˩i˥˥˦,tʂə˥kə˥tɕiŋ˥˧˨˩tɕi˥ʐəŋ˨˩˧,tʰɑ˥˧˧ɑ˥˧˧sɿ˥tɕiŋ˥˧˨˩tɕi˥˥˦ʐəŋ˨˩˧˧,tʰɑ˥˧˧tsæᴇ˥tʂuoŋ˥˧˧tɕiæ̃˥˧˧kei˥ni˥˧˧xuo˨˩˧˨˩luo˥˧˧tʂə˥kə˥səŋ˥˧i˥˨˩,tsou˥˨˩ʂuo˥˧˨˩sɿ˥kæ̃˥˧tɕyo˥˧˨˩tɑɔ˥tsou˥˨˩sɿ˥˨˩,æᴇ˨˩˧,ni˥˧˧pi˥˧˧ʐʮ˨˩˧˧ʂuo˥˧˧sɿ˥ʂuo˥˧˧ni˥˧iou˥˧˧kə˥tuoŋ˥˧ɕi˨,ni˥˧˨˩mæᴇ˥˥˦i˥˧˨˩pei˥˧,æᴇ˨˩˧,pu˨˩˧˨˩tʂʅ˨˩˧i˥˧˧pei˥˧˧,ʂuo˥˧˨˩næᴇ˥ni˥˧˧kei˥˥˦tuo˥˧˨˩tɕʰiæ̃˨˩˧˨˩lie˨mɑ˨,næᴇ˥tɕiou˥sɿ˥kei˥˨˩……kei˥tʂə˥kə˥ʂuo˥˧˨˩lie˨.tsuei˥xou˥tʰɑ˥˧˨˩iou˥˨˩vəŋ˥ni˥˧˧vəŋ˥ni˥˧˧vəŋ˥˨˦tɑɔ˥˨˩tsuei˥xou˥lə˨,kæ̃˥˧tɕyo˥˧˨˩tɑɔ˥ni˥˧tʂə˥˨˩kə˥˨˩,i˥˧˨˩kə˥˥˦ni˥˧˧tʂə˥tuoŋ˥˧˨˩ɕi˨ɕiaŋ˥˧˧mæᴇ˥lie˧,tʰɑ˥˧xæᴇ˨˩˧˨˩ɕiaŋ˥˧˧mæᴇ˥˧lie˨,tʂə˥kə˥tɕiɑ˥˨˦tɕʰiæ̃˨˩˧˨˩tsʰuo˥ti˨pu˨˩˧˨˩yæ̃˥˧lə˨,tɕiou˥˨˩sɿ˥˨˩ni˥˧ʂɑɔ˥˧ʂaŋ˥˨˩tɕi˥˧kə˥˨˩,tʰɑ˥˧˧tʰiæ̃˥˧ʂaŋ˥˨˩liaŋ˥˧kə˥˨˩,səŋ˥˧i˥˨˩tɕiou˥tʂʰəŋ˨˩˧˨˩lə˧.

2.（嗯，像这个这种牲口哇，这个交易啊，他有没有经纪？）黄：哎有咧嘛。这个经纪一般在这个卖日用百货上或其他这些东西，他那个可以说都没有经纪我们这里。他这个经纪是重点体现在牲畜上面。这个卖……卖这个牛驴骡马，这个卖大一点的东西，他都是有交易咧。æᴇ˥iou˥˧lie˨mɑ˨.tʂə˥kə˥tɕiŋ˥˧˨˩tɕi˥i˥˧˨˦pæ̃˥˧˨˩tsæᴇ˥tʂə˥˨˩kə˥˨˩mæᴇ˥ʐʅ˥˧˨˩yoŋ˥pei˥˧˨˩xuo˥˥˦ʂaŋ˥˨˩xuo˨˩˧˨˩tɕʰi˨˩˧˨˩tʰɑ˥˧˧tʂei˥ɕie˥˧˧tuoŋ˥˧ɕi˨,tʰɑ˥˧˧nə˥kʰə˥˧i˥˧˨˩ʂuo˥˧˧tou˥˧˧mei˨˩˧iou˥˧tɕiŋ˥˧˨˩tɕi˥ŋuo˥˧məŋ˨tʂei˥˨˩li˥˧˨˩. tʰɑ˥˧tʂə˥kə˥tɕiŋ˥˧˨˩tɕi˥sɿ˥tʂuoŋ˥˨˦tiæ̃˥˧˨˩tʰi˥˧˧ɕiæ̃˥tsæᴇ˥˨˩səŋ˥˧ɕy˥˧˨˩ʂaŋ˥miæ̃˥.tʂə˥˨˩kə˥˨˩mæᴇ˥……mæᴇ˥tʂə˥kə˥niou˨˩˧y˨˩˧˧luo˨˩˧˨˩mɑ˥˧,tʂə˥˨˩kə˥˨˩mæᴇ˥tɑ˥i˥˧˧tiæ̃˥˧˧ti˨tuoŋ˥˧˨˩ɕi˨,tʰɑ˥˧˨˩tou˥˧˨˦sɿ˥iou˥˧˧tɕiɑɔ˥˧˨˩i˥˥˦lie˨.（这个有经纪是吧？）噢，有经纪出现。ɑɔ˥,iou˥˧˧tɕiŋ˥˧˨˩tɕi˥˥˦tʂʰʮ˥˧˨˩ɕiæ̃˥˥˦.（经纪是指那种人吧？就中间那个？）噢，就是指中间人叫经纪人。ɑɔ˨˩,tɕiou˥sɿ˥tsɿ˥˧˧tʂuoŋ˥˧˨˩tɕiæ̃˥˧ʐəŋ˨˩˧˧tɕiɑɔ˥tɕiŋ˥˧˨˩tɕi˥˥˦ʐəŋ˨˩˧˨˩.（噢，他是专指那个卖……买卖牲口的那个中人？）啊，啊。ɑ˥,ɑ˨˩.（也叫经纪？）嗯。经纪。土一点就叫哑子。ŋ̍˨˩.tɕiŋ˥˧˨˩tɕi˥˥˦.tʰu˥˧i˥˧˧tiæ̃˥˧˧tɕiou˥tɕiɑɔ˥iɑ˥˧tsɿ˨.（噢，也叫哑子？）噢，最土的就是哑子。ɑɔ˨˩,tsuei˥˨˦tʰu˥˧ti˨tɕiou˥˨˩sɿ˥˨˩iɑ˥˧tsɿ˨.（哑子他不是做那种这个就是一般的那种交易的吗？）一般交易就没有哑子我们这儿。反正交易不上几百块钱，那都没有哑子的事么。逮个猪娃子但是有哑子嘛。卖猪娃子这些东西要由哑子做咧。i˥˧˨˦pæ̃˥˧tɕiɑɔ˥˧˨˩i˥˥˦tsou˥mei˨˩˧˨˩iou˥˧˧iɑ˥˧tsɿ˨ŋuo˥˧˧məŋ˨tʂər˥.fæ̃˥˧tʂəŋ˥˥˦tɕiɑɔ˥˧˨˩i˥˥˦pu˨˩˧˨˩ʂaŋ˥tɕi˥˧˧pei˥˧kʰuæᴇ˥˧tɕʰiæ̃˨˩˧,nei˥tou˥˧˧mei˨˩˧iou˥˧˧iɑ˥˧tsɿ˨ti˨sɿ˥muo˨.tæᴇ˥˧˧kə˥tʂʮ˥˧vɑ˨˩˧˨˩tsɿ˨tæ̃˥sɿ˥iou˥˧˧iɑ˥˧tsɿ˨mɑ˨.mæᴇ˥tʂʮ˥˧vɑ˨˩˧˨˩tsɿ˨tʂei˥˥˦ɕie˥˧˧tuoŋ˥˧˧ɕi˨iɑɔ˥iou˨˩˧iɑ˥˧tsɿ˨tsuo˥˥˦lie˨.（可不可以不经过哑子呢？）那可以嘛。那你……那你直接就和他叫明的，叫响的，和他说起猪啊。nei˥˥˦kʰə˥˧i˥˧˨˩mɑ˨.næᴇ˥ni˥˧˧……næᴇ˥ni˥˧˧tʂʅ˨˩˧tɕie˥˧˨˩tɕiou˥xuo˨˩˧˧tʰɑ˥˧˧tɕiɑɔ˥miŋ˨˩˧ti˧,tɕiɑɔ˥ɕiaŋ˥˧ti˨,xuo˨˩˧˨˩tʰɑ˥˧ʂuo˥˧tɕʰi˥˧˨˩tʂʮ˥˧˨˩ɑ˧.（那哑子他是市场上专门有一帮这样的人还是……）专门儿有这一门……这么一帮人。那是各县工商局专门儿进行登记、管理，发咧证的呀。tʂuæ̃˥˧˨˩mə̃r˨˩˧iou˥˧tʂei˥i˥˧˧məŋ˨˩˧˨˩……tʂə˥˥˦muo˨i˥˧˨˩paŋ˥˧ʐəŋ˨˩˧˨˩.næᴇ˥˥˦sɿ˥kə˥˧˨˩ɕiæ̃˥kuoŋ˥˧˨˦ʂaŋ˥˧˨˩tɕʰy˨˩˧tʂuæ̃˥˧˨˩mə̃r˨˩˧tɕiŋ˥ɕiŋ˨˩˧təŋ˥˧˨˩tɕi˥,kuæ̃˥˧li˥˧,fɑ˥˧lie˨tʂəŋ˥ti˨iɑ˨.（噢，还有呃那个持证上岗的？）噢，要执……持证上岗咧。那你不是些微，像有些人你都能……能当上哑子的。ɑɔ˨˩,iɑɔ˥tʂʅ˥˧˨˩……tʂʰʅ˨˩˧˧tʂəŋ˥ʂaŋ˥kaŋ˥˧lie˨.næᴇ˥ni˥˧˧pu˨˩˧˨˩sɿ˥ɕie˥˧˨˩vei˥˧˧,ɕiaŋ˥iou˥˧ɕie˥˧˨˩ʐəŋ˨˩˧ni˥˧tou˥˧˨˩nəŋ˨˩˧……nəŋ˨˩˧taŋ˥˧ʂaŋ˥iɑ˥˧tsɿ˨ti˨.（噢，就相当于以前的牙行！）他是一种职业嘛你。tʰɑ˥˧˧sɿ˥i˥˧˨˩tʂuoŋ˥˧˧tʂʅ˥˧nie˥˧˨˩mɑ˨ni˥˧˧.（有没有专门的这个就说他们内部的一种这个机构？）那都这就归工商所管嘛。næᴇ˥tou˥˧˧tʂei˥˥˦tsou˥kuei˥˧˨˩kuoŋ˥˧˨˦ʂaŋ˥˧˨˩ʂuo˥˧kuæ̃˥˧˨˩mɑ˨.（有没有牙行？）这牙行这里还没有，现在他都统一归工商所管。tʂei˥˥˦iɑ˨˩˧xaŋ˨˩˧tʂei˥li˥˧˨˩xɑ˨˩˧˨˩mei˨˩˧iou˥˧˨˩,ɕiæ̃˥tsæᴇ˥tʰɑ˥˧˨˩tou˥˧˨˩tʰuoŋ˥˧i˥˧˨˩kuei˥˧˨˩kuoŋ˥˧˨˩ʂaŋ˥˧˨˩ʂuo˥˧kuæ̃˥˧˨˩.（以前有没有牙行？）以前不知道咱

们……i˥˧tɕʰiæ̃˩˧˩pu˩˧˩tʂʅ˥˧˩taɔ˥˦tsɑ˩˧˩məŋ˧……

脚夫、脚户

1.（挑夫跟脚夫有什么不同吗？）黄：那都差不……都是一个东西。都是要替别人拿行李咧么。næᴇ˥˦tou˥˧˩tsʰɑ˥˧˩pu˩˧˩……tou˥˧˥sʅ˥i˥˧˩kə˥tuoŋ˥˧ɕi˧.tou˥˧˥sʅ˥iaɔ˥tʰi˥˦pie˩˧˩ʐəŋ˩˦na˩˧ɕiŋ˩˧˩li˥˧lie˧muo˧.（你们也叫脚夫？）嗯，也叫脚夫。əŋ˩,ie˥˧tɕiaɔ˥tɕyo˥˧fu˥˧˩.（那个……那个就是老辈人他们叫……叫这种人叫什么？）也就是……老辈人也就叫这么个。叫这脚夫，或者是挑夫。ie˥˧tɕiou˥˩sʅ˥˩……laɔ˥˧pei˥˩ʐəŋ˩˧ia˥˧˧tsou˥tɕiaɔ˥tʂə˥˦muo˧kə˥˩.tɕiaɔ˥tʂə˥tɕyo˥˧fu˥˧˩,xuei˩˧˧tʂə˥˧˩sʅ˥˩tʰiaɔ˥˧fu˥˧˩.（叫不叫脚户？）脚户是我昨天给你说那个。脚户是自己就说是这个有牛、驴、骡……有骡、马驮的这个东西叫脚户。tɕyo˥˧˩xu˥sʅ˥ŋuo˥˧tsuo˩˧˩tʰiæ̃˥˧kei˥ni˥˧˧ʂuo˥˧˧nə˥kə˥.tɕyo˥˧˩xu˥˦sʅ˥tsʅ˥˥˧tɕie˥˧˩tɕiou˥˦ʂuo˥˧˩sʅ˥tʂə˥kə˥iou˥˧niou˩˧,y˩˧,luo˩˧˩……iou˥˧luo˩˧˩,ma˥˧tuo˥˩ti˧tʂə˥kə˥tuoŋ˥˧˩ɕi˧tɕiaɔ˥tɕyo˥˧xu˥˩.（噢，那个是驮队？）噢，驮队里头这个是个商……也叫商队。这是这个你就从……咱们看那个青海的，湖南、湖北，用那个马帮，这儿这那个脚户和那些马帮是一回事。ɑɔ˩,tʰuo˩˧˩tuei˥˦li˥˧˩tʰou˧tʂə˥˦kə˥˦sʅ˥kə˥ʂaŋ……ie˥˧tɕiaɔ˥ʂaŋ˥˧˩tuei˥.tʂə˥˦sʅ˥tʂə˥kə˥ni˥˧˧tsou˥˦tsʰuoŋ˩˧˩……tʂɑ˩˧˩məŋ˧kʰæ̃˥nə˥kə˥tɕʰiŋ˥˧˩xæᴇ˥˧ti˧,xu˩˧næ̃˩˧,xu˩˧pei˥˧,yoŋ˥nə˥kə˥ma˥˧paŋ˥˧˩,tʂər˥˥˧tʂə˥nə˥kə˥tɕyo˥˧xu˥˩xuo˩˧˩nei˥ɕie˥˧˧ma˥˧paŋ˥˧˩sʅ˥i˥˧˩xuei˩˧sʅ˥.（一大堆，一帮……一帮子人？）嗯，一帮子人吆的牲口么。ə̃˥,i˥˧˩paŋ˥˧tsʅ˧ʐəŋ˩˧iaɔ˥˧˧ti˧səŋ˥˧kʰou˧muo˧.（你们这里有没有马帮以前？）以前有脚户咧么。哎，解放前都是……都是靠这脚户。i˥˧˩tɕʰiæ̃˩˧iou˥˧˧tɕyo˥˧xu˥˩lie˧muo˧.æᴇ˥,tɕie˥˧faŋ˥tɕʰiæ̃˩˧tou˥˧˧sʅ˥……tou˥˧˥sʅ˥kʰaɔ˥tʂə˥tɕyo˥˧xu˥˩.（相当于那边说的马帮？）呃，那个马帮。ə˩,nə˥˩kə˥˩ma˥˧paŋ˥˧˩.（这个用这个这种车像以前大车啊这个给……给别人拉货挣钱的人？用车替别人拉货。）那还是个脚户。nə˥˦xɑ˩˧˩sʅ˥˦kə˥tɕyo˥˧˩xu˥˩.（叫不叫车户？）那都太没有得。叫脚户。我们现在连这个司机，连这驾驶员的称呼儿，他都是脚户。他现在，他吆的是车嘛，他还是脚户么。过去那个吆的……næᴇ˥˦tou˥˧˩tʰæᴇ˥mei˩˧iou˥˧˧tei˥˧˧.tɕiaɔ˥tɕyo˥˧xu˥˩.ŋuo˥˧məŋ˧ɕiæ̃˥tsæᴇ˥liæ̃˩˧˩tʂə˥kə˥sʅ˥˧˧tɕi˥˧˧,liæ̃˩˧˩tʂei˥tɕia˥sʅ˥˧˩yæ̃˩˧ti˧tʂʰəŋ˥˧˩xuər˥˧˩,tʰɑ˥˧˧tou˥˧˧sʅ˥tɕyo˥˧xu˥˩.tʰɑ˥˧˧ɕiæ̃˥tsæᴇ˥,tʰɑ˥˧˧iaɔ˥˧ti˧sʅ˥˩tʂʰə˥˧ma˧,tʰɑ˥˧˧xɑ˩˧˩sʅ˥˦tɕyo˥˧xu˥˩muo˧.kuo˥˥˧tɕʰy˥nə˥kə˥iaɔ˥˧ti˧……（噢，把那司机也叫脚户？）呃，把司户……司机也叫脚户。ə˩,pɑ˥˧˩sʅ˥˧xu˥˩……sʅ˥˧˧tɕi˥˧ia˥˧˩tɕiaɔ˥tɕyo˥˧xu˥˩.（还叫脚户？）还叫脚户么。xɑ˩˧˩tɕiaɔ˥tɕyo˥˧xu˥˩muo˧.（不叫脚夫吧？）不。叫脚户。pu˩˧.tɕiaɔ˥tɕyo˥˧xu˥˩.

2.（这里有骆驼吗？）黄：见过……骆驼。前几年有脚户，从这里过，吆的有骆驼。现在没有得。tɕiæ̃˥˥˧kuo……luo˥˧tʰuo˧.tɕʰiæ̃˩˧˩tɕi˥˧niæ̃˩˧˧iou˥˧˧tɕyo˥˧xu˥˩,tʂʰuoŋ˩˧˩tʂei˥li˥˧˩kuo˥,iaɔ˥˧ti˧iou˥˧˧luo˥˧tʰuo˧.ɕiæ̃˥tsæᴇ˥mei˩˧iou˥˧tei˥˧˩.（这个脚户是什么？）脚户，就是这个赶上牲口，你比如过去那那个交通不……不便利嘛。这个物资运输比较困难一点。他从合水县城，把那面把这些货物，然后进下以后，放这骆驼……都……和这个牲口，也可以放骆驼驮，也可以放这个欵骡马，把这个驮上以后，驮到太白来，这样的这个……再从太白把太白的土特产，驮上出去就……再一卖，这种……从事这种运输的这个欵贩运的这种驮队么，就叫……这个人么就叫脚户。tɕyo˥˧xu˥˩,tɕiou˥sʅ˥tʂə˥˩kə˥˩kæ̃˥˧ʂaŋ˥səŋ˥˧kʰou˧,ni˥˧˧pi˥˧˧ʐʮ˩˧˧kuo˥˥˧tɕʰy˥næᴇ˥nei˥kə˥tɕiaɔ˥˥˧tʰuoŋ˥˧˩pu˩˧˩……pu˩˧˩piæ̃˥˦li˥ma˧.tʂə˥kə˥vuo˥˧˥tsʅ˥˧˩yoŋ˥˦ʂʮ˥˧˩pi˥˧˩tɕiaɔ˥kʰuoŋ˥næ̃˥i˥˧tiæ̃˥˧˩.tʰɑ˥˧˧tsʰuoŋ˩˧˧xuo˩˧˩ʂuei˥˧ɕiæ̃˥tʂʰəŋ˩˧,pɑ˥˧˩næᴇ˥˦miæ̃˥pɑ˥˧˩tʂə˥ɕie˥˧˧xuo˥˦vuo˥˧˩,ʐæ̃˩˧˩xou˥tɕiŋ˥xɑ˥i˥˧˧xou˥,faŋ˥tʂə˥luo˥˧tʰuo˧s……tou˥˧˧……xuo˩˧˩tʂə˥kə˥səŋ˥˧kʰou˧,ia˥˧˧kʰə˥˧˧i˥˧˧faŋ˥˥˧luo˥˧tʰu o·lthuo⅄,ia˥˧kʰə˥i˥˩faŋ˧tʂə˧kə˧ei˩luo⅄ma˥,pa˥˩tʂə˧kə˧tʰuo⅄ʂaŋ˧˥i˥˩xou˧,tʰuo⅄tao˧˥tʰæᴇ˧˥pei˥˩˩æᴇ⅄,tʂei˧˥iaŋ˧ti·ltʂei˧kə˧……tʂæᴇ˧tsʰuoŋ⅄tʰæᴇ˧˥pei˥˩pa˥˩tʰæᴇ˧˥pei˥˩ti·ltʰu˥tʰei˥˩tsʰæ̃˥,tʰuo⅄ʂaŋ˧tʂʰʮ˥tɕʰy˧˩tɕiou˧……tsæᴇ˧i˥˩mæᴇ˧˥,tʂei˧tʂuoŋ˥˩……tsʰuoŋ⅄sɿ˧tʂei˧˥tʂuoŋ˥˩yoŋ˧˥ʂʮ˥˩ti·ltʂə˧kə˧ei˧fæ̃˧yoŋ˧ti·ltʂei˧tʂuoŋ˥˩tʰuo⅄tuei˧muo·l,tɕiou˧tɕiao˧……tʂə˧kə˧zəŋ⅄muo·ltɕiou˧tɕiao˧tɕyo˥xu˧˩.（那种队伍呢？）那是……驮队么。nə˧˩ʂʅ˧……tʰuo⅄tuei˧muo·l.

卖当的

黄：这面这个卖当的就是指这个集市上人多的地方有卖当的。tʂei˧˥miæ̃˧˩tʂə˧kə˧mæᴇ˧taŋ˧ti·ltɕiou˧sɿ˧tsɿ˥˧tʂə˧kə˧tɕi⅄sɿ˧ʂaŋ˧˩zəŋ⅄tuo˥tə·lti˧˥faŋ˥˩iou˥mæᴇ˧taŋ˧ti˧.（卖什么的？）卖当的。这个就是表演给你，来表演些武术，或者……表演些魔术。mæᴇ˧taŋ˧ti·l.tʂə˧˥kə˧˥tɕiou˧˩sɿ˧˩piao˥iæ̃˥kei˧˩ni˥˧,læᴇ⅄piao˥˧iæ̃˥˧ɕie˥˩vu˥ʂʮ˧˥,xuei⅄tʂə˥˩pu……pu……piao˥iæ̃˥ɕie˥˩muo⅄ʂʮ˧.（打杂耍是吧？）啊。搞上这么两下子。a˩.kao˥ʂaŋ˧˥tʂə˧muo·lliaŋ˥xa˧tsɿ·l.（卖艺的？）噢。他不卖艺，他就搞这么几个杂耍儿。他这么这么。ao˩.tʰa˥˩pu⅄mæᴇ˧i˧,tʰa˥˧tɕiou˧kao˥tʂə˧muo·ltɕi˥kə˧˩tsa⅄ʂuar˥.tʰa˥˩tʂə˧˥muo·ltʂə˧muo˧.（耍马戏的人是吗？）噢，搞上几……这么一个魔术。他是单个儿人，太和别人不走。这么一工儿毕了以后，他卖……买他那个假药咧。ao˩,kao˥ʂaŋ˧˩tɕi˥……tʂə˧muo·li˥˧kə˧muo⅄ʂʮ˧.tʰa˥sɿ˧˩tæ̃˥˩kər˧˥zəŋ⅄,tʰæᴇ˧˥xuo⅄pie⅄zəŋ⅄pu⅄tsou˥.tʂə˧muo·li˥˩kuõr˥˧pi˥lə·li˥˩xou˧,tʰa˥˩mæᴇ˧……mæᴇ˧tʰa˥˧næᴇ˧kə˧tɕia˥˧yo˥lie·l.（卖假药啊？）噢，卖假药，或者是他有其他是这个东西卖咧。他都先作个打……开场白就给你。先作这么一圈。ao˩,mæᴇ˧tɕia˥˧iao˥,xuei⅄tʂə˥˩sɿ˧˩tʰa˥˧iou˥˧tɕʰi⅄tʰa˥˧sɿ˧tʂə˧kə˧tuoŋ˥ɕi·lmæᴇ˧lie˧.tʰa˥˩tou˥˩ɕiæ̃˥˩tsuo˥kə˧˩ta˥……kʰæᴇ˥˩tʂʰaŋ˥pei⅄tɕiou˧kei˧˩ni˥˧.ɕiæ̃˥˩tsuo˥tʂə˧muo·li˥˧tɕʰyæ̃˥.（那个taŋ˧是什么？）当就是卖当，就是当铺的那个当。taŋ˧tɕiou˧˩sɿ˧˩mæᴇ˧taŋ˧,tɕiou˧˩sɿ˧˩taŋ˧pʰu˧˩ti·lnei˧kə˧taŋ˧.（就是……就是打把式卖艺的，噢，不是，不是……）嗯，打把式卖艺的那些。卖艺，那还不是咧。他这纯粹是没有啥艺。əŋ˩,ta˥˧pa˥˩ʂʮ˧˥mæᴇ˧i˧ti·lnei˧˩ɕie˥˩.mæᴇ˧i˧,næᴇ˧˥xa⅄pu⅄sɿ˧˥lie·l.tʰa˥tʂə˧tʂʰuoŋ⅄tsʰuei˧˥sɿ˧mei⅄iou˥sa˧i˧.（卖药。）噢，就是卖个假药或者是卖个其他东西。ŋao˩,tɕiou˧˥sɿ˧mæᴇ˧kə˧tɕia˥yo˥˩xuei⅄tʂə˥˩sɿ˧mæᴇ˧kə˧tɕʰi⅄tʰa˥˧tuoŋ˥ɕi·l.（卖狗皮膏药的！呵呵呵呵，那是不是啊？）噢，卖狗皮膏药那一伙儿子人他。ao˧,mæᴇ˧kou˥˩pʰi⅄kao˥iao˥˩nei˧i˥˧xuor˥˩tsɿ·lzəŋ⅄tʰa˥.

老娘婆儿

（替那个妇女接生的那样的人呢？）黄：哎接生婆儿嘛。æᴇ˧tɕie˥˩səŋ˥pʰuor⅄ma·l.（再念一下。）接生婆儿么。tɕie˥˧səŋ˥˩pʰuor⅄muo˧.（那个叫不叫老娘婆？）也叫老娘婆儿。老娘婆儿，接生婆儿。ie˥tɕiao˧lao˥niaŋ⅄pʰuor⅄.lao˥niaŋ⅄pʰuor⅄,tɕie˥˧səŋ˥pʰuor⅄.

三只手

（小偷叫不叫三只手？）黄：哎叫咧么。三只手么。æᴇ˥tɕiao˧lie˧muo˧.sæ̃˥tʂʅ˥˩ʂou˥muo·l.（还有别的叫法没有？）没有。兀就是经常骂的你比别人多嘞……有些人不好意思说他那个事情，他说你比别人多咧一只手着咧。mei⅄iou˥˩.væᴇ˧tsou˧sɿ˧tɕiŋ˥˩tʂʰaŋ⅄ma˧ti·lni˥˧pi˥˧pie⅄zəŋ⅄tuo˥lei·l……iou˥ɕie˥˩zəŋ⅄pu⅄xao˥i˧sɿ·lʂuo˥tʰa˥˩nə˧kə˧sɿ˧tɕʰiŋ⅄,tʰa˥˧ʂuo˥˧ni˥˧pi˥˧pier⅄（←pie⅄zəŋ⅄）tuo˥lie·li˥˩tʂʅ˥ʂou˥tʂuo˥˩lie·l.

土匪

（你们这儿有没有什么，这个商店呐，或是什么铺子呀，是，好多年的，这几十年上百年的？）黄：没有了。现在都没有。muo˥˩iou˥˧lə˧.ɕiæ̃˦tsæᴇ˦tou˥˩muo˥˩iou˥˧.王：我们这儿没得。ŋuo˥mən˧tʂər˦mei˩˧tei˥.（你像人家说，北京的同仁堂是老字号，你们这儿有没有老字……）黄：啊没有这个东西。æ˥mei˩˧iou˥˧tʂə˦kə˦tuoŋ˥˩ɕi˧.王：啊没得。æ˥mei˩˧tə˧.黄：这儿跟你说是，看，这个地方就从同治年间以后在……如果是同治年间在回回不“造反”的情况下，回回不连这地方……来杀以后，欸，把好多这个……东西以后就……把人断完了嘛。tʂər˦˥kəŋ˥˧ni˥˧ʂuo˥sɿ˦˩,kʰæ̃˦˩,tʂə˦˥(k)ə˦˥ti˦faŋ˥˩tɕiou˦˩tsʰuoŋ˩˧tʰuoŋ˩˧tʂɿ˦˥niæ̃˩˧tɕiæ̃˥˩i˥˩xou˦˩tsæᴇ˦……ʐɥ˩˧kuo˥sɿ˦tʰuoŋ˩˧tʂɿ˦˥niæ̃˩˧tɕiæ̃˥˩tsæᴇ˦xuei˩˧xuei˩˧pu˩˧tsaɔ˦fæ̃˥ti˧tɕʰiŋ˩˧kʰuaŋ˦˥ɕia˦˩,xuei˩˧xuei˩˧pu˩˧liæ̃˩˧tʂə˦kə˦ti˦faŋ˥˩……læᴇ˩˧sa˥i˥˩xou˦,ei˦,pa˥˩xaɔ˥tuo˥˧tʂə˦kə˦˩……tuoŋ˥ɕi˧i˥˩xou˦tsou˦……pa˥˩ʐəŋ˩˧tuæ̃˦væ̃˩˧lə˧ma˧.王：人断完都杀得光了么那是杀。以后……ʐəŋ˩˧tuæ̃˦væ̃˩˧tou˥sa˥˩tə˧kuaŋ˥lə˧muo˧næᴇ˦˩sɿ˦sa˥˩.i˥xou˦……黄：人杀完了，使好多好多东西他都……房子烧完了是东西抢完了。ʐəŋ˩˧sa˥˩væ̃˩˧lə˧,sɿ˥˩xaɔ˥tuo˥˩xaɔ˥tuo˥˩tuoŋ˥ɕi˧tʰa˥˩tou˥˩……faŋ˩˧tsɿ˧ʂaɔ˥væ̃˩˧lə˧sɿ˦˩tuoŋ˥ɕi˧tɕʰiaŋ˥væ̃˩˧lə˧.（人死了？）黄：噢，人也死咧。他是最后一来以后，最后的这个人慢慢到这儿这来以后，投到这个，欸，投到到二几年到三几年以后，这个人陆续来以后，都是梢林也大，也就是土匪出没的地方。这样一来，再加上投到到三几年以后就是这，我们这个地方实际上是，咱们地方三三年以后，中央红军长征胜利，过来以后咱们这儿那都打土豪，分田地了。但是最后么，也就是红白割据地带，今天红军来了……aɔ˩,ʐəŋ˩˧æ˥˩sɿ˥lie˧.tʰa˥˩sɿ˦tsuei˦xou˦i˥˩læᴇ˩˧i˥˩xou˦,tsuei˦xou˦ti˧tʂə˦kə˦˩ʐəŋ˩˧mæ̃˦mæ̃˦taɔ˦tʂər˦tʂə˦læᴇ˩˧i˥˩xou˦,tʰou˩˧taɔ˦tʂə˦kə˦,ei˩,tʰou˩˧taɔ˦taɔ˦ər˦tɕi˥˩niæ̃˩˧taɔ˦sæ̃˥tɕi˥˩niæ̃˩˧i˥˩xou˦,tʂə˦kə˦ʐəŋ˩˧lu˥ɕy˦˩læᴇ˩˧i˥˩xou˦,tou˥˩sɿ˦saɔ˥liŋ˩˧ie˥˩ta˦,ie˥˧tɕiou˦sɿ˦tʰu˥fei˥˩tʂʰɥ˥muo˥ti˧ti˦faŋ˥˩.tʂə˦iaŋ˦i˥˩læᴇ˩˧,tsæᴇ˦tɕia˥˩ʂaŋ˦˩tʰou˩˧taɔ˦taɔ˦sæ̃˥tɕi˥˩niæ̃˩˧i˥˩xou˦tɕiou˦˩sɿ˦˩tʂə˦,ŋuo˥˩mən˧tʂə˦kə˦ti˦faŋ˥˩ʂɿ˩˧tɕi˦ʂaŋ˦˩sɿ˦˩,tʂa˩˧mən˧ti˦faŋ˥˩sæ̃˥˩sæ̃˥niæ̃˩˧i˥˧xou˦,tʂuoŋ˥iaŋ˥˩xuoŋ˩˧tɕyoŋ˥tʂʰaŋ˩˧tʂəŋ˥˩ʂəŋ˦li˦,kuo˦læᴇ˩˧i˥˩xou˦tʂa˩˧mən˧tʂər˦na˦˥tou˥˩ta˥tʰu˥˩xaɔ˩˧,fəŋ˥tʰiæ̃˩˧ti˦lə˧.tæ̃˦˩sɿ˦tsuei˦xou˦muo˧,ie˥˩tɕiou˦sɿ˦xuoŋ˩˧pei˩˧kə˥˩tɕy˦˥ti˦˩tæᴇ˦˩,tɕiŋ˥tʰiæ̃˥˩xuoŋ˩˧tɕyoŋ˥læᴇ˩˧lə˧……王：明天白军来。miŋ˩˧tʰiæ̃˥pei˩˧tɕyoŋ˥læᴇ˩˧.黄：呃，明天白军就来了。一直把这个老百姓懆的你也没有个安稳的日子过。ə˦,miŋ˩˧tʰiæ̃˥pei˩˧tɕyoŋ˥tɕiou˦˩læᴇ˩˧lə˧.i˥˩tʂɿ˩˥pa˥˩tʂə˦kə˦laɔ˥pei˥˩ɕiŋ˦tsʰaɔ˦ti˧ni˥ie˥˩mei˩˧iou˥kə˦˩næ̃˥˩vəŋ˥ti˧ʐɿ˧tsɿ˧kuo˦.王：然后，最后都分不清哪个是红军，哪个是白军么。ʐæ̃˩˧xou˦,tsuei˦xou˦tou˥˩fəŋ˥˩pu˩˧tɕʰiŋ˥na˥kə˦sɿ˦xuoŋ˩˧tɕyoŋ˥,na˥kə˦˩sɿ˦˩pei˩˧tɕyoŋ˥muo˧.黄：啊，谁是红军，谁是匪。反正你来，是来都……都是掂枪的。反正老百姓那都，一见掂枪的，吓的都跑了。你们走了，我们回来了。a˩,sei˩˧sɿ˦xuoŋ˩˧tɕyoŋ˥˩,sei˩˧sɿ˦˩fei˥˩.fæ̃˥tʂəŋ˦˥ni˥læᴇ˩˧,sɿ˦læᴇ˩˧tou˥˧……tou˥˧sɿ˦˩tiæ̃˥˩tɕʰiaŋ˥ti˧.fæ̃˥tʂəŋ˦laɔ˥pei˥˩ɕiŋ˦˥næᴇ˦˩tou˥˩,i˥˩tɕiæ̃˦tiæ̃˥˩tɕʰiaŋ˥ti˧,xa˦ti˧tou˥˩pʰaɔ˥lə˧.ni˥mən˧tsou˥lə˧,ŋuo˥mən˧xuei˩˧læᴇ˩˧lə˧.（拿枪的叫掂枪的？）黄：噢，掂枪的。aɔ˩,tiæ̃˥˩tɕʰiaŋ˥ti˧.（欸，有没有说这个，土匪啊，当地？）黄：欸说咧么。土匪兀多的很么，那前几……ei˥ʂuo˥˩lie˧muo˧.tʰu˥fei˥væᴇ˦tuo˥ti˧xəŋ˥muo˧,næᴇ˦˩tɕʰiæ̃˩˧tɕi˥˩……王：说咧么。那会儿是那……跑土匪的时候该是胡宗南嘛。ʂuo˥˩liem˧.nə˦˥xuər˦˩sɿ˦nə˦……pʰaɔ˥tʰu˥fei˥ti˧sɿ˩˧xou˦kæᴇ˥˩sɿ˦xu˩˧tsuoŋ˥næ̃˩˧ma˧.黄：噢，跑胡宗南的。aɔ˩,pʰaɔ˥xu˩˧tsuoŋ˥næ̃˩˧ti˧.王：马回子嘛。ma˥xuei˩˧tsɿ˧ma˧.黄：跑马回子，跑东北军么。pʰaɔ˥ma˥fei˩（←xuei˩˧）tsɿ˧,pʰaɔ˥tuoŋ˥˧pei˥tɕyoŋ˥˩muo˧.王：啊，东北军嘛。a˩,tuoŋ˥˧pei˥tɕyoŋ˥˩ma˧.（马魁子是谁呀？）王：马回子嘛。ma˥xuei˩˧tsɿ˥ma˧.黄：马回子，马鸿逵嘛。ma˥xuei˩˧tsɿ˧,ma˥xuoŋ˩˧kʰuei˩˧ma˧.（马逵子？啊！）黄：回……

噢，马回子就是指的当年的马鸿逵么。国民党……的马鸿逵么。xə……ɑɔ˪,mɑ˥xuei˧˩tsɿ˧tɕiou˧˪sɿ˧˪tsɿ˥ti˧tɑŋ˥˪niæ˧˩ti˧mɑ˥xuoŋ˧˩kʰuei˧˩muo˧.kuei˥˪miŋ˧˩tɑŋ˥ku……ti˧mɑ˥xuoŋ˧˩kʰuei˧˩muo˧.（马逵子就是马鸿逵？）黄：嗯。东北军就张学良那些嘛。ŋ̍˪.tuoŋ˥˩pei˥tɕyoŋ˥˪tɕiou˧tʂɑŋ˥˪ɕyo˧˩liɑŋ˧˩nei˧ɕie˥˩mɑ˧.（哦，他也跑这儿来了？）黄：啊，也到这里来了么，张学良的部队。那会儿有西北军、东北军。ɑ˪,ie˥tɑɔ˧tʂə˧li˧læᴇ˧˩lə˧muo˧,tʂɑŋ˥˪ɕyo˧˩liɑŋ˧˩ti˧pu˧˪tuei˧˥.nə˧˪xuər˧iou˥˩ɕi˥pei˥˪tɕyoŋ˥˪,tuoŋ˥pei˥˪tɕyoŋ˥˪.（西北军是杨虎城了？）黄：杨……杨虎城么。嗯。iɑŋ˧˩……iɑŋ˧˩xu˥tʂʰəŋ˧˩muo˧.ə̃˪.（他也跑这儿来？）黄：啊。ɑ˪.（有那个小土匪没有？）黄：哎，小土匪到处都是。æᴇ˪,ɕiɑɔ˥tʰu˥fei˥˪tɑɔ˧˩tʂʰɥ˧˪tou˥˪sɿ˧˪.（什么座山雕哇这些家伙的？）黄：哎，那下都……æᴇ˪,nei˧˥xɑ˧tou˥˩……王：土匪那会儿……那会儿多的很。tʰu˥fei˥˪nei˧xuər˧˪……næᴇ˧xuər˧tuo˥ti˧xəŋ˥.黄：我们这个对门儿这山山上以后有些那个就是，有那石窨子。那……老百姓为啥住那个东西？从那半崖头起以后把那石头凿进去，搞个人住下以后，我一上去以后，把梯子一抽……ŋuo˥məŋ˧tʂə˧kə˧tuei˧mə̃r˧˩tʂə˧sæ̃˥sæ̃˥˪ʂɑŋ˧˪i˥˩xou˧iou˥ɕie˥˩nə˧kə˧tɕiou˧˪sɿ˧˪,iou˥˩nə˧ʂɿ˧˩iŋ˧tsɿ˧.nə˧tsɿ……lɑɔ˥pei˥˪ɕiŋ˧˥vei˧sɑ˧tʂɥ˧nə˧˪kə˧˪tuoŋ˥˪ɕi˧?tsʰuoŋ˧˩nə˧pæ̃˧næᴇ˧˩tʰou˧˩tɕʰie˥˩i˥˪xou˧pɑ˥˪nə˧ʂɿ˧˩tʰou˧tsuo˧˩tɕiŋ˧tɕʰi˧˪,kɑɔ˥kə˧˪zəŋ˧˩tʂɥ˧xɑ˧i˥˪xou˧,ŋuo˥i˥˪ʂɑŋ˧tɕʰi˧i˧i˥˪xou˧,pɑ˥˪tʰi˥tsɿ˧i˥˪tʂʰou˥……王：把桥一抽。pɑ˥˪tɕʰiɑɔ˧˩i˥˩tʂʰou˥.黄：抽，你这个土匪来了，你上不去么。tʂʰou˥,ni˥˩tʂə˧kə˧tʰu˥fei˥˩læᴇ˧˩lə˧,ni˥˩ʂɑŋ˧˩pu˧˩tɕʰi˧˪muo˧.（哎，就这个土匪他是，来抢东西还是劫道？）黄：抢东西咧。tɕʰiɑŋ˥˩tuoŋ˥ɕi˧lie˧.王：抢东西。tɕʰiɑŋ˥˪tuoŋ˥ɕi˧.（骑着马来？）黄：噢，骑着马来，或者是跑着来以后一弄，弄点钱财就走了。ɑɔ˪,tɕʰi˧˩tʂə˧mɑ˥læᴇ˧˩,xuei˧˩tʂə˥sɿ˧pʰɑɔ˥tʂə˧læᴇ˧˩i˥˪xou˧i˥˪nuoŋ˧,nuoŋ˧tiæ̃˥˪tɕʰiæ̃˧˩tsʰæᴇ˧˩tɕiou˧˪tsou˥lə˧.（有没有在路上劫道的？）黄：那过去这个地方森林大了，那啥，那土匪还咋个没有劫道儿的？那多的是么还。nei˧kuo˧˩tɕʰy˧tʂə˧kə˧ti˧fɑŋ˥˪səŋ˥˪liŋ˧˩tɑ˧lə˧,nə˧sɑ˧˪,nə˧tʰu˥fei˥xɑ˧˩tsɑ˥kə˧˪mei˧˩iou˥˩tɕie˥˪tɑɔr˧˥ti˧?nə˧˥tuo˥˪ti˧sɿ˧muo˧xæᴇ˧˩.王：土匪那那劫道肯定有么你。tʰu˥˩fei˥˩nə˧nə˧tɕie˥˪tɑɔ˧kʰəŋ˥˪tiŋ˧˥iou˥˪muo˧ni˥˪.（你是劫道还是打劫还是叫什么？）王：那个时候就叫打劫咧么。nei˧˥kə˧˥sɿ˧˩xou˧tɕiou˧tɕiɑɔ˧tɑ˥tɕie˥˪lie˧muo˧.黄：打劫咧么那就是。再是抢人咧么你是。tɑ˥tɕie˥˪lie˧muo˧nei˧˪tɕiou˧˥sɿ˧˪.tsæᴇ˧˪sɿ˧˪tɕʰiɑŋ˥zəŋ˧˩lie˧muo˧ni˥˪sɿ˧˪.王：抢是。tɕʰiɑŋ˥sɿ˧˪.（抢人？）黄：嗯。ə̃˪.（抢人也是抢……抢东西？）黄：啊。ɑ˪.王：人也抢，东西也抢嘛。zəŋ˧˩ie˥˩tɕʰiɑŋ˥˩,tuoŋ˥ɕi˧lie˥˩tɕʰiɑŋ˥˩mɑ˧.（抢什么人？抢男……男的女的？）王：抢……抢女的咧么。那就漂亮女的就抢走嘛。tɕʰ……tɕʰiɑŋ˥˩ny˥ti˧lie˧muo˧.næᴇ˧˪tɕiou˧˪pʰiɑɔ˧˩liɑŋ˧˪ny˥ti˧tɕiou˧˪tɕʰiɑŋ˥˪tsou˥mɑ˧.黄：抢……抢女的么你是。漂亮女的他都带走了。tɕʰiɑŋ˥˩n……tɕʰiɑŋ˥˩ny˥ti˧muo˧ni˥˪sɿ˧˪.pʰiɑɔ˧liɑŋ˧ny˥ti˧tʰɑ˥tou˥˪tæᴇ˧tsou˥lə˧.（噢。这，当地有没有什么解放前有没有什么很很很有名的土匪像什么，东北什么座山雕这样的这个名字？）黄：没有。muo˥˪iou˥˪.王：满是那……mæ̃˥˪sɿ˧˪nə˧˪……黄：咱们这最有名的就是兀共产党镇压那个谭友麟吗啥么。tʂɑ˧˩məŋ˧tʂə˧tsuei˧iou˥˩liŋ˧˩（←miŋ˧˩）ti˧tɕiou˧sɿ˧væᴇ˧kuoŋ˧tsʰæ̃˥˩tɑŋ˥˩tʂəŋ˧iɑ˧næᴇ˧˪kə˧˪tʰæ̃˧˩iou˥liŋ˧˩mɑ˧sɑ˧˪muo˧.王：啊。ɑ˥.黄：那是个大土匪头子。nə˧˪sɿ˧kə˧tɑ˧tʰu˥fei˥˪tʰou˧˩tsɿ˧.王：那是个土匪头子。nə˧˪sɿ˧kə˧tʰu˥fei˥˪tʰou˧˩tsɿ˧.黄：大土匪头子。tɑ˧tʰu˥fei˧tʰou˧˩tsɿ˧.（叫什么呢？什么名……）黄：谭……谭友麟么。tʰæ̃˧˩……tʰæ̃˧˩iou˥liŋ˧˩muo˧.（哪个有哇？不知道，还是……）黄：友，友谊的友。麟是麒麟的麟。iou˥,iou˥ni˧˩ti˧iou˥˪.liŋ˧˩sɿ˧tɕʰi˧˩liŋ˧˥ti˧liŋ˧˩.（大土匪头子？）黄：嗯。谭友麟么。大土匪头

子。ŋ̍˨˩.tʰæ̃˩˧iou˥˧liŋ˩˧muo˧˨.ta˧˩tʰu˥˧fei˥˧˨tʰou˩˧tsʅ˧˨.（他是在哪儿了抢？）黄：枣子砭儿住的啊。tsɑɔ˥˧tsʅ˧˨piæ̃r˥˧tʂʮ˧˩˨tia˧˨.（在哪儿？）王：枣子砭儿。tsɑɔ˥˧˨tsʅ˧˨piæ̃r˥˧.黄：就是枣子砭儿这里，离这儿……tɕiou˧˩sʅ˧˩˨tsɑɔ˥˧tsʅ˧˨piæ̃r˥˧tʂə˧˥li˥˧˨,li˩˧tʂər˧……

（枣，枣子……tsɑɔ˥˧,tsɑɔ˥˧tsʅ˧˨……）黄：枣子，枣子砭儿，离这儿有……十公里。tsɑɔ˥˧tsʅ˧˨,tsɑɔ˥˧tsʅ˧˨piæ̃r˥˧,li˩˧tʂər˧iou˥˧ʂ……ʂʅ˩˧˨kuoŋ˥˧˨li˥˧.（枣子砭？）黄：啊。ɑ̃˨˩.王：大枣儿的枣儿么。ta˧˩˨tsɑɔr˥˧ti˧˨tsɑɔr˥˧muo˧˨.（连家砭的砭？）黄：啊，连家砭的砭。ɑ˨˩,liæ̃˩˧tɕia˥˧piæ̃˥˧ti˧˨piæ̃˥˧.（他有多少个……多少枪多少人是？）黄：哎呀，兀家伙带一个民团咧啊。一个团的兵力咧。æᴇ˥˧ia˧˨,væᴇ˧˥tɕia˥˧˨xuo˧˨tæᴇ˧i˥˧˨kə˧˩˨miŋ˩˧tʰuæ̃˩˧˨lia˧˨.i˥˧˨kə˧˩tʰuæ̃˩˧ti˧˨piŋ˥˧˨li˥˧lie˧˨.（还带民团呢？）黄：啊。ɑ˨˩.王：那会儿那一个团根本不足一个团。nə˧xuər˧˥nə˧i˥˧˨kə˧tʰuæ̃˩˧kəŋ˥˧pəŋ˥˧pu˩˧tɕy˥˧i˥˧˨kə˧˩˨tʰuæ̃˩˧˨.黄：不足一个团么。几十……pu˩˧˨tɕy˥˧i˥˧˨kə˧˩˨tʰuæ̃˩˧muo˧˨.tɕi˥˧ʂʅ˩˧˨……王：叫的是团，是几十个人么。tɕiɑɔ˧˥ti˧˨sʅ˧tʰuæ̃˩˧,sʅ˧˩˨tɕi˥˧ʂʅ˩˧˨kə˧˥zəŋ˩˧muo˧˨.黄：几十个人也指一个民团反正。谭友麟是共产党镇压的。tɕi˥˧ʂʅ˩˧˨kə˧˥zəŋ˩˧ie˥˧tsʅ˥˧i˥˧˨kə˧˥miŋ˩˧tʰuæ̃˩˧fæ̃˥˧˨tʂəŋ˧.tʰæ̃˩˧iou˥˧liŋ˩˧sʅ˧˩˨kuoŋ˧tsʰæ̃˥˧taŋ˥˧tʂəŋ˧˩˨ia˧˩ti˧˨.王：啊。兀共产党镇压。ɑ˨˩.væᴇ˧˥kuoŋ˧tsʰæ̃˥˧taŋ˥˧tʂəŋ˧˩˨ia˧˩˨.黄：那就说谭友麟毕了以后，刘志丹那些下来以后，刘志丹下来以后，镇压谭友麟嘞。我听那些老人说说，当时打谭友麟的时候连一颗子弹都舍不得，没有子弹么。就拿这个铡刃斫死的。na˧tɕiou˧˥ʂuo˥˧˨tʰæ̃˩˧iou˥˧liŋ˩˧pi˥˧lə˧˨i˥˧˨xou˧,liou˩˧˨tsʅ˧˥tæ̃˥˧˨nei˧ɕie˥˧xa˧læᴇ˩˧i˥˧˨xou˧,liou˩˧˨tsʅ˧˥tæ̃˥˧˨xa˧læᴇ˩˧i˥˧˨xou˧,tʂəŋ˧ia˧tʰæ̃˩˧iou˥˧liŋ˩˧˨lei˧˨.ŋuo˥˧tʰiŋ˥˧˨nei˧ɕie˥˧lɑɔ˥˧zəŋ˩˧˨ʂuo˥˧˨ʂuo˥˧,taŋ˥˧˨sʅ˩˧ta˥˧tʰæ̃˩˧iou˥˧liŋ˩˧˨ti˧˨sʅ˩˧˨xou˧liæ̃˩˧˨i˥˧˨kʰuo˥˧tsʅ˥˧tæ̃˧˩tou˥˧˨ʂə˥˧pu˩˧˨tei˥˧˨,mei˩˧iou˥˧tsʅ˥˧˨tæ̃˧˥muo˧˨.tɕiou˧na˩˧˨tʂə˧kə˧tsa˩˧˨zəŋ˧tʂuo˥˧sʅ˥˧˨ti˧˨.（拿什么？）黄：就是铡草的那个欽铡子。tɕiou˧˩sʅ˧˩˨tsa˩˧˨tsʰɑɔ˥˧ti˧˨nə˧kə˧tei˩˨tsa˩˧˨tsʅ˥˧.（哦。）黄：拿那个刃子，老刃子把它给，磨快以后斫死的。na˩˧˨nə˧kə˧zəŋ˧tsʅ˧˨,lɑɔ˥˧zəŋ˧˥tsʅ˧pa˥˧˨tʰɑ˥˧kei˧,muo˩˧˨kʰuæᴇ˧i˥˧˨xou˧tʂuo˥˧sʅ˥˧˨ti˧˨.

人贩子

（那种这个人贩子呢？）黄：那就叫个人贩子这几年。næᴇ˧˥tɕiou˧˩tɕiɑɔ˧˥kə˧˩zəŋ˩˧˨fæ̃˧tsʅ˧tʂei˧tɕi˥˧niæ̃˩˧˨.（原先呢？）原先也叫人贩子。yæ̃˩˧˨ɕiæ̃˥˧ie˥˧tɕiɑɔ˧zəŋ˩˧˨fæ̃˧tsʅ˧˨.（那如果是他贩的不是成年人，是那种这个小孩……）那这儿这都总称□都是咧，都叫个贩人……人贩子吧。nei˧˥tʂər˧tʂə˧tou˥˧˨tsuoŋ˥˧˨tʂʰəŋ˥˧niæ̃˩˧˨tou˥˧sʅ˧lie˧,tou˥˧tɕiɑɔ˧kə˧fæ̃˧zəŋ˩˧……zəŋ˩˧˨fæ̃˧tsʅ˧pæ˧˨.

麻子

（那要是，这个，出去这个就说，以赢利为目的的呢？）黄：那就难听下了。那就我们这儿把那都叫，[吸鼻]那号儿女的，一个叫……nə˧tɕiou˧næ̃˩˧˨tʰiŋ˥˧xa˧˩lə˧˨.nə˧˥tɕiou˧˩ŋuo˥˧məŋ˧tʂər˧pa˥˧˨nei˧˥tou˥˧˨tɕiɑɔ˧,nei˧˥xɑɔr˧ny˥˧ti˧,i˥˧kə˧˩tɕiɑɔ˧……王：叫婊子么。tɕiɑɔ˧piɑɔ˥˧tsʅ˧muo˧˨.黄：叫婊子，有的叫是这个野鸡姆。tɕiɑɔ˧piɑɔ˥˧tsʅ˧˨,iou˥˧ti˧tɕiɑɔ˧sʅ˧˩˨tʂə˧kə˧ie˥˧tɕi˥˧˨m̩˧˨.（野鸡？）黄：嗯。ə̃˨˩.王：麻子姆。ma˩˧tsʅ˥˧m̩˧˨.黄：麻子么。ma˩˧tsʅ˥˧muo˧˨.（麻子是什么东西？）王：瓜麻子咧么。kua˥˧ma˩˧˨tsʅ˥˧liem˧˨.黄：瓜麻子咧么。kua˥˧ma˩˧˨tsʅ˧liem˧˨.（为什么叫麻子呢？）黄：她还是咧，麻子这些东西还是赢……以赢利为，为目的的。tʰa˥˧xa˩˧˨sʅ˧lie˧,ma˩˧tsʅ˥˧tʂə˧ɕie˥˧˨tuoŋ˥˧ɕi˧xa˩˧˨sʅ˧˥iŋ˩˧˨……i˥˧˨iŋ˩˧˨li˧˥vei˩˧,vei˩˧mu˥˧ti˥˧ti˧˨.（有……跟……那个有什么区别没有？）黄：没有啥区别。但是这个地方，各……各个地方叫法都不一样。mei˩˧iou˥˧sa˧tɕʰy˥˧pie˩˧˨.tæ̃˧˩s ʅ˥˨tʂə˥˦kə˥˦ti˥˦faŋ˥˨,kə˥˨tə……kə˥˨kə˥˦ti˥faŋ˥˨tɕiao˥fa˥˨tou˥˨pu˨˩i˥˨iaŋ˥˦.（嗯，就太白叫什么？）黄：太白这，多一半儿都叫野鸡和麻子啊？tʰæᴇ˥˧pei˨˩tʂə˥,tuo˥i˥˨pær˥tou˥˨tɕiao˥ie˥tɕi˥˨xuo˨˩ma˨˩tsʅ˥a˧?王：嗯。ŋ̍˨.（麻子？）黄：嗯。ŋ̍˨.（要写就写成那个……）王：那么，婊……nə˥˨muo˧,piao˥……黄：婊子嘛。piao˥tsʅ˧ma˧.（就是吃的这个麻，麻子这两个字吗？）黄&王：嗯。ŋ̍˨.

拉皮条的

黄：这个拉皮条可指的啥？这指是那个卖淫的那些，专门儿寻这些卖淫女的这些，这些给寻那些的人，叫拉皮条的。tʂə˥˨kə˥˦la˥˨pʰi˨˩tʰiao˨˩kʰə˥˨tsʅ˥ti˧sa˥?tʂei˥tsʅ˥˧sʅ˥nə˥kə˥mæᴇ˥iŋ˨˩ti˧nei˥˨ɕie˥˨,tʂuæ̃˥˨mə̃r˨˩ɕiŋ˨˩tʂei˥˨ɕie˥˨mæᴇ˥iŋ˨˩ny˥ti˧tʂei˥˨ɕie˥˨,tʂei˥ɕie˥˧kei˥ɕiŋ˨˩nei˥˦ɕie˥˨ti˧zəŋ˨˩,tɕiao˥˨la˥˨pʰi˨˩tʰiao˨˩ti˧.

阴阳、风水先生

（噢，帮人家看那个风水的呢？）黄：阴欸……那个那就有咧有几种咧。有……有一种是阴阳。iŋ˥ei˨……nə˥kə˥nei˥˦tɕiou˥˨iou˥˧lie˧iou˥˧tɕi˥˧tʂuoŋ˥lie˧.iou……iou˥i˥˨tʂuoŋ˥sʅ˥iŋ˥iaŋ˨˩.（嗯，阴阳？）噢，阴阳不但看地、看风水，还给你埋人咧么，看病。ao˨,iŋ˥iaŋ˨˩pu˨˩tæ̃˥kʰæ̃˥ti˥,kʰæ̃˥˧fəŋ˥˨ʂuei˥˨,xa˨˩kei˥ni˥˧mæᴇ˨˩zəŋ˨˩lie˧muo˧,kʰæ̃˥piŋ˥.（噢，还能看病？）噢，还能看病么。再有一种是风水先生。风水先生光看地，不埋人，也不给你看病。ao˨,xa˨˩nəŋ˨˩kʰæ̃˥piŋ˥muo˧.tsæᴇ˥iou˥˧i˥˨tʂuoŋ˥˧sʅ˥fəŋ˥ʂuei˥˨ɕiæ̃˥˨səŋ˥˨.fəŋ˥ʂuei˥˨ɕiæ̃˥səŋ˥˨kuaŋ˥˧kʰæ̃˥ti˥,pu˨˩mæᴇ˨˩zəŋ˨˩,ie˥pu˨˩kei˥ni˥˧kʰæ̃˥piŋ˥.（专门儿从事这个这些这些丧事的这这些？）这是阴阳。tʂə˥sʅ˥iŋ˥iaŋ˨˩.（就是阴阳？）阴阳，啊。iŋ˥iaŋ˨˩,a˥.（那这个还请了鼓号队，嘀嘀嗒嗒，放一炮。）噢，那不对。那那成了另外一……不是了。ao˨,næᴇ˥pu˨˩tuei˥.nei˥nei˥˦tʂʰəŋ˨˩lə˧liŋ˥væᴇ˥i˥˨……pu˨˩sʅ˥lə˧.（那是什么？）阴阳的主要工具只有一个铃子。iŋ˥iaŋ˨˩ti˧tʂʯ˥˧iao˥kuoŋ˥˨tɕy˥˦tsʅ˥˨iou˥i˥˨kə˥liŋ˨˩tsʅ˥.（铃子？）啊。再一个铰子。他就这两样工具。再一个就是个卦。a˥.tsæᴇ˥i˥˧kə˥tɕiao˥tsʅ˧.tʰa˥˨tɕiou˥˦tʂə˥liaŋ˥iaŋ˥kuoŋ˥˨tɕy˥.tsæᴇ˥i˥˧kə˥tɕiou˥sʅ˥kə˥kua˥.（打开来这么看看？）噢，看看。再就是个印。ao˨,kʰæ̃˥kʰæ̃˥.tsæᴇ˥˨tɕiou˥˦sʅ˥kə˥iŋ˥.（印是什么？）噢，一枝毛笔。印那个你给人画下这个符，写下这些奏章这些，寿章这些来的话，那你必须要盖印。ao˨,i˥˨tsʅ˥mao˨˩pi˥.iŋ˥nə˥kə˥ni˥˧kei˥zəŋ˨˩xua˥xa˥tʂə˥kə˥fu˨˩,ɕie˥xa˥tʂei˥ɕie˥˧tsou˥tʂaŋ˥tʂei˥˨ɕie˥˨,ʂou˥tʂaŋ˥tʂei˥ɕie˥˧læᴇ˨˩ti˧xua˥,næᴇ˥ni˥˧pi˥˨ɕy˥˨iao˥kæᴇ˥iŋ˥.

吹鼓手

（那你们这个死了人以后是不是还得请那个吹……吹鼓手啊什么的？）黄：那要请咧么。哎，要请欸，请一吹鼓手咧。nei˥˦iao˥˨tɕʰiŋ˥lie˧muo˧.æᴇ˥,iao˥tɕʰiŋ˥˧ei˥,tɕʰiŋ˥˧i˥˨tʂʰuei˥ku˥˨ʂou˥˨lie˧.（你们就叫吹鼓手？）啊，叫吹鼓手。a˥,tɕiao˥tʂʰuei˥ku˥˨ʂou˥˨.（有敲锣的没有？）哎有咧。那你看是哪瘩的咧。现在这个陕北人的话，又要有敲锣的，又要打鼓的，还要拍铰子的，这都是一全套儿的嘛。æᴇ˥iou˥lie˧.næᴇ˥˦ni˥˧kʰæ̃˥sʅ˥na˥ta˥˨ti˧lie˧.ɕiæ̃˥tsæᴇ˥tʂə˥˨kə˥˨ʂæ̃˥pei˥˨zəŋ˨˩ti˧xua˥,iou˥iao˥iou˥˧tɕʰiao˥˨luo˨˩ti˧,iou˥iao˥ta˥ku˥ti˧,xæᴇ˨˩iao˥pʰei˥˨tɕiao˥tsʅ˧ti˧,tʂei˥˦tou˥sʅ˥i˥˧tɕʰyæ̃˨˩tʰaor˥˦ti˧ma˧.（这边儿咱们这本地呢？）咱们本地的他是你要是光请个吹鼓手的话，那都是两个哎两个吹鼓手就对了。两个人一吹就对了，啊。一个吹上……一个高音，一个吹低音就……tʂa˨˩məŋ˧pəŋ˥ti˥ti˧tʰa˥˧sʅ˥ni˥˧iao˥sʅ˥kuaŋ˥˧tɕʰiŋ˥kə˥˨tʂʰuei˥ku˥˨ʂou˥˨ti˧xua˥˨,næᴇ˥tou˥˧sʅ˥liaŋ˥kə˥˨æᴇ˨liaŋ˥kə˥˨tʂʰuei˥ku˥˨ʂou

˥˩˨tɕiou˧˩˨tuei˧˩˨lə˩.liɑŋ˥˩kə˧˩˨zəŋ˩˦i˥˩˨tʂ^{h}uei˥˩tsou˧˩˨tuei˧˩lə˧,ɑ˧.i˥˩˨kə˧˥˧tʂ^{h}uei˥˩˨ʂɑŋ˧˥˦……i˥˩˧kə˧kɑɔ˥˩i ŋ˥˩˨,i˥˩˧kə˧tʂ^{h}uei˥˩˧ti˥˩iŋ˥˩˨tsou˧……（他是不是组成一个乐队还是……）乐队就少了。乐队现在的话，现在这个陕北的这个和……和本地的这个现在这个乐队现在都是都是叫乐队了。yo˥˩˨tuei˧˥˧tsou˧˩˨ʂɑɔ˥˩˧lə˧.yo˥˩˨tuei˧˥˧ɕiæ̃˧tsæᴇ˧ti˧xuɑ˧˩˨,ɕiæ̃˧tsæᴇ˧tʂə˧˩˨kə˧˩˨ʂæ̃˥˩pei˥˩˨ti˩tʂə˧ kə˧xuo˩˦˨……xuo˩˦˨pəŋ˥˩ti˧˥˦ti˩tʂə˧kə˧ɕiæ̃˧tsæᴇ˧tʂə˧kə˧yo˥˩˨tuei˧˥˧ɕiæ̃˧tsæᴇ˧tou˥˩˨sɿ˧˩˨tou˥˩˧sɿ˧tɕiɑ ɔ˧yo˥˩˨tuei˧lə˧.（你们就管那个人叫吹鼓手？）噢，叫吹鼓手。ɑɔ˨˩,tɕiɑɔ˧˥˦tʂ^{h}uei˥˩ku˥˩˨ʂou˥˩˨.（三个人、四个人都叫吹鼓手？）噢。现在这个乐队就多了。ɑɔ˨˩.ɕiæ̃˧tsæᴇ˧tʂə˧kə˧yo ˥˩˨tuei˧tsou˧tuo˥˩lə˩.（还有洋鼓洋号是吧？）噢，洋鼓洋号都上了。现在就电子琴都上了么。架子……电子琴、架子鼓现在都上去了么。噢，增音设备都整个儿都跟着上去了。而且这个那你……这个现在的这个前塬的靠住……靠住前边儿的这个㟃西峰、合水这一带的乐队以后，不但要有乐器，还想要有个演员咧嘛。ɑɔ˨˩,iɑŋ˩˦ku˥˩iɑŋ˩˦˨xɑɔ˧˥˦tou˥˩ ˨ʂɑŋ˧lə˧.ɕiæ̃˧tsæᴇ˧tsou˧tiæ̃˧tsɿ˧tɕ^{h}iŋ˩˦tou˥˩˨ʂɑŋ˧lə˧muo˩.tɕiɑ˧tsɿ˧……tiæ̃˧tsɿ˩tɕ^{h}iŋ˩˦,tɕiɑ˧tsɿ˧ku˥˩ɕi æ̃˧tsæᴇ˧tou˥˩˨ʂɑŋ˧tɕ^{h}y˧lə˧muo˧.ɑɔ˨˩,tsəŋ˥˩˦iŋ˥˩˨ʂə˥˩˧pei˧tou˥˩˨tʂəŋ˥˩kər˧˥˧tou˥˩˨kəŋ˥˩tʂə˩ʂɑŋ˧˥˦tɕ^{h}i˧lə˧.ər˩˦tɕ^{h}ie˥˩˨tʂə˧kə˧næᴇ˧ni˥˩˧……tʂə˧kə˧ɕiæ̃˧tsæᴇ˧ti˩tʂə˧kə˧tɕ^{h}iæ̃˩˦yæ̃˩˦˨ti˧kɑɔ˧（←k^{h}ɑɔ˧）tʂʮ……k^{h}ɑɔ˧tʂʮ˧tɕ^{h}iæ̃˩˦˨piæ̃r˥˩ti˩tʂə˧kə˧m̩˩ɕi˥˩˨fəŋ˩˦,xuo˩˦˨ʂuei˥˩tʂei˧i˥˩˧tæᴇ˧ti˧yo˥˩˨tuei˧˥˧i˥˩˨xou˧,pu˩˨tæ̃˧iɑɔ˧ iou˥˩˧yo˥˩˨tɕ^{h}i˧˥˧,xæᴇ˩˦ɕiɑŋ˥˩˨iɑɔ˧iou˥˩˧kə˧iæ̃˥˩yæ̃˩˦˨lie˩mɑ˩.（还要演员？）噢，那你有最起码来说……ɑɔ˨˩,næᴇ˧ni˥˩iou˥˩tsuei˧tɕ^{h}i˥˩˧mɑ˥˩læᴇ˩˦˧ʂuo˥˩˨……（剧团找点演员？）噢，唱个流行歌曲儿，也要人唱嘛。ɑɔ˧,tʂ^{h}ɑŋ˧kə˧liou˩˦ɕiŋ˩˦˧kə˥˩˨tɕ^{h}yər˥˩,ie˥˩˧iɑɔ˧zəŋ˩˦tʂ^{h}ɑŋ˧mɑ˩.（还说相声不说？）也说嘛。说四六句子，逗一逗笑儿。再一个你必要有唱秦腔咧嘛。你根据过不同的事，欸兀你还要过……还要唱几段秦腔咧。甚么《三娘教子》呀，欸《武店坡》呀，还有那个花亭相……你要结婚的话，你那《花亭相聚》，《花亭相会》呀，《彩楼配》呀，这秦腔你要唱咧。欸，要求严得很现在。过去那是很简单。ie˥˩ʂuo˥˩mɑ˩.ʂuo˥˩˨sɿ˧˥˦liou˥˩˧ tɕy˧˥˦tsɿ˩,tou˧i˥˩˧tou˧ɕiɑɔr˧.tsæᴇ˧i˥˩˧kə˧ni˥˩˧pi˥˩˧iɑɔ˧iou˧tʂ^{h}ɑŋ˧tɕ^{h}iŋ˩˦˨tɕ^{h}iɑŋ˥˩lie˩mɑ˩.ni˥˩˨kəŋ˥˩˨tɕy˧˥˧ku o˧pu˩˦˨t^{h}uoŋ˩˦˨ti˧sɿ˧,ei˧vei˧ni˥˩˧xæᴇ˩˦˨iɑɔ˧kuo˧˥˦……xæᴇ˩˦˨iɑɔ˧tʂ^{h}ɑŋ˧tɕi˥˩tuæ̃˧tɕ^{h}iŋ˩˦˨tɕ^{h}iɑŋ˥˩lie˩.ʂəŋ˧˥˧ muo˩sæ̃˥˩˨niɑŋ˩˦tɕiɑɔ˧tsɿ˥˩iɑ˩,ei˨˩vu˥˩tiæ̃˧p^{h}uo˥˩iɑ˩,xæᴇ˩˦iou˥˩˧nə˧kə˧xuɑ˥˩t^{h}iŋ˩˦ɕiɑŋ˥˩˧……ni˥˩˧iɑɔ˧tɕie˥˩˦ xuoŋ˥˩ti˧xuɑ˧,ni˥˩˧nɑ˧xuɑ˥˩t^{h}iŋ˩˦ɕiɑŋ˥˩˨tɕy˧˥˧,xuɑ˥˩t^{h}iŋ˩˦˨ɕiɑŋ˥˩˨xuei˧iɑ˧,ts^{h}æᴇ˥˩lou˩˦˧p^{h}ei˧˥˦iɑ˩,tʂei˧tɕ^{h}iŋ˩˦ tɕ^{h}iɑŋ˥˩ni˥˩˧iɑɔ˧tʂ^{h}ɑŋ˧˩˨lie˩.ei˥˩,iɑɔ˧tɕ^{h}iou˩˦˧iæ̃˩˦˨tə˧xəŋ˥˩˧ɕiæ̃˧˥˧tsæᴇ˧˩˨.kuo˧˥˦tɕ^{h}y˧nə˧sɿ˧xəŋ˥˩tɕiæ̃˥˩tæ̃˥˩˨.

一一、亲属

一般亲属概念 / 长辈 / 平辈 / 晚辈

（一）一般亲属概念

五服

1.（爷爷的爷爷可不就是祖……祖爷吗？）黄：嗯，那就不了。爷爷的爷爷咧。比你……比他……比他爷还高嘞。ŋ̍˨˦,na˥˥˧tɕiou˥pu˨˦˥˧lə˨.ie˨˦ie˨˦˥˧ti˧lie˨˦ie˨˦˥˧lie˨.pi˥˧ni˥˧˦……piʸtʰɑ˥˧˩……pi˥˧tʰɑ˥˧˩ie˨˦xɑ˨˦˩kɑɔ˥˧lei˨.（比太爷高一辈的。）比他……比他爷还高一辈咧你，高两辈咧。他爷的……他爷的爸么你，他爷的爸的爸么你。他爷的爸的爸么你。那辈分在兀儿上着咧么。这都五服都上去了你。pi˥˧tʰɑ˥˧˩……pi˥˧tʰɑ˥˧˩ie˨˦xɑ˨˦˩kɑɔ˥˧i˥˧˩pei˥lie˧ni˥˧˩,kɑɔ˥˧˩liɑŋ˥˧pei˥lie˧.tʰɑ˥˧˩ie˨˦˩ti˧……tʰɑ˥˧˩ie˨˦˩ti˧pɑ˨˦muo˧ni˥˧˩,tʰɑ˥˧˩ie˨˦˩ti˧pɑ˨˦ti˧pɑ˨˦muo˧ni˥˧˩.tʰɑ˥˧˩ie˨˦˩ti˧pɑ˨˦ti˧pɑ˨˦muo˧ni˥˧˩.nə˥pei˥fəŋ˥˩tsæᴇ˥vər˥ʂɑŋ˥tʂə˧lie˧muo˧.tʂə˥tou˥˧˦vu˥˧fu˨˦˦tou˥˧˦ʂɑŋ˥tɕʰi˥lə˧ni˥˧˦.

2.（祖太爷？）黄：五……最多到这儿就对了。vu……tsuei˥˧tuo˥˧˦tɑɔ˥tʂər˥tɕiou˥tuei˥˩lə˨.（祖太爷怎么那个呢？）这现在一般情况下这以后这都无所谓了。现在人就讲究是这个在五服以……这就是五服以内。这是五辈人，一辈，两辈，三辈，四辈，五辈，一般就是在这五辈里还可以。投到再往上排，那就没有意思了。tʂə˥˥˧ɕiæ̃˥tsæᴇ˥i˥˧pæ̃˥˧˩tɕʰiŋ˨˦˩kʰuɑŋ˥ɕiɑ˥tʂei˥i˥˧xou˥˩tʂei˥˥˧tou˥˧˩vu˨˦˩ʂuo˥˧˦vei˥˥˧lə˨.ɕiæ̃˥tsæᴇ˥zəŋ˨˦tsou˥˩tɕiɑŋ˥˧tɕiou˥˧˩sɿ˥˩tʂə˥kə˥tsæᴇ˥vu˥˧fu˨˦i˥˧˩……tʂei˥tɕiou˥sɿ˥vu˥˧fu˨˦i˥˧˦luei˥.tʂə˥sɿ˥vu˥˧pei˥zəŋ˨˦˦,i˥˧˩pei˥,liɑŋ˥˧pei˥˩,sæ̃˥˧˩pei˥,sɿ˥pei˥,vu˥˧pei˥˩,i˥˧pæ̃˥˧tɕiou˥sɿ˥tsæᴇ˥˩tʂə˥vu˥˧pei˥li˥˧˩xɑ˨˦˩kʰə˥˧i˥˧˩.tʰou˨˦˩tɑɔ˥tsæᴇ˥vɑŋ˥˧˩ʂɑŋ˥˥˧pʰæᴇ˨˦,nei˥tsou˥muo˥˧˩iou˥˧i˥˧sɿ˧lə˨.（那再往上排，这个祖太爷还是有这个叫法吧？）有是有这个叫法，但是已经没有多大意思了。iou˥˧sɿ˥˩iou˥˧tʂə˥kə˥tɕiɑɔ˥˧fɑ˥˧˩,tæ̃˥sɿ˥i˥˧tɕiŋ˥˧˩mei˨˦iou˥˧tuo˥˧˩tɑ˥i˥˧sɿ˧lə˨.（好。祖太爷再往前的那些人……）那你根本就见不到了已经是欸。nei˥˩ni˥˧kəŋ˥˧˩pəŋ˥˧tsou˥tɕiæ̃˥pu˨˦˩tɑɔ˥lə˧i˥˧˩tɕiŋ˥˧sei˥.（啊，啊，是。不管他见不见得到哇。）你一般祖太爷你都……都没有得。ni˥˧˩i˥˧pæ̃˥˧˩tsʮ˥˧tʰæᴇ˥ie˨˦ni˥˧tou˥˧˦……tou˥˧˩mei˨˦iou˥˧tei˥˧˩.（你统称呢？）统……上……往上头就成了祖祖了。tʰuoŋ˥˧tʂʰ……ʂɑŋ˥˧……vɑŋ˥˧˦ʂɑŋ˥˧tʰou˧tɕiou˥tʂʰəŋ˨˦˩lə˧tsʮ˥˧tsʮ˥˧˩lə˨.（祖祖是……反正是祖太爷这个以上的那些都叫祖祖？）以上的那些人啊。i˥˧˩ʂɑŋ˥˧ti˧nei˥˥˧ɕie˥˧˩zəŋ˨˦˩ɑ˧.（祖爷叫不叫祖祖？）兀不叫。那是祖……mə˥˥˧pu˨˦˩tɕiɑɔ˥.nə˥sɿ˥tsʮ˥˧……（包括祖太爷是吧？）啊，包括祖太爷在里头。ɑ˩,pɑɔ˥˧kʰuo˥˧˩tsʮ˥˧˩tʰæᴇ˥˥˧ie˨˦tsæᴇ˥li˥˧tʰou˨.（祖祖那就是说列祖列宗了？）啊，列祖列宗了，呃。ɑɔ˩,lie˥˧˩tsʮ˥˧lie˥˧tsuoŋ˥˧lə˨,ə˩.（祖太爷和他以上的那些？）啊，这个五……五服以外，那就是这个都在祖祖里头称了。ɑ˩,tʂə˥˩kə˥vu˥˧……vu˥˧fu˨˦i˥˧˦væᴇ˥,nei˥tɕiou˥sɿ˥tʂə˥kə˥tou˥˧˦tsæᴇ˥tsʮ˥˧tsʮ˥˧˩li˥˧tʰou˧tʂʰəŋ˥˧lə˨.（祖祖的老婆呢？）那叫……那都统称啊，老婆老……下都叫祖祖了。nei˥tɕiɑɔ˥……nei˥˥˧tou˥˧˩tʰuoŋ˥˧˩tʂʰəŋ˥˧æ˨,lɑɔ˥˧pʰuo˨˦˩lɑɔ˥˧……xɑ˥tou˥˧˩tɕiɑɔ˥tsʮ˥˧tsʮ˥˧˩lə˨.（那

个祖祖的那些那那些女女性当中那他们的配偶呢？）那都叫祖祖啊。男女都叫祖祖了。nei꜒꜖touꜙ꜖tɕiao꜒tsʮꜙtsʮꜙ꜖a꜔.næ꜖꜖nyꜙtouꜙ꜖tɕiao꜒tsʮꜙtsʮꜙ꜖꜖lə꜔.（男女都叫祖祖？）啊，那都已经再没办法叫上了都已经。ɑ꜖,nei꜒꜖touꜙ꜓iꜙtɕiŋꜙ꜖tsæᴇ꜒muoꜙ꜖pæ̃꜒faꜙ꜖tɕiao꜒꜖ʂaŋ꜒꜖lə꜔touꜙ꜓iꜙ꜖tɕiŋꜙ.

班辈儿

黄：班辈是个总称了。pæ̃ꜙ꜖pei꜒꜖sʅ꜒kə꜒tsuoŋꜙtʂʰəŋꜙlə꜔.（总称。）噢。ŋaɔ꜖.（你是哪个班辈的？）噢，你是哪一辈的，就说“你是哪个班辈儿”。ɑɔ꜒,niꜙ꜓sʅ꜒naꜙiꜙ꜖pei꜒ti꜔,tɕiou꜒꜖ʂuoꜙ꜖niꜙsʅ꜒꜖naꜙkə꜒꜖pæ̃ꜙ꜖pər꜒꜖.

排行

1.（就说跟跟父亲那个叫父亲的那些兄弟，就比他大的那个呢？）黄：比父亲大的？piꜙ꜓fu꜒꜖tɕʰiŋꜙ꜓ta꜒ti꜔?（啊。）那都……那有时候叫达，你叫兀是大达。nə꜒꜖touꜙ꜓……nei꜒iouꜙsʅ꜖꜓xou꜒tɕiao꜒ta꜖,niꜙ꜓tɕiao꜒vu꜒sʅ꜒ta꜒꜓ta꜖꜖.（大达是什么呢？）大达就是他达的这个欸他达的哥。ta꜒꜓ta꜖꜖tɕiou꜒sʅ꜒tʰɑꜙ꜖ta꜖꜖ti꜔tʂə꜒kə꜒ei꜒tʰɑꜙ꜖ta꜖꜖ti꜔kəꜙ.（噢，就是相当于伯伯是吧？）那要往上翻咧。往上头这不是……比他大的达那就在上头这儿咧。往下这儿翻的话，那就成了兄弟了。nei꜒iao꜒vaŋꜙ꜖ʂaŋ꜒꜓fæ̃ꜙlie꜔.vaŋꜙ꜖ʂaŋ꜒꜓tʰou꜔tʂə꜒pu꜖꜓sʅ꜒……piꜙtʰɑꜙ꜓ta꜒ti꜔ta꜖꜓næᴇ꜒tɕiou꜒tsæᴇ꜒ʂaŋ꜒꜓tʰou꜔tʂər꜒꜓lie꜔.vaŋꜙ꜖xa꜒tʂər꜒꜓fæ̃ꜙti꜔xua꜒,nei꜒tɕiou꜒tʂʰəŋ꜖꜖lə꜔ɕyoŋꜙti꜒꜖lə꜔.（大达？）嗯。大达在这儿咧。ŋ̍꜖.ta꜒꜓ta꜖꜖tsæᴇ꜒tʂər꜒꜓lie꜔.（比大的小的呢？）欸，比大达……比他达小的那个么那就是这个……ei꜒,piꜙ꜓ta꜒꜓ta꜖꜖ɕi……piꜙtʰɑꜙ꜖ta꜖ɕiaoꜙti꜔nə꜒kə꜒muo꜔nei꜒꜖tɕiou꜒sʅ꜒tʂə꜒kə꜒……（那个叔叔那一辈吗？）嗯，叔叔这一辈……这就是我……你要是这儿这来叫那就是，他叫大达，这是……他叫达，这叫是……老三了，这是三达，他三达。ɑ̃꜖,ʂʮꜙʂʮꜙ꜖tʂei꜒iꜙ꜓pei꜒……tʂei꜒tɕiou꜒꜖sʅ꜒꜖ŋuoꜙ……niꜙ꜓iao꜒sʅ꜒tʂər꜒꜓tʂə꜒læᴇ꜖tɕiao꜒nei꜒꜖tɕiou꜒꜖sʅ꜒꜖,tʰɑꜙtɕiao꜒꜖ta꜒ta꜖꜖,tʂə꜒sʅ꜒……tʰɑꜙtɕiao꜒꜖ta꜖꜖,tʂei꜒tɕiao꜒sʅ꜒……lao꜒sæ̃ꜙlə꜔,tʂə꜒sʅ꜒sæ̃ꜙ꜖ta꜖,tʰɑꜙ꜖sæ̃ꜙ꜖ta꜖.（噢，三达？）噢，三达呃是。弟兄三个的话他叫三达。ɑɔ꜖,sæ̃ꜙ꜖ta꜖ə꜒sʅ꜔.ti꜔ɕyoŋꜙ꜓sæ̃ꜙkə꜒tə꜔xua꜒tʰɑꜙ꜓tɕiao꜒sæ̃ꜙ꜖ta꜖.（噢，他叫大达……）达。ta꜖.（呃，如果不……如果几个达达都那个……都比达大呢？）那就是二达，三达么。nə꜒tsou꜒꜖sʅ꜒꜖ər꜒ta꜖,sæ̃ꜙ꜖ta꜖muo꜔.（好这样排过来哈？）嗯。ŋ̍꜖.（好。如果就说唔自己的父亲是最大的，那比他小的那些怎么称呼？）那就是二达，三达么。nə꜒꜖tɕiou꜒꜖sʅ꜒꜖ər꜒ta꜖꜖,sæ̃ꜙta꜖muo꜒.（没有叔叔这个概念吗？）没有叔叔这个概念。mei꜖iouꜙ꜓ʂʮꜙʂʮꜙ꜖tʂə꜒kə꜒kæᴇ꜒niæ̃꜒꜖.（最小的那个达呢？）那叫碎达么。对有个弟兄三个的话那最碎这个就不叫三……有的叫三达咧，有的叫碎达咧。nei꜒tɕiao꜒suei꜒ta꜖꜖muo꜔.tuei꜒iouꜙkə꜒꜖ti꜒ɕyoŋꜙ꜓sæ̃ꜙkə꜒꜖ti꜔xua꜒næᴇ꜒tsuei꜒suei꜒tʂə꜒kə꜒tɕiou꜒pu꜖꜖tɕiao꜒sæ̃ꜙ꜖……iouꜙti꜔tɕiao꜒sæ̃ꜙ꜖ta꜖꜖lie꜒,iouꜙ꜓ti꜔tɕiao꜒suei꜒꜖ta꜖꜖lie꜔.（噢，反正最小的那个就叫碎达？）嗯。ŋ̍꜖.（噢，就没有什么伯伯叔叔这样的这个区分了？）没有这个称呼，噢。mei꜖iouꜙtʂə꜒kə꜒tʂʰəŋꜙ꜖xuꜙ꜖,ɑɔꜙ.

2.（这个如果这个爷爷的兄弟这个中间怎么称呼？）黄：那是这个欸二爷嘛。nə꜒꜖sʅ꜒tʂə꜒kə꜒ei꜒ər꜒ie꜖ma꜔.（嗯，比他大的呢？）大爷嘛。ta꜒ie꜖꜖ma꜔.（二爷、三爷……）嗯，三爷这么排下来了。ɑ̃ꜙ,sæ̃ꜙ꜖ie꜖tʂə꜒muo꜔pʰæᴇ꜖꜖xa꜒꜖læᴇ꜖꜖lə꜔.（最小的那个呢？）那叫碎爷嘛。nei꜒tɕiao꜒suei꜒ie꜖꜖ma꜔.

3.（这个太爷的那兄弟呢？）黄：那是那是大太爷、二太爷。nə꜒꜖sʅ꜒꜖nə꜒꜖sʅ꜒꜖ta꜒tʰæᴇ꜒ie꜖꜖,ər꜒tʰæᴇ꜖꜖ie꜖꜖.（噢，反正在前面加个“大”？）啊。ɑ꜖.（二？）嗯。ŋ̍꜖.（那那碎……

碎太爷？）嗯。ək.

4.（那个，这个比父亲大和小，名称上有没有区别，就是姑姑当中？）黄：那就叫大姑。那是根据……那和父亲那个排行都没有多大关系。那是她这个姊妹伙咧以后，你比如她……他爸有几个……有姐姐，还有妹妹噢。那□就是这个……大的那□就是谁个年龄大就是大姑。nei˥˥˦tɕiou˥tɕiao˥ta˥ku˥˨.nə˥˨sɿ˥kəŋ˥˩tɕy˥……nə˥˦xuo˨˩fu˥tɕʰiŋ˥˩nə˥kə˥pʰæᴇ˨˩xaŋ˨˥tou˥˩mei˨iou˥tuo˥˩ta˥kuæ̃˥ɕi˥˨.nə˥˨sɿ˥tʰɑ˥˦tʂə˥kə˥tsɿ˥mei˥xuo˥˦lie˦i˥˦xou˥,ni˥pi˥zɥ˨˩tʰɑ˥……tʰɑ˥˨pɑ˨iou˥˦tɕi˥kə˥˨……iou˥tɕie˥tɕie˥˨,xæᴇ˨˩iou˥mei˥mei˥ɑɔ˨.nei˥˦niæ̃˨˦tsou˥sɿ˥tʂə˥kə˥˨……tɑ˥˦ti˦nei˥˦niæ̃˨˩tɕiou˥sɿ˥sei˨˩kə˥˦niæ̃˨liŋ˨˦ta˥tɕiou˥˨sɿ˥˨ta˥˦ku˥˨.（姊妹自己定排行？）啊。ɑ˥.

5.（哥哥怎么排行？）黄：谁大就是谁是大哥。sei˨˦ta˥tɕiou˥˨sɿ˥˨sei˨˦sɿ˥ta˥kə˥˨.（你说一遍看看？）大哥，二哥。ta˥kə˥˦,ər˥kə˥.（嗯，最小的？）三哥，四哥么那。sæ̃˥kə˥˦,sɿ˥kə˥˦muo˦nə˥˨.（最小的那个哥哥呢？）那也叫碎哥咧，也叫是……老几咧。那你看多少了。那有些弟兄十……叔伯兄弟里头出十几个那都……也都十几哥都叫咧。nei˥˦ɑ˥˦tɕiao˥suei˥˦kə˥lie˦,ie˥˦tɕiao˥sɿ……lao˥˦tɕi˥˦lie˦.nei˥˦ni˥kʰæ̃˥tuo˥ʂao˥˨lə˦.nei˥iou˥ɕie˥˨ti˥˦ɕyoŋ˥˨ʂɿ……ʂɥ˥pei˥˨ɕyoŋ˥ti˥li˥˦tʰou˥tʂʰɥ˥ʂɿ˥˨tɕi˥kə˥nei˥˦tou˥˨……ie˥˦tou˥˦ʂɿ˨˩tɕi˥kə˥tou˥˨tɕiao˥lie˦.（这叫十几哥？）噢。ɑɔ˨.（噢，就是这个叔伯的通通那个一起排行？）噢，都一起排行，从老大就排上下来咧。ɑɔ˥,tou˥˨i˥˨tɕʰi˥pʰæᴇ˨˦xaŋ˨˦,tsʰuoŋ˨˩lao˥ta˥tsou˥pʰæᴇ˨˩ʂaŋ˥xa˥læᴇ˨˩lie˦.

6.（弟弟怎么排行呢？）黄：那□就是还是几弟么。næᴇ˥˦niæ̃˨˦tsou˥sɿ˥xɑ˨˩sɿ˥tɕi˥˦ti˥muo˦.（嗯，你说一遍看！）那就是一弟咧，二弟和三弟。næᴇ˥tɕiou˥˨sɿ˥˨i˥˨ti˥lie˥,ər˥ti˥˨xuo˨˩sæ̃˥˨ti˥.（一弟啊？）啊。弟弟，也是一弟。ɑ˨.ti˥ti˥˨,ie˥˨sɿ˥˨i˥˨ti˥.（不讲大弟啊？）啊。那只是按着排上走咧么。投到到最后排到……是……是……是七八个上以后，都不叫那个，把十……把那名字加……把那几个个位数加上都没有意思了，就是弟就对了。ɑ˨.nə˥tsɿ˥˨sɿ˥næ̃˥tʂə˦pʰæᴇ˨˩ʂaŋ˥tsou˥˨lie˦muo˦.tʰou˨˩tao˥tao˥tsuei˥xou˥pʰæᴇ˨˩tao˥……sɿ˥˨……sɿ˥˨……sɿ˥˨tɕʰi˥pa˥˨kə˥ʂaŋ˥i˥˨xou˥,tou˥˨pu˨˩tɕiao˥nə˥kə˥,pa˥˨ʂɿ……pa˥˨nə˥miŋ˨˩tsɿ˥tɕia˥……pa˥˨næᴇ˥tɕi˥kə˥˨kə˥vei˥ʂɥ˥tɕia˥ʂaŋ˥˨tou˥˨mei˨iou˥i˥˦sɿ˦lə˦,tɕiou˥˦sɿ˥˨ti˥tɕiou˥˨tuei˥˦lə˦.（噢。这个跟别人介绍，这是我最小的弟弟，怎么介绍？）这就我碎弟么。tʂei˥tɕiou˥ŋuo˥˨suei˥ti˥muo˦.

老小、老碎

（最小的那个叫什么？）黄：老小。lao˥˦ɕiao˥.（老幺？）黄：老幺就……我们这儿这就是……lao˥˦iao˥tsou˥……ŋuo˥məŋ˦tʂər˥tʂə˥tɕiou˥sɿ˥……王：四川人叫老幺。sɿ˥tʂʰuæ̃˥˨zəŋ˨tɕiao˥lao˥˦iao˥.黄：老……四川人叫老幺。我们这儿这不叫。lao……sɿ˥tʂʰuæ̃˥˨zəŋ˨tɕiao˥lao˥iao˥˨.ŋuo˥məŋ˦tʂər˥tʂə˥pu˨˩tɕiao˥.王：四川人把那最小的那叫幺儿。sɿ˥tʂʰuæ̃˥˦zəŋ˨pa˥˨nə˥tsuei˥ɕiao˥ti˦nei˥˨tɕiao˥˨iao˥˦ər˨˩.黄：幺儿。我们这儿这最多把那叫个老小就了不得了。iao˥˨ər˨˩.ŋuo˥məŋ˦tʂər˥tʂə˥tsuei˥˦tuo˥˨pa˥˨nə˥tɕiao˥kə˥lao˥ɕiao˥tsou˥˨liao˥˨pu˨˩tei˥˨lə˥.（叫不叫老碎？）黄：老碎这个话也叫咧。lao˥suei˥tʂə˥˨kə˥˨xua˥æ˥˦tɕiao˥lie˥.（老人家是说老……老小还是老碎？）黄：老碎。lao˥suei˥.

殿窝子

（最小的那个叫不叫尾巴？）黄：不叫。叫殿窝子咧。pu˨˦tɕiao˥.tɕiao˥tiæ̃˥˦vuo˥tsɿ˦lie˦.（是……它是那个什么，呃叫是……是爱称还是有点儿有点儿不……）骂人咧。兀是个恰巧相了个反。猪下崽崽头一个叫殿窝子。ma˥zəŋ˨˩lie˥.vei˥sɿ˥kə˥tɕʰia˥tɕʰiao˥˦ɕiaŋ˥lə˦kə˥˨fæ̃

˥.tʂʯ˥çia˥˥tsæᴇ˥tsæᴇ˥˥tʰou˩i˥˥kə˥tɕiaɔ˥tiæ̃˥vuo˥tsɿ˧.（这什么？）猪下猪娃儿就……下崽头一个叫殿窝子。人生娃最后一个叫殿窝子。tʂʯ˥çia˥tʂʯ˥˥var˩tɕiou˥……çia˥˥tsæᴇ˥tʰou˩i˥˥kə˥˥tɕiaɔ˥˥tiæ̃˥vuo˥tsɿ˧.zəŋ˩səŋ˥˥va˩tsuei˥xou˥i˥˥kə˥˥tɕiaɔ˥tiæ̃˥vuo˥tsɿ˧.（那猪下崽最后……最小的那个呢？）那都是肯定是头一个下下的嘛。næᴇ˥tou˥˥sɿ˥kʰəŋ˥˥tiŋ˥˥sɿ˥˥tʰou˩i˥˥kə˥˥çia˥xa˥ti˧ma˧.（不是。猪最后下下来的那个崽。）那也不叫啥。那都……那只是把它的下下头一个叫殿窝子。næᴇ˥˥a˥˥pu˩˥tɕiaɔ˥sa˥˥.næᴇ˥tou˥……næᴇ˥tsɿ˥˥sɿ˥pa˥˥tʰa˥tə˧çia˥˥xa˥tʰou˩i˥˥kə˥tɕiaɔ˥tiæ̃˥vuo˥tsɿ˧.（没有……没有那个……没……那个……有……有些地方这个就说一窝猪崽，最后下下来的那个有个名字的。它总……）我们这儿没有。ŋuo˥˥məŋ˧tʂər˥mei˩iou˥˥.（它总长得很慢，跟不上其他的。）僵猪子。tɕiaŋ˥tʂʯ˥˥tsɿ˧.（啊？）那也不是僵猪子嘛。næᴇ˥˥æ˥˥pu˩˥sɿ˥tɕiaŋ˥tʂʯ˥˥tsɿ˧ma˧.（tɕiaŋ˥tʂʯ˥tsɿ˧？）我们把那个生长很慢的那个猪叫僵猪子咧。ŋuo˥məŋ˧pa˥˥nə˥kə˥səŋ˥˥tʂaŋ˥xəŋ˥mæ̃˥ti˧nə˥˥kə˥tʂʯ˥˥tɕiaɔ˥tɕiaŋ˥tʂʯ˥˥tsɿ˧lie˧.（是哪个tɕiaŋ˥？）僵是呆板那个意思那个僵么。就是不长的意思么。把头一个下下那个猪娃儿叫殿窝子，这是猪的。但是人可是最后那个是殿窝子。tɕiaŋ˥sɿ˥˥tæᴇ˥˥pæ̃˥nə˥kə˥i˥sɿ˧nə˥kə˥tɕiaŋ˥muo˧.tɕiou˥˥sɿ˥˥pu˩tʂaŋ˥ti˧i˥sɿ˧muo˧.pa˥˥tʰou˩i˥˥kə˥çia˥xa˥nə˥kə˥tʂʯ˥˥var˩tɕiaɔ˥tiæ̃˥vuo˥˥tsɿ˧,tʂə˥sɿ˥tʂʯ˥ti˧.tæ̃˥sɿ˥zəŋ˩kʰə˥˥sɿ˥tsuei˥xou˥nə˥˥kə˥˥sɿ˥˥tiæ̃˥vuo˥tsɿ˧.

亲亲

（没有亲亲这种说法吗？）黄：别人家里来说是有些人这个念转，说转了，吼说你们家来亲亲了。有的人可是你们家来亲戚了。两种说法都有。pie˩˥zəŋ˩˥tɕia˥˥li˥˥læᴇ˩ʂuo˥˥sɿ˥˥iou˥çie˥˥zəŋ˩tʂə˥˥kə˥˥niæ̃˥tʂuæ̃˥,ʂuo˥˥tʂuæ̃˥lə˧,xou˥ʂuo˥˥ni˥məŋ˧tɕia˥˥læᴇ˩tɕʰiŋ˥tɕʰiŋ˥˥lə˧.iou˥ti˧zəŋ˩kʰə˥˥sɿ˥ni˥˥məŋ˧tɕia˥˥læᴇ˩tɕʰiŋ˥tɕʰi˥˥lə˧.liaŋ˥tʂuoŋ˥˥ʂuo˥fa˥˥tou˥˥iou˥.

（二）长辈

爹

1.（有称父亲叫爹的吗这里？）冯：那多得很么。四川人把……到咱们这儿来落户时间长了，他把他把他爸就叫“爹”，我们叫“达”哩。嗯，叫“达”，不是“哩”，就是说，就叫个“达”，一个字。næᴇ˥tuo˥˥tei˥˥xəŋ˥muo˧.sɿ˥tʂʰuæ̃˥˥zəŋ˩pa˥˥……taɔ˥tsa˩məŋ˧tʂər˥læᴇ˩luo˥˥xu˥sɿ˩˥tɕiæ̃˥tʂʰaŋ˩˥liaɔ˥,tʰa˥˥pa˥˥tʰa˥˥pa˥˥tʰa˥˥pa˩tɕiou˥tɕiaɔ˥tie˥.ŋuo˥məŋ˧tɕiaɔ˥ta˩li˧.ŋ̍˥˥,tɕiaɔ˥ta˩,pu˩˥sɿ˥li˥,tɕiou˥sɿ˥˥ʂuo˥˥,tɕiou˥˥tɕiaɔ˥kə˥ta˩,i˥˥kə˥˥tsɿ˥˥.（有没有叫爷爷叫爹的？）嗯，四川靠住川西……əŋ˥˥,sɿ˥tʂʰuæ̃˥˥kʰaɔ˥tʂʰʯ˥˥tʂʰuæ̃˥˥çi˥……（这里噢？）咱们这儿人？tsa˩məŋ˧tʂər˥zəŋ˩˥?（嗯。）咱们这儿人……tsa˩məŋ˧tʂər˥zəŋ˩˥……（包括移民。）有一……有有几户四川人把……把他欸把他……把他爷爷叫“爹爹”，把他爸他叫“爷爷”，他是那么个叫法。iou˥i˥˥……iou˥iou˥tɕi˥xu˥sɿ˥tʂʰuæ̃˥˥zəŋ˩pa˥˥……pa˥˥tʰa˥˥ei˥pa˥˥tʰa˥˥……pa˥˥tʰa˥˥ie˩ie˩˥tɕiaɔ˥tie˥tie˧,pa˥˥tʰa˥˥pa˩tʰa˥˥tɕiaɔ˥ie˩ie˥,tʰa˥˥sɿ˥˥nə˥˥muo˧kə˥˥tɕiaɔ˥fa˥˥.（我们那儿就这么叫的。）是不是？呵呵呵呵。sɿ˥pu˩˥sɿ˥˥?xə˥xə˥xə˥xə˥.

2. 黄：“爹”。tie˥.（你们讲……讲爹吗？）有的叫“爹”。iou˥ti˧tɕiaɔ˥tie˥˥.（这讲爹的是一些什么人？）这些本地口音这个好像啊，它是好像为了区别的有些。他把有些有一辈人他是叫的是“爹”，有一辈人叫的是“达”，有的比如说下辈子那人叫的是“爸爸”。tʂei˥˧ɕie˥˩pəŋ˥ti˥kʰou˥iŋ˥˩tʂə˥kə˥xao˥ɕiaŋ˥a˩,tʰa˥˧sʅ˥xao˥ɕiaŋ˥˩vei˥lie˧tɕʰy˥˩pie˩ti˧iou˥ɕie˥˩.tʰa˥˩pa˥˩iou˥ɕie˥˩iou˥i˥˩pei˥˧zəŋ˩tʰa˥˩sʅ˥˩tɕiao˥˧ti˧sʅ˥˩tie˥,iou˥i˥˩pei˥zəŋ˩tɕiao˥t˧sʅ˥ta˩,iou˥ti˧pi˥zʮ˩ʂuo˥˩ɕia˥˧pei˥˩tsʅ˧nə˥zəŋ˩tɕiao˥ti˧sʅ˥pa˩pa˩.

达、叔

黄：我们这叫叔的都是他爸一辈的，和他一……和……和他爸一辈的，就说是属于他哥……他爸的那表兄、表弟这些。ŋuo˥məŋ˧tʂei˥tɕiao˥ʂʮ˥ti˧tou˥˧sʅ˥˩tʰa˥˩pa˩i˥˩pei˥˧ti˧,xuo˩tʰa˥˧i˥˩……xuo˩……xuo˩tʰa˥˧pa˩i˥˩pei˥˧ti˧,tɕiou˥˧ʂuo˥˩sʅ˥˩ʂʮ˥˧y˩tʰa˥˩kə˥˧……tʰa˥˩pa˩ti˧nə˥piao˥ɕyoŋ˥˩,piao˥ti˥tʂei˥˧ɕie˥˩.（是堂兄弟还是表兄弟？）表兄弟。piao˥ɕyoŋ˥˩ti˥˩.（比如说，他爸爸娘家的那个兄弟也叫叔吗？）那是他爸的那些兄弟，就是……就是……不是……是一……是一个爷，但是这个欸不是一个爸的这些，那下来就叫……还还这仍然叫达咧。næᴇ˥sʅ˥tʰa˥˩pa˩ti˧nei˥ɕie˥˧ɕyoŋ˥ti˥˩,tɕiou˥˩sʅ˥˧……tɕiou˥˩sʅ˥˩……pu˩sʅ˥˧……sʅ˥i˥……sʅ˥i˥kə˥˩ie˩,tæ̃˥sʅ˥tʂə˥kə˥ei˩pu˩sʅ˥i˥kə˥˩pa˩ti˧tʂei˥˩ɕie˥˩,næᴇ˥˧xa˥læᴇ˩tɕiou˥˩tɕiao˥˧……xa˩˩xæᴇ˩tʂə˥zəŋ˥zæ̃˩tɕiao˥ta˩lie˥.（就跟那个那个老冯跟冯书记的儿子是这么互相叫吗？）那就……那……那都……那就叫……还叫……还叫达咧。表叔，我们这儿这叫叔，就比如是他欸……他妈的这个欸……欸娘家兄弟那些来的，那都叫表叔咧。næᴇ˥tɕiou˥……næᴇ˥˧……næᴇ˥˧tou˥˩……næᴇ˥˧tɕiou˥tɕiao˥……xa˩tɕiao˥t……xa˩tɕiao˥ta˩lie˥.piao˥ʂʮ˥,ŋuo˥məŋ˧tʂər˥tʂə˥tɕiao˥ʂʮ˥,tsou˥˩pi˥zʮ˩sʅ˥tʰa˥ei˥……tʰa˥˧ma˥ti˧tʂə˥kə˥ei˩……ei˥niaŋ˩a˥ɕyoŋ˥ti˥˩nei˥ɕie˥læᴇ˩ti˧,næᴇ˥tou˥tɕiao˥piao˥ʂʮ˥lie˧.（他妈的兄弟？）噢。ao˩.（舅舅的？）噢。舅舅家这些。这就是表叔。ao˩.tɕiou˥˧tɕiou˥tɕia˥tʂei˥˧ɕie˥˩.tʂei˥˧tɕiou˥sʅ˥piao˥ʂʮ˥.（那是一个爷爷生下来的，都姓冯的？）都姓冯那都叫达达，叫大……叫……叫达或者叫达达咧，没有叫叔的。tou˥˧ɕiŋ˥fəŋ˩næᴇ˥tou˥˧tɕiao˥ta˩ta˩,tɕiao˥ta˥……tɕiao˥t……tɕiao˥ta˩xuo˩tʂə˥tɕiao˥ta˩ta˩lie˧,mei˩iou˥tɕiao˥ʂʮ˥ti˧.（只有异姓的才叫人是吧？）噢，异……异姓的是叔。ao˩,i˥……i˥˧ɕiŋ˥˧ti˧sʅ˥ʂʮ˥˩.（噢，异姓的叫叔？）噢，同姓的都叫达……叫达或者达达。ao˥,tʰuoŋ˩ɕiŋ˥ti˧tou˥˧tɕiao˥ta……tɕiao˥ta˩xuo˩tʂə˥ta˩ta˩.（他没有舅舅这个概念吗？）有舅舅这个概念了。咋能没舅舅概念？iou˥tɕiou˥tɕiou˥tʂə˥kə˥kæᴇ˥niæ̃˥lə˥.tsa˥˩nəŋ˩mei˩tɕiou˥˧tɕiou˥˩kæᴇ˥˩niæ̃˥˩?

妗子、舅母

（舅母讲什么？）黄：妗子。tɕiŋ˥tsʅ˧.（tɕiŋ˥tsʅ˧？）嗯。ə̃˩.（tɕiŋ˥tsʅ˧还是tɕiŋ˩tsʅ˧？）妗子。tɕiŋ˥tsʅ˧.（啊？）嗯。妗子。ə̃˩.tɕiŋ˥tsʅ˧.（跟“禁止”的“禁”呢？）嗯。ə̃˩.（一样吗？）一样着。我们这一个地有些人叫妗子，有些人叫舅母。叫舅母的比较多。i˥˧iaŋ˥tʂə˥.ŋuo˥məŋ˧tʂei˥i˥˩kə˥ti˥iou˥ɕie˥˩zəŋ˩tɕiao˥tɕiŋ˥˧tsʅ˧,iou˥ɕie˥˩zəŋ˩tɕiao˥tɕiou˥˧mu˥˩.tɕiao˥tɕiou˥mu˥˩ti˧pi˥˧tɕiao˥tuo˥.（嗯。那你是叫舅母还是叫妗子？）我是叫舅母。ŋuo˥sʅ˥˩tɕiao˥tɕiou˥mu˥˩.（婶婶叫不叫妗子？）不叫。pu˩˧tɕiao˥.（婶婶叫婶婶？）嗯。ə̃˩.（舅母怎么说？）舅母。tɕiou˥mu˥˩.（tɕiou˥……mu˩？）嗯。əŋ˩.

姑姑、姨

黄：这儿这有个称呼一……不一样咧，和前头不一样咧，太白本地这个就说是这个，他爸的这个姊妹，他爸的这个妹妹或者是这个欸姐姐这些，一律叫姑姑。tʂər˥˧tʂə˥iou˥kə˥tʂʰəŋ˥xu˥˩i˥˩……pu˩i˥˩iaŋ˥lie˧,xuo˩tɕʰiæ̃˩tʰou˩pu˩i˥˩iaŋ˥lie˧,tʰæᴇ˥pei˩pəŋ˥ti˥˩tʂə˥kə˥tso u˧˥ʂuo˥˩sɿ˧˩tʂə˧kə˧,tʰɑ˥˦pɑ˨˦ti꜋tʂə˧kə˧tsɿ˥˧mei˧˩,tʰɑ˥˩pɑ˨˦ti꜋tʂə˧kə˧mei˧mei˧˩xuo˨˦˧tʂə˥˦sɿ˧tʂə˧kə˧ei˩tɕie˥˧tɕie˥˩tʂə˧ɕie˥˩,i˥˨ly˥˩tɕiɑɔ˧ku˥˧ku˥˩.（噢，姑姑。）姑姑。噢，一叫……一律叫姑姑。他妈的姐姐妹妹一律叫姨。ku˥˧ku˥˩.ɑɔ˩,i˥˩tɕiɑɔ˧……i˥˨ly˥˩tɕiɑɔ˧ku˥˧ku˥˩.tʰɑ˥˩mɑ˥˧ti꜋tɕie˥˧tɕie˥˧mei˧mei˧i˥˨ly˥˩tɕiɑɔ˧i˨˦.（噢，这也是外头也……还是这……那……）但是前塬不一样。tæ̃˧sɿ˧tɕʰiæ̃˨˦yæ̃˨˦pu˨˦˧i˥˦iɑŋ˧.（前边儿呢？）噢，一律是姑。ɑ˩,i˥˨ly˥˩sɿ˧˩ku˥˩.（那个……啊，不管他们姨和他……）姨和姑姑他们不分。i˨˦xuo˨˦˩ku˥˩ku˥˩tʰɑ˥˧məŋ꜋pu˨˦˩fəŋ˥˩.（哪里不分？）前面，去合水这面可是太不分这个。这面可分的很清楚。tɕʰiæ̃˨˦˩miæ̃˧,tɕʰy˧xuo˨˦˩ʂuei˥˧tʂei˧miæ̃˧˩kʰə˥˩sɿ˧tʰæᴇ˧pu˨˦˩fəŋ˥˩tʂə˧˩kə˧˩.tʂei˧miæ̃˧˩kʰə˥˩fəŋ˥˦ti꜋xəŋ˥˧tɕʰiŋ˥˩tʂʰʮ˥˩.（你你们母亲的姊妹就叫姨？）噢，母亲的姊妹叫姨，父亲的姊妹叫姑。ɑɔ˩,mu˥˧tɕʰiŋ˥˩ti꜋tsɿ˥˧mei˧tɕiɑɔ˧i˨˦,fu˧tɕʰiŋ˥˩ti꜋tsɿ˥˧mei˧tɕiɑɔ˧ku˥˧.（姑姑还是姑？）姑姑。ku˥˧ku˥˩.（那分不分分清什么的，姨有大姨、二姨、三姨、四姨？）那分咧么。他大……你大姨，二姨。nə˧fəŋ˥˩lie꜋muo꜋.tʰɑ˥˩tɑ˧……ni˥˩tɑ˧i˨˦,ər˧i˨˦.（噢，大姑、二姑？）嗯。ŋ̍˩.

姑舅

黄：但是陕北人这个称呼更多了。陕……陕北人的这个咿……他把这个弟兄比如说这个呃……你这个外家客，就说是他舅的这些欸……他把那叫舅的这些人，他这个他这个舅么就叫姑舅大，姑舅大，姑舅……他舅咽就……他舅就叫……叫姑舅大，他妹子叫姑舅妈。tæ̃˧sɿ˧ʂæ̃˥˧pei˥˩zəŋ˨˦tʂə˧kə˧tʂʰəŋ˥˧xu˥˩kəŋ˧˨tuo˥˩lə꜋.ʂæ̃˥˧p……ʂæ̃˥˧pei˥˩zəŋ˨˦ti꜋tʂə˧kə˧i˩……tʰɑ˥˧pɑ˥˩tʂə˧kə˧ti˧˨ɕyoŋ˥˩pi˥˧zʮ˨˦ʂuo˥˦tʂə˧kə˧ə˩……ni˥˧tʂə˧kə˧vei˧˨tɕiɑ˥˩kʰei˥˩,tɕiou˧˩ʂuo˥˩sɿ˧˩tʰɑ˥˩tɕiou˧ti꜋tʂei˧ɕie˥˦ei˩……tʰɑ˥˦pɑ˥˩næᴇ˧tɕiɑɔ˧tɕiou˧ti꜋tʂei˧ɕie˥˦zəŋ˨˦,tʰɑ˥˦tʂə˧kə˧tʰɑ˥˦tʂə˧kə˧tɕiou˧muo꜋tɕiou˧tɕiɑɔ˧ku˥˩tɕiou˧˥dɑ˩（←tɑ˨˦）,ku˥˩tɕiou˧˥dɑ˩（←tɑ˨˦）,ku˥˩tɕi……tʰɑ˥˩tɕiou˧˥m̩˩tɕiou˧……tʰɑ˥˩tɕiou˧˥tɕiou˧tɕiɑɔ˧……tɕiɑɔ˧ku˥˩tɕiou˧˥dɑ˨˦（←tɑ˨˦）,tʰɑ˥˩mei˧tsɿ꜋tɕiɑɔ˧ku˥˩tɕiou˧mɑ˥˧.（ku˩tɕiou˧mɑ˥˧？）呃。再一个就说是这个分上姑舅和下姑舅。上姑舅，就说是亲亲，上姑舅是老外家客，指是你，他爸的那些外……他这这些外家叫上姑舅；他自己的这个欸亲戚这些娃的这些舅舅么就叫，姑舅就叫下姑舅。ə˩.tsæᴇ˧˨i˥˦kə˧tsou˧˥ʂuo˥˩sɿ˧˩tʂə˧kə˧fəŋ˥˧ʂɑŋ˧ku˥˩tɕiou˧xuo˨˦˩ɕiɑ˧ku˥˩tɕiou˧.ʂɑŋ˧ku˥˩tɕiou˧˩,tsou˧˥ʂuo˥˩sɿ˧˩tɕʰiŋ˥˧tɕʰiŋ꜋,ʂɑŋ˧ku˥˩tɕiou˧sɿ˧lɑɔ˥˧vei˧tɕiɑ˥˦kʰei˥˩,tsɿ˥˧sɿ˧ni˥˦,tʰɑ˥˩pɑ˨˦ti꜋nei˧ɕie˥˩vei˧……tʰɑ˥˦tʂə˧tʂə˧˥ɕie˥˩vei˧˨tɕiɑ˥˩tɕiɑɔ˧ʂɑŋ˧ku˥˩tɕiou˧;tʰɑ˥˧tsɿ˧˨tɕie˥˩ti꜋tʂə˧kə˧ei˩tɕʰiŋ˥˧tɕʰi꜋tʂei˧ɕie˥˦vɑ˨˦ti꜋tʂei˧ɕie˥˦tɕiou˧tɕiou˧˩muo꜋tɕiou˧tɕiɑɔ˧,ku˥˩tɕiou˧tɕiou˧˩tɕiɑɔ˧˩ɕiɑ˧ku˥˩tɕiou˧.（噢。）嗯。əŋ˩.（就是那那个不同的辈分的？）噢，不同的辈分都有种各区分咧。ɑɔ˩,pu˨˦˩tʰuoŋ˨˦˧ti꜋pei˧fəŋ˧˩tou˥˦iou˥˦tʂuoŋ˥˩kə˥˧tɕʰy˥˧fəŋ˥˩lie꜋.

公公

（妇女称自己丈夫的父亲叫什么？）黄：妇女那……那你是男人叫啥她叫啥。fu˧˨ny˥˩næᴇ˧˩……næᴇ˧˥ni˥˩sɿ˧˩næ̃˨˦zəŋ˨˦tɕiɑɔ˧sɑ˧tʰɑ˥˦tɕiɑɔ˧sɑ˧˩.（跟别人讲呢？）我老公公。ŋuo˥˦lɑɔ˥˦kuoŋ˥˧kuoŋ˥˩.（加个“老”哇？）有些一般都说是公公。不加老。不加老字。都是公公。iou˥˧ɕie˥˩i˥˨pæ̃˥˧tou˥˦ʂuo˥˦sɿ˧kuoŋ˥˧kuoŋ˥˩.pu˩tɕiɑ˥˧lɑɔ˥˩.pu˩tɕiɑ˥˧lɑɔ˥˧tsɿ˧˩.tou˥˦sɿ˧kuoŋ˥˧kuoŋ˥˩.（那你刚才为什么加个“老”呢？）老是别人说咧嘛。别人说你老公公。lɑɔ˥˧sɿ˧˩pie˨˦zəŋ˨˦ʂuo˥˩lie꜋mɑ꜋.pie˨˦zəŋ˨˦ʂuo˥˩ni˥˦lɑɔ˥˧kuoŋ˥˩kuoŋ˥˩.（叫不叫“婆家达”？）婆家达。那……那有人叫咧么。那都是……不是我们这儿这人，很少叫。前塬那

些都叫婆家达咧。pʰuo˩˧˩ɑ˧tɑ˩˧.næᴇ˥˧˥……næᴇ˥˧˥iou˥˧zəŋ˩˧˩tɕiɑɔ˥lie˨muo˨.næᴇ˥˧˥tou˥˧˦sɿ˥……pu˩˧˩sɿ˥ŋuo˥˧məŋ˨tʂər˥tʂə˥zəŋ˩˧,xəŋ˥˧ʂɑɔ˥˧tɕiɑɔ˥.tɕʰiæ̃˩˧yæ̃˩˧nei˥ɕie˥˧˦tou˥˧˩tɕiɑɔ˥pʰuo˩˧ɑ˧tɑ˩˧˦lie˨.

婆婆

（称婆婆呢？）黄：称哪婆？噢，那就叫婆婆。那有些一般我们这儿都是男人叫啥她叫啥。噢，一般不会……tʂʰəŋ˥˧nɑ˥˧pʰuo˩˧˩?ɑɔ˩˧,nei˥˧˥tɕiou˥tɕiɑɔ˥pʰuo˩˧˩pʰuo˩˧˥.næᴇ˥˧˥iou˥˧ɕie˥˧˩i˥˧˦pæ̃˥˧ŋuo˥˧məŋ˨tʂər˥tou˥˧˩sɿ˥˩næ̃˩˧˩zəŋ˩˧˥tɕiɑɔ˥˧˦sɑ˥˩tʰɑ˥˧˦tɕiɑɔ˥sɑ˥˩.ɑɔ˩˧,i˥˧˦pæ̃˥˧˩pu˩˧˩xuei˥……（跟别人讲呢？）那就是我婆婆么。nei˥tɕiou˥sɿ˥ŋuo˥˧˩pʰuo˩˧˩pʰuo˩˧˥muo˨.（叫不叫这个婆家妈？）婆家妈也叫咧。不是这个……一般那都被……已经是这个叫上都不顺口了嘛你那。pʰuo˩˧˩tɕiɑ˥˧mɑ˥˧ie˥˧tɕiɑɔ˥lie˨.pu˩˧˩sɿ˥tʂə˥kə˥……i˥˧˦pæ̃˥˧nei˥˧˥tou˥˧˦pi˥pʰi……i˥˧tɕiŋ˥˧˦sɿ˥tʂə˥kə˥tɕiɑɔ˥˧˦ʂɑŋ˥˩tou˥˧˩pu˩˧˩ʂuoŋ˥˧˦kʰou˥˧lə˨mɑ˨ni˥˧˩nə˥˩.

姨娘

（可不可以叫岳母娘叫姨？）黄：叫姨娘咧么我们这儿人。tɕiɑɔ˥i˩˧˩niɑŋ˩˧˥lie˨muo˨ŋuo˥˧məŋ˨tʂər˥zəŋ˩˧˩.（假如说你叫你哥哥他的这个岳母。）还叫姨娘咧。xɑ˩˧˩tɕiɑɔ˥˧˥i˩˧˩niɑŋ˩˧˥lie˨.（噢，哥哥的岳母也叫姨娘？）噢，也叫姨娘。ɑɔ˥,ie˥˧tɕiɑɔ˥i˩˧˩niɑŋ˩˧˩.（那你怎么分呢？）兀都没个啥分的咧。那是他……那你心里清楚了。叫的……vei˥˧˥tou˥˧˩mei˩˧kə˥sɑ˥fəŋ˥˧˩tə˨lie˨.nə˥sɿ˥tʰɑ˥˧˩……nə˥ni˥˧˦ɕiŋ˥˧li˥˧˩tɕʰiŋ˥˧˩tʂʰʮ˥˧˩lə˨.tɕiɑɔ˥˧˦ti˨……（那你不跟他一样的称呼啊？）那就一模……一模儿一样的称呼我们这儿人。nə˥tɕiou˥i˥˧˩mu……i˥˧˦muor˩˧˦i˥˧˦iɑŋ˥˩ti˨tʂʰəŋ˥˧xu˥˧˩ŋuo˥˧˦məŋ˨tʂər˥˩zəŋ˩˧˩.（那人家不误会呀？）哎，那无所啥咧。个儿的婆娘都认得了么你。那都不会搞错。哼。æᴇ˩,næᴇ˥˧˥vu˩˧suo˥˧˩sɑ˥lie˨.kər˥ti˨pʰuo˩˧˩niɑŋ˩˧˥tou˥˧˩zəŋ˥tei˥˧˩lə˨muo˨ni˥˧˩.nei˥˧˥tou˥˧˩pu˩˧˩xuei˥kɑɔ˥˧tsʰuo˥˧˦.xəŋ˥˧.（兄弟的也叫姨娘吧？）噢，也叫姨娘。ɑɔ˥,ie˥˧tɕiɑɔ˥i˩˧˩niɑŋ˩˧˦.（那个你姐姐的婆婆你怎么叫？）我们还叫姨娘咧。ŋuo˥˧məŋ˨xɑ˩˧˩tɕiɑɔ˥i˩˧˩niɑŋ˩˧˦lie˨.（这个你妹妹的婆婆你也叫姨娘？）叫么。tɕiɑɔ˥muo˨.

后达、后妈

黄：继父我们这儿这都是把那都叫爸爸了该。□或者是叫达就是啥咧。tɕi˥fu˥ŋuo˥˧məŋ˨tʂər˥tʂə˥tou˥˧˦sɿ˥pɑ˥˧˩næᴇ˥tou˥˧˩tɕiɑɔ˥pɑ˩˧pɑ˩˧˥lə˨kæᴇ˥˧˩.niæ̃˩˧˩xuei˩˧˥tʂə˥˧˩sɿ˥˩tɕiɑɔ˥tɑ˩˧tsou˥sɿ˥sɑ˥˩lie˨.（欸，当面这么喊喽。后头呢？背后呢？要区别呢？）那都不太区别嘛。næᴇ˥˧˥tou˥˧˩pu˩˧˩tʰæᴇ˥˩tɕʰy˥˧pie˩˧˩mɑ˨.（就说跟别人讲起呢？什么干爹，说不说后……后爹后妈不说？）哎不后……当面就是就是当到别人的面都……除非关系闹僵了，那后达后妈咧。关系不闹僵以后都……才开始感觉到不好叫，有些是来以后不……不叫……本身叫达咧，他不叫达，叫叔咧，他不叫达。æ˩˧pu˩˧˩xou˥……tɑŋ˥˧˩miæ̃˥˧˥tɕiou˥sɿ˥tɕiou˥˧˥sɿ˥tɑŋ˥˧˩tɑɔ˥pie˩˧zəŋ˩˧˥ti˨miæ̃˥tou˥˧˩……tʂʰʮ˩˧˥fei˥˧˩kuæ̃˥˧˩ɕi˥nɑɔ˥tɕiɑŋ˥˧lə˨,nə˥xou˥tɑ˩˧xou˥mɑ˥˧lie˨.kæ̃˩（←kuæ̃˥˧）ɕi˥˧˥pu˩˧˩nɑɔ˥tɕiɑŋ˥˧i˥˧˩xou˥tou˥˧˦……tsʰæᴇ˩˧kʰæᴇ˥˧˩sɿ˥˧kæ̃˥˧tɕyo˥˧˩tɑɔ˥pu˩˧˩xɑɔ˥˧tɕiɑɔ˥,iou˥˧ɕie˥˧˩sɿ˥˩læᴇ˩˧i˥˧˩xou˥˧˥pu˩˧˩……pu˩˧˩tɕiɑɔ˥……pəŋ˥˧ʂəŋ˥˧˩tɕiɑɔ˥tɑ˩˧lie˨,tʰɑ˥˧pu˩˧˩tɕiɑɔ˥tɑ˩˧,tɕiɑɔ˥ʂʮ˥˧lie˨,tʰɑ˥˧˩pu˩˧˩tɕiɑɔ˥tɑ˩˧.（那女的呢？）女的那你就该叫妈就叫妈。ny˥˧ti˨næᴇ˥ni˥˧˦tɕiou˥˩kæᴇ˥˧˩tɕiɑɔ˥mɑ˥˧tɕiou˥tɕiɑɔ˥mɑ˥˧˩.（也叫……不好意思一开始不……也不……不，你的男的这个不好意思，叫……叫“叔”喽，那是后后爹不好意思叫……叫叔，后妈不好意思叫呢？）那你必须要叫妈咧。那你是才开始你叫不出去，在后头你非叫妈都不行。næᴇ˥ni˥˧˦pi˥˧ɕy˥˧˩iɑɔ˥tɕiɑɔ˥mɑ˥˧˩lie˨.næᴇ˥ni˥˧˦sɿ˥tsʰæᴇ˩˧kʰæᴇ˥˧˩sɿ˥˧ni˥˧tɕiɑɔ˥˧˦pu˩˧˩tʂʰʮ˥˧tɕʰy˥˩,tsæᴇ˥xou˥˧˦tʰou˨ni˥˧˦fei˥˧˦tɕiɑɔ˥mɑ˥˧tou˥˧˩pu˩˧˩ɕiŋ˩˧.（开始叫不叫“姨”？）哎呀，叫姨，有些叫

咧，有些……多一半儿都不叫。æaɭ（←æᴇɭiaɭ）,tɕiaɔ˥i˩,iou˥ɕie˥ɭtɕiaɔ˥lie˧,iou˥ɕie˥ɭ……tuo˥i˥ɭpær˥˩tou˥ɭpu˩ɭtɕiaɔ˥.（啊，如果要那个……关系不太好的时候叫，还还还那个就是跟别人讲起来呢？）跟别人讲的。你当面就不能说这个话么。kəŋ˥ɭpie˩ɭzəŋ˩˥tɕiaŋ˥ti˧.ni˥taŋ˥ɭmiæ̃˥˥tsou˥ɭpu˩ɭnəŋ˩ʂuo˥ɭtʂə˥kə˥xua˥muo˧.（啊，那还是讲后……后妈还是讲什么？）后妈么，后达。xou˥ma˥muo˧,xou˥ta˩.（那个，如果是心里很恨这个后妈，这个就说是这个讲，怎么讲？）那也没有个多大的吼上。næᴇ˥˥ia˥ɭmei˩iou˥˥kə˥tuo˥ɭta˥ti˧xou˥ʂaŋ˥ɭ.（讲不讲窑婆子？）那是太不骂反正。别人骂咧，她娃就绝对不骂他妈那个窑婆子去。有……再恨也没有那个话。大不了骂的关系破裂了，叫后老婆子就对了。nə˥ɭsɿ˥˥tʰæᴇ˥pu˩ma˥ɭfæ̃˥ɭtʂəŋ˥.pie˩zəŋ˩˥ma˥lie˧,tʰa˥ɭva˩tsou˥tɕyo˥ɭtuei˥˥pu˩ɭma˥˥tʰa˥ɭma˥˥na˥ɭkə˥ɭiaɔ˩ɭpʰuo˩˥tsɿ˧tɕʰi˥ɭ.iou˥˥……tsæᴇ˥xəŋ˥ia˥ɭmei˩iou˥nə˥kə˥xua˥ɭ.ta˥pu˩˥liaɔ˥˥ma˥ti˧kuæ̃˥ɭɕi˥˥pʰuo˥lie˥lə˧,tɕiaɔ˥xou˥laɔ˥pʰuo˩ɭtsɿ˧tsou˥tuei˥lə˧.（噢，后老婆子？）噢，把你个……后老婆娘啥。ɑɔ˥,pa˥˥ni˥kə˥……xou˥laɔ˥˥pʰuo˩ɭniaŋ˩˥sa˥ɭ.（噢，后老婆娘？）噢，那那再把这个辈分都撇过去了，说后婆娘开来。ɑɔɭ,næᴇ˥næᴇ˥tsæᴇ˥pa˥˥tʂə˥kə˥pei˥fəŋ˥ɭtou˥ɭpʰie˥ɭkuo˥kʰə˥˥lə˧,ʂuo˥ɭxou˥pʰuo˩ɭniaŋ˩˥kʰæᴇ˥læᴇ˩ɭ.

野达、野妈

1.（这个母亲的情夫呢？）黄：那把他叫上叔子就对了。好叫啥？nei˥˥pa˥ɭtʰa˥˥tɕiaɔ˥ʂaŋ˥ʂʮ˥tsɿ˧tsou˥tuei˥lə˧.xaɔ˥˥tɕiaɔ˥˥sa˥ɭ?（叫不叫野大？）嗯，那谁……那还有那……那敢叫？除非是半吊子咋么个叫咧。ə̃ɭ,nə˥sei˩ɭ……næᴇ˥˥xa˩ɭiou˥˥na˥˥……nei˥˥kæ̃˥ɭtɕiaɔ˥?tʂʰʮ˩˥fei˥sɿ˥ɭpæ̃˥tiaɔ˥tsɿ˧tsa˥ɭmuo˧kə˥ɭtɕiaɔ˥lie˧.（就是如果是讲起这个人是那个人的野大，怎么讲？）那就……那要别人这吼……别人可以说这个说这个话，那本人绝对不敢叫这。næᴇ˥tɕiou˥……nei˥˥iaɔ˥pie˩zəŋ˩˥tʂei˥˥xou˥ɭ……pie˩zəŋ˩˥kʰə˥i˥ɭʂuo˥˥tʂə˥kə˥xua˥,næᴇ˥pəŋ˥zəŋ˩tɕyo˩ɭtuei˥˥pu˩ɭkæ̃˥ɭtɕiaɔ˥tʂə˥ɭ.（那当然。自己当面可还有……那还敢？）嗯。ŋ̍ɭ.（那……那就讲那个也……也是……）这儿这就是不……也不叫野达咧。tʂər˥˥tʂə˥tsou˥sɿ˥pu˩ɭ……ie˥pu˩˥tɕiaɔ˥ie˥˥ta˩ɭlie˧.（别人议论呶？）别人议论也是那个娃他干达。骂开来说是再兀是……兀是她娃他野达。一般称呼都称个干达的。pie˩zəŋ˩˥i˥˥lyoŋ˥˥ia˥ɭsɿ˥ɭnə˥kə˥va˩tʰa˥˥kæ̃˥ta˩ɭ.ma˥kʰæᴇ˥ɭlæᴇ˩˥ʂuo˥˥sɿ˥tsæᴇ˥vu˥sɿ˥……vu˥sɿ˥tʰa˥ɭva˩tʰa˥ɭie˥ta˩.i˥˥pæ̃˥ɭtʂʰəŋ˥xu˥ɭtou˥ɭtʂʰəŋ˥kə˥ɭkæ̃˥ta˩ɭti˧.（在骂的时候才会说出这种话来嘛。）嗯。ə̃ɭ.

2.（父亲的情妇叫什么？）黄：要是……大不了叫上个婶子就对了嘛。iaɔ˥˥sɿ……ta˥pu˩˥liaɔ˥ɭtɕiaɔ˥ʂaŋ˥kə˥ʂəŋ˥tsɿ˧tɕiou˥tuei˥lə˧ma˧.（如果骂开了呢？）你野妈嘛。ni˥˥ie˥ma˥ɭma˧.

（三）平辈

哥哥

1. 冯：[哥哥]咱们这儿这个太白人都叫kə˥kə˧，叫kə˥，ni˥ɭkə˥nə˧你哥呢，ŋuo˥˥kə˥我哥。过前头人就叫ko˥ko˧，ni˥ɭko˥nə˧你哥呢，过了合水那面就叫ko˥ko˧。tʂa˩məŋ˥tʂər˥tʂə˥kə˥tʰæᴇ˥pei˩ɭzəŋ˩˥tou˥ɭtɕiaɔ˥kə˥kə˧,tɕiaɔ˥kə˥,ni˥ɭkə˥nə˧,ŋuo˥˥kə˥,kuo˥tɕʰiæ̃˩ɭtʰou˧zəŋ˩˥tɕiou˥tɕiaɔ˥ko˥ko

˧,ni˥˩ko˥nə˧,kuo˥lə˧xuo˧˩ʂuei˥næᴇ˥miæ̃˥tɕiou˥tɕiaɔ˥ko˥ko˧.

2. 黄：咱们这儿这这太白人就叫哥哥叫哥噢，你你哥呢？我哥……过前头人就叫哥哥。你哥呢？tʂɑ˧˩məŋ˥tʂər˥tʂə˥tʂə˥tʰæᴇ˥pei˥˩zəŋ˧˩tsou˥tɕiaɔ˥kə˥kə˥tɕiaɔ˥kə˥ɑɔ˩,ni˥˧ni˥˧kə˥nə˧?ŋuo˥˩kə˥……kuo˥tɕʰiæ̃˧˩tʰou˧˥zəŋ˧˥tɕiou˥tɕiaɔ˥kə˥kə˥˩.ni˥˧kə˥nə˧?（哪个哪个地方？）过咧合水那面就叫哥哥。哥哥。kuo˥lie˧xuo˧˩ʂuei˥nei˥miæ̃˥tɕiou˥tɕiaɔ˥kə˥kə˥˩.kə˥kə˥˩.

嫂子

（欸，我看到这个叫什么，呃，就是这个饭店里头啊，这个服务员也管那个叫，叫，也管那个女老板叫嫂子，那是怎么回事儿？）黄：那，肯定她是有亲戚关系咧，有个称呼咧么。nei˥˧,kʰəŋ˥˧tiŋ˥tʰɑ˥˩sɿ˥iou˥˧tɕʰiŋ˥tɕʰi˧kuæ̃˥ɕi˧lie˧,iou˥˧kə˥tʂʰəŋ˥xu˧liem˧.王：那她她称呼么。有称呼。nei˥˧tʰɑ˥tʰɑ˥˧tʂʰəŋ˥xu˧muo˧.iou˥˩tʂʰəŋ˥xu˧.（就是，随便拉的亲戚？）黄：啊，随便儿拉下的那个。ɑ˥,suei˧˩piæ̃r˥lɑ˥xɑ˥ti˧nə˥kə˥.

我弟

（弟弟直接称呼呢？）黄：弟一般叫名字咧。不可能叫弟去了。ti˥i˥˧pæ̃˥˩tɕiaɔ˥miŋ˧˩tsɿ˥lie˧.pu˧˩kʰə˥nəŋ˧˥tɕiaɔ˥ti˥tɕʰi˥˩lə˧.（这是我弟，可不可以这么说？）那给别人介绍你就是这是我弟。那你要给别人叫名字，别人也还不知道从哪里来那么个你。nei˥˩kei˥pie˧˩zəŋ˧˥tɕie˥˧ʂaɔ˧ni˥˧tɕiou˥sɿ˥tʂə˥˧sɿ˥˩ŋuo˥˩ti˥.næᴇ˥ni˥˧iaɔ˥kei˥pie˧˩zəŋ˧˥tɕiaɔ˥miŋ˧˥tsɿ˥,pie˧˩zəŋ˧˥ie˥˧xɑ˧˥pu˧˥tʂɿ˥˧taɔ˥tsʰuoŋ˧˩nɑ˥li˥˩læᴇ˧nə˥muo˧kə˥ni˥˩.（这是我兄弟可不可以这么说？）可以这样说么。kʰə˥i˥˩tʂei˥iɑŋ˥ʂuo˥muo˧.

姊妹

（姊妹有没有？）黄：哎有咧么。男男女女加在一搭里该就是姊妹了。æᴇ˥iou˥˩lie˧muo˧.næ̃˧˩næ̃˧˥ny˥˧ny˥˧tɕiɑ˥˩tsæᴇ˥˩i˥˩tɑ˥li˥˩kæᴇ˥˧tɕiou˥sɿ˥tsɿ˥mei˥˩lə˧.（噢，男男女女加一块儿就是姊妹？）叫是姊妹么。tɕiaɔ˥sɿ˥tsɿ˥mei˥˩muo˧.（弟兄呢？弟兄是和……）弟兄是光是男的。ti˥˧ɕyoŋ˥˧sɿ˥kuɑŋ˥˧sɿ˥næ̃˧˩ti˧.（如果光是女的呢？）那就是……那也叫是姐妹几个了。nei˥tɕiou˥˩sɿ˥˩……nei˥ie˥˩tɕiaɔ˥sɿ˥tɕie˥˧mei˥tɕi˥˧kə˥˩lə˧.（可不可以叫姊妹几个？）没有的。muo˥˧iou˥˩ti˧.

姊妹伙

（你们这里呀，兄弟两个人，这个亲兄弟弟叫什么？）王：弟兄。ti˥ɕyoŋ˥˩.黄：弟兄么。ti˥ɕyoŋ˥˩muo˧.（那个呢，姐妹呢？）黄&王：姊妹。tsɿ˥mei˥˩.（兄弟姐妹加起来呢？那个叫什么？）黄：就，这就叫姊妹伙哞。tɕiou˥,tʂei˥˧tɕiou˥tɕiaɔ˥tsɿ˥mei˥xuo˥˩m̩˧.（有姐姐，也有妹妹，也有哥哥，也有弟弟？）黄：啊，啊，姊妹伙哞。ɑ˩,ɑ˩,tsɿ˥mei˥xuo˥˩m̩˧.（姊妹活？）黄：啊，姊妹伙……ɑ˩,tsɿ˥mei˥˩xu……（xuo˩是……）王：姊妹伙儿就是大伙儿的伙儿。tsɿ˥mei˥˩xuor˥tɕiou˥sɿ˥tɑ˥xuor˥tə˧xuor˥.黄：大伙意思么。伙字哞。tɑ˥xuo˥˧i˥sɿ˧muo˧.xuo˥tsɿ˥˩m̩˧.

叔伯哥

（呃，有没有……是说……比如说，你的远房的叔……叔伯哥哥，你是说远叔伯哥哥还是远叔……远房叔伯哥哥？）黄：没有那么搭的，没有分的那么清楚……清楚的地方。呃都是叔伯哥，或者叔伯兄弟就对了。mei˧iou˥nə˥˧muo˧tɑ˥ti˧,mei˧iou˥fəŋ˥˧ti˧nə˥muo˧tɕʰiŋ˥tʂʰʯ˥……tɕʰiŋ˥tʂʰʯ˥˩ti˧ti˥faŋ˥˩.ə˥tou˥˧sɿ˥ʂʯ˥pei˥˩kə˥,xuo˧˥tʂə˥˧ʂʯ˥pei˥˩ɕyoŋ˥ti˥˩tɕiou˥˩tuei˥˧lə˧.（那个有近叔伯哥哥这种……）没有这个说法。mei˧iou˥tʂə˥kə˥ʂuo˥fa˥˩.（亲叔伯哥哥

呢？）也没有得。ie˥mei˩iou˥tei˥˩.（亲叔叔的妹妹？）哎，那就是叔伯兄弟，叔伯的那个啥。人现在是最怕是你就是那样分的清楚。你分……越分的亲戚都没关系了。噢，最怕你咧讲那些话。甚么远的近的？æᴇ˩,nei˧tɕiou˧˥sɿ˧˩ʂɥ˥pei˥˩ɕyoŋ˥ti˧˩,ʂɥ˥pei˥˩ti˧nə˧kə˧sa˧.zəŋ˩ɕi ã˧tsæᴇ˧sɿ˧˩tsuei˧˥pʰa˧sɿ˧˩ni˥˧tsou˧sɿ˧næᴇ˧˥iaŋ˧˩fəŋ˥ti˧tɕʰiŋ˥tʂʰɥ˥˩.ni˥˧fəŋ˥……yo˥˧fəŋ˥ti˧tɕʰiŋ˥ tɕʰi˥˩tou˥˩muo˥˩kuæ̃˥ɕi˧˩lə˧.aɔ˩,tsuei˧pʰa˧ni˥˩lie˧tɕiaŋ˥nei˧˩ɕie˥˩xua˧.ʂəŋ˧˥muo˧yæ̃˥ti˧tɕiŋ˧ti˧?

姑表亲

黄：姑表亲那该就是这个欸，你比你舅家的那些，那有些都到最后都成了姑表了。表……ku˥˩piaɔ˥tɕʰiŋ˥nei˧˥kæᴇ˥˩tsou˧sɿ˧tʂə˧kə˧ei˩,ni˥˩pi˥˩ni˥˩tɕiou˧˥æ˧ti˧nei˧ɕie˥˧,nei˧iou˥ɕie ˥˩tou˥˩taɔ˧tsuei˧xou˧tou˥˧tʂʰəŋ˩˩lə˧ku˥˩piaɔ˥lə˧.piaɔ˥˩……（那这个互相比如说我们平辈之间怎么怎么怎么分？什么有没有什么姑表哥、舅表哥这种说法？）哎有咧嘛。我们这儿这欸那你是叫表叔就叫表叔咧。æᴇ˥iou˥˩lie˧ma˧.ŋuo˥məŋ˧tʂər˧˥tʂə˧˩ei˩nei˧˥ni˥˩sɿ˧˩tɕiaɔ˧pi aɔ˥ʂɥ˥˩tɕiou˧tɕiaɔ˧piaɔ˥˧ʂɥ˥˩lie˧.（跟你平辈的这姑表哥、姑表弟噢，有这种说法吗？）那那不搞，那不叫。没那个事就不……不搭那些。那就是表哥就是表哥，表弟就是表弟。nə˧nə˧˥pu˩˩kaɔ˥,nə˧˥pu˩˩tɕiaɔ˧.mei˩nə˧kə˧sɿ˧tɕiou˧p……pu˩ta˥nei˧˩ɕie˥˩.nei˧tɕiou˧sɿ˧piaɔ˥kə˥˩ tɕiou˧˩sɿ˧˩piaɔ˥˧kə˥,piaɔ˥ti˧˥tɕiou˧˩sɿ˧˩piaɔ˥ti˧.（有这个姑表亲戚和姨表亲戚这个区分吗？）你要按其仔细往开分，那都是给人介绍去咧噢。那都是我姨家娃，这是我表弟，只是给你介绍一下。你要说是纯粹把那个叫那叫个姑表哥，姑表亲，没有这号儿事。ni˥˧iaɔ˧næ̃˧tɕʰi ˩˩tsɿ˥ɕi˧vaŋ˥˩kʰæᴇ˥˧fəŋ˥,næᴇ˧tou˥˩sɿ˧˩kei˧˩zəŋ˩tɕie˧˥ʂaɔ˩˩kʰə˧˥liaɔ˧.næᴇ˧tou˥˧sɿ˧ŋuo˥˩i˩a˥va˩˧,t ʂə˧sɿ˧ŋuo˥˩piaɔ˥ti˧,tsɿ˥˧sɿ˧kei˧ni˥˧tɕie˧˥ʂaɔ˩i˥˧xa˧.ni˥iaɔ˧˥ʂuo˥˩sɿ˧˩tʂʰuoŋ˩˩tsʰuei˧˥pa˥˩næᴇ˧kə˧tɕ iaɔ˧˥nə˧˩tɕiaɔ˧kə˧ku˥˩piaɔ˥˧kə˥,ku˥˩piaɔ˥˧tɕʰiŋ˥˧,mei˩iou˥tʂə˧xaɔr˧sɿ˧˩.

亚伯子哥、兄弟媳妇儿

（那你当面儿也叫叫她弟媳吗？还是怎么着？）黄：那别人把你就……我们当地你是那么叫，人都把你笑死了。你亚伯子哥跑兄弟媳妇儿跟前说些啥咧？那都你是兄弟……nə˧pie˩˩zəŋ˩˥pa˥˩ni˥tsou˧……ŋuo˥məŋ˧taŋ˥˩ti˧ni˥˧sɿ˧nə˧muo˧tɕiaɔ˧,zəŋ˩˧tou˥˧p a˥˩ni˥˧ɕiaɔ˧˥sɿ˥˩lə˧.ni˥˧ia˥pei˥˩tsɿ˧kə˥pʰaɔ˥˧ɕyoŋ˥ti˧˩ɕi˥fur˧˩kəŋ˥tɕʰiæ̃˩˩ʂuo˥˧ɕie˥˧sa˧˩lie˧?na˧˩tou˥˩ni˥˧sɿ˧ɕyoŋ˥ti˧˩……（当面儿是叫名字是吧？）啊，叫名字，或者是做啥。a˧,tɕiaɔ˧miŋ˩˩tsɿ˧˥,xuei˩˥tʂə˥˩sɿ˧tsɥ˧sa˧.（呃，当面儿是不是可以叫谁谁谁家里的还是什么？）那不，不……不叫……不……不搭那个啥。næᴇ˧˥pu˩˩,pu˩˩……pu˩˩tɕiaɔ˧……pu˩˥……pu˩˧ta˥˧nə˧kə˧sa˧.

搭档

黄：这家伙这儿这个东西多了，有的叫夫妻，又叫两口子。夫妻、两口子，还有的叫……有的还叫搭档咧。tʂei˧˥tɕia˥˩xuo˥˩tʂər˧˥tʂə˧kə˧tuoŋ˥ɕi˧tuo˥˩lə˧,iou˥ti˧tɕiaɔ˧fu˥tɕʰi˥˩,iou ˧tɕiaɔ˧liaŋ˥kʰou˥tsɿ˧.fu˥tɕʰi˥˩,liaŋ˥kʰou˥tsɿ˧,xæᴇ˩iou˥ti˧tɕiaɔ˧……iou˥ti˧xæᴇ˩˩tɕiaɔ˧ta˥taŋ˧lie˧.（噢，搭档。）噢，搭档。aɔ˩,ta˥taŋ˧.（“搭档”这个说法是一些什么人在说？）这就是经常跑外头的那些人回来就叫搭档。tʂei˧˥tɕiou˧sɿ˧tɕiŋ˥˩tʂʰaŋ˩pʰaɔ˥væᴇ˧˥tʰou˧ti˧nei˧ɕie˥˧zəŋ ˩xuei˩˩læᴇ˩˧tɕiou˧tɕiaɔ˧ta˥taŋ˧.（这……跑哪儿？）就是在外头去走一走其他地方回来以后就把……夫妻，有的叫两口子，有的回来叫他那老搭档。tsou˧sɿ˧tsæᴇ˧væᴇ˧˥tʰou˧tɕʰy˧tsou˥i ˥˩tsou˥˩tɕʰi˩˩tʰa˥ti˧faŋ˥˩xuei˩læᴇ˩˧i˥˧xou˧tsou˧pa˥˩……fu˥tɕʰi˥˩,iou˥ti˧tɕiaɔ˧liaŋ˥kʰou˥tsɿ˧,iou˥ti ˧xuei˩˩læᴇ˩˧tɕiaɔ˧tʰa˥˧næᴇ˧laɔ˥ta˥taŋ˧.

老婆

（你……你回去叫你老婆叫什么？）黄：一般情况下，都不叫……不叫婆娘，也不叫老婆儿那些。i˥˧˨pæ̃˥˧tɕʰiŋ˨˦˩kʰuaŋ˦˥ɕia˦,tou˥˧˧pu˨˦˩tɕiaɔ˦……pu˨˦˩tɕiaɔ˦pʰuo˨˦˩niaŋ˨˦˧,ie˥˧˧pu˨˦˧tɕiaɔ˦laɔ˥˧pʰuor˨˦˩næᴇ˦ɕie˥˧˧.（那怎么叫呢？）都冒搭话我你说。tou˥˧˧maɔ˦ta˥˧˩xua˦ŋuo˥˧ni˥˧˩ʂuo˥˧˩.（嗯？）你给她说话就对了么。ni˥˧˧kei˦tʰɑ˥˧˧ʂuo˥˧˩xua˦˨tɕiou˦˩tuei˦˥lə˧muo˧.（娃他妈？）噢，那都……没有啥事情都没有那么需……也不叫。ɑɔ˩,næᴇ˦˥tou˥˧˩……mei˨˦˩iou˥˧sa˦sʅ˦tɕʰiŋ˨˦˧tou˥˧˩mei˨˦iou˥˧nə˦muo˧ɕy˥˧˧……ie˥˧pu˨˦˩tɕiaɔ˦.（有事情的时候呢？）有事情的话那就是这个欸……iou˥˧sʅ˦tɕʰiŋ˨˦˥ti˧xua˦næᴇ˦tɕiou˦sʅ˦tʂə˦˩kə˦˩kei˩……（你总得搭个话，你不能欸欸……你就说欸！）欸就这么个话么。一叫就清楚的了。跟她说话，她就知道你跟她说话就……ei˦tɕiou˦˥tʂə˦muo˧kə˦xua˦muo˧.i˥˧˩tɕiaɔ˦˥(tɕ)iou˦tɕʰiŋ˥˧tsʰʮ˥˧˩ti˧lə˦.kəŋ˥˧tʰɑ˥˧ʂuo˥˧˩xua˦,tʰɑ˥˧˧tɕiou˦tʂʅ˥˧˩taɔ˦ni˥˧˧kəŋ˥˧˧tʰɑ˥˧˧ʂuo˥˧˩xua˦tɕiou˦……（如果要特别喊一声喊……喊她呢？）那叫名字咧。næᴇ˦˩tɕiaɔ˦miŋ˨˦˩tsʅ˦˥lie˧.（噢，直接叫名字？）噢，直接叫名字。ɑɔ˩,tʂʅ˨˦tɕie˥˧˧tɕiaɔ˦miŋ˨˦˩tsʅ˦˩.（你给别人介绍你……你爱人的时候怎么讲？）这是我们家里，最土的就是我们家里。tʂə˦sʅ˦ŋuo˥˧˩məŋ˧tɕia˥˧li˥˧˩,tsuei˦˨tʰu˥˧ti˧tɕiou˦sʅ˦ŋuo˥˧˧məŋ˧tɕia˥˧li˥˧˩.（还有别的讲法吗？）再都没有啥。tsæᴇ˦˥tou˥˧˩mei˨˦iou˥˧sa˦˩.（娃他妈？）娃他妈那都是我们这儿都太不说那个话。那都是前……va˨˦tʰɑ˥˧˧ma˥˧næᴇ˦˥tou˥˧˧sʅ˦ŋuo˥˧məŋ˧tʂər˦tou˥˧˧tʰæᴇ˦pu˨˦˩ʂuo˥˧nə˦kə˦xua˦.næᴇ˦˥tou˥˧˩sʅ˦˩tɕʰiæ̃……（老婆说？）老婆儿说咧。那都是一般人熟咧，说是这才这是我老婆么。laɔ˥˧pʰuor˨˦˩ʂuo˥˧lie˧.næᴇ˦˥tou˥˧˩sʅ˦˩i˥˧˨pæ̃˥˧˩zəŋ˨˦ʂʮ˨˦lie˦,ʂuo˥˧˧sʅ˦tʂei˦˥tsʰæᴇ˨˦˩tʂei˦sʅ˦ŋuo˥˧˧laɔ˥˧pʰuo˨˦˩muo˧.

婆娘

（这个比如说儿子的老婆是是是他父亲母亲的什么？是媳妇儿还是儿媳妇儿还是什么东西？）黄：我们这儿是儿媳妇。ŋuo˥˧məŋ˧tʂər˦sʅ˦ər˨˦˩ɕi˥˧fu˦˩.（媳妇是指什么？）黄：媳妇那就是娃的婆……媳妇，娃的这个，婆娘那就叫媳妇。ɕi˥˧fu˦næᴇ˦tɕiou˦sʅ˦va˨˦˩ti˧pʰuo……ɕi˥˧fu˦,va˨˦ti˧tʂə˦kə˦,pʰuo˨˦˩niaŋ˨˦˥næᴇ˦tɕiou˦tɕiaɔ˦ɕi˥˧fu˦˩.（自己的老婆？）黄：啊，自己的老婆，媳妇。ɑ˩,tsʅ˦tɕie˥˧˧ti˧laɔ˥˧pʰuo˨˦˩,ɕi˥˧fu˦˩.王：陕……陕北人就叫婆……婆姨。ʂæ̃˥˧˧……ʂæ̃˥˧pei˥˧˩zəŋ˨˦tɕiou˦tɕiaɔ˦pʰuo˨˦˩……pʰuo˨˦i˨˦˥.（你们也叫婆娘是吧？）黄：我们叫媳妇儿哩。也叫婆娘。ŋuo˥˧məŋ˧tɕiaɔ˦ɕi˥˧fuər˦˩li˧.ie˥˧˧tɕiaɔ˦pʰuo˨˦˩niaŋ˨˦˧.王：也叫婆娘咧。ie˥˧tɕiaɔ˦pʰuo˨˦˩niaŋ˨˦˥lie˧.黄：还叫老婆咧。xæᴇ˨˦˩tɕiaɔ˦laɔ˥˧pʰuo˨˦˩lie˧.（哪个说得多一点？）王：婆娘说的多。pʰuo˨˦˩niaŋ˨˦˥ʂuo˥˧˩ti˧tuo˥˧.黄：婆娘多。兀土些，土些呣。pʰuo˨˦˩niaŋ˨˦˥tuo˥˧˩.væᴇ˦tʰu˥˧ɕie˥˧˩,tʰu˥˧ɕie˥˧˩m̩˧.王：婆娘就是从古到今都叫婆娘咧。pʰuo˨˦˩niaŋ˨˦˥tɕiou˦sʅ˦tsʰuoŋ˨˦˩ku˥˧taɔ˦˨tɕiŋ˥˧tou˥˧˩tɕiaɔ˦pʰuo˨˦˩niaŋ˨˦˥lie˧.

干亲家

（干亲家是什么呢？）黄：啊那你的干女子给……你那个那个女子你拴着咧，你那个女子给了人了，你就是干亲家。ɑ˦nei˦ni˥˧ti˧kæ̃˥˧˩ny˥˧tsʅ˧kei˦˩……ni˥˧˩nə˦˩kə˦nə˦kə˦ny˥˧tsʅ˧ni˥˧˧ʂuæ̃˥˧tʂə˧lie˦,ni˥˧˩nə˦˩kə˦ny˥˧tsʅ˧kei˦lə˦zəŋ˨˦lə˦,ni˥˧tɕiou˦˩sʅ˦˩kæ̃˥˧˩tɕʰiŋ˥˧tɕia˥˧˩.

（四）晚辈

媳妇、儿媳

1. 冯：（你们这里媳妇是指儿子的老婆吧？）儿子的老婆。自己的老婆也叫媳妇。ərʌ˩˨tsɿ˦ti˧laɔ˥pʰuoʌ˩˨.tsɿ˦tɕie˥˨tə˧laɔ˥pʰuoʌ˩˨ia˥˧tɕiaɔ˦ɕi˥fu˥˨.（那怎么区分呢？）那就是儿媳么。nei˦tɕiou˦sɿ˦ərʌɕi˥muo˧.

2.（有单称媳妇儿的吗？）黄：媳妇儿称……你要单称媳妇是你的媳妇儿吗谁的媳妇儿？你要说清楚咧。这个媳妇儿也叫媳妇儿，儿的媳妇也就媳妇，倒是哪一个？ɕi˥fur˦˨tʂʰəŋ˥……ni˥˧iaɔ˦tæ̃˥˨tʂʰəŋ˥ɕi˥fu˦˨sɿ˦˨ni˥ti˧ɕi˥fur˦˨ma˧seiʌ˨ti˧ɕi˥fur˦˨?ni˥˧iaɔ˦ʂuo˥˨tɕʰiŋ˥tʂʰʮ˥˨lie˧.tʂə˦kə˦ɕi˥fur˦˨ie˥tɕiaɔ˦ɕi˥fur˦,ərʌti˧ɕi˥fu˦ie˥˧tsou˦ɕi˥fu˦˨,taɔ˦sɿ˦na˥˧i˥˧kə˦˨?

老大家媳妇儿

（你这个你自己称自己晚辈的这个妻子叫不叫什么某某家的某某家的什么？）黄：叫咧。tɕiaɔ˦lie˧.（老二家的，老三家的？）啊，那叫咧。a˨,nei˦˥tɕiaɔ˦lie˧.（叫什么呢？）啊。那是老二家的，老二……老二家的媳妇。是老大家媳妇儿。a˨.nə˦˨sɿ˦˨laɔ˥˧ər˦tɕia˥˨ti˧,laɔ˥˧ər˦……laɔ˥˧ər˦tɕia˥˨ɕi˥fu˦˨.sɿ˦laɔ˥ta˦æ˧ɕi˥fur˦˨.

老女婿

（有没有老女婿这个说法？）黄：老女婿有时候指的那个最小的那个女子那女婿也叫老女婿。laɔ˥ny˥ɕi˦iou˥sɿʌ˨xou˦tsɿ˥ti˧nə˦˨kə˦˨tsuei˦˧ɕiaɔ˥ti˧nə˦kə˦ny˥tsɿ˧næᴇ˦˨ny˥˧ɕi˦˥ie˥˨tɕiaɔ˦laɔ˥ny˥˨ɕi˦˨.（噢，最小的女婿？）啊，叫老女婿咧。你比如□有三个儿……三个女子□，碎……老三□就是老女婿。a˨,tɕiaɔ˦laɔ˥ny˥ɕi˦˨lie˧.ni˥˨pi˥zʮʌ˨niæ̃ʌ˨iou˥˧sæ̃˥kə˦˨ərʌ˨……sæ̃˥kə˦˨ny˥tsɿ˧niæ̃ʌ˨,suei˦˧……laɔ˥˧sæ̃˥niæ̃ʌ˨tɕiou˦sɿ˦laɔ˥˧ny˥ɕi˦˨.（噢，那个那是这个老那就说小的意思了。）嗯。ə̃˦.

一二、身体

身子骨

（假如说你问人家身体怎么样怎么问？）黄：那你……你身体好吗？身体健康么？næᴇ˧˪ni˦˫……ʂəŋ˦˪tʰi˦xaɔ˦ma˧?ʂəŋ˦˪tʰi˦tɕiæ̃˧˨kʰaŋ˦muo˧?（噢，讲不讲体……体……身子？）那是问老年人，这……这个你身子骨咋相吗这一气子？身子骨好吗？nətsɿ˧vəŋ˧˨laɔ˦niæ̃˨˪ʐəŋ˨,tʂei˧……tʂei˧kəni˦˫ʂəŋ˦tsɿ˧ku˦˪tsa˦ɕiãr˧ma˧tʂei˧i˦˪tɕʰi˧˦tsɿ˧?ʂəŋ˦tsɿ˧ku˦˪xaɔ˦ma˧?（要不要加这个骨？）身子骨，有这么个身子骨咧。ʂəŋ˦tsɿ˧ku˦,iou˦˫tʂə˧˪muo˧kəʂəŋ˦tsɿ˧ku˦lie˧.（可不可以不加“骨”呢？就……就问“身子怎么样”？）那都一般不。嗯。nei˧˦tou˦˫i˦˫pæ̃˦˫pu˨˪.ə̃˧.（要加个“骨”哈？）嗯。ŋ̍˧.

旋儿

黄：头发上还有咧。头发……tʰou˨˪fa˦ʂaŋ˧˪xæᴇ˨˪iou˦lie˧.tʰou˨˪fa˦˫……（头发上有什么呢？）你头顶上这个欸，头发有些人有旋儿咧么。ni˦˫tʰou˨˪tiŋ˦ʂaŋ˧˪tʂə˧˪kə˧ei˧,tʰou˨˪fa˦˫iou˦ɕie˦˪ʐəŋ˨iou˦˪ɕyæ̃r˧˨liem˧.（嗯。）啊，这是个……这东西叫旋儿么。a˪,tʂə˧ʂɿ˧kə˧……tʂə˧˦tuoŋ˦˪ɕi˧tɕiaɔ˧ɕyæ̃r˧muo˧.（头发上叫旋儿？）啊，有……单旋儿双旋儿么啊？ŋã˪,iou˦s……tæ̃˦˪ɕyæ̃r˧˦ʂuaŋ˦˪ɕyæ̃r˧˨muo˧a˧?

门面子

（呃，说这个人呃这个模样真好，说这个模样怎么说？）黄：样子长得好看。iaŋ˧tsɿ˧tʂaŋ˦˪tə˧xaɔ˦˪kʰæ̃˧˪.（还有……这个样子还有别的词来代替？）样子呀？俊，漂亮。iaŋ˧tsɿ˧ia˪?tɕyoŋ˧,pʰiaɔ˧liaŋ˧.（嗯，不是啊，这个样子这个这个词。）没有了。mei˨˪iou˦˪lə˧.（可不可以说这个模样或者是……）噢，模样倒是有咧，模样儿。aɔ˪,mu˨liaŋ˧˦taɔ˧sɿ˧iou˦lie˧,mu˨˪iãr˧.（姿程儿？）姿程儿没有这个话。tsɿ˦˫tʂʰə̃r˨mei˨˫iou˦˫tʂə˧kə˧xua˧.（模样平时口语当中也说吗那老百姓？）嗯。现在□这儿这有一……现在还用的就是就那……贬□叫门面子长得好吗啥。ə̃˧.ɕiæ̃˧tsæᴇ˧niæ̃˨˪tʂər˧tʂə˧iou˦i˦˪……ɕiæ̃˧tsæᴇ˧xæᴇ˨˪yoŋ˧tə˧tɕiou˧sɿ˧tsou˧næᴇ˧……piæ̃˦niæ̃˨˪tɕiaɔ˧məŋ˨˪miæ̃˧˨tsɿ˧tʂaŋ˦˫tei˦˫xaɔ˦ma˧sa˧˪.（这个门面子……这个脸叫门面子？）啊，□门面子长得挺……a˧,niæ̃˨məŋ˨˪miæ̃˧˨tsɿ˧tʂaŋ˦˫tə˧tʰiŋ˦˪……

脸

（你们还有什么样的脸呢？比如说像赵本山那样的那叫什么脸？）黄：谁个？sei˨˪kə˧?（赵本山那样的。）赵本……啊，兀不说，一下子说不上来。tʂaɔ˧p……æ˪,væᴇ˧˦pu˨˪ʂuo˦,i˦˪xa˧tsɿ˧ʂuo˦pu˨˪ʂaŋ˧˪læᴇ˨.（圆圆的脸呢？）嗯。ə̃˪.（那叫什么脸？）有的叫，有的把那叫你长一张猴脸。iou˦˪ti˧tɕiaɔ˧˦,iou˦ti˧pa˦˪næᴇ˧tɕiaɔ˧ni˦˪tʂaŋ˦i˦˪tʂaŋ˦˫xou˨˪liæ̃˦˪.（猴脸？）猴脸底下尖么。嗯，上头是这么。xou˨˪liæ̃˦˫ti˦xa˧˪tɕiæ̃˦˫muo˧.

ŋ̍˪,ʂɑŋ˧tʰou˧sʅ˧tʂə˧muo˧.（噢，那，噢，那种尖尖的脸是吧？）嗯，猴脸么。ə̃˪,xou˩liæ̃˥˩muo˧.（圆的呢？）叫圆脸。tɕiɑɔ˧yæ̃˩˩liæ̃˥.（那圆脸。）嗯，有的叫大四方脸叫国字脸，国字形的脸。ə̃˪,iou˥ti˧tɕiɑɔ˧tɑ˧sʅ˧˥fɑŋ˥˩liæ̃˥˧tɕiɑɔ˧kuei˥tsʅ˧˩liæ̃˥˩,kuei˥tsʅ˧˩ɕiŋ˩ti˧liæ̃˥˩.（还有些什么脸呢？）这里叫瓜儿子儿脸，长个瓜儿子儿脸，下巴尖得很。tʂei˧˥li˥˧tɕiɑɔ˧kuɑr˥˩tʂər˥liæ̃˥˩,tʂɑŋ˥kə˧˩kuɑr˥˩tsər˥liæ̃˥˩,xɑ˧pɑ˧tɕiæ̃˥tə˧xəŋ˥.

腮帮子

（这个你们叫什么呢？）黄：欸……ei……王：脸蛋。liæ̃˥˧tæ̃˧.（脸蛋？）王：啊，是叫脸蛋嗬。æ˥,sʅ˧tɕiɑɔ˧liæ̃˥tæ̃˧m̩˧.黄：嗯。ə̃˪.（这两块这个硬硬的这玩意儿叫什么？）王：嗯，兀叫，这叫腮。ə̃˪,væᴇ˧˥tɕiɑɔ˧,tʂə˧tɕiɑɔ˧sæᴇ˥.黄：腮，就是叫腮。sæᴇ˥,tɕiou˧˥sʅ˧tɕiɑɔ˧sæᴇ˥.（不叫颧骨？）黄：不叫。这面的叫腮帮子么，啊？pu˩˩tɕiɑɔ˧˩.tʂei˧miæ̃˧ti˧tɕiɑɔ˧sæᴇ˥˩pɑŋ˥tsʅ˧muo˧,ɑ˧?王：嗯。ŋ̍˪.黄：这两面儿的这脸蛋子叫腮帮子。tʂə˧liɑŋ˥miæ̃r˧˥ti˧tʂə˧liæ̃˥˧tæ̃˧tsʅ˧tɕiɑɔ˧sæᴇ˥˩pɑŋ˥tsʅ˧.（哪个？这两面这脸蛋子是吧？）黄：啊，腮帮子。ɑ˪,sæᴇ˥pɑŋ˥˩tsʅ˧.（这就叫腮帮子？）黄：啊。ŋɑ˪.（这旁边叫腮帮子）黄：啊。ɑ˪.（这个地方叫……叫……）黄：牙挎子么。iɑ˩˩kʰuɑ˧˥tsʅm˧.（是硬的还是软的？）黄：牙挎子都是软……软……硬的么，它是捏着里头的，把里头的这个牙床子叫的是牙挎子。iɑ˩˩kʰuɑ˧˥tsʅ˧tou˥˩sʅ˧˩ʐʮ……ʐʮ……niŋ˧˥ti˧muo˧,tʰɑ˥sʅ˧nie˥tʂə˧li˥tʰou˧ti˧,pɑ˥˩li˥tʰou˧ti˧tʂə˧kə˧iɑ˩tʂʰuɑŋ˩˩tsʅ˧tɕiɑɔ˧ti˧sʅ˧iɑ˩˩kʰuɑ˧˥tsʅ˧.（就是牙床是吧？）黄：啊，牙床子么。ɑ˪,iɑ˩tʂʰuɑŋ˩tsʅ˧muo˧.（但这个外头这软的叫……）黄：腮帮子。sæᴇ˥˩pɑŋ˥tsʅ˧.

眼睛

（这个眼睛我突然想起来了。这个叫眉毛？）黄：眉毛。mi˩˧mɑɔ˩˧.王：眉毛。mi˩mɑɔ˩˩.（眉毛还是mi˪mɑɔ˧？）黄：眉毛。mi˩˩mɑɔ˩˥.（眉毛下面还有这种，这个这个这个叫做……）黄：眼眨毛儿么。niæ̃˥tsɑ˥˩mɑɔr˩muo˧.王：眼眨毛儿。niæ̃˥tsɑ˥˩mɑɔr˩.（眼……）黄：眼眨毛儿。niæ̃˥˧tsɑ˥mɑɔr˩.（眨眼睛的眨？）黄：啊，眨眼睛的眨。眼眨毛儿。ɑ˪,tsɑ˥˧iæ̃˥tɕiŋ˥˩ti˧tsɑ˥˩.niæ̃˥tsɑ˥˩mɑɔr˩˩.（这个，这个这个叫什么？）王：眼皮么。niæ̃˥˧pʰi˩muo˧.黄：像下……我们把那很简单，下眼皮，上眼皮。ɕiɑŋ˧xɑ……ŋuo˥məŋ˧pɑ˥˩næᴇ˧xəŋ˥tɕiæ̃˥tæ̃˥˩,xɑ˧niæ̃˥˩pʰi˩,ʂɑŋ˧niæ̃˥˩pʰi˩˩.（哦，下眼皮。不说什么眼袋什么东西？）黄：不说。不讲那。pu˩˧ʂuo˥.pu˩˩tɕiɑŋ˥˩nə˧.王：下眼皮，上眼皮。ɕiɑ˧niæ̃˥pʰi˩˩,ʂɑŋ˧niæ̃˥˩pʰi˩˩.（这个地方呢？[指睛明穴处的眼角]）黄：大眼角么。tɑ˧niæ̃˥˧tɕyo˥muo˧.王：大眼角嗬。这个是小眼角嗬。[指眼睛外侧的眼角]tɑ˧niæ̃˥˧tɕyo˥m̩˧.tʂə˧˥kə˧˩sʅ˧˩ɕiɑɔ˥niæ̃˥˩tɕyo˥˩m̩˧.黄：小眼角嗬。ɕiɑɔ˥niæ̃˥˩tɕyo˥˩m̩˧.（哦，这个靠近这个鼻子这边叫大眼角。）黄：大眼角。tɑ˧˥iæ̃˥˥tɕiɑɔ˥˩.王：大眼角。tɑ˧niæ̃˥tɕyo˥˩.（这个叫小……）王：小眼……ɕiɑɔ˥niæ̃˥˩……黄：小眼角。ɕiɑɔ˥iæ̃˥˩tɕyo˥˩.（这眼睛里头那个东西呢？）王：眼珠嗬。niæ̃˥˧tʂʮ˥m̩˧.黄：眼珠子，有的叫瞳仁儿么。niæ̃˥˧tʂʮ˥tsʅ˧,iou˥ti˧tɕiɑɔ˧tʰuoŋ˩zə̃r˩muo˧.王：啊。ɑ˪.（白的黑的都分吗？）黄：白眼窝珠子，红眼……白眼窝仁子，黑眼窝仁子，啊？pei˩˩iæ̃˥vuo˥˩tʂʮ˥tsʅ˧,xuoŋ˩˩niæ̃˥˧……pei˩˩niæ̃˥vuo˥˩zəŋ˩˩tsʅ˧,xei˥niæ̃˥˩vuo˥˩zəŋ˩˩tsʅ˧,ɑ˧?王：嗯。ŋ̍˪.（白眼什么？）黄：白眼仁子和黑眼仁子。pei˩˩niæ̃˥zəŋ˩˧tsʅ˧xuo˩˧xei˥niæ̃˥˩zəŋ˩˩tsʅ˧.（说白……白眼窝仁子啊？）黄：白，呃，白眼睛，白眼窝仁子，黑眼窝仁子。pei˩,ə˪,pei˩niæ̃˥tɕiŋ˧,pei˩˩niæ̃˥vuo˥˩zəŋ˩˩tsʅ˧,xei˥niæ̃˥˧vuo˥˧zəŋ˩˩tsʅ˧.（他有的人眼皮是这个有两层的，这……）王：双眼皮嘛。ʂuɑŋ˥˩niæ̃˥pʰi˩mɑ˧.黄：双……双眼皮儿，单眼

皮儿么。ʂuaŋ˥……ʂuaŋ˥˩niæ̃˥pʰiər˧˩,tæ̃˥˩niæ̃˥pʰiər˧˩muo˧.王：双眼皮，单眼皮。ʂuaŋ˥niæ̃˥˧pʰi˧˩˧,tæ̃˥˩niæ̃˥pʰi˧˩.

鼻子

（这个东西叫什么？）王：鼻梁。pi˧˩˩liaŋ˧˩˥.黄：鼻梁哞。pi˧˩˩liaŋ˧˩˥m̩˧.（叫什么？）王：鼻梁。pi˧˩˩liaŋ˧˩˧.黄：鼻梁。pi˧˩liaŋ˧˩.（就是平常咱们老百姓说话这叫什么？）黄：叫鼻子哞。tɕiao˥pi˧˩˩tsɿ˥m̩˧.王：这叫鼻梁。鼻梁子哞。tʂei˥tɕiao˥pi˧˩˩liaŋ˧˩˧.pi˧˩˩liaŋ˧˩˧tsɿ˧m̩˧.黄：鼻梁子。再嘛就是简称就是鼻子哞。pi˧˩˩liaŋ˧˩˥tsɿ˧.tsæᴇ˥ma˧tsou˥˩sɿ˥˩tɕiæ̃˥tʂʰəŋ˥tɕiou˥˩sɿ˥˩pi˧˩˩tsɿ˥m̩˧.（这个，这……这一块儿叫什么？）王：鼻疙瘩。pi˧˩˩kə˥ta˧.黄：鼻子尖儿，鼻疙瘩儿。哼。pi˧˩˩tsɿ˧tɕiær˥,pi˧˩˩kə˥tar˧.xəŋ˧.（有没有这个鼻子长得特别有那个，有的特别大，有的是带勾儿的。像这种……）黄：鹰勾儿鼻子嘛。iŋ˥kour˥˩pi˧˩tsɿ˧ma˧.（鹰勾……）黄：呃，带个弯弯儿那叫鹰勾儿鼻子么。有蒜头鼻子。ə˩,tæᴇ˥kə˥væ̃˥vær˥˩nei˥˩tɕiao˥˩iŋ˥kour˥˩pi˧˩tsɿm˧.iou˥˧suæ̃˥˩tʰou˧pi˧˩˩tsɿ˧.（叫什么？）黄：蒜头儿鼻子。鹰勾儿鼻子，蒜头鼻子，还有啥子咧？suæ̃˥tʰour˧˩pi˧˩tsɿ˧.iŋ˥kour˥˩pi˧˩˩tsɿ˧,suæ̃˥tʰou˧˩pi˧˩˩tsɿ˧,xæᴇ˧˩iou˥sa˥˩tsɿ˧lie˧?王：大鼻子。有些人鼻子特别大么。大鼻子。ta˥pi˧˩˩tsɿ˧.iou˥ɕie˥˩zəŋ˧˩pi˧˩˧tsɿ˧tʰə˥˩pie˧˩ta˥muo˧.ta˥pi˧˩˩tsɿ˧.黄：啊，□把那个叫啥咧？那鼻子窟窿儿朝天翻翻[笑]。æ˩,niæ̃˧˩˩pa˥˩nə˥˩kə˥tɕiao˥sa˥lie˧?nə˥pi˧˩˩tsɿ˧kʰu˥luõr˧tʂʰao˧˩tʰiæ̃˥fæ̃˥fæ̃˥˧.（啊，有这种，鼻子窟窿……）黄：特别朝天翻。tʰə˥˧pie˧˩tʂʰao˧tʰiæ̃˥˧fæ̃˥˩.（也不是说这个，你，只能……平常你这么正面看他都能瞧着他两个鼻子眼儿。）黄&王：啊。ã˩.王：啊，晓□叫啥咧？a˥,ɕiao˥niæ̃˧˩tɕiao˥sa˥lie˥?（跟猴子一样。）黄：哎，哎叫啥鼻子吵你看？啊，这是个经常骂人哩。叫个啥咧吵？æᴇ˩,æᴇ˥tɕiao˥sa˥pi˧˩tsɿ˧sa˧ni˥˩kʰæ̃˩?æ˧,tʂə˥sɿ˥kə˥tɕiŋ˥˩tʂʰaŋ˧ma˥zəŋ˧˩li˧.tɕiao˥kə˥˩sa˥lie˧sa˧?王：牛鼻子啊？niou˧pi˧˩tsa˧?（经常骂人，骂他？）黄：嗯，骂他的。这个人，这个鼻子□这骂啥咧吵？□叫个……还怕记不起来这个。ŋ̍˩,ma˥tʰa˥˩ti˧.tʂə˥kə˥zəŋ˧,tʂə˥kə˥pi˧˩tsɿ˧niæ̃˧˩tʂə˥ma˥sa˥lie˧sa˧?niæ̃˧˩tɕiao˥kə˥……xæᴇ˧˩pʰa˥tɕi˥pu˧˩tɕʰi˥læᴇ˧tʂə˥kə˥.（哪个，嗯，这红的这玩意儿。）黄：酒糟儿鼻子。洋鼻梁杆子。tɕiou˥tsaor˥˧pi˧˩tsɿ˧.iaŋ˧pi˧˩˩liaŋ˧˩kæ̃˥tsɿ˧.（叫什么？）黄：洋鼻梁杆子。这是过去这个信天游头起经常唱的。也形容，形容一些女的长的比较好一点，她这个鼻梁杆子端得很。洋鼻梁杆子。iaŋ˧pi˧˩˩liaŋ˧˩kæ̃˥tsɿ˧.tʂə˥sɿ˥kuo˥tɕʰy˥tʂə˥kə˥ɕiŋ˥tʰiæ̃˥˩zə̃r˧（←iou˧）tʰou˧˩tɕʰie˥tɕiŋ˥˩tʂʰaŋ˧tʂʰaŋ˥ti˧.ie˥ɕiŋ˧˩zuoŋ˧˩,ɕiŋ˧yoŋ˧˩iou˥ɕie˥˩ny˥ti˧tʂaŋ˥ti˧pi˥tɕiao˥xao˥i˥˩tiæ̃˥˩,tʰa˥˩tʂə˥kə˥pi˧˩˩liaŋ˧˩kæ̃˥tsɿ˧tuæ̃˥tə˧xəŋ˥˩.iaŋ˧pi˧˩˩liaŋ˧˩kæ̃˥tsɿ˧.（tuæ̃˥的就是正吗？）黄：啊，就是长的比较正儿子，鼻子长的那个好一点。就是洋鼻梁杆子端上端么，这就是讲兀这美女里头她……a˩,tɕiou˥sɿ˥tʂaŋ˥ti˧pi˥tɕiao˥tʂəŋ˥ər˧˩tsɿ˧,pi˧tsɿ˧tʂaŋ˥ti˧nə˥kə˥xao˥i˥˩tiæ̃˥˩.tɕiou˥˩sɿ˥˩iaŋ˧pi˧˩˩liaŋ˧˩kæ̃˥tsɿ˧tuæ̃˥˩ʂaŋ˥tuæ̃˥muo˧,tʂə˥tɕiou˥˩sɿ˥˩tɕiaŋ˥vei˥tʂə˥mei˥ny˥li˥˩tʰou˧tʰa˥……（羊的吗？）黄：洋，啊。iaŋ˧,a˩.（就是养的那个羊吗？）黄：哎，哎不是这个……欸，[写字]洋货的洋，三点水儿那个洋。æᴇ˩,æᴇ˥pu˧˩sɿ˥tʂə˥kə˥……ei˥,iaŋ˧xuo˥ti˧liaŋ˧˩,sæ̃˥˩tiæ̃˥ʂuər˥nə˥˩kə˥˩iaŋ˧˩.（噢。洋……）黄：洋鼻梁杆子。iaŋ˧pi˧˩˩liaŋ˧˩kæ̃˥tsɿ˧.（怎么……这句话怎么说的？）黄：洋鼻梁杆子，端上端么。就是长得，她这个形容她这个鼻子长得，比较周正嘛。iaŋ˧pi˧˩˩liaŋ˧˩kæ̃˥tsɿ˧,tuæ̃˥˩ʂaŋ˥tuæ̃˥muo˧.tɕiou˥˩sɿ˥˩tʂaŋ˥tə˧,tʰa˥˩tʂə˥kə˥˩ɕiŋ˧yoŋ˧˩tʰa˥tʂə˥kə˥˩pi˧˩tsɿ˧tʂaŋ˥tə˧,pi˥tɕiao˥tʂou˥˩tʂəŋ˥ma˧.

好吃窝窝

（这个脖子后面这里有一个凹下去的一块这么？）黄：把那叫个啥窝子？啥窝子啊？项颈窝儿吗是个叫啥子？paɣ˨˩næᴇ˥tɕiaɔ˥kə˥sa˥˨vuo˨˩tsɿ˧?sa˥vuo˨tsa˧?xaŋ˥tɕiŋ˥˨vuor˥ma˧sɿ˥kə˥tɕiaɔ˥sa˥tsɿ˧?（你骂讲不讲就说这个地方很深的话，这这个小孩很好吃啊？）好吃窝窝，那有咧么。有这个好吃窝窝说法了。xaɔ˥tʂʰʅ˥˩vuo˥vuo˨˩,næᴇ˥˧iou˥lie˧muo˧.iou˥tʂə˥kə˥xaɔ˥tʂʰʅ˥˩vuo˥˩vuo˥˩ʂuo˥fa˥˩lə˧.（有这个说法是吧？）有这说法。iou˥tʂei˥ʂuo˥fa˥˩.（叫什么？）好吃窝，好吃窝窝。xaɔ˥˨tʂʰʅ˥˩vuo˥˩,xaɔ˥˨tʂʰʅ˥˩vuo˥vuo˥˩.

舌

黄：舌头嗯。舌根子。ʂə˨˩tʰou˨˧m̩˧.ʂə˨˩kəŋ˥tsɿ˧.（舌根子，下面叫舌根子？）黄：舌根这下面叫舌啥子咧？上头叫舌头么。再就没个啥叫法。ʂə˨˩kəŋ˥˨tʂə˥ɕia˥˨miæ̃˥tɕiaɔ˥ʂə˨˦sa˥tsɿ˧lie˧?ʂaŋ˥˨tʰou˧tɕiaɔ˥ʂə˨˩tʰou˧muo˧.tsæᴇ˥˧tsou˥mei˨˦kə˥sa˥tɕiaɔ˥fa˥˩.王：兀□就叫舌根子咧。□说娃娃碎着，我把舌根子给你那儿割了，那个线线割了就说话……væᴇ˥˧niæ̃˨˩tsou˥˧tɕiaɔ˥ʂə˨˩kəŋ˥tsɿ˧lie˧.niæ̃˨˩ʂuo˥˩va˨˩va˨˦suei˥tʂə˧,ŋuo˥˩pa˥˩ʂə˨kəŋ˥tsɿ˧kei˥ni˥˩nar˥kə˥lə˧,nə˥kə˥ɕiæ̃˥˩ɕiæ̃˥kə˥lə˧tɕiou˥ʂuo˥xua˥……（呃，这是……有一条系带你们叫什么？）黄：啊。a˩.（叫……没……没有特别……）黄：没啥。没啥名字。mei˨˦sa˥.mei˨sa˥miŋ˨˩tsɿ˥˩.王：没有。mei˨˩iou˥˦.（这种这个系带很长的这种这种这种人呢？那说话……说不清楚。）王：那就是是连舌子的么。nei˥tɕiou˥sɿ˥sɿ˥˩liæ̃˨˩ʂə˨˧tsɿ˧tə˧muo˧.黄：连舌子。liæ̃˨˩ʂə˨˧tsɿ˧.

口水、鼾水

（口水跟鼾水有不同吗？）黄：哎都一样的。æᴇ˥tou˥˩i˥˩iaŋ˥ti˧.（一个东西？）啊。口水，是你在清醒的情况下流出来的，鼾水是你睡着了以后淌出来的。ã˥.kʰou˥ʂuei˥˩,sɿ˥ni˥˦tsæᴇ˥tɕʰiŋ˥˩ɕiŋ˥ti˧tɕʰiŋ˨˩kʰuaŋ˥ɕia˥liou˨tʂʰʮ˥læᴇ˨˩ti˧,xæ̃˥ʂuei˥˩sɿ˥ni˥˦ʂuei˥˧tʂuo˥˩lə˧i˥˩xou˥tʰaŋ˥˩tʂʰʮ˥læᴇ˨˩.（噢，就是睡觉的时候？）噢，睡觉的时候流出来的那个水，自觉不自觉地自动流出来那叫鼾水。aɔ˩,ʂuei˥tɕiaɔ˥ti˧sɿ˨˩xou˥liou˨tʂʰʮ˥læᴇ˨˩ti˧nə˥kə˥ʂuei˥˦,tsɿ˥tɕiaɔ˥˩pu˨˩tsɿ˥tɕiaɔ˥˩ti˧tsɿ˥tuoŋ˥liou˨˩tʂʰʮ˥læᴇ˨˩nei˥tɕiaɔ˥xæ̃˥ʂuei˥˩.

耳朵

黄：耳朵，这个也有好多讲究。ər˥tuo˧,tʂə˥kə˥ie˥˦iou˥˦xaɔ˥tuo˥˩tɕiaŋ˥tɕiou˥˩.（耳朵叫什么？跟孙悟空那样儿的。）黄：咱们这里那耳垂大咧咋咧？tʂa˨maŋ˧tʂə˥li˥˩nə˥ər˥tʂʰuei˨˧ta˥lie˧tsa˥˩lie˧?王：有福么。iou˥˩fu˥muo˧.黄：有福么。耳耳垂大的那，两耳垂肩啊？iou˥˦fu˥muo˧.ər˥˦ər˥˦tʂʰuei˨˧ta˥ti˧nə˥˩,liaŋ˥˦ər˥˦tʂʰuei˨tɕiæ̃˥a˧?王：嗯。ŋ̍˩.黄：这□是有福人。还有个，嗯，咋么个啊吵你看？tʂə˥niæ̃˨˩sɿ˥iou˥˦fu˥ʐəŋ˨˩.xæᴇ˨˩iou˥kə˥,ŋ̍˩,tsa˥mu o˧kə˥a˧sa˧ni˥kʰæ̃˥˩?（有的人耳朵是这么那个的。）黄：扣，扣翻回来的那个，有的是往后翻的。kʰou˥˩,kʰou˥fæ̃˥xuei˨˩læᴇ˨˧ti˧nə˥kə˥˩.iou˥ti˧sɿ˥˩vaŋ˥˩xou˥fæ̃˥ti˧.（啊，啊对。）黄：嗯。ə̃˩.（有的还是耷着的。）黄：嗯。ŋ̍˩.（各种各样的。）黄：嗯，这都……ŋ̍˩,tʂə˥˧tou˥˩ʂ……（有没有什么说法？）黄：这都，呃，说法都有咧。有些记不起了好像。tʂə˥˧tou˥˦,ə˥,ʂuo˥fa˥˩tou˥˩iou˥lie˧.iou˥ɕie˥˩tɕi˥˨pu˨˩tɕʰi˥lə˧xaɔ˥˩ɕiaŋ˥˩.王：记不起来。tɕi˥˨pu˨˩tɕʰi˥læᴇ˨˩.

胡子

（这个胡子，你们都叫胡子还是有分，分的？这个地方叫的不一样？）黄：多一半儿有是……有一个人讲那络……络腮胡子啊，那就是大些胡子。tuo˥i˥˩pær˥iou˥˦sɿ˥……

iou˥˧i˥˧˧kə˥ʐəŋ˨˦tɕiaŋ˥˧˨˩nə˥luo˥˧sə……luo˥˧sæᴇ˥˧˨˩xu˨˦tsɿ˦a˧,næᴇ˥˨˩tɕiou˥˨˩sɿ˥˨˩ta˥˨ɕie˥˧˧xu˨˦˨˩tsɿ˧.（这个络腮胡子啊？）黄：啊，络腮胡子。ɑ˨,luo˥˧sæᴇ˥˧˧xu˨˦˧tsɿ˦.（大胡子？）黄：嗯，大胡子。再没有个啥叫法好像。有的那就是那那……ə̃˥,ta˥xu˨˦˨˩tsɿ˧.tsæᴇ˥˦mei˨˦iou˥˧˧kə˥sa˥tɕiaɔ˥fa˥˧˨˩xaɔ˥˧˨˩ɕiaŋ˥˨˩.iou˥˧ti˧nei˥tɕiou˥˨˩sɿ˥˨˩nei˥nei˥……王：有的，有的叫那八奓胡子。iou˥˧˧ti˦,iou˥˧ti˧tɕiaɔ˥nei˥pa˥˧˨˩tsa˥xu˨˦tsɿ˧.黄：八奓胡儿那是这儿这这个，这儿这留起来那个是。pa˥˧˨˩tsa˥˦xur˨˦nə˥˨˩sɿ˥˨˩tʂər˥˨tʂə˥tʂə˥kə˥,tʂər˥˨tʂə˥liou˨˦˨˩tɕʰi˥˧læᴇ˨˦˧nei˥kə˥sɿ˥.（paɭtsar˥˧xu˨˦？）黄：八奓儿胡儿。pa˥˧˨˩tsar˥˦xur˨˦.（八，tsa˥˧？）黄：噢，八奓胡。奓起来的奓姆。八奓胡儿。ɑɔ˨˩,pa˥˧˨˩tsa˥˦xu˨˦˨˩.tsa˥˨tɕʰi˥˧læᴇ˨˦˨˩ti˧tsa˥˦m̩˧.pa˥˧˨˩tsa˥˦xur˨˦.（还有什么？）黄：山羊胡子,哼。sæ̃˥˧æ˧（←iaŋ˨˦）xu˨˦˨˩tsɿ˦,xə̃˥.（山羊胡子？）黄：山羊胡子上头哼没有得，光是底下这个地方，馃起来这么一撮子，像那个羊胡子样的。sæ̃˥˧æ˧（←iaŋ˨˦）xu˨˦˨˩tsɿ˦ʂaŋ˥˨tʰou˧xəŋ˧muo˥˧˨iou˥˧˧tei˥˧,kuaŋ˥˧˨sɿ˥˨˩ti˥˧xa˥˨˩tʂə˥kə˥ti˥faŋ˥˧˨˩,tsʰaɔ˥tɕʰi˥˧læᴇ˨˦˨˩tʂə˥muo˦i˥˧˨˩tsuo˥˧tsɿ˧,ɕiaŋ˥nə˥kə˥iaŋ˨˦xu˨˦˨˩tsɿ˦iaŋ˥ti˧.（就回民，回民经常……）黄：啊，回民把那叫山羊胡子。ɑ˨˩,xuei˨˦miŋ˨˦˧pa˥˧˨˩nei˥tɕiaɔ˥sæ̃˥˧æ˧（←iaŋ˨˦）xu˨˦˨˩tsɿ˧.（还有些什么胡子没有？）黄：怕啥，兀是山羊胡子。络腮胡子。pʰa˥˨˩sa˥,vu˥sɿ˥sæ̃˥˧iaŋ˨˦˨˩xu˨˦˨˩tsɿ˦.luo˥˧sæᴇ˥˧˧xu˨˦˨˩tsɿ˦.王：再没有啥咧。tsæᴇ˥˦muo˥˧˨˩iou˥˧sa˥˨˩lie˧.黄：再也没个啥咧。串脸胡。tsæᴇ˥æ˥˧˧mei˨˦˨˩kə˥˦sa˥˨˩lie˧.tʂʰuæ̃˥liæ̃˥˧xu˨˦˨˩.（串脸胡是什么？）黄：啊，是和……那是那整个儿脸上都是。ɑ˨˩,sɿ˥˦xuo˨˦˨˩tʂ……nei˥sɿ˥˨˩nei˥tʂəŋ˥˧kər˥liæ̃˥˧ʂaŋ˥˨˩tou˥˧˨sɿ˥.王：整个的脸上都是。tʂəŋ˥˧˨˩kə˥˨ti˦liæ̃˥˧ʂaŋ˥˨˩tou˥˧˨˩sɿ˥˨˩.黄：整个脸上以后，上边头发和这都连着咧么。tʂəŋ˥˧kə˥liæ̃˥˧ʂaŋ˥˨˩i˥˧˨˩xou˥,ʂaŋ˥˨piæ̃˥˧˨˩tʰou˨˦˨˩fa˥˧xuo˨˦˨˩tʂə˥˦tou˥˧˨˩liæ̃˨˦˨˩tʂuo˥˧liem˧.（叫穿脸胡？）黄：噢，串脸胡。ɑɔ˨˩,tʂʰuæ̃˥liæ̃˥˧xu˨˦.（串？）黄：串，噢。tʂʰuæ̃˥,ɑɔ˨˩.（这个串请你……）黄：啊，是这个串么。ɑ˨˩,sɿ˥˨˩tʂə˥˦kə˥˦tʂʰuæ̃˥muo˧.王：啊，一串两串。ɑ̃˨˩,i˥˧˨˩tʂʰuæ̃˥liaŋ˥˧˧tʂʰuæ̃˥.黄：一串两串的串姆。i˥˧˨˩tʂʰuæ̃˥liaŋ˥˧tʂʰuæ̃˥ti˦tʂʰuæ̃˥˨˩m̩˧.（叫什么？串……）黄：串脸胡。tʂʰuæ̃˥liæ̃˥˧xu˨˦.

山羊胡子

（叫不叫山羊胡子？）黄：叫咧，山羊胡子，骂山羊胡子，它撅起来着咧么。他一天子这么捋咧，山羊……tɕiaɔ˥lie˦,sæ̃˥˧xæ̃˨˩（←iaŋ˨˦）xu˨˦˨˩tsɿ˦,ma˥sæ̃˥˧xæ̃˨˩（←iaŋ˨˦）xu˨˦˨˩tsɿ˦,tʰɑ˥˧˨˩tɕyo˥˧˨tɕʰi˥˧læᴇ˨˦˨˩tʂə˧lie˧muo˧.tʰɑ˥˧˧i˥˧˧tʰiæ̃˥˧tsɿ˧tʂə˥muo˦y˥˧lie˧,sæ̃˥˧ɑŋ˨˩（←iaŋ˨˦）……（欸，不多。）不多，山羊……山羊胡子。pu˨˦˨˩tuo˥˧˧,sæ̃˥˧ɑŋ˨˩（←iaŋ˨˦）……sæ̃˥˧ɑŋ˨˩（←iaŋ˨˦）xu˨˦˨˩tsɿ˧.

牙

（那你这个牙分不分什么门牙，什么大牙小牙的？）黄：哎，那分咧么。æᴇ˥˧,nei˥fəŋ˥˧lie˧muo˧.王：门牙嗓牙姆。məŋ˨˦ia˨˦saŋ˥˧ia˨˦˨˩m̩˧.黄：前头这些牙就，呃，前头这几个牙就是门牙姆。tɕʰiæ̃˨˦˨˩tʰou˦tʂei˥˨˩ɕie˥˧˨˩ia˨˦tɕiou˥,ə˨˩,tɕʰiæ̃˨˦˨˩tʰou˦tʂei˥tɕi˥˧˨˩kə˥˨˩ia˨˦tɕiou˥˨˩sɿ˥˨˩məŋ˨˦ia˨˦˨˩m̩˧.王：后面牙就嗓牙。xou˥miæ̃˥ia˨˦(tɕ)iou˥saŋ˥˧ia˨˦˨˩.（叫什么？）黄&王：嗓牙。saŋ˥˧ia˨˦˨˩.（saŋ˥˧iaɭ是什么意思？）黄：嗓，是里边的意思，嗓牙。saŋ˥˧,sɿ˥˨˩li˥˧piæ̃˥˧˨˩ti˧i˥˨˩sɿ˧,saŋ˥˧ia˨˦˨˩.（里面，里面都叫saŋ˥˧吗？）黄：啊，嗓牙。ɑ˨˩,saŋ˥˧ia˨˦˨˩.王：这个是人这个嗓子嘛。这是靠近嗓子那嗓牙。tʂə˥kə˥˨˩sɿ˥ʐəŋ˨˦tʂə˥kə˥saŋ˥˧tsɿ˧ma˧.tʂə˥˨˩ʂɿ˥˨˩kʰaɔ˥tɕiŋ˥saŋ˥˧tsɿ˧nə˥˨˩saŋ˥˧ia˨˦˨˩.（噢，嗓牙。）黄&王：啊。ɑ˨˩.黄：也叫老牙嘛。ie˥˧˧tɕiaɔ˥laɔ˥˧ia˨˦˨˩ma˧.王：嗯。也叫老牙。ŋ̍˨˩.ie˥˧˧tɕiaɔ˥laɔ˥˧ia˨˦˨˩.（就是这两种吗？）王：嗯。ŋ̍˨˩.黄：啊。ɑ˨˩.（这尖的也不说啊？）黄：不说。pu˨˦˨˩ʂuo˥˧˨˩.（没什么犬齿、臼齿、门齿这

种说法？）黄：不说。哎，没有，没有这个话。有的叫门牙咧，前门牙。puʌ˨ʂuo˥˧˨.æᴇ˥˧,meiʌ˧iou˥˧˨,meiʌ˧iou˥˧˨tʂə˥˦kə˥˦xuɑ˥˨.iou˥˧ti˧tɕiɑɔ˥məŋʌ˨iɑʌ˦lie˧,tɕʰiæ̃ʌməŋʌ˧iɑʌ.

老牙

黄：老牙，有的叫嗓牙，就是里边那几个嚼东西的那几个牙齿。lɑɔ˥˧iɑʌ˨,iou˥˧ti˧tɕiɑɔ˥sɑŋ˥˧iɑʌ˨,tɕiou˥sɿ˥li˥˧piæ̃˥˧˨nei˥tɕi˥˧˧kə˥tɕyoʌtuoŋ˥˧ɕi˧ti˧nei˥tɕi˥˧˧kə˥˨iɑʌ˨tsʰɿ˥˧˧.（最……）噢，最里……最里边儿这些叫……ɑɔ˨,tsuei˥li˥˧˧……tsuei˥˦li˥˧piæ̃r˥˧˨tʂei˥ɕie˥˧˨tɕiɑɔ˥……（那跟大牙有什么区别？）哎呀，那怕都有些区别咧吧？老牙或者是这个欸……管……反正是里头那几个牙都叫老牙咧。æᴇ˨iɑ˨,nei˥˦pʰɑ˥tou˥˧˧iou˥˧˨tɕʰy˥˧pieʌ˨lie˧pɑ˧?lɑɔ˥˧iɑʌ˨xueiʌ˧tʂə˥˧˧sɿ˥tʂə˥kə˥ei˨……kuæ̃˥˧˨……fæ̃˥˧˨tʂəŋ˥˦sɿ˥li˥˧tʰou˧nei˥tɕi˥˧˧kə˥iɑʌ˨tou˥˧˨tɕiɑɔ˥lɑɔ˥˧iɑʌ˨lie˧.

换牙

（有些人这个成年了还……还长出牙齿的那个那个牙齿叫什么？）黄：不知道了。反正我外爷八十岁……我外爷八十岁上换咧一口牙。puʌ˨tʂɿ˥˧˨tɑɔ˥lə˧.fæ̃˥˧˨tʂəŋ˥ŋuo˥˧vei˥ieʌ˨pɑ˥˧ʂɿʌ˨suei……ŋuo˥˧vei˥ieʌ˨pɑ˥˧ʂɿʌ˨suei˥ʂɑŋ˥xuæ̃˥lie˧i˥˧˨kʰou˥˧iɑʌ˨.（八十岁上？）啊。ŋɑ˥.（有些十几岁二十岁的都还长牙齿的。）那是正常，那叫换牙咧。nə˥˦sɿ˥˨tʂəŋ˥tʂʰɑŋʌ,nei˥˦tɕiɑɔ˥xuæ̃˥iɑʌ˨lie˧.（不。换牙是几岁的时候换牙嘛。）呃，十二岁上必须换一次。十二岁换牙。岁……几岁上掉牙那就把那奶牙脱落了。əʌ,ʂɿʌ˨ər˥˦suei˥˦ʂɑŋ˥˨pi˥˧ɕy˥˧˨xuæ̃˥i˥˧˧tsʰɿ˥.ʂɿʌ˨ər˥˦suei˥xuæ̃˥iɑʌ˨.suei˥……tɕi˥˧suei˥ʂɑŋ˥tiɑɔ˥iɑʌnei˥tsou˥pɑ˥˧˨næᴇ˥˧iɑʌtʰuo˥˧˨luo˥˧lə˧.ʂɿʌ˨ər˥˦suei˥˦ʂɑŋ˥˨xuæ̃˥iɑʌ,ʂɿʌ˨ər˥˦suei˥˦ʂɑŋ˥˨xuæ̃˥lə˧iɑʌ tɕiou˥tsæᴇ˥puʌ˧kʰə˥˧˨nəŋʌtsæᴇ˥xuæ̃˥˦iɑʌ˨lə˧.（噢，那还有一……这一般就是长那么这一颗，那个智……智齿啊。）噢，智齿是牙上头再长牙。ɑɔ˨,tsɿ˥˦tsʰɿ˥˧˨sɿ˥˨iɑʌʂɑŋ˥˦tʰou˧tsæᴇ˥tʂɑŋ˥˧˧iɑʌ.（那不是。）反正我外爷在八十岁上……八十岁以前他牙都好好儿的，但是八十岁从那……有那几天以后就牙疼，痒的没相，才开始咬咧，最后就疼咧。疼这个慢慢就掉开来了。最后是□是掉一个长一个，掉一个长一个，最后全嘴牙都全部换完了。fæ̃˥˧˨tʂəŋ˥ŋuo˥˧˧vei˥ieʌ˧tsæᴇ˥pɑ˥˧ʂɿʌ˨suei˥ʂɑŋ˥……pɑ˥˧ʂɿʌ˨suei˥i˥˧˧tɕʰiæ̃ʌtʰɑ˥˧˧iɑʌtou˥˧˧xɑɔ˥˧˧xɑɔr˥˧˧ti˧,tæ̃˥sɿ˥pɑ˥˧ʂɿʌ˨suei˥tsʰuoŋʌ˨nei˥……iou˥˧˧nei˥tɕi˥˧˧tʰiæ̃˥˧i˥˧˨xou˥˦tɕiou˥˨iɑʌtʰəŋʌ,iɑŋ˥˧ti˧muo˥˧˨ɕiɑŋ˥,tsʰæᴇʌkʰæᴇ˥˧˧sɿ˥˧˧niɑɔ˥˧lie˧,tsuei˥xou˥tɕiou˥tʰəŋʌlie˧.tʰəŋʌtʂə˥kə˥mæ̃˥mæ̃˥tɕiou˥tiɑɔ˥kʰæᴇ˥˧˧læᴇʌ˨lə˧.tsuei˥xou˥sɿ˥niæ̃ʌ˦sɿ˥˨tiɑɔ˥˦i˥˧˨kə˥˨tʂɑŋ˥˧i˥˧˨kə˥˨,tiɑɔ˥i˥˧˨kə˥tʂɑŋ˥˧i˥˧˨kə˥˨,tsuei˥xou˥tɕʰyæ̃ʌ˨tsuei˥˧iɑʌtou˥˧˧tɕʰyæ̃ʌ˨pu˥xuæ̃˥væ̃ʌ˨lə˥.

牙床子

黄：这个整个儿这个这这里这一转圈叫牙床。tʂə˥kə˥tʂəŋ˥˧˨kər˥˦tʂə˥kə˥tʂə˥tʂə˥li˥˧˨tʂə˥i˥˧˨tʂuæ̃˥˦tɕʰyæ̃˥˧˨tɕiɑɔ˥iɑʌtʂʰuɑŋʌ˧.（那个整个牙床了，叫牙床子是吧？）噢，叫牙床子，嗯。ɑɔ˨,tɕiɑɔ˥iɑʌtʂʰuɑŋʌ˨tsɿ˧,ə̃˨.

牙茬骨

黄：牙茬骨那是指这一带，说牙茬骨么。iɑʌ˨tsʰɑʌ˦ku˥˧˨næᴇ˥sɿ˥tsɿ˥˧˧tʂei˥˦i˥˧˨tæᴇ˥,ʂuo˥˧˧iɑʌ˨tsʰɑ˥˧˨ku˥˧˨muo˧.（噢，这个……）这个到套这个弯弯儿这个地方这就牙茬骨么。tʂə˥˨kə˥˨tɑɔ˥tʰɑɔ˥tʂə˥kə˥væ̃˥˧vær˥˧˨tʂə˥˨kə˥˦ti˥fɑŋ˥˧˧tʂei˥˦tɕiou˥iɑʌ˨tsʰɑʌ˧ku˥˧˨muo˧.（噢，下巴套住这个……）啊，上……上边的那个叫牙茬骨么。ɑ̃˥,ʂɑŋ˥……ʂɑŋ˥˦piæ̃˥˧˨ti˧nei˥kə˥tɕiɑɔ˥iɑʌ˨tsʰɑʌ˦ku˥˧˨muo˧.

牙挎子

（[做嘬牙花子的动作]这叫什么？吃完了饭。）黄：嗽牙挎子咧么把那。souꜜiaʎʎkʰua˥ʎtsɿ·liem·paꜜʎnə˥ʎ.王：嗯。ŋ̍ʎ.黄：嗽。souꜜ.王：嗽牙上有东西兀嗽。souꜜʎiaʎʎʂaŋ˥iouꜜʎtuoŋꜜɕi·væᴇ˥ʎsouꜜʎ.黄：嗯。ŋ̍ʎ.（sou什么？）黄：嗽牙挎子咧嘛哼。souꜜiaʎʎkʰua˥ʎtsɿ·lie·ma·xəŋ·.（sou牙挎子？）黄：啊哈。ɑ˥xɑ˥.（“挎子”什么东西？）黄：挎么。就是牙，牙腮帮。kʰua˥muo·.tsou˥ʎsɿ˥ʎiaʎ,iaʎsæᴇꜜpaŋꜜʎ.王：嗯，这儿人把那叫牙……牙挎子么。ŋ̍ʎ,tʂər˥ʐəŋʎpaꜜʎnæᴇ˥tɕiaɔ˥iaʎ……iaʎʎkʰua˥ʎtsɿ·muo·.黄：叫，这里的土话就叫牙挎子这里。这实际上得……普通话叫腮帮嘛，这是叫牙挎子么。tɕiaɔ˥,tʂə˥liꜜti·tʰuꜜxua˥tɕiou˥tɕiaɔ˥iaʎʎkʰua˥ʎtsɿ·tʂə˥ʎliꜜ.tʂə˥ʂɿʎtɕi˥ʂaŋ˥tei……pʰuꜜtʰuoŋꜜʎxua˥tɕiaɔ˥sæᴇꜜpaŋꜜʎma·,tʂə˥ʎsɿ˥tɕiaɔ˥iaʎʎkʰua˥ʎtsɿ·muo·.

粉瘤儿

黄：我们把那叫粉瘤儿咧。圆圆个蛋蛋，有些在耳朵背后这儿长着咧。ŋuoꜜmən·paꜜʎnæᴇ˥tɕiaɔ˥fəŋꜜliourʎlie·.yæʎyæʎkə˥tæ̃˥tæ̃˥,iouꜜɕieꜜʎtsæᴇ˥ərꜜtuo·pei˥xou˥tʂər˥tʂaŋꜜtʂə·lie·.（红的？）红的。xuoŋʎti·.（有黑的吗？）也有黑的。头里是红的，最后慢慢就变成黑的了嘛。ieꜜiouꜜʎxeiꜜti·.tʰouʎʎli·sɿ˥xuoŋʎti·,tsuei˥xou˥mæ̃˥mæ̃˥tsou˥piæ̃˥tʂʰəŋʎxeiꜜti·lə·ma·.

黡痣

1. 黄：黡痣是这脸上……指这个脸上这个肉里头……这是皮肤里头长下那个黑点点叫黡痣么。iæ̃ꜜtsɿ˥ʎsɿ˥tʂei˥liæ̃ꜜʂaŋ˥……tsɿꜜtʂə˥kə˥liæ̃ꜜʂaŋ˥tʂə˥kə˥ʐou˥liꜜtʰou·……tʂə˥sɿ˥pʰiʎfuꜜliꜜtʰou·tʂaŋꜜxa˥nə˥kə˥xeiꜜtiæ̃ꜜtiæ̃ꜜtɕiaɔ˥iæ̃ꜜtsɿ˥muo·.（身上其他地方的呢？）身上其他地方也叫黡痣嘛。ʂəŋꜜʂaŋ˥tɕʰiʎtʰɑꜜti˥faŋꜜieꜜtɕiaɔ˥iæ̃ꜜtsɿ˥ma·.

2.（有疙瘩黡痣这种说……这种说法没有？）黄：那也有么。有些人长下那个黡痣外头露出来，顶……顶顶是黑的么。nei˥iaꜜiouꜜmuo·.iouꜜɕieꜜʐəŋʎtʂaŋꜜxa˥nə˥kə˥iæ̃ꜜtsɿ˥væᴇ˥tʰou·lou˥tʂʰʯꜜlæᴇʎ,tiŋꜜ……tiŋꜜtiŋꜜsɿ˥xeiꜜti·muo·.

吃嘴痣

（下巴上面长的呢？这毛主席那样的。）黄：啊，那晓把那吃痣吗是叫是啥痣反正。ɑʎ,næᴇ˥ɕiaɔꜜpaꜜnæᴇ˥tʂʰʅꜜtsɿ˥ma·sɿ˥tɕiaɔ˥sɿ˥sa˥tsɿ˥fæ̃ꜜtʂəŋ˥.（吃嘴痣还是什么？）嗯，就是个吃嘴痣吗是啥。那看你……那你要长得哪半块咧么？哪瘩长……有个……有的兀是……老毛长得这儿就有……有咧。你长得这面儿可不行。ŋ̍ʎ,tɕiou˥sɿ˥kə˥tʂʰʅꜜtsueiꜜtsɿ˥ma·sɿ˥sa˥.næᴇ˥kʰæ̃˥niꜜ……næᴇ˥niꜜiaɔ˥tʂaŋꜜtə·naꜜpæ̃˥kʰuæᴇꜜlie·muo·?naꜜtaꜜtʂaŋꜜ……iouꜜkə˥……iouꜜti·və˥sɿ˥……laɔꜜmaɔʎtʂaŋꜜtə·tʂər˥tsou˥iouꜜ……iouꜜlie·.niꜜtʂaŋꜜtə˥tʂei˥miær˥kʰəꜜpuʎɕiŋʎ.

记

1.（记跟那个痣有什么不同？）黄：记，那就是脸上这个，它是一片一片的，一片一片的那个。痣，只是一个小点点么你。tɕi˥,nei˥tɕiou˥sɿ˥liæ̃ꜜʂaŋ˥tʂə˥kə˥,tʰɑꜜsɿ˥iꜜpʰiæ̃ꜜiꜜpʰiæ̃ꜜti·,iꜜpʰiæ̃ꜜiꜜpʰiæ̃ꜜti·nə˥kə˥.tsɿ˥,tsɿ˥iꜜkə˥ɕiaɔꜜtiæ̃ꜜtiæ̃ꜜmuo·niꜜ.（这个记有明记暗记的说法吗？）黄：这都一般都有。暗记看着不太那个。你像那些胎记有的整个这半块脸都是紫红颜色的，几乎是黑颜色的那。嗯，有的是黑记，有的是胎……有的胎记是黑的，有的胎记是这个红颜色的。tʂei˥touꜜiꜜpæ̃touꜜiouꜜ.næ̃˥tɕi˥kʰæ̃˥tʂə·puʎtʰæᴇ˥nə˥kə˥.niꜜɕiaŋ˥næᴇ˥ɕieꜜtʰæᴇꜜtɕi˥iouꜜti·tʂəŋꜜkə˥tʂə˥pæ̃˥kʰuæᴇꜜliæ̃ꜜtouꜜsɿ˥tsɿꜜxuoŋʎiæ̃ʎsəꜜti·,tɕiꜜxuꜜsɿ˥x ei˥˧iæ̃˨˩˧sə˥˧˩ti˧næᴇ˥˩.ŋ̍˩,iou˥˧˧ti˧sɿ˥xei˥˧tɕi˥,iou˥˧ti˧sɿ˥tʰæᴇ˥˧˥……iou˥˧ti˧tʰæᴇ˥˧˩tɕi˥sɿ˥xei˥˧ti˩,iou˥˧ti˧tʰæᴇ˥˧˩tɕi˥sɿ˥tʂə˥kə˥xuoŋ˩˧iæ̃˨˩˧sei˥˧ti˩.

2. 张先金：记……欸，叫记，记是长那……长到脸儿上是一种永恒的这叫记。tɕi……ei˩,tɕiɑɔ˥tɕi˥˦,tɕi˥sɿ˥˩tʂɑŋ˥˧nei……tʂɑŋ˥˧tɑɔ˥˩liæ̃r˥˧ʂɑŋ˥˩sɿ˥˩i˥˧˩tʂuoŋ˥˧˧yoŋ˥˧xəŋ˨˩˧ti˧tʂei˥tɕiɑɔ˥tɕi˥.（噢，跟痣一样的？）啊。长一大片儿，兀叫记。ɑ˩.tʂɑŋ˥˧i˥˧˩tɑ˥pʰiæ̃r˥˧,vei˥˦tɕiɑɔ˥˩tɕi˥.（记和痣有区别吗？）有区别么。痣是一小块儿，记是一大片。iou˥˧tɕʰy˥˧˩pie˨˩˧muo˩.tsɿ˥sɿ˥i˥˧˩ɕiɑɔ˥˧˧kʰuər˥˧,tɕi˥sɿ˥i˥˧˩tɑ˥pʰiæ̃˥˧.（那像毛主席这里这样的呢？）嗯，痣。əŋ˥,tsɿ˥.（那叫痣？）啊。ɑ̃˩.

筋、血管儿

（这样的一根一根暴起来的？）黄：暴起来的就是筋。pɑɔ˥tɕʰi˥˧læᴇ˨˩˧ti˧tɕiou˥˩sɿ˥˩tɕiŋ˥˧.（有时候血管儿也暴起来。）那倒就不一样么你。næᴇ˥˦tɑɔ˥˦tɕiou˥˩pu˨˩˧i˥˧˩iɑŋ˥muo˧ni˥˧˩.（有时候你看着这这这这这根这这都暴起来……）那是血管儿了。那倒不一样么。血管儿你摸上是软的，筋摸上是硬的么呢。næᴇ˥˦sɿ˥˩ɕie˥˧˩kuæ̃r˥˧lə˩.nei˥˦tɑɔ˥˦pu˩i˥˧˩iɑŋ˥muo˩.ɕie˥˧˩kuæ̃r˥˧ni˥˧˧muo˥˧ʂɑŋ˥˩sɿ˥˩ʐuæ̃˥˧ti˧,tɕiŋ˥˧muo˥˧ʂɑŋ˥˩sɿ˥˩niŋ˥˦ti˧muo˧ni˥˧˩.（那个老百姓他分开吗？）那都分的开开儿的。næᴇ˥˦tou˥˧˩fəŋ˥˧ti˧kʰæᴇ˥˧kʰər˥˧˩ti˩.

肚子

黄：肚子是这……是这一部分么，叫肚子么。是指表面这是这一整块儿叫那个肚子么。肚子那是盛……盛东西的这一部分叫……tu˥˦tsɿ˧sɿ˥tʂə……sɿ˥˩tʂei˥˦i˥˧˩pʰu˥˦fəŋ˥˩muo˩,tɕiɑɔ˥tu˥˦tsɿ˧muo˩.sɿ˥tsɿ˥˧˧piɑɔ˥˧miæ̃˥tʂə˥sɿ˥tʂei˥i˥˧˩tʂəŋ˥˧kʰuər˥˧tɕiɑɔ˥nə˥kə˥tu˥tsɿ˧muo˩.tu˥˧tsɿ˧nə˥˩sɿ˥˩tʂʰəŋ˩˧……tʂʰəŋ˨˩˧tuoŋ˥˧ɕi˧ti˧tʂei˥i˥˧˩pʰu˥fəŋ˥tɕiɑɔ˥……（胃？）啊，胃么，啊，胃叫肚子……肚子么。ɑ˩,vei˥muo˩,ɑ˩,vei˥tɕiɑɔ˥˩tu˥tsɿ˥……tu˥˧tsɿ˧muo˩.

下身子

（下半身，能不能讲下身子？）黄：有些，过去听得有些女的把她那个地方叫下身子咧。“下身子不好”，是指那个地方叫下身子。iou˥˧ɕie˥˧˩,kuo˥˦tɕʰy˥tʰiŋ˥˧tə˧iou˥˧ɕie˥˧˩ny˥˧ti˧pɑ˥˧˩tʰɑ˥˧˧nə˥kə˥ti˥˦fɑŋ˥˧˩tɕiɑɔ˥ɕiɑ˥ʂəŋ˥˧˩tsɿ˧lie˩.ɕiɑ˥ʂəŋ˥˧tsɿ˧pu˨˩˧xɑɔ˥˧,sɿ˥˩tsɿ˥˧˧nə˥kə˥˦ti˥˩fɑŋ˥˧˩tɕiɑɔ˥ɕiɑ˥ʂəŋ˥˧˩tsɿ˩.（那男人呢？）男人也叫下身子。含蓄一点的说就是那么个。næ̃˨˩˧zəŋ˩˧ie˥˧tɕiɑɔ˥˩ɕiɑ˥ʂəŋ˥˧˧tsɿ˩.xæ̃˩˧ɕy˥˧i˥˧˧tiæ̃˥˧˧ti˧ʂuo˥˧tɕiou˥˩sɿ˥˩nə˥˦muo˧kə˥˩.

通天柱

黄：这儿这，从这儿这到这儿这一直连的叫通天柱。tʂər˥˦tʂə˥,tsʰuoŋ˨˩˧tʂər˥tʂə˥tɑɔ˥tʂər˥tʂə˥i˥˧˩tʂʰʅ˩˧liæ̃˨˩˧ti˧tɕiɑɔ˥tʰuoŋ˥˧˩tʰiæ̃˥˧˩tʂʯ˥.（就从……从胡……胡子……）长下的这个，一直到喉结这么下来。tʂɑŋ˥˧xɑ˥ti˧tʂə˥kə˥,i˥˧˩tʂʰʅ˩˧tɑɔ˥xou˩˧tɕie˥˧˩tʂə˥muo˧xɑ˥læᴇ˩˧.（一直到……一直到下身的？）噢，下身都连着咧。ɑɔ˩,ɕiɑ˥˦ʂəŋ˥˧tou˥˧˧liæ̃˩˧tʂə˧lie˩.（这个连着，都是长了毛的？）啊。长那么一溜子叫通天柱。ɑ˩.tʂɑŋ˥˧˧nə˥muo˧i˥˧˩liou˥tsɿ˧tɕiɑɔ˥tʰuoŋ˥˧tʰiæ̃˥˧˩tʂʯ˥.（有这样的人吗？）哎，多的四下给给。æᴇ˩˧,tuo˥˧ti˧sɿ˥˦xɑ˨˩˧kei˥˦kei˥˩.

大舅

（那个大脚趾还有别的叫法没有？）黄：没有。mei˨˩˧iou˥˧˧.（叫不叫大舅？）哎呀，那有些时候那就和娃娃说开了就是这是你大舅，你二舅，能说法咧。有这个……æᴇ˥iɑ˥,næᴇ˥iou˥˧ɕie˥˧˩sɿ˨˩˧xou˥næᴇ˥tsou˥xuo˨˩˧vɑ˨˩˧vɑ˩˧ʂuo˥˧kʰæᴇ˥˧lə˧tsou˥˩sɿ˥˩tʂə˥sɿ˥ni˥˧˩tɑ˥tɕiou˥,ni˥˧˩ər˥tɕiou˥,nəŋ˨˩˧ʂuo˥˧fɑ˥˧˩lie˩.iou˥˧tʂə˥kə˥……（有三舅、四……四舅吗？）呃，那有这个说法咧，

那就是咧。ə˩˨,næᴇ˧iou˥˧tʂə˧kə˧ʂuo˥˧fɑ˥˨˩lie˨,næᴇ˧tɕiou˧sɿ˧˨˩lie˨.（那那小的那个呢？）那就太没有说。næᴇ˧˦˥tsou˧˨˩tʰæᴇ˧mei˨˩˨iou˥˧˦ʂuo˥˧.（叫不叫碎舅舅？）没有。只是一般来就说是这个指这个大拇脚……脚丫子说是这是你大舅如何长短。mei˨˩˨iou˥˨˩.tsɿ˥˨˩sɿ˧˦˥i˥˨˩pæ̃˥˧læᴇ˨˩˦tsou˧ʂuo˥˧˦sɿ˧tʂə˧˨˩kə˧˨˩tsɿ˥˧tʂə˧kə˧tɑ˧mu˥˧tɕiɑɔ˥˨˩……tɕiɑɔ˥˦iɑ˥˧˦tsɿ˨ʂuo˥˨˩sɿ˧˨˩tʂə˧sɿ˧ni˥˨˩tɑ˧tɕiou˧ʐʮ˨˩˨xuo˨˩˦tʂʰɑŋ˨˦tuæ̃˥˨˩.（有二舅的这个说法吗？）没有。mei˨˩˨iou˥˨˩.（没有啊。就就只……一般就就提……只提到大舅啊？）嗯。ŋ̇˩˨.

垢圿

（这个指甲缝里头比如说有些那个什么东西。[做剔指甲状]你这个叫什么？用个什么，或者用个什么牙签儿或者……）王：叫挖。tɕiɑɔ˧˨˩vɑ˥˧.黄：挖指甲。vɑ˥˧tsɿ˥˧tɕiɑ˥˨˩.（把这个东西剔掉了你叫挖指甲吗？）王：挖就挖兀指甲缝里那垢圿。叫挖么。vɑ˥˧tɕiou˧vɑ˥˧væᴇ˧tsɿ˥˧tɕiɑ˥˨˩fəŋ˧li˥˧˦næᴇ˧kou˥˧tɕiɑ˥˨˩.tɕiɑɔ˧vɑ˥˧muo˨.（那里头，指甲缝里头这这这个脏脏的东西叫什么？或者是……）王：垢圿。我们叫垢圿咧。kou˥˧tɕiɑ˥˨˩.ŋuo˥˧məŋ˨tɕiɑɔ˧kou˥˧tɕiɑ˥˨˩lie˨.（身上这个？）黄：搓下也叫垢圿。tsʰuo˥˧xɑ˧˨˩ie˥˧tɕiɑɔ˧˨˩kou˥˧tɕiɑ˥˨˩.王：这，这也叫垢圿。tʂei˧,tʂei˧ie˥˧tɕiɑɔ˧kou˥˧tɕiɑ˥˨˩.

一三、医疗

疾患 / 治疗

（一）疾患

不舒服、不美气

1.（你们说这个人呐不舒服是有病了还是害病了？）黄：不舒服，身体不舒服，那就是可能有病。pu˨˦˩ʂʮ˥˧fu˨˦˩,ʂəŋ˥˧˩tʰi˥˧pu˨˦˩ʂʮ˥˧fu˨˦˩,næᴇ˥˩tɕiou˥sɿ˥kʰə˥˧˧nəŋ˨˦˧iou˥˧˩piŋ˥.（像那个冯老师那样儿的呢？）他就不叫不舒服了。不舒服就不是他那个症状了。那他就叫有……他就是这儿别都大病缠身咧他是。tʰɑ˥˧tɕiou˥pu˨˦˩tɕiɑɔ˥pu˨˦˩ʂʮ˥˧fu˨˦˩lə·˨.pu˨˦˩ʂʮ˥˧fu˨˦˩tsou˥pu˨˦˩sɿ˥tʰɑ˥˧nə˥˩kə˥˩tʂəŋ˥tʂuɑŋ˥lə˨.næᴇ˥tʰɑ˥˧tɕiou˥tɕiɑɔ˥iou˥˧˧……tʰɑ˥˧tɕiou˥sɿ˥tʂər˥pie˨˦˧tou˥˧˩tɑ˥piŋ˥tʂʰæ̃˨˦ʂəŋ˥˧lie·˨tʰɑ˥˧sɿ˥˩.

2.（那不说我这身上不大舒服，你说还是太不舒服还是不太舒服？）黄：我身上不舒服。vuo˥˧ʂəŋ˥˧ʂɑŋ˥˩pu˨˦˧ʂʮ˥˧fu˨˦˩.（讲不讲太不舒服？）兀他不……这个不如啊。我难……兀浑身难受的。væᴇ˥˦tʰɑ˥˧˩p……tʂə˥˦kə˥˦pu˨˦˩ʐʮ˨˦˩ɑ·˨.vuo˥˧˩næ̃˨˦˩……væᴇ˥˦xuoŋ˨˦ʂəŋ˥˧næ̃˨˦˩ʂou˥ti·˨.（噢，那是很很不很不舒服了？）嗯。ə̃˩.（那稍有点儿不舒服呢？）困的呀。或者是这个今儿……今儿咋是个不美气的。kʰuoŋ˥ti·˨liɑ˩.xuei˨˦˧tʂə˥˧˩sɿ˥tʂə˥kə˥tɕʰiə̃r˥˧……tɕiə̃r˥˧tsɑ˥˧˩ʂɿ˥˦kə˥˩pu˨˦mei˥˧tɕʰi˥ti·˨.

难过

（难过呢？有说难过的吗？）王：说难过咧。ʂuo˥˧næ̃˨˦˩kuo˥lie·˨.（难过？）王：今天，啊，今天我，不舒服的是让我难过咧。tɕiŋ˥˧tʰiæ̃˥˧˩,ɑ˩,tɕiŋ˥˧tʰiæ̃˥˧˩ŋuo˥˧,pu˨˦˩ʂʮ˥˧fu·˨ti·˨sɿ˥ʐɑŋ˥ŋuo˥˧˧næ̃˨˦˩kuo˥lie·˨.（就说我今天，哎呀，是……）王：难过。næ̃˨˦˩kuo˥.（不行我今天难过，不能……）王：嗯。ə̃˩.（不能工作了？）王：嗯。ə̃˩.（有说心疼的吗？）王：没有。mei˨˦˧iou˥˧˧.（说疼？）王：疼说咧。浑身疼。tʰəŋ˨˦ʂuo˥˧˩lie·˨.xuoŋ˨˦ʂəŋ˥˧tʰəŋ˨˦.（说难受不说？）王：说哩，难受也说，说我今天啊难受的。难受，难过。ʂuo˥˧li·˨,næ̃˨˦˩ʂou˥˦æ˥˧˩ʂuo˥˧˩.ʂuo˥˧˩ŋuo˥˧˧tɕiŋ˥˧tʰiæ̃˥˧˩æ·˨næ̃˨˦˩ʂou˥˦ti·˨.næ̃˨˦ʂou˥,næ̃˨˦kuo˥.（说心上今天不……不大好受，可以这么说吗？）王：嗯，不太……不太好受。ŋ̍˩,pu˨˦˩tʰə……pu˨˦˩tʰæᴇ˥˦xɑɔ˥˧ʂou˥.（不好受呢？）王：啊，也说不好受。ɑ̃˩,ie˥˧ʂuo˥˧˩pu˨˦˩xɑɔ˥˧ʂou˥.（这种难过啊，有很多种。头这个，晕晕乎乎你们叫什么？）王：那我叫头闷得很。头晕脑胀。nə˥ŋuo˥˧˧tɕiɑɔ˥tʰou˨˦məŋ˥tə·˨xəŋ˥˧˩.tʰou˨˦yoŋ˥nɑɔ˥˧˩tʂɑŋ˥˦.（头闷？）王：嗯，头闷。ŋ̍˩,tʰou˨˦məŋ˥.（胸口这里呢？）王：胸口这里这这……ɕyoŋ˥˧˩kʰou˥˧tʂə˥li˥˧˩tʂə˥tʂə……（憋得很厉害。像有什么东西压在上面一样。这种难过叫什么？）王：这地方难过呃一般叫啥，叫，闷得很啊。tʂei˥˦ti˥fɑŋ˥˧˩næ̃˨˦˩kuo˥ə·˨li˥˧˧pæ̃˥˧˩tɕiɑɔ˥sɑ˥,tɕiɑɔ˥,məŋ˥tə·˨xəŋ˥˧˩ɑ·˨.（是胸闷还是什么呢？）王：胸闷得很。ɕyoŋ˥˧˩məŋ˥tə·˨xəŋ˥˧˩.黄：胸闷。ɕyoŋ˥˧məŋ˥.（就是老人家一般管这种，这叫什么？）黄：老人家……lɑɔ˥˧ʐəŋ˨˦˩tɕiɑ˥˧˩……王：老人就叫心疼啊？

laɔ˥zəŋ˩˨tɕiou˧tɕiaɔ˧ɕiŋ˥˨tʰəŋ˩˦˧?黄：嗯，他还……这他可不疼，老人家一般都是，他就是胀得胀的难过咧那个样子。ŋ̍˨,tʰa˥xa˩˨……tʂə˧tʰa˥kʰə˥pu˩˨tʰəŋ˩,laɔ˥zəŋ˩˨tɕia˥i˥˨pæ̃˥˨tou˥˨sɿ˧,tʰa˥˨tsou˧sɿ˧tʂaŋ˧˦tə˧tʂaŋ˧ti˧næ̃˩˨kuo˧lie˧nei˧˨kə˧˨iaŋ˧˦tsɿ˧.（胀？）王：胀，嗯。tʂaŋ˧,ŋ̍˨.黄：嗯，胀。ə̃˨,tʂaŋ˧.（啊，从这里移到这里。）黄：嗯。ŋ̍˨.（这是胃啦。）黄：嗯，胃哟。ə̃˥,vei˧m̩˧.（胃有两种。那种吃饱了饭的，哎呀，肚子疼，就是胃胀气，你们一般管它叫什么呢？）黄：嗯，胃胀气把这个叫……ŋ̍˨,vei˧tʂaŋ˧tɕʰi˧pa˥˨tʂə˧˦kə˧tɕiaɔ˧……（是叫胀气还是叫什么东西？比如说胃胀得很难过。）王：老……老年人把兀叫心口子胀哟。王：laɔ˥˦……laɔ˥niæ̃˩˨zəŋ˩pa˥væᴇ˧tɕiaɔ˧ɕiŋ˥˨kʰou˥tsɿ˧tʂaŋ˧m̩˧.黄：啊，心，心口子胀咧，对着咧。a˧,ɕiŋ˥˨,ɕiŋ˥˨kʰou˥tsɿ˧tʂaŋ˧lie˧,tuei˧tʂə˧lie˧.（心口子胀，是说什么？）王：是……心口子胀。ʂ……ɕiŋ˥˨kʰou˥tsɿ˧tʂaŋ˧.黄：胃胀咧。vei˧tʂaŋ˧lie˧.（胃胀？）黄：嗯。ə̃˨.王：这咱们现在叫胃胀，老年人就叫心口子胀。tʂə˧˨tsa˩mən˧ɕiæ̃˧tsæᴇ˧tɕiaɔ˧vei˧˦tʂaŋ˧,laɔ˥niæ̃˩˨zəŋ˩tɕiou˧˨tɕiaɔ˧ɕiŋ˥˨kʰou˥tsɿ˧tʂaŋ˧˨.（就是这儿，这肚子啊？）黄：啊，啊，肚子。a˨,a˨,tu˧tsɿ˧.（还有一种就是说，可能有了……长期这个吃饭不规律啊，有了胃病了，里头泛酸了，这，里头就是烧得很难受。那种叫什么？）王：过去人口叫心疼哩。kuo˧tɕʰy˧zəŋ˩niæ̃˩˨tɕiaɔ˧ɕiŋ˥tʰəŋ˩˨li˧.黄：嗯，那个还不疼。那个光是胀哩。那种，那种。ŋ̍˨,nə˧˨kə˧˦xa˩˦pu˩˨tʰəŋ˩.nə˧˨kə˧˨kuaŋ˥˦sɿ˧˨tʂaŋ˧˦li˧.nei˧tʂuoŋ˥˨,nei˧tʂuoŋ˥˨.（这种是这个胃酸烧得，烧得这发烧那种。有没有什么是抓挠或者是抓揿的说法？）黄：没有。muo˥˨iou˥˨.王：没有这种。mei˩˨iou˥˨tʂei˧˦tʂuoŋ˥˨.黄：没有这种。mei˩˦iou˥˦tʂei˧tʂuoŋ˥˨.（那过去这个什么，胃难受你们一般说什么？也不知道这个，这个病是胃病。）黄：那就是，难过哩。næᴇ˧tɕiou˧sɿ˧˨,næ̃˩˨kuo˧li˧.王：那……nei˧……（就胃难受。）王：兀是心口难过的很。və˧sɿ˧ɕiŋ˥˨kʰou˥næ̃˩˨kuo˧˦ti˧xəŋ˥˨.黄：啊，心口子难过得很。a˨,ɕiŋ˥˨kʰou˥tsɿ˧næ̃˩˨kuo˧˦tə˧xəŋ˥˨.（ɕiŋ˨kʰou˥tsɿ˧难过？）王：嗯。ŋ̍˨.黄：嗯。一个就是心口子胀，一个就是心口子难过。ə̃˨.i˥˨kə˧tɕiou˧sɿ˧ɕiŋ˥˨kʰou˥tsɿ˧tʂaŋ˧,i˥˨kə˧˦tɕiou˧˨sɿ˧˨ɕiŋ˥˨kʰou˥tsɿ˧næ̃˩˨kuo˧.

得病了

（这个，这个你这个人生病了一般说什么？）黄：你病了么。ni˥˨piŋ˧ləm˧.（是病了还是生病了还是得病了？）这儿一般情况下是，呃，你得病了。tʂər˧i˥˨pæ̃˥tɕʰiŋ˩˨kʰuaŋ˧˦ɕia˧˨sɿ˧˨,ə˨,ni˥˦tei˥˨piŋ˧˦lə˧.（还是害病了？）啊，你是害病了或者是。a˨,ni˥˨sɿ˧˨xæᴇ˧piŋ˧lə˧xuei˩˨tʂə˥˨sɿ˧˨.（哪种说法说得最多？）这就是你得病了这就是这个。tʂə˧tɕiou˧sɿ˧ni˥˦tei˥˨piŋ˧˦lə˧tʂei˧tɕiou˧sɿ˧tʂə˧kə˧.（说不说害病呢？）黄：害病这个话和是得病这个话都有的。生病这个话还很少说。xæᴇ˧piŋ˧tʂə˧kə˧xua˧xuo˩˨sɿ˧˨tei˥piŋ˧tʂə˧kə˧xua˧tou˥˨iou˥ti˧.səŋ˥˨piŋ˧˦tʂə˧kə˧xua˧xa˩˨xəŋ˥ʂaɔ˥ʂuo˥˨.（哪个话最多呢？）那是得病了这个。nə˧˨sɿ˧˨tei˥˨piŋ˧˦lə˧tʂə˧˨kə˧˨.（得病？）噢，谁谁谁得的啥病。嗯。aɔ˨,sei˩˨sei˩˨sei˩˨tei˥ti˧sa˧piŋ˧.ŋ̍˨.（也说害病吗？）也说害病。ie˥ʂuo˥˨xæᴇ˧piŋ˧˨.（老人家说什么？）老人家那就是，不康健。laɔ˥zəŋ˩˨tɕia˥˦næᴇ˧tɕiou˧sɿ˧,pu˩˨kʰaŋ˥tɕʰiæ̃˧.（不……噢！）不康健。他这个老人家一般得病，一个是不康健，一个就是浑身都不舒服。pu˩˨kʰaŋ˥tɕʰiæ̃˧.tʰa˥˨tʂə˧kə˧laɔ˥zəŋ˩˨tɕia˧i˥˦pæ̃˥˨tei˥˨piŋ˧,i˥˨kə˧˦sɿ˧pu˩˨kʰaŋ˥tɕʰiæ̃˧,i˥kə˧tsou˧sɿ˧xuoŋ˩ʂəŋ˥tou˥˨pu˩˨ʂʮ˥fu˧.（噢，故意……不能说得太那个是吧？）啊，不能说的太那个。他也不说他害……他……一般不说他病了或者啥，那是我，最近不康健得很，啊？再一个就说是他这个浑身都不舒服，就是浑身疼，如何长短。这些话。a˨,pu˩˨nəŋ˩ʂuo˥˨ti˧tʰæᴇ˧nə˧˦kə˧˨.

tʰɑ˥˧ia˥˧˦pu˨˩˦ʂuo˥˧˨tʰɑ˥˧xæᴇ˧……tʰɑ˥˧˦……i˥˧˨pæ̃˥˧pu˨˩˦ʂuo˥˧˨tʰɑ˥˧˦piŋ˧˨lə˧xuei˨˩˨tʂə˥˧˨sɑ˧˨,næᴇ˧˦sɿ˧ŋuo˥˧˦,tsuei˧tɕiŋ˧pu˨˩˨kʰɑŋ˥˧tɕʰiæ̃˧tə˧xəŋ˥˧˦,ɑ˧?tsæᴇ˧i˥˧˦kə˧tɕiou˧ʂuo˥˧˨sɿ˧˨tʰɑ˥˧˨tʂə˧˨kə˧˨xuoŋ˨˩ʂəŋ˥˧tou˥˧˨pu˨˩˨ʂʮ˥˧fu˧,tɕiou˧˨sɿ˧˨xuoŋ˨˩ʂəŋ˥˧tʰəŋ˨˩,zʮ˨˩˨xuo˨˩˨tʂʰɑŋ˨˩˨tuæ̃˥˧˨.tʂə˧˨ɕie˥˧xuɑ˧˨.

变狗咧

（小孩有病，说不说他不乖？）黄：哎，那说咧。娃不乖得很。这是一个，再……好像没有啥说法。æᴇ˨˩,nei˧˦ʂuo˥˧lie˧.vɑ˨˩pu˨˩˦kuæᴇ˥˧tei˥˧˨xəŋ˥˧˨.tʂə˧˦sɿ˧˨i˥˧˨kə˧˨,tsæᴇ˧˦……xɑɔ˥˧ɕiɑŋ˧mei˨˩iou˥˧sɑ˧ʂuo˥˧fɑ˥˧˨.（老人家你要……你要说他怎么办？）老人那还就说是不康健得很。lɑɔ˥˧zəŋ˨˩˨nei˧xɑ˨˩˨tsou˧ʂuo˥˧sɿ˧˨pu˨˩kʰɑŋ˥˧tɕʰiæ̃˧˨tei˥˧˨xəŋ˥˧˨.（说不说小孩是变狗嘞？）这么说咧么。这也是隐讳的说法。变狗儿咧。tʂə˧muo˧ʂuo˥˧lie˧muo˧.tʂə˧˦ɑ˥˧˦sɿ˧iŋ˥˧xuei˧ti˧ʂuo˥˧fɑ˥˧˨.piæ̃˧kour˥˧lie˧.（说不说不囊在？）有这个话咧。不囊在么。不囊在也是不舒服的意思。iou˥˧tʂə˧˨kə˧˨xuɑ˧lie˧.pu˨˩˨nɑŋ˨˩˦tsæᴇ˧˨muo˧.pu˨˩˨nɑŋ˨˩˦tsæᴇ˧iɑ˥˧˦sɿ˧pu˨˩ʂʮ˥˧fu˨˩˨tə˧i˧˦sɿ˧.（欸，那大人说不说不囊……不囊或者不囊将？）这个不囊在都是大人，说大人咧，不是说小孩儿的。不乖得很、变狗咧，这都是说小孩儿咧。tʂə˧kə˧pu˨˩˨nɑŋ˨˩˦tsæᴇ˧˨tou˥˧˦sɿ˧tɑ˧˨zəŋ˨˩˨,ʂuo˥˧˨tɑ˧˨zəŋ˨˩˦lie˧,pu˨˩˨sɿ˧˦ʂuo˥˧˨ɕiɑɔ˥˧xər˨˩˨ti˧.pu˨˩˨kuæᴇ˥˧tei˥˧˦xəŋ˥˧˦,piæ̃˧˨kou˥˧lie˧,tʂei˧tou˥˧˨sɿ˧˨ʂuo˥˧˨ɕiɑɔ˥˧xər˨˩lie˧.

浪稀、拉肚子、拉扫帚

1.（哎呀，有时候这个油腻的东西吃得多了，然后就……）黄：拉稀咧。lɑ˥˧˨ɕi˥˧lie˧.（讲这个吃滑肠了吗？）有讲吃滑肠这个说法咧。滑肠了。吃的浪……吃的浪稀咧。iou˥˧tɕiɑŋ˥˧˦tʂʰʅ˥˧xuɑ˨˩tʂʰɑŋ˨˩˦tʂə˧kə˧ʂuo˥˧fɑ˥˧˨lie˧.xuɑ˨˩tʂʰɑŋ˨˩˦lə˧.tʂʰʅ˥˧˨ti˧lɑŋ˧……tʂʰʅ˥˧ti˧lɑŋ˧ɕi˥˧lie˧.（lɑŋ˧ɕi˥˧就是拉稀是吧？）啊。ɑ˨˩.（lɑŋ˨˩？）浪，往出它。lɑŋ˧,vɑŋ˥˧˨tʂʰʮ˥˧˦tʰɑ˥˧.（lɑŋ˧还是lɑŋ˨˩？）浪，浪稀咧。lɑŋ˧,lɑŋ˧ɕi˥˧˨lie˧.（哪个字啊？）你，同音字只能是个大浪的浪。ni˥˧˦,tʰuoŋ˨˩iŋ˥˧˨tsɿ˧˦tsɿ˥˧˦nəŋ˨˩˦sɿ˧kə˧tɑ˧lɑŋ˧ti˧lɑŋ˧.（吃滑食是吧？）吃的滑肠了。tʂʰʅ˥˧ti˧xuɑ˨˩˨tʂʰɑŋ˨˩˦lə˧.（吃得浪稀了还是吃浪稀了？）噢，吃的浪稀了么。ɑɔ˨˩,tʂʰʅ˥˧ti˧lɑŋ˧ɕi˥˧lə˧muo˧.

2.（拉稀叫不叫溏？拉肚子。）王：我们这儿叫跑肚子咧。ŋuo˥˧məŋ˧tʂər˧tɕiɑɔ˧pʰɑɔ˥˧tu˧tsɿ˧lie˧.（没有叫溏稀的说法？）没有。有叫浪稀咧。mei˨˩iou˥˧˨.iou˥˧˨tɕiɑɔ˧˨lɑŋ˧˦ɕi˥˧lie˧.（浪稀是什么东西？）就说是你这屁股后头一个人稀屎冒咧就叫浪稀。tɕiou˧˨ʂuo˥˧˨sɿ˧˨ni˥˧˦tʂə˧pʰi˧˨ku˥˧xou˧tʰou˧i˥˧kə˧zəŋ˨˩˦ɕi˥˧˨sɿ˥˧mɑɔ˧lie˧tɕiou˧˨tɕiɑɔ˧˨lɑŋ˧˦ɕi˥˧˨.（屁股后头什么？）稀屎冒咧该就叫浪稀咧我们这儿。ɕi˥˧˨sɿ˥˧mɑɔ˧lie˧kæᴇ˥˧˨tsou˧˨tɕiɑɔ˧˨lɑŋ˧ɕi˥˧lie˧ŋuo˥˧˨məŋ˧tʂər˧˨.（稀屎……稀屎mɑɔ˧?）啊。ɑ˨˩.（mɑɔ˧是什么东西？）冒就是望出冒咧么。mɑɔ˧˨tɕiou˧˨sɿ˧˨vɑŋ˧˨tʂʰʮ˥˧˨mɑɔ˧˨lie˧muo˧.

3. 冯：泻肚子，这一般本地人太不叫这个话。拉肚子咧。拉肚子，叫拉肚子。ɕie˧tu˧tsɿ˧,tʂə˧˦i˥˧˨pæ̃˥˧pəŋ˥˧ti˧zəŋ˨˩˦tʰæᴇ˧pu˨˩˨tɕiɑɔ˧tʂə˧kə˧˨xuɑ˧.lɑ˥˧˦tu˧tsɿ˧lie˧.lɑ˥˧˨tu˧tsɿ˧,tɕiɑɔ˧lɑ˥˧tu˧tsɿ˧.

4.（大人呢？）黄：大的叫拉稀咧。再土的话就叫拉扫帚咧。tɑ˧ti˧tɕiɑɔ˧lɑ˥˧˨ɕi˥˧lie˧.tsæᴇ˧tʰu˥˧ti˧xuɑ˧˨tɕiou˧˨tɕiɑɔ˧˨lɑ˥˧˨sɑɔ˧tʂʮ˥˧˦lie˧.（扫帚？）啊。ɑ˨˩.（扫地的？）噢，那你要真正欸拉肚子的话他裤子一抹，那家伙一拉一溜子你。欸一下，就是一溜子出去咧，还飙出去了，拉扫帚咧。ɑɔ˨˩,næᴇ˧ni˥˧˦iɑɔ˧tʂəŋ˥˧˨tʂəŋ˧ei˨˩lɑ˥˧˨tu˧˨tsɿ˧ti˧xuɑ˧tʰɑ˥˧˦kʰu˧tsɿ˧i˥˧˨mɑ˥˧,næᴇ˧tɕiɑ˥˧xuo˧i˥˧˨lɑ˥˧i˥˧˨liou˧tsɿ˧ni˥˧˨.tʂʰuɑ˥˧i˥˧˨xɑ˧˨,tɕiou˧˨sɿ˧˨i˥˧˨liou˧tsɿ˧tʂʰʮ˥˧tɕʰi˧˦lie˧,xæᴇ˨˩˦piɑɔ˥˧˨tʂʰʮ˥˧tɕʰi˧˦lə˧,lɑ˥˧˨sɑɔ˧tʂʮ˥˧˦lie˧.（扫帚哇？）啊哈，拉扫帚咧。ɑ˧xɑ˧,lɑ˥˧˨sɑɔ˧tʂʮ˥˧˦lie˧.

连吐带把

（说不说连吐带把？）黄：哎也说咧嘛。说娃娃只能的。说……这个是说娃娃说连吐带把咧。说大人就不说连吐带把了。大人都成了连吐带拉咧。æᴇ˥ia˥˩ʂuo˥lie˩ma˥. ʂuo˥˩va˧˩va˧˥tsɿ˥˩nəŋ˧˥tə˩.ʂuo˥……tʂə˥kə˥sɿ˥ʂuo˥˩va˧˩va˧˥ʂuo˥˩liæ̃˧˩tʰu˥tæᴇ˥pa˥lie˩.ʂuo˥˩ta˥˩ʐəŋ˧˥tsou˥pu˧˩ʂuo˥˩liæ̃˧˩tʰu˥tæᴇ˥pa˥lə˩.ta˥ʐəŋ˥tou˥˦tʂʰəŋ˧˩liæ̃˧˩tʰu˥˦tæᴇ˥la˥lie˩.

打摆子

（又发烧，有时候又打这个冷战？）黄：打摆子咧嘛。ta˥pæᴇ˥tsɿ˩lie˩ma˩.（它不是得疟疾呀，你发烧的时候有时候打冷战，也有这种情况。）那是热冷不均，那就把……我们这儿就把这个打摆子。nə˥sɿ˥ʐə˥˩ləŋ˥pu˧˥tɕyoŋ˥,nə˥tɕiou˥pa˥˩……ŋuo˥məŋ˩tʂər˥tɕiou˥pa˥˩tʂə˥kə˥ta˥pæᴇ˥tsɿ˩.

垫住咧

黄：娃娃叫积食咧，大人叫垫住咧，娃娃也叫垫住咧。va˧˩va˧˥tɕiao˥tɕi˥ʂɿ˧˩lie˩,ta˥ʐəŋ˧˩tɕiao˥tiæ̃˥tʂʯ˥lie˩,va˧˩va˧˥ie˥˩tɕiao˥tiæ̃˥˦tʂʰʯ˥˩lie˩.（用什么办法？娃娃怎么解决它呢？是不是带……带到大夫那儿去看看？）啊。ã˩.（那干什么？）给你弄点二丑，弄点鸡化食胆，你熬的一喝它噢。kei˥ni˥˦nuoŋ˥˦tiæ̃˥˩ər˥tʂʰou˥,nuoŋ˥tiæ̃˥˩tɕi˥˩xua˥ʂɿ˧˥tæ̃˥˦,ni˥˦ŋao˧˩ti˩i˥˩xuo˥tʰao˩.（弄点什么？）二丑。ər˥tʂʰou˥.（二丑是什么玩意儿？）喇叭花儿的籽儿就叫个二丑。la˥pa˩xuar˥ti˩tsər˥tɕiou˥tɕiao˥kə˥ər˥tʂʰou˥˩.（噢，喇叭花的籽？）啊，叫二丑。a˩,tɕiao˥˩ər˥tʂʰou˥.（啊，再弄点儿什么呢？）鸡化食胆儿嘛。tɕi˥˩xua˥ʂɿ˧˥tæ̃r˥ma˩.（鸡化食胆儿是什么东西？）鸡肫子里头那一层子包住屎的那一层子皮皮，就叫化食胆儿么。tɕi˥˩tʂəŋ˥tsɿ˩li˥tʰou˩nei˥i˥˩tsʰəŋ˧tsɿ˩pao˥tʂʯ˥˩sɿ˥ti˩nei˥i˥˩tsʰəŋ˧˩tsɿ˩pʰi˧˩pʰi˧˦,tɕiou˥˩tɕiao˥˩xua˥ʂɿ˧˩tæ̃r˥˦muo˩.（他没有什么这个……这个治……除了吃药还有什么治疗的什么手段没有？）那人工的那个就是这个刮痧么，给你那儿揉一揉，刮呀刮痧。nə˥˩ʐəŋ˧kuoŋ˥ti˩nə˥kə˥tɕiou˥sɿ˥tʂə˥˩kə˥˩kua˥˩sa˥muo˩,kei˥ni˥nar˥˩ʐou˧˥i˥˦ʐou˧˥,kua˥˩ia˩kua˥˩sa˥.（噢。揉哪儿呢？）不就揉胃部么？pu˧˦tɕiou˥ʐou˧˥vei˥pʰu˥˦muo˩?（怎么刮法？）哎呀，晓□拿那么个东西晓咋么个刮的我不知道反正。æᴇ˩ia˩,ɕiao˥niæ̃˧˩na˧nə˥muo˩kə˥tuoŋ˥˩ɕi˩ɕiao˥tsa˥muo˩kə˥kua˥˩tə˩ŋuo˥pu˧˩tʂʅ˥tao˥˩fæ̃˥˩tʂəŋ˥˦.（铜钱？）有铜钱有咧，多一半儿拿银币刮咧。iou˥tʰuoŋ˧tɕʰiæ̃˧˥iou˥˦lie˩,tuo˥i˥˩pæ̃r˥na˧˩iŋ˧pi˥kua˥lie˩.（玉石？玉？）玉和银币。y˥xuo˧˩iŋ˧pi˥.

头木

（头脑发胀你们叫什么？）黄：就叫头脑发胀。tɕiou˥tɕiao˥tʰou˧nao˥˩fa˥˩tʂaŋ˥.（叫不叫头木？）木……嗨，那就是头胀胀啦的，有点头木……头木的。m……xæᴇ˩,næᴇ˥˦tɕiou˥sɿ˥tʰou˧˩tʂaŋ˥˦tʂaŋ˥˩la˩ti˩,iou˥˩tiæ̃˥˩tʰou˧mu˥……tʰou˧mu˥ti˩.（木是不是麻木的木呢？）嗯。就是好像头皮啥感觉不到啥咧。ŋ̍˥.tsou˥˦sɿ˥˩xao˥˦ɕiaŋ˥tʰou˧pʰi˧˥sa˥kæ̃˥tɕyo˥˩pu˧˩tao˥sa˥˩lie˩.

心口疼、胃疼、肚子疼

1. 黄：心口疼是上半部分疼，胃疼，底下疼咧。ɕiŋ˥˩kou˥（←kʰou˥）tʰəŋ˧sɿ˥ʂaŋ˥pæ̃˥˩pu˥fəŋ˥tʰəŋ˧˩,vei˥tʰəŋ˧˩,ti˥xa˥tʰəŋ˧˩lie˩.（老百姓区……有没有区分？）那□是这这胃疼□是胃疼咧，心口儿疼□就是心口儿疼咧。næᴇ˥˦niæ̃˧˥sɿ˥tʂə˥tʂə˥vei˥tʰəŋ˧niæ̃˧˥sɿ˥vei˥tʰəŋ˧˥lie˩,ɕiŋ˥˩kʰour˥tʰəŋ˧˥niæ̃˧˩tɕiou˥sɿ˥ɕiŋ˥˩kʰour˥tʰəŋ˧˩lie˩.

2.（这个胃疼是讲肚子疼还是讲胃疼？）黄：胃疼是胃疼，肚子疼是肚子疼。两回事咧，呃。vei˧tʰəŋ˨˦sɿ˧˨vei˧tʰəŋ˨˦,tu˧˦tsɿ˧tʰəŋ˨˦sɿ˧tu˧˦tsɿ˧tʰəŋ˨˦˨.liaŋ˥˩xuei˨˦˨sɿ˧lie˧,ə˨.

绞肠痧、气卵子

（绞肠痧是……和气卵子有区……区别？）黄：那不一回事嘛。绞肠痧是肚子疼的背不住了，是肠子绞到一块儿去了。肠子上硬生还有气的人疼的背不住叫绞肠痧咧。气卵子是指卵子大了嘛你。卵子一下子就……气一下下来，传过来东西，把卵子弄的你里头多大，像个驴蛋儿样的那么大。叫气卵子么。nei˧˦pu˨˦˨i˥˩˨xuei˨˦sɿ˧ma˧.tɕiao˥˩tʂʰaŋ˨˦sa˥˩sɿ˧˨tu˧˦tsɿ˧tʰəŋ˨˦˨ti˧pei˥˩˨pu˨˦˨tʂʰʮ˧˦lə˧,sɿ˧tʂʰaŋ˨˦˨tsɿ˧tɕiao˥˩tao˧˨i˥˩˨kʰuər˥˩tɕʰi˧˨lə˧.tʂʰaŋ˨˦˨tsɿ˧ʂaŋ˧niŋ˧ʂəŋ˥˩xæᴇ˨˦iou˥˩˨tɕʰi˧ti˧zəŋ˨˦tʰəŋ˨˦˨ti˧pei˥˩˨pu˨˦˨tʂʰʮ˧tɕiao˧tɕiao˥˩˨tʂʰaŋ˨˦sa˥˩lie˧.tɕʰi˧luæ̃˥˩tsɿ˧sɿ˧˨tsɿ˥˩˦luæ̃˥˩tsɿ˧ta˧˨lə˧ma˧ni˥˩˨.luæ̃˥˩tsɿ˧i˥˩˨xa˧tsɿ˧tɕiou……tɕʰi˧i˥˩˨xa˧xa˧læᴇ˨˦,tʂʰuæ̃˨˦˨kuo˧læᴇ˨˦˨tuoŋ˥˩˦ɕi˧,pa˥˩˨luæ̃˥˩tsɿ˧nuoŋ˧ti˧ni˥˩˨li˥˩tʰou˧tuo˥˩˨ta˧,ɕiaŋ˧kə˧y˨˦tæ̃r˧iaŋ˧ti˧na˧muo˧ta˧˨.tɕiao˧tɕʰi˧˦luæ̃˥˩˦tsɿ˧muo˧.

出天花儿、出疹子、出水痘子

（有小孩儿有时候出……出那个天花他。）黄：出天花儿，出疹子，出水痘子嘛。tʂʰʮ˥˩˨tʰiæ̃˥˩xuar˥˩˨,tʂʰʮ˥˩˨tʂəŋ˥˩tsɿ˧,tʂʰʮ˥˩˨ʂuei˥˩tou˧tsɿ˧ma˧.（这……这几种是不同的吧？）不同的么。pu˨˦˨xuoŋ˨˦˨ti˧muo˧.（嗯？）水痘子你上来吹起脸上是个泡儿么。出疹子脸上是红的一片一片的么。ʂuei˥˩tou˧tsɿ˧ni˥˩˦ʂaŋ˧læᴇ˨˦tʂʰuei˥˩˨tɕʰi˥˩liæ̃˥˩ʂaŋ˧˨sɿ˧˨kə˧˨pʰaor˧muo˧.tʂʰʮ˥˩˨tʂəŋ˥˩tsɿ˧liæ̃˥˩ʂaŋ˧sɿ˧xuoŋ˨˦˨ti˧i˥˩˨pʰiæ̃˥˩i˥˩˨pʰiæ̃˥˩ti˧muo˧.（天花儿和疹子有没……有区别吗？）哎有区别咧么。天花儿可它都是上来以后都起泡儿着咧。æᴇ˥˩iou˥˩˨tɕʰy˥˩pie˨˦lie˧muo˧.tʰiæ̃˥˩xuar˥˩˦kʰə˥˩˦tʰa˥˩˦tou˥˩˦sɿ˧˨ʂaŋ˧læᴇ˨˦i˥˩˨xou˧tou˥˩˨tɕʰi˥˩pʰaor˧˦tʂuo˥˩˨lie˧.（呃，再……再说一遍看？）天花儿么，水痘子么，发……呃，出疹子么。疹子很容易……疹子只是脸上发红，起那个红点点子，就□……tʰiæ̃˥˩xuar˥˩˨muo˧,ʂuei˥˩tou˧˦tsɿ˧muo˧,fa˥˩˦……ə˨,tʂʰʮ˥˩˨tʂəŋ˥˩tsɿ˧muo˧.tʂəŋ˥˩tsɿ˧xəŋ˥˩yoŋ˨˦˨i˧……tʂəŋ˥˩tsɿ˧tsɿ˥˩sɿ˧˨liæ̃˥˩ʂaŋ˧˨fa˥˩˨xuoŋ˨˦,tɕʰi˥˩nə˧kə˧xuoŋ˨˦tiæ̃˥˩tiæ̃˥˩˨tsɿ˧,tsou˧niæ̃˨˦……（没治好还容易得……留下那个呢。）那不行，那是水痘子和天花儿。水痘子这个破了么它可上来……它起下那个泡泡，最后是那一点点溃脓着咧。如果你不忌风忌不好的话，一身一……一弄一个儿坑儿，一弄一个儿坑儿，麻子脸么都成个。nə˧˦pu˨˦˨ɕiŋ˨˦,nə˧˦sɿ˧˨ʂuei˥˩tou˧tsɿ˧xuo˨˦˨tʰiæ̃˥˩xuar˥˩˨.ʂuei˥˩tou˧˦tsɿ˧tʂə˧˨kə˧˨pʰuo˧˦lə˧muo˧tʰa˥˩˦kʰə˥˩˨ʂaŋ˧˦læᴇ˨˦……tʰa˥˩˦tɕʰi˥˩xa˧˨nə˧kə˧pʰao˧˦pʰao˧˨,tsuei˧xou˧sɿ˧nei˧˦i˥˩˨tiæ̃˥˩tiæ̃˥˩˨xuei˧luoŋ˨˦˨tʂuo˥˩lie˧.zʮ˨˦˨kuo˥˩˦ni˥˩˦pu˨˦˨tɕi˧˦fəŋ˥˩˨tɕi˧pu˨˦˨xao˥˩tə˧xua˧˨,i˥˩˨ʂəŋ˥˩˦i˥˩……i˥˩˨nuoŋ˧i˥˩˨kər˧˨kʰə̃r˥˩,i˥˩˨nuoŋ˧i˥˩˦kər˧kʰə̃r˥˩,ma˨˦˨tsɿ˧liæ̃˥˩muo˧tou˥˩˨tʂʰəŋ˨˦kə˧˨.

母猪风、羊角风

（外头叫癫痫，学名叫，你们这儿叫什么？）黄：我们叫母猪风么。ŋuo˥˩məŋ˧tɕiao˧mu˥˩tʂʮ˥˩˨fəŋ˥˩muo˧.（叫羊角风不叫？）也叫羊角风，叫母猪风。这不过这个两种病不一样。母猪风和羊角风还是两种。羊角风好像太不吐沫子，嘴里太不吐泡……白沫儿，但是它抽，四肢僵硬这么个样子。母猪风嘴里那白沫子冒咧。ie˥˩˦tɕiao˧iaŋ˨˦tɕyo˥˩˨fəŋ˥˩,tɕiao˧mu˥˩tʂʮ˥˩˨fəŋ˥˩.tʂə˧pu˨˦˨kuo˧tʂə˧kə˧liaŋ˥˩tʂuoŋ˥˩˨piŋ˧pu˨˦˨i˥˩˨iaŋ˧.mu˥˩tʂʮ˥˩˨fəŋ˥˩xuo˨˦˨iaŋ˨˦tɕyo˥˩˨fəŋ˥˩xa˨˦˨sɿ˧liaŋ˥˩tʂuoŋ˥˩˨.iaŋ˨˦tɕyo˥˩˨fəŋ˥˩xao˥˩˦ɕiaŋ˧tʰæᴇ˧pu˨˦˨tʰu˥˩˦muo˥˩tsɿ˧,tsuei˥˩li˥˩˨tʰæᴇ˧pu˨˦tʰu˥˩pʰao……pei˨˦muor˥˩,tæ̃˧sɿ˧tʰa˥˩˦tʂʰou˥˩,sɿ˧tsɿ˥˩˨tɕiaŋ˥˩˨niŋ˧tʂə˧muo˧kə˧iaŋ˧tsɿ˧.mu˥˩tʂʮ˥˩˨fəŋ˥˩tsuei˥˩li˥˩˦nə˧pei˨˦muo˥˩tsɿ˧mao˧lie˧.

惊风

（惊风？）黄：哎有咧么。抽……眼睛朝上翻咧，一直都没气了么。

æᴇ˥iou˥˩lie˦muo˧.tʂʰou˥……niæ̃˥tɕiŋ˥˩tʂʰɑɔ˩˨ʂaŋ˧fæ̃˥lie˧,i˥˩tʂʅ˨˦tou˥˩muo˥˩tɕʰi˧lə˦muo˧.（你们叫什么？）惊风。tɕiŋ˥˨fəŋ˥.

有风气

（说有风气吗？）黄：说有风气么。ʂuo˥˨iou˥˨fəŋ˥tɕʰi˧˩muo˧.（有风气你们指的是什么意思？）那都好像是这个人抽，手脚往一瘩里抽，再这个娃娃么就说是牙齿紧咬，这个眼睛就向上翻了。nə˧˦tou˥˨xɑɔ˥˨ɕiaŋ˥sʅ˧tʂə˧kə˧zʐəŋ˨tʂʰou˥,ʂou˥tɕyo˥˩vaŋ˥˩i˥˩ta˥li˥˩tʂʰou˥,tsæᴇ˧tʂə˧kə˧va˩˨va˨˦muo˧tɕiou˧ʂuo˥˩sʅ˧˩ia˨˩tsʰʅ˥tɕiŋ˥niɑɔ˥,tʂə˧˩kə˧˩niæ̃˥tɕiŋ˥˩tɕiou˧˩ɕiaŋ˧ʂaŋ˧fæ̃˥lə˧.

鸡胸

（还有那种鸡胸的人呢？）王：嗯，有鸡胸咧。ŋ̍˥,iou˥tɕi˥˨ɕyoŋ˥lie˧.黄：有鸡胸啊？iou˥tɕi˥˩ɕyoŋ˥a˧?（鸡胸你们叫什么呢？）黄：鸡胸好像还太没人说啥吧？tɕi˥˩ɕyoŋ˥xɑɔ˥˨ɕiaŋ˧xa˩˨tʰæᴇ˧mei˩˨zʐəŋ˩˨ʂuo˥sa˧˩pa˧?王：啊，兀就叫鸡胸，啊？a˩,væᴇ˧˦tɕiou˧tɕiɑɔ˧tɕi˥˩ɕyoŋ˥,a˧?黄：嗯。ŋ̍˩.

瘿瓜瓜

黄：这儿这……这儿这有一种地方病叫瘿瓜瓜。瘿瓜瓜。那个……你总怕没见过。那个……它这个从这个地方开始以后，开始在里头都长下那个东西。长的比脖子大。有的脖子这儿都掉下这么大一堆。你捏上里头软软的，瓷……瓷不杵杵了。这是一种地方病，指……也叫甲状腺，洋话……讲……叫甲状腺，土话叫瘿瓜瓜。tʂər˧˨tʂə˧˦……tʂər˧˨tʂə˧iou˥i˥˩tʂuoŋ˥˨ti˧faŋ˥˩piŋ˧tɕiɑɔ˧iŋ˥kua˥˩kua˥˩.iŋ˥kua˥˩kua˥˩.nə˧kə˧……ni˥tsəm˥（←tsuoŋ˥）pʰa˧mei˩˨tɕiæ̃˧kuo˧.nə˧˦kə˧˩……tʰa˥tʂə˧kə˧tsʰuoŋ˩˨tʂə˧kə˧ti˧faŋ˥˩kʰæᴇ˥˩sʅ˥˨i˥˩xou˧,kʰæᴇ˥˩sʅ˥˨tsæᴇ˧li˥tʰou˧tou˥˨tʂaŋ˥xa˧˩nə˧˦kə˧tuoŋ˥˩ɕi˧.tʂaŋ˥ti˧pi˥puo˩˨tsʅ˧ta˧.iou˥ti˧puo˨tsʅ˧tʂər˧tou˥˩tiɑɔ˧xa˧tʂə˧˦muo˧ta˧i˥˨tuei˥˩.ni˥˨nie˥ʂaŋ˧li˥˨tʰou˧zʐuæ̃˥zʐuæ̃˥ti˧,tsʰʅ……tsʰʅ˨˦pu˨˦tʂʰʮ˥˩tʂʰʮ˥˩lə˧.tʂə˧sʅ˧i˥˨tʂuoŋ˥˨ti˧faŋ˥˩piŋ˧,tsʅ……ie˥tɕiɑɔ˧tɕia˥˩tʂuaŋ˧ɕiæ̃˧,iaŋ˨xua˧i……tɕiaŋ˥˨……tɕiɑɔ˧˩tɕia˥˩tʂuaŋ˧ɕiæ̃˧,tʰu˥xua˧tɕiɑɔ˧iŋ˥kua˥˩kua˥˩.

瘫肩

黄：瘫肩这个是人这个脊背后头一下子长的啊一个大疖子那是。yoŋ˥tɕiæ̃˥˩tʂei˧kə˧sʅ˧zʐəŋ˨tʂə˧kə˧tɕi˥˩pei˧xou˧tʰou˧i˥˩xa˧tsʅ˧tʂaŋ˥ti˧a˧i˥˩kə˧˩ta˧tɕie˥tsʅ˧nə˧sʅ˧˩.（瘫肩是指他长了疖子还是指那个疖子？）直接长下这个瘫肩子，他就说是后头他这个……他这个疖子不像咱们常人这个啊，他这个骨骼好像是，后头这个骨骼都长的高一点。瘫肩子咧。tʂʅ˨tɕie˥˩tʂaŋ˥xa˧˩tʂə˧kə˧yoŋ˥tɕiæ̃˥tsʅ˧,tʰa˥˩tɕiou˧˦ʂuo˥˩sʅ˧˩xou˧˨tʰou˧tʰa˥tʂə˧˩kə˧˩……tʰa˥˨tʂə˧kə˧tɕie˥tsʅ˧pu˩˨ɕiaŋ˧tsa˨mən˧tʂʰaŋ˨zʐəŋ˨˦tʂə˧kə˧a˩,tʰa˥˨tʂə˧kə˧ku˥kə˥xɑɔ˥˩ɕiaŋ˧sʅ˧,xou˧tʰou˧tʂə˧kə˧ku˥˩kə˥tou˥˩tʂaŋ˥ti˧kɑɔ˥i˥˩tiæ̃˥˩.yoŋ˥tɕiæ̃˥˩tsʅ˧lie˧.（瘫，肩是瘫的？）噢，肩是瘫的。如果后头长个疙瘩，那叫背锅子。ɑɔ˩,tɕiæ̃˥sʅ˧˩yoŋ˥ti˧.zʐʮ˨˩kuo˥xou˧tʰou˧tʂaŋ˥kə˧kə˥ta˥˩,nei˧tɕiɑɔ˧pei˥kuo˥tsʅ˧.

豆芽子、背罗锅

（有的人腿特别长，你说这个人是什么？踩高跷的还是说什么？形容，你开……拿这个人开玩笑。）黄：豆芽子是个啥？嗯？tou˧æ˩˨tsʅ˧sʅ˧kə˧sa˧˩?ŋ̍˨?王：豆芽子不是的。tou˧ia˩˨tsʅ˧pu˩˨sʅ˧˩ti˧.黄：豆芽子是形容那个驼背人口把那叫豆芽子咧。tou˧˨ia˩˨tsʅ˧sʅ˧˩ɕiŋ˨yoŋ˨˦nə˧kə˧tʰuo˩˨pei˧˦zʐəŋ˨˦niæ̃˨˩pa˥˩nə˧tɕiɑɔ˧tou˧˩ia˩˨tsʅ˧lie˧.（叫什么？）黄：豆芽子。tou˧ia˩˨tsʅ˧.（啊，豆芽子是驼背的？）黄：啊哈。a˧xa˧.（那还有，还有像类似的还有，还有些什么说法没有？）黄：叫，一个……驼背的一个叫豆芽子，一个叫背罗锅。tɕiɑɔ˥,i˥˩kə˥tɕ……tʰuo˩˨pei˥ti˨li˥˩kə˥tɕiɑɔ˥tou˥iɑ˩˨tsɿ˥,i˥˩kə˥tɕiɑɔ˥pei˥˩luo˩˨kuo˥˩.（pei˥˩luo˩kuo˩？）黄：啊，就好像你脊背上背了……他那个，一般这么下来以后这个这，脊椎骨一变形以后，好像欸，好像脊背上扣了个锅一样。ɑ˩,tsou˥˩xɑɔ˥˩˧ɕiɑŋ˥ni˥˩˧tɕi˥˩pei˥ʂɑŋ˥pei˥˩lə˨k……tʰɑ˥˩nei˥kə˥,i˥˩pæ̃˥˩tʂə˥muo˨xɑ˥læᴇ˨˦i˥˩xou˥˩˥tʂə˥kə˥tʂei˥,tɕi˥˩tʂuei˥˩ku˥˩i˥˩piæ̃˥ɕiŋ˨i˥˩xou˥,xɑɔ˥˩˧ɕiɑŋ˥ei˩,xɑɔ˥˩˧ɕiɑŋ˥tɕi˥˩pei˥˥ʂɑŋ˥˩kʰou˥lə˨kə˥kuo˥˩i˥˩iɑŋ˥˩.

心脏病

（还有克山性心脏病是吧？）黄：嗯。ŋ̍˩.（老百姓管那个叫什么？）那就叫心……心脏病么。地方病么。næᴇ˥tɕiou˥tɕiɑɔ˥ɕiŋ˥˩ts……ɕiŋ˥˩tsɑŋ˥piŋ˥muo˨.ti˥fɑŋ˥˩piŋ˥muo˨.（克山性心脏病有什么特征？）那就是一种地方病了。要命咧那家伙。一般就不好看。næᴇ˥˥tɕiou˥tsɿ˥i˥˩tʂuoŋ˥˩˧ti˥fɑŋ˥˩piŋ˥lə˨.iɑɔ˥miŋ˥˩lie˨nei˥tɕiɑ˥˩xuo˨.i˥˩pæ̃˥tɕiou˥˩pu˩˨xɑɔ˥kæ̃˥.（有没有地方上的叫法？）没有。地方上好像没有叫啥。mei˨iou˥˩.ti˥˥fɑŋ˥˩ʂɑŋ˥˩xɑɔ˥ɕiɑŋ˥˥mei˨iou˥˩˧tɕiɑɔ˥sɑ˥.

起眼橛

（那个那个眼皮上面长个那个……）黄：起眼橛嘛。起眼橛了么。tɕʰi˥niæ̃˥tɕyo˨mɑ˨.tɕʰi˥niæ̃˥tɕyo˩˨lə˨muo˨.（说……有的说是这个偷看人家洗澡才会得那病。）说是你尿得路上了，把得路上了。ʂuo˥˩sɿ˥˩ni˥˩˧niɑɔ˥˩tə˨lou˥˩ʂɑŋ˥˥lə˨,pɑ˥tə˨lou˥ʂɑŋ˥˥lə˨.

一边儿高

（这个有的那个罗锅子呀，他就是这边儿是好的，有一边儿是有有一边儿是……）王：有的偏的□，有的端的。iou˥ti˨pʰiæ̃˥tə˨niæ̃˩˨,iou˥ti˨tuæ̃˥ti˨.黄：嗯。ə̃˥˩.（那个叫什么呢？）黄：啊，背罗锅还叫……ɑ˥,pei˥˩luo˨˦kuo˥˩˧xɑ˩˨tɕiɑɔ˥……王：我们那就叫背锅子。ŋuo˥mən˨nɑ˥(tɕ)iou˥tɕiɑɔ˥pei˥˩kuo˥˩tsɿ˨.黄：背锅子。嗯，背锅子是那是背罗锅，背锅子。嗯，还有的把兀个叫欸，把那罗锅还叫扯不平。pei˥˩kuo˥˩tsɿ˨.ə̃˥,pei˥˩kuo˥˩˧tsɿ˨sɿ˥nə˥sɿ˥pei˥˩luo˨˦kuo˥˩,pei˥˩kuo˥˩tsɿ˨.ə̃˥,xæᴇ˩˨iou˥ti˨pɑ˥˩vu˥kə˥tɕiɑɔ˥ei˩,pɑ˥˩pei˥˩luo˨˦kuo˥˩˧xɑ˩˨tɕiɑɔ˥tʂʰə˥pu˩˨pʰiŋ˨.（这是说这个这个有这种疾病的？）黄：嗯。再就是这个……啊，□把这种人叫是一边高吗是咋么个吵？ə̃˩.tsæᴇ˥tɕiou˥sɿ˥tʂə˥kə˥……ɑ˩,niæ̃˩˨pɑ˥˩tʂei˥˥tʂuoŋ˥˩˧zəŋ˨˦tɕiɑɔ˥sɿ˥i˥˩˧piæ̃˥˩˧kɑɔ˥mɑ˨sɿ˥˩tsɑ˥muo˨kə˥sɑ˨?（一边高一边低的？）黄：啊，叫一边儿高，啊。ɑ˥,tɕiɑɔ˥i˥˩piæ̃r˥˩˧kɑɔ˥˩,ɑ̃˩.（叫什么？）黄：一边儿高。i˥˩piæ̃r˥˩kɑɔ˥˩.王：一边儿低。i˥˩piæ̃r˥˩˧ti˥˩.黄：啊。ɑ˩.（是叫一边高还是一边低？）黄：直接就叫他一边儿高。tʂɿ˨tɕie˥tɕiou˥tɕiɑɔ˥tʰɑ˥˩˧i˥˩piæ̃r˥˩kɑɔ˥˩.

拐子

1.（那种瘸腿的人叫什么呢？地不平还是什么东西？）黄：呃，那□干那个啥咧。有些欸，咱们那，咱们那个同学叫三点水儿啊？ə˥,nei˥˥niæ̃˩˨kʰæ̃˥nə˥kə˥sɑ˥lie˨.iou˥ɕie˥˩ei˥,tʂɑ˨mən˨nei˥,tʂɑ˨mən˨nə˥kə˥tʰuoŋ˨ɕyo˨˦tɕiɑɔ˥sæ̃˥˩tiæ̃˥˩˧ʂuər˥ɑ˨?王：嗯。ŋ̍˩.黄：那一走一拐，一走一拐。呃把那叫三点水儿。nə˥i˥˩tsou˥i˥˩kuæᴇ˥,i˥˩tsou˥i˥˩kuæᴇ˥.ə˥pɑ˥˩nei˥tɕiɑɔ˥sæ̃˥˩tiæ̃˥˩˧ʂuər˥.王：嗯。ŋ̍˩.黄：有些腿弯着还叫X。iou˥ɕie˥˩tʰuei˥væ̃˥tʂə˨xɑ˩˨tɕiɑɔ˥ei˥kʰə˥˩sɿ˥˩.（X是什么？）黄：他那个腿是这么个的了，弯弯的了。tʰɑ˥˩˧nə˥kə˥tʰuei˥sɿ˥tʂə˥muo˨kə˥ti˨lə˨,væ̃˥væ̃˥˩ti˨lə˥.（哦，这个膝盖向里面的。）黄：啊形……膝盖向里的，那叫X么。ɑ˥ɕiŋ……ɕi˥˩kæᴇ˥ɕiɑŋ˥li˥tə˨,nei˥tɕiɑɔ˥ei˥kʰə˥˩sɿ˥˩mu o˧.（那罗……这中间这个这样，跟卓别……卓别林那样的呢？）王：那叫罗圈腿。nei˥˨tɕiao˥luo˨˦tɕʰyæ̃˥˧tʰuei˥˨.黄：撇……撇脚子，那叫撇脚子咧。pʰie……pʰie˥˧tɕyo˥˨tsɿ˧,nə˥tɕiao˥pʰie˥˧tɕyo˥˨tsɿ˧lie˧.王：撇脚子也叫罗圈腿咧呣。pʰie˥˧tɕyo˥˧tsɿ˧lie˥˧tɕiao˥luo˨˦tɕʰyæ̃˥˧lie˧m̩˧.黄：啊，呃，嗯，那个那还不。欸有些人这个腿不……中间这个就不能隔着。他腿端着咧，但是他那两个脚后跟儿朝里，脚尖尖朝外咧呣。撇脚子。ɑ˨,ə˥,ŋ̍˨,nə˥kə˥nə˥xɑ˨˦pu˨˦.ei˥iou˥ɕie˥˨zəŋ˨˦tʂə˥kə˥tʰuei˥pu˨˦……tʂuoŋ˥˨tɕiæ̃˥˧tʂə˥kə˥tsou˥pu˨˦nəŋ˨˦kə˥˧tʂuo˥.tʰɑ˥˨tʰuei˥tuæ̃˥tʂə˧lie˧,tæ̃˥sɿ˥tʰɑ˥˧nə˥liɑŋ˥(k)ə˥˨tɕyo˥˨xou˥kə̃r˥tʂʰao˨˦li˥˧,tɕyo˥˨tɕiæ̃˥tɕiæ̃˥˨tʂʰao˨˦væ ᴇ˥lie˧m̩˧.pʰie˥˧tɕyo˥˨tsɿ˧.王：那是撇脚子呣。nə˥sɿ˥pʰie˥˧tɕyo˥˨tsɿ˧m̩˧.黄：嗯。ə̃˨.王：他要是两个腿再向外弯下就叫罗圈腿么。tʰɑ˥˨iao˥sɿ˥liɑŋ˥(k)ə˥tʰuei˥tsæᴇ˥ɕiɑŋ˥væᴇ˥væ̃˥xɑ˥˨tɕiou˥tɕiao˥luo˨˦tɕʰyæ̃˥˧tʰuei˥muo˧.黄：啊，哪一种拐子□叫那日天晃地子。æ˧,nɑ˥i˥˨tʂuoŋ˥˧kuæᴇ˥tsɿ˧niæ̃˨˦tɕiao˥nə˥zɿ˥˧tʰiæ̃˥˨xuɑŋ˥ti˥tsɿ˧.（什么……哪种？）王：那就是走路开来，向前一仰，这么个走法，那就叫那……nə˥tɕiou˥˨sɿ˥˨tsou˥lu˥˧kʰæᴇ˥˨læᴇ˨˦,ɕiɑŋ˥tɕʰiæ̃˨˦i˥˨iɑŋ˥,tʂə˥˧muo˧kə˥tsou˥fɑ˥˨,nei˥tɕiou˥tɕiao˥nə˥……（呃，像像锄地一样的？）黄：啊，像锄地一样他。ɑ˥,ɕiɑŋ˥tʂʰʮ˨˦ti˥˦i˥˧iɑŋ˥tʰɑ˥˧.王：啊，那……ɑ˨,næᴇ˥……黄：日天晃地嘛。zɿ˥˨tʰiæ̃˥˨xuɑŋ˥ti˥mɑ˧.（日天皇帝？）王：嗯。ŋ̍˨.黄：啊哈。ɑ˥xɑ˥.（日天是……就是……）黄：它是这个走路以后，他那个走路必须是这……呃，就是这么这一下子。都是一贴望前一下，都是……tʰɑ˥sɿ˥tʂə˥kə˥tsou˥lou˥i˥xou˥,tʰɑ˥nə˥kə˥tsou˥˧lou˥pi˥˧ɕy˥˧sɿ˥tʂə˥……ə˥,tɕiou˥sɿ˥tʂə˥˧muo˧tʂei˥i˥˨xɑ˥tsɿ˧.tou˥˧sɿ˥i˥˨tʰie˥vɑŋ˥tɕʰiæ̃˨˦i˥˧xɑ˥,tou˥˧sɿ˥……（这叫日天啦？）黄：啊哈，日天么。ɑ˥xɑ˥,zɿ˥˨tʰiæ̃˥muo˧.（皇帝是什么东西？）黄：晃地，他一走这个背后往后一……一闪一闪的嘛。xuɑŋ˥˦ti˥,tʰɑ˥˧i˥˨tsou˥tʂə˥kə˥pei˥xou˥vɑŋ˥˨xou˥i˥˧……i˥˨ʂæ̃˥i˥˨ʂæ̃˥ti˧mɑ˧.（xuɑŋ˥晃还是xuɑŋ˨？）黄：晃。日天晃地么。xuɑŋ˥.zɿ˥˨tʰiæ̃˥˨xuɑŋ˥˦ti˥muo˧.（一晃……一晃一晃的晃？）王：啊。ɑ˨.黄：啊，日天，日天晃地么。有的还，有的把这种拐子还叫再送一截儿么。ɑ˥,zɿ˥˧tʰiæ̃˥˨,zɿ˥˨tʰiæ̃˥˨xuɑŋ˥ti˥muo˧.iou˥ti˧xɑ˨˦,iou˥ti˧pɑ˥˨tʂei˥tʂuoŋ˥˧kuæᴇ˥tsɿ˧xɑ˨˦tɕiao˥tsæᴇ˥suoŋ˥i˥˨tɕiər˨˦muo˧.（叫什么？）黄：再送一截儿呣。tsæᴇ˥suoŋ˥i˥˨tɕiər˨˦m̩˧.（再送一截？）黄：啊。他这个腿往前一摞，胯《廣韻》苦故切，溪母暮韵去声□望前走一下。他腿往前再又……往再一只脚再送一截儿么。ɑ˥.tʰɑ˥˧tʂə˥kə˥tʰuei˥vɑŋ˥˨tɕʰiæ̃˨˦i˥˨liao˥,kʰu˥tʂʰʅ˥˦vɑŋ˥˧tɕʰiæ̃˨˦tsou˥i˥˨xɑ˥˨.tʰɑ˥˨tʰuei˥vɑŋ˥tɕʰiæ̃˨˦tsæᴇ˥iou˥˨……vɑŋ˥˧tsæᴇ˥i˥˨tsɿ˥tɕiao˥˨tsæᴇ˥suoŋ˥i˥˨tɕiər˨˦muo˧.（欸，这个手……你看这是这个腿这不好叫瘸子吧？叫瘸还是叫什么？叫拐？）黄：我们这里以前……ŋuo˥məŋ˧tʂə˥˦li˥˨i˥˨tɕʰiæ̃˨˦tɕi……王：一般就叫拐子。i˥˨pæ̃˥˨tɕiou˥tɕiao˥kuæᴇ˥tsɿ˧.黄：叫拐子。前几年，最……老的，这个原始咱们这儿把那叫柳拐子。tɕiao˥˧kuæᴇ˥tsɿ˧.tɕʰiæ̃˨˦tɕi˥niæ̃˨˦,tsuei˥tʂ……lao˥ti˧,tʂə˥kə˥yæ̃˨˦sɿ˥tʂɑ˨˦məŋ˧tʂər˥pɑ˥˨nə˥tɕiao˥liou˥kuæᴇ˥˨tsɿ˧.王：叫柳拐子。tɕiao˥liou˥kuæᴇ˥˨tsɿ˧.黄：为啥叫柳拐子咧？vei˥sɑ˥tɕiao˥liou˥kuæᴇ˥˨tsɿ˧lie˧?（嗯？）黄：那个人腿拐着咧。当时因为这个病因么，就是这个当河里这个水……喝的这个水啊，吃的这个水，河边小渠边里都长的是这个柳树。柳树根里头渗出一种物质么，就是那个是像油一样的那个样。nə˥kə˥zəŋ˨˦tʰuei˥kuæᴇ˥tʂə˧lie˧.tɑŋ˥˨sɿ˨˦iŋ˥˨vei˥tʂə˥kə˥piŋ˥˦iŋ˥muo˧,tɕiou˥sɿ˥tʂə˥kə˥tɑŋ˥˨xuo˨˦li˥tʂə˥kə˥ʂuei˥……xə˥ti˧tʂə˥kə˥ʂuei˥ɑ˧,tʂʰʅ˥ti˧tʂə˥kə˥ʂuei˥,xə˨˦pi˥˧（←piæ̃˥）ɕiao˥tɕʰy˨˦piæ̃˥li˥˨tou˥˨tʂɑŋ˥ti˧sɿ˥tʂə˥kə˥liou˥ʂʮ˥.liou˥ʂʮ˥kəŋ˥li˥˨tʰou˧səŋ˥˦tʂʰʮ˥˨i˥˨tʂuoŋ˥˧vuo˥˨tʂʅ˥muo˧,tsou˥˨sɿ˥˨nə˥kə˥sɿ˥ɕiɑŋ˥iou˨˦i˥˨iɑŋ˥ti˧nei˥kə˥iɑŋ˥.王：苦的。kʰu˥ti˧.黄：

这个东西吃了以后，吃的时间一长以后啊，容易造成这个骨骼变形。所以把这个人都叫柳拐子。tʂə˧˩kə˧tuoŋ˥˩ɕi˧tʂʰʅ˥˩lə˧i˥˩xou˧,tʂʰʅ˥˩ti˧sʅ˧˩tɕiæ̃˥˧i˥˧tʂʰaŋ˧˩i˥˩xou˧a˧,yoŋ˧˩i˧tsaɔ˧tʂʰəŋ˧˩tʂə˧kə˧ku˥˧kə˥˩piæ̃˧ɕiŋ˧˩.ʂuo˥˩i˥˧pa˥˩tʂə˧kə˧zəŋ˧˩tou˥˩tɕiaɔ˧liou˥˩kuæᴇ˥˩tsʅ˧.（噢。）黄：噢，现在已经，现在的拐子只能叫拐子了。不能，再不能叫柳拐子。因为这个东西已经根除了好像。aɔ˩,ɕiæ̃˧tsæᴇ˧i˥˩tɕiŋ˥˩,ɕiæ̃˧tsæᴇ˧ti˧kuæᴇ˥˩tsʅ˧tsʅ˥˩nəŋ˧˩tɕiaɔ˧kuæᴇ˥˩tsʅ˧lə˧.pu˧˩nəŋ˧˩,tsæᴇ˧pu˧˩nəŋ˧˩tɕiaɔ˧liou˥˩kuæᴇ˥˩tsʅ˧.iŋ˥˩vei˧tʂə˧kə˧tuoŋ˥˩ɕi˧i˥˩tɕiŋ˥˩kəŋ˥˩tʂʰʅ˧˩lə˧xaɔ˥˩ɕiaŋ˧˩.（那这是地方病啦。）黄：噢，地方病么。aɔ˩,ti˧faŋ˥˩piŋ˧muo˧.王：嗯，地方病。ŋ̍˥,ti˧faŋ˥˩piŋ˧.（这个就说自己自己这个天生这种残疾的。）黄：嗯。ŋ̍˩.（那是叫拐子还是叫……）黄：叫拐子，嗯。tɕiaɔ˧kuæᴇ˥˩tsʅ˧,ə̃˩.王：叫拐子。tɕiaɔ˧kuæᴇ˥˩tsʅ˧.

2. 黄：再一个就是这个地方病柳拐子么。tsæᴇ˧i˥˧kə˧tɕiou˧sʅ˧tʂə˧kə˧ti˧faŋ˥˩piŋ˧liou˥˩kuæᴇ˥˩tsʅ˧muo˧.（柳拐子是什么？）就是像我这个走路一拐一拐的，就这个腿也弯了，像这个大骨节儿，也叫大骨节病，也叫柳拐子。那个手都这么个□下来，直接骨节儿都……都大，都发大了。tɕiou˧sʅ˧ɕiaŋ˧ŋuo˥˩tʂə˧kə˧tsou˥˧lou˧i˥˩kuæᴇ˥˩i˥˩kuæᴇ˥˧ti˧,tɕiou˧tʂə˧kə˧tʰuei˥˩ia˥˧væ̃˥˩lə˧,ɕiaŋ˧tʂə˧kə˧ta˧ku˥˩tɕiər˥˩,ie˥˧tɕiaɔ˧ta˧ku˥˩tɕie˥˩piŋ˧,ie˥˩tɕiaɔ˧liou˥˩kuæᴇ˥˩tsʅ˧.nə˧kə˧ʂou˥˩tou˥˩tʂə˧muo˧kə˧tʂa˥˩xa˧læᴇ˧˩,tʂʅ˧˩tɕie˥˧ku˥˩tɕiər˥˩tou˥˩……tou˥˩ta˧,tou˥˩fa˥˩ta˧lə˧.（哦，关节炎！）关节炎么。腿也成咧个……弯弯的，人胳膊都成咧这么伸不展了。kuæ̃˥˩tɕie˥˩iæ̃˧˩muo˧.tʰuei˥˩ia˥˧tʂʰəŋ˧˩lie˧kə˧vu……væ̃˥˩væ̃˥˩tə˧,zəŋ˧˩kə˥˩puo˥˩tou˥˩tʂʰəŋ˧˩lie˧tʂə˧muo˧ʂəŋ˥˩pu˧˩tʂæ̃˥˩lə˧.

3. 黄：当时这个病它为啥要叫柳拐子？就是当时怀疑就说是当地这个吃的这个水里头，河渠里这个水……taŋ˥˩sʅ˧˩tʂə˧kə˧piŋ˧tʰa˥˧vei˧sa˧iaɔ˧tɕiaɔ˧liou˥˩kuæᴇ˥˩tsʅ˧?tɕiou˧sʅ˧taŋ˥˩sʅ˧˩xuæᴇ˧˩ni˧˩tɕiou˧ʂuo˥˩sʅ˧taŋ˥˩ti˧tʂə˧kə˧tʂʰʅ˥˩ti˧tʂə˧kə˧ʂuei˥˩li˥˩tʰou˧,xə˧˩tɕʰy˧˩li˥˧tʂə˧kə˧ʂuei˥˩……（绿？）柳。这个柳，柳树的柳。柳拐子。liou˥.tʂə˧kə˧liou˥˩,liou˥ʂʯ˧ti˧liou˥˩.liou˥˩kuæᴇ˥˩tsʅ˧.（柳拐子？）嗯，柳拐子。它是河流……怀疑这个河渠里这个水哟，你看那个小河沟里那个水，凡是那个两边都长满那个是欸岸……岸柳着咧。那个岸柳那个根，渗出来的那个水就像油一样，漂下那个油花花一样。那个东西一吃你这个腿就疼，这个骨骼就发育就不全了。就像其他的把……所以把这个病症最后带来的结果么叫柳拐子。ə̃˩,liou˥˩kuæᴇ˥˩tsʅ˧.tʰa˥˧sʅ˧xuo˧˩liou……xuæᴇ˧˩ni˧˩tʂə˧kə˧xuo˧˩tɕʰy˧˩li˥˩tʂə˧kə˧ʂuei˥˩iaɔ˩,ni˥˧kʰæ̃˧nə˧kə˧ɕiaɔ˥˩xə˧˩kou˥˩li˥˩nə˧kə˧ʂuei˥,fæ̃˧˩sʅ˧nə˧kə˧liaŋ˥˩piæ̃˥˩tou˥˩tʂaŋ˥˩mæ̃˥˩nə˧kə˧sʅ˧ei˩næ̃……æ̃˧liou˥˩tʂə˧lie˧.nə˧kə˧æ̃˧liou˥˩nə˧kə˧kəŋ˥,səŋ˧tʂʰʯ˥˩læᴇ˧˩ti˧nə˧kə˧ʂuei˥˩tɕiou˧ɕiaŋ˧iou˧˩i˥˩iaŋ˧,pʰiaɔ˥˩xa˧nə˧kə˧iou˧˩xua˥˩xua˥˩i˥˩iaŋ˧.nə˧kə˧tuoŋ˥˩ɕi˧i˥˧tʂʰʅ˥˩ni˥˧tʂə˧kə˧tʰuei˥˩tɕiou˧tʰəŋ˧˩,tʂə˧kə˧ku˥˧kə˥˩tsou˧fa˥˩y˧tsou˧pu˧˩tɕʰyæ̃˧˩lə˧.tsou˧ɕiaŋ˧tɕʰi˧˩tʰa˥˩ti˧pa˥˩……ʂuo˥˩i˥˩pa˥˩tʂə˧kə˧piŋ˧tʂəŋ˧tsuei˧xou˧tæᴇ˧læᴇ˧˩ti˧tɕie˥˩kuo˥˩muo˧tɕiaɔ˧liou˥˩kuæᴇ˥˩tsʅ˧.（就是这一带还是别的地方？）啊，实际上国家医学的名字么把那叫大骨节。a˩,ʂʅ˧˩tɕi˧ʂaŋ˧kuo˥˩tɕia˥˩i˥˩ɕyo˧˩ti˧miŋ˧˩tsʅ˧muo˧pa˥˩næᴇ˧tɕiaɔ˧ta˧ku˥˩tɕie˥˩.（大骨节病？）噢，大骨节病。aɔ˩,ta˧ku˥˩tɕie˥˩piŋ˧.

4.（那还有一种残疾是这样的，这个手伸不直，这个这玩意儿叫什么？）黄：这个手好像都也不太……没有。tʂə˧kə˧ʂou˥˩xaɔ˥˧ɕiaŋ˧tou˥˩ia˥˩pu˧˩tʰæᴇ˧……muo˥˧iou˥˩.（你见……你见过没有这样的？）黄：这见……这有是有咧。tʂə˧tɕiæ̃˧……tʂei˧liou˥˩sʅ˧iou˥˩lie˧.王：嗯，这就是有的人，没有，人为随便咋么个叫，拐人兀。ŋ̍˩,tʂei˧tɕiou˧sʅ˧liou˥˩tə˧zəŋ˧˩,muo˥˩liou˥,zəŋ˧˩vei˧˩suei˧˩piæ̃˧tsa˥˩muo˧kə˧tɕiaɔ˧,kuæᴇ˥˧zəŋ˧˩və˧.黄：这地方还没有

啥，没有人……不叫……不叫过这些人儿。tʂə˥ti˥faŋ˥˩xa˩meiʎiou˥˩sa˥,meiʎiou˥˧zəŋʎ˧……puʎ˩tɕiaɔ˥˧……puʎ˩tɕiaɔ˥kuo˥tʂə˥ɕie˥˧zə̃rʎ.（手残疾没有什么说法？）黄：嗯，没有人叫的这。ə̃˩,meiʎ˧iou˥˧zəŋʎtɕiaɔ˥tə˥tʂə˥.（脚残疾叫拐了？）王：嗯。ə̃˩.黄：啊叫拐了，嗯。a˥tɕiaɔ˥kuæᴇ˥˩lə˩,ə̃˩.（但是手残疾没有什么……）黄：嗯。ə̃˩.王：手残疾那就说是，现在就把哎叫残疾人咧，但是没具体的啥名字，没有。ʂou˥˩tsʰæ̃ʎtɕiʎ˧nei˥tɕiou˥˧ʂuo˥˩sɿ˥,ɕiæ̃˥tsæᴇ˥tɕiou˥pa˥˩æᴇ˥tɕiaɔ˥tsʰæ̃ʎtɕiʎ˩zəŋʎlie˩,tæ̃˥sɿ˥meiʎ˩tɕy˥tʰi˥ti˩sa˥miŋʎ˩tsɿ˥˧,meiʎ˩iou˥˩.

喘

黄：这个和那个，这个病有些人，农村有时候分不开的。他把这个……哮喘是带咳嗽那个劲儿的啊？有一种，还有一种就是肺气肿那个，也喘咧，但是它不太不咳嗽。他投到一感觉到这出去，这一咳嗽的话，他马上就没有气了。tʂə˥˩kə˥˧xuoʎ˩nə˥kə˥,tʂə˥˩kə˥piŋ˥iou˥ɕie˥˩zəŋʎ,luoŋʎtsʰuoŋ˥iou˥˧sɿʎ˩xou˥fəŋ˥pu˩˩kʰæᴇ˥˩ti˩.tʰa˥˧pa˥˩tʂə˥˧kə˥˩,ɕiaɔ˥tʂʰuæ̃˥sɿ˥˩tæᴇ˥kʰə˥sou˩nə˥kə˥tɕiə̃r˥ti˩a˥?iou˥i˥˧tʂuoŋ˥˧,xæᴇʎiou˥i˥˧tʂuoŋ˥˩tɕiou˥˩sɿ˥˩fei˥tɕʰi˥tʂuoŋ˥nə˥˩kə˥˩,ie˥tʂʰuæ̃˥lie˩,tæ̃˥sɿ˥tʰa˥pu˩tʰæᴇ˥pu˩˩kʰə˥sou˩.tʰa˥touʎ˩taɔ˥i˥˩kæ̃˥tɕyo˥˩taɔ˥tʂei˥tʂʰʮ˥˧tɕʰy˥,tʂei˥i˥˧kʰə˥sou˩ti˩xua˥,tʰa˥˧ma˥ʂaŋ˥˩tɕiou˥˩meiʎiou˥˧tɕʰi˥lə˥.

烂破锣

（呵喽气堵说不说？）黄：呵喽气喘的。把它叫呵喽气喘啊？xə˥lou˩˩tɕʰi˥tʂʰuæ̃˥ti˩.pa˥˩tʰa˥˧tɕiaɔ˥xə˥lou˩˩tɕʰi˥tʂʰuæ̃˥a˩?王：呵喽气喘。xə˥lou˩˩tɕʰi˥tʂʰuæ̃˥.黄：有的人骂那的，那一工儿咳嗽，咵儿咵儿咵儿，那叫烂破锣嘛。iou˥ti˩zəŋʎma˥nə˥ti˩,nə˥i˥kuə̃r˥kʰə˥sou˩,kʰuar˥kʰuar˥kʰuar˥,nə˥tɕiaɔ˥læ̃˥pʰuo˥luoʎma˩.（烂破锣？）黄：嗯。锣一烂以后，打下那声音就不对了么。人那个嗓子咳嗽它是……咳嗽那也不是个正经的发音。ŋ̍˩.luoʎi˥˩læ̃˥i˥˩xou˥,ta˥xa˥nə˥ʂəŋ˥iŋ˥˩tsou˥pu˩˩tuei˥lə˩muo˩.zəŋʎnə˥kə˥saŋ˥tsɿ˩kʰə˥sou˩tʰa˥˧sɿ˥……kʰə˥sou˩nə˥ia˥˧pu˩˩sɿ˥kə˥tʂəŋ˥tɕiŋ˥˩ti˩fa˥iŋ˥.（容易气……上气不接下气，这种样子的。）王：兀就是，气踢就是上气不接下气。və˥tɕiou˥˩sɿ˥,tɕʰi˥tɕy˥tɕiou˥˩sɿ˥˩ʂaŋ˥tɕʰi˥pu˩˩tɕie˥ɕia˥tɕʰi˥.黄：上气不接下气哞。ʂaŋ˥tɕʰi˥pu˩˧tɕie˥˩ɕia˥tɕʰi˥˩m̩˩.

癣

1.（癣呢？）黄：癣有么。脸上……这里的人这些的么，前几年一到三月里好多年轻人这脸上都长下那癣。ɕyæ̃˥iou˥muo˩.liæ̃˥ʂaŋ˥……tʂə˥˧li˥˩tə˩zəŋʎtʂei˥ɕie˥˩tə˩muo˩,tɕʰiæ̃ʎtɕi˥˧niæ̃ʎ˧i˥˩taɔ˥sæ̃˥yo˥˩li˥˩xaɔ˥tuo˥˩niæ̃ʎtɕʰiŋ˥zəŋʎtʂə˥liæ̃˥ʂaŋ˥˩tou˥˩tʂaŋ˥xa˥nə˥ɕyæ̃˥.

2.（桃花癣？）黄：噢，每年的山桃儿开花的时候都起上那个。aɔ˩,mei˥niæ̃ʎ˧tə˩sæ̃˥˩tʰaɔrʎkʰæᴇ˥˩xua˥tə˩sɿʎ˩xou˥tou˥˧tɕʰi˥˩ʂaŋ˥˧nə˥kə˥.

冻疮、皴

（那个冬天呐，这个寒风一吹脸上长的那种……就是那个那种就皮……实际上是冻伤了那种。那叫什么？）黄：我们把皮冻下咧也叫冻疮咧嘛。ŋuo˥məŋ˩pa˥˩pʰiʎtuoŋ˥xa˥lie˩lie˥˧tɕiaɔ˥tuoŋ˥˧tʂʰuaŋ˥lie˩ma˩.（不是。那冻疮是它就肿呐。这里的就是……就是这个……）那皴下的，噢，皴……皴烂了么。nə˥tsʰuoŋ˥xa˥˩ti˩,aɔ˩,tsʰuoŋ˥……tsʰuoŋ˥˩læ̃˥lə˩muo˩.（啊？）叫皴下的。脸皴了么啊。tɕiaɔ˥tsʰuoŋ˥xa˥ti˩.liæ̃˥˧tsʰuoŋ˥lie˩muo˩a˩.（tsʰuoŋ˥？）嗯，脸皴了么。就是脸上一冻以后，一变咧颜色，起下那个皮皮子么。脸皴了。ŋ̍˩,liæ̃˥˧tsʰuoŋ˥lə˩muo˩.tɕiou˥˧sɿ˥liæ̃˥ʂaŋ˥˩i˥˩tuoŋ˥i˥˩xou˥,i˥˩piæ̃˥lie˩iæ̃ʎsei˥,tɕʰi˥xa˥nə˥kə˥pʰiʎpʰiʎ˧tsɿ˩muo˩.liæ̃˥˧tsʰuoŋ˥lə˩.

瘊子

（瘊子呢？）黄：有么，瘊子么。手上长是下那。公瘊子，有母瘊子嘛。iou˥muo˧,xou˨˩tsɿ˧muo˧.ʂou˥ʂaŋ˧tʂaŋ˧sɿ˧xa˧nə˧.kuoŋ˥xou˨˩tsɿ˧,iou˥mu˥xou˨˩tsɿ˧ma˧.（你那公瘊子跟母瘊子怎么区分呢？）公瘊子它长的大，脚脚高，但它不硬，它就是那一个东西。那母瘊子一长它就是很快就这一片都是的。kuoŋ˥xou˨˩tsɿ˧tʰa˥tʂaŋ˥ti˧ta˧,tɕyo˥tɕyo˥kaɔ˥,tæ˧tʰa˥pu˨˩iŋ˧,tʰa˥tɕiou˧sɿ˧nei˧i˥kə˧tuoŋ˥ɕi˧.na˧mu˥xou˨˩tsɿ˧i˥tʂaŋ˥tʰa˥tɕiou˧sɿ˧xəŋ˥kʰuæᴇ˧tɕiou˧tʂei˧i˥pʰiæ˥tou˥sɿ˧ti˧.

烂眼子

（烂眼子是什么样的呢？）黄：这个眼边边一个……他这……这个他那个一转眼边边都发红么。tʂə˧kə˧niæ˥piæ˥piæ˥i˥kə˧……tʰa˥tʂə˧……tʂə˧kə˧tʰa˥nə˧kə˧i˥tʂuæ˧niæ˥piæ˥piæ˥tou˥fa˥xuoŋ˨muo˧.

萝卜花儿、独眼龙、单打一

1. 黄：萝卜花儿那这个眼窝看不成，瞎咧一个着你。眼睛突出来，这个眼窝仁子它这个瞳仁儿整个儿都是个花儿么。萝卜花儿。luo˨˩pu˧xuar˥næᴇ˧tʂei˧kə˧niæ˥vuo˥kʰæ˧pu˨˩tʂʰuoŋ˨˩,xa˥lie˧i˥kə˧tʂə˧ni˥.niæ˥tɕiŋ˥tʰu˥tʂʰɥ˥læᴇ˨˩,tʂə˧kə˧niæ˥vuo˥zəŋ˨˩tsɿ˧tʰa˥tʂə˧kə˧tʰuoŋ˨zə̃r˨tʂəŋ˥kər˧tou˥sɿ˧kə˧xuar˥muo˧.luo˨˩pu˧xuar˥.

2.（萝卜花儿是不是就是独眼龙？）黄：独眼龙……那萝卜花儿那个是……独眼龙有些人这个眼窝直接都是个黑眶眶了，没东西了，那独眼龙。tu˨˩iæ˥luoŋ˨……næᴇ˧luo˨˩pu˧xuar˥nei˧kə˧sɿ˧……tu˨˩iæ˥luoŋ˨iou˥ɕie˥zəŋ˨tʂə˧kə˧niæ˥vuo˥tʂɿ˨tɕie˥tou˥sɿ˧kə˧xei˥kʰuaŋ˥kʰuaŋ˥lə˧,muo˥tuoŋ˥ɕi˧lə˧,nə˧tu˨iæ˥luoŋ˨˩.（那个萝卜花儿有什么特点呢？）萝卜花儿是这个眼睛珠子还在咧。luo˨˩pu˧xuar˥sɿ˧kə˧niæ˥tɕiŋ˥tʂɥ˥tsɿ˧xa˨˩tsæᴇ˧lie˧.（浑浊？）噢，浑浊着咧。它是这个……它这个眼睛珠子不是说是……他这个瞳仁儿整个儿给人感觉像一朵花儿样的。ɑɔ˥,xuoŋ˨tʂuo˨˩tʂuo˥lie˧.tʰa˥sɿ˧tʂə˧kə˧xu……tʰa˥tʂə˧kə˧niæ˥tɕiŋ˥tʂɥ˥tsɿ˧pu˨˩sɿ˧ʂuo˥sɿ˧……tʰa˥tʂə˧kə˧tʰuoŋ˨zə̃r˨tʂəŋ˥kər˧kei˧zəŋ˨kæ˥tɕyo˥ɕiaŋ˧i˥tuo˥xuar˥iaŋ˧ti˧.（是不是那个白内障啊？）不是白内障。pu˨˩sɿ˧pei˨˩luei˧tʂaŋ˧.

3. 黄：有些人，本来有些残疾人，你比如是，一只眼窝大，一只眼窝小。iou˥ɕie˥zəŋ˨,pəŋ˥læᴇ˨iou˥ɕie˥tsʰæ˨tɕi˨zəŋ˨˩,ni˥pi˥zɥ˨˩sɿ˧,i˥tʂɿ˥niæ˥vuo˥ta˧,i˥tʂɿ˥niæ˥vuo˥ɕiaɔ˥.（大小眼子的是吧？）黄：噢，那那那有些人那就是挤一只眼闭一只眼。ɑɔ˥,nei˧nei˧nei˧iou˥ɕie˥zəŋ˨nei˧tɕiou˧sɿ˧tɕi˥i˥tʂɿ˥iæ˥pi˧i˥tʂɿ˥niæ˥.（这叫什么呢？瞄，瞄枪还是什么？）黄：啊，就是你瞄枪咧么。ɑ˥,tsou˧sɿ˧ni˥miaɔ˨tɕʰiaŋ˥liem˧.（说瞄枪还是说是……）黄：啊，是个瞄枪儿么。ɑ˥,ʂʅ˧kə˧miaɔ˨tɕʰiãr˥muo˧.（瞄枪？）黄：嗯。一个眼窝仁儿，纯粹坏了，把那叫单打一咧么。ŋ̍˥.i˥kə˧niæ˥vuo˥zə̃r˨,tʂʰuoŋ˨˩tsʰuei˧xuæᴇ˧lə˧,pa˥næᴇ˧tɕiaɔ˧tæ˥ta˥i˥liem˧.（单打一？）黄：嗯。ə̃˥.（就，就说那个，就完全没有了？）黄：啊，一个眼窝纯粹欸眼窝儿珠子都没了，那就成了单打一了。ɑ˥,i˥kə˧niæ˥vuo˥tʂʰuoŋ˨˩tsʰuei˧ei˥niæ˥vuor˥tʂɥ˥tsɿ˧tou˥muo˥lə˧,nei˧tɕiou˧tʂʰəŋ˨˩lə˧tæ˥ta˥i˥lə˧.（还有的里头是花的呀！）黄：萝卜花儿么。luo˨˩pu˧xuar˥muo˧.王：萝卜花儿。luo˨˩pu˧xuar˥˩.（萝卜花？）黄：嗯。ə̃˥.（还有，还有什么没有？）黄：萝卜花儿，单打一。再好像没啥了，啊？luo˨pu˧xuar˥˩,tæ˥ta˥i˥˩.tsæᴇ˧xaɔ˥ɕiaŋ˧muo˥sa˧lə˧,a˧?王：嗯。ŋ̍˥.

地包天

黄：有些人把那底……上头……底下下颚……下嘴唇子长，把上头包着，叫地包天么。iou˦˨ɕie˦˨˩ʐəŋ˨˦pa˦˨˧nə˥ti……ʂaŋ˥˨˦tʰou˧……ti˦˨xa˥˨˩xa˥˨˦ə˦˨˩……xa˥tsuei˦˨˧ʂuoŋ˨˦˩tsɿ˧tʂʰaŋ˨˦,pa˦˨˩ʂaŋ˥tʰou˧pao˦˨tʂə˧,tɕiao˥ti˥pao˦˨˩tʰiæ̃˦˨muo˧.

风飋

（荨……这个荨麻疹叫什么？）黄：荨麻疹，荨麻疹不叫……不是……不……不和麻风病不是一回事？ɕyoŋ˨˦ma˨˦˩tʂəŋ˦˨,ɕyoŋ˨˦ma˨˦˩tʂəŋ˦˨pu˨˦˩tɕiao˥……pu˨˦˩sɿ˥……pu˨˦˩……pu˨˦˨˩xuo˨˦˩ma˨˦fəŋ˦˨˩piŋ˥pu˨˦˧sɿ˥i˦˨˩xuei˨˦sɿ˥˩?（不是。）不是的那就不知道再叫啥。pu˨˦˩sɿ˥ti˧næᴇ˥tɕiou˥pu˨˦˩tʂɿ˦˨˩tao˥tsæᴇ˥tɕiao˥sa˥˩.（它这个皮肤上面一坨一坨的那个起，痒。）不知道。那晓叫……pu˨˦˧tʂɿ˥tao˥.næᴇ˥ɕiao˦˨˧tɕiao˥……（风飋？）风飋。哎风飋倒有咧，起风飋了。fəŋ˦˨sɿ˦˨˩.æᴇ˩fəŋ˦˨sɿ˦˨˩tao˥iou˦˨lie˧,tɕʰi˦˨˧fəŋ˦˨sɿ˦˨˩lə˧.（风飋，是什么呢？也是一种皮肤病吧？）一种皮肤病。那都是……起风飋不是皮肤病。起风飋是皮肤过敏咧。那要……农村那个东西都是起风飋……风飋起来咧以后，是拿毛笔给写咧嘛。实际上有些……有些人是一种心理性的这个……这个过敏症。你拿毛笔把……他衣裳一脱，往那那一叫以后，你拿毛笔再写上……i˦˨˧tʂuoŋ˦˨˧pʰi˨˦˩fu˦˨piŋ˥.næᴇ˥˦tou˦˨˧sɿ˥……tɕʰi˦˨˧fəŋ˦˨sɿ˦˨˩pu˨˦˩sɿ˥˦pʰi˨˦˩fu˦˨piŋ˥.tɕʰi˦˨˧fəŋ˦˨sɿ˦˨˩sɿ˥˩pʰi˨˦˩fu˦˨˧kuo˥miŋ˦˨lie˧.næᴇ˥iao˥ɕi……luoŋ˨˦tsʰuoŋ˦˨nə˥kə˥tuoŋ˦˨˩ɕi˧tou˦˨˧sɿ˥tɕʰi˦˨˧fəŋ˦˨sɿ˦˨˩……fəŋ˦˨sɿ˦˨˩tɕʰi˦˨læᴇ˨˦˧lie˧i˦˨xou˥,sɿ˥na˨˦mao˨˦pi˦˨kei˥ɕie˦˨lie˧ma˧.ʂɿ˨˦˩tɕi˥ʂaŋ˥iou˦˨ɕie˦˨˩……iou˦˨ɕie˦˨˩ʐəŋ˨˦sɿ˥i˦˨˩tʂuoŋ˦˨ɕiŋ˦˨˩li˦˨ɕiŋ˥ti˧tʂə˥˩kə˥˩……tʂə˥˩kə˥˩kuo˥miŋ˦˨tʂəŋ˥˩.ni˦˨˩na˨˦mao˨˦pi˦˨pa˦˨˩……tʰa˦˨˧i˦˨ʂaŋ˨˦˩i˦˨˩tʰuo˦˨,vaŋ˦˨˩na˥na˥i˦˨˩tɕiao˥˦i˦˨˩xou˥,ni˦˨˧na˨˦mao˨˦˧pi˦˨˧tsæᴇ˥ɕie˦˨˩ʂaŋ˥……（拿墨吗？）拿墨么。过去都是磨下那个墨汁磨下那个墨，然后就给你写是，前朱雀嘛，后头是后玄武么，左青龙，右白虎么，胳膊上都一写，吃上一些……有些人是……如果是心理性的神经过敏都好了。na˨˦muo˦˨muo˧.kuo˥tɕʰy˥tou˦˨˩sɿ˥˩muo˨˦˩xa˥nə˥kə˥muo˨˦tʂɿ˦˨muo˨˦˩xa˥nə˥kə˥mei˨˦˩,ʐæ̃˨˦˩xou˥tsou˥kei˥ni˦˨˧ɕie˦˨sɿ˥˩,tɕʰiæ̃˨˦tʂɥ˦˨tɕʰyo˦˨ma˧,xou˥tʰou˧sɿ˥˩xou˥ɕyæ̃˨˦˩vu˦˨muo˧,tsuo˦˨tɕʰiŋ˦˨˩luoŋ˨˦,iou˥pei˨˦˩xu˦˨muo˧,kə˦˨puo˨˦˩ʂaŋ˥tou˦˨˧i˦˨˧ɕie˦˨˩,tʂʰɿ˦˨ʂaŋ˥i˦˨˧ɕie˦˨˧……iou˦˨ɕie˦˨˩ʐəŋ˨˦sɿ˥……ʐɥ˨˦˩kuo˦˨sɿ˥ɕiŋ˦˨˧li˦˨ɕiŋ˥ti˧ʂəŋ˨˦tɕiŋ˦˨˧kuo˥miŋ˦˨˧tou˦˨˩xao˦˨lə˧.

染指

黄：染指也就是你说那话，这个地方发……指……特别是……染指……是……指甲逢里头起了个……感染以后，最后弄的这个……到最后么这个……这个你要不及……治疗不及时，整个儿手指都是溃烂了。ʐæ̃˦˨˩tsɿ˦˨ie˦˨˧tɕiou˥sɿ˥ni˦˨˧ʂuo˦˨nə˥xua˥,tʂə˥kə˥ti˥faŋ˦˨˧fa˦˨˩……tsɿ˦˨……tʰə˦˨˩pie˨˦sɿ˥……ʐæ̃˦˨˩tsɿ……sɿ……tsɿ˦˨tɕia˦˨˩fəŋ˥˦li˦˨˩tʰou˧tɕʰi˦˨lə˧kə˥˩f……kæ̃˦˨ʐæ̃˦˨i˦˨˩xou˥˦,tsuei˥xou˥nuoŋ˥˨˦ti˧tʂə˥kə˥……tao˥˩tsuei˥xou˥muo˧tʂə˥kə˥tʂ……tʂei˥˩kə˥˩ni˦˨˧iao˥pu˨˦˩tɕi˨˦˧……tʂɿ˥liao˨˦˧pu˨˦˩tɕi˨˦˧sɿ˨˦˧,tʂəŋ˦˨kər˥ʂou˦˨˧tsɿ˦˨˧tou˦˨˩sɿ˥˩kʰuei˥læ̃˥lə˥.（染指是使指甲脱落？）指甲，噢，指甲脱落。tsɿ˦˨tɕia˦˨˩,ao˩,tsɿ˦˨tɕia˦˨˩tʰuo˦˨˦luo˦˨˩.（不是手指吧？）不是。指甲脱落，你是……再不……再不治，连指头都掉了。pu˨˦˩sɿ˥˩.tsɿ˦˨tɕia˦˨˩tʰuo˦˨˩luo˦˨˧,ni˦˨˧zɿ……tsæᴇ˥pu˨˦˩……tsæᴇ˥pu˨˦˩tʂɿ˥,liæ̃˨˦˩tsɿ˦˨tʰou˧tou˦˨˩tiao˥lə˧.

吐舌子、结锅子

1.（口吃说话……[模仿口吃者说话的样子]）王：我们这人叫吐舌子。ŋuo˦˨məŋ˧tʂər˥tɕiao˥tʰu˦˨ʂə˨˦˩tsɿ˧.（叫什么？）吐舌子。tʰu˦˨ʂə˨˦˩tsɿ˧.（吐舌子啊？）嗯。

舌头的舌么。ŋ̍˪.ʂə˩˥˪tʰou˧ti˧ʂə˩muo˧.（有叫结锅子的吗？）噢，也有叫结[①]锅子。ɑɔ˪,ie˥iou˥˩tɕiaɔ˧tɕie˥kuo˥˩˪tsɿ˧.（两个是一回事儿吗？）结锅子那就说，说这个话一下结的说不出咧。吐舌子就说是说不正。tɕie˥kuo˥˩˪tsɿ˧nei˧tɕiou˧ʂuo˥˩˪,ʂuo˥˩˪tʂə˧kə˧xuɑ˧i˥˩˪xɑ˧tɕie˥ti˧ʂuo˥pu˩˥˪tʂʰɥ˥˩˪lie˧.tʰu˥ʂə˩˥tsɿ˧tɕiou˧ʂuo˥˩˪sɿ˧ʂuo˥˩˪pu˩˥˪tʂəŋ˧˩.（说话发音不准？）啊。说不正。ɑ˪.ʂuo˥˩˪pu˩˥˪tʂəŋ˧˩.（叫吐舌子？）嗯。ə̃˪.（就……噢，说话发音不准，他也说得很流利？）嗯。嗯。ŋ̍˩˪.ŋ̍˥.（就是大舌头是吧？）啊，大舌头。ɑ˥,tɑ˧ʂə˩˥˪tʰou˧.

2.（那你说话这个结结巴巴跟……）王：结锅子。tɕie˥kuo˥˩˪tsɿ˧.黄：结锅子，结锅子嘛。tɕie˥kuo˥˩˪tsɿ˧,tɕie˥kuo˥˩˪tsɿ˧mɑ˧.（结锅子是吧？）王：嗯。ŋ̍˪.黄：嗯，结锅子。也叫结颏子。有的人把那，有的人还叫，叫口吃啊？ŋ̍˪,tɕie˥kuo˥˩˪tsɿ˧.ie˥˩tɕiaɔ˧tɕie˥kʰə˥˩˪tsɿ˧.iou˥˩ti˧zəŋ˩paʔ˥˩nə˧,iou˥ti˧zəŋ˩˥˪xæᴇ˩tɕiaɔ˧,tɕiaɔ˧kʰou˥tʂʰɿ˥˩ɑ˧?（口吃是那个，这个是医学术语。）王：嗯。医学。ŋ̍˥.i˥ɕyo˩˥˪.黄：嗯。医学术语。ŋ̍˥.i˥ɕyo˩˥˪ʂɥ˧˩y˥˩.

（二）治疗

医疗站

（有没有医疗站？）黄：有么。iou˥muo˧.（医疗站是什么呢？）大队的那些，乡村的那些都叫医疗站。医疗站，卫生所，这个林场这些它都是卫生所儿么。tɑ˧tuei˧ti˧nei˧ɕie˥˩,ɕiaŋ˥tsʰuoŋ˥ti˧nei˧ɕie˥˩tou˥˩˪tɕiaɔ˧i˥˩liaɔ˧˩˪tsæ̃˧˩.i˥˩liaɔ˩˥tsæ̃˧,vei˧˩səŋ˥˩˪suo˥,tʂə˧kə˧liŋ˩˥˪tʂʰɑŋ˥tʂei˧ɕie˥˩tʰɑ˥˩tou˥˩sɿ˧˩vei˧˩səŋ˥˩˪ʂuor˥muo˧.

药铺

（这个药店呢，你们管那个药店是叫药房还是叫什么？还是叫药铺？）黄：那你看走哪瘩去咧么。到口那……到乡政府医生院……卫生院去，乡上那医院那就是去卫生院去啊。县上那就是到医……上医院去啊。næᴇ˧˩ni˥˩kʰæ̃˧tsou˥nɑ˥˩˪tɑ˥˩˪tɕʰi˧˩lie˧muo˧.taɔ˧niæ̃˩˥˪næᴇ˧……taɔ˧ɕiaŋ˥˩˪tʂəŋ˧fu˥˩i˥˩səŋ˥˩˪yæ̃˧……vei˧˩səŋ˥˩˪yæ̃˧tɕʰi˧˩,ɕiaŋ˥ʂaŋ˧næᴇ˧i˥˩˪yæ̃˧˩nei˧tɕiou˧sɿ˧tɕʰy˧vei˧˩səŋ˥˩˪yæ̃˧˩tɕʰia˧˩.ɕiæ̃˧ʂaŋ˧næᴇ˧˩tɕiou˧sɿ˧taɔ˧i˥˩……ʂaŋ˧i˥˩˪yæ̃˧˩tɕʰia˧˩.（欸不是，我是卖药的那个地方。）药铺。yo˥pʰu˧˩.（是中医的叫药铺还是……）啊，中医的就叫……现在都叫咧。中医的，西医都叫药铺咧。ɑ˪,tʂuoŋ˥i˥˩˪ti˧tɕiou˧tɕiaɔ˧……ɕiæ̃˧tsæᴇ˧tou˥˩tɕiaɔ˧lie˧.tʂuoŋ˥i˥˩ti˧,ɕi˥i˥˩tou˥˩tɕiaɔ˧yo˥pʰu˧˩˪lie˧.（不管中医西医？）啊。ɑ˪.（噢，现在还是叫药铺？）还是叫药铺呃。xɑ˩˥˪sɿ˧˩tɕiaɔ˧yo˥pʰu˧˩ə˪.

发汗

（吃个药下去啊，这个把汗排出来叫什么？吃点儿……吃点儿热的。）黄：发发……发发汗么。出个水么，发个汗么。fɑ˥fɑ˥˩˪……fɑ˥fɑ˥˩˪xæ̃˧muo˧.tʂʰɥ˥kə˧˩ʂuei˥muo˧,fɑ˥kə˧˩xæ̃˧muo˧.

拔

1.（冷敷呢？）黄：冷敷的那……冷敷……ləŋ˥fu˥˩˪ti˧nə……ləŋ˥fu˥˩˪……（拿个冰块儿，哼，一……）嗯，那把那个……冷敷口叫咋么个咧吵？拔一下。əŋ˪,nə˧pɑ˥˩˪nə˧kə˧……ləŋ˥fu˥˩niæ̃˩˥tɕiaɔ˧tsɑ˥muo˧kə˧˩lie˧sɑ˧?pɑ˩i˥˩xɑ˧˩.（拔，噢，拔。）

① 结：本字当为“吃”。《广韵》居乞切：“语难。《汉书》曰：司马相如吃而善著书也。”

噢，就叫拔咧，嗯。ɑɔ˥,tsou˥˩tɕiɑɔ˥˩pɑ˩˦lie˧,ə̃˩.

2. 黄：再就说是把热菜放到这个冷水里头叫拔一下。这个有些菜都是，你比如苦苦菜，你烫一下里头还有那个苦味儿，你放冷水一拔，它就没那个苦味儿了。tsæᴇ˥tɕiou˥ʂuo˥˩sɿ˥˩pɑ˥˩zə˥˩tsʰæᴇ˥˦fɑŋ˥tɑɔ˥tʂə˥˩kə˥˩ləŋ˥ʂuei˥li˥˩tʰou˧tɕiɑɔ˥pɑ˩˦i˥˩ɕiɑ˥˩.tʂə˥kə˥iou˥ɕie˥˩tsʰæᴇ˥tou˥˩sɿ˥˩,ni˥pi˥zʮ˩˦kʰu˥kʰu˥˩tsʰæᴇ˥,ni˥˦tʰɑŋ˥˦i˥˩ɕiɑ˥li˥tʰou˧xæᴇ˩˦iou˥˦nə˥kə˥kʰu˥vər˥˩,ni˥˦fɑŋ˥ləŋ˥ʂuei˥i˥˩pɑ˩˦,tʰɑ˥˦tɕiou˥mei˩˦nə˥kə˥kʰu˥vər˥lə˧.

熰罐子

（那拔个火罐儿你是叫拔个熰罐子还是……）黄：那……那你……你是个拔火罐儿的，□就给你“你给我熰一下嘛”。næᴇ˥……næᴇ˥˦ni˥……ni˥sɿ˥kə˥pɑ˩˦xuo˥˩kuæ̃r˥˦ti˧niæ̃˩˦tɕiou˥kei˥ni˥˦ni˥˦kei˥ŋuo˥˦ŋou˥i˥˩xɑ˥˩mɑ˧.（噢，nou˥一下？）给我熰一下嘛。我腰疼得不行了，你给我熰一下。kei˥ŋuo˥˦ŋuo˥i˥˩xɑ˥˦mɑ˧.ŋuo˥˦iɑɔ˥tʰəŋ˩˦tei˥pu˩˦ɕiŋ˩˦lə˧,ni˥˦kei˥ŋuo˥˦nou˥i˥˩ɕiɑ˥˩.（nou˥罐子nou˥一下？）啊。ɑ˥.（这么说这样？）你放熰罐子给我熰一下么。ni˥˩fɑŋ˥nou˥kuæ̃˥tsɿ˧kei˥ŋuo˥˦nou˥i˥˩xɑ˥˩muo˧.（放熰罐子是吧？）你用熰……你用熰罐子给我熰一下。ni˥˩yoŋ˥nɑɔ˥（←nou˥）……ni˥˩yoŋ˥nou˥kuæ̃˥tsɿ˧kei˥ŋuo˥˦nou˥i˥˩xɑ˥˩.

巴

（你拿个这个这个药是热的，趁热给……给他……）黄：巴得上头。噢，我们叫巴上头咧。趁热巴上。piɑ˥tə˧ʂɑŋ˥˦tʰou˧.ɑɔ˥,ŋuo˥mən˧tɕiɑɔ˥piɑ˥ʂɑŋ˥tʰou˧lie˧.tʂʰəŋ˥zə˥˦piɑ˥ʂɑŋ˥˩.（是热的还是一般的草药也可以piɑ˥？）一般的草药都可以巴上。i˥˩pæ̃˥tə˧tsʰɑɔ˥yo˥˩tou˥˩kʰə˥˩i˥˩piɑ˥ʂɑŋ˥˩.

托

1.（你这个敷……这个药哇，叫敷药，你们叫什么？）黄：我们叫抹药咧。ŋuo˥mən˧tɕiɑɔ˥muo˥yo˥˩lie˧.（哎，不不是抹药嘞，那……中药，草药啥，啪，往那上头一……一弄。）那一个是就是贴得上面，一个就是这个抹得上面。næᴇ˥i˥˩kə˥˦sɿ˥˩tɕiou˥sɿ˥tʰie˥tə˧ʂɑŋ˥miæ̃˥,i˥˦kə˥tɕiou˥sɿ˥˩tʂə˥˩kə˥˩muo˥tə˧ʂɑŋ˥˦miæ̃˥˩.（不说敷在上面？）不说敷这个话。pu˩˦ʂuo˥˩fu˥tʂə˥˩kə˥˩xuɑ˥.（你像把它中药啊草药啊山上采回来以后，把那些个呢捣碎捣碎，然后就是呃就是呃……搞到这个伤口上去。）搞得上头。我们把这就……kɑɔ˥tə˧ʂɑŋ˥˦tʰou˧.ŋuo˥mən˧pɑ˥˩tʂə˥˦tɕiou˥˩……（有时候你身上青了一块，紫了一块，拿个热……热毛巾呐，往这儿一贴。）我们叫托一托。不叫㕶敷字，这个话好像不用。ŋuo˥mən˧tɕiɑɔ˥tʰuo˥i˥˩tʰuo˥˩.pu˩˦tɕiɑɔ˥m̩˩fu˥tsɿ˥˩,tʂə˥kə˥xuɑ˥xɑɔ˥ɕiɑŋ˥˩pu˩˦yoŋ˥.（跟那个妥当的妥一样吗？）嗯，妥当的妥一样。ŋ̍˩,tʰuo˥tɑŋ˥ti˧tʰuo˥i˥˩iɑŋ˥.（那个是专门指用毛巾，热毛巾来敷还是……）噢，热毛巾，噢。ɑɔ˩,zə˥mɑɔ˩˦tɕiŋ˥,ɑɔ˩.（呃，用其他东西也可以tʰuo˥吗？）还可以托。xɑ˩˦kʰə˥i˥˩tʰuo˥˩.（有什么呢？）酒糟子呀，醋糟子呀，这些东西都能托。tɕiou˥˦tsɑɔ˥tsɿ˧iɑ˩,tsʰʮ˥tsɑɔ˥tsɿ˧iɑ˩,tʂei˥˦ɕie˥˩tuoŋ˥ɕi˧tou˥˩nəŋ˩˦tʰuo˥˩.（但是是热的吗？）热的。zə˥ti˧.（凉的不行？）凉的不行。liɑŋ˩˦ti˧pu˩˦ɕiŋ˩˦.（用热的东西往上……往往往……）啊。有些东西，有时候你比如说是那难来的话，欸，也其他东西也弄。这个洋芋洋芋呀，你这个马上把这个捎来以后，开水把那烫了，他把……把这个土豆儿弄来切成片片放上面。ɑ̃˩.iou˥ɕie˥˩tuoŋ˥ɕi˧,iou˥sɿ˩˦xou˥ni˥˦pi˥zʮ˩˦ʂuo˥˦sɿ˥nə˥næ̃˩˦læᴇ˩˦tə˧xuɑ˥˩,ei˩,ie˥˦tɕʰi˩˦tʰɑ˥tuoŋ˥˩ɕi˧lie˥˦nuoŋ˥.tʂei˥kə˥iɑŋ˩˦y˥iɑŋ˩˦y˥iɑ˩,ni˥˩tʂə˥kə˥mɑ˥ʂɑŋ˥˩pɑ˥˩tʂə˥kə˥ʂɑɔ˥læᴇ˩˦i˥˦xou˥,kʰæᴇ˥˩ʂuei˥pɑ˥˩næᴇ˥tʰɑŋ˥lə˧,tʰɑ˥pɑ˥˩……pɑ˥˩tʂə˥kə˥tʰu˥tour˥nuoŋ˥læᴇ˩˦tɕʰie˥tʂʰəŋ˩˦pʰi ǣ˥pʰiæ̃˥˩faŋ˥˩ʂaŋ˥˩miæ̃˥˩.（也叫tʰuo˥？）也托咧。ie˥tʰuo˥˩lie˩.（也是搞热才行不？）不。pu˩.（不搞热？）这就是凉的。tʂei˥tɕiou˥sɿ˥liaŋ˩ti˩.

2.（拿个毛巾这么那个呢？）黄：托一下。tʰuo˥i˥˩xa˥˩.（毛巾叫……热敷叫托？）呃，热敷叫托。ə˥,zə˥fu˥˩tɕiao˥tʰuo˥.

头疼粉

（有头疼粉这个东西吗？）黄：有咧。药。头疼粉。iou˥lie˩.yo˥.tʰou˩tʰəŋ˩˩fəŋ˥.（怎么用啊？是个什么东西？）那个小包包里头装咧袋白面面子么。扑尔息敏……基本是扑尔息敏一类的药么，啊。洋名字怕叫扑尔息敏吗是扑尔个啥。nei˥kə˥ɕiao˥˩pao˥pao˥˩li˥tʰou˩tʂaŋ˥（←tʂuaŋ˥）lie˩tæᴇ˥pei˩˩miæ̃˥˩miæ̃˥˩tsɿ˩muo˩.pʰur˥˩ɕi˥˩miŋ˥……tɕi˥pəŋ˥˩sɿ˥˩pʰur˥˩ɕi˥˩miŋ˥i˥˩luei˥ti˩yo˥muo˩,a˩.iaŋ˩miŋ˩˩tsɿ˥˩pʰa˥tɕiao˥pʰur˥˩ɕi˥˩miŋ˥ma˩sɿ˥˩pʰur˥kə˥sa˥˩.

蚂蚁粉

（有的蚂蚁还能吃呢！）黄：欸，那有好多人都把那……欸，吃的劲真大大的。蚂蚁粉，直接是把蚂蚁逮回来以后，烘干以后粉成粉子吃咧。有的那么个吃的，有的直接就放蚂蚁放……放这个锅里熬一下，放那个汁子，喝了。ei˩,nei˥iou˥˩xao˥tuo˥˩zəŋ˩tou˥˩pa˥˩næᴇ˥……ei˥,tʂʰʅ˥ti˩tɕiŋ˩tʂəŋ˥˩ta˥˩ta˥˩ti˩.ma˥i˥˩fəŋ˥,tʂʅ˩˩tɕie˥˩sɿ˥pa˥˩ma˥i˥˩tæᴇ˥xuei˩˩læᴇ˩˩i˥˩xou˥,xuoŋ˥˩kæ̃˥i˥˩xou˥fəŋ˥tʂʰəŋ˩˩fəŋ˥tsɿ˩tʂʰʅ˥lie˩.iou˥ti˩nə˥muo˩kə˥tʂʰʅ˥ti˩,iou˥ti˩tʂʅ˩tɕie˥˩tsou˥faŋ˥˩ma˥i˥˩faŋ˥˩……faŋ˥tʂə˥kə˥kuo˥li˥˩ao˩i˥xa˥,faŋ˥nə˥kə˥tʂʅ˥tsɿ˩,xuo˥lə˩.（那叫什么？蚂蚁汁儿还是蚂蚁什么？）蚂蚁汁儿。ma˥˩i˥˩tʂər˥.（你吃过蚂蚁没有？）没有。那我一个朋友到……哎呀，到湖北去咧吧他们。到湖北旅游回来以后，我去了，最后他给我拿出来两袋子蚂蚁粉，他说这个欸说保健效果，治风湿性……像我这个脚……脚腕子疼，他说给你拿一两袋子吃一吃，这个情况……效果好得很。mei˩iou˥˩.næᴇ˥ŋuo˥i˥˩kə˥pʰəŋ˩˩iou˥tao˥……æᴇ˥ia˩,tao˥xu˩pei˥tɕʰi˥lie˩pa˩tʰa˥məŋ˩.tao˥xu˩pei˥ly˥˩iou˩xuei˩˩læᴇ˩˩i˥˩xou˥,ŋuo˥˩tɕʰi˥lə˥,tsuei˥xou˥tʰa˥kei˥ŋuo˥˩na˩˩tʂʰʅ˥læᴇ˩˩liaŋ˥tæᴇ˥tsɿ˩ma˥i˥˩fəŋ˥,tʰa˥˩ʂuo˥˩tʂə˥kə˥ei˩ʂuo˥˩pao˥tɕiæ̃˥ɕiao˥kuo˥˩,tʂʅ˥fəŋ˥˩ʂʅ˥˩ɕiŋ˥tʂ……ɕiaŋ˥ŋuo˥tʂə˥kə˥tɕiao˥i……tɕiao˥˩væ̃˥tsɿ˩tʰəŋ˩˩,tʰa˥˩ʂuo˥˩kei˥ni˥˩na˩i˥˩liaŋ˥tæᴇ˥tsɿ˩tʂʰʅ˥˩i˥˩tʂʰʅ˥˩,tʂə˥kə˥tɕʰiŋ˩˩kuaŋ˥˩ɕi……ɕiao˥kuo˥˩xao˥˩tə˩xəŋ˥˩.（好不好呢？）最后把那个拿出来以后你，我说："那啥蚂蚁粉嘛？拿我看。"最后往出来一拿以后，我说："啊，你吃吧。我不吃，我害怕。"那粉过那个欸，多一半儿那个蹄蹄爪爪，那个爪爪都在。那一看就恶心。tsuei˥xou˥pa˥˩nə˥kə˥na˩˩tʂʰʅ˥læᴇ˩˩i˥˩xou˥ni˥˩,ŋuo˥˩ʂuo˥˩:nə˥sa˥˩ma˥˩i˥˩fəŋ˥ma˩?na˩ŋuo˥˩kʰæ̃˥˩.tsuei˥xou˥vaŋ˥˩tʂʰʅ˥læᴇ˩˩i˥˩na˩i˥˩xou˥,ŋuo˥ʂuo˥˩:æ˩,ni˥˩tʂʰʅ˥pa˩.ŋuo˥˩pu˩˩tʂʰʅ˥.ŋuo˥xæᴇ˥pʰa˥˩.nə˥fəŋ˥kuo˥nə˥kə˥ei˥,tuo˥i˥˩pær˥næᴇ˥kə˥tʰi˩˩tʰi˩˩tsao˥tsao˥˩,nə˥kə˥tʂua˥tʂua˥˩tou˥˩tsæᴇ˥.næᴇ˥i˥˩kʰæ̃˥tsou˥ə˥ɕiŋ˥˩.

这病回咧头了

黄：回头了这个有说这个话了。病基本上好些了，嗯，就是看这病回咧头了。xuei˩tʰou˩˩lə˥tʂə˥˩kə˥˩iou˥ʂuo˥tʂə˥˩kə˥xua˥˩lə˩.piŋ˥˩tɕi˥˩pəŋ˥˩ʂaŋ˥xao˥ɕie˥˩lə˩,n̩˥,tɕiou˥sɿ˥kʰæ̃˥tʂə˥piŋ˥xuei˩˩lie˩tʰou˩˩lə˥.

轻松

（这个人呐心……这个身上不难过，叫不叫舒服？）王：舒……啊，叫舒服。ʂʮ˥……ã˩,tɕiao˥ʂʮ˥fu˩.（有说好受的吗？）没有说好受的。muo˥˩iou˥ʂuo˥˩xao˥˩ʂou˥˩ti˩.（就是一个舒服？）啊，就是舒服。再一个就是人说轻松。a˥,tɕiou˥sɿ˥ʂʮ˥fu˩.tsæᴇ˥i˥˩kə˥

tɕiou˦sɿ˦zəŋ˩˥ʂuo˥˩tɕʰiŋ˥səŋ˧.（叫什么？）轻松。tɕʰiŋ˥səŋ˥˩.（什么tɕʰiŋ˥səŋ˩啊？）就是人身体的整个儿没有问题，这人一天，除个舒服，再就说人来，啊，人一天轻轻松松的。tɕiou˦˩sɿ˦˩zəŋ˩˥səŋ˥˩tʰi˥˦tə˧tʂəŋ˥˩kər˦muo˥˩iou˥vəŋ˦tʰi˩˥,tsə˦˩zəŋ˩˥i˥tʰiæ̃˥˩,tʂʰʮ˩˥˩kə˦ʂʮ˥fu˧,tsæᴇ˦tɕiou˦˩ʂuo˥˩zəŋ˩˥læᴇ˩˥˦,æ˩,zəŋ˩˥i˥tʰiæ̃˥˦tɕʰiŋ˥tɕʰiŋ˥˩səŋ˥səŋ˥˩ti˧.（轻松？）啊，轻松。我们，我们……ɑ˩,tɕʰiŋ˥˩suoŋ˥.ŋuo˥məŋ˧,ŋuo˥m……（轻松？）□们叫轻松，我们这儿叫轻松。niæ̃˩˥məŋ˧tɕiɑɔ˦tɕʰiŋ˥˩suoŋ˥˩,ŋuo˥məŋ˧tʂər˦tɕiɑɔ˦tɕʰiŋ˥səŋ˥˩.

一四、服饰

衣裤 / 鞋帽穿戴 / 纺织缝补

（一）衣裤

衣裤

（你像衣服啊，从里到外穿一些什么东西？）黄：从里到外，他兀里头也穿个衬衣。tsʰuoŋ˩˧˩li˥˧taɔ˥væᴇ˥,tʰɑ˥˧˧vu˥li˥˧tʰou˧ie˥˧˧tʂʰuæ̃˥˧kə˥˩tsʰəŋ˥˦i˥˧˩.（最里面？）最里面，那会儿买不起这个线背心儿，线褂褂，那就是用布的。也是这么个圆领领子的。欸也做这么背心儿形式那。tsuei˥˦li˥˧miæ̃˥˩,nə˥˩xuər˥mæᴇ˥˧pu˩˧˩tɕʰi˥˧tʂə˥kə˥ɕiæ̃˥pei˥ɕiə̃r˥˧,ɕiæ̃˥kuɑ˥kuɑ˥˩,næᴇ˥tsou˥sɿ˥yoŋ˥pu˥˦ti˧.ie˥˧sɿ˥tʂə˥˦muo˧kə˥˩yæ̃˩˧liŋ˥˧liŋ˥˧˩tsɿ˧ti˧.ei˥iɑ˥˧˩tsʮ˥tʂə˥muo˧pei˥ɕiə̃r˥˧˩ɕiŋ˩˧˩ʂʅ˥˧˧nə˥.（那叫什么？）汗背心儿么。有的把那个叫汗……汗衫儿。那实际上就是这个衬汗……主要是为咧衬汗的。xæ̃˥pei˥˦ɕiə̃r˥˧muo˧.iou˥˧ti˧pɑ˥˧˩næᴇ˥kə˥tɕiɑɔ˥xæ̃˥……xæ̃˥˦sæ̃r˥˧˩.næᴇ˥ʂʅ˩˧˩tɕi˥˦ʂɑŋ˥˩tɕiou˥˦sɿ˥tʂə˥kə˥tsʰəŋ˥xæ̃˥……tʂʮ˥˧iɑɔ˥˦sɿ˥˩vei˥lie˧tsʰəŋ˥xæ̃˥ti˧.（有袖子吗？）没有袖子。没有袖子。muo˥˧˦iou˥˧ɕiou˥tsɿ˧.muo˥˧˦iou˥˧ɕiou˥tsɿ˧.（然后那个外面呢？）那就是再穿上布衫么。næᴇ˥˦tɕiou˥˩sɿ˥˩tsæᴇ˥˦tʂʰuæ̃˥˧ʂɑŋ˥˩pu˥sæ̃˥˧muo˧.（单的？）单的。这是有钱人里头衬个布衫，没钱人就是那个……就做下那个棉袄儿。那个空心棉袄儿，就是里头啥都不衬，往上一穿就对了。tæ̃˥˧ti˧.tʂə˥sɿ˥iou˥˧tɕʰiæ̃˩˧zəŋ˩˧˧li˥˧tʰou˧tsʰəŋ˥˦kə˥˩pu˥sæ̃˥˧˩,muo˥˧tɕʰiæ̃˩˧zəŋ˩˧˧tɕiou˥sɿ˥nə˥kə˥……tɕiou˥tsʮ˥xɑ˥nɑ˥kə˥miæ̃˩˧˩nɑɔr˥˧.nə˥˩kə˥˩kʰuoŋ˥˧ɕiŋ˥˧˩miæ̃˩˧˩nɑɔr˥˧,tɕiou˥˩sɿ˥˩li˥˧tʰou˧sɑ˥˦tou˥˧˩pu˩˧˩tsʰəŋ˥,vɑŋ˥˧˩ʂɑŋ˥i˥˧˩tʂʰuæ̃˥˧tsou˥˩tuei˥˦lə˧.（哦，就两层的那种？）噢，就那个棉袄儿往上一穿。有钱的人外头还……还再弄上个单衣裳，做上个罩衣往上一罩，没钱人就那一挂。ɑɔ˩,tɕiou˥nə˥kə˥miæ̃˩˧˩nɑɔr˥˧vɑŋ˥˧˩ʂɑŋ˥˦i˥˧˩tʂʰuæ̃˥˧.iou˥˧tɕʰiæ̃˩˧ti˧zəŋ˩˧væᴇ˥tʰou˧xɑ˩˧˩……xɑ˩˧˩tsæᴇ˥nuoŋ˥ʂɑŋ˥kə˥tæ̃˥˧˩i˥˧ʂɑŋ˩˧˩,tsʮ˥ʂɑŋ˥kə˥tsɑɔ˥˦i˥˧˩vɑŋ˥˧˩ʂɑŋ˥˦i˥˧˧tsɑɔ˥,muo˥˧tɕʰiæ̃˩˧zəŋ˩˧˧tɕiou˥nei˥˦i˥˧˩kuɑ˥.（那不冷啊冬天？）冷那也没办法，就那么个东西。ləŋ˥˧nə˥ɑ˥˧˩mei˩˧pæ̃˥˦fɑ˥˧˩,tɕiou˥nə˥muo˧kə˥tuoŋ˥˧ɕi˧.（那个下面呢？）下……裤裤那就是这个……呃……也不……根本没甚么裤头儿不裤头儿的了。做那么个大裤裆棉裤往上一穿就得了。ɕiɑ……kʰu˥˦kʰu˥˩næᴇ˥tsou˥sɿ˥tʂə˥˩kə˥˩ts……ə……ie˥˧pu˩˧……kəŋ˥˧˩pəŋ˥˧mei˩˧ʂəŋ˥muo˧kʰu˥tʰour˩˧pu˩˧˩kʰu˥tʰour˩˧˩ti˧lə˧.tsʮ˥nə˥muo˧kə˥tɑ˥kʰu˥tɑŋ˥˧miæ̃˩˧˩kʰu˥˦vɑŋ˥˧˩ʂɑŋ˥˦i˥˧˩tʂʰuæ̃˥˧tsou˥˩tə˥˦lə˧.（没有……里面不穿内裤？）哪有内裤穿咧嘛？nɑ˥˧iou˥˧luei˥kʰu˥tʂʰuæ̃˥˧˩lie˧mɑ˧?（那后来内裤叫什么？）又……后……后来慢慢就把那叫衬裤了。iou˥……xou˥˦……xou˥˦læᴇ˩˧˧mæ̃˥mæ̃˥tɕiou˥pɑ˥˧˩næᴇ˥tɕiɑɔ˥tsʰəŋ˥kʰu˥lə˧.（衬裤？）有了衬裤这个说法了，也有咧衬裤了。iou˥˧lə˧tsʰəŋ˥kʰu˥˦tʂə˥˩kə˥˩ʂuo˥˧˩fɑ˥˧˩lə˧,ie˥˧˧iou˥˧lie˧tsʰəŋ˥kʰu˥˩lə˧.（穿不穿裤衩儿呢？）哪有钱买裤衩子嘛你。不是啰唆不穿不成，那是没有钱买你。nɑ˥˧iou˥˧tɕʰiæ̃˩˧mæᴇ˥˧kʰu˥˩tsʰɑ˥˦tsɿ˧mɑ˧ni˥˧˧.pu˩˧˩sɿ˥luo˥˧suo˥˧˩pu˩˧tʂʰuæ̃˥˧pu˩˧˩tʂʰəŋ˩˧,nə˥˩sɿ˥˩mei˩˧iou˥˧tɕʰiæ̃˩˧mæᴇ˥˧ni˥˧˩.（你们讲……你们叫那个裤衩叫衬……衬裤是吗？）哎，裤衩

子……裤头是裤头子么，衬裤是衬裤。衬……这里的线裤这这就是线裤么，衬裤么啊。æᴇ˨˦,kʰu˥tsʰɑ˥˧tsɿ˨……kʰu˥tʰou˨˦sɿ˥kʰu˥tʰou˨˦˩tsɿ˦muo˨,tsʰəŋ˥kʰu˥sɿ˥˩tsʰəŋ˥kʰu˥.tsʰəŋ˥……tʂei˥˨i˥˧˩ti˨ɕiæ̃˥kʰu˥tʂə˥˩tʂei˥˨tɕiou˥˩sɿ˥˩ɕiæ̃˥kʰu˥muo˦,tsʰəŋ˥kʰu˥muo˨ɑ˩.（哦，你们那个呃短裤叫做……）裤头儿么。kʰu˥tʰour˨˦muo˨.（叫不叫裤衩儿？）叫裤衩儿么。tɕiɑɔ˥kʰu˥tsʰɑr˥˧muo˨.（也叫裤衩是吧？）也叫裤衩儿，也叫裤头儿。ie˥˧tɕiɑɔ˥˩kʰu˥tsʰɑr˥˧,ie˥˧tɕiɑɔ˥˩kʰu˥tʰour˨˦.（一个意思？）一个意思么。i˥˧˩kə˥˨i˥˦sɿ˥˧˩muo˨.（好，裤头外面呢？）外面这就穿个线裤就对了么。væᴇ˥miæ̃˥tʂei˥tɕiou˥tʂʰuæ̃˥˧kə˥˩ɕiæ̃˥kʰu˥tsou˥tuei˥˨lə˨muo˨.（线裤子？）噢，线裤也叫衬裤么。在外头穿一个裤子就对了。ɑɔ˩,ɕiæ̃˥kʰu˥ie˥˧˦tɕiɑɔ˥tsʰəŋ˥kʰu˥muo˨.tsæᴇ˥væᴇ˥tʰou˦tʂʰuæ̃˥˧i˥˧˩kə˥˩kʰu˥tsɿ˦tɕiou˥tuei˥lə˨.（线裤是什么做的？布……布料的还是毛线的？）线裤就是纺织线的么。ɕiæ̃˥kʰu˥tɕiou˥sɿ˥fɑŋ˥˧tʂʅ˥˧˩ɕiæ̃˥˦ti˨muo˨.（哦，就是那种棉毛裤一样的啊？）嗯，这就叫线裤。啊，这就是线裤么。ŋ̍˩,tʂei˥˨tɕiou˥˩tɕiɑɔ˥˩ɕiæ̃˥˦kʰu˥˩.ɑ˩,tʂei˥˨tɕiou˥˩sɿ˥˩ɕiæ̃˥˦kʰu˥˩muo˨.（那毛线裤呢？）叫毛裤嘛。毛裤在这里来说是……到你南京去恐怕不太多些。到我们这儿来很……很多。这二年都已经不行时过了。过去那……前几年有自己欸用毛线自己织下的。厂里这是庆阳地区毛一厂、毛二厂，呃，大量的毛毯，铺的……有的是铺的毛毯，盖的毛毯，身上还穿的是毛衣，脖子里还围的是毛围巾子。tɕiɑɔ˥mɑɔ˨˦˩kʰu˥mɑ˨.mɑɔ˨˦˩kʰu˥˨tsæᴇ˥tʂei˥˨li˥˧˩læᴇ˨˦˧ʂuo˥˧˦sɿ˥……tɑɔ˥ni˥˧˦næ̃˨˦˩tɕiŋ˥˧tɕʰi˥kʰuoŋ˥˧pʰɑ˥pu˨˦˩tʰæᴇ˥tuo˥˧ɕie˥˧˩.tɑɔ˥ŋuo˥˧məŋ˨tʂər˥læᴇ˨˦˧xəŋ˥˧……xəŋ˥˧tuo˥˧˩.tʂə˥ər˥niæ̃˨˦˧tou˥˧˦i˥˧tɕiŋ˥˧˩pu˨˦˩ɕiŋ˨˦sɿ˨˦˩kuo˥lə˦.kuo˥tɕʰy˥næᴇ……tɕʰiæ̃˨˦tɕi˥˧˩niæ̃˨˦iou˥˧˦tsɿ˥tɕie˥˧˩ei˩yoŋ˥mɑɔ˨˦˩ɕiæ̃˥tsɿ˥tɕie˥˧˩tʂʅ˥˧xɑ˥˩ti˨.tʂʰɑŋ˥˧li˥˧tʂə˥ʂʅ˥tɕʰiŋ˥˦iɑŋ˨˦˩ti˥˨tɕʰy˥˧˩mɑɔ˨˦i˥˧˦tʂʰɑŋ˥˧,mɑɔ˨˦ər˥tʂʰɑŋ˥˧,ə˩,tɑ˥liɑŋ˥ti˦mɑɔ˨˦tʰæ̃˥˧˦,pʰu˥˧ti˨……iou˥˧ti˦sɿ˥pʰu˥˧ti˨mɑɔ˨˦tʰæ̃˥˧˦,kæᴇ˥˦ti˨mɑɔ˨˦˩tʰæ̃˥˧˦,ʂəŋ˥˧ʂɑŋ˥xɑ˨˦˩tʂʰuæ̃˥˧ti˦sɿ˥mɑɔ˨˦i˥˧,puo˨˦tsɿ˦li˥˧˩xɑ˨˦˩vei˨˦˩ti˦sɿ˥mɑɔ˨˦vei˨˦˩tɕiŋ˥˧tsɿ˨.（都是纯毛的？）都是纯毛的。tou˥˧˦sɿ˥tʂʰuoŋ˨˦˩mɑɔ˨˦˩ti˦.（那个外面的裤子叫什么？）叫罩裤么。你棉裤外头罩下那个就叫罩裤。tɕiɑɔ˥tsɑɔ˥˨kʰu˥˩muo˨.ni˥˧˦miæ̃˨˦˩kʰu˥˨væᴇ˥tʰou˨tsɑɔ˥˦xɑ˥nə˥kə˥tɕiou˥˩tɕiɑɔ˥˩tsɑɔ˥kʰu˥˩.（这个妇女她跟男人穿的有什么不同没有？）兀基本上都是没有多大的变化。在颜色上有变化咧。但是从其他上方面都没有得。væᴇ˥˨tɕi˥˧˩pəŋ˥˧ʂɑŋ˥˩tou˥˧˩sɿ˥˩muo˥˧˩iou˥˧˩tuo˥˧˩tɑ˥ti˦piæ̃˥xuɑ˥.tsæᴇ˥iæ̃˨˦˩sei˥˧ʂɑŋ˥˩iou˥˧˦piæ̃˥xuɑ˥lie˦.tæ̃˥sɿ˥tsʰuoŋ˨˦˩tɕʰi˨˦˩tʰɑ˥˧ʂɑŋ˥˩fɑŋ˥˧˦miæ̃˥˩tou˥˧˩mei˨˦iou˥˧˩tei˥˧˩.（名称？）名称上都没有得。过去老一辈的这个妇女她不能穿对襟子衣裳。她都穿的是这个欸大襟子啊。这个大襟子有它的好处。一个是这个哎有娃娃这个，她欸往开一解，把娃娃往里头一捂，就基本上包严了。miŋ˨˦˩tʂʰəŋ˥˧ʂɑŋ˥˩tou˥˧˩mei˨˦iou˥˧tei˥˧˩.kuo˥tɕʰy˥lɑɔ˥˧i˥˧˩pei˥ti˦tʂə˥˩kə˥˩fu˥ny˥˧tʰɑ˥˧˩pu˨˦˩nəŋ˨˦tʂʰuæ̃˥˧˩tuei˥˦tɕiŋ˥˧˩tsɿ˨i˥˧ʂɑŋ˨˦˩.tʰɑ˥˧˩tou˥˧˦tʂʰuæ̃˥˧˩ti˦sɿ˥tʂə˥kə˥ei˩tɑ˥˦tɕiŋ˥˧˩tsɿ˨ɑ˦.tʂə˥kə˥tɑ˥tɕiŋ˥˧˩tsɿ˨iou˥˧tʰɑ˥˧˦ti˦xɑɔ˥˧tʂʰʯ˥˧˩.i˥˧kə˥˩sɿ˥tʂə˥kə˥˩æᴇ˩iou˥˧vɑ˨˦˩vɑ˨˦˧tʂə˥kə˥,tʰɑ˥˧˩ei˥˧vɑŋ˥˧˩kʰæᴇ˥˧i˥˧˩kæᴇ˥˧,pɑ˥˧˩vɑ˨˦vɑ˨˦˨vɑŋ˥˧˦li˥˧˦tʰou˦i˥˧˩vu˥˧,tɕiou˥tɕi˥˧˩pəŋ˥˧ʂɑŋ˥˩pɑɔ˥˧niæ̃˨˦lə˦.（女人的那个内衣内裤有什么叫法没有？）那没有啥。næᴇ˥˨mei˨˦˧iou˥˧˦sɑ˥˩.（也……也叫裤头儿？）欸也叫裤头儿，裤衩儿。噢，她穿那个裤衩多一半儿都是三角裤衩多一点。ei˥ie˥˧tɕiɑɔ˥˩kʰu˥tʰour˨˦˩,kʰu˥tsʰɑr˥˧˦.ɑɔ˥,tʰɑ˥˧˦tʂʰuæ̃˥˧nə˥˩kə˥˩kʰu˥tsʰɑ˥˧˦tuo˥˧i˥˧˩pæ̃r˥˨tou˥˧˩sɿ˥˩sæ̃˥˧tɕyo˥˧˩kʰu˥˨tsʰɑ˥˧˩tuo˥˧˩i˥˧˩tiæ̃˥˧˩.

棉袄儿、棉裤、棉袂袂、棉袍子

（棉衣叫什么呢？）黄：棉衣就叫那你是奘……那上头就叫棉袄儿……miæ̃˨˦i˥˧˦tɕiou˥tɕiɑɔ˥næᴇ˥˨ni˥˧sɿ˥˩tʂuɑŋ˥˧˦……nə˥˩ʂɑŋ˥tʰou˦tsou˥tɕiɑɔ˥miæ̃˨˦nɑɔr˥˧˦……（啊？）棉袄。下身子叫棉裤么。miæ̃˨˦nɑɔ˥˧.ɕiɑ˥ʂəŋ˥˧˦tsɿ˦tɕiɑɔ˥miæ̃˨˦kʰu˥muo˦.（叫不叫棉……棉褂褂？）棉褂

褂是没有袖子的，是两个锨锨儿样它，就像你穿的这件。miæ̃˩˧˧˩kuɑ˥˨˦kuɑ˥˧˩sɿ˥˧˩muo˥˧˧˩iou˥˧ ɕiou˥˨˦tsɿ˧ti˧,sɿ˥liɑŋ˥˧kə˥˧˩ɕiæ̃˥˧˧˩ɕiæ̃r˥˧iɑŋ˥tʰɑ˥˧˨,tɕiou˥ɕiɑŋ˥ni˥˧tʂʰuæ̃˥˧˧˩ti˧tʂei˥˧˥˧tɕiæ̃˥˧˩.（棉坎肩儿是吧？）噢，棉坎肩儿我们就叫棉褂褂。最土一点叫棉袷袷。ɑɔ˧˩,miæ̃˩˧˧˩kʰæ̃˥˧tɕiæ̃r˥˧˧˩ŋuo˥˧məŋ˧ tɕiou˥tɕiɑɔ˥miæ̃˩˧˧˩kuɑ˥˨˦kuɑ˥˧˩.tsuei˥tʰu˥˧i˥˧˧˩tiæ̃˥˧˧˩tɕiɑɔ˥miæ̃˩˧˧˩tɕiɑ˥˧˨˦tɕiɑ˥˧.（嗯，那种长的那个棉的呢？）棉袍子么。miæ̃˩˧pʰɑɔ˩˧˧˩tsɿ˦muo˧.（这个棉坎肩还有别的说法没有？）棉袷袷么。miæ̃˩˧˧˩tɕiɑ˥˧˨˦tɕiɑ˥˧muo˧.

袷袄儿

（袷衣呢？）黄：有，有袷衣。说袷衣是双层子的。iou˥˧,iou˥˧tɕiɑ˥˧˧˩i˥˧˧˩.ʂuo˥˧˧˩tɕiɑ˥˧i˥˧˨sɿ˥ʂuɑŋ˥˧tsʰəŋ˩˧˧˩tsɿ˦ti˧.（还有别的说法没有？）过去老年人穿那个夹衣都是大襟子。大襟衫子。它那个纽子在这儿扣着咧。这个纽子从这儿扣下，它从这儿这么扣着，前头这个襟子是个大的，前后都没有缝缝，穿上暖和，不透风。大襟子。kuo˥˨˦tɕʰy˥lɑɔ˥˧niæ̃˩˧˧˩zəŋ˩˧tʂʰuæ̃˥˧nə˥˧˩kə˥˧˩tɕiɑ˥˧i˥˧˧˩tou˥˧˧˩sɿ˥˧˩tɑ˥˨˦tɕiŋ˥˧tsɿ˧.tɑ˥˨˦tɕiŋ˥˧˧˩sæ̃˥˧tsɿ˧.tʰɑ˥˧˨nə˥kə˥niou˥˧tsɿ˧tsæᴇ˥tʂər˥˨˦kʰou˥˧˩tʂuo˥˧˧˩lie˧.tʂə˥kə˥niou˥˧tsɿ˧tsʰuoŋ˩˧˧˩tʂər˥kʰou˥xɑ˥,tʰɑ˥˧˨tsʰuoŋ˩˧˧˩tʂər˥tʂə˥˧˩muo˧kʰou˥tʂə˧,tɕʰiæ̃˩˧˧˩tʰou˦tʂə˥kə˥tɕiŋ˥˧tsɿ˧sɿ˥˧˩kə˥˧˩tɑ˥˨˦ti˧,tɕʰiæ̃˩˧˧˩xou˥˧˥˧tou˥˧˧˩mei˩˧iou˥˧˨fəŋ˥˨˦fəŋ˥˧˩,tʂʰuæ̃˥˧ʂɑŋ˥˧˩nuæ̃˥˧xuo˧,pu˩˧˧˩tʰou˥fəŋ˥˧.tɑ˥˨˦tɕiŋ˥˧˧˩tsɿ˧.（那个……那个双层的？）袷……叫……老人把那叫袷袄儿么。tɕiɑ˥˧˨˦……tɕiɑɔ˥……lɑɔ˥˧zəŋ˩˧˨pɑ˥˧˧˩næᴇ˥tɕiɑɔ˥tɕiɑ˥˧˧˩nɑɔr˥˧muo˧.（那裤子有没有双层的？袷裤？）裤子没有得。kʰu˥tsɿ˧mei˩˧iou˥˧˨tei˥˧˧˩.（没有袷裤啊？）没有，没有袷裤子。mei˩˧˨iou˥˧˧˩,mei˩˧˨iou˥˧˧˩tɕiɑ˥˧˧˩kʰu˥˧˥˧tsɿ˧.

汗袷袷

（这个内……里面穿的那是……）黄：衬衣么。衬衣，汗衫儿，汗袷袷。没有领领的那个叫汗袷袷。tsʰəŋ˥i˥˧˧˩muo˧.tsʰəŋ˥i˥˧˧˩,xæ̃˥sæ̃r˥˧˧˩,xæ̃˥tɕiɑ˥˧˨˦tɕiɑ˥˧.mei˩˧iou˥˧liŋ˥˧liŋ˥˧˨ti˦nə˥kə˥nə˥tɕiɑɔ˥xæ̃˥tɕiɑ˥˧˨˦tɕiɑ˥˧.（就这样没领的叫汗袷袷？）啊，叫背心儿。ɑ˧˩,tɕiɑɔ˥pei˥ɕiə̃r˥˧.（过去女的……呃，男同志这这这都是，老……土式的那种衣服……）袷袷么。tɕiɑ˥˧˨˦tɕiɑ˥˧muo˧.（叫袷袷？）呃，汗衫衫，袷袷。背心儿么。ə˧˩,xæ̃˥sæ̃˥˧sæ̃˥˧˧˩,tɕiɑ˥˧˨˦tɕiɑ˥˧.pei˥ɕiə̃r˥˧muo˧.

袷袍子

（有那种袷袍子没有？）黄：袍子可有袷的。长的。pʰɑɔ˩˧˧˩tsɿ˦kʰə˥˧˧˩iou˥˧˧˩tɕiɑ˥˧ti˧.tʂʰɑŋ˩˧˧˩ti˦.（你讲袷的它是双层的是吧？）双层子的就是袷的。ʂuɑŋ˥˧tsʰəŋ˩˧˧˩tsɿ˦ti˦tɕiou˥˧˩sɿ˥˧˩tɕiɑ˥˧ti˧.（叫袷袍子，还叫什么？）棉袍儿。miæ̃˩˧pʰɑɔr˩˧.（叫棉袍儿？）嗯。有的是……有的是奘棉花的，有些就是光是双层子的。ə̃˧˩.iou˥˧ti˦sɿ˥……iou˥˧ti˧sɿ˥˧˩tʂuɑŋ˥˧˨miæ̃˩˧˧˩xuɑ˥˧ti˧,iou˥˧ɕie˥˧˨tɕiou˥sɿ˥kuɑŋ˥˧˧˩sɿ˥˧˩ʂuɑŋ˥˧tsʰəŋ˩˧˧˩tsɿ˦ti˧.

皮袄

黄：皮袄这就是分长皮袄、短皮袄。短皮袄就是齐住……把屁蛋子包住这一种。长皮袄必须得膝盖以下。pʰi˩˧˧˩nɑɔ˥˧tʂei˥tɕiou˥sɿ˥fəŋ˥˧˧˩tʂʰɑŋ˩˧pʰi˩˧˧˩nɑɔ˥˧˨,tuæ̃˥˧pʰi˩˧˧˩nɑɔ˥˧˧˩.tuæ̃˥˧pʰi˩˧˧˩nɑɔ˥˧˨tɕiou˥˧˩sɿ˥˧˩tɕʰi˩˧˧˩tʂʮ˥……pɑ˥˧˧˩kou˥˧˧˩tæ̃˥˧˥˧tsɿ˧pɑɔ˥˧tʂʮ˥˧˩tʂei˥i˥˧˨tʂuoŋ˥˧˧˩.tʂʰɑŋ˩˧pʰi˩˧˧˩ɑɔ˥˧˨pi˥˧˧˩ɕy˥˧tei˥˧˧˩tɕʰi˥˧ ˧˩kæᴇ˥˧˥˧i˥˧˧˩ɕiɑ˥˧˩.

西装

（穿的那个西服你们是叫西服还是叫西装？）黄：叫西装。tɕiɑɔ˥ɕi˥˧tʂuɑŋ˥˧˧˩.（以前老人叫这种叫什么？）以前的那个服装的变迁就说是这个，从我最早的话它就是这个，就是自己做下那种服饰叫便衣。i˥˧tɕʰiæ̃˩˧˧˩ti˦nə˥kə˥fu˩˧tʂuɑŋ˥˧ti˧piæ̃˥tɕʰiæ̃˥˧tɕiou˥˧˩ʂuo˥˧˧˩sɿ˥˧˥˧tʂə˥˧˩kə˥˧˩,ts ʰuoŋ˨˦ŋuo˥˧tsuei˥˧˥tsɑɔ˥˧ti˨xuɑ˥˩tʰɑ˥˧tɕiou˥˩sɿ˥˩tʂə˥˩kə˥˩,tɕiou˥˩sɿ˥˩tsɿ˥tɕie˥˧˩tsuo˥˧˥˧xɑ˥˩nei˥tʂuoŋ˥˧˩fu˨˦ ʂɿ˥˧˩tɕiɑɔ˥piæ̃˥i˥˧˩.（便衣？）嗯。以后发展到就说是这个社会发展到穿啥么？做个这个欸西服裤子，就是咱们现在这个裤子，西服裤子，前头开口口的，这就叫西服裤子了。穿个布衫衫，穿个中山装，或是大众噢……大众装……装，这就叫甚么大众服，甚么中山服，列宁服，学生……学生服，这都分开了。列宁服这个领子是个单领子，并没有这一层层。还有学生服<u>着噢</u>。它这个兜兜子是个斜兜兜，它只有一个兜兜了。这个，这就是以后的了。ŋ̍˩.i˥˧˧xou˥fɑ˥˧˩tʂæ̃˥˧tɑɔ˥tɕiou˥˩ʂuo˥˧˩sɿ˥˩tʂə˥˩kə˥˩ʂə˥xuei˥fɑ˥˧˩tʂæ̃˥˧tɑɔ˥tʂʰuæ̃˥˧˩sɑ˥˧˥˧muo˨?tsɥ˥kə˥tʂə˥ ˩kə˥˩ei˩ɕi˥˧˩fu˨˦kʰu˥tsɿ˨,tɕiou˥sɿ˥tsɑ˨˦˩məŋ˦ɕiæ̃˥tsæᴇ˥tʂə˥˩kə˥˩kʰu˥tsɿ˦,ɕi˥˧˩fu˨˦kʰu˥tsɿ˨,tɕʰiæ̃˨˦˩tʰou˦k ʰæᴇ˥˧˩kʰou˥˧kʰou˥˧˩ti˨,tʂei˥tɕiou˥tɕiɑɔ˥ɕi˥˧˩fu˨˦˧˥˧kʰu˥˩tsɿ˨lə˨.tʂʰuæ̃˥˧kə˥˩pu˥˧˥sæ̃˥˧sæ̃˥˧˩,tʂʰuæ̃˥˧kə˥˩tʂuoŋ ˥˧sæ̃˥˧˧˥tʂuɑŋ˥˧,xuo˨˦˩sɿ˥˩tɑ˥˧˥tʂuoŋ˥ɑɔ˥……tɑ˥tʂuoŋ˥ʂuɑŋ˩（←tʂuɑŋ˥˧）……tʂuɑŋ˥˧,tʂei˥tɕiou˥tɕiɑɔ ˥ʂəŋ˥muo˦tɑ˥tʂuoŋ˥fu˨˦,ʂəŋ˥muo˦tʂuoŋ˥˧sæ̃˥˧˩fu˨˦,lie˥˧˩niŋ˨˦fu˨˦˧,ɕye˨˦˩səŋ˥˧……ɕyo˨˦˩səŋ˥˧fu˨˦˩,tʂei˥to u˥˧˩fəŋ˥˧˧˥kʰæᴇ˥˧lə˨.lie˥˧˩niŋ˨˦fu˨˦˧tʂə˥kə˥liŋ˥˧tsɿ˨sɿ˥kə˥tæ̃˥˧liŋ˥˧tsɿ˨,piŋ˥˩mei˨˦iou˥˧˧tʂei˥˧˥˧i˥˧˩tsʰəŋ˨˦˩tsʰəŋ˨˦ ˧˥˧.xæᴇ˨˦˩iou˥˧˧ɕyo˨˦˩səŋ˥˧fu˨˦tʂou˨（←tʂə˦lɑɔ˥）.tʰɑ˥˧˧tʂə˥kə˥tou˥˧tou˥˧˩tsɿ˨sɿ˥kə˥ɕie˨˦tou˥˧tou˥˧˩,tʰɑ˥˧˩ts ɿ˥˧˩iou˥˧i˥˧˩kə˥tou˥˧tou˥˧˩lə˨.tʂə˥kə˥,tʂei˥˧˥˧tɕiou˥˩sɿ˥˩i˥˧xou˥˧˥ti˨lə˨.（斜的？）啊，斜的么。斜斜子从这儿这……这儿高这儿低一层子。前几年子，五几年子，当我碎着咧，呃六几年，那家伙，那家伙，这有这么几支钢笔别得这下，那美派得很啊那，了不得，那人别的钢笔。ŋɑ˩,ɕie˨˦˩ti˦muo˨.ɕie˨˦˩ɕie˨˦˧˥˧tsɿ˦tsʰuoŋ˨˦˩tʂər˥˧˥tʂə˥……tʂər˥kɑɔ˥˧tʂər˥˧˥ti˥˧i˥˧˩tsʰəŋ˨˦˩tsɿ˦.tɕʰiæ̃˨˦tɕi˥˧niæ̃˨˦˧ tsɿ˦,vu˥˧tɕi˥˧niæ̃˨˦˧tsɿ˦,tɑŋ˥˧˧˥ŋuo˥˧suei˥˧˥tʂə˦lie˦,ə˩liou˥˧tɕi˥˧˩niæ̃˨˦˩,næᴇ˥˧˥˧tɕiɑ˥˧xuo˥˧˩,næᴇ˥˧˥˧tɕiɑ˥˧xuo˥˧˩,tʂe i˥iou˥˧˧tʂei˥muo˦tɕi˥˧tsɿ˥˧˩kɑŋ˥˧˧˥pi˥˧pie˨˦tə˦tʂei˥xɑ˥,nei˥˧˥˧mei˥˧˧˥pʰæᴇ˥tə˦xəŋ˥˧ɑ˩næᴇ˥˧˥˧,liɑɔ˥˧pu˨˦˩tei˥˧˩,nei ˥zəŋ˨˦˧pie˨˦˩ti˦kɑŋ˥˧˧˥pi˥˧.（你插过几支钢笔？）我嗯好像哪能是买得起那东西。这二分钱那铅笔都太用的不多你。最后慢慢地这都已经普遍咧，是西装来的，甚么春秋装来的，还甚么是这个休闲装咧，这都是以后的事了。ŋuo˥˧n̩˦xɑɔ˥˧˧ɕiɑŋ˥nɑ˥˧˧nəŋ˨˦˩sɿ˥mæᴇ˥tei˥˧˧tɕʰi˥˧nə˥tuoŋ˥˧˩ ɕi˨.tʂə˥˩ər˥fəŋ˥˧˩tɕʰiæ̃˨˦˩nə˥tɕʰiæ̃˥˧˧˥pi˥˧tou˥˧˩tʰæᴇ˥yoŋ˥ti˦pu˨˦˧tuo˥˧ni˥˧˩.tsuei˥xou˥mæ̃˥mæ̃˥ti˦tʂei˥˩tou˥˧ ˩i˥˧tɕiŋ˥˧˩pʰu˥˧piæ̃˥lie˦,sɿ˥ɕi˥˧tʂuɑŋ˥˧˧læᴇ˨˦˧ti˦,ʂəŋ˥muo˦tʂʰuoŋ˥˧˩tɕʰiou˥˧˧˥tʂuɑŋ˥˧˧læᴇ˨˦˧ti˦,xɑ˨˦˩ʂəŋ˥˩muo ˦sɿ˥tʂə˥kə˥ɕiou˥˧˩ɕiæ̃˨˦tʂuɑŋ˥˧lie˨,tʂei˥˧˥˧tou˥˧˩sɿ˥˩i˥˧xou˥˧˥ti˦sɿ˥˧˥˧lə˨.（西装讲……讲不讲洋服？）不讲。这儿这还不叫洋服，都叫西装。倒是西服……pu˨˦˧˥˧tɕiɑŋ˥˧˩.tʂər˥tʂə˥xɑ˨˦˩pu˨˦˩tɕiɑɔ˥iɑŋ˨˦fu˨˦˩,to u˥˧˩tɕiɑɔ˥ɕi˥˧tʂuɑŋ˥˧˩.tɑɔ˥sɿ˥ɕi˥˧˩fu˨˦……

便衣

（像原来呀，这个男人就是传统的那种，就是本地传统的那种服装是个什么样子？）黄：过去传统的服装就就是便衣。它那个便衣就是这个领子啊，它都是这个单领子。哎，这勾勾领勾勾都是圆口儿。边边儿都放整齐的，里面的那个纽子么，都是对襟子。kuo˥tɕ ʰy˥tʂʰuæ̃˨˦˩tʰuoŋ˥˧ti˨fu˨˦tʂuɑŋ˥˧tɕiou˥˧˥˧tɕiou˥sɿ˥piæ̃˥i˥˧˩.tʰɑ˥˧nə˥kə˥piæ̃˥i˥˧˩tsou˥sɿ˥tʂə˥kə˥liŋ˥˧tsɿ˨ɑ˩,tʰɑ ˥˧˩tou˥˧˧sɿ˥tʂə˥kə˥tæ̃˥˧liŋ˥˧˧tsɿ˨.æᴇ˥,tʂei˥kou˥˧kou˥˧˩liŋ˥˧kou˥˧kou˥˧˩tou˥˧˩sɿ˥˩yæ̃˨˦kʰour˥˧˩.piæ̃˥˧piæ̃r˥˧˩to u˥˧˩fɑŋ˥˧˥tʂəŋ˥˧tɕʰi˨˦˧˥˧ti˨,li˥˧˩miæ̃˥˧˥ti˨nə˥kə˥niou˥˧tsɿ˨muo˨,tou˥˧˧sɿ˥tuei˥˧˥tɕiŋ˥˧tsɿ˨.（噢，对襟子？）呃，对……现在这就叫对襟子。都是用布条条编下……编下那个核桃纥縫子，硬的兀子，这样的。穿着个裤子么，就是那个一笼统裤子。这个底下就是稍微……ə˩,t……ɕiæ̃˥˧˥tsæᴇ ˥tʂei˥˧˥˧tɕiou˥˩tɕiɑɔ˥˩tuei˥˧˥tɕiŋ˥˧˩zɿ˨（←sɿ˥）.tou˥˧˩sɿ˥˩yoŋ˥pu˥tʰiɑɔ˨˦˩tʰiɑɔ˨˦˧˥˧piæ̃˥˧˩xɑ˥˩……pʰiæ̃˥˧˩ xɑ˥˧˥˧nə˥˩kə˥˩xə˨˦˩tʰɑɔ˨˦˧kə˥˧tɑ˥˧˩tsɿ˦,niŋ˥ti˦vu˥tsɿ˨,tʂei˥˧˥˧iɑŋ˥˩ti˨.tʂʰuæ̃˥˧tʂə˨kə˥kʰu˥˧˥tsɿ˨muo˨,tɕiou˥s ɿ˥nə˥kə˥i˥˧˧˥lu˩（←luoŋ˥˧）tʰuoŋ˥˧kʰu˥tsɿ˨.tʂə˥˩kə˥˩ti˥˧xɑ˥tɕiou˥˧˥˧sɿ˥sɑɔ˥˧˧vei˥˧˧……（一笼统？）

噢，向外侧一点这种，上来以后……ɑɔ˥˩,ɕiɑŋ˥vææ˥tsei˥˩i˥˩tiæ̃˥˩tʂei˥tʂuoŋ˥˩,ʂɑŋ˥læɛ˥˩i˥˩xou˥˩……（那叫一笼统裤子？）一笼统的么。到裤子上……上头还安个大裤腰。你比如说是是个烂裤子，到这个上去以后，哎，到这儿这本来结束了，它上头再上这么高一截子这个布的肥裤腰。这个裤子不要……那个裤子不要裤带就可以穿，也不要缝的兜兜儿那些。拉住这么个一缠，把那个往进……裤腰往下一……一别么就别住了。i˥˩luoŋ˥˩tʰuoŋ˥˩ti·muo·. tɑɔ˥kʰu˥tsɿ·ʂɑŋ˥……ʂɑŋ˥tʰou·xææ˥˩næ̃˥˩kə˥tɑ˥kʰu˥iɑɔ˥˩.ni˥˩pi˥˩zʮ˥˩ʂuo˥˩sɿ˥sɿ˥kə˥læ̃˥kʰu˥tsɿ·,tɑɔ˥tʂə˥kə˥ʂɑŋ˥tɕʰi˥i˥˩xou˥,ææ˥,tɑɔ˥tʂər˥tʂə˥pəŋ˥˩læɛ˥˩tɕie˥˩ʂʮ˥˩lə·,tʰɑ˥˩ʂɑŋ˥tʰou·tsææ˥ʂɑŋ˥tʂə˥muo·kɑɔ˥i˥˩tɕie˥˩tsɿ·tʂə˥kə˥pu˥ti·fei˥˩kʰu˥iɑɔ˥˩.tʂə˥kə˥kʰu˥tsɿ·pu˥˩iɑɔ˥……nææ˥kə˥kʰu˥tsɿ·pu˥˩iɑɔ˥kʰu˥tææ˥tɕiou˥kʰə˥˩i˥˩tʂʰuæ̃˥˩,ie˥˩pu˥˩iɑɔ˥fəŋ˥˩ti·tou˥˩tour˥˩nei˥ɕie˥˩.lɑ˥˩tʂʮ˥tʂə˥muo·kə˥i˥˩tʂʰæ̃˥˩,pɑ˥˩nə˥kə˥vɑŋ˥˩tɕiŋ˥……kʰu˥iɑɔ˥˩vɑŋ˥˩xɑ˥i˥˩……i˥˩pie˥˩muo·tɕiou˥pie˥˩tʂʰʮ˥lə·.（它不会掉下来？）哎不会掉下来。ææ˥˩pu˥˩xuei˥tiɑɔ˥xɑ˥læɛ˥˩.（不要扎？）不用扎那……pu˥˩yoŋ˥tsɑ˥˩nææ˥……（不要用绳子？）噢，不要用绳子都能行咧。过去那个裤带也就是这个用羊毛捻成线，然后辫成那个辫辫子，毛线裤带，这就是有钱人，是最有钱的人能辫毛……毛线裤带咧。别人……一般的人么，搞那个布溜溜子那么个带带子，也就是裤带。一根。有些人连那个裤带都挣不起。ɑɔ˥˩,pu˥˩iɑɔ˥yoŋ˥ʂəŋ˥˩tsɿ·tou˥˩nəŋ˥˩ɕiŋ˥˩lie·.kuo˥tɕʰy˥nə˥kə˥kʰu˥tææ˥ie˥˩tɕiou˥sɿ˥tʂə˥kə˥yoŋ˥iɑŋ˥˩mɑɔ˥˩niæ̃˥˩tʂʰəŋ˥˩ɕiæ̃˥,zæ̃˥˩xou˥piæ̃˥tʂʰəŋ˥˩nə˥kə˥piæ̃˥piæ̃˥tsɿ·,mɑɔ˥˩ɕiæ̃˥kʰu˥tææ˥,tʂei˥tɕiou˥sɿ˥iou˥˩tɕʰiæ̃˥˩zəŋ˥˩,sɿ˥tsuei˥iou˥˩tɕʰiæ̃˥˩ti·zəŋ˥˩nəŋ˥˩piæ̃˥mɑɔ˥˩……mɑɔ˥˩ɕiæ̃˥kʰu˥tææ˥lie·.pie˥˩z……i˥˩pæ̃˥˩ti·zəŋ˥˩muo·,kɑɔ˥˩nə˥kə˥pu˥liou˥liou˥tsɿ·nə˥muo·kə˥tææ˥tææ˥tsɿ·,iɑ˥˩tsou˥sɿ˥kʰu˥tææ˥.i˥˩kəŋ˥˩.iou˥˩ɕie˥˩zəŋ˥˩liæ̃˥˩nə˥kə˥kʰu˥tææ˥tou˥˩tsəŋ˥pu˥˩tɕʰi˥˩.（以前那个裤子好大吧？）噢，裤裆大么。它这个……它这个臀围就大的多咧嘛。加上和男人来以后……这是夏季的那个服装。冬天那个服装都比现在这个服装穿上暖和。为啥的？它这个到腰的这个上来以后么，它这个前头也不前开口儿，这一笼统都上来以后，到这个地方毕咧，它上这么高一截子那个棉花腰。那实际上穿上，那到这点儿把这个整个儿胃都……都捂得严严的。暖和的很那东西。ɑɔ˥˩,kʰu˥tɑŋ˥˩tɑ˥muo·. tʰɑ˥˩tʂə˥kə˥……tʰɑ˥˩tʂə˥kə˥tiæ̃˥vei˥˩tɕiou˥tɑ˥ti·tuo˥˩lie·mɑ·.tɕiɑ˥˩ʂɑŋ˥xuo˥˩næ̃˥˩zəŋ˥˩læɛ˥˩i˥˩xou˥……tʂə˥sɿ˥ɕiɑ˥tɕʰi˥ti·nei˥kə˥fu˥˩tʂuɑŋ˥˩.tuoŋ˥˩tʰiæ̃˥˩nə˥kə˥fu˥˩tʂuɑŋ˥˩tou˥˩pi˥˩ɕiæ̃˥tsææ˥tʂə˥kə˥fu˥˩tʂuɑŋ˥˩tʂʰuæ̃˥˩ʂɑŋ˥nuæ̃˥˩xuo·.vei˥sɑ˥ti·?tʰɑ˥˩tʂə˥kə˥tɑɔ˥iɑɔ˥˩ti·tʂə˥kə˥ʂɑŋ˥læɛ˥˩i˥˩xou˥muo·,tʰɑ˥˩tʂə˥kə˥tɕʰiæ̃˥˩tʰou·ie˥˩pu˥˩tɕʰiæ̃˥˩kʰææ˥˩kʰour˥˩,tʂei˥i˥˩lyoŋ˥˩tʰuoŋ˥˩tou˥˩ʂɑŋ˥læɛ˥˩i˥˩xou˥,tɑɔ˥tʂə˥kə˥ti˥fɑŋ˥˩pi˥˩lie·,tʰɑ˥˩ʂɑŋ˥tʂə˥muo·kɑɔ˥i˥˩tɕie˥˩tsɿ·nə˥kə˥miæ̃˥˩xuɑ˥˩iɑɔ˥˩.nə˥sɿ˥˩tɕi˥ʂɑŋ˥tʂʰuæ̃˥˩ʂɑŋ˥,nææ˥tɑɔ˥tʂei˥tiæ̃r˥˩pɑ˥˩tʂə˥kə˥tʂəŋ˥˩kər˥vei˥tou˥˩……tou˥˩vu˥˩ti·niæ̃˥˩niæ̃˥˩ti·. nuæ̃˥˩xuo·ti·xəŋ˥˩nei˥tuoŋ˥˩ɕi·.

大氅

黄：大氅，哎就是棉大衣。那是……那是这个……这个大氅都是这个欸已经很洋的个叫法了。在五几年到六几年把这个棉大衣叫大氅咧。tɑ˥tʂʰɑŋ˥˩,ææ˥tɕiou˥sɿ˥miæ̃˥˩tɑ˥i˥˩. nə˥sɿ˥……nə˥sɿ˥tʂə˥kə˥……tʂə˥kə˥tɑ˥tʂʰɑŋ˥˩tou˥˩sɿ˥tʂə˥kə˥ei˥˩i˥˩tɕiŋ˥˩xəŋ˥˩iɑŋ˥˩ti·kə˥tɕiɑɔ˥fɑ˥˩lə·.tsææ˥˩vu˥˩tɕi˥˩niæ̃˥˩tɑɔ˥liou˥tɕi˥˩niæ̃˥˩pɑ˥˩tʂə˥kə˥miæ̃˥˩tɑ˥i˥˩tɕiɑɔ˥tɑ˥tʂʰɑŋ˥˩lie·.（现在还有没有人叫？）现在就是叫棉大衣了。ɕiæ̃˥tsææ˥tɕiou˥sɿ˥tɕiɑɔ˥miæ̃˥˩tɑ˥i˥˩lə·.

外套

（外套儿。）黄：嗯，外套。ŋ̍˥˩,vææ˥tʰɑɔ˥.（[指着另一调查人]像他这种，像这种东西，你们是叫外套儿还是叫什么？）这都不叫外套儿。我们这都是这个这都叫春秋装咧。这都是叫……tʂei˥˩tou˥˧pu˨˩tɕiao˥vææ˥tʰaor˥.ŋuo˥˧məŋ˧tʂei˥˩tou˥˧sʅ˥tʂə˥kə˥tʂei˥˩tou˥˧tɕiao˥˧tʂʰuoŋ˥˧tɕʰiou˥˧tʂuaŋ˥˧lie˧,tʂei˥tou˥˧sʅ˥tɕiao˥……（你们讲的外套是……是个什么呀？）我们当时讲的那个外套那都实际上就说是这个里头穿个毛衣的，穿棉衣的，外头那一件衫，这就是外套。ŋuo˥˧məŋ˧taŋ˥˧sʅ˨tɕiaŋ˥˧ti˧nə˥kə˥vææ˥tʰao˥nææ˥tou˥˧ʂʅ˨tɕi˥˩ʂaŋ˥˧tɕiou˥ʂuo˥˧sʅ˥tʂə˥kə˥li˥˧tʰou˧tʂʰuæ̃˥˧kə˥˧mao˨˩i˥˧ti˧,tʂʰuæ̃˥˧miæ̃˨˩i˥˧ti˧,vææ˥˧tʰou˧nei˥˩i˥˧tɕiæ̃˥˧sæ̃˥˧,tʂei˥˩tɕiou˥˧sʅ˥˧vææ˥tʰao˥˧.（套在棉衣……）噢，套到棉衣或者毛衣外边的那些。要叫罩衣，也叫外套。ao˧,tʰao˥tao˥miæ̃˨˩i˥˧xuo˨˩tʂə˥˧mao˨˩i˥˧vææ˥˧piæ̃˥˧ti˧nei˥˩ɕie˥˧.iao˥tɕiao˥tsao˥˧i˥˧,ie˥˧tɕiao˥vææ˥tʰao˥˧.

背心儿

（有背心儿？）黄：有背心儿了。背心有买下的，有人工做下的。iou˥˧pei˥ɕiə̃r˥˧lə˧.pei˥˧ɕiŋ˥˧iou˥˧mææ˥˧xa˥˧ti˧,iou˥˧ʐəŋ˨˩kuoŋ˥˧tsuo˥˩xa˥˧ti˧.（人工做的叫什么？）布的么。叫……还叫汗背心儿。pu˥˧ti˧muo˧.tɕiao˥……xa˨˩tɕiao˥xæ̃˥pei˥ɕiə̃r˥˧.（跟袂袂有什么区别呢？）没有。mei˨˩iou˥˧.（就是袂袂？）嗯。ŋ̍˧.（像那个买的那种，这个这个领……这个上面这里只有这么宽一点那那种……）背心儿么。那叫背心儿。pei˥˧ɕiə̃r˥˧muo˧.nei˥˧tɕiao˥˩pei˥˧ɕiə̃r˥˧.（打……打篮球的那种？）啊，就是的么。背心儿。a˧,tɕiou˥˩sʅ˥˩ti˧muo˧.pei˥˧ɕiə̃r˥˧.（啊，也有自己做背心的？）噢，自家欸拿布做上那么一个，剪成那么个圆领领，这是女士……女人多一点么。男人一般都……陕北人穿，本地人都太不穿。ao˧,tsʅ˥˩tɕie˥˧ei˥˧na˨˩pu˥tsuo˥˩ʂaŋ˥˧nə˥˧muo˧i˥˧kə˥,tɕiæ̃˥˧tʂʰəŋ˨˩nə˥muo˧kə˥yæ̃˨˩liŋ˥˧liŋ˥˧,tʂə˥sʅ˥ny˥˧ʂ……ny˥˧ʐəŋ˨˩tuo˥˧i˥˧tiæ̃˥˧.næ̃˨˩ʐəŋ˨˩i˥˧pæ̃˥˧tou˥˧……ʂæ̃˥˧pei˥˧ʐəŋ˨˩tʂʰuæ̃˥˧,pəŋ˥˧ti˥˩ʐəŋ˨˩tou˥˧tʰææ˥pu˨˩tʂʰuæ̃˥˧.

狗钻洞儿

黄：有些这个东西不上领，它这儿圆圆儿的，而且这儿也没有纽子，也没啥，就是把这个脖子钻下噢，头能钻下来那个地方，把那叫狗钻洞儿咧。iou˥˧ɕie˥˧tʂə˥kə˥tuoŋ˥˧ɕi˧pu˨˩ʂaŋ˥liŋ˥˧,tʰa˥˧tʂər˥yæ̃˨˩yæ̃r˨˩ti˧,ər˨˩tɕʰie˥˧tʂər˥ie˥˧mei˨˩iou˥˧niou˥˧tsʅ˧,ie˥˧mei˨˩sa˥,tɕiou˥sʅ˥pa˥˧tʂə˥kə˥puo˨˩tsʅ˧tsuæ̃˥˧ɕiao˥,tʰou˨˩nəŋ˨˩tsuæ̃˥˧xa˥lææ˨˩nə˥kə˥ti˥˩faŋ˥˧,pa˥˧nææ˥tɕiao˥kou˥˧tsuæ̃˥˧tuə̃r˥˧lie˧.

胸罩儿

（像女士有胸罩这些东西吗过去？类似胸罩这种功能的？）黄：现在有，过去都没有得。胸罩儿这个东西在太白这一带来说是话，在我的记忆来说，都是到……慢慢在八十年代后期到九十年代慢慢就……ɕiæ̃˥tsææ˥iou˥˧,kuo˥tɕʰy˥tou˥˧mei˨˩iou˥˧tei˥˧.ɕyoŋ˥˧tsaor˥˩tʂə˥kə˥tuoŋ˥˧ɕi˧tsææ˥˧tʰææ˥˧pei˥˧tʂei˥i˥˧tææ˥lææ˨˩ʂuo˥˧sʅ˥˧xua˥˩,tsææ˥ŋuo˥˧ti˧tɕi˥i˥lææ˨˩ʂuo˥˧,tou˥˧sʅ˥˧tao˥……mæ̃˥mæ̃˥tsææ˥pa˥˧ʂʅ˨˩niæ̃˨˩tææ˥xou˥tɕʰi˨˩tao˥tɕiou˥˧ʂʅ˨˩niæ̃˨˩tææ˥mæ̃˥mæ̃˥tɕiou˥˧……（那她有没有类……类似这种功能的这种东西呢？）没有。muo˥˧iou˥˧.

兜兜

1. 黄：里头还有一种东西叫兜兜。li˥˧tʰou˧xa˨˩iou˥˧i˥˧tʂuoŋ˥˧tuoŋ˥˧ɕi˧tɕiao˥tou˥˧tou˥˧.（男同志穿还是……）男女同志都穿。næ̃˨˩ny˥˧tʰuoŋ˨˩tsʅ˥tou˥˧tʂʰuæ̃˥˧.（男的也穿？）男的也穿。næ̃˨˩ti˧ie˥˧tʂʰuæ̃˥˧.（什么颜色呢？）那还是刺绣品，绣下的。这个脖子里个带带子一兜，底下这个有的是个半圆的，有的是个三角形的，这个前头么绣一朵花，这个这里头有个兜兜，装钱的，装钱咧。这个东西么是……前几年不这个地方是天气比较寒冷啊？

这个胃经常受凉咧。把这个兜兜一穿么，就刚护了个胃。现在咸阳五零五保健品厂就有这个兜兜咧。啊。næᴇ˥xɑ˩˧˩sɿ˥˦tsʰɿ˥ɕiou˥pʰiŋ˥˩,ɕiou˥˥˧˥xɑ˥˨ti·˧.tʂə˥kə˥puo˩˧˩tsɿ˧li˥˩kə˥˨tæᴇ˥tæᴇ˥tsɿ·˧li˥˩tou˥˩,ti˥˧xɑ˥tʂə˥kə˥iou˥˧ti˧sɿ˥kə˥pæ̃˥yæ̃˩˧˩ti·˧,iou˥˧ti·˧sɿ˥kə˥sæ̃˥˧tɕyo˥˩ɕiŋ˩˧˩ti·˧,tʂə˥kə˥tɕʰiæ̃˩˧˩tʰou·˧muo·˧ɕiou˥i˥˧˦tuo˥˧˥xuɑ˥˧,tʂə˥˨kə˥tʂə˥li˥˧˦tʰou·˧iou˥˧˦kə˥tou˥˧tou˥˩,tʂuɑŋ˥˩tɕʰiæ̃˩˧ti·˧,tʂuɑŋ˥˩tɕʰiæ̃˩˧lie·˧.tʂə˥kə˥tuoŋ˥˧ɕi·˧muo·˧sɿ˥……tɕʰiæ̃˩˧tɕi˥˧niæ̃˩˦pu˩˦tʂə˥kə˥ti˥fɑŋ˥˧˦sɿ˥tʰiæ̃˥˩tɕʰi˥˦pi˥˧˦tɕiɑɔ˥xæ̃˩˧˩ləŋ˥˧ɑ˧˩?tʂə˥˨kə˥vei˥tɕiŋ˥˩tʂʰɑŋ˩˧ʂou˥liɑŋ˩˧˩lie·˧.pɑ˥˩tʂə˥kə˥tou˥˧tou˥˩i˥˩tʂʰuæ̃˥˧muo·˧,tɕiou˥kɑŋ˥˧˥xu˥lə˧kə˥vei˥.ɕiæ̃˥tsæᴇ˥ɕiæ̃˩˧˩iɑŋ˩˦vu˥˧liŋ˩˧vu˥˧pɑɔ˥˧tɕiæ̃˥yoŋ˥pʰiŋ˥˧˦tʂʰɑŋ˥˧tɕiou˥˨iou˥˧tʂə˥kə˥tou˥˧tou˥˩lie·˧.ɑ˧˩.（你穿了没有？）穿过。胃病……tʂʰuæ̃˥˧kuo˥˨.vei˥piŋ˥……（现在还穿吗？）哎有咧。有……现在我家这儿没有得了。我给我们家属邮过来这个东西，治胃病的。五零五神功元气带嘛。æᴇ˥˧iou˥˩lie·˧.iou˥˧……ɕiæ̃˥˥˧˥tsæᴇ˥ŋuo˥˧˦tɕiɑ˥˧tʂər˥˧˥muo˥˧˥iou˥˧tei˥˩lə·˧.ŋuo˥˧˦kei˥ŋuo˥˧˦məŋ˧tɕiɑ˥˩ʂʮ˥˧iou˩˧˩kuo˥læᴇ˩˦tʂə˥kə˥tuoŋ˥˩ɕi·˧,tʂʅ˥vei˥piŋ˥ti·˧.vu˥˧liŋ˩˧˩vu˥˧ʂəŋ˩˧kuoŋ˥˩yæ̃˩˧˩tɕʰi˥tæᴇ˥˧˥mɑ·˧.（以前家里自己做吧？）自己做么。兜兜。tsɿ˥tɕie˥˧˦tsuo˥˦muo·˧.tou˥˧tou˥˩.（你你你老婆给你做过吗？）没有。作这个兜兜，穿这个兜兜的人至少是五……六十岁以上到七十岁那种。muo˥˧˥iou˥˧.tsuo˥˨tʂə˥kə˥tou˥˧tou˥˩,tʂʰuæ̃˥˩tʂə˥kə˥tou˥˧tou˥˩ti·˧zəŋ˩˧tsɿ˥ʂɑɔ˥˧˦sɿ˥vu˥˧˦……liou˥˧ʂʅ˩˧˩suei˥i˥˧˦ʂɑŋ˥tɑɔ˥tɕʰi˥˧ʂʅ˩˧˩suei˥næᴇ˥˦tʂuoŋ˥˩.（女……年轻女士不穿这？女孩子不……）不穿，现在都不穿了已经。没有了。pu˩˧˩tʂʰuæ̃˥˧,ɕiæ̃˥tsæᴇ˥tou˥˩pu˩˧˩tʂʰuæ̃˥˧lə·i˥˩tɕiŋ˥˧.mei˩˧˩iou˥˧lə·˧.（现在要买的话那个多少钱一斤……啊，多少钱一件？）在香包……文博会上多的是。tsæᴇ˥˨ɕiɑŋ˥˧˥pɑɔ˥˩……vəŋ˩˧puo˥˩xuei˥˦ʂɑŋ˥˨tuo˥˩ti·˧sɿ˥˨.（噢，那里也有卖的？）噢，那里边儿卖。ɑɔ˧˩,nə˥˦li˥˩piæ̃r˥˧mæᴇ˥.（一般是大概什么价格？）大概这么一个东西呀，像这个兜兜的话，就那么大一片片子，至少得四五十块钱。我个……我在这儿这的文化站搞过这个刺绣展览，选下作品参加过那风俗庆阳地区民间刺绣呃展览。我有个姐姐，她在结婚的时候做咧两个兜兜。她从那个兜兜片子，就是张上呃口……那个衩衩。一个当时结过婚，她给她男人做的穿了，剩下这个么就没有穿。最后你想放了几十年，放了四十多年吧。兀儿放好。最后我拿去，把这个弄上。有……tɑ˥kæᴇ˥tʂə˥muo·˧i˥˩kə˥tuoŋ˥˧ɕi·˧liɑ˧˩,ɕiɑŋ˥tʂə˥kə˥tou˥˧tou˥˩ti·˧xuɑ˥,tsou˥nə˥muo·˧tɑ˥i˥˩pʰiæ̃˥˧pʰiæ̃˥˩tsɿ·˧,tʂʅ˥ʂɑɔ˥˧˦tei˥˩sɿ˥vu˥˧˦ʂʅ˩˧˦kʰuæᴇ˥˧tɕʰiæ̃˩˧˩.ŋuo˥˧kə˥˨tɕ……ŋuo˥˧tsæᴇ˥˨tʂər˥˧˥tʂə˥˨tə·˧vəŋ˩˧˩xuɑ˥tsæ̃˥kɑɔ˥˧kuo˥˨tʂə˥˨kə˥˨tsʰɿ˥ɕiou˥tʂæ̃˥˩læ̃˥˧,ɕyæ̃˥˧xɑ˥tsuo˥˩pʰiŋ˥˧tsʰæ̃˥˧˥tɕiɑ˥˧kuo˥˨nə˥fəŋ˥˧sʮ˩˧˩tɕʰiŋ˥˥˧˥iɑŋ˩˧˩ti˥tɕʰy˥˩miŋ˩˧tɕiæ̃˥˩tsʰɿ˥ɕiou˥ə˧˩tʂæ̃˥˩læ̃˥˧.ŋuo˥˧iou˥˩kə˥˨tɕie˥˧tɕie˥˩,tʰɑ˥˧˦tsæᴇ˥tɕie˥˧˥xuoŋ˥˧ti·˧sɿ˩˦xou˥tsʮ˥lie·˧liɑŋ˥˧kə˥˨tou˥˧tou˥˩,tʰɑ˥˧˦tsʰuoŋ˩˧˩nə˥kə˥tou˥˧tou˥˩pʰiæ̃˥˧tsɿ·˧,tɕiou˥sɿ˥tʂɑŋ˥˧˥ʂɑŋ˥ə˧˩kʰou˥˧˦……nə˥kə˥tsʰɑ˥˧tsʰɑ˥˩.i˥˩kə˥˦tɑŋ˥˩sɿ˩˧tɕie˥˩kuo˥˦xuoŋ˥˩,tʰɑ˥˧˦kei˥tʰɑ˥˧˦næ̃˩˧˩zəŋ˩˦tsʮ˥ti·˧tʂʰuæ̃˥˧lə·˧,ʂəŋ˥xɑ˥tʂə˥kə˥muo·˧tsou˥mei˩˧˩iou˥˧tʂʰuæ̃˥˧.tsuei˥xou˥ni˥˧ɕiɑŋ˥˩fɑŋ˥lə·˧tɕi˥˧ʂʅ˩˧˩niæ̃˩˧˩,fɑŋ˥lə·˧sɿ˥ʂʅ˩˧˩tuo˥˩niæ̃˩˧˩pɑ·˧.vur˥fɑŋ˥˥˧˥xɑɔ˥˩.tsuei˥xou˥ŋuo˥˧nɑ˩˧˩tɕʰi˥˦,pɑ˥˩tʂə˥kə˥nuoŋ˥˦ʂɑŋ˥˨.iou˥˧˦……（卖掉了？）噢，最后拿去以后，在庆阳地区这个民间刺绣展览时候评为一等奖。叫这个澳大利亚……澳大利亚草原考察团团长吉内姆先生一百八十块钱买去了。ɑɔ˧˩,tsuei˥xou˥nɑ˩˧˩tɕʰi˥i˥˩xou˥,tsæᴇ˥tɕʰiŋ˥˥˧˥iɑŋ˩˧˩ti˥˥˧˥tɕʰy˥˩tʂə˥kə˥miŋ˩˧tɕiæ̃˥˩tsʰɿ˥ɕiou˥tʂæ̃˥˩læ̃˥˧sɿ˩˦xou˥pʰiŋ˩˧vei˥i˥˧təŋ˥˧˥tɕiɑŋ˥˧.tɕiɑɔ˥tʂə˥kə˥ɑɔ˥˥˧˥tɑ˥li˥iɑ˥˧……ɑɔ˥tɑ˥li˥˦iɑ˥˩tsʰɑɔ˥˧yæ̃˩˧kʰɑɔ˥˧tsʰɑ˩˧tʰuæ̃˩˧tʰuæ̃˩˧˩tʂɑŋ˥˧tɕi˥˩nei˥˦m̩˧˩ɕiæ̃˥˧səŋ˥˩i˥˧˦pei˥˧˦pɑ˥˧ʂʅ˩˧˩kʰuæᴇ˥˧˦tɕʰiæ̃˩˧mæᴇ˥˧tɕʰi˥˨lə·˧.（那放了几十年一百八十块钱？）噢，一百八十块钱。最后我给她说，她根本不相信么。我给她给钱的时候她不要么，说你这个兄弟你啊耍笑我做啥咧？那个烂布……兜兜片片子，布也不好啊，过去那个黑鞋布啊，做下那个东西嘛……ɑɔ˧˩,i˥˧

˧pei˥˩pa˥˩˨ʂʅ˨˩˨kʰuæᴇ˥˩tɕʰiæ̃˨˩˨.tsuei˥xou˥ŋuo˥˩˧kei˥tʰɑ˥˩ʂuo˥˩˨,tʰɑ˥˩˧kəŋ˥˩˨pəŋ˥˩pu˨˩˨ɕiaŋ˥˩˨ɕiŋ˥muo˧.ŋuo˥˩kei˥tʰɑ˥˩˧kei˥tɕʰiæ̃˨˩˨ti˧sʅ˨˩˨xou˥tʰɑ˥˩pu˨˩˨iɑɔ˥muo˧,ʂuo˥˩˨ni˥˩tʂə˥kə˥ɕyoŋ˥˩˨ti˥˨ni˥˩ɑ˨ʂuɑ˥˩˧ɕiɑɔ˥˨ŋuo˥˩tsɥ˥sɑ˥˨lie˧?nə˥kə˥læ̃˥pu……tou˥˩tou˥˩˨pʰiæ̃˥˩pʰiæ̃˥˩˧tsʅ˧,pu˥ia˥˩˨pu˨˩˨xɑɔ˥˩ɑ˨,kuo˥tɕʰy˥nə˥kə˥xei˥˩ɕie˨˩˨pu˥ɑ˨,tsuo˥˦xɑ˥˨nə˥kə˥tuoŋ˥˩ɕi˧mɑ˧……（那是艺术品啊！）啊，能值这么多钱？我说那就是……加展票也在这里，你获奖证书都在这里么。ɑ˨,nəŋ˨˩˨tʂʅ˨˩˧tʂə˥˦muo˧tuo˥˩˨tɕʰiæ̃˨˩?ŋuo˥˩˨ʂuo˥˩˨næᴇ˥tɕiou˥sʅ……tɕia˥˩˨tʂæ̃˥˩pʰiɑɔ˥˩ia˥˩˨tsæᴇ˥˨tʂə˥˦li˥˩˨,ni˥˩˧xuo˨˩˦tɕiaŋ˥˩˧tʂəŋ˥ʂɥ˥˩˨tou˥˩˨tsæᴇ˥˨tʂə˥˦li˥˩˨muo˧.

2.（有裹肚？）黄：有裹肚。iou˥˩kuo˥˩˨tu˥˨.（它是拿什么做的？）布么。拿布做成。pu˥˩muo˧.nɑ˨˩˨pu˥tsuo˥˦tʂʰəŋ˨˩˨.（就是那个肚兜吗？）啊，就是那肚兜儿。ɑ˨,tɕiou˥˦sʅ˥nə˥tu˥tour˥˩˨.（这个就是前头一块儿，后头拿根绳儿系着？）啊，这儿这有两根绳绳挂着嘛。ɑ˨,tʂər˥tʂə˥iou˥˩˧liaŋ˥˩kəŋ˥˩˨ʂəŋ˨˩˨ʂəŋ˨˩˧kuɑ˥˩tʂə˧mɑ˧.

套裤

（你们讲的棉裤是那种中间空的是吧？）黄：奘……奘棉絮的那个么。tʂuaŋ˥˩˧……tʂuaŋ˥˩˧miæ̃˨˩˨ɕy˥˩ti˧nei˥kə˥muo˧.（没装棉絮的呢？）那就袷……袷裤子么。nei˥tɕiou˥tɕia˥˩˨……tɕia˥˩˨kʰu˥˩tsʅ˧muo˧.（袷裤子？）嗯。ə̃˨.（不讲……不讲棉裤？）不叫棉裤么。pu˨˩˨tɕiɑɔ˥˦miæ̃˨˩˨kʰu˥˩muo˧.（呃，套裤。）套裤，那是……那□叫是叫……所谓的套裤是没屁股的裤子。tʰɑɔ˥kʰu˥˨,nə˥sʅ˥˩……nei˥˦niæ̃˨˩˨tɕiɑɔ˥sʅ˥tɕiɑɔ˥……ʂuo˥˩vei˥˦ti˧tʰɑɔ˥kʰu˥sʅ˥muo˥˩˨pʰi˥ku˥˩˧ti˧kʰu˥tsʅ˧.（没屁股？前后一样穿还是什么？）它东西是光护咧个大腿。用那个皮子做下的那个，底下那么穿上来。tʰɑ˥˩tuoŋ˥˩˧ɕi˧sʅ˥˨kuaŋ˥˩xu˥lie˧kə˥˨tɑ˥˩tʰuei˥˩˨.yoŋ˥nə˥kə˥pʰi˨˩˨tsʅ˧tsuo˥˦xɑ˥˨ti˧næᴇ˥kə˥,ti˥˩xɑ˥nə˥muo˧tʂʰuæ̃˥˩˨ʂɑŋ˥læᴇ˨˩˨.（噢，只有腿，没有……没有这个腰是吗？）这儿这虽然在挂上来了，但是屁子在外边儿露着咧。分两片子，这叫套裤么。tʂər˥˩tʂə˥suei˥˩zæ̃˨˩˧tsæᴇ˥kuɑ˥ʂɑŋ˥læᴇ˨˩˦lə˧,tæ̃˥sʅ˥kou˥˩tsʅ˧tsæᴇ˥væᴇ˥piæ̃r˥˩˧lou˥tʂə˧lie˧.fəŋ˥˩˨liaŋ˥˩˧pʰiæ̃˥˩tsʅ˧,tʂei˥tɕiɑɔ˥tʰɑɔ˥kʰu˥˦muo˧.（哦，就是一半儿？）噢，一半儿么。ɑɔ˨,i˥˩˨pæ̃r˥˩muo˧.（那他这个腰怎么弄呢？腰还是有一圈儿么？）腰没腰咧。他这个两上来和这个……和这个腰带这儿这往上一……一连就对了么。绑……腰上一绑就对了。iɑɔ˥˩mei˨˩˨iɑɔ˥˩˨lie˧.tʰɑ˥˩tʂə˥liaŋ˥˩ʂɑŋ˥˩læᴇ˨˩˨xuo˨˩˨tʂə˥˨kə˥i……xuo˨˩˧tʂə˥kə˥iɑɔ˥˩˨tæᴇ˥tʂər˥tʂə˥vɑŋ˥˩˨ʂɑŋ˥i˥˩˧……i˥˩˨liæ̃˨˩tsou˥tuei˥lə˧muo˧.pɑŋ˥˩˧……iɑɔ˥˩ʂɑŋ˥˨i˥˩˨pɑŋ˥˩tsou˥tuei˥lə˧.（那它的作用是干吗呢？护膝？）护腿。这儿这人这个人是这个……狗，嘴子暖和了，它全身都暖咧；人这个只要腿暖和了，全身就暖和。xu˥tʰuei˥˩.tʂər˥tʂə˥zəŋ˨˩˨tʂə˥˨kə˥˨zəŋ˨˩sʅ˥tʂə˥kə˥……kou˥˩,tsuei˥˩tsʅ˧nuæ̃˥˩xuo˧lə˧,tʰɑ˥˩˧tɕʰyæ̃˨˩ʂəŋ˥˩tou˥˩˨nuæ̃˥˩lie˧;zəŋ˨˩tʂə˥kə˥tsʅ˥˩˨iɑɔ˥tʰuei˥˩nuæ̃˥˩xuo˧lə˧,tɕʰyæ̃˨˩ʂəŋ˥˩tɕiou˥˨nuæ̃˥˩xuo˧.

罩裤

黄：罩裤那就是棉裤上头那个裤子就叫罩裤。tsɑɔ˥˩kʰu˥næᴇ˥tɕiou˥sʅ˥˨miæ̃˨˩˨kʰu˥ʂɑŋ˥˩tʰou˧nə˥kə˥kʰu˥tsʅ˧tɕiou˥tɕiɑɔ˥tsɑɔ˥˩kʰu˥˨.（套在外头，省得棉裤脏了？）噢，脏咧的么。ɑɔ˨,tsɑŋ˥˩lie˧ti˧muo˧.

短裤、裤头

（短裤子你们就叫裤头子了？）黄：短裤是管……短裤，裤头是裤头。短裤是齐着磕膝盖儿往上的那个。tuæ̃˥˩kʰu˥sʅ˥˨kuæ̃˥˩……tuæ̃˥˩kʰu˥,kʰu˥tʰou˨˩sʅ˥kʰu˥tʰou˨˩.tuæ̃˥˩kʰu˥˦sʅ˥˨tɕʰi˨˩˨tʂə˧kʰə˥˩tɕʰi˥˩˨kər˥vɑŋ˥˩ʂɑŋ˥˩ti˧nə˥kə˥˨.

线衣线裤

（一般的棉毛……棉毛衣棉毛裤你们叫线衣线衫……线裤是吧？）黄：欸不一定。我们……我们……线衣线裤那就是讲究都是毛……ei˧˩ pu˨˩˦ i˥˧ tiŋ˦˨ .ŋuo˥˧ məŋ˦……ŋuo˥˧ məŋ˦ .ɕ……ɕiæ̃˦˩ i˥˨ ɕiæ̃˦ kʰu˦ nei˦ tɕiou˦ sɿ˦ tɕiaŋ˥˧ tɕiou˥˧ tou˥˨ sɿ˦˨ mɑɔ˨˩……（毛线织的是吧？）噢，毛……欸，线衣线裤那都是线织下的。那你是要用毛织成，那就是毛衣毛裤了。ɑɔ˨, mɑɔ˨……ei˦, ɕiæ̃˦˩ i˥˨ ɕiæ̃˦ kʰu˦ nei˦ tou˥˨ sɿ˦˨ ɕiæ̃˦ tʂɿ˥˨ xɑ˦˨ ti˦ .nei˦ ni˥˧ sɿ˦˨ iɑɔ˦ yoŋ˦ mɑɔ˨ tʂɿ˥˨ tʂʰəŋ˨, næᴇ˦ tɕiou˦ sɿ˦˨ mɑɔ˨ i˥˧ mɑɔ˨ kʰu˦˥ lə˦.（什么线织下的？）棉线织下的么。最后还有线衣线裤最后发展到腈纶的，腈纶的么。miæ̃˨˩ ɕiæ̃˦ tʂɿ˥˨ xɑ˦ ti˦ muo˦.tsuei˦ xou˦ xɑ˨˩ iou˥˧ ɕiæ̃˦˩ i˥˨ ɕiæ̃˦ kʰu˦ tsuei˦ xou˦ fɑ˥˨ tʂæ̃˥ tɑɔ˦˨ tɕʰiŋ˨ luoŋ˨˧ ti˦, tɕiŋ˥˨ luoŋ˨ ti˦ muo˦.（秋衣秋裤呢？）秋衣秋裤也就是线衣线裤。以前最早把这叫秋衣咧么，秋衣秋裤么。tɕʰiou˥˩ i˥˨ tɕʰiou˥˨ kʰu˦ ie˥ tɕiou˦˩ sɿ˦˨ ɕiæ̃˦ i˥˧ ɕiæ̃˦ kʰu˦˨ .i˥˧ tɕʰiæ̃˨ tsuei˦ tsɑɔ˥ pɑ˥˨ tʂə˦ tɕiɑɔ˦ tɕʰiou˥˩ i˥ lie˦ muo˦, tɕʰiou˥˩ i˥ tɕʰiou˥˨ kʰu˦ muo˦.

撑衣裳

（还有的就是说，有的人这个这个这个身材就穿的这个……要穿大一点的号。像这样叫什么呢？受用衣服还是什么？）黄：呣，我们，咱们把这叫□啥？m̩˨, ŋuo˥ məŋ˦, tʂɑ˨ məŋ˦ pɑ˥˨ tʂei˦ tɕiɑɔ˦ niæ̃˨˩ sɑ˦?（经得起衣服，还是什么？）王：很撑衣服。xəŋ˥˨ tsʰəŋ˥˨ i˥˨ fu˦.黄：噢，这个，□撑衣裳得很。ɑɔ˨, tʂə˦ kə˦, niæ̃˨˧ tsʰəŋ˥˩ i˥ ʂɑŋ˦ tə˦ xəŋ˥˨.王：啊，这个人也撑衣服。ɑ̃˨, tʂə˦ kə˦ zəŋ˨ iɑ˥˧ tsʰəŋ˥ i˥ fu˦.黄：撑衣裳，嗯。tsʰəŋ˥ i˥ ʂɑŋ˦, ə̃˨.（你平常要，说一句话了，这，比如说这个，哎呀，你看这个人怎么样？就你说一句话我看看，造个句子。）黄：造个句子那说，那是不是这么个撑衣裳咧，啊？tsɑɔ˦ kə˦ tɕy˦˩ tsɿ˦ nei˦ ʂuo˥˨, nei˦ sɿ˦ pu˨˩ sɿ˦˨ tʂə˦ muo˦ kə˦ tsʰəŋ˥ i˥˧ ʂɑŋ˦ lie˦, ɑ˦?王：啊。ɑ˨.黄：那□就说是，你看兀□兀衣裳穿上多合身！nei˦ niæ̃˨˩ tsou˦ ʂuo˥˧ sɿ˦, ni˥˧ kʰæ̃˦ vu˦ niæ̃˨˩ væᴇ˦ i˥ ʂɑŋ˦ tʂʰuæ̃˥ ʂɑŋ˦˨ tuo˥ xə˨˩ ʂəŋ˥!（合身？）黄：啊。你看□兀人把衣裳穿上合身的！ɑ˨.ni˥˧ kʰæ̃˦ niæ̃˨ væᴇ˦˥ zəŋ˨˧ pɑ˥˧ i˥˧ ʂɑŋ˦ tʂʰuæ̃˥ ʂɑŋ˦˨ xə˨ ʂəŋ˥ ti˦!（说这个人很撑衣裳说不说呢？）黄：那也有时候说咧。nei˦˥ ie˥˧ iou˥ sɿ˨˩ xou˦˨ ʂuo˥ lie˦.王：有说咧。iou˥˧ ʂuo˥ lie˦.黄：说这个人很撑衣裳。ʂuo˥˧ tʂə˦ kə˦ zəŋ˨ xəŋ˥˧ tsʰəŋ˥˧ i˥ ʂɑŋ˦.王：嗯。ŋ̍˨.黄：嗯。ə̃˦.（这个人很怎么样？）王：很撑衣裳。xəŋ˥ tsʰəŋ˥˨ i˥ ʂɑŋ˦.黄：很撑衣裳。有时候不是把那，有时骂开了说兀，兀就是个撑衣裳的架子么。xəŋ˥ tsʰəŋ˥˨ i˥ ʂɑŋ˦ .iou˥ sɿ˨˩ xou˦ pu˨˩ sɿ˦ pɑ˥˨ næᴇ˦, iou˥ sɿ˨˩ mɑ˦˥ kʰæᴇ˥˨ lə˦ ʂuo˥˨ væᴇ˦˥, væᴇ˦ tɕiou˦˥ sɿ˦˨ kə˦˨ tsʰəŋ˥˨ i˥ ʂɑŋ˦ ti˦ tɕiɑ˦˥ tsɿ˦ m̩˦.（哦！）黄：嗯。ŋ̍˨.（就是说他这个，什么意思呢？）黄：有时候，这……这个东西有时候骂起人说那……骂那个没有用的那个人啊，就是这是你是这个……那是一连串的话都说咧么。说兀是个撑衣裳的架子嘛，装粮食的囤子嘛，造粪的机器嘛。iou˥ sɿ˨˩ xou˦, tʂei˦……tʂə˦˨ kə˦˥ tuoŋ˥˨ ɕi˦ iou˥ sɿ˨˩ xou˦ mɑ˦ tɕʰi˥˨ zəŋ˨ ʂuo˥˨ nə˦……mɑ˦ nə˦ kə˦ mei˨ iou˥˧ yoŋ˦˥ ti˦ nə˦ kə˦ zəŋ˨ ɑ˦, tɕiou˦ sɿ˦ tʂə˦ sɿ˦ ni˥ sɿ˦ tʂə˦ kə˦……nɑ˦ sɿ˦ i˥˨ liæ̃˨ tʂʰuæ̃˦˥ tə˦ xuɑ˦˥ tou˥˨ ʂuo˥ lie˦ muo˦.ʂuo˥˨ væᴇ˦˥ sɿ˦ kə˦ tsʰəŋ˥˩ i˥ ʂɑŋ˦ ti˦ tɕiɑ˦ tsɿ˦ mɑ˦, tʂuɑŋ˥ liɑŋ˨˩ ʂɿ˨˥ ti˦ tuoŋ˦ tsɿ˦ mɑ˦, tsɑɔ˦ fəŋ˦ ti˦ tɕi˥˨ tɕʰi˦ mɑ˦.（撑衣裳的什么？）黄：架子呣。tɕiɑ˦˥ tsɿ˦ m̩˦.（还有什么？）黄：装粮食的囤子呣。tʂuɑŋ˥ liɑŋ˨˩ ʂɿ˨˥ ti˦ tuoŋ˦ tsɿ˦ m̩˦.（装粮食的囤子？）黄：噢，囤子么。ɑɔ˨, tuoŋ˦ tsɿ˦ muo˦.（还有什么？）黄：后边就是个造粪的个机器么。形容这个人没有用么。xou˦ piæ̃˥˧ tɕiou˦ sɿ˦˨ kə˦˨ tsɑɔ˦ fəŋ˦ ti˦ kə˦˨ tɕi˥˨ tɕʰi˦ muo˦.ɕiŋ˨ yoŋ˨˧ tʂə˦ kə˦ zəŋ˨ mei˨˩ iou˥˧ yoŋ˦ muo˦.（几句话连起来再说遍呢看？）黄：啊，

就是你是这个撑衣裳的架子，装粮食的囤子么，造粪的机器么。ɑ˩˨,tɕiou˦˩˨sɿ˦˩˨ni˥˩sɿ˦tʂə˦kə˦tsʰəŋ˥˩˧i˥˩ʂɑŋ˧ti˧tɕiɑ˦tsɿ˧,tʂuɑŋ˥˩liɑŋ˨˩˨ʂɿ˨˦˥ti˧tuoŋ˦˧˥tsɿ˧muo˧,tsɑɔ˦fəŋ˦ti˧tɕi˥˩˨tɕʰi˦muo˧.（嗯。这三个字一般都是呃这个连起来说的，这三……三……三句话？）黄：啊，啊。这是，这是个贬义，这都是有贬义的嘛。就形容这个人没有用，哎，就是没有作为的这么个人。ɑ˩˨,ɑ˩˨.tʂə˦˥sɿ˦˩˨,tʂə˦˥sɿ˦˩˨kə˦˩˨piæ̃˥˩i˦,tʂə˦˥tou˥˩˧sɿ˦iou˥˩˧piæ̃˥˩i˦ti˧mɑ˧.tsou˦ɕiŋ˨˦yoŋ˨˩˧tʂə˦kə˦zʐəŋ˨˦mei˨˩˨iou˥˩˧yoŋ˦,æᴇ˩˨,tɕiou˦˩˨sɿ˦˩˨mei˨˦iou˥˩tsuo˥˩˨vei˨˩˨ti˧tʂə˦˩˨muo˧kə˦zʐəŋ˨˩˨.（但撑衣裳是说它的褒义，那说好的还是说不好的？）黄：那也是个褒义词。嗯。næᴇ˦ia˥˩sɿ˦kə˦pɑɔ˥˩i˦tsʰɿ˨˩˨.ŋ̍˩˨.（就是就说这个人……）黄：啊，你都是……这……你就是……你就……你这个人，你就是那个，就长下那么样。ɑ˩˨,ni˥˩tou˥˩˧sɿ˦……tʂʮ……ni˥˩tɕiou˦sɿ˦……ni˥˩tɕiou˦……ni˥˩tʂə˦kə˦zʐəŋ˨˦,ni˥˩tɕiou˦sɿ˦nə˦˩˨kə˦˩˨,tɕiou˦tʂɑŋ˥˩xɑ˦nə˦muo˧iɑŋ˦.王：你这长下那么个……ni˦˩˨tʂei˦tʂɑŋ˥˩xɑ˦nə˦muo˧kə˦……黄：就能穿个衣裳，再能做个啥？tɕiou˦˥nəŋ˨˩˧tʂʰuæ̃˥˩kə˦˩˨i˥˩ʂɑŋ˧,tsæᴇ˦˥nəŋ˨˩˨tsʮ˦kə˦sɑ˦˩˨?（但如果夸这个人呢？哎呀这个人，这个身材……）黄：那也是这样可以说。你看拿衣裳穿上到□跟前啊，多撑衣裳，多好看呀！nei˦iɑ˥˩sɿ˦˩˨tʂei˦˥iɑŋ˦˩˨kʰə˥˩˧i˥˩˧ʂuo˥˩˨.ni˥˩˧kʰæ̃˦nə˦i˥˩ʂɑŋ˧tʂʰuæ̃˥˩ʂɑŋ˦˩˨tɑɔ˦niæ̃˨˦kəŋ˥˩tɕʰiæ̃˨˩˨ɑ˩˨,tuo˥˩˧tsʰəŋ˥˩˧i˥˩ʂɑŋ˧,tuo˥˩˨xɑɔ˥˩kʰæ̃˦iɑ˧!

（二）鞋帽穿戴

鞋

（像你这里啊，这个像传统的这个鞋是个什么情况？）黄：那就是布做下的。那你就是欸皮鞋就是皮鞋。næᴇ˦˥tɕiou˦˩˨sɿ˦˩˨pu˦tsuo˦˥xɑ˦˩˨ti˧.næᴇ˦ni˦tsou˦˩˨sɿ˦˩˨ei˦pʰi˨˦xæᴇ˨˩˧tɕiou˦sɿ˦pʰi˨˦xæᴇ˨˩˨.（这个做鞋是怎么个样一个过程呢？怎么做的？）做鞋，就事先把布要抹成褙子咧嘛。抹成褙子咧，然后把……把鞋样子铰下，布把样子铰出来，然后……tsuo˦ɕie˨˦,tɕiou˦˩˨sɿ˦˩˨ɕiæ̃˥˩˧pɑ˥˩˨pu˦iɑɔ˦muo˥˩tʂʰəŋ˨˩˨pei˦˧˥tsɿ˧lie˧mɑ˧.muo˥˩tʂʰəŋ˨˩˨pei˦˧˥tsɿ˧lie˧,zʐæ̃˨˩˨xou˦pɑ˥˩˨ɕ……pɑ˥˩˨ɕie˨˩˨iɑŋ˦tsɿ˧tɕiɑɔ˥˩xɑ˦˩˨,pu˦pɑ˥˩˨iɑŋ˦tsɿ˧tɕiɑɔ˥˩˧tʂʰʮ˥˩læᴇ˨˩˨,zʐæ̃˨˩˨xou˦……（呃，先铰……铰那个鞋样子？）鞋样……鞋样子嘛。鞋样子拓得褙子上铰，再铰这把这个鞋铰出来。ɕie˨˩˨iɑŋ……ɕie˨˩˨iɑŋ˦tsɿ˧mɑ˧.ɕie˨˩˨iɑŋ˦tsɿ˧tʰɑ˥˩tə˧pei˦˧˥tsɿ˧ʂɑŋ˦˩˨tɕiɑɔ˥˩˨,tsæᴇ˦tɕiɑɔ˥˩tʂə˦˩˨pɑ˥˩˨tʂə˦kə˦ɕie˨˦tɕiɑɔ˥˩˨tʂʰʮ˥˩læᴇ˨˩˨.（它的……噢，噢，放在那个……拓在那个褙子上？）啊。ɑ˩˨.（拓是……就是覆盖在那个上面是吧？）啊，就是的。ɑ˩˨,tɕiou˦sɿ˦ti˧.（啊，拓在那个褙子上面？）噢，把那铰出来，样子给铰出来么。最后慢慢你是扎鞋……这儿这就是……那就是科鞋，叫科鞋，科帮子，科底子，这都弄下以后，那你再这个纳鞋底子，噢，纳鞋底子，纳鞋帮子。ɑɔ˩˨,pɑ˥˩˨næᴇ˦tɕiɑɔ˥˩tʂʰʮ˥˩læᴇ˨˩˨,iɑŋ˦˧˥tsɿ˧kei˦˩˨tɕiɑɔ˥˩tʂʰʮ˥˩˨læᴇ˨˩˨muo˧.tsuei˦xou˦mæ̃˦mæ̃˦ni˥˩˨sɿ˦˩˨tsɑ˥˩ɕie˨˩˨……tʂər˦tʂə˦tɕiou˦˩˨sɿ˦˩˨ts……næᴇ˦tɕiou˦sɿ˦kʰuo˥˩ɕie˨˩˨,tɕiɑɔ˦kʰuo˥˩ɕie˨˦,kʰuo˥˩˨pɑŋ˥˩tsɿ˧,kʰuo˥˩˨ti˥˩tsɿ˧,tʂə˦˩˨tou˥˩˨nuoŋ˦˧˥xɑ˦i˥˩˨xou˦˥,næᴇ˦ni˥˩˧tsæᴇ˦tʂə˦˥kə˦˩˨nɑ˥˩˨ɕie˨˦ti˥˩tsɿ˧,ɑɔ˩˨,nɑ˥˩ɕie˨˦ti˥˩tsɿ˧,nɑ˥˩ɕie˨˦pɑŋ˥˩tsɿ˧.（k^{h}uo˥˩是什么意思啊？）科就是剪咧嘛。是剪成样子，剪出来就对了。k^{h}uo˥˩tɕiou˦sɿ˦tɕiæ̃˥˩lie˧mɑ˧.sɿ˦˩˨tɕiæ̃˥˩tʂʰəŋ˨˩˨iɑŋ˦˧˥tsɿ˧,tɕiæ̃˥˩˧tʂʰʮ˥˩læᴇ˨˩˨tɕiou˦tuei˦˩˨lə˧.（这个k^{h}uo˥˩，k^{h}uo˥˩是怎么个k^{h}uo˥˩法？）科这就是你比如你现在就说是把这个……这是一……这是一块儿褙子，噢，这儿这有个鞋……那有个鞋样子，这么个这你是这

个……这还都是一……这现在……现在这都是片片子么。他都是在那个褙子上把这个往下来铰，这叫科咧。是拿剪刀齐住这个鞋样么，这叫科咧。这把这科下来以后，然后这才……这是是褙子么。然后给这上头再抹些糨糊儿嘛。抹些糨糊儿把这条绒或者是布，再把鞋面掌上嘛。kʰuo˥˧tʂei˥˧˥tɕiou˥˩sɿ˥˩ni˥˧pi˥˧˧ʐʮ˩˧˧ni˥˧˧ɕiæ̃˥tsæᴇ˥tsou˥˦ʂuo˥˧˩sɿ˥˩pɑ˥˧˩tʂə˥kə˥……tʂei˥˩sɿ˥˩i˥˧˧……tʂei˥˦sɿ˥˩i˥˧˩kʰuər˥˧pei˥˧˥tsɿ˧,ɑɔ˩˧,tʂər˥˧˥tʂə˥iou˥˧˧kə˥ɕie˩˧……næᴇ˥˦iou˥˧kə˥˩ɕie˩˧˩iɑŋ˥tsɿ˧,tʂə˥muo˦kə˥tʂei˥ni˥˧˩sɿ˥˩tʂə˥˩kə˥……tʂə˥xɑ˩˧tou˥˧˩sɿ˥˩i˥˧˧……tʂə˥ɕiæ̃˥˩tsæᴇ˥˦……ɕiæ̃˥tsæᴇ˥tʂə˥tou˥˧˩sɿ˥˩pʰiæ̃˥˧pʰiæ̃˥˧˩tsɿ˧muo˧.tʰɑ˥˧tou˥˧˩sɿ˥˩tsæᴇ˥nə˥kə˥pei˥tsɿ˦ʂɑŋ˥pɑ˥˧˧tʂə˥kə˥vɑŋ˥˧˩xɑ˥læᴇ˩˧˧tɕiɑɔ˥˧,tʂei˥˩tɕiɑɔ˥˩kʰuo˥˧lie˧.sɿ˥nɑ˩˧tɕiæ̃˥˧tɑɔ˥˧˩tɕʰi˩˧˩tʂʮ˥˦tʂə˥kə˥ɕie˩˧˩iɑŋ˥˦muo˧,tʂei˥tɕiɑɔ˥kʰuo˥˧lie˧.tʂə˥pɑ˥˧˩tʂə˥kʰuo˥˧˩ɕiɑ˥˧˥læᴇ˩˧˩i˥˧˩xou˥˦,ʐæ̃˩˧˩xou˥tʂə˥˦tsʰæᴇ˩˧˩……tʂei˥sɿ˥˩sɿ˥˩pei˥˧˥tsɿ˧muo˧.ʐæ̃˩˧˩xou˥kei˥tʂei˥˦ʂɑŋ˥tʰou˦tsæᴇ˥muo˥˧ɕie˥˧˩tɕiɑŋ˥xur˩˧mɑ˧.muo˥˧ɕie˥˧˩tɕiɑŋ˥xur˩˧pɑ˥˧˩tʂei˥tʰiɑɔ˩˧ʐuoŋ˩˧˧xuei˩˧˧tʂə˥˧˩sɿ˥pu˥,tsæᴇ˥pɑ˥˧˩ɕie˩˧˩miæ̃˥tʂɑŋ˥˧ʂɑŋ˥˩mɑ˧.（哦，掌鞋面？）噢，把鞋面再给掌得上头嘛。ɑɔ˩,pɑ˥˧˩ɕie˩˧˩miæ̃˥˦tsæᴇ˥kei˥˩tʂɑŋ˥˧tə˧ʂɑŋ˥˧˥tʰou˧mɑ˧.（哪个掌？）这个是粘咧嘛。tʂei˥kə˥sɿ˥tʂæ̃˥˧lie˧mɑ˧.（掌就是粘的意思是吧？）粘，噢，粘么，噢，粘，就是粘的意思。粘的意思么。把这那个上以后，这时你再拿上线把这东西……有些……你要……有些人是个不……不……不拿线，在掌边再做一做噢，叫踹咧。那鞋帮子踹一下。tʂæ̃˥˧,ɑɔ˩,tʂæ̃˥˧muo˧,ɑɔ˩,tʂæ̃˥˧,tɕiou˥sɿ˥tʂæ̃˥˧ti˧li˥˦sɿ˧.tʂæ̃˥˧ti˧li˥sɿ˦muo˦.pɑ˥˧˩tʂei˥˦nə˥kə˥ʂɑŋ˥i˥˧˩xou˥,tʂei˥˦sɿ˩˧˩ni˥˧tsæᴇ˥nɑ˩˧˩ʂɑŋ˥ɕiæ̃˥pɑ˥˧˩tʂei˥tuoŋ˥˧ɕi˧……iou˥˧ɕie˥˧˩……ni˥˧˩iɑɔ˥……iou˥˦ɕie˥˧˩ʐəŋ˩˧sɿ˥kə˥pu˩˧˩……pu˩˧˩……pu˩˧˩nɑ˩˧ɕiæ̃˥,tsæᴇ˥˩tʂɑŋ˥˧˧piæ̃˥˧˧tsæᴇ˥tsuo˥˦i˥˧˩tsuo˥˦ɑɔ˩,tɕiɑɔ˥˩tʂʰuæᴇ˥lie˧.næᴇ˥ɕie˩˧pɑŋ˥˧tsɿ˧tʂʰuæᴇ˥i˥˧˩ɕiɑ˥˩.（什么tʂʰuæᴇ˥？）踹就像拿缝纫机这么一道子一道子放针线再做一下嘛。然后再把这个……这个两个地方以后，緶起来，就这鞋帮就成了么。鞋帮子成了，这个地方你要铰那布溜溜，把这口子沿的，就像我这个现在这个缝，这个鞋口子这啥，这不是沿下的？铰一……铰一溜溜布把这里……tʂʰuæᴇ˥tɕiou˥˦ɕiɑŋ˥˩nɑ˩˧fəŋ˩˧˩ʐəŋ˥tɕi˥˧tʂə˥muo˦i˥˧˩tɑɔ˥tsɿ˦i˥˧˩tɑɔ˥tsɿ˦fɑŋ˥˧˥tʂəŋ˥˧ɕiæ̃˥˩tsæᴇ˥tsʮ˥˧˥i˥˧˩xɑ˥˩mɑ˧.ʐæ̃˩˧˩xou˥tsæᴇ˥pɑ˥˧˩tʂə˥kə˥……tʂə˥kə˥liɑŋ˥˧kə˥˩ti˥˦fɑŋ˥˧˩i˥˧˩xou˥,liæ̃˩˧tɕʰi˥˧læᴇ˩˧˩,tɕiou˥tʂə˥ɕie˩˧pɑŋ˥˧tsou˥tʂʰəŋ˩˧˩lə˦muo˧.ɕie˩˧pɑŋ˥˧tsɿ˧tʂʰəŋ˩˧˩lə˦,tʂə˥kə˥ti˥fɑŋ˥˧˩ni˥˧˧iɑɔ˥tɕiɑɔ˥˧nə˥pu˥liou˥liou˥,pɑ˥˧˩tʂə˥kʰou˥˧tsɿ˧iæ̃˩˧ti˦,tsou˥ɕiɑŋ˥˧˥ŋuo˥˧˧tʂə˥kə˥ɕiæ̃˥tsæᴇ˥tʂə˥kə˥fəŋ˥,tʂə˥kə˥xæᴇ˩˧kʰou˥˧tsɿ˧tʂə˥˦sɑ˥˩,tʂə˥˦pu˩˧˧sɿ˥iæ̃˩˧˩xɑ˥˦ti˧?tɕiɑɔ˥˧˧i˥˧˧……tɕiɑɔ˥˧i˥˧˩liou˥liou˥pu˥pɑ˥˧˩tʂei˥˦li˥˧˩……（沿就说弄一下这个边？）噢，把这个沿……边子沿……沿起来嘛。沿起了，把这鞋后跟这么一起……把这两个鞋后跟这不是……把这两个……这原先是敞口子咧，就把这两个往一瘩里一起，起到一瘩里。然后再把这个边子，把这鞋边子你拉住一那个，再上上去，这个鞋……这个鞋子就绾起来了。绾起来，投到你把底子做好以后，拿上去，前头绽[1]一针，后头绽一针，再鞋底子就……就往上一上就对了。ɑɔ˩,pɑ˥˧˩tʂə˥kə˥iæ̃˩˧……piæ̃˥˧tsɿ˧iæ̃˩˧……iæ̃˩˧tɕʰi˥˧læᴇ˩˧˩mɑ˧.iæ̃˩˧˩tɕʰi˥˧lə˦,pɑ˥˧˩tʂə˥xæᴇ˩˧˩xou˥˦kəŋ˥˧˩tʂə˥˩muo˧i˥˧˩tɕʰi˥˧……pɑ˥˧˩tʂə˥liɑŋ˥˧kə˥˩xæᴇ˩˧˩xou˥˦kəŋ˥˧˩tʂə˥˦pu˩˧˩sɿ˥˩……pɑ˥˧˩tʂə˥liɑŋ˥˧˩kə˥……tʂə˥yæ̃˩˧ɕiæ̃˥˧sɿ˥˩tʂʰɑŋ˥˧kʰou˥˧˩tsɿ˧lie˧,tsou˥pɑ˥˧˩tʂə˥liɑŋ˥˧kə˥vɑŋ˥˧i˥˧˩tɑ˥˧li˥˧˩i˥˧˩tɕʰi˥˧,tɕʰi˥˧tɑɔ˥˩i˥˧˩tɑ˥˧li˥˧˩.ʐæ̃˩˧˩xou˥tsæᴇ˥pɑ˥˧˩tʂə˥kə˥piæ̃˥˧tsɿ˧,pɑ˥˧˩tʂə˥xæᴇ˩˧piæ̃˥˧tsɿ˧ni˥˧˧lɑ˥˧tʂʰʮ˥˩i˥˧˧nə˥kə˥,tsæᴇ˥ʂɑŋ˥ʂɑŋ˥tɕʰy˥,tʂə˥kə˥xæᴇ˩˧˩……tʂə˥kə˥xæᴇ˩˧˩tsɿ˦tsou˥væ̃˥˧˩tɕʰi˥˧læ

[1] 绽：缝补。《玉台新咏·艳歌行》："故衣谁当补，新衣谁当绽。"吴兆宜注："缝补其裂亦曰绽。"清顾炎武《自笑》诗："呼僮向晓牵长襻，觅妪先冬绽故衣。"其本字也可能是"䋎"。《广韵》作绀切："以针䋎物。"

ᴇʎɭlə·l.væ̃ʏɭtɕʰiʏlæᴇʎɭ,tʰouʎɭtaɔ˥niʏ˫paʏɭtiʏtsɿ·ltsuo˥xaɔʏiʏɭxou˥,naʎɭʂaŋ˥tɕʰi˥,tɕʰiæ̃ʎɭtʰouˈltsæ̃˥iʏ ˫tʂəŋʏ,xou˥ʏtʰou·ltsæ̃˥iʏ˫tʂəŋʏ,tsæᴇ˥ɕieʎɭtiʏtsɿ·ltɕiou˥ʏ……tsou˥vaŋʏɭʂaŋ˥ʏiʏɭʂaŋ˥tɕiou˥tuei˥ɭlə·l.（前头绽一针后头绽一针就……）哎，那就是这个……这一个……这一个鞋底子的话，那你是这个鞋底子是个圆鞋子出来的话，这个，下来是个圆鞋底子的话，你这个帮拿来给这儿绽一下，正中线，这个正中线那就不注意上偏么。æᴇɭ,næᴇ˥ʏtɕiou˥ɭʂɿ˥ɭtʂə˥kə˥……tʂei˥ʏiʏɭkə˥……tʂei˥ʏiʏɭkə˥xæᴇʎɭtiʏtsɿ·ltə·lxua˥,næᴇ˥niʏ˫sɿ˥tʂə˥kə˥xæᴇʎɭtiʏtsɿ·lsɿ˥kə˥yæ̃ʎxæᴇʎɭtiʏ tsɿ·ltʂʰɥʏlæᴇʎɭtə·lxua˥ɭ,tʂə˥kə˥,xa˥læᴇʎ˫sɿ˥kə˥yæ̃ʎɕieʎɭtiʏtsɿ·lti·lxua˥ɭ,niʏ˫tʂə˥kə˥paŋʏnaʎlæᴇʎ˫kei˥ tʂər˥ʏtsæ̃˥iʏ˫xa˥ɭ,tʂəŋ˥tʂuoŋʏɭɕiæ̃˥,tʂə˥kə˥tʂəŋ˥tʂuoŋʏɭɕiæ̃˥næᴇ˥tɕiou˥puʎɭtʂɥ˥i˥ʂaŋ˥ʏpʰiæ̃ʏmuo·l.（那这个里面要不要放那个楦子？）不用放楦子。puʎɭyoŋ˥ʏfaŋ˥ɕyæ̃˥tsɿ·l.（你们……）不……不用放楦子。puʎɭ……puʎɭyoŋ˥ʏfaŋ˥ɕyæ̃˥tsɿ·l.（不用……不放楦子……楦子啊？）不放楦子。都上好了。你放楦子就急忙上不成了。这是……有的鞋就是上好咧以后，嫌那个里头夹脚噢，不能得以后，然后把楦子打进去，把水放上，把这个布弄湿，拿楦子把那打的往开撑一下。一般情况下都不。puʎɭfaŋ˥ʏɕyæ̃˥tsɿ·l.touʏɭʂaŋ˥xaɔʏlə·l.niʏfaŋ˥ɕyæ̃˥tsɿ ·ltɕiou˥tɕiʏɭmaŋʎ˫ʂaŋ˥ʏpuʎɭtʂʰəŋʎɭlə·l.tʂei˥sɿ˥ts……iouʏti·lxæᴇʎtsou˥ʏsɿ˥ɭʂaŋ˥ʏxaɔʏlie·liʏxou˥ʏ,ɕi æ̃ʎɭnə˥kə˥liʏtʰou·ltɕiaʏʏtɕyoʏaɔɭ,puʎɭnəŋʎɭtəʏʏiʏɭxou˥ʏ,ʐæ̃ʎɭxou˥ʏpaʏɭɕyæ̃˥tsɿ·ltaʏtɕiŋ˥tɕʰi˥,paʏɭʂ ueiʏfaŋ˥ʂaŋ˥,paʏɭtʂə˥kə˥pu˥nuoŋ˥ʂɿʏ,naʎɭɕiæ̃˥（←ɕyæ̃˥）tsɿ·lpaʏɭnæᴇ˥taʏti·lvaŋʏɭkʰæᴇʏ˫tsʰəŋʏ iʏɭxa˥ɭ.iʏʏpæ̃ʏtɕʰiŋʎɭkʰuaŋ˥ʏɕia˥touʏɭpuʎɭ.（哦，做的时候不放楦子？）做的不做……手工做的时候都不。tsuo˥ʏtə·lpuʎɭtsuo˥ʏ……ʂouʏkuoŋʏɭtsuo˥ʏti·lsɿʎɭxou˥ʏtouʏɭpuʎɭ.（就是做完之后，为了让它那个……）穿上舒服这鞋它么。tʂʰuæ̃ʏʂaŋ˥ɭʂɥʏfuʎɭtʂei˥ɕieʏɭtʰaʏmuo·l.（鞋楦子是自己做还是买？）自己做，拿木头随便儿修一个。tsɿ˥ʏtɕieʏɭtsuo˥ʏ,naʎmuʏtʰou·lsueiʎɭ piær˥ɕiouʏiʏɭkə˥ʏ.（这个后面还有个拔子吧？）噢，那有。鞋有时候不好穿的话，鞋……鞋小的话，你脚大的话，那个当时那个做下那个新鞋不是硬得很吗？你穿不进去以后，专门有那么个铜做下的，有时拿木头做下的那么个。先把那个穿进去，你这么脚这么个往上踏上一踏，不是好往下踏吗？这么一别就下去了。鞋拔子嘛。aɔ˥,næᴇ˥ʏiouʏ.ɕieʎiouʏ ʂɿʎ˫xou˥puʎɭxaɔʏ˫tʂʰuæ̃ʏtə·lxua˥ɭ,ɕieʎ……ɕieʎɕiaɔʏtə·lxua˥ɭ,niʏ˫tɕyoʏta˥ti·lxua˥,nə˥kə˥taŋʏɭsɿʎn ə˥ʏkə˥ɭtsuo˥ʏxa˥ɭnə˥kə˥ɕiŋʏɕieʎpuʎɭsɿ˥ɭniŋ˥tə·lxəŋʏɭma·l?niʏ˫tʂʰuæ̃ʏpuʎɭtɕiŋ˥tɕʰi˥iʏɭxou˥ʏ,tʂuæ̃ ʏɭməŋʎiouʏ˫nə˥muo·lkə˥tʰuoŋʎtsuo˥ʏxa˥ɭti·l,iouʏsɿʎɭnaʎmuʏtʰou·ltsɥ˥xa˥ti·lna˥muo·lkə˥.ɕiæ̃ʏpaʏɭ nə˥kə˥tʂʰuæ̃ʏɭtɕiŋ˥tɕʰi˥,niʏ˫tʂə˥muo·ltɕyoʏtʂə˥muo·lkə˥vaŋʏɭʂaŋ˥tʰaʎɭʂaŋ˥ʏiʏɭtʰaʎ,puʎɭsɿ˥ɭxaɔʏv aŋʏɭxa˥tʰaʎma˥?tʂə˥muo·liʏɭpieʎtsou˥xa˥tɕʰi˥lə·l.ɕieʎpaʎɭtsɿ˥ma·l.（鞋拔子？）嗯。ŋ̍ɭ.（这个鞋这个后跟这个地方啊……）嗯。ŋ̍ɭ.（以前有些还这个地方有一个这样的那个长出来一点的那个。）嗯哈。往出来提的。ŋ̍ɭxaɭ.vaŋʏɭtʂʰɥʏlæᴇʎɭtʰiʎʏti·l.（那叫什么？）还叫鞋拔子。xaʎɭtɕiaɔ˥ʏɕieʎpaʎɭtsɿ˥.（鞋拔子？）嗯。往起来拔。兀是南方人，安徽人，河南人做鞋都有那个东西。ŋ̍ɭ.vaŋʏɭtɕʰiʏlæᴇʎɭpaʎɭ.və˥ʏsɿ˥næ̃ʎɭfaŋʏʐəŋʎ,næ̃ʏxueiʏɭʐəŋʎ,xuoʎɭnæ̃ʎʏʐəŋʎ tsuo˥ʏɕieʎtouʏʏiouʏnə˥kə˥tuoŋʏɕi·l.（这个叫？）鞋底子么。ɕieʎɭtiʏtsɿ·lmuo·l.（鞋底子。这个叫鞋……）帮子么。paŋʏtsɿ·lmuo·l.（这个鞋面就是帮子上面最外面一层是吧？）那一层布么。næᴇ˥iʏɭtsʰəŋʎpu˥muo·l.（好，这个呢？）兀叫松紧么。væᴇ˥tɕiaɔ˥suoŋʏɭtɕiŋʏmuo·l.（松紧。里面还要垫的东西吧？）里头欸有的有了就垫，没有了就不垫。现在多一半都……现在多一半都扎下那花鞋垫子么你。liʏtʰou·leiɭiouʏti·liouʏlə·ltsou˥tiæ̃˥,meiʎɭiouʏlə·ltsou˥ɭpuʎɭ tiæ̃˥.ɕiæ̃˥tsæᴇ˥tuoʏiʏɭpæ̃˥touʏɭ……ɕiæ̃˥tsæᴇ˥tuoʏiʏɭpæ̃˥touʏɭtsaʏxa˥ɭna˥xuaʏɕieʎɭtiæ̃˥tsɿ·lmuo·ln i˥˧˧˩.（鞋垫子？）嗯。ə̃˧˩.（鞋垫子。这个它这个里面还要衬一层布嘛！）上里……上里子咧么你。ʂɑŋ˥˨˦li˥˧……ʂɑŋ˥˨˦li˥˧tsʅ·˧lie·˧muo·˧ni˥˧˧˩.（里子？）嗯。褙子头起你既要掌面子，还要上里子咧。ə̃˧˩.pei˥˨˦tsʅ˦tʰou˩˧˧˩tɕʰie˥˧˧ni˥˧˧tɕi˥iɑɔ˥tʂɑŋ˥˧miæ̃˥tsʅ·˧,xæᴇ˩˧˧˩iɑɔ˥ʂɑŋ˥li˥˧tsʅ·˧lie·˧.（里子是用“上”？）上……噢，上里子咧么啊。ʂɑŋ˥˨˦……ɑɔ˧˩,ʂɑŋ˥li˥˧tsʅ·˧lie·˧muo·˧lɑ˧˩.（面子就是用……）叫掌鞋面子咧么。嗯。tɕiɑɔ˥tʂɑŋ˥˧ɕie˩˧˧˩miæ̃˥˨˦tsʅ·˧lie·˧muo·˧.ə̃˧˩.（你们这个除了布鞋，你们冬天还穿什么鞋呢？）穿棉鞋么。tʂʰuæ̃˥˧˧˩miæ̃˩˧ɕie˩˧˧˩muo·˧.（棉鞋也是这么做的吗？）棉鞋也是这么做的，就是这个帮子，这里头要奘羊毛咧啊。奘羊毛或者是棉花么。有羊毛就最好把羊毛奘上，没有羊毛的话，那就是转……奘的是这个棉花么。……miæ̃˩˧˧ɕie˩˧˧ie˥˧˧˩sʅ˥˧˩tʂə˥muo˦tsuo˥˦˥ti·˧,tɕiou˥˧˩sʅ˥˧˩tʂə˥˧˩kə˥˧˩pɑŋ˥˧tsʅ·˧,tʂə˥li˥˧˧˩tʰou·˧liɑɔ˥tʂuɑŋ˥˧˧iɑŋ˩˧mɑɔ˩˧˧˩liɑ˦.tʂuɑŋ˥˧˧iɑŋ˩˧mɑɔ˩˧xuo˩˧˧tʂə˥˧˧˩sʅ˥˧˩miæ̃˩˧˧˩xuɑ˥˧muo·˧.iou˥˧iɑŋ˩˧mɑɔ˩˧˧tsou˥tsuei˥xɑɔ˥˧pɑ˥˧˧˩iɑŋ˩˧mɑɔ˩˧tʂuɑŋ˥˧˧˩ʂɑŋ˥˧˩,mei˩˧iou˥˧iɑŋ˩˧mɑɔ˩˧ti˦xuɑ˥˧˩,næᴇ˥tɕiou˥sʅ˥tʂuæ̃˥˨˦……tʂuɑŋ˥˧˧ti˦sʅ˥tʂə˥kə˥miæ̃˩˧˧˩xuɑ˥˧muo·˧.（过去穿皮……皮靴子不穿？）哪有皮靴子穿去？nɑ˥˧iou˥˧pʰi˩˧˧˩ɕyo˥˧tsʅ·˧tʂʰuæ̃˥˧tɕʰie˥˧˩?（这么长的那种鞋子呢？）叫……那就叫靴子嘛。还有一种毡……擀下的那个是毡窝窝。tɕiɑɔ˥……nei˥tɕiou˥tɕiɑɔ˥ɕyo˥˧tsʅ·˧mɑ·˧.xɑ˩˧˧˩iou˥˧˧i˥˧˧tʂuoŋ˥˧˧tʂæ̃˥˧……kæ̃˥˧xɑ˥˧˩ti·˧nə˥kə˥sʅ˥tʂæ̃˥˧˨˦vuo˥˧vuo˥˧˧˩.（毡……毡做的？）噢，用毡做下的。ɑɔ˧˩,yoŋ˥˧˩tʂæ̃˥˧tsuo˥˦˥xɑ˥˧˩ti·˧.

草鞋、麻鞋

（你草鞋用什么做？）黄：草鞋用草做。tsʰɑɔ˥˧ɕie˩˧˧˩yoŋ˥tsʰɑɔ˥˧tsuo˥˧˩.（稻草还是麦草？）山上拔下那种草也……拿稻草也可以拧。用马莲还可以拧嘛。草鞋，麻鞋么。sæ̃˥˧ʂɑŋ˥˧˩pɑ˩˧˧˩xɑ˥˦˥næᴇ˥tʂuoŋ˥˧˧˩tsʰɑɔ˥˧˧iɑ˥˧˧……nɑ˩˧˧˩tʰɑɔ˥˧˧tsʰɑɔ˥˧ɑ˥˧˧˩kʰə˥˧i˥˧˧˩niŋ˩˧˧.yoŋ˥mɑ˥˧liæ̃˩˧˧˩xɑ˩˧˧kʰə˥˧i˥˧˧˩niŋ˩˧˧mɑ·˧.tsʰɑɔ˥˧ɕie˩˧,mɑ˩˧ɕie˩˧˧˩muo·˧.（麻鞋是什么？）还是用那个大麻的那个麻皮噢编成的噢。xɑ˩˧˧˩sʅ˥˦˥yoŋ˥nə˥kə˥tɑ˥mɑ˩˧ti˦nə˥kə˥mɑ˩˧˧˩pʰi˩˧ɑɔ˧˩piæ̃˥˧tʂʰəŋ˩˧˧˩ti˦lɑɔ˧˩.

吧嗒板儿

（过去不穿拖鞋吗？）黄：不穿拖鞋。没有那东西。pu˩˧˧˩tʂʰuæ̃˥˧tʰuo˥˧ɕie˩˧˧˩.mei˩˧iou˥˧nə˥tuoŋ˥˧ɕi·˧.（趿拉板儿这些东西都没有？）在我知道的时候是弄个……用木头锯个板板，拿松紧带儿藉底下一钉，你就吧嗒吧嗒儿。吧嗒板儿。tsæᴇ˥˧˩ŋuo˥˧tʂʅ˥˧˧tɑɔ˥˧˩tə·˧sʅ˩˧˧˩xou˥sʅ˥nuoŋ˥kə˥……yoŋ˥mu˥˧tʰou·˧tɕy˥kə˥pæ̃˥˧pæ̃˥˧,nɑ˩˧suoŋ˥˧˧˩tɕiŋ˥˧tər˥tɕiɑ˥ti˥˧xɑ˥˧˩i˥˧˧˩tiŋ˥,ni˥˧˧tsou˥pɑ˥˧˧tɑ˥˧˧pɑ˥˧tɑr˥˧˧˩.pɑ˥˧˧˩tɑ˥˧˧˩pæ̃r˥˧.（什么时候穿呢？）夏天穿咧噢。夏天天暖和了，□就穿上。ɕiɑ˥tʰiæ̃˥˧˧˩tʂʰuæ̃˥˧liɑɔ·˧.ɕiɑ˥tʰiæ̃˥˧˧˩tʰiæ̃˥˧˧˩nuæ̃˥˧xuo·˧lə·˧,niæ̃˩˧˧˩tɕiou˥tʂʰuæ̃˥˧ʂɑŋ˥˧˩.（讲穿那种鞋叫叫叫怎么讲呢？怎么说？）你……趿拉个吧嗒板儿么。ni˥˧˧˩……tʰɑ˥˧lɑ˥˧˧˩kə˥˧˩pɑ˥˧˧˩tɑ˥˧˧˩pæ̃r˥˧muo·˧.

呱嗒板儿

（这个穿着个拖鞋这么走路。）黄：踢踏踢踏的。tʰi˥˧tʰɑ˩˧˧˩tʰi˥˧tʰɑ˩˧˧˩ti·˧.（叫什么？）踢踏踢踏的。tʰi˥˧tʰɑ˩˧˧˩tʰi˥˧tʰɑ˩˧˧˩ti·˧.（踢踏踢踏的？）啊，有些人……我们把这个拖鞋，有些人……这个有些那个拖鞋不是这个……这个这个大……大拇脚丫子里头带那么点儿弦那个过来那种？ɑ˧˩,iou˥˧ɕie˥˧˧˩ʐəŋ˩˧……ŋuo˥˧məŋ·˧pɑ˥˧˧˩tʂə˥kə˥tʰuo˥˧ɕie˩˧,iou˥˧ɕie˥˧˧˩ʐəŋ˩˧……tʂə˥kə˥iou˥˧ɕie˥˧˧˩nə˥kə˥tʰuo˥˧˧˩ɕie˩˧pu˩˧˧˩sʅ˥tʂə˥kə˥……tʂə˥kə˥tʂə˥kə˥tɑ˥……tɑ˥muo˥˧˧tɕyo˥˧˨˦iɑ˥˧tsʅ˦li˥˧tʰou·˧tæᴇ˥nə˥muo˦tiæ̃r˥˧˧˩ɕiæ̃˩˧nə˥kə˥kuo˥læᴇ˩˧˧nei˥tʂuoŋ˥˧˧˩?（噢，那种夹的！）啊，我们叫那呱嗒板儿么。ŋɑ˥,ŋuo˥˧˧məŋ˦tɕiɑɔ˥nə˥kuɑ˥˧tɑ˥˧˧˩pæ̃r˥˧muo·˧.（呱嗒板儿？）啊，走上呱嗒呱嗒的。ɑ˥,tsou˥˧ʂɑŋ˥kuɑ˥˧˧˩tɑ˥˧˨˦kuɑ˥˧˧˩tɑ˥˧˧˩ti·˧.

双脸儿鞋

（有双脸鞋吗？）黄：双脸儿鞋，应该有。它就是那个帮子是带眼扣儿的那个。现在这个，它这个，这两面这个高，中……中间拿这个鞋带带绾儿着咧么。ʂuaŋ˥˧˨liæ̃r˥˧çie˨˦˧,iŋ˥kæᴇ˥˧˨iou˥˧.tʰɑ˥˧˧tɕiou˥sɿ˥nə˥kə˥paŋ˥˧tsɿ·˧sɿ˥˨tæᴇ˥niæ̃˥˧kʰour˥ti·˧nə˥˨kə˥˨.çiæ̃˥tsæᴇ˥tʂə˥kə˥,tʰɑ˥˧˧tʂə˥kə˥,tʂə˥liaŋ˥˧miæ̃˥tʂə˥kə˥kɑɔ˥˧,tʂuoŋ˥˧˨……tʂuoŋ˥˧˨tɕiæ̃˥˧˦nɑ˨˦˧tʂə˥kə˥çie˨˦˨tæᴇ˥˦tæᴇ˥˨væ̃r˥˧tʂuo˥˧˨lie·˧muo·˧.

八眼儿鞋

（这[鞋]是你自己做的还是买的？）黄：这是自己做下。叫……这叫八眼儿鞋嘛你。tʂə˥sɿ˥tsɿ˥tɕie˥˧˧tsuo˥˦xɑ˥˨.tɕiɑɔ˥……tʂei˥tɕiɑɔ˥pɑ˨˦˨niæ̃r˥˧xæᴇ˨˦mɑ·˧ni˥˧˨.（这不是只有六个眼吗？）六个眼，这个名称就叫……叫八眼儿么。把这个东西叫八眼儿。liou˥˧kə˥˨niæ̃˥˧,tʂei˥kə˥miŋ˨˦˨tʂʰəŋ˥˧tsou˥tɕiɑɔ˥……tɕiɑɔ˥pɑ˨˦˨niæ̃r˥˧muo·˧.pɑ˥˧˨tʂə˥kə˥tuoŋ˥˧˨çi·˧tɕiɑɔ˥pɑ˨˦˨niæ̃r˥˧.

猪头鞋子

黄：[童]鞋这个里头是有猪头……有虎头的，还有猪头的。çie˨˦tʂə˥kə˥li˥˧tʰou·˧sɿ˥iou˥˧˧tʂɥ˥˧tʰou˨˦˨……iou˥˧˧xu˥˧tʰou˨˦˨ti·˧,xæᴇ˨˦˨iou˥˧˧tʂɥ˥˧tʰou˨˦˨ti·˧.（噢，猪头的鞋子？）噢，鞋子哪个前头做成猪的……猪的模样的那。ɑɔ˨,çie˨˦˨tsɿ·˧nə˥kə˥tɕʰiæ̃˨˦˨tʰou·˧tsuo˥˦tʂʰəŋ˨˦tʂɥ˥˧ti·˧……tʂɥ˥˧ti·˧mu˨˦˨iaŋ˥ti·˧nə˥.

绱鞋

1.（把那个鞋面跟那个鞋底子弄在一块叫不叫绱鞋？）黄：就叫绱鞋咧。tɕiou˥˦tɕiɑɔ˥ʂaŋ˥çie˥˧˨lie˧.（绱鞋？）嗯。那鞋帮子，不能说是鞋面。你光弄个鞋面就……不加裆子的话，那你弄一块朝人放上在那个前头！ŋ̍˨.nə˥çie˨˦˨paŋ˥˧tsɿ·˧,pu˨˦˨nəŋ˨˦ʂuo˥˧˧sɿ˥çie˨˦˨miæ̃˥.ni˥˧˨kuaŋ˥˧˦nuoŋ˥kə˥çie˨˦˨miæ̃˥tsou……pu˨˦˨tɕia˥˧˨pei˥˦tsɿ·˧ti·˧xua˥˨,næᴇ˥ni˥˧˧nuoŋ˥˦i˥˧˧kʰuæᴇ˥˧˧tʂʰɑɔ˨˦˧zəŋ˨˦˧faŋ˥ʂaŋ˥tsæᴇ˥nə˥kə˥tɕʰiæ̃˨˦˧tʰou˧.（噢，你那鞋面只是那个表面的那一层噢？）噢，就是那个就是表面的那一层子叫鞋面。你不能光绱鞋面。绱鞋面绱了一层条褥子，绱一层薄布，这干啥？ɑɔ˥,tɕiou˥˨sɿ˥˨nə˥kə˥tɕiou˥sɿ˥piɑɔ˥˧miæ̃˥ti·˧nei˥˦i˥˧˨tsʰəŋ˨˦tsɿ·˧tɕiɑɔ˥çie˨˦˨miæ̃˥.ni˥˧pu˨˦˨nəŋ˨˦kuaŋ˥˧˨ʂaŋ˥çie˨˦˨miæ̃˥.ʂaŋ˥çie˨˦˨miæ̃˥ʂaŋ˥lə·˧i˥˧˨tsʰəŋ˨˦tʰiɑɔ˨˦zɥ˥tsɿ·˧,ʂaŋ˥i˥˧˨tsʰəŋ˨˦puo˨˦˨pu˥,tʂei˥kæ̃˥sɑ˥?（有那个绱鞋的绳子吗？）没有。也没有啥专用的绳它。mei˨˦˨iou˥˧.ɑ˥˧mei˨˦˨iou˥˧sɑ˥˦tʂuæ̃˥˧˨yoŋ˥ti·˧ʂəŋ˨˦˨tʰɑ˥˧.

2.（有那个明绱暗绱的吗？）黄：哎当然那有咧么。明绱那个边边朝外着咧，暗绱是窝回去绱咧么。æᴇ˥˧taŋ˥˧˧zæ̃˨˦˧næᴇ˥iou˥˧lie·˧muo·˧.miŋ˨˦ʂaŋ˥nə˥kə˥piæ̃˥˧piæ̃˥˧˨tʂʰɑɔ˨˦˨væᴇ˥tʂə·˧lie·˧,næ̃˥ʂaŋ˥sɿ˥vuo˥˧xuei˨˦˨tɕʰy˥˦ʂaŋ˥˨lie·˧muo·˧.（好，明……你明绱暗绱再说一下！）边缘朝外的那个，沿下那个边子朝外的就是明绱着咧。piæ̃˥˧˨yæ̃˨˦tʂʰɑɔ˨˦˨væᴇ˥˦ti·˧næᴇ˥kə˥,iæ̃˨˦˨xɑ˥˦nə˥kə˥piæ̃˥˧tsɿ·˧tʂʰɑɔ˨˦˨væᴇ˥˦ti·˧tɕiou˥sɿ˥miŋ˨˦ʂaŋ˥tʂə·˧lie·˧.（看得着它的边子？）噢，能看住这边子咧。好像你个鞋底子又多了一层那么个样子。暗绱的它就不……也不纤边儿，直接……直接把这个窝进去一绱，帮子就和鞋底子接住咧么。ɑɔ˨,nəŋ˨˦˨kʰæ̃˥˦tʂɥ˥tʂə˥piæ̃˥˧tsɿ·˧lie·˧.xɑɔ˥˧çiaŋ˥ni˥˧˧kə˥çie˨˦˨ti˥˧tsɿ·˧iou˥tuo˥˧lə·˧i˥˧˨tsʰəŋ˨˦tsɿ·˧nɑ˥muo·˧kə˥iaŋ˥tsɿ·˧.næ̃˥ʂaŋ˥ti·˧tʰɑ˥˧˧tsou˥pu……ie˥˧pu˨˦˨tɕʰiæ̃˥˦piæ̃r˥˧,tʂɿ˨˦tɕie˥˧˨……tʂɿ˨˦tɕie˥˧˨pɑ˥˧˨tʂə˥kə˥vuo˥˧˨tɕiŋ˥˦tɕʰi˥i˥˧˧ʂaŋ˥,paŋ˥˧tsɿ·˧tsou˥xuo˨˦˧çie˨˦˨ti˥˧tsɿ·˧tɕie˥˧tʂɥ˥˨lie·˧muo·˧.

3.（你这个……你这个[鞋]明绱的还是暗绱的？）黄：这是明绱的么你，这是专门……这边儿在外头咧么。tʂə˥˦sɿ˥miŋ˨˦ʂaŋ˥˦ti·˧muo·˧ni˥˧˧,tʂə˥˦sɿ˥˨tʂuæ̃˥˧˨məŋ˨˦˨……tʂə˥piæ̃r˥˧

tsæᴇ˦˩væᴇ˦˨tou˥lie˧muo˧.（这是买的还是自己做的？）自己做的么。tsɿ˦tɕie˦˨tsuo˦˥ti˧muo˧.（还拿拿了这个这叫……）看八眼儿么，你看嘛。kʰæ̃˦pa˥˩niæ̃r˥muo˧,ni˥kʰæ̃˦ma˧.（暗绱的就是看不到这个……）暗绱它这个里头有个楞楞子咧嘛。这个鞋帮子，这个楞楞子在里头压着。næ̃˦ʂaŋ˦tʰa˥˨tʂə˦kə˦li˥tʰou˧iou˥kə˦ləŋ˨˩ləŋ˨˥tsɿ˧lie˧ma˧.tʂə˦kə˦xæᴇ˨˩paŋ˥tsɿ˧,tʂə˦kə˦ləŋ˨˩ləŋ˨˥tsɿ˧tsæᴇ˦li˥tʰou˧nia˦˨tʂə˧.（那就看不到这个边子了？）啊，这个边子，现在这个暗……明绱还搐个边子在这儿咧。a˩,tʂə˦kə˦piæ̃˥tsɿ˧,ɕiæ̃˦tsæᴇ˦tʂə˦kə˦næ̃˦˥……miŋ˨ʂaŋ˦xa˦˨ʐʮ˥˨kə˦piæ̃˥tsɿ˧tsæᴇ˦tʂər˦˨lie˦.

袜子

（那个袜子以前是自己做的吧？家里面做吧？）黄：以前做下那个就说是这个国家也卖的那种袜不……和这袜子现在是一模儿一样的。但是过去那个袜子穿上那个底底不耐磨。不耐磨就是现在这儿这那个人么就说是来……买回来个袜子么，他齐底下，他剻开。剻开以后然后用……自己用布粘成褙褙子，做厚一点的，做个袜底子。然后么，这上头么，哎，再弄些布，像做鞋……鞋帮子了那个，但是没鞋帮子宽，这叫袜围子。i˥tɕʰiæ̃˨tsuo˦˥xa˩nə˦kə˦tsou˦ʂuo˥˨sɿ˦tʂə˦kə˦kuei˥tɕia˥˩ia˥˩mæᴇ˦˨ti˧nei˦tʂuoŋ˥˩va˥pu˨˩……xuo˨˩tʂə˦va˥tsɿ˧ɕiæ̃˦tsæᴇ˦sɿ˦˩i˥˩muor˨˥i˥˩iaŋ˦˨ti˧.tæ̃˦sɿ˦kuo˦tɕʰy˦nə˦kə˦va˥tsɿ˧tʂʰuæ̃˥ʂaŋ˦˩nə˦kə˦ti˥ti˥˩pu˨˩næᴇ˦muo˨.pu˨˩næᴇ˦muo˨tsou˦˥sɿ˦˩ɕiæ̃˦tsæᴇ˦tʂər˦tʂə˦nə˦kə˦zəŋ˨muo˧tsou˦˩ʂuo˥˩sɿ˦˩læᴇ˨˦……mæᴇ˥xuei˨˩læᴇ˨˦kə˦va˥tsɿ˧muo˧,tʰa˥˩tɕʰi˨˩ti˥xa˦˩,tʰa˥˦xuo˥kʰæᴇ˥˩.xuo˥kʰæᴇ˥˦i˥˩xou˦zæ̃˨˩xou˦yoŋ˦……tsɿ˦˨tɕi˥˩yoŋ˦pu˦tʂæ̃˥˩tʂʰəŋ˨˩pei˦˨pei˦˩tsɿ˧,tsuo˦˩xou˦˨i˥tiæ̃˥˩ti˧,tsuo˦˩kə˦˩va˥˩ti˥tsɿ˧.zæ̃˨˩xou˦muo˧,tʂei˦ʂaŋ˦˨tʰou˧muo˧,æᴇ˦,tsæᴇ˦nuoŋ˦ɕie˥˩pu˦,ɕiaŋ˦tsuo˦˥xæᴇ˨……xæᴇ˨paŋ˥tsɿ˧lə˧nə˦˩kə˦˩,tæ̃˦sɿ˦mei˨xæᴇ˨paŋ˥˩tsɿ˧kʰuæ̃˥,tʂei˦tɕiao˦va˥y˨˩tsɿ˦.（袜围子放在哪儿？）袜围子放得这个……底下上个底底嘛。这他上的这么这一块儿么。这么个一转圈儿都有。他这个后跟儿么，还做成这么个半圆形后跟儿这么个一样，这叫袜……袜……袜后跟儿，袜溜跟儿。这都是过去那婆娘如果口手巧一点儿，这袜底子都是用丝线起成了花，这袜围子头起都是那双卐字单卐字，都起下那花。这后头这个袜后跟儿么，都是……都是起的……都是绣下的花。va˥y˨˩tsɿ˧faŋ˦tə˧tʂə˦kə˦……ti˥xa˦˩ʂaŋ˦kə˦ti˥ti˥˩ma˧.tʂei˦tʰa˥˦ʂaŋ˦˨tə˧tʂei˦˨muo˧tʂei˦i˥˩kʰuər˦˥muo˧.tʂə˦muo˧kə˦i˥˩tʂuæ̃˦˥tɕʰyæ̃r˥˩tou˥˩iou˥˦.tʰa˥˦tʂə˦kə˦xou˦˨kə̃r˥˩muo˧,xa˨˩tsuo˦˥tʂʰəŋ˨˩tʂə˦muo˧kə˦pæ̃˦yæ̃˨˩ɕiŋ˨˩xou˦˨kə̃r˥˩tʂə˦muo˧kə˦i˥˩iaŋ˦,tʂei˦tɕiao˦va˥˩……va˥˩……va˥˩xou˦˨kə̃r˥˩,va˥˩liou˦kə̃r˥˩.tʂei˦˥tou˥˩sɿ˦kuo˦˨tɕʰy˦nə˦pʰuo˨˩niaŋ˨˥ʐʮ˨˩kuo˥niæ̃˨˩ʂou˥tɕʰiao˥i˥˩tiæ̃r˥˩,tʂei˦˥va˥˩ti˥tsɿ˧tou˥˩sɿ˦yoŋ˦sɿ˥˩ɕiæ̃˦tɕʰi˥tʂʰəŋ˨˩lə˧xua˥,tʂə˦va˥y˨˩tsɿ˧tʰou˨˩tɕʰie˥tou˥˩sɿ˦nə˦ʂuaŋ˥˩væ̃˦ts ɿ˦tæ̃˥˩væ̃˦tsɿ˦,tou˥˩tɕʰi˥xa˦nə˦xua˥.tʂei˦xou˦˨tʰou˧tʂə˦kə˦va˥˩xou˦˨kə̃r˥muo˧,tou˥˩sɿ˦……tou˥˦sɿ˦tɕʰi˥ti˧……tou˥˦sɿ˦ɕiou˦xa˦˩ti˧xua˥.（弄得那么漂亮啊？）哎弄这么漂亮，那都一双袜子的话，就说是你买回来国家买回来那个袜子的话，你穿不了三……十来天你这个袜……这个袜底子早跑的不行了。它是这么个一加工的话，一个袜子最起码儿穿一冬，穿五个月六个月都好着咧它。æᴇ˥nuoŋ˦tʂə˦muo˧pʰiao˦liaŋ˦,næᴇ˦˥tou˥˩i˥˦ʂuaŋ˥˦va˥tsɿ˧tə˧xua˦˩,tsou˦ʂuo˥˩sɿ˦˩ni˥˦mæᴇ˥xuei˨˩læᴇ˨˥kuei˥tɕia˥˩mæᴇ˥xuei˨˩læᴇ˨˦nə˦kə˦va˥tsɿ˧tə˧xua˦˩,ni˥˦tʂʰuæ̃˥pu˨˩liao˥˦sæ̃˥……ʂʅ˨læᴇ˨˥tʰiæ̃˥ni˥˦tʂə˦kə˦va˥˦……tʂə˦kə˦va˥˩ti˥tsɿ˧tsao˥pʰao˥˦ti˧pu˨˩ɕiŋ˨˩lə˧.tʰa˥˦sɿ˦tʂei˦˥muo˧kə˦i˥˩tɕia˥˦kuoŋ˥ti˧xua˦˩,i˥˩kə˦˥va˥tsɿ˧tsuei˦tɕʰi˥˦mar˥˦tʂʰuæ̃˥i˥˩tuoŋ˥,tʂʰuæ̃˥˩vu˥kə˦˨yo˥˩liou˥˩kə˦˨yo˥˩tou˥˩xao˥tʂə˧lie˧tʰa˥.（那不怕出汗呐？）不怕。

出汗那都是布的，出汗它都吸收着咧。puʌ˩˧pʰɑ˥.tʂʰʯ˦˧˩˧xæ̃˥nə˥˦tou˦˨sɿ˥˧pu˥˨ti.˨,tʂʰʯ˦˧˩˧xæ̃˥tʰɑ˦tou˦˧ɕi˦˧ʂou˦tʂə.˨lie.˨.（那不臭了？）臭了洗么那洗。tʂʰou˥lə˨ɕi˦muo.˨nə˥ɕi˦˧.（那袜子，呃，那……除了那种袜子之外，还有什么袜子？）那有自己挑下的那，羊毛袜，棉袜子。næᴇ˥˦iou˦˨tsɿ˥tɕie˦˨tʰiaɔ˦xɑ˥˧ti.˨næᴇ˥,iɑŋ˩maɔ˩vɑ˦,miæ̃˩vɑ˦tsɿ.˨.（噢，你们织……织羊毛袜子叫挑袜子？）噢，挑下那袜子自己叫挑咧么。那羊毛是弄的厚厚儿的，那穿上绵咚咚。ɑɔ˥,tʰiaɔ˦xɑ˥˧næᴇ˥vɑ˦tsɿ.˨tsɿ˥tɕi˦˧tɕiaɔ˥tʰiaɔ˦lie.˨muo.˨.næᴇ˥iɑŋ˩maɔ˩˨sɿ˥nuoŋ˥ti.˨xou˥xour˥ti.˨,næᴇ˥tʂʰuæ̃˦ʂɑŋ˥˧miæ̃˩˧tuoŋ˦tuoŋ˦˧.（有没有就说像以前老辈人那个没有袜子的时候……）布袜，布袜。pu˥˨vɑ˦˨,pu˥˨vɑ˦.（就弄一块布。）欸，还是弄布，弄白布，或者是这个土……织下那土布，直接欻就做这么个袜子。个袎子[①]也齐住这么大，那都是……ei˥˧,xɑ˩˧sɿ˥˦nuoŋ˥pu˥,nuoŋ˥pei˩˧pu˥,xuei˩˨tʂə˦˧sɿ˥tʂə˥˧kə˥˧tʰu˦……tʂʯ˦xɑ˥˧nə˥tʰu˦pu˥,tʂʯ˩tɕie˦˨ei˥tɕiou˥tsʯ˥tʂə˥˧muo.˨kə˥˧vɑ˦tsɿ.˨.kə˥iaɔ˥tsɿ.˨lie˦˨tɕʰi˩˧tʂʯ˥tʂə˥muo.˨tɑ˥˧,nə˥tou˦˧sɿ˥……（上面要搞带子不？）不搞带子。一个筒筒那到……大么，筒筒就擩进去了。那么个东西。那部队上，我们当兵的时候，部队上冬天发下那袜就是那个袜，布袜子。puʌ˩kaɔ˦tæᴇ˥tsɿ.˨.i˦˧kə˥˧tʰuoŋ˦˧tʰuoŋ˦˧næᴇ˥taɔ˥……tɑ˥muo.˨,tʰuoŋ˦˧tʰuoŋ˦tsou˥˧ʐʯ˦tɕiŋ˦˨tɕʰi˥˦lə.˨.nə˥muo.˨kə˥tuoŋ˦ɕi.˨.nə˥pʰu˥˧tuei˥˦ʂɑŋ˥˧,ŋuo˦məŋ.˨tɑŋ˦˨piŋ˦ti.˨sɿ˩˧xou˥,pʰu˥tuei˥ʂɑŋ˥tuoŋ˦tʰiæ̃˦˧fɑ˦˧xɑ˥nɑ˥vɑ˦tɕiou˥˦sɿ˥nə˥kə˥vɑ˦˨,pu˥˨vɑ˦˧tsɿ˥.（有的袜子这个靿这么点儿，有的袜子靿这么多？）那是长袎袜子和短袎袜儿。有的那袎它……过去那袜子袜袎子你齐住磕膝盖儿底下咧。这几年没有得啦。那几年卖那个棉袜子，袎子都是齐住磕膝盖儿的。nə˥sɿ˥tʂʰɑŋ˩˧iaɔ˥vɑ˦tsɿ.˨xuo˩˧tuæ̃˦iaɔ˥var˦˧.iou˦ti.˨nə˥iaɔ˥tʰɑ˦˧……kuo˥˨tɕʰy˥nə˥vɑ˦tsɿ.˨vɑ˦˧iaɔ˥tsɿ.˨ni˦˧tɕʰi˩˧tʂʯ˥kʰə˦tɕʰi˦˧kər˥ti˦xɑ˥˧lie.˨.tʂei˥˦tɕi˦˧niæ̃˩mei˩iou˦tei˦˧lɑ.˨.næᴇ˥˦tɕi˦˧niæ̃˩mæᴇ˥næᴇ˥kə˥miæ̃˩vɑ˦tsɿ.˨,iaɔ˥tsɿ.˨tou˦˧sɿ˥˦tɕʰi˩˧tʂʯ˥kʰə˦tɕʰi˦˧kər˥ti.˨.（小孩子的那个袜子上面要安带子吗以前？）不用它，没有。puʌ˩˧yoŋ˥tʰɑ˦,muo˦˧iou˦˧.

西瓜皮帽子

黄：那有的做成西瓜皮一样的那号。一块儿一块儿的。næᴇ˥iou˦ti.˨tsuo˥˦tʂʰəŋ˩ɕi˦kuɑ˦˧pʰi˩i˦˨iɑŋ˥ti.˨nɑ˥˧xaɔ˥.i˦˧kʰuər˦i˦˧kʰuər˦ti.˨.（西瓜皮一样的那种帽子叫什么？）那也就叫西瓜皮帽子。næᴇ˥æ˦˨tɕiou˥tɕiaɔ˥ɕi˦kuɑ˦˧pʰi˩maɔ˥tsɿ˥.（那个中间顶上还有……）啊，顶顶一个顶顶子那号儿。ɑ˥,tiŋ˦tiŋ˦˨i˦˨kə˥tiŋ˦tiŋ˦˧tsɿ.˨nɑ˥˧xaɔr˥˦.（那个顶顶子它叫什么？）也不知道叫啥反正。æ˦˨pu˩˨tʂʯ˦˨taɔ˥tɕiaɔ˥sɑ˥fæ̃˦˧tʂəŋ˥˦.

杵杵帽儿

黄：妇女戴那个帽子，头顶上那个帽子叫……叫杵杵帽子。它个帽顶顶大，这个底下么上来一圈这个松紧带儿。把头发往进一揣，往进一……整个儿头发往进一束以后，底下这个就箍的□结咧，后头像个鳖盖样的。fu˥ny˦˨tæᴇ˥nə˥kə˥maɔ˥tsɿ˥,tʰou˩˧tiŋ˦ʂɑŋ˥˧nə˥kə˥maɔ˥tsɿ˥tɕiaɔ˥……tɕiaɔ˥tʂʰʯ˦tʂʰʯ˦˧maɔ˥tsɿ.˨.tʰɑ˦˨kə˥maɔ˥˨tiŋ˦tiŋ˦˧tɑ˥,tʂə˥kə˥ti˦xɑ˥˧muo.˨ʂɑŋ˥˨læᴇ˩i˦˧tɕʰyæ̃˦tʂə˥kə˥˧suoŋ˦˧tɕiŋ˦tær˥.pɑ˦˧tʰou˩˧fɑ˦vɑŋ˦˧tɕiŋ˥i˦˧tʂʰuæᴇ˦,vɑŋ˦˧tɕiŋ˥i˦˧……tʂəŋ˦˨kər˥tʰou˩˧fɑ˦vɑŋ˦˧tɕiŋ˥i˦˧ʂʯ˦i˦˧xou˥,ti˦xɑ˥tʂə˥kə˥tɕiou˥ku˦ti.˨tɕi˦tɕie˦˧lie.˨,xou˥tʰou˥ɕiɑŋ˥kə˥pie˦˧kæᴇ˥iɑŋ˥ti.˨.（像个什么盖呀？）像个鳖盖样的。ɕiɑŋ˥kə˥pie˦˧kæᴇ˥iɑŋ˥˧ti.˨.（王八盖儿？）王八盖儿。vɑŋ˩˧pɑ˦˨kər˥.（那样的帽子叫杵杵

① 袎子：袜筒。《广韵》于教切："袜袎。"也作"靿"。金董解元《西厢记诸宫调》卷三："铃口鞋儿样儿整，僧靿袜儿恬净。"凌景埏校注："僧靿袜儿，和尚常穿的一种长统袜。"

帽？）杵杵帽儿。tʂʰʮ˥tʂʰʮ˥˩maɔr˧,aɭ.（哪个tʂʰʮ˥？）往一瘩里杵的杵。是往一瘩里走的那个意思。vaŋ˥˩i˥˧ta˥˧li˥˧tʂʰʮ˥ti˩tʂʰʮ˥.sɿ˧˩vaŋ˥˩i˥˩ta˥li˥˩tsou˥˧ti˩nə˧kə˧i˧sɿ˩.（往……往中间走吗？）噢，松紧带儿往里……往一瘩里缩咧么那阵。aɔ˩,suoŋ˥˩tɕiŋ˥˧tər˧vaŋ˥˩li……vaŋ˥˩i˥˧ta˥˧li˥˧suo˥lie˩muo˩nei˧˩tʂəŋ˧˥.

兔儿帽帽

黄：兔儿帽帽直筒筒，上去这个布两个角角，这这么一弄，买两个红纽子一钉，底下是个单帽帽，就好像那个兔子两个耳朵一样。兔儿帽帽。tʰur˧˥maɔ˧˩maɔ˧˩tʂʰʅ˩˧tʰuoŋ˥tʰuoŋ˥˩,ʂaŋ˧tɕʰy˧tʂə˧kə˧pu˧liaŋ˥˧kə˧tɕiaɔ˥tɕiaɔ˥˩,tʂə˧tʂə˧muo˩i˥˩nuoŋ˧,mæᴇ˥˥liaŋ˥kə˧˩xuoŋ˩˧n iou˥tsɿ˩i˥˩tiŋ˧,ti˥xa˧sɿ˧kə˧tæ̃˥maɔ˧maɔ˧,tsou˧xaɔ˥˧ɕiaŋ˧nə˧kə˧tʰu˧tsɿ˩liaŋ˥˧kə˧ər˥tuo˩i˥˩iaŋ˧˩.tʰur˧maɔ˧maɔ˧˩.

猫头帽帽儿

（那孩……这个小孩儿戴的还有什么样的帽子呢？）黄：小孩儿……那是虎头的，猫头的，兔儿的。ɕiaɔ˥xər˩˧……nə˧sɿ˧˩xu˥tʰou˩˩ti˩,maɔ˩tʰou˩˩ti˩,tʰur˧ti˩.（还有猫头的？）嗯。ŋ̍˩.（这猫头的帽子叫什么？）还是猫头帽帽儿。xa˩˩sɿ˧˥maɔ˩tʰou˩˩maɔ˧maɔr˧.

毡帽儿

（有毡帽儿没有？）黄：有。毡帽儿。iou˥.tʂæ̃˥˩maɔr˧.（毡帽儿是什么样子的呢？）毡做成的。tʂæ̃˥tsuo˧˥tʂʰəŋ˩˩ti˩.（形状是什么样儿的？）有圆筒筒的，上头一个平顶顶子那种毡帽儿么。还有的上头扎的两个角角的那个那种的毡帽儿么。iou˥yæ̃˩˩tʰuoŋ˥tʰuoŋ˥˩ti˩,ʂaŋ˧tʰou˩i˥˧kə˧pʰiŋ˩˩tiŋ˥tiŋ˥˩tsɿ˩nei˧˥tʂuoŋ˥˩tʂæ̃˥˩maɔr˧muo˩.xæᴇ˩iou˥ti˩ʂaŋ˧tʰou˩tsa˥˧ti˩liaŋ˥˧kə˧tɕyo˥tɕyo˥˩ti˩nə˧kə˧nei˧tʂuoŋ˥˩ti˩tʂæ̃˥˩maɔr˧muo˩.

桦树皮帽子

（过去你们都用什么呢没伞的时候在田里劳动？）黄：那拿桦皮做上这么个大斗笠。桦树皮做一个，这么大一个的，像伞一样，往头上一戴。næᴇ˧˥na˩˧xua˧pʰi˩˧tsɿ˧ʂaŋ˧tʂə˧muo˩kə˧ta˧˥tou˥˧li˥˧.xua˧ʂʮ˧˥pʰi˩tsuo˧i˥˧kə˧,tʂə˧muo˩ta˧˩i˥˩kə˧˩ti˩,ɕiaŋ˧˥sæ̃˥i˥˩iaŋ˧,vaŋ˥˧tʰou˩˩ʂaŋ˧˥i˥˩tæᴇ˧.（这么大个戴得……戴得动啊？）桦皮薄薄的嘛。xua˧pʰi˩˧paɔ˩paɔ˩˧ti˩ma˩.（桦皮做的斗笠名字叫什么？）桦树皮帽子。xua˧ʂʮ˧pʰi˩˩maɔ˧˥tsɿ˩.（桦树皮帽子？）噢，就那么大个帽子。aɔ˧,tsou˧nə˧muo˩ta˧kə˧maɔ˧tsɿ˩.

斗笠

黄：斗笠这面儿实际上很少。tou˥li˥˩tʂei˧miæ̃r˧sɿ˩˩tɕi˧˥ʂaŋ˧˩xəŋ˥ʂaɔ˥.（没有？）嗯。əŋ˩.（那那你们这个下雨就不出去了是吧？）下雨那就戴的草帽。ɕia˧y˥˧næᴇ˧tsou˧tæᴇ˧ti˩tsʰaɔ˥maɔ˧.（草帽呢？）嗯。前几年有南方来他给那个拿那个。我们这儿这这个斗笠，我们这儿的斗笠是土生土长的那个斗笠。这几年没有得了。əŋ˩.tɕʰiæ̃˩tɕi˥˧niæ̃˩iou˥næ̃˩˩faŋ˥læᴇ˩˧tʰa˥˧kei˧˩nə˧kə˧na˩nə˧˥kə˧.ŋuo˥məŋ˩tʂər˧tʂə˧tʂə˧kə˧tou˥li˥˩,ŋuo˥məŋ˩tʂər˧˥ti˩tou˥li˥sɿ˧tʰu˥səŋ˥˩tʰu˥tʂaŋ˥ti˩nei˧˩kə˧˩tou˥li˥˩.tʂei˧tɕi˥˩niæ̃˩mei˩iou˥tei˥˩lə˩.（噢，你们本地也出那个是吧是吧？）噢，出斗笠。我们这斗笠还自己人是做下的。用桦树那个皮来做的，噢。aɔ˩,tʂʰʮ˥˧tou˥li˥˩.ŋuo˥məŋ˩tʂə˧tou˥li˩˩xa˩˩tsɿ˧tɕie˥˧zəŋ˩sɿ˧tsuo˧˥xa˧˩ti˩.yoŋ˧xua˧ʂʮ˧nə˧kə˧pʰi˩læᴇ˩˩tsuo˧˥tə˩,aɔ˩.（晓得用桦树皮？）哟，桦树皮，做一下大大的那个东西往头上一戴。像个山一样的，那个顶上这个东西。iaɔ˩,xua˧ʂʮ˧pʰi˩,tsuo˧˥i˥˩ɕia˧ta˧ta˧˩ti˩nə˧kə˧tuoŋ˥ɕi˩vaŋ˥˧tʰou˩˧ʂaŋ˧i˥˩tæᴇ˧.ɕiaŋ˧kə˧sæ̃˥i˥˩iaŋ˧˥ti˩,nə˧˩kə˧˩tiŋ˥ʂaŋ˧˩tʂə˧kə˧tuoŋ˥˩ɕi˩.

雨衣

（下雨天挡雨，除了这个……这个桦……桦树皮的帽子，蓑衣，还有没有别的东西？）黄：雨衣嘛。y˥i˥˩ma˧.（除了雨衣呢？有没有别的东西？）雨衣毕咧以后就……再就弄一裹塑料布往上一披。y˥i˥˩pi˥lie˧i˥˩xou˥tɕiou˥……tsæᴇ˥tsou˥nuoŋ˥i˥˧kuo˥sɿ˥liaɔ˥pu˥vaŋ˥˩ʂaŋ˥i˥˧pʰei˥.

丝帕儿

（有很……很老说老年……老年妇女，她头上弄个那个丝……丝……黑色丝做的那玩意儿叫什么？）黄：丝帕儿么。那……丝帕儿是不宽，它只有这么宽一点，但是长一点，两面有穗子咧。那老年人往头上这么个一缠。sɿ˥pʰar˥˩muo˧.nei˥˥……sɿ˥pʰar˥˩sɿ˥˩pu˩kʰuæ̃˥,tʰa˥˩tsɿ˥˩iou˥tʂə˥muo˧kʰuæ̃˥i˥˩tiæ̃˥˩,tæ̃˥sɿ˥˩tʂʰaŋ˩i˥˧tiæ̃˥˩,liaŋ˥miæ̃˥iou˥˧suei˥˧tsɿ˧lie˧.næᴇ˥laɔ˥niæ̃˩zəŋ˩˧vaŋ˥˩tʰou˩ʂaŋ˥tʂə˥muo˧kə˥i˥˩tʂʰæ̃˩.（用蚕丝织的是吧？）啊，丝织的。a˥,sɿ˥tʂɿ˥˩ti˧.（黑的？）嗯，黑的。ŋ̍˩,xei˥ti˧.

网网

（还有的老年人就比如说梳鬏子她她这儿也弄个……拿……拿那个……）黄：网网么。vaŋ˥vaŋ˥˩muo˧.（那网网用什么来固定啊？）网网还是……它口口还是个松紧的嘛。头发往上一弄，它松紧这么一箍，箍得杵杵儿的。vaŋ˥vaŋ˥˩xa˩sɿ˥……tʰa˥˧kʰou˥kʰou˥˩xa˩sɿ˥kə˥suoŋ˥˩tɕiŋ˥ti˧ma˧.tʰou˩fa˥vaŋ˥˩ʂaŋ˥i˥˩nuoŋ˥,tʰa˥˩suoŋ˥˩tɕiŋ˥tʂə˥muo˧i˥˩ku˥,ku˥tə˧tʂʰʮ˥˩tʂʰʮər˥ti˧.

擦鼻手巾

（那个手绢有些小孩呀，把他这个那个用什么东西去……）黄：擦鼻手巾么。tsʰa˥˩pie˩ʂou˥tɕiŋ˥˩muo˧.（用什么把它固定在衣服上面呢？）拿线绽得那儿就对咧。有些是给娃娃这儿这绽一个纽子，呃绽那个布编下那个纽扣儿。手绢儿头起是个疙瘩，这儿这是个纽扣儿，往上一套就对了。na˩ɕiæ̃˥tsæ̃˥tə˧nar˥tɕiou˥tuei˥lie˧.iou˥ɕie˥sɿ˥kei˥va˩va˩tʂər˥tʂə˥tsæ̃˥i˥˧kə˥niou˥tsɿ˧,ə˥tsæ̃˥nə˥kə˥pu˥pʰiæ̃˥˩xa˥nə˥kə˥niou˥kʰour˥.ʂou˥tɕʰyæ̃r˥tʰou˩tɕʰie˥sɿ˥kə˥ka˥ta˥˩,tʂər˥tʂə˥sɿ˥kə˥niou˥kʰour˥,vaŋ˥˩ʂaŋ˥i˥˩tʰaɔ˥tsou˥tuei˥lə˧.（有些那个那个别针呐……）噢，拿别针也能别住么。aɔ˩,na˩pie˩tʂəŋ˥ie˥nəŋ˩pie˩tʂʰʮ˥muo˧.（噢，那别针叫什么？）叫别针么。tɕiaɔ˥pie˩tʂəŋ˥muo˧.

包巾

黄：女的围的都是方的。ny˥ti˧vei˩ti˧tou˥˩sɿ˥˩faŋ˥ti˧.（方的？还能包住头吗？）噢，包巾，那叫包巾。aɔ˩,paɔ˥˩tɕiŋ˥,nei˥tɕiaɔ˥paɔ˥tɕiŋ˥˩.（男的也围吧？）男的不围方的。男的都围长的。næ̃˩ti˧pu˩vei˩faŋ˥ti˧.næ̃˩ti˧tou˥vei˩tʂʰaŋ˩ti˧.

羊肚子手巾

（羊肚毛巾你们这里有没有？）黄：哎有咧，羊……羊肚子手巾嘛。æᴇ˥iou˥lie˧,iaŋ˩……iaŋ˩tu˥tsɿ˥ʂou˥tɕiŋ˥˩ma˧.（你们这里还有系的吗？）哎有咧么。陕北……前几年都有系兀。æᴇ˥iou˥˩lie˧muo˧.ʂæ̃˥pei˥……tɕʰiæ̃˩tɕi˥˩niæ̃˩tou˥iou˥tɕi˥vei˥.（现在还有系的吗？）现在除了那些六七十岁的老汉儿偶然系一下。ɕiæ̃˥tsæᴇ˥tʂʰʮ˩lə˧nei˥ɕie˥liou˥tɕʰi˥˩ʂʮ˩suei˥ti˧laɔ˥xæ̃r˥nou˥˩zæ̃˩tɕi˥i˥xa˥˩.（他系那玩意儿是干吗呢？）就相当于戴了个帽子嘛。暖和，防灰尘嘛。tɕiou˥ɕiaŋ˥taŋ˥y˩tæᴇ˥lə˧kə˥maɔ˥tsɿ˧ma˧.nuæ̃˥xuo˧,faŋ˩xuei˥˩tʂʰəŋ˩ma˧.

䩞水帘子

黄：䩞水帘子是一转圈儿的都是咧。他这个可以拿着这面，这儿这淌湿咧他挪个地方，淌湿了他再挪个地方。xæ̃˥˧ʂuei˥˩liæ̃˩˧tsɿ˧sɿ˥i˥˩tʂuæ̃˥tɕʰyæ̃r˥˩ti˧tou˥˩sɿ˥lie˧.tʰɑ˥˧tʂə˥kə˥kʰə˧i˥˩nɑ˩˧tʂə˧tʂei˥˧miæ̃˥,tʂər˥tʂə˥tʰɑŋ˥˧ʂɿ˥˩lie˧tʰɑ˥˧nuo˩˧kə˥ti˥faŋ˥˧,tʰɑŋ˥˧ʂɿ˥˩lə˧tʰɑ˥˧tsæᴇ˥nuo˩˧kə˥ti˥˩faŋ˥˩.（一圈儿这个这……）一圈儿啊。i˥˧tɕʰyæ̃r˥˩ɑ˩.（围着脖子一圈的那种那个？）噢，一个贴子它可以都转过去。ɑɔ˩,i˥˩kə˥˧tʰie˥˩tsɿ˧tʰɑ˥˩kʰə˥˧i˥˩tou˥˧tʂuæ̃˥kuo˥tɕʰi˥.（那它怎么装啊这……是不是有一个扣子？）欸，纽子扣着咧么。这肩头上有个纽……有一半块有个纽子咧。ei˥,niou˥˩tsɿ˧kʰou˥tʂə˧lie˧muo˧.tʂə˥tɕiæ̃˥˧tʰou˧ʂaŋ˥˧iou˥˩kə˥˩niou˥˩……iou˥˧i˥˩pæ̃˥˧kʰuæᴇ˥˧iou˥˩kə˥˩niou˥˩tsɿ˧lie˧.

耳套儿

（耳朵上面戴什么？）黄：耳套儿。光把两个……这么个地方折腾一层那个棉毛的往上耳朵……把耳朵一捂就……ər˥˧tʰɑɔr˥.kuaŋ˥˧pɑ˥˩liaŋ˥˧kə˥……tʂə˥muo˧kə˥ti˥faŋ˥˧tʂə˥˧tʰəŋ˩˧i˥˧tsʰəŋ˩˧nə˥kə˥miæ̃˩˧mɑɔ˩˧ti˧vaŋ˥˩ʂaŋ˥˧ər˥……pɑ˥˩ər˥˧tuo˧i˥˩vu˥˧tɕiou˥……

口罩儿

（冬天防寒还戴什么东西？）黄：还戴口罩儿。还有一种，这么宽宽，是那个毛的，耳朵上这面一挂。那晓把那叫啥咧？xɑ˩˧tæᴇ˥˧kʰou˥˩tsɑɔr˥.xɑ˩˧iou˥˩i˥˩tʂuoŋ˥˩,tʂə˥muo˧kʰuæ̃˥˩kʰuæ̃˥˩,sɿ˥nə˥kə˥mɑɔ˩˧ti˧,ər˥˧tuo˧ʂaŋ˥˩tʂei˥miæ̃˥i˥˩kua˥.nei˥ɕiɑɔ˥˧pɑ˥˧næᴇ˥tɕiɑɔ˥sɑ˥˩lie˧?（为了保护什么的？）保护鼻子疙瘩的。当兵的那发下那皮帽子头起都有这么个东西咧。pɑɔ˥˧xu˥pi˩˧tsɿ˧kə˥˩tɑ˥˩ti˧.tɑŋ˥˧piŋ˥˩ti˧nei˥fɑ˥˩xɑ˥˩nei˥pʰi˩˧mɑɔ˥tsɿ˧tʰou˩˧tɕʰie˥˧tou˥˧iou˥˩tʂə˥muo˧kə˥tuoŋ˥˩ɕi˧lie˧.

风镜

（有风镜吗？）黄：有风镜么。iou˥˩fəŋ˥˩tɕiŋ˥muo˧.（你们这里冬天出去戴不戴？）前几年戴，现在都没人戴那。那落后的样子难看的。谁肯戴？tɕʰiæ̃˩˧tɕi˥˩niæ̃˩˧tæᴇ˥˧,ɕiæ̃˥˧tsæᴇ˥˧tou˥˩mei˩˧zəŋ˩˧tæᴇ˥nə˥.nei˥˧luo˥˩xou˥ti˧iaŋ˥tsɿ˧næ̃˩˧kʰæ̃˥ti˧.sei˩˧kʰəŋ˥˧tæᴇ˥˩?（那现在这个冬天出去这个眼睛也不保护啊？）不保护。最多咧有些人就戴个墨镜，或者戴个太阳镜出来去以后。pu˩˧pɑɔ˥˩xu˥.tsuei˥tuo˥˧lie˧iou˥˩ɕie˥˩zəŋ˩˧tsou˥˩tæᴇ˥kə˥muo˥˩tɕiŋ˥,xuei˩˧tʂə˥˩tæᴇ˥kə˥tʰæᴇ˥iaŋ˩˧tɕiŋ˥tʂʰʮ˥˩læᴇ˩˧tɕʰi˥˧i˥˩xou˥˧.

表链子、表带儿

（表链子和表带子分不分呢？）黄：分开着咧么。链……链子是有些那是铁的。表带儿有的是皮子的，人造革的么。fəŋ˥˩kʰæᴇ˥tʂə˧lie˧muo˧.liæ̃˥……liæ̃˥tsɿ˧sɿ˥iou˥˩ɕie˥˩nə˥sɿ˥tʰie˥˩ti˧.piɑɔ˥˧tər˥iou˥˩ti˧sɿ˥˩pʰi˩˧tsɿ˧ti˧,zəŋ˩˧tsɑɔ˥kə˥˩ti˧muo˧.

长命锁儿

黄：娃娃戴下的那个链子就是前头……前头就不挂那个宝石了，也不那个那个了。vɑ˩˧vɑ˩˧tæᴇ˥˧xɑ˥ti˧nə˥kə˥liæ̃˥tsɿ˧tɕiou˥˩sɿ˥˩tɕʰiæ̃˩˧tʰou˧……tɕʰiæ̃˩˧tʰou˧tɕiou˥pu˩˧kuɑ˥nə˥kə˥pɑɔ˥˧ʂʅ˩˧lə˥,ie˥pu˩˧nə˥kə˥nə˥kə˥lə˥.（嗯，挂个什么呢？）长命锁儿么。tʂʰɑŋ˩˧miŋ˥suor˥muo˧.（长命锁。叫不叫百……有……有没有百家锁这种说法？）百家锁儿，长命锁儿，哎有咧么。那都是起……最起码来说都说是有钱的人戴的是金牌牌儿，银子的，有的是铜的，有的是欽锡的。pei˥˧tɕiɑ˥˩suor˥,tʂʰɑŋ˩˧miŋ˥suor˥,æᴇ˥iou˥˩lie˧muo˧.næᴇ˥˧tou˥˧sɿ˥tɕʰ……tsuei˥tɕʰi˥˩mɑ˥˩læᴇ˩˧ʂuo˥˩tou˥˩ʂuo˥˩sɿ˥iou˥˧tɕʰiæ̃˩˧ti˧zəŋ˩˧tæᴇ˥tə˧sɿ˥tɕiŋ˥˩pʰæᴇ˩˧pʰər˩˧,iŋ˩˧tsɿ˧ti˧,iou˥˩

ti˨sɿ˥˪tʰuoŋ˨˩ti˧,iou˥˩ti˨sɿ˥˪ei˪ɕi˥˩ti˨.

项圈儿

1.（那小孩子戴在脖子上面的那根圆圆的呢？）黄：还是叫项圈儿。他戴下那个那就是比较就说是耐百病，心下……颏[1]下……颏下那个就叫项圈儿。xɑ˩˪sɿ˥˩tɕiɑɔ˥xɑŋ˥tɕʰyæ̃r˥˪.tʰɑ˥˩tæᴇ˥xɑ˥nə˥kə˥nə˥˪tɕiou˥˪sɿ˥˪pi˥˩tɕiɑɔ˥˩tsou˥˪ʂuo˥˪sɿ˥˪næᴇ˥pei˥˪piŋ˥,ɕiŋ˥˩xɑ˥˪……kæᴇ˥˩xɑ˥˪……kæᴇ˥˩xɑ˥˪nə˥kə˥tsou˥˩tɕiɑɔ˥xɑŋ˥tɕʰyæ̃r˥˪.

2. 黄：这是是杀谁杀猪那天吃的那个肉叫项圈儿。猪脖子肉叫项圈儿。tʂei˥sɿ˥sɿ˥sɑ˥˪sei˩sɑ˥˪tʂʮ˥˩nei˥tʰiæ̃˥˩tʂʰʅ˥˩ti˨nə˥kə˥zou˥tɕiɑɔ˥xɑŋ˥tɕʰyæ̃r˥˪.tʂʮ˥˩puo˩tsɿ˧zou˥tɕiɑɔ˥xɑŋ˥tɕʰyæ̃r˥˪.

（三）纺织缝补

纺线车车

1.（那么过去你们那个布是到就是到外头买的还是什么……）黄：都是在外头买的。全这儿这最多的就是那个摇那么个纺线车车。tou˥˩sɿ˥tsæᴇ˥væᴇ˥tʰou˧mæᴇ˥˩ti˨.tɕʰyæ̃˩tʂər˥tʂə˥tsuei˥tuo˥˪ti˧tɕiou˥sɿ˥nə˥kə˥iɑɔ˩nə˥muo˧kə˥fɑŋ˥ɕiæ̃˥tʂʰə˥˩tʂʰə˥˪.

2.（纺棉花纺线的那个车？）黄：纺车，纺线车车。fɑŋ˥tʂʰə˥˪,fɑŋ˥˩ɕiæ̃˥tʂʰə˥˩tʂʰə˥˪.（纺线的那个锭子呢？）晓叫个啥子？ɕiɑɔ˥tɕiɑɔ˥kə˥sɑ˥tsɿ˧?（锭子？）兀都是没有见过这些东西。və˥tou˥˪sɿ˥˪muo˥˩iou˥˩tɕiæ̃˥kuo˥˪tʂei˥˪ɕie˥˪tuoŋ˥˩ɕi˨.（一锭一锭的那个线啊！）那都没有见过。那都……我都……我们这面儿都很少纺线线。nə˥˪tou˥˪muo˥˩iou˥˩tɕiæ̃˥kuo˥.næᴇ˥tou˥˪……ŋuo˥˩tou˥˪……ŋuo˥˩məŋ˧tʂei˥miæ̃r˥tou˥˪xəŋ˥˩ʂɑɔ˥˩fɑŋ˥ɕiæ̃˥˪ɕiæ̃˥˪.（捻子？）碾子有咧么。碾米的碾反正。niæ̃˥˩tsɿ˧iou˥˩lie˧muo˨.niæ̃˥˩mi˥˩ti˧niæ̃˥˩fæ̃˥˪tʂəŋ˥.（不。捻线的那个捻子欤！）没有东西。我们……就老毛三几年搞咧个大生产子，搞纺线线咧，在平常……再从来都不纺线线。muo˥˩iou˥˪tuoŋ˥˩ɕi˨.ŋuo˥˩məŋ˧……tsou˥lɑɔ˥˩mɑɔ˩sæ̃˥˩tɕi˥˪niæ̃˩˪kɑɔ˥˩lie˧kə˥˪tɑ˥səŋ˥˪tsʰæ̃˥˩tsɿ˨,kɑɔ˥˩fɑŋ˥ɕiæ̃˥ɕiæ̃˥lie˧,tsæᴇ˥pʰiŋ˩tʂʰɑŋ˩……tsæᴇ˥tsʰuoŋ˩˪læᴇ˩tou˥˪pu˩˪fɑŋ˥˩ɕiæ̃˥˪ɕiæ̃˥˪.

捻线坨儿

（过去捻毛线那种，那种呢？）王：嗯，捻毛线那叫，捻线坨儿。ŋ̍˥˪,niæ̃˥mɑɔ˩ɕiæ̃˥nə˥tɕiɑɔ˥,niæ̃˥ɕiæ̃˥tʰuor˩.（有叫有叫拨挑的吗？）拨吊子□是那种，呃，前头……底下有这么长一个木棍儿，上头穿上个钩钩子，这叫……这叫拨吊。捻线坨儿是底下……一个铁杆杆，再底下一个这么大个坨坨子。puo˥˩tiɑɔ˥tsɿ˧niæ̃˩˪sɿ˥nei˥tʂuoŋ˥˪,əl˪,tɕʰiæ̃˩˪tʰ……ti˥˩xɑ˥˪iou˥tʂə˥muo˧tʂʰɑŋ˩˪i˥˩kə˥mu˥˪kuõr˥,ʂɑŋ˥tʰou˧tʂʰuæ̃˥˩ʂɑŋ˥kə˥kou˥˩kou˥˪tsɿ˧,tʂə˥˪tɕi……tʂə˥tɕiɑɔ˥puo˥˩tiɑɔ˥˪.niæ̃˥˩ɕiæ̃˥tʰuor˩sɿ˥˪ti˥˩xɑ˥……i˥˪kə˥tʰie˥˪kæ̃˥˩kæ̃˥˪,tsæᴇ˥ti˥˩xɑ˥i˥˩kə˥tʂə˥muo˧tɑ˥kə˥tʰuo˩˪tʰuo˩tsɿ˨.（噢，跟个，跟，比拳头小一点儿，跟个，跟小苹果差不多，秤砣那么大？）啊。那么个欤。放腿这么一搓，嘚喽喽喽就捻。拨吊子它拿手这么一拨，嘟溜溜溜转你身上。ɑ˥.nə˥˪muo˧kə˥˪ei˧.fɑŋ˥tʰuei˥˩tʂə˥muo˧i˥˩tsʰuo˥,tə˥lou˥lou˥lou˥tɕiou˥niæ̃˥˪.puo˥˩tiɑɔ˥tsɿ˧tʰɑ˥˩nɑ˩ʂou˥˩tʂə˥muo˧i˥˩puo˥,tu˥liou˥liou˥liou˥tʂuæ̃˥ni˥˪ʂəŋ˥˪ʂɑŋ˥˪.（叫什么？）那叫捻线坨儿。nei˥tɕiɑɔ˥niæ̃˥˩ɕiæ̃˥tʰuor˩.（拨……拨挑是什么呢？）拨吊子那就是我刚给你说就

[1] 颏：《广韵》古亥切："颊颏。"

是一个木棍儿，上……上头有个细细的叫拨吊。puo˥tiaɔ˦tsɿ˧næᴇ˦tɕiou˦sɿ˦ŋuo˥tɕiaŋ˥˩kei˦ni˥˩ʂuo˥˧tɕiou˦sɿ˦i˥˩kə˦mu˥˩kuõr˦,ʂ……ʂaŋ˦tʰou·liou˥kə˦˩ɕi˦ɕi˦ti·tɕiaɔ˦puo˥tiaɔ˦˩.（拨挑还是拨吊？）拨吊子咧。puo˥tiaɔ˦˩tsɿ·lie·l.

纺轮儿

黄：有这种东西，但是老百姓不常叫。但文物上有时候有。这个欸瓦的，做成以后打成个圆圆的这么个东西，中间打啊孔，穿上个东西，就可以纺线线。纺轮儿，叫纺轮儿。iou˥tʂei˦tʂuoŋ˥˧tuoŋ˥ɕi·l,tæ̃˦sɿ˦laɔ˥pei˥˩ɕiŋ˦˥pu˩˨tʂʰaŋ˩˨tɕiaɔ˦.tæ̃˦vəŋ˩˨vuo˥ʂaŋ˦˩iou˥˧ʂɿ˩˧xou˦iou˥˩.tʂə˦kə˦ei˦va˥ti·l,tsuo˦tʂʰəŋ˩˨i˥˩xou˦ta˥tʂʰəŋ˩˨kə˦yæ̃˩˨yæ̃˩˧ti·tʂə˦muo·kə˦tuoŋ˥ɕi·l,tʂuoŋ˥˩tɕiæ̃˥˩ta˥a·kʰuoŋ˥˧,tʂʰuæ̃˥˩ʂaŋ˦˩kə˦tuoŋ˥ɕi·l,tɕiou˦˩kʰə˥i˥˩faŋ˥˧ɕiæ̃˦˨ɕiæ̃˦˩.faŋ˥lyə̃r˩˨,tɕiaɔ˦faŋ˥lyə̃r˩˨.（是瓦？）瓦的，瓦的做成的。这在新石器，在仰韶文化里头，最多的东西。va˥ti·l,va˥ti·tsuo˦˥tʂʰəŋ˩˨ti·l.tʂei˦tsæᴇ˦ɕiŋ˥ʂɿ˩˨tɕʰi˦,tsæᴇ˦iaŋ˥ʂaɔ˩˨vəŋ˩˨xua˦li˥tʰou·l,tsuei˦tuo˥˩ti·tuoŋ˥ɕi·l.

顶针儿

（这个戴在手上这个？）黄：顶针儿。安徽人用的那个叫木顶子。这么长一个。往手上这么一戴。拿那个也是这样。木顶子。tiŋ˥tʂə̃r˥˩.næ̃˥xuei˥˩zəŋ˩˨yoŋ˦ti·nei˦kə˦tɕiaɔ˦mu˥˩tiŋ˥tsɿ·l.tʂə˦˥muo·tʂʰaŋ˩˨i˥˧kə˦.vaŋ˥˩ʂou˥ʂaŋ˦˩tʂə˦˥muo·i˥˩tæᴇ˦˩.na˩˨na˦kə˦ia˥sɿ˦˥tʂei˦˩iaŋ˦˩.mu˥˩tiŋ˥tsɿ·l.

线陀儿

黄：上劲的那个欸，这么个一搓，呲儿，转的那个，那叫线陀儿。ʂaŋ˦˨tɕiŋ˦ti·nə˦kə˦ei˦,tʂə˦muo·kə˦i˥˩tsʰuo˥,tsʰər˩˨,tʂuæ̃˦tə·nə˦kə˦˩,næᴇ˦˥tɕiaɔ˦˩ɕiæ̃˦tʰuor˩˨.（线陀儿，那是……那是那个泥水匠用的吧？）哎不是。æᴇ˦pu˩˨sɿ˦.（那是什么样的？）那我们是……你这个欸线只是坯坯子。你要把那合起来咋么合咧？你把劲上上咋弄去么？你该就拿那个上劲咧。næᴇ˦˩ŋuo˥məŋ·sɿ˦˩……ni˥tʂə˦kə˦ei˦ɕiæ̃˦tsɿ˥˩sɿ˦pʰei˥pʰei˥˩tsɿ·l.ni˥iaɔ˦pa˥˩næᴇ˦xuo˩˨tɕʰi˥læᴇ˩˨tsa˥muo·xuo˩˨lie·l?ni˥˩pa˥˩tɕiŋ˦˥ʂaŋ˦ʂaŋ˦tsa˥˩nuoŋ˦tɕʰi˦muo·l?ni˥kæᴇ˥˧tsou˦na˩˨næᴇ˦kə˦ʂaŋ˦tɕiŋ˦lie·l.

线轱辘儿

（线轱辘？）黄：噢，线轱辘这就。ɑɔ˦,ɕiæ̃˦ku˥lou·tʂei˦tɕiou˦.（线轱辘子还是……）嗯，线轱辘儿。有的……有的是轱辘子，两头是圆的。有的搞这么个欸八字形，就这么个，缠线的线板板。线板板。ŋ̍˩.ɕiæ̃˦˨ku˥lour·l.iou˥ti·l……iou˥ti·sɿ˦˩ku˥lou·tsɿ˦,liaŋ˥tʰou˩˨sɿ˦yæ̃˩˨ti˦.iou˥ti·kaɔ˥tʂə˦muo·kə˦ei˩pa˥tsɿ˦ɕiŋ˩˨,tɕiou˦˩tʂə˦muo·kə˦,tʂʰæ̃˩˨ɕiæ̃˦ti·ɕiæ̃˦˨pæ̃˥pæ̃˥˩.ɕiæ̃˦˨pæ̃˥pæ̃˥˩.

针扎子

（有没有用那个麦秆呐，做成……这个把那个针放……插在那个上面那个，那样……那样的东西？）黄：没有。muo˥˩iou˥˩.（你们过去拿个布包儿还是拿个什么东西？）我们做下有……专门儿有那个荷包儿咧，说针扎子。那把针……做下以后，那都做成各种各样的形状么。ŋuo˥˩məŋ·tsu˦xa˦iou˥˩……tʂuæ̃˥˩mə̃r˩˨iou˥˧nə˦kə˦xuo˩˨paɔr˥lie·l,ʂuo˥˩tʂəŋ˥tsa˥˩tsɿ·l.nə˦pa˥˩tʂəŋ˥……tsuo˦˥xa˦˨i˥˩xou˦,næᴇ˦˥tou˥˩tsuo˦˥tʂʰəŋ˩˨kə˥˩tʂuoŋ˥kə˥˩iaŋ˦ti·ɕiŋ˩˨tʂuaŋ˦˥muo·l.（搁里头还是插在上头？）扎在里头。tsʰa˥tsæᴇ˦˩li˥tʰou·l.（它里头填什么东西不填？）头发。tʰou˩˨fa˥.（填头发？）嗯。头发不生锈啊。那就做成……这就叫香包儿么。

香……也是叫香包儿。针扎子也叫香包儿。那里头做成各种各样的格，做成各种……各种各样的动物形状，做成各样的果实，戴上就是……既是个装饰品，又是这个装针的。ə̃˨˩.tʰou˧˩fa˥pu˧˩sən˥˦çiou˧˥a˧.næᴇ˧˩tɕiou˧˩tsuo˧˥tʂʰəŋ……tʂei˧˥tɕiou˧tɕiao˧çiaŋ˥˧paor˥muo˨.çiaŋ˥˩……ie˥sɿ˧tɕiao˧çiaŋ˥˧paor˥˧.tʂəŋ˥tsa˥˩tsɿ˨ie˥˧tɕiao˧çiaŋ˥˧paor˥˩.næᴇ˧li˥tʰou˨tsuo˧˥tʂʰəŋ˧˩kə˥˩tʂuoŋ˥kə˥˩iaŋ˧ti˨kə˥,tsuo˧˥tʂʰəŋ˧˩kə˥˩tʂuoŋ˥ʂ……kə˥˩tʂuoŋ˥kə˥˩iaŋ˧ti˨tuoŋ˧˥vuo˥˩çiŋ˧˩tʂuaŋ˧,tsuo˧˥tʂʰəŋ˧˩kə˥˩iaŋ˧ti˨kuo˥ʂʅ˧˩,tæᴇ˧ʂaŋ˧tɕiou˧sɿ˧……tɕi˧˥sɿ˧kə˧tʂuaŋ˥ʂʅ˧˩pʰiŋ˥˧,iou˧sɿ˧tʂə˧kə˧tʂuaŋ˥˧tʂəŋ˥ti˨.

扎花儿针

（那个绣花用的那个针呢？）黄：绣花针。çiou˧˥xua˥˩tʂəŋ˥.（你们讲绣花还是讲扎花？）扎花，绣花。tsa˥xua˥˩,çiou˧˥xua˥˩.（那呀扎花针？）噢，扎花儿针。这是这个讲手工这样做的。如果是绷在那个是……呃，竹子那个圈圈头起，嘣咚，嘣咚，那叫剟[①]花。ɑɔ˨˩,tsa˥˧xuar˥˧tʂəŋ˥˩.tʂei˧sɿ˧tʂə˧˩kə˧˩tɕiaŋ˥˧ʂou˥kuoŋ˥˩tʂə˧iaŋ˧tsuo˧˥ti˨.ʐʅ˧˩kuo˥˧sɿ˧pəŋ˥tsæᴇ˧˩nə˧˩kə˧˩sɿ˧……ə˨˩,tʂʅ˥tsɿ˨nə˧kə˧tɕʰyæ̃˥tɕʰyæ̃˥˩tʰou˧˩tɕʰie˥˧,pəŋ˥təŋ˥˩,pəŋ˥təŋ˥˩,næᴇ˧tɕiao˧tuo˥xua˥˩.（哪个tuo˥啊？这个拿刀剁的剁啊？）欸，剟。剟花。不是这个花。ei˧˩,tuo˥.tuo˥xua˥˩.pu˧˩sɿ˧˩tʂə˧˩kə˧xua˥˩.（tuo˥是刺的意思是吧？）啊，刺的意思。ɑ˨˩,tsʰʅ˧˥ti˨i˧sɿ˨.（是机器还是人？）人工。ʐəŋ˧˩kuoŋ˥˩.（人这样剟剟啊？）哎，就拿手这么嘣嘣。那一层布么你。必须把这个布，那你像这么大个圈圈，你把这一张纸，你蒙到上头咧嘛。æᴇ˥,tɕiou˧˥na˧˩ʂou˥tʂə˧muo˨pəŋ˥pəŋ˥.næᴇ˧˥i˥˩tsʰəŋ˧˩pu˧muo˨ni˥˩.pi˥˧çy˥˧pa˥˩tʂə˧kə˧pu˧,næᴇ˧ni˥˧çiaŋ˧tʂə˧muo˨ta˧kə˧tɕʰyæ̃˥tɕʰyæ̃˥˩,ni˥˧pa˥˩tʂei˧i˥˧tʂaŋ˥˩tsɿ˥,ni˥məŋ˧˩tao˧˥ʂaŋ˧tʰou˨lie˨ma˨.（拿个大……再拿个大……大点儿的……）噢，拿一点儿，把这个擩……弄进，把这个绷的紧紧儿的，再你拿这个针在那那接，那，擩下就拔出来，擩下就拔出来，擩下去这个线，把线带下去，往出来一拔，底下不是有个环环吗？再拔一下，再拔一下，拔到最后把这个环环用剪刀一剪，毛毛儿的，就像自然画一样。剟花。ɑɔ˨˩,na˧˩i˥˧tiær˥˧,pa˥˩tʂə˧kə˧ʐʅ˥˩……nuoŋ˧tɕiŋ˧,pa˥˩tʂə˧kə˧pəŋ˥ti˨tɕiŋ˥tɕiər˥ti˨,tsæᴇ˧ni˥˧na˧˩tʂə˧kə˧tʂəŋ˥tsæᴇ˧nə˧nə˧tɕie˥,nə˧,ʐʅ˥xa˧tɕiou˧pa˧˩tʂʰʅ˥˧læᴇ˧˩,ʐʅ˥xa˧tɕiou˧pa˧˩tʂʰʅ˥læᴇ˧˩,ʐʅ˥˧xa˧˥tɕʰi˧tʂə˧kə˧çiæ̃˧,pa˥˩çiæ̃˧tæᴇ˧xa˧tɕʰi˧,vaŋ˥˧tʂʰʅ˥læᴇ˧˩i˥˩pa˧˩,ti˥xa˧pu˧˩sɿ˧iou˥kə˧˩xuæ̃˧˩xuæ̃˧˩ma˧?tsæᴇ˧pa˧˩i˥˧xa˧,tsæᴇ˧pa˧˩i˥˩xa˧˩,pa˧˩tao˧˥tsuei˧xou˧pa˥˩tʂə˧kə˧xuæ̃˧˩xuæ̃˧˩yoŋ˧tɕiæ̃˥tao˥˩i˥˩tɕiæ̃˥,mao˧˩maor˧˩ti˧,tɕiou˧çiaŋ˧tsɿ˧˥ʐæ̃˧˩xua˧˥i˥˩iaŋ˧˩.tuo˥xua˥˩.

别针儿

（别针呢？）黄：有啊！哎有咧么。叫别针儿么。也叫扣针儿么。iou˥a˧.æᴇ˥iou˥˩lie˨muo˨.tɕiao˧pie˧˩tʂə̃r˥muo˨.ie˥˧tɕiao˧kʰou˧tʂə̃r˥˩muo˨.（你们是扣针儿说得多……）扣针儿……别针儿多么。kʰou˧tʂə̃r˥˩……pie˧˩tʂə̃r˥tuo˥˩muo˨.（别针儿多？）叫别针儿的多么。tɕiao˧pie˧˩tʂə̃r˥˧ti˨tuo˥˩muo˨.（扣针儿……说扣针儿是一些什么人？）兀这都是乱叫咧是……有时候顺口说出来，有的是别针儿，有的是扣针儿。væᴇ˧˥tʂə˧˩tou˥˩sɿ˧˥luæ̃˧tɕiao˧lie˨s……iou˥sʅ˧˩xou˧ʂuoŋ˧kʰou˥˧ʂuo˥˩tʂʰʅ˥˧læᴇ˧˩,iou˥ti˨sɿ˧˩pie˧˩tʂə̃r˥,iou˥ti˨sɿ˧˩kʰou˧tʂə̃r˥˩.

针锥儿

黄：你有些人他鞋底子硬得很，扎不过去，先拿锥子擩一下，再放针穿过去，这叫针

① 剟：刺，戳。《史记·张耳陈馀列传》：“吏治榜笞数千，刺剟，身无可击者，终不复言。”司马贞索隐：“剟亦刺也。”

锥儿。ni˦˩˥iou˥˩ɕie˥˩˨zəŋ˧˩˥tʰɑ˥˩˥ɕie˧˩˨ti˥˩tsɿ˧niŋ˦˩˥tei˥˩˨xəŋ˥˩˨,tsɑ˥˩pu˧˩˨kuo˦˧tɕʰy˦,ɕiæ̃˥˩nɑ˧˩tʂuei˥˩tsɿ˧zɥ˥˩i˥˩˨xɑ˦˩˨,tsæᴇ˦˧faŋ˦˧tʂəŋ˥˩tʂʰuæ̃˥˩˨kuo˦˧tɕʰi˦˧,tʂei˦˧tɕiaɔ˦˧tʂəŋ˥˩tʂuər˥˩˨.

铺衬

（那些破布条，破布条叫不叫衬铺……铺衬？）黄：那不是。那不是指破布条儿。所有的衣裳，破了，就穿不成了，拆烂的那些旧东西，都叫铺衬。næᴇ˦˧˥pu˧˩˨tsɿ˦˧（←sɿ˦˧）.næᴇ˦˧˥pu˧˩˨sɿ˦˧tsɿ˥˩˥pʰuo˦˧pu˦˧tʰiaɔr˧˩.ʂuo˥˩iou˥˩ti˧li˥˩ʂaŋ˧˩˨,pʰuo˦˩˥lə˧,tsou˦˧tʂʰuæ̃˥˩pu˧˩˨tʂʰəŋ˧˩˨lə˦˧,tsʰei˥˩˨læ̃˦˧˥ti˧nei˦˧ɕie˥˩˥tɕiou˦˩˥tuoŋ˥˩˨ɕi˧,tou˥˩˥tɕiaɔ˦˧pʰu˥˩tsʰəŋ˦˩˨.（噢，就是那些……呃，就是破衣服，旧衣服上的那种布料？）啊，旧衣服拆下来，拆下这些的布料。ɑ˦˩˨,tɕiou˦˩˥i˥˩˨fu˧˩˨tsʰei˥˩ɕia˦˧læᴇ˧˩˥,tsʰei˥˩˨xɑ˦˩˥tʂei˦˧ɕie˥˩˨tə˧pu˦˧liaɔ˦˧.（拆下来的布料？）统称铺衬嘛。tʰuoŋ˥˩˨tʂʰəŋ˥˩˥pʰu˥˩tsʰəŋ˦˩˨mɑ˧.

线绳子、麻绳子、鞋底绳子

（这个纳鞋底的时候用的什么绳子？）黄：有线绳子，有麻绳子。iou˥˩ɕiæ̃˦˧ʂəŋ˧˩˨tsɿ˧,iou˥˩˥mɑ˧˩ʂəŋ˧˩˨tsɿ˧.（那统称什么呢？做鞋底用的。）做鞋底子那你就看，你有钱那就是线绳子，没钱了就是麻绳子。tsuo˦˧˥ɕie˥˩˨ti˥˩tsɿ˧næᴇ˦˧ni˥˩tsou˦˩˨kʰæ̃˦˧,ni˥˩˨iou˥˩tɕʰiæ̃˧˩˨næᴇ˦˧˥tɕiou˦˧sɿ˦˧ɕiæ̃˦˩˥ʂəŋ˧˩˨tsɿ˧,muo˥˩tɕʰiæ̃˧˩˨lə˦˧tɕiou˦˧sɿ˦˧mɑ˧˩ʂəŋ˧˩˨tsɿ˧.（叫不叫纳……纳底鞋绳子？）那都……那都……那些绳子那不一定。绳子不一定都能纳底子。那这么奘也叫绳。næᴇ˦˧tou˥˩˨……næᴇ˦˧tou˥˩˥……nei˦˧ɕie˥˩ʂəŋ˧˩˨tsɿ˧næᴇ˦˧˥pu˧˩˨i˥˩˥tiŋ˦˧.ʂəŋ˧˩˨tsɿ˧pu˧˩˨i˥˩˥tiŋ˦˧tou˥˩˥nəŋ˧˩˨nɑ˥˩˨ti˥˩tsɿ˧.næᴇ˦˧tʂə˦˧˥muo˧tʂuaŋ˥˩˥ie˥˩˨tɕiaɔ˦˧˥ʂəŋ˧˩.（就是专门用纳纳纳纳那个……）那就叫鞋底绳子。næᴇ˦˧tɕiou˦˧tɕiaɔ˦˧xæᴇ˧˩˨ti˥˩ʂəŋ˧˩˨tsɿ˦˧.

火熨斗

（以前那个是……是那种那个熨斗啊，不……没有电熨斗吧？）黄：没有。铸铁……铸铁的熨斗。里边儿烧上些木炭火。mei˧˩˨iou˥˩˨.tʂɥ˦˧tʰie˥˩˥……tʂɥ˦˧tʰie˥˩˨ti˧yoŋ˦˩˨tou˥˩.li˥˩piæ̃r˥˩˨ʂaɔ˥˩ʂaŋ˦˩˨ɕie˥˩˨mu˥˩˨tʰæ̃˦˧xuo˥˩.（那怎么跟那个电熨斗区别呢？）那火熨斗。那就是烧下火么。nə˦˧xuo˥˩yoŋ˦˩˨tou˥˩˨.nə˦˧tɕiou˦˧sɿ˦˧ʂaɔ˥˩xɑ˦˩˨xuo˥˩muo˧.（啊，这个名字呢？）火……火熨斗。xuo˥˩i……xuo˥˩˥yoŋ˦˧tou˥˩˨.（现在的这种用电的呢？）电熨斗儿。tiæ̃˦˧yoŋ˦˧tour˥˩.

熨角儿

（像以前没有熨斗哇，拿什么东西来烫衣服啊？）黄：拿铁嘛。nɑ˧˩tʰie˥˩mɑ˧.（铁怎么弄呢？）搞上这么个东……啊，搞上这么个东西嘛。kaɔ˥˩ʂaŋ˦˧tʂə˦˩˥muo˧kə˦˧tuoŋ˥˩……ɑ˧˩˨,kaɔ˥˩ʂaŋ˦˧tʂə˦˧muo˧kə˦˧tuoŋ˥˩ɕi˧mɑ˧.（三角儿铁？）那人三角铁，后头安个把把。把这个东西放火上烤热以后，拿上过去就是熨斗。nə˦˧zəŋ˧˩˥sæ̃˥˩tɕyo˥˩˨tʰie˥˩,xou˦˧tʰou˧næ̃˥˩kə˦˩˨pɑ˦˧pɑ˦˧.pɑ˥˩˨tʂə˦˧kə˦˧tuoŋ˥˩ɕi˧faŋ˦˧xuo˥˩ʂaŋ˦˩˨kʰaɔ˥˩˥zə˥˩˥i˥˩˨xou˦˧,nɑ˧˩ʂaŋ˦˧kuo˦˧tɕʰy˦˧tɕiou˦˧sɿ˦˧yoŋ˦˧tou˥˩˨.（那个叫什么什么东西啊？）熨角儿。熨角。熨角儿。yoŋ˦˩˥tɕyor˥˩.yoŋ˦˧tɕiaɔ˥˩˨.yoŋ˦˧tɕyor˥˩˨.（它不在水里弄一下？）不。pu˧˩˥.（那不烧坏了吗？）哎那你开始掌握住，不要烧的那么太热咧么你看。æᴇ˧˩næᴇ˦˧˥ni˥˩kʰæᴇ˥˩˥sɿ˥˩˥tʂaŋ˥˩vuo˥˩˨tʂɥ˦˩˨,pu˧˩˨iaɔ˦˧ʂaɔ˥˩ti˧nə˦˧muo˧tʰæᴇ˦˧zə˥˩lie˧muo˧ni˥˩˨kʰæ̃˦˩˨.

缙

黄：缙①一下。就是那缙被子，这儿这字可以这个音，这一个被子它要纳几道子咧么。iŋ˥˩i˥˩˨ɕia˦˩˨.tɕiou˦˩˨sɿ˦˩˨nə˦˩˨iŋ˥˩pi˦˧tsɿ˧,tʂər˦˩˥tʂə˦˧tsɿ˦˧kʰə˥˩i˥˩˨tʂə˦˧kə˦˧iŋ˥˩,tʂei˦˧i˥˩˨kə˦˧pi˦˧tsɿ˧tʰɑ˥˩˥iaɔ˦˧n

① 缙：用针粗缝。《广韵》于谨切：“缙，缝衣相著也。”《集韵》倚谨切：“缙，《博雅》：‘紩也。’一曰缝衣相合。”《玉篇》：“缙，缝衣也。”

ɑ˥˧tɕi˥˩˨tao˧tsɿ˨lie˨muo˨.

扎花

（那个扎花是什么意思啊？）黄：扎花，是这个扎么。tsa˥˧xua˥˧,ʂʅ˧˩˨tʂə˧˩˨kə˧˩˥tsa˥˧muo˨.（扎花是怎么扎？）扎花就说是这个，你比如这个鞋帮子做成以后，上头把图案画上以后，拿针把线穿上，其……实际上叫……扎花儿，这是个土话么，实际上国……洋话就叫绣花了。tsa˥˧˥xua˥˧tɕiou˧˩˥ʂuo˥˧˩˨sɿ˧˩˨tʂə˧˩˨kə˧,ni˥˧pi˥˧zʮ˨˩˨tʂə˧˩˨kə˧ɕie˨˧paŋ˥˧tsɿ˨tsuo˧tʂʰəŋ˨˧i˥˩˨xou˧,ʂaŋ˧tʰou˨pa˥˩˨tʰu˨˩˨næ̃˧xua˧ʂaŋ˧i˥˩˨xou˧,na˨˩tʂəŋ˥˧pa˥˩˨ɕiæ̃˧tʂʰuæ̃˥˩˨ʂaŋ˧˩˨,tɕʰi˨˩˨……ʂʅ˨˩˨tɕi˧˩˥ʂaŋ˧˩˨tɕiao˧……tsa˥˧xuar˥˧,tʂə˧sɿ˧kə˧tʰu˥˧xua˧muo˨,ʂʅ˨˩˨tɕi˧˩˥ʂaŋ˧kuo……iaŋ˨˧xua˧tɕiou˧tɕiao˧ɕiou˧xua˥˧lə˨.

针脚

（呃，讲这个这个女孩子这个呃手艺很好啊，缝衣服缝的那个什么东西很密呀？）黄：兀针脚密了。væᴇ˧tʂəŋ˥˧tɕyo˥˧˩˨mi˥˩˨lə˨.（如果说她不密呢？）粗针大麻线她。tsʰʮ˥˩˨tʂəŋ˥˧˥ta˧ma˨˩˨ɕiæ̃˧˩˥tʰa˥˩˨.（嗯？怎么说？）那就是粗针大麻线嘛。næᴇ˧tɕiou˧sɿ˧tsʰʮ˥˧˥tʂəŋ˥˩˨ta˧ma˨˩˨ɕiæ̃˧ma˨.（粗针？）大麻线的么。ta˧ma˨˩˨ɕiæ̃˧ti˨muo˨.（讲不讲那个针脚吧？）针脚稀，就是针脚是散的很欸。tʂəŋ˥˩˨tɕiao˥˧˥ɕi˥˧,tɕiou˧˩˨sɿ˧˩˨tʂəŋ˥˧tɕyo˥˩˨sɿ˧˩˨sæ̃˥˧ti˨xəŋ˥˧ei˩˨.

轧

（这个用缝纫机呀把两个这个本来是两块东西，两块布，把它缝在一起，车起来，那种。）黄：噢，你叫接咧。ao˧,ni˥˧˥tɕiao˧tɕie˥˧lie˨.（接还是……讲不讲砸？）轧起来也能行，接起来也能行。轧到一块儿么，也叫轧咧。tsa˨˩˨tɕʰi˥˧læᴇ˨˩˥ia˥˧˥nəŋ˨˩˥ɕiŋ˨˩˨,tɕie˥˧tɕʰi˥˧˩˨læᴇ˨˩˨ia˥˧˥nəŋ˨˩˥ɕiŋ˨˩˨.tsa˨˩˨tao˧˩˥i˥˩˨kʰuər˧˩˥muo˨,ie˥˧tɕiao˧tsa˨˩˨lie˧.

锁

（这个有些洞，这个有有些那个弄弄弄破了衣服，有个洞，把这个洞的这个边缘呐，把它弄好弄弄圆了弄好了。）黄：锁咧么。suo˥˧lie˨muo˨.（锁什么呢？）你把那个……把那个孔锁一下么。叫它再不要□咧就对了嘛。ni˥˧pa˥˩˨næᴇ˧kə˧……pa˥˧˥næᴇ˧kə˧kʰuoŋ˥˧˥suo˥˧i˥˩˨xa˧˩˨muo˨.tɕiao˧˩˨tʰa˥˧˥tsæᴇ˧pu˨˩˨iao˧ɕyo˥˧lie˨tɕiou˧tuei˧lə˨ma˨.

缭口子

（叫不叫缭口子？）黄：哎，也可以说。也……也叫咧。你比喻扯个口子，你把那个口子缭住。有这个说法。æᴇ˩˨,ia˥˧kʰə˥˧i˥˩˨ʂuo˥˧˩˨.ie˥˧……ie˥˧tɕiao˧˥lie˨.ni˥˧˥pi˥˧˥y˧tʂʰə˥˧kə˧˩˨kʰou˥˧tsɿ˨,ni˥˧˥pa˥˩˨nə˧kə˧kʰou˥˧tsɿ˨liao˨˩˨tʂʮ˧˩˥.iou˥˧tʂə˧kə˧ʂuo˥˧fa˥˩˨.（缭口子？）啊，缭口子。a˩˨,liao˨˩˨kʰou˥˧tsɿ˨.（那个如果是那个那个弄出一条缝来了，这叫不叫缭缝子呢？）那也叫……那是……那是……那都叫口子。就不可能问……næᴇ˧˩˥a˥˩˨tɕiao˧……nə˧sɿ˧……nə˧sɿ˧……nə˧˩˥tou˥˩˨tɕiao˧kʰou˥˧tsɿ˨.tsou˧˩˨pu˨˩˨kʰə˥˧nəŋ˨˩˥vəŋ˧˩˥……（假如说啊，这个连接的这个地方开了，这个线，原来这个线松……断了。）缝，缝，缝是口子……线缝开来咧你就缭一下么。fəŋ˧,fəŋ˧,fəŋ˧sɿ˧kʰou˧tsɿ˨kʰ……ɕiæ̃˧fəŋ˧kʰæᴇ˥˧læᴇ˨˩˥lie˨ni˥˧˥tɕiou˧liao˨˩˨i˥˩˨xa˧˩˥muo˨.（噢，缭……缭线缝，缭缝子？）啊。缭一下就对了。不叫。a˩˨.liao˨˩˨i˥˧xa˧tɕiou˧tuei˧˩˨lə˨.pu˨˩˨tɕiao˧.（你这开了叫什么？叫线缝开了还是叫什么？）线缝儿开了。ɕiæ̃˧fə̃r˧kʰæᴇ˥˧lə˨.

缭边子

（这个缭衣边呢？）黄：锁咧么。锁也叫……你锁的细……弄的细咧那叫锁咧，大针那叫纤咧嘛。suo˥lie˧muo˧.suo˥ia˥˧tɕiao˥……ni˥˩suo˥ti˧ɕi……nuoŋ˥ti˧ɕi˥˦lie˧næᴇ˥tɕiao˥suo˥lie˧,ta˥tʂəŋ˥ti˧næᴇ˥tɕiao˥tɕʰiæ̃˥lie˧ma˧.（tɕʰiæ̃˥是什么意思呢？）针脚就大么。tʂəŋ˥tɕyo˥˩tɕiou˥ta˥muo˧.（有这个缭边子这个说法吗？）有咧。缭边子那个……iou˥lie˧.liao˧˩piæ̃˥tsɿ˧nei˥˦kə˥˩……（缭边子怎么缭法？）缭边子那就是放针，那是针脚密一点儿了。liao˧piæ̃˥tsɿ˧nei˥˦tsou˥sɿ˥faŋ˥˧tʂəŋ˥,næᴇ˥˦sɿ˥˩tʂəŋ˥tɕyo˥˩mi˥i˥˩tiær˥˩lə˧.

绠纽扣儿

（缭边子叫不……讲不讲绠边子？）黄：叫……不叫绠。不叫绠。绠是绠纽扣儿咧。tɕiao˥……pu˧˩tɕiao˥pʰiæ̃˧˩.pu˧˥tɕiao˥pʰiæ̃˧˩.pʰiæ̃˧˥sɿ˥pʰiæ̃˧˩niou˥kʰour˥˧lie˧.（噢，纽扣是绠？）欸，有一种拿那个布条条，把那个布条条缝这个布棒棒儿。那是拿那个布条条弄纽扣。ei˧,iou˥i˥˩tʂuoŋ˥na˧nə˥kə˥pu˥tʰiao˧˩tʰiao˧˦,pa˥˩nə˥kə˥pu˥tʰiao˧˩tʰiao˧˥fəŋ˧tʂə˥kə˥pu˥paŋ˥˧pãr˥˩.nə˥sɿ˥na˧˥nə˥kə˥pu˥tʰiao˧˩tʰiao˧˥nuoŋ˥niou˥kʰou˥˩.

絣粉线

黄：絣粉线，那是个啥？那是繐被子。啥时候怕那个线繐不直，或者熨衣裳那个熨不直的话，用……墨……用这个布儿做个小袋袋，这个袋袋里头，把那个划粉磨成末子以后，装得那个袋袋里头。哎，弄这么一个，里头弄这么个线绳子，从这里头往过来一拉，一头儿压得那面。pəŋ˥˧fəŋ˥ɕiæ̃˥,næᴇ˥sɿ˥kə˥sa˥˩?næᴇ˥sɿ˥iŋ˥pi˥˧tsɿ˧.sa˥˧sɿ˧˥xou˥pʰa˥˩næᴇ˥kə˥ɕiæ̃˥iŋ˥pu˧˩tʂʅ˧,xuo˧˥tʂə˥˧sɿ˥iŋ˥（←yoŋ˥）i˥ʂaŋ˧˩næᴇ˥kə˥yoŋ˥˦pu˧˩tʂʅ˧˩ti˧xua˥,yoŋ˥m……mi……yoŋ˥tʂə˥kə˥pur˥˧tsuo˥˦kə˥˩ɕiao˥tæᴇ˥˧tæᴇ˥˩,tʂə˥kə˥tæᴇ˥tæᴇ˥li˥˩tʰou˧,pa˥˩næᴇ˥kə˥xua˥˧fəŋ˥muo˥˩tʂʰəŋ˧˥muo˥tsɿ˧i˥˧xou˥,tʂuaŋ˥tə˧nə˥kə˥tæᴇ˥tæᴇ˥li˥˩tʰou˧.æᴇ˥,nuoŋ˥tʂə˥˩muo˧i˥˩kə˥˦,li˥tʰou˧nuoŋ˥tʂə˥muo˧kə˥ɕiæ̃˥ʂəŋ˧˩tsɿ˧,tsʰuoŋ˧˥tʂə˥li˥˩tʰou˧vaŋ˥˩kuo˥i˥˩la˥,i˥˩tʰour˧nia˥tə˧næᴇ˥miæ̃˥˩.（他絣一下？）啊，絣一下，就像墨斗子，木匠打那个墨水那个墨线。a˥,pəŋ˥i˥˩xa˥˩,tsou˥ɕiaŋ˥mei˧˩tou˥tsɿ˧,mu˥tɕiaŋ˥˩ta˥næᴇ˥kə˥mei˧˩ʂuei˥nə˥kə˥mei˧˩ɕiæ̃˥.

奘棉裤

（那个把……做那个棉裤的时候，把那个棉……棉花那个那个放进去，放到里面。）黄：和这一回事么。都是缭住了。要……你要往进翻咧么你。还是叫奘么。xuo˧˩tʂə˥i˥˩xuei˧sɿ˥muo˧.tou˥˧sɿ˥liao˧˩tʂʮ˥˦lə˧.iao˥……ni˥˧iao˥vaŋ˥˩tɕiŋ˥fæ̃˥lie˧muo˧ni˥˩.xa˧˩sɿ˥˦tɕiao˥tʂuaŋ˥˧muo˧.（它不是啊！它是棉花这个一……一撕撕好了，然后他拿个针给这……这个……）噢，你都繐好了。它本来这个里子、面子□都弄的倭倭僳僳[1]了，都……都在一块儿缭着咧嘛。然后你把这一层子铺上以后，逮住这么个卷卷卷，卷的从那个口口里前进去，往出来一拉，里面都……把面子都打这么个个这么个拉过来了。ao˥,ni˥tou˥˩iŋ˥˧xao˥lə˧.tʰa˥˩pəŋ˥læᴇ˧tʂə˥˩kə˥˩li˥tsɿ˧miæ̃˥tsɿ˧niæ̃˧˩tou˥˧nuoŋ˥ti˧vuo˥˩vuo˥ie˥˩ie˥˩lə˧,tou˥˩……tou˥˩tsæᴇ˥˦i˥˩kʰuər˥liao˧˩tʂuo˥lie˧ma˧.ʐæ̃˧˩xou˥ni˥˧pa˥˩tʂei˥i˥˧tsʰəŋ˧˩tsɿ˧pʰu˥ʂaŋ˥i˥˩xou˥,tæᴇ˥tʂʮ˥˩tʂə˥muo˧kə˥tɕyæ̃˥tɕyæ̃˥tɕyæ̃˥,tɕyæ̃˥ti˧tsʰuoŋ˧˩nə˥kə˥kʰou˥kʰou˥˩li˥tɕʰiæ̃˧˩tɕiŋ˥tɕʰi˥,vaŋ˥˩tʂʰʮ˥læᴇ˧˩i˥˧la˥,li˥˧miæ̃˥tou˥˩……pa˥˩miæ̃˥tsɿ˧tsou˥ta˥˩tʂə˥˦muo˧kə˥˩kə˥˩tʂə˥muo˧kə˥la˥˩kuo˥læᴇ˧˩lə˧.

奘盖的

黄：有时候你把这个盖的都奘……把整个儿口都缝严了，留了那么一个口口子。你要把那个东西铺得上头，然后卷着以后，从里边掏出来，把这个里子、面子都套好了，

[1] 倭僳：形容事情办得妥帖。《说文》："倭，顺貌。"《广韵》与涉切："僳僳，轻薄美好貌。"

翻……iou˥˩sɿ˨˦˩xou˥ni˥˩˧pa˥˩˩tʂə˥kə˥kæᴇ˥ti˦tou˥˩˩tʂuaŋ˥˩˧……pa˥˩˩tʂəŋ˥˩kər˥kʰou˥˩tou˥˩˩fəŋ˨˦niæ̃˨˦˧l ə˦,liou˨˦˩lə˦nə˥muo˦li˥˩˩kə˥˩kʰou˥˩kʰou˥˩tsɿ˧.ni˥˩˧iaɔ˥pa˥˩˩næᴇ˥kə˥tuoŋ˥˩ɕi˧pʰu˨˩˨tə˧ʂaŋ˥tʰou˦,zæ̃˨˦˩xo u˥tɕyæ̃˥˩tʂə˧i˥˩˩xou˥˩,tsʰuoŋ˨˦˩li˥˩piæ̃˥˩˩tʰɑɔ˨˩˨tʂʰʯ˥˩˩læᴇ˨˦˧,pa˥˩˩tʂə˥kə˥li˥˩tsɿ˧,miæ̃˥tsɿ˧tou˥˩˩tʰɑɔ˥˩xɑɔ ˥˩lə˧,fæ̃˨˩˨……（然后抖两下……）噢，抖两下就翻过来了嘛你。ɑɔ˩,tou˥˩liɑŋ˥˩xɑ˥tɕiou˥fæ̃˥˩˩ku o˥læᴇ˨˦˩lə˧muo˧ni˥˩˩.

缝盖的

（把被子钉好，你们叫缎被子还是叫什么钉被子啊？）黄：咋么吵？叠盖的，你把盖的叠好么。tsɑm˥˩sɑ˧?tie˨˦kæᴇ˥ti˧,ni˥˩˧pɑ˥˩˧kæᴇ˥ti˦tie˨˦xɑɔ˥˩˧muo˧.（铺上个被单儿，拿线给……）那叫缝被子咧嘛。nei˥tɕiɑɔ˥fəŋ˨˦pi˥tsɿ˦lie˧mɑ˧.（它也不是补哈，就是你看我被子在这中间儿，我这折上，这折上……）那是……我们就叫缝，就是缝……呃叫缝盖的就对了。nə˥sɿ˥……ŋuo˥˩məŋ˧tɕiou˥tɕiɑɔ˥fəŋ˨˦,tɕiou˥sɿ˥fəŋ˨˦……ə˥˩tɕiɑɔ˥fəŋ˨˦˩kæᴇ˥ti˦tɕiou˥tuei˥lə˧.

一五、饮食

伙食 / 饭 / 菜 / 调和 / 茶水烟酒糖

（一）伙食

茶饭

（这个像食堂啊，那种这个那些饭食，饭啊什么，那个叫伙食还是叫什么？）黄：哪个食堂的？街道上的食堂吗是？nɑ˥˧kə˧ʂʅ˨˦tʰɑŋ˨˦˧ti˨?tɕie˥˧˩tɑɔ˧˥ʂɑŋ˧˥ti˨ʂʅ˨˦tʰɑŋ˨˦˧mɑ˨sɿ˧?（公家的食堂，就你们那个单位上的食堂。）那你叫伙食么。næᴇ˧˥ni˥˧˦tɕiɑɔ˧xuo˥˧ʂʅ˨˦˩muo˨.（家里面的呢？）家里面那就叫饭了。叫吃饭了如何长短。生活咋相儿？生活还好。tɕiɑ˥˧li˥˧˩miæ̃˧nə˧tɕiou˧tɕiɑɔ˧fæ̃˧lə˨.tɕiɑɔ˧tʂʰʅ˥˧˩fæ̃˧lə˨ʐʮ˨˦˩xuo˨˦˧tʂʰɑŋ˨˦˩tuæ̃˥˧.səŋ˥˧˩xuo˨˦tsɑ˥˧˩ɕiɑ̃r˧˩?səŋ˥˧˩xuo˨˦xɑ˨˦˩xɑɔ˥˧˩.（讲不讲茶饭？）噢，也叫茶饭。最古……农村么就叫茶饭如何。ɑɔ˥,ie˥˧tɕiɑɔ˧tsʰɑ˨˦˧fæ̃˧.tsuei˧ku˥˧l……luoŋ˨˦tsʰuoŋ˥˧muo˨tɕiou˧tɕiɑɔ˧tsʰɑ˨˦˩fæ̃˧˥ʐʮ˨˦˩xuo˨˦˩.（你用茶饭讲句话看看？）你们……你们婆娘这茶饭咋相么？ni˥˧məŋ˨……ni˥˧məŋ˨pʰuo˨˦˩niɑŋ˨˦˧tʂə˧tsʰɑ˨˦˩fæ̃˧˥tsɑ˥˧˩ɕiɑŋ˧˩muo˨?（茶饭怎么样？）茶饭是咋相儿。tsʰɑ˨˦˩fæ̃˧˥sɿ˧˥tsɑ˥˧˦ɕiɑ̃r˧.（咋相？）噢，就是还好咧。ɑɔ˩,tɕiou˧sɿ˧xɑ˨˦˩xɑɔ˥˧lie˨.（哦，就是问怎么样是吧？）噢，怎么样儿的意思。咋相儿。ɑɔ˩,tsəŋ˥˧muo˨liɑ̃r˧˦ti˨li˧˩sɿ˨.tsɑ˥˧ɕiɑ̃r˧˦.

一日三餐

1.（早饭你们一般是什么时候吃啊？）黄：早饭不……不超过八点。这个中午饭就是个两点左右。下午饭么那就是根据农忙季节来分咧。农忙了那就是在这七……八点钟以后了，不太忙就是个六七点钟就吃咧。tsɑɔ˥˧fæ̃˧˥pu˨˦˩……pu˨˦˩tʂʰɑɔ˥˧˩kuo˧pɑ˥˧˩tiæ̃˥˧.tʂə˧kə˧tʂuoŋ˥˧˦vu˥˧fæ̃˧tɕiou˧sɿ˧kə˧liɑŋ˥˧˩tiæ̃˥˧tsuo˥˧˩iou˧˩.ɕiɑ˧vu˥˧˩fæ̃˧muo˨nei˧tɕiou˧sɿ˧kəŋ˥˧˩tɕy˧luoŋ˨˦mɑŋ˨˦tɕi˧tɕie˥˧˩læᴇ˨˦˩fəŋ˥˧lie˨.luoŋ˨˦mɑŋ˨˦˩lə˨næᴇ˧tɕiou˧sɿ˧tsæᴇ˧tʂə˧tɕʰ……pɑ˥˧˩tiæ̃˥˧tʂuoŋ˥˧˩i˥˧xou˧lə˨,pu˨˦˩tʰæᴇ˧mɑŋ˨˦tɕiou˧sɿ˧kə˧liou˥˧tɕʰi˥˧˩tiæ̃˥˧tʂuoŋ˥˧˩tɕiou˧tʂʰʅ˥˧lie˨.（你们在那个街上好像是吃两餐是吧？）两餐。liɑŋ˥˧tsʰæ̃˥˧˩.（那个两餐这个这个第一餐、第二餐分别叫什么呢？）早饭和午饭……中午饭么。早饭午饭么。tsɑɔ˥˧fæ̃˧xuo˨˦˩vu˥˧fə……tʂuoŋ˥˧˩vu˥˧fæ̃˧muo˨.tsɑɔ˥˧fæ̃˧vu˥˧fæ̃˧muo˨.（那个午饭就实际上就把那个中饭和晚饭都合在一起了是吧？）都合到一块儿去了。tou˥˧˩xuo˨˦˩tɑɔ˧˥i˥˧˩kʰuər˥˧tɕʰi˧˩lə˨.（也叫中午饭？）噢，也叫中午饭么。ɑɔ˩,ie˥˧˦tɕiɑɔ˧tʂuoŋ˥˧˦vu˥˧˩fæ̃˧muo˨.（那街上为什么吃两顿？那个农村吃……吃几顿？）农村一般都是那看是啥时间咧。如果是农闲季节都是两餐。农忙了天……天这个……加上这个天儿……天长的话那就是三餐。luoŋ˨˦tsʰuoŋ˥˧i˥˧˦pæ̃˥˧tou˥˧˦sɿ˧˥næᴇ˧kʰæ̃˧sɿ˧sɑ˧sɿ˨˦tɕiæ̃˥˧lie˨.ʐʮ˨˦˩kuo˥˧sɿ˧luoŋ˨˦ɕiæ̃˨˦tɕi˧˦tɕie˥˧˩tou˥˧˦sɿ˧liɑŋ˥˧tsʰæ̃˥˧˩.luoŋ˨˦mɑŋ˨˦lə˨tʰiæ̃˥˧……tʰiæ̃˥˧tʂə˧kə˧……tɕiɑ˥˧ʂɑŋ˧˩tʂə˧kə˧tʰiæ̃r˥˧……tʰiæ̃˥˧tʂʰɑŋ˨˦˩tə˨xuɑ˧næᴇ˧tɕiou˧sɿ˧sæ̃˥˧tsʰæ̃˥˧˩.（那街上为什么吃两顿呢？）那吃起来就和这个欸作息时间好像有关系咧。næᴇ˧˥tʂʰʅ˥˧˩tɕʰi˥˧læᴇ˨˦˩tɕiou˧˥xuo˨˦˩tʂə˧kə˧ei˩tsuo˥˧˦ɕi˥˧˩sɿ˨˦˩tɕiæ̃˥˧xɑɔ˥˧˦ɕiɑŋ˧iou˥˧kuæ̃˥˧˩ɕi˧˩lie˨.（你们你们像那个政府的作息时间是怎么那个呢？）我们一般早上起来以

后是这个，你八点半……八点以前都必须起床么。九点钟的饭么。ŋuo˦mən˧li˦˨pæ̃˦˩tsɑɔ˦ʂɑŋ˥˩tɕʰi˦læᴇ˧˩i˦˨xou˥sɿ˥tʂə˥kə˥,ni˦˨pɑ˦˩tiæ̃˦pæ̃˥……pɑ˦˩tiæ̃˦i˦˩tɕʰiæ̃˧tou˦˩pi˦˨ɕy˦˨tɕʰi˦tʂʰuɑŋ˧muo˧.tɕiou˦˩tiæ̃˦tʂuoŋ˦˨ti˧fæ̃˥muo˧.（噢，你们就搞到九点钟吃饭了？）噢，那你八点多钟你起来有个洗漱。再还有个这个这你像食堂里打水洗漱时间，再过来，活动嘎到九点钟，刚把……饭一吃，九点半么，饭吃完就开始正……全部都正……上班儿了。ɑɔ˩,næᴇ˥ni˦˨pɑ˦˩tiæ̃˦tuo˦˨tʂuoŋ˦˨ni˦˨tɕʰi˦læᴇ˧˩iou˦˨kə˥ɕi˦sʮ˥.tsæᴇ˥xæᴇ˧˩iou˦˨kə˥tʂə˥kə˥tʂə˥ni˦˨ɕiɑŋ˥ʂʅ˧tʰɑŋ˧˩li˦˨tɑ˦ʂuei˦ɕi˦sʮ˥sʅ˧˩tɕiæ̃˦˩,tsæᴇ˥kuo˥læᴇ˧˨,xuo˧˩tuoŋ˥˩kɑ˧tɑɔ˥tɕiou˦˩tiæ̃˦tʂuoŋ˦˩,kɑŋ˦˨pɑ˦˩……fæ̃˥i˦˩tʂʰʅ˦,tɕiou˦˩tiæ̃˦pæ̃˥muo˧,fæ̃˥tʂʰʅ˦˩væ̃˧tɕiou˥kʰæᴇ˦˩sʅ˦˩tʂən˥……tɕʰyæ̃˧˩pu˥tou˦˨tʂən˥tʂʰʅ……ʂɑŋ˥˨pæ̃r˦˩lə˧.（嗯，那你这句话中的活动kɑ˧什么意思啊？）这活动你该有些人起来洗……上上厕所呀，这个洗完……洗把脸以后在院子里转一转，伸伸胳膊踢踢腿儿的，这叫活动活动么。这一个是根据农村的这个工作季节的这个特点就在这儿定着咧。你如果过早地下去以后，你们不可能说是……农村他都是七点多到……七点半到八点之间，□已经把饭吃过了。这个时候恰巧是咱们起床的时节。你起床走到……你下去，你在农村，你来一顿饭都吃不上。农民已经吃过饭了。所以你必须等到九点钟饭吃过去以后，农村这阵儿是他该上地的上了，不上地的……寻人就好寻了么。tʂə˥xuo˧˩tuoŋ˥ni˦kæᴇ˦˩iou˦ɕie˦˩ʐən˧tɕʰi˦læᴇ˧˩ɕi˦……ʂɑŋ˥ʂɑŋ˥tsʰei˦˩suo˦iɑ˧,tʂə˥˩kə˥˩ɕi˦væ̃˧……ɕi˦pɑ˦˨liæ̃˦i˦˩xou˥˦tsæᴇ˥yæ̃˥tsʅ˧li˦˩tʂuæ̃˥˨i˦˩tʂuæ̃˥˩,ʂən˦ʂən˦˩kə˦puo˦˩tʰi˦tʰi˦˩tʰuər˦ti˧,tʂei˥tɕiɑɔ˥xuo˧˩tuoŋ˥˦xuo˧˩tuoŋ˥˦muo˧.tʂei˥i˦kə˥sʅ˥kən˦˩tɕy˥˦luoŋ˧tsʰuoŋ˦ti˧tʂə˥˩kə˥˩kuoŋ˦tsuo˦˩tɕi˥˨tɕie˦˩ti˧tʂə˥kə˥tʰə˦˩tiæ̃˦tɕiou˥˩tsæᴇ˥˩tʂər˥˨tiŋ˥˦tʂə˧lie˧.ni˦ʐʮ˧˩kuo˦kuo˥˨tsɑɔ˦ti˧ɕiɑ˥tɕʰi˥i˦˩xou˥,nim˦pu˧˩kʰə˦nən˧ʂuo˦˩sʅ˥˩tɕʰ……luoŋ˧tsʰuoŋ˦tʰɑ˦˨tou˦˩sʅ˥˩tɕʰi˦˩tiæ̃˦tuo˦˩tɑɔ˥……tɕʰi˦˩tiæ̃˦pæ̃˥tɑɔ˥pɑ˦˩tiæ̃˦tsʅ˦˩tɕiæ̃˦˩,niæ̃˧i˦tɕiŋ˦˩pɑ˦˩fæ̃˥tʂʰʅ˦˩kuo˥˦lə˧.tʂə˥kə˥sʅ˧˩xou˥tɕʰiɑ˦˨tɕʰiɑɔ˦˨sʅ˥tsɑ˧mən˧tɕʰi˦tʂʰuɑŋ˧˩ti˧sʅ˧˩tɕie˦˩.ni˦tɕʰi˦tʂʰuɑŋ˧tsou˦˩tɑɔ˥……ni˦xɑ˥tɕʰi˥,ni˦tsæᴇ˥˩luoŋ˧tsʰuoŋ˦,ni˦læᴇ˧˩i˦˩tuoŋ˥fæ̃˥tou˦˨tʂʰʅ˦˩pu˧˩ʂɑŋ˥˩.luoŋ˧miŋ˧˨i˦tɕiŋ˦˩tʂʰʅ˦˩kuo˥˦fæ̃˥˩lə˧.ʂuo˦˨i˦˨ni˦pi˦˨ɕy˦˩tən˦˨tɑɔ˥tɕiou˦˩tiæ̃˦tʂuoŋ˦˩fæ̃˥tʂʰʅ˦˩kuo˥tɕʰi˥i˦˩xou˥˩,luoŋ˧tsʰuoŋ˦tʂei˥˨tʂə̃r˥˩sʅ˥˩tʰɑ˦˨kæᴇ˦˩ʂɑŋ˥ti˥ti˧ʂɑŋ˥˨lə˧,pu˧˩ʂɑŋ˥ti˥ti˧……ɕiŋ˧ʐən˧tɕiou˥˩xɑɔ˦ɕiŋ˧˩lə˧muo˧.

（那你们吃这个早中晚饭有什么讲究没有？是早上讲究吃……吃得怎么样？中午怎么样？）早上那都是多少吃一点，吃饱就对了。中午就要欻吃的饱饱儿的咧。晚上你都敢……必须吃好就对了。tsɑɔ˦ʂɑŋ˥næᴇ˥tou˦˩sʅ˥˩tuo˦˩ʂɑɔ˦tʂʰʅ˦tiæ̃˦˩,tʂʰʅ˦˩pɑɔ˦tɕiou˥tuei˥lə˧.tʂuoŋ˦˩vu˦tsou˥iɑɔ˥ei˩tʂʰʅ˦ti˧pɑɔ˦pɑɔr˦ti˧lie˧.væ̃˦ʂɑŋ˥ni˦˨tou˦˨kæ̃˦……pi˦˨ɕy˦˨tʂʰʅ˦˩xɑɔ˦tsou˥˩tuei˥˩lə˧.（早上要吃饱？）嗯。ŋ̍˩.（中午也要吃饱还是什么？）中午那就是要呃这个饭菜的质量各方面来说那都……tʂuoŋ˦˩vu˦næᴇ˥tɕiou˥˩sʅ˥˩iɑɔ˥ə˥tʂə˥˩kə˥˩fæ̃˥tsʰæᴇ˥ti˧tʂʅ˦˩liɑŋ˥˦kə˦˨fɑŋ˦˩miæ̃˥˦læᴇ˧˩ʂuo˦næᴇ˥˩tou˦˩……（要吃好？）噢，吃好咧么。晚上你都基本上感觉到吃舒服就对了。不敢吃的那么过于多了。ɑɔ˩,tʂʰʅ˦˩xɑɔ˦lie˧muo˧.væ̃˦ʂɑŋ˥ni˦˨tou˦˩tɕi˦˩pən˦ʂɑŋ˥˩kæ̃˦tɕyo˦˩tɑɔ˥tʂʰʅ˦˩ʂʮ˦fu˧˩tɕiou˥tuei˥lə˧.pu˧˩kæ̃˦tʂʰʅ˦ti˧nə˥muo˧kuo˥y˧˨tuo˦lə˧.

2.（大早今……早上是吃饭，是不是……你平常是吃两顿呐。）张太白饭店老板的爷爷：兀我们是没下数，两顿兀吃，三顿兀吃，谁饿了谁就吃。原先我们不开食堂着，这是一天三顿饭，早上一吃，中午一吃，晚上一吃。væᴇ˥˩ŋuo˦mən˧ʂʅ˥muo˦˩xɑ˥ʂʮ˥,liɑŋ˦tuoŋ˥væᴇ˥tʂʰʅ˦˩,sæ̃˦tuoŋ˥˩væᴇ˥tʂʰʅ˦˩,sei˧ŋuo˥˨lə˧sei˧˩tɕiou˥˦tʂʰʅ˦˩.yæ̃˧ɕiæ̃˦˨ŋuo˦mən˧pu˧kʰæᴇ˦ʂʅ˧tʰɑŋ˧tʂə˧,tʂə˥sʅ˥˩i˦tʰiæ̃˦˩sæ̃˦tuoŋ˥˦fæ̃˥˩,tsɑɔ˦ʂɑŋ˥i˦˨tʂʰʅ˦˩,tʂuoŋ˦˩vu˦i˦˨tʂʰʅ˦˩,væ̃˦ʂɑŋ˥i˦˩tʂʰʅ˦.（噢。）呃。

ə˨˩.（现在都……）你在我们这儿……现在都吃乱着哩的。ni˥˩tsæᴇ˧ɳuo˥˧məŋ·˧tʂər˧……ɕiæ̃˧tsæᴇ˧tou˥˩tʂʰʅ˥˩luæ̃˧tʂuo˥˧li·˧ti·˧.（我看这个小学里面是这么早上学家里怎么做饭呢？）那些娃娃他都有，买的有方便面嘛。十二点回去吃，早上搞的吃一点，十二点回去一吃么。下午六点回去再一吃么。nei˧ɕie˥˧˦va˧˩va˨˩˧tʰa˥˧˦tou˥˩iou˥˧,mæᴇ˥˧ti·liou˥˧faŋ˥˩piæ̃˧miæ̃˧˥ma·˧.ʂʅ˧˩ər˧tiæ̃˥˧xuei˧˩tɕʰy˧˥tʂʰʅ˥˩,tsɑɔ˥˧ʂaŋ˧˨kaɔ˥˧ti·˧tʂʰʅ˥˧i˥˩tiæ̃˥˧˦,ʂʅ˧˩ər˧tiæ̃˥˧˦xuei˧˩tɕʰi˧˥i˥˩tʂʰʅ˥˧muo·˧.ɕia˧vu˥˧˦liou˥˩tiæ̃˥˧xuei˧˩tɕʰi˧tsæᴇ˧i˥˩tʂʰʅ˥˧muo·˧.（他说……我听那个说，他说这个早上不吃饭。）啊？在家不吃么，他自己买的吃么。嗯，在这呀买的吃，在他家里，有些人还在家里就给做好他吃么。æ·˧?tsæᴇ˧˨tɕia˥˧pu˧˩tʂʰʅ˥˩muo·˧,tʰa˥˩tsɿ˧tɕi˥˧˦mæᴇ˥˧ti·˧tʂʰʅ˥˩muo·˧.ŋ̍˧˩,tsæᴇ˧tsə˧˥ia·˧mæᴇ˥˧ti·˧tʂʰʅ˥˩,tsæᴇ˧˨tʰa˥˧˦tɕia˥˧li˥˩,iou˥˧ɕie˥˧˦zəŋ˨˩˧xæᴇ˧˩tsæᴇ˧tɕia˥˧li˥˩tɕiou˧kei˧˨tsʮ˧xɑɔ˥˧tʰa˥˩tʂʰʅ˥˧muo·˧.（我说早上不吃饭怎么上学呢？）啊。那吃。æ·˧.næᴇ˧˥tʂʰʅ˥˧.（那念书很……很那个的。一下子肚子就饿了。）欸，现在兀娃娃费钱得很。ei˥˧,ɕiæ̃˧tsæᴇ˧væᴇ˧va˧˩va˧˩fei˧tɕʰiæ̃˧˩tə˧xəŋ˥˧.（嗯。）他一……一会儿一吃，一会儿一吃。嗯。一个娃娃一天得三四块钱，五六块钱吃。tʰa˥˧i˥˧˦……i˥˩xuər˧˥i˥˩tʂʰʅ˥˩,i˥˩xuər˧˥i˥˧˦tʂʰʅ˥˧˦.ŋ̍˨˩.i˥˩kə˧va˧˩va˨˩˧i˥˧tʰiæ̃˥˩tei˥˩sæ̃˥˩sɿ˧kʰuæᴇ˥˧˦tɕʰiæ̃˧˩,vu˥˧liou˥˩kʰuæᴇ˥˧tɕʰiæ̃˧˩tʂʰʅ˥˩.（呃，三四块钱算少的了。）啊。ɑ˧.（吃……吃零食都很多啊。）吃零食。tʂʰʅ˥˩liŋ˨˩˧ʂʅ˧˩.（这学校还有什么，有食堂没有这学校里头？）没有。mei˨˩˧iou˥˧˦.（没有啊？）啊，中学有，这儿没有。æ˨˩,tʂuoŋ˥˧ɕyo˧˩iou˥˧˦,tʂər˧mei˧˩iou˥˩.（中……中学有？）中学有。tʂuoŋ˥˧ɕyo˧˩iou˥˩.（中学都是外头来的还是干吗？）呃那不是在这儿……都是□学校的这些呃呃也是亲手设下的。啊。学校里他五六百学生那嘛。得一天就在兀儿吃，商店也有么。ə˧nə˧˥pu˧˩sɿ˧tsæᴇ˧tʂər˧˨……tou˥˩sɿ˧˥niæ̃˧˩ɕyo˧˩ɕiɑɔ˧˥ti·˧tʂei˧ɕie˥˧˦ə˨˩ə˥˧ie˥˩ʂʅ˧tɕʰiŋ˥˩ʂou˥˧ʂə˥˧xa˧˨ti·˧.a˨˩.ɕyo˧˩ɕiɑɔ˧˦li˥˧˦tʰa˥˧˦vu˥˧liou˥˧˦pei˥˩ɕyo˧˩səŋ˥˧nə˧˨ma·˧.tei˥˩i˥˧˦tʰiæ̃˥˩tɕiou˧tsæᴇ˧vər˧tʂʰʅ˥˧˦,ʂaŋ˥˩tiæ̃˧˥æ˥˧iou˥˩muo·˧.（商店是自己开的还是别人开的？）别人开。都是□……现在……pie˧˩zəŋ˨˩˥kʰæᴇ˥˩.tou˥˧˦sɿ˧˥niæ̃˧˩……ɕiæ̃˧˨tsæᴇ˧˥……（在学校……学校的里面啊？）啊，学校里边儿。就是学校的有些兀……教导主任咧，这校长这些亲亲了在这儿做的。在一般人家，外头不叫你设，还不要你外头人在兀里头那赚，就光□们学校里。ŋæ·˧,ɕyo˧˩ɕiɑɔ˧˥li˥˩piær˥˧˦.tsou˧sɿ˧ɕyo˧˩ɕiɑɔ˧ti·˧iou˥˩ɕie˥˧˦vu……tɕiɑɔ˧tɑɔ˥˧˦tʂʮ˥˧zəŋ˧˥lie·˧,tʂei˧˨ɕiɑɔ˧tʂaŋ˥˧tʂei˧˨ɕie˥˩tɕʰiŋ˥˧tɕʰiŋ˥˩lə·˧tsæᴇ˧tʂər˧tsʮ˧˨ti·˧.tsæᴇ˧i˥˧pæ̃˥˩zəŋ˧˩tɕia˥˧˦,væᴇ˧tʰou·˧pu˧˩tɕiɑɔ˧ni˥˧˦ʂə˥˧,xa˧˩pu˧˩iɑɔ˧ni˥˩væᴇ˧tʰou·˧zəŋ˧˩tsæᴇ˧væᴇ˧li˥˧tʰou·˧nə˧tʂuæ̃˧,tɕiou˧kuaŋ˥˧˦niæ̃˨˩˧məŋ·˧ɕyo˧˩ɕiɑɔ˧li˥˩.

腰杆儿饭

（你像假如说请别人做工啊，请那个工匠正在做事啊，到了这个半个下午的时候要给他们吃点东西吗？）黄：不。那都一般情况下，我们这那你看干啥活。像当初的话，你就说是这个箍石窑的时候，欸这个欸，本来是这个欸，一天这个三餐，这个有时候可能把这个餐数加到四顿或者是五顿。这人都讲那个，“土工土工，一天得吃五顿”。就是重体力劳动的情况下，你不给他吃以后，他呃身体能量消耗太大咧嘛。pu˧˩.næᴇ˧tʂou˧˦（←tou˥˧）i˥˧˦pæ̃˥˧tɕʰiŋ˧˩kʰuaŋ˧ɕia˧,ŋuo˥˧məŋ·˧tʂə˧˦næᴇ˧ni˥˧kʰæ̃˧kæ̃˧sa˧xuo˧˩.ɕiaŋ˧taŋ˥˧˦tʂʰʮ˥˧ti·˧xua˧,ni˧tsou˧ʂuo˥˧˦sɿ˧tʂə˧kə˧ku˥˩ʂʅ˧˩iɑɔ˧˩ti·˧sɿ˧˩xou˧,ei˨˩tʂə˧kə˧ei˨˩,pəŋ˥˧læᴇ˧˩sɿ˧tʂə˧kə˧ei˨˩,i˥˩tʰiæ̃˥˧tʂə˧˨kə˧˨sæ̃˥˩tsʰæ̃˥˧,tʂei˧kə˧iou˥˧˦sɿ˨˩˧xou˧kʰə˥˧˦nəŋ˨˩˧pa˥˩tʂə˧kə˧tsʰæ̃˥˧ʂʮ˧˨tɕia˥˩tɑɔ˧sɿ˧tuoŋ˧xuo˨˩˧tʂə˥˩sɿ˧˨vu˥˧tuoŋ˧˨.tʂə˧zəŋ˧˩tou˥˧˦tɕiaŋ˥˧nə˧˨kə˧˨,tʰu˥˧kuoŋ˥˩tʰu˥˧kuoŋ˥˩,i˥˧˦tʰiæ̃˥˧tei˥˩tʂʰʅ˥˩vu˥˧tuoŋ˧˨.tsou˧˨sɿ˧˨tʂuoŋ˧tʰi˥˧li˥˩lɑɔ˧˩tuoŋ˧˥ti·˧tɕʰiŋ˧˩kʰuaŋ˧˥ɕia˧,ni˥˧˦pu˨˩˧kei˧tʰa˥˧˦tʂʰʅ˥˧i˥˩xou˧˨,tʰa˥˩ə˨˩ʂəŋ˥˩tʰi˥˧n əŋ⅄lliaŋ˥˦ɕiaɔ˥˩xaɔ˥tʰæᴇ˥ta˥lie˧ma˨.（嗯，噢，没力气干活。）啊，这中间有一顿饭么，就说是，早上那都早上七点钟吃过饭，在这个……ɑ˩,tʂə˥˦tʂuoŋ˥˩tɕiæ˥˧iou˥i˥˩tuoŋ˥fæ˥muo˧,tɕiou˥˦ʂuo˥˩sɿ˥˩,tsaɔ˥ʂaŋ˥˩næᴇ˥˦tou˥˩tsaɔ˥ʂaŋ˥˩tɕʰi˥˩tiæ˥tʂuoŋ˥˩tʂʰʅ˥˩kuo˥fæ˥,tsæᴇ˥tʂə˥˦kə˥˩……（噢，七点钟就吃早饭？）啊，在十一点左右么，不超过十一点么，到……最多到十一点，哎，再有一顿饭么叫腰……腰杆儿饭。ɑ˩,tsæᴇ˥ʂʅ⅄i˥˩tiæ˥tsuo˥˧iou˥muo˨,pu⅄tʂʰaɔ˥˩kuo˥˦ʂʅ⅄i˥˩tiæ˥muo˨,taɔ˥˩……tsuei˥˧tuo˥˩taɔ˥ʂʅ⅄i˥˩tiæ˥,æᴇ˩,tsæᴇ˥iou˥˧i˥˩tuoŋ˥fæ˥muo˧tɕiaɔ˥iaɔ……iaɔ˥kær˥˩fæ˥˦.（叫什么？）腰杆儿饭。这活就……这……这……这就是为咧就说是提……给你再吃一点儿，这是这个。再一个，当地这个……前几年这个欸插秧，插秧你早起起来，天这里一亮，吃过饭以后，然后就去起秧子，起秧子。这个秧子起起来……iaɔ˥kær˥˩fæ˥.tʂei˥xuo⅄tɕiou˥……tʂei˥……tʂei˥……tʂei˥˦tɕiou˥˩sɿ˥˩vei˥lie˧tɕiou˥˦ʂuo˥˩sɿ˥˩tʰi……kei˥ni˥˧tsæᴇ˥tʂʰʅ˥i˥˩tiær˥˩,tʂei˥˦sɿ˥˩tʂə˥˩kə˥˩.tsæᴇ˥i˥kə˥˩,taŋ˥˩ti˥˦tʂə˥kə˥……tɕʰiæ⅄tɕi˥˩niæ⅄tʂə˥kə˥ei˩tsʰa˥˧iaŋ˥,tsʰa˥˧iaŋ˥˩ni˥˧tsaɔ˥tɕʰi˥˩tɕʰi˥læᴇ⅄,tʰiæ˥tʂei˥˦li˥˩i˥˩liaŋ˥,tʂʰʅ˥˩kuo˥˦fæ˥i˥˩xou˥˦,zæ⅄xou˥tɕiou˥tɕʰi˥tɕʰi˥˧iaŋ˥tsɿ˨,tɕʰi˥˧iaŋ˥tsɿ˨.tʂə˥kə˥iaŋ˥tsɿ˧tɕʰi˥tɕʰi˥læᴇ⅄……（tɕʰi˧……tɕʰi˧iaŋ˩tsɿ˨是什么？）起秧子就是拔秧子咧嘛。tɕʰi˥˧iaŋ˥tsɿ˧tɕiou˥˦sɿ˥˩pa⅄iaŋ˥tsɿ˧lie˧ma˨.（这个tɕʰi˧是起来的起吗？）起来的起么。起秧子咧噢。起秧子这个起田里都……秧子拔好以后，准备马上下大田栽的时候了，这个时候也给你给……也吃一顿饭。这个饭也叫腰杆儿饭。这是一吃以后你都下大田栽秧子就对了。这栽到吃饭时候再回去吃一顿饭。tɕʰi˥læᴇ⅄ti˧tɕʰim˥.tɕʰi˥iaŋ˥˩tsɿ˧liaɔ˨.tɕʰi˥˧iaŋ˥tsɿ˧tʂə˥˩kə˥˩tɕʰi˥tʰiæ⅄li˥tou˥˩……iaŋ˥tsɿ˧pa⅄xaɔ˥i˥˩xou˥˦,tʂuoŋ˥˧pi˥ma˥ʂaŋ˥˩ɕia˥ta˥tʰiæ⅄tsæᴇ˥ti˧sɿ⅄xou˥lə˧,tʂə˥kə˥sɿ⅄xou˥ie˥˧kei˥˩ni˥˩kei……ie˥tʂʰʅ˥˩i˥˧tuoŋ˥fæ˥˩.tʂə˥kə˥fæ˥ie˥tɕiaɔ˥iaɔ˥˩kær˥˩fæ˥.tʂə˥sɿ˥i˥˩tʂʰʅ˥i˥˩xou˥ni˥˧tou˥˩ɕia˥ta˥˩tʰiæ⅄tsæᴇ˥˧iaŋ˥tsɿ˧tɕiou˥tuei˥˦lə˨.tʂei˥˦tsæᴇ˥˩taɔ˥tʂʰʅ˥˩fæ˥˦sɿ⅄xou˥tsæᴇ˥xuei⅄tɕʰy˥tʂʰʅ˥i˥˩tuoŋ˥˩fæ˥˩.（下午呢？）下午你还是照吃不误嘛。ɕia˥˧vu˥˩ni˥˧xa⅄sɿ˥tʂaɔ˥tʂʰʅ˥˩pu⅄vu˥ma˨.（下午加不加？）下午一般都不加餐了。ɕia˥˧vu˥˩i˥˧pæ˥˧tou˥˧pu⅄tɕia˥˩tsʰæ˥˩lə˨.（嗯，你说吃五餐呐？）五餐那都是很少的。噢，你比如是这个欸下午全拿这个……这个五餐都不是可能给你正规的餐，就说是欸拿几个蒸馍噢跟拿几个饼子，谁饿咧你吃两嘴就对了。vu˥tsʰæ˥˩næᴇ˥˦tou˥˩sɿ˥˩xəŋ˥ʂaɔ˥ti˨.ɑɔ˩,ni˥pi˥zʮ⅄sɿ˥tʂə˥kə˥ei˥ɕia˥vu˥˩tɕʰyæ⅄na⅄tʂə˥kə˥……tʂə˥kə˥vu˥tsʰæ˥˩tou˥˧pu⅄sɿ˥kʰə˥˧nəŋ⅄kei˥ni˥˧tʂəŋ˥˧kʰuei˥˩ti˧tsʰæ˥,tsou˥˦ʂuo˥˧sɿ˥ei˥na⅄tɕi˥kə˥˩tʂəŋ˥maɔ˩（←muo⅄aɔ˩）kəŋ˥˩na⅄tɕi˥kə˥˩piŋ˥tsɿ˨,sei⅄ŋuo˥lie˧ni˥˧tʂʰʅ˥liaŋ˥˧tsuei˥˩tɕiou˥tuei˥lə˧.（那个就没有名称吗？）没有名称了。muo˥˧iou˥miŋ⅄tʂʰəŋ˥˩lə˨.

打尖

黄：那你是饿咧以后，就是其他饭还没有做熟之前，那你少吃一点，就是先吃一点，压一压饥。呃，有个这个说法。næᴇ˥ni˥sɿ˥˩ŋuo˥˧lie˧i˥˧xou˥,tɕiou˥sɿ˥tɕʰi⅄tʰa˥fæ˥xa⅄mei⅄iou˥tsʮ˥ʂʮ⅄tsɿ˥˩tɕʰiæ⅄,næᴇ˥ni˥˧ʂaɔ˥tʂʰʅ˥i˥˩tiæ˥˩,tɕiou˥sɿ˥ɕiæ˥˩tʂʰʅ˥i˥˩tiæ˥˩,nia˥i˥˩nia˥tɕi˥.ə˥,iou˥kə˥tʂə˥kə˥ʂuo˥fa˥˩.（讲不讲打个尖呢？）也叫，打尖这个话也有。ie˥tɕiaɔ˥,ta˥˧tɕiæ˥tʂə˥kə˥xua˥ie˥˧iou˥˩.（嗯，你说句话看看？）就说是先打个尖，最后等饭出来咱们再吃吧。tɕiou˥ʂuo˥˩sɿ˥˩ɕiæ˥˩ta˥kə˥˩tɕiæ˥,tsuei˥xou˥təŋ˥˩fæ˥tʂʰʮ˥˩læᴇ⅄tsa⅄məŋ˧tsæᴇ˥tʂʰʅ˥pa˨.

打断顿

（吃了上顿没下顿呢？）王：吃咧上顿没有下顿。tʂʰʅ˥˩lie˧ʂaŋ˥tuoŋ˥mei⅄iou˥˧ɕia˥˦tuoŋ˥˩.（有没有什么打断顿的说法？）那没有。有说打断顿咧。nə˥mei⅄iou˥.

iou˥ʂuo˥˩ta˥tuæ̃˧tuoŋ˧lie˧.（这是什么意思在你们这边？）打断顿那就是搞的意思。ta˥˧tuæ̃˧˧tuoŋ˧næᴇ˧tɕiou˧sɿ˧kao˥ti˧li˧˧sɿ˧.（啊？）搞咧么。kao˥lie˧muo˧.（什么搞？）就说凑合着咧，搞的能过就对了。tɕiou˧˧ʂuo˥˩tsʰou˧˧xuo˨˩tʂə˧lie˧,kao˥ti˧nəŋ˨˩kuo˧˧tɕiou˧˧tuei˧˧lə˧.

大灶、小灶儿

1.（你是到食堂去吃饭还是怎么说？）黄：你到大灶上吃饭的。机关那个食堂……机关上那个就叫大灶么。n̩˥˧tao˧ta˧tsao˧˧ʂaŋ˧˧tʂʰʅ˥˩fæ̃˧ti˧.tɕi˥kuæ̃˥˧nə˧kə˧ʂʅ˨˧tʰ……tɕi˥kuæ̃˥˧ʂaŋ˧nə˧kə˧tɕiou˧tɕiao˧ta˧tsao˧muo˧.（有小灶这个说法吗？）有么。iou˥muo˧.（嗯，指的什么？）那人少的那就是小灶儿么。那有些大些单位的话，那人□领导是领导的灶，职工是职工的灶么，那级别不一样那就有小灶儿的区分了。næᴇ˧˧zʐəŋ˨˩ʂao˥ti˧nei˧tɕiou˧sɿ˧˧ɕiao˥tsaor˧muo˧.næᴇ˧iou˥ɕie˥˩ta˧ɕie˥˩tæ̃˥˩vei˧˧ti˧xua˧˧,næᴇ˧zʐəŋ˨˩niæ̃˨˧liŋ˥tao˥˧sɿ˧liŋ˥tao˥ti˧tsao˧,tʂʅ˥kuoŋ˥˩sɿ˧˧tʂʅ˥kuoŋ˥˩ti˧tsao˧muo˧,næᴇ˧tɕi˥˩pie˨pu˨˩i˥˩iaŋ˧næᴇ˧tɕiou˧iou˥˩ɕiao˥˧tsaor˧ti˧tɕʰy˥˩fəŋ˥˩lə˧.

2. 黄：开小灶儿，那就是你像大些的单位里头就说是给□领导咧弄些啥，另外开下的那个灶么，那就是开下的小灶儿，吃好的的么那东西。kʰæᴇ˥˩ɕiao˥tsaor˧,nei˧˧tɕiou˧sɿ˧ni˥˧ɕiaŋ˧ta˧˧ɕie˥˧ti˧tæ̃˥˩vei˧˧li˥tʰou˧tsou˧ʂuo˥˩sɿ˧kei˧niæ̃˨˧liŋ˥tao˥lie˧nuoŋ˧ɕie˥˧sa˧˧,liŋ˧væᴇ˧kʰæᴇ˥xa˧ti˧nə˧kə˧tsao˧muo˧,næᴇ˧˧tɕiou˧sɿ˧kʰæᴇ˥˩xa˧˩ti˧ɕiao˥tsaor˧,tʂʰʅ˥˩xao˥ti˧ti˧muo˧næᴇ˧tuoŋ˥ɕi˧.

大锅饭、小锅儿饭

1.（那个……大锅饭现在还讲大锅饭吗？）黄：现在的所谓大锅饭就是这个欸大集体，再的一个欸就像是这个，像工厂来的，啥子以后这个，不承包过欸，反正都是大家平均劳动，平均分配那个，多一半叫大锅饭么。这是带政治意义含义的那个大锅饭么。ɕiæ̃˧tsæᴇ˧ti˧ʂuo˥˧vei˧ti˧ta˧kuo˥˩fæ̃˧tɕiou˧sɿ˧tʂə˧kə˧ei˩ta˧tɕi˨˩tʰi˥,tsæᴇ˧ti˧i˥˧kə˧ei˧tɕiou˧ɕiaŋ˧sɿ˧tʂə˧kə˧,ɕiaŋ˧kuoŋ˥˩tʂʰaŋ˥læᴇ˨˩ti˧,sa˧tsɿ˧i˥˩xou˧tʂə˧kə˧,pu˨˩tʂʰəŋ˨pao˥kuo˧ei˧,fæ̃˥˩tʂəŋ˧tou˥˧sɿ˧ta˧tɕia˥˧pʰiŋ˨tɕyoŋ˥˩lao˨˩tuoŋ˧,pʰiŋ˨tɕyoŋ˥˩fəŋ˥˩pʰei˧˧nei˧kə˧,tuo˥i˥˩pæ̃˧tɕiao˧ta˧kuo˥˩fæ̃˧˧muo˧.tʂə˧sɿ˧˩tæᴇ˧tʂəŋ˧tʂʅ˧i˧i˧xæ̃˨˩i˧ti˧nə˧˧kə˧ta˧kuo˥˩fæ̃˧˧muo˧.

2. 黄：小锅儿饭那就是自己家里吃的那个饭为小锅儿饭么。ɕiao˥kuor˥˩fæ̃˧næᴇ˧tɕiou˧sɿ˧tsɿ˧˧tɕie˥˩tɕia˥li˥˩tʂʰʅ˥ti˧nei˧kə˧fæ̃˧vei˨˩ɕiao˥kuor˥˩fæ̃˧muo˧.

咥

1.（讲不讲咥饭？）黄：兀一般都是年轻人互相自己说的笑咧，叫你咥[①]咧。咥给一顿。væᴇ˧˧i˥˧pæ̃˥tou˥˧sɿ˧niæ̃˨tɕʰiŋ˥zʐəŋ˨xu˧ɕiaŋ˥˧tsɿ˧tɕie˥˧ʂuo˥ti˧ɕiao˧˧lie˧,tɕiao˧ni˥tie˨lie˧.tie˨kei˧i˥˩tuoŋ˧˩.（怎么说呢？）"欸，你咥了么？"噢，问你吃饭了么说"你咥了么"。ei˩,ni˥tie˨˩lə˧muo˧?ao˩,vəŋ˧ni˥˧tʂʰʅ˥˩fæ̃˧˧lə˧muo˧ʂuo˥˩ni˥tie˨˩lə˧muo˧.（咥饭了吗？）噢，你咥饭了么。ao˩,ni˥tie˨˩fæ̃˧˧lə˧muo˧.（咥饭有什么意思没有？）没有。这是个玩笑话。玩笑玩笑啊。muo˥˧iou˥.tʂə˧˧sɿ˧kə˧væ̃˨˩ɕiao˧˧xua˧˩.væ̃˨˩ɕiao˧væ̃˨˧ɕiao˧a˧.（咥的意思是不是这个时候反正有多少吃多少这个意思呢？）还不是那个意思。咥这实……实际上是一种骂人的话么。xa˨˩pu˨˩sɿ˧nə˧kə˧i˧˩sɿ˧.tie˨tʂə˧˧ʂʅ˨˩……ʂʅ˨˩tɕi˧˧ʂaŋ˧sɿ˧i˥˧tʂuoŋ˥˧ma˧zʐəŋ˨˩ti˧xua˧˩muo˧.（骂人的话？）嗯。ə̃˩.（有点就说这个你……怎么……怎么说呢？是……就说不应该吃……吃这么多这个意思吗？）不是，不是，不是，不是。咥，那就是一……一般情

① 咥：《玉篇》大结切："齧也。"引申指吃。明马中锡《中山狼传》："狼曰：'是安不可咥？'先生曰：'是狼为虞人所窘，求救于我，我实生之。今反欲咥我。'"

况下就说是这个欸……指男女互相之间就是咥活的意思。puʌ˩sɿ˥,puʌ˩sɿ˥˦,puʌ˩sɿ˥˩,puʌ˩sɿ˥˩. tie˨˦,nə˥tsou˥sɿ˥i˥˧˩……i˧˨pæ̃˧tɕʰiŋ˨˩kʰuaŋ˥˦ɕia˥tɕiou˥˦ʂuo˧˨sɿ˥tʂə˥kə˥ei˩……tsɿ˧næ̃˨˩ny˧xu˥˨ɕiaŋ˧˩tsɿ˧tɕiæ̃˧˩tɕiou˥sɿ˥tie˨˦xuo˨˩ti˧i˥˩sɿ˧˩.（噢，那个咥？）噢呵，他把这个用得这个上头，实际上就是骂的说的笑咧。ɑɔ˩xə˥,tʰɑ˧pɑ˧˩tʂə˥kə˥yoŋ˥˨tə˧tʂə˥˩kə˥˦ʂaŋ˥tʰou˧,ʂʅ˨˩tɕi˥ʂaŋ˥tɕiou˥˦sɿ˥˩ma˥˨ti˧ʂuo˧ti˧ɕiaɔ˥˨lie˧.（怎么用……那个用在这个饭上面呢？）那就是骂你咧么你。nə˥tɕiou˥sɿ˥ma˥˨ni˧˩lie˧muo˧ni˧˩.

2.（吃啊有没有叫咥的？）张先金：有咧么。啊，咥一碗。iou˧lie˧muo˧.ɑ˩,tie˨˦i˧˩væ̃˧˩.（咥一碗说得多还是吃一碗说得多？）有些现在好像这个咥跟一些人就好像被利用能开玩笑的说：你咥不咥？iou˧ɕie˧˩ɕiæ̃˥tsæᴇ˥xɑɔ˧ɕiaŋ˥tʂə˥kə˥tie˨˦kəŋ˧˨i˧˩ɕie˧zəŋ˨˩tɕiou˥xɑɔ˧ɕiaŋ˥sɿ˥˩pei˥lyoŋ˥（←li˥yoŋ˥）nəŋ˨˩kʰæᴇ˧væ̃˨˦ɕiaɔ˥˨ti˧ʂuo˧˩:ni˧tie˨˦puʌ˩tie˨˩?（噢。）啊。ɑ˥.（一般家里说是吃还是说……）啊，家里说吃。ɑ˩,tɕia˧li˧˩ʂuo˧˩tʂʰʅ˧˩.（你比如说你爱人说老张来咥饭还是叫吃饭？）哎，叫吃饭，叫吃饭。æᴇ˥,tɕiaɔ˥tʂʰʅ˧˩fæ̃˥˨,tɕiaɔ˥˩tʂʰʅ˧˩fæ̃˥˩.（如果说咥饭呢？）那不能说咥……叫咥饭了。也就是说是同辈儿人，呃，叫孙子：呃你咥饭了啵？在这个语言的这个方式下就叫咥。nə˥˦puʌ˨nəŋ˨˩ʂuo˧ti……tɕiaɔ˥tie˨˩fæ̃˥˩lə˧.ie˧˩tɕiou˥˦sɿ˥ʂuo˧˩sɿ˥˩tʰuoŋ˨˦pər˥zəŋ˨˩,ə˩,tɕiaɔ˥˨suoŋ˧tsɿ˧:ə˨ni˧tie˨˦fæ̃˥˦lə˧puo˧?tsæᴇ˥tʂə˥kə˥y˨˦-˧iæ̃˨˩ti˧tʂə˥kə˥faŋ˧˨sɿ˧˨ɕia˥˩tɕiou˥˩tɕiaɔ˥˩tie˨˩.（它有什么爱的……是讨厌你的意思还是什么意思？）呃也不是讨厌。ə˧ie˧puʌ˩sɿ˥˩tʰɑɔ˧iæ̃˥.（喜欢还是什么意思？开玩笑？）呃，那就陕北人叫咥。ə˧,nə˥tɕiou˥ʂæ̃˧pei˨˩zəŋ˨˦tɕiaɔ˥˩tie˨˦.（你们这儿呢？）我们这儿人叫吃。ŋuo˧məŋ˥tʂər˥zəŋ˨˩tɕiaɔ˥˩tʂʰʅ˧.（也也说咥吗？本地人有……有……）啊，以后经过这个两种语言就互相掺……姆，杂了。我们这些人就说，对于自……父母的话就叫来吃饭。呃……ɑ˩,i˧˨xou˥tɕiŋ˧˩kuo˥˩tʂə˥liaŋ˧tʂuoŋ˧˨y˧iæ̃˨˩tɕiou˥˩xu˥˦ɕiaŋ˧˩tsʰæ̃˧˩i……m̩˨˦,tsɑ˨˦lə˧.ŋuo˧məŋ˧tʂei˥ɕie˧˩zəŋ˨˦tɕiou˥˩ʂuo˧˩,tuei˥y˨˦tsɿ˥……fu˥mu˧tə˧xuɑ˥˩tɕiou˥tɕiaɔ˥læᴇ˨˦tʂʰʅ˧˩fæ̃˥˩.ə˩……（子女？）啊，子女也叫来吃饭。æ˩,tsɿ˧ny˧ie˧˨tɕiaɔ˥læᴇ˨˦tʂʰʅ˧˩fæ̃˥˩.（对什么人这？）呃，孙子了，整个人咱们，不讲究，爱耍的这个人呐，你来咥一碗！ə˥,suoŋ˧tsɿ˧lə˧,tʂəŋ˧˩kə˥zəŋ˨˩tʂɑ˨˦məŋ˧,puʌ˩tɕiaŋ˧tɕiou˧˩,næᴇ˥ʂuɑ˧ti˧tʂə˥kə˥zəŋ˨˦nɑ˧,ni˧læᴇ˨˩tie˨˦i˧˩væ̃˧˩!（就自己的亲孙子也叫咥一碗？）啊。你……快来咥饭咧！啊，有这个，嗯。ɑ˩.n̩˧˨……kʰuæᴇ˥˦læᴇ˨˦tie˨˦fæ̃˥lie˧!ɑ˩,iou˧˨tʂə˥kə˥,ŋ̍˧.

舀饭、添饭

（吃完了一碗，再去装点。）黄：那你就再盛……呃，再……再舀上一碗饭么，再舀一碗饭。nə˥ni˧˨tsou˥tsæᴇ˥tʂʰəŋ˨˦……ə˩,tsæᴇ˥……tsæᴇ˥iaɔ˧ʂaŋ˥˩i˧˩væ̃˧˨fæ̃˥˦muo˧,tsæᴇ˥iaɔ˧i˧˩væ̃˧˩fæ̃˥˩.（讲不讲添饭、加饭？）也……可以讲添，不讲加。ie˧˨……kʰə˧˨i˧˨tɕiaŋ˧˨tʰiæ̃˧,puʌ˩tɕiaŋ˧˨tɕia˧.（添……添饭怎么说？）说添上一碗，再给添上些。ʂuo˧˩tʰiæ̃˧ʂaŋ˥˩i˧˩væ̃˧˨,tsæᴇ˥kei˥tʰiæ̃˧ʂaŋ˥˩ɕie˧˩.（添饭呢？）叫添饭么。tɕiaɔ˥tʰiæ̃˧˩fæ̃˥muo˧.

上饭

（这个把这个饭呐端到桌子上面来。）黄：那就是是这个欸“端得炕上”，或者是“端得桌子上来”。nə˥tɕiou˥sɿ˥sɿ˥˩tʂə˥kə˥ei˩tuæ̃˧tə˧kʰaŋ˥ʂaŋ˥˩,xuei˨˦tʂə˧˩sɿ˥tuæ̃˧tə˧tʂuo˧tsɿ˧ʂaŋ˥˩læᴇ˨˩.（讲不讲上饭？）也……有些人也……也讲。他是……欸，比如旋喝酒的，酒喝完了，赶快上饭么，或者是上菜么。ie˧˩i……iou˧ɕie˧˩zəŋ˨˦ie˧˨……ie˧˨tɕiaŋ˧.tʰɑ˧˩sɿ˥……ei˩,pi˧˩zʮ˨˩ɕyæ̃˥xuo˧˩tɕiou˧ti˧,tɕiou˧xuo˧˩væ̃˨˩lə˥,kæ̃˧kʰuæᴇ˥ʂaŋ˥fæ̃˥muo˧,xue i⅄ʏtʂə˥˩sɿ˥ʂaŋ˥tsʰæᴇ˥muo˧.

掇菜、搡菜

1.（夹菜呢？）黄：有的叫夹菜，有的叫拈菜，你把菜给你拈上。有的人……有的可不叫啥，最土的话，你把菜掇上。iou˥˩ti˧tɕiao˥tɕia˥˩tsʰæᴇ˥,iou˥˩ti˧tɕiao˥niæ˥˩tsʰæᴇ˥,ni˥˩pa˥˩tsʰæᴇ˥kei˥ni˥˩niæ˥˩ʂaŋ˥˩.iou˥˩ti˧zʐəŋ˧……iou˥˩ti˧kʰə˥˩pu˧tɕiao˥sa˥˩,tsuei˥tʰu˥˩ti˧xua˥,ni˥˩pa˥˩tsʰæᴇ˥tao˥˩ʂaŋ˥˩.（tao˥˩ʂaŋ˩？）啊，掇上。a˩,tao˥˩ʂaŋ˥˩.（掇，拾掇的掇？）掇。掇上。tao˥˩.tao˥˩ʂaŋ˥˩.（[指着所写的“叨”字]那个呢？）不是那个。pu˩sɿ˥nə˥kə˥.（应该是这个吧？）噢，这个掇，对。ao˩,tʂei˥kə˥tao˥˩,tuei˥.（掇上，掇上就夹菜是吧？）噢，夹菜，噢。掇上。这是本地最土的话。ao˩,tɕia˥˩tsʰæᴇ˥,ao˩.tao˥˩ʂaŋ˥˩.tʂə˥sɿ˥pəŋ˥˩ti˥tsuei˥tʰu˥˩ti˧xua˥.（tao˥˩ʂaŋ˩？）啊，掇上。你把菜掇上嘛，咋是去添饭咧？a˩,tao˥˩ʂaŋ˥˩.ni˥˩pa˥˩tsʰæᴇ˥tao˥˩ʂaŋ˥˩ma˧,tsa˥˩sɿ˥tɕʰi˥tʰiæ˥˩fæ˥lie˥?

2. 黄：这个菜夹菜这个话在我们这儿人太不说。tʂə˥kə˥tsʰæᴇ˥tɕia˥˩tsʰæᴇ˥tʂə˥kə˥xua˥tsæᴇ˥ŋuo˥˩məŋ˧tʂər˥zʐəŋ˧tʰæᴇ˥pu˧ʂuo˥˩.

3.（你喊客人，你要他你……你……你……怎么样？）黄：那你这个欸把菜搡上。搡是夹的意思么。næᴇ˥ni˥˩tʂə˥kə˥ei˩pa˥˩tsʰæᴇ˥tsʰao˥˩ʂaŋ˥˩.tsʰao˥˩sɿ˥tɕia˥˩ti˧i˥sɿ˧muo˧.（“绰”上？）噢，搡菜，把菜搡上。他也叫这个欸“你把菜掇上”，还有叫……有些人还叫“你把菜掬上”。ao˩,tsʰao˥˩tsʰæᴇ˥,pa˥˩tsʰæᴇ˥tsʰao˥˩ʂaŋ˥˩.tʰa˥˩ie˥˩tɕiao˥tʂə˥kə˥ei˩ni˥˩pa˥˩tsʰæᴇ˥tao˥˩ʂaŋ˥˩,xæᴇ˧iou˥˩tɕiao˥……iou˥˩ɕie˥˩zʐəŋ˧xa˧tɕiao˥ni˥˩pa˥˩tsʰæᴇ˥tɕy˥˩ʂaŋ˥˩.

喝汤

黄：晚上……那这叫喝汤，喝点汤。有些人把这个晚……晚……最后的那一汤……晚饭那一顿……兀那个饭么也叫喝点汤。喝汤咧。væ˥˩ʂaŋ……nə˥tʂə˥tɕiao˥xə˥˩tʰaŋ˥˩,xə˥˩tiæ˥˩tʰaŋ˥˩.iou˥˩ɕie˥˩zʐəŋ˧pa˥˩tʂə˥kə˥və……və……tsuei˥xou˥ti˧nei˥i˥˩tʰaŋ……væ˥˩fæ˥nei˥i˥˩tø……və˥nə˥kə˥fæ˥muo˧ie˥˩tɕiao˥xə˥˩tiæ˥˩tʰaŋ˥˩.xə˥˩tʰaŋ˥˩lie˧.（晚饭也叫喝汤？）噢，喝点……蒸点儿……晚饭一般都没有说是给你正儿八经的做成这么……呃，米饭呀，馍呀，这一般都少。多一半是馏[①]几个馍，烧点汤，稀稀的喝一点就对了。ao˩,xə˥˩tiæ˥˩……tʂəŋ˥˩tiær˥˩……væ˥˩fæ˥i˥˩pæ˥˩tou˥˩muo˥˩iou˥˩ʂuo˥˩sɿ˥kei˥ni˥˩tʂər˥pa˥˩tɕiŋ˥˩ti˧tsɥ˥tʂʰəŋ˧tʂə˥muo˧……ə˩,mi˥˩fæ˥ia˥,muo˧ia˥,tʂə˥i˥˩pæ˥˩tou˥˩ʂao˥˩.tuo˥˩i˥˩pæ˥sɿ˥liou˧tɕi˥˩kə˥muo˧,ʂao˥˩tiæ˥˩tʰaŋ˥˩,ɕi˥˩ɕi˥˩ti˧xuo˥˩i˥˩tiæ˥˩tsou˥tuei˥lə˧.

喝茶

（喝茶必须要加茶叶吗？）黄：那当然咧么。这里就是这个多一半儿来说是这个咧。这你这很……叫得很清楚啊。那你就喝一……喝一杯开水。有些人给你讲咧，恳求出来，“没有啥给你喝上，喝点白开水对了”。或者有些人就是冷的叫凉白开。这就是这么个讲法。næᴇ˥taŋ˥˩zæ˧lie˧muo˧.tʂei˥li˥˩tɕiou˥sɿ˥tʂə˥kə˥tuo˥˩i˥˩pær˥læᴇ˧ʂuo˥˩sɿ˥tʂə˥kə˥lie˧.tʂei˥ni˥˩tʂei˥xəŋ˥˩……tɕiao˥tə˧xəŋ˥˩tɕʰiŋ˥˩tsʰɥ˥˩æ˩.næᴇ˥ni˥˩tsou˥xə˥˩i˥˩……xə˥˩i˥˩pei˥˩kʰæᴇ˥˩ʂuei˥˩.iou˥˩ɕie˥˩zʐəŋ˧kei˥ni˥˩tɕiaŋ˥˩lie˧,kʰəŋ˥˩tɕʰiou˧tʂʰɥ˥˩læᴇ˧,mei˧iou˥˩sa˥kei˥ni˥˩xə˥˩ʂaŋ˥˩,xə˥˩tiæ˥˩pei˧kʰæᴇ˥˩ʂuei˥˩tuei˥lə˧.xuei˧tʂə˥˩iou˥˩ɕie˥˩zʐəŋ˧tɕiou˥˩sɿ˥˩ləŋ˥˩ti˧tɕiao˥liaŋ˧pei˧kʰæᴇ˥˩.tʂei˥˩tɕiou˥sɿ˥tʂə˥muo˧kə˥tɕiaŋ˥˩fa˥˩.

① 馏：把熟的食物蒸热。《广韵》力求切：“饭气蒸也。”李准《大年初一》三：“张好大婶看他越说越有劲，端着馒头筐上厨房馏馒头去了。”

吃货

（有区别没有这个吃食跟吃货？）黄：这没有啥。吃食和吃货这都是……欸一般都是指些就说是熟食一类的，能吃的这个东西，这都叫吃货。tʂə˦˥mei˨˦iou˥˧sɑ˦.tʂʰʅ˥˧ʂʅ˨˩xuo˨˦tʂʰʅ˥˧xuo˦˨tʂei˦tou˥˧sɿ˦……ei˦i˥˧pæ̃˥˧tou˥˨sɿ˦tsɿ˥˧ɕie˥˨tsou˦ʂuo˥˧sɿ˦ʂɥ˨˦ʂʅ˨˦i˥˧luei˦˥ti·˧,nəŋ˨˦tʂʰʅ˥˧ti·˧tʂə˦kə˦tuoŋ˥˨ɕi·˧,tʂei˦˥tou˥˨tɕiɑɔ˦tʂʰʅ˥˧xuo˦˨.（不用再加工就可以吃的？）噢，不用再加工就可以吃。就说是说详细一点么，这个东西多属于糕点一类的食品。噢，这些咧。ɑɔ˨,pu˨˩yoŋ˦˥tsæᴇ˦tɕiɑ˥˧kuoŋ˥˧tsou˦˨kʰə˥˧i˥˧tʂʰʅ˥˧.tsou˦ʂuo˥˧sɿ˦ʂuo˥˨ɕiɑŋ˨˩ɕi˦˥i˥˨tiæ̃˥˧muo·˧,tʂə˦kə˦tuoŋ˥˨ɕi·˧tuo˥˨ʂɥ˥˧y˨˩kɑɔ˥˨tiæ̃˥˧i˥˨luei˦tə·˧ʂʅ˨˦pʰiŋ˥˨.ɑɔ˨,tʂə˦˥ɕie˥˧lie·˧.

吃零食

黄：有些人喜欢吃零食，就说是正顿上他吃不了多少，他就喜欢零打碎敲的，没事儿咧去捏一点儿，去抓一把，反正一工儿吃。这叫吃零食咧。iou˥˧ɕie˥˨zəŋ˨˦ɕi˥˧xuæ̃˥˨tʂʰʅ˥˧liŋ˨˦ʂʅ˨˩,tɕiou˦ʂuo˥˧sɿ˦tʂəŋ˦tuoŋ˦ʂɑŋ˦˨tʰɑ˥˨tʂʰʅ˥˧pu˨˩liɑɔ˥˧tuo˥˨ʂɑɔ˥˧,tʰɑ˥˧tsou˦ɕi˥˧xuæ̃˥˨liŋ˨˩tɑ˥˧suei˦˥tɕʰiɑɔ˥˧ti·˧,muo˥˨sər˦˥lie·˧tɕʰi˦nie˥˧i˥˨tiær˥˨,tɕʰy˦tʂuɑ˥˧i˥˨pɑ˥˧,fæ̃˥˨tʂəŋ˦i˥˧kuõr˥˧tʂʰʅ˥˧.tʂei˦tɕiɑɔ˦tʂʰʅ˥˧liŋ˨˦ʂʅ˨˩lie·˧.（你们零食是叫零食还是叫别的什么东西？）零食。liŋ˨˦ʂʅ˥˧.（叫零嘴吗？）也叫……有些人爱吃零嘴得很。ie˥˧tɕiɑɔ˦……iou˥˧ɕie˥˨zəŋ˨˦næᴇ˦tʂʰʅ˥˧liŋ˨˦tsuei˥˧tə·˧xəŋ˥˨.

铲一顿

黄：铲一顿，那就是……那就是比如说是谁把谁铲咧一顿，这有这个说法。tsʰæ̃˥˧i˥˨tuoŋ˦˨,næᴇ˦tɕiou˦sɿ˦……næᴇ˦tɕiou˦sɿ˦pi˥˧ʐɥ˨˩ʂuo˥˨sɿ˦˨sei˨˦pɑ˥˨sei˨˦tsʰæ̃˥˧lie·˧i˥˨tuoŋ˦˨,tʂə˦iou˥˧tʂə˦kə˦ʂuo˥˧fɑ˥˨.（谁涨了工资了，让让让人请客。别人有……有什么喜事了，就……）噢，那就是抓大头咧，那都抓下那个大头。你比如咱们几个人闲的无聊咧，没办法，感觉到这个灶上这个饭吃上又过晚儿了，今天几个人坐那一瘩里，抓个大头。三个人，写上三张纸条条，一个条条是头起是个大头，再两个条条是白吃嘛。这拿到混到一瘩里，这由咱们自己抓。你抓上来，你抓了大头，这一顿饭你就掏钱嘛。我们两个抓好白吃，我们两个就白吃一顿，那就把你铲了一顿。ɑɔ˦,næᴇ˦tɕiou˦sɿ˦tʂuɑ˥˨tɑ˦tʰou˨˩lie˧,nə˦˨tou˥˨tʂuɑ˥˧xɑ˦˨nə˦kə˦tɑ˦tʰou˨˦.ni˥˧pi˥˧ʐɥ˨˩tʂɑ˨˦məŋ˧tɕi˥˧kə˦˨zəŋ˨˦ɕiæ̃˨˩ti˧vu˨˦liɑɔ˨˩lie˧,muo˥˨pæ̃˦fɑ˥˨,kæ̃˥˧tɕyo˥˨tɑɔ˦tʂə˦kə˦tsɑɔ˦˥ʂɑŋ˦˨tʂə˦kə˦fæ̃˦tʂʰʅ˥˧ʂɑŋ˦iou˦kuo˦vær˥˧lə·˧,tɕiŋ˥˧tʰiæ̃˥˨tɕi˥˧kə˦˨zəŋ˨˦tsuo˦næᴇ˦i˥˨tɑ˥˧li˥˨,tʂuɑ˥˨kə˦˨tɑ˦tʰou˨˦.sæ̃˥˧kə˦˨zəŋ˨˦,ɕie˥˧ʂɑŋ˦sæ̃˥˧tʂɑŋ˥˨tsɿ˥˧tʰiɑɔ˨˩tʰiɑɔ˨˦,i˥˨kə˦˥tʰiɑɔ˨˩tʰiɑɔ˨˦sɿ˦tʰou˨˩tɕʰie˥˧sɿ˦kə˦tɑ˦tʰou˨˦,tsæᴇ˦liɑŋ˥˧kə˦˨tʰiɑɔ˨˩tʰiɑɔ˨˦sɿ˦pei˨˩tʂʰʅ˥˧mɑ·˧.tʂə˦nɑ˨˩tɑɔ˦xuoŋ˦tɑɔ˦i˥˨tɑ˥˧li˥˨,tʂei˦iou˨˦tʂɑ˨˩məŋ˧tsɿ˦tɕie˥˨tʂuɑ˥˧.ni˥˨tʂuɑ˥˨ʂɑŋ˦læᴇ˨˩,ni˥˨tʂuɑ˥˧lə·˧tɑ˦tʰou˨˦,tʂei˦i˥˧tuoŋ˦fæ̃˦ni˥˧tsou˦˨tʰɑɔ˥˨tɕʰiæ̃˨˦mɑ·˧.ŋuo˥˧məŋ˧liɑŋ˥˧kə˦tʂuɑ˥˧xɑɔ˥˨pei˨˩tʂʰʅ˥˧,ŋuo˥˧məŋ˧liɑŋ˥˧kə˦tɕiou˦pei˨˩tʂʰʅ˥˧i˥˨tuoŋ˦,næᴇ˦tɕiou˦pɑ˥˨ni˥˧tsʰæ̃˥˧lie·˧i˥˨tuoŋ˦˨.

吃大户

黄：有吃大户这个说法。iou˥˧tʂʰʅ˥˨tɑ˦˥xu˦tʂə˦kə˦ʂuo˥˧fɑ˥˨.（吃大户是什么呢？）吃大户这个话原欸是个历史悠久的这个话说起来。过去这个安徽人，这个河南人因为闹饥荒，呃欸，生活比较紧张，他都到这个……经常就是聚集起来好多人，去到那个有钱……这个欸有粮的那些家里去吃他们，这叫吃大户咧。tʂʰʅ˥˨tɑ˦˥xu˦tʂə˦kə˦xuɑ˦yæ̃˨˦ei˦sɿ˦kə˦li˥˧sɿ˥˨iou˥˧tɕiou˥˧ti·˧tʂə˦kə˦xuɑ˦ʂuo˥˧tɕʰi˥˨læᴇ˨˩.kuo˦˥tɕʰy˦tʂə˦kə˦næ̃˥˧xuei˥˨zəŋ˨˦,tʂə˦kə˦xuo˨˩næ̃˨˦zəŋ˨˦iŋ˥˧vei˦nɑɔ˦tɕi˥˧xuɑŋ˥˨,ə˨ei˨˦,səŋ˥˨xuo˨˦pi˥˧tɕiɑɔ˦tɕiŋ˥˧tʂɑŋ˥˨,tʰɑ˥˨tou˥˨tɑɔ˦tʂə˦kə˦……tɕiŋ˥˨tʂʰɑŋ˨˦tso u˧˩sɿ˧˩tɕy˧tɕiʎʟtɕʰi˥˧læᴇʎʟxɑɔ˥˧tuo˥˩ʐəŋʎ,tɕʰi˧tɑɔ˧nə˧kə˧iou˥˧tɕʰiæ̃ʎ……tʂə˧kə˧eiʟiou˥˧liɑŋʎti˧nei˧ɕie˥˧tɕiɑ˥˧li˥˩tɕʰi˧˥tʂʰʅ˥˧tʰɑ˥˩məŋ˧,tʂei˧˥tɕiɑɔ˧tʂʰʅ˥˩tɑ˧xu˧lie˧.（人家让他吃啊？）那你不让吃，这么多的人你可斗不过么你。你不给他做的吃，他就懆你嘛。nə˧ni˥˧pu˩˧ʐɑŋ˧tʂʰʅ˥˧,tʂə˧muo˧tuo˥˧ti˧ʐəŋʎni˥˧kʰə˥˩tou˧pu˩˧kuo˧˩muo˧ni˥˩.ni˥˧pu˩˧kei˧tʰɑ˥˧tsuo˧ti˧tʂʰʅ˥,tʰɑ˥˧tɕiou˧tsʰɑɔ˧ni˥˩mɑ˧.（把他家里就给弄坏了？）啊。你给我做咧吃我就……你多少吃点我就不懆你咧。ɑʟ.ni˥˧kei˧ŋuo˥˧tsɥ˧lie˧tʂʰʅ˥ŋuo˥˩tsou˧˩……ni˥˧tuo˥˩ʂɑɔ˥˧tʂʰʅ˥tiæ̃˥˩ŋuo˥˧tsou˧pu˩˧tsʰɑɔ˧ni˥˧lie˧.（以前有这个这里有这种情况吗？）这里很少。指那……但是现在这个吃大户么，就说是这个吃白食的那些噢。tʂə˧˥li˥˩xəŋ˥˧ʂɑɔ˥.tsɿ˥˩nə˧˩……tæ̃˧˩sɿ˧˩ɕiæ̃˧tsæᴇ˧tʂə˧kə˧tʂʰʅ˥˩tɑ˧xu˧muo˧,tsou˧˥ʂuo˥˩sɿ˧˩tʂə˧kə˧tʂʰʅ˥˩peiʎʂʅʎʟti˧nei˧ɕie˥˩ɑɔʟ.

（二）饭

米

（你们一般我们这个……你们这儿的大米，管大米叫什么呢？白米还是大米？）黄：叫白米的多么。tɕiɑɔ˧peiʎʟmi˥˧ti˧tuo˥muo˧.（白米。那么要说是米，是指白米还是指什么呢？）那米就多了。黄米也叫米么。白米也叫米么。有的把高粱那簸下那还叫米咧，高粱米咧。næᴇ˧mi˥tsou˧˩tuo˥˩lə˧.xuɑŋʎmi˥˧iɑ˥˩tɕiɑɔ˧˩mi˥muo˧.peiʎmi˥iɑ˥˧tɕiɑɔ˧mi˥muo˧.iou˥ti˧pɑ˥˩kɑɔ˥liɑŋʎʟnæᴇ˧tʂʰuæ̃˥xɑ˧˩næᴇ˧xɑʎʟtɕiɑɔ˧mi˥lie˧,kɑɔ˥liɑŋʎʟmi˥lie˧.（黄米是什么东西？）黄米就是糜子碾下的么，一种谷科动物……谷科植物。xuɑŋʎʟmi˥tɕiou˧˩sɿ˧˩miʎʟtsɿ˧niæ̃˥xɑ˧˩ti˧muo˧,i˥˧tʂuoŋ˥˧ku˥kʰə˥˩tuoŋ˧vu˥˩……ku˥kʰə˥˩tʂʅʎvuo˥˩.（有小米没有？）有小米咧嘛。小米就是谷子弄的下。iou˥ɕiɑɔ˥mi˥lie˧mɑ˧.ɕiɑɔ˥mi˥tɕiou˧sɿ˧ku˥tsɿ˧nuoŋ˧ti˧xɑ˧˩.

碾米

黄：碾米或者是用碾……土办法又有，再用这个碾米机碾么。就这两种选择。现在……现在统一全部都是碾米机碾。过去那种碾子已经全部都没人再……再碾了。niæ̃˥mi˥˩xuoʎ˧tʂə˥˩sɿ˧yoŋ˧niæ̃˥˧……tʰu˥pæ̃˧fɑ˥˩iou˧˥iou˥˩,tsæᴇ˧yoŋ˧tʂə˧˩kə˧˩niæ̃˥˧mi˥˧tɕi˥niæ̃˥muo˧.tɕiou˧˥tʂei˧liɑŋ˥tʂuoŋ˥˩ɕyæ̃˥˩tsei˥.ɕiæ̃˧tsæᴇ˧tʰu……ɕiæ̃˧tsæᴇ˧tʰuoŋ˥i˥˩tɕʰyæ̃ʎʟpu˧˥tou˥˩sɿ˧niæ̃˥mi˥tɕi˥˩niæ̃˥.kuo˧˦tɕʰy˧nei˧tʂuoŋ˥˧niæ̃˥tsɿ˧li˥tɕiŋ˥˩tɕʰyæ̃ʎʟpu˧˥tou˥˩meiʎʐəŋʎ˧tsæᴇ˧……tsæᴇ˧niæ̃˥lə˧.

推、粉、轧、踏

（呃，磨包谷吧？）黄：磨咧么。前几年全靠吃包谷呢，吃包米咧。muo˧˦lie˧muo˧.tɕʰiæ̃ʎtɕi˥niæ̃ʎʟtɕʰyæ̃ʎʟkʰɑɔ˧˥tʂʰʅ˥˩pɑɔ˥ku˥˩nə˧,tʂʰʅ˥˩pɑɔ˥˩mi˥lie˧.（叫磨包谷还是磨……磨什么？）磨玉米，磨玉米面咧。推磨啊，推些玉米。不叫磨，叫推玉米咧。muo˧˦y˧mi˥˧,muo˧˦y˧mi˥˩miæ̃˧lie˧.tʰuei˥˩muo˧˦æ˧,tʰuei˥ɕie˧y˧mi˥˩.puʎʟtɕiɑɔ˧muo˧,tɕiɑɔ˧tʰuei˥˩y˧˥mi˥˩lie˧.（呃，要是推那个白米呢？）白米不拿磨子推，要拿碾子碾咧。peiʎʟmi˥puʎʟnɑʎmuo˧tsɿ˧tʰuei˥˩,iɑɔ˧nɑʎniæ̃˥tsɿ˧niæ̃˥lie˧.（碾碎？）啊，碾碎那叫粉米咧。ɑʟ,niæ̃˥suei˧næᴇ˧tɕiɑɔ˧fəŋ˥mi˥lie˧.（就是那个稻……稻米那个？）啊，稻米。糜子面它也不叫……把糜子这个磨成面的话也不叫磨，也是叫拿到碾子上去粉，叫粉米。做年糕那些东西用的那东西都是要放碾子滚出来。磨子推下都不行嘛。ɑʟ,tɑɔ˧mi˥˩.miʎtsɿ˧miæ̃˧tʰɑ˥˧ie˥puʎʟtɕiɑɔ˧……pɑ˥˩miʎʟtsɿ˥tʂə˧˩k ə˧˩muo˧tʂʰəŋ˩˩miæ̃˧tə˩xua˧˩ie˥pu˩˩tɕiao˧muo˧,ie˥sʅ˧tɕiao˧na˩˩tao˧niæ̃˥tsʅ˩ʂaŋ˧˩tɕʰi˧˩fəŋ˥,tɕiao˧fəŋ˥mi˥.tsuo˧niæ̃˩kao˥næᴇ˧ɕie˥˧tuoŋ˥ɕi˩yoŋ˧ti˩nə˧tuoŋ˥ɕi˩tou˥˩sʅ˧iao˧faŋ˧niæ̃˥tsʅ˩kuoŋ˥˩tʂʰɥ˥læᴇ˩˩.muo˧tsʅ˧tʰuei˥xa˧˩tou˥˩pu˩˩ɕiŋ˩ma˩.（太细了是吧？）不是太细了。它都达不到那个……做下那个就不好吃。pu˩˩sʅ˧˥tʰæᴇ˧ɕi˧lə˩.tʰa˥˩tou˥˩ta˩pu˩˩tao˧nə˧kə˧……tʰ……tsuo˧˥xa˧nə˧kə˧tsou˧pu˩˩xao˥˧tʂʰʅ˥.（好。这个辣椒要把它那个弄成粉呢？）放碾子上，放碾子上嘛。faŋ˧niæ̃˥tsʅ˩ʂaŋ˧,faŋ˧niæ̃˥tsʅ˩ʂaŋ˧˩ma˩.（也是碾子上面？）噢，碾子上。那就不叫这个欻粉了。那可叫轧辣子咧。就是放石头往烂里轧那个意思。aɔ˩,niæ̃˥tsʅ˩ʂaŋ˧.nə˧tɕiou˧pu˩˩tɕiao˧tʂə˧˩kə˧˩ei˩fəŋ˥lə˩.nei˧kʰə˥˩tɕiao˧tsa˩la˥tsʅ˩lie˩.tsou˧˩sʅ˧˩faŋ˧ʂʅ˩˩tʰou˩vaŋ˥˩læ̃˧˥li˥˩tsa˩nə˧˩kə˧˩i˧˥sʅ˩.（那芝麻是要用什么动词呢？）没有，没有芝麻。mei˩˧iou˥˧,mei˩iou˥tsʅ˥˩ma˩˩.（不弄……不……不把芝麻弄碎呀？）不产芝麻。pu˩˩tsʰæ̃˥tsʅ˥˩ma˩˩.（那你们吃的那个香油是拿什么弄的？）买的。mæᴇ˥ti˩.（你们这里这么好的土质不种？）不长。pu˩˩tʂaŋ˥.（那个像那个什么弄那个五香粉呐，什么调料之类的这个，要把它弄成面儿怎么弄啊？）那两种方法。一种拿踏窝子踏嘛。næᴇ˧˥liaŋ˥tʂuoŋ˥˩faŋ˥˩fa˥˩.i˥˩tʂuoŋ˥na˩˩tʰa˩vuo˥tsʅ˩tʰa˩ma˩.（踏窝子？）啊。a˩.（哪个？）石头，中间给它凿……凿下去那么个坑，然后再拿个铁锤锤，把它叫踏窝子嘛。ʂʅ˩˩tʰou˩˥,tʂuoŋ˥˩tɕiæ̃˥˩kei˧tʰa˥˧tsao˩˩……tsao˩xa˧tɕʰi˧nə˧muo˩kə˧kʰəŋ˥,zæ̃˩˩xou˧tsæᴇ˧na˩˩kə˧˥tʰie˥˩tʂʰuei˩˩tʂʰuei˩˧,pa˥˩tʰa˥˧tɕiao˧tʰa˩vuo˥tsʅ˩ma˩.（哪个tʰa˩呢？）拿脚踏的踏。na˩tɕyo˥tʰa˩˩ti˩tʰa˩˧.（踏什么？）踏调和么。tʰa˩tʰiao˩˩xuo˩˥muo˩.（踏调和是踏什么东西？）调和……总，踏香面儿，踏花椒，这些东西它都统称叫踏调和么。tʰiao˩˩xuo˩˥t……tsuoŋ˥,tʰa˩ɕiaŋ˥˩miæ̃r˧,tʰa˩xua˥tɕiao˥˩,tʂə˧ɕie˥˧tuoŋ˥ɕi˩tʰa˥˩tou˥˧tʰuoŋ˥˩tʂʰəŋ˥tɕiao˧tʰa˩tʰiao˩˩xuo˩˥muo˩.（噢，调味料？）调味料就叫调和么。有的叫这个踏窝子。铁……也有铁做成的，有铸铁打成的。那个里头凿的那个槌槌子么也是铁的。这叫碓窝子。tʰiao˩˩vei˧liao˧tɕiou˧˩tɕiao˧˩tʰiao˩˩xuo˩˥muo˩.iou˥ti˩tɕiao˧tʂə˧˩kə˧˩tʰa˩vuo˥tsʅ˩.tʰie˥……ie˥˧iou˥˧tʰie˥tsuo˧tʂʰəŋ˩˩ti˩,iou˥˩tʂɥ˧˥tʰie˥˩ta˥tʂʰəŋ˩˩ti˩.nə˧kə˧li˥tʰou˩tsao˩ti˩næᴇ˧kə˧tʂʰuei˩˩tʂʰuei˩˥tsʅ˩muo˩ie˥sʅ˧tʰie˥ti˩.tʂei˧˩tɕiao˧˩tuei˧˥vuo˥tsʅ˩.（是拿在手上……）啊，就是的那个。a˩,tɕiou˧˥sʅ˧ti˩nei˧kə˧.（有没有拿木头做……做的那个？）有咧么那碓窝子。iou˥lie˩muo˩næᴇ˧˥tuei˧˥vuo˩tsʅ˩.（那也是碓窝子？）都叫碓窝子。tou˥˧tɕiao˧tuei˧vuo˥tsʅ˩.（下面是窝子，往往里杵的那个，那个槌呢？）槌那……那就是，我看，踏窝子……tʂʰuei˩nə˧……nə˧tɕiou˧˩sʅ˧˩,ŋuo˥kʰæ̃˧,tʰa˩˩vuo˥tsʅ˩……（碓手还是碓杆？）哎呀，那不叫。æᴇ˩ia˩,nə˧pu˩˩tɕiao˧.（杵？）不是的。是叫啥名字说不来。还有一种就是碾槽。pu˩˩sʅ˧ti˩.sʅ˧˩tɕiao˧kə˧sa˧miŋ˩˩tsʅ˧ʂuo˥˩pu˩˩læᴇ˩.xæᴇ˩˩iou˥i˥˩tʂuoŋ˥˩tɕiou˧˩sʅ˧˩niæ̃˥tsʰao˩˩.（噢，那种滚……滚子啊？）啊，拿脚踏，拿脚蹬的那个，研药的那个东西。a˩,na˩tɕyo˥tʰa˩˩,na˩tɕyo˥təŋ˥ti˩nə˧kə˧˩,niæ̃˩yo˥ti˩nə˧kə˧tuoŋ˥˩ɕi˩.（像是下面那个东西叫碾槽儿还是上面那个滚子叫碾槽？）整个儿那一套东西叫碾槽。tʂəŋ˥kər˧˥nei˧˩i˥˩tʰao˧tuoŋ˥ɕi˩tɕiao˧niæ̃˥tsʰao˩˩.（嗯，那个拿那个碓窝子来来那个碾那个弄啊磨那个调啊调味料的那个叫……那个那种行为叫什么？）踏调料么。tʰa˩tʰiao˩˩liao˧muo˩.（踏调料？还是……还是踏调和啊？）还是踏调料么，踏调和。xa˩˩sʅ˧˥tʰa˩tʰiao˩˩liao˧muo˩,tʰa˩tʰiao˩˩xuo˩˥.（用……这这样这样那个也叫踏啊？）也叫踏。踏调料，或者是踏调和。ie˥tɕiao˧tʰa˩˩.tʰa˩tʰiao˩˩liao˧,xuei˩˥tʂə˥˩sʅ˧tʰa˩tʰiao˩˩xuo˩˥.（不是噢，你那个小的那个碓窝子啊？）那还是拿一个手在那儿捣。næᴇ˧˥xa˩˩sʅ˧˥na˩i˥kə˧˩ʂou˥tsæᴇ˧nar˧tao˥.（啊，也叫踏？）也叫踏。ie˥tɕiao˧˩tʰa˩˩.（好。这样的呢？）

那叫蹬咧。那碾子它那叫蹬咧。næᴇ˥tɕiaɔ˥təŋ˥˧lie꜊.næᴇ˥˧˩niæ̃˥˧tsɿ꜊tʰa˥˧꜔næᴇ˥tɕiaɔ˥təŋ˥˧lie꜊.（蹬什么？）蹬碾槽么。təŋ˥˧˧˩niæ̃˥˧tsʰaɔ˩˥˧˩muo꜊.（如果把调……用这个蹬来把它蹬，蹬调和可以这么说吗？）也可以这样说么。蹬调和咧。蹬调和它就不叫蹬了。叫碾咧。你给我碾下，你把调和给我碾一下。ie˥˧kʰə˥˧i˥˧˧˩tʂei˥iaŋ˥ʂuo˥˧muo꜊.təŋ˥˧tʰiaɔ˩˥˧˩xuo˩˥˥˧lie꜊.təŋ˥˧tʰiaɔ˩˥˧˩xuo˩˥꜔tʰa˥˧꜔tsou˥pu˩˥˧˩tɕiaɔ˥təŋ˥˧lə꜊.tɕiaɔ˥niæ̃˥˧lie꜊.ni˥˧꜔kei˥ŋuo˥˧꜔niæ̃˥˧xa˥˧,ni˥˧pa˥˧˧˩tʰiaɔ˩˥˧˩xuo˩˥꜔kei˥ŋuo˥˧꜔niæ̃˥˧i˥˧˧˩xa˥˧˩.（碾调和？）啊，碾调和去了，不喊你叫你蹬去了。a˧˩,niæ̃˥˧tʰiaɔ˩˥˧˩xuo˩˥꜔tɕʰi˥lə˥,pu˩˥xæ̃˥˧ni˥˧꜔tɕiaɔ˥ni˥˧꜔təŋ˥˧tɕʰi˥˧˩lə꜊.（捣药也能……也用那玩意儿吧？）啊。a˧˩.（你们是捣药还是干吗？还是踏药？）踏药。你把药往碎里踏一下。tʰa˩˥yo˥˧.ni˥˧˧˩pa˥˧˧˩yo˥˧vaŋ˥˧˧˩suei˥li˥˧˧˩tʰa˩˥i˥˧˧˩ɕia˥˧˩.（那个蹬的呢？）碾。niæ̃˥˧.（碾药？）噢，碾药也是碾。aɔ˧˩,niæ̃˥˧꜔yo˥˧a˥˧꜔sɿ˥niæ̃˥˧.（这样的呢也叫也叫……叫什么药？）那叫捣咧。næᴇ˥tɕiaɔ˥taɔ˥˧lie꜊.（碾米？）那就是碾米。næᴇ˥˥˧tɕiou˥˧˩sɿ˥˧˩niæ̃˥˧mi˥˧.

淘米

1.（那个米里面有沙子，怎么样把它弄……把沙子出来呀？）黄：一个是拣，一个是淘嘛。i˥˧˧˩kə˥˥˧sɿ˥tɕiæ̃˥˧,i˥˧˧˩kə˥˥˧sɿ˥tʰaɔ˩˥ma꜉.（拣出来啊？）嗯。ŋ̍˧˩.（这一粒一粒地去拣啊？）一粒一粒地拣出来么。i˥˧˧˩li˩˥˥˧i˥˧˧˩li˩˥꜔ti꜉tɕiæ̃˥˧tʂʰɥ˥˧˧˩læᴇ˩˥˧˩muo꜊.（沙子噢？）沙子嘛。sa˥˧tsɿ꜊ma꜊.（沙子淘得出来吗？）那你看是大沙子小沙子咧。沙子也把你能淘得出来噢。你说……næᴇ˥ni˥˧kʰæ̃˥sɿ˥ta˥sa˥˧˧˩tsɿ꜊ɕiaɔ˥˧sa˥˧˧˩tsɿ꜊lie꜊.sa˥˧tsɿ꜉ie˥˧꜔pa˥˧˧˩ni˥˧nəŋ˩˥tʰaɔ˩˥tei˥˧˧˩tʂʰɥ˥˧læᴇ˩˥˧˩aɔ꜊.ni˥˧ʂuo˥˧꜔……（那米轻一些？）你米轻，你把它水倒得里头摇，它是这个米都在上边咧，沙子都在下边咧么。你多摇上几次以后，多……多摇上几次以后，沙子全部都沉到底下去了。ni˥˧꜔mi˥˧tɕʰiŋ˥˧˧˩,ni˥˧꜔pa˥˧˧˩tʰa˥˧꜔ʂuei˥˧taɔ˥tə꜊li˥˧tʰou꜊iaɔ˩˥,tʰa˥˧꜔sɿ˥tʂə˥kə˥mi˥˧tou˥˧˧˩tsæᴇ˥˥˧ʂaŋ˥piæ̃˥˧꜔lie꜉,sa˥˧tsɿ꜊tou˥˧꜔tsæᴇ˥˥˧ɕia˥˧piæ̃˥˧˧˩lie꜊muo꜊.ni˥˧꜔tuo˥˧iaɔ˩˥˧˩ʂaŋ˥˥˧tɕi˥˧꜔tsʰɿ˥i˥˧˧˩xou˥,tuo˥˧……tuo˥˧iaɔ˩˥˧˩ʂaŋ˥˥˧tɕi˥˧꜔tsʰɿ˥i˥˧˧˩xou˥,sa˥˧tsɿ꜊tɕʰyæ̃˩˥˧˩pu˥˥˧tou˥˧˧˩tʂʰəŋ˩˥˧˩taɔ˥˥˧ti˥˧˧˩ɕia˥tɕʰi˥lə˥.（那个摇的那个动作叫什么？）那就说是……那还是叫摇咧嘛。多摇兀几次嘛。næᴇ˥tɕiou˥ʂuo˥˧꜔sɿ˥……næᴇ˥˥˧xa˩˥˧˩sɿ˥˥˧tɕiaɔ˥iaɔ˩˥lie꜉ma꜊.tuo˥˧iaɔ˩˥˧˩vei˥˥˧tɕi˥˧˧˩tsʰɿ˥˥˧ma꜊.

2.（这个米里面有些什么灰呀，什么呃那个那种轻……那个呃米皮之类的怎么样……）黄：簸一下嘛。puo˥˥˧i˥˧˧˩ɕia˥ma꜉.（拿水呢？）拿水也能漂出去了嘛。na˩˥˧˩ʂuei˥˧ia˥˧nəŋ˩˥˧˩pʰiaɔ˥tʂʰɥ˥˧˧˩tɕʰi˥˥˧lə꜊ma꜊.（漂出去？）嗯。漂一下么。ŋ̍˧˩,pʰiaɔ˥i˥˧꜔xa˥muo꜊.（噢。那个淘米呢？）淘米就叫淘米么。tʰaɔ˩˥˧˩mi˥˧tɕiou˥tɕiaɔ˥tʰaɔ˩˥˧˩mi˥˧muo꜊.

3. 黄：淘米水绝对不倒。那洗碗都放淘米水洗咧。那等于你……淘米水洗碗等于放啊洗洁精洗碗咧你。tʰaɔ˩˥˧˩mi˥˧ʂuei˥˧tɕyo˩˥˧˩tuei˥pu˩˥˧˩taɔ˥˧˩.næᴇ˥ɕi˥˧væ̃˥˧tou˥˧faŋ˥tʰaɔ˩˥˧˩mi˥˧꜔ʂuei˥˧꜔ɕi˥˧lie꜊.nə˥˥˧təŋ˥˧꜔y˩˥꜔ni˥˧꜔……tʰaɔ˩˥˧˩mi˥˧ʂuei˥˧ɕi˥˧væ̃˥˧təŋ˥˧y˩˥꜔faŋ˥æ꜉ɕi˥˧꜔tɕie˥˧tɕiŋ˥˧ɕi˥˧˧˩væ̃˥˧lie꜊ni˥˧˧˩.

做米饭

（如果是米饭呢，有些什么煮法？）黄：米饭一个是直接捞，一个是放锅里……放盆蒸，放锅里捞饭么。mi˥˧fæ̃˥i˥˧˧˩kə˥sɿ˥tʂɿ˩˥tɕie˥˧laɔ˩˥,i˥˧˧˩kə˥sɿ˥faŋ˥kuo˥˧li˥˧˧˩……faŋ˥pʰəŋ˩˥tʂəŋ˥˧,faŋ˥kuo˥˧li˥˧˧˩laɔ˩˥fæ̃˥˧˩muo꜉.（如果是就说先煮一下，然后捞出来再蒸？）这就叫捞……这就叫捞饭了。tʂei˥˥˧tɕiou˥tɕiaɔ˥laɔ˩˥……tʂei˥˥˧tɕiou˥tɕiaɔ˥laɔ˩˥fæ̃˥˧˩lə꜊.（捞饭是指捞出来这个动作还是指整个这个烹饪？）指捞出来的这个动作叫捞饭。tsɿ˥˧laɔ˩˥tʂʰɥ˥˧læᴇ˩˥꜔tə꜉tʂə˥kə˥tuoŋ˥˧tsuo˥˧˧˩tɕiaɔ˥laɔ˩˥fæ̃˥˧˩.（那开始捞饭之前也是要煮吧？）啊，要煮咧嘛。a˩˥,iaɔ˥tʂɥ˥˧lie꜊ma꜊.（那叫什么呢？）那基本……基本上就是把米煮一下。把

米煮的基本上就说是里边儿这个米掐开以后里头没有那个白心心了。这你捞出来一蒸，它就散散的，快熟了。再一个我们这个地方就是蒸饭。这个蒸饭么，就说是把米下得锅里煮好以后，把这个汤撇出来就对了。然后就放得这个锅里不动，把锅盖盖上，熇[1]熟的这个饭。næᴇ˥˦tʂʅ˨˩pu˦（←tɕi˥˩pəŋ˥）……tɕi˥˩pəŋ˥ʂaŋ˥tɕiou˥sɿ˥pa˥˩mi˥˧tʂʯ˥i˥˩ɕia˥˩.pa˥˩mi˥tʂʯ˥ti˧tɕi˥˩pəŋ˥ʂaŋ˥˩tɕiou˥˦ʂuo˥˩sɿ˥li˥piæ̃r˥˩tʂə˥kə˥mi˥tɕia˥˧kʰæᴇ˥i˥˩xou˥˦li˥tʰou˧mei˨iou˥nə˥kə˥pei˨ɕiŋ˥ɕiŋ˥˩lə˧.tʂei˥ni˥˧lao˨tʂʰʯ˥læᴇ˨˩i˥˩tʂəŋ˥,tʰa˥˧tɕiou˥sæ̃˥sæ̃˥ti˧,kʰuæᴇ˥ʂʯ˨˩lə˥.tsæᴇ˥i˥˧kə˥ŋuo˥mən˧tʂə˥kə˥ti˥faŋ˥˧tɕiou˥sɿ˥tʂəŋ˥fæ̃˥.tʂə˥kə˥˦tʂəŋ˥˩fæ̃˥˧muo˧,tsou˥˦ʂuo˥˩sɿ˥˩pa˥˩mi˥ɕia˥tə˧kuo˥li˥˩tʂʯ˥xao˥i˥˩xou˥,pa˥˩tʂə˥kə˥tʰaŋ˥pʰie˥˩tʂʰʯ˥læᴇ˨˩tɕiou˥tuei˥lə˧.zæ̃˨˩xou˥tɕiou˥faŋ˥˧tə˧tʂə˥kə˥kuo˥li˥˩pu˨˩tuoŋ˥,pa˥˩kuo˥˩kæᴇ˥kæᴇ˥ʂaŋ˥,tɕʰyoŋ˥˦ʂʯ˨˩ti˧tʂə˥kə˥fæ̃˥˩.（tɕʰyoŋ˦ʂʯ˨是什么？）熇，就是放……放到锅里再蒸一会儿的意思。tɕʰyoŋ˥˦,tɕiou˥˩sɿ˥˩faŋ˥……faŋ˥tao˥kuo˥li˥˩tsæᴇ˥tʂəŋ˥i˥˩xuər˥ti˧li˥˧sɿ˧.（蒸还是焖呐？）焖也……也叫也叫蒸一会儿，或者是叫焖一会儿，都能行，都是一个同义的。məŋ˥˦ie˥˩k……ie˥˧tɕiao˥ie˥˧tɕiao˥tʂəŋ˥i˥˩xuər˥,xuei˨˧tʂə˥˩sɿ˥tɕiao˥məŋ˥˦i˥˩xuər˥,tou˥˧nəŋ˨˧ɕiŋ˨˩,tou˥˧sɿ˥i˥˩kə˥˩tʰuoŋ˨i˥˦ti˧.（我要是加米进去，从头开始煮那种不叫tɕʰyoŋ˦吧？）不叫熇。就是搞好了以后你再焖一会儿，那叫熇饭咧。pu˨˩tɕiao˥tɕʰyoŋ˥.tsou˥sɿ˥kao˥˩xao˥lə˧li˥xou˥ni˥˧tsæᴇ˥məŋ˥˦i˥˩xuər˥,næᴇ˥tɕiao˥tɕʰyoŋ˥fæ̃˥˩lie˧.（他是把那个米汤……）把米汤撇……pa˥˩mi˥tʰaŋ˥˩pʰi……（弄出来以后……）噢，撇……撇，我们叫撇出来。ao˩,pʰie˥˩……pʰie˥,ŋuo˥˧məŋ˧tɕiao˥pʰie˥tʂʰʯ˥˩læᴇ˨˩.（噢，撇出来？）撇出来以后，再放火焖这这这个熇这么一会儿，或者是再蒸一会儿，这个过程也叫熇。pʰie˥˩tʂʰʯ˥læᴇ˨˩i˥˧xou˥˧,tsæᴇ˥faŋ˥xuo˥mən˥˦tʂə˥˦tʂə˥˦tʂə˥˩kə˥˩tɕʰyoŋ˥˦tʂə˥muo˧li˥˩xuər˥˩,xuo˨˧tʂə˥˩sɿ˥˩tsæᴇ˥tʂəŋ˥i˥˩xuər˥,tʂə˥kə˥kuo˥tʂʰəŋ˨˩a˥˩tɕiao˥tɕʰyoŋ˥˦.（去掉米汤以后再加热一段时间……）再加热一段时间啊，叫它进一步成熟那个过程叫熇。tsæᴇ˥˦tɕia˥˩zə˥i˥˧tuæ̃˥sɿ˨˩tɕiæ̃˥˧a˥,tɕiao˥˩tʰa˥˩tɕiŋ˥i˥˩pu˥tʂʰəŋ˨ʂʯ˨nə˥kə˥kuo˥˦tʂʰəŋ˨˩tɕiao˥tɕʰyoŋ˥.（你像那个煮……那个捞……捞之前那个煮……把米这个煮一下这个过程叫煮饭还是叫煮什么？）那叫煮米咧么那叫。næᴇ˥tɕiao˥tʂʯ˥mi˥lie˧muo˧næᴇ˥tɕiao˥.（煮米？）噢，是把……噢，把米要煮一下么。ao˩,sɿ˥˩pa˥˧……ao˩,pa˥˩mi˥iao˥tʂʯ˥i˥˩ɕia˥muo˧.（那这个捞出来再蒸那叫蒸饭是吧？）叫蒸饭。那要搭算子蒸上咧么。这就和……另外拿一个容器了，不能和锅……再放到锅里那个了。tɕiao˥tʂəŋ˥fæ̃˥.næᴇ˥iao˥ta˥˩pi˥˧tsɿ˧tʂəŋ˥ʂaŋ˥˩lie˧muo˧.tʂei˥tɕiou˥xuo˨˩……liŋ˥væᴇ˥na˨˩i˥˧kə˥yoŋ˨˩tɕʰi˥lə˧,pu˨˩nəŋ˨xuo˨˩kuo˥……tsæᴇ˥˩faŋ˥tao˥kuo˥li˥˩nə˥kə˥lə˧.（会用甑吗？）噢，有甑子能行。或者是用盆装得里头蒸都能行。ao˩,iou˥tsəŋ˥tsɿ˧nəŋ˨˩ɕiŋ˨˩.xuei˨˧tʂə˥˩sɿ˥yoŋ˥pʰəŋ˨tʂuaŋ˥˧tə˧li˥tʰou˧tʂəŋ˥˩tou˥˧nəŋ˨˧ɕiŋ˨˩.（那个剩下的那个米汤叫什么呢？）叫米汤么。tɕiao˥mi˥tʰaŋ˥˩muo˧.（那个是用来干什么？）喝的。xuo˥ti˧.（好。这个就是说，把米放在锅子里面以后加了水，就直接就放在那个火上面让它就弄熟了。）那叫焖饭咧。焖上一锅饭。那……那既不……那就说是你把米放适当，水放适当咧以后，就不……如果米汤往出来撇，就将这些水，刚把这个饭蒸熟。就放电饭锅是……多一半是……它多一半都是这样做熟的。næᴇ˥tɕiao˥məŋ˥fæ̃˥˩lie˧.məŋ˥ʂaŋ˥˩i˥˩kuo˥fæ̃˥˩.næᴇ˥……næᴇ˥˦tɕi˥pu˨˩……næᴇ˥˦tɕiou˥˩ʂuo˥˩sɿ˥ni˥˧pa˥˩mi˥faŋ˥ʂʅ˥˩taŋ˥˦,ʂuei˥faŋ˥ʂʅ˥˩taŋ˥˦lie˧li˥˩xou˥,tɕiou˥pu˨˧……zʯ˨˩kuo˥˧mi˥tʰaŋ˥˩vaŋ˥˧tʂʰʯ˥˧læᴇ˨˧pʰie˥,tɕiou˥˦tɕiaŋ˥˩tʂə˥ɕie˥˧ʂuei˥,kaŋ˥˩pa˥˩tʂə˥kə˥fæ̃˥tʂəŋ˥ʂʯ˨.tsou˥˩faŋ˥˩tiæ̃˥fæ̃˥kuo˥sɿ˥˩……tuo˥i˥˩pæ̃˥sɿ˥……tʰa˥˧tuo˥i˥˩pæ̃˥tou˥˩sɿ˥˩tʂə˥iaŋ˥˩tsuo˥˦ʂʯ˨

① 熇：《广韵》去仲切，“火干物也。”

ʟti˦.（那你们这个怎么掌握这个水和米的比例呢，一般在这个地方？）那一般情况下，这儿这米你根据你各种这个米的这个质量的不同，都倒的水不同。噢，你像当地米的话，那就只要倒的水把……米淘过以后，那个米上头，倒的水把……米淹住有一指多厚都就可以了。nei˥˦i˧˩pæ̃˧tɕʰiŋ˩˨kʰuaŋ˥ɕia˥,tʂər˥˨tʂə˥mi˧ni˧˩kəŋ˧˩tɕy˥˦ni˧˥kə˧˩tʂuoŋ˧tʂə˥kə˥mi˧ti˨tʂə˥kə˥tʂʅ˧˩liaŋ˥˦ti˨pu˨˩tʰuoŋ˨,tou˧˩tao˥ti˨ʂuei˧pu˨˩tʰuoŋ˨.ao˩,ni˧˥ɕiaŋ˥taŋ˧˩ti˥˦mi˧ti˨xua˥˩,næᴇ˥tsou˥tsʅ˧˩iao˥tao˥˨ti˨ʂuei˧pa˧˩……mi˧tʰao˨˩kuo˥i˧˩xou˥,nə˥kə˥mi˧ʂaŋ˥tʰou˦,tao˥ti˨ʂuei˧pa˧˩ʂ……mi˧iæ̃˧tʂʯ˥iou˧i˧˩tsʅ˥tuo˧˩xou˥˩tou˧tsou˥˩kʰə˧i˧˩lə˨.（[竖起指头比画]这么？）欸，平指一指多。到这么高那你煮成粥了，呃都煮成稀饭。ei˨,pʰiŋ˨tsʅ˧i˧˩tsʅ˧tuo˧˩.tao˥˩tʂə˥muo˨kao˧˥næᴇ˥ni˧˥tʂʯ˧tʂʰəŋ˨˩tʂou˧lə˨,ə˥tou˧˥tʂʯ˧tʂʰəŋ˨ɕi˧˩fæ̃˥.

焖饭

（糯米拿来干什么？）黄：做年糕，吃焖……吃米……吃焖饭。tsuo˥˦niæ̃˨kao˧˥,tʂʰʅ˧˩məŋ˥˦……tʂʰʅ˧mi˧……tʂʰʅ˧məŋ˥˦fæ̃˥˦.（焖……焖……焖饭？）焖饭就是燃饭，就是……粥做的……稠一点那个，叫焖饭。məŋ˥˨fæ̃˥˩tɕiou˥sʅ˥ʐæ̃˨fæ̃˥,tɕiou˥sʅ˥……tʂou˧tsuo˥˦ti˨xou……tʂʰou˨i˧tiæ̃˧˩nə˥kə˥,tɕiao˥˩məŋ˥˨fæ̃˥˩.（你们这个造酒用用这个糯米不用？）用咧么。yoŋ˥lie˨muo˨.

烧糊了

（如果是这个火太大了，把那个饭底下弄黑了，那叫什么？）黄：烧糊了嘛。ʂao˧xu˨˩lə˨ma˦.（烧糊了？）烧……烧焦了，烧糊了。ʂao˧˩tʂ……ʂao˧˩tɕiao˧lə˨,ʂao˧xu˨˩lə˦.（那是弄黑了，还有一种那个黄黄的那种。也是硬的，还能吃呢！）糊了么，烧糊了么。xu˨˩lə˨muo˨,ʂao˧xu˨˩lə˨muo˨.（那叫糊了是吧？）嗯。ə̃˩.（糊了和焦了有没有区别？）焦了纯粹烧得黑的很，炭糟子一样的了。tɕiao˧lə˨tʂʰuoŋ˨˩tsʰuei˥ʂao˧tə˨xei˧ti˨xəŋ˧˥,tʰæ̃˥tsao˧tsʅ˨i˧˩iaŋ˥˩ti˨lə˨.（焦了就不能吃了？）嗯。ə̃˩.（但糊了还能吃？）糊了……那个焦饭吃咧你还是可以治病咧么。可以打……可以帮助消化咧么。xu˨˩liao˧……nə˥˩kə˥˩tɕiao˧fæ̃˥tʂʰʅ˧lie˨ni˧˩xa˨˩sʅ˥kʰə˧i˧˩tʂʅ˥piŋ˥lie˨muo˨.kʰə˧˥i˧˥ta˧sʅ……kʰə˧˥i˧˥paŋ˧˩tʂʯ˥˦ɕiao˧˩xua˥lie˨muo˨.（打什么？）打食气咧么。可以帮助消化咧么你。ta˧ʂʅ˨˩tɕʰi˥˨lie˨muo˨.kʰə˧i˧˩paŋ˧˩tʂʯ˥˦ɕiao˧˩xua˥˨lie˨muo˨ni˧˩.

米汤

（呃，你们这个米汤到底指的是什么东西？）黄：米汤有几种……统称叫个米汤。那蒸大米饭的时候煮了米的这个，这个也叫米汤。有些时候这个欸吃……吃馒头的时候，他专门儿下点米，少下几颗儿米，放到锅里熬下这个。你们城里人，呃是其他人把那个叫……熬下那个粥，我们这个地方人就没有粥的这个称呼，就叫米汤。mi˧tʰaŋ˧˩iou˧˥tɕi˧˥tʂʯ……tʰuoŋ˧˩tʂʰəŋ˧tɕiao˥kə˥mi˧tʰaŋ˧˩.næᴇ˥tʂəŋ˧˩ta˥˦mi˧˥fæ̃˥ti˨sʅ˨˩xou˥˩tʂʯ˧liao˧˩mi˧ti˨tʂə˥˩kə˥˦,tʂə˥kə˥ie˧tɕiao˥mi˧tʰaŋ˧˩.iou˧ɕie˧˩sʅ˨˩xou˥˦tʂə˥kə˥ei˩tʂʰʅ˧……tʂʰʅ˧mæ̃˨˩tʰou˨tə˨sʅ˨˩xou˥,tʰa˧˩tʂuæ̃˧˩mə̃r˨ɕia˥tiæ̃˧˩mi˧,ʂao˧ɕia˥tɕi˧˩kʰuor˧˩mi˧˥,faŋ˥tao˥kuo˧li˧˩ao˨˩xa˥˦tʂə˥˩kə˥˩.ni˧məŋ˨tʂʰəŋ˨˩li˧ʐəŋ˨,ə˥sʅ˥tɕʰi˨˩tʰa˧ʐəŋ˨pa˧˩nə˥kə˥tɕiao˥……ao˨˩xa˥nə˥kə˥tʂou˧,ŋuo˧məŋ˨tʂə˥kə˥ti˥faŋ˧˩ʐəŋ˨tɕiou˥˩muo˧˩iou˧˥tʂou˧ti˨tʂə˥˩kə˥˩tʂʰəŋ˧xu˨˩,tɕiou˥tɕiao˥mi˧tʰaŋ˧˩.

甑糕

（tɕiŋ˥˨kao˧是什么东西？）黄：糕么。kao˧muo˨.王：糕么。kao˧muo˨.（糕的一种？）王：嗯。ə̃˨.黄：啊，糕的一种么，嗯。a˩,kao˧ti˨i˧˩tʂuoŋ˧muo˨,ŋ̍˥.（它是用来干什么的？）

黄&王：吃的么。tʂʰʅ˥ti˧muo˧.（也是吃的？）王：啊。ɑ˪.黄：啊，就像你们南方人做下那个年糕一样的。ɑ˪,tsou˥˦ɕiaŋ˥ni˥məŋ˧næ̃˩˪faŋ˥zəŋ˩tsuo˥˦xɑ˥nə˥kə˥niæ̃˩˪kaɔ˥i˥˪iaŋ˥˪ti˧.（干净的净？干净的净还是哪个净？）王：甑糕的甑。tɕiŋ˥kaɔ˥ti˧tɕiŋ˥.黄：甑底子的甑。tɕiŋ˥ti˥tsɿ˧ti˧tɕiŋ˥˪.（哪个？）王：甑底子的甑。tɕiŋ˥˦ti˥tsɿ˧tə˧tɕiŋ˥˪.黄：甑底子，甑箅子的甑。tɕiŋ˥ti˥tsɿ˧,tɕiŋ˥pi˥˦tsɿ˧ti˧tɕiŋ˥˪.（净箅子的净？）王：嗯。ŋ̍˧.黄：啊，就是蒸馍馍用的那个欻箅子么。ɑ˪,tsou˥˦sɿ˥tʂəŋ˥muo˩˪muo˩˦yoŋ˥˦ti˧nə˥˪kə˥˪ei˪pi˥˦tsɿ˧muo˧.（那叫tɕiŋ˥箅子？）王&黄：啊。ɑ˪.黄：甑糕么。那个是因为那个东西吃上也劲劲的，非常有筋丝，还又燃。就把那……tɕiŋ˥˦kaɔ˥muo˧.nə˥kə˥sɿ˥˪iŋ˥˪vei˥nə˥kə˥tuoŋ˥ɕi˧tʂʰʅ˥ʂaŋ˥ie˥˦tɕiŋ˥tɕiŋ˥ti˧,fei˥˪tʂʰɑŋ˩iou˥˦tɕiŋ˥sɿ˥˪,xæᴇ˩˪iou˥zæ̃˩˪.tɕiou˥˦pɑ˥˪næᴇ˥……（噢，有劲的劲？）王：嗯。ŋ̍˪.黄：啊，有劲的劲么，甑糕。ɑ˪,iou˥tɕiŋ˥ti˧tɕiŋ˥muo˧,tɕiŋ˥˦kaɔ˥˪.

压粉

（你们加工粉条哇，叫不叫挂粉？）黄：也叫挂。我们这儿多一半叫压粉咧。是放……我们这儿粉……粉条子都是放那饸饹床子压下的嘛。ie˥tɕiaɔ˥kuɑ˥.ŋuo˥məŋ˧tʂər˥tuo˥i˥˪pæ̃˥tɕiaɔ˥niɑ˥fəŋ˥˪lie˧.sɿ˥faŋ˥……ŋuo˥məŋ˧tʂər˥fəŋ˥˦……fəŋ˥tʰiaɔ˩tsɿ˧tou˥˦sɿ˥faŋ˥nə˥xə˩˪laɔ˥˦tʂʰuaŋ˩˪tsɿ˧niɑ˥xɑ˥˪ti˧mɑ˧.

鸡蛋炒饭

黄：我们那……鸡蛋炒饭都是把鸡蛋欻和……炒熟咧以后再把饭一炒，直接放到里头搅起来的。ŋuo˥məŋ˧næᴇ˥˦……tɕi˥˪tæ̃˥˦tsʰɑɔ˥fæ̃˥˦tou˥˦sɿ˥pɑ˥˪tɕi˥˪tæ̃˥˦ei˥xuo˩˦……tsʰɑɔ˥ʂɥ˩˪lie˧i˥˪xou˥tsæᴇ˥pɑ˥˪fæ̃˥i˥˪tsʰɑɔ˥,tʂʅ˩tɕie˥˪faŋ˥taɔ˥li˥tʰou˧tɕiaɔ˥˦tɕʰi˥læᴇ˩˪ti˧.

一混子

（你们一般有没有什么粳米这种的说法？）黄：兀都没有得，现在是……现在都说是给你，现在这个语言多了一点儿。就说是这个加工了一下，那就是这个欻过筛米要么有，再一个就是过筛咧，一个是不过筛就对了。过筛了那就是，把小的罗下去了，光丢下大的了。没有过筛那就是那一混子么。væᴇ˥˦tou˥˪mei˩iou˥tei˥˦,ɕiæ̃˥tsæᴇ˥sɿ……ɕiæ̃˥tsæᴇ˥tou˥˦suo˥˦sɿ˥˪kei˥ni˥˦,ɕiæ̃˥tsæᴇ˥tʂə˥kə˥y˥iæ̃˩˪tuo˥lə˧i˥˪tiær˥.tɕiou˥˦ʂuo˥˪sɿ˥tʂə˥kə˥tɕia˥˦kuoŋ˥lə˧i˥˪xɑ˥˪,nə˥tsou˥˪sɿ˥˦tʂə˥kə˥ei˪kuo˥˦sæᴇ˥˪mi˥iaɔ˥muo˧iou˥,tsæᴇ˥i˥˦kə˥tɕiou˥sɿ˥kuo˥˦sæᴇ˥˪lie˧,i˥˦kə˥sɿ˥pu˩˪kuo˥˦sæᴇ˥˪tɕiou˥tuei˥lə˧.kuo˥sæᴇ˥˪lə˧næᴇ˥tɕiou˥sɿ˥,pɑ˥˪ɕiaɔ˥ti˧luo˩xɑ˥tɕʰi˥lə˧,kuaŋ˥˦tiou˥xɑ˥˪tɑ˥˦ti˧lə˧.mei˩iou˥kuo˥˦sæᴇ˥˪næᴇ˥tɕiou˥sɿ˥næᴇ˥i˥˪xuoŋ˥˦tsɿ˧muo˧.（一混子是什么意思？）大碎都在一瘩里咧。tɑ˥suei˥tou˥˪tsæᴇ˥i˥˪tɑ˥li˥˪lie˧.（大的小……细的都在一块儿？）啊，都在一块儿咧，叫一混子嘛。ɑ˥,tou˥˪tsæᴇ˥˦i˥˪kʰuər˥lie˧,tɕiaɔ˥i˥˪xuoŋ˥tsɿ˧mɑ˧.（这个xuoŋ˥是哪个字？）三点水，过去一个扁日，底下个比字嘛。sæ̃˥˪tiæ̃˥ʂuei˥,kuo˥tɕʰi˥i˥˪kə˥˪piæ̃˥zʅ˥˪,ti˥xɑ˥˪kə˥˪pi˥tsɿ˥˪mɑ˧.

麦仁儿

1.（麦仁呢？）黄：麦仁儿？mei˥˪zə̃r˩?（嗯。）就叫麦仁儿。tɕiou˥tɕiaɔ˥mei˥˪zə̃r˩.（它是怎么……怎么……）它是把麦子这个欻……麦子放水，上温温水稍微泡了一下，然后放到机器上，把那个皮皮皲掉。剩下……麦皮，外头那个皮皮一皲掉，里头剩下麦的这个核儿，这就叫麦仁儿。tʰɑ˥˪sɿ˥˪pɑ˥˪mei˥tsɿ˧tʂə˥kə˥ei˪……mei˥tsɿ˧faŋ˥˦ʂuei˥,ʂɑŋ˥vəŋ˥vəŋ˥˪ʂuei˥saɔ˥˦vei˥˦pʰɑɔ˥lə˧i˥˪ɕia˥˪,zæ̃˩˪xou˥faŋ˥taɔ˥tɕi˥˪tɕʰi˥˦ʂaŋ˥˪,pɑ˥˪nə˥kə˥pʰi˩˪pʰi˩˦tʂʰuæ̃˥˪tiaɔ˥˪.ʂəŋ˥xɑ˥……mei˥pʰi˩˪,væᴇ˥tʰou˧nə˥kə˥pʰi˩˪pʰi˩˦i˥˪tʂʰuæ̃˥˦tiaɔ˥,li˥tʰou˧ʂəŋ˥

xa˧mei˥ti˧tʂə˧kə˧xər˥,tʂei˧tɕiou˧tɕiao˧mei˥˩zə̃r˩.（tʂʰuæ̃˫是什么意思？把那皮皮tʂʰuæ̃˫掉？）噢，簸，就是，实际上就说是放得这个碾子上，压几圈子以后，或者是放这个机子头起放辊子辊一下。把……把它这个皮皮搓掉的那个意思叫簸么。ɑɔ˩,tʂʰuæ̃˥,tsou˧sɿ˧,ʂɿ˩˩tɕi˧ʂɑŋ˧˩tɕiou˧ʂuo˥˩sɿ˧˩fɑŋ˧tə˧tʂə˧kə˧niæ̃˥tsɿ˧ʂɑŋ˧˩,nia˧tɕi˥˫tɕʰyæ̃˥tsɿ˧i˥˩xou˧,xuei˩˫tʂə˥˩sɿ˧˩fɑŋ˧tʂə˧kə˧tɕi˥tsɿ˧tʰou˩˩tɕʰie˥˫fɑŋ˧kuoŋ˥˫tsɿ˧kuoŋ˥i˥˩ɕia˧˩.pa˥˩……pa˥˩tʰa˥tʂə˧kə˧pʰi˩˩pʰi˩tsʰuo˥˩tiao˧˥ti˧nə˧kə˧i˧sɿ˧tɕiao˧tʂʰuæ̃˥muo˧.

2.（它大麦仁、小麦仁怎么叫？）黄：那都是大麦皮去完就是大麦仁儿么，小麦皮你去咧就叫小麦仁儿么。nei˧tou˥˫sɿ˧˩ta˧mei˥˩pʰi˩tɕʰy˧væ̃˩tɕiou˧sɿ˧ta˧mei˥˩zə̃r˩˩muo˧,ɕiao˥mei˥˩pʰi˩ni˥˫tɕʰy˧lie˧tɕiou˧tɕiao˧ɕiao˥mei˥˩zə̃r˩muo˧.

白面、黑面、一捞子面

1.（这个面有白面黑面的这个说法吧？）黄：哎有咧么。白面，黑面。æᴇ˥iou˥˩lie˧muo˧.pei˩miæ̃˧,xei˥miæ̃˧˩.（黑面是什么？）就是那把把子咧么。就是推到最后那个已经黑的丢下，几乎是皮子麸子皮皮都出来的那种。也叫盈面。tsou˧˩sɿ˧˩nə˧˩pa˧˥pa˧˩tsɿ˧lie˧muo˧.tsou˧˩sɿ˧˩tʰuei˥tao˧˩tsuei˧xou˧nə˧kə˧i˥tɕiŋ˥˩xei˥ti˧tiou˥xa˧˩,tɕi˥xu˥˩sɿ˧˩pʰi˩˩tsɿ˧˩fu˥tsɿ˧pʰi˩˩pʰi˩tou˥˩tʂʰɥ˥læᴇ˩˩tə˧nei˧tʂuoŋ˥˩.ie˥˫tɕiao˧iŋ˩miæ̃˧˩.（盈面？）盈面。iŋ˩miæ̃˧.（哪个iŋ˩啊？）哎呀，这只能拿个同音字盈欽。就叫啥么个盈面的盈字说不来。æᴇ˩ia˩,tʂə˧tsɿ˥˩nəŋ˩na˩˫kə˧tʰuoŋ˩iŋ˥˩tsɿ˧iŋ˩ei˧.tɕiou˧tɕiao˧sa˧muo˧kə˧˩iŋ˩miæ̃˧ti˧iŋ˩tsɿ˧ʂuo˥pu˩˩læᴇ˩.

2.（黑……黑面和白面混起来的那种面粉呢？）黄：那也就一……那一……有的把那叫一捞子面。就说是粗粗细细，黑黑白白就那一堆，不往开分。nei˧ia˥˩tsou˧i˥˫……nei˧i˥˩……iou˧ti˧pa˥˩nei˧tɕiao˧i˥˩lao˩tsɿ˧miæ̃˧.tɕiou˧ʂuo˥˫sɿ˧tsʰɥ˥tsʰɥ˥˩ɕi˧ɕi˧,xei˥xei˥˩pei˩pei˩˫tɕiou˧nei˧i˥˫tuei˥,pu˩˩vaŋ˥˩kʰæᴇ˥˩fəŋ˥.

3.（嗯，那个混在那个面粉当中的那种小块的那种麸子叫什么？）黄：这也没个啥说法。我们这边很少推它了。管它！tʂei˧ia˥˩mei˩kə˧sa˧ʂuo˥fa˥˩.ŋuo˥məŋ˧tʂei˧piæ̃˥˩xəŋ˥ʂao˥tʰuei˥tʰa˥˩lə˧.kuæ̃˥tʰa˥˩!

糁子

（糁子是怎么加工成的呢？）黄：用磨或者是粉碎机把皮簸掉以后，再往碎的粉一点就做成咧。yoŋ˧muo˧xuei˩˫tʂə˥˩sɿ˧fəŋ˥suei˧tɕi˥pa˥˩pʰi˩tʂʰuæ̃˥tiao˧i˥˩xou˧,tsæᴇ˧vaŋ˥suei˧ti˧fəŋ˥i˥˩tiæ̃˥˩tɕiou˧tsuo˧tʂʰəŋ˩˩lie˧.（就搞成那个小粒是吧？）啊，小粒状的么。a˩,ɕiao˥li˥tʂuaŋ˧ti˧muo˧.（大概有多大呢？）哎小的有的……那又分几种了。大玉米糁子的话那就像米粒这么大咧。æᴇ˥ɕiao˥ti˧iou˥ti˧……nei˧iou˧fəŋ˥˩tɕi˥tʂuoŋ˥˫lə˧.ta˧˥y˧mi˥˫tʂəŋ˥tsɿ˧ti˧xua˧nei˧tɕiou˧ɕiaŋ˧mi˥li˩tʂəm˧˥ta˧˩lie˧.（米粒儿这么大的？）啊。小一点就像有小米那么大点的那个。还有比较小米更小的那。细细的，但是它比面可粗的多那种。a˧.ɕiao˥i˥˩tiæ̃˥˩tɕiou˧ɕiaŋ˧iou˥˫ɕiao˥˩mi˥nə˧muo˧ta˧tiæ̃˥˫tə˧nə˧kə˧.xæᴇ˩iou˥˫pi˥˫ɕiao˥˫mi˥˫kəŋ˧˩ɕiao˥ti˧nei˧.ɕi˧ɕi˧ti˧,tæ̃˧sɿ˧tʰa˥˫pi˥˩miæ̃˧kʰə˥˩tsʰɥ˥ti˧tuo˥næᴇ˧tʂuoŋ˥˩.

踖子

黄：踖子就是放磨，把这磨下那个，放磨拉出，把它叫拉踖子。tsʰei˥tsɿ˧tɕiou˧sɿ˧fɑŋ˧muo˧,pa˥˫tʂə˧muo˧xa˧nə˧kə˧,fɑŋ˧˩muo˧la˥˩tʂʰɥ˥˩,pa˥˩tʰa˥˩tɕiao˧la˥˩tsʰei˥tsɿ˧.

拌汤

1. 黄：拌汤都要求咧。拌汤里头必须拌下有疙瘩的，这个叫拌汤啊，而且里头要放菜，放……放作料，出来喝上很有味儿的，香的，这个东西叫拌汤。必须至少有这么大那疙瘩。pæ̃˥˦tʰɑŋ˧˩tou˧˦iaɔ˧tɕʰiou˩˨lie˨.pæ̃˥˦tʰɑŋ˧˦li˧tʰou˨pi˧˦ɕy˧˦pæ̃˥xɑ˥˩iou˧˦kɑ˧tɑ˧˩ti˨,tʂə˥˦kə˥˦tɕiaɔ˥pæ̃˥tʰɑŋ˧ɑ˩,ər˩tɕʰie˧˦li˧tʰou˨iaɔ˥fɑŋ˥tsʰæᴇ˥,fɑŋ˥ti……fɑŋ˥tsuo˧˩liaɔ˥,tʂʰʮ˧læᴇ˩˨xə˧ʂɑŋ˥˩xəŋ˧˩iou˧˩vər˥˦ti˨,ɕiɑŋ˧ti˨,tʂə˥kə˥tuoŋ˧˩ɕi˨tɕiaɔ˥pæ̃˥tʰɑŋ˧˩.pi˧˦ɕy˧˦tsʅ˥ʂaɔ˧iou˧˩tʂəm˥tɑ˥næᴇ˥kɑ˧tɑ˧˩.（那个叫不叫疙瘩汤？）噢，不叫疙瘩汤。我们这里都把它叫拌汤。ɑɔ˩,pu˩˨tɕiaɔ˥kɑ˧tɑ˧˩tʰɑŋ˧˩.ŋuom˧tʂei˥li˧˩tou˧˦pɑ˧˩tʰɑ˧˦tɕiaɔ˥pæ̃˥tʰɑŋ˧˩.（没有疙瘩汤这个说法是吧？）没有疙瘩汤这个说法。mei˩iou˧˩kɑ˧tɑ˧˩tʰɑŋ˧tʂə˥kə˥ʂuo˧fɑ˧˩.（这么大，直……那个直径将近几公分呢！）啊，总是有的那大的，有的有大的有小的。煮出来吃上劲劲儿的。ɑ˥,tsuoŋ˧sʅ˥iou˧ti˨næᴇ˥tɑ˥ti˨,iou˧ti˨iou˧tɑ˥ti˨iou˧˦ɕiaɔ˧ti˨.tʂʮ˧tʂʰʮ˧˩læᴇ˩˨tʂʰʅ˧ʂɑŋ˥˩tɕiŋ˥tɕiə̃r˥ti˨.（煮得熟吗？）哎，煮的熟嘛。那都煮了一会儿么，还有煮不熟的咧？æᴇ˩,tʂʮ˧˩ti˨ʂʮ˩mɑ˨.næᴇ˥tuo˧˩tʂʮ˧lə˨i˧˩xuər˥muo˨,xæᴇ˩iou˧˦tʂʮ˧pu˩ʂʮ˩ti˨lie˨?（就跟汤圆儿差不多大是吧？）哎，没有。兀都……最大的就是……在你不小心的时候，掉下去这么大啊疙瘩。一般都是指儿大那个。æᴇ˩,mei˩iou˧˩.vei˥˦tuo˧˩……tsuei˥˦tɑ˥ti˨tɕiou˥˦sʅ˥˩……tsæᴇ˥˩ni˧pu˩ɕiaɔ˧ɕiŋ˧˩ti˨sʅ˩xou˥,tiaɔ˥xɑ˥tɕʰi˥tʂəm˥tɑ˥ɑ˨kə˧tɑ˧˩.i˧˦pæ̃˧˩tou˧˩sʅ˥tʂər˧˦tɑ˥nə˥kə˥.（它是放在碗里面，加点水这么拌一拌？）噢，加不这……拌成……拌成疙瘩以后，然后拨进去。ɑɔ˥,tɕiɑ˧˩pu˩tʂə˥……pæ̃˥tʂʰəŋ˩……pæ̃˥tʂʰəŋ˩kə˧tɑ˧˩i˧˦xou˥,zæ̃˩xou˥puo˧tɕiŋ˥˦tɕʰi˥˩.（噢，再拨到那个汤里面？）噢，拨得汤里。ɑɔ˩,puo˧tə˨tʰɑŋ˧li˧˩.（这……这等于是外地的疙瘩……疙瘩汤。）噢，就是的。ɑɔ˩,tɕiou˥sʅ˥ti˨.（再加点那种那个菜呀什么之类的啊？）噢，那你提前把汤作适……做好着咧嘛。汤里头你放点……放点菠菜呀，放点葱把锅炝一下，调味……这个作料放好，调的香香的，把这个煮下去。ɑɔ˩,næᴇ˥ni˧˦tʰi˩tɕʰiæ̃˩pɑ˧˩tʰɑŋ˧tsuo˥˩ʂʅ˧……tsuo˥˩xaɔ˧tʂə˨lie˨mɑ˨.tʰɑŋ˧li˧tʰou˨ni˧˦fɑŋ˥tiæ̃˧˩……fɑŋ˥tiæ̃˧˦puo˧tsʰæᴇ˥iɑ˨,fɑŋ˥tiæ̃˧˦tsʰuoŋ˧pɑ˧˩kuo˧tɕʰiɑŋ˥˦i˧˩xɑ˥,tʰiaɔ˩vei˥……tʂə˥kə˥tsuo˧˩liaɔ˥fɑŋ˥xaɔ˧˩,tʰiaɔ˩ti˨ɕiɑŋ˧˩ɕiɑŋ˧˩ti˨,pɑ˧˩tʂə˥kə˥tʂʮ˧xɑ˥˩tɕʰi˥˩.

2. 王：拌汤你没吃吧？pæ̃˥tʰɑŋ˧˩ni˧muo˧˩tʂʰʅ˧pɑ˨？（呃，怎么个拌法？）还是这个炝点这个欸油菜进去做点汤。或者放点菜叶子、油菜不些的，然后把面，擀面放水和成以后这个，用筷子和成那些疙瘩形式的，撒得这个锅里去嘛。xɑ˩sʅ˥tʂə˥kə˥tɕʰiɑŋ˥˦tiæ̃˧˩tʂə˥kə˥ei˩iou˩˨tsʰæᴇ˥tɕiŋ˥tɕʰy˥tsuo˥˦tiæ̃˧˩tʰɑŋ˧.xuo˩˦tʂə˩fɑŋ˥tiæ̃˧˩tsʰæᴇ˥ie˧˩tsʅ˨,iou˩˨tsʰæᴇ˥pu˩˦ɕi˧ti˨,zæ̃˩xou˥pɑ˧˩miæ̃˥,kæ̃˧˩miæ̃˥fɑŋ˥ʂuei˧xuo˥tʂʰəŋ˩i˧˩xou˥tʂə˩kə˥˩,yoŋ˥kʰuæᴇ˥tsʅ˨xuo˥˩tʂʰəŋ˩nei˥ɕie˧˩kɑ˧tɑ˧˩ɕiŋ˩ʂʅ˧ti˨,sɑ˧tə˨tʂə˥kə˥kuo˧li˧˩tɕʰi˥mɑ˨.（噢，那就是疙瘩……疙瘩汤嘛。）噢，疙瘩汤。ɑɔ˩,kɑ˧tɑ˧˦tʰɑŋ˧.（你们叫搅……）我们叫拌汤。ŋuo˧mən˨tɕiaɔ˥pæ̃˥˦tʰɑŋ˧˩.（pæ̃˦tʰɑŋ˩？）噢，拌汤。疙瘩……也叫疙瘩汤。ɑɔ˩,pæ̃˥˦tʰɑŋ˧˩.kɑ˧tɑ˧˦……ie˧tɕiaɔ˥kə˧tɑ˧˦tʰɑŋ˧.

荞面饸饹

（欸，荞面那个做成的那个饸饹呢？）黄：荞面饸饹。tɕʰiaɔ˩˨miæ̃˥xə˩laɔ˨.（那个怎么做啊？）那是把这个荞面放盆里加水，先搋[①]成面团儿么。nei˥˦sʅ˥pɑ˧˦tʂə˥kə˥tɕʰiaɔ˩˨miæ̃˥fɑŋ˥pʰəŋ˩˨li˧˦tɕiɑ˧˩ʂuei˧,ɕiæ̃˧˩tsʰæᴇ˧tʂʰəŋ˩miæ̃˥tʰuæ̃r˩muo˨.（tsʰæᴇ˧就是这个压……揉……）就是和的意思。搋就是……噢，搋就是揉和的意思。tɕiou˥sʅ˥xuo˩˨ti˨i˥˦sʅ˨.tsʰæᴇ˧tɕiou˥sʅ˥……ɑ˩,tsʰæᴇ˧tɕiou˥˩sʅ˥˩ʐou˩xuo˩˨ti˨i˥˦sʅ˨.（这个搋好以后呢？）那有床……

① 搋：《广韵》丑皆切，“以拳加物”。

有荞面饸饹嘛，有专门儿有压面给他床子嘛。nei˦iou˥˩tʂʰuaŋ˨˦……iou˥˩tɕʰiɑɔ˨˩miæ̃˦xuo˨˩l ɑɔ·ma·,iou˥˩tʂuæ̃˥˩mə̃r˨˦iou˥˩nia˦miæ̃˦kei˦tʰa˥˩tʂʰuaŋ˨˩tsɿ·ma·.（压成什么形状的？）压成欸……圆柱状的那个压下的。nia˦tʂʰəŋ˨˦ei˦……yæ̃˨˩tʂɿ˦tʂuaŋ˦ti·nə˦kə˦nia˦xa˦ti·.（圆柱状的？）噢，小小的那个圆柱状的。是长条儿么压下去以后。ɑɔ˨˩,ɕiɑɔ˥˩ɕiɑɔ˥˩ti·nə˦kə˦yæ̃˨˩tʂɿ˦tʂuaŋ˦ti·.sɿ˦tʂʰaŋ˨˦tʰiɑɔr˨˦muo·nia˦xa˦tɕʰi˦i˥˩xou˦.（跟筷子似的那个？）嗯。ə̃˨˩.（直接下来吗？）嗯，走直下来。那都细……细的很那个。ə̃˨˩,tsou˥˩tʂɿ˨˩ɕia˦læᴇ˨˩.næᴇ˦tou˥˩ɕi˦……ɕi˦ti·xəŋ˥˩nə˦kə˦.（很细是吧？）嗯，很细么。ə̃˨˩,xəŋ˥˩ɕi˦muo·.（家里平时做吗？）哎，有荞面的地方，这都是地方风味儿小吃么。æᴇ˦,iou˥˩tɕʰiɑɔ˨˩miæ̃˦ti·ti˦faŋ˥˩,tʂei˦tou˥˩sɿ˦ti˦faŋ˥˩fəŋ˥˩vər˦ɕiɑɔ˥˩tʂʰɿ˥˩muo·.（这个饸饹除了荞面饸饹还有别的饸饹吗？）哎麦面饸饹，玉米面饸饹，米线饸饹，哎都有嘛。æᴇ˥˩mei˥˩miæ̃˦xə˥˩lɑɔ·,y˦mi˥˩miæ̃˦xə˥˩lɑɔ·,mi˥˩ɕiæ̃˦xə˥˩lɑɔ·,æᴇ˥˩tou˥˩iou˥˩ma·.

麦饭

黄：麦饭么，就是把麦子这个簸成仁儿，麦仁儿以后，做下那……焖下那个麦饭么。mei˥˩fæ̃˦muo·,tsou˦sɿ˦pa˥˩mei˥˩tsɿ·tʂə˦kə˦tʂʰuæ̃˥˩tʂʰəŋ˨˦ʐə̃r˨˦,mei˥˩ʐə̃r˨˦i˥˩xou˦,tsuo˦xa˦nə˦……məŋ˦xa˦nə˦kə˦mei˥˩fæ̃˦muo·.

起面

（发面？）黄：那我们叫起面咧。起面和发面是一个东西。把老肥……把面……把老肥和面和得一块儿。nə˦ŋuo˥˩məŋ·tɕiɑɔ˦tɕʰi˥˩miæ̃˦lie·.tɕʰi˥˩miæ̃˦xuo˨˦fa˥˩miæ̃˦sɿ˦i˥˩kə˦tuoŋ˥˩ɕi·.pa˥˩lɑɔ˥˩fei˨˦……pa˥˩miæ̃˦……pa˥˩lɑɔ˥˩fei˨˦xuo˨˩miæ̃˦xuo˦tə·i˥˩kʰuər˥˩.（老灰还是老肥？）老肥。lɑɔ˥˩fei˨˦.（就是老面？）啊，老面。我们这里不叫老面。不叫老肥，也不叫老面。ɑ˨˩,lɑɔ˥˩miæ̃˦.ŋuo˥˩məŋ·tʂei˦li˥˩pu˨˩tɕiɑɔ˦lɑɔ˥˩miæ̃˦.pu˨˩tɕiɑɔ˦lɑɔ˥˩fei˨˦,ie˥˩pu˨˩tɕiɑɔ˦lɑɔ˥˩miæ̃˦.（哪个肥呀？）肥么。肥料的……fei˨˦muo·.fei˨˩liɑɔ˦ti·……（肥料的肥呀？）嗯。ŋ̍˨˩.（噢，把它叫做老肥呀？）啊。也叫老肥嘛。我们这儿这这个欸这个只能是个同音字。酵子。ɑ˨˩.ie˥˩tɕiɑɔ˦lɑɔ˥˩fei˨˦ma·.ŋuo˥˩məŋ·tʂər˦tʂə˦tʂə˦kə˦ei˨˩tʂə˦kə˦tʂɿ˥˩nəŋ˨˦sɿ˦kə˦tʰuoŋ˨˦iŋ˥˩tsɿ˦.tɕiɑɔ˦tsɿ·.（你们也不叫老肥？）我们也不叫老肥，我们叫酵子咧。ŋuo˥˩məŋ·ie˥˩pu˨˩tɕiɑɔ˦lɑɔ˥˩fei˨˦,ŋuo˥˩məŋ·tɕiɑɔ˦tɕiɑɔ˦tsɿ·lie·.（老肥是哪儿人这么说呢？）老肥这是这个常用的一个普通话里头。lɑɔ˥˩fei˨˦tʂə˦sɿ˦tʂə˦kə˦tʂʰaŋ˨˩yoŋ˦ti·i˥˩kə˦pʰu˥˩tʰuoŋ˥˩xua˦li˥˩tʰou·.（这个酵子是不是“酵母”那个“酵”啊？）啊，就是的，酵母的酵。ɑ˨˩,tɕiou˦sɿ˦ti·,tɕiɑɔ˦mu˥˩ti·tɕiɑɔ˦.

搋面、揉面、洗面

黄：搋是把面粉和成面团儿，叫搋。揉面是把面团儿往光的揉咧。揉是你两个手压到那个案板头起以后，就是把那个揉均匀。tsʰæᴇ˥˩sɿ˦pa˥˩miæ̃˦fəŋ˥˩xuo˦tʂʰəŋ˨˦miæ̃˦tʰuær˨˦,tɕiɑɔ˦tsʰæᴇ˥˩.ʐou˨˦miæ̃˦sɿ˦pa˥˩miæ̃˦tʰuær˨˦vaŋ˥˩kuaŋ˥˩ti·ʐou˨˦lie·.ʐou˨˦sɿ˦ni˥˩liaŋ˥˩kə˦ʂou˥˩nia˦tɑɔ˦nə˦kə˦næ̃˦pæ̃˥˩tʰou˨˩tɕʰie˥˩i˥˩xou˦,tsou˦sɿ˦pa˥˩nə˦kə˦ʐou˨˦tɕyoŋ˥˩iŋ˨˩.（讲和面吗？）也讲和咧么。和面。ie˥˩tɕiaŋ˥˩xuo˦lie·muo·.xuo˦miæ̃˦.（和面是不是就是搋面？）噢，和面就是搋面。……洗面就是做……做凉皮儿的搓，那个叫洗面咧。ɑɔ˦,xuo˦miæ̃˦tɕiou˦sɿ˦tsʰæᴇ˥˩miæ̃˦.……ɕi˥˩miæ̃˦tɕiou˦sɿ˦tsuo˦li……tsuo˦liaŋ˨˦pʰiər˨˦ti·tsʰuo˥˩,nə˦kə˦tɕiɑɔ˦ɕi˥˩miæ̃˦lie·.

醒

（这个把搋好的那个面呐，把它放一段时间叫什么？让它发酵。搋好的。）黄：

有的人把这个叫……醒隔一会儿。iou˥˧ti˧zəŋ˩˧pɑ˥˧˨˩tʂə˦kə˦tɕiɑɔ˦ɕ……ɕiŋ˥˧˨˩kei˥˧i˥˧˨˩xuər˦˨˩.（叫啥？）醒。实际上，这是把这个字，念的这个欸那个咧。实际上这个东西好像就是叫这个醒隔一会。睡觉你醒来了那个醒字，耳目的目字过来那么个觉，睡觉的觉字那个。醒一会儿。ɕiŋ˥˧˧˥.ʂʅ˩˧˨˩tɕi˦˥ʂɑŋ˦,tʂə˦sʅ˦pɑ˥˧˨˩tʂə˦kə˦tsʅ˦,niæ̃˦ti˧tʂə˦kə˦ei˦nə˦˨˩kə˦˧˥lie˧.ʂʅ˩˧˨˩tɕi˦˥ʂɑŋ˦˨˩tʂə˦kə˦tuoŋ˥˧˨˩ɕi˧xɑɔ˥˧˧ɕiɑŋ˦tɕiou˦sʅ˦tɕiɑɔ˦tʂə˦˨˩kə˦ɕiŋ˥˧kei˥˧˨˩i˥˧˨˩xuei˦˨˩.ʂuei˦tɕiɑɔ˦ni˥˧˨˩ɕiŋ˥˧læᴇ˩˧˨˩lə˧nə˦kə˦ɕiŋ˥˧tsʅ˦˨˩,ər˥˧mu˥˧˨˩ti˧mu˥˧tsʅ˦˨˩kuo˦læᴇ˩˧˧nə˦muo˧kə˦tɕyo˥˧,ʂuei˦tɕiɑɔ˦ti˧tɕiɑɔ˦˥tsʅ˦˨˩nə˦kə˦.ɕiŋ˥˧i˥˧˨˩xuər˦˨˩.（醒，醒过来的那个醒？）啊，啊，醒一会儿。ɑ˦,ɑ˦,ɕiŋ˥˧i˥˧˨˩xuər˦˨˩.（那你们叫什么？）我们把这个就……我们这是好像叫成这个同音字咧那会儿。就是这个……醒一会儿。好像哎同音字咧就是这个醒了。ŋuo˥˧məŋ˧pɑ˥˧˨˩tʂə˦kə˦tɕiou˦……ŋuo˥˧məŋ˧tʂə˦sʅ˦˨˩xɑɔ˥˧˧ɕiɑŋ˦tɕiɑɔ˦tʂʰəŋ˩˧tʂə˦kə˦tʰuoŋ˩˧iŋ˥˧˨˩tsʅ˦lie˧nə˦xuər˦˨˩.tɕiou˦sʅ˦˥tʂə˦kə˦ɕ……ɕiŋ˥˧˧˥i˥˧˨˩xuər˦˨˩.xɑɔ˥˧˧ɕiɑŋ˦æᴇ˦tʰuoŋ˩˧iŋ˥˧˨˩tsʅ˦˥lie˧tɕiou˦˨˩sʅ˦˨˩tʂə˦˥kə˦˥ɕiŋ˥˧˨˩lə˧.（噢，念成了这个ɕiŋ˩˧？）啊，醒一会儿，啊。æ˨˩,ɕiŋ˥˧˧˥i˥˧˨˩xuər˦˨˩,ɑ˦.（阳平了？）啊，成了阳平了。醒一会儿和醒一会儿，成咧这么个说法咧。再一……再一种说法么就叫把这个……把这么叫咋一个……醒欸？还有种啥说法咧？旋儿说的搞忘了。这个过程为甚么要有这个过程咧？因为你搋下这个面啊，把这个面和起来以后，这个面如果不醒一会儿以后，有些这个面，你表面儿上看这个面好像已经你全部都和好了啊，但实际上里头还有裹下那个干面粒儿，还有这个东西没有那个。这个过程么也就是这个……醒一会儿这个过程么也就是进一步它就是这个水分渗化的那个过程。这样一来以后，这个面如果不醒一会儿的话，你擀长面你都擀不出。而且你揉下那个面就不光。它都起咧那么个作用。ɑ˦,tʂʰəŋ˩˧˨˩lə˧liɑŋ˩˧pʰiŋ˩˧˨˩lə˧.ɕiŋ˥˧˧˥i˥˧˨˩xuər˦xuo˩˧˨˩ɕiŋ˥˧i˥˧˨˩xuər˦˨˩,tʂʰəŋ˩˧˨˩lie˧tʂə˦˥muo˧kə˦˨˩ʂuo˥˧fɑ˥˧˨˩lie˧.tsæᴇ˦i˥˧˧xuo……tsæᴇ˦i˥˧˧tʂuoŋ˥˧˧ʂuo˥˧fɑ˥˧˨˩muo˧tɕiou˦tɕiɑɔ˦pɑ˥˧˨˩tʂə˦kə˦……pɑ˥˧˨˩tʂə˦muo˧tɕiɑɔ˦tsɑ˥˧i˥˧˨˩kə˦˨˩ɕ……ɕiŋ˥˧ei˨˩?xæᴇ˩˧˧iou˥˧˧tʂuoŋ˥˧˧sɑ˦˥ʂuo˥˧fɑ˥˧˨˩lie˧?ɕyæ̃r˦ʂuo˥˧ti˧kɑɔ˥˧˧vɑŋ˦lə˧.tʂə˦˨˩kə˦˥kuo˦tʂəŋ˩˧˨˩vei˦ʂəŋ˦muo˧iɑɔ˦iou˥˧˧tʂei˦˥kə˦˨˩kuo˦tʂʰəŋ˩˧˨˩lie˧?iŋ˥˧˨˩vei˦ni˥˧˧tsʰæᴇ˥˧xɑ˦˨˩tʂə˦kə˦miæ̃˦ɑ˨˩,pɑ˥˧˨˩tʂə˦kə˦miæ̃˦˥xuo˦˨˩tɕʰi˥˧læᴇ˩˧˨˩i˥˧˧xou˦,tʂə˦˨˩kə˦˨˩miæ̃˦zʮ˩˧˨˩kuo˥˧pu˩˧˨˩ɕiŋ˥˧˧˥i˥˧˧xuər˦i˥˧˨˩xou˦,iou˥˧ɕie˥˧˨˩tʂə˦˨˩kə˦˨˩miæ̃˦,ni˥˧˧piɑɔ˥˧miæ̃r˦˨˩ʂɑŋ˦˨˩kʰæ̃˦tʂə˦kə˦miæ̃˦xɑɔ˥˧ɕiɑŋ˦˨˩i˥˧tɕiŋ˥˧˨˩ni˥˧˨˩tɕʰyæ̃˩˧˨˩pu˦˥tou˥˧˨˩xuo˦˨˩xɑɔ˥˧lə˧ɑ˨˩,tæ̃˦ʂʅ˩˧˨˩tɕi˦˥ʂɑŋ˦li˥˧tʰou˧xæᴇ˩˧˨˩iou˥˧˧kuo˥˧xɑ˦˨˩nə˦kə˦kæ̃˥˧˨˩miæ̃˦liər˩˧,xæᴇ˩˧˨˩iou˥˧˧tʂə˦kə˦tuoŋ˥˧ɕi˧mei˩˧iou˥˧nə˦˨˩kə˦˨˩.tʂə˦kə˦kuo˦tʂʰəŋ˩˧˨˩muo˧lie˥˧˧tɕiou˦sʅ˦tʂə˦˨˩kə˦˨˩……ɕiŋ˥˧i˥˧˨˩xuər˦˥tʂə˦˨˩kə˦˨˩kuo˦˧˥tʂʰəŋ˩˧˨˩muo˧lie˥˧˧tɕiou˦sʅ˦tɕiŋ˦˧˥i˥˧˨˩pʰu˦˥tʰɑ˥˧˨˩tɕiou˦˨˩sʅ˦˨˩tʂə˦˨˩kə˦˨˩ʂuei˥˧fəŋ˦˨˩səŋ˦xuɑ˦ti˧nei˦kə˦kuo˦tʂʰəŋ˩˧˨˩.tʂei˦˥iɑŋ˦˨˩i˥˧˨˩læᴇ˩˧i˥˧˨˩xou˦,tʂə˦kə˦miæ̃˦˥zʮ˩˧˨˩kuo˥˧pu˩˧ɕiŋ˥˧i˥˧˨˩xuər˦tə˧xuɑ˦,ni˥˧˧kæ̃˥˧tʂʰɑŋ˩˧˨˩miæ̃˦ni˥˧tou˥˧˨˩kæ̃˥˧pu˩˧tʂʰʮ˥˧˨˩.ər˩˧˨˩tɕʰie˥˧ni˥˧zou˩˧˨˩xɑ˦nə˦kə˦miæ̃˦tsou˦pu˩˧˨˩kuɑŋ˥˧.tʰɑ˥˧˨˩tou˥˧˨˩tɕʰi˥˧lie˧nə˦˥muo˧kə˦˨˩tsuo˥˧˨˩yoŋ˦.（然后醒一会儿以后，呃，把它再揉一下。）再揉，那是揉的……俗话说："打到的婆娘，揉到的面。"婆娘要乖，要听话，你要打咧，她就老实了。这个面要好，你要……要光，你必须要揉到咧。揉不到那□就不光。tsæᴇ˦zou˩˧˨˩,nə˦˨˩sʅ˦˨˩zou˩˧˨˩ti˧tsʰ……su˩˧˨˩xuɑ˦˥ʂuo˥˧˧:tɑ˥˧˧tɑɔ˦ti˧pʰuo˩˧˨˩niɑŋ˩˧˧,zou˩˧tɑɔ˦ti˧miæ̃˦.pʰuo˩˧˨˩niɑŋ˩˧˥iɑɔ˦kuæᴇ˥˧,iɑɔ˦tʰiŋ˥˧˨˩xuɑ˦,ni˥˧˧iɑɔ˦tɑ˥˧lie˧,tʰɑ˥˧˧tsou˦lɑɔ˥˧ʂʅ˩˧˨˩lə˧.tʂə˦kə˦miæ̃˦iɑɔ˦xɑɔ˥˧,ni˥˧˧iɑɔ˦……iɑɔ˦kuɑŋ˥˧,ni˥˧pi˥˧˧ɕy˥˧˧iɑɔ˦zou˩˧tɑɔ˦lie˧.zou˩˧pu˩˧˨˩tɑɔ˦næᴇ˦˨˩niæ̃˩˧tsou˦pu˩˧˨˩kuɑŋ˥˧˨˩.（那个再揉一下叫不叫绞面？）不叫。pu˩˧˨˩tɕiɑɔ˦.（你们叫什么？）我们就是揉面咧。ŋuo˥˧məŋ˧tɕiou˦sʅ˦zou˩˧miæ̃˦lie˧.（那前面……前面这是也是揉啦？）前面你没有……前面你只是个搋面，面搋起来就要醒一会儿咧，不用揉。tɕʰiæ̃˩˧˨˩miæ̃˦˥ni˥˧˨˩mei˩˧˨˩iou˥˧˧……tɕʰiæ̃˩˧˨˩miæ̃˦ni˥˧tsʅ˥˧˧˥sʅ˦˥kə˦˨˩tsʰæᴇ˥˧miæ̃˦˨˩,miæ̃˦tsʰæᴇ˥˧˨˩tɕʰi˥˧

læᴇ˨˩tsou˧iɑɔ˧ɕiŋ˥˩i˥˧xuər˧lie˧,pu˨˩yoŋ˧˥ʐou˨˩.（搋……搋好以后……）搋好就醒一会儿。tsʰæᴇ˥xɑɔ˥tɕiou˧ɕiŋ˥i˥˩xuər˧˩.（醒好以后再揉？）再……再揉，揉下再擀么。tsæᴇ˧……tsæᴇ˧ʐou˩,ʐou˨˩xɑ˧tsæᴇ˧kæ̃˥muo˨.（那叫揉面啊？）嗯。ŋ̍˩.

灰水、盐水

黄：那我们这个……本地那个话么，那这行话来的就是这个搭不搭灰水。nei˧˥ŋuo˥mən˨tʂə˧kə˧……pən˥ti˧˥nei˧kə˧xuɑ˧˥muo˨,nei˧tʂə˧xɑŋ˩xuɑ˧læᴇ˨˩ti˨tɕiou˧sɿ˧tʂə˧kə˧tɑ˥pu˨˩tɑ˥˩xuei˥ʂuei˥˩.（灰水就是碱水是吧？）噢，就是碱水。啊。ɑɔ˩,tɕiou˧sɿ˧tɕiæ̃˥ʂuei˥˩.ɑ˧.（碱水叫灰水？）啊。过去没有碱的情况下，就拿那个荞麦柴烧下那个灰，放水过滤一下，拿那个水水来和面，那就叫灰水。ɑ˧.kuo˧˥tɕʰy˧muo˥˩iou˥tɕiæ̃˥ti˨tɕʰiŋ˨˩kʰuɑŋ˧˥ɕiɑ˧,tsou˧˥nɑ˨˩nə˧kə˧tɕʰiɑɔ˨˩mei˥tsʰæᴇ˩ʂɑɔ˥xɑ˧˩nə˧kə˧xuei˥,fɑŋ˧ʂuei˥kuo˧˥li˧˩i˥˩ɕiɑ˧˩,nɑ˩nə˧kə˧ʂuei˥ʂuei˥˩læᴇ˨˩xuo˧˩miæ̃˧,næᴇ˧˥tɕiou˧tɕiɑɔ˧xuei˥ʂuei˥˩.（那个面会不会变黄啊？）当然你放的多了就黄了嘛。放那个东西一……一来就是增加面的那个韧性和它那个柔性的来。你放盐的目的还是为咧增加面条的柔性了。tɑŋ˥˩ʐæ̃˩ni˥˧fɑŋ˧ti˨tuo˥lə˨tɕiou˧xuɑŋ˨˩lə˨mɑ˧.fɑŋ˧nə˧kə˧tuoŋ˥ɕi˨li˥˩……i˥læᴇ˨˩tɕiou˧sɿ˧tsəŋ˥˧tɕiɑ˥˩miæ̃˧ti˨nə˧kə˧ʐəŋ˧˥ɕiŋ˧˩xə˨˩tʰɑ˥˧nə˧kə˧ʐou˩ɕiŋ˧ti˨læᴇ˨˩.ni˥˧fɑŋ˧iæ̃˨˩ti˨mu˥ti˨xɑ˨˩sɿ˧vei˧lie˧tsəŋ˥˩tɕiɑ˥˩miæ̃˧tʰiɑɔ˩ti˨ʐou˩ɕiŋ˧lə˨.（放了那个那个碱水的那个那那种面呢？）那还叫这个搭灰水咧。næᴇ˧xɑ˨˩tɕiɑɔ˧˥tʂə˧˩kə˧˩tɑ˥˩xuei˥ʂuei˥˩lie˨.（是叫叫什么面？）那……那……nei˧……nei˧˥……（叫叫碱面还是硬面？）没有。那都……那实际上我们就说是这个，简单的一句话，那你就说是这个，你这个擀的这个面是有灰水呀是个没灰水，搭灰水面或是不搭灰水面。muo˥˩iou˥˩.nə˧tou˥˧tə˩n̩……nei˧˥sɿ˨˩tɕi˧˥ʂɑŋ˧ŋuo˥mən˨tsou˧ʂuo˥˩sɿ˧tʂə˧˩kə˧˩,tɕiæ̃˥tæ̃˥˩ti˨i˥˩tɕy˧˥xuɑ˧,næᴇ˧ni˥˧tɕiou˧ʂuo˥sɿ˧tʂə˧kə˧,ni˥tʂə˧kə˧kæ̃˥ti˨tʂə˧kə˧miæ̃˧sɿ˧iou˥xuei˥ʂuei˥˩iɑ˨sɿ˧kə˧muo˥˩xuei˥ʂuei˥˩,tɑ˥˩xuei˥ʂuei˥˩miæ̃˧xuo˨˩sɿ˧pu˨˩tɑ˥˩xuei˥ʂuei˥˩miæ̃˧˩.（打……打倒的打吗？）搭。搭配的搭么你。搭灰水的面，一般有些人胃不太好的，欸，这个胃酸过多的这些人，或者是吃了以后既没……这个面硬得很，吃下去他受不了。tɑ˥.tɑ˥˩pʰei˧ti˨tɑ˥muo˨ni˥˧.tɑ˥˩xuei˥ʂuei˥˩ti˨miæ̃˧,i˥˧pæ̃˥˩iou˥ɕie˥˩ʐən˩vei˧pu˨˩tʰæᴇ˧xɑɔ˥ti˨,ei˩,tʂə˧˩kə˧˩vei˧suæ̃˥˩kuo˧tuo˥ti˨tʂə˧ɕie˥˧ʐəŋ˩˧,xuo˩˧tʂə˥˩sɿ˧tʂʰʅ˥lə˨i˥˧xou˧tɕi˧˥muo˥˩s……tʂə˧˩kə˧˩miæ̃˧niŋ˧˥tei˥˩xəŋ˥˩,tʂʰʅ˥˩xɑ˧tɕʰi˧tʰɑ˥˧ʂou˧˥pu˨˩liɑɔ˥˧.（那种面外面买那叫做碱面呐，你们不叫吗？）没有。外头你……外头卖绝对不给你说这个话。你吃面叫是吃面着，你去问那个搭灰水不搭灰水，那□就……mei˨˩iou˥˧.væᴇ˧˥tʰou˨ni˥˧……væᴇ˧˥tʰou˨mæᴇ˧tɕyo˨˩tuei˧˥pu˩˧kei˧ni˥˧ʂuo˥˩tʂə˧kə˧xuɑ˧.ni˨tʂʰʅ˥˩miæ̃˧tɕiɑɔ˧sɿ˧˩tʂʰʅ˥˩miæ̃˧tʂə˨,ni˥tɕʰy˧vəŋ˧nə˧kə˧tɑ˥˩xuei˥ʂuei˥˩pu˨˩tɑ˥˩xuei˥ʂuei˥˩,næᴇ˧niæ̃˩tɕiou˧……（你像我们在市场里面买的那个挂面……）没有，你买面……mei˩˧iou˥˧,ni˥˧mæᴇ˥miæ̃˧˥……（它就是放的那个碱，黄黄的。）那是放了盐的。nə˧sɿ˧fɑŋ˧lə˨iæ̃˨˩ti˨.（放了盐的？）噢，那都是。兀兀四川人的挂面都是放盐的。ɑɔ˩,nei˧˥tou˥˧sɿ˧.vei˧˥vei˧˩sɿ˧tʂʰuæ̃˥ʐəŋ˨˩ti˨kuɑ˧miæ̃˧˩tou˥˧sɿ˧fɑŋ˧iæ̃˨˩ti˨.（放了盐的叫不叫盐面？）不叫。pu˨˩tɕiɑɔ˧.（也不叫软面？）不。pu˨˩.（呃，那个那个那个那个麦秸烧出来的那个那个滤出来的那个水叫什么？）麦秸滤出来的水没有。荞麦柴滤出来。mei˥tɕie˥˩li˧˩tʂʰʯ˥læᴇ˨˩ti˨ʂuei˥mei˩iou˥˩.tɕʰiɑɔ˨˩mei˥tsʰæᴇ˩li˧˩tʂʰʯ˥læᴇ˨˩.（噢，荞麦。荞麦那个那个叫碱水还是叫什么？）碱水么。tɕiæ̃˥ʂuei˥muo˨.（那个像揉面，你盐不是直接丢到那个灰……那个面里面吧？）哎，盐是和水和起来再往进放咧。æᴇ˩,iæ̃˩sɿ˧xuo˨˩ʂuei˥xuo˧tɕʰi˥læᴇ˨˩tsæᴇ˧vɑŋ˥˩tɕiŋ˧˥fɑŋ˧lie˧.（那个就是溶了那个盐的那个水呢？叫什么水？）那

叫盐水嘛。你吃的牛肉面，还吃的这个欸河西那面给你给下能……那个，像……像这个张掖、酒泉、青海、兰州，它只是那个面条给你做下那个，有名的那个，牛肉面，拉条子。拉条子它这里头都是放咧盐的。nei˥˦tɕiɑɔ˥iæ̃˨˩˧ʂuei˥˧ma˧.ni˥˧˥tʂʰʅ˥˧ti˧niou˩˧zou˥miæ̃˥˩,xɑ˨˩˧tʂʰʅ˥˧ti˧tʂə˥kə˥ei˥xə˩˧ɕi˥˧nei˥˥˧˦miæ̃˥kei˥ni˥˧˥kei˥˥˧˦xɑ˥nəŋ……nei˥kə˥,ɕiɑŋ˥tɕ……ɕiɑŋ˥tʂə˥kə˥tʂɑŋ˦˨ie˥,tɕiou˥˧tɕʰyæ̃˨˩˧,tɕʰiŋ˦˨xæᴇ˥˧,læ̃˨˩˧tʂou˥˧,tʰɑ˥˧˥tsʅ˥˧˥sʅ˥nə˥kə˥miæ̃˥tʰiɑɔ˩˧kei˥ni˥˧˥tsʮ˥xɑ˥nə˥kə˥,iou˥˧miŋ˩˧ti˧nə˥kə˥,niou˨˩˧zou˥miæ̃˥,lɑ˥˧tʰiɑɔ˨˩˧tsʅ˧.lɑ˥˧tʰiɑɔ˧˥tsʅ˧tʰɑ˥˧˥tʂə˥li˥˧tʰou˧tou˥˧˦sʅ˥fɑŋ˥lie˧iæ̃˩˧ti˧.（噢，就是拉面是吧？）噢，拉面。ɑɔ˩,lɑ˦˨miæ̃˥˦.

碱

1. 黄：你们太不吃馍馍。馍馍你就……当你一个馍馍蒸的还一好一种，往手里一拿就知道它那个馍馍碱放得合适不合适，熟不熟。ni˥˧məŋ˧tʰæᴇ˥pu˨˩˧tʂʰʅ˥˧muo˨˩˧muo˨˩˧.muo˨˩˧muo˩˧˦ni˥˧tsou˥……tɑŋ˦˨ni˥˧i˥˧˥kə˥muo˨˩˧muo˧˥tʂəŋ˥˧ti˧xɑ˨˩˧i˥˧˥xɑɔ˥˧i˦˨tʂuoŋ˥˧,vɑŋ˦˨ʂou˥˧li˦˨i˦˨nɑ˩˧tsou˥tʂʅ˦˨tɑɔ˥tʰɑ˥˧nə˥kə˥muo˨˩˧muo˧˥tɕiæ̃˥˧fɑŋ˥tə˧xuo˨˩˧tʂʰʅ˥˧pu˨˩˧xuo˩˧ʂʅ˥˧,ʂʮ˩˧pu˧˥ʂʮ˧˥.（放多了呢？就重是吧？）不是的。放多了，碱放多了，馍馍就黄着咧。pu˨˩˧sʅ˥˦ti˧.fɑŋ˥˧˦tuo˥˧lə˥,tɕiæ̃˥˧fɑŋ˥tuo˥˧lə˧,muo˨˩˧muo˧˥tɕiou˥xuɑŋ˨˩˧tʂə˧lie˧.（黄的？）噢，你搭个鼻子一闻就有一股子碱气。碱放少了，那个馍馍你一把捏出去它就不泛。这个馍馍底下，这个馍馍底下，就馍馍吃上吃到嘴里就㸐着咧。缺碱着咧。ɑɔ˥,ni˥˧˥tɑ˥˧kə˥˩pi˨˩˧tsʅ˧i˦˨vəŋ˩˧tsou˥iou˦˨i˦˨ku˥˧˥tsʅ˧tɕiæ̃˥˧tɕʰi˥˩.tɕiæ̃˥˧fɑŋ˥ʂɑɔ˥˧lə˧,nə˥kə˥muo˨˩˧muo˩˧˦ni˥˧˥i˦˨pɑ˥˧nie˦˨tʂʰʮ˥˧tɕʰi˥˩tʰɑ˥˧˥tsou˥pu˨˩˧fæ̃˥.tʂə˥kə˥muo˨˩˧muo˧˥ti˥˧xɑ˥,tʂə˥kə˥muo˨˩˧muo˧˥ti˥˧xɑ˥˩,tsou˥muo˨˩˧muo˧˥tʂʰʅ˥˧ʂɑŋ˥˩tʂʰʅ˥˧tɑɔ˥˩tsuei˥˧li˦˨tɕiou˥zæ̃˨˩˧tʂə˧lie˧.tɕʰyo˦˨tɕiæ̃˥˧tʂə˧lie˧.（zæ̃˩˧着是什么意思？）㸐，就是这个这个馍馍没有蒸熟，那个馍馍底下就是黏黏𪎊𪎊[1]的那个样子。zæ̃˩˧,tɕiou˥˦sʅ˥tʂə˥kə˥tʂə˥kə˥muo˨˩˧muo˩˧˦muo˦˨iou˥˧˥tʂəŋ˥˧ʂʮ˩˧,nə˥kə˥muo˨˩˧muo˧˥ti˥˧xɑ˥˩tsou˥˩sʅ˥˩niæ̃˥˧niæ̃˦˨xu˥xu˥ti˧nə˥kə˥iɑŋ˥tsʅ˧.

2.（发面放不放碱呐？）黄：欸，你蒸馍，你蒸蒸馍你不放碱那蒸出来酸的能吃咧？你放的发酵粉，放的老肥，专门儿把那个面发来，发起来以后，那个本身里头酸味儿酸的都焦锨。你那么个蒸下那馍，你不放碱，那臭的都没人吃了你个。ei˩˧,ni˥˧˥tʂəŋ˥˧muo˨˩˧,ni˦˨tʂəŋ˦˨tʂəŋ˥˧muo˨˩˧ni˥˧pu˨˩˧fɑŋ˥tɕiæ̃˥˧næᴇ˥tʂəŋ˦˨tʂʰʮ˥˧læᴇ˨˩˧suæ̃˥˧ti˧nəŋ˨˩˧tʂʰʅ˥˧lie˧?ni˥˧˥fɑŋ˥ti˧fɑ˦˨ɕiɑɔ˥fəŋ˥˧,fɑŋ˥ti˧lɑɔ˥˧fei˩˧,tʂuæ̃˦˨mə̃r˩˧˦pɑ˦˨nə˥kə˥miæ̃˥fɑ˥˧læᴇ˨˩˧,fɑ˦˨tɕʰi˥˧læᴇ˨˩˧i˥˧xou˥,nə˥kə˥pəŋ˥˧ʂəŋ˦˨li˥˧tʰou˧suæ̃˦˨vər˥suæ̃˥˧ti˧tou˥˧˦tɕiɑɔ˥˧ɕiæ̃˦˨.ni˥˧˥nə˥mə˧kə˥tʂəŋ˥˧xɑ˥˩næᴇ˥muo˩˧,ni˥˧pu˨˩˧fɑŋ˥tɕiæ̃˥˧˥,næᴇ˥tʂʰou˥˦ti˧tou˥˧˥muo˦˨zəŋ˩˧tʂʰʅ˥˧lə˧ni˦˨kə˥˩.（有没有地方他不放……不放碱的？）陕北人就不放碱。ʂæ̃˥˧pei˦˨zəŋ˩˧tsou˥pu˧˥fɑŋ˥˦tɕiæ̃˦˨.（那吃得？）他叫一酵子馍。他这个一酵子馍就说是把老肥放上去以后，从发面发过以后不放碱，但是他靠……他那个面不是起的时候起的稀吗？他就靠加生面以后，加其他干面以后，把这个和的这个出来调节它这个酸味儿的。tʰɑ˥˧˥tɕiɑɔ˥i˦˨tɕiɑɔ˥tsʅ˧muo˨˩˧.tʰɑ˥˧tʂei˥kə˥i˦˨tɕiɑɔ˥tsʅ˧muo˩˧tɕiou˥ʂuo˥˧˥sʅ˥pɑ˦˨lɑɔ˥˧fei˩˧fɑŋ˥ʂɑŋ˥tɕʰi˥i˦˨xou˥,tsʰuoŋ˩˧fɑ˦˨miæ̃˥fɑ˦˨kuo˥i˦˨xou˥pu˨˩˧fɑŋ˥tɕiæ̃˥˧,tæ̃˥sʅ˥tʰɑ˦˨kʰɑɔ˥……tʰɑ˥˧˥nə˥kə˥miæ̃˥˥˧˦pu˩˧sʅ˥tɕʰi˥˧ti˧sʅ˨˩˧xou˥tɕʰi˥˧ti˧ɕi˥˧mɑ˧?tʰɑ˥˧˥tsou˥kʰɑɔ˥tɕiɑ˥˧səŋ˦˨miæ̃˥i˦˨xou˥,tɕiɑ˥˧tɕʰi˨˩˧tʰɑ˥˧kæ̃˦˨miæ̃˥˦i˦˨xou˥˦,pɑ˦˨tʂə˥kə˥xuo˥˥˧˦ti˧tʂə˥kə˥tʂʰʮ˥˧˥læᴇ˧˥tʰiɑɔ˨˩˧tɕie˥˧tʰɑ˥˧˥tʂə˥kə˥suæ̃˦˨vər˥ti˧.（它就不酸了是吧？）不酸了。但是他这个馍馍永远有一股子老酵子气。给你一个感觉一混儿好像是个老肥那个味道儿。馍馍蒸熟一股子有那个味道。pu˨˩˧suæ̃˥˧lə˧.tæ̃˥sʅ˥tʰɑ˥˧tʂə˥kə˥muo˨˩˧muo˧˥y

---

[1] 𪎊：《集韵》胡故切，“黏也”。又，此处“黏”读阴平。

oŋ˥yæ̃˥iou˥˩i˥˧ku˥˧tsɿ˧lao˥tɕiao˧˥tsɿ˧tɕʰi˧˥.kei˧ni˥˧i˥˩kə˧˩kæ̃˥tɕyo˥˩i˥˩xuõr˧xao˥˧ɕiaŋ˧sɿ˧kə˧lao˥fei˩nə˧kə˧vei˧tao r˧.muo˨˩muo˨˥tʂəŋ˥˩ʂɥ˩i˥˩ku˥tsɿ˧iou˥˧nə˧kə˧vei˧tao˧.（好吃吗？）不好吃。我们……我们把……噢，我们把那个叫一股子……股子脚汗气。pu˨˩xao˥tʂʰɿ˥˩.ŋuom˥……ŋuom˥pa˥……ao˩,ŋuom˥pa˥˩nə˧kə˧tɕiao˧i˥˩ku˥tsɿ……ku˥˧tsɿ˧tɕyo˥xæ̃˧˩tɕʰi˧.

发糕

黄：发糕是用玉米面儿，或者是米面做成的叫发糕。fa˥˩kao˥sɿ˧˩yoŋ˧y˧˥mi˥˩miæ̃r˧,xuo˨˧tʂə˥˩sɿ˧mi˥miæ̃˧tsuo˧tʂʰəŋ˨˩ti˧tɕiao˧fa˥˩kao˥.（怎么……要……要发酵吗？）要发酵咧么。它先必……它这个过程是必须先把这个往甜的发一下，就说是一个欻把这个面用……用一般儿比较热的水要烫一下把这个面。再……iao˧˥fa˥˩ɕiao˧lie muo.tʰa˥˧ɕiæ̃˥pi……tʰa˥tʂə˧kə˧kuo˧˥tʂʰəŋ˨˩sɿ˧˩pi˥˩ɕy˥˧ɕiæ̃˥pa˥˩tʂə˧kə˧vaŋ˥˩tʰiæ̃˨˩ti fa˥i˥˩ɕia˧˩,tɕiou˧˥ʂuo˥˧sɿ˧i˥˧kə˧ei˧pa˥˩tʂə˧kə˧miæ̃˧yoŋ˧……yoŋ˧i˥˩pæ̃r˥˧pi˥˧tɕiao˧zə˥ti sueiˀiao˧˩tʰaŋ˧i˥˩ɕia˧pa˥˧tʂə˧kə˧miæ̃˧.tsæᴇ˧˥……（老面吗？）不，不烫老面。然后再加些这个凉些的面，拌起来以后，放到一定的温度以内使它糖化一个时期。pu˨˩,pu˨˩tʰaŋ˧lao˥miæ̃˧˩.zæ̃˨˩xou˧tsæᴇ˧˥tɕia˥˩ɕie˥˩tʂə˧kə˧liaŋ˨ɕie˥ti miæ̃˧,pæ̃˧tɕʰi˥læᴇ˨˩i˥˩xou˧,faŋ˧tao˧i˥˧tiŋ˧ti vəŋ˥˩tu˧˥i˥˩luei˧sɿ˥˧tʰa˥˧tʰaŋ˨˩xua˧˥i˥˧kə˧sɿ˨˩tɕʰi˥˧.（糖化？）啊，糖化一个……就说是从化学的角度上来叫糖化一个过程。是这个土话来说就是发一个过程，使它面的这个结构里头这个化学结构起个反应。就说是变……由的那个面味儿慢慢变成甜味儿。噢儿，整个过程这叫发面咧。发好咧以后，再把老肥倒进去，还要起一下。a˩,tʰaŋ˨˩xua˧˥i˥˩kə……tɕiou˧ʂuo˥˧sɿ˧tsʰuoŋ˨˩xua˧ɕyo˨˩ti tɕyo˥˩tu˧˥ʂaŋ˧læᴇ˨˩tɕiao˧tʰaŋ˨˩xua˧i˥˧kə˧kuo˧tʂʰəŋ˨˧.sɿ˧tʂə˧kə˧tʰu˥xua˧læᴇ˨˩ʂuo˥˩tɕiou˧sɿ˧fa˥i˥˩kə˧˩kuo˧tʂʰəŋ˨˩,sɿ˥˧tʰa˥˧miæ̃˧ti tʂə˧kə˧tɕie˥˩kou˧li˥tʰou tʂə˧kə˧xua˧ɕyo˨˧tɕie˥˩kou˧tɕʰi˥kə˧˩fæ̃˥iŋ˧˥.tɕiou˧˩ʂuo˥˩sɿ˧˩piæ̃˧……iou˨ti nə˧kə˧miæ̃˧vər˧mæ̃˧mæ̃˧piæ̃˧tʂʰəŋ˨˩tʰiæ̃˨vər˧˩.aor˩,tʂəŋ˥kə˧˥kuo˧tʂʰəŋ˨˩tʂei˧tɕiao˧fa˥˩miæ̃˧lie˧.fa˥xao˥lie i˥xou˧,tsæᴇ˧˥pa˥˩lao˥fei˨tao˧tɕiŋ˧tɕʰy˧,xæᴇ˨˩iao˧tɕʰi˥i˥˩xa˧˩.（噢，起，啊，起一下？）噢，起……要起一下面。不起一下面，蒸出来把那……纯粹是发糕，吃的咬也咬不动。然后你把这个一……你把酵……把老肥倒进去，一……一起面以后最后蒸出来馍馍就比较软。好吃么。ao˩,tɕʰi……iao˧tɕʰi˥i˥˩xa˧miæ̃˧.pu˨˩tɕʰi˥i˥˩xa˧˩miæ̃˧,tʂəŋ˥˩tʂʰɥ˥læᴇ˨˩pa˥˩nə˧……tʂʰuoŋ˨˩tsʰuei˧˥sɿ˧fa˥˩kao˥,tʂʰɿ˨˩ti niao˥a˥˩niao˥˧pu˨˧tuoŋ˧.zæ̃˨˩xou˧ni˥pa˥˩tʂə˧kə˧i˥˩……ni˥pa˥˩tɕiao˧……pa˥˩lao˥fei˨tao˧tɕiŋ˧tɕʰi˧˩,i˥˩……i˥˩tɕʰi˥miæ̃˧i˥˩xou˧tsuei˧xou˧tʂəŋ˥˩tʂʰɥ˥læᴇ˨˧muo˨˩muo˨˧tɕiou˧pi˥˧tɕiao˧zuæ̃˥.xao˥˧tʂʰɿ˥muo.（发糕？）发糕么。fa˥˩kao˥muo.（你们把发糕叫什么？）我们把哎把哎叫玉米面发糕。ŋuo˥məŋ pa˥˩æᴇ˧pa˥˧æᴇ˧tɕiao˧y˧mi˥˩miæ̃˧fa˥˧kao˥˩.（叫不叫粑粑馍？）不叫。pu˨˩tɕiao˧.（锅塔馍？）锅塔子有叫。锅塔馍倒要叫咧。做发糕有几种做法。一种是做成圆个儿的。有一个就是面酵一起啦，放得那甑子头起以后，整个儿把这个一层面倒得上头。都抹平，抹成这么厚以后，抹成这么厚，一蒸这么厚。发酵起来以后，一蒸这么厚。然后还要用刀割成斜斜，切出斜斜。kuo˥tʰa˥˩tsɿ iou˥˧tɕiao˧.kuo˥tʰa˥˩muo˨tao˧iao˧˥tɕiao˧lie˧.tsuo˧fa˥˧kao˥iou˥˧tɕi˥˧tʂuoŋ˥˧tsuo˧˥fa˥˩.i˥˩tʂuoŋ˥sɿ˧tsuo˧˥tʂʰəŋ˨yæ̃˨˩kər˧˩ti.iou˥i˥˩kə˧tɕiou˧˩sɿ˧˩miæ̃˧ɕiao˧˥i˥˧tɕʰi˥la,faŋ˧˥tə˧nə˧tɕiŋ˧˥tsɿ˧tʰou˨˩tɕʰie˥˧i˥˩xou˧,tʂəŋ˥˧kər˧pa˥˩tʂə˧kə˧i˥˩tsʰəŋ˨miæ̃˧tao˧tə ʂaŋ˧tʰou.tou˥˩muo˥pʰiŋ˨,muo˥tʂʰəŋ˨˩tʂə˧muo xou˧i˥˩xou˧,muo˥tʂʰəŋ˨˩tʂə˧muo xou˧,i˥˧tʂəŋ˥tʂə˧˩muo xou˧.fa˥˩ɕiao˧tɕʰi˥læᴇ˨˩i˥˩xou˧,i˥tʂəŋ˥tʂə˧˩muo xou˧.zæ̃˨˩xou˧˥xæᴇ˨˧iao˧yoŋ˧˥tao˥ka˥tʂʰəŋ˨˩ɕie˨˩ɕie˨˧,tɕʰie˥tʂʰɥ˥˩ɕie˨˩ɕie˨˥.（斜斜是什么？）斜斜就是一根……ɕie˨˩ɕie˨˥tɕiou˧˥sɿ˧˩i˥˩kəŋ˥˧……

（斜的？）噢，它就是……都是菱形的么。ɑɔ˧˩,tʰɑ˥˧tsou˥˧˩sɿ˥……tou˥˧˧˥sɿ˥liŋ˩˧ɕiŋ˩˧˧˩ti·˧muo·˧.（噢，斜斜就是菱形的那个？）啊，啊，都是菱形的馍嘛。ɑ˧˩,ɑ˧˩,tou˥˧˧sɿ˥liŋ˩˧ɕiŋ˩˧˧˩ti·˧muo˩˧ma˧.（噢，切成斜斜。那个叫锅塔是吧？）嗯，叫锅塔。ŋ̍˧˩,tɕiɑɔ˥kuo˥˧tʰɑ˥˧˧˩.（那圆的呢？）有的叫……圆的也叫馍咧。iou˥˧˧˩ti·˧tɕiɑɔ˥……yæ̃˩˧ti˧lie˥˧˧tɕiɑɔ˥muo˩˧˧˩lie˧.（那叫不叫锅塔？）不叫，那不叫。圆的就是个儿馍。那是……也叫面饽饽。pu˩˧˧˩tɕiɑɔ˥,næᴇ˥˥pu˩˧˧˩tɕiɑɔ˥.yæ̃˩˧˧˩ti·˧tsou˥sɿ˥kər˥˥muo˩˧˧˩.næᴇ˥˥sɿ˥……ie˥˧tɕiɑɔ˥miæ̃˥˧˥puo˩˧˧˩puo˩˧˧˩.（跟那个水塔的塔音相同吗？锅塔？）锅塔。能……能行咧。可以是那个。kuo˥˧tʰɑ˥˧˧˩.nəŋ˩˧˧……nəŋ˩˧ɕiŋ˩˧˧˩lie˧.kʰə˥˧i˥˧˧˩sɿ˥nə˥kə˥.（是锅塔馍还是锅塔？）锅塔子。那个……这个圆形的那个发糕也叫……也叫碗饽饽。kuo˥˧tʰɑ˥˧˧˩tsɿ·˧.nə˥kə˥……tʂə˥kə˥yæ̃˩˧ɕiŋ˩˧˧˩ti˧nə˥kə˥fɑ˥˧˧˩kɑɔ˥˧˧ie˥˧˧tɕiɑɔ˥……ie˥˧˧tɕiɑɔ˥væ̃˥˧puo˥˧˧˩puo˥˧˧˩.（碗饽饽？）啊。因为这个玉米面投到你放开水一烫，经过发酵的那个过程和起面的过程，它那个面本身就嫐的很。你到手里永远把这个搞不光。欸，他很简单。拿上个碗，拿下的小些这个碗，拿个铲子挖一疙瘩。它碗里头光嘛。ɑ˧˩.iŋ˥˧˧˩vei˥˥tʂə˥kə˥y˥˥mi˥˧˧˩miæ̃˥tʰou˩˧˧˩tɑɔ˥ni˥˧˧fɑŋ˥kʰæᴇ˥˧˧˩ʂuei˥˧i˥˧˧˩tʰɑŋ˥,tɕiŋ˥˧˧˩kuo˥fɑ˥˧˧˩ɕiɑɔ˥˧˥ti˧nə˥kə˥kuo˥tʂʰəŋ˩˧˧˩xuo˩˧˧˩tɕʰi˥˧miæ̃˥ti˧kuo˥tʂʰəŋ˩˧˧˩,tʰɑ˥˧˧˩nə˥kə˥miæ̃˥pəŋ˥˧ʂəŋ˥˧˧˩tsou˥zæ̃˩˧˧˩ti˧xəŋ˥˧˧˩.ni˥˧˧tɑɔ˥ʂou˥˧li˥˧˧˩yoŋ˥˧yæ̃˥˧pɑ˥˧˧˩tʂə˥kə˥kɑɔ˥˧˧pu˩˧˧˩kuɑŋ˥˧.ei˥˧,tʰɑ˥˧˧xəŋ˥˧tɕiæ̃˥˧tæ̃˥˧˧˩.nɑ˩˧˧˩ʂɑŋ˥kə˥væ̃˥˧,nɑ˩˧˧˩xɑ˥ti˧ɕiɑɔ˥˧ɕie˥˧˧˩tʂə˥˧˩kə˥˧˩væ̃˥˧,nɑ˩˧˧˩kə˥tsʰæ̃˥˧tsɿ·˧vɑ˥˧i˥˧˧˩kə˥˧tɑ˥˧˧˩.tʰɑ˥˧˧˩væ̃˥˧˧li˥˧tʰou·˧kuɑŋ˥˧mɑ·˧.（它不粘吗？）不粘嘛。碗是个光……里头光嘛。光……光好咧噢，碗好以后，往那个甑算子上倒一个，出来是个圆的，他叫这个叫碗饽饽。pu˩˧˧˩tʂæ̃˥˧mɑ·˧.væ̃˥˧sɿ˥˧˩kə˥˧˩kuɑŋ˥˧……li˥˧tʰou·˧kuɑŋ˥˧mɑ·˧.kuɑŋ˥˧……kuɑŋ˥˧˧˩xɑɔ˥˧liɑɔ·˧,væ̃˥˧˧˩xɑɔ˥˧i˥˧˧˩xou˥,vɑŋ˥˧˧nə˥kə˥tɕiŋ˥˥pi˥tsɿ˧ʂɑŋ˥tɑɔ˥i˥˧˧kə˥,tʂʰɥ˥˧læᴇ˩˧˧˩sɿ˥kə˥yæ̃˩˧˧˩ti˧,tʰɑ˥˧˧tɕiɑɔ˥tʂə˥kə˥tɕiɑɔ˥væ̃˥˧puo˥˧˧˩puo˥˧˧˩.（你们什么时候吃这些发糕这些东西？）哎哟，前几年，这是主食。æᴇ˩˧iɑɔ˧˩,tɕʰiæ̃˩˧tɕi˥˧niæ̃˩˧˧,tʂə˥sɿ˥tʂɥ˥˧ʂɿ˩˧˧˩.（主食啊？）噢，包产到户以前这个欸，这个是主食，一天搞不好两三顿都吃的是发糕反正。ɑɔ˥,pɑɔ˥˧˧˩tsʰæ̃˥˧tɑɔ˥xu˥i˥˧tɕʰiæ̃˩˧tʂə˥kə˥ei˧˩,tʂə˥kə˥sɿ˥tʂɥ˥˧ʂɿ˩˧˧˩,i˥˧˧˥tʰiæ̃˥˧kɑɔ˥˧pu˩˧˧˩xɑɔ˥˧˧liɑŋ˥˧sæ̃˥˧˧˩tuoŋ˥˥tou˥˧˧tʂʰɿ˥˧ti·˧sɿ˥fɑ˥˧˧˥kɑɔ˥˧fæ̃˥˧˧˩tʂəŋ˥˥.（有没有什么结婚什么大喜事儿吃……）没有没有。现在吃这个那……现在吃都是城市里吃一半顿这个发糕那都是调节一下生活，也在……这城市里现在合水的话就叫是这个欸小杂粮儿，杂食店里头才能吃到这东西咧。muo˥˧˧˥iou˥˧muo˥˧˧˩iou˥˧˧˩.ɕiæ̃˥tsæᴇ˥tʂʰɿ˥˧˧˩tʂə˥kə˥nə˥……ɕiæ̃˥tsæᴇ˥tʂʰɿ˥˧˧tou˥˧˧sɿ˥tʂʰəŋ˩˧˧˩sɿ˥li˥˧˧tʂʰɿ˥˧i˥˧˧˩pæ̃˥tuoŋ˥tʂə˥kə˥fɑ˥˧˧˥kɑɔ˥˧næᴇ˥tou˥˧˧sɿ˥tʰiɑɔ˩˧tɕie˥˧i˥˧˧xɑ˥səŋ˥˧˧˩xuo˩˧,ie˥˧˧tsæᴇ˥……tʂə˥tʂʰəŋ˩˧˧˩sɿ˥˥li˥˧˧˩ɕiæ̃˥tsæᴇ˥xuo˩˧˧˩ʂuei˥˧tə·˧xuɑ˥˧˩tɕiou˥tɕiɑɔ˥sɿ˥tʂə˥kə˥ei˥ɕiɑɔ˥˧tsɑ˩˧liɑ̃r˩˧,tsɑ˩˧˧˩ʂɿ˩˧˧˩tiæ̃˥li˥˧˧˩tʰou·˧tsʰæᴇ˩˧˧˩nəŋ˩˧˧˩tʂʰɿ˥˧tɑɔ˥tʂei˥tuoŋ˥˧ɕi·˧lie·˧.（你们吃窝头儿不吃？）黄：吃么儿。玉米面发糕不是窝头儿是啥啦？tʂʰɿ˥˧mər˧.y˥mi˥˧˧miæ̃˥fɑ˥˧˧˥kɑɔ˥˧pu˩˧˧sɿ˥vuo˥˧˧˩tʰour˩˧sɿ˥sɑ˥˧˩lɑ·˧?（噢，你们一般是叫窝头儿还是叫什么呢？）发糕。fɑ˥˧˧˥kɑɔ˥˧.（没有窝头儿这个称呼？）没有。mei˩˧iou˥˧˧˩.

老鳖贴河沿儿

（那个那个……把它巴在那个壁上面把它烘熟。）黄：那是另外……那是这个……本地人太都不吃这个。næᴇ˥˥sɿ˥˧˩liŋ˥væᴇ˥……næᴇ˥˥sɿ˥˧˩tʂə˥˧˩kə˥˧˩……pəŋ˥˧˧ti˥zəŋ˩˧tʰæᴇ˥tou˥˧˧pu˩˧˧˩tʂʰɿ˥˧tʂə˥˧˩kə˥˧˩.（烧饼？）哎，就说是那个……那叫是这个贴饼。那个叫贴饼了。æᴇ˧˩,tɕiou˥ʂuo˥˧˧sɿ˥˧˩nə˥kə˥……næᴇ˥˥tɕiɑɔ˥sɿ˥tʂə˥kə˥tʰie˥˧piŋ˥˧˧˩.nə˥kə˥tɕiɑɔ˥tʰie˥˧piŋ˥˧˧˩lə·˧.（贴饼是吧？）噢，贴饼。ɑɔ˧˩,tʰie˥˧piŋ˥˧˧˩.（贴在炉壁上让它烤的？）它不是……这儿这就不……没有放炉子上贴的。安徽人、河南人吃的一种饭就叫老鳖贴河沿儿。tʰɑ˥˧pu˩˧˧˩sɿ˥˧˩……

tʂər˥˦tʂə˥tsou˥pu……mei˨˦iou˥˧fɑŋ˥lou˨˦tsɿ·ʂɑŋ˥t^{h}ie˥˧ti·˧.næ̃˥˧xuei˥˧˩ʐəŋ˨˦,xuo˨˦˩næ̃˨˦˥ʐəŋ˨˦tʂ^{h}ʅ˥˧ti·li ˥˧˩tʂuoŋ˥˧˦fæ̃˥tɕiou˥tɕiɑɔ˥lɑɔ˥˧pie˥˧˩t^{h}ie˥˧˩xə˨˦iæ̃r˨˦.（老……老什么？）老鳖。lɑɔ˥˧˦pie˥˧.（那个乌龟王八，啊？）噢，乌龟。老鳖贴河沿儿。他把那个巴下那个饼子么形容是鳖。ɑɔ˩,vu˥˧˦kuei˥˧.lɑɔ˥˧pie˥˧˩t^{h}ie˥˧˩xə˨˦iæ̃r˨˦.t^{h}ɑ˥˧˦pɑ˥˧˩nə˥kə˥pɑ˥˧xɑ˥˩nə˥kə˥piŋ˥˧tsɿ·muo·ɕiŋ˨˦ʐuoŋ˨˦˦sɿ˥pie˥˧.（贴什么？）贴河沿儿。他为啥叫成这样？你这个是一口锅，底下他做成菜嘛。你是洋芋熬……的红豆，和土豆熬下的，或者是做成其他在底下以后，先倒到底下，把作料啥放里头，在底下煮着咧嘛，往熟的做着咧。他弄上些饼子以后，贴住这一道边边么，巴得这个锅的这个帮帮上，贴一圈圈儿，然后把锅盖给他盖住。因为底下这个水的多少□都掌握得非常好的，底下的菜也蒸熟了，做熟了，上头这个饼子么贴在这个锅帮帮里也熟了。这个馍么一边儿……一面儿软软的，那面儿炕的黄黄的，焦焦的，吃上挺好吃的。叫锅贴子。哎呀，陕北……安徽人和河南人把它叫老鳖贴河沿儿咧。t^{h}ie˥˧˩xuo˨˦iæ̃r˨˦. t^{h}ɑ˥˧˩vei˥˥sɑ˥tɕiɑɔ˥tʂ^{h}əŋ˨˦˦tʂə˥˩iɑŋ˥˩?ni˥˧˦tʂə˥kə˥sɿ˥˩i˥˧˩k^{h}ou˥˧˦kuo˥˧˩,ti˥˧ɕiɑ˥˩t^{h}ɑ˥˧˩tsuo˥˥tʂ^{h}əŋ˨˦ts^{h}æᴇ˥mɑ·˧.ni˥˧˦sɿ˥iɑŋ˨˦y˥ŋə……tə·xuoŋ˨˦tou˥,xuo˨˦˩t^{h}u˥˧tou˥nɑɔ˥˧˩xɑ˥˩ti·˧,xuei˨˦˦tʂə˥˧˩sɿ˥tsuo˥˥tʂ^{h}əŋ˨˦˩tɕ^{h}i˨˦˩t^{h}ɑ˥˧˦tsæᴇ˥ti˥˧xɑ˥i˥˧˩xou˥,ɕiæ̃˥˧˩tɑɔ˥tɑɔ˥ti˥˧xɑ˥˩,pɑ˥˧˩tsuo˥˧˩liɑɔ˥sɑ˥fɑŋ˥li˥˧˩t^{h}ou·˧,tsæᴇ˥ti˥˧xɑ˥tʂʮ˥˧tʂə·˧lie·˧mɑ·˧,vɑŋ˥˧˦ʂʮ˨˦˩ti·tsuo˥˥tʂə·˧lie·˧.t^{h}ɑ˥˧˦nuoŋ˥ʂɑŋ˥ɕie˥˧˦piŋ˥˧tsɿ·i˥˧˩xou˥,t^{h}ie˥˧tʂʮ˥˩tʂei˥i˥˧˩tɑɔ˥piæ̃˥˧piæ̃˥˧˩muo·˧,piɑ˥˧tə·tʂə˥kə˥kuo˥˧ti·tʂə˥kə˥pɑŋ˥˧pɑŋ˥˧˩ʂɑŋ˥˩,t^{h}ie˥˧i˥˧˩tɕ^{h}yæ̃˥˧tɕ^{h}yæ̃r˥˧˦,ʐæ̃˨˦˩xou˥pɑ˥˧˩kuo˥˧˩kæᴇ˥kei˥˩t^{h}ɑ˥˧˦kæᴇ˥tʂʮ˥˩.iŋ˥˧˩vei˥ti˥˧xɑ˥tʂə˥kə˥ʂuei˥˧ti·tuo˥˧˩ʂɑɔ˥˧niæ̃˨˦˩tou˥˧˩tʂɑŋ˥˧vuo˥˧˩tə·˧fei˥˧˩tʂ^{h}ɑŋ˨˦xɑɔ˥˧ti·˧,ti˥˧xɑ˥˩ti·ts^{h}æᴇ˥iɑ˥˧˩tʂəŋ˥˧ʂʮ˨˦˩lə·˧,tsuo˥˥ʂʮ˨˦˩lə·˧,ʂɑŋ˥t^{h}ou·tʂə˥kə˥piŋ˥˧tsɿ·muo·t^{h}ie˥˧˦tsæᴇ˥tʂə˥kə˥kuo˥˧˩pɑŋ˥˧pɑŋ˥˧˩li˥˧˦ie˥˧ʂʮ˨˦˩lə·˧.tʂə˥kə˥muo˨˦muo·i˥˧˩piæ̃r˥˧˦……i˥˧˩miæ̃r˥ʐuæ̃˥˧ʐuæ̃˥˧ti·˧,nei˥miæ̃r˥k^{h}ɑŋ˥ti·xuɑŋ˨˦xuɑŋ˨˦˦ti·˧,tɕiɑɔ˥˧tɕiɑɔ˥˧˩ti·˧,tʂ^{h}ʅ˥˧ʂɑŋ˥t^{h}iŋ˥˧˦xɑɔ˥˧˦tʂ^{h}ʅ˥˧ti·˧.tɕiɑɔ˥kuo˥˧t^{h}ie˥˧tsɿ·˧.æᴇ˥iɑ˩,ʂæ̃˥˧pei˥˧˩ʐ……næ̃˥˧xuei˥˧˩ʐəŋ˨˦xuo˨˦˩xə˨˦˩næ̃˨˦˥ʐəŋ˨˦pɑ˥˧˩t^{h}ɑ˥˧˦tɕiɑɔ˥lɑɔ˥˧pie˥˧˩t^{h}ie˥˧˩xə˨˦˩iæ̃r˨˦lie·˧.（你们也这么叫吗？）我们那都沿着，我们也叫锅贴子，也叫老鳖贴河沿儿。ŋuo˥˧məŋ·˧næᴇ˥tou˥˧˦iæ̃˨˦˦tʂə·˧,ŋuo˥˧məŋ·˧ie˥˧˦tɕiɑɔ˥kuo˥˧t^{h}ie˥˧˩tsɿ·˧,ie˥˧˦tɕiɑɔ˥lɑɔ˥˧pie˥˧˩t^{h}ie˥˧˩xə˨˦iæ̃r˨˦˦.（也跟着这么叫？）啊。ɑ˩.（是他们先这样做，还是你们以前这么做？）他们……他们先这样做的。t^{h}ɑ˥˧məŋ·˧……t^{h}ɑ˥˧məŋ·ɕiæ̃˥˧tʂei˥iɑŋ˥tsuo˥˥ti·˧.（噢，你们以前不这样做啊？）我们以前不这么……ŋuo˥˧məŋ·i˥˧˦tɕ^{h}iæ̃˨˦pu˨˦˦tʂə˥muo·˧……（他们也是自己这么叫的，老鳖……）啊，老鳖贴河沿嘛。ɑ˥,lɑɔ˥˧pie˥˧˩t^{h}ie˥˧˩xə˨˦˩iæ̃˨˦˦mɑ·˧.（你们现在也做吗？）我们现在也做么。ŋuom˥˧˦ɕiæ̃˥tsæᴇ˥˥ie˥˧˩tsuo˥˥muo·˧.（也跟着做？）哎，那也挺好吃的啊那个东西。啊，你熗一锅这个菜，然后做的香香的，一人……最后出来咧，一人放碗盛一碗菜，舀一碗菜，一人拿一个饼子，连菜带这个都吃了。æᴇ˩,næᴇ˥˥ɑ˥˧˦t^{h}iŋ˥˧˦xɑɔ˥˧˦tʂ^{h}ʅ˥˧tiɑ·nə˥kə˥tuoŋ˥˧˩ɕi·˧.ɑ˥,ni˥˧˦ɑɔ˥˧i˥˧˩kuo˥˧tʂə˥˩kə˥˩ts^{h}æᴇ˥,ʐæ̃˨˦˩xou˥tsuo˥ti·ɕiɑŋ˥˧˩ɕiɑŋ˥˧˩ti·˧,i˥˧˩ʐəŋ˨˦˦……tsuei˥xou˥tʂ^{h}ʮ˥˧læᴇ˨˦˩lie·˧,i˥˧˩ʐəŋ˨˦˦fɑŋ˥væ̃˥˧tʂ^{h}əŋ˨˦i˥˧˩væ̃˥˧˦ts^{h}æᴇ˥,iɑɔ˥˧i˥˧˩væ̃˥˧˦ts^{h}æᴇ˥,i˥˧˩ʐəŋ˨˦˦nɑ˨˦i˥˧˦kə˥piŋ˥˧tsɿ·˧,liæ̃˨˦˩ts^{h}æᴇ˥tæᴇ˥tʂə˥˩kə˥˩tou˥˧˩tʂ^{h}ʅ˥˧lə·˧.

油花卷子

（有那个油旋子吗？）黄：油旋子啥东西嘛？iou˨˦ɕyæ̃˥tsɿ·sɑ˥˦tuoŋ˥˧ɕi·mɑ·˧?（把面擀开来，抹上油，卷起来，再剁成一段那个。）欸，叫油花卷子么你。抹油的时候给这上边儿，可以放作料，可以先抹……先是……先些油，把油太……抹开嘛，放点这个食盐，放点作料，放点葱花儿上去以后，然后卷起来，这是成了整根儿那，啷啷啷一切，一卷儿一卷的，搭得箅子上一蒸，出来那个，一层一……ei˩,tɕiɑɔ˥iou˨˦˩xuɑ˥˧˦tɕyæ̃˥˧tsɿ·muo·ni˥˧˩.

muo˥˧iou˩˧꜖ti·˧sʅ˩˧꜔xou˦kei˦tʂə˦ʂaŋ˦꜓piæ̃r˥˧꜖,kʰə˥˧i˥˧꜖faŋ˦tsuo˥˧꜖liɑɔ˦,kʰə˥˧i˥˧꜖ɕiæ̃˥˧꜖m……ɕiæ̃˥˧꜔sʅ……ɕiæ̃˥˧꜖ɕie˥˧꜔iou˩˧,pɑ˥˧꜖iou˩˧tʰæɛ……muo˥˧꜔kʰæɛ˥˧mɑ·˧,faŋ˦tiæ̃˥˧꜔tʂə˦kə˦ʂʅ˩˧iæ̃˩˧,faŋ˦tiæ̃˥˧꜔tsuo˥˧꜖liɑɔ˦,faŋ˦tiæ̃˥˧꜔tsʰuoŋ˥˧xuɑr˥˧꜖ʂaŋ˦tɕʰi˦i˥˧꜖xou˦,ʐæ̃˩˧꜖xou˦tɕyæ̃˥˧tɕʰi˥˧læɛ˩˧꜖,tʂə˦sʅ˦tʂʰəŋ˩˧꜖lə·˧tʂəŋ˥˧kə̃r˥˧꜔nə˦꜖,paŋ˥˧paŋ˥˧paŋ˥˧i˥˧꜖tɕʰie˥˧,i˥˧꜖tɕyæ̃r˥˧i˥˧꜖tɕyæ̃˥˧ti·˧,tɑ˥˧꜖tə·˧pi˦tsʅ·˧ʂaŋ˦i˥˧꜖tʂəŋ˥˧,tʂʰʮ˥˧læɛ˩˧꜖nə˦kə˦,i˥˧꜖tsʰəŋ˩˧i˥˧꜖……（要把它按扁吗？）不按。pu˩˧꜖næ̃˦.（就这么一段一段的啊？）噢，一段一段的，这就油花卷子么。你要嫌它这个不花的话，逮住后一捏，呲儿，这么个一转。ɑɔ꜖,i˥˧꜖tuæ̃˦꜓i˥˧꜖tuæ̃˦ti·˧,tʂei˦tɕiou˦iou˩˧꜖xuɑ˥˧꜔tɕyæ̃˥˧tsʅ·˧muo·˧.ni˥˧꜔iɑɔ˦ɕiæ̃˩˧꜖tʰɑ˥˧tʂə˦kə˦pu˩˧꜖xuɑ˥˧ti·˧xuɑ˦꜖,tæɛ˥˧tʂʮ˦꜖xou˦i˥˧꜓nie˥˧,tsʰər˩˧,tʂə˦꜓muo·˧kə˦꜖i˥˧꜖tʂuæ̃˦.（那不成花卷儿了？）成了花卷儿了。一层一层的又成了油花……花卷儿咧么。这是油花卷子。tʂʰəŋ˩˧lə·˧xuɑ˥˧꜖tɕyæ̃r˥˧lə·˧.i˥˧꜖tsʰəŋ˩˧i˥˧꜖tsʰəŋ˩˧ti·˧iou˦tʂʰəŋ˩˧꜔lə·˧iou˩˧꜔xuɑ˥˧꜔tɕ……xuɑ˥˧꜖tɕyæ̃r˥˧liem·˧.tʂei˦sʅ˦iou˩˧꜖xuɑ˥˧꜔tɕyæ̃˥˧tsʅ·˧.（可不可以就说那个把它那个就是很多层这么擀啊擀啊又成那个？）那能，完全可以。næɛ˦꜓nəŋ˩˧,væ̃˩˧tɕʰyæ̃˩˧kʰə˥˧꜖i˥˧꜖.（那个叫千层饼还是叫什么？）那你看你咋，你弄成卷卷，它就是油花卷子；你把它们压成一块儿蒸出来的话，它就是千层饼儿么。næɛ˦ni˥˧kʰæ̃˦ni˥˧꜔tsɑ˥˧꜔,ni˥˧꜔nuoŋ˦tʂʰəŋ˩˧tɕyæ̃˥˧tɕyæ̃˥˧꜖,tʰɑ˥˧꜔tɕiou˦sʅ˦iou˩˧꜖xuɑ˥˧꜔tɕyæ̃˥˧tsʅ·˧;ni˥˧pɑ˥˧꜖tʰɑm˥˧niɑ˦tʂʰəŋ˩˧꜖i˥˧꜖kʰuər˥˧tʂəŋ˥˧꜖tʂʰʮ˥˧læɛ˩˧꜖tə·˧xuɑ˦꜖,tʰɑ˥˧꜔tɕiou˦sʅ˦tɕʰiæ̃˥˧꜖tsʰəŋ˩˧piə̃r˥˧muo·˧.

菜合子

（菜合子怎么做的？）黄：噢，你擀这么大一块儿面。这一块儿面，弄一疙瘩面，把它擀圆，擀成这么个样子，然后你把菜调……也就和咱们调馅儿一样的，调成个馅儿，然后往这里放它一放，这拉……把这面儿拉过来这么个一折敛，边边儿一压，压住以后，或者是再擀这么一……擀……擀上这么㖞一块儿面……照样往上头一盖，转边边儿一压压住，放锅里一烙熟以后，这不是……ɑɔ˦,ni˥˧꜔kæ̃˥˧tʂə˦muo·˧tɑ˦i˥˧꜔kʰuər˥˧꜔miæ̃˦.tʂei˦i˥˧꜖kʰuər˥˧꜔miæ̃˦,nuoŋ˦i˥˧꜔kə˥˧tɑ˥˧꜖miæ̃˦,pɑ˥˧꜖tʰɑ˥˧꜔kæ̃˥˧yæ̃˩˧,kæ̃˥˧tʂʰəŋ˩˧꜖tʂə˦muo·˧kə˦iaŋ˦tsʅ·˧,ʐæ̃˩˧꜖xou˦ni˥˧pɑ˥˧꜖tsʰæɛ˦tʰiɑɔ……ie˥˧꜔tɕiou˦xuo˩˧꜖tʂɑ˩˧məŋ·˧tʰiɑɔ˩˧꜖ɕiæ̃r˦i˥˧꜔iaŋ˦ti·˧,tʰiɑɔ˩˧꜔tʂʰəŋ˩˧꜔kə˦ɕiæ̃r˦,ʐæ̃˩˧꜖xou˦vaŋ˥˧꜔tʂei˦li˥˧꜔faŋ˦tʰɑ˥˧꜔i˥˧꜖faŋ˦,tʂə˦lɑ˥˧꜖……pɑ˥˧꜖tʂei˦꜓miæ̃r˦lɑ˥˧꜖kuo˦læɛ˩˧꜔tʂə˦muo·˧kə˦i˥˧꜖tʂə˥˧ei꜖,piæ̃˥˧piæ̃r˥˧꜖i˥˧꜓niɑ˦,niɑ˦tʂʮ˦i˥˧꜖xou˦,xuei˩˧꜔tʂə˥˧꜖sʅ˦tsæɛ˦kæɛ˥˧（←kæ̃˥˧）tʂə˦muo·˧i˥˧꜖……kæ̃˥˧꜖……kæ̃˥˧ʂaŋ˦꜖tʂə˦muo·˧y꜖i˥˧꜖kʰuər˥˧꜔miæ̃˦ʂ……tʂɑɔ˦iaŋ˦vaŋ˥˧꜖ʂaŋ˦꜓tʰou·˧i˥˧꜖kæɛ˦,tʂuæ̃˦piæ̃˥˧piæ̃r˥˧꜖i˥˧꜖niɑ˦niɑ˦tʂʮ˦,faŋ˦kuo˥˧li˥˧꜖lɑɔ˥˧꜖ʂʮ˩˧꜔i˥˧꜖xou˦꜓,tʂə˦꜓pu˩˧꜖sʅ˦꜖……（烙成圆形的还是什么形状的？）烙……烙成圆形的也能行，烙成这个半圆形的也能行。那你也可以烙成角角子形式的，成了个半圆形的。这号儿的这都能行。lɑɔ˥˧꜓……lɑɔ˥˧꜔tʂʰəŋ˩˧꜖yæ̃˩˧ɕiŋ˩˧꜖ti·˧lie˥˧꜖nəŋ˩˧ɕiŋ˩˧꜖,lɑɔ˥˧꜔tʂʰəŋ˩˧꜖tʂə˦kə˦pæ̃˦yæ̃˩˧꜖ɕiŋ˩˧꜖ti·˧lie˥˧꜖nəŋ˩˧ɕiŋ˩˧꜔.næɛ˦ni˥˧꜔iɑ˥˧꜔kʰə˥˧i˥˧꜔nɑɔ꜔（←lɑɔ˥˧）tʂʰəŋ˩˧tɕyo˥˧tɕyo˥˧꜖tsʅ·˧ɕiŋ˩˧꜖ʂʅ˥˧ti·˧,tʂʰəŋ˩˧lə·˧kə˦pæ̃˦yæ̃˩˧꜖ɕiŋ˩˧꜖ti·˧.tʂei˦xɑɔr˦꜖ti·˧tʂei˦tou˥˧꜔nəŋ˩˧꜓ɕiŋ˩˧꜖.

花卷儿

1. 黄：那在人做咧么。它各种各相。那菊花……菊花儿卷子也有咧是，啥卷儿子都有。那你……næɛ˦꜓tsæɛ˦ʐəŋ˩˧tsuo˦꜓lie·˧muo·˧.tʰɑ˥˧꜖kə˥˧꜖tʂuoŋ˥˧kə˥˧꜖ɕiaŋ˦꜓.nə˦tɕy˥˧xuɑ˥˧꜖……tɕy˥˧xuɑr˥˧꜖tɕyæ̃˥˧tsʅ·˧lie˥˧꜔iou˥˧lie·˧sʅ˦,sɑ˦꜓tɕyæ̃r˥˧tsʅ·˧tou˥˧꜖iou˥˧꜖.næɛ˦꜓ni˥˧꜔……（这个卷子啊你你你说说它有些什么品种的？）哎呀，油花卷儿。有的把那搞成石榴形的，石榴卷儿。千层卷儿。还有是荞麦……荞麦皮儿卷儿。哎呀，那就多了。那都说不上来了。那可多咧那。那在人做咧。根据形不……形状不一样，他给叫的名字也就不一样。æɛ˦iɑ꜖,iou˩˧xuɑ˥˧꜖tɕyæ̃r˥˧.iou˥˧ti·˧pɑ˥˧꜖næɛ˦kɑɔ˥˧꜔tʂʰəŋ˩˧꜔ʂʅ˩˧꜖liou˩˧꜓ɕiŋ˩˧꜖ti·˧,ʂʅ˩˧꜖liou˩˧꜓tɕyæ̃r˥˧.

tɕʰiæ̃˥˩tsʰəŋ˧˥tɕyæ̃r˥˩˨.xæᴇ˧˥˨iou˥˩˥sɿ˥tɕʰiɑɔ˧˥˨mei˥˩……tɕʰiɑɔ˧˥˨mei˥˩pʰiər˧˥tɕyæ̃r˥˩˨.æᴇ˨iɑ˨,næᴇ˥tsou˥˨tuo˥˩lə˨,næᴇ˥tou˥˩˥ʂuo˥˩˨pu˧˥˨ʂɑŋ˥˥læᴇ˧˥lə˥.næᴇ˥kʰə˥˩tuo˥˩˨lie˨næᴇ˥.næᴇ˥tsæᴇ˥zəŋ˧˥tsuo˥˥lie˨.kəŋ˥˩˨tɕy˥˥ɕiŋ˧˥˨pu……ɕiŋ˧˥˨tʂuɑŋ˥˥pu˧˥˨i˥˩˨iɑŋ˥,tʰɑ˥˩˥kei˥tɕiɑɔ˥ti˨miŋ˧˥˨tsɿ˥˥iɑ˥˩˥tɕiou˥pu˧˥i˥˩˥iɑŋ˥.（有没有那个用菜弄的？菜卷卷？）没有。mei˧˥iou˥˩˨.（里……里头裹菜的那种？）那卷不住咧。næᴇ˥˥tɕyæ̃˥˩pu˧˥˨tʂʰʮ˥lie˥.

2.（有没有几种面合起来做的馍，或者说怎么弄的？）黄：有么。过去用那个欸白面和稻秫面儿……iou˥˩muo˨.kuo˥tɕʰy˥yoŋ˥˥nə˥kə˥ei˥pei˧˥˨miæ̃˥xuo˧˥˨tʰɑɔ˥˩ʂʮ˥˨miæ̃r˥……（就是高粱面儿？）噢，高粱面儿。稻秫面儿卷子。这个它就是一层稻秫……白面，一层稻秫面儿。ɑɔ˨,kɑɔ˥˩liɑŋ˧˥˨miæ̃r˥.tʰɑɔ˥˩ʂʮ˥˨miæ̃r˥tɕyæ̃˥˩tsɿ˨.tʂə˥˨kə˥˥tʰɑ˥˩˥tɕiou˥sɿ˥i˥˩˨tsʰəŋ˧˥tʰɑɔ˥˩ʂʮ……pei˧˥˨miæ̃˥,i˥˩˨tsʰəŋ˧˥tʰɑɔ˥˩ʂʮ˥˨miæ̃r˥.（是好几层还是两个就合在一块儿呢就这么？）两个。两个都蒸成那卷卷子。最后缠得一瘩里。liɑŋ˥˩kə˥˨.liɑŋ˥˩kə˥tou˥˩˥tʂəŋ˥˩tʂʰəŋ˧˥˨nə˥tɕyæ̃˥˩tɕyæ̃˥˩˨tsɿ˨.tsuei˥xou˥tʂʰæ̃˧˥˨tə˥i˨ti˥˩˨tɑ˥˩li˥˩˨.（卷起来？）卷下那个馍馍是一层红的，一层白的，一层红的，一层白的么。光稻秫面不是不好吃吗？tɕyæ̃˥˩xɑ˥nə˥kə˥muo˧˥˨muo˧˥sɿ˥i˥˩˨tsʰəŋ˧˥xuoŋ˧˥˨ti˨,i˥˩˨tsʰəŋ˧˥pei˧˥˨ti˨,i˥˩˨tsʰəŋ˧˥xuoŋ˧˥ti˨,i˥˩˨tsʰəŋ˧˥pei˧˥˨ti˨muo˨.kuɑŋ˥˩˥tʰɑɔ˥˩ʂʮ˥˨miæ̃˥pu˧˥˨sɿ˥˨pu˧˥˨xɑɔ˥˩˥tʂʰʅ˥˩mɑ˨?（有没有拿玉米面儿和……）没有。mei˧˥iou˥˩˨.（高……高粱面儿弄？）没有，没有，那都缠不……玉米面糟的，那是能弄到一瘩里去？muo˥˩˥iou˥˩,muo˥˩˨iou˥˩˥,næᴇ˥˥tou˥˩˨tʂʰæ̃˧˥˥pu……y˥mi˥˩˨miæ̃˥tsɑɔ˥˩ti˨,nə˥sɿ˥nəŋ˧˥nuoŋ˥tɑɔ˥i˥˩˥tɑ˥˩˥li˥˩˥tɕʰy˥?（能不能拿那个这个一般的白面和那个玉米面儿弄一块儿的？）不。没有那个弄是。pu˧˥˨.mei˧˥iou˥˩nə˥kə˥nuoŋ˥˥sɿ˥˨.

饼子

（那饼子里面可以和菜吧？）黄：饼子里头可以。piŋ˥˩tsɿ˨li˥˩˥tʰou˨kʰə˥˩i˥˩˨.（那个饼子……那个有些什么饼子啊？）饼子那你看你欸做成啥号儿的形状的这饼子去。piŋ˥˩tsɿ˨næᴇ˥˥ni˥˩˥kʰæ̃˥ni˥˩˥ei˨tsuo˥˥tʂʰəŋ˧˥˨sɑ˥xɑɔr˥ti˨ɕiŋ˧˥˨tʂuɑŋ˥˥ti˨tʂə˥˨piŋ˥˩tsɿ˨tɕʰi˥˨.（你你你你数一数它的品种看看？它的名称……）哎，那都……饼子烙成的呃是起面饼子，死面饼子，这个葱花儿饼，千层饼，还有这个酥油饼子。æᴇ˨,nə˥˥tou˥˩˥……piŋ˥˩tsɿ˨luo˥˩tʂʰəŋ˧˥˨ti˨lə˥˩sɿ˥˨tɕʰi˥˩miæ̃˥piŋ˥˩tsɿ˨,sɿ˥˩miæ̃˥piŋ˥˩tsɿ˨,tʂə˥˨kə˥˨tsʰuoŋ˥˩xuɑr˥˩˨piŋ˥˩,tɕʰiæ̃˥˩˨tsʰəŋ˧˥piŋ˥˩˨,xæᴇ˧˥˨iou˥˩˥tʂə˥kə˥sʮ˥˩iou˧˥piŋ˥˩˨tsɿ˨.（酥油饼是什么什么样子的？）酥油饼，这个里头，这一半儿面是放油……放油烫下的面。一半是生面。sʮ˥˩˥iou˧˥˥piŋ˥˩˨,tʂə˥kə˥li˥˩tʰou˨,tʂei˥i˥˩˨pæ̃r˥miæ̃˥sɿ˥fɑŋ˥iou˧˥tʰ……fɑŋ˥iou˧˥tʰɑŋ˥xɑ˥˨ti˨miæ̃˥˨.i˥˩˨piæ̃˥（←pæ̃˥）sɿ˥səŋ˥˩miæ̃˥˨.（一半儿是油……底……底边儿是……）底面……底下是生面，中间夹的是油……油泼下的那个面。这个面……这烙成的这个饼子吃上就好像咱们吃那个点心一样外头那个皮那么酥。啊，酥面饼。ti˥˩miæ̃˥……ti˥˩xɑ˥˨sɿ˥səŋ˥˩miæ̃˥˨,tʂuoŋ˥˩˨tɕiæ̃˥˩˥tɕiɑ˥˩ti˨sɿ˥˨iou˧˥……iou˧˥pʰuo˥˩xɑ˥˨ti˨nə˥kə˥miæ̃˥.tʂə˥˨kə˥˨miæ̃˥……tʂə˥˥luo˥˩˨tʂʰəŋ˧˥˨ti˨tʂə˥kə˥piŋ˥˩tsɿ˨tʂʰʅ˥˩ʂɑŋ˥˨tɕiou˥xɑɔ˥˩˥ɕiɑŋ˥tsɑ˧˥mən˨tʂʰʅ˥˩nə˥kə˥tiæ̃˥˩ɕiŋ˥˩˨i˥˩˥iɑŋ˥væᴇ˥˩˥tʰou˨nə˥kə˥pʰi˧˥nə˥muo˨sʮ˥˩.ɑ˨,sʮ˥˩miæ̃˥piŋ˥˩˨.（是酥油饼还是酥面饼？）酥面饼。也叫酥油饼。sʮ˥˩˨miæ̃˥˥piŋ˥˩˨.ie˥˩˥tɕiɑɔ˥sʮ˥˩˨iou˧˥piŋ˥˩˨.（哪种叫得最老呢？）油饼多么，酥油饼。iou˧˥piŋ˥˩˨tuo˥˩muo˨,sʮ˥˩iou˧˥piŋ˥˩˨.（还有什么饼呢？）还有糖油饼么。xæᴇ˧˥iou˥˩˥tʰɑŋ˧˥iou˧˥˨piŋ˥˩˨muo˨.（糖油饼是里头搁糖的？）噢，这就是面里头给里头里头加下的这个糖烙成的那个。糖油饼子。这还有加酥面咧，那就是连酥带甜的。瞎说来就这么多吧。那都是想起来都这么些好像。ɑɔ˥,tʂei˥˥tɕiou˥sɿ˥˨miæ̃˥li˥˩˨tʰou˨kei˥li˥˩˥tʰou˨li˥˩˥tʰou˨tɕiɑ

˥xa˦ti˦tʂə˦kə˦tʰaŋ˩laɔ˥˩tʂʰəŋ˩˨ti˦nei˦kə˦.tʰaŋ˩iou˩˨piŋ˥tsɿ˧.tʂə˦xæᴇ˩˨iou˥˩tɕia˥˩sʮ˥˩miæ̃˦lie˧,næᴇ˦˥tɕiou˦˩sɿ˦˩liæ̃˩sʮ˥tæᴇ˦tʰiæ̃˩˨ti˧.xa˥ʂuo˥˩læᴇ˩˨tɕiou˦˩tʂə˦˩muo˧tuo˥˩pa˧.næᴇ˦˥tou˥˩sɿ˦˩ɕiaŋ˥tɕʰi˥læᴇ˩˨tou˥˩tʂə˦muo˧ɕie˥˩xaɔ˥˩ɕiaŋ˦.

葱花儿饼

（就像那种那个油花……油花卷子有没有……你是蒸的，有没有烙的？）黄：有咧么。那在人了。你要愿意烙就能烙。iou˥lie˧muo˧.næᴇ˦˥tsæᴇ˦ʐəŋ˩˨lə˦.ni˥˧iaɔ˦yæ̃˦i˦laɔ˥tɕiou˦nəŋ˩laɔ˥˩.（也叫油花卷子啊？）那……烙下那就不叫卷子了。烙下就叫饼子。næᴇ˦˥……luo˥xa˦˩næᴇ˦tɕiou˦pu˩˨tɕiaɔ˦tɕyæ̃˥tsɿ˧lə˧.luo˥xa˦˩tsou˦˩tɕiaɔ˦piŋ˥tsɿ˧.（油花饼子啊？）啊。那一……a˩˨.næᴇ˦˥i˥˩……（也是切成一段儿一段儿的这么弄啊？）噢，你一压就收起了么。aɔ˩˨,ni˥˧i˥˩nia˦tsou˦˩ʂou˥tɕʰi˥˩lə˧muo˧.（怎么叫这种东西呢？）葱花儿饼么。tsʰuoŋ˥xuar˥˩piŋ˥muo˧.

烧饼

（这个烧饼里面放什么东西不？）黄：烧饼里头多少还加点东西，加点作料啥的那些。ʂaɔ˥piŋ˥˩li˥tʰou˧tuo˥˩ʂaɔ˥xa˩˨tɕia˥tiæ̃˥˩tuoŋ˥ɕi˧,tɕia˥tiæ̃˥˩tsuo˥˩liaɔ˦sa˦tə˧nei˦˥ɕie˥˩.（放糖？）嗯，糖，或者是盐，调和这些东西，这都放咧。ə̃˦,tʰaŋ˩,xuei˩˧tʂə˥˩sɿ˦iæ̃˩,tʰiaɔ˩˨xuo˩˧tʂei˦˩ɕie˥˩tuoŋ˥ɕi˧,tʂei˦˥tou˥˩faŋ˦lie˧.

油饼

（这个油饼有哪些？）黄：油饼那就是分了个普通油饼和糖油饼么。甜的和带味儿的这个嘛。iou˩˨piŋ˥næᴇ˦tɕiou˦sɿ˦fəŋ˥˩lə˧kə˦pʰu˥tʰuoŋ˥˩iou˩˨piŋ˥xuo˩˨tʰaŋ˩iou˩˨piŋ˥muo˧.tʰiæ̃˩˨ti˧xuo˩˨tæᴇ˦vər˦ti˧tʂə˦˩kə˦˩ma˧.（油饼有没有这个起面、死面这个区别？）油饼不可能炸成死面的。炸成死面油饼子出来纯粹是那硬的，你咬都咬不动，再么那像洋耳瓜咧，一咬都□了，那有啥吃头咧？都是起面的。iou˩˨piŋ˥pu˩˨kʰə˥nəŋ˩˧tsa˩˨tʂʰəŋ˩˧sɿ˥miæ̃˦˩ti˧.tsa˩˨sɿ˥miæ̃˦iou˩˨piŋ˥tsɿ˧tʂʰʮ˥læᴇ˩˨tʂʰuoŋ˩˨tsʰuei˦sɿ˦næᴇ˦niŋ˦˥ti˧,ni˥˧niaɔ˥tou˥˩niaɔ˥pu˩˨tuoŋ˦,tsæᴇ˦˥muo˧næᴇ˦ɕiaŋ˦iaŋ˩˨ər˥˧kua˥lie˧,i˥˩niaɔ˥˧tou˥˩pie˦˥lə˦,næᴇ˦iou˥˧sa˦tʂʰʮ˥tʰou˧lie˧?tou˥˥sɿ˦tɕʰi˥miæ̃˦ti˧.（那……那对面他炸的那个油饼呢？）那都是起面油饼子。næᴇ˦˥tou˥˧sɿ˦tɕʰi˥miæ̃˦˩iou˩˨piŋ˥tsɿ˧.（他好像也是先把这个面弄熟了再再再去炸的噢？）那它不叫……那个□叫……他炸下那个这么大那个坨坨，那不叫油饼子，那叫油糕。næᴇ˦˥tʰa˥pu˩˨tɕiaɔ˦……næᴇ˦˥kə˦˥niæ̃˩˨tɕiaɔ˦……tʰa˥tsa˩˨xa˦nə˦kə˦tʂə˦muo˧ta˦nə˦kə˦tʰuo˩˨tʰuo˩˥,nə˦pu˩˨tɕiaɔ˦iou˩˨piŋ˥tsɿ˧,nə˦tɕiaɔ˦iou˩˨kaɔ˥.（油糕噢？）噢，它是把麦面儿烫了以后，把麦面儿烫熟以后，揪一疙瘩，弄成……弄成这个敹剂子，然后里头搲[①]咧一点糖把那……包进去的，那叫糖油糕。aɔ˩˨,tʰa˥˧sɿ˦pa˥˩mei˥˩miæ̃r˦tʰaŋ˦˥lə˧i˥˧xou˦,pa˥˩mei˥˩miæ̃r˦tʰaŋ˦ʂʮ˩i˥˩xou˦,tɕiou˥i˥˩kə˥ta˥˩,nuoŋ˦tʂʰəŋ˩˨……nuoŋ˦˥tʂʰəŋ˩˨tʂə˦kə˦ei˩˨tɕi˦tsɿ˧,ʐæ̃˩˨xou˦li˥tʰou˧va˥lie˧i˥˩tiæ̃˥˧tʰaŋ˩pa˥˩næᴇ˦tʂʮ……paɔ˥˩tɕiŋ˦tɕʰy˦ti˦,nei˦tɕiaɔ˦tʰaŋ˩iou˩˨kaɔ˥.（糖油糕噢？难怪……）噢，不是……不是油饼儿。aɔ˩˨,pu˩˨sɿ˦˥……pu˩˨sɿ˦˥iou˩˨piə̃r˥.（这个油饼是用烙还是用炸？）炸。tsa˩.（烙不烙？）不烙。pu˩˨laɔ˥˩.（里面加了葱花的那个油饼呢？）没有。mei˩˨iou˥˩.（没有啊？）绝对不可能给你炸葱花儿油饼咧。tɕyo˩˨tuei˦˥pu˩˧kʰə˥˧nəŋ˩˧kei˦ni˥˧tsa˩˨tsʰuoŋ˥xuar˥˩iou˩˨piŋ˥lie˧.（不加？）那炸的□的能行咧？那个油见那个水和葱花儿以后□的饱饱的那个。当

[①] 搲：舀取。《类篇》乌瓦切，"吴俗谓手爬物曰搲"。

场炸着……næᴇ˥˦tsɑ˨˦˩ti˧pie˥ti˧nəŋ˨˦˩ɕiŋ˨˦˩lie˧?nə˥kə˥iou˨˦tɕiæ̃˥nə˥kə˥ʂuei˥˧xuo˨˦˩tsʰuoŋ˥˧xuar˥˧˩i˥˧˩xou˥pie˥˩ti˧paɔ˥˧paɔ˥˧ti˧næᴇ˥˩kə˥˩.taŋ˥˧˩tʂʰɑŋ˥˧tsɑ˨˦˩tʂə˧……（这个憋的饱饱的？）□，就是这油往出灒咧么叫□么。pie˥,tɕiou˥˩sɿ˥˩tʂə˥˩iou˨˦vaŋ˥˧˩tʂʰʮ˥˧tsæ̃˥˦lie˧muo˧tɕiaɔ˥pie˥muo˧.

死面饼子

（那个死面片片呢？）黄：面不……没有叫死面片片的。miæ̃˥p……mei˨˦˧iou˥˧˧tɕiaɔ˥sɿ˥˧miæ̃˥pʰiæ̃˥˧pʰiæ̃˥˧˩ti˧.（没有这个说法？）没有说法。mei˨˦iou˥˧˧ʂuo˥˧fɑ˥˧˩.（就是把它擀成面，那个就是那种没有发酵那个……）面不可能发酵。面一发酵就煮不出了。你要说是面发酵，人纯粹笑的放不下了给你说。miæ̃˥pu˨˦˩kʰə˥˧nəŋ˨˦fɑ˥˧˩ɕiaɔ˥˩.miæ̃˥i˥˧˩fɑ˥˧˩ɕiaɔ˥tsou˥tʂʮ˥˧pu˨˦˩tʂʰʮ˥˧˦lə˧.ni˥˧˧iaɔ˥ʂuo˥˧˩sɿ˥˩miæ̃˥fɑ˥˧˩ɕiaɔ˥˦,zəŋ˨˦tʂʰuoŋ˨˦˩tsʰuei˥ɕiaɔ˥ti˧faŋ˥pu˨˦˧xɑ˥lə˧kei˥˦ni˥˧˩ʂuo˥˧˩.（有那个死面片片这个说法吗？）□有死面馍馍咧。有死面饼子咧。死面饼子就说是把面倒到这个盆子里头，用开水把这个歁面烫……烫起……烫这这个湿以后，然后揉……拍成饼子，放到锅里烙……烙出来。那是相当好吃的。那个是烙死面饼子，他这个锅里头要放好多油，基本上这个饼子下去是油炸熟的。噢，这面炸的黄黄的了，翻一下，炸一下，出来以后，那死面饼子现……我小时候，吃上脆脆的，好吃的焦鏉。你不相信，今儿中午叫这个老板娘给你烙两张死面儿饼，你去吃一下。niæ̃˨˦˩iou˥˧˧sɿ˥˧miæ̃˥muo˨˦˩muo˨˦˦lie˧.iou˥˧˧sɿ˥˧miæ̃˥piŋ˥˧tsɿ˧lie˧.sɿ˥˧miæ̃˥piŋ˥˧tsɿ˧tɕiou˥˦ʂuo˥˧˧sɿ˥pɑ˥˧˩miæ̃˥tɑɔ˥˦taɔ˥tʂə˥kə˥pʰəŋ˨˦˩tsɿ˧li˥˧˩tʰou˧,yoŋ˥kʰæᴇ˥˧˩ʂuei˥˧pɑ˥˧˩tʂə˥kə˥ei˩miæ̃˥tʰɑŋ˥……tʰɑŋ˥tɕʰi……tʰɑŋ˥tʂə˥tʂə˥˩kə˥˩ʂʅ˥˧i˥˧˩xou˥,zæ̃˨˦˩xou˥zou˨˦……pʰei˥˧tʂʰəŋ˨˦˩piŋ˥˧tsɿ˧,faŋ˥taɔ˥kuo˥˧li˥˧˩laɔ……luo˥˧tʂʰʮ˥˧˩læᴇ˨˦˩.næᴇ˥˦sɿ˥˩ɕiaŋ˥˧˦taŋ˥˧˩xaɔ˥˧˧tʂʰʅ˥˧ti˧.næᴇ˥˦kə˥˩sɿ˥˩luo˥˧˩sɿ˥˧miæ̃˥piŋ˥˧tsɿ˧,tʰɑ˥˧˩tʂə˥˩kə˥kuo˥˧li˥˧˩tʰou˧iaɔ˥faŋ˥˦xaɔ˥˧tuo˥˧˩iou˨˦,tɕi˥˧˩pəŋ˥˧ʂaŋ˥˩tʂə˥kə˥piŋ˥˧tsɿ˧xɑ˥tɕʰi˥sɿ˥iou˨˦tsɑ˨˦ʂʮ˨˦˩ti˧.ɑɔ˩,tʂei˥miæ̃˥˩tsɑ˨˦˩ti˧xuaŋ˨˦xuaŋ˨˦˩ti˧lə˧,fæ̃˥˧i˥˧˧xɑ˥,tsɑ˨˦i˥˧xɑ˥˩,tʂʰʮ˥˧læᴇ˨˦i˥˧˩xou˥,næᴇ˥˩sɿ˥˧˧miæ̃˥piŋ˥˧tsɿ˧ɕiæ̃˥……ŋuo˥˧˩ɕiaɔ˥˧sɿ˨˦˩xou˥,tʂʰʅ˥˧ʂaŋ˥˩tsʰuei˥tsʰuei˥˦ti˧,xaɔ˥˧˧tʂʰʅ˥˧˧ti˧tɕiaɔ˥˧ɕiæ̃˥˧˩.ni˥˧pu˨˦˩ɕiaŋ˥˧˩ɕiŋ˥˦,tɕiɑ̃r˥˧˩tʂuoŋ˥˧˩vu˥˧tɕiaɔ˥tʂə˥kə˥laɔ˥˧˩pæ̃r˥˧niaŋ˨˦kei˥ni˥˧˧luo˥˧˩liaŋ˥˧tʂaŋ˥˧˩sɿ˥˧miæ̃r˥˩piŋ˥˧,ni˥˧˩tɕʰi˥tʂʰʅ˥˧i˥˧˩xɑ˥˩.（那个起面饼子呢？）起面饼子它还是……还是这样烙出来的，但就是它这个面是起下的。tɕʰi˥˧miæ̃˥piŋ˥˧tsɿ˧tʰɑ˥˧˩xɑ˨˦˩sɿ˥……xɑ˨˦˩sɿ˥tʂə˥˦iaŋ˥˩luo˥˧˩tʂʰʮ˥˧læᴇ˨˦˩ti˧,tæ̃˥tɕiou˥sɿ˥tʰɑ˥˧tʂə˥˩kə˥˩miæ̃˥˦sɿ˥˩tɕʰi˥˧xɑ˥˩ti˧.（发起的是吧？）噢，它发起来。它烙下以后，这个面有个膨胀过程咧。它就厚。死面饼子的话，你最多它都烙不下这么个一……这个铅笔这么厚都少得很。但死面饼子按：口误，当为“起面饼子”烙出来都有指头这么厚。ɑɔ˩,tʰɑ˥˧˧fɑ˥˧˩tɕʰi˥˧læᴇ˨˦˩.tʰɑ˥˧˧luo˥˧xɑ˥˦i˥˧˩xou˥˦,tʂə˥kə˥miæ̃˥iou˥˧˩kə˥˩pʰəŋ˨˦˩tʂaŋ˥˦kuo˥tʂʰəŋ˨˦˦lie˧.tʰɑ˥˧˩tsou˥xou˥.sɿ˥˧miæ̃˥piŋ˥˧tsɿ˧ti˧xuɑ˥˩,ni˥˧˩tsuei˥˦tuo˥˧˩tʰɑ˥˧˩tou˥˧˩luo˥˧pu˨˦˩xɑ˥tʂə˥muo˧kə˥i……tʂə˥˩kə˥˩tɕʰiæ̃˥˧˦pi˥˧˩tʂə˥muo˧xou˥tou˥˧˧ʂaɔ˥˧˧tə˧xəŋ˥˧˧.tæ̃˥sɿ˥˧miæ̃˥piŋ˥˧tsɿ˧luo˥˧˩tʂʰʮ˥˧læᴇ˨˦˩tou˥˧˩iou˥˧˧tsɿ˥˧tʰou˧tʂə˥˦muo˧xou˥˩.

煎饼

（你们自己摊煎饼吗？）黄：摊嘛。tʰæ̃˥˧mɑ˧.（摊煎饼还是烙煎饼？）摊煎饼。tʰæ̃˥˧tɕiæ̃˥˧˩piŋ˥˧˩.（你们在摊煎饼的时候呃那个就是那个用那个糊糊是吧？）不用糊糊，我们放勺往下倒咧。pu˨˦˩yoŋ˥˦xu˨˦˩xu˨˦˦,ŋuo˥˧məŋ˧faŋ˥ʂaɔ˨˦vaŋ˥˧˩xɑ˥taɔ˥lie˧.（放什么？）放勺。faŋ˥ʂuo˨˦.（勺舀……舀起的那个东西叫什么啦？）糊糊。xu˨˦˩xu˨˦˦.（用糊糊倒的那个那个什么……底下那个圆的那个东西叫什么？那跟铁饼似的。）鏊子么。ŋaɔ˥tsɿ˧muo˧.（然后用来刮的那个东西呢？）哎，那晓叫个啥？不知道。啥管光……光管吃，不管他那些傢具。æᴇ˩,næᴇ˥˩ɕiaɔ˥˧tɕiaɔ˥kə˥sɑ˥˩?pu˨˦˩tʂʅ˥˧taɔ˥.sɑ˥˦kuæ̃˥˧˩kuaŋ˥˧……kuaŋ˥˧˩kuæ̃˥˧tʂʰʅ˥˧˩,pu˨˦˩kuæ̃˥˧t ʰɑ˥˧꜔nei˥꜓ɕie˥˧꜕tɕiɑ˥˧꜕tɕy˥.（好的，刮平之后，你那个上面再放一些什么东西？）煎饼我……这儿这好像再不放啥。tɕiæ̃˥˧piŋ˥˧꜕ŋu……tʂər˥tʂə˥xɑɔ˥˧꜔ɕiɑŋ˥tsæᴇ˥pu˩˧꜕fɑŋ˥꜓sɑ˥꜕.（就是这个干的？）就是个干的。tɕiou˥sʅ˥kə˥kæ̃˥˧ti˨.（上面不放鸡蛋啊什么葱花儿啊什么这一类的东西吗？）那一般……那有些是自己吃那有时候在那个糊糊里头就把……把葱花儿和鸡蛋打进去了。næᴇ˥꜓i˥˧꜓pæ̃˥˧……næᴇ˥iou˥˧ɕie˥˧꜕sʅ˥꜕tsʅ˥tɕie˥˧꜕tʂʰʅ˥˧næᴇ˥iou˥˧sʅ˩˧꜕xou˥tsæᴇ˥nə˥kə˥xu˩˧꜕xu˩˧꜓li˥˧꜕tʰou˨tsou˥pɑ˥˧꜕……pɑ˥˧꜕tsʰuoŋ˥˧xuɑr˥˧꜕xuo˩˧tɕi˥˧꜕tæ̃˥tɑ˥˧tɕiŋ˥tɕʰi˥꜓lə˨.（噢，就打到那里面了？）噢，就里……再……再是轻微的放点作料就对了。ɑɔ꜕,tsou˥li˥˧꜔……tsæᴇ˥……tsæᴇ˥ʂʅ˥tɕʰiŋ˥˧꜕vei˩˧꜕ti˧fɑŋ˥tiæ̃˥˧꜕tsuo˥˧꜕liɑɔ˥tsou˥tuei˥lə˧.（那上面还要放点干的什么东西了吗？）那不放。nə˥꜓pu˩˧꜕fɑŋ˥.（那个油……油炸的那个那个……）那不。那这个最后了，你……你到西峰去，到西安去，你就可以……就又听到那个话了嘛。那个卖小吃的又在那吼咧么，“八宝稀饭，煎饼蘸蒜”么。煎饼一卷，欸，弄点蒜水子一蘸，那吃上是另外一个味儿么。再么了煎饼里头只能给你夹点东西。一个煎饼，一块钱；夹一个鸡蛋，五毛钱；夹点欸土豆丝，五毛钱。næᴇ˥꜓pu˩˧.næᴇ˥tʂə˥kə˥tsuei˥xou˥꜓lə˨,ni˥˧꜔……ni˥˧꜔tɑɔ˥ɕi˥˧꜕fəŋ˩˧tɕʰi˥,tɑɔ˥ɕi˥˧næ̃˩˧꜕tɕʰi˥,ni˥˧꜔tɕiou˥kʰə˥˧i˥˧꜕……tsou˥iou˥tʰiŋ˥˧tɑɔ˥꜕nə˥kə˥xuɑ˥lə˨mɑ˧.nə˥kə˥mæᴇ˥ɕiɑɔ˥˧tʂʰʅ˥˧꜕ti˨iou˥tsæᴇ˥næᴇ˥xou˥˧lie˨muo˧,pɑ˥˧꜕pɑɔ˥˧ɕi˥˧꜕fæ̃˥,tɕiæ̃˥˧piŋ˥˧꜕tʂæ̃˥suæ̃˥muo˨.tɕiæ̃˥˧piŋ˥˧꜕i˥˧꜕tɕyæ̃˥˧,ei꜕,nuoŋ˥tiæ̃˥˧꜕suæ̃˥ʂuei˥˧tsʅ˨i˥˧꜕tsæ̃˥,nei˥tʂʰʅ˥˧ʂɑŋ˥꜕sʅ˥꜕liŋ˥væᴇ˥i˥˧꜔kə˥vər˥꜓muo˨.tsæᴇ˥muo˧lə˧tɕiæ̃˥˧piŋ˥˧꜕li˥˧꜔tʰou˧tsʅ˥˧꜔nəŋ˩˧꜔kei˥ni˥˧꜔tɕiɑ˥˧tiæ̃˥˧꜕tuoŋ˥˧ɕi˨.i˥˧꜕kə˥tɕiæ̃˥˧piŋ˥˧꜕,i˥˧꜕kʰuæᴇ˥˧tɕʰiæ̃˩˧꜕;tɕiɑ˥˧i˥˧꜔kə˥tɕi˥˧꜕tæ̃˥,vu˥˧mɑɔ˩˧꜕tɕʰiæ̃˩˧꜕;tɕiɑ˥˧tiæ̃˥˧꜕ei꜕tʰu˥˧꜔tou˥sʅ˥˧,vu˥˧mɑɔ˩˧꜔tɕʰiæ̃˩˧꜕.

面

（你们说的面呐是指那个白面还是指那个一条一条的那种，面粉？）黄：面，所谓的面那个统称，那是玉米的……磨下那个粉也叫面，荞麦弄下这个面也叫面，高粱磨下那个面都还叫面。那都是指生食。面条儿是面……噢，面条儿是面条儿嘛你。面条是经过加工而成的嘛。你是……所谓的面你只是从……就是从这个学习……学术上来讲，所谓的面你只是一个……是个物理变化嘛。面条儿你还是一个物理的变化么。这……这个物理变化和物理变化说方式都不一样么你。miæ̃˥,ʂuo˥˧꜔vei˥꜓ti˨miæ̃˥nə˥kə˥tʰuoŋ˥˧꜕tʂʰəŋ˥˧,næᴇ˥sʅ˥y˥꜓mi˥˧꜕ti˨tʰu……muo˥xɑ˥nə˥kə˥fəŋ˥˧ie˥˧tɕiɑɔ˥miæ̃˥,tɕʰiɑɔ˩˧꜕mei˥˧nuoŋ˥xɑ˥꜕tʂə˥kə˥miæ̃˥ie˥˧tɕiɑɔ˥꜕miæ̃˥꜕,kɑɔ˥˧liɑŋ˩˧꜕muo˥꜕xɑ˥꜓nɑ˥kə˥miæ̃˥tou˥˧꜕xɑ˩˧tɕiɑɔ˥꜕miæ̃˥꜕.næᴇ˥tou˥˧꜔sʅ˥tsʅ˥˧꜔səŋ˥˧ʂʅ˩˧꜕.miæ̃˥tʰiɑɔr˩˧sʅ˥꜕miæ̃˥……ɑɔ꜕,miæ̃˥tʰiɑɔr˩˧sʅ˥꜕miæ̃˥tʰiɑɔr˩˧mɑ˧ni˥˧꜕.miæ̃˥tʰiɑɔ˩˧sʅ˥tɕiŋ˥˧꜕kuo˥tɕiɑ˥˧꜓kuoŋ˥˧ər˩˧tʂʰəŋ˩˧꜕ti˧mɑ˨.ni˥˧꜕sʅ˥꜕m……ʂuo˥˧vei˥꜓ti˨miæ̃˥ni˥˧꜕tsʅ˥˧꜓sʅ˥tsʰuoŋ˩˧꜕……tɕiou˥sʅ˥tsʰuoŋ˩˧꜔tʂə˥kə˥ɕye˩˧꜕ɕi˩˧꜔……ɕyo˩˧꜕ʂʮ˩˧꜓ʂɑŋ˥læᴇ˩˧꜕tɕiɑŋ˥˧,ʂuo˥˧vei˥꜓ti˨miæ̃˥ni˥˧꜕tsʅ˥˧꜓sʅ˥i˥˧꜔kə˥……sʅ˥kə˥vuo˥˧꜕li˥˧piæ̃˥xuɑ˥mɑ˧.miæ̃˥tʰiɑɔr˩˧ni˥˧꜕xɑ˩˧꜕sʅ˥꜓i˥˧꜕kə˥꜕vuo˥˧꜕li˥˧ti˨piæ̃˥xuɑ˥muo˨.tʂə˥꜓……tʂə˥꜕kə˥꜕vuo˥˧꜕li˥˧piæ̃˥xuɑ˥xuo˩˧꜕vuo˥˧꜕li˥˧꜔piæ̃˥xuɑ˥ʂuo˥˧꜔fɑŋ˥˧ʂʅ˥˧꜕tou˥˧꜕pu˩˧꜕i˥˧꜕iɑŋ˥꜓muo˨ni˥˧꜕.（那个那个你讲的面就是指那个粉状的那个是吧？）噢，粉状的这个东西，这叫面么。ɑɔ꜕,fəŋ˥˧tʂuɑŋ˥ti˨tʂə˥kə˥tuoŋ˥˧꜕ɕi˨,tʂei˥꜓tɕiɑɔ˥꜕miæ̃˥muo˨.（那个加工出来的那种条状的东西那就是……）那就成咧面条儿了么。næᴇ˥꜓tɕiou˥tʂʰəŋ˩˧꜕lie˧miæ̃˥tʰiɑɔr˩˧꜕lə˧muo˨.（但是你说我说吃什么面什么面那还是指面条不？）那还是指面条儿么你。næᴇ˥xɑ˩˧꜕sʅ˥tsʅ˥˧miæ̃˥tʰiɑɔr˩˧muo˨ni˥˧꜕.（这个就说这个面它既可以指那个粉，也可以指面条儿是吧？）啊。ɑ꜕.（好，这个这个那个那个面呐，那个粉状的那个面呐，你你这里有有哪些那个种类？）那你各种各种不同的五谷杂……粉成的面它有各种样的……næᴇ˥꜓ni˥˧꜕kə˥˧꜕tʂuoŋ˥˧kə˥˧꜕tʂuoŋ˥˧pu˩˧꜕tʰ uoŋ˨˦˩ti·˧vu˥˧ku˥˧˩ts……fəŋ˥˧tʂʰəŋ˨˦˩ti·˧miæ̃˥tʰɑ˥˧˧iou˥˧˧kə˥˧˩tʂuoŋ˥˧iɑŋ˥ti·˧m……（嗯。好，怎么怎么叫呢？）那麦面，玉米面，荞面，米线面。nə˥mei˥˧˩miæ̃˥,y˥˧˥mi˥˧˩miæ̃˥,tɕʰiɑɔ˨˦miæ̃˥,mi˥˧ɕiæ̃˥miæ̃˥.（米线面是……）拿……拿这个米做成的这个面，大米做成的面……nɑ˨˦n……nɑ˨˦tʂə˥kə˥mi˥˧tsuo˥˩tʂʰəŋ˨˦˩ti·˧tʂə˥kə˥miæ̃˥,tɑ˥˧˥mi˥˧˧tsuo˥˦tʂʰəŋ˨˦˩ti·˧mi……（为什么叫做米线面呢？）它将来做成那个……它通过加工以后做下那个面条么沾点黄黄的颜色，吃上挺有筋子的。你就把那个东西叫米线么。tʰɑ˥˧˩tɕiɑŋ˥˧˩læᴇ˨˦tsuo˥˦tʂʰəŋ˨˦˩nə˥kə˥……tʰɑ˥˧tʰuoŋ˥˧˩kuo˥tɕiɑ˥˧˧˥kuoŋ˥˧i˥˧˩xou˥tsuo˥˦xɑ˥˩nə˥kə˥miæ̃˥tʰiɑɔ˨˦muo·˧tʂæ̃˥˧tiæ̃˥˧˩xuɑŋ˨˦xuɑŋ˨˦ti·˧iæ̃˨˦˩sei˥˧˩,tʂʰʅ˥˧ʂɑŋ˥˩tʰiŋ˥˧˧iou˥˧˧tɕiŋ˥˧tsɿ·˧ti·˧.ni˥˧˩tɕiou˥pɑ˥˧˩nə˥kə˥tuoŋ˥˧ɕi·˧tɕiɑɔ˥mi˥˧˧ɕiæ̃˥muo·˧.（噢，那个东西叫米线？）啊。ɑ˩.（所以就把这个面也叫做米线面？）啊。ɑ˩.（呃，还有别的东西磨成的面没有？）那也……那指呀豆面来的，高粱面来的。这这都是面。næᴇ˥˩iɑ˥˧˧˥……nei˥tsɿ˥˧˩iɑ·˧tou˥miæ̃˥læᴇ˨˦˩ti·˧,kɑɔ˥˧liɑŋ˨˦˩miæ̃˥læᴇ˨˦˩ti·˧.tʂei˥˩tʂei˥˦tou˥˧˧sɿ˥˩miæ̃˥.（小米呢？）小米也可以做成面么，小米面么。ɕiɑɔ˥˧mi˥˧˧ie˥˧˧kʰə˥˧˩i˥˧˩tsuo˥˦tʂʰəŋ˨˦˩miæ̃˥muo·˧,ɕiɑɔ˥˧mi˥˧˧miæ̃˥muo·˧.（那个土豆做成的呢？）那就不叫……那就不叫面咧。那叫粉面子了。nei˥tɕiou˥pu˨˦˩tɕiɑɔ˥m……nei˥tɕiou˥pu˨˦˩tɕiɑɔ˥miæ̃˥lie·˧.nei˥tɕiɑɔ˥fəŋ˥˧miæ̃˥tsɿ·˧lə·˧.（就是那个红芋做的是吧？）啊。ɑ˩.（洋……洋芋做的？）洋芋做下的那个。洋芋面要经过过程咧。那是通过加……加工过滤以后，把洋芋上头的实质的那个渣子去掉以后，把淀粉成分澄出来，那个叫粉面子。也叫淀粉么。iɑŋ˨˦y˥˦tsuo˥˦xɑ˥˩ti·˧nei˥kə˥.iɑŋ˨˦˩y˥miæ̃˥iɑɔ˥tɕiŋ˥˧˩kuo˥kuo˥˧˥tʂʰəŋ˨˦˩lie·˧.næᴇ˥sɿ˥tʰuoŋ˥˧˩kuo˥˦tɕiɑ˥˧˩……tɕiɑ˥˧˧˥kuoŋ˥˧kuo˥li˥i˥˧˧xou˥,pɑ˥˧˩iɑŋ˨˦y˥˦ʂɑŋ˥tʰou·˧ti·˧ʂʅ˨˦˩tʂʅ˥˧ti·˧nə˥kə˥tsɑ˥˧tsɿ·˧tɕʰy˥˦tiɑɔ˥i˥˧˩xou˥,pɑ˥˧˩tiæ̃˥fəŋ˥˧tʂʰəŋ˨˦˩fəŋ˥təŋ˥tʂʰʯ˥˧læᴇ˨˦˩,nə˥kə˥tɕiɑɔ˥fəŋ˥˧miæ̃˥tsɿ·˧.ie˥˧tɕiɑɔ˥tiæ̃˥fəŋ˥˧muo·˧.（那个如果是用那个红芋做成的呢？）红芋粉嘛。xuoŋ˨˦y˥fəŋ˥˧mɑ·˧.（嗯，不叫面呐？）不叫面。那你要是……你要不经过……不通过水……水……水的这个洗礼和沉淀的话，那也叫红薯面么。你拿红芋干干磨成的面就叫红芋面么。pu˨˦˩tɕiɑɔ˥miæ̃˥˩.næᴇ˥ni˥˧˧iɑɔ˥˦sɿ˥……ni˥˧˧iɑɔ˥pu˨˦˩tɕiŋ˥˧˩kuo˥˦ɕi……pu˨˦˩tʰuoŋ˥˧˩kuo˥˦ʂʯ……ʂ……ʂuei˥˧ti·˧tʂə˥˩kə˥˩ɕi˥˧li˥˧xuo˨˦˩tʂʰəŋ˨˦˩tiæ̃˥˧˥tə·˧xuɑ˥,næᴇ˥iɑ˥˧˧tɕiɑɔ˥xuoŋ˨˦˩ʂʯ˥˧miæ̃˥muo·˧.ni˥˧˩nɑ˨˦˩xuoŋ˨˦˩y˥kæ̃˥˧kæ̃˥˧˧muo˥tʂʰəŋ˨˦˩ti·˧miæ̃˥tɕiou˥tɕiɑɔ˥xuoŋ˨˦˩y˥˦miæ̃˥˩muo·˧.（噢，就说经过过滤去渣以后那个沉淀的淀粉……）啊，叫淀……就叫红芋粉么。ɑ˥,tɕiɑɔ˥˩tiæ̃˥……tɕiou˥tɕiɑɔ˥xuoŋ˨˦y˥fəŋ˥˧muo·˧.（那个就叫粉了？）噢，那叫粉么。ɑɔ˥,nei˥tɕiɑɔ˥˩fəŋ˥˧muo·˧.

下上一碗面儿

（这个把把那个弄好的面条啊丢到锅里面去煮。）黄：煮着么。tʂʯ˥˧tʂə·˧muo·˧.（煮面还是下面？）下面也能行，煮面也能行。ɕiɑ˥miæ̃˥iɑ˥˧˩nəŋ˨˦ɕiŋ˨˦˧,tʂʯ˥˧miæ̃˥iɑ˥˧˧nəŋ˨˦ɕiŋ˨˦˩.（下面跟煮面不同吧？）那咋不能？下和煮都是一回事么那。nə˥tsɑ˥˧pu˨˦˩nəŋ˨˦˩?ɕiɑ˥xuo˨˦˩tʂʯ˥˧tou˥˧˧sɿ˥i˥˧˩xuei˨˦sɿ˥˩muo·˧nə˥˩.（你把面条放到那个锅里面那叫下嘛。）啊。ɑ˩.（然后它……那个用那个开水把它煮熟，那那叫煮吧？）那我们这个下面，下点面也要往熟的煮咧么。煮面我们还是往熟的煮咧。nə˥ŋuo˥˧məŋ·˧tʂə˥kə˥ɕiɑ˥˦miæ̃˥,ɕiɑ˥˧˥tiæ̃˥˧˩miæ̃˥iɑ˥˧˧iɑɔ˥vɑŋ˥˧˩ʂʯ˨˦˩ti·˧tʂʯ˥˧lie·˧muo·˧.tʂʯ˥˧miæ̃˥ŋuo˥˧məŋ·˧xɑ˨˦˩sɿ˥˦vɑŋ˥˧˩ʂʯ˨˦˩ti·˧tʂʯ˥˧lie·˧.（没有……没有分开啊？）没有。mei˨˦iou˥˧˩.（那你们是说下碗面还是煮碗面，老一点的人？）老一点说是下上一碗面儿。lɑɔ˥˧i˥˧˧tiæ̃˥˧˧ʂuo˥˧˧sɿ˥ɕiɑ˥˧˥ʂɑŋ˥˩i˥˧˩væ̃˥˧miæ̃r˥˩.

酸汤面

（专门儿给病号儿做的那种那种东西呢？那你怎么弄呢？）黄：我们这里病号儿你

就是不想吃咧，给你烧个拌汤，烧上一碗拌汤吃一下，擀点酸汤面吃一下。这个汤是然后是用……ŋuo˥mən˧tʂə˦˩li˥pin˦xaɔr˦ni˥˩tɕiou˦sɿ˦pu˦ɕiaŋ˥tʂʰʅlie˧,kei˦ni˥ʂaɔ˥kə˦pæ̃˦tʰaŋ˥,ʂaɔ˥ʂaŋ˦i˥væ̃˥pæ̃˦tʰaŋ˥tʂʰʅi˥ɕia˦,kæ̃˥tiæ̃˥suæ̃˥tʰaŋ˥miæ̃˦tʂʰʅi˥xa˦.tʂə˦kə˦tʰaŋ˥sɿ˦zæ̃˦xou˦sɿ˦yoŋ˦……（它是放酸菜还是放什么？）哎没有，用……放醋给你调成的咧。æᴇ˥mei˦iou˥,yoŋ˦……faŋ˦tsʰɥ˦kei˦ni˥tʰiaɔ˦tʂʰəŋ˦ti˧lie˧.（放醋哇？）嗯，醋调成的酸汤。ə̃˦,tsʰɥ˦tʰiaɔ˦tʂʰəŋ˦ti˧suæ̃˥tʰaŋ˥.（里面还要……除了加醋，还要加点什么东西吧？）醋来的，葱花来的，姜来的。哎，葱来的。这都给你烧成汤么。tsʰɥ˦læᴇ˦ti˧,tsʰuoŋ˥xua˥læᴇ˦ti˧,tɕiaŋ˥læᴇ˦ti˧.æᴇ˦,tsʰuoŋ˥læᴇ˦ti˧.tʂei˦tou˥kei˦ni˥ʂaɔ˥tʂʰəŋ˦tʰaŋ˥muo˧.（放点什么肉……肉末之类的不？）病人一般情况下都太不吃肉了。piŋ˦zəŋ˦i˥pæ̃˥tɕʰiŋ˦kʰuaŋ˦ɕia˦tou˥tʰæᴇ˦pu˦tʂʰʅzou˦lə˧.

臊子面

黄：这个臊子面我们这里那说是谁经常都吃咧，也不一定红白喜事就吃。平常来个人，来给你擀个长面，都把肉切点丁丁放进去，打个鸡蛋，这也是臊子面。tʂə˦kə˦saɔ˦tsɿ˧miæ̃˦ŋuo˥mən˧tʂei˦li˥nə˦ʂuo˥sɿ˦sei˦tɕiŋ˥tʂʰaŋ˦tou˥tʂʰʅlie˧,ie˥pu˦i˥tiŋ˦xuoŋ˦pei˦ɕi˥sɿ˦tɕiou˦tʂʰʅ.pʰiŋ˦tʂʰaŋ˦læᴇ˦kə˦zəŋ˦,læᴇ˦kei˦ni˥kæ̃˥kə˦tʂʰaŋ˦miæ̃˦,tou˥pa˥zou˦tɕʰie˥tiæ̃˥tiŋ˥tiŋ˥faŋ˦tɕiŋ˦tɕʰi˦,ta˥kə˦tɕi˥tæ̃˦,tʂei˦ie˥sɿ˦saɔ˦tsɿ˧miæ̃˦.（噢。那也叫喝汤吗？）那就不叫喝汤了。那就叫吃……nə˦tɕiou˦pu˦tɕiaɔ˦xə˥tʰaŋ˥lə˧.næᴇ˦tɕiou˦tɕiaɔ˦tʂʰʅ……（不能……不能叫啊？）那都不能叫喝汤了。nə˦tou˥pu˦nəŋ˦tɕiaɔ˦xə˥tʰaŋ˥lə˧.（什么时候管吃臊子面叫喝汤呢？）过事的时候……红白喜事这个时候。kuo˦sɿ˦ti˧sɿ˦xou……xuoŋ˦pei˦ɕi˥sɿ˦tʂə˦kə˦sɿ˦xou˦.（红喜事也是吗？）啊，都是一样，都是的。a˦,tou˥sɿ˦i˥iaŋ˦,tou˥sɿ˦ti˧.

臊子

（臊子是是那个吧，浇在那个面上面的那那些肉是吧？）黄：哎，不一定。臊子不一定要往面儿上浇嘛。其他也可以吃嘛。æᴇ˦,pu˦i˥tiŋ˦.saɔ˦tsɿ˧pu˦i˥tiŋ˦iaɔ˦vaŋ˥miæ̃r˦ʂaŋ˦tɕiaɔ˥ma˧.tɕʰi˦tʰa˥ia˥kʰə˥i˥tʂʰʅma˧.（噢，就就是那种肉丁？）啊，肉丁。和一……把……起调料……把作料各种放上，放油放锅里熳。a˦,zou˦tiŋ˥.xuo˦i……pa˥……tɕʰi˥tʰiaɔ˦liaɔ˦……pa˥tsuo˥liaɔ˦kə˥tʂuoŋ˥faŋ˦ʂaŋ˦,faŋ˦iou˦faŋ˦kuo˥li˥læ̃˦.（如果是肉丝炒一下那也叫臊子吗？）那也叫臊子么。nei˦ie˥tɕiaɔ˦saɔ˦tsɿ˧muo˧.

炒面

1.（噢，那个刚才炒面没有讲到吧？）黄：有个炒面咧嘛。iou˥kə˦tsʰaɔ˥miæ̃˦lie˧ma˧.（你们炒吗？）炒么。tsʰaɔ˥muo˧.（炒面你们一般放些什么东西？）你是素炒咧吗是肉炒咧吗？肉炒就放的是肉丝儿嘛，素炒就放的鸡蛋嘛。ni˦sɿ˦sɥ˦tsʰaɔ˥lie˧ma˧sɿ˦zou˦tsʰaɔ˥lie˧ma˧?zou˦tsʰaɔ˥tɕiou˦faŋ˦ti˧sɿ˦zou˦sər˥ma˧,sɥ˦tsʰaɔ˥tɕiou˦faŋ˦ti˧tɕi˥tæ̃˦ma˧.

2.（你们那炒面里头都放些什么东西啊？）黄：那你看你是肉炒啊么鸡蛋炒啊。næᴇ˦ni˥kʰæ̃˦ni˥sɿ˦zou˦tsʰaɔ˥a˧muo˧tɕi˥tæ̃˦tsʰaɔ˥a˧.（不是。那种那种那种那个干的那个面粉呐。就是炒炒炒那……志愿军在朝鲜吃的那种炒面。）炒面那就是各种粮食……你放……是你……你看你放啥粮食做啊就是。它就是几种粮食做下的么。tsʰaɔ˥miæ̃˦næᴇ˦tɕiou˦sɿ˦kə˥tʂuoŋ˥liaŋ˦ʂʅ……ni˥faŋ˦……sɿ˦ni˥……ni˥kʰæ̃˦ni˥faŋ˦sa˦liaŋ˦ʂʅ˦tsuo˦a˧tɕiou˦sɿ˦.tʰa˥tɕiou˦sɿ˦tɕi˥tʂuoŋ˥liaŋ˦ʂʅ˦tsuo˦xa˦ti˧muo˧.（一般放些什么？）那各地都有各地的不同的咧。我们这个地方炒开来那口，欸，你是也放燕麦，燕麦、玉米、黄豆、糜子，几样子炒得和得一块儿的。在里头简单地放点作料，炒面。有些这个……搞不好……两样子，有的和三四样子欸做成的。nə˧˥kə˥˩ti˧˥tou˥˩iou˥˦kə˥˩ti˧ti˧pu˨˩tʰuoŋ˨˩ti˧lie˨.ŋuo˥mən˧tʂə˧kə˧ti˧faŋ˥˦tsʰɑɔ˥kʰæᴇ˥˩læᴇ˨˦næᴇ˧˥niæ̃˨˩,ei˩,ni˥˦sɿ˧iɑ˥˦faŋ˧iæ̃˧˥mei˥˩,iæ̃˧mei˥˩,y˧˨mi˥˩,xuɑŋ˨˩tou˧,mi˨˩tsɿ˧,tɕi˥˦iɑŋ˧tsɿ˧tsʰɑɔ˥tə˧xuo˧tə˧i˥˩kʰuər˥˩ti˧.tsæᴇ˧li˥˦tʰou˧tɕiæ̃˥tæ̃˥˩ti˧faŋ˧tiæ̃˥˦tsuo˥˩liɑɔ˧,tsʰɑɔ˥miæ̃˧˩.iou˥ɕie˥˦tʂə˧kə˧……kɑɔ˥pu˨˩xɑɔ˥i……liɑŋ˥iɑŋ˧tsɿ˧,iou˥ti˧xuo˧sæ̃˥˩sɿ˧iɑŋ˧tsɿ˧ei˨˦tsuo˧˥tʂʰəŋ˨˩ti˧.（噢，个……个……个人不同。）呃，根据胃口不同和地方产的这个粮食不同裁定咧。ŋə˩,kəŋ˥˩tɕy˧˥vei˧kʰou˥˩pu˨˩tʰuoŋ˨˩xuo˨˩ti˧faŋ˥˩tsʰæ̃˥ti˧tʂə˧kə˧liɑŋ˨˩ʂɿ˨˥pu˨˩tʰuoŋ˨˩tsʰæᴇ˨˩tiŋ˧˥lie˧.

烩面

（烩面是怎么做呢？）黄：烩面就是先烧汤汤，把汤对好咧以后，把面片子揪进去那。叫烩面。xuei˧miæ̃˧tɕiou˧sɿ˧ɕiæ̃˥˩ʂɑɔ˥˩tʰɑŋ˥tʰɑŋ˥,pɑ˥˩tʰɑŋ˥tuei˧xɑɔ˥lie˧i˥˩xou˧˥,pɑ˥˩miæ̃˧pʰiæ̃˥tsɿ˧tɕiou˥˩tɕiŋ˧tɕʰi˧˥næᴇ˧˩.tɕiɑɔ˧xuei˧miæ̃˧.

凉拌面

（这个那个面条哇，把它捞出来以后，不放汁了，不放汤了，就这么拌着吃，那叫什么？）黄：吃干面咧嘛。tʂʰʅ˥˩kæ̃˥˩miæ̃˧lie˧mɑ˧.（干面？）嗯。ə̃˩.（叫不叫干面条？）不叫。pu˨˩tɕiɑɔ˧˥.（就是叫干面？）啊，叫干面。ɑ˧,tɕiɑɔ˧kæ̃˥˩miæ̃˧.（那个叫不叫拌面呢？）也可以叫拌面么。凉条嘛。ie˥kʰə˥i˥˩tɕiɑɔ˧pæ̃˧miæ̃˧muo˧.liɑŋ˨˩tʰiɑɔ˨˩mɑ˧.（凉条哇？）把这个面，放锅里煮出来。早晨煮出来，下午吃。pɑ˥˦tʂə˧kə˧miæ̃˧,fɑŋ˧kuo˥li˥˩tʂʯ˥˦tʂʰʯ˥læᴇ˨˩.tsɑɔ˥tʂʰəŋ˨˩tʂʯ˥˦tʂʰʯ˥læᴇ˨˩,ɕiɑ˧vu˥˩tʂʰʅ˥˩.（那叫凉……凉……）凉拌面。liɑŋ˨˩pæ̃˧˥miæ̃˧.（凉拌面？）把这个面弄出来以后，先放水这个欸捞一下。然后放到……摊到盘盘里头然后它……让它晾凉。pɑ˥˩tʂə˧kə˧miæ̃˧nuoŋ˧tʂʰʯ˥læᴇ˨˩i˥˩xou˧,ɕiæ̃˥faŋ˧ʂuei˥tʂei˧kə˧ei˧lɑɔ˨˩i˥˩ɕiɑ˧˩.zæ̃˨˩xou˧faŋ˧tɑɔ˧……tʰæ̃˥tɑɔ˧pʰæ̃˨˩pʰæ̃˨˦li˥tʰou˧zæ̃˨˩xou˧˥tʰɑ˥˩……zɑŋ˧tʰɑ˥˦liɑŋ˧liɑŋ˨.（捞一下是……就是氽一下是吧？）氽一下。噢。tɕʰiŋ˧˥i˥˩xɑ˧.ɑɔ˥.（用冷水还是热水？）一般情况下要用开水烧热咧，晾凉的那个水。i˥˨pæ̃˥tɕʰiŋ˨˩kʰuɑŋ˧ɕiɑ˧iɑɔ˧yoŋ˧kʰæᴇ˥˩ʂuei˥ʂɑɔ˥˨zə˥lie˧,liɑŋ˧liɑŋ˧ti˧nə˧kə˧ʂuei˥˩.（噢，凉开水？）噢，凉开水浸一下。ɑɔ˩,liɑŋ˨kʰæᴇ˥˩ʂuei˥tɕiŋ˧i˥˦xɑ˧˩.（那个叫叫liɑɔ˧i˥˦xɑ˩？）噢，叫捞一下，捞面，捞一下。也叫冰。ɑɔ˩,tɕiɑɔ˧lɑɔ˨i˥˩xɑ˧˩,lɑɔ˨miæ̃˧,lɑɔ˨i˥˩xɑ˧.ie˥tɕiɑɔ˧piŋ˥˦.（噢，冰一下？）噢，冰一下。然后出来以后，你捞到这个盘盘里放下以后，等这个下午咧，你再放这个盆子里边去，把各种调料放进去，蔬菜，凉拌那……辣椒呀，蒜泥呀，这些东西拌进去，烧上……放锅里烧点油，一泼，这拌起来。凉拌面么。ɑɔ˩,piŋ˥˦i˥˩ɕiɑ˧˩.zæ̃˨˩xou˧tʂʰʯ˥læᴇ˨i˥˩xou˧,ni˥˦lɑɔ˨˦tɑɔ˧tʂə˧kə˧pʰæ̃˨˩pʰæ̃˨˦li˥˦faŋ˧xɑ˧i˥˩xou˧,təŋ˥˦tʂə˧kə˧ɕiɑ˧˨vu˥˩lie˧,ni˥˦tsæᴇ˧faŋ˧tʂə˧kə˧pʰəŋ˨˩tsɿ˧li˥piæ̃˥˩tɕʰi˧,pɑ˥˩kə˥tʂuoŋ˥tʰiɑɔ˨˩liɑɔ˧˥faŋ˧tɕiŋ˧tɕʰi˧,ʂʯ˥tsʰæᴇ˧,liɑŋ˨˩pæ̃˧nə˧……lɑ˥tɕiɑɔ˥˩iɑ˧,suæ̃˧ni˨˩iɑ˧,tʂə˧ɕie˥˦tuoŋ˥ɕi˧pæ̃˧tɕiŋ˧tɕʰy˧,ʂɑɔ˥ʂɑŋ˧……faŋ˧kuo˥li˥˩ʂɑɔ˥tiæ̃˥˦iou˨˩,i˥˩pʰuo˥,tʂə˧pæ̃˧tɕʰi˥læᴇ˨˩.liɑŋ˨˩pæ̃˧miæ̃˧muo˧.（你会做吗？）也会么。æ˥xuei˧˩muo˧.（什么时候做点给我们吃看？）那中午都可以做么。像夏天天热的情况下吃这个相当好吃的。næᴇ˧tʂuoŋ˥˩vu˥tou˥˩kʰə˥˦i˥˦tsuo˧˥muo˧.ɕiɑŋ˧ɕiɑ˧tʰiæ̃˥˦tʰiæ̃˥˦zə˥tə˧tɕʰiŋ˨˩kʰuɑŋ˧ɕiɑ˧tʂʰʅ˥tʂə˧kə˧ɕiɑŋ˥˦tɑŋ˥˦xɑɔ˥tʂʰʅ˥˩tə˧.

连锅子面

（这个有些就是煮……煮的时候，煮……煮好以后不捞出来，直接放……把调料放到那个里面。）黄：连锅子面么。liæ̃˨˦˩kuo˥˧tsɿ˧miæ̃˥muo˦.（连锅子面？）啊。兀就是安徽人、四……四川嗯安徽人和河南人的专利产品。ɑ˩.væᴇ˥˦tɕiou˥sɿ˥næ̃˥˧xuei˥˧˩zəŋ˨˦,s……sɿ˥tʂʰuæ̃˥˧˩õ˥næ̃˥˧xuei˥˧˩zəŋ˨˦xuo˨˦˩xuo˨˦˩næ̃˨˦˧zəŋ˨˦ti˦tʂuæ̃˥˧˩li˥˧˦tsʰæ̃˥˧pʰiŋ˥˧˩.（是吧？你们不这样？）<u>我们</u>不这样。他们讲就是……我们这个人吃面的话，必须放到……这个锅里清汤，清清的开水里头把那个面煮出来，还要放是清水再定一下。吃的这个面一根儿是一根儿的。然后另外再做点汤，把这个放得里头吃。是这么个味儿。他安徽人、河南人，他就那个锅里放……倒下去以后，放点东西一吃以后。你我们这么个吃，他说是：“你光吃稠的，稀的让谁喝咧？”ŋuom˥˧pu˨˦˩tʂə˥iaŋ˥.tʰɑ˥˧məŋ˧tɕiaŋ˥˧tsou˥sɿ˥……ŋuo˥˧məŋ˧tʂə˥kə˥zəŋ˨˦tʂʰʅ˥˧˩miæ̃˥˧˦tə˧xuɑ˥˩,pi˥˧˦çy˥˧˧fɑŋ˥tɑɔ˥……tʂə˥˩kə˥˩kuo˥˧li˥˧˩tɕʰiŋ˥˧tʰɑŋ˥˧,tɕʰiŋ˥˧tɕʰiŋ˥˧˩ti˦kʰæᴇ˥˧˩ʂuei˥˧li˥˧˩tʰou˧pɑ˥˧˩nə˥kə˥miæ̃˥tʂʯ˥˧˧tʂʰʯ˥˧læᴇ˨˦˩,xæᴇ˨˦˩iɑɔ˥fɑŋ˥sɿ˥tɕʰiŋ˥˧˩ʂuei˥˧tsæᴇ˥tiŋ˥˧˦i˥˧˩ɕiɑ˥˩.tʂʰʅ˥˧ti˧tʂə˥kə˥miæ̃˥i˥˧˩kə̃r˥˧sɿ˥i˥˧˧kə̃r˥˧ti˧.zæ̃˨˦˩xou˥liŋ˥væᴇ˥tsæᴇ˥tsuo˥˦tiæ̃˥˧˩tʰɑŋ˥˧,pɑ˥˧˩tʂə˥kə˥fɑŋ˥tə˦li˥˧˧tʰou˧tʂʰʅ˥˧.sɿ˥˩tʂə˥˦muo˦kə˥˩vər˥.tʰɑ˥˧˩næ̃˥˧xuei˥˧˩zəŋ˨˦,xə˨˦˩næ̃˨˦˥zəŋ˨˦,tʰɑ˥˧˧tɕiou˥˧˦nə˥kə˥kuo˥˧li˥˧˩fɑŋ˥……tɑɔ˥xɑ˥tɕʰi˥i˥˧˩xou˥,fɑŋ˥tiæ̃˥˧˧tuoŋ˥˧çi˧li˥˧˩tʂʰʅ˥˧i˥˧˧xou˥˩.ni˥˧˧ŋuo˥˧məŋ˦tʂə˥muo˦kə˥tʂʰʅ˥˧˧,tʰɑ˥˧ʂuo˥˧˩sɿ˥˩:ni˥˧kuɑŋ˥˧˦tʂʰʅ˥˧tʂʰou˨˦˩ti˦,çi˥˧ti˧zɑŋ˥sei˨˦xuo˥˧˩lie˧?（他这个也是为了节约啦！因为煮出来那个面汤他……）噢，他都喝了。我们倒的满给猪吃了。ɑɔ˩,tʰɑ˥˧˧tou˥˧˧xuo˥˧lə˧.ŋuo˥˧məŋ˧tɑɔ˥ti˦mæ̃˥˧˧kei˥tʂʯ˥˧˩tʂʰʅ˥˧lə˧.（像他们煮的那种面叫不叫汤面？）叫汤面，也叫连……<u>我们</u>把那叫……我们当地人把这叫连锅子面。tɕiɑɔ˥tʰɑŋ˥˧˩miæ̃˥,ie˥˧˧tɕiɑɔ˥liæ̃˨˦˩……ŋuom˥˧pɑ˥˧˩næᴇ˥tɕiɑɔ˥……ŋuo˥˧məŋ˧tɑŋ˥˧˩ti˥˦zəŋ˨˦˩pɑ˥˧˩tʂə˥tɕiɑɔ˥liæ̃˨˦kuo˥˧tsɿ˧miæ̃˥.

饸饹面

（这街上有饸饹卖没有？）黄：有。哎哟，这个底下那个……底下那个婆娘……这个人一整天压饸饹面么。iou˥˧˩.æᴇ˨˦iɑɔ˥,tʂə˥kə˥ti˥˧xɑ˥˩nə˥˩kə˥......ti˥˧xɑ˥tʂə˥kə˥pʰuo˨˦˩ni……tʂə˥kə˥zəŋ˨˦i˥˧˩tʂəŋ˥˧tʰiæ̃˥˧˩niɑ˥xə˨˦˩lɑɔ˥˧˧miæ̃˥muo˧.（哪个？）冯雁虎人名，未核实那个，冯老师那个门上出来那个地方不是压的饸饹面吗？fəŋ˨˦˩iæ̃˥xu˥˧nə˥kə˥,fəŋ˨˦˩lɑɔ˥˧sɿ˥˧˧nə˥kə˥məŋ˨˦˩ʂɑŋ˥tʂʰʯ˥˧læᴇ˨˦˩nə˥kə˥ti˥fɑŋ˥˧˧pu˨˦˧sɿ˥niɑ˥ti˦xə˨˦˩lɑɔ˥˧˧miæ̃˥mɑ˧?（那……这个街上，那他他们那家生意好像还蛮好啊？）可以，早上可以。kʰə˥˧i˥˧˩,tsɑɔ˥˧ʂɑŋ˥kʰə˥˧i˥˧˩.（饸饹面跟平常的面有什么区别没有？）没有。那就是不过是放那个东西压出来的就是了么。mei˨˦iou˥˧.næᴇ˥˦tɕiou˥˦sɿ˥˩pu˨˦˩kuo˥sɿ˥˩fɑŋ˥nə˥kə˥tuoŋ˥˧çi˧niɑ˥tʂʰʯ˥˧læᴇ˨˦˩ti˧tɕiou˥sɿ˥lə˦muo˧.

挂面

（压挂面你们压不压？压不压挂面？）黄：压挂面是放机子压出来的。iɑ˥kuɑ˥miæ̃˥sɿ˥fɑŋ˥tɕi˥˧tsɿ˧niɑ˥tʂʰʯ˥˧læᴇ˨˦˩ti˧.（机子压出来就晒干是吧？）晒干就叫挂面。我们叫……我们是挂挂面咧。不压挂面。sæᴇ˥kæ̃˥˧tɕiou˥tɕiɑɔ˥kuɑ˥miæ̃˥.ŋuo˥˧məŋ˧tɕiɑɔ˥……ŋuo˥˧məŋ˧sɿ˥˩kuɑ˥kuɑ˥miæ̃˥lie˦.pu˨˦˩niɑ˥˦kuɑ˥˩miæ̃˥˦.（挂挂面？）手工的。ʂou˥˧kuoŋ˥˧˩ti˧.（挂挂面是怎么搞法？）把面……把这个面……和面的时候，里头把盐，各种这个成分……pɑ˥˧˩miæ̃˥˦……pɑ˥˧˩tʂə˥kə˥miæ̃˥……xuo˨˦miæ̃˥ti˦sɿ˨˦˩xou˥,li˥˧tʰou˧pɑ˥˧˩iæ̃˨˦,kə˥˧˩tʂuoŋ˥˧tʂə˥kə˥tʂʰəŋ˨˦˩fəŋ˥……（调料？）调料加进去以后，然后把这个面弄下以后，那要好多道工序咧。最<u>后么</u>把这个面弄成一条一条儿的。tʰiɑɔ˨˦˩liɑɔ˥˦tɕiɑ˥˧˩tɕiŋ˥tɕʰi˥i˥˧˧xou˥,zæ̃˨˦˩xou˥˦pɑ˥˧˩tʂə˥kə˥miæ̃˥nuoŋ˥˦xɑ˥i˥˧˩xou˥,næᴇ˥iɑɔ˥xɑɔ˥˧tuo˥˧˩tɑɔ˥kuoŋ˥˧˩çy˥lie˧.tsuei˥xoum˥（←xou˥muo˧）

pa˥˩˨ tʂə˧ kə˧ miæ̃˧ nuoŋ˧ tʂʰəŋ˩˥ i˥˩ tʰiaɔ˩˥ i˥˩ tʰiaɔr˩˥ ti˧.（好大一条？）那都不知道了，反正我都知道有这个东西咧。然后上头搞这么一个长椽子。这个椽子头起都有眼儿么。都有眼儿。然后这上头插咧一根棍子。这一根棍子头起担多少个面条儿咧。就是这样放个孔头头担上以后，然后这都是……这都是……这个面它是个儿双帧子的，都才这么一个……都这么个一个样子，放这个上头一穿，底下再放一根棍子，压住向往下来挂，挂得比这房檐都高，比这都高。næᴇ˧ tou˥˦ pu˩˦ tʂʅ˥ taɔ˧ lə˧,fæ̃˥˩ tʂəŋ˧ ŋuo˥ tou˥˩ tʂʅ˥˩ taɔ˧ iou˥˦ tʂə˧ kə˧ tuoŋ˥˩ ɕi˧ lie˧. zæ̃˩˨ xou˧ ʂaŋ˧ tʰou˧ kaɔ˥˦ tʂə˧ muo˧ i˥˦ kə˧ tʂʰaŋ˩˨ tʂʰuæ̃˩˨ tsʅ˧.tʂə˧ kə˧ tʂʰuæ̃˩˨ tsʅ˧ tʰou˩˨ tɕʰie˥˦ tou˥˩ iou˥˦ niæ̃r˥ muo˧.tou˥˩ iou˥˦ niæ̃r˥˩.zæ̃˩˨ xou˧ tʂei˧˦ ʂaŋ˧ tʰou˧ tsʰa˥ lie˧ i˥˩ kəŋ˥˩ kuoŋ˧ tsʅ˧.tʂei˧˦ i˥˦ kəŋ˥˩ kuoŋ˧ tsʅ˧ tʰou˩˨ tɕʰie˥˦ tæ̃˥ tuo˥˩ ʂaɔ˥ kə˧ miæ̃˧ tʰiaɔr˩˨ lie˧.tsou˧ sʅ˧ tʂei˧˦ iaŋ˧ faŋ˧ kə˧ kʰuoŋ˥˩ tʰou˩˨ tʰou˩˦ tæ̃˥ ʂaŋ˧˦ i˥˦ xou˧,zæ̃˩˨ xou˧ tʂei˧˦ tou˥˩ sʅ˧……tʂə˧˦ tou˥˩ sʅ˧˩……tʂə˧ kə˧ miæ̃˧ tʰa˥ sʅ˧ kər˧ ʂuaŋ˥ tʂəŋ˥ tsʅ˧ ti˧,tou˥˩ tsʰæᴇ˩˨ tʂə˧˦ muo˧ i˥˩ kə˧……tou˥˦ tʂə˧˦ muo˧ kə˧ i˥˩ kə˧ iaŋ˧ tsʅ˧,faŋ˧ tʂə˧˦ kə˧˦ ʂaŋ˧ tʰou˧ i˥˩ tʂʰuæ̃˥,ti˥ xa˧ tsæᴇ˧˦ faŋ˧ i˥˦ kəŋ˥˦ kuoŋ˧ tsʅ˧,nia˧ tʂʯ˧ ɕiaŋ˧ vaŋ˥˩ ɕia˧˦ læᴇ˩˨ kua˧,kua˧ tə˧ pi˥ tʂə˧ faŋ˩ iæ̃˩˦ tou˥ kaɔ˥˩,pi˥ tʂei˧˦ tou˥˩ kaɔ˥˩.（把它抻长了？）噢，抻长了。一直从奘的，它能指头这么奘，临毕最后都弄的像这个线一样细的那。然后风把这吹干咧以后，一截儿一截儿的截长来截这么长长。挂面。aɔ˩,tsʰəŋ˥ tʂʰaŋ˩˨ lə˧.i˥˩ tʂʰʅ˩˦ tsʰuoŋ˩˨ tʂuaŋ˥ ti˧,tʰa˥˦ nəŋ˩˨ tsʅ˥ tʰou˧ tʂə˧ muo˧ tʂuaŋ˥˦,liŋ˩ pi˥˩ tsuei˧ xou˧ tou˥˩ nuoŋ˧ ti˧ ɕiaŋ˧ tʂə˧ kə˧ ɕiæ̃˧˦ i˥˩ iaŋ˧ ɕi˧˦ ti˧ næᴇ˧˩.zæ̃˩˨ xou˧ fəŋ˥ pa˥˩ tʂə˧ tʂʰuei˥˩ kæ̃˥ lie˧ i˥˩ xou˧˦,i˥˩ tɕiər˩˦ i˥˩ tɕiər˩˦ ti˧ tɕie˩˨ tʂʰaŋ˩˦ læᴇ˩˦ tɕie˩˨ tʂə˧˦ muo˧ tʂʰaŋ˩˨ tʂʰaŋ˩˨.kua˧˦ miæ̃˧˩.（把它切断是吧？）噢，切断。这就叫挂面。aɔ˩,tɕʰie˥˩ tuæ̃˧.tʂei˧˦ tɕiou˧ tɕiaɔ˧ kua˧ miæ̃˧˩.（噢。你把它切断这个动作叫什么？）截面咧么。tɕie˩ miæ̃˧ liem˧.（截面？）噢，把面截……截断么。aɔ˩,pa˥˩ miæ̃˧ tɕie˩˨ t……tɕie˩˨ tuæ̃˧ muo˧.（噢，那个叫做挂挂面？）挂挂面，噢。挂下的挂面。kua˧ kua˧ miæ̃˧˦,aɔ˩. kua˧ xa˧ ti˧ kua˧˩ miæ̃˧˩.（是指……挂挂面是指这个动作还是那个面？）那个面就叫挂下的挂面。挂面。nə˧˩ kə˧˩ miæ̃˧˦ tɕiou˧ tɕiaɔ˧ kua˧ xa˧ ti˧ kua˧ miæ̃˧.kua˧˦ miæ̃˧˩.（面叫挂面？）啊，你那个加工的过程叫挂挂面。但是现在卖的面都不是那么个挂下的，都是放机器打出来，放烘干机给你烘出来。a˩,ni˥˦ nə˧ kə˧ tɕia˥˦ kuoŋ˥ ti˧ kuo˧ tʂʰəŋ˩˨ tɕiaɔ˧˩ kua˧ kua˧ miæ̃˧.tæ̃˧ sʅ˧˩ ɕiæ̃˧ tsæᴇ˧ mæᴇ˧ ti˧ miæ̃˧ tou˥˦ pu˩˦ sʅ˧ nə˧˦ muo˧ kə˧˩ kua˧ xa˧˩ ti˧,tou˥˦ sʅ˧ faŋ˧ tɕi˥˩ tɕʰi˧˦ ta˥ tʂʰʯ˥˩ læᴇ˩˨,faŋ˧ xuoŋ˥˦ kæ̃˥˩ tɕi˥ kei˧ ni˥˦ xuoŋ˥ tʂʰʯ˥˩ læᴇ˩˨.（那叫什么挂面呢？）还叫挂面，那是机……机制挂面。xa˩˨ tɕiaɔ˧˦ kua˧ miæ̃˧,nə˧ sʅ˧ tɕi˥……tɕi˥˩ tʂʅ˧˦ kua˧ miæ̃˧.（你们吃不吃那种挂面？）现在没有人做手工挂面了。ɕiæ̃˧ tsæᴇ˧ mei˩ iou˥ zəŋ˩˦ tsuo˧˩ ʂou˥ kuoŋ˥˩ kua˧ miæ̃˧ lə˧.（家里面都不做手工挂面了？）哎呀，那劳动强度太大。但是再一个是好像是你做加工的话，卖价和这个欸机制挂面来说是错不下多少。但是那太费事了。而且……但是这个做这个面的这个欸质量来说，机制挂面永远赶不上手工挂面。这机……手工挂面的话你就像是一……一斤面，过去讲那个一斤，放锅里煮熟……煮熟的话，这么大那……个儿那碗的话，可以满满地捞这么四碗到五碗，现在机制……机制挂面两碗。æᴇ˩ ia˩,næᴇ˧˦ laɔ˩˨ tuoŋ˧˦ tɕʰiaŋ˩˨ tu˧˦ tʰæᴇ˧ ta˧.tæ̃˧ sʅ˧ tsæᴇ˧ i˥˩ kə˧˩ sʅ˧˩ xaɔ˥˦ ɕiaŋ˧ sʅ˧ ni˥˦ tsou˧ tɕia˥˦ kuoŋ˥ ti˧ xua˧˩,mæᴇ˧ tɕia˧ xuo˩˨ tʂə˧ kə˧ ei˧ tɕi˥ tʂʅ˧˩ kua˧ miæ̃˧ læᴇ˩˨ ʂuo˥˩ sʅ˧˩ tsʰuo˧ pu˩˨ xa˧ tuo˥ ʂaɔ˥˩.tæ̃˧ sʅ˧ nə˧ tʰæᴇ˧˦ fei˧ sʅ˧ lə˧.ər˩ tɕʰie˥˩……tæ̃˧ sʅ˧ tʂə˧˩ kə˧˩ tsuo˧˦ tʂə˧˩ kə˧˩ miæ̃˧ ti˧ tʂə˧ kə˧ ei˧ tʂʅ˥˩ liaŋ˧˦ læᴇ˩˨ ʂuo˥˩,tɕi˥ tʂʅ˧˩ kua˧ miæ̃˧ yoŋ˥ yæ̃˥ kæ̃˥ pu˩˨ ʂaŋ˧ ʂou˥ kuoŋ˥˩ kua˧ miæ̃˧.tʂei˧ tɕi……ʂou˥ kuoŋ˥˩ kua˧ miæ̃˧ tə˧ xua˧˩ ni˥˦ tsou˧ ɕiaŋ˧ sʅ˧ i˥˩……i˥˦ tɕiŋ˥ miæ̃˧˩,kuo˧˦ tɕʰy˧ tɕiaŋ˥ nə˧ kə˧ i˥˦ tɕiŋ˥,faŋ˧ kuo˥ li˥˩ tʂʰʯ˥ ʂʯ˧……tʂʯ˥ ʂou˩ ti˧ xua˧˩,tʂə˧ muo˧ ta˧ nə˧

k……kər˧nə˧væ̃˥ti˩xua˧˩,kʰə˥˩i˥˧mæ̃˥mæ̃˥ti˩lao˨˩tʂə˧muo˩sɿ˧væ̃˥˧tao˧vu˥væ̃˥˩,ɕiæ̃˧tsæᴇ˧tɕi˥tʂɿ˧……tɕi˥tʂɿ˧˩kua˧miæ̃˧liaŋ˥væ̃˥˩.（噢，就是它的那个那种膨胀系数大一些是吧？）噢，膨胀系数就不行。ao˨˩,pʰəŋ˨˧tʂaŋ˧ɕi˧˥ʂɥ˧˩tsou˧pu˨˧ɕiŋ˨˩.

拉面、拉条子

（你们管拉面叫拉条子噢？）黄：欸，拉条子是……拉条子比这个细一点儿。它可以拉成个……拉面是拉面嘛。ei˨˩,la˥tʰiao˨˩tsɿ˩sɿ˧……la˥tʰiao˨˩tsɿ˩pi˥˧tʂə˧kə˧ɕi˧˥i˥˩tiæ̃r˥˩.tʰa˥˧kʰə˥˧i˥˩la˥tʂʰəŋ˨˩kə˧˩……la˥˩miæ̃˧˥sɿ˧˩la˥˩miæ̃˧˥ma˩.（噢，不是一回事儿？）不是一回事嘛。拉面是粗……拉面细呀。拉面你那你那□你你到牛肉面里头去□就问你咧么。看你吃哪一种咧么。是吃细面咧，还是二细儿咧，还是韭叶子咧，还是三棱子咧，还是粗面咧。pu˨˩sɿ˧˥i˥˩xuei˨˩sɿ˧ma˩.la˥˩miæ̃˧˥sɿ˧tsʰɥ˥……la˥˩miæ̃˧˥ɕi˧ia˩.la˥˩miæ̃˧˥ni˥nei˧˩ni˥˧nei˧˥niæ̃˨˩ni˥˧ni˥˧tao˧niou˨˩zou˧miæ̃˧li˥tʰou˩tɕʰi˧niæ̃˨˩tsou˧vəŋ˧ni˥˩lie˩muo˩.kʰæ̃˧ni˥˧tʂʰɿ˥˧na˥i˥˩tʂuoŋ˥˩lie˩muo˩.sɿ˧˩tʂʰɿ˥˩ɕi˧˥miæ̃˧lie˩,xa˨˩sɿ˧ər˧ɕiər˧lie˩,xa˨˩sɿ˧tɕiou˥ie˥˩tsɿ˩lie˩,xa˨˩sɿ˧sæ̃˥luoŋ˨˩tsɿ˩lie˩,xa˨˩sɿ˧tsʰɥ˥˩miæ̃˧˥lie˩.（噢呵，这个大小不同。）大小不同，出来那个面就那个形状就不同么。拉条子的话，那你要吃三棱子咧，还要吃圆的咧。他拉出来，你要吃这个是圆的，他拉出来就是面棒棒；你要吃三棱子的，他都拉出来像是……是个三棱面。ta˧ɕiao˥˧pu˨˩tʰuoŋ˨,tʂʰɥ˥˩læᴇ˨˩nə˧˩kə˧˩miæ̃˧tɕiou˧nei˧˩kə˧ɕiŋ˨˩tʂuaŋ˧˥tsou˧pu˨˩tʰuoŋ˨muo˩.la˥tʰiao˨˧tsɿ˩ti˩xua˧,næᴇ˧ni˥˧iao˧tʂʰɿ˥sæ̃˥˩ləŋ˨˩tsɿ˩lie˩,xa˨˩iao˧tʂʰɿ˥˩yæ̃˨˩ti˩lie˩.tʰa˥˩la˥˩tʂʰɥ˥læᴇ˨˧,ni˥˧iao˧tʂʰɿ˥tʂə˧˩kə˧˩sɿ˧yæ̃˨˩ti˩,tʰa˥la˥˩tʂʰɥ˥læᴇ˨˩tɕiou˧sɿ˧miæ̃˧paŋ˧paŋ˧˩;ni˥˧iao˧tʂʰɿ˥˩sæ̃˥ləŋ˨˩tsɿ˩ti˩,tʰa˥˧tou˥˧la˥˩tʂʰɥ˥læᴇ˨˩ɕiaŋ˧s……sɿ˧˩kə˧˩sæ̃˥˩ləŋ˨miæ̃˧.（哈哈，还有这种手艺啊？）就是的。它一斤面可以拉……拉两公……拉两公里多长。就是一根针鼻子里可以穿过去七根子面。可以拉那么细。tɕiou˧sɿ˧ti˩.tʰa˥˧i˥˧tɕiŋ˥˩miæ̃˧kʰə˥i˥˩la˥˩……la˥˩liaŋ˥kuoŋ˥˩t……la˥˩liaŋ˥kuoŋ˥˩li˥tuo˥˩tʂʰaŋ˨˩.tɕiou˧˩sɿ˧˩i˥˧kəŋ˥˧tʂəŋ˥pi˨˩tsɿ˩li˥˩kʰə˥i˥˩tʂʰuæ̃˥˩kuo˧tɕʰi˧tɕʰi˥kəŋ˥˩tsɿ˩miæ̃˧˩.kʰə˥i˥˩la˥˧nə˧˥muo˩ɕi˧˩.

𰻞𰻞面

黄：兀是陕西人的特产么。裤带面，𰻞𰻞[①]面么。və˧sɿ˧ʂæ̃˥ɕi˥˩zəŋ˨˩ti˩tʰei˥˩tsʰæ̃˥muo˩.kʰu˧tæᴇ˧miæ̃˧,piaŋ˨piaŋ˨˩miæ̃˧muo˩.（你们这儿面……）我们不……我们不……太不叫。ŋuo˥məŋ˩pu……ŋuo˥məŋ˩pu……tʰæᴇ˧pu˨˩tɕiao˧.（你们你们有没有类似的东西？）哎，有是都有咧嘛。那是陕西呃陕西的一大怪里头的么。擀下面条儿像裤带么。烙下锅盔像锅盖么。油泼辣子上等菜么。有凳子不坐蹴起来么。æᴇ˩,iou˥sɿ˧˩tou˥˧iou˥˧lie˩ma˩.næᴇ˧˥sɿ˧ʂæ̃˥ɕi˥˩ə˩ʂæ̃˥ɕi˥˩ti˩i˥˩ta˧kuæᴇ˧˥li˥˩tʰou˩ti˩muo˩.kæ̃˥xa˧˩miæ̃˧tʰiaor˨˧ɕiaŋ˧kʰu˧tæᴇ˧muo˩.luo˥xa˧˩kuo˥kʰuei˥˩ɕiaŋ˧kuo˥˩kæᴇ˧muo˩.iou˨pʰuo˥˧la˥tsɿ˩ʂaŋ˧təŋ˥˩tsʰæᴇ˧muo˩.iou˥tə̃˧tsɿ˩pu˨˩tsuo˧tɕiou˨tɕʰi˥˩læᴇ˨˧muo˧.（有有凳子不坐？）有凳子……陕西人你给他这么个凳子他都不坐。他都要……iou˥təŋ˧˥tsɿ˩……ʂæ̃˥ɕi˥˩zəŋ˨ni˥˧kei˧tʰa˥˩tʂə˧muo˩kə˧təŋ˧tsɿ˩tʰa˥˧tou˥˧pu˨˩tsuo˧.tʰa˥˧tou˥˧iao˧tɕ……（蹲下来？）他蹲在那个地方。tʰa˥˧tuoŋ˥tsæᴇ˧˩nə˧kə˧ti˧faŋ˥˩.（噢，你再把这个几句念一下看？）擀下面条儿像裤带么，就是那𰻞……𰻞𰻞面么。油泼辣子

---

① 𰻞：关中方言字。民谣对该字的组合说法是："一点飞上天，黄河两道弯，八字大张口，中央放个盐篓篓(言字往进走)；你扭扭，我扭扭；你尝尝，我尝尝；中间夹个马大王。月字旁，心字底，钉个钩搭挂麻糖，推个车车逛咸阳。"有人认为其本字为"饼"，也有人认为是模仿制作这种面条时将面团置于石头或案板上用棒槌捶打而发出的声响。

上等菜么。kæ˥˧xa˦miæ̃˦tʰiaor˩˧çiaŋ˦kʰu˦˥tæᴇ˦muo˨˩.tɕiou˦˥sɿ˦nə˦piaŋ……piaŋ˩˧piaŋ˨˩miæ̃˦muo˨˩.iou˩˧pʰuo˥˧˦la˥˧tsɿ˨˩ʂaŋ˦˥təŋ˥˧˩tsʰæᴇ˦˩muo˨˩.（油泼辣子……）上等菜。ʂaŋ˦˥təŋ˥˧tsʰæᴇ˦.（上灯？）上等菜么。最好的。这个烙下锅盔像锅盖嘛。大嘛。这个噢噢中间是鼓起来那么个样子嘛。有凳子不坐还要蹴起来。ʂaŋ˦˥təŋ˥˧tsʰæᴇ˦muo˨˩.tsuei˦xaɔ˥˧ti˨˩.tʂə˦˩kə˦˩luo˥˧xa˦kuo˥˧kʰuei˥˧˩çiaŋ˦kuo˥˧˩kæᴇ˦ma˨˩.ta˦ma˨˩.tʂə˦˩kə˦ou˥˧ou˥˧tʂuoŋ˥˧˩tɕiæ̃˥˧sɿ˦ku˥˧tɕʰi˥˧læᴇ˩˧nə˦muo˨˩kə˦iaŋ˦tsɿ˨˩ma˨˩.iou˥˧təŋ˦˥tsɿ˨˩pu˩˧tsuo˦xa˩˧iaɔ˦tɕiou˩˧tɕʰi˥˧˩læᴇ˩˧.（tɕiou˩˧就是蹲是吧？）就是蹲起来么。tɕiou˦sɿ˦tuoŋ˥˧tɕʰi˥˧˩læᴇ˨˩muo˨˩.（你们讲蹲叫什么？）我们也叫圪……蹴下咧。ŋuo˥˧mən˨˩ie˥˧tɕiaɔ˦kə˥˧tʰi……tɕiou˨˩xa˦˥lie˨˩.（是圪蹴还是蹴？）圪……叫蹴。这个……kə……tɕiaɔ˦tɕiou˩˧.tʂə˦kə˦……（有有圪蹴这个说法没有？）哎，有这个说法咧。但是多一半儿都是蹴得那儿。æᴇ˦,iou˥˧tʂə˦kə˦ʂuo˥˧fa˥˧˩lie˨˩.tæ̃˦˩sɿ˦˩tuo˥˧i˥˧˩pær˦˥tou˥˧sɿ˦tɕiou˩˧tə˦nər˦.（你你们有没有这个piaŋ˩˧这个音？）有咧，有𰻞。iou˥˧lie˨˩,iou˥˧piaŋ˩˧.（什么意思？）这说不来。有了。这个有个人那昨晚上有个人说你叫带力气来，吉利先生他说："你叫个啥？""我叫个𰻞𰻞。"tʂei˦ʂuo˥˧˩pu˨˩læᴇ˩˧.iou˥˧lə˨˩.tʂə˦kə˦iou˥˧kə˦zəŋ˨˩nei˦tsuo˨˩væ̃˥˧ʂaŋ˦˩iou˥˧kə˦zəŋ˩˧ʂuo˥˧˩ni˥˧˩tɕiaɔ˦˩tæᴇ˦li˦tɕʰi˦˩læᴇ˨˩,tɕi˥˧li˦çiæ̃˥˧səŋ˥˧˩tʰa˥˧ʂuo˥˧:ni˥˧tɕiaɔ˦kə˦sa˦?ŋuo˥˧tɕiaɔ˦kə˦piaŋ˨˩piaŋ˨˩.（piaŋ˩piaŋ˨是什么意思啊？）就是这一个字，我就是名字就姓𰻞，我叫个𰻞𰻞。tɕiou˦˩sɿ˦˩tʂei˦˥i˥˧˩kə˦tsɿ˦,ŋuo˥˧tɕiou˦sɿ˦miŋ˨˩tsɿ˦˥tɕiou˦çiŋ˦piaŋ˩˧,ŋuo˥˧tɕiaɔ˦kə˦piaŋ˨˩piaŋ˨˦.（有姓piaŋ˩˧的人？）不知道。pu˩˧tʂɿ˥˧taɔ˦˩.（笑话是吧？）笑话儿。这个𰻞不知道同音字就是个啥东西反正。写不出来字儿么。çiaɔ˦xuar˦˩.tʂə˦kə˦piaŋ˩˧pu˩˧tʂɿ˥˧taɔ˦tʰuoŋ˩˧iŋ˥˧tsɿ˦˥tɕiou˦sɿ˦kə˦sa˦tuoŋ˥˧çi˨˩fæ̃˥˧tʂəŋ˦.çie˥˧pu˨˩tʂʰɥ˥˧læᴇ˨˩tsər˦˥muo˨˩.（piaŋ˩˧这个字有……有意思没有？）这个𰻞它就是这个面条儿它都是扯开的，放到案上绊的啪啪啪响咧。tʂə˦kə˦piaŋ˩˧tʰa˥˧tɕiou˦sɿ˦tʂə˦kə˦miæ̃˦tʰiaor˩˧tʰa˥˧tou˥˧˩sɿ˦˩tʂʰə˥˧kʰæᴇ˥˧ti˨˩,faŋ˦taɔ˦næ̃˦ʂaŋ˦˩pæ̃˦ti˨˩pʰia˦pʰia˦pʰia˦çiaŋ˥˧lie˨˩.（噢，就叫piaŋ˩˧……piŋ˩˧面？）噢噱，𰻞𰻞面。aɔ˨˩xaɔ˨˩,piaŋ˩˧piaŋ˨˩miæ̃˦.（噢，这个piaŋ˩˧就是拉面的时候抻面的时候……）噢，噢，那个动作，放到案板上绊咧。aɔ˨˩,aɔ˦,nə˦kə˦tuoŋ˦˥tsuo˦˩,faŋ˦taɔ˦næ̃˦pæ̃˥˧ʂaŋ˦˩pæ̃˦˥lie˨˩.（就是那个面呢敲击那个案板的那个声音？）啊，声音叫𰻞𰻞么。a˨˩,ʂəŋ˥˧iŋ˥˧˩tɕiaɔ˦piaŋ˩˧piaŋ˩˨muo˨˩.（噢。你们也有这个说法啊？）也有这个说法。𰻞𰻞面么。ie˥˧iou˥˧tʂə˦kə˦ʂuo˥˧˩fa˥˧˩.piaŋ˩˧piaŋ˨˩miæ̃˦muo˨˩.（欸，这里没有看到做拉面的嘛！）欸嘿，拉面多的是。ei˦xei˦,la˥˧˩miæ̃˦tuo˥˧ti˨˩sɿ˦˩.（你街上一家都没有！）那个角角里那个呃牛肉面那都是给你可以做𰻞𰻞面嘛。nə˦kə˦tɕyo˥˧tɕyo˥˧˩li˥˧˩nə˦kə˦ə˨˩niou˩˧zou˦miæ̃˦næᴇ˦˩tou˥˧sɿ˦˩kei˦ni˥˧kʰə˥˧i˥˧tsuo˦piaŋ˩˧piaŋ˨˩miæ̃˦ma˨˩.（噢，那个他他做牛肉面他他做那个啊？piaŋ˩˧piaŋ˩˧面啊？）啊，啊，它就可以拉出来么。a˨˩,a˦,tʰa˥˧tsou˦kʰə˥˧i˥˧la˥˧˩tʂʰɥ˥˧læᴇ˨˩muo˨˩.（你们也管它叫piaŋ˩˧piaŋ˩˧面啊？）啊，那是宽么。裤带面么就……揪下宽一点就是那𰻞𰻞面么。a˨˩,nə˦sɿ˦kʰuæ̃˥˧muo˨˩.kʰu˦tæᴇ˦miæ̃˦˥muo˨˩tsou˦ʂ……tɕiou˥˧xa˦˩kʰuæ̃˥˧i˥˧˩tiæ̃˥˧tɕiou˦sɿ˦nə˦˩piaŋ˩˧piaŋ˩˥miæ̃˦muo˨˩.

䊋面

黄：䊋面，叫䊋面，也叫糕么。䊋面是最古老的说法。哎就是这个。陕北人对这个最讲究。zæ̃˩˧miæ̃˦,tɕiaɔ˦zæ̃˩˧miæ̃˦,ie˥˧tɕiaɔ˦kaɔ˥˧muo˨˩.zæ̃˨˩miæ̃˦sɿ˦tsuei˦ku˥˧laɔ˥˧ti˨˩ʂuo˦fa˥˧˩.æᴇ˥˧tɕiou˦˩sɿ˦˩tʂə˦kə˦.ʂæ̃˥˧pei˥˧˩zəŋ˩˧tuei˦tʂə˦kə˦tsuei˦tɕiaŋ˥˧tɕiou˥˧˩.（怎么做法呢？）那是把软米经过发酵以后蒸出来的。软米磨成面。nə˦sɿ˦pa˥˧˩zuæ̃˥˧mi˥˧tɕiŋ˥˧˩kuo˦fa˥˧˩çiaɔ˦i˥˧˩xou˦tʂəŋ˥˧tʂʰɥ˥˧˩læᴇ˨˩ti˨˩.zuæ̃˥˧mi˥˧muo˦˥tʂʰəŋ˨˩miæ̃˦.（软米是糯米是吧？）啊，糯米磨成面，或

者是綵米……软……软小……软小米，把这些东西都磨成面，经过发酵，蒸出来的么。ɑ˨˩,nuo˧mi˥˧˩nuo˧（←muo˧）tʂʰəŋ˨˩miæ̃˧,xuo˨˦tʂə˥˦sɿ˧ʐæ̃˨˩mi˥˧˩……ʐuæ̃˥……ʐuæ̃˥ɕiɑɔ˥˧˩……ʐuæ̃˥ɕiɑɔ˥˧˩mi˥,pɑ˥˧˩tʂei˧ɕie˥˦tuoŋ˥˦ɕi˧tou˥˧˩muo˧tʂʰəŋ˨˦miæ̃˧,tɕiŋ˥˧˩kuo˧fɑ˥˧˩ɕiɑɔ˧,tʂəŋ˥˧˩tʂʰʮ˥læᴇ˨˩ti˧muo˧.

豁刀片子

（这个那个面条哇它它那个有长……长面、宽面、窄面这样的叫法吗？）黄：那当然有咧么。næᴇ˧˦tɑŋ˥˦ʐæ̃˨˦iou˥lie˧muo˧.（呃，怎么讲？）那你吃的长面就是……长面嘛。面片子嘛。豁刀片片嘛。nei˧ni˥˦tʂʰʅ˥ti˧tʂʰɑŋ˨˩miæ̃˧tɕiou˧sɿ˧tɕi……tʂʰɑŋ˨˩miæ̃˧mɑ˧.miæ̃˧pʰiæ̃˥tsɿ˧mɑ˧.xuo˥tɑɔ˥˧˩pʰiæ̃˥pʰiæ̃˥˧˩mɑ˧.（豁刀片片是什么样？）这一块儿……这一块儿面的话，我把……擀成圆的以后，我把它一条儿一条儿的，都切成这个样子，把这一片一片的对，对起来，放刀把它都切成片片。tʂei˧i˥˧˩kʰuər˥……tʂei˧i˥˧˩kʰuər˥miæ̃˧ti˧xuɑ˧˩,ŋuo˥˧˩pɑ˥˧˩tə……kæ̃˥tʂʰəŋ˨yæ̃˨˩ti˧i˥˧˩xou˧,ŋuo˥˦pɑ˥˧˩tʰɑ˥i˥˧˩tʰiɑɔr˨i˥˧˩tʰiɑɔr˨ti˧,tou˥˧˩tɕʰie˥tʂʰəŋ˨˩tʂə˧kə˧iɑŋ˧tsɿ˧,pɑ˥˧˩tʂei˧i˥˧˩pʰiæ̃˥i˥˧˩pʰiæ̃˥tə˧tuei˧,tuei˧tɕʰi˥læᴇ˨˩,fɑŋ˧tɑɔ˥pɑ˥˧˩tʰɑ˥˦tou˥˧˩tɕʰie˥tʂʰəŋ˨˩pʰiæ̃˥˧˩pʰiæ̃˥˦.（噢，这个就是先横向切了……）噢，再纵向……ɑɔ˨˩,tsæᴇ˧tsuoŋ˧ɕiɑŋ˧……（然后再纵向切，那个东西，切出来的东西？有多大一块儿？）那还敢多大一块儿？多大一块儿你咋吃去咧？那都是这个指……最多不超过指头宽那片片。擀的薄薄的么你。næᴇ˧xɑ˨˩kæ̃˥tuo˥˧˩tɑ˧˦i˥˧˩kʰuər˥?tuo˥˧˩tɑ˧˦i˥˧˩kʰuər˥˦ni˥tsɑ˥˦tʂʰʅ˥tɕʰi˧lie˧?næᴇ˧tou˥˦sɿ˧tʂə˧kə˧tsɿ……tsuei˧tuo˥˧˩pu˨˩tʂʰɑɔ˥˧˩kuo˧tsɿ˥tʰou˧kʰuæ̃˥nə˧pʰiæ̃˥pʰiæ̃˥˧˩.kæ̃˥ti˧puo˨puo˨˦ti˧muo˧ni˥˦.（那个叫……那是面片子是吧？）噢，面片子么。ɑɔ˧,miæ̃˧pʰiæ̃˥tsɿ˧muo˧.（那叫什么片？）豁刀片子嘛。xuo˥tɑɔ˥˧˩pʰiæ̃˥tsɿ˧mɑ˧.（豁刀？）就是拿刀把那个豁开的意思嘛。tɕiou˧sɿ˧nɑ˨tɑɔ˥pɑ˥˧˩nə˧kə˧xuo˥˦kʰæᴇ˥ti˧i˧sɿ˧mɑ˧.（有宽面、窄面？）那有咧嘛。næᴇ˧˦iou˥lie˧mɑ˧.（怎么叫？）臊子面一般都是窄的嘛。你切的宽咧，你有这么宽的，还有这两个格格子连在一样的宽的么。sɑɔ˧tsɿ˧miæ̃˧i˥˧˩pæ̃˥tou˥˦sɿ˧tsei˥ti˧mɑ˧.ni˥˦tɕʰie˥ti˧kʰuæ̃˥lie˧,ni˥˦iou˥˦tʂə˧muo˧kʰuæ̃˥ti˧,xæᴇ˨˩iou˥tʂə˧liɑŋ˥kə˧kə˥kə˥˦tsɿ˧liæ̃˨˩tsæᴇ˧i˥˧˩iɑŋ˧ti˧kʰuæ̃˥ti˧muo˧.（那窄面……）窄面那……那你……那有些……有的比这个还……还窄的都有咧。tsei˥miæ̃˧næᴇ˧……næᴇ˧ni˥˦……næᴇ˧iou˥ɕ……iou˥ti˧pi˥˦tʂə˧kə˧xɑ˨˩……xɑ˨˩tsei˥ti˧tou˥˧˩iou˥lie˧.（有没有短面？）没有这个说法。mei˨iou˥tʂə˧kə˧ʂuo˥fɑ˥˧˩.

三角片片

（形状三角的连锅面？）黄：三角片片么。还就是这号儿么，就是这样。sæ̃˥tɕyo˥˧˩pʰiæ̃˥pʰiæ̃˥˧˩muo˧.xɑ˨˩tɕiou˧˦sɿ˧tʂei˧˦xɑɔr˧˩muo˧,tɕiou˧˦sɿ˧˩tʂei˧˦iɑŋ˧˩.（这是菱形呐！）啊，这里……就是这么个东西。它还是这个是横向的切咧以后，在它切的时候，刀这样拐咧一下。ɑ˨˩,tʂei˧˦li˥˧˩……tɕiou˧˦sɿ˧tʂə˧muo˧kə˧tuoŋ˥ɕi˧.tʰɑ˥xɑ˨˩sɿ˧˦tʂə˧kə˧sɿ˧xəŋ˨˦ɕiɑŋ˧ti˧tɕʰie˥lie˧i˥˧˩xou˧,tsæᴇ˧tʰɑ˥˦tɕʰie˥ti˧sɿ˨˩xou˧,tɑɔ˥tʂə˧iɑŋ˧kuæᴇ˥lie˧i˥˧˩xɑ˧.（噢，斜刀？）啊，斜刀切出来就是这么三角片片咧。ŋɑ˧,ɕie˨tɑɔ˥˧˩tɕʰie˥˧˩tʂʰʮ˥læᴇ˨˩tɕiou˧sɿ˧tʂə˧muo˧sæ̃˥tɕyo˥˧˩pʰiæ̃˥pʰiæ̃˥˧˩lie˧.（噢，三角的那。）三角片片这就是那连锅子面，煮下以后里头放点青菜，这个出来以后，这个汤儿，搞……不要搞糊了，调料再调好的，清淡一点的那个面。sæ̃˥tɕiɑɔ˥˧˩pʰiæ̃˥pʰiæ̃˥˧˩tʂei˧˦tɕiou˧sɿ˧næᴇ˧liæ̃˨kuo˥tsɿ˧miæ̃˧,tʂʮ˥xɑ˧i˥˧˩xou˧li˥tʰou˧fɑŋ˧tiæ̃˥˧˩tɕʰiŋ˥˧˩tsʰæᴇ˧,tʂə˧kə˧tʂʰʮ˥læᴇ˨i˥˧˩xou˧,tʂə˧kə˧tʰɑ̃r˥,kɑɔ˥˧˩……pu˨˩iɑɔ˧kɑɔ˥xu˨lə˧,tʰiɑɔ˨˩liɑɔ˧tsæᴇ˧tʰiɑɔ˨˩xɑɔ˥ti˧,tɕʰiŋ˥˧˩tæ̃˧˦i˥˧˩tiæ̃˥ti˧nə˧kə˧miæ̃˧.（那个你们把……管它叫什么？）我们还叫是欸就是连锅子

片片嘛。ŋuom˦xa˨˩tɕiao˥˧sɿ˥˨ei˨tsou˥sɿ˥liæ̃˨˩kuo˦tsɿ˧pʰiæ̃˦pʰiæ̃˦˨ma˧.

面揪子

（把放了盐、事先和就好的稠面糊用筷子一块一块地加入开水锅中煮熟后调上佐料。）黄：我们我们把那叫揪子。面揪子。ŋuo˦məŋ˧pa˦˨næᴇ˥tɕiao˥tɕiou˦tsɿ˧.miæ̃˥tɕiou˦tsɿ˧.（就就就这么揪？）啊，就是那把面和下以后，用……不是手揪的，拿筷子夹得里头的。面疙瘩么，实际上是面疙瘩。a˨,tsou˥˧sɿ˥nə˥pa˦miæ̃˥xuo˥˦xa˥˧i˦˨xou˥˧,yoŋ˥……pu˨sɿ˥ʂou˦tɕiou˦ti˧,na˨˩kʰuæᴇ˥tsɿ˧tɕia˦tə˧li˦˨tʰou˧ti˧.miæ̃˥kə˦ta˦˥muo˧,ʂʅ˨˩tɕi˥˧ʂaŋ˥sɿ˥miæ̃˥kə˦ta˦˨.（这个tɕiou˦是拧的意思还是什么意思啊？）揪，往开拽的那个意思。揪开，拽开。这不过是不……这个我们这儿这这个揪字不是用手揪下的，拿筷子夹住，一个一个夹出去。你这个手是为揪下这个东西以后就说是这个形状来啥，你一捏以后劲就大。筷子揪下那个疙瘩它带刺儿着咧，疙里疙瘩的。tɕiou˦,vaŋ˦˨kʰæᴇ˦tʂuei˥˦ti˧nə˥kə˥i˥˧sɿ˧.tɕiou˦kʰæᴇ˦,tʂuei˥˦kʰæᴇ˦.tʂə˥˧pu˨˩kuo˥sɿ˥pu˨˩……tʂə˥kə˥ŋuo˦məŋ˧tʂər˥tʂə˥tʂə˥kə˥tɕiou˦tsɿ˥˨pu˨˩sɿ˥yoŋ˥ʂou˦tɕiou˦˨xa˥˨ti˧,na˨˩kʰuæᴇ˥tsɿ˧tɕia˦tʂʮ˥,i˦˨kə˥i˦˨kə˥tɕia˦tʂʰʮ˦˨tɕʰi˥˨.ni˦˥tʂə˥kə˥ʂou˦ʂɿ˥vei˥tɕiou˦xa˥tʂə˥kə˥tuoŋ˦ɕi˧i˦˨xou˥tɕiou˥ʂuo˦˥sɿ˥tʂə˥kə˥ɕiŋ˨˩tʂuaŋ˥læᴇ˨˩sa˥,ni˦˥i˦˨nie˦i˦˨xou˥tɕiŋ˥˦tsou˥˨ta˥˨.kʰuæᴇ˥tsɿ˧tɕiou˦xa˥˨nə˥kə˥kə˦ta˦˨tʰa˦˥tæᴇ˥tsʰər˥tʂə˧lie˧,kə˦li˦˥kə˦ta˦˨ti˧.

麻食

（有这个麻食蛋吗？）黄：麻食。ma˨˩ʂʅ˨˩.（麻食？）嗯，麻食。这一种叫麻食，一种叫……跐是提手过去个啥字？跐。əŋ˨,ma˨˩ʂʅ˨˩.tʂei˥i˦˨tʂuoŋ˦tɕiao˥ma˨˩ʂʅ˨˩,i˦˨tʂuoŋ˦tɕiao˥……tsʰɿ˦sɿ˥˨tʰi˨˩ʂou˦kuo˥tɕʰy˥kə˥sa˥˦tsɿ˥˨?tsʰɿ˦.（什么意思？）就叫麻食，也叫跐儿子。tɕiou˥tɕiao˥ma˨˩ʂʅ˨˩,ie˦˥tɕiao˥tsʰər˦tsɿ˧.（是怎么做法呢？）这是一截子面团儿。拿上以后，放手这么个一跐，一卷一卷卷儿。tʂə˥sɿ˥˨i˦˨tɕie˨˩tsɿ˧miæ̃˥tuæ̃r˨˩.na˨˩ʂaŋ˥i˦˨xou˥,faŋ˥ʂou˦tʂə˥muo˧kə˥i˦˨tsʰɿ˦,i˦˨tɕyæ̃˦i˦˨tɕyæ̃˦tɕyæ̃r˦˨.（这个tsʰɿ˦就是用手把它轮出来的那个？）啊一……啊你……摁出来的那个东西。也有底下放个东西的话，你像放个箅子，放个……底下那个东西是有棱角儿那个，一跐它都花花儿的出来了。一跐一个花花儿的那个。也有放到案板上跐的。那是出来是个光的，没有形状了。这个一个叫麻食，也叫跐儿子。a˥i……a˨ni……ŋəŋ˥˦tʂʰʮ˧læᴇ˨˩ti˧nə˥kə˥tuoŋ˦ɕi˧.ie˦˥iou˦˥ti˦ɕia˥˨faŋ˥kə˥tuoŋ˦ɕi˧ti˧xua˥˨,ni˦˥ɕiaŋ˥faŋ˥kə˥pi˥˦tsɿ˧,faŋ˥kə˥……ti˦xa˥nə˥kə˥tuoŋ˦ɕi˧sɿ˥˨iou˦ləŋ˨tɕyor˦nə˥kə˥,i˦˥tsʰɿ˦tʰa˦˨tou˦˨xua˦˨xuar˦˥ti˧tʂʰʮ˦læᴇ˨˩lə˧.i˦˥tsʰɿ˦i˦˥kə˥xua˦˨xuar˦˨ti˧nei˥kə˥.ie˦iou˦faŋ˥tao˥næ̃˥pæ̃˦˨ʂaŋ˥˨tsʰɿ˦ti˧.nə˥sɿ˥tʂʰʮ˦læᴇ˨˩sɿ˥kə˥kuaŋ˦ti˧,mei˨iou˦ɕiŋ˨˩tʂuaŋ˥˦lə˧.tʂei˥kə˥i˦˥kə˥tɕiao˥ma˨˩ʂʅ˨˩,ie˦˥tɕiao˥tsʰər˦tsɿ˧.（这么一摁就叫一tsʰɿ˦？）噢，一摁一跐么。aɔ˨,i˦˨əŋ˥i˦˨tsʰɿ˦muo˧.（这叫tsʰɿ˦？）它这个面是用力气……tʰa˦˨tʂə˥kə˥˨miæ̃˥sɿ˥yoŋ˥˧li˦˨tɕʰi˥……（用手……大拇指吧？）大拇指。呃，一跐它转个圈儿。ta˥mu˦tsɿ˧.ə˨,i˦˨tsʰɿ˦tʰa˦˨tʂuæ̃˥kə˥tɕʰyæ̃r˦.（反正大拇指这么那个……）一搓啊。i˦˨tsʰuo˦a˧.（这么轮一下它就……它就那个变成了一个哎勺子……）啊。a˨.（它就是那种花瓣一样那个样子是吧？）啊，就是那个。嗯。a˨,tɕiou˥˧sɿ˥˨nə˥kə˥.ŋ̍˨.（只指tsʰɿ˦面吧？tsʰɿ˦别的东西可不可以？）不。呃是跐面咧么。pu˨˩.ə˦sɿ˥tsʰɿ˦˨miæ̃˥˦lie˧muo˧.（他有些在这个草帽边上那个tsʰɿ˦啊？）噢，放草帽儿边儿跐。放焙……放这个欸这个盖下那种……做下那个……码下那个……aɔ˨,faŋ˥tsʰaɔ˦maor˥˦piær˦tsʰɿ˦.faŋ˥pei˥……faŋ˥tʂei˥kə˥ei˨tʂə˥kə˥kæᴇ˥xa˥nei˥˧tʂuoŋ˦˨……tsuo˥˧xa˥˨nə˥kə˥tsʰ……ma˦xa˥˨nə˥kə˥……（那个簸箕？）簸箕头起，尖尖头起。懒麻食

怕是……你说那个懒麻食就是放案板上直接放那个面棍棍这么放案上搓下那个。puo˧˩˦tɕi˥˩˨tʰou˩˨tɕʰie˥˩˦,tɕiæ̃˥˩˦tɕiæ̃˥˩˨tʰou˩˨tɕʰie˥˩˨.læ̃˥˧ma˩˨ʂʅ˩˦pʰɑ˧sʅ˧……ni˥˧ʂuo˥˩˨nə˧kə˧læ̃˥˧ma˩˨ʂʅ˩˦tɕiou˧˥sʅ˧˩˨faŋ˧næ̃˧˩˦pæ̃˥˩˨ʂaŋ˧˩˨tʂʅ˩˦tɕie˥˩˨faŋ˧nə˧kə˧miæ̃˧kuoŋ˧kuoŋ˧tʂə˧muo˦faŋ˧næ̃˧˥ʂaŋ˧tsʰuo˥˧xɑ˧˩˨nə˧kə˧.（你们有这个叫法吗？）没有这个叫法。mei˩˨iou˥˧tʂə˧kə˧tɕiɑɔ˧fɑ˥˩˨.

搓搓

黄：有一种就是……还有一种，把这个面直接和好以后就直接这么搓一下。iou˥˧i˥˩˨tʂuoŋ˥˧tɕiou˧˥sʅ˧˩˨……xɑ˩˨iou˥˧i˥˩˨tʂuoŋ˥˧,pɑ˥˩˨tʂə˧kə˧miæ̃˧tʂʅ˩˦tɕie˥xuo˧xɑɔ˥˧i˥˩˨xou˧˥tɕiou˧tʂʅ˩˦tɕie˥˩˨tʂə˧muo˦tsʰuo˥˧i˥˩˨ɕiɑ˧˩˨.（噢，用手……两个手这么搓？）啊，搓下以后，搓下那个长短嘛，也就这么长长，中间奘一点儿，两头儿细一点。那个棒棒子，面棒棒子，放锅里煮熟以后，然后调汁……调起来吃。ɑ˩˨,tsʰuo˥˧xɑ˧˩˦i˥˩˨xou˧,tsʰuo˥˧xɑ˧nə˧kə˧tʂʰɑŋ˩˨tuæ̃˥˧mɑ˦,ie˥˩˦tɕiou˧tʂə˧muo˦tʂʰɑŋ˩˨tʂʰɑŋ˩˦,tʂuoŋ˥˩˨tɕiæ̃˥˩˦tʂuɑŋ˥˧i˥˩˨tiæ̃r˥˩˨,liɑŋ˥˧tʰour˩˨ɕi˧i˥˩˨tiæ̃˥˩˨.nə˧kə˧pɑŋ˧˩˦pɑŋ˧˩˨tsʅ˦,miæ̃˧pɑŋ˧˩˦pɑŋ˧˩˨tsʅ˦,faŋ˧kuo˥˩li˥˩˨tʂʯ˥˧ʂʯ˩˦i˥˩˨xou˧˥,zæ̃˩˦xou˧tʰiɑɔ˩˨tʂ……tʰiɑɔ˩˨tɕʰi˥˩˨læᴇ˩˨tʂʰʅ˥˩˨.（你们叫什么东西？）搓搓。tsʰuo˥˧tsʰuo˥˩˨.（那那么粗煮得熟的啊？）那你要煮……你该你该知道搓细一点么。你搓那么奘做啥？næᴇ˧ni˥˩˦iɑɔ˧tʂʯ˥˩˦……ni˥˧kæᴇ˥˩˨ni˥˧kæᴇ˥˩˨tʂʅ˥˩˨tɑɔ˧tsʰuo˥˩˨ɕi˧i˥˩˦tiæ̃˥˩˨muo˦.ni˥˩˦tsʰuo˥˩˨nə˧muo˦tʂuɑŋ˥˧tsʯ˧sɑ˧˩˨?（哦，就搓成这个两头小……）两头小，中间奘一点。liɑŋ˥˧tʰou˩˨ɕiɑɔ˥˩˦,tʂuoŋ˥˩˨tɕiæ̃˥˩˦tʂuɑŋ˥˩˦i˥˩˦tiæ̃˥˩˨.（中间粗一点的那种这个圆条？）噢，圆条儿。这相当……这相当好吃我给你说。只要你味口好，看汁子调的好，调出来那吃上你……ɑɔ˩˨,yæ̃˩˦tʰiɑɔr˩˦.tʂei˧ɕiɑŋ˥˩˦tɑŋ˥˩˨……tʂei˧˥ɕiɑŋ˥˩˦tɑŋ˥˩˨xɑɔ˥˩˨tʂʰʅ˥ŋei˩˨（←ŋuo˥kei˧）ni˥ʂuo˥˩˨.tsʅ˥˩˨iɑɔ˧ni˥˩˦vei˧˩˦kʰou˥˩˨xɑɔ˥˩˨,kʰæ̃˧˩˨tʂʅ˥tsʅ˦tʰiɑɔ˩˦ti˦xɑɔ˥˧,tʰiɑɔ˩˨tʂʰʯ˥˩læᴇ˩˨næᴇ˧tʂʰʅ˥ʂɑŋ˧˩˨ni˥˩˨……（那汁要怎么调法？）汁子那你想吃……你想吃啥味儿，你可以调制啥味儿。你可以调成三鲜味儿的嘛，也可以调成麻辣的。tʂʅ˥tsʅ˦næᴇ˧ni˥˩˦ɕiɑŋ˥˩˦tʂʰʅ……ni˥ɕiɑŋ˥tʂʰʅ˥˩˨sɑ˧˩˦vər˧,ni˥˩˦kʰə˥˩˦i˥˩˦tʰiɑɔ˩˨tʂʅ˧˥sɑ˧˩˨vər˧˩˨.ni˥kʰə˥i˥˩˨tʰiɑɔ˩˦tʂʰəŋ˩˦sæ̃˥˩˨ɕiæ̃˥vər˧ti˦mɑ˦,ie˥kʰə˥i˥˩˨tʰiɑɔ˩˦tʂʰəŋ˩˦mɑ˩˨lɑ˥ti˦.（那么长啊？）啊。ɑ˩˨.（只有筷子那么……比筷子长一些？）哎，那你一般你都可以把它搞碎一点么。为啥？你总不能搞这么长，你捞不到碗里去，你咬也咬不住了。嗨，有个……一般情况下都这么长长那。最长有这么长长咧。æᴇ˩˨,næᴇ˧˥ni˥i˥˩˦pæ̃˥˩˨ni˥tou˥˩˨kʰə˥i˥pɑ˥˩˨tʰɑ˥kɑɔ˥suei˧˩˦i˥˩˨tiæ̃˥˩˨muo˦.vei˧˥sɑ˧˩˨?ni˥tsuoŋ˥pu˩˨nəŋ˩˦kɑɔ˥tʂə˧˥muo˦tʂʰɑŋ˩,ni˥˩˨lɑɔ˩˦pu˩˦tɑɔ˧væ̃˥li˥˩˨tɕʰi˧,ni˥˩˦niɑɔ˥ɑ˥˩˨niɑɔ˥pu˩˨tʂʯ˧˩˨lə˦.xæᴇ˥,iou˥kə˧˩˨……i˥˩˦pæ̃˥tɕʰiŋ˩˨kʰuɑŋ˧ɕiɑ˧tou˥˩˦tʂə˧muo˦tʂʰɑŋ˩tʂʰɑŋ˩˥næᴇ˧˩˨.tsuei˧˩˦tʂʰɑŋ˩˦iou˥˩˦tʂəm˧tʂʰɑŋ˩˨tʂʰɑŋ˩˥lie˦.（就是两……两寸，一……一两寸的样子是吗？）搓……啊，放碗里头调起来。那相当好吃的。年轻人，这个胃口好的人，牙齿好的人，都喜欢吃这两……这个食品。tsʰuo……ɑ˩˨,faŋ˧væ̃˥li˥˩˨tʰou˦tʰiɑɔ˩˨tɕʰi˥læᴇ˩˨.næᴇ˧˥ɕiɑŋ˥˩˦tɑŋ˥˩˨xɑɔ˥˩˦tʂʰʅ˥ti˦.niæ̃˩˦tɕʰiŋ˥zəŋ˩˦,tʂə˧kə˧vei˧˩˦kʰou˥˩˨xɑɔ˥ti˦zəŋ˩,iɑ˩˨tsʰʅ˥˩˦xɑɔ˥ti˦zəŋ˩,tou˥˩˦ɕi˥xuæ̃˥˩˨tʂʰʅ˥˩˨tʂei˧liɑŋ˥˩˦……tʂə˧kə˧ʂʅ˩˦pʰiŋ˥˩˨.（硬吗？）硬么。硬硬的，啊。咬上很有筋子的那个样子。这个问题关键是汤和汁子的调上。iŋ˧muo˦.niŋ˧niŋ˧ti˦,ɑ˩˨.niɑɔ˥ʂɑŋ˧xəŋ˥˩˦iou˥˩˦tɕiŋ˥tsʅ˦ti˦nə˧kə˧liɑŋ˧tsʅ˦.tʂə˧kə˧vəŋ˧tʰi˩˨kuæ̃˥˩˨tɕiæ̃˧sʅ˧tʰɑŋ˥xuo˩tʂʅ˥tsʅ˦ti˦tʰiɑɔ˩˨ʂɑŋ˧.

搅团

（搅团？）黄：哎有咧嘛，搅团么。就是我上一次说那话。把面和成欸水糊……把面和水和起来，和成糊状的，放锅里把这个加热做熟的这个么。做熟以后，放到外头，放这个面……案板头起晾冷，然后放刀切成一块儿一块儿的，汁子放上泌住，吃了。我们绝对不把那个麦面儿和这个欸玉米面儿和到一瘩里做去。我们都是要吃玉米面儿搅团就是玉米面儿，要是麦面儿就是麦面儿的。æᴇ˥˧iou˧˩lie꜔ma꜔,tɕiɑɔ˥˧꜔tʰuæ̃˨˦꜔muo꜔.tɕiou˧sɿ˥ŋuo˥˧ʂɑŋ˧i˥˧꜔tsʰɿ˧ʂuo˥˧nə˧xuɑ˧˩.pɑ˧˩miæ̃˧xuo˧tʂʰəŋ˨˦꜔ei˨˩ʂuei˥˧xu……pɑ˧˩miæ̃˧xuo˨˦˩ʂuei˥˧xuo˧tɕʰi˥˧꜔læᴇ˨˦˩,xuo˧tʂʰəŋ˨˦꜔xu˨˦tʂuɑŋ˧ti꜔,fɑŋ˧kuo˥˧li˧˩pɑ˧˩tʂə˧kə˧tɕiɑ˥˧˦zə˧˩tsuo˧˥ʂʮ˨˦˩ti꜔tʂə˧kə˧muo꜔.tsuo˧˥ʂʮ˨˦i˧˩xou˧˥,fɑŋ˧tɑɔ˧væᴇ˧tʰou꜔,fɑŋ˧tʂə˧kə˧miæ̃˧……næ̃˧pæ̃˧˩tʰou˨˦˩tɕʰie˥˧꜔liɑŋ˧ləŋ˥˧,zæ̃˨˦˩xou˧fɑŋ˧tɑɔ˥˧tɕʰie˥˧tʂʰəŋ˨˦˩i˥˧˩kʰuər˥˧꜔i˥˧˩kʰuər˥˧꜔ti꜔,tʂʅ˥˧tsɿ꜔fɑŋ˧ʂɑŋ˧tɕʰiŋ˧˥tʂʮ˧˩,tʂʰʅ˥˧lə꜔.ŋuo˥˧məŋ꜔tɕyo˨˦˩tuei˧˥pu˨˦˩pɑ˧˩nei˧kə˧mei˧˩miæ̃r˧˥xuo˨˦꜔tʂə˧kə˧ei˨˩y˧mi˧˩miæ̃r˧˥xuo˧tɑɔ˧i˧˩tɑ˥˧li˧˩tsʮ˧tɕʰi˧.ŋuo˥˧məŋ꜔tou˧˩sɿ˧˨˩iɑɔ˧˥tʂʰʅ˧˩y˧mi˧˩miæ̃r˧tɕiɑɔ˥˧tʰuæ̃˨˦˩tɕiou˧sɿ˧y˧˥mi˧˩miæ̃r˧,iɑɔ˧˥sɿ˧˩mei˧˩miæ̃r˧tɕiou˧˥sɿ˧˩mei˧˩miæ̃r˧ti꜔.（噢，只用一种面？）只用一种面。里头也不放盐，那个水里头绝对不放盐。它为啥要把这个……为啥要先把这个……锅里那个水已经烧开的。你如果是把生面往这个开水里头往下一倒以后，马上成咧疙瘩了，你根本就搅不开。tsɿ˧˩yoŋ˧˥i˧˩tʂuoŋ˥˧miæ̃˧.li˥˧tʰou꜔iɑ˧˩pu˨˦˩fɑŋ˧iæ̃˨˦,nə˧kə˧ʂuei˥˧li˥˧tʰou꜔tɕyo˨˦˩tuei˧˥pu˨˦fɑŋ˧iæ̃˨˦.tʰɑ˥˧꜔vei˧sɑ˧iɑɔ˧pɑ˧˩tʂə˧kə˧……vei˧sɑ˧iɑɔ˧ɕiæ̃˧˩pɑ˧˩tʂə˧kə˧……kuo˥˧li˧˩nə˧kə˧ʂuei˥˧i˥˧tɕiŋ˧˩ʂɑɔ˥˧˦kʰæᴇ˥˧ti꜔.ni˥˧zʮ˨˦˩kuo˥˧sɿ˧pɑ˧˩səŋ˧˩miæ̃˧vɑŋ˧˩tʂə˧kə˧kʰæᴇ˧˩ʂuei˥˧li˥˧tʰou꜔vɑŋ˧˩xɑ˧i˧˩tɑɔ˧i˧˩xou˧,mɑ˥˧ʂɑŋ˧˩tʂʰəŋ˨˦˩lie꜔kə˥˧tɑ˧˩lə꜔,ni˥˧kəŋ˧˩pəŋ˥˧tsou˧˩tɕiɑɔ˥˧pu˨˦˩kʰæᴇ˥˧.（它熟不了！）熟不了。你就搅不开。ʂʮ˨˦pu˨˦꜔liɑɔ˥˧.ni˥˧꜔tsou˧tɕiɑɔ˥˧pu˨˦˩kʰæᴇ˥˧.（里面就是刚那个生粉！）马上起了疙瘩了。生粉都出来了。它先弄些冷水，把这个面粉拿上以后，把这个搅成糊糊子。把这糊糊子倒下去，它就不成疙瘩。为了把这个……把这个面疙瘩搅开……mɑ˥˧ʂɑŋ˧˩tɕʰi˥˧lə꜔kə˥˧tɑ˧˩lə꜔.səŋ˧˩fəŋ˥˧tou˧˩tʂʰʮ˥˧læᴇ˨˦˩lə꜔.tʰɑ˥˧ɕiæ̃˧˩nuoŋ˧˥˦ɕie˧˩ləŋ˥˧ʂuei˧˩,pɑ˧˩tʂə˧kə˧miæ̃˧˥˦fəŋ˥˧nɑ˨˦˩ʂɑŋ˧˥i˧˩xou˧˥,pɑ˧˩tʂə˧kə˧tɕiɑɔ˥˧tʂʰəŋ˨˦˩xu˨˦˩xu˨˦tsɿ꜔.pɑ˧˩tʂə˧˥xu˨˦˩xu˨˦tsɿ꜔tɑɔ˧xɑ˧˥˦tɕʰi˧˩,tʰɑ˥˧꜔tsou˧pu˨˦˩tʂʰəŋ˨˦kə˥˧tɑ˧˩.vei˧˥˦liɑɔ˥˧pɑ˧˩tʂə˧kə˧……pɑ˧˩tʂə˧kə˧miæ̃˧˥˦kə˥˧tɑ˧˩tɕiɑɔ˥˧kʰæᴇ˥˧˩……（这个倒的时候怎么倒法？）哎，你随便往进洒，一个人欸拿个勺轻搅了嘛。把这个搅均匀以后，然后再把干面往下倒。æᴇ˨˦,ni˥˧suei˨˦˩piæ̃˧˥vɑŋ˧˩tɕiŋ˧sɑ˥˧,i˧˩kə˧zəŋ˨˦ei˨˩nɑ˨˦kə˧ʂɑɔ˨˦tɕʰiŋ˥˧꜔tɕiɑɔ˥˧lə꜔mɑ꜔.pɑ˧˩tʂə˧kə˧tɕiɑɔ˥˧꜔tɕyoŋ˥˧yoŋ˨˦i˧˩xou˧˥,zæ̃˨˦˩xou˧tsæᴇ˧˥pɑ˧˩kæ̃˥˧˩miæ̃˧˥vɑŋ˧˩xɑ˧˩tɑɔ˧˩.（还往……还还放干面啊？）那不放干面，你搅下那个稀的能吃咧？næᴇ˧˥pu˨˦˩fɑŋ˧˥kæ̃˧˩miæ̃˧,ni˥˧꜔tɕiɑɔ˥˧xɑ˧nə˧kə˧ɕi˥˧ti꜔nəŋ˨˦˩tʂʰʅ˥˧lie꜔?（舀出来然后再放……放作料是吧？）啊。ɑ˧.（那个是做搅团还是打搅团还是……）打搅团。tɑ˥˧꜔tɕiɑɔ˧˩tʰuæ̃˨˦˩.

凉粉

（做凉粉还是打凉粉？）黄：做凉……打凉粉也能行，叫……我们这个地方都叫礤。tsuo˧˥liɑŋ˨˦˩……tɑ˥˧liɑŋ˨˦˩fəŋ˥˧꜔iɑ˥˧꜔nəŋ˨˦ɕiŋ˨˦˩,tɕiɑɔ˧……ŋuo˥˧məŋ꜔tʂə˧kə˧ti˧fɑŋ˥˧˩tou˧˩tɕiɑɔ˧tsʰɑ˥˧.（怎么礤呢？）礤，他这个东西就是把凉粉糁子先放……是先放水把这个泡……泡烂嘛。泡胀以后，然后放这个欸……过去那传统的做法就是放这个碗，压到……案上以后，把这个糁子礤的细……礤碎嘛。tsʰɑ˥˧,tʰɑ˥˧tʂə˧kə˧tuoŋ˥˧ɕi꜔tsou˧˥sɿ˧˩pɑ˧˩liɑŋ˨˦˩fəŋ˥˧꜔tʂəŋ˥˧tsɿ꜔ɕiæ̃˧˩fɑŋ˧……sɿ˧ɕiæ̃˧˩fɑŋ˧ʂuei˥˧pɑ˧˩tʂə˧kə˧pʰɑɔ˧……pʰɑɔ˧læ̃˧mɑ꜔.pʰɑɔ˧tʂɑŋ˧i˧˩xou˧˥,zæ̃˨˦˩xou˧˥fɑŋ˧tʂə˧kə˧ei˨˩……kuo˧tɕʰy˧nə˧tʂʰuæ̃˨˦˩tʰuoŋ˥˧ti꜔tsuo˧˥fɑ˧˩tɕiou˧sɿ˧fɑŋ˧tʂə˧kə˧væ̃˥˧,niɑ˧tɑɔ˧n……næ̃˧ʂɑŋ˧i˧˩xou˧˥,pɑ˧˩tʂə˧kə˧tʂəŋ˥˧tsɿ꜔tsʰɑ˥˧ti꜔ɕi……tsʰɑ˧˩suei˧˥˦mɑ꜔.（拿碗就是压是吧？压上面？）噢，压。它这个东西好像这个碗是这么个往……它就拿这么擀咧，拿这个碗的这个帮……ɑɔ˨˩,iɑ˧.tʰɑ˥˧꜔tʂə˧kə˧tuoŋ˥˧ɕi꜔xɑɔ˧˩ɕiɑŋ˧tʂə˧kə˧væ̃˥˧sɿ˧˩tʂə˧muo꜔kə˧vɑŋ˧˩……tʰɑ˥˧꜔tɕiou˧nɑ˨˦tʂə˧muo꜔kæ̃˥˧lie꜔,nɑ˨˦˩tʂə˧kə˧væ̃˥˧ti꜔tʂə˧kə˧pɑŋ˥˧……（用用那种那个器皿滚动式的

把它压碎？）噢，把它压碎。压碎以后，原先那都是像糁子，像颗颗，颗粒状的嘛，然后你把它压的碎以后，然后放得这个……放得锅里去。过滤以后，把那个水水子，拿那个水水做出来就是凉粉。礤凉粉咧。现在那个打凉粉，打凉粉和现在那个打搅团……和打搅团是一回事。它是用豆粉，或者是洋芋粉，这个粉面子，然后像打搅团那个形状把那个打出来以后，然后装到盆里头，一……一冷却以后是那个坨坨子，然后给你切，或者是放捞捞儿捞，做出来那叫打的咧。ɑɔ˩,pɑ˥˧˩tʰɑ˥˧˦nia˥suei˥.nia˥suei˥i˥˧xou˥,yæ̃˩˧˩ɕiæ̃˥˧nei˥˦tou˥˧˩sɿ˥˩ɕiaŋ˥tʂəŋ˥˧tsɿ·˧,ɕiaŋ˥kʰuo˥˧kʰuo˥˧˩,kʰə˥˧li˩˧tʂuaŋ˥ti˧ma˧,zæ̃˩˧˩xou˥˦ni˥˧pa˥˧˩tʰɑ˥˧˦nia˥ti˧suei˥i˥˧˦xou˥,zæ̃˩˧˩xou˥faŋ˥tə˧tʂə˥˩kə˥˩……faŋ˥tə˧kuo˥˧li˥˧˩tɕʰi˥.kuo˥˦ly˥i˥˧˦xou˥,pa˥˧˩nə˥kə˥ʂuei˥˧ʂuei˥˧˩tsɿ·˧,na˩˧nə˥kə˥ʂuei˥˧ʂuei˥˧˩tsuo˥tʂʰʮ˥˧læᴇ˩˧˩tɕiou˥sɿ˥liaŋ˩˧fəŋ˥˧.tsʰɑ˥˧liaŋ˩˧˩fəŋ˥˧lie·˧.ɕiæ̃˥tsæᴇ˥nə˥˩kə˥˩ta˥˧liaŋ˩˧˩fəŋ˥˧˩,ta˥˧liaŋ˩˧˩fəŋ˥˧xuo˩˧˩ɕiæ̃˥tsæᴇ˥nə˥kə˥ta˥˧tɕiɑɔ˥˧tʰ……xuo˩˧˩ta˥˧tɕiɑɔ˥˧tʰuæ̃˩˧˩sɿ˥˩i˥˧˩xuei˩˧sɿ˥˩.tʰɑ˥˧sɿ˥˩yoŋ˥tou˥fəŋ˥˧˩,xuei˩˧˦tʂə˥˧˩sɿ˥˩iaŋ˩˧y˥fəŋ˥˧˩,tʂə˥˩kə˥˩fəŋ˥˧miæ̃˥tsɿ·˧,zæ̃˩˧˩xou˥ɕiaŋ˥ta˥˧tɕiɑɔ˥˧tʰuæ̃˩˧˩nə˥kə˥ɕiŋ˩˧˩tʂuaŋ˥pa˥˧˩nə˥˩kə˥ta˥˧˦tʂʰʮ˥˧læᴇ˩˧˩i˥˧˩xou˥,zæ̃˩˧˩xou˥tʂuaŋ˥˧tɑɔ˥˩pʰəŋ˩˧li˥˧tʰou·˧,i˥˧……i˥˧˩ləŋ˥˧tɕʰyo˩˧i˥˧˩xou˥˦sɿ˥nə˥kə˥tʰuo˩˧˩tʰuo˩˧˦tsɿ·˧,zæ̃˩˧˩xou˥kei˥ni˥˧˩tɕʰie˥˧,xuei˩˧˦tʂə˥˧˦sɿ˥faŋ˥˦lou˥˧lour˥˧˩lou˥˧,tsuo˥tʂʰʮ˥˧˦læᴇ˩˧˦næᴇ˥tɕiɑɔ˥ta˥˧ti·˧lie·˧.（lou˥˧lou˥˧˩是什么玩意儿？漏勺是吧？）捞捞，就像这么个东西。带咧个把把。这上头么都是有……有眼儿，是有个欸……像礤在上头那么个，一捞，这么捞出来以后，捞下那个都是条条。它藉这个凉粉坨坨是个圆的嘛，它逮住那个皮儿给你这么转一圈圈，它就结果捞出凉粉条条子，捞出来一圈圈儿。lou˥˧lou˥˧˩,tsou˥ɕiaŋ˥tʂə˥˦muo˧kə˥tuoŋ˥˧ɕi·˧.tæᴇ˥lie˧kə˥˩pa˥˦pa˥˩.tʂei˥ʂaŋ˥˦tʰou·˧muo·˧tou˥˧˩sɿ˥˩iou˥˧˦……iou˥˧˩iæ̃r˥˧,sɿ˥iou˥˧˦kei˥（←kə˥ei˥）……ɕiaŋ˥tsʰɑ˥˧tsæᴇ˥˩ʂaŋ˥tʰou˧næᴇ˥muo˧kə˥,i˥˧˦lou˥˧,tʂə˥muo˧lou˥˧tʂʰʮ˥˧læᴇ˩˧˩i˥˧˩xou˥,lou˥˧xa˥nə˥kə˥tou˥˧˦sɿ˥tʰiɑɔ˩˧˩tʰiɑɔ˩˧˩.tʰɑ˥˧˦tɕia˥tʂə˥kə˥iaŋ˩（←liaŋ˩˧）fəŋ˥˧tʰuo˩˧˩tʰuo˩˧˦sɿ˥˩kə˥˩yæ̃˩˧˩ti˧ma·˧,tʰɑ˥˧˦tæᴇ˥˧tʂʮ˥˩nə˥kə˥pʰiər˩˧kei˥ni˥˧˦tʂə˥muo˧tʂuæ̃˥i˥˧˦tɕʰyæ̃˥˧tɕʰyæ̃˥˧˩,tʰɑ˥˧˦tɕiou˥tɕie˥˧˩kuo˥˧lou˥˧tʂʰʮ˥˧˩liaŋ˩˧˩fəŋ˥˧˦tʰiɑɔ˩˧˩tʰiɑɔ˩˧˦tsɿ·˧,lou˥˧˩tʂʰʮ˥˧læᴇ˩˧˩i˥˧˩tɕʰyæ̃˥˧tɕʰyæ̃r˥˧˩.（这个lou˥˧不是那个什么东西漏下来那个漏？）不是。这是捞。捞捞。pu˩˧˩sɿ˥.tʂə˥˩sɿ˥˩lou˥˧.lou˥˧lou˥˧˩.（那玩意叫lou˥˧lou˩是吧？）叫捞捞，啊。tɕiɑɔ˥lou˥˧lou˥˧˩,ɑ˩.（啊，这个捞捞就相当于一种带孔的那个那个那个那个像那个笊篱一样的东西是吧？）不像。笊篱是个光的。它这个……它是把这个孔打下去以后，你这个地方，他把这个打下去，你往下一打，放个錾子把这个打下去以后，这个上头不是还有一片咧嘛？它这个片片子没有去掉，就靠那个上头起来那个东……放那个东西捞凉粉咧。不是放那个孔眼捞凉粉咧？就和咱们拿这个礤洋芋的那个礤子，礤萝卜丝子那个礤子，是那个一个道理。pu˩˧˩ɕiaŋ˥.tsɑɔ˥˦li˩˧˩sɿ˥˩kə˥˩kuaŋ˥˧ti·˧.tʰɑ˥˧tʂə˥kə˥……tʰɑ˥˧sɿ˥˩pa˥˧˩tʂə˥kə˥kʰuoŋ˥˧ta˥˧xa˥˦tɕʰi˥i˥˧˩xou˥,ni˥˧˦tʂə˥kə˥ti˥faŋ˥˧˩,tʰɑ˥˧pa˥˧˩tʂə˥kə˥ta˥˧xa˥˦tɕʰi˥˩,ni˥˧vaŋ˥˧˩xa˥i˥˧˩ta˥˧,faŋ˥kə˥tsæ̃˥˧tsɿ·˧pa˥˧˩tʂə˥kə˥ta˥˧xa˥˦tɕʰi˥i˥˧˩xou˥,tʂə˥kə˥ʂaŋ˥tʰou˧pu˩˧˦sɿ˥xæᴇ˩˧˩iou˥˧i˥˧˦pʰiæ̃˥˧˦lie˧mɑ˧?tʰɑ˥˧˦tʂə˥kə˥pʰiæ̃˥˧pʰiæ̃˥˧˩tsɿ·˧mei˩˧iou˥˧tɕʰi˥˦tiɑɔ˥,tɕiou˥kʰɑɔ˥nə˥kə˥ʂaŋ˥˦tʰou·˧tɕʰi˥˧læᴇ˩˧˩nə˥kə˥tuoŋ˥˧˩……faŋ˥˦nə˥˦kə˥˦tuoŋ˥˧˦ɕi˧lou˥˧˦liaŋ˩˧˩fəŋ˥˧lie·˧.pu˩˧˩sɿ˥˦faŋ˥nə˥kə˥kʰuoŋ˥˧˦niæ̃˥˧lou˥˧˦liaŋ˩˧˩fəŋ˥˧lie·˧?tsou˥xuo˩˧˦tʂa˩˧˩məŋ˧na˩˧tʂə˥kə˥tsʰɑ˥˧iaŋ˩˧˩y˥ti˧nə˥kə˥tsʰɑ˥˧tsɿ·˧,tsʰɑ˥˧luo˩˧˩pu˧sɿ˥˧tsɿ·˧nə˥kə˥tsʰɑ˥˧tsɿ·˧,sɿ˥˩nə˥kə˥i˥˧kə˥˩tɑɔ˥li˥˧˦.

凉粉鱼儿

黄：这是今天，你在这儿这没有了，明天……如果天要暖和，这两天天气热，那个卖……卖凉皮儿的那个里头有一个婆娘，慢慢专门儿叫你吃吃……叫你去吃凉粉鱼儿。这个凉粉鱼儿，拿搅团也可以做成面鱼儿。她弄那个漏勺嘛，你这样把搅团放锅里搅熟以后，搅的不是稀稠合适着咧？然后拿下那个漏瓢儿，那个勺里都是眼眼，底下放个凉水……凉……凉开水盆子或者是凉水盆子，往上头一放，她把那个一舀，那个漏下去以后……tʂə˦sɿ˦tɕiŋ˥tʰiæ̃˥˩,ni˥˧tsæᴇ˦tʂər˦˧tʂə˦mei˩˨iou˥˩lə˩,miŋ˩˨tʰi……ʐʅ˩˧kuo˥˧tʰiæ̃˥iaɔ˦˩nuæ̃˥xuo˩˩,tʂə˦liaŋ˥tʰiæ̃˥˩tʰiæ̃˥˩tɕʰi˦ʐə˥,nə˦kə˦mə……mæᴇ˦liaŋ˩pʰiər˩ti˩nə˦kə˦li˥tʰou˩iou˥i˥˧kə˦pʰuo˩˩niaŋ˩˧,mæ̃˦mæ̃˦˩tʂuæ̃˥˩mõr˩tɕiaɔ˦ni˥˧tʂʰʅ˥tʂʰʅ……tɕiaɔ˦ni˥˧tɕʰy˦tʂʰʅ˥˧liaŋ˩˩fəŋ˥yər˩.tʂə˦kə˦liaŋ˩˩fəŋ˥yər˩,na˩tɕiaɔ˥tʰuæ̃˩˩ie˥kʰə˥i˥˩tsuo˦˧tʂʰəŋ˩˩miæ̃˦yər˩˩.tʰa˥˧nuoŋ˦nə˦˩kə˦˩lou˦ʂuo˩ma˩,ni˥˩tʂei˦˧iaŋ˦pa˥˩tɕiaɔ˥tʰuæ̃˩˩faŋ˦kuo˥li˥˩tɕiaɔ˥ʂʅ˩i˥˩xou˦,tɕiaɔ˥ti˩pu˩˩sɿ˦ɕi˥tʂʰou˩xuo˩˩tʂʰʅ˥tʂə˩lie˩?ʐæ̃˩˩xou˦na˩˩xa˦nə˦kə˦lou˦pʰiaɔr˩,nə˦kə˦ʂuo˩˩li˥˧tou˥˩sɿ˦˩niæ̃˥niæ̃˥˩,ti˥xa˦˩faŋ˦kə˦liaŋ˩ʂuei˥˧……liaŋ˩……liaŋ˩kʰæᴇ˥˩ʂuei˥pʰəŋ˩tsɿ˩xuo˩˧tʂə˥˩sɿ˦˩liaŋ˩˩ʂuei˥pʰəŋ˩tsɿ˩,vaŋ˥˩ʂaŋ˦tʰou˩i˥˩faŋ˦,tʰa˥pa˥˩nə˦kə˦i˥˩iaɔ˥,nə˦kə˦lou˦xa˦tɕʰi˦i˥˩xou˦˧……（把搅团倒在上面啊？）啊，倒得上头。它这窟窿儿都漏下去了。噔儿噔儿，掉下去那个都在水里头一定以后，都像那个蛤蟆蝌蚪儿那个样子。啊，两头儿都带个尖尖那个。那个吃上是清凉的，解暑的啊。那它放点酸的吃上，嗯，凉粉鱼儿，吃上……a˩,taɔ˦tə˩ʂaŋ˦tʰou˩.tʰa˥˧tʂə˦kʰu˥luõr˩˩tou˥˧lou˦xa˦tɕʰi˦˧lə˩.tə̃r˩tə̃r˩,tiaɔ˦xa˦tɕʰi˦nə˦˩kə˦˩tou˥˩tsæᴇ˦ʂuei˥li˥tʰou˩i˥˧tiŋ˦i˥˩xou˦,tou˥˧ɕiaŋ˦nə˦˩kə˦xə˩˩ma˩kʰə˥˩tour˥˧nə˦kə˦iaŋ˦tsɿ˩.a˩,liaŋ˥tʰour˩tou˥˩tæᴇ˦kə˦tɕiæ̃˥tɕiæ̃˥˩nə˦kə˦˩.nə˦kə˦tʂʰʅ˥ʂaŋ˦˩sɿ˦˩tɕʰiŋ˥˩liaŋ˩ti˩,tɕie˥ʂʅ˥tia˩.næᴇ˦tʰa˥˧faŋ˦tiæ̃˥˩suæ̃˥ti˩tʂʰʅ˥ʂaŋ˦˩,əŋ˩,liaŋ˩˩fəŋ˥yər˩,tʂʰʅ˥ʂaŋ˦˩……（噢，那个叫凉粉鱼儿？）噢，凉粉鱼儿。那是放荞麦糁子做下的。你也可以用面做，那就是面鱼儿。aɔ˩,liaŋ˩˩fəŋ˥yər˩.nə˦sɿ˦faŋ˦tɕʰiaɔ˩˩mei˥tʂəŋ˥tsɿ˩tsuo˦xa˦ti˩.ni˥ia˥˩kʰə˥i˥˩yoŋ˦miæ̃˦tsuo˦˩,nei˦tɕiou˦sɿ˦miæ̃˦˧yər˩˩.（做这些鱼儿是不是都都是这么大概都这这种方法做出来的？）就是这个方法做出来。tɕiou˦˧sɿ˦tʂə˦kə˦faŋ˥˧fa˥˧tsuo˦˧tʂʰʅ˥˩læᴇ˩˩.（这先先煮了然后这个拿个漏勺倒在凉……凉水里面？）再漏漏勺。tsæᴇ˦˩lou˦lou˦˧ʂuo˥˩.（那个鱼儿是吧？）噢，鱼儿么。aɔ˩,yər˩muo˩.（小鱼的鱼，噢，鱼儿？）啊。她往下倒的时候都……倒……凉水里头就像鱼儿样漂下去了么。啊，那个话，可能是就是人说那话。这个陕北话，萺萺圪坨儿。a˩.tʰa˥vaŋ˥˩xa˦taɔ˦˧ti˩sɿ˩˩xou˦tou˥˧s……taɔ˦ʂ……liaŋ˩˩ʂuei˥li˥˧tʰou˩tɕiou˦ɕiaŋ˦yər˩iaŋ˦pʰiaɔ˥xa˦˩tɕʰi˦˩lə˩muo˩.æ˩,nə˦kə˦xua˦,kʰə˥˧nəŋ˩sɿ˦tɕiou˦˧sɿ˦˩ʐəŋ˩ʂuo˥nə˦˩xua˦.tʂə˦kə˦ʂæ̃˥pei˥˩xua˦,ku˥˩ku˥˩kə˥tʰuor˩˩.（噢，你们就叫鱼儿？）我们叫鱼儿。ŋuom˥tɕiaɔ˦yər˩.

凉皮儿、面筋

（这个有麦面皮子吗？）黄：那有咧么。有咧么，面皮子么。nei˦˧iou˥˩liem˩.iou˥˩liem˩,miæ̃˦pʰi˩˩tsɿm˩.（怎么做呢？）那是把……把麦面搋成面块儿嘛。然后再放水洗咧么。nə˦sɿ˦pa˥˩m……pa˥˩mei˥˩miæ̃˦˧tsʰæᴇ˥tʂʰəŋ˩˩miæ̃˦kʰuar˥ma˩.ʐæ̃˩˩xou˦tsæᴇ˦faŋ˦ʂuei˥ɕi˥liem˩.（放水洗？）啊。就咱们洗衣裳那逮住洗洗洗。最后把那个面粉再一……再洗嘛。洗的最后剩下这么一团儿了嘛。把这个面水子然后澄清，把多余的这个倒出去，剩下那个糊糊子。放个这么个平底锅，平底这么东西，放水烧开，把这个……把这个水水倒得里头，放这个水，把这个蒸熟。就是你们街上见的那个，卖的那个凉皮子，就当是那个东西做下的。a˩.tsou˦tʂa˩məŋ˩ɕi˥˧i˥ʂaŋ˩˩næᴇ˦tæᴇ˥tʂʅ˦˩ɕi˥ɕi˥ɕi˥.tsuei˦xou˦pa˥˩nə˦kə˦miæ̃˦fəŋ˥˧tsæᴇ˦i˥˩t……tsæᴇ˦ɕi˥ma˩.ɕi˥ti˩tsuei˦xou˦ʂəŋ˦xa˦tʂə˦muo˩i˥˧tʰuæ̃r˩lə˩ma˩.pa˥˩tʂə˦kə˦miæ̃˦ʂuei˥tsɿ˩ʐæ̃˩˩xou˦təŋ˦tɕʰiŋ˥,pa˥˩tuo˥y˩˩ti˩tʂə˦kə˦taɔ˦˧tʂʰʅ˥tɕʰi˦˩,ʂəŋ˦˧xa˦nə˦kə˦xu˩xu˩˧tsɿ˩.faŋ˦kə˦tʂə˦muo˩kə˦pʰiŋ˩˩ti˥˧kuo˥,pʰiŋ˩˩ti˥tʂə˦muo˩tuoŋ˥ɕi˩,faŋ˦ʂuei˥ʂaɔ˥˧kʰæᴇ˥,pa˥˩tʂə˦kə˦……pa˥˩tʂə˦kə˦ʂuei˥ʂuei˥˩taɔ˦tə˦li˥tʰou˩,faŋ˦tʂə˦kə˦ʂue i˥,pɑ˥˩tʂə˧kə˧tʂəŋ˥˩ʂʮ˨.tɕiou˧sɿ˧ni˥˦məŋ˧kæᴇ˥ʂɑŋ˧˩tɕiæ̃˧ti˧nə˧kə˧,mæᴇ˥˦ti˧nə˧kə˧liɑŋ˨pʰi˨˩tsɿ˧,tɕiou˧tɑŋ˥˦sɿ˧nə˧kə˧tuoŋ˥ɕi˧tsuo˧˥xɑ˧˩ti˧.（你们管它叫什么？）我们叫凉皮儿嘛。剩下……剩下的洗下的这个面，叫面筋，放锅……放锅里一蒸出来，像块面一样的，叫面筋。ŋuom˥tɕiɑɔ˧liɑŋ˨pʰiər˨mɑ˧.ʂəŋ˧xɑ˧t……ʂəŋ˧xɑ˧ti˧ɕi˥xɑ˧˩ti˧tʂei˧kə˧miæ̃˧,tɕiɑɔ˧miæ̃˧tɕiŋ˥,fɑŋ˧ku……fɑŋ˧kuo˥li˥˩i˥˩tʂəŋ˥tʂʰʮ˥læᴇ˨˩,ɕiɑŋ˧kʰuæᴇ˥˦miæ̃˧˦i˥˩iɑŋ˧ti˧,tɕiɑɔ˧miæ̃˧tɕiŋ˥.

荞面圪坨儿羊腥汤

黄：这个圪坨儿，坨儿，那是陕北人做啥咧？用羊肉，或者是煮羊……煮咧羊肉的那个汤，他把那个东西叫羊腥汤。他是讲究甚么？还是把荞面和起来，也是弄成这个麻食子，或者是这个欻搓搓，呃是或是这个跐儿子。但是陕北人就不叫麻食子，也不叫跐儿子了。他叫圪坨儿。他公开打的招牌么就是这个"荞面圪坨儿羊腥汤"。呃。这就是典型的陕北话就是这么个话。这就是这个圪坨儿，实际上东西和是……是麻食子，和跐儿子是一个东西。tʂə˧˩kə˧kə˥tʰuor˨˩,tʰuor˨,næᴇ˧sɿ˧ʂæ̃˥pei˥˩zəŋ˨tsɿ˧sɑ˧lie˧?yoŋ˧iɑŋ˨zou˧,xuo˨˩tʂə˥˩sɿ˧˩tʂʮ˥iɑŋ˨˩……tʂʮ˥lie˧liɑŋ˨zou˧ti˧nə˧kə˧tʰɑŋ˥,tʰɑ˥pɑ˥˩nə˧kə˧tuoŋ˥ɕi˧tɕiɑɔ˧iɑŋ˨ɕiŋ˥tʰɑŋ˥˩.tʰɑ˥˦sɿ˧tɕiɑŋ˥tɕiou˧˩səm˧（←səŋ˧muo˧）?xɑ˨˩sɿ˧˥pɑ˥˩tɕʰiɑɔ˨˩miæ̃˧xuo˧˩tɕʰi˥læᴇ˨˩,ie˥sɿ˧nuoŋ˧tʂʰəŋ˨˦tʂə˧kə˧mɑ˨˩ʂʮ˨˥tsɿ˧,xuei˨˥tʂə˥˩sɿ˧tʂə˧kə˧ei˧˩tsʰuo˥tsʰuo˥˩,ə˥sɿ˧xuo˨˦sɿ˧tʂə˧kə˧tsʰər˥tsɿ˧.tæ̃˧sɿ˧ʂæ̃˥pei˥˩zəŋ˨tsou˧pu˨˩tɕiɑɔ˧mɑ˨˩ʂʮ˨˦tsɿ˧,ie˥˦pu˨˩tɕiɑɔ˧tsʰər˥tsɿ˧lə˧.tʰɑ˥˦tɕiɑɔ˧kə˥tʰuor˨˩.tʰɑ˥˦kuoŋ˥˦kʰæᴇ˥˩tɑ˥˦ti˧tʂɑɔ˥pʰæᴇ˨˩muo˧tɕiou˧sɿ˧tʂə˧kə˧tɕʰiɑɔ˨miæ̃˧kʰə˥tʰuor˨˩iɑ̃˨ɕiə̃˥˦tʰɑ̃˥˩.ə˩.tʂei˧tɕiou˧sɿ˧tiæ̃˥ɕiŋ˨˩ti˧ʂæ̃˥pei˥˩xuɑ˧tɕiou˧sɿ˧tʂə˧muo˧kə˧xuɑ˧.tʂei˧˥tɕiou˧sɿ˧tʂə˧kə˧kʰə˥tʰuor˨˩,ʂʮ˨˩tɕi˧˥ʂɑŋ˧tuoŋ˥ɕi˧xuo˨˩sɿ……sɿ˧mɑ˨˩ʂʮ˨˥tsɿ˧,xuo˨˩tsʰər˥tsɿ˧sɿ˧i˥˩kə˧tuoŋ˥ɕi˧.

餢拉

（像这个太白街上那个还有卖……卖什么东西我们没有讲到的吗？）黄：太白街上面食里头这基本上都讲到了。太白街上的面食里头再就有一种面食你们没有讲到，餢拉。tʰæᴇ˧pei˨˩kæ̃˥ʂɑŋ˧˩miæ̃˧ʂʮ˨˩li˥tʰou˧tʂei˧˥tɕi˥˩pəŋ˥ʂɑŋ˧˩tou˥˦tɕiɑŋ˥˦tɑɔ˧lə˧.tʰæᴇ˧pei˨˦kæ̃˥ʂɑŋ˧ti˧miæ̃˧ʂʮ˨˦li˥˩tʰou˧tsæᴇ˧tɕiou˧iou˥˦i˥˩tʂuoŋ˥miæ̃˧ʂʮ˨ni˥˦məŋ˧mei˨tɕiɑŋ˥˩tɑɔ˧,pu˧˥lɑ˥˩.（pu˥lɑ˩是什么玩意儿？）餢拉是用这个洋……土豆切成这个欻条儿，然后和面拌起来，蒸下的那个东西。然……pu˧˥lɑ˥˩sɿ˧˩yoŋ˧tʂə˧kə˧iɑŋ˨˩……tʰu˥tou˧tɕʰie˥tʂʰəŋ˨tʂə˧kə˧ei˧˩tʰiɑɔr˨,zæ̃˨˩xou˧˥xuo˨˩miæ̃˧pæ̃˧tɕʰi˥˦læᴇ˨˦,tʂəŋ˧xɑ˧˩ti˧nə˧˩kə˧˩tuoŋ˥ɕi˧.zæ̃˨˩……（蒸出来的是吧？）蒸出来，然后放用菜，它调的吃这个东西叫餢拉。tʂəŋ˥˩tʂʰʮ˥læᴇ˨˩,zæ̃˨˩xou˧fɑŋ˧yoŋ˧tsʰæᴇ˧,tʰɑ˥˩tʰiɑɔ˨˩ti˧tʂʰʅ˥tʂə˧˩kə˧˩tuoŋ˥ɕi˧tɕiɑɔ˧pu˧˥lɑ˥˩.（pu˥lɑ˩有没有这个一大片那个意思啊？）它就是这种……放盆子里这么拌起来以后，然后摊到箅子上蒸咧。蒸出来以后，这个吃上劲劲的。有的叫餢拉，有的叫这个劲劲，面劲劲。tʰɑ˥tɕiou˧˦sɿ˧tʂə˧tʂuoŋ˥˦……fɑŋ˧˥pʰəŋ˨˩tsɿ˧li˥˩tʂə˧muo˧pæ̃˧tɕʰi˥læᴇ˨˩i˥˩xou˧,zæ̃˨˩xou˧tʰæ̃˥tɑɔ˧˩pi˧tsɿ˧ʂɑŋ˧tʂəŋ˥lie˧.tʂəŋ˥˩tʂʰʮ˥læᴇ˨˩i˥˩xou˧˥,tʂə˧kə˧tʂʰʅ˥ʂɑŋ˧˩tɕiŋ˧tɕiŋ˧ti˧.iou˥ti˧tɕiɑɔ˧pu˧˥lɑ˥˩,iou˥ti˧tɕiɑɔ˧tʂə˧kə˧tɕiŋ˧˦tɕiŋ˧˩,miæ̃˧tɕiŋ˧˦tɕiŋ˧˩.

馃子

1. 黄：馃子有这个……馃子有这个说法咧。kuo˥tsɿ˧iou˥˦tʂə˧kə˧i……kuo˥tsɿ˧iou˥˦tʂə˧kə˧ʂuo˥fɑ˥˩lie˧.（你们这个馃子到底指的是什么？）拿面做下的。nɑ˨˩miæ̃˧tsuo˧˥xɑ˧˩ti˧.（是麻花还是那个……）统称那就是叫馃子，也可能是这个什锦馃子，麻花儿馃子，啊，糖汁馃子，糖稀馃子。tʰuoŋ˥˩tʂʰəŋ˥næᴇ˧tɕiou˧sɿ˧tɕiɑɔ˧kuo˥tsɿ˧,ie˥˦kʰə˥˩nəŋ˨sɿ˧tʂə˧kə˧ʂʅ˨tɕiŋ˥˩kuo˥tsɿ˧,mɑ˨˩xuɑr˥kuo˥tsɿ˧,ɑ˩,tʰɑŋ˨tʂʅ˥kuo˥tsɿ˧,tʰɑŋ˨ɕi˥kuo˥tsɿ˧.

（糖汁馃子和糖稀馃子有区……有什么样的那个呢？）糖稀馃子它是把这个炸出来以后啊，炸出来以后……tʰaŋ˩˥ɕi˥˩kuo˥˧tsɿ˧tʰa˥˨sɿ˧pa˥˩tʂə˧kə˧tsa˩˥tʂʰʮ˥˧læᴇ˩˦i˥˧xou˧˥a˩,tsa˩˥tʂʰʮ˥˧læᴇ˩˥i˥˨xou˧……（在糖……糖里面滚一下？）呃，滚一下的那个。糖汁馃子以后，它本身以后，它是把这个……那个一个是白砂糖，一个是把白砂糖熬成汁子以后……ə˩,kuoŋ˥˧i˥˩ɕia˧ti˧nei˧kə˧.tʰaŋ˩˥tʂʮ˥˧kuo˥˨tsɿ˧i˥˩xou˧,tʰa˥˨pəŋ˥˧ʂəŋ˥˧i˥˩xou˧,tʰa˥˨sɿ˧pa˥˩tʂə˧kə˧……nə˧kə˧i˥˩kə˧˥sɿ˧pei˩˥sa˥˧tʰaŋ˩˥,i˥˩kə˧˥sɿ˧pa˥˩pei˩˥sa˥˧tʰaŋ˩˥naɔ˩˥tʂʰəŋ˩˥tʂʮ˥˧tsɿ˧i˥˩xou˧……（浇上去的？）浇上去的。tɕiaɔ˥˧ʂaŋ˧˩tɕʰi˧˥ti˧.（噢。呃，那个糖汁馃子它是它是它是不是拌在那个面里面还是怎么搞法呢？）多一半儿就是炸好以后往上头淋得上头的。tuo˥˧i˥˩pæ̃r˧˥tsou˧sɿ˧tsa˩˥xaɔ˥˧i˥˩xou˧˥vaŋ˥˩ʂaŋ˧tʰou˧liŋ˩˥tə˧ʂaŋ˧tʰou˧ti˧.（淋的？）呃，有一个是把白糖……炸出来以后放白糖那个撒下白糖粘得上头的。ə˩,iou˥˧i˥˩kə˧sɿ˧pa˥˩pei˩˥tʰaŋ˩˥……tsa˩˥tʂʰʮ˥˧læᴇ˩˥i˥˩xou˧faŋ˧pei˩˥tʰaŋ˩˥nə˧kə˧sa˥˧xa˧˩pei˩˥tʰaŋ˩˥tʂæ̃˥˧tə˧ʂaŋ˧˥tʰou˧ti˧.（噢，那那种呢？）那……这就是一个是呃糖稀馃子，一个糖汁馃子。面里头也和一部分，也和点甜的，但是绝对不是白糖，肯定是糖精的。nei˧tɕ……tʂei˧˥tɕiou˧sɿ˧i˥˩kə˧sɿ˧˩ə˩tʰaŋ˩˥ɕi˥˧kuo˥˧tsɿ˧,i˥˨kə˧tʰaŋ˩˥tʂʮ˥˧kuo˥˧tsɿ˧.miæ̃˧li˥˧tʰou˧ia˥˨xuo˧i˥˨pʰu˧˥fəŋ˧˩,ia˥˨xuo˧˦tiæ̃˥˩tʰiæ̃˩˥ti˧,tæ̃˧sɿ˧tɕyo˩˥tuei˧˥pu˩˥sɿ˧pei˩˥tʰaŋ˩˥,kəŋ˥˨tiŋ˧sɿ˧tʰaŋ˩˥tɕiŋ˥˧ti˧.（有没有撒那个颗粒状的白糖的？）有咧么。iou˥˧lie˧muo˧.（那个叫什么呢？）那还叫糖汁……糖稀馃子么。næᴇ˧xa˩˥sɿ˧˥tɕiaɔ˧tʰaŋ˩˥tʂ……tʰaŋ˩˥ɕi˥˧kuo˥˧tsɿ˧muo˧.（那叫糖稀馃子啊？）糖稀它是这个在和面的时候，给面里头倒咧些糖着咧。放这个和的……平常和面的时候是放水和下的，它这是放糖……糖水和下的面么。tʰaŋ˩˥ɕi˥˧tʰa˥˧sɿ˧˩tʂə˧kə˧tsæᴇ˧xuo˧˩miæ̃˧˦ti˧sɿ˩˥xou˧,kei˧˩miæ̃˧˦li˥˧tʰou˧taɔ˧lie˧ɕie˥˨tʰaŋ˩˥tʂuo˥˩lie˧.faŋ˧tʂə˧kə˧xuo˧˦ti˧s……pʰiŋ˩˥tʂʰaŋ˩˥xuo˧miæ̃˧ti˧sɿ˩˥xou˧sɿ˧faŋ˧ʂuei˥˧xuo˧xa˧˩ti˧,tʰa˥˨tʂei˧˥sɿ˧˩faŋ˧tʰaŋ˩˥……tʰaŋ˩˥ʂuei˥˧xuo˧xa˧˩ti˧miæ̃˧muo˧.（它不是炸出来就是放在糖稀里面滚一下啊？）哎不是的。æᴇ˥˧pu˩˥sɿ˧ti˧.（噢，就是和的时候就把那个就把那个糖放进去了？）噢，和的时候把那个糖放进去了，嗯。aɔ˩,xuo˧˦ti˧sɿ˩˥xou˧pa˥˩nə˧kə˧tʰaŋ˩˥faŋ˧tɕiŋ˧tɕʰi˧lə˧,ə̃˩.

2. 黄：馃子就是必须炸成小的圆的那种，或者是做成那种一截儿一截的那个，那个叫馃子。油馃子也就是炸下那个小一点那个叫油馃子。噢，这么大的，有的是大的圆的，有的炸成各色的那种，馃子。kuo˥˧tsɿ˧tɕiou˧sɿ˧pi˥˦ɕy˥˩tsa˩˥tʂʰəŋ˩˥ɕiaɔ˥˧ti˧yæ̃˩˥ti˧nei˧tʂuoŋ˥˩,xuei˩˨tʂə˥˩sɿ˧˩tsuo˧˦tʂʰəŋ˩˥nei˧tʂuoŋ˥˨i˥˩tɕiər˩˦i˥˩tɕie˩˦ti˧nə˧kə˧˩,nə˧kə˧tɕiaɔ˧kuo˥˧tsɿ˧.iou˩˥kuo˥˧tsɿ˧ie˥˨tɕiou˧sɿ˧tsa˩˥xa˧nə˧kə˧ɕiaɔ˥˧i˥˩tiæ̃˥˩nə˧kə˧tɕiaɔ˧iou˩˥kuo˥˧tsɿ˧.aɔ˩,tʂə˧muo˧ta˧ti˧,iou˥˧ti˧sɿ˧˩ta˧ti˧yæ̃˩˥ti˧,iou˥˧ti˧tsa˩˥tʂʰəŋ˩˥kə˥˦sə˥˧ti˧nei˧tʂuoŋ˥˨,kuo˥˧tsɿ˧.

馓子

（这个馓子呢？）黄：有咧么。拽下多长一个一个的细丝丝。iou˥˧lie˧muo˧.tʂuei˧xa˧tuo˥˦tʂʰaŋ˩˥i˥˨kə˧i˥˨kə˧ti˧ɕi˧˥sɿ˥˩sɿ˥˩.（没看到你们街上卖呀！）哎有咧。兀是这两天是……兀平常都多得焦锨咧，馓子。农村家庭也做咧嘛。æᴇ˥˦iou˥˩lie˧.və˧sɿ˧tʂə˧˩liaŋ˥˧tʰiæ̃˥˩sɿ˧……və˧pʰiŋ˩˥tʂʰaŋ˩˥tou˥˨tuo˥˧tə˧tɕiaɔ˥˧ɕiæ̃˥˩lie˧,sæ̃˥˧tsɿ˧.luoŋ˩˥tsʰuoŋ˥˧tɕia˥˧tʰiŋ˩˥a˥˨tsuo˧˥lie˧ma˧.（你们那个馓子是……也是用发的面做成的吗？）好像是发面的，馓子。xaɔ˥˨ɕiaŋ˧sɿ˧fa˥˩miæ̃˧ti˧,sæ̃˥˧tsɿ˧.（呃，家里不做啊？）我们家里太不做。ŋuo˥˧məŋ˧tɕia˥˧li˥˩tʰæᴇ˧pu˩˥tsuo˧.

炸糕

（有炸糕没有？）黄：那上头和那有。我们那糍面和那油糕就是炸糕。næᴇ˧ʂaŋ˧˥tʰou˧xuo˩˦næᴇ˧iou˥˩.ŋuo˥˧məŋ˧nei˧ʐæ̃˩˥miæ̃˧˥xuo˧nei˧iou˩˥kaɔ˥˧tɕiou˧˥sɿ˧˩tsa˩˥kaɔ˥˧.

（嗯，嗯，那……那不同！北京的炸糕里面还放那个臭豆豉。）那这面现在也给你往进抹，给你咋不抹？nei˥tʂei˥˦miæ̃˥ɕiæ̃˥tsæᴇ˥ie˥˧˧kei˥ni˥˧˧vaŋ˥˩tɕiŋ˥muo˥˩,kei˥ni˥˧˧tsa˥˧pu˩˧˩muo˥˧?

馄饨儿

（你们过去是叫馄饨儿还是叫别的东西？）黄：叫馄饨儿。tɕiaɔ˥xuoŋ˩˧˩tuõr˥.（一直……）啊，一直馄饨儿。ã˥,i˥˩tʂʅ˩˧xuoŋ˩˧˧tuõr˥.（以前就有吃的吗？）以前就有吃的。i˥˩tɕʰiæ̃˩˧tsou˥iou˥˩tʂʰʅ˥˧ti·˧.（怎么包那玩意儿？你们那个以前做……做那个里面馅放什么？）那都是一般放肉剁下的那。næᴇ˥˦tou˥˩sʅ˥˨i˥˧˧pæ̃˥˧˧faŋ˥ʐou˥tuo˥xa˥ti·˧næᴇ˥˨.（那平时像以前农村里面他也做吗？）也做么。ie˥˧tsuo˥˨muo·˧.（自己擀皮？）自己擀皮么。tsʅ˥tɕie˥˧˧kæ̃˥˧pʰi˩˧˩muo·˧.（那皮是圆的还是四方儿的？）四方儿的。sʅ˥fãr˥˩ti·˧.（自己擀啊？那得切吧？）切了。那东西它是……现在弄弄都嫌那个不好吃了。那就那……馄饨就要靠喝那个汤咧。那个汤……汁子调得了，汤调得好了，有吃都……光那个……那都是个烂面片子，那个里头给你能拨多大点的瓤呐？tɕʰie˥˧lə·˧.nei˥˦tuoŋ˥˧˧ɕi·˧tʰa˥˧˧sʅ˥……ɕiæ̃˥tsæᴇ˥nuoŋ˥nuoŋ˥tou˥˩ɕiæ̃˩˧˩nə˥kə˥pu˩˧˩xaɔ˥˧˧tʂʰʅ˥˧lə·˧.nə˥˩tsou˥nə˥……xuoŋ˩˧˩tuoŋ˥tsou˥iaɔ˥kʰaɔ˥xuo˥˩nə˥kə˥tʰaŋ˥˧lie·˧.nə˥kə˥tʰaŋ˥˧tʰi……tʂʅ˥˧tsʅ·˧tʰiaɔ˩˧˩tə˥˧lə·˧,tʰaŋ˥˧tʰiaɔ˩˧˩tə·˧xaɔ˥˧lə·˧,iou˥˧˧tʂʅ˥˩tou˥˩……kuaŋ˥˧˦nə˥kə˥……nei˥˦tou˥˧˧sʅ˥kə˥læ̃˥miæ̃˥pʰiæ̃˥˧tsʅ·˧,nə˥kə˥li˥˧tʰou·˧kei˥ni˥˧˧nəŋ˩˧˩puo˥˧tuo˥˩ta˥tiæ̃˥˧˧ti·˧ʐaŋ˩˧˩na·˧?（你们是怎么包呢？是是这么包起来还是拿个手弄一下就行了？）哎，往上一……手上往上……拿那个筷子把那个馅儿往上一弄，一捏就撇了。æᴇ˩,vaŋ˥˩ʂaŋ˥˦i˥˩……ʂou˥˧ʂaŋ˥vaŋ˥˩ʂaŋ˥……na˩˧nə˥kə˥kʰuæᴇ˥tsʅ·˧pa˥˩nə˥kə˥ɕiær˥vaŋ˥˩ʂaŋ˥i˥˩nuoŋ˥˦,i˥˩nie˥˧tsou˥pʰie˥˧lə˥.

鸡蛋饺子

黄：鸡蛋饺子。tɕi˥˩tæ̃˥tɕiaɔ˥˧tsʅ·˧.（啊，还放鸡蛋呢？）啊。鸡蛋一般和韭菜和上搞了。那到春季里，放韭黄儿包下的，那味道就不一样了。ŋa˩.tɕi˥˩tæ̃˥˦i˥˩pæ̃˥˧xuo˩˧˩tɕiou˥˧tsʰæᴇ˥xuo˥ʂaŋ˥kaɔ˥˧lə·˧.næᴇ˥˦taɔ˥tʂʰuoŋ˥˩tɕi˥˦li˥˩,faŋ˥tɕiou˥˧xuãr˩˧paɔ˥˧xa˥˨ti·˧,næᴇ˥˦vei˥˦taɔ˥tɕiou˥pu˩˧˩i˥˩iaŋ˥lə˥.

小笼包子

（那种这么大个的那种包子呢？）黄：小笼包子么。一笼里头刚蒸……这么大那个笼蒸十个么。ɕiaɔ˥˧luoŋ˩˧paɔ˥˧tsʅ·˧muo·˧.i˥˩luoŋ˩˧li˥˧tʰou·˧kaŋ˥˦tʂəŋ˥˧……tʂə˥˦muo·˧ta˥næᴇ˥kə˥luoŋ˩˧tʂəŋ˥˧ʂʅ˩˧˩kə˥˦muo·˧.（你们本地人吃它吗？）吃嘛。小笼包子嘛。tʂʰʅ˥˧ma·˧.ɕiaɔ˥˧luoŋ˩˧paɔ˥˧tsʅ·˧ma·˧.（有没有本地人做？）有么。iou˥˧muo·˧.（家里做吗？）家里一般情况下都嫌那个落怜得很。tɕia˥˧li˥˩i˥˦pæ̃˥˧tɕʰiŋ˩˧˩kʰuaŋ˥ɕia˥tou˥˧˧ɕiæ̃˩˧nə˥kə˥luo˥˧liæ̃˩˧˩tə·˧xəŋ˥˩.

死面馍

（这个馍，蒸馍啊是不是一定要用发面来做？）黄：就是的么。那你……你也可以不用发面馍……发面来做。直接和起来你就叫啊。tɕiou˥sʅ˥ti·˧muo·˧.nei˥ni˥˧˧……nei˥a˥˧˧kʰə˥˧˧i˥˧˧pu˩˧˩yoŋ˥˦fa˥˩miæ̃˥muo˩˧……fa˥˩miæ̃˥˨læᴇ˩˧˩tsuo˥.tʂʅ˩˧tɕie˥˩xuo˥tɕʰi˥˧læᴇ˩˧˩ni˥˩tɕiou˥tɕiaɔ˥a˥.（噢，那种……就蒸出来也叫馍？）那叫死面馍。那死面馍吃上瓷钉钉的，又没有虚……不虚么。nei˥tɕiaɔ˥sʅ˥˧miæ̃˥˨muo˩˧˩.na˥sʅ˥˧miæ̃˥muo˩˧tʂʰʅ˥˧ʂaŋ˥˨tsʰʅ˩˧˩tiŋ˥˧tiŋ˥˩ti·˧,iou˥mei˩˧iou˥˧˧ɕy˥˧……pu˩˧˩ɕy˥˧muo·˧.（噢，那个硬是吧？）硬么。你吃这一顿还可以，投到下一顿，纯粹咬不动了。iŋ˥muo·˧.ni˥˩tʂʰʅ˥˩tʂei˥˦i˥˩tuoŋ˥xa˩˧˩kʰə˥˧i˥˩,tʰou˩˧˩taɔ˥ɕia˥i˥˩tuoŋ˥,tʂʰuoŋ˩˧˩tsʰuei˥niaɔ˥˧pu˩˧˩tuoŋ˥lə·˧.

烙馍

（锅盔是怎么做的？）黄：那是用起……起面然后放锅里烙出，放……放专门儿烙的这个烙馍的那个平底子锅烙下的。nə˧sɿ˧˩yoŋ˧tɕʰi˥˩……tɕʰi˥˩miæ̃˧tʐæ̃˩˨xou˧faŋ˧kuo˥˩li˥˩luo˥˩tʂʰʮ˥˩,faŋ˧……faŋ˧tʂuæ̃˥˩mə̃r˨luo˥˩ti˧tʂə˧kə˧luo˥˩muo˨ti˧nə˧kə˧pʰiŋ˩˨ti˥˩tsɿ˧kuo˥˩luo˥˩xa˧˩ti˧.（噢，用那个……放到那个锅子……）里边烙出来的。li˥˩piæ̃˥˩luo˥˩tʂʰʮ˥˩læᴇ˩˨ti˧.（里面烙出来的啊？）嗯。ə̃˩.（luo˥还是lɑɔ˥？）luo˥。烙馍。也叫烙馍，也叫锅盔。最常叫的就是烙馍。luo˥.luo˥muo˩˨.ie˥˩tɕiɑɔ˧luo˥muo˩˨,ie˥˩tɕiɑɔ˧kuo˥kʰuei˥˩.tsuei˧tʂʰɑŋ˨tɕiɑɔ˧ti˧tɕiou˧˩sɿ˧luo˥muo˩˨.

饦馍

1.（你们有这个馏馍这个……）黄：馏馍这个说法？liou˩˨muo˨tʂə˧kə˧ʂuo˥fɑ˥˩?（啊。）我们有……这面多一半儿用饦馍。ŋuo˥mən˧liou˥˩……tʂei˧˩miæ̃˧tuo˥i˥˩pæ̃r˧yoŋ˧˩tʰuo˥muo˩˨.（怎么托法？）把水烧开，把馍放到欻笼里头，放到箅子上，蒸一会儿，就叫饦馍咧。pa˥˩ʂuei˥ʂɑɔ˥˩kʰæᴇ˥,pa˥˩muo˨faŋ˧tɑɔ˧ei˧luoŋ˨li˥tʰou˧,faŋ˧tɑɔ˧pi˧tsɿ˧ʂaŋ˧˩,tʂəŋ˥i˥˩xuər˧,tɕiou˧tɕiɑɔ˧tʰuo˥muo˩˨lie˧.（蒸热还是蒸熟喽？）那本来就是熟的么你。nə˧pəŋ˥læᴇ˨˩tɕiou˧˩sɿ˧˩ʂʮ˩˨ti˧muo˧ni˥˩.（噢，就是加热一下？）嗯。ŋ̍˩.（还可以饦什么呢？）再啥……饦菜也可以饦热，饭也可以饦热。tsæᴇ˧˩sɑ˧˩……tʰuo˥˩tsʰæᴇ˧ia˥˩kʰə˥˩i˥˩tʰuo˥˩zə˥˩,fæ̃˧ɑ˥˩kʰə˥i˥tʰuo˥˩zə˥˩.（油饼呢饦不饦？）油饼子也可以饦热么。那你就是为咧吃热食咧么你。iou˩˨piŋ˥tsɿ˧iɑ˥˩kʰə˥i˥tʰuo˥˩zə˥muo˧.næᴇ˧ni˥˩tsou˧sɿ˧vei˧lie˧tʂʰʅ˥˩zə˥ʂʅ˩˨lie˧muo˧ni˥˩.（鸡蛋呢？）鸡蛋那你……那你就煮下鸡蛋也可以饦热，炒下鸡蛋嘎都能饦热咧。tɕi˥˩tæ̃˧nei˧ni˥˩……næᴇ˧ni˥˩tsou˧tʂʮ˥xa˧tɕi˥˩tæ̃˧ie˥˩kʰə˥˩i˥˩tʰuo˥˩zə˥,tsʰɑɔ˥xa˧tɕi˥˩tæ̃˧ka˧tou˥˩nəŋ˩˨tʰuo˥˩zə˥˩lie˧.（那种圆的鸡蛋也可以饦吗？）也可以饦嘛。ie˥kʰə˥˩i˥˩tuo˥ma˧.（噢，就是说把熟食再加热叫饦？）把熟食加热，啊，再加热一下。pa˥˩ʂʮ˩ʂʅ˩˨tɕia˥˩zə˥,a˩,tsæᴇ˧˩tɕia˥˩zə˥i˥˩ɕia˧.

2.（炉上炖什么东西呢？）黄：那是晓□煮……这饦的饭吗啥那是。nə˧sɿ˧ɕiɑɔ˥ni˥æ̃˩˨tʂʮ˥s……tʂə˧tʰuo˥ti˧fæ̃˧ma˧sa˧nə˧sɿ˧.

泡馍

（你们这里泡馍吗？）黄：泡馍可泡咧。羊肉泡馍你。吃馍馍么那是羊肉……清汤羊肉都是羊肉泡馍么。pʰɑɔ˧muo˨kʰə˥˩pʰɑɔ˧lie˧.iaŋ˨zou˧pʰɑɔ˧muo˩˨ni˥˩.tʂʰʅ˥muo˨muo˩˨muo˧nə˧sɿ˧iaŋ˩˨zou˧……tɕʰiŋ˥tʰɑŋ˥˩iaŋ˩˨zou˧tou˥˩sɿ˧iaŋ˩˨zou˧pʰɑɔ˧muo˩˨muo˧.（你这里我看到没有烩……那……那没有泡馍的吧？）那这儿这嗯嗯那个兀兀有个羊肉……清汤羊……羊肉。næᴇ˧tʂər˧tʂə˧n̩˧n̩˥nei˧kə˧vɑ˧vɑ˧iou˥˩kə˧iaŋ˨zou˧……tɕʰiŋ˥tʰɑŋ˥˩iaŋ˨……iaŋ˩˨zou˧.（这个这个前面？老冯他们家前面啊？）啊，都有……噢，老冯他们前头那路岔岔那那。ɑ˩,tou˥˩iou˥……ɑɔ˩,lɑɔ˥fəŋ˨tʰam˥tɕʰiæ̃˩˨tʰou˧nə˧lou˧tsʰɑ˧˩tsʰɑ˧˩næᴇ˧˩næᴇ˧.（这里有专门卖羊肉的那馆子吗？）有么。那个就是咧么。它是清汤羊肉、炖锅羊肉、羊肉饺子么。iou˥muo˧.nə˧kə˧tsou˧˩sɿ˧˩liem˧.tʰa˥˩sɿ˧tɕʰiŋ˥tʂʰaŋ˩（←tʰɑŋ˥）iaŋ˩˨zou˧,tuoŋ˧kuo˥˩iaŋ˩˨zou˧,iaŋ˩˨zou˧tɕiɑɔ˥tsɿ˧muo˧.（那叫什么店啊？）羊肉馆子。兀兀儿上头这个，这儿这附近那台台上不是有个夏庄羊肉馆子？iaŋ˩˨zou˧kuæ̃˥tsɿ˧.va˧var˧ʂaŋ˧tʰou˧tʂə˧kə˧,tʂər˧tʂə˧fu˧tɕiŋ˧nə˧tʰæᴇ˩˨tʰæᴇ˩˨ʂaŋ˧pu˩sɿ˧iou˥kə˧˩ɕia˥˩tʂuaŋ˥˩iaŋ˩˨zou˧kuæ̃˥tsɿ˧?（他们这个羊肉是那个冰箱里面的还是那个……）一般是这个当天，头天……头天晚上杀下，第二天卖么。卖不完咧再继续放得冰箱里再卖。i˥˩pæ̃˥tou˥˩sɿ˧tʂə˧kə˧taŋ˥˩tʰiæ̃˥,tʰou˨tʰiæ̃˥˩……tʰou˩˨tʰi æ̃˥˧꜓væ̃˥˧ʂɑŋ˥꜔꜖sɑ˥˧xɑ˥꜔꜖,ti˥ər˥tʰiæ̃˥˧꜔꜖mæᴇ˥꜒꜔muo˧.mæᴇ˥꜒꜔pu˩˧꜔꜖væ̃˩˧꜔꜖lie˧tsæᴇ˥tɕi˥ɕy˥fɑŋ˥tə˧piŋ˥˧꜔꜖ɕiɑŋ˥˧꜔꜖li˥˧꜓tsæᴇ˥mæᴇ˥.（现在有没有？）啊，这个地方估计有。这儿这没有开张。ɑ꜔꜖,tʂə˥꜒꜔kə˥꜒꜔ti˥fɑŋ˥˧꜓ku˥˧꜓tɕi˥iou˥˧꜓.tʂər˥꜒꜔tʂə˥꜒꜔mei˩˧꜔꜖iou˥˧kʰæᴇ˥˧꜔꜖tʂɑŋ˥˧꜔꜖.（有的话要不今天中午我们去吃羊肉？）也可以嘛。我们……这个羊肉……我们这儿这个羊肉讲究说是现在的这个羊儿……羊就是……这两天这个羊不是这个哎不肥吗？ie˥˧kʰə˥˧i˥˧꜔꜖mɑ˧.ŋuom˥˧꜔꜖……tʂə˥꜒꜔kə˥꜒꜔iɑŋ˩˧꜔꜖ʐou˥꜒꜔……ŋuom˥˧tʂər˥tʂə˥kə˥iɑŋ˩˧꜔꜖ʐou˥tɕiɑŋ˥˧tɕiou˥˧꜔꜖ʂuo˥˧sɿ˥꜔꜖ɕiæ̃˥tsæᴇ˥ti˧tʂə˥kə˥iɑ̃r˩˧……iɑŋ˩˧tɕiou˥sɿ˥……tʂə˥liɑŋ˥˧tʰiæ̃˥˧꜔꜖tʂə˥kə˥iɑŋ˩˧pu˩˧꜔꜖sɿ˥꜒꜔tʂə˥꜔꜖kə˥꜔꜖æᴇ꜔꜖pu˩˧꜔꜖fei˩˧mɑ˧?（噢，现在的羊不肥？）不肥，味道也不好。羊肉，我们这儿这讲这个羊是个“五月羊，慢慢尝”。过咧五月那……pu˩˧꜔꜖fei˩˧,vei˥꜖꜔tɑɔ˥iɑ˥˧꜓pu˩˧꜓xɑɔ˥˧꜓.iɑŋ˩˧꜔꜖ʐou˥,ŋuom˥˧tʂər˥꜖꜔tʂə˥tɕiɑŋ˥˧tʂə˥꜔꜖kə˥꜔꜖iɑŋ˩˧sɿ˥kə˥vu˥˧yo˥˧꜔꜖iɑŋ˩˧,mæ̃˥mæ̃˥ʂɑŋ˩˧.kuo˥lie˧vu˥˧yo˥˧꜔꜖nə˥……（慢慢……）慢慢……才慢慢才想尝的吃呀。就是二月羊，就是羊的……古历二月份，“二月羊，撂过墙”。mæ̃˥mæ̃˥tʂʰ……tsʰæᴇ˩˧꜔꜖mæ̃˥mæ̃˥tsʰæᴇ˩˧꜔꜖ɕiɑŋ˥˧꜔꜖ʂɑŋ˩˧꜔꜖ti˧tʂʰʅ˥˧iɑ˧.tɕiou˥꜔꜖sɿ˥꜔꜖ər˥yo˥˧꜔꜖iɑŋ˩˧,tɕiou˥꜒꜔sɿ˥꜔꜖iɑŋ˩˧꜔꜖ti˧……ku˥˧li˥˧꜔꜖ər˥yo˥˧꜔꜖fəŋ˥꜔꜖,ər˥yo˥˧꜔꜖iɑŋ˩˧,liɑɔ˥kuo˥tɕʰiɑŋ˩˧.（不要？）不要，不能吃，太瘦了。“二月羊，扔过墙。”pu˩˧꜔꜖iɑɔ˥,pu˩˧꜔꜖nəŋ˩˧tʂʰʅ˥˧,tʰæᴇ˥꜒꜔sou˥lə˧.ər˥yo˥˧꜓iɑŋ˩˧,ʐəŋ˥˧꜓kuo˥tɕʰiɑŋ˩˧.（没得肉是吧？）没有肉。肉是肉有咧。那个肉不好吃。mei˩˧iou˥˧ʐou˥.ʐou˥sɿ˥꜔꜖ʐou˥iou˥˧lie˧.nə˥꜔꜖kə˥꜔꜖ʐou˥pu˩˧꜔꜖xɑɔ˥˧tʂʰʅ˥˧꜔꜖.（撂过墙？）啊，撂过墙。这个是五月羊是慢慢尝。投到到古历的这个欸七八月份到九月份，羊是最肥，味道最好的时候。ɑ꜔꜖,liɑɔ˥kuo˥tɕʰiɑŋ˩˧꜔꜖.tʂə˥꜔꜖kə˥꜔꜖sɿ˥꜔꜖vu˥˧yo˥˧꜔꜖iɑŋ˩˧sɿ˥꜔꜖mæ̃˥mæ̃˥ʂɑŋ˩˧.tʰou˩˧꜔꜖tɑɔ˥tɑɔ˥ku˥˧li˥˧꜔꜖ti˧tʂə˥kə˥ei꜔꜖tɕʰi˥˧pɑ˥˧yo˥˧꜔꜖fəŋ˥꜔꜖tɑɔ˥tɕiou˥˧yo˥˧꜔꜖fəŋ˥꜔꜖,iɑŋ˩˧sɿ˥tsuei˥fei˩˧,vei˥꜖꜔tɑɔ˥꜔꜖tsuei˥xɑɔ˥˧ti˧sɿ˩˧꜔꜖xou˥.（那个怎么说呢？）嗯，那就没有个啥说咧。ə̃꜔꜖,nei˥tsou˥mei˩˧iou˥˧꜓kə˥sɑ˥ʂuo˥˧꜔꜖lie˧.（这个时候的还可以吗？）这个时候搞的能吃。tʂə˥꜔꜖kə˥꜒꜔sɿ˩˧꜔꜖xou˥kɑɔ˥˧ti˧nəŋ˩˧tʂʰʅ˥˧.（能吃？）能吃了，嗯。nəŋ˩˧tʂʰʅ˥˧lə˧,əŋ꜔꜖.（能吃哈？）嗯。ŋ̍꜔꜖.

肉夹馍儿

黄：肉夹馍儿，你这儿这这儿这还有个，街上还有。肉夹馍儿，肉夹饼。ʐou˥tɕiɑ˥˧꜔꜖muor˩˧꜓,ni˥˧꜓tʂər˥tʂə˥tʂər˥tʂə˥xæᴇ˩˧꜔꜖iou˥˧꜓kə˥,kæᴇ˥˧ʂɑŋ˥꜔꜖xæᴇ˩˧꜔꜖iou˥˧꜓.ʐou˥tɕiɑ˥˧꜔꜖muor˩˧꜓,ʐou˥tɕiɑ˥˧꜔꜖piŋ˥˧.（你这里好像没看到卖的，太白没有卖的嘛。）逢集有咧，没有集没得。fəŋ˩˧tɕi˩˧iou˥˧꜔꜖lie˧,mei˩˧iou˥˧tɕi˩˧mei˩˧tei˥˧꜔꜖.（逢集，我们去赶了几个集了，没看到哇？）欸嘿，那有时……有时候只那几个人卖咧，有时候多一半儿都不……太不来。ei꜔꜖xei꜔꜖,nei˥iou˥˧sɿ˩˧꜓……iou˥˧sɿ˩˧꜔꜖xou˥tsɿ˥˧꜔꜖næᴇ˥tɕi˥˧꜓kə˥ʐəŋ˩˧mæᴇ˥lie˧,iou˥˧sɿ˩˧꜓xou˥tuo˥˧i˥˧꜔꜖pæ̃r˥tou˥˧꜔꜖pu˩˧꜔꜖……tʰæᴇ˥pu˩˧꜔꜖læᴇ˩˧.

（三）菜

素菜、荤菜

1.（你们素菜包括哪些？）黄：不带肉的那些菜都是素菜。pu˩˧꜔꜖tæᴇ˥ʐou˥ti˧nei˥ɕie˥˧꜓tsʰæᴇ˥tou˥˧꜖꜔sɿ˥sɥ˥tsʰæᴇ˥.（像豆腐什么也叫素菜？）豆腐是素菜。tou˥fu˥˧꜓sɿ˥sɥ˥꜔꜖tsʰæᴇ˥꜒꜔.

2. 黄：荤菜就是凡是放……一般就说是放咧这个肉的这些菜都是荤的。xuoŋ˥˧tsʰæᴇ˥tɕiou˥sɿ˥fæ˩˧sɿ˥fɑŋ˥꜖꜔……i˥˧꜖꜔pæ̃˥˧꜔꜖tsou˥꜒꜔ʂuo˥˧꜔꜖sɿ˥꜔꜖fɑŋ˥꜖꜔lie˧tʂə˥꜔꜖kə˥꜔꜖ʐou˥꜖꜔ti˧tʂə˥ɕie˥˧꜓tsʰæᴇ˥tou˥˧꜓sɿ˥xuoŋ˥˧ti˧.

淘菜

（洗菜叫不叫淘菜？）黄：叫淘菜咧。tɕiaɔ˥tʰaɔ˨˦tsʰæᴇ˥lie˧.（到河里面去淘菜？）啊。弄个盆子里也可以淘，河里也可以淘嘛。ɑ˩.nuoŋ˦kə˥pʰəŋ˨˩tsɿ˧li˨˦ie˦˥kʰə˨˦i˨˦tʰaɔ˨˩,xuo˨˩li˨ie˨˦kʰə˨i˨tʰaɔ˨ma˧.（那跟洗菜有什么区别呢？）没有啥区别，都是猫和咪咪么。猫是猫，猫也是个咪咪，咪咪也可以叫猫么。那都是一回事。muo˦˥iou˨sa˥tɕʰy˨˩pie˨˩,tou˦˥sɿ˥maɔ˨xuo˨˩mi˦mi˨˩muo˧.maɔ˨sɿ˥˩maɔ˨˦,maɔ˨ie˨sɿ˥kə˥mi˦˥mi˦˥,mi˦˥mi˦ie˨˦kʰə˨i˨˩tɕiaɔ˥maɔ˨muo˧.næᴇ˥tou˦˥sɿ˥˩i˨xuei˨˩sɿ˥.（咪咪是什么玩意儿？）咪咪就是猫的代称。mi˦mi˨˩tɕiou˥sɿ˥maɔ˨ti˧tæᴇ˥tʂʰəŋ˨˩.（哪个毛啊？）猫嘛。都是这个猫嘛。maɔ˨ma˧.tou˦˥sɿ˥tʂə˥kə˥maɔ˨ma˧.（毛主席的毛啊？）哎。猫嘛。æᴇ˨.maɔ˨ma˧.（猫啊？）猫嘛。噢。猫和咪咪这都是相等的么。把……有的人把猫叫咪咪咧，咪咪也是猫嘛。maɔ˨ma˧.ɑɔ˩.maɔ˨xuo˨˩mi˦˥mi˨˩tʂə˥˩tou˨˩sɿ˥˩ɕiaŋ˨˩təŋ˨ti˧muo˧.pa˨˩……iou˨ti˧zəŋ˨pa˨˩maɔ˨tɕiaɔ˥mi˦˥mi˦˥lie˧,mi˦˥mi˦ie˨sɿ˥˩maɔ˨ma˧.（噢，就等于是……洗菜就等于是淘菜？）等于淘菜么，嗯。təŋ˨y˨˦tʰaɔ˨tsʰæᴇ˥muo˧,ə̃˥.（说洗菜吗？）也说洗。多一半都……最土的话都叫淘咧，不说洗字了。ie˨ʂuo˨˩ɕi˨.tuo˦i˨˩pæ̃˥tou˨˩……tsuei˥tʰu˨ti˧xua˥tou˨˩tɕiaɔ˥tʰaɔ˨lie˧,pu˨˩ʂuo˨˩ɕi˨tsɿ˥˩lə˧.

炖

1. 黄：那叫炖咧嘛。炖一下，炖下的嘛。næᴇ˥˩tɕiaɔ˥˩tuoŋ˥˦lie˧ma˧.tuoŋ˥˦i˨˩ɕia˥,tuoŋ˥xa˥˩ti˧ma˧.（嗯，炖？）嗯。炖嘛。炖肉，炖土豆儿，或者是炖其他东西。那是加水，然后……炖排骨，这都是炖熟的么。ŋ̍˩.tuoŋ˥ma˧.tuoŋ˥ʐou˥,tuoŋ˥tʰu˨tour˥,xuei˨˦tʂə˨˩sɿ˥tuoŋ˥tɕʰi˨˩tʰa˦˥tuoŋ˨˩ɕi˧.nei˥˦sɿ˥tɕia˨˩ʂuei˨,zæ̃˨˩xou˥……tuoŋ˥pʰæᴇ˨˩ku˨,tʂei˥˦tou˨˩sɿ˥tuoŋ˥ʂɥ˨˩ti˧muo˧.

2. 黄：炖，这儿这这炖一般情况下不可能切成片片，都切成方块儿或者是……嗯，这块儿和其他加在一搭里去以后炖熟的么。tuoŋ˥˦,tʂər˥tʂə˥˩tʂə˥˩tuoŋ˥i˨˦pæ̃˨tɕʰiŋ˨˩kʰuaŋ˥ɕia˥pu˨˩kʰə˨˩nəŋ˨tɕʰie˨˩tʂʰəŋ˨pʰiæ̃˨piæ̃˨˩,tou˦˥tɕʰie˨tʂʰəŋ˨˩faŋ˨˩kʰuər˨xuo˨˦tʂə˨sɿ˥……ə̃˩,tʂə˥˦kʰuər˨˦xuo˨˩tɕʰi˨˩tʰa˨tɕia˨˦tsæᴇ˥i˨˩ta˨li˨˩tɕʰy˥i˨xou˥˩tuoŋ˥ʂɥ˨˩ti˧muo˧.

煠

（拿那个青菜丢到那个开水里面烫一下，然后……）黄：也叫捞欶……那叫……那你……那或者是叫烫一下，或者是这个欶把那煠一下。ie˨˦tɕiaɔ˥laɔ˨tei˩……næᴇ˥tɕiaɔ……næᴇ˥ni˨˦……nə˥˦xuei˨˦tʂə˨˩sɿ˥˩tɕiaɔ˥tʰaŋ˥˦i˨˩xa˥˩,xuei˨˦tʂə˨˩sɿ˥tʂə˥kə˥tei˩pa˨˩næᴇ˥tsa˨i˨˩ɕia˥˩.（tsa˨是什么意思？）煠就是这个是把生菜放到开水里头煠，呃，这个煮熟么，就……这里就叫煠。就叫煠咧么。tsa˨tɕiou˥sɿ˥tʂə˥˩kə˥˩sɿ˥˩pa˨˩səŋ˨˩tsʰæᴇ˥˦faŋ˥taɔ˥˩kʰæᴇ˨˩ʂuei˨li˨˩tʰou˧tsa˨,ə˩,tʂə˥˩kə˥˩tʂɥ˨ʂɥ˨muo˧,tɕiou˥……tʂei˥˦li˨˦tɕiou˥tɕiaɔ˥tsa˨.tɕiou˥tɕiaɔ˥tsa˨lie˧muo˧.（不是那个……那个……）油炸[1]的炸嘛。iou˨tsa˨˩ti˧tsa˨ma˧.（噢，用那个炸？）嗯。ŋ̍˩.（那它是开水啦？）开水么。这是开水也可以炸嘛。kʰæᴇ˨˩ʂuei˨muo˧.tʂei˥sɿ˥kʰæᴇ˨˩ʂuei˨ie˨˩kʰə˨i˨˩tsa˨ma˧.（噢，这个也叫炸？）嗯。ŋ̍˩.（就是蔬菜是吧？）嗯。不一定……这蔬菜，各种蔬菜都可以煠嘛。你生的煠出来可以凉拌么。ŋ̍˩.pu˨˩i˨tiŋ……tʂə˥˦ʂɥ˨˦tsʰæᴇ˥,kə˨˩tʂuoŋ˨ʂɥ˨˩tsʰæᴇ˥˦tou˨˩kʰə˨i˨˩tsa˨ma˧.ni˨˦səŋ˨ti˧tsa˨tʂʰɥ˨læᴇ˨˩kʰə˨i˨˩liaŋ˨˩pæ̃˥muo˧.（就是放在水里焯一下是吗？）啊，是焯一下就对了。ɑ̃˥,sɿ˥tsʰaɔ˨i˨˩ɕia˥˦tɕiou˥˩tuei˥˩lə˧.

① 按，发言人不识本字，煠为考本字的结果。

揍

（这个就是弄回来那个菜呀，青菜呀，就是加点盐，然后就这样……）黄：揍一下么，腌一下。ʐuɑ˩li˥˦˧ɕiɑ˧muo˩,iæ˥i˥˩xɑ˧˩.（揍，揍就是这么抓是吧？）啊，是。ɑ˥,sɿ˧˩.（然后就放点什么东西就……放点醋不？）揍以后以后，停一会儿，把里头那种水挤一挤嘛。ʐuɑ˩i˥˦˧xou˧i˥˩xou˧,tʰiŋ˩i˥˦˧xuər˧,pɑ˥˩li˥tʰou˩næᴇ˧tʂuoŋ˥˦˧ʂuei˥tɕi˥i˥˩tɕi˥mɑ˩.（就是让盐把那个水……）噢，腌一下，腌一下。ɑɔ˩,iæ˥i˥˩xɑ˧˩,iæ˥i˥˩xɑ˧˩.（给它弄……腌出来。）腌出来，然后再放……iæ˥tʂʰʮ˥læᴇ˩˩,zæ̃˩˩xou˧tsæᴇ˧fɑŋ˧……（那不仅仅是腌呢，要用手去抓欤。）那你手抓下以后就是里头叫它那个水尽快能够腌出么你。实际上就是个腌么。næᴇ˧ni˥˦˧ʂou˥˦˧tʂuɑ˥xɑ˧˩i˥˩xou˧tsou˧sɿ˧li˥tʰou˩tɕiɑɔ˧˩tʰɑ˥˦˧nə˧kə˧ʂuei˥tɕiŋ˥˦˧kʰuæᴇ˧nəŋ˩˩kou˧iæ˥˩tʂʰʮ˥muo˩ni˥˩.ʂʮ˩˩tɕi˧˦˧ʂɑŋ˧tɕiou˧sɿ˧˩kə˧˩iæ˥muo˩.（那种菜呢叫……叫什么？叫不叫揍菜？）不叫揍菜。pu˩˦˧tɕiɑɔ˧ʐuɑ˩tsʰæᴇ˧.（叫什么菜啊？）那我……那你……也没有个啥具体的叫法么。我们调个黄瓜也揍它下咧，调个萝卜丝还揍咧，调个白菜吃一下也揍它下咧，都是指生菜这是。næᴇ˧˦˧ŋuo˥……næᴇ˧˦˧ni˥……ie˥mei˩iou˥kə˧sɑ˧tɕy˧tʰi˧ti˩tɕiɑɔ˧fɑ˥˩muo˩.ŋuo˥məŋ˩tʰiɑɔ˩˩kə˧xuɑŋ˩˩kuɑ˥ie˥ʐuɑ˩˩tʰɑ˥˩xɑ˧˩lie˩,tʰiɑɔ˩˩kə˧luo˩˩pu˩sɿ˥xɑ˩ʐuɑ˩˩lie˩,tʰiɑɔ˩˩kə˧pei˩˩tsʰæᴇ˧tʂʰʮ˥i˥˩xɑ˧˩ie˥ʐuɑ˩˩tʰɑ˥˩xɑ˧˩lie˩,tou˥˦˧sɿ˧tsɿ˥˦˧səŋ˥tsʰæᴇ˧˩tʂei˧˦˧sɿ˧˩.（做咸菜的时候要不要揍一下？）哎不揍。æᴇ˥pu˩˩ʐuɑ˩˩.

煺

（这个呃把那个红薯啊放到那个呃那个这个烧红的灰里面去把它弄熟这叫什么？）黄：这儿这把这叫我看我们这儿个一般就叫个□烧熟咧么。tʂər˧tʂə˧pɑ˥˩tʂə˧tɕiɑɔ˧ŋuo˥˦˧kʰæ̃˧ŋuo˥˦˧məŋ˩tʂər˧kə˧i˥˦pæ̃˥tɕiou˧tɕiɑɔ˧kə˧xə˥ʂɑɔ˥ʂʮ˩˩lie˩muo˩.（讲不讲煨？）太不讲“煨”。tʰæᴇ˧pu˩˩tɕiɑŋ˥˦˧vei˥.（没有这个煨这个说法？）没这“煨”字这一说。或者这面或者是烤熟，或者是放在里头以后，煺，煺熟。mei˩tʂə˧˦˧vei˥tsɿ˧˩tʂə˧i˥˩ʂuo˥.xuei˩˦˧tʂə˥˩tʂei˧˦miæ̃˧˩xuei˩˦˧tʂə˥˩sɿ˧kʰɑɔ˥ʂʮ˩˩,xuei˩˦˧tʂə˥˩sɿ˧fɑŋ˧tsæᴇ˧li˥tʰou˩i˥˩xou˧˩,tʰəŋ˥,tʰəŋ˥ʂʮ˩˩.

熝菜

1. 黄：熝菜，那就是放些油，把……把这个菜放下去以后放水煮咧嘛。ŋɑɔ˥tsʰæᴇ˧,næᴇ˧˦˧tɕiou˧˦˧sɿ˧˦˧fɑŋ˧ɕie˥liou˩,pɑ˥˩……pɑ˥˩tʂə˧kə˧tsʰæᴇ˧fɑŋ˧xɑ˧tɕʰi˧i˥˩xou˧˦˧fɑŋ˧ʂuei˥tʂʮ˥lie˩mɑ˩.（噢，放点油？）啊。ɑ˩.（再放下去？）把作料放上。是煮熟的嘛。pɑ˥˩tsuo˥˩liɑɔ˧fɑŋ˧ʂɑŋ˧˩.sɿ˧tʂʮ˥ʂʮ˩˩ti˩mɑ˩.

2. 黄：熝白菜，熝干菜。就是当地人都是把洋芋和豆角儿以后把那些……先把土豆儿倒得锅里以后，煮烂以后再把干菜、红豆放进去，放……熝成一样的。再就是做成个酸菜，然后和土豆这个欤熝进去，熝菜。陕北人当地现在陕北人的一个特色菜么就是这个。酸菜噢，洋芋么，再加点大肉咧，这是一盘糊啦。nɑɔ˥pei˩˩tsʰæᴇ˧,nɑɔ˥kæ̃˥˩tsʰæᴇ˧.tɕiou˧sɿ˧tɑŋ˥˩ti˧˦˧ʐəŋ˩tou˥˦˧sɿ˧pɑ˥˩iɑŋ˩y˧˦˧xuo˩˩tou˧˦˧tɕyor˥˩i˥˩xou˧pɑ˥˦˧nei˧ɕie˥……ɕiæ̃˥pɑ˥˩tʰu˥˦˧tour˧tɑɔ˧tə˧kuo˥li˥˩i˥˩xou˧,tʂʮ˥læ̃˧i˥˩xou˧tsæᴇ˧pɑ˥˩kæ̃˥tsʰæᴇ˧˩,xuoŋ˩˩tou˧fɑŋ˧tɕiŋ˧tɕʰi˧,fɑŋ˧……ɑɔ˥tʂʰəŋ˩˩i˥˩iɑŋ˧˦˧ti˩.tsæᴇ˧tɕiou˧sɿ˧tsuo˧˦˧tʂʰəŋ˩kə˧suæ̃˥˩tsʰæᴇ˧,ʐæ̃˩˩xou˧xuo˩tʰu˥tou˧tʂə˧kə˧ei˧ɑɔ˥tɕiŋ˧tɕʰi˧,ɑɔ˥tsʰæᴇ˧˩.ʂæ̃˥pei˩˩ʐəŋ˩tɑŋ˥˩ti˧˦˧ɕiæ̃˧tsæᴇ˧ʂæ̃˥pei˩˩ʐəŋ˩ti˩˩kə˧tʰə˥sə˥˩tsʰæᴇ˧muo˩tɕiou˧sɿ˧tʂei˧kə˧˩.suæ̃˥˩tsʰæᴇ˧ɑɔ˩,iɑŋ˩y˧muo˩,tsæᴇ˧tɕiɑ˥tiæ̃˥˩tɑ˧ʐou˧lie˩,tʂei˧sɿ˧i˥pʰæ̃˩˩xu˩lɑ˩.

熑肉

（熑肉？）黄：熑这个话有咧。熑咧，熑。læ̃˩tʂə˧kə˧xuɑ˧iou˥˦˧lie˧.læ̃˩lie˧,læ̃˩.

（你们……你们也说？）也说。ieꜜʂuoꜜꜙ.（燣就……是什么意思啊？）燣实际上就是放锅里把那个往……通过这个油把那往熟的炒咧。燣一下，噢。læ˩ʂʅ˩tɕi˥ʂaŋ˥tɕiou˥sʅ˥faŋ˥kuoꜜli˥pa˥nə˥kə˥vaŋꜜ……tʰuoŋ˥kuo˥tʂə˥kə˥iou˩pa˥næᴇ˥vaŋꜜʂʅ˩ti˥tsʰɑoꜜlie˨.læ˩iꜜɕia˥,ɑoꜜ.（还可以燣……燣别的东西吗？除了肉之外？）那啥东西都可以往……nə˥sa˥tuoŋꜜɕi˨touꜜkʰəꜜiꜜvaŋꜜ……（青菜也叫燣吗？）青菜叫炒咧，不叫燣。tɕʰiŋꜜtsʰæᴇ˥tɕiɑo˥tsʰɑoꜜlie˨,pu˩tɕiɑo˥læ˩.（那还有什么东西可以燣？）燣个臊子，燣个肉。læ˩kə˥sɑo˥tsʅ˨,læ˩kə˥ʐou˥.（都得是肉……肉类的东西？）都是肉类的。嗯嗯。touꜜsʅ˥ʐou˥luei˥ti˨.əm˨.（豆腐不能燣吗？）嗯？əŋ˩?（豆腐这样的东西？）豆腐都不能燣了。豆腐要炒咧。tou˥fuꜜtouꜜpu˩nəŋ˩læ˩lə˨.tou˥fuꜜiɑo˥tsʰɑoꜜlie˨.（噢，就是说肉类的东西把它炒熟了，这叫燣？）啊，嗯。ɑ˥,ŋ̍˨.（是炒熟了还是到油里面去过一下？）哎，不是，不是，过油是过油嘛。这个是欿油是少量的，不是很多的油，它是靠本身的那个油把它往熟的搞的嘛。æᴇ˥,pu˩sʅ˥,pu˩sʅ˥,kuo˥iou˩sʅ˥kuo˥iou˩ma˨.tʂə˥kə˥sʅ˥ei˥iou˩sʅ˥ʂɑoꜜliaŋ˥ti˨,pu˩sʅ˥xəŋꜜtuoꜜti˨iou˩,tʰɑꜜsʅ˥kʰɑo˥pəŋꜜʂəŋꜜti˨nə˥kə˥iou˩paꜜtʰɑꜜvaŋꜜʂʅ˩ti˥kɑoꜜti˨ma˨.

精[1]肉

（有精肉这种说法没有？）黄：有精肉的这个说法。iouꜜtɕiŋꜜʐou˥ti˥tʂə˥kə˥ʂuoꜜfaꜜ.（就是瘦肉吧？）这个精肉在这儿这好像是不是那么个意思了。没有骨头。tʂə˥kə˥tɕiŋꜜʐou˥tsæᴇ˥tʂər˥tʂə˥xɑoꜜɕiaŋ˥sʅ˥pu˩sʅ˥nə˥muo˨kə˥i˥sʅ˨lə˨.mei˩iouꜜkuꜜtʰou˨.（没骨头？）嗯。m̩˨.（肥的瘦的在一块儿的也叫精肉？）啊，也叫精肉。ɑ˥,ieꜜtɕiɑo˥tɕiŋꜜʐou˥.

座墩儿

（呃，叫什么猪屁股上啊……）黄：嗯。ŋ̍˨.（那块儿肉你们叫什么？坐臀肉还是……）座墩儿。tsuo˥tuə̃rꜜ.（坐墩儿？）噢，座墩儿。ɑo˨,tsuo˥tuə̃rꜜ.（就是那个那那块肉啊割下来这个这个吃的那块儿肉？）噢，就是的。整个儿猪后半截，其实腿那半截，□下这么十几斤，叫座墩儿么。ɑo˥,tɕiou˥sʅ˥ti˨.tʂəŋꜜkər˥tʂʅꜜxou˥pæ˥tɕie˩,tɕʰi˩ʂʅ˩tʰueiꜜnæᴇ˥pæ˥tɕie˩,tsaꜜxa˥tʂə˥muo˨ʂʅ˩tɕiꜜtɕiŋꜜ,tɕiɑo˥tsuo˥tuə̃rꜜmuo˨.（tsuo˥tuə̃r˨？）噢，座墩儿。ɑo˨,tsuo˥tuə̃rꜜ.（哪个tsuo？）座，座，座位的座。噢，座墩儿。tsuo˥,tsuo˥,tsuo˥vei˥ti˨tsuo˥.ɑo˨,tsuo˥tuə̃rꜜ.

毷毛儿

（那个然后皮上有有那个毛叫什么？叫什么毛？）黄：人把它叫……叫毷毛儿。ʐəŋ˩paꜜtʰaꜜtɕiɑo˥……tɕiɑo˥ʐuoŋꜜmɑor˩.（肉毛？）噢，是看……你肉眼可以看着，但是你逮住好像还没得那种。毷毛儿。ɑo˨,sʅ˥kʰæ˥……niꜜʐou˥niæꜜkʰəꜜiꜜkʰæ˥tʂuoꜜ,tæ˥sʅ˥niꜜtæᴇꜜtʂʅ˥xɑoꜜɕiaŋ˥xa˩mei˩teiꜜnei˥tʂuoŋꜜ.ʐuoŋꜜmɑor˩.

油烟子气

（如果是那种杀猪的那个……猪……猪皮上面带的那个毛，把它烫一下，那个气味呢？）黄：油烟子气儿，油烟气。iou˩iæꜜtsʅ˨tɕʰiər˥,iou˩iæꜜtɕʰi˥.（猪毛的气味！）噢，那还是叫油烟子气了。ɑo˨,nei˥xa˩sʅ˥tɕiɑo˥iou˩iæꜜtsʅ˨tɕʰi˥lə˨.（油烟子气啊？）啊，猪加上那个不单有毛，还且有那个咿……一……脂肪烧下的那个味道。ɑ˨,tʂʅꜜtɕiaꜜʂaŋ˥nə˥kə˥pu˩tæꜜiouꜜmɑo˩,xa˩tɕʰieꜜiouꜜnə˥kə˥i˨……iꜜ……tsʅ˥faŋ˩ʂɑoꜜxa˥ti˨nə˥kə˥vei˥tɑo˥.（那叫油……油……）油烟气么。噢，这个是广泛指你比如是炸油糕，炸油……炸麻花，炸

---

① 本字当为“腈”。《集韵》咨盈切，“肉之粹者”。

油饼儿这个油这个气子闻上来这个味道都叫油烟气。iou˩˧liæ̃˥˧tɕʰi˧˦muo˧˩.ɑɔ˨˩,tʂei˧˦kə˧˩sɿ˧˩kuɑŋ˥˧fæ̃˧˦tsɿ˥˧ni˥˧pi˥˧ʐʮ˥˧sɿ˧˥tsɑ˩˧iou˩˧kɑɔ˥˧,tsɑ˩˧iou˩˧……tsɑ˩˧mɑ˨˩xuɑ˥˧,tsɑ˩˧iou˨˩piɑ̃r˥˧tʂə˧kə˧iou˩˧tʂə˧kə˧tɕʰi˧tsɿ˧vəŋ˨˩ʂɑŋ˧˦læᴇ˨˩tʂə˧kə˧vei˧tɑɔ˧tou˥˧tɕiɑɔ˧iou˩˧liæ̃˥˧tɕʰi˧˩.（油烟气还是油烟子气？）油烟气，或者油烟子气。iou˩˧liæ̃˥˧tɕʰi˧,xuei˩˧tʂə˥˧iou˩˧liæ̃˥˧tsɿ˧tɕʰi˧˩.（都可以是吧？）都可以。tou˥˧kʰə˥˧i˥˩.（噢，烫那个猪毛的那个气味也叫油烟子气。）嗯。ŋ̍˨˩.（那不……没有什么那个？）那个我看叫……nə˧kə˧ŋuo˥˧kʰæ̃˧tɕiɑɔ˧˦……（还……应该还有……还有特殊的这个叫法。）还叫个……那个气味我们这个地方常有。为啥嘞？我们农村杀猪，把猪毛拔净以后，欸，要用烙铁，要用铁板，烧红以后，把这个整个儿猪身上要烫一遍咧。他至少要把猪皮这个拿……放这个红……红红的铁烫焦这么一公分，至少要烫一公分深。xɑ˩˧tɕiɑɔ˧kə˧……nei˧˦kə˧˩tɕʰi˧vei˧ŋuo˥məŋ˧tʂə˧kə˧ti˧fɑŋ˥˩tʂʰɑŋ˩˧iou˥˩.vei˧sɑ˧lei˧?ŋuo˥məŋ˧luoŋ˩˧tsʰuoŋ˥sɑ˥˧tʂʮ˥,pɑ˥˩tʂʮ˥˩mɑɔ˩˧pɑ˨˩tɕiŋ˧i˥˩xou˧,ei˨˩,iɑɔ˧yoŋ˧luo˥tʰie˥˩,iɑɔ˧yoŋ˧tʰie˥˩pæ̃˥,ʂɑɔ˥˩xuoŋ˩˧i˥˩xou˧,pɑ˥˩tʂə˧kə˧tʂəŋ˥kər˧tʂʮ˥ʂəŋ˥ʂɑŋ˧˩iɑɔ˧tʰɑŋ˧i˥˧piæ̃˧˦lie˧˩.tʰɑ˥˩tsɿ˧ʂɑɔ˥iɑɔ˧pɑ˥˩tʂʮ˥˩pʰi˩˧tʂə˧kə˧nɑ˨˩……fɑŋ˧tʂə˧kə˧xuoŋ˩˧……xuoŋ˩˧xuoŋ˩˧ti˧tʰie˥tʰɑŋ˧tɕiɑɔ˥tʂə˧muo˧i˥˩kuoŋ˥˧fəŋ˥˧,tsɿ˧ʂɑɔ˥iɑɔ˧˩tʰɑŋ˧i˥˧kuoŋ˥˧fəŋ˥ʂəŋ˥˩.（一公分深啊？）啊。ɑ˨˩.（那这个皮总共还不就一……那个还没得一公分深吧？）那你就这么烫啊，烫下一公分以后，它外表上是黄的啊。红黄红黄的那个样子了。然后烫完以后，挂起来。烫完后，挂起来以后，放热水洗咧。热水一洗么，再你把刀子磨的快快的，上头刮一层，基本上就相当于把一公分……快将近一公分都刮去了。næᴇ˧ni˥˧tsou˧tʂə˧muo˧tʰɑŋ˧ɑ˧˩,tʰɑŋ˧˦xɑ˧i˥˩kuoŋ˥˩fəŋ˥i˥˩xou˧,tʰɑ˥˩væᴇ˧piɑɔ˥ʂɑŋ˧sɿ˧xuɑŋ˩˧tiɑ˧˩.xuoŋ˩˧xuɑŋ˩˧xuoŋ˨˩xuɑŋ˩˧ti˧nə˧kə˧iɑŋ˧tsɿ˧lə˧.ʐæ̃˨˩xou˧tʰɑŋ˧væ̃˩˧i˥˩xou˧,kuɑ˧tɕʰi˥˧læ̃˨˩.tʰɑŋ˧væ̃˩˧xou˧,kuɑ˧tɕʰi˥˧læᴇ˩˧i˥˩xou˧,fɑŋ˧ʐə˥˩ʂuei˥ɕi˥lie˧˩.ʐə˥˩ʂuei˥i˥˩ɕi˥muo˧˩,tsæᴇ˧ni˥˧pɑ˥˩tɑɔ˥tsɿ˧muo˩˧ti˧kʰuæᴇ˧kʰuæᴇ˧ti˧,ʂɑŋ˧tʰou˧kuɑ˥i˥˩tsʰəŋ˨˩,tɕi˥˩pəŋ˥ʂɑŋ˧tsou˧ɕiɑŋ˥˧tɑŋ˥y˩˧pɑ˥˩i˥˩kuoŋ˥˩fəŋ˥……kʰuæᴇ˧tɕiɑŋ˥˩tɕiŋ˧i˥˩kuoŋ˥˩fəŋ˥tou˥˩kuɑ˥tɕʰi˧˩lə˧˩.（那你们猪皮不吃吗？）这么一刮，猪皮都能吃了。把整个儿毛根子都烧焦以后，刮掉撇了。tʂə˧muo˧i˥˩kuɑ˥,tʂʮ˥˩pʰi˩˧tou˥˩nəŋ˩˧tʂʰʅ˥lə˧˩.pɑ˥˩tʂəŋ˥kər˧mɑɔ˩˧kəŋ˥tsɿ˧tou˥˧ʂɑɔ˥˧tɕiɑɔ˥i˥˩xou˧˦,kuɑ˥˩tiɑɔ˧pʰie˥lə˧˩.（没有说拿沥青这么……那么的？）那都嫌有毒咧。那脏的那。过去拿汽油烧，现在都不烧。næᴇ˧˦tou˥˩ɕiæ̃˩˧iou˥tu˨˩lie˧.nə˧tsɑŋ˥ti˧nə˧˩.kuo˧tɕʰy˧nɑ˨˩tɕʰi˧iou˩˧ʂɑɔ˥˩,ɕiæ̃˧tsæᴇ˧tou˥˩pu˨˩ʂɑɔ˥.（噢，拿汽油烧啊？）呃，拿汽油点喷灯烧。ə˨˩,nɑ˨˩tɕʰi˧iou˩˧tiæ̃˥˧pʰəŋ˥təŋ˥˩ʂɑɔ˥.（噢，电喷？）喷灯。pʰəŋ˥təŋ˥˩.（盆……喷……）喷灯没有见过吗？pʰəŋ˥təŋ˥˩mei˩˧iou˥tɕiæ̃˧˦kuo˧mɑ˧?（嗯，怎么喷啊？）喷灯它是一种装置。把汽油装到壶里头，把气打上，通过气的这个压咧使……使气油这个欸成为雾化状的喷出来。然后是着火么。拿这个火烧它。那汽油喷灯，柴油喷灯，兀早就有那东西。pʰəŋ˥təŋ˥˩tʰɑ˥˧sɿ˧i˥˩tʂuoŋ˥tʂuɑŋ˥˩tʂʅ˧.pɑ˥˩tɕʰi˧iou˩˧tʂuɑŋ˥tɑɔ˧xu˨˩li˥tʰou˧,pɑ˥˩tɕʰi˧tɑ˥ʂɑŋ˧˩,tʰuoŋ˥˩kuo˧tɕʰi˧˦ti˧tʂə˧kə˧iɑ˧lie˧sɿ˥˧tsʰæᴇ……sɿ˥˩tɕʰi˧˦iou˩˧tʂə˧kə˧ei˨˩tʂʰəŋ˨˩vei˩˧vu˧xuɑ˧tʂuɑŋ˧ti˧pʰəŋ˥˩tʂʰʮ˥læᴇ˨˩.ʐæ̃˨˩xou˧sɿ˧tʂuo˩˧xuo˥muo˧.nɑ˨˩tʂə˧kə˧xuo˥ʂɑɔ˥tʰɑ˥˩.næᴇ˧˦tɕʰi˧iou˩˧pʰəŋ˥təŋ˥˩,tsʰæᴇ˩˧iou˩˧pʰəŋ˥təŋ˥˩,væᴇ˧˦tsɑɔ˥tɕiou˧iou˥˩nə˧tuoŋ˥ɕi˧.（就汽灯嘛！）呃不是。汽灯那点火焰……这火焰可以喷一米远，那火焰烧得……ə˥pu˨˩sɿ˧˩.tɕʰi˧təŋ˧˩nei˧tiæ̃˥˩xuo˥˧iæ̃˧……tʂə˧˦xuo˥˧iæ̃˧kʰə˥i˥˩pʰəŋ˥i˥˩mi˥yæ̃˥˧,nə˧xuo˥˧iæ̃˧ʂɑɔ˥˩tə˧……

炖锅肉

（那个炖锅肉是怎么做法？）黄：炖锅肉它就是把这个肉切成丁，然后和土豆或者是和这个萝卜，然后一块儿炖熟的那个。tuoŋ˥kuo˥˩ʐou˥tʰɑ˥˩tsou˥sɿ˥pɑ˥˩tʂə˥kə˥ʐou˥tɕʰie˥˩tʂʰəŋ˧˩tiŋ˥˩,ʐæ̃˧˩xou˥xuo˧˩tʰu˥˩tou˥xuei˧˩tʂə˥˩sɿ˥xuo˧˩tʂə˥kə˥luo˧˩pu˥,ʐæ̃˧˩xou˥i˥˩kʰuər˥˩tuoŋ˥ʂʯ˧˩ti˥nə˥kə˥.

苜蓿肉

黄：苜蓿实际上说是苜蓿肉，实际上那个东西里头放的东西无非就是鸡蛋，呃木耳，还有这个针金，也就是那黄花，再放点辣子的姜做出来，炒出来这个。放是炒下肉丝儿。这是炒出来这个菜的名字叫苜蓿肉。mu˥˩ɕy˥˩ʂʯ˧˩tɕi˥ʂaŋ˥ʂuo˥˩sɿ˥mu˥˩ɕy˥˩ʐou˥,ʂʯ˧˩tɕi˥ʂaŋ˥nə˥kə˥tuoŋ˥˩ɕi˥li˥˩tʰou˥faŋ˥˩ti˥tuoŋ˥˩ɕi˥vu˧˩fei˥˩tɕiou˥sɿ˥tɕi˥˩tæ̃˥,ə˧mu˥˩ər˥˩,xæᴇ˧˩iou˥˩tʂə˥kə˥tʂəŋ˥˩tɕiŋ˥˩,ie˥˩tɕiou˥sɿ˥nə˥xuaŋ˧˩xua˥˩,tsæᴇ˥faŋ˥tiæ̃˥˩la˥˩tsɿ˥ti˥tɕiaŋ˥˩tsuo˥˩tʂʰʯ˥˩læᴇ˧˩,tsʰɑo˥˩tʂʰʯ˥˩læᴇ˧˩tʂə˥kə˥.faŋ˥˩sɿ˥tsʰɑo˥˩xa˥˩ʐou˥sər˥˩.tʂə˥ʂʯ˥tsʰɑo˥˩tʂʰʯ˥˩læᴇ˧˩tʂə˥kə˥tsʰæᴇ˥ti˥miŋ˧˩tsɿ˥tɕiɑo˥mu˥˩ɕy˥˩ʐou˥.（你们是不是叫鸡蛋是叫做苜蓿？）不是不是，鸡蛋就是鸡蛋么。不可能是苜蓿。这个菜的得名我也不知道。过去在前很还是放这个苜蓿啊，用苜蓿以后是这个芽芽子和这个鸡……这个肉炒出来这个，他把这叫苜蓿肉。但是到太白来，你没有这个苜蓿，你放点其他青菜就代替了么。pu˧˩sɿ˥pu˧˩sɿ˥,tɕi˥˩tæ̃˥tɕiou˥sɿ˥tɕi˥˩tæ̃˥muo˥.pu˧˩kʰə˥˩nəŋ˧˩sɿ˥mu˥˩ɕy˥˩.tʂə˥kə˥tsʰæᴇ˥ti˥tə˥miŋ˧ŋuo˥˩ia˥˩pu˧˩tʂʯ˥˩tɑo˥.kuo˥˩tɕʰy˥tsæᴇ˥tɕʰiæ̃˧xəŋ˥˩xa˧˩sɿ˥faŋ˥tʂə˥kə˥mu˥˩ɕy˥˩a˥,yoŋ˥mu˥˩ɕy˥˩i˥˩xou˥sɿ˥tʂə˥kə˥ia˧˩ia˧˩tsɿ˥xuo˧˩tʂə˥kə˥tɕi˥˩……tʂə˥kə˥ʐou˥tsʰɑo˥˩tʂʰʯ˥˩læᴇ˧˩tʂə˥kə˥,tʰɑ˥˩pɑ˥˩tʂei˥tɕiɑo˥mu˥˩ɕy˥˩ʐou˥.tæ̃˥sɿ˥tɑo˥tʰæᴇ˥pei˧˩læᴇ˧˩,ni˥˩mei˧iou˥˩tʂə˥kə˥mu˥˩ɕy˥˩,ni˥˩faŋ˥tiæ̃˥˩tɕʰi˧˩tʰɑ˥˩tɕʰiŋ˥˩tsʰæᴇ˥tɕiou˥tæᴇ˥tʰi˥˩lə˥muo˥.（那个像炒鸡蛋你们叫不……叫不叫做炒苜蓿？）不。不叫。pu˧˩.pu˧˩tɕiɑo˥˩.

过油肉

（还有过油肉是吧？）黄：过油肉，嗯。kuo˥iou˧˩ʐou˥,ŋ̍˥˩.（那是干吗？怎么做呢？）瘦肉丝儿放得这个锅里，放得油里头，炸了一下。sou˥ʐou˥sər˥˩faŋ˥tə˥tʂə˥kə˥kuo˥˩li˥˩,faŋ˥tə˥iou˧˩li˥˩tʰou˥,tsa˧˩lə˥i˥˩xa˥.

腊肉

1. 黄：过去……腊肉有。腊肉都……弄成块块都挂得外头，晾干。最后这个欸，把盐都是放得上头了，然后又……再放这个其他这个柏树叶子熏一熏，晒一晒。kuo˥tɕʰy˥……la˥˩ʐou˥iou˥˩.la˥˩ʐou˥tou˥˩……nuoŋ˥tʂʰəŋ˧˩kʰuæᴇ˥˩kʰuæᴇ˥˩tou˥˩kua˥tə˥væᴇ˥tʰou˥,liaŋ˥kæ̃˥˩.tsuei˥xou˥tʂə˥kə˥ei˥,pa˥˩iæ̃˧tou˥˩sɿ˥faŋ˥tə˥ʂaŋ˥tʰou˥lə˥,ʐæ̃˧˩xou˥iou˥ɕ……tsæᴇ˥faŋ˥tʂə˥kə˥tɕʰi˧˩tʰɑ˥tʂə˥kə˥pei˥ʂʯ˥ie˥˩tsɿ˥ɕyoŋ˥˩i˥˩ɕyoŋ˥˩,sæᴇ˥i˥˩sæᴇ˥˩.（要吃的时候还得……）从新剁，从新洗。tsʰuoŋ˧ɕiŋ˥˩tuo˥,tsʰuoŋ˧ɕiŋ˥˩ɕi˥˩.（然后再做是吧？）再做，噢。tsæᴇ˥tsuo˥,ɑo˥.（那个是生的挂出来的？）生的。səŋ˥˩ti˥.（平时挂在什么地方？）平时就在屋子里边儿放着咧。pʰiŋ˧sɿ˧˩tɕiou˥tsæᴇ˥vu˥˩tsɿ˥li˥˩piær˥˩faŋ˥tʂə˥lie˥.（屋子里边？）噢，天热的这个肉……ɑo˥,tʰiæ̃˥˩ʐə˥˩ti˥tʂə˥kə˥ʐou˥……（那你们那……你们那腌肉是……本身是熟的？）熟的。ʂʯ˧˩ti˥.（腊肉本身是……）生的。səŋ˥˩ti˥.（生的？）嗯。ə̃˥.

2. （那过去老百姓这个生活怎么办呢？）黄：生活就是你自己种啥吃啥。səŋ˥˩xuo˧tsou˥sɿ˥ni˥˩tsɿ˥tɕie˥˩tʂuoŋ˥sa˥tʂʰʯ˥sa˥.（平常这个肉怎么处理？）黄：肉那过去那个都是……ʐou˥næᴇ˥kuo˥tɕʰy˥næᴇ˥kə˥tou˥ʂʯ˥……王：过去那会儿就是那腊肉么。挂腊肉。kuo˥tɕʰy˥nə˥xuər˥tɕiou˥sɿ˥nə˥la˥˩ʐou˥muo˥.kua˥la˥˩ʐou˥.黄：挂腊肉么。猪一杀以后……kua˥la˥˩ʐou˥muo˥.tʂʯ˥i˥˩sa˥i˥˩xou˥……（怎么……怎么做的那？）黄：放盐一腌

以后，腌几天以后拿出来。faŋ˦iæ̃˨˦i˥˩iæ̃˥˩i˥˧xou˦,iæ̃˥tɕi˥tʰiæ̃˥˧i˥˧xou˦na˨˩tʂʰʅ˥læᴇ˨˩.（我把……我把这个猪杀了以后，拿刀这么划你们叫……叫……）黄：噢，一个肋巴一个肋巴的嘛。几个肋巴挂一劙[①]。ɑɔ˩,i˥˩kə˦lei˥pa˧i˥˩kə˦lei˥pa˧ti˧ma˧.tɕi˥kə˦lei˥pa˧kua˦i˥˩li˨˩.王：劙成吊子嘛。li˨˩tʂʰəŋ˨˧tiaɔ˦tsʅ˧ma˧.黄：就劙成吊吊子么。tɕiou˦˩li˨˩tʂʰəŋ˨˧tiaɔ˦tiaɔ˦˥tsʅ˧muo˧.（li˦是吧？）黄：啊。ɑ˩.（这叫不叫？这我拿个刀这么一……叫不叫li˦？）王：叫劙。tɕiaɔ˦˥li˨˩.黄：叫劙么。tɕiaɔ˦˥li˨˩muo˧.（这也是li˦？）黄&王：嗯。ŋ̍˩.（一个板子，我我拿个刀，哗，哎，掰成两半儿叫li˦吗？）黄：那也叫劙开嘛。næᴇ˦˥a˥˧tɕiaɔ˦li˨kʰæᴇ˥ma˧.（饼子呢？）黄：饼子那叫切咧。piŋ˥tsʅ˧næᴇ˦tɕiaɔ˦tɕʰie˥lie˧.（噢，叫切？）黄：啊，切成几槎子或者是几块儿。ɑ˩,tɕʰie˥tʂʰəŋ˨tɕi˥tsa˦tsʅ˧xuei˨˧tʂə˥˧sʅ˦tɕi˥kʰuər˥˩.（但是这划一下就叫li˦，拿刀子叫li˦？）黄：噢，叫劙么。ɑɔ˩,(tɕ)iaɔ˦li˨muo˧.王：就叫劙。tɕiou˦˩tɕiaɔ˦˥li˨˩.黄：腊肉到六十年代，到七十年代以后都太没有腊肉味了。la˥˩ʐou˦˥taɔ˦liou˥ʂʅ˨˩niæ̃˨˩tæᴇ˦,taɔ˦tɕʰi˥ʂʅ˨˩niæ̃˨˩tæᴇ˦i˥˩xou˦tou˥˧tʰæᴇ˦mei˨˩iou˥la˥˩ʐou˦˩vei˦lə˧.王：没有味了，没有味了。以前都是那……mei˨iou˥˧vei˦lə˧,mei˨iou˥˧vei˦lə˧.i˥tɕʰiæ̃˨˧tou˥˩sʅ˦˥nə˦……（说说这个过去的腊肉和现在腊肉怎么做的？）黄：过去咱们那号那……kuo˦tɕʰy˦tsa˨˩məŋ˧nə˦˩xaɔ˦˥nei˦˩……王：那些腊……腊肉那就是把猪杀好以后，劙成吊吊子，然后……nə˧ɕie˥˧la˥˩……la˥˩ʐou˦˥nei˦tɕiou˦˩sʅ˦˩pa˥˩tʂʯ˥sa˥˩xaɔ˥i˥˩xou˦,li˨˩tʂʰəŋ˨˧tiaɔ˦˥tiaɔ˦˩tsʅ˧,ʐæ̃˨˩xou˦……（一条一条的？）王：啊，劙成一条一条的以后把盐抹上，放到个大盆里头或者是缸里头压下，要腌咧。ɑ˩,li˨˩tʂʰəŋ˨˥i˥˩tʰiaɔ˨i˥˩tʰiaɔ˨ti˧i˥˩xou˦pa˥˩iæ̃˨muo˥ʂaŋ˦˩,faŋ˦taɔ˦kə˦ta˦pʰəŋ˨li˥˩tʰou˧xuo˨˩tʂə˥˧sʅ˦kaŋ˥li˥˩tʰou˧ia˦˩xa˦˩,iaɔ˦˩iæ̃˥lie˧.黄：腌制这么六七……iæ̃˥˩tʂʅ˦˥tʂə˦˩muo˧liou˥˩tɕʰ……王：腌的么iæ̃˥ti˧muo˧……（上面压东西不压？）王：不压东西。pu˨˩ia˦˥tuoŋ˥˩ɕi˧.黄：那不用压。nei˦˩pu˨˩yoŋ˦ia˦˥.王：因为压一行……啊，肉那个……iŋ˥˧vei˦ia˦i˥˧xaŋ˨……ɑ˩,ʐou˦nei˦˩kə˦……（盖不盖盖子呢？）黄：噢。盖个盖盖么。ɑɔ˩.kæᴇ˦kə˦kæᴇ˦˥kæᴇ˦muo˧.王：肉压进去以后，那个盐一化以后儿，就打肉里头渗进去以后，过那么一半个，一……一礼拜左右再弄起来，拿绳子穿的挂个墙啊，挂一溜溜。ʐou˦ia˦tɕiŋ˦˥tɕʰi˦i˥˧xou˦,nə˦kə˦iæ̃˨˩i˥˩xua˦i˥˩xour˦,tɕiou˦˩ta˥˩ʐou˦˥li˥˩tʰou˧səŋ˦tɕiŋ˦tɕʰi˦˩i˥˩xou˦,kuo˦˥nə˦˩muo˧i˥˩pæ̃˦kə˦,i˥˩……i˥˩li˥pæᴇ˦˩tsuo˥˧iou˦tsæᴇ˦˩nuoŋ˦tɕʰi˥˩læᴇ˨˩,na˨ʂəŋ˨˩tsʅ˦tʂʰuæ̃˥˩ti˧kua˦kə˦tɕʰiaŋ˨a˧,kua˦i˥˩liou˦liou˦˩.（墙上？）黄：嗯。ŋ̍˩.王：啊。ɑ˩.（挂墙上老鼠会吃不着？）黄：那它吃不着。næᴇ˦˥tʰa˥˩tʂʰʅ˥˩pu˨˩tʂaɔ˨˧.王：那吃不着。nei˦˥tʂʰʅ˥˩pu˨˩tʂaɔ˨˩.（老鼠你们是叫老鼠还叫耗子？）黄：叫老鼠，没有人叫耗子。tɕiaɔ˦laɔ˥ʂʯ˧,mei˨iou˥ʐəŋ˨˩tɕiaɔ˦xaɔ˦˥tsʅ˧.王：我们这儿叫老鼠。ŋuo˥məŋ˧tʂər˦tɕiaɔ˦laɔ˥ʂʯ˧.（那现在这个，肉怎么，怎么保存呢？没有……）黄：现……现在就是腌。ɕ……ɕiæ̃˦tsæᴇ˦tɕiou˦˩sʅ˦˩iæ̃˥.（腌？）王：现在就是把肉，把肉噢，把猪杀好，把肉卸成小方方子。ɕiæ̃˦tsæᴇ˦tɕiou˦˩sʅ˦˩pa˥˩ʐou˦,pa˥˩ʐou˦ɑɔ˩,pa˥˩tʂʯ˥sa˥˩xaɔ˥,pa˥˩ʐou˦ɕie˦tʂʰəŋ˨˩ɕiaɔ˥˧faŋ˥faŋ˥˩tsʅ˧.黄：把骨头剔出来了。pa˥˩ku˥tʰou˧tʰi˥˩tʂʰʯ˥læᴇ˨˩lə˧.王：把骨头，把骨头起……起出来以后，把肉卸成小方方。pa˥˩kuo˥（←ku˥）tʰou˧,pa˥˩ku˥tʰou˧tɕʰi˥t……tɕʰi˥˧tʂʰʯ˥læᴇ˨˩i˥˩xou˦,pa˥˩ʐou˦ɕie˦tʂʰəŋ˨˩ɕiaɔ˥˧faŋ˥faŋ˥˩.（ɕie˦是什么东西？）黄：卸……ɕ……王：就是割成小方方。tɕiou˦˩sʅ˦˩kə˥tʂʰəŋ˨˩ɕiaɔ˥˧faŋ˥faŋ˥˩.（噢，割成小方？）黄：啊，割成小方。ɑ˩,kə˥tʂʰəŋ˨˩ɕiaɔ˥faŋ˥˩.王：啊，把肉割成小方方。ɑ˩,pa˥˩ʐou˦kə˥tʂʰəŋ˨˩ɕiaɔ˥˧faŋ˥faŋ˥˩.

① 劙：分割，切分。《广韵》吕支切，“分破也”。

（ɕie˥成小方子是吧？）黄：嗯，卸，嗯。ə̃˩,ɕie˥,ə̃˩.（ɕie˥˧还是ɕie˥？）王：卸。ɕie˥.黄：卸。土话就叫卸成方子。ɕie˥.tʰu˥˧xuɑ˥tɕiou˥˩tɕiɑɔ˥˩ɕie˥tʂʰəŋ˧˥˩fɑŋ˥˧tsɿ˧.（也是割？）黄&王：嗯。ŋ̍˩.王：卸成方方子，放到锅里边儿一煮。有的是蒸咧，有的是煮咧。就是，弄，这个意思就说煮熟以后……ɕie˥tʂʰəŋ˧˥꜔fɑŋ˥˧fɑŋ˥˧˩tsɿ˧,fɑŋ˥˧˥tɑɔ˥kuo˥˧˩li˥˧piæ̃r˥˧˩i˥˧˩tʂʮ˥˧.iou˥˧ti˧sɿ˥˩tʂəŋ˥˧lie˧,iou˥˧ti˧sɿ˥˩tʂʮ˥˧lie˧.tɕiou˥˩sɿ˥˩,nuoŋ˥,tʂə˥˩kə˥˩i˥˧˥sɿ˦tɕiou˥ʂuo˥˧˩tʂʮ˥˧ʂʮ˧˥i˥˧˩xou˥……黄：搞成半熟的那号肉。kɑɔ˥˧꜔tʂʰəŋ˧˥˩pæ̃˥ʂʮ˧˥˩ti˦nei˥xɑɔ˥ʐou˥˩.王：啊，半熟以后，捞出来以后，把这个，把猪……那那板油、花油以后切碎以后，放锅里炼好以后，把这个肉块儿，这个小方块儿它放进去炸咧嘛。ɑ˩,pæ̃˥ʂʮ˧˥i˥˧˩xou˥,lɑɔ˧˥tʂʰʮ˥˧læɛ˧˥꜔i˥˧꜔xou˥,pɑ˥˧˩tʂə˥kə˥,pɑ˥˧˩tʂʮ˥˧ʂɿ……næɛ˥nə˥pæ̃˥˧iou˧˥,xuɑ˥˧˩iou˧˥i˥˧˩xou˥tɕʰie˥˧˩suei˥i˥˧꜔xou˥,fɑŋ˥kuo˥˧li˥˧˩liæ̃˥xɑɔ˥˧i˥˧˩xou˥,pɑ˥˧˩tʂə˥kə˥ʐou˥kʰuər˥˧,tʂə˥kə˥ɕiɑɔ˥˧꜔fɑŋ˥˧˩kʰuər˥˧꜔tʰɑ˥˧˩fɑŋ˥tɕiŋ˥tɕʰi˥tsɑ˧˥lie˦mɑ˧.（炸一下？）黄：把水分炸干。pɑ˥˧˩ʂuei˥˧fəŋ˥tsɑ˧˥kæ̃˥˧.王：自己炸，把水分炸干。出来以后再抹点盐以后，放得装得缸里面，把油，锅里面那炼……炸了肉那油刮_{舀取}出来以后晾的热热的，不烫手咧那么个样子，再灌得缸里边儿么。tsɿ˥˩tɕi˥˧˩tsɑ˧˥,pɑ˥˧˩ʂuei˥˧fəŋ˥tsɑ˧˥kæ̃˥˧.tʂʰʮ˥˧læɛ˧˥i˥˧˩xou˥tsæɛ˥muo˥˧tiæ̃˥˧˩iæ̃˧˥i˥˧˩xou˥,fɑŋ˥tə˦tʂuɑŋ˥˧˩tə˧kɑŋ˥˧li˥˧˩miæ̃˥˩,pɑ˥˧˩iou˧˥,kuo˥˧li˥˧miæ̃˥˩næɛ˥liæ̃˥……tsɑ˧˥lə˦ʐou˥nə˥iou˧˥kuɑ˥˧˩tʂʰʮ˥˧læɛ˧˥˩i˥˧˩xou˥liɑŋ˥ti˧ʐə˥˧˩ʐə˥˧˥ti˧,pu˧˥˩tʰɑŋ˥ʂou˥˧lie˧nə˥˩muo˧kə˥˩iɑŋ˥tsɿ˧,tsæɛ˥˩kuæ̃˥tə˦kɑŋ˥˧˩li˥˧piæ̃r˥˧˩muo˧.（泡起来？）黄：泡起来，嗯。pʰɑɔ˥tɕʰi˥˧˩læɛ˧˥,ŋ̍˩.王：啊，泡起来。泡起来，你吃开了，你需要吃，拿……拿铲子去掀一块儿出来。ɑ˩,pʰɑɔ˥tɕʰi˥˧˩læɛ˧˥˩.pʰɑɔ˥tɕʰi˥˧˩læɛ˧˥,ni˥˧꜔tʂʰʅ˥˧kʰæɛ˥˧˩lə˧,ni˥˧˩ɕy˥˧˩iɑɔ˥tʂʰʅ˥˧,nɑ˧˥……nɑ˧˥tsʰæ̃˥˧tsɿ˧tɕʰi˥˩vɑ˥˧i˥˧˩kʰuər˥˧꜔tʂʰʮ˥˧læɛ˧˥.（就这么吃？）王：噢，这个肉就……吃上就有点新鲜味儿。你要是挂下那个腊肉的话，吃上那个，就，讲那，瘦肉的话了，那个丝子就是人儿……ɑɔ˩,tʂə˥˩kə˥˨˥ʐou˥tɕiou˥pi……tʂʰʅ˥˧ʂɑŋ˥˩tɕiou˥˩iou˥˧꜔tiæ̃˥˧꜔ɕiŋ˥˧˩ɕiæ̃˥˧vər˥˩.ni˥˧˩iɑɔ˥sɿ˥kuɑ˥˧˥xɑ˥nə˥kə˥lɑ˥˧˩ʐou˥˨˥tə˧xuɑ˥˩,tʂʰʅ˥˧˩ʂɑŋ˥˩nə˥kə˥,tɕiou˥˩,tɕiɑŋ˥˧˩nə˥,sou˥ʐou˥tə˦xuɑ˥lə˦,nə˥kə˥sɿ˥˧tsɿ˧tɕiou˥˩sɿ˥˩ʐə̃r˧˥……黄：像柴一样。ɕiɑŋ˥tsʰæɛ˧˥i˥˧˩iɑŋ˥˩.王：噢，叫柴嘛那。但是我儿越嚼越香。ɑɔ˩,tɕiɑɔ˥tsʰæɛ˧˥mɑ˦nei˥˩.tæ̃˥˩sɿ˥ŋuor˥˧yo˥˧˩tɕyo˧˥yo˥˧˩ɕiɑŋ˥˧.（tsʰæɛ˧˥是什么东西？）黄：嗯？ə̃˧˥?王：就是……干咧它么。tɕiou˥sɿ˥……kæ̃˥˧lie˧tʰɑ˥˧˩muo˧.黄：柴就是咬上来就是干一点那个样子。tsʰæɛ˧˥tɕiou˥˩sɿ˥˩niɑɔ˥˧ʂɑŋ˥˩læɛ˧˥˩tɕiou˥˩sɿ˥˩kæ̃˥˧i˥˧˩tiæ̃˥˧˩nei˥˩kə˥˩iɑŋ˥˨˥tsɿ˧.

腌肉

1.（那腌肉叫什么？）黄：就叫腌肉。tɕiou˥tɕiɑɔ˥iæ̃˥˧˩ʐou˥.（是用坛子腌好是吧？）用缸。yoŋ˥kɑŋ˥˧.（缸？）缸。或者坛子。kɑŋ˥˧.xuei˧˥꜔tʂə˥˧꜔tʰæ̃˧˥˩tsɿ˥.（那上面怎么密封啊缸那么大口？）哎随便搞个箅箅子盖住了么。æɛ˥˧suei˧˥˩piæ̃˥kɑɔ˥˧kə˥pi˥pi˥tsɿ˦kæɛ˥tʂʮ˥ləm˧.（那那个能够收多久啊？）可以放三年都不坏。kʰə˥˧i˥˧fɑŋ˥sæ̃˥˧niæ̃˧˥tou˥˧˩pu˧˥˩xuæɛ˥.（盐腌得很多啊？）盐腌的很多。因为你……在煮的时候肉熟了，在过油的时候把水分都出去了。iæ̃˧˥iæ̃˥˧ti˧xəŋ˥˧tuo˥˧˩.iŋ˥˧˩vei˥˨˥ni˥˧ts……tsæɛ˥tʂʮ˥˧ti˧sɿ˧˥˩xou˥ʐou˥ʂʮ˧˥˩lə˦,tsæɛ˥kuo˥iou˧˥˩ti˦sɿ˧˥꜔xou˥pɑ˥˧˩ʂuei˥˧fəŋ˥˩tou˥˧˩tʂʰʮ˥˧˩tɕʰy˥lə˦.

2.（那个呢，如果就是带皮什么那个，呃，先用开水煮一下，煮到那个那个一定程度以后，把它那个弄出来，放到油锅里面去炸。那种肉呢？）黄：那叫炸肉咧嘛。我们这儿这个肉多一半儿都是这样放的。把这个肉，那个下以后，放到锅里头煮一下，基本上煮熟。再放它本身这个猪油把它炸一下。再把上头把盐抹上，然后放得缸里边儿。nei˥˨˥tɕiɑɔ˥tsɑ˧˥˩ʐou˥lie˧mɑ˧.ŋuo˥˧məŋ˧tʂər˥tʂə˥kə˥ʐou˥tuo˥˧i˥˧˩pæ̃r˥tou˥˧˩sɿ˥˩tʂei˥˨˥iɑŋ˥˩fɑŋ˥ti˧.pɑ˥˧˩t ʂə˥kə˥ʐou˥,nə˥˧˩kə˥xɑ˥˧˥i˥˧˩xou˥,fɑŋ˥tɑɔ˥kuo˥˧li˥˧˩tʰou˧tʂʮ˥˧i˥˧˩ɕiɑ˥˧˩,tɕi˥˧˩pəŋ˥˧ʂɑŋ˥tʂʮ˥˧ʂʮ˩˧.tsæᴇ˥fɑŋ˥tʰɑ˥˧˧pəŋ˥˧ʂəŋ˥˧˩tʂə˥kə˥tʂʮ˥˧˩iou˩˧pɑ˥˧˩tʰɑ˥˧˧tsɑ˩˧i˥˧˩ɕiɑ˥˧˩.tsæᴇ˥pɑ˥˧˩ʂɑŋ˥tʰou˧pɑ˥˧˩iæ̃˩˧muo˥˧ʂɑŋ˥˧˩,ʐæ̃˩˧˩xou˥fɑŋ˥tə˧kɑŋ˥˧li˥˧˩piæ̃r˥˧˩.（那是腌肉了？）噢，腌肉，这就腌熟了。ɑɔ˧˩,iæ̃˥˧ʐou˥,tʂə˥tsou˥iæ̃˥˧˩ʂʮ˩˧˩lə˧.（噢，那个就是那个就是用油炸的这个过程叫什么呢？）过油咧么。kuo˥iou˩˧˩liem˧.（叫过油？）噢，过一下油。ɑɔ˧˩,kuo˥i˥˧˧xɑ˥iou˩˧˩.（噢，那个肉丝放到油里面炸一下也叫……）也叫过油。ie˥˧tɕiɑɔ˥kuo˥iou˩˧˩.

粉蒸肉

（那粉蒸肉你们是怎么做的？）黄：粉蒸肉这是和面……和面片子以后然后是放锅里弄，放碗里头蒸出来的。fəŋ˥˧tʂəŋ˥˧˩ʐou˥tʂə˥sʅ˥xuo˩˧miæ̃˥……xuo˩˧˩miæ̃˥˧˥pʰiæ̃˥˧tsʅ˧i˥˧˩xou˥ʐæ̃˩˧˩xou˥sʅ˥fɑŋ˥kuo˥˧li˥˧˩nuoŋ˥,fɑŋ˥væ̃˥˧li˥˧˩tʰou˧tʂəŋ˥˧tʂʰʮ˥˧læᴇ˩˧˩ti˧.（它是先切成什么样子的？）先切成片儿。ɕiæ̃˥˧˩tɕʰie˥˧˩tʂʰəŋ˩˧pʰiæ̃r˥˧˧.（然后再……）然后和……ʐæ̃˩˧˩xou˥˧˥xuo˩˧˩……（要腌……腌盐不？）那都是把作料啥都放合适了，都放好的。然后放着这个面，有些是放粉面子蒸出来的。næᴇ˥˧˥tou˥˧˧sʅ˥pɑ˥˧˩tsuo˥˧˩liɑɔ˥˧˥sɑ˥tou˥˧˧fɑŋ˥xuo˩˧˩tʂʰʮ˥˧lə˧,tou˥˧˩fɑŋ˥xɑɔ˥˧ti˧.ʐæ̃˩˧˩xou˥˧˥fɑŋ˥tʂuo˥˧˧tʂə˥˧˩kə˥˧˩miæ̃˥,iou˥˧ɕie˥˧˩sʅ˥˧˩fɑŋ˥fəŋ˥˧miæ̃˥tsʅ˧tʂəŋ˥˧˩tʂʰʮ˥˧læᴇ˩˧˩ti˧.（那个粉是什么粉呢？）粉面子。fəŋ˥˧miæ̃˥tsʅ˧.（就是大米的那个？）大米的粉或者是这个洋芋的粉。tɑ˥˧˥mi˥˧ti˧fəŋ˥˧xuei˩˧˥tʂə˥˧˩sʅ˥tʂə˥kə˥iɑŋ˩˧y˥˧˥ti˧fəŋ˥˧˩.（洋芋的粉？）噢，再有的他……也可以用……没有这些东西，用面粉也可以代替。ɑɔ˧˩,tsæᴇ˥˧˥iou˥˧ti˧tʰɑ˥˧˧i……ie˥˧kʰə˥˧i˥˧˧yoŋ˥……mei˩˧iou˥˧tsei˥ɕie˥˧˧tuoŋ˥˧ɕi˧,yoŋ˥miæ̃˥fəŋ˥˧iɑ˥˧˩kʰə˥˧i˥˧˩tæᴇ˥tʰi˥.

丸子

（汆……汆丸子呢？）黄：汆丸子有咧。tsʰuæ̃˥˧˧væ̃˩˧˩tsʅ˧iou˥˧˩lie˧.（你们怎么汆法？）汆丸子你还是要剁馅儿咧么。馅儿剁下以后然后往出来捏咧。tsʰuæ̃˥˧væ̃˩˧˩tsʅ˧ni˥˧˧xɑ˩˧sʅ˥iɑɔ˥tuo˥ɕiæ̃r˥lie˧muo˧.ɕiæ̃r˥tuo˥xɑ˥i˥˧˩xou˥˧˥ʐæ̃˩˧˩xou˥˧˩vɑŋ˥˧tʂʰʮ˥˧læᴇ˩˧˩nie˥˧lie˧.（捏一下？）嗯。ə̃˧˩.（捏出来以后呢？）捏出来一下，有些放水煮咧，有的放油炸咧么。出来再放调料么。nie˥˧˩tʂʰʮ˥˧læᴇ˩˧˩i˥˧˩xɑ˥,iou˥˧ɕie˥˧˩fɑŋ˥ʂuei˥˧˧tʂʮ˥˧lie˧,iou˥˧ti˧fɑŋ˥iou˩˧tsɑ˩˧˩liem˧.tʂʰʮ˥˧læᴇ˩˧tsæᴇ˥fɑŋ˥˧˩tʰiɑɔ˩˧liɑɔ˥˧˥muo˧.（啊，炸也叫汆丸子啊？）嗯。ə̃˧˩.（那个用开水这个那个煮一下那个那个叫叫汆丸子吧？）嗯。就是的。我们那丸子那是一个是水煮下的，一个那就是放油炸出来。ə̃˧˩.tɕiou˥sʅ˥˧˩ti˧.ŋuo˥˧məŋ˧næᴇ˥yæ̃˩˧˩tsʅ˧næᴇ˥sʅ˥i˥˧˩kə˥˧˥sʅ˥˧˩ʂuei˥˧tʂʮ˥˧xɑ˥˧˩ti˧,i˥˧˩kə˥˧˥nə˥tɕiou˥sʅ˥fɑŋ˥iou˩˧˧tsɑ˩˧˩tʂʰʮ˥˧læᴇ˩˧˩.（油炸的就是炸丸子还是汆丸子？）嗯，炸丸子。əŋ˧˩,tsɑ˩˧væ̃˩˧˩tsʅ˧.（炸丸子还是汆丸子？）炸丸子。tsɑ˩˧væ̃˩˧˩tsʅ˧.（不叫汆丸子吧？）不叫汆丸子。这个那曾……手里这么一捏一个，放得锅里就……pu˩˧˩tɕiɑɔ˥tʂʰuæ̃˥˧˧væ̃˩˧˩tsʅ˧.tʂə˥˧˩kə˥˧˥nə˥tsʰəŋ˩˧˧……ʂou˥˧li˥˧˧tʂə˥˧˥muo˧i˥˧˥nie˥˧i˥˧˩kə˥˧˩,fɑŋ˥tə˧kuo˥˧li˥˧˩tɕiou˥˧˥……

肘子

（那你们的肘子是前边的还是……猪前头还是后头的？）黄：是后头的。前头叫……猪蹄……猪蹄丫子。sʅ˥xou˥˧˥tʰou˧ti˧.tɕʰiæ̃˩˧˩tʰou˧tɕiɑɔ˥tɕʰ……tʂʮ˥˧tʰi˩˧˧……tʂʮ˥˧˩tʰi˩˧˩iɑ˥˧tsʅ˧.（蹄什么？）猪蹄蹄。tʂʮ˥˧˩tʰi˩˧˩tʰi˩˧˥.（那是猪蹄儿！）猪蹄儿只有这么长一点。tʂʮ˥˧tʰiər˩˧tsʅ˥˧˩iou˥˧tʂə˥muo˥tʂʰɑŋ˩˧i˥˧˩tiæ̃˥˧˩.（前膀，前膀子还是后膀……后扇膀子？）那……那就就是把前头这一截截剁了，剩出那个大疙瘩都开始这些都在咧嘛。næᴇ˥˧˥tɕʰ……nei˥tsou˥tɕiou˥˧˥sʅ˥pɑ˥˧˩tɕʰiæ̃˩˧˩tʰou˧tʂei˥i˥˧˧tɕie˩˧tɕie˩˧˩tuo˥˧˥lə˧,ʂəŋ˥tʂʰʮ˥˧˧nə˥kə˥tɑ˥kə˥tɑ˥˧˩tou˥˧˧kʰæᴇ˥˧˩sʅ˥˧tʂei˥ɕie˥˧˧tou˥˧˥tsæᴇ˥lie˧mɑ˧.（都叫肘子啊？）啊，肘子嘛，呃。ɑ˧˩,tʂou˥˧tsʅ˧mɑ˧,ə˧˩.（前后……

不分前后？）不分……那你是……那你是问前肘子和后肘咧么。前头小么，后头大。puɅɭf……næᴇ˥˦ni˥˩sɿ˦˩……næᴇ˥˦ni˥˩sɿ˦˩vəŋ˥tɕʰiæ̃˩˦tʂou˥tsɿ˦xəɅxou˥tʂou˥˩lie˦muo˦.tɕʰiæ̃˩˦tʰou˦ɕiao˥muo˦,xou˥tʰou˦ta˥.（如果是那个骨头还留在上面的那个，那个叫不叫带把儿肘子？）没有这个说法。mei˩iou˥tʂə˥kə˥ʂuo˥˦fa˥˩.（那骨头这么大一根儿的还留在上面儿？）都上。我们这上……你都上个菜，上个全肘子的话，那是骨头就在里头咧。tou˥˦ʂaŋ˥˩.ŋuo˥mən˦tʂə˦ʂaŋ˥˦……ni˥tou˥˦ʂaŋ˥kə˥˩tsʰæᴇ˥,ʂaŋ˥kə˥tɕʰyæ̃˩˦tʂou˥tsɿ˦ti˦xua˥˩,nə˥sɿ˥ku˥tʰou˦tɕiou˥tsæᴇ˥li˥tʰou˦lie˦.（你们是肘子是炖着吃还是怎么吃呢？）那是欱卤熟以后，欱你端上来是……你……那你要全肘子，那就是这个盘子上来就是这么大一个肘子，这都你拿筷子一搡就可以起来咧的么。nə˥sɿ˥ei˥lou˥ʂʮ˩i˥˩xou˥,ei˩ni˥˩tuæ̃˥˩ʂaŋ˥˦læᴇ˩˦sɿ˥˩……ni˥˦……næᴇ˥ni˥ɕiao˥tɕʰyæ̃˩tʂou˥tsɿ˦,nə˥tɕiou˥sɿ˥tʂə˥kə˥pʰæ̃˩tsɿ˦ʂaŋ˥˦læᴇ˩˦tɕiou˥sɿ˥tʂə˥muo˦ta˥i˥˦kə˥tʂou˥˦tsɿ˦,tʂə˥˦tou˥˩ni˥na˩˦kʰuæᴇ˥tsɿ˦i˥˦tsʰao˥˩tɕiou˥kʰə˥i˥˩tɕʰi˥˩læᴇ˩˦lie˦təm˦.（那个lou˥熟是什么？）卤就是实际上就是放锅里倒水煮熟的。lou˥tɕiou˥˦sɿ˥˩ʂʮ˩˦tɕi˥˦ʂaŋ˥tɕiou˥sɿ˥faŋ˥kuo˥li˥˩tao˥ʂuei˥˦tʂʮ˥ʂʮ˩˦ti˦.（放佐料是吧？）噢，放作料啥都放好着咧。ao˩,faŋ˥tsuo˥˩liao˥˦sa˥tou˥˩faŋ˥xao˥tʂə˦lie˦.

下水

黄：猪下水那是指的猪肠肚那些都叫下水么。tʂʮ˥˩ɕia˥˦ʂuei˥˩næᴇ˥sɿ˥tsɿ˥ti˦tʂʮ˥˩tʂʰaŋ˩˦tu˥nei˥ɕie˥˦tou˥˦tɕiao˥ɕia˥ʂuei˥˩muo˦.（为什么叫下水呢？）那就不清楚兀啦。næᴇ˥tsou˥puɅ˩tɕʰiŋ˥˩tʂʮ˥vei˥la˥.

牛肚子

黄：牛肚子它有两种咧么。留胃和食胃么。niou˩tu˥˦tsɿ˦tʰa˥˦iou˥˦liaŋ˥tʂuoŋ˥˩lie˦muo˦.liou˩vei˥xuo˩˦ʂʮ˩vei˥˩muo˦.（呃，什么？）留胃和食胃。liou˩vei˥xuo˩˦ʂʮ˩vei˥.（留胃？）啊。a˩.（哪个留？）逗留的留。tou˥liou˩˦ti˦liou˩˦.（留胃？）嗯。ŋ̍˩.（是上面的还是下面的？）上边的那半块叫留胃么。下边那是食胃么。ʂaŋ˥˦piæ̃˥˦ti˦nei˥pæ̃˥kʰuæᴇ˥˦tɕiao˥liou˩vei˥muo˦.ɕia˥˦piæ̃˥˦nə˥sɿ˥ʂʮ˩vei˥muo˦.（那个就是毛肚叫什么？）嗯？ŋ̍˩?（就是那个表面呐就是有有那个……）像它毛巾样的那个？ɕiaŋ˥tʰa˥˦mao˩˦tɕiŋ˥iaŋ˥ti˦næᴇ˥kə˥?（啊。啊。）叫啥咧吵？tɕiao˥sa˥˦lie˦sa˦?（毛茸茸的那种。）嗯。叫不起来了。ŋ̍˩.tɕiao˥pu˩˦tɕʰi˥˩læᴇ˩˦lə˦.（叫百叶？）噢，百叶。百叶。留胃就也就叫百叶。ao˥,pei˥ie˥˩.pei˥ie˥˩.liou˩vei˥tɕiou˥ie˥˦tɕiou˥tɕiao˥pei˥ie˥˩.（是……噢，那个那个留胃就是指的那个百叶是吧？）噢，就是那个百叶，那个绉绉褶褶的那个。这是一……那翻过来翻过去这里得一百遍绉咧。ao˩,tsou˥sɿ˥nə˥kə˥pei˥ie˥˩,nə˥kə˥tsou˥tsou˥tʂə˥tʂə˥˩ti˦nə˥kə˥.tʂə˥sɿ˥i˥˦……nə˥fæ̃˥˩kuo˥˦læᴇ˩˦fæ̃˥˩kuo˥tɕʰi˥tʂei˥li˥˦tei˥˦i˥˩pei˥piæ̃˥tsou˥lie˥.（噢，光滑的那个就是……）啊，它食胃。动物里除咧羊和牛有……是反□动物，有留胃咧，再的都没有。a˩,tʰa˥ʂʮ˩vei˥.tuoŋ˥vuo˥˩li˥˩tʂʰʮ˩˦lie˦iaŋ˩xuo˩˦niou˩iou˥f……sɿ˥˩fæ̃˥tsʰəŋ˥˦tuoŋ˥vuo˥˩,iou˥liou˩vei˥lie˦,tsæᴇ˥ti˦tou˥˦mei˩˦iou˥˩.

豆腐花儿、豆腐脑儿

1.（有……有嫩豆腐的说法吧？）黄：嫩豆腐一般情况下□就不压。也有……有豆腐花儿这个说法。有的叫吃豆腐脑儿。luoŋ˥tou˥fu˥˦i˥˩pæ̃˥tɕʰiŋ˩˦kʰuaŋ˥˦ɕia˥niæ̃˩˦tsou˥pu˩˦nia˥.ie˥˩iou˥˦……iou˥˦tou˥fu˥˦xuar˥tʂə˥kə˥ʂuo˥˦fa˥.iou˥ti˦tɕiao˥tʂʰʮ˥tou˥fu˥˦naor˥.（噢，也叫豆腐脑儿是吧？）噢，豆腐花儿是刚点……它是连水带豆腐都在那个里头，刚成……形成那个豆腐，是稀软稀软的那个啊，基本上就像黏稠的那个样子，叫豆腐花儿。豆腐脑儿，是已经豆腐做成了，但是不用往筛子里去压水，就是放勺子把这个水稍微压一下，然后再把作料放上吃的那个豆腐，叫豆腐脑儿。ɑɔ˨˩,tou˥fu˥˩˦xuar˥˧sɿ˥kaŋ˥˩˦tiæ̃˥……tʰa˥sɿ˥˩liæ̃˨˩ʂuei˥tæᴇ˥tou˥fu˥˩˦tou˥˩tsæᴇ˥nə˥kə˥li˥tʰou˧,kaŋ˥˩˦tʂʰəŋ˨……ɕiŋ˨tʂʰəŋ˨˦nə˥kə˥˩tou˥fu˥˩,sɿ˥˩ɕi˥˩ʐuæ̃˥ɕi˥˩ʐuæ̃˥ti˧nə˥kə˥a˨˩,tɕi˥˩pəŋ˥ʂaŋ˥tɕiou˥˦ɕiaŋ˥niæ̃˨tʂʰou˨˩ti˧nə˥kə˥iaŋ˥tsɿ˧,tɕiaɔ˥tou˥fu˥˩˦xuar˥.tou˥fu˥˩naɔr˥,sɿ˥˩i˥tɕiŋ˥˩tou˥˩fu˥˩tsuo˥˦tʂʰəŋ˨˩lə˧,tæ̃˥sɿ˥pu˨˩yoŋ˥vaŋ˥˩sæᴇ˥tsɿ˧li˥˩tɕʰi˥˩nia˥ʂuei˥,tsou˥˩sɿ˥˩faŋ˥ʂaɔ˨tsɿ˧pa˥˩tʂə˥kə˥ʂuei˥saɔ˥vei˥˩nia˥i˥˩˦ɕia˥˩,ʐæ̃˨˩xou˥˦tsæᴇ˥pa˥˩tsuo˥˩liaɔ˥faŋ˥ʂaŋ˥tʂʰʅ˥ti˧nə˥kə˥tou˥fu˥˩,tɕiaɔ˥tou˥fu˥˩˦naɔr˥.（那个叫豆腐花儿是吧？）要……这个叫豆腐……吃那……吃的那个叫豆腐脑儿。豆腐……iaɔ˥˦……tʂə˥˩kə˥˦tɕiaɔ˥tou˥fu˥˩˦nə……tʂʰʅ˥nə˥……tʂʰʅ˥ti˧nə˥kə˥tɕiaɔ˥tou˥fu˥˩˦naɔr˥.tou˥˩˦fu˥˩˦……（豆腐花儿不能吃？）豆腐花儿哎也能吃嘛，咋能不能吃？呃都能吃。tou˥fu˥˩˦xuar˥æᴇ˩ie˥nəŋ˨tʂʰʅ˥˩ma˧,tsa˥˩˦nəŋ˨pu˨˩nəŋ˨˦tʂʰʅ˥˩?ə˥tou˥˩˦nəŋ˨˩tʂʰʅ˥˩.

2. 黄：豆腐脑儿那就说是点成那……它刚形成豆腐，还没有形成那个花花儿咧。豆腐花儿那都已经啥都成了，光就舀下吃。豆腐花你就再……再点一下就可以……再往老的点一下就可以装箱了。tou˥fu˥˩˦naɔr˥næᴇ˥tɕiou˥˦ʂuo˥˩sɿ˥˩tiæ̃˥tʂʰəŋ˨˩nə˥……tʰa˥˩˦kaŋ˥˩˦ɕiŋ˨tʂʰəŋ˨tou˥fu˥˩,xa˨˩mei˨iou˥ɕiŋ˨tʂʰəŋ˨˦nə˥kə˥xua˥xuar˥˩lie˧.tou˥fu˥˩˦xuar˥næᴇ˥tou˥˩˦i˥tɕiŋ˥˩sa˥tou˥˩tʂʰəŋ˨˩lə˧,kuaŋ˥˩˦tɕiou˥iaɔ˥˩xa˥˩tʂʰʅ˥.tou˥fu˥˩˦xua˥ni˥˩˦tsou˥tsæᴇ˥……tsæᴇ˥tiæ̃˥i˥˩xa˥˩tsou˥kʰə˥˩˦i˥˩˦……tsæᴇ˥vaŋ˥˩laɔ˥ti˧tiæ̃˥i˥˩xa˥˩tɕiou˥kʰə˥˩˦i˥˩˦tʂuaŋ˥˩˦ɕiaŋ˥lə˧.（豆腐花儿比豆腐……噢，豆腐脑儿比豆腐花儿还嫩？）还嫩的嫩么。在街道上专门儿有卖的，那个是这么大那小碗儿里头装下咧，卖豆腐脑儿的。xa˨nuoŋ˥ti˧nuoŋ˥˩muo˧.tsæᴇ˥˦tɕie˥˩taɔ˥˦ʂaŋ˥tʂuæ̃˥˩mɔ̃r˨iou˥˩˦mæᴇ˥˩˦ti˧,nə˥kə˥sɿ˥tʂə˥muo˧ta˥nə˥ɕiaɔ˥vɛ̃r˥li˥˩tʰou˧tʂuaŋ˥xa˥lie˧,mæᴇ˥tou˥fu˥˩˦naɔr˥ti˧.

热豆腐

（你这个豆腐做出来以后要装箱子吗？）黄：装箱子嘛。装箱子压……压……压水咧么。要包咧么。tʂuaŋ˥˩˦ɕiaŋ˥tsɿ˧ma˧.tʂuaŋ˥˩˦ɕiaŋ˥tsɿ˧nia˥iə……nia˥……nia˥ʂuei˥liem˧.iaɔ˥paɔ˥lie˧muo˧.（啊？要包啊？）噢，包成一定的形状咧。ɑɔ˩,paɔ˥tʂʰəŋ˨i˥˩˦tiŋ˥ti˧ɕiŋ˨˩tʂuaŋ˥lie˧.（然后就是上……那个放到那个箱子里面去压水？）嗯。ŋ̍˩.（那个就说压出来以后，然后把那个豆腐取出来。那个那个那个刚刚取出来那个豆腐叫什么？）热豆腐么。ʐə˥˩tou˥˩˦fu˥˩muo˧.（热豆腐不是指豆腐脑儿是吧？）不是。pu˨˩˦sɿ˥.

豆腐干儿

（豆腐把它那个水控得很干呢？）黄：你是压……压干嘛。ni˥˩sɿ˥˩nia˥˩˦……nia˥kæ̃˥ma˧.（嗯，压干了水的那种豆腐呢？）那就叫豆腐了。nei˥tɕiou˥tɕiaɔ˥tou˥fu˥˩˦lə˧.（那压得很干的呢！）那就……那也干咧就是这么一回事。nei˥tɕiou˥……nei˥a˥˩kæ̃˥lie˧tɕiou˥˩sɿ˥˩tʂə˥muo˧i˥˩˦xuei˨sɿ˥.（叫豆腐干吗？）呃不叫。豆腐干儿那你是放油里头炸出来的或者放太阳地里晒干的这种东西，一点儿水分都没有的。那叫豆腐干儿，噢。ə˥pu˨˩tɕiaɔ˥.tou˥fu˥˩˦kæ̃r˥næᴇ˥ni˥˩˦sɿ˥faŋ˥iou˨li˥tʰou˧tsa˨tʂʰʯ˥læᴇ˨˩ti˧xuei˨tʂə˥˩faŋ˥˩˦tʰæᴇ˥iaŋ˨˩ti˥li˥˩sæᴇ˥˦kæ̃˥ti˧tʂei˥tʂuoŋ˥˩˦tuoŋ˥˩˦ɕi˧,i˥˩tiæ̃r˥ʂuei˥fəŋ˥˩tou˥˩mei˨iou˥˩˦ti˧.nei˥˦tɕiaɔ˥˩tou˥fu˥˩˦kæ̃r˥˩,ɑɔ˥.（有些它就是把那个水压……压得很干了，就就就那也叫……）那我们那不是。那……那你是整块儿的呀。那个你放筛子里压出来，那都这么大一块儿一块儿的你。噢，那咋能是成为豆腐干儿去咧？那只能叫豆腐块儿。næᴇ˥ŋuom˥næᴇ˥pu˨˩sɿ˥.næᴇ˥˦p……

næᴇ˦ni˥˧sɿ˦꜔꜖tʂəŋ˥˧kʰuər˥˧tia˧.næᴇ˦kə˦ni˥˧꜔faŋ˦sæᴇ˥˧tsɿ˧li˥˧꜔꜖nia˦tʂʰʮ˥˧꜔læᴇ˨˦꜔,næᴇ˦꜔꜒꜔tou˥˧꜔꜖tʂə˦muo˧ta˦꜔꜒i˥˧꜔꜖kʰuər˥˧i˥˧꜔꜖kʰuər˥˧ti˧ni˥˧꜔꜖.ɑɔ˦,næᴇ˦꜔꜒꜔tsɑ˥˧꜔nəŋ˨˦꜔sɿ˦tʂʰəŋ˨˦꜔꜖vei˨˦꜔tou˦fu˥˧꜔kæ̃r˥˧tɕʰi˦꜔꜖lie˧?næᴇ˦tsɿ˥˧꜔꜖nəŋ˨˦tɕiɑɔ˦tou˦fu˥˧꜔꜖kʰuər˥˧.（如果这个水分就说很多的那种豆腐呢？）还……还是豆腐么那。豆腐不在……不……不分你这个水多水少那个事情。xɑ˨˦꜔……xɑ˨˦꜔꜖sɿ˦꜔꜒꜔tou˦꜔꜒fu˥˧꜔꜖muo˧nei˦.tou˦fu˥˧꜔pu˨˦꜔꜖tsæᴇ˦……pu˨˦꜔꜖……pu˨˦꜔꜖fəŋ˥˧ni˥˧꜔tʂə˦kə˦ʂuei˥˧tuo˥˧꜔꜖ʂuei˥˧ʂɑɔ˥˧nə˦kə˦sɿ˦tɕʰiŋ˨˦꜔꜖.

鸡腿、鸡膀膀

黄：鸡腿那就是上下统一把……下半截是叫爪子么，上半截□是鸡腿么。tɕi˥˧꜔꜖tʰuei˥˧næᴇ˦tɕiou˦꜔꜒꜔sɿ˦꜔꜖ʂaŋ˦xɑ˦tʰuoŋ˥˧i˥˧꜔꜖pɑ˥˧꜔꜖……xɑ˦꜔꜒pæ̃˦tɕie˨˦꜔sɿ˦tɕiɑɔ˦tʂuɑ˥˧tsɿ˧muo˧,ʂaŋ˦pæ̃˦꜔꜖tɕie˨˦꜔꜖niæ̃˨˦꜔sɿ˦tɕi˥˧꜔꜖tʰuei˥˧muo˧.（那个过年的时候这个鸡腿一般是给什么人吃？）那在这个欸一般情况下，就说是这个大人吃咧，娃娃太不让吃。næᴇ˦꜔꜒꜔tsæᴇ˦tʂə˦kə˦ei˦i˥˧꜔꜒pæ̃˥˧tɕʰiŋ˨˦꜔꜖kʰuaŋ˦꜔꜒꜔ɕia˦,tsou˦ʂuo˥˧꜔sɿ˦tʂə˦kə˦ta˦꜔꜒zəŋ˨˦꜔꜖tʂʰʅ˥˧lie˧,va˨˦꜔꜖va˨˦꜔꜒꜔tʰæᴇ˦pu˨˦꜔zaŋ˦tʂʰʅ˥˧.（啊，不给娃娃吃啊？）不给娃娃吃。娃娃说……人说……那是吃咧鸡爪子，是这个欸写字手颤咧么。pu˨˦꜔kei˦va˨˦va˨˦꜔tʂʰʅ˥˧꜔꜖.va˨˦꜔꜖va˨˦꜔ʂuo˥˧꜔꜖……zəŋ˨˦ʂuo˥˧꜔꜖……nə˦꜔꜖sɿ˦꜔꜖tʂʰʅ˥˧lie˧tɕi˥˧꜔꜖tʂuɑ˥˧tsɿ˧,sɿ˦tʂə˦kə˦ei˦ɕie˥˧tsɿ˦꜔꜒ʂou˥˧tʂæ̃˦lie˧muo˧.（那个腿也不给那个……）大腿可给吃咧。ta˦꜔꜒tʰuei˥˧꜔꜖kʰə˥˧꜔꜖kei˦꜔꜖tʂʰʅ˥˧lie˧.（大腿给娃吃啊？）呃，这爪爪子他不给你吃。鸡腿可以吃。娃娃多一半儿就是给这个……女子娃就给吃鸡膀膀咧，吃咧鸡膀子手巧。ə꜔꜖,tʂə˦tʂuɑ˥˧tʂuɑ˥˧꜔꜖tsɿ˧tʰɑ˥˧꜔pu˨˦꜔kei˦ni˥˧꜔꜖tʂʰʅ˥˧.tɕi˥˧꜔꜖tʰuei˥˧kʰə˥˧i˥˧꜔꜖tʂʰʅ˥˧꜔꜖.va˨˦꜔꜖va˨˦꜔꜒꜔tuo˥˧i˥˧꜔꜖pæ̃r˦꜔꜒꜔tɕiou˦sɿ˦kei˦tʂə˦kə˦……ny˥˧tsɿ˧va˨˦tɕiou˦kei˦tʂʰʅ˥˧꜔tɕi˥˧꜔꜖paŋ˥˧paŋ˥˧lie˧,tʂʰʅ˥˧lie˧tɕi˥˧꜔꜖paŋ˥˧tsɿ˧ʂou˥˧tɕʰiɑɔ˥˧꜔꜖.（那个男孩呢？）男孩子一般都不给吃那个鸡膀膀。næ̃˨˦xæᴇ˨˦꜔꜖tsɿ˧i˥˧꜔꜒pæ̃˥˧꜔꜖tou˥˧꜔꜖pu˨˦꜔꜖kei˦tʂʰʅ˥˧꜔næᴇ˦kə˦tɕi˥˧꜔꜖paŋ˥˧paŋ˥˧꜔꜖.（那个他的男孩子吃什么一般？）那都不太讲究了。男孩子没有多少说法。næᴇ˦꜔꜒꜔tou˥˧꜔꜖pu˨˦꜔꜖tʰæᴇ˦tɕiaŋ˥˧tɕiou˥˧꜔꜖lə˧.næ̃˨˦xæᴇ˨˦꜔꜖tsɿ˧mei˨˦iou˥˧tuo˥˧꜔ʂɑɔ˥˧꜔ʂuo˥˧fɑ˥˧꜔꜖.

荷包儿蛋

1.（荷包蛋是什么样子的，你们这儿荷包蛋？）黄：欸，荷包儿蛋，就是把水烧开，然后把兀鸡蛋打到水里头，煮熟的这个蛋。ei˨˦,xə˨˦꜔꜖pɑɔr˥˧tæ̃˦,tɕiou˦sɿ˦pɑ˥˧꜔꜖ʂuei˥˧ʂɑɔ˥˧꜔꜒kʰæᴇ˥˧,zæ̃˨˦꜔꜖xou˦pɑ˥˧꜔꜖vu˦꜔꜖tɕi˥˧꜔꜖tæ̃˦꜔꜒꜔tɑ˥˧tɑɔ˦ʂuei˥˧li˥˧tʰou˧,tʂʮ˥˧ʂʮ˨˦꜔꜖ti˧tʂə˦kə˦tæ̃˦.（嗯，叫它荷包蛋？）啊，荷……你在这里头要从新调汁子咧，要调汤去咧。把荷包……把蛋再放得里头，那就味道都有了。ɑ꜔꜖,xə……ni˥˧꜔꜖tsæᴇ˦꜔꜖tʂei˦li˥˧꜔tʰou˧iɑɔ˦tsʰuoŋ˨˦ɕiŋ˥˧꜔꜖tʰiɑɔ˨˦tʂʅ˥˧tsɿ˧lie˧,iɑɔ˦tʰiɑɔ˨˦tʰaŋ˥˧tɕʰi˦꜔꜖lie˧.pɑ˥˧꜔꜖xə˨˦p……pɑ˥˧꜔꜖tæ̃˦tsæᴇ˦faŋ˦tə˧li˥˧꜔tʰou˧,nə˦tɕiou˦vei˦tɑɔ˦tou˥˧꜔iou˥˧꜔꜖lə˧.（那不把它搅碎吧？）欸搅碎你它给，那你就不叫荷包儿蛋，你给□喝……人□你在食堂里去要个荷包儿蛋，你给人□那……打下那个荷包儿蛋烂了，□要也不要□。你煮一锅欸蛋花花做啥？我们那个炊事员儿，我们原先那炊事员儿，一次荷包儿二百五十个鸡蛋都没有烂的。ei꜔꜖tɕiɑɔ˥˧suei˦꜔꜒ni˥˧꜔tʰɑ˥˧꜔꜖kei˦꜔꜒꜔,nei˦ni˥˧꜔tɕiou˦pu˨˦꜔꜖tɕiɑɔ˦xə˨˦꜔꜖pɑɔr˥˧tæ̃˦,ni˥˧꜔kei˦niæ̃˨˦꜔xuo˥˧꜔꜖……zəŋ˨˦꜔꜖niæ̃˨˦꜔ni˥˧tsæᴇ˦ʂʅ˨˦tʰaŋ˨˦꜔꜖li˥˧tɕʰi˦iɑɔ˦kə˦xuo˨˦꜔꜖pɑɔr˥˧tæ̃˦,ni˥˧꜔kei˦zəŋ˨˦꜔꜖niæ̃˨˦꜔nə……ta˥˧xa˦nə˦kə˦xuo˨˦꜔꜖pɑɔr˥˧tæ̃˦læ̃˦lə˧,niæ̃˨˦꜔iɑɔ˦a˥˧pu˨˦꜔꜖iɑɔ˦꜔꜖niæ̃˨˦꜔꜖.ni˥˧꜔tʂʮ˥˧i˥˧꜔꜖kuo˥˧ei꜔꜖tæ̃˦xua˥˧xua˥˧꜔꜖tsʮ˦sa˦?ŋuo˥˧məŋ˧nə˦kə˦tsʰuei˥˧꜔꜖sɿ˦꜔꜒꜔yæ̃r˨˦꜔,ŋuo˥˧məŋ˧yæ̃˨˦꜔꜖ɕiæ̃˥˧nei˦tsʰuei˥˧꜔sɿ˦yæ̃r˨˦꜔,i˥˧꜔꜖tsʰɿ˦꜔꜒꜔xuo˨˦꜔꜖pɑɔr˥˧꜔ər˦pei˥˧꜔꜖vu˥˧ʂʅ˨˦꜔꜖kə˦꜔꜖tɕi˥˧꜔꜖tæ̃˦tou˥˧꜔꜖mei˨˦iou˥˧꜔læ̃˦ti˧.（是吗？）噢，锅里连一个鸡蛋花花儿都没有的。ɑɔ꜔꜖,kuo˥˧li˥˧꜔꜖liæ̃˨˦꜔꜖i˥˧꜔꜖kə˦tɕi˥˧꜔꜖tæ̃˦xua˥˧xuar˥˧꜔꜖tou˥˧꜔꜖mei˨˦꜔iou˥˧꜔꜖ti˧.（就一锅煮？）一锅煮。i˥˧꜔꜒kuo˥˧꜔꜖tʂʮ˥˧꜔꜖.

2.（讲……啊，来了客人啊，给他卧个鸡蛋叫什么？）黄：那就是荷包儿蛋么你。n

ei˦tɕiou˦sɿ˦xə˨˩paɔr˥˧tæ̃˦˥muo˨ni˥˨.（讲坐鸡蛋还是卧鸡蛋还是什么？）卧一个么。卧个儿荷包蛋，那就是给你是……面条儿，上头给你煮的是面条儿，在那个面条儿汤里头给你搭上两个鸡蛋，荷包儿蛋荷包儿进去，哎，你舀汤的时候把这个鸡蛋舀到底下，上头给你把面条儿一盛，你吃一吃，一看，这底下……vuo˦i˥˨kə˦muo˨.vuo˦kər˧˨xə˨˩paɔ˥˧tæ̃˦,næ ᴇ˦tɕiou˦sɿ˦kei˦ni˥sɿ˦……miæ̃˦tʰiaɔr˨˦,ʂaŋ˦tʰou˨kei˦ni˥˧tʂʮ˥ti˨sɿ˦miæ̃˦tʰiaɔr˨˦,tsæᴇ˦kə˨˧nə˦kə˨˧miæ̃˦tʰiaɔr˨˦tʰaŋ˥li˥˨tʰou˨kei˦ni˥˧ta˥ʂaŋ˦liaŋ˥kə˦tɕi˥˨tæ̃˦,xuo˨˦paɔr˥˨tæ̃˦xuo˨˦paɔr˥˨tɕiŋ˦tɕʰi˦,æᴇ˦,ni˥˧iaɔ˥˧tʰaŋ˥ti˨sɿ˨˦xou˦pa˥˧tʂə˦kə˦tɕi˥˨tæ̃˦iaɔ˥˧taɔ˥˧ti˥ɕia˦,ʂaŋ˦tʰou˨kei˦ni˥˧pa˥˨miæ̃˦tʰiaɔr˨˧i˥˨tʂʰəŋ˨˦,ni˥˧tʂʰʅ˥i˥˨tʂʰʅ˨,i˥kʰæ̃˦,tʂei˦ti˥xa˦……（噢，要放到那个面的底下？）啊噢。在底下放着咧。ɑ˥ɑɔ˨.tsæᴇ˦ti˥xa˦faŋ˦tʂə˨lie˨.（他为什么要放底下，不放面上呢？）那有些人，你比如咱们三个人，那□搞不好有一个人□你就比较主贵一点，那再的个人那都是一般化的，那搞不好你是客，我们两个都是主人家。那□卧荷包儿，卧下那个蛋□只是给客人卧下的，别人□又没给你卧着么。nei˦iou˥ɕie˥˨ʐəŋ˨˦,ni˥pi˥ʐʮ˨˧tsɑ˨˩məŋ˨sæ̃˥kə˦ʐəŋ˨˩,næ ᴇ˦niæ̃˨˧kaɔ˥pu˨˩xaɔ˥˧iou˥i˥˨kə˦ʐəŋ˨˦niæ̃˨˦ni˥tsou˦pi˥˧tɕiaɔ˦tʂʮ˥kuei˦i˥˨tiæ̃˥˨,næᴇ˦tsæᴇ˦˥ti˨kə˦ʐəŋ˨˧næᴇ˦tou˥˧sɿ˦i˥pæ̃˥xua˦ti˨,næᴇ˦kaɔ˥pu˨˩xaɔ˥ni˥sɿ˦kʰei˥,ŋuo˥˧məŋ˨liaŋ˥kə˦tou˥˧sɿ˦tʂʮ˥ʐəŋ˨˩tɕia˥˨.næᴇ˦˥niæ̃˨˩vuo˦xuo˨˩paɔr˥˧,vuo˦xa˦nə˦kə˦tæ̃˦niæ̃˨˩tsɿ˥˨sɿ˦kei˦kʰei˥ʐəŋ˨˩vuo˦xa˦ti˨,pie˨˦ʐəŋ˨˦niæ̃˨˦iou˦muo˥˨kei˦˥ni˥˨vuo˦˥tʂə˨muo˨.（有埋在里面跟没……）噢，都在里头埋着咧么你。ɑɔ˨,tou˥˧tsæᴇ˦li˥tʰou˨mæᴇ˨˩tʂə˨lie˨muo˨ni˥˨.（那女婿来了就卧在里面吧？）哎，女婿那多一半儿□都卧的有荷包儿蛋咧你。æᴇ˦,ny˥ɕi˦næᴇ˦tuo˥i˥˨pæ̃r˦niæ̃˨˧tou˥˧vuo˦ti˨iou˥˨xuo˨˩paɔr˥˧tæ̃˦lie˨ni˥˨.（一般是卧几个？）那一般都最多卧……那一碗面里头最多给你卧上两个，不再卧出去了。你再卧下，那个面往哪儿放去？næᴇ˦˥i˥˨pæ̃˥tou˥˨tsuei˦tuo˥˨vuo˦……næᴇ˦i˥˨væ̃˥miæ̃˦li˥˨tʰou˨tsuei˦tuo˥˨kei˦ni˥˧vuo˦ʂaŋ˦liaŋ˥kə˦˨,pu˨˩tsæᴇ˦˥vuo˦˨tʂʰʮ˥˨tɕʰi˦lə˨.ni˥˧tsæᴇ˦vuo˦xa˦,nə˦kə˦miæ̃˦vaŋ˥˨nar˥˨faŋ˦tɕʰi˦?（那女婿比一般的客人要多卧几个吧？）欸，那都卧他……那都一碗饭里头给他卧儿上一个两个都对了他。ei˨,næᴇ˦˥tou˥˨vuo˦tʰɑ˥˧……næᴇ˦˥tou˥˨i˥˨væ̃˥fæ̃˦li˥˧tʰou˨kei˦tʰɑ˥˧vuor˦˨ʂaŋ˦˥i˥˨kə˦˨liaŋ˥kə˦tou˥˧tuei˦lə˨tʰɑ˥˨.

煎鸡蛋

（用油做那个荷包蛋的呢？）黄：那叫煎鸡蛋咧。不叫荷包儿蛋。把锅里把油放上，把鸡蛋打进去，这面儿炕黄了，翻个个儿炕下，那叫煎咧。nei˦tɕiaɔ˦tɕiæ̃˥tɕi˥˨tæ̃˦lie˨.pu˨˩tɕiaɔ˦xə˨˩paɔr˥˧tæ̃˦˨.pa˥˨kuo˥li˥˨pa˥˨iou˨˦faŋ˦ʂaŋ˦,pa˥˨tɕi˥˨tæ̃˦ta˥tɕiŋ˦˥tɕʰi˦˨,tʂei˦miæ̃r˦kʰaŋ˦xuaŋ˨˩lə˨,fæ̃˥kə˦˨kuor˦kʰaŋ˦xa˦,næᴇ˦tɕiaɔ˦tɕiæ̃˥lie˨.（那个那那样的蛋呢？）哪号儿？na˥˨xaɔr˦?（那样做成的蛋呢？）叫煎蛋嘛。tɕiaɔ˦tɕiæ̃˥tæ̃˦ma˨.

鸡蛋羹儿、冲鸡蛋

黄：欸，鸡蛋羹儿是鸡蛋羹儿，鸡蛋羹儿要蒸一下咧。冲鸡蛋就是放……烧开的这个水冲一下就对了么。ei˦,tɕi˥˨tæ̃˦kə̃r˥sɿ˦˨tɕi˥˨tæ̃˦kə̃r˥,tɕi˥˨tæ̃˦kə̃r˥iaɔ˦tʂəŋ˥i˥˨xa˦˨lie˨.tʂʰuoŋ˥tɕi˥˨tæ̃˦tɕiou˦˥sɿ˦faŋ˦……ʂaɔ˥˨kʰæᴇ˥ti˨tʂə˦kə˦ʂuei˥tʂʰuoŋ˥i˥˨ɕia˦˨tɕiou˦˨tuei˦˨lə˨muo˨.（先把蛋打好是吧？）噢，然后……ɑɔ˨,ʐæ̃˨˩xou˦……（然后开水倒进去？）倒进去啊，再一搅就成了。这是鸡蛋……这是这儿冲鸡蛋咧。鸡蛋羹必须要放锅里蒸嘞。taɔ˦tɕiŋ˦tɕʰi˦ɑ˨,tsæᴇ˦i˥˨tɕiaɔ˥tsou˦tʂʰəŋ˨˩lə˨.tʂə˦˥sɿ˦tɕi˥˨tæ̃˦……tʂə˦˥sɿ˦tʂər˦tʂʰuoŋ˥tɕi˥˨tæ̃˦˥lie˨.tɕi˥˨tæ̃˦kəŋ˥pi˥˨ɕy˥˧iaɔ˦faŋ˦kuo˥li˥˨tʂəŋ˥lei˨.（噢，鸡蛋羹是蒸鸡蛋？）噢，蒸下的。

ɑɔ˨˩,tʂəŋ˦xɑ˥˩ti˧.

羹汤

（你们这里做羹吗？）黄：做，羹。tsuo˥˦,kəŋ˦.（啊，有些什么羹？）拿那米做下的那号儿，倒下的那种。还有烧下汤不些弄下那，有的把那叫羹汤咧。nɑ˨næᴇ˥mi˦tsuo˥˦xɑ˥˩ti˧nə˥xɑər˥,tɑɔ˥˦xɑ˥˩ti˧nei˥tʂuoŋ˦˩.xɑ˨iou˦˧ʂɑɔ˦xɑ˥˩tʰɑŋ˦pu˨˩ɕie˦nuoŋ˥xɑ˥næᴇ˥,iou˦ti˧pɑ˦˩næᴇ˥tɕiɑɔ˥kəŋ˦tʰɑŋ˦˩lie˧.

萝卜干儿

（你们这个萝卜就是一般是煮汤喝还是炒着呢炒着吃？）黄：哎呀，萝卜那吃的种类多咧。可以切成……生可以凉可以拌么。熟的可以切片儿煮的吃，可以……也可以它和肉炖的吃。拿做其他馅料儿，那都可以吃。æᴇ˨iɑ˨,luo˨˩pu˧næᴇ˥˩tʂʰʅ˦ti˧tʂuoŋ˦˧luei˥tuo˦lie˧.kʰə˦˧i˦˧tɕʰie˦tʂʰəŋ˨˩……səŋ˦kʰə˦˩i˦˩liɑŋ˨kʰə˦˩i˦˩pæ̃˥muo˧.ʂʯ˨˩tə˧kʰə˦˧i˦˧tɕʰie˦˩pʰiæ̃r˦tʂʯ˦ti˧tʂʰʅ˦,kʰə˦˩i˦˩……ie˦kʰə˦i˦˩tʰɑ˦˩xuo˨˩ʐou˥tuoŋ˥˦ti˧tʂʰʅ˦˩.nɑ˨tsuo˥tɕʰi˨˩tʰɑ˦ɕiæ̃˥liɑɔr˥,næᴇ˥tou˦˨kʰə˦˩i˦˩tʂʰʅ˦.（你们那个做不做呢？萝卜干儿？）做么。泡萝卜干儿。泡菜咧么。tsuo˥˦muo˧.pʰɑɔ˥luo˨˩pu˧kæ̃r˦.pʰɑɔ˥tsʰæᴇ˥lie˧muo˧.（噢，泡萝卜干儿？）啊。ŋɑ˦.（晒不晒呢？）晒么，也晒。sæᴇ˥muo˧,ie˦sæᴇ˥.（晒一下再泡是吧？）晒的把这个水分……水分蒸发到这个百分之……能蒸发个百分之二三十以后再泡。sæᴇ˥ti˧pɑ˦˩tʂə˥kə˥ʂuei˦fəŋ˥……ʂuei˦fəŋ˥˩tʂəŋ˦˨fɑ˦tɑɔ˥tʂə˥kə˥pei˦˩fəŋ˦tsʅ˦˧……nəŋ˨˩tʂəŋ˦˨fɑ˦kuo˥pei˦˩fəŋ˦˧tsʅ˦˧ər˥˦sæ̃˦˩ʂʅ˨˩i˦˧xou˥tsæᴇ˥pʰɑɔ˥˩.（你们家也泡？）泡。pʰɑɔ˥˦.（你们是切好了再泡还是怎么……）我切好咧噢，放水淘一下，放到太阳地里晒一下，晒的那个基本上就能扳上，不得断咧这个样子，我再把作料和这个酱油、醋倒进去泡它。那就可以吃。ŋuo˦˧tɕʰie˦˩xɑɔ˦liɑɔ˧,fɑŋ˥ʂuei˦tʰɑɔ˨i˦˩ɕiɑ˥˩,fɑŋ˥tɑɔ˥tʰæᴇ˥iɑŋ˨˩ti˥li˧sæᴇ˥˦i˦˩ɕiɑ˥˩,sæᴇ˥ti˧nə˥kə˥tɕi˦pəŋ˦ʂɑŋ˥˩tɕiou˥nəŋ˨pæ̃˦ʂɑŋ˥˩,pu˨˩tei˦˩tuæ̃˥˦lie˧tʂə˥kə˥iɑŋ˥tsʅ˧,ŋuo˦tsæᴇ˥˦pɑ˦˩tsuo˦˩liɑɔ˥xuo˨tʂə˥kə˥tɕiɑŋ˥iou˨,tsʰʯ˥tɑɔ˥tɕiŋ˥tɕʰy˥pʰɑɔ˥˩tʰɑ˦˩.næᴇ˥˦tsou˥kʰə˦˧i˦˧tʂʰʅ˦.（有没有把它晒得很干的呢？）有咧么。有的晒得很干，吃它了再放水发一下。iou˦lie˧muo˧.iou˦ti˧sæᴇ˥tei˦˧xəŋ˦˨kæ̃˦˩,tʂʰʅ˦tʰɑ˦˩lə˧tsæᴇ˥˩fɑŋ˥ʂuei˦˧fɑ˦i˦˩ɕiɑ˥˩.（噢，那个叫什么？）萝卜干儿。luo˨˩pu˧kæ̃r˦.

（四）调和

麻油

黄：麻子，我们这里油麻子就……就是大麻。就叫麻子。mɑ˨˩tsʅ˥,ŋuo˦məŋ˧tʂə˧li˧iou˨mɑ˨tsʅ˧tɕiou……tɕiou˥sʅ˥tɑ˥mɑ˨˩.tɕiou˥tɕiɑɔ˥mɑ˨˩tsʅ˥.（噢，麻子就是大麻？）嗯。ŋ̍˨˩.（不是那个吸的大麻吧？）不是。榨油的，那个籽儿，它这个籽儿是榨油的么。pu˨˩sʅ˥˩.tsɑ˥iou˨˩ti˧,nə˥kə˥tsər˦,tʰɑ˦nə˥kə˥tsər˦sʅ˥˩tsɑ˥iou˨˩ti˥muo˧.（那油可以吃吗？）哎吃。æᴇ˦tʂʰʅ˦.（大……大麻油？）麻油可以吃嘛。麻油是这个，它是杀虫润肺嘛，《本草纲目》它……它就有这个麻油。mɑ˨iou˨˧kʰə˦˩i˦˩tʂʰʅ˦mɑ˧.mɑ˨iou˨˧sʅ˥tʂə˥kə˥,tʰɑ˦˩sʅ˥sɑ˦˩tʂʰuoŋ˨ʐuoŋ˥fei˥mɑ˧,pəŋ˦tsʰɑɔ˦kɑŋ˦mu˦˩tʰɑ˦˩……tʰɑ˦˧tɕiou˥iou˦˧tʂə˥kə˥mɑ˨iou˨˩.

辣子油

（辣椒油呢？）黄：这可有咧。辣椒油。tʂə˥˦kʰə˦˩iou˦lie˧.lɑ˦tɕiɑɔ˦˩iou˨˧.（怎么做的

呢？）辣……辣椒油是，有是……有的是放油炸下的，有的是直接放辣子籽儿炸下的。la˥˧˨˦……la˥˧tɕiɑɔ˥˧˧˩iou˨˦sɿ˦,iou˥˧sɿ˦……iou˥˧ti·˧sɿ˦˧˩fɑŋ˦iou˨˦tsɑ˨˦˧˩xɑ˦ti·˧,iou˥˧ti·˧sɿ˦˧˩tʂʅ˨˦tɕie˥˧˧˩fɑŋ˦la˥˧tsɿ·˧tsər˥˧tsɑ˨˦˧˩xɑ˦ti·˧.（辣子油还是辣椒油？）辣子油，没有“椒”字，辣子油。la˥˧tsɿ·˧iou˨˦,mei˨˦iou˥˧˧tɕiɑɔ˥˧tsɿ˦˧˩,la˥˧tsɿ·˧iou˨˦˧˩.（用辣椒炸下……炸下……炸下的那个油辣椒油和那个辣辣椒籽儿炸下那个油……）那当然辣子籽儿炸下的油好了。nə˦tɑŋ˥˧˧˩ʐæ̃˨˦la˥˧tsɿ·˧tsər˥˧tsɑ˨˦˧˩xɑ˦˥ti·˧iou˨˦xɑɔ˥˧˧˩lə˧.（这个一样都都叫辣……辣子油吗？）都叫辣子油。tou˥˧˧tɕiɑɔ˦la˥˧tsɿ·˧iou˨˦.

豆豉

（自己做豆豉还是买？）黄：自己做。家家都做。tsɿ˦tɕie˥˧˧tsuo˦˧˩.tɕia˥˧˨˦tɕia˥˧tou˥˧˧tsuo˦˧˩.（你们怎么做的呢？）先把豆子煮……把豆子拉成瓣儿嘛，放锅里把豆瓣儿煮熟嘛。然后再放到热……热炕上或者是温度高的地方进行发酵嘛。发酵完毕以后然后，再把作料加进去以后，丸成这么大的蛋儿么。豆豉[①]，就做成了么。ɕiæ̃˥˧pa˥˧˧˩tou˦tsɿ˧tʂʮ……pa˥˧˧˩tou˦tsɿ˧la˥˧tʂʰəŋ˨˦˧˩pæ̃r˦ma·˧,fɑŋ˦kuo˥˧li˥˧˧˩pa˥˧˧˩tou˦pæ̃r˦tʂʮ˥˧ʂʮ˨˦ma·˧.ʐæ̃˨˦˧˩xou˦˥tsæᴇ˦fɑŋ˦tɑɔ˦ʐə˥˧……ʐə˥˧˧˩kʰɑŋ˦˥ʂɑŋ˦xuei˨˦˥tʂə˥˧˧˩sɿ˦vəŋ˥˧˧˩tu˦kɑɔ˥˧ti·˧ti˦˥fɑŋ˥˧˧˩tɕiŋ˦ɕiŋ˨˦˧fa˥˧˧˩ɕiɑɔ˦ma·˧.fa˥˧˧˩ɕiɑɔ˦˥væ̃˨˦pi˥˧i˥˧˧xou˦ʐæ̃˨˦˧˩xou˦,tsæᴇ˦pa˥˧˧tsuo˥˧˧˩liɑɔ˦tɕia˥˧˧˩tɕiŋ˦tɕʰi˦i˥˧˧xou˦,væ̃˨˦˧˩tʂʰəŋ˨˦˧tʂə˦muo˧ta˦ti˧tæ̃r˦muo·˧.tou˦˧˩ʂʅ˦,tɕiou˦tsuo˦tʂʰəŋ˨˦˧˩ləm˧.（嗯？弯成这么大蛋？）嗯。ə̃˥˧.（你怎么弯成蛋呢？）哎，那你把那个弄上来，弄在个盆子里头，发酵好的豆豉你放得这个盆里头，然后把作料都全部放进去，你然后用手，挤挤挤，尽搋么啊，搋的把这都弄烂以后，然后这么一捏，捏成这么大个蛋儿，然后放太阳地里把那晒干，就便于保存么。æᴇ˥˧,næᴇ˦˥ni˥˧pa˥˧˧˩nə˦kə˦nuoŋ˦ʂɑŋ˦læᴇ˨˦˧˩,nuoŋ˦tsæᴇ˦kə˦pʰəŋ˨˦li˥˧tʰou·˧,fa˥˧˧˩ɕiɑɔ˦xɑɔ˥˧ti·˧tou˦˨˦ʂʅ˦˧˩ni˥˧˧fɑŋ˦tə˧tʂə˦kə˦pʰəŋ˨˦li˥˧˧˩tʰou·˧,ʐæ̃˨˦˧˩xou˦pa˥˧˧˩tsuo˥˧˧˩liɑɔ˦tou˥˧˧tɕʰyæ̃˨˦˧˩pu˦˥fɑŋ˦tɕiŋ˦tɕʰi˦,ni˥˧˧˩ʐæ̃˨˦˧˩xou˦yoŋ˦ʂou˥˧,tɕi˥˧˧˩tɕi˥˧˧˩tɕi˥˧,tɕiŋ˥˧˧tʂʰuæᴇ˥˧muo·˧ɑ˧˩,tʂʰuæᴇ˥˧ti·˧pa˥˧˧˩tʂei˦tou˥˧˧nuoŋ˦læ̃˦i˥˧˧˩xou˦,ʐæ̃˨˦˧˩xou˦tʂə˦muo˧i˥˧˨˦nie˥˧,nie˥˧tʂʰəŋ˨˦tʂə˦muo˧ta˦kə˦tæ̃r˦,ʐæ̃˨˦˧xou˦fɑŋ˦tʰæᴇ˦iɑŋ˨˦˧ti˦li˥˧˧pa˥˧˧˩næᴇ˦sæᴇ˦kæ̃˥˧,tsou˦˧˩piæ̃˦y˨˦˧pɑɔ˥˧tsʰuoŋ˨˦muo·˧.（噢，晒干以后呢？）晒干以后你放得那，你几时……几时想吃就几时……就是这样。sæᴇ˦˨˦kæ̃˥˧i˥˧˧˩xou˦ni˥˧fɑŋ˦tə˧nə˦,ni˥˧˧tɕi˥˧sɿ˨˦˧˩……tɕi˥˧sɿ˨˦ɕiɑŋ˥˧˧tʂʰʅ˥˧tɕiou˦˧˩tɕi˥˧˧˩sɿ˨˦˧˩……tɕiou˦˥sɿ˦tʂei˦iɑŋ˦.（掰一点儿？那……那放在哪里呢？）呃，随便放个地方都能行了么。ə˥˧,suei˨˦˧˩piæ̃˦˥fɑŋ˦kə˦ti˦˥fɑŋ˥˧˧˩tou˥˧˧nəŋ˨˦˧ɕiŋ˨˦˧˩lə˧muo·˧.（不要装在坛子里面啊？）不用装。装个筐子里头就行了么。pu˨˦˧˩yoŋ˦tʂuɑŋ˥˧˧˩.tʂuɑŋ˥˧˧kə˦kʰuɑŋ˥˧tsɿ·˧li˥˧˧tʰou˧tɕiou˦˧˩ɕiŋ˨˦˧˩lə˧muo·˧.（就晾在外面？）放在外头么。fɑŋ˦tsæᴇ˦væᴇ˦tʰou·˧muo·˧.（那你们吃是当作料儿还是干什么的？）当素菜的吃。tɑŋ˦sʮ˦tsʰæᴇ˦˥ti·˧tʂʰʅ˥˧˧˩.（当素菜？）呃。ə˦.（素菜？）菜么，就像当一种菜来吃嘛。tsʰæᴇ˦muo·˧,tɕiou˦ɕiɑŋ˦tɑŋ˦˥i˥˧˧˩tʂuoŋ˥˧tsʰæᴇ˦læᴇ˨˦˧˩tʂʰʅ˥˧˧˩ma·˧.（还跟我们那个豆豉不一样。）你们说的那豆豉它那稀豆豉嘛。ni˥˧məŋ·˧ʂuo˥˧ti·˧nə˦tou˦ʂʅ˦tʰɑ˥˧˧nə˦ɕi˥˧tou˦ʂʅ˦ma·˧.（那黑豆豉，黑的。）黑的。xei˥˧ti·˧.（一粒一粒的。）一粒一粒的么。i˥˧˧˩li˨˦i˥˧˧˩li˨˦ti˧muo˧.（也是发酵过的。）我们那个那都直接……我们这个弄出来是亮黄亮黄的那。ŋuo˥˧məŋ˧nə˦kə˦nə˦tou˥˧˧tʂʅ˨˦tɕie˥˧˧˩……ŋuo˥˧məŋ˧tʂə˦kə˦nuoŋ˦˨˦tʂʰʮ˥˧læᴇ˨˦˧˩sɿ˦˧˩liɑŋ˦xuɑŋ˨˦liɑŋ˦xuɑŋ˨˦ti˧n̩˧.（那是黄豆豉。）啊。拿出来以后你把那个……就和肉炒得一块儿，那……那都吃上……ɑ̃˦.nɑ˨˦tʂʰʮ˥˧læᴇ˨˦i˥˧˧˩xou˦ni˥˧pa˥˧˧˩nə˦kə˦……tsou˦xuo˨˦˧ʐou˦tsʰɑɔ˥˧tə·˧i˥˧˧˩kʰuər˥˧,nə˦˧˩……nə˦tou˥˧˧tʂʰʅ˥˧ʂɑŋ˦˧˩……（噢，那干干的是吧？）呃不干。那豆豉都油一瘩里，豆豉和肉炒下一瘩里，那油腌起来那，吃大米饭那个都是最好

① 豉：《广韵》是义切，“盐豉。《广雅》云：苦李作豉。”

的菜么。ə˦pu˨˩kæ̃˥.næᴇ˧tou˦˥sɿ˧tou˥˦iou˨˦i˥˨ta˥li˥˦,tou˧ʂɿ˧xuo˨˩ʐou˧tsʰɑɔ˥xɑ˧i˥˨ta˥li˥˨,næᴇ˧iou˨˦iæ̃˥˨tɕʰi˥læᴇ˨˩nei˧,tʂʰʅ˥ta˦˥mi˥˨fæ̃˧˥nei˧˨kə˧˨tou˥˨sɿ˧˨tsuei˧xɑɔ˥ti·˧tsʰæᴇ˧˥muo·˨.

酱

（自己做酱吗？）黄：酱做咧。tɕiɑŋ˧tsuo˧lie·˨.（那个怎么做法？）面酱么。不会做，不知道咋么做。miæ̃˧tɕiɑŋ˥muo·˨.pu˨˦xuei˧tsuo˧,pu˨˦tʂʅ˥˦tɑɔ˧tsɑ˥˨muo·˨tsuo˧˥.（自己家里不做啊？）我们家里不做。ŋuo˥məŋ·˨tɕiɑ˥li˥˨pu˨˩tsuo˧.（有那个黄酱那个吗？）我看我们做的有面酱、辣子酱，还有……糖酱吗啥么酱。反正做的种类还老多酱。ŋuo˥kʰæ̃˧ŋuo˥məŋ·˨tsuo˧˥ti·˨iou˥˦miæ̃˧tɕiɑŋ˧,lɑ˥tsɿ·˨tɕiɑŋ˧,xæᴇ˨˩iou˥˦……tʰɑŋ˨˦tɕiɑŋ˧mɑ·˨sɑ˧˥muo·˨tɕiɑŋ˧.fæ̃˥˨tʂəŋ˧˥tsuo˧˥ti·˨tʂuoŋ˥˦luei˧xɑ˨˩lɑɔ˥˨tuo˥tɕiɑŋ˧˨.

花椒

1.（这个花椒？）黄：就叫花椒。或者叫椒。tɕiou˧tɕiɑɔ˧xuɑ˥tɕiɑɔ˥˨.xuei˨˦tʂə˥˨tɕiɑɔ˧tɕiɑɔ˥.（它什么情况下可以就就称椒呢？）呃就是有时候说话出来，简单的说出来，那就是，不……你给我称上些椒。你今儿走集上，给我称上些椒。ə˧tsou˧sɿ˧iou˥sɿ˨˩xou˧ʂuo˥˨xuɑ˧˥tʂʰʮ˥˦læᴇ˨˩,tɕiæ̃˥tæ̃˥˦ti·˨ʂuo˥˦tʂʰʮ˥˦læᴇ˨˦,nei˧˥tɕiou˧sɿ˧,pu……ni˥kei˧ŋuo˥˦tʂʰəŋ˥ʂɑŋ˧˨ɕie˥˨tɕiɑɔ˥.ni˥tɕiə̃r˥˨tsou˥tɕi˨˩ʂɑŋ˧,kei˧ŋuo˥˦tʂʰəŋ˥ʂɑŋ˧˨ɕie˥˨tɕiɑɔ˥.

2.（花椒本地产吗？）黄：花椒，塬区产，我们这里不产。花椒、核桃、柿子，这些地方都是我们这里都冻死了。xuɑ˥tɕiɑɔ˥˨,yæ̃˨˦tɕʰy˥˨tsʰæ̃˥˨,ŋuo˥məŋ·˨tʂei˧˥li˥˨pu˨˩tsʰæ̃˥˨.xuɑ˥tɕiɑɔ˥˨,xə˨˩tʰɑɔ˨˥,sɿ˧tsɿ·˨,tʂei˧ɕie˥˦ti˧fɑŋ˥˦tou˥˦sɿ˧ŋuo˥məŋ·˨tʂə˧˥li˥˨tou˥˨tuoŋ˧˥sɿ˥lə·˨.

胡椒

（是你们一般这个是那个买了胡椒自己回家去把它弄碎呢还是那个……）黄：多一半儿是自己买……光买胡椒么，回去自己加工成面儿么。tuo˥i˥˨pæ̃r˧sɿ˧tsɿ˧tɕie˥˦mæᴇ˥……kuɑŋ˥˨mæᴇ˥xu˨˩tɕiɑɔ˥muo·˨,xuei˨˩tɕʰi˧˥tsɿ˧tɕie˥˨tɕiɑ˥˦kuoŋ˥˦tʂʰəŋ˨˩miæ̃r˧muo·˨.（用什么东西加工？）哎拿啥个就把它能砸来咧么。我们都是放踏窝子把它踏碎咧。æᴇ˥nɑ˨˩sɑ˧kə˧tsou˧pɑ˥˦tʰɑ˥˦nəŋ˨˦tsɑ˨˩læᴇ˨˩liem·˨.ŋuo˥məŋ·˨tou˥˦sɿ˧fɑŋ˧tʰɑ˨˩vuo˥tsɿ·˨pɑ˥˦tʰɑ˥˦tʰɑ˨˦suei˧lie·˨.

葱末儿、葱花儿

（呃，葱切得很碎的那种呢？）黄：葱末儿么。tsʰuoŋ˨˩muor˥muo·˨.（葱末儿。叫不叫葱花？）葱花儿那是切的……那都没有……没有那么……不能叫葱花儿了，那是切的葱末儿末儿，切得很碎就叫末儿咧。稍微切大的叫葱花儿。tsʰuoŋ˥xuɑr˥˨nə˧sɿ˧˨tɕʰie˥˨ti·˨……nə˧˨tou˥˨mei˨˩iou˥˦……mei˨˦iou˥nə˧muo·˨……pu˨˩nəŋ˨˩tɕiɑɔ˧tsʰuoŋ˥˦xuɑr˥lə·˨,nə˧sɿ˧tɕʰie˥ti·˨tsʰuoŋ˥˦muor˥muor˥˨,tɕʰie˥tei˥˨xəŋ˥suei˧˥tɕiou˧tɕiɑɔ˧muor˥lie·˨.sɑɔ˥vei˥tɕʰie˥˨tɑ˧ti·˨tɕiɑɔ˧tsʰuoŋ˥xuɑr˥˨.（葱花儿大概有多大，你们这儿这葱花儿？）葱花儿你该一刀，一寸该就切个两三刀就行了么。至少该就这个长一截儿一截儿的。切法就不同么。你切末末就把这个葱先开成片片，然后切成丝丝子，切成的么。这你切成一截儿一截儿的就行了。tsʰuoŋ˥xuɑr˥˦ni˥˨kæᴇ˥˨i˥˨tɑɔ˥,i˥˨tsʰuoŋ˧˥kæᴇ˥tsou˧˨tɕʰie˥kə˧˨liɑŋ˥sæ̃˥˨tɑɔ˥tsou˧ɕiŋ˨˩ləm·˨.tsɿ˧ʂɑɔ˥kæᴇ˥˦tsou˧tʂə˧˥muo·˧tʂʰɑŋ˨˦i˥˨tɕiər˨˥i˥˨tɕiər˨˥ti·˨.tɕʰie˥fɑ˥˨tsou˧pu˨˦tʰuoŋ˨˩muo·˧.ni˥˨tɕʰie˥˦muo˥muo˥˦tsou˧pɑ˥˨tʂə˧kə˧tsʰuoŋ˥ɕiæ̃˥˦kʰæᴇ˥tʂʰəŋ˨˩pʰiæ̃˥pʰiæ̃˥˨,ʐæ̃˨˩xou˧tɕʰie˥˦tʂʰəŋ˨˦sɿ˥sɿ˥˨tsɿ·˨,tɕʰie˥˨tʂʰəŋ˨˩ti·˨muo·˨.tʂei˧˥ni˥˦tɕʰie˥tʂʰəŋ˨˩i˥˦tɕiər˨˥i˥˦tɕiər˨˥ti·˨tsou˧ɕiŋ˨˩lə·˧.

姜丁丁、姜末儿末儿、姜丝儿

（那姜把它切碎的呢？）黄：那你看是切成丁丁就是姜丁丁，切成末末就是姜末儿末儿，还有切成姜丝儿的。næᴇ˦˥ni˥˧kʰæ̃˥sɿ˥tɕʰie˥˩tʂʰəŋ˩˧tiŋ˥˧tiŋ˥˩tɕiou˥sɿ˥tɕiaŋ˥˧˥tiŋ˥˧tiŋ˥˩,tɕʰie˥˩tʂʰəŋ˩˧muo˥˧muo˥˩tɕiou˥sɿ˥tɕiaŋ˥˧˥muor˥˧muor˥˩,xæᴇ˨˩iou˦˨tɕʰie˦˨tʂʰəŋ˨˧tɕiaŋ˥˧˥sər˥˧ti˧.

捣蒜

（捣蒜叫揰蒜还是叫……叫……）黄：捣。我们叫捣咧。tao˥˧.ŋuo˥˩məŋ˦tɕiao˥tao˥˧lie˧.（你们不叫揰哈？）不叫揰咧。pu˨˩tɕiao˦˥kʰə˥˩lie˧.（捣蒜，捣辣子，辣椒也……也用捣吗？）哎有些不得碎了你也得捣啊。æᴇ˥iou˥˧ɕie˥˩pu˨˧tei˦˨suei˥lə˦ni˦˨ie˥˧tei˥˩tao˥˧a˩.（那姜呢，有没有那个的？有没有这样……）那都有么。næᴇ˦˥tou˥˩iou˥˧muo˧.（那叫什么？）还就是……这还是叫捣咧。xa˨˩tɕiou˦˥sɿ˥……tʂei˦˥xa˨˩sɿ˦˥tɕiao˥tao˥˧lie˧.

蒜泥

（这个蒜汁儿？）黄：这面儿太没有人做蒜汁儿。多一半都……最多都是搞个蒜泥。tʂei˥˨˦miæ̃r˥tʰæᴇ˥mei˩˧iou˥˧zəŋ˨˩tsuo˦˩suæ̃˥tʂər˥˩.tuo˥˩i˥˩pæ̃˥tou˦˨……tsuei˥˨˦tuo˥˩tou˥˩sɿ˦˩kao˥˧kə˦˩suæ̃˥ni˩˧.（蒜泥你们是怎么加工成？）放踏窝……蒜窝窝把那捣下咧。faŋ˥tʰa˨˩vuo˦˨……suæ̃˥vuo˥˩vuo˥˩pa˥˩næᴇ˥tao˥˧xa˦˩lie˧.

芥末儿

黄：芥末儿，吃咧，但是这个东西好像没……有几……tɕie˥muor˥˩,tʂʰʅ˥˧lie˧,tæ̃˥sɿ˥tʂə˥kə˥tuoŋ˦˨ɕi˦xao˦˨ɕiaŋ˥mei˩˧……iou˥˧tɕi˦˨……（你们也吃吗？）欸，芥末儿吃的劲大么。ei˩˧,tɕie˥˨˦muor˥˩tʂʰʅ˥˩ti˦tɕiŋ˥ta˥muo˦.（你们农家也吃啊？）也吃么。ie˥˧tʂʰʅ˥˩muo˧.（自己种吗？）这好像是外头拿来的多，药铺里卖的多，这个芥末。tʂə˦˥xao˥˧ɕiaŋ˦˥sɿ˦˥væᴇ˦˥tʰou˧na˩˧læᴇ˨˧ti˦tuo˥˩,yo˥˩pʰu˦˥li˥˩mæᴇ˦˥ti˧tuo˥˩,tʂə˦˩kə˦˩tɕie˥muo˦˨.（这个芥末，你们怎么你们这里老百姓怎么吃芥末呢？）哎吃的羊肉不些的，你怎能少咧这个芥菜的不行……芥末儿不行嘛。æᴇ˥tʂʰʅ˥˧tə˧liaŋ˨˩zou˥pu˨˩ɕie˦˨ti˦,ni˦˨tsəŋ˥˩nəŋ˨˧ʂao˥˧lie˧tʂə˦˩kə˦˩tɕie˥tsʰæᴇ˥tə˦pu˨˧ɕi……tɕie˥muor˥˩pu˨˩ɕiŋ˨˩ma˧.（嗯，那个平时家里面也弄羊肉吃吗？）那看羊的人那都……都吃羊肉那。næᴇ˦˥kʰæ̃˥˧iaŋ˨˩ti˦zəŋ˨˧næᴇ˦˥tou˥˩……tou˥˩tʂʰʅ˥˧iaŋ˨˩zou˥næᴇ˥.（那个芥菜长成什么样儿？）我们这儿这个是长的像萝卜一样的。但是不长根根。ŋuo˥˧məŋ˧tʂər˥˨˦tʂə˥kə˥sɿ˥tʂaŋ˥˧ti˧ɕiaŋ˥luo˩˧pu˥˧i˥˩iaŋ˥ti˧.tæ̃˥sɿ˥pu˨˩tʂaŋ˦˨kəŋ˥˧kəŋ˥˩.（不长根？）噢儿，不长根，光长的叶子，吃上爨的很。有一点，这儿这那个芥菜有点像雪里蕻。ɑor˩,pu˨˩tʂaŋ˦˨kəŋ˥˧,kuaŋ˥˧˥tʂaŋ˦˨ti˦lie˥˧tsɿ˧,tʂʰʅ˥˧ʂaŋ˦˩tsʰuæ̃˥ti˦xəŋ˥˩.iou˥˧i˥˩tiæ̃˥˩,tʂər˥˨˦tʂə˥nə˥kə˥tɕie˥tsʰæᴇ˥iou˥˧tiæ̃˥˩ɕiaŋ˥ɕyo˥˩li˥˧xuoŋ˩˧.（你们吃叶子？）吃叶子。tʂʰʅ˦˨ie˥˧tsɿ˧.

粉芡

1. 黄：芡粉还是压下的么你。还兀是……把粉面子往起和的时候是搭下的芡么。和起来就叫芡粉。tɕʰiæ̃˥fəŋ˦˨xa˨˩sɿ˦˥nia˥xa˥ti˧muo˧ni˥˩.xæᴇ˨˩və˦˥sɿ˥……pa˥˩fəŋ˥˧miæ̃˥tsɿ˦vaŋ˥˩tɕʰi˥˧xuo˥˨˦ti˦sɿ˨˩xou˦˥sɿ˥ta˥˧xa˦˩ti˧tɕʰiæ̃˦˥muo˦.xuo˥tɕʰi˦˨læᴇ˨˧tɕiou˥tɕiao˥tɕʰiæ̃˥fəŋ˥˩.（芡粉还是粉芡？）粉芡也能行是……粉芡也能行，芡粉也都能行。fəŋ˥˧tɕʰiæ̃˥˨˦æ˦˨nəŋ˨˧ɕiŋ˨˧sɿ˥tɕ……fəŋ˥˧tɕʰiæ̃˥æ˦˨nəŋ˨˧ɕiŋ˨˩,tɕʰiæ̃˥fəŋ˦˨ie˥˧tou˥˩nəŋ˩˧ɕiŋ˨˩.（你……老人家叫什么呢？）粉芡么。fəŋ˥˧tɕʰiæ̃˥muo˦.

2.（这个往那个菜里面那个放那个芡粉叫什么？这个这种行为？）黄：那叫勾芡咧么你。nə˥tɕiao˥kou˥˩tɕʰiæ̃˥˨˦lie˧muo˧ni˥˩.（叫不叫搭芡？）也叫搭芡，或者叫勾的。我们这儿多一半儿都叫勾芡咧。ie˥˧tɕiao˥ta˥˧tɕʰiæ̃˥,xuei˨˧tʂə˦˨sɿ˥tɕiao˥kou˥˧ti˧.ŋuo˥˧məŋ˦tʂər˥tuo˥˧i˥˩pæ̃r˥tou˥˩tɕiao˥kou˥˧tɕʰiæ̃˥lie˦.（这个搭芡都是一些什么人说？）哎呀，兀都是些半洋不土的那些人说的多。æᴇ˦iaɭ,væᴇ˦˥tou˥˩ʅsɿ˦ɕie˥˧pæ̃˦iaŋ˩˧pu˩˧tʰu˥˩ti˧nei˦ɕie˥˧zəŋ˩˧ʂuo˥˩ti˧tuo˥˩.（你指的这个半洋不土是些什么人呢？）有些人出去转个一圈，外头就社会上转一转，那都回来以后……iou˥˩ɕie˥˧zəŋ˩˧tʂʰʮ˥˩tɕʰi˦˩tʂuæ̃˦kə˦i˥˩tɕʰyæ̃˥˩,væᴇ˦tʰou˧tsou˦ʂə˦xuei˦˥ʂaŋ˦˩tʂuæ̃˦i˥˧tʂuæ̃˦,nə˦˩tou˥˩xuei˩˧læᴇ˩˧i˥˩xou˦……（出去打了个工？）啊，回来就叫半洋不土的了。ɑ˩,xuei˩˧læᴇ˩˧tɕiou˦tɕiɑɔ˦pæ̃˦iaŋ˩˧pu˩˧tʰu˥˩ti˧lə˧.

浆水

（有浆水菜吗？）黄：有咧。iou˥˩lie˧.（怎么做的？）夏天，把那个菜放得这个锅头上边，叫它这个受热以后，发酵以后，一……一两天就能吃咧。这叫浆水菜。那叫吃浆水。掺下浆水。也叫吃……也有吃浆水面的。ɕiɑ˦˧tʰiæ̃˥˩,pɑ˥˧nə˦kə˦tsʰæᴇ˦faŋ˦tə˧tʂə˦kə˦kuo˥tʰou˧ʂaŋ˦piæ̃˥˧,tɕiɑɔ˦tʰɑ˥˧tʂə˦kə˦ʂou˦zə˥˩i˥˩xou˦˥,fɑ˥˩ɕiɑɔ˦i˥˩xou˦˥,i˥˩……i˥˩liaŋ˥tʰiæ̃˥˩tsou˦nəŋ˩˧tʂʰʅ˥lie˧.tʂei˦˥tɕiɑɔ˦tɕiaŋ˥ʂuei˥˩tsʰæᴇ˦.næᴇ˦tɕiɑɔ˦tʂʰʅ˥˩tɕiaŋ˥ʂuei˥˩.tsʰæ̃˥xɑ˦tɕiaŋ˥ʂuei˥˩.ie˥˧tɕiɑɔ˦tʂʰʅ˥˧……ie˥˧iou˥˧tʂʰʅ˥tɕiaŋ˥˩ʂuei˥˩miæ̃˦ti˧.（吃浆水是吧？）嗯。浆水就是这个煮了面的那个面汤，再放了点这个欻醋头子。ŋ̍˩.tɕiaŋ˥ʂuei˥˩tɕiou˦sɿ˦tʂə˦˩kə˦˩tʂʮ˥liɑɔ˥˩miæ̃˦ti˧nə˦kə˦miæ̃˦tʰɑŋ˥,tsæᴇ˦faŋ˦lə˧tiæ̃˥˩tʂə˦kə˦ei˩tsʰʮ˦˥tʰou˩˧tsɿ˧.（嗯，醋头子？）拌……噢，拌咧醋的那个头头子，进行发酵，发酵下那，发酵过咧那个，发酸了那个水水子叫浆水。pæ̃˦……ɑɔ˩,pæ̃˦˥lie˧tsʰʮ˦ti˧nə˦kə˦tʰou˩˧tʰou˩˧tsɿ˧,tɕiŋ˦ɕiŋ˩˧fɑ˥˩ɕiɑɔ˦,fɑ˥˩ɕiɑɔ˦xɑ˦nə˦,fɑ˥˩ɕiɑɔ˦kuo˦lie˧nə˦kə˦,fɑ˥˩suæ̃˥lə˧nə˦kə˦ʂuei˥ʂuei˥tsɿ˧tɕiɑɔ˦tɕiaŋ˥ʂuei˥˩.（噢，那醋头子是什么？）做了醋剩下的那下脚嘞。tsʮ˦liɑɔ˥˧tsʰʮ˦ʂəŋ˦xɑ˦ti˧næᴇ˦ɕiɑ˦tɕyo˥˩lei˧.（下脚料？）窝醋的那下脚料不是醋头子吗？也叫是……也就是造……刚是把取下来，那个……那个拌好的，马上准备也……做的那个醋那个……拌料也叫醋头子么。vuo˥˩tsʰʮ˦ti˧nə˦ɕiɑ˦tɕyo˥˩liɑɔ˦pu˩sɿ˦tsʰʮ˦tʰou˩˧tsɿ˧mɑ˧?ie˥tɕiɑɔ˦˩sɿ˦……ie˥tɕiou˦sɿ˦tsɑɔ……kaŋ˥˧sɿ˦pɑ˥˩tɕʰy˥ɕiɑ˦˧læᴇ˩˧,nə˦˩kə˦tɕ……nei˦kə˦pæ̃˦xɑɔ˥ti˧,mɑ˥ʂaŋ˦˩tʂuoŋ˥˧pei˦ie˥……tsuo˦˥ti˧nə˦kə˦tsʰʮ˦nə˦kə˦li……pæ̃˦liɑɔ˦æ˥˧tɕiɑɔ˦tsʰʮ˦tʰou˩˧tsɿ˦muo˧.（那个叫不叫浆水引子？）没听说过。mei˩˧tʰiŋ˥˩ʂuo˥˩kuo˦.（呃，把煮熟的那个菜呀放在这个盆子里面，然后把那个那个那个浆水倒进去，然后那个弄一下，这叫……）那叫调菜咧嘛。往起来调咧么。næᴇ˦tɕiɑɔ˦tʰiɑɔ˩˧tsʰæᴇ˦lie˧mɑ˧.vaŋ˥˩tɕʰi˥læᴇ˩˧tʰiɑɔ˩˧lie˧muo˧.（调菜？）嗯。ŋ̍˦.（叫不叫窝……窝浆水？）不叫。pu˩˧tɕiɑɔ˦.（把那浆水汤那个把它熬热了。）那晓叫啥咧？næᴇ˦˥ɕiɑɔ˥tɕiɑɔ˦sɑ˦˩lie˧?（叫不叫炝……炝浆水？）那□是……我们不。没有这个说法。那我们就叫是炝……你拿浆水炝点汤。没有炝浆水这个话。næᴇ˦˥niæ̃˩˧sɿ˦……ŋuom˥pu˩˧.mei˩˧iou˥˧tʂə˦kə˦ʂuo˥fɑ˥˩.næᴇ˦˩ŋuom˥tɕiou˦tɕiɑɔ˦sɿ˦tɕʰiaŋ˦……ni˥˧nɑ˩˧tɕiaŋ˥ʂuei˥˩tɕʰiaŋ˦tiæ̃˥˩tʰaŋ˥.muo˥˩iou˥tɕʰiaŋ˦tɕiaŋ˥ʂuei˥˩tʂə˦kə˦xuɑ˦.（浆水面呢？）浆水面有么。tɕiaŋ˥ʂuei˥˩miæ̃˦˥iou˥˩muo˧.（有没有用这个浆水做鱼？）没有。浆水面又名叫斛水面嘛。mei˩˧iou˥˩.tɕiaŋ˥ʂuei˥˩miæ̃˦iou˦miŋ˩˧tɕiɑɔ˦xæ̃˥ʂuei˥˩miæ̃˦mɑ˦.（哪个说得多一点儿？哪个土一点？）浆水，浆水多。tɕiaŋ˥ʂuei˥˩,tɕiaŋ˥ʂuei˥˩tuo˥.（斛水面是谁说的？）是形容那个酸不溜溜的，不太好吃那个。sɿ˦ɕiŋ˩˧yoŋ˩˧nə˦kə˦suæ̃˥pu˩˧liou˥˧liou˥˧ti˧,pu˩˧tʰæᴇ˦xɑɔ˥tʂʰʅ˥˩nə˦kə˦˩.

（五）茶水烟酒糖

煎水

1.（有没有叫煎水的这种说法？）黄：有叫咧。煎水，喝煎水。煎水这就是烧开咧的水叫煎水。iou˥tɕiɑɔ˧lie·l.tɕiæ̃˥˩ʂuei˥,xə˩˥tɕiæ̃˥˩ʂuei˥.tɕiæ̃˥˩ʂuei˥tʂei˧tɕiou˧sʅ˧ʂɑɔ˥˩kʰæᴇ˥lie·lti·lʂuei˥tɕiɑɔ˧tɕiæ̃˥˩ʂuei˥.（是叫开水多还是煎水多？）叫……老……最老的话……应该是开水多。tɕiɑɔ˧……lɑɔ˥……tsuei˧lɑɔ˥ti·lxuɑ˧……iŋ˧kæᴇ˥˩sʅ˧˩kʰæᴇ˥˩ʂuei˥tuo˥˩.（那煎水是什么？）煎水，最老的话叫煎水。这个一般把这个开……tɕiæ̃˥˩ʂuei˥,tsuei˧lɑɔ˥tə·lxuɑ˧tɕiɑɔ˧tɕiæ̃˥˩ʂuei˥.tʂə˧˩kə˧˩i˥˩pæ̃˥pɑ˥˩tʂə˧kə˧kʰæᴇ˥˩……（就是咕嘟咕嘟冒泡的那个？）噢，就是的嗯。ɑɔ˥,tɕiou˧˥sʅ˧˩ti·lə̃l.（那就是滚开了的？）噢，滚开咧的意思。滚水是陕北人的话。ɑɔ˩,kuoŋ˥kʰæᴇ˥lie·ltə·li˧sʅ·l.kuoŋ˥ʂuei˥˩sʅ˧˩ʂæ̃˥pei˩˥zəŋ˩ti·lxuɑ˧˩.（噢，你们不讲滚水是吧？）噢，陕北人说“喝口滚水儿”[xə˥kʰou˩kuõ˩ʂuər˩]，“喝一口滚水儿”[xə˥i˩kʰou˩kuõ˩ʂuər˩]，这就是煎水。ɑɔ˩,ʂæ̃˥pei˥˩zəŋ˩ʂuo˥˧xə˥kʰou˩kuõ˩ʂuər˩,xə˥i˩kʰou˩kuõ˥ʂuər˩,tʂei˧tɕiou˧sʅ˧tɕiæ̃˥˩ʂuei˥.（那个开水是专指喝的还是就是指一般就开了的？）就是专门儿是烧开咧喝。tɕiou˧sʅ˧tʂuæ̃˥˩mə̃r˩sʅ˧ʂɑɔ˥˩kʰæᴇ˥lie·lxə˥.（就是这么用来喝的？）噢，用来喝或者用来做饭或者是其他东西，这都有可能。ɑɔ˩,yoŋ˧læᴇ˩xə˥xuei˩˧tʂə˥˩yoŋ˧læᴇ˩tsuo˧˩fæ̃˧xuei˩˧tʂə˥˩sʅ˧˩tɕʰi˩˩tʰɑ˥tuoŋ˥˩ɕi·l,tʂei˧tou˥˩iou˥kʰə˥nəŋ˩˩.（它那玩意儿一喝下去，那……那是不能不能马上喝的？）那不能马上喝。那都烫……那都在七八……至少……太白的这个温度要烧水都八十度以上就开咧。næᴇ˧˥pu˩˩nəŋ˩mɑ˥˧ʂɑŋ˧xə˥.næᴇ˧˥tou˥˩tʰɑŋ˧……næᴇ˧˥tou˥˩tsæᴇ˧tɕʰi˥p……tsʅ˧ʂɑɔ˥……tʰæᴇ˧pei˩˩ti·ltʂei˧kə˧vəŋ˥˩tu˧˥iɑɔ˧ʂɑɔ˥˩ʂuei˥tou˥˩pɑ˥ʂʅ˩tu˧i˥˩ʂɑŋ˧tsou˧kʰæᴇ˥˩lie·l.（噢，在这里八十度以上就开了？）噢，八十度以上就开咧。ɑɔ˩,pɑ˥ʂʅ˩tu˧i˥˩ʂɑŋ˧ʂuei˥tsou˧˩kʰæᴇ˥lie·l.

2.（热水有没有说煎水的？）黄：哎说咧么。煎水我们这儿都叫煎水。æᴇ˥ʂuo˥˩liem·l.tɕiæ̃˥˩ʂuei˥˧ŋuo˥məŋ·ltʂər˧tou˥˩tɕiɑɔ˧tɕiæ̃˥˩ʂuei˥˧.王：嗯，就叫煎水。ŋ̍˩,tɕiou˧tɕiɑɔ˧tɕiæ̃˥˩ʂuei˥˧.黄：煎水，开水。tɕiæ̃˥˩ʂuei˥,kʰæᴇ˥˩ʂuei˥.（煎水和开水有什么区别没有？）黄：呃是一回事么。ə˥sʅ˧˩i˥˩xuei˩sʅ˧muo·l.（煎水也是开水？）黄&王：嗯。ə̃l.（有没有说滚水的？）黄：滚水是这个欸……kuoŋ˥ʂuei˥sʅ˧˩tʂə˧˩kə˧˩ei˩……王：也有说滚水的。ie˥˧iou˥˧ʂuo˥˩kuoŋ˥ʂuei˥˩ti·l.黄：滚……也说滚水，是陕北人么。kuoŋ˥˧……ie˥˧ʂuo˥˩kuoŋ˥ʂuei˥,sʅ˧ʂæ̃˥pei˥˩zəŋ˩˩muo·l.王：嗯。陕北人喊滚水。ə̃l.ʂæ̃˥pei˥˩zəŋ˩xæ̃˥kuoŋ˥ʂuei˥˩.（本地土话叫什么呢？）王：叫开水。tɕiɑɔ˧kʰæᴇ˥˩ʂuei˥.黄：开水么。kʰæᴇ˥˩ʂuei˥muo·l.（煎水是谁说的呢？）黄：煎水这都……煎水……tɕiæ̃˥˩ʂuei˥tʂei˧tou˥˩……tɕiæ̃˥˩ʂuei˥……王：煎水是很早以前说的。tɕiæ̃˥˩ʂuei˥sʅ˧xəŋ˥˧tsɑɔ˥˧i˥˩tɕʰiæ̃˩ʂuo˥˩ti·l.黄：噢，以前说的是煎水。ɑɔ˩,i˥tɕʰiæ̃˩ʂuo˥ti·lsʅ˧˩tɕiæ̃˥˩ʂuei˥.（我，噢，对。）王：煎水这些。tɕiæ̃˥˩ʂuei˥tʂei˧˩ɕie˥˩.黄：啊，现在都叫烧开了。开水。ɑ˩,ɕiæ̃˧tsæᴇ˧tou˥˧tɕiɑɔ˧ʂɑɔ˥˩kʰæᴇ˥lə·l.kʰæᴇ˥˩ʂuei˥.（开水？）王：□有……还有叫沸水的。niæ̃˩˩iou˥……xɑ˩iou˥˧tɕiɑɔ˧fuo˩ʂuei˥˩ti·l.黄：啊，有叫沸水的。ɑ˩,iou˥˧tɕiɑɔ˧fuo˩ʂuei˥˩ti·l.（沸水是也是以前……）黄：也是烧煎咧翻开咧。ie˥sʅ˧ʂɑɔ˥˧tɕiæ̃˥lie·lfæ̃˥kʰæᴇ˥˩lie·l.王：噢，要沸腾了嘛。ɑɔ˩,iɑɔ˧˩fuo˩tʰəŋ˩˥lə·lmɑ·l.黄：沸腾了哞。fuo˩tʰəŋ˩˥lə·lm̩·l.（以前就也说沸水吗？）黄：不说。pu˩˧ʂuo˥˩.王：以前不说。i˥˧tɕʰiæ̃˩pu˩˩ʂuo˥˩.

温温水

黄：温温水就说是我家里锅里烧咧都，但是没烧开。有的叫温温水，有的叫煞温子。vəŋ˦vəŋ˦˩ʂuei˦tɕiou˥˩ʂuo˦˩sɿ˥˩ŋuo˦tɕia˦˥li˦˥kuo˦li˦˩ʂɑɔ˦lie˧tou˦˩,tæ̃˥sɿ˥mei˨˩ʂɑɔ˦˩kʰæᴇ˦. iou˦ti˧tɕiɑɔ˥vəŋ˦vəŋ˦˩ʂuei˦,iou˦ti˧tɕiɑɔ˥˩sɑ˦vəŋ˦˩tsɿ˧.（煞温子？）噢，煞温子水。这水都绝对不能喝的兀。ɑɔ˩,sɑ˦vəŋ˦˩tsɿ˧ʂuei˦.tʂei˥ʂuei˦˩tou˦˩tɕyo˨˩tuei˥pu˨˩nəŋ˨xə˦ti˧væᴇ˥.（煞温子水？）啊，这些，噢温温水这都是指不……没有烧开的这些水，刚加热以后的水。ɑ˩,tʂei˥˦ɕie˦˩,ɑɔ˩vəŋ˦vəŋ˦˩ʂuei˦tʂei˥˦tou˦˩sɿ˥tsɿ˦pu˨˩tɕ……mei˨iou˦ʂɑɔ˦˩kʰæᴇ˦ti˧tʂei˥ɕie˦˥ʂuei˦˩,kɑŋ˦˥tɕia˦˩zə˦i˦˩xou˥ti˧ʂuei˦˩.（那温水是是是烧过的是吧？）啊，烧过的，嗯。ɑ˩,ʂɑɔ˦˩kuo˥ti˧,ə̃˩.（那你们温温水跟热水有什么区别？）温温水那就是……热水就烫人了已经。vəŋ˦vəŋ˦˩ʂuei˦nə˥˩tɕiou˥sɿ˥……zə˦˩ʂuei˦tsou˥˩tʰɑŋ˥zəŋ˨lə˧li˦˩tɕiŋ˦˩.（热水烫人了？）啊。ɑ˩.（温温水就……）温温水不烫人么。vəŋ˦vəŋ˦˩ʂuei˦pu˨˩tʰɑŋ˥zəŋ˨muo˧.（直接用来洗脸那行？）噢，都能行么，嗯。煞尖的煞。ɑɔ˩,tou˦˩nəŋ˨ɕiŋ˨muo˧,ə̃˩.sɑ˦tɕiæ̃˦˩ti˧sɑ˦˩.

盐碱

黄：[谈论喝的水]盐碱度太大。我们那打出来那水都不用放盐嘛。iæ̃˨˩tɕiæ̃˦tu˥tʰæᴇ˥tɑ˥. ŋuo˦mən˧næᴇ˥tɑ˦˥tʂʰʮ˦læᴇ˨˩næᴇ˥ʂuei˦tou˦˩pu˨˩yoŋ˥fɑŋ˥iæ̃˨mɑ˧.（不用放盐呐？）噢，不用放盐都咸的吃不成。最多的一口可以达到苦的程度嘛。ɑɔ˩,pu˨˩yoŋ˥fɑŋ˥iæ̃˨tou˦˩ɕiæ̃˨˩ti˧tʂʰʮ˦pu˨˩tʂʰəŋ˨˥.tsuei˥˦tuo˦˩ti˧i˦˩kʰou˦kʰə˦i˦˩tɑ˨˩tɑɔ˥kʰu˦ti˧tʂʰəŋ˨˩tu˥mɑ˧.

熬茶

（那个沏茶？）黄：我们叫泡壶茶。ŋuo˦mən˧tɕiɑɔ˥pʰɑɔ˥xu˨˥tsʰɑ˨˩.（讲不讲泼……泼茶？）也讲泼茶，泼点茶，泡点茶。ie˦tɕiɑŋ˦˥pʰuo˦tsʰɑ˨˩,pʰuo˦tiæ̃˦˩tsʰɑ˨˥,pʰɑɔ˥tiæ̃˦˩tsʰɑ˨˥.（哪一种就是更土，你们这里的？）沏茶还土一点儿。tɕʰi˦tsʰɑ˨˥xɑ˨˩tʰu˦i˦˩tiæ̃r˦˩.（你们这个农村老百姓他们讲什么？）沏点茶这个是。以前都叫沏咧，现在口还慢慢都叫泡茶咧。最古老的叫熬茶咧，熬上一壶。放……放那茶叶罐罐放火上煮咧。tɕʰi˦tiæ̃˦˩tsʰɑ˨tʂə˥kə˥sɿ˥.i˦tɕʰiæ̃˨tou˦˩tɕiɑɔ˥tɕʰi˦lie˧,ɕiæ̃˥tsæᴇ˥niæ̃˨˩xɑ˨˥mæ̃˥mæ̃˥tou˦˩tɕiɑɔ˥pʰɑɔ˥tsʰɑ˨˩lie˧.tsuei˥ku˦lɑɔ˦ti˧tɕiɑɔ˥nɑɔ˨tsʰɑ˨˩lie˧,nɑɔ˨˩ʂɑŋ˥˧i˦˩xu˨˩.fɑŋ˥ʂ……fɑŋ˥nə˥tsʰɑ˨˩ie˦˥kuæ̃˥kuæ̃˥fɑŋ˥xuo˦ʂɑŋ˥˩tʂʮ˦lie˧.

烟锅子

（抽烟的那个？）黄：烟……烟锅子。iæ̃˦˩……iæ̃˦kuo˦˩tsɿ˧.（烟锅子是指哪一……哪一部分呢？）统称叫烟锅子。tʰuoŋ˦˩tʂʰəŋ˦tɕiɑɔ˥iæ̃˦kuo˦˩tsɿ˧.（整个儿就叫烟锅子？）啊，它有烟锅头，有烟嘴子么，烟杆儿么。还有烟……烟袋么。ɑ˦,tʰɑ˦iou˦iæ̃˦˩kuo˦˩tʰou˨˥,iou˦˥iæ̃˦˩tsuei˦tsɿ˧muo˧,iæ̃˦˩kæ̃r˦muo˧.xæᴇ˨˥iou˦˥iæ̃˦˩……iæ̃˦˩tæᴇ˥muo˧.（这个嘴巴……嘴巴吸那头呢？）烟嘴子。iæ̃˦˩tsuei˦tsɿ˧.（那个放烟的那个？）中间安了个杆杆叫烟杆子嘛。前头是烟锅头儿嘛。tʂuoŋ˦˩tɕiæ̃˦˥næ̃˦lə˧kə˥kæ̃˦kæ̃˦˩tɕiɑɔ˥iæ̃˦˩kæ̃˦tsɿ˧mɑ˧.tɕʰiæ̃˨˩tʰou˧sɿ˥iæ̃˦kuo˦˩tʰour˨mɑ˧.（烟锅头儿？）啊，吊得那底下装烟那个叫烟包儿嘛。ɑ˥,tiɑɔ˥tə˧nə˥ti˦˥xɑ˥tʂuɑŋ˦˩iæ̃˦nə˥kə˥tɕiɑɔ˥iæ̃˦˩pɑɔr˦mɑ˧.（还有一种这个烟袋子它是没有那个铁的小锅儿的，就是直接放放在那儿的。）斯大林烟锅么。sɿ˦˩tɑ˥liŋ˨iæ̃˦kuo˦˩muo˧.（那是……斯大林烟锅是烟斗啦。）啊。ɑ˩.（一根棍子的，中间是空心的，烟塞在里面就这么抽的。有没有？）水烟锅儿么。ʂuei˦iæ̃˦˩kuor˦muo˧.（水烟锅那是这么抽的。就这根儿竹子，有没有？或者什么……）那这儿这就没得。nei˥tʂər˥tʂə˥tsou˥˩mei˨tei˦˩.

水葫芦

（那个烟锅，那个就是水烟筒里面的那个那个水叫什么？）黄：嗯。不知道叫啥咧。ŋ̍˩.pu˩˧tʂʅ˥˧taɔ˧tɕiaɔ˧sa˧lie˧.（那水不能喝的。）它有毒咧么。tʰa˥˩iou˥tu˩˧lie˧muo˨.（叫不叫烟筒水？）不知道。那个那是抽水烟那个人么，咕噜噜噜咕噜噜噜噜，那不知道叫啥水咧反正。pu˩˧tʂʅ˥˧taɔ˧.nə˧˩kə˧nə˧sʅ˧tʂʰou˥˩ʂuei˥iæ̃˥˩nə˧kə˧zəŋ˩˧muo˨,ku˧lou˧lou˧lou˧ku˧lou˧lou˧lou˧lou˧˩,næᴇ˧pu˩˧tʂʅ˥˧taɔ˧tɕiaɔ˧sa˧ʂuei˥lie˨fæ̃˥˩tʂəŋ˧.（那个抽水烟的那个那个东西叫……叫……）水烟袋么，水葫芦么。那东西要会抽咧。你不会抽，你就把那个……你吸上来的都是那个脏水。ʂuei˥iæ̃˥˩tæᴇ˧muo˨,ʂuei˥xu˩˧lou˩˧muo˨.næᴇ˧tuoŋ˥ɕi˨liaɔ˧xuei˧˥tʂʰou˥lie˨.ni˥˧pu˩˧xuei˧˥tʂʰou˥,ni˥˧tsou˧pa˥˩nə˧kə˧……ni˥ɕi˥˩ʂaŋ˧˥læᴇ˩˧ti˨tou˥˧sʅ˧nə˧kə˧tsaŋ˥˩ʂuei˥.（那个水叫什么？）那不知道叫啥水反正是……nə˧pu˩˧tʂʅ˥˧taɔ˧tɕiaɔ˧sa˧ʂuei˥fæ̃˥˩tʂəŋ˧˥sʅ˧……（烟葫芦水？）嗯。它那么弯……这个弯上去以后，这个前头这儿这点着，你听□抽得呼噜噜噜呼噜噜噜，□是刚把这个烟抽走了，通过这个……那个烟是通过水□抽走的。最后毕咧，你看□往出来拔出来，把那稍微，把前头稍微一拔，呼，一吹，水吹不出去，但是□把那个……那个烟屎那个蛋蛋吹走了。ə̃˩.tʰa˥˧nə˧muo˨væ̃˥……tʂə˧kə˧væ̃˥˩ʂaŋ˧˥tɕʰi˧i˥˩xou˧,tʂə˧kə˧tɕʰiæ̃˩˧tʰou˨tʂər˧˥tʂə˧tiæ̃˥tʂuo˩,ni˥tʰiŋ˥˩niæ̃˩˧tʂʰou˥tə˨xu˧lou˧lou˧lou˧xu˧lou˧lou˧lou˧,niæ̃˩˧sʅ˧kaŋ˥˧pa˥˩tʂə˧kə˧iæ̃˥tʂʰou˥˩tsou˥lə˨,tʰuoŋ˥˩kuo˧tʂə˧kə˧ʂ……nə˧kə˧iæ̃˥sʅ˧˩tʰuoŋ˥˩kuo˧ʂuei˥niæ̃˩˧tʂʰou˥˩tsou˥ti˨.tsuei˧xou˧pi˥lie˨,ni˥˧kʰæ̃˧niæ̃˩˧vaŋ˥˩tʂʰʮ˥læᴇ˩˧pa˩˧tʂʰʮ˥læᴇ˩˧,pa˥˩næᴇ˧saɔ˥vei˥˧,pa˥˩tɕʰiæ̃˩˧tʰou˨saɔ˥vei˥i˥˩pa˩,ɸ,i˥˩tʂʰuei˥,ʂuei˥tʂʰuei˥pu˩˧tʂʰʮ˥tɕʰi˧˩,tæ̃˧sʅ˧niæ̃˩˧pa˥˩nə˧kə˧……nə˧kə˧iæ̃˥˩sʅ˥nə˧˩kə˧˩tæ̃˧˥tæ̃˧˩tʂʰuei˥tsou˥˩lə˨.（你抽过没有？）没有。兀呛的。muo˥˧iou˥˩.væᴇ˧˥tɕʰiaŋ˧˥ti˨.

烟膏子

黄：烟膏子就是那个欸最原始的那个，从这个欸大烟那个葫芦里割出来那个，白白的那个，那个浆，然后把那个欸浆收集起来，丸儿成这么大一个蛋儿。最原始的烟膏子。iæ̃˥˩kaɔ˥tsʅ˨tɕiou˧sʅ˧na˧kei˧tsuei˧˥yæ̃˩˧sʅ˥ti˨nei˧˩kə˧˩,tsʰuoŋ˩˧tʂə˧kə˧ei˩ta˧˥iæ̃˥˩nə˧kə˧xu˩˧lou˩˧li˥˩kuo˥˩tʂʰʮ˥læᴇ˩˧nə˧kə˧˩,pei˩˧pei˩˧ti˧˥nə˧kə˧˩,nə˧˩kə˧˩tɕiaŋ˥,zæ̃˩˧xou˧pa˥˩nei˧kei˧tɕiaŋ˥ʂou˥˩tɕi˩˧tɕʰi˥læᴇ˩˧,væ̃r˩˧tʂʰəŋ˩˧tʂə˧˩muo˨ta˧i˥˩kə˧˩tæ̃r˧.tsuei˧yæ̃˩˧sʅ˥ti˨iæ̃˥˩kaɔ˥tsʅ˨.（那个黑的吧？）黑的么，烟膏子。过去……过去那里都不加工嘛。当地种下那个烟都是割……割了下……割下膏子。xei˥ti˨muo˨,iæ̃˥˩kaɔ˥tsʅ˨.kuo˧˥tɕʰy˧˩……kuo˧tɕʰy˧nei˧˥li˥˩tou˥˧pu˩˧tɕia˥˧kuoŋ˥ma˨.taŋ˥˩ti˧˥tʂuoŋ˧xa˧nə˧kə˧iæ̃˥tou˥˧sʅ˧kuo˥ʂ……kuo˥lə˨xa˧˩……kuo˥xa˧˩kaɔ˥tsʅ˨.（嗯，那个那个植物叫什么？）哎呀，都是……那是种洋烟咧。æᴇ˥ia˩,tou˥˧sʅ˧……nə˧sʅ˧tʂuoŋ˧iaŋ˩˧iæ̃˥lie˨.（这个洋烟还是罂粟？）没有说罂粟这个。多一半儿都叫洋烟。mei˩˧iou˥˩ʂuo˥iŋ˥˩ʂʮ˥tʂə˧˩kə˧˩.tuo˥i˥˩pær˧tou˥˩tɕiaɔ˧iaŋ˩˧iæ̃˥.（那个这里以前种吗？）解放前种啊，五几年……tɕie˥fa ŋ˧tɕʰiæ̃˩˧tʂuoŋ˧a˩,vu˥tɕi˥˩niæ̃˩˧……（噢，五几年都有人种啊？）四几……四几年都有种的。嗯。sʅ˧tɕi˥˩……sʅ˧tɕi˥˩niæ̃˩˧tou˥˧iou˥˩tʂuoŋ˧ti˨.ə̃˩.（你见过种那个洋烟没有？）我啊八几年还见过。ŋuo˥ã˩˧pa˥tɕi˥˩niæ̃˩˧xæᴇ˩˧tɕiæ̃˧kuo˧.（八几年还见过啊？）啊。a˩.（这国家不是禁止吗？）禁止咧噢。八几年这这好……附近这好多是……人从陕北带回来这个籽儿，有些花园里头种那么几颗。tɕiŋ˧˥tsʅ˥liaɔ˨.pa˥tɕi˥˩niæ̃˩˧tʂei˧tʂei˧xaɔ˥˩……fu˧tɕiŋ˧tʂei˧xaɔ˥tuo˥˩ʂʅ˧˥……zəŋ˩˧tsʰuoŋ˩˧ʂæ̃˥pei˥˩tæᴇ˧xuei˩˧læᴇ˩˧tʂə˧kə˧tsər˥,iou˥ɕie˥˩xua˥˩yæ̃˩˧li˥tʰou˨tʂuoŋ˧nə˧muo˨tɕi˥kʰuo˥˩.（准备看？）噢，种的看咧。我们和派出所这些去给拔了

的么。ɑɔ˨,tʂuoŋ˧ti˧kʰæ̃˧lie˧.ŋuo˥˩mən˧xuo˨˩pʰæᴇ˧tʂʰʮ˥˩ʂuo˥tʂei˧ɕie˥tɕʰi˧˩kei˧pɑ˨˩lə˧ti˧muo˧.

烧酒

（zɑŋ˧tɕiou˨[酿酒]老人家也这么说吗？）黄：我们这儿老人家叫烧酒咧。烧酒咧。ŋuo˥mən˧tʂər˧lɑɔ˥zən˨˩tɕiɑ˥˩tɕiɑɔ˧ʂɑɔ˥tɕiou˥˩lie˧.ʂɑɔ˥˩tɕiou˥lie˧.（就是说这个用稻……稻谷啊或者什么……）啊，把这个经过发酵以后然后把加温以后把它……ɑ˥,pɑ˥˩tʂə˧kə˧tɕiŋ˥˩kuo˧fɑ˥˨ɕiɑɔ˧i˥˩xou˧zæ̃˨˩xou˧pɑ˥˩tɕiɑ˥vəŋ˥i˥˩xou˧pɑ˥˩tʰɑ˥……（叫ʂɑɔ˥tɕiou˨是吧？）烧酒，嗯。ʂɑɔ˥tɕiou˥,əŋ˨.

辣酒

（你这种那个辣酒的话你大概喝几杯？）黄：不到。纯粹不到。pu˨˩tɑɔ˧.tʂʰuoŋ˨˩tsʰuei˧pu˨˩tɑɔ˧.（可以喝得几两子呢？）一滴……一滴都不到辣酒。i˥ti˥……i˥tie˥tou˥pu˨tɑɔ˧lɑ˥tɕiou˥.（噢，你从来不喝啊？）不喝那酒。这个酒也不到。那是昨天到那种场合了那没办法了那都是喝一点儿。pu˨˩xə˥nɑ˧tɕiou˥.tʂə˧kə˧˩tɕiou˥iɑ˥pu˨˩tɑɔ˧.nə˧˩sɿ˧˩tsuo˨˩tʰiæ̃˥tɑɔ˧nei˧tʂuoŋ˥˩tʂʰɑŋ˥xuo˨˩lə˧nei˧mei˨pæ̃˧fɑ˥˩lə˧nə˧tou˥sɿ˧xuo˥i˥˩tiæ̃r˥˩.（昨天你大概喝了几杯呀？那还是啤酒喽。）嗯。我有啥子，喝这个酒，曾经抢救过么。ŋ̍˥.ŋuo˥˩iou˥sɑ˧tsɿ˧,xuo˥˩tʂə˧kə˧tɕiou˥,tsʰəŋ˨˩tɕiŋ˥tɕʰiɑŋ˥tɕiou˧kuo˧˩muo˧.（噢，你呀？）嗯。ŋ̍˨.（在部队上的时候？）就在这乡上。tɕiou˧tsæᴇ˧tʂə˧˩ɕiɑŋ˥ʂɑŋ˧˩.

醪糟儿

（醪糟儿是是那个你们是用什么酿成的？）黄：醪糟儿曲子和大米做成的，大米饭做成的。lɑɔ˨˩tsɑɔr˥tɕʰy˥tsɿ˧xuo˨˩tɑ˧mi˥tsuo˧tʂʰən˨˩ti˧,tɑ˧mi˥fæ̃˧tsuo˧tʂʰən˨˩ti˧.（噢，用大米饭做成的？）做成醪糟儿么。曲子那都是外头买下的。自己又不会采曲。tsuo˧˩tʂʰən˨˩lɑɔ˨˩tsɑɔr˥muo˧.tɕʰy˥tsɿ˧nə˧tou˥˩sɿ˧˩væᴇ˧tʰou˧mæᴇ˥xɑ˧˩ti˧.tsɿ˧tɕie˥˩iou˧˩pu˨˩xuei˧˩tsʰæᴇ˥tɕʰy˥˩.

麦芽糖、米糖

黄：麦一发芽就成了甜的咧么。mei˥i˥˩fɑ˥iɑ˨tsou˧tʂʰən˨˩lə˧tʰiæ̃˨˩ti˧lie˧muo˧.（麦芽糖是否拿那个做的？）就是那熬出来的。tɕiou˧sɿ˧nei˧nɑɔ˨tʂʰʮ˥læᴇ˨˩tə˧.（你们你们自己做吗？）做么。麦芽糖、米糖都有么。米是放黄米做下的。tsuo˧muo˧.mei˥˩iɑ˨tʰɑŋ˨,mi˥tʰɑŋ˨˩tou˥˩iou˥muo˧.mi˥sɿ˧fɑŋ˧xuɑŋ˨˩mi˥tsuo˧xɑ˧˩ti˧.（你们怎么做呢？就是像麦芽糖怎么做？）我吃过，我没做过。ŋuo˥tʂʰʮ˥kuo˧˩,ŋuo˥muo˥˩tsuo˧kuo˧˩.

一六、红白大事

筵席 / 婚姻 / 生育 / 生日 / 丧葬

（一）筵席

办酒席

（就说请客吃……这个摆……摆酒吃席呀，一般结婚的时候，一般是在男方家办……办酒席吗？）黄：哎男女方，出嫁女子那方□也要办酒席嘛。æᴇ˧næ̃˨˩ny˥faŋ˥˩,tʂʰʮ˥˩tɕiɑ˧ny˥tsɿ˩nei˧faŋ˥˩niæ̃˨˩ie˥iɑɔ˧˩pæ̃˧˩tɕiou˥ɕi˨˩mɑ˩.（也办一个酒席？）噢，男的你也办酒席咧。ɑɔ˨˩,næ̃˨˩ti˩ni˥ie˥pæ̃˧tɕiou˥ɕi˨˩lie˩.（就说女儿送走了以后我这儿也……也弄个酒席？）啊，那□……那一天□就办的……先办酒席咧么。酒席吃咧，把女子是个送走了么。ɑ˩,nei˧niæ̃˨˧……nei˧i˥˩tʰiæ̃˥niæ̃˨˩tsou˧˩pæ̃˧˥ti˩……ɕiæ̃˥˩pæ̃˧tɕiou˥ɕi˨˩lie˩muo˩.tɕiou˥ɕi˨˩tʂʰɿ˥lie˩,pɑ˥˧ny˥tsɿ˩sɿ˧˩kə˧˩suoŋ˧tsou˥˩lə˩muo˩.（吃了酒才把女儿送走？）啊。ɑ˩.

不过事

（欸，过去有那个特别穷的人家就是他办不起酒席，有没有这个跟……这个用……有什么办法给他阻挡这些来……来……来……来的人没有？）黄：那有啥子阻挡着咧？那□娶……我娶媳妇儿不过事就对了么。我回来，娶回来，举行个仪式，给你……你来人咧，我给你发一包子烟，吃个糖，对了么。怕啥？那就对了么。nei˧˥iou˥˩sɑ˧tsɿ˩tsʮ˥tɑŋ˥˧tʂə˩lie˩?nei˧niæ̃˨˩tɕʰy˥……ŋuo˥tɕʰy˥˧ɕi˥fuər˧˩pu˨˩kuo˧sɿ˧tɕiou˧˩tuei˧lə˩muo˩.ŋuo˥˩xuei˨˩læᴇ˨˧,tɕʰy˥xuei˨˩læᴇ˨˧,tɕy˥˩ɕiŋ˨˩kə˧i˨˩ʂʅ˥˩,kei˧˩ni˥˩……ni˥læᴇ˨˩zəŋ˨˩lie˩,ŋuo˥kei˧ni˥˧fɑ˥i˥˩pɑɔ˥˧tsɿ˩iæ̃˥,tʂʰʅ˥kə˧˩tʰɑŋ˨˩,tuei˧lə˩muo˩.pʰɑ˧sɑ˧?nei˧˥tɕiou˧tuei˧lə˩muo˩.（听……过去有没有这种挡贴这种说法？）挡啥？tɑŋ˥˧sɑ˧?（挡贴？）没有。mei˨˩iou˥˩.

送礼、寻门户

1.（这个送礼的人去呀，有没有提东西的？）黄：我们这儿这没有。过去前塬上这有嘛。ŋuo˥məŋ˩tʂər˧tʂə˧mei˨˩iou˥˩.kuo˧˥tɕʰy˧˩tɕʰiæ̃˨˩yæ̃˨˧ʂɑŋ˧˥tʂə˧˩iou˥˩mɑ˩.（他是提个什么东西去？）提的馍馍么。tʰi˨˩ti˩muo˨˩muo˨˥muo˩.（提个馍馍，拿个……拿个什么东西，拿纸包着还是……）拿个兜……兜子，拿个兜兜去提上嘛。nɑ˨˩kə˧tou˥……tou˥tsɿ˩,nɑ˨˩kə˧tou˥tou˥˩tɕʰi˧tʰi˨˩ʂɑŋ˧˥mɑ˩.（兜兜？）拿个袋子。你不管去哪儿……nɑ˨˩kə˧tæᴇ˧tsɿ˩.ni˥pu˨˩kuæ̃˥tɕʰy˧nɑr˥˧……（包袱，包袱蛋？）包袱儿，拿个包袱儿去一提嘛。pɑɔ˥fuər˨˩˩,nɑ˨˩kə˧pɑɔ˥fuər˨˩tɕʰi˧i˥˩tʰi˨˩mɑ˧.（没有拜亲匣子这种东西？）没有。mei˨˩iou˥˩.（拜帖匣子？）没有。mei˨˧iou˥˩.

2.（送礼呀，有的人有……这有钱呐，他……他送……送这个礼，是……是不是还有人写礼单的？）黄：那你是不管有礼……有钱没有钱，你这个事情……你这个事主呀你都要摆上……你既然过事，你就要有礼单咧么你。nə˧ni˥˧sɿ˧pu˨˩kuæ̃˥˧iou˥li˥˩……iou˥tɕʰiæ̃˨˩muo˥˩iou˥tɕʰiæ̃˨˩,ni˥˧tʂə˧kə˧sɿ˧tɕʰiŋ˨˧……ni˥tʂə˧kə˧sɿ˧˥tʂʮ˥˩iɑ˩ni˥˧tou˥˩iɑɔ˧pæᴇ˥˧ʂɑŋ

˧˩……ni˥˩˦tɕi˧ʐæ̃˨˩kuo˧˥sɿ˧,ni˥tsou˧iao˧iou˥˦li˥tæ̃˥˩lie˧muo˧ni˥˩.

3.（送礼呢？）黄：就叫送礼。tɕiou˧tɕiao˧suoŋ˧li˥˩.（还有别的讲法没有？讲不讲送礼性？）送礼金这个字是比较撇……撇嘴一点了。suoŋ˧li˥tɕiŋ˥˩tʂə˧kə˧tsɿ˧sɿ˧pi˥˦tɕiao˧pʰie……pʰie˥tsuei˥i˥˩tiæ̃˥˩lə˧.（礼性！）啊，礼性。a˩,li˥ɕiŋ˧˩.（有这个讲法吗？）没有好像。muo˥˩iou˥xao˥ɕiaŋ˧˩.（讲不讲送人情？）哎，这个说咧。送人情去。有个人情我送一下。æᴇ˩,tʂə˧kə˧˥ʂuo˥˩lie˧.suoŋ˧ʐəŋ˨˩tɕʰiŋ˨˥tɕʰie˧˩.iou˥kə˧ʐəŋ˨˩tɕʰiŋ˨˥ŋuo˥˩suoŋ˧i˥˦xa˧.（嗯，再说一遍。）送人情咧。suoŋ˧ʐəŋ˨˩tɕʰiŋ˨˥lie˧.（讲不讲寻门户？）兀讲咧嘛，寻门户。寻门户就是谁家娃结婚，你去给带礼去了，嗯，这叫寻门户咧。væᴇ˧˥tɕiaŋ˥˩lie˧ma˧,ɕiŋ˨məŋ˨˦xu˧.ɕiŋ˨məŋ˨˩xu˧˥tɕiou˧sɿ˧sei˨˩a˧va˨˦tɕie˥˦xuoŋ˥,ni˥˦tɕʰi˧kei˧tæᴇ˧˥li˥tɕʰi˧˩lə˧,ə̃˩,tʂə˧tɕiao˧ɕiŋ˨məŋ˨˩xu˧lie˧.（是……是什么意思？）比如你结婚，我来给你随一份子礼，跟你娃喝酒，噢，喝酒咧，这就叫寻门户咧。pi˥˦ʐʮ˨˦ni˥tɕie˥˦xuoŋ˥,ŋuo˥læᴇ˨kei˧ni˥˦suei˨i˥˦fəŋ˧tsɿ˧li˥,kəŋ˥˦ni˥˦va˨˦xuo˥˩tɕiou˥,ao˩,xuo˥˩tɕiou˥lie˧,tʂei˧tɕiou˧tɕiao˧ɕiŋ˨məŋ˨˩xu˧lie˧.（随礼还是送礼？）送礼去咧嘛。我们这儿叫……suoŋ˧˥li˥tɕʰi˧˩lie˧ma˧.ŋuo˥məŋ˧tʂər˧˥tɕiao˧……（有随礼物的说法没有？）有随礼的说法。有上……我们这多一半是上礼咧。iou˥suei˨li˥ti˧ʂuo˥fa˥˩.iou˥˦ʂ……ŋuo˥məŋ˧tʂə˧tuo˥i˥˩pæ̃˧sɿ˧˩ʂaŋ˧li˥˩lie˧.

4.（人情交往叫什么？）王：人情交往？ʐəŋ˨tɕʰiŋ˨tɕiao˥˩vaŋ˥?（嗯。有叫门户的吗？）有叫门户。我们这儿门户那就说是，那这也是，陕西就叫说是，门户就说是你，比若你家，你给□，你结婚咧，我要给你寻……去寻门户哩。iou˥tɕiao˧məŋ˨˩xu˧.ŋuo˥məŋ˧tʂər˧məŋ˨˩xu˧˥næᴇ˧tɕiou˧ʂuo˥˩sɿ˧,nei˧tʂei˧ie˥˩sɿ˧,ʂæ̃˥ɕi˥˩ʐəŋ˨tɕiou˧tɕiao˧ʂuo˥˩sɿ˧,məŋ˨˩xu˧˥tɕiou˧ʂuo˥˩sɿ˧ni˥˦,pi˥˦ʐuo˥˦ni˥tɕia˥˩,ni˥˩kei˧niæ̃˨˦,ni˥˦tɕie˥˦xuoŋ˥lie˧,ŋuo˥iao˧kei˧ni˥˦ɕ……tɕʰi˧ɕiŋ˨məŋ˨˩xu˧˥li˧.

礼金、礼档

（那个红包儿你们一般叫红包儿还是叫什么？）黄：不叫红包儿。pu˨˩tɕiao˧xuoŋ˨paor˥˩.（叫什么呢？）这面多一半儿都是这个……tʂei˧miæ̃˧tuo˥i˥˩pæ̃r˧˥tou˥˩sɿ˧˥tʂə˧kə˧……（给你个……我说给你个红包或者给你个利市，人……叫……叫什么玩意儿那种？）没有。mei˨˩iou˥˩.（总有个叫法吧？）那都看谁给谁咧嘛就看。na˧tou˥˩kʰæ̃˧sei˨kei˧sei˨lie˧ma˧tsou˧˥kʰæ̃˧˩.（给一般的这个晚辈的那种东西，或者给……给这个……）那面那就说是啥？这个你比如三天头上有个认大小。你认大小以后，你比如你把□叫咧，叫啥咧？叫叔咧，还是叫呃叫达达咧，还是叫爷爷，叫啥。这个女的一般情况下，就给□……人□给你给上……给你给个钱，那都……这儿□也不讲究那个红包儿，反正是给多钱咧。nei˧˥miæ̃˧nei˧˥tsou˧ʂuo˥˦sɿ˧sa˧?tʂə˧kə˧ni˥˦pi˥ʐʮ˨˩sæ̃˥tʰiæ̃˥˩tʰou˨˩ʂaŋ˧˥iou˥kə˧˩ʐəŋ˧ta˧ɕiao˥.ni˥˦ʐəŋ˧ta˧ɕiao˥i˥˩xou˧,ni˥pi˥ʐʮ˨˩ni˥˩pa˥˩niæ̃˨˩tɕiao˧lie˧,tɕiao˧sa˧˩lie˧?tɕiao˧ʂʮ˥˩lie˧,xa˨˩sɿ˧˩tɕiao˧˥ə˩tɕiao˧ta˨˩ta˨˥lie˧,xa˨˩sɿ˧˩tɕiao˧ie˨˩ie˨˦,tɕiao˧sa˧.tʂə˧kə˧ny˥ti˧li˥˩pæ̃˥tɕʰiŋ˨˩kʰuaŋ˧˥ɕia˧˩,tsou˧˩kei˧˥niæ̃˨˩……ʐəŋ˨˩niæ̃˨˥kei˧ni˥˦kei˧ʂaŋ˧˩tɕʰ……kei˧ni˥˦kei˧kə˧˩tɕʰiæ̃˨,nə˧tou˥˩……tʂər˧˥niæ̃˨˦æ˥˦pu˨˩tɕiaŋ˥tɕiou˥˦nə˧kə˧xuoŋ˨paor˥,fæ̃˥˩tʂəŋ˧˥sɿ˧kei˧˥tuo˥˩tɕʰiæ̃˨lie˧.（也不拿个纸封一下？）不。不封。就直接就那个人民的那个币往桌子上一撇就包钱了。这个一给钱么，这个女的放好，所谓准备下有礼档咧么。准备下那个礼档有可能是……过去都是多一半儿是一双……直系亲亲了，那都是给咧一双鞋么。pu˨˦.

pu˨˧fəŋ˥˩.tsou˥tʂʅ˨˦tɕie˥˩˨tsou˥nə˥kə˥ʐəŋ˨˧miŋ˨˧˦ti˧nə˥kə˥pi˥vaŋ˥˩˨tʂuo˥˩tsʅ˧ʂaŋ˥˨i˥˩˦pʰie˥˩tsou˥˨pao˥˩˦tɕʰiæ̃˨˧˥lə˧.tʂə˥˨kə˥˥˩i˥˩˨kei˥tɕʰiæ̃˨˧muo˧,tʂə˥˨kə˥˨ny˥˩ti˧faŋ˥xao˥˩˨,suo˥˩˨vei˥˨tʂuoŋ˥˩˦pi˥xa˥˨iou˥˩˦li˥˩taŋ˥lie˧muo˧.tʂuoŋ˥˩˦pi˥xa˥nə˥kə˥li˥˩taŋ˥iou˥˩˨kʰə˥˩˨nəŋ˨˧sʅ˥……kuo˥˩˦tɕʰy˥tou˥˩˨sʅ˥˨tuo˥˩i˥˩˨pæ̃r˥sʅ˥˨i˥˩˦ʂuaŋ˥˩˨……tʂʅ˨˨ɕi˥tɕʰiŋ˥˩tɕʰiŋ˥˩˨lə˧,nə˥tou˥˩˦sʅ˥kei˥˥˩lie˧i˥˩˨ʂuaŋ˥˩˨xæᴇ˨˧muo˧.（噢，这个给钱，你还给双鞋给他？）噢，给他一双鞋嘛。现在那那个更简单。呃，就是给你……你给十块钱嘛，给二十块钱吧。一双绣花儿鞋垫。ɑo˥,kei˥˥˩tʰɑ˥˩˨i˥˩˨ʂuaŋ˥˩ɕie˨˧ma˧.ɕiæ̃˥tsæᴇ˥nə˥˥˩nə˥˨kə˥˨kəŋ˥˩˦tɕiæ̃˥˩tæ̃˥˩˨.ə˨,tsou˥sʅ˥kei˥ni˥˩˦……ni˥˩kei˥˥˩ʂʅ˨˨kʰuæᴇ˥˩tɕʰiæ̃˨˧ma˧,kei˥ər˥ʂʅ˨˨kʰuæᴇ˥˩˨tɕʰiæ̃˨˧pa˧.i˥˩˦ʂuaŋ˥˩ɕiou˥xuar˥˩˨ɕie˨˨tiæ̃˥.（哦，给个鞋垫儿？）啊，就摞过。ɑ˨,tsou˥liao˥kuo˥.（为什么要给鞋？有……有没有什么……什么原因呢？）哎，那□本身□就比你大一辈，你就要给□……你这个新来的媳妇儿，你就给□也准备下啥。你要给□最起码就是……最起码的常识，你给□也做一双鞋咧么。æᴇ˥,nei˥˥˩niæ̃˨˨pəŋ˥˩ʂəŋ˥˩˨niæ̃˨˨tɕiou˥pi˥˩˦ni˥˩˦ta˥i˥˩˨pei˥,ni˥˩˦tsou˥iao˥kei˥˥˩niæ̃˨˨……ni˥˩tʂə˥˨kə˥˨ɕiŋ˥˩læᴇ˨˨ti˧ɕi˥˩fuər˥˨,ni˥˩˦tsou˥kei˥niæ̃˨˧æ˥˩˦tʂuoŋ˥˩pi˥˥˩xa˥˨sa˥˨.ni˥˩˦iao˥kei˥niæ̃˨˨tsuei˥tɕʰi˥˩˦ma˥˩tɕiou˥˨sʅ˥˨……tsuei˥tɕʰi˥˩˦ma˥˩ti˧tʂʰaŋ˨˧ʂʅ˥˩˦,ni˥˩˦kei˥niæ̃˨˧a˥˩˦tsuo˥˥˩i˥˩˨ʂuaŋ˥˩ɕie˨˨lie˧muo˧.

礼宾先生

1.（礼单是我送过去的礼单还是自己写上的？）黄：哎你过事你该就请个礼宾先生，在兀儿兀儿记礼……记礼了么你。æᴇ˥ni˥˩kuo˥sʅ˥ni˥˩kæᴇ˥˩˨tsou˥˨tɕʰiŋ˥˩kə˥˨li˥˩piŋ˥˩˦ɕiæ̃˥˩˨səŋ˥˩˨,tsæᴇ˥vər˥vər˥tɕiŋ˥˩˦i˥˩（←tɕi˥li˥˩）……tɕi˥˩˦li˥˩lə˧muo˧ni˥˩˨.（噢，那个写……写字儿的人叫什么？）叫礼宾先生么。tɕiao˥li˥˩piŋ˥˩˨ɕiæ̃˥˩səŋ˥˩˨muo˧.（叫礼宾先生？）嗯。ə̃˨.（就是收多少钱他都得记着？）他得记上么你。tʰɑ˥˩˦tei˥˩˦tɕi˥ʂaŋ˥˥˩muo˧ni˥˩˨.（那个做寿、办白事儿的也叫礼宾先生吗？）那不叫了。那那都叫礼宾么你。他就是……这都是记礼的么。礼桌子上咧么。næᴇ˥˥˩pu˨˨tɕiao˥lə˧.næᴇ˥næᴇ˥tou˥˩˨tɕiao˥li˥˩piŋ˥˩˨muo˧ni˥˩˨.tʰɑ˥˩˦tɕiou˥sʅ˥……tʂei˥˥˩tou˥˩˨sʅ˥˨tɕi˥li˥˩ti˧muo˧.li˥˩tsuo˥˩˨tsʅ˧ʂaŋ˥liem˧.（那个故……做寿的时候那那个记记账的那玩意儿呢？）那是根据你这个欸……这个本子名字就不一样么。一个是喜礼，一个是寿礼么，一个是奠礼么。nə˥sʅ˥kəŋ˥˩˦tɕy˥ni˥˩tʂə˥kə˥ei˨……tʂə˥kə˥pəŋ˥˩tsʅ˧miŋ˨˧tsʅ˥˥˩tɕiou˥pu˨˨i˥˩iaŋ˥muo˧.i˥˩kə˥˥˩sʅ˥ɕi˥˩li˥˩˨,i˥˩˨kə˥˥˩sʅ˥˨ʂou˥˩˦li˥˩˨muo˧,i˥˩˨kə˥˥˩sʅ˥tiæ̃˥˥˩li˥˩˨muo˧.（奠礼？）白事是奠礼，红事是喜礼嘛。pei˨˧sʅ˥sʅ˥tiæ̃˥˥˩li˥˩˨,xuoŋ˨˧sʅ˥sʅ˥ɕi˥˩li˥˩˨ma˧.（哎，这个这个人呢，专门记……记账的这个人叫什么名字呢？）那是礼宾，还是叫礼宾先生嘛。nə˥˨sʅ˥˨li˥˩˦piŋ˥˩,xa˨˨sʅ˥˥˩tɕiao˥li˥˩˦piŋ˥˩˦ɕiæ̃˥˩səŋ˥˩˨ma˧.（都叫礼宾先生？）啊。ɑ˨.（但是这个……就说反正管账房这一块儿都叫礼宾先生？）啊，都叫礼宾先生。ɑ˨,tou˥˩˦tɕiao˥li˥˩piŋ˥˩˨ɕiæ̃˥˩səŋ˥˩˨.

2. 黄：礼宾，礼宾先生就是那个欸又会赞礼，那吼的，那你到每一道事情上，每一件事情，他就要吼咧噢。li˥˩piŋ˥˩˨,li˥˩piŋ˥˩˨ɕiæ̃˥˩səŋ˥˩˨tɕiou˥sʅ˥nə˥kə˥ei˨iou˥˨xuei˥˨tsæ̃˥li˥˩,nei˥xou˥˩ti˧,nei˥ni˥˩˦tao˥mei˥˩i˥˩˨tao˥sʅ˥tɕʰiŋ˨˧ʂaŋ˥˨,mei˥˩i˥˩˨tɕiæ̃˥sʅ˥tɕʰiŋ˨˨,tʰɑ˥˩˦tsou˥˨iao˥xou˥˩liao˧.

执事、司仪

（执事和司仪有什么区别没有？）黄：我们这儿多一半儿执事和司仪都在咧。这儿这我们这儿这，执事是现在……新叫法，老叫法叫总管。ŋuo˥˩məŋ˧tʂər˥tuo˥˩i˥˩˨pæ̃r˥tʂʅ˥˩˨sʅ˥˥˩xuo˨˧sʅ˥˩˨i˨˧tou˥˩˨tsæᴇ˥˥˩lie˧.tʂər˥tʂə˥ŋuo˥˩məŋ˧tʂər˥tʂə˥,tʂʅ˥˩˨sʅ˥sʅ˥˨ɕiæ̃˥tsæᴇ˥ɕ……ɕiŋ˥˩tɕiao˥fa˥˩˨,lao˥˩tɕiao˥fa˥˩˨tɕiao˥˥˩tsuoŋ˥˩˨kuæ̃˥˩.

席面子

（这个席，席上这个饭菜的质量你们管它叫什么？）黄：那就是看你是……席厚不厚嘛。næᴇ˥tsou˥˩sɿ˥˩˥kʰæ̃˥ni˥˧˥sɿ˥……ɕi˩˥˩xou˥pu˩˥˩xou˥ma˥.（席厚不厚？）席太薄啦，或者是厚咧，这就是一……ɕi˩˥tʰæᴇ˥paɔ˩˥la˥,xuo˩˥˩tʂə˥˩sɿ˥˩xou˥lie˥,tʂei˥˩˥tɕiou˥˩sɿ˥˩i……（席厚席薄？）啊。ɑ˩.（管不管这个叫席面？）不叫。pu˩˥tɕiaɔ˥.（没有席面这个说法？）也有咧。有叫席面子咧么。但是席的瞎与好那就是……看你席厚与薄咧。ie˥˩iou˥˩lie˩.iou˥˩tɕiaɔ˥ɕi˩˥˩miæ̃˥tsɿ˥lieṃ˩.tæ̃˥sɿ˥ɕi˩˥˩ti˩xa˥˩y˥˩xaɔ˥˩nei˥tɕiou˥sɿ˥ʂ……kʰæ̃˥ni˥˧˥ɕi˩˥xou˥y˥˧˥paɔ˩˥lie˥.（也叫席面子？）呣。m̩˩.（也有席面子这种说法是吧？）嗯。ŋ̍˩.

首席

（和上席对应的下席是哪边儿？）黄：那有上就有下么。nei˥iou˥˩ʂɑŋ˥tsou˥iou˥˩ɕia˥muo˩.（那这两边儿呢？）那是上首和下首么。nei˥sɿ˥ʂɑŋ˥ʂou˥˩xuo˩˥˩ɕia˥ʂou˥˩muo˩.（叫不叫这个是首席？）首席是啥么？首席，你比如这一……这一间房里头摆了五张……摆了五个席，靠正中间，上边那个席，那间……那间叫首席。ʂou˥˩ɕi˩˥˧sɿ˥s ɑm˥˩?ʂou˥˩ɕi˩˥˧,ni˥˧˥pi˥˧˥zʮ˩˥˧tʂei˥˩˥i˥˩……tʂei˥˩˥i˥˩tɕiæ̃˥˩fɑŋ˩˥li˥˧tʰou˩pæᴇ˥˩lə˩vu˥˩tʂɑŋ˥˩……pæᴇ˥˩lə˩v u˥˩kə˥˩ɕi˩˥,kʰɑɔ˥tʂəŋ˥tʂuoŋ˥˩tɕiæ̃˥˧,ʂɑŋ˥˧piæ̃˥˩nə˥kə˥ɕi˩˥,nei˥˩tɕiæ̃˥˩……nei˥˩˥tɕiæ̃˥˩tɕiaɔ˥ʂou˥˩ɕi˩˥˩.（正中间的上席叫首席？）啊。ɑ˩.

酒席

（上席，你们怎么说？）黄：那就是上席么。nə˥˩˥tɕiou˥˩sɿ˥˩ʂɑŋ˥ɕim˩˥˧.（首席？）首席，首席。ʂou˥˩ɕi˩˥,ʂou˥˩ɕi˩˥˩.（这些人让他们这个就座，你们说……一般呢？）围席么。vei˩˥˧ɕi˩˥muo˩.（围席？）嗯。叫围席么。ŋ̍˩.tɕiaɔ˥vei˩˥˧ɕi˩˥muo˥.（有没有说入席的说法？）那……那有咧么。那是执事会喊是这个请客入席了，或者是请客围席咧。næᴇ˥……næᴇ˥iou˥˩lie˩muo˩.nə˥˩sɿ˥˩tʂʅ˥˩sɿ˥˩˥xuei˥xæ̃˥˩sɿ˥tʂə˥kə˥tɕʰiŋ˥˩kʰei˥˧zʮ˥˩ɕi˩˥˩lə˥,xuei˩˥˧tʂə˥˩sɿ˥˩tɕʰiŋ˥˩kʰei˥˧vei˩˥˧ɕi˩˥lie˩.（一种叫围席。围席说得多还是入席……）围席说的……说的多么。vei˩˥ɕi˩˥˧ʂʮ˩（←ʂuo˥˩）ti˩……ʂuo˥˧˥ti˩tuo˥˩muo˩.（这个客人来了，他要……比如说都是个圆桌儿，那他这个主人家要……要根据客人这种身份地位不同，他安排谁坐哪儿，谁坐哪儿，有没有一种统一的叫法？）叫安席么。tɕiaɔ˥næ̃˥˩ɕi˩˥muo˥.（客人吃饱了，走了，叫不叫退席？你看……）我们叫一般叫起席。ŋuom˥˩tɕiaɔ˥i˥˧˥pæ̃˥˧˥tɕiaɔ˥tɕʰi˥˩ɕi˩˥˩.（起席？）起席啊。tɕʰi˥˩ɕi˩˥ɑ˩.（起席就是退席？）嗯。ŋ̍˩.（就跟退场一样？）啊。这就是你吃的吃好了。这个席上，我们这儿这个讲究就说是，十个人这个欸十个人一个席，或者是八个人一席，这其中有一个人在动筷子在吃都不能动弹，都不……你九个人，你这十……十个人里头只要一个人还在吃，你都不能起，必须要等咧。ɑ˩.tʂə˥tsou˥˩sɿ˥˩ni˥˧˥tʂʰʅ˥˩ti˩tʂʰʅ˥˩xaɔ˥˩lə˩.tʂə˥kə˥ɕi˩˥˩ʂɑŋ˥,ŋuo˥˩məŋ˩tʂər˥tʂə˥˩kə˥˩tɕiɑŋ˥˩tɕiou˥˩tɕiou˥ʂuo˥˧˥sɿ˥,ʂʅ˩˥˩kə˥˩˥zəŋ˩˥tʂə˥kə˥ei˩ʂʅ˩˥˩kə˥˩˥zəŋ˩˥i˥˩kə˥ɕi˩˥,xuo˩˥˧tʂə˥˧˥sɿ˥pa˥˩kə˥zəŋ˩˥i˥˩ɕi˩˥,tʂə˥tɕʰi˩˥tʂuoŋ˥˧˥iou˥˩i˥˩kə˥˩˥zəŋ˩˥tsæᴇ˥tuoŋ˥kʰuæᴇ˥tsɿ˩tsæᴇ˥tʂʰʅ˥˩tou˥˧˥pu˩˥˩nəŋ˩˥tuoŋ˥tʰæ̃˩˥˩,tou˥˧˥pu˩˥˧f……ni˥˧˥tɕiou˥˩kə˥zəŋ˩˥,ni˥˧˥tʂə˥ʂ……ʂʅ˩˥kə˥˩˥zəŋ˩˥li˥˧tʰou˩tsɿ˥˩iaɔ˥˩˥i˥˩kə˥˩˥zəŋ˩˥xɑ˩˥tsæᴇ˥tʂʰʅ˥˩,ni˥˩tou˥˧˥pu˩˥nəŋ˩˥tɕi˥˩,pi˥˧˥ɕy˥˧˥iaɔ˥təŋ˥˩lie˩.（能上厕所吗？）哎不行。哎，吃席那个上厕所□就没有人挡，但是在吃饭的时候，这阵儿你到最后到……你比如把鞋穿……æᴇ˥˩pu˩˥ɕiŋ˩˥˩.æᴇ˥,tʂʰʅ˥˩ɕi˩˥nə˥kə˥ʂɑŋ˥˩˥tsʰə˥˩suo˥˩niæ̃˩˥˧tsou˥muo˥˩iou˥˩ zəŋ˩˥tɑŋ˥˩˥,tæ̃˥sɿ˥tsæᴇ˥tʂʰʅ˥˩fæ̃˥˩ti˩sɿ˩˥xou˥,tʂei˥tʂə̃r˥ni˥˩taɔ˥˩tsuei˥xou˥taɔ˥……ni˥˧˥pi˥˩zʮ˩˥pa˥˩ɕie˩˥tʂʰuæ̃˥˩……（不能走？）不能走，啊。那你就……pu˩˥nəŋ˩˥tsou˥˩,ɑ˩.

næᴇ˧ni˥˩tɕiou˧……（能够放筷子吗？）放筷子你可以放下，但是你必须坐的等下□那个人吃完以后，那你再……faŋ˧˥kʰuæᴇ˧˥tsɿ·lni˥˩kʰə˥i˥˩faŋ˧xɑ˧˩,tæ̃˧sɿ˧ni˥pi˥˩ɕy˥˩tsuo˧ti·ltəŋ˥xɑ˧˩niæ̃˩nə˧kə˧ʐəŋ˩˥tʂʰʅ˥˩væ̃˩i˥˩xou˧,næᴇ˧ni˥˩tsæᴇ˧……（那……那上回那个饶老师怎么走了？）喝酒的那个场所是能赖就赖，能逃就逃。xuo˥˩tɕiou˥ti·lnə˧kə˧tʂʰɑŋ˥suo˥sɿ˧˩nəŋ˩læᴇ˧tsou˧˩læᴇ˧,nəŋ˩˥tʰɑɔ˩tsou˧˩tʰɑɔ˩.（噢，喝酒就可以走？）喝酒的场所，你要正儿八经坐席，你就都不能……不能这个了。啊，坐席那是有很多讲究的，啊。xə˥˩tɕiou˥ti·ltʂʰɑŋ˥ʂuo˥˧,ni˥˧iɑɔ˧tʂəŋ˧˥ər˩˥pɑ˥˧tɕiŋ˥˧tsuo˧ɕi˩,ni˥˩tɕiou˧˩tou˥˩pu˩˥nəŋ˩˥……pu˩˥nəŋ˩tʂə˧kə˧lə·l.ɑ˩,tsuo˧ɕi˩nə˧sɿ˧iou˥˧xəŋ˥tuo˥˩tɕiɑŋ˥tɕiou˥˩ti·l,ɑ˧.（哎，有些什么讲究呢？噢，那个一般是叫坐席是吧那种？）噢，叫坐席嘛。那这个菜端上来以后，这个上席人一般不……不动筷子，你别人不能动。ɑɔ˩,tɕiɑɔ˧tsuo˧ɕi˩mɑ·l.nei˧˥tʂə˧kə˧tsʰæᴇ˧tuæ̃˥˩ʂɑŋ˧˥læᴇ˩˧i˥xou˧,tʂə˧kə˧ʂɑŋ˧ɕi˩ʐəŋ˩i˥˩pæ̃˥pu˩˥……pu˩˥tuoŋ˧kʰuæ̃˧tsɿ·l,ni˥pie˩ʐəŋ˩˧pu˩˥nəŋ˩˥tuoŋ˧.（上席的人不动？）啊，上席那个人。上席那个人……ɑ˩,ʂɑŋ˧˥ɕi˩˥nə˧kə˧ʐəŋ˩˥.ʂɑŋ˧ɕi˩˥nei˧kə˧ʐəŋ˩……（上席那个人叫什么？）那都是一般都是主要亲戚这些么，叫……nei˧˥tou˥˩sɿ˧˩i˥˩pæ̃˥˩tou˥˩sɿ˧tʂʯ˥˧iɑɔ˧tɕʰiŋ˥tɕʰi˥˩tʂei˧ɕie˥˧muo˧,tɕiɑɔ˧……（有没有个什么什么席首这种说法？）那没有这个说法。næᴇ˧˥mei˩iou˥˧tʂə˧kə˧ʂuo˥˩fɑ˥˩.（席长？）这都是你……你比如上这一样菜，这个菜端来往这儿一放以后，上席的人□说是“请菜”。tʂei˧tou˥˩sɿ˧˩ni˥˧……ni˥˧pi˥˩ʐʯ˩ʂɑŋ˧tʂei˧i˥˩liɑŋ˧tsʰæᴇ˧,tʂə˧kə˧tsʰæᴇ˧tuæ̃˥˩læᴇ˩vɑŋ˥˩tʂər˧i˥˩fɑŋ˧i˥˩xou˧,ʂɑŋ˧ɕi˩ti·lʐəŋ˩niæ̃˩˥ʂuo˥˩sɿ˧˩tɕʰiŋ˥tsʰæᴇ˧.（请菜？）噢，请菜。或者是这个呃。ŋɑɔ˩,tɕʰiŋ˥tsʰæᴇ˧.xuei˩˧tʂə˥˩sɿ˧tʂə˧kə˧ə·l.（他要讲话是吧？）噢，他一讲话，他拿筷子一动，他一动，你别人才是……按这个礼系……礼节来说你才能掇这个菜起来。ɑɔ˩,tʰɑ˥i˥˩tɕiɑŋ˥xuɑ˧,tʰɑ˥nɑ˩kʰuæᴇ˧tsɿ·li˥˩tuoŋ˧,tʰɑ˥i˥˩tuoŋ˧,ni˥˧pie˩ʐəŋ˩˧tsʰæᴇ˩˥sɿ˧……næ̃˧tʂə˧kə˧li˥ɕi˧˩……li˥tɕie˥˩læᴇ˩˧ʂuo˥˧ni˥tsʰæᴇ˩˥nəŋ˩˧tɑɔ˥˩tʂə˧kə˧tsʰæᴇ˧tɕʰi˥˩læᴇ˩˧.（那讲……像那天我们在一起喝酒的时候那就是把我当作这个了？）啊，把你就当你……你和王书记那就应该在上席上坐着咧。ɑ˩,pɑ˥˩ni˥tɕiou˧tɑŋ˥˩ni˥v……ni˥xuo˩˥vɑŋ˩ʂʯ˥˩tɕi˧næᴇ˧˩tɕiou˧˩iŋ˧kæᴇ˥˧tsæᴇ˧ʂɑŋ˧ɕi˩ʂɑŋ˧tsuo˧˩tʂə·llie·l.（我我不动筷子，人家都……）你不动筷子依这个……那是按这个和酒席欸，这喝酒的场所和酒席宴前你又两码子事着咧。你这个酒席的话，当时那天你如果坐那个席的话，那你必须的话，你要说是请席……请菜，这我们才能敢吃你那个菜。ni˥pu˩˥tuoŋ˧kʰuæᴇ˧tsɿ·li˥˩tʂə˧˩kə˧˩……nə˧˩sɿ˧˩næ̃˧tʂə˧kə˧xuo˩˥tɕiou˥ɕi˩˥ei˧,tʂə˧xuo˥˩tɕiou˥ti·ltʂʰɑŋ˥ʂuo˥˩xuo˩˥tɕiou˥ɕi˩˥iæ̃˧tɕʰiæ̃˩ni˥˧iou˧liɑŋ˥mɑ˥˧tsɿ·lsɿ˧tʂə·llie·l.ni˥˧tʂə˧kə˧tɕiou˥ɕi˩ti·lxuɑ˧,tɑŋ˥˩sɿ˩nei˧˥tʰiæ̃˥˩ni˥ʐʯ˩˥kuo˥˧tsuo˧nə˧kə˧ɕi˩ti·lxuɑ˧,næᴇ˧ni˥pi˥˩ɕy˥˧tə·lxuɑ˧˥,ni˥iɑɔ˧˩ʂuo˥˧sɿ˧tɕʰiŋ˥ɕi˩˥……tɕʰiŋ˥tsʰæᴇ˧,tʂei˧˥ŋuom˥˧tsʰæᴇ˩˥nəŋ˩˥kæ̃˥˩tʂʰʅ˥ni˥˩nə˧kə˧tsʰæᴇ˧˩.（说一……就说两个字“请菜”？）噢，请菜。那咱们大家就吃。嗯。喝酒的话，人□把酒杯子给你端上，请，□把酒杯子往起来端，请起，那你接了别人，你动……ɑɔ˩,tɕʰiŋ˥tsʰæᴇ˧.nə˧tsɑ˩məŋ·ltɑ˧tɕiɑ˥˧tɕiou˧tʂʰʅ˥˩.ə̃˩.xuo˥˧tɕiou˥ti·lxuɑ˧,ʐəŋ˩˥niæ̃˩˧pɑ˥˩tɕiou˥˧pʰei˥tsɿ·lkei˧ni˥˧tuæ̃˥˧ʂɑŋ˧,tɕʰiŋ˥,niæ̃˩pɑ˥˩tɕiou˥˧pʰei˥tsɿ·lvɑŋ˥˩tɕʰi˥læᴇ˩tuæ̃˥,tɕʰiŋ˥tɕʰi˥,næᴇ˧ni˥tɕie˥˩lə·lpie˩ʐəŋ˩˧,ni˥˧tuoŋ˧˥……（请起？）啊，请起么。你杯子端上来，你就……ɑ˩,tɕʰiŋ˥tɕʰi˥muo·l.ni˥˧pʰei˥tsɿ·ltuæ̃˥˩ʂɑŋ˧læᴇ˩˧,ni˥˩tsou˧……（噢，喝酒？）噢，才能喝咧。ɑɔ˩,tsʰæᴇ˩˥nəŋ˩xuo˥lie·l.（就喊请起？）噢，请起咧么。ɑɔ˩,tɕʰiŋ˥tɕʰi˥liem·l.（哎，他给……他给这样这个一个一个敬酒那个王书记那个叫……那玩艺叫什么？）那就是看酒咧么。nei˧tɕiou˧˥sɿ˧˩kʰæ̃˧tɕiou˥˩liem·l.（看酒？）噢，我给你大家就是代表政府给大家一人倒一盅

子酒。ɑɔ˥,ŋuo˥kei˧ni˥˦tɑ˧˥tɕiɑ˥˩tsou˧˥sɿ˧tæᴇ˧piɑɔ˥˦tʂəŋ˧fu˥kei˧˩tɑ˧tɕiɑ˥˦i˥˩zəŋ˩tɑɔ˧i˥˦tʂuoŋ˥˩tsɿ˧tɕiou˥˦.（叫看酒？）叫看酒么。tɕiɑɔ˧˩kʰæ̃˧tɕiou˥muo˧.（席上也叫看酒吗？）席上也叫看酒。ɕi˩˩ʂɑŋ˧˥ie˥˦tɕiɑɔ˧kʰæ̃˧tɕiou˥˦.（那看酒的时候他自己不用喝？）自己不用喝。tsɿ˧tɕie˥˩pu˩˩yoŋ˧˩xə˥.（自己喝……）要自己喝的话，那就说是这个，欸，有些人是这个就是我先饮为快么。我先喝了，再给大家一人倒一盅子，这都公平了么。但是最后这有些各种菜，你像那天我不是把那个娃娃头里说咧一下，你干这个服务员，端菜不能你就是糊里颠四就端，你把这个菜，菜往上一放，你就把名字要报上来咧。iɑɔ˧tsɿ˧tɕie˥˦xuo˥ti˧xuɑ˧,næᴇ˧tɕiou˧ʂuo˥˦sɿ˧tʂə˧kə˧,ei˩,iou˥ɕie˥˩zəŋ˩sɿ˧tʂə˧˩kə˧˩tsou˧˩sɿ˧˩ŋuo˥ɕiæ̃˥˦iŋ˥vei˩˩kʰuæᴇ˧muo˧.ŋuo˥ɕiæ̃˥˩xuo˥lə˧,tsæᴇ˧kei˧tɑ˧tɕiɑ˥˩i˥˩zəŋ˩tɑɔ˧i˥˩tʂuoŋ˥˩tsɿ˧,tʂei˧tou˥˦kuoŋ˥pʰiŋ˩˩ləm˧.tæ̃˧˩sɿ˧˩tsuei˧xou˧tʂei˧iou˥ɕie˥˩kə˥˩tʂuoŋ˥tsʰæᴇ˧˥,ni˥˦ɕiɑŋ˧nei˧˥tʰiæ̃˥˦ŋuo˥pu˩˩sɿ˧˩pɑ˥˩nə˧kə˧vɑ˩vɑ˩˦tʰou˩li˥˦ʂuo˥lie˧i˥˩xɑ˧˩,ni˥˩kæ̃˧tʂə˧kə˧fu˩vu˧yæ̃˩,tuæ̃˥˩tsʰæᴇ˧pu˩˩nəŋ˩ni˥˦tɕiou˧sɿ˧xu˩li˧tiæ̃˥˦sɿ˧tɕiou˧tuæ̃˥,ni˥pɑ˥˩tʂə˧kə˧tsʰæᴇ˧,tsʰæᴇ˧vɑŋ˥˩ʂɑŋ˧i˥˩fɑŋ˧˥,ni˥˦tɕiou˧˩pɑ˥˩miŋ˩˩tsɿ˧iɑɔ˧pɑɔ˧læᴇ˩˦lie˧.（这叫什么？叫报菜名儿？）噢，报名咧嘛。ɑɔ˥,pɑɔ˧miŋ˩˩lie˧mɑ˧.（报名？）啊。哎你不能说是叫人糊里糊涂端来，你吃后的啥东西嘛？这有些是……各种菜的话，你像那天上下那个，上鱼上鸡，那上头还有讲究咧。这就是在酒席宴前以后就是，叫你喝酒的话，那你这个服务员儿上来这个端菜的时候，你这个鸡，我向啥，我噌往下这么一顿，就再不能动了。ɑ˩.æᴇ˧ni˥pu˩˩nəŋ˩ʂuo˥˩sɿ˧˩tɕiɑɔ˧˩zəŋ˩˦xu˩li˧xu˩tu˧tuæ̃˥˩læᴇ˩,ni˥˦tʂʰʅ˥xou˧˩ti˧sɑ˧tuoŋ˥ɕi˧mɑ˧?tʂei˧iou˥ɕie˥˩sɿ˧˩……kə˥˩tʂuoŋ˥tsʰæᴇ˧ti˧xuɑ˧˩,ni˥˦ɕiɑŋ˧nei˧˥tʰiæ̃˥˩ʂɑŋ˧˥xɑ˧nə˧kə˧,ʂɑŋ˧y˩ʂɑŋ˧tɕi˥,næᴇ˧˩ʂɑŋ˧tʰou˧xæᴇ˩iou˥˦tɕiɑŋ˥˦tɕiou˥lie˧.tʂei˧tɕiou˧˩sɿ˧˩tsæᴇ˧tɕiou˥ɕi˩iæ̃˧tɕʰiæ̃˩i˥˩xou˧tɕiou˧sɿ˧,tɕiɑɔ˧ni˥˦xuo˥˩tɕiou˥ti˧xuɑ˧˩,næᴇ˧˩ni˥tʂə˧kə˧fu˩vu˧˥yær˩ʂɑŋ˧læᴇ˩˦tʂə˧˩kə˧˩tuæ̃˥˩tsʰæᴇ˧ti˧sɿ˩˩xou˧,ni˥˦tʂə˧kə˧tɕi˥,ŋuo˥˦ɕiɑŋ˧sɑ˧,ŋuo˥˦tsʰəŋ˥vɑŋ˥˩xɑ˧tʂə˧muo˧i˥˩tuoŋ˧,tsou˧tsæᴇ˧pu˩˩nəŋ˩tuoŋ˧lə˧.（啊，不能动？）不能动了。这个服务员，她就是端菜的那个人，她是啥？这个头对住你，你在上席上坐着咧，一般你在上席上坐，这个鸡头马上必须对住你呀。pu˩˩nəŋ˩tuoŋ˧lə˧.tʂə˧kə˧fu˩vu˧yæ̃˩,tʰɑ˥˦tɕiou˧˩sɿ˧˩tuæ̃˥˩tsʰæᴇ˧˥ti˧nə˧kə˧zəŋ˩,tʰɑ˥˦sɿ˧sɑ˧˩?tʂə˧kə˧tʰou˩tuei˧tʂʮ˧˩ni˥˦,ni˥tsæᴇ˧˩ʂɑŋ˧ɕi˩ʂɑŋ˧tsuo˧tʂə˧lie˧,i˥˦pæ̃˥˩ni˥tsæᴇ˧ʂɑŋ˧˥ɕi˩˦ʂɑŋ˧tsuo˧,tʂə˧kə˧tɕi˥˩tʰou˩mɑ˥ʂɑŋ˧˩pi˥˦ɕy˥˦tuei˧tʂʮ˧ni˥iɑ˧.（噢。）上鱼这个鱼头必须对着你。ʂɑŋ˧y˩tʂə˧kə˧y˩tʰou˩pi˥˩ɕy˥tuei˧tʂə˧ni˥.（这个有什么叫，有没有什么说法？就说有没有什么名字来说它？）它那个讲究多得很啊。把你往上一顿，她把这个往下一放，她马上把酒瓶子提了，就要给你倒酒咧。tʰɑ˥næᴇ˧kə˧tɕiɑŋ˥tɕiou˥˩tuo˥tə˧xəŋ˥ɑ˧.pɑ˥˩ni˥vɑŋ˥˩ʂɑŋ˧˥i˥˩tuoŋ˧,tʰɑ˥pɑ˥˩tʂə˧kə˧vɑŋ˥˩xɑ˧˥i˥˩fɑŋ˧,tʰɑ˥˦mɑ˥ʂɑŋ˧˩pɑ˥˩tɕiou˥pʰiŋ˩tsɿ˧tʰi˩˩lə˧,tɕiou˧iɑɔ˧kei˧ni˥˦tɑɔ˧tɕiou˥lie˧（谁？服务员？）服务员就给你倒酒了。我鸡头对住你，你坐上席的人，头三，你这个头上得喝三杯酒，我给你说。fu˩vu˧yæ̃˩tsou˧˩kei˧ni˥˦tɑɔ˧tɕiou˥˦lə˧.ŋuo˥tɕi˥˩tʰou˩tuei˧tʂʮ˧ni˥˦,ni˥˦tsuo˧ʂɑŋ˧ɕi˩˩ti˧zəŋ˩,tʰou˩sæ̃˥,ni˥˦tʂə˧kə˧tʰou˩˩ʂɑŋ˧˥tei˥˩xuo˥sæ̃˥pei˥˩tɕiou˥,ŋuo˥˩kei˧ni˥ʂuo˥˩.（头三？）啊。ɑ˧.（就是被敬的这个人要喝三杯？）啊。头对着你。ɑ˩.tʰou˩tuei˧tʂə˧ni˧˩.（那她自己要不要喝呢？）她不喝。她是服务人员么。tʰɑ˥pu˩˩xuo˥.tʰɑ˥˦sɿ˧fu˩vu˧˥zəŋ˩˩yæ̃˩˩muo˧.（啊。就给你那个倒酒？）啊，给你倒酒。尾巴，头三尾四。ɑ˩,kei˧ni˥˦tɑɔ˧tɕiou˥.i˥pɑ˧,tʰou˩sæ̃˥˦vei˥sɿ˧.（头三尾四？噢，尾巴那里要喝四杯是吧？）啊，尾……尾巴这个叉叉，但是□是两个人才喝咧四杯酒。ɑ˩,və……vei˥pɑ˧tʂə˧kə˧tsʰɑ˥˦tsʰɑ˥˦,tæ̃˧sɿ˧niæ̃˩˦sɿ˧liɑŋ˥kə˧˩zəŋ˩tsʰæᴇ˩˩xuo˥lie˧sɿ˧˥pʰei˥˩tɕiou˥˩.（噢，两个人？一个人

喝两杯？）噢，一个人喝两杯么。膀七背八咧。ɑɔ˨,i˥˩kə˦˥ʔ˥˧zəŋ˧˩˦xuo˥˩lian˥˩˦pei˥˩muo˧.paŋ˥˩tɕʰi˥˩pei˦˥pa˥˩lie˧.（啊？ ）膀七背八咧。paŋ˥˩tɕʰi˥˩pei˦pa˥˩lie˧.（膀七？ 膀？ ）呃，膀……鸡膀子如果是往上这么一顿的话，那鸡膀子上一个位……靠住脊背这半块的话，人□就是，膀七，膀子这面儿喝七盅子，脊背这面得八杯嘛。ə˨,p……tɕi˥˩paŋ˥˩tsɿ˧zʮ˧˩kuo˥˩sɿ˦vaŋ˥˩ʂaŋ˦tʂə˦muo˧li˥˩tuoŋ˦ti˧xua˦,næᴇ˦tɕi˥˩paŋ˥˩tsɿ˧ʂaŋ˦i˥˩kə˦vei˦……kʰɑɔ˦tʂʮ˦tɕi˥˩pei˦tʂei˦pæ̃˦kʰuæᴇ˥˩ti˧xua˦,zəŋ˧˩niæ̃˧˩tɕiou˥˩sɿ˥˩,paŋ˥˩tɕʰi˥˩,paŋ˥˩tsɿ˧tʂei˦miæ̃r˦xuo˥˩tɕʰi˥˩tʂuoŋ˥˩tsɿ˧,tɕi˥˩pei˦tʂei˦miæ̃˦tei˥˩pa˥˩pei˥˩ma˧.（脊呀？ 脊背呀？ ）啊，脊……呃，脊背么，啊。ɑ˦,tɕi˥˩……ə˦,tɕi˥˩pei˦muo˧,ɑ˨.（就……就这个地方？ ）这个背，这个鸡的这个背靠住哪瘩。tʂə˦kə˦pei˦,tʂə˦kə˦tɕi˥˩ti˧tʂə˦kə˦pei˦kʰɑɔ˦tʂʮ˦na˥˩ta˥˩.（那是左边是脊还是右边是脊呢？ ）那，这么个往上来头，膀七背八，那就是这个，靠左边的那就是七盅子，靠右边的就得八杯子酒。nei˦,tʂəm˦kə˦vaŋ˥˩ʂaŋ˦læᴇ˧˩tʰou˧˥,paŋ˥˩tɕʰi˥˩pei˦pa˥˩,næᴇ˦tɕiou˦sɿ˦tʂə˦kə˦,kʰɑɔ˦tsuo˥˩piæ̃˥˩ti˧næᴇ˦tɕiou˦sɿ˦tɕʰi˥˩tʂuoŋ˥˩tsɿ˧,kʰɑɔ˦iou˦piæ̃˥˩ti˧tɕiou˦tei˥˩pa˥˩pei˥˩tsɿ˧tɕiou˥˩.（鸡头？ 是我的靠左边？ 我是上首啦。）啊，就是的嘛。ɑ˨,tɕiou˦sɿ˦ti˧ma˧.（我这边是七呀？ ）啊。ɑ˨.（七？ ）啊。ɑ˨.（他这是……他是八？ ）是八嘛。这个喝完以后，鸡头酒喝咧，啥子鸡尾酒喝咧以后，这个上席就是……这下吃，这下你才能拿……动筷子去吃那个鸡肉去咧。sɿ˦pa˥˩ma˧.tʂə˦kə˦xuo˥˩væ̃˧˩i˥˩xou˦,tɕi˥˩tʰou˧tɕiou˥˩xuo˥˩lie˧,sa˦tsɿ˧tɕi˥˩vei˥˩tɕiou˥˩xuo˥˩lie˧i˥˩xou˦,tʂə˦kə˦ʂaŋ˦ɕi˧˩tɕiou˦sɿ˦……tʂei˦xa˦tʂʰʅ˥˩,tʂei˦xa˦ni˥˩tsʰæᴇ˧˩nəŋ˧na˧˥……tuoŋ˦kʰuæᴇ˦tsɿ˧tɕʰi˦tʂʰʅ˥˩næᴇ˦kə˦tɕi˥˩zou˦tɕʰi˦lie˧.（噢。）那还有那说法大的很。那个，本来□这个服务员给头……鸡头，把鱼头酒往上一倒以后……næᴇ˦xæᴇ˧iou˥˩næᴇ˦ʂuo˥˩fa˥˩ta˦ti˧xəŋ˥˩.næᴇ˦kə˦,pəŋ˥˩læᴇ˧niæ̃˧˩tʂə˦kə˦fu˧vu˦yæ̃˧kei˦tʰou……tɕi˥˩tʰou˧˩,pa˥˩y˧tʰou˧tɕiou˥˩vaŋ˥˩ʂaŋ˦i˥˩tao˦i˥˩xou˦……（鱼头酒是吧？ ）啊，把鱼头酒给你逮住一倒以后，下面人……人□给你□么，拿这个筷子给你戳下，那有些话多得是你根本就……你就不清楚。鱼的这个背上□给你撴来，叫你喝这个酒的话，那□也□有的说法，鱼腮上，鱼膀子，鱼眼窝，那□都给你能说上。你这……ɑ˨,pa˥˩y˧tʰou˧tɕiou˥˩kei˦ni˥˩tæᴇ˥˩tʂʮ˦i˥˩tao˦i˥˩xou˦,ɕia˦miæ̃˦zəŋ……zəŋ˧˩niæ̃˧˩kei˦ni˥˩tsʰəŋ˧muo˧,na˧tʂə˦kə˦kʰuæᴇ˦tsɿ˧kei˦ni˥˩tsʰuo˥˩xa˦,næᴇ˦iou˥˩ɕie˥˩xua˦tuo˥˩tə˧sɿ˦ni˥˩kəŋ˥˩pəŋ˥˩tsou˦……ni˥˩tsou˦pu˧˩tɕʰiŋ˥˩tʂʰʮ˥˩.y˧ti˧tʂə˦kə˦pei˦ʂaŋ˦niæ̃˧˩kei˦ni˥˩tsʰɑɔ˥˩læᴇ˧,tɕiao˦ni˥˩xuo˥˩tʂə˦kə˦tɕiou˥˩ti˧xua˦,næᴇ˦niæ̃˧˩ie˥˩niæ̃˧˩iou˥˩ti˧ʂuo˥˩fa˥˩,y˧sæᴇ˥˩ʂaŋ˦,y˧paŋ˥˩tsɿ˧,y˧niæ̃˥˩vuo˥˩,næᴇ˦niæ̃˧˩tou˥˩kei˦ni˥˩nəŋ˧ʂuo˥˩ʂaŋ˦.ni˥˩tʂə˦……（怎么说呢？ ）你吃了这个眼窝，鱼眼窝又是做啥呀，吃咧一个鱼背咋，鱼尾咋，那……那一套呼我也不呼。太白可能酒席宴上……ni˥˩tʂʰʅ˥˩lə˧tʂə˦kə˦niæ̃˥˩vuo˥˩,y˧niæ̃˥˩vuo˥˩iou˦tʂʅ˦tsʮ˦sa˦ia˧,tʂʰʅ˥˩lie˧i˥˩kə˦y˧pei˦tsa˥˩,y˧vei˥˩tsa˥˩,næᴇ˦……næᴇ˦i˥˩tʰɑɔ˦xu˥˩ŋuo˥˩æ˥˩pu˧˩xu˥˩.tʰæᴇ˦pei˧˩kʰə˥˩nəŋ˧˩tɕiou˥˩ɕi˧˩iæ̃˦ʂaŋ˦……（噢，给他上菜的人是吧？ ）啊，这就是指……ɑ˨,tʂei˦tɕiou˦sɿ˦tsɿ˥˩……（上菜的人讲吗？服务员呀？ ）服务员也得把这些东西弄……fu˧vu˦yæ̃˧ie˥˩tei˥˩pa˥˩tʂei˦ɕie˥˩tuoŋ˥˩ɕi˧nuoŋ˦……（是讲还是唱？ ）讲……噢，讲咧。这东西，这整个儿完了以后，这一套完了以后，就是那个主……事主也来给你要看酒咧么。tɕiə……ɑɔ˨,tɕiaŋ˥˩lie˧.tʂə˦tuoŋ˥˩ɕi˧,tʂə˦tʂəŋ˥˩kər˦væ̃˧˩lə˧i˥˩xou˦,tʂei˦i˥˩tʰɑɔ˦væ̃˧˩lə˧i˥˩xou˦,tɕiou˦sɿ˦nə˦kə˦tʂʮ˥˩……sɿ˦tʂʮ˥˩æ˥˩læᴇ˧˩kei˦ni˥˩iao˦kʰæ̃˦tɕiou˥˩liem˧.（事主？ ）事主，噢。你比如结婚的话，新郎新娘来他要给你……要倒酒咧。这是酒，酒至少一个人两杯酒嘛。你头里倒上，你一喝，最后□马上他就再给你一倒。一倒过以后，新娘子给你一人发个纸烟。烟一发以后，就说是这个，“那你们这个慢

慢地喝”，或者是慢……慢慢吃，喝好，吃好，那就走了。sɿ˥tʂʯ˥˧,aɔ˧˩.ni˥˧˦pi˥˧zʯ˩˧˩tɕie˥˧˥xuoŋ˥˧tə˧xuɑ˥˩,ɕiŋ˥˧˩lɑŋ˩˧ɕiŋ˥˧˩niɑŋ˩˧læᴇ˩˧˩tʰɑ˥˧˦iaɔ˥˩kei˥ni˥˧˦……iaɔ˥˩taɔ˥tɕiou˥˧lie˧.tʂə˥˩sɿ˥˩tɕiou˥˧,tɕiou˥˧tsɿ˥ʂaɔ˥˧i˥˧˩kə˥zəŋ˩˧liɑŋ˥˧pei˥˧˩tɕiou˥˧mɑ˧.ni˥˧˩tʰou˩˧li˧taɔ˥ʂɑŋ˥,ni˥˧˩i˥˧˩xuo˥˧,tsuei˥xou˥niæ̃˩˧mɑ˥˧˩ʂɑŋ˥˦tʰɑ˥˧˦tɕiou˥tsæᴇ˥kei˥ni˥˧˦i˥˧˩taɔ˥˩.i˥˧˩taɔ˥kuo˥i˥˧˦xou˥˩,ɕiŋ˥˧niɑŋ˩˧tsɿ˧kei˥ni˥˧˦i˥˧˩zəŋ˩˧fɑ˥˧kə˥˩tsɿ˥˧˥iæ̃˥˧.iæ̃˥˧i˥˧˩fɑ˥˧i˥˧˩xou˥,tsou˥˩ʂuo˥˧˩sɿ˥˦tʂə˥˩kə˥,næᴇ˥ni˥˧məŋ˧tʂə˥˩kə˥mæ̃˥mæ̃˥ti˧xə˥˧,xuei˩˧˦tʂə˥˧˩sɿ˥mæ̃˥˥˧……mæ̃˥˩mæ̃˥tʂʰʅ˥˧,xuo˥˧˩xaɔ˥˧,tʂʰʅ˥˧˩xaɔ˥˧,nei˥tɕiou˥tsou˥˧lə˧.（啊，他们自己喝不呢？）他们自己不喝。敬酒……tʰɑ˥˧məŋ˧tsɿ˥˦tɕie˥˧˩pu˩˧˩xuo˥˧˩.tɕiŋ˥tɕ……（不喝？）噢，敬酒的……aɔ˧˩,tɕiŋ˥tɕiou˥˧ti˧……（敬酒不喝？）敬酒的不喝酒。嗯。再一个就说是这个欸有些人这个，到兀桌子上来以后，咱们这几个人在那喝酒着。他要和你来一壶。其他桌子上人和就是根本就没有坐席的人，要在你桌子上和大家就是耍一下，一人玩儿一圈子，他这个玩儿法就说是，我是以拳敬酒咧。tɕiŋ˥tɕiou˥˧ti˧pu˩˧xə˥˧tɕiou˥˧˩.ə̃˧˩.tsæᴇ˥i˥˧kə˥˩tɕiou˥˦ʂuo˥˧˩sɿ˥tʂə˥kə˥ei˥iou˥˧ɕie˥˧˩zəŋ˩˧tʂə˥kə˥,taɔ˥˩væᴇ˥tʂuo˥˧tsɿ˧ʂɑŋ˥læᴇ˩˧˦i˥˧˦xou˥,tsɑ˩˧məŋ˧tʂei˥tɕi˥˧˦kə˥zəŋ˩˧tsæᴇ˥nə˥xuo˥˧˩tɕiou˥˧tʂə˧.tʰɑ˥˧iaɔ˥xuo˩˧ni˥˧˦læᴇ˩˧i˥˧˦xu˩˧˦.tɕʰi˩˧˩tʰɑ˥˧˦tʂuo˥˧tsɿ˧ʂɑŋ˥˩zəŋ˩˧˩xuo˩˧˦tsou˥˦sɿ˥˩kəŋ˥˧˩pəŋ˥˧tsou˥mei˩˧iou˥˧˦tsuo˥˦ɕi˩˧˩ti˧zəŋ˩˧˩,iaɔ˥tsæᴇ˥ni˥˧˦tʂuo˥˧tsɿ˧ʂɑŋ˥˩xuo˩˧˩tɑ˥tɕiɑ˥˧˦tɕiou˥sɿ˥suɑ˥˧i˥˧˩xɑ˥˩,i˥˧˩zəŋ˩˧˩væ̃r˩˧i˥˧˩tɕʰyæ̃˥˧tsɿ˧,tʰɑ˥˧tʂə˥kə˥væ̃r˩˧˩fɑ˥˧tɕiou˥ʂuo˥˧˦sɿ˥,ŋuo˥˧sɿ˥˩i˥˧˩tɕʰyæ̃˩˧tɕiŋ˥tɕiou˥˧˩lie˧.（以拳敬酒？）噢，以拳敬酒。我不是说是像王书记，我给你直接倒下，你就要喝了。这不，咱们两个就这一盅子酒，我以拳敬酒，我几时给你敬上来为止咧，你说。aɔ˥,i˥˧tɕʰyæ̃˩˧tɕiŋ˥tɕiou˥˧˩.ŋuo˥˧pu˩˧˩sɿ˥˦ʂuo˥˧˩sɿ˥˩ɕiɑŋ˥vɑŋ˩˧ʂʯ˥˧˦tɕi˥,ŋuo˥˧kei˥˥˧ni˥˧˩tʂʅ˩˧tɕie˥˧˩taɔ˥xɑ˥˩,ni˥˧˦tsou˥˩iaɔ˥xuo˥˧lə˧.tʂə˥˦pu˩˧˩,tʂɑ˩˧məŋ˧liɑŋ˥˧(k)ə˥˩tɕiou˥tʂei˥i˥˧˩tʂuoŋ˥˧tsɿ˧tɕiou˥˧,ŋuo˥˧i˥˧˩tɕʰyæ̃˩˧tɕiŋ˥tɕiou˥˧˦,ŋuo˥˧˦tɕi˥˧sɿ˩˧˩kei˥ni˥˧˦tɕiŋ˥˥˧ʂɑŋ˥˩læᴇ˩˧˩vei˩˧˦tsɿ˥˧lie˧,ni˥˧˩ʂuo˥˧.（这是拳，划拳是吧？）噢，划拳么。酒……aɔ˧˩,xuɑ˩˧˦tɕʰyæ̃˩˧˩muo˧.tɕiou˥˧……（他喝不喝呢？）那敬酒咧。我给你敬上的，结果我输咧，那我就得喝咧嘛。几时我给你把酒端的你，你喝上一点酒，那都说你跟□过去了。下个……那天不是来着咧么？刘镇长就是那以拳敬酒<u>了么</u>。那酒席……我们这儿这那个那个赖是……喝酒那个赖……赖话多得焦锨，我给你说。最后毕咧兀好多事情以后，他一吃到最后，菜上来如何吃酒是，最后来你是把饭端上来就是吃那个面噢。面一吃过以后，有一个人吃面，你都不能起席么。你等着，你等着□，只能啥。再一个吃菜，你这个吃菜，你必须欸按规定的话你不准到这个盘子里去翻菜。næᴇ˥tɕiŋ˥˥˧tɕiou˥˧˩lie˧.ŋuo˥˧kei˥ni˥˧˦tɕiŋ˥ʂɑŋ˥ti˧,tɕie˥˧˩kuo˥˧ŋuo˥˧ʂʯ˥˧lie˧,næᴇ˥ŋuo˥˧tɕiou˥˩tei˥˧˩xuo˥˧˩lie˧mɑ˧.tɕi˥˧sɿ˩˧˩ŋuo˥˧kei˥ni˥˧˦pɑ˥˧˩tɕiou˥˧˦tuæ̃˥˧ti˧ni˥˧˦,ni˥˧xuo˥˧˩ʂɑŋ˥˩i˥˧˦tiæ̃˥˧˦tɕiou˥˧˦,næᴇ˥tou˥˧˩ʂuo˥˧˩ni˥˧kəŋ˥˧˩niæ̃˩˧˩kuo˥˥˧tɕʰi˥˩lə˧.ɕiɑ˥kə˥……nei˥˦tʰiæ̃˥˧˩pu˩˧˦sɿ˥læᴇ˩˧˩tʂə˧lie˧muo˧?liou˩˧˩tʂəŋ˥tʂɑŋ˥˧tɕiou˥˩sɿ˥˩nə˥˩i˥˧˩tɕʰyæ̃˩˧tɕiŋ˥tɕiou˥˧˩ləm˧.nei˥tɕiou˥˧ɕi˩˧˩……ŋuo˥˧məŋ˧tʂər˥tʂə˥nə˥˩kə˥˩nə˥kə˥læᴇ˥sɿ˥˩……xuo˥˧˩tɕiou˥˧nə˥˩kə˥˩læᴇ˥……læᴇ˥xuɑ˥tuo˥˧˩ti˧tɕiaɔ˥˧ɕiæ̃˥˧˩,ŋuo˥˧˦kei˥ni˥˧˩ʂuo˥˧˦.tsuei˥xou˥pi˥˧lie˧væᴇ˥xaɔ˥˧tuo˥˧˩sɿ˥tɕʰiŋ˩˧˦i˥˧˩xou˥˦,tʰɑ˥˧˩i˥˧˩tʂʰʅ˥˧taɔ˥˩tsuei˥xou˥,tsʰæᴇ˥ʂɑŋ˥læᴇ˩˧zʯ˩˧˩xuo˩˧˩tʂʰʅ˥˧˩tɕiou˥˧sɿ˥˩,tsuei˥xou˥læᴇ˩˧ni˥˧˦sɿ˥pɑ˥˧˩fæ̃˥tuæ̃˥˧˩ʂɑŋ˥læᴇ˩˧˩tɕiou˥˩ʂʅ˥˩tʂʰʅ˥˧nə˥˩kə˥˩miæ̃˥aɔ˧.miæ̃˥˦i˥˧˩tʂʰʅ˥˧˩kuo˥i˥˧˩xou˥,iou˥˧i˥˧˩kə˥zəŋ˩˧˦tʂʰʅ˥˧˩miæ̃˥,ni˥˧˦tou˥˧˦pu˩˧˩nəŋ˩˧˦tɕʰi˥˧ɕi˩˧muo˧.ni˥˧˦təŋ˥˧tʂə˧,ni˥˧˦təŋ˥˧tʂə˧niæ̃˩˧˦,tsɿ˥˧˩nəŋ˩˧˩sɑ˥˦.tsæᴇ˥i˥˧˦kə˥tʂʰʅ˥˧˩tsʰæᴇ˥˦,ni˥˧˦tʂə˥kə˥tʂʰʅ˥˧˩tsʰæᴇ˥˦,ni˥˧˩pi˥˧˥ɕy˥˧˩ei˩˧˩næ̃˥kuei˥˧˩tiŋ˥˥˧tə˧xuɑ˥ni˥˧˦pu˩˧˩tʂuoŋ˥˧taɔ˥tʂə˥kə˥pʰæ̃˩˧tsɿ˧li˥˧˦tɕʰi˥fæ̃˥˧tsʰæᴇ˥˩.（不能……不能翻！）不能翻。你瞅准那个菜，你看着，你操出就对了。pu˩˧nəŋ˩˧˦fæ̃˥˧˩.ni˥˧˦tsʰou˥˧tʂuoŋ˥˧nə˥˩kə˥˩tsʰæᴇ˥,ni˥˧˦kʰæ̃˥tʂə˧,ni˥˧˦tsʰaɔ˥˧˩tʂʰʯ˥˧tɕiou˥˩tuei˥˩lə˥.（要眼睛看准？）啊。ŋɑ˥.（夹着就走？）夹着就走。而且你这个

筷子只能是这样夹，你不能这样去夹。tɕiɑ˥˩tʂə˧tɕiou˥tsou˥˩˧.ər˧˩tɕie˥˩˨ni˥˩tʂə˥kə˥kʰuæᴇ˥tsɿ˧tsɿ˥˩˨nəŋ˧˩sɿ˥tʂə˥˧iɑŋ˥˩tɕiɑ˥˩,ni˥˩pu˧˩nəŋ˧˩tʂə˥˧iɑŋ˥˩tɕʰi˥tɕiɑ˥˩.（噢，不能反夹？）嗯，反夹那就是……都是犯病的么去。像这个回民要……你给回民夹一回回子这么夹的去的话，你给他倒开水只能正倒，你如是这样一倒，那就犯病了，就不吃你这饭。你看不起人么你。õ˨˩,fæ̃˥˩tɕiɑ˥˩næᴇ˥tɕiou˥˩sɿ˥˩……tou˥˩sɿ˥˩fæ̃˥piŋ˥tim˧tɕʰy˥˩.ɕiɑŋ˥tʂə˥kə˥xuei˧˩miŋ˧˩iɑɔ˥fei……ni˥˩kei˥xuei˧˩miŋ˧˩tɕiɑ˥˩i˥˩xuei˧˩xuei˧˩tsɿ˧tʂəm˥tɕiɑ˥˩ti˧tɕʰi˥˧tə˧xuɑ˥˩,ni˥˩kei˥tʰɑ˥˩tɑɔ˥kʰæᴇ˥˩ʂuei˥˩tsɿ˥˩nəŋ˧˩tʂəŋ˥tɑɔ˥˩,ni˥˩zʮ˧˩sɿ˥tʂə˥˧iɑŋ˥˩i˥˩tɑɔ˥,næᴇ˥tɕiou˥fæ̃˥piŋ˥˩lə˥,tsou˥pu˧˩tʂʰʅ˥˩ni˥˩tʂə˥˩fæ̃˥˩.ni˥˩kʰæ̃˥pu˧˩tɕʰi˥˩zəŋ˧˩muo˧ni˥˩.（为什么这样就看不起人了呢？）那你……那□就这个讲究是你看不起人么。næᴇ˥˩ni˥˩……næᴇ˥niæ̃˧˩tsou˥tʂə˥kə˥tɕiɑŋ˥˩tɕiou˥˩sɿ˥ni˥˩kʰæ̃˥pu˧˩tɕʰi˥˩zəŋ˧˩muo˧˥.（这里这个像鱼啊什么东西能不能够，就说，你，比如说把上面这些……这些肉吃完了，能不能够把它翻过来？）那可以，可以翻。næᴇ˥˧kʰə˥˩i˥˩,kʰə˥˩i˥˩fæ̃˥˩.（没有……没有那个讲究是吧？）没有讲究了，呃。mei˧˩iou˥˩tɕiɑŋ˥˩tɕiou˥˩lə˧,ə˨˩.（像……像那个酒席呀，那个摆桌子怎么摆法？你画一下看看，桌子应该怎么摆？）这个呣桌子这……一般情况下就说是这个，坐上席的桌子，你比如像这个桌子的话，这个，他是以木纹儿为主着咧。tʂei˥kə˥m̩˧˩tʂuo˥˩tsɿ˧tʂə˥tɕi……i˥˩pæ̃˥˩tɕʰiŋ˧˩kʰuɑŋ˥ɕiɑ˥tɕiou˥ʂuo˥˩sɿ˥tʂə˥kə˥,tsuo˥ʂɑŋ˥ɕi˧˩ti˧tʂuo˥˩tsɿ˧,ni˥˩pi˥˩zʮ˧˩ɕiɑŋ˥tʂei˥kə˥tʂuo˥˩tsɿ˧ti˧xuɑ˥˩,tʂə˥kə˥,tʰɑ˥˩sɿ˥i˥˩mu˥˩võr˧˩vei˧˩tʂʮ˥tʂə˧lie˧.（以木纹？）噢，这个木纹，这个木纹就是像这样的木纹。这个木纹，这个摆上席，像这个桌子这么个摆法，就上席在这边。你不能把这个木纹摆的面对着这个人。ɑɔ˨˩,tʂə˥kə˥mu˥˩vəŋ˧˩,tʂə˥kə˥mu˥˩vəŋ˧˩tɕiou˥˩sɿ˥˩ɕiɑŋ˥tʂə˥˧iɑŋ˥˩ti˧mu˥˩vəŋ˧˩.tʂə˥kə˥mu˥˩vəŋ˧˩,tʂə˥kə˥pæᴇ˥˩ʂɑŋ˥ɕi˧˩,ɕiɑŋ˥tʂə˥kə˥tʂuo˥˩tsɿ˧tʂə˥muo˧kə˥pæᴇ˥˩fɑ˥˩,tɕiou˥ʂɑŋ˥ɕi˧˩tsæᴇ˥˩tʂei˥piæ̃˥˩.ni˥˩pu˧˩nəŋ˧˩pɑ˥˩tʂə˥kə˥mu˥˩vəŋ˧˩pæᴇ˥˩ti˧miæ̃˥tuei˥tʂə˧tʂə˥kə˥zəŋ˧˩.（木纹？）噢，这就不合适。只……这桌子就反了。ɑɔ˨˩,tʂei˥tɕiou˥pu˧˩xuo˧˩tʂʰʅ˥˩.tsɿ˥˩……tʂei˥tʂuo˥˩tsɿ˧tsou˥˩fæ̃˥˩lə˧.（噢，就是左右？）噢，左右它，啊。ɑɔ˨˩,tsuo˥˩iou˥tʰɑ˥˩,ɑ˨˩.（那要这样摆的这种，这种桌子一般叫什么桌子呢？）那就不行。næᴇ˥tɕiou˥pu˧˩ɕiŋ˧˩.（没有个叫法？）噢，没有叫法。这是东……ɑɔ˨˩,mei˧˩iou˥˩tɕiɑɔ˥fɑ˥˩.tʂə˥sɿ˥tuoŋ˥˩……（说你摆个什么桌？）噢，你就是东家子你叫□坐，□都不坐你这个。你存心……和这……ɑɔ˥,ni˥˩tɕiou˥sɿ˥tuoŋ˥˩tɕiɑ˥˩tsɿ˧ni˥˩tɕiɑɔ˥niæ̃˧˩tsuo˥,niæ̃˧˩tou˥˩pu˧˩tsuo˥ni˥˩tʂə˥kə˥.ni˥˩tsʰuoŋ˧˩ɕiŋ˥˩……xuo˧˩tʂei˥……（这个这个木纹比如说这个有没有什么根据河流山川的走向去摆？）没有，没有。这木纹也就是这种横。任何桌子……它都有木纹咧。mei˧˩iou˥˩,mei˧˩iou˥˩.tʂə˥mu˥˩vəŋ˧˩ie˥˩tɕiou˥sɿ˥tʂei˥tʂuoŋ˥˩xuoŋ˧˩.zəŋ˥xə˧˩tʂuo˥˩tsɿ˧……tʰɑ˥˩tou˥˩iou˥˩mu˥˩vəŋ˧˩lie˧.（呃，是。我是说这个木纹呐是要跟河流山川走向相对应吗？）不是不是。那是根据这个房子咧。pu˧˩sɿ˥pu˧˩sɿ˥.nə˥sɿ˥kəŋ˥˩tɕy˥tʂə˥kə˥fɑŋ˧˩tsɿ˧lie˧.（跟房子对应？）我们现在这儿这这个过事都是租的兀塑料大棚。租下那一种大棚。过事□……你……你掏多钱，我给你把棚来搭……帐篷搭好，这是桌子，锅碗和喝酒杯子，筷子。ŋuo˥˩məŋ˧ɕiæ̃˥tsæᴇ˥tʂər˥tʂə˥˩tʂə˥kə˥kuo˥sɿ˥tou˥˩sɿ˥tsʮ˥ti˧vu˥sʮ˥liɑɔ˥tɑ˥pʰəŋ˧˩.tsʮ˥˩xɑ˥˩næᴇ˥i˥˩tʂuoŋ˥˩tɑ˥pʰəŋ˧˩.kuo˥sɿ˥niæ̃˧˩……ni˥˩……ni˥˩tʰɑɔ˥tuo˥˩tɕʰiæ̃˧˩,ŋuo˥˩kei˥ni˥˩pɑ˥˩pʰəŋ˧˩læᴇ˧˩tɑ˥˩……tʂɑŋ˥pʰəŋ˧˩tɑ˥˩xɑɔ˥˩,tʂə˥˩sɿ˥tʂuo˥˩tsɿ˧,kuo˥˩væ̃˥˩xuo˧˩xə˥˩tɕiou˥˩pʰei˥˩tsɿ˧,kʰuæᴇ˥˩tsɿ˧.（他是全套那个？）噢，这东西都是人□给你□都租来的。你过一个事的话也就是这个一百……一百来块钱。你光叫帮忙把这搭好以后，这个棚里头，这个棚里头那一般就坐十五个席，十二个三……个席。这个席么分对口席。ɑɔ˥,tʂei˥tuoŋ˥˩ɕi˧tou˥˩sɿ˥zəŋ˧˩niæ̃˧˩kei˥n

i˥˨˧niæ̃˨˦˧˩tou˥˨˧˩tsɥ˥˨læᴇ˨˦˧˩ti˧.ni˥˨˧kuo˥˨˦i˥˨˧kə˥sʅ˥ti˧xuɑ˥æ˥˨˧tɕiou˥sʅ˥tʂə˥˧˩kə˥˧˩i˥˨˨˦pei˥˨……
i˥˨˨˦pei˥˨læᴇ˨˦˧˩kʰuæᴇ˥˨tɕʰiæ̃˨˦˧˩.ni˥˨kuɑŋ˥˨˨˦tɕiɑɔ˥pɑŋ˥˨˧˩mɑŋ˨˦pɑ˥˨˧˩tʂə˥tɑ˥˨˧˩xɑɔ˥˨i˥˨˧˩xou˥,tʂə˥kə˥pʰəŋ˨˦li˥˨tʰou˧,tʂə˥kə˥pʰəŋ˨˦li˥˨tʰou˧næᴇ˥i˥˨˨˦pæ̃˥˨tɕiou˥˧˩tsuo˥ʂʅ˨˦vu˥˨kə˥˧˩ɕi˨˦,ʂʅ˨˦˧˩ər˥kə˥sæ̃˥˨˧ʂ……kə˥ɕi˨˦.tʂə˥kə˥ɕi˨˦muo˧fəŋ˥˨˧˩tuei˥kʰou˥˨ɕi˨˦˧˩.（对口席？）啊，对口席。那就是，这个对口席是这儿这安一个席，这为首席，这是首席。下来这些席么，这都是对称的。噢，这都一……这从里头……
ɑ˧˩,tuei˥kʰou˥˨ɕi˨˦˧˩.næᴇ˥tɕiou˥˦sʅ˥˧˩,tʂə˥kə˥tuei˥kʰou˥˨ɕi˨˦sʅ˥tʂər˥tʂə˥næ̃˥˨˧˩i˥˨kə˥˧˩ɕi˨˦,tʂə˥˦vei˨˦˧˩ʂou˥˨ɕi˨˦˧˩,tʂə˥sʅ˥ʂou˥˨ɕi˨˦˧˩.xɑ˥˨˦læᴇ˨˦˧˩tʂə˥ɕie˥˨˧ɕi˨˦muo˧,tʂə˥tou˥˨˧˩sʅ˥˧˩tuei˥tʂʰəŋ˥˦ti˧.ɑɔ˧˩,tʂə˥tou˥˨˨˦i˥˨……tʂə˥tsʰuoŋ˨˦li˥˨tʰou˧……（那就是单……单数席是吧？）噢，单数席。这么个下来，你比如这都……这一面都是这个，是个八个席，他再给你安上这几个，这都安出来。就安……安够后，中间这是个大些的走廊。噢，这儿这嘞。这就为坐……首席，下来的这个席么，那就是左边儿这个，□是这个比较重要一点。ɑɔ˧˩,tæ̃˥˨ʂɥ˥˧˩ɕi˨˦˧˩.tʂə˥muo˦kə˥˧˩xɑ˥læᴇ˨˦˧˩,ni˥˨˧pi˥˨˧zʅɥ˨˦˧tʂei˥tou˥˨˧˩……tʂei˥˦i˥˨˧˩miæ̃˥tou˥˨˧˩sʅ˥tʂə˥kə˥,sʅ˥kə˥pɑ˥˨kə˥˧˩ɕi˨˦˧,tʰɑ˥˨˧˩tsæᴇ˥kei˥ni˥næ̃˥˨ʂɑŋ˥˧˩tʂei˥tɕi˥˨˧kə˥,tʂei˥˦tou˥˨˧˩næ̃˥˨˧˩tʂʰɥ˥˨˧˩læᴇ˨˦˧˩.tsou˥næ̃˥˨˨˦……næ̃˥˨˧˩kou˥xou˥,tʂuoŋ˥˨˧˩tɕiæ̃˥˨˨˦tʂə˥sʅ˥kə˥tɑ˥ɕie˥˨˧ti˦tsou˥˨˧˩lɑŋ˨˦.ɑɔ˧˩,tʂər˥tʂə˥lei˧.tʂei˥tɕiou˥vei˨˦˧˩tsuo˥……ʂou˥˨ɕi˨˦˧˩,xɑ˥˨˦læᴇ˨˦˧˩ti˧tʂə˥kə˥ɕi˨˦muo˦,næᴇ˥tɕiou˥sʅ˥tsuo˥˨piær˥˨˧tʂə˥kə˥,niæ̃˨˦˧˩sʅ˥˦tʂə˥˧˩kə˥˧˩pi˥˨tɕiɑɔ˥tʂuoŋ˥iɑɔ˥i˥˨tiæ̃˥˨˧˩.（这是对口席？这整个叫对口席？）啊，对口席嘛。ɑ˥,tuei˥˦kʰou˥˨˧˩ɕi˨˦mɑ˧.（这是首席？）啊，这是首席。这就……这个地方这左面的话，这就是欸一席。ɑ˥,tʂei˥˦sʅ˥ʂou˥˨ɕi˨˦˧˩.tʂə˥˦tɕiou˥……tʂə˥˧˩kə˥˦ti˥fɑŋ˥˨˧tʂə˥tsuo˥˨miæ̃˥˧˩ti˧xuɑ˥˧˩,tʂei˥tɕiou˥sʅ˥ei˥i˥˨ɕi˨˦˧˩.（一席？）噢，一席。这就是这个二席。ɑɔ˥,i˥˨ɕi˨˦.tʂei˥˦tɕiou˥˧˩sʅ˥˧˩tʂə˥˧˩kə˥ər˥ɕi˨˦˧˩.（三席？）噢，三席，四席，这么个，推上下来了。上菜……看酒的话，来这个看酒的，你先必须看首席。ŋɑɔ˧˩,sæ̃˥˨ɕi˨˦,sʅ˥ɕi˨˦˧˩,tʂə˥muo˦kə˥,tʰuei˥˨ʂɑŋ˥˧˩xɑ˥læᴇ˨˦˥lə˧.ʂɑŋ˥tsʰæᴇ……kʰæ̃˥tɕiou˥˨ti˧xuɑ˥˧˩,læᴇ˨˦tʂə˥˦kə˥˧˩kʰæ̃˥tɕiou˥˨ti˧,ni˥˨˧ɕiæ̃˥˨˧˩pi˥˨˧ɕy˥˨˧kʰæ̃˥ʂou˥˨ɕi˨˦˧˩.（嗯。看首席？）啊，首席看完以后，你看第一席，第二席，第三席，第四席，这么就往上过来。你不能上来……这个端菜的人，你菜这里端咧，你不能……啊，你本来你端了这一……一……有时候一盘子□九咧，八九上十个菜了。你不能我从外头给你往进上，那不行。你端得里头，从里头这么一左一右，一左一右，这么个。ɑ˧˩,ʂou˥˨ɕi˨˦kʰæ̃˥væ̃˨˦i˥˨˧˩xou˥,ni˥˨˧kʰæ̃˥ti˥˦i˥˨˧˩ɕi˨˦˧˩,ti˥ər˥ɕi˨˦˧˩,ti˥˦sæ̃˥˨˧˩ɕi˨˦˧˩,ti˥sʅ˥˦ɕi˨˦˧˩,tʂə˥˧˩muo˧tɕiou˥˧˩vɑŋ˥˨˧˩ʂɑŋ˥kuo˥læᴇ˨˦˧.ni˥˨pu˨˦˧˩nəŋ˨˦ʂɑŋ˥˨˦læᴇ˨˦˧˩……tʂə˥kə˥tuæ̃˥˨˧˩tsʰæᴇ˥ti˦zəŋ˨˦,ni˥˨˧˩tsʰæᴇ˥tʂʅ˥li˥˨˧tuæ̃˥˨˧˩lie˧,ni˥˨pu˨˦˧˩nəŋ˨˦˧……æ˥,ni˥˨˧pəŋ˥˨˧læᴇ˨˦˧ni˥˨˧tuæ̃˥˨lə˧tʂei˥˦i˥˨˧˩……i˥˨˧˩ts……iou˥˨sʅ˨˦˧xou˥i˥˨˧˩pʰæ̃˨˦tsʅ˦niæ̃˨˦˧˩tɕiou˥˨lie˧,pɑ˥˨˧˩tɕiou˥˨ʂɑŋ˥ʂʅ˨˦kə˥tsʰæᴇ˥lə˧.ni˥˨pu˨˦˧˩nəŋ˨˦ŋuo˥˨˧tsʰuoŋ˨˦˧˩væᴇ˥˦tʰou˧kei˥ni˥˨˧vɑŋ˥˨˧˩tɕiŋ˥˦ʂɑŋ˥˧˩,næᴇ˥˦pu˨˦˧˩ɕiŋ˨˦.ni˥˨˧tuæ̃˥˨tə˧li˥˨tʰou˧,tsʰuoŋ˨˦˧˩li˥˨tʰou˧tʂə˥muo˦i˥˨˧˩tsuo˥˨i˥˨˧˩iou˥,i˥˨˧˩tsuo˥˨i˥˨˧˩iou˥,tʂə˥˦muo˦kə˥˧˩.（那上菜是走中间还是走边上呢？）走中间上来的。tsou˥˨tʂuoŋ˥˨˧˩tɕiæ̃˥˨˨˦ʂɑŋ˥læᴇ˨˦˧ti˦.（走中间上？）噢。ŋɑɔ˧˩.（这叫对口席，还有什么席呢？）对口席么。tuei˥kʰou˥˨ɕi˨˦˧˩muo˧.（还有什么样的席？）一般这个这儿这安席都是这个对口的，就这样对，就一左一右都这么安着咧。再一个是……一……要安不下的话，那就是外头胡乱安着咧。随便儿清个地方再安个几席。一般就朋友等坐席它必须是对口的。这是这个席是这么个。但是一个桌子上，这一个桌子上摆，这一个大圆桌子上的话，那你看是这个，我们这里讲究就是吃十碗子。i˥˨˨˦pæ̃˥˨tʂə˥kə˥tʂər˥tʂə˥næ̃˥˨˧˩ɕi˨˦tou˥˨˧˩sʅ˥˧˩tʂə˥kə˥tuei˥kʰou˥˨ti˧,tɕiou˥˦tʂə˥˦iɑŋ˥˧˩tuei˥,tɕiou˥i˥˨˧˩tsuo˥˨i˥˨˧˩iou˥tou˥˨˨˦tʂə˥muo˦næ̃˥˨tʂə˧lie˧.tsæᴇ˥i˥˨kə˥sʅ˥pʰ……i˥˨˨˦p……iɑɔ˥næ̃˥˨pu˨˦˧˩xɑ˥ti˧xuɑ˥˧˩,næᴇ˥tɕiou˥sʅ˥væᴇ˥tʰou˦xu˨˦˧˩luæ̃˥næ̃˥˨tʂə˧lie˧.suei˨˦˧˩piær˥tɕʰiŋ˥˨˧˩kə˥ti˥fɑŋ˥˨˧tsæᴇ˥næ̃˥˨˧kə˥tɕi˥˨ɕi˨˦˧˩.i˥˨˨˦pæ̃˥˨tsou˥pʰəŋ˨˦iou˥˨tə

ŋ˥˧˩tsuo˥ɕi˨˦tʰɑ˥˧˧pi˧˥ɕy˥˧sɿ˥˩tuei˥kʰou˥˧˩ti˧.tʂə˥sɿ˥tʂə˥kə˥ɕi˨˦sɿ˥tʂə˥muo˧kə˥.tæ̃˥sɿ˥i˥˧˩kə˥tʂuo˥˧tsɿ˧ʂɑŋ˥,tʂei˥i˥˧˩kə˥tʂuo˥˧tsɿ˧ʂɑŋ˥˩pæᴇ˥˧,tʂei˥˦i˥˧˩kə˥tɑ˥yæ̃˨˦tʂuo˥˧tsɿ˧ʂɑŋ˥tə˧xuɑ˥,næᴇ˥ni˥˧˧kʰæ̃˥sɿ˥tʂə˥kə˥,ŋuo˥˧məŋ˧tʂei˥li˥˧˧tɕiɑŋ˥˧tɕiou˥˧˧(tɕ)iou˥sɿ˥tʂʰʅ˥˧˩ʂʅ˨˦væ̃˥˧˩tsɿ˧.（十碗？）嗯。ə̃˩.（十碗子？）啊，十碗。还有这个敹吃十二碗的。ɑ˩,ʂʅ˨˦˩væ̃˥˧.xæᴇ˨˦˩iou˥˧tʂə˥kə˥ei˩tʂʰʅ˥˧˩ʂʅ˨˦˩ər˥væ̃˥˧˩ti˧.（十二碗？）噢，十二碗的。ɑɔ˩,ʂʅ˨˦˩ər˥væ̃˥˧˩ti˧.（就双数？）嗯，双……双数的。ə̃˩,ʂ……ʂuɑŋ˥˧ʂʯ˥˩ti˧.（不能上单的吧？）这也上单的咧。tʂə˥ie˥˧˩ʂɑŋ˥tæ̃˥˧ti˧lie˧.（嗯？）下……下来还有多种菜。有上十三碗的咧。xɑ˥……xɑ˥læᴇ˨˦˩xæᴇ˨˦˩iou˥˧˧tuo˥˧tʂuoŋ˥˧˩tsʰæᴇ˥.iou˥˧˧ʂɑŋ˥ʂʅ˨˦sæ̃˥˧væ̃˥˧˩ti˧lie˧.（噢，十三碗？）噢。ɑɔ˩.（还可以上单数碗的？）啊。这就……叫十三碗就是十三花。ɑ˩.tʂei˥˦tɕiou˥˧˥……tɕiɑɔ˥ʂʅ˨˦sæ̃˥˧væ̃˥˧˩tɕiou˥˩sɿ˥˩ʂʅ˨˦˩sæ̃˥˧˩xuɑ˥˧.（十三划？）噢，十三花。ɑɔ˩,ʂʅ˨˦˧sæ̃˥˧˧xuɑ˥˧.（一划两划的划？花！）噢，花。ŋɑɔ˩,xuɑ˥˧.（花？）嗯。ə̃˩.（十三花？）这是……十五就成了……十五就观灯了。tʂei˥sɿ˥……ʂʅ˨˦vu˥˧tsou˥tʂʰəŋ˨˦˩liɑɔ˥˧˧……ʂʅ˨˦vu˥˧tsou˥kuæ̃˧˥təŋ˥˧lə˧.（呃，十五观灯。）噢，十五观灯。ɑɔ˩,ʂʅ˨˦vu˥˧kuæ̃˧˥təŋ˥˧.（在元宵那个？）啊。这个就为他这么个讲究咧，就说是你比如说是这个，你出嫁女子咧，出嫁女子你只能吃个十……按我们过去老的那个坐敹坐席么，你只能吃十碗。ɑ˩.tʂə˥kə˥tsou˥vei˥tʰɑ˥˧˧tʂə˥˦muo˧kə˥tɕiɑŋ˥˧tɕiou˥˧˩lie˧,tsou˥˦ʂuo˥˧˩sɿ˥˩ni˥˧˧pi˥˧ʐʯ˨˦˩ʂuo˥˧˧sɿ˥tʂə˥kə˥,ni˥˧˧tʂʰʯ˥˧˩tɕiɑ˥˧˥ny˥˧tsɿ˧lie˧,tʂʰʯ˥˧˩tɕiɑ˥ny˥˧tsɿ˧ni˥˧˧tsɿ˥˧˩nəŋ˨˦tʂʰʅ˥˧kə˥˩ʂʅ……næ̃˥˧˥ŋuo˥˧məŋ˧kuo˥tɕʰy˥lɑɔ˥˧ti˧nə˥kə˥tsuo˥˦ei˩tsuo˥˦ɕi˨˦muo˧,ni˥˧˧tsɿ˥˧˩nəŋ˨˦tʂʰʅ˥˧ʂʅ˨˦væ̃˥˧˧.（噢。十碗，十碗是……）噢，十碗……ɑɔ˩,ʂʅ˨˦væ̃˥˧˧……（十碗就是嫁女？出嫁女的？）噢，出嫁女子这。ɑɔ˩,tʂʰʯ˥˧˩tɕiɑ˥ny˥˧tsɿ˧tʂei˥˦.（出……噢，嫁……嫁……那个……）嫁女子，噢。出个十碗就行了。但是你……不能就说是一般这个都太不坐。吃点酸敹……tɕiɑ˥˧˥ny˥˧tsɿ˧,ɑɔ˩.tʂʰʯ˥˧kə˥˩ʂʅ˨˦væ̃˥˧tsou˥˩ɕiŋ˨˦˩lə˥.tæ̃˥sɿ˥ni˥˧˧m……pu˨˦˩nəŋ˨˦tsou˥˦ʂuo˥˧˩sɿ˥˩i˥˧˥pæ̃˥˧tʂə˥kə˥tou˥˧˧tʰæᴇ˥pu˨˦˩tsuo˥.tʂʰʅ˥˧˩tiæ̃˥˧˧suæ̃˥˧ei˩……（十二也不吃？）啊。ɑ˩.（十三是什么呢？十三花，是什么摆……摆下这个呢？）十三……你是出嫁女子，给娃娶媳妇，噢，一般情况就……ʂʅ˨˦˩sæ̃˥˧˧……ni˥˧sɿ˥˩tʂʰʯ˥˧˩tɕiɑ˥ny˥˧tsɿ˧,kei˥˩vɑ˨˦tɕʰy˥˧˧ɕi˥˧fu˥˩,ɑɔ˩,i˥˧˥pæ̃˥˧tɕʰiŋ˨˦˩kʰuɑŋ˥tɕiou˥……（嫁娶？）噢，嫁娶。这一般都是这个……都是吃十碗。但是你比如你母亲，去……母……父母亲去世咧，你就要吃十三花咧。ɑɔ˩，tɕiɑ˥˧˥tɕʰy˥˧˩.tʂei˥i˥˧˥pæ̃˥˧tou˥˧˥sɿ˥tʂə˥˩kə˥˩……tou˥˧˥sɿ˥tʂʰʅ˥˧˩ʂʅ˨˦væ̃˥˧˩.tæ̃˥˩sɿ˥˩ni˥˧˧pi˥˧˧ʐʯ˨˦˧ni˥˧˧mu˥˧tɕʰiŋ˥˧˩,tɕʰy˥……mu˥˧˧……fu˥mu˥˧tɕʰiŋ˥˧˩tɕʰy˥ʂʅ˥˧˥lie˧,ni˥˧˩tɕiou˥iɑɔ˥tʂʰʅ˥˧˧ʂʅ˨˦˩sæ̃˥˧˥xuɑ˥˧lie˧.（噢，就是丧事一般是……）噢，丧事以后就……ɑɔ˩,sɑŋ˥˩sɿ˥˦i˥˧˩xou˥tsou˥……（父亲去世了呢？）噢，辈分……那都一样。辈分比你高的，这些人都要吃这个敹十三花。但是到最后你像你这个父亲殁了三年以后，那就吃到最高了，十五观灯。ɑɔ˩,pei˥˧˥fəŋ˥……nə˥˦tou˥˧˩i˥˧˩iɑŋ˥˩.pei˥˧˥fəŋ˥pi˥˧˧ni˥˧˧kɑɔ˥˧ti˧,tʂei˥ɕie˥˧˧ʐəŋ˨˦tou˥˧˩iɑɔ˥˩tʂʰʅ˥˧tʂə˥˩kə˥˩ei˩ʂʅ˨˦sæ̃˥˧˧xuɑ˥˧.tæ̃˥˩sɿ˥˩tɑɔ˥tsuei˥xou˥ni˥˧˧ɕiɑŋ˥ni˥˧tʂə˥˩kə˥˩fu˥tɕʰiŋ˥˧˩muo˥˧lə˧sæ̃˥˧˩niæ̃˨˦i˥˧˩xou˥,næᴇ˥tɕiou˥tʂʰʅ˥˧˩tɑɔ˥tsuei˥˧˥kɑɔ˥˧lə˧,ʂʅ˨˦vu˥˧kuæ̃˧˥təŋ˥˧.（父亲……）这父母亲去世三年以后。tʂə˥˩fu˥mu˥˧tɕʰiŋ˥˧˩tɕʰy˥˦ʂʅ˥˩sæ̃˥˧˩niæ̃˨˦i˥˧˩xou˥.（这就三年？）嗯。再一个像过寿。ə̃˩.tsæᴇ˥i˥˧˧kə˥ɕiɑŋ˥˩kuo˥ʂou˥.（过寿也是吃十五？）啊，十五观灯。你跟这六十岁，六十岁寿辰，七十岁寿辰，八十岁高寿这些，这你必须要吃够十五观灯。ɑ˥,ʂʅ˨˦vu˥˧kuæ̃˧˥təŋ˥˧˩.ni˥˧˩kəŋ˥˧˩tʂə˥˩liou˥˧ʂʅ˨˦˩suei˥,liou˥˧ʂʅ˨˦˩suei˥ʂou˥tʂʰəŋ˨˦˩,tɕʰi˥˧ʂʅ˨˦˩suei˥ʂou˥tʂʰəŋ˨˦˧,pɑ˥˧ʂʅ˨˦˩suei˥kɑɔ˥˧˩ʂou˥tʂei˥ɕie˥˧˩,tʂei˥ni˥˧˧pi˥˧˩ɕy˥˧iɑɔ˥tʂʰʅ˥˧˩kou˥ʂʅ˨˦vu˥˧kuæ̃˧˥təŋ˥˧.（寿宴？）寿宴这都要吃十五观灯咧。这个盘子摆上，这就落怜得很啊。他这个，我们这个地方就讲，<u>这在</u>，[在纸上画图]这一般

来说是……这四个这是不变的。ʂou˥liæ̃˥tʂə˥tou˥˩iaɔ˥tʂʰʅ˥˩ʂʅ˨vu˥˧kuæ̃˥˧təŋ˥˩lie˧.tʂə˥kə˥pʰæ̃˨˩tsʅ˧pæᴇ˥˩ʂaŋ˥˩,tʂə˥tsou˥luo˥˩liæ̃˨˩tə˧xəŋ˥˧˧.tʰa˥˩tʂə˧kə˥,ŋuo˥˩məŋ˧tʂə˥kə˥ti˥faŋ˥˩tɕiou˥tɕiaŋ˥˧,tʂæᴇ˥,tʂei˥˧i˥˩pæ̃˥˩læᴇ˨ʂuo˥˧sʅ˥……tʂə˥˧sʅ˥kə˥tʂə˥sʅ˥˩pu˨˩piæ̃˥˧ti˧.（就是，就不动？）不动的。这……这四……pu˨˩tuoŋ˥˧ti˧.tʂei˥……tʂei˥˧sʅ˥……（我问一下，这个十五碗，十几碗，这个是指凉菜、热菜？还是……）这都是全部是热菜，没有一个凉菜。这就是吃饭菜。喝酒菜不上算。吃饭菜端上来，这就是……这几个热……这都中间都是肉。tʂə˥˧tou˥˧sʅ˥tɕʰyæ̃˨˩pu˥sʅ˥ʐə˥˩tsʰæᴇ˥˩,mei˨iou˥˩i˥˩kə˥˧liaŋ˨tsʰæᴇ˥˩.tʂə˥tɕiou˥sʅ˥tʂʰʅ˥˩fæ̃˥˧tsʰæᴇ˥˩.xuo˥˩tɕiou˥˩tsʰæᴇ˥pu˨˩ʂaŋ˥suæ̃˥.tʂʰʅ˥˩fæ̃˥˧tsʰæᴇ˥tuæ̃˥˩ʂaŋ˥læᴇ˨˩,tʂei˥˧tɕiou˥˩sʅ˥˩……tʂei˥˧tɕi˥˩kə˥˩ʐʅ……tʂei˥˧tou˥˧tʂuoŋ˥˧tɕiæ̃˥˧tou˥˩sʅ˥ʐou˥.（吃饭菜叫，就是热菜是吧？）嗯。ŋ̍˩.（喝酒菜就凉菜？）呃，喝酒菜是凉菜。这四个菜么，你像，这十个碗子以后，这里头，这都是，这几个是，这叫柱子。ŋə˩,xə˥˩tɕiou˥˩tsʰæᴇ˥sʅ˥liaŋ˨tsʰæᴇ˥.tʂei˥˧sʅ˥kə˥tsʰæᴇ˥muo˧,ni˥˩ɕiaŋ˥,tʂə˥ʂʅ˨˩kə˥væ̃˥˩tsʅ˧i˥˩xou˥,tʂei˥li˥˩tʰou˧,tʂei˥tou˥˩sʅ˥,tʂei˥tɕi˥˩kə˥sʅ˥˩,tʂei˥tɕiaɔ˥tʂʮ˥˧tsʅ˧.（柱子？）嗯。嗯。ŋ̍˩.ŋ̍˩.（都是肉？）都是肉。tou˥˧sʅ˥ʐou˥.（是……什么肉呢？）这个肉里有一片，有一个白……白片片子，白……tʂei˥˧kə˥ʐou˥li˥˩iou˥˩i˥˩pʰiæ̃˥˧,iou˥˩i˥˩kə˥pei˨……pei˨pʰiæ̃˥˩pʰiæ̃˥˩tsʅ˧,pei˨……（白切肉？）肉片子，啊。底下么，这个碗里头么，底下给你装点儿菜，上头么这个肉切成片子以后，往上头一盖，这……这……四个菜么是，两样子，这个是白片片，这个就是呃红烧下那个肉丁丁子。啊。ʐou˥pʰiæ̃˥˩tsʅ˧,a˩.ti˥˩ɕia˥muo˧,tʂei˥kə˥væ̃˥˩li˥˧tʰou˧muo˧,ti˥˩ɕia˥kei˥ni˥˧tʂuaŋ˥˩tiær˥˩tsʰæᴇ˥,ʂaŋ˥tʰou˧muo˧tʂə˥kə˥ʐou˥tɕʰie˥˩tʂʰəŋ˨pʰiæ̃˥˩tsʅ˧i˥˩xou˥,vaŋ˥˩ʂaŋ˥tʰou˧i˥˩kæᴇ˥,tʂei˥……tʂei˥˧s……sʅ˥kə˥tsʰæᴇ˥muo˧sʅ˥,liaŋ˥˩iaŋ˥˧tsʅ˧,tʂə˥˩kə˥˧sʅ˥pei˨pʰiæ̃˥˩pʰiæ̃˥˩,tʂei˥kə˥tɕiou˥sʅ˥ə˩xuoŋ˨ʂaɔ˥˩xa˥nə˥kə˥ʐou˥tiŋ˥˩tiŋ˥˩tsʅ˧.a˩.（这是对……对着来的？）啊。这一个和这一个。a˩.tʂei˥i˥˩kə˥˩xuo˨˩tʂei˥i˥˧kə˥.（那这个呢？）这两个是这个欻一个是这……这个是白片，这个就是红烧下的嘛。这儿这是这个喝酒……白片都在这儿咧。这么对角线，放下的。tʂei˥liaŋ˥˩kə˥˩sʅ˥tʂə˥kə˥ei˩i˥˩kə˥˧sʅ˥tʂ……tʂə˥kə˥sʅ˥˩pei˨˩pʰiæ̃˥˩,tʂei˥kə˥tɕiou˥˩sʅ˥˩xuoŋ˨ʂaɔ˥˩xa˥˩ti˧ma˧.tʂər˥tʂə˥sʅ˥tʂə˥˧kə˥˧xə˥˧tɕiou˥˩kʰ……pei˨˩pʰiæ̃˥˩tou˥˩tsæᴇ˥tʂər˥˧lie˧.tʂə˥˩muo˧tuei˥tɕyo˥˩ɕiæ̃˥,faŋ˥xa˥˩ti˧.（对角线的一定是……是一样的，还是不一样的？）都是一样的。tou˥˧sʅ˥i˥˩iaŋ˥˧ti˧.（对角线的是一样的？）这个，要这么个是一……这两个是一样的。这四个。tʂei˥˧kə˥˩,iaɔ˥˩tʂə˥muo˧kə˥sʅ˥i˥˧……tʂei˥˧liaŋ˥˩kə˥˩sʅ˥i˥˩iaŋ˥ti˧.tʂei˥sʅ˥˩kə˥˩.（噢，噢，这个白片，这个就是白片？）这个是白片，啊。这个，和这个，这两个是一样的。tʂə˥kə˥sʅ˥˩pei˨˩pʰiæ̃˥˧,a˩.tʂei˥kə˥,xuo˨˩tʂei˥kə˥,tʂei˥liaŋ˥˩kə˥˩sʅ˥˩i˥˩iaŋ˥ti˧.（一样的菜吗是？）一样的菜。都是肉。i˥˩iaŋ˥˧ti˧tsʰæᴇ˥.tou˥˧sʅ˥ʐou˥.（那十碗那不就是五种菜了？）十碗里头，六种……十碗里头要，至少要这个，这都是这个，这菜是这么个么，下面……下边这个地方……ʂʅ˨˩væ̃˥˩li˥˩tʰou˧,liou˥tʂuə……ʂʅ˨˩væ̃˥˩li˥˩tʰou˧iaɔ˥,tsʅ˥˧ʂaɔ˥˩iaɔ˥˧tʂə˥˩kə˥˩,tʂei˥˧tou˥˩sʅ˥˩tʂə˥˩kə˥˩,tʂei˥˧tsʰæᴇ˥sʅ˥tʂə˥muo˧kə˥˩muo˧,ɕia˥m……ɕia˥˧piæ̃˥˧tʂə˥kə˥ti˥faŋ˥˩……（这四种里头就有两……只……只有两种菜了，四碗？）啊。这是两种菜咧么。在这个地方，这是上席在这儿这咧。上席在这儿这。这个这儿摆过来以后，就是这个黄花在这儿咧。a˩.tʂə˥sʅ˥liaŋ˥˩tʂuoŋ˥˩tsʰæᴇ˥liem˧.tʂæᴇ˥˩tʂə˥kə˥ti˥faŋ˥˧,tʂə˥˧sʅ˥˩ʂaŋ˥˧ɕi˨˧tsæᴇ˥tʂər˥tʂə˥lie˧.ʂaŋ˥ɕi˨˩tsæᴇ˥tʂər˥tʂə˥.tʂə˥˩kə˥˩tʂər˥pæᴇ˥˩kuo˥læᴇ˨˩i˥˩xou˥,tsou˥sʅ˥tʂə˥˩kə˥˩xuaŋ˨˩xua˥˩tsæᴇ˥˩tʂər˥lie˧.（黄花菜？）噢。黄花这是最高贵的菜。等黄花，在这儿这我摆一溜子。aɔ˩.xuaŋ˨˩x uɑ˦˨tʂə˥˩sɿ˥˩tsuei˥kɑɔ˦˨˩kuei˥˧ti˩tsʰæᴇ˥.təŋ˦˨˩xuɑŋ˨˩xuɑ˦˨,tsæᴇ˥˩tʂər˥tʂə˥ŋuo˦˨˩pæᴇ˦i˦˨˩liou˥tsɿ˩.（首席那个？）呃儿。紧接着这儿这下来以后一个木耳。ər˨˩.tɕiŋ˦tɕie˦˨tʂə˥tʂər˥˧tʂə˥˩xɑ˥læᴇ˨˩i˦˨˩xou˥i˦˨˩kə˥mu˦˨ər˦˨˩.（木耳？）呃。ə˨˩.（黄花下面就是木耳？）噢，黄[花]下来是木耳，这儿这是这个丸子。ɑɔ˨˩,xuɑŋ˨˩xɑ˥læᴇ˨˩sɿ˥mu˦˨ər˦˨˩,tʂər˥˧tʂə˥sɿ˥tʂə˥kə˥væ̃˨˩tsɿ˩.（丸子？）嗯。ŋ̍˨˩.（噢，这是按照离首席离上席越来越远……）这儿这，这都是这个粉条咧，在这儿咧。tʂər˥˧tʂə˥,tʂei˥˧tou˦˨sɿ˥tʂə˥kə˥fəŋ˦tʰiɑɔ˨˩lie˩,tsæᴇ˥˩tʂər˥lie˩.（粉条？）啊。ɑ̃˥.（这都离……离那个首席越来越远了。）这都是……这都八个菜了么。tʂə˥tou˦˨˩sɿ˥……tʂə˥tou˦˨pɑ˦˨kə˥˩tsʰæᴇ˥˩ləm˩.（嗯，对对对。）这八个菜，给这面一面边边再点缀一个菜。tʂə˥pɑ˦˨kə˥˩tsʰæᴇ˥,kei˥tʂei˥miæ̃˥i˦˨˩miæ̃˥piæ̃˦˨˩piæ̃˦˨˩tsæᴇ˥tiæ̃˦˨tʂuei˥i˦˨˩kə˥˧tsʰæᴇ˥˩.（噢。）噢，这面是这个，还是做个欸，拿豆腐做一个咧。ɑɔ˨˩,tʂei˥˧miæ̃˥sɿ˥tʂə˥kə˥,xæᴇ˨˩sɿ˥tsuo˥˧kə˥lei˦,nɑ˨˩tou˥fu˩tsuo˥˧i˦˨˩kə˥lie˩.（豆腐？）啊。这面再给你，配个其他菜，海带或者其他东西再搞一下。ɑ˨˩. tʂei˥˧miæ̃˥˩tsæᴇ˥kei˥ni˦˨,pʰei˥kə˥tɕʰi˨˩tʰɑ˦˨tsʰæᴇ˥,xæᴇ˦˨tæᴇ˥xuo˨˩tʂə˦˨˩tɕʰi˨˩tʰɑ˦tuoŋ˦˨˩ɕi˩tsæᴇ˥kɑɔ˦i˦˨˩xɑ˥˩.（噢。我问一下，这旁边点缀的要跟这个平行，跟四根柱子平行还是……还是说一条线还是不……不在一条线上？）那你必须把这个菜放好以后，就必须人……你咋么个看，这面看☐是几个菜，这面看☐还是几个菜。都是……就是几条线这都它对着，都要放好咧。næᴇ˥ni˦pi˦˨ɕy˦˨˩pɑ˦˨˩tʂə˥kə˥tsʰæᴇ˥fɑŋ˥xɑɔ˦i˦˨˩xou˥,tsou˥pi˦˨ɕy˦˨˩zəŋ˨˩……ni˦˨tsɑ˦muo˩kə˥˩kʰæ̃˥,tʂei˥miæ̃˥˩kʰæ̃˥niæ̃˨˩sɿ˥tɕi˦kə˥˩tsʰæᴇ˥,tʂei˥miæ̃˥˩kʰæ̃˥niæ̃˨˩xɑ˨˩sɿ˥tɕi˦kə˥˩tsʰæᴇ˥˩.tou˦˨sɿ˥……tɕiou˥˩sɿ˥˩tɕi˦tʰiɑɔ˨˩ɕiæ̃˥tʂə˥˩tou˦˨˩tʰɑ˦˨˩tuei˥tʂə˩,tou˦˨˩iɑɔ˥˩fɑŋ˥xɑɔ˦˨˩lie˩.（噢。）啊。你总不能……这个头起最讲究的是黄花必须放得首席上。这是最……对咿他上席谁的尊称么。下面这不……下面十三花和这个摆法这都一样，但就是摆的这个行数，他这个碗的这个行数不一样了。十五观灯还是这么个摆咧，但就是这个一行这个碗的这个数量就不同了。ɑ̃˨˩.ni˦˨tsuoŋ˦˨pu˨˩nəŋ˨˩……tʂə˥kə˥tʰou˨˩tɕʰie˦˨tsuei˥˧tɕiɑŋ˦tɕiou˦˨˩ti˩sɿ˥˩xuɑŋ˨˩xuɑ˦pi˦˨ɕy˦˨fɑŋ˥tə˩ʂou˦ɕi˨˩ʂɑŋ˥˩.tʂə˥˧sɿ˥˩tsuei˥……tuei˥i˥tʰɑ˦˨˩ʂɑŋ˥˧ɕi˨˩sei˨˩tə˩tsuoŋ˦˨˩tʂʰəŋ˦muo˩.ɕiɑ˥˧miæ̃˥tʂə˥˧pu˨˩……ɕiɑ˥miæ̃˥ʂʅ˨˩sæ̃˦˨˩xuɑ˦xuo˨˩tʂə˥kə˥pæᴇ˦fɑ˦˨˩tʂə˥˧tou˦˨i˦˨˩iɑŋ˥,tæ̃˥˩tɕiou˥sɿ˥pæᴇ˦ti˩tʂə˥kə˥˩xɑŋ˨˩ʂu˥,tʰɑ˦˨tʂə˥kə˥væ̃˦ti˩tʂə˥kə˥xɑŋ˨˩ʂu˥pu˨˩i˦˨˩iɑŋ˥lə˩.ʂʅ˨˩vu˦kuæ̃˦˨təŋ˦xɑ˨˩sɿ˥tʂə˥muo˩kə˥˩pæᴇ˦lie˩,tæ̃˥tsou˥sɿ˥tʂə˥kə˥i˦˨˩xɑŋ˨˩tʂə˥kə˥væ̃˦ti˩tʂə˥kə˥ʂu˥liɑŋ˥tɕiou˥˩pu˨˩tʰuoŋ˨˩lə˩.（那他这个，为什么这个黄花是必须要放在这个上席？）黄花这就是好像是一种……过去这里讲究就是个比较尊贵的菜嘛。xuɑŋ˨˩xuɑ˦tʂei˥tɕiou˥˩sɿ˥xɑɔ˦ɕiɑŋ˥sɿ˥i˦˨˩tʂuoŋ˦˨……kuo˥˧tɕʰy˥tʂə˥li˦˨tɕiɑŋ˦˨tɕiou˦˨tɕiou˥sɿ˥kə˥pi˦˨tɕiɑɔ˥tsuoŋ˦˨˩kuei˥˧ti˩tsʰæᴇ˥mɑ˩.（噢，把它看成尊贵的菜？）噢，尊贵的菜就是指上席来说，这就是一般咧就是尊贵的客人你在上席上坐着咧。ɑɔ˨˩,tsuoŋ˦˨˩kuei˥˧ti˩tsʰæᴇ˥tɕiou˥˩sɿ˥˩tsɿ˦˨˩ʂɑŋ˥ɕi˨˩læᴇ˨˩ʂuo˦˨,tʂə˥tɕiou˥˩sɿ˥˩i˦˨pæ̃˦˨lie˩tɕiou˥sɿ˥tsuoŋ˦˨˩kuei˥˧ti˩kʰə˦˨zəŋ˨˩ni˦˨tsæᴇ˥ʂɑŋ˥ɕi˨˩ʂɑŋ˥tsuo˥˩tʂə˩lie˩.（有没有安席这种说法？）有么，安席么。iou˦muo˩,næ̃˦˨˩ɕi˨˩muo˩.（呃，等一下啊，他这个像这样圆桌，坐席有什么讲究？）圆桌这个不行，也有个上席，但是不是那么明显的。但是方桌这上席都很明显咧。yæ̃˨˩tʂuo˦tʂə˥kə˥pu˨˩ɕiŋ˨˩,ie˦iou˦˨kə˥ʂɑŋ˥ɕi˨˩,tæ̃˥sɿ˥˩pu˨˩sɿ˥nə˥muo˩miŋ˨˩ɕiæ̃˦ti˩.tæ̃˥sɿ˥fɑŋ˦tʂuo˦˨˩tʂə˥ʂɑŋ˥ɕi˨˩tou˦˨xəŋ˦miŋ˨˩ɕiæ̃˦lie˩.（那个，他像假如说这个客人啊，这个上席坐到这儿，其他客人一般怎么坐？）上席这个地方就得两个人坐。ʂɑŋ˥ɕi˨˩tʂə˥kə˥ti˥fɑŋ˦˨tɕiou˥tei˦˨˩liɑŋ˦kə˦˨˩zəŋ˨˩tsuo˥.（两个人坐上席？）噢，两个人坐上席。这下面这就是紧接着是这么坐上下来。ɑɔ˨˩,liɑŋ˦kə˦˨˩zəŋ˨˩tsuo˥ʂɑŋ˥ɕi˨˩.tʂei˥˧ɕiɑ˥miæ̃˥tʂei˥˧tɕiou˥˩sɿ˥˩tɕiŋ˦tɕie˦˨˩tʂə˩sɿ˥˩tʂə˥muo˩tsuo

˥ʂaŋ˥xa˥læᴇʎ˦.（噢，一般你们这儿都两个人坐上席？）噢，两个人。上席都是两个人，没有一个人的上席。aɔ˩,liaŋ˥˩kə˥˩zəŋʎ˩.ʂaŋ˥ɕiʎ˦tou˥˦sɿ˥˩liaŋ˥˩kə˥˩zəŋʎ˩,meiʎiou˥i˥˩kə˥zəŋʎ˦ti˧ʂaŋ˥˦ɕiʎ˩.（就说这个，现……就说按这个，左右？）噢，左右这么个坐起来，啊。aɔ˥,tsuo˥io u˥tʂə˥˩muo˧kə˥˩tsuo˥tɕʰi˥˩læᴇʎ,a˥.（怎样来？就是这样来坐？）啊，坐够十个人就对了。a˩,tsuo˥kou˥ʂʅʎ˩kə˥˦zəŋʎtɕiou˥tuei˥lə˧.（随便乱坐吗，到其他人就？）其他……这是关键是这两个人。把这两个人安好以后，这其他人可以随便坐。tɕʰiʎ˦tʰ……tʂə˥˦sɿ˥˩kuæ̃˥˩tɕiæ̃˥˦sɿ˥˩tʂə˥˦liaŋ˥˩kə˥˩zəŋʎ˩.pa˥˩tʂə˥˦liaŋ˥˦kə˥zəŋʎ˦næ̃˥˩xaɔ˥i˥˩xou˥,tʂə˥˩tɕʰiʎ˩tʰa˥zəŋʎkʰə˥i˥˩sueiʎ˩piæ̃˥tsuo˥˩.（这两个人其中有没有就是说主人，主人有一个位置？）没有主人。muo˥˦iou˥˦tʂʮ˥zəŋʎ˩.（有……这两个人里头有没有哪一个稍微更尊贵一点？）这都必须，这都必须是主要亲亲。这就是外家，就是那个我们从外家人，就是姥……tʂə˥˦tou˥˦pi˥˩ɕy˥,tʂə˥˦tou˥˦pi˥˦ɕy˥˦sɿ˥˩tʂʮ˥˦iaɔ˥tɕʰiŋ˥tɕʰiŋ˥˩.tʂei˥tɕiou˥sɿ˥˩vei˥˦tɕia˥˩,tɕiou˥˦sɿ˥˩nə˥kə˥ŋuo˥˦məŋ˧tsʰuoŋʎ˩vei˥tɕia˥˩zəŋʎ˩,tɕiou˥˩sɿ˥˩lə……（姥姥家的人？）啊，就是姥姥家的人，这个这才能坐这个上席去。a˥,tɕiou˥sɿ˥laɔ˥laɔ˥˩tɕia˥ti˧zəŋʎ˩,tʂə˥kə˥tʂə˥tsʰæᴇʎ˩nəŋʎ˩tsuo˥tʂə˥kə˥ʂaŋ˥˩ɕiʎ˩tɕʰie˥˦.（这两个哪一个更尊贵？）那就是左边这个更尊贵。næᴇ˥˦tɕiou˥˩sɿ˥˩tsuo˥piæ̃˥˩tʂə˥kə˥kəŋ˥tsuoŋ˥˩kuei˥.（左边这个啊？）嗯，上边这个么。一般这两个坐这两个上席的人必须是平辈的么。ŋ̍˩,ʂaŋ˥˦piæ̃˥˦tʂə˥kə˥muo˧.i˥pæ̃˥˩tʂei˥liaŋ˥kə˥˩tsuo˥tʂə˥liaŋ˥kə˥˩ʂaŋ˥ɕiʎ˩ti˧zəŋʎpi˥˦ɕy˥˩sɿ˥pʰiŋʎpei˥tim˧.（平辈的？）嗯。ŋ̍˥.（噢，就像是这个，左边这个是……这边这个，就是他们的右手边的，他们两个人要算就是右手边这个最……我们的左边是对着他们的？）再一个就是，这个上头坐是平辈的。不是平辈的也可以坐，但必是爷和孙子咧可以坐。tsæᴇ˥i˥kə˥˩tɕiou˥sɿ˥,tʂə˥kə˥ʂaŋ˥˦tʰou˧tsuo˥sɿ˥˩pʰiŋʎpei˥ti˧.puʎ˩sɿ˥˦pʰiŋʎpei˥ti˧ie˥kʰə˥i˥˩tsuo˥,tæ̃˥˩pi˥˦sɿ˥ieʎxuoʎ˩suoŋ˥tsɿ˧lie˧kʰə˥i˥tsuo˥˩.（爷和孙子也可以？）他爷坐上席，他孙子可以坐得边脸子。但是他爷坐上去，娃就不能坐上席。这就是。再一个就说是，在整个儿这个席上来说是的话，你就是辈分再大，再的个亲亲有是……你再是外家客的话，有一个比你辈分高的人，叫你坐到上席，他这个辈分低的这个人坐得这儿这，坐得……下席了，你就不能坐那……从安席起这个人就坐不到一瘩里去，你就不能坐这个上席去。tʰa˥˩ieʎtsuo˥ʂaŋ˥ɕiʎ˩,tʰa˥˩suoŋ˥tsɿ˧kʰə˥˦i˥˦tsuo˥tə˧pʰiæ̃˥liæ̃˥˦tsɿ˧.tæ̃˥˩sɿ˥˩tʰa˥˩ieʎtsuo˥ʂaŋ˥tɕʰi˥,vaʎtɕiou˥˩puʎ˩nəŋʎtsuo˥ʂaŋ˥ɕiʎ˦.tʂei˥tɕiou˥sɿ˥.tsæᴇ˥˦i˥kə˥tsou˥˦ʂuo˥˦sɿ˥,tsæᴇ˥tʂəŋ˥kər˥˦tʂə˥kə˥ɕiʎ˩ʂaŋ˥˦læᴇʎ˦ʂuo˥˩sɿ˥tə˧xua˥,ni˥˦tɕiou˥sɿ˥pei˥˦fəŋ˥tsæᴇ˥˦ta˥,tsæᴇ˥ti˧kə˥tɕʰiŋ˥tɕʰiŋ˥˦iou˥˦sɿ˥˦……ni˥tsæᴇ˥˦sɿ˥˩vei˥tɕia˥˩kʰei˥tə˧xua˥˩,iou˥i˥˩kə˥pi˥˦ni˥˦pei˥˦fəŋ˥˩kaɔ˥ti˧zəŋʎ˩,tɕiaɔ˥˦ni˥tsuo˥˦taɔ˥˩ʂaŋ˥ɕiʎ˦,tʰa˥˩tʂə˥kə˥pei˥fəŋ˥ti˥tə˧tʂə˥kə˥zəŋʎtsuo˥tə˧tʂər˥tʂə˥,tsuo˥˦tə˧ɕi……xa˥ɕiʎ˩lə˧,ni˥˦tɕiou˥puʎ˩nəŋʎ˩tsuo˥nə˥……tsʰuoŋʎnæ̃˥ɕiʎ˩tɕʰi˥˦tʂə˥kə˥zəŋʎtsou˥˩tsuo˥puʎ˩taɔ˥i˥˩ta˥li˥˩tɕʰie˥,ni˥tɕiou˥puʎ˩nəŋʎtsuo˥tʂə˥˩kə˥˩ʂaŋ˥ɕiʎ˩tɕʰi˥.（噢，就说，还是按……年龄也很重要是吧？）也……按年龄，按辈分在那儿放着咧。那比如是这个，娃就是这个，你这个比如表亲或者啥子，你坐得这个，你表弟，按情况下，那是外家客嘛，来坐得这儿这来了。呃，这……这是这个你表侄来坐到这个地方来，他把你叫叔咧，结果你到这个席上来一坐，他……他在上席就坐不住了。ie˥˦……næ̃˥niæ̃ʎliŋʎ˦,næ̃˥pei˥˦fəŋ˥˩tsæᴇ˥˩nar˥faŋ˥tʂə˧lie˧.nə˥˩pi˥zʮʎ˦sɿ˥tʂə˥kə˥,vaʎtɕiou˥sɿ˥tʂə˥kə˥,ni˥˦tʂə˥kə˥pi˥zʮʎ˩piaɔ˥tɕʰiŋ˥˩xueiʎ˦tʂə˥˦sa˥tsɿ˧,ni˥˦tsuo˥˦tə˧tʂə˥˩kə˥˩,ni˥˦piaɔ˥˦ti˥,næ̃˥tɕʰiŋʎ˦kʰuaŋ˥ɕia˥,nə˥˩sɿ˥˩vei˥˦tɕia˥˩kʰei˥ma˧,læᴇʎ˩tsuo˥˦tə˧tʂər˥tʂə˥læᴇʎlə˧.ŋə˩,tʂ……tʂə˥sɿ˥tʂə˥kə˥ni˥˩piaɔ˥tʂʅʎlæᴇʎ˩tsuo˥taɔ˥tʂə˥kə˥ti˥˩faŋ˥˩læᴇʎ˩,tʰa˥˦pa˥˩ni˥˦tɕiaɔ˥ʂʮ˥lie˧,tɕie˥˩kuo˥˦ni˥taɔ˥tʂə˥kə˥ɕiʎ˩ʂaŋ˥˦læᴇʎi

˥˩˨tsuo˧,tʰɑ˥˩˦……tʰɑ˥˩˦tsæᴇ˧ʂɑŋ˧ɕi˨˩˦tsou˧tsuo˧pu˨˩˦tʂʰʮ˧lə˧.（坐不住了？）坐不住了。tsuo˧pu˨˩˦tʂʰʮ˧lə˧.（还必须把他叫到这里来？）噢，他要叫他。但是你可是不能坐，这个地方你在这个地方就没有上席。所以那就是再……那让我再倒一个席坐下子了。ɑɔ˨˩,tʰɑ˥˩iɑɔ˧˩tɕiɑɔ˧˥tʰɑ˥˩.tæ˧sɿ˧ni˥˩kʰə˥˩sɿ˧˩pu˨˩nəŋ˨˦tsuo˧,tʂə˧˩kə˧˩ti˧˥fɑŋ˥˩˦ni˥˩tsæᴇ˧tʂə˧kə˧ti˧fɑŋ˥˩˦tɕiou˧mei˨˦iou˥˩ʂɑŋ˧ɕi˨˩.suo˥˩˦i˥˩˦næᴇ˧tɕiou˧˩sɿ˧˩tsæᴇ˧˥……næᴇ˧zɑŋ˧˩vuo˥˩tsæᴇ˧˥tɑɔ˥˩i˥˩kə˧˩ɕi˨˦tsuo˧xɑ˧˥tsɿ˧lə˧.（就……就换一个地方坐？）换个地方都能行咧。但是他这一个席就不能坐。xuæ˧˥kə˧˩ti˧˥fɑŋ˥˩tou˥˩nəŋ˨˦ɕiŋ˨˩lie˧.tæ˧sɿ˧tʰɑ˥˩tʂə˧i˥˩kə˧ɕi˨˦tɕiou˧˩pu˨˩nəŋ˨˦tsuo˧˩.（是这个人不能坐还是这个人能不能坐？）那是这个人是□……□本来占有上席，你这个人你都不能坐了，你都赶到其他……nə˧˩sɿ˧˩tʂei˧˥kə˧˥zəŋ˨˩sɿ˧niæ˨˦……niæ˨˦pəŋ˥˩læᴇ˨˩tʂæ˧iou˥˩˦ʂɑŋ˧ɕi˨˦,ni˥˩tʂei˧˥kə˧˩zəŋ˨˦ni˥˩˦tou˥˩pu˨˩nəŋ˨˦tsuo˧˥lə˧,ni˥˩tou˥˩kæ˥˩tɑɔ˧tɕʰi˨˦tʰɑ˥˩……（噢，就就赶快换个地方是吧？）换个地方坐去。xuæ˧˥kə˧˩ti˧fɑŋ˥˩˦tsuo˧tɕʰi˧.（就他舅……他叔叔要……要换一个地方？）啊。ɑ˨˩.（就别弄得他尴尬是吧？）噢，不要搞的那个地方他尴尬的坐不住。ɑɔ˨˩,pu˨˩iɑɔ˧kɑɔ˥˩ti˧nə˧kə˧ti˧fɑŋ˥˩tʰɑ˥˩kæ˥˩kɑ˧ti˧tsuo˧pu˨˩tʂʰʮ˧˩.（噢。你们讲这个外家是指外婆家还是……）外婆家。væᴇ˧pʰuo˨˦tɕiɑ˥˩.（自己那个岳母娘家？）外婆家。外婆……岳母娘家那就是这个，我们叫这个……外婆家那就是老外家，这个欸你的岳母家那就是小外家。væᴇ˧pʰuo˨˦tɕiɑ˥˩.væᴇ˧˥pʰu……yo˥˩mu˥˩niɑŋ˨˦tɕiɑ˥˩næᴇ˧˥tɕiou˧sɿ˧tʂə˧kə˧,ŋuo˥˩məŋ˧tɕiɑɔ˧tʂə˧˩kə˧˩l……væᴇ˧pʰuo˨˦tɕiɑ˥˩næᴇ˧˩tɕiou˧sɿ˧lɑɔ˥˩væᴇ˧tɕiɑ˥˩,tʂə˧kə˧ei˧ni˥˩ti˧yo˥˩˦mu˥˩tɕiɑ˥˩næᴇ˧˥tɕiou˧˩sɿ˧˩ɕiɑɔ˥˩vei˧˥tɕiɑ˥˩.（小外家？）啊。这个安席还有个讲究。你比如是这个今天娶人回来咧，我们是……这三天事的话，今天是下马咧啊，就是当天把新娘子往回来娶咧，这一天下午坐席的时候，以这个人为主。ɑ˨˩.tʂei˧˥kə˧˩næ˥˩ɕi˨˦xæᴇ˨˦iou˥˩kə˧˩tɕiɑŋ˥˩˦tɕiou˥˩˦.ni˥˩˦pi˥˩zʮ˨˩sɿ˧tʂə˧kə˧tɕiŋ˥˩tʰiæ˥˩tɕʰy˥˩zəŋ˨˦xuei˨˩læᴇ˨˦lie˧,ŋuo˥˩məŋ˧sɿ˧……tʂei˧sæ˥˩tʰiæ˥˩sɿ˧˥tə˧xuɑ˧,tɕiŋ˥˩tʰiæ˥˩sɿ˧˩ɕiɑ˧˥mɑ˥˩lie˧lɑ˧,tɕiou˧˩sɿ˧˩tɑŋ˥˩˦tʰiæ˥˩pɑ˥˩ɕiŋ˥˩niɑŋ˨˦tsɿ˧vɑŋ˥˩xuei˨˩læᴇ˨˦tɕʰy˥˩lie˧,tʂei˧i˥˩tʰiæ˥˩ɕiɑ˧˥vu˥˩tsuo˧ɕi˨˦ti˧sɿ˨˩xou˧,i˥˩tʂə˧kə˧zəŋ˨˦vei˨˩tʂʮ˥˩.（老外家？）以老外家为主。到明天如果是过待客，过正事的话，就是以小外家为主了。这个坐席这个首席么，头一天这个第一桌子这个席必须是老外家坐。i˥˩lɑɔ˥˩vei˧tɕiɑ˥˩vei˨˩tʂʮ˥˩.tɑɔ˧miŋ˨˩tʰiæ˥˩zʮ˨˩kuo˥˩˦sɿ˧kuo˧tæᴇ˧˥kʰei˥˩,kuo˧tʂəŋ˧sɿ˧ti˧xuɑ˧,tɕiou˧˩sɿ˧˩i˥˩ɕiɑɔ˥˩vei˧tɕiɑ˥˩˦vei˨˩tʂʮ˥˩lə˧.tʂə˧kə˧˩tsuo˧ɕi˨˩tʂə˧kə˧˩ʂou˥˩ɕi˨˦muo˧,tʰou˨˦i˥˩tʰiæ˥˩tʂə˧˩kə˧˩ti˧i˥˩˦tʂuo˥˩tsɿ˧tʂə˧˩kə˧˩ɕi˨˦pi˥˩˦ɕy˥˩sɿ˧lɑɔ˥˩vei˧˥tɕiɑ˥˩tsuo˧˥.（就说这个男的老外家是吧？）噢，男的的老外家。必须老外家坐。到第二天咧，那一天的就是女的这个小外家，□可……ɑɔ˨˩,næ˨˩ti˧ti˧lɑɔ˥˩vei˧˥tɕiɑ˥˩.pi˥˩˦ɕy˥˩˦lɑɔ˥˩vei˧˥tɕiɑ˥˩tsuo˧.tɑɔ˧ti˧˩ər˧tʰiæ˥˩lie˧,nei˧i˥˩˦tʰiæ˥˩ti˧tɕiou˧sɿ˧ny˥˩ti˧tʂə˧kə˧ɕiɑɔ˥˩vei˧tɕiɑ˥˩,niæ˨˦kʰə˥˩……（噢，就说这个新媳妇家了？）哎，不是。你的这个老外家。新媳妇儿，他们那，他还坐不到这儿这咧。æ˧,pu˨˩sɿ˧.ni˥˩ti˧tʂə˧kə˧lɑɔ˥˩vei˧˥tɕiɑ˥˩.ɕiŋ˥˩ɕi˨˩fuər˧˩,tʰɑ˥˩˦məŋ˧næᴇ˧,tʰɑ˥˩xɑ˨˩tsuo˧pu˨˩˦tɑɔ˧tʂər˧˥tʂə˧˩lie˧.（第三天？）噢，那时候才……新媳妇家那他就结下那个新亲亲。新亲亲头一席安不上他，他就，最多弄二……坐二席和三席去，或者是三席和四席去。ɑɔ˨˩,nə˧sɿ˨˩˦xou˧tsʰæᴇ˨˦……ɕiŋ˥˩ɕi˥˩fu˧tɕiɑ˥˩næᴇ˧˥tʰɑ˥˩˦tɕiou˧tɕie˥˩xɑ˧˩nə˧kə˧ɕiŋ˥˩tɕʰiŋ˥˩tɕʰiŋ˥˩.ɕiŋ˥˩tɕʰiŋ˥˩tɕʰiŋ˥˩tʰou˨˦i˥˩ɕi˨˦næ˥˩pu˨˩ʂɑŋ˧˥tʰɑ˥˩,tʰɑ˥˩˦tɕiou˧,tsuei˧˥tuo˥˩nuoŋ˧˩ər˧……tsuo˧ər˧ɕi˨˩xuo˨˩sæ˥˩ɕi˨˩tɕʰi˧˥,xuei˨˩˦tʂə˥˩sɿ˧˩sæ˥˩ɕi˨˩˦xuo˨˩sɿ˧ɕi˨˩tɕʰi˧˩.（噢，坐这个首席的就是这个人，这个新郎的老外家？）噢，新郎的……头一天，新郎的老外家；第二天，新郎的小外家。ɑɔ˨˩,ɕiŋ˥˩lɑŋ˨˩ti˧……tʰou˨˦i˥˩˦tʰiæ˥˩,ɕiŋ˥˩lɑŋ˨˩ti˧lɑɔ˥˩˦vei˧tɕiɑ˥˩;ti˧˩ər˧˥tʰæ˥˩,ɕiŋ˥˩lɑŋ˨˩ti˧ɕiɑɔ˥˩vei˧tɕ ia˥˨.（那不就是丈母娘家里？）噢，丈母娘你……aɔ˩,tʂaŋ˥mu˦˧niaŋ˨˩ni˦˧……（就新媳妇儿家里头？）欸不是。你儿子的，你的老外家。儿子的……ei˦˥pu˨˩sɿ˥.ni˥˧ər˨˩tsɿ˦ti˦,ni˥˧ti˧laɔ˥˧vei˦˥tɕia˥˨.ər˨˩tsɿ˦ti˦……（噢，这这主人？）噢，主人的……aɔ˩,tʂʮ˥˧zəŋ˩˧ti˦……（儿子的他父亲是吧？）噢，父亲的老外家和小外家的坐席。ŋaɔ˩,fu˦˥tɕʰiŋ˦˧ti˧laɔ˥˧vei˦˥tɕia˥˨xə˨˩ɕiaɔ˥˧vei˦˥tɕia˥˨ti˧tsuo˥ɕi˩˧.（噢，噢。）你个儿……你儿媳妇的那个外家，那都是才新结下那个亲亲。那个新外家的，他只能坐二席，或者是三席或者四席。ni˥˧kə˥˩ər˨˦……ni˦˧ər˨˩ɕi˥˧fu˥˩ti˧nə˥kə˥vei˦˥tɕia˥˨,næᴇ˥tou˥˨sɿ˥tsʰæᴇ˨˩ɕiŋ˥˧tɕie˥˧xa˥˩nə˥kə˥tɕʰiŋ˥˧tɕʰiŋ˥˨.nə˥kə˥ɕiŋ˥˧vei˦˥tɕia˥˨ti˧,tʰa˥˨tsɿ˥˧nəŋ˩˧tsuo˥ər˥ɕi˩˧,xuei˩˧tʂə˥˨sɿ˥sæ̃˥˧ɕi˨˦xuei˩˧tʂə˥˨sɿ˥˦ɕi˨˩.（不能坐首吧？）哎不行。首席就没有他的。æᴇ˥˧pu˩˧ɕiŋ˨˩.ʂou˥˧ɕi˩˧tsou˥mei˨˦iou˥˧tʰa˦˧ti˦.（上席能不能坐呢？）上席，那坐上席可以，但是他不能到这前头这三个席上来。ʂaŋ˦˥ɕi˩˧,næᴇ˥tsuo˥ʂaŋ˦˥ɕi˨˩kʰə˥˧i˥˨,tæ̃˥sɿ˥tʰa˥˧pu˨˩nəŋ˨˦taɔ˥tʂə˥tɕʰiæ̃˨˩tʰou˦tʂə˥sæ̃˥˧kə˥˩ɕi˨˦ʂaŋ˥˩læᴇ˨˩.（噢，第三天那就是谁家坐呢？）第三天那都是……那就乱了。谁都可以坐。只要是□辈分儿大，就可以坐上席。ti˥sæ̃˥˧tʰiæ̃˦˧næᴇ˥tou˥˨sɿ˥˩……nə˥˦tsou˥˩luæ̃˥lə˧.sei˨˦tou˦˧kʰə˥˧i˥˨tsuo˥.tsɿ˥˨iaɔ˥˦sɿ˥niæ̃˨˩pei˦˥fə̃r˥˩ta˥,tɕiou˥kʰə˦˧i˦˧tsuo˥ʂaŋ˥ɕi˨˩.（好。这个是圆桌啊。）噢，圆桌。aɔ˩,yæ̃˨˦tʂuo˥˨.（有时候方桌它那个……）方桌那和这次序还是一样的。它还是这么个欸。方桌里头它是这儿为上么。这下来这是，这面两个，这面两个，这都是八个人的席。faŋ˥˧tʂuo˥˨næᴇ˥xuo˨˩tʂei˥tsʰɿ˥ɕy˥xa˨˩sɿ˥i˥˨iaŋ˦˥ti˧.tʰa˦˧xa˨˩sɿ˥˦tʂə˥muo˦kə˥ei˩.faŋ˥˧tʂuo˦˧li˦˧tʰou˧tʰa˥˧sɿ˥˩tʂər˥vei˨˩ʂaŋ˥muo˦.tʂə˥xa˥˩læᴇ˨˩tʂə˥˦sɿ˥˩,tʂei˦˥miæ̃˥liaŋ˥˧kə˥˩,tʂei˦˥miæ̃˥liaŋ˥˧kə˥˩,tʂə˥˦tou˥˨sɿ˥˩pa˥˧kə˥˩zəŋ˨˦ti˦ɕi˨˩.（方桌是八个人？）嗯，方桌总共八个人，啊。ŋ̍˩,faŋ˥˧tʂuo˥˨tsuoŋ˥˨kuoŋ˥pa˥˧kə˥˩zəŋ˨˦,a˩.（圆桌是十……这两个还是上席？）老外，老外家客么。上席么。laɔ˥˨vei˦˥,laɔ˦˧vei˦˥tɕia˥˧˩kʰei˥˧muo˧.ʂaŋ˥ɕi˨˩muo˧.（上席。两个上席啊？）嗯。ə̃˩.（这边叫什么？）这就叫欸是……这就无所谓了，这都不讲究了。嗯。tʂei˥˦tɕiou˥˩tɕiaɔ˥˦ei˩zʅ˩……tʂə˥˦tsou˥˩vu˨˩ʂuo˦˧vei˥˦lə˧,tʂə˥˦tou˥˨pu˨˩tɕiaŋ˥˧tɕiou˥˨lə˧.ə̃˩.（有没有……你刚才讲膀子跟那个脊是不是就是这个……）嗯，就是膀子这个地方就是。ə̃˩,tɕiou˥sɿ˥paŋ˥˧tsɿ˧tʂə˥˩kə˥˩ti˥˦faŋ˥˨tɕiou˥˦sɿ˥˩.（这边是膀子？）嗯。ə̃˩.（这边是脊？）嗯。ə̃˩.（上席的右手是膀子？）嗯。ə̃˩.（上席的左手是脊？）嗯。ə̃˩.（这里的呢？尾？）这尾么，嗯。尾在这儿咧。tʂə˥vei˥˧muo˧,ə̃˩.vei˥˧tsæᴇ˥tʂər˥lie˦.（尾叫喝？）嗯。ə̃˥.（他这个席上面有没有就是主家派的去劝酒的那种人？）没有。这每一个上头有个站桌儿的咧。mei˨˦iou˥˨.tʂə˥mei˥˧i˥˨kə˥ʂaŋ˥tʰou˦iou˥˧kə˥˩tsæ̃˦˥tʂuor˥˧ti˧lie˦.（站桌儿？站桌的？）嗯。每一个桌上他有个站桌儿接菜，就是接菜的那个人。ŋ̍˩.mei˥˧i˦˧kə˥tʂuo˥˧ʂaŋ˥˩tʰa˥˧iou˥˨kə˥˩tsæ̃˦˥tʂuor˥˧tɕie˥˨tsʰæᴇ˥,tɕiou˥sɿ˥tɕie˥˨tsʰæᴇ˥˦ti˧nə˥kə˥zəŋ˨˦.（在哪个位置？）他就在这跟前站着咧。他没有座位儿。tʰa˥˧tɕiou˥tsæᴇ˥tʂə˥kəŋ˥˧tɕʰiæ̃˨˩tsæ̃˦˥tʂə˧lie˧.tʰa˥˧mei˨˦iou˥˧tsuo˥vər˥.（噢，站在那里。）噢，他必须站桌咧。aɔ˩,tʰa˦˧pi˦˧ɕy˦˧tsæ̃˦˥tʂuo˥˨lie˧.（看，看着人家吃？）必须他站桌，他就从那……pi˦˧ɕy˦˧tʰa˥˨tsæ̃˥tʂuo˥˨,tʰa˦˧tɕiou˥tsʰuoŋ˨˩nə˥……（噢，就是上菜是吧？）噢，他的事的事的站……主的上菜倒酒的嘛。aɔ˩,tʰa˥˧ti˧sɿ˥ti˦sɿ˥ti˦tʂæ̃˥tsɿ……tʂʮ˥˧ti˧ʂaŋ˥tsʰæᴇ˥taɔ˥tɕiou˥˧ti˧ma˧.（噢，那是不参加喝酒的？）不参加喝酒。pu˨˩tsʰæ̃˥˧tɕia˥˨xuo˨˩tɕiou˦˧.（这个站……叫……叫什么？站桌儿的。站桌的。）嗯。ŋ̍˩.（呵呵呵，有讲究。）有时候人少咧的话，这个这是属于帮忙的多。如果帮忙的人少的话，这个这其他人都坐完咧，剩下那个人欸主家再不可能给你再从给你开席了，就叫这个站桌儿的你是连吃带站嘛。iou˥˧sɿ˩˧xou˥zəŋ˨˦ʂaɔ˥˧lie˧tə˧xua˥˩,tʂə˥˩kə˥˩tʂə˥˦sɿ˥

ʂɥ˥˧˥꜔y˨˦꜔paŋ˥˧˥꜖maŋ˨˦ti˧tuo˥˧˥꜖.ʐɥ˨˦꜖kuo˥˧˥꜔paŋ˥˧˥꜖maŋ˨˦ti˧ʐəŋ˨˦ʂaɔ˥˧˥ti˧xua˥,tʂə˥꜖kə˥tʂə˥꜖tɕʰi˨˦꜖tʰa˥˧˥ʐəŋ˨˦tou˥˧˥꜖tsuo˥꜒væ̃˨˦꜖lie˧,ʂəŋ˥꜒xa˥nei˥kə˥ʐəŋ˨˦ei˥tʂɥ˥˧˥tɕia˥˧˥꜖tsæᴇ˥pu˨˦꜖kʰə˥˧˥nəŋ˨˦kei˥ni˥˧˥꜔tsæᴇ˥tsʰuoŋ˨˦kei˥꜓ni˥˧˥꜖kʰæᴇ˥˧˥꜖ɕi˨˦lə˧,tɕiou˥꜖tɕiaɔ˥꜓tʂə˥꜖kə˥꜖tsæ̃˥꜒tʂuor˥˧˥꜖ti˧ni˥˧˥꜖sɿ˥liæ̃˨˦tʂʰʅ˥˧˥tæᴇ˥tsæ̃˥ma˧.（连吃带站？）噢，连吃带了。你就坐得这跟前，既接菜又跟人倒酒，你也吃一点。ɑɔ꜖,liæ̃˨˦tʂʰʅ˥˧˥tæᴇ˥꜖lə˧.ni˥˧˥tɕiou˥tsuo˥tə˧tʂə˥kəŋ˥˧˥tɕʰiæ̃˨˦꜖,tɕi˥tɕie˥˧˥꜖tsʰæᴇ˥iou˥kəŋ˥˧˥꜖ʐəŋ˨˦taɔ˥tɕiou˥˧˥꜔,ni˥˧˥꜖æ˥˧˥꜖tʂʰʅ˥˧˥i˥˧˥꜖tiæ̃˥˧˥.（那就是坐在这个位置上面是吧？）噢，就坐得这个位置上面。ɑɔ꜖,tɕiou˥tsuo˥tə˧tʂə˥꜓kə˥꜓vei˥꜖tʂʅ˥ʂaŋ˥miæ̃˥.（那这里就说，就是站到这个位置？）噢。ɑɔ˥˧˥.（站桌的把菜端上来叫上菜吧？）上菜嘛。这个热菜，你这个像这个我们这个，现在这个你像，在这个食堂里上席，现在都学西面子吃下那个就说是这个，[提笔]把那个……个“挎”字咋写咧吵？ʂaŋ˥tsʰæᴇ˥ma˧.tʂə˥kə˥ʐə˥˧˥꜖tsʰæᴇ˥,ni˥˧˥tʂə˥꜖kə˥꜖ɕiaŋ˥tʂə˥kə˥ŋuo˥˧˥məŋ˧tʂə˥꜖kə˥꜖,ɕiæ̃˥tsæᴇ˥tʂə˥꜖kə˥꜖ni˥˧˥ɕiaŋ˥,tsæᴇ˥tʂə˥kə˥ʂʅ˨˦tʰaŋ˨˦li˥˧˥ʂaŋ˥ɕi˨˦꜖,ɕiæ̃˥tsæᴇ˥tou˥˧˥꜖ɕyo˨˦ɕi˥˧˥miæ̃˥tsɿ˧tʂʰʅ˥˧˥xa˥nə˥kə˥tɕiou˥꜖ʂuo˥˧˥꜖sɿ˥tʂə˥kə˥,pa˥˧˥꜖næᴇ˥kə˥꜒……kə˥kʰua˥꜒tsɿ˥tsa˥˧˥꜔ɕie˥˧˥lie˧sa˧?（什么夸？）挎包的挎。kʰua˥paɔ˥˧˥ti˧kʰua˥.（噢，提手，这边一个夸奖的夸。）这个，噢。tʂə˥kə˥,ɑɔ˥˧˥.（八挎……）八挎五。这个席的名字就叫个八挎五。pa˥˧˥꜖kʰua˥vu˥˧˥.tʂə˥kə˥ɕi˨˦ti˧miŋ˨˦꜖tsɿ˥꜓tɕiou˥tɕiaɔ˥kə˥pa˥˧˥꜖kʰua˥vu˥˧˥.（什么叫“八挎五”？哪种情况呢？）这就是这八……啥叫八挎五？那就是，喝酒菜，喝酒菜是八个。tʂei˥꜓tɕiou˥꜖sɿ˥꜖tʂə˥꜖pa……sa˥tɕiaɔ˥pa˥˧˥꜖kʰua˥vu˥˧˥?næᴇ˥꜖tɕiou˥sɿ˥,xə˥˧˥꜖tɕiou˥˧˥tsʰæᴇ˥꜖,xə˥˧˥꜖tɕiou˥˧˥tsʰæᴇ˥sɿ˥꜖pa˥˧˥kə˥꜖.（噢，八个喝酒菜。）呃，八个喝酒菜。这是酒，喝酒用，用八个菜。嗯。下面这五个，吃饭的。ə꜖,pa˥˧˥kə˥꜖xə˥˧˥꜖tɕiou˥˧˥tsʰæᴇ˥꜖.tʂə˥꜖sɿ˥꜖tɕiou˥˧˥,xuo˥˧˥꜖tɕiou˥˧˥yoŋ˥,yoŋ˥꜒pa˥˧˥kə˥꜖tsʰæᴇ˥꜖.ŋ̍꜖.ɕia˥miæ̃˥꜖tʂə˥vu˥˧˥kə˥꜖,tʂʰʅ˥˧˥꜖fæ̃˥꜒ti˧.（八个喝酒菜？）嗯。ə̃꜖.（八个……八个冷……凉菜，五个热菜？）哎，那不一定。这个喝……吃饭的这个菜，必须是，必须是热菜。æᴇ꜖,nə˥꜓pu˨˦꜖i˥˧˥꜔tiŋ˥꜖.tʂə˥kə˥xə˥˧˥꜔……tʂʰʅ˥˧˥꜖fæ̃˥꜓ti˧tʂə˥kə˥tsʰæᴇ˥,pi˥˧˥꜒ɕy˥˧˥꜖sɿ˥꜖,pi˥˧˥꜒ɕy˥˧˥꜔sɿ˥ʐə˥˧˥tsʰæᴇ˥꜖.（喝酒的也可能是凉菜？）喝酒的这个可能这八个菜里头可能口给你上这个，上五个热……五个凉菜，这就七个……最起码来说，按规定来就必是一荤一素，一热一冷。呃。这八个菜都要扮……扮……变着八个样子上来。这后面这五个，这五个喝……吃饭菜这都是热……都是热菜。中间还要，在这中间么，再……再加一个，汤。xə˥˧˥꜖tɕiou˥˧˥ti˧tʂə˥kə˥kʰə˥˧˥꜖nəŋ˨˦tʂə˥pa˥˧˥kə˥꜖tsʰæᴇ˥li˥˧˥꜔tʰou˧kʰə˥˧˥꜔nəŋ˨˦꜔niæ̃˨˦꜖kei˥ni˥˧˥꜔ʂaŋ˥tʂə˥꜖kə˥꜖,ʂaŋ˥vu˥˧˥kə˥꜖ʐə˥˧˥……vu˥˧˥kə˥꜖liaŋ˨˦tsʰæᴇ˥,tʂei˥꜓tɕiou˥꜖tɕʰi˥˧˥kə˥꜖ts……tsuei˥tɕʰi˥˧˥꜖ma˥˧˥læᴇ˨˦꜖ʂuo˥˧˥꜔,næ̃˥kuei˥˧˥꜖tiŋ˥꜓læᴇ˨˦꜖tɕiou˥pi˥˧˥꜖sɿ˥꜖i˥˧˥꜒xuoŋ˥˧˥i˥˧˥꜖sɥ˥,i˥˧˥꜒ʐə˥˧˥꜖i˥˧˥꜖ləŋ˥˧˥.ə꜖.tʂə˥pa˥˧˥kə˥꜖tsʰæᴇ˥tou˥˧˥꜖iaɔ˥꜖pæ̃˥……pæ̃˥……piæ̃˥tʂə˧pa˥˧˥kə˥꜖iaŋ˥꜒tsɿ˧ʂaŋ˥læᴇ˨˦꜔.tʂə˥xou˥miæ̃˥꜖tʂə˥vu˥˧˥kə˥꜖,tʂə˥vu˥˧˥kə˥꜖xə˥˧˥……tʂʰʅ˥˧˥꜖fæ̃˥꜓tsʰæᴇ˥tʂə˥꜓tou˥˧˥꜖sɿ˥ʐ……tou˥˧˥꜒sɿ˥ʐə˥˧˥tsʰæᴇ˥.tʂuoŋ˥˧˥꜖tɕiæ̃˥˧˥꜒xæᴇ˨˦꜖iaɔ˥,tsæᴇ˥tʂə˥tʂuoŋ˥˧˥꜖tɕiæ̃˥˧˥꜒muo˧,tsæᴇ˥……tsæᴇ˥tɕia˥˧˥i˥˧˥꜖kə˥,tʰaŋ˥˧˥.（加个汤？）噢，菜就完咧。ɑɔ꜖.tsʰæᴇ˥tsou˥væ̃˨˦꜖lie˧.（哎，像这种什么十三碗是属……这个有汤，没有汤的吗？）这些中间……tʂei˥꜓ɕie˥˧˥꜖tʂuoŋ˥˧˥꜔tɕiæ̃˥˧˥꜖……（没有汤的吗？）这……这些菜里头没有汤。tʂei˥……tʂei˥꜓ɕie˥˧˥꜖tsʰæᴇ˥li˥˧˥꜖tʰou˧mei˨˦iou˥˧˥tʰaŋ˥˧˥꜖.（噢。）噢，没有汤。但是前面那个喝酒菜还照上不误。ɑɔ꜖,mei˨˦iou˥˧˥tʰaŋ˥˧˥꜖.tæ̃˥sɿ˥tɕʰiæ̃˨˦꜖miæ̃˥꜓nə˥꜖kə˥꜖xuo˥˧˥꜖tɕiou˥˧˥tsʰæᴇ˥xa˨˦꜖tʂaɔ˥ʂaŋ˥pu˨˦꜖vu˥.（喝……喝酒菜就另算的？）另算着咧，嗯。liŋ˥suæ̃˥tʂə˧lie˧,ə̃˥˧˥.（噢，这么一算就是十三个菜了？）嗯。ə̃˥˧˥.（是吧？）就是的。tɕiou˥sɿ˥ti˧.

（二）婚姻

从提亲到成亲的过程

（这样吧，老黄，你就把这里就说传统的这种从一开始说媒到到最后成亲，整个这个过程给我们描述一下。）黄：这一般情况下那就说是这个首先是提亲么。tʂei˦˥˦i˥˧˥pæ̃˥˧tɕʰiŋ˧˩꜖kʰuɑŋ˦˥˦ɕiɑ˦næᴇ˦tɕiou˦ʂuo˥˧꜖sɿ˦꜖tʂə˦꜖kə˦꜖ʂou˥˧ɕiæ̃˥˧꜖sɿ˦꜖tʰi˧˩tɕʰiŋ˥˧muo·˧.（他多大岁数了一开始才提亲？）这过去就早。过去那个婚姻法也规定是，男二十，女十八。这就是一般十六七岁儿就开始给娃这个物色，这个看对象了。tʂə˦kuo˦˥tɕʰy˦꜖tɕiou˦꜖tsɑɔ˥˧.kuo˦˥tɕʰy˦nə˦kə˦xuoŋ˥˧iŋ˥˧꜖fɑ˥˧꜔iɑ˥˧꜔kuei˥˧꜖tiŋ˦sɿ˦꜖,næ̃˧˩ər˦ʂʅ˧˩꜖,ny˥˧ʂʅ˧˩pɑ˥˧.tʂei˦tɕiou˦sɿ˦i˥˧˥pæ̃˥˧꜖ʂʅ˧˩liou˥˧tɕʰi˥˧꜖suər˦tsou˦kʰæᴇ˥˧꜖sɿ˥˧kei˦vɑ˧˩tʂə˦꜖kə˦꜖vuo˥˧sə˥˧꜖,tʂə˦kə˦kʰæ̃˦tuei˦ɕiɑŋ˦˥lə·˧.（物色一个是吧？）噢，物色一个。先看一个对象，哪个谁家有这女子和他年龄相仿，这就寻个媒人去提亲。ɑɔ˦,vuo˥˧sei˥˧꜖i˥˧꜖kə˦꜖.ɕiæ̃˥˧꜖kʰæ̃˦˥˦i˥˧꜔kə˦tuei˦ɕiɑŋ˦,nɑ˥˧kə˦꜖sei˧˩ɑ˥˧iou˥˧꜔tʂə˦ny˥˧tsɿ·˧xə˧˩꜖tʰɑ˥˧꜔niæ̃˧˩꜔liŋ˧˩꜔ɕiɑŋ˥˧꜖fɑŋ˥˧,tʂə˦tsou˦꜖ɕiŋ˧˩꜖kə˦mei˧˩꜖zʐəŋ˧˩꜔tɕʰi˦tʰi˧˩꜔tɕʰiŋ˥˧.（是男……男方的家长去看吗？）这一般情况下都寻个人，自己都不好意思。是找个媒人，你去以后，□谁家那女子，我们娃咋么情况，你只看□给我们给啊不？tʂei˦˥˦i˥˧꜖pæ̃˥˧tɕʰiŋ˧˩꜖kʰuɑŋ˦˥˦ɕiɑ˦tou˥˧꜔ɕiŋ˧˩kə˦˥˦zʐəŋ˧˩꜖,tsɿ˦˥tɕie˥˧꜖tou˥˧꜖pu˧˩꜖xɑɔ˥˧꜔i˦˥sɿ·˧.sɿ˦tʂɑɔ˥˧kə˦꜖mei˧˩꜖zʐəŋ˧˩˥,ni˥˧꜔tɕʰi˦i˥˧꜖xou˦,niæ̃˧˩꜔sei˧˩꜖tɕiɑ˥˧꜔nə˦ny˥˧tsɿ·˧,ŋuo˥˧məŋ·˧vɑ˧˩tsɑ˥˧꜔muo·˧tɕʰiŋ˧˩꜖kʰuɑŋ˦,ni˥˧꜔tsɿ˥˧˥kʰæ̃˦niæ̃˧˩꜔kei˦ŋuo˥˧məŋ·˧kei˦˥˦ɑ·˧pu˧˩꜖?（他是说你……叫你去挑一个还是我看好了你……）啊，我看好了，你去……我都兀都看好着咧，你去给咱们问一下。看□们……走我们这儿……现在是实惠一点说就说是从那个地方愿意不愿意到我们这儿来。这就是这么个。再个□……这是这个提……打个招呼，下一步就是相亲咧。ɑ꜖,ŋuo˥˧kʰæ̃˦˥xɑɔ˥˧lə·˧,ni˥˧꜔tɕʰi˦……ŋuo˥˧tou˥˧꜖væᴇ˦˥˦tou˥˧꜖kʰæ̃˦xɑɔ˥˧tʂə·˧lie·˧,ni˥˧꜔tɕʰi˦kei˦tʂɑ˧˩꜖məŋ·˧vəŋ˦˥i˥˧꜖xɑ˦꜖.kʰæ̃˦꜖niæ̃˧˩məŋ·˧……tsou˥˧ŋuo˥˧məŋ·˧tʂər˦……ɕiæ̃˦tsæᴇ˦sɿ˦ʂʅ˧˩꜖xuei˦˥˦i˥˧tiæ̃˥˧꜖ʂuo˥˧꜔tɕiou˦˥˦ʂuo˥˧꜖sɿ˦꜖tsʰuoŋ˧˩꜖nə˦kə˦ti˦fɑŋ˥˧꜖yæ̃˦i˦pu˧˩꜖yæ̃˦i˦tɑɔ˦ŋuo˥˧məŋ·˧tʂər˦læᴇ˧˩꜖.tʂei˦tɕiou˦sɿ˦tʂə˦˥muo·˧kə˦꜖.tsæᴇ˦kə˦niæ̃˧˩꜖……tʂə˦˥˦sɿ˦tʂə˦kə˦tʰi……tɑ˥˧꜔kə˦tʂɑɔ˥˧xu˥˧꜖,ɕiɑ˦i˥˧꜔pu˦tɕiou˦꜖sɿ˦꜖ɕiɑŋ˥˧˥tɕʰiŋ˥˧lie·˧.（这个提亲是媒人一个人去还是怎么呢？）媒人一个人去。mei˧˩꜖zʐəŋ˧˩꜔i˥˧kə˦꜖zʐəŋ˧˩꜖tɕʰi˦.（要带点儿什么东西不带？）那你去总不能空着个手啊。那你得……得……得拿一瓶子酒去。næᴇ˦˥˦ni˥˧tɕʰi˦tsuoŋ˥˧pu˧˩꜖nəŋ˧˩kʰuoŋ˦tʂə·˧kə˦꜖ʂou˥˧ɑ·˧.nɑ˦˥˦ni˥˧tei˥˧꜔……tei˥˧꜔……tei˥˧lɑ꜔（←nɑ˧˩）i˥˧꜔pʰiŋ˧˩꜖tsɿ·˧tɕiou˥˧tɕʰie˦꜖.（这个这个钱是谁出？）那你是主家出么。næᴇ˦ni˥˧꜔sɿ˦tʂʮ˥˧tɕiɑ˥˧꜖tʂʰʮ˥˧꜖muo·˧.（噢，这方面儿叫主家是吧？）啊。你去以后，这个事欸一说以后，再选的个日子，叫这两个娃娃们见下面嘛。ɑ꜖.ni˥˧꜔tɕʰi˦i˦i˥˧꜖xou˦,tʂə˦kə˦sɿ˦ei˦i˦i˥˧꜖ʂuo˥˧i˥˧꜖xou˦˥˦,tsæᴇ˦ɕyæ̃˥˧꜔ti·˧kə˦zʅ˥˧tsɿ·˧,tɕiɑɔ˦tʂə˦liɑŋ˥˧꜔kə˦vɑ˧˩꜖vɑ˧˩꜔məŋ·˧tɕiæ̃˦xɑ˦miæ̃˦mɑ·˧.（它没那么简单吧？总得说几……来回说几次她……她才……）哎，那都不一定是。如果是愿意那就很简单。你就邀来这是两个娃，和这个儿子女子一见面……æᴇ꜖,næᴇ˦˥˦tou˥˧꜔pu˧˩꜔i˥˧꜔tiŋ˦sɿ˦.zʮ˧˩꜖kuo˥˧sɿ˦yæ̃˦˥˦i˦nei˦tsou˦xəŋ˥˧tɕiæ̃˥˧tæ̃˥˧꜖.ni˥˧꜔tsou˦iɑɔ˥˧læᴇ˧˩꜔tʂə˦sɿ˦liɑŋ˥˧kə˦vɑ˧˩,xuo˧˩꜖tʂə˦kə˦ər˧˩꜖tsɿ·˧ny˥˧tsɿ·˧i˥˧꜖tɕiæ̃˦miæ̃˦……（就单独见面儿还是双方父母也得……他……）欸都单独……一般都单独见面，去看一看么。ei˥˧tou˥˧꜖tæ̃˥˧꜖tu……i˥˧˥pæ̃˥˧tou˥˧꜖tæ̃˥˧꜖tu˧˩tɕiæ̃˦miæ̃˦,tɕʰy˦kʰæ̃˦i˥˧꜔kʰæ̃˦꜖muo·˧.（他……他有一个……呃，会不会就说媒婆……就说如果这个女孩子觉得满意啊，他会不会要那个女方哪个……那个哪个人带着这个女孩子到男家去？）那是下一步了。nei˦˥˦sɿ˦꜖ɕiɑ˦˥i˥˧꜖pu˦lə˦.（还下一步？）噢，相亲你只能相亲。

你是把那个亲相过以后，这两个人□么互相自己都看上。ɑɔ˥,ɕiaŋ˥˧˦tɕʰiŋ˥˧ni˥˧˧tsɿ˥˧˩nəŋ˨˦˧ɕiaŋ˥˧˦tɕʰiŋ˥˧.ni˥˧sɿ˥pa˥˧˧tʂə˥kə˥tɕʰiŋ˥˧ɕiaŋ˥˧˩kuo˥i˥˧˩xou˥,tʂə˥˩liaŋ˥˧kə˥˩zəŋ˨˦˩niæ̃˨˦˥muo˧xu˥˥ɕiaŋ˥˧˩tsɿ˥˥tɕie˥˧˩tou˥˧˩kʰæ̃˥ʂaŋ˥.（噢，男女？）噢，互相……ɑɔ˩,xu˥˦ɕiaŋ˥˧˩……（见面……一般在什么地方见面呢？）那有……有可能到这个欸街道上去。也有可能就是到……他们到女方家去看。næᴇ˥iou˥˧……iou˥˧kʰə˥˧˧nəŋ˨˦˧tɑɔ˥tʂə˥kə˥ei˩tɕie˥˧˩tɑɔ˥˥ʂaŋ˥˩tɕʰie˥˩.ia˥˧˧iou˥˧˧kʰə˥˧˩nəŋ˨˦tɕiou˥sɿ˥˩tɑɔ˥……tʰa˥˧˧məŋ˧tɑɔ˥ny˥˧faŋ˥˧˩tɕia˥˧li˥˧˩tɕʰy˥kʰæ̃˥.（噢，到女方家里？）啊。这个看上以后，你这都没有意见了。ɑ˩.tʂə˥kə˥kʰæ̃˥ʂaŋ˥i˥˧˩xou˥˥,ni˥˧˩tʂə˥˥tou˥˧˩muo˥˧˩iou˥˧i˥tɕiæ̃˥lə˧.（有什么接头暗号没有？）那没有。把狗挡住，别要这狗咬了就对了。这号……这一毕咧以后，这说是这个这互相这都没有意见来着，这才正式才能说媒了。这就是要这个约定个日子，到男方家里去看家。næᴇ˥˥mei˨˦iou˥˧˩.pa˥˧˩kou˥˧taŋ˥tʂʮ˥,pie˨˦iɑɔ˥˥tʂei˥˥kou˥˧niɑɔ˥˧lə˧tsou˥˩tuei˥˦lə˧.tʂei˥xɑɔ˥……tʂei˥˥i˥˧˩pi˥˧lie˧li˥˧˩xou˥˥,tʂei˥˥ʂuo˥˧˧sɿ˥tʂə˥kə˥tʂə˥xu˥ɕiaŋ˥˧˩tʂə˥tou˥˧˧mei˨˦iou˥˧i˥tɕiæ̃˥læᴇ˨˦˩tʂə˧,tʂə˥˥tsʰæᴇ˨˦˩tʂəŋ˥˦ʂɿ˥˧˩tsʰæᴇ˨˦˩nəŋ˨˦˧ʂuo˥˧mei˨˦˩lə˧.tʂei˥tɕiou˥sɿ˥iɑɔ˥˩tʂə˥kə˥yo˥˧tiŋ˥kə˥zʅ˥˧tsɿ˧,tɑɔ˥næ̃˨˦˩faŋ˥˧˧tɕia˥˧li˥˧˩tɕʰy˥˩kʰæ̃˥tɕia˥˧.（看家？）嗯。ə̃˩.（去看看家里头有什……）啊，看看家里这个光景过的怎么样，经济状况如何，这都是这个过场你要走到。然后这个看家毕了以后，这个女方走的话，这个女的看了你这个家，愿意不愿意，人□来咧，走的时候你总要打发点儿东西啊。哎，现在么就是人民的那个币。那就是这个打发的东西。ɑ˩,kʰæ̃˥kʰæ̃˥tɕia˥˧li˥˧˩tʂə˥kə˥kuaŋ˥˧tɕiŋ˥˧˧kuo˥˩ti˧tsəŋ˥˧˧muo˧iaŋ˥,tɕiŋ˥˧˩tɕi˥˥tʂuaŋ˥kʰuaŋ˥zʮ˨˦xuo˨˦˩.tʂei˥tou˥˧˧sɿ˥tʂə˥kə˥kuo˥˥tʂʰaŋ˥˧˧ni˥˧˧iɑɔ˥tsou˥˧˧tɑɔ˥.zæ̃˨˦˩xou˥tʂə˥kə˥kʰæ̃˥tɕia˥˧˩pi˥˧lə˧i˥˧˩xou˥,tʂə˥kə˥ny˥˧faŋ˥˧˩tsou˥˧ti˧xua˥˩,tʂə˥˩kə˥˩ny˥˧ti˧kʰæ̃˥lə˧ni˥˧˧tʂə˥kə˥tɕia˥˧,yæ̃˥i˥pu˨˦˩yæ̃˥i˥,zəŋ˨˦˩niæ̃˨˦˥læᴇ˨˦˩lie˧,tsou˥˧ti˧sɿ˨˦˩xou˥ni˥˧˧tsuoŋ˥˧˩iɑɔ˥ta˥˧fa˥˧˩tiær˥˧˩tuoŋ˥˧ɕia˧.æᴇ˥,ɕiæ̃˥tsæᴇ˥muo˧tɕiou˥˩sɿ˥˩zəŋ˨˦miŋ˨˦ti˧nə˥kə˥pi˥.næᴇ˥tɕiou˥sɿ˥tʂə˥kə˥ta˥˧fa˥˧˩ti˧tuoŋ˥˧ɕi˧.（过去呢？）过去那那就是给一件衣裳，啊，给个欸穿的戴的这个可个啥个东西给一些。kuo˥˦tɕʰy˥nə˥næᴇ˥tɕiou˥sɿ˥˩kei˥i˥˧˧tɕiæ̃˥i˥˧ʂaŋ˨˦˩,a˥,kei˥kə˥ei˩tʂʰuæ̃˥˧ti˧tæᴇ˥˦ti˧tʂə˥kə˥kʰə˥˧˧kə˥sa˥kə˥tuoŋ˥˧ɕi˧kei˥i˥˧˧ɕie˥˧˧.（女方要是愿意呢？）愿意她就接住了。yæ̃˥˥i˥˥tʰa˥˧˧tsou˥tɕie˥˧tʂʮ˥˩lə˧.（接住？）啊。ɑ˩.（不愿意呢？）不愿意就扭扭捏捏的不要你这个东西。这是心里不舒服，那都没看上你这个家。这就叫给她那个把凭你没……你也没拿么。pu˨˦˩yæ̃˥˥i˥˥tʰa˥˧˧tsou˥niou˥˧niou˥˧˧nie˥˧nie˥˧˩ti˧pu˨˦˩iɑɔ˥˥ni˥˧tʂə˥˩kə˥˩tuoŋ˥˧˩ɕi˧.tʂə˥sɿ˥ɕiŋ˥˧li˥˧˩pu˨˦˩ʂʮ˥˧fu˨˦˩,na˥tou˥˧˧muo˥˧˩kʰæ̃˥˥ʂaŋ˥ni˥˧tʂə˥˩kə˥˩tɕia˥˧˩.tʂei˥tɕiou˥tɕiɑɔ˥kei˥tʰa˥˧˧nə˥kə˥pa˥˧pʰiŋ˨˦˩ni˥˧˧muo……ni˥˧˧a˥˧˧muo˥˧˧na˨˦muo˧.（把什么？给什么？）给她那个把凭。这个把凭就说是凭……呃，就说是给你……kei˥tʰa˥˧˧nə˥kə˥pa˥˧pʰiŋ˨˦˩.tʂə˥kə˥pa˥˧pʰiŋ˨˦˩tɕiou˥˥ʂuo˥˧˩sɿ˥˩pʰiŋ……ə˥,tɕiou˥˥ʂuo˥˧˩sɿ˥˩kei˥˦ni˥˧˧……（把凭是吧？）噢，把凭，噢。这个东西，这一步如果是答应了，人□给那个东西□都拿了，说明□心上看上你这个人家。ɑɔ˩,pa˥˧pʰiŋ˨˦˩,ɑɔ˩.tʂə˥˥kə˥˥tuoŋ˥˧ɕi˧,tʂei˥˥i˥˧˧pʰu˥zʮ˨˦˧kuo˥˧˧sɿ˥ta˥˧˩iŋ˥lə˧,zəŋ˨˦˩niæ̃˨˦˧kei˥na˥kə˥tuoŋ˥˧ɕi˧niæ̃˨˦˩tou˥˦na˨˦˩lə˧,ʂuo˥˧˩miŋ˨˦niæ̃˨˦˩ɕiŋ˥˧ʂaŋ˥˩kʰæ̃˥˦ʂaŋ˥ni˥˧tʂə˥kə˥zəŋ˨˦˩tɕia˥˧˧.（那玩意儿给的东西叫把凭？）啊。这把你东西一接，她回去了。这媒人么和这个娃他爸嘛，这是选择一个日子到□们家里就去聘期上。这是个去言礼去。ɑ˩.tʂə˥pa˥˧˩ni˥˧tuoŋ˥˧ɕi˧i˧li˥˧˩tɕie˥˧,tʰa˥˧˩xuei˨˦˩tɕʰi˥˥lə˧.tʂei˥˥mei˨˦˩zəŋ˨˦˥muo˧xuo˨˦˧tʂə˥kə˥va˨˦tʰa˥˧˩pa˨˦ma˧,tʂə˥sɿ˥ɕyæ̃˥˧tsei˥˧˩i˥˧˩kə˥˩zʅ˥˧˧tsɿ˧tɑɔ˥niæ̃m˨˦tɕia˥˧li˥˧˩tɕiou˥tɕʰy˥pʰiŋ˥˥tɕʰi˨˦ʂaŋ˥˩.tʂei˥sɿ˥kə˥tɕʰi˥iæ̃˨˦li˥˧tɕʰie˥˩.（叫什么？）言礼。iæ̃˨˦li˥˧.（言礼？）噢，言礼，啊。ɑɔ˩,iæ̃˨˦li˥˧,ɑ˩.（语言的言？）欸，噢，就是语言的言，财礼的礼。ei˨˦,ɑɔ˩,tɕiou˥˥sɿ˥y˥˧iæ̃˨˦˩ti˧iæ̃˨˦,tsʰæᴇ˨˦˩li˥˧ti˧li˥˧.（是延长的延还是语言的

言呢？）欸，言，言语的言嘛。ei˨˩,iæ̃˩˧,iæ̃˨˩y˦ti·liæ̃˩˧ma˧.（言语的言啊？）嗯。言礼咧嘛。这他言礼咧嘛。一言礼以后，这是女……女方家里，男方家里去以后，这个时候，有时候就讨价还价咧嘛。欸，礼……你这个财礼要多少，这是这个衣裳钱啊，零花钱啊，还甚么是三金啊的。ə̃˨˩.iæ̃˨˩li˦lie·ma·.tʂə˥˧tʰɑ˦iæ̃˨˩li˦lie·ma·.i˦iæ̃˨˩li˦i˦xou˥,tʂei˥sɿ˥ny˦……ny˦faŋ˦tɕia˦li˦,næ̃˩˧faŋ˦tɕia˦li˦tɕʰy˥i˦xou˥,tʂə˥kə˥sɿ˨˩xou˥,iou˦sɿ˨˩xou˥tɕiou˥tʰɑɔ˦tɕia˥xuæ̃˨˩tɕia˥lie·ma·.ei˩˧,li˦tɕʰi……ni˦tʂə˥kə˥tsʰæᴇ˩˧li˦iaɔ˥tuo˨˩ʂaɔ˦,tʂə˥sɿ˥tʂə˥kə˥i˦ʂaŋ˨˩tɕʰiæ̃˩˧a˥,liŋ˩˧xuɑ˦tɕʰiæ̃˩˧a˥,xɑ˨˩ʂəŋ˥muo·sɿ˥sæ̃˦tɕiŋ˦æ·ti˥.（三……三什么？）三金。金耳环，金项链，金戒子这些。这都是言礼咧嘛。这些东西都能说得交礼的话，都……都感觉到……女方要下的，和这个男方我都能承受的起的，这就是都说合适了么。下一步你么就丢下到……到订婚了。最古老的么不叫订婚，叫挂锁儿。sæ̃˦tɕiŋ˦.tɕiŋ˦ər˦xuæ̃˩˧,tɕiŋ˦ɕiaŋ˥liæ̃˥,tɕiŋ˦tɕie˥tsɿ·tʂei˥ɕie˦.tʂei˥tou˦sɿ˥iæ̃˨˩li˦lie·ma·.tʂei˥ɕie˦tuoŋ˦ɕi·tou˦nəŋ˩˧ʂuo˦tə·tɕiaɔ˦li˦tə·xua˥,tou˦……tou˦kæ̃˦tɕyo˦taɔ˥……ny˦faŋ˦iaɔ˥xa˥ti·,xuo˩˧tʂə˥kə˥næ̃˨˩faŋ˦ŋuo˦tou˦nəŋ˨˩tʂʰəŋ˨˩ʂou˥ti·tɕʰi˦ti·,tʂei˥tɕiou˥sɿ˥tou˦ʂuo˦xuo˨˩tʂʰʅ˦ləm˥.ɕia˥i˦pu˥ni˦muo·tɕiou˥tiou˦xa˥taɔ˥……taɔ˥tiŋ˥xuoŋ˦lə·.tsuei˥ku˦laɔ˦tim·pu˩˧tɕiaɔ˥tiŋ˥xuoŋ˦,tɕiaɔ˥kua˥suor˦.（挂什么？）挂锁。挂锁儿。kua˥suo˦.kua˥suor˦.（挂锁啊？）嗯。ə̃˨˩.（你们叫……）挂锁儿。实际上就是订婚。kua˥suor˦.ʂʅ˨˩tɕi˥ʂaŋ˥tɕiou˥sɿ˥tiŋ˥xuoŋ˦.（为什么叫做挂锁呢？）因为这个东西有个仪式咧嘛。你这个订婚的时候，总得搞个红毛线嘛，晓……搞个红线，欸，能绾一绾，绾个万年结儿。iŋ˦vei˥tʂei˥kə˥tuoŋ˦ɕi·iou˦kə˥i˨˩ʂʅ˦lie·ma·.ni˦tʂə˥kə˥tiŋ˥xuoŋ˦ti·sɿ˩˧xou˥,tsuoŋ˦tei˦kaɔ˦kə˥xuoŋ˩˧maɔ˨˩ɕiæ̃˥ma·,ɕiaɔ˦k……kaɔ˦kə˥xuoŋ˩˧ɕiæ̃˥,ei˩˧,nəŋ˩˧væ̃˦i˦væ̃˦,væ̃˦kə˥væ̃˥niæ̃˩˧tɕiər˦.（万年结？万年结是个什么样子的？）万年结实际上就是咱们中国那个中国结儿么。væ̃˥niæ̃˩˧tɕie˦ʂʅ˩˧tɕi˥ʂaŋ˥tɕiou˥sɿ˥tsam˩˧tʂuoŋ˦kuo˦nə˥kə˥tʂuoŋ˦kuo˦tɕiər˦muo·.（噢，你们叫万年结？）噢，万年结儿。然后上头把人民那个币给你往上一拴。aɔ˥,væ̃˥niæ̃˩˧tɕiər˦.zæ̃˨˩xou˥ʂaŋ˥tʰou·pa˨˩zəŋ˩˧miŋ˩˧nə˥kə˥pi˥kei˥ni˦vaŋ˦ʂaŋ˥i˦ʂuæ̃˦.（人民币拴上？）呃，拴上。欸……ə˨˩,ʂuæ̃˦ʂaŋ˥.ei˥……（拴多少钱呢？）那你经济状况还好，你拴一千她也不嫌多。你拴一百，她也不嫌少。就是没得哎，拴十块八块也能行。会耍的那个人那拿去给那个女的脖子里戴一个。næᴇ˥ni˦tɕiŋ˦tɕi˥tʂuaŋ˥kʰuaŋ˥xa˨˩xaɔ˦,ni˦ʂuæ̃˦i˦tɕʰiæ̃˦tʰɑ˦ɑ˦pu˩˧ɕiæ̃˩˧tuo˨˩.ni˦ʂuæ̃˦i˦pei˦,tʰɑ˦ia˦pu˩˧ɕiæ̃˩˧ʂaɔ˦.tsou˥sɿ˥muo˦tə·æᴇ˨˩,ʂuæ̃˦ʂʅ˨˩kʰuæᴇ˦pa˦kʰuæᴇ˦ia˦nəŋ˩˧ɕiŋ˩˧.xuei˥ʂua˦ti·nə˥kə˥zəŋ˩˧nə˥na˨˩tɕʰi˥kei˥nə˥kə˥ny˦ti·puo˨˩tsɿ·li˦tæᴇ˥i˦kə˥.（谁来给耍……谁给戴呢？）那个媒人么。媒人给男的……你男方也给女方给了咧，女方也给男方要给咧么。nə˥kə˥mei˨˩zəŋ˩˧muo·.mei˨˩zəŋ˩˧kei˥næ̃˩˧ti……ni˦næ̃˨˩faŋ˦a˦kei˥ny˦faŋ˦kei˥lə·lie·,ny˦faŋ˦a˦kei˥næ̃˨˩faŋ˦iaɔ˥kei˥lie·muo·.（也挂在……）都挂在手儿……tou˦kua˥tsæᴇ˥ʂɥər˦……（噢，就是互相赠送？）赠送一下。tsəŋ˥suoŋ˥i˦xa˥.（都是媒人这给……给挂？）噢，媒人给挂，或者是其他能……能开住玩笑的这些人给挂的嘛。aɔ˨˩,mei˨˩zəŋ˩˧kei˥kua˥,xuei˩˧tʂə˦sɿ˥tɕʰi˨˩tʰɑ˦nəŋ˩˧……nəŋ˩˧kʰæᴇ˦tʂɥ˥væ̃˨˩ɕiaɔ˥ti·tʂei˥ɕie˦zəŋ˩˧kei˥kua˥ti·ma·.（噢，这个结是谁打的呢？）谁都可以打。就是那么个象征性那个意思要搞到那个地方就对了么。这就等于订婚就订了么。sei˩˧tou˦kʰə˦i˦ta˦.tsou˥sɿ˥nə˥muo·kə˥ɕiaŋ˥tʂəŋ˦ɕiŋ˥nə˥kə˥i˥sɿ·iaɔ˥kaɔ˦taɔ˥nə˥kə˥ti˥faŋ˦tɕiou˥tuei˥ləm˥.tʂei˥tɕiou˥təŋ˦y˩˧tiŋ˥xuoŋ˦tɕiou˥tiŋ˥lə·muo˥.（那个叫做锁？）啊，锁儿么，噢。这是订婚这一步里已经到这儿这就完了。ɑ˨˩,suor˦muo·,aɔ˨˩.tʂə˥sɿ˥tiŋ˥xuoŋ˦tʂei˥i˦pʰu˥li˦i˦tɕiŋ˦taɔ˥tʂər˥tʂə˥tɕiou˥væ̃˨˩lə˥.

（订婚那个是在男家做吧，仪式？）这个仪式分双……是单订咧还是双订咧嘛。tʂei˥˦˥kə˥˨i˨˦ʂʅ˥˧˨fəŋ˥˧˨ʂuaŋ˥˧……sʅ˥tæ̃˥˧˨tiŋ˥˦˥lie˧xa˨˦˨sʅ˥ʂuaŋ˥˧tiŋ˥lie˧ma˧.（单订怎么讲？双订怎么讲？）单订，或到女方订，或者在男方订，只走一家子就行了。双方订的话，那就说是，不单要到女的家里吃，也到男方家了还要吃。tæ̃˥˧˨tiŋ˥˦˥,xuei˨˦˥tɑɔ˥ny˥˧faŋ˥˧˨tiŋ˥,xuei˨˦˥tʂə˥˧˨tsæᴇ˥næ̃˨˦faŋ˥˧˨tiŋ˥˨,tsʅ˥˧˨tsou˥˧i˥˧˨tɕia˥˧tsʅ˧tɕiou˥ɕiŋ˨˦˨lə˧.ʂuaŋ˥˧faŋ˥˧˨tiŋ˥˦tə˧xua˥,næᴇ˥tɕiou˥ʂuo˥˧˦sʅ˥,pu˨˦tæ̃˥˧˨iɑɔ˥tɑɔ˥ny˥˧ti˧tɕia˥˧li˥˧˨tʂʰʅ˥˧,ie˥˧tɑɔ˥næ̃˨˦˨faŋ˥˧tɕia˥˧lə˧xa˨˦˨iɑɔ˥˦˥tʂʰʅ˥˧˨.（噢，吃两顿？）啊，得两顿吃。a˨,tei˥˧˨liaŋ˥˧tuoŋ˥˦tʂʰʅ˥˧˨.（这个订婚的时候哪些人参加这个仪式啊？）主要的亲亲都参加。tʂʮ˥˧˦iɑɔ˥ti˧tɕʰiŋ˥˧tɕʰiŋ˥˧˨tou˥˧˦tsʰæ̃˥˧˨tɕia˥˧˨.（男家女家的？）噢，男家的主……女家的主要亲戚都要参加。这个……这你像他这个都是……这是只指主要的。这个订婚的这一天么也就是……这个还有个议程，要认大小咧。ɑɔ˨,næ̃˨˦tɕia˥˧˨ti˧tʂʮ……ny˥˧tɕia˥˧˨ti˧tʂʮ˥˧˦iɑɔ˥tɕʰiŋ˥˧tɕʰi˥˧˨tou˥˧˨iɑɔ˥˦˥tsʰæ̃˥˧˨tɕia˥˧˨.tʂə˥kə˥……tʂei˥ni˥˧˦ɕiaŋ˥tʰa˥˧˨tʂə˥˨kə˥˨tou˥˧˦sʅ˥……tʂei˥˦˥sʅ˥˨tsʅ˥˧˨tsʅ˥˧tʂʮ˥˧˦iɑɔ˥˦˥ti˧.tʂə˥kə˥tiŋ˥˦xuoŋ˥˧ti˧tʂei˥i˥˧˨tʰiæ̃˥˧muo˧ia˥˧˨tɕiou˥sʅ˥……tʂə˥˨kə˥˨xa˨˦iou˥˧kə˥˨i˥tʂʰəŋ˨˦˨,iɑɔ˥˨zəŋ˥˦ta˥ɕiɑɔ˥˧lie˧.（叫什么？）认大小咧。为啥要认大小咧？因为这才是新结这个亲亲，互相之间都不了解么。欸，这个男方，那个女方就要介……给男方介绍，这是女子她……她舅咧，还是她舅爷咧，是她爸咧，她二爸咧，这个介绍一下么。返[①]过来那个男方噢给女方介绍，他领来下这些人是……这个是这个小伙的他爸，他妈，他啥子咧。把这些互相一认。这个认不是白认咧。zəŋ˥ta˥ɕiɑɔ˥˧lie˧.vei˥sa˥iɑɔ˥zəŋ˥ta˥ɕiɑɔ˥˧lie˧?iŋ˥˧˨vei˥˦˥tʂə˥tsʰæᴇ˨˦˨sʅ˥ɕiŋ˥˧˦tɕie˥˧tʂei˥˨kə˥˨tɕʰiŋ˥˧tɕʰiŋ˥˧˨,xu˥ɕiaŋ˥˧˨tsʅ˥˧tɕiæ̃˥˧˨tou˥˧˦pu˨˦˨liɑɔ˥˧˨tɕie˥˧muo˧.ei˥˧,tʂə˥˨kə˥˨næ̃˨˦˨faŋ˥˧,nə˥kə˥ny˥˧faŋ˥˧˨tsou˥iɑɔ˥tɕie˥……kei˥næ̃˨˦faŋ˥˧˨tɕie˥˦˥ʂɑɔ˨˦˨,tʂə˥sʅ˥ny˥˧tsʅ˧tʰa˥˧˨……tʰa˥˧˨tɕiou˥lie˧,xa˨˦˨sʅ˥˨tʰa˥˧˨tɕiou˥ie˨˦lie˥,sʅ˥˨tʰa˥˧˨pa˨˦lie˥,tʰa˥˧˨ər˥pa˨˦lie˥,tʂə˥kə˥tɕie˥ʂɑɔ˨˦i˥˧˨xa˥˦˥muo˧.fæ̃˥˧˨kuo˥˦˥læᴇ˨˦˦nə˥kə˥næ̃˨˦˨faŋ˥˧ɑɔ˥kei˥ny˥˧faŋ˥˧˨tɕie˥˦˥ʂɑɔ˨˦˨,tʰa˥˧liŋ˥˧læᴇ˨˦˨xa˥tʂei˥ɕie˥˧˦zəŋ˨˦sʅ˥……tʂə˥kə˥sʅ˥tʂə˥kə˥ɕiɑɔ˥˧xuo˥˧˨ti˧tʰa˥˧˦pa˨˦,tʰa˥˧˨ma˥˧,tʰa˥˧˦sa˥tsʅ˧lie˧.pa˥˧˨tʂei˥˦˥ɕie˥˧˨xu˥ɕiaŋ˥˧˨i˥˧˨zəŋ˥.tʂei˥kə˥zəŋ˥pu˨˦˨sʅ˥pei˨˦zəŋ˥˦lie˧.（要给红包是吧？）那给红包儿咧。你这个红包儿得给……na˥kei˥xuoŋ˨˦pɑɔr˥˧lie˧.ni˥˧˦tʂə˥kə˥xuoŋ˨˦pɑɔr˥˧tei˥˧˨kei˥……（是被介绍的那个人要给女孩子或者男孩子红包是吧？）噢，给女孩子，给男孩子，都要给红包儿咧。人家给你拿，欸，一人一壶给你倒一盅子酒，双手往那一递，一喝，你这个酒一喝，至少得你要人民的币二十块钱。你辈分稍微大个一下，可能得五十一百，你就得红包儿。最后咧一……五十元不等，一百也不……不嫌多反正。ɑɔ˨,kei˥ny˥˧xæᴇ˨˦˨tsʅ˧,kei˥næ̃˨˦xæᴇ˨˦˦tsʅ˧,tou˥˧˦iɑɔ˥kei˥xuoŋ˨˦pɑɔr˥˧lie˧.zəŋ˨˦˨tɕia˥˧kei˥ni˥˧˦na˨˦,ei˥˧,i˥˧˨zəŋ˨˦˥i˥˧˨xu˨˦˦kei˥ni˥˧˦tɑɔ˥˦˥i˥˧˨tʂuoŋ˥˧˨tsʅ˧tɕiou˥˧,ʂuaŋ˥˧˨ʂou˥˧vaŋ˥˧˦nə˥i˥˧˦ti˥,i˥˧˨xuo˥˧,ni˥˧˦tʂə˥kə˥tɕiou˥˧i˥˧˨xuo˥˧,tsʅ˥ʂɑɔ˥˧˦tei˥˧˨ni˥˧˨iɑɔ˥zəŋ˨˦miŋ˨˦˦ti˧pi˥ər˥ʂʅ˨˦˦kʰuæᴇ˥˧˦tɕʰiæ̃˨˦˨.ni˥˧˦pei˥˦fəŋ˥˨sɑɔ˥˧vei˥˧˦ta˥kə˥i˥˧˦xa˥,kʰə˥˧˦nəŋ˨˦˦tei˥˧˦vu˥˧ʂʅ˨˦˨i˥˧˨pei˥˧,ni˥˧˦tɕiou˥tei˥˧˦xuoŋ˨˦pɑɔr˥˧.tsuei˥xou˥lie˧i˥˧˦……vu˥˧ʂʅ˨˦˦yæ̃˨˦˦pu˨˦təŋ˥˧˨,i˥˧˦pei˥˧ia˥˧˨pu˨˦˨ts……pu˨˦˨ɕiæ̃˨˦tuo˥˧fæ̃˥˧˨tʂəŋ˥.（是不是要拿红纸给包起来？）不包。写啊人民那个币就往那个桌子上撂。啊，有个人口专门就负责收着咧。pu˨˦pɑɔ˥˧˨.ɕie˥˧˨a˧zəŋ˨˦miŋ˨˦˦nə˥kə˥pi˥tsou˥vaŋ˥˧˨nə˥kə˥tʂuo˥˧tsʅ˧ʂaŋ˥˨liɑɔ˥.a˨,iou˥˧kə˥˨zəŋ˨˦niæ̃˨˦˦tʂuæ̃˥˧˨məŋ˨˦tsou˥fu˥tsei˥˧˦ʂou˥˧tʂə˧lie˧.（这个这个女孩子那男孩子这个就说给他们介绍的是是什么人？）随便儿请一个人。但是这个人必须和这个这两家都能说上话的，关系不错的。suei˨˦˨piæ̃r˥˦˥tɕʰiŋ˥˧˨i˥˧˦kə˥zəŋ˨˦.tæ̃˥sʅ˥tʂei˥˦˥kə˥˨zəŋ˨˦pi˥˧˦ɕy˥˧˦xuo˨˦˨tʂə˥kə˥tʂei˥liaŋ˥˧tɕia˥˧˨tou˥˧˦nəŋ˨˦˦ʂuo˥˧˨ʂaŋ˥xua˥ti˧,kuæ̃˥˧˨ɕi˥pu˨˦˨ts

① 《集韵》孚袁切，“回行也”。

ʰuo˥˧ti·˧.（不是媒人吧？）就是媒人。tɕiou˥˧sɿ˥˩mei˨˩zəŋ˨˩.（由媒人来介绍？）啊，介绍那都是认识的那个人介绍的么。ɑ˩,tɕie˥˧ʂɑɔ˨˦næᴇ˥˧tou˧˨sɿ˥˩zəŋ˥˨ʂʅ˧˨ti·˧nə˥kə˥zəŋ˨˦tɕie˥˩ʂɑɔ˨˩tim·˧.（不是噢。就是把那个告诉女孩子这是谁这是谁这是哪个，这个人呢？）那也有可能是女孩子她爸，或者是女孩子她这个欸她二爸这些给介绍的。næᴇ˥ie˧˦iou˧˦kʰə˧˦nəŋ˨˦sʅ˥ny˧˦xɑ˨˩tsɿ·tʰɑ˧˨pɑ˨˦,xuei˨˥tʂə˧˨sɿ˥ny˧˨xɑ˨˩tsɿ·tʰɑ˧˨tʂə˥kə˥ei˥tʰɑ˧˨ər˥˧pɑ˨˦tʂei˥ɕie˧˦kei˥˩tɕie˥˧ʂɑɔ˨˦ti·˧.（噢，不一定是媒人？）不一定是媒人。媒人不管这个事。pu˨˩i˧tiŋ˥sɿ˥mei˨˩zəŋ˨˩.mei˨˩zəŋ˨˥pu˨˩kuæ̃˧tʂə˥kə˥sɿ˥.（噢，媒人……）哎不管这个事。æᴇ˧pu˨˩kuæ̃˧tʂə˥kə˥sɿ˥.（有没有专门做这样的事情的？）哎没有没有没有。没有他专门儿这。那是个业余的事。就那一会儿说咧那么两句话这个是。这订婚完了，这是订婚毕了嘛。æᴇ˧mei˨˩iou˧˨mei˨˩iou˧˨mei˨˩iou˧˨.mei˨˦iou˧tʰɑ˧˦tʂuæ̃˧˨mə̃r˨˩tʂei˥.nə˥˧sɿ˥˩kə˥˩nie˧˨y˨˩ti·˧sɿ˥.tɕiou˥nei˥˧i˧˨xuər˥ʂuo˧lie·˧nə˥muo˦liɑŋ˧˦tɕy˥xuɑ˥tʂə˥˩kə˥˩sɿ˥˩.tʂə˥˧tiŋ˥xuoŋ˧væ̃˨˦lə˦,tʂə˥sɿ˥tiŋ˥˨xuoŋ˧˨pi˧lə·ma·˧.

（啊，订婚还有什么仪式没有？）再没有啥仪……认个大小。tsæᴇ˥˧mei˨˦iou˧sɑ˥˩i……zəŋ˥˧kə˥˩tɑ˥ɕiɑɔ˧˨.（除了这个挂锁？）噢，挂锁儿，认个大小。ɑɔ˩,kuɑ˥suor˧,zəŋ˥kə˥˩tɑ˥ɕiɑɔ˧.（还有这个认大小之外还有什么没有？）再没有啥啦。tsæᴇ˥˧mei˨˩iou˧˨sɑ˥˩lɑ·˧.（这个来的那些亲戚当中，亲戚呀这个数量上有没有限制？）没有。muo˧˥iou˧˨.（单啊双啊有没有这个限制？）没有。太白人就是订婚咧，你就进去以后就去吃……去掏钱准备吃就对了。muo˧˨iou˧˨.tʰæᴇ˥pei˨˩zəŋ˨˦tsou˥sɿ˥tiŋ˥˨xuoŋ˧lie·˧,ni˧˦tsou˥tɕiŋ˥˨tɕʰy˥i˧˨xou˥tɕiou˥tɕʰy˥tʂʰʅ……tɕʰy˥˧tʰɑɔ˧˨tɕʰiæ̃˨˦tʂuoŋ˧˦pei˥tʂʰʅ˧tɕiou˥˩tuei˥lə˧.（掏钱吃饭？）啊，吃饭就对了。过了吃……过了这个子午岭这个隧道子洞子，他就有……就有吃小酒席的这个说法咧。ɑ˩,tʂʰʅ˧˨fæ̃˥˨tɕiou˥˩tuei˥lə˧.kuo˥lə·tʂʰʅ……kuo˥˨lə·tʂə˥kə˥tsɿ˧vu˧˨liŋ˧tʂə˥kə˥suei˥˩tɑɔ˥˨tsɿ·tuoŋ˥˨tsɿ·˧,tʰɑ˧˦tsou˥iou˧˦……tsou˥iou˧˦tʂʰʅ˧˨ɕiɑɔ˧tɕiou˧ɕi˨˩ti·tʂə˥kə˥ʂuo˧fɑ˧˨lie·˧.（吃小酒席？）啊。订婚这一天，就是叫……女方叫你，我给女子订婚啊，叫你们，请你们去吃小酒席咧。他有吃小酒席这个说法。这一……这一套程序完了以后……ɑ˥.tiŋ˥˨xuoŋ˧˨tʂei˥i˧˨tʰiæ̃˧,tɕiou˥sɿ˥tɕiɑɔ˥˨……ny˧fɑŋ˧˨tɕiɑɔ˥ni˧˦,ŋuo˧˨kei˥˩ny˧tsɿ·tiŋ˥˨xuoŋ˧æ·˧,tɕiɑɔ˥ni˧məŋ·˧,tɕʰiŋ˧ni˧məŋ·tɕʰi˥tʂʰʅ˧˨ɕiɑɔ˧˦tɕiou˧ɕi˨˩lie·˧.tʰɑ˧˦iou˧˦tʂʰʅ˧˨ɕiɑɔ˧˦tɕiou˧ɕi˨˩tʂə˥kə˥ʂuo˧fɑ˧˨.tʂei˥˧i˧˦……tʂei˥˧i˧˨tʰɑɔ˥tʂʰəŋ˨˩ɕy˥˧væ̃˨˩lə·i˧˨xou˥……（这个我再问一下，这个订婚的时候女方的这母亲去不去？）一般都不……太不去。i˧˨pæ̃˧tou˧˨p……tʰæᴇ˥pu˨˩tɕʰi˥.（一般不去？）噢，那家里……那家里有个掌柜的你，你掌柜的去就多了，去就对了。ɑɔ˩,næᴇ˥tɕiɑ˧li˧˨……næᴇ˥tɕiɑ˧li˧˨iou˧kə˥˩tʂɑŋ˧˦kuei˥ti·ni˧˨,ni˧˦tʂɑŋ˧kuei˥˨ti·tɕʰi˥tɕiou˥˩tuo˧lə·˧,tɕʰi˥˨tɕiou˥˩tuei˥lə˧.（那些女家的这些女……女的亲戚去不去？）呃去咧。那就不……喔，不……不但……ə˧tɕʰi˥lie·˧.nə˥˧tɕiou˥˩pu˨˩……vuo˧,pu˨˦……pu˨˩tæ̃˥˨……（除了母亲不去，什么……）呃，那不一定，母亲有时候也去。ə˩,nə˥˧pu˨˦i˧˦tiŋ˥,mu˧tɕʰiŋ˧˦iou˧sɿ˨˦xou˥ie˧tɕʰi˥˩.（母亲有时候也去？）啊，也没个规矩说是不去的话。ɑ˩,ie˧mei˨˦kə˥˩kuei˧˨tɕy˧ʂuo˧˦sɿ˥pu˨˩tɕʰi˥˧ti·xuɑ˥˩.

（好，下一步呢？）下一步那就是送财礼嘛。ɕiɑ˥˨i˧˦pu˥næᴇ˥tɕiou˥sɿ˥suoŋ˥tsʰæᴇ˨˩li˧ma·˧.（送财礼？）嗯，噢，送期单。那就是我已经把日子看好了。我拾了一日都娶媳……娶这个媳妇儿咧。ŋ̍˥,ɑɔ˥,suoŋ˥tɕʰi˧tæ̃˧˨.nə˥tsou˥sɿ˥ŋuo˧i˧tɕiŋ˧˨pɑ˧˨zʅ˧tsɿ·kʰæ̃˥xɑɔ˧lə·˧.ŋuo˧˦ʂʅ˨˩lə·i˧zʅ˧˨tou˧˨tɕʰy˧ɕi……tɕʰy˧tʂə˥kə˥ɕi˧fuər˥˩lie·˧.（期单上写着什么东西呢？）那是要寻阴阳，专门儿要卜这个日子咧。næᴇ˥˧sɿ˥˩iɑɔ˥ɕiŋ˨˦iŋ˧iɑŋ˨˩,tʂuæ̃˧˨mə̃r˨˦iɑɔ˥puo˧tʂə˥kə˥zʅ˧tsɿ·lie·˧.（噢，叫卜日子啊？）啊，卜日子咧。根据你这是……噢，卜个日子，根据你这个

出生的年月日，将……把这个日子给你卜出来。他日子一卜以后，拿个红纸，哎，那给你要先写咧。ɑ˨˩,puo˥˧ʐʅ˥˩tsʅ˨lie˨.kəŋ˥˩tɕy˧˥ni˥tʂə˧sʅ˧……ɑɔ˨˩,puo˥kə˧˩ʐʅ˥tsʅ˨,kəŋ˥˩tɕy˧˥ni˥tʂə˧kə˧tʂʰʯ˥˧səŋ˥ti˨niæ̃˩˦yo˥˧ʐʅ˥,tɕiɑŋ˥˧……pɑ˥˩tʂə˧kə˧ʐʅ˥tsʅ˨kei˧ni˥˧puo˥˩tʂʰʯ˥læᴇ˩˨.tʰɑ˥˧ʐʅ˥tsʅ˨i˥˩puo˥i˥˩xou˧,nɑ˩˦kə˧xuoŋ˩˦tsʅ˥,æᴇ˩˦,næᴇ˧kei˧ni˥˧iɑɔ˧ɕiæ̃˥˩ɕie˥lie˨.（阴阳写好？）噢，阴阳给你写好了。那个是谁谁谁于古……ɑɔ˨˩,iŋ˥iɑŋ˩˨kei˧ni˥˧ɕie˥xɑɔ˥lə˨.nə˧kə˧sʅ˧sei˩˦sei˩˧sei˩˨y˩˦ku˥……（古历？）噢，古历几月几日呃成婚，大吉大利嘛。这是这个……这是这个具体日子一定给你定好了。下面还有个坐帐咧嘛。ɑɔ˨˩,ku˥li˥˩tɕi˥yo˥˩tɕi˥ʐʅ˥˩ə˨˩tʂʰəŋ˩˦xuoŋ˥˩,tɑ˧tɕi˥˩tɑ˧li˧mɑ˨.tʂə˧sʅ˧tʂə˧kə˧……tʂə˧˥sʅ˧tʂə˧kə˧tɕy˧tʰi˥˧ʐʅ˥tsʅ˨i˥˧tɕiŋ˥˧kei˧ni˥˧tiŋ˧xɑɔ˥lə˨.ɕiɑ˧miæ̃˧xɑ˩˨iou˥˧kə˧tsuo˧tʂɑŋ˧lie˨mɑ˨.（坐帐？）噢，坐帐么。就是这个新人娶回来以后是面东向南咧，还是面……面西向南咧。咋么坐法的，上得那个炕上咋么个坐咧。ɑɔ˨˩,tsuo˧tʂɑŋ˧muo˨.tɕiou˧sʅ˧tʂə˧kə˧ɕiŋ˥ʐəŋ˩˦tɕʰy˥xuei˩˨læᴇ˩˧i˥˩xou˧sʅ˧˩miæ̃˧tuoŋ˥˩ɕiɑŋ˧næ̃˩˨lie˧,xɑ˩˧sʅ˧miæ̃˧……miæ̃˧ɕi˥ɕiɑŋ˧næ̃˩˧lie˧.tsɑm˥kə˧˩tsuo˧˥fɑ˥˩tə˧,ʂɑŋ˧tə˨nə˧kə˧kʰɑŋ˧ʂɑŋ˧˩tsɑ˥muo˨kə˧˩tsuo˧˥lie˨.（这是由阴阳来……）阴阳都给你把这个方向定把好。iŋ˥iɑŋ˩˨tou˥˧kei˧ni˥˧pɑ˥˩tʂə˧kə˧fɑŋ˥˩ɕiɑŋ˧˥tiŋ˧pɑ˥˩xɑɔ˥˧.（也要阴阳定？）阴阳定了。再一个下面……下面就说是这个，还有一项么，这个期单头起写了一项有是：“新人下马，避了吉祥。”iŋ˥iɑŋ˩˨tiŋ˧lə˨.tsæᴇ˧i˥kə˧˩ɕiɑ˧miæ̃˧……ɕiɑ˧miæ̃˧tɕiou˧˥ʂuo˥˩sʅ˧˩tʂə˧kə˧,xɑ˩˨iou˥i˥˩ɕiɑŋ˧˥muo˨,tʂə˧kə˧tɕʰi˥tæ̃˥˩tʰou˩˨tɕʰie˥˧ɕie˥lə˨i˥˩ɕiɑŋ˧˥iou˥sʅ˧˩,ɕiŋ˥ʐəŋ˩˦ɕiɑ˧mɑ˥˧,pʰi˧˥lə˨tɕi˥ɕiɑŋ˩˨.（什么吉祥？）呃，吉……就是新人在下马的时候嘛，有几种人不能看。或者是你比如今年是个猪年，猪年你就是可能是这个有属马的、属狗的、属羊的，这几个相属的，新人下马时候你不能看。ə˨˩,tɕi˥˧……tɕiou˧˩sʅ˧˩ɕiŋ˥ʐəŋ˩˦tsæᴇ˧ɕiɑ˧mɑ˥ti˨sʅ˩˨xou˧mɑ˨,iou˥tɕi˥tʂuoŋ˥˩ʐəŋ˩˦pu˩˨nəŋ˩˦kʰæ̃˧.xuei˩˧tʂə˥˧sʅ˧ni˥˧pi˥ʐʯ˩˨tɕiŋ˥˩niæ̃˩˦sʅ˧kə˧tʂʯ˥niæ̃˩˨,tʂʯ˥niæ̃˩˦ni˥˧tɕiou˧sʅ˧kʰə˥˩nəŋ˩˦sʅ˧tʂə˧˩kə˧˩iou˥˩ʂʯ˩˨mɑ˥ti˨,ʂʯ˩˨kou˥ti˨,ʂʯ˩˦iɑŋ˩˨ti˧,tʂei˧tɕi˥kə˧˩ɕiɑŋ˧ʂʯ˩˨tə˨,ɕiŋ˥˩ʐəŋ˩˦ɕiɑ˧mɑ˥sʅ˩˨xou˧ni˥˧pu˩˨nəŋ˩˦kʰæ̃˧˩.（啊，不能看这个新娘子？）不能看，噢，不能看新娘子。他后头以后是拿这个戊己庚辛那个来来等那个，吉祥，避之大吉。pu˩˨nəŋ˩˦kʰæ̃˧,ɑɔ˨˩,pu˩˨nəŋ˩˦kʰæ̃˧ɕiŋ˥˩niɑŋ˩˦tsʅ˧.tʰɑ˥˧xou˧tʰou˧i˥˩xou˧sʅ˧˩nɑ˩˦tʂə˧kə˧vu˥tɕi˥˩kəŋ˥˧ɕiŋ˥nə˧˩kə˧˩læᴇ˩˦læᴇ˩˦təŋ˥nei˧kə˧,tɕi˥ɕiɑŋ˩˧,pʰi˧˥tsʅ˥˩tɑ˧˥tɕi˥˩.（哪个pʰi˧˥tsʅ˨˩？）躲避的避么。这些人就不能看了。tuo˥˧pʰi˧˥ti˨pʰi˧˥muo˨.tʂei˧˥ɕie˥˩ʐəŋ˩˦tsou˧pu˩˨nəŋ˩˦kʰæ̃˧lə˨.（噢，吉祥？）啊，吉祥。就这么一会儿。这就是期单上所有写的内容就完了。ɑ˨˩,tɕi˥ɕiɑŋ˩˨.tɕiou˧tʂə˧muo˧i˥˩xuər˧.tʂei˧˥tɕiou˧sʅ˧tɕʰi˥tæ̃˥˩ʂɑŋ˧˩ʂuo˥˩iou˥ɕie˥˧ti˧luei˧yoŋ˩˦tsou˧væ̃˩˧lə˧.（阴阳要写上自己的名字不写？）不写。pu˩˨ɕie˥.（这个……这个是谁到阴阳那里，是请……把阴阳请来还是……）不，一般都是这个娃他爸去卜……卜个日子。pu˩˦,i˥˧pæ̃˥tou˥˧sʅ˧tʂə˧kə˧vɑ˩˨tʰɑ˥˧pɑ˩˦tɕʰi˧pu……puo˥kə˧˩ʐʅ˥tsʅ˨.（啊，就……啊，这个娃他爸到那个阴阳家里去？）嗯。ə̃˨˩.（要他……要他算一下是吧？）算一下。这个我们娃属啥的，你算下可今年这个哪一年……哪一月哪一日结婚日子好嘛。卜个日子了。这个日子卜回来么，媒人拿上以后，你就去给□……给这个女家送去了，送期单咧。这个这一天以后基本上就这么。送期单这一天么，就把啥事都商量倭僳了。suæ̃˧i˥˩ɕiɑ˧.tʂə˧kə˧ŋuo˥mə ŋ˨vɑ˩˦ʂʯ˩˨sɑ˧ti˧,ni˥˩suæ̃˧xɑ˧kʰə˥˩tɕiŋ˥˩niæ̃˩˦tʂə˧kə˧nɑ˥i˥˩niæ̃……nɑ˥i˥˩yo˥nɑ˥i˥˩ʐʅ˥tɕie˥˩xuoŋ˥˩ʐʅ˥tsʅ˨xɑɔ˥mɑ˨.puo˥˩kə˧˩ʐʅ˥tsʅ˨lə˨.tʂə˧kə˧ʐʅ˥tsʅ˨puo˥xuei˩˨læᴇ˩˥muo˨,mei˩˨ʐəŋ˩˥nɑ˩˨ʂɑŋ˧i˥˩xou˧˥,ni˥˩tɕiou˧tɕʰi˧kei˧˥niæ̃˩˨……kei˧tʂə˧kə˧ny˥tɕiɑ˥˩suoŋ˧tɕʰi˧˥lə˨,suoŋ˧tɕʰi˥tæ̃˥˩lie˨.tʂə˧˩kə˧˥tʂei˧i˥˩tʰiæ̃˥i˥˧xou˧tɕi˥˩pəŋ˥ʂɑŋ˧tɕiou˧˥tʂə˧˩muo˨.suoŋ˧tɕʰi˥tæ̃˥˩tʂei˧i˥˩tʰiæ̃˥muo˨,tsou˧pɑ˥˩sɑ˧sʅ˧tou˥˩ʂɑ ŋ˥liaŋ˧˩vuo˥˩ie˥˩lə˨.（商量什么？）把婚事这个事情已经商量倭偞了。pa˥˩xuoŋ˥˩sʅ˦˥tʂə˧kə˧sʅ˧tɕʰiŋ˧˩i˥tɕiŋ˥˩ʂaŋ˥liaŋ˧˩vuo˥˩ie˥˩lə˨.（vuo˩ie˥？）噢，倭偞了。ɑɔ˩,vuo˥˩ie˥˩lə˨.（那个vuo˩ie˥是什么？）倭偞就是好了。vuo˥˩ie˥tɕiou˧sʅ˧xɑɔ˥˩lə˨.（那个哪两个字？）嗨呀，倭偞，这，啊，这都是个口头语么。晓那这个字咋写咧？xæᴇ˥iɑ˨,vuo˥˩ie˥,tʂə˧˥,ɑ˥,tʂei˧˥tou˥˦sʅ˧kə˧kʰou˥tʰou˨y˥muo˨.ɕiɑɔ˥nə˧tʂə˧kə˧tsʅ˧tsɑ˥˦ɕie˥lie˨?（前面这个字单独念怎么念？）念vuo˥˦么。niæ̃˧vuo˥˦muo˧.（vuo˦还是vuo˥？）vuo˥˦，倭偞嘛。vuo˥˦,vuo˥˦ie˥mɑ˨.（vuo˩ie˥？）呣。əm˧.（妥当的意思是吧？）嗯，妥当了，这啥都商量好了。ə̃˧,tʰuo˥taŋ˧˦lə˨,tʂə˧sɑ˧tou˥˩ʂaŋ˥liaŋ˧˩xɑɔ˥˩lə˨.

（他给财礼什么时候给的呢？）财礼，这就说是你送期单的……订婚的时候给一部分，送期单的时候给一部分，在娶人的当天那必须全部去交清。tsʰæᴇ˧˩li˥,tʂei˧tɕiou˧ʂuo˥˦sʅ˧ni˥˩suoŋ˧tɕʰi˥tæ̃˥˩ti˨s……tiŋ˧˦xuoŋ˥ti˨sʅ˧˩˦xou˧kei˧i˥˦pʰu˧˦fəŋ˧˩,suoŋ˧tɕʰi˥tæ̃˥˩ti˨sʅ˧˩xou˧kei˧i˥˦pʰu˧˦fəŋ˧˩,tsæᴇ˧tɕʰy˥ʐəŋ˧˩ti˧taŋ˥˦tʰiæ̃˥˩nə˧pi˥˩ɕy˥tɕʰyæ̃˧˩pu˧˦tɕʰy˧tɕiɑɔ˥tɕʰiŋ˥˩.（好，这个送送送期期单呐这个呃那个是送的时候就是媒媒人一个人还是还有其他人陪着去？）那就是这个媒人去，或者是家里去……连送期单带商话，这是一回事么。næᴇ˧˦tɕiou˧sʅ˧tʂə˧kə˧mei˧˩ʐəŋ˧˦tɕʰi˧,xuei˧˩tʂə˥˩sʅ˧tɕiɑ˥li˥˩tɕʰi˧……liæ̃˧˩suoŋ˧tɕʰi˥tæ̃˥˩tæᴇ˧ʂaŋ˥˩xuɑ˧,tʂei˧sʅ˧i˥˩xuei˧˩sʅ˧muo˧.（带……带什么？）商话。ʂaŋ˥˩xuɑ˧.（商话？商量？）噢，商量话这个事情。就把这个……这个结婚，你出嫁女子、我给娃娶媳妇儿这个事情，这一些大小的事情，咱们今天一天就把这个话都商量清楚。ɑɔ˧,ʂaŋ˥liaŋ˧˩xuɑ˧tʂə˧˩kə˧˩sʅ˧˦tɕʰiŋ˧˩.tsou˧˦pɑ˥˩tʂə˧kə˧……tʂə˧kə˧tɕie˥˦xuoŋ˥,ni˥tʂʰɥ˥˩tɕiɑ˧ny˥tsʅ˨,ŋuo˥kei˧˩vɑ˩tɕʰy˥˦ɕi˥fuər˧˩tʂə˧kə˧sʅ˧tɕʰiŋ˧˩,tʂei˧i˥˩ɕie˥tɑ˧˦ɕiɑɔ˥ti˨sʅ˧tɕʰiŋ˧˩,tʂɑ˩məŋ˧tɕiŋ˥tʰæ̃˥˩i˥˦tʰiæ̃˥tsou˧pɑ˥˩tʂə˧kə˧xuɑ˧tou˥˦ʂaŋ˥liaŋ˧˩tɕʰiŋ˥tʂʰɥ˥˩.（噢，就是男……是男家到女家去吧？）噢，男家到女家去咧。ɑɔ˩,næ̃˧˩tɕiɑ˥˦tɑɔ˧ny˥tɕiɑ˥˩tɕʰi˧lie˧.（那这个男家一般是派谁去？）这是么就是媒人、孩子他爸，再来嘛就是去个娃他舅嘛。tʂei˧˦sʅ˧muo˨tɕiou˧sʅ˧mei˧˩ʐəŋ˧˦,xæᴇ˧˩tsʅ˧tʰɑ˥˦pɑ˩,tʂæᴇ˧læᴇ˧˩mɑ˧tɕiou˧˩sʅ˧˩kʰei˧kə˧vɑ˩tʰɑ˥˩tɕiou˧˦mɑ˨.（噢，娃他舅？）嗯，那是个关键人物嘛。把他娃他舅今儿个去一商量个倭偞。ŋ̍˩,nə˧˦sʅ˧˩kə˧˩kuæ̃˥˩tɕiæ̃˧˦ʐəŋ˩vuo˥mɑ˨.pɑ˥˩tʰɑ˥˩vɑ˩tʰɑ˥˦tɕiou˧tɕiə̃r˥˩kə˧tɕʰi˧˩i˥˩ʂaŋ˥liaŋ˧˩kə˧vuo˥˩ie˥.（这个时候要带礼物不呢？）欸，这东西带的多了，你商话这一天。ei˧,tʂei˧˦tuoŋ˥˩ɕi˨tæᴇ˧ti˧tuo˥lə˨,ni˥˦ʂaŋ˥˩xuɑ˧˦tʂei˧i˥˦tʰiæ̃˥.（要带些什么东西呢？）这儿这是这个订婚……订婚的那一天么……tʂər˧tʂə˧sʅ˧tʂə˧kə˧tiŋ˧xuoŋ˥……tiŋ˧˦xuoŋ˥ti˨nei˧i˥˩tʰiæ̃˥muo˨……（就给一点儿点儿东西？）这这个女的也相当劲真大咧。从头上到脚底下都必须买够。tʂə˧tʂə˧kə˧ny˥ti˨ie˥˦ɕiaŋ˥˦taŋ˥˩tɕiŋ˧tʂəŋ˥˦tɑ˧lie˧.tsʰuoŋ˧˩tʰou˧˩ʂaŋ˧tɑɔ˧tɕyo˥˩ti˥ɕiɑ˧˩tou˥˦pi˥˦ɕy˥˦mæᴇ˥˦kou˧.（什么？）从头上到脚底下穿的、戴的都要有。洗的刷的也不能少。噢，洗……头油……这洗头膏儿，洗头油，焗油膏儿，牙膏儿，牙刷子，欸，小镜子，噢，护肤霜，这些这这一套都不能少嘛。像那穿的衣裳这你都要买嘛。tsʰuoŋ˧˩tʰou˧˩ʂaŋ˧tɑɔ˧tɕyo˥˩ti˥ɕiɑ˧˩tʂʰuæ̃˥ti˨,tæᴇ˧ti˨tou˥˦iɑɔ˧iou˥˩.ɕi˥ti˨ʂuɑ˥ti˨ie˥pu˧˩nəŋ˧˩ʂɑɔ˥.ɑɔ˩,ɕi˥tʰ……tʰou˧˩iou……tʂei˧ɕi˥tʰou˧˩kɑɔr˥,ɕi˥tʰou˧˩iou˧˩,tɕy˥˩iou˧˩kɑɔr˥,iɑ˧˩kɑɔr˥,iɑ˧˩ʂuɑ˥tsʅ˨,ei˩,ɕiɑɔ˥tɕiŋ˧tsʅ˨,ɑɔ˩,xu˧fu˥˦ʂuaŋ˥,tʂei˧ɕie˥˦tʂei˧tʂei˧˦i˥˩tʰɑɔ˧˦tou˥˩pu˧˩nəŋ˧˩ʂɑɔ˥mɑ˨.ɕiaŋ˧˦næᴇ˧tʂʰuæ̃˥ti˨i˥ʂaŋ˧˩tʂei˧ni˥˦tou˥˩iɑɔ˧mæᴇ˥˦mɑ˧.（那是订婚的时候就得买好是吧？）噢，订婚的时候，把这些都……都要拿上咧。ɑɔ˩,tiŋ˧xuoŋ˥ti˨sʅ˧˩˦xou˧,pɑ˥˦tʂei˧ɕie˥˦tou˥˦……tou˥˩iɑɔ˧nɑ˩ʂaŋ˧˦lie˨.（它是四季的还是一季的？）那冬天买夏……

冬天的，夏天买夏天。你到欸……nə˧tuoŋ˥˧tʰiæ̃˥˧꜖mæᴇ˥˧꜔ɕia˧……tuoŋ˥˧tʰiæ̃˥˧꜖ti·˧,ɕia˧tʰiæ̃˥˧꜔mæᴇ˥˧꜖ɕia˧tʰiæ̃˥˧.ni˥˧꜔taɔ˧ei˧……（外头穿的吧？里头穿的不买吧？）那不。到一也……商话的这一天你们这这个原样的一套儿东西也得拿上，又得拿一套。nei˧˦pu˧˥꜖.taɔ˧i˥˧꜖ie……ʂaŋ˥˧꜖xua˧ti·˧tʂei˧i˥˧꜔tʰiæ̃˥˧nim˥˧꜔tʂei˧tʂə˧kə˧yæ̃˧˥꜖iaŋ˧ti·˧i˥˧꜖tʰaɔr˧tuoŋ˥˧꜖ɕi·˧ie˥˧tei˥˧꜖na˧˥꜖ʂaŋ˧,iou˧˦tei˥˧꜖na˧˥꜔i˥˧꜔tʰaɔ˧.（又得拿一套？）噢，又得拿一套儿。aɔ˧,iou˧˦tei˥˧꜖na˧˥꜖i˥˧꜖tʰaɔr˧˦.（又是跟那重样的还是怎么的？）那都是重的么。那都是那个东西么。从头拿到脚么。这些事商量好以后，最后就等下……都丢下过喜事了，往回来娶了。nei˧tou˥˧꜖sɿ˧tʂʰuoŋ˧˥꜖ti·˧muo·˧.næᴇ˧꜖tou˥˧꜔sɿ˧nə˧kə˧tuoŋ˥˧ɕi·˧muo·˧.tsʰuoŋ˧˥tʰou˧˥꜔na˧˥꜖taɔ˧tɕyo˥˧muo·˧.tʂə˧ɕie˥˧꜔sɿ˧ʂaŋ˥˧꜖liaŋ˧˥꜖xaɔ˥˧i˥˧꜖xou˧,tsuei˧xou˧tɕiou˧təŋ˥˧꜖xa˧꜖……tou˥˧꜖tiou˥˧꜖xa˧꜖kuo˧ɕi˥˧꜖sɿ˧lə˧,vaŋ˥˧꜖xuei˧˥꜖læᴇ˧˥꜔tɕʰy˥˧lə·˧.（叫什么？过喜事？）噢，过喜事，娶……娶媳妇儿了。aɔ꜖,kuo˧ɕi˥˧꜔sɿ˧,tɕʰy˥˧꜔……tɕʰy˥˧꜔ɕi˥˧fuər˧꜖lə·˧.（这个女的要……要不要这个送……把那个年庚送……送到男家去啊？）不。pu˧˥꜖.（那他也要知道这女的阴阳八字儿对不对？）欸，那你提前就去打问了嘛。ei꜖,nei˧ni˥˧꜔tʰi˧˥tɕʰiæ̃˧˥tsou˧꜖tɕʰi˧ta˥˧vəŋ˧꜖lə·˧ma·˧.（噢，就是打听？）噢，打听，噢。aɔ꜖,ta˥˧tʰiŋ˥˧꜖,aɔ˧.（他不是怎么那个？）那现在，过……按过……现在都不讲究。过去你要合婚咧么你。你根据你的这个生庚八字以后你……næᴇ˧꜖ɕiæ̃˧tsæᴇ˧,kuo˧……næ̃˧˦ku……ɕiæ̃˧˦tsæᴇ˧˦tou˥˧꜖pu˧˥꜖tɕiaŋ˥˧tɕiou˥˧꜖.kuo˧tɕʰy˧ni˥˧꜔iaɔ˧xuo˧˥xuoŋ˥˧lie·˧muo·˧ni˥˧꜖.ni˥˧꜔kəŋ˥˧꜖tɕy˧ni˥˧ti·˧tʂə˧kə˧səŋ˥˧kəŋ˥˧꜖pa˥˧tsɿ˧i˥˧xou˧ni˥˧꜖……（叫合婚？）呃，合婚。这个相属看你这个大相合不合，命相合不合嘛。ə꜖,xə˧˥xuoŋ˥˧.tʂə˧kə˧ɕiaŋ˧˦ʂʮ˧˥꜔kʰæ̃˧ni˥˧꜔tʂə˧kə˧ta˧˦ɕiaŋ˧˦xuo˧˥pu˧˥꜔xuo˧˥,miŋ˧ɕiaŋ˧xuo˧˥pu˧˥꜖xuo˧˥ma˧.（那个就是写了那个年庚的那个那个东西叫什么？）叫庚帖嘛。tɕiaɔ˧kəŋ˥˧˦tʰie˥˧ma·˧.（那个是用什么东西写？）红纸毛笔嘛。xuoŋ˧˥tsɿ˥˧maɔ˧˥pi˥˧ma·˧.

（送完期单以后，下一步做什么？）你做做结婚的准备工作。ni˥˧tsuo˧tsuo˧tɕie˥˧˦xuoŋ˥˧꜖tə·˧tʂuoŋ˥˧꜔pei˧˦kuoŋ˥˧꜔tsuo˥˧꜖.（要干些什么东西呢？）首先要请客么。过去咧还发个请帖嘛。请帖上字有这个某府嘛。ʂou˥˧ɕiæ̃˥˧꜖iaɔ˧tɕʰiŋ˥˧꜔kʰə˥˧muo·˧.kuo˧tɕʰy˧lie·˧xa˧˥꜖fa˥˧kə˧꜖tɕʰiŋ˥˧tʰie˥˧꜖ma·˧.tɕʰiŋ˥˧tʰie˥˧꜖ʂaŋ˧꜖tsɿ˧iou˥˧꜔tʂə˧kə˧mu˥˧fu˥˧ma·˧.（请kʰə˥˧还是请kʰei˥˧？）请客。tɕʰiŋ˥˧꜔kʰei˥˧.（这个mu꜖fu˥˧是什么东西？）就你这个请……请帖上这帖子写的嘛。你比如你是这个欸姓……姓黄，那就是黄府么。tɕiou˧ni˥˧tʂə˧꜖kə˧꜖tɕʰiŋ˥˧……tɕʰiŋ˥˧tʰie˥˧꜖ʂaŋ˧tʂə˧tʰie˥˧tsɿ·˧ɕie˥˧ti·˧ma·˧.ni˥˧꜔pi˥˧꜔ʐʮ˧˥꜔ni˥˧sɿ˧tʂə˧kə˧ei˧ɕiŋ˧˦……ɕiŋ˧xuaŋ˧˥,næᴇ˧tɕiou˧sɿ˧xuaŋ˧˥fu˥˧muo·˧.（黄府？）噢，黄府么。这个，此定于我儿在古……几月几日成婚，这个欸，望……望贵府前来喝酒嘛。aɔ꜖,xuaŋ˧˥fu˥˧muo·˧.tʂə˧kə˧,tsʰɿ˥˧꜔tiŋ˧y˧˥꜔ŋuo˥˧ər˧˥tsæᴇ˧꜖ku˥˧……tɕi˥˧yo˥˧꜖tɕi˥˧ʐʅ˥˧꜖tʂʰəŋ˧˥xuoŋ˥˧꜖,tʂə˧kə˧ei꜖,vaŋ˧……vaŋ˧kuei˧fu˥˧tɕʰiæ̃˧˥꜖læᴇ˧˥꜔xə˥˧꜖tɕiou˥˧ma·˧.（这个都这个这是以父母的名义写的？）噢，以父母的名义么。aɔ꜖,i˥˧꜖fu˧mu˥˧ti·˧miŋ˧˥i˧muo·˧.（发请帖还是送……送请帖？）噢，发请帖。发请帖咧么。现在都简单咧。写……写这个都落怜。前两年还发一个嗯柬，嗯，我几月几号给娃欸这个娶妻咧，结婚啊，你来喝酒了。aɔ꜖,fa˥˧꜖tɕʰiŋ˥˧tʰie˥˧꜖.fa˥˧꜖tɕʰiŋ˥˧tʰie˥˧꜖liem·˧.ɕiæ̃˧tsæᴇ˧tou˥˧꜖tɕiæ̃˥˧tæ̃˥˧꜖lie·˧.ɕie˥˧꜔……ɕie˥˧꜔tʂə˧kə˧tou˥˧꜖luo˥˧liæ̃˧˥꜖.tɕʰiæ̃˧˥liaŋ˥˧꜖niæ̃˧˥xa˧˥꜖fa˥˧i˥˧꜖kə˧꜖ŋ̍˧˥tɕiæ̃˥˧꜖,ŋ̍˧,ŋuo˥˧꜔tɕi˥˧yo˥˧꜖tɕi˥˧xaɔ˧꜖kei˧va˧˥ei꜖tʂə˧kə˧tɕʰy˥˧꜔tɕʰi˥˧lie·˧,tɕie˥˧˦xuoŋ˥˧æ·˧,ni˥˧꜖læᴇ˧˥xuo˥˧꜖tɕiou˥˧lə·˧.（现在请帖都不送了？）不送了。那落怜的还嫌……过去个送请帖就是一……一姓人，他只发这……这……这一姓一定是辈分最高的那个，他只发一个帖子给你。其他那个事情，你们请去，你们……户里人你去请去。pu˧˥꜖suoŋ˧lə·˧.næᴇ˧˦luo˥˧liæ̃˧˥꜖tə·˧xæᴇ˧˥꜖ɕiæ̃˧˥……kuo˧tɕʰy˧kə˧suoŋ˧˦tɕʰiŋ˥˧tʰie˥˧꜖tɕiou˧sɿ˧i˥˧꜖m……i˥˧꜖ɕiŋ˧ʐəŋ˧˥,tʰa˥˧꜖tsɿ˥˧꜖fa˥˧tʂə˧……tʂə˧……tʂei˧˦i˥˧

˩ɕiŋ˥i˥˩˩tiŋ˥sɿ˥pei˥˦fəŋ˥˩tsuei˥˦kaɔ˥˩ti˧nei˥˩kə˥˩,tʰɑ˥˩˩tsɿ˥˩˩fɑ˥˩i˥˩˩kə˥tʰie˥˩˩tsɿ˧kei˥ni˥˩.tɕʰi˩˧˩tʰɑ˥˩nə˥˩kə˥˩sɿ˥˥tɕʰiŋ˩˧˩,ni˥˩məŋ˧tɕʰiŋ˥˩tɕʰi˥˩,ni˥˩məŋ˧ts……xu˥li˥˩˩ʐəŋ˩˧ni˥˩tɕʰi˥˩tɕʰiŋ˥˩tɕʰi˥˩.（就去是商量？）啊，商……你去把人给我请一下对了，我再不……不挨门到户的请了。现在你请，你给□说，□就没人……太没人管你的事情。没办法，自己把烟拿上，到……挨门上户的给□请喽。请客。再就是准备洞房，买家具。先就准备咧，接着对了。ɑ˩,ʂɑŋ˥˩……ni˥˩tɕʰi˥˩pɑ˥˩˩ʐəŋ˩˧kei˥˥ŋuo˥˩˩tɕʰiŋ˥˩i˥˩˩xɑ˥˩tuei˥lə˧,ŋuo˥˩tsæᴇ˥pu˩˧˩……pu˩˧˩næᴇ˥˩˩məŋ˩˧˦tɑɔ˥xu˥˦ti˧tɕʰiŋ˥˩lə˧.ɕiæ̃˥tsæᴇ˥ni˥˩tɕʰiŋ˥˩,ni˥˩kei˥niæ̃˩˧˩ʂuo˥˩,niæ̃˩˧tsou˥muo˥˩˩ʐəŋ˩˧……tʰæᴇ˥muo˥˩˩ʐəŋ˩˧kuæ̃˥˩ni˥˩˩tə˧sɿ˥tɕʰiŋ˩˧˩.muo˥˩pæ̃˥˦fɑ˥˩˩,tsɿ˥tɕie˥˩˩pɑ˥˩iæ̃˥˩nɑ˩˧ʂɑŋ˥,tɑɔ˥……næᴇ˥˩˩məŋ˩˧˦ʂɑŋ˥xu˥˦ti˧kei˥niæ̃˩˧tɕʰiŋ˥˩˩lou˧.tɕʰiŋ˥˩˦kʰei˥˩.tsæᴇ˥tɕiou˥sɿ˥tʂuoŋ˥˩pi˥˩tuoŋ˥fɑŋ˩˧,mæᴇ˥˩tɕiɑ˥˩˩tɕy˥.ɕiæ̃˥˩˩tɕiou˥tʂuoŋ˥˩˦pi˥lie˧,tɕie˥˩tʂə˧tuei˥˩lə˧.（你们这洞房叫洞房还是新房？）叫新房，也叫洞房。tɕiɑɔ˥ɕiŋ˥˩˩fɑŋ˩˧,ie˥˩˦tɕiɑɔ˥tuoŋ˥fɑŋ˩˧˩.（哪一种这个？）洞房老么。tuoŋ˥˦fɑŋ˩˧˩lɑɔ˥˩muo˧.（现在……现在还讲不讲洞房？）讲。洞房么。新人入洞房了，到几时入洞房。tɕiɑŋ˥˩.tuoŋ˥˦fɑŋ˩˧˩muo˧.ɕiŋ˥˩˩ʐəŋ˩˧ʐʮ˥˩˩tuoŋ˥fɑŋ˩˧˩lə˧,tɑɔ˥tɕi˥˩sɿ˩˧ʐʮ˥˩˩tuoŋ˥˦fɑŋ˩˧˩.（接下来呢？）接下来，这都是东西啥家具啥买完，那就是娶……娶……tɕie˥˩˩ɕiɑ˥læᴇ˩˧˩,tʂei˥˦tou˥˩˩sɿ˥tuoŋ˥˩ɕi˧sɑ˥tɕiɑ˥˩˩tɕy˥sɑ˥mæᴇ˥˩˦væ̃˩˧,nə˥˦tɕiou˥sɿ˥tɕʰy……tɕʰy˥˩……（这是婚前的准备工作？）啊，婚前的准备工作都就绪了，那就到日子那天你就望回来接了。ɑ˩,xuoŋ˥˩˩tɕʰiæ̃˩˧ti˧tʂuoŋ˥˩˦pi˥kuoŋ˥˩tsuo˥˩˩tou˥˩˩tɕiou˥ɕy˥lə˧,næᴇ˥tɕiou˥tɑɔ˥ʐʅ˥˩tsɿ˧nei˥tʰiæ̃˥˩˩ni˥˩˦tsou˥vɑŋ˥xuei˩˧˩læᴇ˩˧˦tɕie˥˩lə˧.

（这个头一天有什么活动没有？）头一天没有。tʰou˩˧i˥˩˦tʰiæ̃˥˩mei˩˧iou˥˩˩.（那些亲戚？）那都请帮忙的，你早都把帮忙的都……请来了么已经。在这个准备工作之间，那你……请左邻右舍给你帮忙。现在都来了。næᴇ˥˦tou˥˩˩tɕʰiŋ˥˩pɑŋ˥˩˩mɑŋ˩˧˩ti˧,ni˥˩˦tsɑɔ˥˩tou˥˩˩pɑ˥˩˩pɑŋ˥˩˩mɑŋ˩˧˩ti˧tou˥˩˩tɕʰ……tɕʰiŋ˥˩læᴇ˩˧˩lə˧muo˧i˥˩tɕiŋ˥˩˩.tsæᴇ˥tʂə˥kə˥tʂuoŋ˥˩˦pi˥˦kuoŋ˥tsuo˥˩˩tsɿ˥˩˩tɕiæ̃˥˩˩,næᴇ˥ni˥˩tɕʰ……tɕʰiŋ˥˩˦tsuo˥˩liŋ˩˧iou˥ʂə˥˦kei˥ni˥˩˦pɑŋ˥˩˩mɑŋ˩˧.ɕiæ̃˥tsæᴇ˥tou˥˩˩læᴇ˩˧˩lə˥.（那头天歘有没有送呃需不需要送什么东西到女家去？）没有，我们这儿没有那。没有。muo˥˩˩iou˥˩˦,ŋuo˥˩məŋ˧tʂər˥mei˩˧iou˥˩nei˥˩.mei˩˧˦iou˥˩˦.

（当天呢？）当天，那娶的那一天那就歘……tɑŋ˥˩˦tʰiæ̃˥˩,næᴇ˥tɕʰy˥˩ti˧nei˥i˥˩˦tʰiæ̃˥˩nei˥˦tsou˥ei˩……（男方女方都在准备了？）歘，那女方就……男方这一天那就看是你这个叫的啥，叫啥东西咧。你是开小轿车咧，还是开的嘣嘣机子咧，还是……ei˩˧,næᴇ˥ny˥˩fɑŋ˥˩˩tsou˥˩……næ̃˩˧fɑŋ˥˩tʂei˥i˥˩˩tʰiæ̃˥˩næᴇ˥tsou˥kʰæ̃˥sɿ˥ni˥˩˩tʂə˥˩kə˥˩tɕiɑɔ˥ti˧sɑ˥˦,tɕiɑɔ˥sɑ˥˦tuoŋ˥˩ɕi˧lie˧.ni˥˩sɿ˥˩kʰæᴇ˥˩ɕiɑɔ˥˩tɕiɑɔ˥˦tʂʰə˥˩lie˧,xɑ˩˧˩sɿ˥kʰæᴇ˥˩ti˧pəŋ˥pəŋ˥tɕi˥˩tsɿ˧lie˧,xɑ˩˧˩sɿ˥˦……（嘣嘣机子啊？）啊。还是啥……花花车。ŋɑ˩.xɑ˩˧˩sɿ˥sɑ˥˦tɕ……xuɑ˥˩˩xuɑ˥˩˦tʂʰə˥˩?（不叫嘣嘣车子啊？）也是嘣嘣车么，也叫三马子嘛。ie˥˩˦sɿ˥pəŋ˥pəŋ˥tʂʰə˥˩muo˧,ie˥˩˦tɕiɑɔ˥sæ̃˥˩˩mɑ˥˩tsɿ˧mɑ˧.（就三轮车？）呃，三轮车么。还叫二八五么。ŋə˩,sæ̃˥˩˩lyoŋ˩˧tʂʰə˥˩muo˧.xɑ˩˧˩tɕiɑɔ˥ər˥pɑ˥˩˩vu˥˩muo˧.（为什么叫二八五呢？）哼，二八五这是二杆子坐着咧么。坐机……坐机子那些人都是些二杆子么。xŋ̍˩˧,ər˥pɑ˥˩˩vu˥˩˦tʂə˥˩sɿ˥˩ər˥kæ̃˥˩tsɿ˧tsuo˥˦tʂə˧lie˧muo˧.tsuo˥tɕi……tsuo˥˦tɕi˥˩tsɿ˧nei˥ɕie˥˩˩ʐəŋ˩˧tou˥˩˩sɿ˥˩ɕie˥˩˩ər˥kæ̃˥˩tsɿ˧muo˧.（傻的！）傻子嘛。ʂɑ˥˩tsɿ˧mɑ˧.（为什么呢？）明知道那个东西那么危险，你坐得咧么。miŋ˩˧tʂʅ˥˩tɑɔ˥nə˥kə˥tuoŋ˥˩ɕi˧nə˥muo˧vei˩˧˩ɕiæ̃˥˩,ni˥˩˩tsuo˥˦tə˧liem˧.（是叫这些人叫二八五是吧？）叫二八五嘛，哼。tɕiɑɔ˥ər˥pɑ˥˩˩vu˥˩mɑ˧,xə̃˥˩.（不是这个车子叫二八五吧？）哼。二八……就是那个……□是个二八五就说是这个，呃呵，这不是那么个解释咧。二八……二八五就说

是这个，二杆子就是那二百五人和那半吊子人开着个机子，就是只有八成儿脑子那些人坐着咧。xã̃˥˧.ər˥꜓pa˥˧꜖……tɕiou˥꜓sɿ˥nə˥kə˥……niæ̃˨˦꜖sɿ˥꜖kə˥꜖ər˥pa˥˧꜖vu˥˧tɕiou˥꜓ʂuo˥˧꜔sɿ˥tʂə˥kə˥,ə꜖xə˥˧,tʂə˥pu˨˦꜖sɿ˥nə˥꜓muo˧kə˥tɕie˥˧ʂʅ˥˧꜖lie˧.ər˥꜓pa˥˧꜔……ər˥pa˥˧꜖vu˥˧tɕiou˥꜓ʂuo˥˧꜖sɿ˥꜖tʂə˥꜖kə˥꜖,ər˥kæ̃˥˧tsɿ˧tɕiou˥꜖sɿ˥꜖nə˥꜖ər˥pei˥˧꜖vu˥˧ʐəŋ˨˦xuo˨˦꜖nə˥꜖pæ̃˥tiao˥tsɿ˧ʐəŋ˨˦kʰæᴇ˥˧tʂə˧kə˥꜖tɕi˥˧tsɿ˧,tɕiou˥sɿ˥tsɿ˥˧꜖iou˥˧꜔pa˥˧tʂʰə̃r˨˦nao˥˧tsɿ˧nei˥꜖ɕie˥˧ʐəŋ˨˦tsuo˥tʂə˧lie˦.（那五呢？）五那就是二……二百五开着咧嘛你。vu˥˧nei˥tɕiou˥꜖sɿ˥꜖ər˥……ər˥pei˥˧꜖vu˥˧꜔kʰæᴇ˥˧tʂə˧lie˧ma˧ni˥˧꜖.（是指那个人还是车？）指那个人，哼。tsɿ˥˧nə˥kə˥ʐəŋ˨˦,xã̃˥˧.（人？）嗯。ŋ̍꜖.（人是二八五还是车是……）一个个连人车都把他统称二八五么。i˥˧꜖kə˥꜖kə˥꜖liæ̃˨˦ʐəŋ˨˦tʂʰə˥˧tou˥˧꜓pa˥˧꜖tʰa˥˧tʰuoŋ˥˧꜖tʂʰəŋ˥˧ər˥pa˥˧꜖vu˥˧muo˧.（车也可以叫它二八五？）啊哈。这就是看你是那……现在那都一般都是寻的小轿车娶咧嘛。过去那更落怜。啊，拉的牛，拉的驴，拉的马嘛。a꜖xa˥˧.tʂei˥꜓tɕiou˥꜖sɿ˥꜖kʰæ̃˥ni˥˧꜔sɿ˥nə˥꜖……ɕiæ̃˥tsæᴇ˥nə˥꜖tuo˥˧i˥˧꜖pæ̃˥˧꜔tou˥˧꜖sɿ˥꜖ɕiŋ˨˦꜖ti˧ɕiao˥˧tɕiao˥꜓tʂʰə˥˧꜖tɕʰy˥˧lie˧ma˧.kuo˥꜓tɕʰy˥꜖næᴇ˥kəŋ˥luo˥˧꜖liæ̃˨˦꜖.a꜖,la˥˧꜖ti˧niou˨˦,la˥˧꜖ti˧ly˨˦,la˥˧꜖ti˧ma˥˧ma˧.（带车不带？）不。就驮回来了。pu˨˦꜖.tɕiou˥tʰuo˨˦xuei˨˦꜖læᴇ˨˦꜖lə˧.（他那些财礼、礼物这个时候不要……不要驮过去吗？）那早就送过。那你在商量话时候基本上都送的差不多了。næᴇ˥꜓tsao˥˧tsou˥꜖suoŋ˥kuo˥.næᴇ˥꜓ni˥˧꜔tsæᴇ˥ʂaŋ˥˧liaŋ˨˦꜖xua˥sɿ˨˦꜖xou˥꜖tɕi˥˧꜖pəŋ˥˧ʂaŋ˥tou˥˧꜖suoŋ˥ti˧tsʰa˥˧pu˨˦꜖tuo˥˧lə˧.（噢，商话的时候就送过去了？）都送走了，啊。tou˥˧꜖suoŋ˥tsou˥˧lə˧,a꜖.（娶亲的那天不要？）娶亲的东西你还是该拿的一些东西还要拿上。还……这里头还有一些这个小礼档你还是要拿咧。tɕʰy˥˧꜔tɕʰiŋ˥˧ti˧tuoŋ˥˧ɕi˧ni˥˧꜔xa˨˦꜖sɿ˥kæᴇ˥˧꜖na˨˦꜖ti˧i˥˧꜔ɕie˥˧꜔tuoŋ˥˧꜔ɕi˧xa˨˦꜔iao˥na˨˦꜖ʂaŋ˥.xa˨˦꜖……tʂei˥꜓li˥˧tʰou˧xa˨˦꜖iou˥˧i˥˧꜖ɕie˥˧꜖tʂə˥꜖kə˥꜖ɕiao˥˧li˥˧taŋ˥ni˥˧꜖xa˨˦꜖sɿ˥꜓iao˥na˨˦꜖lie˦.（一般拿一些什么东西还要？）呀，那多去的，我都说起不来那些东西。这个就是娶亲，这就是你看是啥工具呀。去以后，□那个女家那还要待客，还要宴嘉宾咧。宴毕了以后，嗯，这是打发你走。ia꜖,næᴇ˥꜓tuo˥˧꜖tɕʰy˥ti˧,ŋuo˥˧tou˥˧꜖ʂuo˥˧tɕʰi˥˧꜖pu˨˦꜖læᴇ˨˦nei˥꜓ɕie˥˧꜖tuoŋ˥˧ɕi˧.tʂə˥kə˥tɕiou˥꜖sɿ˥꜖tɕʰy˥˧tɕʰiŋ˥˧꜖,tʂei˥tɕiou˥sɿ˥ni˥˧꜖kʰæ̃˥sɿ˥sa˥kuoŋ˥˧꜖tɕy˥ia˦.tɕʰi˥i˥˧꜖xou˥,niæ̃˨˦nə˥kə˥ny˥˧tɕia˥˧꜖næᴇ˥xæᴇ˨˦꜖iao˥tæᴇ˥kʰei˥˧,xæᴇ˨˦꜖iao˥iæ̃˥tɕia˥˧꜖piŋ˥˧lie˧.iæ̃˥pi˥˧lə˧i˥˧꜖xou˥꜓,n̩꜖,tʂə˥sɿ˥ta˥˧fa˥˧꜖ni˥˧tsou˥˧꜖.

（那个那个时候这个女家都有些什么活动啊？）女家那都是去了那给……先给你吃嘛。先……先喝汤，吃饸饹面么。饸饹面毕了以后坐席么。ny˥˧tɕia˥˧꜖næᴇ˥tou˥˧꜖sɿ˥tɕʰi˥꜓lə˧nei˥kei˥……ɕiæ̃˥˧꜖kei˥ni˥˧꜔tʂʰʅ˥˧ma˧.ɕiæ̃˥˧꜖……ɕiæ̃˥˧꜖xuo˥˧꜖tʰaŋ˥˧,tʂʰʅ˥˧xao꜖（←xuo˨˦）lao˥˧꜔miæ̃˥muo˧.xuo˨˦꜖lao˥˧꜔mæ̃˥（←miæ̃˥）pi˥˧lə˧i˥˧꜖xou˥tsuo˥ɕi˨˦꜖muo˧.（坐席？）嗯。ə̃꜖.（就……就上……上酒席是吧？）啊，喝酒么。那个毕了以后，这里头还……还要亮箱嘛。亮箱就是亮陪嫁咧么。这就看□……a꜖,xə˥˧꜖tɕiou˥˧muo˧.nə˥kə˥pi˥˧lə˧i˥˧꜖xou˥,tʂə˥꜓li˥˧꜖tʰou˧xæᴇ˨˦……xæᴇ˨˦iao˥liaŋ˥꜓ɕiaŋ˥˧ma˧.liaŋ˥꜓ɕiaŋ˥˧tɕiou˥꜖sɿ˥꜖liaŋ˥꜓pʰei˨˦꜖tɕia˥꜓lie˧muo˧.tʂei˥tɕiou˥kʰæ̃˥niæ̃˨˦꜖……（一般要陪些什么东西呢？）这儿这没有意思。这儿这陪的就说是这个，也就是个穿穿戴戴、铺铺盖盖这些东西。现在还有的给女子再陪个……陪个箱子啊，陪个柜儿，现在么就是洗衣机呀，其他电器陪上一件子。最后么欸，酒过三巡以后那就是打发你走啊么。新人梳头上马么。tʂər˥tʂə˥mei˨˦꜖iou˥˧꜔i˥sɿ˧.tʂər˥tʂə˥pʰei˨˦꜖ti˧tsou˥꜖ʂuo˥˧sɿ˥꜖tʂə˥꜖kə˥꜖,ie˥˧꜔tɕiou˥sɿ˥kə˥tʂʰuæ̃˥˧tʂʰuæ̃˥˧꜖tæᴇ˥tæᴇ˥,pʰu˥˧pʰu˥˧꜖kæᴇ˥kæᴇ˥tʂei˥꜖ɕie˥˧꜖tuoŋ˥˧ɕi˧.ɕiæ̃˥tsæᴇ˥xæᴇ˨˦꜖iou˥˧ti˧kei˥ny˥˧tsɿ˧tsæᴇ˥pʰei˨˦꜖kə˥……pʰei˨˦꜖kə˥ɕiaŋ˥˧tsa˧,pʰei˨˦꜖kə˥kuei˥꜓ər˧,ɕiæ̃˥tsæᴇ˥muo˧tɕiou˥sɿ˥ɕi˥˧i˥˧꜖tɕi˥˧ia˧,tɕʰi˨˦꜖tʰa˥˧꜖tiæ̃˥tɕʰi˥pʰei˨˦꜖ʂaŋ˥꜓i˥˧꜖tɕiæ̃˥꜓tsɿ˧.tsuei˥xou˥muo˧ei꜖,tɕiou˥˧kuo˥sæ̃˥˧꜖ɕyoŋ˨˦i˥˧꜖xou˥꜓næᴇ˥tsou˥꜖sɿ˥ta˥˧fa˥˧꜖ni˥˧꜖tsou˥˧æ˧muo˧.ɕiŋ˥˧ʐəŋ˨˦ʂʮ˥˧꜖tʰou˨˦ʂaŋ˥ma˥˧muo˧.

（这个时候有没有哭？）现在都不哭嫁。ɕiæ̃˦tsæᴇ˦tou˥˩pu˨˩kʰu˥˩tɕia˦˩.（原先呢？）原先有哭嫁的那个，那都是装啊装，得哼哼几声。yæ̃˨˦ɕiæ̃˥˩iou˥˩kʰu˥˩tɕia˦ti˧næᴇ˦kə˦,næᴇ˦tou˥˩sɿ˦tʂuaŋ˥æ˧tʂuaŋ˥,tei˥˩xəŋ˥xəŋ˥˩tɕi˥˩ʂəŋ˥˩.（啊，装……装出来的？）啊，装也得装几声儿。ɑ˨˩,tʂuaŋ˥æ˥˩tei˥˩tʂuaŋ˥tɕi˥˩ʂə̃r˥˩.（那个头天晚上有没有哭嫁这个仪式？）没有。这个哭嫁是四川人比较哭的伤。本地人欤也有这个。说是这个那那那，一出门，她是娘家妈妈谁拿咧一把筷子朝头打咧一下，筷子都撒了。哎，你那嗯嗯嗯哼哼哼哭上几声。muo˥˩iou˥.tʂə˦kə˦kʰu˥˩tɕia˦sɿ˦sɿ˦tʂʰuæ̃˥˩zəŋ˨˩pi˥˦tɕiao˦kʰu˥ti˧ʂaŋ˥˩.pəŋ˥ti˦zəŋ˨˩ei˨˩ie˥˩iou˥tʂə˦kə˦˩.ʂuo˥sɿ˦tʂə˦kə˦næᴇ˦næᴇ˦næᴇ˦,i˥tʂʰɥ˥˩məŋ˨,tʰɑ˥sɿ˦niaŋ˨˩tɕia˥ma˥ma˥˩sei˨na˨˩lie˧li˥˩pa˥kʰuæᴇ˦tsɿ˧tʂʰao˨˩tʰou˨˦ta˥lie˧i˥˩xa˦˩,kʰuæᴇ˦tsɿ˧tou˥˩sa˥lə˧.æᴇ˩,ni˥˩nə˦ŋ̍˥ŋ̍˥˩ŋ̍˥xəŋ˥xəŋ˥˩xəŋ˥kʰu˥ʂaŋ˦tɕi˥ʂəŋ˥˩.（噢，拿筷子打她？）啊哈。啊，有的不哭，还打的叫她哭一点儿声，嘿。ɑ˦xa˥.ɑ˨˩,iou˥ti˧pu˨˦kʰu˥,xæᴇ˨˩ta˥ti˧tɕiao˦tʰɑ˥kʰu˥i˥˩tiæ̃r˥ʂəŋ˥˩,xei˥.（是女孩子哭？）女孩子哭。ny˥xæᴇ˨˩tsɿ˧kʰu˥˩.（她娘哭不呢？）娘那是，那偷的抹两下就对了嘛那。niaŋ˨næᴇ˦sɿ˦,næᴇ˦˩tʰou˥ti˧muo˥liaŋ˥xa˦tɕiou˦tuei˦lə˧ma˧næᴇ˦.（啊，你你刚才讲的那个四川人是哭得少是吧？）哭的最狰了。噢，四川不单要……本人要哭，还要陪哭的咧。哭……四川那个不单要哭，而且要说。kʰu˥ti˧tsuei˦tsəŋ˥lə˧.ɑo˨˩,sɿ˦tʂʰuæ̃˥˩pu˨tæ̃˥˩iao˦……pəŋ˥zəŋ˨iao˦kʰu˥,xæᴇ˨iao˦pʰei˨kʰu˥ti˧lie˧.kʰu˥……sɿ˦tʂʰuæ̃˥˩nə˦kə˦pu˨tæ̃˥˩iao˦kʰu˥,ər˨tɕʰie˥˩iao˦ʂuo˥.（还要说？）你不能光哼哼哼哼哼，哼下那个就说是不像那个，嗯，那不行啊。那你不单要哭，而且还要说。你哭的带有要内容咧嘛。还是你是高兴的不行了，还是你感觉到这个……那个女婿长的不乖了，家庭条件不好了，还说是你过去□□受委屈啊如何长短，你哭着还要是慢慢叙说着这个事咧么。ni˥pu˨˩nəŋ˨kuaŋ˥˩xəŋ˥xəŋ˥xəŋ˥xəŋ˥,xəŋ˥xa˦nə˦kə˦tsou˦ʂuo˥sɿ˦pu˨ɕiaŋ˦nə˦kə˦,əŋ˨˩,nei˦pu˨˩ɕiŋ˨˩a˧.næᴇ˦ni˥pu˨tæ̃˥˩iao˦kʰu˥,ər˨tɕʰie˥˩xæᴇ˨˩iao˦ʂuo˥.ni˥kʰu˥ti˧tæᴇ˦iou˥iao˦luei˦yoŋ˨˩lie˧ma˧.xa˨˩sɿ˦ni˥sɿ˦kao˥˩ɕiŋ˦ti˧pu˨˩ɕiŋ˨˩lə˧,xa˨˩sɿ˦ni˥kæ̃˥tɕyo˥˩tao˦tʂə˦kə˦……nə˦kə˦ny˥ɕi˦tʂaŋ˥ti˧pu˨kuæᴇ˥lə˧,tɕia˥tʰiŋ˨tʰiao˨˩tɕiæ̃˦pu˨˩xao˥lə˧,xa˨˩ʂuo˥sɿ˦ni˥kuo˦tɕʰy˦iæ̃˨ər˥ʂou˦vei˥tɕʰy˥˩æ˧zɥ˨xuo˨tʂʰaŋ˨˩tuæ̃˥,ni˥kʰu˥tʂuo˥˩xæᴇ˨˩iao˦sɿ˦mæ̃˦mæ̃˦ɕy˦ʂuo˥tʂə˧tʂə˦kə˦sɿ˦˩lie˧muo˧.（现在还是这样吗？）现在都不了。你不单你这个哭着，还寻这么两三个人和你是一个辈分是一样的，她在哭着咧，她也陪下哼哼唧唧，也说着咧。一个哭的是她那个不好，一个还要劝说咧嘛。ɕiæ̃˦tsæᴇ˦tou˥˩pu˨˩lə˧.ni˥pu˨tæ̃˥ni˥tʂə˦kə˦kʰu˥tʂuo˥˩,xæᴇ˨ɕiŋ˨tʂə˦muo˧liaŋ˥sæ̃˥˩kə˦zəŋ˨xuo˨ni˥sɿ˦i˥˩kə˦pei˦fəŋ˦sɿ˦i˥˩iaŋ˦ti˧,tʰɑ˥tsæᴇ˦kʰu˥tʂə˧lie˧,tʰɑ˥ia˥pʰei˨˩xa˦xəŋ˥xəŋ˥˩tɕi˥tɕi˥˩,ie˥ʂuo˥tʂə˧lie˧.i˥˩kə˦kʰu˥ti˧sɿ˦tʰɑ˥nə˦kə˦pu˨˩xao˥,i˥˩kə˦xa˨˩iao˦tɕʰyæ̃˦ʂuo˥lie˧ma˧.（那个现在这些四川人还哭吗？）现在都不了。ɕiæ̃˦tsæᴇ˦tou˥˩pu˨˩liao˥.（不哭了？年轻的只怕也……）啊，就是我长这么大，见四川人那么个哭的也就是一两回。ɑ˨˩,tsou˦sɿ˦ŋuo˥tʂaŋ˥tʂə˦muo˧ta˦,tɕiæ̃˦sɿ˦tʂʰuæ̃˥˩zəŋ˨nə˦muo˧kə˦kʰu˥ti˧ie˥tɕiou˦sɿ˦i˥˩liaŋ˥xuei˨.

（那老的这个就说结婚呐，这个娶亲的那个女女同志要不要梳头，还要还要开脸不要开？）那是指年轻的开的，老的还开啥咧？二婚头都不开嘛。næᴇ˦sɿ˦tsɿ˥niæ̃˨˩tɕʰiŋ˥ti˧kʰæᴇ˥˩ti˧,lao˥ti˧xa˨˩kʰæᴇ˥sa˦lie˧?ər˦xuoŋ˥˩tʰou˨˩tou˥˩pu˨˩kʰæᴇ˥ma˧.（新媳妇那个是出门之前要……要要……）要梳妆咧嘛。iao˦ʂɥ˥tʂuaŋ˥˩lie˧ma˧.（就是拿两根线这么，这两根线它这叫什么东西？）开脸咧嘛。kʰæᴇ˥˩liæ̃˥lie˧ma˧.（是叫开脸还是叫绞面？）啊，绞面，开脸，这都有。ŋa˦,tɕiao˥miæ̃˦,kʰæᴇ˥˩liæ̃˥,tʂei˦tou˥˩iou˥.（这个本地说什么？）都是叫开脸。tou˧˥sɿ˥tɕiɑɔ˥kʰæᴇ˧˩liæ̃˥˧.（讲不讲扯……扯脸？）扯脸是在娘家只扯咧三把嘛。tʂʰə˥˧liæ̃˥˧sɿ˥tsæᴇ˥niɑŋ˨˩tɕiɑ˥˧tsɿ˧˩tʂʰə˥˧lie˧sæ̃˧˩pɑ˥˧mɑ˧.（娘家扯三把？）啊，头上这儿扯咧一下，一边面脸蛋子扯咧一下就上轿了么。ɑ˩,tʰou˨˩ʂɑŋ˦˥tʂər˥tʂʰə˥˧lie˧i˧˩xɑ˥˩,i˧˩piæ̃˧˩miæ̃˦˥liæ̃˧˦tæ̃˥tsɿ˧tʂʰə˥˧lie˧i˧˩xɑ˥tsou˥ʂɑŋ˥tɕiɑɔ˧˥ləm˧.（到底讲开脸还是扯脸？）开脸。回到这个婆家以后，这才仔细把这脸上那毛毛儿要拔净咧么。kʰæᴇ˥˧liæ̃˧˦.xuei˨˩tɑɔ˦˥tʂə˥kə˥pʰuo˨˩tɕiɑ˥˧i˧˩xou˦˥,tʂə˥tsʰæᴇ˨˩tsɿ˥˧ɕi˥pɑ˧˩tʂə˥liæ̃˥˧ʂɑŋ˥˩nə˦˥mɑɔ˨˩mɑɔr˨˧iɑɔ˥pɑ˨˩tɕiŋ˥liem˧.（到婆家才……才开始？）啊。这这个……过去这个欸娘家你是简单给她梳了一下头嘛。回到这个婆家以后，那你就要把那个搞欸崭崭净净的咧。ɑ˩.tʂə˥tʂei˦˥kə˥……kuo˧˥tɕʰy˥tʂə˥kə˥ei˩niɑŋ˨˩tɕiɑ˥˧ni˧˩sɿ˥˩tɕiæ̃˥˧tæ̃˧˩kei˥tʰɑ˧˦ʂʮ˥˧lə˧i˧˩xɑ˥˩tʰou˨˦mɑ˧.xuei˨˩tɑɔ˦˥tʂə˥kə˥pʰuo˨˩tɕiɑ˥˧i˧˩xou˦˥,næᴇ˥ni˧˦tsou˥iɑɔ˥pɑ˧˩nə˥kə˥kɑɔ˥˧ei˩tsæ̃˥˧tsæ̃˧˩tɕiŋ˥tɕiŋ˥ti˧lie˧.（再……再重新弄，把脸弄……至……在娘……在婆家才开脸？）不……娘家是开了三把么你。婆娘……她到婆家回来才洗漱咧么。现在都不开。现在都已经那个了。现在都有……就是这个直接欸出……女子出嫁之前寻上个理发的，梳……化妆一下，把头盘起来就对了，戴上两朵花儿，现在再就没有了。pu……niɑŋ˨˩tɕiɑ˥˧sɿ˥kʰæᴇ˥˧lə˧sæ̃˧˩pɑ˥˧muo˧ni˥˧.pʰuo˨˩niɑŋ˨˧……tʰɑ˧˦tɑɔ˥pʰuo˨˩tɕiɑ˥˧xuei˨˩læᴇ˨˧tsʰæᴇ˨˩ɕi˥˧sʮ˥liem˧.ɕiæ̃˥tsæᴇ˥tou˧˩pu˨˩kʰæᴇ˥˧.ɕiæ̃˥tsæᴇ˥tou˧˩i˥˧tɕiŋ˧˩nə˥˩kə˥˩lə˧.ɕiæ̃˥tsæᴇ˥tou˧˦iou˧˦……tɕiou˥sɿ˥tʂə˥kə˥tʂʅ˨˦tɕie˧˩ei˩tʂʰʮ˧˩tɕi……ny˥˧tsɿ˧tʂʰʮ˧˩tɕiɑ˥tsɿ˥˧tɕʰiæ̃˨˩ɕiŋ˨˩ʂɑŋ˦˥kə˥li˧˦fɑ˥˧ti˧,sʮ……xuɑ˧˥tʂuɑŋ˥˧i˧˩xɑ˥˩,pɑ˧˩tʰou˨˦pʰæ̃˨˩tɕʰi˥˧læᴇ˨˩tɕiou˥tuei˥lə˧,tæᴇ˥ʂɑŋ˥liɑŋ˧˦tuo˧˦xuɑr˥˧,ɕiæ̃˦˥tsæᴇ˦˥tsæᴇ˥tsou˥muo˧˥iou˥˧lə˧.

（那好，那个就是喝完酒，吃完以后就就要出门了吧？）就要出门了么。tɕiou˥iɑɔ˥tʂʰʮ˥˧məŋ˨˩lə˧muo˧.（出门的时候这个女孩子怎么……是怎……怎么上车或者怎么那个呢？）现在一般就说是那个写的话就说是自己走上车，把娘家的那个鞋穿上，上车以后，把这个……鞋脱下。再从新换一双新鞋穿。ɕiæ̃˥tsæᴇ˦˥i˧˥pæ̃˥˧tɕiou˦˥ʂuo˧˦sɿ˥nə˥kə˥ɕie˥˧ti˧xuɑ˥˩tɕiou˦˥ʂuo˧˩sɿ˥˩tsɿ˧˥tɕie˧˩tsou˥˧ʂɑŋ˥tʂʰə˧˩,pɑ˧˩niɑŋ˨˩tɕiɑ˥˧ti˧nei˥kə˥ɕie˨˦tʂʰuæ̃˥˧ʂɑŋ˥˩,ʂɑŋ˧˥tʂʰə˥˧i˧˩xou˥,pɑ˧˩tʂə˥kə˥tʰ……ɕie˨˦tʰuo˥˧xɑ˥˩.tsæᴇ˥tsʰuoŋ˨˦ɕiŋ˧˩xuæ̃˥i˧˦ʂuɑŋ˧˦ɕiŋ˥˧ɕie˨˦tʂʰuæ̃˧˩.（这个脱掉呃那个是拿回去？）脱掉你就放得娘家。你……tʰuo˧˩tiɑɔ˦˥ni˥˧tsou˥fɑŋ˧˥tə˧niɑŋ˨˩tɕiɑ˧˦.n̩˥˧……（放在娘家了吧？）你不能把娘家的那个穷灰带到婆家去你。ni˥˧pu˨˩nəŋ˨˦pɑ˧˩niɑŋ˨˩tɕiɑ˥˧ti˧nə˥kə˥tɕʰyoŋ˨˦xuei˥˧tæᴇ˥tɑɔ˥pʰuo˨˩tɕiɑ˥˧tɕʰie˥˩ni˧˦.（是自己走上去。以前……以前是背上去还是怎么搞？）以前是背嘛。i˧˩tɕʰiæ̃˨˦sɿ˥pei˥˧mɑ˧.（谁来背呢？）嗯，姐夫背嘛。n̩˩,tɕie˥˧fu˧˩pei˥˧mɑ˧.（姐夫背？）啊，姐夫把那个背到车上。ɑ˩,tɕie˥˧fu˧˩pɑ˧˩nei˥kə˥pei˥˧tɑɔ˥˩tʂʰə˥˧ʂɑŋ˥˩.（如果没有姐夫呢？）没有姐夫，她姑父么。mei˨˦iou˧˦tɕie˥˧fu˧˦,tʰɑ˧˦ku˥˧fu˥˩muo˧.（谁的姐夫？）女的的姑夫……姐夫和姑父可以背上车。ny˥˧ti˧ti˧ku˥˧fu˥˩……tɕie˥˧fu˧˩xuo˨˩ku˥˧fu˥˩kʰə˧˦i˧˦pei˥˧ʂɑŋ˥˩tʂʰə˧˩.（那以前是轿子还是用什么？）最初是用轿子。最后慢慢就是骑毛驴子，欸呃，骑马，但是不拿骡子娶。tsuei˥tʂʰʮ˥˧sɿ˥˩yoŋ˥tɕiɑɔ˥tsɿ˧.tsuei˥xou˥mæ̃˥mæ̃˥tɕiou˥˩sɿ˥˩tɕʰi˨˦mɑɔ˨˧ly˨˩tsɿ˧,ei˩ə˥˧,tɕʰi˨˩mɑ˥˧,tæ̃˥sɿ˥pu˨˩nɑ˨˦luo˨˩tsɿ˧tɕʰy˧˩.（哼哼，骡子？）噢，骡子不下驹，那东西不能娶亲。而且这个娶……新媳妇儿就说是，欸，女的骑的那个骡子，呃，骑的那个马和驴，必须是叫驴和儿马子。ɑɔ˩,luo˨˩tsɿ˧pu˨˩ɕiɑ˧˥tɕy˥˧,nə˥tuoŋ˧˩ɕi˧pu˨˩nəŋ˨˦tɕʰy˧˦tɕʰiŋ˥˧.ər˨˦tɕʰie˧˩tʂei˥˩kə˥˩tɕʰy˥˧tɕʰ……ɕiŋ˥˧ɕi˥˧fuər˥˩tɕiou˥ʂuo˧˦sɿ˥,ei˩,ny˥˧ti˧tɕʰi˨˩ti˧nə˥kə˥luo˨˩tsɿ˧,ə˩,tɕʰi˨˩ti˧nə˥kə˥mɑ˥˧xuo˨˩ly˨˦,pi˧˥ɕy˥˧sɿ˥tɕiɑɔ˧˥y˨˩xuo˨˩ər˨˩mɑ˥˧tsɿ˧.（公的？）公的，必须是公的。现在到最后发展到坐手

扶机子，坐马车。一会儿一个大马车欸，把马头都挂上红，叮叮当当那一去。吹鼓手哟前头走，前头吹下。现在么就是最后发展到坐这个欸，欸，开那个手扶拖拉机，嗵嗵嗵嗵，开来那个。现在么就是二八五和三马子。最后发展到二八五和三马子。现在么就是这个……kuoŋ˥˧ti˧,pi˥˧˨˦ɕy˥˧sɿ˥kuoŋ˥˧ti˧.ɕiæ̃˥tsæᴇ˥tɑɔ˥˧˩tsuei˥xou˥fɑ˥˧˧˩tʂæ̃˥˧tɑɔ˥tsuo˥˧˩ʂou˥˧fu˩˧tɕi˥˧tsɿ˧,tsuo˥˨˦mɑ˥˧tʂʰə˥˧˧˩.i˥˧˨˦xuər˥˧˩i˥˧˧kə˥tɑ˥mɑ˥˧tʂʰə˥˧˧˩ei˥,pɑ˥˧˧˩mɑ˥˧tʰou˩˧tou˥˧˧˩kuɑ˥ʂɑŋ˥xuoŋ˩˧,tiŋ˥tiŋ˥tɑŋ˥tɑŋ˥næᴇ˥i˥˧˧˩tɕʰy˥.tʂʰuei˥˧ku˥˧˧˩ʂou˥˧tɑ-ɑŋ˧˩tɕʰiæ̃˩˧˧˩tʰou˦tsou˥˧˧˩,tɕʰiæ̃˩˧˧˩tʰou˦tʂʰuei˥˧xɑ˥.ɕiæ̃˥tsæᴇ˥muo˧tɕiou˥˧˩sɿ˥˧˩tsuei˥xou˥fɑ˥˧˧˩tʂæ̃˥˧tɑɔ˥˧˩tsuo˥˨˦tʂə˥kə˥ei˥,ei˧˩,kʰæᴇ˥˧˧˩nə˥˧˩kə˥ʂou˥˧fu˩˧tʰuo˥˧˧˩lɑ˥˧tɕi˥˧˧˩,tuoŋ˩˧tuoŋ˩˧tuoŋ˩˧tuoŋ˥,kʰæᴇ˥˧˧˩læᴇ˩˧nə˥kə˥.ɕiæ̃˥tsæᴇ˥muo˧tɕiou˥sɿ˥ər˥pɑ˥˧˧˩vu˥˧xuo˩˧˧˩sæ̃˥˧˧˩mɑ˥˧tsɿ˧.tsuei˥xou˥fɑ˥˧˧˩tʂæ̃˥˧tɑɔ˥˧˩ər˥pɑ˥˧˧˩vu˥˧xuo˩˧˧˩sæ̃˥˧˧˩mɑ˥˧tsɿ˧.ɕiæ̃˥tsæᴇ˥muo˧tɕiou˥sɿ˥tʂə˥˧˩kə˥˧˩……（小轿车？）都是小轿车。讲究看是七……八个咧还是十个的。tou˥˧˨˦sɿ˥ɕiɑɔ˥˧˧tɕiɑɔ˥˨˦tʂʰə˥˧˧˩.tɕiɑŋ˥˧tɕiou˥˧˧˩kʰæ̃˥sɿ˥˨˦tɕʰi˥˧……pɑ˥˧kə˥˧˩lie˧xɑ˩˧˧sɿ˥ʂʅ˩˧˧˩kə˥˧˥˧ti˧.（你结婚的时候坐的什么呀？）呣，手扶机子唾唾唾唾唾唾搞回来的。m̩˧˩,ʂou˥˧fu˩˧tɕi˥˧tsɿ˧tʰuo˥tʰuo˥tʰuo˥tʰuo˥tʰuo˥tʰuo˥kɑɔ˥˧˧˩xuei˩˧læᴇ˩˧˧ti˦.（那个上车的这个路要不要铺地毯之类的？）不铺。pu˩˧pʰu˥˧.（没……不铺任何东西？）没有。不铺好些。mei˩˧iou˥˧˧˩.pu˩˧˧˩pʰu˥˧˧˩xɑɔ˥˧ɕie˥˧.（那个丢……放不放麻袋之类的？）不。背上去，有……有……叫人背就背上去就对了。不叫人背就是这个走上去，到车门子里头……坐到车上把鞋一……鞋一换就对了。pu˩˧˧˩.pei˥˧ʂɑŋ˥tɕʰi˥˧˩,iou˥˧˧……iou˥˧˧……tɕiɑɔ˥ʐəŋ˩˧pei˥˧tɕiou˥pei˥˧ʂɑŋ˥˨˦tɕʰi˥˧˩tɕiou˥˧˩tuei˥˨˦lə˦.pu˩˧˧˩tɕiɑɔ˥ʐəŋ˩˧pei˥˧tɕiou˥sɿ˥tʂə˥kə˥tsou˥˧ʂɑŋ˥tɕʰi˥,tɑɔ˥tʂʰə˥˧məŋ˩˧˧˩tsɿ˦li˥˧tʰou˧……tsuo˥˨˦tɑɔ˥tʂʰə˥˧ʂɑŋ˥˧˩pɑ˥˧˧˩xæᴇ˩˧i˥˧˧˩……ɕie˩˧i˥˧˧˩xuæ̃˥tɕiou˥˧˩tuei˥˧˩lə˧.（啊，然后就过去了？）噢，过去，在这个路上，这个咿就开上回来了。ŋɑɔ˧˩,kuo˥tɕʰy˥,tsæᴇ˥tʂə˥kə˥lou˥˨˦ʂɑŋ˥˧˩,tʂə˥kə˥i˥tɕiou˥kʰæᴇ˥˧tʂʰɑŋ˧˩（←ʂɑŋ˥）xuei˩˧˧˩læᴇ˩˧˧˥˧lə˧.

（路上有没有这个什么折腾？）啊，那有……有折腾啊。你这个欸，这个车里头有送人的车，有娶人的车嘛。礼节性的来说，你不能你说我是个娶人的，我老开到前头去走，一工儿头里走。那不行啊。哎，你前头走一走，你把人□这个……后头这个有送女的咧嘛，送女的这个客，互相之……车调换下下位置。你走一走，你赶快停到路边咧，把□们让到头里。□们走一会儿，□停下来，把你得让到头走。ɑ˧˩,næᴇ˥iou˥˧˧……iou˥˧tʂə˥˧tʰəŋ˩˧˧˩ɑ˧.ni˥˧˧tʂə˥kə˥ei˥,tʂə˥kə˥tʂʰə˥˧li˥˧˧˩tʰou˧iou˥˧suoŋ˥ʐəŋ˩˧˧˩ti˦tʂʰə˥˧˧˩,iou˥˧˧tɕʰy˥˧ʐəŋ˩˧˧˩ti˦tʂʰə˥˧mɑ˧.li˥˧tɕie˥˧˧˩ɕiŋ˥ti˦læᴇ˩˧ʂuo˥˧˧˩,ni˥˧pu˩˧˧˩nəŋ˩˧ni˥˧ʂuo˥˧˧˩ŋuo˥˧sɿ˥˧˩kə˥˧˩tɕʰy˥˧ʐəŋ˩˧˧˩ti˦,ŋuo˥˧˧lɑɔ˥˧˧kʰæᴇ˥˧tɑɔ˥˧˩tɕʰiæ̃˩˧˧˩tʰou˦tɕʰi˥tsou˥˧˧,i˥˧˨˦kuõr˥˧tʰou˩˧˧˩li˥˧tsou˥˧˧˩.næᴇ˥˧˥˧pu˩˧˧˩ɕiŋ˩˧˧˩ɑ˧.æᴇ˥˧,ni˥˧tɕʰiæ̃˩˧˧˩tʰou˦tsou˥˧i˥˧˧˩tsou˥˧˧,ni˥˧pɑ˥˧˧˩ʐəŋ˩˧˧˩niæ̃˩˧˥˧tʂə˥˧˩kə˥˧˩……xou˥tʰou˦tʂə˥kə˥iou˥˧suoŋ˥˨˦ny˥˧ti˧lie˧mɑ˧,suoŋ˥˨˦ny˥˧ti˧tʂə˥˧˩kə˥˧˩kʰei˥˧,xu˥˨˦ɕiɑŋ˥˧˧˩tsɿ˥˧˧˩……tʂʰə˥˧tiɑɔ˥xuæ̃˥xɑ˥˧˩xɑ˥˧˩vei˥˨˦tʂʅ˥.ni˥˧tsou˥˧i˥˧˧˩tsou˥˧˧˩,ni˥˧˧kæ̃˥˧˧kʰuæᴇ˥tʰiŋ˩˧˧˩tɑɔ˥lou˥˨˦piæ̃˥˧˧˩lie˧,pɑ˥˧˧˩niæ̃˩˧məŋ˦ʐɑŋ˥tɑɔ˥tʰou˩˧li˥˧˧˩.niæ̃˩˧məŋ˦tsou˥˧i˥˧˧˩xuər˥˧˩,niæ̃˩˧tʰiŋ˩˧˧˩ɕiɑ˥læᴇ˩˧˧˩,pɑ˥˧˧˩ni˥˧tei˥˧˧˩ʐɑŋ˥tɑɔ˥tʰou˩˧˧˩tsou˥˧˧.（噢，互相让着往前走？）噢，让路嘛，啊。这是礼节性的，你要搞咧嘛。ɑɔ˧˩,ʐɑŋ˥lou˥mɑ˧,ɑ˧˩.tʂə˥sɿ˥li˥˧tɕie˥˧˧˩ɕiŋ˥ti˦,ni˥˧˧iɑɔ˥kɑɔ˥˧lie˧mɑ˧.

（你送人的是叫送亲的还是叫送人的？）大客。也叫吃酒的。女方到男家来吃酒席的。tɑ˥kʰei˥˧˧˩.ie˥˧tɕiɑɔ˥tʂʰʅ˥˧˧˩tɕiou˥˧ti˧.ny˥˧fɑŋ˥˧˧˩tɑɔ˥næ̃˩˧tɕiɑ˥˧læᴇ˩˧tʂʰʅ˥˧˧˩tɕiou˥˧ɕi˩˧˧˩ti˧.（大客数量有没有限制？）那你是客……看你有远近嘛。近咧，交通方便了，多来两个人嘛。来上……来上这么欸两个席，两席人，三八二十四个人嘛。næᴇ˥ni˥˧˧˩sɿ˥˧˩kʰei˥˧……kʰæ̃˥˧˩ni˥˧iou˥˧˧yæ̃˥˧tɕiŋ˥˨˦mɑ˧.tɕiŋ˥lie˧,tɕiɑɔ˥˧˧˩tʰuoŋ˥˧fɑŋ˥˧˧˩piæ̃˥lə˧,tuo˥˧læᴇ˩˧liɑŋ˥˧˧kə˥ʐəŋ˩˧mɑ˧.læᴇ˩˧˧˩ʂɑŋ˥……læᴇ˩˧˧˩ʂɑŋ˥˧˥˧tʂə˥˧˩muo˧ei˧˩liɑŋ˥˧kə˥˧˩ɕi˩˧,liɑŋ˥˧ɕi˩˧˧ʐəŋ˩˧˧,sæ̃˥˧˧pɑ˥˧˧ər˥ʂʅ˩˧˧sɿ˥˧˥˧kə˥˧˩ʐəŋ˩˧˧˩

ma˧.（有这个单数双数的这个要求吗？）欸有咧么。那你这是红……红事你都最……最起码……来双数。ei˥iou˥˩lie˧muo˧.næᴇ˧ni˥˧tʂei˧˥sɿ˧˩xuoŋ˩˧ɕ……xuoŋ˩˧sɿ˧ni˥˧tou˥˩tsuei˧……tsuei˧tɕʰi˥˧ma˥˧ʂ……læᴇ˩˧ʂuaŋ˥ʂʮ˧˩.（来双数？）嗯。ə̃˩.（那加上这个新郎新娘……）那都算着咧。我们这儿这娶亲，新郎倌儿不去。nə˧˥tou˥˩suæ̃˧tʂə˧lie˧.ŋuo˥məŋ˧tʂər˧t ʂə˧tɕʰy˥˧tɕʰiŋ˥,ɕiŋ˥˩laŋ˩˧kuæ̃r˥˩pu˩˧˩tɕʰi˧.（那是加上这个姑娘？）呃，加上这个姑娘。ŋə˩,tɕia˥ʂaŋ˧˩tʂə˧kə˧ku˥niaŋ˩˧˩.（加上这个新娘是双数？）噢，双数。ɑɔ˩,ʂuaŋ˥ʂʮ˧˩.（就是也就是说，除了这个新娘之外其他的这个人是单数？）噢，这个新娘……新娘是两头都算。ɑɔ˩,tʂə˧kə˧ɕiŋ˥˩niaŋ˩˧tɕʰ……ɕiŋ˥˩niaŋ˩˧sɿ˧liaŋ˥tʰou˩˧tou˥˩suæ̃˧.（两头都算？）啊，既算婆家人，也算娘家人。ɑ˩,tɕi˧suæ̃˧pʰuo˩˧˩tɕia˥ʐəŋ˩˧,ie˥˧suæ̃˧niaŋ˩˧˩tɕia˥ʐəŋ˩˧˩.（但两边加起来不还是单数吗？）那单不了么。那你搞不好你去……那你是来吃酒席的人，你来上十一……来上十一个，来上三桌子，三八二十四个人，那你来二十三个人就对了么。næᴇ˧˥tæ̃˥˩pu˩˧˩liɑɔ˥muo˧.næᴇ˧ni˥˧kɑɔ˥pu˩˧˩xɑɔ˥ni˥˧tɕʰi˧tɕʰ……næᴇ˧ni˥sɿ˧læᴇ˩˧tʂʰʅ˥˩tɕiou˥ɕi˩˧˩ti˧ʐəŋ˩˧,ni˥˩læᴇ˩˧˩ʂaŋ˧ʂʅ˩˧i˥……læᴇ˩˧˩ʂaŋ˧ʂʅ˩˧i˥kə˧˩,læᴇ˩˧˩ʂaŋ˧sæ̃˥tʂuo˥tsɿ˧,sæ̃˥˨pa˥˩ər˧ʂʅ˩˧sɿ˧kə˧ʐəŋ˩˧,næᴇ˧ni˥˧læᴇ˩˧ər˧ʂʅ˩˧sæ̃˥kə˧˩ʐəŋ˩˧tɕiou˧tuei˧lə˧muo˧.

（那么你娶亲的那些人，新郎不去，谁……家里谁谁主持去的？）那你家里寻个主事的嘛。带事人一起去么。媒人去吧，再寻上几个主事的人跟你一起去。næᴇ˧ni˥˧tɕia˥li˥˩ɕiŋ˩˧˩kə˧tʂʮ˥sɿ˧ti˧ma˧.tæᴇ˧sɿ˧ʐəŋ˩˧i˥tɕʰi˥˩tɕʰy˧˥muo˧.mei˩˧˩ʐəŋ˩˧˥tɕʰi˧pa˧,tsæᴇ˧ɕiŋ˩˧˩ʂaŋ˧tɕi˥kə˧˩tʂʮ˥sɿ˧ti˧ʐəŋ˩˧kəŋ˥˧ni˥˧i˥tɕʰi˥˩tɕʰy˧.（有没有这个分别，比如说这个就一个人去还是有两口子一块儿去的呢？）哎那你这个咿娶亲的那你就有一个女的咧嘛。æᴇ˩næᴇ˧ni˥tʂə˧kə˧i˧tɕʰy˥˧tɕʰiŋ˥ti˧næᴇ˧ni˥˧tsou˧iou˥˧i˥˩kə˧ny˥ti˧lie˧ma˧.（有一个女的？）啊，你娶人的最起码来说你……谁个娶去啊？这有一……有……谁娶咧嘛？你是叫你……他嫂子娶去啊，还是谁去娶这个……这个新郎倌儿的嫂子还啥？你这个女的要有个娶亲的咧么。ɑ˩,ni˥˧tɕʰy˥ʐəŋ˩˧˩ti˧tsuei˧tɕʰi˥ma˥læᴇ˩˧˩ʂuo˥˩ni˥……sei˩˧˩kə˧tɕʰy˥tɕʰia˧˩?tʂei˧iou˥i˥˩……iou˥……sei˩˧tɕʰy˥lie˧ma˧?ni˥sɿ˧tɕiɑɔ˧˥ni˥˩……tʰa˥˩sɑɔ˥tsɿ˧tɕʰy˥tɕʰia˧˩,xa˩˧sɿ˧sei˩˧tɕʰi˧tɕʰy˥tʂə˧kə˧……tʂə˧kə˧ɕiŋ˥˩laŋ˩˧kuæ̃r˥˩ti˧sɑɔ˥tsɿ˧xa˩˧sa˧˥?ni˥˧tʂə˧kə˧ny˥ti˧iɑɔ˧iou˥˧kə˧tɕʰy˥˧tɕʰiŋ˥ti˧lie˧muo˧.（她是主持，她是这个就是为头的还是什么？）她……她不是的。她只是只是这个女方的……这个男方这个去了个女的就要往回来娶咧么。这里头……这里头就有一个带事人咧么。tʰa˥……tʰa˥pu˩˧˩sɿ˧ti˧.tʰa˥tsɿ˥˩sɿ˥tsɿ˥˧sɿ˧tʂə˧kə˧ny˥faŋ˥˩ti˧……tʂə˧˩kə˧˩næ̃˩˧˩faŋ˥tʂə˧kə˧tɕʰi˧lə˧kə˧ny˥ti˧tsou˧iɑɔ˧vaŋ˥˩xuei˩˧˩læᴇ˩˧tɕʰy˥lie˧muo˧.tʂei˧˥li˥tʰou˧……tʂei˧˥li˥tʰou˧tsou˧iou˥˧i˥˩kə˧˩tæᴇ˧sɿ˧ʐəŋ˩˧˩liem˧.（带事人？）啊，带事的咧嘛。带事的你看是他舅……他舅去咧还是她姑父咧。ɑ˩,tæᴇ˧sɿ˧ti˧lie˧ma˧.tæᴇ˧sɿ˧ti˧ni˥˩kʰæ̃˧˩sɿ˧˩tʰa˥˩tɕiou˧……tʰa˥˩tɕiou˧tɕʰi˧lie˧xa˩˧˩sɿ˧tʰa˥˩ku˥fu˧lie˧.（都是要男的？）噢，都是男的。这个男的这么个带事。这手里要……衩衩里，兜兜里，把人民的那个币要装上。看哪瘩地方不合适，还耽下口的东西了，还啥子不得过去，那你……这个你把钱装上以后，给口随时准备掏票子咧么。遇到事情得处理都是你的事么。ɑɔ˩,tou˥˧sɿ˧næ̃˩˧˩ti˧.tʂə˧kə˧næ̃˩˧˩ti˧tʂə˧˩muo˧kə˧˩tæᴇ˧sɿ˧.tʂə˧ʂou˥li˥˩iɑɔ˧ʂ……tsʰa˥tsʰa˥˩li˥˩,tou˥tou˥˩li˥˩,pa˥˩ʐəŋ˩˧miŋ˩˧ti˧nə˧kə˧pi˧˥iɑɔ˧˩tʂuaŋ˥ʂaŋ˧˩.kʰæ̃˧na˥ta˥˧ti˧faŋ˥˧pu˩˧˩xuo˩˧˩tʂʰʅ˥,xa˩˧˩tæ̃˥xa˧niæ̃˩˧˩ti˧tuoŋ˥ɕi˧lə˧,xa˩˧˩sa˧tsɿ˧pu˩˧˩tei˥˩kuo˧tɕʰi˧,næᴇ˧ni˥˧……tʂə˧kə˧ni˥pa˥˩tɕʰiæ̃˩˧tʂuaŋ˥ʂaŋ˧i˥˩xou˧˥,kei˧niæ̃˩˧˩suei˩˧sɿ˩˧tʂuoŋ˥˧pi˧tʰɑɔ˥˩pʰiɑɔ˧˥tsɿ˧liem˧.y˧tɑɔ˧sɿ˧tɕʰiŋ˩˧tei˥˧tʂʰʮ˥li˥tou˥˩sɿ˧˩ni˥ti˧sɿ˧muo˧.（这个去接的那个妇女有没有这个叫法，名称？）那叫个娶人的么。

næᴇ˥tɕiaɔ˥kə˥tɕʰy˥˧zəŋ˩˧˩ti·˧muo·˧.（叫不叫娶的客？）没有。muo˥˧˧iou˥˧˩.

（那路上那个那那那些抬轿的或什么有没有这个想办法整……整人的？）那过去那耍咧么。也，颠咧嘛，那颠轿子咧么。nə˥kuo˥˨tɕʰy˥nə˥ʂuɑ˥˧lie·˧muo·˧.iɑ˥˧˧,tiæ̃˥˧lie·˧mɑ·˧,næᴇ˥tiæ̃˥˧˩ tɕiaɔ˥˦tsɿ·˧lie·˧muo·˧.（那那怎么办呢？颠颠到一定的程度要不要……）你不给我吃，不给我喝，我就豁出颠咧嘛。ni˥˧pu˩˧˩kei˥ŋuo˥˧˧tʂʰʅ˥˧,pu˩˧˩kei˥ŋuo˥˧˧xuo˥˧,ŋuo˥˧˧tsou˥xuo˥˧tʂʰʮ˥˧˩tiæ̃˥˧lie·˧mɑ·˧.（那路上还要给……给东西啦？）啊，那那个轿里头你不给准点瓜籽儿，不准点香烟，不准点糖，他给你……那颠你的目的就是要吃咧。你把他东西给他一打发，一吃，他就不颠了。ɑ˩˧,næᴇ˥˨nə˥kə˥tɕiaɔ˥˦li˥˧˩tʰou·˧ni˥˧pu˩˧˩kei˥˩tʂuoŋ˥˧tiæ̃˥˧˩kuɑ˥˧˩tsər˥˧,pu˩˧˩tʂuoŋ˥˧tiæ̃˥˧˩ɕiɑŋ˥˧˦iæ̃˥˧, pu˩˧˩tʂuoŋ˥˧˧tiæ̃˥˧˧tʰɑŋ˩˧,tʰɑ˥˧˧kei˥ni˥˧˧……næᴇ˥tiæ̃˥˧ni˥˧˧ti·˧mu˥˧ti˥˧˩tɕiou˥sɿ˥iaɔ˥tʂʰʅ˥˧lie·˧.ni˥˧pɑ˥˧˩tʰɑ˥˧˧tuoŋ˥˧ɕi·˧kei˥tʰɑ˥˧˧i˥˧˩tɑ˥˧fɑ˥˧˩,i˥˧˩tʂʰʅ˥˧,tʰɑ˥˧˧tɕiou˥pu˩˧˩tiæ̃˥˧˩lə·˧.（种点是吧？）啊，你给他准备一些东西。ɑ˩,ni˥˧˧kei˥tʰɑ˥˧˧tʂuoŋ˥˧pei˥˨i˥˧˩ɕie˥˧˩tuoŋ˥˧ɕi·˧.（噢，准备一点。）啊。他颠的不行了，你……他颠下子累了，他也停一会儿了，一停一会儿你赶快给他叫的，给□发烟吃这……吃的，再给个咬咋的。ɑ˩.tʰɑ˥˧˧tiæ̃˥˧ti·˧pu˩˧˩ɕiŋ˩˧˩lə˧,ni˥˧˩……tʰɑ˥˧˧tiæ̃˥˧xɑ˥˩tsɿ·˧luei˥lə·˧,tʰɑ˥˧iɑ˥˧˩tʰiŋ˩˧i˥˧xuər˥˩lə·˧,i˥˧˩tʰiŋ˩˧i˥˧xuər˥˩ni˥˧˧kæ̃˥˧˩kʰuæᴇ˥˨kei˥˩tʰɑ˥˧˩tɕiaɔ˥ti˧,kei˥˩niæ̃˩˧fɑ˥˧iæ̃˥˧˩tʂʰʅ˥˧tʂei……tʂʰʅ˥˧ti·˧,tsæᴇ˥kei˥kə˥niaɔ˥˧tsɑ˥˧˩ti·˧.（给什么？）咬咋的。瓜籽儿呀，糖呀，这些东西，我们叫咬咋的。niaɔ˥˧tsɑ˥˧˩ti·˧.kuɑ˥˧˩tsər˥˧iɑ·˧,tʰɑŋ˩˧iɑ˧,tʂei˥ɕie˥˧˧tuoŋ˥˧ɕi·˧,ŋuo˥˧˧məŋ˧tɕiaɔ˥niaɔ˥˧tsɑ˥˧˩ti·˧.（噢，咬的？）咬咋的。niaɔ˥˧tsɑ˥˧˩ti·˧.（咬咋的就是咬这一类的东西？）啊，吃的东西嘛。ɑ˩,tʂʰʅ˥˧ti·˧tuoŋ˥˧ɕi·˧mɑ·˧.

（那路上要不要这个……有小孩儿看要不要给点儿东西？）那没有。nə˥˨mei˩˧iou˥˧˩.（没有？）哎不给。路上这个东西……æᴇ˥˧pu˩˧˩kei˥˩.lou˥˨ʂɑŋ˥tʂə˥kə˥tuoŋ˥˧ɕi·˧……（行人有没有那个有什么表示？）行人那你看是遇到甚么样的行人咧。你比如你娶的媳妇儿，这面儿有一个娶媳妇儿的，这路上……向东向西的互相这个娶人的交叉了，这要换个东西咧。ɕiŋ˩˧zəŋ˩˧næᴇ˥ni˥˧kʰæ̃˥sɿ˥y˥taɔ˥ʂəŋ˥˨muo˧iɑŋ˥ti·˧ɕiŋ˩˧zəŋ˩˧˩lie˧.ni˥˧pi˥˧˩zʮ˩˧˩ni˥˧tɕʰy˥˧ti·˧ɕi˥˧fuər˥˩,tʂei˥˨miær˥iou˥˧i˥˧˩kə˥˩tɕʰy˥˧˧ɕi˥˧fuər˥˩ti·˧,tʂei˥lou˥˦ʂɑŋ˥˩ɕ……ɕiɑŋ˥tuoŋ˥˧˩ɕiɑŋ˥ɕi˥˧ti·˧xu˥ɕiɑŋ˥˧tʂə˥kə˥tɕʰy˥˧zəŋ˩˧˩ti˧tɕiaɔ˥˧˩tsʰɑ˥˧lə·˧,tʂei˥˨iaɔ˥˩xuæ̃˥kə˥tuoŋ˥˧ɕi·˧lie·˧.（这换什么呢？）这……个……新郎……哎，新娘子那你必须……都是两个新娘子，这两个新娘子互换一个东西。头上这个卡卡换一个也能行，头花换一个也那也能行，手绢换一个也能行，但是总的来说不管甚么东西要换一个。tʂə……k……ɕiŋ˥˧˩lɑŋ˩˧……æᴇ˩,ɕiŋ˥˧˩niɑŋ˩˧˩tsɿ˧næᴇ˥ni˥˧˧pi˥˧˩ɕy˥˧˩……tou˥˧˦sɿ˥ liɑŋ˥˧kə˥˩ɕiŋ˥˧niɑŋ˩˧tsɿ˧,tʂə˥liɑŋ˥˧kə˥˩ɕiŋ˥˧niɑŋ˩˧tsɿ˧xu˥xuæ̃˥i˥˧˧kə˥tuoŋ˥˧ɕi·˧.tʰou˩˧˩ʂɑŋ˥tʂə˥kə˥tɕʰiɑ˥˧tɕʰiɑ˥˧˩xuæ̃˥i˥˧˧kə˥ie˥˧nəŋ˩˧ɕiŋ˩˧,tʰou˩˧xuɑ˥˧xuæ̃˥i˥˧˧kə˥ie˥˧nə˥æ˥˧˧nəŋ˩˧ɕiŋ˩˧˩,ʂou˥˧tɕyæ̃˥˨xuæ̃˥i˥˧˧kə˥ie˥˧nəŋ˩˧ ˩ɕiŋ˩˧˩,tæ̃˥sɿ˥tsuoŋ˥˧ti·˧læᴇ˩˧˩ʂuo˥˧˩pu˩˧˩kuæ̃˥˧ʂəŋ˥muo˧tuoŋ˥˧ɕi·˧iaɔ˥xuæ̃˥˦i˥˧˩kə˥˩.（那个换的那个东西叫什么？）不叫，不知道叫啥，反正总知道要这个有这个礼程咧。啊，有这个……有这个事要做咧。再一个就说是，这个当地这个吹手无所谓，要是陕北这个吹手的话，就是乐……陕北乐队见咧面的话，那就坏事了。pu˩˧˩tɕiaɔ˥,pu˩˧˧tʂʅ˥˧˧taɔ˥tɕiaɔ˥sɑ˥˩,fæ̃˥˧˩tʂəŋ˥tsuoŋ˥˧tʂʅ˥˧˧taɔ˥iaɔ˥tʂə˥kə˥iou˥˧tʂə˥kə˥li˥˧tʂʰəŋ˩˧˩lie·˧.ɑ˥,iou˥˧˧tʂə˥kə˥……iou˥˧tʂə˥kə˥sɿ˥˦iaɔ˥˩tsʮ˥˨lie·˧. tsæᴇ˥˦i˥˧kə˥˩tɕiou˥˨ʂuo˥˧˩sɿ˥,tʂə˥kə˥tɑŋ˥˧˩ti˥˨tʂə˥kə˥tʂʰuei˥˧ʂou˥˧˩vu˩˧˩ʂuo˥˧vei˥,iaɔ˥sɿ˥ʂæ̃˥˧pei˥˧˩tʂə˥kə˥tʂʰuei˥˧ʂou˥˧˩ti·˧xuɑ˥˩,tɕiou˥sɿ˥yo˥˧˩……ʂæ̃˥˧pei˥˧˩yo˥˧˩tuei˥tɕiæ̃˥lie·˧miæ̃˥ti·˧xuɑ˥˩,nei˥˨tɕiou˥˩xuæᴇ˥sɿ˥lə·˧.（要吹？）吹。这个东西就说是，你这一条路，我从这儿这过来以后，我这两个都是到这个地方，遇……会面以后，一般这个娶人的这个乐队都在头里走着咧，他到这儿

这一对面以后，这就开始了。你不服我，我不服你嘛，咱们都吹嘛。你几次吹的没有曲子了，没有牌，那……这个娶人，这个吹，乐队讲究有牌子曲，你不能乱吹到那阵儿。你不能拿流行歌曲，我那个流行歌曲我一工儿吹一工儿吹，那不行。你娶人的必须有正规的牌子曲到这个地方以后。咱们吹吹比嘛。你吹的比不过我了，我有牌子曲咧，你没有牌子曲了，你停下来了，你给我发烟嘛。烟一发，请，你就让道了。tʂʰuei˥˧.tʂə˥kə˥tuoŋ˥˧ɕi˧tsou˥ʂuo˥˧꜔sʅ˥,ni˥tʂei˥i˥˧꜔tʰiɑɔ˨˩˧lou˥,ŋuo˥˧tsʰuoŋ˨˩˧꜖tʂər˥tʂə˥kuo˥læᴇ˨˩˧꜔i˥˧꜖xou˥,ŋuo˥˧꜔tʂə˥liɑŋ˥˧kə˥꜖tou˥˧˨˦sʅ˥tɑɔ˥tʂə˥kə˥ti˥fɑŋ˥˧꜔,y˥꜖……xuei˥miæ̃˥˨˦i˥˧꜖xou˥,i˥˧˨˦pæ̃˥˧꜔tʂə˥kə˥tɕʰy˥˧ʐəŋ˨˩˧꜖ti˦tʂə˥kə˥yo˥˧꜖tuei˥˦tou˥˧꜖tsæᴇ˥tʰou˨˩˧꜖li˥˧tsou˥˧꜖tʂə˧lie˧,tʰɑ˥˧tɑɔ˥tʂər˥tʂə˥i˥˧꜖tuei˥miæ̃˥i˥˧꜖xou˥,tʂei˥˥˦tɕiou˥꜖kʰæᴇ˥˧꜖sʅ˥˧꜔lə˦.ni˥˧pu˨˩˧꜖fu˨˩˧ŋuo˥˧꜔,ŋuo˥˧pu˨˩˧꜖fu˨˩˧ni˥˧mɑ˧,tsɑ˨˩˧məŋ˦tou˥˧꜔tʂʰuei˥˧mɑ˧.ni˥˧tɕi˥˧tsʰʅ˥tʂʰuei˥˧ti˧mei˨˩˧iou˥˧꜔tɕʰy˥˧tsʅ˧lə˧,muo˥˧꜖iou˥˧pʰæᴇ˨˩˧꜖,nə˥……tʂə˥kə˥tɕʰy˥˧ʐəŋ˨˩˧,tʂə˥kə˥tʂʰuei˥˧,yo˥˧꜖tuei˥˥˦tɕiɑŋ˥˧tɕiou˥˧꜔iou˥˧pʰæᴇ˨˩˧꜖tsʅ˦tɕʰy˥˧,ni˥˧pu˨˩˧꜖nəŋ˨˩˧luæ̃˥tʂʰuei˥˧꜖tɑɔ˥nei˥tʂə̃r˥.ni˥˧pu˨˩˧꜖nəŋ˨˩˧꜔nɑ˨˩˧꜔liou˨˩˧꜔ɕiŋ˨˩˧꜔kə˥˧tɕʰy˥˧꜖,ŋuo˥˧nə˥꜖kə˥꜖liou˨˩˧ɕiŋ˨˩˧꜔kə˥˧tɕʰy˥˧꜖ŋuo˥˧i˥˧˨˦kuõr˥˧꜖tʂʰuei˥˧i˥˧˨˦kuõr˥˧꜖tʂʰuei˥˧,næᴇ˥˥˦pu˨˩˧꜖ɕiŋ˨˩˧꜖.ni˥˧꜔tɕʰy˥˧ʐəŋ˨˩˧꜖ti˦pi˥˧˨˦ɕy˥˧꜖iou˥˧꜖tʂəŋ˥˥˦kʰuei˥˧꜖ti˧pʰæᴇ˨˩˧꜖tsʅ˦tɕʰy˥˧꜖tɑɔ˥tʂə˥kə˥ti˥fɑŋ˥˧꜔i˥˧꜖xou˥.tsɑ˨˩˧məŋ˦tʂʰuei˥˧tʂʰuei˥˧꜖pi˥˧mɑ˧.ni˥˧꜔tʂʰuei˥˧ti˧pi˥˧pu˨˩˧꜖kuo˥ŋuo˥˧lə˧,ŋuo˥˧iou˥˧pʰæᴇ˨˩˧꜖tsʅ˦tɕʰy˥˧lie˧,ni˥˧mei˨˩˧iou˥˧pʰæᴇ˨˩˧tsʅ˦tɕʰy˥˧lə˧,ni˥˧tʰiŋ˨˩˧꜖xɑ˥˥˦læᴇ˨˩˧꜖lə˧,ni˥˧kei˥ŋuo˥˧꜔fɑ˥˧˨˦iæ̃˥˧mɑ˧.iæ̃˥˧i˥˧꜖fɑ˥˧,tɕʰiŋ˥˧,n̩˥˧tsou˥꜖ʐɑŋ˥tɑɔ˥lə˧.（噢，就是说那个吹得赢的那个就先走？）噢，你走么，我……我吹不赢你了。我给你把烟一发，请，就给□让道嘛。ɑɔ꜖,ni˥˧tsou˥˧muo˧,ŋuo˥˧……ŋuo˥˧tʂʰuei˥˧pu˨˩˧꜖iŋ˨˩˧ni˥˧꜖lə˧.ŋuo˥˧kei˥ni˥˧꜔pɑ˥˧꜖iæ̃˥˧i˥˧˨˦fɑ˥˧꜖,tɕʰiŋ˥˧꜖,tɕiou˥kei˥niæ̃˨˩˧꜖ʐɑŋ˥tɑɔ˥˥˦mɑ˧.（然后呢？）这就一……一让到那这下就可以走了么。tʂei˥˥˦tɕiou˥꜖i˥˧꜖……i˥˧꜖ʐɑŋ˥tɑɔ˥nei˥꜖tʂei˥˥˦xɑ˥꜖tɕiou˥꜖kʰə˥˧꜔i˥˧꜔tsou˥˧lə˧muo˧.（到男方这里的路上就……）啊，路上就完了么。ɑ꜖,lou˥˥˦ʂɑŋ˥꜖tsou˥væ̃˨˩˧꜖lə˦muo˧.（一般的行人他不管？）一般的行人不管。i˥˧˨˦pæ̃˥˧ti˧ɕiŋ˨˩˧꜔ʐəŋ˨˩˧꜔pu˨˩˧꜖kuæ̃˥˧꜖.（要碰上那个送……送殡的呢？）那不避。送……送殡的碰上无所谓。nə˥˥˦pu˨˩˧꜖pʰi˥꜖.suoŋ˥……suoŋ˥piŋ˥˨˦ti˧pʰəŋ˥ʂɑŋ˥vu˨˩˧꜖suo˥˧꜖vei˥꜖.（碰上送殡的无所谓？）哎，无所谓。æᴇ˨˩˧,vu˨˩˧꜖suo˥˧vei˥.（那要是碰碰上别这个欸别人呢，呃，就这一般人她就什么都不给了？）怎么甚么都给？碰着一般人他都不给。tsəŋ˥˧꜔muo˦ʂəŋ˥˥˦muo˧tou˥˧꜖kei˥꜖pʰəŋ˥˨˦tʂuo˥˧꜖i˥˧˨˦pæ̃˥˧ʐəŋ˨˩˧tʰɑ˥˧꜔tou˥˧꜔pu˨˩˧꜖kei˥꜖.

（那好，到……到了男方家里头，到了村口要不要有有什么？十字路口上有有没有……）到……到十字路口都没有啥礼……议程我们这里。tɑɔ˥……tɑɔ˥ʂʅ˨˩˧꜖tsʅ˥lou˥kʰou˥˧tou˥˧꜖mei˨˩˧iou˥˧sɑ˥li˥˧꜔tʂʅ……i˥tʂʰəŋ˨˩˧꜔ŋuo˥˧꜔məŋ˦tʂei˥˥˦li˥˧꜖.（到村口呢？）一到村口，到了家门门口了，这都要放炮咧。叮叮咚咚就开始放炮了。i˥˧꜖tɑɔ˥tsʰuoŋ˥˧꜖kʰou˥˧,tɑɔ˥˨˦lə˧tɕiɑ˥˧məŋ˨˩˧məŋ˨˩˧꜖kʰou˥˧lə˧,tʂei˥˥˦tou˥˧꜖iɑɔ˥˥˦fɑŋ˥pʰɑɔ˥lie˧.tiŋ꜖tiŋ꜖tuoŋ꜖tuoŋ꜖tsou˥꜖kʰæᴇ˥˧꜖sʅ˥˧fɑŋ˥pʰɑɔ˥lə˦.（哎，离开姑……这个新娘家是不是得放炮？）不放。pu˨˩˧꜖fɑŋ˥.（什么都不放？）不放。pu˨˩˧꜔fɑŋ˥꜖.（就是吹鼓手吹？）啊，吹鼓手吹。吹鼓手是当地的吹鼓手，只放这个唢呐吹。陕北的吹鼓手还去掌号咧。他拿那个欸吹的那个号，到村口了，或者是出的出门这下时间，他们那是了，多儿，像牛叫唤咧，搞一下。当地的一……乐队没有这个议程。ɑ꜖,tʂʰuei˥˧ku˥˧꜖ʂou˥˧꜖tʂʰuei˥˧.tʂʰuei˥˧ku˥˧꜖ʂou˥˧꜖sʅ˥꜖tɑŋ˥˧꜖ti˥˥˦ti˧tʂʰuei˥˧ku˥˧꜖ʂou˥˧꜖,tsʅ˥˧꜖fɑŋ˥tʂə˥꜖kə˥꜖suo˥˧lɑ˥˧꜖tʂʰuei˥˧.ʂæ̃˥˧pei˥˧꜖ti˧tʂʰuei˥˧ku˥˧꜖ʂou˥˧꜖xæᴇ˨˩˧꜖tɕʰy˥tʂɑŋ˥˧xɑɔ˥˨˦lie˧.tʰɑ˥˧꜖nɑ˨˩˧nə˥kə˥ei˥tʂʰuei˥˧ti˧nə˥꜖kə˥꜖xɑɔ˥,tɑɔ˥tsʰuoŋ˥˧꜖kʰou˥˧lə˧,xuei˨˩˧˥˦tʂə˥˧꜖sʅ˥꜖tʂʰʮ˥˧ti˧tʂʰʮ˥˧꜖məŋ˨˩˧꜖tʂei˥˥˦xɑ˥꜖sʅ˨˩˧꜖tɕiæ̃˥˧,tʰɑ˥˧꜖məŋ˧nɑ˥sʅ˥lə˦,tuo-or˥,ɕiɑŋ˥niou˨˩˧tɕiɑɔ˥xuæ̃˥lie˧,kɑɔ˥˧i˥˧꜖xɑ˥꜖.tɑŋ˥˧꜖ti˥˥˦ti˧i˥˧……yo˥˧꜖tuei˥mei˨˩˧iou˥˧tʂə˥kə˥i˥tʂʰəŋ˨˩˧꜖.（然后，到了那个，怎么下……下来呢？）下来那就这个管事的要吼咧嘛。这个欸，

先把这个……新娘子你坐在这个轿子，首先放得这儿这。再这个由……由这个管事的就说是把这个大客……寻下接客的，把□的那面那头来下这些客到时候……ɕia˥˦ læᴇ˨˩ næᴇ˥ tɕiou˥ tʂə˥ kə˥ kuæ̃˥˧ sɿ˥˦ ti˧ liao˥ xou˥˧ lie˧ ma˧.tʂə˥ kə˥ ei˩,ɕiæ̃˥˧ pa˧˩ tʂə˥ kə˥……ɕiŋ˧˩ niaŋ˨˦ tsɿ˧ ni˥˧ tsuo˥ tsæᴇ˥ tʂə˥ kə˥ tɕiao˥ tsɿ˧,ʂou˥˧ ɕiæ̃˧˩ faŋ˥ tə˧ tʂər˥ tʂə˥˩.tʂæᴇ˥ tʂei˥ kə˥ iou˨˦……iou˨˦ tʂə˥ kə˥ kuæ̃˥˧ sɿ˥ ti˧ tɕiou˥ ʂuo˥˦ sɿ˥ pa˧˩ tʂə˥ kə˥ ta˥˦ kʰei˧˩……ɕiŋ˨˩ xa˥ tɕie˥˦ kʰei˥˧ ti˧,pa˧˩ niæ̃˨˦ ti˧ nei˥ miæ̃˥ nei˥ tʰou˨˦ læᴇ˨˩ xa˥ tʂei˥ ɕie˧˩ kʰei˥˧ tao˥˩ sɿ˨˩ xou˥˦……（接住？）噢，往回迎么。迎的给□房子里，给□端水让人□洗脸么。这是一……一面做的工作么。一面这个欸赶快就新人下马嘛。在这里要搞个简单的结婚仪式。你要放那……放得那去了。有个司仪在那个地方等着咧噢。这个一闪，新人下马这个，这个司仪就吼了么，谁谁谁，某某某和某某已……这个结婚仪式现在开始嘛。第一项干啥，第二项干啥。ao˩,vaŋ˧˩ xuei˨˦ iŋ˨˦ muo˧.iŋ˨˩ ti˧ kei˥˩ niæ̃˨˩ faŋ˨˩ tsɿ˧ li˥˦,kei˥ niæ̃˨˦ tuæ̃˧˩ ʂuei˥˧ zaŋ˥ zəŋ˨˩ niæ̃˨˦ ɕi˥˧ liæ̃˥˧ muo˧.tʂei˥˦ sɿ˥˩ i˧˩……i˧˩ miæ̃˥˦ tsuo˥˦ ti˧ kuoŋ˥˧ tsuo˧˩ muo˧.i˧˩ miæ̃˥ tʂə˥˩ kə˥˩ ei˩ kæ̃˥˧ kʰuæᴇ˥ tsou˥ ɕiŋ˧˩ zəŋ˨˦ ɕia˥ ma˥˧ ma˧.tsæᴇ˥˩ tʂei˥ li˥˦ iao˥ kao˥˧ kə˥˩ tɕiæ̃˥˧ tæ̃˧˩ ti˧ tɕie˥˦ xuoŋ˧˩ i˨˦ ʂɿ˧˩.ni˥˦ iao˥ faŋ˥ nə˥……faŋ˥ tə˧ nə˥˩ tɕʰi˥˦ lə˧.iou˥˧ kə˥˩ sɿ˧˩ i˨˦ tsæᴇ˥ nə˥ kə˥ ti˥ faŋ˥˦ təŋ˥˧ tʂə˧ liao˧.tʂə˥˩ kə˥˩ i˧˩ ʂæ̃˥˧,ɕiŋ˧˩ zəŋ˨˦ ɕia˥ ma˥˧ tʂə˥˩ kə˥˩,tʂə˥ kə˥ sɿ˧˩ i˨˦ tsou˥ xou˥˧ lə˧ muo˧,sei˨˦ sei˨˦ sei˨˦,mu˥˧ mu˥˧ mu˥˧ xuo˨˩ mu˥˧˩ mu˥˧˩ i˥˧……tʂə˥ kə˥ tɕie˥˦ xuoŋ˧˩ i˨˦ ʂɿ˧˩ ɕiæ̃˥ tsæᴇ˥ kʰæᴇ˧˩ sɿ˥˧ ma˧.ti˥ i˥˦ ɕiaŋ˥ kæ̃˥ sa˥,ti˥ ər˥ ɕiaŋ˥ kæ̃˥˦ sa˥˩.（她这儿怎么怎么下来？是抱着下来的还是那个自己走下来？）这有的是自己走下来的。有的是这个欸……这个一般都是自己走下来，不……不搞那个其他方式仪式了。tʂei˥˦ iou˥˧ ti˧ sɿ˥˩ tsɿ˥ tɕie˧˩ tsou˥˧ xa˥ læᴇ˨˩ ti˧.iou˥˧ ti˧ sɿ˥ tʂə˥ kə˥ ei˥……tʂə˥ kə˥ i˥˦ pæ̃˥˧ tou˥˦ sɿ˥ tsɿ˥˦ tɕie˧˩ tsou˥˧ xa˥˩ læᴇ˨˩,pu˨˩……pu˨˩ kao˥˧ nə˥ kə˥ tɕʰi˨˩ tʰa˥˦ faŋ˧˩ ʂɿ˥˧ i˨˦ ʂɿ˥˧ lə˧.（按按礼数应该是怎么做嘛？）按礼数的话那他姐夫把马上要接下来了。他姐夫……næ̃˥ li˥˧ ʂu˥ ti˧ xua˥ næᴇ˥ tʰa˥˦ tɕie˥˧ fu˥˦ pa˧˩ ma˥˧ ʂaŋ˥ iao˥ tɕie˧˩ xa˥˦ læᴇ˨˩ lə˧.tʰa˧˩ tɕie˥˧ fu˧˩……（那个谁的姐夫？）这个……新郎倌儿的姐夫去把那个从马上接……tʂə˥ kə˥ ɕi……ɕiŋ˧˩ laŋ˨˦ kuær˥˧ ti˧ tɕie˥˧ fu˧˩ tɕʰi˥ pa˧˩ nə˥ kə˥ tsʰuoŋ˨˩ ma˥˧ ʂaŋ˥˩ tɕie˧˩……（新郎的姐夫啊？）啊。ŋa˩.（接下来？）啊，接下来，放到马底下。a˥,tɕie˧˩ ɕia˥ læᴇ˨˩,faŋ˥ tao˥ ma˥˦ ti˥˧ ɕia˥˩.（她那个鞋子啊在娘家上轿以后她是要换上一双鞋子吧？）换上一双新鞋了。xuæ̃˥ ʂaŋ˥ i˧˩ ʂuaŋ˥˦ ɕiŋ˥˧ ɕie˨˩ lə˧.（这是夫家带过去的？）啊。a˩.（这新鞋是夫家带的送过去的吗？）她自己做下的那陪嫁的鞋子么。tʰa˥˦ tsɿ˥˦ tɕie˧˩ tsɿ˥˦ xa˥˩ ti˧ nə˥ pʰei˧˩ tɕia˥˦ ti˧ ɕie˨˩ tsɿ˧ muo˧.（噢，自己做的？）啊。a˩.（然后那个走下轿，下轿以后她要跨什么东西不？）我们这儿这不跨。没有啥子仪式。没有。ŋuo˥˧ məŋ˧ tʂər˥ tʂə˥ pu˨˩ kʰua˥.mei˨˦ iou˥˧ sa˥ tsɿ˧ i˨˦ ʂɿ˥˧.mei˨˦ iou˥˧˩.（没有火盆之类的？）没有没有。这里没有那东西。mei˨˦ iou˥˧ mei˨˩ iou˥˧˩.tʂə˥˦ li˧˩ mei˨˦ iou˥˧ nə˥ tuoŋ˥˧ ɕi˧.（那个就说下来的时候哪些人那个就是不能……）就是那这个总管事的执事他给你早都吼了么：新人下马，避哪几相人这个欸哪几相人不能看，避之大吉。一吼，□就……吼过以后，那就是下马了。tɕiou˥ sɿ˥ næᴇ˥˦ tʂə˥ kə˥ tsuoŋ˧˩ kuæ̃˥˧ sɿ˥ ti˧ tʂɿ˧˩ sɿ˥˦ tʰa˥˦ kei˥ ni˥˦ tsao˥˧ tou˧˩ xou˥˧ lə˧ muo˧:ɕiŋ˥˧ zəŋ˨˦ ɕia˥ ma˥˧,pʰi˥˦ na˥˧ tɕi˥˧ ɕiaŋ˥ zəŋ˨˦ tʂə˥ kə˥ ei˥ na˥˧ tɕi˥˧ ɕiaŋ˥ zəŋ˨˦ pu˨˩ nəŋ˨˦ kʰæ̃˥,pʰi˥˦ tsɿ˧˩ ta˥ tɕi˧˩.i˧˩ xou˥˧,niæ̃˨˩ tɕiou˥……xou˥˧ kuo˥˦ i˧˩ xou˥˦,næᴇ˥˩ tɕiou˥˩ sɿ˥˦ ɕia˥ ma˥˧ lə˧.（那那个就是孕妇她可不可以看？）无所谓。不讲究。vu˨˩ ʂuo˥˧ vei˥.pu˨˦ tɕiaŋ˥˧ tɕiou˧˩.（大肚子也能看？）能看。nəŋ˨˦ kʰæ̃˥˩.（像那个孕妇啊，你们讲不讲四眼人或者什么？）我们不讲究，不讲究这个。这儿这没有这个说法。ŋuo˥˧ məŋ˧ pu˨˩ tɕiaŋ˥˧ tɕiou˧˩,pu˨˩ tɕiaŋ˥˧ tɕiou˧˩ tʂə˥˩ kə˥˦.tʂər˥ tʂə˥ mei˨˩ iou˥˦ tʂə˥ kə˥ ʂuo˥˧ fa˧˩.（没有那个？）嗯。ə̃˩.（没有特别的名称啊？）嗯。ŋ̍˩.（下轿以

后，像那个什么井啊什么这么之类的有什么讲究没有？）拿盖的捂起了。拿单子遮起了。青龙和白虎都不能见。nɑ˨˩kæᴇ˥ti˧vu˥˧tɕʰi˥˧˩lə˧˩.nɑ˨˩tæ̃˥˧tsɿ˧˩tʂə˥˧tɕʰi˥˧˩lə˧˩.tɕʰiŋ˥˧luoŋ˨˩xuo˨˩˦pei˨˩˦fu˥˧（←xu˥˧）tou˥˧˦pu˨˩˦nəŋ˨˩tɕiæ̃˥˩˦.（磨……磨盘、碾子……）磨盘碾盘这些东西都不见。井还一般情况下不……不及捂。muo˥pʰæ̃˨˩˦niæ̃˥˧pʰæ̃˨˩˦tʂei˥ɕie˥˧˦tuoŋ˥˧˩ɕi˧˩tou˥˧˦pu˨˩˦tɕiæ̃˥˩˦.tɕiŋ˥˧xɑ˨˩˦i˥˧˦pæ̃˥˧˦tɕʰiŋ˨˩˦kʰuɑŋ˥˩˦ɕiɑ˥˩˦pu˨˩……pu˨˩tɕi˨˩˦vu˥˧˩.（噢，用什么东西盖啊？）寻个欸红的。ɕiŋ˨˩kə˥ei˩˦xuoŋ˨˩ti˧˩.（一定要是红的？）红的绿的把那捂起来反正。xuoŋ˨˩˦ti˧˩ly˥˧ti˧˩pɑ˥˧˩næᴇ˥vu˥˧tɕʰi˥˧˩læᴇ˨˩˦fæ̃˥˧˩tʂəŋ˥.（绿的也行啊？）绿的也行。ly˥˧ti˧˩iɑ˥˧˩ɕiŋ˨˩˦.（别的颜色的呢？）都能行。只要是遮住，它不……tou˥˧˦nəŋ˨˩˦ɕiŋ˨˩˦.tsɿ˥˧˩iɑɔ˥˩˦sɿ˥tʂə˥˧tʂʯ˥˧˩,tʰɑ˥˧˦pu˨˩˦……（啊，就盖住？）盖住就对了么。kæᴇ˥˩˦tʂʯ˥tɕiou˥tuei˥ləm˧˩.（白的呢？不一定用红的？）没有人用白的。mei˨˩iou˥˧˦zəŋ˨˩˦yoŋ˥pei˨˩˦ti˧˩.（不能用，啊，不不一定用红的是吧？）不一定用红的。嗯。pu˨˩˦i˥˧˦tiŋ˥yoŋ˥xuoŋ˨˩˦ti˧˩.ə̃˥.

（好。进……进去以后这个过那个门槛的时候，大门槛的时候有什么讲究？）没有讲究。mei˨˩iou˥˧˦tɕiɑŋ˥˧˩tɕiou˥˧˩.（好。进到那个堂……大堂里面怎么做呢？）那这新人下马以后，那是举行简单的结婚仪式咧么。næᴇ˥˩˦tʂə˥˩ɕiŋ˥˧˩zəŋ˨˩ɕiɑ˥mɑ˥˧i˥˧˩xou˥,næᴇ˥sɿ˥tɕy˥˧ɕiŋ˨˩tɕiæ̃˥˧tæ̃˥˧˩ti˧tɕie˥˧˦xuoŋ˥˧˩i˨˩sɿ˥˧liem˧˩.（这个仪式怎么搞？）仪式那那个欸那□这个司仪就给你吼价么。你第一项做啥，第二项做啥，他都搞清楚。i˨˩sɿ˥˧næᴇ˥nə˥kə˥ei˥næᴇ˥niæ̃˨˩tʂə˥kə˥sɿ˥˧˩i˨˩tsou˥kei˥ni˥˧˦xou˥˧tɕiɑ˧muo˧˩.ni˥˧˦ti˥˧˦i˥˧˦ɕiɑŋ˥tsʯ˥sɑ˥,ti˥ər˥ɕiɑŋ˥tsʯ˥sɑ˥,tʰɑ˥˧˩tou˥˧kɑɔ˥˧tɕʰiŋ˥˧˩tʂʰʯ˥˧˩.（一般是怎么做呢？怎么吼法？）第一项是这个欸谁谁谁，某某呃是和某某的这个结婚仪式现在开始嘛。第一项是鸣炮奏乐么。第二项新人就位么。这都先搞到一搭了么。这是两项都过去了么。这个欸第二第三项有些人是这个是某某领导宣读结婚证书嘛。ti˥˩˦i˥˧˦ɕiɑŋ˥sɿ˥tʂə˥kə˥ei˥sei˨˩sei˨˩˦sei˨˩,mu˥˧mu˥˧ə˩sɿ˥˩xuo˨˩mu˥˧mu˥˧ti˧tʂə˥˩kə˥˩tɕie˥˧˦xuoŋ˥˧˩i˨˩sɿ˥˧˩ɕiæ̃˥tsæᴇ˥kʰæ̃˥˧˦sɿ˥˧˩mɑ˧˩.ti˥˩˦i˥˧˩ɕiɑŋ˥sɿ˥miŋ˨˩pʰɑɔ˥tsou˥˧˦yo˥muo˧˩.ti˥ər˥ɕiɑŋ˥ɕiŋ˥˧˩zəŋ˨˩tɕiou˥vei˥˩˦muo˧˩.tʂei˥tou˥˧˩ɕiæ̃˥˧˩kɑɔ˥tɑɔ˥˩i˥˧˩tɑ˥˧ləm˧˩.tʂə˥sɿ˥liɑŋ˥˧ɕiɑŋ˥tou˥˧˩kuo˥˧˦tɕʰi˥ləm˧˩.tʂə˥kə˥ei˩ti˥ər˥ti˥sæ̃˥˧ɕiɑŋ˥˩iou˥˧ɕie˥˧˩zəŋ˨˩sɿ˥tʂə˥kə˥sɿ˥mu˥˧mu˥˧˦liŋ˥˧˦tɑɔ˥˧˦ɕyæ̃˥˧˩tu˨˩˦tɕie˥˧˦xuoŋ˥˧˩tʂəŋ˥ʂʯ˥˧mɑ˧˩.（啊，宣读……结婚证书也要宣读？）啊，那要宣读咧嘛你。这个欸第三项那就是要，这个是证婚人讲话么。第四项就是……ɑ˩,næᴇ˥˩˦iɑɔ˥˩ɕyæ̃˥˧˩tu˨˩lie˧mɑ˧ni˥˧˦.tʂə˥kə˥ei˥ti˥sæ̃˥˧ɕiɑŋ˥næᴇ˥tɕiou˥sɿ˥iɑɔ˥,tʂə˥kə˥sɿ˥˩tʂəŋ˥xuoŋ˥˧˩zəŋ˨˩˦tɕiɑŋ˥˧xuɑ˥muo˧˩.ti˥sɿ˥˩˦ɕiɑŋ˥tɕiou˥sɿ˥……（证婚人是由什么人当呢？）证婚人是谁官大谁去证婚。tʂəŋ˥xuoŋ˥˧zəŋ˨˩˦sɿ˥sei˨˩kuæ̃˥˧˩tɑ˥sei˨˩tɕʰy˥˩˦tʂəŋ˥xuoŋ˥˧.（欸要是……一般的是不是村长还是谁呀？）村长么。那你有一个大官儿，结婚证书该……结婚证书你是镇长呃宣读嘛，你是这个证婚人就是书记了么。书记要讲两句话么。下面么就说是这个拜天地嘛。tsʰuoŋ˥˧˩tʂɑŋ˥˧muo˧˩.næᴇ˥ni˥˧˦iou˥˧i˥˧˩kə˥tɑ˥˧˦kuæ̃r˥˧˩,tɕie˥˧˦xuoŋ˥˧˩tʂəŋ˥˩˦ʂʯ˥˧˩kæᴇ˥˧˩……tɕie˥˧˦xuoŋ˥˧˩tʂəŋ˥˩˦ʂʯ˥˧˩ni˥˧˩sɿ˥˩tʂəŋ˥˩˦tʂɑŋ˥˧ə˩ɕyæ̃˥˧˩tu˨˩˦mɑ˧˩,ni˥˧˦sɿ˥tʂə˥kə˥tʂəŋ˥˩˦xuoŋ˥˧˩zəŋ˨˩tɕiou˥sɿ˥ʂʯ˥˧˩tɕi˥˩˦lə˧muo˧˩.ʂʯ˥˧˩tɕi˥˩˦iɑɔ˥tɕiɑŋ˥˧˦liɑŋ˥˧tɕy˥˧˩xuɑ˥muo˧˩.ɕiɑ˥miæ̃˥muo˧tɕiou˥ʂuo˥˧˦sɿ˥tʂə˥kə˥pæᴇ˥tʰiæ̃˥˧˩ti˥mɑ˧˩.

（原来呢？）原……传统的这个东西没有这些，没有这个东西。那是很简单，欸奏乐，新人下马，拜天地。yæ̃˨˩……tʂʰuæ̃˨˩˦tʰuoŋ˥˧ti˧tʂə˥kə˥tuoŋ˥˧ɕi˧mei˨˩iou˥˧tʂei˥˩˦ɕie˥˧˩,mei˨˩iou˥˧tʂə˥kə˥tuoŋ˥˧ɕi˧˩.nə˥sɿ˥xəŋ˥˧tɕiæ̃˥˧tæ̃˥˧˩,ei˥tsou˥˧˦yo˥˧˩,ɕiŋ˥˧˩zəŋ˨˩ɕiɑ˥mɑ˥˧˩,pæᴇ˥tʰiæ̃˥˧˩ti˥.（那好，这个拜天地怎么拜法？）那是一……拜天地那就是一拜……我看啊，一拜……nə˥sɿ˥i˥˧˩……pæᴇ˥˩˦tʰiæ̃˥˧˩ti˥nei˥˩˦tsou˥sɿ˥i˥˧˩pæᴇ˥ts……ŋuo˥˧kʰæ̃˥ɑ˧,i˥˧˩pæᴇ˥……（拜天地还是拜

堂？）拜天地。那司仪要叫咧么。一拜天地嘛。三咧……过去是叩三个头嘛。一叩头，二叩头，三叩头嘛。二拜高堂嘛。这个欸……pæᴇ˥tʰiæ̃˧˩ti˥.nə˥sɿ˧˩i˧˥iɑɔ˥tɕiɑɔ˥˧lie˧muo˧.i˧˩pæᴇ˥˧tʰiæ̃˧˩ti˥˧mɑ˧.sæ̃˧lie˧……kuo˦˥tɕʰy˥sɿ˥kʰou˥sæ̃˧˩kə˥˩tʰou˧˥mɑ˦.i˧˩kʰou˥˧tʰou˨˦,ər˥kʰou˥tʰou˨˩,sæ̃˧˩kʰou˥tʰou˨˩mɑ˦.ər˥pæᴇ˥kɑɔ˧tʰɑŋ˨˩mɑ˧.tʂə˥kə˥ei˥……（叫一叫叩头？）噢，一叩头，二叩头么。最后父母亲坐得上头以后，在高堂上上边坐着咧。二拜高堂嘛。你给父母亲三叩首嘛。最后是这个夫妻对拜嘛。再一磕头，这就天地拜完了。ɑɔ˩,i˧˩kʰou˥˧tʰou˧˥,ər˥kʰou˥˩tʰou˨˩muo˧.tsuei˥xou˥fu˥mu˧tɕʰiŋ˧˩tsuo˥tə˦ʂɑŋ˥tʰou˦i˧˩xou˥,tsæᴇ˥kɑɔ˧tʰɑŋ˨˩ʂɑŋ˥ʂɑŋ˦˥piæ̃˧˩tsuo˥tʂə˦lie˦.ər˥pæᴇ˥kɑɔ˧tʰɑŋ˨˩mɑ˧.ni˨˦kei˥fu˥mu˧tɕʰiŋ˧˩sæ̃˧˩kʰou˥ʂou˧mɑ˧.tsuei˥xou˥sɿ˥tʂə˥kə˥˩fu˧tɕʰi˧˩tuei˥pæᴇ˥mɑ˧.tsæᴇ˥i˧˩kʰuo˧tʰou˧˥,tʂei˥tɕiou˥tʰiæ̃˧˩ti˥˧pæᴇ˥væ̃˨˩lə˦.（也要拜三下？）也要拜三下么。现在都是三鞠躬么。ɑ˧iɑɔ˥˧pæᴇ˥sæ̃˧˩ɕiɑ˥muo˧.ɕiæ̃˥tsæᴇ˥tou˧˩sɿ˥sæ̃˧˩tɕy˨˦kuoŋ˧muo˧.（拜完了之后呢？）拜完了之后以后这个欸又做下一个互……换……互换花瓶。这怀里都是你抱的花瓶嘛，两个人把花瓶子它一换。pæᴇ˥væ̃˨˩lə˦tsɿ˨˦xou˥i˧˩xou˥tʂə˥kə˥ei˥iou˥tsʮ˥xɑ˥i˧˩kə˥˩xu˥……xuæ̃˥˩……xu˥xuæ̃˥xuɑ˧˩pʰiŋ˧˥.tʂə˥˩xuæᴇ˨˩li˧tou˨˦sɿ˥ni˨˦pɑɔ˥ti˦xuɑ˧˩pʰiŋ˧˥mɑ˧,liɑŋ˧kə˥˩ʐəŋ˧˥pɑ˧˩xuɑ˧˩pʰiŋ˧˥tsɿ˦tʰɑ˧i˧˩xuæ̃˥.（这个花瓶是什么时候抱起来的？）那实际上都是这个一……到这个时候么，这个桌子上都放的有花瓶咧。说互换花瓶的时候都花瓶给的他们两。他个两就抱上了。这时候一换，一换过以后，按过去那号再没啥讲究了。næᴇ˥˧ʂʅ˨˩tɕi˥˧ʂɑŋ˥˩tou˨˦sɿ˥tʂə˥kə˥i˧˩……tɑɔ˥tʂə˥˧kə˥˧sɿ˨˦xou˥muo˧,tʂə˥kə˥tʂuo˧tsɿ˧ʂɑŋ˥˩tou˨˦fɑŋ˥ti˧iou˧˩xuɑ˧˩pʰiŋ˧˥lie˧.ʂuo˧˩xu˥xuæ̃˥xuɑ˧˩pʰiŋ˨˩tə˦sɿ˨˦xou˥tou˧˩xuɑ˧˩pʰiŋ˧˥kei˥ti˦tʰɑ˨˦mə ŋ˦liɑŋ˧˩.tʰɑ˨˦kə˥liɑŋ˧˩tsou˥pɑɔ˦˥ʂɑŋ˥˩lə˧.tʂə˥sɿ˨˦xou˥i˧˩xuæ̃˥,i˧˩xuæ̃˥kuo˥i˧˩xou˥,næ̃˥˩kuo˥tɕʰy˥næᴇ˥xɑɔ˥tsæᴇ˥mei˧˥sɑ˥tɕiɑŋ˧tɕiou˧˩lə˧.（他还要喝那个什么吗？）喝交杯酒，那……有时候喝咧，有时候也不喝。xə˧˩tɕiɑɔ˦˥pei˧˩tɕiou˧,næᴇ˥˧……iou˧sɿ˨˦xou˥xuo˧lie˧,iou˧sɿ˨˦xou˥æ˧˩pu˧˥xuo˧.（那是什么时候喝你们？）按喝那就是拜过高堂以后，那就是玩儿咧么。有些人耍着咧，就是喝一喝酒。换花瓶这都是耍咧，玩儿上一会儿。然后最后么就说是这个入洞房么。入洞房一般……有些地方抢帐咧。næ̃˥xuo˧nə˥tɕiou˥sɿ˥pæᴇ˥kuo˥kɑɔ˧tʰɑŋ˧˥i˧˩xou˥˧,næᴇ˥tsou˥sɿ˥væ̃r˧˥lie˦muo˧.iou˧ɕie˧˩ʐəŋ˧˥ʂuɑ˧tʂə˧lie˧,tɕiou˥sɿ˥xuo˧˩i˧˩xuo˧˩tɕiou˧.xuæ̃˥xuɑ˧˩pʰiŋ˧˥tʂə˥tou˧˩sɿ˥ʂuɑ˧lie˧,væ̃r˨˩ʂɑŋ˥˧i˧˩xuər˥.ʐæ̃˨˩xou˥tsuei˥xou˥muo˧tɕiou˥˧ʂuo˧˩sɿ˥˩tʂə˥kə˥ʐʮ˧˩tuoŋ˥fɑŋ˨˩muo˧.ʐʮ˧˩tuoŋ˥fɑŋ˨˩i˧˩pæ̃˨˦……iou˧ɕie˧˩ti˥fɑŋ˧˩tɕʰiɑŋ˧tʂɑŋ˥lie˧.（抢帐？）啊，看两个谁个先踏进去啊。ɑ˩,kʰæ̃˥liɑŋ˧kə˥˩sei˨˩kə˥˧ɕiæ̃˨˦tʰɑ˨˩tɕiŋ˦˥tɕʰiɑ˩（←tɕʰi˥ɑ˧）.（男的女的？）啊。ɑ˧˥.（那个新郎新娘两个人抢啊？）啊。抢了看谁先回家么。ɑ˩.tɕʰiɑŋ˧lə˦kʰæ̃˥sei˧˥˧ɕiæ̃˧˩xuei˨˩ɑ˧muo˧.（还要不要挑盖头这一种？）那才回去以后挑盖头。房子里头挑盖头，外头不挑盖头。næᴇ˥˧tsʰæᴇ˨˩xuei˨˩tɕʰi˥˧i˧xou˦˥tʰiɑɔ˧kæᴇ˥tʰou˨˩.fɑŋ˨˩tsɿ˦li˧tʰou˧tʰiɑɔ˧˩kæᴇ˦˥tʰou˨˩,væᴇ˦˥tʰou˧pu˨˦tʰiɑɔ˨˦kæᴇ˥˧tʰou˨˩.（外头不挑盖头？）噢。这就是把……这一回去，这就这么个事了。ɑɔ˩.tʂei˥˧tɕiou˥sɿ˥pɑ˨˦tʂ……tʂə˥˧i˧˩xuei˨˩tɕʰi˥˧,tʂei˥tɕiou˥tʂə˥˧muo˧kə˥˩sɿ˥lə˦.（这个拜堂的时候要那个就是他的父母亲什么要不要给给新郎新娘什么？）没有，没有红包。mei˧˥iou˨˦,mei˧˥iou˨˦xuoŋ˥˧pɑɔ˧˩.（没有红包？）没有。因为这个东西……我们这面这个她有个这个一……一拜堂她进去，到房里进去以后，还有这个欸就挑盖头这个仪式。mei˨˩iou˧˩.iŋ˧˩vei˥˧tʂə˥kə˥tuoŋ˧ɕi˧……ŋuo˧məŋ˧tʂei˥miæ̃˥tʂei˥˩kə˥˩tʰɑ˨˦iou˧kə˥˩tʂə˥˧kə˥˧i˧˩……i˧˩pæᴇ˥tʰɑŋ˧˥tʰɑ˧˩tɕiŋ˥tɕʰi˥,tɑɔ˥fɑŋ˨˩li˧tɕiŋ˥tɕʰi˥i˧˩xou˥,xæᴇ˧˥iou˨˦tʂə˥˩kə˥˩ei˩tɕiou˥tʰiɑɔ˧kæᴇ˦˥tʰou˨˩tʂə˥kə˥i˧˥ʂʅ˧˩.（嗯。）还有……xæᴇ˨˩iou˧……（现在还……还是蒙盖头？）

还有蒙盖头。xɑ˨˩˦iou˥˧məŋ˨˩kæᴇ˦tʰou˨˩.（就是进门就蒙上了还是怎么的呢？进大门的时候就蒙上了？）她从她们娘家那天出来她就蒙上咧。tʰɑ˥˧tsʰuoŋ˨˩tʰɑ˥˧məŋ˧niaŋ˨˩ɑ˥˧nei˦tʰiæ̃˥˩tʂʰʮ˥˧læᴇ˨˩tʰɑ˥˧tsou˦məŋ˨˩ʂaŋ˦lie˧.（噢好，一直戴着？）啊，一直戴着咧。盖头挑开以后，这到炕上去以后坐下。那按过去那还那那那……那事情还多着咧。新房那炕上，那后头还有那甚么那福斗。放一个五升斗，斗里头放的是麦子或者是……ɑ˨˩,i˥˩tʂʅ˨˩˦tæᴇ˦tʂə˧lie˧.kæᴇ˦tʰou˨˩˦tʰiɑɔ˥˧kʰæᴇ˥˧i˥˩xou˦,tʂə˦tɑɔ˦kʰɑŋ˦ʂɑŋ˦tɕʰi˦i˥˩xou˦tsuo˦xɑ˩˨.næᴇ˩˨næ̃˦kuo˦˥tɕʰy˦næᴇ˦xæᴇ˨˩næᴇ˦næᴇ˦næᴇ˦……næᴇ˦sʅ˦tɕʰiŋ˨˩˦xɑ˨˩tuo˥˧tʂə˧lie˧.ɕiŋ˥˧fɑŋ˨˩nə˦kʰɑŋ˦˥ʂɑŋ˩˨,nə˦xou˦tʰou˧xæᴇ˨˩iou˥˧nə˦tʂəŋ˦˥muo˧næᴇ˦fu˥˩tou˥˧.fɑŋ˦i˥˧kə˦vu˥˩ʂəŋ˥˩tou˥˧,tou˥˧li˥˧tʰou˧fɑŋ˦ti˧sʅ˦mei˥˧tsʅ˧xuei˨˩˦tʂə˥˧sʅ˦˩……（啊，五升斗叫福斗？）啊，福斗。幸福的福么。那个上头放的里头装的……装的是米，或者是装的面，里头插的是这个……是文房，还有里头上头那个斗里头要放的是文房四宝嘛。ɑ˩˨,fu˥˩tou˥˧.ɕiŋ˦˥fu˥˩ti˧fu˥˧muo˧.nə˦kə˦ʂɑŋ˦˥tʰou˧fɑŋ˦ti˧li˥˧tʰou˧tʂuɑŋ˥˧ti˧……tʂuɑŋ˥˧ti˧sʅ˦mi˥˧,xuei˨˩˦tʂə˥˩sʅ˦tʂuɑŋ˥˧ti˧miæ̃˦,li˥˧tʰou˧tsʰɑ˥˧ti˧sʅ˦tʂə˦kə˦……sʅ˦vəŋ˨˩fɑŋ˨˩,xæᴇ˨˩iou˥˧li˥˧tʰou˧ʂɑŋ˦tʰou˧nə˦kə˦tou˥˧li˥˩tʰou˧iɑɔ˦fɑŋ˦ti˧sʅ˦vəŋ˨˩fɑŋ˨˩sʅ˦pɑɔ˥˧mɑ˧.（斗里头还要放？）啊。ɑ˩˨.（也放米、面，也放文房四宝？）放的文房四宝。哎，还有放的大馒头，花馒头，都是……fɑŋ˦ti˧vəŋ˨˩fɑŋ˨˩sʅ˦pɑɔ˥˧.æᴇ˩˨,xæᴇ˨˩iou˥˧fɑŋ˦ti˧tɑ˦mæ̃˨˩tʰou˧,xuɑ˥˩mæ̃˨˩tʰou˧,tou˥˩sʅ˦……（那不搁到一块儿去了？）啊，就在那一圈儿放的啦，放还得挂的有看着。ɑ˩˨,tɕiou˦˥tsæᴇ˦næᴇ˦i˥˩tɕʰyæ̃r˥˧fɑŋ˦tə˧lɑ˧,fɑŋ˦xæᴇ˨˩˦tei˥˧kuɑ˦˥ti˧iou˥˩kʰæ̃˦tʂuo˥˧.（米、面也搁在那斗里头？）那……那米那只是那个斗里放平嘛。放咧点东西，你把这个秤，再是欸文房四宝都在上头插着咧嘛。nə˦……nə˦mi˥˧nə˦tsʅ˥˩sʅ˦nə˦kə˦tou˥˧li˥˩fɑŋ˦pʰiŋ˨˩mɑ˧.fɑŋ˦˥lie˧tiæ̃˥˩tuoŋ˥˧ɕi˧,ni˥˧pɑ˥˩tʂə˦kə˦tʂʰəŋ˦,tsæᴇ˦sʅ˦ei˦vəŋ˨˩fɑŋ˨˩˦sʅ˦pɑɔ˥˧tou˥˩tsæᴇ˦ʂɑŋ˦tʰou˧tsʰɑ˥˧tʂə˧lie˧mɑ˧.（床上要撒什么东西吗？）床上那个盖的角角底下是这个核桃子儿都有咧么。tʂʰuɑŋ˨˩ʂɑŋ˦næᴇ˦kæᴇ˦ti˧tɕyo˥˧tɕyo˥˧ti˥˧xɑ˦sʅ˦tʂə˦kə˦xə˨˩˦tʰɑɔ˨˩˦tsər˥˧tou˥˩iou˥˧liem˧.（嗯，放一些……除了核桃子儿还有什么？）哎，糖呀钱啊的这都有咧么。æᴇ˩˨,tʰɑŋ˨˩iɑ˧tɕʰiæ̃˨˩æ˧ti˧tʂei˦˥tou˥˩iou˥˧lie˧muo˧.（五子吗？）噢，五子么。这都都放清着咧。ɑɔ˩˨,vu˥˧tsʅ˥˧muo˧.tʂei˦˥tou˥˧tou˥˧fɑŋ˦˥tɕʰiŋ˥˧tʂə˧lie˧.（这个五子包括哪五子？）枣儿。核桃。梨。欸，没有梨，梨这是它……tsɑɔr˥˧.xə˨˩tʰɑɔ˨˩˦.li˨˩.ei˨˩,mei˨˩iou˥˧li˨˩,li˨˩tʂə˦sʅ˦tʰɑ˥˩……（那就放不得啦！）不能放咧。有放馃子的。反正够七八道……多的多。凑够这么几样子咧么。然后你……擘擘子。过去那个欸擘擘子，坐下还要擘那个馍咧嘛。pu˨˩nəŋ˨˩fɑŋ˦lie˧.iou˥˧fɑŋ˦kuo˥˧tsʅ˧ti˧.fæ̃˥˩tʂəŋ˦˥kou˦˥tɕʰi˨˩pɑ˥˧tɑɔ˦n……tuo˥˧ti˧tuo˥˧,tsʰou˦kou˦tʂə˦˩muo˧tɕi˥˧iɑŋ˦˥tsʅ˧liem˧.zæ̃˨˩xou˦ni˥˧……pei˥˩pei˥˧tsʅ˧.kuo˦˥tɕʰy˦nə˦kə˦ei˦pei˥˧pei˥˩tsʅ˧,tsuo˦˥xɑ˦xæᴇ˨˩iɑɔ˦pei˥˧nə˦kə˦muo˨˩lie˧mɑ˧.（怎么个背法？）这么大那蒸馍嘛，花馍馍嘛。两个人嗯嗯往这儿，往开擘。tʂəm˦˥tɑ˦næᴇ˦tʂəŋ˥˧muo˨˩mɑ˧,xuɑ˥˧muo˨˩muo˨˩˥mɑ˧.liɑŋ˥˧kə˦zəŋ˨˩ŋ̍˦ŋ̍˦vɑŋ˥˩tʂər˦,vɑŋ˥˩kʰæᴇ˥˧pei˥˧.（一个人背一个啊？）一人擘半块儿开始欸。i˥˩zəŋ˨˩pei˥˩pæ̃˦kʰuər˥˧kʰæᴇ˥˩sʅ˥˧ei˦.（掰开来？）噢，掰开来嘛。ɑɔ˩˨,pæᴇ˥˧kʰæᴇ˥˧læᴇ˨˩mɑ˧.（两两个人那个手手扳着来掰？）噢，掰嘛。ɑɔ˩˨,pæᴇ˥˧mɑ˧.（看谁掰得大？）那晓……不知道是个啥意思，反正我都见□擘下咧。næᴇ˦ɕiɑɔ˥˧……pu˨˩tʂʅ˥˩tɑɔ˦˥sʅ˦kə˦sɑ˦˥i˦sʅ˧,fæ̃˥˩tʂəŋ˦˥ŋuo˥˧tou˥˩tɕiæ̃˦niæ̃˨˩pei˥˧xɑ˦lie˧.（噢，一个馍，两个人去掰，把它掰开？）啊，那四个馍馍都要擘开咧么。ɑ˩˨,nə˦sʅ˦kə˦muo˨˩muo˨˩˥tou˥˩iɑɔ˦pei˥˩kʰæᴇ˥˩liem˧.（噢，他那福斗里面是放四个馍馍是吧？）啊。ɑ˩˨.（掰开了是吃了还是干吗？）掰开来那个馍馍是别人都不能吃，你们两个必

须把这个吃完。pæᴇ˥˩kʰæᴇ˥˩læᴇ˨˩nə˥kə˥muo˨˩muo˨˧sɿ˥pie˨ʐəŋ˨˧tou˥˧pu˨˩nəŋ˨tʂʰʅ˥˩,ni˥˧məŋ˥l iaŋ˥kə˥˩pi˥˩ɕy˥pa˥˧tʂə˥kə˥tʂʰʅ˥˩væ̃˨.（那么大个，四个都吃完啊？）那今天吃不完明天吃，明天吃不完后天吃嘛。næᴇ˥tɕiŋ˥tʰiæ̃˥˩tʂʰʅ˥pu˨˩væ̃˨miŋ˨˩tʰiæ̃˥tʂʰʅ˥˩,miŋ˨tʰiæ̃˥tʂʰʅ˥˧pu˨˧væ̃˨xo u˥tʰiæ̃˥˧tʂʰʅ˥˩ma˧.（噢噢，那还差不多。）底下这个地方馍馍擘完了，喝儿……还要这个喝交杯酒啊，那个这房子里头还……ti˥xa˥tʂə˥kə˥ti˥˩faŋ˥˩muo˨˩muo˨˧pei˥væ̃˨lə˧,xə˥˩ər˨……xæᴇ˨˩iao˥tʂə˥kə˥xə˥˩tɕiao˥˧pei˥˩tɕiou˥æ˧,nə˥kə˥tʂə˥faŋ˨tsɿ˧li˥tʰou˧xa˨……（噢，到房子里面喝？）还要喝交杯酒。还要喝儿女拌汤咧。xæᴇ˨iao˥˦xuo˥˩tɕiao˥˩pʰei˥˩tɕiou˥.xæᴇ˨˩iao˥xə˥ər ˨˩ny˥˧pæ̃˥˧tʰaŋ˥lie˧.（什么儿女拌汤？）啊，就拿两个碗给你做下那个拌汤，咱们说下那个拌汤，你吃一顿，哎，交换你再吃这个，我再吃这个。这基本上就是娶回来了。æ˥,tsou˥˩ na˨liaŋ˥kə˥˩væ̃˥kei˥ni˥tsuo˥˦xa˥nə˥kə˥pæ̃˥˧tʰaŋ˥˩,tsa˨məŋ˥ʂuo˥xa˥nə˥kə˥pæ̃˥˧tʰaŋ˥˩,ni˥tʂʰʅ˥˩i˥˩ tuoŋ˥˩,æ˥,tɕiao˥˩xuæ̃˥ni˥tsæᴇ˥tʂʰʅ˥tʂə˥˩kə˥˩,ŋuo˥tsæᴇ˥tʂʰʅ˥tʂə˥˩kə˥˩.tʂei˥˦tɕi˥˩pəŋ˥ʂaŋ˥tɕiou˥˩sɿ˥ ˩tɕʰy˥xuei˨˩læᴇ˨lə˧.

（那些亲戚一般是这个时候干什么呢？）这个时候了那就是……tʂə˥˩kə˥˦sɿ˨˩xou˥lə˧n æᴇ˥tsou˥sɿ˥……（要吃席了？）啊，洗脸水打来，脸一洗……a˥,ɕi˥liæ̃˥ʂuei˥ta˥˩læᴇ˨,liæ̃˥i˥˩ ɕi˥……（这打洗脸水的人是什么人呢？）那都是这些指些娃娃。næᴇ˥tou˥˧sɿ˥tʂei˥˩ɕie˥˩tsɿ˥ ɕie˥˩va˨˩va˨˦.（娃娃？）啊，给□洗脸水端来。a˩,kei˥niæ̃˨˧ɕi˥liæ̃˥ʂuei˥tuæ̃˥˩læᴇ˨.（男娃娃女娃娃？）男的女的都行。næ̃˨˩ti˧ny˥ti˧tou˥˧ɕiŋ˨˧.（都是些什么样的娃娃？是跟自己家有亲戚的还是随便儿叫一个娃娃？）随便叫一个娃娃，机灵一点儿。那不是白端的啊。suei˨ ˩piæ̃˥tɕiao˥i˥˩kə˥˩va˨˩va˨˧,tɕi˥liŋ˨˩i˥˩tiær˥˩.nə˥pu˨˩sɿ˥pei˨tuæ̃˥tia˧.（要给钱的？）我给你端一盆水，你至少得两……至少得两块钱给我的你。ŋuo˥˧kei˥ni˥˧tuæ̃˥i˥˩pʰəŋ˨ʂuei˥,ni˥˧tsɿ˥ʂao˥t ei˥˩liaŋ˥……tsɿ˥ʂao˥˧tei˥˩liaŋ˥kʰuæᴇ˥˩tɕʰiæ̃˨kei˥ŋuo˥˧ti˧ni˥˩.（这个是端给那些大……大客是吧？）给那大客的啊，给大客。kei˥nə˥ta˥˧kʰei˥ti˧a˧,kei˥ta˥˧kʰei˥˩.（噢，大客还要拿钱给这些人？）噢，那要是净面咧或者是洗脸咧，你你……叫你……你那个毕了以后再是请你入席喝汤咧。喝汤都是吃点……吃上一顿这个饸饹面。饸饹面吃完以后，再坐席嘛。席坐了以后，把你请在这个地方上去，你们在这个地咧抽烟啊，喝茶啊，聊天儿。那个地方那这□时候，开个闹洞房咧。在闹洞房之前，你……最后临毕闹上一气子以后，还要翻床。a˧˩,næᴇ˥iao˥sɿ˥tɕiŋ˥miæ̃˥lie˧xuei˨˦tʂə˥˩sɿ˥˩ɕi˥liæ̃˥lie˧,ni˥˧ni˥˧……tɕiao˥ni……ni˥˩nə˥˩kə˥˩pi˥lə˧ i˥˩xou˥˦tsæᴇ˥˦sɿ˥˩tɕʰiŋ˥ni˥ʐʅ˥˩ɕi˨˧xuo˥˧tʰaŋ˥lie˧.xə˥˩tʰaŋ˥tou˥˩sɿ˥tʂʰʅ˥˩tiæ̃˥˩……tʂʰʅ˥ʂaŋ˥i˥˧tuoŋ ˥tʂə˥kə˥xuo˨˩luo˥˧miæ̃˧.xuo˨˩luo˥˧miæ̃˥tʂʰʅ˥˩væ̃˨i˥˩xou˥,tsæᴇ˥tsuo˥ɕi˨ma˧.ɕi˨tsuo˥lə˧i˥˩xou˥,pa˥ ˩ni˥˧tɕʰiŋ˥tsæᴇ˥tʂə˥kə˥ti˥faŋ˥˩ʂaŋ˥˩tɕʰi˥,ni˥məŋ˧tsæᴇ˥tʂə˥kə˥ti˥lie˧tʂʰou˥˩iæ̃˥æ˧,xuo˥˩tsʰa˨a˧,liao ˨tʰiær˥.nə˥kə˥ti˥faŋ˥˩næᴇ˥tʂei˥˦niæ̃˨˩sɿ˨˧xou˥,kʰæᴇ˥˩kə˥nao˥tuoŋ˥˦faŋ˨˦lie˧.tsæᴇ˥nao˥tuoŋ˥˦faŋ˨ ˩tsɿ˥tɕʰiæ̃˨,ni˥˧……tsuei˥xou˥liŋ˨pi˥nao˥ʂaŋ˥i˥˩tɕʰi˥tsɿ˧i˥˩xou˥,xæᴇ˨iao˥fæ̃˥˩tʂʰuaŋ˨.（翻床？）啊。a˩.（怎么翻法？）就是铺下那个铺盖不知道□咋么个要翻一下，反正有个这么个仪式叫翻床咧。tɕiou˥sɿ˥pʰu˥xa˥nə˥kə˥pʰu˥kæᴇ˥˩pu˨˧tʂʅ˥˧tao˥niæ̃˨˩tsa˥muo˧kə˥iao˥fæ̃˥i˥˩xa˥˩,fæ̃˥˩tʂ əŋ˥iou˥kə˥˩tʂə˥muo˧kə˥i˨ʂʅ˥˩tɕiao˥fæ̃˥˩tʂʰuaŋ˨lie˧.

（这个铺床一般是请什么人铺哇？）这个欸生育能力比较好的那些。那就是嫂子呀，或者是姐姐呀，那些把那个叫……定……tʂə˥kə˥ei˥səŋ˥˦y˥˩nəŋ˨li˥˩pi˥˧tɕiao˥xao˥ti˧nei˥˩ɕie˥ ˩.næᴇ˥tɕiou˥sɿ˥sao˥tsɿ˧ia˧,xuei˨˧tʂə˥˧sɿ˥tɕie˥tɕie˥˩ia˧,nei˥ɕie˥˧pa˥˩nei˥kə˥tɕiao˥……tiŋ˥……（生过小孩儿的吧？）啊，生过小孩儿的，叫定帐咧嘛。a˩,səŋ˥˩kuo˥ɕiao˥xər˨˩ti˧,tɕiao˥˩tiŋ˥tʂ aŋ˥lie·lma·l.（顶帐？）啊，定帐么。a˩˧,tiŋ˥tʂaŋ˥muo·l.（顶起来的顶？）哎，定。æᴇ˩˧,tiŋ˥.（定？）定帐咧么。tiŋ˥˦tʂaŋ˥lie·lmuo·l.（噢，定？）定帐么。帐子的帐么。帐房窑么。把这个帐一定就说是在……新媳妇儿没有娶来之前，还没有回来之前，□一定帐，这个门就锁了。tiŋ˥tʂaŋ˥muo·l.tʂaŋ˥˧tsɿ·lti·ltʂaŋ˥muo·l.tʂaŋ˥˧faŋ˩˧iao˩˧muo·l.pa˥˧tʂə˥kə˥tʂaŋ˥˦i˥˧tiŋ˥˦tsou˥˧ʂuo˥˧sɿ˥˧tsæᴇ˥xu……ɕiŋ˥ɕi˥˧fuər˥˧mei˩˧iou˥˧tɕʰy˥læᴇ˩˧tsɿ˥tɕʰiæ̃˩˧,xa˩˧mei˩˧iou˥xuei˩˧læᴇ˩˧tsɿ˥˧tɕʰiæ̃˩˧,niæ̃˩˧i˥˧tiŋ˥tʂaŋ˥,tʂə˥kə˥məŋ˩˧tsou˥suo˥lə·l.（不能让人进去？）变成这个里头再不能让进去了。特别是新媳妇儿娶回来，在这个组织……按过去讲是这个……在这个脸没有这个三把脸没有揪的情况下，你这个毛头丫头啊，你这个欸做个丫头你都不能随便进去，没……你没这个资格儿进□这个房里去。进去都是长的乖一点那些儿子，儿……小子那可以参进去，□可以参进去看，你这女子你都是兀是离的远远儿的。piæ̃˥˧tʂʰəŋ˩˧tʂə˥kə˥li˥tʰou·ltsæᴇ˥˦pu˩˧nəŋ˩˧ʐaŋ˥tɕiŋ˥˧tɕʰi˥˦lə·l.tʰei˥˧pie˩˧sɿ˥ɕiŋ˥ɕi˥˧fuər˥˧tɕʰy˥xuei˩˧læᴇ˩˧,tsæᴇ˥tʂə˥kə˥tsɥ˥tʂɿ˥˧……næ̃˥kuo˥˧tɕʰy˥tɕiaŋ˥sɿ˥tʂə˥kə˥……tsæᴇ˥tʂə˥kə˥liæ̃˥mei˩˧iou˥tʂə˥kə˥sæ̃˥˧pa˥˧liæ̃˥mei˩˧iou˥tɕiou˥ti·ltɕʰiŋ˩˧kʰuaŋ˥˦ɕia˥,ni˥˧tʂə˥kə˥mao˩˧tʰou˩˧ia˥tʰou·la·l,ni˥tʂə˥kə˥ei˥tsɥ˥˧kə˥ia˥tʰou·lni˥tou˥˧pu˩˧nəŋ˩˧suei˩˧piæ̃˥tɕiŋ˥˧tɕʰie˥˧,mei˩˧……ni˥˧mei˩˧tʂə˥kə˥tsɿ˥kər˥˧tɕiŋ˥niæ̃˩˧tʂə˥kə˥faŋ˩˧li˥tɕʰi˥˧.tɕiŋ˥˧tɕʰi˥tou˥˧sɿ˥˧tʂaŋ˥ti·lkuæᴇ˥i˥˧tiæ̃˥˧nei˥ɕie˥˧ər˩˧tsɿ˥,ər˩˧ɕ……ɕiao˥tsɿ·lnæᴇ˥kʰə˥i˥˧tsʰæ̃˥˧tɕiŋ˥˦tɕʰi˥˧,niæ̃˩˧kʰə˥i˥˧tsʰæ̃˥˧tɕiŋ˥tɕʰi˥kʰæ̃˥,ni˥˧tʂə˥ny˥tsɿ·lni˥tou˥˧sɿ˥vu˥sɿ˥li˩˧ti·lyæ̃˥yæ̃r˥ti·l.

（闹洞房的时候女……女孩儿也不能进吗？）闹洞房都可以了。闹洞房那是脸都已经开过了么。洞房闹毕以后，一翻床，这个欸把大客请去再吃一趟，再吃一顿偏饭。nao˥tuoŋ˥faŋ˩˧tou˥˧kʰə˥i˥˧lə·l.nao˥tuoŋ˥faŋ˩˧næᴇ˥˦sɿ˥˧liæ̃˥tou˥˧i˥tɕiŋ˥˧kʰæᴇ˥˧kuo˥˧lə·lmuo·l.tuoŋ˥faŋ˩˧nao˥pi˥i˥˧xou˥,i˥˧fæ̃˥˧tʂʰuaŋ˩˧,tʂə˥kə˥ei˥˧pa˥˧ta˥˧kʰei˥˧tɕʰiŋ˥tɕʰy˥tsæᴇ˥tʂʰɿ˥i˥˧tʰaŋ˥˦,tsæᴇ˥tʂʰɿ˥i˥˧tuoŋ˥pʰiæ̃˥fæ̃˥˧.（讲什么？）偏饭。pʰiæ̃˥fæ̃˥˧.（偏饭？便饭是吧？）偏。pʰiæ̃˥.（谝干传那个谝啊？）不是的。就是这个欸……pu˩˧sɿ˥ti·l.tɕiou˥sɿ˥tʂə˥kə˥ei˩˧……（偏僻的偏？）偏僻的偏，特殊照顾你的。给再的人都不吃，光就你们吃咧。pʰiæ̃˥˧pʰi˥˦ti·lpʰiæ̃˥,tʰə˥ʂɥ˥˧tʂao˥ku˥ni˥˧ti·l.kei˥tsæᴇ˥˦ti·lʐəŋ˩˧tou˥˧pu˩˧tʂʰɿ˥,kuaŋ˥˧tsou˥˧ni˥məŋ·ltʂʰɿ˥lie·l.（噢，他们都都没没没饭吃？）有吃咧，有吃咧，但是已经席……汤也喝过了，席也坐过了，给你吃一顿偏饭的意思么就说是……iou˥tʂʰɿ˥lie·l,iou˥tʂʰɿ˥lie·l,tæ̃˥sɿ˥i˥tɕiŋ˥˧ɕi˩˧……tʰaŋ˥ia˥˧xuo˥˧kuo˥lə˥,ɕi˩˧ia˥˧tsuo˥kuo˥˦lə·l,kei˥˧ni˥˦tʂʰɿ˥i˥˧tuoŋ˥pʰiæ̃˥fæ̃˥˧ti·li˥˦sɿ·lmuo·ltsou˥˦ʂuo˥˧sɿ˥˧……（饯行了？）噢，这是给你……不是。给你再做一顿酸……酸汤面。aɔ˩˧,tʂə˥˧sɿ˥˧kei˥ni˥˦……pu˩˧sɿ˥.kei˥ni˥˦tsæᴇ˥tsuo˥˧i˥˧tuoŋ˥suæ̃˥……suæ̃˥tʰaŋ˥˧miæ̃˥.（酸汤面？）酸汤面。这是讲的这个那是臊子面，擀的长长的那面。你再……把你请去再吃上一顿。suæ̃˥tʰaŋ˥˧miæ̃˥.tʂei˥sɿ˥tɕiaŋ˥ti·ltʂə˥kə˥nə˥sɿ˥sao˥tsɿ·lmiæ̃˥,kæ̃˥˧ti·ltʂʰaŋ˩˧tʂaŋ˩˦ti·lnæᴇ˥˧miæ̃˥.ni˥˦tsæᴇ˥……pa˥˧ni˥˦tɕʰiŋ˥tɕʰi˥˧tsæᴇ˥tʂʰɿ˥ʂaŋ˥˧i˥˧tuoŋ˥.（啊，这个特殊待遇？）噢，特殊待遇嘛。aɔ˩˧,tʰə˥ʂɥ˥˧tæᴇ˥y˥˦ma·l.（那本家的这些来的客人吃不吃呢？）一般情况下都吃的肚子胀的够呛了，谁吃嘛？i˥˧pæ̃˥tɕʰiŋ˩˧kʰuaŋ˥˦ɕia˥tou˥˧tʂʰɿ˥ti·ltu˥tsɿ˥tʂaŋ˥ti·lkou˥tɕʰiaŋ˥˦lə·l,sei˩˧tʂʰɿ˥ma·l?（这个偏饭它是晚上吃还是那个？）呃晚上吃么。哎就是在晚……这个吃这个饭的时候至少都在晚上两点，两三点以后了。ə˥væ̃˥ʂaŋ˥˧tʂʰɿ˥˧muo·l.æᴇ˥tɕiou˥˦sɿ˥˧tsæᴇ˥væ̃˥ʂ……tʂə˥kə˥tʂʰɿ˥˧tʂə˥kə˥fæ̃˥tə·lsɿ˩˧xou˥˧tsɿ˥ʂao˥tou˥˧tsæᴇ˥væ̃˥ʂaŋ˥˧liaŋ˥˧tiæ̃˥,liaŋ˥sæ̃˥˧tiæ̃˥i˥˧xou˥˦lə·l.（噢，就是闹洞房闹完以后？）噢，入洞房……洞房都闹完的了。床翻咧才给你吃偏饭。aɔ˩˧,ʐɥ˥˧tuoŋ˥˦faŋ˩˧……tuoŋ˥faŋ˩˧tou˥˧nao˥væ̃˩˧ti˥lə˥.tʂʰuaŋ˩˧fæ̃˥˧lie·ltsʰæᴇ˩˧kei˥ni˥˧tʂʰɿ˥pʰiæ̃˥˧fæ̃˥˧.（什么？）床。

tʂʰuaŋ⅄.（噢，翻了床以后？）啊，翻了床以后，人□新郎新娘倌儿□都上床了，□都睡觉去了。把你们这些送人的再给你吃一顿饭，也送你睡觉去。ɑ˪,fæ̃˥˩lə·tʂʰuaŋ⅄i˥˩xou˥˦,ʐəŋ⅄˪niæ̃⅄˦ɕiŋ˥˩laŋ⅄ɕiŋ⅄˪niaŋ⅄kʰuær˥niæ̃⅄˪tou˥˩ʂaŋ˥tʂʰuaŋ⅄˪lə˩,niæ̃⅄˪tou˥˩ʂuei˥tɕiao˥˦tɕʰi˥˦lə·.pɑ˥˩ni˥˩məŋ·tsei˥ɕie˥˩suoŋ˥ʐəŋ⅄˪ti·tsæᴇ˥kei˥ni˥˩tʂʰʅ˥˩i˥˩tuoŋ˥fæ̃˥,ia˥˩suoŋ˥˪ni˥ʂuei˥tɕiao˥tɕʰie˥˪.

（那些大客什么时候走哇？）那大客你今天把你娶回来，我们是几……我们这儿过事要几天了。今天把你娶回来，明天我才得正儿八经的这个……才宴请这个亲朋好友啊。nə˥˪ta˥˦kʰei˥˪ni˥˩tɕiŋ˥˩tʰiæ̃˥˩pɑ˥˪ni˥˩tɕʰy˥˩xuei⅄˪læᴇ⅄˦,ŋuo˥˩məŋ·sʅ˥˪tɕi˥……ŋuo˥˩məŋ·tʂər˥kuo˥sʅ˥iao˥tɕi˥˩tʰiæ̃˥˩lə·.tɕiŋ˥˩tʰiæ̃˥˩pɑ˥˪ni˥˩tɕʰy˥˩xuei⅄˪læᴇ⅄˦,miŋ⅄˪tʰiæ̃˥˩ŋuo˥˩tsʰæᴇ⅄˪tə˥˪tʂə̃r˥˦pɑ˥˩tɕiŋ˥˩ti·tʂə˥˪kə˥˪……tsʰæᴇ⅄˪iæ̃˥tɕʰiŋ˥˩tʂə˥˪kə˥˪tɕʰiŋ˥˩pʰəŋ⅄xao˥iou˥æ·.（噢，第二天才……）第二天再……第二天才喝酒咧。ti˥˪ər˥˦tʰiæ̃˥˩tsæᴇ……ti˥˦ər˥˦tʰiæ̃˥˪tsʰæᴇ⅄˪xuo˥˪tɕiou˥˩lie·.（这样子啊？）啊。ɑ˥.

（那在在这边要闹几天啊？）这是现在是……现在就是两天就结束了。过去咿至少得三天么。tʂei˥˦sʅ˥˪ɕiæ̃˥tsæᴇ˥sʅ˥˪……ɕiæ̃˥tsæᴇ˥tsou˥˪sʅ˥˪liaŋ˥tʰiæ̃˥˪tɕiou˥˪tɕie˥ʂʯ˥˪lə·.kuo˥˦tɕʰi˥˦i˪tsʅ˥ʂao˥tei˥˪sæ̃˥tʰiæ̃˥˪muo·.（闹三天？）噢。ɑɔ˪.（那他们家这个接待任务就很重呐！）头一天……噢，头一天娶妻……下马嘛，第二天……第二天正事嘛，第三天撤后席嘛。tʰou⅄˦i˥˩tʰiæ̃˥˦……ɑɔ˪,tʰou⅄i˥tʰiæ̃˥˪tɕʰy˥˦tɕʰi˥tɕi……ɕia˥ma˥ma·,ti˥˪ər˥˦tʰiæ̃˥˪……ti˥ər˥˦tʰiæ̃˥˪tʂəŋ˥sʅ˥ma·,ti˥sæ̃˥tʰiæ̃˥˪tʂʰə˥xou˥˦ɕi⅄˪ma·.（头一天叫娶妻下马？）噢。下马嘛。ɑɔ˪.ɕia˥˦ma˥ma·.（第二天呢？）正事嘛。tʂəŋ˥sʅ˥ma·.（正事？）嗯。第三天撤后席嘛。ə̃˪.ti˥sæ̃˥tʰiæ̃˥˪tʂʰə˥xou˥ɕi⅄˪ma·.（吃后席？）撤后席。tʂʰə˥xou˥ɕi⅄.（扯后席？）㖞。撤是……m̩˪.tʂʰə˥sʅ˥……（扯动的扯？）啊，这个撤嘛。提手过去个散字嘛。撤后席么。ɑ˪,tʂə˥kə˥˦tʂʰə˥˪ma·.tʰi⅄ʂou˥kuo˥tɕʰi˥kə˥sæ̃˥tsʅ˥˪ma·.tʂʰə˥xou˥ɕi⅄muo·.（撤后席？）噢，撤后席么。ɑɔ˪,tʂʰə˥xou˥˦ɕi⅄muo·.（哪个后？）前后的后么。这过去现在这个撤后席这里头多着咧。这里头有这个……还有一天……还要认大小，这个认大小的话就要有……有咧……有咧红包儿了。tɕʰiæ̃⅄xou˥˦ti·xou˥muo·.tʂə˥kuo˥˦tɕʰy˥ɕiæ̃˥tsæᴇ˥tʂə˥kə˥tʂʰə˥xou˥˦ɕi⅄˪tʂə˥li˥tʰou·tuo˥tʂə·lie·.tʂə˥li˥tʰou·iou˥˩tʂə˥kə˥……xa⅄iou˥i˥˪tʰiæ̃˥……xæᴇ⅄iao˥ʐəŋ˥ta˥ɕiao˥,tʂə˥˦kə˥ʐəŋ˥ta˥ɕiao˥ti·xua˥˪tsou˥iao˥˩iou˥˩……iou˥˩lie˥……iou˥˪lie˥xuoŋ⅄˪paor˥lə·.（这女……男方引着女方去见……）欸，这不是。这个把他叫来以后这个执事把你叫得这个桌上，喝酒菜都端下来以后，你就一辈一辈人往来叫咧嘛。ei⅄,tʂə˥˦pu⅄˪sʅ˥.tʂə˥kə˥pɑ˥˪tʰɑ˥tɕiao˥læᴇ⅄i˥˪xou˥tʂə˥kə˥tʂʅ˥˪sʅ˥˦pɑ˥˪ni˥˩tɕiao˥tə·tʂə˥kə˥tʂuo˥ʂaŋ˥˪,xuo˥˪tɕiou˥tsʰæᴇ˥tou˥˪tuæ̃˥xa˥˪læᴇ⅄i˥˪xou˥,ni˥˪tsou˥˪i˥˪pei˥˦i˥˩pei˥ʐəŋ⅄vaŋ˥˪læᴇ⅄tɕiao˥lie·ma·.（要敬酒是吧？）噢，要敬酒咧么。你一敬酒，你就得给□给……掏钱，掏红包儿么。这个……这个东西这个一大小认毕以后，这面还有个亮……第三天还有个亮箱咧。ɑɔ˥,iao˥tɕiŋ˥˦tɕiou˥lie·muo·.ni˥i˥˪tɕiŋ˥tɕiou˥,ni˥˩tsou˥tei˥˩kei˥˦niæ̃⅄˪kei˥˦tɕʰi……tʰɑo˥tɕʰiæ̃⅄,tʰɑo˥˪xuoŋ⅄˪paor˥muo·.tʂə˥˪kə˥……tʂə˥˪kə˥˦tuoŋ˥˪ɕi·tʂə˥˪kə˥˪i˥˪ta˥ɕiao˥ʐəŋ˥pi˥i˥˪xou˥,tʂei˥˦miæ̃˥˪xa⅄iou˥kə˥˪liaŋ˥……ti˥sæ̃˥tʰiæ̃˥˪xæᴇ⅄iou˥kə˥˪liaŋ˥ɕiaŋ˥˩lie·.（亮……亮箱？）啊，还要亮箱咧。亮这个箱么，就说是这个这就说是亮开叫大家看下那女的……女家给□家都……这个女子都有些啥陪嫁。把这些……这些人都是必须这东西，箱箱柜柜都要他姐夫把烟……ɑ˪,xæᴇ⅄iao˥˦liaŋ˥ɕiaŋ˥˩lie·.liaŋ˥tʂə˥kə˥ɕiaŋ˥˩muo·,tsou˥˦ʂuo˥˩sʅ˥tʂə˥kə˥tʂei˥tɕiou˥ʂuo˥˪sʅ˥liaŋ˥kʰæᴇ˥tɕiao˥˪ta˥˦tɕia˥˪kʰæ̃˥˦xa˥naæᴇ˥ny˥ti·……ny˥tɕia˥˪kei˥˦næ̃⅄˪tɕia˥tou˥˪……

tʂei˦kə˦ny˥tsɿ˧tou˥˩iou˥˧çie˥˩sa˦pʰei˨˩tɕia˦.pa˥˩tʂei˦çie˥˧……tʂei˦çie˥zəŋ˨˩tou˥˩sɿ˧˩pi˥˧çy˥˩tʂə˦tuoŋ˥çi˧,çiaŋ˥çiaŋ˥˩kʰuei˦kʰuei˦tou˥˩iao˦tʰa˥˩tɕie˥fu˥˩pa˥˩iæ̃˥……（男的姐夫？）男的姐夫把烟掏上，请的人□去以后，人□给你往出抬，这都中间好耍的工夫大了。næ̃˨˩ti˧tɕie˥fu˥˩pa˥˩iæ̃˥tʰao˥saŋ˧˩,tɕʰiŋ˥ti˧zəŋ˨˩niæ̃˨˧tɕʰi˦i˥˩xou˦,zəŋ˨˩niæ̃˨˧kei˦ni˥˧vaŋ˥˩tʂʰʮ˥tʰæᴇ˨,tʂei˦˧tou˥˩tʂuoŋ˥tɕiæ̃˥˩xao˥˧ʂua˥ti˧kuoŋ˥˩fu˥ta˦lə˦.（还要抬到外面来看啊？）噢，抬到外头，摆得这外头就叫大家看咧。抬那个东西搞不好抬……我把这个桌子抬出去，放得门上都不抬了。这你得给他姐夫那些的烟啊糖呀发一下，□高兴了，□给你抬的放那儿。抬台电视机，抱出去了，底下这个他又不抬了，再要的吃要的喝，最后把那个弄出去。抬回来还照样是那一套，耍那一套过程。ao˦,tʰæᴇ˨˩tao˦væᴇ˦˧tʰou˧,pæᴇ˥tə˧tʂə˦væᴇ˦˧tʰou˧tɕiou˦tɕiao˦ta˦tɕia˥˧kʰæ̃˦lie˧.tʰæᴇ˨nə˦kə˦tuoŋ˥çi˧kao˥pu˨˩xao˥tʰæᴇ˨……ŋuo˥˧pa˥˩tʂə˦kə˦tʂuo˥tsɿ˧tʰæᴇ˨tʂʰʮ˥tɕʰi˦,faŋ˦tə˧məŋ˨˩saŋ˦tou˥˧pu˨˩tʰæᴇ˨˩lə˧.tʂei˦ni˥˧tei˥˧kei˦tʰa˥˧tɕie˥fu˥˩nei˦çie˥˩tə˧iæ̃˥a˧tʰaŋ˨ia˧fa˥i˧˩xa˦˩,niæ̃˨˩kao˥˩çiŋ˦lə˧,niæ̃˨˩kei˦˧ni˥˩tʰæᴇ˨˩ti˧faŋ˦nar˦.tʰæᴇ˨tʰæᴇ˨˧tiæ̃˦sɿ˦tɕi˥,pao˦tʂʰʮ˥tɕʰi˦lə˧,ti˥xa˦tʂə˦kə˦tʰa˥˧iou˦pu˨˩tʰæᴇ˨˩lə˧,tsæᴇ˦iao˦˧tə˧tʂʰʅiao˦˧tə˧xuo˥,tsuei˦xou˦pa˥˩nə˦kə˦nuoŋ˦tʂʰʮ˥˧tɕʰi˦.tʰæᴇ˨xuei˨˩læᴇ˨˧xa˨˩tʂao˦iaŋ˦sɿ˦nei˦i˥˧tʰao˦,ʂua˥nei˦i˥˧tʰao˦kuo˦tʂʰəŋ˨˩.（抬抬回来也是……）也还是要耍咧么。最后毕了以后，这个箱亮毕，毕以后，最后又还有个谢媒、谢厨。ie˥˩xa˨˩sɿ˦˧iao˦ʂua˥lie˧m˧.tsuei˦xou˦pi˥lə˧i˥˩xou˦,tʂə˦kə˦çiaŋ˥liaŋ˦˧pi˥˩,pi˥i˥˧xou˦,tsuei˦xou˦iou˦xæᴇ˨˩iou˥kə˦˩çie˦mei˨,çie˦tʂʰʮ˨.（谢媒、谢厨？）噢，谢媒、谢厨。先是这个把媒人一谢嘛，媒一谢……ao˩,çie˦mei˨,çie˦tʂʰʮ˨.çiæ̃˥sɿ˧˩tʂə˦˩kə˦˩pa˥˩mei˨zəŋ˨˧i˥˩çie˦ma˧,mei˨i˥˩çie˦……（怎么谢法？）那你把□叫来以后就说是这个欸嘴里还要念念有词咧么。那都说咧么。你这个是这媒人如何长短了，不是那个……嘴又说酸了，鞋底子都磨透咧，两姓说成一姓了。næᴇ˦ni˥˧pa˥˩niæ̃˨˧tɕiao˦læᴇ˨i˥˩xou˦tsou˦ʂuo˥˧sɿ˦tʂə˦kə˦ei˩tsuei˥li˥˩xæᴇ˨˩iao˦niæ̃˦niæ̃˦iou˥tsʰɿ˨lie˧muo˧.na˦˩tou˥˩ʂuo˥lie˧muo˧.ni˥tʂə˦kə˦sɿ˦tʂə˦mei˨˩zəŋ˨˧zʮ˨˩xuo˨˧tʂʰaŋ˨˩tuæ̃˥lə˧,pu˨˧sɿ˦nə˦kə˦……tsuei˥iou˦ʂuo˥˩suæ̃˥lə˧,xæᴇ˨˩ti˥tsɿ˧tou˥˩muo˨tʰou˦lie˧,liaŋ˥çiŋ˦ʂuo˥tʂʰəŋ˨˩i˥˩çiŋ˦˧lə˧.（呃，给不给他那个？）哎那最后咧，得给穿媒……æᴇ˥nə˦tsuei˦xou˦˧lie˧,tei˥˩kei˦tʂʰuæ̃˥˩mei˨……（调侃他一……拿个一……拿个猪脸？）不。那都是穿媒鞋、戴媒帽，就说最后来给你这个……给你给的媒鞋、媒帽，你这里拿。pu˨˩.næᴇ˦tou˥˧sɿ˦tʂʰuæ̃˥mei˨çie˨,tæᴇ˦mei˨mao˦,tɕiou˦ʂuo˥˩tsuei˦xou˦læᴇ˨˧kei˦ni˥˧tʂə˦kə˦……kei˦ni˥˧kei˦ti˧mei˨çie˨˧,mei˨˩mao˦,ni˥˧tʂei˦li˥˩na˨˩.（噢，鞋子，帽子？）鞋子。鞋子，帽子，一身衣裳，这都要给□给咧嘛。çie˨˩tsɿ˧.çie˨˩tsɿ˧,mao˦tsɿ˧,i˥˧ʂəŋ˥˧i˥ʂaŋ˨˩,tʂə˦tou˥˩iao˦kei˦niæ̃˨˩kei˦lie˧ma˧.（钱呢？）现在也给钱咧，一般情况下……çiæ̃˦tsæᴇ˦ie˥˩kei˦tɕʰiæ̃˨lie˧,i˥˧pæ̃˥tɕʰiŋ˨˩kʰuaŋ˦˧çia˦˩……（过去是不给钱的是吧？）不给钱的。这把媒一谢，再谢吹鼓手嘛。pu˨˩kei˦tɕʰiæ̃˨˩ti˧.tʂə˦pa˥˩mei˨i˥˩çie˦,tsæᴇ˦çie˦tʂʰuei˥ku˥˩ʂou˥˩ma˧.（谢吹鼓手？）啊，把吹鼓手一谢嘛。a˩,pa˥˩tʂʰuei˥ku˥˩ʂou˥˩i˥˧çie˦ma˦.（也是不给钱吗？）也是不给。吹鼓手是谢……这个东西你……□这个不是白吹的啊，那你就把钱这是都桌子上都给□给给了。ie˥sɿ˦pu˨˩kei˦˧.tʂʰuei˥ku˥˩ʂou˥˩sɿ˦çie˦……tʂə˦kə˦tuoŋ˥˩çi˧ni˥˧……niæ̃˨˩tʂə˦kə˦pu˨˩sɿ˦pei˨tʂʰuei˥ti˧læ˧,næᴇ˦ni˥˧tsou˦pa˥˩tɕʰiæ̃˨tʂei˦sɿ˦tou˥˧tʂuo˥tsɿ˧ʂaŋ˦tou˥˧kei˦niæ̃˨˩kei˦˥kei˦˩lə˧.（噢，已经给了？）噢，已经这个到这儿这来都把钱都送给人□咧。再一个接住就是谢厨嘛。把大厨的一谢，再把执事一谢，最后把帮忙的一谢，这事才过完了。ao˩,i˥tɕiŋ˥˧tʂə˦kə˦tao˦tʂər˦˧tʂə˦læᴇ˨tou˥˧pa˥˩tɕʰiæ̃˨tou˥˩suoŋ˦kei˦˩zəŋ˨niæ̃˨˩lie˦.tsæᴇ˦i˥˧

kə˧˩tɕie˥˩tʂʅ˧tsou˧˩sɿ˧˩ɕie˧tʂʰʅ˩ma˩.pa˥˩ta˧tʂʰʅ˩ti˩li˥˩ɕie˧˩,tsæᴇ˧pa˥˩tʂʅ˥˩sɿ˧˥i˥˩ɕie˧˩,tsuei˧xou˧pa˥˩paŋ˥˩maŋ˩˩ti˩li˥˩ɕie˧,tʂə˧sɿ˧tsʰæᴇ˩˥kuo˧væ̃˩˩lə˩.（噢，还要谢帮厨啊？）不谢帮厨，帮忙的。pu˩˩ɕie˧paŋ˥˩tʂʰʅ˩,paŋ˥˩maŋ˩˩ti˧.（噢，帮忙的？）左邻……左邻右舍这个帮忙的都要谢咧嘛。他那个说那个是剥葱的、踏蒜的、旮里旮旯儿胡转的。tsuo˥˩liŋ˩……tsuo˥˩iŋ˩iou˧tʂə˧tʂə˧˩kə˧˩paŋ˥˩maŋ˩˩ti˧tou˥˩iao˧˥ɕie˧lie˧ma˩.tʰɑ˥˥nə˧kə˧ʂuo˥nə˧kə˧sɿ˧puo˥˥tsʰuoŋ˥ti˩,tʰɑ˩˩suæ̃˧ti˩,kə˥li˩kə˥laor˩˩xu˩˩tʂuæ̃˧ti˩.（叫什么？）抱娃的、闲谝的嘛。就是整个儿这个人他这个执事要说完咧。pao˧va˩˩ti˧,ɕiæ̃˩pʰiæ̃˥ti˩ma˩.tɕiou˧˩sɿ˧˩tʂəŋ˥kər˧tʂə˧kə˧zəŋ˩tʰɑ˥˥tʂə˧kə˧tʂʅ˥˩sɿ˧iao˧ʂuo˥˩væ̃˩˩lie˧.（抱娃的，闲谝的，闲谝的就是闲聊的？）啊，就是指这个人嘛就是这个……ɑ˩,tɕiou˧sɿ˧tsɿ˥tʂə˧˩kə˧˩zəŋ˩ma˩tsou˧˥sɿ˧tʂə˧kə˧……（反正是在……）抱柴……这帮忙的有抱柴的，踏蒜的，捞面的，烧汤的，调菜的么。pao˧tsʰæᴇ……tʂei˧˥paŋ˥˩maŋ˩˩ti˩iou˥˥pao˧tsʰæᴇ˩˩ti˧,tʰɑ˩˩suæ̃˧ti˩,lao˩˩miæ̃˧˥ti˩,ʂao˥˥tʰɑŋ˥ti˩,tʰiao˩˩tsʰæᴇ˧˥ti˩muo˩.（抱柴的？）噢。ɑɔ˩.（抱柴火的是吧？）抱柴火的，都是帮忙的嘛。下来还有个是这个抱娃的，闲谝的，旮里旮旯儿胡转的那些。pao˧tsʰæᴇ˩˩xuo˥ti˩,tou˥˥sɿ˧paŋ˥˩maŋ˩˩ti˩mɑ˩.xɑ˧˥læᴇ˩˩xɑ˩˩iou˥kə˧sɿ˧tʂə˧kə˧pao˧vɑ˩˩ti˧,ɕiæ̃˩˩pʰiæ̃˥ti˩,kə˥li˩kə˥laor˩˩xu˩˩tʂuæ̃˧ti˩nei˧˩ɕie˥˩.（旮里旮旯胡转的？）胡转的么，啊。xu˩˩tʂuæ̃˧ti˩muo˩,ɑ˩.（旮里旮旯是什么意思啊？）这些……旮旯就是这儿窜下那儿窜下，到处都胡转的那些。tʂə˧˥ɕie˥˩……kə˥la˩tsou˧˥sɿ˧tʂər˧tsʰuæ̃˧˥xɑ˩˩nar˧tsʰuæ̃˧˥xɑ˧˩,tao˧tʂʰʅ˧˩tou˥˩xu˩˩tʂuæ̃˧ti˩nei˧˩ɕie˥˩.（噢，还游……游逛？）游逛他那些人么。iou˩˩kuaŋ˧tʰɑ˥˩næᴇ˧˥ɕie˥˩zəŋ˩˩muo˩.（也算帮忙的？）都算帮忙的嘛。新主人倒是给你看一个观杯。新人再次给你看一个观杯。磕……磕四头致谢么，就完了么。tou˥˩suæ̃˧˥paŋ˥˩maŋ˩ti˩ma˩.ɕiŋ˥˩tʂʅ˥zəŋ˩˩tao˧sɿ˧kei˧ni˥˥kʰæ̃˧i˥˥kə˧kuæ̃˥˥pʰei˥.ɕiŋ˥˩zəŋ˩tsæᴇ˧tsʰɿ˧kei˧ni˥˥kʰæ̃˧˥i˥˩kə˧kuæ̃˥˥pʰei˥.kʰə˥˩……kʰə˥˩sɿ˧tʰou˩˩tʂʅ˧ɕie˧muo˩,tɕiou˧væ̃˩˩ləm˧.（磕什么？）磕四……就是给你磕四个头。kʰə˥sɿ……tɕiou˧sɿ˧kei˧ni˥˥kʰuo˥sɿ˧kə˧tʰou˩.（kuæ̃˥˥pʰei˥是什么？）观杯就说是在这里，不可能把你们人都全部叫来给你一人倒一杯酒嘛。在这儿这给你倒一个观杯，倒一杯酒。kuæ̃˥˥pʰei˥tsou˧ʂuo˥˥sɿ˧tsæᴇ˧tʂei˧˥li˥˩,pu˩˩kʰə˥nəŋ˩˥pa˥˩ni˥məŋ˩zəŋ˩tou˥˥tɕʰyæ̃˩˩pu˧˥tɕiao˧læᴇ˩kei˧ni˥˥i˥˩zəŋ˩tao˧i˥˩pʰei˥˩tɕiou˥ma˩.tsæᴇ˧tʂər˧˥tʂə˧˩kei˧ni˥˥tao˧i˥˩kə˧kuæ̃˥pʰei˥˩,tao˧i˥˩pʰei˥tɕiou˥.（贯……贯杯？）噢，观杯。把你们大家都谢了。就这么弄一下。ɑɔ˩,kuæ̃˥˥pei˥.pa˥˩ni˥məŋ˩ta˧tɕia˥˩tou˥˥ɕie˧˥lə˩.tɕiou˧tʂə˧˥muo˩nuoŋ˧˥i˥˩ɕia˧˩.（贯是哪个贯？）啊，观是这个观么。观众的观么。ɑ˩,kuæ̃˥sɿ˧˩tʂei˧˥kə˧kuæ̃˥muo˩.kuæ̃˥˩tʂuoŋ˧ti˩kuæ̃˥˩muo˩.（噢，观杯？）啊，倒一个观杯么。ɑ˩,tao˧i˥˥kə˧kuæ̃˥˥pʰei˥muo˩.（啊，倒一个观杯，噢，这个……）叩四头相谢嘛。kʰou˧sɿ˧tʰou˩ɕiaŋ˥˩ɕie˧˥ma˩.（叩……磕四个头？）啊，磕四个头相谢就完了。ɑ˩,kʰə˥˩sɿ˧kə˧tʰou˩ɕiaŋ˥˩ɕie˧tsou˧væ̃˩˩lə˧.（向四方磕还是？）啊，就是只在那个原他那个桌子上，给你拉一条红毡子，你往那儿一跪，你给□磕四个头么。这……这些……这些人都要磕……磕头咧。æ˩,tsou˧˥sɿ˧˩tsɿ˥tsæᴇ˧nə˧kə˧yæ̃˩tʰɑ˥˥nə˧kə˧tʂuo˥tsɿ˩ʂaŋ˧,kei˧ni˥˥la˥i˥˩tʰiao˩xuoŋ˩tʂæ̃˥tsɿ˩,ni˥˥vaŋ˥˩nar˧˥i˥˩kʰuei˧,ni˥˥kei˧˥niæ̃˩˩kʰə˥sɿ˧˥kə˧˩tʰou˩muo˩.tʂei˧……tʂei˧˥ɕie˥˩……tʂei˧˥ɕie˥˩zəŋ˩tou˥˩iao˧˥kʰuo˥˩……kʰuo˥tʰou˩˩lie˩.（噢，那这个脑袋都磕晕呶？）嗯。这你把事就过完咧，媳妇儿娶来了么。ə̃˩.tʂei˧ni˥˥pa˥˩sɿ˧tsou˧kuo˧væ̃˩˩lie˧,ɕi˥fuər˧˩tɕʰy˥læᴇ˩˩lə˧muo˩.

（娶来了媳妇儿后面……）下一步接着最后的一个议程就是回门嘛。ɕia˧i˥˩pu˧˩tɕie˥tʂə˩tsuei˧xou˧ti˩li˥˩kə˧˩i˧tʂʰəŋ˩˩tɕiou˧˩sɿ˧˩xuei˩məŋ˩ma˧.（回门是第几天回门？）过去是第三

天回门，现在……现在不过三天，只过两天就行了。kuo˥tɕʰy˥sʅ˥ti˥˦sæ̃˧˩tʰiæ̃˧˩xuei˩˧˩məŋ˩˧˩，ɕiæ̃˥tsæᴇ˥……ɕiæ̃˥tsæᴇ˥pu˩˧˩kuo˥sæ̃˧˩tʰiæ̃˨˩，tsʅ˨˩kuo˥liɑŋ˧˩tʰiæ̃˨˩tsou˥ɕiŋ˩˧˩lə˧.（第三天是怎么算出来的第三天？）下马一天嘛，正事一天嘛，撤后席一天。ɕiɑ˥mɑ˧˩i˨˩tʰiæ̃˨˩mɑ˧，tʂəŋ˥sʅ˥i˨˩tʰiæ̃˨˩mɑ˧，tʂʰə˧˩xou˥˧ɕi˩˧˩i˨˩tʰiæ̃˨˩.（啊，撤后席那天回门？）啊。ɑ˨.

（那个正席呢，正事呢，正事那一天有些什么那个？）正事那一天，那就是各……各路宾客那都来了。那都是这个喝汤，坐……坐席嘛。这就是这中间有欸还有这个……过去有个拜天地咧嘛。tʂəŋ˥˧sʅ˥nei˥i˨˩tʰiæ̃˧˩，nei˥tɕiou˥sʅ˥kə˨˩……kə˨˩lou˥piŋ˧˩˥kʰei˨˩nɑ˥tou˧˩˧læᴇ˩˧˩lə˥.næᴇ˥tou˨˩sʅ˥˨tʂə˥˨kə˥˨xuo˧˩˥tʰɑŋ˨˩，tsuo˥……tsuo˥ɕi˩˧˩mɑ˥.tʂei˥tɕiou˥sʅ˥tʂei˥˦tʂuoŋ˨˩tɕiæ̃˨˩iou˨˩ei˨xæᴇ˩˧iou˧˩˧tʂə˥kə˥……kuo˥tɕʰy˥iou˧˩˧kə˥pæᴇ˥tʰiæ̃˨˩ti˥˦lie˧mɑ˧.（噢，正事那天还……又要拜？）要拜咧么。拜天地。iɑɔ˥pæᴇ˥liem˧.pæᴇ˥tʰiæ̃˨˩ti˥.（下马那天不是拜过了吗？）那是个议程上的拜天地嘛。næᴇ˥˦sʅ˥˨kə˥˨i˥˧tʂʰəŋ˩˧˩ʂɑŋ˥ti˧pæᴇ˥tʰiæ̃˨˩ti˥mɑ˧.（议程上的拜呀？）噢，这个拜天地的话，你……你……欸，放拜礼，一个是拜天地，还要拜礼咧。ɑɔ˨，tʂə˥˨kə˥˦pæᴇ˥tʰiæ̃˨˩ti˥˦tə˧xuɑ˥˨，ni˧˩……ni˧˩……ei˨，fɑŋ˥pæᴇ˥˧li˨˩，i˨˩kə˥sʅ˥pæᴇ˥tʰiæ̃˨˩ti˥˦，xæᴇ˩˧˩iɑɔ˥pæᴇ˥˧li˧˩lie˧.（拜礼？）啊，有些人你比如我放了一个这个这个礼簿子在这儿这，你在这儿这搞不好又上礼上了十块钱，我那那还有个拜礼咧。新人新娘……新郎咋给你磕头的话，你根据你的辈分大小你这个拜礼你还要……ɑ˨，iou˧˩ɕie˨˩ʐəŋ˩˧ni˨˩pi˧˩ʐʮ˩˧˩ŋuo˧˩fɑŋ˥˧lə˧li˨˩kə˥˨tʂə˥kə˥tʂə˥kə˥li˧˩pu˥tsʅ˧tsæᴇ˥tʂər˥tʂə˥，ni˧˩˧tsæᴇ˥tʂər˥˧tʂə˥˨kɑɔ˧˩pu˩˧˩xɑɔ˧˩iou˥˨ʂɑŋ˥li˧˩˧ʂɑŋ˥liɑɔ˨˩ʂʅ˩˧˩kʰuæᴇ˧˩tɕʰiæ̃˩˧˩，ŋuo˧˩˧nə˥nə˥xæᴇ˩˧˩iou˧˩˧kə˥pæᴇ˥˦li˨˩lie˧.ɕiŋ˨˩ʐəŋ˩˧ɕiŋ˨˩ni……ɕiŋ˧˩˥lɑŋ˩˧tsɑ˧˩kei˥˨ni˧˩kʰə˨˩tʰou˩˧˩ti˧xuɑ˥，ni˧˩kəŋ˨˩tɕy˥˦ni˧˩ti˧pei˥˧fəŋ˥tɑ˥ɕiɑɔ˧˩˧ni˧˩˧tʂə˥kə˥pæᴇ˥li˨˩ni˨˩xæᴇ˩˧˩iɑɔ˥……（噢，拜礼那叫？）噢，拜礼么。再一个来说是这个，他那个姐夫把脸画的……画眉这这眼儿的给你画上以后，耳朵上弄个蜡烛一点以后，把那个粘边上，红单边上。这是过去嘛。这新人……新女婿或者这个新人……新娘子，要出去以后要拜四方去咧么。ɑɔ˨，pæᴇ˥li˨˩muo˧.tsæᴇ˥i˧˩kə˥˨læᴇ˩˧ʂuo˧˩˧sʅ˥tʂə˥kə˥，tʰɑ˧˩˧nə˥kə˥tɕie˧˩fu˨˩pɑ˧˩liæ̃˧˩xuɑ˥ti˧xu……xuɑ˥˦mi˩˧˩tʂə˥˨tʂə˥˨niæ̃r˧˩ti˧kei˥˨ni˨˩xuɑ˥˧ʂɑŋ˥i˨˩xou˥，ər˧˩tuo˨˩ʂɑŋ˥nuoŋ˥kə˥lɑ˧˩tʂʮ˧˩i˨˩tiæ̃˧˩i˨˩xou˥，pɑ˨˩nə˥kə˥tʂæ̃˧˩piæ̃˧˩ʂɑŋ˥˨，xuoŋ˩˧tæ̃˧˩piæ̃˧˩ʂɑŋ˥˨.tʂə˥˨sʅ˥˨kuo˥˧tɕʰy˥˦mɑ˧.tʂə˥ɕiŋ˨˩ʐəŋ˩˧……ɕiŋ˨˩ny˧˩ɕi˥xuo˩˧˩tʂə˧˩˧tʂə˥kə˥ɕiŋ˧˩ʐəŋ˩˧˩……ɕiŋ˨˩niɑŋ˩˧tsʅ˧，iɑɔ˥tʂʰʮ˧˩tɕʰy˥i˨˩xou˥iɑɔ˥pæᴇ˥sʅ˥fɑŋ˧˩tɕʰi˥˨lie˧muo˧.（拜四方？）啊。拜四方那实际上就是席……在席棚地方宴席厅里头以后给人要磕头咧么。过去那个那个欸其事多得很啊。那好多事情。呃现在都很简单，根本没有这些事了。ɑ˨.pæᴇ˥sʅ˥fɑŋ˧˩˧næᴇ˥˦ʂʅ˩˧˩tɕi˥˦ʂɑŋ˥tɕiou˥sʅ˥ɕi˩˧……tsæᴇ˥ɕi˩˧pʰəŋ˩˧ti˥˨fɑŋ˨˩iæ̃˥ɕi˩˧˩tʰiŋ˧˩li˧˩˧tʰou˧i˨˩xou˥kei˥˨ʐəŋ˩˧˩iɑɔ˥kʰuo˨˩tʰou˩˧˩lie˧muo˧.kuo˥˧tɕʰy˥nə˥kə˥nə˥kə˥ei˥tɕʰi˩˧˩sʅ˥tuo˧˩tei˨˩xəŋ˧˩ɑ˧.næᴇ˥xɑɔ˧˩tuo˨˩sʅ˥tɕʰiŋ˩˧˩.əɕiæ̃˥tsæᴇ˥tou˨˩xəŋ˧˩tɕiæ̃˧˩tæ̃˨˩，kəŋ˨˩pəŋ˧˩mei˩˧iou˧˩˧tʂei˥ɕie˧˩˧sʅ˥˨lə˥.

（她新……新娘坐在……这个坐炕的时候是坐在什么上面啊？）到这个欸婆家来无所谓了。到娘家必须……到娘家去以后，娶人的一来以后，你就把那床铺盖拿着咧。那个女的就上去盘腿儿要坐得那个铺盖上头咧，坐福咧么。tɑɔ˥˧tʂə˥kə˥ei˨pʰuo˩˧˩tɕiɑ˧˩læᴇ˩˧˩vu˩˧˩ʂuo˧˩˧vei˥lə˥.tɑɔ˥niɑŋ˩˧˩tɕiɑ˧˩pi˧˩˥ɕy˨˩……tɑɔ˥niɑŋ˩˧˩tɕiɑ˧˩tɕʰi˥˧i˧˩xou˥，tɕʰy˧˩ʐəŋ˩˧˩ti˧li˨˩læᴇ˩˧i˧˩˧xou˥，ni˥tsou˥pɑ˨˩nei˥tʂʰuɑŋ˩˧pʰu˧˩kæᴇ˥˨nɑ˩˧tʂə˧lie˧.nə˥kə˥ny˧˩ti˧tɕiou˥ʂɑŋ˥tɕʰi˥pʰæ̃˩˧˩tʰuər˧˩iɑɔ˥tsuo˥tə˧nə˥kə˥pʰu˧˩kæᴇ˥˨ʂɑŋ˥tʰou˧lie˧，tsuo˥fu˧˩liem˧.（叫什么？）坐福。tsuo˥fu˧˩.（坐福？）啊。ɑ˨.（那个底下……底下是放把斧头还是放什么？）不……不放，就是被子

你……放一床铺盖，你坐上就对了么。puɅfu……puɅ˩faŋ˥,tɕiou˥˦sɿ˥˩pi˥˧tsɿ˩ni˧˩n……faŋ˥i˧˩tʂʰuaŋɅ˦pʰu˧kæᴇ˥˩,ni˧˦tsuo˥˧ʂaŋ˥tɕiou˥tuei˥lə˩muo˩.（就坐在这种……）啊，就是坐得那上头。ɑ˩,tɕiou˥˦sɿ˥tsuo˥tə˩nə˥ʂaŋ˥tʰou˩.（她是这个就是还在女方家里还没出门之前？）没有出门……但必须坐男方……男方的那盖的。meiɅiou˧tʂʰʮ˧˩məŋɅts……tæ̃˥pi˧ɕy˧˩tsuo˥næ̃Ʌ˩faŋ˧……næ̃Ʌ˩faŋ˧ti˩nei˥kə˥kæᴇ˥ti˩.（噢，男方的盖的？）啊。ɑ˩.（带过去的？）嗯。ə̃˩.（男方提前送了一个盖的过去？）娶人那天你都拿着嘞。tɕʰy˧ʐəŋɅnei˥˦tʰiæ̃˧˩ni˧˦tou˧˦nɑɅ˩tʂə˩lei˩.（噢，到……到男方这边就没有什么讲究了？）没有讲究了。meiɅiou˧tɕiaŋ˧tɕiou˧˩lə˩.（噢，有些地方在那个被子下面还要放把斧头。）这儿不。这儿这过去……旧社会那个啥，它就叫……到男方来以后，开脸，上头，那落怜咧，那比现在这个兀这个盘个头落怜，那把脸也是上头那毛儿揪的净净儿的。还化一下妆，这头上以后这个敛头盘起来以后，那上头那金簪子、银簪子、金花、银花，哎头搞要……相当隆重的那么个东西。然后她那个坐的话她就是面朝里要坐得炕角角里去咧。tʂər˥puɅ˩.tʂər˥˧tʂə˥kuo˥˧tɕʰy˥tɕ……tɕiou˥˧ʂə˥xuei˥nə˥kə˥sɑ˥,tʰɑ˧˦tɕiou˥tɕiɑɔ˥……tɑɔ˥næ̃Ʌ˩faŋ˧læᴇɅi˧˩xou˥,kʰæᴇ˧˩liæ̃˧,ʂaŋ˥tʰouɅ,næᴇ˥˦luo˧liæ̃Ʌ˩lie˩,næᴇ˥˦pi˧ɕiæ̃˥tsæᴇ˥tʂə˥kə˥væᴇ˥˦tʂə˥kə˥pʰæ̃Ʌkə˥˦tʰouɅluo˧liæ̃Ʌ˩,næᴇ˥pɑ˧˦liæ̃˧ie˧˦sɿ˥ʂaŋ˥tʰou˩nə˥mɑɔrɅtɕiou˧ti˩tɕiŋ˥tɕiə̃r˥˧ti˩.xɑɅ˩xuɑ˥i˧˩xɑ˥tʂuaŋ˧,tʂei˥tʰouɅ˩ʂaŋ˥˦i˧˩xou˥˦tʂə˥kə˥ei˩tʰouɅpʰæ̃Ʌ˩tɕʰi˧læᴇɅ˩i˧˩xou˥,næᴇ˥ʂaŋ˥tʰou˩næᴇ˥tɕiŋ˧˧tsæ̃˧tsɿ˩,iŋɅtsæ̃˧tsɿ˩,tɕiŋ˧˧xuɑ˧,iŋɅxuɑ˧,æᴇ˧tʰouɅkɑɔ˧iɑɔ˥˩……ɕiaŋ˧˧taŋ˧˩luoŋɅ˩tʂuoŋ˥ti˩nə˥˩muo˩kə˥tuoŋ˧ɕi˩.ʐæ̃Ʌxou˥tʰɑ˧nə˥kə˥tsuo˥ti˩xuɑ˥tʰɑ˧˦tsou˥sɿ˥miæ̃˥tʂʰɑɔɅ˩li˧˦iɑɔ˥tsuo˥tə˩kʰaŋ˥˧tɕyo˧tɕyo˧˩li˧˩tɕʰi˥˩lie˩.（面朝里面儿？）嗯。那一般不让你看，那都羞羞答答的那个，那号样子。ə̃˩.næᴇ˥˦i˧˧pæ̃˧puɅ˩ʐaŋ˥ni˧˦kʰæ̃˥,nə˥tou˧˦ɕiou˧ɕiou˧˩ta˧˧ta˧˩ti˩nə˥kə˥,nə˥xɑɔ˥iaŋ˥tsɿ˩.

（这个执事是一个人还是两个人？）执事，执事一般都是……我们这儿都两个到三个人。tʂʅ˧˩sɿ˥,tʂʅ˧˩sɿ˥i˧˧pæ̃˧tou˧˩sɿ˥……ŋuo˧məŋ˥tʂər˥tou˧˩liaŋ˧kə˥˩tɑɔ˥sæ̃˧kə˥˩ʐəŋɅ.（两三个人。有男的有女的吧？）没有女的，都是男的。男执事。噢。meiɅiou˧ny˧ti˩,tou˧˧sɿ˥næ̃Ʌ˩ti˩.næ̃Ʌtʂʅ˧˩sɿ˥.ɑɔ˩.（都是由什么人来担任这个？）那是只是这个具有管……一定的管理能力的，能说会道的这些人么。那不简单，这个管一个事，从前到后那个说……说到多的焦锹了。nei˥˦sɿ˥˦tsɿ˧˦sɿ˥tʂə˥kə˥tɕy˥iou˧˦kuæ̃˧˦……i˧˦tiŋ˥ti˩kuæ̃˧li˧nəŋ˩li˧ti˩,nəŋɅʂuo˧˩xuei˥tɑɔ˥ti˩tʂei˥ɕie˧˩ʐəŋɅmuo˩.nə˥˦puɅ˩tɕiæ̃˧tæ̃˧˩,tʂə˥kə˥kuæ̃˧i˧˩kə˥sɿ˥,tsʰuoŋɅtɕʰiæ̃Ʌtɑɔ˥xou˥nə˥kə˥ʂuo˧p……ʂuo˧tɑɔ˥tuo˧ti˩tɕiɑɔ˧ɕiæ̃˧˩lə˩.

（那个新娘啊她不是盖了头巾吗？）嗯。ŋ̍˩.（那个头巾叫什么？）盖头红么。kæᴇ˥˧tʰouɅ˩xuoŋɅmuo˩.（盖头红？）啊。现在叫婚纱嘛。ɑ˩.ɕiæ̃˥tsæᴇ˥tɕiɑɔ˥xuoŋ˧˦sɑ˧mɑ˩.（啊，然后……然后她那个就是看不清前面吧？她有两个人搀着吧？）哎那一个就是娶女的和送女的她一……一左一右么。æᴇɅnæᴇ˥˦i˧˩kə˥˦(tɕ)iou˥sɿ˥tɕʰy˧ny˧ti˩xuoɅ˩suoŋ˥ny˧ti˩tʰɑ˧˩i˧˩ts……i˧˩tsuo˧i˧˩iou˥˧muo˩.（男的女的搀的？）女的。ny˧ti˩.（女的搀？）嗯。ə̃˩.（那个那个就是那那两个女孩子嗯女的叫什么呢？）一个是……一个是娶人的，一个是送人的嘛。i˧˩kə˥˦sɿ˥……i˧˩kə˥sɿ˥tɕʰy˧ʐəŋɅ˩ti˩,i˧˩kə˥sɿ˥suoŋ˥ʐəŋɅ˩ti˩mɑ˩.（噢，娶人的、送人的，有没有名称？）没有啥名称。娶……最土的那话就是娶女的和送女的嘛。muo˧˩iou˧sɑ˥miŋɅ˩tʂʰəŋ˧.tɕʰy˧……tsuei˥tʰu˧ti˩nə˥˩xuɑ˥tɕiou˥sɿ˥tɕʰy˧ny˧ti˩xuoɅ˩suoŋ˥ny˧ti˩mɑ˩.（就完了？）完了。媳妇儿娶下了。væ̃Ʌ˩lə˩.ɕi˧fuər˥tɕʰy˧˩xɑ˥˩lə˩.

婚不动

（没有什么动婚、婚动这种说法？）黄：有咧。有些人说是给那个说咧几个对象都没有说成，说那个婚不动么。那今年那婚不动，再不要说了兀点事。iou˥˧lie˧.iou˥˧ɕie˥˩ʐəŋ˧˥ʂuo˥˧˦sɿ˥kei˥nə˥kə˥ʂuo˥˧lie˧tɕi˥˧kə˥˦tuei˥ɕiɑŋ˥tou˥˩mei˧˥iou˥˧ʂuo˥˩tʂʰəŋ˧˥,ʂuo˥˩nə˥kə˥xuoŋ˥˧pu˨˩˧tuoŋ˥muo˦.næᴇ˥˩tɕiŋ˥˩niæ̃˧˥næᴇ˥xuoŋ˥˧pu˨˩˧tuoŋ˥,tsæᴇ˥pu˧˥˩iɑɔ˥ʂuo˥˧lə˧vu˥˩tiæ̃˥˧sɿ˥.（是今年婚不动是吧？）啊，今年不婚……婚不动，或者是不动婚。ŋɑ˨˩,tɕiŋ˥˧niæ̃˧˥pu˨˩˧xuoŋ˥˧˦……xuoŋ˥˧pu˨˩˧tuoŋ˥,xuo˧˥˦tʂə˥˩sɿ˥˩pu˨˩˧tuoŋ˥xuoŋ˥˧.（不动婚？但是不能……不能说动婚，单说动婚的没有这种？）噢，单说动婚的没有这个。ɑɔ˨˩,tæ̃˥˧˥ʂuo˥˩tuoŋ˥xuoŋ˥˧ti˧mei˧˥iou˥˧tʂei˥kə˥.（但是不动婚就说不成？）啊，说不成，就说是……ɑ˨˩,ʂuo˥˧pu˨˩˧tʂʰəŋ˧˥,tɕiou˥˦ʂuo˥˧˦sɿ˥……（今……今年就不要不要找对象了？）啊。ɑ˨˩.（不动婚就是不宜那个说合说说的那个是吧？）啊，你说也说不成么那个。ɑ˨˩,ni˥˧˦ʂuo˥˧æ˥˩ʂuo˥˧pu˨˩˧tʂʰəŋ˧˥muo˦nə˥kə˥.

媒人

（这个说媒的人叫什么？）黄：媒人么。媒婆婆。mei˨˩˧ʐəŋ˧˥˦muo˧.mei˨˩˧pʰuo˧˥˦pʰuo˨˩˧.（过去都是女同志吗？）那都没有。这里都没有啥。不一定。næᴇ˥˦tou˥˩mei˨˩˧iou˥˩.tʂei˥˦li˥˩tou˥˩mei˧˥˦iou˥˧˦sɑ˥˧˥.pu˧˥˦i˥˧˦tiŋ˥˩.（这专……专门儿从事这个这玩意儿的人？）那都叫媒人。那个东西不……这儿有……nə˥˦tou˥˩tɕiɑɔ˥mei˨˩˧ʐəŋ˧˥˦.nei˥kə˥tuoŋ˥˧˦ɕi˦pu˧˥˦……tʂər˥iou˥˧˦……（媒婆婆是怎么来的呢？）媒婆婆是女的。媒人是男……这个统称。媒婆婆那必须是个女的。媒人那不一定那，那女的也当男人……媒人咧，男的也当媒人。mei˧˥pʰuo˨˩˧pʰuo˧˥˦sɿ˥ny˥˧ti˧.mei˧˥ʐəŋ˧˥˦sɿ˥˩næ̃˧˥……tʂə˥˩kə˥tʰuoŋ˥˩tʂʰəŋ˥˧.mei˧˥pʰuo˧˥pʰuo˧˥˨˩nə˥pi˥˧˥ɕy˥˩sɿ˥˩kə˥˩ny˥˧ti˧.mei˨˩˧ʐəŋ˧˥˦nə˥˩pu˨˩˧i˥˩tiŋ˥nə˥,nə˥ny˥˧ti˧ie˥˩tɑŋ˥˩næ̃˨˩˧ʐəŋ……mei˧˥˨˩ʐəŋ˧˥˦lie˧,næ̃˨˩˧ti˦ie˥˩tɑŋ˥˧mei˨˩˧ʐəŋ˨˩˧.（也有男的当媒人是吧？）噢，男人……现在多一半都是男人的。我们这面女的说亲的少。ɑɔ˨˩,næ̃˨˩˧ʐəŋ˧˥˦……ɕiæ̃˥tsæᴇ˥tuo˥˧i˥˩pæ̃˥˦tou˥˩sɿ˥˨˩næ̃˨˩˧ʐəŋ˧˥˦ti˦.ŋuo˥˧məŋ˧tʂei˥miæ̃˥ny˥˧ti˧ʂuo˥˩tɕʰiŋ˥˧ti˧ʂɑɔ˥˩.（以前呢？）以前也不多反正。i˥˧tɕʰiæ̃˧˥iɑ˥˩pu˨˩˧tuo˥˩fæ̃˥˩tʂəŋ˥.（有叫红叶的吗？）少，很少有人说红叶这个话。ʂɑɔ˥˧,xəŋ˥˧ʂɑɔ˥˧iou˥˩ʐəŋ˨˩˧ʂuo˥˧xuoŋ˧˥˦ie˥˧˦tʂə˥kə˥xuɑ˥˩.（听过没有？）听……听说过。哎那还有人说媒翁咧。但是那毕竟都少么。tʰiŋ˥˧ʂ……tʰiŋ˥˩ʂuo˥˧kuo˥˩.æᴇ˥næᴇ˥xæᴇ˧˥iou˥˧˦ʐəŋ˧˥ʂuo˥˩mei˧˥vəŋ˥˧lie˧.tæ̃˥sɿ˥nə˥˦pi˥˩tɕiŋ˥tou˥˩ʂɑɔ˥˧muo˧.（媒翁是指男的吧？）男的，嗯。næ̃˨˩˧ti˦,əŋ˨˩.

拉它

（说媒呢？）王：嗯，说媒呀？ə̃˥,ʂuo˥˩mei˧˥iɑ˧?（嗯。）说媒，啊，我们这儿把呃叫啥咧吵？ʂuo˥˩mei˧˥,ɑ˦,ŋuo˥˧məŋ˧tʂər˥pɑ˥˩ə˥tɕiɑɔ˥sɑ˥lie˦sɑ˧?（拉插？）啊，我们这儿有咧。说我你看你拉插这个事。ɑ˨˩,ŋuo˥˧məŋ˧tʂər˥iou˥˧lie˧.ʂuo˥˩ŋuo˥˧ni˥˩kʰæ̃˥ni˥˧˦lɑ˥˧tsʰɑ˧tʂə˥kə˥sɿ˥.（叫什么？）拉插。lɑ˥˧tsʰɑ˧.（这是什么意思呢？）拉插就说我你给看着把这两个事往一瘩里拉插……拉插么。lɑ˥˧tsʰɑ˧tɕiou˥ʂuo˥˧˦ŋuo˥˧˦ni˥˧˦kei˥kʰæ̃˥tʂə˦pɑ˥˩tʂə˥liɑŋ˥˧kə˥˩sɿ˥vɑŋ˥˩i˥˩tɑ˥˩li˥˧˦lɑ˥˧˦tsʰɑ……lɑ˥˧˥tsʰɑ˧muo˧.（噢。）拉插咧。我们这儿叫拉它。lɑ˥˧˥tsʰɑ˧lie˧.ŋuo˥˧məŋ˧tʂər˥tɕiɑɔ˥lɑ˥˧˥tʰɑ˧.（lɑ˧˥tʰɑ˧？）嗯，拉它。ə̃˨˩,lɑ˥˧˥tʰɑ˧.（不叫拉插？）嗯，叫拉它，对，这下想起咧。ə̃˨˩.tɕiɑɔ˥lɑ˥˧˥tʰɑ˧,tuei˥˩,tʂə˥˦(x)ɑ˥˩ɕiɑŋ˥˧tɕʰi˥˩lie˧.（lɑ˥˧tʰɑ˧是说这个是是他就是说媒的这个叫拉它？）嗯，我你拉它一下这个事。ŋ̍˥˧,ŋuo˥˧˦ni˥˧˦lɑ˥˧˥tʰɑ˧i˥˩xɑ˥˩tʂə˥˩kə˥˩sɿ˥˩.

门当户对

黄：有门当户对的说法咧。iou˥˧˩məŋ˩˧taŋ˥˧˩xu˥tuei˥ti˧ʂuo˥˧fa˥˧˩lie˧.（门当户对？）嗯。那就说是给娃说媳妇，□们家人那也好，这……这家也好，这就是门当户对么。ə̃˩.na˥tɕiou˥ʂuo˥˧˩sɿ˥˩kei˥va˩˧ʂuo˥˧˩ɕi˥˧fu˥˩,niæ̃˩˧məŋ˧tɕia˥˧zəŋ˩˧nei˥ie˥˧xaɔ˥˧˥,tʂei˥……tʂei˥˧tɕia˥˧˩ie˥˧xaɔ˥˧˩,tʂei˥tɕiou˥˩sɿ˥˧məŋ˩˧taŋ˥˧˩xu˥tuei˥muo˧.

提亲

（提亲是男方到女方家提，还是女方到男方家？）黄：呃是男方到女方家里去咧。ə˥sɿ˥næ̃˩˧faŋ˥˧˥taɔ˥ny˥˧faŋ˥˧˩tɕia˥˧li˥˧˩tɕʰi˥˧lie˧.（那说媒呢？）说媒你还是要到□们家里。这都不……ʂuo˥˧˩mei˩˧ni˥˧xa˩˧˩sɿ˥˧iaɔ˥taɔ˥niæ̃˩˧˩məŋ˧tɕia˥˧li˥˧˩.tʂei˥˧tou˥˧˩pu˩˧˩……（说媒必须到女……女方家？）啊。a˩.（没有说这个女的看上一男的，这个叫……）没有。这儿这只有树……只有藤缠树的，没有树缠藤的。mei˩˧iou˥˧˩.tʂər˥tʂə˥tsɿ˥˧˩iou˥˧ʂʮ……tsɿ˥˧˩iou˥˧tʰəŋ˩˧tʂʰæ̃˩˧˥ʂʮ˥ti˧,mei˩˧iou˥˧ʂʮ˥tʂʰæ̃˩˧tʰəŋ˩˧˩ti˧.（现在这些女孩子也有主动去追求男孩子的吧？）哎，那个乱爱那都乱爱咧么。她……她能。æᴇ˩,nə˥kə˥luæ̃˥˧næᴇ˥˧næᴇ˥˩tou˥˧luæ̃˥næᴇ˥lie˧muo˧.tʰa˥˧˩……tʰa˥˧nəŋ˩˧˩.（那叫什么？）嗨嗨，恋爱咧，哼。xæᴇ˩xæᴇ˥˧,liæ̃˥˩næᴇ˥lie˧,xəŋ˥˧.（乱爱啊？）我们就把那叫乱爱咧么那。嗯哼。ŋuo˥˧məŋ˧tɕiou˥pa˥˧˩nei˥tɕiaɔ˥luæ̃˥næᴇ˥lie˧muo˧nei˥ ˩.ə̃˥xə̃˩.

单娶、双娶

1.（有单娶双娶这种说法没有？）黄：有么。iou˥˧muo˧.（单娶是什么呢？）去一个女的娶叫单娶。tɕʰi˥i˥i˥˧˩kə˥ny˥˧ti˧tɕʰy˥˧tɕiaɔ˥tæ̃˥˧˩tɕʰy˥˧.（娶一个女……）去一个。娶方去……tɕʰi˥i˥˧˩kə˥.tɕʰy˥˧faŋ˥˧˩tɕʰy˥˧……（男方家去一个女的？）一个叫单娶么。去两个叫双娶么。i˥˧˩kə˥˩tɕiaɔ˥˩tæ̃˥˧˩tɕʰy˥˧muo˧.tɕʰi˥˧liaŋ˥˧kə˥tɕiaɔ˥ʂuaŋ˥˧˩tɕʰy˥˧muo˧.（两个女的？）噢，两个女的嘛。aɔ˩,liaŋ˥˧kə˥ny˥˧ti˧ma˧.（这两个女的一般是什么人呢？）那都是男方的主要亲亲么。欸她有可能是平辈的，有可能是长辈的。næᴇ˥˧tou˥˧sɿ˥næ̃˩˧faŋ˥˧ti˧tʂʮ˥˧˩iaɔ˥tɕʰiŋ˥˧tɕʰiŋ˥˧˩muo˧.ei˥tʰa˥˧˩iou˥˧kʰə˥˧nəŋ˩˧sɿ˥pʰiŋ˩˧pei˥˧ti˧,iou˥˧kʰə˥˧nəŋ˩˧sɿ˥tʂaŋ˥˧pei˥˩ti˧.（这两个女的必须平辈吗？）那不一定。næᴇ˥˧pu˩˧˩i˥˧tiŋ˥˩.（有可能是嫂子和姑姑一块儿去？）啊。那可是欸有下数的。这面儿去一个，他那面送女的就得两个。这面去两个，送女的就得四个。a˥.næᴇ˥˧kʰə˥˧sɿ˥ei˥iou˥˧xa˥ʂʮ˥ti˧.tʂei˥˧miæ̃r˥tɕʰi˥i˥˧˩kə˥˩,tʰa˥˧˩nei˥˧miæ̃˥suoŋ˥ny˥˧ti˧tɕiou˥tei˥˧˩liaŋ˥˧kə˥˩.tʂei˥˧miæ̃˥˩tɕʰi˥liaŋ˥˧kə˥˩,suoŋ˥ny˥˧ti˧tɕiou˥tei˥˧˩sɿ˥kə˥.

2.（有七娶八送这种说法没有？）黄：没有。那都和我头里跟你说下那个。人□去一个女的娶，他都是两个送的么。一个去娶的两个是……一个这面男方去一个，女方就得两个送的。男方去两个送的，女方就得四……男方去两个娶的，女方就得四个送。mei˩˧iou˥˧˩.næᴇ˥˧tou˥˧˩xuo˩˧ŋuo˥˧tʰou˩˧li˥˧kəŋ˥˧ni˥˧ʂuo˥˧xa˥˩nə˥˩kə˥˩.zəŋ˩˧niæ̃˩˧tɕʰi˥i˥˧˩kə˥ny˥˧ti˧tɕʰy˥˧,tʰa˥˧tou˥˧˩sɿ˥liaŋ˥˧kə˥˩suoŋ˥˧ti˧muo˧.i˥˧˩kə˥˧tɕʰy˥tɕʰy˥˧ti˧liaŋ˥˧kə˥˩sɿ˥˧……i˥˧˩kə˥tʂei˥˧miæ̃˥˩næ̃˩˧faŋ˥˧˩tɕʰi˥i˥˧˩kə˥˩,ny˥˧faŋ˥˧˩tɕiou˥tei˥˧˩liaŋ˥˧kə˥˩suoŋ˥ti˧.næ̃˩˧faŋ˥˧˥tɕʰi˥liaŋ˥˧kə˥˩suoŋ˥ti˧,ny˥˧faŋ˥˧˩tɕiou˥˧tei˥˧sɿ˥……næ̃˩˧faŋ˥˧˥tɕʰi˥liaŋ˥˧kə˥˩tɕʰy˥˧ti˧,ny˥˧faŋ˥˧˩tɕiou˥˧tei˥˧˩sɿ˥kə˥suoŋ˥˩.（那越来越多？）啊，越来越多么。他……这面是单，实际上人家是两个么。人□去了一个娶女的，再把这个媳妇儿娶回来，新娘子娶回来，□也是两个。a˩,yo˥˧˩læᴇ˩˧yo˥˧˩tuo˥˧muo˧.tʰa˥˧……tʂei˥miæ̃˥˩sɿ˥˩tæ̃˥˧,ʂʮ˩˧tɕi˥˧ʂaŋ˥˩zəŋ˩˧tɕia˥˧sɿ˥liaŋ˥˧kə˥˩muo˧.zəŋ˩˧niæ̃˩˧tɕʰi˥˧lə˧i˥˧˩kə˥tɕʰy˥˧ny˥˧ti˧,tsæᴇ˥pa˥˧˩tʂə˥kə˥ɕi˥˧fuər˥˩tɕʰy˥˧xuei˩˧læᴇ˩˧˥,ɕiŋ˥˧niaŋ˩˧tsɿ˧tɕʰy˥˧xuei˩˧˩læᴇ˩˧˥,niæ̃˩˧a˥˧sɿ˥liaŋ˥˧kə˥˩.（噢，我知道

了，知道了。去一个，加上新娘子是两个，你这边儿还得配两个人。）配两个人么那你。人口去上两个，你就得再配一下就对了么是。四个呣。pʰei˥liaŋ˥˧kə˥˧˩zəŋ˨˦muo·˨na˥˧˩ni˥˧˧˩.zəŋ˨˦˧˩niæ̃˨˦˧˥tɕʰi˥ʂaŋ˥liaŋ˥˧kə˥˧˩,ni˥˧tɕiou˥tei˥˧˧tsæᴇ˥pʰei˥i˥˧˧xɑ˥tɕiou˥tuei˥lə·˨muo·˨sɿ˥˧˩.sɿ˥kə˥m̩·˨.

出嫁女子

（嫁女儿呢？）王：嫁女儿？tɕiɑ˥˧˥ny˥˧ər˨˦˧˩?（嗯。你们叫什么？）我们叫出嫁咧。ŋuo˥˧məŋ·˨tɕiaɔ˥tʂʰɥ˥˧˧˩tɕiɑ˥lie·˨.（有叫赍发的吗？）有叫赍发的。iou˥˧tɕiaɔ˥tɕi˥˧fɑ˥˧˧˩ti·˨.（赍发是这里说还是前塬说？）我们这儿是，这儿叫出嫁，前塬叫赍发咧。我们这儿叫出嫁咧。ŋuo˥˧məŋ·˨tʂər˥sɿ˥,tʂər˥˧˥tɕiaɔ˥tʂʰɥ˥˧˧˩tɕiɑ˥,tɕʰiæ̃˨˦yæ̃˨˦˧˥tɕiaɔ˥tɕi˥˧fɑ˥˧˧˩lie·˨.ŋuo˥˧məŋ·˨tʂər˥tɕiaɔ˥tʂʰɥ˥˧˧˩tɕiɑ˥lie·˨.（有说嫁女子的说法你们？）有说……有咧。iou˥˧ʂɥ·……iou˥˧lie·˨.（哪种最土？）我们这儿最土就是出嫁咧。ŋuo˥˧məŋ·˨tʂər˥tsuei˥tʰu˥˧tɕiou˥sɿ˥tʂʰɥ˥˧˧˩tɕiɑ˥˧˥lie·˨.（出嫁是两回事啊。你的你女儿你把她嫁出去。）嗯，这就出嫁了么。ŋ̍˧˩,tʂei˥tɕiou˥tʂʰɥ˥˧˧˩tɕiɑ˥˧˥ləm·˨.（你是……你是说你今天出嫁了还是说你干吗你今天？）我今……今天出嫁女子了么。ŋuo˥˧tɕiŋ˥˧˧˩tʰ……tɕiŋ˥˧˧˩tʰiæ̃˥˧˧˩tʂʰɥ˥˧˧˩tɕiɑ˥ny˥˧tsɿ·˨ləm·˨.（出嫁女子是吧？）啊。ɑ˧˩.（有说嫁女子吗？）兀个太不说。vu˥kə˥tʰæᴇ˥pu˨˦˧˩ʂuo˥˧˧˩.（就说出嫁女子？）嗯。ŋ̍˧˩.（再你……再说一下。）出嫁女子咧。兀口谁家谁家今儿出嫁女子咧么。tʂʰɥ˥˧˧˩tɕiɑ˥ny˥˧tsɿ·˨lie·˨.væᴇ˥˨˦niæ̃˨˦˧˩sei˨˦˧˩tɕiɑ˥˧sei˨˦˧˩tɕiɑ˥˧˧tɕiõr˥˧tʂʰɥ˥˧˧˩tɕiɑ˥ny˥˧tsɿ·˨liem·˨.

拉马娃娃、压轿娃娃

（就说男方这个送到这娶亲的时候要送点儿什么东西过去吧？你是不是要叫什么这个家里的小孩儿呀怎么这个给专门这个端的呀或者提着呀？）黄：没有。那拿的那些东西和订婚拿那些礼……那些礼性都一模儿一样。muo˥˧˧˥iou˥˧˧˩.nə˥nɑ˨˦tə·˨nə˥ɕie˥˧˧tuoŋ˥˧ɕi·˨xuo˨˦˧˩tiŋ˥xuoŋ˥˧˧˩nɑ˨˦nə˥ɕie˥˧˧li˥˧˧˥……nə˥ɕie˥˧˧li˥˧ɕiŋ˥˧˩tou˥˧˧˩i˥˧˧˥muor˨˦˧˥i˥˧˧˩iaŋ˥˧˩.（就说拿这个专门拿这些礼的这个人是男……什么人都可以拿吗？）甚么人都……这不，兀没有啥讲究。ʂəŋ˥muo·˨zəŋ˨˦tou˥˧˧˩……tʂə˥˨˦pu˨˦˧˩,vu˥mei˨˦iou˥˧˧˩sɑ˥tɕiaŋ˥˧tɕiou˥˧˧˩.（女方家那给提着这个什么化妆品呐，这些包袱啊，馃子呀，这里头有没有有没有专门一个人给提着？）没有。这个一般过来过去都是和那面……这面过去接的，他都一面过去有个……他最起码要去个姐夫或者去个兄弟着咧嘛。mei˨˦iou˥˧˧˩.tʂə˥kə˥i˥˧˥pæ̃˥˧˧˩kuo˥˧˥læᴇ˨˦˧˩kuo˥tɕʰi˥tou˥˧˧˩sɿ˥˧˩xə˨˦˧˩nei˥˨˦miæ̃˥˧˩……tʂei˥˧˥miæ̃˥kuo˥tɕʰi˥tɕie˥˧ti·˨,tʰɑ˥˧tou˥˧˧˩i˥˧˧˥miæ̃˥˧˩kuo˥tɕʰi˥iou˥˧kə˥˧˩……tʰɑ˥˧˧˩tsuei˥tɕʰi˥˧˧ma˥˧˧iaɔ˥tɕʰi˥kə˥tɕie˥˧fu˥˧˧˩xuei˨˦˧˥tʂə˥˧˧˩tɕʰi˥kə˥ɕyoŋ˥˧ti˥˧˩tʂə·˨lie·˨ma·˨.（兄弟，男方的兄弟？）噢，男方的兄弟么。ɑɔ˧˩,næ̃˨˦faŋ˥˧˧ti·˨ɕyoŋ˥˧ti˥˧˩muo·˨.（女方这边儿呢？）女方这面他过来，女方……男方这面过去的那个娃……那个娃娃叫……他那个兄弟叫拉马娃娃嘛。ny˥˧faŋ˥˧˧˩tʂei˥˧˥miæ̃˥˧˩tʰɑ˥˧˧kuo˥læᴇ˨˦˧˩,ny˥˧faŋ˥˧˧˩……næ̃˨˦faŋ˥˧tʂei˥miæ̃˥˧˩kuo˥tɕʰi˥ti·˨nə˥kə˥vɑ……nə˥kə˥vɑ˨˦˧˩vɑ˨˦˧tɕiaɔ˥……tʰɑ˥˧˧nə˥kə˥ɕyoŋ˥˧ti˥˧˩tɕiaɔ˥lɑ˥˧˧˩mɑ˥˧vɑ˨˦˧˩vɑ˨˦˧mɑ·˨.（叫什么？）拉马娃娃。lɑ˥˧˧˩mɑ˥˧vɑ˨˦˧˩vɑ˨˦˧.（喇嘛是吗？）拉，拉马……过去娶亲不是坐的……骑的牲口吗？这个牲口就必须要有人拉上咧么。那面过来……那面过来她的兄弟。lɑ˥˧,lɑ˥˧˧˩mɑ……kuo˥˧˥tɕʰy˥tɕʰy˥˧tɕʰiŋ˥˧˧˩pu˨˦sɿ˥˧˩tsuo˥ti·˨……tɕʰi˨˦˧˩ti·˨səŋ˥˧kʰou·˨mɑ·˨?tʂə˥kə˥səŋ˥˧kʰou·˨tsou˥pi˥˧˧ɕy˥˧˧iaɔ˥iou˥˧˧˩zəŋ˨˦lɑ˥˧ʂaŋ˥˧˩liem·˨.nei˥˧˥miæ̃˥kuo˥læᴇ˨˦˧t……næᴇ˥˧˥miæ̃˥˧˩kuo˥˧˥læᴇ˨˦˧˩tʰɑ˥˧tə·˨ɕyoŋ˥˧ti˥˧˩.（是她兄弟？）噢，过来她的……女的的兄弟。这叫压轿娃娃。ɑɔ˧˩,kuo˥˧˥læᴇ˨˦˧˩tʰɑ˥˧˧ti·˨……ny˥˧ti·˨ti·˨ɕyoŋ˥˧ti˥˧˩.tʂei˥tɕiaɔ˥˧˩ia˥˧˩tɕiaɔ˥˨˦vɑ˨˦˧˩vɑ˨˦˧˩.（丫脚娃娃？）压轿，压。ia˥˧˩tɕiaɔ˥,nia˥.（押着的押？）压。nia˥.（压住的压？）噢，压轿娃娃。ɑɔ˧˩,nia˥tɕiaɔ˥vɑ˨˦˧˩vɑ˨˦˧.（压什么

脚呢？）轿。tɕiaɔ˥.（轿子的轿？）啊，轿子的轿。ɑ˪,tɕiaɔ˥tsɿ˧ti˧tɕiaɔ˥.（都是……那边儿是男方的兄弟？）嗯。ŋ̍˥.（这边儿是女方的兄弟？）啊。ɑ˪.（那自己没有兄弟呢？）没有兄弟那还有表兄弟。mei˩iou˥˦ɕyoŋ˥˩ti˥nə˥xæᴇ˩˪iou˥˦piaɔ˥˩ɕyoŋ˥˪ti˥.

上拜礼

（这是亲戚这个……长辈给了钱以后，要不要拜一下？）黄：那你要祭拜……你要上拜礼你就给你拜，不上拜礼咧，那就不拜么他。nei˥ni˥˩iaɔ˥tɕi˥˩paeᴇ˥……ni˥˦iaɔ˥ʂaŋ˥˩pæᴇ˥li˥˦ni˥˦tsou˥kei˥ni˥˦pæᴇ˥,pu˩˪ʂaŋ˥˩pæᴇ˥li˥˩lie˧,nei˥tɕiou˥pu˩˪pæᴇ˥muo˧tʰɑ˥˪.（这个礼钱是直接新郎新娘自己接着还是旁边儿有人端着，接着？）那与新郎新娘无关儿着么。新郎新娘在礼桌子上就不来么你。nei˥y˥˦ɕiŋ˥˪laŋ˩ɕiŋ˥˪niaŋ˩vu˩˪kuæ̃r˥˩tʂə˧muo˧.ɕiŋ˥˪laŋ˩ɕiŋ˥˪niaŋ˩tsæᴇ˥li˥˩tʂuo˥˪tsɿ˧ʂaŋ˥˪tɕiou˥pu˩˪læᴇ˩muo˧ni˥˪.（啊，不是那个。就说拜……拜礼的时候人家那个……比如说这这是啊这这是大舅爷，那这个大舅爷还掏点儿钱不掏？）那掏钱你放得桌子上对了么。新郎新娘他在这儿，人□给你掏钱，你给□看酒么。nə˥tʰɑɔ˥˪tɕʰiæ̃˩ni˥faŋ˥tə˧tʂuo˥˩tsɿ˧ʂaŋ˥˪tuei˥lə˧muo˧.ɕiŋ˥˪laŋ˩ɕiŋ˥˪niaŋ˩tʰɑ˥tsæᴇ˥˪tʂər˥,zəŋ˩˪niæ̃˩˦kei˥ni˥˦tʰɑɔ˥˪tɕʰiæ̃˩,ni˥˦kei˥niæ̃˩˪kʰæ̃˥tɕiou˥muo˧.（噢，看酒？）你看酒，酒看毕你就去趴下磕头就行了。ni˥˦kʰæ̃˥tɕiou˥,tɕiou˥kʰæ̃˥pi˥ni˥˦tsou˥tɕʰi˥pʰɑ˥˪xɑ˥kʰuo˥˪tʰou˩tɕiou˥ɕiŋ˩˪lə˧.（钱是新郎新娘揣着还是专门有个人跟着收呢？）那□专门儿跟前有个人收钱着咧么。nei˥˦niæ̃˩˪tʂuæ̃˥˪mə̃r˩kəŋ˥tɕʰiæ̃˩iou˥kə˥˪zəŋ˩ʂou˥tɕʰiæ̃˩˪tʂə˧liem˧.（这个人叫什么呢？）不知道这个叫啥咧他。pu˩˪tʂɿ˥˪taɔ˥tʂei˥kə˥tɕiaɔ˥sɑ˥lie˧tʰɑ˥˪.

耍房

（闹洞房你们叫什么？）黄：耍房咧么。ʂuɑ˥faŋ˩˪lie˧muo˧.（叫不叫耍媳妇儿？）不叫。pu˩˪tɕiaɔ˥.（有没有什么说还……到了这闹洞房这耍耍她了。那个娘家的那些兄弟这个姐……姐妹这个耍那新郎子呢？）晓……ɕiaɔ……（耍不耍他，逗逗他？）不耍。pu˩˪ʂuɑ˥˦.（你不是这个这个什么时候饺子里头还……还弄那个……）那是你回门的时候就耍咧。你跑到□们……你跑到□们家里，你是大客，你跑到洞房里咋去？nei˥˦sɿ˥ni˥˦xuei˩məŋ˩˪ti˧sɿ˩˪xou˥tɕiou˥ʂuɑ˥lie˧.ni˥˦pʰɑɔ˥taɔ˥niæ̃˩məŋ˥……ni˥˦pʰɑɔ˥taɔ˥niæ̃˩məŋ˧tɕiɑ˥li˥˪,ni˥˦sɿ˥tɑ˥kʰei˥˪,ni˥˦pʰɑɔ˥taɔ˥tuoŋ˥faŋ˩˪li˥˦tsɑ˥˪tɕʰie˥?

交钥匙

黄：交钥匙是指第三天回门的时候，这个新媳妇儿走了，把钥匙给给哎呀婆婆了。tɕiaɔ˥˩yo˥sɿ˧sɿ˥˪tsɿ˥ti˥sæ̃˥tʰiæ̃˥˪xuei˩məŋ˩˪ti˧sɿ˩˪xou˥,tʂə˥kə˥ɕiŋ˥˪ɕi˥fuər˥˪tsou˥lə˧,pɑ˥˪yo˥sɿ˧kei˥kei˥æᴇ˥iɑ˥pʰuo˩˪pʰuo˩˦lə˧.（把钥匙给婆婆？）啊，回门的时候把钥匙交给婆婆了么。ɑ˪,xuei˩məŋ˩˪ti˧sɿ˩˪xou˥pɑ˥˪yo˥sɿ˧tɕiaɔ˥kei˥˪pʰuo˩˪pʰuo˩˦lə˧muo˧.（回来以后呢？）回来婆婆再给□给给么。还有个讲究就说是这个新媳妇一走，这个老婆婆把这个钥匙拿上。过去是那个娘家多一半儿陪的是柜嘛。柜里那东西都本来放着整整齐齐的。老婆婆去柜开开，拿个擀面儿杖，把那个给搅的乱乱儿的么。xuei˩læᴇ˩˦pʰuo˩˪pʰuo˩˦tsæᴇ˥kei˥niæ̃˩kei˥kei˥muo˧.xɑ˩˪iou˥kə˥˪tɕiaŋ˥tɕiou˥˪tsou˥ʂuo˥˪sɿ˥tʂə˥kə˥ɕiŋ˥˪ɕi˥fu˥i˥˪tsou˥,tʂə˥kə˥laɔ˥pʰuo˩˪pʰuo˩˦pɑ˥˪tʂə˥kə˥yo˥sɿ˧nɑ˩˪ʂaŋ˥.kuo˥˦tɕʰy˥sɿ˥nə˥kə˥niaŋ˩tɕiɑ˥tuo˥i˥pæ̃r˥pʰei˩˪ti˧sɿ˥kuei˥˦mɑ˧.kuei˥li˥˦næᴇ˥tuoŋ˥ɕi˧tou˥˪pəŋ˥læᴇ˩˦faŋ˥tʂə˧tʂəŋ˥tʂəŋ˥˦tɕʰi˩˪tɕʰi˩˪ti˧.laɔ˥pʰuo˩˪pʰuo˩˦tɕʰi˥kʰuei˥kʰæᴇ˥˪kʰæᴇ˥,nɑ˩kə˥kæ̃˥˦miæ̃r˥tʂaŋ˥,pɑ˥˪nə˥kə˥kei˥tɕiaɔ˥ti˧luæ̃˥luæ̃r˥ti˧muo˧.（走了以后才给搅她？）啊，必须……搅再锁住。ɑ˪,pi˥˪ɕy˥……tɕiaɔ˥tsæᴇ˥suo˥tʂʮ˥˪.

回门

（回……那个回门的时候就是新媳妇儿回去还有谁回去呢？）黄：那送女子，大客一起，一块儿跟人回去了。nə˧˩suoŋ˧˨˦ny˦˨tsɿ·,tɑ˧kʰei˦˩i˦˩tɕʰi˦,i˦˩kʰuər˦˧kəŋ˦zəŋ˨˦˩xuei˨˦˩tɕʰi˧lə˧.（新女婿要不要跟着？）新女婿要跟上回去。你那头一次走丈人老儿家里，你咋能不去啊？ɕiŋ˦˨˦ny˦ɕi˧iɑɔ˧kəŋ˦ʂɑŋ˧xuei˨˦˩tɕʰi˧.ni˦˧næᴇ˧tʰou˨˦i˦tsʰɿ˧tsou˦˧tʂɑŋ˧zəŋ˨˦˧lɑɔr˦˩tɕiɑ˦li˦˩,ni˦˧tsɑ˦˧nəŋ˨˦˧pu˨˦˩tɕʰi˧˥˧ɑ·?（头一次。那回到家里头还有什么讲究没有？）回到家里，那你就是这个回到媳……这个欸到老丈人娘家里去以后，你去，头一次你要把礼档拿的重重儿的嘛。xuei˨˦˩tɑɔ˧tɕiɑ˦li˦˩,næᴇ˧ni˦˧tsou˧sɿ˧tʂə˧kə˧xuei˨˦˩tɑɔ˧ɕi˦……tʂə˧kei˧tɑɔ˧lɑɔ˦˧tʂɑŋ˧zəŋ˨˦˧niɑŋ˨˦tɕiɑ˦li˦˩tɕʰi˧i˦˩xou˧,ni˦˧tɕʰi˧,tʰou˨˦i˦˧tsʰɿ˧ni˦˧iɑɔ˧pɑ˦˩li˦tɑŋ˧˩nɑ˨˦ti·tʂuoŋ˧tʂuõr˧ti·mɑ·.（拿……提上礼？）噢，提上礼。酒呀，糕点啊，你给□提上去嘛。去到那个地方儿，你这个欸岳母家里还……那给你准备下有洗脸的款待你呀。ɑɔ˩,tʰi˨˦˩ʂɑŋ˧li˦˧.tɕiou˦iɑ·,kɑɔ˦˩tiæ̃˦ɑ·,ni˦˧kei˧niæ̃˨˦˧tʰi˨˦˩ʂɑŋ˧tɕʰi˧˥˧mɑ·.tɕʰi˧˨˦tɑɔ˧nə˧kə˧ti˧fɑ̃r˦˩,ni˦˩tʂə˧kə˧ei˩yo˦˨˦mu˦tɕiɑ˦li˦˩xæᴇ˨˦˧……nə˧kei˧ni˦˧tʂuoŋ˦˧pi˧xɑ˧iou˦˧ɕi˦˩liæ̃˦ti·kʰuæ̃˦˩tæᴇ˧˥˧ni˦˩iɑ·.（嗯，也还得给钱？）不给钱。pu˨˦˩kei˧˥˧tɕʰiæ̃˨˦˩.（有没有端上洗脸水，你不得给钱？）这不。那都不去了。那这谁给你端洗脸水？你去以后就说是人□给你留下一个席。那女婿……女婿客到老丈人家，就那天可以坐上席。tʂə˧˥˧pu˨˦˩.næᴇ˧˥˧tou˦˩pu˨˦˩tɕʰi˧lə˧.nei˧˥˧tʂə˧sei˨˦˩kei˧ni˦˧tuæ̃˦ɕi˦˩liæ̃˦ʂuei˦˩?ni˦˧tɕʰi˧i˦˩xou˧˥˧tsou˧ʂuo˦sɿ˧˩zəŋ˨˦niæ̃˨˦˧kei˧ni˦˧liou˨˦˩xɑ˧˥˧i˦˧kə˧ɕi˨˦.nə˧˩ny˦ɕi˧˩……ny˦ɕi˧˨˦kʰei˦tɑɔ˧˩lɑɔ˦˧tʂɑŋ˧zəŋ˨˦˩(tɕ)iɑ˦˩,tɕiou˧nei˧˥˧tʰiæ̃˦˩kʰə˦i˦˩tsuo˧ʂɑŋ˧˨˦ɕi˨˦˩.（女婿坐……坐在上席？）噢，可以坐个上席。ɑɔ˩,kʰə˦i˦˩tsuo˧kə˧˩ʂɑŋ˧˨˦ɕi˨˦˩.（上席是朝着那个门那边儿吗？）这个这这房子北以下，那上席就在上头那儿。tʂə˧˩kə˧˥˧tʂei˧tʂei˧˥˧fɑŋ˨˦tsɿ·pei˦i˦˩xɑ˧,nə˧ʂɑŋ˧ɕi˨˦˩tɕiou˧˥˧tsæᴇ˧˩ʂɑŋ˧tʰou·nər˧.（就朝着门儿这个？）啊。这个桌子如果摆到这么个的话，上席就在兀儿咧。ɑ˧.tʂə˧kə˧tʂuo˦tsɿ·zʮ˨˦˩kuo˦pæᴇ˦tɑɔ˧˩tʂə˧muo·kə˧˩tə·xuɑ˧˩,ʂɑŋ˧ɕi˨˦˧tɕiou˧˩tsæᴇ˧˩vɑr˧lie˧.（桌……桌子摆到哪儿？）这个……如果是这个就……把这个桌子为席的话，你坐那个地方就是上席。tʂə˧˩kə˧˥˧ʐ……ʐʮ˨˦˩kuo˦sɿ˧tʂə˧˥˧kə˧˥˧tsou……pɑ˦˩tʂə˧kə˧tʂuo˦tsɿ·vei˨˦ɕi˨˦˩ti·xuɑ˧˩,ni˦tsuo˧nə˧kə˧ti˧fɑŋ˦˩tɕiou˧sɿ˧ʂɑŋ˧ɕi˨˦˩.（桌子是……桌子是长条的还是方的？）圆的。yæ̃˨˦˩ti·.（圆的怎么分得出上……上下左右？）哎，那……那个上首那就是上首席么。æᴇ˩,næᴇ˧……næᴇ˧˥˧kə˧˩ʂɑŋ˧ʂou˦˩nei˧tɕiou˧sɿ˧ʂɑŋ˧ʂou˦˧ɕi˨˦˥˧muo·.（上首的这是，左……左边儿那个还是？）啊，左边儿那个。这……你那边儿可能就是指……为上。ɑ˩,tsuo˦piæ̃r˦˩nə˧˩kə˧˩.tʂei˧……ni˦nei˧piæ̃r˦˩kʰə˦˩nəŋ˨˦tɕiou˧˥˧sɿ˧tsɿ˦˩……vei˨˦˩ʂɑŋ˧.（噢，进门儿这……这边儿是左，这边儿是右，这边儿为上？）啊，呃。嗯。ŋɑ˧,ə˩.ŋ̍˦-˧.（嗯，新女婿就这这一天儿要坐上席？）就这一天可以坐上席。tɕiou˧tʂei˧i˦˩tʰiæ̃˦kʰə˦i˦˩tsuo˧ʂɑŋ˧ɕi˨˦˩.（坐上席？）嗯。ŋ̍˩.（以后到了丈人家都得都得坐在……）那都是再不能……上席都没有你了。nə˧tou˦˧sɿ˧tsæᴇ˧pu˨˦˧nəŋ˨˦˧……ʂɑŋ˧ɕi˨˦˧tou˦˧mei˨˦iou˦ni˦˩lə·.（噢，那就好……）除非……tʂʰʮ˨˦˥˧fei˦˩……（那就好好坐坐。）除非你这个欸老丈母娘和是老岳……老岳父死了以后，你才能上去咧。tʂʰʮ˨˦fei˦˧ni˦tʂə˧˩kə˧˩ei˩lɑɔ˦tʂɑŋ˧mu˦˧niɑŋ˨˦xuo˨˦˩sɿ˧lɑɔ˦yo˦˩……lɑɔ˦yo˦˩fu˧sɿ˦lə·i˦˧xou˧,ni˦˧tsʰæᴇ˨˦nəŋ˨˦˧ʂɑŋ˧˩tɕʰi˧lie˧.（噢。那要是没有……没……这老丈……老丈人死了，上席是老丈母娘坐的？）老丈母娘在，你都没有份，你就不能坐那个上席去。lɑɔ˦tʂɑŋ˧mu˦˧niɑŋ˨˦tsæᴇ˧,ni˦˩tou˦˩mei˨˦˩iou˦˧fəŋ˧,ni˦tsou˧˩pu˨˦˩nəŋ˨˦tsuo˧nə˧˩kə˧˩ʂɑŋ˧ɕi˨˦˧tɕʰi˧.（那要是这个上席空着咧，谁坐呢？）那那那还叫个别人

坐，你都不能坐去。噢，这天你还要咧嘛。你给些小舅子、小姨子，那些来也给你……那天吃的那个席……坐席坐完以后，吃那个饭就不是馒头了，也不是米饭了。nei˥nei˥na˥˧˩xa˨˩˨tɕiao˥kə˥pie˨˩zəŋ˨˩˧tsuo˥,ni˥˧tou˥˧˩pu˨˩˨nəŋ˨˩tsuo˥tɕʰi˥.ao˨˩,tʂei˥˧tʰiæ̃˥˧˩ni˥˧˩xa˨˩˨ʂua˥˧lie˧ma˧.ni˥˧kei˥ɕie˥˧ɕiao˥˧tɕiou˥˨˩tsɿ˧,ɕiao˥˧i˨˩˨tsɿ˧,næᴇ˥ɕie˥˧læᴇ˨˩ie˥˧˩kei˥ni˥˧……nei˥tʰiæ̃˥˧tʂʰʅ˥˧ti˧nə˥kə˥ɕi……tsou˥ɕi˨˩tsuo˥væ̃˨˩i˥˧˩xou˥,tʂʰʅ˥˧nə˥kə˥fæ̃˥tɕiou˥pu˨˩sɿ˥mæ̃˨˩˨tʰou˧lə˧,ie˥˧pu˨˩sɿ˥mi˥˧fæ̃˥lə˧.（什么呢？）包饺子咧。pao˥˧˩tɕiao˥˧tsɿ˧lie˧.（包饺子？）嗯。ŋ̍˨˩.（包饺子是不是还照样放一个钱？）不放钱。那里头给你包的啥东西都有咧。pu˨˩˨faŋ˥tɕʰiæ̃˨˩.næᴇ˥˧li˥˧tʰou˧kei˥ni˥˧pao˥˧ti˧sa˥tuoŋ˥˧˩ɕi˧tou˥˧˩iou˥˧lie˧.（什锦馅儿的？）什锦……哪有什锦馅儿咧？你像是……ʂʅ˨˩tɕi……na˥˧iou˥˧˩ʂʅ˨˩˨tɕiŋ˥˧ɕiær˥˨˩lie˧?ni˥˧ɕiaŋ˥sɿ……（石头子儿？）石头子儿也有咧。辣子也有咧。盐也有咧。草节节都有咧。这些天……ʂʅ˨˩˨tʰou˧tsər˥˧ie˥˧iou˥˧lie˧.la˥˧tsɿ˧ie˥˧iou˥˧lie˧.iæ̃˨˩ie˥˧iou˥˧lie˧.tsʰao˥˧tɕie˥˧tɕie˥˧˩tou˥˧iou˥˧˩lie˧.tʂei˥ɕie˥˧tʰiæ̃˥˧˩……（哎，肯定是能吃的。不能吃的会毒……）有的就是不能吃。蜡烛你能吃吗？比……食盐你能吃吗？那草节子你能吃吗？这就看是这个……就看你这个识……锻炼你这个识……看你这个识别能力强，瞎好咧？端来这么多的饭，□给你往上来递饭咧。你递不好，你就把那个那一碗端起来；递好了，那个饭就是别人吃了。iou˥˧ti˧tɕiou˥˧sɿ˥˧pu˨˩˨nəŋ˨˩tʂʰʅ˥˧˩.la˥˧tʂɥ˥˧˩ni˥˧˩nəŋ˨˩tʂʰʅ˥˧˩ma˧?pi˥˧˩……ʂʅ˨˩iæ̃˨˩ni˥˧˩nəŋ˨˩tʂʰʅ˥˧˩ma˧?nə˥tsʰao˥˧tɕie˥˧tsɿ˧ni˥˧˩nəŋ˨˩tʂʰʅ˥˧˩ma˧?tʂei˥tɕiou˥kʰæ̃˥sɿ˥tʂə˥kə˥……tsou˥kʰæ̃˥ni˥˧tʂə˥˨˩kə˥˨˩ʂʅ˥˧˩……tuæ̃˥liæ̃˥ni˥˧tʂə˥˨˩kə˥˨˩ʂʅ˥˧˩……kʰæ̃˥ni˥˧tʂə˥kə˥ʂʅ˥˧˩pie˨˩nəŋ˨˩li˥˧tɕʰiaŋ˨˩,xa˥˧˩xao˥˧lie˧?tuæ̃˥˧˩læᴇ˨˩tʂə˥˧muo˧tuo˥˧˩ti˧fæ̃˥,niæ̃˨˩˨kei˥ni˥˧vaŋ˥˧˩ʂaŋ˥˧læᴇ˨˩˨ti˥fæ̃˥lie˥.ni˥˧ti˥pu˨˩˨xao˥˧,ni˥˧tɕiou˥pa˥˧nə˥kə˥nei˥i˥˧˩væ̃˥˧tuæ̃˥tɕʰi˥˧˩læᴇ˨˩;ti˥xao˥˧lə˧,nə˥kə˥fæ̃˥tɕiou˥sɿ˥pie˨˩zəŋ˨˩tʂʰʅ˥˧lə˧.

（回门以后，这个娘家是不是得送点儿礼？）不送。pu˨˩˨suoŋ˥˨˩.（就是去的时候拿东西，回来以后娘家不带点儿什么？）回来不她。xuei˨˩˨læᴇ˨˩pu˨˩˨tʰa˥˧.（娘家不带点儿什么？）不带。pu˨˩˨tæᴇ˥.（空手就回来？）哎，那都空手咧怕。回……回来的时候她娘家妈把那往回送着咧嘛你。æᴇ˨˩,nei˥˧tou˥˧kʰuoŋ˥˧˩ʂou˥˧lie˧pʰa˥˨˩.xu……xuei˨˩˨læᴇ˨˩ti˧sɿ˨˩xou˥tʰa˥˧˩niaŋ˨˩˨æ˧（←tɕia˥˧）ma˥˧pa˥˧˩nə˥vaŋ˥˧˩xuei˨˩˨læᴇ˨˩suoŋ˥tʂə˧lie˧ma˧ni˥˧.（啊？）她娘家妈她把女子可送回来咧么。tʰa˥˧˩niaŋ˨˩˨æ˧（←tɕia˥˧）ma˥˧tʰa˥˧˩pa˥˧˩ny˥˧tsɿ˧kʰə˥˧˩suoŋ˥xuei˨˩˨læᴇ˨˩lie˧muo˧.（噢，娘家妈要跟着回来？）啊，把女子再送回来么。a˨˩,pa˥˧˩ny˥˧tsɿ˧tsæᴇ˥suoŋ˥xuei˨˩˨læᴇ˨˩muo˧.（然后娘家妈又走？）啊。a˨˩.

填房

1.（填房是什么意思？）黄：一般……填房那都是这个他哥死咧，他嫂子没有从新嫁人，他……他兄弟可他……和他嫂子两个结咧婚咧，叫填房咧。i˥˧pæ̃˥˧……tʰiæ̃˨˩faŋ˨˩nə˥tou˥˧˩sɿ˥tʂə˥kə˥tʰa˥˧˩kə˥˧sɿ˥˧lie˧,tʰa˥˧˩sao˥˧tsɿ˧mei˨˩iou˥˧tsʰuoŋ˨˩ɕiŋ˥˧˩tɕia˥zəŋ˨˩,tʰa˥˧˩s……tʰa˥˧˩ɕyoŋ˥˧ti˥kʰə˥˧˩tʰa˥˧……xuo˨˩tʰa˥˧sao˥˧tsɿ˧liaŋ˥˧kə˥˨˩tɕie˥˧˩lie˧xuoŋ˥˧lie˧,tɕiao˥tʰiæ̃˨˩faŋ˨˩˨lie˧.

2. 黄：这个填房，我经我们娃娃□是指这么个叫填房咧。你比如是这个他哥的婆娘，结果他哥死了，他嫂子可没有走，没有再嫁，返回来嫁给他啊。tʂə˥˨˩kə˥tʰiæ̃˨˩faŋ˨˩,ŋuo˥˧tɕiŋ˥˧ŋuo˥˧məŋ˧va˨˩˧va˨˩niæ̃˨˩˨sɿ˥tsɿ˥tʂə˥˧m̩˧kə˥˨˩tɕiao˥tʰiæ̃˨˩faŋ˨˩˨lie˥.ni˥˧pi˥˧zɥ˨˩sɿ˥tʂə˥kə˥tʰa˥˧kə˥˧ti˧pʰuo˨˩˨niaŋ˨˩,tɕie˥˧˩kuo˥˧tʰa˥˧˩kə˥˧sɿ˥˧lə˧,tʰa˥˧˩sao˥˧tsɿ˧kʰə˥˧˩mei˨˩iou˥˧tsou˥˧,mei˨˩iou˥˧tsæᴇ˥tɕia˥,fæ̃˥˧˩xuei˨˩˨læᴇ˨˩tɕia˥kei˥tʰa˥˧æ˧.（噢，嫁给弟弟了？）她是嫁给弟弟了。这□叫填房咧。tʰa˥˧sɿ˥tɕia˥kei˥˨˩ti˥˧ti˥˨˩lə˧.tʂei˥˧niæ̃˨˩˨tɕiao˥tʰiæ̃˨˩faŋ˨˩˨lie˥.（哦，这个才叫填房？）噢，这才叫填房咧。ao˨˩,tʂei˥˧tsʰæᴇ˨˩˨tɕiao˥tʰiæ̃˨˩faŋ˨˩˨lie˧.

3.（转房这个说法有没有？）黄：转房那个和……转房和那个叫那个啥……tʂuæ̃˥˧faŋ˨˦nə˥kə˥xuo˨˦˩ɕ……tʂuæ̃˥˧faŋ˨˦xuo˨˦˧nə˥kə˥tɕiɑɔ˥nə˥kə˥sɑ˥˩……（填房？）填房不是一回事吗？他哥的婆娘他领去了噢，或是他弟个婆娘他哥领去，叫转房了么。tʰiæ̃˨˦faŋ˨˦˧pu˨˦˧sɿ˥i˥˧˩xuei˨˦sɿ˥˧˥ma˧?tʰɑ˥˧˩kə˥˧ti˧pʰuo˨˦˩niɑŋ˨˦˧tʰɑ˥˧liŋ˥˧˩tɕʰi˥˩lə˧lɑɔ˩,xuo˨˦˩sɿ˥˩tʰɑ˥˧˩ti˥kə˥pʰuo˨˦˩niɑŋ˨˦˧tʰɑ˥˧˩kə˥˧liŋ˥˧tɕʰi˥˩,tɕiɑɔ˥tʂuæ̃˥˧˧faŋ˨˦˩lə˧muo˧.（这是男方的？）嗯。ŋ̍˩.（有两姊妹，姐姐死了，他又把妹妹娶了，叫什么呢？）这就不叫转房咧。这就叫……这晓□叫啥咧？tʂei˥˧˥tɕiou˥pu˨˦˩tɕiɑɔ˥tʂuæ̃˥˧˧faŋ˨˦˩lie˧.tʂei˥˧˥tɕiou˥tɕiɑɔ˥˩……tʂei˥˧˥ɕiɑɔ˥˧niæ̃˨˦˧tɕiɑɔ˥sɑ˥˩lie˧?（嘿嘿嘿，这肯定也有个说法！）有个说法。这号事情也有么。iou˥˧kə˥ʂuo˥˧fɑ˥˧˩.tʂə˥xɑɔ˥sɿ˥˧˥tɕʰiŋ˨˦˩ie˥˧˧iou˥˧muo˧.（续亲？）晓叫个……不知道。ɕiɑɔ˥˧tɕiɑɔ˥kə˥……pu˨˦˩tʂɿ˥˧˩tɑɔ˥.

换亲

（过去有没有换亲的？）黄：有么。iou˥˧muo˧.（怎么换呢？）那就是这个拿他……或者是拿他妹子给他换咧个婆娘，或者是拿他姐给他换了个婆娘。nei˥˧˥tɕiou˥sɿ˥tʂə˥kə˥nɑ˨˦tʰɑ˥˧˩……xuei˨˦˧tʂə˥˧˩sɿ˥˩nɑ˨˦tʰɑ˥˧˩mei˥tsɿ˧kei˥tʰɑ˥˧˧xuæ̃˥lie˧kə˥pʰuo˨˦˩niɑŋ˨˦˧,xuei˨˦˧tʂə˥˧˩sɿ˥nɑ˨˦tʰɑ˥˧˩tɕie˥˧kei˥tʰɑ˥˧˧xuæ̃˥lə˧kə˥pʰuo˨˦˩niɑŋ˨˦˧.（有没有比如说姓张的、姓赵的、姓钱的、姓孙的、姓李的就这里啊，你娶了他的女儿，他娶了你的女儿，就……）没有那个事。mei˨˦iou˥˧nə˥kə˥sɿ˥.（没有什么三家推磨的这种说法？）哎没有。换亲必须就是两家子。你这个是，说穿了就是这个两个小伙子，两个……一家子一儿一女，这面儿是出嫁咧一个女子，娶个媳妇儿么都是。æᴇ˥˧mei˨˦iou˥˧˩.xuæ̃˥tɕʰiŋ˥˧pi˥˧˨˦ɕy˥˧˧tɕiou˥sɿ˥liɑŋ˥˧tɕiɑ˥˧˩tsɿ˧.ni˥˧˧tʂə˥kə˥sɿ˥˩,ʂuo˥˧˨˦tʂʰuæ̃˥˧lə˧tɕiou˥sɿ˥tʂə˥kə˥liɑŋ˥˧kə˥˩ɕiɑɔ˥˧xuo˥˧˩tsɿ˧,liɑŋ˥˧kə˥˩……i˥˧˩tɕiɑ˥˧tsɿ˧i˥˧˩ər˨˦i˥˧˩ny˥˧,tʂei˥miæ̃r˥sɿ˥tʂʰʮ˥˧˩tɕiɑ˥lie˧i˥˧˧kə˥ny˥˧tsɿ˧,tɕʰy˥˧kə˥ɕi˥˧fuər˥˩muo˧tou˥˧˩sɿ˥˩.

招女婿

王：我们这个地方这[一支开两门的]还多得很。ŋuo˥˧məŋ˧tʂə˥˩kə˥˩ti˥fɑŋ˥˧˩tʂei˥˧˥xɑ˨˦˩tuo˥˧tə˧xəŋ˥˧.（是不是这个人口比较少，女……男……男同志比较……比较少还是干吗？）那就是……不是，那有些家里这个，比方说是满是女孩儿。没有男孩的话，他就是可以男到女家么，招女婿么。næᴇ˥tɕiou˥˧˥sɿ˥……pu˨˦˩sɿ˥,næᴇ˥iou˥˧ɕie˥˧˩tɕiɑ˥˧li˥˧˩tʂə˥kə˥,pi˥˧fɑŋ˥˧˩ʂuo˥˧˩sɿ˥˩mæ̃˥˧˧sɿ˥ny˥˧xɑr˨˦.muo˥˧˩iou˥˧næ̃˨˦xæᴇ˨˦˧tə˧xuɑ˥,tʰɑ˥˧˧tɕiou˥sɿ˥kʰə˥˧i˥˧˧næ̃˨˦˩tɑɔ˥ny˥˧tɕiɑ˥˧˩muo˧,tʂɑɔ˥˧˩ny˥˧ɕy˥˩muo˧.（噢，你们叫招女婿？）啊，我们叫招女婿。现在这个嘶计划生育的话咧，那就是说是分男到女家。所以你……你这个招不上个女婿，有的是卖姓。ɑ˩,ŋuo˥˧məŋ˧tɕiɑɔ˥tʂɑɔ˥˧˩ny˥˧ɕi˥˩.ɕiæ̃˥tsæᴇ˥tʂə˥kə˥s<tɕi˥xuɑ˥səŋ˥˧˩y˥˧˥ti˧xuɑ˥lie˧,næᴇ˥tɕiou˥sɿ˥ʂuo˥˧˩sɿ˥˩fəŋ˥˧˩næ̃˨˦tɑɔ˥ny˥˧tɕiɑ˥˧˩.suo˥˧i˥˧˩ni˥˧……ni˥˧tʂə˥kə˥tʂɑɔ˥˧pu˨˦˩ʂɑŋ˥kə˥ny˥˧ɕi˥˩,iou˥˧ti˧sɿ˥mæᴇ˥˧˥ɕiŋ˥˩.（什么慢性？）卖姓。比方说你……你贵姓啊？mæᴇ˥ɕiŋ˥.pi˥˧fɑŋ˥˧˩ʂuo˥˧˩ni……ni˥˧kuei˥ɕiɑ̃˥?（我姓余。）你姓余啊？ni˥˧ɕiŋ˥y˨˦ɑ˧?（啊。）比方说是，把你在这儿这给□儿招了女婿了。pi˥˧fɑŋ˥˧˩ʂuo˥˧˧sɿ˥,pɑ˥˧˩ni˥˧tsæᴇ˥tʂər˥˧˨˦tʂə˥˩kei˥niæ̃r˨˦tʂɑɔ˥˧˩lə˧ny˥˧ɕi˥˩lə˧.（啊。）然后就把你姓卖咧，人□这家姓啥，你跟人□姓啥。ʐæ̃˨˦˩xou˥tɕiou˥pɑ˥˧˩ni˥˧˧ɕiŋ˥˧˥mæᴇ˥lie˧,ʐəŋ˨˦˩niæ̃˨˦˧tʂei˥tɕiɑ˥˧˩ɕiŋ˥sɑ˥˧˨˦,ni˥˧kəŋ˥˧˩ʐəŋ˨˦˩niæ̃˨˦ɕiŋ˥sɑ˥˩.（是卖掉了？）啊。噢，有的是不卖姓的话了就……不卖姓，那你就要你这个……你生下这个……兀娃娃就要给人□儿。比若你姓余，你招女婿的话咧，你……你的孩子就要，招下这家姓张，你就要给□姓张。或者叫……ɑ˩.ɑɔ˩,iou˥˧ti˧sɿ˥pu˨˦˩mæᴇ˥ɕiŋ˥˧˨˦ti˧xuɑ˥lə˧tɕiou˥……pu˨˦˩mæᴇ˥ɕiŋ˥,nei˥ni˥˧˧tɕiou˥iɑɔ˥ni˥˧tʂə˥kə˥……

ni˦˥sәŋ˥˧xɑ˥˩tʂә˥kә˥……vu˥˩vɑ˨˩vɑ˨˥tɕʰiou˥˩iɑɔ˥˩kei˥zәŋ˨˩niæ̃r˨˥.pi˥˩ʐuo˥˩ni˥˧ɕiŋ˥y˨,ni˥˧tʂɑɔ˥˩ny˥˧ɕi˥ti˧xuɑ˥lie˧,ni˥˩k……ni˥˧tә˧xæᴇ˨tsɿ˧tɕiou˥iɑɔ˥,tʂɑɔ˥˩xɑ˥˩tʂei˥tɕiɑ˥˩ɕiŋ˥tʂɑŋ˥˧,ni˦˥tɕiou˥iɑɔ˥kei˥niæ̃˨˥ɕiŋ˥tʂɑŋ˥˧.xuo˨˩tʂә˦˥tɕiɑɔ˥……（小孩姓张？）啊，小孩儿姓张。或者是这个小孩儿要是一个孩子话就是一……嘶，一姓呃开两家么啊。这个名字叫……叫两个……两家的姓都要带上咧。比方说你……你招的这家姓张，或者是□叫个张……张新余。这个娃名叫个张新余的话咧，就是把张家的姓也给……有咧，你姓……你的姓也有了。就是这么个。ɑ˩,ɕiɑɔ˥˧xɑr˨ɕiŋ˥tʂɑŋ˥˧.xuo˨˩tʂә˦˥sɿ˥tʂә˥kә˥ɕiɑɔ˥˧xɑr˨iɑɔ˥sɿ˥i˥˧kә˥˩xæᴇ˨tsɿ˧xuɑ˥˩tɕiou˥sɿ˥i˥˩……s<,i˥˩ɕiŋ˥ә˩kʰæᴇ˥˩liɑŋ˥˧tɕiɑ˥˩muo˧ɑ˧.tʂei˥kә˥miŋ˨˩tsɿ˥tɕiɑɔ˥……tɕiɑɔ˥liɑŋ˥˧kә……liɑŋ˥˧tɕiɑ˥˩ti˧ɕiŋ˥tou˥˩iɑɔ˥˦tæᴇ˥ʂɑŋ˥lie˧.pi˥˧fɑŋ˥˩ʂuo˥˩ni˦˥……ni˦˥tʂɑɔ˥˧ti˧tʂei˥tɕiɑ˥˩ɕiŋ˥tʂɑŋ˥˧,xuo˨˩tʂә˦˥sɿ˥niæ̃˨˩tɕiɑɔ˥kә˥tʂɑŋ˦˥……tʂɑŋ˥˩ɕiŋ˥˧y˨.tʂә˥kә˥vɑ˨miŋ˨tɕiɑɔ˥kә˥tʂɑŋ˥˦ɕiŋ˥˧y˨ti˧xuɑ˥lie˧,tɕiou˥sɿ˥pɑ˥˩tʂɑŋ˥˧tɕiɑ˥˩ti˧ɕiŋ˥ie˥˧kei……iou˥˩lie˧,ni˦˥ɕiŋ˥……ni˥˧ti˧ɕiŋ˥æ˥˧iou˥˩lә˧.tɕiou˥˩sɿ˥˩tʂә˥˦muo˧kә˥˩.（噢。）啊。有的直接卖姓的话咧，叫你上门儿这……卖姓的话，你……进咧张家门，你就姓了张了你。跟上□们的就叫上走了。直接就把你那个姓就撇……ɑ˥.iou˥˧ti˧tʂɿ˨tɕie˥˩mæᴇ˥ɕiŋ˥ti˧xuɑ˥˩lie˧,tɕiɑɔ˥˦ni˥˧ʂɑŋ˥mɑ̃r˨˥tʂә……mæᴇ˥ɕiŋ˥ti˧xuɑ˥˩,ni˥˧ts……tɕiŋ˥lie˧tʂɑŋ˥˧tɕiɑ˥˩mәŋ˨,ni˦˥tɕiou˥ɕiŋ˥lә˧tʂɑŋ˥˧lә˧ni˦˥.kәŋ˥˩ʂɑŋ˥˩niæ̃˨mәŋ˧ti˧tɕiou˥˩tɕiɑɔ˥ʂɑŋ˥˩tsou˥˧lә˧.tʂɿ˨tɕie˥˩tɕiou˥pɑ˥˩ni˥˧nә˥kә˥ɕiŋ˥tɕiou˥pʰie˥˧……（原……连自己的姓都没有了？）没有了。有的是给你还……就说是……那就是两家商量咧。说是啊那……那你……那就要共……算两姓哩。两姓的话，那就说是，比如说是，你进张家门，□第一个字哩就是张，啥，余。把你那个，把你那个姓放到……muo˥˦iou˥˧lә˧.iou˥˧ti˧sɿ˥kei˥ni˦˥xæᴇ˨t……tɕiou˥ʂuo˦˥ʂɿ˥˩……nei˥tɕiou˥sɿ˥liɑŋ˥˧tɕiɑ˥˩ʂɑŋ˥˧liɑŋ˨˩lie˧.ʂuo˥˩sɿ˥˩æ˧nei˥˦……nei˥˦ni˦˥……nei˥tɕiou˥iɑɔ˥kuoŋ˥……suæ̃˥˦liɑŋ˥˧ɕiŋ˥˩li˧.liɑŋ˥˧ɕiŋ˥ti˧xuɑ˥,nei˥tɕiou˥ʂuo˥˩sɿ˥˩,pi˥˧ʐʮ˨˩ʂuo˥˩sɿ˥˩,ni˦˥tɕiŋ˥tʂɑŋ˥˧tɕiɑ˥˩mәŋ˨,niæ̃˨˩ti˥˦i˥˩kә˥˩tsɿ˥li˧tɕʰiou˥˩sɿ˥˩tʂɑŋ˥˧,sɑ˥,y˨.pɑ˥˩ni˥˧nә˥kә˥,pɑ˥˩ni˥˧nei˥kә˥ɕiŋ˥fɑŋ˥tɑɔ˥……（后面？）后面，或者放第二个这儿。那就是由你么自己起这个名字咧。这么个。xou˥miæ̃˥˩,xuo˨˩tʂә˥˧fɑŋ˥ti˥әr˥kә˥tʂәr˥.næᴇ˥tɕiou˥sɿ˥iou˨ni˥˧muo˧tsɿ˥˦tɕi˥˩tɕʰi˥˧tʂә˥˩kә˥˩miŋ˨˩tsɿ˥˦lie˧.tʂә˥˩muo˧kә˥˩.（这儿……这儿有很多这样的现象？）哎呀，现在这儿还多得很。家里……现在这个计划生育，家里没有得，没有儿子的就招女婿么。æᴇ˩iɑ˧,ɕiæ̃˥tsæᴇ˥tʂәr˥˦xɑ˨˩tuo˥˧tә˧xәŋ˥˧.tɕiɑ˥˩li˥˩……ɕiæ̃˥tsæᴇ˥tʂә˥kә˥tɕi˥xuɑ˥sәŋ˥˩y˥,tɕiɑ˥˩li˥˩muo˥˦iou˥˧tei˥˦,muo˥˦iou˥˧әr˨˩tsɿ˥˧ti˧tɕiou˥tʂɑɔ˦˥ny˥˧ɕi˥˩muo˧.

将老换小

（还有的就是这个……这个叫做什么呢？就是两父子娶了两母女的，也有这种……这种情况吧？）黄：哎有咧么。兀都不知它叫啥咧反正。æᴇ˥˧iou˥˩lie˧muo˧.væᴇ˥˦tou˦˥pu˨˥tʂɿ˥˧tʰɑ˦˥tɕiɑɔ˥sɑ˥˩lie˧fæ̃˥˩tʂәŋ˥.（合家，说不说？）不说。有的是他妈嫁给她达咧啊，她达可把女子给娃儿说下媳妇儿咧，这就叫将老换小么。pu˨˩ʂuo˥˩.iou˥˧ti˧sɿ˥tʰɑ˥˦mɑ˥tɕiɑ˥kei˥tʰɑ˥˧tɑ˨lia˧,tʰɑ˥˩tɑ˨kʰә˦˥pɑ˦˥ny˥˧tsɿ˧kei˥vɑr˨ʂuo˥˧xɑ˥˩ɕi˥˧fuәr˥˩lie˧,tʂei˥˦tɕiou˥tɕiɑɔ˥tɕiɑŋ˥˩lɑɔ˦˥xuæ̃˥˦ɕiɑɔ˥˧muo˧.（怎么换呢？）这个是女子……tʂә˥kә˥sɿ˥˩ny˥˧tsɿ˧……（那妈是男的的妈还是女的？）男的的妈嘛。结果她和这个女子她达结了婚了嘛。这个女子这个她达的女子可跟跟这个……婆娘她娃结了婚了，这就是将老换小么。næ̃˨˩ti˧ti˧mɑ˥˧mɑ˧.tɕie˥˩kuo˦˥tʰɑ˥˧xuo˨˥tʂә˥kә˥ny˥˧tsɿ˧tʰɑ˥˩tɑ˨tɕie˥˩lә˧xuoŋ˥˧lә˧mɑ˧.tʂә˥kә˥ny˥˧tsɿ˧tʂә˥kә˥tʰɑ˦˥tɑ˨ti˧ny˥˧tsɿ˧kʰә˥˩kәŋ˦˥kәŋ˦˥tʂә˥kә˥n……pʰuo˨˩niɑŋ˨˦tʰɑ˥˩vɑ˨tɕie˥˩lә˧xuoŋ˥˧lә˧,tʂei˥˦tɕiou˥sɿ˥tɕiɑŋ˥˦lɑɔ˦˥xuæ̃˥ɕiɑɔ˥˧muo˧.（没有

说这个两父子娶两母女？）那不，那不叫。这不是，这就是将老换小咧。就是他妈以她的身子给娃换咧个媳妇儿么。nə˥˦pu˨˩,nei˥˦pu˨˦tɕiɑɔ˥.tʂei˥˦pu˨˩sɿ˥,tʂei˥˦tɕiou˥sɿ˥tɕiaŋ˧˩lɑɔ˧xuæ̃˥˨ɕiɑɔ˧lie˩.tɕiou˥˩sɿ˥˩tʰɑ˧˨mɑ˧i˧˦tʰɑ˧ti˩ʂəŋ˧tsɿ˩kei˥vɑ˨xuæ̃˥lie˩kə˥ɕi˧fuər˥˩muo˩.

招夫养夫

（还有一种就说这个就是丈夫啊有个什么什么疾病啊，就失去劳动能力。这个又不离婚，又招一个。）黄：这叫招夫养妻……招夫养夫么。tʂei˥tɕiɑɔ˥tʂɑɔ˧fu˧˩iaŋ˧˦tɕʰi……tʂɑɔ˧fu˧˩iaŋ˧˦fu˧muo˩.（这边有这种情况没有？）欸有咧么。ei˥iou˧lie˩muo˩.（不算重婚罪？）那……那人□一般情况下偷偷地这么搞也能行，一般情况下那□都是……招夫养夫就说是先和前夫离婚么。nei˥……nei˥˦zəŋ˨˩niæ̃˨˦i˧˨pæ̃˧tɕʰiŋ˨˩kʰuaŋ˥ɕia˥tʰou˧tʰou˧˩ti˩tʂə˥muo˩kɑɔ˧iɑ˧˦nəŋ˨ɕiŋ˨˦,i˧˨pæ̃˧˩tɕʰiŋ˨˩kʰuaŋ˥ɕia˥næᴇ˥˦niæ̃˨˩tou˧˩sɿ˥˩……tʂɑɔ˧fu˧˩iaŋ˧˦fu˧tɕiou˥˦ʂuo˧˩sɿ˥˩ɕiæ̃˧˩xuo˨˩tɕʰiæ̃˨fu˧li˨xuoŋ˧muo˩.（啊，先先先办个手续？）先办个离婚手续，再办结婚手续嘛。招夫养夫嘛。ɕiæ̃˧˩pæ̃˥kə˥li˨xuoŋ˧ʂou˧˦ɕy˥,tsæᴇ˥pæ̃˥tɕie˧˨xuoŋ˧ʂou˧˩ɕy˥mɑ˩.tʂɑɔ˧fu˧˩iaŋ˧˦fu˧˩mɑ˩.

离婚

（他不说男的会……会把这老婆不要了，这个再找一个？）黄：那也有，有，有离婚的咧。也有兀号儿。nei˥iɑ˧˦iou˧˩,iou˧,iou˧li˨xuoŋ˧ti˩lie˩.ie˧iou˧væᴇ˥xɑɔr˥˩.（像你当年……）结婚多年不生娃，经过医院检查说这个女的没有生育能力，这还这……也有离了婚的。兀都有。tɕie˧˨xuoŋ˧tuo˧˦niæ̃˨˦pu˨˦səŋ˧˦vɑ˨,tɕiŋ˧˩kuo˥i˧˦yæ̃˥tɕiæ̃˧tʂʰɑ˨ʂuo˧˩tʂə˥kə˥ny˧ti˩muo˧˩iou˧səŋ˧˦y˥nəŋ˨li˧,tʂei˥xæᴇ˨tʂei……ie˧iou˧li˨˩lə˩xuoŋ˧˩tə˩.væᴇ˥tou˧˦iou˧˩.（有没有男的没有生育能力的？）也有么。ie˧iou˧muo˩.（男的没有生育能力的时候，会不会叫女的去去去弄一个？）那一般有的是……nei˥i˧˨pæ̃˧iou˧ti˩sɿ˥……（他检查了以后？）那是结婚□……年轻的人□就离了么。nei˥sɿ˥˩tɕie˧˨xuoŋ˧niæ̃˨……niæ̃˨tɕʰiŋ˧tə˩zəŋ˨niæ̃˨˩tɕiou˥li˨˩lə˩muo˩.（离了？）噢，那□就离咧么。ɑɔ˩,næᴇ˥˦niæ̃˨˩tɕiou˥li˨˩lie˩muo˩.

拉人

1.（有的人比如说到人家家里去做客，顺手牵羊，这看见什么就把人家东西拿……拿走了，这个叫什么？）王：偷人么。tʰou˧˩zəŋ˨muo˩.（叫什么？）王：叫偷人。tɕiɑɔ˥tʰou˧˩zəŋ˨.（这叫偷人？）王：嗯。ŋ̍˩.（那她妇女这个，这个这个这个，背着这自己的老公……这个丈夫，在外面跟人家相好，那叫什么？）王：那我们这儿叫拉人咧。nə˥˩ŋuo˧məŋ˩tʂər˥tɕiɑɔ˥lɑ˧zəŋ˨˩lie˩.（不一样？）王：是不是瞎子欸？sɿ˥pu˨˦sɿ˥xɑ˧˩tsɿ˩ei˩?黄：也叫拉客的，也叫后院儿起火咧么。哼。ie˧˩tɕiɑɔ˥lɑ˧˦kʰei˧ti˩,ie˧˦tɕiɑɔ˥xou˥yæ̃r˥tɕʰi˧˦xuo˧lie˩muo˩.xɔ̃˧.（叫la˧人儿？）王：嗯。ŋ̍˩.黄：嗯。ŋ̍˩.（也叫什么？）黄：哎哟，这个，婆娘这个咋说咧？æᴇ˩iɑɔ˩,tʂə˥˩kə˩,pʰuo˨˩niaŋ˨˦tʂə˥˩kə˥˩tsɑ˧˦ʂuo˧lie˩?（就妇女同志这个，就背着那个，趁着自己……自己丈夫不在家里，跟……跟人家发生关系，这种这叫什么？）黄：哎呀。ʔʰæᴇ˧iɑ˩.王：我们，这儿就叫那拉嫖客嘛还。ŋuo˧məŋ˩,tʂər˥tɕiou˥tɕiɑɔ˥nə˥lɑ˧pʰiɑɔ˨˩kʰei˧mɑ˩xɑ˨˩.（他可能不给钱呐，就……就是平常这个玩一玩儿。）王：啊。ɑ˩.（拉人？）王：嗯。ŋ̍˩.黄：那就不叫拉人。nei˥tɕiou˥pu˨˩tɕiɑɔ˥lɑ˧˩zəŋ˨˩.（不知道叫什么？）黄：嗯。就叫……她不挣，没……她不以卖就……不挣钱兀名。ŋ̍˩.tsou˥tɕiɑɔ˥……tʰɑ˧pu˨˩tsəŋ˥,m……tʰɑ˧pu˨i˧˦mæᴇ˥tɕiou˥˩……pu˨˩tsəŋ˥tɕʰiæ̃˨vu˥miŋ˨˩.（并不挣钱。只是这个背着……背地里找个相好的。）黄：

那就……nei˧tɕiou˧˥……王：兀就有呃婆娘不是骂人开了，骂欸，婆娘婆娘骂人，你把我婆……男人拉去了，你把我男人咧……那是……væᴇ˧˥tɕiou˧iou˦˧ə˧pʰuo˨˩niaŋ˨˦pu˨˩sɿ˧˩ma˧zəŋ˨˩kʰæᴇ˦˩lə˧,ma˧ei˧,pʰuo˨˩niaŋ˨˦pʰuo˨˩niaŋ˨˦ma˧zəŋ˨,ni˦pa˦˩ŋuo˦pʰuo˨˩n……næ̃˨˩zəŋ˨˦la˦tɕʰi˧˩lə˧,ni˦pa˦˩ŋuo˦˥næ̃˨˩zəŋ˨˦lie˧……nə˧sɿ˧˩……黄：你这是拉咧。通俗地讲，多一半儿就叫个拉人咧。ni˦˩tʂə˧sɿ˧˩la˦lie˧.tʰuoŋ˦ɕy˨˩ti˧tɕiaŋ˦˩,tuo˦˩i˦˩pæ̃r˧tɕiou˧tɕiaɔ˧kə˧la˦zəŋ˨˩lie˧.（la˦人儿？）黄：嗯。ŋ̍˩.（那你这个偷人跟拉人有什么区别没有？）黄：也叫偷人，也叫拉人咧。ie˦tɕiaɔ˧tʰou˦zəŋ˨˩,ie˦˥tɕiaɔ˧la˦zəŋ˨˩lie˧.（你不说这个在院子里，看见人家有什么好东西给拿走了叫“偷人”吗？）王：那叫偷人咧么。nə˧tɕiaɔ˧tʰou˦˩zəŋ˨˩lie˧muo˧.黄：小偷儿小摸儿。ɕiaɔ˦tʰour˦˩ɕiaɔ˦˥muor˦.（嗯。）黄：那就叫小摸儿。呃，见着人……nə˧˩tɕiou˧˩tɕiaɔ˧˩ɕiaɔ˦˥muor˦.ə˩,tɕiæ̃˧˦tʂə˧zəŋ˨˦……（这顺手牵羊的这种……）黄：噢，顺手牵羊这种做法。aɔ˩,ʂuoŋ˧ʂou˦˥tɕʰiæ̃˦˩iaŋ˨tʂei˧˥tʂuoŋ˦˩tsuo˧˥fa˦˩.（也叫“偷人”呐？）黄：嗯。ŋ̍˩.王：嗯。ŋ̍˩.（也，也说偷人？）黄：嗯。ŋ̍˦.（但是这个，妇女那个也叫偷人？）黄：嗯。ŋ̍˩.

2. 黄：说好听点就是后院起火了。再一个是红杏出墙了。ʂuo˦˩xaɔ˦tʰiŋ˦˩tiæ̃˦˩tɕiou˧˩sɿ˧˩xou˧yæ̃˧tɕʰi˦˥xuo˦˩lə˧.tsæᴇ˧i˦˥kə˧sɿ˧˩xuoŋ˨˩ɕiŋ˧tʂʰʮ˦˩tɕʰiaŋ˨˩lə˧.（那个是，比较文雅的了。）黄：啊，都文……文雅一点啊？a˩,tou˦vəŋ˨˩ie……vəŋ˨˩ia˦i˦˩tiæ̃˦˩a˧?（还有别的什么说法没有？哎呀，这可不得了啊，你老婆在外头……）黄：拉了个嫖……la˦lə˧kə˧pʰiaɔ˨……（背着你……）黄：背着你拉了个嫖客。pei˧tʂə˧ni˦˥la˦lə˧kə˧pʰiaɔ˨˩kʰei˦.王：啊。ã˧.黄：这就是不好听的话姆。tʂei˧˥tɕiou˧sɿ˧pu˨˩xaɔ˦˥tʰiŋ˦ti˧xua˧˦m̩˧.（她也许这个女人比较风骚，她也不赚钱呐，她也不以赢利为目的呀。）王：那不……那□，那就是……nə˧pu˨˦……nə˧˥niæ̃˨˩,nə˧˥tɕiou˧˩sɿ˧……黄：相好的么。ɕiaŋ˦˩xaɔ˦tim˧.王：相好的么。ɕiaŋ˦˩xaɔ˦tim˧.黄：拉，拉了个相好的么。la˦,la˦lə˧kə˧ɕiaŋ˦˩xaɔ˦tim˧.（拉了个相好的？）黄&王：嗯。ŋ̍˩.（她这个，不，没有那个什么那个什么，她可能不……就是拉了个相好的？）黄：嗯，就是拉了个相好的。ŋ̍˦,tɕiou˧˥sɿ˧la˦˥lə˧kə˧ɕiaŋ˦xaɔ˦˩tə˧.（背地里这个……）黄：偷人咧么那叫。tʰou˦zəŋ˨˩lie˧muo˧næᴇ˧tɕiaɔ˧.（偷人？男的要是去，去那个呢？这是女的了，男的要那个呢？）王：男的，那也叫……相……佮个相好的嘛他。næ̃˨˩ti˧,nei˧ia˦˥tɕiaɔ˧ɕ……ɕiaŋ˦˩……kuo˦(k)ə˧ɕiaŋ˦˩xaɔ˦ti˧ma˧tʰa˦˩.黄：嗯。ŋ̍˩.（也是叫佮个相好的？）黄&王：嗯。ŋ̍˩.

3. 黄：这边就是男人，说你男人婆娘把人拉下了就说是这个，说男人戴绿帽子咧么。tʂei˧˥piæ̃˦˩tɕiou˧sɿ˧næ̃˨˩zəŋ˨˦,ʂuo˦˩ni˦næ̃˨˩zəŋ˨˦pʰuo˨˩niaŋ˨˥pa˦˩zəŋ˨la˦xa˧˩lə˧tsou˧˩ʂuo˦˩sɿ˧tʂə˧kə˧,ʂuo˦˩næ̃˨˩zəŋ˨˦tæᴇ˧ly˦˩maɔ˧tsɿ˧liem˧.

4.（有没有说是卖什么东西的？）黄：这儿有么，骂卖屄的么。tʂər˧˥iou˦˩muo˧,ma˧mæᴇ˧pʰi˦tim˧.（卖什么？）黄：卖屄的，哼。mæᴇ˧pʰi˦ti˧,xə̃˧.（卖皮？）黄：卖屄的么。mæᴇ˧pʰi˦ti˧muo˧.（屁股的屁？）黄：哼哼。她那个嘛。xŋ̍˩xŋ̍˩.tʰa˦˥n̩˧˩kə˧˥ma˧.（哦，知道知道了，嗯。）黄：也叫卖肉的啊？æ˦˥tɕiaɔ˧mæᴇ˧zou˧ti˧a˧?王：嗯。ŋ̍˩.

（三）生育

没洗

黄：她是不来月经咧就是她这一个月没洗了。tʰɑ˥˩sʅ˧˩pu˨˩læᴇ˨˩yo˥˧tɕiŋ˥˩lie˧tɕiou˧sʅ˧tʰɑ˥˩tʂei˧i˥˦kə˧˥yo˥˩muo˥˩ɕi˥lə˧.（muo˩ɕi˥lə˧？）没有洗，没洗，没洗，呃。mei˨˩iou˥ɕi˥,muo˥˩ɕi˥,mei˨˩ɕi˥,ə˩.（没洗了？那就是……这意味着可能要……）就就可能要怀娃咧啊。她如果是洗身上着咧，那就说明还不……没娃着咧。tsou˧tsou˧kʰə˥˩nəŋ˨˩iaɔ˧xuæᴇ˨˩vɑ˨˩lie˧ɑ˧.tʰɑ˥˩ʐʯ˨˩kuo˥˦sʅ˧ɕi˥ʂəŋ˥˩ʂaŋ˧˩tʂə˧lie˧,næᴇ˧tɕiou˧ʂuo˥˩miŋ˨˩xɑ˨˩p……mei˨˩vɑ˨˦tʂə˧lie˧.

送被被、衣裳

（噢，对了，一个妇女啊，她快要生……生小孩儿的时候她娘家父母有没有什么举动？）黄：没有吧。muo˥˦iou˥˩pɑ˧.（你们这儿都没有？）我们家我老丈母娘只来只有啥。ŋuo˥˩məŋ˧tɕiɑ˥˦ŋuo˥lɑɔ˥˩tʂaŋ˧mu˥˩niɑŋ˨˩tsʅ˥˩læᴇ˨˩tsʅ˥iou˥sɑ˧˩.（有没有送鸡蛋的？）没有。muo˥˩iou˥.（有没有说赶快做好这个小孩儿穿的这个衣服给你？）没有没有。那是生下娃以后，就□娘家人来给娃送的被被，送的盖被那就……衣裳来的。muo˥˩iou˥muo˥˩iou˥˩.nə˧sʅ˧˩səŋ˥xɑ˧˩vɑ˨˩i˥˩xou˧,tsou˧niæ̃˨˦niɑŋ˨˩tɕiɑ˥ʐəŋ˨˩læᴇ˨˩kei˧˩vɑ˨˩suoŋ˧ti˧pi˧pi˧,suoŋ˧ti˧kæᴇ˧pi˧nə˧˩tɕiou˧˦……i˥ʂaŋ˨˩læᴇ˨˩ti˧.（送……这个叫……这个些……）提的鸡蛋来的那……tʰi˨˩ti˧tɕi˥˩tæ̃˧læᴇ˨˩ti˧nei˧˩ɕ……（这个叫什么呢？这个活动叫……）不知道叫啥咧反正。pu˨˦tʂʅ˥tɑɔ˧˦tɕiɑɔ˧sɑ˧lie˧fæ̃˥˩tʂəŋ˧.（送不送公鸡？）有……这是生下以后送咧。生下以后首先□是……iou˥s……tʂə˧sʅ˧səŋ˥xɑ˧˩i˥˦xou˧˦suoŋ˧˩lie˧.səŋ˥xɑ˧˩i˥˦xou˧ʂou˥ɕiæ̃˥˩niæ̃˨˩sʅ˧˩……（生下以后一般送一些什么东西啊？）那娃……小孩儿的这个欻穿的戴的他都送咧嘛。盖的。næᴇ˧vɑ˨˩……ɕiɑɔ˥xɑr˨˩ti˧tʂə˧kə˧kei˩tʂʰuæ̃˥ti˧tæᴇ˧˦ti˧tʰɑ˥tou˥˩suoŋ˧lie˧mɑ˧.kæᴇ˧ti˧.（都是娘家送的吗？）都是娘家送的嘛。tou˥˦sʅ˧niɑŋ˨˩tɕiɑ˥suoŋ˧ti˧mɑ˧.（小孩儿盖的……盖的婆家不准备？）婆家也准备咧，这老……他外奶那是他外奶的心么。pʰuo˨˩tɕiɑ˥iɑ˥˩tʂuoŋ˥˦pi˧lie˧,tʂə˧lɑɔ˥˦……tʰɑ˥˩vei˧næᴇ˥nə˧sʅ˧tʰɑ˥˩vei˧næᴇ˥ti˧ɕiŋ˥muo˧.（但是主要他们带的还是婆……娘家拿过来的？）啊。那自己家里也做着咧么。自己家里也都准备了咧，一套儿一套儿的。ɑ˩.nə˧tsʅ˧tɕie˥˦tɕiɑ˥li˧liɑ˥˦tsuo˧˦tʂə˧liem˧.tsʅ˧tɕi˥˦tɕiɑ˥li˥˩ie˥tou˥˩tʂuoŋ˥˦pi˧˦lə˧lie˧,i˥˩tʰɑɔr˧i˥˩tʰɑɔr˧ti˧.

送汤

（去探望坐月子的妇女呢？）黄：送汤咧。suoŋ˧˦tʰɑŋ˥lie˧.（为什么叫做汤呢？送汤呢？）那一般都是这个农村嘛一般都是送的鸡蛋、挂面嘛，红糖呀，白糖呀，这些都吃的东西。就是送去这个汤啊，让她吃了以后多……多补一补，多……多产些奶嘛。næᴇ˧˦i˥˩pæ̃˥tou˥˩sʅ˧tʂə˧kə˧luoŋ˨tsʰuoŋ˥mɑ˧i˥˩pæ̃˥tou˥˩sʅ˧suoŋ˧˦ti˧tɕi˥˩tæ̃˧,kuɑ˧miæ̃˧˩mɑ˧,xuoŋ˨tʰɑŋ˨˩iɑ˧,pei˨tʰɑŋ˨˩iɑ˧,tʂei˧ɕie˥tou˥˩tʂʰʅ˥ti˧tuoŋ˥˩ɕi˧.tɕiou˧˩sʅ˧˩suoŋ˧tɕʰi˧tʂə˧kə˧tʰɑŋ˥ɑ˧,ʐaŋ˧tʰɑ˥˦tʂʰʅ˥lə˧i˥˩xou˧˦tuo˥˩……tuo˥˩pu˥i˥˩pu˥˩,tuo˥˩……tuo˥˩tsʰæ̃˥ɕie˥næᴇ˥mɑ˧.

开怀

（生第一胎叫什么？开怀还是叫解怀？）王：我们这儿叫解怀。ŋuo˥məŋ˧tʂər˧tɕiɑɔ˧tɕie˥xuæᴇ˨˩.（tɕie˥xuæᴇ˨˩还是kæᴇ˥xuæᴇ˨˩？）解怀或者开怀。tɕie˥xuæᴇ˨˩xuo˨˩tʂə˥sʅ˧kʰæᴇ˥xuæᴇ˨˩.（哪一个说得最土老人？）说……说解……土老一点儿的话就是开怀咧。兀个谁家的女子□给人都开怀咧。ʂuo˥˦……ʂuo˥˩tɕie˥……tʰu˥lɑɔ˥i˥˦tiæ̃r˥˦ti˧xuɑ˧tɕiou˧sʅ˧kʰæᴇ˥xuæᴇ˨˩li e˧.vu˦˨kə˦˥sei˨˩˨tɕiɑ˥˧˥ti˧ny˥˧tsɿ˨niæ̃˨˩˨kei˦zəŋ˨˩˧tou˥˧˥kʰæᴇ˥˩xuæᴇ˨˩˨lie˧.（开怀是什么意思呢？）开怀那就是开始生娃咧么。kʰæᴇ˥˩xuæᴇ˨˩næᴇ˦tɕiou˦sɿ˦kʰæᴇ˥˩sɿ˥˩səŋ˥˩vɑ˨˩˨lie˧muo˨.

吃满月

1.（生下来这个头……这个第三天是不是要摆酒？）黄：当地不，没有这个。tɑŋ˥˩ti˦˥pu˨˩,mei˨˩iou˥˧tʂei˦kə˦.（什么时候摆酒呢？）当地只有这个……我们这个地方的讲究是很简单，就是这个欸一个月以后有这么天。前塬的话，三天，七天，十五天。tɑŋ˥˩ti˦˥tsɿ˥˩iou˥˧tʂə˦˨kə˦˨……ŋuo˥˧məŋ˨tʂə˦kə˦ti˦fɑŋ˥˧˥tə˨tɕiɑŋ˥˧tɕiou˥˩sɿ˦˨xəŋ˥˧tɕiæ̃˥˧tæ̃˥˩,tsou˦sɿ˦tʂə˦kə˦ei˨i˥˩kə˦˧yo˥˧˥i˥˩xou˦iou˥˧tʂə˦˨muo˨tʰiæ̃˥˩.tɕʰiæ̃˨˩˧yæ̃˨˩˧tə˧xuɑ˦,sæ̃˥˧tʰiæ̃˥˩,tɕʰi˥˧tʰiæ̃˥˩,ʂɿ˨˩vu˥˧tʰiæ̃˥˩.（这都得弄？）这都得弄。tʂei˦tou˥˧˨tei˥˩nuoŋ˦˨.（当地就是……）就是于一个月满月那一天。tɕiou˦˥sɿ˦˨y˨˩i˥˧kə˦˧yo˥˩mæ̃˥˧yo˥˩nei˦i˥˩tʰiæ̃˥˧.（叫什么？叫满月？）噢，满月。ɑɔ˨,mæ̃˥˧yo˥˩.（你们是叫坐满月还是叫什么？）就满月。吃满月咧。tsuo˦mæ̃˥˩yo˥˩.tʂʰʅ˥˧mæ̃˥˩yo˥˩lie˨.（吃满月？）吃满月。tʂʰʅ˥˩mæ̃˥˧yo˥˩.（吃满月？）嗯，吃满月咧。ə̃˨,tʂʰʅ˥˩mæ̃˥˧yo˥˩lie˨.（吃饭的吃？）嗯。ə̃˨.（叫不叫出月？）也叫。这一月满咧叫出月了对了。iɑ˥˧˥tɕiɑɔ˦.tʂei˦i˥˩yo˥mæ̃˥˧lie˨tɕiɑɔ˦tʂʰʮ˥˧yo˥˩lə˨tuei˦˨lə˦.（满了这一月叫出月？）嗯。ə̃˨.

2.（小孩生下来没有什么庆祝的仪式吗？）黄：没有好像。muo˥˧˥iou˥˩xɑɔ˥˩ɕiɑŋ˦˨.（不做三朝吧？）不。pu˨˩˥.（欸，做满月的时候有些什么……什么讲究？）抹红嘛。muo˥˧xuoŋ˨˩˧mɑ˨.（抹红怎么抹？）把他爷，他奶奶，他爸抹得……他妈抹些红脸儿汉儿么。pɑ˥˩tʰɑ˥˧˥ie˨˩˧,tʰɑ˥˩næᴇ˥˧næᴇ˥˧,tʰɑ˥˩pɑ˨˩˧muo˥˧tə˨……tʰɑ˥˧˦mɑ˥˧muo˥˧ɕie˥˩xuoŋ˨˩˨liæ̃r˥˧xæ̃r˦mɑ˧.（抹红脸儿？）抹喜咧嘛。muo˥˧˥ɕi˥˧lie˨mɑ˨.（抹喜？拿什么东西抹呢？）抹红么，红颜色嘛。muo˥˧xuoŋ˨˩˧muo˨,xuoŋ˨˩˧iæ̃˨˩˨sei˥˧mɑ˨.（拿什么东西搞的那个颜色？也叫抹喜是吧？）噢，是红颜色给他抹上去。ɑɔ˨,sɿ˦˨xuoŋ˨˩˧iæ̃˨˩˨sei˥˧kei˦˨tʰɑ˥˧˥muo˥˧ʂɑŋ˦˨tɕʰi˦˨.（拿什么做红颜色？）颜色么。红的红的颜色么。iæ̃˨˩˧sə˥˧muo˨.xuoŋ˨˩˧ti˧xuoŋ˨˩˧ti˨iæ̃˨˩˨sə˥˧muo˨.（染料？）呃，染料么。ə˨,zæ̃˥˧liɑɔ˦muo˨.（买的？）哎，哪瘩搞一瓶红墨水也可以疵到脸上。æᴇ˨˩˧,nɑ˥˧tɑ˥˩kɑɔ˥˧i˥˩pʰiŋ˨˩˧xuoŋ˨˩˧mei˨˩˨ʂuei˥˧iɑ˥˩kʰə˥˧i˥˩tsʰɿ˥˧tɑɔ˦liæ̃˥˧ʂɑŋ˦˨.（啊，搞红墨水哟？）啊，也可以疵到脸儿上嘛。着急了，弄点红漆都给他墁得脸上了。ɑ˦,ie˥˧˥kʰə˥˧i˥˩tsʰɿ˥˧tɑɔ˦˨liæ̃r˥˧ʂɑŋ˦˨mɑ˨.tʂɑɔ˨˩˨tɕi˥˩lə˧,nuoŋ˦tiæ̃˥˧˥xuoŋ˨˩˧tɕʰi˥˧tou˥˩kei˦˨tʰɑ˥˩mæ̃˦˨tə˧liæ̃˥˧ʂɑŋ˦˨lə˨.（红漆呀？）啊哈。ɑ˦xɑ˥˧.（那洗得下的啊？）有的……有些都专门儿不让他往掉洗嘛。就把他□几天嘛。iou˥˧˥ti˧……iou˥˧ɕie˥˩tou˥˧˥tʂuæ̃˥˩mə̃r˨˩˧pu˨˩zɑŋ˦˥tʰɑ˥˩vɑŋ˥˩tiɑɔ˦ɕi˥˧mɑ˨.tɕiou˦pɑ˥˧˥tʰɑ˥˧˥piæ̃˥˧tɕi˥˧˦tʰiæ̃˥˧mɑ˨.（还有什么没有？）再没有个啥子。下完了。tsæᴇ˦˥mei˨˩iou˥˧˥kə˦sɑ˦tsɿ˧.xɑ˦˨væ̃˨˩˥lə˨.（他做不做馍那天？）不做。pu˨˩tsuo˦˥.（不……不蒸馍？）不蒸。最多可能有些给娃剃一下头。pu˨˩tʂəŋ˥˧.tsuei˦tuo˥˩kʰə˥˩nəŋ˨˩˧iou˥˧ɕie˥˩kei˦vɑ˨˩vɑ˨˩˥tʰi˦i˥˧˥xɑ˦tʰou˨˩˧.（把头剃了？）嗯。ŋ̍˨.（叫什么呢？）啊，这剃胎毛儿咧吗是做啥咧。把那个<u>咋么</u>个……剃下那个……那个胎毛儿，丸这个蛋蛋。ɑ˨,tʂei˦˨tʰi˦˥tʰæᴇ˥˩mɑɔr˨˩˧lie˧mɑ˨sɿ˦˨tsɥ˦sɑ˦lie˨.pɑ˥˩nə˦kə˦tsɑm˥˧kə˦……tʰi˦xɑ˦nə˦kə˦……nə˦kə˦tʰæᴇ˥˧mɑɔr˨˩,væ̃˨˩tʂə˦kə˦tæ̃˦˧tæ̃˦˨.（什么蛋蛋？）那个头发丸了个蛋儿嘛。丸了个圆球儿，就是啥子那个兀哈巴样的。身上吗哪瘩绽着咧。nə˦kə˦tʰou˨˩fɑ˥˧væ̃˨˩lə˧kə˦tæ̃r˦˧mɑ˨.væ̃˨˩˧lə˧kə˦yæ̃˨˩˧tɕʰiour˨˩˥,tɕiou˦sɿ˦sɑ˦tsɿ˧nə˦kə˦vu˦˨xɑ˦pɑ˧liɑŋ˦ti˧.ʂəŋ˥˧ʂɑŋ˦˨mɑ˨nɑ˥˧tɑ˥˩tsæ̃˦˧tʂə˨lie˨.（噢，绽在身上？）嗯。不知道啥意思了。ə̃˨.pu˨˩˥tʂɿ˥˧˥tɑɔ˦sɑ˦i˦˥sɿ˨lə˨.（噢，小孩子这个这个前面留的那个这样一点头发那叫什么？小孩

子的。就其他地方都把它剃光了嘛。前面就留一……留呀留一块。）不知道那些叫啥。后头我都知道有个气死毛儿咧。前头不知道叫啥。pu˨˦tʂʅ˥˦tao˧næᴇ˧ɕie˥˦(tɕ)iao˧sa˧˨.xou˧˨tʰou˦ŋuo˥tou˥˨tʂʅ˥˨tao˧˦iou˥˦kə˧tɕʰi˧sʅ˥˨maor˨lie˧.tɕʰiæ̃˨˩tʰou˦pu˨˩tʂʅ˥˨tao˧tɕiao˧˦sa˧˨.（后头叫什么毛啊？）气死毛儿。tɕʰi˧sʅ˥maor˨.（气死毛？）嗯。ŋ̍˨.

抓养

（这个生养啊，养育啊，说不说抓？）黄：抓养这个话有咧。tʂua˥iaŋ˥˨tʂə˧kə˧xua˧iou˥˨lie˧.（抓养还是抓？）抓养。tʂua˥˨iaŋ˥.（抓养？）嗯。ŋ̍˨.（是什么意思呢？抓养大概是……就是按你们这……）就是这个欸……tɕiou˧sʅ˧tʂei˧kə˧ei˨……（确切的意思什么？）确切的意思好像就是这个……咋说嘛？抓养或者是养娃就是这个一个讲法。tɕʰyo˥tɕʰie˥ti˧i˧sʅ˧xao˥˦ɕiaŋ˧tɕiou˧sʅ˧tʂə˧˨kə˧˨……tsa˥˨ʂuo˥ma˧?tʂua˥˨iaŋ˥xuo˨˦tʂə˥˦sʅ˧iaŋ˥va˨tɕiou˧sʅ˧tʂə˧kə˧˨i˥kə˧˨tɕiaŋ˥˨fa˥˦.（就是生养的意思？）啊，就是生养的意思。a˨,tɕiou˧˦sʅ˧˨səŋ˥˨iaŋ˥ti˧i˧˨sʅ˧.（像比如说啊，你们家，假如说你的你儿子生了个……给你生了个孙……啊，孙子。）呣。m̩˧.（人家说老黄家什么个……嗯，那个孙子啊？）老黄家那添了个孙子。lao˥xuaŋ˨˩tɕia˥˦næᴇ˧tʰiæ̃˥lə˧kə˧˨suoŋ˥tsʅ˧.（可不可以讲拾了个孙子啊？）不说这个话。pu˨ʂuo˥˨tʂə˧kə˧xua˧˨.（比如说你……是养……养了三个……三个小孩儿，你是说……说不说抓养了三个孩……三个小孩儿？）不说这个话。pu˨˦ʂuo˥˦tʂə˧kə˧xua˧˨.（那抓养什么时候说的呢？）抓养就是说这个……好像就说这个……就是有些大人经常骂这个娃娃子：你啊，我从小小把你抓养这么大。tʂua˥˨iaŋ˥tsou˧˦ʂuo˥˦sʅ˧tʂə˧kə˧……xao˥˨ɕiaŋ˧˦tɕiou˧ʂuo˥˨sʅ˧tʂə˧kə˧……tsou˧sʅ˧iou˥ɕie˥˨ta˧zəŋ˨˩tɕiŋ˥˨tʂʰaŋ˨ma˧tʂə˧kə˧va˨˩va˨˦tsʅ˧:ni˥æ˧,ŋuo˥tsʰuoŋ˨˩ɕiao˥ɕiao˥pa˥˨ni˥˦tʂua˥iaŋ˥˨tʂə˧muo˧ta˧.（噢！）这么个意思。tʂə˧˦muo˧kə˧i˧sʅ˧.（就把你养这么大……）啊，养活这么大，也说是不容易的这个意思。a˨,iaŋ˥xuo˨tʂə˧muo˧ta˧,ia˥ʂuo˥˨sʅ˧˨pu˨˩yoŋ˨˩i˧˦ti˧tʂə˧kə˧i˧˦sʅ˧.（养活的意思吧？）噢，养活的意思。ao˨,iaŋ˥xuo˨˩ti˧i˧˨sʅ˧.

惯

（这个就说，比如说这个小孩呀，很任性啊，这父母啊也舍不得这个教育，也不肯严厉地教育。这个人家说这个父母怎么自己孩子？）王：惯孩。kuæ̃˧xæᴇ˨˩.黄：惯娃咧。kuæ̃˧va˨˩lie˧.（一般迁就他，这个人也是让他，就说任……任他还是什么？还是说说顺着他还是怎么着？）黄：我们那那还只是娇惯咧么，你这叫，你把你就是，骂开咧，你把那个碎啥子照惯嘛，由着他性子办嘛或者是。ŋuo˥məŋ˧nei˧˦nei˧˨xa˨˩tsʅ˥˦sʅ˧˨tɕiao˥˨kuæ̃˧˨liem˧,ni˥tʂə˧˨tɕiao˧˨,ni˥pa˥˨ni˥˦tsou˧ʂʅ˧,ma˧kʰæᴇ˥˨lie˧,ni˥pa˥˨nei˧kə˧suei˧˦sa˧tsʅ˧tʂao˧kuæ̃˧ma˧,iou˨˩tʂə˧tʰa˥˦ɕiŋ˧tsʅ˧pæ̃˧ma˧xuei˨˦tʂə˧˨sʅ˧˨.（由着他性子？）黄：啊，由着他性子你照惯嘛。a˨,iou˨tʂə˧tʰa˥˦ɕiŋ˧tsʅ˧ni˥tʂao˧kuæ̃˧ma˧.（有没有说顺着他？）黄：顺着都不说啊？ʂuoŋ˧˦tʂə˧tou˥˨pu˨˩ʂuo˥a˨?王：顺着太不说。ʂuoŋ˧˦tʂə˧tʰæᴇ˧pu˨˩ʂuo˥˦.黄：我们这是……我们这都是由性子，由性性儿叫他做啥咧。ŋuo˥məŋ˧tʂə˧sʅ˧˦……ŋuo˥məŋ˧tʂə˧tou˥˨sʅ˧˨iou˨˩ɕiŋ˧tsʅ˧,iou˨˩ɕiŋ˧ɕiə̃r˧˦tɕiao˧tʰa˥˦tsɥ˧sa˧˨lie˧.

二女户、纯女户、独生子女

（这边生几个的多吗？）黄：这我们这边儿一般就生两个就做了。生两个就做咧，生一个，不做的话那，□就是那号儿。你比若你生了个男孩儿，这就是，你不做手术，就是给你戴个环儿。你这这一辈子再不允许你生了。除非你这个娃娃有先天性有啥毛病，有医院的医生的诊断证明，医院证明，这号儿的话咧，可以给你安排二胎。一般你这孩子比较身体壮，长的好的话咧，那就给你再不安排二胎，你就这一个孩子。如果说你头一个生个女子，这就说是女子够七岁以后，七岁到八岁咧，这再给你再安排一个二胎，你再生。你生儿子咧，更好。生不下儿子，你再生个女的话了，你就结扎么。一结扎就是二女户么。tʂə˥ŋuo˥˧mən˨tʂə˥˩˧piær˥˧˩i˥˧˧˥pæ̃˥˧tɕiou˥səŋ˥˧˧liaŋ˥˧kə˥˩tɕiou˥˩tsuo˥˩˧lə˨.səŋ˥˧˩liaŋ˥˧kə˥tɕiou˥tsuo˥˩˧lie˨,səŋ˥˧˩i˥˧kə˥˩,pu˩˧tsuo˥˩˧ti˨xua˥nə˥,niæ̃˩˧˩tɕiou˥sɿ˥nə˥xaɔr˥.ni˥˧˧pi˥˧˧ʐuo˥˧˧ni˥˧səŋ˥˧˩lə˨kə˥˩næ̃˩˧xər˩˧˩,tʂə˥˩˧tɕiou˥sɿ˥,ni˥˧˧pu˩˧tsuo˥˩ʂou˥˧ʂʮ˥,tɕiou˥sɿ˥kei˥ni˥˧˧tæᴇ˥kə˥xuæ̃r˩˧.ni˥˧˩tʂei˥tʂei˥˩˧i˥˧˩pei˥tsɿ˨tsæᴇ˥pu˩˧˩yoŋ˥˧˧ɕy˥˧˧ni˥˧˧səŋ˥˧lə˨.tʂʰʮ˩˧fei˥˧˩ni˥˧tʂə˥kə˥va˩˧˩va˩˧˩˧iou˥˧˧ɕiæ̃˥˧˧˥tʰiæ̃˥˧˩ɕiŋ˥iou˥˧˧sa˥maɔ˩˧˩piŋ˥˩˧,iou˥˧˧i˥˧yæ̃˥ti˨i˥˧səŋ˥˧˩tə˨tʂəŋ˥˧˩tuæ̃˥tʂəŋ˥miŋ˩˧,i˥˧˩yæ̃˥tʂəŋ˥miŋ˩˧,tʂə˥˩˧xaɔr˥˩ti˨xua˥lie˨,kʰə˥˧i˥˧˧kei˥ni˥˧˧næ̃˥˧˩pʰæᴇ˩˧ər˥˩˧tʰæᴇ˥˧˩.i˥˧˧˥pæ̃˥˧˩ni˥˧tʂə˥˩xæᴇ˩˧˩tsɿ˨pi˥˧˧tɕiaɔ˥ʂəŋ˥˧˩tʰi˥˧tʂuaŋ˥,tʂaŋ˥˧ti˨xaɔ˥˧ti˨xua˥lie˨,nə˥tɕiou˥kei˥ni˥˧˧tsæᴇ˥pu˩˧˧næ̃˥˧pʰæᴇ˩˧˩ər˥˩tʰæᴇ˥˧˧,ni˥˧˩tɕiou˥tʂei˥i˥˧˩kə˥˩˧xæᴇ˩˧˩tsɿ˨.ʐʮ˩˧˩kuo˥˧ʂuo˥˧˩ni˥˧˧tʰou˩˧i˥˧˧kə˥səŋ˥˧˩kə˥˩ny˥˧tsɿ˨,tʂei˥˩˧tɕiou˥ʂuo˥˧˩sɿ˥ny˥˧tsɿ˨kou˥tɕʰi˥˧tsuei˥˧˥i˥˧˩xou˥,tɕʰi˥˧tsuei˥taɔ˥pa˥˧tsuei˥˧˥lie˨,tʂə˥tsæᴇ˥kei˥ni˥˧˧tsæᴇ˥næ̃˥˧pʰæᴇ˩˧˩i˥˧˩kə˥˩ər˥tʰæᴇ˥˧˩,ni˥˧˧tsæᴇ˥səŋ˥˧.ni˥˧˧səŋ˥˧ər˩˧˩tsɿ˥˧lie˨,kəŋ˥xaɔ˥˧.səŋ˥˧˩pu˩˧˩xa˥˩˧ər˩˧˧tsɿ˨,ni˥˧˧tsæᴇ˥səŋ˥˧˩kə˥˩ny˥˧tə˨xua˥lə˨,ni˥˧˩tɕiou˥˩tɕie˥˧˧˥tsa˥˧˩muo˨.i˥˧˧tɕie˥˧˧˥tsa˥˧˧tɕiou˥˩sɿ˥˩ər˥ny˥˧˧xu˥muo˨.（叫二女户？）啊，二女户么。a˩,ər˥ny˥˧˩xu˥muo˨.（他这个……）这个地方的话，有……有一叫。一个是二女户，一个是纯女户。tʂə˥kə˥ti˥faŋ˥˧˩ti˨xua˥˩,iou˥˧……iou˥˧i˥˧˧tɕiaɔ˥.i˥˧˩kə˥˩˧sɿ˥˩ər˥˩˧ny˥˧˩xu˥˩,i˥˧˩kə˥˩˧sɿ˥˩tʂʰuoŋ˩˧ny˥˧xu˥˩.（纯女户？）噢，纯女户，比方说三个。光那……三个，两个以上的，就是三个的话，这就叫纯女。aɔ˩,tʂʰuoŋ˩˧ny˥˧˩xu˥,pi˥˧faŋ˥˧˧ʂuo˥˧˧sæ̃˥˧kə˥˩.kuaŋ˥˧˧nə˥……sæ̃˥˧kə˥˩,liaŋ˥˧kə˥˩i˥˧ʂaŋ˥ti˨,tɕiou˥˩sɿ˥˩sæ̃˥˧kə˥˩tə˨xua˥˩,tʂei˥tɕiou˥tɕiaɔ˥tʂʰuoŋ˩˧ny˥˧˩.（三个女儿？）啊，叫纯女户。a˩,tɕiaɔ˥tʂʰuoŋ˩˧ny˥˧˩xu˥˩.（纯……纯……全部是女的？）啊，全部是女的。a˩,tɕʰyæ̃˩˧pu˥˩˧sɿ˥ny˥˧˧tə˨.（那只有一个小孩儿的那个户那叫什么呢？）只有一个孩儿，那叫独生子……独生子女么。tsɿ˥˧˩iou˥˧˧i˥˧kə˥˩xar˩˧˧,nei˥tɕiaɔ˥tu˩˧səŋ˥˧˩tsɿ……tu˩˧səŋ˥˧˩tsɿ˥˧ny˥˧muo˨.（独生子女？）啊。a˩.

借夫生子

（他像这种情况的二女户也好三女户你像拿去拖去结扎的这这些人是男同志拖去还是女同志呐拖着去？）黄：那是结扎女同么。nə˥sɿ˥tɕie˥˧˩tsa˥˧˧ny˥˧tʰuoŋ˥˧˩muo˨.（都是拖女的，没有拖男的吗？）男的个别的，少得很。我们这一个……我们这个大队结扎男的只有两个。næ̃˩˧ti˨kə˥pie˩˧tə˨,ʂaɔ˥˧˧tə˨xəŋ˥˧.ŋuo˥˧mən˨tʂei˥i˥˧˩kə˥……ŋuo˥˧mən˨tʂə˥kə˥ta˥tuei˥tɕie˥˧˩tsa˥˧næ̃˩˧ti˨tsɿ˥˧˩iou˥˧˧liaŋ˥˧kə˥˩.（还能把他拖去结扎他呢？）嗯？ə̃˩˧?（怎么把他拖去结扎呢？）那该是拼……那该是目的该就说是，我把我结扎咧，我把这个女女女婆娘不要，你反……女的一结扎，不是生不成了么？næᴇ˥kæᴇ˥˧˩sɿ˥pʰiŋ˥˧˩……næᴇ˥kæᴇ˥˧˩sɿ˥mu˥˧ti˥˧˩kæᴇ˥˧˩tɕiou˥˩˧ʂuo˥˧˩sɿ˥,ŋuo˥˧pa˥˧˩ŋuo˥˧tɕie˥˧˧˥tsa˥˧lie˨,ŋuo˥˧˩pa˥˧˩tʂə˥kə˥ny˥˧˧ny˥˧˧ny˥˧pʰuo˩˧˩niaŋ˩˧˧pu˩˧˩iaɔ˥˩,ni˥˧fæ̃˥˧˧……ny˥˧ti˨i˥˧˧tɕie˥˧˧˥tsa˥˧,pu˩˧˩sɿ˥˩səŋ˥˧pu˩˧˩tʂʰəŋ˩˧˩ləm˨?（啊。）我现在把我结扎了，我女的不要结扎，妄想能偷的生，我再偷的生。ŋuo˥˧ɕiæ̃˥tsæᴇ˥pa˥˧˩ŋuo˥˧tɕie˥˧˧˥tsa˥˧˩lə˨,ŋuo˥˧˧ny˥˧ti˨pu˩˧˩iaɔ˥tɕie˥˧˧˥tsa˥˧˩,vaŋ˥ɕiaŋ˥˧˧nəŋ˩˧tʰou˥˧ti˨səŋ˥˧,ŋuo˥˧˧tsæᴇ˥tʰou˥˧ti˨səŋ˥˧.（那他都已经没有那个什么了？）他没得了……别人可以。tʰa˥˧mei˩˧tei˥˧˩liaɔ˥˧˧ŋ……pie˩˧ʐəŋ˩˧˧kʰə˥˧˩i˥˧˩.（那个叫……叫别人……他去，借别人的还是干吗？）啊，那就说你你你婆娘出去伱上个相好的，再生上个。万一生上个儿子，把人美……a˩,nei˥tɕiou˥ʂuo˥˧˩ni˥˧˧ni˥˧˧ni˥˧˧pʰuo˩˧˩niaŋ˩˧˧tʂ ʰɥ˥˩tɕʰy˥kuo˥ʂaŋ˥˩kə˥ɕiaŋ˥˩xaɔ˥tə˧,tsæᴇ˥səŋ˥ʂaŋ˥˩kə˥˩.væ˥i˥˩səŋ˥ʂaŋ˥˩kə˥˩ər˥˩tsɿ˧,pa˥˩zəŋ˩˦mei˥˩……（kuo˥一个相好的？）啊。ɑ˩.（这这是……你像这种情况叫什么呢？）我们这儿啊？ŋuo˥məŋ˧tʂər˥a˧?（嗯。）我们这儿就是说佮一个相好的。ŋuo˥məŋ˧tʂər˥tɕiou˥sɿ˥ʂuo˥˩kuo˥˩i˥˩kə˥˩ɕiaŋ˥˩xaɔ˥ti˧.（哪个kuo˥？）哎呀……æᴇ˥ia˧……（跟那个吃饭那个锅一样的音吗？）啊，基本上是一个样，一个音。ɑ˥,tɕi˥˩pəŋ˥ʂaŋ˥˩sɿ˥i˥˩kə˥˩iaŋ˥,i˥˩kə˥˦iŋ˥˩.（你要写同音字会写哪一个？）佮，嗯呵，佮一个相好的，我……哎呀，怕就是这个兀个锅字嘛。kuo˥,ŋ̍˩xə˧,kuo˥i˥˩kə˥˩ɕiaŋ˥˩xaɔ˥ti˧,ŋuo˥˦……æᴇ˩ia˧,pʰɑ˥tɕiou˥˦sɿ˥tʂə˥kə˥vu˥kə˥kuo˥tsɿ˥˩ma˧.（锅子的锅？）兀个锅，或者是那个姓郭那个郭。也可……vu˥kə˥kuo˥˩,xuo˩˩tʂə˥˦sɿ˥nə˥kə˥ɕiŋ˥˦kuo˥nə˥kə˥kuo˥˩.ie˥kʰə˥˩……（姓……姓郭的那个郭？）也是同音字嘛。ie˥sɿ˥tʰuoŋ˩iŋ˥˦tsɿ˥ma˧.（噢，就那个？）嗯。ŋ̍˩.（就是借夫生子是吧？）噢，借夫生子咧么。ɑɔ˩,tɕie˥fu˥səŋ˥˩tsɿ˥liem˧.（但是这个东西……就说，你……你这个不是你的小孩儿啊，你那么高兴干吗？那男的还同意啊？）那你没……他是计划生育逼得他没办法了么。没办法，只得这样做么。那……但是来说……那你说说……啊，我没得儿子我我抱养了人家一个儿子，那还不是你亲生的嘛！他意思，现在这个农村人这个想法就说是，只要我有个儿子，能把这个接宗传代能接住就对了。nei˥˦ni˥muo˥˦p……tʰɑ˥˦sɿ˥tɕi˥xua˥səŋ˥˦y˥pi˥tə˧tʰɑ˥˦muo˥˩pæ̃˥˦fa˥˩lə˧muo˧.muo˥˩pæ̃˥˦fa˥˩,tʂɿ˥˦tei˥˦tʂə˥iaŋ˥tsuo˥˦muo˧.na˥˩……tæ̃˥sɿ˥læᴇ˩ʂuo˥˩……nei˥˦ni˥ʂuo˥˩ʂuo˥˩……ɑ˩,ŋuo˥mei˩tei˥˩ər˩˩tsɿ˧ŋuo˥˦ŋuo˥˦paɔ˥iaŋ˥lə˧zəŋ˩˩tɕia˥˦i˥˦kə˥ər˩tsɿ˧,nei˥xa˩˩pu˩sɿ˥ni˥˩tɕʰiŋ˥˦səŋ˥˩ti˧ma˧!tʰɑ˥i˥sɿ˧,ɕiæ̃˥tsæᴇ˥˦tʂə˥kə˥luoŋ˩tsʰuoŋ˥zəŋ˩tʂə˥kə˥ɕiaŋ˥fa˥˩tɕiou˥ʂuo˥˩sɿ˥,tsɿ˥˩iaɔ˥ŋuo˥iou˥kə˥ər˩tsɿ˧,nəŋ˩pa˥˩tʂə˥kə˥tɕie˥˦tsuoŋ˥tʂʰuæ̃˩tæᴇ˥nəŋ˩˩tɕie˥tʂɥ˥˩tɕiou˥tuei˥lə˧.（其他不管？）其他那事情再不管。tɕʰi˩tʰɑ˥næᴇ˥˦sɿ˥tɕʰiŋ˩˦tsæᴇ˥pu˩˩kuæ̃˥˩.（他这老婆去弄一个，这个别人不知道吗？）那咋？那……那你想嘛，那一般的话儿那就说是这个，你男的结扎咧，你这个婆娘生下娃了儿，人作一个……背后地的作议论。当面儿不敢说，背后在说咧么。呃谁谁的婆娘开……和谁谁谁，生下这个娃。对了吗？næᴇ˥˦tsa˥˩?næᴇ˥˩……næᴇ˥ni˥˦ɕiaŋ˥ma˧,næᴇ˥i˥˦pæ̃˥tə˧xuar˥nə˥tɕiou˥ʂuo˥˩sɿ˥tʂə˥kə˥,ni˥˦næ̃˩ti˧tɕie˥˦tsa˥lie˧,ni˥tʂə˥kə˥pʰuo˩˩niaŋ˩˦səŋ˥˩xa˥˩va˩lər˧,zəŋ˩tsuo˥i˥˩kə˥˩……pei˥˦xou˥˦ti˥ti˧tsuo˥˩i˥˦luoŋ˥.taŋ˥˩miæ̃r˥˦pu˩˩kæ̃˥ʂuo˥˩,pei˥˦xou˥˦tsæᴇ˥ʂuo˥liem˧.ə˩sei˩˦sei˩˦tə˧pʰuo˩˩niaŋ˩˦kʰæᴇ˥˩……xuo˩sei˩˦sei˩˦sei˩˩,səŋ˥xa˥˩tʂə˥kə˥va˩.tuei˥lə˧ma˧?

抱养

（还有的那个人生不出小孩儿的那个男同志。）黄：有生不出的。有一辈子没生的，那都有咧。抱养么。iou˥səŋ˥˩pu˩˩tʂʰɥ˥tə˧.iou˥i˥˩pei˥tsɿ˧muo˥˩səŋ˥ti˧,næᴇ˥tou˥˦iou˥˩lie˧.paɔ˥iaŋ˥muo˧.（他抱养？）嗯。ŋ̍˩.（他生不出，会不会叫老婆去那个弄一个？）那号儿……有的是男的问题，有的□是女的问题么。他直接生不出来一个，一辈子咧，生不下娃，那肯定是女子的问题么。nei˥xaɔr˥ti……iou˥ti˧sɿ˥næ̃˩ti˧vəŋ˥tʰi˩,iou˥ti˧niæ̃˩sɿ˥ny˥ti˧vəŋ˥tʰi˩muo˧.tʰɑ˥˩tʂɿ˩tɕie˥səŋ˥˦pu˩˦tʂʰɥ˥˩læᴇ˩˩i˥˩kə˥,i˥˩pei˥˦tsɿ˧lie˧,səŋ˥˩pu˩xa˥˩va˩,nə˥kʰəŋ˥˦tiŋ˥sɿ˥ny˥tsɿ˧ti˧vəŋ˥tʰi˩˩muo˧.（也有男的这个……也有男的问题啊。又不说去检查了？）检查也有女的问题么你。tɕiæ̃˥˩tʂʰɑ˩ia˥˦iou˥˦ny˥ti˧vəŋ˥tʰi˩muo˧ni˥˩.（女的问题？）噢。卵巢堵塞。你就生不成。这一号儿人那就要抱养，靠抱养别人孩子。ɑɔ˩.nuæ̃˥（←luæ̃˥）tsʰaɔ˩tu˥sei˥˩.ni˥˩tɕiou˥˦səŋ˥˩pu˩˩tʂʰəŋ˩˩.tʂei˥˦i˥˩xaɔr˥zəŋ˩˦næᴇ˥tɕiou˥iaɔ˥paɔ˥iaŋ˥,kʰaɔ˥˩paɔ˥iaŋ˥pie˩zəŋ˩˦xæᴇ˩˩tsɿ˧.（靠抱养？）嗯。ŋ̍˩.

超生

（那你当……你生了四个小孩儿的。当时计划生育也允许吗？）王：我生了四个孩儿子，晓……计划生育也不允许啊。ŋuo˥sən˥˧la˧sɿ˦kə˦xar˨˩tsɿ˧,ɕiao˥……tɕi˦xua˦sən˥˩y˦ia˥pu˨˩yoŋ˥˧ɕy˥a˧.（那怎么办呢？）不允许，以后我……我[婆娘]生两个就结扎啦么。结扎我那，那……那是属于手术失败喔。pu˨˩yoŋ˥˧ɕy˥˧,i˥˧xou˦ŋuo˥˧……ŋuo˥sən˥˩liaŋ˥kə˦˩tɕiou˦˩tɕie˥˧tsa˥la˧muo˧.tɕie˥˧tsa˥ŋuo˥næᴇ˦,nə˦n……nə˦sɿ˦ʂʮ˥˧y˨˧ʂou˥˧ʂʮ˦ʂɿ˥˩pæᴇ˦vuo˧.（呵呵呵。）才可以生咧两个。tsʰæᴇ˨˩kʰə˥˧i˥˧sən˥lie˧liaŋ˥˧kə˦.（他会不会这个罚钱呢什么东西？）罚咧么。我……我个……我呃姑娘都罚咧两千多块钱。fa˨˩lie˧muo˧.ŋuo˥……ŋuo˥kə……ŋuo˥˧ə˦ku˥niaŋ˨˩tou˥˩fa˨˩lie˧liaŋ˥tɕʰiæ̃˥˧tuo˥˧kʰuæᴇ˥tɕʰiæ̃˨˩.（有没有这种是计划生育的时候把你们这房也扒了什么猪也牵走了？）有咧么。那……前多年，谁开始那两年紧张的，把那房子好像也是，拿推土机就给推倒了。iou˥lie˧muo˧.næᴇ˦……tɕʰiæ̃˨˩tuo˥˩niæ̃˨˩,ʂuei˨˩kʰæᴇ˥˩sɿ˥næᴇ˦˥liaŋ˥niæ̃˨˩tɕiŋ˥tʂaŋ˥˩ti˧,pa˥˩nə˦faŋ˨˩tsɿ˧xaɔ˥˩ɕiaŋ˦˩ie˥˧sɿ˦,na˨˩tʰuei˥˩tʰu˥tɕi˥˩tɕiou˦kei˦tʰuei˥˩taɔ˥lə˧.（推倒了？）嗯。再一个就是家里来以后，你那些，值钱东西都给你拉走咧。把你这桌子，电视，写字台呀，缝纫机呀，都给你拉上兀拉走了。拉到大队里房里头摞下。ŋ̍˩.tsæᴇ˦˥i˥kə˦tɕiou˦sɿ˦tɕia˥li˥˩læᴇ˨˩i˥˩xou˦,ni˥˧nə˦ɕie˥˩,tʂʅ˨˩tɕʰiæ̃˨˩tuoŋ˥ɕi˧tou˥˥kei˦˥ni˥˩la˥˩tsou˥lie˧.pa˥˩ni˥˧tʂə˦tʂuo˥tsɿ˧,tiæ̃˦sɿ˦,ɕie˥˧tsɿ˦tʰæᴇ˨˩ia˧,fəŋ˨˩zəŋ˦tɕi˥ia˧,tou˥˥kei˦˥ni˥˧la˥ʂaŋ˦˩væᴇ˦la˥˩tsou˥lə˧.la˥˩taɔ˦˩ta˦tuei˦li˥˩faŋ˨˩li˥˩tʰou˧luo˦xa˦.（是大队里的干部一块儿？）那是他乡上和大队干部咧合伙弄着咧。nei˦˥sɿ˦tʰa˥˧ɕiaŋ˥ʂaŋ˦˩xuo˨˩ta˦tuei˦kæ̃˦pu˦lie˧xuo˨˩xuo˥nuoŋ˦tʂə˧lie˧.（那这个乡上这些，这这这些，那你们就做村干部的做这个事情那不是被人家那个……被人家骂？）骂□们，咋不骂？有时候是，我们那村干部一般到，人□，说今天弄谁家呃东西啊，有时候也来偷的给……漏个气儿，说是□今天来弄你这个东西呀。有些人就把东西藏咧啊。但是咱们到兀儿兀儿去，咱们不不不不惹娩人么。我也我也不去抬它，我就尻上，我也不言喘。我言喘我就惹咧。我不言喘，我尻……有时候跟上，有时候那……其他到这个，到这个村子来弄□是要钱，我在那儿，我一转我就转的面子前噢，我不跟下去咧噢。ma˦niæ̃˨˥məŋ˧,tsa˥˧pu˨˧ma˦?iou˥sɿ˨˩xou˦sɿ˦,ŋuo˥məŋ˧nə˦tsʰuoŋ˥˩kæ̃˦pu˦i˥˥pæ̃˥taɔ˦,zəŋ˨˩niæ̃˨˧,ʂuo˥˩tɕiŋ˥tʰiæ̃˥˩nuoŋ˦sei˨˩tɕia˥˧ə˦tuoŋ˥ɕi˧a˧,iou˥sɿ˨˩xou˦ie˥˧læᴇ˨˧tʰou˥ti˧kei˦s……lou˦kə˦˩tɕʰiər˦,ʂuo˥˩sɿ˦˩niæ̃˨˩tɕiŋ˥tʰiæ̃˥˩læᴇ˨˩nuoŋ˦ni˥˩tsə˦˩tuoŋ˥ɕi˧ia˧.iou˥ɕie˥˩zəŋ˨˩tɕiou˦pa˥˧tuoŋ˥ɕi˧tsʰaŋ˨˩lia˧.tæ̃˦˩sɿ˦˩tsa˨˩məŋ˧taɔ˦var˦var˦tɕʰi˦,tsa˨˩məŋ˧pu˨˩pu˨˩pu˨˩pu˨˩zə˥vuo˦˩zəŋ˨˩muo˧.ŋuo˥ia˥˩ŋuo˥ia˥˩pu˨˩tɕʰi˦tʰæᴇ˨˩tʰa˥˩,ŋuo˥tɕiou˦kou˥ʂaŋ˦˩,ŋuo˥a˥˩pu˨˩niæ̃˨˩tʂʰuæ̃˥.ŋuo˥niæ̃˨˩tʂʰuæ̃˥ŋuo˥˧tɕiou˦zə˥lie˧.ŋuo˥pu˨˩niæ̃˨˩tʂʰuæ̃˥˧,ŋuo˥kou˥˩……iou˥sɿ˨˩xou˦kəŋ˥ʂaŋ˦˥,iou˥sɿ˨˩xou˦nə˦……tɕʰi˨˩tʰa˥taɔ˦tʂə˦kə˦,taɔ˦tʂə˦kə˦tsʰuoŋ˥tsɿ˧læᴇ˨˩nuoŋ˦˥niæ̃˨˩sɿ˦˩iaɔ˦tɕʰiæ̃˨,ŋuo˦tsæᴇ˦nar˦,ŋuo˥i˥˩tʂuæ̃˦ŋuo˥˩tɕʰiou˦˩tʂuæ̃˦ti˧miæ̃˦tsɿ˧tɕʰiæ̃˨˩aɔ˧,ŋuo˥˧pu˨˧kəŋ˥xa˦˩tɕʰi˦liaɔ˧.

（四）生日

过生儿、过岁岁

1.（过寿是三十多岁就叫过寿了？就可以过寿了？）黄：嗯。六十岁往上叫寿咧么。ŋ̍˨˩.liou˥ʂɿ˨˩suei˦vaŋ˥˧ʂaŋ˦tɕiaɔ˦˩ʂou˦lie˧muo˧.（那三十多岁那做什么？）过生儿咧。kuo˧˦sə̃r˥˧lie˨.（叫什么？）过生儿咧。kuo˧˦sə̃r˥˧lie˨.（一个叫过寿？）嗯。ə̃˩.（一个叫过……）过生儿嘛。生日的生。娃娃叫过岁岁着么你。kuo˧˦sə̃r˥˧mɑ˨.səŋ˥˧ʐʅ˥˩ti˨səŋ˥˧.vɑ˨˩vɑ˨˦tɕiɑɔ˧kuo˧tsuei˧tsuei˧tʂə˨muo˨ni˥˦.（叫什么？）娃娃叫过岁岁咧。vɑ˨˩vɑ˨˦tɕiɑɔ˧kuo˧tsuei˧˦tsuei˧˥lie˨.（过zuǐ？）岁月……suei˧˦yo˥˦……（zuǐ还是……是zuǐ还是岁？）岁么，过岁岁咧么就是。suei˧˦muo˨,kuo˧suei˧suei˧˥lie˨muo˨tɕiou˧˩sʅ˧˩.（但是他叫过zuìzui？）嗯。ŋ̍˩.

2.（这个小孩到一岁的时候是不是还要抓什么东西？）黄：噢，那是过岁岁的时候是叫抓那个<u>咧么</u>。叫个抓……晓叫抓啥咧。ɑɔ˥˧,næᴇ˧˥sʅ˧kuo˧tsuei˧˦tsuei˧˩ti˨sʅ˨˩xou˧sʅ˧tɕiɑɔ˧tʂuɑ˥˩nə˧˩kə˧liem˧.tɕiɑɔ˧kə˧tʂuɑ˥˩……ɕiɑɔ˥˧tɕiɑɔ˧tʂuɑ˥˧sɑ˧˩lie˨.（过什么？）过岁岁儿的。kuo˧tsuei˧˦tʂuər˧˥ti˨.（tsuei˦tʂuər˩是什么东西？）过岁岁就是欻一岁生日那一天么，过生儿那天。kuo˧tsuei˧˦tsuei˧tɕiou˧sʅ˧ei˧i˥˩suei˧səŋ˥˧ʐʅ˥˩nei˧i˥˩tʰiæ̃˥˧muo˨,kuo˧sə̃r˥˧nei˧tʰiæ̃˥˩.（叫过tsuei˦tʂuər˩？）噢，过岁岁咧么。ɑɔ˩,kuo˧tsuei˧˦tsuei˧˥lie˨muo˨.（跟哪个tsuei˦啊？这个tsuei˦啊？）一岁两岁的岁么，也叫过岁子。i˥˩tsuei˧liɑŋ˥˧tsuei˧˦ti˨tsuei˧˦muo˨,ie˥˩tɕiɑɔ˧˩kuo˧suei˧˦tsʅ˨.（就是岁是吧？）噢，岁么，嗯。ɑɔ˩,suei˧muo˨,ə̃˩.（但是你们读起来是读tsuei˦？）嗯。那就是看娃，有给的农具，文房四宝，放的是吃的这些东西。ŋ̍˥˧.næᴇ˧˩tɕiou˧sʅ˧kʰæ̃˧vɑ˨˦,iou˥˩kei˧ti˨luoŋ˨˩tɕy˧˥,vəŋ˨faŋ˨sʅ˧pɑɔ˥˧,faŋ˧ti˨sʅ˧tʂʰʅ˥˧ti˨tʂei˧˩ɕie˥˦tuoŋ˥˧ɕi˨.（那个……那个叫什么东西呢，那玩意儿？）晓叫做啥咧吵？看娃抓啥样嘛。ɕiɑɔ˥˧tɕiɑɔ˧tsʅ˧sɑ˧˩lie˧sɑ˩?kʰæ̃˧vɑ˨tʂuɑ˥˧sɑ˧˩iɑŋ˧˩mɑ˨.

过寿

（你们过寿是这个男的是……是怎么过法？女的怎么过法？他……他这个年龄上有没有讲究？）黄：那你是六十就是花甲，六十花甲子嘛。我们这儿这过从三十六岁就可要过开来了。næᴇ˧˥ni˥˦sʅ˧liou˥˧ʂʅ˨˩tɕiou˧sʅ˧xuɑ˥˦tɕiɑ˥˩,liou˥˧ʂʅ˨˩xuɑ˥˦tɕiɑ˥˩tsʅ˧mɑ˨.ŋuo˥˧məŋ˦tʂər˧tʂə˧kuo˧˦tsʰuoŋ˨˩sæ̃˥˦ʂʅ˨˦liou˥˧suei˧tsou˧kʰə˥˩iɑɔ˧kuo˧˦kʰæᴇ˥˧læᴇ˨˩lə˨.（三十六岁就开始过？）啊，人……就这儿当地人这个讲究这个是男的……男男女女就过三十六咧。三十六一过就是到而立之年了这都是讲。这个是一个过。再一个……ɑ˨,ʐəŋ……tsou˧˩tʂər˧tɑŋ˥˩ti˧˥ʐəŋ˨˦tʂə˧kə˧tɕiɑŋ˥˧tɕiou˥˦tʂə˧kə˧sʅ˧næ̃˨˩ti˦……næ̃˨næ̃˨˦ny˥˧ny˥˧tsou˧˩kuo˧sæ̃˥˩ʂʅ˨˩liou˥˧lie˨.sæ̃˥˩ʂʅ˨˩liou˥˧i˥˩kuo˧tɕiou˧sʅ˧tɑɔ˧ər˨li˥˧tsʅ˥˩niæ̃˨˩lə˦tʂə˧˥tou˥˩sʅ˧˩tɕiɑŋ˥˦.tʂə˧˥kə˧˥sʅ˧i˥˦kə˧kuo˧.tsæᴇ˧˦i˥˦kə˧……（啊，三十六岁才到而立？）啊，三十六岁叫而……ɑ˩,sæ̃˥˩ʂʅ˨˩liou˥˧suei˧tɕiɑɔ˧ər˨……（才叫而立之年？）呃，就说……三十到而立年了。三十六岁么就是正当年着咧。ə˩,tsou˧˥ʂuo˥˩……sæ̃˥˧ʂʅ˨˩tɑɔ˧ər˨li˥˧niæ̃˨˦lə˦.sæ̃˥˧ʂʅ˨˩liou˥˧suei˧muo˨tɕiou˧sʅ˧tʂəŋ˧˦tɑŋ˥˧niæ̃˨˩tʂə˦lie˨.（正当年？）人活的正到这个这个鼎盛时期了。六十就是花甲子嘛。这是七十，人从七十古来稀嘛。八十都叫高寿了么。ʐəŋ˨xuo˨˩ti˦tʂəŋ˧˦tɑɔ˧tʂə˧kə˧tʂə˧˩kə˧˩tiŋ˥˧ʂəŋ˧sʅ˨˩tɕʰi˥˦lə˦.liou˥˧ʂʅ˨˩tɕiou˧˩sʅ˧˩xuɑ˥˦tɕiɑ˥˩tsʅ˥˧mɑ˨.tʂə˧˩sʅ˧˩tɕʰi˥˧ʂʅ˨˩,ʐəŋ˨tsʰuoŋ˨˩tɕʰi˥˧ʂʅ˨˩ku˥˧læᴇ˨ɕi˥˧mɑ˨.pɑ˥˧ʂʅ˨˩tou˥˩tɕiɑɔ˧˩kɑɔ˥˩ʂou˧lə˦muo˨.（那你们这个过……做寿，男……男女都做吗？）都做。tou˥˦tsuo˧.（他是五十九岁是是五十九岁做还是比如说六十岁？）哎，提前做了。æᴇ˧,tʰi˨tɕʰiæ̃˨tsuo˧˥lə˨.（提前……）不可能是大。pu˨˩kʰə˥˩nəŋ˨˥sʅ˧tɑ˧˩.（男的……）男女都提前做咧。næ̃˨ny˥˧tou˥˦tʰi˨˩tɕʰiæ̃˨˩tsuo˧˩lie˨.（女的也提前做吗？）也提前做。ie˥˧tʰi˨˩tɕʰiæ̃˨˩tsuo˧˥.（提前多……多久呢？）呃提前一天呃就行了么。ə˥˧tʰi˨˩tɕʰiæ̃˨˦i˥˩tʰiæ̃˥˧ə˧tɕiou˧ɕiŋ˨˩lə˦muo˨.（提前一天？比如说我这个十月一号是

整整六十岁，我是什么时候做呢？）那我五月……那……九月……男的呃哟女的一般都是当天做了。男的是九月三十号就过了。nægᴇ˥˧ŋuo˥˧vu˥˧yo˥˧ʂ……nægᴇ˥ʂʅ……tɕiou˥˧yo˥˧ʂ……nǣ˨˩ti·lə˨˩iɑɔ·ny˥˧ti·li˥˧pǣ˥˧tou˥˧sʅ˥˧tɑŋ˥˧tʰiǣ˥˧tsuo˥˧lə·l.nǣ˨˩ti·sʅ˥tɕiou˥˧yo˥˧sǣ˥˧ʂʅ˨˩xɑɔ˥˧tɕiou˥˧kuo˥˧lə·l.（必须满那个周岁的时候做？）啊。ɑ˨˩.（不是说我五十九岁做六十岁的寿？有这种说法没有？）欸，也……那能做咧么。就是个……那就给你对外说□就是，这个农村人不讲究说是这个哎周岁那个事情。它那个虚岁算够，按年头他算够那个岁数他就是那……就是那个时候。ei˨˩,ie˥˧……nei˥˧nəŋ˨˩tsuo˥˧lie·muo·l.tɕiou˥˧sʅ˥˧kə˥˧tsø……nægᴇ˥tsou˥˧kei˥˧ni˥˧tuei˥˧væᴇ˥ʂuo˥˧niǣ˨˩tsou˥˧sʅ˥,tʂə˥˧kə˥˧luoŋ˨˩tsʰuoŋ˥˧zəŋ˨˩pu˨˩tɕiɑŋ˥˧tɕiou˥˧ʂuo˥˧sʅ˥tʂə˥˧kə˥˧æᴇ˥tʂou˥˧suei˥˧nə˥˧kə˥˧sʅ˥˧tɕʰiŋ˨˩.tʰɑ˥˧nə˥˧kə˥˧ɕy˥˧suei˥˧suǣ˥˧kou˥˧,nǣ˥˧niǣ˨˩tʰou˨˩tʰɑ˥˧suǣ˥˧kou˥˧nə˥˧kə˥˧suei˥˧ʂʮ˥tʰɑ˥˧tɕiou˥˧sʅ˥˧nə˥……tɕiou˥˧sʅ˥˧nə˥˧kə˥˧sʅ˨˩xou˥.（但是男的是当天做？）男的是隔一天做了，女的是当天儿。nǣ˨˩ti·sʅ˥˧kei˥˧i˥˧tʰiǣ˥˧tsuo˥˧lə·l,ny˥˧ti·sʅ˥˧tɑŋ˥˧tʰiǣr˥˧.（提前一天做？）啊儿。这儿这这个小孩儿过满月的话，你生下女子，当天儿过的；生下儿子提前过……提前一天过满月。ɑr˨˩.tʂər˥˧tʂə˥˧tʂə˥˧kə˥˧ɕiɑɔ˥˧xər˨˩kuo˥˧mǣ˥˧yo˥˧ti·xuɑ˥˧,ni˥˧səŋ˥˧xɑ˥˧ny˥˧tsʅ·l,tɑŋ˥˧tʰiǣr˥˧kuo˥˧ti·l;səŋ˥˧xɑ˥˧ər˨˩tsʅ˥˧tʰi˨˩tɕʰiǣ˨˩ku……tʰi˨˩tɕʰiǣ˨˩i˥˧tʰiǣ˥˧kuo˥˧mǣ˥˧yo˥˧.

拜寿

（那老人家过生日的时候啊，这些后生家要拜吗？）黄：拜嘛。pæᴇ˥mɑ·l.（怎么个拜法？）那是从外头往里拜嘛。nə˥˧sʅ˥tsʰuoŋ˨˩væᴇ˥˧tʰou·vɑŋ˥˧li˥˧pæᴇ˥mɑ·l.（那假如说老人家在房子里面……）哎那你不是那个意思。那搭的有寿堂咧么。再寻两个寿衣一穿，这一般我们这是那一天讲究，那个老衣都穿上了。æᴇ˨˩næᴇ˥ni˥˧pu˨˩sʅ˥˧nə˥˧kə˥˧i˥sʅ·l.næᴇ˥tɑ˥˧ti·iou˥˧ʂou˥tʰɑŋ˨˩lie·muo·l.tsæᴇ˥ɕiŋ˨˩liɑŋ˥˧kə˥˧ʂou˥i˥˧i˥˧tʂʰuǣ˥˧,tʂei˥i˥˧pǣ˥˧ŋuo˥˧məŋ·tʂə˥sʅ˥nei˥i˥˧tʰiǣ˥˧tɕiɑŋ˥˧tɕiou˥˧,nə˥˧kə˥˧lɑɔ˥˧i˥˧tou˥˧tʂʰuǣ˥˧ʂɑŋ˥˧lə·l.（啊，老衣都穿上？）老衣那个袍子一穿，那家伙这个的……这往那个地方儿樊那那儿往这儿这么个一坐，寻咧寻几个和他同龄的嘛。lɑɔ˥˧i˥˧nə˥˧kə˥˧pʰɑɔ˨˩tsʅ·li˥˧tʂʰuǣ˥˧,nɑ˥˧tɕiɑ˥˧xuo˥˧tʂə˥˧kə˥˧tə·ɕ……tʂei˥vɑŋ˥˧nə˥˧kə˥˧ti˥fɑ̃r˥˧tʂuɑŋ˥˧nɑ˥˧nɑr˥˧vɑŋ˥˧tʂər˥˧tʂə˥˧muo·kə˥˧i˥˧tsuo˥,ɕiŋ˨˩lie·ɕiŋ˨˩tɕi˥˧kə˥˧xuo˨˩tʰɑ˥˧tʰuoŋ˨˩liŋ˨˩ti·mɑ·l.（并排坐着？）并排儿一坐一排，啊，老两口子往上一坐，这二面边里都坐的是陪的。哎还吃好喝的，这东西都端来放了一桌子。这就欸司仪就喊的这个拜寿开始了么。拜寿开始，那从……先从干儿往开……往出……往进拜。piŋ˥pʰər˨˩i˥˧tsuo˥i˥˧pʰæᴇ˨˩,ɑ˨˩,lɑɔ˥˧liɑŋ˥˧kʰou˥˧tsʅ·vɑŋ˥˧ʂɑŋ˥i˥˧tsuo˥˧,tʂə˥ər˥miǣ˥piǣ˥˧li˥˧tou˥˧tsuo˥ti·sʅ˥pʰei˨˩ti·l.æᴇ˥˧xɑɔ˥tʂʰʅ˥˧xɑɔ˥˧xuo˥˧ti·l,tʂei˥tuoŋ˥˧ɕi·tou˥˧tuǣ˥˧læᴇ˨˩fɑŋ˥lə˥i˥˧tʂuo˥˧tsʅ·l.tʂei˥tɕiou˥ei˥˧sʅ˥˧i˨˩tsou˥xǣ˥˧ti·tʂə˥˧kə˥˧pæᴇ˥ʂou˥kʰæᴇ˥˧sʅ˥˧lə·muo·l.pæᴇ˥ʂou˥kʰæᴇ˥˧sʅ˥˧,nə˥tsʰuoŋ˨˩……ɕiǣ˥˧tsʰuoŋ˨˩kǣ˥˧ər˨˩vɑŋ˥˧kʰæᴇ˥˧……vɑŋ˥˧tʂʰʮ˥˧……vɑŋ˥˧tɕiŋ˥pæᴇ˥˧.（干儿子？）噢，干儿子先拜咧。干儿子拜完以后，□……ɑɔ˨˩,kǣ˥˧ər˨˩tsʅ˥˧ɕiǣ˥˧pæᴇ˥lie˥.kǣ˥˧ər˨˩tsʅ˥˧pæᴇ˥vǣ˨˩i˥˧xou˥,niǣ˨˩……（冲着他拜还是……）嗯？ə̃˨˩?（是得冲着他拜还是还得偏着方向拜？）哎，就是冲住他，那人□在正堂上，你就在前头磕头就对了么。一磕，最后儿子，这……这后是一辈儿一辈儿的就拜……拜上过来了。æᴇ˨˩,tɕiou˥sʅ˥tʂʰuoŋ˥tʂʮ˥˧tʰɑ˥˧,næᴇ˥zəŋ˨˩niǣ˨˩tsæᴇ˥tʂəŋ˥tʰɑŋ˨˩ʂɑŋ˥,ni˥˧tɕiou˥tsæᴇ˥tɕʰiǣ˨˩tʰou·kʰə˥˧tʰou˨˩tɕiou˥tuei˥lə·muo·l.i˥˧kʰə˥˧,tsuei˥xou˥ər˨˩tsʅ˥,tʂei˥……tʂei˥xou˥sʅ˥i˥˧pər˥i˥˧pər˥ti·tsou˥pæᴇ˥……pæᴇ˥ʂɑŋ˥kuo˥læᴇ˨˩lə·l.（女的叩吗？）叩。女的叩头不作揖嘛。kʰou˥.ny˥˧ti·kʰou˥tʰou˨˩pu˨˩tsuo˥˧i˥˧mɑ·l.

（五）丧葬

料理白事的过程

（咱们这个丧事儿呀，就是这个白喜事儿呀有有些什么讲究这边？你讲讲看？）黄：白事也很简单，没有啥讲究好像。pei˧˥sɿ˥ie˥˧˩xəŋ˥˧tɕiæ̃˥˧tæ̃˥˧˩,mei˧˥iou˥˧sa˥tɕiaŋ˥˧tɕiou˥˧˩xaɔ˥˧˩ɕiaŋ˥˩.（要死的那个时候怎么办呢？比如说你今天晚上要死了，这个白天不得忙乎么？这个马上要死了，这个不得忙乎忙乎？）那就是这个，在这种情况下你是，你该通知你这些儿咧女子来的，他来……来到你跟前送终咧么。næᴇ˥˦tsou˥sɿ˥tʂə˥˩kə˥˩,tsæᴇ˥tʂei˥˦tʂuoŋ˥˧˩tɕʰiŋ˧˥˩kʰuaŋ˥˦ɕia˥ni˥˧˧sɿ˥,ni˥˧˩kæᴇ˥˧˩tʰuoŋ˥˧˦tʂʅ˥˧ni˥˧˧tʂei˥ɕie˥˧˧ər˧˥˩lie·˧ny˥˧tsɿ·˧læᴇ˧˥˩ti·˧,tʰɑ˥˧˩læᴇ˧˥……læᴇ˧˥˧tɑɔ˥ni˥˧˧kəŋ˥˧tɕʰiæ̃˧˥˩suoŋ˥˦tʂuoŋ˥˧lie·˧muo·˧.（叫送终？）啊。ɑ˩.（这个一一见过，要握手还是干吗不？）不。那见个面就行了，还握手咧？你要死的了。他……他来就是知道知不道了，还握手咧？pu˧˥˩.nei˥˦tɕiæ̃˥kə˥˩miæ̃˥tsou˥˩ɕiŋ˧˥˩lə˥,xɑ˧˥˩vuo˥˧˩ʂou˥˧lie·˧?ni˥˧˧iɑɔ˥sɿ˥˧ti·˧lə·˧.tʰɑ˥˧˧……tʰɑ˥˧læᴇ˧˥˩tsou˥˩sɿ˥˩tʂʅ˥˧tɑɔ˥˩tʂʅ˥˧˧pu˧˥˧tɑɔ˥lə˥,xɑ˧˥˩vuo˥˧˩ʂou˥˧lie·˧?（怎么知道他死了呢？）那病的不行了，该就知道他不行了。nɑ˥piŋ˥˦ti·˧pu˧˥˩ɕiŋ˧˥˩lə˥,kæᴇ˥˧˧tsou˥tʂʅ˥˧˩tɑɔ˥˩tʰɑ˥˧˩pu˧˥˩ɕiŋ˧˥˩lə˥.（怎么他知道他已经死了？用什么……）他……他咋能知道了么？他根本就不知道他死不死了么。tʰɑ˥˧˧……tʰɑ˥˧tsɑ˥˧˩nəŋ˧˥tʂʅ˥˧tɑɔ˥˩lə·˧muo·˧?tʰɑ˥˧˩kəŋ˥˧˩pəŋ˥˧tsou˥pu˧˥˧tʂʅ˥˧˧tɑɔ˥tʰɑ˥˧˧sɿ˥˧pu˧˥˩sɿ˥˧ləm·˧.（别人……这别人怎么……儿女怎么知道他已经死了呢？在人死之前都昏迷了，但是这个怎么知道他已经完……完……完……）那不出气了，不……又脉不跳了，那个就死了么。nə˥pu˧˥˧tʂʰʮ˥˧˩tɕʰi˥˦lə·˧,pu……iou˥mei˥˧pu˧˥˩tʰiɑɔ˥˦lə·˧,nə˥kə˥tɕiou˥sɿ˥˧˩lə·˧muo·˧.（怎么试？一般是怎么试呢这边？）你手搭得鼻子上应该就死了了嘛。ni˥˧˧ʂou˥˧˧tɑ˥˧tə·˧pi˧˥˩tsɿ·˧ʂɑŋ˥iŋ˥kæᴇ˥˧˧tɕiou˥sɿ˥˧˩lə·˧lə·˧mɑ·˧.（哪个手搭在鼻子这儿？）嗯，手搭得这鼻子跟前，他没有……不出气咧，那就死咧嘛他。ə̃˩,ʂou˥˧tɑ˥˧tə·˧tʂə˥pi˧˥tsɿ·˧kəŋ˥˧˩tɕʰiæ̃˧˥˩,tʰɑ˥˧˩mei˧˥iou˥˧˧……pu˧˥˩tʂʰʮ˥˧˩tɕʰi˥˦lie˥,nei˥tɕiou˥sɿ˥˧lie·˧mɑ·˧tʰɑ˥˧˩.

（死完以……这个人判断他已经死了以后要要干些什么东西呢？）那在……人在临死之前，在判断他已经感觉到他已经没有活的希望了这种情况的话，那你就赶快要给穿……穿衣裳咧嘛，穿老衣咧嘛。næᴇ˥tsæᴇ˥……zʅəŋ˧˥tsæᴇ˥liŋ˧˥sɿ˥˧tsɿ˥˧˩tɕʰiæ̃˧˥,tsæᴇ˥pʰæ̃˥tuæ̃˥tʰɑ˥˧˧i˥˧tɕiŋ˥˧˩kæ̃˥˧tɕyo˥˧˩tɑɔ˥˦tʰɑ˥˧i˥˧tɕiŋ˥˧˩muo˥˧˩iou˥˧xuo˧˥˩ti·˧ɕi˥˧˩vɑŋ˥˦lə·˧tʂei˥tʂuoŋ˥˧˧tɕʰiŋ˧˥˩kʰuɑŋ˥˦ti·˧xuɑ˥˩,næᴇ˥ni˥˧˧tsou˥kæ̃˥˧˧kʰuæᴇ˥iɑɔ˥kei˥˦tʂʰuæ̃˥˧˩……tʂʰuæ̃˥˧˩i˥˧ʂɑŋ˧˥˩lie·˧mɑ·˧,tʂʰuæ̃˥˧˩lɑɔ˥˧i˥˧˩lie·˧mɑ·˧.（赶快……赶快穿老衣？）噢，把老衣先给穿上。ɑɔ˩,pɑ˥˧˩lɑɔ˥˧i˥˧˩ɕiæ̃˥˧˩kei˥tʂʰuæ̃˥˧ʂɑŋ˥˩.（没死之前就给穿上？）噢，没有死之前你就赶快给他老衣就……ɑɔ˩,mei˧˥iou˥˧sɿ˥˧tsɿ˥˧˧tɕʰiæ̃˧˥ni˥˧˧tsou˥kæ̃˥˧˩kʰuæᴇ˥kei˥˩tʰɑ˥˧˩lɑɔ˥˧i˥˧˩tsou˥˦……（要不要给他抹一抹这个身上，怕这个……死之前不是得洗个澡儿什么的？）那你有时候你来得及洗咧，有时候得下那病，你能顾得上去洗澡咧？再不……næᴇ˥ni˥˧˧iou˥˧sɿ˧˥˩xou˥ni˥˧˩læᴇ˧˥˩tə˥tɕi˧˥ɕi˥˧lie·˧,iou˥˧sɿ˧˥˩xou˥tei˥˧xɑ˥˩nei˥piŋ˥,ni˥˧˩nəŋ˧˥ku˥tei˥˧˧ʂɑŋ˥kʰei˥ɕi˥˧tsɑɔ˥˧lie·˧?tsæᴇ˥pu……（赶紧穿上？）这儿这都没那个讲究那。有些人感觉到你这个不行了，感觉到你不纯粹病的都没相了，可能医治一定无效的情况下了，那提前了那要儿子女子来那都给剃头洗脚。tʂər˥tʂə˥tou˥˧˩mei˧˥nə˥kə˥tɕiɑŋ˥˧tɕiou˥˧˩nei˥˦.iou˥˧ɕie˥˧˩zʅəŋ˧˥kæ̃˥˧tɕyo˥˧˩tɑɔ˥ni˥˧tʂə˥˩kə˥˩pu˧˥˩ɕiŋ˧˥˩lə˥,kæ̃˥˧tɕyo˥˧˩tɑɔ˥ni˥˧˩pu˧˥˩tʂʰuoŋ˧˥˩tsʰuei˥˦piŋ˥ti˥tou˥˧˩muo˥˧˩ɕiɑŋ˥˦lə·˧,kʰə˥˧˩nəŋ˧˥i˥˧˧tʂʅ˥i˥˧˧tiŋ˥˩vu˧˥˩ɕiɑɔ˥˦ti·˧tɕʰiŋ˧˥˩kʰuɑŋ˥˦ɕiɑ˥lə˥,nei˥tʰi˧˥tɕʰiæ̃˧˥lə˥nei˥iɑɔ˥ər˧˥˩tsɿ˥ny˥˧tsɿ·˧læᴇ˧˥˩nə˥tou˥˧˧kei˥tʰi˥tʰou˧˥ɕi˥˧˧tɕyo˥˧.（剃头洗脚？）噢，那都是正常现象。ɑɔ˩,nei˥˦tou˥˧˩

sɿ˥˩tʂəŋ˥tʂʰaŋ˩˧ɕiæ̃˥ɕiaŋ˥lə˩.（然后死了以后就穿上老衣？）噢。ɑɔ˩.

（然后呢接着？要不要放炮通知别人都已经死了？）不，我们这里没有放炮的习惯。pu˨˩,ŋuo˥mən˩tʂə˥˧li˥˩mei˨˩iou˥fɑŋ˥pʰɑɔ˥ti˩ɕi˨˩kuæ̃˥.（那死了以后比如说这个丧家这个门口是不是挂点儿什么东西呢以……以显示他家里已经有丧事儿了？你像人家就家里有喜事儿还贴个红喜字儿。这边儿呢？）我们这面都太不贴这个东西。嗯。ŋuo˥mən˩tʂei˥˧miæ̃˥˩tou˥˩tʰæᴇ˥pu˨˩tʰie˥tʂə˥˩kə˥˩tuoŋ˥˩ɕi˥.ə̃˥.（这个穿上老衣以后，已经判断他已经死了，然后是他要不要移到别的地方去？还是就……就搁在床上？）哎不行。那赶快就要往地下抬咧你看。æᴇ˩pu˨˩ɕiŋ˨˩.næᴇ˥kæ̃˥kʰuæᴇ˥tsou˥iɑɔ˥vɑŋ˥˩ti˥˧xɑ˥˩tʰæᴇ˨˩lie˩ni˥˧kʰæ̃˥.（地上要铺点儿什么呢？）有棺材的话，你就赶快把……把棺材……棺材盖抬的放得地下去，停到棺材上。iou˥˧kuæ̃˥tsʰæᴇ˨˩ti˩xuɑ˥˩,ni˥˩tsou˥˩kæ̃˥˧kʰuæᴇ˥˧pɑ˥˩……pɑ˥˩kæ̃˥tsʰæᴇ˨˩……kuæ̃˥tsʰæᴇ˨˩kæᴇ˥tʰæᴇ˨˩ti˩fɑŋ˥tə˩ti˥xɑ˥tɕʰie˥,tʰiŋ˨˩tɑɔ˥kuæ̃˥tsʰæᴇ˨˩ʂɑŋ˥˩.（停在棺材盖上？）噢。ɑɔ˩.（棺材盖儿是反扣着还是……）翻过来么。面朝上放下。fæ̃˥˩kuo˥˩læᴇ˨˩muo˩.miæ̃˥tʂʰɑɔ˨˩ʂɑŋ˥fɑŋ˨˩xɑ˨˩.（面朝上放下？）这往那上头一放嘛。这赶快要烧纸。tʂə˥vɑŋ˥˧nə˥ʂɑŋ˥tʰou˩i˥˩fɑŋ˥mɑ˩.tʂə˥kæ̃˥˧kʰuæᴇ˥iɑɔ˥ʂɑɔ˥˩tsɿ˥˧.（拿个盆儿烧？）噢，拿个盆儿一烧，就是……就是讲究叫这个烧落气纸咧么。赶快烧两个钱，送他上路嘛。ɑɔ˩,nɑ˨˩kə˥pʰə̃r˨˩i˥˩ʂɑɔ˥,tɕiou˥ʂɿ˥……tɕiou˥sɿ˥tɕiɑŋ˥tɕiou˥˩tɕiɑɔ˥tʂə˥kə˥ʂɑɔ˥luo˥˩tɕʰi˥˧tsɿ˥lie˩muo˩.kæ̃˥˧kʰuæᴇ˥ʂɑɔ˥liɑŋ˥kə˥˩tɕʰiæ̃˨˩,suoŋ˥tʰɑ˥˧ʂɑŋ˥lou˥mɑ˩.

（要点灯什么的吧？）那把这个东西这一套落气纸一烧以后，马上就要摆个供桌儿么。næᴇ˥pɑ˥˩tʂə˥kə˥tuoŋ˥ɕi˩tʂei˥i˥˧tʰɑɔ˥luo˥˩tɕʰi˥tsɿ˥i˥˩ʂɑɔ˥i˥˧xou˥,mɑ˥ʂɑŋ˥tɕiou˥iɑɔ˥pæᴇ˥˧kə˥kuoŋ˥˧tʂuor˥˩muo˩.（摆供桌？）摆了……pæᴇ˥lə˩……（摆在死人的什么地方？）像那么个睡下的话，你这个前头就在脚底，脚蹬那个地方，你得摆个供桌儿。上头就要点这个长明灯。ɕiɑŋ˥nə˥˧muo˩kə˩ʂuei˥xɑ˥ti˩xuɑ˥˩,ni˥˧tʂei˥kə˥tɕʰiæ̃˨˩tʰou˩tɕiou˥tsæᴇ˥tɕiɑɔ˥˩ti˥,tɕyo˥tən˥nə˥kə˥ti˥fɑŋ˥˧,ni˥˧tei˥˧pæᴇ˥kə˥˩kuoŋ˥˧tʂuor˥˩.ʂɑŋ˥tʰou˩tsou˥iɑɔ˥tiæ̃˥tʂə˥˩kə˥˩tʂʰɑŋ˨˩miŋ˨˩tən˥.（长明灯是拿一个瓦盘儿吗？）弄个碗儿一……弄个……有过去用那清油灯，你就弄个清油灯点着，放得那那儿。nuoŋ˥kə˥væ̃r˥i˥˩……nuoŋ˥kə˥……iou˥kuo˥tɕʰy˥yoŋ˥nə˥tɕʰiŋ˥iou˨˩tən˥,ni˥˧tsou˥nuoŋ˥kə˥tɕʰiŋ˥iou˨˩tən˥tiæ̃˥tʂuo˨˩,fɑŋ˥tə˩nɑ˥nɑr˥.

（他的脚是朝……朝里朝外？朝着门那一头？）朝着门。tʂʰɑɔ˨˩tʂə˩mən˨˩.（脚朝门？）脚朝门，头朝里睡着咧。tɕiɑɔ˥tʂʰɑɔ˨˩mən˨˩,tʰou˨˩tʂʰɑɔ˨˩li˥ʂuei˥tʂə˩lie˩.（面上要盖……）盖个纸嘛。kæᴇ˥kə˥tsɿ˥mɑ˩.（盖纸？）嗯。ə̃˩.（那个纸叫什么？）盖脸纸么。kæᴇ˥liæ̃˥˧tsɿ˥muo˩.（噢，不盖……不盖布，盖纸？）嗯，盖脸纸么。这个地方……这放上头的桌子上马上把供品摆上，再搞个灯点着，搞个香炉，把香烧上。ŋ̍˥,kæᴇ˥liæ̃˥˧tsɿ˥muo˩.tʂə˥kə˥ti˥fɑŋ˥˧……tʂei˥fɑŋ˥ʂɑŋ˥tʰou˩ti˩tʂuo˥tsɿ˩ʂɑŋ˥˩mɑ˥˩ʂɑŋ˥˩pɑ˥˩kuoŋ˥˧pʰiŋ˥˧pæᴇ˥ʂɑŋ˥˩,tsæᴇ˥kɑɔ˥˧kə˥tən˥tiæ̃˥tʂuo˨˩,kɑɔ˥˧kə˥ɕiɑŋ˥lou˨˩,pɑ˥˩ɕiɑŋ˥ʂɑɔ˥ʂɑŋ˥˩.（噢，还有香炉？）这个桌子前头放个盆盆，得烧纸。tʂə˥˩kə˥˩tʂuo˥tsɿ˩tɕʰiæ̃˨˩tʰou˩fɑŋ˥kə˥pʰən˨˩pʰən˨˩,tei˥˩ʂɑɔ˥˩tsɿ˥.（这个桌子是跟人是平行的还是垂直的？）就和人放的放到欸平行的就对了。[①]tɕiou˥˧xuo˨˩zəŋ˨˩fɑŋ˥tə˩fɑŋ˥tɑɔ˥ei˩pʰiŋ˨˩ɕiŋ˨˩ti˩tɕiou˥tuei˥lə˩.（平行的？然后这个……）逮个老公鸡了。tæᴇ˥˩kə˥˩lɑɔ˥˧kuoŋ˥tɕi˥˩lə˩.（噢，还要拿老公鸡？）逮个老公鸡，拴得你头跟前那那儿。tæᴇ˥˩kə˥˩lɑɔ˥˧kuoŋ˥tɕi˥˩,ʂuæ̃˥tə˩ni˥tʰou˨˩kən˥tɕʰiæ̃˨˩nə˥nər˥.（拴在头跟前？）啊，长命鸡

① 按，黄口误，参下文，当是垂直。

么。ɑ˨˩,tʂʰɑŋ˨˦miŋ˦tɕiŋ˥˧muo˨.（叫长命鸡？）长命鸡。tʂʰɑŋ˨˦˨˩miŋ˦tɕiŋ˥˧˨˩.（长命？）噢。ɑɔ˨˩.（那盖脸那个纸叫不叫蒙脸纸？）也叫蒙脸纸么。ie˥˧tɕiɑɔ˦məŋ˨˦liæ̃˥˧˧˥tsɿ˥˧muo˨.（像这边一般说哪一个？）叫盖脸纸么。tɕiɑɔ˦˨˩kæᴇ˦liæ̃˥˧˧˥tsɿ˥˧muo˨.（盖脸纸。是什么颜色的那个纸？）那必须是白的嘛。nə˦˥˧pi˥˧˧˥ɕy˥˧˧˥sɿ˦pei˨˦˨˩ti˧ma˨.（白的？）嗯。ə̃˨˩.（白的是黄的？）白的。pei˨˦˨˩ti˧.（它这个纸是不是很柔软？）那无所谓。只要他盖住不掉就行了，没有柔软硬的可能。只要他看不着天儿就对了。就是把他这个……这个人……他意思为咧遮丑咧噢，不让你别人看到那个脸难看就对了么。nə˦vu˨˦˨˩ʂuo˥˧vei˦.tsɿ˥˧˨˩iɑɔ˦tʰɑ˥˧˧˥kæᴇ˦tʂʯ˦pu˨˦˨˩tiɑɔ˦tsou˦˨˩ɕiŋ˨˦˨˩lə˧,mei˨˦iou˥˧zou˨˦˨˩zuæ̃˥˧˧˥niŋ˦ti˧kʰə˥˧˨˩nəŋ˨˦.tsɿ˥˧˨˩iɑɔ˦˥˧tʰɑ˥˧˨˩kʰæ̃˦pu˨˦˧˥tʂuo˨˦˧˥tʰiæ̃r˥˧tsou˦˨˩tuei˦˥˧lə˨.tɕiou˦sɿ˦pɑ˥˧˨˩tʰɑ˥˧˧˥tʂə˦kə˦˧……tʂə˦kə˦zəŋ˨˦……tʰɑ˥˧i˦˧˥sɿ˨sɿ˦˨˩vei˦˥˧lie˨tʂə˥˧˨˩tʂʰou˥˧liou˨,pu˨˦˨˩zɑŋ˦˥˧ni˥˧˧˥pie˨˦˨˩zəŋ˨˦˥˧kʰæ̃˦tɑɔ˦nə˦kə˦liæ̃˥˧næ̃˨˦˨˩kʰæ̃˦tɕiou˦tuei˦lə˧muo˨.

（然后这个人是跪在哪边呢？）两边都可以跪。liɑŋ˥˧piæ̃˥˧˨˩tou˥˧˧˥kʰə˥˧˨˩i˥˧˨˩kuei˦˨˩.（哪两……两边哪边都可以跪？）你停下人的那个两边儿你都是地方宽咧。ni˥˧tʰiŋ˨˦˨˩xɑ˦˥˧zəŋ˨˦ti˧tʂə˦kə˦liɑŋ˥˧˧˥piæ̃r˥˧ni˥˧˨˩tou˥˧˨˩sɿ˦˨˩ti˦˧˥fɑŋ˥˧˨˩kʰuæ̃˥˧˨˩lie˨.（头和脚两边儿？）哎，左右么，膀子，左右么你。跑到头两边儿跪？这面放了供桌子，后边放的都没有你跪的地方，你往哪儿跪去？就在左右跪着咧么你。æᴇ˨˦,tsuo˥˧˨˩iou˦˥˧muo˨,pɑŋ˥˧tsɿ˨,tsuo˥˧˨˩iou˦˥˧muo˨ni˥˧˨˩.pʰɑɔ˥˧tɑɔ˦˨˩tʰou˨˦liɑŋ˥˧piæ̃r˥˧˨˩kuei˦?tʂei˦˧˥miæ̃˦fɑŋ˦lə˧kuoŋ˦˧˥tʂuo˥˧tsɿ˨,xou˦piæ̃˥˧˨˩fɑŋ˦ti˧tou˥˧˨˩mei˨˦iou˥˧ni˥˧kuei˦ti˧ti˦˧˥fɑŋ˥˧˨˩,ni˥˧˧˥vɑŋ˥˧˨˩nɑr˥˧˧˥kuei˦˨˩tɕʰi˦˨˩?tsou˦˨˩tsæᴇ˦˨˩tsuo˥˧iou˦˥˧kuei˦tʂə˨lie˨muo˨ni˥˧˨˩.（供桌两边儿跪？）啊。ɑ˨˩.（这个祭奠的人是……是站在什么地方呢？）祭奠你在桌子……放的供桌儿，你该他供桌儿前头祭奠咧么你。tɕi˦tiæ̃˦ni˥˧˧˥tsæᴇ˦tʂuo˥˧tsɿ˨……fɑŋ˦˧˥ti˨kuoŋ˦˧˥tʂuor˥˧˨˩,ni˥˧˨˩kæᴇ˥˧˨˩tʰɑ˥˧˨˩kuoŋ˦˧˥tʂuor˥˧˨˩tɕʰiæ̃˨˦˨˩tʰou˧tɕi˦tiæ̃˦˥˧lie˨muo˨ni˥˧˨˩.

（就说这烧完了烧烧这些纸然后这这中间就说到出殡之前还有些什么活动呢？）呃你最起码要请请阴阳啊。ə˦ni˥˧˧˥tsuei˦tɕʰi˥˧ma˥˧iɑɔ˦tɕʰiŋ˥˧˧˥tɕʰiŋ˥˧˧˥iŋ˥˧iɑŋ˨˦˨˩ɑ˨.（请阴阳？）请阴阳，看墓地儿，要打墓咧么。这个是……tɕʰiŋ˥˧˧˥iŋ˥˧˧˥iɑŋ˨˦,kʰæ̃˦mu˦tiər˦,iɑɔ˦tɑ˥˧mu˦˧˥lie˨muo˨.tʂei˦kə˦˨˩sɿ˦……（打……打墓？）啊。你该把这个这这首先把这个要这一个事要办咧。下边你这个时间一定下，几时出殡咧。一定好以后你赶快出去通知亲戚引人。ɑ˨˩.ni˥˧˨˩kæᴇ˥˧˨˩pɑ˥˧˨˩tʂə˦kə˦tʂei˦˥˧tʂə˦˨˩ʂou˥˧ɕiæ̃˥˧˨˩pɑ˥˧˨˩tʂə˦˥˧kə˦˥˧iɑɔ˦˨˩tʂei˦i˥˧kə˦˨˩sɿ˦iɑɔ˦pæ̃˦lie˧.ɕiɑ˦piæ̃˥˧˧˥ni˥˧˧˥tʂə˦kə˦sɿ˨˦˨˩tɕiæ̃˥˧i˥˧˨˩tiŋ˦xɑ˦,tɕi˥˧sɿ˨˦˨˩tʂʰʯ˥˧˨˩piŋ˦˥˧lie˨.i˥˧˨˩tiŋ˦xɑɔ˥˧i˥˧˨˩xou˦ni˥˧˧˥kæ̃˥˧˧˥kʰuæᴇ˦tʂʰʯ˥˧tɕʰi˦˨˩tʰuoŋ˥˧˧˥tʂʅ˥˧˧˥tɕʰiŋ˥˧tɕʰi˥˧˨˩iŋ˥˧zəŋ˨˦.（通知亲戚？）噢。ɑɔ˨˩.（通知亲戚干吗？）来祭奠嘛。læᴇ˨˦tɕi˦tiæ̃˦˥˧ma˨.（祭奠？）祭奠，问哪一天埋人咧么，出殡咧么。tɕi˦tiæ̃˦,vəŋ˦nɑ˥˧i˥˧˨˩tʰiæ̃˥˧˨˩mæᴇ˨˦zəŋ˨˦˨˩lie˧muo˨,tʂʰʯ˥˧˨˩piŋ˦˥˧liem˨.（亲戚来这个来之前要提什么东西不提？还是直接就这么来了？）欸，那都要拿东西咧嘛。那最起码得拿个献馍馍，拿点儿纸嘛。ei˨˦,nei˦˥˧tou˥˧˧˥iɑɔ˦nɑ˨˦tuoŋ˥˧ɕi˨lie˨ma˨.nɑ˦tsuei˦tɕʰi˥˧ma˥˧tei˥˧˨˩nɑ˨˦kə˦ɕiæ̃˦muo˨˦˨˩muo˨˦˨˩,nɑ˨˦˨˩tiæ̃r˥˧˧˥tsɿ˥˧ma˨.（拿个线？拿个……）你得提的有献，有供品和纸么。ni˥˧˧˥tei˥˧˧˥tʰi˨˦˨˩ti˧iou˥˧ɕiæ̃˦,iou˥˧kuoŋ˦˧˥pʰiŋ˥˧˨˩xuo˨˦˨˩tsɿ˥˧muo˨.（纸就烧的那个纸？）啊。ɑ˨˩.（那“线”是干什么的？）献就是供品么，一人来拿个嘛。ɕiæ̃˦tɕiou˦˨˩sɿ˦˨˩kuoŋ˦pʰiŋ˥˧muo˨,i˥˧˨˩zəŋ˨˦læᴇ˨˦nɑ˨˦kə˦ma˨.（噢，献！贡献的献。）献么。啊。ɕiæ̃˦muo˨.ɑ˨˩.（那个东西叫献？）嗯。拿四个大馍馍。ə̃˨˩.nɑ˨˦˨˩sɿ˦kə˦tɑ˦muo˨˦˨˩muo˨˦˧˥.（拿四个大馍馍？）嗯。把纸么你拿来以后放得前头，放到供桌上一放，你给他的灵前跪下烧一张纸嘛。ə̃˨˩.pɑ˥˧˨˩tsɿ˥˧muo˨ni˥˧˧˥nɑ˨˦˧˥læᴇ˨˦˧˥i˥˧˨˩xou˦fɑŋ˦tə˧tɕʰiæ̃˨˦˨˩tʰou˧,fɑŋ˦tɑɔ˦kuoŋ˦˧˥tʂuo˥˧˨˩ʂɑŋ˦˨˩i˥˧˨˩fɑŋ˦,ni˥˧˧˥kei˦tʰɑ˥˧˧˥ti˧liŋ˨˦tɕʰiæ̃˨˦kʰuei˦xɑ˦ʂɑɔ˥˧i˥˧˨˩tʂɑŋ˥˧˨˩tsɿ˥˧ma˨.（烧一张纸？）啊。

ɑɻ.（要磕个头？）不一定一张纸嘛。你都是拿些纸以后……puɅɻi˥˧tiŋ˧i˥˧tʂɑŋ˥ɻtsɿ˥mɑ˧.ni˥˧tou˥ɻʂɿ˧˥nɑɅɕie˥ɻtsɿ˥˧i˥ɻxou˧˥……（烧烧一点儿就行了？）烧点纸，给□磕个头么。ʂɑɔ˥tiæ̃˥ɻtsɿ˥,kei˧niæ̃Ʌ˧kʰə˥kə˧tʰouɅmuo˧.（噢，要磕个头？）噢，有些人还来给你上一炷香。ɑɔɻ,iou˥ɕie˥ɻzəŋɅxɑɅɻlæᴇɅkei˧ni˥˧ʂɑŋ˧i˥˧tʂʮ˧ɕiɑŋ˥.（旁边儿有没有司仪这个？）没有，这地方没有司仪。这这两边只有孝子跪下你陪着。孝子有守灵的人正……正陪着你磕头咧。司仪这个时候不……不可能站得这儿这了。muo˥ɻiou˥˧,tʂə˧˥ti˧ɻfɑŋ˥ɻmeiɅiou˥sɿ˥ɻiɅ.tʂei˧tʂei˧˥liɑŋ˥piæ̃˥ɻtsɿ˥ɻiou˥ɕiɑɔ˧˥tsɿ.ɻkʰuei˧˥xɑ˧ni˥ɻpʰeiɅɻtʂuo˥.ɕiɑɔ˧tsɿ˧iou˥˧ʂou˥liŋɅɻti˧zəŋɅɻtʂəŋ˧……tʂəŋ˧pʰeiɅɻtʂuo˥ni˥ɻkʰuo˥tʰouɅɻlie˧.sɿ˥ɻiɅtʂə˧kə˧sɿɅ˧xou˧puɅ˧……puɅɻkʰə˥nəŋɅtsæ̃˧tə˧tʂər˧tʂə˧lə˧.

（然后这个祭奠完了，就这是祭奠了，接下来有什么项目没有？）再就没有了。tsæᴇ˧˥tsou˧ɻmeiɅiou˥˧lə˧.（这个一直到出殡前都没有？）噢，一直到出殡前，那事还多咧。那你这个上来以后，每天吃一顿饭，活人吃一顿饭，你得给死人上一顿饭咧。活人这个几……比如早晨饭，这个是晚上死的，今天早上刚吃饭，你死人……活人先不忙吃咧，死人先给……吃饭之前先给……你吃的啥饭，先给死人这个桌子上先把啥饭摆上嘛。ɑɔɻ,i˥ɻtʂʅɅ˧tɑɔ˧tʂʰʮ˥ɻpiŋ˧˥tɕʰiæ̃Ʌ,nei˧˥sɿ˧xɑɅɻtuo˥lie˧.næᴇ˧ni˥tʂə˧kə˧ʂɑŋ˧læᴇɅ˧i˥˧xou˧,mei˥tʰiæ̃˥ɻtʂʰʮ˥ɻi˥ɻtuoŋ˧fæ̃˧,xuoɅzəŋɅtʂʰʮ˥i˥ɻtuoŋ˧fæ̃˧,ni˥tei˥ɻkei˧sɿ˥zəŋɅɻʂɑŋ˧i˥˧tuoŋ˧fæ̃˧ɻlie˧.xuoɅzəŋɅtʂə˧kə˧tɕi˥……pi˥zʮɅɻtsɑɔ˥ʂəŋɅɻfæ̃˧,tʂə˧kə˧sɿ˧væ̃˥ʂɑŋ˧sɿ˥ti˧,tɕiŋ˥tʰiæ̃˥ɻtsɑɔ˥ʂɑŋ˧ɻkɑŋ˥˧tʂʰʮ˥ɻfæ̃˧,ni˥˧sɿ˥zəŋɅɻ……xuoɅzəŋɅ˧ɕiæ̃˥ɻpuɅɻmɑŋɅtʂʰʮ˥lie˧,sɿ˥zəŋɅɻɕiæ̃˥ɻkei˧ɻ……tʂʰʮ˥ɻfæ̃˧tsɿ˥tɕʰiæ̃Ʌɕiæ̃˥ɻkei˧……ni˥tʂʰʮ˥ti˧sɑ˧fæ̃˧,ɕiæ̃˥ɻkei˧sɿ˥zəŋɅɻtʂə˧kə˧tʂuo˥tsɿ˧ʂɑŋ˧ɻɕiæ̃˥ɻpɑ˥ɻsɑ˧fæ̃˧pæᴇ˥ʂɑŋ˧mɑ˧.

（噢，对了，死了之后这个嘴巴里面要放不放点儿东西？）放钱咧么。fɑŋ˧tɕʰiæ̃Ʌɻlie˧muo˧.（放个钱？）嗯。ə̃ɻ.（就是那个铜钱？）铜钱么，放噙……就放个噙口钱嘛。tʰuoŋɅtɕʰiæ̃mɅ˧,fɑŋ˧ɻtɕʰiŋɅ˧……tɕiou˧fɑŋ˧˥kə˧ɻtɕʰiŋɅɻkʰou˥tɕʰiæ̃Ʌmɑ˧.（噙口钱？）嗯。ə̃ɻ.（现在没有铜钱了，拿什么用呢？）那人民……那个钢镚儿也能放。nə˧zəŋɅmiŋɅ˧……nə˧kə˧kɑŋ˥ɻpə̃r˧ie˥ɻnəŋɅfɑŋ˧.（钢镚儿是吗？怪不得这边儿不收钢镚儿呢！）哎，不收钢……这边……银行那……到处都没人要钢镚儿么你。æᴇɻ,puɅɻʂou˥ɻkə……tʂei˧piæ̃˥˧……iŋɅxɑŋɅ˧nə˧ʂ……tɑɔ˧˥tʂʰʮ˥ɻtou˥ɻmeiɅzəŋɅ˧iɑɔ˧˥kɑŋ˥ɻpə̃r˧˥muo˧ni˥ɻ.（银行也不要？）不要。puɅɻiɑɔ˧ɻ.（那是它发的钱，它怎么不要呢？）这里银行里你是哪哪的有发钢镚儿。这里头你请打墓，请阴阳看时间，请帮忙的打墓，然后这一系列的事情都要做咧你看。这是咱们这个地方过事咧。要过事……过了到这个岭……岭那面前塬里的话，你要过这个敛如果是过官兵事，那还要打醮那，那事情多得焦鏾着了。tʂə˧li˥ɻiŋɅxɑŋɅ˧li˥˧ni˥ɻsɿ˧ɻnɑ˥nɑ˥tə˧iou˥˧fɑ˥kɑŋ˥ɻpə̃r˧ɻ.tʂə˧li˥˧tʰou˧ni˥˧tɕʰiŋ˥˧tɑ˥ɻmu˧,tɕʰiŋ˥˧iŋ˥iɑŋɅɻkʰæ̃˧sɿɅɻtɕiæ̃˥,tɕʰiŋ˥pɑŋ˥ɻmɑŋɅɻti˧tɑ˥mu˧,zæ̃Ʌɻxou˧tʂei˧i˥ɻɕi˧lie˥ɻti˧sɿ˧˥tɕʰiŋɅɻtou˥ɻiɑɔ˧tsuo˧˥lie˧ni˥ɻkʰæ̃˧ɻ.tʂə˧sɿ˧tʂɑɅməŋ˧tʂə˧kə˧ti˧fɑŋ˥˧kuo˧sɿ˧lie˧.iɑɔ˧kuo˧˥sɿ˧……kuo˧lə˧tɑɔ˧tʂə˧kə˧liŋ˥……liŋ˥nei˧˥miæ̃˧ɻtɕʰiæ̃Ʌyæ̃Ʌɻli˥tə˧xuɑ˧ɻ,ni˥ɻiɑɔ˧ɻkuo˧˥tʂə˧kə˧ɻeiɻzʮɅɻkuo˥sɿ˧kuo˧kuæ̃˥˧piŋ˥sɿ˧,nə˧xæᴇɅɻiɑɔ˧tɑ˥ɻtɕiɑɔ˧˥nə˧,nə˧sɿ˧tɕʰiŋɅ˧tuo˥tə˧tɕiɑɔ˥ɕiæ̃˥ɻtʂə˧lə˧.（多的什么？）多得很，也叫多的焦鏾咧。这个打醮，过官兵事，过……过打醮的话，过打醮的话，那你要请阴阳，请和尚，请道士要来念经咧。tuo˥tei˥ɻxəŋ˥,ɑ˥ɻtɕiɑɔ˧tuo˥ti˧tɕiɑɔ˥ɕiæ̃˥ɻlie˧.tʂə˧kə˧tɑ˥ɻtɕiɑɔ˧,kuo˧kuæ̃˥˧piŋ˥sɿ˧,kuo˧˥……kuo˧tɑ˥ɻtɕiɑɔ˧˥ti˧xuɑ˧ɻ,kuo˧tɑ˥ɻtɕiɑɔ˧˥ti˧xuɑ˧ɻ,nei˧ni˥˧iɑɔ˧tɕʰiŋ˥˧iŋ˥iɑŋɅɻ,tɕʰiŋ˥˧x uo˨˩˦ʂaŋ˧,tɕʰiŋ˦˨˧taɔ˧sɿ˧iaɔ˧˨læᴇ˨˩niæ̃˧tɕiŋ˦lie˨.（念经？）噢，念经。ɑɔ˨˩,niæ̃˧tɕiŋ˦.（就是出殡之前念经？）噢，那念经咧你看是，要打醮的话你是打三天醮咧还是七天醮咧。ɑɔ˨˩,næᴇ˧niæ̃˧tɕiŋ˦lie˨ni˦˨kʰæ̃˧sɿ˧,iaɔ˧ta˦˨tɕiaɔ˧˦tə˨xua˧ni˦˨sɿ˧ta˦˨sæ̃˦tʰiæ̃˦˨tɕiaɔ˧˦lie˨xa˨˩sɿ˧tɕʰi˦tʰiæ̃˦˨tɕiaɔ˧lie˧.（还有打七天醮的？）噢，你做要念七天经咧。你过官……过官兵事的话要请老爷，请礼宾，那事都多得很着咧。像我们这面都很简单，没有那个，没有过官兵事和打醮的那个习惯。ɑɔ˨˩,ni˦˨tsuo˧iaɔ˧niæ̃˧tɕʰi˦tʰiæ̃˦˨tɕiŋ˦lie˨.ni˦˨kuo˧pæ̃（←kuæ̃˦）……kuo˧kuæ̃˦˨piŋ˦˨sɿ˧ti˨xua˧iaɔ˧tɕʰiŋ˦laɔ˦ie˨˩,tɕʰiŋ˦li˦piŋ˦˨,nə˧sɿ˧tou˦˨tuo˦tə˨xəŋ˦tʂə˨lie˨.ɕiaŋ˧ŋuo˦məŋ˨tʂei˧˦miæ̃˧˨tou˦˨xəŋ˦tɕiæ̃˦˨tæ̃˦˨,mei˨˩iou˦nə˧kə˧,mei˨˩iou˦kuo˧kuæ̃˦˨piŋ˦˨sɿ˧xuo˨˩ta˦˨tɕiaɔ˧ti˨nə˧kə˧ɕi˨˩kuæ̃˧.（没有，就是一般就是这个……）就是一般就这么个，很简单。tsou˧˨sɿ˧˨i˦˨pæ̃˦tɕiou˧tʂə˧˨muo˨kə˧˨,xəŋ˦˨tɕiæ̃˦tæ̃˦˨.（点个……点烛不点？）点烛，我们……那那是过官兵事□点烛咧。我们这面儿连烛都不点。tiæ̃˦tʂʮ˨˩,ŋuo˦məŋ˨……nei˧nei˧sɿ˧kuo˧kuæ̃˦˨piŋ˦˨sɿ˧niæ̃˨˩tiæ̃˦tʂʮ˨˩lie˨.ŋuo˦məŋ˨tʂei˧miæɚ˧liæ̃˨˩tʂʮ˨˦tou˦˨pu˨˩tiæ̃˦.（烛都不点？）不点。就是有时候了就说是，这中间过程以后有个领羊。pu˨˩tiæ̃˦˨.tsou˧sɿ˧iou˦sɿ˨˩xou˧lə˧tɕiou˧˨ʂuo˦˨sɿ˧˨,tʂə˧tʂuoŋ˦˨tɕiæ̃˦˨kuo˧tʂʰəŋ˨˩i˦˨xou˧iou˦kə˧˨liŋ˦iaŋ˨˩.（领羊？）嗯。ə̃˨˩.（你们这儿也领羊？）噢。ɑɔ˨˩.（嗯，怎么……怎么弄呢？）拉一只活羊嘛。la˦i˦˨tʂʅ˦xuo˨˩iaŋ˨˩ma˨.（山羊还是绵羊？）山羊。拉一只活山羊来以后……sæ̃˦iaŋ˨˩.la˦i˦˨tʂʅ˦xuo˨˩sæ̃˦iaŋ˨˩læᴇ˨˩i˦˨xou˧……（公的母的？）哎，必须是……必须是羯子。æᴇ˨˩,pi˦˨ɕy˦˨sɿ˧k……pi˦˨ɕy˦˨sɿ˧tɕie˦tsɿ˨.（羯子是什么东西？就是……）去……去咧势的那个么。tɕʰy˧˦……tɕʰy˧˦lie˨ʂʅ˧ti˨nə˧kə˧˨muo˨.（噢，割了的？）嗯。ə̃˨˩.（就是太监一样？）啊。把这个领来以后，你就必须这个要领咧么。ɑ˨˩.pɑ˦˨tʂə˧kə˧liŋ˦læᴇ˨˩i˦˨xou˧,ni˦˨tsou˧pi˦˨ɕy˦˨tʂə˧kə˧iaɔ˧liŋ˦lie˨muo˨.（领羊是怎么领呢？）领羊以后，孝子全部都跪下。liŋ˦iaŋ˨˩i˦˨xou˧,ɕiaɔ˧tsɿ˨tɕʰyæ̃˨˩pu˧˦tou˦˨kʰuei˧xa˧.（跪在他旁边儿？）啊，都跪在这个灵前头嘛。把羊拉得这个供桌前面来。ɑ˨˩,tou˦˨kuei˧˦tsæᴇ˧tʂə˧kə˧liŋ˨˩tɕʰiæ̃˨˩tʰou˨ma˨.pa˦˨iaŋ˨˩la˦˨tə˨tʂə˧kə˧˨kuoŋ˧tʂuo˦˨tɕʰiæ̃˨˩miæ̃˧læᴇ˨˦.（这个羊是人朝着死人还是屁股朝着死人？）呃儿，头朝死人嘛。əɚ˧,tʰou˨˩tʂʰaɔ˨˩sɿ˦zəŋ˨˩ma˨.（头朝死人？）噢，把这个拉来放得这个地方，然后用这个……只把这水……净水蘸上，把这前后给洗一洗嘛。ɑɔ˨˩,pa˦˨tʂə˧kə˧la˦˨læᴇ˨˩faŋ˧tə˨tʂə˧kə˧ti˧faŋ˦˨,zæ̃˨˩xou˧yoŋ˧tʂə˧˨kə˧˨ʂ……tsɿ˦pa˦˨tʂə˧ʂuei˦……tɕiŋ˧ʂuei˦tsæ̃˧ʂaŋ˧,pa˦˨tʂə˧tɕʰiæ̃˨˩xou˧kei˧ɕi˦i˦˨ɕi˦˨ma˨.（洗羊？）噢。这叫洗礼，净羊咧么。把羊先……ɑɔ˨˩.tʂei˧tɕiaɔ˧ɕi˦li˦,tɕiŋ˧iaŋ˨˩lie˨muo˨.pa˦˨iaŋ˦˨ɕiæ̃˦˨……（净羊？）啊，净羊嘛。ŋa˨˩,tɕiŋ˧iaŋ˨˩ma˨.（就是拿烧的那个草……草纸？）烧纸，噢草纸。蘸点儿水把这个……象征性的就说是把这个……就是给……把这个羊洗净么，叫净羊么。净羊毕咧以后，给这羊就说咧嘛，就说是这谁给你领下的羊嘛，这个羊谁给你领的嘛，是家里的主羊，就比如说是这个，这是你的……这是家里些娃，给你领下的主羊，这就是你照看着的，领么。这个羊，领的时候，羊必须浑身敨[1]毛。羊这个浑身这把它嗵隆隆一抖，这个毛一……浑身一甩，羊……这就分明叫抖了，就把羊领了。ʂaɔ˦˨tsɿ˦,ɑɔ˨˩tsʰaɔ˦tsɿ˦.tsæ̃˧tiæɚ˦˨ʂuei˦pa˦˨tʂə˧kə˧……ɕiaŋ˧tʂəŋ˦˨ɕiŋ˧ti˨tɕiou˧ʂuo˦˨sɿ˧pa˦˨tʂə˧kə˧……tsou˧˨sɿ˧˨kei˧……pa˦˨tʂə˧kə˧iaŋ˨˩ɕi˦tɕiŋ˧muo˨,tɕiaɔ˧˨tɕiŋ˧iaŋ˨˩muo˨.tɕiŋ˧iaŋ˨˩pi˦lie˨i˦˨xou˧,kei˧tʂə˧iaŋ˨˩tsou˧ʂuo˦˨lie˨ma˨,tɕiou˧ʂuo˦˨sɿ˧tʂə˧sei˨˩kei˧ni˦˨liŋ˦xa˧ti˨iaŋ˨˩ma˨,tʂə˧kə˧iaŋ˨˩sei˨˩kei˧ni˦˨liŋ˦ti˨ma˨,sɿ˧tɕia˦li˦˨tʂʮ˦iaŋ˨˩,tsou˧pi˦ʐʮ˨˩ʂuo˦˨sɿ˧tʂə˧˨kə˧˨,tʂə˧sɿ˧ni˦ti˨……tʂə˧˨sɿ˧˨tɕia˦li˦˨ɕie˦˨va˨˩,kei˧ni˦˨liŋ˦xa

˥˩tə˧tʂʯ˥˧iaŋ˩˧˩,tʂə˥˥˧tɕiou˥˩sʅ˥ni˥˧tʂaɔ˥kʰæ̃˥tʂə˧ti˧,liŋ˥˧muo˧.tʂə˥kə˥iaŋ˩˧,liŋ˥˧ti˧sʅ˩˧˩xou˥,iaŋ˩˧pi˥˧˩ɕy˥˧˩xuoŋ˩˧ʂəŋ˥˧˩tʰou˥˧maɔ˩˧.iaŋ˩˧tʂə˥kə˥xuoŋ˩˧ʂəŋ˥˧˧tʂə˥pa˥˧˩tʰɑ˥˧˧tʰuoŋ˥˧luoŋ˥˧luoŋ˥˧i˥˧˩tou˥˧,tʂə˥kə˥maɔ˩˧i˥˧˩……xuoŋ˩˧ʂəŋ˥˧˩i˥˧˩sæᴇ˥˧,iaŋ˩˧……tʂə˥˥˧tsou˥˩fəŋ˥˧˩miŋ˩˧tɕiaɔ˥tou˥˧lə˧,tɕiou˥pa˥˧˩iaŋ˩˧liŋ˥˧lə˧.（叫领了？）噢。ɑɔ˩.（给你说这是谁领的？）谁领的么。sei˩˧liŋ˥˧tim˧.（然后说些什么呢？肯定口中念念有词啊？）哎，那就是说的还……就说是这个你……你把这个羊领了，这是个主羊如何长短，这是就等于给这个……给羊说的，实际上就是给死人说话咧。他说这是谁给你领的羊。个羊一般情况下都不领，尽管给羊身上……它本身给那个羊们……那个从科学的道理上它没有得，但是他把这个羊身上洗的时候，给这羊身上倒咧些冷水着咧。羊有时候一动，这个身上一敨毛，就说是羊把……羊领了。在这个领的时候，那有好多羊是不领嘛。那都被说咧嘛。说是你看你都领……这这这你还有啥放心不下的啊？你看你这些事儿。你死咧以后，这啥都好着咧。这这这你也不用惦记说是这这家里过不成。反正好多……说好多安慰的话。这个羊么，一般你像这拉来，人一多以后，羊吓的够呛，它也转咧，总瞅咧，希望……说你不要瞅了，□人都在咧。你也不要瞅了。有些人他说你看那谁谁谁没有来，今儿可能没有来，那□是忙着咧，这有啥事情没有来。给他放心要得，好着，你领吵。就给□说话咧。æᴇ˩˧,næᴇ˥˥˧tɕiou˥˩sʅ˥˩ʂuo˥˧ti˧xæᴇ˩˧˥˧y……tɕiou˥ʂuo˥˧˧sʅ˥tʂə˥kə˥ni˥˧˩……ni˥˧˩pa˥˧˩tʂə˥kə˥iaŋ˩˧liŋ˥˧lə˧,tʂə˥˥˧sʅ˥kə˥tʂʯ˥˧iaŋ˩˧ʐʯ˩˧˩xuo˩˧tʂʰɑŋ˩˧˩tuæ̃˥˧,tʂə˥sʅ˥tsou˥təŋ˥˧y˩˧˧kei˥˥˧tʂə˥kə˥……kei˥iaŋ˩˧ʂuo˥˧ti˧,ʂʅ˩˧˩tɕi˥˥˧ʂaŋ˥tɕiou˥sʅ˥kei˥sʅ˥˧ʐəŋ˩˧˩ʂuo˥˧˩xuɑ˥˥˧lie˧.tʰɑ˥˧˩ʂuo˥˧˧tʂei˥sʅ˥sei˩˧kei˥ni˥˧˧liŋ˥˧˧ti˧iaŋ˩˧.kə˥˩iaŋ˩˧i˥˧˧pæ̃˥˧tɕʰiŋ˩˧˩kʰuaŋ˥˥˧ɕia˥tou˥˧˩pu˩˧˩liŋ˥˧,tɕiŋ˥kuæ̃˥˧˧kei˥˩iaŋ˩˧ʂəŋ˥˧ʂaŋ˥……tʰɑ˥˧˧pəŋ˥˧ʂəŋ˥˧˩kei˥nə˥kə˥iaŋ˩˧məŋ˧……nə˥kə˥tsʰuoŋ˩˧˩kʰə˥˧ɕyo˩˧˩ti˧taɔ˥li˥˧˩ʂaŋ˥˩tʰɑ˥˧mei˩˧iou˥˧tei˥˧˩,tæ̃˥sʅ˥tʰɑ˥˧pa˥˧˩tʂə˥kə˥iaŋ˩˧ʂəŋ˥˧ʂaŋ˥˩ɕi˥˧ti˧sʅ˩˧˩xou˥,kei˥tʂə˥iaŋ˩˧ʂəŋ˥˧ʂaŋ˥˩taɔ˥lie˧ɕie˥˧˩ləŋ˥˧ʂuei˥˧tʂə˧lie˧.iaŋ˩˧iou˥˧sʅ˩˧˩xou˥i˥˧˩tuoŋ˥,tʂə˥˩kə˥˩ʂəŋ˥˧ʂaŋ˥˩i˥˧˩tʰou˥˧maɔ˩˧,tɕiou˥ʂuo˥˧sʅ˥˩iaŋ˩˧pa˥˧˩……iaŋ˩˧liŋ˥˧lə˧.tʂæᴇ˥˩tʂə˥kə˥liŋ˥˧ti˧sʅ˩˧˩xou˥,nei˥iou˥˧˧xaɔ˥˧tuo˥˧˩iaŋ˩˧sʅ˥˩pu˩˧˩liŋ˥˧ma˧.næᴇ˥tou˥˧˧pi˥ʂuo˥˧lie˧ma˧.ʂuo˥˧sʅ˥˩ni˥˧kʰæ̃˥ni˥˧tou˥˧˩liŋ˥˧……tʂei˥tʂei˥tʂei˥ni˥˧˧xa˩˧˩iou˥˧sa˥faŋ˥ɕiŋ˥˧˩pu˩˧˩ɕia˥tia˧?ni˥˧˩kʰæ̃˥˥˧ni˥˧tʂei˥ɕie˥˧˧sər˥.ni˥˧sʅ˥˧lie˧i˥˧˩xou˥,tʂei˥sa˥˥˧tou˥˧˩xaɔ˥˧tʂə˧lie˧.tʂei˥tʂei˥tʂei˥ni˥˧˩ia˥˧˩pu˩˧˩yoŋ˥……ni˥˧˩ia˥˧˩pu˩˧˩yoŋ˥tiæ̃˥tɕi˥ʂuo˥˧˧sʅ˥tʂei˥tʂei˥tɕia˥˧li˥˧˩kuo˥pu˩˧˧tʂʰəŋ˩˧.fæ̃˥˧tʂəŋ˥xaɔ˥˧tuo˥˧˩……ʂuo˥˧˩xaɔ˥˧tuo˥˧˩næ̃˥˧˩vei˥˥˧ti˧xua˥.tʂə˥kə˥iaŋ˩˧muo˧,i˥˧˧pæ̃˥˧˩ni˥˧˧ɕiaŋ˥tʂə˥la˥˧læᴇ˩˧,ʐəŋ˩˧i˥˧˧tuo˥˧i˥˧˧xou˥,iaŋ˩˧xa˥ti˧kou˥tɕʰiaŋ˥,tʰɑ˥˧˧æ˥˧˩tʂuæ̃˥lie˧,tsuoŋ˥˧˩tsʰou˥˧lie˧,ɕi˥˧˩vaŋ˥……ʂuo˥˧˧ni˥˧˧pu˩˧˩iaɔ˥˥˧tsʰou˥˧lə˧,niæ̃˩˧˧ʐəŋ˩˧tou˥˧˩tsæᴇ˥˥˧lie˧.ni˥˧˧æ˥˧˧pu˩˧˩iaɔ˥tsʰou˥˧lə˧.iou˥˧ɕie˥˧˩ʐəŋ˩˧tʰɑ˥˧˩ʂuo˥˧˩ni˥˧˧kʰæ̃˥nə˥sei˩˧sei˩˧˧sei˩˧mei˩˧˩iou˥˧˩læᴇ˩˧,tɕiɔ̃r˥˧˩kʰə˥˧nəŋ˩˧˩mei˩˧iou˥˧læᴇ˩˧,nə˥niæ̃˩˧˩sʅ˥maŋ˩˧˩tʂaɔ˥˧lie˧,tʂei˥iou˥˧˩sa˥sʅ˥˥˧tɕʰiŋ˩˧˩mei˩˧iou˥˧læᴇ˩˧˩.kei˥˩tʰɑ˥˧˩faŋ˥˥˧ɕiŋ˥˧˧iaɔ˥˥˧tə˧,xaɔ˥˧tʂə˧,ni˥˧˧liŋ˥˧sa˧.tsou˥kei˥niæ̃˩˧˩ʂuo˥˧˩xua˥lie˧.（这个瞅是什么意思啊？）瞅是看咧么。tsʰou˥˧sʅ˥kʰæ̃˥˥˧lie˧muo˧.（这个话都是由孝子来说吧？）孝子说。那跟前坐下那些人谁都说咧么。ɕiaɔ˥tsʅ˧ʂuo˥˧˧.næᴇ˥kəŋ˥˧tɕʰiæ̃˩˧˩tsuo˥xa˥nei˥ɕie˥˧ʐəŋ˩˧sei˩˧tou˥˧˩ʂuo˥˧liem˧.（噢，对着羊说还是对着死人说？）对给羊说咧嘛。tuei˥kei˥iaŋ˩˧ʂuo˥˧lie˧ma˧.（对羊说？）说说说，最后这个羊么就……一敨毛就叫领咧。ʂuo˥˧ʂuo˥˧˩ʂuo˥˧,tsuei˥xou˥tʂə˥kə˥iaŋ˩˧muo˧tɕiou˥˩……i˥˧˧tʰou˥˧maɔ˩˧tɕiou˥˩tɕiaɔ˥˩liŋ˥˧lie˧.（它可能是水湿……水多了，然后冷了。）冷开了，它就动作了。但是有的羊绝对就不敨。你就说，你就把这个跟人说那话，你把多少的话给它说完，它都不敨。ləŋ˥˧kʰæᴇ˥˧˩lə˧,tʰɑ˥˧˧tɕiou˥tʰuoŋ˥tsuo˥˧lə˧.tæ̃˥sʅ˥iou˥˧ti˧iaŋ˩˧˩tɕyo˥˧˩tuei˥˥˧tsou˥˩pu˩˧˩tʰou˥˧˩.ni˥˧˧tsou˥ʂuo˥˧,ni˥˧tsou˥pa˥˧˩tʂə˥kə˥kəŋ˥˧˧ʐəŋ˩˧ʂuo˥˧nə˥˩xua˥˩,ni˥˧˧pa˥˧˩tuo˥˧˩ʂaɔ˥˧ti˧xua˥kei˥tʰɑ˥˧˧ʂuo˥˧

˩vǣ˨˦,tʰɑ˥˧tou˥˧˩pu˨˦˩tʰou˥˧˩.（那最后有什么办法呢？）最后的办法就是拉出去就对了。它不领，你就没有办法。但是也有好多奇怪的现象。tsuei˥xou˥ti˧pǣ˥fɑ˥˧˩.tɕiou˥˩sɿ˥lɑ˥˧˩tʂʰʮ˥˧tɕʰy˥tɕiou˥tuei˥˩lə˧.tʰɑ˥˧˩pu˨˦˩liŋ˥˧,ni˥˧˦tsou˥mei˨˦iou˥˧pǣ˥fɑ˥˧˩.tǣ˥sɿ˥ie˥˧˦iou˥˧˦xɑɔ˥˧tuo˥˧˩tɕʰi˨˦˩kuæᴇ˥˧˦ti˧ɕiǣ˥˩ɕiɑŋ˥˩.（有什么奇怪现象呢？）也你没办法来解释这个东西。ie˥˧˩ni˥˧˩mei˨˦pǣ˥fɑ˥˧˩læᴇ˨˦tɕie˥˧ʂʅ˥˧˩tʂə˥kə˥tuoŋ˥˧˩ɕi˧.（有什么奇怪现象呢？）但是有些话，就说是你把话再……他是静……好多人都说的是“你领嘛”，这个你这个人一死，就是个闭口衙门嘛。你都成了闭口衙门了，谁能说到你心里去咧嘛？你该领的就领。好多人一说话都不领，但是有一个人一说话，那羊突然地就开化咧。他话说完，那个羊就敨了。tǣ˥sɿ˥iou˥˧ɕie˥˧˩xuɑ˥,tɕiou˥˦ʂuo˥˧˩sɿ˥˩ni˥˧pɑ˥˧˩xuɑ˥tsæᴇ˥……tʰɑ˥˧sɿ˥˩tɕiŋ˥˧……xɑɔ˥˧tuo˥˧˩zəŋ˨˦tou˥˧˩ʂuo˥˧tə˧sɿ˥ni˥˧liŋ˥˧mɑ˧,tʂə˥˩kə˥˩ni˥˧tʂə˥˩kə˥˩zəŋ˨˦i˥˧˩sɿ˥˧,tɕiou˥˩sɿ˥˩kə˥˩pi˥kʰou˥˧˩iɑ˨˦məŋ˨˦mɑ˧.ni˥˧tou˥˧˩tʂʰəŋ˨˦lə˧pi˥kʰou˥˧˩iɑ˨˦˩məŋ˨˦lə˧,sei˨˦nəŋ˨˦ʂuo˥˧tɑɔ˥˩ni˥˧ɕiŋ˥˧˩li˥˧˩tɕʰi˥˦lie˧mɑ˧?ni˥˧˦kæᴇ˥˧˩liŋ˥˧ti˧tɕiou˥liŋ˥˧˩.xɑɔ˥˧tuo˥˧˩zəŋ˨˦i˥˧˩ʂuo˥˧˩xuɑ˥˦tou˥˧˩pu˨˦˩liŋ˥˧˦,tǣ˥sɿ˥iou˥˧i˥˧˩kə˥zəŋ˨˦i˥˧˦ʂuo˥˧˩xuɑ˥,nei˥iɑŋ˨˦tʰu˥˧zǣ˨˦˩tə˧tɕiou˥˦kʰæᴇ˥˧˦xuɑ˥lie˧.tʰɑ˥˧xuɑ˥ʂuo˥˧˩vǣ˨˦,nə˥kə˥iɑŋ˨˦tsou˥˩tʰou˥˧lə˧.（是这这是什么人呢这一般都是？）这不一定。那就说是这个……也可能是任何一……一个，都那是……那那跪的都是孝子，没有别人嘛。tʂə˥˦pu˨˦˩i˥˧˦tiŋ˥.nei˥tɕiou˥˦ʂuo˥˧˦sɿ˥tʂə˥kə˥……ie˥˧˦kʰə˥˧˦nəŋ˨˦sɿ˥zəŋ˥˦xuo˨˦˩i˥˧˩……i˥˧kə˥˩,tou˥˧˦nei˥˦sɿ˥˩……nɑ˥˦nɑ˥˩kʰuei˥ti˧tou˥˧˩sɿ˥˩ɕiɑɔ˥tsɿ˧,mei˨˦˩iou˥˧pie˨˦˩zəŋ˨˦mɑ˧.（tʰou˥˧是抖动的意思是吧？）敨啊，敨就是浑身……这……我们就讲是要讲究说是这个摇头不算，有些羊是这个它头上这个水，身上又……它这个摆头咧，这人都还摇头不算，洪毛大领嘛。tʰou˥˧ɑ˧,tʰou˥˧tɕiou˥˩sɿ˥˩xuoŋ˨˦ʂəŋ˥˧˩……tʂ……ŋuo˥˧məŋ˧tɕiou˥tɕiɑŋ˥˧sɿ˥˩iɑɔ˥tɕiɑŋ˥˧tɕiou˥˧˦ʂuo˥˧˦sɿ˥tʂə˥kə˥iɑɔ˨˦tʰou˨˦pu˨˦˩suǣ˥˩,iou˥˧ɕie˥˧˩iɑŋ˨˦sɿ˥tʂə˥kə˥tʰɑ˥˧˩tʰou˨˦˩ʂɑŋ˥˦tʂə˥kə˥˩ʂuei˥˧,ʂəŋ˥˧ʂɑŋ˥˩iou˥……tʰɑ˥˧˦tʂə˥kə˥pæᴇ˥˧tʰou˨˦˩lie˥,tʂei˥zəŋ˨˦tou˥˧˩xæᴇ˨˦˩iɑɔ˨˦tʰou˨˦pu˨˦˩suǣ˥,xuoŋ˨˦mɑɔ˨˦˦tɑ˥liŋ˥˧˩mɑ˧.（叫摇头不算？）啊，洪毛大领嘛。最后那羊，羊要最后得领么，必须是整个儿把身上这个毛都敨起来。ɑ˩,xuoŋ˨˦mɑɔ˨˦˦tɑ˥liŋ˥˧˩mɑ˧.tsuei˥xou˥nə˥iɑŋ˨˦,iɑŋ˨˦iɑɔ˥tsuei˥xou˥tei˥˧˩liŋ˥˧muo˧,pi˥˧ɕy˥˧sɿ˥tʂəŋ˥˧kər˥˦pɑ˥˧˩ʂəŋ˥˧ʂɑŋ˥˩tʂə˥kə˥˩mɑɔ˨˦tou˥˧˩tʰou˥˧˦tɕʰi˥˧læᴇ˨˦˩.（红毛是吧？）嗯，洪毛大领。洪毛大领是洪字么。这是同音字，噢，噢，洪水的洪，同音字是能拿这么个字那。这就叫……这就是额外祭奠的这么个议程，就是这么个了。ŋ̍˩,xuoŋ˨˦mɑɔ˨˦tɑ˥tiŋ˥˧˩.xuoŋ˨˦mɑɔ˨˦tɑ˥liŋ˥˧˦sɿ˥xuoŋ˨˦˦tsɿ˥˩muo˧.tʂə˥˩sɿ˥˩tʰuoŋ˨˦iŋ˥˧˩tsɿ˥,ɑɔ˥˧,ɑɔ˥˧,xuoŋ˨˦ʂuei˥˧ti˧xuoŋ˨˦,tʰuoŋ˨˦iŋ˥˧˩tsɿ˥˦sɿ˥˩nəŋ˨˦nɑ˨˦tʂə˥muo˧kə˥tsɿ˥nə˥.tʂei˥tɕiou˥tɕiɑɔ˥˩……tʂei˥˦tɕiou˥˩sɿ˥˩nei˥˧˦væᴇ˥tɕi˥tiǣ˥ti˧tʂə˥muo˧kə˥i˥˧˦tʂʰəŋ˨˦˩,tɕiou˥sɿ˥tʂə˥muo˧kə˥˦lə˧.（tʰou˥˧了就是说全身在抖了？）啊，敨……全身都在敨咧嘛，啊。ɑ˩,tʰə……tɕʰyǣ˨˦ʂəŋ˥˧tou˥˧˩tsæᴇ˥tʰou˥˧lie˧mɑ˧,ɑ˥.（好，领完了羊，这个羊怎么办呢？）杀。羊……sɑ˥˧.iɑŋ˨˦……（杀掉，杀……）杀掉，呃。把这个羊杀掉以后，就赶快这下就是这个……一领，这个孝子再烧这个纸，欸，有的哇一下就哭开来了。那都是说明他达死咧，这个羊也领了，这都说明他达把这个羊已经接受了么。接受了以后就是去寻个人，寻个帮忙的，把羊一杀。把这个皮一剥以后，把这个羊壳郎呃羊腔子拿过来以后在……在这个供桌前面要献下么。sɑ˥˧˩tiɑɔ˥,ə˩.pɑ˥˧˩tʂə˥˩kə˥˩iɑŋ˨˦sɑ˥˧˩tiɑɔ˥i˥˧˩xou˥˦,tɕiou˥˩kǣ˥˧˩kʰuæᴇ˥tʂei˥˦xɑ˥tsou˥sɿ˥tʂə˥kə˥˩……i˥˧liŋ˥˧,tʂə˥˩kə˥˩ɕiɑɔ˥tsɿ˧tsæᴇ˥ʂɑɔ˥˧kə˥tsɿ˥˧,ei˩,iou˥˧ti˧vɑ˥i˥˧˩xɑ˥tsou˥kʰu˥˧kʰæᴇ˥˧˩læᴇ˨˦˩lə˧.næᴇ˥tou˥˧˩sɿ˥˦ʂuo˥˧˩miŋ˨˦tʰɑ˥˧˦tɑ˨˦sɿ˥˧lie˧,tʂə˥kə˥iɑŋ˨˦æ˥˧˩liŋ˥˧lə˧,tʂei˥tou˥˧˦ʂuo˥˧˩miŋ˨˦tʰɑ˥˧˩tɑ˨˦pɑ˥˧˦tʂə˥kə˥iɑŋ˨˦i˥˧tɕiŋ˥˧˩tɕie˥˧˩ʂou˥˦məm˧.tɕie˥˧˩ʂou˥˦lə˧i˥˧˩xou˥tɕiou˥˩sɿ˥˩tɕʰi˥˩ɕiŋ˨˦˩kə˥zəŋ˨˦,ɕiŋ˨˦˩kə˥pɑŋ˥˧˩mɑŋ˨˦ti˧,pɑ˥˧˩iɑŋ˨˦i˥˧˩sɑ˥˧.pɑ˥˧˩tʂə˥kə˥pʰi˨˦i˥˧˩puo˥˧i˥˧˩xou˥,pɑ˥˧˩tʂə˥kə˥iɑŋ˨˦kʰə˥˧lɑ ŋ·˧lə˩iaŋ˩˧tɕʰiaŋ˥˧tsɿ·˧na˩˧˩kuo˥læᴇ˩˧˦i˥˧˩xou˥˦tsæᴇ˥˩s……tsæᴇ˥tʂə˥kə˥kuoŋ˥tʂuo˥˧˩tɕʰiæ̃˩˧˩miæ̃˥iaɔ˥ɕiæ̃˥˦xa˥˩muo·˧.（那个腔……那个那个腔子叫什么？）羊腔腔嘛。iaŋ˩˧tɕʰiaŋ˥˧tɕʰiaŋ˥˧˩ma·˧.（壳郎？）啊。就把整个儿这个一护羊皮剥咧，剩下那个……内脏一挖以后，剩下那个叫羊壳郎。这羊壳郎，弄个凳子往那儿一……啊，往那儿一放，放到供桌前要祭奠上咧。往那儿一那搁上，把羊的那个花油，他往出来一弄，往那个身上给一披。a˩.tsou˥˦pa˥˧˩tʂəŋ˥˧kər˥˦tʂə˥˩kə˥˩i˥˧˩xu˥iaŋ˩˧pʰi˩˧puo˥˧lie·˧,ʂəŋ˥˦xa˥nə˥kə˥……luei˥tsaŋ˥i˥˧˩va˥˧i˥˧˩xou˥,ʂəŋ˥xa˥nə˥kə˥tɕiaɔ˥iaŋ˩˧kʰə˥˧laŋ·˧.tʂei˥iaŋ˩˧kʰə˥˧laŋ·˧,nuoŋ˥kə˥təŋ˥tsɿ·˧vaŋ˥˧˩nar˥i˥˧˩……a˩,vaŋ˥˧˩nar˥i˥˧˩faŋ˥,faŋ˥taɔ˥kuoŋ˥tʂuo˥˧˩tɕʰiæ̃˩˧iaɔ˥˩tɕi˥tiæ̃˥˦ʂaŋ˥˩lie·˧.vaŋ˥˧˩nər˥i˥˧˩nə˥kə˥˧ʂaŋ˥˩,pa˥˧˩iaŋ˩˧ti˧nə˥kə˥xua˥˧iou˩˧,tʰa˥˧˩vaŋ˥˧tʂʰɥ˥˧læᴇ˩˧˩i˥˧˩nuoŋ˥,vaŋ˥˧˩nə˥kə˥ʂəŋ˥˧ʂaŋ˥˩kei˥i˥˧˩pʰei˥˧.（往身上披呀？）往那个羊壳郎子上往上油一……一放的话。就像……就像人戴那个白布，戴他那个孝一样。vaŋ˥˧˦nə˥kə˥iaŋ˩˧kʰə˥˧laŋ·˧tsɿ·˧ʂaŋ˥vaŋ˥˧˩ʂaŋ˥iou˩˧i˥˧˩……i˥˧˩faŋ˥ti·˧xua˥˩.tɕiou˥ɕiaŋ˥……tsou˥ɕiaŋ˥zəŋ˩˧tæᴇ˥nə˥kə˥pei˩˧pu˥,tæᴇ˥tʰa˥˧˦nə˥kə˥ɕiaɔ˥i˥˧˦iaŋ˥.（羊的花油是羊……羊身上那个油是吧？）欸羊肚子里挖出来那个油啦。往上头一挖……ei˩iaŋ˩˧tu˥tsɿ˧li˥˧˩va˥˧˨tʂʰɥ˥˧læᴇ˩˧˩nə˥kə˥iou˩˧˩la˥.vaŋ˥˧˩ʂaŋ˥tʰou˧i˥˧˨va˥˧……（就……就蒙在那个壳郎上面？）蒙得……蒙得那个欸……羊是整个儿这个羊往是……往那儿一放是……这把那个上头往上一放，搞个祭奠这个东西了。məŋ˩˧˦tə˧……məŋ˩˧˦tə˧nə˥kei˥……iaŋ˩˧sɿ˥tʂəŋ˥˧kər˥˦tʂə˥˩kə˥˩iaŋ˩˧vaŋ˥˧˩sɿ˥˩……vaŋ˥˧˩nar˥i˥˧˩faŋ˥sɿ……tʂei˥˦pa˥˧˩nə˥kə˥ʂaŋ˥tʰou˧vaŋ˥˧˩ʂaŋ˥˦i˥˧˩faŋ˥,kaɔ˥˧kə˥˩tɕi˥tiæ̃˥tʂə˥˩kə˥˩tuoŋ˥˧˩ɕi·˧lə·˧.（它那个羊壳郎那心肝肺都已经拿走了吧？）多取掉咧，都取走咧。tuo˥˧˩tɕʰy˥˧tiaɔ˥lie·˧,tou˥˧˩tɕʰy˥˧tsou˥˧lie·˧.（这个心肝肺到时候是吃了还是丢了？）那肯定吃了么。我给你舍的丢？那那么值钱的东西吃啊。nə˥˩kʰəŋ˥˧˩tiŋ˥˦tʂʰʅ˥˧lə·˧muo·˧.ŋuo˥˧˩kei˥˩ni˥˧˩ʂə˥˧˦ti˧tiou˥˧˩?nə˥nə˥muo˧tʂʅ˩˧˩tɕʰiæ̃˩˧˩ti˧tuoŋ˥˧˩ɕi·˧tʂʰʅ˥˧˩æ·˧.（这就这就献完，献完就拿……撤下去吧？）欸，那一……那一天黑咧，又不接着做么，你忙啥咧？那这天晚上你在那儿放着去。ei˩˧,nei˥i˥˧˩……nei˥˦i˥˧˩tʰiæ̃˥˧xei˥˧lie·˧,iou˥˦pu˩˧˩tɕie˥˧tʂə·˧tsɥ˥˨muo·˧,ni˥˧maŋ˩˧˩sa˥˩lie˧?næᴇ˥tʂei˥˦tʰiæ̃˥˧˦væ̃˥˧ʂaŋ˥˩ni˥˧˦tsæᴇ˥nər˥faŋ˥tʂə˧tɕʰi˥.（放一天晚上？）放一晚上。第二天早起早早的把那拿出去，就……就做咧。faŋ˥i˥˧˦væ̃˥˧ʂaŋ˥˩.ti˥˩ər˥˦tʰiæ̃˥˧˩tsaɔ˥˧tɕʰi˥˩tsaɔ˥˧tsaɔ˥˧ti·˧pa˥˧˩næᴇ˥˦na˩˧˩tʂʰɥ˥˧tɕʰi˥˩,tsou˥……tsou˥tsuo˥˦lie·˧.（做了，然后……）做下以后，再是……这是供待客的时候就要吃咧嘛。tsuo˥˦xa˥˨i˥˧˩xou˥,tsæᴇ˥sɿ˥……tʂei˥sɿ˥kuoŋ˥tæᴇ˥kʰei˥˧ti·˧sɿ˩˧˩xou˥tsou˥iaɔ˥tʂʰʅ˥˧lie·˧ma·˧.（噢，待客的吃？）嗯。这下面，上午之后有时……阴……阴阳给你选……选定下这个时间……时间一到，时辰一到以后，这就开始出殡嘛。ɔ̃˥.tʂei˥ɕia˥˨miæ̃˥˩,ʂaŋ˥vu˥˧˩tʂʅ˥˧˩xou˥iou˥˧˩sɿ˩˧˩tɕi……iŋ˥˧……iŋ˥˧iaŋ˩˧˩kei˥˩ni˥˧˩ɕyæ̃˥˧ti……ɕyæ̃˥˧tiŋ˥xa˥tʂə˥kə˥sɿ˩˧˩tɕi……sɿ˩˧tɕiæ̃˥˧i˥˧˩taɔ˥,sɿ˩˧˩tʂʰəŋ˩˧˦i˥˧˩taɔ˥i˥˧˩xou˥˩,tʂei˥tɕiou˥kʰæᴇ˥˧˩sɿ˥˧˦tʂʰɥ˥˧˨piŋ˥˦ma·˧.

（出殡先要把这个人要抬回棺材里面是吧？）欸，那你这里跪……一般在头一天死咧人，头一天死咧以后再才……才盖上放着咧。第二天，投到等□这个欸……你比如是个男的的话，等□男的这个老外家……外家客一来以后么……ei˩˧,nei˥˦ni˥˧tsə˥li˥˧˦kuei˥˧˩……i˥˧˨pæ̃˥˧tsæᴇ˥tʰou˩˧i˥˧˩tʰiæ̃˥˧˩sɿ˥˧lie·˧zəŋ˩˧,tʰou˩˧i˥˧˩tʰiæ̃˥˧˩sɿ˥˧lie·˧i˥˧˩xou˥˦tsæᴇ˥˩tsʰæᴇ˩˧˩p……tsʰæᴇ˩˧˩kæᴇ˥ʂaŋ˥faŋ˥˨tʂə·˧lie·˧.ti˥ər˥tʰiæ̃˩˧˩,tʰou˩˧˩taɔ˥təŋ˥˧niæ̃˩˧˩tʂə˥kə˥ei˩……ni˥˧˩pi˥˧zɥ˩˧˦sɿ˥kə˥næ̃˩˧ti˧ti·˧xua˥˩,təŋ˥˧niæ̃˩˧˩næ̃˩˧˩ti˧tʂə˥˩kə˥˩laɔ˥˧vei˥˨tɕia˥˧˩……vei˥˨tɕia˥˧˩kʰei˥˧i˥˧˩læᴇ˩˧i˥˧˩xou˥muo˧……（外家客？）呃，外家客，一来以后就入殓了。就抬的放到棺材里头去。ə˩,væᴇ˥˨tɕia˥˧˩kʰə˥˧,i˥˧˩læᴇ˩˧i˥˧˩xou˥˦tsou˥zɥ˥˧˩liæ̃˥˦lə·˧.tsou˥tʰæᴇ˩˧˩ti˧faŋ˥taɔ˥kuæ̃˥˧tsʰæᴇ˩˧˩li˥˧tʰou·˧tɕʰi˥˩.（男的

姥姥家人来了？）噢，这就抬的放到棺材里。ŋɑɔ˩,tʂə˥˨˦tsou˥tʰæᴇ˨˦˩ti˧faŋ˥tɑɔ˥kuæ̃˥˧tsʰæᴇ˨˦˩li˥˧˩.（死者的姥姥家人来？）噢，死者的姥姥家人来。就抬着人……就叫入殓。女的的话那□是……女的是……毕称女的□有娘家人咧。ɑɔ˩,sʅ˥˧tʂə˥˧˩ti˧lɑɔ˥˧lɑɔ˥˧tɕiɑ˥˧˩zəŋ˨˦læᴇ˨˦˩.tsou˥tʰæᴇ˨˦˩tʂə˧zʮ˥˧˦……tɕiou˥tɕiɑɔ˥zʮ˥˧˩liæ̃˥˨˦.ny˥˧ti˧ti˧xuɑ˥næᴇ˥niæ̃˨˦˦sʅ˥……ny˥˧ti˧sʅ˥˩……pi˥˧˩tʂʰəŋ˥ny˥˧ti˧niæ̃˨˦˩iou˥˧niɑŋ˨˦˩tɕiɑ˥˧zəŋ˨˦˩lie˧.（啊，娘家人？）你娘家人来了以后你就入殓。叫人□看咧以后，你要穿的啥，戴的啥，人□心里头没有毛病了，说可以了，穿好了，戴好了，可以入殓了。人□给你帮忙，你把那抬到棺材里。ni˥˧˩niɑŋ˨˦˩tɕiɑ˥˧zəŋ˨˦læᴇ˨˦˩lə˧li˥˧˩xou˥ni˥˧˦tsou˥zʮ˨˦˩liæ̃˥˩.tɕiɑɔ˥zəŋ˨˦˩niæ̃˨˦˨˦kʰæ̃˥˦lie˧li˥˧˩xou˥˩,ni˥˧˦iɑɔ˥tʂʰuæ̃˥˧ti˧sɑ˥,tæᴇ˥ti˧sɑ˥˩,zəŋ˨˦˩niæ̃˨˦˦ɕiŋ˥˧li˥˧˩tʰou˨˦˩mei˨˦iou˥˧˦mɑɔ˨˦˩piŋ˥lə˧,ʂuo˥˧˩kʰə˥˧i˥˧˩lə˧,tʂʰuæ̃˥˧xɑɔ˥˧lə˧,tæᴇ˥xɑɔ˥˧lə˧,kʰə˥˧i˥˧˩zʮ˥˧˩liæ̃˥˨˦lə˧.zəŋ˨˦˩niæ̃˨˦˨˦kei˥ni˥˧˦pɑŋ˥˧˩mɑŋ˨˦,ni˥˧pɑ˥˧˩nə˥tʰæᴇ˨˦˩tɑɔ˥kuæ̃˥˧tsʰæᴇ˨˦˩li˥˧˩.（抬到棺材里头？）噢，放下叫入殓。ɑɔ˩,fɑŋ˥xɑ˥tɕiɑɔ˥zʮ˥˧˩liæ̃˥˨˦.

（人已经穿了老衣，戴了……戴了帽子，什么都搞好了，这……要不要垫点儿什么东西？）那我们这里夹的死死儿的。你还给……你就这一个棺材……nə˥ŋuo˥˧məŋ˧tʂə˥li˥˧˩tɕiɑ˥˧ti˧sʅ˥˧sər˥˧ti˧.ni˥˧˦xɑ˨˦˩kei˥……ni˥˧tɕiou˥tʂei˥i˥˧˩kə˥kuæ̃˥˧tsʰæᴇ˨˦˩……（打开？）嗯。把人抬的放到这里头，你这个人毕竟小么，你就这么大一个，你放得这个里头。这还有这么长那地方，这咋弄咧？人你要出去抬的话，这都势必这样子就……反正这个人总不能放得这里头摇来铃去吧？这时候么，用纸包的香面子……ə̃˩.pɑ˥˧˩zəŋ˨˦tʰæᴇ˨˦˩ti˧fɑŋ˥˦tɑɔ˥tʂə˥li˥˧tʰou˧,ni˥˧˦tʂə˥kə˥zəŋ˨˦pi˥˧˩tɕiŋ˥ɕiɑɔ˥˧muo˧,ni˥˧˦tɕiou˥tʂə˥muo˧tɑ˥i˥˧˩kə˥,ni˥˧˦fɑŋ˥tə˧tʂə˥kə˥li˥˧˦tʰou˧.tʂə˥xɑ˨˦˩iou˥˧tʂə˥muo˧tʂʰɑŋ˨˦nə˥ti˥fɑŋ˥˧˩,tʂə˥˨˦tsɑ˥˧˩nuoŋ˥˦lie˧?zəŋ˨˦ni˥˧˦iɑɔ˥tʂʰʮ˥˧tɕʰi˥˩tʰæᴇ˨˦ti˧xuɑ˥˩,tʂei˥tou˥˧˦ʂʅ˥˨˦pi˥˧˩tʂə˥iɑŋ˥tsʅ˧lə˧tsou˥……fæ̃˥˧˩tʂəŋ˥˨˦tʂə˥kə˥zəŋ˨˦tsuoŋ˥˧pu˨˦˩nəŋ˨˦fɑŋ˥tə˧tʂə˥li˥˧tʰou˧iɑɔ˨˦læᴇ˨˦˦liŋ˨˦˩tɕʰi˥˨˦pɑ˧?tʂə˥˨˦sʅ˨˦˩xou˥muo˧,yoŋ˥tsʅ˥˧pɑɔ˥˧ti˧ɕiɑŋ˥˧˩miæ̃˥tsʅ˧……（香面子？）香面子就是这个柏树叶子。ɕiɑŋ˥˧˩miæ̃˥tsʅ˧tɕiou˥sʅ˥tʂə˥kə˥pei˥˧ʂʮ˥˦ie˥˧tsʅ˧.（柏树叶子？）柏树叶子。然后用……晒干，又粉碎机粉成末子，用这个大些的白纸，白麻纸把那包成大包子。把这前后左右……pei˥˧˩ʂʮ˥ie˥˧tsʅ˧.zæ̃˨˦˩xou˥yoŋ˥……sæᴇ˥kæ̃˥˧˩,iou˥fəŋ˥˧˩suei˥˦tɕi˥˧˩fəŋ˥˧˩tʂʰəŋ˨˦muo˥˧tsʅ˧,yoŋ˥tʂə˥kə˥tɑ˥ɕie˥˧˩ti˧pei˨˦tsʅ˥˧,pei˨˦˩mɑ˨˦˩tsʅ˥˧pɑ˥˧˩nə˥pɑɔ˥˧tʂʰəŋ˨˦˩tɑ˥pɑɔ˥˧tsʅ˧.pɑ˥˧˩tʂei˥tɕʰiæ̃˨˦˩xou˥tsuo˥˧iou˥……（填满了？）都填的满满的。人在这个里头，你就再摇，都不得动弹咧。tou˥˧˩tʰiæ̃˨˦˩ti˧mæ̃˥˧mæ̃˥˧˦ti˧.zəŋ˨˦tsæᴇ˥tʂə˥kə˥li˥˧tʰou˧,ni˥˧˦tsou˥tsæᴇ˥iɑɔ˨˦,tou˥˧˩pu˨˦˩tei˥˧˩tuoŋ˥tʰæ̃˨˦˩lie˧.（白麻纸是吧？）用白麻纸嘛，或者用这个纸……油光纸，和道林纸，把那就包成一大包一包的香面子。把这前后左右……都夹死了。夹的他在这个中间他就不得动弹。这就是叫入殓了。yoŋ˥pæᴇ˨˦mɑ˨˦˩tsʅ˥˧mɑ˧,xuo˨˦˨˦tʂə˥˧˩yoŋ˥tʂə˥kə˥tsʅ˥……iou˨˦kuɑŋ˥˧˩tsʅ˥˧,xuo˨˦˩tɑɔ˥liŋ˨˦tsʅ˥˧,pɑ˥˧˩nə˥tsou˥pɑɔ˥˧tʂʰəŋ˨˦˩i˥˧˩tɑ˥pɑɔ˥˧i˥˧˩pɑɔ˥˧ti˧ɕiɑŋ˥˧˩miæ̃˥tsʅ˧.pɑ˥˧˩tʂə˥tɕʰiæ̃˨˦˩xou˥tsuo˥˧iou˥t……tou˥˧˩tɕiɑ˥˧˩sʅ˥˧lə˧.tɕiɑ˥˧ti˧tʰɑ˥˧˦tsæᴇ˥tʂə˥kə˥tʂuoŋ˥˧˩tɕiæ̃˥˧˦tʰɑ˥˧˦tɕiou˥pu˨˦˩tei˥˧˩tuoŋ˥˦tʰæ̃˨˦˩.tʂei˥tɕiou˥sʅ˥tɕiɑɔ˥zʮ˥˧˩liæ̃˥˨˦lə˧.（他那上面要盖什么呢？身上？）身上欸要盖的有被子咧嘛。ʂəŋ˥˧ʂɑŋ˥˩ei˩iɑɔ˥kæᴇ˥˦ti˧iou˥˧˦pi˥˦tsʅ˧lie˧mɑ˧.（那被子叫什么？）那就叫被子么。nə˥tɕiou˥tɕiɑɔ˥pi˥tsʅ˧muo˧.（叫不叫寿被或者什么？）不叫。我们就叫是被子。这个被子是这个女子盖下的啊。pu˨˦˩tɕiɑɔ˥.ŋuo˥˧məŋ˧tɕiou˥tɕiɑɔ˥sʅ˥pi˥tsʅ˧.tʂə˥kə˥pi˥˦tsʅ˧sʅ˥˩tʂə˥kə˥ny˥˧tsʅ˧kæᴇ˥xɑ˥tiɑ˧.（女……女孩子？）女孩子盖咧。儿铺女盖。ny˥˧xæᴇ˨˦˩tsʅ˧kæᴇ˥lie˧.ər˨˦pʰu˥˧˩ny˥˧kæᴇ˥˩.（儿铺女盖？）底下铺的褥子是儿子准备下的。盖那里盖的是女子准备了。ti˥˧xɑ˥˩pʰu˥˧ti˧zʮ˥˧tsʅ˧sʅ˥ər˨˦˩tsʅ˧tʂuoŋ˥˧˩pi˥˨˦xɑ˥˩ti˧.kæᴇ˥nɑ˥˩li˥˧˩kæᴇ˥˦ti˧sʅ˥˩ny˥˧tsʅ˧tʂuoŋ˥˧˩pi˥˨˦lə˧.

（抬死……抬这个死……亡人进去，死人进去的时候，这个头部是由谁抱？没有说……）这入殓的时候，无所谓，谁都可以抱。帮忙那个那都是主要些亲亲在那里。tʂə˥˧ʐʮ˥˩liæ̃˥˧ti˩sɿ˨˩xou˥,vu˨˩ʂuo˥˧vei˥,sei˨tou˥˩kʰə˥˩i˥˩pao˥˩.paŋ˥˩maŋ˨nə˥kə˥nə˥˧tou˥˧sɿ˥˩tʂʮ˥˧iao˥ɕie˥˩tɕʰiŋ˥tɕʰiŋ˥˩tsæᴇ˥nə˥li˥˧.（没有说长子……长子抱头这种说法？）那是这个往出走的时候那你要背大头子咧么你。nei˥˧sɿ˥tʂə˥kə˥vaŋ˥˩tʂʰʮ˥tsou˥ti˩sɿ˨˩xou˥næᴇ˥ni˥˧iao˥pei˥˩ta˥tʰou˨˧tsɿ˩lie˩muo˩ni˥˩.（往出走？）噢，把……从这个房子里往出抬的时候，起……aɔ˩,pa˥˧……tsʰuoŋ˨˩tʂə˥kə˥faŋ˨˩tsɿ˩li˥vaŋ˥˩tʂʰʮ˥tʰæᴇ˨ti˩sɿ˨˩xou˥˩,tɕʰi˥……（那是抬着……抬着棺材？）噢，起灵往出走的时候是你这个大儿子的话要背大头咧。aɔ˩,tɕʰi˥liŋ˨vaŋ˥˩tʂʰʮ˥˧tsou˥ti˩sɿ˨˩xou˥sɿ˥ni˥˧tʂə˥kə˥ta˥ər˨˩tsɿ˩tə˩xua˥˩iao˥pei˥˩ta˥˧tʰou˨˧lie˩.（背大头？）噢，背大头咧么。aɔ˩,pei˥˩ta˥tʰou˨˩lie˩muo˩.

（这就这个已经入殓了？领羊也领完了，然后……）再都等……呃，再等出殡了么。tsæᴇ˥˩tou˥˩təŋ˥……ə˩,tsæᴇ˥˩təŋ˥˧tʂʰʮ˥˧piŋ˥˧lə˩muo˩.（你没事儿了。一直就一直就就那个烧完纸就等着出殡？）啊。a˩.（每天三顿少不了的？）哎呀，那三顿有时候……æᴇ˩ia˩,nei˥˧sæ̃˥˩tuoŋ˥iou˥sɿ˨˧xou˥……（两顿？）我们这儿说那话，死人不张……死人不张口啊，一天得三斗。那一天祭奠的那个人来来往往，人多的是。那你指望那么一天能够吃啊？ŋuo˥mən˩tʂər˥ʂuo˥nə˥xua˥,sɿ˥zəŋ˨˩pu˨˩tʂaŋ˥˩ts……sɿ˥zəŋ˨˩pu˨˩tʂaŋ˥˩kʰou˥a˩,i˥˧tʰiæ̃˥˩tei˥˩sæ̃˥˩tou˥.nei˥i˥˩tʰiæ̃˥tɕi˥ti̯æ̃˥ti˩nei˥kə˥zəŋ˨læᴇ˨læᴇ˨˧vaŋ˥vaŋ˥,zəŋ˨tuo˥ti˩sɿ˥˩.næᴇ˥˧ni˥˩tsɿ˥˧vaŋ˥nə˥˧muo˩i˥˩tiæ̃˥˩nəŋ˨kou˥tʂʰʮ˥˩a˩?（流水席？谁来了先谁吃？）嗯，就是的。ə̃˩,tsou˥sɿ˥ti˩.

（这个出殡那天有什么……有……有什么讲究呢？）出殡那天那就是讲就是……那天的讲究就没有了，没有多大讲究了。tʂʰʮ˥˩piŋ˥˧nei˥tʰiæ̃˥˩nei˥tsou˥˩sɿ˥˩tɕiaŋ˥tɕiou˥˩sɿ˥……nei˥˧tʰiæ̃˥˩ti˩tɕiaŋ˥tɕiou˥˩tsou˥˩mei˨˩iou˥˧lə˥,mei˨iou˥tuo˥˩ta˥tɕiaŋ˥tɕiou˥˩lə˩.（他从死到出殡那个时候烧的那些纸啊那些灰怎么办呢？）那必须全部用袋子装起来，提到坟上去。nei˥pi˥˧ɕy˥˩tɕʰyæ̃˨˩pu˥yoŋ˥tæᴇ˥tsɿ˩tʂuaŋ˥˩tɕʰi˥læᴇ˨˩,tʰi˨˩tao˥fəŋ˨˩ʂaŋ˥˧tɕʰie˥˩.（是给他塞到那个窑窟窿里面？）不。pu˨˩.（还是撒在哪儿？）就是那你坟的这个坟骨堆，坟堆子子闹起来以后，你这儿这垒下那个东西就倒得这儿就对了么。tsou˥˩sɿ˥˩næᴇ˥˧ni˥˩fəŋ˨tə˩tʂə˥kə˥fəŋ˨ku˥tuei˥˩,fəŋ˨tuei˥tsɿ˩tsɿ˩nao˥˧tɕʰi˥læᴇ˨i˥˩xou˥,ni˥˧tʂər˥tʂə˥luei˥xa˥nə˥kə˥tuoŋ˥˩ɕi˩tɕiou˥tao˥˧tə˩tʂər˥tɕiou˥tuei˥ləm˩.（倒在这儿？）嗯。ə̃˩.（那个那个东西有没有……有没有什么说法？）纸盆子嘛。tsɿ˥pʰəŋ˨˩tsɿ˩ma˩.（就是那些灰啊叫……叫……）纸灰么。那把那纸灰子你要拿上来么，拿到坟上，送得送到坟上去咧么。tsɿ˥˧xuei˥muo˩.nə˥pa˥˩nə˥tsɿ˥xuei˥˩tsɿ˩ni˥˧iao˥na˨˩ʂaŋ˥˧læᴇ˨˩muo˩,na˨˩tao˥˧fəŋ˨˩ʂaŋ˥,suoŋ˥tə˩suoŋ˥tao˥fəŋ˨˩ʂaŋ˥˧tɕʰi˥˩liem˩.（纸灰？）嗯。ŋ̍˥.（叫纸灰子？没有什么……）嗯。ŋ̍˩.（几斤几两这种说法？）没有。muo˥˩iou˥˩.（它……它是要倒到坟哪个位置啊？）这是一个坟堆的话，这个坟堆你前头这儿这要垒下一个烧纸炉炉咧么。就倒得这里去。tʂə˥˧sɿ˥i˥˩kə˥fəŋ˨tuei˥ti˩xua˥˩,tʂə˥kə˥fəŋ˨tuei˥ni˥tɕʰiæ̃˨˩tʰou˩tʂər˥tʂə˥iao˥luei˥xa˥˩i˥˩kə˥ʂao˥˩tsɿ˥lou˨˩lou˨˧lie˩muo˩.tɕiou˥tao˥˧tə˩tʂə˥˧li˩tɕʰy˥˩.（哦，倒到那个嗯……）炉炉里头去么，啊。lou˨˩lou˨˧li˥˩tʰou˩tɕʰy˥˧muo˩,a˩.（出殡的时候，呃选好了良辰吉日，有没有说是这个长子摔盆呐这种说法？）那有摔的咧么。□抱纸盆子谁抱咧？一个抱大头子，你这是儿子一个抱的……你这个儿子要抱……又叫要抱大……大这个……大头子，背大头子你要背出去，那个引魂杆杆你要掂咧嘛。næᴇ˥˧iou˥˩ʂuæᴇ˥ti˩lie˩muo˩.niæ̃˨˩pao˥tsɿ˥pʰəŋ˨˩tsɿ˩sei˨˩pao˥lie˥?i˥˩kə˥pao˥ta˥tʰou˨˧tsɿ˥,ni˥tʂə˥˩sɿ˥˩ər˨˩tsɿ˩i˥˩kə˥pao˥ti˩……

ni˥˧tʂə˧˩kə˧˩ər˨˩tsɿ˧liao˧pao˧……iou˧˩tɕiao˧iao˧pao˧ta˧fəŋ……ta˧tʂə˧˩kə˧˩……ta˧tʰou˨˩tsɿ˧˩, pei˥˩ta˧tʰou˨˩tsɿ˧ni˥˧iao˧pei˥˩tʂʰʮ˥tɕʰi˧˩,nə˧kə˧iŋ˥˩xuoŋ˨˦kæ̃˥kæ̃˥˩ni˥˧iao˧tiæ̃˥lie˧ma˧.（阴魂杆杆是什么东西？引……引魂杆杆是吧？）噢，引魂杆杆么，啊。阴阳给你做下一个这个欸那个引魂杆杆你要抱咧么。你抱的引魂杆杆。实际上怀里抱的灵牌子，这就是抱的你们这个老人。再拿的你们……身上掂的是你们……引魂杆杆要把老人这个魂要往出领咧。ɑɔ˨,iŋ˥xuoŋ˨˦kæ̃˥kæ̃˥˩muo˧,ɑ˨.iŋ˥iaŋ˨˩kei˧ni˥˧tsuo˧˥xa˧i˥˧kə˧tʂə˧kə˧ei˧nə˧kə˧iŋ˥xuoŋ˨˦kæ̃˥kæ̃˥˩ni˥˩iao˧˥pao˧lie˧muo˧.ni˥˩pao˧ti˧iŋ˥xuoŋ˨˦kæ̃˥kæ̃˥˩.ʂʅ˨˩tɕi˧˥ʂaŋ˧xuæᴇ˨˦li˥pao˧ti˧liŋ˨˩pʰæᴇ˨˥tsɿ˧,tʂei˧tɕiou˧sɿ˧pao˧ti˧ni˥˧məŋ˧tʂə˧kə˧lao˥ʐəŋ˨˩.tsæᴇ˧˩na˨˩ti˧ni˥˧məŋ˧lə……ʂəŋ˥ʂaŋ˧tiæ̃˥ti˧sɿ˧˩ni˥˧məŋ˧l……iŋ˥xuoŋ˨˦kæ̃˥kæ̃˥˩iao˧pa˥˩lao˥ʐəŋ˨˩tʂə˧kə˧xuoŋ˨˦iao˧vaŋ˥˩tʂʰʮ˥liŋ˥˩lie˧.（噢。这就……这就往出领了？）啊。ɑ˨.（这是……一开始没有摔盆子这种？）没有。muo˥˦iou˥˩.（没有？）嗯。ŋ̍˨.（棺材送出去也没有什么回灵的说法？）没有。muo˥˩iou˥˩.（那是跟我……跟南方很多地方都不一样！）这你这个还要做的这个……做下这个纸活。tʂei˧˥ni˥˧tʂə˧˩kə˧˩xa˨˩iao˧tsuo˧˥ti˧tʂə˧kə˧……tsuo˧˥xa˧˩tʂə˧kə˧tsɿ˥xuo˨˩.（噢，纸马、纸人是吧？）噢，纸马，噢，这祭奠这些东西这都……ɑɔ˨,tsɿ˥ma˥˩,ɑɔ˨,tʂə˧tɕi˧tiæ̃˧tʂei˧ɕie˥˧tuoŋ˥ɕi˧tʂei˧˥tou˥˩……（抬着走？）这一……这一套都拿上出去，头里走了么。然后抬出去人，弄……tʂei˧˥i˥˩tʰ……tʂei˧˥i˥˩tʰɑɔ˧tou˥˩na˨˩ʂaŋ˧tʂʰʮ˥tɕʰi˧˩,tʰou˨˩li˥˧tsou˥ləm˧.ʐæ̃˨˩xou˧tʰæᴇ˨˩tʂʰʮ˥tɕʰi˧˩ʐəŋ˨˦,nuoŋ˧……

（有一个队伍没有？）有么，那有。送葬的队伍，长长那个大队伍咧么。iou˥muo˧,næᴇ˧˥iou˥˩.suoŋ˧tsaŋ˧ti˧tuei˧vu˥˩,tʂʰaŋ˨˩tʂʰaŋ˨˦nə˧˥kə˧˩ta˧tuei˧vu˥˧liem˧.（他这个身上穿戴这个这些送葬的人有什么穿戴没有？）我们这里不穿孝衫。ŋuo˥məŋ˧tʂei˧˥li˥˨pu˨˩tʂʰuæ̃˥˩ɕiao˧sæ̃˥˩.（不穿孝衫？）光戴孝。kuaŋ˥˦tæᴇ˧ɕiao˧.（戴孝怎么……怎么弄法……戴法儿呢？）弄个布嘛。都弄这么长咧那，这么宽。你是这个咿儿子的话，儿子儿媳女子那你都戴的是……那就七尺二的孝嘛。nuoŋ˧kə˧pu˧ma˧.tou˥˩nuoŋ˧tʂə˧muo˧tʂʰaŋ˨˩lie˧næᴇ˧,tʂə˧˩muo˧kʰuæ̃˥.ni˥˧sɿ˧tʂə˧kə˧i˨˩ər˨˩tsɿ˥ti˧xua˧˩,ər˨˩tsɿ˥ər˨˩ɕi˥ny˥tsɿ˧nei˧ni˥˧tou˥˩tæᴇ˧˥ti˧sɿ˧……nei˧tsou˧tɕʰi˥tʂʰʅ˥˩ər˧˥ti˧ɕiao˧ma˧.（七尺二？）噢儿，长尺寸是七尺二么。ɑɔr˨,tʂʰaŋ˨˩tʂʰʅ˥tsʰuoŋ˧sɿ˧tɕʰi˥tʂʰʅ˥˩ər˧muo˧.（市尺？）啊，市尺，得七尺二么。那你这个孝必须在地底下要……ŋɑ˨,sɿ˧˥tʂʰʅ˥˩,tei˥˩tɕʰi˥tʂʰʅ˥˩ər˧muo˧.nei˧ni˥˧tʂə˧˩kə˧˩ɕiao˧pi˥˦ɕy˥˧tsæᴇ˧˩ti˧ti˥xa˧iao˧……（拖着？）拖一截子咧嘛，拖孝。在腰里像……往起来提一点，地下还要拖咧嘛。前塬那个是放……你还要穿孝衣咧嘛。缝个白布衫儿，白大褂子一穿。tʰuo˥i˥˩tɕie˨˥tsɿ˧lie˧ma˧,tʰuo˥ɕiao˧.tsæᴇ˧˩iao˥li˥˩ɕiaŋ˧˩……vaŋ˥˩tɕʰi˥læᴇ˨˩tʰi˨˩i˥tiæ̃˥˩,ti˧xa˧xa˨˩iao˧tʰuo˥lie˧ma˧.tɕʰiæ̃˨˩yæ̃˨˦nə˧kə˧sɿ˧faŋ˧……ni˥˧xa˨˩iao˧tʂʰuæ̃˥˩ɕiao˧˥i˥lie˧ma˧.fəŋ˨˩kə˧pei˨˩pu˧sæ̃r˥,pei˨˩ta˧kua˧tsɿ˧i˥˩tʂʰuæ̃˥.（现在都到医院去租。）噢，现在我们不租。我们这里他都没有火葬的习惯儿，也不可能租。ɑɔ˨,ɕiæ̃˧tsæᴇ˧ŋuo˥məŋ˧pu˨˩tsʮ˥.ŋuo˥məŋ˧tʂei˧˥li˥˩tʰa˥˧tou˥˧mei˨iou˥xuo˥tsaŋ˧˥tə˧ɕi˨˩kuæ̃r˧,ia˥˧pu˨˩kʰə˥nəŋ˨˦tsʮ˥˩.（噢，到医院去租哇？）不用租。我们自己家里……孝布是你自己买的布。这把孝都要戴上咧嘛。孝有……有长有短嘛。这……这就说孝子有这个……有主孝，有副孝，还有……按你这个人这个年龄辈分不一样嘛。儿子你就背的最长的孝嘛。下边那个背下那个孝是半截子孝嘛。pu˨˩yoŋ˧tsʮ˥˩.ŋuo˥˧məŋ˧tsɿ˧tɕi˥˧tɕia˥li˥˩……ɕiao˧pu˧˥sɿ˧ni˥˧tsɿ˧tɕie˥˧mæᴇ˥ti˧pu˧˩.tʂə˧pa˥˩ɕiao˧tou˥˩iao˧˩tæᴇ˧ʂaŋ˧˥lie˧ma˧.ɕiao˧iou˥˧……iou˥tʂʰaŋ˨˦iou˥˧tuæ̃˥ma˧.tʂei˧……

tʂei˦˦tɕiou˦˨ʂuo˥˨ɕiao˦ts˦liou˥tʂə˦˨kə˦˨……iou˥˦tʂʮ˥ɕiao˦,iou˥˦fu˦ɕiao˦,xa˨˨iou˥˦……næ̃˦ni˥˦tʂə˦kə˦zəŋ˨tʂə˦kə˦niæ̃˨liŋ˨˦pei˦˥fəŋ˦˨pu˨˦i˥˦iaŋ˦ma˧.ər˨˨tsɿ˥ni˥tsou˦pei˥ti˧tsuei˦tʂʰaŋ˨ti˧ɕiao˦ma˧.ɕia˦˥piæ̃˥˨nə˦kə˦pei˥xa˦nə˦kə˦ɕiao˦sɿ˦pæ̃˦˥tɕie˨ts˧ɕiao˦ma˧.（越来越短？）啊。a˨.（兄弟呢？）兄弟那你还是……ɕyoŋ˥ti˦nei˦˥ni˥˦xa˨˦sɿ˦……（死者的兄弟？）死者的兄弟那就不戴孝。sɿ˥tʂə˥˨tə˧ɕyoŋ˥ti˦næᴇ˦tɕiou˦pu˨˨tæᴇ˦˥ɕiao˦˨.（不戴孝？）不戴孝。儿子女子戴孝咧。pu˨˨tæᴇ˦˥ɕiao˦˨.ər˨˨tsɿ˧ny˦tsɿ˧tæᴇ˦ɕiao˦˨lie˧.（噢，就晚辈戴孝？）噢，晚辈戴的孝。aɔ˨,væ̃˥pei˦˨tæᴇ˦ti˧ɕiao˦˨.（那孙辈呢？）孙辈……孙辈只戴咧个半截儿孝。suoŋ˥pei˦……suoŋ˥pei˦tsɿ˥˨tæᴇ˦˥lie˧kə˦˨pæ̃˦˥tɕiər˨˨ɕiao˦˨.（半截孝？）齐住这个屁股蛋子这个地方就行了。嗯。tɕʰi˨˨tʂʮ˦˥tʂə˦kə˦pʰi˦ku˥˦tæ̃˦˥tsɿ˧tʂə˦kə˦ti˦faŋ˥˦tsou˦ɕiŋ˨˨lə˦.ə̃˨.（重……重孙辈呢？）重孙辈戴咧个孝帽子。tsʰuoŋ˨suoŋ˥pei˦tæᴇ˦lie˧kə˦ɕiao˦˥mao˦˥tsɿ˧.（戴个孝帽子？）嗯。再下一辈的胳膊上绽个白布布就行了。ə̃˨.tsæᴇ˦ɕia˦˥i˥˨pei˦ti˧kə˥puo˥˨ʂaŋ˦˨tsæ̃˦kə˦pei˨˨pu˦pu˦tɕiou˦˥ɕiŋ˨˨lə˧.（就行了是吧？）嗯。ə̃˨.（有没有说这个几世同堂的这个最小那个戴个红布？红的这个？）那都……我们这儿这没有那乡俗。nə˦˥tou˥˨……ŋuo˥mən˧tʂər˦tʂə˦mei˨iou˥nə˦ɕiaŋ˥ɕy˨˨.（没有这种乡俗？戴完……这个是戴着出……出去以后，这个在十字路口有没有什么讲究？仪式？）没有。muo˥˦iou˥˨.（不放炮也不什么？）不放。我们这里从来都不放炮。pu˨˨faŋ˦.ŋuo˥mən˧tʂə˦li˥˨tsʰuoŋ˨˨læᴇ˨˦tou˥˦pu˨˨faŋ˦pʰao˦˨.

（引魂杆杆儿有……到底有多长？）引魂杆杆至少得两米多长。iŋ˥˨xuoŋ˨kæ̃˥kæ̃˥˨tsɿ˦ʂao˥tei˥˦liaŋ˥mi˥tuo˥˨tʂʰaŋ˨˨.（举着？）哎，拿手稍微掂上就走了。æᴇ˨,na˨˨ʂou˥sao˥˦vei˥˦tiæ̃˥ʂaŋ˦˨tɕiou˦tsou˥lə˧.（纸的吧？）哎，上头就写咧个纸溜溜子么，上头写咧些字么你。æᴇ˨,ʂaŋ˦˥tʰou˧tɕiou˦ɕie˥lie˧kə˦˨tsɿ˥liou˦˥liou˦˨tsɿ˧muo˧,ʂaŋ˦tʰou˧ɕie˥lie˧ɕie˥˨tsɿ˦˥muo˧ni˥˨.（下面是拿个什么杆杆呢？那什么东西做的杆杆？）随便弄个木头棍棍，掂上就行了嘛。要好一点就弄个柳木的做噢棍棍，桃木的。suei˨˨piæ̃˦˥nuoŋ˦kə˦mu˥tʰou˧kuoŋ˦kuoŋ˦,tiæ̃˥ʂaŋ˦˨tɕiou˦˥ɕiŋ˨˨lə˧ma˧.iao˦xao˥i˥˨tiæ̃˥˨tɕiou˦nuoŋ˦kə˦liou˥mu˥˨ti˧tsuo˦ao˦kuoŋ˦kuoŋ˦,tʰao˨mu˥ti˧.（那上面要不要缠什么东西呢？）不缠。丧棒子那要是那……缠的那个东西叫丧棒子。pu˨˥tʂʰæ̃˨˨.saŋ˦˨paŋ˦˥tsɿ˧nei˦iao˦˥sɿ˦nə˦……tʂʰæ̃˨˨ti˧nə˦kə˦tuoŋ˥ɕi˧tɕiao˦saŋ˦˨paŋ˦˥tsɿ˧.（丧棒子是谁拿他？）丧棒子所有的每人个孝子人手一根儿。saŋ˦˨paŋ˦˥tsɿ˧ʂuo˥iou˥ti˧mei˥zəŋ˨˨kə˦ɕiao˦tsɿ˧zəŋ˨˨ʂou˥i˥˨kõr˥.（女儿拿不拿？）谁都要拿，孝子都要拿木棍棍。sei˨tou˥˨iao˦˨na˨˨,ɕiao˦tsɿ˧tou˥˨iao˦˥na˨˨mu˥˨kuoŋ˦˥kuoŋ˦˨.（后……这是孝……贤……孙子都得拿吗？）只要是孝子都要拿。tsɿ˥˨iao˦˥sɿ˦ɕiao˦tsɿ˧tou˥˨iao˦na˨˨.（噢，孝子……你们的孝子就是不仅是儿子辈，这是晚辈都算孝子？）都是孝子。那个孝棒子，那个丧棒子里头是个柳木的。那上头是放纸缠了一下。tou˥˦sɿ˦˨ɕiao˦tsɿ˧.nə˦kə˦ɕiao˦paŋ˦tsɿ˧,nə˦kə˦saŋ˦˨paŋ˦˥tsɿ˧li˥˦tʰou˧sɿ˧kə˦˨liou˥mu˥˨ti˧.næᴇ˦˥ʂaŋ˦tʰou˧sɿ˦faŋ˦tsɿ˥tʂʰæ̃˨˨lə˧i˥˨xa˦˨.

（那个那个孝子他的头上要不要戴那个什么帽子啊？）那个孝本身就长嘛。你把上半截子就缝了个……缝成个帽帽子在头上戴着咧么。这连着咧么。nə˦kə˦ɕiao˦pəŋ˥ʂəŋ˥tɕiou˦tʂʰaŋ˨ma˧.ni˥˦pa˥˨ʂaŋ˦pæ̃˦tɕie˨˥tsɿ˧tɕiou˦fəŋ˨˨lə˧kə˦˨tɕʰ……fəŋ˨tʂʰəŋ˨˥kə˦mao˦˥mao˦tsɿ˧tsæᴇ˦tʰou˨˨ʂaŋ˦tæᴇ˦tʂə˧lie˧muo˧.tʂei˦liæ̃˨˨tʂuo˥lie˧muo˧.（那叫不叫孝帽子？）孝帽子么。那就是孝帽子么。你先缝个孝帽子戴上嘛。ɕiao˦mao˦tsɿ˧muo˧.næᴇ˦tɕiou˦˥sɿ˦ɕiao˦mao˦tsɿm˧.ni˥ɕiæ̃˥˨fəŋ˨˨kə˦ɕiao˦mao˦tsɿ˧tæᴇ˦ʂaŋ˦˥ma˧.

（有……这人家讲披麻戴孝，你们这儿有披麻的习惯呢？）我们这地方都没有得。披麻那是腰里……多一半儿腰里都紧个麻绳绳。ŋuo˥mən˧tsə˧ti˧˥faŋ˥˩tou˥˩mei˩iou˥tei˥˩. pʰi˥ma˩nə˧sɿ˧iao˥li˥˩……tuo˥i˥˩pæ̃r˧iao˥li˥˩tou˥˩tɕiŋ˥kə˧˩ma˩ʂəŋ˩˩ʂəŋ˩˥.（紧个麻绳儿就够了？）啊，就可以了。a˩,tsou˧˥kʰə˥˧i˥˩lə.（没有说拿个麻布袋儿剪一下，弄一个？）没有那号事。muo˥˧iou˥nei˧xaɔ˧sɿ˧˩.

（接下……接下来就是出殡，出殡路上有……有什么讲究？）出殡路上就是一气子抬……抬上走的走。纸活在前面走，孝……孝子跟到纸活后头，后头是灵，跟上棺材抬上就来了。tʂʰʮ˥˧piŋ˧lou˧˥ʂaŋ˧tɕiou˧sɿ˧i˥˩tɕʰi˧tsɿ˧tʰæᴇ˩˩……tʰæᴇ˩˩ʂaŋ˧tsou˥ti˧tsou˥.tsɿ˥xuo˩˩tsæᴇ˧tɕʰiæ̃˩˩miæ̃˧tsou˥,ɕiaɔ˧˥……ɕiaɔ˧tsɿ˧kəŋ˥taɔ˧˩tsɿ˥xuo˩˩xou˧tʰou˧,xou˧tʰou˧sɿ˧liŋ˩,kəŋ˥ʂaŋ˧kuæ̃˥tsʰæᴇ˩˩tʰæᴇ˩˩ʂaŋ˧˥tɕiou˧læᴇ˩lə.（棺材后头还有没有什么？）没有了。mei˩iou˥lə.（棺材是最……垫底儿？）没有得。棺材在后头走着。muo˥˧iou˥tei˥˩.kuæ̃˥tsæᴇ˩˩tsæᴇ˧˩xou˧tʰou˧tsou˥tʂə.（棺材走在最后？）最后的，嗯。我们这个地方有些拉纤的咧嘛。孝子拉住这个，用白布把两面，拉两道长绳把这个……在棺材头起拴上，拉着咧么，孝子都在前头拉着咧么。后头全有就是个别帮忙的，给你掂个铁锨，做个啥。再一般都是兀人都在后头。tsuei˧xou˧ti˧,ŋ̍˩.ŋuo˥mən˧tsə˧kə˧ti˧faŋ˥˧iou˥ɕie˥˩la˥˩tɕʰiæ̃˧ti˧lie˧ma˧.ɕiaɔ˧tsɿ˧la˥tʂʮ˧˩tsə˧˩kə˧˩,yoŋ˧˥pei˩˩pu˧˥pa˥˩liaŋ˥miæ̃˧,la˥liaŋ˥˧taɔ˧tʂʰaŋ˩ʂəŋ˩˥pa˥˩tʂə˧kə˧……tsæᴇ˧kuæ̃˥tsʰæᴇ˩˩tʰou˩˩tɕʰie˥˩ʂuæ̃˥ʂaŋ˧˩,la˥tʂə˧lie˧muo˧,ɕiaɔ˧tsɿ˧tou˥˩tsæᴇ˧tɕʰiæ̃˩˩tʰou˧la˥tʂə˧lie˧muo˧.xou˧tʰou˧tɕʰyæ̃˩˩iou˥tɕiou˧˩sɿ˧˩kə˧˥pie˩˥paŋ˥˩maŋ˩˩ti˧,kei˧ni˥˧tiæ̃˥kə˧˩tʰie˥ɕiæ̃˥˩,tsɿ˧kə˧sa˧˩.tsæᴇ˧˩i˥˩pæ̃˥tou˥˩sɿ˧˩væᴇ˧zəŋ˩tou˥˩tsæᴇ˧xou˧˥tʰou˧.（掂个什么？）嗯？ə̃˩?（掂个什么？）掂的工具嘛。你埋人你到山上要拿这拿铁锹咧嘛你。tiæ̃˥ti˧kuoŋ˥˩tɕy˧ma˧.ni˥˩mæᴇ˩zəŋ˩˥ni˥˧taɔ˧sæ̃˥ʂaŋ˧iaɔ˧na˩˩tʂei˧˥na˩˩tʰie˥˩tɕʰiaɔ˥lie˧ma˧ni˥˩.

（到上了山以后，这个就是到……到了……到了选好的墓地以后就是……）噢，放下来嘛。ŋaɔ˥,faŋ˧xa˧læᴇ˩˩ma˧.（然后这个孝子要打扫了？）那你看是……næᴇ˧ni˥˩kʰæ̃˧sɿ˧˩……（把它放下放到什么东西上面啊？直接放……放到土地上？）不能够土地上。你那个长子你把你那个孝赶快取下来，先铺到地下，把棺材抬的放得你那个孝上去。pu˩˩nəŋ˩˩kou˧tʰu˥ti˧ʂaŋ˧˩.ni˥˧nə˧kə˧tʂaŋ˥tsɿ˥ni˥˧pa˥˩ni˥˧nə˧kə˧ɕiaɔ˧kæ̃˥˩kʰuæᴇ˧tɕʰy˥xa˧læᴇ˩˥,ɕiæ̃˥˩pʰu˥taɔ˧˩ti˧xa˧,pa˥˧kuæ̃˥tsʰæᴇ˩˩tʰæᴇ˩˩ti˧faŋ˧tə˧ni˥˧nə˧kə˧ɕiaɔ˧˥ʂaŋ˧˩tɕʰi˧˩.

（那在……如果在半路上面能不能够停？）路远咧，那叫架马咧嘛。lu˧yæ̃˥lie˧,nei˧tɕiaɔ˧tɕia˧ma˥lie˧ma˧.（架马怎么架？）架马就说是拿那个长条凳子，抬的累的不……招不住了，放得路上架一马嘛，歇一会儿嘛。tɕia˧ma˥tsou˧˥ʂuo˥˩sɿ˧˩na˩nə˩kə˧tʂʰaŋ˩tʰiaɔ˩˥təŋ˧tsɿ˧,tʰæᴇ˩ti˧lei˧ti˧pu……tʂaɔ˥˩pu˩˩tʂʰʮ˧lə˧,faŋ˧tə˧lou˧ʂaŋ˧tɕia˧i˥˩ma˥ma˧,ɕie˥i˥˩xuər˧˥ma˧.（叫架马？）嗯。ə̃˩.（歇一下有……这个要有什么活动没有？）没有了。那你就是孝子给人□帮忙的，给你抬的这个人发个烟。mei˩˩iou˥lə˧.nei˧˥ni˥˧tɕiou˧sɿ˧ɕiaɔ˧˥tsɿ˧kei˧zəŋ˩˩niæ̃˩˥paŋ˥maŋ˩˩ti˧,kei˧ni˥˧tʰæᴇ˩˩ti˧tʂə˧kə˧zəŋ˩fa˥˩kə˧iæ̃˥.（发个烟？）嗯。这个架马都……有……也有下数啊。不能架成双的啊。ə̃˩.tʂə˧kə˧˩tɕia˧ma˥tou˥˩……iou˥˧……ie˥iou˥˧xa˧ʂʮ˧a˧.pu˩˩nəŋ˩tɕia˧tʂʰəŋ˩˥ʂuaŋ˥tia˧.（架单的呢？）架单这也叫。tɕia˧˩tæ̃˥tʂei˧˥æ˥˩tɕiaɔ˧.（那……那不会倒了吗？）啊……æ̃˩……（拿三个就可以了是吧？）这个架单就说你只能歇……在路上歇气，你只能歇三回。tʂə˧kə˧tɕia˧˥tæ̃˥˩tsou˧ʂuo˥˧ni˥tsɿ˥˩nəŋ˩ɕie˥……tsæᴇ˧lou˧˥ʂaŋ˧ɕie˥˩tɕʰi˧,ni˥tsɿ˥˩nəŋ˩ɕie˥˩sæ̃˥xuei˩˩.（噢！）你不能……歇三回，歇五回，你不能在路上歇上四

回，歇上六回。ni˥˧ pu˩˨ nəŋ˩……çie˥˨ sæ̃˥ xuei˩, çie˥˨ vu˥ xuei˩˨, ni˥ pu˩˨ nəŋ˩ tsæᴇ˥ lou˥ ʂaŋ˥ çie˥˨ ʂaŋ˥˨ sʅ˥ xuei˩˨, çie˥˨ ʂaŋ˥˨ liou˥ xuei˩˨.（噢，这样的架？）啊。a˨.（叫架双不架……噢，架单不架双？）啊。一……这个一般情况下，这路……路这个近一点儿，平一点儿，根本就不架马。一马就到了。小伙子只要帮忙的人多，抬上吼吼吼就到了。a˨.i˥˨……tʂə˥˨ kə˥˨ i˥˨ pæ̃˥ tɕʰiŋ˩˨ kʰuaŋ˥˧ çia˥, tʂə˥˨ lou˥ t……lou˥ tʂə˥˨ kə˥˨ tɕiŋ˥˧ i˥˨ tiæ̃r˥˨, pʰiŋ˩ i˥˨ tiæ̃r˥˨, kəŋ˥˨ pəŋ˥ tsou˥ pu˩˨ tɕia˥ ma˥˨.i˥˧ ma˥ tɕiou˥ tao˥ lə˧.çiao˥ xuo˥˨ tsʅ˥ tsʅ˥˨ iao˥ paŋ˥˨ maŋ˩˨ ti˧ zəŋ˩ tuo˥, tʰæᴇ˩˨ ʂaŋ˥ xou˥ xou˥ xou˥ tɕiou˥˨ tao˥ lə˧.

（这个抬棺材那些人叫什么呀？）那叫帮忙的嘛。næᴇ˥ tɕiao˥ paŋ˥˨ maŋ˩˨ ti˧ ma˧.（这叫帮忙的？）嗯。ə̃˨.（没有“八仙”呐什么说法？）没有没有。mei˩ iou˥ mei˩˨ iou˥˨.（几个人呢？）八个人一抬。pa˥ kə˥ zəŋ˩˧ i˥˧ tʰæᴇ˩˨.（八个人？）嗯。ə̃˨.（这个扛的这些人叫不叫金刚或者什么的？）不叫。我们这儿啥都不叫，就叫帮忙的。pu˩˨ tɕiao˥.ŋuo˥ məŋ˧ tʂər˥ sa˥ tou˥˨ pu˩˨ tɕiao˥, tɕiou˥˧ tɕiao˥ paŋ˥˨ maŋ˩˨ ti˧.（跟那些帮忙的等同于是吧？都一样的？）都一样的。tou˥˧ i˥˨ iaŋ˥ ti˧.（那待遇上有什么不同吗？）没有。你就是个帮忙的么。mei˩ iou˥˨.ni˥˧ tɕiou˥˧ sʅ˥ kə˥ paŋ˥˨ maŋ˩˨ tim˧.（他可以换人不呢路上？）那你抬的挣的招不住咧，可以换么，那时帮忙的人多了给你。næᴇ˥ ni˥ tʰæᴇ˩˨ ti˧ tsəŋ˥ ti˧ tʂao˥ pu˩˨ tʂʰʯ˥˧ lie˧, kʰə˥ i˥˨ xuæ̃˥ muo˧, næᴇ˥˧ sʅ˩˨ paŋ˥˨ maŋ˩˨ ti˧ zəŋ˩ tuo˥ lə˧ kei˥ ni˥˧.

（这个这是比如说这是坟骨堆儿，你给铺好了，是铺在这前面呢还是铺在侧面？）铺到侧面，放得侧面就对了么。pʰu˥˧ tao˥ tsʰə˥ miæ̃˥˨, faŋ˥˧ tə˧ tsʰə˥ miæ̃˥˨ tɕiou˥ tuei˥ lə˧ muo˧.（放在侧面？）嗯。ə̃˨.（横着放还是就这么放？）横着放咧给他。xəŋ˥ tʂuo˥˧ faŋ˥˧ lie˧ kei˥˨ tʰa˥.（这么放？）啊，这么，就这……a˨, tʂə˥ muo˧, tɕiou˥˧ tʂə˥˨……（这么放？）嗯。ə̃˨.（然后人站在这边儿就……）嗯。ə̃˨.（差不多就给……就给放进去了？）把里头是再收拾好，把墓窑子收拾好以后，就拿绳把它吊的放下去就对了。下葬么这就叫。pa˥˨ li˥ tʰou˧ sʅ˥ tsæᴇ˥ ʂou˥ ʂʅ˩˨ xao˥˧, pa˥˨ mu˥˧ iao˩˧ tsʅ˧ ʂou˥ ʂʅ˩˨ xao˥ i˥˨ xou˥, tsou˥ na˩˨ ʂəŋ˩˧ pa˥˨ tʰa˥˧ tiao˥ ti˧ faŋ˥ çia˥ tɕʰi˥ tɕiou˥˨ tuei˥˨ lə˧.çia˥ tsaŋ˥ muo˧ tʂæᴇ˥ tɕiou˥˨ tɕiao˥˧.

（那个扛的那个杠那个那个要那个是怎么的搞法？）顺住棺材一面放一个长的。顺……ʂuoŋ˥ tʂʯ˥ kuæ̃˥ tsʰæᴇ˩˨ i˥˨ miæ̃˥ faŋ˥˧ i˥˨ kə˥ tʂʰaŋ˩ ti˧.ʂuoŋ˥……（那个长的叫什么？）叫龙杠。tɕiao˥ luoŋ˩ kaŋ˥.（龙杠？）啊。a˨.（然后还有个……还有几根小杠吧？）噢，每一……前头再拿绳……前后又再绑两……再绑些小杠子抬咧么。这就是八个人么。ao˨, mei˥ i˥˧……tɕʰiæ̃˩˨ tʰou˧ tsæᴇ˥ na˩˨ ʂəŋ˩……tɕʰiæ̃˩˨ xou˥ iou˥ tsæᴇ˥ paŋ˥˧ liaŋ˥˧……tsæᴇ˥ paŋ˥˧ çie˥˧ çiao˥ kaŋ˥ tsʅ˧ tʰæᴇ˩˨ lie˧ muo˧.tʂei˥ tɕiou˥ sʅ˥ pa˥ kə˥˨ zəŋ˩ muo˧.（那些小杠子叫什么？）那都没有个啥说头。nə˥ tou˥˧ mei˩˧ iou˥˧ kə˥ sa˥ ʂuo˥ tʰou˧.（没说头？）嗯。ŋ̍˨.（啊，那个就是捆的那个绳子呢？那大……大……大……粗……粗的那个绳子呢？）没有啥叫……没有讲究。muo˥˧ iou˥˧ sa˥˨ tɕiao˥……mei˩ iou˥˧ tɕiaŋ˥ tɕiou˥˨.（没有名称啊？）没有。mei˩˨ iou˥˨.

（你们这个死人要放炮不放炮？）不，从来不放炮。我们这儿就是河南人放得糟蹋。pu˩˨, tsʰuoŋ˩˨ læᴇ˩˧ pu˩˨ faŋ˥ pʰao˥˨.ŋuo˥ məŋ˧ tʂər˥ tɕiou˥˨ sʅ˥˨ xuo˩˨ næ̃˩˧ zəŋ˩˧ faŋ˥ tə˧ tsao˥˨ tʰa˥˨.（河南人放？）河南人从一死下就开始放炮，一直放得下了葬就不放了。叮叮咚，叮叮咚，就是他们放得欢。xə˩˨ næ̃˩˧ zəŋ˩ tsʰuoŋ˩ i˥˨ sʅ˥ xa˥ tsou˥ kʰæᴇ˥˨ sʅ˥ faŋ˥ pʰao˥, i˥˨ tʂʰʅ˩˧ faŋ˥ tə˧ çia˥ lə˧ tsaŋ˥ tsou˥ pu˩˨ faŋ˥˨ lə˧.tiŋ˥ tiŋ˥ tuoŋ˥, tiŋ˥ tiŋ˥ tuoŋ˥, tɕiou˥˧ sʅ˥ tʰa˥ məŋ˧ faŋ˥ tə˧ xuæ̃˥˨.（安徽

人不放？）安徽人都不放。næ̃˧˩xuei˧˩˦zə̣ŋ˨˩˦tou˧˩˦pu˨˩˨faŋ˥˩˦.（噢。一路走是不是都要……都要哭啊？）一路走不哭。i˧˩˨lou˥˧tsou˧˩pu˨˩˨kʰu˧˩.（不哭啊？）不哭。pu˨˩˨kʰu˧˩.（在家里哭？）在家里哭。一路上走就是撒钱咧。撒那个买路钱咧。tsæᴇ˥˧tɕia˧˩li˧˩˨kʰu˧˩˨.i˧˩˨lou˥˧˦ʂaŋ˥˧tsou˧˩tɕiou˥˧sɿ˥˧sa˧˩tɕʰiæ̃˨˩˨lie˧.sa˧˩na˥˧kə˥˧mæᴇ˧˩˦lou˥˧tɕʰiæ̃˨˩˨lie˧.（买路钱？）呣。m̩˨˩.（那个撒买路钱有什么那个呢？）没有。提个有……寻个人，帮忙的，一路走着，一路撒着。mei˨˩˨iou˧˩.tʰi˨˩˨kə˥˧iou˧˩……ɕiŋ˨˩˨kə˥˧zə̣ŋ˨˩˦,paŋ˧˩˨maŋ˨˩˨ti˧,i˧˩˨lou˥˧tsou˧˩tʂə˧,i˧˩˨lou˥˧sa˧˩tʂə˧.（是那个圆形方孔的那个吗？）呃，圆形方孔钱嘛。ə˨˩,yæ̃˨˩˦ɕiŋ˨˩˦faŋ˧˩˦kʰuoŋ˧˩tɕʰiæ̃˨˩˦ma˧.（你们烧的是哪种钱？）烧的就是这个欸普通这烧纸么，或者是阴国票子嘛。ʂaɔ˧˩ti˧tɕiou˥˧˦sɿ˥˧tʂə˥˧kə˥˧ei˨˩pʰu˧˩tʰuoŋ˧˩˦tʂə˥˧ʂaɔ˧˩˨tsɿm˧˩,xuo˨˩˦tʂə˧˩˨sɿ˥˧iŋ˧˩kuei˧˩˨pʰiaɔ˥˧tsɿ˧ma˧.（叫什么？）阴票子。iŋ˧˩˨pʰiaɔ˥˧tsɿ˧.（银票子和和烧纸有什么不同没有？）那是……阴票子□本身就是印下的这个，阴间……nei˥˧˦sɿ˥˧˨……iŋ˧˩˨pʰiaɔ˥˧˦tsɿ˧niæ̃˨˩˦pəŋ˧˩ʂəŋ˧˩˨tɕiou˥˧˦sɿ˥˧˨iŋ˥˧˦xa˥˧˨ti˧tʂə˥˧˨kə˥˧˨,iŋ˧˩tɕiæ̃˧˩˨……（阴间啊？）噢，阴间用的那个阴票子么。aɔ˨˩,iŋ˧˩tɕiæ̃˧˩˨yoŋ˥˧ti˧nə˥˧kə˥˧iŋ˧˩˨pʰiaɔ˥˧˦tsɿ˧muo˧.（阴，阴间的那个阴。）噢，阴。aɔ˨˩,iŋ˧˩.（阴票子？）啊。a˨˩.（烧纸是什么呢？）烧纸就是普通的烧纸嘛。ʂaɔ˧˩˨tsɿ˧˩tɕiou˥˧sɿ˥˧pʰu˧˩tʰuoŋ˧˩˨ti˧ʂaɔ˧˩˨tsɿ˧˩ma˧.（方块儿的还是很圆？）啊，方块儿的那个。a˨˩,faŋ˧˩˨kʰuər˧˩ti˧nə˥˧˨kə˥˧˨.（是打……打成几个？打眼儿不打？）不打眼儿。pu˨˩˨ta˧˩niæ̃r˧˩.（不打啊？）啊。但是必须上头有这个用这个硬币，或是几……几……这个银元放上头以后，拿个木头儿墩一下。墩，墩得上头。a˨˩.tæ̃˥˧sɿ˥˧pi˧˩˦ɕy˧˩˦ʂaŋ˥˧tʰou˧iou˧˩˨tʂə˥˧kə˥˧yoŋ˥˧tʂə˥˧˨kə˥˧˨iŋ˥˧pi˥˧,xuo˨˩˨sɿ˥˧tɕi˧˩……tɕi˧˩˨……tʂə˥˧kə˥˧iŋ˨˩˦yæ̃˨˩˦faŋ˥˧ʂaŋ˥˧tʰou˧i˧˩˨xou˥˧,na˨˩˨kə˥˧mu˧˩˨tʰour˨˩˦tuoŋ˧˩i˧˩˨ɕia˥˧˨.tuoŋ˧˩,tuoŋ˧˩tə˧ʂaŋ˥˧tʰou˧.（墩一下？）啊。没有这个银元了的话，用人民的那个币，上头……a˨˩.mei˨˩˦iou˧˩tʂə˥˧kə˥˧iŋ˨˩˦yæ̃˨˩˦lə˧ti˧xua˥˧,yoŋ˥˧zə̣ŋ˨˩˦miŋ˨˩˦ti˧nə˥˧kə˥˧pi˥˧˨,ʂaŋ˥˧tʰou˧……（一块钱的那种？）欸，现在哪有一块钱？现在弄一百的。他去印一下，衬得头起印一下。ei˨˩˦,ɕiæ̃˥˧tsæᴇ˥˧na˧˩iou˧˩˨i˧˩˨kʰuæᴇ˧˩tɕʰiæ̃˨˩?ɕiæ̃˥˧tsæᴇ˥˧nuoŋ˥˧i˧˩˨pei˧˩ti˧.tʰa˧˩˨tɕʰy˥˧iŋ˥˧˦i˧˩˨xa˥˧˨,tsʰəŋ˥˧tə˧tʰou˨˩˨tɕʰie˧˩˦iŋ˥˧i˧˩˦xa˥˧˨.（那怎么印呢？要不要涂点儿油墨什么东西？）哎，拿……拿个手拍一下，就当你把钱打咧嘛。æᴇ˨˩,na˨˩˦ʂ……na˨˩˨kə˥˧ʂou˧˩˦pʰei˧˩i˧˩˨xa˥˧,tɕiou˥˧taŋ˧˩ni˧˩˨pa˧˩˨tɕʰiæ̃˨˩˦ta˧˩lie˧ma˧.（噢，相……相当于打了钱了？）噢。aɔ˨˩.（那……那看得……看得出来呀？看不出来嘛！）那是……那是哄死人咧，哄死人咧嘛你。啥叫哄死人？næᴇ˥˧sɿ˥˧……næᴇ˥˧sɿ˥˧xuoŋ˧˩sɿ˧˩zə̣ŋ˨˩˦lie˧,xuoŋ˧˩sɿ˧˩˨zə̣ŋ˨˩˨lie˧ma˧ni˧˩˨.sa˥˧tɕiaɔ˥˧xuoŋ˧˩sɿ˧˩zə̣ŋ˨˩˨?（也不说拿个什么章啊给盖上？）没有。muo˧˩˦iou˧˩˨.（他没有拿个模子啊？这个……）没有。muo˧˩˦iou˧˩˨.（什么金银铜锡铁啊什么那个？什么打的那个？）没有。muo˧˩˦iou˧˩˨.

（这就下完葬以后，这个人往回走，还有什么……有什么活动没有？）路上你是从哪里去从哪里回嘛。lou˥˧ʂaŋ˥˧˨ni˧˩˨sɿ˥˧˨tsʰuoŋ˨˩˨na˧˩li˧˩˨tɕʰi˥˧˦tsʰuoŋ˨˩˨na˧˩li˧˩˨xuei˨˩˦ma˧.（噢，不能绕弯儿走？）不能绕弯儿走么。回到这个欸门……大门上以后，有个跳个火堆嘛。pu˨˩˨nəŋ˨˩˦zaɔ˧˩˦væ̃r˧˩tsou˧˩muo˧.xuei˨˩˨taɔ˥˧˦tʂə˥˧kə˥˧ei˥˧məŋ˨˩˦ʂ……ta˥˧məŋ˨˩˨ʂaŋ˥˧i˧˩˨xou˥˧,iou˧˩˦kə˥˧tʰiaɔ˥˧kə˥˧˨xuo˧˩tuei˧˩˨ma˧.（跳火堆？）啊，跳个火堆儿。ŋa˨˩,tʰiaɔ˥˧kə˥˧xuo˧˩tuər˧˩˨.（在路上这个行列是不是跟原先一样还是一顿乱走？）哎无所谓你回。那就自由主义了。你想走哪儿就走哪儿。æᴇ˥˧vu˨˩˨suo˧˩vei˥˧ni˧˩xuei˨˩˨.nə˥˧˨tsou˥˧˨tsɿ˥˧˦iou˨˩˦tʂʯ˧˩˨i˥˧lə˧.ni˧˩˦ɕiaŋ˧˩tsou˧˩˨nar˧˩˦tɕiou˥˧tsou˧˩˨nar˥˧.（那个火堆是那个什么时候烧起的？）火堆就是这个……过去是……停人的这个房子里边两面都要跪孝子嘛。孝子跪的那个地下，磕膝盖儿也困的……跪的也疼咧啊。他就抱些烂草，往那个地方一铺，有谷草最好抱些谷草，往那儿一铺，人可以坐得那个地方，也可以跪得那个地方。既底下又不受潮，磕膝盖儿又跪不疼。把这个死人抬走以后么，专门儿寻个老汉儿，就把那个地方打扫一下。赶快就说是意思把里头那些烂谷草抱出去，放到大门上。xuo˥tuei˥˩tɕiou˧sɿ˧˩tʂə˧kə˧……kuo˧tɕʰy˧˩z……tʰiŋ˩˧zəŋ˩˧˩ti˧tʂə˧kə˧faŋ˩˧˩tsɿ˧li˥piæ̃˥˩liaŋ˥miæ̃˧tou˥˩iao˧kʰuei˧ɕiao˧tsɿ˧ma˧.ɕiao˧tsɿ˧kʰuei˧˥tə˧nə˧kə˧ti˧xa˧,kʰə˥tɕʰie˥˩kər˧ia˥˩kʰuoŋ˧ti˧……kʰuei˧ti˧a˥˧tʰəŋ˩˧˩lia˧.tʰa˥˧tɕiou˧pao˧˥ɕie˥˩læ̃˧tsʰao˥,vaŋ˥˩nə˧kə˧ti˧faŋ˥˩i˥˧pʰu˥˩,iou˥ku˥˩tsʰao˥tsuei˧xao˥˧pao˧ɕie˥˧ku˥tsʰao˥˩,vaŋ˥˩nər˧i˥˩pʰu˥,zəŋ˩˧kʰə˥i˥˩tsuo˧˥tə˧nə˧kə˧ti˧faŋ˥˧,ie˥˧kʰə˥i˥˩kʰuei˧˥tə˧nə˧kə˧ti˧faŋ˥˩.tɕi˧ti˥ɕia˧iou˧pu˩˧˩ʂou˧tʂʰao˩˧,kʰə˥tɕʰie˥˩kər˧˥iou˧kʰuei˧pu˩˧˩tʰəŋ˩˧.pa˥˩tʂə˧kə˧sɿ˥zəŋ˩˧˩tʰæE˩˧˩tsou˥i˥˩xou˧muo˧,tʂuæ̃˥˩mə̃r˩˧ɕiŋ˩˧˩kə˧lao˥xæ̃r˧˩,tɕiou˧pa˥˩nə˧kə˧ti˧˥faŋ˥˩ta˥˩sao˥i˥˩ɕia˧˩.kæ̃˥˧kʰuæE˧tɕiou˧ʂuo˥˩sɿ˧˩i˧˥sɿ˧pa˥˩li˥tʰou˧nei˧ɕie˥˩læ̃˧kə˩(←ku˥) tsʰao˥pao˧tʂʰʮ˥˧tɕʰi˧˩,faŋ˧tao˧ta˧məŋ˩˧˩ʂaŋ˧˥.（要叫老汉儿抱？）啊，就是老年人。把这个弄的烧着。烧着，跟前再放个水盆。a˧,tɕiou˧˩sɿ˧˩lao˥niæ̃˩˧˩zəŋ˩˧˩.pa˥˩tʂə˧kə˧nuoŋ˧ti˧ʂao˥˩tʂuo˩˧.ʂao˥˩tʂʰuo˩˧,kəŋ˥tɕʰiæ̃˩˧˩tsæE˧faŋ˧kə˧ʂuei˥pʰəŋ˩˧.（水盆？）啊。水盆里头舀上一盆水。放个擀面杖。a˩˧.ʂuei˥pʰəŋ˩˧li˥tʰou˧iao˥ʂaŋ˧˩i˥˩pʰəŋ˩˧ʂuei˥.faŋ˧kə˧kæ̃˥˧miæ̃˧tʂaŋ˧.（擀面杖是干吗呢？）不知道是弄啥的。再放一把菜刀在里头。pu˩˧˥tʂɿ˥˧tao˧sɿ˧˩nuoŋ˧˥sa˧ti˧.tsæE˧faŋ˧i˥˧pa˥˧tsʰæE˧˥tao˥˩tsæE˧li˥˧tʰou˧.（菜刀？都……都搁在那个水盆里头？）都在搁那水盆里。这个人回来了，你顺这个……顺这个头起跳过来，这儿这放那个呃水盆，放个刀，把这个刀翻过面儿也放得这儿。你过来了，他才是过来，他再这么个跳过来，再翻过来。tou˥˩tsæE˧˥kuo˥nə˧˩ʂuei˥pʰəŋ˩˧˩li˥˧.tʂə˧˩kə˧˩zəŋ˩˧xuei˩˧˩læE˩˧˥lə˧,ni˥˩ʂuoŋ˧tʂə˧kə˧……ʂuoŋ˧tʂə˧kə˧tʰou˩˧˩tɕʰie˥˧tʰiao˧˩kuo˧læE˩˧˩,tʂər˧tʂə˧faŋ˧nə˧kə˧ə˧ʂuei˥pʰəŋ˩˧,faŋ˧kə˧tao˥,pa˥˩tʂə˧kə˧tao˥fæ̃˥˩kə˧˩miæ̃r˧a˥˩faŋ˧tə˧tʂər˧.ni˥kuo˧læE˩˧˩lə˧,tʰa˥tsʰæE˩˧˩sɿ˧˩kuo˧˥læE˩˧˩,tʰa˥˧tsæE˧tʂə˧˥muo˧kə˧tʰiao˧˩kuo˧læE˩˧˥,tsæE˧˥fæ̃˥˩kuo˧læE˩˧˩.（那擀面杖怎么处理呢？）擀面杖就放那儿不动了。kæ̃˥˧miæ̃˧tʂaŋ˧tɕiou˧˩faŋ˧nər˧pu˩˧˩tuoŋ˧˥lə˧.（就放在水盆子里头不动？）啊。这个孝子么就在啊……a˩˧.tʂə˧˩kə˧˩ɕiao˧tsɿ˧muo˧tɕiou˧˩tsæE˧˥a˧……（那个刀是放在水盆里翻面儿还是放在……）在水盆子里头放着咧。这跟前还跪下有孝……头里回来的这些孝子，就在这儿跪着咧。每回来一个人，翻个刀，你给□磕个头嘛。tsæE˧˩ʂuei˥pʰəŋ˩˧˩tsɿ˧li˥tʰou˧faŋ˧tʂə˧lie˧.tʂei˧kəŋ˥tɕʰiæ̃˩˧˩xa˩˧˩kʰuei˧xa˧iou˥˧ɕiao˧……tʰou˩˧˩li˥xuei˩˧˩læE˩˧˥ti˧tʂei˧ɕie˥˧ɕiao˧tsɿ˧,tsou˧tsæE˧tʂər˧kʰuei˧tʂə˧lie˧.mei˥xuei˩˧˩læE˩˧˥i˥˧kə˧zəŋ˩˧,fæ̃˥˩kə˧tao˥,ni˥˧kei˧niæ̃˩˧˩kʰə˥kə˧tʰou˩˧ma˧.

（啊，对了那个那个那个长命鸡怎么办，到时候？）长……那长命鸡那个是……再发……起灵的时候，发丧的时候，那个阴阳拿牙把那个鸡冠子咬烂，给那个棺材头起那……你嘴里念念有词儿，欻念以后给那侧板儿上，给那棺材头起抹上血。鸡就撇那儿了。tʂʰaŋ˩˧……nə˧tʂʰaŋ˩˧˩miŋ˧tɕi˥nei˧kə˧zɿ˧˩……tsæE˧fa˥˩s……tɕʰi˥liŋ˩˧ti˧sɿ˩˧˩xou˧˩,fa˥˩saŋ˧˥ti˧sɿ˩˧˩xou˧,nə˧kə˧iŋ˥iaŋ˩˧˩na˩˧˩nia˩˧pa˥˩nə˧kə˧tɕi˥˩kuæ̃˥tsɿ˧niao˥læ̃˧,kei˧nə˧kə˧kuæ̃˥tsʰæE˩˧˩tʰou˩˧˩tɕʰie˥˧nə˧……ni˥˧tsuei˥li˥˩niæ̃˧niæ̃˧iou˥tsʰər˩˧,ei˧niæ̃˧i˥˩xou˧kei˧nə˧tsʰə˥˩pæ̃r˥ʂaŋ˧˩,kei˧nə˧kuæ̃˥tsʰæE˩˧˩tʰou˩˧˩tɕʰie˥˧muo˥ʂaŋ˧˩ɕie˥˩.tɕi˥˧tɕiou˧pʰie˥nər˧˩lə˧.（就不要了？）不要了么。pu˩˧˩iao˧ləm˧.（那鸡后来怎么处理呢？）鸡后来先生就拿走了。tɕi˥˧xou˧læE˩˧ɕiæ̃˥səŋ˥˩tɕiou˧na˩˧˩tsou˥lə˧.（呵呵呵，他拿回家去了？）嗯。ə̃˩.（这是丧礼就过去了？）嗯。回来就是坐席么，喝酒么。ŋ̍˩.xuei˩˧˩læE˩˧˥tɕiou˧sɿ˧tsuo˧ɕi˩˧muo˧,xə˥˩tɕiou˥muo˧.

死的别称

（这个一般都说死了？）黄：嗯。ə̃꜔꜖.（老人家死了说……）老人不叫死么，叫殁下了嘛。最古老的那个说法也不叫殁下了，老百年了。老年人死咧叫老百年。lɑɔ˥˧ʐəŋ˨˦꜔꜖pu˨˦꜔꜖tɕiɑɔ˥sɿ˥˧muo˧,tɕiɑɔ˥muo˧˩xɑ˥꜔꜖lə˧mɑ˧.tsuei˥ku˥˧lɑɔ˥˧ti˧nə˥kə˥ʂuo˧˩fɑ˧˩꜔꜖ie˥˧꜔꜖pu˨˦꜔꜖tɕiɑɔ˥muo˧˩xɑ˥꜔꜖lə˧,lɑɔ˥˧pei˥˧꜔꜖niæ̃˨˦꜔꜖lə˧.lɑɔ˥˧niæ̃˨˦꜔꜖ʐəŋ˨˦sɿ˥˧lie˧tɕiɑɔ˥lɑɔ˥˧pei˥˧꜔꜖niæ̃˨˦꜔꜖.（欸，死了说不说老了？）说老了这个话咧。ʂuo˧˩꜔꜖lɑɔ˥˧lə˧tʂə˥kə˥xuɑ˥lie˥.（小孩子这个死了怎么说？）最小的那小孩儿死咧叫撂了。也……也叫……也叫领不起。tsuei˥ɕiɑɔ˥˧ti˧nə˥꜔꜖ɕiɑɔ˥˧꜔꜖xər˨˦sɿ˥˧lie˧tɕiɑɔ˥liɑɔ˥lə˥.ie˥˧꜔……ie˥˧꜔꜖tɕiɑɔ˥……ie˥˧꜔tɕiɑɔ˥liŋ˥˧pu˨˦꜔꜖tɕʰi˥˧.（叫什么？）领不起。没……没……啊，没领起。liŋ˥˧pu˨˦꜔꜖tɕʰi˥˧.muo˥˧꜔꜖……muo˥˧꜔꜒……ɑ꜔꜖,muo˥˧꜔꜖liŋ˥˧tɕʰi˥˧.（开玩笑说的是这种说法，你们这儿还有什么说法没有，就是死了以后的？）我们是……大不了……大不了说个计划了。ŋuo˥˧məŋ˧ʂʅ……tɑ˥pu˨˦꜔꜖liɑɔ˥˧……tɑ˥pu˨˦꜔꜖liɑɔ˥˧꜔꜖ʂuo˥˧꜔꜖kə˥꜔꜖tɕi˥xuɑ˥lə˧.（计划生育那个计划？）噢嚎，计划了么。ɑɔ˥xɑɔ˥,tɕi˥꜒xuɑ˥꜔꜒ləm˧.（为什么把死了叫计划了呢？）计划生育那就是不让你生，也刮宫引产咧么那就等于。把你计划了么。tɕi˥xuɑ˥səŋ˥˧꜔꜖y˥꜒nei˥tɕiou˥sɿ˥pu˨˦꜔꜖ʐɑŋ˥ni˥˧꜔səŋ˧˩,ie˥˧꜔꜖kuɑ˥˧꜔꜒kuoŋ˥˧꜔꜖iŋ˥˧tsʰæ̃˥˧lie˧muo˧næᴇ˥tsou˥təŋ˥˧y˨˦꜔꜖.pɑ˥˧꜔ni˥˧꜔tɕi˥xuɑ˥ləm˧.（就老死了也叫计划了？）那如……开玩笑那就是计划，老死了也给计划咧。nə˥꜔꜖ʐʮ……kʰæᴇ˧˩væ̃˨˦꜔꜖ɕiɑɔ˥꜒næᴇ˥꜔꜖tɕiou˥꜔꜖sɿ˥꜔꜖tɕi˥xuɑ˥꜔꜒,lɑɔ˥˧sɿ˥˧lə˧æ˥˧꜔kei˥tɕi˥xuɑ˥lie˧.

百年

（有的人呐这个……有的人死了这个是高寿而死，你们你们像这个叫什么？）黄：那就叫百年了么。nei˥tɕiou˥tɕiɑɔ˥pei˥˧niæ̃˨˦꜔꜖lə˧muo˧.（像这种白喜事儿你们叫什么？）咋么个？tsɑm˥˧kə˥꜔꜖?（叫老……老丧还是喜丧？有这种说法没有？）我们这个地方不说，不讲究这个。但是过了省界，只要六十岁以上就当喜事的过咧。ŋuo˥˧məŋ˧tʂə˥kə˥ti˥fɑŋ˥˧꜔꜖pu˨˦꜔꜖ʂuo˧˩,pu˨˦꜔꜖tɕiɑŋ˥˧tɕiou˥˧꜔꜖tʂə˥꜔꜖kə˥꜔꜖.tæ̃˥sɿ˥kuo˥꜔꜒lə˧səŋ˥˧tɕie˥,tsɿ˥˧꜔꜖iɑɔ˥liou˧˩ʂʅ˨˦꜔꜖suei˥i˥˧꜔꜖ʂɑŋ˥tɕiou˥tɑŋ˥˧꜔ɕi˧˩sɿ˥꜔꜖ti˧kuo˥꜒lie˧.（噢，六十以上就是喜事了？）啊。这个事他就可以……过这个事就可以猜拳了。我们这个地方就不值啊丧……才死咧仍然永远……不管你哪怕一百岁咧，你不能许是划拳这样。ŋɑ꜔꜖.tʂə˥꜔꜖kə˥꜔꜖sɿ˥꜒tʰɑ˥˧꜔tɕiou˥kʰə˥˧i˥˧꜔꜖……kuo˥tʂə˥kə˥sɿ˥tɕiou˥kʰə˥˧i˥˧꜔꜖tsʰæᴇ˥˧tɕʰyæ̃˨˦꜔꜖lə˧.ŋuo˥˧məŋ˧tʂə˥kə˥ti˥fɑŋ˥˧꜔꜖tsou˥pu˨˦꜔꜖tʂʅ˨˦꜔꜖æ˧sɑŋ˥……tsʰæᴇ˨˦꜔꜖sɿ˥˧lie˧ʐəŋ˨˦꜔꜖ʐæ̃˨˦꜔꜖yoŋ˥˧yæ̃˧˩……pu˨˦꜔꜖kuæ̃˥˧ni˥˧꜔nɑ˥˧꜔pʰɑ˥i˥˧꜔pei˧˩suei˥꜔꜖lie˧,ni˥˧pu˨˦꜔꜖nəŋ˨˦ɕy˥˧sɿ˥꜔꜖xuɑ˨˦tɕʰyæ̃˨˦꜔꜖tʂei˥꜒iɑŋ˥꜔꜖.（就没有喜丧这种说法？）没有喜丧这个说法。mei˨˦iou˥˧꜔ɕi˧˩sɑŋ˥tʂə˥kə˥ʂuo˧˩fɑ˧˩꜔꜖.（不能划拳啊？）不能划拳。pu˨˦꜔nəŋ˨˦꜔xuɑ˨˦꜔tɕʰyæ̃˨˦꜔꜖.（就是是孝子不能划拳还是什么？）任何人都不能划拳。ʐəŋ˥꜒xuo˨˦꜔꜖ʐəŋ˨˦꜔tou˧˩pu˨˦꜔꜖nəŋ˨˦xuɑ˨˦꜔꜖tɕʰyæ̃˨˦꜔꜖.

棺材的别称

（棺材你们还有什么说法没有？）黄：棺材没有啥说头。kuæ̃˧˩tsʰæᴇ˨˦꜔꜖mei˨˦iou˥˧꜔sɑ˥ʂuo˧˩tʰou˧.（寿材？）那就也……可以说有寿材这个话咧。nei˥tɕiou˥ɑ˥˧꜔꜖i……kʰə˥˧i˥˧꜔꜖ʂuo˧˩꜔꜖iou˥˧ʂou˥tsʰæᴇ˨˦꜔tʂə˥kə˥xuɑ˥꜔꜖lie˧.（寿材是那个是呃是不是以前就说做棺材的材料呢？）那不是。做成的这个棺材统称叫寿材嘛。nə˥pu˨˦꜔꜖sɿ˥꜔꜖.tsuo˥꜔꜖tʂʰəŋ˨˦꜔꜖ti˧tʂə˥kə˥kuæ̃˧˩tsʰæᴇ˨˦꜔꜖tʰuoŋ˥˧꜔꜖tʂʰəŋ˧˩tɕiɑɔ˥ʂou˥tsʰæᴇ˨˦mɑ˧.（比如说就说还没死之前叫寿材还是死了以后叫寿材？）没有死以前叫寿材咧，死咧就叫棺材了。muo˧˩꜔꜖iou˥˧sɿ˥˧i˥˧꜔꜖tɕʰiæ̃˨˦tɕiɑɔ˥ʂou˥tsʰæᴇ˨˦꜔꜖lie˧,sɿ˥˧lie˧tɕiou˥tɕiɑɔ˥kuæ̃˧˩tsʰæᴇ˨˦꜔꜖lə˧.（叫不叫寿材，噢，寿……寿器？寿方？）有叫寿木咧。iou˥˧꜔꜖tɕiɑɔ˥ʂou˥mu˧˩lie˧.（寿木是……还是也是死之前吧？）嗯，死之前。我们这儿这人……人一年上六十岁，一

上六十岁，都把材都做好了。ə̃˩,sɿ˥˧tsɿ˥˧˧tɕʰiæ̃˩˧˩.ŋuo˥˧məŋ˧tʂər˥tʂə˥zəŋ˩˧……zəŋ˩˧i˥˧˩niæ̃˩˧˩ʂɑŋ˥liou˥˧ʂʅ˩˧˩suei˥˩,i˥˧˩ʂɑŋ˥liou˥˧ʂʅ˩˧˩suei˥,tou˥˧˦pɑ˥˧˩tsʰæᴇ˩˧tou˥˧˧tsɥ˥xɑɔ˥˧lə˧.（也叫材噢？）嗯。ŋ̍˩.（简称材是吧？）噢，简称材嘛。ɑɔ˩,tɕiæ̃˥˧tʂʰəŋ˥˧˧tsʰæᴇ˩˧mɑ˧.（有棺子这种说法没有？）那有些人也叫棺材。næᴇ˥˨iou˥˧˧ɕie˥˧˩zəŋ˩˧ie˥˧˧tɕiɑɔ˥kuæ̃˥˧tsʰæᴇ˩˧˩.（就叫棺材？）噢，棺材嘛。寿材，棺材，有的叫材。ɑɔ˩,kuæ̃˥˧tsʰæᴇ˩˧˩mɑ˧.ʂou˥tsʰæᴇ˩˧,kuæ̃˥˧tsʰæᴇ˩˧,iou˥˧ti˧tɕiɑɔ˥tsʰæᴇ˩˧.（就是棺子？）没有叫棺子这话。mei˩˧iou˥˧tɕiɑɔ˥kuæ̃˥˧tsɿ˧tʂə˥˩xuɑ˥˩.

棺材木料的块数

（这个由四大块儿木料做成的棺材叫什么呢？）黄：不可能。pu˩˧˩kʰə˥˧nəŋ˩˧˩.（有什么四页瓦……四……这种说法没有？）我们这个地方不做四页瓦的。ŋuo˥˧məŋ˧tʂə˥kə˥ti˥fɑŋ˥˧˧pu˩˧˩tsɥ˥sɿ˥ie˥˧˧vɑ˥˧ti˧.（四页瓦是什么呢？）它那个是大块儿么，斗那是大块儿斗到一瘩里。我们这人最……最起码都是讲究这个柏木，是讲究十……十二根，十三根。tʰɑ˥˧nə˥kə˥sɿ˥tɑ˥kʰuər˥˧muo˧,tou˥nə˥sɿ˥tɑ˥kʰuər˥˧˧tou˥tɑɔ˥i˥˧˧tɑ˥˧li˥˧˩.ŋuo˥˧məŋ˧tʂər˥tsu……tsuei˥tɕʰi˥˧˧mɑ˥˧tou˥˧˩sɿ˥tɕiɑŋ˥˧tɕiou˥˧˧tʂə˥kə˥pei˥˧mu˥˧˩,sɿ˥˩tɕiɑŋ˥˧˧tɕiou˥˧˧ʂʅ……ʂʅ˩˧˩ər˥kəŋ˥˧˩,ʂʅ˩˧˩sæ̃˥˧kəŋ˥˧˩.（噢，十二根、十三根什么讲究呢？）不知道，反正这是……pu˩˧˩tʂʅ˥˧˩tɑɔ˥˩,fæ̃˥˧˩tʂəŋ˥˨tʂei˥sɿ˥……（十二根是什么样子的？）那就是上头帮上几根……帮上多少，上下底子这都有下数咧么。有根数咧噢。nə˥tɕiou˥sɿ˥ʂɑŋ˥˦tʰou˧pɑŋ˥˧ʂɑŋ˥˩tɕi˥˧kəŋ˥˧˩ʂ……pɑŋ˥˧ʂɑŋ˥tuo˥˧˩ʂɑɔ˥˧˧,ʂɑŋ˥ɕiɑ˥ti˥˧tsɿ˧tʂei˥˩tou˥˧˩iou˥˧˩xɑ˥ʂɥ˥liem˧.iou˥˧˩kəŋ˥˧ʂɥ˥˩liɑɔ˧.（那一根一根的是什么东西？）柏木么。pei˥˧mu˥˧˩muo˧.（柏木绑在……绑在什么地方？）原先你这个多少……根，这就是多少块儿板做成的么。yæ̃˩˧˩ɕiæ̃˥˧˧ni˥˧˧tʂə˥kə˥tuo˥˧˩ʂ……kəŋ˥˧,tʂei˥tɕiou˥sɿ˥tuo˥˧˩ʂɑɔ˥˧kʰuər˥˧˧pæ̃˥˧tsuo˥˩tʂʰəŋ˩˧˩ti˧muo˧.（啊啊对对对！）十二块儿板，十几块儿板凑成的嘛。ʂʅ˩˧˩ər˥˨kʰuər˥˧˧pæ̃˥˧,ʂʅ˩˧tɕi˥˧kʰuər˥˧˧pæ̃˥˧tsʰou˥tʂʰəŋ˩˧˩ti˧mɑ˧.（啊，对！）它那个块儿，他说那个块儿就是上头，棺材盖儿是一块儿，棺材墙子一块儿，底子一块儿，这四大块儿，他说那是那是大块儿么。我们没有这个讲究。tʰɑ˥˧nə˥˩kə˥˩kʰuər˥˧,tʰɑ˥˧ʂuo˥˧˧nə˥kə˥kʰuər˥˧tɕiou˥˩sɿ˥˩ʂɑŋ˥˦tʰou˧,kuæ̃˥˧tsʰæᴇ˩˧˩kər˥sɿ˥˩i˥˧˩kʰuər˥˧,kuæ̃˥˧tsʰæᴇ˩˧˩tɕʰiɑŋ˩˧˩tsɿ˥˧i˥˧˩kʰuər˥˧˧,ti˥˧tsɿ˧i˥˧˩kʰuər˥˧,tʂə˥˨sɿ˥tɑ˥kʰuər˥˧,tʰɑ˥˧ʂuo˥˧˩nə˥˩sɿ˥˩nei˥˨sɿ˥tɑ˥kʰuər˥˧muo˧.ŋuom˥˧muo˥˧˦iou˥˧tʂə˥kə˥tɕiɑŋ˥˧tɕiou˥˧˩.（没有这么大的材料？）没……啊，也是……就是有，也把它搞成这么样子。你比如说是这个……本来这个材盖，这个棺底是这个有一米三，一米二子这个欸，一米二，有这个六块儿板就够了，但是按这个数儿来说，这个六就不合适。m……ɑ˩,ie˥˧˧sɿ˥……tɕiou˥sɿ˥iou˥˧,ie˥˧pɑ˥˧˩tʰɑ˥˧˧kɑɔ˥˧tʂʰəŋ˩˧tʂə˥muo˧iɑŋ˥tsɿ˧.ni˥˧pi˥˧zɥ˩˧˩ʂuo˥˧˩sɿ˥˩tʂə˥kə˥……pəŋ˥˧læᴇ˩˧tʂə˥kə˥tsʰæᴇ˩˧˩kæᴇ˥,tʂə˥˩kə˥˩kuæ̃˥˧˩ti˥˧sɿ˥tʂə˥kə˥iou˥˧˧i˥˧˩mi˥˧sæ̃˥˧,i˥˧˩mi˥˧˧ər˥tsɿ˧tʂə˥kə˥ei˩,i˥˧˩mi˥˧˧ər˥,iou˥˧tʂə˥˩kə˥˩liou˥˧kʰuər˥˧˩pæ̃˥˧tsou˥kou˥lə˧,tæ̃˥sɿ˥næ̃˥˦tʂə˥˩kə˥˩ʂuər˥˦læᴇ˩˧˩ʂuo˥˧˩,tʂə˥˩kə˥˩liou˥˧tsou˥pu˩˧˩xuo˩˧˩tʂʰʅ˥˧.（噢，六不合适？）不合适。必须要多出来一块儿。但是这木头宽窄已经够了。怎么办？拿墨线，拿墨斗子给它弹给一线，隔开。六块儿就成了七块儿了。pu˩˧˩xuo˩˧˩tʂʰʅ˥˧.pi˥˧˧ɕy˥˧˧iɑɔ˥tuo˥˧tʂʰɥ˥˧˩læᴇ˩˧˩i˥˧˩kʰuər˥˧.tæ̃˥sɿ˥tʂə˥kə˥mu˥˧tʰou˧kʰuæ̃˥˧˦tsei˥˧˩i˥˧tɕiŋ˥˧˩kou˥lə˧.tsəŋ˥˧˧muo˧pæ̃˥?nɑ˩˧mei˩˧ɕiæ̃˥,nɑ˩˧mei˩˧tou˥˧tsɿ˧kei˥tʰɑ˥˧˧tʰæ̃˩˧˩kei˥˨i˥˧˩ɕiæ̃˥˨,kei˥˧kʰæᴇ˥˧˩.liou˥˧kʰuər˥˧˧tɕiou˥tʂʰəŋ˩˧˩lə˧tɕʰi˥˧kʰuər˥˧˩lə˧.（噢，还特意把它给那个锯开？）必须拿……不锯，不往开的锯，用墨……墨……木匠甩线的那个黑线的弹一下。pi˥˧˦ɕy˥˧˩nɑ˩˧˧……pu˩˧˩tɕy˥˨,pu˩˧˧vɑŋ˥˧˧kʰæᴇ˥˧ti˧tɕy˥,yoŋ˥mei˩˧……mei˩˧˦……mu˥˧tɕiɑŋ˥˩ʂuei˥˧˩ɕiæ̃˥ti˧nei˥kə˥xei˥˧˩ɕiæ̃˥ti˧tæ̃˩˧i˥˧˩xɑ˥˩.（弹，呃就是……就像有一条缝一样的？）噢，就像一条缝把它打开了。最后有意识

地把它要打开。ɑɔ˨˩,tɕiou˧ɕiaŋ˧i˥˧tʰiɑɔ˨˩fəŋ˧pɑ˥˩tʰɑ˥˧tɑ˥˩kʰæᴇ˥˩lə˨.tsuei˧˩xou˧iou˥˧i˧ʂʅ˥˧ti˨pɑ˥˩tʰɑ˥˧iɑɔ˧tɑ˥˩kʰæᴇ˥˩.（弹在这个里面还是往……弹在外面呢？）整个儿这个板头起里外都要把线甩上咧。tʂəŋ˥˧kər˧˩tʂə˧˩kə˧˩pæ̃˥˧tʰou˨˩tɕʰie˥˧li˥˧væᴇ˧tou˥˩iɑɔ˧pɑ˥˩ɕiæ̃˧ʂuei˥˧ʂɑŋ˧˩lie˨.（这个叫什么？这个故意弹开，这叫什么呢？）这不叫个啥。这就是要把这个……这就是把这个数儿要凑开咧么。tʂə˧˩pu˨˩tɕiɑɔ˧kə˧sɑ˧˩.tʂei˧tɕiou˧sʅ˧iɑɔ˧pɑ˥˩tʂə˧kə˧……tʂei˧tɕiou˧sʅ˧pɑ˥˩tʂə˧kə˧ʂuər˧˥iɑɔ˧˩tsʰou˧kʰæᴇ˥˩lie˨muo˨.（一……必须是单数？）噢，必须是单数。你做下那个就不吉利么。ɑɔ˨˩,pi˥˧ɕy˥˧sʅ˧tæ̃˥˧ʂʯ˧˩.ni˥˧tsʯ˧xɑ˧nə˧kə˧tsou˧pu˨˩tɕi˨li˧˩muo˨.

拨吊子

（怎么样把棺材的那个上下两块合在一起啊？）黄：那个是木头销销着咧。nə˧kə˧sʅ˧mu˥˩tʰou˨ɕiɑɔ˥˧ɕiɑɔ˥˧tʂə˨lie˨.（销子是吧？）嗯。ə̃˨˩.（怎么打进去呢？）它那个东西现在那个棺材销子它都是这么个么。他把这个棺材这个地方凿这么个三角形，然后把这个……做下这么个东西打进去，拿胶一粘就掌住咧。tʰɑ˥˧nə˧kə˧tuoŋ˥˧ɕi˨ɕiæ̃˧tsæᴇ˧nə˧kə˧kuæ̃˥˧tsʰæᴇ˨˩ɕiɑɔ˥˧tsʅ˨tʰɑ˥˩tou˥˩sʅ˧tʂə˧˥muo˨kə˧˩muo˨.tʰɑ˥˧pɑ˥˩tʂə˧kə˧kuæ̃˥˧tsʰæᴇ˨˩tʂə˧kə˧ti˧fɑŋ˥˧tsɑɔ˨˩tʂə˧muo˨kə˧sæ̃˥˧tɕyo˥˩ɕiŋ˨˩,zæ̃˨˩xou˧pɑ˥˩tʂə˧kə˧……tsuo˧˥xɑ˧˩tʂə˧muo˨kə˧tuoŋ˥˧ɕi˨tɑ˥˧tɕiŋ˧tɕʰi˧,nɑ˨˩tɕiɑɔ˥˧i˥˩tsæ̃˥˧tsou˧tʂuɑŋ˧˥tʂʰʯ˧˩lie˨.（上棺材盖的时候还要拿胶粘？）噢噢，都是拿胶粘下的么。ɑɔ˨˩ɑɔ˧,tou˥˧sʅ˧nɑ˨˩tɕiɑɔ˥˧i˥˩tʂæ̃˥˩xɑ˧˩ti˨muo˨.（就是那种……）这叫拨吊子嘛。tʂei˧tɕiɑɔ˧puo˥˧tiɑɔ˧tsʅ˨mɑ˨.（啊？）这叫拨吊子。实际上叫个销子。tʂei˧tɕiɑɔ˧puo˥˧tiɑɔ˧˩tsʅ˨.ʂʅ˨˩tɕi˧˥ʂɑŋ˧tɕiɑɔ˧kə˧ɕiɑɔ˥˧tsʅ˨.

棺罩儿

（有……有的人这个棺材外头还罩一层布。）黄：棺……棺罩儿么。不是布。kuæ̃˥˩……kuæ̃˥˩tsɑɔr˧˥muo˨.pu˨˩sʅ˧pu˧.（是什么？你们是拿……）不是布，叫棺罩儿。在上头绣的有花，带的有穗子。那是呈一定的网状的网子那号儿。pu˨˩sʅ˧pu˧,tɕiɑɔ˧kuæ̃˥˩tsɑɔr˧.tsæᴇ˧ʂɑŋ˧tʰou˨ɕiou˧ti˨iou˥˧xuɑ˥,tæᴇ˧ti˨iou˥˧suei˧tsʅ˨.nei˧˩sʅ˧˩tʂʰəŋ˨˩i˥˧tiŋ˧ti˨vɑŋ˥˧tʂuɑŋ˧ti˨vɑŋ˥˧tsʅ˨nei˧xɑɔr˧˩.（噢，你们是用网子。我们……）噢，棺罩儿。ɑɔ˨˩,kuæ̃˥˩tsɑɔr˧.（我们是用布做的，布上再绣点儿花。是什么材料做成的？）缎子和绸子做成的。tuæ̃˧tsʅ˨xuo˨˩tʂʰou˨˩tsʅ˨tsuo˧tʂʰəŋ˨˩ti˨.

老衣

1.（这个老衣是之前做好的还是怎么的？）黄：提前都做好了。tʰi˨˩tɕʰiæ̃˨˩tou˥˧tsuo˧xɑɔ˥lə˨.（这有的老人家是……是不是这个身体还好好的就给他做好了老衣？）那就是身体好好儿的才好做老衣了。nə˧tɕiou˧˥sʅ˧˩ʂəŋ˥˧tʰi˥˩xɑɔ˥˧xɑɔr˥˧ti˨tsʰæᴇ˨˩xɑɔ˥tsuo˧lɑɔ˥i˥˩lə˨.（这个老衣有些什么……什么穿戴？一般是什么样式的？）穿……老年人，现……老衣，老衣，都是穿过去的那一种衣裳。没有穿现在的这个东西。tʂʰuæ̃˥˩……lɑɔ˥niæ̃˨˩zəŋ˨˩,ɕiæ̃˧……lɑɔ˥i˥˩,lɑɔ˥i˥˩,tou˥˧sʅ˧tʂʰuæ̃˥˩kuo˧˥tɕʰy˧ti˨nei˧i˥˩tʂuoŋ˥˧i˥ʂɑŋ˨˩.mei˨iou˥tʂʰuæ̃˥˩ɕiæ̃˧tsæᴇ˧ti˨tʂə˧kə˧tuoŋ˥˧ɕi˨.（怎么样子的那……那是？）那最起码来是……呃，衬衣，这都必须要穿上么。nə˧tsuei˧tɕʰi˥˧mɑ˥˩læᴇ˨˩sʅ˧……ə˨˩,tsʰəŋ˧˥i˥˩,tʂə˧tou˥˩pi˥˧ɕy˥˧iɑɔ˧tʂʰuæ̃˥ʂɑŋ˧˩muo˨.（布的？布……布搭……布……布扣子吗？）布扣子这些，衬衣这些是。没有这个这号胶儿木扣儿的。都是用布编下的，或者是弄藤带带的，绑住的。衬衣衬裤，是袂衣袂裤，再个还有大袍子嘛。pu˧kʰou˧tsʅ˨tʂei˧ɕie˥˧,tsʰəŋ˧˥i˥˧tʂei˧ɕie˥˧sʅ˧˩.muo˥˧iou˥tʂə˧kə˧tʂə˧˩xɑɔ˧˩tɕiɑɔr˥muo˥˩kʰour˧ti˨.tou˥˧sʅ˧yoŋ˧pu˧pʰiæ̃˥˩xɑ˧˥ti˨,xuei˨˩tʂə˥˩sʅ˧˩nuoŋ

˥˦tʰəŋ˩˧˨˩tæᴇ˥˦tæᴇ˥˨˩ti˧,pɑŋ˥˧tʂʮ˥˨˩ti˧.tsʰəŋ˥i˥˧˨˩tsʰəŋ˥kʰu˥,sɿ˥˨˩tɕiɑ˥˧˦i˥˧˨˩tɕiɑ˥˧˨˩kʰu˥,tsæᴇ˥kə˥xæᴇ˩˧˨˩iou˥˧꜔tɑ˥pʰɑɔ˩˧tsɿ˦mɑ˧.（大袍子？）嗯。穿一个袍子，是那大长袍子。这都是这个……都是缎子的，绸子的。ŋ̍˨˩.tʂʰuæ̃˥˧i˥˧꜔kə˥pʰɑɔ˩˧tsɿ˦,sɿ˥˨˩nə˥˨˩tɑ˥tʂʰɑŋ˩˧pʰɑɔ˩˧˨˩tsɿ˧.tʂei˥˨˩tou˥˧˦sɿ˥tʂə˥kə˥……tou˥˧˨˩sɿ˥tuæ̃˥tsɿ˧ti˧,tʂʰou˩˧˨˩tsɿ˦ti˧.（噢，都绸子缎子？）啊，绸子缎……ɑ˨˩,tʂʰou˩˧˨˩tsɿ˦tuæ̃˥……（里头那是棉的？）里头，再又穿一层子棉咧。欸，穿一层棉衣，都缝……li˥˧tʰou˧,tsæᴇ˥iou˥tʂʰuæ̃˥˧i˥˧˨˩tsʰəŋ˩˧˨˩tsɿ˦miæ̃˩˧lie˦.ei˨˩,tʂʰuæ̃˥˧i˥˧˨˩tsʰəŋ˩˧꜔miæ̃˩˧i˥˧,tou˥˧˨˩fəŋ˩˧˨˩……（但主要是还都是绸子的是吧？）都是绸子的。没有布的。tou˥˧˦sɿ˥tʂʰou˩˧꜔tsɿ˦ti˧.mei˩˧iou˥˧pu˥ti˧.（那棉衣里头这个是棉花的还是丝绵的？）棉花的。miæ̃˩˧˨˩xuɑ˥˧ti˧.（那是棉花的？）嗯。ə̃˨˩.（那么他穿着袜、鞋子呢？）那都是寿衣寿帽寿……那现在社会上卖的多的是你。从头到脚，要啥有啥。nei˥˨tou˥˧˦sɿ˥˨˩ʂou˥i˥˧˨˩ʂou˥mɑɔ˥ʂou˥……næᴇ˥ɕiæ̃˥tsæᴇ˥ʂə˥xuei˥ʂɑŋ˥mæᴇ˥˦ti˧tuo˥˧ti˧sɿ˥˦ni˥˧꜔.tsʰuoŋ˩˧tʰou˩˧tɑɔ˥tɕyo˥˧˨˩,iɑɔ˥˦sɑ˥iou˥˧˨˩sɑ˥˨˩.

2.（寿衣你们就叫……）叫老衣嘛。tɕiɑɔ˥lɑɔ˥˧i˥˧˨˩mɑ˧.（寿裤呢？）那都一样嘛。那个统称叫老衣嘛。nə˥tou˥˧꜔i˥˧˨˩iɑŋ˥˨mɑ˧.nə˥kə˥tʰuoŋ˥˧˨˩tʂʰəŋ˥˧tɕiɑɔ˥lɑɔ˥˧i˥˧˨˩mɑ˧.（但是有寿帽、寿鞋这种说法？）有咧。寿衣寿帽儿么。iou˥˧lie˧.ʂou˥i˥˧˨˩ʂou˥mɑɔr˥muo˧.（裤子叫不叫寿裤？）哎，都不叫，都是寿衣。那是统称了。æᴇ˩˧,tou˥˧꜔pu˩˧˨˩tɕiɑɔ˥,tou˥˧˨˩sɿ˥˨˩ʂou˥i˥˧꜔.nə˥˨sɿ˥tʰuoŋ˥˧˨˩tʂʰəŋ˥˧lə˧.

寿枕

（他没有吗？脑……脑子下面不垫个枕头什么的？）黄：呃，枕头那当然枕着咧。那咋能不枕枕头了？ə˨˩,tʂəŋ˥˧tʰou˦nə˥tɑŋ˥˧˨˩ʐæ̃˩˧tʂəŋ˥˨tʂə˧lie˧.nɑ˥˨˩tsɑ˥˧nəŋ˩˧˨˩pu˩˧˨˩tʂəŋ˥tʂəŋ˥˧tʰou˧lə˧?（那个枕头是什么样子的，一般是？）那是寿枕么，女孩子做下那么。nə˥˨˩sɿ˥˨˩ʂou˥tʂəŋ˥˧muo˧,ny˥˧˨˩xɑ˩˧˨˩tsɿ˦tsuo˥˨xɑ˥˨˩nə˥muo˦.（寿枕是什么样子的？）噢，和普通枕头一模儿一样的，不过是缩小了就是了么。ɑɔ˥˧,xuo˩˧˨˩pʰu˥˧tʰuoŋ˥˧˨˩tʂəŋ˥˧tʰou˧i˥˧˨˩muor˩˧˥˨i˥˧˨˩iɑŋ˥ti˦,pu˩˧꜔kuo˥sɿ˥suo˥˧˨˩ɕiɑɔ˥˧lə˧tɕiou˥sɿ˥ləm˦.（噢，和枕……普通枕头一样。里头是放……放什么东西呢？）放的是这个香……放的香面子嘛。fɑŋ˥ti˦sɿ˥tʂə˥kə˥ɕiɑŋ˥˧˨˩……fɑŋ˥ti˦ɕiɑŋ˥˧˨˩miæ̃˥˦tsɿ˧mɑ˧.（噢，也是香面子？）嗯。ŋ̍˨˩.（哪个香……什么香面子？）柏树叶子粉碎咧叫香面子。pei˥˧ʂʮ˥˦ie˥˧tsɿ˧fəŋ˥˧suei˥lie˧tɕiɑɔ˥ɕiɑŋ˥˧˨˩miæ̃˥tsɿ˧.

褥子

（死人身下铺的那些褥子这些东西叫什么东西？）黄：就是褥子。这是儿铺咧么。tɕiou˥˨sɿ˥ʐʮ˥˧tsɿ˧.tʂə˥˨˩sɿ˥˨˩ər˩˧pʰu˥˧lie˧muo˧.（嗯？）当儿子的你就铺的。身底下铺那都是儿子准备咧么。tɑŋ˥˧˨˩ər˩˧˨˩tsɿ˥˧ti˧ni˥˧꜔tsou˥pʰu˥˧ti˧.ʂəŋ˥˧˨˩ti˥˧xɑ˥˨˩pʰu˥˧næᴇ˥˨˩tou˥˧˨˩sɿ˥˨˩ər˩˧˨˩tsɿ˥˧tʂuoŋ˥˧꜔pi˥liem˦.（有没有叫什么褥子苫单那个说法？）嗯，就是褥子嘛。n̩˥,tɕiou˥˨sɿ˥ʐʮ˥˧tsɿ˧mɑ˧.

打狗棒、买路钱

（死了以后手上得不得拿点儿什么东西？）黄：打狗棒么。tɑ˥˧꜔kou˥˧꜔pɑŋ˥muo˧.（死人还要拿个打狗棒？）噢，打狗棒，买路钱，你都要拿上咧嘛。死了你最起码儿下去要游地狱嘛，过奈何桥嘛，欸游十殿嘛，那一些东西以后，你就要经过那些。从阴间那你一去……ɑɔ˩˧,tɑ˥˧꜔kou˥˧꜔pɑŋ˥,mæᴇ˥˧꜔lou˥tɕʰiæ̃˩˧,ni˥˧꜔tou˥˧˨˩iɑɔ˥nɑ˩˧˨˩ʂɑŋ˥lie˦mɑ˧.sɿ˥˧lə˧ni˥˧꜔tsuei˥tɕʰi˥˧꜔mɑr˥˧꜔xɑ˥tɕʰi˥iɑɔ˥iou˩˧˨˩ti˥˦y˥˧mɑ˧,kuo˥næᴇ˥xuo˩˧˨˩tɕʰiɑɔ˩˧mɑ˧,ei˨˩iou˩˧ʂʮ˩˧˨˩tiæ̃˥mɑ˧,nei˥i˥˧꜔ɕie˥˧꜔tuoŋ˥˧ɕi˧i˥˧˨˩xou˥,ni˥˧꜔tsou˥iɑɔ˥tɕiŋ˥˧˨˩kuo˥nei˥ɕie˥˧꜔.tsʰuoŋ˩˧iŋ˥˧tɕiæ̃˥˧˨˩nei˥ni˥˧i˥˧˨˩tɕʰy……（油什么？）游十咧嘛，游十殿嘛。iou˩˧ʂʮ˩˧˨˩lie˦mɑ˧,iou˩˧ʂʮ˩˧˨˩tiæ̃˥mɑ˧.（油食店？）噢，过油，下油锅，那

这些东西你就要过咧么。ɑɔ˧˩,kuo˦iou˨˩˦,ɕiɑ˦iou˨˦kuo˥˧,næᴇ˦tʂei˦ɕie˥˧˦tuoŋ˥˧ɕi·˧ni˥˧˦tsou˦˨iaɔ˦kuo˦liem·˧.（那油食店是哪几个字啊？）十个殿么。阎王殿这个底下，底底下有阎王殿，游十殿。ʂʅ˨˩˦kə˦˥tiæ̃˦muo·˧.iæ̃˨˦vaŋ˨˦˥tiæ̃˦tʂə˦˨kə˦˨ti˥˧xɑ˦˨,ti˥˧ti˥˧xɑ˦iou˥˧˦iæ̃˨˩˦vaŋ˨˦˥tiæ̃˦,iou˥˧˦ʂʅ˨˦tiæ̃˦˨.（游十店？）游十个殿咧么。那你就总用面给你做成下那个东西。iou˥˧˦ʂʅ˨˩˦kə˦˥tiæ̃˦lie·˧muo·˧.næᴇ˦ni˥˧˦tsou˦˨tsuoŋ˥˧˦yoŋ˦miæ̃˦kei˦˨ni˥˨tsuo˦˥tʂʰəŋ˨˩˦xɑ˦nə˦˨kə˦˨tuoŋ˥˧ɕi·˧.（那……噢，那个打狗棒是面造的？）面做下的那个……那些东西。你拿，手一拿就是。miæ̃˦tsuo˦˥xɑ˦˨ti·˧nə˦kə˦y……nei˦ɕie˥˧˦tuoŋ˥˧ɕi·˧.ni˥˨nɑ˨˩,ʂou˥˧i˥˨nɑ˨˦tɕiou˦sʅ˦.（买路钱肯定是草纸啦？）买路钱还是拿面给你捏下那坨坨子。都是做下的嘛。mæᴇ˦lou˦tɕʰiæ̃˨˦xɑ˨˩sʅ˦nɑ˨˩ miæ̃˦kei˦ni˥˧˦nie˥˧xɑ˦˨nə˦tʰuo˨˩˦tʰuo˨˦tsʅ·˧.tou˥˨sʅ˦˨tsuo˦xɑ˦˨ti·˧mɑ·˧.（做的一个坨坨子？）噢。ɑɔ˧˩.（做成钱的样子？）做成钱的样子你拿手。tsuo˦˥tʂʰəŋ˨˩˦tɕʰiæ̃˨˦ti·˧liaŋ˦tsʅ·˧ni˥˨nɑ˨˩ʂou˥˨.（方窟窿它也这么样？）啊。ɑ˨.

长明灯

（头上点那个灯呢？）黄：头上没有点的灯。灯在脚底下，在供桌儿上着。tʰou˨˩˦ʂaŋ˦˥mei˨˦iou˥˧˦tiæ̃˥˧˦ti·˧təŋ˥˧.təŋ˥˧tsæᴇ˦˨tɕyo˥˨ti˥˨xɑ˦,tsæᴇ˦kuoŋ˦˥tʂuor˥˨ʂaŋ˦tʂə·˧.（供桌上那个灯呢？）那就叫长明灯么。nei˦tɕiou˦tɕiaɔ˦tʂʰaŋ˨˩˦miŋ˨˦˥təŋ˥˧muo·˧.（长命灯？长明灯还是长命灯？）长明灯。洞房里点下那个灯叫长命灯。tʂʰaŋ˨˩˦miŋ˨˦təŋ˥˨.tuoŋ˦faŋ˨˩˦li˥˨tiæ̃˥˧xɑ˦nə˦kə˦təŋ˥˧tɕiaɔ˦tʂʰaŋ˨˩˦miŋ˦təŋ˥˨.

旌

黄：再还有一个……种东西的话，看啥东西。人死的时候用红绸子或者是盖的面子噢，死咧以后给这棺材上头盖下的这个东西，上头用……用金……金……金粉把字写上的。tsæᴇ˦xɑ˨˩iou˥˧i˥˨kə˦˨……tʂuoŋ˥˧˦tuoŋ˥˧ɕi·˧ti·˧xuɑ˦˨,kʰæ̃˦sɑ˦˥tuoŋ˥˧ɕi·˧.zəŋ˨˦sʅ˥˧ti·˧sʅ˨˩xou˦yoŋ˦xuoŋ˨˦tʂʰou˨˩tsʅ·˧xuo˨˦tʂə˥˧˦sʅ˦kæᴇ˦ti·˧miæ̃˦tsʅ·˧ɑɔ˧˩,sʅ˥˧lie·˧i˥˨xou˦˨kei˦tʂə˦kuæ̃˥˧tsʰæᴇ˨˩ʂaŋ˦˥tʰou·˧kæᴇ˦xɑ˦ti·˧tʂə˦kə˦tuoŋ˥˧ɕi·˧,ʂaŋ˦˥tʰou·˧yoŋ˦……yoŋ˦tɕiŋ˥˧……tɕiŋ˥˧˦……tɕiŋ˥˨fəŋ˥˧pɑ˥˨tsʅ˦ɕie˥˧ʂaŋ˦˨ti·˧.（金粉呐？）啊。ɑ˨.（写个福还是写了个什么？）不是的。这叫白旌咧。这个东西非常讲究。像过去的话，你没有一个欸，考不上状元，你就没有权利写这个旌。你写下这个东西都没效。必须是县级以上的领导干部。而且……pu˨˩sʅ˦ti·˧.tʂei˦(tɕ)iaɔ˦pei˨˦tɕiŋ˥˧lie·˧.tʂei˦˥kə˦˨tuoŋ˥˧ɕi·˧fei˥˨tʂʰaŋ˨˦tɕiaŋ˥˧tɕiou˥˨.ɕiaŋ˦kuo˦˥tɕʰy˦˨ti·˧xuɑ˦˨,ni˥˨mei˨˦iou˥˧i˥˨kə˦˥ei˨,kʰaɔ˥˧pu˨˩ʂaŋ˦tʂuaŋ˦˥yæ̃˨˩,ni˥˧˦tsou˦muo˥˨iou˥˧tɕʰyæ̃˨˩li˦ɕie˥˧tʂei˦˨kə˦˨tɕiŋ˥˧.ni˥˨ɕie˥˧xɑ˦tʂə˦kə˦tuoŋ˥˧ɕi·˧tou˥˨mei˨˦ɕiaɔ˦.pi˥˧˦ɕy˥˨sʅ˦˨ɕiæ̃˦˥tɕi˥˨i˥˧˦ʂaŋ˦ti·˧liŋ˥˧taɔ˥˧˦kæ̃˦pu˦.ər˨˦tɕʰie˥……（就是有功名？）噢，有功名，必须是七品县官。你拿出来写下是风险。ɑɔ˧˩,iou˥˧˦kuoŋ˥˧miŋ˨˩,pi˥˧˦ɕy˥˧˦sʅ˦˨tɕʰi˥˨pʰiŋ˥˧ɕiæ̃˦kuæ̃˥˨.ni˥˨nɑ˨˦tʂʰɥ˦læᴇ˨˩ɕie˥˧xɑ˨˦sʅ˦fəŋ˥˨ɕiæ̃˥˧˦.（即使你有功名，没有……没有当过职务的也不行？）那不行。那必须是县……七品县官儿，要七品以上的官。你写下这个字，这个上头只……就是这一次对你一个人的这个一生的这个……一生的这个鉴定，就在这个旌上写着。nə˦˥pu˨˩ɕiŋ˨˩.nə˦ni˥˧pi˥˧˦ɕy˥˨sʅ˦˨ɕiæ̃˦……tɕʰi˥˨pʰiŋ˥˧ɕiæ̃˦˥kuæ̃r˥˨,iaɔ˦tɕʰi˥˨pʰiŋ˥˧i˥˨ʂaŋ˦ti·˧kuæ̃˥˨.ni˥˨ɕie˥˧xɑ˦tʂə˦kə˦tsʅ˦,tʂə˦˥kə˦˨ʂaŋ˦˥tʰou·˧tsʅ˥˨……tsou˦˨sʅ˦˨tʂei˦i˥˨tsʰʅ˦tue i˦ni˥˧i˥˨kə˦˥zəŋ˨˦ti·˧tʂə˦kə˦i˥˨ʂəŋ˥˧ti·˧tʂə˦kə˦……i˥˨səŋ˥˧ti·˧tʂə˦˨kə˦˨tɕiæ̃˦tiŋ˦,tɕiou˦tsæᴇ˦tʂə˦kə˦tɕiŋ ˥˧ʂaŋ˦˨ɕie˥˨tʂə·˧.（写什么字？）那是草书也能行。nə˦˨sʅ˦˨tsʰaɔ˥˧ʂɥ˥˨ie˥˧˦nəŋ˨˦ɕiŋ˨˩.（写些什么字呢？）就是给你一个人一生的鉴定嘛。tɕiou˦sʅ˦kei˦ni˥˧i˥˨kə˦˥zəŋ˨˦i˥˧˦səŋ˥˧ti·˧tɕiæ̃˦tiŋ˦mɑ·˧.（噢，就把……把对那个这个写在那个上面？）噢，都写得这个上头着咧么。ɑɔ˦,tou˥˧˦ɕ ie˥˧tə˩tʂə˥˨kə˥˨ʂaŋ˥tʰou˩tʂə˩lie˩muo˩.（啊，字数多少不论？）不论。那就说是就是这一个盖的面子么。那么大一块儿红绸子，你这字往上一写你□。在棺盖头起写上。也就是给你这个人……为啥有个……有个成语，叫个盖棺定论？pu˨˩luoŋ˥.nə˥˨tɕiou˥˨ʂuo˥˨sɿ˥˨tɕiou˥sɿ˥tʂei˥˨i˥˨kə˥kæᴇ˥ti˩miæ̃˥˧tsɿ˩muo˩.na˥˨muo˩ta˥˨i˥˨kʰuər˥˧xuoŋ˨˩tʂʰou˨˩tsɿ˩,ni˥˧tʂə˥tsɿ˥vaŋ˥˨ʂaŋ˥i˥˨ɕie˥˧ni˥˧niæ̃˨˩.tsæᴇ˥˨kuæ̃˥˨kæᴇ˥tʰou˨˩tɕʰie˥˨ɕie˥˧ʂaŋ˥˨.ie˥˧tɕiou˥sɿ˥kei˥ni˥˧tʂə˥kə˥zəŋ˨˩……vei˥sa˥iou˥˧kə˥˨……iou˥˧kə˥˨tʂʰəŋ˨˩y˥˧,tɕiao˥˨kə˥˨kæᴇ˥kuæ̃˥˨tiŋ˥lyoŋ˥?（嗯，盖棺定论？）啊，这就是这……它就是指的这个东西。噢，把你这个……a˨˩,tʂei˥tɕiou˥sɿ˥tʂə˥˨……tʰa˥˧tɕiou˥sɿ˥tsɿ˥˧ti˩tʂə˥kə˥tuoŋ˥˨ɕi˩.ao˨˩,pa˥˨ni˥˧tʂə˥kə˥……（定论？）旌给你往上头一背就把你这一个人就给你这一生的鉴定是给你鉴定了，放得上头了。tɕiŋ˥˧kei˥ni˥˧vaŋ˥˨ʂaŋ˥tʰou˩i˥˨pei˥˧tsou˥pa˥˨ni˥˧tʂə˥i˥˨kə˥zəŋ˨˩tsou˥kei˥ni˥˧tʂei˥i˥˨səŋ˥˧ti˩tɕiæ̃˥˨tiŋ˥sɿ˥kei˥ni˥˧tɕiæ̃˥˨tiŋ˥˨lə˩,faŋ˥tə˩ʂaŋ˥tʰou˩lə˩.（那么这个带背的这个旌到时候还是得……得埋……埋起来吗？）埋了。那就不能动弹了。那就是……这就是定论了，只能在这个上头放着，不能往出拿的。mæᴇ˨˩lə˩.næᴇ˥˨tsou˥pu˨˩nəŋ˨˩tuoŋ˥˧tʰæ̃˨˩lə˩.nə˥˨tɕiou˥˨sɿ˥……tʂei˥˨tɕiou˥˨sɿ˥tiŋ˥luoŋ˥lə˩,tʂɿ˥˨nəŋ˨˩tsæᴇ˥˨tʂə˥kə˥ʂaŋ˥tʰou˩faŋ˥tʂə˩,pu˨˩nəŋ˨˩vaŋ˥˨tʂʰʮ˥˨na˨˩ti˩.（噢，就已经定论了？）嗯。ə̃˨˩.（哦，就要带……带到那个墓窑里面去了？）啊。还有一种旌是家里挂的旌。a˥˧.xa˨˩iou˥˧i˥˨tʂuoŋ˥˨tɕiŋ˥˧sɿ˥˨tɕia˥˧li˥˨kua˥˨ti˩tɕiŋ˥˧.（挂的旌？）嗯。n̩˨˩.（嗯，怎么？）那就是亲亲朋友给你送下的那个旌。nei˥tɕiou˥sɿ˥tɕʰiŋ˥˧tɕʰiŋ˥˨pʰəŋ˨˩iou˥˧kei˥ni˥˧suoŋ˥˨xa˥˨ti˩nə˥˨kə˥˨tɕiŋ˥˧.（送下来的？）啊，送下那个旌那就有这个……一般的都有这个里头这个房子这个……这个房子里边儿那么大。a˨˩,suoŋ˥˨ɕia˥nə˥kə˥tɕiŋ˥˧nə˥˨tsou˥˨iou˥˧tʂə˥kə˥……i˥˧pæ̃˥˧tə˩tou˥˨iou˥˧tʂə˥kə˥li˥˧tʰou˩tʂə˥kə˥faŋ˨˩tsɿ˩tʂə˥kə˥……tʂə˥kə˥faŋ˨˩tsɿ˩li˥˧piær˥˧˥na˥muo˩ta˥.（也是……也是拿块儿绸缎什么东西？）噢，那就镶的花的焦锨了。中间是这个欸写的字嘛。ao˨˩,næᴇ˥˨tsou˥ɕiaŋ˥˧ti˩xua˥˧ti˩tɕiao˥˧ɕiæ̃˥˨lə˩.tʂuoŋ˥˨tɕiæ̃˥˧sɿ˥tʂə˥kə˥ei˨˩ɕie˥˧ti˩tsɿ˥ma˩.（写个什么字啊？）呀，那里头是这个欸……有的是驾鹤归去，有的是这个早入……早入仙境。这两边都有横……都有对联咧么。ia˨˩,næᴇ˥li˥˧tʰou˩sɿ˥tʂə˥kə˥ei˨˩……iou˥˧ti˩sɿ˥tɕia˥xə˥˧kuei˥˨tɕʰy˥,iou˥˧ti˩sɿ˥tʂə˥kə˥tsao˥˧zʮ˥˨……tsao˥˧zʮ˥˨ɕiæ̃˥˧tɕiŋ˥˨.tʂə˥˨liaŋ˥˧piæ̃˥˧tou˥˨iou˥˧xəŋ˨˩……tou˥˨iou˥˧tuei˥luæ̃˨˩lie˩muo˩.（那个对联叫什么？）那叫兀欸是……那一般都是这个欸呃……挽联儿一类的嘛。把你……还是给你这个人这个是一生……nei˥tɕiao˥vu˥˨ei˨˩ʂɿ˥˨……nei˥i˥˨pæ̃˥˧tou˥˨sɿ˥˨tʂə˥kə˥ei˥ə˥……væ̃˥˧liær˨˩i˥˨lei˥ti˩ma˩.pa˥˨ni˥˨……xa˨˩sɿ˥˨kei˥ni˥˧tʂə˥kə˥zəŋ˨˩tʂə˥˨kə˥˨sɿ˥i˥˨səŋ˥˧……（有横批没有那玩意儿？）横批上头有咧么。被……xəŋ˨˩pʰi˥˧ʂaŋ˥tʰou˩iou˥˧lie˩muo˩.pei˥……（横批上面一般写什么呢？）横批子上嗯……xəŋ˨˩pʰi˥˧tsɿ˩ʂaŋ˥ə̃˨˩……（盖棺定论？）呃，没有。那晓是有时候几个啥字吵？上联儿这个地方是这个……呃，这个字么就是中共给……你比如像是我见是前头见我个舅殁咧噢，还有我们个哎同事他爸殁咧以后，□那送下来的，我个表弟是这庆……庆阳凤城县交警大队这个哎副队长，他这个旌写的是中共甘肃省公路总……公路总……欸，甘肃省公安厅厅长谁谁谁写……署个写下的，敬挽。□写下的。下边是哪哪哪，是……都是谁个送下的。公元一九几几年。ə˥,mei˨˩iou˥˨.nə˥tɕiao˥˧sɿ˥iou˥˧sɿ˨˩xou˥tɕi˥˧kə˥˨sa˥˧tsɿ˥sa˩?ʂaŋ˥lyær˨˩tʂə˥kə˥ti˥faŋ˥˧sɿ˥tʂə˥kə˥……ə˨˩,tʂə˥˨kə˥˨tsɿ˥muo˩tɕiou˥˨sɿ˥˨tʂuoŋ˥˨kuoŋ˥˨kei˥……ni˥˨pi˥˧zʮ˨˩ɕiaŋ˥˨sɿ˥ŋuo˥˧tɕiæ̃˥sɿ˥tɕʰiæ̃˨˩tʰou˩tɕiæ̃˥ŋuo˥˧kə˥˨tɕiou˥muo˥˧liao˩,xæᴇ˨˩iou˥˧ŋuo˥˧məŋ˩kə˥æᴇ˨˩tʰuoŋ˨˩sɿ˥tʰa˥˨pa˨˩muo˥˧lie˩i˥˨xou˥,niæ̃˨˩nə˥suoŋ˥˨xa˥læᴇ˨˩ti˩,ŋuo˥˧kə˥˨piao˥˧ti˥sɿ˥tʂə˥tɕʰ……tɕʰiŋ˥tiaŋ˨˩fəŋ˥tʂʰəŋ˨˩ɕiæ̃˥tɕiao˥˨tɕiŋ˥˧ta˥tuei˥tʂə˥kə˥æᴇ˨˩fu˥tuei˥tʂa ŋ˥,tʰɑ˥˩˧tʂə˦kə˦tɕiŋ˥˩ɕie˥˩ti˧sɿ˦˨tʂuoŋ˥˩˨kuoŋ˦kæ̃˥˩ɕy˥˩˨səŋ˥˩kuoŋ˥˩˨lou˦tsuoŋ˥˩……kuoŋ˥˩˨lou˦tsɥ……ei˨˩,kæ̃˥˩ɕy˥˩˨səŋ˥˩kuoŋ˥˩˨næ̃˥˩˧tʰiŋ˥˩tʰiŋ˥˩˨tʂɑŋ˥˩sei˧˥sei˧˥˧sei˧˥˨ɕie˥˩˨……ʂɥ˥˩kə˦˨ɕie˥˩˨xɑ˦˥ti˧,tɕiŋ˦væ̃˥˩.niæ̃˧˥ɕie˥˩˨xɑ˦˨ti˧.xɑ˦˧piæ̃˥˩˧sɿ˦nɑ˥˩˧nɑ˥˩˧nɑ˥˩˧,s……tou˥˩˨sɿ˦˥sei˧˥˨kə˦suoŋ˦xɑ˦˨ti˧.kuoŋ˥˩yæ̃˧˥i˥˩˧tɕiou˥˩˧tɕi˥˩tɕi˥˩niæ̃˧˥.（有没有写的那个大的那个奠字？）有咧嘛。这个是头起这入……挂的这个旌头起没有奠字。iou˥˩lie˧ma˧.tʂə˦kə˦sɿ˦tʰou˧˥˨tɕʰie˥˩˧tʂə˦ʐɥ……kuɑ˦tə˧tʂə˦˨kə˦˥tɕiŋ˥˩tʰou˧˥˨tɕʰie˥˩˧mei˧˥iou˥˩tiæ̃˦tsɿ˦.（这个奠字一般是……）花圈头起多。xuɑ˥˩˧tɕʰyæ̃˥˩tʰou˧˥˨tɕʰie˥˩˧tuo˥˩˨.（放……放……花圈上面的？）噢，花圈儿上面的。再一个这个棺材的那个头……大头子上头有的刻咧一个字，是个奠字。ɑɔ˨˩,xuɑ˥˩˧tɕʰyæ̃r˥˩ʂɑŋ˦miæ̃˦ti˧.tsæᴇ˦i˥˩˧kə˦tʂə˦kə˦kuæ̃˥˩tsʰæᴇ˧˥˨ti˧nə˦kə˦tʰou……tɑ˦˧tʰou˧˥˨tsɿ˧ʂɑŋ˦tʰou˧iou˥˩˨ti˧kʰei˥˩lie˧i˥˩˨kə˦tsɿ˦,sɿ˦˨kə˦˨tiæ̃˦˥tsɿ˦˨.（噢，棺材上面？）嗯，有的是一……有的是刻个图案，有的是个奠字，有的是个福字。ə̃˨˩,iou˥˩ti˧sɿ˦˨i……iou˥˩ti˧sɿ˦˨kʰei˥˩kə˦˨tʰu˧˥˨næ̃˦˥,iou˥˩ti˧sɿ˦˨kə˦˨tiæ̃˦˥tsɿ˦˨,iou˥˩ti˧sɿ˦kə˦fu˥˩tsɿ˦˨.（像摆设的那个……那个……）寿字。ʂou˦tsɿ˦˨.

灵棚

（那个房子叫什么？）黄：那叫纸活嘛。næᴇ˦tɕiɑɔ˦tsɿ˥˩xuo˧˥˨mɑ˧.（那个房子噢？摆棺材那房子？）灵么，灵棚么。liŋ˧˥muo˧,liŋ˧˥˨pʰəŋ˧˥˦muo˧.（灵棚？）啊。也叫灵堂么。ɑ˨˩.ie˥˩˧tɕiɑɔ˦liŋ˧˥˨tʰɑŋ˧˥˦muo˧.（有没有现搭灵堂的这种？）哎有咧么。那你才死下那个……才死下那个人你就肯定要现搭灵堂咧么。æᴇ˥˩iou˥˩˨lie˧muo˧.næᴇ˦ni˥˩˧tsʰæᴇ˧˥˨sɿ˥˩xɑ˦˨nə˦kə˦ɕ……tsʰæᴇ˧˥˨sɿ˥˩xɑ˦˨nə˦kə˦ʐəŋ˧˥ni˥˩˧tsou˦kʰəŋ˥˩tiŋ˦˥iɑɔ˦ɕiæ̃˦˨tɑ˥˩liŋ˧˥˨tʰɑŋ˧˥˨liem˧.（一般是搭在院子里面？）哎搭得……你那纸活有多少咧。这儿这你做一大堂纸活的话，前前后后出几十件子你。现在，活人有的东西，死人全部要有。活人没有的东西，死人还要有么。仙鹤你没有得嘛。鹿你没有……梅花鹿你就没有得嘛。这都要做下咧么。金童玉女，白马，这都要做咧么。æᴇ˥˩tɑ˥˩˨tə˧……ni˥˩˧nə˦tsɿ˥˩xuo˧˥˨iou˥˩tuo˥˩˨ʂɑɔ˥˩˨lie˧.tʂər˦tʂə˦ni˥˩˧tsɥ˦i˥˩˨tɑ˦tʰɑŋ˧˥tsɿ˥˩xuo˧˥˨tə˧xuɑ˦,tɕʰiæ̃˧˥tɕʰiæ̃˧˥˨xou˦xou˦tʂʰɥ˥˩˨tɕi˥˩ʂɿ˧˥˨tɕiæ̃˦˧tsɿ˧ni˥˩˨.ɕiæ̃˦˧tsæᴇ˦,xuo˧˥ʐəŋ˧˥iou˥˩ti˧tuoŋ˥˩ɕi˧,sɿ˥˩ʐəŋ˧˥tou˥˩˧tɕʰyæ̃˧˥˨pu˦˥iɑɔ˦iou˥˩˨.xuo˧˥ʐəŋ˧˥mei˧˥iou˥˩ti˧tuoŋ˥˩ɕi˧,sɿ˥˩ʐəŋ˧˥˨xɑ˧˥˨iɑɔ˦˥iou˥˩˨muo˧.ɕiæ̃˥˩xuo˥˩ni˥˩˨mei˧˥iou˥˩tei˥˩˨mɑ˧.lou˥˩ni˥˩˨mei˧˥˨iou˥˩˨……mei˧˥˨xuɑ˥˩lou˥˩ni˥˩tsou˦˨mei˧˥iou˥˩tei˥˩˨mɑ˧.tʂei˦tou˥˩˨iɑɔ˦tsɥ˦xɑ˦˥liem˧.tɕiŋ˥˩˨tʰuoŋ˧˥y˦ny˥˩,pei˧˥mɑ˥˩,tʂei˦tou˥˩˧iɑɔ˦tsɥ˦lie˧muo˧.

纸活

黄：纸扎的里头我们把那叫……最大的叫欸靠山嘛。tsɿ˥˩tsɑ˥˩˨tə˧li˥˩tʰou˧ŋuo˥˩məŋ˧pɑ˥˩˨nə˦tɕiɑɔ˦……tsuei˦tɑ˦˧ti˧tɕiɑɔ˦ei˨˩kʰɑɔ˦˧sæ̃˥˩˨mɑ˧.（纸扎的那玩意儿最大的？）就是纸扎的最大的那个，后头那么个嘛。tɕiou˦sɿ˦tsɿ˥˩tsɑ˥˩˨ti˧tsuei˦tɑ˦ti˧nə˦kə˦,xou˦tʰou˧nə˦muo˧kə˦mɑ˧.（靠山？）靠山么。kʰɑɔ˦sæ̃˥˩˨muo˧.（是有房子的那种吗？）不是的。后头……做成房子，后头还又做下那个装饰品，那个叫靠山么。pu˧˥˨sɿ˦ti˧.xou˦tʰou˧……tsuo˦˥tʂʰəŋ˧˥fɑŋ˧˥˨tsɿ˧,xou˦˧tʰou˧xɑ˧˥˨iou˦tsuo˦xɑ˦nə˦kə˦tʂuɑŋ˥˩ʂɿ˥˩˨pʰiŋ˥˩,nə˦kə˦tɕiɑɔ˦kʰɑɔ˦˧sæ̃˥˩˨muo˧.（装饰品叫靠山？）噢。还有那甚么那过厅，过厅子，林亭子，牌楼，斗室，金童玉女，仙鹤咧的那些啥，那……ɑɔ˨˩.xæᴇ˧˥˨iou˥˩˧nə˦ʂəŋ˦muo˧nə˦kuo˦˧tʰiŋ˥˩˨,kuo˦˧tʰiŋ˥˩˨tsɿ˧,liŋ˧˥˨tʰiŋ˧˥˦tsɿ˧,pʰæᴇ˧˥˨lou˧˥˦,tou˥˩sɿ˥˩˨,tɕiŋ˥˩˨tʰuoŋ˧˥y˦˧ny˥˩,ɕiæ̃˥˩xuo˥˩lie˧tə˧nei˦˥ɕie˥˩˧sɑ˦,næᴇ˦˥……（什么过厅子啊？）啊。ɑ˨˩.（过厅是什么玩意儿？）过厅就是大门么你。kuo˦tʰiŋ˥˩˧tɕiou˦sɿ˦tɑ˦məŋ˧˥˨muo˧ni˥˩˨.（大门啊？）噢，大门叫过厅么。ɑɔ˨˩,tɑ˦məŋ˧˥˨tɕiɑɔ˦kuo˦˧tʰiŋ˥˩muo˧.（噢，就是门厅？）呃，那个摆下那个东西，那摆下这一圈子，这都有下数的啊。后头一个大靠山往这里一靠，前头过来，

这儿这是林亭子。林亭子。这是还有这面儿还有上下房，前头那个是叫过……这是这个欸牌楼子在前头咧，牌楼还高嘛。ə˩,nə˥kə˥pæᴇ˥˥xa˩˩nə˥kə˥tuoŋ˥ɕi˩,nə˥˥pæᴇ˥˥xa˩˩tʂei˥i˥˩tɕʰy æ̃˥˥tsɿ˩,tʂei˥tou˥˩iou˥˥xa˥ʂɿ˥tia˩.xou˥tʰou˩i˥˩kə˥ta˥kʰaɔ˥sæ̃˥˩vaŋ˥˩tʂə˥˥li˥˩i˥˩kʰaɔ˥,tɕʰiæ̃˩˩tʰou˩ku o˥˩læᴇ˩˩,tʂər˥tʂə˥sɿ˥liŋ˩˩tiŋ˩˥tsɿ˩.liŋ˩tiŋ˩˥tsɿ˩.tʂei˥˩sɿ˥˩xæᴇ˩˩iou˥˥tʂei˥˥miæ̃r˥xæᴇ˩˩iou˥˥ʂaŋ˥ɕia˥ faŋ˩,tɕʰiæ̃˩˩tʰou˩nə˥kə˥sɿ˥tɕiaɔ˥˩kuo˥sɿ……tʂei˥sɿ˥tʂə˥kə˥ei˩pʰæᴇ˩˩lou˩˥tsɿ˩tsæᴇ˥tɕʰiæ̃˩˩tʰou˩lie ˩,pʰæᴇ˩˩lou˩˥xa˩kaɔ˥ma˩.（你画出来看看？）哎呀。那画不出来，那多得焦锨咧。æᴇ˩ia˩. nei˥˥xua˥pu˩˥tʂʰɿ˥˥læᴇ˩˩,næᴇ˥˥tuo˥˩tei˥˩tɕiaɔ˥ɕiæ̃˥˩lie˩.（画不出来呀？）你出去在那纸活店里随便就能看穿咧那号儿。那个多得焦锨着咧。这一趟从后头这么一……那背一个大林亭子的话，整个儿那个纸活的话，就这号儿房往过摆的话，得两间房都摆不下。现在那做……做的更多了嘛。过去这个……现在还给做的那门房，车库，做的小车，小……电视。ni˥˩tʂʰɿ˥tɕʰy˥tsæᴇ˥nə˥tsɿ˥xuo˩˩tiæ̃˥li˥˩suei˩˩piæ̃˥˥tsou˥˩nəŋ˩kʰæ̃˥tʂʰuæ̃˥lie˩nei˥xaɔr˥.nə˥˩k ə˥˥tuo˥˩tə˩tɕiaɔ˥ɕiæ̃˥˩tʂə˩lie˩.tʂei˥i˥˥tʰaŋ˥tsʰuoŋ˩˩xou˥˥tʰou˩tʂə˥˥muo˩i˥˩……næᴇ˥˥pei˥i˥˩kə˥ ta˥liŋ˩˩tʰiŋ˩˥tsɿ˩ti˩xua˥˩,tʂəŋ˥kər˥˥nə˥kə˥tsɿ˥xuo˩˥ti˩xua˥,tɕiou˥˩tʂei˥xaɔr˥faŋ˩vaŋ˥˩kuo˥pæᴇ˥t i˩xua˥˩,tei˥˩liaŋ˥tɕiæ̃˥˩faŋ˩tou˥˩pæᴇ˥pu˩˩xa˥.ɕiæ̃˥tsæᴇ˥nə˥˩tsuo˥……tsuo˥˥ti˩kəŋ˥˥tuo˥lə˩ma˩. kuo˥˥tɕʰy˥tʂə˥kə˥˩……ɕiæ̃˥tsæᴇ˥xa˩˩kei˥tsɿ˥ti˩nə˥məŋ˩faŋ˩,tʂʰə˥˩kʰu˥,tsɿ˥ti˩ɕiaɔ˥tʂʰə˥˩,ɕiaɔ ˥˥……tiæ̃˥sɿ˥.（噢，车库都有了？）车库现在都做下啦嘛。楼……过去做的是做咧一层子，现在都是楼都上了。tʂʰə˥˩kʰu˥˥ɕiæ̃˥tsæᴇ˥tou˥˩tsɿ˥xa˥la˩ma˩.lou˩˥……kuo˥tɕʰy˥tsɿ˥ti˩s ɿ˥tsɿ˥lie˩i˥˩tsʰəŋ˩˩tsɿ˩,ɕiæ̃˥tsæᴇ˥tou˥˩sɿ˥˩lou˩tou˥˩ʂaŋ˥lə˩.（有没有扎二奶的？）那不献给，做下个二奶奶着？nə˥pu˩˩ɕiæ̃˥kei˥˩,tsɿ˥xa˥kə˥ər˥næᴇ˥˩næᴇ˥˥tʂə˩?（啊？）没有。那怕…… mei˩iou˥˩.nə˥pʰa˥……（广东那边有送二奶的呢！）欸，那不行，这儿不行。这儿这你做下以后，他那……那儿早就懆了。你给他达弄个二奶奶那是……那能卖给去？他妈也哭的不……他妈也懆的弄不成。ei˩,nei˥˥pu˩˩ɕiŋ˩˩,tʂər˥˩pu˩˩ɕiŋ˩˩.tʂər˥˩tʂə˥ni˥˥tsuo˥˥xa˥i˥˥xou˥,tʰa ˥˥næᴇ˥……næᴇ˥ər˩tsaɔ˥tsou˥tsʰaɔ˥lə˩.ni˥˥kei˥˩tʰa˥˥ta˩nuoŋ˥kə˥ər˥næᴇ˥næᴇ˥˩næᴇ˥sɿ˥……næᴇ˥ nəŋ˩˩mæᴇ˥kei˥˥tɕʰi˥?tʰa˥˩ma˥æ˥˩kʰu˥ti˩pu˩˩……tʰa˥˩ma˥ia˥˩tsʰaɔ˥ti˩nuoŋ˥pu˩˥tʂʰəŋ˩˩.

（有纸锞子没有这种？这个像元宝那样的玩意儿？）哎呀。暂时这面还很少有，就是那纸活店里面有弄下兀咧。æᴇ˥zɑ˩.tsæ̃˥sɿ˩˥tʂei˥miæ̃˥xa˩˩xəŋ˥ʂaɔ˥iou˥˩,tɕiou˥˥sɿ˥næᴇ˥tsɿ˥xuo ˩˩tiæ̃˥˥li˥˩miæ̃˥˩iou˥˥nuoŋ˥xa˥væᴇ˥˥lie˩.（你像元宝……金元宝这都有？）嗯，那都有咧。ə̃˩,nei˥˥tou˥˩iou˥˩lie˩.（那叫什么？）那□里头做下那个纸活里头有聚宝盆咧么。nei˥˥niæ̃˩l i˥tʰou˩tsɿ˥xa˥nə˥kə˥tsɿ˥xuo˩˩li˥˥tʰou˩iou˥˥tɕy˥paɔ˥˥pʰəŋ˩lie˩muo˩.（聚宝盆？）噢。聚宝盆和摇钱树咧嘛。那都头几年都挂的有。aɔ˩.tɕy˥paɔ˥˥pʰəŋ˩xuo˩˩iaɔ˩tɕʰiæ̃˩ʂɿ˥lie˩ma˩.nə˥˥tou˥˩tʰ ou˩tɕi˥˩niæ̃˩tou˥˩kua˥ti˩iou˥˩.（那个元宝呢？）元宝那东西都是做得那个上头的。yæ̃˩˩paɔ˥ nə˥tuoŋ˥˥ɕi˩tou˥˥sɿ˥tsuo˥˥tə˩nə˥kə˥ʂaŋ˥tʰou˩ti˩.（叫什么，你们你们把它叫什么？那玩意儿叫什么呢？）那还就叫元宝么。那个东西它没单纯放的。它都是做下那个东……做下那个东西。一个是金钱树和摇钱树。它底下都做那么个盆盆，上头以后这盆盆里头放上些，这树头起还挂了些。都是摇钱树，你逮住一摇，那就往下来淌咧。聚宝盆那盆里头本身就装的都是那东西。都是聚下的宝贝那些。nə˥xa˩˩tɕiou˥˥tɕiaɔ˥yæ̃˩˩paɔ˥muo˩.nei˥kə˥tuoŋ˥ɕi˩tʰa˥me i˩tæ̃˥˩tʂʰuoŋ˩faŋ˥ti˩.tʰa˥˩tou˥˥sɿ˥tsuo˥˥xa˥˩nə˥kə˥tuoŋ˥……tsuo˥˥xa˥˩nə˥kə˥tuoŋ˥ɕi˩.i˥˥kə˥sɿ˥tɕi ŋ˥˩tɕʰiæ̃˩ʂɿ˥xuo˩˥iaɔ˩tɕʰiæ̃˩ʂɿ˥.tʰa˥˩ti˥xa˥tou˥˥tsuo˥˥nə˥muo˩kə˥pʰəŋ˩˩pʰəŋ˩˥,ʂaŋ˥tʰou˩i˥˩xou˥tʂ ə˥pʰəŋ˩˩pʰəŋ˩˥li˥tʰou˩faŋ˥ʂaŋ˥ɕie˥˩,tʂə˥ʂɿ˥˥tʰou˩˩tɕʰie˥˥xa˩˩kua˥˥lə˩ɕie˥˩.tou˥˩sɿ˥˩iaɔ˩tɕʰiæ̃˩ʂɿ

˧,ni˧˨˧tæᴇ˥˧tʂʮ˧˨i˧˩iɑɔ˨˦,næᴇ˧tsou˧vɑŋ˧˩xɑ˧læᴇ˨˦˧tʰɑŋ˥˧lie꜔.tɕy˧pɑɔ˧˨˧pʰəŋ˨˦nə˧pʰəŋ˨˦li˥˧tʰou꜔pəŋ˥˧ʂəŋ˧˩tɕiou˧tʂuɑŋ˥˧ti꜔tou˧˩sɿ˧˦˧nə˧tuoŋ˥˧ɕi꜔.tou˧˩sɿ˧˨tɕy˧˦˧xɑ˧ti˦pɑɔ˧˩pei˧˦˧nei˧˨ɕie˧˩.

（你们这里好像很重视这个东西啊？）那当……现在这东西兀是……nei˧˦˧tɑŋ……ɕiæ̃˧tsæᴇ˧tʂei˧˦˧tuoŋ˧˩ɕi꜔væᴇ˧sɿ……（到处都是。那街上都不晓得好多！好几个你看，棺材店都好几个！）棺材店有两个。kuæ̃˥˧tsʰæᴇ˨˦˨tiæ̃˧iou˧˨˧liɑŋ˥˧kə˧˨.（纸活店好像还有……还有一个还是两个。）纸活店三个吗几个咧。tsɿ˥˧xuo˨˦˨tiæ̃˧sæ̃˧˩kə˧˨mɑ꜔tɕi˥˧kə˧lie꜔.（那在生……在生的时候这个孝敬父母的情况怎么样？）哎，有些人，他达活着的时候，六块钱一斤茶叶都舍不得给买咧。他达死<u>咧噢</u>，他把那能折腾去几千块钱。æᴇ˨˦,iou˥˧ɕie˧˩zəŋ˨˦˧,tʰɑ˧˩tɑ˨˦˧xuo˨˦˨tʂə꜔ti꜔sɿ˨˦˧xou˧,liou˧˩kʰuæᴇ˧˩tɕʰiæ̃˨˦i˧˨˧tɕiŋ˧˨˧tsʰɑ˨˦˨ie˥˧tou˧˩ʂə˧˨˧pu˨˦˧tei˧˨˧kei˧mæᴇ˧˨˧lie꜔.tʰɑ˧˩tɑ˨˦sɿ˥˧liɑɔ꜔,tʰɑ˧˨˧pɑ˧˩næᴇ˧nəŋ˨˦˨tʂə˥˧tʰəŋ˨˦˨tɕʰi˧tɕi˧˨˧tɕʰiæ̃˥˧kʰuæᴇ˧˩tɕʰiæ̃˨˦˨.

往生钱

黄：往生钱□是指印下的那个东西。是个……虽然是个圆的，那头起有欸……放油墨印下的，有……有图案<u>咧啊</u>。vɑŋ˥˧səŋ˧˩tɕʰiæ̃˨˦niæ̃˨˦˨sɿ˧tsɿ˥˧iŋ˧˧˩˦xɑ˧˩ti꜔nə˧kə˧tuoŋ˧˩ɕi˦.sɿ˧kə˧……suei˥˧ʐæ̃˨˦˨sɿ˧kə˧yæ̃˨˦˨ti˦,nə˧tʰou˨˦˨tɕʰie˧˨˧iou˥˧ei˩……fɑŋ˧iou˨˦mei˨˦˧iŋ˧˧˩˦xɑ˧ti˦,iou˧˨˧……iou˥˧tʰu˨˦˨næ̃˧˦˧liɑ꜔.（噢，有……有图案？）啊，有图案的那叫往生。ɑ˩,iou˥˧tʰu˨˦˨næ̃˧˦˧ti˦nei˧tɕiɑɔ˧vɑŋ˥˧səŋ˧˩.（每一张都有图案还是……）每一张头起都有图案咧。mei˥˧i˧˩tʂɑŋ˥˧tʰou˨˦˨tɕʰie˧˨˧tou˧˩iou˥˧tʰu˨˦˨næ̃˧˦˧lie꜔.（每一张的图案都是一样的？）都是一样的。□叫往……tou˧˩˦sɿ˧i˧˩iɑŋ˧˦˧ti꜔.niæ̃˨˦˨tɕiɑɔ˧vɑŋ˥˧……（印刷出来的？）噢，印刷出的。叫往生钱嘛。ɑɔ˩,iŋ˧˦˧ʂuɑ˧˩tʂʰʮ˥˧ti꜔.tɕiɑɔ˧vɑŋ˥˧səŋ˧˩tɕʰiæ̃˨˦mɑ꜔.（圆的？）圆的么。农村有刻下的那个版咧。啊，直接拿那个版印下的叫往生。yæ̃˨˦˨ti˦muo꜔.luoŋ˨˦tsʰuoŋ˧˨˧iou˧˨˧kʰei˥˧xɑ˧˨ti꜔nə˧kə˧pæ̃˥˧lie꜔.ɑ˩,tʂɿ˨˦tɕie˧˩nɑ˨˦˨nə˧kə˧pæ̃˥˧iŋ˧˧˩˦xɑ˧ti˦tɕiɑɔ˧vɑŋ˥˧səŋ˧˩.（就是一般的草纸上刻？）噢，一般草纸头起印的么。ɑɔ˩,i˧˩˦pæ̃˧˩tsʰɑɔ˥˧tsɿ˥˧tʰou˨˦˨tɕʰie˧˨˧iŋ˧ti˦muo˦.（这有没有就是这这像这种往生钱或者是这种圆的钱有没有专门那个模具来刻的？你这剪不费事儿吗？）没有。那都是拿剪子剪出来。muo˧˩iou˧˩.nə˧tou˧˩sɿ˧nɑ˨˦tɕiæ̃˥˧tsɿ꜔tɕiæ̃˥˧tʂʰʮ˧˩læᴇ˨˦˨.（是剪个圆？）嗯。ŋ̍˩.（然后再剪个方？）嗯。ŋ̍˩.（那你要做成往生钱就一张一张抠去？）一张一张抠么。i˧˩˦tʂɑŋ˥˧i˧˨˧tʂɑŋ˧˩kʰou˧˨˧muo˦.（他不是不是做个那个那种那个专用的工具一敲，敲出很多来？）没有没有。那……那是除非□是做纸活的那些人有专用工具咧。老百姓家里谁还专门弄那么个毬嘎做那个东西？muo˧˩˦iou˥˧muo˧˩iou˧˩.nə˧……nə˧˦˧sɿ˧˨tʂʰʮ˨˦fei˥˧niæ̃˨˦˧sɿ˧tsuo˧˨tsɿ˥˧xuo˨˦˧ti˦nei˧ɕie˧˨˧zəŋ˨˦iou˧˨˧tʂuæ̃˧˩yoŋ˧kuoŋ˧˩tɕy˧˦˧lie꜔.lɑɔ˥˧pei˧˩ɕiŋ˧˦˧tɕiɑ˧˩li˧˩sei˨˦xɑ˨˦˨tʂuæ̃˧˩məŋ˨˦nuoŋ˧nə˧˦˧muo꜔kə˧˨tɕʰiou˨˦˨kɑ˦tsuo˧nə˧˦˧kə˧˦˧tuoŋ˧˩ɕi꜔?（没有那个纸凿子这种说法？）没有。muo˧˩iou˧˩.（有打纸这种吗？）没有。都没有专用的来。muo˧˩iou˥˧.tou˥˧mei˨˦iou˥˧tʂuæ̃˧˩yoŋ˧ti꜔læᴇ˨˦˧.（那你们这要做往生呢是买的还是自己拿个……拿个东西来……来印呢？）那就是寻个版，自己回来搞的印咧嘛。næᴇ˧tɕiou˧sɿ˧ɕiŋ˨˦˨kə˧pæ̃˥˧,tsɿ˧tɕie˧˩xuei˨˦˨læᴇ˨˦˧kɑɔ˥˧ti꜔iŋ˧lie꜔mɑ꜔.（那叫什么呢？）那就是……nə˧tɕiou˧sɿ˧……（印……印往生还是什么呢？）那就叫印钱咧嘛。印……那就把那叫印钱咧还。næᴇ˧˦˧tɕiou˧tɕiɑɔ˧iŋ˧tɕʰiæ̃˨˦˨lie˦mɑ꜔.iŋ˧vu……nei˧tɕiou˧pɑ˧˩næᴇ˧tɕiɑɔ˧iŋ˧tɕʰiæ̃˨˦˨lie˦xɑ˨˦˨.（那不是私造货币啊？）那不怕么。那都是哄人的嘛那都是。næᴇ˧˦˧pu˨˦˨pʰɑ˧muo꜔.nə˧tou˧˩sɿ˧xuoŋ˥˧zəŋ˨˦˨ti˦mɑ꜔nə˧tou˧˨˧sɿ˧.（叫印钱是吧？）嗯。ŋ̍˩.

（农村那种就专门做往生钱那种模子叫什么？）那□就叫往生钱。这种……næᴇ˧˦˧

niæ̃˨˦˩tɕiou˦tɕiɑɔ˦vɑŋ˥˧səŋ˥˧˩tɕʰiæ̃˨˦.tʂə˦tʂuoŋ˥˧˧……（那个模子，你不是一刷刷油墨那玩意儿扣上去的那个呢？那是……）往生钱模子嘛。往生……往生版，往生钱版，那叫是版。vɑŋ˥˧səŋ˥˧˩tɕʰiæ̃˨˦mu˨˦˩tsɿ˥˧mɑ˧.vɑŋ˥˧səŋ˥˧˩……vɑŋ˥˧səŋ˥˧˩pæ̃˥˧,vɑŋ˥˧səŋ˥˧˩tɕʰiæ̃˨˦pæ̃˥˧,nə˦tɕiɑɔ˦sɿ˦pæ̃˥˧.（往生板？）呣。m̩˨.（如果往生揞子呢？）也叫揞子。揞子是兀凸进去那种的。版□是直接凸出来的那种。噢。ie˥˧˧tɕiɑɔ˦væ̃˥˧tsɿ˧.næ̃˥˧˧tsɿ˦sɿ˦vu˦tʰu˥˧˩tɕiŋ˦˥tɕʰi˦nei˦tʂuoŋ˥˧˩ti˧.pæ̃˥˧niæ̃˨˦˩sɿ˦tʂʅ˨˦tɕie˥˧˩tʰu˥˧˩tʂʮ˥˧læᴇ˨˦˩ti˧nei˦tʂuoŋ˥˧˩.ɑɔ˨.（凹进去那种叫揞子？）噢，揞子。凸出来那叫版。ɑɔ˨˦,æ̃˥˧˧tsɿ˧.tʰu˥˧˩tʂʰʮ˥˧læᴇ˨˦˩nei˦tɕiɑɔ˦pæ̃˥˧.（揞子是凸进去的……凹进去的？）嗯，凹进去的。oŋ˨˦,ɑɔ˦tɕiŋ˦tɕʰi˦ti˧.（就阴的是吧？阴面儿的？）嗯。呣。ŋ̍˨.m̩˨.（往生板就是阳面的？）嗯。ŋ̍˨.

阴票子

黄：阴票子□都是现成的。商……各商店都卖的有咧么。亲亲买起来。iŋ˥˧˩pʰiɑɔ˦˥tsɿ˧niæ̃˨˦˥tou˥˧˩sɿ˦˩ɕiæ̃˦tʂʰəŋ˨˦˩ti˧.ʂ……kə˥˧˧ʂɑŋ˥˧˩tiæ̃˦tou˥˧˩mæᴇ˦ti˧liou˥˧˧liem˧.tɕʰiŋ˥˧˩tɕʰiŋ˥˧˧mæᴇ˥˧tɕʰi˥˧˩læᴇ˨˦˩.（嗯，那是那……有没有印美元的？）有咧。现在咧印……印欸卢……卢布我看到有印下的了。iou˥˧lie˧.ɕiæ̃˦tsæᴇ˦˥lie˧liŋ˦……iŋ˦˥ei˨lou˨˦˧……lou˨˦˩pu˦˥ŋuo˥˧kʰæ̃˦˩tɑɔ˦˩iou˥˧˩iŋ˦xɑ˦ti˧lə˧.（卢布有？）嗯。ə̃˨.（欧元都有。）欧元都有。去年出……看那啥的现在都有，五花八门的。那……钱还有仿……仿人民币那号儿都多得很哎。比人民币大得哪咧。现在□有千万元的票子咧还。人民币最大的币值才一百块钱。ou˥˧˧yæ̃˨˦tou˥˧˩iou˥˧˧.tɕʰy˦niæ̃˨˦˧tʂʰʮ……kʰæ̃˦nə˦sɑ˦˧tə˧ɕiæ̃˦tsæᴇ˦tou˥˧˩iou˥˧˧,vu˥˧xuɑ˥˧˧pɑ˥˧˩məŋ˨˦˩ti˧.nə˦i……tɕʰiæ̃˨˦xæᴇ˨˦˩iou˥˧˧fɑŋ˥˧……fɑŋ˥˧zəŋ˨˦miŋ˨˦pi˦nə˦˩xɑɔr˦˩tou˥˧˩tuo˥˧tə˧xəŋ˥˧˩æᴇ˧.pi˥˧˩zəŋ˨˦miŋ˨˦pi˦tɑ˦tə˧nɑ˥˧˧lie˧.ɕiæ̃˦tsæᴇ˦niæ̃˨˦˩iou˥˧˧tɕʰiæ̃˥˧væ̃˦yæ̃˨˦ti˧pʰiɑɔ˦tsɿ˧lie˧xæᴇ˨˦˩.zəŋ˨˦miŋ˨˦˧pi˦tsuei˦tɑ˦ti˧pi˦tʂʅ˨˦˧tsʰæᴇ˨˦˩i˥˧˧pei˥˧kʰuæᴇ˥˧˩tɕʰiæ̃˨˦˩.

幛子

（那个亲戚朋友有些送的那些什么……）黄：花圈么。xuɑ˥˧˧tɕʰyæ̃˥˧muo˧.（欸，送不送那种那个……毛毯呐，什么这一类的东西？）多一半儿……前一个时期多一……七……七几年有些送。送的叫幛子。tuo˥˧i˥˧˩pæ̃r˦˥……tɕʰiæ̃˨˦i˥˧kə˦˩sɿ˨˦˧tɕʰi˨˦˧tuo˥˧i˥˧˩……tɕʰ……tɕʰi˥˧˧tɕi˥˧niæ̃˨˦˧iou˥˧ɕie˥˧˩suoŋ˦˩.suoŋ˦ti˧tɕiɑɔ˦tʂɑŋ˦˧tsɿ˧.（幛子？）嗯。有白布幛子，有黑布幛子，有……有黑绸子。这只仅限于太白这个……这一个范围以内了。过了你们那天去那个省界，底下送的都是。只要六十岁往……六十岁往上的人，送的都是红绸子，绿绸子。ŋ̍˨.iou˥˧pei˨˦pu˦˥tʂɑŋ˦tsɿ˧,iou˥˧˧xei˥˧pu˦˩tʂɑŋ˦tsɿ˧,iou˥˧˩x……iou˥˧˩xei˥˧tʂʰou˨˦tsɿ˧.tʂə˦tsɿ˥˧˩tɕiŋ˥˧˧ɕiæ̃˦y˨˦˧tʰæᴇ˦pei˨˦˩tʂə˦kə˦……tʂei˦˥i˥˧˩kə˦˩fæ̃˦˩vei˨˦˧i˥˧˧luei˦˥lə˧.kuo˦˧liɑɔ˥˧˧ni˥˧˧məŋ˧nei˦tʰiæ̃˥˧˧tɕʰi˦nei˦kə˦səŋ˥˧tɕie˦,ti˥˧xɑ˦˩suoŋ˦˧ti˧tou˥˧˩sɿ˦.tsɿ˥˧˩iɑɔ˦liou˥˧ʂʅ˨˦˩suei˦vɑŋ˥˧˧ʂ……liou˥˧ʂʅ˨˦˩suei˦vɑŋ˥˧˧ʂɑŋ˦˧ti˧zəŋ˨˦˩,suoŋ˦ti˧tou˥˧˩sɿ˦xuoŋ˨˦tʂʰou˨˦˩tsɿ˧,liou˥˧tʂʰou˨˦˩tsɿ˧.（啊，你们这儿都是这种黑的吗？）我们这儿……这儿送黑的，送白的。ŋuo˥˧məŋ˧tʂər˦s……tʂər˦suoŋ˦xei˥˧ti˧,suoŋ˦pei˨˦˩ti˧.（那些东西叫不叫仪幛？）我们叫挽幛。ŋuo˥˧məŋ˧tɕiɑɔ˦væ̃˥˧tʂɑŋ˦lie˧.（挽幛？）噢，挽幛。ɑɔ˨,væ̃˥˧tʂɑŋ˦.（上面都要写字的不？）都要写字咧。那都是这个驾鹤归去，那甚么早入仙境来的。tou˥˧˧iɑɔ˦ɕie˥˧tsɿ˦˩lie˧.næᴇ˦˥tou˥˧˧sɿ˦tʂə˦˩kə˦˩tɕiɑ˦xə˥˧˩kuei˥˧˩tɕʰy˦,nɑ˦˥ʂəŋ˦˩muo˧tsɑɔ˥˧zʮ˥˧˩ɕiæ̃˥˧˩tɕiŋ˦˥læᴇ˨˦˩ti˧.（那个字是用……写在纸上面还是直接写在布上面？）写得纸……欸，写得纸头起，放上一……放个别针……剩下别针往上一绽就对了。ɕie˥˧tə˧tsɿ˥˧……ei˨,ɕie˥˧tə˧tsɿ˥˧tʰou˨˦˩tɕʰie˥˧˧,fɑŋ˦ʂɑŋ˦i˥˧˩……fɑŋ˦kə˦pie˨˦˩tʂ……ʂəŋ˦xɑ˦pie˨˦˩tʂəŋ˥˧vɑŋ˥˧˩ʂɑŋ˦i˥˧˩tsæ̃˦tsou˦tuei˦

˩lə˧.（那那些东西后面怎么处理啊？）拿到坟上，把这纸拆的一……一烧就对了嘛。na˨˩t ao˥fəŋ˨˩ʂaŋ˥˦,pa˥˩tʂə˥tsɿ˥tsʰei˥˩ti˧li˥˩……i˥˩ʂao˥tɕiou˥˩tuei˥lə˧ma˧.（拿纸烧了？）把上头写字的那些纸你……拆嘛。pa˥˩ʂaŋ˥tʰou˧ɕie˥tsɿ˥˩ti˧nei˥ɕie˥˩tsɿ˥ni˥˩……tsʰei˥ma˧.（把它烧了？那个……）把纸烧咧。盖的面子你该抱回来，把那烧了咋弄？pa˥˩tsɿ˥ʂao˥lie˧.kæᴇ˥ti˧miæ̃˥tsɿ˧ ni˥˩kæᴇ˥˩pao˥xuei˨˩læᴇ˨˦,pa˥˩næᴇ˥ʂao˥lə˧tsa˥nuoŋ˥˦?（那东西怎么办？那么多？）那么多，放到家里嘛你。na˥muo˧tuo˥˩,faŋ˥tao˥tɕia˥li˥˩ma˧ni˥.（慢慢儿用？）慢慢用么你。你再给人往出送么。mæ̃˥mæ̃˥yoŋ˥˦muo˧ni˥.ni˥˦tsæᴇ˥kei˥pie˨zəŋ˨˦vaŋ˥˩tʂʰʮ˥suoŋ˥muo˧.

灵牌子

（这个抱着那个那玩意儿叫什么，上面写着死者生……名字的？）黄：叫灵牌子嘛。tɕiao˥liŋ˨˩pʰæᴇ˨˦tsɿ˧ma˧.（叫不叫灵？）叫灵么。兀就写是……兀都有那么……男的叫……tɕiao˥liŋ˨muo˧.væᴇ˥˦tsou˥˩ɕie˥sɿ˥……væᴇ˥˦tou˥˩iou˥˩nə˥muo˧……næ̃˨˩ti˧tɕiao˥……（灵跟灵牌子还是不同吧？）请灵，还是抱的那个东西么。灵牌子还是那个嘛。tɕʰiŋ˥l iŋ˨,xa˨˩sɿ˥˦pao˥ti˧nə˥˩kə˥˩tuoŋ˥ɕi˧muo˧.liŋ˨pʰæᴇ˨˩tsɿ˧xa˨˩sɿ˥nə˥kə˥ma˧.（那个灵柩呢？）灵柩就是棺材嘛。liŋ˨˩tɕiou˥tɕiou˥sɿ˥kuæ̃˥tsʰæᴇ˨˩ma˧.（那个叫不叫灵？）那都不叫了。我们把……还把这个叫……请的这个东西叫灵。nə˥˦tou˥˩pu˨˩tɕiao˥lə˧.ŋuo˥məŋ˧pa˥˩……xa˨˩pa˥˩tʂə˥˦kə˥˦tɕiao˥……tɕʰiŋ˥ti˧tʂə˥kə˥tuoŋ˥˩ɕi˧tɕiao˥liŋ˨.（灵柩说不说呢？）灵柩太不说。但它写的有下数咧么。男的……男的有男的写法，女的有女的写法嘛。liŋ˨˩tɕiou˥˦tʰæᴇ˥pu˨˩ʂuo˥˩.tæ̃˥˦tʰa˥˩ɕie˥ti˧liou˥˦xa˥˦ʂʮ˥˩lie˧muo˧.næ̃˨˩ti˥……næ̃˨˩ti˧liou˥˩næ̃˨˩ti ˧ɕie˥fa˥˩,ny˥ti˧liou˥˩ny˥ti˧ɕie˥fa˥˩ma˧.（那个灵柩似的说什么呢？）灵柩还是指的棺材。那就说是死咧人，把这个装得里头拉回来的那个，叫灵柩嘛。liŋ˨˩tɕiou˥˦xa˨˩sɿ˥tsɿ˥ti˧kuæ̃˥ts ʰæᴇ˨˩.næᴇ˥tɕiou˥ʂuo˥˩sɿ˥sɿ˥lie˧zəŋ˨,pa˥˩tʂə˥kə˥tʂuaŋ˥tə˧li˥tʰou˧la˥˩xuei˨læᴇ˨˦ti˧nə˥kə˥,tɕiao˥l iŋ˨˩tɕiou˥˦ma˧.（你们……你们叫不叫？）不叫。pu˨˩tɕiao˥.（那个牌位你们叫什么？）那就叫牌位。næᴇ˥˦tɕiou˥tɕiao˥pʰæᴇ˨˩vei˥˩.（叫牌位还是叫灵位？）也叫灵位，也叫牌位。ie˥tɕiao˥liŋ˨vei˥,ie˥˦tɕiao˥pʰæᴇ˨vei˥.（哪种土？）灵位土嘛。liŋ˨vei˥tʰu˥ma˧.（那写的时候男的落款什么？）男的写欵故显考嘛。女的故显妣嘛。næ̃˨ti˧ɕie˥ei˩ku˥ɕiæ̃˥˦kʰao˥ma˧. ny˥ti˧ku˥ɕiæ̃˥˦pi˥ma˧.（然后底下什么呢？老老老大人还是老孺人？）故显妣呃是这个这下……下头是名字嘛，李老大人之灵位嘛。ku˥ɕiæ̃˥˦pi˥ə˩sɿ˥tʂə˥kə˥tʂei˥xa˥˩ɕ……ɕia˥tʰou˧sɿ˥ ˩miŋ˨tsɿ˥˦ma˧,li˥lao˥ta˥zəŋ˨˩tsɿ˥liŋ˨˩vei˥ma˧.（老大人。）嗯。ə̃˩.（那是指男的嘛！）啊。a˩.（女的呢？）故显……故显……故显妣，呃，老……或者是这个王老大人之……之灵位。王老夫人，噢。夫人之灵位。ku˥ɕiæ̃˥˦……ku˥˦ɕiæ̃˥˦……ku˥˦ɕiæ̃˥˦pi˥,ə˩,la……xuei˨˦t ʂə˥˦sɿ˥tʂə˥kə˥vaŋ˨lao˥ta˥zəŋ˨˦tsɿ˥˦……tsɿ˥˦liŋ˨vei˥.vaŋ˨˩lao˥˦fu˥zəŋ˨˩,ao˩.fu˥zəŋ˨˩tsɿ˥liŋ˨vei˥.（夫人还是孺人？）孺人或者是叫夫人之灵位。zʮ˨zəŋ˨˩xuei˨˦tʂə˥˩sɿ˥tɕiao˥fu˥zəŋ˨˩tsɿ˥liŋ˨˩ vei˥.（一般写哪一个？）一般是写这个欵孺人的多。啊。文绉绉一点就是孺人。i˥˦pæ̃˥˩sɿ˥ ˩ɕie˥tʂə˥kə˥ei˩zʮ˨zəŋ˨˩ti˧tuo˥˩.a˩.vəŋ˨˩tsou˥tsou˥˩i˥˩tiæ̃˥tɕiou˥˩sɿ˥˩zʮ˨zəŋ˨˩.

献馍馍

（有有那种那个馍，馍有大的，有小的，有那种很小很小的馍没有？特地做的那种很小的？）黄：那都少……太小的馍没人做。nə˥˦tou˥˩ʂao……tʰæᴇ˥˦tɕiao˥ti˧muo˨mei˨zəŋ˨tsuo˥˩.（过节的时候给亲戚啊什么为礼呀？）那不可能是那……呃不可能。那指小的……我们那那馒头它至少都要蒸这么大。næᴇ˥˦pu˨˩kʰə˥nəŋ˨˦sɿ˥nə˥……ə˥pu˨˩kʰə˥˩nəŋ˨˩.

nə˥˩tsɿ˥˧˩ɕiao˥˧ti·l……ŋuo˥˧məŋ·lnə˥˩nə˥˩mæ̃˨˩˧tʰou·ltʰɑ˥˧˩tsɿ˥˩ʂao˥˧tou˥˧˩iao˥˩tʂəŋ˥˧tʂə˥˩muo·ltɑ˥˩.（没有什么什么蛋馍馍？）大馍馍这个是……tɑ˥˩muo˨˩muo˨˩˧tʂə˥˩kə˥˩ʂ……（蛋馍馍呢？）有大馍馍。大馍馍是这么大个儿的。那是给死人面前，这个灵堂面前放的那个供品，那个叫献馍馍。献馍馍……献馍馍就是大馍馍。iou˥˧tɑ˥˩muo˨˩muo˨˩.tɑ˥˩muo˨˩muo˨˩˧sɿ˥˩tʂə˥˩muo·ltɑ˥˩kər˥˩ti·l.næᴇ˥˩sɿ˥˩kei˥˩sɿ˥˧zəŋ˨˩miæ̃˥˩tɕʰiæ̃˨,tʂə˥˩kə˥˩liŋ˨tʰɑŋ˨miæ̃˥˩tɕʰiæ̃˨˩˧faŋ˥˩ti·lnə˥˩kə˥˩kuoŋ˥˧pʰiŋ˥˧˩,nə˥˩kə˥˩tɕiao˥˩ɕiæ̃˥˩muo˨˩muo˨˩˧.ɕiæ̃˥˩muo˨˩˧muo˨˩˧……ɕiæ̃˥˩muo˨˩˧muo˨˩˧tɕiou˥˩sɿ˥˩tɑ˥˩muo˨˩muo˨˩.

孝子

黄：我们这儿这个孝子他那个就是你说的那个重孝子还是个啥孝子，那就在孝上，人来一看，近眼你背的孝的这个长短就知道你是……你是哪……你是哪一辈儿的。哪个是主孝，哪个是副孝，那是清楚咧。ŋuo˥˧məŋ·ltʂər˥˩tʂə˥˩kə˥˩ɕiao˥˧tsɿ·ltʰɑ˥˧nə˥˩kə˥˩tɕiou˥˩sɿ˥˩ni˥˧ʂuo˥˧˩tə·lnə˥˩kə˥˩tʂuoŋ˥˧ɕiao˥˩tsɿ˥˩xɑ˨˩sɿ˥˩kə˥˩sɑ˥˧ɕiao˥˩tsɿ·l,nei˥˩tɕiou˥˩tsæᴇ˥˩ɕiao˥˧ʂaŋ˥˩,zəŋ˨˩læᴇ˨˩i˥˧˩kʰæ̃˥˩,tɕiŋ˥˩iæ̃˥˧ni˥˧˩pei˥˩ti·lɕiao˥˩ti·ltʂə˥˩kə˥˩tʂʰɑŋ˨˩tuæ̃˥˧tɕiou˥˩tʂɿ˥˧˩tao˥˩ni˥˧sɿ˥˩……ni˥˧˩sɿ˥˩nɑ˥˧……ni˥˧sɿ˥˩nɑ˥˧i˥˧˩pər˥˩ti·l.nɑ˥˧kə˥˩sɿ˥˩tʂɥ˥˧ɕiao˥˩,nɑ˥˧kə˥˩sɿ˥˩fu˥˩ɕiao˥˩,nə˥˩sɿ˥˩tɕʰiŋ˥˧tʂʰɥ˥˧˩lie·l.

守灵

（这个出殡前一天晚上啊，一伙儿人在……在那个说说笑笑这个在……在弄……守灵的有一个……有这个玩牌呀什么的东西？）黄：那有咧么，咋没有咧？那黑夜长夜难眠的，那都在那那儿玩儿一玩儿，还是守灵着咧。这也守灵着咧。玩儿着咧么。nei˥˩iou˥˧lie·lmuo·l,tsɑ˥˧˩mei˨˩iou˥˧lie·l?nei˥˩xei˥˧ie˥˩tʂʰɑŋ˨ie˥˩næ̃˨miæ̃˨˩˧ti·l,nə˥˩tou˥˧˩tsæᴇ˥˩nə˥˩nər˥˩væ̃r˨i˥˧væ̃r˨˩˧,xɑ˨˩sɿ˥˩ʂou˥˧liŋ˨˩tʂə·llie·l.tʂei˥˩ɑ˥˧˩ʂou˥˧liŋ˨˩tʂə·llie·l.væ̃r˨tʂə·llie·lmuo·l.

请老爷

（这个祭奠你们还有什么……有什么说法没有？）黄：我们这儿这很简单。就是前塬里头人人就是过官兵事。那过三天三夜，有时候是打醮。少则三天少也，多的七天七夜。那事就多的了。那既……既要请礼宾，要要……又要请老爷，还要请道士。ŋuo˥˧məŋ·ltʂər˥˩tʂə˥˩xəŋ˥˧tɕiæ̃˥˧tæ̃˥˧˩.tsou˥˩sɿ˥˩tɕʰiæ̃˨yæ̃˨li˥˧tʰou·lzəŋ˨zəŋ˨˩˧tsou˥˩sɿ˥˩kuo˥˩kuæ̃˥˧˩piŋ˥˧sɿ˥˩.nei˥˩kuo˥˩sæ̃˥˧˩tʰiæ̃˥˧sæ̃˥˧˩ie˥˩˧,iou˥˧sɿ˨˩xou˥˩sɿ˥˩tɑ˥˧˩tɕiao˥˩.ʂao˥˧tsə˥˧˩sæ̃˥˧˩tʰiæ̃˥˧ʂao˥˧˩ie˥˧,tuo˥˧tə·ltɕʰi˥˧˩tʰiæ̃˥˧tɕʰi˥˧˩ie˥˩.nə˥˩sɿ˥˩tsou˥˩tuo˥˧ti·llə·l.nei˥˩tɕi˥˩……tɕi˥˩iao˥˩tɕʰiŋ˥˧li˥˧piŋ˥˧˩,iao˥˩iao˥˩i……iou˥˩iao˥˩tɕʰiŋ˥˧lao˥˧ie˨˩,xɑ˨iao˥˩tɕʰiŋ˥˧tao˥˩sɿ˥˩.（tɕʰiŋ˥˧lao˥˧ie˨？）啊，老爷。ɑ˨,lao˥˧ie˨˩.（哪个老爷？老爷是什么东西？）老爷就是具有这个最低嘛来说是就说是有……要有高中以上的这个……老爷必须是副县级以上的。文化程度必须是高中以上的。那黑袍袍一穿，往那儿一坐，那就像个人一样的那个。lao˥˧ie˨˩tɕiou˥˩sɿ˥˩tɕy˥˩iou˥˧tʂə˥˩kə˥˩tsuei˥˩ti˥˧mɑ·llæᴇ˨˩ʂuo˥˧sɿ˥˩tɕiou˥˩ʂuo˥˧sɿ˥˩iou˥˧˩……iao˥˩iou˥˧kao˥˧tʂuoŋ˥˧˩i˥˧ʂaŋ˥˩ti·ltʂə˥˩kə˥˩……lao˥˧ie˨˩pi˥˧ɕy˥˧˩sɿ˥˩fu˥˩ɕiæ̃˥˩tɕi˥˧˩i˥˧˩ʂaŋ˥˩ti·l.vəŋ˨˩xua˥˩tʂʰəŋ˨tu˥˩pi˥˧ɕy˥˧sɿ˥˩kao˥˧tʂuoŋ˥˧˩i˥˧ʂaŋ˥˩ti·l.na˥˩xei˥˧˩pʰao˨˩pʰao˨˩˧i˥˧tʂʰuæ̃˥˧,vaŋ˥˧nar˥˩i˥˧˩tsuo˥˩,na˥˩tɕiou˥˩ɕiaŋ˥˩kə˥˩zəŋ˨i˥˧˩iaŋ˥˩ti·lnæᴇ˥˩kə˥˩.（有专门有这样的人吗？）专门有这样的人。tʂuæ̃˥˧˩məŋ˨iou˥˧˩tʂei˥˩iaŋ˥˩ti·lzəŋ˨˩.（那他这个级别是怎么来的呢？）这个级别那你必须是退休的职工啊，退休的干部这些。tʂei˥˩kə˥˩tɕi˥˧˩pie˨næᴇ˥˩ni˥˧pi˥˧ɕy˥˧sɿ˥˩tʰuei˥˩ɕiou˥˧ti·ltʂɿ˥˧kuoŋ˥˧˩ɑ·l,tʰuei˥˩ɕiou˥˧ti·lkæ̃˥˩pu˥˩tʂei˥˩ɕie˥˧˩.（那干部那个也让他这么去搞哇？）那也充当这个东西。那坐得那那听吃听喝的，一天把那个伺候得好的。上去你说咧几句话吗？nei˥˩ɑ˥˧˩tʂʰuoŋ˥˧tɑŋ˥˧˩tʂə˥˩kə˥˩tuoŋ˥˧˩ɕi·l.nei˥˩tsuo˥˩tə·lnə˥˩nə˥˩tʰiŋ˥˩tʂʰɿ˥˧˩tʰiŋ˥˩xuo˥˧ti·l,i˥˧tʰiæ̃˥˧pɑ˥˧˩nə˥˩kə˥˩tsʰɿ˥˩xou˥˩tei˥˧˩xao˥˧ti·l.ʂaŋ˥˩tɕʰy˥˩ni˥˧ʂuo˥˧lie·ltɕi˥˧tɕy˥˩xua˥˩mɑ·l?（这个这上面政府也让他这么搞哇？）

哎让他搞。现在都没人管。æᴇ˧zɑŋ˥˩tʰɑ˧˩kaɔ˧.ɕiæ̃˥tsæᴇ˥tou˧˩muo˧˩zəŋ˨˩kuæ̃˧˥.

九莲灯

（还有什么九莲灯的说法没有？）黄：九莲灯是打醮用咧。不打醮就没有那东西。tɕiou˧˥liæ̃˨˩təŋ˧sɿ˥˩ta˧˩tɕiaɔ˥˧yoŋ˥lie˩.pu˨˩ta˧˩tɕiaɔ˥˧tsou˥mei˨iou˧nə˥tuoŋ˧ɕi˩.（怎么……怎么用的呢？）在那个高杆子头起挂的是灯笼，那不知道啥。我没见过那东西。tsæᴇ˥nə˥kə˥kaɔ˧˨kæ̃˧tsɿ˩tʰou˨˩tɕʰie˧˥kua˥ti˩sɿ˥təŋ˧luoŋ˨˩,næᴇ˥˧pu˨˩tʂʅ˧˩taɔ˥sa˥.ŋuo˧mei˨tɕiæ̃˥kuo˥nə˥tuoŋ˧ɕi˩.

幡

（高杆子上面……）黄：嗯。ŋ̍˩.（挂个灯笼叫九莲灯？）哎，那都打醮那多了。那叫幡么。上头写下那……挂下那字，叫下那写它那字，那都要丈五的，丈六的，丈二的，一丈的。æᴇ˨,nei˥˧tou˧˩ta˧˩tɕiaɔ˥˨nə˥tuo˧lə˩.næᴇ˥tɕiaɔ˥fæ̃˧muo˩.ʂaŋ˥tʰou˩ɕie˧xa˥˩næᴇ˥……kua˥˩xa˥næᴇ˥tsɿ˥˧,tɕiaɔ˥xa˥˩næᴇ˥ɕie˧tʰa˧˥nə˥tsɿ˥,næᴇ˥tou˧˩iaɔ˥tʂaŋ˥˨vu˧ti˩,tʂaŋ˥˨liou˧ti˩,tʂaŋ˥˨ər˥ti˩,i˧˩tʂaŋ˥ti˩.

唱孝歌儿

黄：有唱孝歌儿这种说法。iou˧tʂʰaŋ˥ɕiaɔ˥kər˧tʂei˥tʂuoŋ˧˥ʂuo˧fa˧˩.（唱孝歌儿？）嗯。唱孝歌儿，那就是……那不一定是那死咧那几天晚上，哪一天晚上都可以唱么。ŋ̍˩.tʂʰaŋ˥ɕiaɔ˥kər˧,næᴇ˥tɕiou˥sɿ˥……nə˥pu˨˩i˧tiŋ˥sɿ˥nei˥˩sɿ˧lie˩nei˥tɕi˧tʰiæ̃˧˩væ̃˧ʂaŋ˥˩,na˧i˧˩tʰiæ̃˧˩væ̃˧˥ʂaŋ˥tou˧˩kʰə˧i˧˩tʂʰaŋ˥muo˩.（唱些什么内容呢？不是天天晚上唱？）不是天天晚上都唱。pu˨˩sɿ˥˧tʰiæ̃˧˥tʰiæ̃˧˩væ̃˧˥ʂaŋ˥tou˧˥tʂʰaŋ˥˩.（是由什么人唱呢？）会唱民歌的这些人。xuei˥tʂʰaŋ˥miŋ˨kə˧ti˩tʂei˥ɕie˧˥zəŋ˨.（是请来的？）噢，请来这□给你唱嘛。四个人一班儿嘛。aɔ˩,tɕʰiŋ˧læᴇ˨˩tʂei˥niæ̃˨˩kei˥ni˧˩tʂʰaŋ˥ma˩.sɿ˥kə˥zəŋ˨i˧˩pæ̃r˧ma˩.（唱孝歌都是四个人一……）啊，绕住这个棺材，放得这个地方，这就要个人绕的这个棺材转圈圈嘛。a˩,zaɔ˧tʂʮ˥tʂə˥kə˥kuæ̃˧tsʰæᴇ˨˩,faŋ˥tə˩tʂə˥kə˥ti˥faŋ˧˥,tʂei˥tɕiou˥iaɔ˥kə˥zəŋ˨˥zaɔ˧ti˩tʂə˥kə˥kuæ̃˧tsʰæᴇ˨˩tʂuæ̃˥tɕʰyæ̃˧tɕʰyæ̃˧˩ma˩.（绕着转？）啊。ã˩.（他不是坐在那里唱啊？）欸，不是坐得那个地方。ei˨,pu˨˩sɿ˥˧tsuo˥˨tə˩nə˥kə˥ti˥faŋ˧˩.（那唱一个晚上谁受得了？）那就是唱一……转上一气子该坐下喝一顿酒嘛。歇一会儿嘛。然后起来再唱一气子嘛。nei˥tɕiou˥˩sɿ˥˩tʂʰaŋ˥i˧˩……tʂuæ̃˥ʂaŋ˥i˧˩tɕʰi˥tsɿ˩kæᴇ˧˩tsuo˥xa˥xuo˧i˧˩tuoŋ˥tɕiou˧ma˩.ɕie˧i˧˩xuər˥ma˩.zæ̃˨˩xou˥tɕʰi˧læᴇ˨˩tsæᴇ˥tʂʰaŋ˥˩i˧˩tɕʰi˥˩tsɿ˩ma˥.（只唱民歌？）唱民歌。tʂʰaŋ˥miŋ˨kə˧˩.（唱些什么内容呢？）小姑贤。ɕiaɔ˧ku˧˩ɕiæ̃˨.（小姑仙啊？）噢，小姑贤。aɔ˩,ɕiaɔ˧ku˧˩ɕiæ̃˨.（啊？）小姑贤嘛。ɕiaɔ˧ku˧˩ɕiæ̃˨ma˩.（小姑仙是什么东西？）小姑贤，一种欸一种孝歌的名字嘛。贤嘛，贤惠的贤嘛。ɕiaɔ˧ku˧˩ɕiæ̃˨,i˧˩tʂuoŋ˧ei˩i˧˩tʂuoŋ˧ɕiaɔ˥kə˧˩ti˩miŋ˨˩tsɿ˥˧ma˩.ɕiæ̃˨ma˩,ɕiæ̃˨˩xuei˥˧ti˩ɕiæ̃˨ma˩.（噢，小姑贤？）啊，小姑贤嘛。a˩,ɕiaɔ˧˥ku˧ɕiæ̃˨˩ma˩.（姑娘的姑？）啊，小姑……噢，姑娘的姑，小姑贤嘛。这都是劝善里头的东西嘛。二十四孝嘛。a˩,ɕiaɔ˧ku˧˩……aɔ˩,ku˧niaŋ˨˩ti˩ku˧,ɕiaɔ˧ku˧˩ɕiæ̃˨ma˩.tʂei˥tou˧˩sɿ˥˩tɕʰyæ̃˥ʂæ̃˥li˧˩tʰou˩ti˩tuoŋ˧ɕi˩ma˩.ər˥ʂʅ˨˩sɿ˥ɕiaɔ˥ma˩.（二十四孝？）嗯。王祥卧冰嘛。ŋ̍˩.vaŋ˨ɕiaŋ˨˥vuo˥piŋ˧ma˩.（噢，王祥卧冰？）嗯。卧是这个卧嘛。ŋ̍˩.vuo˥sɿ˥tʂə˥kə˥vuo˥˩ma˩.（哪个祥？）祥欸……吉祥的祥嘛。王祥卧冰嘛。ɕiaŋ˨ei˥……tɕi˧ɕiaŋ˨ti˩ɕiaŋ˨˩ma˩.vaŋ˨ɕiaŋ˨˥vuo˥piŋ˧ma˩.（卧冰我知道。）噢，王祥卧冰嘛。二……小姑贤，二十四孝，王祥卧冰。这还有这个欸游十殿嘛。aɔ˩,vaŋ˨ɕiaŋ˨˥vuo˥piŋ˧ma˩.ər˥……ɕiaɔ˧ku˧˩ɕiæ̃˨,ər˥ʂʅ˨˥sɿ˥ɕiaɔ˥,vaŋ˨ɕiaŋ˨˩vuo˥piŋ˧.tʂei˥xæᴇ˨˩iou˧˥tʂei˥kə˥ei˩iou˨ʂʅ˨˩tiæ̃˥ma˩.（噢，还有游十殿？）

嗯。游十殿嘛。这些都是这个欸……还有下油锅不些的那这些东西。这都是一些……以后这都是欸迷信说法了。王祥卧冰，小姑贤，二十四孝，这都是劝善的嘛。前半夜里头唱的是正规的，后半夜里头就啊……ŋ̍˨˩.iou˩˦ʂʅ˨˦˨˩tiæ̃˧ma˨.tʂei˧˥ɕie˥˨˩tou˥˦sʅ˧tʂə˧kə˧ei˧……xæᴇ˨˦˨˩iou˥˦ɕia˧iou˨˦kuo˥pu˨˦˨˩ɕi˥˨˩ti˨nei˧tʂei˧ɕie˥˦tuoŋ˥˨˩ɕi˨.tʂei˧˥tou˥˦sʅ˧i˥˦ɕie˥˦……i˥˦xou˧tʂei˧˨˩tou˥˨˩sʅ˧ei˧mi˨˦˨˩ɕiŋ˧˥ʂuo˥fa˥˨˩lə˨.vaŋ˨˦ɕiaŋ˨˦vuo˧piŋ˥˨˩,ɕiao˥ku˥˨˩ɕiæ̃˨˦,ər˧ʂʅ˨˦sʅ˧ɕiao˧,tʂei˧˥tou˥˨˩sʅ˧˨˩tɕʰyæ̃˧ʂæ̃˧ti˨ma˨.tɕʰiæ̃˨˦pæ̃˧ie˧li˥˨˩tʰou˨tʂʰaŋ˧ti˨sʅ˧tʂəŋ˧kʰuei˥tə˨,xou˧˥pæ̃˧ie˧li˥˨˩tʰou˨tsou˧˥a˨……（就唱些是荤的了？）啊，唱荤的了，你也可以唱的骂我，我也可以唱的骂你么。a˧,tʂʰaŋ˧xuoŋ˥˦ti˨lə˨,ni˥˦ie˥˦kʰə˥i˥˨˩tʂʰaŋ˧˥ti˨ma˧ŋuo˥,ŋuo˥æ˥˦kʰə˥i˥˨˩tʂʰaŋ˧ti˨ma˧ni˥muo˨.

长孝、短孝、孝手巾

（有穿孝这种说法没有？）黄：我们这里不穿孝。没人穿孝咧。没有人披麻也。ŋuo˥məŋ˨tʂə˧li˥˦pu˨˦˨˩tʂʰuæ̃˥ɕiao˧˨˩.mei˨˦˨˩zəŋ˨˦tʂʰuæ̃˥ɕiao˧˨˩lie˨.mei˨˦iou˥zəŋ˨˦pʰei˥˨˩ma˨˦ia˥˨˩.（孝布你们叫什么？）那就叫孝布嘛。nə˧tɕiou˧˥tɕiao˧˨˩ɕiao˧pu˧ma˨.（不叫头布？）不叫。pu˨˦˨˩tɕiao˧.（有长孝短孝这种说法？）就是的。我给你头里都给你说了，有长孝短孝的说法了。tɕiou˧sʅ˧ti˨.ŋuo˥˨˩kei˧ni˥˦tʰou˨˦˨˩li˥tou˥˨˩kei˧ni˥˦ʂuo˥lə˨,iou˥˦tʂʰaŋ˨˦˨˩ɕiao˧tuæ̃˥˦ɕiao˧tə˨ʂuo˥fa˥˨˩lə˨.（就是没有孝……孝布孝袍的这种？）没有。长孝，短孝，孝手巾嘛。muo˥˦iou˥.tʂʰaŋ˨˦˨˩ɕiao˧,tuæ̃˥ɕiao˧,ɕiao˧ʂou˥tɕiŋ˥˨˩ma˨.（孝手巾是什么东西？它绾在哪个地方呢？）嗯，散……亲……亲朋，和你们家里没有直系亲亲那些人来，你要散普孝的话，一人就给□这么大，像手绢儿这么大一……大的片片白布嘛。əŋ˧,s……tɕʰiŋ˥……tɕʰiŋ˥pʰəŋ˨˦,xuo˨˦˨˩ni˥˦mə ŋ˨tɕia˥li˥˨˩mei˨˦iou˥tʂʅ˨˦ɕi˧tɕʰiŋ˥tɕʰiŋ˥˨˩nei˧ɕie˥˦zəŋ˨˦læᴇ˨˦,ni˥˦iao˧sæ̃˧pʰu˥ɕiao˧˨˩ti˨xua˧˨˩,i˥˨˩zəŋ˨˦tsou˧kei˧˥niæ̃˨˦tʂə˧muo˨ta˧,ɕiaŋ˧ʂou˥tɕyæ̃r˧tʂə˧muo˨ta˧i˥˨˩……ta˧˨˩ti˨pʰiæ̃˥˦pʰiæ̃˥˦pei˨˦˨˩pu˧ma˨.（散什么孝？）散普孝。sæ̃˧pʰu˥ɕiao˧˨˩.（散普孝？）噢，所有来的人你都给孝了，叫是普孝。ao˨˩,ʂuo˥iou˥læᴇ˨˦˨˩ti˨zəŋ˨˦ni˥˨˩tou˥˦kei˧ɕiao˧˥lə˨,tɕiao˧˨˩sʅ˧˨˩pʰu˥ɕiao˧˨˩.（噢，普遍的普是吧？）噢，普遍的孝，啊，普孝嘛。ao˨˩,pʰu˥piæ̃˧ti˨ɕiao˧,a˨˩,pʰu˥ɕiao˧ma˨.（散普孝？）嗯。n̩˨˩.（白手巾？）噢。ao˨˩.（每个人是挂在身上还是揣在兜子里面去算了？）谁给你往身上挂咧噢。你给我了，我就往衩衩里一装。sei˨˦kei˧ni˥˦vaŋ˥˨˩ʂəŋ˥ʂaŋ˧˨˩kua˧liao˨.ni˥˨˩kei˧˥ŋuo˥lə˨,ŋuo˥˦tsou˧vaŋ˥˨˩tsʰa˥tsʰa˥˨˩li˥˨˩i˥˨˩tʂuaŋ˥.

散孝

（那个那个散那些什么白毛巾之类的呢？）黄：那就说散孝了么。nei˧˥tɕiou˧ʂuo˥˨˩sæ̃˧ɕiao˧lie˨muo˨.（噢，散白毛巾叫散孝？）不是白毛巾。那必须是这个孝布。那是整啊整板的这个白……白布往回来掂咧。pu˨˦˨˩sʅ˧˥pei˨˦mao˨˦˨˩tɕiŋ˥.nə˧˨˩pi˥˦ɕy˥sʅ˧tʂə˧˨˩kə˧˨˩ɕiao˧pu˧.nə˧˨˩sʅ˧˨˩tʂəŋ˥a˨˩tʂəŋ˥pæ̃˥ti˨tʂə˧kə˧pei˨˦……pei˨˦˨˩pu˧˥vaŋ˥˨˩xuei˨˦˨˩læᴇ˨˦tiæ̃˥lie˨.

鞔鞋

1.（呃，往那个鞋上面呢这个弄一块这个白布，这个做成寿鞋……孝鞋，那叫什么？）黄：绽……绽上，这叫鞔么。tsæ̃˧……tsæ̃˧ʂaŋ˧˨˩,tʂə˧˨˩tɕiao˧˥mæ̃˨˦˨˩muo˧.（鞔什么呢？）鞔孝咧么。mæ̃˨˦˨˩ɕiao˧lie˨muo˨.（鞔孝？）啊，或者是绽孝布咧么。a˧,xuei˨˦˥tʂə˥˨˩sʅ˧˨˩tsæ̃˧ɕiao˧pu˧lie˨muo˨.

2.（这个鞋子要不要贴白了？）黄：那要鞔鞋咧么你。nə˧iao˧mæ̃˨˦ɕie˨˦lie˨muo˨ni˥˦.（叫鞔鞋啊？）鞔鞋咧。mæ̃˨˦ɕie˨˦˨˩lie˨.（要在鞋子上面蒙一层白布是吧？）啊。a˥.（但是孝袍子是绝对不穿的？白衣服？）这儿这没人做那。tʂər˧tʂə˧mei˨˦zəŋ˨˦tsɥ˧nə˧.（鞋这是要一定要弄的？）啊。ɑ˨.（那这样的鞋他是一定要穿满还是怎么着？）哎，□投到穿着，人一……人一埋出去就把那个都取了么。æᴇ˨,niæ̃˨˩tʰou˨˦tɑɔ˦˨tʂʰuæ̃˥tʂə˧,zəŋ˨˦i˥˨……zəŋ˨˦i˥˨mæᴇ˨˦tʂʰʅ˥tɕʰi˦tsou˦pɑ˥˨nə˦kə˦tou˥˨tɕʰy˥lə˧muo˧.（取了是吧？）嗯。就拆的。鞋上鞔下那点布道子，坟上那那儿，人一埋过，烧纸咧，毕了，最后把那拆了，撇的那火里头烧了嘛。ŋ̍˨.tsou˦˨tsʰei˥ti˧.ɕie˨˦ʂɑŋ˦˦mæ̃˨˩xɑ˦˦nei˦tiæ̃˥˨pu˦tɑɔ˦tsʅ˧,fəŋ˨˩ʂɑŋ˦˦nɑ˦nɑr˦,zəŋ˨˦i˥˨mæᴇ˨˩kuo˦,ʂɑɔ˥˨tsʅ˥lie˧,pi˥lə˧,tsuei˦xou˦pɑ˥˨nə˦tsʰei˥lə˧,pʰie˥ti˧nə˦xuo˥li˥tʰou˧ʂɑɔ˥lə˧mɑ˧.

丧棒子

（拄哭丧棒叫什么呢？）黄：那叫是……那叫是丧棒子么，叫丧棒。nnæᴇ˦tɕiɑɔ˦sʅ˦……næᴇ˦tɕiɑɔ˦sʅ˦sɑŋ˦˨pɑŋ˦tsʅ˧muo˧,tɕiɑɔ˦sɑŋ˦˨pɑŋ˦.（拄……拄……拄！）没有人拄的。mei˨˦iou˥˦zəŋ˨˦tʂʮ˥˦ti˧.（都是提在手里的？）啊，都手里拿着咧。那跪在那个地方你，也手里拿它了。ɑ˨,tou˥˦ʂou˥li˥˨nɑ˨˩tʂə˧lie˧.næᴇ˦kʰuei˦˦tsæᴇ˦nə˦kə˦ti˦fɑŋ˥˦ni˥˨,ɑ˥˨ʂou˥li˥˨nɑ˨˩tʰɑ˥˦lə˧.

顶纸盆子

（有顶纸盆的这种习惯吗？）黄：有咧么那你。儿子就顶纸盆子咧。不用背大头子的，呃，是个掂引魂杆杆儿的，顶纸盆子的兀该都……抱灵牌子的，哎都是儿子的事么你是。iou˥lie˧muo˧nə˦ni˥˨.ər˨˩tsʅ˧tsou˦tiŋ˥˦tsʅ˥pʰəŋ˨˩tsʅ˧lie˧.pu˨˦yoŋ˦pei˥˨tɑ˦tʰou˨˩tsʅ˧ti˧,ə˨,sʅ˦kə˦tiæ̃˥˨iŋ˥˨xuoŋ˨˦kæ̃˥kæ̃r˥˨ti˧,tiŋ˥˦tsʅ˥pʰəŋ˨˩tsʅ˧ti˧væᴇ˦kæᴇ˥˨tou˥˨……pɑɔ˦liŋ˨˩pʰæᴇ˨˦tsʅ˧ti˧,æᴇ˦tou˥˨sʅ˦ər˨˦tsʅ˧ti˧sʅ˦muo˧ni˥˨sʅ˦˨.（顶纸盆的还是顶盆子？）顶纸盆子咧嘛。tiŋ˥˦tsʅ˥pʰəŋ˨˩tsʅ˧lie˧mɑ˧.（顶在这里头？）啊，顶上走着咧嘛你。ɑ˨,tiŋ˥ʂɑŋ˦tsou˥tʂə˧lie˧mɑ˧ni˥˨.（一直走哇？）那你不到坟上，那你不一直走，谁给你顶?nə˦ni˥˦pu˨˩tɑɔ˦˦fəŋ˨˩ʂɑŋ˦,næᴇ˦ni˥˦pu˨˩i˥˨tʂʅ˨˦tsou˥˦,sei˨˩kei˦ni˥˦tiŋ˥?（顶纸盆子就是长子顶吗？）长子顶着咧。tʂɑŋ˥tsʅ˥˦tiŋ˥˦tʂə˧lie˧.（那他要背背着这……）你把大头从门上背出去就对了，不是叫你一直背上走咧嘛。你该是往路上送走啊，你该把纸盆子顶上。ni˥pɑ˥˨tɑ˦˦tʰou˨˩tsʰuoŋ˨˩məŋ˨˩ʂɑŋ˦˦pei˥˨tʂʰʅ˥tɕʰi˦tɕiou˦tuei˦lə˧,pu˨˦sʅ˦tɕiɑɔ˦ni˥i˥˨tʂʅ˨˦pei˥˨ʂɑŋ˦˨tsou˥˨lie˧mɑ˧.ni˥˦kɑ˥˨sʅ˦vɑŋ˥˨lou˦ʂɑŋ˦˨suoŋ˦tsou˥æ˧,ni˥kæᴇ˥˨pɑ˥˨tsʅ˥pʰəŋ˨˩tsʅ˧tiŋ˥ʂɑŋ˦˨.（他不还撑着个杆儿吗？）那杆杆那还有弟兄们咧么。光你一……不是你一个么。没有人了，那你就……别人给你把引魂杆杆掂上。那该孙子该有咧么。孙子他掂引魂杆杆子。nə˦kæ̃˥kæ̃˥˨nei˦xɑ˨˩iou˥ti˦ɕyoŋ˥˦məŋ˧lie˧muo˧.kuɑŋ˥˦ni˥i˥˨……pu˨˩sʅ˦ni˥˦i˥kə˦˨muo˧.mei˨˦iou˥zəŋ˨˦lə˧,næᴇ˦ni˥˦tsou˦……pie˨˦zəŋ˨˦kei˦ni˥˦pɑ˥˨iŋ˥˨xuoŋ˨˩kæ̃˥kæ̃˥˨tiæ̃˥ʂɑŋ˦˨.nɑ˦kɑ˥˨suoŋ˥tsʅ˧kæᴇ˥˦iou˥˦lie˧muo˧.suoŋ˥tsʅ˧tʰɑ˥˨tiæ̃˥˦iŋ˥˦xuoŋ˨˦kæ̃˥kæ̃˥˨tsʅ˧.（噢，还有孙子？长孙吧？）啊，长孙嘛。ɑ˨,tʂɑŋ˥suoŋ˥˨mɑ˧.（他要是这个没有人顶盆子，那怎么办呢？）没……没有人顶盆子，那该总有表兄表弟这里头。这个还有……还有其他侄儿，侄男侄女，干儿干女咧嘛你。m……mei˨˦iou˥zəŋ˨˦tiŋ˥pʰəŋ˨˦tsʅ˧,nei˦kɑ˥˨tsuoŋ˥˦iou˥˦piɑɔ˥ɕyoŋ˥˨piɑɔ˥ti˦tʂə˦li˥tʰou˧.tʂei˦kə˦xæᴇ˨˩iou˥……xæᴇ˨˩iou˥tɕʰi˨˩tʰɑ˥tʂər˨,tʂʅ˨˩næ̃˨tʂʅ˨˩ny˥,kæ̃˥˨ər˨˦kæ̃˥˨ny˥lie˧mɑ˧ni˥˨.（像这种情况叫顶盆子还是什么呢？）那这就没了。那你该……你没有儿，你没有儿那……那该有女婿咧吧？没有女婿了，那该就有侄男侄女咧嘛。nə˦˨tʂei˦˦tsou˦˨muo˥lə˧.nei˦ni˥kæᴇ˥˨……ni˥muo˥iou˥ər˨˩,ni˥muo˥iou˥ər˨˩næᴇ˦……næᴇ˦˨kæᴇ˥˨iou˥ny˥ɕi˦˨lie˧pɑ˧?mei˨˦iou˥ny˥ɕi˦lə˧,næᴇ˦˨kæᴇ˥˨tsou˦iou˥˦tʂʅ˨˦næ̃˨˦tʂʅ˨˩ny˥lie˧mɑ˧.（不是儿子顶盆子你这个怎么弄呢？是端着还是怎么，还是抓住？）弄个土……弄个篮

子把它提上就对了嘛。nuoŋ˥kə˥tu˥˧ts……nuoŋ˥kə˥læ̃˨˩tsɿ˧pɑ˥˧tʰɑ˥˧tʰi˨˩ʂɑŋ˥˦tɕiou˥˩tuei˥lə˧m ɑ˧.（提盆子啊？）也叫提盆子。总的来说你把纸盆拿上就对了么。æ˥˩tɕiao˥tʰi˨˩pʰəŋ˨˦tsɿ˧. tsuoŋ˥ti˧læᴇ˨˦ʂuo˥˧ni˥pɑ˥˩tsɿ˥pʰəŋ˨˩nɑ˨˩ʂɑŋ˥tɕiou˥tuei˥ləm˧.（就说灵柩过第一个十字路口时，要把这个……说不说把纸盆子摔喽？）我们没这乡俗。ŋuo˥məŋ˧mei˨tʂə˥ɕiɑŋ˥ɕy˨˩.（就不摔？）不摔。pu˨˩ʂuæᴇ˥.（到坟上上再倒……倒在那里？）一……到这坟坟……到坟上那个纸盆子也好好儿的。i˥˩……tɑo˥tʂə˥fəŋ˨˦fəŋ˨˦……tɑo˥fəŋ˨˩ʂɑŋ˥˦nə˥kə˥tsɿ˥pʰəŋ˨˦tsɿ˧iɑ˥˩xɑo˥xɑor˥ti˧.（那最后摔不摔呢？）不摔。一老到那儿放着咧么。pu˨˩ʂuæᴇ˥. i˥˩lɑo˥tɑo˥nɑr˥fɑŋ˥˧tʂə˧liem˧.（一直放……哦，就就放到那坟前？）就放得那地方烧着。tɕiou˥fɑŋ˥˦tə˧nə˥kə˥ti˥fɑŋ˥˧ʂɑo˥tʂə˧.

拉纤

黄：有些人，当地人有些，沾点南方的人，在棺材往前走的时候，用白布，然后布好长的，那个人抬上，八个人抬上，让在这从这个龙背部弄上。iou˥ɕie˥˩zɑŋ˨,tɑŋ˥˩ti˥˦zəŋ˨iou˥ɕie˥˩,tʂæ̃˥tiæ̃˥˩næ̃˨˩fɑŋ˥ti˧zəŋ˨,tsæᴇ˥kuæ̃˥tsʰæᴇ˨˩vɑŋ˥tɕʰiæ̃˨tsou˥ti˧sɿ˨˩xou˥,yoŋ˥pei˨pu˥,zæ̃˨˩xou˥pu˥xɑo˥tʂʰɑŋ˨ti˧,nə˥kə˥zəŋ˨tʰæᴇ˨˩ʂɑŋ˥,pɑ˥kə˥zəŋ˨tʰæᴇ˨˩ʂɑŋ˥˦,zɑŋ˥tsæᴇ˥tʂə˥tsʰuoŋ˨tʂə˥kə˥lyoŋ˨pei˥pu˥nuoŋ˥˩ʂɑŋ˥˦.（跟跟条龙一样？）噢，所有的孝子们□是把这个布拉上，往前走咧，叫拉纤。ɑo˩,ʂuo˥iou˥ti˧ɕiɑo˥˦tsɿ˧məŋ˧niæ̃˨sɿ˥pɑ˥˩tʂə˥kə˥pu˥lɑ˥˩ʂɑŋ˥,vɑŋ˥tɕʰiæ̃˨tsou˥lie˧,tɕiɑo˥lɑ˥˩tɕʰiæ̃˥.（嗯，嗯。）拉纤。lɑ˥tɕʰiæ̃˥˩.（其实都是有人抬的，他只不过是这个这个拉一下。）噢，他是这个，是做的那么个样子，嗯。ɑo˩,tʰɑ˥sɿ˥˩tʂə˥˩kə˥˩,sɿ˥tsuo˥˦ti˧nə˥muo˧kə˥iɑŋ˥tsɿ˧,ə̃˩.

衣食罐子

（你们那个就是说那个饭呐，给死人吃的那个饭是拿什么装着？）黄：最后拿那个罐罐提的，埋到坟里头了。tsuei˥xou˥nɑ˨˩nə˥kə˥kuæ̃˥kuæ̃˥˩tʰi˨˩ti˧,mæᴇ˨˩tɑo˥˦fəŋ˨li˥˩tʰou˧lə˥.（叫什么罐子这个罐子？）衣食罐子。ie˧ʂɿ˨˩kuæ̃˥tsɿ˧.（噎食罐子？）嗯。衣食……衣食罐子。ə̃˩.i˥ʂɿ˨˩……i˥ʂɿ˨˩kuæ̃˥tsɿ˧.（衣食罐子？）嗯。ə̃˩.

攒坟

（这个死了……死……死后比如说，非要到第七天才去吗？还是死后下葬过……过两天还要去一下？）黄：那一般它是呃这下葬三天都要去咧嘛。nei˥˦i˥˩pæ̃˥tʰɑ˥˧sɿ˥ə˥tʂə˥ɕiɑ˥tsɑŋ˥sæ̃˥tʰiæ̃˥˩tou˥˧iɑo˥tɕʰi˥lie˧mɑ˧.（三天？）攒坟咧嘛。tsʰuæ̃˨fəŋ˨˩lie˧mɑ˧.（叫攒坟？）噢，也叫修坟么。攒坟修壕么。ɑo˥,ie˥˧tɕiɑo˥ɕiou˥fəŋ˨˩muo˧.tsʰuæ̃˨fəŋ˨˩ɕiou˥xɑo˨muo˧.（三天都要去攒坟？）噢。ɑo˩.（去把那个坟给弄高一点儿？）啊，弄高一点。再把前头那个烧纸那个炉炉修一修好么。ɑ˩,nuoŋ˥kɑo˥i˥˩tiæ̃˥˩.tsæᴇ˥pɑ˥˩tɕʰiæ̃˨˩tʰou˧nə˥˩kə˥˩ʂɑo˥˩tsɿ˥nə˥kə˥lou˨˩lou˨˦ɕiou˥˩i˥˩ɕiou˥˩xɑo˥muo˧.（烧纸炉炉？）噢。ɑo˩.（要不要浇水边上？）不浇。pu˨˩tɕiɑo˥.（点汤？）不。pu˨.（噢，那个叫烧纸炉炉？）噢。有一个简单的意思就是有圈……第三天还有圈地的那个说法咧。ɑo˥.iou˥i˥˩kə˥tɕiæ̃˥tæ̃˥˧ti˧i˥sɿ˧tɕiou˥sɿ˥iou˥tɕʰyæ̃˥˩t……ti˥sæ̃˥tʰiæ̃˥˩xæᴇ˨˩iou˥˧tɕʰyæ̃˥˩ti˥˦ti˧nə˥kə˥ʂuo˥fɑ˥˩lie˧.（圈地？）嗯。ŋ̍˩.（怎么圈法？）嗯，围着那个坟走一大圈儿。就是给他达儿欸给他达或者他妈把这个地……地圈给圆给躟一下把这个，地圈就往大的占咧。ŋ̍˩,vei˨˩tʂə˧nə˥kə˥fəŋ˨tsou˥i˥˩tɑ˥tɕʰyæ̃r˥˩.tɕiou˥sɿ˥kei˥tʰɑ˥˧tɑr˨ei˩kei˥tʰɑ˥˧tɑ˨xuo˨˦tʂə˥˩tʰɑ˥˧mɑ˥˧pɑ˥˩tʂə˥kə˥˩ti˥……ti˥tɕʰyæ̃˥kei˥yæ̃˨kei˥˩zɑŋ˥i˥˩xɑ˥˩pɑ˥˩tʂə˥kə˥,ti˥tɕʰyæ̃˥tɕiou˥vɑŋ˥˩tɑ˥˦ti˧tʂæ̃˧lie˧.（嗯？）把这个地基尽往大的占咧么。

就是个这个走下这一圈子，他达的或者他妈的再不能占了。pa˨˩˦˩tʂə˥kə˥ti˥˥tɕi˨˩˦˩tɕiŋ˨˩˦˩vaŋ˨˩˦˩tɑ˥˦ti˨tʂæ̃˥lie˨muo˨.tɕiou˥˩sʅ˥˩kə˥˩tʂei˥kə˥tsou˨˩˦xɑ˥˩tʂei˥i˨˩˦˩tɕʰyæ̃˨˩˦tsʅ˨,tʰɑ˨˩˦˩tɑ˨˦ti˨xuo˨˦tʂə˨˩˦˥tʰɑ˨˩˦mɑ˨˩˦ti˨tsæᴇ˥pu˨˦˩nəŋ˨˦˥tʂæ̃˥˦lə˨.（就三……第三天吗？）第三天么。ti˥sæ̃˨˩˦tʰiæ̃˨˩˦˩muo˨.（是一家人排着队走？）那甚是……不是一家人都去。都是所有的孝子去到那那儿去，结果给弄那么个事。na˥˩ʂəŋ˥˦sʅ˥……pu˨˦˩sʅ˥i˨˩˦˩tɕia˨˩˦zəŋ˨˦tou˨˩˦˥tɕʰy˥.tou˨˩˦˥sʅ˥suo˨˩˦iou˨˩˦ti˨ɕiao˥˦tsʅ˨tɕʰi˥tao˥na˥nar˥tɕʰi˥,tɕie˨˩˦˩kuo˨˩˦˥kei˥nuoŋ˥nə˥muo˨kə˥˦sʅ˥˩.（噢，排着队去还是一个一个去？一个一个……）排着队，头里一走，跟上一圈，都那么踏咧啊，踏三圈儿么。pæᴇ˨˦˩tʂə˨tuei˥,tʰou˨˦˩li˥i˨˩˦˩tsou˨˩˦,kəŋ˨˩˦ʂɑŋ˥˩i˨˩˦˩tɕʰyæ̃˨˩˦,tou˨˩˦˩nə˥muo˨tʰɑ˨˦lia˨,tʰɑ˨˦sæ̃˨˩˦tɕʰyæ̃r˨˩˦˩muo˨.（踏三圈是顺时针逆时针？）正时针转三圈，逆时针转三圈。tʂəŋ˥sʅ˨˦tʂəŋ˨˩˦˩tʂuæ̃˥sæ̃˨˩˦tɕʰyæ̃˨˩˦˩,ni˨˦sʅ˨˦˩tʂəŋ˨˩˦tʂuæ̃˥˦sæ̃˨˩˦˩tɕʰyæ̃˨˩˦˩.（啊，正转三圈儿，反转三圈儿。这么了，转了以后这一块地就他他的了？）就他们的了，这啊好了。tɕiou˥tʰɑ˨˩˦˥məŋ˥tə˨lə˨,tʂei˥˩ɑ˥xɑo˨˩˦˩lə˨.（那那就别人不能够进去啊？）再就进不去了。你个鬼进得那那就看见是踏了就不能去。那地都占咧他。tsæᴇ˥tɕiou˥tɕiŋ˥pu˨˦˩tɕʰy˥˩lə˨.ni˨˩˦˩kə˥˦kuei˨˩˦tɕiŋ˥˦tə˨nə˥nə˥tɕiou˥˩kʰæ̃˥˦tɕiæ̃˥˩sʅ˥˩tʰɑ˨˦˩lə˨tsou˥˩pu˨˦˩nəŋ˨˦tɕʰi˥˩.nə˥ti˥˦tou˨˩˦˩tʂæ̃˥lie˨tʰɑ˨˩˦˩.

送火

黄：有送火的习惯咧。iou˨˩˦˥suoŋ˥xuo˨˩˦ti˨ɕi˨˦˩kuæ̃˥lie˨.（送什么？）送……送灯咧就叫。suoŋ˥……suoŋ˥˦təŋ˨˩˦˩lie˨tɕiou˥˩tɕiao˥˩.（送灯？）啊。ɑ̃˨˩.（送灯也叫送火是吗？）啊。ɑ˨˩.（怎么送法？）从家里到坟上，三天时间嘛。你头一天送多远，第二天送多远，第三天你送得坟上就对了。tsʰuoŋ˨˦˩tɕia˨˩˦li˨˩˦˩tao˥fəŋ˨˦˩ʂɑŋ˥,sæ̃˨˩˦tʰiæ̃˨˩˦sʅ˨˦˩tɕiæ̃˨˩˦ma˨.ni˨˩˦˩tʰou˨˦i˨˩˦˥tʰiæ̃˨˩˦suoŋ˥tuo˨˩˦˩yæ̃˨˩˦,ti˥ər˥tʰiæ̃˨˩˦˩suoŋ˥tuo˨˩˦˩yæ̃˨˩˦,ti˥˦sæ̃˨˩˦˩tʰiæ̃˨˩˦˩ni˨˩˦˩suoŋ˥˦tə˨fəŋ˨˦˩ʂɑŋ˥˦tɕiou˥tuei˥lə˨.（噢，这个还要送到半路上吗？）送到半路上嘛。suoŋ˥tao˥pæ̃˥lou˥ʂɑŋ˥˦ma˨.（噢，第一天送到半路？）啊，第二天再往前送一点么，第三天就送到坟上么。ɑ˨˩,ti˥ər˥tʰiæ̃˨˩˦˩tsæᴇ˥˦vaŋ˨˩˦˩tɕʰiæ̃˨˦suoŋ˥i˨˩˦˥tiæ̃˨˩˦˩muo˨,ti˥sæ̃˨˩˦tʰiæ̃˨˩˦˩tɕiou˥suoŋ˥tao˥fəŋ˨˦˩ʂɑŋ˥˦muo˨.（拿个什么东……怎么送呢？怎么个送法？）过去是弄那么个排灯，捌的放得那儿那。现在么是弄个……弄一把这个柴烧一下就对了。kuo˥tɕʰy˥sʅ˥nuoŋ˥nə˥muo˨kə˥pʰæᴇ˨˦təŋ˨˩˦,tʂou˨˩˦ti˨faŋ˥tə˨nər˥nə˥˩.ɕiæ̃˥tsæᴇ˥muo˨sʅ˥˩nuoŋ˥kə˥……nuoŋ˥i˨˩˦˥pa˨˩˦˩tʂə˥˩kə˥˩tsʰæᴇ˨˦ʂao˨˩˦i˨˩˦˩xɑ˥tɕiou˥tuei˥lə˨.（弄……弄个什么灯啊？）排灯。pʰæᴇ˨˦təŋ˨˩˦.（排灯啊？）啊。ɑ˨˩.（排灯是什么灯啊？）底下弄个板板，底下安个把把，上头用纸糊起来那么个，里头等啊一支蜡嘛。ti˨˩˦xɑ˥nuoŋ˥kə˥˩pæ̃˨˩˦pæ̃˨˩˦˩,ti˨˩˦xɑ˥˩næ̃˨˩˦kə˥˩pa˥˦pa˥˩,ʂɑŋ˥˦tʰou˨yoŋ˥tsʅ˨˩˦xu˨˦˩tɕʰi˨˩˦læᴇ˨˦˩nə˥muo˨kə˥,li˨˩˦˩tʰou˨təŋ˨˩˦æ˨i˨˩˦˩tsʅ˨˩˦˥la˨˩˦ma˨.（噢，排灯？）嗯。ŋ̍˨˩.（他搁那儿就回去了？）啊。ɑ˨˩.（是……是排队的排呀？）啊。这是意味着叫那个鬼在回家的时候把欸路不要忘咧噢。给他引路咧。ɑ˨˩.tʂei˥˦sʅ˥˩i˥vei˥tʂə˨tɕiao˥nə˥kə˥kuei˨˩˦tsæᴇ˥xuei˨˦˩tɕia˨˩˦ti˨sʅ˨˦xou˥˦pa˨˩˦ei˥lou˥˦pu˨˦˩iao˥vaŋ˥lie˨ao˨.kei˥˩tʰɑ˨˩˦˥iŋ˨˩˦˥lou˥˦lie˨.

七七

1.（这个死了以后要过……过……一共过七七吧？）黄：那当然跟那一七七么。nə˥˦taŋ˨˩˦˩ʐæ̃˨˦˩kəŋ˨˩˦˩nə˥˩i˨˩˦˩tɕʰi˨˩˦tɕʰi˨˩˦muo˨.（叫什么？第一七呢？）一七，二七，三七，四七，五七，一共到七七么。i˨˩˦tɕʰi˨˩˦˩,ər˥tɕʰi˨˩˦˩,sæ̃˨˩˦tɕʰi˨˩˦˩,sʅ˥tɕʰi˨˩˦˩,vu˨˩˦tɕʰi˨˩˦˩,i˨˩˦˩kuoŋ˥˦tao˥tɕʰi˨˩˦tɕʰi˨˩˦˩muo˨.（是叫头七还叫一七？）一七叫头七嘛。i˨˩˦tɕʰi˨˩˦˩tɕiao˥tʰou˨˦tɕʰi˨˩˦ma˨.（头七？）二七嘛。ər˥tɕʰi˨˩˦˩ma˨.（是过还是……还是……还是怎

么着？）过七咧噢。kuo˦tɕʰi˥˧liɑɔ꜊.（过七？）啊。ɑ˨˩.（满了……这个七七四十九天满了以后呢？）那送七咧嘛。nə˦˨˩suoŋ˦tɕʰi˥˧lie꜊mɑ꜊.（叫什么？）送七，你把七要送来咧么，啊。烧纸咧么，那都是要烧纸去咧么。suoŋ˦tɕʰi˥˧,ni˥˧˨˩pɑ˥˧˨˩tɕʰi˥˧iɑɔ˦˨˩suoŋ˦læᴇ˩˧˨˩lie꜊muo꜊,ɑ˥˧. ʂɑɔ˥˧˨˩tsʅ˥˧lie꜊muo꜊,nei˦tou˥˧˨˩sʅ˦iɑɔ˦ʂɑɔ˥˧˨˩tsʅ˥˧tɕʰi˦˨˩lie꜊muo꜊.（叫不叫七尽？）也叫七尽。送七。ie˥˧tɕiɑɔ˦tɕʰi˥˧˨˩tɕiŋ˦.suoŋ˦˨˦tɕʰi˥˧˨˩.（送七和七尽是一个意思的？）一……一个意思。i˥˧˨˩……i˥˧˨˩kə˦˥i˦sʅ꜊.（哪种说的土一点？）那是送七……欸，那个土一点儿么。nə˦˨˩sʅ˦˨˩suoŋ˦tɕʰi˥˧˨˩ts……ei˦,nə˦˨˩kə˦˨˩tʰu˥˧i˥˧˧tiæ̃r˥˧˨˩muo꜊.（这个每逢七是不是要到坟上去祭？）烧纸去咧。ʂɑɔ˥˧˨˩tsʅ˥˧tɕʰi˦˨˩lie꜊.（要到坟上去祭是吧？）嗯。ŋ̍˨˩.（每个七都要祭还是……）每个七都要祭咧。mei˥˧kə˦˨˩tɕʰi˥˧tou˥˧˨˩iɑɔ˦tɕi˦˨˩lie꜊.（都是烧纸？）嗯。ə̃˨˩.（还有什么活动没有？）还有犯七咧。xæᴇ˩˧˨˩iou˥˧˧fæ̃˦tɕʰi˥˧lie꜊.（叫什么？）就是从你死的那一天，每七天一七，每七天一七。这个七字就不能碰着七。tɕiou˦sʅ˦tsʰuoŋ˩˧˨˩ni˥˧sʅ˥˧tə꜊nei˦i˥˧˨˩tʰiæ̃˥˧˧,mei˥˧˧tɕʰi˥˧tʰiæ̃˥˧˨˩i˥˧˨˩tɕʰi˥˧,mei˥˧˧tɕʰi˥˧tʰiæ̃˥˧˨˩i˥˧˨˩tɕʰi˥˧.tʂə˦kə˦tɕʰi˥˧tsʅ˦˨˩tsou˦pu˩˧˨˩nəŋ˩˧pʰəŋ˦˨˦tʂuo˥˧˨˩tɕʰi˥˧.（七字不能碰着七是什么？这个……）不能碰……你比如你是初……初一死咧的，按初一算到……算到初七是你刚七天，头七遇的还是七，这就叫犯七咧。pu˩˧˧nəŋ˩˧˧pʰ……ni˥˧pi˥˧ʐʯ˩˧˨˩ni˥˧sʅ˦˨˩tʂʰʯ˥˧˨˩……tʂʰʯ˥˧˨˦i˥˧sʅ˥˧lie꜊ti꜊,næ̃˦tʂʰʯ˥˧˨˦i˥˧suæ̃˦tɑɔ˦tɕʰ……suæ̃˦tɑɔ˦tʂʰʯ˥˧˨˦tɕʰi˥˧sʅ˦˨˩ni˥˧kɑŋ˥˧˨˦tɕʰi˥˧tʰiæ̃˥˧˨˩,tʰou˩˧tɕʰi˥˧˨˩y˦˨˦ti꜊xɑ˩˧˨˩sʅ˦˥tɕʰi˥˧˨˩,tʂei˦tɕiou˦tɕiɑɔ˦fæ̃˦tɕʰi˥˧˨˩lie꜊.（犯了？）噢，犯了，啊，犯七。ɑɔ˨˩,fæ̃˦˨˦lə꜊,ɑ˨˩,fæ̃˦tɕʰi˥˧˨˩.（那……）犯七的话，那你就要改醮咧么。fæ̃˦tɕʰi˥˧tə꜊xuɑ˦,næᴇ˦ni˥˧˧tsou˦iɑɔ˦kæᴇ˥˧tɕiɑɔ˦˨˩lie꜊muo꜊.（做干醮啊？）啊，就要改一下。ɑ˨˩,tsou˦iɑɔ˦kæᴇ˥˧i˥˧˨˩xɑ˦˨˩.（改醮？）啊，就要采取一定的方法就这事。犯咧七你就要把这个七往掉改咧嘛。ɑ˨˩,tsou˦iɑɔ˦tsʰæᴇ˥˧tɕʰy˥˧i˥˧˧tiŋ˦˥ti꜊fɑŋ˥˧˨˦fɑ˥˧tɕiou˦tʂə˦sʅ˦.fæ̃˦˨˦lie꜊tɕʰi˥˧ni˥˧˧tsou˦iɑɔ˦pɑ˥˧˨˩tʂə˦kə˦tɕʰi˥˧vɑŋ˥˧˨˩tiɑɔ˦kæᴇ˥˧lie꜊mɑ꜊.（改醮哇？）啊，改醮一下。ɑ˨˩,kæᴇ˥˧tɕiɑɔ˦i˥˧˧xɑ˦˨˩.（哪个醮？打醮的醮啊？）改。kæᴇ˥˧.（嗯。）改醮，这是这个醮字是哪个醮反正是。kæᴇ˥˧tɕiɑɔ˦,tʂei˦sʅ˦tʂə˦kə˦tɕiɑɔ˦tsʅ˦˨˩sʅ˦nɑ˥˧kə˦˨˩tɕiɑɔ˦fæ̃˥˧˨˩tʂəŋ˦sʅ˦.（打醮的醮？和尚到处打醮的醮吗？）哎呀，可能就是那个醮，同……只能说是同音字。æᴇ˨˩iɑ˨˩,kʰə˥˧˧nəŋ˩˧˧tɕiou˦˥sʅ˦˨˩nə˦˨˩kə˦˨˩tɕiɑɔ˦˨˩,tʰuoŋ˩˧˧……tsʅ˥˧˧nəŋ˩˧˧ʂuo˥˧˨˩sʅ˦˨˩tʰuoŋ˩˧iŋ˥˧˨˩tsʅ˦.（改醮是干吗呢？）改醮的时候就是你们家里开始起身，用这个纸，糊下那个旗旗子，糊这个么小白旗旗子，拿个竹……拿下个杆杆子这么一弄，从家里开始么，走那么一截截插一个，一直最后么，插到坟上就对了。插七个旗旗子。kæᴇ˥˧tɕiɑɔ˦˨˦ti꜊sʅ˩˧˨˩xou˦tɕiou˦sʅ˦ni˥˧˧məŋ꜊tɕiɑ˥˧li˥˧˨˩kʰæᴇ˥˧˨˩sʅ˥˧˧tɕʰi˥˧ʂəŋ˥˧˨˩,yoŋ˦tʂə˦kə˦tsʅ˥˧,xu˩˧˨˩xɑ˦nə˦kə˦tɕʰi˩˧˨˩tɕʰi˩˧˥tsʅ꜊,xu˩˧˨˩tʂə˦kə˦muo꜊ɕiɑɔ˥˧pei˩˧˧tɕʰi˩˧˨˩tɕʰi˩˧˥tsʅ꜊,nɑ˩˧˨˩kə˦tʂʯ˥˧……nɑ˩˧˨˩xɑ˦kə˦kæ̃˥˧kæ̃˥˧˨˩tsʅ꜊tʂə˦muo꜉i˥˧˨˩nuoŋ˦,tsʰuoŋ˩˧tɕiɑ˥˧li˥˧˨˩kʰæᴇ˥˧˨˩sʅ˥˧muo꜊,tsou˥˧nə˦muo꜉i˥˧˨˦tɕie˩˧˥tɕie˩˧˨˩tsʰɑ˥˧i˥˧˨˩kə˦˨˩,i˥˧˨˩tʂʰʅ˩˧˥tsuei˦xou˦muo꜊,tsʰɑ˥˧˨˩tɑɔ˦fəŋ˩˧˨˩ʂɑŋ˦˥tsou˦tuei˦˥lə꜊.tsʰɑ˥˧˧tɕʰi˥˧kə˦˨˩tɕʰi˩˧˨˩tɕʰi˩˧˥tsʅ꜊.（七个旗？）嗯。七七……头七你就插七个旗就对了。就改过来了。ə̃˨˩.tɕʰi˥˧tɕʰi˥˧……tʰou˩˧tɕʰi˥˧ni˥˧˧tɕʰiou˦tsʰɑ˥˧˨˩tɕʰi˥˧kə˦˨˩tɕʰi˩˧tɕiou˦˨˩tuei˦˨˩lə꜊.tsou˦˨˩kæᴇ˥˧kuo˦˨˦læᴇ˩˧˨˩lə꜊.（噢，就改过来了？）噢，改过来了。再下来就是个百……百期嘛。ɑɔ˨˩,kæᴇ˥˧kuo˦˨˦læᴇ˩˧˨˩lə꜊.tsæᴇ˦xɑ˦læᴇ˩˧˧tɕiou˦˨˩sʅ˦˨˩kə˦˨˩pei˥˧……pei˥˧tɕʰi˥˧˨˩mɑ꜊.（叫什么？）百期。pei˥˧tɕʰi˥˧˨˩.（百期？）死了刚好一百天嘛。sʅ˥˧lə꜊kɑŋ˥˧˨˦xɑɔ˥˧i˥˧˧pei˥˧tʰiæ̃˥˧˨˩mɑ꜊.（噢，一百天？百期？）啊。噢，百期么。ɑ˨˩.ɑɔ˦,pei˥˧tɕʰi˥˧˨˩muo꜊.（是时……时期的期吧？日期的期吧这个是？）噢，日期的期。ɑɔ˦,zʅ˥˧tɕʰi˥˧˧ti꜉tɕʰi˥˧.（这个逢七一般是怎么个纪念那个？）哎没啥。就到坟上去烧两张纸就对了。æᴇ˥˧mei˩˧sɑ˦.tɕiou˦tɑɔ˦fəŋ˩˧˨˩ʂɑŋ˦tɕʰy˦ʂɑɔ˥˧˨˩liɑŋ˥˧tʂɑŋ˦˨˩tsʅ˥˧tɕiou˦˨˩tuei˥˧˨˩lə꜊.（烧点纸？）

噢。ɑɔ˩.（要不要送点什么献品？）不送。pu˧˩suoŋ˥.（这倒简单啊！）

2.（写有一至七七及百日纪念的纸单有没有？）黄：那是七单么你。nə˥˩sɿ˥˩tɕʰi˥˧tæ̃˥˩muo˧ni˥˩.（七单？）嗯。那是阴阳给你写好的，算倭僳算合适着咧。ŋ̍˩.nə˥˩sɿ˥˩iŋ˥˧iɑŋ˧˩kei˥˩ni˥˦ɕie˥˧xɑɔ˥˧tə˧,suæ̃˥vuo˥˩ie˥˧suæ̃˥xuo˧˩tʂʰʅ˥˧tʂə˧lie˧.

守孝

（这个守孝有没有？死了以后多少年这个不能结婚的是不是？多少天不能……不能怎么样？）黄：欸，现在谁忌那么多还？ei˩,ɕiæ̃˥tsæᴇ˥sei˧˩tɕi˥nə˥muo˧tuo˥˧xɑ˧˩?（过去忌不忌？）过去呀哎，过去都说咧。现在都说是三年以内，你的众孝子，你这不儿子媳妇儿不能穿红的。啊，对了，不能贴红对联，这就对了。kuo˥tɕʰy˥iɑ˧læᴇ˥,kuo˥tɕʰy˥tou˥˩ʂuo˥˧lie˧.ɕiæ̃˥tsæᴇ˥tou˥˩ʂuo˥˦sɿ˥sæ̃˥˩niæ̃˨˩i˥˦luei˥,ni˥˩ti˧tʂuoŋ˥˧ɕiɑɔ˥tsɿ˧,ni˥˦tʂə˥pu˧˦ər˧˩tsɿ˧ɕi˥˧fuər˥˩pu˧˩nəŋ˨˩tʂʰuæ̃˥˧xuoŋ˧˩ti˧.ɑ˩,tuei˥lə˧,pu˧˩nəŋ˨˩tʰie˥˧xuoŋ˧˩tuei˥luæ̃˨˩,tʂei˥tɕiou˥tuei˥˧lə˧.（结婚什么的呢？）结婚那现在谁能挡住？tɕie˥˧xuoŋ˥˧nə˥ɕiæ̃˥tsæᴇ˥sei˧˩nəŋ˧˦tɑŋ˥˥tʂʮ˥˩?（有这个守孝这个说法是吧？）有守孝的这个说法，但是现在就是这个……过去那是他达死咧噢，他娃就坟上搭个灵棚子是住三年咧。现在你谁还还有那么好的哟？现在就没有了。现在……现在就说是一般情况下，三年以内不要……过……逢年过节，你们家里不能贴红对子。啊，头一年就贴个白……人刚死了，用白纸写个对子，写个对联祭奠一下。哎那年过年的时候，用这个黄纸写个对联。第二年用绿纸写个对联。第三年就拿红纸写个对了。红纸只能写黑字，你不能写金……不要那用金粉写。iou˥˦ʂou˥˧ɕiɑɔ˥˧ti˧tʂə˥kə˥ʂuo˥˧fɑ˥˩,tæ̃˥sɿ˥ɕiæ̃˥tsæᴇ˥tsou˥˩sɿ˥˩tʂə˥˩kə˥˩……kuo˥˧tɕʰy˥nə˥sɿ˥tʰɑ˥˩tɑ˨˩sɿ˥˧liɑɔ˧,tʰɑ˥˩vɑ˨˩tsou˥fəŋ˧˩ʂɑŋ˥tɑ˥˩kə˥˩liŋ˧˩pʰəŋ˧˦tsɿ˧sɿ˥tʂʮ˥˥sæ̃˥˩niæ̃˧˩lie˧.ɕiæ̃˥tsæᴇ˥ni˥˩sei˧˩xɑ˧˦xæᴇ˧˩iou˥˦nə˥muo˧xɑɔ˥˧ti˧liɑɔ˧?ɕiæ̃˥tsæᴇ˥tsou˥˩mei˧˩iou˥˧lə˧.ɕiæ̃˥tsæᴇ˥……ɕiæ̃˥tsæᴇ˥tɕiou˥˩ʂuo˥˩sɿ˥˩i˥˧pæ̃˥˩tɕʰiŋ˧˩kʰuɑŋ˥˥ɕiɑ˥,sæ̃˥˩niæ̃˨˩i˥˦luei˥pu˧˩iɑɔ˥tʰ……kuo˥˧……fəŋ˨˩niæ̃˧˦kuo˥tɕie˥˩,ni˥˦məŋ˧tɕiɑ˥˧li˥˩pu˧˩nəŋ˨˩tʰie˥˧xuoŋ˧˩tuei˥tsɿ˧.ɑ˩,tʰou˨˩i˥˧niæ̃˧˦tsou˥tʰie˥˧kə˥pei˨˩……zəŋ˨˩kɑŋ˥˩sɿ˥˧lə˧,yoŋ˥pei˧˩tsɿ˥˧ɕie˥˧kə˥˩tuei˥tsɿ˧,ɕie˥˧kə˥˩tuei˥luæ̃˧˦tɕi˥tiæ̃˥i˥˩xɑ˥˩.æᴇ˥nei˥˥niæ̃˨˩kuo˥niæ̃˧˩ti˧sɿ˧˩xou˥,yoŋ˥˧tʂə˥kə˥xuɑŋ˧˩tsɿ˥˩ɕie˥˧kə˥˩tuei˥luæ̃˨˩.ti˥ər˥niæ̃˨˩yoŋ˥ly˥˧tsɿ˥˩ɕie˥˧kə˥˩tuei˥luæ̃˨˩.ti˥sæ̃˥˧niæ̃˨˩tsou˥nɑ˨˩xuoŋ˧˩tsɿ˥˦ɕie˥˧kə˥˩tuei˥˩lə˧.xuoŋ˨˩tsɿ˥˦tsɿ˥˩nəŋ˨˩ɕie˥˧xei˥˩tsɿ˥˥,ni˥˩pu˧˩nəŋ˨˩ɕie˥˧tɕiŋ˥˩……pu˧˩iɑɔ˥nə˥yoŋ˥tɕiŋ˥˩fəŋ˥˧ɕie˥˩.（戴孝呢？）戴孝一过……这个孝到三年一过以后这孝就取了。tæᴇ˥ɕiɑɔ˥i˥˩kuo˥……tʂə˥˩kə˥˩ɕiɑɔ˥tɑɔ˥sæ̃˥˩niæ̃˨˩i˥˩kuo˥i˥˩xou˥tʂə˥ɕiɑɔ˥tsou˥tɕʰy˥˦lə˧.（讲戴孝？）啊。戴孝也就是三年时间。ŋɑ˩.tæᴇ˥˧ɕiɑɔ˥ɑ˥˩tɕiou˥sɿ˥sæ̃˥˧niæ̃˨˩sɿ˧˩tɕiæ̃˥˧.（是戴着孝帽子叫戴孝还是什么东西？）哎，那不一定戴孝帽子，就说不戴孝帽子不是孝了。那是你……我们那就是我们把那叫搭头。æᴇ˩,nə˥˩pu˧˩i˥˧tiŋ˥tæᴇ˥ɕiɑɔ˥mɑɔ˥tsɿ˧,(tɕ)iou˥˩ʂuo˥˩pu˧˩tæᴇ˥ɕiɑɔ˥mɑɔ˥tsɿ˧pu˧˩sɿ˥˥ɕiɑɔ˥˩lə˧.nə˥sɿ˥ni˥˦……ŋuo˥˧məŋ˧næᴇ˥tɕiou˥˩sɿ˥ŋuo˥˧məŋ˧pɑ˥˩nə˥tɕiɑɔ˥tɑ˥˧tʰou˧.（搭头？）搭头。噢，那个孝噢，孝也叫搭头。那个搭头到几时都是个孝么。tɑ˥˧tʰou˧.ɑɔ˩,nə˥˩kə˥˩ɕiɑɔ˥˥ɑɔ˩,ɕiɑɔ˥˧æ˥˩tɕiɑɔ˥tɑ˥˧tʰou˧.nə˥kə˥tɑ˥˧tʰou˧tɑɔ˥tɕi˥˧sɿ˧˩tou˥˩sɿ˥˩kə˥˩ɕiɑɔ˥muo˧.（戴孝是怎么戴呢？）七寸宽嘛，七寸宽的布扯欸七尺二长嘛。tɕʰi˥˩tsʰuoŋ˥kʰuæ̃˥˧mɑ˧,tɕʰi˥˩tsʰuoŋ˥kʰuæ̃˥˧ti˧pu˥tʂʰə˥˧ei˩tɕʰi˥˧tʂʰʅ˥˩ər˥tʂʰɑŋ˨˩mɑ˧.（这个三年都要这么戴起啊？）哎，不戴么。那你是欸遇着逢……逢七烧纸的那一天，你把那戴了。不烧纸那个坟你戴那个，不到坟上去你戴那个有啥用咧？æᴇ˨˩,pu˧˩tæᴇ˥muo˧.næᴇ˥˩ni˥˦sɿ˥ei˥y˥˧tʂə˧fəŋ˨˩……fəŋ˨˩tɕʰi˥˧ʂɑɔ˥˩tsɿ˥˧ti˧nei˥i˥˦tʰiæ̃˥˧,ni˥˧pɑ˥˩nei˥tæᴇ˥˩lə˧.pu˧˩ʂɑɔ˥˩tsɿ˥˧nə˥kə˥fəŋ˨˩ni˥˩tæᴇ˥nə˥kə˥,pu˧˩tɑɔ˥˥fəŋ˧˩ʂɑŋ˥˥tɕʰi˥ni˥˦tæᴇ˥nə˥kə˥iou˥˩sɑ˥˧yoŋ˥lie˧?

扫墓

（埋葬的时候这个儿子在这个坟窑里面这个打扫叫什么？）黄：扫墓咧么。将墓扫起嘛。sɑɔ˥˧mu˧liem˧.tɕiɑŋ˥˧˩mu˧sɑɔ˥˧tɕʰi˥˧˩mɑ˩.（那叫扫墓？）嗯。ə̃˩.（跟我们一般说的那个扫墓概念不一样？）不一样。这是……这个里头扫墓你是把里头普扫一下，把你那个脚印要扫净咧。pu˩˧˥i˥˧˩iɑŋ˧.tʂə˧˩sɿ˧˩……tʂə˧˥kə˧li˥˧˩tʰou˩sɑɔ˥˧mu˧ni˥˧˩sɿ˧˩pɑ˥˧˩li˥˧tʰou˩pʰu˥˧sɑɔ˥˧˥i˥˧˩xɑ˧,pɑ˥˧˩ni˥˧nə˧kə˧tɕyo˥˧˩iŋ˧˥iɑɔ˧˩sɑɔ˥˧˥tɕiŋ˧lie˧.

白对子

（死了以……我们……死了以后，这个就家里头没有任何……任何这个……这个房屋上没有任何这个标识吗？）黄：贴对了。贴的有白对子咧嘛。tʰie˥˧˩tuei˧˥lə˩.tʰie˥˧ti˩iou˥˧˥pei˩˧˩tuei˧˥tsɿ˩lie˩mɑ˩.（贴白对子？）嗯。ŋ̍˩.（白对子上写字儿还是还干吗？）写字嘛。ɕie˥˧tsɿ˧mɑ˩.（写什么字儿呢？一般哪一类的字？）那就是欸祭……祭奠型的嘛。næᴇ˧˩tsou˧˩sɿ˧˩ei˩tɕi˧……tɕi˧tiæ̃˧ɕiŋ˩˧˩ti˧mɑ˩.（有没有在这个家里门前那个门楣子上贴什么东西的习惯？）没有。mei˩˧˥iou˥˧˩.（没有高门纸这种说法？）没有。muo˥˧˥iou˥˧˩.（但白对子有？）白对子。有的是给大门口嗯欸挂个挂一块儿布……黑布。pei˩˧˩tuei˧˥tsɿ˩.iou˥˧ti˩sɿ˧˩kei˧˩tɑ˧məŋ˩˧˩kʰou˥˧ə̃˩ei˩kuɑ˧kə˧kuɑ˧i˥˧˩kʰuər˥˧˥pu……xei˥˧˩pu˧.（大门口挂一块儿？）挂个黑布，黑布头起……kuɑ˧kə˧xei˥˧˩pu˧,xei˥˧˩pu˧˥tʰou˩˧˩tɕʰie˥˧˥……（怎么挂的呢？）嗯。挂一朵花。做一个大白花么反正。ə̃˩.kuɑ˧i˥˧˥tuo˥˧˥xuɑ˥˧.tsuo˧˥i˥˧˥kə˧tɑ˧pei˩˧˥xuɑ˥˧muo˩fæ̃˥˧˩tʂəŋ˧.（怎么通知这些亲友这个这个嗯有丧事了呢？）那就派个人去请嘛。næᴇ˧tɕiou˧pʰæᴇ˧kə˧˩zəŋ˩˧tɕʰi˧tɕʰiŋ˥˧mɑ˩.（请？）嗯。ə̃˩.（发不发讣告？）不发。啰唆。哪里那个所谓它？pu˩˧˩fɑ˥˧.luo˥˧˩suo˥˧˩.nɑ˥˧li˥˧˩næᴇ˧˥kə˧˩suo˥˧˩vei˧˥tʰɑ˥˧˩?（叫请什么呢？就叫请？有没有什么说法？）那就请人就说是谁家谁家这个谁欸殁了，几时出坟咧，请你们的。对了。næᴇ˧tɕiou˧tɕʰiŋ˥˧zəŋ˩˧tɕiou˧˩ʂuo˥˧˩sɿ˧˩sei˩˧˩(tɕi)ɑ˥˧sei˩˧˩(tɕi)ɑ˥˧˥tʂə˧kə˧sei˩˧ei˩muo˥˧lə˩,tɕi˥˧sɿ˩˧˩tʂʰʮ˥˧˩fəŋ˩˧lie˧,tɕʰiŋ˥˧ni˥˧˥məŋ˧tə˩.tuei˧lə˧.

过周年

（一般都是过去说守……守孝三年的，有没有什么过周年、过二年的说法？）黄：我们这儿有个过周年咧嘛。ŋuo˥˧məŋ˧tʂər˧iou˥˧˥kə˧kuo˧tʂou˥˧niæ̃˩˧˩lie˩mɑ˩.（过周年完了呢？）头周年，二周年，三周年嘛。tʰou˩˧˩tʂou˥˧niæ̃˩˧,ər˧tʂou˥˧˩niæ̃˩˧˩,sæ̃˥˧tʂou˥˧˩niæ̃˩˧˩mɑ˩.（过周年？）嗯噢。ŋ̍˧ɑɔ˩.（也叫什么头周年？）嗯。ŋ̍˩.（头周年完了是什么？）二周年么。ər˧tʂou˥˧niæ̃˩˧˩muo˩.（二周年完了？）三年。sæ̃˥˧niæ̃˩˧.（二周年完了就直接叫三年？）嗯。ŋ̍˩.（三周年还是三年？）三年咧啊。sæ̃˥˧niæ̃˩˧˩liɑ˧.（哦，过了三年就……）没事儿咧啊。mei˩˧˥sər˧liɑ˩.

火葬

（火葬？）黄：这儿没有那个东西。tʂər˧mei˩˧iou˥˧˥nə˧kə˧tuoŋ˥˧ɕi˩.（整个你们县都没有吗？）合水县都不火葬。庆阳地区怕都不……太不火葬啊。xuo˩˧˩ʂuei˥˧ɕiæ̃˧˥tou˥˧˩pu˩˧˩xuo˥˧˥tsɑŋ˧.tɕʰiŋ˧iɑŋ˩˧˥ti˧tɕʰy˥˧˩pʰɑ˧tou˥˧pu˩˧˩……tʰæᴇ˧pu˩˧˩xuo˥˧tsɑŋ˧˩ɑ˩.

搬坟

（呃，就是葬下以后有没有迁坟的这个情况？）黄：叫搬坟咧。tɕiɑɔ˧˩pæ̃˥˧fəŋ˩˧˩lie˧.（搬坟？）嗯。搬坟。欸，有些人把他那老先人埋两天挖出来咧，埋两天挖先人出来。兀过程……ŋ̍˩.pæ̃˥˧fəŋ˩˧.ei˩,iou˥˧ɕie˥˧˩zəŋ˩˧pɑ˥˧˩tʰɑ˥˧˥nə˧lɑɔ˥˧˥ɕiæ̃˥˧zəŋ˩˧˥mæᴇ˩˧liɑŋ˥˧tʰiæ̃˥˧˩vɑ˥˧˩tʂʰʮ˥˧læᴇ˩˧˩

ie˧,mæᴇ˨˦liaŋ˥˧tʰiæ̃˥˧˨˩va˥˧˨˩çiæ̃˥˧zəŋ˨˦˨˩tʂʰʮ˥˧˨˩læᴇ˨˦˨˩.væᴇ˥kuo˥˥˦tʂʰəŋ˨˦……（这干吗呀？）家里不平安嘛。tɕia˥˧li˥˧˨˩pu˨˦˨˩pʰiŋ˨˦næ̃˥˧ma˧.（噢，就怪得他身上？）嗯。ə̃˨˩.

尸首

（尸体叫什么？）黄：那那就……nə˥˨˩nə˥˥˦tsou˥……（那你叫死尸也不叫坏了？）啊，这都没人……一般没有人那么个嬲的跑去问这些事情。都不说那话。ɑ˨˩,tʂə˥tou˥˧˨˩mei˨˦zəŋ˨˦˨˩……i˥˧˨˦pæ̃˥˧mei˨˦iou˥˧zəŋ˨˦nə˥muo˧kə˥zæ̃˨˦˨˩ti˦pʰɑɔ˥˧tɕʰi˥˥˦vəŋ˥tʂei˥ɕie˥˧˨˩sɿ˥tɕʰiŋ˨˦˨˩.tou˥˧˨˩pu˨˦˨˩ʂuo˥˧nei˥˥˦xuɑ˥˨˩.（叫不叫尸首？）叫尸首这个话说咧。tɕiɑɔ˥sɿ˥˧ʂou˥˧˨˩tʂə˥kə˥xuɑ˥ʂuo˥˧lie˧.

坟墓

（那一个坟你们叫什么？坟包子还是叫什么东西？）黄：坟。fəŋ˨˦.（就是坟？）就坟。嗯。tɕiou˥fəŋ˨˦.əŋ˨˩.（就是就指的这个？）啊，就是那个，嗯。ɑ˥,tɕiou˥˥˦sɿ˥˨˩nə˥kə˥,ə̃˨˩.（下面那个叫叫洞……你们那个坟就是埋下棺材就就弄了还是怎么着？）就埋个棺材就对了。tɕiou˥˥˦mæᴇ˨˦˨˩kə˥˥˦kuæ̃˥˧˨˩tsʰæᴇ˨˦˨˩tɕiou˥˨˩tuei˥lə˦.（呃什么也也不做，也不挖洞啊，也不怎么样？）不了。最起……最起码来说是这个前头最多给你垒个烧纸炉炉。pu˨˦˨˩lə˦.tsuei˥tɕʰi˥˧˨˩……tsuei˥˨˦tɕʰi˥˧˨˩ma˥˧læᴇ˨˦˨˩ʂuo˥˧sɿ˥˨˩tʂə˥˨˩kə˥˨˩tɕʰiæ̃˨˦˨˩tʰou˦tsuei˥tuo˥˧˨˩kei˥˨˩ni˥˧˦luei˥˧kə˥˨˩ʂɑɔ˥˧˨˩tsɿ˥˧lou˨˦˨˩lou˨˦˥.（什么ʂɑɔ˨˩tsɿ˥˧lou˨˩lou˥是什么东西？）这是个坟堆嘛，前头用砖头或者石头垒上那个方方的。你将来祭奠一下，烧纸你就到那个地方。tʂei˥sɿ˥kə˥fəŋ˨˦tuei˥˧ma˧,tɕʰiæ̃˨˦˨˩tʰou˦yoŋ˥tʂuæ̃˥˧tʰou˧xuei˨˦˦tʂə˥˧˨˩ʂɿ˨˦˨˩tʰou˦luei˥˧˦ʂaŋ˥nə˥kə˥faŋ˥˧faŋ˥˧˨˩ti˦.ni˥˧tɕiaŋ˥˧˨˩læᴇ˨˦tɕi˥tiæ̃˥i˥˧xa˥˨˩,ʂɑɔ˥˧˨˩tsɿ˥˧ni˥˧˨˩tsou˥tɑɔ˥nə˥kə˥ti˥˥˦faŋ˥˧˨˩.（噢，烧纸炉炉？）啊。ŋa˨˩.（那不……不叫墓鳖了？）不叫墓。pu˨˦˨˩tɕiɑɔ˥˥˦mu˥.（竖碑不竖？）现在竖开了。ɕiæ̃˥tsæᴇ˥ʂʮ˥˥˦kʰæᴇ˥˧˨˩lə˧.（过去不竖？）过去不竖。在很早以前可都竖着咧。中间有多少有个年代以后不竖。现在的墓不但竖这个，而且都砖箍了。好多墓地把……人没有死之前，先挖下去，放砖的箍成。kuo˥tɕʰy˥pu˨˦˨˩ʂʮ˥.tsæᴇ˥˨˩xəŋ˥˧tsɑɔ˥˧i˥˧˨˩tɕʰiæ̃˨˦kʰə˥˧˨˩tou˥˧˨˦ʂʮ˥˨˩tʂə˧lie˧.tʂuoŋ˥˧˨˩tɕiæ̃˥˧˨˦iou˥˧˨˩tuo˥˧˨˩ʂɑɔ˥˧iou˥˧kə˥˨˩niæ̃˨˦˨˩tæᴇ˥i˥˧˨˩xou˥˥˦pu˨˦˨˩ʂʮ˥˥˦.ɕiæ̃˥tsæᴇ˥ti˧mu˥pu˨˦tæ̃˥˥˦ʂʮ˥tʂə˥kə˥,ər˨˦tɕʰie˥˧˨˩tou˥˧˨˦tʂuæ̃˥˧˨˩ku˥˧lə˧.xɑɔ˥˧tuo˥˧˨˩mu˥ti˥pa˥˧˨˩……zəŋ˨˦mei˨˦iou˥˧sɿ˥˧˦tsɿ˥˧tɕʰiæ̃˨˦˨˩,ɕiæ̃˥˧˨˩va˥˧˨˩ɕia˥tɕʰi˥,faŋ˥tʂuæ̃˥˧ti˧ku˥˧tʂʰəŋ˨˦.（你们叫砖箍墓还是砖箍坟？）砖箍墓。tʂuæ̃˥˧˨˩ku˥˧˨˩mu˥.

（那么你是挖坟还是挖墓？）黄：挖就叫挖墓咧。va˥˧tɕiou˥˨˩tɕiɑɔ˥˨˩va˥˧˨˩mu˥lie˧.（呃，不是不是把那个坟挖开呀，就是刨个坑儿好好下葬那个。）那叫打……那叫打墓咧。nə˥˨˩tɕiɑɔ˥˨˩ta˥˧˦……nə˥tɕiɑɔ˥ta˥˧mu˥lie˧.（打人的打哈？）噢，打人的打。就说是热丧，这个人才死咧以后，还没有埋进去，在这个土地方挖咧么。叫四个人来帮忙从这个打个墓，打墓的。ɑɔ˨˩,ta˥˧zəŋ˨˦˨˩ti˦ta˥˧.tɕiou˥ʂuo˥˧˦sɿ˥zə˥˧saŋ˥,tʂə˥kə˥zəŋ˨˦tsʰæᴇ˨˦˨˩sɿ˥˧lie˧i˥˧˨˩xou˥,xa˨˦˨˩mei˨˦iou˥˧mæᴇ˨˦˨˩tɕiŋ˥tɕʰy˥,tsæᴇ˥tʂə˥kə˥tʰu˥˧ti˥faŋ˥˧˦va˥˧lie˧muo˧.tɕiɑɔ˥sɿ˥kə˥zəŋ˨˦læᴇ˨˦˦paŋ˥˧˨˩maŋ˨˦tsʰuoŋ˨˦˦tʂə˥˨˩kə˥˨˩ta˥˧kə˥˨˩mu˥,ta˥˧mu˥ti˧.（那你们是死死了不久还是出殡那天再挖呢？）欸，死咧的那一天，当阴阳把这个日子定下哪一天下葬，提前就要打墓咧。ei˨˦,sɿ˥˧lie˧ti˧nei˥˥˦i˥˧˨˩tʰiæ̃˥˧,taŋ˥˧˨˩iŋ˥˧iaŋ˨˦˨˩pa˥˧˨˩tʂə˥kə˥zʅ˥˧tsɿ˧tiŋ˥˨˦xa˥˨˩na˥˧i˥˧˨˩tʰiæ̃˥˧˨˩ɕia˥tsaŋ˥,tʰi˨˦tɕʰiæ̃˨˦tɕiou˥˨˩iɑɔ˥˨˩ta˥˧mu˥lie˧.（来不及要不到时候？）哎，来不及。那个打墓的他是那一般都给你都打成了。离你下葬的时候么，就丢下那么个……你比如明天埋，今天上午都可以打成了，但是那个打墓的不回来，他就在墓上玩儿着哩。哎，留上那么几锨，最后么，明天咧，往起里倒腾去，把那几锨土留出来，给你在里头再留上这么几锨土，要你这个孝子你去把那几锨土再收拾出来。

æE˩˧,læE˩˧˩pu˩˧˥tɕi˩˧˩.nə˦kə˦tɑ˥˧mu˦ti˧tʰɑ˥˧˩sɿ˦nei˦i˥˧˨˦pæ̃˥˧tou˥˧˩kei˦ni˥˧tou˥˧˩tɑ˥˧tʂʰəŋ˩˧˩lə˦.li˩˧ni˥˧˦ɕiɑ˦tsɑŋ˦ti˧sɿ˩˧˩xou˦˥muo˧,tɕiou˦˨˦tiou˥˧xɑ˦˩nə˦muo˦kə˦˩……ni˥˧˩pi˥˧ʐʮ˩˧˩miŋ˩˧˩tʰiæ̃˥˧mæE˩˧,tɕiŋ˥˧tʰiæ̃˥˧˩ʂɑŋ˦˨˦vu˥˧˩tou˥˧˩kʰə˥˧i˥˧tɑ˥˧tʂʰəŋ˩˧˩lə˦,tæ̃˦sɿ˦nə˦kə˦tɑ˥˧mu˦˨˦ti˧pu˩˧xuei˩˧˩læE˩˧˥,tʰɑ˥˧tɕiou˦˩tsæE˦mu˦ʂɑŋ˦væ̃r˩˧˩tʂə˦lie˧.æE˦,liou˩˧˩ʂɑŋ˦˥nə˦muo˦tɕi˥˧ɕiæ̃˥˧˩,tsuei˦xou˦muo˧,miŋ˩˧˩tʰiæ̃˥˧lie˧,vɑŋ˥˧˩tɕʰi˥˧li˥˧˩tɑɔ˦tʰəŋ˩˧˩tɕʰi˦˥,pɑ˥˧˩næE˦tɕi˥˧ɕiæ̃˥˧˩tʰu˥˧liou˩˧tʂʰʮ˥˧læE˩˧˩,kei˦ni˥˧˦tsæE˦li˥˧tʰou˧tsæE˦liou˩˧˩ʂɑŋ˦˥tʂə˦˩muo˧tɕi˥˧ɕiæ̃˥˧˩tʰu˥˧,iɑɔ˦˩ni˥˧tʂə˦˩kə˦˩ɕiɑɔ˦˨˦tsɿ˧ni˥˧˩tɕʰi˦˥pɑ˥˧˩nə˦tɕi˥˧ɕiæ̃˥˧˩tʰu˥˧tsæE˦˩ʂou˥˧ʂʅ˩˧˩tʂʰʮ˥˧læE˩˧˩.（噢，最后那点土就是由孝子来搞？）哎，孝子你要把这里头打扫干净去。æE˩,ɕiɑɔ˦˨˦tsɿ˧ni˥˧iɑɔ˦pɑ˥˧˩tʂə˦li˥˧tʰou˧tɑ˥˧˩sɑɔ˥˧kæ̃˥˧˩tɕiŋ˦˥tɕʰi˦˩.

（这现在就直接挖个坑儿就埋了，过去……过去有没有……）挖坑，坑挖下去，再掏个窑窑。vɑ˥˧˩kʰəŋ˥˧,kʰəŋ˥˧vɑ˥˧˩xɑ˦tɕʰi˦,tsæE˦tʰɑɔ˥˧kə˦˩iɑɔ˩˧˩iɑɔ˩˧˥.（还掏窑窑？）啊，墓窑子。ɑ˩,mu˦˨˦iɑɔ˩˧˩tsɿ˧.（里头垒砖不垒？）现在垒咧，过去不垒。ɕiæ̃˦tsæE˦luei˥˧˩lie˧,kuo˦tɕʰy˦pu˩˧˩luei˥˧.（那个垒砖你们你你那个叫什么？）砖箍墓么。tʂuæ̃˥˧˩ku˥˧˩mu˦˥muo˧.（然后把棺材放进……放在窑里去还是干吗？）啊，放到窑里头，然后把口封……拿砖咧封起来。ɑ˩,fɑŋ˦tɑɔ˦iɑɔ˩˧li˥˧tʰou˧,ʐæ̃˩˧˩xou˦˥pɑ˥˧˩kʰou˥˧fəŋ˥˧˩……nɑ˩˧tʂuæ̃˥˧˩lie˧fəŋ˥˧tɕʰi˥˧˩læE˩˧˩.（他是他是怎么个搞法，他是先挖个挖挖个这样下去是吧？）噢，挖下去。ɑɔ˩,vɑ˥˧˩ɕiɑ˦tɕʰy˦˩.（然后在这里往里面挖？）噢，往里面挖。ɑɔ˩,vɑŋ˥˧˦li˥˧miæ̃˦˩vɑ˥˧.（棺材放在那里头？）噢，这是……棺材，这儿这放下去，叫棺材在里头动。ɑɔ˩,tʂə˦˥ʂʅ……kuæ̃˥˧tsʰæE˩˧˩,tʂər˦tʂə˦fɑŋ˦xɑ˦tɕʰi˦,tɕiɑɔ˦˩kuæ̃˥˧tsʰæE˩˧˩tsæE˦li˥˧tʰou˧tuoŋ˦.（噢，还要推，往里面推进去？）噢。推进去，噢。ɑɔ˩.tʰuei˥˧˩tɕiŋ˦˥tɕʰy˦˥,ɑɔ˩.（然后这这这一部分怎么办呢？）这一部分把这口口封起来。tʂei˦i˥˧˦pʰu˦fəŋ˦pɑ˥˧˩tʂə˦kʰou˥˧kʰou˥˧˩fəŋ˥˧tɕʰi˥˧˩læE˩˧˩.（拿砖？）噢，有拿砖封的，有的拿这个呃……ɑɔ˩,iou˥˧nɑ˩˧tʂuæ̃˥˧fəŋ˥˧ti˧,iou˥˧ti˧nɑ˩˧tʂə˦kə˦ə˩……（水银？）那不可能。拿蛇皮袋子，塑料袋儿，装点土，把这……或者拿木头一封，拿土把这填的踏死就对了。næE˦pu˩˧˩kʰə˥˧˩nəŋ˩˧˩.nɑ˩˧ʂə˩˧pʰi˩˧˩tæE˦tsɿ˧,sʮ˦liɑɔ˦tər˦,tʂuɑŋ˥˧tiæ̃˥˧˩tʰu˥˧,pɑ˥˧˩tʂə˦……xuei˩˧˦tʂə˥˧˩nɑ˩˧mu˥˧tʰou˧i˥˧˨˦fəŋ˥˧˩,nɑ˩˧tʰu˥˧pɑ˥˧˩tʂei˦tʰiæ̃˩˧ti˦tʰɑ˩˧˦sɿ˥˧˦tɕiou˦tuei˦lə˦.

（那前面这一块是，上头这一块是……）明坑。miŋ˩˧kʰəŋ˥˧.（这个这个上面还放什么东西不？）不放。pu˩˧fɑŋ˦˥.（这个叫叫什么坑啊？）明坑。miŋ˩˧kʰəŋ˥˧.（明，呃，就说明……）明白的明亮的明。miŋ˩˧˩pei˩˧˥ti˧miŋ˩˧˩liɑŋ˦ti˧miŋ˩˧.（那这这一段儿什么都不放了？那个碑是竖竖在哪儿呢？）碑，将来埋起来这个碑就在这儿里了。这这都埋起了。pei˥˧,tɕiɑŋ˥˧˩læE˩˧˦mæE˩˧˩tɕʰi˥˧læE˩˧˩tʂə˦kə˦pei˥˧tɕiou˦˩tsæE˦˩tʂər˦li˥˧˩lə˧.tʂə˦˩tʂə˦˥tou˥˧˩mæE˩˧tɕʰi˥˧˩lə˧.（放在里面啊？）啊，埋起来了么。这就是埋是……ɑ˩,mæE˩˧˩tɕʰi˥˧læE˩˧˩lə˧muo˧.tʂə˦˥tɕiou˦˩sɿ˦˩mæE˩˧sɿ˦……（噢，埋在里面？这个碑也埋在里面？）不，不，不。碑在……碑在外边立着咧。是这么个，这儿这这个坑它是两……碑这个……一埋成以后这个地方这就都成了一个坟堆了。pu˩˧,pu˩˧,pu˩˧˩.pei˥˧tsæE˦˩……pei˥˧tsæE˦˩væE˦˨˦piæ̃˥˧˩li˥˧tʂə˧lie˧.sɿ˦tʂə˦˥muo˧kə˦,tʂər˦˨˦tʂə˦tʂə˦kə˦kʰəŋ˥˧tʰɑ˥˧˦sɿ˦liɑŋ˥˧˨˦……pei˥˧tʂə˦kə˦……i˥˧˩mæE˩˧tʂʰəŋ˩˧i˥˧˩xou˦tʂə˦kə˦ti˦fɑŋ˥˧˦tʂə˦tou˥˧˦tʂʰəŋ˩˧lə˦i˥˧˩kə˦˩fəŋ˩˧tuei˥˧lə˧.（噢，窑也在这个坟堆里头？）啊，都埋得严严的了。嗯。ɑ˩,tou˥˧˨˦mæE˩˧˩tei˥˧niæ̃˩˧niæ̃˩˧˩ti˦lə˦.ŋ̍˩.（窑也在坟堆里？）啊，这都埋严了。这个碑子欸……这个地方它一般，哎，搭这么小小的烧纸炉炉。碑子就在这一截子了。噢，这是立立碑子。现……ɑ˩,tʂei˦˥tou˥˧˩mæE˩˧niæ̃˩˧˦lə˦.tʂə˦kə˦pi˥˧tsɿ˧lei˩……tʂə˦˩kə˦˥ti˦fɑŋ˥˧˦tʰ ɑ˥˧˧˥i˥˧˦˥pæ̃˥˧,æᴇ˧˩,tɑ˥˧tʂə˥muo˧ɕiɑɔ˥˧ɕiɑɔ˥˧˧˩ti˧ʂɑɔ˥˧˧˩tsɿ˥˧lou˨˦˧˩lou˨˦˥˦.pei˥˧tsɿ˧tɕiou˥˧˩tsæᴇ˥˧˩tʂei˥i˥˧tɕie˨˦˧˩tsɿ˧lə˧.ɑɔ˧˩,tʂə˥sɿ˥li˥˧˧˩li˥˧˧˩pi˥˧tsɿ˧.ɕiæ̃˥……（这个这个这个就说棺木它是从这里下来是吧？）噢，顺这么挖下去，再挖进去。ɑɔ˧˩,ʂuoŋ˥tʂə˥˧˩muo˧vɑ˥˧˧˩ɕiɑ˥tɕʰy˥˧˩,tsæᴇ˥vɑ˥˧˧˥tɕiŋ˥tɕʰy˥˧˩.

（那个棺木怎么放呢？就是从这里放下去吗？）噢，从这里放下去，用绳把这个吊下去以后，空下以后这个地方，放些木头轱辘子一截这个样子，哎。ɑɔ˧˩,tsʰuoŋ˨˦˧˩tʂei˥˥˦li˥˧˧˩fɑŋ˥ɕiɑ˥tɕʰi˥˥˦,yoŋ˥ʂəŋ˨˦pɑ˥˧˧˩tʂə˥kə˥tiɑɔ˥xɑ˥tɕʰi˥˧˩i˥˧˧˩xou˥,kʰuoŋ˥˧xɑ˥i˥˧˧˩xou˥tʂə˥kə˥ti˥˥˦fɑŋ˥˧˧˩,fɑŋ˥ɕie˥˧˧˥mu˥˧tʰou˧ku˥˧lou˧tsɿ˧i˥˧˧˩tɕie˨˦tʂə˥kə˥iɑŋ˥tsɿ˧,æᴇ˨˦,（噢，它就滚动在上面？）噢，它这个滑滑子，你到……到这个地方是，它就这么一滚，到达里头，出来掩起来，啊。ɑɔ˧˩,tʰɑ˥˧tʂə˥kə˥vɑ˨˦vɑ˨˦˧˩tsɿ˧,ni˥˧˧˥tɑɔ˥……tɑɔ˥tʂə˥kə˥ti˥fɑŋ˥˧˧˩sɿ˥˧˩,tʰɑ˥˧˧˥tɕiou˥tʂə˥muo˥i˥˧˧˩kuoŋ˥˧,tɑɔ˥tɑ˨˦li˥˧tʰou˧,tʂʰʮ˥˧læᴇ˨˦˧˩iæ̃˥˧tɕʰi˥˧læᴇ˨˦˧˩,ɑ˥˧.（啊，像这样，你你你管这个把……把这个一……）一搊它就进去了。这个搊么，这个棺木放到里头不是谁都能去搊的。i˥˧˧˩tsʰou˥˧tʰɑ˥˧˧˥tɕiou˥tɕiŋ˥tɕʰi˥lə˧.tʂei˥kə˥tsʰou˥˧muo˧,tʂei˥kə˥kuæ̃˥˧mu˥˧˧˩fɑŋ˥tɑɔ˥li˥˧tʰou˧pu˨˦˧˩sɿ˥˧˩ʂei˨˦tou˥˧˧˩nəŋ˨˦tɕʰi˥tsʰou˥˧ti˧.（谁搊呢？）这必须是儿子啊。tʂə˥pi˥˧˦˥ɕy˥˧˧˩sɿ˥˧˩ər˨˦˧˩tsɿ˥˧ɑ˧˩.（儿子？女儿不行？）不行。pu˨˦ɕiŋ˨˦˧˩.（女婿也不行？）哎不行。æᴇ˥˧pu˨˦˧˩ɕiŋ˨˦˧˩.（过……入赘的呢？）入赘的都不行。zʮ˥˧˧˩tʂuei˥˥˦ti˧tou˥˧˧˥pu˨˦˧˥ɕiŋ˨˦˧˩.（那怎么办？）那你最起码是干儿才能……才能搊这个东西。næᴇ˥ni˥˧˧˥tsuei˥tɕʰi˥˧mɑ˥˧sɿ˥˧˩kæ̃˥˧˧˩ər˨˦tsʰæᴇ˨˦˧˩nəŋ˨˦……tsʰæᴇ˨˦˧˩nəŋ˨˦tsʰou˥˧tʂə˥kə˥tuoŋ˥˧ɕi˧.（把它搊进去，这，这叫什么，把它放在那个窑里面去叫……）噢，放在窑里头。ɑɔ˧˩,fɑŋ˥tsæᴇ˥iɑɔ˨˦li˥˧tʰou˧.（这个动作叫什么东西，这这这个？）这叫个……下葬么。tʂei˥tɕiɑɔ˥kə˥……ɕiɑ˥tsɑŋ˥muo˧.（下葬是放……）往下放，这……这整个统称这个过程都叫下葬。vɑŋ˥˧˧˩xɑ˥˦˥fɑŋ˥,tʂei˥……tʂei˥˥˦tʂəŋ˥˧kə˥tʰuoŋ˥˧˧˩tʂʰəŋ˥˧tʂə˥kə˥kuo˥tʂʰəŋ˨˦˧˩tou˥˧˧˩tɕiɑɔ˥ɕiɑ˥tsɑŋ˥˧˩.（这专门往往里放的那那个那个过程呢？）那都……这就还是下葬里头一个东西。再没有啥。nei˥˥˦tou˥˧˧˩……tʂei˥˥˦tɕiou˥˧˩xɑ˨˦˧˩sɿ˥˥˦ɕiɑ˥tsɑŋ˥li˥˧˧˩tʰou˧i˥˧kə˥˧˩tuoŋ˥˧ɕi˧.tsæᴇ˥˥˦mei˨˦iou˥˧sɑ˥˧˩.（没有什么“捲洞子”呀什么之类的说法？）没有。呣。进去以后这才坐址咧么，阴阳给你把这个坐了啥址，把这棺放正，然后孝子进去，把鞋脱了……再不能穿鞋了。把里头拿一个……这个扫子……扫把，把里头你踏下这个脚印，全部都扫得净净的。不能把你那个脚印埋到里头去。最后出来把这门一封……mei˨˦iou˥˧˧˩.m̩˧˩.tɕiŋ˥˦˥tɕʰi˥i˥˧˧˩xou˥tʂei˥tsʰæᴇ˨˦˧˩tsuo˥˦˥tsɿ˥˧lie˧muo˧,iŋ˥˧iɑŋ˨˦˧˩kei˥ni˥˧˧˥pɑ˥˧˧˩tʂə˥kə˥tsuo˥˦˥lə˧sɑ˥tsɿ˥˧,pɑ˥˧˧˩tʂə˥kuæ̃˥˧fɑŋ˥tʂəŋ˥,zæ̃˨˦˧˩xou˥ɕiɑɔ˥tsɿ˧tɕiŋ˥tɕʰi˥,pɑ˥˧˧˩ɕie˨˦tʰuo˥˧lə˧s……tsæᴇ˥pu˨˦˧˩nəŋ˨˦tʂʰuæ̃˥˧ɕie˨˦lə˥.pɑ˥˧˧˩li˥˧tʰou˧nɑ˨˦i˥˧˧˥kə˥s……tʂə˥kə˥sɑɔ˥˦˥tsɿ˧……sɑɔ˥˦˥pɑ˥˧˧˩,pɑ˥˧˧˩li˥˧tʰou˧ni˥˧˧˥tʰɑ˨˦˧˩xɑ˥˥˦tʂə˥kə˥tɕyo˥˧˧˩iŋ˥,tɕʰyæ̃˨˦˧˩pu˥˥˦tou˥˧˧˩sɑɔ˥˧tei˥˧˧˩tɕiŋ˥tɕiŋ˥ti˧.pu˨˦˧˩nəŋ˨˦pɑ˥˧˧˩ni˥˧næᴇ˥˧˩kə˥˧˩tɕiɑɔ˥˧˧˩iŋ˥mæᴇ˨˦tɑɔ˥li˥˧˧˩tʰou˧tɕʰy˥˧˩.tsuei˥xou˥tʂʰʮ˥˧læᴇ˨˦˧˩pɑ˥˧˧˥tʂə˥məŋ˨˦i˥˧˧˩fəŋ˥˧……（那那里面等于就说还空间还蛮大了？）哎，有兀有很大的空间咧。æᴇ˧˩,iou˥˧vu˥˦˥iou˥˧xəŋ˥˧tɑ˥ti˧kʰuoŋ˥˧˧˥tɕiæ̃˥˧˧˥lie˧.（放不放点儿殉葬品呢？）没有。这个里头只是这么提咧这么大个罐罐。就是那个衣食罐罐。muo˥˧˧˩iou˥˧.tʂə˥˧˩kə˥li˥˧tʰou˧tsɿ˥˧˧˩sɿ˥˥˦tʂə˥muo˧tʰi˨˦˧˩lie˧tʂə˥muo˧tɑ˥˦˥kə˥˧˩kuæ̃˥˦˥kuæ̃˥˧˩.tɕiou˥sɿ˥næᴇ˥kə˥i˥˧ʂʅ˨˦˧˩kuæ̃˥˦˥kuæ̃˥˧˩.（里头有些什么东西呢？）这就是你从死了你你那天，前边摆咧个供桌，供桌头起就给你摆咧些供品。而且每一……都在你没有死的……没有下葬的那几天，每顿吃饭之前，先给你要给你献一点饭咧么。把这些饭么是给这个罐罐里头多少都装一点。还有给你献的这么大个馒头。最后了把这个装进去，把这个馒头往那个上头一盖，在那个放棺材那个后头挖有个……棺材那头里边儿放

着咧。衣食罐。tʂei˥tɕiou˥sɿ˥꜖ni˥˧꜔tsʰuoŋ˨˦꜖sɿ˥˧lie˧ni˥˧꜔ni˥˧꜔nei˥tʰiæ̃˥˧꜖,tɕʰiæ̃˨˦꜖piæ̃˥˧꜔pæᴇ˥˧lie˧kə˥꜖kuoŋ˥꜓tʂuo˥˧꜖,kuoŋ˥tʂuo˥˧꜖tʰou˨˦꜖tɕʰie˥˧꜔tsou˥kei˥ni˥˧꜔pæᴇ˥˧lie˧çie˥˧꜖kuoŋ˥꜓pʰiŋ˥˧.ər˨˦tɕʰie˥˧꜔mei˥˧i˥˧꜖……tou˥˧꜖tsæᴇ˥ni˥˧꜔mei˨˦iou˥˧꜔sɿ˥˧ti˧……mei˨˦iou˥˧çia˥tsaŋ˥ti˧nei˥tɕi˥˧꜔tʰiæ̃˥˧꜖,mei˥˧tuoŋ˥tʂʰʅ˥˧꜖fæ̃˥tsɿ˥˧꜔tɕʰiæ̃˨˦꜔,çiæ̃˥˧꜖kei˥˦ni˥˧iaɔ˥kei˥ni˥˧꜔çiæ̃˥i˥˧꜔tiæ̃˥˧꜖fæ̃˥lie˧muo˧.pa˥˧꜖tʂei˥çie˥˧꜔fæ̃˥꜓muo˧sɿ˥꜖kei˥tʂə˥kə˥kuæ̃˥꜓kuæ̃˥꜖li˥˧꜔tʰou˧tuo˥˧꜖ʂaɔ˥˧꜔tou˥˧꜔tʂuaŋ˥˧i˥˧꜖tiæ̃˥˧꜖.xæᴇ˨˦iou˥˧꜔kei˥ni˥˧꜔çiæ̃˥ti˧tʂə˥muo˧ta˥kə˥mæ̃˨˦꜖tʰou˧.tsuei˥xou˥lə˧pa˥˧꜖tʂə˥kə˥tʂuaŋ˥˧tɕiŋ˥tɕʰi˥,pa˥˧꜔tʂə˥kə˥mæ̃˨˦꜖tʰou˧vaŋ˥˧꜔nə˥kə˥ʂaŋ˥tʰou˧i˥˧꜖kæᴇ˥,tsæᴇ˥nə˥kə˥faŋ˥kuæ̃˥˧tsʰæᴇ˨˦꜖nə˥kə˥xou˥꜓tʰou˧va˥˧꜖iou˥˧kə˥꜖……kuæ̃˥˧tsʰæᴇ˨˦꜖nə˥tʰou˨˦꜖li˥˧piær˥꜖faŋ˥꜓tʂuo˥˧꜖lie˧.i˥˧ʂʅ˨˦꜖kuæ̃˥.（棺棺材这个人是头向里面还是头向外面？）头向里头睡，脚在外头蹬。tʰou˨˦꜖çiaŋ˥li˥˧tʰou˧ʂuei˥,tɕyo˥˧tsæᴇ˥꜖væᴇ˥tʰou˧təŋ˥˧.（就说就说他是在头在这个方位？）啊，头在这个位置，脚在这个地方蹬。ɑ꜖,tʰou˨˦꜖tsæᴇ˥tʂə˥kə˥vei˥tʂʅ˥,tɕyo˥˧tsæᴇ˥꜖tʂə˥kə˥ti˥faŋ˥˧꜖təŋ˥˧.（这里是一般是朝南啊朝什么位置？）那就看这个阴阳看下这个……看这个风水咋么，要是你不……脚蹬的是啥，头枕的是啥。这个里边有个……这个里头这个窑窑这个这个挖的，挖成个窑窑，里头，放清油做下那么个灯。点着。nei˥tɕiou˥kʰæ̃˥tʂə˥kə˥iŋ˥˧iaŋ˨˦꜖kʰæ̃˥xa˥tʂei˥˦kə˥꜖……kʰæ̃˥tʂə˥kə˥fəŋ˥˧ʂuei˥˧꜖tsa˥˧꜖muo˧,iaɔ˥sɿ˥ni˥˧pu˨˦꜖……tɕyo˥˧təŋ˥˧ti˧sɿ˥꜖sa˥,tʰou˨˦tʂəŋ˥˧ti˧sɿ˥꜖sa˥꜖.tʂə˥kə˥li˥˧piæ̃˥˧꜖iou˥˧꜔kə˥……tʂə˥kə˥li˥˧tʰou˧tʂə˥kə˥iaɔ˨˦iaɔ˨˦˦tʂə˥kə˥tʂə˥kə˥va˥˧tə˧,va˥˧꜖tʂʰəŋ˨˦꜖kə˥꜖iaɔ˨˦꜖iaɔ˨˦˦,li˥˧tʰou˧,faŋ˥tɕʰiŋ˥˧꜖iou˨˦tsuo˥˦xa˥꜖nə˥muo˧kə˥təŋ˥˧.tiæ̃˥˧tʂuo˨˦꜖.（还点着，封门的时候还点着？）哎，点着咧。把这个墓窑子……封这个墓窑子时候，马上都放这个封严住了，留……留这么大个洞。然后把这个清油，把这个油抹以后，放铁一……放东西烧红，然后放这个葱花，呛了后，叫呛墓哩。æᴇ˥˧,tiæ̃˥˧tʂuo˨˦꜖lie˧.pa˥˧꜖tʂə˥kə˥mu˥iaɔ˨˦tsɿ˧……fəŋ˥˧꜖tʂə˥꜖kə˥꜖mu˥iaɔ˨˦tsɿ˧sɿ˨˦꜖xou˥,ma˥˧ʂaŋ˥tou˥˧꜖faŋ˥tʂə˥kə˥fəŋ˥˧niæ̃˨˦꜖tʂʰʮ˥˦lə˧,liou˨˦……liou˨˦tʂə˥muo˧ta˥kə˥tuoŋ˥.ʐæ̃˨˦꜖xou˥˦pa˥˧꜖tʂə˥kə˥tɕʰiŋ˥˧iou˨˦,pa˥˧꜖tʂə˥kə˥iou˨˦muo˥˧i˥˧꜖xou˥˦,faŋ˥tʰie˥˧i˥˧꜖……faŋ˥tuoŋ˥˧çi˧ʂaɔ˥˧xuoŋ˨˦,ʐæ̃˨˦꜖xou˥faŋ˥tʂə˥kə˥tsʰuoŋ˥˧xua˥˧꜖,tɕʰiaŋ˥˦lə˧xou˥,tɕiaɔ˥tɕʰiaŋ˥꜖mu˥lie˧.（呛墓是什么概……）呛墓这个东西是讨了个吉利。就说是里边这个穿山甲……穿山甲寻的吃这个死人咧。tɕʰiaŋ˥꜖mu˥˦tʂə˥꜖kə˥꜖tuoŋ˥˧çi˧sɿ˥꜖tʰaɔ˥˧lə˧kə˥꜖tɕi˥˧li˥꜖.tɕiou˥˦ʂuo˥˧꜖sɿ˥꜖li˥˧piæ̃˥˧꜔tʂə˥kə˥tʂʰuæ̃˥˧꜖sæ̃˥˧꜓tɕia˥˧……tʂʰuæ̃˥˧꜖sæ̃˥˧꜓tɕia˥˧çiŋ˨˦ti˧tʂʰʅ˥˧tʂə˥kə˥sɿ˥˧ʐəŋ˨˦꜖lie˧.（噢，穿山甲啊？这里山上有吗？）有么。这会你把这个墓一呛，它闻着这个味道它就走。iou˥˧muo˧.tʂei˥xuei˥ni˥˧꜔pa˥˧꜖tʂə˥kə˥mu˥i˥˧꜖tɕʰiaŋ˥˦,tʰa˥˧꜔vəŋ˨˦꜖tʂuo˥˧tʂə˥kə˥vei˥taɔ˥꜖tʰa˥˧꜔tɕiou˥tsou˥˧꜖.（噢，要把它呛……有有那个呛人的味道在里面？）噢，就是的。但是这儿这这个本身我们这个地方不呛这个墓完全可以，因为我们这里埋人全部都是柏木棺材。ɑɔ꜖,tɕiou˥sɿ˥ti˧.tæ̃˥sɿ˥tʂər˥꜓tʂə˥tʂə˥꜖kə˥꜖pəŋ˥˧ʂəŋ˥˧꜓ŋuo˥˧məŋ˧tʂə˥kə˥ti˥faŋ˥˧꜔pu˨˦tɕʰiaŋ˥˦tʂə˥kə˥mu˥væ̃˨˦tɕʰyæ̃˨˦kʰə˥˧i˥˧꜖,iŋ˥˧꜖vei˥˦ŋuo˥˧məŋ˧tʂei˥˦li˥˧꜖mæᴇ˨˦ʐəŋ˨˦꜔tɕʰyæ̃˨˦꜖pu˥˦tou˥˧꜖sɿ˥꜖pei˥˧mu˥˧꜖kuæ̃˥˧tsʰæᴇ˨˦꜖.（柏木的？）柏木的，啊。这个柏木的味道，穿山甲闻着它也不行。pei˥˧mu˥˧꜖ti˧,ɑ꜖.tʂə˥kə˥pei˥˧mu˥˧꜖ti˧vei˥꜓taɔ˥꜖,tʂʰuæ̃˥˧꜖sæ̃˥˧꜖tɕia˥˧vəŋ˨˦꜖tʂuo˥˧tʰa˥˧꜔ia˥˧꜔pu˨˦꜔çiŋ˨˦꜖.（噢。那这个这个下去这个坑是要封住吗？）封住。这把土……挖上来的土最后把这土都全部踏下去。你这个孝子以后，人家别人把这个须……土往下锹，你站在底下要往死里踏呀。fəŋ˥˧tʂʮ˥꜖.tʂə˥˦pa˥˧꜖tʰu˥˧……va˥˧꜖ʂaŋ˥læᴇ˨˦꜖ti˧tʰu˥˧tsuei˥xou˥pa˥˧꜖tʂə˥tʰu˥˧tou˥˧꜖tɕʰyæ̃˨˦꜖pu˥tʰa˨˦꜖xa˥tɕʰi˥.ni˥˧꜔tʂə˥kə˥çiaɔ˥꜓tsɿ˧i˥˧꜖xou˥˦,ʐəŋ˨˦꜖tɕia˥˧pie˨˦꜖ʐəŋ˨˦˦pa˥˧꜔tʂə˥kə˥çy……tʰu˥˧vaŋ˥˧꜖xa˥tɕʰiaɔ˥˧꜓,ni˥˧tsæ̃˥tsæᴇ˥ti˥˧꜖xa˥iaɔ˥vaŋ˥˧꜓sɿ˥˧꜖li˥˧tʰa˨˦ia˧.（噢，要踩紧？）噢，踩的紧紧的么。紧踩的紧，慢踩的紧，

有时候一折以后，这个墓窑就……都塌下去咧，坟骨堆都塌下去了，这就叫浥墓[1]了。ɑɔ˪,tsʰæᴇ˦˥ti˧˦tɕiŋ˦˥tɕiŋ˦˥ti˧˦muo˧˦.tɕiŋ˦˥tsʰæᴇ˦˥ti˧˦tɕiŋ˦˥,mæ̃˧tsʰæᴇ˦˥ti˧˦tɕiŋ˦˥,iou˦˥˧ʂʅ˨˧xou˧i˦˥˨ʂə˨i˦˥˨xou˧,tʂə˧kə˧mu˧iɑɔ˨˧tsou˧……tou˦˨˥tʰɑ˦˨˥xɑ˧tɕʰi˧lie˧,fəŋ˨˥ku˦˥tuei˦˨˥tou˦˨˥tʰɑ˦˨˥xɑ˧tɕʰi˧˥lə˧,tʂei˧tɕiou˧tɕiɑɔ˧ie˦˥mu˧˨lə˧. （那那这个浥墓是吉利还是不吉利呢？）不吉利。pu˨tɕi˦˥li˧˨. （浥墓是什么？）浥墓一般情况是墓窑子塌了。有时候是这个水，下雨的这个水进去把这个浥塌了。ie˦˥mu˧˨i˦˥˨pæ̃˦˥tɕʰiŋ˨˨kʰuɑŋ˧sʅ˧mu˧iɑɔ˨˨tsʅ˧tʰɑ˦˥lə˧.iou˦˥sʅ˨˧xou˧sʅ˧tʂə˧kə˧ʂuei˦˥,ɕiɑ˧˨y˦˥ti˧tʂə˧kə˧ʂuei˦˥tɕiŋ˧tɕʰi˧pɑ˦˨tʂə˧kə˧ie˦˨tʰɑ˦˥lə˧. （哎，那个那个鼓的东西瘪了也叫叫不叫浥呢？）不叫。pu˨˨tɕiɑɔ˧˨. （就是坟塌了叫浥？）啊，叫浥。ɑɔ˪,tɕiɑɔ˧ie˦˥.

阴家、阳家

（有这个阳家阴家的这个说法吗？）黄：这事有咧。阳家，阴家。tʂə˧˥ʂʅ˧˥iou˦˥lie˧. iɑŋ˨tɕiɑ˦˥˧,iŋ˦˨tɕiɑ˦˥. （怎么……怎么区分？）活人为阳，已死人为阴嘛。xuo˨zəŋ˨˧vei˨˨iɑŋ˨,i˦˨sʅ˦˥zəŋ˨˨vei˨˨iŋ˦˥mɑ˧. （啊，就是活的人叫阳家？）啊，阳家么。死的为阴家。ɑ˪,iɑŋ˨tɕiɑ˦˥muo˧.sʅ˦˥ti˧vei˨iŋ˦˥tɕiɑ˦˨. （像这个人间的这个房子叫什么？阳宅？）阳宅么。iɑŋ˨tsæᴇ˨˥muo˧. （有阴宅这个说法没有？）阴宅，阴宅，埋人的兀就是阴宅么。iŋ˦˥tsæᴇ˨˨,iŋ˦˥tsæᴇ˨˨,mæᴇ˨zəŋ˨ti˧vei˧tɕiou˧˨sʅ˧˨iŋ˦˥tsæᴇ˨˨muo˧. （噢，啊，就是那个坟？）啊，坟，指墓地么。ɑ˪,fəŋ˨,tsʅ˦˨mu˧ti˧muo˧.

碑子

（碑，你们叫什么？碑子还是碑牌？）黄：叫碑子。tɕiɑɔ˧pi˦˥tsʅ˧. （你们是“竖碑子”还是“立碑子”？）立碑子。li˦˥pei˦˨tsʅ˧. （有没有“碑庐子”这种说法？）碑庐子，那你……这儿这有讲究啊。你一般的人一般的平民你不能有庐子啊。……pei˦˥lou˨˨tsʅ˧,næᴇ˧˥ni˦˨……tʂər˧tʂə˧iou˦˨tɕiɑŋ˦˥tɕiou˦˨ɑ˪.ni˦˥i˦˥pæ̃˦˥ti˧zəŋ˨i˦˥pæ̃˦˥ti˧pʰiŋ˨miŋ˨˧ni˦˥pu˨˨nəŋ˨iou˦˥lou˨˨tsʅ˧ɑ˪. （“庐子”是什么东西？）就是这个碑子头起以后，这头是光头碑子啊。你没有功名你不能带庐子啊。tɕiou˧sʅ˧tʂə˧kə˧pi˦˥tsʅ˧tʰou˨˨tɕʰie˦˥i˦˨xou˧,tʂei˧tʰou˨sʅ˧kuɑŋ˦˨tʰou˨pi˦˥tsʅ˧ɑ˪.ni˦˥mei˨iou˦˥kuoŋ˦˥miŋ˨˨ni˦˥pu˨˧nəŋ˨˧tæᴇ˧lou˨˨tsʅ˧ɑ˪. （光光头碑子，是吗？）啊，光头碑子，就是圆圆的那个石头凿成这么圆圆的下来，你就是光头的。你有功名的人，人家上头才可以可以起脊呀。这按旧社会的说法的话，我们这儿这那个旧社会人讲究，你这个门，盖这个大门，你们家里不出县官儿，考不上秀才，你不能起脊么，盖门脑子不能起脊么，按过去那个宗教比较……这个需……比较严重的情况下，你起了脊，你把这个脊起了以后，人家都不愿意你啊，那……套下牛把那拉倒咧。必须套牛把那个拉倒。ɑ˪,kuɑŋ˦˥tʰou˨pei˦˥tsʅ˧,tsou˧sʅ˧yæ̃˨yæ̃˨˧ti˧næᴇ˧kə˧ʂʅ˨tʰou˨tsɑɔ˨˨tʂʰəŋ˨tʂə˧muo˧yæ̃˨yæ̃˨˧ti˧xɑ˧læᴇ˨˧,ni˦˥tsou˧sʅ˧kuɑŋ˦˥tʰou˨˨ti˧.ni˦˥iou˦˥kuoŋ˦˥miŋ˨˨ti˧zəŋ˨˨,zəŋ˨˨tɕiɑ˦˥ʂɑŋ˧˥tʰou˧tsʰæᴇ˨˨kʰə˦˥i˦˥kʰə˦˥i˦˥tɕʰi˦˥tɕi˦˥iɑ˪.tʂə˧næ̃˧tɕiou˧ʂə˧xuei˧ti˧ʂuo˦˥fɑ˦˨tə˧xuɑ˧˨,ŋuo˦˥məŋ˧tʂər˧tʂə˧nə˧kə˧tɕiou˧ʂə˧xuei˧zəŋ˨˨tɕiɑŋ˦˥tɕiou˦˨,ni˦˥tʂə˧kə˧məŋ˨,kæᴇ˧˥tʂə˧˨kə˧˨tɑ˧məŋ˨,ni˦˥məŋ˧tɕiɑ˦˥li˦˨pu˨˧tʂʰʮ˦˥ɕiæ̃˧˥kuæ̃r˦˨,kʰɑɔ˦˥pu˨˨ʂɑŋ˧ɕiou˧˥tsʰæᴇ˨˨,ni˦˥pu˨˨nəŋ˨tɕʰi˦˥tɕi˦˥muo˧,kæᴇ˧məŋ˨nɑɔ˦˥tsʅ˧pu˨˨nəŋ˨tɕʰi˦˥tɕi˦˥muo˧,næ̃˧kuo˧˥tɕʰy˧˨nə˧kə˧tsuoŋ˦˨tɕiɑɔ˧pi˦˥tɕiɑɔ˧……tʂə˧kə˧ɕy˦˥……pi˦˥tɕiɑɔ˧iæ̃˨˨tʂuoŋ˧ti˧tɕʰiŋ˨˨kʰuɑŋ˧ɕiɑ˧,ni˦˥tɕʰi˦˥lə˧tɕi˦˥,ni˦˥pɑ˦˨tʂə˧kə˧tɕi˦˥tɕʰi˦˥lə˧i˦˨xou˧,zəŋ˨˨tɕiɑ˦˥tou˦˥pu˨˨yæ̃˧i˧˥ni˦˨ɑ˪,nə˧˨……tʰɑɔ˧xɑ˧niou˨pɑ˦˥næᴇ˧lɑ˦˨tɑɔ˦˥lie˧.pi˦˥ɕy˦˥tʰɑɔ˧niou˨pɑ˦˨nə˧˨kə˧˨lɑ˦˨tɑɔ˦˨. （套着牛把它拉倒？）噢，套着牛把那个拉倒。ɑɔ˪,tʰɑɔ˧tʂə˧niou˨pɑ˦˨nə˧kə˧lɑ˦˨tɑɔ˦˨. （不

① 浥墓：墓窑子坍塌。《集韵》乙侠切，“浥，窊陷也”。

能瞎弄的？）噢，不能瞎弄。ɑɔ˧˩,pu˩˧˦nəŋ˩˧˦ɕia˥˧˧˩nuoŋ˥.（有钱也不行？）哎不行，那你没有功名么你。æᴇ˥˧pu˩˧˧˩ɕiŋ˩˧˧˩,næᴇ˥ni˥˧˦mei˩˧iou˥˧˦kuoŋ˥˧miŋ˩˧˧˩muo˧ni˥˧˧˩.（现在有人有碑……碑庐子……坟庐子没有？）没有，我们这里都没有。平民百姓他都是光头碑子，弄个光头……muo˥˧˨˦iou˥˧˧˩,ŋuo˥˧məŋ˧tʂə˥li˥˧˧˩tou˥˧˧˩muo˥˧˧˩iou˥˧˧˩.pʰiŋ˩˧˧˩miŋ˩˧˦pei˥˧˧˩ɕiŋ˥tʰɑ˥˧tou˥˧˨˦sɿ˥kuɑŋ˥˧˧˩tʰou˩˧pei˥˧˧˩tsɿ˧,nuoŋ˥kə˥kuɑŋ˥˧˧˩tʰou˩˧……（乡长死了也不行？）噢，乡长死咧，哎，乡长他不行，兀必须县级干部。ɑɔ˧˩,ɕiɑŋ˥˧˧˩tʂɑŋ˥˧sɿ˥˧˧˩lie˧,æᴇ˥,ɕiɑŋ˥˧˧˩tʂɑŋ˥˧tʰɑ˥˧˧˩pu˩˧˧˩ɕiŋ˩˧,væᴇ˥pi˥˧ɕy˥˧˧˩ɕiæ̃˥tɕi˥˧˧˩kæ̃˥˧˩pu˥˧˩.（那我们在太白没出过县级干部？）太白，县级干部有。但是他们还没立。哎，这个上头这个，这儿这上去看这个大树，这个底树……树底下以后，立着个碑子，叫任晚银人名，未核实。tʰæᴇ˥pei˩˧˧˩,ɕiæ̃˥tɕi˥˧˧˩kæ̃˥pu˥iou˥˧˧˩.tæ̃˥˧˩sɿ˥˧˩tʰɑ˥˧˦məŋ˦xɑ˩˧˧˩mei˩˧li˥˧˧˩.æᴇ˥,tʂə˥kə˥ʂɑŋ˥tʰou˦tʂə˥kə˥,tʂər˥tʂə˥ʂɑŋ˥tɕʰy˥kʰæ̃˥tʂei˥kə˥tɑ˥ʂʮ˥,tʂə˥kə˥ti˥˧˦ʂʮ˥……ʂʮ˥ti˥˧xɑ˥i˥˧˧˩xou˥˨˦,li˥˧˧˩tʂə˧kə˥˧˩pi˥˧tsɿ˧,tɕiɑɔ˥zəŋ˩˧væ̃˥˧iŋ˩˧.（它就是这儿这儿这儿吧？啊就这儿有棵大树。）他这个树底下就有个碑子。嗯。啊，就这个树底下有个碑子么。叫任晚银么。……tʰɑ˥˧˦tʂə˥kə˥ʂʮ˥ti˥˧xɑ˥˧˩tɕiou˥iou˥˧˦kə˥pi˥˧tsɿ˧.ə̃˥.ɑ˧˩,tɕiou˥˨˦tʂə˥˧˩kə˥˧˩ʂʮ˥ti˥˧˦xɑ˥iou˥˧˦kə˥pi˥˧tsɿ˧muo˧.tɕiɑɔ˥zəŋ˩˧væ̃˥˧iŋ˩˧muo˧.（他是干吗的？）他欸当初是宁县县委书记，宁县县委书记么，“文革”后期是庆阳公路总段段长么。县级干部。tʰɑ˥˧˦ei˥tɑŋ˥˧˧˩tʂʰʮ˥˧sɿ˥niŋ˩˧ɕiæ̃˥ɕiæ̃˥vei˥˧˦ʂʮ˥˧˧˩tɕi˥˨˦,niŋ˩˧ɕiæ̃˥ɕiæ̃˥vei˥˧˧˩ʂʮ˥˧˧˩tɕi˥muo˧,vəŋ˩˧kei˥˧˧˩xou˥tɕʰi˥˧˧˩sɿ˥˧˩tɕʰiŋ˥iɑŋ˩˧˦kuoŋ˥˧˧˩lou˥tsuoŋ˥˧˦tuæ̃˥tuæ̃˥tʂɑŋ˥˧muo˧.ɕiæ̃˥tɕi˥˧˧˩kæ̃˥pu˥˨˦.（他就死了立了个立还立了个？）立了个光头儿。li˥˧lə˧kə˥˧˩kuɑŋ˥˧˧˩tʰour˩˧.（他还是副光头碑子啊？）光头碑子。kuɑŋ˥˧˧˩tʰou˩˧pei˥˧tsɿ˧.（他是太白人吗？）太白人。tʰæᴇ˥pei˥˧˧˩zəŋ˩˧˧˩.（是pei˥˧tsɿ˧还是pi˥˧tsɿ˧？）立碑。li˥˧˨˦pi˥˧.（pi˥˧tsɿ˧？）碑子，嗯。pi˥˧tsɿ˧,ə̃˧˩.（他就是太白的那个……）啊。ɑ˧˩.（是刘志丹的部下还是……）不是，他，兀他是后的。他是五几年出去干了干事的嘛。pu˩˧˦sɿ˥,tʰɑ˥˧˦,væᴇ˥˨˦tʰɑ˥˧˧˩sɿ˥˧˩xou˥tə˧.tʰɑ˥˧˦sɿ˥vu˥˧tɕi˥˧˧˩niæ̃˩˧˧˩tʂʰʮ˥˧˧˩tɕʰy˥˨˦kæ̃˥˨˦lə˧kæ̃˥sɿ˥ti˦ma˧.（五几年才参加工作还是干吗？）啊，太白还有一个，呣。清凉寺还有一个万……万青山，他也是那是省级……副省级干部，最大的干到这个甘肃省组织部部长，甘肃省这个欸……ɑ˧˩,tʰæᴇ˥pei˩˧˧˩xæᴇ˩˧˧˩iou˥˧i˥˧˧˩kə˥,m̩˧˩.tɕʰiŋ˥˧liɑŋ˩˧˧˩sɿ˥xæᴇ˩˧˧˩iou˥˧i˥˧˧˩kə˥˧˩væ̃˥……væ̃˥tɕʰiŋ˥˧sæ̃˥˧˧˩,tʰɑ˥˧˦iɑ˥˧˦sɿ˥næᴇ˥˨˦sɿ˥səŋ˥˧tɕi˥˧˧˩……fu˥səŋ˥˧tɕi˥˧˧˩kæ̃˥pu˥,tsuei˥tɑ˥ti˦kæ̃˥tɑɔ˥tʂə˥kə˥kæ̃˥˧˧˩ɕy˥˧˧˩səŋ˥˧tsʮ˥˧tʂɿ˥˧˧˩pu˥pu˥tʂɑŋ˥˧,kæ̃˥˧ɕy˥˧˧˩səŋ˥˧tʂə˥kə˥ei˥……（他埋在这儿吗？）啊，他回到老家埋，也是秃头碑。ɑ˧˩,tʰɑ˥˧˦xuei˩˧˧˩tɑɔ˥lɑɔ˥˧tɕiɑ˥˧˧˩mæᴇ˩˧˧˩,ie˥˧sɿ˥˧˩tʰu˥˧˧˩tʰou˩˧˧˩pi˥˧.（他死了是用是拿棺材还是拿什么……）兀都拉回来到这儿这拜了的。这些人都是……væᴇ˥˨˦tou˥˧˧˩lɑ˥˧xuei˩˧˧˩læᴇ˩˧˦tɑɔ˥tʂər˥˨˦tʂə˥˧˩pæᴇ˥lə˦ti˦.tʂei˥˧˩ɕie˥˧zəŋ˩˧tou˥˧sɿ˥˧˩……（什么时候？）哎呀，这个死了怕都三四年了，那个死了也是……那个死了都……十……上十年了。æᴇ˧˩iɑ˧˩,tʂə˥˧˩kə˥˨˦sɿ˥˧lie˧pʰɑ˥tou˥˧˦sæ̃˥˧sɿ˥˧˩niæ̃˩˧lə˦,nə˥˨˦kə˥sɿ˥˧˦lie˦lie˥˧sɿ˥˧˩……nə˥˨˦kə˥sɿ˥˧lie˧tou˥˧˦……ʂ……ʂɑŋ˥ʂɿ˩˧niæ̃˩˧˧˩lə˦.（这个死了多少年？）这个洞都四年多了。tʂə˥kə˥tuoŋ˥tou˥˧˦sɿ˥niæ̃˩˧tuo˥˧lə˧.（四年多？）嗯。ə̃˧˩.（他是在退了休以后回来的？）退休以后死了的，噢。tʰuei˥ɕiou˥˧˦i˥˧˦xou˥sɿ˥˧˧˩lə˧ti˦,ɑɔ˥˧.（退休以后回来还是退休以后一直在……）还在西峰，死在西峰，嗯。xɑ˩˧˧˩tsæᴇ˥˨˦ɕi˥˧˧˩fəŋ˩˧,sɿ˥˧˦tsæᴇ˥ɕi˥˧˧˩fəŋ˩˧,ŋ̍˥˧.（然后死了就拿……拉回来埋？）噢，拉回来。ɑɔ˧˩,lɑ˥˧xuei˩˧˧˩læᴇ˩˧˧˩.（西峰不要求……庆阳地区不要求火葬吗？）那不把他……这儿这这么个他把谁能挡住。西峰怕没有火葬场。næᴇ˥˨˦pu˩˧˧˩pɑ˥˧˧˩tʰɑ˥˧……tʂər˥˨˦tʂə˥tʂə˥muo˦kə˥˧˩tʰɑ˥˧pɑ˥˧˧˩sei˩˧nəŋ˩˧˦tɑŋ˥˧˩tʂʮ˥˧˩.ɕi˥˧˧˩fəŋ˩˧pʰɑ˥mei˩˧iou˥˧xuo˥˧˦tsɑŋ˥tʂʰɑŋ˥˧.（噢，西峰火葬场都没有？）没有吧，我就没听说有火葬场。mou˥˧˧˩iou˥˧pɑ˧,ŋuo˥˧tsou˥˧˩mei˩˧tʰiŋ˥˧ʂuo˥˧˧˩iou˥˧xuo˥˧˧˩tsɑŋ˥˨˦tʂʰɑŋ˥˧˧˩.（碑下那个座儿你们叫什么？）

碑座儿。pi˥˧˨tsuor˥.

老坟

1.（像你们这个老人这个过过世以后他都是不是每个村都有一块儿地专门埋老人，还是自己随便儿乱埋？）黄：我们是自由主义。ŋuo˥˧mən·˧sʅ˥˨tsʅ˥iou˧˥tʂʮ˥˧i˥˨.（想埋哪儿埋哪儿啊？）嗯。ə̃˩.（没有统一的坟地？）没有。阴阳就是这个总指挥。mei˧˥˧iou˥˧˨.iŋ˥˧iaŋ˧˥˨tɕiou˥sʅ˥tʂə˥˨kə˥˨tsuoŋ˥˧˧tsʅ˥˧xuei˥˧˨.（哦。）这个阴阳今年，你比如今年是大利南北，他根据这个山向，今年就是大利南北，那你埋的埋人这个方向就是南北方向可以埋。东西，不利东西，你今年死咧人东西就不能埋。你即就是把老坟看到东半块，你这个人死咧也不能入老坟去，你必须埋到南半块，来年清明节你再搬回去。tʂə˥kə˥iŋ˥˧iaŋ˧˥˨tɕiŋ˥˧˨niæ̃˧˥,ni˥˧pi˥˧ʐʮ˧˥˨tɕiŋ˥˧˨niæ̃˧˥sʅ˥˨ta˥li˥næ̃˧˥pei˥˧,tʰɑ˥˧˧kəŋ˥˧˨tɕy˥˧tʂə˥˨kə˥˨sæ̃˥˧˨ɕiaŋ˥,tɕiŋ˥˧˨niæ̃˧˥tɕiou˥˧sʅ˥˨ta˥li˥næ̃˧˥pei˥˧,næᴇ˥ni˥˧˧mæᴇ˧˥ti·˧mæᴇ˧˥ʐəŋ˧˥tʂə˥kə˥faŋ˥˧˨ɕiaŋ˥tɕiou˥˨sʅ˥˨næ̃˧˥pei˥˧faŋ˥˧˨ɕiaŋ˥kʰə˥˧i˥˧˨mæᴇ˧˥.tuoŋ˥˧˥ɕi˥˧,pu˧˥˨li˥˧tuoŋ˥˧˥ɕi˥˧,ni˥˧˨tɕiŋ˥˧˨niæ̃˧˥sʅ˥˧lie·˧ʐəŋ˧˥tuoŋ˥˧˥ɕi˥˧tɕiou˥˨pu˧˥˨nəŋ˧˥mæᴇ˧˥.ni˥˧tɕi˥˧˨tɕiou˥˧sʅ˥pɑ˥˧˨lɑɔ˥˧fəŋ˧˥kʰæ̃˥tɑɔ˥tuoŋ˥˧paŋ˩（←pæ̃˥）kʰuæᴇ˥˧˨,ni˥˧tʂə˥kə˥ʐəŋ˧˥sʅ˥˧lie·lie˥˧pu˧˥˨nəŋ˧˥ʐʮ˥˧˧lɑɔ˥˧fəŋ˧˥˨tɕʰie˥,ni˥˧˨pi˥˧ɕy˥˧˨mæᴇ˧˥˨tɑɔ˥næ̃˧˥˨pæ̃˥kʰuæᴇ˥˧˨,læᴇ˧˥niæ̃˧˥tɕʰiŋ˥˧miŋ˧˥tɕie˥˧ni˥˧˨tsæᴇ˥pæ̃˥˧xuei˧˥tɕʰi˥˨.（还可以还可以搬回去？）还可以搬回去。xɑ˧˥˨kʰə˥˧i˥˧˨pæ̃˥˧xuei˧˥˨tɕʰi˥.（那你们老坟那一块儿就说祖上都埋在那儿的，有没有这样的地方？）有么。坟垣么。iou˥˧muo·˧.fəŋ˧˥˨yæ̃˧˥˧muo·˧.（叫坟垣？）啊，老坟么。老坟地么。ɑ˩,lɑɔ˥˧fəŋ˧˥muo·˧.lɑɔ˥˧fəŋ˧˥˨ti˥muo·˧.（老坟地还叫坟垣？）坟……老坟地。“你们老坟在哪里？”就问这个。fəŋ˧˥……lɑɔ˥˧fəŋ˧˥˨ti˥.ni˥˧˧məŋ˧lɑɔ˥˧fəŋ˧˥tsæᴇ˥˨na˥˧li˥˧˨?tɕiou˥˨vəŋ˥tʂə˥kə˥.（老坟？）啊。ɑ˩.（讲坟垣吗？）不讲。因兀这地它又不大……又不大地方。又不圈又不啥。大不了栽上两个树。就是个老坟。pu˧˥˨tɕiaŋ˥˧.iŋ˥˧˨væᴇ˥˧tʂə˥ti˥tʰɑ˥˧iou˥˩pu˧˥˨ta˥……iou˥pu˧˥˨ta˥ti˥˧faŋ˥˧˨.iou˥pu˧˥˧tɕʰyæ̃˥˧iou˥pu˧˥˨sɑ˥.ta˥pu˧˥˨liɑɔ˥˧tsæᴇ˥˧ʂaŋ˥˨liaŋ˥˧kə˥˨ʂʮ˥.tɕiou˥sʅ˥kə˥lɑɔ˥˧fəŋ˧˥˨.

2.（我们……像农村呐你有没有比如说你家里有没有这个不不是一家人，几几家人合埋一个一一个坟地的？）不可能。pu˧˥˨kʰə˥˧˨nəŋ˧˥.（没有公公墓的这种情况？）没，哎不可能，没有。mæᴇ˧˥pu˧˥˨kʰəŋ˩（←kʰə˥˧）nəŋ˧˥,mei˧˥iou˥˧˨.（就是必须是一家人一个坟地？）噢，一个一家人。就有……我们家里埋的，你别人来埋到我们跟前算啥咧，那根本不让你埋。ɑɔ˩,i˥˧˨kə˥˧i˥˧˨tɕia˥˧ʐəŋ˧˥˨.tsou˥˧iou˥˧˧……ŋuo˥˧məŋ·˧tɕia˥˧li˥˧˨mæᴇ˧˥tə˧,ni˥˧pie˧˥ʐəŋ˧˥˧læᴇ˧˥˧mæᴇ˧˥˧tɑɔ˥ŋuo˥˧˧məŋ·˧kəŋ˥˧tɕʰiæ̃˧˥˨suæ̃˥sɑ˥lie˧,nə˥kəŋ˥˧˨pəŋ˥˧pu˧˥˨ʐaŋ˥ni˥˧mæᴇ˧˥˨.（是吧？）哎，不让你埋。æᴇ˥˧,pu˧˥˨ʐaŋ˥ni˥˧˧mæᴇ˧˥˨.（像南方有这种这个一个村子里面这个……）那叫公墓咧么。这儿这没……nə˥tɕiɑɔ˥kuoŋ˥˧˨mu˥lie·˧muo·˧.tʂər˥˧tʂə˥muo˥˧˨……（这儿没有公墓？）有……这么大的山，谁想挖哪边都随他。iou˥˧˧……tʂə˥muo·˧ta˥ti·˧sæ̃˥˧,sei˧˥ɕiaŋ˥˧va˥˧˨na˥˧˨piæ̃˥˧˨tou˥˧˧suei˧˥˨tʰɑ˥˧˨.（哎，也有那种乱葬岗没有这边？）哎，那是埋人的地方都是那么几个地方。虽然说是不是公墓，但是都在那一片儿埋着咧。æᴇ˧˥,nə˥˨sʅ˥˨mæᴇ˧˥ʐəŋ˧˥ti·˧ti˥˧faŋ˥˧˨tou˥˧˧sʅ˥nə˥˧mu o·˧tɕi˥˧kə˥˨ti˥˧faŋ˥˧˨.suei˥˧ʐæ̃˧˥˨ʂuo˥˧sʅ˥˨pu˧˥˨sʅ˥kuoŋ˥˧˨mu˥,tæ̃˥˨sʅ˥˨tou˥˧tsæᴇ˥næᴇ˥i˥˧˨pʰiæ̃r˥˧mæᴇ˧˥˨tʂuo˥˧lie·˧.（欸有的就是死了很多人就随便乱搭一下就就埋了，有没有这个地方？）哎没有。æᴇ˥˧mei˧˥˨iou˥˧˨.（年年代很久远的那种那种地方，比如说你们家的祖先埋的那个地方是叫祖坟还叫老坟？）老坟。lɑɔ˥˧fəŋ˧˥˨.（坟包那个头那叫什么？坟尖尖？）这没有啥叫法。我们这儿把那是坟骨堆。坟骨堆。tʂə˥˧mei˧˥iou˥˧sa˥tɕiɑɔ˥˧fa˥˧˨.ŋuo˥˧məŋ·˧tʂər˥pa˥˧˨nei˥sʅ˥fəŋ˧˥ku˥˧tuei˥˧˨.fəŋ˧˥ku˥˧tuei˥˧˨.

一七、宗教迷信

宗教 / 神鬼 / 迷信活动

（一）宗教

道士、和尚

1.（男的呢？）黄：呀，男的……晓□把那叫啥咧吵？iaɭ˨,næ̃˩˨˩ti˧……ɕiaɔ˥niæ̃˩˨˩pa˥˩n æᴇ˧tɕiaɔ˧sa˧lie˧sa˧?（道观里面的？）嗯。ŋ̍˨.（道士？）就叫道士吗是啥子。华山，我在华山见过。再的地方我太没见。tɕiou˧tɕiaɔ˧taɔ˧˨sɿ˧ma˧sɿ˧sa˧˩tsɿ˧.xua˧˨sæ̃˥˩,ŋuo˥tsæᴇ˧xua ˧˨sæ̃˥˩tɕiæ̃˧kuo˧.tsæᴇ˧ti˧ti˧faŋ˥˨ŋuo˥tʰæᴇ˧muo˥tɕiæ̃˧˩.（他这儿没有！这里没有道观啊？）这本身……本身没有得，啊。tʂei˧pəŋ˥ʂəŋ˥˩……pəŋ˥ʂəŋ˥˩mei˩iou˥tei˥˩,a˧.（和尚还是有吧？）和尚都少得很。xuo˩˨˩ʂaŋ˧˥tou˥˩ʂaɔ˥tei˥˩xəŋ˥.（那你们这个死了人请来的那些和尚老道儿呢？）那都是其他地方的。我们本地没有兀。næᴇ˧˥tou˥˩sɿ˧tɕʰi˩˨˩tʰa˥ti˧˩faŋ˥ti˧. ŋuo˥məŋ˧pəŋ˥ti˧˥mei˩˨˩iou˥˨və˧.（打醮的人那个叫什么？）那叫念经的那些人晓□叫做啥咧。nei˧˩tɕiaɔ˧˩niæ̃˧tɕiŋ˥ti˧nei˧ɕie˥˨zəŋ˩ɕiaɔ˥˩niæ̃˩tɕiaɔ˧tsuo˧sa˧˩lie˧.（你们对面山上里面住了那个和尚什么没有？）没有么。哪瘩住下有？muo˥˨iou˥muo˧.na˥ta˥˩tʂʮ˧˥xa˧˩iou˥˩?（没有和尚啊？）没有和尚。哪儿去……muo˥˩iou˥xə˩˨˩ʂaŋ˧.nar˥tɕʰi˧˩……（那谁管事啊？）就是欸这是林场那个修车的管<u>了么</u>。tsou˧sɿ˧ei˧tʂei˧sɿ˧liŋ˩˨˩tʂʰaŋ˥nə˧kə˧ɕiou˥˩tʂʰə˥ ti˧kuæ̃˥ləm˧.（林场的？）嗯。叫个王之期人名，未核实。王之期老婆儿修下的庙。谁知道？ŋ̍˨.tɕiaɔ˧kə˧vaŋ˩˨˩tsɿ˥tɕʰi˩.vaŋ˩˨˩tsɿ˥tɕʰi˩laɔ˥pʰuor˩˨˩ɕiou˥xa˧˩ti˧miaɔ˧.ʂuei˩tʂʅ˥˩taɔ˧˩?（那她守在那里啊？）没有守着。初一十五去把门开开就对了。mei˩˨˩iou˥ʂou˥tʂə˧.tʂʰʮ˥˨i˥ʂɿ˩˨v u˥tɕʰi˧pa˥˩məŋ˩kʰæᴇ˥˩kʰæᴇ˥tsou˧˩tuei˧˩lə˧.（噢，初一十五就开，平时关着？）平时关着咧。pʰiŋ˩sɿ˩˨kuæ̃˥tʂə˧lie˧.（还插着旗子在那里呢！）啊。aɭ˨.

2.（道士这里以前有过吗？）黄：穿黑……一身黑衣裳的这种。tʂʰuæ̃˥˩xei˥……i˥˨ʂəŋ˥xei˥˨i˥ʂaŋ˧ti˧tʂei˧tʂuoŋ˥˩.（嗯，嗯。）有咧。iou˥lie˧.（你们叫什么？）也叫道士咧。ie˥tɕiaɔ˧taɔ˧sɿ˧lie˧.（道士？）嗯。那都来以后给你……来家说上几句吉利话，给你给上那么个红绳绳子，或者个啥，就……说给你这个娃娃拴个锁锁。ə̃˨. nə˧˥tou˥˩læᴇ˩i˥˩xou˧kei˧ni˥˨……læᴇ˩tɕia˥˩ʂuo˥ʂaŋ˧˩tɕi˥˨tɕy˧tɕi˥li˧˩xua˧,kei˧ni˥˨kei˧ʂa ŋ˧nə˧muo˧kə˧xuoŋ˩ʂəŋ˩˨˩ʂəŋ˩˥tsɿ˧,xuei˩˥tʂə˥˩kə˧˥sa˧,tɕiou˧˥……ʂuo˥˩kei˧˥ni˥tʂə˧˩kə˧˩v a˩˨˩va˩˨ʂuæ̃˥˩kə˧˩suo˥suo˥˩.（他要画符吧？）不画符儿这里。pu˩˨˩xua˧fuər˩˨˩tʂei˧li˥˨.（这里不画符啊？）噢，一般都不画符。光说上吉利话那都要钱咧。来化布施咧么。aɔ˨,i˥˨pæ̃˥tou˥˩pu˩˨˩xua˧fu˩˨˩.kuaŋ˥˨ʂuo˥ʂaŋ˧˩tɕi˥li˧˩xua˧nə˧tou˥˩iaɔ˧tɕʰiæ̃˩˨˩lie˧. læᴇ˩˨˩xua˧pu˧˨sɿ˥˩lie˧muo˧.（画故事啊？）噢，化布施么。要钱咧么。aɔ˨,xua˧pu˧˨sɿ˥˩muo˧. iaɔ˧˨tɕʰiæ̃˩˨˩lie˧muo˧.（噢，化布施？）噢，布施么，嗯。aɔ˨,pu˧˨sɿ˥˩muo˧,ə̃˨.

道教

（信道的有没有？）黄：道教，那是嘎么……汉民嘎多一半儿十个有九个都是道教出身。tɑɔ˥˩ɥ˦tɕiɑɔ˥˩ɥ˨,nə˥ʂʅ˥kɑ˧muo˧……xæ̃˥miŋ˦˨˩kɑ˧tuo˥˧i˥˩pæ̃r˥ʂʅ˦˨˩kə˥iou˥˩˦tɕiou˥˧kə˥˨tou˥˩ʂʅ˥˩ɥt ɑɔ˥˩tɕiɑɔ˥˩tʂʰɥ˥˩ʂəŋ˥˧.（嗯，什么？）汉民，十个有九个人你都是道教。xæ̃˥miŋ˦,ʂʅ˦˨˩kə˥iou˥˧ ˦tɕiou˥˧kə˥˨zəŋ˦ni˥˦tou˥˩ʂʅ˥˩ɥtɑɔ˥˩tɕiɑɔ˥˩.（汉民啊？）啊。所有的汉族，汉族人你嘎信仰的都是道教嘛你。你想下看，你去问看是不是这个。ɑ˨.ʂuo˥˧iou˥ti˧xæ̃˥tsɥ˦˨˩,xæ̃˥tsɥ˦˨˩zəŋ˦ni˥kɑ˧ ɕiŋ˥iɑŋ˥ti˧tou˥˦sʅ˥˩tɑɔ˥˩tɕiɑɔ˥mɑ˧ni˥˩.ni˥˦ɕiɑŋ˥˦xɑ˥kʰæ̃˥,ni˥˩tɕʰi˥˩vəŋ˥kʰæ̃˥sʅ˥˩pu˦˨˩sʅ˥˩tʂə˥kə˥˨.（汉子啊？）汉族……汉族。xæ̃˥tsɥ……xæ̃˥tsɥ˦.（汉族啊？）噢，整个儿汉族你都信仰的是道教么你看。ɑɔ˨,tʂəŋ˥˧kər˥xæ̃˥tsɥ˦ni˥˩tou˥˩ɕiŋ˥iɑŋ˥ti˧sʅ˥˩tɑɔ˥˩tɕiɑɔ˥muo˧ni˥˩kʰæ̃˥˨.（那那信道教那都不一定欤。）噢。欤，他把……多一半儿都是道教出身。ɑɔ˨.ei˦,tʰɑ˥˩pɑ˥tʰ……tuo˥i˥˩pæ̃r˥˩tou˥˩ʂʅ˥˩tɑɔ˥˩tɕiɑɔ˥˩tʂʰɥ˥ʂəŋ˥˩.（你们这边信道教的有些什么哪儿派？全真教还是什么东西？）那不……那都不是说是哪个帮派的。总的称呼咧你都是神……都是敬的是道教上那么些。nə˥p……nə˥˩tou˥˩pu˦˨˩sʅ˥˩ʂuo˥˦sʅ˥nɑ˥kə˥pɑŋ˥˩pʰæᴇ˥˩ti˧.tsuoŋ˥ti˧tʂʰəŋ ˥xu˥˦lie˧ni˥˦tou˥˩sʅ˥˩ʂəŋ˦……tou˥˦sʅ˥˩tɕiŋ˥˦ti˧sʅ˥˩tɑɔ˥˩tɕiɑɔ˥ʂɑŋ˥˨nɑ˥muo˧ɕie˥˩.（有一贯道没有？）没有。一贯道过去可有，现在没有。嗯。mei˦iou˥˩.i˥˩kuæ̃˥tɑɔ˥kuo˥tɕʰy˥kʰə˥˩iou˥˦,ɕiæ̃˥tsæᴇ˥mei˦iou˥˩.ə̃˨.（那些……那个说不信教的那些人，把他们叫做什么？）那也不知道叫啥咧。nei˥˩ɑ˥˩pu˦˨˩tʂʅ˥˩tɑɔ˥˩tɕiɑɔ˥sɑ˥˨lie˧.（叫不叫信大教的？）哎就说不来。æᴇ˥tɕiou˥ʂuo˥pu˦˨˩læᴇ˦˨˩lie˧.

会长

（像他们这种那个就是守……守一下庙，开一下门，关一下门，那那种人呢？）黄：会长。xuei˥˩tʂɑŋ˥˩.（啊？）会长。xuei˥tʂɑŋ˥.（会长啊？）啊。ŋɑ˨.（什么会呀？）庙会的会长么。miɑɔ˥xuei˥ti˧xuei˥tʂɑŋ˥muo˧.（庙会的会长啊？）嗯。ə̃˨.（你们喊他也喊会长啊？）嗯。就喊会长么。ə̃˨.tɕiou˥xæ̃˥xuei˥tʂɑŋ˥muo˧.

寺

（这里有些什么寺庙啊？那个寺庙叫什么？）黄：兀叫铁佛寺吧？væᴇ˥tɕiɑɔ˥tʰie˥˩fuo˦sʅ˥˩pɑ˧?（铁佛？）嗯。ŋ̍˨.（它有铁佛吗？）有。iou˥˨.（用铁铸成的佛啊？自己做的还是……）啊。是自己铸铁铸成的。ɑ˨.sʅ˥˨tsʅ˥tɕie˥˦tʂɥ˥˩tʰie˥˨tʂɥ˥tʂʰəŋ˦˨ti˧.（原先……原先弄来的还是什么？）早得很那。早都没了现。tsɑɔ˥tə˧xəŋ˥nə˥˨.tsɑɔ˥tou˥muo˥lə˧ɕiæ̃˥˨.（啊，没有了？）没有了。mei˦iou˥˩lə˧.（哪去了呢？）南泥湾儿大生产的时候没有……没有铁打镢头，派了些人来到……派了些当兵的来到那那儿，把那个打碎拿走了。næ̃˦ni˦vær˥tɑ˥səŋ˥˩tsʰæ̃˥ti˧sʅ˦˨˩xou˥mei˦iou˥˦t……mei˦iou˥˦tʰie˥tɑ˥˦tɕyo˥tʰou˧,pʰæᴇ˥lə˧ɕie˥˦zəŋ˦læᴇ˦˨tɑɔ˥……pʰæᴇ˥lə˧ɕie˥˦tɑŋ˥˦piŋ˥ti˧læᴇ˦tɑɔ˥nɑ˥nɑr˥,pɑ˥˩nə˥kə˥tɑ˥suei˥nɑ˦tsou˥˩lə˧.（呵呵，做……就成镢头了？就……就是那个插旗的地方是吧？）噢，铁佛寺。ɑɔ˥,tʰie˥˩fuo˦˨˩sʅ˥.（噢，做成镢头了？）啊。他也没有做成。拿去炒咧一顿，炒不……它是生铁的。它也炒不熟，镢头也没打成。ɑ̃˨.tʰɑ˥iɑ˥˦mei˦iou˥˦tsuo˥˩tʂʰəŋ˦˨.nɑ˦˨tɕʰy˥tsʰɑɔ˥lie˧i˥˩tuoŋ˥,tsʰɑɔ˥pu˦˨……tʰɑ˥˦sʅ˥səŋ˥tʰie˥˩ti˧.tʰɑ˥æ˥˦tsʰɑɔ˥pu˦ʂɥ˦,tɕyo˥tʰou˧iɑ˥˦muo˥˦tɑ˥tʂʰəŋ˦˨.（打不成了？）原驮来，撇得这儿这。yæ̃˦tʰuo˦˦læᴇ˦,pʰie˥tə˧tʂər˥˨tʂə˥˨.（噢，扔在那里？）原驮的送得这个地方。yæ̃˦tʰuo˦˨ti˧suoŋ˥tə˧tʂə˥kə˥ti˥˩fɑŋ˥˩.（又送回来了？）嗯。ə̃˨.（噢，没把它再恢复……修复啊？）那他就没有那个本事了么。他都把那个铁水子烧不化么他们。

næᴇ˦˩˧tʰɑ˥˩tsou˥mei˨˩iou˥˩˧nə˥kə˥pəŋ˥˩sʅ˥˩lə˥muo˨.tʰɑ˥˩tou˥˩˧pɑ˥˩nə˥kə˥tʰie˥˩ʂuei˥˩tsʅ˨ʂɑɔ˥˩pu˨˩xuɑ˥˧muo˨tʰɑ˥˩məŋ˨.（那现在……现在这些人都那个……也没有想办法把它恢复了？）哎没有办法。æᴇ˧mei˨˩iou˥˩pæ̃˥˩fɑ˥˩.（那……那东西还在那儿？）不晓得撇得哪哪去了。pu˨˩ɕiɑɔ˥˩tə˨pʰie˥˩tə˨nɑ˥˩nɑ˥˩˧tɕʰi˥˩lə˥.（噢，这个叫铁佛寺？）嗯。铁佛寺。ŋ̍˨˩.tʰie˥˩fuo˨˩sʅ˥.

（嗯，还有一些什么太白境内还有些什么寺庙？）铁佛寺，太白寺……tʰie˥˩fuo˨˩sʅ˥,tʰæᴇ˥pei˨˩sʅ˥……（太白寺？）嗯。ə̃˨˩.（太白寺在哪里？）也就在这跟前咧。ie˥˩tɕiou˥tsæᴇ˥tʂə˥kəŋ˥˩tɕʰiæ̃˨˩lie˨.（小学那里是吧？）不知道是哪个地方，反正有太白寺。pu˨˩tʂʅ˥˩tɑɔ˥sʅ˥nɑ˥˩kə˥˩ti˥fɑŋ˥˩,fæ̃˥˩tʂəŋ˥iou˥˩tʰæᴇ˥˩pei˨˩sʅ˥.（你用本地话说哈！）就是太白寺。石宫寺。tɕiou˥˩sʅ˥˩tʰæᴇ˥pei˨˩sʅ˥.ʂʅ˨kuoŋ˥˩sʅ˥.（石拱啊？）石宫寺。ʂʅ˨kuoŋ˥˩sʅ˥.（石……）宫殿的宫么。kuoŋ˥˩tiæ̃˥ti˨kuoŋ˥muo˨.（哦，宫殿的宫？石头的石？）嗯。石岩寺。莲花寺。保全寺。黑水寺。八塔寺。曹家寺。这都是寺嘛。ŋ̍˨˩.ʂʅ˨iæ̃˨˩sʅ˥.liæ̃˨˩xuɑ˥˩sʅ˥.pɑɔ˥˩tɕʰyæ̃˨˩sʅ˥˩.xei˥˩ʂuei˥˩sʅ˥.pɑ˥˩tʰɑ˥˩sʅ˥.tsʰɑɔ˨˩tɕiɑ˥˩sʅ˥.tʂei˥tou˥˩sʅ˥˩sʅ˥mɑ˨.（tsʰɑɔ˨˩tɕiɑ˥˩？）嗯，曹家寺么。ə̃˨˩,tsʰɑɔ˨˩tɕiɑ˥˩sʅ˥˩muo˨.（曹……姓曹的人家的那个家字是吧？）啊，啊，曹家寺么。ɑ˥,ɑ˨˩,tsʰɑɔ˨˩tɕiɑ˥˩sʅ˥muo˨.（那前面好像什么寺啊？那几个字我要把它搞清楚！）清凉寺嘛。tɕʰiŋ˥˩liɑŋ˨˩sʅ˥˩mɑ˨.（噢，清凉寺。）莲花寺嘛。liæ̃˨˩xuɑ˥˩sʅ˥˩mɑ˨.（嗯。）保全寺嘛。pɑɔ˥˩tɕʰyæ̃˨˩sʅ˥˩mɑ˨.（保全是那两个字？保全？）嗯。ŋ̍˥˩.（保护的保啊？）保护的保，全面的全。pɑɔ˥˩xu˥ti˨pɑɔ˥˩,tɕʰyæ̃˨˩miæ̃˥ti˨tɕʰyæ̃˨˩.（噢，保全寺。）保全寺。pɑɔ˥˩tɕʰyæ̃˨˩sʅ˥.（嗯。）石宫寺。ʂʅ˨kuoŋ˥˩sʅ˥˩.（石宫？）嗯。ŋ̍˨˩.（石宫殿？）那石宫寺。nə˥˩ʂʅ˨˩kuoŋ˥˩sʅ˥˩.（嗯。）嗯。ən˥.（石严寺是吧？）石……啊有个石岩寺，岩……岩……岩石的石。ʂʅ˨……ɑ˥iou˥˩kə˥˩ʂʅ˨˩iæ̃˨˩sʅ˥,iæ̃˨……iæ̃˨……iæ̃˨ʂʅ˨˩ti˨ʂʅ˨˩.（岩石的石啊？）嗯。岩石的石噢。还有八塔寺。ŋ̍˨˩.iæ̃˨ʂʅ˨ti˨ʂʅ˨˩ɑɔ˥˩.xæᴇ˨˩iou˥˩pɑ˥˩tʰɑ˥˩sʅ˥˩.（八塔寺。八个塔啊？）啊。ɑ˨˩.（它现在塔还在那里吗？）还有三个。xæᴇ˨˩iou˥˩sæ̃˥˩kə˥˩.（还有三个？）嗯。ŋ̍˨˩.（五个没有了？）五个没了。还有黑水寺。vu˥˩kə˥muo˥˩lə˨.xæᴇ˨˩iou˥˩xei˥˩ʂuei˥˩sʅ˥.（黑……黑龙江的黑啊？）嗯。ə̃˨˩.（水……合水的水？）啊。ɑ˨˩.（为什么叫黑水寺呢？）不知道。太白那寺多咧。pu˨˩tʂʅ˥˩tɑɔ˥.tʰæᴇ˥pei˨˩nə˥sʅ˥tuo˥˩lie˨.（还有……还有没有？）再没有几个了。兀都想不起了兀都。tsæᴇ˥˩mei˨˩iou˥˩tɕi˥˩kə˥˩lə˨.væᴇ˥˩tou˥˩ɕiɑŋ˥˩pu˨˩tɕʰi˥˩lə˨væᴇ˥˩tou˥˩.

庙

1.（呃，还有什么……除了寺之外，还有什么庙没有？）黄：多得很了。tuo˥˩tə˨xəŋ˥˩lə˨.（嗯。）那不可以……说不清。全……全乡范围以内至少有这个四五十座以上庙。nə˥pu˨˩kʰə˥˩i˥˩……ʂuo˥˩pu˨˩tɕʰiŋ˥˩.tɕʰyæ̃˨˩……tɕʰyæ̃˨˩ɕiɑŋ˥˩fæ̃˥vei˨˩i˥˩lue i˥tsʅ˥ʂɑɔ˥˩iou˥˩tʂə˥kə˥sʅ˥vu˥˩ʂʅ˨tsuo˥˩i˥˩ʂɑŋ˥miɑɔ˥.（有个四五十座？）嗯哟。ŋ̍˥iɑɔ˨.（你举几个例子看看？）龙王庙嘛。三官庙嘛。luoŋ˨˩vɑŋ˨˩miɑɔ˥mɑ˨.sæ̃˥˩kuæ̃˥˩miɑɔ˥mɑ˨.（什么？是……三官？）噢，三官嘛。ɑɔ˨˩,sæ̃˥˩kuæ̃˥˩mɑ˨.（什么三官是什么东西呢？）一个……山神庙嘛。三官庙嘛。i˥˩kə˥˩ʂ……sæ̃˥˩ʂəŋ˨˩miɑɔ˥mɑ˨.sæ̃˥˩kuæ̃˥˩miɑɔ˥mɑ˨.（三……山神？）啊，三官就是主管狼虫虎豹的那个神就叫三官。[1]主管这个欻降雨的就是龙王嘛。有娘娘庙嘛。ɑ˨˩,sæ̃˥˩kuæ̃˥˩tɕiou˥sʅ˥tʂʮ˥˩kuæ̃˥˩lɑŋ˨˩tʂʰuoŋ˨˩xu˥˩pɑɔ˥ti˨nə˥kə˥ʂəŋ˨˩tɕiou˥tɕiɑɔ˥sæ̃˥˩kuæ̃˥˩.tʂʮ˥˩kuæ̃˥˩tʂə˥kə˥tei˨˩tɕiɑŋ˥y˥˩ti˨tɕiou˥sʅ˥luoŋ˨˩vɑŋ˨˩mɑ˨.iou˥˩niɑŋ˨˩niɑŋ˨˩miɑɔ˥mɑ˨.（娘娘庙是供谁呢？）娘娘，供的是娘娘么，王母娘娘嘛。niɑŋ˨˩niɑŋ˨˩,kuoŋ˥ti˨sʅ˥˩ni

① 三官：道教所奉之神天官、地官、水官三帝的合称。

ɑŋ˨˩niɑŋ˨˦muo˧,vɑŋ˨˩mu˥niɑŋ˨˩niɑŋ˨˦mɑ˧.（王母娘娘。）还有个三才圣母庙啦么。xæᴇ˨˩iou˥˦kə˧sæ̃˥˩tsʰæᴇ˨ʂəŋ˧mu˥miɑɔ˧lɑ˧muo˧.（三山？）圣……噢，圣母娘娘么。ʂ……ɑɔ˧˩,ʂəŋ˧mu˥˦niɑŋ˨˩niɑŋ˨˦muo˧.（圣母娘娘？）啊，圣母娘娘嘛。还有这个财神庙啦嘛。观音庙啦嘛。大王庙啦嘛。ɑ˩,ʂəŋ˧mu˥˦niɑŋ˨˩niɑŋ˨˦mɑ˧.xæᴇ˨˩iou˥˦tʂə˧kə˧tsʰæᴇ˨˩ʂəŋ˨˦miɑɔ˧lɑ˧mɑ˧.kuæ̃˥iŋ˥˩miɑɔ˧lɑ˧mɑ˧.tɑ˧vɑŋ˨˩miɑɔ˧lɑ˧mɑ˧.（大王庙？）还又有岳王庙了么。xæᴇ˨˩iou˧iou˥˦yo˥vɑŋ˨˩miɑɔ˧lə˧muo˧.（岳王庙是供岳飞喽？）啊，供的岳飞么。ɑ˧,kuoŋ˧ti˧yo˥fei˥˩muo˧.（大王庙是供谁啊？）关羽……关羽么，掂大刀的那。kuæ̃˥˩y……kuæ̃˥˩y˥muo˧,tiæ̃˥˩tɑ˧tɑɔ˥ti˧nə˧˩.（关羽噢？）嗯，关羽么。ə̃˩,kuæ̃˥˩y˥muo˧.（关老爷？）关老爷嘛。呃，还有那……哎呀，那那那乱七八糟的那庙有些，土地庙，啥子庙吵，反正那个那就多的焦锨反正庙。kuæ̃˥˩lɑɔ˥ie˨˩mɑ˧.ə˩,xæᴇ˨˩iou˥˦næᴇ˧……æᴇ˥iɑ˧,næᴇ˧næᴇ˧næᴇ˧luæ̃˧˦tɕʰi˥˩pɑ˥˩tsɑɔ˥ti˧næᴇ˧miɑɔ˧˦iou˥ɕie˥˩,tʰu˥˦ti˧miɑɔ˧,sɑ˧tsɿ˧miɑɔ˧sɑ˧,fæ̃˥˩tʂəŋ˧nə˧kə˧nə˧tsou˧tuo˥ti˧tɕiɑɔ˥ɕiæ̃˥˩fæ̃˥˩tʂəŋ˧miɑɔ˧.

2.（还有什么堂没有？）黄：没有啥堂好像。mei˨˦iou˥˦sɑ˧tʰɑŋ˨˩xɑɔ˥˩ɕiɑŋ˧˩.（呃那个纪念那个鲁班的那个叫什么？鲁班庙儿有吧？）有咧，鲁班庙还有咧。iou˥lie˧,lou˥pæ̃˥˩miɑɔ˧xæᴇ˨˦iou˥˦lie˧.（鲁班庙？）啊，鲁班庙都有。ɑ˩,lou˥pæ̃˥˩miɑɔ˧tou˥˩iou˥˩.（叫不叫公输庙？）没有。muo˥˩iou˥˩.

教堂

（这里有没有信仰这个基督教的？）黄：有咧么。大院子这面都是基督教。基督教，天儿主教都有咧。iou˥lie˧muo˧.tɑ˧yæ̃˧tsɿ˧tʂei˧˩miæ̃˧˦tou˥sɿ˧˩tɕi˥tu˥˩tɕiɑɔ˧˩.tɕi˥tu˥˩tɕiɑɔ˧,tʰiæ̃r˥˩tʂʮ˥tɕiɑɔ˧tou˥˩iou˥lie˧.（在哪儿？）就在这面儿川里。tsou˧˩tsæᴇ˧tʂei˧miæ̃r˧˩tʂʰuæ̃˥li˥˩.（那他们礼拜吗？做礼拜吗？）到……到庆阳去做礼拜。tɑɔ˧……tɑɔ˧tɕʰiŋ˧iɑŋ˨˩tɕʰi˧tsuo˧˩li˥pæᴇ˧˩.（到庆阳？）嗯。ŋ̍˩.（每天到庆阳做礼拜？）每一个礼……几个礼拜吗晓是一个月……一个月去一回。mei˥i˥˩kə˧li˥……tɕi˥kə˧li˥pæᴇ˧˩mɑ˧ɕiɑɔ˥˩sɿ˧˩i˥˩kə˧˦yo˥˦……i˥˩kə˧˦yo˥˦tɕʰi˧i˥˦xuei˨˩.（平常都在家里自己弄？）啊。ɑ˩.（那你们境内有没有教堂？）没有。mei˨iou˥˩.（你们管教堂叫什么？）就叫教堂。tɕiou˧tɕiɑɔ˧tɕiɑɔ˧tʰɑŋ˨˩.（呃信教的人呢？）那就叫是信……再也就没个啥叫法。人不多么，这都几家么。nə˧tɕiou˧tɕiɑɔ˧sɿ˧˩ɕiŋ˧……tsæᴇ˧ɑ˥tsou˧˩mei˨kə˧sɑ˧tɕiɑɔ˧fɑ˥˩.zəŋ˨pu˨˦tuo˥muo˧,tʂei˧˩tou˥˩tɕi˥˦tɕiɑ˥muo˧.（他们是怎么来信教的呢？）不知道。pu˨˩tʂʅ˥tɑɔ˧.

善人

（吃斋的人呢？）黄：那叫修善咧吗是那啥。修善吧？nei˧tɕiɑɔ˧ɕiou˥˩ʂæ̃˧lie˧mɑ˧sɿ˧˦nə˧˩sɑ˧˩.ɕiou˥˩ʂæ̃˧pɑ˧?（吃斋的人？）吃斋么，就是吃斋的人。晓□叫个叫是叫个啥子？反正有些人不杀生，不吃那个□□咧。tʂʰʅ˥˩tsæᴇ˥muo˧,tɕiou˧˩sɿ˧˩tʂʰʅ˥˦tsæᴇ˥ti˧zəŋ˨.ɕiɑɔ˥niæ̃˨˩tɕiɑɔ˧kə˧tɕiɑɔ˧sɿ˧tɕiɑɔ˧kə˧sɑ˧˩tsɿ˧?fæ̃˥˩tʂəŋ˧iou˥ɕie˥˩zəŋ˨pu˨˩sɑ˥˩səŋ˥,pu˨˩tʂʰʅ˥˩nə˧kə˧tʂæᴇ˧mie˥˩lie˧.（叫不叫净人？）不叫么。pu˨˩tɕiɑɔ˧muo˧.（修善你是说的什么意思啊？）哎呀，修善那些人就是咋么个着咧？反正就是……我都见过这个不杀生的人，反正不动荤有些人。æᴇ˧iɑ˧,ɕiou˥˩ʂæ̃˧˦nei˧ɕie˥˦zəŋ˨tɕiou˧sɿ˧tsɑ˥muo˧kə˧˩tʂə˧lie˧?fæ̃˥˩tʂəŋ˧˦tsou˧sɿ˧……ŋuo˥tou˥˩tɕiæ̃˧kuo˧tʂə˧˩kə˧˩pu˨˩sɑ˥˩səŋ˥ti˧zəŋ˨,fæ̃˥˩tʂəŋ˧pu˨˩tuoŋ˧˦xuoŋ˥iou˥ɕie˥˩zəŋ˨˩.（嗯，对，这种人叫什么呢？）我们把那叫一个叫善人。ŋuo˥məŋ˧pɑ˥˩nei˧tɕiɑɔ˧i˥˦kə˧tɕiɑɔ˧ʂæ̃˧zəŋ˨˩.

（二）神鬼

四海龙王

（这个龙王爷？）黄：龙王爷有么。四海龙王都有咧。luoŋ˩˧˩vaŋ˩˧˥ie˩˧˩iou˥˧muo˧.sɿ˥xæᴇ˥˧˧luoŋ˩˧˩vaŋ˩˧˥tou˥˧˥iou˥˧lie˧.（四海龙王？）嗯。东海的，西海的，那……那□，这庙里头都乱七八糟的。有的□是东海龙王庙，有的……有的喏□是东海龙王，有的是西海龙王。ŋ̍˨˩.tuoŋ˥˧˩xæᴇ˥˧ti˧,ɕi˥˧˩xæᴇ˥˧ti˧,nei˥……nei˥niæ̃˩˧˧,tʂə˥miɑɔ˥li˥˧˩tʰou˧tou˥˧˥luæ̃˥tɕʰi˥˧˧pɑ˥˧˧tsɑɔ˥˧ti˧.iou˥˧ti˧ni æ̃˩˧˧sɿ˥tuoŋ˥˧˩xæᴇ˥˧luoŋ˩˧˩vaŋ˩˧˧miɑɔ˥,iou˥˧ti˧……iou˥˧ti˧nuo˧niæ̃˩˧˩sɿ˥˩tuoŋ˥˧˩xæᴇ˥˧luoŋ˩˧vaŋ˩˧˧,iou˥˧ti˧sɿ˥˩ɕi˥˧˩xæᴇ˥˧luoŋ˩˧˩vaŋ˩˧˩.（有没有龙王奶奶？）没有。都是他一个来着咧，那个奶奶放得家里。mei˩˧˧iou˥˧˩.tou˥˧sɿ˥tʰɑ˥˧˧i˥˧kə˥˩læᴇ˩˧˩tʂə˧lie˧,næᴇ˥˥kə˥˩næᴇ˥˧næᴇ˥˧˩fɑŋ˥tə˧tɕiɑ˥˧li˥˧˩.

马王爷

（马王爷？）黄：马王爷可有咧。mɑ˥˧vaŋ˩˧˩ie˩˧˩kʰə˥˧iou˥˧˩lie˧.（是……是祭奠谁呀？）晓这马王爷庙他是六只眼儿。ɕiɑɔ˥˧˩tʂə˥mɑ˥˧vaŋ˩˧˧ie˩˧˧miɑɔ˥tʰɑ˥˧˧sɿ˥liou˥˧tʂʅ˥˧˩niæ̃r˥˧˩.（啊，六只眼睛是吧？）噢，马王爷都是六只眼。ɑɔ˨˩,mɑ˥˧vaŋ˩˧˧ie˩˧˧tou˥˧˩sɿ˥˩liou˥˧tʂʅ˥˧˩niæ̃˥˧˩.（这个马王爷是……是什么人变成的？）不知道。反正是三头六臂的么。pu˩˧˩tʂʅ˥˧˩tɑɔ˥.fæ̃˥˧˩tʂəŋ˥˥sɿ˥sæ̃˥˧˩tʰou˩˧˧liou˥˧˥pi˥˧tim˧.（你们这儿现在还有吗？）哎有咧。æᴇ˩˧iou˥˧˩lie˧.（在哪儿？）现在在县……石刻博物馆里。ɕiæ̃˥tsæᴇ˥tsæᴇ˥ɕiæ̃˥p……ʂʅ˩˧˩kʰə˥˧˧puo˥˧˧vuo˥˧˧kuæ̃˥˧li˥˧˩.（是不是马援？）不知道，晓是个啥反正。pu˩˧˧tʂʅ˥˧˧tɑɔ˥,ɕiɑɔ˥˧sɿ˥˩kə˥˩sɑ˥fæ̃˥˧˩tʂəŋ˥.

药王

（有药王爷吗？）黄：有咧。药王爷有咧。iou˥˧lie˧.yo˥˧vaŋ˩˧˩ie˩˧˩iou˥˧lie˧.（有庙没有？）有的药王洞么。iou˥˧˧ti˧yo˥˧vaŋ˩˧˩tuoŋ˥˧˥muo˧.（药王洞？）嗯。ŋ̍˨˩.（是在山里面那个？）啊，山里头做石……凿进去个石龛儿，里头敬的是药王。ɑ˨˩,sæ̃˥˧li˥˧˩tʰou˧tsɿ˥˥ʂʅ˩˧˩……tsuo˩˧ tɕiŋ˥tɕʰi˥kə˥ʂʅ˩˧˩kʰæ̃r˥˧,li˥˧˩tʰou˧tɕiŋ˥ti˧sɿ˥yo˥˧vaŋ˩˧˩.（药王爷的那个香火怎么……旺不旺？）早都破碎，旧的不行了。tsɑɔ˥˧tou˥˧˩pʰuo˥˩suei˥˥,tɕiou˥ti˧pu˩˧˩ɕiŋ˩˧˥lə˧.

土地老儿

（土地神叫……管它叫什么？）黄：土地，土地老儿。tʰu˥˧˧ti˥˥,tʰu˥˧˧ti˥laɔr˥˧˧.（叫不叫土墩爷？）没有。有叫土神爷的。mei˩˧iou˥˧˩.iou˥˧tɕiɑɔ˥tʰu˥˧ʂəŋ˩˧˩ie˩˧˩ti˧.（它的那个庙叫什么？）土神庙么。也叫土地庙么。tʰu˥˧ʂəŋ˩˧˩miɑɔ˥muo˧.ie˥˧tɕiɑɔ˥tʰu˥˧ti˥˥miɑɔ˥˩muo˧.（哪种说得多一些？）土地庙儿。tʰu˥˧ti˥˥miɑɔr˥˩.

魁星爷

（那个点状元的那个神呢？）黄：不知道。pu˩˧˥tʂʅ˥˧˩tɑɔ˥˩.（叫不叫魁星爷？）哎呀，哪个……合水哪个庙叫个魁元阁。æᴇ˨˩iɑ˨˩,nɑ˥˧kə˥m……xuo˩˧˩ʂuei˥˧nɑ˥˧kə˥˩miɑɔ˥tɕiɑ ɔ˥˩kə˥˩kʰuei˩˧˩yæ̃˩˧kə˥˧.（魁元阁？）噢，这个里头就有魁星爷，魁星神咧。ɑɔ˨˩,tʂə˥˥kə˥li ˥˧˩tʰou˧tɕiou˥iou˥˧˧kʰuei˩˧˩ɕiŋ˥˧ie˩˧˩,kʰuei˩˧˩ɕiŋ˥˧ʂəŋ˩˧˩lie˧.（噢，不叫魁星楼吗供奉它那个地方？）啊，叫魁星楼，对着咧，魁星楼，魁星楼。ɑ˨˩,tɕiɑɔ˥kʰuei˩˧ɕiŋ˥˧˩lou˩˧,tuei˥tʂə˧lie˧,kʰ uei˩˧˧ɕiŋ˥˧˧lou˩˧˧,kʰuei˩˧ɕiŋ˥˧˩lou˩˧˧.（它魁星楼里面供奉的那个神像叫什么？）不知道。噢。pu˩˧˧tʂʅ˥˧˧tɑɔ˥.ɑɔ˥.（不叫魁星爷吗？）不知道也。pu˩˧˧tʂʅ˥˧˧tɑɔ˥iɑ˥˧˩.

鬼

1.（呃，骂那种……就说骂人的时候用的，用……用的什么鬼骂？）黄：骂那个儿女的，把她一下自己打扮的妖里妖气的那些人，吊死鬼。mɑ˥nə˥kər˥ny˥˧ti˧,pɑ˥˧˩tʰɑ˥˧i˥˧˩x ɑ˥tsɿ˥tɕie˥˩ta˥pæ̃˧˩ti˧iao˥˩li˥˩iao˥˩tɕʰi˧˥ti˧nei˧ɕie˥˧zəŋ˩,tiao˧sɿ˥˩kuei˥˩.（吊死鬼？）呃，你看你那个吊死鬼性格。ə˩,ni˥˩kʰæ̃˧ni˥nə˧˩kə˧˩tiao˧sɿ˥˧kuei˥ɕiŋ˧˥kə˥˧.（这是化妆化得跟那个鬼似的？）嗯。怕你个吊死鬼。ə̃˩.pʰɑ˧ni˥˩kə˧˩tiao˧sɿ˥˩kuei˥˩.（骂男人骂什么呢？）凶死鬼么。ɕyoŋ˥sɿ˥˩kuei˥˩muo˧.（凶死鬼？）嗯，你看你还那个凶煞的那个样子？ə̃˩,ni˥˩kʰæ̃˧˥ni˥˧xæᴇ˩nə˧kə˧ɕyoŋ˥sɑ˥˩ti˧nə˧˩kə˧˩iaŋ˧tsɿ˧?（骂小孩呢？）骂小孩儿一般不骂，不用这些骂。mɑ˧ɕiao˥˧xər˩i˥˩pæ̃˥pu˩mɑ˧,pu˩yoŋ˧tʂei˧ɕie˥mɑ˧˩.（不骂鬼啊？）不骂鬼。pu˩mɑ˧kuei˥.（短命鬼？）短命鬼那是诀人的个骂法你。四川人“个短命龟儿子”。tuæ̃˥˧miŋ˧kuei˥nə˧˩sɿ˧˩tɕyo˩zəŋ˩ti˧kə˧˩mɑ˧fɑ˥˩ni˥˩.sɿ˧˥tʂʰuæ̃˥˩zəŋ˩kə˧˩tuæ̃˥miŋ˧kuei˥ər˩˩tsɿ˧.（你们有没有人说的？）不说。我们这里……太不说这个话。pu˩ʂuo˥˩.ŋuo˥məŋ˧tʂə˧li˥˧p……tʰæᴇ˧pu˩ʂuo˥tʂə˧kə˧xuɑ˧˩.

2.（呃，鬼捏住了？）黄：有这个说法。鬼把你捏住了。iou˥tʂə˧kə˧ʂuo˥˩fɑ˥˩.kuei˥pɑ˥˩ni˥˧nie˥tʂɥ˧˩lə˧.（什么情况下才这么说呢？）有些人不是你把他一逗，他吱哇一叫唤，你说那“鬼把你给捏了你”。iou˥ɕie˥˩zəŋ˩pu˩sɿ˧ni˥˧pɑ˥˩tʰɑ˥i˥˩tou˧,tʰɑ˥tsɿ˥˩vɑ˩i˥˩tɕiao˧xuæ̃˧˩,ni˥˩ʂuo˥˩nə˧kuei˥pɑ˥˩ni˥˧kei˧nie˥lə˧ni˥˩.（这是鬼……鬼掐得活的叫是不是？）啊。“你还把你给捏住了，你咋的？”ɑ˩,ni˥xɑ˩pɑ˥˩ni˥˧kei˧nie˥tʂɥ˧˩lə˧,ni˥˧tsɑ˥˩ti˧?

（三）迷信活动

巫神马脚

（这里有没有这种这个这种迷信活动啊？）黄：那哪瘩还能……哪个……这是……全国哪个地方还少咧那些人？næᴇ˧nɑ˥tɑ˥˩xɑ˩nəŋ˩……nɑ˥kə˧˩……tʂei˧sɿ˧˩……tɕʰyæ̃˩kuei˥˩nɑ˥kə˧˩ti˧˥fɑŋ˥˩xɑ˩ʂao˥lie˧nei˧˥ɕie˥˩zəŋ˩?（比如说搞个这样的杈子一样的东西，抓住两头，然后在地上撒一些沙子啊或者什么东西，划……划字儿？）哎搞那些的，乱七八糟那些。æᴇ˩kao˥˧nei˧˥ɕie˥˩tə˧,luæ̃˧tɕʰi˥˩pɑ˥tsao˥˩nei˧˥ɕie˥˩.（那个叫什么？）那叫巫神马脚么你那好像。nə˧tɕiao˧vu˥ʂəŋ˩mɑ˥tɕyo˥˩muo˧ni˥nə˧˥xao˥˩ɕiaŋ˧.（啊？）总是一身……总的有的是这个……有的是短棍子。有的是巫神，有的是马脚。这都是……搞牛鬼蛇神，给人胡整的那些嘛。tsuoŋ˥ʂɿ˧˩i˥˧ʂəŋ˥˧……tsuoŋ˥ti˧iou˥ti˧sɿ˧tʂə˧kə˧……iou˥ti˧sɿ˧tʂə˧kə˧tuæ̃˥kuoŋ˧˩tsɿ˧.iou˥ti˧sɿ˧vu˥ʂəŋ˩,iou˥˧ti˧sɿ˧mɑ˥tɕyo˥˩.tʂei˧˥tou˥˧sɿ˧k……kao˥niou˩kuei˥ʂə˩ʂəŋ˩˧,kei˧zəŋ˩xu˩tʂəŋ˥ti˧nei˧ɕie˥˩mɑ˧.（那叫什么呢？活……这种活动叫什么？）这就是牛鬼蛇神么。tʂei˧tɕiou˧sɿ˧niou˩˧kuei˥˧ʂə˩ʂəŋ˩muo˧.（叫……叫扶……叫不叫扶乩？）不叫。pu˩tɕiao˧.（你觉得有哪些活动呢他们做这种迷信的？）那给你设坛咧，跳神咧。nə˧kei˧ni˥˧ʂə˥tʰæ̃˩lie˧,tʰiao˧ʂəŋ˩lie˧.（设坛、跳神？）啊，设坛，跳神，看病。ɑ˩,ʂə˥tʰæ̃˩,tʰiao˧ʂəŋ˩,kʰæ̃˧piŋ˧.（看病？）嗯。那啥活都做了。ə̃˩.nə˧sɑ˧xuo˩tou˥˧tsɥ˧˥lə˧.（有没有什么大仙降……降身的那种？）呃有咧么。跳神的那一个人给你代修。ə˧iou˥˩lie˧muo˧.tʰiao˧ʂəŋ˩ti˧nei˧i˥˩kə˧zəŋ˩kei˧ni˥˧tæᴇ˧ɕiou˥.（那像这种这叫什么东西呢？）代脚子咧么。tæᴇ˧tɕyo˥tsɿ˧lie˧muo˧.（叫代脚子？）啊，代脚子咧么。你看那个拐的可怜儿可怜儿的，平常走路都走不动，脚子往起来一代，连蹦带跳的那是，你咱们这个好小伙子撵也撵不上。ɑ˩,tæᴇ˧tɕyo˥tsɿ˧lie˧muo˧.ni˥˧kʰæ̃˧nə˧kə˧kʰuæᴇ˥ti˧kʰə˥liær˩˩kə

˥˧liãr˧˥꜖ti˧,pʰiŋ˧˥tʂʰɑŋ˧˥꜒tsou˥˧꜒lou˥tou˥˧꜖tsou˥˧pu˧˥꜖tuoŋ˥,tɕyo˥˧tsɿ˧vɑŋ˥˧꜖tɕʰi˥˧læᴇ˧˥꜖i˥˧꜖tæᴇ˥,liã˧˥pəŋ˥꜓tæᴇ˥tʰiɑɔ˥ti˦nei˥sɿ˥,ni˥˧tʂɑ˧˥məŋ˦tʂə˥kə˥xɑɔ˥˧ɕiɑɔ˥˧xuo˥˧꜖tsɿ˧niæ̃˥˧꜒æ˥˧꜒niæ̃˥˧pu˧˥꜖ʂɑŋ˥꜖.

（神汉呢？）神汉就是那脚子么。你比如这祈雨里头就有些代……找这么个替角儿出来说话咧么。把那个人弄起来，那就是神汉么。ʂəŋ˧˥꜖xæ̃˥꜓tɕiou˥sɿ˥nei˥tɕyo˥˧tsɿ˧muo˧.ni˥˧꜖pi˥˧ʐɥ˧˥꜖tʂei˥tɕʰi˧˥꜖y˥˧li˥˧꜖tʰou˦tsou˥iou˥˧ɕie˥˧꜖tæᴇ˥……tʂɑɔ˥˧tʂə˥muo˦kə˥tʰi˥꜔tɕyor˥˧꜖tʂʰɥ˥˧læᴇ˧˥꜖ʂuo˥˧꜖xuɑ˥꜔liem˧.pɑ˥꜖nə˥kə˥zəŋ˧˥nuoŋ˥tɕʰi˥˧꜒læᴇ˧˥꜒,nei˥꜓tɕiou˥꜖sɿ˥꜖ʂəŋ˧˥꜖xæ̃˥muo˧.（tʰi꜔tɕyor꜖？）替角儿就是代替的那个说法。代替的那个人么。tʰi˥꜔tɕyor˥˧꜖tɕiou˥꜖sɿ˥꜖tæᴇ˥tʰi˥ti˦nei˥꜖kə˥꜖ʂuo˥˧fɑ˥˧꜖.tæᴇ˥tʰi˥ti˦nə˥꜖kə˥꜖zəŋ˧˥muo˧.（叫马……那个叫不叫马脚？）叫马脚么，巫神马脚。tɕiɑɔ˥mɑ˥˧tɕyo˥˧꜖muo˧,vu˥˧ʂəŋ˧˥꜖mɑ˥˧tɕyo˥˧꜖.（巫神？巫师的那个巫是吧？）啊。巫神马脚。ã꜖.vu˥˧꜖ʂəŋ˧˥mɑ˥˧tɕyo˥˧꜖.（噢，巫神，巫神是指什么？）还是一种搞牛鬼蛇神这一种。xɑ˧˥꜖sɿ˥꜓i˥˧꜖tʂuoŋ˥˧꜖kɑɔ˥˧niou˧˥꜖kuei˥˧ʂə˧˥꜖ʂəŋ˧˥꜖tʂei˥i˥˧꜖tʂuoŋ˥˧꜒.

（还有什么别的迷信的叫法没有？）这别的咧去……那个迷信那些东西你要听那说起来，那就乌七八糟的多得焦锨。那满都是哄人的些东西么你。但是有些东西，有些现象，你作为科学你也解释不清楚。你不能不……有些东西不能不信，也不可不信。那有一种自然现象你不承啊？比这个……就像这么粗的那锥子，放得那油灯头起烧的红的都发白了么，咔嚓一声，就从这面儿撬过来了，不淌血嘛。tʂə˥꜓pie˧˥꜖ti˦lie˧tɕʰi˥……nə˥kə˥mi˧˥꜖ɕiŋ˥꜓nei˥ɕie˥˧꜖tuoŋ˥˧ɕi˧ni˥˧꜒iɑɔ˥tʰiŋ˥˧nə˥꜔ʂuo˥˧tɕʰi˥˧꜖læᴇ˧˥꜖,nei˥tɕiou˥vu˥˧tɕʰi˥˧꜖pɑ˥˧꜔tsɑɔ˥˧꜒ti˦tuo˥˧tə˧tɕiɑɔ˥˧ɕiæ̃˥˧꜖.nɑ˥mæ̃˥˧tou˥˧꜖sɿ˥꜖xuoŋ˥˧zəŋ˧˥꜖ti˦ɕie˥˧꜖tuoŋ˥˧ɕi˧muo˧ni˥˧꜖.tæ̃˥꜖sɿ˥꜖iou˥˧ɕie˥˧꜖tuoŋ˥˧ɕi˧,iou˥˧ɕie˥˧꜖ɕiæ̃˥ɕiɑŋ˥,ni˥˧꜒tsuo˥˧꜖vei˧˥꜒kʰə˥˧ɕye˧˥꜖ni˥˧꜒ie˥˧꜒tɕie˥˧ʂʅ˧˥꜖pu˧˥꜖tɕʰiŋ˥˧tʂʰɥ˥˧꜖.ni˥˧pu˧˥꜖nəŋ˧˥pu˧˥꜖……iou˥˧ɕie˥˧꜖tuoŋ˥˧ɕi˧ni˥˧pu˧˥꜖nəŋ˧˥pu˧˥ɕiŋ˥꜖,ie˥˧꜒pu˧˥꜖kʰə˥˧pu˧˥꜖ɕiŋ˥.nə˥iou˥˧i˥˧꜖tʂuoŋ˥˧꜒tsɿ˥zæ̃˧˥꜖ɕiæ̃˥ɕiɑŋ˥ni˥˧pu˧˥꜖tʂʰəŋ˧˥ɑ˧?pi˥˧꜒tʂə˥kə˥……tɕiou˥ɕiɑŋ˥tʂə˥muo˦tsʰɥ˥˧ti˧nə˥tʂuei˥˧tsɿ˧,fɑŋ˥tə˦næᴇ˥iou˧˥təŋ˥˧tʰou˧˥꜖tɕʰie˥˧꜒ʂɑɔ˥˧ti˧xuoŋ˧˥꜖ti˦tou˥˧꜖fɑ˥˧pei˧˥꜖ləm˦,kʰɑ꜖tsʰɑ˧˥i˥˧꜖ʂəŋ˥˧꜖,tɕiou˥tsʰuoŋ˧˥꜖tʂei˥miær˥ʐɥ˥˧꜒kuo˥læᴇ˧˥꜖lə˧,pu˧˥꜒tʰɑŋ˥˧꜒ɕie˥˧mɑ˧.（什么人？）就是代起来的这个脚子么。tɕiou˥꜖sɿ˥꜖tæᴇ˥tɕʰi˥˧꜒læᴇ˧˥꜒ti˦tʂə˥kə˥tɕyo˥˧tsɿ˧muo˧.（脚子啊？）啊。ɑ꜖.（你见过？）见过么。连蹦带跳，最后毕了，噌，一下拔出来，脸上你都寻不着疤疤。tɕiæ̃˥kuo˥꜖muo˧.liæ̃˧˥꜖pəŋ˥tæᴇ˥tʰiɑɔ˥,tsuei˥xou˥pi˥˧lə˧,tsʰəŋ˥˧,i˥˧꜖xɑ˥꜖pɑ˧˥tʂʰɥ˥˧læᴇ˧˥꜖,liæ̃˥˧ʂɑŋ˥ni˥˧꜒tou˥˧꜒ɕiŋ˧˥pu˧˥꜒tʂuo˧˥pɑ˥˧pɑ˥˧꜖.（从这边穿过来……）穿过来到这面儿来嘛。这面儿还红着咧么。看着是红红的嘛。tʂʰuæ̃˥˧꜖kuo˥꜔læᴇ˧˥꜒tɑɔ˥tʂei˥꜔miær˥꜖læᴇ˧˥꜖mɑ˧.tʂei˥miær˥xɑ˧˥꜒xuoŋ˧˥tʂuo˥˧lie˧muo˧.kʰæ̃˥tʂuo˥˧꜒sɿ˥xuoŋ˧˥xuoŋ˧˥꜖ti˦mɑ˧.

（有没有这个小孩儿晚上受了惊了以后，找……找巫师给他弄一下的？就说撞了鬼了？）哎有咧。啊，有咧么。有好多农村的他不请医生。请巫神了么医……请来给送鬼咧。如何长短。æᴇ˥˧iou˥˧lie˧.ɑ꜖,iou˥˧lie˧muo˧.iou˥˧xɑɔ˥˧tuo˥˧꜖lyoŋ˧˥tsʰuoŋ˥˧꜒tə˦tʰɑ˥˧꜒pu˧˥꜖tɕʰiŋ˥˧꜒i˥˧səŋ˥˧꜖.tɕʰiŋ˥˧꜒vu˥˧ʂəŋ˧˥꜖lə˧muo˦i˥˧……tɕʰiŋ˥˧꜒læᴇ˧˥꜒kei˥꜖suoŋ˥꜔kuei˥˧lie˧.ʐɥ˧˥꜖xuo˧˥꜖tʂʰɑŋ˧˥꜖tuæ̃˥˧꜒.（送鬼是吧？）嗯。ə̃꜖.

表

（表是干什么呢？）黄：表是黄色的，薄薄儿的那个。那叫表么。piɑɔ˥˧sɿ˥xuɑŋ˧˥sə˥˧ti˧,puo˧˥puor˧˥ti˦nə˥꜖kə˥꜖.nei˥tɕiɑɔ˥piɑɔ˥˧muo˧.（那上面……上面写什么还是那个呢？）有的是欸净表，上头啥字都没有写。有的上头还印的有东西咧。iou˥˧ti˦sɿ˥ei˥tɕiŋ˥꜔piɑɔ˥˧꜖,ʂɑŋ˥tʰou˦sɑ˥꜔tsɿ˥tou˥˧꜖mei˧˥iou˥˧ɕie˥˧.iou˥˧ti˦ʂɑŋ˥tʰou˦xæᴇ˧˥꜖iŋ˥꜔ti˦iou˥˧꜒tuoŋ˥˧ɕi˧lie˧.

烧香、点香

黄：烧香那是到哪个地方去敬神去啊，那都是烧一炷香。ʂaɔ˥˧˥ɕiaŋ˥˧nə˦sɿ˦taɔ˦na˥˧kə˦˩ti˦˥faŋ˥˧˩tɕʰi˦tɕiŋ˦ʂəŋ˨˦˩tɕʰi˦a˨,nə˦tou˥˧˩sɿ˦ʂaɔ˥˧i˥˧˩tʂʮ˦ɕiaŋ˥˧.（点香是呃跟烧香有什么区别？）点香那就说是我到这儿这来，是敬□谁个咧，给□是敬哪个亡灵咧，到这儿这来给□点一炷香。这是点香咧。tiæ̃˥˧ɕiaŋ˥˧næᴇ˦tɕiou˦ʂuo˥˧˧sɿ˦ŋuo˥˧˧taɔ˦tʂər˦˥tʂə˦læᴇ˨˦,sɿ˦˩tɕiŋ˦niæ̃˨˦˩sei˨˦˩kə˦˥lie˨,kei˦˥niæ̃˨˦˩sɿ˦˩tɕiŋ˦na˥˧kə˦˩vaŋ˨˦liŋ˨˦lie˨,taɔ˦tʂər˦tʂə˦˩læᴇ˨˦kei˦niæ̃˨˦˧tiæ̃˥˧i˥˧˩tʂʮ˦˥ɕiaŋ˥˧˩.tʂə˦sɿ˦tiæ̃˥˧ɕiaŋ˥˧˩lie˨.（烧香必须是敬神？）啊。ŋa˩.（点香敬死人是不是这个意思？）那不一定。nə˦˥pu˨˦˩i˥˧˧tiŋ˦˩.（啊，还要敬什么？）那你到庙里去你也烧香咧。nei˦ni˥˧˧taɔ˦miaɔ˦˥li˥˧˩tɕʰi˦ni˥˧ia˥˧ʂaɔ˥˧˥ɕiaŋ˥˧lie˨.（那就是神呐？）啊。但是有一种说法，民间还有一种说法。问你烧过香没有，但是这个烧香可指问你结拜过弟兄没有。噢，问你有没有烧香。a˩.tæ̃˦sɿ˦iou˥˧i˥˧˩tʂuoŋ˥˧ʂuo˥˧˩fa˥˧˩,miŋ˨˦tɕiæ̃˥˧˩xa˨˦iou˥˧i˥˧˩tʂuoŋ˥˧˩ʂuo˥˧˩fa˥˧˩.vəŋ˦ni˥˧˧ʂaɔ˥˧kuo˦˩ɕiaŋ˥˧mei˨˦˩iou˥˧˩,tæ̃˦sɿ˦tʂei˦˥kə˦˩ʂaɔ˥˧˥ɕiaŋ˥˧kʰə˥˧˩tsɿ˥˧˧vəŋ˦ni˥˧˧tɕie˥˧˩pæᴇ˦kuo˦˩ti˦˥ɕyoŋ˥˧mei˨˦˩iou˥˧˩.aɔ˩,vəŋ˦ni˥˧˧iou˥˧mei˨˦˥iou˥˧ʂaɔ˥˧˩ɕiaŋ˥˧˩.

算卦、打卦

（算卦呢？）黄：就叫算卦么。tɕiou˦tɕiaɔ˦suæ̃˦kua˦muo˨.（算卦还是打卦，还是那卜卦？）欸，打卦是那你去到庙上去问事的时候才打卦咧么。算卦就是我请你给我算个事，你给我算下我这个人前途咋相。这叫算卦咧。命运咋相？这叫算卦咧。打卦是那你必须是问病咧，或者是问事咧，你才打卦咧么。ei˨˦,ta˥˧kua˦sɿ˦˩næᴇ˦ni˥˧˧tɕʰi˦taɔ˦miaɔ˦˥ʂaŋ˦˩tɕʰi˦˩vəŋ˦sɿ˦ti˨sɿ˨˦˩xou˦tsʰæᴇ˨˦˩ta˥˧kua˦˩liem˨.suæ̃˦kua˦tɕiou˦˩sɿ˦˩ŋuo˥˧tɕʰiŋ˥˧ni˥˧kei˦ŋuo˥˧˧suæ̃˦kə˦˩sɿ˦˥,ni˥˧kei˦˩ŋuo˥˧˧suæ̃˦xa˦ŋuo˥˧tʂə˦kə˦ʐəŋ˨˦tɕʰiæ̃˨˦tʰu˨˦˩tsa˥˧˩ɕiaŋ˦.tʂei˦˥tɕiaɔ˦suæ̃˦kua˦lie˦.miŋ˦yoŋ˦tsa˥˧˩ɕiaŋ˦˩?tʂei˦˥tɕiaɔ˦˩suæ̃˦kua˦lie˦.ta˥˧kua˦sɿ˦næᴇ˦ni˥˧˧pi˥˧˧ɕy˥˧˩sɿ˦˩vəŋ˦piŋ˦lie˨,xuei˨˦˧tʂə˥˧˩sɿ˦˩vəŋ˦sɿ˦lie˦,ni˥˧tsʰæᴇ˨˦˩ta˥˧kua˦liem˨.（打卦的时候用的那两片东西叫什么？）叫卦么。tɕiaɔ˦kua˦muo˨.（它如果是朝上的呢？）两个都朝上叫阳卦么，两个都朝下叫阴卦么。liaŋ˥˧kə˦tou˥˧˧tʂʰaɔ˨˦˩ʂaŋ˦tɕiaɔ˦iaŋ˨˦kua˦˩muo˨,liaŋ˥˧kə˦tou˥˧˧tʂʰaɔ˨˦˩ɕia˦tɕiaɔ˦iŋ˥˧kua˦˩muo˨.（一阳一阴呢？）阴阳卦么。iŋ˥˧˩iaŋ˨˦kua˦˩muo˨.

抽签、破签

（这个到庙里面去求签呢？）黄：抽一签么这。tʂʰou˥˧i˥˧˩tɕʰiæ̃˥˧muo˨tʂə˦˩.（抽签还是摇签？）抽签，也叫……有的是往出抽咧。有的是抱住筒筒往出摇咧么。tʂʰou˥˧tɕʰiæ̃˥˧,ie˥˧tɕiaɔ˦˩……iou˥˧ti˨sɿ˦vaŋ˥˧˩tʂʰʮ˥˧˧tʂʰou˥˧lie˨.iou˥˧ti˨sɿ˦˩paɔ˦tʂʮ˦tʰuoŋ˥˧tʰuoŋ˥˧˩vaŋ˥˧˩tʂʰʮ˥˧˧iaɔ˨˦˩liem˦.（这个抽出来以后到那里去那个要那个人解释那个呢？）问□给你破签咧。vəŋ˦˥niæ̃˨˦˩kei˦ni˥˧˧pʰuo˦˥tɕʰiæ̃˥˧lie˨.（叫不叫拆签？）也叫拆签，破签么。破签叫得多些吧。ie˥˧tɕiaɔ˦tsʰæᴇ˥˧tɕʰiæ̃˥˧˩,pʰuo˦tɕʰiæ̃˥˧˩muo˨.pʰuo˦tɕʰiæ̃˥˧˩tɕiaɔ˦tə˨tuo˥˧ɕie˥˧˩pa˨.（签……他写着这个签语的那个那个东西呢？）那晓□是叫隐语吗是叫啥子吵？说不来。nə˦ɕiaɔ˥˧˧niæ̃˨˦˩sɿ˦tɕiaɔ˦iŋ˥˧y˥˧˩ma˨sɿ˦tɕiaɔ˦sa˦˥tsɿ˨sa˨?ʂuo˥˧pu˨˦˩læᴇ˨˦˧.（有签簿子这个说法吗？）嗯，哎呀，晓叫了？咱们太没弄过那东西的。ŋ̍˦,æᴇ˦ia˦,ɕiaɔ˥˧˧tɕiaɔ˦˩lə˨?tʂa˨˦˩məŋ˨tʰæᴇ˦muo˥˧˩nuoŋ˦˥kuo˦nə˦tuoŋ˥˧ɕi˨ti˨.

算命

（这个算八字？）黄：哎有咧么。算八字，算命，算……æᴇ˥˧iou˥˧˩lie˨muo˨.suæ̃˦pa˥˧˩tsɿ˦˩,suæ̃˦miŋ˦,suæ̃˦……（你们讲算八字还是什么……什么八字？）算八字，算命运，算命。suæ̃˥pɑ˥˩˩tsɿ˥˩,suæ̃˥miŋ˥yoŋ˥,suæ̃˥miŋ˥.（还有别的讲法没有？）这没有了。tʂə˥˧meiʎ˩iou˥˩˩lə˧.（讲不讲掐八字？）没有。掐是过去陕……四川人，那你是你说一口那个东西嘛。它实际上是甲乙丙丁戊己庚辛这么样子给你推，按一套……meiʎ˧iou˥˩˩.tɕʰiɑ˥sɿ˥˩kuo˥tɕʰy˥˩ʂæ̃˥……sɿ˥tʂʰuæ̃˥zʐəŋ˩,næᴇ˥ni˥˧sɿ˥ni˥˧ʂuo˥i˥˩kʰou˥˩nə˥kə˥tuoŋ˥˩ɕi˧ma˧.tʰɑ˥ʂɿʎ˩tɕi˥˧ʂɑŋ˥˩sɿ˥tɕiɑ˥˧i˥˩piŋ˥˧tiŋ˥˧vu˥tɕi˥˧kəŋ˥˧ɕiŋ˥tʂə˥muo˧iɑŋ˥˩tsɿ˧kei˥ni˥˧tʰuei˥,næ̃˥˧i˥˩tʰɑɔ˥˧……（有这个讲法吗？）噢，按六十花甲来给你往前推的么。推你是这个是生到哪个时辰的，哪个……在哪一个年代的，然后出算你这啥命咧。ɑɔ˩,næ̃˥˧liou˥ʂɿʎ˩xuɑ˥˧tɕiɑ˥˩læᴇʎ˩kei˥ni˥˧vɑŋ˥˩tɕʰiæ̃ʎtʰuei˥ti˧muo˧.tʰuei˥ni˥˧sɿ˥tʂə˥kə˥sɿ˥səŋ˥˩tɑɔ˥˧nɑ˥kə˥˩sɿʎ˩tʂʰəŋʎ˧ti˧,nɑ˥˧kə˥……tsæᴇ˥nɑ˥i˥˩kə˥˩niæ̃ʎ˩tæᴇ˥˧ti˧,zʐæ̃ʎ˩xou˥tʂʰʮ˥˩suæ̃˥ni˥˧tʂə˥sɑ˥miŋ˥lie˥.

通传

1.（这个鬼……鬼附身怎么说？）黄：鬼附身□把那叫……就叫鬼附身咧。kuei˥fu˥ʂəŋ˥niæ̃ʎ˩pɑ˥˩nə˥tɕiɑɔ˥……tɕiou˥tɕiɑɔ˥kuei˥fu˥ʂəŋ˥lie˧.（叫不叫鬼上身？）也没有叫。就把那……iɑ˥meiʎiou˥tɕiɑɔ˥˩.tɕiou˥˧pɑ˥˩nə˥……（鬼……鬼通……）传。tʂʰuæ̃ʎ.（通传下来？）噢，通传了。嗯，叫……把你通传了。嗯，叫……把你通传了。ɑɔ˩,tʰuoŋ˥tʂʰuæ̃˥˩lə˧.ŋ̍˩,tɕiɑɔ˥……pɑ˥˩ni˥˧tʰuoŋ˥tʂʰuæ̃ʎ˩lə˧.（通传了是吧？）嗯。ŋ̍˩.……（还有那个什么鬼上……就说这个死人呐他附体啊，然后代……代别人说我……我谁……）通传了，那叫通传。tʰuoŋ˥tʂʰuæ̃ʎ˩lə˧,nə˥tɕiɑɔ˥tʰuoŋ˥tʂʰuæ̃ʎ˩.

2.（这个鬼上身你们叫什么？）王：我们叫撞邪……撞着邪咧。ŋuo˥məŋ˧tɕiɑɔ˥tʂʰuɑŋ˥ɕ……tʂʰuɑŋ˥tʂʰuoʎ˧ɕieʎ˩lie˥.（tʂʰuɑŋ˥ɕie˩了？）撞邪咧。tʂʰuɑŋ˥ɕieʎ˩lie˥.（有通传有这种说法没有？）有通传咧。iou˥tʰuoŋ˥˩tʂʰuæ̃ʎ˩lie˧.（通传是什么呢？）通传就是这个人，这个死了这个人，就……就是，通……把你通传的话，你就说下是□的话么，□是……说□那事咧么。tʰuoŋ˥tʂʰuæ̃ʎ˩(tɕ)iou˥sɿ˥tʂə˥kə˥zʐəŋʎ,tʂə˥kə˥sɿ˥˩lə˧tʂə˥kə˥zʐəŋʎ,tɕiou˥……tɕiou˥sɿ˥,tʰuoŋ……pɑ˥˩ni˥˧tʰuoŋ˥tʂʰuæ̃ʎ˩tə˧xuɑ˥,ni˥˧tɕiou˥ʂuo˥xɑ˥˩sɿ˥˩niæ̃ʎtə˧xuɑ˥˧muo˧,niæ̃ʎsɿ˥……ʂuo˥˩niæ̃ʎ˧næᴇ˥˩sɿ˥lie˧muo˧.（噢。）啊，这叫通传。ɑ˩,tʂə˥˧tɕiɑɔ˥tʰuoŋ˥tʂʰuæ̃ʎ˩.

下阴

（下阴是什么？）黄：挖个坑，在里头钻上去，四五个小时他出来。vɑ˥kə˥˩kʰəŋ˥,tsæᴇ˥li˥tʰou˧tsuæ̃˥˩ʂɑŋ˥˧tɕʰi˥,sɿ˥vu˥˧kə˥ɕiɑɔ˥sɿʎ˩tʰɑ˥˩tʂʰʮ˥læᴇʎ˩.（那样叫下阴啊？）下阴嘛。给你看病就说是你这个……你这个人病的如何长短咧，你这个在阴间，你这个魂到阴间，在阴地里头走了。我下阴去以后给你到地底下，就往阴曹地府把你这魂给你要去，要回来咧。下阴。ɕiɑ˥iŋ˥mɑ˧.kei˥ni˥˧kʰæ̃˥piŋ˥tɕiou˥˩ʂuo˥˩ni˥tʂə˥kə˥……ni˥˧tʂə˥kə˥zʐəŋʎpiŋ˥ti˧zʐʮʎ˩xuoʎ˧tʂʰɑŋʎ˩tuæ̃˥lie˧,ni˥˧tʂə˥kə˥tsæᴇ˥iŋ˥tɕiæ̃˥˩,ni˥˧tʂə˥kə˥xuoŋʎtɑɔ˥iŋ˥tɕiæ̃˥˩,tsæᴇ˥iŋ˥ti˥˩li˥˩tʰou˧tsou˥lə˧.ŋuo˥˧ɕiɑ˥iŋ˥tɕʰi˥i˥˩xou˥kei˥ni˥˧tɑɔ˥ti˥ti˥ɕiɑ˥˩,tsou˥vɑŋ˥˩iŋ˥tsʰɑɔʎ˩ti˥fu˥pɑ˥˩ni˥tʂə˥xuoŋʎkei˥ni˥˧iɑɔ˥tɕʰi˥,iɑɔ˥xueiʎ˩læᴇʎ˩lie˧.ɕiɑ˥iŋ˥.（噢，就……就挖个坑跳下去？）下……跳下坑就埋了嘛。ɕiɑ˥……tʰiɑɔ˥xɑ˥kʰəŋ˥tsou˥mæᴇʎ˩lə˧mɑ˧.（啊，把他埋了？）埋啦么。mæᴇʎ˩lɑ˧muo˧.（那他不死掉了？）哎兀几个小时挖出来，那活着咧么。æᴇ˥væᴇ˥˧tɕi˥kə˥˩ɕiɑɔ˥sɿʎ˩vɑ˥˩tʂʰʮ˥læᴇʎ˧,nə˥xuoʎ˩tʂə˧lie˧muo˧.

回马

（那个下神叫不叫罚马脚？）黄：就是下马，罚马咧啊，回马么。tɕiou˥˩sɿ˥˩ɕiɑ˥mɑ˥˧,

faɅma˦lia˧,xueiɅʌma˦muo˧.（xueiɅma˦？）回马。xueiɅʌmam˦.（哪个回啊？回来的回啊？）回来的回么。那你看看现站的好好儿的，旋蹦带跳的，说是回马这一声，嗵一声就栽倒啊。栽倒以后就连气儿都没了。浑身就像个硬棍一样的。你给压过撮呀，就给搓啊搓，他是能能能嗯活来转的。xueiɅʌlæᴇɅʌti˧xueiɅmuo˧.næᴇ˦ni˦kʰæ̃˦kʰæ̃˦ɕiæ̃˦tsæ̃˦ti˧xaɔ˦xaɔr˦ti˧,ɕyæ̃˦pəŋ˦tæᴇ˦tʰiaɔ˦ti˧,ʂuo˦sɿ˦xueiɅma˦tʂei˦i˦ʂəŋ˦,tʰuoŋ˦i˦ʂəŋ˦tɕiou˦tsæᴇ˦taɔ˦æ˧.tsæᴇ˦taɔ˦i˦xou˦tsou˦liæ̃ʌtɕʰiər˦tou˦muo˦lə˧.xuoŋɅʂəŋ˦tɕiou˦ɕiaŋ˦kə˦niŋ˦kuoŋ˦i˦iaŋ˦ti˧.ni˦kei˦nia˦kuo˦ʐʮ˦ia˧,tɕiou˦kei˦tsʰuo˦æ˧tsʰuo˦,tʰa˦sɿ˦nəŋɅnəŋɅnəŋɅŋ̍xuoʌlæᴇɅtʂuæ̃˦ti˧.

安土

（假如说新房子建成以后，就在这个……请人在这个房子里面念经啊驱鬼？）黄：那叫安土咧。nei˦tɕiaɔ˦næ̃˦tʰu˦lie˧.（安土啊？）噢，安土咧。aɔ˦,næ̃˦tʰu˦lie˧.（叫不叫清宅子？）有安土。有的叫欸，有的人叫安土，有的人叫是打扫地方咧。就是把牛鬼蛇神都在里头，这儿就说我来嘛，你们都走。iou˦næ̃˦tʰu˦.iou˦ti˧tɕiaɔ˦ei˦,iou˦ti˧ʐəŋɅtɕiaɔ˦næ̃˦tʰu˦,iou˦ti˧ʐəŋɅtɕiaɔ˦sɿ˦ta˦saɔ˦ti˦faŋ˦lie˧.tɕiou˦sɿ˦pa˦niouʌkuei˦ʂəɅʂəŋɅtou˦tsæᴇ˦li˦tʰou˧,tʂər˦tɕiou˦ʂuo˦ŋuo˦læᴇɅma˧,ni˦məŋ˧tou˦tsou˦.（叫不叫安顿屋？）不叫安顿屋。我们就叫安土，打扫地方。有些人还叫安土。puʌtɕiaɔ˦næ̃˦tuoŋ˦vu˦.ŋuo˦məŋ˧tɕiou˦tɕiaɔ˦næ̃˦tʰu˦,ta˦saɔ˦ti˦faŋ˦.iou˦ɕie˦ʐəŋɅxaʌtɕiaɔ˦næ̃˦tʰu˦.（噢，安……）安土。因为你修地方的时候是毕竟把土动了。动了这都是不利益的地方。这就是……给土神爷说两句好话，就给你把这个周围这个情况给你管好，这一片小区，这个居……这个物业公司咧都要给你说一下，你这片给土神说一下。næ̃˦tʰu˦.iŋ˦vei˦ni˦ɕiou˦ti˦faŋ˦ti˧sɿʌxou˦sɿ˦pi˦tɕiŋ˦pa˦tʰu˦tuoŋ˦lə˧.tuoŋ˦lə˧tʂei˦tou˦sɿ˦puʌli˦i˦tə˧ti˦faŋ˦.tʂei˦tɕiou˦sɿ˦ɕi……kei˦tʰu˦ʂəŋʌie˦ʂuo˦liaŋ˦tɕy˦xaɔ˦xua˦,tɕiou˦kei˦ni˦pa˦tʂə˦kə˦tʂou˦veiɅtʂə˦kə˦tɕʰiŋʌkʰuaŋ˦kei˦ni˦kuæ̃˦xaɔ˦,tʂei˦i˦pʰiæ̃˦ɕiaɔ˦tɕʰy˦,tʂə˦kə˦tɕy……tʂə˦kə˦vuo˦ie˦kuoŋ˦sɿ˦lie˧tou˦iaɔ˦kei˦ni˦ʂuo˦i˦xa˦,ni˦tʂei˦pʰiæ̃˦kei˦tʰu˦ʂəŋʌʂuo˦i˦xa˦.（就安顿好了？）安顿好么。næ̃˦tuoŋ˦xaɔ˦muo˧.

抬楼子

黄：有一种……再一种么，你说是那个有劲不。我们这个地方叫……关了关了[指录音机]，谝一个干传，这没用啊。况且这……iou˦i˦tʂuoŋ˦……tsæᴇ˦i˦tʂuoŋ˦muo˧,ni˦ʂuo˦sɿ˦nə˦kə˦iou˦tɕiŋ˦puʌ.ŋuo˦məŋ˧tʂə˦kə˦ti˦faŋ˦tɕiaɔ˦……kuæ̃˦lə˧kuæ̃˦lə˧,pʰiæ̃˦i˦kə˦kæ̃˦tʂʰuæ̃ʌ,tʂei˦meiɅyoŋ˦a˧.kʰuaŋ˦tɕʰie˦tʂə˦……（没事没事！）欸嘿，关了，这个没有意思了。再这个也儿黑了。这边下关了这，没有意思。哼哼。这是谝闲传咧。把中间这个一压嘛。这个有些东西你比如它这个平常……我们这儿这个是叫那个抬楼子咧。它是用木头做成的那么个楼楼子啊，周围么都欸挂着那铜铃铃。这要四个小伙子，而且挑这个四个小伙子嘛，这四个小伙子都非常要精干的那个，抬……叫抬夜楼子咧嘛。抬上以后给人看病咧。但是有些小伙子说："咱们今儿黑了咧，就不听它这话。它叫东，咱们走西；它叫南，咱走北。"但是你就弄不过它。你看你虽然抬咧那么几十斤重的那么个东西，你……你要和那个就说是你要和它作这对的话，临毕一晚上几个小时下来，把你就能抬的挣死。你说这啥现象。ei˦xei˦,kuæ̃˦lə˧,tʂə˦kə˦meiɅiou˦i˦sɿ˦lə˧.tsæᴇ˦tʂə˦kə˦ar˦xei˦lə˧.tʂei˦piæ̃˦xa˦kuæ̃˦lə˧tʂə˦,meiɅiou˦i˦sɿ˧.xŋ̍˦xŋ̍˦.tʂə˦sɿ˦pʰiæ̃˦ɕiæ̃ɅtʂʰuæʌIie˧.pa˦tʂuoŋ˦tɕiæ̃˦tʂə˦kə˦i˦nia˦ma˧.tʂə˦kə˦iou˦ɕie˦tuoŋ˦ɕi˧ni˦pi˦ʐʮɅtʰa˦tʂə˦kə˦pʰiŋɅtʂʰaŋɅ……ŋuo˦məŋ˧tʂər˦tʂə˦kə˦sɿ˦tɕiaɔ˦nə˦kə˦tʰæᴇɅlouʌtsɿ˧lie˧.tʰa˦sɿ˦yoŋ˦mu˦tʰou˧tsɿ˦tʂʰəŋʌti˧nə˦muo˧kə˦louʌlouɅtsɿ˧a˧,tʂou˦vei

˨˦muo·˧tou˥˧˩ei˩kua˥tʂə·˧nə˥tʰuoŋ˨˦liŋ˨˦˩liŋ˨˦˦.tʂei˧iao˥sɿ˥kə˥ɕiao˥˧xuo˥˧˩tsɿ·˩,ər˨˦tɕʰie˥˧˩tʰiao˥˧tʂə˥kə˥sɿ˥k ə˥ɕiao˥˧xuo˥˧˩tsɿ·˧ma·˩,tʂə˥sɿ˥kə˥ɕiao˥˧xuo˥˧˩tsɿ·˧tou˥˧˩fei˥˧˩tʂʰaŋ˨˦iao˥tɕiŋ˥˧˩kæ̃˥ti·˧nei˥˩kə˥˩,tʰæᴇ˨˦…… tɕiao˥tʰæᴇ˨˦ie˥˧lou˨˦˩tsɿ·˧lie·˧ma·˩.tʰæᴇ˨˦˩ʂaŋ˧i˥˧˦xou˥kei˧zəŋ˨˦kʰæ̃˥piŋ˥lie·˩.tæ̃˥sɿ˥iou˥˧ɕie˥˧˩ɕiao˥˧xuo˥˧˩ tsɿ·˧ʂuo˥˧˩:tsa˨˦məŋ˧tɕiɔ̃r˥˧xei˥˧lə·˧lie·˩,tsou˥pu˨˦˩tʰiŋ˥˧tʰa˥˧˩tʂə˥˩xua˥˩.tʰa˥˧tɕiao˥tuoŋ˥˧,tsa˨˦məŋ˧tsou ˥˧˦ɕi˥˧;tʰa˥˧tɕiao˥˩næ̃˨˦,tsa˨˦˩tsou˥˧˦pei˥˧.tæ̃˥sɿ˥ni˥˧˦tɕiou˥˩nuoŋ˥˧pu˨˦˩kuo˧tʰa˥˧˩.ni˥˧˦kʰæ̃˥ni˥˧˦suei˥˧zæ̃˨˦˩t ʰæᴇ˨˦lie·˧nə˥muo·˧tɕi˥˧ʂɿ˨˦˩tɕiŋ˥˧tʂuoŋ˥˧ti·˧nə˥muo·˧kə˥tuoŋ˥˧ɕi·˩,ni˥˧……ni˥˧˦iao˥xuo˨˦˩nə˥kə˥tsou˥ʂuo˥˧˩ sɿ˥˩ni˥˧iao˥xuo˨˦˩tʰa˥˧tsuo˥˧tʂei˥˩tuei˥˧ti·˧xua˥˩,liŋ˨˦pi˥˧i˥˧˩væ̃˥˧ʂaŋ˥˩tɕi˥˧kə˥ɕiao˥˧sɿ˨˦˩xa˥læᴇ˨˦˦,pa˥˧˩ni˥˧ts ou˥˩nəŋ˨˦˩tʰæᴇ˨˦˩ti·˧tsəŋ˥sɿ˥˧˩.ni˥˧˦ʂuo˥˧˦tʂə˥˧sa˥ɕiæ̃˥ɕiaŋ˥˩.（tsəŋ˥sɿ˩是压……）也就是把人累的就不行了。有时候就不由你。你比如说祈雨的那个人，就是这哪边天旱了，把那楼子抬上问龙王爷要雨咧嘛。那他说是下……下河去这个……下河滩去这个欸取水去啊。那都高的那崖你都……欸几米高的那崖你都下去了。好像走平路一样，呼呼就下去了。a˥˧˩tɕiou˥sɿ˥ pa˥˧˩zəŋ˨˦luei˥ti·˧tɕiou˥pu˨˦˩ɕiŋ˨˦˩lə˥.iou˥˧sɿ˨˦˦xou˥tɕiou˥pu˨˦˩iou˨˦ni˥˧˩.ni˥˧˦pi˥˧˦zʮ˨˦˦ʂuo˥˧˦tɕʰi˨˦˩y˥˧ti·˧nə˥k ə˥zəŋ˨˦,tɕiou˥sɿ˥tʂə˥na˥˧piæ̃˥˧˩tʰiæ̃˥˧˩xæ̃˥lə·˩,pa˥˧˩nə˥˩lou˨˦˩tsɿ·˧tʰæᴇ˨˦˩ʂaŋ˥˧vəŋ˥luoŋ˨˦˩vaŋ˨˦ie˨˦˩iao˥y˥˧˩ ie·˧ma·˩.næᴇ˥tʰa˥˧ʂuo˥˧˩sɿ˥˩xa˥……xa˥xuo˨˦tɕʰi˥tʂə˥kə˥……xa˥xuo˨˦˩tʰæ̃˥˧tɕʰi˥tʂə˥kə˥ei˩tɕʰy˥˧ʂuei˥˧tɕ ʰia˥˩.nə˥tuo˥˧kao˥˧ti·˧nə˥˩næᴇ˨˦ni˥˧˩tou˥˧˩……ei˥tɕi˥˧˦mi˥˧˦kao˥˧ti·˧nə˥˩næᴇ˨˦ni˥˧˩tou˥˧˩xa˥˩tɕʰi˥˩lə·˩.xa ɔ˥˧˦ɕiaŋ˥tsou˥˧pʰiŋ˨˦lou˥i˥˧˦iaŋ˥,xu˥˧xu˥˧tsou˥˩xa˥tɕʰi˥˧lə·˩.（有这样的本事啊？）都有这样的本事咧。tou˥˧˦iou˥˧˦tʂei˥˧iaŋ˥˩ti·˧pəŋ˥˧sɿ˥˩lie·˩.（你见……都见过啊？）哎，见过。那抬咧楼子那些回来都说的。叫咧一……最后抬上一次，第二回叫他抬上，咋都不抬去了。æᴇ˨˦,tɕiæ̃˥kuo˥. nei˥tʰæᴇ˨˦˩lie·˧lou˨˦˩tsɿ·˧nei˥ɕie˥˧xuei˨˦˩læᴇ˨˦˦tou˥˧˩ʂuo˥˧ti·˩.tɕiao˥lie·˧i˥˧˦……tsuei˥xou˥tʰæᴇ˨˦˩ʂaŋ˥˧i˥˧˩ tsʰɿ˥,ti˥ər˥xuei˨˦˦tɕiao˥tʰa˥˧˦tʰæᴇ˨˦˩ʂaŋ˥,tsa˥˧tou˥˧˩pu˨˦˩tʰæᴇ˨˦˩tɕʰi˥lə·˩.（抬楼子是什么东西？）楼子是敬神的一种东西。lou˨˦˩tsɿ·˧sɿ˥tɕiŋ˥ʂəŋ˨˦˩ti·˧i˥˧˩tʂuoŋ˥˧˦tuoŋ˥˧ɕi·˩.（扎个牌坊似的？）欸不是的。是用木头修成的。ei˨˦pu˨˦˩sɿ˥ti·˩.sɿ˥yoŋ˥˧mu˥˧tʰou·˧ɕiou˥˧tʂʰəŋ˨˦˩ti·˩.（架子一样的是吧？）就像木楼楼儿，就像这个……它一样的，像那木楼子一样。里头敬的有牌位咧么。农村有好多东西你不能不信，也不可全信。tsou˥ɕiaŋ˥mu˥˧lou˨˦˩lour˨˦˦,tsou˥ɕiaŋ˥tʂə˥˩kə˥˩l……tʰa˥˧i˥˧˩ia ŋ˥ti·˩,ɕiaŋ˥nə˥mu˥˧˩lou˨˦˩tsɿ·˧i˥˧˩iaŋ˥.li˥˧tʰou·˧tɕiŋ˥ti·˧iou˥˧pʰæᴇ˨˦˩vei˥liem·˩.luoŋ˨˦tsʰuoŋ˥˧˦iou˥˧˦xao˥˧tuo˥˧˩ tuoŋ˥˧ɕi·˧ni˥˧˦pu˨˦˩nəŋ˨˦pu˨˦˩ɕiŋ˥,ia˥˧pu˨˦˩kʰə˥˧tɕʰyæ̃˨˦ɕiŋ˥.

撞干达

（那小孩子是那个呃生下来以后有没有什么拜干爷这样的这个事情？）黄：有咧么。有些那就是小孩儿你比如这个经常有病啊。是这个他这个欸身体也不好，就是反正这个大病没有，小病搞不清，这就是……请上一个人一算，就说你这个娃犯关着咧。iou˥˧lie·˧muo·˩.iou˥˧ɕie˥˧˩næᴇ˥tɕiou˥˩sɿ˥˩ɕiao˥˧xər˨˦ni˥˧˦pi˥˧˦zʮ˨˦˦tʂə˥˩kə˥˩tɕiŋ˥˧˩tʂʰaŋ˨˦iou˥˧piŋ˥a˩.sɿ˥ tʂə˥kə˥tʰa˥˧tʂə˥kə˥ei˩ʂəŋ˥˧˩tʰi˥˧ia˥˧˩pu˨˦˩xao˥˧,tɕiou˥sɿ˥fæ̃˥˧˩tʂəŋ˥˧tʂə˥˩kə˥˩ta˥piŋ˥mei˨˦˩iou˥˧,ɕiao˥˧p iŋ˥kao˥˧pu˨˦˩tɕʰiŋ˥˧˩,tʂei˥tɕiou˥sɿ˥……tɕʰiŋ˥˧ʂaŋ˥i˥˧˦kə˥zəŋ˨˦i˥˧˩suæ̃˥,tɕiou˥ʂuo˥˧˦ni˥˧˩tʂə˥˩kə˥˩va˨˦f æ̃˥kuæ̃˥˧tʂə·˧lie·˩.（犯什么？）犯关[1]。fæ̃˥kuæ̃˥˧.（哪个……关啊？）啊。这个关么它是。a˩.tʂə˥kə˥kuæ̃˥˧muo·˧tʰa˥˧sɿ˥˩.（三官的官啊？）噢，三官的官么。aɔ˩,sæ̃˥˧kuæ̃˥˧˩ti·˧kuæ̃˥˧muo·˩.（噢，犯官，啊。）噢，犯关咧。aɔ˩,fæ̃˥kuæ̃˥˧lie·˩.（开关的关？）噢，这个关么那你就是要给娃过关咧。有些是这个过关么就说是你这个娃要想过这个坎儿，那你必须给娃请干达。有些是……有些是干达是这个……是请下的干达，有一种干达是撞下的干达。撞

① 犯关：当为“犯官”，是冒犯三官的意思。

下的干达你是把娃儿抱上，喝酒碟子盘子端上，酒提上，在桥上去撞去了。就是在那隔壁可等呃去咧。ɑɔ˩,tʂə˥˩kə˥kuæ̃˥˧muo˨næᴇ˥ni˥˧˧tsou˥sɿ˥iɑɔ˥kei˥vɑ˨˦kuo˥˧˥kuæ̃˥˧lie˨.iou˥˧ɕie˥˧˧sɿ˥tʂə˥kə˥kuo˥˧˥kuæ̃˥˧muo˨tɕiou˥˧˦ʂuo˥˧˩sɿ˥˩ni˥˧˩tʂə˥˩kə˥˩vɑ˨˦iɑɔ˥ɕiɑŋ˥˧˧kuo˥tʂə˥kə˥kʰæ̃r˥˧,næᴇ˥ni˥˧˧pi˥˧˥ɕy˥˧˩kei˥vɑ˨˦tɕʰiŋ˥˧˧kæ̃˥˧tɑ˨˦˩.iou˥˧ɕie˥˧˩sɿ˥˩……iou˥˧ɕie˥˧˩sɿ˥˩kæ̃˥˧tɑ˨˦sɿ˥tʂə˥kə˥……sɿ˥tɕʰiŋ˥˧xɑ˥˩ti˨kæ̃˥˧tɑ˨˦˩,iou˥˧i˥˧˩tʂuoŋ˥˧˧kæ̃˥˧tɑ˨˦sɿ˥tʂʰuɑŋ˥˧˥xɑ˥˩ti˨kæ̃˥˧tɑ˨˦˩.tʂʰuɑŋ˥˧˥xɑ˥ti˦kæ̃˥˧tɑ˨˦ni˥˧˧sɿ˥pɑ˥˧˩vɑr˨˦pɑɔ˥ʂɑŋ˥˩,xuo˥˧˩tɕiou˥˧tie˨˦˩tsɿ˦pʰæ̃˨˦˩tsɿ˦tuæ̃˥˧ʂɑŋ˥˩,tɕiou˥˧tʰi˨˦˩ʂɑŋ˥˧˦,tsæᴇ˥tɕʰiɑɔ˨˦˩ʂɑŋ˥˧˦tɕʰi˥˩tʂʰuɑŋ˥tɕʰi˥lə˨.tɕiou˥sɿ˥tsæᴇ˥nə˥kə˥˧˧pi˥˧kʰə˥˧˥təŋ˥˧ə˩tɕʰi˥˩lie˦.（桥上面？）噢，有的是在桥上，有的是在十字路口上撞着。这个干达，撞上个男的就是个男干达，撞上个女的就是个女干达。撞上个……ɑɔ˩,iou˥˧ti˦sɿ˥tsæᴇ˥tɕʰiɑɔ˨˦˩ʂɑŋ˥,iou˥˧ti˦sɿ˥tsæᴇ˥ʂʅ˨˦˩tsɿ˥lou˥kʰou˥˧ʂɑŋ˥˩tʂʰuɑŋ˥tʂə˦.tʂə˥˩kə˥˧˦kæ̃˥˧tɑ˨˦˩,tʂʰuɑŋ˥˧˥ʂɑŋ˥˩kə˥˩næ̃˨˦˩ti˦tɕiou˥sɿ˥kə˥næ̃˨˦kæ̃˥˧˩tɑ˨˦,tʂʰuɑŋ˥˧˥ʂɑŋ˥kə˥ny˥˧ti˨tɕiou˥sɿ˥kə˥ny˥˧kæ̃˥˧˩tɑ˨˦˩.tʂʰuɑŋ˥ʂɑŋ˥kə˥……（噢，女的也叫干……干达？）那叫干娘咧嘛。你撞上个狗都是个狗干达。nə˥tɕiɑɔ˥kæ̃˥˧˩niɑŋ˨˦˩lie˦mɑ˨.ni˥˧˧tʂʰuɑŋ˥ʂɑŋ˥kə˥kou˥˧tou˥˧˩sɿ˥˩kə˥˩kou˥˧kæ̃˥˧˩tɑ˨˦˩.（狗也叫干……）干……干达。那不□撞……就是这个是你碰上个啥就是……kə……kæ̃˥˧˩tɑ˨˦˩.nə˥pu˨˦˩suoŋ˧˦tʂʰuɑŋ˥……tɕiou˥sɿ˥tʂei˥˧˦kə˥˩sɿ˥˩ni˥˧˧pʰəŋ˥˧˦ʂɑŋ˥˩kə˥˩sɑ˥tɕiou˥sɿ˥……（碰到活的？）噢，这这都是活的么。噢。ɑɔ˩,tʂə˥tʂə˥tou˥˧˥sɿ˥˩xuo˨˦˩ti˦muo˨.ŋɑɔ˩.（你出门碰个蚊子，你就不能叫它叫……）有些人你这个可能给娃请一个干达，有的请三个，有的请五个，有的这个叫你请的那个干达必须是个属啥的。或者是属狗的，或者是属猪的。必须请这么几个干达。这个干达么就是保锁儿咧。iou˥˧ɕie˥˧˩ʐəŋ˨˦ni˥˧˧tʂə˥kə˥kʰə˥˧˩nəŋ˨˦kei˥vɑ˨˦tɕʰiŋ˥˧i˥˧˩kə˥˧˦kæ̃˥˧˩tɑ˨˦˩,iou˥˧ti˨tɕʰiŋ˥˧˧sæ̃˥˧kə˥˩,iou˥˧ti˨tɕʰiŋ˥˧˧vu˥˧kə˥˩,iou˥˧ti˨tʂə˥kə˥tɕiɑɔ˥˩ni˥˧tɕʰiŋ˥˧ti˨nə˥kə˥kæ̃˥˧tɑ˨˦˩pi˥˧˥ɕy˥˧sɿ˥kə˥ʂʯ˨˦sɑ˥˩ti˨.xuei˨˦˧tʂə˥˧˧sɿ˥ʂʯ˨˦˩kou˥˧ti˨,xuei˨˦˧˦tʂə˥˧˩sɿ˥˩ʂʯ˨˦tʂʯ˥˧ti˨.pi˥˧˥ɕy˥˧˧tɕʰiŋ˥˧˧tʂə˥muo˦tɕi˥˧kə˥˩kæ̃˥˧˩tɑ˨˦˩.tʂə˥kə˥kæ̃˥˧tɑ˨˦˩muo˨tɕiou˥sɿ˥pɑɔ˥˧˩suor˥˧lie˨.（保……保什么？）保锁儿。pɑɔ˥˧˩suor˥˧.（抱锁？）噢，你这个干达你这个把你从请下那天□把你请来要吃饭咧么。吃饭，举行个仪式咧么。举行个仪式，那个碎娃还应叩头咧么。在叩头时候，你给□娃娃都要鞔个锁锁咧么。用这个红布，啊，做成那么个棒棒子，你给□前头么就说是绾上些钱，有些前头还弄个小锁子，往上一弄，举……举行仪式这一天给这个娃都要戴得脖子里。这个锁儿么你就是……这个娃你要一……从一岁你要管到十二岁咧。这十二岁之间，十二岁的……年满十二岁以后，你还要给脱锁儿咧。ɑɔ˩,ni˥˧˧tʂə˥kə˥kæ̃˥˧tɑ˨˦˩ni˥˧˧tʂə˥kə˥pɑ˥˧˩ni˥˧tsʰuoŋ˨˦˩tɕʰiŋ˥˧xɑ˥˩nei˥˧˦tʰiæ̃˥˧niæ̃˨˦pɑ˥˧˩ni˥˧tɕʰiŋ˥˧læᴇ˨˦iɑɔ˥tʂʰʅ˥˧˩fæ̃˥˧˥lie˨muo˨.tʂʰʅ˥˧˩fæ̃˥,tɕy˥˧˩ɕiŋ˨˦kə˥i˨˦ʂʅ˥˧lie˨muo˨.tɕy˥˧˩ɕiŋ˨˦kə˥i˨˦ʂʅ˥˧,nə˥kə˥suei˥vɑ˨˦xæᴇ˨˦˩iŋ˥kʰou˥˧˦tʰou˨˦˩lie˦muo˨.tsæᴇ˥kʰou˥tʰou˨˦sɿ˨˦˧xou˥,ni˥˧kei˥niæ̃˨˦˩vɑ˨˦˩vɑ˨˦˧˦tou˥˧˩iɑɔ˥mæ̃˨˦˩kə˥suo˥˧suo˥˧˩liem˨.yoŋ˥tʂə˥kə˥xuoŋ˨˦pu˥,ɑ˩,tsuo˥˧˦tʂʰəŋ˨˦nə˥muo˦kə˥pɑŋ˥˧˥pɑŋ˥˧˦tsɿ˨,n̩˥˧kei˥˧˦niæ̃˨˦˩tɕʰiæ̃˨˦˩tʰou˦muo˨tsou˥˧˦ʂuo˥˧˩sɿ˥væ̃˥˧ʂɑŋ˥˩ɕie˥˧˩tɕʰiæ̃˨˦,iou˥˧ɕie˥˧˩tɕʰiæ̃˨˦˩tʰou˦xɑ˨˦˩nuoŋ˥kə˥ɕiɑɔ˥˧˧suo˥˧tsɿ˨,vɑŋ˥˧˩ʂɑŋ˥i˥˧˩nuoŋ˥,tɕy……tɕy˥˧˩ɕiŋ˨˦i˨˦˧ʂʅ˥˧tʂei˥˩i˥˧˩tʰiæ̃˥˧˩kei˥tʂə˥kə˥vɑ˨˦tou˥˧˩iɑɔ˥tæᴇ˥tə˦puo˨˦˩tsɿ˨li˥˧˩.tʂə˥kə˥suor˥˧muo˨ni˥˧tsou˥˩sɿ˥˩……tʂə˥kə˥vɑ˨˦ni˥˧iɑɔ˥i……tsʰuoŋ˨˦i˥˧˩suei˥ni˥˧˧iɑɔ˥kuæ̃˥˧tɑɔ˥ʂʅ˨˦˩ər˥˧˦suei˥˩lie˨.tʂə˥ʂʅ˨˦˩ər˥˧˦suei˥tsɿ˥˧tɕiæ̃˥˧˩,ʂʅ˨˦˩ər˥suei˥˧˦ti˨……niæ̃˨˦˩mæ̃˥˧ʂʅ˨˦˩ər˥˧˦suei˥i˥˧˩xou˥,ni˥˧˧xæᴇ˨˦˩iɑɔ˥kei˥tʰuo˥˧suor˥˧˧lie˨.（还要什么？）还要脱锁儿咧嘛。xɑ˨˦˩iɑɔ˥tʰuo˥˧˩suor˥˧lie˨mɑ˨.（脱锁？）啊，脱锁儿么。ɑ˩,tʰuo˥˧˩suor˥˧muo˨.（噢，把他解脱？）噢，解脱。解脱那一天么□把你请来，给你好吃好喝以后，也给你再买一身衣裳，于是你你任务完成了。是这么个事。ɑɔ˩,tɕie˥˧tʰuo˥˧.tɕie˥˧˧tʰuo˥˧nei˥i˥˧˧tʰiæ̃˥˧muo˨niæ̃˨˦˧pɑ˥˧˩ni˥˧˧tɕʰiŋ˥˧læᴇ˨˦,kei˥ni˥˧˧xɑɔ˥˧˧tʂʰʅ˥˧xɑɔ˥˧˧xuo˥˧i˥˧˩xou˥,iɑ˥˧˩kei˥ni˥˧˧tsæᴇ˥mæᴇ˥˧i˥˧˩ʂəŋ˥˧˧i˥˧ʂɑŋ˨˦˩,y˨˦sɿ˥˧˦ni˥˧˧ni˥˧˧

zəŋ˥vu˥væ̃˨˩tʂʰəŋ˨˩lə˩.sʅ˥tʂə˥˦muo·kə˥˩sʅ˥.（一个叫抱锁是吧？）啊，保锁儿。ɑ˩,paɔ˥˩suor˥.（包上一块儿锁？）啊，保。一保，你就是这个人就……就给你了。就好像现在你欸保险费都交上你……你去了。ɑ˩,paɔ˥˦.i˥˩paɔ˥,ni˥˦tɕiou˥sʅ˥tʂə˥˩kə˥zəŋ˨tsou˥……tsou˥˩kei˥˦ni˥lə˩.tsou˥xaɔ˥˦ɕiaŋ˥ɕiæ̃˥tsæᴇ˥ni˥˦ei˩paɔ˥˩ɕiæ̃˥fei˥tou˥˩tɕiaɔ˥ʂaŋ˥˩ni˥˦……ni˥˩kʰei˥˦lə˩.（噢，保护的保啊？）啊，保护的保嘛。这是农村这都有。嗯。ɑ˩,paɔ˥˩xu˥˦ti·paɔ˥ma·˩.tʂei˥˦sʅ˥˩nuoŋ˨tsʰuoŋ˥˩tʂei˥˦tou˥˩iou˥.ŋ̍˩.（你当过……你当了干爷没有？）没有，我给任何人都不……娃娃都不当干达。谁请我都不干那个事。但我小的时候也有请下干达咧。我的干达是个铁匠。我打的脚镣手镯都有咧。手上铁匠炉子上用铁片打的。mei˨iou˥˦,ŋuo˥kei˥zəŋ˥˦xuo˨˩zəŋ˨˦tou˥˩pu˨……va˨˦va˨˦tou˥pu˨˩taŋ˥˩kæ̃˥ta˨˩.sei˨tɕʰiŋ˥˩ŋuo˥tou˥˩pu˨˩kæ̃˥nə˥kə˥sʅ˥.tæ̃˥ŋuo˥ɕiaɔ˥ti·sʅ˨˩xou˥ie˥iou˥˩tɕʰiŋ˥xa˥˩kæ̃˥ta˨˩lie·˩.ŋuo˥ti·kæ̃˥ta˨˩sʅ˥kə˥tʰie˥tɕiaŋ˥˩.ŋuo˥˦ta˥˦ti·tɕyo˥˩liaɔ˥ʂou˥tʂuo˨tou˥˩iou˥lie·˩.ʂou˥ʂaŋ˥tʰie˥tɕiaŋ˥lou˨tsʅ˥ʂaŋ˥yoŋ˥tʰie˥pʰiæ̃˥˦ta˥ti·˩.（链子啊？）链子？不是。你拧下那个欸戴下那个镯子。liæ̃˥˦tsʅ·˩?pu˨˩sʅ˥.ni˥niŋ˨˩xa˥˦nə˥kə˥ei˩tæᴇ˥xa˥nə˥kə˥tsuo˨˩tsʅ˥.（铁做的？）铁……铁做的。这脖子里戴那铁项圈，脚下戴的那铁镯子么。tʰie˥……tʰie˥tsuo˥˦ti·˩.tʂə˥puo˨tsʅ˥li˥˩tæᴇ˥na˥tʰie˥˩xaŋ˥tɕʰyæ̃˥˩,tɕyo˥xa˥tæᴇ˥ti·na˥tʰie˥˩tsuo˨˩tsʅm·˩.（不拿个银子戴个？）拿银子？那那打不起，那好钱了。na˨˩iŋ˨˩tsʅ·˩?nə˥nə˥ta˥˦pu˨˩tɕʰi˥,na˥xaɔ˥˩tɕʰiæ̃˨˦lə·˩.（那你……你现在还那个吗？还去……平时还去看看他不？）人家早都死掉了。zəŋ˨tɕia˥˦tsaɔ˥tou˥˩sʅ˥tiaɔ˥˦lə·˩.（过了十二岁以后还……还要看吗？）还要看么。那干达永远是个干达咧，啊。xæᴇ˨˩iaɔ˥˦kʰæ̃˥muo·˩.næᴇ˥kæ̃˥ta˨˩yoŋ˥yæ̃˥sʅ˥kə˥kæ̃˥ta˨˩lie˥,ɑ˩.

我家有个夜哭郎

（像那个假如说小孩子晚上这个哭，有什么办法来那个没有？）黄：那有时候口欸，农村现在讲究迷信来说，那都写那么个帖子，贴得路上么。nei˥iou˥sʅ˨˩xou˥niæ̃˨ei˩,luoŋ˨tsʰuoŋ˥ɕiæ̃˥tsæᴇ˥tɕiaŋ˥tɕiou˥˩mi˨˩ɕiŋ˥˦læᴇ˨˩ʂuo˥˩,næᴇ˥˩tou˥˩ɕie˥˦nə˥muo·kə˥tʰie˥tsʅ·˩,tʰie˥tə·lou˥ʂaŋ˥˦muo·˩.（上面写什么字儿呢？贴得楼上？）贴得路上。tʰie˥tə·lou˥ʂaŋ˥˩.（路上啊？）路边那些。那都给你写咧么。上头就写这个“天皇皇，地皇皇，我家有个夜哭郎，过路君子读三遍”么，“一觉睡到大天亮”嘛。lou˥piæ̃˥nei˥˩ɕie˥˩.nei˥tou˥˩kei˥˩ni˥˦ɕie˥lie·muo·˩.ʂaŋ˥˦tʰou·tɕiou˥ɕie˥tʂə˥˩kə˥˩tʰiæ̃˥xuaŋ˨˩xuaŋ˨˩,ti˥˦xuaŋ˨˩xuaŋ˨˩,ŋuo˥tɕia˥˩iou˥kə˥˩kʰu˥˦laŋ˨˩,kuo˥lou˥tɕyoŋ˥˩tsʅ˥tu˨sæ̃˥˩piæ̃˥muo·˩,i˥˩tɕiaɔ˥˦ʂuei˥taɔ˥˩ta˥tʰiæ̃˥˩liaŋ˥ma·˩.（也是这么写？）也是这么个写咧么。也都有咧么。ie˥sʅ˥tʂə˥muo·kə˥ɕie˥lie·muo·˩.ie˥tou˥˩iou˥liem·˩.

一八、行政

升堂

（像原来那个，那些官员审案子啊，就是什么坐在那个堂上，叫……叫“坐堂”还是叫什么？）黄：叫升堂。tɕiaɔ˧ʂəŋ˥tʰaŋ˩˨˦˩lie˨˧.（升堂？）老戏头起这不是讲那个欸三班衙役吼的，吼升堂咧么。laɔ˥˩˦ɕi˧˦tʰou˩˨˦˩tɕʰie˥˩˦tʂə˧pu˩˨˦sɿ˧tɕiaŋ˥˩˦nə˧kə˧ei˧sæ̃˥pæ̃˥˩˨˦ia˩˨i˥˩˦xou˥˩˦ti˧˨,xou˥˩˦ ʂəŋ˥tʰaŋ˩˨˦˩liem˨˧.

退堂

（好，[案子]审完之后呢？）黄：[低声自语]老辈人叫个啥子？laɔ˥˩˨˦pei˧˦˩zəŋ˩˨tɕiaɔ˧kə˧sa˧˦˩tsɿ˨˧?（嗯，这个散场了？）嗯，他这书里怎么念着？ŋ̍˥˩-˨˦,tʰa˥˩˦tʂə ˧ʂʯ˥˩˨˦li˥˩˦tsəŋ˥muo˨niæ̃˧˦˩tʂə˧˨?（退堂？）噢，退堂，退堂。aɔ˨˦,tʰuei˧˦˨tʰaŋ˩˨˦˩,tʰuei˧tʰaŋ˩˨˦˩.（你们讲不讲打……打退堂鼓？）讲么。讲打退堂鼓这个话咧。tɕiaŋ˥muo˨˧.tɕiaŋ˥˩˦ta˥˩˦tʰuei˧˦˩tʰaŋ ˩˨˦ku˥˩˦tʂə˧kə˧xua˧˦˩lie˨˧.（你们讲这个打退堂鼓是什么意思呢？）想干的东西，比如旋做的这一件事不做了么。ɕiaŋ˥˩˨˦kæ̃˧ti˧˨tuoŋ˥˩˦ɕi˧˨,pi˥˩˨˦zʯ˩˨˦˩ɕyæ̃˧tsʯ˧ti˧˨tʂə˧i˥˩˦tɕiæ̃˧sɿ˧tɕʰiŋ˩˨˦pu˩˨˦˩tsʯ˧˦˨lə m˧˨.（不做了?）不干了么。pu˩˨˦˩kæ̃˧˦˨lə˨muo˨˧.（干着干着不干了？）不干了，打退堂鼓了。pu˩˨˦˩kæ̃˧˦˨lə˨˧,ta˥˩˦tʰuei˧tʰaŋ˩˨ku˥˩˨˦lə˧˨.

证人

（好，这个审案子的时候要找证人吧？）黄：证人呣。tʂəŋ˧zəŋ˩˨˦˩m̩˨˧.（有些是找人作证明，有些呢就是那个……）[插话]拿一……na˩˨i……（找一些东西来证明。）搜集，啊。那是人证、物证么。sou˥˩˨˦tɕi˩˨˦˥,a˨˦.na˧˦˩sɿ˧˦˩zəŋ˩˨tʂəŋ˧,vuo˥tʂəŋ˧muo˨˧.（假如说，这个，你说你有道理，呃，我说我有道理，然后我们找了一个人来，到底是谁有道理，找那个人来来来来那个，就是证明。）那是找证人咧么。欸那，那是这个证人就说是不管是，某一件事情以后说是谁能证明这个事情，就不……这就是证人他说了算咧么。你原、被告说上都不起多大作用。næᴇ˧˦˩sɿ˧tʂaɔ˥tʂəŋ˧˦˨zəŋ˩˨˦˩lie˨muo˨˧.ei˧næᴇ˧,næᴇ˧sɿ˧tʂə˧kə˧tʂəŋ˧zəŋ˩˨˦˩tɕiou˧˦˥ʂu o˥˩˨˦sɿ˧˦˩pu˩˨˦˩kuæ̃˥sɿ˧˦˩,mou˥i˥˩˨˦tɕiæ̃˧sɿ˧tɕʰiŋ˩˨˦˩i˥˩˨˦xuo˧˦˥ʂuo˥˩˦sɿ˧sei˩˨nəŋ˩˨˦˩tʂəŋ˧miŋ˩˨tʂə˧kə˧˦˩sɿ˧tɕʰiŋ˩˨˦˩,ts ou˧pu……tʂei˧tɕiou˧˦˩sɿ˧˦˩tʂəŋ˧zəŋ˩˨˦˩tʰa˥˩˨˦ʂuo˥liaɔ˥˩˨˦suæ̃˧liem˧˨.ni˥˩˨˦yæ̃˩˨pi˧kaɔ˧ʂuo˥ʂaŋ˧˦˩tou˥˩˨pu˩˨˦˩ tɕʰi˥˩˦tuo˥˩˨˦ta˧tsuo˥yoŋ˧˦˩.

对证

（有这个对质的这个讲法吗？）黄：有么，有对质咧么。下放……iou˥muo˨˧,iou˥tuei˧˦˨tʂʅ˥liem˨˧.xa˧˦˨faŋ˧……（对质还是对证，还是什么？）双方当事人对质。是……对证。ʂuaŋ˥faŋ˥˩˦taŋ˥˩˨˦sɿ˧˦˩zəŋ˩˨˦tuei˧˦˨tʂʅ˥˩.sɿ˧˦˩s……tuei˧tʂəŋ˧.（你们，像假如说碰到这种事情一般说什么呢？）那是多一半儿都说是这个欸对证咧么。næᴇ˧sɿ˧˦˩tuo˥i˥˩˨˦pæ̃r˧to u˥˩˨˦ʂuo˥˩˨˦sɿ˧tʂə˧kə˧ei˨˦tuei˧tʂəŋ˧liem˨˧.

服不服

（好。这个，服，还是不服，怎么……怎么……你……这个事情你你服不服，怎么问呐？）黄：这没有参……咱们就没有参加过这号儿东西，就根本就……这程序上都根本不清楚。tʂə˥mei˩˧iou˥˧tsʰæ̃˥˩……tʂɑ˩˧məŋ˦tsou˥mei˩˧iou˥˧tsʰæ̃˥˧˦tɕia˥˧kuo˥tʂə˥xɑɔr˥tuo ŋ˥˧ɕi˧,tsou˥kəŋ˥˩pəŋ˥˧tsou˥……tʂə˥tʂʰəŋ˩˧˩ɕy˥˦ʂɑŋ˦˩tou˥˨kəŋ˥˩pəŋ˥˧pu˩˧˧tɕʰiŋ˥˧tʂʰʮ˥˩.（好。你们平时问别人，这个，你这样服不服哇？判决。啊，这个判决你服不服？）这……那倒是问咧。tʂə˥……nə˥˦tɑɔ˦˩sɿ˦˩vəŋ˥lie˧.（嗯。）啊，这个判决送……判决书送达以后，就问你对这件事情服不服。ɑ˥,tʂə˥kə˥pʰæ̃˥tɕyo˥˨suoŋ˥s……pʰæ̃˥tɕyo˥˩ʂʮ˥˨suoŋ˥tɑ˩˧i˥˩xou˥,tsou˥vəŋ˥ni˥˨tuei˥tʂei˥tɕiæ̃˦˩sɿ˥tɕʰiŋ˩˧˩fu˩˧pu˩˧˥fu˩˧˩.（好。如果不服那就要怎么样呢？）要上诉咧么。iɑɔ˥˦ʂɑŋ˥sʮ˥˦liem˦.（ʂɑŋ˥sʮ˥˧？）噢。上诉，从新上诉咧。ɑɔ˩.ʂɑŋ˥sʮ˥,tsʰuoŋ˩˧ɕiŋ˥˩ʂɑŋ˥s ʮ˥lie˦.

同案犯

（呃，假如说这个人逮到了一个。噢，在审问过程当中他把其他的那些那个同伙也说出来了，那叫什么？）黄：这个欸把叫……供出这个同案犯么。tʂə˥kə˥ei˥pɑ˥˩tɕiɑɔ˥˦ku……kuoŋ˥˦tʂʰʮ˥˧tʂə˦˩kə˦˩tʰoŋ˩˧˩næ̃˥fæ̃˥muo˦.（供？）嗯，还是供。ə̃˩,xɑ˩˧˩sɿ˥˦kuoŋ˥.（叫供出同案犯。好。那种一起干坏事的那些人呢？）一起干坏那就也叫同案犯，再叫这个……那都看是几个人咧吧，□就咋么个分着咧。i˥˧tɕʰi˥˩kæ̃˥xuæᴇ˥næᴇ˥˩ tɕiou˥˦ie˥˧tɕiɑɔ˥tʰoŋ˩˧˩næ̃˥fæ̃˥,tsæᴇ˥tɕiɑɔ˥tʂə˥kə˥ə……nə˥tou˥˨kʰæ̃˥sɿ˥tɕi˥˧kə˦˩zəŋ˩˧˩lie˦pɑ˧,niæ̃˩˧˩tɕ iou˦˩tsɑ˥˩muo˦kə˥fəŋ˥˧tʂə˧lie˧.（叫不叫同伙，或者……）也叫同伙儿。ie˥˨tɕiɑɔ˥tʰoŋ˩˧˩xuor˥˧.（同伙？同谋？）同伙儿。tʰoŋ˩˧˩xuor˥˧.

有意、无意

（呃，有些人这个犯了事他是这个故意犯的，那叫什么？）黄：故意犯罪嘛。ku˥i˥fæ̃˥tsuei˥mɑ˧.（故意犯罪？）嗯。ə̃˥.（叫故犯，故意犯罪，还是……）故意犯罪。ku˥i˥fæ̃˥tsuei˥.（有些人就是说他本来没有这个犯罪的这种动机，结果不小心，这个这样犯了事。）过失犯罪么。kuo˥ʂʅ˥˨fæ̃˥tsuei˥˦muo˧.（过失犯罪？）嗯。ŋ̍˩.（像那个，民间他……有有什么这个土的说法吗？）民间就是有意，就是有意和无意上分咧。有意犯罪……民间里一般说就是，这件事你是有意做的或者是无意做的。噢，能用到法律上那就是是有意的或是无意的。嗯。miŋ˩˧tɕiæ̃˥˧tɕiou˦˩sɿ˦˩iou˥˧i˥,tsou˦˩sɿ˦˩iou˥˧i˥xə˩˧˩vu˩˧i˥˦ʂ ɑŋ˦˩fəŋ˥˩lie˧.iou˥˨i˥fæ̃˥tsuei……miŋ˩˧tɕiæ̃˥˧li˥˩i˥˨pæ̃˥˧ʂuo˥˧tɕiou˥sɿ˥,tʂei˥tɕiæ̃˥sɿ˥ni˥˨sɿ˥iou˥˧i˥tsu o˥˦ti˧xuo˩˧˧tʂə˥˨sɿ˥vu˩˧i˥tsuo˥˦ti˧.ɑɔ˩,nəŋ˩˧yoŋ˥tɑɔ˥fɑ˥˧ly˥˩ʂɑŋ˦˩næᴇ˥tɕiou˥sɿ˥sɿ˥iou˥˧i˥˦ti˧xuo˩˧˩sɿ˦˩v u˩˧i˥ti˧.ə̃˩.

咬

（这个，诬告别人怎么说？）黄：那也就叫个诬告。农村土话么也有时候叫诬陷了。nei˥˦ɑ˥˨tɕiou˥tɕiɑɔ˥kə˥vu˥˨kɑɔ˥.luoŋ˩˧tsʰuoŋ˥˨tʰu˥˧xuɑ˥muo˦iɑ˥˩iou˥˧sɿ˩˧˧xou˥tɕiɑɔ ˥vu˥˨ɕiæ̃˥˦lə˧.（诬告还是诬陷？）诬告的多么，诬陷其……诬陷这个情况下应该和诬告基本上大意是……意思是相同的不过。vu˥˩kɑɔ˥˦ti˧tuo˥˧muo˧,vu˥˦ɕiæ̃˥˦tɕʰi……vu˥˨ɕiæ̃˥tʂə˥kə˥tɕʰiŋ˩˧˩kʰuɑŋ˥˦ɕiɑ˦˩iŋ˥kæᴇ˥˨xuo˩˧˩vu˥˨kɑɔ˥tɕi˥˩pəŋ˥˧ʂɑŋ˦˩tɑ˥i˥sɿ˦˩……i˥sɿ˧sɿ˦˩ɕiɑŋ˥˩tʰuoŋ˩˧˩ti˦pu˩˧˩kuo˥.（有说诬赖的吗？）没有。mei˩˧˩iou˥˨.（或者叫赖着？）没有诬赖这个。mei˩˧˩iou˥˧vu˥˨læᴇ˥tʂei˥˦kə˦˩.（比如说啊，他……有一个人，他本来没参加他

们同伙。）嗯。ə̃˩.（他就那个咬咬着说他那个，那个跟他们一起犯……）这就是诬陷咧么。tʂei˦˥tɕiou˦sɿ˦vu˥˧˧ɕiæ̃˦˥liem˧.（诬陷？）噢，诬陷，陷害别人咧。ɑɔ˩,vu˥˧ɕiæ̃˦˩,ɕiæ̃˦xæᴇ˦pie˨˦˩ʐəŋ˨˦˥lie˧.（讲不讲咬？）那也讲咬咧么。咬，农村土话那就是，咬出来了。咬，咬别人咧嘛。nei˦˥ie˥˧˧tɕiaŋ˥˧˧niɑɔ˥˧lie˧muo˧.niɑɔ˥˧,luoŋ˨˦tsʰuoŋ˥˧˩tʰu˥˧xuɑ˦næᴇ˦tɕiou˦sɿ˦,niɑɔ˥˧˧tʂʰɥ˥˧˧læᴇ˨˦˩lə˧.niɑɔ˥˧,niɑɔ˥˧pie˨˦˩ʐəŋ˨˦˩lie˧mɑ˧.（你说一句话看看完整那个……）[自语]咬……niɑɔ˥˧˩……（打个比方，说句话。）诬欸……陷害啊？你有意陷害他人咧嘛。vu˥˧˧ei……ɕiæ̃˦xæᴇ˦ɑ˧?ni˥˧˩iou˥˧i˦ɕiæ̃˦˥xæᴇ˦tʰɑ˥˧ʐəŋ˨˦˩lie˧mɑ˧.（嗯，咬呢？什么情况下会用到这个咬哇？）[自语]这个咋说去咧？tʂə˦kə˦tsɑ˥˧˩ʂuo˥˧tɕʰi˦˩lie˧?（你设计一个这样的这样情况看看。什么情况下用这个？……有咬这个说法哈？）有咬这个说法。往往经常指的骂人的话你是狗咬狗，一嘴毛么。这是都是些坏人，互相之间你咬我，我咬你，过来过去咬的嘴里都是些毛嘛。iou˥˧˧niɑɔ˥˧˧tʂə˦kə˦ʂuo˥˧fɑ˥˧˩.vɑŋ˥˧vɑŋ˥˧tɕiŋ˥˧˩tʂʰɑŋ˨˦tsɿ˥˧ti˧mɑ˦ʐəŋ˨˦˩tə˧xuɑ˦ni˥˧˩sɿ˦˩kou˥˧˧niɑɔ˥˧˧kou˥˧,i˥˧˩tsuei˥˧mɑɔ˨˦muo˧.tʂə˦˩sɿ˦˩tou˥˧˦sɿ˦˩ɕie˥˧˩xuæᴇ˦ʐəŋ˨˦˩,xu˦˥ɕiɑŋ˥˧˩tsɿ˥˧tɕiæ̃˥˧˩ni˥˧niɑɔ˥˧˧ŋuo˥˧˧,ŋuo˥˧niɑɔ˥˧˧ni˥˧,kuo˦˥læᴇ˨˦˩kuo˦tɕʰi˦niɑɔ˥˧ti˧tsuei˥˧li˥˧˩tou˥˧˦sɿ˦ɕie˥˧˩mɑɔ˨˦mɑ˧.（这个咬到底应该怎么解释呀？你咬我，我咬你。这个，呵呵呵，狗咬狗。诬陷说不说咬。）诬陷有些地……地方也可以理解为咬。vu˥˧˧ɕiæ̃˦iou˥˧ɕie˥˧˩ti˦……ti˦fɑŋ˥˧˩iɑ˥˧˧kʰə˥˧i˥˧˩li˥˧tɕie˥˧˧vei˨˦˧niɑɔ˥˧˩.（同案犯之间咬呢？）诬陷就……那是同案犯自己……自己这个互相哎那就是经常也就是互相推诿咧，就轻避重的说咧，是互相咬咧。诬陷的来说的话那就是无中生有的给你寻事咧嘛。本来这件事情与你无关，结果我在交代问题的时候我说出咧事情还有……动手参与的还有他咧。vu˥˧˦ɕiæ̃˦tɕiou˦˩……nə˦˥sɿ˦˩tʰuoŋ˨˦˩næ̃˦fæ̃˦tsɿ˦tɕie˥˧˧ts……tsɿ˦tɕie˥˧˩tʂə˦˩kə˦˩xu˦ɕiɑŋ˥˧˩æᴇ˩næᴇ˦˥tɕiou˦˩sɿ˦˩tɕiŋ˥˧˧tʂʰɑŋ˨˦˧iɑ˥˧tsou˦˩sɿ˦˩xu˦˥ɕiɑŋ˥˧˩tʰuei˥˧˦vei˥˧lie˧,tɕiou˦tɕʰiŋ˥˧˩pʰi˦tʂuoŋ˦˥ti˧ʂuo˥˧lie˧,sɿ˦˩xu˦ɕiɑŋ˥˧˧niɑɔ˥˧lie˧.vu˥˧˧ɕiæ̃˦˥ti˧læᴇ˨˦ʂuo˥˧ti˧xuɑ˦næᴇ˦tɕiou˦sɿ˦vu˨˦tʂuoŋ˥˧səŋ˥˧˩iou˥˧ti˧kei˦ni˥˧˧ɕiŋ˨˦sɿ˦˩lie˧mɑ˧.pəŋ˥˧læᴇ˨˦tʂei˦˥tɕiæ̃˦˩sɿ˦tɕʰiŋ˨˦˧y˥˧˧ni˥˧˧vu˨˦kuæ̃˥˧,tɕie˥˧˩kuo˥˧ŋuo˥˧˧tsæᴇ˦tɕiɑɔ˥˧˩tæᴇ˦vəŋ˦tʰi˨˦˩ti˧sɿ˨˦˩xou˦ŋuo˥˧˧ʂuo˥˧˧tʂʰɥ˥˧lie˧sɿ˦tɕʰiŋ˨˦˧xæᴇ˨˦˩iou˥˧……tuoŋ˦ʂou˥˧tsʰæ̃˥˧˩y˥˧ti˧xæᴇ˨˦˩iou˥˧˧tʰɑ˥˧˩lie˧.（那也叫咬？）也叫咬，也叫咬么。ie˥˧tɕiɑɔ˦iɑɔ˥˧˩,ie˥˧tɕiɑɔ˦niɑɔm˥˧˩.（转移罪责？）啊，转移罪责么，啊。ɑ˩,tʂuæ̃˥˧i˨˦tsuei˦tsə˥˧˩muo˧,ɑ˩.（使自己这个好像罪行要轻一些。）噢，减轻自己罪，给别人……ɑɔ˩,tɕiæ̃˥˧tɕʰiŋ˥˧˩tsɿ˦tɕie˥˧˩tsuei˦,kei˦˥pie˨˦ʐəŋ˨˦˩……（把别人供出来说不说咬出来？）农村人也叫咬出来了。luoŋ˨˦tʂʰuoŋ˥˧ʐəŋ˨˦ie˥˧˧tɕiɑɔ˦niɑɔ˥˧tʂʰɥ˥˧˩læᴇ˨˦˩lə˧.（比如说你们俩都是……都……这一伙人都是坏蛋。）嗯。ə̃˩.（也没……没一个好饼，但他把人供出来说不说咬出来？）那也就说是咬出来的，嗯。nɑ˦˥iɑ˥˧˧tsou˦ʂuo˥˧˩sɿ˦niɑɔ˥˧tʂʰɥ˥˧˩læᴇ˨˦˩ti˧,ə̃˩.

保

（这个保释？）黄：保释那过去历史上也有，现在也有嘛。pɑɔ˥˧˧ʂɿ˥˧nə˦˩kuo˦tɕʰy˦li˥˧˦sɿ˥˧ʂɑŋ˦˩ie˥˧˩iou˥˧,ɕiæ̃˦tsæᴇ˦ie˥˧˩iou˥˧mɑ˧.（啊，以前叫什么呢？）以前就是这个联……叫联保咧嘛。i˥˧˧tɕʰiæ̃˨˦tɕiou˦sɿ˦tʂə˦˩kə˦˩liæ̃˨˦pu……li……tɕiɑɔ˦liæ̃˨˦pɑɔ˥˧lie˧mɑ˧.（联保？）噢，联保么。比如这一个人犯罪咧，或者是有病了，咱们几个人出保以后，把这个人从监狱里保出来。现在这个保释一般他都是以身体不好或者是其……原因往那保出咧么，不可能其他原因你都保不出来么。ɑɔ˩,liæ̃˨˦˩pɑɔ˥˧muo˧.pi˥˧˩ʐɥ˨˦˩tʂei˦i˥˧˩kə˦˥ʐəŋ˨˦˧fæ̃˦tsuei˦lie˧,xuei˨˦˥tʂə˥˧˩sɿ˦˥iou˥˧piŋ˦˥lə˧,tʂɑ˨˦˩məŋ˦tɕi˥˧kə˦ʐəŋ˨˦tʂʰɥ˥˧˩pɑɔ˥˧i˥˧˩xou˦,pɑ˥˧˩tʂə˦kə˦ʐəŋ˨˦tsʰuoŋ˨˦˩tɕiæ̃˥˧˦y˥˧li˥˧˩pɑɔ˥˧˧tʂʰɥ˥˧læᴇ˨˦˩.ɕiæ̃˦tsæᴇ˦˥tʂə˦˩kə˦˩pɑɔ˥˧ʂɿ˥˧˩i˥˧˦pæ̃˥˧tʰɑ˥˧tou˥˧˩sɿ˦˩i˥˧˩ʂəŋ˥˧˩tʰi˥˧pu˨˦˩xɑɔ˥˧˧xuei˨˦˥tʂə˥˧˧sɿ˦tɕʰi˨˦˩……yæ̃˨˦iŋ˥˧vɑŋ˥˧˩nə˦pɑɔ˥˧tʂʰɥ˥˧˩liem˧,pu˨˦˩kʰə˥˧nəŋ˨˦˧tɕʰi˨˦˩tʰɑ˥˧yæ̃˨˦˩iŋ˥˧˧ni˥˧˧tou˥˧˧pɑɔ˥˧pu˨˦

ˌtʂʰʮ˧læᴇ˨˩muo˨.（呃，可不可以讲，噢，那个有没有这个取保的这个说法？）取保候审嘛。嗯。tɕʰy˧pɑɔ˧xou˥˧ʂəŋ˧mɑ˨.ə̃˩.（你们就可以用一个字“保”是吧？）嗯。用一个保。ŋ̍˩,yoŋ˥i˧˩kə˥pɑɔ˧˥.（把他保出来？）啊，保出来么。ɑ˥,pɑɔ˧tʂʰʮ˧˩læᴇ˨˩muo˨.

抓人

（好，这个，发现了这个犯罪嫌疑人就把他抓起来，这叫做什么？）黄：兀家伙事多着咧。那办这程序大的焦鏾咧。那你是这个欸这里头主要是看是临时的吗是咋咧。那就是临时抓和这个……那你抓人的话，那你必须要有这个欸……逮捕证咧。没有逮……没……不是……看是不是正式……正式批捕的，还是这个临时抓人咧，临时抓人不得超过二十四小时。væᴇ˥˧tɕiɑ˧˩xuo˧˩sɿ˥tuo˧tʂə˨lie˨.nə˥pæ̃˥˧tʂə˥˩tʂʰəŋ˩ɕy˥tɑ˥ti˨tɕiɑɔ˧ɕiæ̃˧˩lie˥.nei˥ni˧sɿ˥˩tʂə˥˩kə˥˩ei˩tʂei˥˧li˧˩tʰou˨tʂʮ˧˥iɑɔ˥sɿ˥˩kʰæ̃˥˩sɿ˥˩liŋ˩sɿ˨˩ti˨mɑ˨sɿ˥tsɑ˧lie˨.nei˥tɕiou˥sɿ˥liŋ˩sɿ˨˥tʂuɑ˧xuo˨˩tʂə˥kə˥……nei˥ni˧˥tʂuɑ˧˩zəŋ˨˩ti˨xuɑ˥,nei˥ni˧˥pi˧˥ɕy˧iɑɔ˥iou˧˥tʂə˥˩kə˥˩ei˩m……tæᴇ˧˩pu˧˩tʂəŋ˥˧lie˨.mei˩iou˧tæᴇ˧˥……mu……pu˩˥zɿ……kʰæ̃˥˩sɿ˥˧pu˩˩sɿ˥˩tʂəŋ˥tʂʰʅ……tʂəŋ˥˧tʂʰʅ˧˩pʰi˧pu˧ti˨,xæᴇ˨˩sɿ˥˧tʂə˥˩kə˥˩liŋ˩sɿ˨˥tʂuɑ˧zəŋ˨˩lie˨,liŋ˩sɿ˨˥tʂuɑ˧zəŋ˩pu˩˧tei˧˩tʂʰɑɔ˧˥kuo˥ər˥ʂʅ˨˥sɿ˥ɕiɑɔ˧sɿ˨˩.（像这个逮捕人是讲抓人还是那个……）抓嘛。tʂuɑ˧mɑ˨.（tʂuɑ˧？）啊，农村最这个简单的话就是抓人咧么。ɑ˩,luoŋ˩tsʰuoŋ˧tsuei˥tʂə˥˩kə˥˩tɕiæ̃˧tæ̃˧˩ti˨xuɑ˥tɕiou˥sɿ˥tʂuɑ˧zəŋ˨˩liem˨.（现在也讲逮捕吧？）逮捕，啊。tæᴇ˧˩pu˧,ɑ˩.（逮捕怎么，用本地话怎么说？）那就是逮捕么。nɑ˥tɕiou˥˩sɿ˥˩tæᴇ˧˥pu˧muo˨.（tæᴇ˥pu˧？）嗯。ə̃˩.（不讲……不讲那个什么ti˧捕吧？）兀都不讲。有些官话现在就是批捕了。现在上边已经批准正式逮捕你了。啊。这就符合法律程序了。væᴇ˥˧tu˧˥pu˨˥tɕiɑŋ˧.iou˧ɕie˧˩kuæ̃˧˩xuɑ˥˧ɕiæ̃˥tsæᴇ˥tɕiou˥sɿ˥pʰi˧pu˧lə˨.ɕiæ̃˥tsæᴇ˥ʂɑŋ˥˧piæ̃˧˩i˧tɕiŋ˧˩pʰi˧tʂuoŋ˧tʂəŋ˥˧ʂʅ˧˩tæᴇ˧˩pu˧ni˧˩lə˨.ɑ˩.tʂei˥tɕiou˥fu˨˥xuo˨˥fɑ˧ly˧˩tʂʰəŋ˨˩ɕy˥˧lə˨.

罚款

（罚款？）黄：那就念罚款。nei˥˧tɕiou˥niæ̃˥fɑ˨˩kʰuæ̃˧.（罚款还有别的土……土的说法没有？）叫罚款，也叫罚没么。tɕiɑɔ˥fɑ˨˩kʰuæ̃˧,ie˧˥tɕiɑɔ˥fɑ˩muo˧muo˨.（罚……罚没是把别人的东西都没收了嘛。）嗯，就是的。罚款。ə̃˩,tɕiou˥˧sɿ˥˩ti˨.fɑ˨˩kʰuæ̃˧.（想当年比如说你多生了一个，他……你是……他是罚……罚款还是叫罚什么？你被人家罚了款了，还是说你被人家罚了什么。罚钱，还是罚什么？）那都是那个时候那那就叫罚钱咧。næᴇ˥˧tu˧˩sɿ˥˩nə˥˩kə˥˧sɿ˨˩xou˥˧næᴇ˥næᴇ˥˧tɕiou˥tɕiɑɔ˥fɑ˩tɕʰiæ̃˨˩lie˥.（罚了你好多钱嘛？）那你那有有有下数那，最低也再得……他光罚你的款那都是几百块钱，但是最后要他加起来那就多咧么。nei˥˧ni˧˩nei˥˧iou˧˥iou˧˥iou˧˥xɑ˥ʂʮ˥nə˥,tsuei˥˧ti˧˩ie˧˥tsæᴇ˥tei˧……tʰɑ˧˩kuɑŋ˧˥fɑ˩ni˧ti˨kʰuæ̃˧nei˥tou˧˩sɿ˥tɕi˧pei˧˩kʰuæᴇ˧˥tɕʰiæ̃˨˩,tæ̃˥˩sɿ˥˩tsuei˥xou˥iɑɔ˥tʰɑ˧˥tɕiɑ˧˩tɕʰi˧læᴇ˨˩nei˥˩tsou˥˩tuo˧liem˨.（还加？加什么东西呀？）那你是……他还社会抚养费，多生子女……多生子女费，那你超生费，计划外怀孕费。nei˥ni˧˩ʂɿ˥˩n……tʰɑ˧˩xɑ˨˩ʂə˥xuei˥fu˧˩iɑŋ˧˥fei˥,tuo˧˥səŋ˧˩tsɿ˧˥ny˧˥……tuo˧˥səŋ˧˩tsɿ˧ny˧fei˥,næᴇ˥ni˧˥tʂʰɑɔ˧˥səŋ˧˩fei˥,tɕi˥xuɑ˥væᴇ˥xuæᴇ˨˩iŋ˥fei˥˩.（这儿有没有当时这个，这个拆房子的？）没有。这里没有。这都过去前几年就是抱个东西。拿个东西作抵押，那倒是……有的地方哎……mei˩iou˧˩.tʂei˥˧li˧˩mei˨˩iou˧˩.tʂə˥tou˧˩kuo˥˧tɕʰy˥˩tɕʰiæ̃˩tɕi˧niæ̃˨˩tɕiou˥sɿ˥pɑɔ˥˧kə˥˩tuoŋ˧ɕi˨.nɑ˨˩kə˥tuoŋ˧ɕi˨tsuo˧˩ti˧iɑ˧˩,nei˥˧tɑɔ˥sɿ˥……iou˧˩tə˥ti˥fɑŋ˧˩æᴇ˧……（有抓猪的没有？）没有。mei˨˩iou˧˥.（南方还有拆房子的呢，把房都给拆了。）哎，班……坐班房都是常事还南方。那是株连九族你这个欸。

æᴇ˨˩,pæ̃˥˩……tsuo˧˥pæ̃˥˩faŋ˨˩˨tou˥˩˦sɿ˧tʂʰaŋ˨˩˦sɿ˧xa˨˩˦næ̃˨˩˨fəŋ˧（←faŋ˥˩）.nə˧sɿ˧tʂʮ˥˩˨liæ̃˨˩˨tɕiou˥˩tsʮ˨˩n i˥˩tʂə˧kə˧ei˨˩.（还坐班房啊？）坐班房么。你为你儿子儿媳妇不在家，把你父母亲代替都坐到班房里头。tsuo˧˥pæ̃˥˩faŋ˨˩˨muo˧˩.ni˥˩vei˧˩˨ni˥˩˦ər˨˩˨tsɿ˥˩ər˨˩˦ɕi˥˩fu˧˩˨pu˨˩˨tsæᴇ˧tɕia˥˩˨,pa˥˩˨ni˥˩˦fu˧mu˥˩ tɕʰiŋ˥˩˨tæᴇ˧tʰi˧tou˥˩˨tsuo˧˥tao˧pæ̃˥˩˨faŋ˨˩˨li˥˩˨tʰou˧˩.（这边这边有吗？）还有专门儿有计划生育禁闭咧嘛。xæᴇ˨˩˦iou˥˩˦tʂuæ̃˥˩˨mər˨˩˦iou˥˩˨tɕi˧xua˧səŋ˥˩˨y˧˥tɕiŋ˧pi˧lie˧ma˧˩.（噢，还有禁闭呀？）啊。这边没有那事儿。ɑ˨˩.tʂə˧˥piæ̃˥˩˨mei˨˩˨iou˥˩˨nə˧˥ʂər˧˩.

刑罚

1.（拿着鞭子。）黄：那就是上刑咧嘛。næᴇ˧tɕiou˧ʂɿ˧ʂaŋ˧ɕiŋ˨˩˨lie˧ma˧˩.（上刑？拿鞭子来。）鞭子那还是刑么，鞭子也是刑具的一种么。piæ̃˥˩tsɿ˧nei˧xa˨˩˨sɿ˧˥ɕiŋ˨˩muo˧˩,piæ̃˥˩tsɿ˧lie˥˩˦sɿ˧ɕiŋ˨˩˨tɕy˧˥ti˧li˥˩˨tʂuoŋ˥˩˦muo˧˩.（讲不讲抽鞭子啊，那个？）不，那就叫上刑咧。pu˨˩,næᴇ˧˩tɕiou˧tɕiao˧ʂaŋ˧ɕiŋ˨˩lie˧˩.（这个上刑有哪些，有哪……哪些刑罚呢？）他那按过去那刑罚咧就多咧。国民党给你弄下那啥没有？tʰɑ˥˩næᴇ˧˩næ̃˧kuo˧˥tɕʰy˧˩næᴇ˧˩ɕiŋ˨˩fa˨˩˦lie˧tsou˧tuo˥˩lie˧˩.kuei˥˩˨miŋ˨˩˨taŋ˥˩kei˧ni˥˩˦nuoŋ˧xa˧nə˧sa˧˥mei˨˩˨iou˥˩˨?（啊，国民党弄下的那些有欸有哪些呢？老人家讲的这个？这个就白区这边这个。）那白区这面给你啊上老虎凳。na˧pei˨˩˨tɕʰy˥˩tʂei˧˥miæ̃˧ti˧˩kei˧ni˥˩æ˧ʂaŋ˧lao˥˩xu˥˩˨təŋ˧.（上老虎凳？）噢，灌辣椒水，上烙铁。ɑɔ˨˩,kuæ̃˧˥la˥˩tɕiao˥˩˨ʂuei˥˩,ʂaŋ˧˥luo˥˩tʰie˥˩˨.（烙铁是怎么烙呢？）把那铁放炭火里烧红以后放你身上烙。pa˥˩˨na˧tʰie˥˩faŋ˧tʰæ̃˧xuo˥˩li˥˩˨ʂao˥˩xuoŋ˨˩i˥˩˨xou˧ faŋ˧ni˥˩˦ʂəŋ˥˩ʂaŋ˧˩luo˥˩.（叫上烙铁？）上烙铁么。这都多咧。一般在这里地方它只是为……除了打、捆……ʂaŋ˧luo˥˩tʰie˥˩˨muo˧˩.tʂei˧˥tou˥˩˨tuo˥˩lie˧˩.i˥˩˦pæ̃˥˩tsæᴇ˧tʂə˧˥li˥˩˨ti˧faŋ˥˩ ˦tʰɑ˥˩˨tsɿ˥˩sɿ˧˩vei˨˩……tʂʰʮ˨˩liao˥˩˦tɑ˥˩,kʰuoŋ˥˩……（打，捆？）噢，捆，也就给上老虎凳啊。ɑɔ˨˩,kʰuoŋ˥˩,ie˥˩˦tɕiou˧kei˧ʂaŋ˧˥lao˥˩xu˥˩˨təŋ˧a˧˩.（把他这样子那个呢？）吊起来嘛。tiao˧tɕʰi˥˩læᴇ˨˩˨ma˧˩.（噢，把他这样呢？）叫背绑上的嘛。tɕiao˧pei˧˥paŋ˥˩˨ʂaŋ˧˥ti˧ma˧˩.

2.（像那个"文化大革命"的时候有些什么刑罚？）黄：那还就是个捆么。文……"文革"时候他一个是最主要的就是捆么。næᴇ˧˥xæᴇ˨˩˨tɕiou˧˥sɿ˧kə˧kʰuoŋ˥˩muo˧˩.vəŋ˨˩……vəŋ˨˩kei˥˩sɿ˨˩˨xou˧tʰɑ˥˩˨i˥˩˨kə˧˥sɿ˧˩tʂuei˧˥tʂʮ˥˩iao˧˥ti˧tɕiou˧˥sɿ˧kʰuoŋ˥˩muo˧˩.（"文革"的时候把……把人这样那个，后面脚也绑起那个。）驾飞……驾飞……手参起来叫驾飞机嘛。tɕia˧fei˥˩˦……tɕia˧fei˥˩˨……ʂou˥˩tsa˧tɕʰi˥˩læᴇ˨˩˨tɕiao˧tɕia˧fei˥˩˦tɕi˥˩ma˧˩.（"文革"时候这个你经历过的有哪些这个刑罚呢？说说看？）文……文化……那时咱们也小着咧。文化……"文革"时候，一个是……vəŋ˨˩……vəŋ˨˩˨xu……næᴇ˧˥ʂɿ˨˩˨tʂa˨˩˨məŋ˧lie˥˩˦ɕiao˥˩tʂuo˥˩˨lie˧˩.vəŋ˨˩˨xua˧˥……vəŋ˨˩kə˥˩sɿ˨˩˨xou˧,i˥˩˨kə˧˥sɿ˧……（你看见那些那些有人有哪些刑罚呢？）"文革"时候最多的就是，给你前面这个脖子上挂木牌。vəŋ˨˩kə˥˩sɿ˨˩˨xou˧tsuei˧˥tuo˥˩ti˧tɕiou˧˥sɿ˧,kei˧˥ni˥˩˦tɕʰiæ̃˨˩˨miæ̃˧tʂə˧kə˧puo˨˩tsɿ˧ʂaŋ˧kua˧mu˥˩pʰæᴇ˨˩.（这个叫什么呢？）挂个大牌子嘛。kua˧kə˧ta˧pʰæᴇ˨˩˨tsɿ˥˩ma˧˩.（挂什么？那叫，挂的那个东西叫什么？）木牌……挂着那个牌子么，那家伙重的焦锨咧，弄个细铁丝挂的你脖子里。四五十斤要你那挂到他脖子里。mu˥˩˨pʰou……kua˧tʂə˧nə˧kə˧pʰæᴇ˨˩˨tsɿ˥˩muo˧˩,næᴇ˧˥tɕia˥˩˨xuo˥˩˨tʂuoŋ˧ti˧tɕiao˥˩ɕiæ̃˥˩˨lie˧˩,nuoŋ˧ kə˧ɕi˧tʰie˥˩˨sɿ˥˩kua˧ti˧ni˥˩˦puo˨˩tsɿ˧li˥˩˨.sɿ˧vu˥˩˨ʂʮ˨˩tɕiŋ˥˩iao˧ni˥˩˦nə˧kua˧tao˧tʰɑ˥˩˦puo˨˩tsɿ˧li˥˩˨.（叫挂木牌？）啊。再一个给你驾土飞机嘛。ɑ˧.tsæᴇ˧i˥˩˦kə˧kei˧ni˥˩˦tɕia˧tʰu˥˩fei˥˩˦tɕi˥˩ma˧˩.（土飞机，噢，驾……驾土飞机？）手这么参到空中了，驾土飞机嘛。戴高帽子嘛。临时纸糊三尺高高帽子么，那你戴到头上。ʂou˥˩tʂə˧muo˧tsa˧tao˧kʰuoŋ˥˩tʂuoŋ˥˩˨lə˧,tɕia˧tʰu˥˩fei˥˩˦tɕi˥˩m ɑ·˧.tæᴇ˥kɑɔ˥˧˨˩mɑɔ˥˦˥tsɿ·˧mɑ·˧.liŋ˨˦sɿ˨˦˧tsɿ˥˧˧xu˨˦sæ̃˥˧tʂʰʅ˥˧˨˩kɑɔ˥˧kɑɔ˥˧˨˩mɑɔ˥tsɿ·˥muo·˧,næᴇ˥˨˩ni˥˧˧tæᴇ˥tɑɔ˥tʰou˨˦˨˩ʂɑŋ˥.（挂，挂木牌？）嗯。戴高帽子嘛。实际上主要的还就是这个挂木牌，这些多<u>些么</u>。ə̃˨˩.tæᴇ˥kɑɔ˥˧˨˩mɑɔ˥tsɿ·˥mɑ·˧.ʂʅ˨˦˨˩tɕi˥˧˥ʂɑŋ˥tʂʯ˥˧iɑɔ˥˧˥ti·˧xɑ˨˦˨˩tɕiou˥sɿ˥tʂə˥˨˩kə˥˨˩kuɑ˥mu˥˧pʰæᴇ˨˦,tʂei˥˧˥ɕie˥˧˧tuo˥˧ɕiem˥˧˨˩.（然后把那些弄弄到台上跪着那个，然后其他人这样，这样是吧？）那批斗咧。nə˥pʰi˥˧tou˥˦˥lie·˧.（批斗？）噢，批斗么。ɑɔ˨˩,pʰi˥˧tou˥muo·˧.（然后口里面喊什么？）喊口号咧么你。xæ̃˥˧kʰou˥˧xɑɔ˥˦˥lie·˧muo·˧ni˥˧˨˩.（什么口号呢一般是？）打倒牛鬼蛇神么你。tɑ˥˧tɑɔ˥˧˧niou˨˦˨˩kuei˥˧ʂə˨˦ʂəŋ˨˦˨˩muo·˥ni˥˧˨˩.（那个你，那时候把毛主席像挂在那个正墙那个中央，然后在那里跳哇，那个那叫跳什么？）跳忠字舞咧么。那就是三忠于四无限么你。tʰiɑɔ˥tʂuoŋ˥˧tsɿ˥˨˩vu˥˧lie·˧muo·˧.næᴇ˥tɕiou˥sɿ˥sæ̃˥˧tʂuoŋ˥˧˨˩y˨˦˧sɿ˥vu˨˦˨˩ɕiæ̃˥˧˥muo·˧ni˥˧˨˩.（你会跳吗？）那会咧嘛。nɑ˥xuei˥lie·˥mɑ·˧.（跳过没有？）也跳过么。那你……æ˥˧tʰiɑɔ˥kuo˥muo·˧.nɑ˥˧˥ni˥˧˧……（还有那个妇女啊，有没有，这个你们乡间呐，有没有有什么游街的这种？）没有。mei˨˦˨˩iou˥˧˧.（偷了人了，这里没有说游过街的？）那不……噢，那那都没有的咧。nə˥˨˩pu˨˦˧˥……ɑɔ˨˩,næᴇ˥˧˥næᴇ˥˧˥tou˥˧˨˩mei˨˦iou˥˧ti·˧lie·˧.（那，像农村这种情况多不多？）农村……农村这种情况，像我们这里他都不是那么厉害的。最多的戴个高帽子，挂个木牌，开个批斗会，给你站个会，驾个土飞机。luoŋ˨˦tʂuoŋ˥˧……luoŋ˨˦tsʰuoŋ˥˧tʂei˥tʂuoŋ˥˧˨˩tɕʰiŋ˨˦˨˩kʰuɑŋ˥,ɕiɑŋ˥ŋuo˥˧məŋ·˧tʂə˥li˥˧˧tʰɑ˥˧tu˥˧˨˩pu˨˦˨˩sɿ˥nə˥muo·˥li˥˦˥xæᴇ˥˨˩ti·˧.tsuei˥˦˥tuo˥˧ti·˧tæᴇ˥kə˥kɑɔ˥˧˨˩mɑɔ˥tsɿ·˧,kuɑ˥kə˥mu˥˧˨˩pʰæᴇ˨˦,kʰæᴇ˥˧kə˥˨˩pʰi˥˧˧tou˥xuei˥,kei˥˨˩ni˥˧˨˩tsæ̃˥˦˥kə˥˨˩xuei˥,tɕiɑ˥kə˥tʰu˥˧fei˥˧˦˥tɕi˥˧.（叫站会是吧？）噢，站会。他那站会不是说在……最厉害的站会就是放一条……放个长凳子，让你站到凳子上边儿。ɑɔ˨˩,tsæ̃˥xuei˥.tʰɑ˥˧nə˥˨˩kə˥˨˩tsæ̃˥xuei˥pu˨˦˨˩sɿ˥˧˥ʂuo˥˧˨˩tsæᴇ˥……tsuei˥li˥xæᴇ˥˧˥ti·˧tsæ̃˥xuei˥tɕiou˥sɿ˥fɑŋ˥i˥˧˧tʰiɑɔ˨˦˧……fɑŋ˥kə˥tʂʰɑŋ˨˦˨˩təŋ˥tsɿ·˧,ʐɑŋ˥˨˩ni˥˧tsæ̃˥tɑɔ˥təŋ˥˦˥tsɿ·˧ʂɑŋ˥˦˥piæ̃r˥˧˨˩.（还这个木牌还挂上呢？）啊，脖子还挂个木牌。ɑ˨˩,puo˨˦tsɿ·˥xɑ˨˦˨˩kuɑ˥kə˥mu˥˧pʰæᴇ˨˦.（不能掉下来吧？）那当然的。掉上来又得把你弄上去。næᴇ˥tɑŋ˥˧˨˩ʐæ̃˨˦˨˩ti·˥.tiɑɔ˥ʂɑŋ˥˦˥læᴇ˨˦˨˩iou˥˧˥tei˥˧˨˩pɑ˥˧˨˩ni˥˧˨˩nuoŋ˥˧˥ʂɑŋ˥˨˩tɕʰi˥˨˩.（那个台子叫什么？）那就是凳子咧，我长凳子给你坐上去。næᴇ˥˨˩tɕiou˥˧˥sɿ˥˨˩təŋ˥˦˥tsɿ·˧lie·˧,ŋuo˥˧˧tʂʰɑŋ˨˦˨˩təŋ˥˦˥tsɿ·˧kei˥˨˩ni˥˧˨˩tsuo˥˧˥ʂɑŋ˥˨˩tɕʰi˥˨˩.（他还是要搭个台子不？）不搭，一般情况下。pu˨˦˨˩tɑ˥˧,i˥˧pæ̃˥˧˨˩tɕʰiŋ˨˦˨˩kʰuɑŋ˥˧˥ɕiɑ˥˨˩.（就站在凳子上面？）就站凳子头起。tɕiou˥˨˩tsæ̃˥˧˥təŋ˥tsɿ·˥tʰou˨˦˨˩tɕʰie˥˧˧.（人也跟他是一个平地吗？还是有个土台子，他要站那台上他们？）哎，那他多一半儿前几年都有，各……各公社他都有个舞台<u>咧么</u>。你在舞台上头，有的是在……多一半儿你有时候那舞台□叫主席台。æᴇ˨˩,nei˥˧˥tʰɑ˥˧˨˩tuo˥˧i˥˧˨˩pæ̃r˥tɕʰiæ̃˨˦˨˩tɕi˥˧niæ̃˨˦˨˩tou˥˧˨˩iou˥˧˨˩,kə˥˧˦˥……kə˥˧˦˥kuoŋ˥˧˨˩ʂə˥tʰɑ˥˧˨˩tou˥˧˨˩iou˥˧kə˥vu˥˧tʰæᴇ˨˦˨˩liem·˧.ni˥˧˧tsæᴇ˥vu˥˧tʰæᴇ˨˦ʂɑŋ˥tʰou·˧,iou˥˧ti·˥sɿ˥tsæᴇ˥……tuo˥˧i˥˧˨˩pæ̃r˥ni˥˧˧iou˥˧sɿ˨˦˨˩xou˥nə˥vu˥˧tʰæᴇ˨˦˨˩niæ̃˨˦˨˩tɕiɑɔ˥tʂʯ˥˧ɕi˨˦tʰæᴇ˨˦˨˩.（噢，主席台？）啊，有些好多人他是在主席台前边那个地方站住咧。就主席……ŋɑ˨˩,iou˥˧ɕie˥˧˨˩xɑɔ˥˧tuo˥˧˨˩ʐəŋ˨˦˧tʰɑ˥˧˧sɿ˥tsæᴇ˥tʂʯ˥˧ɕi˨˦˧tʰæᴇ˨˦tɕʰiæ˨˦˨˩piæ̃˥˧nə˥˨˩kə˥˨˩ti˥˧˥fɑŋ˥˧˨˩tsæ̃˥˨˩tʂʯ˥˨˩lie·˥.tɕiou˥˨˩tʂʯ˥˧ɕi˨˦˧……（你是在主席台上站着还是蹲下？）哎，不，主席台下边咧。你还牛鬼蛇神，你还能上主席台去？æᴇ˨˩,pu˨˦˨˩,tʂʯ˥˧ɕi˨˦˨˩tʰæᴇ˨˦ɕiɑ˥˦˥piæ̃˥˧˨˩lie·˧.ni˥˧xæᴇ˨˦˨˩niou˨˦˨˩kuei˥˧ʂə˨˦ʂəŋ˨˦,ni˥˧xæᴇ˨˦˨˩nəŋ˨˦˨˩sɑŋ˥tʂʯ˥˧ɕi˨˦˨˩tʰæᴇ˨˦tɕʰi˥˨˩?

（有没有挂破鞋的，当时，你们这儿？）黄：那也有嘛。那个东西他给你胡挂。有些东西，给你耳朵上挂个烂臭鞋。næᴇ˥ie˥˧˧iou˥˧mɑ·˧.næᴇ˥˨˩kə˥tuoŋ˥˧ɕi·˧tʰɑ˥˧kei˥˨˩ni˥˧˨˩xu˨˦kuɑ˥.iuo˥˧ɕie˥˧˧tuoŋ˥˧ɕi·˧,kei˥ni˥˧˧ər˥˧tuo·˧ʂɑŋ˥kuɑ˥kə˥læ̃˥tʂʰou˥xæᴇ˨˦˨˩.（挂什么？）耳朵上挂着咧。ər˥˧tuo·˧ʂɑŋ˥kuɑ˥tʂə·˥lie·˧.（这是叫……叫什么，叫挂……挂什……挂鞋还是挂什么？）

那……那都是给她定下那罪名就是破鞋么。“文革”那个时候这是个人他给你？那会儿批斗的话叫刮十二级红色台风咧嘛。næᴇ˥˦……næᴇ˥˦tou˥˩sʅ˥˩kei˥tʰɑ˥˩tiŋ˥xɑ˥˩næᴇ˥tsuei˥miŋ˩˦tɕiou˥˩sʅ˥˩pʰuo˥ɕie˩˦muo˨.vəŋ˩˦kei˥˧nə˥kə˥sʅ˩˦xou˥tʂə˥˦sʅ˥kə˥zəŋ˩˦tʰɑ˥˧kei˥ni˥˧?nə˥˩xuər˥˦pʰi˥˧tou˥ti˨xuɑ˥˩tɕiɑɔ˥˩kuɑ˥˧ʂʅ˩˦ər˥tɕi˥˩xuoŋ˩˦sei˥˧tʰæᴇ˩˦fəŋ˥˧lie˨mɑ˨.（把人这个按在那里，然后把屁股露出来。咚咚咚，这叫什么？）噢，那叫欸打板子咧嘛。打军棍，罚你多少欸罚棍，那你揖[1]你咧。ɑɔ˩,nə˥˦tɕiɑɔ˥ei˩tɑ˥˩pæ̃˥˧tsʅ˨lie˨mɑ˨.tɑ˥˧tɕyoŋ˥˩kuoŋ˥,fɑ˩˦ni˥˧tuo˥˩ʂɑɔ˥˧ei˩fɑ˩˦kuoŋ˥,nei˥ni˥˧tie˩˦ni˥˧lie˨.

脚镣手杻

1.（这个像以前这个手上戴的那个镣哇，长形的，链子一样的东西那个叫什么？）黄：不知道了。pu˩˦tʂʅ˥˩tɑɔ˥˩lə˨.（讲不讲手……手杻？）手铐？噢，那就是的。长，能活动开开那要。有四……有五个环环的那种，脚镣手杻。ʂou˥˧kʰɑɔ˥?ɑɔ˩,nei˥˦tɕiou˥sʅ˥˦ti˨.tʂʰɑŋ˩˦,nəŋ˩˦xuo˩˦tuoŋ˥kʰæᴇ˥˧kʰæᴇ˥˩nei˥liɑɔ˥.iou˥˧sʅ˥……iou˥˧vu˥˩kə˥˩xuæ̃˩˦xuæ̃˩˦ti˨nei˥tʂuoŋ˥˩,tɕyo˥˩liɑɔ˥ʂou˥tʂou˥˧.（哪个zhǒu？）胳膊肘的肘吧？kə˥puo˩˦tʂou˥ti˨tʂou˥˩pɑ˨?

2. 黄：脚……脚上砸下那个叫脚镣么。tɕyo˥˩……tɕyo˥ʂɑŋ˥˩tsɑ˩˦xɑ˥˩nə˥kə˥tɕiɑɔ˥tɕyo˥˩liɑɔ˥˦muo˨.（脚上呢？）砸脚镣咧么。脚镣是砸上去的啊。tsɑ˩˦tɕyo˥˩liɑɔ˥liem˥.tɕyo˥˩liɑɔ˥˦sʅ˥tsɑ˩˦ʂɑŋ˥˩tɕʰi˥˦ti˨læ˥.（砸是吧？）那放铆……那都放钉子铆住了。nɑ˥˩fɑŋ˥˩mɑɔ˥˧……nə˥tou˥˧fɑŋ˥tiŋ˥˧tsʅ˨mɑɔ˥˩tʂʯ˥˦lə˨.（一般什么人才砸脚镣？）那一般都是重大的……这是欸刑事犯和政治犯才给你砸脚镣咧。nei˥˦i˥˧pæ̃˥tou˥˩sʅ˥˩tʂuoŋ˥tɑ˥ti˨……tʂə˥˦sʅ˥˩ei˥ɕiŋ˩˦sʅ˥fæ̃˥xuo˩˦tʂəŋ˥tʂʅ˥fæ̃˥tsʰæᴇ˩˦kei˥ni˥˧tsɑ˩˦tɕyo˥˩liɑɔ˥lie˥.

糊子官

（好。骂那种就说，就说稀里糊涂这个乱，乱判案子的那种官，怎么骂？……这个乱来。）黄：嗯。这家伙进来，他啥官咧吵？糊子官么。ŋ̍˩-˥.tʂei˥tɕiɑ˥˩xuo˥˩tɕiŋ˥læᴇ˩˦,tʰɑ˥˩sɑ˥kuæ̃˥˧lie˨sɑ˨?tɕiɑŋ˥tsʅ˨kuæ̃˥˧muo˨.（糊子官？）呃，糊子官么。稀里糊涂那个官就是糊子官。ə˩,tɕiɑŋ˥tsʅ˨kuæ̃˥˧muo˨.ɕi˥˧li˨xu˩˦tʰu˩˦nə˥kə˥kuæ̃˥˧tɕiou˥˩sʅ˥˩tɕiɑŋ˥tsʅ˨kuæ̃˥˩.（就糊糊一样的是吗？）啊，像糊糊儿，黏黏黏黏的。ɑ˩,ɕiɑŋ˥tɕiɑŋ˥xur˩˦,niæ̃˥˧niæ̃˥˩xu˥xu˥ti˥.

没人管

（那个呢？就是说有些事情这个，这个部门踢到那个部门，那个部门踢到这个部门，他们都不管，像踢皮球那样，那个叫什么？）黄：这把那也叫踢……咱们也叫是这个踢皮球咧，啊？tʂei˥˦pɑ˥˩nei˥lie˥˧tɕiɑɔ˥˩tʰi˥˧……tʂɑ˩˦məŋ˥lie˥˧tɕiɑɔ˥sʅ˥tʂə˥˩kə˥˩tʰi˩˦pʰi˩˦tɕʰiou˩˦lie˥,ɑ˩?王：嗯。ŋ̍˩.（过去……现在叫踢皮球了，过去叫什么？）王：过去叫……叫没人管。kuo˥tɕʰi˥tɕiɑɔ˥……tɕiɑɔ˥muo˥˩zəŋ˩˦kuæ̃˥˧.黄：呃，那不叫没人管。那个东西是这个，实，他实际上说就是一件事情你，你托我，我托你的，谁都不管么就是这。ə˩,nə˥˦pu˩˦tɕiɑɔ˥muo˥˩zəŋ˩˦kuæ̃˥˩.nə˥kə˥tuoŋ˥˩ɕi˨sʅ˥tʂə˥kə˥,ʂʅ˩˦,tʰɑ˥˧ʂʅ˩˦tɕi˥ʂɑŋ˥ʂuo˥˧tɕiou˥˩sʅ˥˩i˥˩tɕiæ̃˥sʅ˥tɕʰiŋ˩˦ni˥˩,ni˥˧tʰuo˥˩ŋuo˥˧,ŋuo˥˧tʰuo˥˩ni˥˧ti˨,sei˩˦tou˥˩pu˩˦kuæ̃˥˧muo˨tɕiou˥˩sʅ˥˩tʂei˥˩.王：那就是没人管姆。nə˥tɕiou˥˦sʅ˥˩muo˥˩zəŋ˩˦kuæ̃˥˧m̩˨.黄：嗯。ŋ̍˩.王：咱们这儿你谁问下子，你这个事情办的咋相嘛，你是找谁咧？说我找谁找谁，□没人管么。tsɑ˩˦məŋ˥tʂər˥ni˥˧sei˩˦vəŋ˥xɑ˥˩tsʅ˨,ni˥˧tʂə˥kə˥sʅ˥tɕʰiŋ˩˦pæ̃˥tə˨tsɑ˥˧ɕiɑŋ˥mɑ˨,ni˥˩sʅ˥˩tʂɑɔ˥˧sei˩˦lie˥?ʂuo˥˩ŋuo˥˧tʂɑɔ˥˧sei˩˦tʂɑɔ˥˧sei˩˦,niæ̃˩˦muo˥˩zəŋ˩˦kuæ̃˥˧muo˨.

① 揖：打。《篇海》：“揖，打也。”《字汇补》：“揖，丁叶切，音喋，打也。”

上供、塞黑食

（这个，有求于领导哇，给领导送……送钱啊，送东西，这叫什么行为？）黄：上供咧吧？ʂaŋ˥kuoŋ˥lie˧pa˧?（上供啊？）嗯。ə̃˩.（上供是贬义的还是那个的，还是一般的那个呢？）贬义的嘛这个。这个供肯定是贬义的。上供嘛。piæ̃˥˧i˥ti˧ma˧tʂə˥˧kə˥˩.tʂə˥kə˥kuoŋ˥kʰəŋ˥˧tiŋ˥˧sɿ˥piæ̃˥˧i˥˩ti˧.ʂaŋ˥kuoŋ˥ma˧.（叫不叫行贿呀？）行贿，上供么。ɕiŋ˩˩xuei˥,ʂaŋ˥kuoŋ˥muo˧.（老人家一般说这个叫什么？）塞黑食咧么。tsei˥˩xei˥ʂʅ˩˩liem˧.（啊？）塞黑食咧么。tsei˥˩xei˥ʂʅ˩˩liem˧.（叫什么？）[重读]塞黑食。tsei˥˩xei˥ʂʅ˩˩.（tsei˩呀？）塞，往进塞这个“塞”。塞黑食咧么。这不……tsei˥,vaŋ˥˩tɕiŋ˥sei˥tʂei˥˩kə˥˩sei˥.tsei˥˩xei˥ʂʅ˩˩liem˧.tʂə˥˧pu˩˩……（这个“塞”讲tsei˥是吧？）啊，塞么，啊。ŋa˥,tsei˥muo˧,a˥.（tsei˩黑食是吧？）噢，塞黑食嘛。不敢光明正大的搞么，塞黑食咧。aɔ˥,tsei˥˩xei˥ʂʅ˩˩ma˧.pu˩˩kæ̃˥kuaŋ˥˩miŋ˩tʂəŋ˥ta˥˧ti˧kaɔ˥muo˧,tsei˥˩xei˥ʂʅ˩˩lie˧.

吃黑食

（那那个呢？受贿呢？）黄：受贿还叫塞黑食咧。ʂou˥xuei˥xæᴇ˩˩tɕiaɔ˥tsei˥˩xei˥ʂʅ˩˩lie˧.（受贿是接受哇！）接受啊。tɕie˥˩ʂou˥˧a˩.（嗯。叫吃冤……吃……吃黑食还是什么？）吃黑食就叫。那就是吃黑食。tʂʰʅ˥xei˥˩ʂʅ˩tɕiou˥tɕiaɔ˥.nə˥tɕiou˥sɿ˥tʂʰʅ˥˧xei˥ʂʅ˩˧.（吃黑食。还有别的，用别的那个动词没有？）噢，吃黑食。再没有啥了好像。aɔ˩,tʂʰʅ˥xei˥˩ʂʅ˩.tsæᴇ˥mei˩˧iou˥˧sa˥lə˧xaɔ˥˩ɕiaŋ˥.

契约

（呃，就比如说，我们两个商量做什么事情，要……要不要签个什么协议什么东西？那做生意……）黄：哎有咧么。那有些东西那你看……有的把那……æᴇ˥iou˥˩lie˧muo˧.næᴇ˥iou˥ɕie˥˩tuoŋ˥˧ɕi˧næᴇ˥ni˥˩kʰæ̃˥……iou˥ti˧pa˥˩næᴇ˥……王：有的签……有的有的叫协议，有的叫合同。iou˥ti˧tɕʰiæ̃˥˩……iou˥ti˧iou˥ti˧tɕiaɔ˥ɕie˩i˥,iou˥ti˧tɕiaɔ˥xuo˩˩tʰuoŋ˩˧.黄：噢，订个合同或者订个协议。aɔ˩,tiŋ˥kə˥xuo˩˩tʰuoŋ˩˧xuei˩˧tʂə˥˩tiŋ˥kə˥ɕie˩˩i˥.（老人家过去叫什么呢？）黄：老……把那叫个契约，听，写个契约么。laɔ˥˧……pa˥˩næᴇ˥tɕiaɔ˥kə˥tɕʰi˥˧yo˩,tʰiŋ˥˩,ɕie˥kə˥tɕʰi˥˧yo˥˩muo˧.（过去叫契约？）黄：噢，叫个契约。aɔ˩,tɕiaɔ˥kə˥tɕʰi˥˧yo˥˩.（卖……卖房子卖地也有这个？）黄：啊，有地契咧么。地契，房契。a˩,iou˥˧ti˥tɕʰi˥lie˧muo˧.ti˥tɕʰi˥,faŋ˩tɕʰi˥.王：卖地那叫地约。mæᴇ˥ti˥nei˥tɕiaɔ˥˩ti˥˧yo˥˩.黄：嗯。ŋ̍˥.（地约？不叫地契？）王：不叫地契，那叫地约。pu˩˩tɕiaɔ˥˧ti˥˩tɕʰi˥˩,nə˥tɕiaɔ˥ti˥˧yo˥˩.（房子呢？）黄：房约了。faŋ˩yo˥lə˧.王：房□叫房约。faŋ˩niæ̃˩˩tɕiaɔ˥faŋ˩yo˥˩.（噢，都叫房约、地约是吧？）黄：嗯。现在那把那就，现在把那就进化着，这……就不叫那个了。就叫协议咧，啊？ŋ̍˩.ɕiæ̃˥tsæᴇ˥næᴇ˥pa˥˩næᴇ˥tsou˥,ɕiæ̃˥˩tsæᴇ˥˧pa˥˩næᴇ˥tsou˥tɕiŋ˥xua˥tʂə˥,tʂə˥tɕi……tɕiou˥˩pu˩˩tɕiaɔ˥nə˥kə˥lə˧.tɕiou˥tɕiaɔ˥ɕie˩˩i˥lie˧,a˩?王：嗯，订个协议，合同。ŋ̍˩,tiŋ˥kə˥˩ɕie˩˩i˥,xuo˩˩tʰuoŋ˩˧.黄：订个协议或者是合同。tiŋ˥kə˥ɕie˩˩i˥xuei˩˩tʂə˥˩sɿ˥˩xuo˩˩tʰuoŋ˩˧.（这都是新……新说法？）黄：啊，新说法。a˩,ɕiŋ˥ʂuo˥˩fa˥˩.

地约

（呃，像这个，像以前呐呃这个地呀，这个有有个什么地契之类吗？）黄：有个地契嘛，地约地契么。iou˥˩kə˥ti˥tɕʰi˥ma˧,ti˥yo˥ti˥tɕʰi˥muo˧.（ti˥yo˩是什么东西？）地约和地契是一个东西。ti˥yo˥xuo˩˩ti˥tɕʰi˥sɿ˥i˥˩kə˥˩tuoŋ˥ɕi˧.（也叫ti˥……ti˥yo˩？）嗯，也叫地约么。

ə̃l,ieᐟtɕiaɔ˥ti˥yoᐟmuo.

另家

（假如说一个家庭，几兄弟这个就是分开过了，要不要立个什么东西？）黄：不，这一般不立。那叫分家就对了么。也叫另家。pu˩,tʂə˥i˥˨pæ̃˥pu˩li˩.næᴇ˥tɕiaɔ˥fəŋ˥tɕia˥tɕiou˥tuei˥ləm.ie˥tɕiaɔ˥liŋ˥tɕia˩.（分家？）分家或者是另家。fəŋ˥tɕia˩xuo˩tʂə˥sɿ˥liŋ˥tɕia˥.（另外的另吗？）啊，另外的另。ɑ˥,liŋ˥væᴇ˥tiliŋ˥.（写不写分书说？）一般情况下这里都不写分书。i˥pæ̃˥tɕʰiŋ˩kʰuaŋ˥ɕia˥tʂei˥li˥tou˥pu˩ɕie˥fəŋ˥sɿ˩.（也有……有这种情况吗？）哎呀，没遇见。æᴇ˥ia˩,mei˩y˥tɕiæ̃˥.

交税、三提五统

（这个给政府或者那个交税，纳税你们讲什么？）黄：这过去那就是这个欸叫交税么，那会儿咿农村那会儿都不是……税是税，还有个三提五统咧么。tʂei˥kuo˥tɕʰy˥nei˥tɕiou˥sɿ˥tʂə˥kə˥ei˥tɕiaɔ˥tɕiaɔ˥ʂuei˥muo,nə˥xuər˥i˩luoŋ˩tsʰuoŋ˥nə˥xuər˥tou˥pu˩sɿ˥tɕ……ʂuei˥sɿ˥ʂuei˥,xæᴇ˩iou˥kə˥sæ̃˥tʰi˩vu˥tʰuoŋ˥liem.（哪三提呢？）嗯，三提，我们这儿，公积金，公益金，这两提。还有个啥提咧吵你看？三提五统。ŋ̍˩,sæ̃˥tʰi˩,ŋuo˥məŋ˥tʂər˥,kuoŋ˥tɕi˥tɕiŋ˩,kuoŋ˥i˥tɕiŋ˩,tʂə˥liaŋ˥tʰi˩.xæᴇ˩iou˥kə˥sa˥tʰi˩lie˥sa˥ni˥kʰæ̃˥?sæ̃˥tʰi˩vu˥tʰuoŋ˥.（五统说得清楚吗？）还有民兵……这里头有集资办学；呃，民兵训练；欸嗯，计划生育费，民兵训练费。xæᴇ˩iou˥miŋ˩piŋ˥……tʂə˥li˥tʰou˥iou˥tɕi˩tsɿ˥pæ̃˥ɕyo˩;ə˩,miŋ˩piŋ˥ɕyoŋ˥liæ̃˥;ei˩-ə̃˥,tɕi˥xua˥səŋ˥y˥fei˥,miŋ˩piŋ˥ɕyoŋ˥liæ̃˥fei˥.（什么？）计划生育费，民兵训练费，养老抚养费，集资办学费，这都四个了。还有个啥子咧吵？tɕi˥xua˥səŋ˥y˥fei˥,miŋ˩piŋ˥ɕyoŋ˥liæ̃˥fei˥,iaŋ˥laɔ˥fu˥iaŋ˥fei˥,tɕi˩tsɿ˥pæ̃˥ɕyo˩fei˥,tʂə˥tou˥sɿ˥kə˥lə.xæᴇ˩iou˥kə˥sa˥tsɿ˥lie˥sa?（你们讲……）乡村道路维修费。ɕiaŋ˥tʂʰuoŋ˥taɔ˥lou˥vei˩ɕiou˥fei˥.（噢，乡村道路维修费？）嗯。ŋ̍˩.（你们讲这个纳税呀是讲交税、上税还是……）叫交税咧。tɕiaɔ˥tɕiaɔ˥ʂuei˥lie.

露布

（这个告示？）黄：告示。kaɔ˥sɿ˥.（安民告示？）安民告示。边……næ̃˥miŋ˩kaɔ˥sɿ˥.piæ̃˥……（你们叫告示还叫布告？）这……啥叫的？也叫露布。tʂei˥……sa˥tɕiaɔ˥ti?ie˥tɕiaɔ˥lou˥pu˥.（叫什么？）也叫……露布。ie˥tɕiaɔ˥……lou˥pu˥.（路布？）啊，露布。ɑ˩,lou˥pu˥.（马路的路是吧？）哎不是。露，暴露的露，雨字底……雨字底下一个路字么。æᴇ˥pu˩sɿ˥.lou˥,paɔ˥lou˥tilou˥,y˥tsɿ˥ti˥……y˥tsɿ˥ti˥xa˥i˥kə˥lou˥tsɿ˥muo.（暴露的露？）噢，雨字底下个路字嘛。aɔ˩,y˥tsɿ˥ti˥xa˥kə˥lou˥tsɿ˥ma.（露报？）噢，露布。aɔ˩,lou˥pu˥.（lou˥pu˥？）嗯，布匹的布么。露布，布告，告示，这就这样。ŋ̍˩,pu˥pʰi˥tipu˥muo.lou˥pu˥,pu˥kaɔ˥,kaɔ˥sɿ˥,tʂei˥tɕiou˥tʂei˥iaŋ˥.（哪种说法土一些？）就算告示是最……最算……最老的了咧。tɕiou˥suæ̃˥kaɔ˥sɿ˥sɿ˥tsuei˥……tsuei˥suæ̃˥……tsuei˥laɔ˥tiləlie.（那露布是什么时候出现的这么个词儿？）这前几年我看这街道上，好多人会会，做啥以后，向外张贴的露……宣传上，都是露布了嘛。tʂei˥tɕʰiæ̃˩tɕi˥niæ̃˩ŋuo˥kʰæ̃˥tʂei˥kæᴇ˥taɔ˥ʂaŋ˥,xaɔ˥tuo˥zəŋ˩xuei˥xuei˥,tsuo˥sa˥i˥xou˥,ɕiaŋ˥væᴇ˥tʂaŋ˥tʰie˥tilou˥……ɕyæ̃˥tʂʰuæ̃˩ʂaŋ˥,tou˥sɿ˥lou˥pu˥ləma.（噢，前几年，这不写布告，也不写告示，就写露布？）噢，光提起露布两个字。aɔ˩,kuaŋ˥tʰi˩tɕʰi˥lou˥pu˥liaŋ˥kə˥tsɿ˥.（噢，还是前几年的事情啊？）噢，这就前

几……这二年太不见咧，前几年多的是。ɑɔ˨˩,tʂei˦˥tɕiou˦˥tɕʰiæ̃˩˧tɕi˥˧……tʂə˦ər˦˥niæ̃˩˧˩tʰæᴇ˦pu˩˧˩tɕiæ̃˦˧lie·˨,tɕʰiæ̃˩˧tɕi˥˩niæ̃˩˧tuo˥˧ti·˨sɿ˦˨.（大概九十年代还是……）七八十年代的事。tɕʰi˥˧pɑ˥˧˧ʂɿ˩˧˧niæ̃˩˧˩tæᴇ˦˥ti·˨sɿ˦˨.

路条

（呃，路条呢？）黄：路条那是……老得很了那会儿。现在都一般……都没有这东西了。路条。现在就叫介绍信，噢，开个介绍信就行了。八十年……七八十年代，都流行这……这个路条子流……流行于是三四十年代，瞅的多。到了五六十年代，哎都是这个写介绍信。七八十年……代都还都是介绍信。lou˦tʰiɑɔ˩˧næᴇ˦˥sɿ˦˨tɕ……tɕ……tɕ……lɑɔ˥˧˧tə·˨xəŋ˥˧lə·˨nə˦xuər˦˨.ɕiæ̃˦tsæᴇ˦tou˥˩i˥˩pæ̃˥˩……tou˥˩mei˩˧iou˥˧tʂə˦tuoŋ˥˩ɕi·˨lə·˨.lou˦tʰiɑɔ˩˧˧.ɕiæ̃˦tsæᴇ˦˥tɕiou˦tɕiɑɔ˦tɕie˦˥ʂɑɔ˩˧ɕiŋ˦,ɑɔ˨˩,kʰæᴇ˥˧kə˦˨tɕie˦˥ʂɑɔ˩˧ɕiŋ˦tɕiou˦˨ɕiŋ˩˧˩lə·˨.pɑ˥˧ʂɿ˩˧˩niæ̃˩˧˩……tɕʰi˥˧pɑ˥˩ʂɿ˩˧˩niæ̃˩˧˩tæᴇ˦,tou˥˩liou˩˧ɕiŋ˩˧˩tʂei˦……tʂə˦˨kə˦˨lou˦tʰiɑɔ˩˧tsɿ·˨liŋ˩˧（←liou˩˧）……liou˩˧ɕiŋ˩˧y˩˧˧sɿ˦sæ̃˥˩sɿ˦˥ʂɿ˩˧˩niæ̃˩˧˩tæᴇ˦,tsʰou˥˩ti·˨tuo˥˧.tɑɔ˦liɑɔ˥˧˧vu˥˧liou˥˩ʂɿ˩˧˩niæ̃˩˧˩tæᴇ˦,æᴇ˥˧tou˥˩sɿ˦˥tʂə˦˨kə˦˨ɕie˥˧˧tɕie˦˥ʂɑɔ˩˧ɕiŋ˦.tɕʰi˥˧pɑ˥˩ʂɿ˩˧niæ˩˧t……tæᴇ˦tou˥˧˧xɑ˩˧˩tou˥˧sɿ˦˨tɕie˦˥ʂɑɔ˩˧ɕiŋ˦.

私访

（这个私访呢？康熙微服私访。）黄：那就是叫个私访。现在都……næᴇ˦˥tsou˦˨sɿ˦˨tɕiɑɔ˦kə˦sɿ˥˩fɑŋ˥˩.ɕiæ̃˦tsæᴇ˦tou˥˩……（领导，就叫私访？）啊。ŋɑ˨˩.（领导是叫私……现在领导是叫私访还是叫什么？）现在那个那□□都不叫私访了。那叫……有的叫……有的叫巡查咧。ɕiæ̃˦˨tsæᴇ˦˥nə˦kə˦næᴇ˦˥niæ̃˩˧˩niæ̃˩˧˩tou˥˧˧pu˩˧˩tɕiɑɔ˦˥sɿ˥˩fɑŋ˥˧lə·˨.næᴇ˦tɕiɑɔ˦……iou˥˧ti·˨tɕiɑɔ˦……iou˥˧ti·˨tɕiɑɔ˦ɕyoŋ˩˧tsʰɑ˩˧˩lie·˨.（巡查？）啊，有的叫调研咧。ɑ˨˩,iou˥˧ti·˨tɕiɑɔ˦tiɑɔ˦iæ̃˩˧˩lie·˨.（他这个私访还有那个，就是不暴露自己的身份呐。）不暴露身份，不打招呼，给地方一级政府这些不打招呼嘛。pu˩˧˩pɑɔ˦lou˦ʂəŋ˥˧fəŋ˦˨,pu˩˧˩tɑ˥˧˧tʂɑɔ˥˧xu·˨,kei˦ti˦fɑŋ˥˩i˥˩tɕi˥˩tʂəŋ˦fu˥˧tʂei˦ɕie˥˩pu˩˧˩tɑ˥˧˧tʂɑɔ˥˧xu·˨mɑ·˨.

调动

（好。这个新的领导来了，叫什么呢？）黄：上任嘛。ʂɑŋ˦ʐəŋ˦mɑ·˨.（如果是老的领导要走了？）那有的时候，继续高升那叫荣升了么。nei˦iou˥˧ti·˨sɿ˩˧˩xou˦,tɕi˦ɕy˦kɑɔ˥˧˥ʂəŋ˥˧næᴇ˦tɕiɑɔ˦yoŋ˩˧ʂəŋ˥˧lə·˨muo·˨.（荣升？）啊，荣升么。再么来就是离退么了。ɑ˨˩,ʐuoŋ˩˧ʂəŋ˥˧muo·˨.tsæᴇ˦muo·˨læᴇ˩˧tɕiou˦sɿ˦li˩˧tʰuei˦muo·˨lə·˨.（像这个呢，这个像这个太白的派……派出所长他调到……平级调动该怎么说呢？）那他是调动。他只能是调动。næᴇ˦tʰɑ˥˧sɿ˦˨tiɑɔ˦tuoŋ˦.tʰɑ˥˧tsɿ˥˩nəŋ˩˧sɿ˦tiɑɔ˦tuoŋ˦.（这个光讲他从这个岗位上面这个下来了，那叫卸任还是叫什么？）那也是兀……不叫……啥卸任咧，那就是……nei˦˥ɑ˥˩sɿ˦˥vei˦……pu˩˧˩tɕiɑɔ˦s……sɑ˦ɕie˦ʐəŋ˦lie·˨,næᴇ˦˥tsou˦˨sɿ˦˨……（讲下……下任了还是卸任了还是……）没有这个说法。mei˩˧iou˥˧˧tʂə˦kə˦ʂuo˥˧fɑ˥˩.（下来了？说下来了不说？）那你看是，下来以后你在这个……岗位上下来以后，你在原岗位工作咧还是调走了。næᴇ˦ni˥˧˧kʰæ̃˦sɿ˦,ɕiɑ˦˧læᴇ˩˧˩i˥˩xou˦ni˥˧˧tsæᴇ˦tʂə˦kə˦……kɑŋ˥˩vei˦˥ʂɑŋ˦˨ɕiɑ˦˧læᴇ˩˧˩i˥˩xou˦,ni˥˧tsæᴇ˦yæ̃˩˧kɑŋ˥˩vei˦kuoŋ˥˧tsuo˥˩lie·˨xɑ˩˧˩sɿ˦˨tiɑɔ˦˧tsou˥˧lə·˨.（如果是如果是那个呢？就在原单位？）原单位工作，你如果是当……当欸当首长的，现在把你首长欸去了以后，你当一般干事咧，免职了么你。yæ̃˩˧tæ̃˥˩vei˦kuoŋ˥˧tsuo˥˩,ni˥˧ʐʮ˩˧˩kuo˥˧sɿ˦tɑŋ˥˩……tɑŋ˥˩ei˨˩tɑŋ˥˩ʂuo˥˧tʂɑŋ˥˧ti·˨,ɕiæ̃˦tsæᴇ˦pɑ˥˩ni˥˧˧ʂuo˥˧tʂɑŋ˥˧ei·˨tɕʰy˦˥lə·˨i˥˩xou˦,ni˥˩tɑŋ˥˧i˥˧pæ̃˥˩kæ̃˦sɿ˦lie·˨,miæ̃˥˧˧tʂɿ˥˧lə·˨muo·˨ni˥˩.（那叫免职？）免职嘛。miæ̃˥˧˧tʂɿ˥˧mɑ·˨.（还有一种，像四十多岁的，比如说当副乡长的，他……他留下来，他也不当乡长了，当

个主任科员一般的那个？）那叫免职么你，就地就免职了么。nei˧tɕiaɔ˧miæ̃˥˧꜔tʂʅ˥˧muo·˩ni˥˧˩,tɕiou˧ti˥˦tsou˧˩miæ̃˥˧꜔tʂʰʅ˥˧ləm·˩.（级别还是高了呀？他副乡长本来是副主任科员，主任科员是正科级呀。）那有些事……东西一般情况下，都不可能给他那么高的那都。副科级一般是那……副科级一毕了你也都……不升正科，你也就当不上个啥。升成正科那都是……你都是还叫升了。一般把你从副乡长再换个主任的话，那你还不连……副乡长都不如了你？成咧五欸……七八十……七八把手了你。nei˧˥˦iou˥˧ɕie˥˧˩sɿ˧……tuoŋ˥˧˩ɕi·li˥˧꜓pæ̃˥˧˩tɕʰiŋ˧˥˩kʰuaŋ˥˦ɕia˧,tou˥˧˩pu˧˥˩kʰə˥˧꜔nəŋ˧˥꜔kei˧tʰa˥˧꜔nə˧muo·˩kaɔ˥˧ti·˩nei˧tou˥˧꜔.fu˧kʰuo˥˧tɕi˥˧˩i˥˧˩pæ̃˥˧sɿ˧næᴇ˧……fu˧kʰuo˥˧tɕi˥˧˩i˥˧˩pi˥˧lə·˩ni˥˧꜔æ˥˧꜔tou˥˧꜔……pu˧˥˩ʂəŋ˥˧˩tʂəŋ˧kʰuo˥˧,ni˥˧æ˥˧꜔tsou˧taŋ˥˧pu˧˥˩ʂaŋ˥˦kə˧sa˧˩.ʂəŋ˥˧˩tʂʰəŋ˧˥tʂəŋ˧kʰuo˥˧næᴇ˧tou˥˧꜔sɿ˧……ni˥˧tou˥˧˩sɿ˧˩xa˧˥˩tɕiaɔ˧ʂəŋ˥˧lə·˩.i˥˧꜓pæ̃˥˧pa˥˧˩ni˥˧꜔tsʰuoŋ˧˥˩fu˥˦ɕiaŋ˥˧˩tʂaŋ˥˧tsæᴇ˧xuæ̃˥˧꜓kə˧˩tʂʅ˥˧zəŋ˥˦ti·˩xua˧,næᴇ˧ni˥˧꜔xa˧˥˩pu˧˥꜔liæ̃˧˥꜔……fu˧ɕiaŋ˥˧˩tʂaŋ˥˧tou˥˧˩pu˧˥꜔zʅ˧˥˩lə·˩ni˥˧꜔?tʂʰəŋ˧˥˩lie·˩vu˥˧ei˩……tɕʰi˥˧pa˥˧˩ʂʅ˧˥˦……tɕʰi˥˧pa˥˧˩pa˥˧ʂou˥˧lə·˩ni˥˧.（欸，如果是就说他的职务比原来还低一些呢？）那就降职了么你。næᴇ˧tɕiou˧tɕiaŋ˧꜓tʂʅ˥˧lə·˩muo·˩ni˥˧˩.（嗯。有些人他那个，不胜任职务，就把他弄下来。）那就免职嘛。nei˧tɕiou˧miæ̃˥˧꜔tʂʅ˥˧ma·˩.（免职？）免职么。miæ̃˥˧꜔tʂʅ˥˧muo·˩.（讲不讲罢免？）也叫罢免。罢免那看是指谁咧。一般你这个欸，这个罢免欸，上级组织那你只能是这个欸只能是这个看是这个降职使用咧，还是这个哎免职使用咧。罢免那你是……谁能罢免？只有人民代表……人民大会，人民代表和群众代表，可以罢免你的这个委员职务或者是这个乡长职务咧。ie˥˧tɕiaɔ˧pa˧miæ̃˥˧꜔.pa˧miæ̃˥˧nei˧kʰæ̃˧sɿ˧tsɿ˥˧˩sei˧˥lie˦.i˥˧꜓pæ̃˥˧ni˥˧꜔tʂə˧kə˧ei˩,tʂə˧˩kə˧˩pa˧miæ̃˥˧ei˩,ʂaŋ˧꜓tɕi˥˧꜔tsɥ˥˧tʂʅ˥˧˩næᴇ˧ni˥˧꜔tsɿ˥˧˩nəŋ˧˥sɿ˧tʂə˧kə˧ei˩tsɿ˥˧˩nəŋ˧˥sɿ˧tʂə˧kə˧kʰæ̃˧˩sɿ˧˩tʂə˧˩kə˧˩tɕiaŋ˧tʂʅ˥˧˩sɿ˥˧꜔yoŋ˧lie·˩,xa˧˥˩sɿ˧tʂə˧kə˧æᴇ˩miæ̃˥˧tʂʅ˥˧˩sɿ˥˧yoŋ˧lie·˩.pa˧miæ̃˥˧næᴇ˧ni˥˧꜓zɿ……sei˧˥nəŋ˧˥˩pa˧miæ̃˥˧˩?tsɿ˥˧꜓iou˥˧˩zəŋ˧˥miŋ˧˥꜔tæᴇ˧piaɔ˥˧꜔……zəŋ˧˥miŋ˧˥꜔ta˧xuei˧,zəŋ˧˥miŋ˧˥꜔tæᴇ˧piaɔ˥˧꜔xuo˧˥˩tɕʰyoŋ˧˥˩tʂuoŋ˧tæᴇ˧piaɔ˥˧,kʰə˥˧i˥˧˩pa˧꜓miæ̃˥˧ni˥˧ti·˩tʂə˧˩kə˧˩vei˥˧yæ̃˧˥˩tʂʅ˥˧˩vu˧xuei˧˥꜔tʂə˥˧˩sɿ˧tʂə˧kə˧ɕiaŋ˥˧˩tʂaŋ˥˧tʂʅ˥˧˩vu˥˦lie·˩.（老年间有没有罢官这种说法？）有咧么。有罢官这个说法。iou˥˧lie·˩muo·˩.iou˥˧pa˧˩kuæ̃˥˧tʂə˧˩kə˧˩ʂuo˥˧fa˥˧˩.（罢官是自己……自己不当了还是怎么的呀？）老百姓就不让你干了。laɔ˥˧pei˥˧˩ɕiŋ˥˦tsou˧˩pu˧˥˩zaŋ˧ni˥˧꜔kæ̃˧꜓lə·˩.（如果是自己不当了呢？）那就是辞官不干了嘛。næᴇ˧tɕiou˧sɿ˧tsʰʅ˧˥kuæ̃˥˧pu˧˥˩kæ̃˧꜓lə·˩ma·˩.

连蹲带长

（假如说这个人呢，他做生意，他又是掌柜的又是伙计，这怎么形容这回事？）黄：噢，有时候把那叫连蹲带长咧。这就是，这儿这我们这个意思么，就是你既当兵又当……既当官又当干……就当干事么。aɔ˧˥,iou˥˧sɿ˧˥꜔xou˧pa˥˧˩næᴇ˧tɕiaɔ˧liæ̃˧˥tuoŋ˥˧tæᴇ˧tʂaŋ˥˧lie·˩.tʂei˧˥˦tɕiou˧˩sɿ˧,tʂər˧tʂə˧ŋuo˥˧məŋ·˩tʂə˧kə˧i˧sɿ·˩muo·˩,tɕiou˧sɿ˧ni˥˧꜔tɕi˧˥˦taŋ˥˧꜓piŋ˥˧iou˥˧꜔taŋ˥˧꜓……tɕi˧˥˦taŋ˥˧꜓kuæ̃˥˧iou˧˩taŋ˥˧˩kæ̃˧……tɕiou˧˥˦taŋ˥˧˩kæ̃˧sɿ˧˥˦muo·˩.（连蹲带……）带长么。长是官么你。tæᴇ˧tʂaŋ˥˧muo·˩.tʂaŋ˥˧sɿ˧˩kuæ̃˥˧muo·˩ni˥˧˩.（那像你这样的文化站，又是……又是负责人又是办事员。）我们这说穿了党政军一把抓么。ŋuo˥˧məŋ·˩tʂə˧ʂuo˥˧˩tʂʰuæ̃˥˧lə·˩taŋ˥˧꜔tʂəŋ˧tɕyoŋ˥˧i˥˧˩pa˥˧꜔tʂua˥˧muo·˩.

一九、日常生活

睡醒

（假如说讲这个，哎，醒了没有？问别人，你醒过来没有？）黄：你睡醒没有？ni˥˧ʂuei˦ɕiŋ˥˩mei˩˧˨iou˥˨？（睡醒没有？）啊，土话叫你睡醒没有。ɑ˨，tʰu˥˩xuɑ˦tɕiɑɔ˦ni˥˧ʂuei˦ ɕiŋ˥˩mei˩˧˨iou˥˨.（如果问你你怎么回答？）醒啦。我睡醒了么。ɕiŋ˥˩la·˨.ŋuo˥˧ʂuei˦ɕiŋ˥˩ləm·˨.（如果说还没醒呢？）我还困得很着咧。还想睡一会儿咧。ŋuo˥˩xɑ˩˧˨kʰuoŋ˦tə˧xəŋ˥˩tʂə·˨lie·˨. xæᴇ˩˧˨ɕiɑŋ˥˩ʂuei˦i˥˧xuər˦˨lie·˨.（哈哈，还没醒你怎么就会，怎么听到别人问呐？）我还要再睡咧么。ŋuo˥˨xæᴇ˩˧˨iɑɔ˦tsæᴇ˦ʂuei˦˥liem·˨.

收拾、拾掇、打摭

1. 黄：扫地咧么。一般的打扫房子那个就是把房子收拾一下。sɑɔ˥˩ti˦lie˧muo·˨.i˥˧pæ̃ ˥˩ti·˨tɑ˥˨sɑɔ˥˩fɑŋ˩˧˨tsɿ˧næᴇ˦kə˦tɕiou˦˥sɿ˦˨pɑ˥˨fɑŋ˩˧˨tsɿ˧ʂou˥˩ʂʅ˩˧˨i˥˩xɑ˦˨.（是拾掇屋子还是收拾屋子？）收拾……你把……那是看啥地方咧。你住房你是收拾房去，住的窑那就是把窑里收拾一下么。ʂou˥˩ʂʅ˩˧˨……ni˥˩p……næᴇ˦sɿ˦kʰæ̃˦sɑ˦˥ti˦fɑŋ˥˨lie·˨.ni˥˧tʂʮ˦fɑŋ˩˧ni˥˨sɿ˦˨ʂou˥˩ʂʅ˩˧˨fɑŋ˩˧tɕʰ i˦˥,tʂʮ˦ti˧liɑɔ˩˧nei˦tɕiou˦sɿ˦pɑ˥˨iɑɔ˩˧li˥˧ʂou˥˨ʂʅ˩˧˨i˥˩xɑ˦˨muo·˨.

2.（打扮是指穿衣服还是……）黄：打扮兀就多了，梳梳头，洗洗脸，缠缠脚，那都叫打扮咧。tɑ˥˩pæ̃˦væᴇ˦tɕiou˦tuo˥˩lə·˨,ʂʮ˥˩ʂʮ˥˨tʰou˩˧,ɕi˥˩ɕi˥˨liæ̃˥˩,tʂʰæ̃˩˧tʂʰæ̃˩˧tɕyo˥˩,næᴇ˦tou˥˦˥tɕiɑɔ˦˥tɑ ˥˨pæ̃˦˨lie·˨.（缠脚也叫打扮啊？）哎叫打扮咧嘛。æᴇ˥˩tɕiɑɔ˦tɑ˥˩pæ̃˦˨lie·˨mɑ·˨.（像打扮这种这个意思还有别的词来表示吗？）打扮，那就是再把你……说土一点是把你收拾下。tɑ˥˩p æ̃˦˨,nei˦tɕiou˦sɿ˦tsæᴇ˦pɑ˥˨ni˥˧……ʂuo˥˨tʰu˥˩i˥˨tiæ̃˥˨sɿ˦pɑ˥˨ni˥˧ʂou˥˩ʂʅ˩˧˨xɑ˦˨.（收拾？）噢，把你收拾利索嘛。ɑɔ˨,pɑ˥˨ni˥˧ʂou˥˩ʂʅ˩˧˨li˦˥suo˥˩mɑ·˨.（自己……自己收拾自己吗？）啊，自己收拾自己，你把你收拾咧么。ɑ˨,tsɿ˦tɕi˥˨ʂou˥˩ʂʅ˩˧˨tsɿ˦tɕie˥˧,ni˥˧pɑ˥˨ni˥˧ʂou˥˩ʂʅ˩˧˨lie·˨muo·˨.

3.（这东西我把他弄完了我给它放好，放起来叫什么？）王：叫收拾起来。tɕiɑɔ˦˨ʂou˥˩ʂʅ˩˧˨tɕʰi˥˩læᴇ˩˧˨.黄：收拾起来。ʂou˥˩ʂʅ˩˧˨tɕʰi˥˩læᴇ˩˧˨.（这个收拾有没有就是说，我我我我打打人说不说我收拾你？我怎么样？）黄：个话也有说人收拾你个。kə˦xuɑ˦ie˥˩iou˥˩ʂuo˥˧zəŋ˩˧˨ʂou˥˩ʂʅ˩˧˨ni˥˨kə˦˨.王：你小心我收拾你咧啊。ni˥˧ɕiɑɔ˥˩ɕiŋ˥˨ŋuo˥˧ʂou˥˩ ʂʅ˩˧˨ni˥˩lie·˨lɑ·˨.黄：欸，小心我会收拾你。ei˨,ɕiɑɔ˥˩ɕiŋ˥˨ŋuo˥˨xuei˦˨ʂou˥˩ʂʅ˩˧˨ni˥˨.（收拾桌子，收拾……收拾床。）黄：啊，这都说。ɑ˨,tʂei˦˥tou˥˨ʂuo˥˨.（屋子能不能收拾呢？）王：能收拾，我们这儿就说你把屋子收拾一下。nəŋ˩˧ʂou˥˩ʂʅ˩˧˨,ŋuo˥˩məŋ·˧tʂər˦tɕiou˦˨ʂuo˥˨ni˥˨pɑ˥˨vu˥˩ tsɿ·˧ʂou˥˩ʂʅ˩˧˨i˥˨xɑ˦˨.黄：能行咧。把屋子收拾干净。nəŋ˩˧ɕiŋ˩˧˨lie·˨.pɑ˥˨vu˥˩tsɿ·˧ʂou˥˩ʂʅ˩˧˨kæ̃˥˨tɕiŋ˦˨.

（说不说拾掇？）黄：拾掇一下也有说这个话咧。拾掇一拾掇。ʂʅ˩˧˨tuo˥˩i˥˨xɑ˦˨ie˥˩iou˥˨ʂuo ˥˨tʂə˦kə˦xuɑ˦˨lie·˨.ʂʅ˩˧˨tuo˥˩i˥˨ʂʅ˩˧˨tuo˥˩.王：收拾、拾掇都说咧。ʂou˥˨ʂʅ˩˧˨,ʂʅ˩˧˨tuo˥˩tou˥˨ʂuo˥˩lie·˨.黄：嗯。ŋ̍˨.（也说拾掇是吧？）黄&王：嗯。ŋ̍˨.（收拾。哪个说得多？比如说屋子这

边。）王：收拾一下咧。ʂou˥˩ʂʅ˧˩i˥˩xa˧˥lie˧.黄：收拾多哩。ʂou˥˩ʂʅ˧˩tuo˥˩m̩˧.（拾掇也说？）黄&王：嗯。ŋ̍˩.（老……老人家也说拾掇还是说收拾？）黄：拾掇哩。ʂʅ˧˩tuo˥m̩˧.王：拾掇。ʂʅ˧˩tuo˥.（我修理什么东西是不是收拾还是收拾……拾掇？这个自行车啊……）黄：也说收拾咧。ie˥ʂuo˥˩ʂou˥ʂʅ˧˩lie˧.王：嗯。ŋ̍˩.黄：嗯。ŋ̍˩.（收拾自行车还是拾掇自行车？）黄：噢，有的叫修理自行车，有的叫收拾一下，收拾自行车着。ɑɔ˩,iou˥ti˧tɕiaɔ˧ɕiou˥˩li˥tsʅ˧ɕiŋ˧tʂʰə˥˩,iou˥˧ti˧tɕiaɔ˧ʂou˥ʂʅ˧˩i˥˩xa˧˩,ʂou˥ʂʅ˧˩tsʅ˧˥ɕiŋ˧tʂʰə˥˩tʂə˧.（收拾也是有这个修理的意思是吧？）黄&王：嗯。ŋ̍˩.（打扫屋子一般叫……就是收拾还是什么？）黄：打扫也叫收拾咧。tɑ˥˩saɔ˥ie˥tɕiaɔ˧ʂou˥ʂʅ˧˩lie˧.（嗯。）黄：嗯。ŋ̍˩.（还有什么称呼，称法没有？）黄：打扫。tɑ˥˩saɔ˥.王：这也有叫打扫，也有叫收拾。tʂei˧˩ia˥˧iou˥tɕiaɔ˧tɑ˥˩saɔ˥,ie˥iou˥˧tɕiaɔ˧ʂou˥ʂʅ˧˩.黄：嗯。这都……都咧反正。ŋ̍˩.tʂə˧tou˥˧……tou˥˧lie˧fæ̃˥˩tʂəŋ˧˩.（也叫收拾？）黄&王：嗯。ŋ̍˩.（叫不叫打摭？打摭？有没有这么说法？）王：打摭也有咧。tɑ˥tʂə˥˩ie˥iou˥˩lie˧.黄：有这个说法咧。有叫我这个哎锅碗，吃过饭以后你把这个锅碗给咱们打摭一下。iou˥tʂə˧˩kə˧˩ʂuo˥˩fɑ˥˩lie˧.iou˥tɕiaɔ˧˩ŋuo˥˧tʂə˧kə˧æᴇ˧kuo˥˩væ̃˥,tʂʰʅ˥˩kuo˧fæ̃˧i˥˩xou˧ni˥pɑ˥˩tʂə˧kə˧kuo˥˩væ̃˥kei˧˩tsɑ˧˩məŋ˧tɑ˥tʂə˥˩i˥˩xɑ˧˩.（也叫收拾，也是收拾的意思？）黄：嗯，也是收拾。ə̃˩,ie˥sʅ˧˩ʂou˥˩ʂʅ˧˩.（叫什么？）黄&王：打摭。tɑ˥tʂə˥˩.（tɑ˥tʂə˩？）黄：呃，打摭一下。ə˩,tɑ˥tʂə˥˩i˥˩xɑ˧˩.

刷牙、漱口

（你们是刷牙还叫漱口？）黄：刷牙必须拿牙牙刷。漱口就是喝了一嘴水，涮嘎了，叫漱口。ʂuɑ˥˩iɑ˧pi˥˧ɕy˥˧nɑ˧iɑ˧˩iɑ˧ʂuɑ˥˩.sɥ˧kʰou˥˧tɕiou˧˩sʅ˧˩xuo˥lə˧i˥˩tsuei˥˧suei˥˧,ʂuæ̃˧kɑ˧lə˧,tɕiaɔ˧sɥ˧kʰou˥.（噢，拿牙牙刷？）啊，你必须……刷牙你必须要有牙刷子咧么。漱……漱口你是喝咧一嘴水么你。ɑ˩,ni˥˧pi˥˧ɕy˥˧……ʂuɑ˥˩iɑ˧ni˥˧pi˥˧ɕy˥˧iaɔ˧iou˥˧iɑ˧˩ʂuɑ˥tsʅ˧lie˧m˧.sɥ˧……sɥ˧kʰou˥˧ni˥˩sʅ˧˩xuo˥lie˧i˥˩tsuei˥˧suei˥muo˧ni˥˩.（老年人有没有统称？叫漱口或者叫什么？）那没有。那漱口是漱口，刷牙是刷牙。nə˧˥mei˧˩iou˥˩.nə˧˥sɥ˧kʰou˥sʅ˧˩sɥ˧kʰou˥˧,ʂuɑ˥˩iɑ˧sʅ˧ʂuɑ˥˩iɑ˧˩.（刷牙你管那个牙……牙刷怎么叫？）叫牙刷么。tɕiaɔ˧iɑ˧ʂuɑm˥.（讲不讲……讲不讲牙牙？）不叫。pu˧˩tɕiaɔ˧˩.（牙膏呢？）那就叫牙膏么。næᴇ˧˥tɕiou˧tɕiaɔ˧iɑ˧kaɔm˥˩.（以前没有牙膏的时候用什么东西刷牙？）用牙粉刷嘛。yoŋ˧iɑ˧fəŋ˥ʂuɑ˥˩mɑ˧.（漱口是……就是含点水那个是吧？）含点儿水一漱就对咧，嗯。xæ̃˧˩tiæ̃r˥˧ʂuei˥i˥˩sɥ˧tɕiou˧tuei˧lie˧,ŋ̍˩.（刷牙讲不讲刷嘴？）不讲，叫刷牙。pu˧tɕiaŋ˥˩,tɕiaɔ˧ʂuɑ˥˩iɑ˧.（漱口呢？讲不讲漱嘴？）没有，那就叫漱口。muo˥˩iou˥˩,nei˧˥tɕiou˧˩tɕiaɔ˧˩sɥ˧kʰou˥.

出去了

（从这个门，大门出去呢，就走……到外面去？）黄：那你是……或者是出去以后是出门去呀。出……往出走那都没有个啥说法。走哪你要是出去，走哪个地方去，那叫我出……出门去啊。在一般情况下那就不讲究这个啥。næᴇ˧ni˥˧sʅ……xuo˧tʂə˥˧sʅ˧tʂʰɥ˥tɕʰi˧i˥˩xou˧sʅ˧tʂʰɥ˥məŋ˧˩tɕʰi˧˥ia˧.tʂʰɥ˥……vaŋ˥˧tʂʰɥ˥˩tsou˥næᴇ˧˩tou˥˩mei˧iou˥kə˧˩sa˧ʂuo˥fa˥˩.tsou˥na˥˧ni˥˧iaɔ˧sʅ˧˩tʂʰɥ˥tɕʰi˧˩,tsou˥na˥kə˧˩ti˧˥faŋ˥˩tɕʰie˧,næᴇ˧tɕiaɔ˧ŋuo˥˧tʂʰɥ˥˧……tʂʰɥ˥məŋ˧˩tɕʰia˧˥.tsæᴇ˧i˥˩pæ̃˥tɕʰiŋ˧˩kʰuaŋ˧˥ɕia˧næᴇ˧tsou˧pu˧˩tɕiaŋ˥tɕiou˥˩tʂə˧kə˧sa˧˩.（呃，假如，好，你现在出去了，你来了个人，问老黄呢？你家里人怎么告诉他？）那就干啥去咧就给他直接答应啥。就说下地干活去啦，或者是走哪去了。直接就把他结果告诉了

么。nei˦˨tɕiou˦˨kæ̃˥˦sa˥tɕʰi˥lie˧tsou˥kei˦˨tʰa˥˧˦tʂʅ˨˦tɕie˥˧˨ta˥˧˦˥iŋ˥˦sa˦˨.tɕiou˦˨ʂuo˥˧˨ɕia˥ti˥kæ̃˥xuo˨˦˨tɕʰi˥la˧,xuo˨˦˦tʂə˥˧˦sʅ˥tsou˥˧na˥˧˦tɕʰi˥˦˨lə˧.tʂʅ˨˦tɕie˥˧˨tɕiou˥pa˥˧˨tʰa˥˧˦tɕie˥˧˨kuo˥˧kaɔ˦˨sɥ˥˦ləm˧.（假如说他也……你家里也不知道你到哪儿去了呢？）“不知道。”那就是那么一句话。pu˨˦˨tʂʅ˥˧˨taɔ˥.næᴇ˥tɕiou˥sʅ˥næᴇ˥muo˦li˥˧˨tɕy˥˦xua˥.（你告诉他，反正就说没在家。）没在家，或者是我不知道□咋去了。mei˨˦˨tsæᴇ˥tɕia˥˧,xuei˨˦˦tʂə˥˧˨sʅ˥ŋuo˥˧˦pu˨˦˨tʂʅ˥˧˨taɔ˥˦niæ̃˨˦˦tsa˥˧˨tɕʰi˥lə˦.（说没在家怎么讲呢？）是没……没有在家么。sʅ˦˨mei˨˦˨ts……mei˨˦iou˥˧˦tsæᴇ˥tɕia˥˧muo˧.（没有在家？）啊，出去了。ɑ˨,tʂʰɥ˥˧tɕʰi˦˨lə˧.

走谁家去了

（那如果说……说一般的串门，那该怎么说啊？）黄：或者是走哪儿走谁家家里去，这个欸谝干传去了，或者是……做啥去了，这可以。xuo˨˦˦tʂə˥˧˦sʅ˥tsou˥˧˦nar˥˧˦tsou˥˧sei˨˦˨a˦tɕia˥˧li˥˧˨tɕʰi˥,tʂə˥kə˥ei˨pʰiæ̃˥˧˦kæ̃˥˧tʂʰuæ̃˨˦˨tɕʰi˦˨lə˧,xuo˨˦˦tʂə˥˧˦sʅ˥tə……tsɥ˥sa˥tɕʰi˦˨lə˦,tʂə˥kʰə˥˧˨i˥˧˨.（就就就说刚才就就到他们家去走一走。这个人怎么说？）嗯，那就说是走谁家家去了，走谁家去了。他也不给你明确告诉他做啥去了。ə̃˨,næᴇ˥tɕiou˦˨ʂuo˥˧˦sʅ˥tsou˥˧sei˨˦˨æ˦tɕia˥˧tɕʰi˦˨lə˧,tsou˥˧sei˨˦˨æ˦tɕʰi˦˨lə˧.tʰa˥˧˦ia˥˧˦pu˨˦˦kei˥ni˥˧˦miŋ˨˦tɕʰyo˥˧˨kaɔ˥sɥ˥tʰa˥˧˨tsɥ˥˦sa˦˨tɕʰi˦˨lə˧.（tsou˥˧什么？）你比如走谁家家里去了，你说走谁家去了。ni˥˧˦pi˥˧ʐɥ˨˦˨tsou˥˧sei˨˦˨æ˦tɕia˥˧li˥˧˨tɕʰi˥lə˦,ni˥˧˦ʂuo˥˧˦tsou˥˧sei˨˦˨æ˦tɕʰi˦˨lə˧.（谁啊？）噢，谁家，就说是，这是个谁的……不管是……这是个……就像那欸个是一样的。就是……ɑɔ˨,sei˨˦˨tɕia˥˧,tɕiou˥˦ʂuo˥˧˨sʅ˥,tʂə˥˦sʅ˦˨kə˦˨ʂuei˨˦ti˦……pu˨˦˨kuæ̃˥˧˦s……tʂə˥˦sʅ˥kə˥……tɕiou˥ɕiaŋ˥nei˥ei˥˧kə˦˨sʅ˦˨i˥˧˦iaŋ˥ti˧.tsou˥sʅ˥……（谁家还是谁啊？）噢，谁家。走谁家去了。ɑɔ˨,sei˨˦˨tɕia˥˧.tsou˥˧sei˨˦˨æ˦tɕʰi˦˨lə˧.（这个可以……嗯，那个……两个字那个音合到一起了吗？）啊，可以，走谁家去了。ɑ˨,kʰə˥˧i˥˧˨,tsou˥˧sei˨˦˨æ˦tɕʰi˥lə˧.（tsou˥˧sei˨˦a˧？）噢。ɑɔ˨.（ʂuei˨˦a˥？）啊。ɑ˥.（到张家去了说不说到tʂaŋ˥˧a˦去了？）那就是走张家去了么。næᴇ˥tɕiou˦˨sʅ˦˨tsou˥˧˦tʂaŋ˥˧æ˧tɕʰi˦˨ləm˧.（tʂaŋ˥˧a˨？）啊，走张家去咧或者是走李家去了。ɑ˨,tsou˥˧˦tʂaŋ˥˧æ˧tɕʰi˦˨lie˧xuo˨˦˨tʂə˥˧˨tsou˥˧li˥˧tɕia˥˧˨tɕʰi˦˨lə˧.（到li˥˧家还是li˥˧a˧？）嗯。李家。ə̃˨.li˥˧tɕia˧.（到王家呢？）走王家去咧。tsou˥˧vaŋ˨˦˨æ˦tɕʰi˦˨lie˧.（走外婆家呢？）走外婆那就是走下外家去了。tsou˥˧˦væᴇ˥pʰuo˨˦˦na˥tɕiou˥sʅ˥tsou˥˧xa˦˨vei˥tɕia˥˧˨tɕʰi˦˨lə˧.（vei˥tɕia˨还是vei˥˧˦a˧？）外家。vei˥˧˦tɕia˥˧.（什么情况下可以就是说什么“啊”呢，把这个“家”就说成了“啊”呢？）那有时候那个这就是个没有时间地点，那就是个语气助词，有时候说出来就带出来了。有时候又不带那个助词了。nei˥˦iou˥˧sʅ˨˦˨xou˥næᴇ˥kə˥tʂei˥˦tɕiou˦˨sʅ˦˨kə˥mei˨˦iou˥˧sʅ˨˦˨tɕiæ̃˥˧ti˥tiæ̃˥˧,nei˦˨tɕiou˥˦sʅ˥kə˥y˥˧˦tɕʰi˥tʂɥ˥˦tsʰʅ˨˦,iou˥˧sʅ˨˦˦xou˥ʂuo˥˧tʂʰɥ˥˧˨læᴇ˨˦˦tɕiou˥tæᴇ˥˧˦tʂʰɥ˥˧læᴇ˨˦˨lə˧.iou˥˧sʅ˨˦˨xou˥iou˦˨pu˨˦˨tæᴇ˥˦nə˥kə˥tʂɥ˥˦tsʰʅ˨˦˨lə˧.（孙家呢？）孙家么。走孙家去了。suoŋ˥˧tɕia˥˧˨muo˧.tsou˥˧˦suoŋ˥˧tɕia˥˧˨tɕʰi˥˦lə˧.（假如说这个你要去的那个那一家姓雷呢？）走雷家去了么。tsou˥˧˨luei˨˦˨niæ˥˧（←tɕia˥˧）tɕʰi˦˨ləm˧.（走雷家还是雷啊？）雷，雷家去了。luei˨˦,luei˨˦˨tɕia˥˧tɕʰi˦˨lə˧.（可不可以说雷啊去了？）那不。那一般情况下那就在一个人的说话这个吐音了。有时候念成那是lei˨˦，有的时候是luei˨˦。nə˥˦pu˨˦˨.næᴇ˥i˥˧˨pæ̃˥˧tɕʰiŋ˨˦˨kʰuaŋ˥ɕia˥næᴇ˥˦tsou˥tsæᴇ˥i˥˧˨kə˥zəŋ˨˦˨ti˦ʂuo˥˧˨xua˥tʂə˥kə˥tʰu˥˧iŋ˥˧˨lə˧.iou˥˧sʅ˨˦˨xou˥niæ̃˥tʂʰəŋ˨˦˦nə˥sʅ˥lei˨˦,iou˥˧ti˧sʅ˨˦˨xou˥sʅ˥luei˨˦.

转嘎子

（说散散步呢，出去？）黄：我出去转嘎子么。ŋuo˥˧˨tʂʰɥ˥˧tɕʰy˥˦˨tʂuæ̃˥˧˦ka˦tsʅ˧muo˧.

（转？）噢，没有……农村没有散步的那个讲究。ɑɔ˩,mei˩˥iou˥˧……luoŋ˩˥tʂʰuoŋ˥mei˩˥iou˥s æ̃˧pu˧ti˧na˧˩kə˧˩tɕiaŋ˥tɕiou˥˩.（嗯。你再说一遍？）出去转一转。tʂʰɥ˥tɕʰy˧˩tʂuæ̃˧i˥˧tʂuæ̃˧˩.（转一转？）嗯，或者是遛一圈儿。ə̃˩,xuei˩˥tʂə˥˩sɿ˧˩liou˧i˥˧tɕʰyæ̃r˥˩.

嘴里没有味

（哎呀，这个，没睡好，这个口里面吃东西没没没什么兴趣，这个怎么讲？）黄：那就是这个昨天晚上没睡好么，早上乏的很，困的没相。nə˧tsou˧sɿ˧tʂə˧kə˧tsuo˩˥˩tʰiæ̃˥˧væ̃˥ʂaŋ˧˩muo˥˩ʂuei˧˦xaɔ˥˧muo˧,tʂaɔ˥˧ʂaŋ˧˩fa˩˥ti˧xəŋ˥˩,kʰuoŋ˧ti˧muo˥˩ɕiaŋ˧.（然后吃东西没没没……）口里……口里也没有味儿么，嘴里也没有味么。kʰou˥li˥˩……kʰou˥li˥˩ia˥˧mei˩˥iou˥˧vər˧muo˧,tsuei˥li˥˩ia˥˧mei˩˥˩iou˥˧vei˧muo˧.（这更老那个那像那个土一点的怎么说呢？）土的，土一点的也就没有个啥说法好像。没有啥好像。说不来。tʰu˥ti˧,tʰu˥i˥˩tiæ̃˥˧ti˧ia˥˧tsou˧mei˩˥iou˥kə˧sa˧ʂuo˥fa˥˩xaɔ˥ɕiaŋ˧˩.mei˩˥iou˥sa˧˩xaɔ˥ɕiaŋ˧˩.ʂuo˥pu˩˥˩læᴇ˩˥.（讲不讲嘴淡？）没有这个说法。mei˩˥iou˥˧tʂə˧˩kə˧˩ʂuo˥fa˥˩.（没味道？）就是没……没味，没有口味也可以，没味道，或者是没有口味。tɕiou˧˦sɿ˧muo˥˩……muo˥˩vei˧,mei˩˥iou˥˧kou˥vei˧˩ie˥˩kʰə˥i˥˩,muo˥˩vei˧˦taɔ˧˩,xuo˩˥tʂə˥˧sɿ˧mei˩˥˩iou˥˧kʰou˥vei˧˩.

争着吃

（有些菜呀太好吃了。大家就争着吃还是抢着吃还是那个？）黄：咋说去咧？做的好了，可口，可口得很。tsa˥˩ʂuo˥tɕʰi˧˩lie˧?tsuo˧˦ti˧xaɔ˥lə˧,kʰə˥kʰou˥,kʰə˥kʰou˥tei˥˩xəŋ˥.（好，那大家怎么样？）大家都是……一个就是可口么。再叫啥了？ta˧˩tɕia˥˩tou˥˩sɿ˧˦……i˥˧kə˧tɕiou˧sɿ˧kʰə˥˦kʰou˥muo˧.tsæᴇ˧tɕiaɔ˧sa˧˦lə˧?（争着吃还是抢着吃？假如说几个人……）那也有争着吃这个说法，有的是抢的吃，抢的吃咧。næᴇ˧ia˥˧iou˥˧tsəŋ˥tʂə˧tʂʰɿ˥tʂə˧˩kə˧˩ʂuo˥˩fa˥˩,iou˥ti˧sɿ˧˩tɕʰiaŋ˥ti˧tʂʰɿ˥˩,tɕʰiaŋ˥ti˧tʂʰɿ˥˩lie˧.（抢的吃还是争着吃呢？）抢的吃咧。tɕʰiaŋ˥ti˧tʂʰɿ˥lie˧（哪一种就呃更更符合这种生活当中的……）争着吃咧么。tsəŋ˥tʂə˧tʂʰɿ˥lie˧muo˧.（那个假如说牲畜啊互相之间抢着吃。）那也是那也可以也是可以说争的吃，也可以说抢的吃咧。nei˧˦a˥˩sɿ˧˩nei˧˦a˥˩kʰə˥i˥˩ie˥ʂɿ˧˩kʰə˥i˥˧ʂuo˥˧tsəŋ˥ti˧tʂʰɿ˥˩,ie˥kʰə˥i˥˩ʂuo˥˩tɕʰiaŋ˥ti˧tʂʰɿ˥lie˧.

嚼细

（有些人吃饭啊，吃得太快了，好，然后老人家就告诉他你要怎么样？）黄：你嚼细嘛。ni˥˧tɕyo˩˥ɕi˧ma˧.（嚼细？）你还能慢慢地往细……嚼细咧再咽嘛。ni˥xa˩˥nəŋ˩˥mæ̃˧mæ̃˧ti˧vaŋ˥˩ɕi˧˩tɕ……tɕyo˩˥ɕi˧˦lie˧tsæᴇ˧iæ̃˧ma˧.

走灰圈去

（好，这个这个去上厕所怎么说？）黄：上厕所么。ʂaŋ˧tsʰə˥˩suo˥muo˧.（还有别的讲法没有？）走灰圈去啊。tsou˥˧xuei˥tɕyæ̃˧˩tɕʰia˧˩.（还有讲解手这个说法吗？）那有咧。解手，大便，都有么。næᴇ˧˦iou˥lie˧.tɕie˥˩ʂou˥,ta˧piæ̃˧,tou˥˩iou˥muo˧.（如果是拉小便呢？）解小手去啊。tɕie˥ɕiaɔ˥ʂou˥tɕʰia˧˩.（还有别的讲法吗？）尿去啊。niaɔ˧˦tɕʰia˧˦.（小孩子呢？）尿呀。niaɔ˧˦ia˧.（小孩子讲我要怎么样了？）我要尿咧嘛。ŋuo˥˧iaɔ˧niaɔ˧lie˧ma˧.（讲不讲尿尿？）欸一般都不说。我啊尿啊。ei˥i˥˩pæ̃˥tou˥˩pu˩˥ʂuo˥˩.ŋuo˥˧a˧niaɔ˧a˧.（如果是解……解大的呢？）解大便去，或者是我把要么，把去。tɕie˥ta˧piæ̃˧tɕʰie˧˩,xuei˩˥tʂə˥˩sɿ˧ŋuo˥˩pa˥iaɔ˧˩muo˧,pa˥tɕʰie˧˩.（讲解大手？）解大手的这个说法，或者把去啊。拉屎去啊。tɕie˥ta˧ʂou˥ti˧tʂə˧kə˧ʂuo˥˧fa˥˩,xuo˩˥tʂə˥˧pa˥tɕʰia˧˩.la˥˩sɿ˥tɕʰia˧.

歇嘎子

（说哎呀，累了，休息休息。怎么说？）黄：累的不行咧，歇一会儿。lueiˀtiˀpuʌɕiŋʌlieˀ,ɕieʏiʏʌxuərʌ.（讲不讲歇嘎子？）歇嘎子这个话也有。ɕieʏkaˀtsɿˀtʂəˀkəˀxuaˀieʏʌiouʏ.（你们本地说得多不？）本地的话那是歇一会儿么，或者是歇一阵儿么。pəŋʏtiˀtiˀxuaˀnæeˀsɿˀɕieʏiʏʌxuərˀmuo˧,xuoʌtʂəʏsɿˀɕieʏiʏʌtʂərˀmuo˧.（那个歇嘎子是什么人讲？）这都是本地有些的土话里头有嘛，歇嘎子，歇一下，或者是歇一阵儿，歇一阵儿再干。tʂəˀtouʏsɿˀpəŋʏtiˀiouʏɕieʏtəˀtʰuʏxuaˀliʏtʰouˀiouʏmaˀ,ɕieʏkaˀtsɿˀ,ɕieʏiʏxaˀ,xuoʌtʂəʏsɿˀɕieʏiʏʌtʂərˀ,ɕieʏiʏʌtʂərˀtsæeˀkæ̃ˀ.

歇凉

（这个夏天呢……）黄：就叫夏天么，也叫热天。tɕiouˀtɕiaɔˀɕiaˀtʰiæ̃ʏmuo˧,ieʏtɕiaɔˀzəʏtʰiæ̃ʏ.（夏天就是在外面，院子里面，或者是那个外面就是凉快凉快，那个叫什么？）歇凉，或者是有树的话就叫乘凉么。ɕieʏliaŋʌ,xueiʌtʂəʏsɿˀiouʏʂɥʏtiˀxuaˀtɕiouˀtɕiaɔˀtʂʰəŋʌliaŋʌmuo˧.

撩撩

黄：但是，有个最土的说法，把这个襟子拿起……撩起来的话就叫撩撩了。再就也有这个说法，你把这个东西拿到放兀衣裳撩起来撩，撩起来就是撩撩。tæ̃ˀsɿˀ,iouʏkəˀtsueiˀtʰuʏti˧ʂuoʏfaʏ,paʏtʂəˀkəˀtɕiŋʏtsɿ˧naʌtɕʰi……liaɔʌtɕʰiʏlæeʌti˧xuaˀtɕiouˀtɕiaɔˀliaɔʌliaɔˀlə˧.tsæeˀtɕiouˀieʏiouʏtʂəˀkəˀʂuoʏfaʏ,niʏpaʏtʂəˀkəˀtuoŋʏɕi˧naʌtaɔˀfaŋˀveiˀiʏʂaŋʌliaɔʌtɕʰiʏlæeʌliaɔʌ,liaɔʌtɕʰiʏlæeʌtɕiouˀsɿˀliaɔʌliaɔʌ.（撩撩？）噢，把这个前襬提起了是……aɔˀ,paʏtʂəˀkəˀtɕʰiæ̃ʌpæeʏtʰiʌtɕʰiʏlə˧ʂ……（装东西？）装东西就叫撩撩。tʂuaŋʏtuoŋʏɕi˧tɕiouˀtɕiaɔˀliaɔʌliaɔʌ.（做成一个撩撩，把东西放在里头，还是什么？）呃不行。做成……你就这个布单提起来就对了。əʏpuʌɕiŋʌ.tsuoˀtʂʰəŋʌ……niʏtɕiouˀtʂəˀkəˀpuˀtæ̃ʏtʰiʌtɕʰiʏlæeʌtɕiouˀtueiˀlə˧.（提起来叫撩撩？）就叫撩撩。tɕiouˀtɕiaɔˀliaɔʌliaɔʌ.（是指这个动作还是指……指这个……）就这个动作。tɕiouˀtʂəˀkəˀtuoŋˀtsuoʏ.

困的没相了

（好，假如说你坐到那样，嗯哼，噢，然后，那个实在是撑不住了，你就跟别……跟跟呃跟别人怎么说？）黄：我去睡一会儿。说人我歇……我去……歇一会儿去啊。多一半都说我去睡一会儿去。ŋuoʏtɕʰyˀʂueiˀiʏxuərˀ.ʂuoʏzəŋʌŋuoʏɕi……ŋuoʏtɕʰiˀ……ɕieʏiʏxuərˀtɕʰiaˀ.tuoʏiʏpæ̃ˀtouʏʂuoʏŋuoʏtɕʰyˀʂueiˀiʏxuərˀtɕʰiˀ.（说我实在怎么样了？）我实在不行了。ŋuoʏʂʅʌtsæeˀpuʌɕiŋʌlə˧.（实在不行了？）噢，实在困的没相了。aɔˀ,ʂʅʌtsæeˀkʰuoŋˀti˧muoʏɕiaŋˀlə˧.

丢个盹儿、跟老二算账

（哎，说又不是睡觉，就在这儿……）黄：打个盹儿么。taʏkəˀtuõrʏmuo˧.（讲不讲丢盹儿？）丢个盹儿也能行。丢一个……丢个盹儿也能行，打个盹儿也能行。tiouʏkəˀtuõrʏieʏnəŋʌɕiŋʌ.tiouʏiʏkə……tiouʏkəˀtuõrʏiaʏnəŋʌɕiŋʌ,taʏkəˀtuõrʏiaʏnəŋʌɕiŋʌ.（哎呀，累了，讲什么？）累的不行了。lueiˀtiˀpuʌɕiŋʌlə˧.（乏了？）乏了，也可以说。faʌlə˧,ieʏkʰəʏiʏʂuoʏ.（像像一般老百姓怎么说？）乏了么。faʌlə˧muo˧.（呃，还有别的讲法没有？）没有了。meiʌiouʏlə˧.（好。假如说想……想睡觉了。）瞌睡了，或者是困了。kʰəʏʂueiˀlə˧,xueiʌtʂəʏsɿˀkʰuoŋˀlə˧.（瞌睡了说得多还是困了说得多？）瞌睡了多么。kʰə˥˧ʂuei˥˩lə˧tuo˥˧muo˧˩.（那那如果哎呀，这个我实在是受不了了，我要睡觉了。这个时候怎么形容？）哎呀，实在是瞌睡得不行了！æᴇ˩˨ia˧˩,ʂʅ˧˩tsæᴇ˥˧sʅ˥kʰə˥˧ʂuei˥˩tə˧pu˧˩ɕiŋ˧˩lə˧!（还有别的说法没有？）眼皮都抬不起来了。niæ̃˥˩pʰi˧˥tou˥˩tʰæᴇ˧˥pu˧˥tɕʰi˥˩læᴇ˧˩lə˥.（这个这个动作叫什么？）丢盹咧么。tiou˥˩tuoŋ˥liem˧˩.（打盹儿也说不说呢？）不说。骂人的话，你这么个，这人骂你说，你跟老二算账着咧。pu˧˩ʂuo˥˩.ma˥zəŋ˧˩ti˧xua˥,ni˥˩tʂə˥muo˥kə˥˩,tʂə˥˩zəŋ˧˥ma˥ni˥˩ʂuo˥˩,ni˥kəŋ˥˩lao˥˩ər˥suæ̃˥tʂaŋ˥˩tʂə˧lie˧˩.（跟什么？）跟老二算账咧。kəŋ˥˩lao˥˩ər˥suæ̃˥tʂaŋ˥lie˧˩.

歇晌午

（中午睡……睡觉呢？）黄：噢，午睡咧么。ɑɔ˥,vu˥ʂuei˥lie˥muo˥.（老人家说这个说……这个午睡午睡是洋词儿吧？）洋词儿。老年叫是这个……iɑŋ˧˥tsʰər˧˩.lao˥niæ̃˧˩tɕiao˥sʅ˥tʂə˥˩kə˥˩……（睡晌午？）睡午……睡午觉咧。睡晌午，睡午觉。ʂuei˥vu……ʂuei˥vu˥tɕiao˥lie˧˩.ʂuei˥ʂaŋ˥vu˥˩,ʂuei˥vu˥tɕiao˥.（还有些……还有更……更土的说法吗？）更土的，歇晌午咧。kəŋ˥˩tʰu˥ti˧,ɕie˥˩ʂaŋ˥vu˥˩lie˧˩.

脱衣裳

（这个，欸，要上……要睡觉了嘛，把这个衣服……）黄：解开么。脱衣服么。tɕie˥kʰæᴇ˥˩muo˧˩.tʰuo˥˩i˥fu˧˩muo˧˩.（脱衣服还是脱衣裳？）脱衣裳也能行，脱衣服也能行。tʰuo˥˩i˥ʂaŋ˧˥a˥˩nəŋ˧˥ɕiŋ˧˥,tʰuo˥˩i˥fu˧˩ia˥˩nəŋ˧˥ɕiŋ˧˩.（哪种更多？）脱衣裳。tʰuo˥˩i˥ʂaŋ˧˩.（讲不讲脱袄儿？）那不……兀都是……脱衣裳是个比较这个常用的个词。脱袄那是……那夏天了，你哪瘩脱袄袄去？mæᴇ˥˩pu……væᴇ˥˩tou˥˩sʅ˥˩……tʰuo˥˩i˥ʂaŋ˧˩sʅ˥˩kə˥˩pi˥˩tɕiao˥tʂə˥˩kə˥˩tʰaŋ˩（←tʂʰaŋ˧˥）yoŋ˥˩ti˧kə˥˩tsʰʅ˧˩.tʰuo˥˩nao˥næᴇ˥sʅ˥……næᴇ˥˩ɕia˥˩tʰiæ̃˥˩lə˥,ni˥˩na˥ta˥˩tʰuo˥˩nao˥nao˥tɕʰi˥˩?

铺炕、暖炕

（嗯。在炕上把这些什么的睡的那些东西把它弄好，这个铺平整叫什么？）黄：那叫铺炕咧嘛。nei˥tɕiao˥pʰu˥˩kʰaŋ˥lie˧ma˧˩.（那天冷的时候呢？）天冷时候那与那无干涉了咧。你把炕烧热就对了。tʰiæ̃˥˩ləŋ˥sʅ˧˩xou˥næᴇ˥y˥˩næᴇ˥vu˧˥kæ̃˥˩ʂə˥˩lə˧lie˧.ni˥˩pa˥˩kʰaŋ˥ʂao˥˩zə˥tɕiou˥tuei˥lə˥.（叫不叫暖炕？）不叫。暖炕就说是你把盖的拉开那就叫暖炕咧。pu˧˩tɕiao˥.nuæ̃˥kʰaŋ˥tsou˥˩ʂuo˥˩sʅ˥˩ni˥pa˥˩kæᴇ˥˩ti˧la˥˩kʰæᴇ˥nei˥tɕiou˥tɕiao˥nuæ̃˥kʰaŋ˥lie˧˩.（哦，把盖的拿开？）噢，拉开铺……铺到炕上那就叫暖炕。ɑɔ˩,la˥˩kʰæᴇ˥pʰu˥……pʰu˥tao˥˩kʰaŋ˥˩ʂaŋ˥næᴇ˥tɕiou˥tɕiao˥nuæ̃˥kʰaŋ˥˩.（把盖的拿开呀？）噢，那意思马上睡觉啊，你可不才暖炕咧么？不睡觉你铺……把那炕褥……盖的拉开行么吵？那叫暖炕么。ɑɔ˩,nei˥i˥sʅ˥ma˥ʂaŋ˥˩ʂuei˥tɕiao˥ʌ˧,ni˥˩kʰə˥˩pu˧˥tsʰæᴇ˧˩nuæ̃˥kʰaŋ˥lie˧muo˧?pu˧˩ʂuei˥tɕiao˥ni˥˩pʰu……pa˥˩næᴇ˥kʰaŋ˥zʯ……kæᴇ˥ti˧la˥˩kʰæᴇ˥ɕiŋ˧˩muo˧sa˧?næᴇ˥˩tɕiao˥nuæ̃˥kʰaŋ˥muo˧.（那个盖的拿开它怎么还暖呢？它不冷了吗？）欸，但是，你盖的现在不是叠起来着咧吗？你把盖的取开，焐到炕上不就暖炕？ei˥,tæ̃˥sʅ˥,ni˥˩kæᴇ˥˩ti˧ɕiæ̃˥tsæᴇ˥pu˧˩sʅ˥tie˧˩tɕʰi˥læᴇ˧˩tʂə˧lie˧ma˧?ni˥˩pa˥˩kæᴇ˥˩ti˧tɕʰy˥kʰæᴇ˥˩,vu˥tao˥˩kʰaŋ˥ʂaŋ˥˩pu˧˩tɕiou˥nuæ̃˥kʰaŋ˥?（哦，要把盖的打开就是铺好！）啊，铺好叫暖炕咧这里。a˩,pʰu˥˩xao˥tɕiao˥nuæ̃˥kʰaŋ˥lie˥tʂə˥˩li˥˩.（那叫暖炕？）嗯。ə̃˩.（哦！）

睡了

（这个睡下是怎么讲？）黄：睡下咧啊。ʂuei˥ɕia˥˩lia˧.（睡下了？）嗯，我睡了。

ŋ̍˩˨,ŋuo˥˩ʂuei˧˦lə˧.（讲睡下还是……）我睡了已经。ŋuo˥˩ʂuei˧˦lə˧li˥˩tɕiŋ˥˧.（假如说这样？）我躺着咧，我躺一会儿。ŋuo˥˩tʰaŋ˥˩tʂə˧lie˧,ŋuo˥˩tʰaŋ˥˧i˥˩xuər˧˩.（躺下……睡下还是躺下，还是什么？）睡……我睡下了，我睡……我睡了，就是最土的话。ʂu……ŋuo˥˩ʂuei˧˦ɕia˧˥˩ə˧,ŋuo˥˩ʂuei˧˦……ŋuo˥˧ʂuei˧˦lə˧,tsou˧˩sʅ˧˩tsuei˧˦tʰu˥˧ti˧xua˧˩.

笡下

1.（有没有说笡下的？）黄：娃娃叫笡下咧。va˩˨va˩˦tɕiao˧tɕʰie˧˦xa˧˩lie˧.（如果是这样？）侧睡着咧嘛。tsʰə˥˧ʂuei˧tʂə˧lie˧ma˧.（笡下是必须娃娃？）噢，那娃娃怀里抱着咧，睡着咧，你把娃笡下。ɑɔ˩,nə˧˩va˩˨va˩˦xuæᴇ˩˨li˥˧pao˧tʂə˧lie˧,ʂuei˧tʂuo˩˨lie˧,ni˥˩pa˥˧va˩˦tɕʰie˧˦xa˧˩.（大头冲上吗？）呃哼哼，那不么。娃娃笡下就是你给娃衬个枕头还是，就是放在炕上叫睡的意思叫笡咧么。ə˩xəŋ˧xəŋ˧,næᴇ˧˥pu˩˨muo˧.va˩˨va˩˦tɕʰie˧˦xa˧tɕiou˧sʅ˧ni˥˩kei˧va˩˦tsʰəŋ˧kə˧tʂəŋ˥˧tʰou˧xa˩˨sʅ˧,tɕiou˧˩sʅ˧˩faŋ˧˦tsæᴇ˧˩kʰaŋ˧ʂaŋ˧tɕiao˧˩ʂuei˧˦ti˧i˧sʅ˧tɕiao˧tɕʰie˧˦liem˧.（如果是自己这个侧面这个睡，那个挨着床？）侧……我……我侧睡着，我侧面子睡着咧。tsʰə˥˧……ŋuo˥˩……ŋuo˥˩tsʰə˥˧ʂuei˧tʂə˧,ŋuo˥˩tsʰə˥˧miæ̃˧˩tsʅ˧ʂuei˧tʂə˧lie˧.（讲不讲笡着睡？）不讲。pu˩˨tɕiaŋ˥˩.

2. 冯：笡下，说这个事情，你把他说抱，比如说，嗯把娃睡着咧，说笡下，斜斜子放了，叫他头高脚低，呃，笡到那儿。说把娃，把娃抱的笡下。不能让他平，叫他一头儿高，一头儿低，叫笡。说，比个例子说，把小娃儿笡到那儿。把小把孩子笡那儿。把孩子笡到那儿。他一头儿高一头儿低，对着哩。再一个说，哎呀，累得……把我累得……叫我笡一阵儿。啊，斜……就是斜靠得那儿靠一会儿。tɕʰie˧xa˧˩,ʂuo˥˩tʂə˧kə˧sʅ˧tɕʰiŋ˩,ni˥˧pa˥˩tʰa˥˧ʂuo˥˩pao˧,pi˥˧ʐʯ˩˨ʂuo˥˩,əŋ˩pa˥˩va˩ʂuei˧tʂuo˩˨lie˧,ʂuo˥˩tɕʰie˧xa˧˩,ɕie˩˨ɕie˩˦tsʅ˧faŋ˧lə˧,tɕiao˧˩tʰa˥˧tʰou˩˨kao˥˩tɕyo˥˩ti˥˩,ə˩,tɕʰie˧tao˧˩nar˧˩.ʂuo˥˩pa˥˩va˩,pa˥˩va˩pao˧ti˧tɕʰie˧˦xa˧˩.pu˩˨nəŋ˩˨ʐaŋ˧tʰa˥˩pʰiŋ˩,tɕiao˧˩tʰa˥˧i˥˩tʰour˩˨kao˥˩,i˥˩tʰour˩˨ti˥˩,tɕiao˧˩tɕʰie˧.ʂuo˥˩,pi˥˧kə˧˩li˧˦tsʅ˧ʂuo˥˩,pa˥˩ɕiao˥˧var˩˦tɕʰie˧tao˧˩nar˧˩.pa˥˩ɕiao˥˧pa˥˩xæᴇ˩˨tsʅ˧tɕʰie˧nar˧˩.pa˥˩xæᴇ˩˨tsʅ˧tɕʰie˧tao˧˩nar˧˩.tʰa˥˩i˥˩tʰour˩˨kao˥˩i˥˩tʰour˩˨ti˥˩,tuei˧tʂuo˥˧li˧.tsæᴇ˧i˥˩kə˧˩ʂuo˥˩,æᴇ˩ia˥˧,luei˧tə˧……pa˥˩ŋuo˥˩luei˧tə˧……tɕiao˧˩ŋuo˥˩tɕʰie˧i˥˩tʂə̃r˧˩.a˩,ɕie˩……tɕiou˧sʅ˧ɕie˩kʰao˧tə˧nar˧˩kʰao˧i˥˩xuər˧˩.

挺着

（这个睡下讲不讲挺？）黄：不讲。这人骂人开来，“你还挺，你他妈挺着”。pu˩˦tɕiaŋ˥˩.tʂə˧˩ʐəŋ˩ma˧ʐəŋ˩˨kʰæᴇ˥˧læᴇ˩˨,ni˥˩xæᴇ˩˨tʰiŋ˥˩,ni˥˧tʰa˥˩ma˥˩tʰiŋ˥˧tʂao˧.（挺着是说骂人？）噢，骂人咧。ɑɔ˩,ma˧ʐəŋ˩˨lie˧.（还有更形象的说法吗？讲睡觉。说不说摊那儿？）不，那都是最……最多骂个“你像个死人样的，你在兀儿挺着”。pu˩,nə˧tsou˧˩sʅ˧˩suei˧（←tsuei˧）……tsuei˧˦tuo˥˩ma˧kə˧ni˥˩ɕiaŋ˧kə˧sʅ˥˧ʐəŋ˩˨iaŋ˧ti˧,ni˥˩tsæᴇ˧var˧tʰiŋ˥˧tʂə˧.（挺着就是死人？）嗯。ə̃˩.（挺尸？）啊，挺尸咧，“你看你像个死人啊的”。a˩,tʰiŋ˥˩sʅ˥˩lie˧,ni˥˧kʰæ̃˧ni˥˩ɕiaŋ˧kə˧sʅ˥˧ʐəŋ˩˨a˧ti˧.（说不说挺尸？）有咧，骂人开来的，“你……你他妈挺尸着”。iou˥˩lie˧,ma˧ʐəŋ˩˨kʰæᴇ˥˧læᴇ˩˦tə˧,ni˥˩……ni˥˩tʰa˥˩ma˥˩tʰiŋ˥˩sʅ˥˩tʂə˧.

扬面子睡、仄棱子睡、趴仆子睡、四仰八叉、蜷咧一堆睡

1.（这个朝着上睡觉。）黄：头朝上……面……面朝上么。面朝上睡着咧。tʰou˩˦tʂʰao˩˨ʂaŋ……miæ̃˧˦……miæ̃˧tʂʰao˩˨ʂaŋ˧muo˧.miæ̃˧tʂʰao˩˨ʂaŋ˧ʂuei˧˥tʂuo˥˩lie˧.（那叫什么？）扬面子睡嘛。iaŋ˩˨miæ̃˧tsʅ˧ʂuei˧˥ma˧.（讲不讲仰八睡？）不讲好像，都叫扬面子睡着咧。pu˩˨tɕiaŋ˥˧xao˥˩ɕiaŋ˧˩,tou˥˩tɕiao˧iaŋ˩˨miæ̃˧˥tsʅ˧ʂuei˧tʂə˧lie˧.（这个侧着睡

呢？）叫侧睡么。tɕiaɔ˧tsʰə˧˥˩ʂuei˧muo˧.（讲不讲仄楞睡？）仄楞睡这有咧。这个话有咧。仄楞睡。tsei˥˩ləŋ˩˥ʂuei˧tʂə˧˥iou˥˩lie˧.tʂə˧˥kə˧˥xua˧iou˥˩lie˧.tsei˥˩ləŋ˩˥ʂuei˧.（tsei˥˩ləŋ˧还是nəŋ˧？）仄楞子。tsei˥˩ləŋ˩˥tsɿ˧.（仄楞子？）嗯，仄楞子睡着咧。ə̃˧,tsei˥˩ləŋ˩˥tsɿ˧ʂuei˧tʂə˧lie˧（如果是脸朝下睡呢？）趴仆子么。pʰɑ˥˩pʰu˥˩tsɿ˧muo˧.（嗯？）趴仆子睡着咧。pʰɑ˥˩pʰu˥˩tsɿ˧ʂuei˧tʂə˧lie˧.（好。这个睡起，睡着，然后两条腿这么……）腿蜷起来睡着咧。tʰuei˥˩tɕʰyæ̃˩˥tɕʰi˥˩læᴇ˩˥ʂuei˧˥tʂə˧lie˧.（他……他是朝上啊，脸朝上，两条腿这么弯起，膝盖这里那个……）这个叫个……呃呵，嗯，是……有些人骂你的，你这个死样，你还……你看你还四仰八叉的像个啥？tʂei˧kə˧tɕiaɔ˧kə˧……ə˩xə˥˩,ŋ̍˩,sɿ……iou˥˩ɕie˥˩zəŋ˩˥ma˧n i˥˩ti˧,ni˥˩tʂə˧˥kə˧˥sɿ˥˩iaŋ˧˥,ni˥˩xa˩……ni˥˩kʰæ̃˧˥ni˥˩xa˩˥sɿ˧iaŋ˥˩pa˥˩tsʰa˥˩ti˧ɕiaŋ˧kə˧sa˧?（四仰八叉那是那是这个这手脚都伸开嘛？）噢，都抻开后，四仰八叉的么你。aɔ˩,tou˥˩tʂʰəŋ˥˩kʰæᴇ˥˩xou˧,sɿ˧iaŋ˥˩pa˥˩tsʰa˥˩ti˧muo˧ni˥˩.（如果是侧着睡，然后脚弯起呢？）蜷咧一堆么。tɕʰyæ̃˩˥lie˧i˥˩tuei˥˩muo˧.（嗯？）蜷咧一堆睡着咧嘛。就是经常骂他咧，你像狗一样的蜷下一堆。tɕʰyæ̃˩lie˧i˥˩tuei˥˩ʂuei˧tʂə˧lie˧ma˧.tsou˧˥sɿ˧˥tɕiŋ˥˩tʂʰaŋ˩ma˧tʰa˥˩lie˧,ni˥˩ɕiaŋ˧kou˥˩i˥˩iaŋ˧˥ti˧tɕʰyæ̃˩˥xa˧i˥˩tuei˥˩.

2.（有没有说是这个仄楞子睡的说法？）黄：那有这个仄楞子…仄楞睡那就是侧下，侧楞子睡还就……侧睡还就叫仄楞子睡咧。nei˧˥iou˥˩tʂə˧˥kə˧˥tsei˥˩ləŋ˩˥tsɿ˧s……tsei˥˩ləŋ˩˥ʂuei˧nei˧tɕiou˧˥sɿ˧˥tsʰei˥˩xa˧˥,tsʰei˥˩ləŋ˩˥tsɿ˧ʂuei˧xæᴇ˩˥tɕiou˧……tsʰei˥˩ʂuei˧xæᴇ˩˥tɕiou˧˥tɕiaɔ˧˥tsei˥˩ləŋ˩˥tsɿ˧ʂuei˧˥lie˧.王：那仄楞睡，那叫仄楞子，侧着睡，仄楞子睡。nei˧tsei˥˩ləŋ˩˥ʂuei˧,nei˧tɕiaɔ˧tsei˥˩ləŋ˩˥tsɿ˧,tsʰei˥˩tʂə˧ʂuei˧˥,tsei˥˩ləŋ˧tsɿ˧ʂuei˧˥.（这么睡[做动作]？）王：啊，仄楞睡。a˩,tsei˥˩ləŋ˩˥ʂuei˧˥.黄：啊，叫侧楞子睡，啊。a˧,tɕiaɔ˧tsʰei˥˩ləŋ˩˥tsɿ˧ʂuei˧˥,a˩.（这一个靠床？）王&黄：啊。a˩.王：仄楞子睡。tsei˥˩ləŋ˩˥tsɿ˧ʂuei˧˥.黄：仄楞子睡咧。tsei˥˩ləŋ˩˥tsɿ˧ʂuei˧˥lie˧.

打颠倒睡

（两个人盖一条被子，一个人枕东头，一个人枕西头睡觉。）黄：打颠倒睡。打颠倒睡么。ta˥˩tiæ̃˥˩taɔ˥˩ʂuei˧˥.ta˥˩tiæ̃˥˩taɔ˥˩ʂuei˧muo˧.（打颠倒睡？）ŋa˥˩.（怎么拿……拿被子做枕头啊？枕着枕着被子睡啊？）打颠倒睡咧么你。你一个人在东头，一个人在西头咧么，就打颠倒咧。ta˥˩tiæ̃˥˩taɔ˥˩ʂuei˧lie˧muo˧ni˥˩.ni˥˩i˥˩kə˧˥zəŋ˩tsæᴇ˧tuoŋ˥˩tʰou˧,i˥˩kə˧˥zəŋ˩tsæᴇ˧ɕi˥˩tʰou˧liem˧,tsou˧ta˥˩tiæ̃˥˩taɔ˥˩lie˧.（不往一块儿凑？）不往一块儿凑么。个人抱一个人的脚么你。pu˩vaŋ˥˩i˥˩kʰuər˥˩tsʰou˧muo˧.kə˧zəŋ˩pao˧i˥˩kə˧˥zəŋ˩ti˧tɕyo˥˩muo˧ni˥˩.（抱吗？）那……冻的了，学生的时候，你总得要抱咧么。你不抱咋啦？nei˧……tuoŋ˧ti˧lə˧,ɕyo˩səŋ˥˩ti˧sɿ˩xou˧,ni˥˩tsuoŋ˥˩tei˥˩iaɔ˧paɔ˧lie˧muo˧.ni˥˩pu˩paɔ˧tsa˥˩la˧?（那臭脚那谁受得了啊？）那你不睡？睡着了那啥？那你学生那会儿冷床，那你人这个脚暖和咧，□人就身上就暖和。næᴇ˧ni˥˩pu˩ʂuei˧˥?ʂuei˧˥tʂuo˩lə˧næᴇ˧sa˧˥?næᴇ˧ni˥˩ɕyo˩səŋ˥˩nə˧xuər˧˥ləŋ˥˩tʂʰuaŋ˩,nə˧ni˥˩zəŋ˩tʂə˧kə˧tɕyo˥˩nuæ̃˥˩xuo˧lie˧,niæ̃˩zəŋ˩tɕiou˧ʂəŋ˥˩ʂaŋ˧˥tɕiou˧˥nuæ̃˥˩xuo˧.（冷床是吧？）啊，冷床嘛。a˩,ləŋ˥˩tʂʰuaŋ˩ma˧.（冷床是什么意思呢？）冷床就是这个哎嘿，不加温，又不插电褥子，又没烧的那号儿。ləŋ˥˩tʂʰuaŋ˩tɕiou˧sɿ˧tʂə˧kə˧æᴇ˩xei˧,pu˩tɕia˥˩vəŋ˥˩,iou˧pu˩tʂʰa˥˩tiæ̃˧zʯ˥˩tsɿ˧,iou˧muo˥˩ʂaɔ˥˩ti˧næᴇ˧xaər˧˥.（噢，那个床是冷床？）啊，冷床么。这儿学校里满都是这么你。a˧,ləŋ˥˩tʂʰuaŋ˩muo˧.tʂər˧˥ɕyo˩ɕiaɔ˧˥li˥˩mæ̃˥˩tou˥˩sɿ˧˥tʂə˧muo˧ni˥˩.（那那室内也没有暖气呀？）有些给你……哪有暖气？有些给你架个炉子，有些连炉子都没有得。

iou˥ɕie˥˩kei˧ni˥˧……na˥iou˥˩nuæ̃˥˩tɕ^{h}i˧˥?iou˥ɕie˥˩kei˧ni˥˧tɕia˧kə˧lou˩˨˩tsɿ˧tou˥˩mei˩iou˥tei˥˩.

睡过了头了

（睡啊睡得很沉很沉，比如说八点钟起来，你这个都睡到……就睡过头了，你们一般怎么说？）王：那俺们就叫睡懒觉么。nei˧˥æ̃˥˩məŋ˧tɕiou˧tɕiɑɔ˧ʂuei˧læ̃˥˧tɕiɑɔ˧˥muo˧. 黄：睡……我们一个是叫睡懒觉哩，再一个就是这个，也叫睡过了头了。ʂuei˧lə……ŋuo˥˩məŋ˧i˥˩kə˧˥sɿ˧˩tɕiɑɔ˧ʂuei˧læ̃˥˩tɕiɑɔ˧˥li˧,tsæᴇ˧i˥˧kə˧tɕiou˧sɿ˧tʂə˧˩kə˧,ie˥˧tɕiɑɔ˧ʂuei˧kuo˧lə˧t^{h}ou˩˨˩lə˧.

睡得太实了

（睡着了呢？）黄：睡着了。ʂuei˧tʂuo˩˨˩lə˧.（呃，这个睡得你叫不醒，怎么形容？）睡的死沉沉的么。ʂuei˧ti˧sɿ˥tʂ^{h}əŋ˩˨˩tʂ^{h}əŋ˩˨˩ti˧muo˧.（讲不讲睡……睡什么了，睡实了？）也有这个话，也有这个说法。睡的太实了。ie˥iou˥˩tʂə˧kə˧xuɑ˧,ie˥iou˥˧tʂə˧kə˧ʂuo˥fa˥˩. ʂuei˧ti˧t^{h}æᴇ˧ʂɿ˩˨˩lə˧.（好。这个本来说睡……睡觉睡到六点钟起来，结果一睡睡到七点钟。这个这个怎么说呢？）睡过头了么。ʂuei˧kuo˧t^{h}ou˩˨˩lə˧muo˧.

睡不着、熬光眼子

（失眠怎么说？）黄：这就说失眠了。tʂei˧tɕiou˧ʂuo˥˧ʂɿ˥miæ̃˩˨˩lə˧.（还有别的说法没有？）失眠咧。还有叫……ʂɿ˥miæ̃˩˨˩lie˧.xæᴇ˩˨˩iou˥tɕiɑɔ˧……（睡不着？）也叫睡不着。失眠咧，睡不着，还有个光眼子咧。ie˥tɕiɑɔ˧˩ʂuei˧pu˩˧tʂuo˩˨.ʂɿ˥˩miæ̃˩˨˩lie˧,ʂuei˧pu˩˧tʂuo˩˨˩,xæᴇ˩˨˩iou˥kə˧˩kuɑŋ˥˧niæ̃˥tsɿ˧lie˧.（光眼子？）啊，光眼子咧，他不是说是这个，熬光眼子咧，熬的了。ɑ˨˩,kuɑŋ˥˧niæ̃˥tsɿ˧lie˧,t^{h}ɑ˥˧pu˩˨˩sɿ˧ʂuo˥˧sɿ˧tʂə˧kə˧,ɑɔ˩kuɑŋ˥˧niæ̃˥tsɿ˧lie˧,ŋɑɔ˩˨˩ti˧lə˧.（熬光眼子是不是就说是熬夜？就说是……）噢，就是熬夜把……ɑɔ˨˩,tɕiou˧˥sɿ˧˩ŋɑɔ˩˨˩nie˧pa˥˩……（那那是因为有事那个要做吧？）啊，有事咧，要做咧，熬光眼子了。ɑ˨˩,iou˥sɿ˧lie˧,iɑɔ˧˦tsuo˧˥lie˧,ŋɑɔ˩kuɑŋ˥˩niæ̃˥˩tsɿ˧lə˧.（如果说没事也睡不着？躺在床上那个转来转去，转来转去，就是睡不着。）那只能说是睡不着，或者是失眠咧。nə˧˥tsɿ˥˧nəŋ˩˧ʂuo˥˧sɿ˧ʂuei˧pu˩˨˩tʂuo˩,xuei˩˥tʂə˥˩sɿ˧ʂɿ˥miæ̃˩˨˩lie˧.（kuɑŋ˧niæ̃˥tsɿ˧的kuɑŋ˦是什么东西？）光，眼汪光得很，眼汪光的咧。kuɑŋ˥,niæ̃˥vɑŋ˨˩kuɑŋ˥tə˧xəŋ˥˩,niæ̃˥vɑŋ˨˩kuɑŋ˥ti˧lie˧.（光线的光是吧？）啊。光眼子咧。ɑ˨˩.kuɑŋ˥niæ̃˥˩tsɿ˧lie˧.

魇住了

（睡得呀，晚上有时候我们……我觉得睡觉的时候我想醒又醒不来。）黄：魇住了。iæ̃˥tʂʮ˧˩lə˧.王：魇住了。iæ̃˥tʂʮ˧˩lə˧.（魇住了？）黄：再一个，噢，最土的话把人睡的刑的啊？tsæᴇ˧i˥˧kə˧,ɑɔ˨˩,tsuei˧˦t^{h}u˥ti˧xuɑ˧pa˥˩zəŋ˩ʂuei˧ti˧ɕiŋ˩˨˩ti˧la˧?王：嗯。ŋ̍˨˩.黄：刑住了。ɕiŋ˩˨˩tʂʮ˧˥lə˧.（魇住了？）黄：嗯。ŋ̍˨˩.王：一般就是说魇住。i˥˦pæ̃˥tɕiou˧sɿ˧ʂuo˥˩iæ̃˥tʂʮ˧˩.（ɕiŋ˩住了？）黄：嗯。ŋ̍˨˩.王：嗯。ŋ̍˨˩.（ɕiŋ˩住是不说是被鬼这个……）黄：不是。pu˩˧sɿ˧.（ɕiŋ˩是哪个ɕiŋ˩？）黄：刑……呃，刑这是个土话，反正就是这个，想醒但是你永远醒不来，那个样子。把人睡的刑的，那个样。ɕiŋ……ə˨˩,ɕiŋ˩tʂə˧˥sɿ˧˩kə˧˩t^{h}u˥xuɑ˧,fæ̃˥˨tʂəŋ˧˥tsou˧˩sɿ˧˩tʂə˧˩kə˧˩,ɕiɑŋ˥ɕiŋ˥tæ̃˧sɿ˧ni˥˧yoŋ˥˧yæ̃˥˧ɕiŋ˥pu˩˨˩læᴇ˩,nə˧kə˧iɑŋ˧tsɿ˧.pa˥˩zəŋ˩ʂuei˧ti˧ɕiŋ˩˨˩ti˧,nə˧kə˧iɑŋ˧.（不是这个寻找的寻？）黄：不是。pu˩˧sɿ˧˩.（就是永远这个不得安宁，不，不是，就是这个完不了的那种那那种意思？）黄：嗯呃。啊。ŋ̍˥ŋə˨˩.ɑ˨˩.王：胸……嗯，那魇住咧。睡魇住了。ɕyoŋ˥……ŋ̍˨˩,nə˧iæ̃˥tʂʮ˧˩lie˧.ʂuei˧˥iæ̃˥˩tʂʮ˧˩lə˧.（欸，你说

这个是不是叫ɕiŋ˨？就说这个是……这个叫做这个就是弄得你啊这个不得安宁叫不叫ɕiŋ˨˦人？）黄：嗯。那不叫。弄的不得安宁那就是一个是……呃，吵的你不得安宁，或者是这个……ŋ̍˨.nei˧˥pu˨˦tɕiao˧˨.nuoŋ˧ti˧pu˨˦tei˥˨næ̃˥niŋ˨˦nei˧tɕiou˧˨sɿ˧˨i˥˨kə˧˥sɿ˧……ə˨,tsʰao˥ti˧ni˥˧pu˨˦tei˥˨næ̃˥˨niŋ˨˦,xuei˨˧tʂə˥˧sɿ˧tʂə˧kə˧……（说你这个人真……真会ɕiŋ˨˦人？有没有这个说法？）黄：我们这儿这就是你会……真会懆人啊？ŋuo˥məŋ˧tʂər˧tʂə˧tsou˧˨sɿ˧˨ni˥xuei˧……tʂəŋ˥˧xuei˧tsʰao˧zəŋ˨˦a˧?王：啊。ã˨.黄：娃娃你这是实在把你，吵的你，这个，没办法，就是你咋这么懆人了。va˨˦va˨˥ni˥˨tʂə˧˨sɿ˧˨ʂʅ˨˦tsæᴇ˧˥pa˥˨ni˥˧,tsʰao˥ti˧ṇ˥˧,tʂə˧˨kə˧,muo˥˨pæ̃˧˦fa˥˨,tɕiou˧˨sɿ˧˨ni˥tsa˥˨tʂə˧˥muo˧tsʰao˧zəŋ˨˦lə˧.（嗯。）黄：嗯。ə̃˨.（但是这个睡得醒不来叫ɕiŋ˨˦住了？）黄：嗯，叫刑住了。魇住了。那个魇是这个你包括出气，人比较紧张那个样子，那叫魇住了。ə̃˥,tɕiao˧ɕiŋ˨˦tʂʯ˧˨lə˧.iæ̃˥tʂʯ˧˨lə˧.nə˧˨kə˧˨iæ̃˥sɿ˧˨tʂə˧kə˧ni˥˧pao˥˦kʰuo˥˨tʂʰʯ˥˨tɕʰi˧˥,zəŋ˨˦pi˥˧tɕiao˧tɕiŋ˥tʂaŋ˥˨nə˧kə˧iaŋ˧tsɿ˧,nə˧˥tɕiao˧˨iæ̃˥tʂʯ˧˨lə˧.（出气紧张那叫……）黄：啊，出气紧张，你好像，脚也动哩，手也动哩，但是你醒不来嘛。想喊咧，你也发不出声音来。a˨,tʂʰʯ˥˨tɕʰi˧tɕiŋ˥tʂaŋ˥˨,ni˥˧xao˥ɕiaŋ˧,tɕyo˥ie˥˧tuoŋ˧˦li˧,ʂou˥ie˥˧tuoŋ˧˦li˧,tæ̃˧sɿ˧ni˥˧ɕiŋ˥pu˨˦læᴇ˨˦ma˧.ɕiaŋ˥xæ̃˥lie˧,ni˥˧ie˥˧fa˥pu˨˦tʂʰʯ˥˨ʂəŋ˥iŋ˥˨læᴇ˨˦.（噢。）黄：嗯。ŋ̍˨.（ɕiŋ˨˦住了是个什么东西？）黄：刑那就说是你虽然一工儿翻来覆去的，但是，永远，眼睛……想……从你这个思想上来说想睁开眼睛咧，但是你睁不开眼睛，一工儿翻，翻个身还能睡，翻个身还能睡。ɕiŋ˨˦næᴇ˧tɕiou˧˥ʂuo˥˨sɿ˧˨ni˥˧suei˥zæ̃˨˦i˥˨kuõr˥fæ̃˥˨læᴇ˨˦fu˥˧tɕʰy˧˥ti˧,tæ̃˧sɿ˧˨,yoŋ˥˧yæ̃˥˧,niæ̃˥tɕiŋ˥˨ts……ɕiaŋ˥˧ts……tsʰuoŋ˨˦ni˥tʂə˧˨kə˧˨sɿ˥˨ɕiaŋ˥ʂaŋ˧˨læᴇ˨˦ʂuo˥˨ɕiaŋ˥tsəŋ˥˦kʰæᴇ˥˨niæ̃˥tɕiŋ˥˨lie˧,tæ̃˧˨sɿ˧˨ni˥˧tsəŋ˥pu˨˦kʰæᴇ˥˨niæ̃˥tɕiŋ˥˨,i˥˨kuõr˥˧fæ̃˥,fæ̃˥kə˧˨ʂəŋ˥xa˨˦nəŋ˨˦ʂuei˧,fæ̃˥kə˧˨ʂəŋ˥xa˨˦nəŋ˨˦ʂuei˧.

睡窝了

（还有这个睡，睡觉睡得这个脖子到第二天早上起来这个正不过来了。）黄：把脖子扭了嘛。pa˥puo˨˦tsɿ˧niou˥lə˧ma˧.（是扭了还是什么落枕了还是什么东西？睡觉睡得……这个这个中医讲落枕了。你们叫……叫什么东西？）黄：咱们都叫把脖子睡……tsa˨˦məŋ˧tou˥˨tɕiao˧pa˥˨puo˨˦tsɿ˧ʂuei˧……王：窝咧。vuo˥lie˧.黄：睡窝了，啊，叫窝了。ʂuei˧vuo˥lə˧,ã˨,tɕiao˧˦vuo˥lə˧.王：咱们叫那窝咧。tʂa˨˦məŋ˧tɕiao˧nei˧vuo˥lie˧.黄：窝了。或者夜黑了，睡觉去了，脖子还窝了。vuo˥lə˧.xuei˨˦tʂə˥˧ie˧˦xei˥lə˧,ʂuei˧tɕiao˧tɕʰi˧˥lə˧,puo˨˦tsɿ˧xa˨˦vuo˥lə˧.

落枕了

（这个有时候这个晚上睡觉，早上起来这个脖子这里……）黄：把脖子窝了么。pa˥˨puo˨˦tsɿ˧vuo˥lə˧muo˧.（讲不讲这个脖项拧筋了？）有的说他抱……夜黑咧睡咋把脖子拧咧，或者是把脖子窝了。有的还叫……正儿八经这后头这个地方睡的咧，这枕头后边疼的话那就是落枕了。iou˥ti˧ʂuo˥˧tʰa˥˧pao……ie˧xei˥lie˧ʂuei˧tsa˥˧pa˥˨puo˨˦tsɿ˧niŋ˨˦lie˧,xuei˨˧tʂə˥˨sɿ˧pa˥˨puo˨˦tsɿ˧vuo˥lə˧.iou˥ti˧xæᴇ˨˦tɕiao˧……tʂəŋ˧˥ər˨˧pa˥˧tɕiŋ˥˧tʂei˧xou˧tʰou˧tʂə˧kə˧ti˧˨faŋ˥˨ʂuei˧ti˧lie˧,tʂə˧tʂəŋ˥˧tʰou˧xou˧piæ̃˥˨tʰəŋ˨˦ti˧xua˧næᴇ˧tɕiou˧sɿ˧luo˥tʂəŋ˥˨lə˧.（不讲lao˥枕了？）啊，叫啊落枕了我们这儿这就叫。a˨,tɕiao˧˥a˧luo˥˨tʂəŋ˥lə˧ŋuo˥məŋ˧tʂər˧tʂə˧tɕiou˧˨tɕiao˧˨.

打梦捶

（这个有时候啊，你这是晚上睡觉睡得很死，然后就……你睡觉的时候呢就是头放在枕头上面，结果一醒来呢，就没在枕头上面了。这种……这叫怎么回事？）黄：那叫他欸睡觉不老实。næᴇ˥˦tɕiɑɔ˥tʰɑ˦˩ei˧ʂuei˥tɕiɑɔ˥pu˨˩lɑɔ˦ʂʅ˨.（讲不讲失睡了？）不是的。我们这儿没有这个事儿。pu˨˩sʅ˥ti˧.ŋuo˦˩məŋ˧tʂər˥mei˨iou˦˥tʂə˥˩kə˥˩ʂər˥˦.（有没有类似的这种讲法？）没有得。mei˨iou˦˥tei˦˩.（有些小孩子啊他睡觉这个拳……在床上睡着了，拳打脚踢，这个一会儿在头……一会儿在……头在这头，你醒来一看他到了那一头。形容这种小孩子呢？）有些人是黑咧睡……就……睡下以后就脚蹬手扬咧。这就有……有些把那叫"打梦捶"咧。iou˦ɕie˦˩zəŋ˨sʅ˥xei˦lie˧ʂuei……tɕiou……ʂuei˥xɑ˧i˦˩xou˥tsou˥tɕyo˦˥təŋ˦ʂou˦iɑŋ˨lie.tʂei˥tɕiou˥iou˦˥……iou˦ɕie˦˩pɑ˦˩næᴇ˥tɕiɑɔ˥tɑ˦məŋ˥tʂʰuei˨lie˧.（猛捶还是梦捶？）梦捶。他自己迷迷糊糊地打……məŋ˥tʂʰuei˨.tʰɑ˦tsʅ˥tɕie˦˩mi˦˥mi˦˥xu˨˩xu˨˩ti˧tɑ˦˩……（梦捶？）噢，打梦捶咧。ɑɔ˩,tɑ˦˥məŋ˥tʂʰuei˨˩lie˧.（做梦的梦是吧？）啊，做梦的梦，打梦捶咧。ɑ˩,tsuo˥˩məŋ˥˦ti˧məŋ˥,tɑ˦˥məŋ˥tʂʰuei˨lie˧.（打……噢，你们打拳叫做什么？）打拳。但是咧……tɑ˦tɕʰyæ̃˨˩.tæ̃˥sʅ˥lie˧……（讲不讲打捶？）那是有时候把打架叫打捶咧。nə˥sʅ˥iou˦sʅ˨˩xou˥pɑ˦˩tɑ˦tɕiɑ˥tɕiɑɔ˥tɑ˦tʂʰuei˨˩lie˧.（不拿拳头打也叫打捶吗？）那不叫咧，那叫打架咧。就像……nə˥pu˨˩tɕiɑɔ˥˦lie˧,næᴇ˥tɕiɑɔ˥tɑ˦tɕiɑ˥˩lie˧.tɕiou˥ɕiɑŋ˥……（拳头相加是吧？）噢，那叫打捶么。ɑɔ˩,næᴇ˥tɕiɑɔ˥tɑ˦˩tʂʰuei˨muo˧.（拳脚相向？拳头相向？）哎，相……拳……拳脚相加的你叫打捶咧么。……æᴇ˦,ɕ……tʂʰuæ̃……tɕʰyæ̃˨tɕyo˦ɕiɑŋ˦˥tɕiɑ˦ti˧ni˦˥tɕiɑɔ˥tɑ˦tʂʰuei˨˩liem˧.

做睡梦、说梦话

（做梦？）黄：就是做梦。tɕiou˥sʅ˥tsuo˥məŋ˥.（还有别的讲法没有？）没有。再没有别咋说法咧。mei˨˩iou˦˩.tsæᴇ˥mei˨iou˦pie˨˩tsɑ˦ʂuo˦fɑ˦˩lie˧.（做睡梦？）哎呀，做睡梦这个话倒有咧。æᴇ˩iɑ˩,tsuo˥˩ʂuei˥˦məŋ˥tʂə˥kə˥xuɑ˥tɑɔ˥iou˦lie˧.（你再说一遍？）做睡梦么。tsuo˥˩ʂuei˥məŋ˥˦muo˧.（这个那个睡觉的时候在那里讲话。）说梦话咧。ʂuo˦˩məŋ˥˦xuɑ˥˦lie˧.（有些人睡觉这个就是手放在这里，结果就是怎么样？）魇住了么。iæ̃˦tʂʮ˥˩lə˧muo˧.

打夜战

（开夜车，熬夜？）黄：熬夜那是做啥，彻夜干活那就叫车……开夜车咧么。ɑɔ˨˩ie˥˦næᴇ˥˩sʅ˥˩tsʮ˥sɑ˥,tʂʰə˦˩ie˥kæ̃˥xuo˨˥næᴇ˥tɕiou˥tɕiɑɔ˥tʂʰ……kʰæᴇ˦ie˥tʂʰə˦˩liem˧.（开夜车还有别的讲法没有？）有的叫打夜战，有的叫开夜车咧。iou˦ti˧tɕiɑɔ˥tɑ˦˥ie˥tʂæ̃˥,iou˦ti˧tɕiɑɔ˥kʰæᴇ˦˩ie˥tʂʰə˦lie˧.（你们……你们以前搞集体的时候搞过吧？）搞过么那。欸，搞平田整地兀是该打夜……打夜战那是个常事么。有……有的叫连轱辘子转嘛。kɑɔ˦kuo˥˩muo˧næᴇ˥˦.ei˩,kɑɔ˦pʰiŋ˨tʰiæ˨˥tʂəŋ˦˥ti˥væᴇ˥sʅ˥˩kæᴇ˦tɑ˦˥i……tɑ˦˩ie˥˦tʂæ̃˥næᴇ˥sʅ˥kə˥tʂʰɑŋ˨sʅ˥muo˧.iou˦˥……iou˦ti˧tɕiɑɔ˥liæ̃˨ku˦lou˧tsʅ˧tʂuæ̃˥mɑ˧.

熁火

黄：烤，"烤火"的"烤"。这个字儿还有个读音，叫烤火咧，熁[①]火咧。kʰɑɔ˦,kʰɑɔ˦xuo˦ti˧kʰɑɔ˦.tʂə˥˩kə˥˦tsər˥xæᴇ˨˩iou˦˥kə˥tu˨iŋ˦˩,tɕiɑɔ˥˩kʰɑɔ˦˥xuo˦lie˧,ɕie˦xuo˦˩lie˧.（歇？）噢。你冻得……停下来么，搬……熁一会儿火。ɑɔ˩.ni˦tuoŋ˥˦tei˦˥……tʰiŋ˨˩xɑ˥˩læᴇ˨muo˧,pæ̃˦˩……ɕie˦˩i˦˩xuər˥xuo˦˥.（噢，休息那个歇？）噢。ɑɔ˩.（歇礼拜天

① 熁：烤。《广韵》虚业切："火气熁上。"《集韵》迄业切："音胁，火迫也。"《五方元音》："熁，火干也，火蛇切。"《蜀语》："火炙曰烤，又曰熁。"《蜀方言》："干炙物曰炕……曰熁。"

的歇？）噢，熁火。熁。熁火咧，就是你冻疼了，来熁一会儿火。ɑɔ˨˩,ɕie˥˧xuo˥˧˦.ɕie˥˧˨˩.ɕie˥˧˨˩ xuo˥˧lie˧,tɕiou˥˨˩sɿ˥˨˩ni˥˧˨˩tuoŋ˥˦tʰəŋ˩˧˨˩lə˧,læᴇ˩˧ɕie˥˧i˥˧˨˩xuər˥xuo˥˧.（也是呃搞盆火来烤一下是吧？）嗯，搞盆火，火炉子跟前他也叫你烤火，那叫熁火咧。ə̃˨˩,kɑɔ˥˧pʰəŋ˩˧˨˩xuo˥˧˦,xuo˥˧lou˩˧˨˩tsɿ˧kəŋ˥˧ tɕʰiæ̃˩˧˨˩tʰɑ˥˧˦ie˥˧˨˩tɕiɑɔ˥ni˥˧kʰɑɔ˥˧xuo˥˧,næᴇ˥tɕiɑɔ˥ɕie˥˧˨˩xuo˥˧lie˧.

封炉子

（炉子弄到一定程度了，它到时候是不是拿个稀……稀泥这给封起来？）黄：嗯，不用稀泥。ŋ̍˨˩,pu˩˧˨˩yoŋ˥ɕi˥˧ni˩˧˨˩.（噢，稀欸稀……稀煤？）欸，搞稀煤。把底下的这个风……风门儿堵咧噢。然后，再加点稀……稀……稀……稀煤把那封起来。ei˨˩,kɑɔ˥˧˦ɕi˥˧˦mei˩˧. pɑ˥˧˨˩ti˥˧xɑ˥ti˧tʂə˥ke˥fəŋ˥˧˨˩……fəŋ˥˧˨˩mə̃r˩˧tu˥˧liɑɔ˧.zæ̃˩˧˨˩xou˥,tsæᴇ˥tɕiɑ˥˧tiæ̃˥˧˨˩ɕi˥˧˦m……ɕi…… ɕiɑɔ˦（←ɕi˥˧）m……ɕi˥˧mei˩˧pɑ˥˧˨˩nei˥fəŋ˥˧tɕʰi˥˧˨˩læᴇ˩˧˨˩.（这个动作叫什么？）封炉子咧。fəŋ˥˧lou˩˧˨˩tsɿ˧lie˧.（欸，那开炉是什么意思？）开就是把这个，你把底下风门儿开开咧，一通它就……kʰæᴇ˥˧tɕiou˥sɿ˥pɑ˥˧˨˩tsə˥kə˥,ni˥˧˦pɑ˥˧˨˩ti˥˧ɕiɑ˥˨˩fəŋ˥˧˨˩mə̃r˩˧kʰæᴇ˥˧˨˩kʰæᴇ˥˧lie˧,i˥˧˨˩tʰuoŋ˥˧tʰɑ˥˧˨˩tɕi ou˥˨˩……（叫开炉子？）啊，是通，啊。ɑ˨˩,sɿ˥˨˩tʰuoŋ˥˧˨˩,ɑ˨˩.

篦头

（拿那个篦子呢？）黄：梳头的……那，篦子不是单纯的动作。那你梳头的时候就可以拿篦子。你头咬得很，你嘎梳头的时候就放篦子刮着咧。ʂʮ˥˧˨˩tʰou˩˧˨˩ti˧……nə˥˦,pi˥˦tsɿ˧pu ˩˧˨˩sɿ˥tæ̃˥˧˨˩tʂʰuoŋ˩˧˨˩ti˧tuoŋ˥tsuo˥˧˨˩.næᴇ˥ni˥˧˨˩ʂʮ˥˧˨˩tʰou˩˧ti˧sɿ˩˧˦xou˥tɕiou˥kʰə˥˧i˥˧˨˩nɑ˩˧pi˥tsɿ˧.ni˥˧˨˩tʰou˩˧niɑɔ˥˧ tə˧xəŋ˥˧˦,ni˥˧˦kɑ˧ʂʮ˥˧tʰou˩˧˨˩ti˧sɿ˩˧˦xou˥tɕiou˥fɑŋ˥pi˥tsɿ˧kuɑ˥˧tʂə˧lie˧.（用那个篦子来……）那个叫篦头咧嘛。nei˥tɕiɑɔ˥pi˥tʰou˩˧˨˩lie˧mɑ˧.

刮虱

（这个用篦子它篦头你们叫什么呢？）黄：刮虱咧。kuɑ˥˧˨˩sei˥˧lie˧.（刮什么？）头上有虱子，拿那个往上刮咧，有白皮也往下来刮。tʰou˩˧˨˩ʂɑŋ˥iou˥˧˦sei˥˧tsɿ˧,nɑ˩˧˨˩nə˥kə ˥vɑŋ˥˧˨˩ʂɑŋ˥kuɑ˥˧˨˩lie˧,iou˥˧pei˩˧pʰi˩˧˦iɑ˥˧˦vɑŋ˥˧˨˩xɑ˥læᴇ˩˧˦kuɑ˥˧˨˩.（噢。那没有长虱子，假如说拿那个东西……）那咬的，头发……头皮咬，那层头皮屑多得很，他要往下来刮了。næᴇ˥niɑɔ˥˧ti˧,tʰou˩˧˨˩fɑ……tʰou˩˧pʰi˩˧˦niɑɔ˥˧,nə˥tsʰəŋ˩˧˨˩tʰou˩˧pʰi˩˧˦ɕie˥˧tuo˥˧tə˧xəŋ˥˧˨˩,tʰɑ˥˧˦iɑɔ˥vɑŋ˥˧˨˩ xɑ˥˦læᴇ˩˧˨˩kuɑ˥˧lə˧.（也叫刮虱子啊？）噢，也……那……那叫刮头皮屑咧。刮头皮咧。ɑɔ˨˩,ie……næᴇ˥˦……næᴇ˥tɕiɑɔ˥kuɑ˥˧tʰou˩˧˨˩pʰi˩˧˨˩ɕie˥˧lie˧.kuɑ˥˧tʰou˩˧˨˩pʰi˩˧˨˩lie˧.

剃头

（那个……那个理发的那个理发员叫什么？）黄：剃头的么。tɕʰi˥tʰou˩˧˨˩ti˧muo˧.（这样，一般的话……）黄：刮胡。kuɑ˥˧˨˩xu˩˧˨˩.王：刮胡。刮脸咧么。kuɑ˥˧˨˩xu˩˧˨˩. kuɑ˥˧˨˩liæ̃˥˧liem˧.（刮脸还是刮面？）王：刮脸。kuɑ˥˧˨˩liæ̃˥˧.黄：刮脸，也叫刮胡子。kuɑ˥˧˨˩liæ̃˥˧,ie˥˧˦tɕiɑɔ˥kuɑ˥˧xu˩˧˨˩tsɿ˧.（过去都……都没有什么推子什么东西？）黄：没有。刀子。muo˥˧˦iou˥˧˨˩.tɑɔ˥˧tsɿ˧.王：过去没有推子。过去就是兀刀子。kuo˥˦tɕʰy˥˨˩mei˩˧iou˥˧˦tʰuei˥˧tsɿ˧.kuo˥˦tɕʰy˥tɕiou˥sɿ˥və˥tɑɔ˥˧tsɿ˧.（剃个，有的是……）王：那……要啊咱们这头还剃成这么一圈圈子，往下一剃，上头就这么个儿。nei˥tɕiə̃……iɑɔ ˥ɑ˧tsɑ˩˧məŋ˧tʂə˥tʰou˩˧xɑ˩˧˨˩tʰi˥tʂʰəŋ˩˧˦tʂə˥muo˧i˥˧˨˩tɕʰyæ̃˥˧tɕʰyæ̃˥˧˨˩tsɿ˧,vɑŋ˥˧˦ɕiɑ˥i˥˧˨˩tʰi˥,ʂɑŋ˥˦tʰou˧tɕiou ˥tʂəm˥kər˥˨˩.（盖子一样？）黄：茶壶盖儿么。tsʰɑ˩˧˨˩xu˩˧˦kər˥muo˧.（那光头子呢？）王：秃……tʰu˥˧˨˩……黄：秃葫芦么。tʰu˥˧xu˩˧˨˩lou˩˧˦muo˧.（秃葫芦？）黄：嗯，叫秃葫芦或者是光头儿么。ə̃˨˩,tɕiɑɔ˥tʰu˥˧xu˩˧˨˩lou˩˧˦xuei˩˧˦tʂə˥˧˦sɿ˥kuɑŋ˥˧˨˩tʰour˩˧muo˧.（那还有跟清朝的一样

的这个后头留一撮。）黄：啊。ɑ˨˩.王：啊，啊，后头留啊，那也叫……那晓□把兀叫啥咧。兀反正是……ɑ˨˩,ɑ˨˩,xou˥tʰou˧liou˨˦ɑ˧,nei˥ɑ˥˧˨˩tɕi……næᴇ˥ɕiɑɔ˥˧niæ̃˨˦˨˩pɑ˥˧˨˩væᴇ˥tɕiɑɔ˥sɑ˥lie˧.væᴇ˥fæ̃˥˧˦tʂəŋ˥sɿ˥˨˩……黄：那个晓□是叫啥？nə˥˨˩kə˥ɕiɑɔ˥˧niæ̃˨˦˨˩sɿ˥tɕiɑɔ˥sɑ˥?王：过去那把□把那头型叫啥，背头。kuo˥tɕʰy˥nə˥pɑ˥˧˧˥niæ̃˨˦˨˩pɑ˥˧˨˩nə˥˧˥˧tʰou˨˦˧˥ɕiŋ˨˦˧˥tɕiɑɔ˥sɑ˥˨˩,pei˥˦tʰou˨˦˨˩.黄：背头是这么往后梳咧。pei˥˦tʰou˨˦˨˩sɿ˥˨˩tʂə˥muo˧vɑŋ˥˧˨˩xou˥˧˥˧ʂʮ˥˧˨˩lie˧.（这个这个往后梳叫背头？）黄：背个大背头么。pei˥˧kə˥˨˩tɑ˥pei˥tʰou˨˦muo˧.王：过去那晓叫啥咧那？kuo˥tɕʰy˥˨˩næᴇ˥ɕiɑɔ˥˧tɕiɑɔ˥sɑ˥lie˧næᴇ˥˨˩?黄：再一个，就是大人没有得，娃娃，有些娃娃就说是这个容易他这个，一哭就气死了啊，那种那，后头那个娃娃，藉这个后脑勺子这儿这留这么大一坨坨啊。tsæᴇ˥˦i˥˧˧˥kə˥,tsou˥˨˩sɿ˥˨˩tɑ˥˦zəŋ˨˦˨˩mei˨˦iou˥˧˧˥tei˥˧˨˩,vɑ˨˦˨˩vɑ˨˦˧˥,iou˥˧ɕie˥˧˨˩vɑ˨˦˨˩vɑ˨˦˧˥˧tsou˥˨˩ʂuo˥˧˨˩sɿ˥˨˩tʂə˥˨˩kə˥˨˩yoŋ˨˦i˥˧˥˧tʰɑ˥˧˨˩tʂə˥˨˩kə˥˨˩,i˥˧˨˩kʰu˥˧tɕʰiou˥˨˩tɕʰi˥˦sɿ˥˧lə˧ɑ˧,nei˥˦tʂuoŋ˥˧˨˩nə˥˨˩,xou˥tʰou˧nə˥kə˥vɑ˨˦˨˩vɑ˨˦˧˥,tɕiɑ˥tʂə˥kə˥xou˥nɑɔ˥˧˧˥ʂuo˨˦˨˩tsɿ˧tʂər˥tʂə˥liou˨˦tʂə˥muo˧tɑ˥i˥˧˧˥tʰuo˨˦˨˩tʰuo˨˦˧˥ɑ˧.王：那叫气死毛儿。næᴇ˥tɕiɑɔ˥tɕʰi˥sɿ˥˧˨˩mɑɔr˨˦.黄：叫气死毛儿。tɕiɑɔ˥tɕʰi˥sɿ˥˧˨˩mɑɔr˨˦.（气死猫？）黄：啊儿。有些娃娃他不是一……一生气他这个气都上不来了，憋住就这样，就把这个提住。ɑr˨˩.iou˥˧ɕie˥˧˨˩vɑ˨˦˨˩vɑ˨˦˧˥tʰɑ˥˧pu˨˦˨˩sɿ˥˨˩i˥˧˨˩……i˥˦səŋ˥˧˨˩tɕʰi˥˧˥˧tʰɑ˥˧˧˥tʂə˥kə˥tɕʰi˥˧˥˧tou˥˧˨˩ʂɑŋ˥pu˨˦˧˥læᴇ˨˦˨˩lə˧,pie˥˧tʂʮ˥˨˩tɕiou˥tʂə˥iɑŋ˥,tɕiou˥pɑ˥˧˨˩tʂə˥kə˥tʰi˨˦˨˩tʂʮ˥.（就是养的那个猫是吧？）王：兀不是。气死毛么。væᴇ˥pu˨˦˨˩sɿ˥.tɕʰi˥sɿ˥˧˨˩mɑɔ˨˦muo˧.黄：哎不是。毛。æᴇ˥˧pu˨˦˨˩sɿ˥˨˩.mɑɔ˨˦.（哦，毛。）

（还有个这这儿留个，跟桃子似的，那小孩儿，这都剃了？）黄：那把那些叫啥咧吵？刘……欸，刘眉是前头这个锁锁叫刘眉么。næᴇ˥pɑ˥˧˨˩næᴇ˥˧˥˧ɕie˥˧˨˩tɕiɑɔ˥sɑ˥lie˧sɑ˧?liou˨˦mə……ei˨˩,liou˨˦mei˨˦sɿ˥tɕʰiæ̃˨˦˨˩tʰou˧tʂə˥kə˥suo˥˧suo˥˧˨˩tɕiɑɔ˥liou˨˦mei˨˦˧˥muo˧.（哪个叫锁锁叫……）黄：就是女的这个前头这个地方留点头发。这……tɕiou˥˨˩sɿ˥˨˩ny˥˧ti˧tʂə˥˨˩kə˥˨˩tɕʰiæ̃˨˦˨˩tʰou˧tʂə˥kə˥ti˥fɑŋ˥˧˨˩liou˨˦tiæ̃˥˧˧˥tʰou˨˦˨˩fɑ˥˧˧˥.tʂei˥˧˥˧tʂ……（刘海？）黄：啊，刘海。ɑ˨˩,liou˨˦˨˩xæᴇ˥˧.（啊，你们叫刘眉？）黄：啊。叫刘眉。那是五六十年代最讲究这个东西。现在都不……ɑ˨˩.tɕiɑɔ˥liou˨˦mei˨˦.næᴇ˥˧˥˧sɿ˥˨˩vu˥˧liou˥˧˨˩ʂʮ˨˦˨˩niæ̃˨˦˨˩tæᴇ˥tsuei˥tɕiɑŋ˥˧tɕiou˥˧˨˩tʂə˥˨˩kə˥˨˩tuoŋ˥˧ɕi˧.ɕiæ̃˥tsæᴇ˥tou˥˧˨˩pu˨˦˨˩……

剪发头

黄：还有一种是短发，叫剪发头嘛。xæᴇ˨˦˨˩iou˥˧i˥˧˧˥tʂuoŋ˥˧˧˥sɿ˥tuæ̃˥˧fɑ˥˧˨˩,tɕiɑɔ˥˨˩tɕiæ̃˥˧fɑ˥˧˨˩tʰou˨˦˨˩mɑ˧.（叫什么？）黄：剪发头。tɕiæ̃˥˧fɑ˥˧˨˩tʰou˨˦˨˩.（剪发？）黄：啊，剪发，短的么。ɑ˨˩,tɕiæ̃˥˧fɑ˥˧˨˩,tuæ̃˥˧ti˧muo˧.（剪掉的剪吗？）黄：啊，剪掉的剪，叫剪发头。ɑ˨˩,tɕiæ̃˥˧˧˥tiɑɔ˥˧˥˧ti˧tɕiæ̃˥˧˧˥,tɕiɑɔ˥tɕiæ̃˥˧fɑ˥˧˨˩tʰou˨˦.（还有还有什么，什么那个？）黄：剪发，披发么。披发那就是长的，但是不……不扎起来的那种啊？tɕiæ̃˥˧fɑ˥˧˨˩,pʰei˥˧fɑ˥˧muo˧.pʰei˥˧fɑ˥˧nei˥tɕiou˥sɿ˥tʂʰɑŋ˨˦˨˩ti˧,tæ̃˥˨˩sɿ˥˨˩pu˨˦……pu˨˦˨˩tsɑ˥˧tɕʰi˥˧˨˩læᴇ˨˦˨˩ti˧nei˥tʂuoŋ˥˧˨˩ɑ˧?王：不扎。pu˨˦˨˩tsɑ˥˧.（还有没有呢？）黄：烫发。这都是现代的了。tʰɑŋ˥fɑ˥˧˨˩.tʂə˥˧˥˧tou˥˧˨˩sɿ˥˨˩ɕiæ̃˥tæᴇ˥ti˧lə˧.（嗯。）嗯。ŋ̍˨˩.

纂纂

（他有的人的梳的这个头发啊，可能还有什么讲究。不是妇女后头那个玩意儿叫什么东西？）黄：叫纂纂呣。这儿这这个头发你一个是这个，一个就是辫子么。tɕiɑɔ˥tsuæ̃˥˧tsuæ̃˥˧˨˩m̩˧.tʂər˥˦tʂə˥tʂə˥kə˥tʰou˨˦˨˩fɑ˥˧˧˥ni˥˧˧˥i˥˧˨˩kə˥˧˥˧sɿ˥tʂə˥kə˥,i˥˧˨˩kə˥˧˥˧tɕiou˥sɿ˥piæ̃˥tsɿ˧muo˧.（叫“钻钻”？）纂纂。tsuæ̃˥˧tsuæ̃˥˧˨˩.（跟钻子的钻一样的音吗？）呀，那不是，不是那个音。iɑ˨˩,nei˥˧˥˧pu˨˦˨˩sɿ˥,pu˨˦˨˩sɿ˥nə˥kə˥iŋ˥˧˨˩.（那个字单念念什么呢？）实际上就是把头盘起来，我们这儿土话叫纂纂。纂纂。ʂʮ˨˦˨˩tɕi˥˧˥˧ʂɑŋ˥tɕiou˥˧˥˧sɿ˥pɑ˥˧˨˩tʰou˨˦pʰæ̃˨˦˨˩tɕʰi˥˧læᴇ˨˦˨˩,ŋuo˥˧məŋ˧tʂər˥tʰ u˥xua˦˩ tɕiaɔ˦ tsuæ̃˥ tsuæ̃˥˩.tsuæ̃˥ tsuæ̃˥˩.（tsuæ̃˥？）嗯，纂纂。这是指把头盘起来的叫纂纂。ə̃˩,tsuæ̃˥ tsuæ̃˥˩.tʂə˦ sɿ˦ tsɿ˥ pa˥˩ tʰou˩ pʰæ̃˩˩ tɕʰi˥ læᴇ˩˩ ti˧ tɕiaɔ˦ tsuæ̃˥ tsuæ̃˥˩.

锁锁

（女同志前面留的那玩意儿叫什么？）黄：锁……有的叫锁锁。最古老的叫锁锁啊？s……iou˥ ti˧ tɕiaɔ˦ suo˥ suo˥˩.tsuei˦ ku˥ laɔ˥ ti˧ tɕiaɔ˦ suo˥ suo˥˩ a˧?王：嗯。ŋ̍˩.黄：最后有的叫刘眉。tsuei˦ xou˦ iou˥ ti˧ tɕiaɔ˦ liou˩ mei˩.（叫刘眉？）王：嗯。ə̃˩.（最古老叫……）王：锁锁……suo˥ s……黄：锁锁。suo˥ suo˥˩.（哪个suo˦？）王：那就锁子的锁。nei˦ tɕiou˦ suo˥ tsɿ˧ ti˧ suo˥.黄：锁子的锁。锁锁。suo˥ tsɿ˧ ti˧ suo˥.suo˥ suo˥˩.王：铁锁的锁么。tʰie˥˩ suo˥ ti˧ suo˥ muo˧.黄：铁锁的锁么。铁门……tʰie˥˩ suo˥ ti˧ suo˥ muo˧.tʰie˥ məŋ˩˩……王：门锁的锁哞。məŋ˩ suo˥ ti˧ suo˥ m̩˧.

气死毛儿

黄：气死毛儿在后头这儿这咧。tɕʰi˦ sɿ˥˩ maɔr˩ tsæᴇ˦ xou˦˩ tʰou˦ tʂər˦ tʂə˦ lie˦.（噢。顶上的呢？）顶上那个叫它……tiŋ˥ ʂaŋ˦ nə˦ kə˦ tɕiaɔ˦ tʰa˥˦……（好，后头一根儿叫气死猫儿？）啊，后上一……后头一撮撮叫气死毛儿。a˩,xou˦ ʂaŋ˦ i˥˩……xou˦˩ tʰou˧ i˥˩ tsuo˥ tsuo˥˩ tɕiaɔ˦ tɕʰi˦ sɿ˥˩ maɔr˩˩.（气死猫是吧？）啊。a˩.（把猫都气死了？）不是那个意思。有些娃娃他那个是这个一哭，一大声一哭以后，一气以后，他那个气就上不来了。这就是把后头这个这一……后头这一撮逮住一提，拽给一下，他把气就缓上咧。气死毛儿。pu˩˩ sɿ˦ nə˦ kə˦ i˦ sɿ˦.iou˥ ɕie˥˩ va˩˩ va˩˦ tʰa˥˦ nə˦ kə˦ sɿ˦˩ tʂə˦˩ kə˦ i˥˩ kʰu˥,i˥˩ ta˦ ʂəŋ˥˩ i˥˩ kʰu˥ i˥˩ xou˦˦,i˥˩ tɕʰi˦ i˥˩ xou˦˦,tʰa˥˦ nə˦ kə˦ tɕʰi˦ tɕiou˦ ʂaŋ˦ pu˩˦ læᴇ˩ lə˦.tʂei˦ tɕiou˦ sɿ˦ pa˥˩ xou˦ tʰou˦ tʂə˦ kə˦ tʂei˦ i˥ ts……xou˦ tʰou˦ tʂei˦ i˥˦ tsuo˥ tæᴇ˥ tʂʮ˦ i˥˩ tʰi˩,tʂuei˦ kei˦˩ i˥˩ xa˦,tʰa˥ pa˥˩ tɕʰi˦ tɕiou˦˩ xuæ̃˥ ʂaŋ˦˩ lie˧.tɕʰi˦ sɿ˥˩ maɔr˩.（拉他一把？）噢，拉他一把。aɔ˩,la˥ tʰa˥˩ i˥˩ pa˥.

平头

（还有什么发型呢？）黄：头那就是……再一个是……小平……推的平平儿的上头这个头发，底下短一点，上头稍微长点，那叫平头么。tʰou˩ næᴇ˦ tɕiou˦ sɿ˦……tsæᴇ˦ i˥˦ kə˦˩ sɿ˦˩ ɕ……ɕiaɔ˥ pʰiŋ……tʰuei˥ ti˧ pʰiŋ˩ pʰiə̃r˩˩ ti˧ ʂaŋ˦ tʰou˦ tʂə˦ kə˦ tʰou˩˩ fa˥˦,ti˥ xa˦ tuæ̃˥ i˥˩ tiæ̃˥˩,ʂaŋ˦ tʰou˦ saɔ˥ vei˥ tʂʰaŋ˩ tiæ̃˥˦,næᴇ˦ tɕiaɔ˦ pʰiŋ˩ tʰou˩˩ muo˦.

毛絯子、毛辫子

（毛絯子和毛辫子有什么区别吗？）黄：缯毛絯子那你就是梳……梳好了前头这个梢梢，你是……你是缯上个红头儿绳儿咧，还是缯个红绸子咧。你是指……指前头那个梢梢，捆绑这一截截。tsəŋ˦ maɔ˩˦ kæᴇ˥˦ tsɿ˧ næᴇ˦ ni˥˦ tsou˦˩ sɿ˦ ʂʮ˥ xu……ʂʮ˥˩ xaɔ˥ lə˧ tɕʰiæ̃˩˩ tʰou˦ tʂə˦ kə˦ saɔ˥ saɔ˥˩,ni˥˩ sɿ˦˩ tsə……ni˥˩ sɿ˦˩ tsəŋ˦ ʂaŋ˦ kə˦ xuoŋ˩ tʰour˩˩ ʂə̃r˩˦ lie˧,xa˩˩ sɿ˦˩ tsəŋ˦ kə˦ xuoŋ˩ tʂʰou˩˩ tsɿ˦ lie˧.ni˥˩ sɿ˦ tsɿ˥˦……tsɿ˥˦ tɕʰiæ̃˩˩ tʰou˦ nə˦ kə˦ saɔ˥ saɔ˥˩,kʰuoŋ˥ paŋ˥ tʂei˦ i˥˦ tɕie˩˩ tɕie˩˩.（毛辫子是吧？）啊，毛辫子。……噢。a˩,maɔ˩ piæ̃˦ tsɿ˧.kʰ……aɔ˩.（那个中间那一个……）那是梳下的，或是辫下……辫下的。nə˦ sɿ˦ ʂʮ˥ xa˦˩ ti˧,xuo˩˩ sɿ˦˩ piæ̃˦ xa……piæ̃˦˥ xa˦˩ ti˧.（毛絯子啊？）噢，絯下那个毛辫子。aɔ˩,kæᴇ˥˦ xa˦ nə˦ kə˦ maɔ˩˦ piæ̃˦ tsɿ˧.（毛辫子还是毛絯子？）毛辫子。maɔ˩ piæ̃˦ tsɿ˧.（那个毛絯子是什么？）毛絯子那……那除非是扎下那刷刷子叫毛絯子。你梳下这个……辫下这个毛辫子你必须是三股儿。把头发儿分成三股或者是四股。maɔ˩ kæᴇ˥˦ tsɿ˧ nə˦˩……nə˦ tʂʰʮ˩ fei˥˩ sɿ˦ tsa˥ xa˦˩ nə˦ ʂua˥ ʂua˥ tsɿ˧ tɕiaɔ˦ maɔ˩˦ kæᴇ˥˦ tsɿ˧.

ni˥˩˧ʂʮ˥xa˦tʂə˦kə˦……piæ̃˦˥xa˦tʂə˦kə˦maɔ˩˧piæ̃˦tsʅ˦ni˥˩˧pi˥˩ɕy˥˩˧sʅ˦sæ̃˥kuər˥˩.pa˥˩tʰou˩˧far˥fəŋ˥˩tʂʰəŋ˩˧sæ̃˥ku˥˩xuei˩˧tʂə˥˩sʅ˦˩sʅ˦ku˥˩.

洗澡

（过去家里有没有专门儿洗澡的地方？）黄：没有。这面啥时候有洗澡咧么？弄个……盆，弄个盆欻，弄点儿水，坐里头洗一洗就对了。mei˩˧iou˥.tʂei˦˥miæ̃˦˩sa˦sʅ˩˧xou˦iou˥ɕi˥tsaɔ˥lie˧muo˧,nuoŋ˦kə˦s……pʰəŋ˩,nuoŋ˦kə˦pʰəŋ˩ei˩,nuoŋ˦tiær˥˩ʂuei˥,tsuo˦li˥˩˧tʰou˧ɕi˥i˥˩ɕi˥tsou˦tuei˦lə˦.（水也少这边儿。）水倒多，多那是夏天是……冬天就不洗了呗，夏天到河里泡一泡。suei˥taɔ˦tuo˥,tuo˥nei˦sʅ˦ɕia˦˥tʰiæ̃˥˩˧sʅ˦……tuoŋ˥tʰiæ̃˥˩tsou˦pu˩˧ɕi˥lə˧pei˧,ɕia˦tʰiæ̃˥˩˧taɔ˦xə˩˧li˥pʰaɔ˦i˥˩˧paɔ˦.

擦澡

（你们这里像一般这个农民家里洗澡是怎么搞法？）黄：有时洗……用个大盆，放盆里头洗嘛。iou˥sʅ˩˧ɕi˥……yoŋ˦kə˦ta˦pʰəŋ˩˧,faŋ˦pʰəŋ˩li˥tʰou˧ɕi˥ma˧.（他要是没水的地方怎么办？）那就弄个脸盆擦一擦就对了么。把身上擦一擦。næᴇ˦tɕiou˦nuoŋ˦kə˦liæ̃˥pʰəŋ˩˧tsʰa˥i˥˩tsʰa˥˩tɕiou˦˥tuei˦lə˧muo˧.pa˥˩ʂəŋ˥ʂaŋ˦tsʰa˥i˥˩tsʰa˥˩.（擦澡？）嗯，擦澡么。ŋ̍˦,tsʰa˥˩tsaɔ˥muo˧.（有这种说法？）嗯。ŋ̍˦.（叫擦澡还是擦身？）有的叫擦身子，有的叫擦……擦澡么。iou˥ti˧tɕiaɔ˦tsʰa˥˩ʂəŋ˥tsʅ˧,iou˥ti˧tɕiaɔ˦tsʰa˥˩……tsʰa˥˩tsaɔ˥muo˧.（像一般的那个老百姓说什么？）就是擦澡咧么。tsou˦sʅ˦tsʰa˥˩tsaɔ˥liem˧.（有没有就说一辈子洗洗洗那么两三个澡这种讲法？）没有。mei˩˧iou˥˩.（很缺水的地方？）这儿这作为我们这儿这哪能……都不可能缺水。哪么缺水么？夏天那么大一条河着，你愿意几时洗去咧？tʂər˦tʂə˦tsuo˥˩vei˩˧ŋuo˥mən˧tʂər˦tʂə˦na˥˩nəŋ˩……tou˥˩pu˩˧kʰə˥˩nəŋ˩˧tɕʰyo˥ʂuei˥˩.nəm˥˩tɕʰyo˥˩ʂuei˥muo˧?ɕia˦tʰiæ̃˥˩˧nə˦muo˧ta˦i˥˩tʰiaɔ˩xə˩tʂə˧,ni˥˩yæ̃˦i˦tɕi˥sʅ˩ɕi˥˩tɕʰi˦lie˧?

二〇、交际

交际行为 / 交际用语

（一）交际行为

交往

（跟人交往是交结人还是交往人？）黄：这是一……一般这儿这多一半都说成是交往。tʂei˦˥sɿ˦˩i˥˩……i˥˧pæ̃˥˩tʂər˦˧tʂə˦tuo˥i˥˩pæ̃˦tou˥˩ʂuo˥tʂʰəŋ˧˩sɿ˦˩tɕiao˥˩vaŋ˥.（交往人？）嗯，交往人。ŋ̍˩,tɕiao˥˩vaŋ˥zəŋ˧˩.（交结人呢？）交结也不太说反正是，交往咧。交往过度。tɕiao˥˧tɕie˥æ˥˧pu˧˩tʰæᴇ˦ʂuo˥fæ̃˥˩tʂəŋ˦sɿ˦,tɕiao˥˩vaŋ˥lie˨.tɕiao˥˩vaŋ˥kuo˦tu˦.（有时候你也不要天天那个闷在家里面，也出去出出去怎么样？/交朋结友说不说？）出去转一转，或者是这个多交两个朋友，或者多儿……多与别人交往一下。tʂʰʅ˥tɕʰi˦˩tʂuæ̃˦˧i˥˧tʂuæ̃˦,xuei˧˧tʂə˥˩sɿ˦tʂə˦kə˦tuo˥˩tɕiao˥liaŋ˥˧kə˦pʰəŋ˧iou˥˩,xuei˧˥tʂə˥˩tuor˥˧……tuo˥˧y˥pie˧zəŋ˧˧tɕiao˥˩vaŋ˥i˥˩xa˦˩.（那就是你就善于交……去那个交往人还是交结人？）兀就是这个……哎就是……这儿这多一半儿说的就是这个善于交往嘛。və˦˥tsou˦sɿ˦tʂə˦kə˦……æᴇ˥tɕiou˦sɿ˦……tʂər˦tʂə˦tuo˥i˥˩pæ̃r˦ʂuo˥˧ti˨tɕiou˦˩sɿ˦˥tʂə˦˩kə˦˩ʂæ̃˦y˧˧tɕiao˥˩vaŋ˥ma˨.

相处

（还有他，他们两个，两个人相处一般叫什么？）王：相处是不是叫相好？ɕiaŋ˥˩tʂʰʅ˥sɿ˦pu˧˧sɿ˦tɕiao˦ɕiaŋ˥˩xao˥?（相好……）黄：相……兀就不是的了。相处。ɕiaŋ˥˩……væᴇ˦˥tsou˦pu˧˩sɿ˦˩ti˨lə˨.ɕiaŋ˥˩tʂʰʅ˥.（男同志在一起相处啦。）王：啊。ã˦.（或者是同事之间相处。）王：那就是和好么。nei˦tɕiou˦˥sɿ˦˩xuo˧˩xao˥muo˨.黄：噢，□们两个脾气相……啊，脾气相同，兀就说是这个。有些人骂开了，兀两个臭味儿相通着了。ŋao˩,niæ̃˧məŋ˨liaŋ˥(k)ə˦˩pʰi˧˩tɕʰi˦˥ɕiaŋ˥˧……a˩,pʰi˧˩tɕʰi˦˥ɕiaŋ˥˩tʰuoŋ˧,væᴇ˦tɕiou˦ʂuo˥˧sɿ˦tʂə˦kə˦.iou˥˩ɕie˥˩zəŋ˧ma˦kʰæᴇ˥˩lə˨,vei˦liaŋ˥(k)ə˦˩tʂʰou˦vər˦ɕiaŋ˥˩tʰuoŋ˥tʂə˨lə˨.（在一起共事多年了，在一起相处多年了。）黄：呃，这，这个说咧，我们在一瘩里啊？ə˩,tʂə˦,tʂə˦kə˦ʂuo˥˩lie˨,ŋuo˥məŋ˨tsæᴇ˦i˥˩ta˥li˨a˨?王：相处多年了。ɕiaŋ˥˩tʂʰʅ˥tuo˥˩niæ̃˧˧lə˨.黄：相处多年咧。ɕiaŋ˥˩tʂʰʅ˥tuo˥˩niæ̃˧lie˨.王：这个说咧。tʂə˦˩kə˦˥ʂuo˥˩lie˨.黄：嗯，这个说咧。ə̃˩,tʂə˦kə˦ʂuo˥˩lie˨.（也没有一个什么特殊的词来说它？）黄：啊。a˩.王：没，没个词。mei˧,mei˧kə˦tsʰɿ˧˩.（在一起相处一般有没有什么什么俗……俗话来说，老人家里头有什么俗话来说他们吗？一个锅里吃饭，还是什么什么东西？）黄：这这那个欸……tʂə˦˧tʂə˦nə˦kə˦ei˩……王：有人说一个锅里搅勺把咋的？iou˥˧zəŋ˧˧ʂuo˥˩i˥˩kə˦kuo˥li˥˩tɕiao˥ʂuo˧˩pa˦˧tsa˥˩ti˨?黄：那是嗯，那是是指广泛的指了。有时候这个骂人的话说是那两个好的能穿一条裤子。nə˦˥sɿ˦˩n̩˨,nei˦˥sɿ˦˩sɿ˦˩tsɿ˥˩kuaŋ˥fæ̃˦˥ti˨tsɿ˥lə˨.iou˥sɿ˧˩xou˦tʂə˦˩kə˦˩ma˦zəŋ˧˩ti˨xua˦˩ʂuo˥˩sɿ˦˩næᴇ˦liaŋ˥(k)ə˦˩xao˥ti˨nəŋ˧tʂʰuæ̃˥i˥˩tʰiao˧kʰu˦˩tsɿ˨.（一个锅里搅什么？搅勺把

子？）黄：搅勺，啊。tɕiɑɔ˥˧˧ʂɑɔ˩˧,ɑ˨˩.（什么意思呢？）黄：那就说是过去讲究是，过去在一头……一块儿共过事嘛。nə˥˨˩tɕiou˥˦˨ʂuo˥˧˨˩sɿ˥˨˩kuo˥tɕʰy˥tɕiɑŋ˥˧tɕiou˥˧˨˩sɿ˥˨˩,kuo˥tɕʰy˥tsæᴇ˥i˥˧˨˩tʰou˩˧˨˩……i˥˧˨˩kʰuər˥˧kuoŋ˥˨˦kuo˥˨˩sɿ˥mɑ˧.王：一起弄那，共过事，一块儿共过事，稍微条件比较好那。i˥˧˨˩tɕʰi˥˧˧nuoŋ˥˨˩nei˥˦˨,kuoŋ˥kuo˥sɿ˥˨˩,i˥˧˨˩kʰuər˥˧kuoŋ˥kuo˥˨˩sɿ˥,sɑɔ˥˧vei˥˧˨˩tʰiɑɔ˩˧˨˩tɕiæ̃˥pi˥˧˧tɕiɑɔ˥xɑɔ˥˧nə˥˨˩.黄：就在一个食堂里吃饭咧么啊？tsou˥tsæᴇ˥i˥˧˨˩kə˥˦˨ʂʅ˩˧˧tʰɑŋ˩˧˨˩li˥˧tʂʰʅ˥˧˨˩fæ̃˥lie˧muo˧ɑ˧?王：嗯。ŋ̍˨˩.（叫欸叫什么？一个……）王：一个锅里搅勺把咧么。i˥˧˨˩kə˥kuo˥˧li˧tɕiɑɔ˥˧ʂuo˩˧˨˩pɑ˥˨˦liem˧.（搅勺把？）黄&王：嗯。ŋ̍˨˩.黄：那这个人给……nei˥˦˨tʂə˥kə˥zəŋ˩˧kei˥˨˩……（有点，有点像什么我们在一个战壕里战斗过的意思。）黄：啊，就是啊。ɑ˥,tɕiou˥sɿ˥ɑ˧.王：啊。ɑ˨˩.黄：有些人还说是，我一个炕上我和……当年是一个炕上睡过觉，一个锅里搅过勺么。一个厕所还尿过尿么。iou˥˧ɕie˥˧˨˩zəŋ˩˧xæᴇ˩˧˨˩ʂuo˥˧˨˩sɿ˥˨˩,ŋuo˥˧i˥˧˨˩kə˥kʰɑŋ˥ʂɑŋ˥ŋuo˥˧xuo˩˧˨˩……tɑŋ˥˧˨˩niæ̃˩˧˨˩sɿ˥˨˩i˥˧˨˩kə˥˦˨kʰɑŋ˥ʂɑŋ˥ʂuei˥kuo˥˨˩tɕiɑɔ˥,i˥˧˨˩kə˥kuo˥˧li˧tɕiɑɔ˥˧kuo˥˨˩ʂuo˩˧muo˧.i˥˧˨˩kə˥˦˨tsʰə˥˧˨˩suo˥˧xɑ˩˧˨˩niɑɔ˥˨˦kuo˥˨˩niɑɔ˥muo˧.（一个……叫做一个炕上……）黄&王：睡过觉么。ʂuei˥kuo˥˨˩tɕiɑɔ˥muo˧.（炕上睡过觉。）黄：啊，一个锅搅……ɑ˥,i˥˧˨˩kə˥kuo˥˧tɕi……王：一个锅里搅过勺把嘛。i˥˧˨˩kə˥kuo˥˧li˧tɕiɑɔ˥˧kuo˥˨˩ʂuo˩˧˨˩pɑ˥˦˨mɑ˧.黄：一个锅里搅过勺子是。i˥˧˨˩kə˥kuo˥˧li˧tɕiɑɔ˥˧kuo˥˨˩ʂuo˩˧tsɿ˧sɿ˥.（一个锅里……）王：搅过勺。tɕiɑɔ˥˧kuo˥˨˩ʂuo˩˧.（搅过勺。）黄：嗯。ŋ̍˨˩.（还有什么？）黄：一个厕所还尿过尿么。i˥˧˨˩kə˥˦˨tsʰei˥˧˨˩suo˥˧xæᴇ˩˧˨˩niɑɔ˥kuo˥˨˩niɑɔ˥muo˧.（一个厕所尿过尿。）黄：嗯。ŋ̍˨˩.

应酬

（这个应酬？）黄：应酬。iŋ˥tʂʰou˩˧˨˩.（还有别的讲法没有？）有的也叫对付咧。iou˥˧ti˧lie˥˧˨˩tɕiɑɔ˥tuei˥˨˦fu˥˦˨lie˧.（呃，假如说，哎，这个那里来了个客人，我……我去应酬一下。）嗯，我去应酬下。有些……这个应……应酬一下那都是礼貌的。对那个人不太友好的那个，“你不怕，我去对付”。ŋ̍˥,ŋuo˥˧tɕʰi˥iŋ˥tʂʰou˩˧˨˩xɑ˥.iou˥˧ɕie˥˧˨˩……tʂə˥˨˩kə˥˨˩iŋ˥……iŋ˥tʂʰou˩˧˨˩i˥˧˨˩ɕiɑ˥næᴇ˥tou˥˧˨˩sɿ˥li˥˧mɑɔ˥˨˦ti˧.tuei˥nə˥kə˥zəŋ˩˧pu˩˧˨˩tʰæᴇ˥iou˥˧xɑɔ˥˧ti˧nə˥kə˥,ni˥˧˧pu˩˧˨˩pʰɑ˥˨˦,ŋuo˥˧tɕʰi˥˨˩tuei˥˨˩fu˥˨˩.（噢，对付？）嗯，我去对付他。ŋ̍˨˩,ŋuo˥˧tɕʰi˥˨˩tuei˥˦˨fu˥˦˨tʰɑ˥˧˨˩.（讲不讲应付？）应付。也……应付那就是也是不友……不友好的，和对付，那和……我和对……对付和应付那都是一个词，一个指……意思。iŋ˥fu˥˨˩.ie˥˧˧……iŋ˥˨˦fu˥næᴇ˥tɕiou˥˨˩sɿ˥˨˩ie˥˧sɿ˥˨˩pu˩˧˨˩iou˥˧˧……pu˩˧˨˩iou˥˧˧xɑɔ˥˧ti˧,xuo˩˧˨˩tuei˥˨˦fu˥,nə˥˦˨xuo˩˧˨˩……ŋuo˥˧xuo˩˧˨˩tuei˥……tuei˥˨˦fu˥xuo˩˧˨˩iŋ˥˨˦fu˥næᴇ˥tou˥˧˨˩sɿ˥i˥˧˨˩kə˥˦˨tsʰʅ˩˧˨˩,i˥˧˨˩kə˥tsɿ˥˧……i˥˨˦sɿ˧.（呃，讲不讲吱应？）吱应一下能行咧。也有这个土话咧。吱应。吱应是土话。tsɿ˥˧iŋ˥i˥˧˧xɑ˥nəŋ˩˧ɕiŋ˩˧˧lie˧.ie˥˧iou˥˧tʂə˥kə˥tʰu˥˧xuɑ˥lie˧.tsɿ˥˧iŋ˥˨˩.tsɿ˥˧iŋ˥sɿ˥tʰu˥˧xuɑ˥˨˩.（那是……那是呃褒义还是贬义的？）吱应和欸应付来说这基……和应酬这基本上都是这个好的。对付一下，或者是我去……现在那有些人还行，“你不怕，我忽悠去。我去忽悠他”。tsɿ˥˧iŋ˥xuo˩˧˧ei˥iŋ˥˨˦fu˥læᴇ˩˧˧ʂuo˥˧˧tʂə˥˦˨tɕi˥˧˨˩……xuo˩˧˨˩iŋ˥tʂʰou˩˧˨˩tʂei˥˦˨tɕi˥˧˨˩pəŋ˥˧ʂɑŋ˥tou˥˧˨˩sɿ˥˨˩tʂə˥˨˩kə˥˨˩xɑɔ˥˧ti˧.tuei˥fu˥˦˨i˥˧˨˩xɑ˥˨˩,xuo˩˧˧tʂə˥˧˨˩sɿ˥ŋuo˥˧tɕʰi˥˨˩……ɕiæ̃˥tsæᴇ˥næᴇ˥iou˥˧ɕie˥˧˨˩zəŋ˩˧xɑ˩˧˧ɕiŋ˩˧,ni˥˧˧pu˩˧˨˩pʰɑ˥,ŋuo˥˧xu˥˧˨˩iou˥˧˨˩tɕʰi˥˨˩.ŋuo˥˧tɕʰi˥xu˥˧iou˥˧˨˩tʰɑ˥˧˨˩.（忽悠？）啊。ɑ˨˩.（忽悠是什么时候出现的这里？）忽悠这都出现下这都好多年咧，忽悠。xu˥˧iou˥˧˨˩tʂə˥˦˨tou˥˧˨˩tʂʰʮ˥˧˨˩ɕiæ̃˥xɑ˥tʂə˥tou˥˧˧xɑɔ˥˧tuo˥˧˨˩niæ̃˩˧˨˩lie˧,xu˥˧iou˥˧˨˩.（是不是因为赵本山的那个相声？）哎没有，那个没有说之前有人都有忽悠这个话咧。æᴇ˨˦mei˩˧˧iou˥˧˧,nə˥˨˩kə˥˦˨mei˩˧iou˥˧˧ʂuo˥˧tsɿ˥˧tɕʰiæ̃˩˧iou˥˧˧zəŋ˩˧˧tou˥˧˨˩iou˥˧˧xu˥˧iou˥˧˨˩tʂə˥kə˥˨˩xuɑ˥lie˧.（说今天来了客人，我有应酬怎么说？）噢，那我……就是今……今天来人……来了客人了，我有

事咧。ɑɔ˧˩,næᴇ˦ŋuo˥˧……tɕiou˧˩sɿ˧˩tɕ……tɕiŋ˥tʰiæ̃˥˩læᴇ˩˧zəŋ˩˥……læᴇ˩˩lə˧kʰei˥zəŋ˩˩lə˧,ŋuo˥˧iou˥˧sɿ˧˥lie˧.（有事？）啊，有事咧。或者是我有……还来下客了。ɑ˧,iou˥˧sɿ˧˥lie˧.xuei˩˧tʂə˥˩sɿ˧˩ŋuo˥˩iou˥˧……xɑ˩˩læᴇ˩˩xɑ˧kʰei˥˩lə˧.（做名词怎么说呢？）那就做名词来说就是要……一般这个多一半都是个咿“我有事”，或者是这个“我家有人咧”，就这样说了。næᴇ˦tsou˧tsuo˧˩miŋ˩tsʰɿ˩˧læᴇ˩˧ʂuo˥˧tsou˧sɿ˧iɑɔ˧……i˥˥pæ̃˥tʂə˧kə˧tuo˥i˥˩pæ̃˧˥tou˥˩sɿ˧˩kə˧˩iŋuo˥˧iou˥˧sɿ˧,xuei˩˧tʂə˥˩sɿ˧tʂə˧kə˧ŋuo˥˧tɕiɑ˥˧iou˥˧zəŋ˩lie˧,tsou˧˩tʂei˧˥iɑŋ˧˩ʂuo˥lə˧.

串门子、游门子

1.（我到哪……那个人家里去玩一玩。）黄：到哪逛去啊？tɑɔ˧nɑ˥˧kuɑŋ˧˥tɕʰiɑ˧˩?（逛？）嗯。ə̃˩.（讲不讲耍？）耍好像这面太不……不上……不讲究。娃娃耍咧，大人太不耍。suɑ˥xɑɔ˥˧ɕiɑŋ˧tʂei˧˥miæ̃˧˩tʰæᴇ˦pu˩……pu˩ʂɑŋ˧……pu˩tɕiɑŋ˥tɕiou˥˩.vɑ˩vɑ˩˧ʂuɑ˥lie˧,tɑ˧zəŋ˩˩tʰæᴇ˧˥pu˩ʂuɑ˥˧.（串门呢？）那串门子这个说法有。还串门子去啊？næᴇ˦tʂʰuæ̃˧mən˩tsɿ˧tʂə˧kə˧ʂuo˥˩fɑ˥˩iou˥˩.xæᴇ˩tʂʰuæ̃˧məŋ˩tsɿ˧tɕʰiɑ˧˩?（这里男的串门子多吗？）兀男女都有咧。但是有些地方这个串门子是个贬义词成了。这个串门子就是搞男女不正当关系，□把这叫串门子去了。væᴇ˧˥næ̃˩ny˥tou˥˩iou˥lie˧.tæ̃˧sɿ˧iou˥ɕie˥˩ti˧˥fɑŋ˥˩tʂə˧kə˧tʂʰuæ̃˧məŋ˩tsɿ˧sɿ˧kə˧piæ̃˥i˧tsʰɿ˩tʂʰəŋ˩˩lə˧.tʂə˧kə˧tʂʰuæ̃˧məŋ˩tsɿ˧tɕiou˧˩sɿ˧˩kɑɔ˥˧næ̃˩ny˥˧pu˩tʂəŋ˧tɑŋ˧kuæ̃˥ɕi˧˩,niæ̃˩pɑ˥tʂə˧tɕiɑɔ˧tʂʰuæ̃˧məŋ˩tsɿ˧.（噢，那还不能够随便说？）嗯，不能随便儿说□这个串门子去了。ə̃˩,pu˩nəŋ˩˧suei˩˩piær˧˥ʂuo˥˩niæ̃˩tʂə˧kə˧tʂʰuæ̃˧məŋ˩tsɿ˧tɕʰi˧˩lə˧.

2.（邻居互相之间这个到你家里坐坐，我家里坐坐，互相，这叫什么东西？）王：串门么。tʂʰuæ̃˧məŋ˩muo˧.黄：串门儿咧么。tʂʰuæ̃˧mə̃r˩˧liem˧.（叫什么？）黄&王：串门儿么。tʂʰuæ̃˧mə̃r˩muo˧.（还有别的说法没有？）王：再就是游门咧。tsæᴇ˧tɕiou˧˩sɿ˧˩iou˩məŋ˩˩lie˧.黄：游门子咧么。iou˩˩məŋ˩˩tsɿ˧lie˧muo˧.（游门子？）黄：哈，最古老的说法叫游门子咧么。xɑ˧,tsuei˧ku˥˧lɑɔ˥ti˧ʂuo˥fɑ˥˩tɕiɑɔ˧iou˩məŋ˩˩tsɿ˧liem˧.

牛头马面、没来回

（说这两个人呐关系不好，然后就互相不来往，怎么……怎么说？）黄：兀牛头马面着咧与你。væᴇ˧˥niou˩tʰou˩˩mɑ˥˧miæ̃˧˥tʂə˧lie˧y˥ni˥˩.（牛头马面？）噢，兀两个人是一个是牛头，一个是马面么。那根本就弄不到交里去嘛。ɑɔ˩,væᴇ˧˥liɑŋ˥kə˧˩zəŋ˩sɿ˧i˥kə˧sɿ˧niou˩tʰou˩˩,i˥kə˧˩sɿ˧˩mɑ˥˧miæ̃˧muo˧.nə˧kəŋ˥˩pəŋ˥˧tsou˧nuoŋ˧˥pu˩tɑɔ˧˩tɕiɑɔ˥li˥˩tɕʰie˧mɑ˧.（讲不讲呃讲他们他们俩不怎么样呢？）两个也说是理……liɑŋ˥kə˧˥ie˥˩ʂuo˥˩sɿ˧˩li˥……（就没有来往。）没有来往，啊。mei˩iou˥læᴇ˩˩vɑŋ˥,ɑ˩.（讲他们俩不怎么样？）那也叫个……也没个啥好说的好像。næᴇ˧iɑ˥˩tɕiɑɔ˧kə˧……ɑ˥mei˩˧kə˧sɑ˧xɑɔ˥˩ʂuo˥ti˧xɑɔ˥˧ɕiɑŋ˧.（讲不讲他两不来回？）没有来回，说那两个人没……mei˩iou˥læᴇ˩˩xuei˩˥,ʂuo˥˧næᴇ˧liɑŋ˥kə˧˩zəŋ˩muo˥˩……（噢，没有来回？）啊，没来回兀人。ɑ˩,muo˥˩læᴇ˩˩xuei˩˥væᴇ˧˩zəŋ˩˧.

去看一下

（这个假如说呃像生病了，呃，住院了，呃，你作为朋友去怎么样？）黄：我去看一下。噢，我去找病人去看一下。就是最常说的就是这么个。ŋuo˥tɕʰi˧˩kʰæ̃˧i˥˧xɑ˧˩.ɑɔ˧,ŋuo˥˧tɕʰy˧tsɑɔ˥˧piŋ˧zəŋ˩˧tɕʰi˧kʰæ̃˧i˥˧xɑ˧˩.tsou˧˩sɿ˧˩tsuei˧tʂʰɑŋ˩ʂuo˥ti˧tɕiou˧˩sɿ˧˩tʂə˧˥muo˧kə˧.（假如说别人问你，欸，你到哪儿去呀？你怎么回答？）那就是说我做啥去噢。谁病了，我到医院去看一下。næᴇ˧tɕiou˧sɿ˧ʂuo˥˧ŋuo˥˧tsɿ˧sɑ˧tɕʰie˧˩kɑɔ˩.sei˩˩piŋ˧˥lə˧,ŋuo˥tɑɔ˧i˥˩yæ̃˧tɕʰy˧kʰæ̃˧i˥˧xɑ˧˩.（看人还是看朋友，还是什么呢？看……看什么呢？）那就是看人咧。

那就是看是啥就说是……比如那就跟□那是从主意上来就你你修饰就不一样了嘛。那或者是朋友病了，我去看一下，或者是娃他……娃他舅病了，他姨病了，我去看一下。næɛ˥˧tɕiou˥sɿ˥kʰæ̃˥zəŋ˩˧lie˧.næɛ˥˧tɕiou˥˧sɿ˥kʰæ̃˥sɿ˥˧sa˥tɕiou˥ʂuo˥˧sɿ˥˧……pi˥˧zʮ˩˧næɛ˥˧tɕiou˥kəŋ˥˧niæ̃˩˧nə˥sɿ˥tsʰuoŋ˩˧tʂʮ˥˧i˥ʂaŋ˥læɛ˩˧tɕiou˥ni˥˧ni˥˧ɕiou˥˧ʂʅ˥˧tɕiou˥pu˩˧i˥˧iaŋ˥˧lə˧ma˧.nə˥xuo˩˧tʂə˥˧sɿ˥pʰəŋ˩˧iou˥˧piŋ˥˧lə˧,ŋuo˥˧tɕʰi˥kʰæ̃˥˧i˥˧xa˥˧,xuei˩˧tʂə˥˧sɿ˥va˩˧tʰa˥˧……va˩˧tʰa˥˧tɕiou˥˧piŋ˥lə˧,tʰa˥˧i˩˧piŋ˥lə˧,ŋuo˥˧tɕʰi˥kʰæ̃˥˧i˥˧xa˥˧.

待承

（说这个招待客人怎么说？招待。）黄：我……那就是招……我们家有客咧，我今儿得……得在家里招呼咧。ŋuo˥˧……nei˥tɕiou˥sɿ˥tʂaɔ˥˧……ŋuo˥˧məŋ˧tɕia˥˧iou˥˧kei˥˧lie˧,ŋuo˥˧tɕiə̃r˥˧tei˥˧……tei˥˧tsæɛ˥tɕia˥˧li˧tʂaɔ˥˧xu˧lie˧.（讲不讲待承？）待客，那也是待承客人的，有这个说法。tæɛ˥˧kʰei˥˧,nei˥a˥˧sɿ˥tæɛ˥tʂʰəŋ˩˧kʰei˥˧zəŋ˩˧ti˧,iou˥˧tʂə˥kə˥ʂuo˥˧fa˥˧.（怎么说？）那是欸今儿家里有客咧么，还要待承咧。nə˥sɿ˥ei˩˧tɕiə̃r˥˧tɕia˥˧li˥˧iou˥˧kʰei˥˧lie˧muo˧,xæɛ˩˧iaɔ˥tæɛ˥˧tʂʰəŋ˩˧lie˧.

招呼

（一般待客你们说什么呢？待客是……）黄：老师啊？噢，待客啊？laɔ˥˧sɿ˥˧a˧?aɔ˥˧,tæɛ˥kʰei˥˧a˧?（啊，对对对！）兀一般就说是这个欸招呼咧嘛。væɛ˥˧i˥˧pæ̃˥˧tɕiou˥ʂuo˥˧sɿ˥tʂə˥kə˥ei˥tʂaɔ˥˧xu˧lie˧ma˧.

谢承

（好，这个，别人，你你你待承了别人啊，然后，他如果说再请你过去一下，怎么样？请你……）黄：那叫回报咧么。næɛ˥tɕiaɔ˥xuei˩˧paɔ˥˧lie˧muo˧.（讲不讲谢承？）也叫谢承，嗯。ie˥˧tɕiaɔ˥ɕie˥tʂʰəŋ˩˧,ŋ̍˥˧.（回谢？）那都……回谢这个话有。nei˥˧tou˥˧……xuei˩˧ɕie˥˧tʂə˥kə˥xua˥iou˥˧.

作揖、告揖

1.（一般碰到这个长辈啊或什么东西，[做动作]有的是这样啦，有的是这样，你一般说是……）黄：这一般都问候一下就对了，问些……tʂə˥˧i˥˧pæ̃˥˧tou˥˧vəŋ˥xou˥˧i˥˧xa˥˧tɕiou˥˧tuei˥˧lə˧,vəŋ˥ɕie˥˧……（噢。欸，过去那这……这样子？）王：过去是作揖。kuo˥˧tɕʰy˥˧sɿ˥˧tsuo˥˧i˥˧.黄：作揖咧么，告个揖么。tsuo˥˧i˥˧lie˧muo˧,kaɔ˥kə˥i˥˧muo˧.（是告揖还是作揖呢？）黄：告揖咧。kaɔ˥˧i˥˧lie˧.王：作揖……过去叫作揖。tsuo˥˧i……kuo˥˧tɕʰi˥˧tɕiaɔ˥tsuo˥˧i˥˧.黄：作揖，嗯。tsuo˥˧i˥˧,ə̃˥˧.王：嗯。ŋ̍˥˧.

2.（“作揖”的“揖”呢？）黄：有咧么。作揖。iou˥˧lie˧muo˧.tsuo˥˧i˥˧.（i˥˧？）噢。aɔ˥˧.（跟“一二三四五六七八”的“一”呢？）揖。嗯，揖。i˥˧。əŋ˥,i˥˧.（一样的？）嗯。我们这儿一般是要作揖有。这个一般情况下，老一辈人喊你告个揖。əŋ˥˧.ŋuo˥˧məŋ˧tʂər˥i˥˧pæ̃˥˧sɿ˥iaɔ˥tsuo˥˧i˥˧iou˥˧.tʂə˥kə˥i˥˧pæ̃˥˧tɕʰiŋ˩˧kʰuaŋ˥˧ɕia˥˧,laɔ˥˧i˥˧pei˥zəŋ˩˧xæ̃˥˧ni˥˧kaɔ˥kə˥i˥˧.（啊？）告揖。kaɔ˥i˥˧.（kaɔ˥˧i˥˧？哪个kaɔ˥？“告诉”的“告”啊？）“告诉”的“告”，告上个揖嘛，见面。这个管事的人这个欸红红事上以后这个那个管事的那个总执事他都想了。由他指这个欸，你是帮忙的主锅头，你是这几天的辛苦……辛苦了，新人给大家告个揖嘛，啊。kaɔ˥sʮ˥ti˧kaɔ˥,kaɔ˥˧ʂaŋ˥˧kə˥i˥˧ma˧,tɕiæ̃˥˧miæ̃˥.tʂə˥˧kə˥˧kuæ̃˥˧sɿ˥ti˧zəŋ˩˧tʂə˥kə˥ei˥˧xuoŋ˩˧xuoŋ˩˧sɿ˥ʂaŋ˥i˥˧xou˥tʂə˥kə˥nə˥kə˥kuæ̃˥˧sɿ˥ti˧nə˥kə˥tsuoŋ˥˧tʂʅ˥˧sɿ˥˧tʰa˥˧tou˥˧ɕiaŋ˥˧lə˧.iou˩˧tʰa˥˧tsɿ˥˧tʂə˥kə˥ei˥,ni˥˧sɿ˥paŋ˥˧maŋ˩˧ti˧tʂʮ˥˧kuo˥˧tʰou˧,ni˥˧sɿ˥˧tʂə˥tɕi˥˧tʰiæ̃˥˧ti˧ɕiŋ˥˧kʰu˥˧……

çiŋ˦˨k˨˩kʰu˦˨lə˨,çiŋ˦˨k˨˩ʐəŋ˨˩kei˦ta˦tçia˦˨k˩kao˦kə˦k˨˩i˦ma˨,ã˨˩.

打问

（好，假如说你走到一个你不那个路不太熟悉的地方，嗯，你不知道该前面怎么走了。找个人怎么了？）黄：问路啊么。vəŋ˦lu˦æ˦muo˨.（假如说不是问路，你要去找一个人但是你又不知道这个人家住在什么地方，怎么说？）那就叫打问咧，næᴇ˦tçiou˦tçiao˦ta˦vəŋ˦˨k˨˩lie˨.（打问？）啊。a˨˩.（讲不讲打听？）打听也有，打听一下，或者是打问一下。ta˦tʰiŋ˦˩ie˦iou˦,ta˦tʰiŋ˦˩i˦çia˦,xuo˨˩tʂə˨˩sɿ˦˨˩ta˦vəŋ˦i˦˨˩xa˦˨˩.（打问说得多还是打听说得多？）打问说的多些，打听更土一些。ta˦vəŋ˦ʂuo˦˨˩ti˨tuo˦çie˦˨˩,ta˦tʰiŋ˦˩kəŋ˦tʰu˦i˦˨˩çie˦˨˩.（这个打问就可以问路问人什么都可以吧？）噢，都可以，嗯。ao˨˩,tou˦˩kʰə˦˨˩i˦˨˩,ə̃˦.

领情

（这个，记住人家的恩惠呀讲不讲领情啊？）黄：呃，这个讲领情咱们本地来说。ə˨˩,tʂə˦˨˩kə˦˨tçiaŋ˦˩liŋ˦tçʰiŋ˨˩tʂa˨˩mən˨pəŋ˦ti˦˨˩læᴇ˨˩ʂuo˦.（领情啊？）啊，领情。a˨˩,liŋ˦tçʰiŋ˨˩.（你举个……说句话看看，用领情。）领情，那就讲，我们这儿人那就讲是，杯水之恩就要泉涌相报咧。就是就是这个欸，欠下人家的情，咱们，到几时都要还咧嘛。liŋ˦tçʰiŋ˨,næᴇ˦˨tçiou˦˨˩tçiaŋ˦,ŋuom˦tʂər˦ʐəŋ˨næᴇ˦tçiou˦tçiaŋ˦sɿ˦,pʰei˦˨˩ʂuei˦˩tsɿ˦ŋəŋ˦˨˩tçiou˦iao˦tçʰyæ̃˨yoŋ˦çiaŋ˦˨˩pao˦lie˨.tsou˦˨˩sɿ˦˨˩tsou˦sɿ˦tʂə˦kə˦ei˦-˨,tçʰiæ̃˦xa˦ʐəŋ˨˩tçia˦˩ti˨tçʰiŋ˨,tsa˨məŋ˦,tao˦tçi˦sɿ˨˩tou˦˨˩iao˦xuæ̃˨lie˨ma˨.（领情这个词说不说？）说咧，嗯。ʂuo˦lie˨,ə̃˨˩.（说不说领情不尽？）这倒没有。tʂei˦˨tao˦mei˨˩iou˦˩.（没有啊？）呣。这个我们这儿这都有是……就去就有还不完的情这个说法咧。m̩˨˩.tʂə˦˨˩kə˦˨˩ŋuo˦mən˨tʂər˦˩tʂə˦tou˦iou˦˨˩s……tsou˦tçʰi˦tsou˦iou˦˨˩xuæ̃˨pu˨˩væ̃˨ti˨tçʰiŋ˨tʂə˦kə˦ʂuo˦fa˦˨˩lie˨.（还不完的情？）噢，还不完的情。ao˨˩,xuæ̃˨pu˨˩væ̃˨ti˨tçʰiŋ˨˩.

认姊妹

（结拜姊妹呢？）黄：那都认姊妹咧。认个姊妹啊。姊妹不是结拜下的，是认下的。nə˦tou˦˨˩ʐəŋ˦˨tsɿ˦mei˦˨˩lie˨.ʐəŋ˦˨kə˦˨˩tsɿ˦mei˦˨˩a˨˩.tsɿ˦mei˦pu˨˩sɿ˦tçie˦˨˩pæᴇ˦˨xa˦˨˩ti˨,sɿ˦˨˩ʐəŋ˦˨xa˦˨˩ti˨.（那我们之间是结拜姊妹，比如说，她是我的……）不可能。那是我认下个妹子，说我认下个姐。pu˨˩kʰə˦˨˩nəŋ˨.nə˦sɿ˦ŋuo˦˩ʐəŋ˦xa˦˨˩kə˦mei˦tsɿ˨,ʂuo˦˨˩ŋuo˦ʐəŋ˦xa˦kə˦˨˩tçie˦.

捎书带信

（托人带封信呐，你们一般叫什么？）黄：去捎……捎一封信，叫捎一封。tçʰi˦˨˩sao˦……sao˦i˦˨˩fəŋ˦˨˩çiŋ˦˨,tçiao˦˨˩sao˦i˦˨˩fəŋ˦˨˩.（sao˦封信还是sao˦一封信？）捎一封信。sao˦i˦˨˩fəŋ˦˨˩çiŋ˦˨˩.（加个一呀？）捎，啊，这有的叫捎个信。sao˦,a˨˩,tʂei˦iou˦˩ti˨tçiao˦sao˦kə˦˨˩çiŋ˦.（捎个信是口信还是信？）那捎个口信你是捎……那就我们这儿，说是，那是捎个话。nə˦˨˩sao˦kə˦˨˩kʰou˦˩çiŋ˦ni˦˨˩sɿ˦˨˩sao˦……næᴇ˦tçiou˦ŋuo˦mən˨tʂər˦,ʂuo˦˩sɿ˦,nə˦sɿ˦sao˦(k)ə˦˨˩xua˦.（捎个话儿？）啊。ã˨˩.（说信还是那个写好的是吧？）呃，写好的信嘛。ə˨˩,çie˦˩xao˦ti˨çiŋ˦ma˨.（嗯。有没有这么捎书带信这种说法？）这有咧么。这个话倒有咧。说是捎书带信。tʂə˦˨iou˦˨˩lie˨muo˨.tʂə˦˨˩kə˦˨xua˦tao˦iou˦lie˨.ʂuo˦˩sɿ˦sao˦˩ʂʮ˦˩tæᴇ˦˨çiŋ˦˨˩.

（二）交际用语

打招呼用语

1.（有的一般人在路上碰上了，你们一般打招呼不打？）黄：哎打，打招呼咧嘛。æᴇ˥˧tɑ˥˩,tɑ˥˧tʂɑɔ˥˧xu˦lie˦mɑ˨.（我看这边是好像不太……不打招呼呢！）哎，兀就是是熟人都打招呼咧。æᴇ˩,væᴇ˥˦tsou˥˩sʅ˥˩sʅ˥ʂʯ˨˦zəŋ˨˦tou˥˧˥tɑ˥˩tʂɑɔ˥˧xu˨lie˨.（噢，熟人这么。一般怎么说呢？碰到……碰到长辈怎么说呢？）那你一般在早上这些都是问□这个吃过饭……没有吃饭……吃饭左右的时间就问□吃过饭没有嘛。那是中午了，那就是问今儿你走哪去啊？一般打个招呼噢我。nɑ˥ni˥˧i˥˧˥pæ̃˥˧tsæᴇ˥tsɑɔ˥˧ʂɑŋ˥tʂə˥˦ɕie˥˧tou˥˧ ˧sʅ˥vəŋ˥niæ̃˨˦˨tʂə˥kə˥tʂʰʅ˥˧kuo˥fæ̃……mei˨˦iou˥˧tʂʰʅ˥˩fæ̃˥ts……tʂʰʅ˥˩fæ̃˥˦tsuo˥˧iou˥ti˦sʅ˨˦˨tɕiæ̃˥˧ tsou˥˩vəŋ˥niæ̃˨˦˨tʂʰʅ˥˩kuo˥˦fæ̃˥˧˥mei˨˦˨iou˥˩mɑ˨.nə˥sʅ˥tʂuoŋ˥˩vu˥˧lə˦,næᴇ˥tsou˥sʅ˥vəŋ˥tɕiə̃r˥˩n i˥˩tsou˥˧nɑ˥˩tɕʰiɑ˥˦?i˥˧pæ̃˥˧tɑ˥˧kə˥˩tʂɑɔ˥˧xu˨lɑɔ˥ŋuo˥˧.（有没有见……见着晚辈就碰到长辈是问身体怎么样的？怎么样说？你精神不精神？）这一般情况下，除咧噢春节前后这个就是这样问的，那个，一般情况下，问……问是问咧，毕竟不太多就是了。tʂei˥˦i ˥˩pæ̃˥˧tɕʰiŋ˨˦kʰuɑŋ˥ɕiɑ˥˩,tʂʰʯ˨˦˨liɑɔ˦tʂʰuoŋ˥˧˥tɕie˥˩tɕʰiæ̃˨˦˨xou˥tʂə˥kə˥tɕiou˥sʅ˥tʂə˥iɑŋ˥vəŋ˥˧˥ti˨ ,nə˥kə˥˧˥,i˥˩pæ̃˥˧tɕʰiŋ˨˦˨kʰuɑŋ˥ɕiɑ˥˩,vəŋ˥……vəŋ˥sʅ˥˩vəŋ˥lie˨,pi˥˩tɕiŋ˥˦pu˨˦˨tʰæᴇ˥tuo˥˩tɕiou˥s ʅ˥lə˦.（春节前后怎么……怎么问呢？）噢，那要问你：“最近年过得好吗？身体嘎康健着咧？”ɑɔ˩,næᴇ˥˦iɑɔ˥˩vəŋ˥ni˥˧,tsuei˥tɕiŋ˥˩niæ̃˨˦kuo˥tei˥˧xɑɔ˥˧mɑ˨?ʂəŋ˥˩tʰi˥˧kæ˦kʰ ɑŋ˥˧tɕʰiæ̃˥˩tʂə˦lie˨?（同辈之间呢？）同辈之间那就是见面就是骂的耍的时候多么。嗯。tʰuoŋ˨˦˨pei˥˦tsʅ˥˧tɕiæ̃˥˧næᴇ˥tɕiou˥˦sʅ˥˩tɕiæ̃˥miæ̃˥tsou˥sʅ˥mɑ˥ti˦ʂuɑ˥˧ti˨sʅ˨˦˨xou˥tuo˥˧m uo˨.ə̃˩.（一般……一般怎么那个？客气一点的怎么跟那……）就是客气一点的说欸是欸一般就说是，“走哪去啊？”欸，“你弄啥着咧嘛？”“弄毬啥着咧嘛这一阵儿跑的？”tsou˥˩sʅ˥˩kʰə˥˩tɕʰi˥˦i˥˧tiæ̃˥˧ti˦ʂuo˥˧ei˥sʅ˥ei˩i˥˩pæ̃˥˩tɕiou˥˦ʂuo˥˧sʅ˥,tsou˥˧nɑ˥˩ tɕʰie˥˦ɑ˨?ei˩,ni˥˩nuoŋ˥sɑ˥˧˥tʂə˦lie˨mɑ˨?nuoŋ˥tɕʰiou˨˦˨sɑ˥˧˥tʂə˦lie˨mɑ˨tʂei˥i˥˧tʂə̃r˥pʰɑɔ˥˧ti˨?（那什么弄……弄什么？）噢，“你弄啥着咧这一气子？”ɑɔ˩,ni˥˧nuoŋ˥sɑ˥˧˥tʂə˦l ie˨tʂei˥i˥˧tɕʰi˥˧˥tsʅ˨?（弄毬啥呢？）呃呵，“你弄毬啥个了么”一般都。呵呵。ə˩x ə˥,ni˥˧nuoŋ˥tɕʰiou˨˦˨sɑ˥˧˥kə˥˦lə˨muo˨i˥˩pæ̃˥˧tou˥˧.xə˥˧xə˩.（sɑ˥˧˥kə˦˥？）“你弄毬啥着咧？”ni˥˩nuoŋ˥tɕʰiou˨˦˨sɑ˥˧˥tʂə˨lie˨?（sɑ˥˧˥kə˩lie˨？）啊，就是你弄事……就是普通话你干甚么着咧嘛？ɑ˩,tsou˥˩sʅ˥˩ni˥˧nuoŋ˥˧˥sʅ˥……tɕiou˥sʅ˥pʰu˥˧tʰuoŋ˥˩xuɑ˥˧˥ni˥˧kæ̃˥ʂəŋ˥muo˦tʂə˨lie˨mɑ˨?（有没有说“你人好”这种说法？）没有。mei˨˦iou˥˩.（你精神？）精神这个人……话有咧。tɕʰiŋ˥˧ʂəŋ˨tʂə˥kə˥zəŋ˨˦˨……xuɑ˥iou˥˧lie˨.（嗯。精神是用在什么场合呢？）这是一般问这个老……年老一点的人就说是你问，“最近精神着咧？”tʂə˥˦sʅ˥˩i˥˧˥pæ̃˥˧vəŋ˥tʂə˥˩kə˥˩……niæ̃˨˦˨lɑɔ˥˧i˥˩tiæ̃˥˩ti˨zəŋ˨˦tɕiou˥ʂuo˥˧sʅ˥ni˥˩vəŋ˥,tsuei˥tɕiŋ˥tɕiŋ˥˧ʂəŋ˨tʂə˨lie˨?（有这个“你人刚”有这说法没有？）没有。“你刚强着了？”mei˨˦˨iou˥˩.ni˥˧kɑŋ˥˧tɕʰiɑŋ˨˦˨tʂə˨lə˨?（你刚强？）叫……噢，叫老人就说是，“你最近刚强着咧？”tɕiɑɔ˥˧˥……ɑɔ˩,tɕiɑɔ˥lɑɔ˥˧zəŋ˨˦˨tɕiou˥ʂuo˥˩s ʅ˥˧˥,ni˥˧tsuei˥tɕiŋ˥kɑŋ˥˧tɕʰiɑŋ˨˦˨tʂə˨lie˨?（是问呢还是……）问咧，嗯。vəŋ˥lie˨,ə̃˩.

2. 黄：这有些东西，你比喻我们这儿这这个人啊，一般情况下你叫就叫了。但是这个陕北人啊，欸，他叫咧，他是先给你他兀打招呼咧。“哎”，一声。“哎”过来以后他说，叫“妈”，他才再叫咧。先“哎”咧。tʂə˥iou˥˧ɕie˥˩tuoŋ˥˧ɕi˨,ni˥˧pi˥˧y˥ŋuo˥˧məŋ˨tʂər˥tʂ ə˥tʂə˥kə˥zəŋ˨˦ɑ˨,i˥˧˥pæ̃˥˧tɕʰiŋ˨˦˨kʰuɑŋ˥ɕiɑ˥˧˥ni˥˧tɕiɑɔ˥tɕiou˥˩tɕiɑɔ˥lə˦.tæ̃˥sʅ˥tʂə˥˩kə˥˩ʂæ̃˥˧pei˥˩zəŋ˨˦ɑ˨,

eiɭ,tʰɑ˥˩tɕiɑɔ˥˦lie˧,tʰɑ˥˦sɿ˥ɕiæ̃˥˩kei˥ni˥˦tʰɑ˥˦væᴇ˥tɑ˥˦tʂɑɔ˥xu˥˩lie˧.æᴇː˥,i˥˩ʂəŋ˥˩.æᴇ˥kuo˥˦læᴇ˨˩i˥˩xou˥tʰɑ˥˦ʂuo˥˦,tɕiɑɔ˥mɑː˥,tʰɑ˥˦tsʰæᴇ˨˦tsæᴇ˥tɕiɑɔ˥lie˧.ɕiæ̃˥˩æᴇ˥lie˧.王："哎"，他就是，他那个声音就说，比若这面儿山上叫那面儿山上，就说，"哎"。æᴇː˥,tʰɑ˥˩tɕiou˥sɿ˥,tʰɑ˥nə˥kə˥ʂəŋ˥iŋ˥˩tɕiou˥ʂuo˥˦,pi˥ʐuo˥˩tʂei˥˦mæ̃r˥sæ̃˥ʂɑŋ˥˩tɕiɑɔ˥nei˥˦mæ̃r˥sæ̃˥ʂɑŋ˥,tɕiou˥˩ʂuo˥˩,æᴇː˥.黄："哎"，先给你把招呼打了，最后再说些。æᴇː˥,ɕiæ̃˥˩kei˥ni˥˦pɑ˥˩tʂɑɔ˥xu˥˩tɑ˥lə˧,tsuei˥xou˥tsæᴇ˥ʂuo˥˩ɕie˥˩.王：先"哎"一下子，还给你……叫啥咧或者给你说啥咧，才说咧。ɕiæ̃˥˩æᴇ˥i˥˦xɑ˥tsɿ˥,xæᴇ˨˩kei˥ni˥˦ʂ……tɕiɑɔ˥sɑ˥lie˧xuo˨˩tʂə˥˦kei˥ni˥˦ʂuo˥sɑ˥lie˧,tsʰæᴇ˨˩ʂuo˥lie˧.（嗯，噢，这样。）黄：但是河西走廊那个里面人他就不一样了。河西走廊人的话，那给你要说话之前的话，他头里就加"嘚"。tæ̃˥sɿ˥xuo˨ɕi˥˩tsou˥lɑŋ˨nə˥˩kə˥˩li˥m iæ̃˥zəŋ˨tʰɑ˥˩tɕiou˥pu˨˩i˥˩iɑŋ˥lə˧.xuo˨ɕi˥˩tsou˥lɑŋ˨zəŋ˨˦ti˧xuɑ˥˩,nei˥˩kei˥ni˥˦iɑɔ˥ʂuo˥˩xuɑ˥tsɿ˥tɕʰiæ̃˨˦tə˧xuɑ˥,tʰɑ˥˦tʰou˨˩li˥tsou˥tɕiɑ˥˩tei˥.（加什么？）黄：加"嘚"。就这么个口头语。他，实际上就说是给你先打个招呼，引起你的注意，你最后再说话，他才听。tɕiɑ˥˩tei˥.tɕiou˥˩tʂə˥˦muo˧kə˥˩kʰou˥tʰou˨y˥.tʰɑ˥,ʂɿ˨˩tɕi˥˦ʂɑŋ˥˩tɕiou˥ʂuo˥˩sɿ˥˩kei˥˩ni˥ɕiæ̃˥˩tɑ˥kə˥˩tʂɑɔ˥xu˥˩,iŋ˥tɕʰi˥ni˥ti˧tʂʮ˥i˥,ni˥tsuei˥xou˥tsæᴇ˥ʂuo˥˩xuɑ˥,tʰɑ˥˩tsʰæᴇ˨˩tʰiŋ˥.

你忙着咧

（有时候这个看见人家在干农活，跟人打招呼，有没有说"你忙吗"？）黄：哎，那……这说咧嘛。"忙着？""你忙着咧？"æᴇ˥,næᴇ˥ʂ……tʂə˥˦ʂuo˥˩lie˧mɑ˧.mɑŋ˨˩tʂə˧?ni˥mɑŋ˨˩tʂə˧lie˧?（或者说，人家……看见人家在做事儿，本来想找人家事儿，又不好。这人家在打电话了，或者不……在这个写文章啦，本来是你想要找人家干什么，但你又不好打扰人家。你怎么说呢？）能耽误一会儿吗？nəŋ˨tæ̃˥˦vu˥˦i˥˩xuər˥˩mɑ˧?（啊？）能耽误你一会儿吗？nəŋ˨tæ̃˥˩vu˥ni˥i˥˩xuər˥˩mɑ˧?（什么？这个你又不好打扰人家就就说下回再来吧，这个待……待会儿再说吧。这说不说，你欸你先忙，是……或怎么样？）那有时候也……有时候说就说是这个，你个事情必办的话，那你就要问人家了，请……能耽误你一会儿吗？再么了就说是看人口这个事情不太忙的时候，"那你忙，我欸呆一会再来"，或者是"我停几天再来"。næᴇ˥iou˥sɿ˨˦xou˥æ˥˦……iou˥sɿ˨˦xou˥ʂuo˥˦tɕiou˥ʂuo˥˦sɿ˥tʂə˥kə˥,ni˥˦kə˥sɿ˥˦tɕʰiŋ˨˩pi˥˩pæ̃˥˦ti˧xuɑ˥˩,næᴇ˥ni˥tsou˥iɑɔ˥vəŋ˥zəŋ˨˩tɕiɑ˥˦lə˥,tɕʰiŋ……nəŋ˨tæ̃˥˩vu˥ni˥˦i˥˦xuər˥˩mɑ˧?tsæᴇ˥muo˧lə˧tɕiou˥ʂuo˥˦sɿ˥kʰæ̃˥zəŋ˨˩niæ̃˨˦tʂə˥˩kə˥˩sɿ˥tɕʰiŋ˨˩pu˨˩tʰæᴇ˥˦mɑŋ˨ti˧sɿ˨˩xou˥,næᴇ˥ni˥mɑŋ˨,ŋuo˥ei˥tæᴇ˥i˥˦xuər˥tsæᴇ˥læᴇ˨,xuei˨˦tʂə˥˩sɿ˥ŋuo˥˦tʰiŋ˨˩tɕi˥˩tʰiæ̃˥˩tsæᴇ˥læᴇ˨.（在乡……在乡下也是一般这样吗？碰见人家人家在有什么这个大事儿的时候，不好打扰的话。）噢，那都是那个，嗯。ɑɔ˥,nei˥˦tou˥˦sɿ˥nei˥kə˥,ŋ̍˥.

你几时来的嘛

（一般了，比如说叫你……你到人家家里一看，这……这人来了，你说是"来了"还是"你来了"？）黄：那个欸一般我们这儿这这个问都问的清……问着爒的很。"哎哟，你几时来的呃？"nə˥kə˥eiɭ˥i˥˦pæ̃˥˩ŋuo˥məŋ˧tʂər˥tʂə˥tʂə˥kə˥vəŋ˥˦tou˥˩vəŋ˥˦ti˧tɕʰiŋ˥……vəŋ˥˦tʂə˧zæ̃˨˩ti˧xəŋ˥˩.æᴇ˥iɑɔ˥,ni˥tɕi˥sɿ˨˩læᴇ˨˦tie˧?（噢，这"你几时来的"？）噢。"你几时来的嘛？"ɑɔ˥.ni˥˦tɕi˥sɿ˨˩læᴇ˨˩ti˧mɑ˧?（也说……不说"哎呀，你才来啊"？）嗯，这不说。ŋ̍˥,tʂə˥˦pu˨˩ʂuo˥˩.（不说。这个比如说，可能生怕他等久了。说是"才来啊"。有没有这种说法呢？）那是走去，你比如："来好长时间了吧？"nə˥˦sɿ˥tsou˥tɕʰi˥,ni˥˦pi˥˦zʮ˨˩:læᴇ˨xɑɔ˥˩tʂʰɑŋ˨sɿ˨˩tɕiæ̃˥lə˧pɑ˧?

你头里走

（呃，两个人在谈恋爱，又不好意思，就说你那个……）黄：那那号事街上……哪瘩都有么。你先走一下，你先走，你头里走。nei˥˧nei˥˧xɑɔ˥sʅ˥kæᴇ˥˨ʂɑŋ˥˩……nɑ˥˨tɑ˥˨˧tou˥˨˩iou˥˨muo˧.ni˥˨˩ɕiæ̃˥˨˩tsou˥˨i˥˨˩xɑ˥˩,ni˥˨˩ɕiæ̃˥˨˩tsou˥˨,ni˥˨˧tʰou˩˨li˧tsou˥˨.（头里走？）我们这儿就叫你头里走，你头……ŋuo˥˨mɑŋ˧tʂər˥tɕiou˥tɕiɑɔ˥ni˥˨˧tʰou˩˨li˧tsou˥˨˩,ni˥˨˩tʰou……（你头里走？）你头里走。ni˥˨tʰou˩˨li˧tsou˥˨˩.

回来嘛

（人家客人在门口等着你，欸，“你来了”，赶紧开了门是说“请进”还是“你进进进”？）黄：快进来，进来，进来嘛。kʰuæᴇ˥tɕʰiŋ˥˨tɕiŋ˥,tɕiŋ˥˨læᴇ˩˨,tɕiŋ˥˨læᴇ˩˨mɑ˧.（进来？）嗯，请进来。ə̃˩,tɕʰiŋ˥˨˩tɕiŋ˥læᴇ˩˨.（进来嘛！）啊，回屋里喽。ɑ˩,xuei˩vu˥˨li˥˨˩lou˧.（要加嘛吗？）啊，讲嘛，你回，回来嘛。ɑ˩,tɕiɑŋ˥˨˧mɑ˧,ni˥˨˩xuei˩,xuei˩˨læᴇ˩˧mɑ˧.（回来嘛？）嗯。ŋ̍˩.（他又不是你家里的人，怎么叫他回来呢？）那你门开开就是叫□往回来走咧么。快进来，或者是回来嘛。næᴇ˥ni˥mɑŋ˩kʰæᴇ˥˨kʰæᴇ˥˨˩tɕiou˥sʅ˥tɕiɑɔ˥niæ̃˩vɑŋ˥˨˩xuei˩læᴇ˩˧tsou˥˨lie˧muo˧.kʰuæᴇ˥tɕiŋ˥˨læᴇ˩,xuei˩˧tʂə˥˨˩sʅ˥˩xuei˩˨læᴇ˩˧mɑ˧.（就是……比如说，我到到你这个去找你，你又出去办事儿去了。在那儿等了一段时间。赶紧开开门，也说回来了吗？）也回么。你回来。ie˥˨xuei˩˧muo˧.ni˥˨˩xuei˩˨læᴇ˩˧.（意思就是说进来？）啊，进来的意思。ɑ˩,tɕiŋ˥˨læᴇ˩˧ti˧i˧sʅ˧.（哪种说说得多一些呢？）农村这个土话就是你回来的多一点。luoŋ˩tsʰuoŋ˥˨tʂə˥kə˥tʰu˥˨xuɑ˥tɕiou˥˩sʅ˥˩ni˥˨xuei˩˨læᴇ˩˧ti˧tuo˥˨i˥˨˩tiæ̃˥˨˩.（噢，回来就是进来！）啊。这个欸你像乡镇机关说你是嗯请进。把你叫进来。ɑ˩.tʂə˥kə˥ei˥ni˥˨˧ɕiɑŋ˥ɕiɑŋ˥˨˩tʂəŋ˥tɕi˥˨kuæ̃˥˨˩ʂuo˥˨˧ni˥˨˧sʅ˥ŋ̍˥tɕʰiŋ˥˨tɕiŋ˥.pɑ˥˨˩ni˥˨˧tɕiɑɔ˥tɕiŋ˥læᴇ˩˧.（也不管是人家是客人还是这个外……外来人，外地人，他也说回来？）嗯。ə̃˩.（这个到炕上坐是坐炕还是……还是怎么说，这上炕？）坐炕。你坐下，坐得炕上。tsuo˥kʰɑŋ˥˩.ni˥˨˧tsuo˥˨xɑ˥˩,tsuo˥˨tə˧kʰɑŋ˥ʂɑŋ˥˩.（叫坐炕？）啊。陕北人就叫你坐得炕上，鞋脱了，利利儿上来。ɑ̃˩.ʂæ̃˥˨pei˥˨˩ʐəŋ˩tɕiou˥tɕiɑɔ˥˩ni˥˨˩tsuo˥tə˧kʰɑŋ˥ʂɑŋ˥,xæᴇ˩tʰuo˥˨lə˧,li˥liər˥ʂɑŋ˥læᴇ˩˨.（你们怎么说？）我们说，你坐得炕上。ŋuo˥˨mɑŋ˧ʂuo˥˨˧,ni˥˨˩tsuo˥˨tə˧kʰɑŋ˥ʂɑŋ˥˩.（坐得炕上？）呃，坐那儿么。或者是坐得炕上。ŋə˩,tsuo˥nɑr˥˩muo˧.xuei˩˧tʂə˥˨˩sʅ˥tsuo˥tə˧kʰɑŋ˥ʂɑŋ˥.（呃说上炕不说呢？）不说上炕。pu˩˨ʂuo˥˨˩ʂɑŋ˥˨kʰɑŋ˥˩.

坐下么

（把人这个……把……这个请进……请进屋里头，首先要怎么样？首先要怎么跟人家说呢？）黄：先坐下么。坐。ɕiæ̃˥˨˩tsuo˥xɑ˥˧muo˧.tsuo˥.（坐下？）坐下么。陕北人说的那话儿，这个一般最……按最古老的话是甚啊？这个夏天么那就是搬凳子你，你先坐下；冬天么你就是冻得很，快上来坐炕……鞋脱了，上来。tsuo˥xɑ˥muo˧.ʂæ̃˥˨pei˥˨˩ʐəŋ˩ʂuo˥˨˧ti˧nə˥xuɑr˥,tʂə˥kə˥i˥˨pæ̃˥˨˩tsuei˥……næ̃˥tsuei˥ku˥˨lɑɔ˥˨ti˧xuɑ˥sʅ˥ʂəŋ˥ɑ˧?tʂə˥kə˥ɕiɑ˥˨tʰiæ̃˥˨muo˧næᴇ˥tɕiou˥sʅ˥pæ̃˥˨˩təŋ˥tsʅ˧ni˥˨˧,ni˥˨ɕiæ̃˥˨˩tsuo˥˨xɑ˥˩;tuoŋ˥˨tʰiæ̃˥˨˩muo˧ni˥˨˧tɕiou˥sʅ˥tuoŋ˥˨tei˥˨˩xəŋ˥˨˩,kʰuæᴇ˥ʂɑŋ˥˨læᴇ˩˨tsuo˥kʰ……xæᴇ˩tʰuo˥˨lə˧,ʂɑŋ˥˨læᴇ˩˨.（脱了鞋上来？）上来坐炕上暖和。ʂɑŋ˥læᴇ˩˨tsuo˥kʰɑŋ˥˨sɑŋ˥˩nuæ̃˥˨xuo˧.（kʰɑŋ˥sɑŋ˥nuæ̃˥˨xuo˧？）炕上热乎，那冬天人一般我们这里除咧噢烤火的，没有烤火的，炕烧的热热的，铺盖一拉，往炕上一坐，“你就来了？鞋脱啦，上来坐下”。陕北人这个陕……这个话要到陕北人说那话那就是这个，“鞋脱了，利利儿价上来”。kʰuɑŋ˥（←kʰɑŋ˥）ʂɑŋ˥ʐə˥˨xu˧,nei˥tuoŋ˥˨tʰiæ̃˥˨˩ʐəŋ˩˨i˥˨˩pæ̃˥˨

˩ŋuo˦mən˩tʂei˧˥li˦˩tʂʰʮ˨˩liao˧kʰao˦xuo˦ti˩,mei˨˩iou˦˥kʰao˦xuo˦ti˩,kʰaŋ˧ʂao˦˩ti˩zə˦zə˦˥ti˩,pʰu˦˩kæᴇ˧˩i˦˩la˦,vaŋ˦˩kʰaŋ˧˥ʂaŋ˧˩i˦˩tsuo˧,n̩˦˥tsou˧læᴇ˨˩lə˧?xæᴇ˨˩tʰuo˦˩la˩,ʂaŋ˧læᴇ˨˩tsuo˧xa˧˩.ʂæ̃˦pei˦˩zəŋ˨˥tʂə˧kə˧ʂæ̃˦ʂ……tʂə˧˩kə˧˥xua˧iao˧tao˧ʂæ̃˦pei˦˩zəŋ˨ʂuo˦nə˧xua˧næᴇ˧tɕiou˧sɿ˧tʂə˧kə˧,xæᴇ˨˩tʰuo˦˩lə˩,li˧liər˧tɕia˩ʂaŋ˧læᴇ˨˥.（li˧liər˧tɕia˩就是马……马上上来？）不是那个意思。有些人不好意思到□那个地方去嘛。哎，到□兀炕上边里，往这炕边上一坐，他说“你把你这个鞋脱了，利利儿上来”。pu˨˩sɿ˧nə˧kə˧i˧sɿ˩.iou˦ɕie˦˩zəŋ˨pu˨˩xao˦˥i˧˥sɿ˩tao˧niæ̃˨˩nə˧kə˧ti˧faŋ˦˩tɕʰi˧˩ma˩.æᴇ˧,tao˧niæ̃˨˩væᴇ˧kʰaŋ˧piæ̃˦li˦˩,vaŋ˦˩tʂə˧kʰaŋ˧piæ̃˦ʂaŋ˧˩i˦˩tsuo˧,tʰa˦˥ʂuo˦˥ni˦pa˦˩ni˦tʂə˧˩kə˧˩xæᴇ˨tʰuo˦˩lə˩,li˧liər˧ʂaŋ˧læᴇ˨˩.（里里是吧？）呃，利利，利利的上来，就说是这个利，利索的利。ə˩,li˧li˧,li˧˥li˧˥ti˩ʂaŋ˧læᴇ˨˥,tɕiou˧˥ʂuo˦˥sɿ˧tʂə˧kə˧˥li˧,li˧˥suo˦˩ti˩li˧.（利利地上来？）啊，利利上来，你就是这不要把这个太搭得外头了，你一下上来，纯粹上来吧，腿跳得这盖的窝窝里暖下。a˩,li˧˥li˧˥ʂaŋ˧læᴇ˨˩,ni˦˩tɕiou˧˥sɿ˧˩tʂə˧˥pu˨˩iao˧˥pa˦˩tʂə˧kə˧tʰæᴇ˧ta˦tə˩væᴇ˧˥tʰou˩lə˩,ni˦i˦˩xa˧˥ʂaŋ˧læᴇ˨˥,tʂʰuoŋ˨˩tsʰuei˧˥ʂaŋ˧læᴇ˨˩pa˩,tʰuei˦tsʰɿ˦tə˩tʂə˧kæᴇ˧ti˩vuo˦vuo˦˩li˦˩nuæ̃˦xa˧˩.（噢，还把腿伸到窝……被窝里面是吧？）啊，脚……脚伸得被窝里头去暖下啊。一般这个你，上炕你就要脱鞋咧么，□有铺的被子咧么。a˩,tɕyo……tɕyo˦ʂəŋ˦tə˩pei˧˥vuo˦˩li˦˩tʰou˩tɕʰi˧nuæ̃˦xa˧˩a˩.i˦˥pæ̃˦tʂə˧kə˧ni˦˥,ʂaŋ˧kʰaŋ˧ni˦˥tsou˧˩iao˧tʰuo˦˩ɕie˨˩lie˩muo˩,niæ̃˨˩iou˦˥pʰu˦ti˩pi˧˥tsɿ˩liem˩.

你们慢慢吃啊

（上了这个菜了，“慢吃慢吃”，怎么说呢？）黄：你们慢慢吃啊。ni˦mən˩mæ̃˧mæ̃˧tʂʰʅ˦a˩.（有就说这个“消停吃”的吗？）消停吃这个话有的。多一半太白人好像不太多。就是你慢慢地吃噢。ɕiao˦tʰiŋ˨tʂʰʅ˦˥tʂə˧kə˧xua˧iou˦˥ti˩.tuo˦i˦˩pæ̃˧tʰæᴇ˧pei˨˩zəŋ˨xao˦ɕiaŋ˧pu˨˩tʰæᴇ˧tuo˦.tsou˧˩sɿ˧˩ni˦˥mæ̃˧mæ̃˧ti˩tʂʰʅ˦ao˩.

没有吃好吧

（吃完了说“吃好了”还是“吃完了”？）黄：那没有说“吃完”那个话。那个话“吃完”那你……一般的菜你绝对吃不完的。“呀，你没有吃好吧？我又不……这手艺，我又没有手艺，不会做那个。”nə˧mei˨˩iou˦ʂuo˦˥tʂʰʅ˦˩væ̃˨nə˧kə˧xua˧.nə˧kə˧xua˧tʂʰʅ˦˩væ̃˨næᴇ˧ni˦˩……i˦˥pæ̃˦ti˩tsʰæᴇ˧ni˦˩tɕyo˨˩tuei˧˥tʂʰʅ˦pu˨˩væ̃˨ti˩.ia˩,ni˦˥mei˨˩iou˦tʂʰʅ˦˩xao˦pa˩?ŋuo˦˥iou˧p……tʂə˧ʂou˦i˧,ŋuo˦iou˧mei˨˩iou˦ʂuo˦i˧˩,pu˨˩xuei˧tsɿ˧nə˧kə˧.（那要是那个到店铺里面来呢？馆子里面呢？说“吃好了”还是怎么说呢？）那就是这个“没有吃好吧？”或者是这个反过来问咧，疑问词了成了。“没有吃好吧？”næᴇ˧˥tɕiou˧sɿ˧tʂə˧˩kə˧˩mei˨˩iou˦tʂʰʅ˦˩xao˦pa˩?xuei˨˥tʂə˦˩sɿ˧tʂə˧kə˧fæ̃˦kuo˧˥læᴇ˨˩vəŋ˧lie˩,ni˨vəŋ˧tsʰɿ˨˩lə˩tʂʰəŋ˨˥lə˩.mei˨˩iou˦tʂʰʅ˦˩xao˦pa˩?（问不问你，呃，“吃好了没有”？）啊，有……有的这个有些话就是“你吃好没有？”有的可说是“你没有吃好吧？”a˩,iou˦˥……iou˦ti˩tʂə˧kə˧iou˦ɕie˦˩xua˧tɕiou˧sɿ˧ni˦tʂʰʅ˦˩xao˦mei˨˩iou˦˩?iou˦ti˩kʰə˦˩ʂuo˦˥sɿ˧ni˦˥mei˨˩iou˦tʂʰʅ˦˩xao˦pa˩?（那我这个客人一般怎么回答呢？）“还可以。好了好了好了。好着咧。”xa˨˩kʰə˦i˦˩.xao˦lə˩xao˦˥lə˩xao˦˥lə˩.xao˦tʂə˩lie˩.（说不说“吃好了”？）不说“吃好了”。pu˨˥ʂuo˦˥tʂʰʅ˦˩xao˦lə˩.（就好着呢？）“好着咧，好着咧，好着。”xao˦tʂə˩lie˩,xao˦tʂə˩lie˩,xao˦tʂə˩.

你慢走

（这个比如送客人的时候说，让人家慢走了，你是说……怎么说呢？“路上小心”

这些这之类的话，一般老人家都乡下怎么说呢？）黄：那一般情况“你慢走”，或者是这个“小心一点儿”。nei˥ꜛi˥˧꜖pæ̃˥˧tɕʰiŋ˩˥꜖kʰuaŋ˥ni˥˧꜖mæ̃˥tsou˥˧,xuei˩˥꜔tʂə˥˧꜖sʅ˥tʂə˥kə˥˧ɕiaɔ˥˧ɕiŋ˥˧꜔i˥˧꜔tiæ̃r˥˧꜖.（“小心走”？）啊，“小心一点儿”。ɑ꜖,ɕiaɔ˥˧ɕiŋ˥˧꜔i˥˧꜔tiæ̃r˥˧꜖.（有没有说慢慢走？还是小心走？）哎有，有，都说，“慢慢走，小心一点，路不好走”，或者是“天黑得很”。æᴇ˩˥iou˥˧,iou˥˧,tou˥˧꜖ʂuo˥˧,mæ̃˥mæ̃˥tsou˥˧꜖,ɕiaɔ˥˧ɕiŋ˥˧꜖i˥˧꜖tiæ̃r˥˧꜖,lou˥pu˩˥꜖xaɔ˥˧꜔tsou˥˧,xuei˩˥ꜛtʂə˥˧꜖sʅ˥꜖tʰiæ̃˥˧xei˥˧tə·˧xəŋ˥˧꜖.

你回吧

（这个出……这个这个送客人的时候，人家客人会会会怎么说？到了……一到……这个已经送了送了一段距离了，或是到了门口了，客人说……）黄：“你回吧。”ni˥˧꜖xuei˩˥꜖pa˦.（你回吧？）“不送了。”再“你回吧”。pu˩˥꜖suoŋ˥˥˧lə·˧.tsæᴇ˥ni˥˧xuei˩˥꜖pa˦.（“不送了”是客人说的还是你说？）客人说的。客人说是“你再不送了，你回吧”。kʰə˥˧zəŋ˩˥꜖ʂuo˥˧꜖ti·˧.kʰə˥˧zəŋ˩˥꜖ʂuo˥˧꜔sʅ˥ni˥˧꜔tsæᴇ˥pu˩˥꜖suoŋ˥˥˧lə·˧,ni˥˧xuei˩˥꜖pa˦.（说不说“留步留步”？）那也……这话都是洋话。nei˥ia˥˧꜖……tʂei˥ꜛxua˥tou˥˧꜖sʅ˥iaŋ˩˥xua˥꜖.（“不送了”是这个客人……）客人说的。嗯。kʰə˥˧zəŋ˩˥꜖ʂuo˥˧ti·˧.ə̃꜖.（那你你说不说“不送”啊？）我那说“那好着咧，好着咧”。ŋuo˥˧næᴇ˥ʂuo˥˧꜖næᴇ˥xaɔ˥˧tʂə·˧lie·˧,xaɔ˥˧tʂə·˧lie·˧.

没有招呼好

（这个，人……把人送走了，你要不要客气几下？说是，“哎呀，招待得不好”，什么怎么的？）黄：啊就是的。“对不起啊，这个没啥给你……”æ˥tɕiou˥sʅ˥ti·˧.tuei˥pu˩˥꜔tɕʰi˥˧æ·˧,tʂə˥ꜛkə˥꜖mei˩˥sa˥kei˥꜖ni˥˧꜔……（特别是喝酒的时候，比如说你到人家要是吃酒了，人家肯定要肯定要这么这么说。）哎，没有……没有这个欸，“不会做”，或者是“这个菜也不好，没有吃……没有吃好”，或者是“酒不好，没有喝好”。æᴇ˩˥,mei˩˥iou˥˧꜖……mei˩˥iou˥˧꜔tʂə˥kə˥ei꜖,pu˩˥꜖xuei˥tsʮ˥,xuei˩˥꜔tʂə˥˧꜔sʅ˥tʂə˥kə˥tsʰæᴇ˥ia˥˧꜔pu˩˥꜖xaɔ˥˧꜔,mei˩˥꜖iou˥˧tʂʰʅ˥˧꜖……mei˩˥꜔iou˥˧꜔tʂʰʅ˥˧꜖xaɔ˥˧,xuei˩˥꜔tʂə˥˧꜖sʅ˥tɕiou˥˧pu˩˥꜖xaɔ˥˧,mei˩˥iou˥˧xə˥˧꜖xaɔ˥˧.（有没有说没招待好还是没……没招呼好呢？）这没……这都有。“没有招呼好”，或者是“没招待好”。tʂə˥ꜛmei˩˥……tʂə˥ꜛtou˥˧˥iou˥˧꜖.mei˩˥iou˥˧꜔tʂaɔ˥˧xu·˧xaɔ˥˧꜔,xuei˩˥ꜛtʂə˥˧꜖sʅ˥mei˩˥tʂaɔ˥˧꜖tæᴇ˥xaɔ˥˧꜖.（这个最土的说法怎么说？最土的说法。）我给你说个故事。那个……这个就土的很。嗯，说是这个，本来乡上这个……这就是前塬……用前塬的那个话说咧也是个笑话儿。说这个搞计划生育的这些干部来了，派饭咧一般情况下群众都不愿意管饭。对这些干部比较反感。最后没办法了，逼到这一家子了，叫这家子做饭咧。这家子就做的饭，送饭。这个饭吃完以后么，这个……这个这家这个主妇么，婆娘就过去咧，说是：“你们……你们吃好了没有？”欸，那些干部：“啊，吃好了，吃好了。”这个婆娘么用很普通的一句话：“你把他屁给吃好了？吃好了！”ŋuo˥˧꜔kei˥ni˥˧꜔ʂuo˥˧kə˥꜖ku˥˥˧sʅ˥꜖.nə˥kə˥……tʂə˥kə˥tsou˥tʰu˥˧ti·˧xəŋ˥˧꜔.ə̃꜖,ʂuo˥˧꜖sʅ˥tʂə˥kə˥,pəŋ˥˧꜔læᴇ˩˥ɕiaŋ˥˧ʂaŋ˥tʂə˥kə˥……tʂei˥tɕiou˥sʅ˥tɕʰiæ̃˩˥yæ̃˩˥꜖……yoŋ˥tɕʰiæ̃˩˥yæ̃˩˥꜖ti·˧nə˥꜖kə˥꜖xua˥ʂuo˥˧lie·lie˥˧sʅ˥kə˥ɕiaɔ˥˥˧xuar˥꜖.ʂuo˥˧꜔tʂə˥꜖kə˥꜖kaɔ˥˧tɕi˥xua˥səŋ˥˧꜖y˥ꜛti·˧tʂə˥ɕie˥˧꜔kæ̃˥pu˥læᴇ˩˥꜖lə˦,pʰæᴇ˥fæ̃˥˥˧lie·li˥˧꜔pæ̃˥˧꜖tɕʰiŋ˩˥꜖kuaŋ˥ꜛɕia˥꜖tɕʰyoŋ˩˥꜖tʂuoŋ˥tou˥˧꜖pu˩˥꜖yæ̃˥i˥kuæ̃˥˧fæ̃˥꜖.tuei˥tʂei˥ɕie˥˧꜔kæ̃˥pu˥pi˥˧tɕiaɔ˥fæ̃˥˧꜔kæ̃˥˧.tsuei˥xou˥muo˥˧꜖pæ̃˥˥˧fa˥˧꜔lə˦,pi˥˧taɔ˥˧꜖tʂei˥i˥˧꜔tɕia˥˧꜖tsʅ·˧lə·˧,tɕiaɔ˥꜖tʂei˥tɕia˥˧꜖tsʅ·˧tsʮ˥fæ̃˥lie˦.tʂei˥ꜛtɕia˥˧꜔tsʅ˦tsou˥꜖tsʮ˥ꜛti˦fæ̃˥,suoŋ˥fæ̃˥.tʂə˥꜖kə˥꜖fæ̃˥tʂʰʅ˥˧꜖væ̃˩˥i˥˧꜖xou˥muo˦,tʂə˥kə˥……tʂə˥kə˥tʂei˥tɕia˥˧꜔tʂə˥kə˥tʂʮ˥˧fu˥꜖muo·˧,pʰuo˩˥꜖niaŋ˩˥ꜛtɕiou˥꜖kuo˥tɕʰi˥lie˦,ʂuo˥˧꜔sʅ˥:ni˥˧məŋ˦……ni˥˧məŋ·˧tʂʰʅ˥˧꜖xaɔ˥˧lə·˧mei˩˥꜖iou˥˧꜖?ei˥,nei˥ɕie˥˧꜔kæ̃˥pu˥:æ˥,tʂʰʅ˥˧꜖xaɔ˥˧lə˦,tʂʰʅ˥˧꜖xaɔ˥˧lə·˧.tʂə˥kə˥pʰuo˩˥꜖nia ŋ˩˧˥muo˧yoŋ˥xəŋ˥˧pʰu˥˧˩tʰuoŋ˥˧ti˧li˥˧˩tɕy˥˥˧xuɑ˥:ni˥˧pɑ˥˧˩tʰɑ˥˧˧pʰi˥kei˥tʂʰʅ˥˧˩xɑɔ˥˧lə˧?tʂʰʅ˥˧˩xɑɔ˥˧lə˧!（什么屁啊？）嗯，就说“你把屁给吃好咧”。ŋ̍˩,tɕiou˥ʂuo˥˧˧ni˥˧pɑ˥˧˩pʰi˥˥˧kei˥˩tʂʰʅ˥˧˩xɑɔ˥˧lie˧.（把屁给吃好？）呃，“你把屁给吃好了”，就是放下那个屁啊。ə˩,ni˥˧pɑ˥˧˩pʰi˥kei˥˩tʂʰʅ˥˧˩xɑɔ˥˧lə˦,tɕiou˥sɿ˥fɑŋ˥xɑ˥nə˥kə˥pʰi˥ɑ˧.（呃，什么意思呢？）说是：“你看，你看我又不会做，猪汤狗食的。”再是个谦虚的个话好像：“看我们个娃，哎呀，不成器，今天端个饭你也噎死猫吊死狗的。”心里端不来，哼。这些你看随便这些话，过来过去都把你骂了。ʂuo˥˧˩sɿ˥˩:ni˥˧˧kʰæ̃˥,ni˥˧˧kʰæ̃˥ŋuo˥˧iou˥˩pu˩˧˩xuei˥tsʮ˥,tʂʮ˥˧tʰɑŋ˥˧˩kou˥˧ʂʅ˩˧˩ti˦.tsæᴇ˥sɿ˥˩kə˥˩tɕʰiæ̃˥˧˧ɕy˥˧ti˧kə˥˩xuɑ˥xɑɔ˥˧˩ɕiɑŋ˥:kʰæ̃˥˩ŋuo˥˧məŋ˦kə˥vɑ˩˧,æᴇ˥iɑ˦,pu˩˧˩tʂʰəŋ˩˧˥tɕʰi˥˥˧,tɕiŋ˥˧˩tʰiæ̃˥˧˧tuæ̃˥˧kə˥˩fæ̃˥˧˧nie˥˧˩ie˥˧sɿ˥˧˩mɑɔ˩˧tiɑɔ˥˧˧sɿ˥˧˩kou˥˧ti˧.ɕiŋ˥˧˧li˥˧˧tuæ̃˥˧pu˩˧˩læᴇ˩˧,xɔ̃˥˧.tʂei˥˥˧ɕie˥˧˩ni˥˧kʰæ̃˥˩suei˩˧˩piæ̃˥˥˧tʂei˥ɕie˥˧˧xuɑ˥,kuo˥læᴇ˩˧˧kuo˥tɕʰi˥tou˥˧˧pɑ˥˧˩ni˥˧mɑ˥lə˧.（嗯。她是故意骂他还是谦虚呢？）虽然是……既谦虚了，又把你骂了。suei˥˧ʐæ̃˩˧˩s……tɕi˥tɕʰiæ̃˥˧˩ɕy˥˧lə˧,iou˥pɑ˥˧˩ni˥˧mɑ˥lə˦.（噢，她本来是呃你要那个平时可能听着是谦虚是吧？）哎你听……平时听着谦虚，你把这个话仔细想下，自己坐那儿一想，她这她在这儿骂人咧么这家伙。æᴇ˩ni˥˧˧tʰiŋ˥˧˧……pʰiŋ˩˧sɿ˩˧˧tʰiŋ˥˧tʂə˧tɕʰiæ̃˥˧˧ɕy˥˧˧,ni˥˧pɑ˥˧˩tʂə˥kə˥xuɑ˥tsɿ˥˧˧ɕi˥ɕiɑŋ˥˧xɑ˥˩,tsɿ˥tɕi˥˧˧tsuo˥nɑr˥i˥˧˩ɕiɑŋ˥˧˩,tʰɑ˥˧˩tʂə˥tʰɑ˥˧˩tsæᴇ˥tʂər˥mɑ˥ʐəŋ˩˧˩lie˦muo˧tʂei˥tɕiɑ˥˧˩xuo˧.（这其实是谦虚的话？）其实它是个欤谦虚的话。tɕʰi˩˧˧ʂʅ˩˧tʰɑ˥˧˩sɿ˥kə˥ei˦tɕʰiæ̃˥˧˧ɕy˥˧ti˧xuɑ˥˧.（谦虚的客套话？）啊，都是些客套话。她只细说她这个娃，就说是“你吃好咧”，说是意思是“我又不会做，你把屁给吃好了，还吃好了？”ɑ˩,tou˥˧˧sɿ˥ɕie˥˧˧kʰə˥˧tʰɑɔ˥˩xuɑ˥˩.tʰɑ˥˧˩tsɿ˥˧˧ɕi˥˥˧ʂuo˥˧˧tʰɑ˥˧˧tʂə˥kə˥vɑ˩˧,tsou˥ʂuo˥˧˩sɿ˥˩ni˥˧tʂʰʅ˥˧˩xɑɔ˥˧lie˧,ʂuo˥˧˩sɿ˥˩i˥sɿ˦sɿ˥˩ŋuo˥˧iou˥˩pu˩˧˩xuei˥tsʮ˥,ni˥˧pɑ˥˧˩pʰi˥˥˧kei˥˩tʂʰʅ˥˧˩xɑɔ˥˧lə˧,xæᴇ˩˧tʂʰʅ˥˧˩xɑɔ˥˧lə˧?（然后这些干部听了以后呢？）他也都笑着咧么，都是想想想说谁把屁吃好了你看。再一个说是这个“我又不会做饭，我做下那个饭是猪汤狗食的么”。就等于“我是喂猪喂狗着咧么，才这么个样子了么”。说“我们这个娃那又不听话，你……你们在窑里，我叫那个娃给你端饭咧，你就是这个端饭端的不均匀，一阵儿快了一阵儿慢了，你啊噎死猫儿吊死狗儿的。那给你端不来嘛”。tʰɑ˥˧˧æ˥˧˩tou˥˧˧ɕiɑɔ˥˧˧tʂə˧liem˦,tou˥˧˧sɿ˥˩ɕiɑŋ˥˧ɕiɑŋ˥˧ɕiɑŋ˥˧ʂuo˥˧˩sei˩˧˧pɑ˥˧˩pʰi˥tʂʰʅ˥˧˧xɑɔ˥˧˩lə˧ni˥˧˩kʰæ̃˥.tsæᴇ˥i˥˧kə˥˩ʂuo˥˧˧sɿ˥˩tʂə˥kə˥ŋuo˥˧iou˥pu˩˧˩xuei˥tsʮ˥˧˧fæ̃˥,ŋuo˥˧tsʮ˥xɑ˥nə˥kə˥fæ̃˥sɿ˥tʂʮ˥˧tʰɑŋ˥˧˩kou˥˧ʂʅ˩˧˩ti˦muo˧.tsou˥təŋ˥˧˧y˩˧˧ŋuo˥˧sɿ˥˩vei˥˧˧tʂʮ˥˧˩vei˥˧˧kou˥˧tʂə˧lie˧muo˧,tsʰæᴇ˩˧˩tʂə˥˥˧muo˦kə˥˩iɑŋ˥tsɿ˦lə˦muo˦.ʂuo˥˧˩ŋuo˥˧məŋ˦tʂə˥kə˥vɑ˩˧næᴇ˥˥˧iou˥˩pu˩˧˩tʰiŋ˥˧˩xuɑ˥,ni˥˧˩……ni˥˧məŋ˦tsæᴇ˥iɑɔ˩˧˩li˥˧,ŋuo˥˧tɕiɑɔ˥˩nə˥kə˥vɑ˩˧kei˥ni˥˧˧tuæ̃˥˧˩fæ̃˥˥˧lie˦,ni˥˧˩tɕiou˥˥˧sɿ˥tʂə˥kə˥tuæ̃˥˧˩fæ̃˥tuæ̃˥˧ti˧pu˩˧˩tɕyoŋ˥˧yoŋ˩˧˩,i˥˧˩tʂə̃r˥kʰuæᴇ˥˧˧lə˧i˥˧˩tʂə̃r˥mæ̃˥˧˧lə˧,ni˥˧˩æ˦ie˥˧sɿ˥˧˩mɑɔr˩˧tiɑɔ˥˧˧sɿ˥˧˧kour˥˧ti˧.nə˥˩kei˥˩ni˥˧˧tuæ̃˥˧pu˩˧˩læᴇ˩˧mɑ˧.

不要客气了

（这个有的人啊，就客人到你们家这个这个又不敢这个很很很随很随便地吃，你说是不要客气还说不要那个拘礼呀？）黄：那这都是，“不要客气了，这就……就当作自己家里咧嘛，吃嘛。好着好着，你就大再给吃”。næᴇ˥tʂə˥˥˧tou˥˧˩sɿ˥˩,pu˩˧˩iɑɔ˥kʰə˥˧tɕʰi˧lə˧,tʂei˥tɕiou˥……tɕiou˥tɑŋ˥tsuo˥tsɿ˥tɕie˥˧˧tɕiɑ˥˧li˥˧˩lie˧mɑ˧,tʂʰʅ˥˧mɑ˧.xɑɔ˥˧tʂə˧xɑɔ˥˧tʂə˧,ni˥˧˩tɕiou˥˩tɑ˥tsæᴇ˥kei˥˩tʂʰʅ˥˧˧.（要不要说“不要见外”？）没有这个话。“不要……不要见坏……外”这个话在吃酒席场所我们这儿绝对没有得。mei˩˧iou˥˧˧tʂə˥kə˥xuɑ˥˩.pu˩˧˩iɑɔ……pu˩˧˩iɑɔ˥tɕiæ̃˥xuæᴇ˥（←væᴇ˥）……væᴇ˥tʂə˥kə˥xuɑ˥tsæᴇ˥tʂʰʅ˥˧˩tɕiou˥˧ɕi˩˧˩tʂʰɑŋ˩˧˥suo˥˧˩ŋuo˥˧˧məŋ˦tʂər˥tɕyo˩˧˩tuei˥˥˧mei˩˧iou˥˧˩tei˥˧˩.（那到家里一般吃家常便饭呢？）到家常便饭的话，那就说是这个：“我不会

做，可能你这个没有吃好吧？”或者是如何长短。taɔ˧tɕia˥˩tʂʰaŋ˩˥piæ̃˧fæ̃˧ti˧xua˧˩,næᴇ˧tɕiou˧ʂuo˥˩sɿ˧tʂə˧kə˧:ŋuo˥pu˩˥xuei˧tsɥ˧,kʰə˥˩nəŋ˩˥ni˥˩tʂə˧kə˧mei˩˥iou˥˧tʂʰɿ˥˩xaɔ˥pa˧?xuei˩˥tʂə˥˩sɿ˧zɥ˩˥˩xuo˩˥tʂʰaŋ˩˥tuæ̃˥.

得亏你

（谢谢人家怎么说，一般？）黄：那就是“谢了”。næᴇ˧˥tɕiou˧˩sɿ˧˩ɕie˧˥lə˧.（有没有说麻烦你啊？）也有么“麻烦了”这好像。ie˥iou˥muo˧ma˩˥fæ̃˩˥lə˧tʂei˧xaɔ˥˩ɕiaŋ˧.（有一件比如说有一件事情这个他来告诉你了，你然后躲过了或者是这个得到什么好处或者躲过了一种什么什么不好的东西，说是幸亏你还是得亏你这种说法都……）那是这个“幸亏你”……如何长短了，啊，或者是再么了，“哎呀，兀事要不是你”如何长短。nə˧˥sɿ˧˩tʂə˧kə˧ɕiŋ˧˥kʰuei˥˧ni˥˧ts……zɥ˩˥xuo˩˥tʂʰaŋ˩˥tuæ̃˥˧lə˧,ɑ˩.xuei˩˥tʂə˧sɿ˧tsæᴇ˧muo˧lə˧,æᴇ˧ia˧,və˧sɿ˧iaɔ˧pu˩˥sɿ˧ni˥zɥ˩˥xuo˩˥tʂʰaŋ˩˥tuæ̃˥˧.（有没有“多亏”的一……“多亏”呢？）有这个话。“多亏你。多亏你帮忙”，噢。iou˥tʂə˧kə˧xua˧˩.tuo˥˧kʰuei˥ni˥˧.tuo˥˧kʰuei˥ni˥˧paŋ˥˩maŋ˩˥,aɔ˩.（讲不讲“得亏”？）“得亏”也说咧。tei˥˩kʰuei˥˧ia˥ʂuo˥˩lie˧.（哪种最土？）这就是这个欸，一般就说是这个“得亏”比较多一点啊。tʂə˧tɕiou˧sɿ˧tʂə˧kə˧ei˧,i˥˧pæ̃˥˩tɕiou˧˥ʂuo˥˩sɿ˧˩tʂə˧˩kə˧˩tei˥˩kʰuei˥pi˥˧tɕiaɔ˧tuo˥i˥˩tiæ̃˥˩ɑ˧.（得亏？老人家都说“得亏”？）噢，“得亏”你如何长短。aɔ˩,tei˥˩kʰuei˥ni˥˩zɥ˩˥xuo˩˥tʂʰaŋ˩˥tuæ̃˥.

贵庚

（呃，如果问人家你今年多大岁数怎么问？）黄：□就是这个……好……这个现在就是这个……这也很随便这些话，没有个啥反正是。niæ̃˩˥tɕiou˧˥sɿ˧˥tʂə˧˩kə˧˩……xaɔ˥……tʂə˧kə˧ɕiæ̃˧˥tsæᴇ˧tɕiou˧˩sɿ˧˥tʂə˧kə˧……tʂei˧˥ia˥˧xəŋ˥suei˩˥piæ̃˧˥tʂei˧ɕie˥˧xua˧,mei˩˥iou˥kə˧˩sa˧˩fæ̃˥˧tʂəŋ˧sɿ˧.（欸，你你就很随意地用本地的这个……）你今年多大了？ni˥˧tɕiŋ˥niæ̃˩˥tuo˥˩ta˧˥lə˧?（多大岁数怎么……怎么问？）多大岁数了？就多大了。tuo˥˩ta˧suei˧˥ʂɥ˧˥lə˧?tsou˧tuo˥˩ta˧lə˧.（噢，可以问多大年纪了吗？）那是指老年人一代是今年多大年纪了。næᴇ˧˥sɿ˧tsɿ˥˧laɔ˥niæ̃˩˥zəŋ˩˥i˥˧tæᴇ˧sɿ˧tɕiŋ˥˩niæ̃˩˥tuo˥˧ta˧niæ̃˩˥tɕi˧˥lə˧.（噢，可不可以问多大年龄了？）也可以问多大年龄。ie˥kʰə˥˩i˥˩vəŋ˧˩tuo˥˩ta˧˥niæ̃˩˥liŋ˩˥.（通常最……就说最本地的这种这个问法是什么？）你就是多大年龄只是。今年多大了？这就是最……也不大年龄那个省劲啊。这一般是问这些都是年轻一代的群众啊。今年多大了？ni˥tsou˧˩sɿ˧˩tuo˥˩ta˧˥niæ̃˩˥liŋ˩˥tsɿ˥˩sɿ˧˩.tɕiŋ˥˩niæ̃˩˥tuo˥˩ta˧lə˧?tʂei˧˥tɕiou˧˩sɿ˧˩tsuei˧……ie˥pu˩˥ta˧˥niæ̃˩liŋ˩˥nei˧˩kə˧˩səŋ˥tɕiŋ˧ɑ˧.tʂei˧i˥˩pæ̃˥sɿ˧˩vəŋ˧tʂə˧˩ɕie˥˩tou˥˩sɿ˧niæ̃˩˥tɕʰiŋ˥i˥˩tæᴇ˧ti˧tɕʰyoŋ˩˥tʂuoŋ˧ɑ˧.tɕiŋ˥˩niæ̃˩˥tuo˥˩ta˧lə˧?（老人家呢？要问平辈的人呢？）兀都是问你多大年龄了。问老一辈的说是今年是这个……有些人搭着那个是贵庚多少了。这是这个欸……欸问啥子，贵庚多少了。və˧˥tou˥˩sɿ˧˩vəŋ˧ni˥˧tuo˥˩ta˧niæ̃˩˥liŋ˩˥lə˧.vəŋ˧laɔ˥i˥˩pei˧ti˧ʂuo˥˩sɿ˧˩tɕiŋ˥˩niæ̃˩˥sɿ˧tʂə˧kə˧……iou˥ɕie˥˩zəŋ˩˥ta˥tʂə˧nə˧kə˧sɿ˧kuei˧˥kəŋ˥˩tuo˥˩ʂaɔ˥lə˧.tʂə˧˩sɿ˧˩tʂə˧kə˧ei˥……ei˧vəŋ˧sa˧˩tsɿ˧,kuei˧˥kəŋ˥˩tuo˥˩ʂaɔ˥lə˧.（高寿？）噢，高寿多少了，这就是根本问老一辈的。aɔ˩,kaɔ˥˩ʂou˧˥tuo˥˩ʂaɔ˥˧lə˧,tʂei˧tɕiou˧sɿ˧kəŋ˥˩pəŋ˥vəŋ˧˥laɔ˥i˥˩pei˧˥ti˧.（噢，高寿多少啊？）啊，高寿多少。年庚多少。ɑ˩,kaɔ˥˩ʂou˧˥tuo˥˩ʂaɔ˥.niæ̃˩kəŋ˥tuo˥˩ʂaɔ˥.（年庚多少？）啊。ɑ̃˥.

干啥咧!

（如果说，谁谁谁在干事，干什么坏事，你要把他喝走，你也不能……你会怎么说？）王：干啥咧！kæ̃˦sɑ˦˧lie˧!黄：噢，你干啥咧！你弄啥咧你！嗯。ɑɔ˨˩,ni˥˧˧˦kæ̃˦sɑ˦lie˧!ni˥˧˧˦nuoŋ˦sɑ˦˧lie˨ni˥˧˨˩!ŋ̍˨˩.（你如果怕得罪他呢？）黄：那怕得罪咧那就是旁敲侧击的吼个，吼一下，也不……不……但是不明确的表示他啊。nə˦˨˩pʰɑ˦tə˥˧˨˩tsuei˦lie˨nei˦tsou˦sɿ˦pʰɑŋ˧˥tɕʰiɑɔ˥˧˨˩tsʰei˥˧˨˩tɕi˥˧ti˨xou˥˧kə˦,xou˥˧i˥˧˧˦xɑ˦˨˩,ie˥˧˨˩pu˧˥˧˦……pu˧˥˧˦……tæ̃˦sɿ˦pu˧˥˧˦miŋ˧˥tɕʰyo˥˧˨˩ti˨piɑɔ˥˧˧˦sɿ˦tʰɑ˥˧˨˩ɑ˨.（来警察啦！还是什么？说不说“来人啦”？）黄：那有说是来人了。再有时候可以指桑骂槐……指……指别人：你弄啥咧来！nei˦iou˥˧ʂuo˥˧˨˩sɿ˦˨˩læᴇ˧˥˧˦zə̞ŋ˧˥˧˦lə˧.tsæᴇ˦iou˥˧˧˦sɿ˧˥˧˦xou˦kʰə˥˧i˥˧˨˩tsɿ˥˧sɑŋ˥˧˨˩mɑ˦xuə……tsɿ˥˧˧˦……tsɿ˥˧pie˧˥zə̞ŋ˧˥˧˦:ni˥˧˧˦nuoŋ˦sɑ˦˧lie˨læᴇ˧˥˨˩!

你还弄的美！

（如果对人耻笑呢？笑话别人呢？考了……考了个二十分！你会怎么说？）黄：你还弄的美！ni˥˧xɑ˧˥˨˩nuoŋ˦ti˧mei˥˧˨˩!（啊？）黄：你还考的好！ni˥˧xɑ˧˥˨˩kʰɑɔ˥˧˧˦ti˧xɑɔ˥˧˨˩!王：兀还美咧！və˦xɑ˧˥˨˩mei˥˧lie˨!黄：你还美！ni˥˧xɑ˧˥˨˩mei˥˧!（不。用什么……什么声音来表示？“呵呵”还是“呃”还是怎么？）黄：没有。这都不……太不表示兀事。mei˧˥˧˦iou˥˧˨˩.tʂə˦˥˧tou˥˧˨˩pu˧˥˨˩……tʰæᴇ˦˥˧pu˧˥˨˩piɑɔ˥˧sɿ˦˥˧væᴇ˦˨˩sɿ˦˨˩.

二一、为人处事

舔尻子

1.（本身呢这两个人并不是很熟，他跟……非要跟你说得很熟一样。这个是……不，不熟装熟，这是是干什么呢？）黄：套近乎咧。tʰɑɔ˥tɕiŋ˦˥xu˧lie˧.（一听到人家这个有点儿什么，当官儿的呀或者什么有点儿势力，有钱呐，他恨不得这个脸都贴到人家屁股上去了。这样……）黄：舔尻子。tʰiæ̃˥˧˩kou˥˩tsɿ˧.王：咱们这儿骂舔尻子。tsɑ˨˦˨məŋ˧tʂər˥mɑ˥tʰiæ̃˥˩˧kou˥˩tsɿ˧.黄：舔尻子货么。tʰiæ̃˥˧kou˥˩tsɿ˧xuo˦˥muo˧.（舔尻子？）黄：嗯，巴结人咧么。ə̃˧˩,pɑ˥˩tɕie˥˩˧˩ʐəŋ˨˦˨lie˧muo˧.王：这就叫舔尻子。tʂei˥tɕiou˥tɕiɑɔ˥tʰiæ̃˥˩˧kou˥˩tsɿ˧.（巴结？）黄：啊，巴结。再叫个奉承。ɑ˧˩,pɑ˥˩tɕie˥˩˧˩.tsæᴇ˥tɕiɑɔ˥kə˥fəŋ˦˥tʂʰəŋ˨˦˥.

2.（这个拍马屁这个话你们一般说不说？）黄：我们就叫舔尻子咧，不叫他拍……ŋuo˥˧məŋ˧tɕiou˥tɕiɑɔ˥tʰiæ̃˥˩˧kou˥˩tsɿ˧lie˧,pu˨˦˨tɕiɑɔ˥tʰɑ˥˩˧pʰ……王：我们这儿叫舔尻子。ŋuo˥˧məŋ˧tʂər˥tɕiɑɔ˥tʰiæ̃˥˩˧kou˥˩tsɿ˧.黄：叫舔尻子，不说他拍马屁那个话。tɕiɑɔ˥˨tʰiæ̃˥˧kou˥˩tsɿ˧,pu˨˦ʂuo˥˩˧˩tʰɑ˥˩˧pʰei˥˩˧˩mɑ˥˧pʰi˥˨nə˥kə˥xuɑ˥˨.

亲尻子

黄：那一种，你比如你，有些人□，人□是个当官的，或者做啥的，为咧巴结人□的话，咱们这儿这有人骂那话，那是亲尻子货么。nei˥i˥˩˧tʂuoŋ˥˩˧˩,ni˥˩˧pi˥˧ʐʮ˨˦˨ni˥˧,iou˥˧ɕie˥˩˧˩ʐəŋ˨˦ni æ̃˨˦,ʐəŋ˨˦˨niæ̃˨˦˥sɿ˥kə˥tɑŋ˥˩˦kuæ̃˥˩ti˧,xuei˨˦˥tʂə˥˩˧˩tsʮ˥sɑ˥ti˧,vei˥lie˧pɑ˥˩tɕie˥˩˧˩ʐəŋ˨˦niæ̃˨˦˨tə˧xuɑ˥˨,tʂɑ˨˦məŋ˧tʂər˥tʂə˥iou˥˧ʐəŋ˨˦˨mɑ˥nə˥xuɑ˥˨,nə˥˨sɿ˥tɕʰiŋ˥˩kou˥˩˧˩tsɿ˧xuo˦˥muo˧.（叫什么？）黄：亲尻子。亲尻子。tɕʰiŋ˥˩kou˥˩tsɿ˧.tɕʰiŋ˥˩kou˥˩tsɿ˧.（亲尻子？）黄：啊。ɑ˧˩.（就[吻手]这样亲的吗？）黄：啊，那亲尻子货，就像那个狗一样的，一看了，见了□那个来，一下摇尾乞怜的那个样子，就是那么一个亲尻子。ɑ˧˩.nə˥˨tɕʰiŋ˥˩˧˩kou˥˩tsɿ˧xuo˥,tsou˥ɕiɑŋ˥nə˥kə˥kou˥˧i˥˩˧˩iɑŋ˥ti˧,i˥˩˧˩kʰæ̃˥lə˧,tɕiæ̃˥lə˧niæ̃˨˦˨nə˥kə˥læᴇ˨˦˧,i˥˩˧˩xɑ˥iɑɔ˨˦vei˥˩˧˩tɕʰi˥˩liæ̃˨˦˨ti˧nə˥kə˥iɑŋ˥tsɿ˧,tɕiou˥˨sɿ˥˨nə˥muo˧i˥˩˧kə˥tɕʰiŋ˥˩kou˥˩tsɿ˧.

找事儿

（有的事是他没事找事，他叫什么？你这儿也不对，那个不对。……故意找人家的……）黄：故意找事儿咧么。ku˥i˥tʂɑɔ˥˧sər˥lie˧muo˧.王：那就找事儿，或者是这个……nə˥˨tɕiou˥tsɑɔ˥˧sər˥,xuo˨˦˨tʂə˥˧sɿ˥tʂə˥kə˥……（找刺儿还是挑刺儿你们是？）王：找事儿，我们这儿叫找事儿……tʂɑɔ˥˧sər˥˨,ŋuo˥˧məŋ˧tʂər˥tɕiɑɔ˥tsɑɔ˥˧ʂər˥˨……（找刺儿？）黄：找事儿。tʂɑɔ˥˧sər˥.（啊？）黄：找事咧。没事儿给你寻事咧。寻事或者是找事咧么。tʂɑɔ˥˧sɿ˥lie˧.muo˥˩˧˩sər˥kei˥ni˥˩˧ɕiŋ˨˦sɿ˥lie˧.ɕiŋ˨˦sɿ˥xuo˨˦˧tʂə˥˩˧˩sɿ˥˨tʂɑɔ˥˧sɿ˥lie˧muo˧.（有没有说挑刺的说法？）王：也有。ie˥˧iou˥˩˧˩.黄：有咧么，有挑，有挑刺儿咧么。iou˥˧lie˧muo˧,iou˥˩˧˩tʰiɑɔ˥˩˧˩,iou˥˧tʰiɑɔ˥˩

˪tsʰər˧liem˩.王：嗯。ŋ̍˪.（叫挑刺？）黄：啊，有些人说话，横挑鼻子竖挑眼儿的你。ɑ˪,iou˦ɕie˦˪zəŋ˩ʂuo˦˪xuɑ˧˪,xəŋ˩tʰiɑɔ˦pi˩˫tsɿ˧ʂʮ˧˥tʰiɑɔ˦˪niæ̃r˦ti˩ni˦˪.（有没有说，啊，寻事也说是吧？）王：嗯。寻事。ŋ̍˪.ɕyoŋ˩sɿ˧.黄：啊，寻事也说咧。ɑ˪,ɕyoŋ˩sɿ˧ie˦ʂuo˦˪lie˩.（也说不说……）王：寻事就是我们这儿就说寻事咧。ɕyoŋ˩sɿ˧tɕiou˧sɿ˧ŋuo˦mən˩tʂər˧tɕiou˧ʂuo˦˪ɕiŋ˩sɿ˧˪lie˩.（那个呢，搜……搜事呢？没事儿他找些事来。搜事说不说？）黄：没有。这儿不说那个话。muo˦˪iou˦.tʂər˧pu˩˪ʂuo˦˪nə˧kə˧xuɑ˧˪.（找茬儿说不说？）黄：找茬还倒说咧。tʂɑɔ˦tsʰɑ˩xɑ˩˫tɑɔ˧ʂuo˦˪lie˩.

寻事

（他这个他闹事啊，这是好好的他闹事叫什么呢？这叫起……起事还是闹事还是叫什么？）黄：我们这儿叫寻事咧么。ŋuo˦mən˩tʂər˧tɕiɑɔ˧ɕiŋ˩˪sɿ˧lie˧muo˩.（寻事？）黄：嗯，寻事。ə̃˪,ɕiŋ˩sɿ˧.王：寻事或者有人找事咧。ɕiŋ˩sɿ˧xuo˩˪tʂə˦˫iou˦˪zəŋ˩tsɑɔ˦sɿ˧˪lie˩.黄：啊，找事或者寻事姆。ɑ˪,tsɑɔ˦sɿ˧xuo˩˫tʂə˦˪ɕiŋ˩sɿ˧m̩˩.

拉扯

1.（比如说这兄弟几个，老大这个生意做得很好，这个很好了，看着弟弟妹妹不行，他把弟弟妹妹也弄到……慢慢地带得很富裕了。像这个叫什么东西？或者你们朋友之间看着他不行，就先富带动后富啊，或者是这先升迁的带动后升迁的呀，这种东西。）黄：叫拉扯咧啊？tɕiɑɔ˧˪lɑ˦tʂʰə˦˪lie˩ɑ˩?王：嗯，叫拉一把。ŋ̍˪,tɕiɑɔ˧˥lɑ˦i˦˪pɑ˦˪.黄：拉一把，或者是叫拉扯。lɑ˦i˦˪pɑ˦˪,xuo˩˫tʂə˦˫sɿ˧tɕiɑɔ˧lɑ˦tʂʰə˦˪.王：嗯，叫扶持。ŋ̍˪,tɕiɑɔ˧fu˩˪tʂʰʅ˩˥.黄：噢，扶一下，扶一把么是。ɑɔ˧,fu˩i˦˪xɑ˧˪,fu˩i˦˪pɑ˦muo˩sɿ˧˪.

2.（说这个交往啊，你们说不说拉扯？）黄：啊？ŋɑ˪?（交往。）黄：交往也说拉扯这个话咧。嗯。tɕiɑɔ˦˪vɑŋ˦˫ie˦ʂuo˦˫lɑ˦tʂʰə˦˪tʂə˧kə˧xuɑ˧lie˩.ŋ̍˦.（拉扯是……）拉扯，嗯。lɑ˦tʂʰə˦˪,ə̃˪.（大概什么意思呢？）黄：拉扯就是互相之间有这个欸，硬往套近乎咧么。lɑ˦tʂʰə˦˪tɕiou˧˪sɿ˧˪xu˧ɕiɑŋ˦˪tsɿ˦tɕiæ̃˦˪iou˦˫tʂə˧kə˧ei˪,niŋ˧vɑŋ˦˪tʰɑɔ˧tɕiŋ˧xu˩liem˩.（套近乎叫lɑ˦tʂʰə˪?）黄：嗯。ŋ̍˪.

3.（这个攀亲戚呀，说是……叫不叫拉扯？拉扯亲戚？）王：叫咧，叫拉扯亲戚。tɕiɑɔ˧lie˩,tɕiɑɔ˧lɑ˦tʂʰə˦˪tɕʰiŋ˦tɕʰi˦˪.（他是个什么样的情景呢？拉扯亲戚的时候。）王：拉扯亲亲的话，那就说是……lɑ˦tʂʰə˦˪tɕʰiŋ˦tɕʰiŋ˦˪ti˩xuɑ˧˪,næᴇ˧˪tɕiou˧ʂuo˦˪sɿ˧……黄：本来是没有个亲亲，他就……pəŋ˦læᴇ˩˪sɿ˧˪mei˩iou˦kə˧˪tɕʰiŋ˦tɕʰiŋ˦˪,tʰɑ˦˪tsou˧……王：啊。ɑ˪.黄：硬往一磨里拉咧。拉扯亲亲。niŋ˧vɑŋ˦˪i˦˪tɑ˦li˩lɑ˦lie˩.lɑ˦tʂʰə˦˪tɕʰiŋ˦˪tɕʰiŋ˦˪.（拉拉扯扯可以说吧？）黄：拉拉扯扯可说咧。lɑ˦lɑ˦˪tʂʰə˦˫tʂʰə˦˫kʰə˦˪ʂuo˦lie˩.王：拉拉扯扯说咧。lɑ˦˪lɑ˦˪tʂʰə˦˫tʂʰə˦˫ʂuo˦˪lie˩.

耍死狗

（牙疼啊，一般你们叫什么？）黄：就叫牙疼。tɕiou˧tɕiɑɔ˧iɑ˩tʰəŋ˩˥.（有没有说牙疼叫装病的管？/不是这个意思嘛！/是什么？/这个……有……有装病的这个……说人家装病怎么说？）那也……也就叫你装病咧么。næᴇ˧˪i……ie˦tɕiou˧tɕiɑɔ˧ni˦˫tʂuɑŋ˦˪piŋ˧lie˩muo˩.（有些人他没病就啊假装那个。）就是没有病，没病装病咧么，嗯。tɕiou˧˪sɿ˧˪muo˦˥iou˦˫piŋ˧,muo˦˪piŋ˧tʂuɑŋ˦piŋ˧lie˩muo˩,ə̃˪.（有些人这个精神正常，他装作那个，欸，那叫什么呢？）我们把那叫装死卖活咧么。ŋuom˦pɑ˦˪næᴇ˧tɕiɑɔ˧˪tʂuɑŋ˦˪sɿ˦mæᴇ˧xuo˩lie˩muo˧.（装死卖活？）噢，有些人这个，好好儿的，本来都睡得那个地方，这叫耍死狗咧么。ɑɔ˧,iou˦ɕi e˥˩ʐəŋ˧˩tʂə˦˩kə˦˩,xɑɔ˥xɑɔr˥˧ti˨,pəŋ˥læᴇ˧˩tou˥˩ʂuei˦tə˨nə˦kə˦ti˦faŋ˥˧,tʂei˦(tɕ)iɑɔ˦ʂuɑ˥sɿ˥˩kou˥liem˨.（耍死狗？）啊。ɑ˩.（耍死狗是是是什么意思呢？它这是是什么个情况？）耍死狗那个人，就是有些人一旦总就说是这个，不行了以后，那就赖皮，来把你这个领导吗或者谁个人把你来腿一抱，就死皮赖脸的那个就。ʂuɑ˥sɿ˥˩kou˥nə˦˩kə˦˩ʐəŋ˧˩,tɕiou˦sɿ˦iou˥ɕie˥˩ʐəŋ˧˩i˥˩tæ̃˦tsuoŋ˥˧tsou˦ʂuo˥sɿ˦˩tʂə˦˩kə˦˩,pu˧˩ɕiŋ˧˩lə˨i˥˩xou˦,næᴇ˦˥tɕiou˦˩læᴇ˦pʰi˧˩,læᴇ˧˩pɑ˥˩ni˥˧tʂə˦kə˦liŋ˥˧tɑɔ˥mɑ˨xuo˧˩tʂə˥˩sei˧˩kə˦ʐəŋ˧˩pɑ˥˩ni˥˧læᴇ˧˩tʰuei˥i˥˩pɑɔ˦,tɕiou˦sɿ˥pʰi˧˩læᴇ˦liæ̃˥˧ti˨nei˦kə˦tɕiou˦.（噢，死皮赖脸的那个？）啊。ɑ̃˩.（那个有些人他本来精神是很正常的，哎，那个故意这个装疯……装……装作疯了一样的。）装疯卖……我们就把那叫装疯卖傻嘛。tʂuɑŋ˥˧fəŋ˥˩mæᴇ˦……ŋuo˥məŋ˨tɕiou˦pɑ˥˩næᴇ˦tɕiɑɔ˦tʂuɑŋ˥˧fəŋ˥˩mæᴇ˦ʂɑ˥mɑ˨.（还有的人本身是这个口齿清晰，到一定的时候啊啊啊，啊啊啊。这叫什么？）装聋作哑么，有的……有的叫装聋作哑咧么。tʂuɑŋ˥˩luoŋ˧˩tsuo˥˩iɑ˥muo˨,iou˥ti˨……iou˥ti˨tɕiɑɔ˦tʂuɑŋ˥˩luoŋ˧˩tsuo˥˩iɑ˥liem˨.（装聋作哑是吧？）噢，那听话着，本来耳朵好好儿的，那家伙你再说的话，“啊”，就是这么样子，“听不下咧”，啊哈。ŋɑɔ˩,næᴇ˦tʰiŋ˥˩xuɑ˦˧tʂə˨,pəŋ˥læᴇ˧˩ər˥tuo˨xɑɔ˥xɑɔr˥ti˨,næᴇ˦˥tɕiɑ˥˩xuo˨ni˥˩tsæᴇ˦˧ʂuo˥˩ti˨xuɑ˦,ɑ˧,tɕiou˦˩sɿ˦˩tʂə˦muo˨iɑŋ˦tsɿ˨,tʰiŋ˥pu˧˩xɑ˦˧lie˨,ɑ˥xɑ˥.（你那很形象啊！）很形象的，哎，说是咋事欸说，他就没有那个事咧。xəŋ˥ɕiŋ˧˩ɕiɑŋ˦ti˨,æᴇ˧,ʂuo˥sɿ˦˩tsɑ˥sɿ˦ei˦ʂuo˥˧,tʰɑ˥˧tsou˦mei˧˩iou˥nə˦kə˦sɿ˦lie˨.

死蔓子、死狗弄手

（这个人要是这个做什么事情呢，就死赖，就耍赖，你像这样的就，叫什么？耍无赖。）王：咱们这儿叫死蔓子噢。tsɑ˧˩məŋ˨tʂər˦tɕiɑɔ˦sɿ˥væ̃˦˩tsɿ˨lɑɔ˨.黄：噢，死蔓子。ɑɔ˩,sɿ˥væ̃˦˩tsɿ˨.（死弯子？）黄：嗯。ə̃˦.（哪个弯？）王：瓜蔓的蔓。kuɑ˥˩væ̃˦ti˨væ̃˦.黄：瓜蔓的蔓么。kuɑ˥˩væ̃˦˥ti˨væ̃˦˥muo˨.（噢！）王：死蔓子。sɿ˥væ̃˦˩tsɿ˨.（有没有说是耍死狗的？）黄：有咧么，死狗么。iou˥lie˨muo˨,sɿ˥˧kou˥muo˨.王：有哩，也死狗姆。iou˥li˨,iɑ˥˧sɿ˥˧kou˥m̩˨.黄：死狗弄手。sɿ˥˩kou˥nuoŋ˦˧ʂuo˥˩.（死狗弄什么？）黄：死狗，死狗弄手。sɿ˥kou˥˧,sɿ˥˩kou˥nuoŋ˦˧ʂuo˥˩.（nuoŋ˧……）黄：你这个儿人弄事，像个，就是个死狗弄手姆。ni˥˧tʂə˦˩kuor˦˥ʐəŋ˧˩nuoŋ˦sɿ˦,ɕiɑŋ˦kə˦,tɕiou˦˩sɿ˦˩kə˦˩sɿ˥˩kou˥nuoŋ˦ʂou˥˩m̩˨.（死狗？）王：嗯。ŋ̍˩.（人寿是吧？）王：弄手。nuoŋ˦˧ʂou˥˩.黄：呃，弄手。ə˩,nuoŋ˦ʂou˥˩.（nuoŋ˦ʂou˩是什么？）黄：弄。nuoŋ˦.王：弄，弄，就是兀个，弄东西个弄。nuoŋ˦˩,nuoŋ˦,tɕiou˦˩sɿ˦˩vu˦˥kə˦˩,nuoŋ˦tuoŋ˥ɕi˨kə˦˩nuoŋ˦˩.（啊，弄东西的弄，一个王下面一，一个一个那个东西。）王：啊。ɑ˩.黄：啊。ɑ̃˩.王：死狗弄手么。sɿ˥˩kou˥nuoŋ˦˧ʂou˥˩muo˨.黄：弄这个手是个……这个手。[伸出手来表示]nuoŋ˦tʂə˦kə˦ʂou˥sɿ˦kə˦ʂ……tʂə˦˩kə˦˥ʂou˥˩.（呃，死狗弄手？）黄&王：啊。ɑ˩.（就是无赖，耍无赖的意思？）黄：啊。ɑ̃˩.王：嗯。ŋ̍˩.（比如说这个，这是……反正这个人就说话不算数啊，或者……或者怎么样啊。）黄：啊。ɑ̃˩.王：嗯。死狗么。ŋ̍˩.sɿ˥˩kou˥muo˨.

毬咬腿

（有“毬咬腿”这个说法吗？）黄：有咧。毬咬腿那个。iou˥lie˨.tɕʰiou˧˩niɑɔ˥tʰuei˥nə˦˩kə˦˩.（毬咬腿是什么意思？）骂人咧嘛。骂人咧嘛。毬你本身咬不上腿……毬嘛，毬和腿都在咬开了下，哼哼。mɑ˦ʐəŋ˧˩lie˦mɑ˨.mɑ˦ʐəŋ˧˩lie˦mɑ˨.tɕʰiou˧˩ni˥˧pəŋ˥ʂəŋ˥˩niɑɔ˥pu˧˩ʂɑŋ˦tʰ……tɕʰiou˧˩mɑ˨,tɕʰiou˧˩xuo˧˩tʰuei˥tou˥˩tsæᴇ˦˩niɑɔ˥kʰæᴇ˥˩lə˨xɑ˦,xə̃˥xə̃˥.（毬咬腿是吧？）噢嚎，毬咬腿么。ɑɔ˥xɑɔ˩,tɕʰiou˧˩niɑɔ˥˧tʰuei˥muo˨.

（就是……这种人到底是有什么特点才这样叫他？）哼哼。这□晓咋么就……反正这个话经常有人骂人咧。毬咬腿嘛，哼。xə̃˨˩xə̃˨˩.tʂei˥˧niæ̃˧˩ɕiao˥˧tsa˥muo˧tsou……fæ̃˥˩tʂəŋ˥˧tʂə˥kə˥xua˥tɕiŋ˥˩tʂʰaŋ˧iou˥zəŋ˧˩ma˥zəŋ˧˩lie˧.tɕʰiou˧˩niao˥tʰuei˥ma˧,xə̃˥.（是形容……形容这个人那个是无赖还是……）啊，无赖嘛，形容这个无赖嘛。a˩,vu˧˩læɛ˥˧ma˧,ɕiŋ˧zuoŋ˧˩tʂə˥kə˥vu˧˩læɛ˥ma˧.（不是……）呃指谁和你都打不到……谁都和你打不了上交道。ə˥tsɿ˥˩sei˧xuo˧˩ni˥tou˥˩ta˥pu˧˩tao˥……sei˧tou˥˩xuo˧˩ni˥˩ta˥pu˧˩lə˥ʂaŋ˥tɕiao˥˩tao˥˩.（不是指这个人吧？是指他的特点吧？）指这一个人的这个特点这个事情，这个人这个个性就是这么个。毬和腿两个本身都相处得很好着咧，结果你那个毬光咬腿么你想，那么好的关系，那么好的邻里关系都咬的放嘛。tsɿ˥tʂei˥˧i˥˩kə˥˧zəŋ˧ti˧tʂə˥kə˥tʰə˥˩tiæ̃˥tʂə˥˩kə˥˩sɿ˥˧tɕʰiŋ˧˩,tʂə˥˩kə˥˧zəŋ˧tʂə˥˩kə˥˩kə˥ɕiŋ˥tɕiou˥˩sɿ˥˩tʂə˥˧mə˧kə˥.tɕʰiou˧xuo˧˩tʰuei˥liaŋ˥kə˥˩pəŋ˥ʂəŋ˥˩tou˥˩ɕiaŋ˥˩tʂʰʯ˥tə˧xəŋ˥xao˥tʂuo˥˩lie˧,tɕie˥˩kuo˥ni˥nə˥kə˥tɕʰiou˧kuaŋ˥˩niao˥tʰuei˥muo˧ni˥˩ɕiaŋ˥˩,nə˥˩muo˧xao˥ti˧kuæ̃˥˩ɕi˥,nə˥mə˧xao˥ti˧liŋ˧˩li˥˩kuæ̃˥ɕi˥˩tou˥˩niao˥ti˧faŋ˥˩ma˧.

少欠

1.（这个比如说人家该……该还你钱又没还，该该该报答你又没报答，这这这种叫什么呢？说你借借了五斤粮票，到现在还没还呢！）黄：甚么了么？ʂəŋ˥˩muo˧lə˧muo˧?（说不说少欠我？少欠。）少欠啊，少欠这个话有咧。你少欠了谁了。ʂao˥tɕʰiæ̃˥a˧,ʂao˥tɕʰiæ̃˥tʂə˥kə˥xua˥iou˥lie˧.ni˥ʂao˥tɕʰiæ̃˥lə˧sei˧˩lə˥.（少欠是什么情况下又会用到呢？）少欠就说是这个欵兀……哎，要咋说咧。一般情况下就说是本来该还的那个东西，你和他就无缘无故么是借了□这个东西，结果你把那个东西……这好像是个贬义词。少欠那个人了。ʂao˥tɕʰiæ̃˥tɕiou˥˧ʂuo˥sɿ˥tʂə˥kə˥ei˥væɛ˥……æɛ˩,iao˥˧tsa˥ʂuo˥lie˧.i˥pæ̃˥tɕʰiŋ˧˩kʰuaŋ˥˧ɕia˥tɕiou˥˩ʂuo˥˩sɿ˥˩pəŋ˥læɛ˧˩kæɛ˥˩xuæ̃˧ti˧nə˥kə˥tuoŋ˥ɕi˧,ni˥xuo˧˩tʰa˥tsou˥˩vu˧yæ̃˧˩vu˧˩ku˥˧muo˧sɿ˥˩tɕie˥˩lə˧niæ̃˧˩tʂə˥kə˥tuoŋ˥ɕi˧,tɕie˥˩kuo˥ni˥˩pa˥˩nə˥kə˥tuoŋ˥ɕi˧……tʂə˥˩xao˥˩ɕiaŋ˥sɿ˥˩kə˥˩piæ̃˥i˥tsʰɿ˧˩.ʂao˥tɕʰiæ̃˥næɛ˥kə˥zəŋ˧lə˧.（他有没有这种情况，就说这个人借了人家的东西或者钱，呃就就拖，拖拖拖，一直没还，呃结果这个人死了。）哎多。有……这号事多的是嘛。æɛ˥tuo˥˩.iou˥˩……tʂei˥˧xao˥sɿ˥tuo˥˩ti˧sɿ˥ma˧.（啊，这个，是不是这种情况下讲少欠？）这还倒不是，嗯，少欠一般情况下就说是这个欵，看咋说咧么这事。这号事倒多得很。你要把这形容一下，还不好形容。tʂei˥˧xa˧˩tao˥pu˧˩sɿ˥,ŋ̍˩,ʂao˥tɕʰiæ̃˥i˥pæ̃˥tɕʰiŋ˧˩kʰuaŋ˥˧ɕia˥tɕiou˥ʂuo˥˩sɿ˥tʂə˥kə˥ei˩,kʰæ̃˥˩tsa˥˩ʂuo˥liem˧tʂə˥˩sɿ˥˩.tʂə˥xao˥sɿ˥tao˥tuo˥tə˧xəŋ˥˩.ni˥˩iao˥pa˥˩tʂə˥ɕiŋ˧yoŋ˧i˥xa˥˩,xa˧˩pu˧˩xao˥ɕiŋ˧yoŋ˧˩.（你举个，举两个例子，举一句话看？用到这个“少欠”的这个情况。）说不出来，这个话好像就这样子这个。ʂuo˥pu˧˩tʂʰʯ˥˩læɛ˧,tʂə˥kə˥˧xua˥xao˥˩ɕiaŋ˥tɕiou˥˧tʂə˥˧iaŋ˥˧tsɿ˧tʂə˥kə˥.（比如说这个你78年借了我五斤粮票到现在还没还，说不你少欠我？）但是你和我两个绝对不说。tæ̃˥˩sɿ˥˩ni˥xuo˧ŋuo˥liaŋ˥˩kə˥˩tɕyo˧tuei˥˧pu˧˩ʂuo˥.（为什么呢？）就是，叫陈老师要说这个就可以说这个话。tɕiou˥sɿ˥,tɕiao˥tʂʰəŋ˧lao˥sɿ˥˩iao˥ʂuo˥tʂə˥kə˥tsou˥kʰə˥˩i˥˩ʂuo˥˩tʂə˥kə˥xua˥˩.（啊，说你，你少欠他？）你少欠他。ni˥˩ʂao˥tɕʰiæ̃˥˩tʰa˥˩.（噢，是某某说第三者？）噢，说第三者。互相之间不可能说是这个。哎，那那啥咧你都少欠我了。那不可能，必须是第三者来说你。嗯。ao˩,ʂuo˥˩ti˥sæ̃˥tʂə˥˩.xu˥˧ɕiaŋ˥˩tsɿ˥˩tɕiæ̃˥˩pu˧˩kʰə˥nəŋ˧ʂuo˥˩sɿ˥tʂə˥kə˥.æɛ˩,næɛ˥˧næɛ˥˧sa˥lie˧ni˥tou˥˩ʂao˥tɕʰiæ̃˥ŋuo˥lə˧.næɛ˥˧pu˧˩kʰə˥˩nəŋ˧˩,pi˥ɕy˥˩sɿ˥ti˥sæ̃˥tʂə˥˩læɛ˧ʂuo˥ni˥˩.ŋ̍˩.（噢，就是当事……当事人这个，不能当着当事人双方的面说？）那是……当着双方人的面可以说，

但是必须是第三者。就是……双方，人，当事人就不可能说这个话去。nə˦ʂ……taŋ˥˩˧tʂə˦ ʂuaŋ˥fan˥˩ʐəŋ˩˧ti˧miæ̃˦kʰə˥i˩ʂuo˥˩,tæ̃˦sɿ˦pi˥˩çy˥˩sɿ˦˩ti˦sæ̃˥tʂə˥˩.tçiou˦ʐ……ʂuaŋ˥faŋ˥˩,ʐəŋ˩,ta ŋ˥˩sɿ˦˥ʐəŋ˩˧tsou˦˩pu˩˩kʰə˥˩nəŋ˩ʂuo˥tʂə˦kə˦xua˦tçʰi˦.（欸，这样的，比如说这个子女不，没有这个很好地赡养父母，说不他，说，说不说少欠呢？）那不说。那只能说是不孝顺。næᴇ˦˥pu˩˩ʂuo˥˧.næᴇ˦tsɿ˥˩nəŋ˩ʂuo˥sɿ˦˩pu˩˩çiao˦ʂuoŋ˦˩.（有没有说回……没有回报他呢？）那就是，我们这儿这就是一句话，你不孝顺。næᴇ˦˥tçiou˦˩sɿ˦˩,ŋuo˥mən˧tʂər˧tʂə˦tçiou˦˩sɿ˦˩i˥˩tç y˦˥xua˦,ni˥˩pu˩˩çiao˦ʂuoŋ˦˩.（比如说这个，这个人这个出外打工还没打工呢就怎么着了，可能过世了或者怎么样。）那倒不。那和这个无关系这，和这没有关系了。nei˦˥tao˥˩pu˩.n æᴇ˦˥xuo˩˩tʂə˦kə˦vu˩kuæ̃˥˩çi˧tʂei˧˩,xuo˩tʂə˦˥mei˩iou˥˧kuæ̃˥˩çi˧lə˧.

2.（欠别人的东西说不说呃少欠？）王：不说。pu˩˩ʂuo˥˩.（有少欠这个话吗？ʂao˥tçʰiæ̃˩？）少欠？ʂao˥tçʰiæ̃˦˩？（嗯。）少欠，那就说是你，你这个人的话来是，比方你到我这儿来，一天，又不给你付工钱，又不弄下是啥，你一天给我干这干那号人嘞，兀人……少欠了兀一家咧。兀叫少欠。ʂao˥tçʰiæ̃˦˩,næᴇ˦tçiou˦ʂuo˥˩sɿ˦˩ni˥˧,ni˥˧tʂə˦kə ˦ʐəŋ˩tə˧xua˦læᴇ˩˧sɿ˦,pi˥faŋ˥˩ni˥tao˦ŋuo˥˧tʂər˦læᴇ˩,i˥˩tʰiæ̃˥,iou˦pu˩˩kei˦ni˥˧fu˦kuoŋ˥tçʰiæ̃˩,i ou˦pu˩˩nuoŋ˦xa˦sɿ˦sa˦,ni˥˧i˥˩tʰiæ̃˥kei˦ŋuo˥˧kæ̃˦tʂə˦kæ̃˦nei˦˥xao˦˩ʐəŋ˩lei˧,væᴇ˦˥ʐəŋ˩tçʰi…… ʂao˥tçʰiæ̃˦˩lə˧væᴇ˦˥i˥˩tçia˥lie˧.væᴇ˦˥tçiao˦˩ʂao˥tçʰiæ̃˦˩.

不铆

（不和，不睦两个人，你们把那说什么？）黄：那，你，你两个脾气就不相噢。那……næᴇ˦˥,ni˥˥,ni˥lian˥(k)ə˦pʰi˩˩tçʰi˦˥tou˥˩pu˩˩çiaŋ˥˩ao˩.nei˦……（两人不和说不说“不对铆”？）嗯，不合脾气么。ə̃˩,pu˩˩xə˩pʰi˩˩tçʰi˦˥muo˧.（说“不对铆”吗？）嗯，也……这儿，不对铆这个话不说，就是……一般说你两个脾气都不相投嘛。ə̃˩,ie˥……tʂər˦,pu˩˩tuei˦mao˥tʂə˦kə˦xua˦pu˩˧ʂuo˥˩,tsou˦˥sɿ˦˩……i˥pæ̃˥˩ʂuo˥˩ni˥˧lian˥(k) ə˦˩pʰi˩˩tçʰi˦˥tou˥˩pu˩˩çiaŋ˥˩tʰou˩ma˦.（还有什么说法没有？）有的人就那个秉性都不合，或者是，秉性不合和脾气不合是一回事。iou˥ti˧ʐəŋ˩tçiou˦˥nə˦˩kə˦˩piŋ˥çiŋ˦tou ˥˩pu˩˩xuo˩,xuei˩˧tʂə˥˩sɿ˦˩,piŋ˥çiŋ˦pu˩˩xuo˩xuo˩˩pʰi˩˩tçʰi˦˥pu˩˩xuo˩sɿ˦i˥˩xuei˩sɿ˦˩.（有没有说不对火儿？）不说这个话。pu˩˧ʂuo˥tʂə˦˩kə˦˩xua˦.（不铆？）不铆这个话有咧。嗯。pu˩˩mao˥tʂə˦kə˦xua˦iou˥˩lie˧.ə̃˩.（也有是吧？）啊，这是土一点这个话，不铆。a˩,tʂə˦˥sɿ˦˩tʰu˥i˥˧tiæ̃˥˧tʂə˦kə˦xua˦,pu˩˩mao˥.（讲不讲不睦？）不睦这个话没有。pu˩˩mu˥tʂə˦˩kə˦˥xua˦mei˩˩iou˥˩.（比如这经常有这个农村的这妯娌之间这个闹不和，你，这这俩这两个先后说她怎么样呢？）先……妯娌之间不和，这个一般就说是，也就是个不和，再没个啥说首。çiæ̃˦……tʂou˩li˥tsɿ˥˩tçiæ̃˥pu˩˩xuo˩,tʂə˦kə˦i˥˩pæ̃˥tçiou˦˩ʂuo˥˩sɿ˦,ie˥tçi ou˦sɿ˦˩kə˦˩pu˩˩xuo˩,tsæᴇ˦mei˩kə˦sa˦ʂuo˥ʂou˧.（讲不讲不不不不佮曳？）没有。mei˩˧iou˥˩.（两人不佮？）这都没有。tʂə˦˥tou˥˩mei˩˩iou˥˩.（不佮？）嗯。哎……ŋ̍˩.æᴇ˦……（有说不佮的吗？）不佮这个话说咧。pu˩˩kə˥tʂə˦kə˦xua˦ʂuo˥lie˧.（不说不kuo˥，老人家？）老人家佮不……兀也……这个话还说咧。“不佮”这个话说咧。lao˥ʐəŋ˩˩tçia˧kuo˥pu…… væᴇ˦ie˥˧……tʂə˦˩kə˦xua˦xa˩˩ʂuo˥lie˧.pu˩˩kuo˥tʂə˦kə˦xua˦ʂuo˥lie˧.（那两个人很好，说不说“佮”了？能佮到一……能佮到一块儿？）能佮一……能佮得一块儿去咧。脾气又……那我们这儿这是形容这个东西个，就是骂开来咧。兀一个槽上拴不下两个叫驴。nəŋ˩kuo˥i˥˧……nəŋ˩kuo˥tə˧i˥˩kʰuar˥tçʰy˦lie˦.pʰi˩˩tçʰi˦iou˦……nə˦ŋuo˥mən˧tʂər˦tʂə˦sɿ˦çiŋ˩yo ŋ˧˩tʂə˧kə˧tuoŋ˦˨ɕi˧kə˧,tsou˧sɿ˧ma˧˦kʰæᴇ˥˩læᴇ˧˩lie˧.væᴇ˧i˥˩kə˧˥tsʰɑɔ˧˩ʂɑŋ˧tʂuæ̃˥pu˧˩xɑ˧liɑŋ˥kə˧˩tɕiɑɔ˧˦y˧˩.（两个脚鱼啊？）两个叫驴啊。liɑŋ˥kə˧˩tɕiɑɔ˧˦y˧˩ɑ˩.（叫驴？）啊，一个槽拴不下两个叫驴。我始终到底是它都踢，不踢就咬啊。ɑ˩,i˥˩kə˧˥tsʰɑɔ˧˩ʂuæ̃˥˩pu˧˩xɑ˧liɑŋ˥kə˧˩tɕiɑɔ˧y˧˩.ŋuo˥˩sɿ˥tʂuoŋ˥˩tɑɔ˧ti˥sɿ˧˩tʰɑ˥˦tou˥˩tʰi˥,pu˧˩tʰi˥tsou˧niɑɔ˥˦æ˩.（把两种东西混起来，叫不叫佮，kuo˦啊？）不叫。pu˧˩tɕiɑɔ˧.（比如说这个你那个，把荞面跟那个麦面啊混在一起，把它那个揉在一起，那叫……）那叫和。那……那我们叫这，我们叫是……和起来。næᴇ˧tɕiɑɔ˧xuo˩.næᴇ˧……næᴇ˧ŋuom˥tɕiɑɔ˧tʂə˧,ŋuom˥tɕiɑɔ˧ʐ……xuo˩tɕʰi˥˩læᴇ˧˩.（能不能够说kuo˥在一起？）不说。pu˧˩ʂuo˥˩.（合伙有没有叫kuo˥伙的？）没有。合伙儿就是合伙儿。mei˧˩iou˥˦.xə˧˩xuor˥tɕiou˧sɿ˧xə˧˩xuor˥˦.（那合伙儿不是说我们kuo˥起来做？）那没有。有的……nə˧˥mei˩iou˥˩.iou˥ti˩……（有……有没有说kuo˥起来做什么事情的？）没有。有是搭伙儿做这么事情，或者是合起来做哪个事情。muo˥˩iou˥.iou˥sɿ˧tɑ˥˩xuor˥tsuo˧tʂə˧˩muo˩sɿ˧tɕʰiŋ˧˩,xuei˧˦tʂə˥˦sɿ˧xuo˧˩tɕʰi˧˥læᴇ˧˦tsuo˧nɑ˥˦kə˧˩sɿ˧˥tɕʰiŋ˧˩.（不铆也可以叫不佮？）嗯。ŋ̍˩.（不佮，这个如果是夫妻两个人不和呢？）夫妻两个人那他就搭感情了了。那就是感情不和了。那夫妻感情不和。fu˥tɕʰi˥˩liɑŋ˥kə˧nə˧tʰɑ˥˦tsou˧tɑ˥˩kæ̃˥tɕʰiŋ˧˩lə˩lə˩.nə˧tɕiou˧sɿ˧kæ̃˥tɕʰiŋ˧˩pu˧˩xuo˧˩lə˧.nə˧˩fu˥tɕʰi˥˩kæ̃˥tɕʰiŋ˧˩pu˧˩xə˩.（说不啥不佮呢？）感情不和，脾气不投么。这事好像不佮这个事情不太多。kæ̃˥tɕʰiŋ˧˩pu˧˩xuo˩,pʰi˧˩tɕʰi˧˥pu˧˩tʰou˩muo˧.tʂə˧sɿ˧xɑɔ˥˩ɕiɑŋ˧pu˩kuo˥tʂə˧kə˧sɿ˧tɕʰiŋ˧˩pu˧˩tʰæᴇ˧tuo˥˩.（夫妻两个人不说不佮？）嗯。ŋ̍˩.（两个人这个反正本身也没有什么矛盾，但是就是不能一起共事啊，不能一起合作呀，也不能一起生活啊，有这样的事情？）那有咧么。这还……兀社会上，这兀号事情有咧噢。nei˧˥iou˥˩lie˩muo˩.tʂə˧˦xɑ˧˩……væᴇ˧ʂə˧xuei˧ʂɑŋ˧,tʂei˧˩vei˧˥xɑɔ˧sɿ˧˥tɕʰiŋ˧˩iou˥liɑɔ˩.（怎么说呢？一般说这两个人……）那只能说那两个人不铆儿，或者是这个……nə˧tsɿ˥˩nəŋ˩ʂuo˥˦nə˧liɑŋ˥kə˧˩ʐəŋ˩pu˧˩mɑor˥,xuei˧˩tʂə˥˩sɿ˧˥tʂə˧˩kə˧˩……（闹不到一起？）闹不到一块儿去。nɑɔ˧pu˧˦tɑɔ˧i˥˩kʰuər˥˦tɕʰi˧˥.（是闹不到一块儿去还是闹不到一瘩里？）闹不到一块儿，也是这样说。nɑɔ˧pu˧˦tɑɔ˧i˥˦kʰuər˥,iɑ˥˩sɿ˧˩tʂei˧˥iɑŋ˧˩ʂuo˥˩.（说不说尿不到一壶？）也可以说是……说土话他也是尿不到一个壶里去。ie˥kʰə˥i˥˩ʂuo˥s……ʂuo˥˩tʰu˥xuɑ˧tʰɑ˥ie˥˩sɿ˧niɑɔ˧pu˧˩tɑɔ˧i˥kə˧˩xu˧˩li˥˦tɕʰi˧˩.

不佮

1.（这个两人两个人呐，就是说，关系就是搞不好。一般说这两个人怎么样？）黄：一般就是……i˥˦pæ̃˥˦tɕiou˧˩sɿ˧˩……（普通话叫不合了。）黄：这我们这儿就叫合不来。tʂə˧ŋuo˥məŋ˩tʂər˧tɕiou˧tɕiɑɔ˧xə˩pu˧˩læᴇ˩.（合不来？）王：嗯。ŋ̍˩.黄：嗯。那就是脾气不……ə̃˩.nei˧tɕiou˧˩sɿ˧˩pʰi˧˩tɕʰi˧˥pu˧˩ts……王：不佮，又叫不佮。pu˧˩kuo˥,iou˧˩tɕiɑɔ˧pu˩kuo˥.黄：噢，不佮。ɑɔ˩,pu˧˩kuo˥.（噢，不kuo˥？）王&黄：嗯。ŋ̍˩.（合不来？）王&黄：嗯。ŋ̍˩.黄：再一个也就说是这两个人不铆儿。tsæᴇ˧i˥kə˧æ˥˦tɕiou˧ʂuo˥˩sɿ˧˩tʂə˧liɑŋ˥˦kə˧ʐəŋ˩pu˧˩mɑor˥.

2.（说不说这个佮不住人？）黄：不佮人这个人。pu˧˩kuo˥ʐəŋ˧˩tʂə˧kə˧ʐəŋ˧˦.（噢，不佮人。）不佮人。pu˧˩kuo˥ʐəŋ˩.（叫不佮人？）呃是个独伙虫，不佮人嘛。ə˧sɿ˧kə˧tu˧˩xuo˥tʂʰuoŋ˧˩,pu˩kuo˥˩ʐəŋ˩mɑ˩.（这个两人，夫妻两人感情不好，说不说不佮？）也说不佮，感情不和。ie˥ʂuo˥˦pu˧˩kuo˥,kæ̃˥tɕʰiŋ˧˩pu˧˩xuo˩.（一般那就是那老辈的人也不知道什么感情这些东西，这……）啊，就是这个两口子不和。ɑ˥,tɕiou˧˥sɿ˧tʂə˧kə˧liɑŋ˥kʰou˥tsɿ˩pu˧˩xuo˩.

（说不佮还是不和？）嗯，不和。ŋ̍˧˩,pu˩˧˧˩xuo˩˧.（不和是吧？）嗯。ŋ̍˧˩.（说不佮吗？）也说不佮。iɑ˥˧ʂuo˥˧˧pu˩˧˧˩kuo˥˧.

不尿

（这个把某某人呐不当一回事儿，你说什么？不鸟他？）黄：他是……<u>我们</u>这儿多一半是不理他。tʰɑ˥˧˧sɿ˦……ŋuom˥˧tʂər˦tuo˥˧i˥˧˧˩pæ̃˦sɿ˦pu˩˧˧˩li˥˧tʰɑ˥˧˧˩.（不拿他当回事儿？）噢，他算……他算个毬么。ɑɔ˧˩,tʰɑ˥˧suæ̃˦……tʰɑ˥˧suæ̃˦kə˦tɕʰiou˩˧muo˨.（说不尿他说不说？）呃，不尿他这个话也有咧。嗯。ə˧˩,pu˩˧˧˩niɑɔ˦tʰɑ˥˧˧tʂə˦kə˦xuɑ˦ie˥˧˦iou˥˧˧˩lie˨.ə̃˧˩.（呃，相当于不尿这种意思还有什么？）不尿他，不理他。pu˩˧˧˩niɑɔ˦tʰɑ˥˧˧˩,pu˩˧˧li˥˧tʰɑ˥˧˧˩.

冤家

（冤家怎么说？）黄：冤家那就是说明两个人已经是关系发展得都已经纯粹都没有办法说出来。就是对头么。见面，张口就，就要骂架咧么你，冤家。yæ̃˥˧tɕiɑ˥˧˧˩næɛ˦˧˩tɕiou˦sɿ˦ʂuo˥˧˧˩miŋ˩˧liɑŋ˥˧kə˦˧˩zəŋ˩˧i˥˧tɕiŋ˥˧˧˩sɿ˦kuæ̃˥˧˧˩ɕi˦˥fɑ˥˧˧˩tʂæ̃˥˧˧tə˨tou˥˧˧i˥˧tɕiŋ˥˧˧˩tʂʰuoŋ˩˧˧˩tsʰuei˦tou˥˧˧˩mei˩˧iou˥˧˧pæ̃˦fɑ˥˧˧ʂuo˥˧tʂʰʮ˥˧˧˩læɛ˩˧˧˩.tɕiou˦˧˩sɿ˦˧˩tuei˦˦˩tʰou˨muo˨.tɕiæ̃˦miæ̃˦,tʂɑŋ˥˧˧˩kʰou˥˧tsou˦,tsou˦iɑɔ˦mɑ˦tɕiɑ˦˦˩lie˨muo˨ni˥˧˧˩,yæ̃˥˧tɕiɑ˥˧˧˩.（你们这儿有冤家这个说法？）有么。我们这儿都是一般都称为冤家。是冤家就是对头，兀是肯定了。iou˥˧muo˨.ŋuo˥˧məŋ˨tʂər˦tou˥˧˧˩sɿ˦˧˩i˥˧˧pæ̃˥˧˧tou˥˧˧˩tʂʰəŋ˥˧˧˩vei˩˧˧˩yæ̃˥˧tɕiɑ˥˧˧˩.sɿ˦yæ̃˥˧tɕiɑ˥˧˧˩tɕiou˦sɿ˦˧˩tuei˦˦˩tʰou˨,və˦˧˩sɿ˦˧˩kʰəŋ˥˧˧tiŋ˦˥lə˨.（冤家也说对头是吧？）噢，冤家对头是一句话。ɑɔ˧˩,yæ̃˥˧tɕiɑ˥˧˧˩tuei˦˦˩tʰou˨sɿ˦˧˩i˥˧˧˩tɕy˦˥xuɑ˦˧˩.

目不来

（说这个，像像有些人呐，他他那个这个行为上他好像这个很夸张，过于做作。那种叫……）黄：嗯。形容他胡来呀不是目中无人么。ŋ̍˦.ɕiŋ˩˧˧yoŋ˩˧˧tʰɑ˥˧˧xu˩˧læɛ˩˧˥iɑ˥pu˩˧˧˩sɿ˦mu˥˧˧˩tʂuoŋ˥˧˧˩vu˩˧˧˩zəŋ˩˧muo˥.（非常的做作？）那就是人，<u>我们</u>这儿一般说你把你拿咧个大。nei˦tɕiou˦˧˩sɿ˦˧˩zəŋ˩˧,ŋuom˥˧tʂər˦i˥˧˧pæ̃˥˧˧ʂuo˥˧˧ni˥˧pɑ˥˧˧˩ni˥˧nɑ˩˧lie˥kə˦tɑ˦˧˩.（拿大？）啊，你把你拿了个大。ɑ˧˩,ni˥˧pɑ˥˧˧˩ni˥˧nɑ˩˧lə˥kə˦tɑ˦˧˩.（一个小……小小的那个什么官，摆起个大架子。）呃，目不来么他就对<u>我们</u>这儿。ŋə˥˧,mu˥˧pu˩˧˧˩læɛ˩˧muo˨tʰɑ˥˧˧tɕiou˦tuei˦˥ŋuom˥˧˧˩tʂər˦˧˩.（哪个mu˥˧？找个同音字。）目，那怕就是个目光的“目”吧？mu˥˧,næɛ˦˧˩pʰɑ˦˧˩tɕiou˦sɿ˦kə˦mu˥˧kuɑŋ˥˧˧˩ti˨mu˥˧˧˩pɑ˨?（就……就是瞧人家不起这个样子是吧？）啊，哎，目不来就说是自己……自己倒是个半斤八两，自己是把自己都掂不来嘛。你目不来，<u>我给</u>你说。ɑ˧˩,æɛ˧˩,mu˥˧pu˩˧˧˩læɛ˩˧tsou˦ʂuo˥˧˧˩sɿ˦˧˩tsɿ˦tɕie˥˧˧˩……tsɿ˦tɕie˥˧˧˩tɑɔ˦sɿ˦˧˩kə˦˧˩pæ̃˦tɕiŋ˥˧˧˩pɑ˥˧˧˩liɑŋ˥˧˧,tsɿ˦˥tɕie˥˧˧˩sɿ˦˧˩pɑ˥˧˧˩tsɿ˦˥tɕie˥˧˧˩tou˥˧˧˩tiæ̃˥˧pu˩˧˧˩læɛ˩˧mɑ˥.ni˥˧˧mu˥˧pu˩˧˧˩læɛ˩˧,ŋei˦ni˥˧˧ʂuo˥˧˧˩.（噢，就自己不知道自己有多重要，呃多多轻重？）嗯，嗯，就是的。啊，你自己是个啥子，是个啥人你来你自己都摸不准，就叫目不来么。ə̃˧˩,ə̃˦,tɕiou˦sɿ˦˧˩ti˨.ɑ˧˩,ni˥˧˧tsɿ˦tɕie˥˧sɿ˦˧˩kə˦˧˩sɑ˦tsɿ˥,sɿ˦˥kə˦˧˩sɑ˦zəŋ˩˧ni˥˧læɛ˩˧˧˩ni˥˧˧tsɿ˦tɕie˥˧˧˩tou˥˧˧˩muo˥˧pu˩˧˧˩tʂuoŋ˥˧˧˩,tɕiou˦tɕiɑɔ˦mu˥˧pu˩˧˧˩læɛ˩˧muo˨.（但是摆架子呢给人家？领导啊摆起个架子，好像了不起一样的。）这我们就那个倨死鬼。tʂə˦ŋuo˥˧məŋ˨tsou˦nɑ˦kə˦tɕy˥˧sɿ˥˧˧˩kuei˥˧˧˩.（倨死鬼他这种行为怎么形容呢？充大头？）那叫……噢，那他只感觉到倨死鬼那就说是这个根本不知道那个……自己官有多大。反正只是这个欸，到谁面前都好像，摆出个大官的那个架子，倨得很。næɛ˦˥tɕiɑɔ˦……ɑɔ˧˩,næɛ˦tʰɑ˥˧tsɿ˥˧˧˩kæ̃˥˧tɕyo˥˧˧˩tɑɔ˦tɕy˥˧sɿ˥˧˧˩kuei˥˧˧næɛ˦˧˩tɕiou˦˥ʂuo˥˧˧sɿ˦tʂə˦kə˦kəŋ˥˧pəŋ˥˧pu˩˧˧˩tʂʅ˥˧˧˩tɑɔ˦nə˦kə˦k……tsɿ˦tɕie˥˧˧kuæ̃˥˧iou˥˧˧˩tuo˥˧˧˩tɑ˦.fæ̃˥˧˧˩tʂəŋ˦˥tsʅ˥˧˧˩sɿ˦˦˩tʂə˦kə˦ei˦,tɑɔ˦sei˩˧miæ̃˦tɕʰiæ̃˩˧tou˥˧˧˩xɑɔ˥˧ɕiɑŋ˦,pæɛ˥˧tʂʰʮ˥˧˧˩kə˦˧˩tɑ˦˦˩kuæ̃˥˧˧ti˥nei˦kə˦tɕiɑ˦tsɿ˥,tɕy˥˧tei˥˧˧˩xəŋ˥˧˧˩.（嗯，那就还是摆起个大官的舅子……架子。）说话做啥子总感觉到，把自己

放不到个正……正职的位置上。ʂuo˥˩xuɑ˦tsʮ˦sɑ˦tsɿ˧tsuoŋ˥˩kæ̃˥˧tɕyo˥˩tɑɔ˦,pɑ˥˩tsɿ˦tɕie˥˩fɑŋ˦pu˨˦˩tɑɔ˦kə˦tʂəŋ˦……tʂəŋ˦tʂʅ˥˧ti˧vei˦tʂʅ˦˩ʂɑŋ˦˩.（还……还是有一个摆架子的这个说法是吧？）噢，有摆架子这个说法咧。ɑɔ˩,iou˥˧pæɛ˥˧˧tɕiɑ˦tsɿ˧tʂə˦kə˦ʂuo˥˧fɑ˥˩lie˧.（有拿架子吗？）噢，拿架子，或者是摆架子。ɑɔ˩,nɑ˨˦˩tɕiɑ˦tsɿ˧,xuei˨˦˩tʂə˥˩sɿ˦˩pæɛ˥˧tɕiɑ˦tsɿ˧.（你们是拿……拿架子还是摆架子多？）拿架子，摆架子，这话都说咧，反正。nɑ˨˦tɕiɑ˦tsɿ˧,pæɛ˥˧tɕiɑ˦tsɿ˧,tʂei˦xuɑ˦˨˦tou˥˧˦ʂuo˥˧lie˧,fæ̃˥˩tʂəŋ˦.

架子大得很

（这有的人呐，这个喜欢拿架子呀，或说是摆谱啊，这……这样的人说，他这个人喜欢干吗？）王：那就说兀人，架子大得很。nei˦˩tɕiou˦˥ʂuo˥˩væɛ˦zəŋ˨˦,tɕiɑ˦˨˦tsɿ˧tɑ˦tə˧xəŋ˥˧˧.（不说……不说这个扳扯？）嗯。陕西人那说兀扳扯。ŋ̍˩.ʂæ̃˥˧ɕi˥˩zəŋ˨˦˧nei˦ʂuo˥˩vu˦˨˦pæ̃˥˧tʂʰə˧.（陕西人说pæ̃˥˧tʂʰə˧？）嗯。陕西人那那那跟你来找个啥的话咧，你是……嗨呀，你这个人很难扳扯的很。ŋ̍˩.ʂæ̃˥˧ɕi˥˩zəŋ˨˦nei˦nei˦nei˦kəŋ˥˩ni˥˩læɛ˨˦tʂɑɔ˥˧kə˦˩sɑ˦˨˦ti˧xuɑ˦lie˧,ni˥˩sɿ˦……xæɛ˩iɑ˧,ni˥˧˧tʂə˦kə˦zəŋ˨˦xəŋ˥˩næ̃˨˦pæ̃˥˧tʂʰə˧ti˧xəŋ˥˩.（噢。陕西人说？）嗯。ŋ̍˩.（咱们这儿人不说？）嗯。咱们这儿人说这个人架子大得很，拙的很。ŋ̍˩.tsɑ˨˦məŋ˧tʂər˦zəŋ˨˦ʂuo˥˩tʂə˦kə˦zəŋ˨˦tɕiɑ˦˨˦tsɿ˧tɑ˦˩tə˧xəŋ˥˩,tʂou˥˧ti˧xəŋ˥˩.

欺客

黄：有欺生这个说法。我们有……有欺客这个说法咧。iou˥˧tɕʰi˥˩səŋ˥˧tʂə˦kə˦ʂuo˥˩fɑ˥˩.ŋuo˥˧məŋ˧iou˥˧˧……iou˥˧tɕʰi˥˩kʰei˥˧tʂə˦˩kə˦˩ʂuo˥˧fɑ˥˩lie˧.（欺客是什么东西？）□们都是本地人。咱们来咧一个外地人，说话做啥都给咱们找事儿咧，这就叫欺客咧。niæ̃˨˦˩məŋ˧tou˥˩sɿ˦pəŋ˥˧ti˦zəŋ˨˦.tsɑ˨˦məŋ˧læɛ˨˦˩lie˧i˥˧kə˦˩væɛ˦ti˦zəŋ˨˦˩,ʂuo˥˩xuɑ˦˥tsʮ˦sɑ˦niæ̃˨˦˩tou˥˧˧kei˦˩tsɑ˨˦˩məŋ˧tʂɑɔ˥˧sər˦lie˧,tʂei˦tɕiou˦tɕiɑɔ˦tɕʰi˥˩kʰə˥˧lie˧.（噢，欺负外地人？）欺负外地人叫欺客么。tɕʰi˥˧fu˨˦˩væɛ˦ti˦zəŋ˨˦tɕiɑɔ˦˩tɕʰi˥˩kʰə˥˧muo˧.

卖派

（比如说有的人，他这个儿子这个怎么样怎么样了。可能赚了钱了。哎呀，你不知道我的儿子又怎么样，在单位上这个领导又看重得很，又怎么样。）王：我们把呃叫谝三咧。ŋuo˥˧məŋ˧pɑ˥˩ə˦tɕiɑɔ˦pʰiæ̃˥˧sæ̃˥˩lie˧.（叫什么？）谝三。pʰiæ̃˥˧sæ̃˥˩.（谝三？）嗯。ŋ̍˩.（那是喜欢这个是……就是谝干传的人叫谝三呐！）嗯。这种叫个啥咧？ŋ̍˩.tʂei˦˥tʂuoŋ˥˩tɕiɑɔ˦kə˦sɑ˦lie˧?（卖……卖派叫不叫？）噢，叫卖派。对。ɑɔ˦,tɕiɑɔ˦mæɛ˦pʰæɛ˦˩.tuei˦˩.（叫什么？）卖派咧。mæɛ˦pʰæɛ˦˩lie˧.（是这里说还是前塬说？）这是这儿说咧。tʂə˦sɿ˦tʂər˦ʂuo˥˩lie˧.（在……在什么情况下说这个词？）这个卖派比一个例子就说，他们那娃比□谁家娃都能成，这也能成，又是那也能成，一下说的把他们卖派的。人家的娃娃都不行。tʂə˦kə˦mæɛ˦˨˦pʰæɛ˦˩pi˥˧i˥˩kə˦˩li˦˨˦tsɿ˧tɕiou˦ʂuo˥˩,tʰɑ˥˧məŋ˧nə˦vɑ˨˦pi˥˩niæ̃˨˦˩sei˨˦˩tɕiɑ˥˧vɑ˨˦tou˥˩nəŋ˨˦tʂʰəŋ˨˦˩,tʂə˦˥iɑ˥˩nəŋ˨˦tʂʰəŋ˨˦˩,iou˦˥sɿ˦˩nei˦˥iɑ˥˩nəŋ˨˦tʂʰəŋ˨˦˩,i˥˩xɑ˦˨˦ʂuo˥˧ti˧pɑ˥˩tʰɑ˥˧məŋ˧mæɛ˦pʰæɛ˦˩ti˧.zəŋ˨˦tɕiɑ˥˧ti˧vɑ˨˦vɑ˨˦˧tou˥˧˧pu˨˦˧ɕiŋ˨˦˩.

丢人现眼

（丢人现眼？）黄：那也就是这话有的，但是它是丢人现眼咧。nei˦˥ie˥˧˧tɕiou˦sɿ˦tʂə˦xuɑ˦iou˥˧˧ti˧,tæ̃˦sɿ˦tʰɑ˥˧˧sɿ˦tiou˥˧˧zəŋ˨˦˧ɕiæ̃˦niæ̃˥˧˧lie˧.（丢人现眼有很多了，出……出洋相也叫丢人现眼了。）欸，那不。丢人现眼，你做下那个事就呃既丢人，还又叫人看着不能的。那和出洋相另外是一个事。ei˨˦,nei˦˥pu˨˦˩.tiou˥˩zəŋ˨˦ɕiæ̃˦iæ̃˥˧˧,ni˥˧˧tsuo˦˥xɑ˦˩nə˦kə˦sɿ˦˨˦tɕiou˦˩ə˩tɕi˦t

iou˥˩˨ʐəŋ˨˩,xɑ˨˩˨iou˥tɕiɑɔ˥˨ʐəŋ˨˩kʰæ̃˥tʂə˦pu˨˩˨nəŋ˨˩˨ti˦.nei˥˦xuo˨˩˨tʂʰʮ˥˩˨iɑŋ˨˩˨ɕiɑŋ˥˦liŋ˥væᴇ˥sɿ˥i˥˩˨kə˥˦
sɿ˥˨.

亏先人

（比如说一个女的，这个，出去卖……卖淫，她给家……家里啊祖宗都丢了脸，你说她怎么样呢？）黄：那咱们这儿都是骂咧。这你羞祖宗这个先人咧。都是这个。næᴇ˥˦tsɑ˨˩məŋ˦tʂər˥tou˥˩˧sɿ˥mɑ˥lie˧.tsə˥˦ni˥˩˨ɕiou˥˩tsʮ˥˩tsuoŋ˥˩˧tʂə˥kə˥ɕiæ̃˥˩ʐəŋ˨˩˨lie˧.tou˥˩˨sɿ˥˨tʂə˥˨kə˥˨.（羞祖宗的先人？）黄：呃，丢祖宗他兀脸哩他。ə˨,tiou˥˩˨tsʮ˥˩tsuoŋ˥˩˧tʰɑ˥˩˧væᴇ˥liæ̃˥˩li˧tʰɑ˥˩˨.王：羞先人，亏先人。ɕiou˥˩˨ɕiæ̃˥˩ʐəŋ˨˩˨,kʰuei˥˩˨ɕiæ̃˥˩ʐəŋ˨˩˨.黄：嗯。ŋ̍˨.（kʰuei˨ɕiæ̃˥˩ʐəŋ˨是什么？）黄：就是……tɕiou˥sɿ˥……王：嗯，亏先人。ə̃˨,kʰuei˥˩˨ɕiæ̃˥˩ʐəŋ˨˩˨.黄：亏。还就是你做做对不起祖祖，对不起老……kʰuei˥˩.xɑ˨˩˨tɕiou˥˦sɿ˥ni˥˩˧tsuo˥˨tsʮ˥tuei˥pu˨˩˧tɕʰi˥˩˧tsʮ˥˩tsʮ˥˩˧,tuei˥pu˨˩˧tɕʰi˥˩˧lɑɔ˥˩……（亏？啊。）黄：啊，亏。ɑ˨,kʰuei˥˩.王：啊，亏嘛，啊？ɑ˨,kʰuei˥˩mɑ˧,ɑ˥?

显能

黄：我们这是最骂的害那就是个显能咧。ŋuom˥˩tʂə˥˨sɿ˥˨tsuei˥˦mɑ˥ti˦xæᴇ˥nə˥tsou˥sɿ˥˨kə˥˨ɕiæ̃˥˩nəŋ˨˩lie˦.（其实什么都没有？）其实甚么都没有得。啥都不会做还是啥都要吹的他能，啥都能。tɕʰi˨˩ʂɿ˨˩˧ʂəŋ˥˧muo˧tou˥˩˨mei˨˩iou˥˩tei˥˩˨.sɑ˥˧tou˥˩˨pu˨˩˨xuei˥tsuo˥xɑ˨˩˨sɿ˥˦sɑ˥tou˥˩˨iɑɔ˥˨tʂʰuei˥˩ti˧tʰɑ˥˩nəŋ˨˩˨,sɑ˥tou˥˩˨nəŋ˨˩.

𪾢

（有没有什么𪾢人的说法？）黄：𪾢人这个说法嗯像没有得好像。ʐæ̃˨˩ʐəŋ˨˩tʂə˥kə˥ʂuo˥˩fɑ˥˩˨ŋ̍˥ɕiɑŋ˥mei˨˩iou˥˩˧tei˥˩˨xɑɔ˥˩˧ɕiɑŋ˥.（像小孩子啊，他那父母亲出门他就跟着，这种小孩这这种情况你们怎么说？）这叫𪾢咧。tʂei˥˦tɕiɑɔ˥ʐæ̃˨˩lie˧.（ʐæ̃˨˩？）嗯，𪾢得很。ə̃˨,ʐæ̃˨˩˨tə˧xəŋ˥˩.（就是喜欢跟着这个大人，总……总是跟在后面是吧？）啊。总是跟在后面，真是叫人……ɑ˨.tsuoŋ˥˩˨sɿ˥˨kəŋ˥˩tsæᴇ˥˨xou˥miæ̃˥,tʂəŋ˥˩sɿ˥˨tɕiɑɔ˥ʐəŋ˨˩˨……（很讨厌有点？）啊，有点讨，这就是𪾢得很这个。ɑ˨,iou˥˩tiæ̃˥˩˨tʰɑɔ˥˩˧,tʂei˥˦tɕiou˥˨sɿ˥˨ʐæ̃˨˩tei˥˩˧xəŋ˥˩˨tʂei˥˨kə˥.（跟着别人的人叫叫不……像什么跟屁虫啊之类的说法有没有？）那些倒有咧。骂……那都是裹当为"褒"义……这个词了。骂人咧，就是那个跟屁虫儿，或者是这个没……尾巴。指的娃娃就说是你是奶或者是你爷这个尾巴么，一天……næᴇ˥˦ɕie˥˩˨tɑɔ˥iou˥˩˧lie˦.mɑ˥……næᴇ˥˦tou˥˩˨sɿ˥˨kuo˥˩i˥m……tʂə˥kə˥tsʰɿ˨˩˨lə˦.mɑ˥ʐəŋ˨˩˨lie˦,tsou˥sɿ˥ni˥˩˨sɿ˥nə˥kə˥kəŋ˥˩˨pʰi˥tʂʰuõr˨˩,xuei˨˩˧tʂə˥˩˨sɿ˥tʂə˥kə˥mei……i˥˩pɑ˧.tsɿ˥˩˨ti˧vɑ˨˩˨vɑ˨˩˧tɕiou˥˨ʂuo˥˩˨sɿ˥˨ni˥˩˧sɿ˥næᴇ˥˩xuei˨˩˧tʂə˥˩˧sɿ˥ni˥˩˧ie˨˩tʂə˥kə˥i˥˩pɑ˧muo˧,i˥˩˨tʰiæ̃˥˩……（总在跟在一起，跟着？）啊，总在跟在个后头咧，叫个尾巴。ɑ˨,tsuoŋ˥˩tsæᴇ˥kəŋ˥˩tsæᴇ˥kə˥xou˥tʰou˧lie˧,tɕiɑɔ˥˨kə˥i˥˩pɑ˧.（那过去称那个这个白区工作的时候，称那些那个后头跟踪的特务说……一般说什么呢？）那把那些那就叫是这个欸特……næᴇ˥pɑ˥˩˨næᴇ˥ɕie˥˩næᴇ˥tɕiou˥tɕiɑɔ˥sɿ˥tʂə˥kə˥ei˥tʰei˥˩……（狗？）啊。ɑ˨.（后面有狗？）啊，那都是后头指狗咧，骂咧。嗯。ɑ˨,næᴇ˥tou˥˩˧sɿ˥xou˥tʰou˦tsɿ˥˩˧kou˥˩lie˧,mɑ˥lie˧.ə̃˨.（还说什么东西？）那都是指的骂该是兀是……有狗咧你这后头说是这个。næᴇ˥˦tou˥˩˨sɿ˥˨tsɿ˥˩ti˧mɑ˥kæᴇ˥˩˨sɿ˥˦vu˥˨sɿ˥˨……iou˥˩kou˥˩lie˧ni˥˩˨tʂə˥˨xou˥˦tʰou˧ʂuo˥˩˨sɿ˥˨tʂə˥˨kə˥˨.

强人所难

（这个逼迫人家？）黄：强人所难么。tɕʰiɑŋ˨˩˧ʐəŋ˨˩suo˥˩˨næ̃˨˩muo˦.（假如说啊，他他逼着我要钱，我又没钱，你不要逼……你不要怎么？）就是，你不要，你不要太逼的厉害了我给你说。不要逼人太甚咧噢，或者是强人所难么。tɕiou˥˨sɿ˥˨,ni˥˩˨pu˨˩˧iɑɔ˥,ni˥˩˧pu˨˩˨iɑɔ˥tʰæ ᴇ˥pi˥˨ti˨li˦xæᴇ˦lə˨ŋuo˥˩kei˦ni˥˩ʂuo˥˨.pu˨˩iao˧pi˥˩zəŋ˨tʰæᴇ˦ʂəŋ˦liao˨,xuei˨˩tʂə˥˨sɿ˦tɕʰiaŋ˨zəŋ˨˩ʂuo˥˨næ̃˨muo˨.

输打赢要

（有没有什么输打赢要的说法？）王：有咧。iou˥lie˨.黄：有咧嘛。输打赢要哩。iou˥lie˨ma˨.ʂɿ˥˨ta˥iŋ˨˩iao˧m̩˨.（这说什么呢？）王：这个……这个人打麻将的话，赢咧噢……tʂei˦kə˧……tʂei˦kə˧zəŋ˨ta˥ma˨tɕiaŋ˦tə˨xua˦˩,iŋ˨˩liao˧……（嗯。）王：赢咧噢问你要咧，输咧的话咧……iŋ˨˩liao˨vəŋ˦ni˥˩iao˧lie˨,ʂɿ˥lie˨ti˨xua˦lie˨……黄：不掏钱嘛。pu˨˩tʰɑo˥˨tɕʰiæ̃˨ma˨.王：不掏钱，这就输打赢要。pu˨˩tʰɑo˥˨tɕʰiæ̃˨˩,tʂei˦tsou˦ʂɿ˥˨ta˥iŋ˨˩iao˧.

糟蹋

1.（呃，他欺负我，我就说你不要怎么我？）黄：你不要欺人太甚。你不要欺负我咧我给你……ni˥pu˨˩iao˧tɕʰi˥˨zəŋ˨tʰæᴇ˦ʂəŋ˦.ni˥pu˨˩iao˧tɕʰi˥fu˥˨ŋuo˥˩lie˨ŋuo˥kei˦˩ni˥˨……（欺负？）嗯，欺负。ŋ̍˨,tɕʰi˥fu˨.（这个作践人这个说法有没有？）有咧，作践人这个说咧。作践人或者是你作弄人咧。iou˥lie˨,tsuo˥tɕiæ̃˦˩zəŋ˨tʂə˧kə˧ʂuo˥lie˨.tsuo˥tɕiæ̃˦˩zəŋ˨xuo˨˩tʂə˥˩sɿ˦ni˥˩tsuo˥nuoŋ˨zəŋ˨lie˨.（作践和作弄有区别啊？）都是一回事这两个。tou˥˩sɿ˦i˥˨xuei˨sɿ˦tʂə˦liaŋ˥kə˦˩.（他欺负的程度有不同吧？）啊。ɑ˨.（作弄它是玩弄人那个意思是吧？）啊。就是的。ɑ˨.tɕiou˦˩sɿ˦˩ti˨.（作践那就是就是欺负人吧？不把人当人吧？）啊。ɑ˨.（有这个区别吗？）有。iou˥.（侮辱？）侮辱这个话讲咧。侮辱。vu˥zʮ˥˩tʂə˦kə˦xua˦tɕiaŋ˥lie˨.vu˥˩zʮ˥˩.（不讲辱贱？）不讲辱践，有侮辱这个话咧。pu˨˩tɕiaŋ˥zʮ˥˨tɕiæ̃˦,iou˥˩vu˥zʮ˥˩tʂə˦kə˦xua˦lie˨.（糟蹋？）噢，糟蹋人或者是侮辱人咧。ŋɑo˨,tsɑo˥tʰɑ˨zəŋ˨xuo˨˩tʂə˥˨sɿ˦˩vu˥˩zʮ˥˨zəŋ˨˩lie˨.（糟蹋人和侮辱人有有什么区别没有？）兀都是差不多。说……væᴇ˦tou˥˨sɿ˦˩tsʰɑ˥˨pu˨˩tuo˥.ʂuo˥˨……（讲糟践吗？）糟践……不讲，就光叫糟蹋人或者是侮辱人咧。tsɑo˥tɕ……pu˨˩tɕiaŋ˥˨,tɕiou˦˩kuaŋ˥˩tɕiao˧tsɑo˥tʰɑ˨zəŋ˨xuo˨˩tʂə˥˨sɿ˦˩vu˥˩zʮ˥˨zəŋ˨˩lie˨.（哪个早，糟践……糟蹋人和侮辱人哪个早一些？老人家怎么说？）老人家多一半就说你糟蹋人咧么。lɑo˥zəŋ˨˩tɕia˥˨tuo˥i˥˨pæ̃˦tɕiou˦ʂuo˥˩ni˥˩tsɑo˥tʰɑ˨zəŋ˨lie˨muo˨.

2.（一般这个欺负、辱骂，你们叫什么？）黄：欺负啊？这一般就说是这个欺负人，或者是叫这个，嗯……tɕʰi˥fu˦ɑ˨?tʂə˦i˥˨pæ̃˥tsou˦ʂuo˥˩sɿ˦tʂə˦kə˦˩tɕʰi˥fu˦˩zəŋ˨,xuei˨˩tʂə˥˨sɿ˦˩tɕiao˧tʂə˦kə˦˩,əŋ˨……（欺负他，还有就是甚至还骂，辱骂人家，这种东西。）我们不□儿把那有的叫糟蹋人。ŋuo˥məŋ˨pu˨˩kar˥˩pa˥˨nə˦iou˥ti˨tɕiao˧tsɑo˥tʰɑ˨zəŋ˨˩.（糟蹋？）啊，糟蹋，或者是侮辱人。ɑ˨,tsɑo˥tʰɑ˨,xuo˨˩tʂə˥˨sɿ˦˩vu˥zʮ˥˨zəŋ˨˩.（有没有什么土话说的，老人家说的那种？）老人家把这就叫，老人家这儿这说的多的就是这个，糟蹋人。lɑo˥zəŋ˨˩tɕia˨pa˥˨tʂə˦tsou˦tɕiao˧,lɑo˥zəŋ˨˩tɕia˨tʂər˦˥tʂə˦ʂuo˥˨ti˨tuo˥ti˨tɕiou˦˥sɿ˦˩tʂə˦kə˧,tsɑo˥tʰɑ˨zəŋ˨.

日鬼

（不说捣鬼人呐？）黄：我们叫日鬼咧。ŋuom˥tɕiao˧zʅ˥˨kuei˥lie˨.（啊？）不说是捣鬼咧一般他。捣鬼也有说，多一半儿都骂，你就光会日个鬼你看。pu˨˩ʂuo˥sɿ˦˩tɑo˥kuei˥lie˨i˥˨pæ̃˥tʰɑ˥˨.tɑo˥kuei˥ia˥˩iou˥˩ʂuo˥˨,tuo˥i˥˨pær˦tou˥˨ma˧,ni˥tsou˦kuaŋ˥˨xuei˦zʅ˥kə˦˩kuei˥ni˥˨kʰæ̃˦˩.（就是那个日人，日的日吧？）啊，日鬼咧，或者是你……你是一工儿作假咧么。ɑ˨,zʅ˥˨kuei˥lie˨,xuei˨˩tʂə˥˨sɿ˦˩ni˥˩……ni˥˩sɿ˦i˥˩kuõr˥tsuo˥˨tɕia˥liem˨.（作

假？）嗯。ŋ̍˨˩.（作假是什么意思呢？）没有真话么就说是。你弄下个事就没有个真的。mei˨˦˨iou˦˨tʂəŋ˦˨xua˧muo˨tɕiou˧˥ʂuo˦˨sɿ˧˨.ni˦˥nuoŋ˦xa˧(k)ə˧sɿ˧tsou˧˨mei˨˦iou˦˥kə˧tʂəŋ˦ti˨.

熟皮

（我打你说不说我给熟熟皮？）王：说咧。我熟你这个皮咧。生……我熟你这个生牛皮咧。熟皮。ʂuo˦lie˨.ŋuo˦˥ʂɥ˨˦ni˦˥tʂə˧kə˧pʰi˨˦˨lie˨.səŋ˦……ŋuo˦˥ʂɥ˨˦ni˦tʂə˧kə˧səŋ˦niou˨˦˨pʰi˨˦˨lie˨.ʂɥ˨˦pʰi˨˦˨.

敲边鼓

黄：这个敲边鼓我们这里好像是说的就是□领导噢，人□是主要领导，我只是个帮儿忙儿的，只能给你敲敲边鼓。主要靠□那个欸，哎那领导和这个……唱戏那时候，像唱秦腔，兀主要靠□兀拉板胡的咧。人□是个主角，我这是个配角儿么。敲边鼓是配角儿么。tʂə˧˨kə˧˨tɕʰiao˦˥piæ̃˦ku˦˥ŋuom˦tʂə˧li˦˥xao˦˥ɕiaŋ˧sɿ˧ʂuo˦ti˨tsou˧sɿ˧niæ̃˨˦liŋ˦tao˦ao˨˩,zəŋ˨˦˨niæ̃˨˦˨sɿ˧tʂɥ˦iao˧liŋ˦˨tao˦˨,ŋuo˦tsɿ˦˥sɿ˧kə˧pãr˦˨mãr˨˦ti˨,tsɿ˦˨nəŋ˨˦kei˧ni˦˥tɕʰiao˦tɕʰiao˦˨piæ̃˦ku˦˨.tʂɥ˦˥iao˧kʰao˧niæ̃˨˦næᴇ˧kə˧ei˨˩,æᴇ˨˩næᴇ˧liŋ˦˥tao˦xuo˨˦tʂə˧kə˧……tʂʰaŋ˧ɕi˧nə˧sɿ˨˦xou˧,ɕiaŋ˧tʂʰaŋ˧tɕʰiŋ˨˦˨tɕʰiaŋ˦,væᴇ˧˥tʂɥ˦˥iao˧kʰao˧niæ̃˨˦˨væᴇ˧la˦˨pæ̃˦xu˨˦˨ti˨lie˨.zəŋ˨˦˨niæ̃˨˦˨sɿ˧˨kə˧tʂɥ˦tɕyo˦˨,ŋuo˦tʂə˧˨sɿ˧˨kə˧pʰei˧tɕyor˦muo˨.tɕʰiao˦˨piæ̃˦ku˦˨sɿ˧˨pʰei˧tɕyor˦muo˨.

打捶佮孽

（打架闹矛盾呐有没有说打捶佮孽的？）黄：有咧。iou˦lie˨.（叫什么？）打捶佮孽的，或者是这个……ta˦tʂʰuei˨˦kuo˦˥nie˦ti˨,xuei˨˦tʂə˦˥sɿ˧tʂə˧kə˧……（大概是在什么情况下说这种东西？）这就是互相之间就是……别人议论这两个人着咧啊。tʂei˧tɕiou˧sɿ˧xu˧ɕiaŋ˦˨tsɿ˦tɕiæ̃˦˥tsou˧sɿ˧……pie˨˦˨zəŋ˨˦i˧luoŋ˧tʂei˧liaŋ˦˨kə˧˨zəŋ˨˦tʂə˨lie˧a˨˩.（啊。）就说是兀一……兀两口子就一惯儿……tɕiou˧˨ʂuo˦˨sɿ˧væᴇ˧˥i……væᴇ˧˥liaŋ˦˥kʰou˦tsɿ˨tɕiou˧i˦˨kuær˧˥……（嗯。）就是个打捶佮孽咧。tɕiou˧sɿ˧kə˧ta˦tʂʰuei˨˦˨kuo˦˥nie˦lie˨.

打群架

（两人打架，你们一般叫什么？就打架？）黄：嗯。ŋ̍˦.（三个人呢？）黄：打群架开来。ta˦tɕʰyoŋ˨˦tɕia˧kʰæᴇ˦læᴇ˨˦˨.（一伙人在一起那个呢？）黄：那就是，那是……næᴇ˧˥tɕiou˧˨sɿ˧˨,nə˧sɿ˧……王：噢，那个是群架么。ao˨˩,nei˧kə˧sɿ˧tɕʰyoŋ˨˦tɕia˧˨muo˨.黄：群架嘛。tɕʰyoŋ˨˦tɕia˧˨ma˨.（那两个村子一块儿打呢？）黄：那就，那，那就……nei˧˥tɕiou˧˨,nei˧˥,nei˧˥tɕiou˧˨tə……（或者两个家族一块儿打，姓黄的姓刘的一块儿打。）黄：哎呀，好像……这些事在我们这儿它就没有这个情况。æᴇ˨˩ia˨,xao˦˥ɕiaŋ˧……tʂei˧˥ɕie˦˨sɿ˧tsæᴇ˧ŋuo˦məŋ˨tʂər˧tʰa˦˥tsou˧mei˨˦iou˦tʂə˧kə˧tɕʰiŋ˨˦˨kʰuaŋ˧.

拉架、劝说

（比如说这两个人在吵架，你这个劝架，你是，叫劝架还是拉架还是什么东西？）黄：我们这儿都叫拉是……ŋuo˦məŋ˨tʂər˧tou˦˥tɕiao˧˨la˦˨sɿ……王：一般都叫兀拉架。i˦˥pæ̃˦˥tou˦˥tɕiao˧væᴇ˧la˦tɕia˧˨.黄：拉架哩。la˦˨tɕia˧˥li˨.（这两个人在吵架，即使用言语吗？也也叫拉吗？不不用，不不上手去？）黄：那就是我们这儿就叫劝说哩。nei˧tɕiou˧˨sɿ˧˨ŋuo˦məŋ˨tʂər˧tɕiou˧˨tɕiao˧˨tɕʰyæ̃˧˥ʂuo˦li˨.王：这我们……我们那就叫劝一劝。tʂə˧˨ŋuo˦məŋ˧……ŋuo˦məŋ˨nə˧tɕiou˧tɕiao˧tɕʰyæ̃˧˥i˦˥tɕʰyæ̃˧˨.黄：劝说哩。tɕʰyæ̃˧ʂuo˦li˨.王：啊，劝一劝。a˨˩,tɕʰyæ̃˧˥i˦˥tɕʰyæ̃˧˨.（拉架是什么情况？）黄：拉架，那两个打起

来了，你都互相都弄开了，你就拉咧。laɣʟtɕia˥,nə˥liaŋɣ(k)ə˥ʟtaɣtɕʰiɣ˫læᴇʌ˫lə˥,niɣ˫touɣ˫xu˥ɕiaŋɣʟtouɣɣnuoŋ˥ʌkʰæᴇɣʟlə˩,niɣʟtsou˥ɣlaɣlie˩.王：拉架就是两个打起来了，去拉咧。laɣʟtɕia˥tɕiou˥ʟsʅ˥ʟliaŋɣ(k)ə˥ʟtaɣtɕʰiɣʟlæᴇʌʟlə˩,tɕʰi˥ɣlaɣʟlie˩.

拉偏架

1.（那还有的，欸，这看见人家打架，他本来……准备你们两个在打架。我跟你关系很好，但是我假装去劝，噢，别打了，别打了，别打了……）黄：拉偏架咧么那。laɣɣpʰiæ̃ɣtɕia˥lie˩muo˩næᴇ˥.王：那就是拉偏架咧么。nei˥tɕiou˥sʅ˥laɣʟpʰiæ̃ɣtɕia˥liem˩.黄：拉偏架，偷打咧么那是。laɣɣpʰiæ̃ɣtɕia˥,tʰouɣtaɣliem˩nə˥sʅ˥.王：嗯，那□就说是偏刃子斧头斫咧么。ŋ̍˥,nei˥ʌniæ̃ʌʟtɕiou˥ʂuoɣʟsʅ˥pʰiæ̃ɣzəŋ˥ɣtsʅ˩fuɣtʰou˩tʂuoɣliem˩.黄：嗯。ŋ̍ʟ.（拉……）黄：拉偏架咧么。laɣʟpʰiæ̃ɣʟtɕia˥ʌliem˩.（偏架？）黄&王：嗯。ŋ̍ʟ.（还有偷打的是吧？）王：嗯。ŋ̍ʟ.黄：啊。那本来拉咧噢，本来往开拉的，结果他把这个拉的叫那个，一个揖的那你。ɑʟ.nə˥ʟpəŋɣlæᴇʌlaɣliɑɔ˩,pəŋɣlæᴇʌvaŋɣʟkʰæᴇɣlaɣti˩,tɕieɣʟkuoɣ˫tʰɑɣpaɣʟtʂə˥kə˥laɣti˩tɕiɑɔ˥ʟnei˥ʌkə˥ʟ,iɣkə˥ʟtieʌti˩nei˥ɣniɣ˫.（叫偏刃子什么？）王：偏刃子斫。pʰiæ̃ɣʟzəŋ˥tsʅ˩tʂuoɣ.（偏刃……）王：偏刃子斧头斫咧么。pʰiæ̃ɣzəŋ˥tsʅ˩fuɣtʰou˩tʂuoɣliem˩.（斧头斫？）黄：噢，木匠的斧头么那是只能，只能一面儿斫么你。ɑɔɣ,muɣtɕiaŋ˥ʟti˩fuɣtʰou˩muo˩nei˥sʅ˥ʟtsʅɣʟnəŋʌ˫,tsʅɣʟnəŋʌ˫iɣʟmiæ̃r˥tʂuoɣmuo˩niɣʟ.王：啊，斫一面儿么。ɑʟ,tʂuoɣiɣʟmiæ̃r˥muo˩.

2.（有没有说拉偏捶的说法？）王：没有，光我们这儿就说拉偏架了，不说拉偏捶。meiʌʟiouɣ˫,kuaŋ˥ɣŋuoɣməŋ˩tʂər˥tɕiou˥ʟʂuoɣʟlaɣʟpʰiæ̃ɣʟtɕia˥ʌlə˩,puʌʟʂuoɣlaɣʟpʰiæ̃ɣʟtʂʰueiʌʌ.黄：拉偏架咧，不说拉偏捶的这个话。laɣʟpʰiæ̃ɣʟtɕia˥ʌlie˩,puʌʌʂuoɣʟlaɣʟpʰiæ̃ɣʟtʂʰueiʌti˩tʂə˥ʟkə˥ʟxuɑ˥ʟ.

驴踢狗咬

（内部冒……闹矛盾，要……叫不叫牛咬马抵？）王：不。puʌ.（没有这个牛咬马抵的说法吗？）黄：这个内部闹矛盾啊？tʂə˥ʟkə˥luei˥ɣpʰu˥nɑɔ˥mɑɔʌʟtuoŋ˥ɑ˩?（嗯。）黄：哎呀，内部你……内部闹矛呃就是这个咋么个内窝子狗吵你看？æᴇʟia˩,luei˥pʰu˥niɣ˫……luei˥ɣpʰu˥niɑɔ˥（←nɑɔ˥）mɑɔʌʟəɣtsou˥sʅ˥tʂə˥kə˥tsɑɣmuo˩kə˥luei˥vuoɣ˫tsʅ˩kouɣsɑ˩niɣʟkʰæ̃˥ʟ?（叫什么？）王：啊，叫咋㑇个咧？驴踢狗咬的。对啦吗？æɣ,tɕiɑɔ˥tsɑɣm̩˩kə˥lie˩?yʌtʰiɣʟkouɣniɑɔɣti˩.tuei˥la˩ma˩?黄：驴踢狗咬那还不是内部。内部它不没有驴吗？哼。yʌtʰiɣʟkəŋ˥nɑɔ˥（←kouɣniɑɔɣ）nei˥xɑʌʟpuʌʟsʅ˥luei˥ʌpʰu˥ʟ.luei˥ɣpʰu˥tʰɑɣ˫puʌʟmeiʌiouɣ˫lyʌma˩?xɔ̃ʟ.（驴踢狗咬是什么意思？）黄：驴踢……驴……驴踢狗咬就是形容这一个团体里头啊……yʌtʰiɣ˫……y……yʌtʰiɣ˫kouɣniɑɔɣtɕiou˥ʌsʅ˥ʟɕiŋʌyoŋʌtʂei˥iɣʟkə˥tʰuæ̃ʌʟtʰiɣliɣtʰou˩a˩……（嗯。）黄：互相不团结。互相闹意见咧。xu˥ɕiaŋɣʟpuʌʟtʰuæ̃ʌtɕieɣ.xu˥ɕiaŋɣʟnɑɔ˥i˥tɕiæ̃˥lie˩.（啊，就是团体内部啦！）王：嗯。ŋ̍ʟ.黄：啊，团体内部这就是驴踢狗咬。ɑʟ,tʰuæ̃ʌʟtʰiɣnei˥pu˥tʂei˥tɕiou˥ʟsʅ˥ʟyʌtʰiɣkouɣʟniɑɔɣʟ.（有没有什么牛行马不拽……马不曳的说法？牛走马不曳或者说？）王：那咱们就说那个驴曳马不曳咧。nei˥tsɑʌməŋ˩tɕiou˥ʌʂuoɣ˫nei˥kə˥yʌieɣʟmaɣpuʌ˫ieɣlie˩.黄：噢，我们这儿是驴曳马不曳。ɑɔʟ,ŋuoɣməŋ˩tʂər˥sʅ˥yʌieɣʟmaɣpuʌʟieɣʟ.（就说……不齐心是吧？）黄：噢，不……心不齐嘛。ɑɔʟ,puʌʟ……ɕiŋɣpuʌʟtɕʰiʌma˩.王：心不齐嘛。驴曳马不曳。ɕiŋɣpuʌʟtɕʰiʌma˩.yʌieɣʟmaɣpuʌʟieɣʟ.

和事

（这个火上添油，添汁加醋的这种？）黄：我们把这叫火上加油咧么。ŋuo˥˧mən˧p ɑ˥˧˩tṣə˧tɕiɑɔ˧xuo˥˧ṣɑŋ˧tɕiɑ˥˧˩iou˨˦˩liem˦.（除了火上加油还有什么说法没有？）和事咧么。xuo˧sɿ˧liem˦.（叫什么？）和事么。和事这个是不压事，你是和事咧么。xuo˧sɿ˧muo˨.xuo˧s ɿ˧tṣə˧˩kə˧˩sɿ˧˩pu˨˦˩nia˧˥˧sɿ˧,ni˧˥˧sɿ˧˩xuo˧sɿ˧˩liem˨.

挤热窝子

（有没有这个挤热窝的说法？）黄：嗯？ŋ̍˨˦?（挤热窝？）有咧。你挤热窝子咧么。iou˥˧lie˨.ni˥˧˩tɕi˥˧˧zə˥˧vuo˥˧˩tsɿ˨liem˨.（也是跟这个这个前头那个什么热闹卖母猪一样吗？）那不一样咧。næᴇ˧˥˧pu˨˦˩i˥˧˩iɑŋ˧lie˨.（呃，这个是什么呢？）这个本来就说是这个事情就够……这本……这件事情我是够忙的了，噢。结果你还跑到这儿这来，还掺进去，还要弄，还要那个咧么。tṣə˧˩kə˧˩pəŋ˥˧læᴇ˨˦tɕiou˧˩ṣuo˥˧˩sɿ˧˩tṣə˧kə˧sɿ˧tɕʰiŋ˨˦˩tɕiou˧˩kou˧˥…… tṣə˧˩p……tṣei˧˥tɕiæ̃˧sɿ˧tɕʰiŋ˨˦˩ŋuo˥˧sɿ˧˩kou˧mɑŋ˨˦˩ti˦lə˨,ɑɔ˩.tɕie˥˧kuo˥˧˧ni˥˧xɑ˨˦˩pʰɑɔ˥˧˧tɑɔ˧tṣər˧t ṣə˧læᴇ˨˦,xɑ˨˦tsʰæ̃˥˧˩tɕiŋ˧tɕʰi˧,xɑ˨˦iɑɔ˧nuoŋ˧˥,xɑ˨˦iɑɔ˧nə˧kə˧liem˨.（就是添乱？）添乱咧么。tʰiæ̃˥˧˩luæ̃˧liem˨.

勒刻

1.（有没有说勒刻的，勒刻人的说法？）黄：勒刻，勒刻人，那可不……好像和这个还不是两回事。lei˥˧kʰə˨,lei˥˧kʰə˨zəŋ˨˦,nei˧˥˧kʰə˥˧˩pu˨˦˩……xɑɔ˥˧˧ɕiɑŋ˧xuo˨˦˩tṣə˧kə˧xɑ˨˦˩pu˨˦˩sɿ˧˩li ɑŋ˥˧xuei˨˦˩sɿ˧˩.（勒刻是什么东西呢？）黄：勒刻就说是，本来那个东西你有咧啊？这个我寻你办这个事情，你根本……本来能办到的事情，你根本就不办么你。lei˥˧kʰə˨tɕiou˧ṣuo˥˧˩s ɿ˧,pəŋ˥˧læᴇ˨˦nə˧kə˧tuoŋ˥˧ɕi˨ni˥˧˧iou˥˧lie˨ɑ˨?tṣə˧kə˧ŋuo˥˧ɕiŋ˨˦ni˥˧pæ̃˧tṣə˧kə˧sɿ˧tɕʰiŋ˨˦,ni˥˧kəŋ˥˧˩pəŋ˥˧…… pəŋ˥˧læᴇ˨˦nəŋ˨˦˩pæ̃˧tɑɔ˧ti˨sɿ˧˥˧tɕʰiŋ˨˦˩,ni˥˧˧kəŋ˥˧˩pəŋ˥˧tsou˧pu˨˦˩pæ̃˧˥˧muo˨ni˥˧˩.（叫勒刻？）黄：噢，勒刻你。ɑɔ˩,lei˥˧kʰə˥˧ni˥˧˩.王：嗯。或者你借我这东西，我借……我借你这个东西，你有，我借你这个东西咧，你有欸，你就是跟我不给。ŋ̍˩.xuo˨˦˩tṣə˥˧˧ni˥˧˧tɕie˧ŋuo˥˧˧tṣə˧tuoŋ˥˧ɕ i˨,ŋuo˥˧tɕi……ŋuo˥˧tɕie˧ni˥˧˧tṣə˧kə˧tuoŋ˥˧˩ɕi˨,ni˥˧iou˥˧˧,ŋuo˥˧tɕie˧ni˥˧˧tṣə˧kə˧tuoŋ˥˧˩ɕi˨lie˨,ni˥˧iou˥˧ei˧,n i˥˧˧tɕiou˧sɿ˧kəŋ˥˧˧ŋuo˥˧˧pu˨˦˩kei˧.黄：我就是勒刻你。ŋuo˥˧˧tɕiou˧˥˧sɿ˧˩lei˥˧kʰə˥˧ni˥˧˩.王：你就是勒刻。ni˥˧˧tɕiou˧sɿ˧lei˥˧kʰei˥˧˩.（噢，这种这……）王：这叫勒刻。tṣei˧˥˧tɕiɑɔ˧lei˥˧kʰei˥˧˩.黄：这叫勒刻。tṣei˧˥˧tɕiɑɔ˧lei˥˧kʰə˥˧˩.（能办到但是我不去。）黄：我绝对不给你办嘛。ŋuo˥˧tɕyo˨˦˩t uei˧˥˧pu˨˦˩kei˧ni˥˧˧pæ̃˧˥ma˨.王：啊，我绝对不给你办，这就叫勒刻。ɑ˩,ŋuo˥˧tɕyo˨˦˩tuei˧˥˧pu˨˦˩ke i˧ni˥˧˧pæ̃˧,tṣei˧tɕiou˧tɕiɑɔ˧lei˥˧kʰei˥˧˩.黄：啊，勒刻。ɑ˩,lei˥˧kʰə˥˧˩.

2.（刁难你呢？叫不叫掯？）张先金：坑，这叫坑。你坑人。kʰəŋ˥˧,tṣə˧tɕiɑɔ˧kʰəŋ˥˧. ni˥˧˧kəŋ˥˧zəŋ˨˦.（噢，那是坑是吧？）啊。ɑ˩.（一个坑的坑？）啊。ɑ˩.（勒掯这个话有没有？）嗯？ə̃˧˥?（勒掯就是说……）勒掯，勒掯，啊，有咧。lei˥˧kʰəŋ˧˩,lei˥˧kʰəŋ˧˩,æ˩,iou˥˧lie˨.（这是什么意思呢？）就是你对我太苛刻了。勒刻，某一件事情，你应该答应咧，你没有给我答应，你把我勒刻了。tɕiou˧sɿ˧ni˥˧tuei˧ŋuo˥˧˧tʰæᴇ˧kʰə˥˧˧kʰei˥˧lə˨.lei˥˧kʰə˥˧˩,mu˥˧i˥˧˩tɕiæ̃˧sɿ˧tɕʰ iŋ˨˦˩,ni˥˧iŋ˧˥kæᴇ˥˧˩tɑ˥˧˩iŋ˧lie˦,ni˥˧mei˨˦iou˥˧kei˧ŋuo˥˧˧tɑ˥˧˩iŋ˧˩,ni˥˧˧pɑ˥˧˩ŋuo˥˧˧lei˥˧kʰei˥˧˩lə˨.（勒刻还是勒掯？）勒刻。lei˥˧kʰei˥˧˩.

3.（刁难你，限制你，叫什么？）王：刁难……tiɑɔ˥˧˩næ̃˨˦˩……（勒掯？）噢，勒刻。ɑɔ˧,lei˥˧kʰei˥˧˩.（叫什么？）叫勒刻。一个人一下想不起来都。tɕiɑɔ˧lei˥˧kʰei˥˧˩.i˥˧˧kə˧zəŋ˨˦i˥˧˩xɑ ˧˥ɕiɑŋ˥˧pu˨˦˩tɕʰi˥˧læᴇ˨˦˩tou˥˧˩.（什么情况下用勒刻这个词？）就说是这个事情本身，我给你现

在都能去办，一下就能办好了，我就给你勒刻着不办，就说办不了。tɕiou˥ʂuo˅˧sʅ˥tʂə˥˩kə˥˧sʅ˥tɕʰiŋ˩˧pəŋ˥ʂəŋ˥˩,ŋuo˥kei˥ni˥˧ɕiæ̃˥tsæᴇ˥tou˥˩nəŋ˩˧tɕʰi˥pæ̃˥,i˥˩xɑ˥tɕiou˥˩nəŋ˩pæ̃˥xɑɔ˥lə˩,ŋuo˥˧tɕiou˥kei˥ni˥˧lei˥kʰei˥˩tʂə˩pu˩˩pæ̃˥,tɕiou˥ʂuo˥˧pæ̃˥pu˩˧liɑɔ˥˧.（比如说你在单位上或者什么，领导故意故意搞你，叫不叫勒刻你？）那也叫勒刻咧。nei˥˧æ˥˧tɕiɑɔ˥lei˥kʰei˥˩lie˩.

坑人、害人

（这个坑害别人，陷害别人，你们说什么？有没有这么……有没有什么说法？说你坑人害人说，有没这么说法？）黄：有咧，有这个坑……iou˥lie˩,iou˥tʂə˥˩kə˥˩kʰəŋ˥……（还……还是说……说个别的东西？）啊，他就是你坑……你坑人咧！你或者是你……你就是害人！你也是害人精么你就是个！ɑ˩,tʰɑ˥˧tɕiou˥sʅ˥ni˥˧kʰəŋ˥……ni˥˧kʰəŋ˥˩zəŋ˩˩lie˥!ni˥˧xuei˩˧tʂə˥˩sʅ˥˩ni˥……ni˥˧tɕiou˥sʅ˥˩xæᴇ˥zəŋ˩˩!ni˥˧ie˥˧sʅ˥˩xæᴇ˥zəŋ˩tɕiŋ˥muo˩ni˥tsou˥sʅ˥˩kə˥˩!

日弄

1.（说不说日人害人？）黄：再就是欸，就最……就那意思，土一点就是你……你一作成个日弄人的么。tsæᴇ˥tɕiou˥˩sʅ˥˩ei˥,tsou˥tsuei˥……tsou˥˩nei˥˩i˥˧sʅ˥,tʰu˥i˥˩tiæ̃˥˩tɕiou˥˩sʅ˥˩ni˥˧……ni˥i˥˩tsuo˥tʂʰəŋ˩˩kə˥zʅ˥nuoŋ˥˩zəŋ˩ti˩muo˩.（日弄人？）啊，日弄人的。ɑ˩,zʅ˥˩nuoŋ˥˧zəŋ˩ti˩.（有没有日人害人这种说法？）没有。有害人这个说法，没有这个……mei˩˩iou˥˧.iou˥xæᴇ˥zəŋ˩˩tʂə˥kə˥ʂuo˥fɑ˥˩,mei˩iou˥˧tʂə˥kə˥m……（叫日弄人？）啊，日弄人咧。ɑ˩,zʅ˥nuoŋ˥zəŋ˩˩lie˩.

2.（那这个整治你有没有说什么什么什么说的？这个整人呐或说是就是是弄你？）黄：呃是整你咧，或者日弄你咧嘛。ə˥sʅ˥tʂəŋ˥ni˥lie˩,xuo˩˩tʂə˥˩zʅ˥nuoŋ˥ni˥lie˩mɑ˩.（日弄？）王：日弄。zʅ˥nuoŋ˥˩.黄：啊，日弄你。土话就叫日弄你。ɑ˩,zʅ˥luoŋ˥ni˥˩.tʰu˥xuɑ˥tɕiou˥˩tɕiɑɔ˥zʅ˥nuoŋ˥˩ni˥˩.王：嗯。ŋ̍˩.（这个整治是故意整治，不但整治你，还要还要捉弄你。那叫什么？）黄：啊，那你……ɑ˩,nei˥ni˥˩……王：嗯。ŋ̍˩.黄：嗯。日弄你，日弄你兀就是故意整你咧。ŋ̍˩.zʅ˥nuoŋ˥ni˥˧,zʅ˥nuoŋ˥ni˥˧væᴇ˥tɕiou˥sʅ˥ku˥i˥tʂəŋ˥ni˥lie˩.（和一般……一般的整有没有什么区别呢？日弄。）黄：那都没有啥区别。嗯。næᴇ˥˧tou˥˩mei˩˧iou˥˧sɑ˥˩tɕʰy˥˩pie˩˩.ə̃˥.（他被这个什么整了以后身心这个受到了很大的打击，这个叫什么？）黄：整日塌咧。tʂəŋ˥˧zʅ˥tʰɑ˥˩lie˩.（还要还有什……还有什么说法没有？）黄：整垮了嘛。tʂəŋ˥˧kʰuɑ˥lə˩mɑ˩.

应名儿

（你比如说这个事情，比如说一本儿书，就说比如说县志吧，主编写着县长，其实他什么事情都没干，这个县长是个什么呢？挂了个名儿还是什么？）黄：挂了个名儿么那是。kuɑ˥lə˩kə˥miə̃r˩muo˩nə˥˩sʅ˥.（还是应了个名？）黄：应了个名儿或者是挂了个名儿么。iŋ˥lə˩kə˥˩miə̃r˩xuei˩˧tʂə˥˩sʅ˥˩kuɑ˥˧lə˩kə˥˩miə̃r˩muo˩.王：应名儿。iŋ˥miə̃r˩.（叫什么？）黄：应了个名儿么。iŋ˥lə˩kə˥˩miə̃r˩muo˩.（老话都说……）黄：老话那就是个，还是叫应名儿咧。应了个名儿。lɑɔ˥xuɑ˥nei˥tɕiou˥sʅ˥kə˥,xɑ˩˩sʅ˥tɕiɑɔ˥iŋ˥miə̃r˩lie˥.iŋ˥lə˩kə˥˩miə̃r˩.

占便宜

（做什么东西你占了便宜了，这便宜你们叫什么？）王：咱们这儿还是叫占便宜。tʂɑ˩məŋ˥tʂər˥xɑ˩˩sʅ˥˧tɕiɑɔ˥tʂæ̃˥pʰiæ̃˩˩i˥.黄：啊，还是叫占便宜咧。æ˩,xæᴇ˩˩sʅ˥˧tɕiɑɔ˥tʂæ̃˥pʰiæ̃˩˩i˥lie˩.客：啊，有的……咱们有说占便宜，有说是沾光了么。æ˩,iou˥ti˩……

tsɑ˨˩məŋ˧iou˥˧ʂuo˥˩tʂæ̃˧pʰiæ̃˨˩˨i˧,iou˥˧ʂuo˥˩sɿ˧tʂæ̃˥˧kuɑŋ˥˩lə˧muo˨.黄：沾，啊，沾了光了。tʂæ̃˥˧,ɑɔ˥,tʂæ̃˥lə˨kuɑŋ˥lə˨.

搞磨

（有没有搞磨人这种说法？）黄：有咧么。iou˥lie˨muo˨.（搞磨人是什么意思呢？）搞磨人就说是我给你，一工儿，说好话，硬磨的，你这个事情本来不……不跟我办噢，我就反正是跟你软缠硬磨的把你搞磨的，你最后就，跟我把事弄咧么。搞磨咧么。kɑɔ˥muo˨˩zəŋ˨˩tsou˧˩ʂuo˥˩sɿ˧˩ŋuo˥kei˧ni˥˧,i˥˧kuõr˥˧,ʂuo˥˩xɑɔ˥xuɑ˧,niŋ˧muo˨˩ti˧,ni˥tʂə˧˩kə˧˩sɿ˧tɕʰiŋ˨˩pəŋ˥læᴇ˨˩pu˨˩……pu˨˩kəŋ˥ŋuo˥pæ̃˧ɑɔ˨,ŋuo˥tsou˧fæ̃˥˩tʂəŋ˧˥sɿ˧˩kəŋ˥˧ni˥˧zuæ̃˥tʂʰæ̃˨˩niŋ˧muo˨˩ti˧pɑ˥˩ni˥˧kɑɔ˥muo˨˩ti˨,ni˥˧tsuei˧xou˧tsou˧˩,kəŋ˥ŋuo˥˩pɑ˥˩sɿ˧nuoŋ˧˥lie˨muo˨.kɑɔ˥muo˨˩liem˨.

（本来是不愿意跟他办的？）本来是不愿意给他。你也……pəŋ˥læᴇ˨˩sɿ˧pu˨˩yæ̃˧i˧kei˧tʰɑ˥˧.ni˥ie˥˩……（他晓得领导你你怎么样是……）啊，你……他又不走，反正就是个软缠硬磨，最后把你磨的个没办法了，你就答应他了。ɑ˩,ni˥˧……tʰɑ˥˧iou˧pu˨˩tsou˥,fæ̃˥˩tʂəŋ˧˥tɕiou˧sɿ˧˩kə˧˩zuæ̃˥tʂʰæ̃˨˩niŋ˧muo˨˩,tsuei˧xou˧pɑ˥˩ni˥˧muo˨˩ti˨kə˧˥muo˥˩pæ̃˧fɑ˥˩lə˨,ni˥˧tsou˧tɑ˥˩iŋ˧˥tʰɑ˥˩lə˨.

皮贱、皮痒

（这个家里人不听话了，或者你……你爱人就要跟你闹意见，这个不听您的话了，你就发脾气啊，说你肉痒啊？我打你！你你说什么呢？）黄：噢，你皮贱得很啊跟你说。ɑɔ˨˩,ni˥pʰi˨˩tɕiæ̃˧tei˥˧xəŋ˥˩ɑ˨kəŋ˥˩ni˥˩ʂuo˥˩.（还有说什么话？你说你皮紧不紧，说不说？）没有这个话。就骂你是兀你你兀皮贱的焦锹是了。mei˨˩iou˥˧tʂə˧˩kə˧˩xuɑ˧˩.tsou˧mɑ˧ni˥sɿ˧væᴇ˧ni˥˧ni˥˧væᴇ˧pʰi˨˩tɕiæ̃˧ti˧tɕiɑɔ˥ɕiæ̃˥˩sɿ˧˩lə˧.（就说皮贱是吧？）嗯，你皮贱得很。ŋ̍˩,ni˥pʰi˨˩tɕiæ̃˧tə˨xəŋ˥˩.（妇女之间打架呢？）妇女……妇女之间有时候可骂那么个是哎。有时候骂你皮贱得很，有时候你咬得很么。fu˧ny˥˧……fu˧ny˥˧tsɿ˥tɕiæ̃˥˩iou˥sɿ˨˩xou˧kʰə˥˩mɑ˧nə˧muo˨kə˧sɿ˧˩æᴇ˨.iou˥sɿ˨˩xou˧mɑ˧ni˥˧pʰi˨˩tɕiæ̃˧tə˨xəŋ˥˧,iou˥˧sɿ˨˧xou˧ni˥˧niɑɔ˥tə˨xəŋ˥˩muo˨.（咬得很是吧？）啊，皮痒得很。ɑ˩,pʰi˨˩iɑŋ˥tə˨xəŋ˥˩.（就……咬得很？）啊。ɑ˩.（咬就是痒？）啊，痒，痒痒的痒。你痒得很。ɑ˩,iɑŋ˥,iɑŋ˥iɑŋ˥˩ti˨iɑŋ˥.ni˥˧iɑŋ˥tə˨xəŋ˥˩.（痒得很？）嗯。ə̃˧.（痒得很就是要……要敲两下就好舒服了？）啊，就是的。ŋɑ˩,tsou˧˥sɿ˧˩ti˨.

吊驴脸

（一个人呐整天板着个脸，你说他，你说是他什么？你们这边土话叫叫叫……）黄：就是那骂咧，有些人这个本身兀是脸上一工儿是那么个。他说你个驴……你把你个脸一下像个驴脸样的，你给谁看咧噢？tɕiou˧˥sɿ˧˩nə˧mɑ˧lie˧,iou˥ɕie˥˩zəŋ˨˩tʂə˧kə˧pəŋ˥ʂəŋ˥˩væᴇ˧sɿ˧liæ̃˥ʂɑŋ˧˩i˥˩kuõr˥sɿ˧nə˧muo˨kə˧.tʰɑ˥˧ʂuo˥˧ni˥˧kə˧ly˨˩……ni˥˧pɑ˥˧ni˥˧kə˧liæ̃˥i˥˩xɑ˧ɕiɑŋ˧kə˧y˨˩iæ̃˥iɑŋ˧˩ti˨,ni˥˧kei˧sei˨˩kʰæ̃˧liɑɔ˧?（叫拉驴脸还是叫什么？）你是吊那个……你一天吊下你那个驴脸给……ni˥˩sɿ˧˩tiɑɔ˧nei˧kə˧……ni˥i˥˩tʰiæ̃˥˩tiɑɔ˧xɑ˧ni˥˧nə˧kə˧y˨˩liæ̃˥kei˧˩……（吊驴脸是吧？）噢，吊驴脸咧嘛。ɑɔ˩,tiɑɔ˧ly˨˩liæ̃˥lie˨mɑ˨.（那么说是吊着个脸还是这个板着个脸？）我们说是叫吊着个脸，或者是这个板着个脸，这都是他……ŋuo˥məŋ˨ʂuo˥˩sɿ˧tɕiɑɔ˧tiɑɔ˧˥tʂə˨kə˧˩liæ̃˥,xuei˨˩tʂə˥˩sɿ˧tʂə˧kə˧pæ̃˥tʂə˨kə˧˩liæ̃˥,tʂə˧˥tou˥˧sɿ˧tʰɑ˥˧……（老人叫说什么呢？）老人家你板着个脸么，你给谁板着。lɑɔ˥zəŋ˨˩tɕiɑ˥˧ni˥˧pæ̃˥tʂə˨kə˧˩liæ̃˥muo˨,ni˥˩kei˧˩sei˨˩pæ̃˥tʂə˨.

没皮没脸、脸上没血色

（还有的人呐，这个叫做什么呢？就是没羞没臊的……他反正他怎么赶他他也赶不走，这这种人很赖皮的这种。）黄：那我们骂那没皮没脸嘛你是。你再弄我都是这么个样子。再一个兀是……næɛ˧ŋuo˦mən˩maɬnə˧muo˥˩pʰi˩muo˥˩liæ̃˦ma˩ni˦˩sɿ˦˩.ni˦˧tsæɛ˧nuoŋ˧ŋuo˦tou˥˩sɿ˧˩tʂə˧muo˩kə˧iaŋ˧tsɿ˩.tsæɛ˧i˥˧kə˧və˧sɿ˧……（就脸……反正这说他脸皮很厚这种人。）再一个就是兀脸上没血色么。你就再骂我，我脸也不红么。你是再打我，我脸还不红么，就是这个事。tsæɛ˧i˥˧kə˧tɕiou˧˩sɿ˧væɛ˧liæ̃˦ʂaŋ˧˩muo˥˩ɕie˦sei˥˩muo˩.ni˥˧tɕiou˧tsæɛ˧ma˧ŋuo˥˩,ŋuo˦liæ̃˦ie˥˩pu˩˩xuoŋ˩muo˩.ni˥˧sɿ˧tsæɛ˧ta˦ŋuo˥˧,ŋuo˦liæ̃˦xa˩˩pu˩˩xuoŋ˩muo˩,tɕiou˧˥sɿ˧˩tʂə˧kə˧sɿ˧.（脸皮没血色还是……）噢，脸皮……兀脸上没血色咧。ɑɔ˩,liæ̃˦pʰi……væɛ˧liæ̃˦ʂaŋ˧˩muo˥˩ɕie˦sei˥˩lie˩.（就是说厚脸皮是吧？）嗯。ə̃˩.（你们一般是说厚脸皮还说什么东西？）也说厚脸皮嘛。ie˦ʂuo˥˩xou˧liæ̃˥˧pʰi˩ma˩.（也说厚脸皮？）噢，也说厚脸皮这个话咧。ɑɔ˧,ie˦ʂuo˥˩xou˧liæ̃˦pʰi˩˩tʂə˧kə˧xua˧lie˩.

没脸、死屄不要脸、死屄蹦脸

1.（说你不要脸，你怎么说？）黄：就是你不要脸么你这个人。tɕiou˧˩sɿ˧˩ni˥˧pu˩˩iaɔ˧liæ̃˦muo˩ni˦˩tʂə˧˥kə˧˥zəŋ˩˧.（是说不要脸还是没脸？）一个也就说你人没脸。i˥˧kə˧æ˦˩tsou˧˩ʂuo˥˩ni˦zəŋ˩˧muo˥˩liæ̃˦.（还有什么呢说法没有？）呃不害臊么哎人。ə˦pu˩˩xæɛ˧saɔ˧muo˩æɛ˩zəŋ˩˩.（还有……）再有啊不知道羞耻这个人么。tsæɛ˧˩iou˦æ˩pu˩˧tsɿ˥˧taɔ˧˩ɕiou˥˩tʂʰɿ˦tʂə˧˩kə˧˩zəŋ˩˧muo˩.（老人家骂怎么说？）老人一般骂叫兀……laɔ˦zəŋ˩˩i˥˧pæ̃˥˩ma˧tɕiaɔ˧˩væɛ˧˩……（有没有更粗的话？）更粗的话？嗯是骂你，你吊死鬼擦粉咧，你死屄不要脸么你。kəŋ˧tsʰɥ˦ti˩xua˧˥?ŋ̍˦sɿ˧ma˧˩ni˦,ni˥˩tiaɔ˧sɿ˥˧kuei˦˧tsʰa˥˩fəŋ˥˧lie˩,ni˥˩sɿ˦pʰi˥˩pu˩˩iaɔ˧˩liæ̃˦muo˩ni˥˧.（吊死鬼怎么咧？）吊死鬼擦粉咧。tiaɔ˧sɿ˥˧kuei˥˧tsʰa˥˩fəŋ˥˧lie˩.（擦粉噢？）啊，你个，本来就是个吊死鬼。长了个吊死鬼形。ɑ˩,ni˥˧kə˧,pəŋ˦læɛ˩tsou˧˩sɿ˧˩kə˧˩tiaɔ˧sɿ˥˩kuei˥˩.tʂaŋ˦lə˩kə˧˩tiaɔ˧sɿ˥˧kuei˥˩ɕiŋ˩.（搽粉？）噢，人都吊死咧，你还给脸上擦了一些粉，你死屄不要脸。ɑɔ˩,zəŋ˩tou˥˩tiaɔ˧sɿ˥˩lie˩,ni˥˧xa˩˩kei˧liæ̃˦ʂaŋ˧˩tsʰa˥lə˩i˥˩ɕie˥˩fəŋ˥˧,ni˥˧sɿ˦pʰi˥˩pu˩˩iaɔ˧liæ̃˥˧.（他是要脸嘛，也要擦粉嘛。）那就是你就人都死了，你是个吊死鬼嘛，还擦的兀粉，你真是个死屄不要脸。na˧˩tɕiou˧sɿ˧ni˦tsou˧zəŋ˩tou˥˧sɿ˦lə˧,ni˦sɿ˧kə˧tiaɔ˧˥sɿ˥˧kuei˦ma˩,xa˩˩tsʰa˥ti˩væɛ˧fəŋ˥˧,ni˥˧tʂəŋ˥˧sɿ˧kə˧sɿ˦pʰi˥˩pu˩˩iaɔ˧liæ̃˥˧.（说不说没皮蹦脸？）有时候你噢死屄蹦脸的。也有骂再骂你个死屄不要脸。iou˦sɿ˩˧xou˧ni˥˧ɑɔ˧sɿ˦pʰi˥˩tʂʰuæɛ˧liæ̃˦ti˩.ie˦iou˥˧ma˧tsæɛ˧ma˧ni˥˧kə˧sɿ˦pʰi˥˩pu˩˩iaɔ˧liæ̃˦.（这是一般是是骂女的还是骂男的？）这男女都骂咧这个话，嗯。tʂei˧˥næ̃˩ny˦tou˥˩ma˧lie˧tʂə˧kə˧xua˧,ə̃˩.

2. 黄：没有廉耻那个人噢，兀就……这儿这那就是这个骂的狠点就是不要脸。mei˩iou˥˩liæ̃˩˩tʂʰɿ˦na˧kə˧zəŋ˩ɑɔ˩,væɛ˧˥tɕiou˧……tʂər˧˥tʂə˧nei˧tɕiou˧sɿ˧tʂə˧kə˧ma˧ti˩xəŋ˦tiæ̃˥˩tɕiou˧sɿ˧pu˩˩iaɔ˧˥liæ̃˦.（如果再是……）再一个就说是没脸某个人。tsæɛ˧i˥˧kə˧tɕiou˧˥ʂuo˥˩sɿ˧˩muo˥˩liæ̃˦mu˥˩kə˧˥zəŋ˩˩.

死不要脸

（他真是没……厚脸皮啊你，骂都骂不听。）黄：那我们这儿把那就，一个叫厚脸皮啊？nə˧˥ŋuo˦mən˩tʂər˧pa˥˩nei˧tɕiou˧,i˥˩kə˧˩tɕiaɔ˧xou˧liæ̃˥˧pʰi˩a˩?（嗯。）再一个就叫是这个……兀叫啥咧吵？厚脸皮么，再是人骂兀下来叫那死不要脸姆。tsæɛ˧i˥˧kə˧tɕiou˧tɕiaɔ˧sɿ˧tʂə˧kə˧……vu˧˩tɕiaɔ˧sa˧lie˩sa˩?xou˧liæ̃˥˩pʰi˩˩muo˩,tsæɛ˧˥sɿ˧˩zəŋ˩˩ma˧væɛ˧xa˧˩læɛ˩˩tɕiaɔ˧˩nə˧˩sɿ˦pu˩˩iaɔ˧liæ̃˦m̩˩.

惹韶刀

（有没有什么惹韶刀这种说法？）黄：有咧。你惹……你惹得他韶刀做啥啦？iou˥lie˨.ni˥˦zə˥tə˨tʰa˥˦sao˧˨tao˨˧tsɿ˧sa˧la˨?（惹sao˧˨刀还是惹sao˥刀？）惹韶刀咧。你惹得韶刀咋咧噢？zə˥sao˨˧tao˥lie˨.ni˥˦zə˥tə˨sao˨˧tao˥tsa˥˧liao˧?（你再说一遍？）惹韶刀咧嘛。你惹得韶刀咋咧噢？zə˥sao˨˧tao˥lie˨ma˨.ni˥zə˥tə˨sao˨˧tao˥tsa˥˧liao˨?

臊架

（丢失了身份，丢失了架势。你们叫什么？）王：咋么个？tsa˥muo˨kə˧?（丢，丢了身份。有叫刷架的吗？）有叫刷架的。iou˥tɕiao˧ʂua˥˦tɕia˧ti˨.（叫什么？）刷架。又叫刷架，又叫臊架。ʂua˥˧tɕia˧.iou˧tɕiao˧ʂua˥tɕia˧,iou˧tɕiao˧sao˧˥tɕia˧˧.（sao˥tɕia˧是什么意思？）臊架该就说这个……把你这个人丢了么，叫臊架的很。sao˧tɕia˧kæᴇ˥˧tɕiou˧˧ʂuo˥˧tʂə˧kə˧s……pa˥˧ni˥˦tʂə˧kə˧zəŋ˨tiou˥lə˨muo˨,tɕiao˧sao˧tɕia˧ti˨xəŋ˥˧.

撂片儿

（故作姿态叫什么？）王：就是你兀撂片儿。tɕiou˧sɿ˧ni˥˦væᴇ˧liao˧pʰiæ̃r˥.黄：撂片儿倒还不是撂片儿。liao˧pʰiæ̃r˥tao˧xa˨˦pu˨˦sɿ˧liao˧˧pʰiæ̃r˥˧.（liao˧pʰiæ̃r˥是什么东西？）王：那个，谝不来兀些事。nə˧˧kə˧,pʰiæ̃˥˧pu˨˧læᴇ˨væᴇ˧ɕi˥sɿ˧.

大小事情

（事情有大有小，你们一般叫什么呢？）王：大事小事哞。ta˧sɿ˧ɕiao˥sɿ˧˧m̩˨.黄：大事小事哞。ta˧˦sɿ˧ɕiao˥sɿ˧˧m̩˨.（说不说碎事呢？）王：不说。pu˨˧ʂuo˥.黄：呃不说。ə˥pu˨˧ʂuo˥˧.（那不论大事小事，你是说大小事情还是什么东西？还是大碎事情？）王：大小事情。ta˧˧ɕiao˥sɿ˧tɕʰiŋ˨˧.黄：大小事情，兀就是一句话。[清嗓子]有时候，有时候这个事情了可以他说某个话咧。说大凡小事啊，都离不开谁谁谁，啊。ta˧˦ɕiao˥˦sɿ˧tɕʰiŋ˨˧,vei˧˥tɕiou˧˧sɿ˧˧i˥˦tɕy˧xua˧.iou˥˦sɿ˨˧xou˧,iou˥sɿ˨˧xou˧tʂə˧˧kə˧˧sɿ˧˦tɕʰiŋ˨˧lə˨kʰə˥˧i˥˧tʰa˥˧ʂuo˥˧mu˥kə˧˧xua˧lie˨.ʂuo˥˧ta˧˦fæ̃˨˧ɕiao˥sɿ˧a˨,tou˥˧li˨pu˨˦kʰæᴇ˥sei˨˧sei˨˧sei˨˧,a˧.（大凡小事？）黄：嗯。ŋ̍ə̃˥˧.

没拉干事

（闲事，你们叫什么？）黄：咱们叫呃没拉干事。tʂa˨məŋ˨tɕiao˧ə˧muo˥˧la˥kæ̃˥˧sɿ˧˧.王：啊。a˧.黄：没拉干事。muo˥˧la˥kæ̃˥˧sɿ˧˧.（什么叫muo˧la˥kæ̃˧？）王：没拉干事。muo˥˧la˥kæ̃˥˧sɿ˧˧.黄：没拉干子，也就是这个，没意思的意思意思。muo˥˧la˥kæ̃˥˧tsɿ˨,ie˥tɕiou˧sɿ˧tʂə˧kə˧,muo˥˧i˧˥sɿ˨ti˨i˧˧sɿ˨i˧sɿ˨.（拉kæ̃˧是什么东西？）黄：呃就是一种土话么。ə˥tɕiou˧˧sɿ˧˧i˥˧tʂuoŋ˥˦tʰu˥xua˧muo˨.（嗯，土话的大概意思是什么？）黄：没意思哞。muo˥˧i˧˦sɿ˨m̩˨.（拉kæ̃˧？）黄：嗯。ŋ̍˧.王：嗯。拉干就是没意思哞。ŋ̍˧.la˥kæ̃˥˧tɕiou˧sɿ˧muo˥˧i˧˦sɿ˨m̩˨.（哪个拉？）黄：拉倒的拉哞。la˥˧tao˥ti˨la˥m̩˨.（la˥？）黄：哞。m̩˥.（“干”呢？）黄：感情的感，拉，拉感哞。kæ̃˥tɕʰiŋ˨˧ti˨kæ̃˥˧,la˥˦,la˥˧kæ̃˥m̩˨.（感情的感？）王：不是感情那感，怕是这个干字吧？干净的干么。pu˨˧sɿ˧˦kæ̃˥tɕʰiŋ˨˧nə˧˥kæ̃˥˧,pʰa˧sɿ˧tʂə˧˧kə˧˥kæ̃˥tsɿ˧˧pa˨?kæ̃˥˧tɕʰiŋ˧˦ti˨kæ̃˥muo˨.黄：噢，干净的干，对着咧，没拉干。ao˧,kæ̃˥˧tɕiŋ˧˦ti˨kæ̃˥,tuei˧tʂə˨lie˨,muo˥˧la˥kæ̃˥˧.王：没拉干事。muo˥˧la˥kæ̃˥˧sɿ˧˧.（就是没意思的事情？）黄：嗯。ŋ̍˧.王：嗯。ə̃˥.

闲事

（说，没……有没有说什么是叫闲事的？你别……别管人家的闲事？）黄：有咧么，这个话说咧么。iou˥liem˨,tʂə˧kə˧xua˧ʂuo˥liem˨.王：也有这个。闲事也有。ie˥iou˥tʂə˧˧kə˧˧.

ɕiæ̃˩˥sɿ˥ie˥˧iou˥˧˩.黄：嗯。ŋ̍˩.（叫ɕiæ̃˩˥sɿ˥还是xan˩sɿ˥？）黄：嗯。闲事。ŋ̍˩.ɕiæ̃˩˥sɿ˥.王：噢，有些说闲事啊？ɑɔ˩,iou˥˧ɕie˥˩ʂuo˥˩xæ̃˩˥sɿ˥ɑ˧˥?黄：闲事啊？xæ̃˩˨sɿ˥ɑ˧˥?（叫什么？）黄：闲……xə……王：最早的老人叫，叫闲事嗯。tsuei˥tsɑɔ˥˧ti˧˩lɑɔ˥˧ʐəŋ˩˨tɕiɑɔ˥,tɕiɑɔ˥xæ̃˩˥sɿ˥˩ŋ̍˧.黄：再不管你兀闲事咧。tsæᴇ˥pu˩˨kuæ̃˥˧ni˥˩væᴇ˥xæ̃˩˨sɿ˥˧lie˧˩.王：不要管□那那闲事咧。pu˩˥liɑɔ˥˩kuæ̃˥˧niæ̃˩˩nə˥nə˥xæ̃˩˨sɿ˥lie˧˩.

急事儿

（这个是件要紧事，你们是说要紧还是说紧要？）黄：我们说急事儿。ŋuo˥˧məŋ˧˩ʂuo˥˩tɕi˥˧sər˥˩.（急事儿？）王：嗯哼。ŋ̍˥˧xŋ̍˥.黄：噢，就说急事。ɑɔ˩,tsou˥˩ʂuo˥˩tɕi˥˧sɿ˥˩.（这个事儿我很要紧呐！）黄：我这个事儿急得很啊。ŋuo˥˧tʂə˥kə˥sər˥tɕi˥˩tə˥xəŋ˥˧ɑ˩.（很重要呢？）王：不说重要。pu˩ʂuo˥˩tʂuoŋ˥iɑɔ˥.黄：不说重要。pu˩ʂuo˥˩tʂuoŋ˥iɑɔ˥˩.（都是急？）黄&王：嗯。ŋ̍˩.（要紧这样，这样的意思也没有吗？）黄：有些时候也说咧啊？iou˥˧ɕie˥˩sɿ˩˨xou˥iɑ˥˩ʂuo˥˧lie˧˩ɑ˧˥?王：也说要紧。嗯。ie˥˧ʂuo˥˩iɑɔ˥tɕiŋ˥˩.ŋ̍˩.黄：要紧，要紧事儿。我这个事儿要……老紧事。iɑɔ˥tɕiŋ˥˩,iɑɔ˥tɕiŋ˥˩sər˥˩.ŋuo˥˧tʂə˥kə˥sər˥iɑɔ˥……lɑɔ˥˩iɑɔ˥˩tɕiŋ˥˧.（不仅是说事要紧呢？）黄：嗯，事老要紧。ə̃˩,sɿ˥lɑɔ˥˧iɑɔ˥tɕiŋ˥˩.（很要紧呐，很重要。）黄：啊，我这个事，那就很重要，我这个事急的很啊。ɑ˩,ŋuo˥˧tʂə˥˩kə˥sɿ˥,næᴇ˥tsou˥xəŋ˥˧tʂuoŋ˥iɑɔ˥,ŋuo˥˧tʂə˥kə˥sɿ˥tɕi˥˩ti˧xəŋ˥˧ɑ˧˩.（都说急？）黄：嗯。ə̃˩.

屣事

（这是骂这个事叫不叫屣事？）王：那就骂有时候骂那个啥屣事嘛你。nei˥tɕiou˥mɑ˥iou˥˧sɿ˩˨xou˥mɑ˥nə˥kə˥sɑ˥˩suoŋ˩˨sɿ˥mɑ˧ni˥˩.黄：嗯。ŋ̍˩.（屣事是，大概什么意思呢？）王：那就不好的意思么。nə˥tɕiou˥pu˩˨xɑɔ˥˧ti˧li˥sɿm˧.黄：不好么。pu˩˨xɑɔ˥˧muo˧.（suoŋ˩˥这个字你们写得出来写不出来？）黄：[笑]写不出来。这个字咋写了？ɕie˥˩pu˩˩tʂʰʮ˥˧˩læᴇ˩˨.tʂə˥kə˥tsɿ˥tsɑ˥˩ɕie˥˧lə˧˩?（你们当地就没有这个，这种写法是吗？）黄：嗯。ŋ̍˩.王：没见过。muo˥˩tɕiæ̃˥kuo˥.

事故

（事故这个说法有没有？）王：事故？sɿ˥˩ku˥˩?（嗯。）事故那就是欸，出了啥事咧就叫事故嘛。sɿ˥˩ku˥˩nei˥tɕiou˥sɿ˥ei˥,tʂʰʮ˥˧lə˧sɑ˥sɿ˥lie˧(tɕ)iou˥tɕiɑɔ˥sɿ˥ku˥mɑ˧.

没处搲抓

（什么“没处搲抓”说不说？）黄：没处搲①抓这个话有时候说咧，啊？muo˥˩tʂʰʮ˥vɑ˥tʂuɑ˥˩tʂə˥kə˥xuɑ˥iou˥˧sɿ˩˨xou˥ʂuo˥˧lie˧,ɑ˩?王：嗯。ŋ̍˩.（什么意思呢？）黄：做下这个事情在这儿，虽然有这个事情你想做咧，但是根本不知道从哪里下手去了。tsuo˥ɕiɑ˥tʂə˥kə˥sɿ˥tɕʰiŋ˩˨tsæᴇ˥tʂər˥˩,suei˥ʐæ̃˩˥iou˥˧tʂə˥kə˥sɿ˥tɕʰiŋ˩˥ni˥˩ɕiɑŋ˥tsuo˥˩lie˧,tæ̃˥ʂʅ˥˩kəŋ˥˩pəŋ˥pu˩˩tʂʅ˥˩tɑɔ˥˩tsʰuoŋ˩˨nɑ˥li˥˩ɕiɑ˥ʂou˥tɕʰi˥˩lə˧.（噢。）黄：啊，没处搲抓。ɑ˩,muo˥˩tʂʰʮ˥˩vɑ˥tʂuɑ˥˩.

列挂

（事情开始办叫列挂？）王：噢，列挂？ɑɔ˩,lie˥kuɑ˥˩?（嗯。）列挂，这个话也有咧。lie˥kuɑ˥˩,tʂə˥kə˥xuɑ˥æ˥iou˥˩lie˧.（它是在什么情况下说列挂？）它就说这个事，你叫我看这个事，那是说，啊，叫我试一下，列挂下，看能行啊啵。tʰɑ˥˩tɕiou˥ʂuo˥˩tʂə˥

① 搲：《集韵》乌瓜切：“搲，音蛙，手捉物也。谓牵挽曰搲。”

˩kə˧˩sɿ˧˩,ni˥tɕiao˧˩ŋuo˥˧kæ̃˧tʂə˧kə˧sɿ˧,nei˧˩ʂɿ˧˩ʂuo˥˩,æ˩,tɕiao˧˩ŋuo˥˧sɿ˧i˥˧xɑ˧,lie˥kua˧˩xɑ˧˩,kʰæ̃˧nəŋ˩ɕiŋ˩˩æ˧puo˩.（试一试的意思？）啊，就说是……列挂就是试一试的意思。ɑ˩,tɕiou˧˩ʂuo˥˩sɿ……lie˥kua˧˩tɕiou˧˩sɿ˧i˥˩sɿ˧˩ti˩i˧sɿ˧.

耽苦

（耽苦是什么意思呢？）黄：耽苦就说把你这个事情推三岔五的给□把这个事情办不了，还把□这个事耽搁了还。免不了这个事还没办成。tæ̃˥ʂæ̃˧˩tɕiou˧ʂuo˥˧pɑ˥˩ni˥tʂə˧kə˧sɿ˧tɕʰiŋ˩˩tʰuei˥˧sæ̃˥˩tsʰɑ˧vu˥ti˩kei˧niæ̃˩pɑ˥˩tʂə˧kə˧sɿ˧tɕʰiŋ˩pæ̃˧˥pu˩liao˥˧,xɑ˩˧pɑ˥˧niæ̃˩˩tʂə˧kə˧sɿ˧tæ̃˥kuo˥˩lə˩xɑ˩˩.miæ̃˥˧pu˩liao˥tʂə˧kə˧sɿ˧xɑ˩muo˥˩pæ̃˧tʂʰəŋ˩.

吊曳

（拖延这个时间叫不叫吊……吊曳这种说法？）王：叫咧，吊曳这个。tɕiao˧lie˩,tiao˧ie˥˩tʂə˧˩kə˧˩.（叫什么？）吊曳着。tiao˧˥ie˥˩tʂə˩.（它是一个什么意思呢在……在你们这边？）吊曳那就是……就是一种拖延的思……意思。拖延。tiao˧˥ie˥˩nei˧tɕiou˧sɿ˧tʰə……tɕiou˧sɿ˧i˥˩tʂuoŋ˥˧tʰuo˥˩iæ̃˩˩ti˩sɿ˩……i˧sɿ˧.tʰuo˥˩iæ̃˩˩.（叫你做什么事，故意……）啊，故意一下吊着，给你办起不办是做起不做，这么吊曳下。ɑ˩,ku˧i˧i˥˩xɑ˧tiao˧tʂə˧,kei˧ni˥˧pæ̃˧tɕʰi˥˧pu˩pæ̃˧sɿ˧tsɿ˧tɕʰi˥˧pu˩tsɿ˧,tʂə˧muo˧tiao˧ie˥˧xɑ˧.（这个办起不办做起不做是什么意思？）兀还叫吊曳下么。væᴇ˧xɑ˩tɕiao˧˩tiao˧ie˥˧xɑ˧muo˩.

日瞎茬

（有没有日瞎茬的说法？zɿ˥˩xɑ˩tʂʰɑ˩？）王：日瞎茬有咧么。zɿ˥˩xɑ˥tsʰɑ˩iou˥lie˩muo˩.（什么意思？）日瞎茬那就说是这个事情，有的说是，日瞎茬那就说是你这个事情本身，想……你想把这个事情望成办，他在中间给你日瞎茬，给你办不成。zɿ˥˩xɑ˥tsʰɑ˩nə˧tɕiou˧ʂuo˥˩sɿ˧˩tʂə˧kə˧sɿ˧tɕʰiŋ˩,iou˥ti˩ʂuo˥˧sɿ˧,zɿ˥˩xɑ˥tsʰɑ˩næᴇ˧tɕiou˧ʂuo˥˩sɿ˧˩ni˥˧tʂə˧kə˧sɿ˧tɕʰiŋ˩pəŋ˥səŋ˥˩,ɕ……ni˥ɕiaŋ˥pɑ˥˩tʂə˧kə˧sɿ˧vaŋ˧tʂʰəŋ˩pæ̃˧,tʰɑ˥˧tsæᴇ˧tʂuoŋ˥˩tɕiæ̃˥˧kei˧ni˥˧zɿ˥˩xɑ˥tsʰɑ˩,kei˧ni˥pæ̃˧pu˩tʂʰəŋ˩.

爱折腾

（有的喜欢机器的，没事儿自己掏点钱买个什么这样组装一下，等下又拆了，又那样组装一下的。）黄：这事我们这儿这人就说是这个，兀个人，是爱折腾些。爱折腾，啊，兀他啥东西到他跟前去，他就把那折腾够咧。爱折……tʂə˧sɿ˧ŋuo˥məŋ˩tʂər˧tʂə˧zəŋ˩tsou˧ʂuo˥˩sɿ˧˩tʂə˧˩kə˧˩,væᴇ˧kə˧˩zəŋ˩,sɿ˧˩næᴇ˧˥tʂə˥tʰəŋ˩ɕie˥˩.næᴇ˧˥tʂə˥tʰəŋ˩,ɑ˩,væᴇ˧tʰɑ˥˧sɑ˧˥tuoŋ˥ɕi˩tao˧tʰɑ˥kəŋ˥˩tɕʰiæ̃˩tɕʰi˧,tʰɑ˥tsou˧˩pɑ˥˩nə˧tʂə˥tʰəŋ˩kou˧lie˩.næᴇ˧˥tʂə˥……（但这是，是有贬义还是褒义呢？）这是既有贬义，还有褒义这个词在这儿里来……tʂə˧˩sɿ˧˩tɕi˧iou˥˧piæ̃˥i˧,xæᴇ˩iou˥˧pao˥˩i˧tʂə˧kə˧tsʰɿ˩tsæᴇ˧tʂər˧˩li˥˩læᴇ˩……（他比如说这个人也是比较勤奋，比……比较爱动脑筋的。）啊，就是的。ŋɑ˩,tɕiou˧˩sɿ˧˩ti˩.（你说爱……）爱折腾些。næᴇ˧tʂə˥tʰəŋ˩ɕie˥˩.

顽缠

（反复争取叫什么？）王：反复争取？fæ̃˥fu˥˩tsəŋ˥˩tɕʰy˥？（嗯。有叫顽缠的吗？）顽缠，我们这儿有……有这个话咧。væ̃˩tʂʰæ̃˩˥,ŋuo˥məŋ˩tʂər˧˥iou˥……iou˥tʂə˧kə˧xua˧lie˩.（它是大概什么意思在你们这里？）顽缠，就说是你……你这个就说你，就说我，在你跟前去，我干不了这个事，我硬去给你说我能干了咧。就……væ̃˩tʂʰæ̃˩˥,tɕiou˧˥ʂuo˥˩sɿ˧ni……ni˥˧tʂə˧kə˧tɕiou˧ʂuo˥˩ni˥˧,tɕiou˧ʂuo˥˩ŋuo˥,tsæᴇ˧ni˥kəŋ˥˩tɕʰiæ̃

˩˧˩tɕʰi˦,ŋuo˥˧kæ̃˦pu˩˧˩liao˥˧tʂə˦˩kə˦˩sɿ˦,ŋuo˥˧˥nin˦tɕʰi˦kei˦ni˥˧˥ʂuo˥˧˩ŋuo˥˧nəŋ˩˧kæ̃˦liao˥˧lie˧.tɕiou……（噢。）噢，你是顽缠咧。ɑɔ˩,ni˥˧˥sɿ˦væ̃˩˧˩tʂʰæ̃˩˧˥lie˧.（就是不会装会？）啊，不会装会，顽缠咧。ɑ˦,pu˩˧˩xuei˦tʂuɑŋ˥˧˩xuei˦,væ̃˩˧˩tʂʰæ̃˩˧˥lie˧.

箍扎

（这个事情很……很犯难很作难叫不叫箍扎？）王：嗯，叫咧。很箍扎。n̩˩,tɕiao˦lie˧.xəŋ˥˧˥ku˥˧tsa˥˧˩.（很箍扎什么意思呢？）箍扎就说这个事情本身太做不了这个事情，你固执叫人做咧，把人箍扎的。ku˥˧tsa˥˧˩tɕiou˦ʂuo˥˧˥tʂə˦˩kə˦sɿ˦tɕʰiŋ˩˧˥pəŋ˥˧ʂəŋ˥˧˩tʰæᴇ˦tsɥ˦pu˩˧˩liao˥˧tʂə˦kə˦sɿ˦tɕʰiŋ˩˧˥,ni˥˧˥ku˦˥tʂɿ˥˧˩tɕiao˦˩zəŋ˩˧tsɥ˦lie˧,pa˥˧˩zəŋ˩˧ku˥˧tsa˥˧˩ti˧.（我比如说我叫你去做什么事情，你，你做不了，你你你会怎么，怎么埋怨我呢？说是……）就说我做不了，把人箍扎，硬固执叫人做啊。tɕiou˦˩ʂuo˥˧˩ŋuo˥˧˥tsuo˦˥pu˩˧˩liao˥˧,pa˥˧˩zəŋ˩˧ku˥˧tsa˥˧˩,niŋ˦˥ku˦˥tʂɿ˥˧˩tɕiao˦˩zəŋ˩˧tsuo˦˥æ˧.（固还是箍？）箍。箍住的箍。ku˥˧.ku˥˧tʂɥ˦˩ti˧ku˥˧.（那个词怎么念呢？就是我我身……很难为情，很难受这种。）我……我们这那就是你把人箍住叫人……箍扎……把人箍住叫人做咧。ŋuo……ŋuo˥˧məŋ˧tʂə˦nə˦tɕiou˦˩sɿ˦˩ni˥˧˥pa˥˧˩zəŋ˩˧˥ku˥˧tʂɥ˦˩tɕiao˦˩zəŋ˩˧˩……ku˥˧tsa˥˧˩……pa˥˧˩zəŋ˩˧ku˥˧tʂɥ˦˩tɕiao˦zəŋ˩˧tsɥ˦lie˧.

兴兴

黄：再一个人就说是呃凭兴兴干咧么。tsæᴇ˦i˥˧˥kə˦zəŋ˩˧˩tɕiou˦ʂuo˥˧˥sɿ˦ə˦pʰiŋ˩˧˩ɕiŋ˦˥ɕiŋ˦˩kæ̃˦liem˧.（凭兴兴？）啊，他兴兴好咧那阵那就做两下，旋……做做没有兴兴咧就不弄了。这都是由兴子干咧。ɑ˩,tʰɑ˥˧˩ɕiŋ˦ɕiŋ˦xɑɔ˥˧lie˧nei˦tʂəŋ˦nə˦tsou˦tsɥ˦liaŋ˥˧xɑ˦˩,ɕyæ̃˦ə……tsɥ˦tsɥ˦mei˩˧˥iou˥˧˥ɕiŋ˦ɕiŋ˦lie˧tsou˦˩pu˩˧˩nuoŋ˦˥lə˧.tʂei˦tou˥˧˩sɿ˦˩iou˩˧ɕiŋ˦˥tsɿ˧kæ̃˦lie˧.

扑堪

（有扑堪这个说法没有？pʰu˥˧kʰæ̃˩？）王：扑堪太没人说咧。pʰu˥˧kʰæ̃˥˧˩tʰæᴇ˦mei˩˧zəŋ˩˧˥ʂuo˥˧˩lie˧.（这个词都没听过？）扑堪这个词好像听过。但是一直说这个话说……扑堪那这意思就说这个本身你干不了这个情……事情，你还你到那儿强……扑堪地干咧。pʰu˥˧kʰæ̃˥˧˩tʂə˦kə˦tsʰɿ˩˧xɑɔ˥˧ɕiaŋ˦˩tʰiŋ˥˧kuo˦˩.tæ̃˦sɿ˦i˥˧˩tʂɿ˩˧ʂuo˥˧tʂə˦kə˦xuɑ˦ʂuo˥˧˩p……pʰu˥˧kʰæ̃˥˧˩nə˦tʂə˦i˦˥sɿ˧tɕiou˦˩ʂuo˥˧˩tʂə˦kə˦pəŋ˥˧ʂəŋ˥˧˩ni˥˧kæ̃˦pu˩˧˩liao˥˧tʂə˦˩kə˦˩tɕʰiŋ……sɿ˦tɕʰiŋ˩˧˩,ni˥˧˥xæᴇ˩˧˩ni˥˧˥tɑɔ˦nar˦tɕʰiaŋ……pʰu˥˧kʰæ̃˥˧˩tə˧kæ̃˦lie˧.（噢，就是说你不……干不了你还要干？勉强来干？）啊，啊，勉强来干，你还扑的，扑堪咧啊兀事。ɑ˩,ɑ˩,miæ̃˥˧tɕʰiaŋ˥˧læᴇ˩˧˩kæ̃˦,ni˥˧˥xæᴇ˩˧˥pʰu˥˧ti˧,pʰu˥˧kʰæ̃˥˧˩lia˧vu˦sɿ˦.

没相了

（这个事儿啊办着办着，甭想了，没希望了。办不成了。一般说什么？他考大学是没希望了。）王：我们这儿就说你是不行了。ŋuo˥˧məŋ˧tʂər˦(tɕ)iou˦˩ʂuo˥˧˩ni˥˧˩sɿ˦pu˩˧˩ɕiŋ˩˧˩lə˧.（说不说这个事muo˩ɕiaŋ˦了？）也说咧。这没相咧。ie˥˧ʂuo˥˧lie˧.tʂə˦muo˥˧˥ɕiaŋ˦lie˧.（大概跟这个意思一样吗？）这个，一样的。tʂə˦˩kə˦˥,i˥˧˩iaŋ˦˥ti˧.（哪个说得最……最那个，最土？）一般说那个嗯嗯不行咧，说得多。再一个就是没相咧噢。i˥˧˥pæ̃˥˧ʂuo˥˧˥nə˦kə˦m̩˩m̩˩pu˩˧˩ɕiŋ˩˧˩lie˧,ʂuo˥˧˩tə˧tuo˥˧˩.tsæᴇ˦i˥˧˥kə˦tɕiou˦sɿ˦muo˥˧˥ɕiaŋ˦liao˧.（老人家一般，就……）老人家就叫那没相了。lɑɔ˥˧zəŋ˩˧˩tɕia˧tɕiou˦tɕiao˦nə˦muo˥˧˩ɕiaŋ˦˥lə˧.（muo˩ɕiaŋ˦了？）啊，现在就说是不行了。ɑ˩,ɕiæ̃˦tsæᴇ˦tɕiou˦˩ʂuo˥˧˩ʂɿ˦pu˩˧˩ɕiŋ˩˧˩lə˧.（他这个，muo˩ɕiaŋ˦了大概是个什么，在什么情况下说呢？）那要你每疑为“某”之讹一件事办不成了，那就没相了。nə˦˩iao˦˥ni˥˧˥mei˥˧i˥˧˩tɕiæ̃˦sɿ˦pæ̃˦pu˩˧˩tʂʰəŋ˩˧˩lə˧,nə˦tɕiou˦muo˥˧˩ɕiaŋ˦lə˧.（办不成了？）啊。你心里想弄下啥事这

号，这个事办不成了，这就没相啊。ãl.niɣlɕiŋɣli·lɕiaŋɣ̃rnuoŋ˥xa˥sa˥ʏsɿ˥tʂə˥xaɔ˥,tʂə˥kə˥sɿ˥pæ̃˥pu˩ltʂʰəŋ˩llə˥,tʂə˥tɕiou˥muoɣlɕiaŋ˥ʏæ·l.

揭瓦

（消除了，不再存在了，有没有叫揭瓦的？）王：有叫揭瓦咧。iouɣtɕiaɔ˥tɕieɣvaɣllie·l.（这什么意思呢？）就说这个事情一下给揭瓦了。tɕiou˥lʂuoɣltʂə˥kə˥sɿ˥tɕʰiŋ˩ʏiɣlxa˥kei˥tɕieɣvaɣllə˥.（叫什么？）揭瓦咧。tɕieɣvaɣllie·l.（这，完了还是干吗？好的还是坏的？）揭瓦咧那就是瞎瞎好好就兀一下就揭瓦咧。tɕieɣvaɣllie·lnæᴇ˥tɕiou˥sɿ˥xaɣlxaɣlxaɔɣxaɔɣtɕiou˥væᴇ˥ʏiɣlxa˥tɕiou˥tɕieɣvaɣllie·l.（完了？）啊，完咧。al,væ̃˩lie·l.（人说不说揭瓦了？）人也说揭瓦咧。zəŋ˩ieɣʂuoɣ˥tɕieɣvaɣllie·l.（死了就说揭瓦了？）嗯。ŋ̍l.

摇啊铃

（这个臭名远扬呢？）王：臭名远扬？tʂʰou˥miŋ˩yæ̃ɣ˥iaŋ˩?（嗯。有叫摇了铃了吗？）有。摇啊铃这个话有咧。iouɣ.iaɔ˩a˥liŋ˩tʂə˥kə˥xua˥iouɣlie·l.（叫什么？）摇啊铃。iaɔ˩a˥liŋ˩.（摇啊铃是什么意思呢？）摇啊铃就是说是这个你弄下这个事的人所共知咧么。人都知道咧，摇啊铃啦么。iaɔ˩a˥liŋ˩tɕiou˥sɿ˥ʂuoɣlsɿ˥ltʂə˥lkə˥niɣnuoŋ˥(x)a˥ltʂə˥kə˥sɿ˥ti·lzəŋ˩suoɣ˥kuoŋ˥ʏtʂʅɣlie·lmuo·l.zəŋ˩touɣtʂʅɣltaɔ˥lie·l,iaɔ˩la·lliŋ˩la·lmuo·l.（是坏事好事？）那就是坏事也摇啊铃啦，好事还摇啊铃啦，㕶，它就是这么个。nei˥tɕiou˥sɿ˥xuæᴇ˥ʏsɿ˥ieɣiaɔ˩la·lliŋ˩lla·l,xaɔɣsɿ˥xa˩iaɔ˩la·lliŋ˩lla·l,m̩ɣ,tʰaɣltɕiou˥lsɿ˥ltʂə˥ʏmuo·lkə˥l.（好事也摇铃？）啊。al.（就给你宣扬？）你弄一个出名的个事也摇啊铃了。你弄一个一件坏事你也摇啊铃。嗯。niɣlnuoŋ˥iɣ˥kə˥tʂʰʯɣlmiŋ˩lti·lkə˥lsɿ˥ieɣiaɔ˩la·lliŋ˩llə˥.niɣ˥nuoŋ˥iɣ˥kə˥iɣltɕiæ̃˥xuæᴇ˥sɿ˥niɣæɣliaɔ˩la·lliŋ˩.ŋ̍l.

罢了

（差不多，这个做了……做的事情差不多了，啊，差不多了还是说什么？还说罢了？）王：兀就说是呃……罢了兀个不说，差不多有，说差不多。væᴇ˥tɕiou˥ʂuoɣlsɿ˥əl……pa˥ʏlə·lvu˥kə˥pu˩lʂuoɣl,tsʰaɣlpu˩tuoɣiouɣl,ʂuoɣltsʰaɣlpu˩ltuoɣ.（有罢了这个词没有？）罢了的话呢那就说是你，你这个吃的饭好不好啊？说“罢了”。pa˥ʏlə·lti·lxua˥nə·lnæᴇ˥tɕiou˥ʂuoɣlsɿ˥niɣ,niɣtʂə˥kə˥tʂʰʅɣlti·lfæ̃˥xaɔɣpu˩lxaɔɣla·l?ʂuoɣlpa˥ʏlə·l.（paʏlə·l还是paʏlie·l？）啊，罢了。罢了就说一般么。意思……al,pa˥ʏlə·l.pa˥ʏlə·ltɕiou˥ʂuoɣ˥iɣlpæ̃ɣmuo·l.i˥lsɿ·l……（一般？）嗯。ŋ̍l.（你吃饭好不好？罢了。）啊，就说罢了。al,tɕiou˥lʂuoɣlpa˥llə·l.（做事呢？做事的事情也说不说罢了？）做事的事也说罢了。tsuo˥lsɿ˥ʏti·lsɿ˥ieɣʂuoɣlpa˥llə·l.

二二、工商业

商业 / 行业

（一）商业

货币

1.（好。那么，就说，那商店里头，我们现在都用人民币了。这国家印的钱。过去用什么钱？）王：过去兀就是银元么，麻钱儿么。kuo˧tɕʰy˧væᴇ˧tɕiou˧sɿ˧iŋ˨˦yæ̃˨˦muo˨,ma˨˦tɕʰiæ̃r˨˦muo˨.（银元你，你，你们叫什么？）黄：我们叫响元咧。ŋuo˥˧məŋ˨tɕiaɔ˧ɕiaŋ˥˧˧yæ̃˨˦˩lie˨.王：响元么。ɕiaŋ˥˧˧yæ̃˨˦muo˨.（麻钱儿？还有什么钱儿没有？）王：还有那裤裆钱。xæᴇ˨˦iou˥˧˧nə˧kʰu˧taŋ˥˧˩tɕʰiæ̃˨˦˩.黄：那都是麻钱一类的。nə˧˥tou˥˧˩sɿ˧˩ma˨˦tɕʰæ̃˨˦˧i˥˧˧luei˧˥ti˨.王：那也就叫裤裆钱，不叫麻钱儿咧。nei˧a˥˧˩tɕiou˧tɕiaɔ˧kʰu˧taŋ˥˧˩tɕʰiæ̃˨˦,pu˨˦˩tɕiaɔ˧ma˨˦tɕʰiæ̃r˨˦˩lie˨.黄：嗯，那那它是这老百姓把那叫。ə̃˩,næᴇ˧næᴇ˧˥tʰa˥˧˩sɿ˧˩tʂə˧laɔ˥˧pei˥˧˩ɕiŋ˧˥pa˥˧˩nei˧tɕiaɔ˧.（裤裆钱儿是不是，就是那个，刀币还是铲币那个文物上面的？）黄：像铲币。ɕiaŋ˧tsʰæ̃˥˧pi˧˩.（铲币？）黄：嗯。铲币。ŋ̍˧.tsʰæ̃˥˧pi˧˩.（也是，就说麻钱儿这个东西是民国时候造的还是什么时候造的？）黄：那久的了。这儿这的太白的麻钱，最早的推到汉代咧么。nei˧˥tɕiou˥˧˩ti˨lə˨.tʂər˧˦tʂə˧˥ti˨tʰæᴇ˧pei˨˦˥ti˨ma˨˦tɕʰiæ̃˨˦,tsuei˧tsaɔ˥˧˧ti˨tʰuei˥˧˩taɔ˧xæ̃˧˦tæᴇ˧˩liem˧.（汉代？）黄：噢，这儿这最……太白……aɔ˩,tʂər˧tʂə˧tsuei˧……tʰæᴇ˧˥pei˨˦˧……王：有汉代的，有是……iou˥˧˧xæ̃˧˥tæᴇ˧˩ti˨,iou˥˧sɿ˧……黄：汉……太白最值钱的这就是这个汉五铢和秦半两么。五铢，汉代的五铢钱。它是那个欸，繁体字这个五字向上这么个一写，篆字，这个“五”字。再一个就是秦半两。xæ̃˧ts……tʰæᴇ˧˥pei˨˦˩tsuei˧tʂɿ˨˦˧tɕʰiæ̃˨˦˩ti˨tʂə˧tɕiou˧sɿ˧tʂə˧kə˧xæ̃˧vu˥˧tʂʮ˥˧˩xuo˨˦˩tɕʰiŋ˨˦pæ̃˧liaŋ˥˧muo˨.vu˥˧tʂʮ˥˧˩,xæ̃˧tæᴇ˧ti˨vu˥˧tʂʮ˥˧˩tɕʰiæ̃˨˦˩.tʰa˥˧˧sɿ˧nə˧kə˧ei˧,fæ̃˨˦tʰi˥˧tsɿ˧tʂə˧kə˧vu˥˧tsɿ˧ɕiaŋ˧ʂaŋ˧tʂə˧muo˨kə˧i˥˧˩ɕie˥˧,tʂuæ̃˧tsɿ˧˩,tʂə˧˩kə˧˩vu˥˧tsɿ˧˩.tsæᴇ˧i˥˧˧kə˧˩tɕiou˧˩sɿ˧˩tɕʰiŋ˨˦pæ̃˧liaŋ˥˧.（半两钱？）黄：秦朝的这个半两钱。tɕʰiŋ˨˦tsʰaɔ˨˦˥ti˨tʂə˧˩kə˧˩pæ̃˧liaŋ˥˧tɕʰiæ̃˨˦˩.（半两钱？）黄：啊。你像这个……a˩.ni˥˧˧ɕiaŋ˧tʂə˧kə˧……王：兀个值钱。væᴇ˧˥kə˧˩tʂɿ˨˦˩tɕʰiæ̃˨˦˩.（麻钱是不是都是半两钱？天圆地方的那种？）黄：那不一定了。麻钱里头多了，种类的有这个刀……nei˧˥pu˨˦˩i˥˧˧tiŋ˧lə˨.ma˨˦tɕʰiæ̃˨˦˧li˥˧˧tʰou˨tuo˥˧lə˨,tʂuoŋ˥˧luei˧ti˨iou˥˧tʂə˧kə˧taɔ˥˧˧……（都中间有个孔吗都是？）王：都中间有孔。tou˥˧˦tʂuoŋ˥˧˧tɕiæ̃˥˧˧iou˥˧˧kʰuoŋ˥˧.黄：啊。有中间有孔的。有……有铲形的，啊。a˩.iou˥˧tʂuoŋ˥˧˩tɕiæ̃˥˧˦iou˥˧˧kʰuoŋ˥˧ti˨.i……i……iou˥˧˧tsʰæ̃˥˧ɕiŋ˨˦ti˨,a˩.王：有大的，有碎的啊。iou˥˧˧ta˧ti˨,iou˥˧˧suei˧˦ti˨a˨.黄：还有这个欸铲形，有刀币咧。xæᴇ˨˦iou˥˧˧tʂə˧kə˧ei˩tsʰæ̃˥˧ɕiŋ˨˦,iou˥˧taɔ˥˧˩pi˧lie˨.（还有刀币？）黄：有刀币咧么。iou˥˧taɔ˥˧˩pi˧lie˨muo˨.（哎，就是，解放后一直在用吗？）黄：解放后就没有。tɕie˥˧˩faŋ˧xou˧˥tɕiou˧˩mei˨˦˥iou˥˧˩.（解放前？）王：解放前有人来。tɕie˥˧˧faŋ˧tɕiæ̃˨˦iou˥˧˩zəŋ˨˦˩læᴇ˨˦˩.黄：解放……解放前，欸，这些用麻钱子这个，时间推到

它三几年以后，呃，二几年以后慢慢就没下去了。应该到三几年都，都是这新……像银元这些多一点儿。tɕie˥˩˫fɑŋ˦……tɕie˥˩˫fɑŋ˦tɕ^{h}iæ̃˨˦,ei˨˩,tʂei˦˥˧ɕie˥˩˨yoŋ˦mɑ˨˦˨˩tɕ^{h}iæ̃˨˦˥˧tsɿ˧˧tʂə˦kə˦,sɿ˨˦˨˩tɕiæ̃˥˩˫t^{h}uei˥˩˨tɑɔ˦t^{h}ɑ˥˩˫sæ̃˥˩tɕi˥˩˨niæ̃˨˦i˥˩˨xou˦,ə˨˩,ər˦˥˧tɕi˥˩˨niæ̃˨˦˫i˥˩˫xou˦mæ̃˦mæ̃˦tsou˦muo˥˩xɑ˦˨˩tɕ^{h}i˦˨˩lə.iŋ˦˨˩kæᴇ˥˩˨tɑɔ˦sæ̃˥˩tɕi˥˩˨niæ̃˨˦˨˩tou˥˩˨,tou˥˩˨sɿ˦˨˩tʂei˦˨˩ɕiŋ˥˩˫……ɕiɑŋ˦˥˧iŋ˨˦yæ̃˨˦tʂei˦˨˩ɕie˥˩˨tuo˥˩i˥˩˨tiæ̃r˥˩˨˩.（银元？）黄：啊。ɑ˨˩.（银元有哪几种？）黄：银元，这儿这，咱们这儿这这个最流行的就是这个，道光元，道光年代的。iŋ˨˦yæ̃˨˦,tʂər˦˥˧tʂə˦˨˩,tʂɑ˨˦məŋ˧tʂər˦tʂə˦tʂə˦˨˩kə˦˨˩tsuei˦liou˨˦ɕiŋ˨˦ti˧tɕiou˦˨˩sɿ˦˨˩tʂə˦kə˦,tɑɔ˦kuɑŋ˥˩˨yæ̃˨˦˨˩,tɑɔ˦kuɑŋ˥˩˨niæ̃˨˦˨˩tæᴇ˦ti˧.（那个是什么形状的？）黄：圆形的。yæ̃˨˦ɕiŋ˨˦˨˩ti˧.王：他那是人头么，一个，一种是人头嘛。t^{h}ɑ˥˩˫nei˦sɿ˦zəŋ˨˦t^{h}ou˨˦muo˧,i˥˩˨kə˦,i˥˩˨tʂuoŋ˥˩sɿ˦˨˩zəŋ˨˦t^{h}ou˨˦mɑ˧.黄：噢，人头。ɑɔ˨˩,zəŋ˨˦t^{h}ou˨˦˨˩.王：一种双龙嘛，一种单龙的么。i˥˩˨tʂuoŋ˥˩ʂuɑŋ˥˩˨luoŋ˨˦mɑ˧,i˥˩˨tʂuoŋ˥˩˫tæ̃˥˩luoŋ˨˦˨˩ti˧muo˧.黄：那都少。咱们这儿这多一半儿，这人头是袁大头么，欸，袁世凯的袁么。再就是道光元里头没有头像，中间关键有个字咧，“道光”二字。nei˦˥˧tou˥˩˨ʂɑɔ˥˩.tʂɑ˨˦məŋ˧tʂər˦tʂə˦tuo˥˩i˥˩˨pæ̃r˦,tʂə˦˨˩zəŋ˨˦t^{h}ou˨˦sɿ˦˨˩yæ̃˨˦˨˩tɑ˦t^{h}ou˨˦muo˧,ei˨˩,yæ̃˨˦˨˩ʂɿ˦k^{h}æᴇ˥˩ti˧yæ̃˨˦muo˧.tsæᴇ˦tsou˦sɿ˦tɑɔ˦kuɑŋ˥˩˨yæ̃˨˦li˥˩˨t^{h}ou˧mei˨˦iou˥˩t^{h}ou˨˦˨˩ɕiɑŋ˦˥˧,tʂuoŋ˥˩˨tɕiæ̃˥˩˧kuæ̃˥˩˨tɕ^{h}iæ̃˦iou˥˩kə˦˨˩tsɿ˦lie˧,tɑɔ˦kuɑŋ˥˩ər˦˨˩tsɿ˦˨˩.王：“道光”二字。我记那龙……龙元那，龙元有双龙的，有单龙的嘛。tɑɔ˦kuɑŋ˥˩ər˦tsɿ˦.ŋuo˥˩˫tɕi˦næᴇ˦luoŋ˨˦……luoŋ˨˦yæ̃˨˦˨˩nə˦˨˩,luoŋ˨˦yæ̃˨˦˨˩iou˥˩˫ʂuɑŋ˥˩luoŋ˨˦˨˩ti˧,iou˥˩˫tæ̃˥˩luoŋ˨˦˨˩ti˧mɑ˧.黄：那都是南方……流传过来的。龙元。还有帆船咧。nei˦˥˧tou˥˩˨sɿ˦˨˩næ̃˨˦˨˩fɑŋ˥˩i……liou˨˦tʂ^{h}uæ̃˨˦kuo˦læᴇ˨˦˨˩ti˧.luoŋ˨˦yæ̃˨˦˨˩.xæᴇ˨˦˨˩iou˥˩˫fæ̃˥˩˨tʂ^{h}uæ̃˨˦˨˩lie˧.（还有帆船的？）黄：嗯。n̩˨˩.（那你们一般怎么称呼这个东西？）黄：我们，多一的……老百姓统称银元。响元，就叫响元咧。ŋuo˥˩məŋ˧,tuo˥˩i˥˩˨ti˧……lɑɔ˥˩pei˥˩˨ɕiŋ˦t^{h}uoŋ˥˩tʂ^{h}əŋ˥˩˨iŋ˨˦yæ̃˨˦˨˩.ɕiɑŋ˥˩yæ̃˨˦,tɕiou˦tɕiɑɔ˦ɕiɑŋ˥˩yæ̃˨˦˨˩lie˧.

2.（这你们，这个，比如说我买这个东西，我不够一块儿银元，我，比如这个东西我，只有五毛钱，这银元比，好比说是一块钱，那总得有个零钱的来兑换吧？）黄：那会儿那个零钱那就是放麻钱子给你。nə˦xuər˦˥˧nə˦˨˩kə˦˨˩liŋ˨˦tɕ^{h}iæ̃˨˦˫nei˦tɕiou˦sɿ˦fɑŋ˦mɑ˨˦˨˩tɕ^{h}iæ̃˨˦˥˧tsɿ˧kei˦˨˩ni˥˩˨.王：放麻钱给你找咧。fɑŋ˦mɑ˨˦˨˩tɕ^{h}iæ̃˨˦˥˧kei˦ni˥˩˫tsɑɔ˥˩lie˧.黄：放麻钱子给你找咧。fɑŋ˦mɑ˨˦˨˩tɕ^{h}iæ̃˨˦˥˧tsɿ˧kei˦ni˥˩˫tsɑɔ˥˩lie˧.（麻钱再找？）黄：噢，放麻钱儿找咧。ɑɔ˨˩,fɑŋ˦mɑ˨˦˨˩tɕ^{h}iæ̃r˨˦tsɑɔ˥˩˨lie˧.（就，南方啊，还有那种铜做的，中间没有孔的，也是或者……）黄：有咧么。iou˥˩lie˧muo˧.（硬币。）黄：我们这儿，咱们这儿也用个铜板儿咧。ŋuo˥˩məŋ˧tʂər˦,tʂɑ˨˦məŋ˧tʂər˦ie˥˩˫yoŋ˦kə˦t^{h}uoŋ˨˦˨˩pæ̃r˥˩lie˧.王：那少得很啊。nə˦ʂɑɔ˥˩tə˧xəŋ˥˩ɑ˧.黄：少得很么。大铜板儿么。这个铜板儿最流行欸是四川。咱们这儿流过来，然后就有铜板儿。ʂɑɔ˥˩tə˧xəŋ˥˩muo˧.tɑ˦t^{h}uoŋ˨˦˨˩pæ̃r˥˩muo˧.tʂə˦kə˦t^{h}uoŋ˨˦˨˩pæ̃r˥˩˫tsuei˦liou˨˦ɕiŋ˨˦˫ei˦sɿ˦sɿ˦˥˧tʂ^{h}uæ̃˥˩˨.tsɑ˨˦məŋ˧tʂər˦liou˨˦˨˩kuo˦læᴇ˨˦˫,zæ̃˨˦˨˩xou˦(tɕ)iou˦iou˥˩t^{h}uoŋ˨˦˨˩pæ̃r˥˩.王：咱们这儿少得很。它我还没见过。tsɑ˨˦məŋ˧tʂər˦ʂɑɔ˥˩tə˧xəŋ˥˩.t^{h}ɑ˥˩˨ŋuo˥˩xɑ˨˦˨˩muo˥˩˨tɕiæ̃˦˥˧kuo˦˨˩.（你们这儿就是，就就是说，用麻钱子代替？）黄：嗯，不……代替。ŋ̍˥˩,pu˨˦……tæᴇ˦t^{h}i˦.王：噢，用麻钱代替找。ɑɔ˨˩,yoŋ˦mɑ˨˦tɕ^{h}iæ̃˨˦tæᴇ˦t^{h}i˦tsɑɔ˥˩˨.

3.（这个，一般你们这个一块两块，那，那玩意儿叫什么东西？叫人民币还叫什么？）王：这我们这地方都叫钱哩。tʂə˦ŋuo˥˩məŋ˧tʂə˦kə˦ti˦fɑŋ˥˩˨tou˥˩˨tɕiɑɔ˦tɕ^{h}iæ̃˨˦˨˩li˧.（有没有别的说法？）王：没有其他说法。mei˨˦iou˥˩tɕ^{h}i˨˦˨˩t^{h}ɑ˥˩˫ʂuo˥˩˨fɑ˥˩˨.（票子？）王：票子那也说咧。那不过是人口这些欸，讲这老百……当地老百姓都叫兀……都是钱。一天就，你不管做啥时候你这个是多钱，或者你做一天杂工多钱，就顾问这个钱咧，不说是那个票子多少。pʰiaɔ˥˧tsʅ˧neiaʅia˥˧ʂuo˦lie˧.nei˧pu˩˥kuo˥sʅ˧zəŋ˩˥niæ̃˩˧tʂə˥˦ɕie˨˧ei˧,tɕiaŋ˦˥tʂə˥laɔ˥pei˨˧……taŋ˦˥ti˧laɔ˥pei˨˧ɕiŋ˥˦tou˦˥tɕiaɔ˥vu˧˨……tou˨˦sʅ˧˨tɕʰiæ̃˩.i˦˥tʰiæ̃˦tɕiou˥,ni˦pu˩˥ku æ̃˦tsʅ˥sa˥ʂʅ˩˥xou˥ni˦˧tʂə˥kə˥sʅ˧˨tuo˨˧tɕʰiæ̃˩˥,xuo˩˥tʂə˦˥ni˦˧tsuo˥˦i˨˥tʰiæ̃˦tsa˩kuoŋ˦˥tuo˨˦tɕʰiæ̃˩˨,tɕiou˧˨ku˧vəŋ˥tʂə˥kə˥tɕʰiæ̃˩˥lie˧,pu˩˥ʂuo˦sʅ˧˨nə˧˨kə˧˨pʰiaɔ˥˨tsʅ˧tuo˦˥ʂaɔ˦˥.（有没有说叫蛤的？）王：蛤咱们这个地方不叫……ka˩tsa˩məŋ˧tʂə˥kə˥ti˧˨faŋ˦˥pu˩˥tɕiaɔ˥ts……（有，听过没有？）王：嗯，陕西人□就叫蛤。ŋ̍˨,ʂæ̃˦ɕi˦˥zəŋ˩˥niæ̃˩˧tɕiou˥tɕiaɔ˥˨ka˩.（也是指钱？）王：钱，指钱也叫蛤咧。tɕʰiæ̃˩,tsʅ˦tɕʰiæ̃˩ie˦˧tɕiaɔ˥ka˩lie˧.（人民币说不说？）王：人民币一般是打条子弄啥就写人民币咧，但是，说法上不说。嗯，人民币。zəŋ˩miŋ˩pi˥˨i˨˦pæ̃˦sʅ˧ta˦˧tʰiaɔ˩tsʅ˧nuoŋ˥sa˥tsou˧˨ɕie˦zəŋ˩miŋ˩pi˧lie˧,tæ̃˥sʅ˧,ʂuo˦fa˦˥ʂaŋ˧˨pu˩˥ʂuo˦.ŋ̍˨,zəŋ˩miŋ˩˧pi˥.（这种大的元宝？）王：元宝那个□们，有的叫元宝，有的叫银子锞。yæ̃˩paɔ˦nə˥kə˥niæ̃˩˥məŋ˧,iou˦ti˧tɕiaɔ˥yæ̃˩˥paɔ˦˧,iou˦ti˧tɕiaɔ˥iŋ˩˥tsʅ˧kʰuo˥.（你再说一下元宝！）王：元宝。yæ̃˩paɔ˦.（还叫什么？）王：银子锞。iŋ˩˥tsʅ˧kʰə˥.（银子锞，还有金的呢！金子做的做下那个那玩意儿呢？）王：金的做下那就头里说下那就是有兀金条来，金砖来的，没有金……金……没有金的……tɕiŋ˦ti˧tsuo˥˦xa˧˨nə˥tɕiou˥tʰou˩li˦˧ʂuo˦xa˧˨næᴇ˧˨tɕiou˥sʅ˧iou˦˧væᴇ˥tɕiŋ˦˥tʰiaɔ˩læᴇ˩˧,tɕiŋ˨˦tʂuæ̃˦læᴇ˩˥tə˧,mei˩˥iou˦˧tɕi……tɕi……mei˩˥iou˦tɕiŋ˦˥ti˧……（金元宝没有没有吗？）王：金元宝那……欸，那，哎呀，那看来也有金元宝咧吧？金……光人……听人说有金……说这个金元宝咧，但是……tɕiŋ˦˥yæ̃˩paɔ˦nei˥……ei˨,nei˥,æᴇ˨ia˨,nei˥kʰæ̃˧˨læᴇ˩ie˦iou˦˥tɕiŋ˦˥yæ̃˩paɔ˦lie˧pa˧?tɕ……kuaŋ˨˦ʐ……tʰiŋ˦˥zəŋ˩ʂuo˦iou˦tɕiŋ˦˥……ʂuo˦tʂə˥kə˥tɕiŋ˦˥yæ̃˩paɔ˦lie˧,tæ̃˥sʅ˥……（但没见过？）王：没见过。mei˩˥tɕiæ̃˥kuo˥.（银……银……银子做的元宝……）王：银子做的元宝咱们见过。金子做下没见咧。iŋ˩˥tsʅ˧tsuo˧˨yæ̃˩paɔ˦˧tsa˩məŋ˧tɕiæ̃˥kuo˧˨.tɕiŋ˦tsʅ˧tsuo˥˦xa˧˨muo˦tɕiæ̃˥lie˧.（一吹的那种？）王：啊，一吹那银元么。响元么。a˨,i˨˦tʂʰuei˨nei˥iŋ˩yæ̃˩muo˧,ɕiaŋ˦˧yæ̃˩muo˧.（叫什么？）王：叫，□人叫响元，也叫银元。tɕiaɔ˥,niæ̃˩˥zəŋ˩˧tɕiaɔ˥ɕiaŋ˦˧yæ̃˩,æ˦˧tɕiaɔ˥iŋ˩yæ̃˩˥.（叫大洋不叫？）王：大洋咱们这儿不叫。ta˥iaŋ˩tsa˩məŋ˧tʂər˥pu˩˥tɕiaɔ˧˨.（欸，这个响元是不是响啦？）王：噢，一吹嗞哝哝儿哝儿的。aɔ˨,i˨˦tʂʰuei˨tsʅ˥nuoŋ˥nuõr˥nuõr˥ti˧.（就叫响元还是什么？）王：啊，叫响元。a˥,tɕiaɔ˥ɕiaŋ˦yæ̃˩˥.（叫什么？）王：响元。ɕiaŋ˦˧yæ̃˩˥.（这种铜板儿有……你们有没有，过去见过没有？）王：铜板儿我这儿没见过。过去是麻钱儿。tʰuoŋ˩˥pæ̃r˦vuo˦˥tʂər˥mei˩˥tɕiæ̃˧˨kuo˧˨.kuo˥tɕʰy˥sʅ˥ma˩tɕʰiæ̃r˩˥.（那……这个，一个这个这个元宝你们叫什么？叫一块钱还是叫什么？还是叫一个元宝？）王：还是金银元宝㖿。xa˩˥sʅ˧tɕiŋ˦˥iŋ˩yæ̃˩˥paɔ˦m̩˧.（噢，不……不是，错，错了。等一下。）王：你说哪一种？ni˦ʂuo˦˥na˦i˦˥tʂuoŋ˦˥?（这样的，一块儿这个东西？）王：一块儿那就叫银元么。i˦˥kʰuər˦næᴇ˥tɕiou˥tɕiaɔ˥iŋ˩yæ̃˩˥muo˧.（我叫这是这是一块钱还是一块银元还是叫什么？）王：叫一块银元么。tɕiaɔ˥i˦˥kʰuæᴇ˦iŋ˩yæ̃˩muo˧.（不叫一块钱？）王：不叫一块钱。pu˩˥tɕiaɔ˥i˦˥kʰuæᴇ˦tɕʰiæ̃˩˥.（一块钱，怎么是，是怎么回事呢？）王：一块钱那就说的咱们人民币一块一块地说咧么。i˦˥kʰuæᴇ˦tɕʰiæ̃˩˧nei˥tɕiou˥ʂuo˦ti˧tsa˩məŋ˧zəŋ˩miŋ˩pi˥˦i˦˥kʰuæᴇ˦i˦˥kʰuæᴇ˦ti˧ʂuo˦˥liem˧.（呃，也……也指那种硬币吗？）王：啊，那种硬币的也说是一块的。a˨,ne˥tʂuoŋ˦˥iŋ˥pi˥ti˧lia˦ʂuo˦˥sʅ˧i˦˥kʰuæᴇ˦ti˧.（有……有分，有一分两分的钱吗？）王：一分两……分那原来有咧，现在都……没有兀东西啦。i˨˦fəŋ˦˧liaŋ˦ɕ……fəŋ˦˥næᴇ˥yæ̃˩˥læᴇ˩˧iou˦˥lie˧,ɕiæ̃˥tsæᴇ˥tou˦˥m……muo˦iou˦vei˥˧tuoŋ˦˥ɕi˧la˧.（你管那

个一分两分的钱叫什么？）王：那也叫，我，原来我们这儿人□把兀叫砣砣钱哩。næᴇ˧ɑ˥˩tɕiɑɔ˧,ŋuo˥,yæ̃˨˩læᴇ˨˦ŋuo˥məŋ˧tʂər˧tʐəŋ˨˦niæ̃˨˩pɑ˥˩væᴇ˧tɕiɑɔ˧tʰuo˨˩tʰuo˨˦tɕʰiæ̃˨˩li˧.（叫什么？）王：叫砣砣钱哩。兀东西就叫砣砣钱，tɕiɑɔ˧tʰuo˨˩tʰuo˨˦tɕʰiæ̃˨˩li˧.væᴇ˧˦tuoŋ˥˦ɕi˧tɕiɑɔ˧tʰuo˨˩tʰuo˨˦tɕʰiæ̃˨˩.（有一分的，有两……）王：二分的，有五分的。ər˧˨fəŋ˥˩ti˧,iou˥˦vu˥fəŋ˥˩ti˧.（都叫坨坨钱？）王：啊，都叫坨坨钱。ɑ˩,tou˥˨tɕiɑɔ˧tʰuo˨˩tʰuo˨˦tɕʰiæ̃˨˩.（那一块一块的呢？）王：一块一块的那就叫欸，叫欸……i˥˩kʰuæᴇ˥i˥˩kʰuæᴇ˥˦ti˧nei˧tɕiou˧tɕiɑɔ˧ei˩,tɕiɑɔ˧ei˧˩……（我们看看纸币。一块纸币你们有没有什么说法？比如说那十块钱有很多人叫大团结啊。）王：啊，都叫大团……一块一块的那，那也那原来有那叫工农兵么，那那头起有……ɑ˩,tou˥˩tɕiɑɔ˧tɑ˧˩tʰuæ̃˨˩……i˥˩kʰuæᴇ˥i˥˩kʰuæᴇ˥˩ti˧nei˧,nei˧iɑ˥˩nei˧yæ̃˨˩læᴇ˨˦iou˥næᴇ˧tɕiɑɔ˧kuoŋ˥˩nuoŋ˨piŋ˥muo˧,nei˧nei˧tʰou˨˩tɕʰie˥˦iou˥……（一块叫工农兵？）王：啊。ɑ˩.（两块的呢？）王：两……两块的，没有啥叫。我记原来那一块的不是有头起有那工人农民叫工农兵吗？大团结那就是那十块的么，再就是一百块的叫幺洞洞么。liɑŋ˥˩……liɑŋ˥˩kʰuæᴇ˥ti˧,mei˨˩iou˥sɑ˧˩tɕiɑɔ˧.ŋuo˥˦tɕi˧yæ̃˨læᴇ˨˦nei˧i˥˩kʰuæᴇ˥ti˧pu˨˩sɿ˧iou˥˦tʰou˨˩tɕʰie˥˦iou˥˦nei˧kuoŋ˥zəŋ˨˩luoŋ˨˩miŋ˨˦tɕiɑɔ˧kuoŋ˥˩luoŋ˨piŋ˥mɑ˧?tɑ˧tʰuæ̃˨tɕie˥nei˧tɕiou˧sɿ˧nei˧ʂɿ˨˩kʰuæᴇ˥ti˧muo˧,tsæᴇ˧tɕiou˧sɿ˧i˥˨pei˥kʰuæᴇ˥˦ti˧tɕiɑɔ˧iɑɔ˥˩tuoŋ˧tuoŋ˧muo˧.（叫什么？）王：幺洞洞么。iɑɔ˥˩tuoŋ˧tuoŋ˧muo˧.（怎么叫窑洞洞呢？）黄：两个零嘛。liɑŋ˥kə˧˩liŋ˨mɑ˧.王：一……一百块钱该是两个零该叫个幺洞洞么。i˥˩……i˥˨pei˥kʰuæᴇ˥˦tɕʰiæ̃˨kæᴇ˥˩sɿ˧˩liɑŋ˥kə˧˩liŋ˨kæᴇ˥˩tɕiɑɔ˧kə˧iɑɔ˥˩tuoŋ˧tuoŋ˧muo˧.（窑？）王：幺。一。幺洞洞么。iɑɔ˥.i˥.iɑɔ˥˩tuoŋ˧tuoŋ˧muo˧.黄：幺，幺，一么。也叫红野鸡咧。iɑɔ˥,iɑɔ˥,i˥muo˧.ie˥˦tɕiɑɔ˧xuoŋ˨˩ie˥tɕi˥˩lie˧.王：噢，也叫红野鸡咧。ɑɔ˩,ie˥˦tɕiɑɔ˧xuoŋ˨˩ie˥tɕi˥˩lie˧.（叫什么？红野鸡？）黄：红野鸡么。xuoŋ˨ie˥tɕi˥˩muo˧.（怎么叫红野鸡呢？）黄：颜色是红的么。iæ̃˨˩sə˥sɿ˧˩xuoŋ˨˩ti˧muo˧.王：颜色是红的。iæ̃˨˩sei˥sɿ˧˩xuoŋ˨ti˧.（就是现在那种新的那个？）王：啊。ɑ˩.黄：啊，新版一百么。ɑ˩,ɕiŋ˥pæ̃˥˩i˥˩pei˥muo˧.

4.（就一分一分的，你们管这个叫什么？）黄：这个铝合金的那个，铝的那个叫钢镚镚儿。啊，坨坨钱。tʂə˧˩kə˧˩ly˥xuo˨˩tɕiŋ˥ti˧nei˧kə˧,ly˥ti˧nei˧kə˧tɕiɑɔ˧kɑŋ˥˩pəŋ˧pə̃r˧.ɑ˩,tʰuo˨˩tʰuo˨˦tɕʰiæ̃˨.王：啊，那就叫坨坨钱么。ɑ˩,nei˧˩tɕiou˧˩tɕiɑɔ˧tʰuo˨˩tʰuo˨˦tɕʰiæ̃˨muo˧.黄：叫坨坨……最原始……土的叫法叫坨坨钱么。tɕiɑɔ˧tʰuo˨˩tʰuo˨˦……tsuei˧yæ̃˨˩s……tʰu˥ti˧tɕiɑɔ˧fɑ˥˩tɕiɑɔ˧tʰuo˨˩tʰuo˨˦tɕʰiæ̃˨˩muo˧.（一砣，怎么叫砣砣钱呢？跟秤砣一样？也不是啊。）黄：啊，一……坨坨钱么，就是这圆……ɑ˥,i˥˩......tʰuo˨˩tʰuo˨˦tɕʰiæ̃˨muo˧,tɕiou˧sɿ˧tʂei˧˩yæ̃˨……王：就是圆坨坨么。tɕiou˧˩sɿ˧˩yæ̃˨tʰuo˨˩tʰuo˨˦muo˧.黄：圆的么，圆坨坨儿么。yæ̃˨ti˧muo˧,yæ̃˨tʰuo˨˩tʰuor˨˦muo˧.（那，不管是一分五分两……二分的都叫砣砣钱？）王：坨坨钱。tʰuo˨˩tʰuo˨˦tɕʰiæ̃˨˩.黄：啊，叫坨坨钱呣。有的把那……有的把那还叫钢镚镚。ɑ˩,tɕiɑɔ˧tʰuo˨˩tʰuo˨˦tɕʰiæ̃˨˩m̩˧.iou˥ti˧pɑ˥˩nɑ˧......iou˥ti˧pɑ˥˩næᴇ˧xæᴇ˨˩tɕiɑɔ˧kɑŋ˥˩pəŋ˧pəŋ˧˩.（最土的叫什么？）黄：就是坨坨钱。tɕiou˧˩sɿ˧˩tʰuo˨˩tʰuo˨˦tɕʰiæ̃˨˩.

（那过去一毛一毛的纸币，那有一个有一个女的开着这个什么拖拉机还是什么东西？）黄：那有咧。næᴇ˧iou˥lie˧.（啊，啊毛的那，你们有没有什么说法？）黄：没有。muo˥˩iou˥˩.（你们是叫一角钱、两角钱，还是一毛钱、二毛钱？）王：那会儿就叫一毛钱，两毛钱。nə˧xuər˧tɕiou˧˩tɕiɑɔ˧i˥˩mɑɔ˨tɕʰiæ̃˨˩,liɑŋ˥mɑɔ˨˩tɕʰiæ̃˨˩.黄：叫一毛，一毛两毛的多。tɕiɑɔ˧i˥˩mɑɔ˨,i˥˩mɑɔ˨liɑŋ˥mɑɔ˨˩ti˧tuo˥˩.王：嗯。ŋ̍˩.（一分两分你们说一分两分还是一分二分？）黄：一分两分。i˥˩ fəŋ˥˧ liaŋ˥ fəŋ˥˩.（好，我们说到这个纸币，一块的你们叫工农兵，两块的呢？）黄：两块那就……liaŋ˥˩ kʰuæᴇ˥˩ næᴇ˧˩ tɕiou˥……王：两块的好像没听见说。liaŋ˥˩ kʰuæᴇ˥ ti·xaɔ˥˧ ɕiaŋ˥ mei˩˥ tʰiŋ˥˧ tɕiæ˧ ʂuo˥˧.黄：嗯。ə̃˩.王：一块的那可不是有那头起有那工农……工农兵。i˥˩ kʰuæᴇ˥ ti·nə˧ kʰə˥˩ pu˩˥ sɿ˧ iou˥˧ næᴇ˧ tʰou˩˩ tɕʰie˥˧ iou˥˧ næᴇ˧ kuoŋ˥˩ luoŋ˩˩……kuoŋ˥˩ luoŋ˩ piŋ˥.黄：抱子抱稻子的那个。paɔ˧˥ tsɿ·paɔ˧˥ tʰaɔ˥ tsɿ·ti·nei˧ kə˧.黄：大团结是啥？ta˧˥ tʰuaæ̃˩ tɕie˥ sɿ˧˩ sa˧˩？（三块的，噢，不是不是，没没有三块的。五块的有没有什么说法？）王：没有。muo˥˩ iou˥˩.（那个十块的呢？）黄：大团结是啥？ta˧ tʰuæ̃˩ tɕie˥ sɿ˧˩ sa˧˩?王：大团结是一百么。ta˧ tʰuæ̃˩ tɕie˥ sɿ˧˩ i˥˧ pei˥ muo·.黄：十块这个钞票头起有个啥图案咧？ʂɿ˩˩ kʰuæᴇ˥˧ tʂə˧˥ kə˧˩ tsʰaɔ˥˩ pʰiaɔ˧ tʰou˩˩ tɕʰie˥˧ iou˥˧ kə˧ sa˧˥ tʰu˩˩ næ̃˧˥ lie·?王：我咿……反正兀是，大团结是一百，再一个就是把那，叫，有的把那叫麻驴么。ŋuo˥ i˩……fæ̃˥˩ tʂəŋ˧ væᴇ˧˥ sɿ˧，ta˧ tʰuæ̃˩ tɕie˥ sɿ˧˩ i˥˧ pei˥，tsæᴇ˧˥ i˥ kə˧˩ tɕiou˧ sɿ˧ pa˥˩ næᴇ˧，tɕiaɔ˧，iou˥ ti·pa˥˩ næᴇ˧˥ tɕiaɔ˧ ma˩ y˩˩ muo·.黄：嗯，大麻驴。ə̃˩，ta˧ ma˩˩ y˩˩.（叫什么？）王：大麻驴。ta˧ ma˩ y˩.（大麻鱼？）嗯。ə̃˩.（十块钱？）黄：大麻驴是指一百吗是五十？ta˧ ma˩˩ y˩˧ sɿ˧ tsɿ˥˧ i˥˧ pei˥ ma·sɿ˧˩ vu˥ ʂɿ˩˩?王：指一百咧么。tsɿ˥˩ i˥˩ pei˥ liem·.黄：大麻驴是一百吗五十？ta˧ ma˩ y˩˧ sɿ˧ i˥˩ pei˥ ma·vu˥˩ ʂɿ˩˧?王：大麻驴是一百么。ta˧ ma˩ y˩˧ sɿ˧ i˥˩ pei˥ muo·.黄：嗯。ŋ̍˩.（大麻鱼怎么说的？）王：就是咱们那号儿，老式那号儿纸币欸那一百的。tɕiou˧˩ sɿ˧˩ tsa˩ məŋ·nə˧˥ xaor˧，laɔ˥ ʂɿ˥˩ nə˧ xaor˧ tsɿ˥ pi˧˩ ei˩ nei˧ i˥˩ pei˥ ti·.黄：噢，老式一百的那种，欸，灰不楚楚的那种，蓝不丝丝颜色那种。aɔ˥，laɔ˥ ʂɿ˥˩ i˥˧ pei˥ ti·nei˧ tʂuoŋ˥˩，ei˩，xuei˥ pu˩˩ tʂʰɥ˥ tʂʰɥ˥˩ ti·nei˧˩ tʂuoŋ˥˩，læ̃˩ pu˩˩ sɿ˥ sɿ˥˩ iæ̃˩ sei˥˧ nei˧ tʂuoŋ˥˩.（五十的？）黄：一百的。i˥˩ pei˥ ti·.王：一百子的。i˥˧ pei˥ tsɿ·ti·.（那个毛主席像的那个？）黄：啊，对着咧。a˧，tuei˧˥ tʂə·lie·.王：啊。a˩.（四个老人头儿那个？）黄：啊，对着咧。a˧，tuei˧˥ tʂə·lie·.（那个叫什么？）黄：大麻驴。ta˧ ma˩˩ y˩.（"麻鱼"两个字儿怎么写？）王：有的叫大麻驴，有的叫……大团结是啥么？iou˥ ti·tɕiaɔ˧ ta˧ ma˩ y˩˧，iou˥ ti·tɕiaɔ˧……ta˧ tʰuæ̃˩ tɕie˥ sɿ˧˩ sa˧˩ muo·?（大团结十块的吧？）黄：十块的么。大团结是十块的么。ʂɿ˩ kʰuæᴇ˥ ti·muo·.ta˧ tʰuæ̃˩ tɕie˥ sɿ˧˩ ʂɿ˩˩ kʰuæᴇ˥ ti·muo·.王：大团……噢，大团结是十块的。ta˧ tʰuæ̃˩……aɔ˩，ta˧ tʰuæ̃˩ tɕie˥ sɿ˧˩ ʂɿ˩˩ kʰuæᴇ˥ ti·.黄：嗯。ə̃˩.（有个天安门上头，下面还……）黄：啊，就是的么，大团结。a˧，tɕiou˧˥ sɿ˧˩ ti·muo·，ta˧ tʰuæ̃˩ tɕie˥.王：大团结是十块的。ta˧ tʰuæ̃˩ tɕie˥ sɿ˧˩ ʂɿ˩˩ kʰuæᴇ˥ ti·.黄：嗯。大麻驴就是那种老式一百。那是多少版的吵？ŋ̍˩.ta˧ ma˩ y˩˧ tɕiou˧˩ sɿ˧˩ nei˧˩ tʂuoŋ˥˩ laɔ˥ ʂɿ˥˩ i˥˩ pei˥.nə˧˩ sɿ˧˩ tuo˥˩ ʂaɔ˥ pæ̃˥˧ ti·sa·?王：老式的一百的。有的把哎说……laɔ˥ ʂɿ˥˩ ti·i˥˧ pei˥ ti·.iou˥ ti·pa˥˩ æᴇ˧ ʂuo˥˧……（八零年的那种？）黄：啊。a˩.（那个怎么叫大麻鱼呢？你给我解释一下这个！）黄：那晓□咋弄下叫大麻驴吵？nei˧ ɕiaɔ˥ niæ̃˩˩ tsa˥˧ nuoŋ˧ xa˧ tɕiaɔ˧ ta˧ ma˩ y˩˩ sa·?王：那钱原是麻的嘛，那就把那叫麻驴。nei˧ tɕʰiæ̃˩ yæ̃˩˧ sɿ˧ ma˩˩ ti·ma·，nei˧ tɕiou˧ pa˥˧ nei˧ tɕiaɔ˧ ma˩˩ y˩˩.（麻，鱼是哪个鱼？）王：毛驴的驴。maɔ˩ ly˩˩ ti·ly˩˩ ma·.（嗯，大麻驴是吧？）王：麻……嗯。ma˩˩……ŋ̍˩.（那是老一百块钱？）王&黄：嗯。ŋ̍˩.（新的一百呢？）王：新的一百□兀叫红野鸡。ɕiŋ˥ ti·i˥˧ pei˥˩ niæ̃˩˩ væᴇ˧ tɕiaɔ˧ xuoŋ˩ ie˥ tɕi˥˩.黄：红野鸡，幺洞洞么。xuoŋ˩ ie˥ tɕi˥˩，iaɔ˥˩ tuoŋ˧ tuoŋ˧ muo·.王：啊，红野鸡，幺洞洞么。a˩，xuoŋ˩ ie˥ tɕi˥˩，iaɔ˥˩ tuoŋ˧ tuoŋ˧ muo·.（噢，都是……新的一百叫红野鸡。五十块钱有什么有什么说法没有？）王：五十块钱的话□兀叫……vu˥ ʂɿ˩˩ kʰuæᴇ˥˧ tɕʰiæ̃˩˧ ti·xua˧ niæ̃˩˩ væᴇ˧ tɕiaɔ˧……黄：叫啥咧？tɕiaɔ˧˥ sa˧ lie˧?

（嗯，就你想想看，说这个钱，各种各样的钱有……有些什么说法，你们两个人说说，想想看！）王：五十块钱那号儿兀谁晓把它叫啥？咋叫五十……vu˥˧ʂʅ˨˩˩kʰuæᴇ˥˧tɕʰiæ̃˨˦˩næᴇ˦˦xaɔr˦˦vu˦˩˩sei˨˩˦(ɕ)iaɔ˥˧pa˥˩˩tʰa˥˧tɕiaɔ˦˦sa˦˩˩?tsa˥˧tɕiaɔ˦˦vu˥˧ʂʅ˨˩˩……黄：有的叫五十铃啥。iou˥˧ti˦tɕiaɔ˦˦vu˥˧ʂʅ˨˩˩liŋ˨˦˩sa˦˩˩.王：五十铃那就是，那怕就是呃五十元。vu˥˧ʂʅ˨˩˩liŋ˨˦˩nie˦˩˩tɕiou˦˩˩sʅ˦˥,nei˦˦pʰa˦˦tɕiou˦˦sʅ˦˦ə˦˦vu˥˧ʂʅ˨˩˩yæ̃˨˩˩.黄：反正嗯就是这个五十铃，五十块钱的有叫五十铃的咧。fæ̃˥˩˩tʂəŋ˦˥ə̃˦˦tsou˦˦sʅ˦˦tʂə˦˩˩kə˦˩˩vu˥˧ʂʅ˨˩˩liŋ˨˦˩,vu˥˧ʂʅ˨˩˩kʰuæᴇ˥˧tɕʰiæ̃˨˩˩ti˦iou˥˧tɕiaɔ˦˦vu˥˧ʂʅ˨˩˩liŋ˨˩˩ti˦lie˦.

（还有些什么说法没有？咱们尽量挖一挖咱们当地这个对钱呐这个怎么说的。）王：过去是那些说法。这个没有得。kuo˦˩˩tɕʰy˦˥sʅ˦˩˩nei˦˩˩ɕie˥˩˩ʂuo˥˩fa˥˩˩.tʂə˦˦kə˦˦mei˨˦˩iou˥˧tə˦.（就过去那个麻钱啊，是不是拿个绳子给穿起来？）王：嗯，拿绳。ŋ̍˥˧,na˨˩˩ʂəŋ˨˩˩.黄：那叫吊么。一吊两吊么。nei˦˩˩tɕiaɔ˦˩˩tiaɔ˦˥muo˦.i˥˩˩tiaɔ˦˦liaŋ˥˧tiaɔ˦˦muo˦.王：嗯，那，一吊两吊么。那还就叫吊咧么。ŋ̍˩˩,næᴇ˦,i˥˩˩tiaɔ˦˦liaŋ˥˧tiaɔ˦˥muo˦.nei˦˥xa˨˩˩tɕiou˦˦tɕiaɔ˦˦tiaɔ˦˥liem˦.黄：一串两串……一吊钱是，那□这一吊晓是多少个，那还是一吊□还是有，有计量单位的咧，晓□是一吊是多少吵？i˥˩˩tʂʰuæ̃˦˦liaŋ˥˧tʂʰuæ̃˦˩……i˥˩˩tiaɔ˦˦tɕʰiæ̃˨˩˩sʅ˦˩˩,nei˦˦niæ̃˨˩˩tʂə˦˦i˥˩˩tiaɔ˦˦ɕiaɔ˥˧sʅ˦˩˩tuo˥˩˩ʂaɔ˥˧kə˦,nei˦˦xa˨˩˩sʅ˦˦i˥˩˩tiaɔ˦˦niæ̃˨˩˩xa˨˩˩sʅ˦˦iou˥˧,iou˥˧tɕi˦˦liaŋ˦˥tæ̃˥˩˩vei˦˦ti˦lie˦,ɕiaɔ˥˧niæ̃˨˦˩sʅ˦˦i˥˩˩tiaɔ˦˦sʅ˦˦tuo˥˩˩ʂaɔ˥˧sa˦?（不……现在也想不起来一吊是……）黄：想不起来。ɕiaŋ˥˧pu˨˩˩tɕʰi˥˧læᴇ˨˩˩.王：那还怕一吊怕就是一百个啦。næᴇ˦˦xa˨˦˩pʰa˦˦i˥˩˩tiaɔ˦˦pʰa˦˦tsou˦˩˩sʅ˦˩˩i˥˧pei˥˩˩kə˦˩˩la˦.黄：晓是一吊是一百吗还是多少个反正。ɕiaɔ˥˧sʅ˦˦i˥˩˩tiaɔ˦˦sʅ˦˦i˥˩˩pei˥˧ma˦xæᴇ˨˩˩sʅ˦˦tuo˥˩˩ʂaɔ˥˩˩kə˦˥fæ̃˥˩˩tʂəŋ˦.王：一吊就是一百么。i˥˩˩tiaɔ˦˥tɕiou˦˩˩sʅ˦˩˩i˥˩˩pei˥˧muo˦.（说一串钱还是说一吊钱？）王：一吊钱，那□讲吊咧。i˥˩˩tiaɔ˦˥tʰiæ̃˨˩˩,na˦˥niæ̃˨˩˩tɕiaŋ˥˧tiaɔ˦˥lie˦.黄：说一吊，讲吊。ʂuo˥˧i˥˩˩tiaɔ˦,tɕiaŋ˥˧tiaɔ˦.（都讲一……就是挂……挂起来？）黄：啊，吊它是一个，指民间好像是个计量单位好像。a˩˩,tiaɔ˦˦tʰa˥˧sʅ˦˩˩i˥˩˩kə˦˩˩,tsʅ˥˩˩miŋ˨˦˩tɕiæ̃˥˩˩xaɔ˥˧ɕiaŋ˦˦sʅ˦˩˩kə˦˩˩tɕi˦˩˩iaŋ˦˦tæ̃˥˩˩vei˦˥xaɔ˥˩˩ɕiaŋ˦˩˩.（嗯，那是一样的。）黄：一串钱的话，那就提下那个没有多少咧，它不存在计量单位着。也有叫一串儿钱儿的，这一串儿钱么。i˥˩˩tʂʰuæ̃˦˥tɕʰiæ̃˨˦˩ti˦xua˦,nei˦˦tɕiou˦˦tʰi˨˩˩xa˦˦nə˦˦kə˦˦mei˨˦˩iou˥˧tuo˥˩˩ʂaɔ˥˧lie˦,tʰa˥˩˩pu˨˩˩tsʰuoŋ˨˩˩tsæᴇ˦˦tɕi˦˥liaŋ˦˥tæ̃˥˩˩vei˦˥tʂə˦.ie˥˧iou˥˧tɕiaɔ˦˦i˥˩˩tʂʰuæ̃r˦˦tɕʰiæ̃r˨˩˩ti˦,tʂei˦˦i˥˩˩tʂʰuæ̃r˦˦tɕʰiæ̃˨˦˩muo˦.（就是……）王：多少都是一串儿嘛。tuo˥˩˩ʂaɔ˥˧tou˥˧sʅ˦˦i˥˩˩tʂʰuæ̃r˦˦ma˦.黄：多少都有，都可以是，可作为一个串儿。tuo˥˩˩ʂaɔ˥˧tou˥˩˩iou˥˩˩,tou˥˩˩kʰə˥˧i˥˩˩sʅ˦˩˩,kʰə˥˧tsuo˥˩˩vei˨˦˩i˥˧kə˦˦tʂʰuæ̃r˦.（这是有计量单位的是吧？）黄：啊，一串……一吊钱它是有计量单位的。a˩˩,i˥˩˩tʂʰuæ̃˦……i˥˩˩tiaɔ˦˥tɕʰiæ̃˨˦˩tʰa˥˧sʅ˦˦iou˥˧tɕi˦˦liaŋ˦˦tæ̃˥˩˩vei˦˥ti˦.（一串钱就随便的这个？）王：嗯。ŋ̍˩˩.黄：啊，随便儿的。a˩˩,suei˨˩˩piæ̃r˦˥ti˦.

（这个，一般钱叫不叫票子？）黄：叫咧么，票子么。tɕiaɔ˦˦lie˦muo˦,pʰiaɔ˦˦tsʅ˦muo˦.（票子还是钞票？）黄：票子。pʰiaɔ˦˦tsʅ˦.（你们是叫一张一张的钱还是叫一……怎么怎么说？我给你一个五十的，是说你给我一张五十的还是找我什么东西？）王：那叫张，一张。nei˦˦tɕiaɔ˦˦tʂaŋ˥˧,i˥˩˩tʂaŋ˥˧.黄：啊，给我一张子。嗯。a˩˩,kei˦˦ŋuo˥˧i˥˩˩tʂaŋ˥˧tsʅ˦.ŋ̍˩˩.（这个铜钱，你比如说袁大头啊这种，这边是那个袁大头，这边是写的字儿呢。这叫……一分钱，一块钱，哎呀，我这身上还没带钱这。一块钱，比如说这边是国徽，这边是中国人民银行或什么东西。这个有没有正反面儿怎么称呼，称呼的有没有？）黄：这在这个人民币里头没有多大说头。在这个铜欸，方孔的这个铜钱里头来说的话，那□有字儿和漫儿[①]两的分。tʂə˥˧tsæᴇ˥tʂə˥˧kə˥˧zəŋ˦˥miŋ˦˥pi˥li˨˩˧tʰou·mei˦˥iou˨˩˧tuo˨˩ta˥ʂuo˨˩˧tʰou·.tsæᴇ˥˧tʂə˥kə˥tʰuoŋ˦˥ŋei˨˩,fɑŋ˨˩kʰuoŋ˨˩˧ti·tʂə˥kə˥tʰuoŋ˦˥tɕʰiæ̃˦˥li˨˩˧tʰou·læᴇ˦˥ʂuo˨˩˧ti·xuɑ˥˧,nə˥niæ̃˦˥iou˨˩˧tsər˥xuo˦˥mə̃r˥liɑŋ˨˩ti·fəŋ˨˩.王：嗯。ŋ̍˨˩.黄：啊。有字的这面就是字儿么，这面就叫漫儿么。ɑ˨˩.iou˨˩˧tsɿ˥˧ti·tʂei˥miæ̃˥˧tɕiou˥˧sɿ˥˧tsər˥muo·,tʂei˥˧miæ̃˥tɕiou˥tɕiɑɔ˥˧mə̃r˥muo·.（mə̃r˥？）黄：噢，啊，民间最常见的字儿和漫儿呣。ɑɔ˨˩,ɑ˨˩,miŋ˦˥tɕiæ̃˨˩tsuei˥tʂʰɑŋ˦˥tɕiæ̃˥ti·tsər˥xuo˦˥mə̃r˥m̩·.（那你这个比如说，我们经常就是说这去哪儿去哪儿怎么样，咱们就是这，呼，拍一下，这个叫什么东西？或者，呼，摁着，你，你说正反。）王：那就是个，那就是个人，这个欸，耍赌宝，摇色子那个欸，要单双咧么那。nei˥˧tɕiou˥sɿ˥kə˥,nei˥tɕiou˥˧sɿ˥˧kə˥˧zəŋ˦˥,tʂə˥kə˥ei˨˩,ʂuɑ˨˩˧tu˨˩˧pɑɔ˨˩,iɑɔ˦˥sei˨˩tsɿ·nei˥kə˥ei˥,iɑɔ˥tæ̃˨˩suɑŋ˨˩lie·muo·nei˥˧.黄：啊。ɑ˨˩.王：那是……那个东西就是由人讲哩。哪一面儿是是单，哪面儿是双，或者哪一面儿代表啥，哪一面代表啥由人……那是由人讲咧，讲下。nei˥sɿ……nei˥kə˥tuoŋ˨˩ɕi·tɕiou˥˧sɿ˥˧iou˦˥zəŋ˦˥tɕiɑŋ˨˩li·.nɑ˨˩i˨˩miæ̃r˥sɿ˥sɿ˥tæ̃˨˩,nɑ˨˩miæ̃r˥˧sɿ˥ʂuɑŋ˨˩,xuo˦˥tʂə˨˩˧nɑ˨˩i˨˩miæ̃r˥tæᴇ˥piɑɔ˨˩˧sɑ˥˧,nɑ˨˩i˨˩miæ̃˥˧tæᴇ˥piɑɔ˨˩˧sɑ˥iou˦˥zəŋ˦˥……nə˥sɿ˥iou˦˥zəŋ˦˥tɕiɑŋ˨˩lie·,tɕiɑŋ˨˩xɑ˥˧.黄：看……再一个有些人，有些它那个字儿，那个漫儿，那就是拿那个麻钱儿逮住，这么个一转，以后一捂，捂住以后再看说，看是讲字儿吗儿看是讲漫儿哩。kʰæ̃˥……tsæᴇ˥˧i˨˩kə˥˧iou˨˩ɕie˨˩zəŋ˦˥,iou˨˩ɕie˨˩tʰɑ˨˩nə˥˧kə˥˧tsər˥˧,nə˥˧kə˥˧mə̃r˥,nə˥tsou˥˧sɿ˥˧nɑ˦˥nə˥kə˥mɑ˦˥tɕʰiæ̃r˦˥tæᴇ˨˩tʂʮ˥˧,tʂə˥˧muo·kə˥˧i˨˩tʂuæ̃˥,i˨˩xou˥i˨˩vu˨˩,vu˨˩tʂʮ˥i˨˩xou˥˧tsæᴇ˥kʰæ̃˥ʂuo˨˩,kʰæ̃˥˧sɿ˥˧tɕiɑŋ˨˩tsər˥˧mɑr·kʰæ̃˥˧sɿ˥˧tɕiɑŋ˨˩mə̃r˥li·.王：啊。ɑ˨˩.（啊，对。这说不说什么押字儿或者什么……）王：押漫儿。iɑ˨˩mə̃r˥.黄：那就是就是押字儿咧。næᴇ˥˧tɕiou˥sɿ˥tɕiou˥˧sɿ˥˧iɑ˨˩tsər˥˧lie·.（押字儿还是押漫儿？）王：啊。ɑ˨˩.黄：押漫儿，那叫押漫儿哩。iɑ˨˩mə̃r˥,næᴇ˥tɕiɑɔ˥iɑ˨˩mə̃r˥li·.

（这个，过去有没有说银票子这种东西？）王：阴票子有咧么。iŋ˨˩pʰiɑɔ˥˧tsɿ·iou˨˩liem·.黄：哎有咧么。æᴇ˨˩iou˨˩lie·muo·.（叫银票还银票子？）黄：阴票子么。iŋ˨˩pʰiɑɔ˥tsɿ·muo·.王：阴票子么。iŋ˨˩pʰiɑɔ˥˧tsɿm·.（银票子？）黄：嗯。ŋ̍˨˩.王：嗯。现在□银行兀跟咱们这号儿钱一样的么。过去……ŋ̍˨˩.ɕiæ̃˥tsæᴇ˥niæ̃˦˥iŋ˦˥xɑŋ˦˥væᴇ˥kəŋ˨˩tsɑ˦˥məŋ·tʂə˥˧xɑɔr˥˧tɕʰiæ̃˦˥i˨˩iɑŋ˥ti·muo·.kuo˥˧tɕʰy˥˧……（就跟现在这支票似的？）黄：啊。ɑ˨˩.王：啊。过去的话□是自己弄下那么个。跟那个镀……ɑ˨˩.kuo˥˧tɕʰy˥˧ti·xuɑ˥˧niæ̃˦˥sɿ˥tsɿ˥tɕi˨˩nuoŋ˥(x)ɑ˥˧nə˥muo·kə˥.kəŋ˨˩nə˥˧kə˥˧tu˥˧……黄：往生钱那个版么，啊？vɑŋ˨˩səŋ˨˩tɕʰiæ̃˦˥nei˥kə˥pæ̃˨˩muo·,ɑ˨˩?王：啊。镀的……拿镀的……磨光以后刻下那个。就是过去那号儿就是这个在这个，阴曹地里人用的那一种钱。ɑ˨˩.tu˥˧tə·t……nɑ˦˥tu˥˧ti·m……muo˦˥kuɑŋ˨˩i˨˩xou˥kʰei˨˩xɑ˥˧nə˥kə˥.tɕiou˥˧sɿ˥˧kuo˥tɕʰy˥nei˥xɑɔr˥tɕiou˥sɿ˥tʂə˥˧kə˥˧tsæᴇ˥tʂə˥kə˥,iŋ˨˩tsʰɑɔ˦˥ti˥˧li˨˩zəŋ˦˥yoŋ˥ti·nei˥i˨˩tʂuoŋ˨˩tɕʰiæ̃˦˥.（叫什么？）王：它，它开……阴币，阴票子么，那还就是那一种版。tʰɑ˨˩,tʰɑ˨˩kʰæᴇ˨˩……iŋ˨˩pʰi˥,iŋ˨˩pʰiɑɔ˥˧tsɿ·muo·,næᴇ˥xɑ˦˥tɕiou˥sɿ˥nei˥i˨˩tʂuoŋ˨˩pæ̃˨˩.（阴票子？）黄：啊，阴票子。ɑ˨˩,iŋ˨˩pʰiɑɔ˥˧tsɿ·.王：啊，阴间的阴么。

① 漫儿：圆形方孔铜钱的背面，即没有文字的一面。清顾炎武《日知录·钱面》："凡器物之识，必书于其底，与此同义，沿袭既久，遂以漫处为背。近年乃有别铸字于漫处者。"文献中也作"幕"或"镘"。《史记·大宛列传》"钱如其王面"司马贞索隐："《汉书》云：'文独为王面，幕为夫人面。'……韦昭云：'幕，钱背也。'"元李文蔚杂剧《燕青博鱼》第二折："呀呀呀，我则见五个镘儿乞丢磕塔稳，更知一个字儿急留骨碌滚。"这里指的是一种赌博方式，元杂剧称为"撒镘"，即用铜钱的正面、背面定赢输。

ɑ˩,iŋ˥tɕiæ̃˥˩ti˧liŋ˥muo˧.（阴票子？）王：啊，阴阳的阴。ɑ˩,iŋ˥˩iaŋ˨˩ti˧liŋ˥.（哎，就说这个过去钱庄里头，开的那个跟现在支票似的。）黄：银票啊？iŋ˨˩pʰiaɔ˧ɑ˩?（嗯。）黄：这面都很……没有那号东西，少的么。tʂə˧˥miæ̃˧˩tou˥˩xəŋ˥˧……mei˨˩˧iou˥˧nə˧˩xaɔ˧˩tuoŋ˥ɕi˧,ʂaɔ˥ti m˧.王：那些没有。nə˧ɕie˥˧mei˨˩iou˥˩.

（那这个金银珠宝里头你们就说见过的和知道的有哪些东西？）黄：那都是……见过的听说的那除咧噢是这个金砖、金条、元宝、锞子。nei˧˥tou˥˩sɿ˧tʰ……tɕiæ̃˧kuo˧˩ti˧tʰiŋ˥˧ʂuo˥ti˧nei˧tʂʰʮ˨˩liaɔ˧sɿ˧tʂə˧˩kə˧˩tɕiŋ˥˧tʂuæ̃˥˩,tɕiŋ˥˩tʰiaɔ˨˧,yæ̃˨˩paɔ˥,kʰuo˧tsɿ˧.（锞子有银锞子吗，还是金锞子？）王：锞子一般都是银的么。kʰuo˧˧tsɿ˧i˥˧pæ̃˥tou˥˩sɿ˧iŋ˨˩ti˧muo˧.黄：都是银子的。tou˥˧sɿ˧iŋ˨˩tsɿ˧ti˧.（没有……没看过金元宝？）黄：没有的。mei˨˩iou˥˩ti˧.（噢，叫不叫锭子或者什么东西？）黄：一锭两锭，也有这个说法咧，但是咱们没见过么。i˥˩tiŋ˧liaŋ˥tiŋ˧,æ˥˧iou˥˧tʂə˧kə˧ʂuo˥fa˥˩lie˧,tæ̃˧˩sɿ˧˩tsa˨˧mən˧muo˥˩tɕiæ̃˧kuo˧˥muo˧.（噢，金砖。金砖大概是多大一块儿？）黄：寸金嘛。tsʰuoŋ˧˧tɕiŋ˥ma˧.王：寸金那就是一……一……一斤有那么大一块儿么。不大大一块儿。tsʰuoŋ˧˧tɕiŋ˥næɛ˧tɕiou˧sɿ˧i˥˧……i˥˧……i˥˧tɕiŋ˥iou˥˧na˧muo˧ta˧i˥˩kʰuər˥muo˧.pu˨˩ta˧ta˧i˥˩kʰuər˥.黄：一寸金么那就是一斤。i˥˩tsʰuoŋ˧˥tɕiŋ˥˩muo˧næɛ˧tɕiou˧sɿ˧i˥˩tɕiŋ˥.王：寸……一寸就是一斤么。tsʰuoŋ˧……i˥˩tsʰuoŋ˧˥tɕiou˧sɿ˧i˥˩tɕiŋ˥muo˧.（一寸就是一斤？）黄：啊。ɑ˩.王：啊。寸金寸金，一寸就是一斤。ɑ˩.tsʰuoŋ˧tɕiŋ˥˩tsʰuoŋ˧tɕiŋ˥˩,i˥˩tsʰuoŋ˧˥tɕiou˧˩sɿ˧˩i˥˩tɕiŋ˥.（那，金条子呢？）黄：金条长了。tɕiŋ˥˩tʰiaɔ˨˩tʂʰaŋ˨˩lə˧.（很长？）黄：啊。ɑ˩.（很……很重啊也？）黄：也重么，金条是个方块儿，长方形的。ie˥tʂuoŋ˧˩muo˧,tʂəŋ˩tʂʰaɔ˨（←tɕiŋ˥tʰiaɔ˨）sɿ˧kə˧faŋ˥˩kʰuər˥,tʂʰaŋ˨faŋ˥˩ɕiŋ˨˩ti˧.王：金条我估计那，那一，那一条还就是一斤。tɕiŋ˥˩tʰiaɔ˨ŋuo˥˩ku˥˩tɕi˧nei˧,nei˧i˥˩,nei˧i˥˩tʰiaɔ˨xa˨˧tɕiou˧sɿ˧i˥˩tɕiŋ˥˩.黄：啊。ɑ˩.（你……你们都见过这东西？）黄：见过，金条。tɕiæ̃˧kuo˧˩,tɕiŋ˥˩tʰiaɔ˨.王：金条那有指头这么宽，四棱子么。tɕiŋ˥˩tʰiaɔ˨nei˧iou˥˧tsɿ˥tʰou˧tʂə˧muo˧kʰuæ̃˥˧,sɿ˧˩ləŋ˨˩tsɿ˧muo˧.（那你们这个麻钱呐，就是过去那个制钱，有多大的？）黄：方孔钱有，铜板的，铜板儿的话有，欸呀，有直径这么大个儿的。faŋ˥˩kʰuoŋ˥tɕʰiæ̃˨˩iou˥,tʰuoŋ˨pæ̃˥˧ti˧,tʰuoŋ˨pæ̃r˥ti˧xua˧˩iou˥˧,ei˩ia˧,iou˥˧tʂʅ˨˩tɕiŋ˧tʂə˧˥muo ˧ta˧kər˧ti˧.王：噢，有比银元还大的。aɔ˩,iou˥pi˥iŋ˨yæ̃˨˧xa˨˩ta˧˧ti˧.黄：比银元还大的那种铜板儿。pi˥˩iŋ˨yæ̃˨˧xa˨˩ta˧ti˧nei˧tʂuoŋ˥˩tʰuoŋ˨˩pæ̃r˥˧.（小的呢？）黄：小的铜板儿，就这么大。ɕiaɔ˥ti˧tʰuoŋ˨˩pæ̃r˥˩,tɕiou˧tʂə˧muo˧ta˧˩.王：小的有指甲盖儿那么大的咧。ɕiaɔ˥ti˧iou˥tsɿ˥˩tɕia˥˩kər˧˥nə˧˩muo˧ta˧ti˧lie˧.黄：指甲盖儿的……大的小铜板儿。tsɿ˥tɕia˥˩kər˧ti˧ɕ……ta˧ti˧ɕiaɔ˥˧tʰuoŋ˨˩pæ̃r˥.（哎，那你们平常老百姓不说……当作零钱来用的那种那种钱大概是多少大呢？）王：欸都是不大了，这么大一……ei˥tou˥˩sɿ˧˩pu˨˩ta˧lə˧,tʂə˧muo˧ta˧i˥˩……黄：欸都是不大，小的。小铜板儿。ei˥tou˥˩sɿ˧˩pu˨˩ta˧,ɕiaɔ˥ti˧.ɕiaɔ˥tʰuoŋ˨˩pæ̃r˥˩.（就跟现在一块钱那么大？）黄&王：啊。ɑ˩.（一块钱的那种？）王：啊。ɑ˩.黄：啊。小铜板儿。ɑ˩.ɕiaɔ˥tʰuoŋ˨˩pæ̃r˥˩.

（这我都给那些一块一块的。我说我不要这些一块一块的。你们是叫块块钱还是叫什么东西？）王：叫块块钱。tɕiaɔ˧˩kʰuæɛ˥kʰuæɛ˥˩tɕʰiæ̃˨˩.黄：叫块块子。我不要你兀块块子钱。tɕiaɔ˧˩kʰuæɛ˥kʰuæɛ˥˩tsɿ˧.ŋuo˥pu˨˩iaɔ˧˥ni˥və˧˩kʰuæɛ˥˩kʰuæɛ˥˩tsɿ˧tɕʰiæ̃˨˩.（叫块块钱还块块子？）黄：块块钱。啊，我不要你那个号的。kʰuæɛ˥kʰuæɛ˥˧tɕʰiæ̃˨˩.ɑ˩,ŋuo˥˧pu˨˩iaɔ˧˥ni˥˩nə˧˩kaɔ˩（←kə˧xaɔ˧）ti˧.（我给你一毛一毛的呢？）黄：我不要你几

毛钱。ŋuo˥˧pu˨˦˩iaɔ˥ni˥˧˧tɕi˥˧˩maɔ˨˦tɕʰiæ̃˨˦˧.王：那就是也噢也叫毛毛钱，一毛钱的。næᴇ˥˩tɕiou˥˥sɿ˥ia˥˧˧ɑɔ˥ie˥˧tɕiaɔ˥maɔ˨˦˩maɔ˨˦˥tɕʰiæ̃˨˦˩,i˥˧˩maɔ˨˦tɕʰiæ̃˨˦˩ti˦.黄：也叫毛……不要你那毛毛钱，或者是我不要你这些零钱咧。ia˥˧tɕiaɔ˥maɔ˨˦˧m……pu˨˦˩iaɔ˥ni˥˧nə˥˩maɔ˨˦˩maɔ˨˦˥tɕʰiæ̃˨˦˧,xuei˨˦˥tʂə˥˧˩sɿ˥˩ŋuo˥˧pu˨˦˩iaɔ˥ni˥˧tʂei˥ɕie˥˧˧liŋ˨˦tɕʰiæ̃˨˦˩lie˧.（一分一分的呢？）王：那不要咧，我不要你这分分钱么。nə˥˩pu˨˦˩iaɔ˥lie˦,ŋuo˥˧pu˨˦˩iaɔ˥ni˥˧˧tʂə˥fəŋ˥˧fəŋ˥˧˩tɕʰiæ̃˨˦muo˧.黄：呃儿不要你兀分分钱。ər˥˧pu˨˦˩iaɔ˥ni˥˧˧væᴇ˥˩fəŋ˥˧fəŋ˥˧˩tɕʰiæ̃˨˦˩.（叫不叫什么分分洋啊这些东西？）王：分分洋啊，洋□就陕西人叫洋咧。fəŋ˥˧fəŋ˥˧˩iaŋ˨˦ɑ˦,iaŋ˨˦niæ̃˨˦˩tɕiou˥ʂæ̃˥˧ɕi˥˧˩zəŋ˨˦˧tɕiaɔ˥iaŋ˨˦˩lie˧.黄：啊。咱们甘肃这一带咧可不叫洋。ɑ˩.tsɑ˨˦məŋ˦kæ̃˥˧ɕy˥˧˧tʂei˥i˥˧˧tæᴇ˥lie˦kʰə˥˧˩pu˨˦˩tɕiaɔ˥iaŋ˨˦˩.王：甘肃这一带不叫。kæ̃˥˧ɕy˥˧˧tʂei˥i˥˧˧tæᴇ˥pu˨˦˩tɕiaɔ˥.（就叫钱，分分钱？）黄：就叫钱啊。tɕiou˥tɕiaɔ˥tɕʰiæ̃˨˦ɑ˩.王：就叫钱，分分钱。陕西□叫洋咧姆。tɕiou˥tɕiaɔ˥tɕʰiæ̃˨˦,fəŋ˥˧fəŋ˥˧˩tɕʰiæ̃˨˦˧.ʂæ̃˥˧ɕi˥˧˧niæ̃˨˦˩tɕiaɔ˥iaŋ˨˦lie˦m̩˧.黄：嗯。ŋ̍˩.

（还有一些外汇啦。外汇你们这个……）黄：没东西。这儿不说那个东西。mei˨˦tuoŋ˥˧˩ɕi˧.tʂər˥pu˨˦˩ʂuo˥˧˩nei˥kə˥tuoŋ˥˧ɕi˧.（这个你们看什么美元什么的这个？）黄：没有。mɑ˧˥（←muo˥˧）iou˥˧˩.王：那咱们这儿都欸……太……太白街见有见过，见都没见过。næᴇ˥˥tsɑ˨˦məŋ˦tʂər˥tou˥˧˩ei˩……tʰ……tʰæᴇ˥pei˨˦˩kæᴇ˥˧˧tɕiæ̃˥˦iou˥˧tɕiæ̃˥kuo˥,tɕiæ̃˥˦tou˥˧˩mei˨˦˩tɕiæ̃˥kuo˥.黄：太白街也没有，多……好多人见也没见过啥叫做美元。这地方也没有流通好多人见也没见过啥叫做美元。tʰæᴇ˥˥pei˨˦˧kæᴇ˥˧˧ɑ˥˧˧mei˨˦iou˥˧˩,tʰuo˧（←tuo˥˧）……xɑɔ˥˧tuo˥˧˩zəŋ˨˦tɕiæ̃˥˦ɑ˥˧˩mei˨˦tɕiæ̃˥kuo˥sɑ˥˦tɕiaɔ˥tsuo˥mei˥˧˩yæ̃˨˦˩.（噢。但是听过美元什么东西？）黄：听过啊。tʰiŋ˥˧kuo˥˩ɑ˦.王：听过美元兀是没见过。tʰiŋ˥˧kuo˥˩mei˥˧yæ̃˨˦˧vei˥sɿ˥muo˥˧˩tɕiæ̃˥˦kuo˥˩.黄：那还都是一……多少识两个字的，外头干咧事的人知道有个美元咧。农村老百姓谁知道啥叫做美元咧。nei˥˥xɑ˨˦˩tou˥˧˧sɿ˥i˥˧˧ɕ……tuo˥˧˩ʂɑɔ˥˧ʂʅ˨˦liɑŋ˥˧kə˥˩tsɿ˥ti˧,væᴇ˥tʰou˧kæ̃˥˦lie˧sɿ˥˩ti˦zəŋ˨˦˧tʂʅ˥˧˧tɑɔ˥iou˥˧kə˥˩mei˥˧yæ̃˨˦˩lie˦.luoŋ˨˦tsʰuoŋ˥˧˧lɑɔ˥˧pei˥˧˩ɕiŋ˥˥sei˨˦tʂʅ˥˧˧tɑɔ˥sɑ˥˦tɕiaɔ˥tsuo˥mei˥˧yæ̃˨˦˩lie˧.

（你有的你像那个这个记账啊或什么黑话什么，这个这个一就叫……一叫个什么，二叫什么什么东西，这个十叫什么，一万就叫一撇呀，什么一刀哇，这种说法？）黄：没有。mei˨˦˧iou˥˧˩.王：没有得。mei˨˦˧iou˥˧˧tei˥˧˩.黄：没有这说。mei˨˦˧iou˥˧˧tʂei˥˩ʂuo˥˧˩.（就是没有这种是……黑话？）黄：没有。mei˨˦˩iou˥˧˩.王：钱是要就是一万就是一万，两万就是两万。tɕʰiæ̃˨˦sɿ˥iaɔ˥(tɕ)iou˥˩sɿ˥˩i˥˧˩væ̃˥tɕiou˥sɿ˥i˥˧˩væ̃˥,liɑŋ˥˧væ̃˥tɕiou˥˩sɿ˥˩liɑŋ˥˧væ̃˥˩.黄：嗯。ŋ̍˩.

金银

黄：你像过去流通那个，过去□也有金砖来的。ni˥˧˩ɕiɑŋ˥kuo˥˦tɕʰy˥˩liou˨˦tʰuoŋ˥˧nə˥˩kə˥˩,kuo˥tɕʰi˥niæ̃˨˦æ˥˧˧iou˥˧˩tɕiŋ˥˧˩tʂuæ̃˥˧læᴇ˨˦˩ti˧.（还有金砖？）黄：欸，金条咧噢的，金锞子来的。ei˩,tɕiŋ˥˧˩tʰiaɔ˨˦liaɔ˦ti˧,tɕiŋ˥˧˩kʰuo˥tsɿ˦læᴇ˨˦˩ti˧.（金锞子是什么东西？）王：金锞子那就是那……tɕiŋ˥˧˩kʰə˥tsɿ˧nə˥tɕiou˥sɿ˥nə˥……黄：就是这么大那号儿，十不足儿，说十两去不够十两这么个这么大那半块儿的。tɕiou˥˩sɿ˥˩tʂə˥muo˦tɑ˥næᴇ˥xɑɔr˥˩,ʂʅ˨˦˩pu˨˦˧tsɥər˥˧,ʂuo˥˧ʂʅ˨˦˩liɑŋ˥˧tɕʰi˥˩pu˨˦˩kou˥ʂʅ˨˦˩liɑŋ˥˧tʂə˥muo˦kə˥tʂə˥muo˦tɑ˥næᴇ˥pæ̃˥˦kʰuər˥˧˩ti˧.（跟金元宝有什么区别没有？）黄：欸有么。元宝是五十两的。ei˥iou˥˧˩muo˧.yæ̃˨˦˩pɑɔ˥˧˧sɿ˥vu˥˧ʂʅ˨˦˩liɑŋ˥˧ti˧.（噢，五十两的？）黄：啊，元宝是五十两，锞子是十两的，十两的锞子。ɑ˩,yæ̃˨˦˩pɑɔ˥˧sɿ˥˩vu˥˧ʂʅ˨˦˩liɑŋ˥˧˩,kʰuo˥˦tsɿ˦sɿ˥ʂʅ˨˦˩liɑŋ˥˧ti˧,ʂʅ˨˦˩liɑŋ˥˧ti˧kʰuo˥tsɿ˦.王：那锞子还是那么……那家伙那……那……nə˥˩kʰuo˥˦tsɿ˦xɑ˨˦˩sɿ˥nə˥˥muo˧tɕiŋ……

nə˥tɕia˥˧xuo˥˧næᴇ˥……næᴇ˥˦……（也是跟这……）黄：也……还是要跟马蹄子啊。ie˥˧˨˩……xæᴇ˩˧sʅ˥˥iaɔ˥˥kəŋ˥˧ma˥tʰi˩˧tsʅ˧la˩.王：啊。两……a˩.liaŋ˥……黄：噢，但是它那个欸小么。它就是……aɔ˩,tæ̃˥˨sʅ˥˨tʰa˥˧næᴇ˥kə˥ei˨˩ɕiaɔ˥muo˧.tʰa˥˨˩tɕiou˥sʅ˥……王：小。嗯。ɕiaɔ˥.ŋ̍˩.（小？但是都是跟元宝那个形状差不多？）黄：啊，形这样。a˩,ɕiŋ˩˧tʂei˥˥iaŋ˥˨.王：形状一样的，它的小么。ɕiŋ˩˧tʂuaŋ˥˥i˥˨˩iaŋ˥˦ti˧,tʰa˥˧ti˧ɕiaɔ˥muo˧.黄：但是一个把它叫锞子一般，老百姓把那叫十不足儿。tæ̃˥sʅ˥i˥˨˩kə˥˥pa˥˨˩tʰa˥˧tɕiaɔ˥kʰuo˥˦tsʅ˧i˥˨˩pæ̃˥,laɔ˥pei˥˨˩ɕiŋ˥pa˥˨˩nei˥tɕiaɔ˥ʂʅ˩˧˨˩pu˩˧tsɥər˥.（叫什么？）黄：十不足儿。ʂʅ˩˧˨˩pu˩˧tɕyər˥.（怎……怎么写呢？）黄：十么，十……ʂʅ˩˧muo˧,ʂ……（石头的石？）黄：噢，哎，一……十两的十么。一个……aɔ˩,æᴇ˥,i˥˨˩……ʂʅ˩˧liaŋ˥ti˧ʂʅ˩˧muo˧.i˥˨˩kə˥……王：十，十两的十。十不足。ʂʅ˩˧,ʂʅ˩˧liaŋ˥ti˧ʂʅ˩˧.ʂʅ˩˧pu˩˧tɕy˥.（十不？）黄：噢，十么。aɔ˩,ʂʅ˩˧muo˧.王：十不足。就是十两不足么。ʂʅ˩˧pu˩˧tɕy˥.tɕiou˥˨sʅ˥˨ʂʅ˩˧˨˩liaŋ˥pu˩˧˨˩tɕy˥muo˧.黄：噢，十两不足那个意思么。aɔ˩,ʂʅ˩˧˨˩liaŋ˥˧pu˩˧˨˩tɕy˥nə˥˨kə˥˨i˥sʅm˧.（不……哪个tɕy˥？）黄：十……不足么。ʂ……pu˩˧tsɥ˥muo˧.王：足。tsɥ˥.（噢。）黄：噢。十不足么。aɔ˩,ʂʅ˩˧pu˩˧tsɥ˥muo˧.（叫，就是……就是那个？）黄：就是……锞子么。tɕiou˥˨sʅ˥˨tɕi……kʰuo˥tsʅ˧muo˧.（是金子做的？）黄：这是欸银子的。tʂə˥˥sʅ˥ei˥iŋ˩˧˨˩tsʅ˧ti˧.王：银子的。iŋ˩˧˨˩tsʅ˧ti˧.黄：十不足它兀它是银子的。ʂʅ˩˧˨˩pu˩˧tsɥ˥tʰa˥˧væᴇ˥tʰa˥˨˩sʅ˥˨iŋ˩˧˨˩tsʅ˧ti˧.王：金子那是金条和那……tɕiŋ˥tsʅ˧næᴇ˥sʅ˥tɕiŋ˥˨˩tʰiaɔ˩˧xuo˩˧˨˩næᴇ˥˨……黄：金条和金砖么。tɕiŋ˥˨˩tʰiaɔ˩˧xuo˩˧tɕiŋ˥˨˩tʂuæ̃˥muo˧.王：金砖么。那就兀咧么。tɕiŋ˥˨˩tʂuæ̃˥muo˧.næᴇ˥tɕiou˥væᴇ˥˥liem˧.黄：有些还问那金镏子，金镏子……iou˥ɕie˥˨˩xæᴇ˩˧vəŋ˥nə˥tɕiŋ˥˨˩liou˩˧˨˩tsʅ˧,tɕiŋ˥˨˩liou˩˧˨˩tsʅ˧……（金镏子是什么东西？）黄：也有叫金镏子咧。金镏子晓大碎了么？ie˥˧iou˥˧tɕiaɔ˥tɕiŋ˥˨˩liou˩˧˨˩tsʅ˧lie˧.tɕiŋ˥˨˩liou˩˧˨˩tsʅ˧ɕiaɔ˥˧ta˥suei˥lə˧muo˧?王：金镏不知道大碎。tɕiŋ˥˨˩liou˩˧pu˩˧tʂʅ˥taɔ˥˨ta˥suei˥.（没见过？）王：没。mei˩˧.黄：没见过。砖和条还……你见过？mei˩˧tɕiæ̃˥kuo˥˨.tʂuæ̃˥xə˩˧˨˩tʰiaɔ˩˧xa˩˧……n̩˥tɕiæ̃˥˨kuo˥˨?王：我没见过，光听人说咧。不清楚。ŋuo˥mei˩˧˨˩tɕiæ̃˥kuo˥,kʰuaŋ˥˦tʰiŋ˥˨˩zəŋ˩˧ʂuo˥lie˧.pu˩˧tɕʰiŋ˥˨˩tʂʰɥ˥˧.黄：欸，砖和条，啊，“文化大革命”时候，你在咱们那会儿写有……公社里面弄下参观了，就店子沟收下边秀儿姓名，未核实那那咧。金砖和金条。ei˩˧,tʂuæ̃˥xuo˩˧˨˩tʰiaɔ˩˧,æ˩,vəŋ˩˧˨˩xua˥ta˥kei˥˨˩miŋ˥sʅ˩˧xou˥,ni˥tsæᴇ˥˨tʂa˩˧məŋ˧nə˥xuər˥ɕie˥˨˩iou˥˨˩……kuoŋ˥˨˩ʂə˥li˥miæ̃˥˨nuoŋ˥xa˥tsʰæ̃˥˦kuæ̃˥lə˧,tsou˥˨tiæ̃˥tsʅ˧kou˥ʂou˥xa˥˨piæ̃˥˨˩ɕiou˥˦ər˩˧næᴇ˥˥næᴇ˥˨lie˧.tɕiŋ˥˦tʂuæ̃˥xuo˩˧˨˩tɕiŋ˥˨˩tʰiaɔ˩˧.（那这些金砖金条哪儿来的？“文化大革命”参观那会儿。）王：那是那有时……nə˥sʅ˥˨næᴇ˥˨iou˥sʅ˩˧˨˩……黄：抄家咧。tsʰaɔ˥˨˩tɕia˥lie˧.王：那个抄家抄出来的。nə˥˨kə˥˨tsʰaɔ˥˨˩tɕia˥tsʰaɔ˥˨˩tʂʰɥ˥læᴇ˩˧˨˩ti˧.（谁谁？）黄：十不足儿也是……抄下梅玉儿兰姓名，未核实那个十不足儿。ʂʅ˩˧pu˩˧tsɥər˥ie˥˨˩sʅ˥˥s……tsʰaɔ˥xa˥˨mei˩˧˨˩yər˥˥læ̃˩˧˨˩nə˥˨kə˥˨ʂʅ˩˧˨˩pu˩˧˨˩tsɥər˥.（哎，他那个，就是银……银子的那种锭子呀，它上面有没有打……打什么字的，或者打什么？）黄：欸打着咧么。ei˥ta˥˨˩tʂə˧lie˧muo˧.王：那它有字。næᴇ˥˨tʰa˥˧iou˥tsʅ˥˨.（打什么？）黄：哎，哪一朝代□有字咧么。æᴇ˥,na˥i˥˨˩tʂʰaɔ˩˧˨˩tæᴇ˥niæ̃˩˧˨˩iou˥tsʅ˥˨liem˧.（也……银子也也打着字？）黄：哎，打咧，金子银子它都打着咧。是哪一朝代的，有一个是哪个人铸下的，□都有，都打的有那会儿。æᴇ˩˧,ta˥˨˩lie˧,tɕiŋ˥tsʅ˧iŋ˩˧tsʅ˧tʰa˥˧tou˥˦ta˥˨˩tʂə˧lie˧.sʅ˥na˥i˥˨˩tʂʰaɔ˩˧˨˩tæᴇ˥˥ti˧,iou˥˧i˥˧kə˥sʅ˥na˥kə˥˨zəŋ˩˧tʂɥ˥xa˥˨ti˧,niæ˩˧˨˩tou˥˨˩iou˥˧,tou˥˦ta˥ti˧iou˥˨˩næᴇ˥xuər˥˨.（就那些金，金砖这些东西，“文化大革命”展出的是，什么人家里抄出来的？）黄：那都是当时噢地主家来噢。næᴇ˥˥tou˥˧sʅ˥taŋ˥˨˩sʅ˩˧˥aɔ˥ti˥tʂɥ˥æ˧læᴇ˩˧aɔ˧.王：兀都是地主老财。væᴇ˥˥tou˥˨˩sʅ˥ti

˥˩tʂʮ˥˧laɔ˥tsʰæᴇ˩˨.黄：他在地主家他们去……tʰɑ˥˧tsæᴇ˥ti˥tʂʮ˥tɕia˥˩tʰɑ˥məŋ˩tɕʰi˥˩……

窖起来

（那你们家里头比如说老百姓这个平常那个钱呐，怎么藏啊？藏在墙缝里头？还是怎么……）王：那有些就是……用罐罐挖了，在地下埋着咧么，窖着。nei˥iou˥ɕie˥˩tɕiou˥sɿ˥v……yoŋ˥kuæ̃˥kuæ̃˥˩va˥lə˩,tsæᴇ˥ti˥ɕia˥mæᴇ˩˨tʂə˥lie˩muo˩,tɕiaɔ˥˧tʂə˩.黄：有银……有……家里有银子的那些人那都是哅……窖起来么。iou˥iŋ˩i……iou˥tʰ……tɕia˥li˥iou˥iŋ˩˨tsɿ˩ti˩nei˥˩ɕie˥˩zəŋ˨næᴇ˥˩tou˥˩sɿ˥˩m̩˨……tɕiaɔ˥tɕʰi˥læᴇ˩˨muo˩.王：窖咧噢。tɕiaɔ˥liaɔ˩.（窖起来？）黄：窖起来么。tɕiaɔ˥tɕʰi˥læᴇ˩˨muo˩.（就就挖个窖窖起来？）王：窖……啊，地下挖个坑丢下去的。tɕi……ɑ˩,ti˥ɕia˥va˥˩kə˥˩kʰəŋ˥tiou˥˩xa˥tɕʰi˥˩ti˩.黄：装个罐罐子往进一埋嘛。tʂuaŋ˥kə˥˩kuæ̃˥kuæ̃˥˩tsɿ˩vaŋ˥˩tɕiŋ˥i˥˩mæᴇ˨ma˩.

钱包儿

（把钱放在我屁股后头这个口袋叫什么？）黄：那就不知道啥……叫个啥咧。nə˥tɕiou˥pu˩˨tʂɿ˥˩taɔ˥sa˥……tɕiaɔ˥kə˥sa˥lie˩.（有没有叫屁包的这种说法？）现在放得那那是小偷偷上最便利的地方。投到你反应过来，他跑得都……割得几时都把钱包儿拿去了。ɕiæ̃˥tsæᴇ˥faŋ˥tə˩nə˥nə˥˩sɿ˥˩ɕiaɔ˥tʰou˥˩tʰou˥ʂaŋ˥˩tsuei˥piæ̃˥li˥ti˩ti˥˩faŋ˥.tʰou˩˨taɔ˥ni˥˧fæ̃˥˧iŋ˥kuo˥læᴇ˩˨,tʰɑ˥˩pʰaɔ˥˧tə˩tou˥˧……kuo˥tə˩tɕi˥sɿ˩˨tou˥˧pa˥˩tɕʰiæ̃˨paɔr˥na˨tɕʰy˥˩lə˩.（有没有割起出血的？）有些人把裤……把钱包装得这个地方都给☐偷走，他都不知道。iou˥ɕie˥˩zəŋ˨pa˥˩kʰu˥˧……pa˥˩tɕʰiæ̃˨paɔ˥tʂuaŋ˥˧tə˩tʂə˥kə˥ti˥˧faŋ˥˩tou˥˩kei˥niæ̃˩˧tʰou˥tsou˥˩,tʰɑ˥˧tou˥˧pu˩˨tʂɿ˥˩taɔ˥.（那一般钱包应该放到哪儿？）一般钱包儿就是放一个最意想不到的地方，他都不知道。i˥˧pæ̃˥tɕʰiæ̃˩˨paɔ˥˧tɕiou˥sɿ˥faŋ˥i˥˧kə˥tsuei˥˧i˥ɕiaŋ˥pu˩˨taɔ˥˧ti˩ti˥faŋ˥˩,tʰɑ˥˧tou˥˧pu˩˧tʂɿ˥˧taɔ˥˩.（放到哪里啊？）我们指导员回家探家就从来不提住那个啥，就背个黄挎包儿，拿一双烂臭鞋，钱往那里头一塞，一捆，往那儿一放，你一看一双烂胶鞋，你肯定不拿那个烂胶鞋。有的提了个烂蛇皮带子往那个地方一撇，你知道是钱吗？ŋuo˥məŋ˥tsɿ˥˧taɔ˥˧yæ̃˨xuei˩˨tɕia˥tʰæ̃˥˧tɕia˥˩tsou˥tsʰuoŋ˨læᴇ˩˧pu˩˨tʰi˩˨tʂʮ˥˦nə˥kə˥sa˥˩,tɕiou˥pei˥kə˥xuaŋ˨kʰua˥paɔr˥˩,na˨i˥˧ʂuaŋ˥˧læ̃˥tʂʰou˥˦ɕie˨,tɕʰiæ̃˨vaŋ˥˩næᴇ˥li˥tʰou˩i˥˩sei˥,i˥˩kʰuoŋ˥,vaŋ˥˩nar˥i˥˩faŋ˥,ni˥i˥˩kʰæ̃˥i˥˩ʂuaŋ˥˩læ̃˥tɕiaɔ˥˩ɕie˨,ni˥˧kʰəŋ˥˧tiŋ˥˦pu˩˨na˨næᴇ˥kə˥læ̃˥tɕiaɔ˥˩ɕie˨.iou˥ti˩tʰi˩˨lə˩kə˥læ̃˥ʂə˨pʰi˩˧tæᴇ˥tsɿ˩vaŋ˥˧nə˥kə˥ti˥faŋ˥˩i˥˩pʰie˥,ni˥tʂʮ˥˩taɔ˥sɿ˥tɕʰiæ̃˨ma˩?

褡子

（褡子那是背在背上的是吧？）黄：背得背上的。中间这一溜子是不啥么，这两头儿装的东西么。pei˥tə˩pei˥˧ʂaŋ˥˩ti˩.tʂuoŋ˥˩tɕiæ̃˥˧tʂei˥i˥˧liou˥tsɿ˩sɿ˥pu˩˨sa˥muo˩,tʂə˥liaŋ˥tʰour˩˨tʂuaŋ˥˩ti˩tuoŋ˥ɕi˩muo˩.

赶集

（你们赶集叫什么？）黄：我们就是赶集。这儿这人赶集，这儿这是错过一公里以后就叫欸赶会咧。ŋuo˥məŋ˩tɕiou˥sɿ˥˩kæ̃˥tɕi˨.tʂər˥˧tʂə˥zəŋ˨kæ̃˥tɕi˨,tʂər˥tʂə˥sɿ˥tsʰuo˥kuo˥i˥˩kuoŋ˥˩li˥i˥˩xou˥˦tɕiou˥tɕiaɔ˥ei˩kæ̃˥˧xuei˥lie˩.（赶……噢，赶会！）赶……跟会。我们这儿叫跟集，或者是赶集。kæ̃˥˩xu……kəŋ˥˩xuei˥.ŋuo˥məŋ˩tʂər˥tɕiaɔ˥kəŋ˥tɕi˨,xuo˩˨tʂə˥˩sɿ˥˩kæ̃˥tɕi˨.（赶会是一些什么人说？）这是陕西客。陕西富县这一带的。嗯。延安地区人就是赶会咧。tʂə˥sɿ˥ʂæ̃˥ɕi˥˩kʰə˥˩.ʂæ̃˥ɕi˥˩fu˥ɕiæ̃˥tʂei˥i˥˩tæᴇ˥˩ti˩.ŋ̍˩.iæ̃˩˨æ̃˥ti˥˩tɕʰy˥zəŋ˨tɕiou˥˩sɿ˥˩kæ̃˥xuei˥˩lie˩.

会会

冯：同是一个字，两个音，就像咱们这儿人还有一个说法，比如说，咱们这儿人都唱……唱戏，呃，物……搞个物资交流会，会那么几天会，然后叫会会哩。tʰuoŋ˩˧sɿ˦i˥˧˨˩kə˦tsɿ˦,liɑŋ˥˧kə˦iŋ˥˧.tɕiou˦ɕiɑŋ˦tsɑ˩˧məŋ˥tʂər˦zəŋ˩˧˧xæᴇ˩˧iou˥˧i˥˧˨˩kə˦˨ʂuo˥˧fɑ˥˧˨˩,pi˥˧ʐʮ˩˧˨˩ʂuo˥˧˨˩,tsɑ˩˧məŋ˥tʂər˦zəŋ˩˧tou˥˧˨˩tʂʰɑŋ˦……tʂʰɑŋ˦ɕi˦,ə˨˩,vuo˥˧˦……kɑɔ˥˧kə˦˨vuo˥˧˦tsɿ˥˧˨˩tɕiɑɔ˥˧˨˩liou˩˧xuei˦,xuei˦nə˦muo˥tɕi˥˧tʰiæ̃˥˧˨˩xuei˦,zæ̃˩˧˨˩xou˦˨tɕiɑɔ˦˨xuei˦xuei˦li˩.（会会。）会会。xuei˦xuei˦.（哦，开会叫“会会”。）啊，不是。就是，嗯，比如说搞那个物资交流会，呃连唱戏带……玩儿，嗯，这个，第一个应该是动词，第二个就是名词。ɑ˦,pu˩˧˧sɿ˦.tɕiou˦sɿ˦,om˨˩,pi˥˧ʐʮ˩˧˨˩ʂuo˥˧˨˩kɑɔ˥˧nə˦˨kə˦˨vuo˥˧˦tsɿ˥˧˨˩tɕiɑɔ˥˧˨˩liou˩˧xuei˦,ə˨˩liæ̃˩˧tʂʰɑŋ˦ɕi˦tæᴇ˦ʂ……væ̃r˩˧,ən˨˩,tʂə˦kə˦,ti˦i˥˧kə˦˨iŋ˦˥kæᴇ˥˧˨˩sɿ˦˨tuoŋ˦tsʰɿ˩˧˨˩,ti˦ər˦kə˦˨tɕiou˦˨sɿ˦˨miŋ˩˧tsʰɿ˩˧˨˩.（对，对，对。）欸，对啊？说会会，说太白这几天会会哩。ei˨˩,tuei˦ɑ˩?ʂuo˥˧˨˩xuei˦xuei˦,ʂuo˥˧˨˩tʰæᴇ˦pei˥˧˨˩tʂə˦tɕi˥˧tʰiæ̃˥˧˨˩xuei˦xuei˦li˩.（嗯，会会还是……）会会哩。xuei˦xuei˦li˩.（这个“会”跟哪个“会”……第一个“会”跟哪个xuei˦一样的，有没有同音字呢？跟“回来”的“回”一样吗？）会。和这个应该……xuei˦.xuo˩˧tʂei˦˥kə˦˨iŋ˦˨kæᴇ˥˧˨˩……（哦，“汇款”的“汇”。第二个呢？）还是这个字，会会。xɑ˩˧sɿ˦˨tʂei˦˨kə˦˨tsɿ˦˨,xuei˦xuei˦.（音一样。）音一样。但是它一个前面做咧名词咧，啊动词咧，后面做了名词了。把这几天这个形式叫“会”，嗯把人们往来赶嗯促成这个会的这个动作叫“会”。会会。iŋ˥˧i˥˧˨˩iɑŋ˦˥.tæ̃˦˨sɿ˦tʰɑ˥˧i˥˧˨˩kə˦tɕʰiæ̃˩˧miæ̃˦tsuo˦˨lie˩miŋ˩˧tsʰɿ˩˧˨˩lie˩,ɑ˨˩tuoŋ˦tsʰɿ˩˧˨˩lie˩,xou˦˥miæ̃˦˨tsuo˦˥lə˩miŋ˩˧tsʰɿ˩˧˨˩lə˩.pɑ˥˧˨˩tʂə˦tɕi˥˧tʰiæ̃˥˧˨˩tʂə˦kə˦ɕiŋ˩˧ʂʅ˥˧˨˩tɕiɑɔ˦xuei˦,ə̃˦pɑ˥˧˨˩zəŋ˩˧məŋ˥vɑŋ˥˧˨˩læᴇ˩˧kæ̃˥˧ə̃˨˩tsʰʮ˥˧˨˩tʂʰəŋ˩˧tʂei˦˥kə˦˨xuei˦ti˥tʂei˦kə˦˨tuoŋ˦˦tsuo˥˧˨˩tɕiɑɔ˦xuei˦.xuei˦xuei˦.

买、卖

1.（你们这个分得清楚吗买进卖出？）黄：呃分得清楚，呃分得清楚咧。你买东西是给人给人掏钱钱么。你卖东西是别人要给你给钱咧嘛。ə˥˧fəŋ˥˧˧tə˥tɕʰiŋ˥˧tʂʰʮ˥˧˨˩,ə˥˧fəŋ˥˧˧tə˥tɕʰiŋ˥˧˨˩tʂʰʮ˥˧˨˩lie˩.ni˥˧˧mæᴇ˥˧tuoŋ˥˧˨˩ɕi˩sɿ˦kei˦˨zəŋ˩˧˧kei˦˨zəŋ˩˧˥tʰɑɔ˥˧˨˩tɕʰiæ̃˩˧˨˩tɕʰiæ̃˩˧˥muo˩.ni˥˧˨˩mæᴇ˦tuoŋ˥˧˨˩ɕi˩sɿ˦pie˩˧˨˩zəŋ˩˧˧iɑɔ˦kei˦˥ni˥˧tɕi˥˧˨˩tɕʰiæ̃˩˧lie˥mɑ˩.

2.（你到外头去买布，你们叫什么？）王：扯布。tʂʰə˥˧pu˦˨.黄：扯布咧么。tʂʰə˥˧pu˦liem˥.（买盐呢？）王：买盐是称盐么。mæᴇ˥˧iæ̃˩˧˧sɿ˦tʂʰəŋ˥˧˧iæ̃˩˧muo˥.黄：啊，称盐咧么。ɑ˦,tʂʰəŋ˥˧iæ̃˩˧˨˩liem˩.

（这个比如说买米买面这种东西呢？）王：买米买面那就买米就是买米。mæᴇ˥˧˧mi˥˧˧mæᴇ˥˧˧miæ̃˦˥nei˦tɕiou˦mæᴇ˥˧mi˥˧tɕiou˦˨sɿ˦˨mæᴇ˥˧mi˥˧˨˩.黄：啊。ɑ˨˩.（是叫量米还是叫买米？）黄：不叫……这个量，过去这很早以前这个话有咧。这个你是咱们不够吃咧，这出去要量些，量些……米，量些粮食咧。pu˩˧˧tɕi……tʂə˦kə˦liɑŋ˩˧,kuo˦˥tɕʰy˦˨˩tʂə˦˨xəŋ˥˧tsɑɔ˥˧i˥˧˨˩tɕʰiæ̃˩˧˧tʂə˦kə˦xuɑ˦˥iou˥˧lie˩.tʂə˦kə˦ni˥˧sɿ˦˨tsɑ˩˧məŋ˥pu˩˧˨˩kou˦tʂʰʅ˥˧lie˩,tʂə˦tʂʰʮ˥˧tɕʰi˦˨iɑɔ˦liɑŋ˩˧ɕie˥˧˧,liɑŋ˩˧˨˩ɕie˥˧m……mi˥˧˨˩,liɑŋ˩˧˨˩ɕie˥˧liɑŋ˩˧˨˩ʂʅ˩˧˥lie˩.（量些粮食？）黄：啊，量。ɑ˨˩,liɑŋ˩˧.（面说不说量？）面不说量。量它是……就是指……指原粮啊那一类啊。量啊煮的……miæ̃˦pu˩˧˨˩ʂuo˥˧˨˩liɑŋ˩˧˨˩.liɑŋ˩˧tʰɑ˥˧˨˩sɿ˦˨……tsou˦sɿ˦tsər（←tsɿ˥˧）……tsɿ˥˧yæ̃˩˧liɑŋ˩˧˧ɑ˨˩nɑ˦i˥˧˨˩luei˦ɑ˨˩.liɑŋ˩˧˨˩ɑ˥tʂʮ˥˧ti˩……（叫什么？）王：原粮。yæ̃˩˧liɑŋ˩˧˨˩.黄：量，啊，原粮。liɑŋ˩˧,ɑ˩,yæ̃˩˧liɑŋ˩˧˨˩.（原粮？）黄：啊。ɑ˨˩.（哦，就说没有加工的粮食叫……）王：噢，是原粮。ɑɔ˨˩,sɿ˦˨yæ̃˩˧liɑŋ˩˧˨˩.黄：啊，没有加工的粮食叫原粮么。量原粮咧么。ɑ˨˩,mei˩˧iou˥˧tɕiɑ˥˧˦kuoŋ˥˧ti˩liɑŋ˩˧˨˩ʂʅ˩˧˧tɕiɑɔ˦yæ̃˩˧liɑŋ˩˧˨˩muo˥.liɑŋ˩˧yæ̃˩˧liɑŋ˩˧˨˩liem˩.

（醋呢？）黄：嗯？ŋ̍˧˥？（醋！）黄：醋就叫醋。tsʰɥ˦tɕiou˦tɕiɑɔ˦tsʰɥ˦˩.（买这些醋叫什么？）黄：买些醋呣。mæᴇ˥˧ɕie˥˧˩tsʰɥ˦˥˧m̩˧.（买醋还是什么？）黄：倒些醋。tɑɔ˥˧ɕie˥˧˩tsʰɥ˦˩.（倒醋？）黄：嗯，倒醋咧。ə̃˩,tɑɔ˥˧˧tsʰɥ˦˩lie˧.王：嗯。倒些醋。ŋ̍˩.tɑɔ˥˧˧ɕie˥˧˩tsɥʰ˦˩.（那个呢，油呢？）王：也是倒油。ie˥˧sʅ˦tɑɔ˥˧iou˧˥˩.黄：倒油么。tɑɔ˥˧iou˧˥˩muo˧.（是打油还是倒油？）黄：倒油。tɑɔ˥˧˧iou˧˥˩.王：倒油。tɑɔ˥˧iou˧˥˩.（倒油？）黄：呣。m̩˩.（酱油？）黄：酱油就是酱油。tɕiɑŋ˦˥˦iou˧˥tɕiou˦˩sʅ˦˩tɕiɑŋ˦˥˦iou˧˥˩.（把这个买酱油怎么说？）黄：这还是这个欸是……tʂə˦˥˦xɑ˧˥˩sʅ˦tʂə˦kə˦ei˩sʅ˦˩……王：灌酱油去。kuæ̃˦˥˦tɕiɑŋ˦˩iou˧˥˩tɕʰi˦.黄：灌酱油去咧。kuæ̃˦˥˦tɕiɑŋ˦˩iou˧˥˩tɕʰi˦˥˦lie˧.（是灌酱油还是打酱油？）王：灌去么。kuæ̃˦˥˦tɕʰim˦˩.黄：灌。灌上……kuæ̃˦.kuæ̃˦˥˦ʂɑŋ˦˩……（听说打酱油这种说法没有？）黄：没有。灌上几斤酱油。muo˥˧˩iou˥˧˩.kuæ̃˦ʂɑŋ˦tɕi˥˧tɕiŋ˥˧˩tɕiɑŋ˦˥˦iou˧˥˩.（这个，出去买肉呢，叫什么？）王：称些肉。tʂʰəŋ˥˧ɕie˥˧˩ʐou˦˥˦.黄：称些肉咧。tʂʰəŋ˥˧ɕie˥˧˩ʐou˦˥˦lie˧.（称肉还是割肉？）黄：称一……tʂʰəŋ˥˧i˥˧˩……王：称肉。tʂʰəŋ˥˧ʐou˦˩.黄：称肉。tʂʰəŋ˥˧ʐou˦˩.（称肉？）黄：嗯。ŋ̍˩.（称肉是猪肉羊肉都……都是称？）王：它都是称。tʰɑ˥˧˩tou˥˧˧sʅ˦tʂʰəŋ˥˧˩.黄：都为称咧，嗯。tou˥˧˥vei˧˥˩tʂʰəŋ˥˧lie˧,ə̃˥˧.（买那个鸡呢？）黄：鸡那就是买一只鸡了。tɕi˥˧nei˦tɕiou˦˩sʅ˦˩mæᴇ˥˧i˥˧˩tʂʅ˥˧˩tɕi˥˧lə˧.王：买……买一只鸡。mæᴇ˥˧˩……mæᴇ˥˧i˥˧˩tʂʅ˥˧˩tɕi˥˧.（是买一只。有没有说什么抓一只鸡的这种说法？）黄：不。pu˧˥˩.王：不，那就是买一只鸡。pu˧˥˩.nei˦˥˦tɕiou˦sʅ˦mæᴇ˥˧i˥˧˩tʂʅ˥˧˩tɕi˥˧.（肉都是……买鸡买鸭这种小东西？）黄：啊，就是的。ɑ˩,tɕiou˦˥˦sʅ˦˩ti˧.（那个……豆腐？）王：称豆腐么。tʂʰəŋ˥˧˩tou˦˥˦fu˦muo˧.黄：那是称豆腐咧。称上几斤豆腐。nei˦˥˦sʅ˦˩tʂʰəŋ˥˧tou˦fu˦lie˧.tʂʰəŋ˥˧ʂɑŋ˦tɕi˥˧tɕiŋ˥˧˩tou˦˥˦fu˧.（有没有，称豆腐，有那一块儿一块儿的豆……豆腐干儿你们，是叫称还是叫什么？）黄：那咱们也买上些。næᴇ˦˥˦tsɑ˧˥məŋ˦ie˥˧˩mæᴇ˥˧ʂɑŋ˦˩ɕie˥˧˩.王：买……买些，买袋袋呣。mæᴇ˥˧˧……mæᴇ˥˧ɕie˥˧˩,mæᴇ˥˧tæᴇ˦˧˥tæᴇ˦˩m̩˧.黄：买袋袋咧么。mæᴇ˥˧tæᴇ˦tæᴇ˦liem˧.王：豆腐干儿买一袋咧。tou˦fu˦kæ̃r˥˧mæᴇ˥˧i˥˧˩tæᴇ˦lie˧.黄：豆腐干儿它就是成袋儿装的。tou˦fu˧kæ̃r˥˧tʰɑ˥˧˧tsou˦˩sʅ˦˩tʂʰəŋ˧˥tər˦˧˥tʂuɑŋ˥˧˩ti˧.王：买几袋子这。mæᴇ˥˧tɕi˥˧tæᴇ˦tsʅ˦tʂei˦˩.（生姜啊，花生啊，这个怎么说呢？）王：那都是称。nə˦˥˦tou˥˧˩sʅ˦˩tʂʰəŋ˥˧.黄：那叫是称花生或者称些姜。nə˦tɕiɑɔ˦sʅ˦tʂʰəŋ˥˧xuɑ˥˧˥səŋ˥˧xuo˧˥˩tʂə˥˧˩tʂʰəŋ˥˧ɕie˥˧˩tɕiɑŋ˥˧.（菜也是称吗？）黄：菜也是称。这就是买几斤菜啊？tsʰæᴇ˦ie˥˧sʅ˦˩tʂʰəŋ˥˧˩.tʂə˦˥˦tɕiou˦˩sʅ˦˩mæᴇ˥˧tɕi˥˧˩tɕiŋ˥˧˩tsʰæᴇ˦ɑ˧?王：嗯。ŋ̍˩.（买菜？）王：嗯。买菜。ŋ̍˩.mæᴇ˥˧tsʰæᴇ˦˩.黄：嗯，买菜咧叫。ə̃˦,mæᴇ˥˧tsʰæᴇ˦lie˦tɕiɑɔ˦.（给我买个小猪崽儿你们叫什么？）黄：逮个猪娃儿。tæᴇ˥˧kə˦tsɥ˥˧˧væ˧˥（←vɑ˧˥）.（逮猪娃？）黄：叫逮猪娃子咧，嗯。tɕiɑɔ˦tæᴇ˥˧tʂɥ˥˧vɑ˧˥˩tsʅ˧lie˧,ə̃˩.王：逮猪娃子。tæᴇ˥˧˩tʂɥ˥˧vɑ˧˥˩tsʅ˧.黄：逮猪娃咧。tæᴇ˥˧˩tʂɥ˥˧vɑ˧˥˩lie˧.

（我把这个一堆东西全部买下来了，你怎么……怎么说呢？那剩下这一堆了，我全买下来。）王：那就是断堆了么。nə˦˩tɕiou˦˩sʅ˦˩tuæ̃˦˧˥tuei˥˧ləm˧.（叫什么？）断堆了。tuæ̃˦˧˥tuei˥˧lə˧.（断堆儿？）嗯。ŋ̍˩.（叫什么？）断堆儿。tuæ̃˦˧˥tuər˥˧.

粜

1. 黄：多一半都是现在就是家家是自己产下的粮食原则上不吃，全部都卖掉了，就粜出去了。tuo˥˧i˥˧˩pæ̃˦tou˥˧˩sʅ˦ɕiæ̃˦tsæᴇ˦tɕiou˦˩sʅ˦˩tɕiɑ˥˧˥tɕiɑ˥˧˩sʅ˦tsʅ˦tɕie˥˧˩tsʰæ̃˥˧xɑ˦˩ti˦liɑŋ˧˥˩ʂʅ˧˥˦yæ̃˧˥tsə˥˧ʂɑŋ˦˩pu˧˥˩tʂʰʅ˥˧,tɕʰyæ̃˧˥pu˦˥˦tou˥˧˩mæᴇ˦tiɑɔ˦lə˧,tɕiou˦tʰiɑɔ˦tʂʰɥ˥˧tɕʰi˦˩lə˧.

2.（卖粮食的呢？你这街上做……这打铁这些人也不……也不种粮食，他总得买吧？）黄：那我们这个粮铺，粮店这还这号没有得。咱们这街还老没有。nei˦ŋuo˥mən˦tʂə˦kə˦liaŋ˨˩pʰu˦,liaŋ˨˩tiæ̃˦tʂə˦xæᴇ˨˩tʂə˦xaɔ˦mei˨˩iou˥tei˥˩.tsa˨mən˦tʂə˦kæᴇ˥xæᴇ˨˩laɔ˥mei˨˩iou˥˩.（那……那在哪儿买呢？）黄：那他就是没有啥吃咧，到农村去，买……粜，这个买上点粮，回来就……nei˦˥tʰa˥˩tsou˦˩sɿ˦˩mei˨iou˥sa˦tʂʰɿ˥lie˩,taɔ˦luoŋ˨tsʰuoŋ˥tɕʰi˦,m……tʰiaɔ˦,tʂə˦˩kə˦˩mæᴇ˥ʂaŋ˦tiæ̃˥liaŋ˨,xuei˨˩læᴇ˨˥tsou˦˩……王：过去那没得粮店儿么。现在那有粮库咧。kuo˦˥tɕʰy˦nei˦mei˨tei˥˩liaŋ˨˩tiæ̃r˦muo˩.ɕiæ̃˦tsæᴇ˦˥nei˦iou˥˦liaŋ˨˩kʰu˦˥lie˩.

倒生意

（我们做生意还是叫做买卖?）黄：过去都叫做买卖咧。kuo˦˥tɕʰy˦tou˥˩tɕiaɔ˦˩tsuo˦˩mæᴇ˥mæᴇ˦˩lie˩.王：做买卖，现在叫……现在叫做生意。tsuo˦˩mæᴇ˥mæᴇ˦˩,ɕiæ̃˦tsæᴇ˦tɕiaɔ˦……ɕiæ̃˦tsæᴇ˦tɕiaɔ˦tsuo˦˩səŋ˥i˩.黄：做买卖的，到现在叫做生意咧。tsuo˦˩mæᴇ˥mæᴇ˦˩ti˩,taɔ˦˩ɕiæ̃˦tsæᴇ˦tɕiaɔ˦tsuo˦˩səŋ˥i˩lie˩.（做买卖？）黄&王：嗯。ə̃˩.（过去叫做买卖是吧？）黄：过去叫做生意的。最土的话那叫倒生意的，啊。倒生意。kuo˦˥tɕʰy˦tɕiaɔ˦tsuo˦˩səŋ˥i˩ti˩.tsuei˦˥tʰu˥ti˩xua˦˩næᴇ˦tɕiaɔ˦taɔ˥səŋ˥ni˩ti˩,a˩.taɔ˥səŋ˥˩ni˩.（最土的叫什么？）黄：倒生意。taɔ˥səŋ˥˩ni˩.（倒生意？）黄：啊，倒生意。实际上是你……这个东西你倒过来倒过去，最后以赚钱为目的，就是倒生意。a˩,taɔ˥səŋ˥˩i˩.ʂɿ˨˩tɕi˦ʂaŋ˦sɿ˦ni˥t……tʂə˦kə˦tuoŋ˥ɕi˩ni˥˩taɔ˥kuo˦˥læᴇ˨˩taɔ˥kuo˦˥tɕʰi˦˩,tsuei˦xou˦i˥˩tʂuæ̃˦tɕʰiæ̃˨vei˨mu˥ti˩,tɕiou˦˩sɿ˦˩taɔ˥səŋ˥˩ni˩.

驮咧个驮子

冯：这个字是不是两个……两个读音？现在这个这个这个有吧？tʂei˦˥kə˦˩tsɿ˦sɿ˦pu˨˩sɿ˦˩liaŋ˥kə˦˩……liaŋ˥kə˦˩tu˨˩iŋ˥˩?ɕiæ̃˦˥tsæᴇ˦˩tʂə˦kə˦tʂə˦kə˦tʂə˦kə˦iou˥pa˩?（嗯，有有两个不同的那个意思。）像咱们这儿，说，举个例子就现在用到一句话里面，咱们这儿人赶牲口驮东西哩。ɕiaŋ˦tsa˨mən˦tʂər˦˩,ʂuo˥˩,tɕy˥kə˦˩li˦tsɿ˦tɕiou˦ɕiæ̃˦tsæᴇ˦yoŋ˦taɔ˦i˥˩tɕy˦˥xua˦˩li˥˩miæ̃˦˩,tsa˨mən˦tʂər˦zəŋ˨kæ̃˥səŋ˥kʰou˥˩tʰuo˨tuoŋ˥ɕi˩li˩.（啊，对对。）给驮的那个东西嗯放到驮的那个架子上绑好，把这个叫“驮”，“驮子”。kei˦˩tʰuo˨ti˩nə˦kə˦tuoŋ˥ɕi˩ə̃˩faŋ˦˥taɔ˦˩tʰuo˨ti˩nə˦˩kə˦tɕia˦tsɿ˩ʂaŋ˦˩paŋ˥xaɔ˥,pa˥˩tʂə˦˥kə˦˩tɕiaɔ˦tuo˦,tuo˦˥tsɿ˩.（噢，驮子。）驮子，啊。tuo˦˥tsɿ˩.a˩.（噢，那就是这个欸，这底下那个。）把把驮子驮起来。……这个，这个“驮”字嗯就和……就就就就像一人一马称为“骑”，呃，骑到马背上称为“骑”，那那那那两个……那两……那两件事，但是……那就……字儿是一模儿一样的，读音不一样。对吧？pa˥˩pa˥˩tuo˦tsɿ˩tʰuo˨tɕʰi˥læᴇ˨˩.……tʂə˦˥kə˦˩,tʂə˦˥kə˦˩tuo˦tsɿ˦˩əŋ˩tɕiou˦x……tɕiou˦tɕiou˦tɕiou˦tɕiou˦ɕiaŋ˦i˥˩zəŋ˨i˥˩ma˥tʂʰəŋ˥˩vei˨tɕʰi˦,ə˩,tɕʰi˨˩taɔ˦ma˥pei˦˥ʂaŋ˦˩tʂʰəŋ˥˦vei˨˥tɕʰi˨,næᴇ˦næᴇ˦næᴇ˦næᴇ˦liaŋ˥kə˩……næᴇ˦li……næᴇ˦liaŋ˥tɕiæ̃˦sɿ˦,tæ̃˦˩sɿ˦˩……nə˦tɕiou˦……tsər˦sɿ˦˩i˥˩muor˦˥i˥˩iaŋ˦tə˦,tu˨iŋ˥pu˨˩i˥˩iaŋ˦˩.tuei˦pa˩?（对。）这个，这个这个……前面这个是“驮”，后面这个“骑”……“驮”，“驮子”。把东西捆在一起驮到呃呃牲口身上叫“驮子”，驮咧个驮子。tʂei˦˥kə˦˩,tʂei˦˥kə˦˩tʂə˦˥kə˦˩……tɕʰiæ̃˨˩miæ̃r˦tʂei˦˥kə˦˩sɿ˦˩tʰuo˨,xou˦miæ̃˦˩tʂei˦˩kə˦˩tɕi˦˥……tuo˦,tuo˦tsɿ˩.pa˥˦tuoŋ˥ɕi˩kʰuoŋ˥˦tsæᴇ˦i˥˩tɕʰi˥tʰuo˨taɔ˦ə˦ə˦səŋ˥˩kʰou˥˦ʂəŋ˥ʂaŋ˦˩tɕiaɔ˦˩tuo˦˥tsɿ˩,tʰuo˨lie˩kə˦tuo˦tsɿ˩.

开铺子

（开一个商店呢？）黄：开商店。过去那就是开铺子咧。kʰæᴇ˥ʂaŋ˥˩tiæ̃˦.kuo˦˥tɕʰy˦næᴇ˦tɕiou˦sɿ˦kʰæᴇ˥˩pʰu˦˥tsɿ˩lie˩.王：嗯。过去就叫开……ŋ̍˩.kuo˦˥tɕʰy˦tɕiou˦tɕiaɔ˦kʰæᴇ˥˩……

（开铺子？）黄：啊，开个铺子。ɑ˩˨,kʰæᴇ˥˩˨kə˦˨pu˦（←pʰu˦）tsɿ˧˩.（有没有说是个办……办个铺子的？）王：也有人拿……好像也有说这个说法。ie˥˦iou˥˩zəŋ˩˨nɑ˩˨……xɑɔ˥˩˨ɕiaŋ˦˨ie˥iou˥ʂuo˥˦tʂə˦kə˦ʂuo˥fɑ˥˩.黄：也有这个说法。没有开铺子多反正。ie˥˦iou˥tʂə˦˨kə˦˨ʂuo˥fɑ˥˩.mei˩iou˥kʰæᴇ˥pʰu˦tsɿ˦tuo˥fæ̃˥˩tʂəŋ˦˨.

门面

（就是，比如说，这是一个，一个一个，呃，商店，前面是卖东西的，后面是住人的，你前面那个东西叫什么？叫门脸儿，还是叫门面呢，还是叫什么东西？）王：那是叫门面咧。nə˦sɿ˦tɕiaɔ˦məŋ˩˨miæ̃˦˨lie˧˩.黄：噢，叫门面么。ɑɔ˩˨,tɕiaɔ˦məŋ˩˨miæ̃˦muo˧˩.王：有的叫门面，有的叫门店。iou˥ti˧tɕiaɔ˦məŋ˩miæ̃˦,iou˥ti˧tɕiaɔ˦məŋ˩tiæ̃˦.黄：噢，叫门店的，门面儿。ɑɔ˩˨,tɕiaɔ˦məŋ˩tiæ̃˦ti˧˩,məŋ˩miæ̃r˦.（门店还是门面？）黄：门店门面都有叫。məŋ˩tiæ̃˦məŋ˩miæ̃˦tou˥˦iou˥˩tɕiaɔ˦˨.（门店是吧？）黄：嗯，门店。ə̃˥,məŋ˩tiæ̃˦.（就那种房子你们现在是叫门面房还是叫什么？就像这新街道上那种。）王：那是叫门面房。nei˦˨sɿ˦tɕiaɔ˦məŋ˩miæ̃˦˨fɑŋ˩˨.黄：门面房，门面儿房。məŋ˩˦miæ̃˦fɑŋ˩˨,məŋ˩˦miæ̃r˦fɑŋ˩˨.

门牌儿

（这个一个商店上面写着某某某商店，那玩意儿叫什么那个牌子？）黄：把这叫门牌儿咧么，啊？pɑ˥˦tʂə˦tɕiaɔ˦məŋ˩pʰər˩˨lie˧muo˧,ɑ˩˨?（门牌儿是门牌儿号码吧？）黄：嗯。ŋ̍˩˨.王：那是街上有招牌咧。næᴇ˦sɿ˦kæᴇ˥ʂɑŋ˦˨iou˥˦tʂɑɔ˥pʰæᴇ˩˨lie˧˩.黄：招牌，有的叫招牌啊？tʂɑɔ˥pʰæᴇ˩˨,iou˥˦ti˧tɕiaɔ˦tʂɑɔ˥pʰæᴇ˩˨ɑ˧?王：嗯。ŋ̍˩˨.（还有别的称法没有？）王：再没有其他说法。tsæᴇ˦mei˩iou˥tɕʰi˩˨tʰɑ˥ʂuo˥fɑ˥˩.黄：再没有啥说法，噢。tsæᴇ˦˨mei˩˨iou˥˩sɑ˦ʂuo˥fɑ˥˩,ɑɔ˦.王：在兀铺子说是，兀儿谁个哼商店要挂个招牌咧么。tsæᴇ˦væᴇ˦pʰu˦˨tsɿ˧ʂuo˥˩sɿ˩˨,vər˦sei˩˨kə˦˨xə̃˩˨ʂɑŋ˥˩˨tiæ̃˦˨iɑɔ˦kuɑ˦kə˦tʂɑɔ˥pʰæᴇ˩˨lie˧muo˧˩.黄：嗯。有的叫门牌，也有人叫门牌子咧，门牌儿，门牌子啊。ə̃˩˨.iou˥ti˧tɕiaɔ˦məŋ˩pʰæᴇ˩˨,ie˥iou˥˩zəŋ˩tɕiaɔ˦məŋ˩pʰæᴇ˩˨tsɿ˧lie˧,məŋ˩pʰər˩,məŋ˩pʰæᴇ˩˨tsɿ˧ɑ˧˩.（门牌子是指那个，号码，就说某某路几号还是指……）黄：不是的。个农村那个门牌子，那□你那个店里头，那□外头都挂个牌子，它是个弄啥的。pu˩˨sɿ˦ti˧˩.kə˦luoŋ˩tsʰuoŋ˥nə˦kə˦məŋ˩pʰæᴇ˩˦tsɿ˧,næᴇ˦niæ̃˩˨ni˥nə˦kə˦tiæ̃˦li˥˩tʰou˧,næᴇ˦˨niæ̃˩˨væᴇ˦tʰou˧tou˥˩kuɑ˦kə˦pʰæᴇ˩˦tsɿ˧,tʰɑ˥˩sɿ˦kə˦nuoŋ˦sɑ˦ti˧˩.

开张

（这个商店开张你们叫什么？）黄：开业咧么，啊？kʰæᴇ˥˦ie˥lie˧muo˧,ɑ˦?王：嗯。ŋ̍˩˨.黄：叫开业咧。tɕiaɔ˦kʰæᴇ˥˦ie˥lie˧.（不叫开张？）黄：嗯。ŋ̍˩˨.王：也有的叫开张。ie˥˦iou˥ti˧tɕiaɔ˦kʰæᴇ˥˩tʂɑŋ˥˩.黄：也有的叫开张。多一半儿都叫开业啊？ie˥˦iou˥ti˧tɕiaɔ˦kʰæᴇ˥˩tʂɑŋ˥˩.tuo˥i˥˩pæ̃r˦˨tou˥˦tɕiaɔ˦kʰæᴇ˥˦nie˥ɑ˧?王：嗯。开业。ŋ̍˩˨.kʰæᴇ˥˦nie˥.（叫不叫……叫不叫……）王：这几年叫开业咧。那几年还不是叫开张的？tʂə˦˨tɕi˥˩niæ̃˩˦tɕiaɔ˦kʰæᴇ˥˦nie˥lie˧.næᴇ˦˨tɕi˥˩niæ̃˩xɑ˩˦pu˩˦sɿ˦tɕiaɔ˦kʰæᴇ˥˦tʂɑŋ˥ti˧?黄：开张的多么。kʰæᴇ˥˦tʂɑŋ˥ti˧tuo˥muo˧.（过去也叫开张？）王：过去叫开张，现在叫开业。kuo˦tɕʰy˦tɕiaɔ˦kʰæᴇ˥˦tʂɑŋ˥,ɕiæ̃˦tsæᴇ˦tɕiaɔ˦kʰæᴇ˥˦nie˥.

倒闭

（这个商……商店经营不下去了。）黄：倒闭咧么。tɑɔ˥pi˦liem˧.（倒闭是新说法。有没有说……）王：那就是转让么。打……nə˦˨tɕiou˦˨sɿ˦tʂuæ̃˥zɑŋ˦muo˧.tɑ˥ku……黄：关……就那直接开不上去赔了，生意赔咧。ku……tɕiou˦næᴇ˦tʂɿ˩˨tɕie˥kʰæᴇ˥pu˩˨ʂɑŋ˦tɕʰi˦

pʰei˨˩˦lə˧,səŋ˥i˧pʰei˨˩˦lie˧.（这这这商店怎么了？倒闭了？还是……关门儿了？或者是什么什么关张了，有这种说法没有？）黄：这好像一……多一……咱们这儿的多一半儿是叫赔咧，噢？tʂə˥xaɔ˥˩ɕiaŋ˥i˥˩……tuo˥i˥˩……tʂa˨maŋ˧tʂər˥ti˧tuo˥i˥˩pæ̃r˥sʅ˥tɕiaɔ˥pʰei˨˩˦lie˧,a ɔ˧?王：啊，叫赔。a˥,tɕiaɔ˥pʰei˨˩˦.黄：噢，赔的开不起了。aɔ˥,pʰei˨˩˦ti˧kʰæᴇ˥˩pu˨˩˦tɕʰi˥lə˧.（赔了？）黄：嗯，赔了。ŋ̍˩,pʰei˨˩˦lə˧.（说不叫折本？叫不叫折本？）黄：也说咧，噢？ie˥˩ʂuo˥lie˧,aɔ˩?王：也说。ie˥ʂuo˥˩.黄：折咧……折咧本了，嗯。就是连本儿都赔到里头去去咧。ʂə˨˩˦lie˧……ʂə˨˩˦lie˧pəŋ˥lə˧,ŋ̍˥.tɕiou˥˩sʅ˥˩liæ̃˨˩˦pə̃r˥tou˥˩pʰei˨˩˦taɔ˥li˥tʰou˧tɕʰi˥˩lie˧.（这既然倒闭了，里头还有些货，我这个连货带店我全……）黄：或者是叫盘给你，或者是打给你咧。xuei˨˩˦tʂə˥˩sʅ˥tɕiaɔ˥pʰæ̃˨˩˦kei˥ni˥˩,xuei˨˩˦tʂə˥˩sʅ˥˩ta˥kei˥˩ni˥˩lie˧.（盘出去打出去说不说？）王：啊，盘出去，打出去。a˩,pʰæ̃˨˩˦tʂʰɥ˥tɕʰi˥˩,ta˥tʂʰɥ˥˩tɕʰi˥˩.黄：啊，盘出去，或者是叫打出去。a˩,pʰæ̃˨˩˦tʂʰɥ˥tɕʰi˥˩,xuei˨˩˦tʂə˥˩sʅ˥˩tɕiaɔ˥˩ta˥tʂʰɥ˥˩tɕʰi˥˩.（转手呢？）王：也叫转手，也有……也叫转手。ie˥tɕiaɔ˥tʂuæ̃˥˩ʂou˥˩,ie˥iou˥˩……ie˥˩tɕiaɔ˥tʂuæ̃˥˩ʂou˥˩.黄：也叫转手，嗯。ie˥tɕiaɔ˥tʂuæ̃˥˩ʂou˥˩,ə̃˩.（转手是这个店转手了，我比如说这个，就像何西铭那样的收购来，又卖给别人，那个叫不叫转手？把这个东西拿，转手我就卖了，五十块钱收来，我转手就卖了六十。）那叫倒，咱们叫倒咧，啊？nə˥˩tɕiaɔ˥taɔ˥,tʂa˨maŋ˧tɕiaɔ˥taɔ˥lie˧,a˩?王：啊，我们这儿叫倒手。a˩,vuo˥˩maŋ˧tʂər˥tɕiaɔ˥taɔ˥ʂou˥.黄：倒手。taɔ˥ʂou˥.（就说他作为这个中转商？）黄：嗯。现在就是那二道贩子么。ŋ̍˩.ɕiæ̃˥tsæᴇ˥tɕiou˥˩sʅ˥˩nə˥ər˥taɔ˥fæ̃˥˩tsʅ˧muo˧.

盘点

（这个商店这个一定时候，每……每到一段时候他要把这个数……货物清点一下，那叫什么？）黄：盘点么。pʰæ̃˨˩˦tiæ̃˥muo˧.王：那叫盘点。nei˥tɕiaɔ˥pʰæ̃˨˩˦tiæ̃˥˩.（叫不叫盘货？）黄：盘货也叫，也叫盘点。pæ̃˨˩˦xuo˥ie˥tɕiaɔ˥,ie˥˩tɕiaɔ˥pʰæ̃˨˩˦tiæ̃˥.王：也叫盘货，也叫盘点。ie˥tɕiaɔ˥pʰæ̃˨˩˦xuo˥,ie˥˩tɕiaɔ˥pʰæ̃˨˩˦tiæ̃˥˩.（叫点货吗？）黄：不。pu˨˩˦.王：点货也有的是叫点货。tiæ̃˥xuo˥ie˥iou˥ti˧sʅ˥˩tɕiaɔ˥tiæ̃˥˩xuo˥˩.黄：嗯，说啊？少一点。多一半儿就叫盘点咧。就是盘货。ŋ̍˩,ʂuo˥a˧?ʂaɔ˥i˥˩tiæ̃˥˩.tuo˥i˥˩pæ̃r˥˩tɕiou˥tɕiaɔ˥pʰæ̃˨˩˦tiæ̃˥lie˧.tɕiou˥sʅ˥pʰæ̃˨˩˦xuo˥.王：它是……这个地方的人杂的个说话……话的方言也就多。tʰa˥˩sʅ˥……tʂə˥˩kə˥ti˥faŋ˥˩tə˧zəŋ˨tsa˨ti˧kə˥˩ʂuo˥˩xuo……xua˥ti˧faŋ˥˩iæ̃˨ie˥˩tɕiou˥˩tuo˥˩.黄：说话这个这个……各种都有。ʂuo˥˩xua˥˩tʂei˥kə˥tʂei˥kə˥˩……kə˥˩tʂuoŋ˥tou˥˩iou˥˩.（就最最土的说什么？）黄：就是盘点咧。tɕiou˥sʅ˥pʰæ̃˨˩˦tiæ̃˥lie˧.王：盘点。pʰæ̃˨˩˦tiæ̃˥.

验货

（还有的是我进了一批货，那我付了付付款之前我这个这个货我要看一看，数一数，这个叫什么？）黄：那叫验货咧。你你现在这个，多一半儿那个往货给你捎回来，你就要验下子，数量、质量啥你就要先验一下咧么。nei˥˩tɕiaɔ˥˩iæ̃˥xuo˥lie˧.ni˥˩ni˥˩ɕiæ̃˥tsæᴇ˥˩tʂə˥˩kə˥˩,tuo˥i˥˩pæ̃r˥nə˥˩kə˥˩vaŋ˥˩xuo˥kei˥ni˥˩saɔ˥xuei˨˩˦læᴇ˨˦,ni˥˩tsou˥iaɔ˥iæ̃˥xa˥˩tsʅ˧,ʂɥ˥liaŋ˥,tʂʅ˥˩liaŋ˥sa˥ni˥˩tsou˥iaɔ˥ɕiæ̃˥˩iæ̃˥i˥˩xa˥˩liem˧.

铺柜、栏柜、柜台

（这个商店里头有这玩意儿，一个，过去是土的，木头的，现在是玻璃。）黄：有的叫柜台，有的叫栏柜，啊？iou˥ti˧tɕiaɔ˥kʰuei˥tʰæᴇ˨,iou˥ti˧tɕiaɔ˥læ̃˨˩˦kʰuei˥muo˧,a˥?王：嗯。栏柜。ŋ̍˩.læ̃˨˩˦kʰuei˥.（栏柜多一点还是柜台多一点？）王：栏柜多。læ̃˨˩˦kuei˥˩tuo˥˩.黄：栏柜多么。læ̃ʌʟkuei˦˥tuo˥˩muo·˩.（叫不叫铺柜？）黄：也有叫的，有就叫铺柜的，嗯。ie˥˩iou˥˩˥tɕiao˦˥ti·˩,iou˥˩˥tɕiou˦˥˥tɕiao˦pʰu˦kuei˦ti·˩,ə̃ʌʟ.（哪种最老？）王&黄：铺柜最老。pu˦（←pʰu˦）kuei˦tsuei˦˩lao˥˩.

合伙儿、搭伙儿、佮伙儿

1.（合伙，共同去做什么事情。我们说共同去做。）黄：也叫合伙儿咧嘛。ie˥˩tɕiao˦xə˩ʌʟxuor˥˩lie·˩ma·˩.（还是叫搭伙去做？）黄：搭伙儿咱们这儿不说那个话。ta˥˩ʟxuor˥˩tʂa˩ʌʟməŋ·˩tʂər˦pu˩ʌʟʂuo˥˩nə˦kə˦xua˦˩.王：不说咧。pu˩ʌʟʂuo˥˩lie·˩.黄：就叫合伙儿。tsou˦tɕiao˦xə˩ʌʟxuor˥˩.王：合伙儿做。xə˩ʌʟxuor˥˩tsuo˦˩.黄：合伙儿做。xə˩ʌʟxuor˥˩tsuo˦˩.（一块儿做呢？）黄：一块儿做都说的少。这儿这这个一般土话多些就是个合伙儿。咱两合伙儿。i˥˩ʟkʰuər˥˩tsuo˦˥tou˥˩˥ʂuo˥˩˥ti·˩ʂao˥˩˥.tʂər˦tʂə˦tʂə˦˩kə˦˩i˥˩pæ̃˥˩tʰu˥˩xua˦tuo˥˩ɕie˥˩ʟtɕiou˦˩sɿ˦˩kə˦˩xə˩ʌʟxuor˥˩.tsa˩ʌʟliaŋ˥˩ʟxə˩ʌʟxuor˥˩.

2.（我们做生意有的是我家里有钱，我自己开个铺子。有的是钱不够，你也钱不够，两个人这个放在一起这个合伙做生意，你们叫什么？）黄：那也多一半儿就叫合伙。nei˦˥æ˥˩ʟtuo˥˩i˥˩ʟpæ̃r˦tɕiou˦tɕiao˦xə˩ʌʟxuo˥˩ʟ.王：那就叫合伙咧。nei˦˥tɕiou˦tɕiao˦xə˩ʌʟxuo˥˩lie·˩.黄：呃，叫合伙儿的。ə˦,tɕiao˦xə˩ʌʟxuor˥˩ti·˩.（老的叫搭伙不叫？）王：搭伙儿，叫搭伙儿。ta˥˩ʟxuor˥˩,tɕiao˦ta˥˩ʟxuor˥˩.黄：搭伙儿的，嗯，搭伙儿的。ta˥˩ʟxuor˥˩ti·˩,əŋʟ,ta˥˩ʟxuor˥˩ti·˩.（那我要问一下了，比如说，我在你们家吃饭我是不是叫叫在你们家搭伙？）黄：那不。这好像没有这个说法，啊。nei˦˥pu˩ʌʟ.tʂə˦xao˥˩ʟɕiaŋ˦˩mei˩ʌiou˥˩˥tʂə˦kə˦ʂuo˥˩ʟfa˥˩ʟ,a·˩.

3.（那在你们家干什……干什么呢？就在你们家吃？）黄：啊，你到我们家吃。也有这个说法，噢，好像，有些光棒子那就说是这个没有人做饭啊。aʟ,ni˥˩ʟtao˦ŋuo˥˩məŋ·˩tɕia˥˩ʟtʂʰʅ˥˩ʟ.ie˥˩iou˥˩tʂə˦kə˦ʂuo˥˩ʟfa˥˩ʟ,ao˥˩,xao˥˩ɕiaŋ˦,iou˥˩ɕie˥˩ʟkuaŋ˥˩ʟpaŋ˦˩tsɿ·˩næᴇ˦tɕiou˦˩ʂuo˥˩ʟsɿ˦˩tʂə˦˩kə˦˩mei˩ʌiou˥˩zəŋ˩ʌtsɥ˦fæ̃˦aʟ.王：噢，来搭伙儿。aoʟ,læᴇʌta˥˩ʟxuor˥˩˥.黄：一直在□们家里搭个搭着伙儿吃饭咧。有这个说法，有这个搭伙儿这个说法。i˥˩ʟtʂʅʌ˥tsæᴇ˦niæ̃ʌməŋ·˩tɕia˥˩li˥˩ʟta˥˩kə˦˩ta˥˩tʂə·˩xuor˥˩tʂʰʅ˥˩ʟfæ̃˦lie·˩.iou˥˩tʂə˦˩kə˦˩ʂuo˥˩fa˥˩ʟ,iou˥˩tʂə˦kə˦ta˥˩˥xuor˥˩tʂə˦˩kə˦˩ʂuo˥˩fa˥˩ʟ.

4.（两个人在一起合伙的，你你们叫什么？）王：搭伙儿。ta˥˩ʟxuor˥˩.黄：搭伙儿咧我们讲。ta˥˩ʟxuor˥˩lie·˩ŋuo˥˩ʟməŋ·˩tɕiaŋ˥˩ʟ.（就是搭伙儿？）王：佮伙儿，搭伙儿。搭伙儿，佮伙儿。kə˥˩ʟxuor˥˩,ta˥˩ʟxuor˥˩.ta˥˩ʟxuor˥˩,kuo˥˩ʟxuor˥˩.（佮伙儿？）黄&王：嗯。ŋ̍ʟ.王：佮伙儿。kuo˥˩ʟxuor˥˩.

货郎子

（有摆摊子的吗？）黄：好像好像有啊？街道上一工儿有的。xao˥˩ɕiaŋ˦xao˥˩˥ɕiaŋ˦iou˥˩aʟ?kæᴇ˥˩˥tao˦ʂaŋ˦˩i˥˩ʟkuõr˥˩iou˥˩ʟti·˩.（卖个什么小香包哇，卖个什么，这个……）黄：过去摆摊摊多一半儿都是走乡串户那个货郎子。kuo˦˩tɕʰy˦pæᴇ˥˩˥tʰæ̃˥˩tʰæ̃˥˩ʟtuo˥˩i˥˩ʟpæ̃r˦tou˥˩ʟsɿ˦˩tsou˥˩ɕiaŋ˥˩ʟtʂʰuæ̃˦xu˦nə˦kə˦xu˥˩（←xuo˦）laŋ˩ʌʟtsɿ·˩.王：货郎担么。xuo˦˩laŋ˩ʌʟtæ̃˦muo·˩.黄：货郎担担子。xuo˦˥laŋ˩ʌʟtæ̃˦˥tæ̃˦˥tsɿ·˩.（没有摆摊子的？）黄：没有摆摊子，有货郎子咧。mei˩ʌiou˥˩˥pæᴇ˥˩˥tʰæ̃˥˩tsɿ·˩,iou˥˩˥xuo˦˥laŋ˩ʌʟtsɿ·˩lie·˩.王：货郎子那就走哪瘩蹴下，买一顿那个他走咧。xuo˦˥laŋ˩ʌ˥tsɿ·˩næᴇ˦tɕiou˦tsou˥˩na˥˩ta·˩tɕiou˩ʌʟxa˦,mæᴇ˦i˥˩˥tuoŋ˦nə˦kə˦tʰa˥˩ʟtsou˥˩lie·˩.黄：嗯。他是流动性的。ə̃ʌʟ.tʰa˥˩˥sɿ˦liou˩ʌʟtuoŋ˦˥ɕiŋ˦˩ti·˩.

货箱子

（有挑……可以挑着走的箱子没有？）黄：那有咧么。小一点那。过去那货郎子担那箱箱，都是方方的那个箱箱。næᴇ˧˦iou˥˩lie˩muo˩.ɕiao˥˩i˥˩tiæ̃˥˩nə˧˩.kuo˧tɕʰy˧nə˧xu˥（←xuo˧）laŋ˩˧tsɿ˩tæ̃˥˩næᴇ˧˩ɕiaŋ˥˩ɕiaŋ˥˩,tou˥˧sɿ˧faŋ˥˩faŋ˥˩ti˩nə˧kə˧ɕiaŋ˥˩ɕiaŋ˥˩.（噢，那叫什么？）那都……这一般农……农家的没有这号儿箱箱。næᴇ˧˦tou˥˩……tʂə˧˩i˥˧pæ̃˥˩luoŋ˩ts……luoŋ˩tɕia˥˩tə˩mei˩iou˥˩tʂə˧˩xaɔr˧˩ɕiaŋ˥˩ɕiaŋ˥˩.（那货郎挑的那个箱子呢？）那叫货郎箱子，货箱子。næᴇ˧tɕiaɔ˧xu˥（←xuo˧）laŋ˩˧ɕiaŋ˥˩tsɿ˩,xuo˧˩ɕiaŋ˥˩tsɿ˩.

赚钱

（这个买卖是赚了钱了还是说挣了钱了，还是说什么东西？）王：嗯哎，也说挣了钱，也说赚了钱，这都说这。ŋ̍˩næᴇ˩,ie˥˩ʂuo˥˩tsəŋ˧˩lə˩tɕʰiæ̃˩,ie˥˩ʂuo˥˩tʂuæ̃˧lə˩tɕʰiæ̃˩˧,tʂə˧˦tou˥˧ʂuo˥˩tʂə˧˩.（但是你出去打工不叫赚钱？）打工那就是挣钱咧，不叫赚钱。ta˧kuoŋ˥˩næᴇ˧tɕiou˧sɿ˧tsəŋ˧tɕʰiæ̃˩˧lie˩,pu˩˧tɕiaɔ˧tʂuæ̃˧tɕʰiæ̃˩˧.

净落

（这个毛利呀，和净利有没有这种说法？）王：你说咋么个？ni˥˩ʂuo˥˩tsa˥˩muo˩kə˧?（毛利。毛收入。）毛，毛，噢，毛收入，结……纯收入。maɔ˩˧,maɔ˩,aɔ˩,maɔ˩ʂou˥˩zʅ˥˩,tɕie……tʂʰuoŋ˩ʂou˥˧zʅ˥˩.（毛收入。老人家讲什么呢？）老人家就叫哎叫你的纯收入么。laɔ˥˩zəŋ˩˧tɕia˥˧tɕiou˧˩tɕiaɔ˧æᴇ˩tɕiaɔ˧˦ni˥˩ti˩tʂʰuoŋ˩ʂou˥˧zʅ˥˩muo˩.（这太文了吧？有没有什么净……净收入或者净利他？）噢，有，也有咧。欸，老年人就说净收入。你净落了多少钱。aɔ˩,iou˥˩,ie˥˩iou˥˩lie˩.ei˩,laɔ˥˩niæ̃˩˧zəŋ˩tɕiou˧ʂuo˥˩tɕiŋ˧ʂou˥˩zʅ˥˩.ni˥˩tɕiŋ˧˦luo˥˩lə˩tuo˥˧ʂaɔ˥˧tɕʰiæ̃˩˧.（净落？）嗯。净落了多钱，对。ə̃˩.tɕiŋ˧luo˥˩lie˩tuo˥˩tɕʰiæ̃˩˧,tuei˧.（净收入也说？）嗯。净收入也说咧。ə̃˩.tɕiŋ˧ʂou˥˩zʅ˥˩ie˥˩ʂuo˥˩lie˩.（毛……这个净收入和毛收入有什么区别没有？）有咧么。净……毛收入是这这就是就是意思就说你连本带利在一疙里了么你。在一块儿咧么。净利，净落的话那就是你盈余下这，赚下这钱就叫净落咧。iou˥˩lie˩muo˩.tɕiŋ……maɔ˩ʂou˥˩zʅ˥˩sɿ˧˩tʂɿ˧tʂɿ˧tɕiou˧sɿ˧˩tɕiou˧sɿ˧˩i˧˦sɿ˩tɕiou˧ʂuo˥˩ni˥˩liæ̃˩pəŋ˥˩tæᴇ˧li˧tsæᴇ˧i˥˩ta˥˩li˥˩lə˩muo˩ni˥˧.tsæᴇ˧i˥˩kʰuər˥˩lie˩muo˩.tɕiŋ˧li˧˩,tɕiŋ˧˦luo˥˩tə˩xua˧˩næᴇ˧tɕiou˧sɿ˧ni˥˧iŋ˩y˩˧xa˧˦tʂə˧˩,tʂuæ̃˧xa˧˩tʂə˧˩tɕʰiæ̃˩tɕiou˧˩tɕiaɔ˧˩tɕiŋ˧luo˥˩lie˩.（叫不叫净赚呢？）净赚人们叫得少。tɕiŋ˧tʂuæ̃˧zəŋ˩˧məŋ˩tɕiaɔ˧tə˩ʂaɔ˥˩.（噢，就是净落？）嗯，净落。ŋ̍˩,tɕiŋ˧˦luo˥˩.（这个，也叫毛利么？哎，那个整个儿加起来叫毛利？）啊，整个儿加起来叫毛利，毛收入。a˩,tʂəŋ˥˧kər˧tɕia˥˩tɕʰi˥˩læᴇ˩˧tɕiaɔ˧maɔ˩li˧˩,maɔ˩ʂou˥˩zʅ˥˧.

贴赔

（我这个做着生意，我赔了本儿了，叫怎么？）王：那就是赔了呣。nei˧tɕiou˧sɿ˧pʰei˩˧lə˩m̩˩.（说不说赔本儿？）说咧。ʂuo˥˩lie˩.（叫什么？）叫赔本儿么。tɕiaɔ˧pʰei˩˧pə̃r˥˩muo˩.（呃，说不说什么贴本儿？）也说咧，就贴本也说咧。ie˥˩ʂuo˥˩lie˩,(tɕ)iou˧tʰie˥˩pə̃˥˧ie˥˩ʂuo˥˩lie˩.（叫什么？）贴本儿。tʰie˥˩pə̃r˥˩.（有亏本的这种说法吗？）亏本那讲那讲做……做生意也有说亏本着。kʰuei˥˩pəŋ˥˩nə˧tɕiaŋ˥˧nə˧tɕiaŋ˥˧tsɿ˧s……tsɿ˧səŋ˥˩i˧lie˥˩iou˥˩ʂuo˥˩kʰuei˥˩pəŋ˥˩tʂə˩.（跟贴本、赔本有什么区别没有？）嗯，那它跟贴本和赔本兀是一样<u>的么</u>。ə̃˩,nei˧tʰa˥˧kəŋ˥˩tʰie˥˩pəŋ˥˧xuo˩˧pʰei˩˧pəŋ˥˩və˧˦sɿ˧˩i˥˩iaŋ˧˦tim˩.（一样的？）嗯，亏本，亏……ŋ̍˩,kʰuei˥˩pəŋ˥˩,kʰuei˥˩……（叫什么？）亏本。kʰuei˥˩pəŋ˥˩.（那个呢，有说什么，有说这个贴赔的说法吗？）贴赔那种说法也有的。tʰie˥˩pʰei˩˧nə˧tʂuoŋ˥˧ʂuo˥˩

fa˥˩˨ia˥˦iou˥˩ti˧.（那是什么意思呢？）那就说是，生意没做好，做贴赔了么。nə˥tɕiou˥ʂuo˥˩sɿ˥,sən˥˩i˧muo˥˩tsɿ˥xɑɔ˥˩,tsɿ˥tʰie˥˩pʰei˨˩˨lə˥muo˧.（也是跟亏本是的一……）也是一种亏本的意思。他这意思是一样，就是说法不一。ie˥˩sɿ˥˨i˥˩˨tʂuoŋ˥˩kʰuei˥˩˨pəŋ˥˩tə˧i˥˦sɿ˧.tʰɑ˥˦tʂei˥i˥˦sɿ˧sɿ˥˨i˥˩˨iaŋ˥,tɕiou˥sɿ˥ʂuo˥˩fa˥˩˨pu˨˩˨i˥˩˨.

账

（这个做买卖啊，我们这个往来的这些东西都，都要写在这个本子上，这个，这个，叫什么？记什么？）王：那就是记个，那现在这个纯粹叫成了……那现在这个账就叫的是……nə˥tɕiou˥˨sɿ˥˨tɕi˥kə˥,na˥ɕiæ̃˥tsæᴇ˥tʂə˥˨kə˥˨tʂʰuoŋ˨˩˨tsʰuei˥tɕiɑɔ˥tʂʰəŋ˨˩˨lə˥……nə˥˨ɕiæ̃˥tsæᴇ˥tʂə˥kə˥˨tʂaŋ˥tɕiou˥˨tɕiɑɔ˥ti˧sɿ˥……（就叫账？）就叫账。tɕiou˥˨tɕiɑɔ˥˨tʂaŋ˥.（账？）哎，过去□是□兀叫那明细账。æᴇ˨,kuo˥˦tɕʰy˥niæ̃˨˩sɿ˥˨niæ̃˨˩vei˥˦tɕiɑɔ˥nə˥miŋ˨˩ɕi˥˦tʂaŋ˥˨.（明细帐？）嗯。再就是往来账。ŋ̍˨.tsæᴇ˥tɕiou˥sɿ˥vaŋ˥˩læᴇ˨˩tʂaŋ˥.（啊，还有往来账？）有往来账咧。往来账头起分的清。你就你这个公司往来从哪一个单位哪一个单位，它是有单位名称咧么，就叫往来账。iou˥˩vaŋ˥˩læᴇ˨˩tʂaŋ˥lie˧.vaŋ˥˩læᴇ˨˩tʂaŋ˥tʰou˨tɕʰie˥˦fəŋ˥˩ti˧tɕʰiŋ˥˩.ni˥˨tɕiou˥ni˥˦tʂei˥kə˥kuoŋ˥˦sɿ˥˩vaŋ˥˩læᴇ˨˩tsʰuoŋ˨˩na˥˩i˥˩˨kə˥˨tæ̃˥˩vei˥na˥˩i˥˩˨kə˥˨tæ̃˥˩vei˥,tʰɑ˥˨sɿ˥˨iou˥˩tæ̃˥˩vei˥miŋ˨˩tʂʰəŋ˥˩liem˧,tɕiou˥˨tɕiɑɔ˥˨vaŋ˥˩læᴇ˨˩tʂaŋ˥˨.（叫不叫流水账什么东西？）流水账那就是，现金流水那就是，你当天的收入支出。这就叫……liou˨˩ʂuei˥˩tʂaŋ˥næᴇ˥tɕiou˥sɿ˥,ɕiæ̃˥˦tɕiŋ˥˩liou˨˩ʂuei˥˩næᴇ˥˨tɕiou˥˨sɿ˥˨,ni˥˨taŋ˥˦tʰiæ̃˥˩ti˧ʂou˥˦ʐɥ˥tsɿ˥˦tʂʰɥ˥˩.tʂei˥tɕiou˥tɕiɑɔ˥……（就叫流水账？）这就叫这就叫流水账。tʂɿ˥tɕiou˥tɕiɑɔ˥tʂɿ˥tɕiou˥tɕiɑɔ˥liou˨˩ʂuei˥˩tʂaŋ˥˨.（流水账就只只能说是当天的是吧？）啊。ɑ˥˩.（你再说一下流水账。）流水账就是当天的收入……收入支出。liou˨˩ʂuei˥˩tʂaŋ˥tɕiou˥sɿ˥taŋ˥˦tʰiæ̃˥˩ti˧ʂou˥˦ʐɥ˥˦……ʂou˥˦ʐɥ˥˩tsɿ˥˩˨tʂʰɥ˥˩.

（有什么陈年老账有这种说法没有？）王：有陈……有说陈年老账来的。iou˥˩tʂʰəŋ˨˩……iou˥˩ʂuo˥˩˨tʂʰəŋ˨niæ̃˨˦lɑɔ˥˩tʂaŋ˥læᴇ˨˩ti˧.（是……你们说是老账还是叫旧账？）我们叫的就叫老账。ŋuo˥˩məŋ˧tɕiɑɔ˥ti˧tɕʰi˨（←tɕiou˥）tɕiɑɔ˥ti˧lɑɔ˥˩tʂaŋ˥˨.（比如说这个是是谁谁怎么样怎么样我给你算老账还是怎么的。）啊，对，算老账。ɑ˨,tuei˥˨,suæ̃˥˦lɑɔ˥˩tʂaŋ˥˨.（有说旧账的吗？）有说旧账的。旧账也说咧。iou˥˩ʂuo˥˩˨tɕiou˥tʂaŋ˥˨ti˧.tɕiou˥tʂaŋ˥ia˥˩ʂuo˥˩˨lie˧.（哪个多一点？）啊，老账多。ɑ˧,lɑɔ˥˩tʂaŋ˥˨tuo˥˩.（那个呢，有说陈账的吗？）陈账说的少。tʂʰəŋ˨tʂaŋ˥ʂuo˥˩˨ti˧ʂɑɔ˥˩.（嗯，很久远很久远的账？也有比如说你改革开放之前你还这个那个账，你说那个账叫什么？是老掉牙的账还是什么陈芝麻烂谷子的账？）那就是那老掉牙的账么。nə˥˨tɕiou˥˦sɿ˥næᴇ˥lɑɔ˥˩tiɑɔ˥ia˨˩ti˥tʂaŋ˥˨muo˧.（现在这个账呢，相比之下？）那这现在的账啊？nə˥˨tʂə˥˨ɕiæ̃˥˨tsæᴇ˥˦ti˧tʂaŋ˥a˧?（嗯。新账还是什么？）现在□就叫新账咧。ɕiæ̃˥˨tsæᴇ˥˦niæ̃˨˩tɕiou˥tɕiɑɔ˥ɕiŋ˥˩tʂaŋ˥˨lie˧.（新账老账一起算，有这种说法没有？）嗯，现在叫新账。ŋ̍˨,ɕiæ̃˥tsæᴇ˥tɕiɑɔ˥˨ɕiŋ˥˩tʂaŋ˥˨.

（我该了你的钱，我现在把钱还给你，这叫什么？）王：这叫还款么，还账么。tʂə˥tɕiɑɔ˥xuæ̃˨kʰuæ̃˥˩muo˧,xuæ̃˨˩tʂaŋ˥˦muo˧.（叫还债吗？）也叫还债，也还账。ie˥˩tɕiɑɔ˥xuæ̃˨tsæᴇ˥,ie˥˩˨xuæ̃˨tʂaŋ˥.（老人家说什么呢？）老人家就叫还债咧么。咱们现在就叫还账了。lɑɔ˥˩zəŋ˨˩tɕia˥˦(tɕ)iou˥tɕiɑɔ˥xuæ̃˨˩tsæᴇ˥˦liem˧.tsa˨məŋ˧ɕiæ̃˥tsæᴇ˥tɕiou˥˨tɕiɑɔ˥˨xuæ̃˨˩tʂaŋ˥lə˧.（我到外面拿个账本子，一家一家去……去按照账本子这个你该我多少钱，你就该我多少钱，给我，给我，那个叫什么？）那就叫收账么。na˥tɕiou˥tɕiɑɔ˥ʂou˥˩˨tʂaŋ˥muo˧.

（讨债的有没有？）王：讨债那那就是给……哼，那也说咧，那不过是兀种话不好听，没人说那话。tʰɑɔ˥˧tsæᴇ˥˨˥nei˥˩nei˥˩tɕiou˥sɿ˥kei˥˩……xəŋ˧˩,nei˥ia˥˧ʂuo˥˧˩lie˧,nə˥pu˩˧˩kuo˥sɿ˥væᴇ˥tʂuoŋ˥˧˦xua˥pu˩˧˩xɑɔ˥˧˦tʰiŋ˥˧,muo˥˧˩ʐəŋ˩˧ʂuo˥˧nə˥˩xua˥˩.（但也听过？）也听过。要债。ie˥˧˦tʰiŋ˥˧kuo˥˩.iɑɔ˥tsæᴇ˥.（要账呢？）要账、讨债这也听过。iɑɔ˥tʂɑŋ˥˨˥,tʰɑɔ˥˧tsæᴇ˥tʂei˥ia˥˧˦tʰiŋ˥˧kuo˥˩.（但是都没有这个收账说得多是吧？）啊。收……收账说的多。ŋa˥˧.ʂou……ʂou˥˧˩tʂɑŋ˥˦ʂuo˥˧˩ti˧tuo˥˧.（你再说说要账这些东西。）要账。iɑɔ˥˩tʂɑŋ˥˦.（讨债也说？）讨债。要账说的多，讨债也说的少……tʰɑɔ˥˧˩tsæᴇ˥.iɑɔ˥tʂɑŋ˥ʂuo˥˧˩ti˧tuo˥˧.tʰɑɔ˥˧tsæᴇ˥ia˥˧˩ʂuo˥˧˩ti˧ʂ……（要债说不说？）要债，说咧，说的少哞。iɑɔ˥˩tsæᴇ˥,ʂuo˥˧lie˧,ʂuo˥˧ti˧ʂɑɔ˥˧m̩˧.（都说得少是吧？）嗯。ŋ̍˧˩.（就是讨账，呃，这个收账说得多？）收账说的多。ʂou˥˧˩tʂɑŋ˥ʂuo˥˧ti˧tuo˥˧˩.

（这个多少账呢，在这儿写下来，这叫什么？）王：记账么。tɕi˥tʂɑŋ˥muo˧.（你这个账，你还了钱，这写“还”字或者怎么样给……给……这叫什么？）这就叫清账哞。tʂə˥tɕiou˥tɕiɑɔ˥tɕʰiŋ˥˧˩tʂɑŋ˥m̩˧.（叫不叫下账，听过没有这种？）嗯。下账也叫咧。ŋ̍˧˩.ɕia˥tʂɑŋ˥ie˥˧tɕiɑɔ˥lie˧.（清账，哪个说得多一点呢？）清账说的多。tɕʰiŋ˥˧˩tʂɑŋ˥˦ʂuo˥˧˩ti˧tuo˥˧˩.（叫不叫消账？）消账也叫咧。ɕiɑɔ˥˧˩tʂɑŋ˥˦æ˥˧tɕiɑɔ˥˩lie˧.（那个，我在你这儿买了东西，我不给你现钱，到时候给你，到时候总共给你，这叫什么？）这叫呃赊账咧。也叫赊账，也叫欠账。tʂə˥tɕiɑɔ˥˨˥ə˧˩ʂə˥˧tʂɑŋ˥˩lie˧.ie˥˧˦tɕiɑɔ˥ʂə˥˧tʂɑŋ˥˩,ie˥˧˦tɕiɑɔ˥tɕʰiæ̃˥tʂɑŋ˥˩.（说不说该账？）说咧，该账也说。ʂuo˥˧lie˧,kæᴇ˥˧tʂɑŋ˥æ˥˧˦ʂuo˥˧.（哪个说得多一点？）那就是一般这些赊账说的多。næᴇ˥tɕiou˥sɿ˥i˥˧˩pæ̃˥˧tʂə˥ɕie˥˧˦ʂə˥˧tʂɑŋ˥˩ʂuo˥˧˩ti˧tuo˥˧.（说不说什么有姓该的没有姓药的，有这么说法没有？）有咧么。iou˥˧lie˧muo˧.（怎么说呢？打个比方看看！）比方是你，这个人欠上欠上人□帐了。人□来要账，就说是有个有个该账的，没有个要账的。再一个来就说是兀……现在□人……人都常说是一……呃，这个这个赊账容易要账难么。pi˥˧faŋ˥˧˩sɿ˥˨˥ni˥˧,tʂə˥kə˥ʐəŋ˩˧tɕʰiæ̃˥ʂɑŋ˥˩tɕʰiæ̃˥ʂɑŋ˥˩ʐəŋ˨˦˨niæ̃˩˧˦tʂɑŋ˥˨˥lə˧.ʐəŋ˨˦˨niæ̃˩˧˦læᴇ˩˧iɑɔ˥tʂɑŋ˥,tɕiou˥ʂuo˥˧˩sɿ˥˩iou˥˧kə˥˩iou˥˧kə˥˩kæᴇ˥˧tʂɑŋ˥ti˧,muo˥˨˥iou˥˧kə˥˩iɑɔ˥tʂɑŋ˥˩ti˧.tsæᴇ˥˨˥i˥˧kə˥˩læᴇ˩˧tɕiou˥˩ʂuo˥˧˩sɿ˥˩væᴇ˥˦ʐ……ɕiæ̃˥tsæᴇ˥niæ̃˨˦˨ʐəŋ˨˦˨……ʐəŋ˩˧tou˥˧˩tʂʰɑŋ˩˧ʂuo˥˧˩sɿ˥˩i˥˧˩……ə˧˩,tʂə˥kə˥tʂə˥kə˥ʂə˥˧˩tʂɑŋ˥˦yoŋ˨˦˨i˥iɑɔ˥tʂɑŋ˥næ̃˩˧muo˧.（一个……一个……前一个话怎么说，有个什么姓什么有个什么该账什么，那那句话怎么说的？）嗨，这个话是咋么个说着咧。xæᴇ˧˩,tʂə˥kə˥xua˥sɿ˥tsam˥˧kə˥˩ʂuo˥˧tʂə˧lie˧.（后面是赊账容易怎么说？）赊账容易要账难么。ʂə˥˧˩tʂɑŋ˥˦yoŋ˨˦˨i˥iɑɔ˥tʂɑŋ˥næ̃˩˧muo˧.（这个账啊就是，虽然欠下了，但是，就是收不回来，这是比如说……）啊，要开来为难。a˧˩,iɑɔ˥kʰæᴇ˥˧læᴇ˨˦˨vei˩˧næ̃˨˦˨.（这叫什么账？）这叫那……tʂə˥tɕiɑɔ˥næᴇ˥……（写倒写着，欸，我该你多少钱，但你要不回来，这这这账都已这是就是就是一个白条子，什么都……都不搭呢，这个叫什么账？）兀叫一种……væᴇ˥˦tɕiɑɔ˥i˥˧˩tʂuoŋ˥˧……（有没有说烂账的？）有也有叫烂账的，有叫旧账么。iou˥˧˩æ˥˧iou˥˧tɕiɑɔ˥læ̃˥tʂɑŋ˥ti˥,iou˥˧tɕiɑɔ˥tɕiou˥tʂɑŋ˥muo˧.（就说我反正也是该了你这么多钱了，再该一点儿无所谓。）啊，就是。a˧˩,tɕiou˥˦sɿ˥˩.（嗯，有没有说这个叫什么打烂账啊这种说法？）有咧。iou˥˧lie˧.（叫什么？）就叫做打烂账么。tɕiou˥tɕiɑɔ˥˩tsuo˥˩ta˥˧˦læ̃˥tʂɑŋ˥muo˧.（再说一遍！）打烂账。ta˥˧˦læ̃˥tʂɑŋ˥.（黑账有没有？）黑账也有咧么。有叫黑账咧么。xei˥˧tʂɑŋ˥a˥˧˦iou˥˧lie˧muo˧.iou˥˧tɕiɑɔ˥˩xei˥˧˩tʂɑŋ˥˦liem˧.（是什么……什么意思呢？）那就说比如个例子欸，你，我欠下你账，本身欠了一百着，你一下你最后把成了二百了，这叫黑账。nei˥˩tɕiou˥˦ʂuo˥˧˦pi˥˧ʐʮ˨˦˨

kə˥˩li˥tsei˩,ni˥˦,ŋuo˥˧tɕʰiæ̃˥xɑ˥ni˥˧tʂaŋ˥,pəŋ˥˧ʂəŋ˥˧˩tɕʰiæ̃˥lə˥li˥˧˩pei˥˧tsə˩,ni˥˧i˥˧˩xɑ˥ni˥˧tsuei˥xou˥pɑ˥˦tʂʰə ŋ˨˩˦lə˩ər˥pei˥˧˩lə˩,tʂə˥tɕiao˥xei˥˧tʂaŋ˥˩.（那我背地里写这个黑账叫什么呢？记黑账还是什么东西？）那就是记黑账咧么。næᴇ˥tɕiou˥sɿ˥tɕi˥˦xei˥˧tʂaŋ˥˦liem˩.（白吃白拿人家东西，你有没有说……有没有……）白吃白拿么。pei˨˩tʂʰɿ˥˧˩pei˨˩nɑ˨˩muo˩.（有没有说什么吃黑账……）赖……那就是那赖账么，赖皮嘛。læᴇ˥……nei˥˩tɕiou˥˩sɿ˥˩næᴇ˥læᴇ˥tʂaŋ˥muo˩,læᴇ˥pʰi˨˩˦m ɑ˩.（这个账目都不清楚的这种账，这是一笔什么账？）糨账么。我们这儿叫糨账么。糨账算不清。ʐæ̃˨˩tʂaŋ˥muo˩.ŋuo˥˧məŋ˩tʂər˥tɕiao˥ʐæ̃˨˩tʂaŋ˥˩muo˩.ʐæ̃˨˩tʂaŋ˥˩suæ̃˥pu˨˩˦tɕʰiŋ˥˧.（叫什么？）糨账。ʐæ̃˨˩tʂaŋ˥˩.（不是烂账？）不是烂账，糨账。pu˨˩sɿ˥˦læ̃˥tʂaŋ˥˩,ʐæ̃˨˩tʂaŋ˥˩.（跟哪个字相……相同呢？有没有相……同音字？）那就是，嗯，那糨账那就说是那，就跟那啥糨的很那号儿……再一个就是糊涂账。nə˥tɕiou˥sɿ˥,ŋ̍˥˧,nə˥˩ʐæ̃˨˩tʂaŋ˥nei˥tɕiou˥ʂuo˥˧˩sɿ˥˩næᴇ˥,tɕiou˥kəŋ˥˦nə˥sɑ˥ʐæ̃˨˩ti˩xəŋ˥˧˩nɑ˥˩xaor˥˩ɕ……tsæᴇ˥i˥˧˩kə˥˩tɕiou˥sɿ˥xu˨˩˦tu˩tʂaŋ˥˩.（叫什么？）糊涂账。xu˨˩˦tu˩tʂaŋ˥˩.

（有查账这种说法？）王：有咧，有查账。iou˥˧lie˩,iou˥˧tsʰɑ˨˩˦tʂaŋ˥.（这个，有的，有的这个这个什么叫那个会计啊，本来这个是糊涂的，他给你弄得清清楚楚的，但是这肯定是做了手脚的，有些不明不白的这个收入支出啊他就给你弄掉了，这叫什么？）那晓□叫个啥咧？nɑ˥˦ɕiao˥˧niæ̃˨˩˦tɕiao˥kə˥sɑ˥lie˩?（有叫那个什么那个做账的没有？）有叫做账咧。那是……iou˥˧tɕiao˥˩tsuo˥tʂaŋ˥lie˩.nə˥˦sɿ˥˩……（做账你们这儿什么意思呢？）做账那就是靠……凭你的想象做下的么。tsuo˥˦tʂaŋ˥nei˥tɕiou˥sɿ˥˩kʰao˥˩……pʰiŋ˨˩˦ni˥˧ti˩ɕiaŋ˥˧tɕiaŋ˥tsuo˥˦x ɑ˥˩ti˩muo˩.（那也就是假……假的？）假账，就叫假账。tɕia˥˧tʂaŋ˥˩,tɕiou˥˩tɕiao˥˩tɕia˥˧tʂaŋ˥˩.（那做账的人一般是什么样的人来做呢？）做账那一般人都是懂……都是懂……懂的人么。tsuo˥˦tʂaŋ˥næᴇ˥i˥˦pæ̃˥˦ʐəŋ˨˩˦tou˥˧˩sɿ˥tuoŋ˥˧……tou˥˧˩sɿ˥tuoŋ˥˧……tuoŋ˥˧ti˩ʐəŋ˨˩˦muo˩.（就说真正的会计？）啊，真正的会计。来你那个账乱得很，人□给你从新做一下，做下手脚给你整理好。嗯。ɑ˩,tʂəŋ˥˧˩tʂəŋ˥ti˩kʰuæᴇ˥˦tɕi˥.læᴇ˨˩ni˥˦nə˥kə˥tʂaŋ˥luæ̃˥tə˩xəŋ˥˧˩,ʐəŋ˨˩niæ̃˨˩˦kei˥ni˥˦tsʰuoŋ˨˩ɕiŋ˥˦tsuo˥˦i˥˧˩xɑ˥˩,tsuo˥˩(x)ɑ˥˩ʂou˥˧tɕyo˥˧˩kei˥ni˥˦tʂəŋ˥˦li˥˦xao˥˦.ŋ̍˩.

尺子

（一把这个……这个东西，量布的那个玩意儿叫什么？）黄：尺子。tʂʰɿ˥˧tsɿ˩.（尺子有好多种啊，你们这个……）黄：那你是，分直尺还是软尺子咧。nei˥˦ni˥˧˩sɿ˥˩,fəŋ˥˧˩tʂɿ˨˩tʂʰɿ˥˧˩xɑ˨˩˦sɿ˥˩ʐuæ̃˥˧tʂʰɿ˥˧tsɿ˩lie˩.（直尺，软尺子是干吗的？）王：软尺子是软皮尺么。ʐuæ̃˥˧tʂʰɿ˥˧˩tsɿ˩sɿ˥ʐuæ̃˥˦pʰi˨˩tʂʰɿ˥˧˩muo˩.黄：皮尺么。pʰi˨˩˦tʂʰɿ˥˧muo˩.（量腰、量胸……胸围？）黄：啊，量腰的那种。胸围。ɑ˩,liaŋ˨˩iao˥˧ti˩nei˥˩tʂuoŋ˥˧˩.ɕyoŋ˥˧˩vei˨˩.王：啊，量腰的，量胸围，啊。ɑ˩,liaŋ˨˩iao˥˧˩ti˥,liaŋ˨˩ɕyoŋ˥˧˩vei˨˩˦,ɑ˩.黄：啊，这是软尺嘛。直尺的话那都是那种不能……ɑ˩,tʂə˥sɿ˥ʐuæ̃˥˧tʂʰɿ˥˧˩mɑ˩.tʂɿ˨˩tʂʰɿ˥˧ti˩xuɑ˥nei˥tou˥˦sɿ˥nei˥tʂuoŋ˥˦pu˨˩nəŋ˨˩˦……王：直尺就咱们量布那种。tʂɿ˨˩tʂʰɿ˥˧˩tɕiou˥tsɑ˨˩məŋ˩liaŋ˨˩pu˥nei˥˩tʂuoŋ˥˧˩.黄：量布一……liaŋ˨˩˦pu˥i˥˦……王：一尺一长那……一尺一尺。i˥˦tʂʰɿ˥˧i˥˧˩tʂʰaŋ˨˩˦næᴇ˥˩……i˥˦tʂʰɿ˥˧i˥˧˩tʂʰɿ˥˧˩.黄：一尺一尺的那个么。i˥˦tʂʰɿ˥˧i˥˧˩tʂʰɿ˥˧ti˩nei˥˩kə˥˩muo˩.（哎，你们这个这个一尺你们是叫一尺还叫一市尺？）黄：一市尺也叫咧也，多一半都叫一尺。i˥˧˩sɿ˥˦tʂʰɿ˥˧˩ie˥˧tɕiao˥lie˩lie˥˦,tuo˥˧i˥˧˩pæ̃˥tou˥˧˩tɕiao˥i˥˧˩tʂʰɿ˥˧.王：我……咱们这儿那多一半叫一尺一尺。ŋuo˥˦……tsɑ˨˩məŋ˩tʂər˥næᴇ˥tuo˥˧i˥˧˩pæ̃˥tɕiao˥i˥˦tʂʰɿ˥˧i˥˧˩tʂʰɿ˥˧.黄：叫一尺的。tɕiao˥i˥˧˩tʂʰɿ˥˧ti˩.王：嗯。一尺一尺，再么欸一丈。ŋ̍˩.i˥˦tʂʰɿ˥˧i˥˧˩tʂʰɿ˥˧,tsæᴇ˥muo˩ei˩i˥˧˩tʂaŋ˥.黄：咱们这儿又没有用英制单位那。农村都是用的

是……你说一尺他就知道是市尺。tsa˨˦məŋ˧tʂər˥iou˥mei˨˦iou˥˧yoŋ˥iŋ˥˩tʂʅ˥tæ̃˥˩vei˥nə˥.luoŋ˨˦tsʰuoŋ˥˩tou˥˧sʅ˥yoŋ˥ti˧sʅ˥˩s……ni˥˧ʂuo˥˩i˥˩tʂʰʅ˥˩tʰɑ˥˧tsou˥tʂʅ˥˩tao˥sʅ˥˩sʅ˥tʂʰʅ˥˩.王：市尺么。嗯。sʅ˥tʂʰʅ˥˩muo˧.ŋ̍˩.黄：绝对不可能是这个……tɕyo˨˩tuei˥˧pu˨˩kʰə˥˧nəŋ˨˦sʅ˥˩tʂə˥˩kə˥˩……（那个三是不是……你们这个三尺是等于多少？）黄：叫一米么。tɕiao˥˩i˥˩mi˥˩muo˧.王：三尺就叫一米么。sæ̃˥˩tʂʰʅ˥˩tɕiou˥tɕiao˥i˥˩mi˥˩muo˧.（裁缝用的那玩意儿叫什么？）黄：那叫裁缝尺子啊？ nei˥tɕiao˥tsʰæᴇ˨˩fəŋ˨˦tʂʰʅ˥˩tsʅ˧ɑ˧?王：嗯。ŋ̍˩.黄：软尺子么。ʐuæ̃˥˩tʂʰʅ˥˩tsʅ˧muo˧.王：软尺子。ʐuæ̃˥˩tʂʰʅ˥˩tsʅ˧.（还有那种传统的量布的尺子，它要比那个，呃，我们一般的尺要长一点儿。）黄：人民尺子。农村里有时候要……叫咧。人民尺子是指的是米尺。ʐəŋ˨˦miŋ˨˦tʂʰʅ˥˩tsʅ˧.luoŋ˨˦tsʰuoŋ˥˩li˥˩iou˥˩sʅ˨˩xou˥iao˥i……tɕiao˥lie˧.ʐəŋ˨˦miŋ˨˦tʂʰʅ˥˩tsʅ˧sʅ˥˩tsʅ˥˩ti˧sʅ˥˩mi˥˩tʂʰʅ˥˩.王：人民尺子。ʐəŋ˨˩miŋ˨˩tʂʰʅ˥˩tsʅ˧.黄：啊。咱们这儿这这个欸，他都是以米为……为单位着咧，三尺的。ɑ˩.tʂa˨˦məŋ˧tʂər˥tʂə˥tʂə˥˩kə˥˩ei˩,tʰɑ˥˧tou˥˩sʅ˥˩i˥˩mi˥˩vei˨˩……vei˨˦tæ̃˥˩vei˥˧tʂə˧lie˧,sæ̃˥˩tʂʰʅ˥˩ti˧.（就过去量那个布哇，就是，有过去……就是布店里过去，它比一般的尺还长的那种尺有没有？看过没有？）黄：没有。mei˨˩iou˥˩.王：那一般卖的话也不可能比再的尺子大。nei˥i˥˧pæ̃˥˩mæᴇ˥˧ti˧xuɑ˥ie˥˧pu˨˩kʰə˥˩nəŋ˨˦pi˥˩tsæᴇ˥ti˧tʂʰʅ˥˩tsʅ˧tɑ˥.黄：嗯。ŋ̍˥.王：嗯。那过去……ŋ̍˩.næᴇ˥kuo˥tɕʰy˥……（噢，比它长叫比……比它大？）黄：啊。ɑ˩.王：嗯。ŋ̍˩.黄：但是这个，农村啊，现在这个欸你比如，接着临土地承包的时候，农村拉地的话，有些人他不是用尺，他不是以尺子为单位的。它是以盘子为单位。tæ̃˥˧sʅ˥tʂə˥kə˥,luoŋ˨˦tsʰuoŋ˥˩ɑ˩,ɕiæ̃˥tsæᴇ˥tʂə˥kə˥ei˩ni˥˩pi˥˩ʐʅ˨˩,tɕie˥˩tʂuo˥˧liŋ˨˦tʰu˥˧ti˥tʂʰəŋ˨˦pɑo˥˩ti˧sʅ˨˩xou˥,luoŋ˨˦tsʰuoŋ˥˩lɑ˥˩ti˥tə˧xuɑ˥,iou˥˩ɕie˥˩ʐəŋ˨˦tʰɑ˥˩pu˨˩sʅ˥yoŋ˥tʂʰʅ˥˩,tʰɑ˥˩pu˨˩sʅ˥i˥˧tʂʰʅ˥˩tsʅ˧vei˨˦tæ̃˥˩vei˥˧ti˧.tʰɑ˥˩sʅ˥˩i˥˧pʰæ̃˨˩tsʅ˧vei˨˩tæ̃˥˩vei˥.（什么盘子？）黄：就是这个算盘儿。tɕiou˥˧sʅ˥tʂə˥kə˥suæ̃˥˧pʰæ̃r˨˩.王：算盘儿。算盘有十三杆儿哩。suæ̃˥pʰæ̃r˨˩.suæ̃˥pʰæ̃˨˦iou˥˧ʂʅ˨˦sæ̃˥˩kæ̃r˥˩li˧.黄：有十七杆儿盘子。iou˥˧ʂʅ˨˦tɕʰi˥˩kæ̃r˥˩pʰæ̃˨˩tsʅ˧.王：有十七杆儿盘子。iou˥˧ʂʅ˨˦tɕʰi˥˩kæ̃r˥˩pʰæ̃˨˩tsʅ˧.黄：啊。ɑ˩.王：有十二杆儿的。iou˥˧ʂʅ˨˩ər˥˧kæ̃r˥˩ti˧.黄：啊。ɑ˩.王：就看你拿哪一种咧。tɕiou˥kʰæ̃˥ni˥˧næᴇ˨˦（←nɑ˨˦）nɑ˥˩i˥˩tʂʰuoŋ˦（←tʂuoŋ˥˩）lie˧.黄：十五杆儿盘子。盘子一大些……ʂʅ˨˩vu˥˩kæ̃r˥˩pʰæ̃˨˩tsʅ˧.pʰæ̃˨˩tsʅ˧i˥˧tɑ˥˧ɕie˥˩……王：十三，十三杆盘子就是一……一尺就是一尺三。ʂʅ˨˩sæ̃˥˩,ʂʅ˨˩sæ̃˥˩kæ̃˥˩pʰæ̃˨˦tsʅ˧tɕiou˥sʅ˥i˥˩……i˥˩tʂʰʅ˥˩tɕiou˥sʅ˥i˥˩tʂʰʅ˥˧sæ̃˥˩.黄：噢，一尺三。ɑo˩,i˥˧tʂʰʅ˥˧sæ̃˥˩.王：啊，十七……ɑ˩,ʂʅ˨˩tɕʰi˥˩……黄：十二杆盘子的话，它是尺二大。ʂʅ˨˩ər˥˧kæ̃˥˩pʰæ̃˨˦tsʅ˧ti˧xuɑ˥˩,tʰɑ˥˩sʅ˥˩tʂʰʅ˥˩ər˥tɑ˥˩.王：一尺二兀大。i˥˩tʂʰʅ˥˩ər˥vei˥tɑ˥˩.黄：十五杆盘子它就尺五，十七杆盘子一尺七长咧。ʂʅ˨˩vu˥˩kæ̃˥˩pʰæ̃˨˦tsʅ˧tʰɑ˥˧tɕiou˥tʂʰʅ˥˩vu˥˩,ʂʅ˨˩tɕʰi˥˩kæ̃˥˩pʰæ̃˨˦tsʅ˧i˥˩tʂʰʅ˥˩tɕʰi˥˩tʂʰɑŋ˨˩lie˥.（就是用算盘来量度？）黄：啊，作为计量单位咧。ɑ˩,tsuo˥˩vei˨˦tɕi˥liɑŋ˥tæ̃˥˩vei˥˧lie˧.（噢。）王：它那个就是为咧哎，为咧……哄……哄人。比方是，你是，供销社书记对不对？我们望下分这个，土地面积咧。实际我这个土地面积大，但是，我还要分到你乡政府……你比如跟我这个队里控制面积三百亩，我要是分下来成啦四百亩咋办咧？所以我就把这个尺子加大。tʰɑ˥˧nei˥kə˥tɕiou˥˩sʅ˥˩vei˥˧lie˧æᴇ˧,vei˥lie˧m……xuoŋ˥˩……xuoŋ˥˩ʐəŋ˨˩.pi˥˩fɑŋ˥˩sʅ˥˩,ni˥˩sʅ˥,kuoŋ˥˩ɕiao˥˧ʂə˥ʂʅ˥˩tɕi˥˧tuei˥pu˨˩tuei˥?ŋuo˥˩məŋ˧vɑŋ˥xɑ˥fəŋ˥˩tʂə˥˩kə˥,tʰu˥˧ti˥miæ̃˥˧tɕi˥˩lie˧.ʂʅ˨˩tɕi˥˧ŋuo˥˩tʂə˥˩kə˥˩tʰu˥ti˥miæ̃˥tɕi˥˩tɑ˥,tæ̃˥sʅ˥,ŋuo˥˩xæᴇ˨˩iao˥fəŋ˥˩tao˥ni˥˧ɕiɑŋ˥˩tʂəŋ˥fu˥˩……ni˥˩pi˥˩ʐʅ˨˩kəŋ˥˩ŋuo˥˩tʂə˥˩kə˥˩tuei˥˧li˥˩kʰuoŋ˥˧tʂʅ˥miæ̃˥tɕi˥˩sæ̃˥˩pei˥˧mu˥˩,ŋuo˥˧iao˥sʅ˥fəŋ˥˩xɑ˥˧læᴇ˨˩tʂʰəŋ˨˩lɑ˧sʅ˥pei˥˩mu˥˩tsɑ˥˩pæ̃˥lie˧?suo˥˩i˥˩ŋuo˥˧tɕio u˦pa˥˩tʂə˦kə˦tʂʰʅ˥˩tsɿ˧tɕia˥˩ta˦.（噢。）黄：啊。ɑ˥˩.王：啊，一比三的尺子，就说一尺顶了一尺三。这么个量出来，拉出来，它地面积大不咧噢。ɑ˩.i˥˩pi˥˧sæ̃˥ti˧tʂʰʅ˥˩tsɿ˧,tɕiou˦ʂuo˥˩i˥˩tʂʰʅ˥tiŋ˥˩lə˧i˥˩tʂʰʅ˥˧sæ̃˥.tʂəm˦kə˦liaŋ˩˧tʂʰʮ˥˩læᴇ˩˨,la˥˩tʂʰʮ˥˩læᴇ˩˨,tʰɑ˥˩ti˦miæ̃˦tɕi˥˩ta˦pu˩˨lia ɔ˧.黄：啊，地都……面积小了。ɑ˩,ti˦tou˥˩……miæ̃˦tɕi˥˩ɕiao˥˩lə˧.王：嗯。面积就小下。ŋ̍˩.miæ̃˦tɕi˥˧tsou˦ɕiao˥˩xɑ˦.黄：嗯。ə̃˩.（这木匠用来量东西的尺子？）王：木匠用下兀就是那……mu˥˩tɕiaŋ˦yoŋ˦˧xa˦væᴇ˦tɕiou˦sɿ˦næᴇ˦……黄：折尺。tʂə˥˩tʂʰʅ˥˩.王：折尺。再就是那那……tʂə˥˩tʂʰʅ˥˩.tsæᴇ˦˧tɕiou˦sɿ˦nə˦nə˦……黄：方尺。faŋ˥˩tʂʰʅ˥˩.王：方尺。faŋ˥˩tʂʰʅ˥˩.（方尺？）王：嗯。ŋ̍˩.黄：他那个木匠用的那个折尺它还是一米么，一米，三尺长，在哩一瘩里折，用开来哗一下就拉开了。就叫折……tʰɑ˥˩nə˦kə˦mu˥˩tɕiaŋ˦yoŋ˦˧ti˧nə˦kə˦tʂə˥˩tʂʰʅ˥˩tʰɑ˥˧xɑ˩sɿ˦i˥˩mi˥muo˧,i˥˩mi˥,sæ̃˥tʂʰʅ˥˩tʂʰɑŋ˩˧,tsæᴇ˦li˧i˥˩ta˥li˧tʂə˥,yoŋ˦˧kʰæᴇ˥˩læᴇ˩˨xua˥i˥˩xɑ˦˧tsou˦la˥˧kʰæᴇ˥˩lə˧.tsou˦tɕiao˦tʂə˥……（有没有木经尺这种说法？）黄：木匠尺子，也有这个说法。mu˥˩tɕiaŋ˦tʂʰʅ˥˩tsɿ˧.ie˥iou˥˩tʂə˦kə˦ʂuo˥˩fɑ˥˩.（木经尺？）黄：没有。muo˥˩iou˥˩.王：没有，没有的。mei˩˧iou˥˩,mei˩˧iou˥ti˧.（没有哈！）黄：嗯。再一个木匠他那个方尺，方尺它还是这个欸，直尺的时候，它还是个一……一尺。ŋ̍˥.tsæᴇ˦i˥˧kə˦mu˥˩tɕiaŋ˦tʰɑ˥˧nə˦kə˦faŋ˥˩tʂʰʅ˥˩,faŋ˥˩tʂʰʅ˥˩tʰɑ˥˧xɑ˩sɿ˦˧tʂə˦kə˦ei˩,tʂʅ˩˧tʂʰʅ˥ti˧sɿ˩˧xou˦,tʰɑ˥xɑ˩sɿ˦˧kə˦i˥˩……i˥˩tʂʰʅ˥.王：一尺，一尺，它主要是方角的那。i˥˩tʂʰʅ˥,i˥˩tʂʰʅ˥,tʰɑ˥˧tʂʮ˥˧iao˦sɿ˦faŋ˥˧tɕyo˥tə˧nei˦˩.

量具

（量米呀量什么东西那个工具有些什么？）黄：兀叫升子么。væᴇ˦˧tɕiao˦ʂəŋ˥tsɿ˧muo˧.（升子？）啊，大的叫斗，小的叫升子。ɑ˩,ta˦˧ti˧tɕiao˦tou˥,ɕiao˥ti˧tɕiao˦ʂəŋ˥tsɿ˧.（噢，大的是斗……）嗯，一斗……ə̃˩,i˥˩tou˥……（小的就是升子？）啊。ɑ̃˥.（那家里做饭用的玩意儿呢？做饭的时候不是要量吗你用那个？）那一般现在都不噢，那拿个碗放到那里对了。næᴇ˦˧i˥˩pæ̃˥ɕiæ̃˦tsæᴇ˦tou˥˩pu˩˨ɑɔ˥,nə˦na˩˨kə˦væ̃˥faŋ˦tao˦na˦li˧tuei˦lə˧.（你过去是拿那个是拿升子还是拿……）过去有……面里头□有那面瓜篱儿。kuo˦tɕʰy˦˩iou˥……miæ̃˦li˥˩tʰou˧niæ̃˩˧iou˥˧nə˦miæ̃˦kua˥˩liər˩˧.（面什么？）面瓜篱儿。实际上就是用那个葫芦藉中间一剖剖开，里头瓤子取了，带把把儿的那个那。miæ̃˦kua˥˩liər˩˨.ʂʅ˩˨tɕi˦˧ʂaŋ˦tɕiou˦sɿ˦yoŋ˦nə˦kə˦xu˩˨lou˩˧tɕia˦tʂuoŋ˥˩tɕiæ̃˥˩i˥˩pʰɑɔ˩˧pʰɑɔ˩˨kʰæᴇ˥,li˥tʰou˧zɑŋ˩˨tsɿ˧tɕʰy˥˩lə˧,tæᴇ˦pa˦par˦næᴇ˦kə˦nə˦˧.（瓢？）瓢儿。就是瓜篱。我们这儿把那个叫瓜篱么。pʰiaor˩˧.tɕiou˦sɿ˦kua˥˩li˩˨.ŋuo˥mən˦tʂər˦pa˥˩nə˦kə˦tɕiao˦kua˥˩li˩˨muo˧.（量米也叫瓜篱吗？）量米，太不用这种东西。liaŋ˩˧mi˥,tʰæᴇ˦pu˩˨yoŋ˦tʂei˦tʂuoŋ˥˧tuoŋ˥ɕi˧.（这个篱是什么？）嗯？ə̃˩˧?（后面这个……后面这个字？笊篱的篱吗？）笊篱的篱么，瓜篱。tsɑɔ˦˧li˩˨ti˧li˩˨muo˧,kua˥˩li˩˨.（量面，这是量面的啊？）呃，量面，瓜篱么。ə˩,liaŋ˩˧miæ̃˦,kua˥˩li˩˨muo˧.（那量米呢？量米呢，家里要要吃个白米什么的？）那都是放的有碗咧。你拿挖咧，挖粮，拿碗一量就对了。这个斗和升这都是一般情况下，这是个量器么。计量器这个东西。那一斗的欸……一斗就……一斗装了五升么。næᴇ˦˧tou˥˧sɿ˦faŋ˦ti˧iou˥˧væ̃˥lie˧.ni˥˩na˩˧va˥lie˧,va˥liaŋ˩˧,na˩˧væ̃˥i˥˩liaŋ˩˧tsou˦tuei˦lə˧.tʂə˦kə˦tou˥xuo˩˨ʂəŋ˥tʂə˦tou˥˧sɿ˦i˥˩pæ̃˥tɕʰiŋ˩˨kʰuaŋ˦ɕia˦,tʂə˦sɿ˦kə˦liaŋ˦tɕʰi˦muo˧.tɕi˦liaŋ˦tɕʰi˦tʂə˦kə˦tuoŋ˥ɕi˧.næᴇ˦i˥˩tou˥tə˧lei˦……i˥˩tou˥tsou˦……i˥˩tou˥tʂuaŋ˥˩lə˧vu˥ʂəŋ˥muo˧.（比斗……比斗还要大的呢？）石么。tæ̃˦muo˧.（哪个tæ̃˦？）石，石头么。这个字就念tæ̃˦么。哟，这就念tæ̃˦么。tæ̃˦,ʂʅ˩˨tʰou˧muo˧.tʂə˦kə˦tsɿ˦tɕiou˦niæ̃˦tæ̃˦muo˧.iao˥,tʂei˦˧tɕiou˦niæ̃˦tæ̃˦muo˧.（这个量……

量哪个的？）能叫石么。nəŋ˨˦˦tɕiaɔ˥˩tæ̃˥˦muo·˧.（比斗还要大的那个量具？）那就没有了。那你是一斗五升，一石十斗么你。nə˥tsou˥mei˨˦iou˥˧˦lə·˧.nə˥ni˥˧˦sɿ˥i˥˧˩tou˥˧vu˥˧˦ʂəŋ˥˧,i˥˧˩tæ̃˥ʂɿ˨˦˩tou˥˧muo·˧ni˥˧˩.（那个比升子小的那种量东西的呢？）没有。muo˥˧˦iou˥˧˩.（就没了？）再没有了，嗯。tsæᴇ˥mei˨˦iou˥˧˦lə˧,ə̃˩.

衡器

（这卖东西啊我们都得这个要拿尺子，要拿秤来称啊。这个一般这个秤啊，你们这个有多……多大号儿的？）王：这现在秤兀有呃一般的话咧就是，原来的市斤兀就是有，原来有二十的，有三十的，有五十的。也有一百的。还有六十的，秤。那会儿是市斤。现在公斤的话，那也就是，最小怕都是三十公斤的。tʂə˥ɕiæ̃˥tsæᴇ˥tʂ^{h}əŋ˥˦væᴇ˥iou˥˧ə˥i˥˧˦pæ̃˥˧tə·˧xua˥˩lie·˧tɕiou˥˩sɿ˥,yæ̃˨˦læᴇ˨˦˩tə˧sɿ˥˦tɕiŋ˥˧˩væᴇ˥˩tɕiou˥˩sɿ˥˩iou˥˧˦,yæ̃˨˦˩læᴇ˨˦˦iou˥˧˦ər˥˦ʂɿ˨˦˩ti·˧,iou˥˧˦sæ̃˥˧ʂɿ˨˦˩ti˧,iou˥˧˦vu˥˧ʂɿ˨˦˩ti·˧.ie˥˧˦iou˥˧˦i˥˧˦pei˥˧ti·˧.xæᴇ˨˦˩iou˥˧˦liou˥˧ʂɿ˨˦˩ti·˧,tʂ^{h}əŋ˥˩.nə˥˩xuər˥˩sɿ˥˩sɿ˥tɕiŋ˥˧˩.ɕiæ̃˥tsæᴇ˥kuoŋ˥˧˦tɕiŋ˥˧tə·˧xua˥˩,nei˥ia˥˧tɕiou˥˩sɿ˥˩,tsuei˥ɕiaɔ˥˧p^{h}a˥tou˥˧˩sɿ˥˩sæ̃˥˧ʂɿ˨˦˩kuoŋ˥˧˦tɕiŋ˥˧˦ti·˧.黄：十五公斤，打三十斤。ʂɿ˨˦˩vu˥˧kuoŋ˥˧˩tɕiŋ˥˧˩,ta˥˧sæ̃˥˧ʂɿ˨˦˩tɕiŋ˥˧˩.王：啊，十五公斤，三……三十公斤的。三十公斤，六十公斤。a˩,ʂɿ˨˦vu˥˧kuoŋ˥˧˩tɕiŋ˥˧˩,sæ̃˥˧……sæ̃˥˧ʂɿ˨˦˩kuoŋ˥˧˦tɕiŋ˥˧˦ti·˧.sæ̃˥˧ʂɿ˨˦˩kuoŋ˥˧˦tɕiŋ˥˧˩,liou˥˧ʂɿ˨˦˩kuoŋ˥˧˦tɕiŋ˥˧˩.（我们先来说，说这个秤，从小的开始。就这个称金子、银子，称药材那玩意儿叫……）王：你指戥子，□叫戥子。ni˥˧˩tsɿ˥˧˩təŋ˥˧tsɿ·˧,niæ̃˨˦˩(tɕ)iaɔ˥təŋ˥˧tsɿ·˧.黄：那叫戥子<u>咧么</u>。拿戥子咧。nei˥tɕiaɔ˥təŋ˥˧tsɿ·˧liem·˧.na˨˦təŋ˥˧tsɿ·˧lie·˧.（呃，过去是拿戥子，现在有没有用天平这种东西的？）黄：哎就是农……民间没有得。æᴇ˥tɕiou˥˩sɿ˥˩luoŋ˨˦˩……miŋ˨˦tɕiæ̃˥˧mei˨˦iou˥˧tei˥˧˩.王：天平……民间没有得。现在□兀就说咱们，这个哎，那过哎发展一下就是公家用现在□就用的是戥……t^{h}iæ̃˥˧p^{h}i……miŋ˨˦tɕiæ̃˥˧mei˨˦iou˥˧˦tei˥˧˩.ɕiæ̃˥tsæᴇ˥niæ̃˨˦˩væᴇ˥tɕiou˥˩ʂuo˥˧˩tsa˨˦məŋ˧,tʂə˥kə˥æᴇ˩,nei˥˦kuo˥˩æᴇ˥fa˥˧˩tʂæ̃˥˧i˥˧˩xa˥˩tɕiou˥˩sɿ˥˩kuoŋ˥˧tɕia˥˧˩yoŋ˥ɕiæ̃˥tsæᴇ˥niæ̃˨˦˩tɕiou˥yoŋ˥ti·sɿ˥˩təŋ˥˧˦……（天平？是怕……怕有什么错，是吧？）王：给……平……啊。kei˥……p^{h}iŋ˨˦……a˩.（那个秤啊，有的是有有有有盘子，有的就是钩子的。）王：有盘的。呃，对咧。盘子秤。iou˥˧˩p^{h}æ̃˨˦˩ti˧.ə˩,tuei˥˩lie·˧.p^{h}æ̃˨˦˩tsɿ˧tʂ^{h}əŋ˥.黄：盘子……盘子秤。有的是钩子，钩子秤。p^{h}æ̃˨˦˦tsɿ˧……p^{h}æ̃˨˦˩tsɿ˧tʂ^{h}əŋ˥.iou˥˧ti˧sɿ˥kou˥˧tsɿ·˧,kou˥˧tsɿ·˧tʂ^{h}əŋ˥˩.王：再就是钩子秤。tsæᴇ˥tɕiou˥sɿ˥kou˥˧tsɿ·˧tʂ^{h}əŋ˥˩.（欸，有的那个盘是……这是盘子啦。还有一种是，就说你这个秤啊，也不是……跟一个这个倒垃圾的那玩意儿一样的。弄起来是这么这么称的有没有？）王：那还是带个盘子么。nei˥xa˨˦˩sɿ˥tæᴇ˥˩kə˥˩p^{h}æ̃˨˦˦tsɿ˧muo·˧.黄：还是它盘子么。秤盘儿么。秤盘儿有圆的，有有有的像像撮子那样的。xa˨˦˩sɿ˥t^{h}a˥˧˩p^{h}æ̃˨˦˩tsɿ˧muo·˧.tʂ^{h}əŋ˥p^{h}æ̃r˨˦muo˧.tʂ^{h}əŋ˥p^{h}æ̃r˨˦iou˥˧yæ̃˨˦˩ti˧,iou˥˧˦iou˥˧˦iou˥˧˦ti˧ɕiaŋ˥ɕiaŋ˥ts^{h}uo˥˧tsɿ·˧nei˥˩iaŋ˥˩ti·˧.王：有……有带……像撮些，像那个撮子么。iou˥˧……iou˥˧˦tæᴇ˥……ɕiaŋ˥ts^{h}uo˥˧ɕie·˧,ɕiaŋ˥˩nə˥kə˥ts^{h}uo˥˧tsɿ·˧muo·˧.（噢，撮……噢，撮箕？）王：那还是盘子秤么。na˥xa˨˦˩sɿ˥˦p^{h}æ̃˨˦˩tsɿ˧tʂ^{h}əŋ˥muo˧.（但是你们不叫撮箕秤？）黄：不叫。pu˨˦˩tɕiaɔ˥˩.王：嗯，不叫撮箕秤，还叫盘子秤。ə̃˩,pu˨˦˩tɕiaɔ˥ts^{h}uo˥˧tɕi·˧tʂ^{h}əŋ˥˩,xæᴇ˨˦˩tɕiaɔ˥p^{h}æ̃˨˦tsɿ˧tʂ^{h}əŋ˥˩.（盘子秤跟……叫不叫那个这个这……钩子秤叫不叫钩搭秤啊？有没有这么说法的？）王：钩搭秤也有人说咧，叫钩搭秤。kou˥˧ta·˧tʂ^{h}əŋ˥ie˥˧iou˥˧˩ʐəŋ˨˦ʂuo˥˧lie·˧,tɕiaɔ˥kou˥˧ta·˧tʂ^{h}əŋ˥˩.黄：嗯。ŋ̍˩.（好。咱们看看秤，秤上边儿这有一个是这个挂这东西，这玩意儿叫什么？）黄：秤钩子。tʂ^{h}əŋ˥kou˥˧tsɿ·˧.王：秤钩子。tʂ^{h}əŋ˥kou˥˧tsɿ·˧.（这个呢？）黄：秤

梁。tʂʰəŋ˥liaŋ˧˥.王：秤杆儿么。tʂʰəŋ˥kæ̃r˥˧muo˧.黄：秤杆儿么。梁子么。tʂʰəŋ˥kæ̃r˥˧muo˧.liaŋ˧˥tsɿ˧muo˧.（秤梁还是秤杆呢？）黄：秤杆子。tʂʰəŋ˥kæ̃˥˧tsɿ˧.王：杆子。秤，秤杆子上面有，那有意的，有，梁子上的星兀有，怀怀怀怀前的星。你看你提哪个毫星当为“系”的误读咧。kæ̃˥˧tsɿ˧.tʂʰəŋ˥,tʂʰəŋ˥kæ̃˥˧tsɿ˧ʂaŋ˥˧˥miæ̃˥˩iou˥˧˧,næᴇ˥˩iou˥˧i˥˩ti˧,iou˥˧,liaŋ˧˥tsɿ˧ʂaŋ˥ti˧ɕiŋ˥˧˩væᴇ˥˩iou˥˧˧,xuæᴇ˧˥˧xuæᴇ˧˥˩xuæᴇ˧˥˩xuæᴇ˧˥tɕʰiæ̃˧˥˩ti˧ɕiŋ˥˧˩.ni˥˧˩kʰæ̃˥˩ni˥˧˧tʰi˧˥na˥˧kə˥xaɔ˧˥˩ɕiŋ˥˧lie˧.（噢，这个叫……就说这个朝着天的叫梁子是吧？）王：啊，叫梁子。ɑ˥˧,tɕiaɔ˥˩liaŋ˧˥tsɿ˧.黄：秤梁。tʂʰəŋ˥liaŋ˧˥.（这个是冲着我这边儿的就叫……）王：叫怀。tɕiaɔ˥xuæᴇ˧˥.（怀的？）黄：怀，嗯。xuæᴇ˧˥,ə̃˩.王：嗯。ə̃˩.（怀的一般是称大……大一点儿的，还是称小？）黄：小。ɕiaɔ˥˧.王：那是一样的。næᴇ˥˥˧sɿ˥i˥˧˩iaŋ˥˧˥ti˧.黄：小。ɕiaɔ˥˧.王：哎。那它在称的这计量计量上小。æᴇ˧˥.næᴇ˥˩tʰɑ˥˧tsæᴇ˥tʂʰəŋ˥˧ti˧tʂei˥˩tɕi˥liaŋ˥˧˥tɕi˥liaŋ˥˧˥ʂaŋ˥˩ɕiaɔ˥˧˩.黄：啊，那计……一般梁子，梁，计量，计量上它是梁子上就是这个……æ˧,nə˥˩tɕi˥˧˥……i˥˧˥pæ̃˥˧˩liaŋ˧˥tsɿ˧,liaŋ˧˥,tɕi˥liaŋ˥,tɕi˥liaŋ˥˧˥ʂaŋ˥˩tʰɑ˥˧˧sɿ˥liaŋ˧˥tsɿ˧ʂaŋ˥˩tsou˥˩sɿ˥˥˧tʂə˥˩kə˥˩……王：梁子上打十斤，它就十……打五斤么。liaŋ˧˥tsɿ˧ʂaŋ˥ta˥˧ʂʅ˧˥˩tɕiŋ˥˧,tʰɑ˥˧tɕiou˥˩ʂʅ˧˥˩……ta˥˧˧vu˥˧tɕiŋ˥˧˩muo˧.黄：打十……它打五斤么。嗯。ta˥˧ʂ……tʰɑ˥˧˩ta˥˧˧vu˥˧tɕiŋ˥˧˩muo˧.ŋ̍˩.王：啊，它就初头打五斤。ɑ˩,tʰɑ˥˧tɕiou˥˩tʂʰʮ˥˧˩tʰou˧˥˧ta˥˧˧vu˥˧tɕiŋ˥˧˩.（秤钩子，还有个秤杆子是吧？）黄：嗯。ŋ̍˩.王：秤杆子。秤砣。秤锤，叫秤锤。tʂʰəŋ˥kæ̃˥˧tsɿ˧.tʂʰəŋ˥tʰuo˧˥.tʂʰəŋ˥tʂʰuei˧˥,tɕiaɔ˥˩tʂʰəŋ˥tʂʰuei˧˥.（你们是叫秤砣还是秤锤？）王：秤锤。tʂʰəŋ˥tʂʰuei˧˥.黄：嗯。ŋ̍˩.（秤锤？）王：啊。那是那号儿磅秤就就秤砣咧。这个，杆秤叫秤锤。ɑ̃˩.nə˥˩sɿ˥˩nə˥xaɔr˥paŋ˥˥˧tʂʰəŋ˥tɕiou˥tɕiou˥tʂʰəŋ˥tʰuo˧˥lie˧.tʂə˥kə˥,kæ̃˥˧tsɿ˧tʂʰəŋ˥tɕiaɔ˥tʂʰəŋ˥tʂʰuei˧˥.（噢，杆秤。磅秤用这，就那有个圆圈儿中间缺一道儿的那个那个那一个一个叫叫砣还是什么东西？）黄：那叫哎秤砣了。nei˥˥˧tɕiaɔ˥æᴇ˥tʂʰəŋ˥tʰuo˧˥˩lə˧.（就是那磅秤这个啊？）黄：啊。ɑ˩.王：嗯，嗯。磅秤上面有这。ə̃˩,ə̃˩.paŋ˥tʂʰəŋ˥˩ʂaŋ˥˩miæ̃˥˩iou˥˧tʂei˥˩.（啊，那个叫砣是吧？）王：那个叫砣。nə˥˥˧kə˥˥˧tɕiaɔ˥tʰuo˧˥˩.（朝这边的星叫怀里？）王：啊，叫怀……怀里……怀星。ɑ˩,tɕiaɔ˥˩xuæᴇ˧˥ɕ……xuæᴇ˧˥li˥˧˧ɕ……xuæᴇ˧˥ɕiŋ˥˧˩.（那叫梁子星？）王：嗯。那叫梁子星。ŋ̍˥˧.nə˥tɕiaɔ˥liaŋ˧˥tsɿ˧ɕiŋ˥˧˩.黄：一般都是这个欸梁子大，怀里小呣。i˥˧˥pæ̃˥˧tou˥˧˧sɿ˥t ʂə˥kə˥ei˩liaŋ˧˥tsɿ˧ta˥,xuæᴇ˧˥˩li˥˧ɕiaɔ˥˧m̩˧.王：那怕是你这……næᴇ˥pʰɑ˥sɿ˥˩ni˥˧˩tʂei˥˩……（这叫秤……这叫……一个一个叫秤星还叫什么？）王：叫秤星。tɕiaɔ˥˩tʂʰəŋ˥ɕiŋ˥˧.黄：秤星。tʂʰəŋ˥ɕiŋ˥˧˩.（那因为这个怀里的和这个用怀里的，用这个是这个上面的好像都不一样吧？）黄：嗯。ŋ̍˩.（就说好像提的这前头这）黄：那是提……nə˥˥˧sɿ˥˩tʰi˧˥……王：提的前后秤毫系不一样。tʰi˧˥˩ti˧tɕʰiæ̃˧˥˩xou˥˥˧tʂʰəŋ˥xaɔ˧˥˩ɕi˥˥˧pu˧˥˩i˥˧˩iaŋ˥˩.黄：那你看是提的提这头毫系吗二毫系。nə˥ni˥˧˧kʰæ̃˥˩sɿ˥˩tʰie˧˥˩ti˧tʰi˧˥˩tʂei˥˥˧tʰou˧˥˩xaɔ˧˥˥˧ɕi˥˩ma˧ər˥˥˧xaɔ˧˥˩ɕi˥˩.王：你梁……梁子上就是头毫系。呃，怀里毫就是二毫系么。ni˥˧˩liaŋ˧˥˩……liaŋ˧˥˩tsɿ˧ʂaŋ˥tɕiou˥sɿ˥tʰou˧˥˩xaɔ˧˥˥˧ɕi˥˩.ə˩,xuæᴇ˧˥˩li˥˧xaɔ˧˥˧tɕiou˥˩sɿ˥˩ər˥˥˧xaɔ˧˥˩ɕi˥˩muo˧.黄：二毫系呣。ər˥˥˧xaɔ˧˥˩ɕi˥˩m̩˧.（二号起还是二号……）黄：二毫系，系子。ər˥xaɔ˧˥˧ɕi˥˧˥,ɕi˥˧˥tsɿ˧.王：二毫系，系子。ər˥˧˥xaɔ˧˥˩ɕi˥˩,ɕi˥˧˥tsɿ˧.（头号儿系？）黄：嗯。ŋ̍˩.王：嗯。头毫系和二毫系。ŋ̍˩.tʰou˧˥˩xaɔ˧˥˥˧ɕi˥xuo˧˥˩ər˥˥˧xaɔ˧˥˩ɕi˥˩.（那个，这是说那根儿绳子还是叫什么东西？你是指的那段儿绳子吗？）黄：就叫系子，就是系子。tɕiou˥tɕiaɔ˥˩ɕi˥tsɿ˧,tɕiou˥sɿ˥ɕi˥˩tsɿ˧.（有这个秤盘星儿的这种说法没有？）黄：有定盘儿星。iou˥˧˧tiŋ˥˧˥pʰæ̃˧˥˩ɕiŋ˥˧˩.王：有个定盘，有个……iou˥˧˧(k)ə˥tiŋ˥˧˥pʰæ̃˧˥˩,iou˥˧kə˥˩……（定盘星是什么呢？）王：定盘星就看

你这个，这个秤公不公，公平着。你放在定盘儿星上，如果秤杆儿平，这个秤就合适着咧，秤杆儿低，这个秤就，啊。tiŋ˥pʰæ̃r˧˥ɕiŋ˥˩tɕiou˥kʰæ̃˥ni˥˩˧tʂə˥kə˥,tʂə˥kə˥tʂʰəŋ˥kuoŋ˥˩pu˧˥˨kuoŋ˥˩,kuoŋ˥˩pʰiŋ˧˥tʂə˧.ni˥˩˨faŋ˥tsæɛ˥tiŋ˥˩pʰæ̃r˧˥˨ɕiŋ˥˩ʂaŋ˥˨,zʯ˧˥˨kuo˥˩˧tʂʰəŋ˥kæ̃r˥˩˧pʰiŋ˧˥,tʂə˥kə˥˨tʂʰəŋ˥tɕiou˥xuo˧˥˨ʂʅ˥˩tʂə˧lie˧,tʂʰəŋ˥˨kæ̃r˥˩˧ti˥˩,tʂə˥˨kə˥˨tʂʰəŋ˥tɕiou˥,ɑ˨.黄：小下了。ɕiɑɔ˥˩xɑ˥˨lə˧.王：大下咧。tɑ˥˩˧xɑ˥˨lie˧.黄：噢，大下咧，对着咧。ɑɔ˨,tɑ˥˩˧xɑ˥˨lie˧,tuei˥tʂə˧lie˧.王：秤杆儿再豖，这个秤就小下了。噢，这个定盘儿星就起那么个作用。tʂʰəŋ˥˨kæ̃r˥˩tsæɛ˥tsɑ˥˩˧,tʂə˥˨kə˥˨tʂʰəŋ˥tɕiou˥ɕiɑɔ˥˩xɑ˥˨lə˧.ɑɔ˨,tʂə˥˨kə˥˨tiŋ˥pʰæ̃r˧˥ɕiŋ˥˩tɕiou˥˨tɕʰi˥˩˧nə˥˧muo˧kə˥˨tsuo˥˩˨yoŋ˥˨.（那么，这样的东西，我是叫称它，还是称一称，还是怎么叫？）黄：称一称。tʂʰəŋ˥˩i˥˩˨tʂʰəŋ˥˩˨.王：叫称一称。tɕiɑɔ˥tʂʰəŋ˥˩i˥˩˨tʂʰəŋ˥˩˨.（有没有说约一约的？）黄：没有。mei˧˥iou˥˩˨.王：那叫称一称。næɛ˥˨tɕiɑɔ˥tʂʰəŋ˥˩i˥˩˨tʂʰəŋ˥˩˧.（有没有志一志的这种说法？）黄：没有。mei˧˥˧iou˥˩˨.王：陕北人就叫志一下。ʂæ̃˥˩pei˥˩˨zəŋ˧˥tɕiɑɔ˥tsʅ˥i˥˩˧xɑ˥˨.黄：噢，志一下。ɑɔ˨,tsʅ˥i˥˩˨xɑ˥˨.王：啊，陕北人叫志一下，咱们这儿就叫称一称是。ɑ˨,ʂæ̃˥˩pei˥˩˨zəŋ˧˥tɕiɑɔ˥tsʅ˥i˥˩˧xɑ˥˨,tsɑ˧˥məŋ˧tʂər˥˨tɕiou˥tɕiɑɔ˥tʂʰəŋ˥˩i˥˩˨tʂʰəŋ˥˩˨sʅ˥˨.（比如说这个秤啊最多能称多少东西，你说这个这个秤最多能怎么样的？）王：那就说你要问下，你这个，你问我这个秤最多能称多少么。这个秤最多能称三十斤。nei˥˨tɕiou˥˨ʂuo˥˩˨ni˥˩˨iɑɔ˥vəŋ˥˩˧xɑ˥˨,ni˥˩˧tʂə˥kə˥,ni˥˩˧vəŋ˥ŋuo˥˩tʂə˥kə˥tʂʰəŋ˥tsuei˥tuo˥˩˨nəŋ˧˥tʂʰəŋ˥˩tuo˥˩˨ʂɑɔ˥˩muo˧.tʂə˥kə˥tʂʰəŋ˥tsuei˥tuo˥˩˨nəŋ˧˥tʂʰəŋ˥˩˨sæ̃˥˩ʂʅ˧˥˨tɕiŋ˥˩.（称三十，是说打还是说什么的？）黄：有这个打法。iou˥˩˧tʂə˥kə˥tɑ˥˩fɑ˥˩˨.王：有也有说是打的。iou˥˩˧ie˥˩iou˥˩˨ʂuo˥˩˨sʅ˥˨tɑ˥˩ti˧.黄：最多打哎，最多打一百斤，或者是只能够打三十斤。tsuei˥˩˧tuo˥˩˨tɑ˥˩æɛ˨,tsuei˥˩˧tuo˥˩˨tɑ˥˩i˥˩˨pei˥˩tɕiŋ˥˩˨,xuei˧˥˧tʂə˥˩˨sʅ˥˨tsʅ˥˩˧nəŋ˧˥˧kou˥tɑ˥˩˧sæ̃˥˩ʂʅ˧˥˨tɕiŋ˥˩.（打。）黄：打这个是土话。tɑ˥˩tʂə˥˨kə˥˨sʅ˥˨tʰu˥˩xuɑ˥˩˧.（那称得了，称不了怎么办？称得了说是打得住还是什么呢？）黄：打不起么。tɑ˥˩˨pu˧˥˨tɕʰiem˥˩.王：那叫打不起么。næɛ˥tɕiɑɔ˥tɑ˥˩pu˧˥˨tɕʰi˥˩muo˧.（打得起呢？说不说？）黄：那不说这个话。næɛ˥˧pu˧˥˨ʂuo˥˩tʂə˥˨kə˥˨xuɑ˥˨.（就说打不起？）黄：嗯嗯。以比如你这个秤，秤是最大尺头咧，只能打这个，三十公斤，结果你这个东西都超过七十公斤了，那就打不起。ə̃˥˩ə̃˨.i˥˩˨pi˥˩zʯ˧˥˨ni˥˩tʂə˥kə˥tʂʰəŋ˥,tʂʰəŋ˥sʅ˥tsuei˥tɑ˥tʂʰʅ˥˩˨tʰou˧lie˧,tsʅ˥˩˨nəŋ˧˥tɑ˥˩tʂə˥˨kə˥˨,sæ̃˥˩ʂʅ˧˥˨kuoŋ˥˩˧tɕiŋ˥˩˧,tɕie˥˩˨kuo˥˩˧ni˥˩˧tʂə˥kə˥tuoŋ˥˩ɕi˧tou˥˩˨tʂʰɑɔ˥˩˨kuo˥tɕʰi˥˩ʂʅ˧˥˨kuoŋ˥˩˧tɕiŋ˥˩˧lə˧,nei˥tɕiou˥tɑ˥˩pu˧˥˨tɕʰie˥˩.王：叫打不起么。tɕiɑɔ˥˨tɑ˥˩pu˧˥˨tɕʰi˥˩muo˧.

重量

（就说你这个东西，一斤，比斤大的叫什么呢？）王：比斤大那就是公斤呣。pi˥˩˧tɕiŋ˥˩tɑ˥næɛ˥tɕiou˥˨sʅ˥˨kuoŋ˥˩˧tɕiŋ˥˩˧m̩˧.（噢，那是公斤。这土土土的？一……一……两……两……两市斤等于一……一公斤吧你们这儿？）黄：啊。ɑ˨.王：啊。ɑ˨.（那么比……十斤等于什……十斤叫什么呢？）黄：那还叫十斤。næɛ˥˧xɑ˧˥˨tɕiɑɔ˥ʂʅ˧˥tɕiŋ˥˩˨.（还是叫一升，还是叫什么东西？）黄：不叫。pu˧˥˨tɕiɑɔ˥˨.（有说一升一石的这种说法吗？）王：欸，有说石咧，咱们这儿群众。ei˨,iou˥˩ʂuo˥˩˨tæ̃˥lie˧,tsɑ˧˥məŋ˧tʂər˥tɕʰyoŋ˧˥˨tʂuoŋ˥.黄：有说石欸。那你这个在计量器里头来说是，一……那也有升，有斗呣。iou˥˩ʂuo˥˩˨tæ̃˥ei˧.nei˥ni˥˩˧tʂə˥˨kə˥˨tsæɛ˥˨tɕi˥lian˥tɕʰi˥˧li˥˩˨tʰou˧læɛ˧˥˧ʂuo˥˩˨sʅ˥˨,i……nei˥æ˥˩˧iou˥˩˧ʂəŋ˥˩,iou˥˩˧tou˥˩m̩˧.（嗯。）黄：啊。那是一升欸……ɑ˨.nə˥sʅ˥i˥˩˧ʂəŋ˥˩ei˨……王：一斗十升么。i˥˩˨tʰou˥˩ʂʅ˧˥ʂəŋ˥˩muo˧.黄：噢，一……一斗十升。ɑɔ˨,i˥˩˨……i˥˩˨tou˥˩ʂʅ˧˥ʂəŋ˥˩.王：一石十斗么。i˥˩˨tæ̃˥ʂʅ˧˥˨tʰou˥˩muo˧.黄：十斗么，那它是这么个计咧。那是这老……过去古老的的的度量衡它就是这么个。

ʂʅ˩tʰou˥muo˧,nə˦˩tʰa˥˩sʅ˥˩tʂə˦˥muo˧kə˦˩tɕi˦lie˧.nə˦˩sʅ˥˩tʂə˦lao……kuo˥tɕʰy˦ku˥lao˥ti˧tə˧tə˧tu˦li aŋ˦xəŋ˩tʰa˥˦tɕiou˦˩sʅ˥˩tʂə˦muo˧kə˦.（有没有说十……十升一合的这种说法？）王：没有。ma˥˩iou˥˩.黄：没有。muo˥˩iou˥˩.（一合一合的？）王：没有。mei˩˩iou˥˩.黄：没有。咱们这儿这没有这种。muo˥˩iou˥˩.tsa˩˩məŋ˧tʂər˦˥tʂə˦˩mei˩˩iou˥˩tʂə˦˩tʂuoŋ˥˩.（你就是十升就是一斗？）王：啊，十升就是一斗。a˩,ʂʅ˩ʂəŋ˥˦tɕiou˦sʅ˦i˥˩tou˥˩.黄：啊，十升就是一斗。a˩,ʂʅ˩ʂəŋ˥˦tɕiou˦sʅ˦i˥˩tou˥˦.（没有说，没有听过合字这种说法？）黄：没有。mei˩˦iou˥˩.王：没有咧。我们这儿十升就是一斗，十斗就是一石么。mei˩˦iou˥˩lie˧.ŋuo˥mən˧tʂər˦ʂʅ˩ʂəŋ˥tɕiou˦sʅ˦i˥˩tou˥,ʂʅ˩tou˥tɕiou˦sʅ˦i˥˩tæ̃˦muo˧.黄：嗯。ŋ̍˩.王：在这儿。tsæᴇ˦tʂər˦.（你还有比如说，嗯，你这个家里头哈，这个农忙的时候麦种不行了，麦种不好，你向人家换麦种，你多给人家一点儿，有没有，有没有这种行为？）王：嗯。ŋ̍˩.黄：那有么。噢，那你看……næᴇ˦˥iou˥˩muo˧.ao˩,næᴇ˦ni˥˦kʰæ̃˦˩……王：咱们换种的话，就是拿咱们，拿他们普通的粮食去换人□的粮种的话就给□多给点儿。tʂa˩˩məŋ˧xuæ̃˦tʂuoŋ˥˦ti˧xua˦˩,tɕiou˦˩sʅ˦˩na˩˩tsa˩məŋ˦,na˩˩tʰa˥˩m̩˧pʰu˥tʰuoŋ˥˩ti˧liaŋ˩ʂʅ˩˦tɕʰy˦xuæ̃˦zəŋ˩˩niæ̃˩˦ti˧liaŋ˩tʂuoŋ˥˦tə˧xua˦˩tɕiou˦˩kei˦˩niæ̃˩˦tuo˥kei˦˩tiær˥˩.黄：我是……那我……ŋuo˥˦sʅ……næᴇ˦ŋuo˥˦……（多给？）王：啊，一……a˩,i˥˦……（这种行为叫什么？）黄：那看□是一升……二升换一升咧，或者是一升半换□一升咧。要是这样的么，啊？næᴇ˦kʰæ̃˦niæ̃˩˩sʅ˦˩i˥˩ʂəŋ……ər˦ʂəŋ˥˩xuæ̃˦i˥˩ʂəŋ˥lie˧,xuei˩˩tʂə˥˩sʅ˦˩i˥˦ʂəŋ˥˩pæ̃˦˥xuæ̃˦niæ̃˩˩i˥˦ʂəŋ˥lie˧.iao˦˩sʅ˦˩tʂei˦˥iaŋ˦˩ti˧muo˧,a˦?（有……有没有……欤，叫不叫什么加合子呀什么什么东西？）黄：不叫。pu˩˦tɕiao˦˩.王：不叫。pu˩˩tɕiao˦.（就是就是这种行为就……）黄：多给□一点就对咧啊。tuo˥kei˦niæ̃˩˩i˥˩tiæ̃˥˩tɕiou˦˩tuei˦˩li e˧a˧.（这种行为没有一个什么……）王：没有啥好名称。mei˩iou˥sa˦xao˥miŋ˩˩tʂʰəŋ˥.

秤

（那这个呢，就说，还有一种，专门称棉花的秤有没有？）黄：没有。这儿都没有得。mei˩˩iou˥˦.tʂər˦tou˥˩muo˥˩iou˥˦tei˥˩.王：没有。这儿兀就是直接叫盘子秤，卖啥……mei˩˩iou˥˩.tʂər˦væᴇ˦tɕiou˦sʅ˦tʂʅ˩˦tɕie˥˦tɕiao˦pʰæ̃˩˩tsʅ˧tʂʰəŋ˦˩,mæᴇ˦sa˦˩……黄：卖啥都是拿盘子秤代替了。mæᴇ˦sa˦tou˥˦sʅ˦na˩˩pʰæ̃˩˩tsʅ˧tʂʰəŋ˦tæᴇ˦tʰi˦lə˧.

称斤斤

（过去那个狗肉是一斤一斤卖的还是一块儿一块儿这么卖？）黄：这边也就……tʂə˦piæ̃˥˩æ˥˩tsou˦˩m……王：卖狗肉那还是称斤斤。mæᴇ˦kou˥zou˦nei˦˥xa˩˩sʅ˦tʂʰəŋ˥˩tɕiŋ˥tɕiŋ˥˩.黄：还是称斤斤子。xa˩˩sʅ˦˥tʂʰəŋ˥˩tɕiŋ˥tɕiŋ˥˩tsʅ˧.（没有说是个，这个，砍成四块儿这个……）黄：哎不，不不，那都是称狗肉一般都是称几斤狗肉就对了。æᴇ˦pu˩˩,pu˩˩pu˩˩,nei˦˥tou˥˩sʅ˦tʂʰəŋ˥˩kou˥zou˦i˥˦pæ̃˥tou˥˩sʅ˦˩tʂʰəŋ˥˩tɕi˥tɕiŋ˥˩kou˥zou˦tɕiou˦tuei˦˥lə˧.（还有这个一捆一捆的我再买回去，有按照这种计量单位来买，怎么说？）黄：那有咧么。就……现在这个葱□是一捆葱。nei˦˥iou˥˩lie˧muo˧.tɕi……ɕiæ̃˦tsæᴇ˦tʂə˦kə˦tsʰuoŋ˥niæ̃˩˩sʅ˦˩i˥˩kʰuoŋ˥tsʰuoŋ˥˩.王：那个……nei˦kə˦……黄：一……□那葱是，欤，卖捆捆咧么。一捆捆一块钱，一捆想……你不想事儿。i˥˩i……niæ̃˩nə˦tsʰuoŋ˥sʅ˦˩,ei˩,mæᴇ˦kʰuoŋ˥kʰuoŋ˥˩lie˧muo˧.i˥˩kʰuoŋ˥kʰuoŋ˥˩i˥˩kʰuæᴇ˥tɕʰiæ̃˩,i˥˩kʰuoŋ˥ɕiaŋ˥˩……ni˥˦pu˩˦ɕiaŋ˥sər˦˥.（买捆捆啊卖捆捆？）黄：啊，卖捆捆，卖捆捆。a˩,mæᴇ˦kʰuoŋ˥˩kʰuoŋ˥˩,mæᴇ˦˥kʰuoŋ˥kʰuoŋ˥˩.王：卖捆捆。mæᴇ˦˥kʰuoŋ˥kʰuoŋ˥˩.（卖？）黄：它是卖……卖捆捆咧么。tʰa˥sʅ˦˩mæᴇ˦……mæᴇ˦˥kʰuoŋ˥kʰuoŋ˥˩liem˧.（比如西瓜这种东西呢？）

王：西瓜是个么。ɕi˥kua˥˩sɿ˦˩kə˦muo˨.黄：西瓜那他都是称斤儿的。ɕi˥kua˥˩nei˦tʰa˥˧tou˥˧sɿ˦tʂʰəŋ˥˩tɕiə̃r˥ti˨.王：称斤哩。tʂʰəŋ˥˧tɕiŋ˥˩li˨.黄：啊，很……很少人论个儿给你卖西瓜。除非……a˦,x……xəŋ˥ʂao˥zəŋ˨˦lyoŋ˦kər˦kei˦˩ni˥˩mæᴇ˦ɕi˥kua˥˩.tʂʰʮ˨˦fei˥˧……（有没有一个一个卖的东西？）黄：除非是这个欸，西瓜多的这个脏摊子他那那个人的话那，两块钱一个儿。tʂʰʮ˨˦fei˥sɿ˦tʂə˦kə˦ei˩,ɕi˥kua˥˩tuo˥ti˨tʂə˦kə˦tsaŋ˥˧tʰæ̃˥tsɿ˨tʰa˥˧næᴇ˦nə˦kə˦zəŋ˨˦tə˨xua˦˩nei˦˩,liaŋ˥kʰuæᴇ˥˧tɕʰiæ̃˨˦i˥˩kər˦˩.（有这样的？）黄：欸，有卖这个个儿的。ei˥,iou˥˩mæᴇ˦tʂə˦kə˦kər˦ti˨.（有没有一个……卖一个一个这么卖的呢？）黄：卖麻花儿的话，你那个炸麻花儿的他是卖个儿的。mæᴇ˦ma˨˦xuar˥ti˨xua˦˩,ni˥˩tʂə˦˩kə˦˩tsa˨˦ma˨˦xuar˥ti˨tʰa˥˩sɿ˦˩mæᴇ˦˥kər˦˥ti˨.（馍呢？）黄：馍也卖一个，卖个儿哩。muo˨˦æ˥˩mæᴇ˦i˥˩kə˦˥,mæᴇ˦kər˦li˨.王：馍是卖个哩。muo˨˦sɿ˦˩mæᴇ˦kə˦li˨.（还有一车一车怎么卖的，有些不……呃，一车柴呀，一车什么东西？）黄：这有咧么。卖这个你像是……tʂə˦˥iou˥˩liem˨.mæᴇ˦˥tʂə˦kə˦ni˥˧ɕiaŋ˦sɿ˩……王：卖柴，冬天卖柴火都是一车。……mæᴇ˦tsʰæᴇ˨˦,tuoŋ˥˩tʰiæ̃˥˩mæᴇ˦tsʰæᴇ˨˦xuo˥tou˥˩sɿ˦˩i˥˩tʂʰə˥.黄：卖，冬天卖柴的话就是一蹦子车儿么。mæᴇ˦˩,tuoŋ˥tʰiæ̃˥˧mæᴇ˦tsʰæᴇ˨˦ti˨xua˦tsou˦˩sɿ˦˩i˥˩pəŋ˦tsɿ˨tʂʰər˥muo˨.王：啊，一机子或者是。a˩,i˥˧tɕi˥tsɿ˨xuo˨˦tʂə˥˩sɿ˦˩.黄：一机子，或者是一蹦……一车……一蹦子车儿。i˥˧tɕi˥tsɿ˨,xuo˨˦tʂə˥˩sɿ˦˩i˥˩pəŋ˦……i˥˩tʂʰʅ……i˥˩pəŋ˦tsɿ˨tʂʰər˥.（i˩tɕi˥tsɿ˨，tɕi˥tsɿ˨是什么东西？）黄：就是那三轮子嘛。tɕiou˦˥sɿ˦nə˦sæ̃˥˩lyoŋ˨˦tsɿ˨ma˨.王：就是三轮蹦子车么。tɕiou˦sɿ˦˥sæ̃˥˩lyoŋ˨˦pəŋ˦tsɿ˨tʂʰə˥muo˨.（三……哦，嘟嘟嘟嘟嘟嘟嘟？）黄：三轱辘轮子它是。sæ̃˥˧ku˥lou˨luoŋ˨˩tsɿ˨tʰa˥˧sɿ˦.王：啊，对。a˦,tuei˦˩.（这有……还有东西一张一张卖的。比如说一张那……这个写宣传画呀什么东西，家里……）黄：哎有咧嘛，卖……卖画的话……æᴇ˥iou˥˩lie˨ma˨,mæᴇ˦……mæᴇ˦xua˦˥ti˨xua˦……王：卖纸□……卖纸嘎就是卖张了么。mæᴇ˦tsɿ˥niæ̃˨˩……mæᴇ˦tsɿ˥kæ˨tɕiou˦˩sɿ˦˩mæᴇ˦tʂaŋ˥ləm˨.黄：卖纸就是一张一张的卖咧么，卖画儿也是一张一张的卖。mæᴇ˦tsɿ˥tɕiou˦˩sɿ˦˩i˥˧tʂaŋ˥i˥˧tʂaŋ˥ti˨mæᴇ˦lie˨muo˨,mæᴇ˦xuar˦ia˥˩sɿ˦˩i˥˧tʂaŋ˥i˥˧tʂaŋ˥ti˨mæᴇ˦.（叫卖张张说不说？）王：啊，卖几张纸。a˩,mæᴇ˦tɕi˥tʂaŋ˥˩tsɿ˥.黄：卖几张纸么。mæᴇ˦tɕi˥tʂaŋ˥˩tsɿ˥muo˨.（不说卖张张？）黄：不说。pu˨˦ʂuo˥˩.（以斤为单位的说不说卖斤斤？）黄：卖斤啊。mæᴇ˦˧tɕiŋ˥ŋa˨.王：啊，以斤单位的卖斤斤。a˩,i˥˩tɕiŋ˥tæ̃˥˧vei˦ti˨mæᴇ˦tɕiŋ˥tɕiŋ˥˩.（卖斤斤。以两呢？）黄：以……卖两是。i˥˧……mæᴇ˦˧liaŋ˥˧sɿ˦.王：那那就是……næᴇ˦næᴇ˦tɕiou˦sɿ˦……（你比如说有的东西你不能是一斤一斤买，有的这个作料啊你就只能一两一两的买呀，茶叶也是。）黄&王：啊。啊。a˩.a˩.（叫卖两还是卖两两？）黄：卖两两。mæᴇ˦liaŋ˥liaŋ˥˩.王：卖两……卖两两。mæᴇ˦liaŋ˥……mæᴇ˦liaŋ˥liaŋ˥˩.

收条

（那我交了定钱给你，你是不是给我开张什么东西？）黄：那一般情况下……nei˦i˥˩pæ̃˥tɕʰiŋ˨˦kʰuaŋ˦˥ɕia˦……王：那定钱交了话，就有人就有有条子咧。nei˦˩tiŋ˦˥tɕʰiæ̃˨˦tɕiao˥lə˨xua˦,tɕiou˦iou˦zəŋ˨˦tɕiou˦iou˥iou˥˧tɕʰiao˨˦tsɿ˨lie˨.黄：他都给你开个啥咧么。tʰa˥˧tou˥˧kei˦ni˥˧kʰæᴇ˥kə˦sa˦˩liem˨.王：开咧。开个条子。kʰæᴇ˥lie˨.kʰæᴇ˥˩kə˦˩tʰiao˨˦tsɿ˦.黄：他拿咧你的钱，他就要打咧啥。tʰa˥˩na˨˦lie˨ni˥˧ti˨tɕʰiæ̃˨˦,tʰa˥˩tsou˦iao˦ta˥lie˨sa˦˩.（打个什么？打给欠条儿？）黄：啊。a˩.王：打个噢儿……打个……一般打个收条。ta˥kə˦˥aor˦……ta˥kə˦˩ʂ……i˥˧pæ̃˥ta˥˧kə˦ʂou˥tʰiao˨˩.（收条？）黄：打个收条，嗯。ta˥˧kə˦ʂou˥tʰiao˨˩,ŋ̍˦.

发票

（那个正式的过了……过了税的那种东西呢？）黄：那叫票儿咧。发票儿。发票也叫税票。过去叫发票，现在多一半儿都是……nei˥˦tɕiao˧pʰiaor˥lie˨.fa˥˩pʰiaor˥.fa˥˩pʰiao˧ie˥˩tɕiao˧ʂuei˥pʰiao˧˩.kuo˧tɕʰy˥tɕiao˧fa˥pʰiao˧,ɕiæ̃˥tsæᴇ˥tuo˥i˥˩pæ̃r˥tou˥˩sɿ˥……王：就是那税票。tɕiou˥˩sɿ˥˩nə˧˩ʂuei˥˦pʰiao˧˩.黄：都是这个带税的一般都是那叫。tou˥˩sɿ˥tʂə˥kə˧tæᴇ˥ʂuei˥ti˨i˥˩pæ̃˥˩tou˥˩sɿ˥nə˥tɕiao˧.（叫什么呢？叫……）黄：税票。ʂuei˥pʰiao˧˩.王：税……ʂuei˥……（过去叫……叫什么？叫……）黄：发票。过去的话那你发票就可以报销，现在就不行。fa˥˩pʰiao˧.kuo˧tɕʰy˥ti˨xua˧˩nei˥ni˥˩fa˥˩pʰiao˧˥˦tɕiou˥kʰə˥i˥˩pao˧ɕiao˥˩,ɕiæ̃˥tsæᴇ˥tɕiou˥pu˩˥ɕiŋ˩˨.王：嗯，那有那个……ə̃˩,nei˥˩iou˥nei˥kə˧……（现在不行？）王：不行啊。那税票……pu˩˥ɕiŋ˩˨a˨.nə˧˩ʂuei˥˦pʰiao˧˩……黄：现在必须是兀…………ɕiæ̃˥tsæᴇ˥pi˥ɕy˥˩sɿ˥væᴇ˥……王：要统一发货票。iao˧tʰuoŋ˥i˥˩fa˥˩xuo˥˦pʰiao˧.黄：那统一发货票和统一税票。那头起就是把税已经给你扣除了。你才能上账咧。nei˥tʰuoŋ˥i˥˩fa˥˩xuo˥˦pʰiao˧xuo˩˥tʰuoŋ˥i˥˩ʂuei˥pʰiao˧.nə˧tʰou˩˥tɕʰie˥˩tsou˥˩sɿ˥˩pa˥˩ʂuei˥˦i˥˩tɕiŋ˥˩kei˥ni˥˩kʰou˥tʂʰʮ˩˥l ə˨.ni˥˩tsʰæᴇ˩˥nəŋ˩˥ʂaŋ˥tʂaŋ˥˦lie˨.

供应证

（这个这个商店里把……管这个叫不叫什么供应呐什么东西？供应什么什么东西，我跟……供应，供应点儿东西，有没有供应这个说法？）黄：这是前……过去原几年有么。tʂə˥˦sɿ˥˩tɕʰiæ̃˩˥……kuo˧tɕʰy˥˩yæ̃˩˥tɕi˥niæ̃˩˥iou˥muo˨.王：原来有咧。原来□有那供应证咧嘛。yæ̃˩˥læᴇ˩iou˥˩lie˨.yæ̃˩˥læᴇ˩niæ̃˩˥iou˥˩nə˥kuoŋ˥iŋ˥tʂəŋ˥lie˨ma˨.黄：啊，有那供应证儿咧嘛。购……那你看你是一个月给你供应半斤油哩，还是供应，几个月供应欸，供应一斤糖咧。a˥,iou˥˩nei˥kuoŋ˥iŋ˥tʂə̃r˥lie˨ma˨.kou˥˦……nei˥ni˥˩kʰæ̃˥ni˥˩sɿ˥i˥˩kə˥˦yo˥˩kei˥ni˥˩kuoŋ˥iŋ˥pæ̃˥tɕiŋ˥˩iou˩˥lie˥,xa˩˥sɿ˥kuoŋ˥iŋ˥,tɕi˥˩kə˥yo˥˩kuoŋ˥tɕiŋ˥（←iŋ˥）ei˩,kuoŋ˥iŋ˥i˥˩tɕiŋ˥tʰaŋ˩˥lie˥.（那过去你们，这个买东西，就是计划经济时代这怎么弄呢？）王：计……tɕi˥……黄：那有好多东西那由呃……nei˥iou˥˩xao˥tuo˥˩tuoŋ˥ɕi˨nei˥iou˩˥ə˥……王：计划时……购……tɕi˥xua˧sɿ˩˥……kou˥……黄：计划时代是那给你给个购……tɕi˥xua˧sɿ˩˥tsæᴇ˥（←tæᴇ˥）sɿ˥˩næᴇ˥kei˥ni˥˩kei˥kə˧˩kou˧˩……王：那就是……næᴇ˥tɕiou˧sɿ˥……黄：购购儿本儿咧嘛。kou˧˩kour˥pə̃r˥lie˨ma˨.王：啊，那叫那供应证儿嘛。a˩,nei˥tɕiao˧nə˥kuoŋ˥iŋ˥tʂə̃r˥˦ma˨.黄：供应证儿。拿供应证儿去咧。kuoŋ˥iŋ˥tʂə̃r˥˩.na˩˥kuoŋ˥iŋ˥tʂə̃r˥tɕʰy˥˦lie˨.王：拿了供应证去咧。你希嗯啥，□给你限制咧，你……你这一切……na˩˥lə˨kuoŋ˥iŋ˥tʂəŋ˥˦tɕʰi˥˩lie˨.ni˥ɕi˥˩ŋ̍˥sa˥˩,niæ̃˩˥kei˥ni˥˩ɕiæ̃˥tʂɿ˥˦lie˨,ni˥˩……ni˥˩tʂei˥i˥˦tɕʰie˥……黄：他自己紧俏商品□都给你固呃……限制着咧么。tʰa˥˩tsɿ˥˩tɕie˥˩tɕiŋ˥tɕʰiao˧ʂaŋ˥˩pʰiŋ˥niæ̃˩˥tou˥˩kei˥ni˥˩ku˥˦ə˧……ɕiæ̃˥tʂɿ˥tʂə˨liem˨.王：限制供应。ɕiæ̃˥˩tʂɿ˥˦kuoŋ˥˩iŋ˥˩.（一般的商品也限制吗？）黄：一般商品不限制。i˥˦pæ̃˥ʂaŋ˥˩pʰiŋ˥pu˩˥ɕiæ̃˥tʂɿ˥.王：一般的不限制。i˥˦pæ̃˥ti˨pu˩˥ɕiæ̃˥tʂɿ˥.黄：当时那里就是，糖，是煤油，这些一类的。taŋ˥˩sɿ˩nei˥˦li˥˩tsou˥sɿ˥,tʰaŋ˩,sɿ˥˩mei˩iou˩,tʂei˥ɕie˥˩i˥˩luei˥ti˨.王：啊，过去那个供应制的时候，你这个欸穿衣裳，有布票咧么。称棉花有棉票咧么。一个人一年只给你发个一丈布票么，半斤，半斤棉花，噢？a˩.kuo˧tɕʰy˥nə˧˩kə˧˩kuoŋ˥iŋ˥tʂɿ˥tə˨sɿ˩xou˥,ni˥˩tʂə˥kə˧ei˩tʂʰuæ̃˥˦i˥ʂaŋ˥,iou˥˩pu˥˦pʰiao˧lie˥muo˥.tʂʰəŋ˥miæ̃˩xua˥iou˥˩miæ̃˩pʰiao˧liem˥.i˥˩kə˧ʐəŋ˩˥i˥˩niæ̃˩tsɿ˥˩kei˥ni˥˩fa˥kə˧i˥˩tʂaŋ˥pu˥pʰiao˧˦muo˨,pæ̃˥˦tɕiŋ˥,pæ̃˥˦tɕiŋ˥˩miæ̃˩xua˥,ao˥?王：半斤棉花。pæ̃˥˦tɕiŋ˥˩miæ̃˩xua˥˩.（噢，现在就方便多了！）黄：啊。a˩.王：现在方

便的。ɕiæ̃˥tsæᴇ˥faŋ˥˩piæ̃˥˦ti˧.

价钱

（这个价钱啊正好合适，也不高也不低，你说这个，这叫什么？价钱比较什么？）黄：价钱合适么。tɕiɑ˥tɕʰiæ̃˨˩xuo˨˩ʂʅ˥muo˧.王：那就是合理么，价钱合理么。nei˥tɕiou˥sʅ˥xuo˨˩li˥muo˧,tɕiɑ˥˩tɕʰiæ̃˨˩xuo˨˩li˥muo˧.黄：我就……价钱合理着咧。ŋuo˥˩tɕiou˥˦……tɕiɑ˥tɕʰiæ̃˨˩xuo˨˩li˥tʂə˧lie˧.（说不说价钱公道？还是怎么说？）黄：公道也有说哈？ kuoŋ˥tɑɔ˧ie˥iou˥˩ʂuo˥˩xɑ˧?王：公道也有，这个也说。kuoŋ˥tɑɔ˧ie˥iou˥˩,tʂə˥˩kə˥˦ie˥˩ʂuo˥˩.黄：也有这个公……有……也有说公道，也有说合理的。ie˥iou˥˩tʂə˥˩kə˥˩kuoŋ˥……iou˥˩……ie˥˩iou˥ʂuo˥˩kuoŋ˥tɑɔ˧,ie˥iou˥˩ʂuo˥˩xə˨˩li˥ti˧.王：合理他。xuo˨˩li˥tʰɑ˥˩.（老人家一般说什么？）王：老人就说公道。lɑɔ˥zəŋ˨˩tɕiou˥ʂuo˥˩kuoŋ˥tɑɔ˧.黄：公道着咧。嗯。kuoŋ˥tɑɔ˧tʂə˧lie˧.ŋ̍˩.（有没有说是价钱倭傑着呢？）黄：咱们这儿这个人……tsɑ˨mən˧tʂər˥tʂə˥kə˥zəŋ˨˩……王：倭傑就是陕西人说倭傑。vuo˥˩ie˥tɕiou˥sʅ˥ʂæ̃˥ɕi˥˩zəŋ˨˩ʂuo˥˩vuo˥˩ie˥˩.黄：陕西人倭……说倭傑，前塬儿说这，太白本地没有这个话。ʂæ̃˥ɕi˥˩zəŋ˨˩vuo˥˩……ʂuo˥˩vuo˥˩ie˥,tɕʰiæ̃˨yæ̃r˨˩ʂuo˥˩tʂə˥,tʰæᴇ˥˩pei˨˩pəŋ˥ti˥mei˨iou˥tʂə˥kə˥xuɑ˥˩.（噢，这个合水那边还说……）黄：他说倭傑哩。tʰɑ˥˩ʂuo˥˩vuo˥˩ie˥˩li˧.（这边不说？）黄：咱们这面不说。tʂɑ˨mən˧tʂei˥miæ̃˥pu˨˩ʂuo˥˩.（也是合适的意思吗？）黄&王：嗯。ŋ̍˩.（有没说这个价钱这个不大合适，太贵了，你们怎么说？）黄：有说太贵咧这个话咧。iou˥ʂuo˥˩tʰæᴇ˥kuei˥lie˧tʂə˥kə˥xuɑ˥lie˧.（还有什么说法？）黄：太高了，或者是太贵。tʰæᴇ˥kɑɔ˥lə˧,xuei˨˩tʂə˥˩sʅ˥˩tʰæᴇ˥kuei˥.（这个东西价钱高，你们叫什么？）黄：嗯？ŋ̍˨?（价钱比较高？）黄：太高了。tʰæᴇ˥kɑɔ˥lə˧.（是高还是贵？）黄：高了，也叫太贵。kɑɔ˥lə˧,ie˥˩tɕiɑɔ˥˩tʰæᴇ˥kuei˥.（是说贵说得多还是高？）黄：贵啊？kuei˥˩ɑ˧?王：贵说的多。太贵咧，呣。kuei˥ʂuo˥˩ti˧tuo˥.tʰæᴇ˥kuei˥lie˧,m̩˩.黄：说贵，嗯。ʂuo˥˩kuei˥,ŋ̍˩.（反面呢？）黄：那就是低了。nei˥tɕiou˥˩sʅ˥˩ti˥lə˧.（是低还是便宜，还是什么东西？）黄：便宜也……这个话也说啊？pʰiæ̃˨˩i˨˦ie˥˩……tʂə˥kə˥xuɑ˥ie˥˩ʂuo˥ɑ˩?王：嗯。ŋ̍˩.黄：都常用的是这个低啊？tou˥tʂʰɑŋ˨˩yoŋ˥˩ti˧sʅ˥tʂə˥kə˥ti˥ɑ˩?王：低啊。常用的是低啊？ti˥ɑ˧.tʂʰɑŋ˨yoŋ˥ti˧sʅ˥ti˥ɑ˩?黄：嗯。ə̃˩.（是低？）黄&王：嗯。ŋ̍˩.（也说便宜？）黄：嗯。也说便宜。ŋ̍˩.ie˥˩ʂuo˥˩pʰiæ̃˨˩i˨˩.（说不说贱？）王：不说贱。pu˨˩ʂuo˥tɕiæ̃˥˩.（是说贵，还……还有什么说法？）黄：太贵了，或是价钱过高。tʰæᴇ˥kuei˥lə˧,xuo˨˩sʅ˥tɕiɑ˥tɕʰiæ̃˨˦kuo˥kɑɔ˥.

搞价

（我比如说这个今天到这个集……说你这个这个这个东西怎么卖呀，他说……你是说开价多少还是要价多少？）黄：嗯，你要多钱咧？要价多少？ŋ̍˩,ni˥˩iɑɔ˥tuo˥˩tɕʰiæ̃˨˩lie˧?iɑɔ˥tɕiɑ˥tuo˥˩ʂɑɔ˥?（是要价还是开价呢？）黄：要……要价多少。iɑɔ˥……iɑɔ˥˩tɕiɑ˥˩tuo˥˩ʂɑɔ˥˩.（那你你比如说它十块钱的，你得你得那个什么吧？你九块钱卖不卖？八块钱卖不卖？你这个叫什么行为呢？）王：你……叫个……叫搞价咧嘛。ni˥˩……tɕiɑɔ˥˩kə˥˩……tɕiɑɔ˥˩kɑɔ˥tɕiɑ˥˩lie˧mɑ˧.黄：搞价钱。kɑɔ˥tɕiɑ˥tɕʰiæ̃˨˩.（不叫还价呢？）黄&王：也叫还价。ie˥tɕiɑɔ˥xuæ̃˨˩tɕiɑ˥.（哪种说得最多？最土的？）王：一般的话就是搞价么。i˥˩pæ̃˥tə˧xuɑ˥tɕiou˥˩sʅ˥˩kɑɔ˥tɕiɑ˥˩muo˧.黄：搞价钱土呣。kɑɔ˥tɕiɑ˥tɕʰiæ̃˨˩tʰu˥m̩˧.（这个人，这个好像这边东西不打……都不怎么还价的？）王：这面也还价。

tʂə˥miæ̃˥˩ie˥˧xuæ̃˧˩˨tɕia˥.（也还价？）黄：嗯。ŋ̍˩.王：他比方他兀在兀我……你我买我这个东西是，要……要价要十块钱么你，我只给你给七块，六，六块，七块，然后，搞，再落到八块上了就买成了我就。tʰa˥˩pi˥˧faŋ˥˩tʰa˥˧vu˥˩tsæᴇ˥væᴇ˥ŋuo˥˧……ni˥˧ŋuo˥˩mæᴇ˥˧ŋuo˥˧tʂə˥˩kə˥tuoŋ˥˩ɕi˧sɿ˥,iɑɔ˥……iɑɔ˥tɕia˥iɑɔ˥ʂʅ˧˩˨kʰuæᴇ˥˧tɕʰiæ̃˧˩˨muo˧ni˥˩,ŋuo˥˩tsɿ˥˩kei˥ni˥˧k ei˥tɕʰi˥˧kʰuæᴇ˥˩,liou˥˧,liou˥˧kʰuæᴇ˥˩,tɕʰi˥˧kʰuæᴇ˥˩,ʐæ̃˧˩˨xou˥,kɑɔ˥˧,tsæᴇ˥luo˥˩tɑɔ˥˩pɑ˥˧kʰuæᴇ˥˩ʂɑŋ˥lə˧tɕiou˥mæᴇ˥˧tʂʰəŋ˧˩˨lə˧ŋuo˥˩tsou˥.（噢，这边也还价？）黄：也还。ie˥˧xuæ̃˧˩˨.（我看这个不大还价这好像。）黄：还哩。xuæ̃˧˩˨li˥.王：嗯，也还。ŋ̍˩,ie˥˧xuæ̃˧˩˨.（我要还价的时候他就不理你。）黄：有些商品他就不理你。嗯。iou˥˧ɕie˥˩ʂɑŋ˥˩pʰiŋ˥˧tʰɑ˥˧tɕiou˥pu˧˩˨li˥˧ni˥˩.ŋ̍˩.（有些他还……）黄：噢，有些……他多一半儿商品还是搞……搞价咧。ɑɔ˩,iou˥˧ɕie˥˩……tʰɑ˥˩tuo˥˧i˥˩pæ̃r˥˦ʂɑŋ˥˩pʰiŋ˥˧xɑ˧˨sɿ˥kɑɔ˥˩……kɑɔ˥˧tɕia˥lie˧.王：多一半都是搞价还价咧。tuo˥˧i˥˩pæ̃˥˦tou˥˩sɿ˥kɑɔ˥˧tɕia˥xuæ̃˧˩˨tɕia˥lie˧.（有没有说我不还价的，有没有这种说法？）黄：有嘛。iou˥˧ma˧.王：有咧么。iou˥˧liem˧.黄：那有些商品□就是最低，报价就是最低价，不还价的。nei˥˩iou˥˧ɕie˥˩ʂɑŋ˥˩pʰiŋ˥˧niæ̃˧˩˨tɕiou˥˩sɿ˥˩tsuei˥˦ti˥˩,pɑɔ˥tɕia˥tɕiou˥˩sɿ˥˩tsuei˥˦ti˥˩tɕia˥,pu˧˩˨xuæ̃˧˨tɕia˥ti˧.（是叫不还价还是不二价？）黄：不还价。pu˧˨˦xuæ̃˧˨tɕia˥.王：还价。xuæ̃˧˨tɕia˥˩.黄：有的也讲这个不还价，有的叫是最低价。把这个东西叫最低价。这个杯子卖五块钱那就是最低价。iou˥˧ti˧lie˥˧tɕiaŋ˥˧tʂə˥˩kə˥˩pu˧˩˨xuæ̃˧˨tɕia˥,iou˥˧ti˧tɕiɑɔ˥˩sɿ˥˩tsuei˥˦ti˥˩tɕia˥˩.pa˥˩tʂə˥˩kə˥tuoŋ˥˩ɕi˧tɕiɑɔ˥tsuei˥ti˥˩tɕia˥˦.tʂə˥kə˥pʰei˥˧tsɿ˧mæᴇ˥vu˥˩kʰuæᴇ˥˧tɕʰiæ̃˧˨næᴇ˥tɕiou˥˩sɿ˥˩tsuei˥˦ti˥˩tɕia˥˩.

捏码子

（没听过什么什么什么这种黑话的时候一……一二三四？）黄：没有。mei˧˨˦iou˥˧.（这人家他怕人家听出。）黄：哎没有。兀都……兀些。æᴇ˥˧mei˧˩˨iou˥˩.væᴇ˥˦tou˥˧……væᴇ˥˦ɕie˥˩.王：兀这里兀地方是一般兀讲那号儿大数儿的话哎，害怕人听见那就是在，捏码子咧。vu˥˩tʂə˥˦li˥˩væᴇ˥˩ti˥˦faŋ˥˩sɿ˥˩i˥˨pæ̃˥˩væᴇ˥tɕiɑŋ˥˩næᴇ˥˦xɑɔr˥˩tɑ˥ʂʮər˥tə˧xuɑ˥æᴇ˩,xæᴇ˥pʰɑ˥ʐəŋ˧˨tʰiŋ˥˧tɕiæ̃˥˩næᴇ˥tsou˥˩sɿ˥tsæᴇ˥,nie˥˩ma˥˧tsɿ˧lie˧.（呃，捏码子？）黄：啊。ɑ˩.王：啊。比方说是把他这个撩撩一揭。慢……ɑ˩.pi˥˧faŋ˥˧ʂuo˥˩sɿ˥˩pɑ˥˩tʰɑ˥˧tʂə˥kə˥liɑɔ˧˩˨liɑɔ˧˦i˥˧˩tɕie˥˧.mæ̃˥……黄：这就在这底下说咧么。tʂə˥tɕiou˥tsæᴇ˥˩tʂə˥ti˥˧xɑ˥˩ʂuo˥˧liem˧.王：啊，就在兀底下。手手捏咧。ɑ˩,tɕiou˥˩tsæᴇ˥væᴇ˥ti˥˧xɑ˥˩.ʂou˥˧ʂou˥˩nie˥˧lie˧.黄：他欸，那要说是，你像是过了大的的话，他给你一个大数儿的话，比说是大数就不说咧。tʰɑ˥˩ei˩,nei˥˩iɑɔ˥˦ʂuo˥˧sɿ˥,ni˥˧ɕiaŋ˥˦sɿ˥˩kuo˥˨lə˧tɑ˥˨ti˧tə˧xuɑ˥˩,tʰɑ˥˧kei˥ni˥˧i˥˩kə˥tɑ˥˨ʂʮər˥˩ti˧xuɑ˥˩,pi˥˧ʂuo˥˧sɿ˥tɑ˥˨ʂʮ˥tsou˥pu˧˩˨ʂuo˥˧lie˧.王：啊。ɑ˩.黄：就是这，这就是这么一……给你攥一个指头过来叫你们把你都住逮住这么一捏。那就这就一万块钱都说说说……透了。看是值……这个东西值一万块钱，他就说大数儿咱们先站住这个。tɕiou˥˩sɿ˥˩tʂə˥˦,tʂə˥˩tɕiou˥˩sɿ˥˩tʂə˥˦muo˧i˥˧……kei˥ni˥˧ʐʮ˥˧i˥˩kə˥˦tsɿ˥˧tʰou˧kuo˥˨læᴇ˧˩˨tɕiɑɔ˥˩ni˥˧məŋ˧pɑ˥˩ni˥˧tou˥˩tʂʮ˥tæᴇ˥˧tʂʮ˥tʂə˥muo˧li˥˧nie˥˧.næᴇ˥tɕiou˥tʂə˥˦tɕiou˥˩i˥˩væ̃˥˦kʰuæᴇ˥˩tɕʰiæ̃˧˨tou˥˩ʂuo˥˩ʂuo˥˩ʂuo˥˩ʂ……tʰou˥˨lə˧.kʰæ̃˥sɿ˥tʂʅ˧˩˨……tʂə˥kə˥tuoŋ˥˧ɕi˧tʂʅ˧˨i˥˩væ̃˥kʰuæᴇ˥˧tɕʰiæ̃˧˩˨,tʰɑ˥˧tsou˥˩ʂuo˥˩tɑ˥˨ʂʮər˥tʂɑ˧˨məŋ˧ɕiæ̃˥˩tsæ̃˥˨tʂʮ˥˩tʂə˥˩kə˥˦.王：那他捏一下手上还就是一，比如一万是万他一，你捏一嘛。八的话就是这两个指头往开，往开一撑，就代表八嘛。nə˥˩tʰɑ˥˧nie˥˧i˥˩xɑ˥ʂou˥˧ʂaŋ˥˩xæᴇ˧˦tɕiou˥sɿ˥i˥˩,pi˥˧ʐʮ˧˦i˥˩væ̃˥˦ʂɿ˥væ̃˥tʰɑ˥˧i˥˧,ni˥˩nie˥˨i˥˧mɑ˧.pɑ˥˧tə˧xuɑ˥˩tɕiou˥˩sɿ˥˩tʂə˥liɑŋ˥˧kə˥˩tsɿ˥˩tʰou˧vɑŋ˥˨kʰæᴇ˥˧,vɑŋ˥˨kʰæᴇ˥˩i˥˩tsʰəŋ˥˧,tɕiou˥tæᴇ˥piɑɔ˥˧pɑ˥˧mɑ˧.黄：把你一压，手你在这里，他就这么八。pɑ˥˩ni˥˧i˥˩niɑ˥,ʂou˥˧ni˥˩tsæᴇ˥tʂə˥li˥˧,tʰɑ˥˧tɕiou˥tʂəm˥pɑ˥˩.王：这么个一捏代表七。tʂə˥

muo˧kə˥˩i˥˧nie˥˧tæᴇ˥piao˥˧tɕʰi˥˧.（这个，噢，三个指头合起来叫七？）王：代七。这么个是八，这么个是七。tæᴇ˥tɕʰi˥˧.tʂə˥˧muo˧kə˥˩sʅ˥˩pa˥˧,tʂə˥muo˧kə˥sʅ˥˩tɕʰi˥˧.（这个跟个枪一样，叫……啊，叫八。）王：啊，这跟枪，这叫八。a˩,tʂə˥˩kəŋ˥˧tɕʰiaŋ˥˧,tʂə˥tɕiao˥pa˥˧.（嗯，咱们算算这……这……这是几？）王：兀是就一么。və˥˧sʅ˥tɕiou˥i˥˧muo˧.（你你你就是拿手比画比画一二三四是怎么弄的。）王：那这，那就是一就是一……这么些嘛。na˩˧tʂei˥,nei˥˩tɕiou˥sʅ˥i˥˧tɕiou˥˩sʅ˥˩i˥˧i……tʂə˥muo˧ɕie˥˩ma˧.（把食指竖起来？）王：啊。三的话那就捏你三个指头嘛。a˩.sæ̃˥tə˧xua˥næᴇ˥˧tɕiou˥˩nie˥˩ni˥˧sæ̃˥kə˥˩tsʅ˥tʰou˧ma˧.（三个指头？）王：四就捏四个指头。说五兀……sʅ˥tɕiou˥˩nie˥˩sʅ˥˧kə˥˩tsʅ˥tʰou˧.ʂuo˥˩vu˥vei˥……（噢，是把食指、中指、无名指就叫是三？）王：噢，就叫三么。捏你四个的话就这四个么。ao˩,tɕiou˥(tɕ)iao˥sæ̃˥muo˧.nie˥˩ni˥˧sʅ˥˧kə˥˩tə˧xua˥˩tɕiou˥˩tʂə˥˧sʅ˥kə˥muo˧.（噢，大拇指收起来叫四个？）王：啊。捏五个就是这么个一捏这五个嘛。嗯，这么个，这么个一捏，这是六嘛。a˩.nie˥˩vu˥kə˥tɕiou˥sʅ˥tʂə˥˧muo˧kə˥˩i˥˩nie˥˧tʂə˥vu˥kə˥˩ma˧.ə̃˥,tʂə˥˧muo˧kə˥,tʂə˥˧muo˧kə˥i˥˧nie˥˩,tʂei˥sʅ˥liou˥ma˧.（噢，这这那头上两个，拇指和这个小指？）王：啊。这是六嘛。a˩.tʂei˥sʅ˥˩liou˥ma˧.（这是六？）王：这么个是七嘛。tʂə˥˧muo˧kə˥sʅ˥tɕʰi˥ma˧.（七？）王：这么是个八嘛。tʂə˥muo˧sʅ˥kə˥pa˥ma˧.（九呢？）王：捏九的话就这么个，捏一个圈圈。nie˥˩tɕiou˥ti˧xua˥tɕiou˥tʂə˥˧muo˧kə˥˩,nie˥˩i˥˩kə˥tɕʰyæ̃˥˩tɕʰyæ̃˥˩.（噢，有个圈，自己做一个）王：啊，这是个九嘛。a˩,tʂə˥sʅ˥˩kə˥˩tɕiou˥ma˧.（十怎么办？）王：十的话了，那也就是给你，把你五个指头那么一捏，捏了这么个一，一翻个一正就是十嘛。ʂʅ˩˧ti˧xua˥lə˥,nei˥˧a˥˩tɕiou˥sʅ˥kei˥ni˥˧,pa˥˩ni˥˧vu˥kə˥tsʅ˥tʰou˧nə˥muo˧i˥˧nie˥,nie˥lə˧tʂə˥˧muo˧kə˥i˥˩,i˥˧fæ̃˥kə˥i˥˩tʂəŋ˥˧(tɕ)iou˥˩sʅ˥˩ʂʅ˩˧ma˧.（噢，五要……就是五，翻一下儿五，正一下五，就是……加起来就是十。）王：一翻，啊，这是十嘛。啊。i˥˧fæ̃˥,a˥,tʂə˥ʂʅ˥ʂʅ˩˧ma˧.a˩.（那二是……是这……）王：二就是捏着两个指头。ər˥˧tɕiou˥sʅ˥nie˥˩tʂə˧liaŋ˥(k)ə˥˩tsʅ˥tʰou˧.（噢，就是这个中指和这食指？）王：啊啊，食指。a˥a˩,ʂʅ˩˧tsʅ˥˩.

便宜贵贱

（你不管这个东西是贵还是便宜，都买回来。叫不什么，有没有什么便宜贵贱这种说法？贵贱便宜这种说法？）王：有咧么。那就比方你买回来是，这……这样菜出下。各种这个菜还便宜，那个菜还有点贵……iou˥liem˧.nei˥˩tɕiou˥pi˥faŋ˥˧ni˥˧mæᴇ˥xuei˩˧læᴇ˩˧sʅ˥,tʂə……tʂə˥˧iaŋ˥tsʰæᴇ˥tʂʰʯ˥˩xa˥˩.kə˥˧tʂuoŋ˥˧tʂə˥˩kə˥˧tsʰæᴇ˥xa˩˧pʰiæ̃˩˧i˥˧,nei˥˧kə˥˩tsʰæᴇ˥xa˩˧iou˥˧tiæ̃˥˧kuei˥……黄：贵贱都买下了。把贵的也买下了，贱的也买下。kuei˥tɕiæ̃˥˧tou˥˩mæᴇ˥xa˥˩lə˧.pa˥˩kuei˥ti˧lie˥˩mæᴇ˥xa˥˩lə˧,tɕiæ̃˥ti˧lie˥mæᴇ˥xa˥˩.（噢，叫贵贱？）黄：有些东西的话，这个就说是……真正是自己必须要用的那个东西，我就不讲价钱了。iou˥ɕie˥˧tuoŋ˥ɕi˧ti˧xua˥,tʂə˥˩kə˥˩tsou˥˧ʂuo˥˧sʅ˥tʂ……tʂəŋ˥˩tʂəŋ˥˧sʅ˥tsʅ˥tɕie˥˧pi˥˧ɕy˥˩iao˥yoŋ˥ti˧nə˥˩kə˥˩tuoŋ˥ɕi˧,ŋuo˥˩tsou˥˩pu˩˧tɕiaŋ˥tɕia˥tɕʰæ̃˩˧lə˧.王：啊，那便宜贵贱都要买。a˩,nə˥pʰiæ̃˩˧i˥˧kuei˥tɕiæ̃˥tou˥˩iao˥˩mæᴇ˥˩.黄：贵贱都要买咧，便宜贵贱都要买咧。kuei˥tɕiæ̃˥tou˥˩iao˥mæᴇ˥lie˧,pʰiæ̃˩˧i˥˧kuei˥tɕiæ̃˥tou˥˩iao˥mæᴇ˥lie˧.

保来回

（说你这种东西哈，你拿去，你用，用坏了，这个是我是这个包赔的，你，这种说法有没有？这这种他们……）黄：这有说咧。tʂei˥˧iou˥˧ʂuo˥˩lie˧.（有……说叫包赔还是叫什么？）王：那就是包赔嘛。比方你那个……你你比方你买这个电视回去，就说是给你，坏了拿来我你包换么。næᴇ˥tɕiou˥sʅ˥pɑɔ˥˧pʰei˨˩mɑ˧˥.pi˥˧fɑŋ˥˧˩ni˥˧nə˥kə˥……ni˥˧˦ni˥˧˦pi˥˧˦fɑŋ˥˧˦ni˥˧˦mæᴇ˥˧tʂə˥˩kə˥˩tiæ̃˥sʅ˥xuei˨˩˧tɕʰi˥,tɕiou˥ʂuo˥˧˩sʅ˥˩kei˥ni˥˧˦,xuæᴇ˥lə˧naʌ˩læᴇ˨˩ŋuo˥˧˦ni˥˧˦pɑɔ˥˧˦xuæ̃˥muo˧˥.（这个是肯定的，电视这种东西。）王：包换包退包赔。pɑɔ˥˧xuæ̃˥pɑɔ˥˧tʰuei˥pɑɔ˥˧˩pʰei˨˩˧.（一般的东西他有没有说这个，包了的？）王：一般比较便宜的都……兀就不包。i˥˧˦pæ̃˥˧pi˥˧˦tɕiɑɔ˥pʰiæ̃˨˩˧i˨˩˦ti˧tou˥˧˩……væᴇ˥tɕiou˥pu˨˩pɑɔ˥˧.黄：一般便宜……便宜些这东西都不存在这个问题么。i˥˧˦pæ̃˥˧˩pʰiæ̃˨˩˧ɕi˦（←i˨˩）……pʰiæ̃˨˩˧i˨˩˦ɕie˥˧˩tʂei˥˩tuoŋ˥˧ɕi˧tou˥˧˦pu˨˩tsʰuoŋ˨˩tsæᴇ˥˦tʂə˥˩kə˥˩vəŋ˥tʰi˨˩muo˧˥.（你们是叫包还是叫包赔？）黄：包赔的。pɑɔ˥˧˩pʰei˨˩ti˧.（不说包吗？我包了是……这个是？没有？）黄：这个说法都很少。反正现在这个……tʂə˥kə˥ʂuo˥˧˩fɑ˥˧˩tou˥˧˩xəŋ˥˧ʂɑɔ˥˧.fæ̃˥˧˩tʂəŋ˥ɕiæ̃˥tsæᴇ˥˦tʂə˥˩kə˥˩……（有没有叫什么百……这个"保来回"的这种说法？）黄：保来回这个话说咧。pɑɔ˥˧læᴇ˨˩xuei˨˩˦tʂə˥kə˥xuɑ˥ʂuo˥˧lie˧˥.王：说咧。ʂuo˥˧lie˧˥.黄：啊，这个东西，我这个东西，我可是保来回的。ɑ˩,tʂə˥kə˥tuoŋ˥˧˩ɕi˧˥,ŋuo˥˧tʂə˥˩kə˥˩tuoŋ˥˧ɕi˧˥,ŋuo˥˧kʰə˥˧˩sʅ˥˩pɑɔ˥˧læᴇ˨˩xuei˨˩˦ti˧˥.（就是包……）黄：啊。ɑ˩.（坏了管换？）黄：啊。坏了管换。ɑ˩.xuæᴇ˥lə˧kuæ̃˥˧˦xuæ̃˥˩.

老主户

（你这个客人，你这当然在这里经营了一些……一段时间么，有的客人呢是第一次到你这里来买东西，这个客人叫什么顾客？）王：这个是……tsə˥˩kə˥˦sʅ˥˩……（头……生客还叫什么客，有没有这种说法？生客熟客？）黄：这就叫生客嘛。tʂə˥˦tɕy˩（←tɕiou˥）tɕiɑɔ˥˩səŋ˥˧kʰə˥˧˩mɑ˧˥.王：啊。ɑ˩.黄：噢，你这个，我们这儿这把那个第二次来，经常来买这个东西，叫回头客。ɑɔ˩,ni˥˧˦tʂə˥kə˥,ŋuo˥˧məŋ˧tʂər˥˦tʂə˥pɑ˥˧˩nə˥kə˥ti˥˩ər˥˦tsʰʅ˥˩læᴇ˨˩˦,tɕiŋ˥˧˩tʂʰɑŋ˨˩læᴇ˨˩˦mæᴇ˥˧˦tʂə˥kə˥tuoŋ˥˧ɕi˧˥,tɕiɑɔ˥xuei˨˩tʰou˨˩kʰə˥˧.（回头客？）黄：啊，回头客。ɑ˩,xuei˨˩tʰou˨˩kʰə˥˧.（第二次是叫回头客？）黄：啊。ɑ˩.（第一次的叫什么？）王：新客。ɕiŋ˥˧kʰə˥˧˩.黄：新客么。ɕiŋ˥˧kʰəm˥˧˩.（有……经常到你这儿买东西的呢？）王：呃就是常客。ə˥˧tsou˥sʅ˥tʂʰɑŋ˨˩kʰə˥˧˩.（有没有什么老主顾哇这种说法？）王：有咧，有。iou˥˧lie˧˥,iou˥˧.黄：有咧嘛，老主户嘛。iou˥˧lie˧mɑ˧˥,lɑɔ˥˧tʂʯ˥˧˦xu˥mɑ˧˥.（叫什么？）王：老主户那叫咱两做生意，是，年代多了就叫老主户么。lɑɔ˥˧tʂʯ˥˧˦xu˥nei˥tɕiɑɔ˥tsɑ˨˩liɑŋ˥˧tsuo˥˧˦səŋ˥˧i˥˩,sʅ˥,niæ̃˨˩˧tæᴇ˥tuo˥˧lə˧tɕiou˥tɕiɑɔ˥lɑɔ˥˧tʂʯ˥˧˩xu˥muo˧˥.

叫卖声

（你们这里平常啊就是街上卖东西的，这个叫哇，这个是个喊呐，吆喝怎么……叫卖啊是有些什么什么什么样子的？）黄：现在，嗯，本地人，一般情况下，不……不叫卖。这个兴是叫卖的人都是外地人来这儿叫。ɕiæ̃˥tsæᴇ˥,ŋ̍˩,pəŋ˥˧ti˥zəŋ˨˩,i˥˧˦pæ̃˥˧tɕʰiŋ˨˩˧kʰuɑŋ˥˦ɕiɑ˥,pu˨˩tɕ……pu˨˩tɕiɑɔ˥mæᴇ˥˩.tʂei˥˩kə˥˩ɕiŋ˥˧˦sʅ˥˩tɕiɑɔ˥mæᴇ˥ti˧zəŋ˨˩tou˥˧˩sʅ˥˩væᴇ˥ti˥zəŋ˨˩˦læᴇ˨˩tʂər˥tɕiɑɔ˥.王：外地人吼咧。当地人不吼。væᴇ˥˦ti˥zəŋ˨˩xou˥˧lie˧˥.tɑŋ˥˧˩ti˥˦zəŋ˨˩pu˨˩xou˥˧.黄：当地人不吼。tɑŋ˥˧˩ti˥˦zəŋ˨˩pu˨˩xou˥˧.（为什么呢？）黄：好像没有这个习惯。你像……过去来到这里吼的是这个"磨剪子嘞，抢菜刀"，就是磨剪子磨刀的这些。再么那就是这个"锢露——缸"，箍缸的。xɑɔ˥˧˦ɕiɑŋ˥mei˨˩iou˥˧tʂə˥kə˥ɕi˨˩˧kuæ̃˥.ni˥˧˦ɕiɑŋ˥……kuo˥˧˦tɕʰy˥læᴇ˨˩tɑɔ˥tʂei˥li˥˧˩xou˥˧ti˧sʅ˥tʂə˥kə˥muo˨˩˦tɕiæ̃˥˧˩tsʅ˥˧lei˥,tɕʰiɑŋ˥tsʰæᴇ˥˩tɑɔ˥˧˦,tɕiou˥sʅ˥muo˨˩tɕiæ̃˥˧tsʅ˧muo˨˩tɑɔ˥˧ti˧tʂei˥ɕie˥˧˩.tsæᴇ˥muo˧nei˥tɕiou˥sʅ˥tʂə˥kə˥ku˥lou˥-kɑŋ˥˧,ku˥˧˦kɑŋ˥˧ti˧˥.（叫……叫什么？）黄：锢露——缸。ku˥lou˥˧˦-kɑŋ˥˧.（为什么叫锢露缸呢？）王：缸是个圆轱辘，圆圆儿，箍缸咧么。kɑŋ˥˧sʅ˥kə˥yæ̃˨˩ku˥˧lou˧,yæ̃˨˩˦yæ̃r˨˩˦,ku˥˧˦kɑŋ˥˧liem˧˥.黄：缸是个圆的么，他

就是拿这个竹皮子来来箍咧么啊。kaŋ˥sʅ˧kə˧yæ̃˩˩ti˧muo˧,tʰɑ˥˩tsou˧˩sʅ˧˩nɑ˩tʂə˧kə˧tʂɥ˥˩pʰi˩˩tsʅ˧læᴇ˩˩læᴇ˩˩ku˥lie˧muo˧ɑ˩.（锢露缸？）黄：啊，锢露缸的么。ɑ˩,ku˧˩lu˧kaŋ˥ti˧muo˧.（还有什么呀？）黄：再么那就是那个掌罗儿的嘛。tsæᴇ˧muo˧nei˧tsou˧˩sʅ˧˩nə˧kə˧tʂaŋ˥˩luor˩ti˧mɑ˧.（掌罗是干吗？）黄：罗面那个罗罗子，他把那个底子放那木圈上往上掌咧么。luo˩miæ̃˧nə˧kə˧luo˩luo˩˥tsʅ˧,tʰɑ˥˦pɑ˥˩nə˧kə˧ti˥tsʅ˧faŋ˧nə˧mu˥˦tɕʰyæ̃˥ʂaŋ˧˩vaŋ˥˩ʂaŋ˧tʂaŋ˥liem˧.（他怎么喊呢？）黄：掌罗儿，就是那么。tʂaŋ˥˦luor˩˥,tɕʰiou˧˥sʅ˧nei˧muo˧.（有……有没有别的，比如说剃头的他走到家……家里门口喊不喊？）黄：剃头的□是这个他是喊……tʰi˧˥tʰou˩˩ti˧niæ̃˩˦sʅ˧tʂə˧kə˧tʰɑ˥sʅ˧xæ̃˥˩……王：剃头磨……磨刀子，那是咋么个喊着咧那？tʰi˧tʰou˩muo˩……muo˩tɑɔ˥tsʅ˧,nə˧sʅ˧tsɑ˥muo˧kə˧˩xæ̃˥tʂə˧lie˧nə˧?黄：就是，“剃头磨刀子嘞”。tɕiou˧sʅ˧,tʰi˧˥tʰou˩˦muo˩˥tɑɔ˥˩tsʅ˥lei˧.（这是哪儿的人呢，这都是？）黄：这都是安徽……tʂə˧˥tou˥˩sʅ˧˩næ̃˥xuei˥˩……王：他是安徽、河南人。tʰɑ˥sʅ˧næ̃˥xuei˥˩,xə˩˩næ̃˩˥zəŋ˩˦.黄：安徽、河南人这些。næ̃˥xuei˥˩,xə˩˩næ̃˩˥zəŋ˩tʂei˧ɕie˥˦.王：安徽、河南、山东。næ̃˥xuei˥˩,xə˩˩næ̃˩˦,sæ̃˥tuoŋ˥˩.黄：河南人还是……河南人还有……还有上来那个，“钉锅——锢露儿……露儿缸”。钉锅，锢露儿缸。xuo˩˩næ̃˩˥zəŋ˩xɑ˩sʅ˧˥……xuo˩næ̃˩˥zəŋ˩xɑ˩iou˥……xɑ˩iou˥ʂaŋ˧læᴇ˩˦nə˧kə˧,tiŋ˧˩kuo˥˦-ku˧˥luər……luər˧kaŋ˥˦.tiŋ˧˦kuo˥,ku˧˩luər˧˩kaŋ˥.（怎么喊啊？）黄：就是，钉锅——锢露儿缸。tɕiou˧˩sʅ˧˩,tiŋ˥˩kuo˥˦-ku˧˥luər˧kaŋ˥˦.（他这比如说收破烂的有没有？）黄：收破烂的……ʂou˥˩pʰuo˧˥læ̃˧˥ti˧……王：收破烂没见喊么。ʂou˥˩pʰuo˧læ̃˧mei˩tɕiæ̃˧xæ̃˥muo˧.（没见喊的？）王：光……反正只有……我在城市里见□一工儿喊着是“破烂儿”一喝，“破烂”。kuaŋ˥˦……fæ̃˥˩tʂəŋ˧tsʅ˥˦iou˥˦……ŋuo˥˦tsæᴇ˧tʂʰəŋ˩˩sʅ˧li˥tɕiæ̃˧niæ̃˩i˥˩kuõr˥˦xæ̃˥tʂə˧sʅ˧˩pʰuo˧læ̃r˧i˥˩xə˥˩,pʰuo˧læ̃˧.（这在……这过去到家里来收破烂儿的没有吗？）王：没有。这就是今天有。mei˩iou˥.tʂei˧tɕiou˧˩sʅ˧˩tɕiŋ˥˦tʰiæ̃˥˩iou˥˩.黄：嗯，那□……家里来欸……家里来那个可是那么个说咧，呃，收废铜烂铁的他可是吼咧。ə̃˩,nei˧˥niæ̃˩˦……tɕiɑ˥li˥˩læᴇ˩ei˩……tɕiɑ˥li˥˩læᴇ˩nə˧kə˧kʰə˥˩sʅ˧˩nə˧˥muo˧kə˧˩ʂuo˥lie˧,ə˩,ʂou˥˩fei˧tʰuoŋ˩˩læ̃˧tʰie˥ti˧tʰɑ˥˦kʰə˥˩sʅ˧xou˥˦lie˧.（怎么吼呢？）黄：嗯，我看那咋么个说咧。əŋ˩,ŋuo˥˩kʰæ̃˧nə˧tsɑ˥muo˧kə˧ʂuo˥˦lie˧.王：废铜烂铁。fei˧tʰuoŋ˩˩læ̃˧tʰie˥˩.黄：他是有的叫“废铜烂铁，拿来换钱”么。tʰɑ˥˩sʅ˧˩iou˥ti˧tɕiɑɔ˧fei˧tʰuoŋ˩˩læ̃˧tʰie˥˩,nɑ˩læᴇ˩˦xuæ̃˧tɕʰiæ̃˩muo˧.（就你们过去这个家里头哈生活不……不宽……不宽裕的时候，就是这些收破烂的他也肯定要上门来……来收嘛，你们都换些什么东西？）黄：这一般情况下都是些女的换了。tʂə˧˥i˥˦pæ̃˥tɕʰiŋ˩˩kʰuaŋ˧˥ɕiɑ˧tou˥˦sʅ˧ɕie˥˦ny˥ti˧xuæ̃˧lə˧.（嗯，她换什么？）黄：都换鞋针头儿线脑的。换个针来的，顶针儿来的，线来的。tou˥˩xuæ̃˧˦ɕie˥˩tʂəŋ˥˩tʰour˩ɕiæ̃˧nɑɔ˥ti˧.xuæ̃˧kə˧tʂəŋ˥læᴇ˩˩ti˧,tiŋ˥tʂə̃r˥˩læᴇ˩˩ti˧,ɕiæ̃˧˦læᴇ˩˦ti˧.王：线来的。ɕiæ̃˧˦læᴇ˩˦ti˧.黄：换个颜色不些的。过去那种衣裳，多一半……我们小的时候那些衣裳，都是买下那个土布，没有颜色。xuæ̃˧kə˧iæ̃˩˩sə˥pu˩˩ɕi˥˩ti˧.kuo˧˦tɕʰy˧nei˧tʂuoŋ˥˦i˥ʂaŋ˧,tuo˥˩i˥˩pæ̃˧……ŋuo˥məŋ˧ɕiɑɔ˥ti˧sʅ˩˩xou˧nei˧ɕie˥˦i˥ʂaŋ˧,tou˥˦sʅ˧mæᴇ˥xɑ˧˩nə˧kə˧tʰu˥pu˧,muo˥˦iou˥iæ̃˩sei˥.王：自己颜色煮咧。tsʅ˧˩tɕi˥˩iæ̃˩˩sei˥˦tʂɥ˥lie˧.黄：拿回来自己煮个蓝的，煮个黑的。nɑ˩xuei˩˩læᴇ˩˦tsʅ˧tɕie˥˩tʂɥ˥kə˧˩læ̃˩ti˧,tʂɥ˥˦kə˧xei˥ti˧.（拿什么煮呢？）黄：他买那种颜色叫煮黑、煮蓝、煮青。tʰɑ˥˩mæᴇ˥nei˧˥tʂuoŋ˥˩iæ̃˩˩sei˥tɕiɑɔ˧tʂɥ˥˦xei˥,tʂɥ˥læ̃˩,tʂɥ˥˦tɕʰiŋ˥.王：煮蓝、煮青、煮黑。tʂɥ˥læ̃˩,tʂɥ˥˦tɕʰiŋ˥,tʂɥ˥˦xei˥˩.黄：他都拿来以后，还有红颜色，他都染咧么。

tʰɑ˦tou˦˪na˩læᴇ˩˧i˦˪xou˥,xæᴇ˩iou˦˧xuoŋ˩iæ̃˩˪sə˦,tʰɑ˦tou˦˪zæ̃˦liem˧.（有收……有有换大米的没有？）黄：那有咧么，这个现在这个做生意。nei˥˧iou˦˪lie˧muo˧,tʂə˥˪kə˥˪ɕiæ̃˥tsæᴇ˥˧t ʂə˥˪kə˥˪tsuo˥˪səŋ˦i˧.王：换大米现在有咧。xuæ̃˥˪tɑ˥˧mi˦ɕiæ̃˥tsæᴇ˥iou˦lie˧.黄：现在有咧那人儿。ɕiæ̃˥tsæᴇ˥iou˦˪lie˧nei˥zə̃r˩˪.（过去有没有？）王：过去没有。kuo˥tɕʰy˥˧mei˩˪iou˦˪.黄：过去没有。现在那个做生意的，换大米的，换西瓜的，换苹果的，他都乱吼咧么。kuo˥˧tɕʰy˥mei˩iou˦˪.ɕiæ̃˥tsæᴇ˥nə˥kə˥tsɿ˥səŋ˦i˥ti˧,xuæ̃˥tɑ˥mi˦ti˧,xuæ̃˥ɕi˦kuɑ˦˪ti˧,xuæ̃˥pʰiŋ˩˪kuo˦ti˧,tʰɑ˦˧tou˦˧luæ̃˥xou˦˪lie˧muo˧.（现在换大米怎么吼？）黄：现在，那就是换大米的来了只兴和你两个再商量这个价钱。ɕiæ̃˥tsæᴇ˥,nei˥tɕiou˥sɿ˥xuæ̃˥tɑ˥mi˦ti˧læᴇ˩˪lə˧tsɿ˦˧ɕiŋ˦xuo˩˪ni˦ ˧liaŋ˦kə˥˪tsæᴇ˥ʂaŋ˦liaŋ˩˪tʂə˥kə˥tɕia˥tɕʰiæ̃˩˪.（这个换大……换……就是换大米？）黄：噢，就是换大米。或者是换西瓜儿，换苹果。ɑɔ˥,tɕiou˥˧sɿ˥xuæ̃˥tɑ˥mi˦˪.xuo˩˧tʂə˦˧sɿ˥xuæ̃˥˧ɕi˦ku ɑr˦˪,xuæ̃˥pʰiŋ˩˧kuo˦˧.（你比如说这过去你们路……街……街上没有商店，他这个货郎啊到你们村子里面去，他不喊，别人也不知道他来了？）黄：拿一拨浪鼓。拿那个拨浪鼓鼓，一面是个鼓鼓，一面是个锣锣么。一打，乓啷啷嚓，乓不啷当嚓。na˩i˦˧puo˦laŋ˥˪ku˦.na˩ nə˥kə˥puo˦laŋ˥˪ku˦ku˦˪,i˦˪miæ̃˥˧sɿ˥kə˥ku˦ku˦˪,i˦˪miæ̃˥˧sɿ˥kə˥luo˩˪luo˩˧muo˧.i˦˪tɑ˦,pʰaŋ˥laŋ˥ aŋ˥tsʰɑ˪,pʰaŋ˥pu˧laŋ˥taŋ˥tsʰɑ˪.（也不说话？）黄：也不说话。再有的还吼，有的也吼咧。ie˦pu˩˧ʂuo˦˪xuɑ˥.tsæᴇ˥iou˦ti˧xɑ˩˪xou˦,iou˦ti˧ie˦˧xou˦lie˧.（吼什么呢？）黄：有的欸那吼下那都也都记不起了。有的欸那那吼的……欸，□那吼的老好听的那，那又是甚么针头线脑儿的，这……有换针头线脑儿的，哎，还有包颜色的，他都……都吼出来的。iou˦˧ti˧lei˪n ei˥˧xou˦xɑ˥nei˥˧tou˦˪iɑ˦˪tou˦˪tɕi˥˧pu˩˧tɕʰi˦lə˧.iou˦ti˧lei˥nei˥nei˥˧xou˦ti˧……ei˦,niæ̃˩˪nə˥˧xou˦ti ˧lɑɔ˦˧xɑɔ˦˧tʰiŋ˦ti˧nə˥˪,næᴇ˥˧iou˥sɿ˥ʂəŋ˥muo˧tʂəŋ˦˪tʰou˩ɕiæ̃˥nɑɔr˦ti˧,tʂə……iou˦xuæ̃˥tʂəŋ˦˪tʰou ˩ɕiæ̃˥nɑɔr˦ti˧,æᴇ˪,xæᴇ˩iou˦˧pɑɔ˦iæ̃˩sə˦ti˧,tʰɑ˦˪tou˦˪……tou˦˧xou˦˪tʂʰɿ˦læᴇ˩˪ti˧.（还……还有那个算命的呢？）黄：哎呀，算命的一般走窗串户的少。æᴇ˥ia˧,suæ̃˥miŋ˥ti˧i˦˧pæ̃˦˪ts ou˦tʂʰuaŋ˦˪tʂʰuæ̃˥xu˥˪ti˧ʂɑɔ˦˪.（走乡串户的少？）黄：噢，他……他那个吼的很简单的一句话，光是一句话，“算一命”，“算一命”，就是那么个话说咧。ɑɔ˪,tʰɑ˦n…… tʰɑ˦nei˥kə˥xou˦ti˧xəŋ˦˧tɕiæ̃˦tæ̃˦˪ti˧i˦˪tɕy˥˧xuɑ˥,kuaŋ˦˧sɿ˥i˦˧tɕy˥xuɑ˥,suæ̃˥-miŋ˥,suæ̃˥-miŋ˥,tɕ iou˥sɿ˥nə˥muo˧kə˥xuɑ˥ʂuo˦˪lie˧.（那过去你们就是说平常走家……走街串巷，到街……门上来这个做这些东西的有什么喊的没有？）黄：那都是喊货郎子来咧噢。nə˥˧tou˦˧ sɿ˥xæ̃˦xuo˥˧laŋ˩˪tsɿ˧læᴇ˩˪liɑɔ˧.（货郎子来了他没有什么喊的吗？怎么吼？）黄：没有啥喊的。过去这个像你像走乡串户的，一个是货郎子担担子的欸，再一个是小炉儿匠。mei˩iou˦sɑ˥xæ̃˦ti˧.kuo˥˧tɕʰy˥tʂə˥kə˥ɕiaŋ˥ni˦˧ɕiaŋ˥tsou˦ɕiaŋ˦˪tʂʰuæ̃˥xu˥ti˧,i˦˪kə˥sɿ˥xu˥（←xuo˥）laŋ˩˪tsɿ˧tæ̃˦˪tæ̃˥tə˧lei˪,tsæᴇ˥i˦˧kə˥sɿ˥ɕiɑɔ˦lour˩˧tɕiaŋ˥˪.（小炉匠。小炉匠怎么喊呢？）黄：小炉匠那就是钉锅的。ɕiɑɔ˦lou˩˧tɕiaŋ˥nei˥tɕiou˥sɿ˥tiŋ˥kuo˦˪ti˧.（就钉锅的？）黄：啊，钉锅锢露缸儿的这都是那个啥。他都是喊上来了。ɑ˪,tiŋ˥kuo˦˪ku˥lou˥kɑ̃r˦ti˧tʂei˥ ˧tou˦˪sɿ˥˪nə˥kə˥sɑ˥˪.tʰɑ˦tou˦˪sɿ˥˪xæ̃˦ʂaŋ˥˪læᴇ˩lə˧.（就别的就没有了？）黄：嗯。他农村常用的就那几样东西。钉锅的，钉锅箍盆儿的，掌罗儿的，小炉匠，卖杂货的，这些也…… ŋ̍˪.tʰɑ˦˪luoŋ˩tsʰuoŋ˦tʂʰaŋ˩˪yoŋ˥˧ti˧tɕiou˥nei˥tɕi˦˧iaŋ˥tuoŋ˦ɕi˧.tiŋ˥˧kuo˦˧ti˧,tiŋ˥˧kuo˦˪ku˦˪pʰə̃r˩ti˧,tʂa ŋ˦˪luor˩ti˧,ɕiɑɔ˦lou˩˧tɕiaŋ˥˪,mæᴇ˥tsɑ˩˪xuo˥ti˧,tsɿ˥ɕie˦˧ie˦˪……（卖杂货的怎么喊呢？）黄：卖杂货的那……那喊的那多了，都记不下那。mæᴇ˥tsɑ˩˪xuo˥ti˧nei˥˧x……nei˥˧xæ̃˦tə˧nei˥tu o˦lə˧,tou˦˧tɕi˥pu˩˪xɑ˥nei˥˧.（卖杂货的记不下？）黄：嗯，多一拿拨郎……货郎鼓鼓子也

敲咧。ə̃˥,tuo˥˩i˥˩˨na˨˦pu˥˩laŋ˨……xuo˥˥˦laŋ˨ku˥˩ku˥˩˨tsɿ·lie˥˩˨tɕʰiao˥˩lie·˨.（就……过去没有什么买菜买苹果什么都不到……）黄：没有，过去都没有……菜和苹果都拿拿那去啊？哼，我们小时候那就纯粹不交易这些东西。muo˥˩˨iou˥˩,kuo˥˥tɕʰy˥˨tou˥˩˨muo˥˩˨iou˥˩ts……tsʰæᴇ˥xuo˨˦pʰiŋ˨˦kuo˥˩tou˥˩˨na˨˦na˨˦næᴇ˥˦˥tɕʰia˥˨?xəŋ˥,ŋuo˥˩məŋ·ɕiao˥˩sɿ˨˦xou˥nə˥tsou˥˨tsʰuoŋ˨˦tsʰuei˥˦˥pu˨˦tɕiao˥˩˨i˥˦˥tʂei˥ɕie˥˩˨tuoŋ˥˩ɕi·˨.（有那收鸡蛋的没有？）黄：收鸡蛋也是最近这几年有的，以前都不。ʂou˥˩tɕi˥˩˨tæ̃˥˦˥ie˥˩sɿ˨˦tsuei˥˨tɕiŋ˥tʂei˥tɕi˥˩˨niæ̃˨˦iou˥˩ti·˨,i˥˩tɕʰiæ̃˨˦tou˥˩˨pu˨˦.（八十年代还有那个国库券儿，有没有换国库券儿的？）黄：没有。我们这里都……我们八十年代的时候是还那是硬性分配的买咧。但是这个那……muo˥˩˨iou˥˩˦.ŋuom˥˩tʂə˥˦˥li˥˩˨tou˥˩˨……ŋuo˥˩məŋ·pa˥˩ʂɿ˨˦niæ̃˨˦tæᴇ˥˦ti·sɿ˨˦xou˥sɿ˥xa˨˦nə˥sɿ˥niŋ˥˦˥ɕiŋ˥fəŋ˥˩˨pʰei˥ti·mæᴇ˥˩lie·˨.tæ̃˥sɿ˥tʂə˥˨kə˥˨nei˥˦˥……（没人上门来收这国库券儿？）黄：没有。那都……当时在我们这儿他弄咧，他都是秘密地弄咧，不是公开的那几年。muo˥˩˨iou˥˩˦.nei˥˦˥tou˥˩˨……taŋ˥˩˨sɿ˨˦tsæᴇ˥ŋuo˥˩məŋ·tʂər˥tʰa˥˩˦nuoŋ˥lie·˨,tʰa˥˩tou˥˩˨sɿ˥˨mi˥˩mi˥˩˨ti·˨luoŋ˥˩˦lie·˨,pu˨˦sɿ˥˨kuoŋ˥˩˨kʰæᴇ˥˩ti·˨nei˥˦˥tɕi˥˩˨niæ̃˨˦.（什么换鸡蛋呐，就是计划经济时代换……换粮票啊？）黄：那都没有。他兀都是秘密的。他不敢公开地弄。他那么弄那□都打他的投机倒把咧。næᴇ˥˦˥tou˥˩˨mei˨iou˥˩˨.tʰa˥˩˦væᴇ˥˦˥tou˥˩˨sɿ˥˨mi˥˩mi˥˩˨ti·˨.tʰa˥˩˦pu˨˦kæ̃˥˩kuoŋ˥˩˦kʰæᴇ˥˩ti·nuoŋ˥.tʰa˥˩˦nə˥˦˥muo·nuoŋ˥nei˥˦˥niæ̃˨˦tou˥˩˦ta˥˩tʰa˥˩˨ti·tʰou˨tɕi˥˩˨tao˥˩pa˥˩lie·˨.（那街上有没有这个卖……卖东西喊的呢？你过去在街上读……读书的时候看见？）黄：街上也没有啥。街上都没得。kæᴇ˥˩ʂaŋ˥æ˥˩˦mei˨iou˥˩sa˥˨.kæᴇ˥˩ʂaŋ˥tou˥˩˦mei˨tei˥˩˨.（不喊的？）黄：嗯。太没啥喊的。ŋ̍˨.tʰæᴇ˥mei˨sa˥xæ̃˥˩ti·˨.（什么都……就是就是这么让他去？）黄：啊。ɑ˥˩.（卖……卖什么西瓜、卖苹果的都没有吗？）黄：没有。嗯。那会儿都少得很。mei˨iou˥˩˦.ŋ̍˨.nə˥˨xuər˥˦˥tou˥˩˨ʂao˥˩tə·xəŋ˥˩.

（二）行业

搞副业

（这个你出去这个找份工作做，你一般叫什么？）王：打工。ta˥˩˦kuoŋ˥˩˨.（老人家叫什么？）王：搞副业么，过去叫搞副业。kao˥˩fu˥˩˦nie˥˩muo·˨,kuo˥˥tɕʰy˥˨tɕiao˥kao˥˩fu˥˩˦nie˥˩.黄：寻事咧嘛，要寻个事咧么。ɕiŋ˨sɿ˥lie·ma·˨,iao˥ɕiŋ˨˦kə˥˦sɿ˥˨liem·˨.（那找茬是不是叫……也叫寻事？）黄：那叫……nə˥˦˥tɕiao˥˨……王：找茬也叫寻事呣。tsao˥˩˦tsʰa˨æ˥˩˦tɕiao˥ɕiŋ˨˦sɿ˥m̩·˨.黄：找茬也叫寻事。tʂao˥˩tsʰa˨æ˥˩˦tɕiao˥ɕiŋ˨˦sɿ˥.（两个……）王：过去人就说你出门……kuo˥˩˦tɕʰy˥zəŋ˨tɕiou˥˨ʂuo˥˩˨ni˥˩˦tʂʰʮ˥˩˨məŋ˨˦……（这两个都是用……一样的吗？）黄：嗯。ŋ̍˨.王：过去人出门去，寻个事活儿干，挣钱，那就，搞副业了嘛。kuo˥tɕʰy˥zəŋ˨tʂʰʮ˥˩˨məŋ˨tɕʰi˥,ɕiŋ˨˦kə˥sɿ˥xuor˨kæ̃˥,tsəŋ˥tɕʰiæ̃˨,nei˥˦˥tɕiou˥˨,kao˥˩fu˥˨nie˥˩lə·ma·˨.

杀猪

（杀猪怎么杀呀？再说说看。）黄：几个人逮住，四个人逮住一压到……先支个案子嘛。tɕi˥˩kə˥˨zəŋ˨tæᴇ˥˩tʂʮ˥˨,sɿ˥kə˥˨zəŋ˨tæᴇ˥˩tʂʮ˥˨i˥˩˨nia˥tao˥˨……ɕiæ̃˥˩˨tsɿ˥˩kə˥˨næ̃˥tsɿ·ma·˨.（那个案子叫什么呢？案板还叫？）王：叫兀案板。tɕiao˥˨vu˥˨næ̃˥pæ̃˥˩˨.黄：嗯，支个案子么。ŋ̍˨,tsɿ˥˩kə˥˨næ̃˥˩˦tsɿ·muo·˨.（案子还是案板？）黄：案子。æ̃˥tsɿ·˨.王：案板。næ̃˥˩˦pæ̃˥˩˨.（也有叫案板的？）黄&王：嗯。ə̃˨.（然后呢，四个人，包括那个杀猪吧？）黄：啊。ɑ˥˩.王：

啊，包括杀猪的。ɑ˥˩,pao˥˩˧kʰuo˥˩sa˥˩˧tʂʮ˥˩˧ti˧.黄：几个人把猪逮住，摁到这个案板头起么。tɕi˥˩ka˧˥zəŋ˧˥pa˥˩˧tʂʮ˥˩˧tæᴇ˥˩tʂʮ˧˥,əŋ˥˧tao˥˧tʂə˥˧ka˥˧næ̃˥˧pæ̃˥˩˧tʰou˨˩˧tɕʰie˥˩muo˧.王：摁住。在这儿杀猪有么个讲究就是要，每……一般杀猪都是是，把人，比如说明天杀猪，今天把人叫好。叫好，呃，早上起来要把水烧好，把案板啥支好。əŋ˥˧tʂʮ˧.tsæᴇ˥˧tʂər˥˧sa˥˩˧tʂʮ˥˩˧iou˥˩˧muo˧ka˥˧tɕiaŋ˥˩tɕiou˥˩˧tɕiou˥˧sʅ˥˧iao˥˧,mei˥˩˧……i˥˩˧pæ̃˥˩sa˥˩˧tʂʮ˥˩tou˥˩˧sʅ˥˧sʅ˥˧,pa˥˩˧zəŋ˧˥,pi˥˩˧zʮ˥˩˧ʂuo˥˩˧miŋ˨˩˧tʰiæ̃˥˩sa˥˩˧tʂʮ˥˩˧,tɕiŋ˥˩tʰiæ̃˥˩˧pa˥˩˧zəŋ˧˥tɕiao˥˧xao˥˧.tɕiao˥˧xao˥˩˧,ə˧˩,tsao˥˩ʂaŋ˥˧tɕʰi˥˩læᴇ˨˩˧iao˥˧pa˥˩˧ʂuei˥˩ʂao˥˩˧xao˥˩,pa˥˩˧næ̃˥˧pæ̃˥˩˧sa˥˧tsʅ˥˩˧xao˥˩.（煎水吧是？）黄：嗯，烧，烧成煎水。ŋ̍˥˩,ʂao˥˩,ʂao˥˩tʂʰəŋ˧˥tɕiæ̃˥˩˧ʂuei˥˩˧.王：煎水么。烧成煎水。支好以后，人，杀猪的人口讲究就是，要避过太阳那个，杀猪这个刀口不能向太阳那一方的噢。太阳从东边出来，那个杀猪这个刀口必须向西边。tɕiæ̃˥˩˧ʂuei˥˩muo˧.ʂao˥˩˧tʂʰəŋ˨˩˧tɕiæ̃˥˩˧ʂuei˥˩.tsʅ˥˩˧xao˥˩i˥˩˧xou˥˧,zəŋ˧˥,sa˥˩˧tʂʮ˥˩tə˧zəŋ˧˥niæ̃˨˩˧tɕiaŋ˥˩tɕiou˥˩˧tɕiou˥˧sʅ˥˧,iao˥˧pʰi˥˧kuo˥˧tʰæᴇ˥˧iaŋ˨˩˧na˥˧ka˥˧,sa˥˩˧tʂʮ˥˩tʂə˥˧ka˥˧tao˥˩˧kʰou˥˩pu˨˩˧nəŋ˧˥ɕiaŋ˥˧tʰæᴇ˥˧iaŋ˨˩˧nei˥˧i˥˩˧faŋ˥˩˧ti˧ao˧.tʰæᴇ˥˩˧iaŋ˨˩˧tsʰuoŋ˨˩˧tuoŋ˥˩piæ̃˥˩˧tʂʰʮ˥˩læᴇ˨˩˧,nə˥˧ka˥˧sa˥˩˧tʂʮ˥˩tʂə˥˧ka˥˧tao˥˩˧kʰou˥˩pi˥˩˧ɕy˥˩˧ɕiaŋ˥˧ɕi˥˩piæ̃˥˩.（人背对着太阳吗？）黄：猪对……嗯，人……人……tʂʮ˥˩tuei˥˧……ə̃˧˩,zəŋ˧˥p……zəŋ˧˥……王：啊，人背对着，人，人背对着太阳，杀猪的人背对着太阳。ɑ˧˩,zəŋ˧˥pei˥˧tuei˥˧tʂə˧,zəŋ˧˥,zəŋ˧˥pei˥˧tuei˥˧tʂə˧tʰæᴇ˥˧iaŋ˨˩˧,sa˥˩˧tʂʮ˥˩tə˧zəŋ˧˥pei˥˧tuei˥˧tʂə˧tʰæᴇ˥˧iaŋ˨˩˧.（嗯，然后呢？）王：然后那就是那那那就是手搂住猪下颏子，猪……磕膝盖儿顶得猪头上啊，刀子就在这个猪窝窝那儿。zæ̃˨˩˧xou˥˧næᴇ˥˧tɕiou˥˧sʅ˥˧nə˥˧nə˥˧nə˥˧tɕiou˥˧sʅ˥˧ʂou˥˩lou˥˩tʂʮ˥˧tʂʮ˥˩xa˥˧kʰuo˥˩tsʅ˧,tʂʮ˥˩……kʰə˥˩tɕʰi˥˩kər˥˧tiŋ˥˩tə˧tʂʮ˥˩tʰou˨˩ʂaŋ˥˧a˧,tao˥˩tsʅ˧tɕiou˥˧tsæᴇ˥˧tʂə˥˧ka˥˧tʂʮ˥˩˧vuo˥˩vuo˥˩nar˥˧.（喉……喉咙这？）王：喉……喉咙底下那窝窝这儿……往……戳进去。一般戳进，那杀猪的，一刀子就……刀子……戳得地方了，都梢到……猪的那个心那个尖尖上面。你看你把那个心，那一串铃[1]提出来以后，那个心那个尖尖就是刀割下的，戳下个口子。xou˨˩˧……xou˨˩˧luoŋ˨˩˧ti˥˩xa˥˧nə˥˧vuo˥˩vuo˥˩tʂər˥˧ts……vaŋ˥˩˧……tʂʰuo˥˩tɕiŋ˥˧tɕʰi˥˧.i˥˩˧pæ̃˥˩tʂʰuo˥˩tɕiŋ˥˧,nei˥˧sa˥˩˧tʂʮ˥˩tə˧,i˥˩˧tao˥˩tsʅ˧tɕiou˥˧ts……tao˥˩tsʅ˧s……tʂʰuo˥˩tə˧ti˥˧faŋ˥˩lə˧,tou˥˩˧sao˥˩tao˥˧n……tʂʮ˥˩ti˧nə˥˧ka˥˧ɕiŋ˥˩nə˥˧ka˥˧tɕiæ̃˥˩tɕiæ̃˥˩ʂaŋ˥˧miæ̃˥˧.ni˥˩kʰæ̃˥˧ni˥˩˧pa˥˩nə˥˧ka˥˧ɕiŋ˥˩,nei˥˧i˥˩tʂʰuæ̃˥˧liæ̃˧˥（←liŋ˧˥）tʰi˨˩tʂʰʮ˥˩læᴇ˨˩˧i˥˩˧xou˥˧,nə˥˧ka˥˧ɕiŋ˥˩nə˥˧ka˥˧tɕiæ̃˥˩tɕiæ̃˥˩tɕiou˥˧sʅ˥˧tao˥˩kuo˥˩xa˥˧ti˧,tʂʰuo˥˩xa˥˧ka˥˧kʰou˥˩tsʅ˧.黄：一般情况下猪它，这个杀猪的不可能一把刀递进去，一刀就给你把猪捅死。那这个人杀猪就不是有……好杀手。他必须是把刀递进去以后……i˥˩pæ̃˥˩tɕʰiŋ˨˩˧kʰuaŋ˥˧ɕia˥˧tʂʮ˥˩tʰɑ˥˩,tʂə˥˧ka˥˧sa˥˩˧tʂʮ˥˩ti˧pu˨˩˧kʰə˥˩nəŋ˧˥i˥˩pa˥˩tao˥˩ti˥˧tɕiŋ˥˧tɕʰi˥˧,i˥˩tao˥˩tsou˥˧kei˥˧ni˥˩˧pa˥˩tʂʮ˥˩tʰuoŋ˥˩sʅ˥˩.næᴇ˥˧tʂə˥˧ka˥˧zəŋ˧˥sa˥˩tʂʮ˥˩˧tɕiou˥˧pu˨˩˧sʅ˥˧iou˥˩x……xao˥˩sa˥˩ʂou˥˩.tʰɑ˥˩pi˥˩˧ɕi˥˩˧sʅ˥˧pa˥˩tao˥˩ti˥˧tɕiŋ˥˩˧tɕʰi˥˧i˥˩xou˥˧……王：鲜血放一下。ɕiæ̃˥˩ɕie˥˩faŋ˥˧i˥˩xa˥˧.黄：他刀在里头再是这个动弹着。意思就是把这个猪的身上这个血下往出来放。几乎要把这个血就说是要三分之二的血都放完了。tʰɑ˥˩tao˥˩tsæᴇ˥˧li˥˩tʰou˧tsæᴇ˥˧ʂʅ˥˧tʂə˥˧ka˥˧tuoŋ˥˩˧tʰæ̃˨˩tʂə˧.i˥˧sʅ˧tɕiou˥˧sʅ˥˧pa˥˩tʂə˥˧ka˥˧tʂʮ˥˩ti˧ʂəŋ˥˩ʂaŋ˥˧tʂə˥˧ka˥˧ɕie˥˩ɕia˥˧vaŋ˥˩tʂʰʮ˥˩læᴇ˨˩faŋ˥˧.tɕi˥˩xu˧iao˥˧pa˥˩tʂə˥˧ka˥˧ɕie˥˩tɕiou˥˧ʂuo˥˩sʅ˥˧iao˥˧sæ̃˥˩fəŋ˥˩tsʅ˥˩ər˥˧ti˧ɕie˥˩tou˥˩faŋ˥˧væ̃˨˩lə˧.（这个猪才死？）黄：啊，这他才他把刀再往进递一点。就递到猪的那个心上咧。猪一递到心上以后，猪就颤开来咧。猪浑身一颤，一抽，四个蹄子一抽，那是倭倮了，已经是……刀子都可递心上都梢上了。ɑ˧˩,tʂə˥˧tʰɑ˥˩˧tsʰæᴇ˨˩˧tʰɑ˥˩˧pa˥˩tao˥˩tsæᴇ˥˧vaŋ˥˩tɕiŋ˥˧ti˥˧i˥˩˧tiæ̃˥˩.tɕiou˥˧ti˥˧tao˥˧tʂʮ˥˩ti˧nə˥˧ka˥˧ɕiŋ˥˩ʂaŋ˥˧lie˧.tʂʮ˥˩i˥˩ti˥˧tao˥˧ɕiŋ˥˩ʂaŋ˥˧i˥˩xou˥˧,tʂʮ˥˩tsou˥˧tʂæ̃˥˩˧kʰæᴇ˥˩læᴇ˨˩lie˧.tʂʮ˥˩xuoŋ˧˥ʂəŋ˥˩i˥˩tʂæ̃˥˧,i˥˩tʂʰou˥˩,sʅ˥˧kə˥˧tʰi˨˩tsʅ˧i˥˩tʂʰou˥˩,næᴇ˥˧

① 一串铃：指猪内脏。

sɿ˥˩vuo˥˩ie˥˩lə˧,i˥˩˧tɕiŋ˥˩˧sɿ˥ɕ……tao˥˩tsɿ˧tou˥˩˧kʰə˥˩˧ti˥ɕiŋ˥˩ʂaŋ˥˩tou˥˩sao˥˩ʂaŋ˥˩lə˧.（那是不杀猪之前还要在蹄子上剁一下？）黄：啊，要在蹄子上……ɑ˩,iao˥tsæᴇ˥tʰi˩˥˩tsɿ˧ʂaŋ˥˩……王：啊，对咧，兀蹄子上剁下给。ɑ˥˩,tuei˥˧lie˧,væᴇ˥tʰi˩˥˩tsɿ˧ʂaŋ˥˩tuo˥˨xa˥kei˥˩.黄：打这一下的意思不知道是个啥讲究子。好像人这个注意的，它是一打一弹以后噢，把是猪是心一收嘛，是咋么个一弄法。一惊一后，好像咱们那个做啥咧……ta˥˩tʂei˥i˥˩xa˥ti˧li˥sɿ˧pu˩˥˩tʂʅ˥˩tao˥˧sɿ˥˩kə˥˩sa˥˨tɕiaŋ˥˩tɕiou˥˩tsɿ˧.xao˥˩˧ɕiaŋ˥zəŋ˩˥tʂə˥kə˥tʂʮ˥i˥ti˧,tʰa˥˩˧sɿ˥i˥˩ta˥˩i˥˩tʰæ̃˩˥i˥˩xou˥ao˩,pa˥˩sɿ˥tʂʮ˥˩sɿ˥˩ɕiŋ˥˩i˥˩ʂou˥˩ma˧,sɿ˥tsa˥˩muo˧kə˥˩i˥˩nuoŋ˥˧fa˥˩.i˥˩tɕiŋ˥˩i˥˩xou˥,xao˥˩˧ɕiaŋ˥tʂa˩˥məŋ˧nə˥kə˥tsʮ˥sa˥˨lie˧……王：肉死咧，好像戳……ʐou˥sɿ˥˩lie˧,xao˥˩˧ɕiaŋ˥tʂʰuo˥˩……黄：肉一……就好像把你转移这个记忆力，不从要它打针的话，有些这个皮紧的话，有些刀就急忙递不进去。他一打以后，猪在这个蹄子上头是，一那个以后，它一松就“噌”一刀子擩进去咧。嗯，它起那么个作用咧。ʐou˥i˥˩s……tsou˥xao˥˩˧ɕiaŋ˥pa˥˩ni˥˩˧tʂuæ̃˥˩i˩˥tʂə˥kə˥tɕi˥i˥li˥˩,pu˩˥˩tsʰuoŋ˩˥iao˥tʰa˥˩˧ta˥˩˧tʂəŋ˥˩ti˧xua˥˩,iou˥˩ɕie˥˩˧tʂə˥kə˥pʰi˩˥tɕiŋ˥˩ti˧xua˥,iou˥˩ɕie˥˩tao˥˩tɕiou˥˩tɕi˥˩maŋ˩˥ti˥pu˩˥˩tɕiŋ˥tɕʰi˥˩.tʰa˥˩i˥˩ta˥˩i˥˩xou˥˧,tʂʮ˥˩tsæᴇ˥tʂə˥kə˥tʰi˩˥tsɿ˧ʂaŋ˥tʰou˧ʂʅ˥˩,i˥˩nə˥˩kə˥˨i˥˩xou˥,tʰa˥˩i˥˩suoŋ˥˩tɕiou˥tsʰəŋ˥˩i˥˩tao˥˩tsɿ˧ʐʮ˥˩tɕiŋ˥tɕʰi˥˧lie˧.ŋ̍˩,tʰa˥˩tɕʰi˥˩˧nə˥muo˧kə˥˩tsuo˥˩yoŋ˥˩lie˧.

（这猪杀死了以后怎么办呢？）黄：就放这……这……tsou˥faŋ˥tʂə˥……tʂə˥……（这血是流下来是干吗？是倒了还是吃了？）黄：哎，吃咧么。血都还能吃……还能舍得给倒咧。æᴇ˥,tʂʰʅ˥˩lie˧muo˧.ɕie˥˩tou˥˩˧xa˩˥˧nəŋ˩˥˧tʂʰʅ˥˩˧……xa˩˥˩nəŋ˩˥˩ʂə˥˩tə˧kei˥˩tao˥˧lie˧.王：血倒……血接下一个是灌那个这灌肠么。把那个猪肠子洗净以后，灌那个香肠。ɕie˥˩tao˥……ɕie˥˩tɕie˥˩xa˥˩i˥˩kə˥˧sɿ˥˩kuæ̃˥nə˥˩kə˥˩tʂə˥˩kuæ̃˥˨tʂʰaŋ˩˥˩muo˧.pa˥˩nə˥kə˥tʂʮ˥˩tʂʰaŋ˩˥tsɿ˧ɕi˥˩˧tɕiŋ˥i˥˩xou˥,kuæ̃˥nə˥kə˥ɕiaŋ˥˩tʂʰaŋ˩˥.（噢，血可以灌香肠？）王：啊，灌香肠。ɑ˥,kuæ̃˥ɕiaŋ˥˩tʂʰaŋ˩˥.黄：噢，灌血香肠嘛。再……ao˥,kuæ̃˥ɕie˥˩˧ɕiaŋ˥˩tʂʰaŋ˩˥ma˧.tsæᴇ˥……（还有呢？）王：血接好以后，里头和一些荞面，或者咱们这麦面，一下搅……搅起来，里头□些兀葱花儿。ɕie˥˩tɕie˥˩xao˥˩˧i˥˩xou˥,li˥˩tʰou˧xuo˥i˥˩ɕie˥˩tɕʰiao˩˥miæ̃˥,xuei˩˥˩tʂə˥˩˧tsa˩˥məŋ˧tʂə˥mei˥˩miæ̃˥,i˥˩xa˥tɕiao˥˩˧……tɕiao˥˩˧tɕʰi˥˩læᴇ˩˥˩,li˥˩tʰou˧tsa˥˩ɕie˥˩vei˥tsʰuoŋ˥˩xuar˥˩.黄：搅成糊糊。tɕiao˥˩tʂʰəŋ˩˥xu˩˥xu˩˥˩.王：□些……把那个葱不是切成那碎……末末子，和进去，有的再□点瘦肉和进去，调料啥兑好，灌起来，蒸出来。tsa˥˩ɕie˥˩˧……pa˥˩nə˥kə˥tsʰuoŋ˥˩pu˩˥˩sɿ˥˩tɕʰie˥˩tʂʰəŋ˩˥˩nə˥suei˥xuo……muo˥˩muo˥˩tsɿ˧,xuo˥tɕiŋ˥tɕʰi˥˩,iou˥˩ti˧tsæᴇ˥tsa˥˩tiæ̃˥˩sou˥ʐou˥xuo˥tɕiŋ˥tɕʰi˥˩,tʰiao˩˥˩liao˥sa˥tuei˥˩xao˥˩˧,kuæ̃˥tɕʰi˥˩læᴇ˩˥˩,tʂəŋ˥˩tʂʰʮ˥˩læᴇ˩˥˩.黄：叫猪灌肠。tɕiao˥tʂʮ˥˩kuæ̃˥tʂʰaŋ˩˥˩.王：蒸出来以后欤，噢，就叫猪灌肠。tʂəŋ˥˨tʂʰʮ˥˩læᴇ˩˥˧i˥˩xou˥ei˥,ao˩,tɕiou˥tɕiao˥tʂʮ˥˩kuæ̃˥tʂʰaŋ˩˥˩.（它，要灌在大肠里头？）黄：噢，灌得大肠里头。ao˩,kuæ̃˥tə˧ta˥tʂʰaŋ˩˥li˥˩tʰou˧.王：啊，大肠小肠都可以灌。灌出来以后，你吃开来，拿刀一……一切，切成片片子。再……ɑ˩,ta˥tʂʰaŋ˩˥˩ɕiao˥˩tʂʰaŋ˩˥˩tou˥˨kʰə˥˩i˥˩kuæ̃˥˩.kuæ̃˥tʂʰʮ˥˩læᴇ˩˥˩i˥˩xou˥,ni˥˩tʂʰʅ˥˩kʰæᴇ˥˩læᴇ˩˥˩,na˩˥tao˥˩i˥˩……i˥˨tɕʰie˥˩,tɕʰie˥˩tʂʰəŋ˩˥pʰiæ̃˥˩pʰiæ̃˥˩tsɿ˧.tsæᴇ˥˩……黄：调成汁子。tʰiao˩˥˩tʂʰəŋ˩˥˧tʂʅ˥˩tsɿ˧.王：和咱们这，和咱们这儿啊辣子，一炒，就好吃咧。xuo˥tsa˩˥məŋ˧tʂə˥,xuo˥tsa˩˥məŋ˧tʂər˥a˧la˥˩tsɿ˧,i˥˩tsʰao˥˩,tɕiou˥˩xao˥˩tʂʰʅ˥˩lie˧.（噢，这样这样来的这个这个菜。那么杀完猪这个血都放完了以后，然后干什么呢？）黄：猪死咧噢，那就是准备放水烫么。tʂʮ˥˩sɿ˥˩liao˧,næᴇ˥˩tɕiou˥sɿ˥tʂuoŋ˥˩pei˥faŋ˥ʂuei˥˩tʰaŋ˥muo˧.王：那，那就是放水烫么，把……在我们这儿嘛，大部分用那木缸，木缸以后，放到兀儿以后就是，几个人抬来以后，把猪放……先烫头，后烫尻子，烫的以后，人手去这么跐鸡那么个，一抓，这毛啥都掉了，这就好啊。næᴇ˥,næᴇ˥tɕ iou˥sɿ˥faŋ˥ʂuei˥˩˧tʰaŋ˥muo˩,pa˥˩k……tsæᴇ˥˩ŋuo˥mən˩tʂər˥ma˩,ta˥pu˥fəŋ˥yoŋ˥nə˥mu˥˩kaŋ˥,mu˥˩kaŋ˥i˥˩xou˥,faŋ˥tao˥var˥i˥˩xou˥tɕiou˥sɿ˥,tɕi˥˧kə˥zəŋ˩tʰæᴇ˩˩læᴇ˩˧i˥˧xou˥,pa˥˩tʂʮ˥˩faŋ˥……ɕiæ˥˩tʰaŋ˥tʰou˩,xou˥tʰaŋ˥kou˥tsɿ˩,tʰaŋ˥ti˥i˥˩xou˥,zəŋ˩ʂou˥tɕʰi˥tʂə˥muo˥tsʰɿ˥˩tɕi˥nə˥˦muo˩kə˥˩,i˥˧tʂua˥,tʂə˥˩mao˩sa˥tou˥˩tiao˥˧lə˩,tʂei˥˩tɕiou˥˩xao˥a˩.（都是煎水？）黄：煎水。tɕiæ˥˩ʂuei˥.王：都煎水。一抓以后毛掉了，这好了，这就说是，就都……他……捞上来，抬上来，放到这个杀猪这个案板上，开始刨毛么。有刨子嘛。tou˥˩tɕiæ˥˩ʂuei˥.i˥˧tʂua˥i˥˧xou˥mao˩tiao˥˧lə˩,tʂə˥xao˥lə˩,tʂə˥tɕiou˥ʂuo˥˧sɿ˥,tɕiou˥˩tou˥˩……tʰa˥˩tʰ……lao˩ʂaŋ˥læᴇ˩˩,tʰæᴇ˩ʂaŋ˥læᴇ˩˩,faŋ˥tao˥tʂə˥kə˥sa˥˩tʂʮ˥tʂə˥˩kə˥˩næ˥pæ˥˧ʂaŋ˥˩,kʰæᴇ˥˩sɿ˥pʰao˩˩mao˩muo˩.iou˥˩pʰao˩˩tsɿ˥ma˩.黄：砆石。fu˥˧ʂʅ˩˩.王：有砆石嘛。iou˥˩fu˥ʂʅ˩˩ma˩.（“扶屎”？）黄&王：嗯。ŋ̍˩.（石头？）黄&王：嗯。ŋ̍˩.（就是，就好像现在那种这个擦脚的那种石头是吧？）黄：哎，对对对，当是那个东西，砆石。æᴇ˥,tuei˥tuei˥tuei˥,taŋ˥˧sɿ˥nə˥kə˥tuoŋ˥˩ɕi˩,fu˥˧ʂʅ˩˩.王：砆石么。再就是，用那个肉绥子么。fu˥˧ʂʅ˩˩muo˩.tsæᴇ˥tɕiou˥sɿ˥,yoŋ˥nə˥kə˥zou˥ɕy˩˧tsɿ˩muo˩.（肉叙子？）王：肉绥子，就是那两个钩子，钩着把猪那么挂起来么。zou˥ɕy˩˧tsɿ˩,tɕiou˥˩sɿ˥˩nə˥liaŋ˥˧(k)ə˥kou˥tsɿ˩,kou˥tʂə˩pa˥˧tʂʮ˥nə˥muo˥kua˥tɕʰi˥læᴇ˩˩muo˩.黄：最后毕咧有两种方法，一种就是……tsuei˥xou˥pi˥lie˩iou˥˧liaŋ˥tʂuoŋ˥˩faŋ˥fa˥˩,i˥˩tʂuoŋ˥tɕiou˥sɿ˥……王：烙。luo˥.黄：放烙铁烙一餐么。faŋ˥˧luo˥tʰie˥˩luo˥i˥˩tsʰæ˥˩muo˩.（哎，他你这个好像还叫什么，碎子？）王：肉绥子，啊。zou˥suei˩˩tsɿ˥,a˩.黄：绥子，嗯。suei˩˩tsɿ˥,ə̃˩.（也叫肉叙子？）王：也叫肉绥子，也叫绥子。ie˥˧tɕiao˥zou˥ɕy˩˧tsɿ˩,ie˥tɕiao˥suei˩˩tsɿ˥.黄：两遍。一个是欻压到的放得那个地方，放烙铁，搭起烙一遍嘛。再一个就是用绥子挂起来，用喷灯烧一遍。liaŋ˥piæ˥˩.i˥˩kə˥sɿ˥ei˥ia˥tao˥tə˩faŋ˥tə˩nə˥kə˥ti˥faŋ˥˩,faŋ˥˧luo˥tʰie˥˩,ta˥˩tɕʰi˥˧luo˥i˥˩piæ˥ma˩.tsæᴇ˥i˥˧kə˥tɕiou˥˩sɿ˥yoŋ˥suei˩˩tsɿ˩kua˥˧tɕʰi˥˩læᴇ˩˩,yoŋ˥pʰəŋ˥təŋ˥˩ʂao˥i˥˩piæ˥˩.王：用喷灯烧。yoŋ˥pʰəŋ˥təŋ˥˩ʂao˥.（噢，两种方法？）黄：啊，两种方法。最后毕咧用热水，把这个搭起泡软以后，用快的刀子，搭起刮一遍，最后这就等于把整个儿猪洗的白白的了。把上头那些毛囊基本都刮的净净的。a˩,liaŋ˥tʂuoŋ˥˩faŋ˥fa˥˩.tsuei˥xou˥pi˥lie˩yoŋ˥zə˥˩ʂuei˥,pa˥˩tʂə˥kə˥ta˥˩tɕʰi˥˧pʰao˥zuæ˥i˥˩xou˥,yoŋ˥kʰuæᴇ˥ti˩tao˥tsɿ˩,ta˥˩tɕʰi˥˧kua˥i˥˩piæ˥,tsuei˥xou˥tʂə˥tɕiou˥təŋ˥y˩˧pa˥˩tʂəŋ˥kər˥tʂʮ˥ɕi˥ti˩pei˩pei˩˩ti˩lə˩.pa˥˩ʂaŋ˥tʰou˩nei˥ɕie˥˧mao˩naŋ˩˦tɕi˥˩pəŋ˥tou˥˩kua˥ti˩tɕiŋ˥˦tɕiŋ˥˩ti˩.（还没有开膛吧现在？）黄：没有咧。mei˩˩iou˥lie˩.（那接下来呢？）黄：这些下来以后洗净……tʂə˥˩tɕie˥˩ɕia˥˧læᴇ˩˧i˥˩xou˥ɕi˥tɕiŋ˥˧……王：洗净就是开……ɕi˥tɕiŋ˥˧tɕiou˥˩sɿ˥˩kʰæᴇ˥˧……黄：洗净以后这就开始旋……ɕi˥tɕiŋ˥i˥˩xou˥˩tʂei˥˩tɕiou˥˩kʰæᴇ˥˩sɿ˥ɕyæ˥˩……王：先旋尻门子么。ɕiæ˥˩ɕyæ˥kou˥˩mən˩tsɿ˥muo˩.（把这个肛门儿给旋……）王：噢，肛门儿一旋以后，拿绳子一扎。ao˩,kaŋ˥mə̃r˩i˥˩ɕyæ˥i˥˧xou˥,na˩ʂəŋ˩˩tsɿ˥i˥˩tsa˥.黄：噢，肛门儿一旋。扎住。ao˩,kaŋ˥˩mə̃r˩i˥˩ɕyæ˥˩.tsa˥tʂʰʮ˥˩.王：然后就是开出……zæ˩˩xou˥˦tɕiou˥˩sɿ˥˩kʰæᴇ˥˩tʂʰʮ˥˩……（把肛门儿旋出来，这个小肠要不要拉出来再开膛？）王：拉出来。la˥˩tʂʰʮ˥læᴇ˩˩.黄：呃，兀还没有着咧。ə˥,və˥xa˩˩mei˩iou˥˧tʂuo˥˧lie˩.王：那是，那还没有咧。那你把肛门一旋，一扎以后，这就前面就开膛嘛是。不是猪颠倒子挂着那？从……从尻，大腿那个交裆弯里一下拉至它这个，猪的这个……næᴇ˥sɿ˥˩,nə˥xa˩˩mei˩iou˥lie˩.næᴇ˥ni˥˧pa˥˩kaŋ˥mən˩i˥˩ɕyæ˥,i˥˧tsa˥i˥˩xou˥,tʂə˥tɕiou˥tɕʰiæ˩˩miæ˥tɕiou˥kʰæᴇ˥tʰaŋ˩ma˩sɿ˥˩.pu˩sɿ˥tʂʮ˥tiæ˥tao˥˧tsɿ˩kua˥tʂə˩nei˥˩?tsʰuoŋ˩k……tsʰuoŋ˩kou˥,ta˥tʰuei˥nə˥kə˥tɕiao˥˧taŋ˥væ˥li˥i˥˩xa˥la˥tsɿ˥˩tʰa˥˧tʂə˥kə˥,tʂ

ɣ˧˩ti˩tʂə˥kə˥……黄：胸岔跟……ɕyoŋ˧˩tsʰɑ˥kəŋ˧˩……王：胸岔跟前。拉胸岔跟前……ɕyoŋ˧˩tsʰɑ˥kəŋ˧˩tɕʰiæ̃˩˨.lɑ˧˩ɕyoŋ˧˩tsʰɑ˥kəŋ˧˩tɕʰiæ̃˩˨……（拉这儿……从这儿拉到这儿？）王：啊，拉到兀儿以后，这开始，把那肠子挖出来就吊兀儿，吊兀儿这儿这抽小肠。ɑ˩,lɑ˧˩tɑɔ˥˩vɑr˥i˧˩xou˥,tʂə˥˩kʰæᴇ˧˩sɿ˧˩,pɑ˧˩næᴇ˥tʂʰɑŋ˩˨tsɿ˧vɑ˧˩tʂʰɣ˧˩læᴇ˩˨tɕiou˥tiɑɔ˥˩vɑr˥˩,tiɑɔ˥vɑr˥tʂər˥tʂə˥tʂʰou˧˩ɕiɑɔ˧tʂʰɑŋ˩˨.（吊兀儿啊？）黄：吊到放到……tiɑɔ˥˩tɑɔ˥˩fɑŋ˥˩tɑɔ˥˩……王：吊，吊到空里头。tiɑɔ˥˩,tiɑɔ˥˩tɑɔ˥kʰuoŋ˧˩li˧˩tʰou˩.黄：啊，放到空中么，从肚子里头挖出来。ɑ˩,fɑŋ˥˩tɑɔ˥kʰuoŋ˧tʂuoŋ˧˩muo˩,tsʰuoŋ˩˨tu˥˩tsɿ˩li˧tʰou˩vɑ˧˩tʂʰɣ˧læᴇ˩˨.王：不是编个挂咧来。肚子一挖出来以后就在啊……在，不，先不往桌……桌子上放。把小肠抽毕以后，因为那个大肠和肚子这些都……pu˩˨sɿ˥piæ̃˧kə˥kuɑ˥˩lie˩læᴇ˩˨.tu˥˩tsɿ˩i˧˩vɑ˧˩tʂʰɣ˧læᴇ˩˨i˧˩xou˥tɕiou˥tsæᴇ˥æ˩……tsæᴇ˥,pu˩˨,ɕiæ̃˧˩pu˩˨vɑŋ˧˩tʂ……tʂuo˧tsɿ˩ʂɑŋ˥˩fɑŋ˥.pɑ˧˩ɕiɑɔ˧tʂʰɑŋ˩˨tʂʰou˧˩pi˧˩i˧˩xou˥,iŋ˧˩vei˥nə˥kə˥tɑ˥˩tʂʰɑŋ˩˨xuo˩˨tu˧tsɿ˩tʂə˥ɕie˧˩tou˧˩……黄：可是连着咧么。kʰə˧sɿ˥˩liæ̃˩˨tʂə˩lie˩muo˩.王：它连着咧。把那些可以端出来放得这个桌子上，再慢慢儿翻肠子。最后就是把那一串铃嘛，那心……tʰɑ˧˩liæ̃˩˨tʂə˩lie˩.pɑ˧˩næᴇ˥ɕie˧˩kʰə˧˩i˧˩tuæ̃˧˩tʂʰɣ˧læᴇ˩˨fɑŋ˥tə˩tʂə˥kə˥tʂuo˧tsɿ˩ʂɑŋ˥˩,tsæᴇ˥˩mæ̃˥mæ̃r˥fæ̃˧tʂʰɑŋ˩˨tsɿ˩.tsuei˥xou˥tɕiou˥˩sɿ˥˩pɑ˧˩næᴇ˥i˧˩tʂʰuæ̃˥liŋ˩˨mɑ˩,nə˥˩ɕiŋ˧˩……（心肝肺？）王：心肝肺，挖出来。这个猪的就以……在……挖出来以后就是开始……ɕiŋ˧˩kæ̃˧˩fei˥,vɑ˧˩tʂʰɣ˧læᴇ˩˨.tʂə˥kə˥tʂɣ˧˩ti˩tɕiou˥i˧˩……tsæᴇ˥ts……vɑ˧˩tʂʰɣ˧læᴇ˩˨i˧˩xou˥tɕiou˥˩sɿ˥˩kʰæᴇ˧˩sɿ˧˩……黄：卸头咧么。ɕie˥tʰou˩˨lie˩muo˩.王：卸头呣。把卸那个，把猪卸成块儿咧么。ɕie˥tʰou˩˨m̩˩.pɑ˧˩ɕie˥nə˥kə˥,pɑ˧˩tʂɣ˧ɕie˥tʂʰəŋ˩˨kʰuər˧lie m˩.黄：这我们这儿这，咱们这儿这还是个有个程序就说是，猪刮净，先把头要卸嘎咧。tʂə˥ŋuo˧məŋ˩tʂər˥tʂə˥,tsɑ˩˨məŋ˩tʂər˥tʂə˥xæᴇ˩˨sɿ˥kə˥iou˧kə˥tʂʰəŋ˩˨ɕy˥˩tɕiou˥ʂuo˧˩sɿ˥,tʂɣ˧kuɑ˧˩tɕiŋ˥,ɕiæ̃˧pɑ˧˩tʰou˩˨iɑɔ˥˩ɕie˥kɑ˩lie˩.王：先卸……先卸头儿。ɕiæ̃˧˩ɕie˥……ɕiæ̃˧˩ɕie˥tʰour˩˨.黄：把头卸咧噢，再把项圈卸出来。pɑ˧˩tʰou˩˨ɕie˥˩liɑɔ˩,tsæᴇ˥pɑ˧˩xɑŋ˥tɕʰyæ̃˧˩ɕie˥tʂʰɣ˧˩læᴇ˩˨.（嗯，[指着脖子]这这，这这一段儿？）黄：这兀……啊，中间这一段，把这个卸出来……tʂei˥˩vei˥……ɑ˥,tʂuoŋ˧˩tɕiæ̃˧tʂei˥i˧˩tuæ̃˥˩.pɑ˧˩tʂə˥kə˥ɕie˥˩tʂʰɣ˧˩læᴇ˩˨……王：啊。兀嘎卸下来就是杀猪人吃咧。ɑ˥.væᴇ˥kɑ˩ɕie˥xɑ˥˩læᴇ˩˨tɕiou˥sɿ˥sɑ˧˩tʂɣ˧zəŋ˩˨tʂʰɿ˧lie˩.黄：杀人……杀猪人今天要吃的这个肉就是项圈儿。拿回去要煮的吃咧么。这然后再开始这个欻，剖腹，这么个开始。sɑ˧˩zəŋ˩˨……sɑ˧˩tʂɣ˧zəŋ˩˨tɕiŋ˧tʰiæ̃˧˩iɑɔ˥tʂʰɿ˧ti˩tʂə˥kə˥zou˥tɕiou˥sɿ˥xɑŋ˥˩tɕʰyæ̃r˧˩.nɑ˩˨xuei˩˨tɕʰi˥iɑɔ˥tʂɣ˧ti˩tʂʰɿ˧liem˩.tʂə˥zæ̃˩˨xou˥tsæᴇ˥kʰæᴇ˧˩sɿ˧tʂə˥kə˥kei˩,pʰɑɔ˧˩fu˧,tʂəm˥˩kə˥kʰæᴇ˧˩sɿ˧˩.（噢，先要把头剁下来，然后再……）黄：先剁头，卸项圈儿，然后再这个剖腹。ɕiæ̃˧˩tuo˥tʰou˩˨,ɕie˥xɑŋ˥˩tɕʰyæ̃r˧˩,zæ̃˩˨xou˥˩tsæᴇ˥tʂə˥kə˥pʰɑɔ˧˩fu˧.（开膛子？）黄：开膛，啊。kʰæᴇ˧˩tʰɑŋ˩˨,ɑ˩.（你们是叫开膛还是叫剖腹？）王：我们叫……叫开膛。ŋuo˧məŋ˩tɕiɑɔ˥……tɕiɑɔ˥kʰæᴇ˧tʰɑŋ˩˨.黄：开膛，开膛。kʰæᴇ˧˩tʰɑŋ˩˨,kʰæᴇ˧tʰɑŋ˧˩.（然后呢？这一串铃拿掉了。）黄：啊，拿掉以后。ɑ˥,nɑ˩˨tiɑɔ˥i˧˩xou˥.（肠子什么肚子也……也放在旁边了……）王：啊。ɑ˩.黄：这就开始卸肉么。tʂei˥˩tɕiou˥˩kʰæᴇ˧˩sɿ˧˩ɕie˥zou˥˩muo˩.王：卸肉么。卸骨……ɕie˥zou˥˩muo˩.ɕie˥kuei……（里头那个东西是不是要刮干净？）黄：不刮。那就基本上干干净净的，里头啥都……里头是……pu˩˨kuɑ˧˩.nei˥tsou˥tɕi˧˩pəŋ˧˩ʂɑŋ˩kæ̃˧kæ̃˩tɕiŋ˥tɕiŋ˥ti˩,li˧tʰou˩sɑ˥˩tou˧˩m……li˧tʰou˩sɿ˥……王：干净，拿水冲完了，一串……kæ̃˧tɕiŋ˩,nɑ˩˨ʂuei˧˩tʂʰuoŋ˧væ̃˩˨lə˩,i˧˩tʂʰuæ̃˥……黄：一串铃。i˧˩tʂʰuæ̃˥liŋ˩˨.王：那那那一串铃望出一提，里头有些咧，端些……nei˥˩nei˥˩nei˥i˧˩tʂʰuæ̃˥liŋ˩˨vɑŋ˥tʂʰɣ˧˩i˧˩tʰi˩˨,li˧tʰou˩iou˧˩ɕie˧lie˩, tuæ̃˥˩ɕie˥˩……黄：净水。tɕiŋ˥ʂuei˥˧.王：呃……净水，一……一冲就冲净净儿咧。əl̩ʂ……tɕiŋ˥ʂuei˥,i˥˩……i˥˧tʂʰuoŋ˥tɕiou˥tʂʰuoŋ˥˩tɕiŋ˥tɕiə̃r˥˧lie˧.黄：里头白白的么，啥都没有么。li˥tʰou˧pei˩pei˩˧ti˧muo˧,sa˥tou˥˩mei˩iou˥muo˧.

（然后就，切肉？）黄：啊，从这个脊梁骨这个地……地方把猪一分两儿半儿么。ɑ˩,tsʰuoŋ˩˩tʂə˥kə˥tɕi˥˩liaŋ˩˧ku˥˧tʂə˥kə˥ti˥……ti˥faŋ˥˩pɑ˥˩tʂɥ˥i˥˧fəŋ˥˩liə̃r˥pæ̃r˥muo˧.王：啊，切肉。ɑ˩,tɕʰie˥˩zou˥˩.（分……分开来？）黄：啊，分开来。ɑ˩,fəŋ˥˩kʰæE˥læE˩˩.（这个要不要卸下来，这个四……大腿这些地方。）黄：大腿那不。我们这儿光卸个蹄子。tɑ˥tʰuei˥nə˥pu˩˩.ŋuo˥məŋ˧tʂər˥kuaŋ˥˧ɕie˥kə˥tʰi˩˩tsɿ˥.王：光卸个蹄子。从蹄腕子卸开。kuaŋ˥˧ɕie˥kə˥tʰi˩˩tsɿ˥.tsʰuoŋ˩tʰi˩˩væ̃˥tsɿ˧ɕie˥˦kʰæE˥˩.黄：光把四个蹄子，在卸肉之前把四个蹄子卸掉就对了。kuaŋ˥˧pa˥˩sɿ˥kə˥tʰi˩˩tsɿ˧,tsæE˥˩ɕie˥zou˥tsɿ˥tɕʰiæ̃˩pa˥˩sɿ˥kə˥tʰi˩˩tsɿ˥ɕie˥tiaɔ˥tɕiou˥tuei˥lə˧.（那分……是不是剁开卖？）王：有意卖的话那你就剁开卖嘛，不卖的话那就，不卖的话那你就放到……iou˥i˥˩mæE˥˦ti˧xuɑ˥næE˥ni˥˧tɕiou˥tuo˥kʰæE˥˧mæE˥mɑ˧,pu˩˩mæE˥˦ti˧xuɑ˥næE˥tɕiou˥,pu˩˩mæE˥˦ti˧xuɑ˥næE˥ni˥˧tɕiou˥faŋ˥taɔ˥……黄：有意卖的话那你就剁开卖啊，不卖的话都是这个案子头起，把猪油扒掉。iou˥˩i˥mæE˥˦ti˧xuɑ˥næE˥ni˥˧tsou˥tuo˥kʰæE˥˧mæE˥æ˧,pu˩˩mæE˥˦ti˧xuɑ˥tou˥˧sɿ˥tʂə˥˩kə˥˩næ̃˥tsɿ˧tʰou˩˩tɕʰie˥˩,pa˥˩tʂɥ˥˩iou˩pa˥˩tiaɔ˥.王：放在案子上……案上以后，把骨头一起，把肉……把油扒掉，把骨头一起以后，光丢下肉了，这下劙成那号儿方块儿，刻成方块儿，放啊锅里面一煮，出来油一炸，往缸里一腌就完了。faŋ˥tsæE˥næ̃˥tsɿ˧ʂaŋ……næ̃˥ʂaŋ˥i˥˩xou˥,pa˥˩ku˥tou˧（←tʰou˧）i˥˩tɕʰi˥,pa˥˩zou˥……pa˥˩iou˩pa˥˩tiaɔ˥,pa˥˩ku˥tou˧（←tʰou˧）i˥˩tɕʰi˥i˥˩xou˥,kuaŋ˥˧tiou˥xa˥˩zou˥lə˧,tʂə˥xa˥li˩˩tʂʰəŋ˩˧nə˥xaɔr˥faŋ˥˩kʰuər˥,kʰə˥tʂʰəŋ˩˩faŋ˥˩kʰuər˥,faŋ˥a˧kuo˥li˥˩miæ̃˥˩i˥˩tʂɥ˥,tʂʰɥ˥læE˩iou˩i˥˩tsa˩,vaŋ˥˧kaŋ˥˩li˥˩i˥˧iæ̃˥˩tɕiou˥væ̃˩˩lə˧.

宰牛

（这个杀猪叫杀猪，那个牛哇、羊啊、鸡呀，这个，叫什么呢？）黄：还是杀鸡。牛□叫宰牛咧噢。牛叫宰咧，鸡还叫杀咧。xa˩˩sɿ˥˦sa˥˧tɕi˥˩.niou˩niæ̃˩˩tɕiaɔ˥tsæE˥niou˩˩liaɔ˧.niou˩tɕiaɔ˥tsæE˥lie˧,tɕi˥xæE˩˩tɕiaɔ˥sa˥lie˧.王：鸡还叫个杀。tɕi˥xæE˩˩tɕiaɔ˥kə˥sa˥˩.（羊呢？）黄：杀羊。sa˥˧iaŋ˩˩.王：杀羊么。sa˥˩iaŋ˩muo˧.黄：咱们这儿这这牛一般情况下都太不宰咧。除非有哎真正用不成了，快死的了。tsa˩məŋ˧tʂər˥tʂə˥tʂə˥˩niou˩i˥˧pæ̃˥tɕʰiŋ˩˩kʰuaŋ˥ɕia˥tou˥˩tʰæE˥pu˩˩tsæE˥lie˧.tʂʰɥ˩fei˥˧iou˥˧æE˥tʂəŋ˥˩tʂəŋ˥˦yoŋ˥pu˩˧tʂʰəŋ˩˩lə˧,kʰuæE˥sɿ˥ti˧lə˧.王：卖毬。mæE˥tɕʰiou˩˩.黄：卖毬了。再一般就很少有宰牛的。mæE˥tɕʰiou˩˩lə˧.tsæE˥i˥pæ̃r˥˩tsou˥˩xəŋ˥ʂaɔ˥iou˥˧tsæE˥niou˩˩ti˧.（“埋球”是什么意思？）黄：卖了。mæE˥˧lə˧.王：卖了么，出售了。mæE˥˧ləm˧,tʂʰɥ˥˩ʂou˥˦lə˧.黄：出售了。tʂʰɥ˥˩ʂou˥lə˧.（杀牛那个牛血是不……不吃的了？）黄：不吃。pu˩tʂʰɿ˥˩.王：牛血不吃。niou˩ɕie˥pu˩tʂʰɿ˥˩.黄：杀牛那是相当残忍的个事。sa˥˩niou˩nə˥sɿ˥˩ɕiaŋ˥˧taŋ˥˧tsʰæ̃˩zəŋ˥ti˧kə˥sɿ˥˩.王：啊。ɑ˩.（一般他，你看过杀牛没有？）黄：欸看过。ei˥kʰæ̃˥˩kuo˥˩.王：看过。那就是一般咱们这些老百姓啊，这用的，自己用的那牲畜就狠不下那个心杀去么。他这个杀牛一般都是兀些，呃，牛贩子买去以后，他杀咧以后，把……卖牛肉咧么。嗯。kʰæ̃˥˩kuo˥˩.næE˥˩tɕiou˥˦sɿ˥˩i˥˧pæ̃˥tsa˩məŋ˧tʂei˥ɕie˥˧laɔ˥pei˥˩ɕiŋ˥˧ɑ˩,tʂə˥yoŋ˥˧ti˧,tsɿ˥tɕi˥˩yoŋ˥˧ti˧nə˥səŋ˥ɕy˥˩tɕiou˥xəŋ˥˧pu˩xa˥nə˥kə˥ɕiŋ˥˩sa˥tɕʰim˥˩.tʰa˥˧tʂə˥kə˥sa˥˩niou˩i˥˩pæ̃˥tou˥˩sɿ˥˩væE˥˦ɕie˥˩,ə˩,niou˩fæ̃˥˧tsɿ˧mæE˥tɕʰi˥i˥˧xou˥,tʰa˥˧sa˥lie˧i˥˩xou˥˩,pa˥˩z̩……mæE˥niou˩˩zou˥˦liem˧.ŋ̍˩.（他杀牛是突然给捅一刀

还是怎么呢？）黄：欸，那不行。那是先把……先把牛要弄倒以后……ei˧˥,nei˥˧pu˩˧˩ɕiŋ˩˧˩.nə˥sɿ˥ɕiæ̃˥˧pa……ɕiæ̃˥˧pa˥˧˩niou˩˧iɑɔ˥˩nuoŋ˥tɑɔ˥˧i˥˧˩xou˥˩……王：欸，人□杀牛我还……□还念哎念哎……我还在广场弄下那个那个啥……ei˧˥,zəŋ˩˧˩niæ̃˩˧sa˥˧˩niou˩˧ŋuo˥˧xæᴇ˩˧……niæ̃˩˧˩xa˩˧˩niæ̃˥˧˥æᴇ˧niæ̃˥˧˥æᴇ˧……ŋuo˥˧xæᴇ˩˧˩tsæᴇ˥kuaŋ˥˧tʂʰaŋ˥˧li˥˧˩nuoŋ˥xa˥nə˥kə˥nə˥kə˥sa˥˩……黄：那是回子嘛。nə˥sɿ˥˩xuei˩˧˩tsɿ˧ma˧.王：杀牛□还念经哩，念一工那……sa˥˧˩niou˩˧niæ̃˩˧˩xæᴇ˩˧˩niæ̃˥˧˥tɕiŋ˥˧li˧,niæ̃˥i˥˧kuoŋ˥˧nə˥……黄：回子么，他必须要念经。xuei˩˧˩tsɿ˥muo˧,tʰa˥˧pi˥˧ɕy˥˧iɑɔ˥niæ̃˥tɕiŋ˥˧˩.王：把牛拉到跟前，□，蹴得牛头里，念一工经，拿那儿那么那号那表样的，点着一烧。pa˥˧˩niou˩˧la˥˧tɑɔ˥˩kəŋ˥˧tɕʰiæ̃˩˧˩,niæ̃˩˧˩,tɕiou˩˧˩tə˧niou˩˧tʰou˩˧˩li˥˧,niæ̃˥i˥˧˩kuoŋ˥˧tɕiŋ˥˧,na˩˧nar˥nə˥muo˧nə˥xɑɔ˥˩næᴇ˥piɑɔ˥˧iaŋ˥˩ti˧,tiæ̃˥˧tʂʰuo˩˧i˥˧ʂɑɔ˥˧.（这这这就有杀……回子？）黄：前……过去有欸……这前两年有，现在都没了。tɕʰ……kuo˥tɕʰy˥iou˥˧ei˥……tʂei˥tɕʰiæ̃˩˧liaŋ˥˧niæ̃˩˧˩iou˥˧,ɕiæ̃˥˧tsæᴇ˥˧tou˥˧˩muo˥˧lə˧.王：现在都是……ɕiæ̃˥tsæᴇ˥tou˥˧sɿ˥˩……（先念经？然后就……）黄：嗯。祈祷咧么。ŋ̍˩.tɕʰi˩˧˩tɑɔ˥˧liem˧.王：念下经，才可以杀。niæ̃˥xa˥˧tɕiŋ˥˧,tsʰæᴇ˩˧˩kʰə˥˧i˥˧sa˥˧.黄：然后再一杀。回民他你不……zæ̃˩˧˩xou˥tsæᴇ˥i˥˧˩sa˥˧˩.xuei˩˧miŋ˩˧tʰa˥˧ni˥˧pu˩˧˩……（突然捅一刀还是干吗，像咱们？）黄：嗯。我晓□是咋么。m̩˩.ŋ̍˥˧ɕiɑɔ˥˧niæ̃˩˧˩sɿ˥˩tsa˥˧muo˧.王：那把牛绊倒，还不是跟……跟杀羊一样的。nə˥˩pa˥˧˩niou˩˧pæ̃˥tɑɔ˥˧,xa˩˧˩pu˩˧sɿ˥˧kəŋ˥˧sɿ……kəŋ˥˧˩sa˥˧˩iaŋ˩˧i˥˧˩iaŋ˥˧ti˧.黄：嗯。牛必须要压结实咧啊。牛呀不结实……那起来他都赶你的嘛。ə̃˩.niou˩˧pi˥˧ɕy˥˧iɑɔ˥nia˥tɕie˥˧ʂʅ˩˧˩lia˧.niou˩˧nia˥pu˩˧tɕie˥˧ʂʅ˩˧˩s……nə˥˩tɕʰi˥˧læᴇ˩˧tʰa˥˧˩tou˥˧kæ̃˥˧ni˥˧ti˧ma˧.

肉墩子

（那个屠夫卖肉的那个，是用一个桌子还是用个什么东西？）黄：现在就不……没有了。拿嘣嘣车拉来就对了。ɕiæ̃˥tsæᴇ˥tsou˥˩pu˩˧˩……mei˩˧iou˥˧˩lə˧.na˩˧pəŋ˥pəŋ˥tʂʰə˥˧˩la˥˧˩læᴇ˩˧tɕiou˥tuei˥˧lə˧.（他……他总要摆……是摆在什么上面砍吧？）拿一块儿板儿往那儿一放，一箍案板儿往那儿一放就对了么。肉墩子嘛，弄个肉墩子拿上就对了。na˩˧i˥˧kʰuər˥˧pæ̃r˥˧vaŋ˥˧˩nar˥i˥˧˩faŋ˥˧,i˥˧˩ku˥˧˩næ̃˥pæ̃r˥˧˩vaŋ˥˧˩nar˥i˥˧˩faŋ˥tsou˥tuei˥lə˥muo˧.zou˥tuoŋ˥˧tsɿ˧ma˧,nuoŋ˥kə˥zou˥tuoŋ˥˧tsɿ˧na˩˧˩ʂaŋ˥tɕiou˥tuei˥lə˧.（像以前你们是挂起来卖还是就是放在那个桌子上面卖？）我们都不挂，都是摆在那个地方卖。ŋuo˥˧mən˧tou˥˧pu˩˧˩kua˥,tou˥˧sɿ˥pæᴇ˥˧tsæᴇ˥nə˥kə˥ti˥faŋ˥˧˩mæᴇ˥˩.（以前是不是有一个这个肉床子或者什么的？）没有。这里不讲究。mei˩˧iou˥˧˩.tʂei˥˧li˥˧˩pu˩˧˩tɕiaŋ˥˧˩tɕiou˥˧.（没有嘣嘣车的时候他他他总要个东西运么。）啊，拉的架架车么。a˥,la˥˧ti˧tɕia˥˧tɕia˥˩tʂʰə˥˧˩muo˧.（噢，也是拿车子推起？）噢，推起来来卖嘛。ɑɔ˩,tʰuei˥˧tɕʰi˥˧˩læᴇ˩˧˩læᴇ˩˧˩mæᴇ˥ma˧.（那农村里面他也是这样挑那个弄那个弄弄弄也到这个……）农村更简单了。弄个自行车，后头一捎，货了地下铺着，啥都拉出就卖了。luoŋ˩˧tsʰuoŋ˥˧˩kəŋ˥tɕiæ̃˥˧tæ̃˥˧lə˧.nuoŋ˥kə˥tsɿ˥ɕiŋ˩˧tʂʰə˥˧,xou˥tʰou˧i˥˧ʂɑɔ˥˧˩,xuo˥lə˧ti˥xa˥pʰu˥˧tʂə˧,sa˥tou˥˧la˥˧˩tʂʰʅ˥˧˩tsou˥mæᴇ˥lə˧.（那像在以前呢？以前那个没有……自行车都没有的时候怎么办？）不卖，我们这个地方。向来就没有卖肉习惯。pu˩˧˩mæᴇ˥,ŋuo˥˧mən˧tʂə˥kə˥ti˥faŋ˥˧˩.ɕiaŋ˥˧læᴇ˩˧˩tsou˥mei˩˧iou˥˧mæᴇ˥zou˥ɕi˩˧˩kuæ̃˥.（噢，自己杀了那个猪腌起那个就吃腊肉？）啊，纯粹自己吃的，噢。a˩,tʂʰuoŋ˩˧˩tsʰuei˥tsɿ˥tɕie˥˧tʂʰʅ˥˧ti˧,ɑɔ˩.

骟猪、贼猪娃子

（那你这个欸，外头叫阉了，你们叫骟还叫什么？）黄：我们叫骟了，也叫𠜎了。ŋuo˥˧mən˧tɕiɑɔ˥ʂæ̃˥lə˧,ie˥˧tɕiɑɔ˥tɕʰiɑɔ˥˧lə˧.王：我们叫骟了。ŋuo˥˧mən˧tɕiɑɔ˥ʂæ̃˥˧lə˧.（𠜎猪、

骟猪是吧？）黄：嗯。还叫贼猪娃子，还叫贼。ŋ̍˩.xa˨˩tɕiaɔ˥tsei˨˦tʂʯ˥˧va˨˩tsɿ˧,xa˨˩tɕiaɔ˥tsei˨˦.（tsei˨˦是小的时候叫tsei˨˦吧？）黄：啊，小的时候叫贼咧。ɑ˩,ɕiaɔ˥˧ti˧sɿ˨˦xou˥tɕiaɔ˥tsei˨˦lie˧.王：啊，小的时候叫贼。大了就叫骟。ɑ˩,ɕiaɔ˥˧ti˧sɿ˨˩xou˥tɕiaɔ˥tsei˨˦.ta˥lə˧tɕiou˥˩tɕiaɔ˥˩ʂæ̃˥.

捶骟、扎骟、烫骟、夹骟

（[讨论阉割动物]牛呢？牛，马，驴，羊？）王：牛也都叫捶么，捶骟么。niou˨˦æ˥˧˩tou˥˧˦tɕiaɔ˥˩ʂæ̃˥muo˧,tʂʰuei˨˦˥ʂæ̃˥˩muo˧.黄：牛欸……牛要叫……欸，骟，也叫捶。骟牛是有……有的割了，有的是捶骟。niou˨˦ei˥……niou˨˦iaɔ˥tɕiaɔ˥zʅ˩……ei˩,ʂæ̃˥,ie˥˦tɕiaɔ˥tʂʰuei˨˦.ʂæ̃˥niou˨˦sɿ˥iou˥˦……iou˥˧ti˧kuo˥˧lə˧,iou˥˧ti˧sɿ˥˩tʂʰuei˨˦ʂæ̃˥.（tʂʰuei˨˦ʂæ̃˥？）黄：啊，捶骟是最残忍的一个骟。有……牛……ɑ˩,tʂʰuei˨˦ʂæ̃˥sɿ˥˩tsuei˥tsʰæ̃˨˩zəŋ˥˧ti˧i˥˩kə˥ʂæ̃˥.iou˥˩……niou˨˦……（怎么？）王：捶骟，夹骟……tʂʰuei˨˦ʂæ̃˥,tɕia˥˧ʂæ̃˥˩……黄：夹骟。tɕia˥˩ʂæ̃˥.王：几种骟法。tɕi˥˦tʂuoŋ˥˧ʂæ̃˥fa˥˩.（怎……怎么弄啊？）王：捶骟就是把那个……那睾儿丸以后……tʂʰuei˨˦ʂæ̃˥tɕiou˥sɿ˥pa˥˩nə˥˦kə˥˩……nə˥˩kə˥˩kaɔr˥˧væ̃˨˦i˥˩xou˥……黄：输精管儿。ʂʯ˥tɕiŋ˥˩kuæ̃r˥˧.王：把那个睾儿丸以后一下扎紧以后，就把那个欸，砸的把那个睾儿丸儿就砸融咧啊！pa˥˩nə˥kə˥kaɔr˥˧væ̃˨˦i˥˩xou˥i˥˩xa˥tsa˥˩tɕiŋ˥˧i˥˩xou˥˦,tɕiou˥pa˥˩nə˥kə˥ei˩,tsa˨˩ti˧pa˥˧˩nə˥kə˥kaɔr˥˧vær˨˦tɕiou˥˩tsa˨˦zuoŋ˨˩lia˥!黄：他是，不是，不是，睾丸儿没砸融。哎，不是不是。你不懂。那个啥，它是把那个输精啊，你牛的那个睾丸儿啊，把这个捋，捋下以后，把睾丸儿捋过以后，里头有个输精管儿。tʰa˥˧sɿ˥,pu˨˩sɿ˥,pu˨˩sɿ˥˩,kaɔ˥˩vær˨˦mei˨˦tsa˨˦zuoŋ˨˦.æᴇ˨˦,pu˨˦sɿ˥pu˨˦sɿ˥.ni˥pu˨˦tuoŋ˥˩.nə˥kə˥sa˥˩,tʰa˥˧sɿ˥pa˥˩nə˥kə˥ʂʯ˥˧tɕiŋ˥˩ɑ˩,ni˥˩niou˨˦ti˧nə˥kə˥kaɔ˥˩vær˨˦ɑ˩,pa˥˩tʂə˥kə˥y˥˧,y˥˧xa˥i˥˦xou˥,pa˥˩kaɔ˥˩vær˨˦y˥˩kuo˥i˥˩xou˥,li˥tʰou˧iou˥kə˥ʂʯ˥˧tɕiŋ˥˩kuær˥˧.（y˥˧是什么东西？）黄：捋就是把这个拿手……ly˥˧tɕiou˥sɿ˥pa˥˩tʂə˥kə˥na˨˩ʂou˥˧……（噢，捋一捋。）黄：噢，捋一捋。把这个输精管儿以后，他是摸住以后，把这个输精管儿以后，把那个皮皮弄过，他把那输精……摸着输精管儿弄上好了放住来麻嘛。把那麻以后以后是把麻蘸湿，然后这么个缠住，底下放个木头墩墩子嘛，上头拿个斧头背背子，砸咧么，在麻上砸咧。不能把肉砸烂么。把麻缠了一层子，然后一直砸，砸上一气子以后要把这个麻取掉以后，然后摸咧。摸以后看把这个输精管儿砸烂了么没有。输精管儿没有砸烂，继续砸。那我是就是生产队，我去学校回去见咧。给压过这个牲口……ɑɔ˩,ly˥˧i˥˩ly˥˩.pa˥˩tʂə˥kə˥ʂʯ˥˧tɕiŋ˥˩kuær˥˧i˥˩xou˥,tʰa˥˦sɿ˥maɔ˥˧tʂʯ˥˩i˥˩xou˥,pa˥˩tʂə˥kə˥ʂʯ˥˧tɕiŋ˥˩kuær˥˧i˥˩xou˥,pa˥˩nə˥kə˥pʰi˨˦pʰi˨˦nuoŋ˥kuo˥,tʰa˥˩pa˥˩nə˥ʂʯ˥˦tɕiŋ˥˦……maɔ˥˧tʂuo˥˩ʂʯ˥˧tɕiŋ˥˩kuær˥˧nuoŋ˥˦ʂaŋ˥xaɔ˥˦lə˧faŋ˥˦tʂʯ˥læᴇ˨˦ma˨˦ma˧.pa˥˩nə˥ma˨˦i˥˩xou˥˦i˥˩xou˥˩sɿ˥˩pa˥˩ma˨˦tsæ̃˥ʂʯ˧,zæ̃˨˩xou˥tʂə˥muo˧kə˥tʂʰæ̃˨˦tʂʯ˥˦,ti˥˧xa˥˩faŋ˥kə˥mu˥˩tʰou˧tuoŋ˥˧tuoŋ˥˩tsɿ˧ma˧,ʂaŋ˥tʰou˧na˨˩kə˥fu˥˧tʰou˧pei˥pei˥tsɿ˧,tsa˨˦lie˧muo˧,tsæᴇ˥ma˨˩ʂaŋ˥˦tsa˨˩lie˧.pu˨˩nəŋ˨˦pa˥˩zou˥˦tsa˨˩læ̃˥muo˧.pa˥˩ma˨˦tʂʰæ̃˨˩lə˧i˥˩tsʰəŋ˨˩tsɿ˧,zæ̃˨˩xou˥i˥˩tʂʅ˨˦tsa˨˦,tsa˨˩ʂaŋ˥˦i˥˩tɕʰi˥tsɿ˧i˥˩xou˥iaɔ˥pa˥˩tʂə˥kə˥ma˨˦tɕʰy˥˧tiaɔ˥i˥˩xou˥,zæ̃˨˩xou˥maɔ˥˧lie˧.maɔ˥˧i˥˩xou˥kʰæ̃˥pa˥˩tʂə˥kə˥ʂʯ˥˧tɕiŋ˥˩kuær˥˦tsa˨˩læ̃˥˦lə˧muo˧mei˨˩iou˥˩.ʂʯ˥˧tɕiŋ˥˩kuær˥˧mei˨˦iou˥˧tsa˨˩læ̃˥,tɕi˥ɕy˥tsa˨˩.nei˥ŋuo˥˧sɿ˥˩tɕiou˥˩sɿ˥˩səŋ˥˩tsʰæ̃˥˦tuei˥,ŋuo˥˧tɕʰi˥ɕye˨˩ɕiaɔ˥xuei˨˦tɕʰi˥tɕiæ̃˥lie˧.kei˥nia˥kuo˥tʂə˥kə˥səŋ˥˩kʰou˧……王：那些我也见过。捶骟也叫咧这。nei˥˩ɕie˥˩ŋuo˥˧a˥˦tɕiæ̃˥kuo˥.tʂʰuei˨˦ʂæ̃˥æ˥˩tɕiaɔ˥lie˧tʂei˥.黄：捶骟就是，捶骟是仅仅只……tʂʰuei˨˦ʂæ̃˥tsou˥˦sɿ˥˩,tʂʰuei˨˦ʂæ̃˥sɿ˥˩tɕiŋ˥˧tɕiŋ˥˦tsɿ˥˦……王：再一种是夹骟么。tsæᴇ˥i˥˩tʂuoŋ˥˦sɿ˥tɕia˥˧ʂæ̃˥muo˧.黄：嗯，只骟……骟的是羊，牛。多一半是捶骟多。那可以说是把牛，牛眼窝最后都捶的是……眼窝都血红血红的。ŋ̍˩,tsɿ˥˦tʂʰæ̃˥（←ʂæ̃˥）……

ʂæ̃˦˥ti·ls̩˦˩ʅiaŋ˩,niou˩.tʂuo˥（←tuo˥）i˥˩pæ̃˦s̩˦˦tʂʰuei˩ʂæ̃˦tuo˥˩.nei˦kʰə˥i˥˩ʂuo˥˩s̩˦˩pa˥˩niou˩,niou˩niæ̃˥vuo˥˩tsuei˦xou˦tou˥˩tʂʰuei˩˩ti·ls̩˦ni……niæ̃˥vuo˥˩tou˥˩ɕie˥xuoŋ˩ɕie˥xuoŋ˩˩ti·l.（母牛不……不骟吧？）王：母牛不骟。mu˥niou˩pu˩˩ʂæ̃˦.黄：母牛不。只是指的公牛。这捶……一直捶得儿时把那个摸住以后，它那个里头这个输精管儿纯粹捶的捶融了啊，它再不可能儿有输精的可能了，这就算成功了。输精管儿一捶以后，这个这个血脉就不通了，这个睾儿丸儿它就自……mu˥niou˩pu˩˩.ts̩˥˩s̩˦˩ts̩˥˦ti·lkuoŋ˥niou˩˩.tʂə˦˥tʂʰuei˩niə……i˥˩tʂʰʅ˩˥tʂʰuei˩˩tə˦tɕi˥s̩˩˩pa˥˩nə˦kə˦mao˥tʂʮ˦˩i˥˩xou˦,tʰa˥˦nə˦kə˦li˥tʰou·ltʂə˦˩kə˦˩ʂʮ˥tɕiŋ˥˩kuær˥tʂʰuoŋ˩˩tsʰuei˦˥tʂʰuei˩ti·ltʂʰuei˩˩zʮoŋ˩˩lə·la˩,tʰa˥˦tsæᴇ˦pu˩˩kʰə˥nə̃r˩˦iou˥˩ʂʮ˥tɕiŋ˥˩ti·lkʰə˥˩nəŋ˩lə·l,tʂei˦tɕiou˦suæ̃˦tʂʰəŋ˩kuoŋ˥lə·l.ʂʮ˥tɕiŋ˥˩kuær˥i˥˩tʂʰuei˩i˥xou˦,tʂə˦kə˦tʂə˦kə˦ɕie˥mei˥˩tɕiou˦˩pu˩tʰuoŋ˥lə·l,tʂə˦˩kə˦kaor˥˩vær˩tʰa˥tɕiou˦˩ts̩˦……（萎缩？）黄：自动的就萎缩。ts̩˦˩tuoŋ˦˥ti·ltɕiou˦vei˥suo˥˩.

（欸，我看到有的是，他拿的橡皮筋儿，把那个睾……）黄：扎住。tsa˥tʂʮ˦˩.（那个阴囊给它扎起来……）黄：那也可以。nei˦˥ia˥˩kʰə˥i˥˩.（然后，不通血然后，过了一段儿时间，它这个萎缩……）黄：它就掉了么。tʰa˥˩tɕiou˦˩tiao˦˥ləm·l.（它就掉了。那个叫什么？）黄：现在么，那，那叫是扎骟么。ɕiæ̃˦tsæᴇ˦˥muo·l,næᴇ˦,næᴇ˦tɕiao˦zʅ˩（←ʂʅ˦）tsa˥˩ʂæ̃˦muo·l.（哦，噢，我知道了。）黄：那现在……多一半羊羔儿就，羊羔下下三天以后，拿个欸橡皮筋儿，把拿个卵卵一……卵卵子儿往过一捋，拿橡皮筋儿一扎，七天以后就掉了。nə˦˩ɕiæ̃˦tsæᴇ˦˥ts……tuo˥˩i˥˩pæ̃˦iaŋ˩˩kaor˥tsou˦˩,iaŋ˩˩kao˥ɕia˦xa˦sæ̃˥tʰiæ̃˥˦i˥˩xou˦,na˩kə˦ei˦ɕiaŋ˦pʰi˩tɕiə̃r˥,pa˥˩nə˦kə˦luæ̃˥luæ̃˥˩i˥˩……luæ̃˥luæ̃˥˩tsər˥vaŋ˥˩kuo˦i˥˩ly˥,na˩˩ɕiaŋ˦pʰi˩˩tɕiə̃r˥i˥˩tsa˥˦,tɕʰi˥tʰiæ̃˥˦i˥˩xou˦tɕiou˦tiao˦lə·l.王：把那羊羔，呃，一年骟……把肉……今年骟过了儿……pa˥˩nə˦˥iaŋ˩˩kao˥,ə˩,i˥˩niæ̃˩˩ʂæ̃˦……pa˥˩zʮou˦i……tɕiŋ˥˩niæ̃˩˩ʂæ̃˦kuo˦lər˦……（母……母羊也不骟吧？）黄：母羊不能骟。mu˥tɕʰiaŋ˦（←iaŋ˩）pu˩˦nəŋ˩˦ʂæ̃˦˩.

王：烫骟么你。贴住，烧红以后在那里……在兀是……在兀儿一烫……tʰaŋ˦˥ʂæ̃˦˩muo·lni˥˩.tʰie˥tʂʮ˦˩,ʂao˥˩xuoŋ˩i˥˦xou˦tsæᴇ˦na˦li˥˦……tsæᴇ˦və˦s̩˦……tsæᴇ˦˩vər˦i˥˩tʰaŋ˦.黄：哎，那是另外一回事。æᴇ˩,nə˦˥s̩˦˩liŋ˦væᴇ˦i˥˩xuei˩˦s̩˦˩.（烫哪儿呢？）王：烫那个……还是，它还是那个输精……tʰaŋ˦nə˦kə˦tɕ……xa˩˩s̩˦˥,tʰa˥˩xa˩˩s̩˦˥nə˦˩kə˦˩ʂʮ˥˩tɕiŋ˥˩……黄：嗯，它是这么一烫是为了止血的。止血消毒的。他把那个铁烧红以后，呲，这么一烫以后，它就说是把那个血管儿，毛细血管儿以后烫死了。都是这个，不淌血。再一个就是起到消毒作用。ə̃˩,tʰa˥s̩˦tʂə˦muo·li˥˩tʰaŋ˦s̩˦˩vei˦lə·lts̩˥˦ɕie˥ti·l.ts̩˥˦ɕie˥ɕiao˥˩tu˩ti·l.tʰa˥˦pa˥˩nə˦kə˦tʰie˥ʂao˥˩xuoŋ˩i˥˩xou˦,tsʰʅ˦,tʂə˦˥muo·li˥˩tʰaŋ˦i˥˩xou˦,tʰa˥˦tsou˦ʂuo˥˦s̩˦pa˥˩nə˦kə˦ɕie˥˩kuær˥,mao˩ɕi˦ɕie˥˩kuær˥i˥˩xou˦tʰaŋ˦˥s̩˥lə·l.tou˥˦s̩˦tʂə˦˩kə˦˩,pu˩˩tʰaŋ˥˦ɕie˥.tsæᴇ˦i˥˦kə˦tɕiou˦s̩˦tɕʰi˥tao˦˩ɕiao˥˩tu˩tsuo˥˩yoŋ˦˩.

黄：再现在一个最先进的一种办法就是安这个人工造下那个像破坏钳一样那么个，夹骟。tsæᴇ˦˥ɕiæ̃˦tsæᴇ˦i˥˩kə˦˩tsuei˦ɕiæ̃˥˩tɕiŋ˦˥ti·li˥˩tʂuoŋ˥˩pæ̃˦fa˥˦tɕiou˦s̩˦næ̃˥˦tʂə˦˩kə˦˩zəŋ˩kuoŋ˥tsao˦xa˦˩nə˦kə˦ɕiaŋ˦pʰuo˦xuæᴇ˦tɕʰiæ̃˩i˥˩iaŋ˦˩nə˦muo·lkə˦,tɕia˥˩ʂæ̃˦.（夹骟？）黄：夹骟，啊。夹骟和捶骟是一个道理。tɕia˥˩ʂæ̃˦,ã˩.tɕia˥˩ʂæ̃˦˥xuo˩˩tʂʰuei˩ʂæ̃˦s̩˦i˥˩kə˦˩tao˦li˥˩.王：那就把那夹住，夹死咧。næᴇ˦tɕiou˦pa˥˩nə˦tɕia˥tʂʮ˦˩,tɕia˥˩s̩˥lie·l.黄：一下就是，也就说是把输精管儿再夹断了么。i˥˩xa˦tsou˦˥s̩˦˩,ie˥tɕiou˦ʂuo˥s̩˦˩pa˥˩ʂʮ˥tɕiŋ˥˩kuær˥tsæᴇ˦tɕia˥˩tuæ̃˦˥ləm˦.

钢

（这个钢刀哇怎么说？这个刀不利了，这个把它钢一下。/对，抢抢钢一钢，在石头上。）黄：我们那个就说是这个欸，这儿这一般就是刀不利了，或者用的纯粹没钢了，你从新给我加钢一下。ŋuo˥˩mən˧nə˥kə˥tɕiou˥ʂuo˥˩˧˩sɿ˥˧tʂə˥kə˥ei˥,tʂər˥˦tʂə˥i˨˩˦pæ̃˥˩˧˩tɕiou˥˧sɿ˥˧tɑ ɔ˥˩pu˧˥˧˩li˥lə˨,xuei˧˥˦tʂə˥˩˧˩yoŋ˥ti˧tʂʰuoŋ˧˥˧˩tsʰuei˥muo˨˩˦kaŋ˥˩lə˨,ni˥˩˦tsʰuoŋ˧˥ɕiŋ˥˩kei˥ŋuo˥˩˦tɕia˨˩˦kaŋ˥˩i˥˩˧˩ɕia˥ ˧˩.（tɕia˧˥kaŋ˥˩？）啊，加钢，那就说是上边的钢没咧，再你再加一点钢。a˧˩,tɕia˨˩˦kaŋ˥˩,næᴇ ˥˦tɕiou˥ʂuo˥˩˦sɿ˥ʂaŋ˥piæ̃˥˩˦ti˧kaŋ˥˩muo˥˩lie˨,tsæᴇ˥ni˥˩˦tsæᴇ˥tɕia˥˩i˥˩˧˩tiæ̃˥˩˧˩kaŋ˥˩.（不说钢钢？）钢一下么。kaŋ˥˦i˥˩˧˩xa˥˧muo˨.（kaŋ˥i˧˩xa˧˩，哎，对。）噢，最……最原始的话就说是钢一下。ɑɔ˧˩,tsuei˥tʂʰ……tsuei˥yæ̃˧˥˧˩sɿ˥˩ti˧xua˥tɕiou˥ʂuo˥˩˧˩sɿ˥˧kaŋ˥˦i˥˩˧˩ɕia˥˧.（欸，加点钢叫钢一下？）噢，钢一下，啊。就是钢一把斧头，钢一个锄，或者钢个镢头。ɑɔ˧˩,kaŋ˥i˥˩˦ɕia˥,a˧˩.tɕiou˥˧sɿ ˥˧kaŋ˥i˥˩˦pa˥˩˦fu˥˩tʰou˨,kaŋ˥i˥˩˦kə˥tʂʮ˧˥˧˩,xuo˧˥˧˩tʂə˥˩˧˩kaŋ˥kə˥tɕyo˥˩tʰou˨.

炭糟子

1．黄：炭糟子。tʰæ̃˥tsɑɔ˥˩tsɿ˨.（就是那种那个碎……细小的这种……）细小的那种。ɕi˥ɕiɑɔ˥˩ti˨nei˥tʂuoŋ˥˩˧˩.（柴火烧出来的？）啊。这是用来打铁的。ŋɑ˥˩.tʂə˥sɿ˥yoŋ˥˧læᴇ˧˥˧˩tɑ˥˩˦tʰie˥˩ti˨.（打铁用的？）噢，打铁就不是……过去没有煤的情况下，打铁就靠这个东西。ɑɔ˧˩,tɑ˥˩˦tʰie˥˩˧˩tsou˥˧pu˧˥˧˩sɿ˥˧……kuo˥tɕʰy˥mei˧˥iou˥˩mei˧˥ti˧tɕʰiŋ˧˥˧˩kʰuɑŋ˥ɕiɑ˥˧,tɑ˥˩˦tʰie˥˩˧˩tɕiou˥˧kʰɑɔ˥˧tʂə˥˧kə˥˧tuoŋ˥˩˧˩ɕi˨.（那他怎么不用木炭呢？）那块儿大的很么。那那烧上就没有这个火力强么。而且这个打铁的这个炭糟子它是不是用不是所有的木头烧下那个炭糟子都能打。它必须是沙棘。nə˥kʰuər˥˩tɑ˥ti˧xəŋ˥˩˧˩muo˨.nə˥næᴇ˥ʂɑɔ˥˩ʂɑŋ˥˧tɕiou˥mei˧˥iou˥˩tʂə˥kə˥xuo˥˩li˥˩˧˩tɕʰiɑŋ˧˥muo˨.ər˧˥tɕʰie˥˩˧˩tʂə˥kə˥tɑ˥˩˦tʰie˥˩ti˨tʂə˥kə˥tʰæ̃˥tsɑɔ˥˩tsɿ˨tʰɑ˥˩˦sɿ˥pu˧˥˧˩sɿ˥˦yoŋ˥pu˧˥˧˩sɿ˥ ʂuo˥˩iou˥˩ti˧mu˥˩tʰou˨ʂɑɔ˥˩xɑ˥˧nə˥kə˥tʰæ̃˥tsɑɔ˥˩˧˩tsɿ˨tou˨˩˦nəŋ˧˥˧˩tɑ˥˩˧˩.tʰɑ˥˩˧˩pi˨˩˦ɕy˥˩sɿ˥˧sɑ˨˩˦tɕi˥˩.（噢，沙棘？）噢，沙棘，这一种灌木的名字叫沙棘。ɑɔ˧˩,sɑ˨˩˦tɕi˥˩,tʂei˥i˥˩˦tʂuoŋ˥˩˦kuæ̃˥mu˥˩˧˩ti˨miŋ˧˥tsɿ˥ tɕiɑɔ˥sɑ˨˩˦tɕi˥˩.（好像这……就河边长的一些是不是叫沙棘？）那不是沙柳。那那那个都在坡上长着咧。那个长刺的。nə˥˧pu˧˥˧˩sɿ˥˧sɑ˨˩˦liou˥˩˧˩.nei˥nei˥nei˥kə˥tou˥˩˧˩tsæᴇ˥pʰuo˥˩ʂɑŋ˥˧tʂɑŋ˥˩tʂ uo˨lie˨.nə˥kə˥tʂɑŋ˥˩tsʰɿ˥˦ti˨.（啊，是不是正在开花的那个？）没有，那叫狼牙刺。这个么是叶叶是长灰灰的那个叶叶子，那个到冬季，到九十月以后，霜一打那个果果红啦，红的啊金黄金黄的那个东西。muo˨˩˦iou˥˩,nei˥˦tɕiɑɔ˥˩˧˩lɑŋ˧˥niɑ˧˥˦tsʰɿ˥.tʂə˥˧kə˥˦muo˨sɿ˥˧ie˥˩ie˥˩˧˩sɿ˥˧tʂɑŋ˥˩xu ei˥˩˧˩xuei˥˩˧˩ti˧nə˥kə˥ie˥˩ie˥˩˧˩tsɿ˨,nə˥˧kə˥˦tɑɔ˥tuoŋ˥˩˧˩tɕi˥˦,tɑɔ˥tɕiou˥˩ʂʮ˧˥˧˩yo˥˩i˥˩˧˩xou˥,ʂuɑŋ˥˩i˥˩˧˩tɑ˥˩nə˥kə˥kuo˥˩ kuo˥˩˧˩xuoŋ˧˥lɑ˨,xuoŋ˧˥˧˩ti˧lɑ˨tɕiŋ˥˩xuɑŋ˧˥˧˩tɕiŋ˥˩xuɑŋ˧˥˧˩ti˧nə˥kə˥tuoŋ˥˩˧˩ɕi˨.（沙棘？）沙棘。用那个沙棘的这个树干烧成的那个打铁，那个化铁的能力，火力比较强。sɑ˥˩tɕi˥˩˦.yoŋ˥nə˥kə˥sɑ˨˩˦tɕi˥˩t i˨tʂei˥kə˥ʂʮ˥kæ̃˥ʂɑɔ˥˩tʂʰəŋ˧˥˧˩ti˧nə˥kə˥tɑ˥˩˧˩tʰie˥˩˧˩,nə˥kə˥xuɑ˥tʰie˥˩˧˩ti˨nəŋ˧˥li˥˩˧˩,xuo˥˩li˥˩˧˩pi˥˩tɕiɑɔ˥˧tɕʰiɑŋ ˧˥.（噢，那个家里面平时烧的那个炭，欸也烧那个炭糟子吗？）家里一般现在都不烧。tɕi ɑ˥˩li˥˩˧˩i˨˩˦pæ̃˥˩˧˩ɕiæ̃˥tsæᴇ˥tou˥˩˧˩pu˧˥˧˩ʂɑɔ˥˩.（以前？）以前都是冬天烧下木炭，是烤火咧。现在林场就不让拧。现在等于你烧点木炭，那等于挖他们老先人坟咧，能给你干？i˥˩˦tɕʰiæ̃˧˥tou˥˩˧˩s ɿ˥˧tuoŋ˥˩tʰiæ̃˥˩˧˩ʂɑɔ˥˩xɑ˥˧mu˥˩˧˩tʰæ̃˥,sɿ˥kʰɑɔ˥˩xuo˥˩lie˨.ɕiæ̃˥tsæᴇ˥liŋ˧˥˧˩tʂʰɑŋ˥˩tsou˥˧pu˧˥˧˩zɑŋ˥niŋ˧˥.ɕiæ̃˥tsæ ᴇ˥təŋ˥˩˦y˧˥˦ni˥˩˦ʂɑɔ˥˩tiæ̃˥˩˧˩mu˥˩tʰæ̃˥,nei˥təŋ˥˩˦y˧˥˦vɑ˥˩˧˩tʰɑ˥˩mən˨lɑɔ˥˩ɕiæ̃˥˩zən˧˥˧˩fən˧˥lie˧,nəŋ˧˥kei˥ni˥˩˦kæ̃˥.（那个炭糟子就是那个专门是给铁匠用的是吧？）啊。这是现在用的是给铁匠用的，但是汉代的墓里头用炭糟子作为一种隔潮防潮的东西。汉墓这个墓，灌木往这里一放，外头一般情况下，稍微家里有点那个的话，都是这个三十公分到六十公分的炭糟子。围咧一圈

子。这就把外头的潮气隔咧噢，水分它就渗不进去，起这个隔潮的作用。ɑ˦.tʂə˥˩sʅ˥˩ɕiæ̃˥ts æᴇ˥yoŋ˥˦ti˧sʅ˥˩kei˥tʰie˦tɕiaŋ˥˩yoŋ˥ti˧,tæ̃˥˩sʅ˥˩xæ̃˥tæᴇ˥ti˧mu˥li˦˩tʰou˧yoŋ˥tʰæ̃˥tsɑɔ˦˩tsʅ˧tsuo˦˩vei˧i ˦˩tʂuoŋ˦˩kei˦tʂʰɑɔ˨fɑŋ˨tʂʰɑɔ˨˩ti˧tuoŋ˦˩ɕi˧.xæ̃˥mu˥tʂə˥˩kə˥˩mu˥,kuæ̃˦˨mu˦˩vɑŋ˦˩tʂə˥˦li˦˩i˦˩fɑŋ˥,v æᴇ˥tʰou˧i˦˨pæ̃˦tɕʰiŋ˨˩kʰuɑŋ˥˦ɕiɑ˥,sɑɔ˦˥vei˦˥tɕiɑ˦li˦˩iou˦tiæ̃˦˩næᴇ˥kə˥ti˧xuɑ˥,tou˦˨sʅ˥tʂə˥kə˥sæ̃˦ʂʅ ˨˩kuoŋ˦˨fəŋ˦˩tɑɔ˥liou˦ʂʅ˨˩kuoŋ˦˨fəŋ˦˩ti˧tʰæ̃˥˦tsɑɔ˦tsʅ˧.vei˨˥lie˧i˦˩tɕʰyæ̃˦tsʅ˧.tʂei˥tɕiou˥pɑ˦˩væᴇ˥tʰ ou˧ti˧tʂʰɑɔ˨˩tɕʰi˥kei˦˩liɑɔ˧,ʂuei˦fəŋ˥˩tʰɑ˦˩tɕiou˥˩səŋ˥pu˨˥tɕiŋ˥˩tɕʰi˥˩,tɕʰi˦tʂei˥kə˥kei˦˩tʂʰɑɔ˨˩ti˧tsu o˦˩yoŋ˥˩.（在农村里面也叫炭糟子？）噢，也叫炭糟子。ɑɔ˥,ie˦tɕiɑɔ˥˩tʰæ̃˥tsɑɔ˦˩tsʅ˧.

2. 黄：炭糟子这面还不是来……中国那个四大发明那个……造火药那个，它还是用炭糟子做下的。烧成炭糟子，然后把这个炭糟子碾碎，硫磺，硝，一磺……一磺，二硝，三木炭么，有时候得……就是火药。tʰæ̃˥tsɑɔ˦tsʅ˧tʂei˥miæ̃˥xɑ˨˩pu˨˩sʅ˥˩læᴇ˨…… tʂuoŋ˦kuo˦˩nə˥kə˥sʅ˥tɑ˥fɑ˦˩miŋ˨nei˥kə˥……tsɑɔ˥xuo˦yo˦˩nei˥kə˥,tʰɑ˦˥xɑ˨˩sʅ˥yoŋ˥˩tʰæ̃˥tsɑɔ˦˩tsʅ ˧tsuo˥˦xɑ˥˩ti˧.ʂɑɔ˦˩tʂʰəŋ˨tʰæ̃˥tsɑɔ˦tsʅ˧,zæ̃˨˩xou˥pɑ˦˩tʂə˥kə˥tʰæ̃˥tsɑɔ˦tsʅ˧niæ̃˦suei˥,liou˨xuɑŋ˨,ɕiɑɔ˦,i˦˨x uɑŋ˨˩……i˦˩xuɑŋ˨,ər˥ɕiɑɔ˦,sæ̃˦˨mu˦˩tʰæ̃˥˦muo˧,iou˦˩sʅ˨˥xou˥tei˦˥……tɕiou˥˩sʅ˥˩xuo˦yo˦˩.

镶金牙

（还有镶金牙的是吧？）黄：啊，镶……这几年没有了。ɑ˩,ɕie……tʂei˥tɕi˦˩niæ̃˨mei˨˩ iou˦˩lə˧.（过去有？）镶金牙在五十年代初到……五十年代到六十年代初，那那镶个牙那是好家伙，了不得。ɕiɑŋ˦˨tɕiŋ˦˩iɑ˨tsæᴇ˥vu˦ʂʅ˨˩niæ̃˨˩tæᴇ˥tʂʰɥ˦˥tɑɔ˥……vu˦ʂʅ˨˩niæ̃˨˩tæᴇ˥tɑɔ˥˩ iou˦ʂʅ˨˩niæ̃˨˩tæᴇ˥tʂʰɥ˦,næᴇ˥˦næᴇ˥ɕiɑŋ˦kə˥˩iɑ˨næᴇ˥sʅ˥xɑɔ˦˥tɕiɑ˦xuo˧,liɑɔ˦pu˨˩tei˦˩.（很多人喜欢镶牙是吧？）噢，镶牙，到你跟前嘴都能张多大给你看一下。ɑɔ˩,ɕiɑŋ˦˩iɑ˨,tɑɔ˥ni˦˥kəŋ˦tɕʰiæ̃˦˩tsuei˦tou˦˩nəŋ˨tʂɑŋ˦tuo˦˨tɑ˥˩kei˥ni˦˥kʰæ̃˥i˦˥xɑ˥˩.

剃头挑子

（理发的呢有有箱子吧？）黄：理发的背的是褡子。li˦fɑ˦˩ti˧pei˦˥ti˧sʅ˥tɑ˦tsʅ˧.（噢，背个褡子？）啊，口袋，中间开口口，两头儿装东西。那号儿，这是最原始的理发的。那他……ɑ˩,kʰou˦tæᴇ˥˩,tʂuoŋ˦˩tɕiæ̃˦˨kʰæᴇ˦˩kʰou˦kʰou˦˩,liɑŋ˦tʰour˨tʂuɑŋ˦˩tuoŋ˦ɕi˧.n æᴇ˥xɑɔr˥,tʂə˥sʅ˥tsuei˥yæ̃˨˩sʅ˦ti˧li˦fɑ˦˩ti˧.næ̃˥˦tʰɑ˦˩……（那是背的褡子？）背个褡褡，褡裢儿。来去以后，那一头儿背的这个东西。有的是挑挑子咧么。挑下挑子以后…… pei˦kə˥˩tɑ˦tɑ˦˩,tɑ˦liæ̃r˨˩.læᴇ˨˩tɕʰi˥i˦˩xou˥,næᴇ˥˦i˦˩tʰour˨pei˦ti˧tʂə˥kə˥tuoŋ˦˩ɕi˧.iou˦ti˧sʅ˥˩tʰiɑɔ˦ ˩tʰiɑɔ˦tsʅ˧lie˧muo˧.tʰiɑɔ˦xɑ˥˩tʰiɑɔ˦tsʅ˧i˦˩xou˥˦……（还有热水。）呃有热水，还有脸盆啥，他都一……一摞儿子担上。最简单的就是背个褡裢。ŋə˥iou˦˥zə˦˩ʂuei˦,xæᴇ˨˩iou˦˥liæ̃˦pʰə ŋ˨˩sɑ˥˦,tʰɑ˦˩tou˦˩i˦˩tei……i˦˩luor˥˦tsʅ˧tæ̃˦ʂɑŋ˥˩.tsuei˥tɕiæ̃˦tæ̃˦˩ti˧tɕiou˥˩sʅ˥˩pei˦˥kə˥tɑ˦liæ̃˨˩.（他是在街上理还是到村……各村各户去理？）那都是过去少得很，我们这儿这都过去都根本不在街上理发。现在还有人走街上理个发，有个理发店儿了。næᴇ˥˦tou˦˩sʅ˥˩kuo˥tɕʰy ˥ʂɑɔ˦tə˧xəŋ˦,ŋuo˦məŋ˧tʂər˥tʂə˥tou˦˥kuo˥˦tɕʰy˥tou˦˥kəŋ˦˩pəŋ˦pu˨˩tsæᴇ˥kæᴇ˦ʂɑŋ˥˩li˦fɑ˦˩.ɕiæ̃˥tsæ ᴇ˥xæᴇ˨˩iou˦zəŋ˨tsou˦˩kæᴇ˦ʂɑŋ˥˩li˦kə˥˩fɑ˦˩,iou˦˩kə˥˩li˦fɑ˦˩tiæ̃r˥˦lə˧.（你们过去在哪儿？）家里是。tɕiɑ˦li˦˩sʅ˥˩.（家里自己理？）家里……访的有会剃头的，寻个人把头一剃就对了。叫剃头咧，不叫理发。tɕiɑ˦li˦˩ɕ……fɑŋ˦ti˧iou˦˥xuei˥tʰi˥tʰou˨˩ti˥,ɕiŋ˨˩kə˥zəŋ˨vɑ˩（←pɑ˦）tʰou˨i˦˥tʰi˥tɕiou˥tuei˥˦lə˧.tɕiɑɔ˥˩tʰi˥˦tʰou˨˩lie˥,pu˨˩tɕiɑɔ˥li˦fɑ˦˩.（那个人叫什么呢？）剃头匠么。tʰi˥tʰou˨˩tɕiɑŋ˥˦muo˧.（剃头匠？）剃头挑子它是一头儿热么。这面要担个火炉炉咧。tʰi˥tʰou˨tʰiɑɔ˦tsʅ˧tʰɑ˦sʅ˥˩i˦˩tʰour˨zə˦muo˧.tʂei˥miæ̃˥˩iɑɔ˥tæ̃˦kə˥˩xuo˦˥lou˨˩lou˨˦lie˧.

鐾刀子

（剃头的那个刀子叫什么？）黄：剃头刀子。tʰi˥tʰou˨˩˦tɑɔ˥˩tsɿ˧.王：嗯。ŋ̍˩.（叫什么？）黄：剃头刀子。tʰi˥tʰou˨˩˦tɑɔ˥˩tsɿ˧.王：剃头刀。tʰi˥tʰou˨˩˦tɑɔ˥˩.（呃，这刮脸的和剃头的是一……一把子？）黄：一个刀儿，一个东西。嗯。i˥˩˩kə˥tɑɔr˥˩˩,i˥˩˩kə˥tuoŋ˥˩ɕi˧.ə̃˩.王：一个刀儿。嗯。i˥˩˩kə˥tɑɔr˥˩˩.ə̃˩.（挞挞挞，那块布叫什么？那块长长的？）黄：鐾刀，啊？pei˥tɑɔ˥˩˥,ɑ˧?王：那……那□鐾刀么。n……nei˥niæ̃˨˩˦pi˥tɑɔ˥˩muo˧.黄：鐾刀布么，那个长条那个布叫鐾刀布么，拉出来那个叫鐾刀子么.pi˥˩tɑɔ˥˩˩pu˥˥˧muo˧,nə˥kə˥tʂʰɑŋ˨˩˦tʰiɑɔ˨˩˦nə˥kə˥pu˥˥˧tɕiɑɔ˥pi˥tɑɔ˥˩˩pu˥muo˧,lɑ˥˩˩tʂʰʮ˥˩læᴇ˨˩˥nə˥kə˥tɕiɑɔ˥pi˥˩˧tɑɔ˥˩tsɿ˧muo˧.

箍

（锔锔锔缸你怎么说？/过去你们家那个锅呀缸呀……噢，不是……碗儿啊……）黄：烂①了。læ̃˥lə˧.（锔碗？/裂了条缝儿或者……）不念锔，我们念箍咧。箍，箍缸，箍盘儿，箍碗儿的。pu˨˩˦niæ̃˥tɕy˥˩,ŋuo˥˩məŋ˧niæ̃˥ku˥˩lie˧.ku˥˩,ku˥˩˧kɑŋ˥˩,ku˥˩˩pʰæ̃r˨˩˦,ku˥˩˩væ̃r˥˩ti˧.（箍哇？）箍，噢。ku˥˩,ɑɔ˩.（你们是打道箍子是吧？）噢，打道欸箍子。ɑɔ˩,tɑ˥˩˥tɑɔ˥ei˧ku˥˩tsɿ˧.（不是说再……钻个眼儿给补起来？）那是锅□是钉锅咧。打……打眼子是把锅镩两个眼，放铆钉一铆。nə˥sɿ˥kuo˥˩niæ̃˨˩˦sɿ˥tiŋ˥kuo˥˩lie˧.tə……tɑ˥˩niæ̃˥˩tsɿ˥˩˩sɿ˥˥˧pɑ˥˩˩kuo˥˩tsʰuæ̃˥˩liɑŋ˥˩kə˥˩niæ̃˥˩,fɑŋ˥mɑɔ˥˩tiŋ˥˩˩i˥˩˩mɑɔ˥˩˩.（嗯，你们怎么讲这种那个？）钉锅，箍盘儿，箍碗儿。tiŋ˥kuo˥˩,ku˥˩˩pæ̃r˨˩˦,ku˥˩˩væ̃r˥˩.（箍？箍？）箍，啊。紧箍咒的箍，提手旁过去那个。ku˥˩,ɑ̃˩.tɕiŋ˥˩˩ku˥˩˩tʂou˥ti˧kuoŋ˥˩（←ku˥˩）,tʰi˨˩˦ʂou˥˩pʰɑŋ˨˩˦kuo˥tɕʰi˥nə˥˥˧kə˥˥˧.（噢，你们这么……怎么箍法？/那么小的碗你还箍，箍，那怎么弄得了？）很简单。弄几根麻，弄些麻把那个……先弄点麻批子，把那个鸡血和荞面搁一瘩里敦一敦，把那个往上一抹，一干就掌住了。xəŋ˥˩tɕiæ̃˥˩tæ̃˥˩˩.nuoŋ˥tɕi˥˩kəŋ˥˩˩mɑ˨˩˦,nuoŋ˥ɕie˥˩˩mɑ˨˩˦pɑ˥˩˩nə˥kə˥……ɕiæ̃˥˩˩nuoŋ˥tiæ̃˥˩˩mɑ˨˩˦pʰi˥˩tsɿ˧,pɑ˥˩˩nə˥kə˥tɕi˥˩˧ɕie˥˩xuo˥tɕʰiɑɔ˨˩˦miæ̃˥kuo˥˩˩i˥˩˩tɑ˥˩li˥˩˩tuoŋ˥˩i˥˩˩tuoŋ˥˩˩,pɑ˥˩˩nə˥kə˥vɑŋ˥˩˩ʂɑŋ˥i˥˩˩muo˥˩˥,i˥˩˧kæ̃˥˩˩tɕiou˥˩tʂɑŋ˥˩˩tʂʰʮ˥˥˧lə˧.（这这么一抹一下就是……）嗯，一抹上就掌住了。大一点的盆，放竹篇子，来下那专门要拿竹篇子套下以后，往……先束在这个地方，往紧一束就……ə̃˩,i˥˩˧muo˥˩˩ʂɑŋ˥˩tɕiou˥˩tʂɑŋ˥˩tʂʰʮ˥˩lə˧.tɑ˥i˥˩˥tiæ̃˥˩˩ti˧pʰəŋ˨˩˦,fɑŋ˥tʂʮ˥˩mi˨˩˦tsɿ˧,læᴇ˨˩˦xɑ˥nə˥tʂuæ̃˥˩˩məŋ˨˩˥iɑɔ˥nɑ˨˩˦tʂʮ˥˩mi˨˩˦tsɿ˧tʰɑɔ˥xɑ˥i˥˩˩xou˥˥˧,vɑŋ˥˩˩……ɕiæ̃˥˩ʂʮ˥˩tsæᴇ˥tʂə˥kə˥ti˥fɑŋ˥˩˩,vɑŋ˥˩˩tɕiŋ˥˩i˥˩˩ʂʮ˥˩tɕiou˥……（它是在外面……）外面箍着咧，啊。væᴇ˥miæ̃˥ku˥˩tʂə˧lie˧,ɑ˥˩.（外面弄一……）一圈儿。i˥˩˩tɕʰyæ̃r˥˩.（一圈儿。）啊。啊。ɑ˩.ɑ˩.（那那是箍。）箍。ku˥˩.（那个假如说那个那个缸啊，开裂了，在上面钻不钻洞，然后用那个把它固定？）不。不。锅是锅是固定咧，钉锅咧。pu˨˩˦.pu˨˩˦.kuo˥˩sɿ˥˩kuo˥˩sɿ˥˩ku˥tiŋ˥lie˧,tiŋ˥kuo˥˩˩lie˧.（那是因为没法箍。一箍一箍那个东西烧坏了。）噢，烧坏了。ɑɔ˩,ʂɑɔ˥˩xuæᴇ˥˩lə˧.

箍盆儿

（你们那个，我再插一句，你们那个盆儿是用什么做的呀，就过去？）黄：过去用……用木头做。kuo˥tɕʰy˥yoŋ˥……yoŋ˥˩˧mu˥˩tʰou˧tsuo˥˩.（自己做还是请人做？）那都要请人做咧。请匠人做咧。næᴇ˥tou˥˩˩iɑɔ˥tɕʰiŋ˥˩zəŋ˨˩˩tsuo˥˥˧lie˧.tɕʰiŋ˥˩tɕiɑŋ˥zəŋ˨˩˩tsuo˥˥˧lie˧.（那个那个人叫什么呢？）叫木匠。tɕiɑɔ˥mu˥˩tɕiɑŋ˥˩.（他如果有就是插花板的这个，是拿什么，拿铁箍子箍起吗？）拿铁箍子一箍么。nɑ˨˩˦tʰie˥˩˩ku˥˩tsɿ˧i˥˩˩ku˥˩muo˧.（这这这个是叫箍……箍

① 烂：破碎，破烂。五代齐己《升天行》：“五三仙子乘龙车，堂前碾烂蟠桃花。”宋梅尧臣《雷太简遗蜀鞭》诗：“我骑瘦马固莫称，破鞯烂辔沙尘昏。”

盆儿还是叫什么？）箍盆儿么。他都是，那个箍盆儿的木头只有柏木的，再不拿其他的做做。ku˥˩pʰər˧˩muo˩.tʰa˥˩tou˥˧sɿ˥,næᴇ˥kə˥ku˥˩pʰər˧˩ti˩mu˥˩tʰou˩tsɿ˥˩iou˥˩pei˥˩mu˥˩ti˩,tsæᴇ˥pu˧˩na˧˩tɕʰi˧˩tʰa˥˩ti˩tsuo˥˩tsuo˥˧.（那他们来了是说箍盆儿啊还是说打箍啊什么的？）是箍盆儿。sɿ˥ku˥˩pʰər˧˩.（它的心如果有坏了，他也给你修吗？）这儿这投到坏了都是烧锅了。再不就是搞个新的。tʂər˥˧tʂə˥tʰou˧˩tao˥xuæᴇ˥lə˩tou˥˩sɿ˥˩ʂao˥˧kuo˥˩lə˩.tsæᴇ˥pu˧˩(tɕ)iou˥sɿ˥kao˥˧kə˥ɕiŋ˥˩ti˩.

圆圈

（有没有发现有什么妓院这个这个遗……）黄：哎没有。æᴇ˥˩mei˧˩iou˥˩.王：这儿没得。tʂər˥mei˧˩tə˩.黄：在那……tsæᴇ˥˧nə˥˩……王：那就咱们这儿没得。nə˥tɕiou˥tsa˧mən˩tʂər˥mei˧˩tei˥˩.黄：没得，嗯。mei˧˩tei˥˧,ŋ̍˩.王：妓院是……怕连合水都没得妓院么。tɕi˥yæ̃˥sɿ˥……pʰa˥liæ̃˧xuo˧˩ʂuei˥tou˥˩mei˧tei˥˩tɕi˥yæ̃˥muo˩.黄：没有。mei˧˩iou˥˩.（那她就，一般就是在家里头？）黄：那到社会上去也混。陕北人还不……陕北人把这叫的还不一样。nə˥˧tao˥˩ʂə˥xuei˥ʂaŋ˥tɕʰy˥ia˥˩xuoŋ˥˩.ʂæ̃˥pei˥˩zəŋ˧xa˧˩pu˧˩tɕi……ʂæ̃˥pei˥˩zəŋ˧pa˥˩tʂə˥tɕiao˥ti˩xa˧pu˧˩i˥˩iaŋ˥˩.（陕北人叫什么呢？）黄：打炮儿咧。ta˥˧pʰaor˥lie˩.（噢，打炮？）黄：嗯。m̩˩.（打炮是去嫖了。）黄：呣。m̩˩.王：陕西□也说这叫放炮咧么。ʂæ̃˥ɕi˥˩niæ̃˧æ˥˩ʂuo˥˧tʂei˥˩tɕiao˥faŋ˥˧pʰao˥˩liem˩.黄：打炮儿的，也叫放炮儿的，还叫圆圈的。ta˥pʰaor˥ti˩,ie˥˧tɕiao˥faŋ˥pʰaor˥ti˩,xa˧˩tɕiao˥yæ̃˧˩tɕʰyæ̃˥ti˩.王：嗯。ŋ̍˩.（那是说指，指，就是这个行为叫，去嫖就叫打炮了？）黄：哈，啊，打一炮儿么。她女的也叫你，还你问你放不放炮儿。xa˥,a˥,ta˥i˥˩pʰaor˥˩muo˩.tʰa˥˩ny˥ti˩lie˥˩tɕiao˥ni˥˧,xa˧˩ni˥˧vəŋ˥ni˥˧faŋ˥pu˧˩faŋ˥pʰaor˥˩.（噢。）黄：再一个是问你圆不圆圈呣。tsæᴇ˥i˥˧kə˥sɿ˥vəŋ˥ni˥˧yæ̃˧pu˧˩yæ̃˧tɕʰyæ̃˥m̩˩.（噢，圆不圆圈？）黄：嗯。ŋ̍˩.（都是陕西那边叫的？）黄&王：嗯。ŋ̍˩.（这边没有什么叫法？）黄：这边，没有。tʂei˥˧piæ̃˥˩,mei˧˩iou˥˧.

钱庄

（我们这个除了那个过去……就说有钱庄没有？）黄：有咧么。这过去这里有当铺咧噢的那些。iou˥˩lie˩muo˩.tʂə˥kuo˥tɕʰy˥tʂə˥˧li˥˩iou˥˩taŋ˥pʰu˥liao˩ti˩nei˥˩ɕie˥˩.（当铺钱庄都有？）啊，当铺钱庄那些。a˩,taŋ˥pʰu˥tɕʰiæ̃˧˩tʂuaŋ˥næᴇ˥ɕie˥˩.（但是解放前已经没有了吧？）噢，解放前……都没有了。兀就是很早以前这有这些。ao˩,tɕie˥faŋ˥tɕʰiæ̃˧i……tou˥˩mei˧˩iou˥˩lə˩.væᴇ˥˧tsou˥sɿ˥xəŋ˥tsao˥i˥˩tɕʰiæ̃˧tʂei˥iou˥˧tʂei˥˩ɕie˥˩.（叫叫什么？）叫当铺么。tɕiao˥˩taŋ˥pʰu˥muo˩.（当铺里头经营钱庄还是干吗？还是……）经营起……他就兼营起钱庄咧么。tɕiŋ˥iŋ˧tɕʰi˥˩……tʰa˥tɕiou˥tɕiæ̃˥˩iŋ˧tɕʰi˥˩tɕʰiæ̃˧˩tʂuaŋ˥˩liem˩.

本钱

（做生意啊，你得有本钱，你们本钱叫什么？）王：本钱我们这里就还是也叫本钱么。pəŋ˥tɕʰiæ̃˧ŋuo˥məŋ˩tʂə˥˧li˥˧tɕiou˥xa˧˩sɿ˥ie˥tɕiao˥pəŋ˥tɕʰiæ̃˧˩muo˩.黄：叫本儿。tɕiao˥˩pə̃r˥.王：叫本儿，叫本儿。(tɕ)iao˥˩pə̃r˥,tɕiao˥pə̃r˥.（欸，有没有这个这个说笑话的那种说法，说男同志那个生殖器也是好本钱？有这个……）黄：有咧么。哈，好本钱。iou˥lie˩muo˩.xæ˥,xao˥˧pəŋ˥˩tɕʰiæ̃˧˩.王：有咧么，有咧么。有咧这种说法。有些咱们，逗些娃娃的话来也有……iou˥lie˩muo˩,iou˥lie˩muo˩.iou˥lie˩tʂə˥tʂuoŋ˥˧ʂuo˥fa˥˩.iou˥ɕie˥˩tsa˧məŋ˩,tou˥ɕie˥˩va˧va˧˩ti˩xua˥læᴇ˧˩ie˥˧iou˥˧ts……（你这个比较大呀，是个好本钱！）王：啊，这是个，这娃本钱好得很。a˥,tʂə˥sɿ˥˩kə˥˩,tʂə˥va˧pəŋ˥tɕʰiæ̃˧˩xao˥˩tə˩xəŋ˥˩.（噢，也说这个。但说不说本儿？就是那个生殖器说本儿还说本钱？）王：不不，说本钱。pu˧˩pu˧˩,ʂuo˥˩pəŋ˥tɕʰiæ̃˧˩.黄：本钱。pəŋ˥tɕʰiæ̃˧˩.

利

（这个，你借人家的这个，借人钱，也得还……这个比如说借一千块钱，你过段时间你都给人家一千……一……一千多一点儿，那多出来那部分钱叫什么？）黄：利息么。li˥˧ɕim˧˩.王：那叫利息。næᴇ˥tɕiɑɔ˥li˥ɕi˧˩˨.黄：叫利也能行。叫利息啊。tɕiɑɔ˥li˥˧ie˧˩nəŋ˨˩˦ɕiŋ˨˩˦.tɕiɑɔ˥˨li˥˧ɕi˧˩˧ɑ˨.（也叫li˥，叫息吗？）王：息也叫咧嘛。ɕi˧˩ie˧˩tɕiɑɔ˥lie˧mɑ˨.黄：息也叫息……也叫，也叫利。ɕi˧˩ie˧˩˨tɕiɑɔ˥ɕi……ie˧˩tɕiɑɔ˥˨,ie˧˩˨tɕiɑɔ˥˨li˥˨.（叫不叫利钱？）黄：叫利钱。tɕiɑɔ˥li˥tɕʰiæ̃˨˩˨.王：叫咧嘛。tɕiɑɔ˥˦lie˨mɑ˨.（叫什么？）黄：叫利钱。tɕiɑɔ˥li˥˧tɕʰiæ̃˨˩˨.王：利钱。li˥˧tɕʰiæ̃˨˩˨.（呃，一个一个重新说。）黄：利钱。li˥˧tɕʰiæ̃˨˩˨.（您。）王：利钱。li˥tɕʰiæ̃˨˩˨.

（这个，借人家高利贷呀，就像那黄世仁那样，那个叫……那个叫什么？利滚利的你们叫什么？那种东西叫……）王：那是叫高利贷姆。nə˥sɿ˥tɕiɑɔ˥kɑɔ˧˩˨li˥˨tæᴇ˥m̩˧.黄：那还是高息么。nə˥˦xɑ˨˩˨sɿ˥kɑɔ˧˩˧ɕi˧˩muo˨.王：高息么，叫息么贷么。kɑɔ˧˩˧ɕim˧˩,tɕiɑɔ˥ɕim˧˩tæᴇ˥muo˧.黄：高息么。kɑɔ˧˩˧ɕim˧˩.（你们说不说利滚利这种说法？）黄：说咧么。利滚利么。ʂuo˧˩lie˨muo˨.li˥kuoŋ˧˩˧lim˥˨.王：说咧。利滚利么。ʂuo˧˩lie˨.li˥kuoŋ˧˩lim˥˨.（还有别的说法没有？）王：那就是高息么。næᴇ˥tɕiou˥sɿ˥kɑɔ˧˩ɕim˧˩.黄：再一个就是驴打滚儿咧么。tsæᴇ˥˦i˧˩˨kə˥˨tɕiou˥˨sɿ˥˨y˨˩tɑ˧˩˨kuõr˧˩liem˨.（连本钱再加这个利钱，加在一块儿叫什么？）王：那就叫本利么。næᴇ˥tɕiou˥tɕiɑɔ˥pəŋ˧˩li˥muo˨.黄：啊，本利一起算么那就是。ɑ˨,pəŋ˧˩li˥i˧˩˨tɕʰi˧˩suæ̃˥muo˨næᴇ˥tɕiou˥sɿ˥.（有没有说是连本带利这种说法？）黄：有咧姆。连本带利么。iou˧˩lie˨m̩˨.liæ̃˨˩pəŋ˧˩˧tæᴇ˥lim˥.王：有咧。连本带利。iou˧˩lie˨.liæ̃˨˩pəŋ˧˩tæᴇ˥li˥.（叫不叫什么几分的利，几钱的利，什么几成的利说不说？）王：说咧么。那就是有几……一分五的，或者二分的，或者一分的，或者几厘儿的，那就叫几种。ʂuo˧˩lie˨muo˨.næᴇ˥tɕiou˥˨sɿ˥˨iou˧˩tɕi……i˧˩˨fəŋ˧˩˨vu˧˩ti˨,xuo˨˩˨tʂə˧˩˧ər˥fəŋ˧˩˨ti˨,xuo˨˩˨tʂə˧˩˧i˧˩˧fəŋ˧˩ti˨,xuo˨˩˨tʂə˧˩˧tɕi˧˩liər˨˩ti˧,nei˥tɕiou˥˨tɕiɑɔ˥væᴇ˥˦tʂuoŋ˧˩˨.（一分的利是多少？一分的利大概是百分之几？）王：那就是百分之哎百分之一吧。næᴇ˥tɕiou˥sɿ˥pei˧˩˨fəŋ˧˩˧tsɿ˧˩˧æᴇ˥pei˧˩˨fɑŋ˧（←fəŋ˧˩）tsɿ˧˩˧i˧˩˨pɑ˨.（你怎么举个例子。咱们不说这百分之几。比如说我借一百块钱。）王：啊，你，例子，借了一百块钱给□还一百一，你不是百分之一？ɑ˨,ni˧˩˧,li˥˦tsɿ˨,tɕie˥lə˧i˧˩˨pei˧˩kʰuæᴇ˧˩˧tɕʰiæ̃˨˩˧kei˥niæ̃˨˩˧xuæ̃˨˩i˧˩˨pei˧˩˧i˧˩˨,ni˧˩˧pu˨˩˨sɿ˥pei˧˩˨fəŋ˧˩˧tsɿ˧˩˧i˧˩˨?（这就是一分的利？）王：啊，一分的利。ɑ˨,i˧˩˧fəŋ˧˩tə˨li˥.（一……一厘利呢？）王：一厘利那就是一百块钱还了一……一毛钱么。i˧˩˨li˨˩li˥nei˥tɕiou˥sɿ˥i˧˩˧pei˧˩kʰuæᴇ˧˩˧tɕʰiæ̃˨˩xuæ̃˨˩˨lə˧i˧˩˨……i˧˩˨mɑɔ˨˩tɕʰiæ̃˨˩˨muo˨.（那我要……一分的利是还，哦，不对呀，一……借一百块钱，你还十块钱是几，什么利？）王：那就是百分之一么。nə˥tɕiou˥sɿ˥pei˥˨fəŋ˧˩˧tsɿ˧˩˧im˧˩.（叫叫几分的利呢？）王：那就是一分的利么。næᴇ˥tɕiou˥sɿ˥i˧˩˨fəŋ˧˩tə˨li˥muo˨.（还一块钱呢？）王：还一块钱那就是一厘儿的利么。xuæ̃˨˩i˧˩˨kʰuæᴇ˧˩tɕʰiæ̃˨˩nei˥tɕiou˥sɿ˥i˧˩˨liər˨˩ti˧li˥˨muo˨.（有没有还几毛钱的？）王：没有得。那一般□都是说的是呃一分利，或者一分五、二分利，这号儿。muo˧˩˧iou˧˩tei˧˩˨.næᴇ˥i˧˩˨pæ̃˧˩niæ̃˨˩˨tou˧˩˨sɿ˥˦ʂuo˧˩˧ti˧sɿ˥ə˨i˧˩˧fəŋ˧˩li˥˨,xuo˨˩˨tʂə˧˩˧i˧˩˧fəŋ˧˩˨vu˧˩˧,ər˥fəŋ˧˩˨li˥˨,tʂə˥˦xɑɔr˥˨.（有没有说一成利两成利的说法？）王：那没有说。那就是这个，再□就这个这个说媳妇儿有一程礼二程礼咧。næᴇ˥˦mei˨˩˨iou˧˩˨ʂuo˧˩˨.næᴇ˥˨tɕiou˥˨sɿ˥tʂə˥kə˥.tsæᴇ˥˨niæ̃˨˩˨tɕiou˥tʂə˥kə˥tʂə˥kə˥ʂuo˧˩˨ɕi˧˩fuər˥˨iou˧˩i˧˩˨tʂʰəŋ˨˩˨li˧˩˧,ər˥tʂʰəŋ˨˩˨li˧˩˧lie˨.（我一百块钱，我比如说，我借了你一百块钱，我还给你一百五，我一……一百零五块，这叫几成的利？叫

多少利？）王：那就成了呃，五厘儿的利么。næᴇ˥tɕiou˥tʂʰəŋ˩˧˨˩lə˧ləɭ,vu˥˧liər˩˧˨˩ti˧limɿ˥.（我给你一百五呢？）王：给你，给我一百五的话那就是一……呃，五分的利么。kei˥˨˩ni˥˧˨˩,kei˥˨˩ŋuo˥˧i˨˦˨˩pei˥˧˨˩vu˥˧tə˧xuɑ˥næᴇ˥tɕiou˥sɿ˥i˨˦˨˩……ə˥,vu˥˧fəŋ˥˧˨˩ti˧li˥muo˧.（五分的利？）王：啊，一百块钱还五……一百五么。ɑ˨˩,i˨˦˨˩pei˥˧˨˩kʰuæᴇ˥˧tɕʰiæ̃˩˧˨˩xuæ̃˩˧˨˩vu˥˧˧……i˨˦˨˩pei˥˧˨˩vu˥˧muo˧.（那我说几成的利，娶媳妇儿说几成的利是怎么回事儿呢？）娶……娶媳妇儿说几成礼的话那就说是，比如说是一万块钱啊，我你第一程这给你交五千，第二程我给你交一五千，这就一万咕。几……分两次就叫几成几成。tɕʰ……tɕʰy˥˧˧ɕi˨˦fuər˥˨˩ʂuo˥˧˨˩tɕi˥˧tʂʰəŋ˩˧li˥˧tə˧xuɑ˥˨˩næᴇ˥tɕiou˥ʂuo˥˧˨˩sɿ˥,pi˥˧ʐʯ˩˧˧ʂuo˥˧˧sɿ˥i˨˦˨˩væ̃˥˩˧kʰuæᴇ˥˧˧tɕʰiæ̃˩˧ɑ˧,ŋuo˥˧˨˩ni˥˧˨˩ti˥˨˦i˨˦˨˩tʂʰəŋ˩˧˧tʂei˥kei˥ni˥˧˧tɕiɑɔ˨˦˨˩vu˥˧tɕʰiæ̃˥˧˨˩,ti˥˨˩ər˥˩˧tʂʰəŋ˩˧ŋuo˥˧kei˥˨˩ni˥˧˨˩tɕiɑɔ˨˦i˨˦˨˩vu˥˧tɕʰiæ̃˥˧˨˩,tʂə˥˩˧tɕiou˥i˨˦˨˩væ̃˥˩˧ku˧.tɕi……fəŋ˥˧˨˩liɑŋ˥˧˧tsʰɿ˥˩˧tɕiou˥tɕiɑɔ˥tɕi˥˧˨˩tʂʰəŋ˩˧tɕi˥˧˨˩tʂʰəŋ˩˧˨˩.（它不是利，就是……）王：那就说那个礼钱，不是利钱。nei˥˨˦tɕiou˥˨˩ʂuo˥˧˨˩nei˥kə˥li˥˧tɕʰiæ̃˩˧˨˩,pu˩˧˨˩sɿ˥li˥˨˦tɕʰiæ̃˩˧˨˩.（啊，不是利钱？）王：啊，是礼钱……ɑ˨˩,sɿ˥˨˦li˥˧˧tɕʰi……（这几成几成就是我先交五成，再交五成？）王：啊，啊，再加五成。ɑ˨˩,ɑ˨˩,tsæᴇ˥tɕiɑ˨˦˧vu˥˧tʂʰəŋ˩˧˨˩.（它跟分是差不多哈？）王：嗯。跟咱们说那个几分之几差不多。ŋ̍˨˩.kəŋ˥˧˨˩tsɑ˩˧məŋ˧ʂuo˥˧˨˩nə˥kə˥tɕi˥˧˧fəŋ˥˧˧tsɿ˥˧˧tɕi˥˧tsʰɑ˨˦˨˩pu˩˧˨˩tuo˥˧˨˩.

利大、利小

（那这个做这个生意利大，就是做那个生意利小，这么说不说？）王：啊，那也说咧。ɑ˨˩,nei˥˩˧æ˥˧˨˩ʂuo˥˧˨˩lie˧.（怎么说呢？）嗯。利大那就说是，比如说默[①]下有一笔生意说啊，这笔生意利大，该就做这笔生意哩。那笔利小啦就不做。ŋ̍˨˩.li˥tɑ˥nei˥tɕiou˥ʂuo˥˧˨˩sɿ˥,pi˥˧ʐʯ˩˧˨˩ʂuo˥˧˨˩mei˩˧˨˩xɑ˥iou˥˧i˨˦˨˩pi˥˧˨˩səŋ˥˧i˧ʂuo˥˧˨˩ɑ˧,tʂei˥˩˧pi˥˧˨˩səŋ˥˧i˧li˥tɑ˥,kɑ˥˧˨˩tɕiou˥tsuo˥tʂei˥˩˧pi˥˧˨˩səŋ˥˧i˧li˧.nei˥˩˧pi˥˧˧səŋ˥˧i˧li˥ɕiɑɔ˥˧lɑ˧(tɕ)iou˥pu˩˧˨˩tsuo˥˩˧.（有说利厚利薄的没有？）有咧，利厚利薄。iou˥˧lie˧,li˥xou˥li˥pɑɔ˩˧˨˩.（怎么说？利大怎么说呢？）利大叫利厚嘛。li˥tɑ˥tɕiɑɔ˥˨˩li˥xou˥mɑ˧.（利小呢？）利小叫利薄么。li˥ɕiɑɔ˥˧tɕiɑɔ˥˨˩li˥pɑɔ˩˧muo˧.

开销

（平常啊，我们做生意啊，这个平常要经营啊，这个平常这些，这些开支你们叫什么呢？这个你开个店子，你不仅是本钱呐。本钱投进去以后，你这个还有电费呀，还有水费呀。）王：那就那就叫其他开支么。nei˥tɕiou˥˨˩næᴇ˥tɕiou˥tɕiɑɔ˥tɕʰi˩˧˨˩tʰɑ˥˧˧kʰæᴇ˥˧˨˩tsɿ˥˧muo˧.（开支还是开销？）开销开支一样，都……都……都说。kʰæᴇ˨˦ɕiɑɔ˨˦kʰæᴇ˥˧˨˦tsɿ˨˦i˨˦˨˩iɑŋ˥,tou˥˧˨˦……tou˥˧˨˦ts……tou˥˧˨˦ʂuo˨˦.（开……）开支。kʰæᴇ˥˧˨˦tsɿ˨˦.（kʰæᴇ˨˦tsɿ˨˦。你……老人家说什么？）老人家叫开销。lɑɔ˥˧zəŋ˩˧˨˩tɕiɑ˥˧˧tɕiɑɔ˥kʰæᴇ˨˦ɕiɑɔ˥˧˨˩.（有说叫花销的没有？）也有说叫花销，花销大咧。ie˥˧iou˥˧˨˩ʂuo˥˧˧tɕiɑɔ˥˨˩xuɑ˥˧˨˩ɕiɑɔ˥˧˨˩,xuɑ˥˧˨˩ɕiɑɔ˥˧˨˩tɑ˥lie˧.（花销不只是这个做生意吧？平常这个生活上……）嗯，平常生活中的都叫花销。ŋ̍˨˩,pʰiŋ˩˧tʂʰɑŋ˩˧səŋ˥˧˨˩xuo˩˧tʂuoŋ˥˧˨˩ti˧tou˥˧˨˦tɕiɑɔ˥xuɑ˥˧˨˩ɕiɑɔ˥˧˨˩.（叫花费不叫？）花费那一般就说买一些东西啥，花了花费咧多少，也叫花费。xuɑ˥˧˨˩fei˥˩˧nei˥i˨˦˨˩pæ̃˥˧˨˩tɕiou˥ʂuo˥˧˨˩mæᴇ˥˧i˨˦˨˩ɕie˥˧˨˩tuoŋ˨˦ɕi˧sɑ˥,xuɑ˥˧˨˩lə˧xuɑ˥˧˨˩fei˥lie˧tuo˥˧˨˩ʂɑɔ˥˧˧,ie˥˧tɕiɑɔ˥xuɑ˥˧˨˩fei˥.（要买些东西是吧？）嗯。ŋ̍˨˩.（不是卖的，是买东西？）买东西叫花费。mæᴇ˥˧tuoŋ˥˧˨˩ɕi˧tɕiɑɔ˥xuɑ˥˧˨˩fei˥.

匠工钱

（你这个平常在干了活以后按月或者按……按一天，按……这叫什么东西？领的那些钱？）王：领那钱叫工钱。liŋ˥˧næᴇ˥tɕʰiæ̃˩˧˧tɕiɑɔ˥kuoŋ˨˦tɕʰiæ̃˩˧˨˩.（这个文

① 默：思忖。李劼人《天魔舞》第二十八章：“‘我吗？’她默了默，才拿眼睛把白知时一瞟。”

雅一点的叫什么？工钱是比较土的。文雅一点……）王：文雅点的叫工资么。vəŋ˨˩ia˦ti æ̃˦˩ti˧tɕiaɔ˥kuoŋ˦˧tsɿ˦˧muo˧.（叫什么？）王：工资。kuoŋ˦˩tsɿ˦.（请了一个比如说木匠啊什么的到家里做……做活儿，完了以后你付给他的这些钱，你们叫啊叫什么？）王：叫劳务费么。tɕiaɔ˥laɔ˨˩vu˥fei˥muo˧.黄：手工钱。ʂou˦kuoŋ˦˩tɕʰiæ̃˨˩.王：手工钱，或者是手工钱。ʂou˦kuoŋ˦˩tɕʰiæ̃˨˩,xuo˨˩tʂə˦sɿ˥ʂou˦kuoŋ˦˩tɕʰiæ̃˨˩.（有叫什么匠人钱的没有？）王：也有叫匠人钱，那开匠人钱。ie˦˧iou˦˧tɕiaɔ˥tɕiaŋ˥˩ʐəŋ˨˩tɕʰiæ̃˨˩,næᴇ˥kʰæᴇ˦˩tɕiaŋ˥ʐəŋ˨˩tɕʰiæ̃˨˩.黄：也有叫这个钱。ie˦iou˦˩tɕiaɔ˥tʂə˥˩kə˥˦tɕʰiæ̃˨˩.（跟手工钱是一个意思吗？）黄：开匠工钱咧。kʰæᴇ˦˩tɕiaŋ˥˨kuoŋ˦˩tɕʰiæ̃˨˩lie˧.王：一个意思。开匠工钱。i˦˩kə˥i˥sɿ˧.kʰæᴇ˦˩tɕiaŋ˥˨kuoŋ˦˩tɕʰiæ̃˨˩.

股

（这个办一个公司，你投资，比如说你，比如说我这个公司是十万块钱，你投资一万块，你你这个行为叫什么？）王：入股么。ʐʮ˦˩ku˦muo˧.（那你说你手上拿了多少，你是说什么，我拿了几成的股还是什么东西？）那就是几……几……成股……几股的话，那就看你入多少钱咧姆。你比上十万，你入了，一万算一股的话唻，你入上两万就是两股，入五万就五股。nei˥tɕiou˥sɿ˥tɕi˦˧……tɕi˦……tʂʰəŋ˨ku……tɕi˦ku˦ti˧xua˥,næᴇ˥tɕiou˥kʰæ̃˥ni˦˧ʐʮ˦tuo˦˩ʂaɔ˦˩tɕʰiæ̃˨˩lie˧m̩˧.ni˦˧pi˦ʂaŋ˥˩ʂʅ˨˧væ̃˥,ni˦˧ʐʮ˦lə˧,i˦˩væ̃˥˦suæ̃˥i˦˩ku˦tə˧xua˥læᴇ˧,ni˦ʐʮ˦˩ʂaŋ˥˩liaŋ˦væ̃˥tɕiou˥sɿ˥liaŋ˦ku˦˩,ʐʮ˦˩vu˦væ̃˥(tɕ)iou˥vu˦ku˦˩.（如果是一千块钱呢？那叫十股是吧？）啊。ɑ̃˩.（他是看你这一股是多少钱？）啊，看你一股是多钱。ɑ˩,kʰæ̃˥˩ni˦i˦˩ku˦sɿ˥tuo˦˧tɕʰiæ̃˨˩.

分红

（这个这个你入了股以后你，到年终了，他要……这个赚了多少钱，按照你的股给你多少钱。）黄：一定是分红嘛。i˦˩tiŋ˥˦sɿ˥fəŋ˦˩xuoŋ˨ma˧.（这些钱你们一般叫什么？得的这些钱，每年得的这些钱？）那就赚……就叫盈利么。nei˥tɕiou˥tʂuæ̃˥……tɕi˥（←tɕiou˥）tɕiaɔ˥iŋ˨li˥muo˧.（叫盈……不是，你自己得的钱，跟那个公司的……公司叫盈利了，这个买卖叫盈利了，你……你自己按照你的股得的那些钱叫什么？）那就是，我应得的本分儿么。næᴇ˥tɕiou˥sɿ˥,ŋuo˦˧iŋ˥˨tei˦˩ti˧pəŋ˦˧fə̃r˥muo˧.（叫不叫红利什么的？）叫红利咧。tɕiaɔ˥xuoŋ˨li˥lie˧.（红利和本分儿有什么区别没有？）本分儿那就是我应得的钱么，红利还是我啊应分下的钱。pəŋ˦fə̃r˥˦nei˥tɕiou˥sɿ˥ŋuo˦˧iŋ˥˨tei˦ti˧tɕʰiæ̃˨˩muo˧,xuoŋ˨˩li˥xa˨˩sɿ˥ŋuo˦˧a˧iŋ˥˩fəŋ˦xa˥˩ti˧tɕʰiæ̃˨˩.（不一样？）不一样。pu˨˩i˦˩iaŋ˥.（本分你再说，应得的钱是什么意思呢，你打个比方能不能说得清楚一点？）那比给就我就我……咱两伙儿做生意跟我分下钱，我就是应得的本分儿么。本分儿，红利么。nei˥pie˧˦（←pi˦）kei˥tɕiou˥ŋuo˦˧tɕiou˥ŋuo˦˧……tsa˨liaŋ˦˩kuo˦˩xuor˦tsʮ˥səŋ˦˩i˧kəŋ˦˩ŋuo˦˧fəŋ˦xa˥˩tɕʰiæ̃˨,ŋuo˦tɕiou˥˩sɿ˥˩iŋ˥tei˦˩ti˧pəŋ˦˩fə̃r˥˦muo˧.pəŋ˦˩fə̃r˥,xuoŋ˨˩li˥muo˧.（得，比如说我这个我这个十万块钱的股份你投了……十万块钱的这个公司，你投了一万块，然后我年终这个一算，有一十一万，那这一万块钱就是就分给你，比如说你投了一万块，那就分给你一千，你一千块钱这是什么东西？）那就那就分下红么。分下红利嘛啊。nei˥˩tɕiou˥˩nei˥tɕiou˥fəŋ˦˩xa˥˩xuoŋ˨muo˧.fəŋ˦˩xa˥˩xuoŋ˨li˥ma˧la˧.（这是你的红利。）啊。ɑ˩.（本分是什么东西呢？本分是多少钱？）本分儿好那也就说这个红利也就是你的本分儿么。你应该得的，你本人应该得的。pəŋ˦˧fə̃r˥˨xaɔ˦˩nei˥ia˦˧tɕiou˥˦ʂuo˦˩tʂə˥kə˥xuoŋ˨˩li˥˦ia˦˩tɕiou˥sɿ˥ni˦˧ti˧pəŋ˦˧fə̃r˥m uo˧.ni˥˦iŋ˥kæᴇ˥˦tei˥ti˧,ni˥˦pəŋ˥ʐəŋ˨iŋ˥kæᴇ˥˦tei˥ti˧.（它不包括你的那个投资的一万块钱？）不，不，不包括。pu˨,pu˨˩pɑɔ˥˩kʰuo˥.（那就是本分就是红利是吧？）啊，就是红利么。ɑ˩,tɕiou˥sɿ˥xuoŋ˨˩li˥muo˧.（叫不叫红？）叫咧。tɕiɑɔ˥lie˧.（单独一个字红？）噢，单独一个字红，分红。ɑɔ˩,tæ̃˥˩tu˨i˥kə˥tsɿ˥xuoŋ˨,fəŋ˥˩xuoŋ˨.

食堂

1.（这个街上那个饭馆儿你们叫什么？）黄：叫馆子。tɕiɑɔ˥˩kuæ̃˥tsɿ˧.（但是好像现在都说是叫食堂是不是？）王：现在叫食堂么。ɕiæ̃˥˩tsæᴇ˥˦tɕiɑɔ˥ʂɿ˨tʰɑŋ˨muo˧.黄：啊，现在叫食堂。ɑ˩,ɕiæ̃˥tsæᴇ˥tɕiɑɔ˥ʂɿ˨tʰɑŋ˨˩.（那食堂不是单位上才有的吗？）黄：现在叫叫开饭馆的，也叫开食堂的。ɕiæ̃˥tsæᴇ˥tɕiɑɔ˥tɕiɑɔ˥kʰæᴇ˥˩fæ̃˥kuæ̃˥ti˧,ie˥˦tɕiɑɔ˥kʰæᴇ˥˩ʂɿ˨˦tʰɑŋ˨˩ti˧.（我们说下馆子还是什么东西？）黄：叫下馆子么。tɕiɑɔ˥ɕiɑ˥kuæ̃˥tsɿm˧.（叫不叫吃馆子？）黄：也叫咧么。ie˥tɕiɑɔ˥liem˧.（叫什么？）黄：人都骂，人叫他，开玩笑咧，吃馆子去咧。ʐəŋ˨tou˥˩mɑ˥,ʐəŋ˨tɕiɑɔ˥tʰɑ˥˩,kʰæᴇ˥væ̃˨˩ɕiɑɔ˥˦lie˧,tʂʰɿ˥˩kuæ̃˥tsɿ˧tɕʰi˥˩lie˧.王：吃馆子，进馆子。tʂʰɿ˥˩kuæ̃˥tsɿ˧,tɕiŋ˥kuæ̃˥˩tsɿ˧.黄：进馆子去咧么，吃馆子。tɕiŋ˥kuæ̃˥tsɿ˧tɕʰi˥˩lie˧muo˧,tʂʰɿ˥˩kuæ̃˥tsɿ˧.

2.（你们街上的那些餐……餐馆也叫食堂啊？）黄：那叫馆子。最古老的那个说法就是馆子。næᴇ˥tɕiɑɔ˥kuæ̃˥tsɿ˧.tsuei˥ku˥˦lɑɔ˥ti˧nə˥kə˥ʂuo˥fɑ˥˩tɕiou˥sɿ˥kuæ̃˥tsɿ˧.（现在叫食堂是吧？）现在叫呃……现在叫食堂，叫饭店。ɕiæ̃˥tsæᴇ˥tɕiɑɔ˥ə˩……ɕiæ̃˥tsæᴇ˥tɕiɑɔ˥ʂɿ˨tʰɑŋ˨˦,tɕiɑɔ˥fæ̃˥tiæ̃˥.（你们不是说这个街上食堂……食堂太多了吗？）噢，有的叫饭馆儿太多了。食堂，饭馆儿。ɑɔ˩,iou˥ti˧tɕiɑɔ˥fæ̃˥kuæ̃r˥˦tʰæᴇ˥tuo˥lə˧.ʂɿ˨tʰɑŋ˨˦,fæ̃˥kuæ̃r˥.（为什么会把这个街上的这个饭馆叫作食堂呢？）那多一半儿都是人吃饭的地方那个叫……就把它称……统称叫食堂咧。nə˥tuo˥i˥˩pæ̃r˥tou˥˦sɿ˥ʐəŋ˨tʂʰɿ˥˩fæ̃˥ti˧ti˥fɑŋ˥˩nə˥kə˥tɕiɑɔ˥……tsou˥pɑ˥˩tʰɑ˥˦tʂʰəŋ˥˦……tʰuoŋ˥˩tʂʰəŋ˥tɕiɑɔ˥ʂɿ˨tʰɑŋ˨˩lie˧.

太白饭店

1.（这几个儿子都在干什么？您您这个张绪发是您大儿子啦。）张(太白饭店老板的爷爷)：啊。ɑ˥.（是在……他在干什么的？）甚么都不干。ʂəŋ˥muo˧tou˥˩pu˨˩kæ̃˥.（什么都不干？）呃。ə˥.（你这个这个你看这个饭店还是全全镇最好的嘛。）哎。饭店就是我个孙……我们孙子和我们孙子媳妇管着。我们孙子在兽医站咧。æᴇ˥.fæ̃˥tiæ̃˥tɕiou˥˩sɿ˥˩ŋuo˥kə˥suoŋ˥˩……ŋuo˥˦məŋ˧suoŋ˥tsɿ˧xuo˨˩ŋuo˥˦məŋ˧suoŋ˥˩tsɿ˧ɕi˥fu˥˩kuæ̃˥tʂə˧.ŋuo˥˦məŋ˧suoŋ˥tsɿ˧tsæᴇ˥ʂou˥i˥˩tsæ̃˥lie˧.（噢，他在兽医站？）嗯。兽医站不是现在没有多的事？有事他就走咧噢，没事他就回来。ŋ̍˩.ʂou˥i˥˦tsæ̃˥pu˨˩sɿ˥˩ɕiæ̃˥tsæᴇ˥muo˥˩iou˥tuo˥˩ti˧sɿ˥?iou˥sɿ˥tʰɑ˥˦tɕiou˥˩tsou˥liɑɔ˧,muo˥˩sɿ˥tʰɑ˥˦tɕiou˥xuei˨læᴇ˨˩.（他是兽医站的那个职工是吧？）啊。ɑ˥.

2.（欸，吃饭还是吃馍？）黄：你们……你……你们吃啥么？ni˥˦m……ni˥˦……ni˥məŋ˧tʂʰɿ˥˦sɑ˥muo˧?（要看一下他的米饭。/看他的这个饭那好不好。前两天的有一次馊掉了。）我们那天早起在这儿吃点米饭还可以。ŋuo˥məŋ˧nei˥tʰiæ̃˥˩tsɑɔ˥˦tɕʰi˥˦tsæᴇ˥tʂər˥tʂʰɿ˥tiæ̃˥˩mi˥˦fæ̃˥xæᴇ˨˩kʰə˥i˥˩.（他这个米饭好像味道不……昨天……/他……他几天的。/几天的他都留。/他不煮新鲜的。坏了的这个……那天端……端起来的都是要不得。）大米饭一馊都吃了都马上就呕吐。tɑ˥mi˥˩fæ̃˥i˥˩sou˥˦tou˥˩tʂʰɿ˥lə˥tou˥˩mɑ˥ʂɑŋ˥˩tsou˥˩ou˥˩tʰu˥.（那肯定不行啊。）马上就呕吐。mɑ˥ʂɑŋ˥˩tsou˥ou˥˩tʰu˥.

3. 黄：哎，这醋也舍不得倒。汁子调的太少了嘛。æᴇ˩,tʂə˥˩tsʰɥ˥ie˥˦ʂə˥pu˨tei˥˩t

ɑɔ˥.tʂʅ˥˩tsʅ˧tʰiɑɔ˩˥ti˧tʰæᴇ˥˦ʂɑɔ˥˧lə˧mɑ˧.（他这个……对，今天这个调味料怎么这么少？他没拌，就是那个浇在你……浇了一点在上面。）就是的。tɕiou˥sʅ˥ti˧.（应该在那个那个拌菜的那个盘……盘子里面拌好了再放这里。/他还有拌菜的碗？他都懒得做。/那当然应该有拌菜的盘呐。/你叫他炖个鸡，他说："鸡冷着呢，炖要半天。"废话。你饭还要不弄半天的？）呃放高压锅里，嗯，那……几分钟就压好咧嘛哈。ə˥˩fɑŋ˥kɑɔ˥˧iɑ˥kuo˥˩li˥˩,ŋ̍˥,nɑ˥˩……tɕi˥˧fəŋ˥˩tʂuoŋ˥˩tsou˥˩niɑ˥xɑɔ˥˩lie˧mɑ˧xɑ˧.（他就不想做生意。）懒的很。læ̃˥˩ti˧xəŋ˥˩.（根本就不想做……做事！）我们那天早起来这儿吃饭，欸，上的那个鸡，也就最多二十分钟都上上来了嘛。ŋuo˥˩məŋ˧nei˥tʰiæ̃˥˩tsɑɔ˥˩tɕʰi˥˩læᴇ˩˥tʂər˥tʂʰʅ˥˩fæ̃˥,ei˥,ʂɑŋ˥tə˧nə˥kə˥tɕi˥˩,ie˥˩tɕiou˥tsuei˥˦tuo˥˩ər˥ʂʅ˩˥fəŋ˥˩tʂuoŋ˥˩tou˥˩ʂɑŋ˥ʂɑŋ˥læᴇ˩˥lə˧mɑ˧.

4.（我看这老板也不经……经常也不在家。）黄：在。tsæᴇ˥.（就是他那个儿子和儿媳妇。）儿媳妇。儿子还在……他那儿子还是在上边兀那兽医站上班儿着咧。ər˩˥ɕi˥˩fu˥˩.ər˩˥tsʅ˥˩xɑ˩˥tsæᴇ˥……tʰɑ˥˩nə˥ər˩˥tsʅ˥˩xɑ˩˥sʅ˥tsæᴇ˥ʂɑŋ˥piæ̃˥˧vu˥˩nə˥˩ʂou˥i˥˧tsæ̃˥ʂɑŋ˥˦pæ̃r˥˩tʂə˧lie˧.（他这个你还别说他不赚钱，他那个……这个菜价这么高，他他哪有不挣钱的？）噢。ɑɔ˨˩.（他们就是食客多着咧。左一个检查右一个检查，就来了。宾馆还真不赚钱。）嗯。ŋ̍˨˩.（这个赚钱。/食堂赚钱。/食堂赚钱。）嗯。ŋ̍˨˩.（前头不赚钱……呃，后头不赚钱。/后头不赚钱啊？怎么不赚钱呢？/后头一天有几个人住？）你们住一晚上多钱了？ni˥˩məŋ˧tʂʮ˥i˥˧væ̃˥˩ʂɑŋ˥˩tuo˥˦tɕʰiæ̃˩˥lə˧?（那个讲是三十呢。）一共三十吗一个人三十？i˥˩kuoŋ˥sæ̃˥˩ʂʅ˩˥mɑ˧i˥˧kə˥˦zəŋ˩˥sæ̃˥˩ʂʅ˩˥?（一共。）三十块钱少。上头前半年咱们……你们在东峰杨东发儿那儿住多钱？sæ̃˥˩ʂʅ˩˥kʰuæᴇ˥˧tɕʰiæ̃˩˥ʂɑɔ˥˩.ʂɑŋ˥tʰou˧tɕʰiæ̃˩˥pæ̃˥˦niæ̃˩˥tsɑ˩˥məŋ˧……ni˥˧məŋ˧tsæᴇ˥tuoŋ˥˧fəŋ˥˧iɑŋ˩˥tuoŋ˥˩fɑr˥˧nər˥˩tʂʮ˥tuo˥˧tɕʰiæ̃˩˥?（那也是三十啊。）也是三十啊？ie˥˩sʅ˥sæ̃˥˩ʂʅ˩˥ɑ˨˩?（啊。他那上面那条件太差了。）这在目前来说，太白住的地方这个还算稍微好一点。tʂə˥˦tsæᴇ˥˦mu˥˩tɕʰiæ̃˩˥læᴇ˩˥ʂuo˥˩,tʰæᴇ˥pei˩˥tʂʮ˥˦ti˧ti˥˩fɑŋ˥˩tʂə˥kə˥xæᴇ˩˥suæ̃˥sɑɔ˥˩vei˥˦xɑɔ˥˩i˥˩tiæ̃˥˩.（要是我估计那个杨家那个冬天这个时候要住的话，冷得很。）呣。m̩˥˩.（他那被子好……好……好……又硬又小。）他那地方就现在才没有人咧。tʰɑ˥˩næᴇ˥ti˥fɑŋ˥˧tɕiou˥ɕiæ̃˥tsæᴇ˥tsʰæᴇ˩˥mei˩˥iou˥˩zəŋ˩˥lie˧.

5.（镇上哪个口味比较好一点儿？）王：这食堂啊？兀个信息饭馆也可以咧。tʂə˥ʂʅ˩˥tʰɑŋ˩˥ɑ˧?vu˥kə˥ɕiŋ˥˦ɕi˥˩fæ̃˥kuæ̃˥˧ie˥˩kʰə˥˩i˥˩lie˧.（红灯笼呢？）红灯笼也好着咧。xuoŋ˩˥təŋ˥˩luoŋ˩˥iɑ˥˧xɑɔ˥˩tʂə˧lie˧.（他那个哪儿呀，太白[饭店]那个地方，哎哟……）不行啊？你们住的那个不行啊？pu˩˥ɕiŋ˩˥ɑ̃˧?ni˥˩məŋ˧tʂʮ˥ti˧nə˥kə˥pu˩˥ɕiŋ˩˥ɑ̃˧?（那态度很不好。）噢，那个媳……那个胖媳妇儿？ɑɔ˨˩,nə˥kə˥ɕ……nə˥˩kə˥˩pʰɑŋ˥ɕi˥˩fuər˥˩?（嗯。）那个态度，那个就是态度不好。nə˥kə˥tʰæᴇ˥˩tu˥,nə˥kə˥tɕiou˥sʅ˥tʰæᴇ˥tu˥pu˩˥xɑɔ˥˩.（一天吊着个驴脸。）嗯。ŋ̍˨˩.（你爱吃不吃。我说你炖个鸡啦。她说什么？鸡要炖半天。废话，谁的鸡不要炖半天？）那够呃是钱挣的腻咧她那是。nə˥kou˥ə˥sʅ˥tɕʰiæ̃˩˥tsəŋ˥ti˧ni˥˦lie˧tʰɑ˥˧nə˥sʅ˥.（有有有……这个吃饭谁……谁不知道要炖半天？都吃你那些昨天剩下的凉菜？把肚子吃坏啦，你给上……上医院看去？）就是的。tɕiou˥sʅ˥ti˧.

6.（他这个紫菜蛋汤怎么就只有韭……紫菜？）黄：跟你说咧么，没有放鸡蛋么，跟你……商量在说咧那儿。上来那服务员儿都跟你说了么，没放鸡蛋。kəŋ˥˧ni˥˩ʂuo˥˩lə m˧,mei˩˥iou˥˧fɑŋ˥tɕi˥˩tæ̃˥˦muo˧,kəŋ˥˩ni˥˩ʂ……ʂɑŋ˥˩liɑŋ˧tsæᴇ˥˩ʂuo˥˩lie˧nɑr˥˩.ʂɑŋ˥˦læᴇ˩˥nə˥fu˩˥vu˥yæ̃r˩˥tou˥˧kəŋ˥˧ni˥˩ʂuo˥˩lə˧muo˧,mei˩˥fɑŋ˥tɕi˥˧tæ̃˥˦.（说了吗？）黄：啊。ɑ˥.（他为什么

不放鸡蛋呢？）黄：她说错了，不是没有放鸡蛋。tʰɑ˥˩ʂuo˥˩tsʰuo˧˥lə˩,pu˨˩˥sɿ˧mei˨iou˥˩f ɑŋ˧tɕi˥˩˥tæ̃˧˥.（欸，老板娘啊，我点那个紫菜蛋汤怎么这个一点蛋都没有？）太白饭店老板娘富县人：噢，那个女子怕她是弄咧个紫菜……虾皮紫菜汤，那说……怕说差了。ɑɔ˧,nei˧˥kə˧˩ny˥˩tsɿ˩pʰɑ˧tʰɑ˥˩sɿ˧˩nuoŋ˧˥lie˩kə˧˩tsɿ˥˩tsʰæᴇ˧˩……ɕiɑ˥˩pʰi˨˩˥tsɿ˥˩tsʰæᴇ˧˥tʰɑŋ˥˩,n ə˧suo˥˩……pʰɑ˧suo˥˩tsʰɑ˥˩lə˩.（虾皮也没有。）你虾皮你……底下舀你看有虾皮了么？ni˥˩ɕiɑ˥˩pʰi˨˩ni˥˩……ti˥˩xɑ˧iɑɔ˥˩ni˥˩˥kʰæ̃˧iou˥˩˥ɕiɑ˥˩pʰi˨˩lə˩muo˩?

7.（说不定我们要住一年的！）服太白饭店女服务员：住一年就随你啊嘛！tʂʮ˧i˥˩˥niæ̃˨(tɕ) iou˧suei˨ni˥˩læ˩mɑ˩!（你好像不太欢迎我们住……住久了是吧？）住一年就住一年么还！住一年我老板该就要掐东风。tʂʮ˧i˥˩˥niæ̃˨(tɕ)iou˧tʂʮ˧i˥˩˥niæ̃˨˩muo˩xɑ˨˩!tʂʮ˧i˥˩˥niæ̃˨ŋuo˥˩˥lɑɔ˥˩p æ̃˥˩˥kæᴇ˥˩˥tsou˧iɑɔ˧tɕʰiɑ˥˩tuoŋ˥˩fəŋ˥˩.（你们这里最久的住的有多久啊？）没有多久，住几天。muo˥˩iou˥˩tuo˥˩tɕiou˥˩˥,tʂʮ˧tɕi˥˩˥tʰiæ̃˥˩.（就几天啊？）嗯。ŋ̍˩.（平常住的人多不多？）不多。pu˨˩tuo˥˩.（啊？）有时候多，有时候不多，说不来。iou˥˩ʂʅ˨˩xou˧tuo˥˩,iou˥˩ʂʅ˨˩xou˧pu˨˩tuo˥˩,ʂ uo˥˩pu˨˩læᴇ˨.

8. 服太白饭店女服务员：你在地下踏啥咧嘛！ni˥˩˥tsæᴇ˧ti˧˥xɑ˧˩tʰɑ˨sɑ˧lie˩mɑ˩!（啊？哪个？）我拖了，你给它跑来走啥踩咧走咧。ŋuo˥˩˥tʰuo˥˩lə˩,ni˥˩kei˧tʰɑ˥˩˥pʰɑɔ˥˩læᴇ˨˩tsou˥˩˥sɑ˧˥tsʰæᴇ˥˩l ie˩tsou˥˩lie˩.（你弄一弄你。）再拖不要再走，我都不拖。尽管脏去！去咧。tsæᴇ˧˥tʰuo˥˩p u˨˩iɑɔ˧˥tsæᴇ˧tsou˥˩,ŋuo˥˩tou˥˩pu˨˩tʰuo˥˩.tɕiŋ˧˥kuæ̃˥˩tsɑŋ˥˩tɕʰi˧˩!tɕʰi˧˥lie˩.（这里面又脏了。）嗯？xŋ̍˥?（这里面又脏了。还要拖一下。）哪里面脏咧噢？nɑ˥˩li˥˩miæ̃˧tsɑŋ˥˩liɑɔ˩?（这里面。）你轻轻坐那儿么！ni˥˩tɕʰiŋ˥˩tɕʰiŋ˥˩tsuo˧˥nɑr˧˩muo˩!（这里脏了。）你轻轻坐……ni˥˩tɕʰiŋ˥˩tɕʰiŋ˥˩tsuo˧……（还……还要拿拖把来拖一下。）你轻轻坐你那儿嘛！你坐那儿你不要动，在那儿嘛！我咋不拖！我这就去收拾那间房去。ni˥˩tɕʰiŋ˥˩tɕʰiŋ˥˩tsuo˧n̩˥˩˥nɑr˧˩mɑ˩!ni ˥˩tsuo˧nɑr˧ni˥˩pu˨˩iɑɔ˧tuoŋ˧,tsæᴇ˧˩nɑr˧˥mɑ˩!ŋuo˥˩˥tsɑ˥˩˥pu˨˩tʰuo˥˩!ŋuo˥˩tʂə˧tsou˧tɕʰi˧˩ʂou˥˩ʂʅ˨˩næᴇ˧˥ tɕiæ̃˥˩fɑŋ˨˩tɕʰi˧˥.

9.（又干吗？）服太白饭店女服务员：放水啊那个垫壶[①]。不要说我们的垫壶就没了。fɑŋ˧˥suei˥˩ɑ˩nə˧kə˧˩tiæ̃˧xu˨˩.pu˨iɑɔ˧˥ʂuo˥˩˥ŋuo˥˩məŋ˩tə˩tiæ̃˧xu˨˩˥tsou˧muo˥˩lə˩.（你全拿下去我们喝什么？）昨天啊水能喝咧？tsuo˨˩tʰiæ̃˥˩æ˩ʂuei˥˩nəŋ˨xə˥˩lie˩?（昨天哪里还有水？你拿……拿走了还有水？）哪有水咧？nɑ˥˩iou˥˩ʂuei˥˩lie˩?（啊？）昨天啊水喝了拉肚子。tsuo˨˩tʰi æ̃˥˩æ˩ʂuei˥˩˥xə˥˩lə˩lɑ˥˩tu˧˥tsɿ˩.（给我提一瓶上来啊。）你们一下拿三个垫壶。不要说我们垫壶了就往……ni˥˩məŋ˩i˥˩xɑ˧nɑ˨˩sæ̃˥˩kə˧˩tiæ̃˧xu˨˩.pu˨˩iɑɔ˧˥ʂuo˥˩ŋuo˥˩məŋ˩tiæ̃˧xu˨˩˥lə˩tɕiou˧˩vɑŋ ˥˩……（谁叫你不给我们送呢？）

10. 服太白饭店女服务员：你就去到我们大厅中谈的坐咋咧是欸。你又……你又上楼来了。还……吃饭还叫我来叫啊？你把我们地踏脏是欸。你……打咧个兀伞就来啦。ni˥˩tɕiou˧˥tɕʰi˧˥tɑɔ˧˩ŋuo˥˩məŋ˩tɑ˧˥tʰiŋ˥˩˥tʂuoŋ˥˩˥tʰæ̃˨˩ti˩tsuo˧˥tsɑ˥˩lie˩sei˩.ni˥˩iou˧……ni˥˩˥iou˧ʂɑŋ˧lou˨˩læᴇ˨˩lə˩.xɑ˨˩……tʂʰʅ˥˩fæ̃˧xæᴇ˨˩tɕiɑɔ˧ŋuo˥˩˥læᴇ˨tɕiɑɔ˧˥æ˩?ni˥˩pɑ˥˩ŋuo˥˩məŋ˩tɕ i˧˨tʰɑ˨tsɑŋ˥˩sei˩.ni˥˩˥……tɑ˥˩lie˩kə˧vei˧sæ̃˥˩˥tɕiou˧læᴇ˨˩lɑ˩.（那我难道还在下面等啊？你又不许……我进那个……）我叫你进去你进去你坐在那一订餐咋，你在那等着嘛。ŋuo˥˩tɕiɑɔ˧ni ˥˩˥tɕiŋ˧˥tɕʰi˧ni˥˩tɕiŋ˧˥tɕʰi˧ni˥˩˥tsuo˧tsæᴇ˧˩næᴇ˧i˥˩tiŋ˧˥tsʰæ̃˥˩tsɑ˥˩,ni˥˩˥tsæᴇ˧nə˧təŋ˥˩tʂə˩mɑ˩.（那我想吃饭你还管着我想怎么吃啊？我想上来吃都行。）这你上来都行，你和你懒呃上。嗯。鱼

① 垫壶：当地称热水瓶为“垫壶”。

香肉丝吃吧？tʂə˥˦ni˥˩ʂaŋ˥˦læᴇ˧˥˧tou˥˩˧ɕiŋ˧˥˧,ni˥˩xuo˧˥˧ni˥˩˦læ̃˥˩ə˧ʂaŋ˥˦.ŋ̍˥˩.y˧˥ɕiaŋ˥˩˧ʐou˥˦sɿ˥˩˧tʂʰʅ˥˩pa˧? （不吃。）豆腐啊？你到底吃啥么？不吃啦就算。tou˥fu˧a˥?ni˥˩˦taɔ˥ti˥˩˦tʂʰʅ˥˩˧sa˥˧muo˧?pu˧˥˧tʂʰʅ˥˩la˧tɕiou˥suæ̃˥˦.（肘子嘛。）那就等着啊。nei˥tɕiou˥təŋ˥˩tʂə˧a˧.（等呗。）等放高压，我们才给你嗯压去。təŋ˥˩faŋ˥˦kaɔ˥˩˧ia˥˧,vuo˥˩məŋ˧tsʰæᴇ˧˥˦kei˥ni˥˩˦ŋ̍˧˩ia˥˩tɕʰie˥˧.

红灯笼酒家

1. 黄：这个饭店也慢得很。出菜误点是。tʂə˥kə˥fæ̃˥tiæ̃˥ie˥˩mæ̃˥˧tə˧xəŋ˥˩˧.tʂʰʮ˥˩tsʰæᴇ˥vu˥˧tiæ̃˥˩sɿ˥˧.（是吧？他只有烧一个火。）红灯篓的……上下都不行。xuoŋ˧˥təŋ˥˩lou˥˩˧ti˧……ʂaŋ˥ɕia˥tou˥˩˦pu˧˥˦ɕiŋ˧˥˧.（他只有一个火。）都暮囊得很。特别是底下。我们经常吃在底下吃。那着急了以后欸嗯要一个菜上来很不容易。tou˥˩˧mu˥˦naŋ˧tə˧xəŋ˥˩˦.tʰei˥˩˧pie˧˥˦sɿ˥ti˥˩xa˥.ŋuo˥˩məŋ˧tɕiŋ˥˩˧tʂʰaŋ˧˥tʂʰʅ˥˩˦tsæᴇ˥ti˥˩xa˥˧tʂʰʅ˥˩˧.na˥˦tʂaɔ˧˥˧tɕi˥˦lə˧li˥˩˦xou˥ei˧˩ŋ̍˧˩iaɔ˥i˥˩˧kə˥tsʰæᴇ˥ʂaŋ˥læᴇ˧˥˦xəŋ˥˩pu˧˥˧yoŋ˧˥˧i˥.（底下是那个什么？）就是那红灯篓。tɕiou˥sɿ˥˧nə˥˧xuoŋ˧˥təŋ˥˩lou˥˩˧.（太白阁是吧？）噢，红灯篓。aɔ˧˩,xuoŋ˧˥təŋ˥˩lou˥˩˧.（红灯笼那个噢？）他上边一个，底下一个么。tʰa˥˩˦ʂaŋ˥˦piæ̃˥˩˧i˥˩˧kə˥˧,ti˥˩xa˥˧i˥˩˧kə˥˧muo˧.（我们那次还好哇，在底下吃饭那个，那天正好停电嘛。）嗯。ə̃˧˩.（停了电以后，开……刚开始上了个冷菜，啊，热菜还没上，结果就那个停电了，就就做不了了。做不了是两个人就吃了一肚子冷东西，吃的那个。）哎，那他可以手摇鼓风咧么。æᴇ˧˩,na˥˧˥tʰa˥˩˦kʰə˥˩˦i˥˩˦ʂou˥˩iaɔ˧˥ku˥˩fəŋ˥˩˧lie˧muo˧.（啊？）他有个手摇鼓风机咧么。这这这这呃摇上来，跟他搞嘛。tʰa˥˩˧iou˥˩kə˥˧ʂou˥˩iaɔ˧˥ku˥˩fəŋ˥˩˧tɕi˥˩lie˧muo˧.tʂə˥tʂə˥tʂə˥˧tʂə˥ə˥iaɔ˧˥ʂaŋ˥˧˥læᴇ˧˥˧,kəŋ˥˩˧tʰa˥˩˦kaɔ˥˩ma˧.（没有。）没有，呵，欸。出菜这里……mei˧˥˧iou˥˩,xə˥˩,ei˧˩.tʂʰʮ˥˩˧tsʰæᴇ˥tʂə˥˧˥li˥˩˧……（他这个不……不弄点儿那个干吗？弄个煤气什么的？）那花钱咧。nə˥xua˥˩˧tɕʰiæ̃˧˥˧lie˥.

2. 王：呀，这食堂慢的很。ia˥˩,tʂə˥˧˥ʂʅ˧˥tʰaŋ˧˥mæ̃˥ti˧xəŋ˥˩˧.（这老板也不过来，你看。）黄：哎哟，起来看。æᴇ˥˩iaɔ˧,tɕʰi˥˩˧læᴇ˧˥kʰæ̃˥.（反正就是随他们打鬼。他不说，他喝点酒，十六……十六只眼睛盯着他。）黄：那家伙喝点酒……喝点酒，啥活都能做出来。næᴇ˥˧˥tɕia˥˩˧xuo˧xə˥˩˧tiæ̃˥˩˦tɕiŋ˥˩（←tɕiou˥˩）……xuo˥˩tiæ̃˥˩˧tɕiou˥˩,sa˥xuo˧˥tou˥˩˧nəŋ˧˥tsʮ˥tʂʰʮ˥˩˦læᴇ˧˥˧.（是吧？）黄：嗯。喝完酒就打架么，刀子提起来就杀人么。ŋ̍˧˩.xə˥˩˧væ̃˧˥tɕiou˥˩˦tɕiou˥ta˥˩˧tɕia˥muo˧,taɔ˥˩tsɿ˧tʰi˧˥tɕʰi˥˩læᴇ˧˥˧tɕiou˥sa˥˩˧ʐəŋ˧˥muo˥.（他喜欢搞这些是吧？）黄：嗯。婆娘，他们家属提着他喝酒那就吓的，都六只眼儿了已经。前几……就是咱们你们来那两天，就喝醉了，把那个人，把口人斫咧七刀。ə̃˧˩.pʰuo˧˥˧tɕiaŋ˥˧˥（←niaŋ˧˥）,tʰa˥˩məŋ˧tɕia˥˩˧ʂʮ˥tʰi˧˥˧tʂə˧tʰa˥˩˦xə˥˩˧tɕiou˥˩na˥tsou˥˧xa˥ti˧,tou˥˩˧liou˥˩tʂʅ˥˩˧niæ̃r˥˩lə˧i˥˩˦tɕiŋ˥˩˦.tɕʰiæ̃˧˥˧tɕi˥˩……tɕiou˥sɿ˥tʂa˧˥məŋ˧ni˥˩məŋ˧læᴇ˧˥nə˥liaŋ˥˩tʰiæ̃˥˩˧,tɕiou˥xə˥˩˧tsuei˥lə˥,pa˥˩˧nə˥kə˥ʐəŋ˧˥,pa˥˩˧niæ̃˧˥˦ʐəŋ˧˥tʂuo˥˩˧lie˧tɕʰi˥˩taɔ˥˩˧.（噢。赔了钱啊？）黄：私下解决了，没有进宫。说咧……sɿ˥˩˧ɕia˥tɕie˥˩tɕyo˥˩˧lə˧,mei˧˥iou˥˩˦tɕiŋ˥˦kuoŋ˥˩.ʂuo˥˩lie˧……（听说他进去了？）黄：说……进去了，进去了，钱啊掏这买回来了。那东西。ʂuo˥˩……tɕiŋ˥˦tɕʰy˥˧˥lə˧,tɕiŋ˥˦tɕʰy˥lə˥,tɕʰiæ̃˧˥æ˧tʰaɔ˥˩tʂə˥˧mæᴇ˥˩xuei˧˥˧læᴇ˧˥˧˥lə˧.næᴇ˥˧˥tuoŋ˥˩˦ɕi˥.（要喝酒吧？/啊，中午不要喝了。中午喝要很……）黄：我不喝不喝不喝不喝。ŋuo˥˩pu˧˥˧xuo˧˥˧pu˧˥˧xuo˧˥˧pu˧˥˧xə˧˥˧pu˧˥˧xə˥˩˧.（要喝点酒待会儿更加晕乎乎的，就吃点饭吧。）黄：你还能喝一点儿？ni˥˩xæᴇ˧˥˧nəŋ˧˥˧xə˥˩i˥˩˧tiæ̃r˥˩˧?（我多少还能喝点吧。）黄：嗯。小陈口误，指余颂辉也能喝嘛。ŋ̍˧˩.ɕiaɔ˥˩tʂʰəŋ˧˥ia˥˩nəŋ˧˥xə˥˩ma˧.（但是要工作啊。）黄：啊，那天下雨，头一天下雨，把我喝醉了。ŋæ˧˩,nei˥tʰiæ̃˥˩˧ɕia˥y˥˩˦,tʰou˧˥i˥˩˦tʰiæ̃˥˩˧ɕia˥y˥˩˦,pa˥˩˧ŋuo˥˩˦xə˥˩˧tsuei˥˧lə˧.王：你跟哪个喝的啊？ni˥˩kəŋ˥˩˦na˥˩˦kə˥xə˥˩˧tia˧?黄：王

主席他母亲……他父亲去世咧，我们给带咧礼了，那天叫吃饭咧。我不喝酒的人，那天还喝二三两酒。vɑŋ˩˧tʂʮ˥˧ɕi˩˧˧tʰɑ˥˩mu˥˧tɕʰiŋ˥˩……tʰɑ˥˩fu˦˥tɕʰiŋ˥˩tɕʰy˥ʂʅ˥lie˦,ŋuo˥˧˧məŋ˦kei˥tæᴇ˥lie˦li˥˧lə˨,nei˥tʰiæ̃˥˩tɕiɑɔ˥tʂʰʅ˥˩fæ̃˦˥lie˨.ŋuo˥˧pu˩˧˩xə˥˩tɕiou˥˧ti˦zəŋ˩˧˧,nei˥tʰiæ̃˥˧˧xɑ˩˧˩xuo˥˩ər˥sæ̃˥˩liɑŋ˥˧tɕiou˥˩.（嗯，叫他上饭来吧。赶紧，我们抓紧时间那个。）王：把人我咋都……饿了么，是啊？pɑ˥˩zəŋ˩˧ŋuo˥˧tsɑ˥˩tou˥˩……ŋuo˥lə˨muo˨,sʅ˥˩ɑ˨?黄：嗯？ə̃˩˧?王：你们一个人带多少钱么？ni˥˧məŋ˨i˥˩kə˥zəŋ˩˧˧tæᴇ˥tuo˥˧˥(ʂ)ɑɔ˥˧˧tɕʰiæ̃˩˧˩muo˨?黄：二十五。ər˥ʂʅ˩˧˧vu˥˩.（米饭在弄吗？）服务员：噢，米饭正好弄咧。ɑɔ˨˩,mi˥˧˧fæ̃˥tʂəŋ˥xɑɔ˥˧˧nuoŋ˦˥lie˨.王：那槌砣咋么没有言喘？nə˥tʂʰuei˩˧tʰuo˩˧˧tsɑ˥˧muo˨mei˩˧iou˥˧˧niæ̃˩˧˩tʂʰuæ̃˥˧?黄：这个麻辣豆腐不成功嘛。tʂə˦˥kə˦˥mɑ˩˧lɑ˥˧˧tou˥fu˥˧˧pu˩˧˩tʂʰəŋ˩˧kuoŋ˥˧mɑ˨.王：嗯。ŋ̍˥˧˥?黄：这个麻辣豆腐既不麻又不辣嘛。这只能叫烧豆腐，不能叫麻辣豆腐。这个刀功就不合适。麻辣豆腐的切法就不是这么个。tʂə˥˩kə˥˩mɑ˩˧lɑ˥˧tou˥fu˦tɕi˥pu˩˧˩mɑ˩˧iou˥pu˩˧lɑ˥˧mɑ˨.tʂə˥tsʅ˥˩nəŋ˩˧tɕiɑɔ˥ʂɑɔ˥˩tou˥fu˦,pu˩˧˩nəŋ˩˧tɕiɑɔ˥mɑ˩˧lɑ˥˧tou˥˩fu˨.tʂə˥kə˥tɑɔ˥˧kuoŋ˥˧˧tɕiou˥pu˩˧˩xuo˩˧˩tʂʰʅ˥˩.mɑ˩˧lɑ˥˧˧tou˥fu˦ti˨tɕʰie˥˧fɑ˥˩tɕiou˥pu˩˧˩sʅ˥˩tʂə˥muo˦kə˥.（嗯，你还挺有研究哈。）黄：麻辣豆腐切法……刀法，刀功切出来全部是菱形的。mɑ˩˧lɑ˥˩tou˥fu˦ti˦tɕʰie˥˧fɑ……tɑɔ˥˧fɑ˥˩,tɑɔ˥˧kuoŋ˥˩tɕʰie˥˩tʂʰʮ˥˧læᴇ˩˧˩tɕʰyæ̃˩˧˩pu˦˥sʅ˥˩liŋ˩˧ɕiŋ˩˧˩ti˨.（嗯。他这个豆瓣放少了。）黄：呣。m̩˨˩.（豆瓣、花椒。）黄：吃麻辣的正宗味儿还是要吃四川的。tʂʰʅ˥˧˧mɑ˩˧lɑ˥˧ti˨tʂəŋ˥tsuoŋ˥˩vər˥xɑ˩˧˩sʅ˥iɑɔ˥tʂʰʅ˥˩sʅ˦˥tʂʰuæ̃˥˩ti˨.王：欸，四川……ei˨˩,sʅ˦˥tʂʰuæ̃˥˩……黄：那真把你能辣……真把你能辣死。nə˥tʂəŋ˥˧˥pɑ˥˩ni˥˩nəŋ˩˧lɑ……tʂəŋ˥˧˥pɑ˥˩ni˥˩nəŋ˩˧lɑ˥˧sʅ˥˩.王：去到……哎呀，重庆去兀……我临……我走的那一天，我儿子兀送我走的时欸，他……他师傅给介绍了个对象要来看咧，最后……说早上九点……十点来的，早晨……最后在我们那……我们两正吃饭着咧，打电话□说九点就到了，说到哪瘩哪瘩等你。我两个就往出跑么。跑出去，领上去吃了顿，谈了一工话，我们，我跟他师傅，还有□那个女方的来下一个，我们三个坐啊一个桌子上说话着咧。我娃和那个女子姑娘两个说话。说毕话以后，我娃那师傅说，那咱们吃个饭就。这个领出去，吃了一个饭是，吃了个石锅鱼，那个鱼是……重是嗯三斤七两重吧，最后娘个走出来，吃了一下二百六。tɕʰy˥˩tɑɔ˥……æᴇ˨˩iɑ˨˩,tʂʰuoŋ˩˧˩tɕʰiŋ˥tɕʰi˥væᴇ˥……ŋuo˥˧liŋ˩˧……ŋuo˥˧tsou˥˧ti˨næᴇ˥i˥˧˧tʰiæ̃˥˧˧,ŋuo˥˩ər˩˧˩tsʅ˦væᴇ˥suoŋ˥ŋuo˥˧tsou˥˧ti˨sʅ˩˧˩ei˨,tʰɑ˥˩……tʰɑ˥˩sʅ˥˧fu˥˩kei˥tɕie˦˥ʂɑɔ˩˧lə˦kə˥tuei˥ɕiɑŋ˥iɑɔ˥˩læᴇ˩˧kʰæ̃˥˩lie˨,tsuei˥xou˥i……ʂuo˥˩tsɑɔ˥˧ʂɑŋ˥tɕiou˥˩tiæ̃˥˧……ʂʅ˩˧˩tiæ̃˥˧læᴇ˩˧˩ti˨,tsɑɔ˥˩ʂəŋ……tsuei˥xou˦˥tsʰæᴇ˥ŋuo˥˧məŋ˨nə˥……ŋuo˥˧fəŋ˦（←məŋ˦）liɑŋ˥˧tʂəŋ˦˥tʂʰʅ˥˩fæ̃˦˥tʂə˨lie˨,tɑ˥˧tiæ̃˥xuɑ˥niæ̃˩˧˩ʂuo˥˩tɕiou˥˩tiæ̃˥˧tsou˥˩tɑɔ˥lə˦,ʂuo˥˩tɑɔ˥nɑ˥˧tɑ˥˧˥nɑ˥˧˧tɑ˥˧˥təŋ˥˧ni˥˩.ŋuo˥˧˧liɑŋ˥˧kə˥˩tɕiou˥vɑŋ˥˧˧tʂʰʮ˥˧˧pʰɑɔ˥˧muo˨.pʰɑɔ˥˧˧tʂʰʮ˥˧tɕʰi˥,liŋ˥˩ʂɑŋ˥˩tɕʰi˥tʂʰʅ˥˧lə˦tuoŋ˥˩,tʰæ̃˩˧lə˦i˥˧˧kuoŋ˥˧xuɑ˥,ŋuo˥˧məŋ˨,ŋuo˥˧kəŋ˥˩tʰɑ˥˩sʅ˥˧fu˥˩,xæᴇ˩˧˩iou˥˧˧niæ̃˩˧nə˥kə˥ny˥˧fɑŋ˥˩ti˨læᴇ˩˧˩xɑ˥i˥˧kə˥˩,ŋuo˥˧məŋ˨sæ̃˥˩kə˥˩tsuo˥ɑ˦i˥˩kə˥tʂuo˥˧tsʅ˨ʂɑŋ˥˩ʂuo˥˩xuɑ˥tʂə˦lie˦.ŋuo˥˧vɑ˩˧xuo˩˧˧nə˥kə˥ny˥˧tsʅ˨ku˥˧niɑŋ˩˧˩liɑŋ˥˧(k)ə˥˩ʂuo˥˩xuɑ˥˧˥.ʂuo˥˧˥pi˥˩xuɑ˥i˥˩xou˥,ŋuo˥˧˧vɑ˩˧nə˥sʅ˥˧fu˥˩ʂuo˥˩,nei˥tsɑ˩˧məŋ˦tʂʰʅ˥˩kə˥˩fæ̃˥˧˥tsou˥˩.tʂə˥˩kə˥liŋ˥˧˧tʂʰʮ˥˧tɕʰi˥˩,tʂʰʅ˥˩lə˨i˥˩kə˥˩fæ̃˥sʅ˥,tʂʰʅ˥˩lə˨kə˥˩ʂʅ˩˧kuo˥˧y˩˧,nə˥kə˥y˩˧sʅ˥˩……tʂuoŋ˥sʅ˥˩ŋ̍˨˩sæ̃˥˩tɕiŋ˥˧˥tɕʰi˥˧liɑŋ˥˩tʂuoŋ˥pɑ˦,tsuei˥xou˥niɑŋ˩˧˩kə˥tsou˥˧˧tʂʰʮ˥˧læᴇ˩˧˩,tʂʰʅ˥˩lə˨i˥˩xɑ˥ər˥pei˥˩liou˥˩.（那当然……）王：哎哟，那日塌……æᴇ˥iɑɔ˨,nɑ˦˥zʅ˥˩tʰɑ˥˩……（他那个还有还有送的一些其他菜嘛。他不光是鱼嘛。）王：兀那……那里头也没有个啥菜咧。光是鱼。再就是喝咧几瓶欸啤酒么。væᴇ˥˩næᴇ˥……næᴇ˥li˥˧tʰou˨liɑ˥˧muo˥˧˥iou˥˧kə˥˩sɑ˥tsʰæᴇ˥lie˦.kuɑŋ˥˧˥sʅ˥y˩˧.tsæᴇ˥tɕiou˥sʅ˥xuo˥˧lie˨tɕi˥˧pʰiŋ˩˧ei˨˩pʰi˩˧˩tɕiou˥˧muo˨.黄：重庆有个饭馆儿，名

字叫辣死你。名字就是辣死你。tʂʰuoŋ⅄⅄tɕʰiŋ˥iou˥kə˥⅄fæ̃˥kuæ̃r˥˥,miŋ⅄⅄tsɿ˥tɕiao˥la˥sɿ˥⅄ni˥⅄.miŋ⅄⅄tsɿ˥tɕiou˥sɿ˥la˥sɿ˥⅄ni˥⅄.王：我随起我们娃把我领到那一家去吃了一个鱼，叫哪个嗯鲇鱼，做咧个鱼吃咧……我们两个吃那个鱼是二斤儿两么，五十块钱。哎，那鱼做的好好吃。ŋuo˥suei⅄tɕʰi˥ŋuo˥mən˥va⅄pa˥˥ŋuo˥˥liŋ˥tao˥⅄nei˥i˥˥tɕia˥⅄tɕʰi˥tʂʰɿ˥lə.i˥⅄kə˥⅄y⅄,tɕiao˥nə˥kə˥⅄ŋ̍⅄niæ̃⅄y⅄⅄,tsɥ˥lie.kə˥y⅄tʂʰɿ˥lie.……ŋuo˥mən.liaŋ˥kə˥⅄tʂʰɿ˥⅄nei˥kə˥y⅄sɿ˥⅄ər˥tɕiŋ˥⅄tɕi˥⅄liaŋ˥⅄muo.,vu˥ʂɿ⅄⅄kʰuæᴇ˥tɕʰiæ̃⅄⅄.æᴇ⅄,nei˥y⅄tsɥ˥ti.xao˥⅄xao˥⅄tʂʰɿ˥.（其实要吃的话就到那种这个……）王：那家伙……nei˥tɕia˥xuo.……（郊区呀有些那种小店，那种菜往往好吃。）王：那家伙端上那个鱼啊，直接是重油弄下的。里头放的那花椒颗颗子，呃那红辣椒，把那辣得，那油把辣子炸得呲喽喽喽的，端来放桌子上是那么个样子。然……端下后，放好以后，□那服务员儿又拿一个盆盆，拿那这么大一个勺勺子那号儿，那像笊篱子勺勺，来以后把那花椒颗颗，辣子这些都给你打下捞净以后，在那个他噢吃鱼。nei˥tɕia˥xuo.tuæ̃˥⅄ʂaŋ˥nə˥kə˥y⅄a.,tʂɿ⅄tɕie˥sɿ˥tʂuoŋ˥⅄iou⅄nuoŋ˥⅄xa˥⅄ti.li˥tʰou.faŋ˥ti.nə˥xua˥⅄tɕiao˥⅄kʰuo˥kʰuo˥⅄tsɿ.,ə⅄nə˥⅄xuoŋ⅄la˥tɕiao˥⅄,pa˥⅄nə˥la˥tə.,nə˥iou⅄pa˥⅄la˥tsɿ.tsa⅄tə.tsʰɿ˥lou˥lou˥lou˥ti.,tuæ̃˥⅄læᴇ⅄faŋ˥tʂuo˥tsɿ.ʂaŋ˥sɿ˥nə˥muo.kə˥iaŋ˥tsɿ.zæ̃⅄……tuæ̃˥⅄xa˥⅄xou˥,faŋ˥xao˥˥i˥˥xou˥,niæ̃⅄⅄nə˥fu⅄⅄vu˥yæ̃r⅄iou˥na⅄i˥˥kə˥pʰəŋ⅄⅄pʰəŋ⅄˥,na⅄nə˥tʂə˥muo.ta˥i˥˥(k)ə˥ʂuo⅄⅄ʂuo⅄˥tsɿ.nə˥xaor˥⅄,nə˥ɕiaŋ˥tsao˥˥li⅄⅄tsɿ.ʂuo⅄⅄ʂuo⅄˥,læᴇ⅄i˥˥xou˥pa˥⅄næᴇ˥xua˥tɕiao˥⅄kʰuo˥kʰuo˥⅄,la˥tsɿ.tʂə˥ɕie˥⅄tou˥⅄kei˥ni˥˥ta˥xa˥⅄lao⅄tɕiŋ˥i˥⅄xou˥,tsæᴇ˥nei˥kə˥tʰa˥⅄ao.tʂʰɿ˥⅄y⅄.（那是水煮鱼。）王：吃完以后，剩下那半……那……那就是干煮一锅……tʂʰɿ˥⅄væ̃⅄i˥⅄xou˥,ʂəŋ˥xa˥nə˥pæ̃˥……nə˥⅄……nə˥tɕiou˥sɿ˥kæ̃˥˥tʂɥ˥⅄i˥⅄kuo˥……（那就是……那是……那是地道的这个川味鱼。）王：哎呀，那……那就是好吃。两个人连饭都没吃，就把那个鱼欻一吃，□菜都吃光。æᴇia.,næᴇ˥……næᴇ˥tɕiou˥sɿ˥⅄xao˥⅄tʂʰɿ˥⅄.liaŋ˥kə˥⅄zəŋ⅄liæ̃⅄fæ̃˥tou˥⅄muo˥⅄tʂʰɿ˥⅄,tɕiou˥pa˥⅄nei˥kə˥y⅄ei.i˥⅄tʂʰɿ˥˥,niæ̃⅄tsʰæᴇ˥tou˥⅄tʂʰɿ˥⅄kuaŋ˥.（啊，他那个饭怎么还没……还不上？/还要半天。/啊？/半天呐。/这我们还得抓紧时间呢。）黄：你去到北京吃烤鸭了吗？ni˥˥tɕʰy˥tao˥pei˥tɕiŋ˥⅄tʂʰɿ˥⅄kʰao˥˥ia˥lə.ma.?王：哎，吃了嘛。æᴇ˥,tʂʰɿ˥⅄lə.ma..黄：现在一只烤鸭多少钱？ɕiæ̃˥⅄tsæᴇ˥˥i˥⅄tʂɿ˥kʰao˥⅄ia˥⅄tuo˥˥ʂao˥⅄tɕʰiæ̃⅄⅄?王：好一点儿的就是一百一，一百……一百二，一百六。一……次一点儿的稍微那玩意就是六七十块钱一个。xao˥i˥⅄tiær˥˥ti.tɕiou˥⅄sɿ˥i˥⅄pei˥⅄i˥˥,i˥˥pei˥⅄……i˥˥pei˥⅄ər˥,i˥˥pei˥˥liou˥.i……tsʰɿ˥˥i˥⅄tiær˥⅄tə.sao˥˥vei˥˥nei˥væ̃⅄ie⅄(←i˥)tɕiou˥⅄sɿ˥liou˥tɕʰi˥⅄ʂɿ⅄⅄kʰuæᴇ˥˥tɕʰiæ̃⅄i˥⅄kuo˥⅄.黄：嗨呀，我们吃那个馓菜，八块钱一只烤鸭子。xæᴇia.,ŋuo˥mən.tʂʰɿ˥˥nə˥kə˥suoŋ˥tsʰæᴇ˥,pa˥⅄kʰuæᴇ˥tɕʰiæ̃⅄i˥˥tʂɿ˥˥kʰao˥ia˥⅄tsɿ..（八块钱一个烤鸭？）黄：啊。ã⅄.（是一盘烤鸭还是一个呢？）黄：一只。i˥˥tʂɿ˥.（一只啊？）黄：嗯。ŋ̍⅄.（在哪里吃了八块钱一个的？）黄：在全聚德。tsæᴇ˥tɕʰyæ̃⅄⅄tɕy˥tə˥˥.（不可能呐！）黄：哎，八块么。我们是……那是多少年？那是七几年吃的呀。æᴇ˥,pa˥⅄kʰuæᴇ˥muo.ŋuo˥mən.sɿ˥……næᴇ˥sɿ˥⅄tuo˥⅄ʂao˥˥niæ̃⅄˥?nei˥sɿ˥tɕʰi˥tɕi˥⅄niæ̃⅄˥tʂʰɿ˥ti.ia..（哈哈哈哈哈！）王：七几年那差不多。现在个贵。tɕʰi˥tɕi˥⅄niæ̃⅄næᴇ˥tsʰa˥⅄pu⅄tuo˥⅄.ɕiæ̃˥tsæᴇ˥tə.kuei˥⅄.黄：噢，呵。ao˥,xə..（那个时候八块钱当现在多少钱？）黄：啊，全聚德烤鸭店儿么。王府井的全聚德么。a⅄,tɕʰyæ̃⅄tɕy˥tə˥kʰao˥ia˥⅄tiær˥muo..vaŋ⅄fu˥˥tɕiŋ˥ti.tɕʰyæ̃⅄⅄tɕy˥tə˥muo..（那是七几年啊？）黄：嗯。ə̃⅄.（你看他们炒菜那锅都不会……不要钱一样的。砢砢砢。）黄：好啊。那里头铁的元素多给你挖掉一点儿，嗯。哼。xao˥a.nə˥li˥tʰou.tʰie˥ti.yæ̃⅄⅄sɥ˥tuo˥kei˥⅄ni˥˥va˥⅄tiao˥i˥⅄tiær˥⅄,ŋ̍˥.xə̃˥.王：他那不是。他那个炒锅底下

是个……锅圈是个铁的。他……他拿上以后在这个这么一压一簸一簸的，那个头起没嗯搞个勺的锅，你可不响咧噢？兀是人懒的怕往地……往起端的锅，他给头起压咧一……没问题。tʰɑ˦˨nə˧pu˨˩sʅ˧.tʰɑ˦˨nə˧kə˧tsʰɑɔ˥˧kuo˦˨ti˥˧xɑ˧˨sʅ˧kə˧……kuo˦˧tɕʰyæ̃˦sʅ˧kə˧tʰie˦ti˨.tʰɑ˦˧……tʰɑ˦˧nɑ˨˩ʂɑŋ˧i˦˧xou˧tsæᴇ˧tʂə˧kə˧tʂə˧muo˨i˦˨niɑ˧i˦˨puo˧˥i˦˨puo˧˥tə˨,nə˧kə˧tʰou˨˩tɕʰie˥˧˨muo˦˨ŋ̍˨kɑɔ˦˧kə˧ʂuo˨ti˨kuo˦˨,ni˦˨kʰə˦˨pu˨˧ɕiɑŋ˥˧liɑɔ˨?væᴇ˧sʅ˧zəŋ˨læ̃˦ti˨pʰɑ˧vɑŋ˦˧ti……vɑŋ˦˧tɕʰie˦˧tuæ̃˦ti˨kuo˦,tʰɑ˦˧kei˧tʰou˨˩tɕʰie˦˧niɑ˧˦lie˨i˦˨……mei˨vəŋ˧˥tʰi˨˩.黄：欸，今天，按你们今天这个上班儿那个说你……那回去得去，到单位的话，这个工资，按中华人民共和国这个法律来说的话，那你们今天应该是百分之三百的工资嘛。ei˦,tɕiŋ˦tʰiæ̃˦˨,næ̃˧˦ni˥˧məŋ˨tɕiŋ˦tʰiæ̃˦˧tʂə˧kə˧ʂɑŋ˧˦pæ̃r˦nə˧˨kə˧˨ʂuo˦˨ni……nə˧˨xuei˨˩tɕʰy˧tə˦tɕʰy˧˨,tɑɔ˧tæ̃˦˨vei˧ti˨xuɑ˧˨,tʂə˧kə˧kuoŋ˦˧tsʅ˦˨,næ̃˧tʂuoŋ˦xuɑ˨˩zəŋ˨miŋ˨˧kuoŋ˧˨xuo˨kuo˦tʂə˧˨kə˧˨fɑ˦ly˦˨læᴇ˨˩ʂuo˦˨ti˨xuɑ˧˨,nei˧ni˥˧məŋ˨tɕiŋ˦tʰiæ̃˦˨iŋ˧kæᴇ˦˧sʅ˧pei˦˨fəŋ˦˧tsʅ˦˧sæ̃˦pei˦˨ti˨kuoŋ˦˨tsʅ˦˨mɑ˨.（三个鬼，他不扣你的就不错了。）黄：那他就不符合嘛。næᴇ˧˥tʰɑ˦˧tsou˧pu˨˧fu˨˥xuo˨˩mɑ˨.（现在反正国家就拿着我们开刀哇，收税收得我们真是哇哇叫，没办法。饭赶紧上来吧。）黄：呣，这个米饭啊比昨天那个强。m̩˧,tʂə˧˨kə˧˨mi˥˧fæ̃˧ɑ˨pi˦˧tsuo˨˩tʰiæ̃˦nə˧kə˧tɕʰiɑŋ˨˩.

满意饭店

黄：太白这个饭，要吃的味道稍微好一点，就是油库斜对门儿有个满意饭店。tʰæᴇ˧˥pei˨˩tʂə˧kə˧fæ̃˧,iɑɔ˧tʂʰʅ˦ti˨vei˧˦tɑɔ˧˨sɑɔ˦˧vei˦˧xɑɔ˥i˦˨tiæ̃˦˨,tɕiou˧˨sʅ˧˨iou˨kʰu˧ɕie˨˩tuei˧mə̃r˨iou˦kə˧˨mæ̃˥i˧fæ̃˧˨tiæ̃˧˨.（油库的斜对面儿？）啊。ɑ̃˧.（那头儿啊？）嗯。ŋ̍˨.（在下面了那就。）噢，下面儿。ɑɔ˨,ɕiɑ˧miæ̃r˧.（下面？）就是新街。tɕiou˧˨sʅ˧˨ɕiŋ˦tɕie˦˧.（噢，你们政府对面那个地方啊？）啊。ɑ˨.（噢，那个地方还可以啊味道？）那是太白来说是味道最好的一个店儿。它就最……它的这个不足的地方就是量少。nə˧˥sʅ˧tʰæᴇ˧pei˨˩læᴇ˨ʂuo˦˨sʅ˧˨vei˧˦tɑɔ˧˨tsuei˧˥xɑɔ˥ti˨i˦˨kə˧˨tiæ̃r˧˨.tʰɑ˦tɕiou˧˨tsuei˧˥……tʰɑ˦ti˨tʂə˧kə˧pu˨˩tsʮ˦ti˨ti˧fɑŋ˦˧tɕiou˧sʅ˧˨liɑŋ˧ʂɑɔ˦˨.（量少？）呣。m̩˧.（这边服务态度还不好，你看看！她坐哪儿还要她还给你安排好了。说等下那个地方会……会来什么什么人来都。）那是这服……小服务员儿够懒的。太懒咧就是。那面儿那个……那面儿那个老板儿你要掌握了……那面儿吃饭那个老板儿你……nə˧˥sʅ˧tʂə˧fu˨˩……ɕiɑɔ˥fu˨˩vu˧yæ̃r˨kou˧˨læ̃˥ti˨.tʰæᴇ˧læ̃˥lie˨tɕiou˧˨sʅ˧˨.nei˧˥miæ̃r˧nə˧kə˧……nei˧˥miæ̃r˧nə˧kə˧lɑɔ˦˨pæ̃r˦˧ni˦˧iɑɔ˧tʂɑŋ˥vuo˦˨lə˧……nei˧˥miæ̃r˧tʂʰʅ˦˨fæ̃˧nə˧kə˧lɑɔ˦˨pæ̃r˦˧ni˦˧……（哪个？）就是我们这个满意饭馆那老板儿。tɕiou˧sʅ˧ŋuo˦˧məŋ˨tʂə˧kə˧mæ̃˥i˧fæ̃˧kuæ̃˥nei˧lɑɔ˦˨pæ̃r˦˨.（噢。）哎，老板儿娘你……和老板儿你进去……给戴上几个高帽子下上，提上去，糊上几个高帽子给他戴上，那高兴的，那他就量也上来了，味儿也上来了，我你说。æᴇ˦,lɑɔ˦˨pæ̃r˥niɑŋ˨ni˦˧ʂ……xuo˨lɑɔ˥pæ̃r˦˧ni˦˧tɕiŋ˧˦tɕʰi˧……kei˧tæᴇ˧ʂɑŋ˧tɕi˥kə˧˨kɑɔ˦˨mɑɔ˧tsʅ˨ɕiɑ˧˥ʂɑŋ˧˨,tʰi˨˩ʂɑŋ˧tɕʰi˧,xu˨˩ʂɑŋ˧tɕi˥kə˧˨kɑɔ˦˨mɑɔ˧tsʅ˨kei˧tʰɑ˦˧tæᴇ˧ʂɑŋ˧˨,nɑ˧˥kɑɔ˦˨ɕiŋ˧ti˨,nə˧˥tʰɑ˦˧tɕiou˧liɑŋ˧˥iɑ˥˨ʂɑŋ˧˦læᴇ˨˩lə˨,vər˧˥iɑ˦˧ʂɑŋ˧læᴇ˨˩lə˨,ŋuo˦˧ni˦˨ʂuo˦˨.

二三、教育

学校 / 教学

（一）学校

学校

（这个学校你们一般叫什么？）黄：叫学校。tɕiaɔ˥˦ɕyeʌ˩ɕiaɔ˥˩.（叫……还是叫学堂还是叫什么呢？）王：叫学校。tɕiaɔ˥ɕyeʌ˩ɕiaɔ˥.黄：学堂，咱们这儿这没有人叫学堂的。ɕyoʌ˩tʰaŋʌ˦,tʂaʌməŋ˧tʂər˥tʂə˥meiʌiou˥˧zəŋʌ˦tɕiaɔ˥ɕyoʌtʰaŋʌ˩ti˧.王：没人叫学堂，都叫学校。meiʌzəŋʌ˦tɕiaɔ˥ɕyoʌ˩tʰaŋʌ˦,tou˥˧tɕiaɔ˥ɕye˥˩ɕiaɔ˥.黄：嗯，这就分了个小学和……欸……ŋ̍˩,tʂə˥˦tɕiou˥fəŋ˥lə˧kə˥˩ɕiaɔ˥ɕyoʌ˩xuoʌ˩……ei˩……（就老人家就比如说你这是上学……学校还是上学堂？）王：上学校。ʂaŋ˥ɕyeʌ˩ɕiaɔ˥.黄：嗯，上学去，上学校去。ŋ̍˩,ʂaŋ˥˦ɕyeʌ˩tɕʰi˥˩,ʂaŋ˥˦ɕyoʌ˩ɕiaɔ˥tɕʰi˥.（都叫学校？没有说学堂这种说法？）黄&王：嗯。ŋ̍˩.

小学

黄：学校，再就分了个初中，初欸，小学和……和中学，高中，这么分着哩农村就。ɕyeʌ˩ɕiaɔ˥,tsæᴇ˥tɕiou˥fəŋ˥lə˧kə˥˩tʂʰʮ˥tʂuoŋ˥˩,tʂʰʮ˥ei˩,ɕiaɔ˥ɕyeʌ˩xuoʌ˩……xuoʌtʂuoŋ˥˩ɕyoʌ,kaɔ˥˧tʂuoŋ˥,tʂə˥muo˧fəŋ˥˩tʂə˧li˧luoŋʌtsʰuoŋ˥tɕiou˥˩.（这个小学，小学过去还有什么初小、高小这种。）黄：哎有咧么。初小高小么。æᴇ˥iou˥˧lie˧muo˧.tʂʰʮ˥˩ɕiaɔ˥kaɔ˥˩ɕiaɔ˥muo˧.（初小是什么？）黄：初小是一至三……一至四年级啊？高小是五至六年级么啊？tʂʰʮ˥ɕiaɔ˥˩sɿ˥˩i˥˩tsɿ˥sæ˥……i˥˩tsɿ˥sɿ˥niæ̃ʌ˩tɕi˥˩a˩?kaɔ˥˩ɕiaɔ˥sɿ˥vu˥˧tsɿ˥liou˥niæ̃ʌ˩tɕi˥˩muo˧a˩?王：啊，嗯。ã˥,ə̃˩.（就……他当时是怎么，为什么分出这个？是不是还要考试一次？）黄：要考咧么你。iaɔ˥˦kʰaɔ˥lie˧muo˧ni˥˩.（再上……才能上高年级还是干吗？）王：啊，那当时欸……a˩,nei˥taŋ˥sɿʌ˩ei˥n……黄：啊，那你是这个，小学四年级毕业你才能升高小咧嘛。高小五，高小毕业你才……六年级毕业你才能升……升初中咧么。a˩,nei˥ni˥sɿ˥tʂə˥˩kə˥˩,ɕiaɔ˥ɕyoʌ˩sɿ˥niæ̃ʌ˩tɕi˥˩pi˥˧nie˥˩ni˥tsʰæᴇʌ˩nəŋʌ˩ʂəŋ˥kaɔ˥˩ɕiaɔ˥lie˧ma˧.kaɔ˥˩ɕiaɔ˥vu˥,kaɔ˥˩ɕiaɔ˥pi˥nie˥ni˥tsʰæᴇʌ……liou˥niæ̃ʌ˩tɕi˥˩pi˥nie˥ni˥tsʰæᴇʌ˩nəŋʌ˩ʂəŋ˥……ʂəŋ˥˩tʂʰʮ˥tʂuoŋ˥liem˧.（哎，一般是叫初小是叫初小还是叫小学？）黄：前几年叫的是初小，这几年叫小学，小学多。tɕʰiæʌtɕi˥niæ̃ʌ˦tɕiaɔ˥ti˧sɿ˥˩tʂʰʮ˥˩ɕiaɔ˥,tʂei˥tɕi˥˩niæ̃ʌtɕiaɔ˥ɕiaɔ˥ɕyoʌ˩,ɕiaɔ˥ɕyoʌ˩tuo˥˩.（高年级呢？）黄：过去一直叫初级小学。现在叫小学。再一个就说是投到，六呃……完，有，也叫完小，也叫高小啊？kuo˥tɕʰy˥i˥˩tʂɿʌ˦tɕiaɔ˥tʂʰʮ˥tɕi˥˩ɕiaɔ˥ɕyoʌ˩.ɕiæ̃˥tsæᴇ˥tɕiaɔ˥ɕiaɔ˥ɕyoʌ˩.tsæᴇ˥i˥kə˥tɕiou˥˩ʂuo˥˩sɿ˥˩tʰouʌ˩taɔ˥,liou˥əʟ……væ̃ʌ˩,iou˥,ie˥tɕiaɔ˥væ̃ʌ˩ɕiaɔ˥,ie˥tɕiaɔ˥kaɔ˥˩ɕiaɔ˥a˩?王：嗯。ŋ̍˩.（欸，像那个什么老……饶礼金他他他这个教的那个是有没有五六年级的？）黄：有咧。iou˥lie˧.（也有？）黄：饶礼金教下那个就是这个，那是五年制学校了么。ʐaɔʌ˩li˥tɕiŋ˥tɕiaɔ˥xa˥˩nei˥kə˥tɕiou˥sɿ˥tʂə˥˩kə˥˩,nə˥˩sɿ˥˩vu˥niæ̃ʌ˦tʂɿ˥ɕyeʌ˩ɕiaɔ˥˦ləm˧.（五年制学校？）黄：哎，过去是……æᴇ˩,kuo˥tɕʰy˥sɿ˥……

王：饶礼金在哪瘩？ʐɑɔ˩˧꜖li˥˧tɕiŋ˥˧˧tsæᴇ˥nɑ˥˧tɑ˥˧꜖？黄：在牛车坡咧么。兀过去有……tsæᴇ˥꜖niou˩˧꜖tʂʰə˥˧˧pʰuo˥˧liem꜊.vei˥꜖kuo˥˦tɕʰy˥iou˥˧˧……（有没有只有几……这个一二三四年级的？）黄：有一二三年级着咧。iou˥˧˧i˥˧꜖ər˥sæ̃˥˧niæ̃˩˧꜖tɕi˥˧꜖tʂə꜊lie꜊.王：有一二三年级。iou˥˧˧i˥˧꜖ər˥sæ̃˥˧niæ̃˩˧꜖tɕi˥˧꜖.（那个叫什么学校？）黄：那叫初级小学么。nei˥tɕi˥（←tɕiɑɔ˥）tʂʰʮ˥˧tɕi˥˧꜖ɕiɑɔ˥˧ɕyom˩˧꜖.（也叫初小吧？）王：嗯。ŋ̍꜖.黄：初小啊。tʂʰʮ˥˧꜖ɕiɑɔ˥˧˧ɑ꜊.（初小、高小，这些东西哈。）黄：嗯。也叫完小么。ŋ̍꜖.ie˥˧˧tɕiɑɔ˥vǣ˩˧꜖ɕiɑɔ˥˧˧muo꜊.

中学

（初小、高小？）黄：嗯。ŋ̍꜖.（再上去呢？）王：到初中咧。tɑɔ˥꜖tʂʰʮ˥˧tʂuoŋ˥˧lie꜊.黄：到初中了。tɑɔ˥tʂʰʮ˥˧꜖tʂuoŋ˥˧lə꜊.（叫什么？）王：初中，初级中学。不是……tʂʰʮ˥˧꜖tʂuoŋ˥˧,tʂʰʮ˥˧tɕi˥˧꜖tʂuoŋ˥˧ɕye˩˧.pu˩˧꜖sʅ˥˦……黄：初中，初级中学么。tʂʰʮ˥˧˥tʂuoŋ˥˧˧,tʂʰʮ˥˧tɕi˥˧꜖tʂuoŋ˥˧꜖ɕyo˩˧muo˥.（念几年的呢？）黄：初级中学念三年咧。tʂʰʮ˥˧tɕi˥˧˧tʂuoŋ˥˧꜖ɕyo˩˧niæ̃˥sæ̃˥˧꜖niæ̃˩˧꜖lie꜊.（再上去呢？）这就上高中了。高中再三年。tʂei˥tɕiou˥ʂɑŋ˥kɑɔ˥˧˥tʂuoŋ˥˧lə꜊.kɑɔ˥˧˥tʂuoŋ˥˧tsæᴇ˥sæ̃˥˧꜖niæ̃˩˧.（欸，过去听说高中还上两年呢！）黄：我们就上两年了。我们上……ŋuo˥˧məŋ꜊tɕiou˥ʂɑŋ˥liɑŋ˥˧niæ̃˩˧꜖lə꜊.ŋuo˥˧məŋ꜊ʂɑŋ……王：我们就上两年。我们那会儿是九年制。ŋuo˥˧məŋ꜊tɕiou˥ʂɑŋ˥liɑŋ˥˧˧niæ̃˩˧˧.ŋuo˥˧məŋ꜊nə˥˦xuər˥sʅ˥tɕiou˥˧niæ̃˩˧tʂʅ˥꜖.黄：我们是九年一贯制嘛。ŋuo˥˧məŋ꜊sʅ˥꜖tɕiou˥˧niæ̃˩˧i˥˧꜖kuæ̃˥tʂʅ˥˦mɑ꜊.王：嗯。九年一贯制是……ŋ̍꜖.tɕiou˥˧niæ̃˩˧i˥˧꜖kuæ̃˥tʂʅ˥sʅ˥……黄：我们九年一贯制是从小学到高中就毕业了。ŋuo˥˧məŋ꜊tɕiou˥˧niæ̃˩˧i˥˧꜖kuæ̃˥tʂʅ˥sʅ˥꜖tsʰuoŋ˩˧꜖ɕiɑɔ˥˧ɕyo˩˧꜖tɑɔ˥kɑɔ˥˧˥tʂuoŋ˥˧tɕiou˥꜖pi˥˧˧nie˥˧˧lə꜊.王：啊。ɑ꜖.黄：它现在的这个，现在□也叫九年一贯制。□这个九年一贯制是从初级小学到高……到初中毕业……上九年。现在这个教改它是这么个。嗯。tʰɑ˥˧ɕiæ̃˥tsæᴇ˥˦ti꜊tʂə˥꜖kə˥꜖,ɕiæ̃˥tsæᴇ˥niæ̃˩˧꜖ie˥˧tɕiɑɔ˥tɕiou˥˧꜖niæ̃˩˧i˥˧˧kuæ̃˥tʂʅ˥꜖.niæ̃˩˧˦tʂə˥꜖kə˥꜖tɕiou˥˧niæ̃˩˧i˥˧꜖kuæ̃˥tʂʅ˥sʅ˥tʂʰuoŋ˩˧꜖tʂʰʮ˥˧tɕi˥˧꜖ɕiɑɔ˥˧ɕyo˩˧꜖tɑɔ˥˦kɑɔ˥˧꜖……tɑɔ˥tʂʰʮ˥˧˥tʂuoŋ˥˧pi˥˧˥nie˥˧꜖ʂ……ʂɑŋ˥tɕiou˥˧꜖niæ̃˩˧.ɕiæ̃˥tsæᴇ˥˦tʂə˥꜖kə˥꜖tɕiɑɔ˥kæᴇ˥˧˧tʰɑ˥˧꜖sʅ˥꜖tʂə˥˦muo꜊kə˥꜖.ŋ̍꜖.

中专

（欸，初中毕业，还有的上的师范，有的上的卫校，那个叫什么？）黄：这中专么。小中专么。tʂə˥꜖tʂuoŋ˥˧꜖tʂuæ̃˥˧muo꜊.ɕiɑɔ˥˧꜖tʂuoŋ˥˧˥tʂuæ̃˥˧muo꜊.王：兀就叫那小中专么。vei˥tɕiou˥tɕiɑɔ˥nə˥ɕiɑɔ˥˧꜖tʂuoŋ˥˧˥tʂuæ̃˥˧muo꜊.（噢，小中专。还有大中专吗？）黄：啊，有的么，大中专么。ɑ˥,iou˥˧ti꜊muo꜊,tɑ˥˦tʂuoŋ˥˧꜖tʂuæ̃˥˧꜖muo꜊.（大中专是什么呢？）黄：大中专那你就是这个欸三本录丢下那些了。大专院校了么。那都属于大专院校。tɑ˥tʂuoŋ˥˧꜖tʂuæ̃˥˧næᴇ˥ni˥˧tsou˥꜖sʅ˥꜖tʂə˥꜖kə˥꜖ei꜖sæ̃˥˧꜖pəŋ˥˧lou˥˧꜖tiou˥˧꜖xɑ˥꜖nei˥ɕie˥˧lə꜊.tɑ˥tʂuæ̃˥˧꜖yæ̃˥ɕiɑɔ˥lə꜊muo꜊.nei˥tou˥˧꜖ʂʮ˥˧˧y˩˧˧tɑ˥˦tʂuæ̃˥˧꜖yæ̃˥꜖ɕiɑɔ˥꜖.（噢。）黄：是专科生么。sʅ˥꜖tʂuæ̃˥˧kʰə˥˧꜖səŋ˥˧muo꜊.（欸，专科是大专啦！）黄：啊，就是大专嘛。ɑ꜖,tɕiou˥˦sʅ˥꜖tɑ˥˦tʂuæ̃˥˧꜖mɑ꜊.（嗨，我听，过去还有那种就是高中了，毕业才又考了一个中专。）黄：啊，中专，现在你像这个中专里头它有，有财校，有林校，还有初级师范学校。ɑ꜊,tʂuoŋ˥˧˥tʂuæ̃˥˧,ɕiæ̃˥tsæᴇ˥ni˥˧ɕiɑŋ˥tʂə˥kə˥tʂuoŋ˥˧˥tʂuæ̃˥˧li˥˧꜖tʰou꜊tʰɑ˥˧iou˥˧˧,iou˥˧tsʰæᴇ˩˧ɕiɑɔ˥,iou˥˧˧liŋ˩˧ɕiɑɔ˥,xæᴇ˩˧꜖iou˥˧˧tʂʰʮ˥˧tɕi˥˧꜖sʅ˥˧꜖fæ̃˥˦ɕye˩˧꜖ɕiɑɔ˥.王：那像这都是小中专么。nə˥꜖xɑŋ˥（←tɕiɑŋ˥）tʂə˥tou˥˧꜖sʅ˥ɕiɑɔ˥˧tʂuoŋ˥˧˥tʂuæ̃˥˧muo꜊.黄：噢，这都是小中专么。中专里它又分小中专和大中专。初中毕业，他只能考小中专么。ɑɔ꜖,tʂe˥˦tou˥˧˧sʅ˥ɕiɑɔ˥˧tʂuoŋ˥˧꜖tʂuæ̃˥˧꜖muo꜊.tʂuoŋ˥˧˥tʂuæ̃˥˧li˥˧꜖tʰɑ˥˧˧iou˥fəŋ˥˧꜖ɕiɑɔ˥˧tʂuoŋ˥˧˥tʂuæ̃˥˧꜖xə˩˧꜖tɑ˥˦tʂuoŋ˥˧꜖tʂuæ̃˥˧꜖.tʂʰʮ˥˧˧tʂuoŋ˥˧pi˥˧˧nie˥˧꜖,tʰɑ˥˧˧tsʅ˥˧꜖nəŋ˩˧kʰɑɔ˥˧ɕiɑɔ˥˧tʂuoŋ˥˧꜖tʂuæ̃˥˧muo꜊.（大中专是什么

呢？）王：大……大中专咧也大专院校么。tɑ˥˩˧tʂ……tɑ˥˩˧tʂuoŋ˧˩˧tʂuæ̃˧lie·lie˧˩˧tɑ˥tʂuæ̃˧˩˧yæ̃˥ɕiɑɔ˥muo·l.黄：大中……大专院校咧。tɑ˥˩tʂuoŋ˧˩……tɑ˥˩tʂuæ̃˧˩yæ̃˥ɕiɑɔ˥lie·l.王：大专院校是高中毕业考上……tɑ˥tʂuæ̃˧˩˧yæ̃˥ɕiɑɔ˥sɿ˥kɑɔ˧˩˧tʂuoŋ˧pi˧˩nie˧˩kʰɑɔ˧ʂɑŋ˥˩……黄：那必须高中毕业你才是考欸。næᴇ˥pi˧˩(ɕ)y˧˩kɑɔ˧˩˧tʂuoŋ˧pi˧˩˧nie˧˩˧ni˧tsʰæᴇ˩˧sɿ˥kʰɑɔ˧ei·l.（也是中专？）王：啊。ɑ˩.黄：也是中专，你是大专毕业。ie˧sɿ˥˩tʂuoŋ˧˩tʂuæ̃˧˩˧,ni˧˩˧sɿ˥tɑ˥˩˧tʂuæ̃˧˩pi˧nie˧˩.（它跟……跟这个读的那个大专不是一回事吧？）黄：就是一回事。tɕiou˥sɿ˥i˧˩xuei˩˧sɿ˥˩.王：一回事儿。高中毕业一考的大专。i˧˩xuei˩˧sər˥˩.kɑɔ˧˩˧tʂuoŋ˧pi˧˩˧nie˧˩˧i˧˩kʰɑɔ˧ti·ltɑ˥tʂuæ̃˧˩˧.黄：就考的大专嘛。tɕiou˥˩kʰɑɔ˧ti·ltɑ˥tʂuæ̃˧˩mɑ·l.（高中毕业读那大中专是读两年呐，大专是读三年呐。）王：啊。ɑ̃˩.黄：噢，那……ɑɔ˩,nei˥……（你那个，庆阳师专……）黄：庆阳师专过去读两年。tɕʰiŋ˥liɑŋ˩˧sɿ˧˩˧tʂuæ̃˧kuo˥tɕʰy˥tu˩˧liɑŋ˧niæ̃˩˧.王：两年。liɑŋ˧niæ̃˩˧.黄：现在……ɕiæ̃˥˩tsæᴇ˥……王：现在也升三年了。ɕiæ̃˥tsæᴇ˥˩ɑ˧˩˧ʂəŋ˧˩˧sæ̃˧niæ̃˩˧lə·l.黄：现在四年哩。ɕiæ̃˥tsæᴇ˥sɿ˥niæ̃˩˧li·l.王：四年咧。sɿ˥niæ̃˩˧lie·l.（呃，它现在变了，变了本科了。）黄：现在升本了。ɕiæ̃˥tsæᴇ˥ʂəŋ˧˩pəŋ˧lə·l.王：嗯。ŋ̍˩.（就……它那个过去是叫大中专还叫什么东西？）黄：大专。tɑ˥˩tʂuæ̃˧˩.王：大专。tɑ˥tʂuæ̃˧˩˧.（它叫大专？）黄：嗯。ŋ̍˩.（不叫大中专？）王：嗯。ŋ̍˩.黄：不叫大中专。pu˩˧tɕiɑɔ˥tɑ˥˩tʂuoŋ˧˩tʂuæ̃˧˩.（还跟大中专是可能稍微有点区别？）王：有一点区别。iou˧i˧˩tiæ̃˧˩tɕʰy˧pie˩˧.黄：噢，有点区别。ɑɔ˩,iou˧tiæ̃˧˩tɕʰy˧pie˩˧.

（哎，大中专、小中专，有没有叫什么高中专、初中专的说法？）黄：没有。muo˧˩˧iou˧˩.王：没有。mei˩iou˧.黄：没有这个话。muo˧˩iou˧tʂə˥kə˥xuɑ˥˩.（就是初中生毕业上的中专叫高中专，还是叫……）黄：那是小中专。nə˥˩sɿ˥ɕiɑɔ˧tʂuoŋ˧˩tʂuæ̃˧˩.（小，呃，只……）黄：它那，只能叫它是小中专。tʰɑ˧˩nə˥,tsɿ˧˩nəŋ˩˧tɕiɑɔ˥tʰɑ˧˩sɿ˥ɕiɑɔ˧tʂuoŋ˧˩tʂuæ̃˧˩.王：那就只能叫它小中专。næᴇ˥tɕiou˥tsɿ˧˩nəŋ˩tɕiɑɔ˥(tʰ)ɑ˧˩˧ɕiɑɔ˧tʂuoŋ˧˩tʂuæ̃˧˩.

（当时考上中专那就是这个干部编制了。）黄：噢，干部编制了么。那你户口都在……ɑɔ˩,kæ̃˥pu˥piæ̃˧˩tʂɿ˥lə·lmuo·l.næᴇ˥˩ni˧˩xu˥kʰou˧˩˧tou˧˩tsæᴇ˥˩……（那个技校算不算干部编制呢？）黄：好比有干部编制嘛。xɑɔ˧pi˧iou˧˩kæ̃˥˩pu˥˩piæ̃˧˩tʂɿ˥˩mɑ·l.（也干……也算……）黄：啊，你出来国家分配的姆。ɑ˩,ni˧˩tʂʰʮ˧læᴇ˩˧kuo˧tɕiɑ˧˩fəŋ˧˩pʰei˥˩ti·lm̩·l.

本科

1.（那么，大中专比……比那个大专还要高一级的那个叫什么？）黄：比大中专再高一级的噢？pi˧˩tɑ˥tʂuoŋ˧˩˧tʂuæ̃˧tsæᴇ˥kɑɔ˧i˧˩tɕi˧˩ti·lɑɔ·l?（嗯。）那就叫本科生了。næᴇ˥tɕiou˥tɕiɑɔ˥pəŋ˧kʰə˧˩səŋ˧˩lə·l.（本科。）王&黄：嗯。ŋ̍˩.王：本科上去该是研究生。pəŋ˧kʰə˧˩ʂɑŋ˥tɕʰi˥kæᴇ˧˩sɿ˥iæ̃˩˧tɕiou˧səŋ˧˩.

2. 王：陕西□还叫那几本几本。ʂæ̃˧ɕi˧˩niæ̃˩˧xæᴇ˩˧tɕiɑɔ˥nə˥tɕi˧pəŋ˧tɕi˧pəŋ˧.黄：还那是一回事。那他把那个本科生分开着咧。一本□就是正儿八经是本科生，四年制的。一本……xɑ˩nei˥˩sɿ˥i˧˩xuei˩sɿ˥.nei˥˩tʰɑ˧pɑ˧˩nə˥kə˥pəŋ˧kʰə˧˩səŋ˧˩fəŋ˧˩kʰæᴇ˧tʂə·lie·l.i˧˩pəŋ˧niæ̃˩tɕiou˥sɿ˥tʂəŋ˥˩ər˩˧pɑ˧˩tɕiŋ˧˩sɿ˥pəŋ˧kʰə˧˩səŋ˧˩,sɿ˥niæ̃˩˧tʂɿ˥ti·l.i˧˩˧pəŋ˧……王：二本。ər˥˩pəŋ˧.黄：二本那就是……一本，□是重点院校录取下那个。二本就是一般的院校了。到三本的的话，那就是一……很普通这些院校了。ər˥˩pəŋ˧˩nei˥tɕiou˥sɿ˥……i˧˩pəŋ˧,niæ̃˩˧sɿ˥˩tʂuoŋ˥˩ti æ̃˧˩yæ̃˥ɕiɑɔ˥lou˧˩tɕʰy˧xɑ˥nə˥kə˥.ər˥pəŋ˧˩tou˧˩sɿ˥˩i˧˩˧pæ̃˧ti·lyæ̃˥ɕiɑɔ˥lə·l.tɑɔ˥sæ̃˧˩pəŋ˧ti·lxuɑ˥˩,næᴇ˥tɕiou˥sɿ˥i˧˩……xəŋ˧˩˧pʰu˧tʰuoŋ˧˩tʂei˥˩ɕie˧˩yæ̃˥ɕiɑɔ˥lə·l.

戴帽儿学校

（这个有的这个小学啊，过去还设了初中。那个叫什么学校？）黄：戴帽儿的么。tæᴇ˥maɔr˥tim˧.（叫戴帽儿的学校还是叫什么？）黄：噢，戴帽儿学校。有些是戴帽儿，有些是戴帽高中，有些是戴帽儿初……初级中学么。ɑɔ˨,tæᴇ˥maɔr˥ɕye˨˩ɕiaɔ˥.iou˥ɕie˥˨sʅ˥˨tæᴇ˥maɔr˥,iou˥ɕie˥˨sʅ˥˨tæᴇ˥maɔ˥kaɔ˥˩tʂuoŋ˥,iou˥ɕie˥˨sʅ˥˨tæᴇ˥maɔr˥tʂʰʮ˥tʂʮ……tʂʰʮ˥tɕi˥˨tʂuoŋ˥˨ɕyo˨muo˧.（怎么？戴帽高中是什么意思？）黄：戴帽儿高中，它就是从这个，咱们那会儿就是戴帽儿的么。tæᴇ˥maɔr˥kaɔ˥˩tʂuoŋ˥˨,tʰɑ˥tɕiou˥sʅ˥tsʰuoŋ˨˩tʂə˥˦kə˥,tsɑ˨mən˧nə˥xuər˥tɕiou˥˨sʅ˥˨tæᴇ˥maɔr˥tim˧.王：戴帽高中。tæᴇ˥maɔ˥kaɔ˥˨tʂuoŋ˥˨.黄：戴帽儿高中么。它是从一年级开始到九年级毕业，它是这么一……一直推着上来了。tæᴇ˥maɔr˥kaɔ˥˩tʂuoŋ˥muo˧.tʰɑ˥˩sʅ˥tsʰuoŋ˨˩i˥niæ̃˨˩tɕi˥˨kʰæᴇ˥˨sʅ˥˩taɔ˥tɕiou˥niæ̃˨˩tɕi˥˨pi˥˩nie˥,tʰɑ˥˩sʅ˥tʂə˥˦muo˧i˥˨……i˥˨tʂʅ˨˦tʰuei˥tʂə˧ʂaŋ˥læᴇ˨˩lə˧.

职业学校

1.（还有那个职业学校，你们叫什么？）黄：职业学校么。职中。tʂʅ˥ie˥˨ɕye˨˩ɕiaɔ˥muo˧.tʂʅ˥tʂuoŋ˥˨.王：职中。那就职中。tʂʅ˥tʂuoŋ˥˨.nei˥(tɕ)iou˥tʂʅ˥tʂuoŋ˥˨.黄：这个欸，这个职中的话，我们……这儿这原先就是这个欸，职中就是农中么，农业中学么。tʂei˥˦kə˥˨ei˨,tʂə˥kə˥tʂʅ˥tʂuoŋ˥˨tə˧xua˥˨,ŋuo˥mən˧tʰ……tʂər˥tʂə˥yæ̃˨˩ɕiæ̃˥tɕiou˥sʅ˥tʂə˥kə˥ei˨,tʂʅ˥tʂuoŋ˥˨tɕiou˥˨sʅ˥˨luoŋ˨tʂuoŋ˥muo˧,luoŋ˨nie˥˨tʂuoŋ˥˨ɕyo˨muo˧.（噢。农中它当时上课是怎么上的？）黄：农中它还是上的是这个，一般它，它这个就说是这个，在……课程设置里头还是个高中部。高中部它最后有农业基础知识这一部分讲咧不这，和农业机械上，和职……这方面讲比较多就。知识的这个面向，倾向于农业方面的多一点。luoŋ˨tʂuoŋ˥tʰɑ˥xɑ˨˩sʅ˥ʂaŋ˥ti˧sʅ˥˨tʂə˥˨kə˥˨,i˥˩pæ̃˥tʰɑ˥˩,tʰɑ˥tʂə˥kə˥tsou˥ʂuo˥˨sʅ˥˨tʂə˥˨kə˥˨,tsæᴇ˥˨tʂʰ……kʰə˥tʂʰəŋ˨˩ʂə˥tʂʅ˥li˥˨tʰou˧xɑ˨˩sʅ˥kə˥kaɔ˥˩tʂuoŋ˥˨pu˥˨.kaɔ˥˩tʂuoŋ˥pu˥tʰɑ˥˩tsuei˥xou˥iou˥˩luoŋ˨nie˥˨tɕi˥˨tʂʰʮ˥˩tʂʅ˥ʂʅ˥˨tʂei˥i˥˩pu˥fəŋ˥tɕiaŋ˥lie˧pu˨˩tʂei˥,xuo˨˩luoŋ˨nie˥˨tɕi˥˨tɕie˥˦ʂaŋ˥,xuo˨˩tʂʅ˥˩……tʂə˥˦faŋ˥˨miæ̃˥˨tɕiaŋ˥pi˥˩tɕiaɔ˥tuo˥tɕiou˥˨.tʂʅ˥ʂʅ˥˨ti˧tʂə˥˨kə˥˨miæ̃˥ɕiaŋ˥˨,tɕʰyoŋ˥ɕiaŋ˥y˨˩luoŋ˨nie˥faŋ˥˨miæ̃˥ti˧tuo˥i˥˨tiæ̃˥˨.

2.（农中就是农业中学？）黄：噢，农业中学么。ɑɔ˨,luoŋ˨ie˥tʂuoŋ˥˨ɕyo˨muo˧.王：噢，农业中学。ɑɔ˨,luoŋ˨nie˥tʂuoŋ˥ɕye˨.

技校

（还有就是什么技校这种什么东西？）黄：哎有咧么。æᴇ˥iou˥˨lie˧muo˧.王：现在兀长庆兀是石油技校嘛。ɕiæ̃˥˨tsæᴇ˥˨væᴇ˥˨tʂʰaŋ˨˩tɕʰiŋ˥væᴇ˥˦ʂʅ˥˨ʂʅ˨˩iou˨˩tɕi˥ɕiaɔ˥˦ma˧.黄：呃长……那都是石油技校。那是定向生么。ə˨tʂʰaŋ˨˩zʅ……næᴇ˥˦tou˥˩ʂʅ˥ʂʅ˨˩iou˨˩tɕi˥˨ɕiaɔ˥˨.nə˥˦sʅ˥˨tiŋ˥ɕiaŋ˥səŋ˥muo˧.（它是中专吗？还是……）黄：中专。tʂuoŋ˥˩tʂuæ̃˥.王：中专。tʂuoŋ˥˩tʂuæ̃˥˩.黄：中专。tʂuoŋ˥˩tʂuæ̃˥.（就是也是初中还是高中上的？）黄：哎呀，马岭□还是升本，马岭□可是这个高中上咧。马岭石油技校□还是咧。æᴇ˨ia˧,ma˥liŋ˥niæ̃˨˩xa˨˩sʅ˥ʂəŋ˥˨pəŋ˥˩,ma˥liŋ˥niæ̃˨˩kʰə˥sʅ˥tʂə˥kə˥kaɔ˥˩tʂuoŋ˥ʂaŋ˥˨lie˧.ma˥liŋ˥ʂʅ˨˩iou˨˩tɕi˥ɕiaɔ˥niæ̃˨˩xa˨˩sʅ˥lie˧.王：嗯。嗯。哈。长庆是中……中……初中毕业就可以了。ŋ̍˨.ŋ̍˥.xa˥.tʂʰaŋ˨˩tɕʰiŋ˥˦sʅ˥tʂuoŋ˥˩……tʂuoŋ˥˨……tʂʰʮ˥tʂuoŋ˥˨pi˥˩nie˥tɕiou˥˨kʰə˥i˥˨lə˧.黄：啊。长庆的，长庆石油技校可是初中。马岭石油技校□可是……可现在可成咧……ɑ˨.tʂʰaŋ˨˩tɕʰiŋ˥˦ti˧,tʂʰaŋ˨˩tɕʰiŋ˥˦ʂʅ˨˩iou˨˩tɕi˥ɕiaɔ˥kʰə˥˨sʅ˥tʂʰʮ˥˩tʂuoŋ˥.ma˥liŋ˥ʂʅ˨˩iou˨˩tɕi˥ɕiaɔ˥niæ̃˨˩kʰə˥˨sʅ˥˨……kʰə˥˨ɕiæ̃˥tsæᴇ˥kʰə˥˨tʂʰəŋ˨˩lie˥……（原先有还有什么高……中等……）黄：那就和现在那

个……现在那个儿欸中专里头它分个欸一般中专和这个高职着咧么。nei˦tɕiou˦xuo˩˨ɕiæ̃˦ts æᴇ˦nə˦˨kə˦˨……ɕiæ̃˦tsæᴇ˦˥nə˦kər˦˨ei˨tʂuoŋ˥˨tʂuæ̃˥li˥˦tʰou˧tʰɑ˥˦fəŋ˥kə˦˨ei˨i˥˦pæ̃˥tʂuoŋ˥˦tʂuæ̃˥x uo˩˨tʂə˦˨kə˦˨kɑɔ˥tʂʅ˥tʂə˧lie˧muo˧.（噢。）黄：你上高职的话，必须是高中，参加成人高考以后毕了你才能上高职咧么。ni˥˨ʂɑŋ˦kɑɔ˥˦tʂʅ˥tə˧xuɑ˦˨,pi˥˦ɕy˥˨sɿ˦˨kɑɔ˥˦tʂuoŋ˥,tsʰæ̃˥˦tɕiɑ˥˨tʂʰ əŋ˩zəŋ˩˦kɑɔ˥˨kʰɑɔ˥i˥˦xou˦pi˥˨lə˧ni˥tsʰæᴇ˩˨nəŋ˩˨ʂɑŋ˦kɑɔ˥˦tʂʅ˥liem˧.

（还有一种什么叫农技校？）黄：有么。农技校么。iou˥muo˧.luoŋ˩˦tɕi˦ɕiɑɔ˦˨muo˧.（农技校和技校有区别吗？）黄：呃，兀……兀它，兀出来都是……都分配了么，农业技术学校哅。ə˦,vu˦˨……vei˦˥tʰɑ˥˨,vei˦˥tʂʰʯ˥læᴇ˩˨tou˥˨sɿ˦˨……tou˥˦fəŋ˥˨pʰei˦˥lə˧muo˧,luoŋ˩nie ˥˨tɕi˦ʂʯ˦ɕye˩˨ɕiɑɔ˦m̩˦.（噢，就是农业技术学校？）黄：噢，农业技术学校哅。ɑɔ˨,luoŋ˩ie˥ ˨tɕi˦ʂʯ˦ɕye˩˨ɕiɑɔ˦m̩˦.

夜校

（还有什么晚上上课的那个叫什么？）黄：那叫夜校哅。næᴇ˦tɕiɑɔ˦ie˦˥ɕiɑɔ˦m̩˧.（这儿也有吗？）黄：欸有嘛。ei˥iou˥˨mɑ˧.（它过去也……）黄：过去这个欸……扫盲识字班，夜校啊这都是。这是针……针对当时那个农村这个文化水平低的情况下，国家办的一些辅助教育设施哅。kuo˦tɕʰy˦tʂə˦kə˦ei˦s……sɑɔ˥mɑŋ˩sʅ˩tsɿ˦pæ̃˥,ie˦ɕiɑɔ˦ɑ˧tʂə˦˥tou˥˨sɿ˦˨. tʂə˦˥sɿ˦˥tʂəŋ˥˨……tʂəŋ˥˨tuei˦tɑŋ˥˨sɿ˩˦nə˦kə˦luoŋ˩tsʰuoŋ˥tʂə˦˨kə˦˨vəŋ˩xuɑ˦ʂuei˥pʰiŋ˩˨ti˥ti˧tɕʰ iŋ˩˦kʰuɑŋ˦ɕiɑ˦,kuo˥tɕiɑ˥˨pæ̃˦ti˧i˥˨ɕie˥˨fu˥tʂʯ˦˥tɕiɑɔ˦˨y˦˨ʂə˥sɿ˥˨m̩˧.（噢。）黄：这都是业余的呀。tʂə˦˥tou˥˨sɿ˦˨nie˥˨y˩˨ti˧iɑ˧.（叫扫盲班还是叫扫……扫盲什么？）黄：扫盲班嘛。sɑɔ˥mɑŋ˩pæ̃˥mɑ˧.（扫盲班？）嗯。也……也叫文盲夜校么，也叫欸。嗯。ə̃˨.ie˥˦……ie˥tɕiɑɔ˦vəŋ˩mɑŋ˩˦ie˦ɕiɑɔ˦muo˧,ie˥˦tɕiɑɔ˦ei˦.ŋ̍˨.

师范类院校

黄：这个学校里头它分了一个是师范类院校和非师范类院校。tʂə˦kə˦ɕye˩˨ɕiɑɔ˦˥li˥tʰo u˧tʰɑ˥˨fəŋ˥lə˧i˥˦kə˦sɿ˦sɿ˥˨fæ̃˦˥luei˦yæ̃˦ɕiɑɔ˦xuo˩˨fei˥sɿ˥˨fæ̃˦˥luei˦˨yæ̃˦˨ɕiɑɔ˦˨.（噢。）啊。你是……出来从事，你从事职业只是从事教育行业的职业里的，这些学校毕业，它是定向培养这些都是为师范类院校。ɑ˨.ni˥˨sɿ˦……tʂʰʯ˥læᴇ˩˨tsʰuoŋ˩sɿ˦,ni˥tsʰuoŋ˩sɿ˦tʂʅ˥ie˥˨tsɿ˥˨sɿ˦tsʰu oŋ˩sɿ˦tɕiɑɔ˦y˦xɑŋ˩nie˥ti˧tʂʅ˥nie˥˨li˥˨tə˧,tʂei˦˥ɕie˥˨ɕye˩˨ɕiɑɔ˦pi˥˦nie˥˦,tʰɑ˥˨sɿ˦˨tiŋ˦ɕiɑŋ˦pʰei˩˨ɕiɑ ŋ˥（←iɑŋ˥）tʂə˦˨ɕie˥tou˥˦sɿ˦˥vei˩˦sɿ˥˨fæ̃˦˥luei˦yæ̃˦ɕiɑɔ˦.（这是国家包分配的？）啊，这些包，这是前几年都包分配的。但是今年□也有个，国家有个，师范类院校的。那是国家重点师范类院校的，全免费的那个，啊。ɑ˨,tʂə˦˥ɕie˥˨pɑɔ˥,tʂə˦˨sɿ˦˨tɕʰiæ̃˩tɕi˥˨niæ̃˩tou˥˨pɑɔ˥fəŋ˥˨ pʰei˦˥ti˧.tæ̃˦sɿ˦tɕiŋ˥˨niæ̃˩niæ̃˩˨ie˥˦iou˥kə˦˨,kuo˥tɕiɑ˥˨iou˥˨kə˦˨,sɿ˥˨fæ̃˦˥luei˦yæ̃˦ɕiɑɔ˦ti˧.nə˦˨sɿ˦˨k uo˥tɕiɑ˥˨tʂuoŋ˦˥tiæ̃˥˨sɿ˥˨fæ̃˦˥luei˦yæ̃˦ɕiɑɔ˦ti˧,tɕʰyæ̃˩miæ̃˥˦fei˦˥ti˧nə˦˨kə˦˨,ɑ˨.

中师

（这个上了这个有的叫中师啊，就是什么师范学校，你们叫什么？不是那个师范大学，还是是那……）黄：中师毕业。tʂuoŋ˥sɿ˥˨pi˥˦nie˥˨.（中师？）黄：啊，中师毕业。ɑ˨,tʂuoŋ˥˦sɿ˥˦pi˥˨nie˥˨.（你是叫师范还叫中师？）黄：多一半都叫属于中师毕业的。tuo˥i˥˨pæ̃˦tou˥˨tɕiɑɔ˦ʂʯ˥y˩˨tʂuoŋ˥˦sɿ˥pi˥˨nie˥˨ti˧.（叫中师，不叫师范？）黄：嗯，嗯。ŋ̍˨,ŋ̍˨.（你们这个庆阳地区有什么有叫什么中师的没有？）黄：宁县欸宁县师范么。niŋ˩ɕiæ̃˦ei ˨niŋ˩ɕiæ̃˦sɿ˥˨fæ̃˦muo˧.（宁县师范？）黄：噢，庆阳师范么。这两个是个……这都是中师哅。ɑɔ˨,tɕʰiŋ˦iɑŋ˩˨sɿ˥˨fæ̃˦muo˧.tʂə˦˨liɑŋ˥kə˦˨sɿ˦kə˦……tʂə˦˥tou˥˨sɿ˦˨tʂuoŋ˥sɿ˥˨m̩˨.王：这就是中师姆。tʂə˦˥tɕiou˦˨sɿ˦˨tʂuoŋ˥˧sɿ˥˨m̩˨.（出来以后当小学老师的？）黄：当小学老师的么。tɑŋ˥˨ɕiɑɔ˥˧ɕyo˨˧lɑɔ˥˧sɿ˥˨tim˧.

师专

（还有一种出来以后当初中老师的，像那个什么……）黄：那都是……nei˦tou˥˨sɿ˦……（老冯那样儿的，那……那叫……）噢，那那……那他是庆阳师专毕业的。ɑɔ˨,nei˦˥nei……nei˦tʰɑ˥˧sɿ˦tɕʰiŋ˦iɑŋ˨˦sɿ˥˨tʂuæ̃˥˧pi˥˨nie˥˨ti˧.（师专？）噢，师专毕业的。ɑɔ˨,sɿ˥˧tʂuæ̃˥˧pi˥˨nie˥˨ti˧.

师院

（还有叫什么师……师范学院的，有没有？）黄：现在那这个，现在这个，欸，有咧么。师范学院么。现在，过去的庆阳师专，现在都改成为，改为陇东学院了么。ɕiæ̃˦tsæᴇ˦nei˦˨tʂə˦˨kə˦˨,ɕiæ̃˦tsæᴇ˦tʂə˦kə˦,ei˨,iou˥˧lie˧muo˧.sɿ˥˨fæ̃˦ɕyo˨˦yæ̃˦muo˧.ɕiæ̃˦tsæᴇ˦,kuo˦tɕʰy˦ti˧tɕʰiŋ˦iɑŋ˨˧sɿ˥˧tʂuæ̃˥˧,ɕiæ̃˦tsæᴇ˦tou˥˧kæᴇ˥˧tʂʰəŋ˨˦vei˨˧,kæᴇ˥˧vei˨˧luoŋ˥˧tuoŋ˥˨ɕye˨˦yæ̃˦˥ləm˧.（噢。哎，过去比如说这个西北师……是有叫师范……师范……）西北师院么。ɕi˥˧pei˥˨sɿ˥˨yæ̃˦˥muo˧.（师院？）师院么啊。sɿ˥˨yæ̃˦˥muo˧ɑ˨.（师院。）师院兀□都是大专班么你。都是三年学制的么。sɿ˦˨yæ̃˦vei˦˥niæ̃˨˦tou˥˨sɿ˦˨tɑ˦˥tʂuæ̃˥˨pæ̃˥˧muo˧ni˥˨.tou˥˨sɿ˦sæ̃˥˧niæ̃˨˦ɕyo˨˧tʂʅ˦tim˧.

高师

（还有种叫高师，这是什么东西？你们这个了解不了解？）黄：高师是哪个吵？kɑɔ˥˧sɿ˥˧sɿ˦˨nɑ˥˧kə˦˨sɑ˧?王：那就是高职吧？nə˦tɕiou˦sɿ˦kɑɔ˥˥tʂʅ˥˧pɑ˧?黄：欸可不是的。ei˦kʰə˥˨pu˨˦sɿ˦ti˧.

进修学校

（还有一种就是说，县里头有没有什么进修学校啊？中学的……）黄：有咧么。那县上欸叫，县上没有得，地区，市上有一个儿，教师进修学校，欸，多咧么。iou˥˧lie˧muo˧.nei˦˨ɕiæ̃˦˥ʂɑŋ˦˨ei˨tɕiɑɔ˦,ɕiæ̃˦˥ʂɑŋ˦˨mei˨˧iou˥˧tei˥˨,ti˦˥tɕʰy˥˨,sɿ˦ʂɑŋ˦˨iou˥˧i˥˨kər˦˥,tɕiɑɔ˦sɿ˥˧tɕiŋ˦ɕiou˥˨ɕye˨˦ɕiɑɔ˦,ei˦,tuo˥˨liem˧.（叫……叫进修学校还是叫什么东西？）进修学校么。tɕiŋ˦ɕiou˥˨ɕye˨˦ɕiɑɔ˦muo˧.（进修学校？）嗯。那是定向生咧。教师……教师进……进修学校姆。ŋ̍˨.nə˦sɿ˦˨tiŋ˦ɕiɑŋ˦səŋ˥˧lie˧.tɕiɑɔ˦sɿ˥˨……tɕiɑɔ˦sɿ˥˨tɕi……tɕiŋ˦˥ɕiou˥˨ɕye˨˦ɕiɑɔ˦m̩˧.

简易师范

（那，还有一种很简……简易师范，过去听过没有？）黄：简易师范怕就是那读书班儿。弄啥子？tɕiæ̃˥˧i˦˥sɿ˥˨fæ̃˦pʰɑ˦tɕiou˦sɿ˦nə˦tu˨˦ʂʮ˥˨pæ̃r˥˧.nuoŋ˦sɑ˦tsɿ˧?（嗯，没有是吧？）王：简易学校没有。简易师范没有。tɕiæ̃˥˧i˦˥ɕye˨˦ɕiɑɔ˦mei˩˦iou˥˨.tɕiæ̃˥˧i˦˥sɿ˥˨fæ̃˦˥mei˩˦iou˥˨.

初师

（中师是那个，还有一……有种初师有没有？你比如，小学你念几年，出来还是教那个低级小学的。教一二三年级。）黄：咱们是……都是中师毕业啊？tsɑ˩˦məŋ˧sɿ˦……tou˥˨˦sɿ˦tʂuoŋ˥˨sɿ˥˧pi˥˨nie˥˨ɑ˧?王：嗯，中师兀就是宁县师范是不是中师？ŋ̍˨,tʂuoŋ˥˧sɿ˥˧væᴇ˦tɕiou˦sɿ˦niŋ˨˦ɕiæ̃˦sɿ˥˨fæ̃˦sɿ˦˨pu˨˦sɿ˦˨tʂuoŋ˥˨sɿ˥˧?黄：呃，中师么。宁县师范是中师。庆阳师范是，就是西峰兀个师范□是这个，□初师咧。ə˦,tʂuoŋ˥˨sɿ˥˧muo˧.niŋ˩˦ɕiæ̃˦sɿ˥˨fæ̃˦sɿ˦˨tʂuoŋ˥˧sɿ˥˨.tɕʰiŋ˦iɑŋ˨˦sɿ˥˨fæ̃˦sɿ˦˨,tsou˦˨sɿ˦˨ɕi˥˨fəŋ˨˧vu˦˥kə˦˨sɿ˥˨fæ̃˦niæ̃˨˦sɿ˦˨tʂə˦˨kə˦˨,niæ̃˨˦tʂʰʮ˥˧sɿ˥˨lie˧.（它怎么，初师是什么呢？）黄：它都低一等着咧。

tʰɑ˥˩tou˥˩ti˧˥i˥˩təŋ˧˥tʂə·llie·l.（也有初师这种说法？）黄：也有这个说法咧。初级师范学校。ie˧˥iou˧˥tʂə˦˩kə˦˩ʂuo˧˥fɑ˥˩lie·l.tʂʰɥ˧˥tɕi˥˩sɿ˥˩fæ̃˦ɕye˨˩ɕiɑɔ˦.

幼师

（还有的是这个在那个中专念了书以后，到幼儿园去当老师的，那叫什么？）黄：那叫幼师么。它是……这是里头它是幼儿师范教育。它学的是幼儿师范教育。nei˦tɕiɑɔ˦iou˦˥sɿ˧˥muo·l.tʰɑ˧˥sɿ˦˩i……tʂə˦kə˦li˧˥tʰou·ltʰɑ˧˥sɿ˦iou˦˥ər˨˩sɿ˥˩fæ̃˦˥tɕiɑɔ˦y˦.tʰɑ˧˥ɕye˨˩ti·lsɿ˦˩iou˦˥ər˨˩sɿ˥˩fæ̃˦˥tɕiɑɔ˦y˦.

耕读学校

（还有的学校是这种这个上半天课，其他时间就自由活动。）黄：半耕半读嘛。pæ̃˦˥kəŋ˥˩pæ̃˦˥tu˨ma·l.（叫……你叫是耕读还是叫什么？）黄：耕读学校嘛。kəŋ˥˩tu˨ɕye˨˩ɕiɑɔ˦˥ma·l.（你们这儿有……过去有没有？）黄：啊，耕读学校咋瘩有耕读学校了是你看？有了好像。æ˩,kəŋ˥˩tu˨ɕye˨˩ɕiɑɔ˦tsɑ˥˩tɑ˧˥iou˥˩kəŋ˥˩tu˨ɕye˨˩ɕiɑɔ˦lə·lsɿ˦ni˧˥kʰæ̃˦?iou˥˩lə·lxɑɔ˧˥ɕiɑŋ˦˩.王：耕读学校咱们这儿没有。外面有。kəŋ˥˩tu˨ɕye˨˩ɕiɑɔ˦tsɑ˨məŋ·ltʂər˦˩mei˨˩iou˥˩.væᴇ˦˥miæ̃˦˩iou˥˩.黄：就是外头有咧。tɕiou˦sɿ˦væᴇ˦tʰou·liou˥˩lie·l.

工业学校

（有没有什么工读学校这种说法？）黄：那□是工业学校的啊。nei˦niæ̃˨˩sɿ˦kuoŋ˧˥nie˧˩ɕye˨˩ɕiɑɔ˦ti·læ·l.（工业学校？）噢，工业学校。那□就是，一半儿欸上课，一半儿做工着咧么。工读学校。ɑɔ˩,kuoŋ˧˥ie˥˩ɕye˨˩ɕiɑɔ˦.næᴇ˦niæ̃˨˩tsou˦sɿ˦,i˥˩pæ̃r˦ei˩ʂɑŋ˦kʰuo˦,i˥˩pæ̃r˦tsuo˦˩kuoŋ˧˥tʂə·lliem·l.kuoŋ˥˩tu˨˩ɕye˨˩ɕiɑɔ˦.

体校

1.（还有这个专门培养这个体育尖子的这个……）黄：体校么□。tʰi˧˥ɕiɑɔ˦˥muo·lniæ̃˨˩.（体校？）哎，庆阳地区，西峰市怎么……庆阳体校呣。æᴇ˧˥,tɕʰiŋ˦˥iɑŋ˨˩ti˦˩tɕʰy˥˩,ɕi˥˩fəŋ˨sɿ˦tsəŋ˥˩m̩·l……tɕʰiŋ˦iɑŋ˨˩tʰi˧˥ɕiɑɔ˦m̩·l.（这体校有的……有的是中专考上去的。）有的中专考上去的。根据体育成绩录取的。iou˧˥ti·ltʂuoŋ˧˥tʂuæ̃˥˩kʰɑɔ˧˥ʂɑŋ˦tɕʰi˦˩ti·l.kəŋ˥˩tɕy˦tʰi˧˥y˦tʂʰəŋ˨tɕi˧˥lu˥˩tɕʰy˧˥ti·l.

2.（有没有什么业余体校这种说法？）黄：有嘛。业余体校嘛。地区也有业余体校咧。iou˧˥ma·l.nie˧˥y˨˦tʰi˧˥ɕiɑɔ˦˩ma·l.ti˦˥tɕʰy˧˥ie˧˥iou˧˥nie˥˩y˨˩tʰi˧˥ɕiɑɔ˦˩lie·l.

（二）教学

念书的

（这个人呐在家里读书的那个人叫什么？是念书的还是读书的这是个？）黄：在家里边啊？tsæᴇ˦˩tɕiɑ˧˥li˧˥piæ̃˥˩ɑ·l?（反正就是，也不在家，也在学校。这是个什么人呢？）黄：读书的。tu˨˩ʂɥ˧˥ti·l.（读书的还是念书的？）黄：念书的，也叫读……niæ̃˦ʂɥ˧˥ti·l,ie˧˥tɕiɑɔ˦tu˨……王：念书的。嗯，念书的。niæ̃˦ʂɥ˧˥ti·l.ŋ̍˩,niæ̃˦ʂɥ˧˥ti·l.王：念书的。niæ̃˦˥ʂɥ˧˥ti·l.

识文子

（这个人有点儿文化。相对于文盲来说，它是个什么人？）黄：识……这是……ʂʅ……tʂə˥˦sɿ˥……（识字的还是……）王：识字的。ʂʅ˥˧꜖tsɿ˥˦ti·˧.黄：噢，农村人就把这个叫兀是兀还识……他是个识字人咧。识字人，或者是个识字的。不是文盲。ɑɔ꜖,luoŋ˨˦꜖tsʰuoŋ˥˧zəŋ˨˦tɕiou˥pɑ˥˧꜖tʂə˥kə˥tɕiɑɔ˥væᴇ˥˦sɿ˥væᴇ˥˦xɑ˨˦꜖ʂʅ……tʰɑ˥˧sɿ˥꜖kə˥꜖ʂʅ˨˦꜖tsɿ˥zəŋ˨˦꜖lie·˧.ʂʅ˥˧꜖tsɿ˥zəŋ˨˦꜖,xuei˨˦꜔tʂə˥˧꜖sɿ˥꜖kə˥꜖ʂʅ˥˧꜖tsɿ˥ti·˧.pu˨˦꜖sɿ˥꜖vəŋ˨˦mɑŋ˨˦꜔.（有没有叫什么识文家子这种说法？）王：有的叫识文子。iou˥˧ti·˧tɕiɑɔ˥ʂʅ˥˧vəŋ˨˦꜖tsɿ·˧.黄：又叫识文子咧么。iou˥tɕiɑɔ˥ʂʅ˥˧vəŋ˨˦꜖tsɿ·˧liem·˧.王：识文子。ʂʅ˥˧vəŋ˨˦꜖tsɿ·˧.黄：识文子的话，那□就是你……识文子你最起码要初中以上……初中毕业以后才能叫你个识文子。ʂʅ˥˧vəŋ˨˦꜖tsɿ·˧ti·˧xuɑ˥꜖,næᴇ˥niæ̃˨˦꜖tsou˥꜖sɿ˥꜖ni˥˧ɕi……ʂʅ˥˧vəŋ˨˦꜖tsɿ·˧ni˥˧꜔tsuei˥˦tɕʰi˥˧꜔mɑ˥˧꜔iɑɔ˥tʂʰʮ˥˧tʂuoŋ˥˧꜖i˥˧꜖ʂ……tʂʰʮ˥˧tʂuoŋ˥˧꜖pi˥˧˦nie˥˧꜖i˥˧꜖xou˥˦tsʰæᴇ˨˦꜖nəŋ˨˦꜖tɕiɑɔ˥ni˥˧꜔kə˥ʂʅ˥˧vəŋ˨˦꜖tsɿ·˧.（也算个秀才了？）黄：啊，算个秀才，小秀才了你是个。ɑ˥,suæ̃˥kə˥ɕiou˥˦tsʰæᴇ˨˦꜖,ɕiɑɔ˥˧꜔ɕiou˥˦tsʰæᴇ˨˦꜖lə·˧ni˥˧sɿ˥꜖kə˥꜖.

睁眼瞎子

1.（那不识字的那个文盲叫什么？）黄：睁眼瞎瞎。tsəŋ˥˧꜖niæ̃˥˧˦ɕiɑ˥˧ɕiɑ˥˧꜖.王：睁眼瞎子哞。tsəŋ˥˧꜖niæ̃˥˧꜔xɑ˥˧tsɿ·˧m̩·˧.黄：睁眼瞎子。tsəŋ˥˧꜖niæ̃˥˧꜔xɑ˥˧tsɿ·˧.（是叫睁眼瞎子的多还是睁眼瞎瞎的多？）黄：呃，睁眼瞎子。ə˙˥,tsəŋ˥˧꜖niæ̃˥˧꜔ɕiɑ˥˧tsɿ·˧.王：睁眼瞎子。tsəŋ˥˧꜖niæ̃˥˧꜔ɕiɑ˥˧tsɿ·˧.（你们是叫xɑ˥˧tsɿ·˧还是ɕiɑ˥˧tsɿ·˧啊？）黄：瞎子。瞎子么。ɕiɑ˥˧tsɿ·˧.ɕiɑ˥˧tsɿ·˧muo·˧.王：我们那把这叫瞎子咧。ŋuo˥˧məŋ·˧næᴇ˥pɑ˥˧꜖tʂə˥꜖tɕiɑɔ˥xɑ˥˧tsɿ·˧lie·˧.黄：瞎子哞。xɑ˥˧tsɿ·˧m̩·˧.王：睁眼瞎子咧。tsəŋ˥˧꜖niæ̃˥˧꜔xɑ˥˧tsɿ·˧lie·˧.（也也也说文盲吧？）王：也说文盲。ie˥˧꜔ʂuo˥˧vəŋ˨˦maŋ˨˦꜖.黄：也说文盲咧。ie˥˧꜔ʂuo˥˧vəŋ˨˦maŋ˨˦꜖lie·˧.

2. 黄：现在只……这儿这就形容那些人，不识字儿的人，斗大的一字都不认得一斗么。ɕiæ̃˥꜖tsæᴇ˥˦tsɿ˥˧꜖……tʂər˥˦tʂə˥tsou˥ɕiŋ˨˦yoŋ˨˦꜔nei˥ɕie˥˧꜔zəŋ˨˦,pu˨˦꜖ʂʅ˥˧꜖tsər˥ti·˧zəŋ˨˦,tou˥˧tɑ˥ti·˧i˥˧tsɿ˥꜖tou˥˧꜖pu˨˦꜖zəŋ˥tei˥˧꜔i˥˧꜖tou˥˧muo·˧.

半文盲

（他有的不是说，这个什么字儿都不认识。有的他自己的名字也会也认识，表也会看，日历也会看。其他都不懂。这个叫什么？）王：那你有些人你一说下了，你看他，他打……打手机弄啥他都会，你问他，他说我，我不识字。næᴇ˥ni˥˧꜔iou˥˧ɕie˥˧꜖zəŋ˨˦ni˥˧꜔i˥˧꜖ʂuo˥˧xɑ˥꜖lə·˧,ni˥˧꜔kʰæ̃˥tʰɑ˥˧꜔,tʰɑ˥˧꜔t……tɑ˥˧꜔ʂou˥˧tɕi˥˧꜖nuoŋ˥sɑ˥tʰɑ˥˧꜖tou˥˧꜖xuei˥,ni˥˧vəŋ˥˦tʰɑ˥˧꜖,tʰɑ˥˧꜖ʂuo˥˧꜖ŋuo˥˧,ŋuo˥˧pu˨˦꜖ʂʅ˥˧꜖tsɿ˥.（有的就是念了两年……两天扫盲班，这样的人就也不是识字的人。）黄：也不叫是他识字的。ie˥˧pu˨˦꜖tɕiɑɔ˥ʂʅ˥tʰɑ˥˧꜔ʂʅ˥˧꜖tsɿ˥ti·˧.（文盲……叫半文盲。半文盲你们叫什么呢？）黄：也就有，有半文盲一说。ie˥˧꜖tɕiou˥꜖iou˥˧,iou˥˧pæ̃˥vəŋ˨˦꜖maŋ˨˦꜖i˥˧꜖ʂuo˥˧꜖.王：半文盲就是上了那么一二年级。pæ̃˥˦vəŋ˨˦꜖maŋ˨˦꜔tɕiou˥꜖sɿ˥꜖ʂaŋ˥lə·˧nə˥꜖muo·˧i˥˧꜖ər˥niæ̃˨˦꜖tɕi˥˧꜖.黄：上了个一二年级。ʂaŋ˥lə·˧kə˥i˥˧꜖ər˥˦niæ̃˨˦꜖tɕi˥˧꜖.王：二三年级。ər˥˦sæ̃˥˧꜖niæ̃˨˦tɕi˥˧꜖.黄：最多上个三年级，就是那个半文盲。tsuei˥˦tuo˥˧꜖ʂaŋ˥kə˥sæ̃˥˧niæ̃˨˦꜖tɕi˥˧꜖,tɕiou˥꜖sɿ˥꜖nə˥kə˥pæ̃˥vəŋ˨˦꜖maŋ˨˦꜖.王：是叫半文盲。sɿ˥tɕiɑɔ˥pæ̃˥vəŋ˨˦꜖maŋ˨˦꜖.（半文盲？）黄：现在的这个半文盲么……ɕiæ̃˥tsæᴇ˥˦ti·˧tʂə˥kə˥pæ̃˥vəŋ˨˦꜖maŋ˨˦꜖muo·˧……（没说什么半睁眼瞎的这种说法吗？）黄&王：没有。muo˥˧꜖iou˥˧꜖.黄：现在这我看，现在咱们都是半文盲了。ɕiæ̃˥tsæᴇ˥tʂei˥ŋuo˥˧kʰæ̃˥꜖,ɕiæ̃˥tsæᴇ˥tsɑ˨˦məŋ·˧tou˥˧꜖sɿ˥꜖pæ̃˥vəŋ˨˦꜖maŋ˨˦꜖lə·˧.王：噢，按现在这个要求就是。咱们现在在骂时候咧，把你叫科盲咧是。ɑɔ˥,næ̃˥ɕiæ̃˥tsæ̃˥tʂə˥꜖kə˥꜖iɑɔ˥˧꜖tɕʰiou˨˦꜖tɕiou˥꜖sɿ˥꜖.tsɑ˨˦məŋ·˧ɕiæ̃˥tsæᴇ˥tsæᴇ˥mɑ˥sɿ˨˦꜔xou˥lie·˧,pɑ˥˧꜖ni˥˧tɕiɑɔ˥kʰuo˥˧꜖maŋ˨˦lie·˧sɿ˥꜖.

上学

（这个这该……该……这七岁了，该送他去上学了，你是说上学还是读书？）黄：那就是开始上学了已经就。nei˥˩tɕiou˥˩sɿ˥˩kʰæᴇ˥˩sɿ˥ʂaŋ˥ɕyo˩˧lə˨li˥tɕiŋ˥tɕiou˥.（没有说什么读书的这种说法？）王：没有。明年就是开始上学。mei˩˧iou˥˩.miŋ˩˧niæ̃˩˧tɕiou˥˩ʂɿ˥˩kʰæᴇ˥˩sɿ˥ʂaŋ˥ɕyo˩˧.黄：没有。这就叫上学咧。mei˩˧iou˥˩.tʂei˥tɕiou˥tɕiao˥ʂaŋ˥ɕyo˩˧lie˨.

辍学

（欸，有没有下学的这种这种说法？）黄：没有，咱们这儿这没有。ma˥˩iou˥,tsa˩˧mən˥tʂər˥tʂə˥˩mei˩˧iou˥˩.王：这儿就叫辍学，不叫下学。tʂər˥tɕiou˥tɕiao˥tʂʰuo˥ɕye˩˧,pu˩˧tɕiao˥ɕia˥ɕye˩˧.黄：那是不念了。那指不念了。nei˥sɿ˥˩pu˩˧niæ̃˥˩lə˨.nei˥tsɿ˥˩pu˩˧niæ̃˥˩lə˨.王：不念了就叫辍学了么。pu˩˧niæ̃˥˩lə˨tɕiou˥tɕiao˥tʂʰuo˥ɕye˩˧ləm˨.黄：叫辍学了。tɕiao˥tʂʰuo˥˩ɕye˩˧lə˨.（辍学那是很……老，老的说法还是新的说法？）王：辍学叫新的说法。tʂʰuo˥ɕyo˩˧tɕiao˥ɕiŋ˥ti˨ʂuo˥˩fa˥˩.黄：新说法，嗯。ɕiŋ˥ʂuo˥˩fa˥˩,ŋ̍˥.（欸，老的说法这个意思叫什么呢？）王：老的说法就叫……lao˥ti˨ʂuo˥fa˥˩tɕiou˥tɕiao˥……黄：不念了，或者是退学了。pu˩˧niæ̃˥˩lə˨,xuei˩˧tʂə˥˩sɿ˥tʰuei˥ɕyo˩˧lə˨.王：不念了么，或者是逃学了么。pu˩˧niæ̃˥˩lə˨muo˨,xuo˩˧tʂə˥sɿ˥tʰao˩˧ɕyo˩˧ləm˨.黄：逃学咧反正是。tʰao˩˧ɕyo˩˧lie˨fæ̃˥˩tʂəŋ˥˩sɿ˥˩.（啊，也有逃学？）王&黄：嗯。ŋ̍˥˩.（退学有没有？）黄：有咧嘛。有这个，有这个说法。iou˥lie˨ma˨.iou˥tʂə˥kə˥,iou˥tʂə˥˩kə˥˩ʂuo˥fa˥˩.王：退学有哩。tʰuei˥ɕyo˩˧iou˥li˨.（这个，一个学生……）王：家庭困难，上不起了就退学了，或者系娃娃学习真……不好，赶不上，也退学咧。tɕia˥tʰiŋ˩˧kʰuoŋ˥næ̃˥,ʂaŋ˥pu˩˧tɕʰi˥lə˨tɕiou˥˩tʰuei˥ɕye˩˧lə˨,xuo˩˧tʂə˥ɕi˥˩va˩˧va˩˧ɕyo˩˧ɕi˩˧tʂəŋ˥˩……pu˩˧xao˥,kæ̃˥pu˩˧ʂaŋ˥,ie˥tʰuei˥ɕyo˩˧lie˨.（有的这个学生啊身体不好，这读了五年级……）黄：病退了么。piŋ˥tʰuei˥ləm˨.（这不是，他到时候还接着念呢！）黄：再是休学嘛。tsæᴇ˥sɿ˥ɕiou˥˩ɕyo˩˧ma˨.王：那叫休学嘛。休学。nei˥tɕiao˥ɕiou˥˩ɕyo˩˧ma˨.ɕiou˥ɕye˩˧.

念书

（你们读书是叫读书还是叫念书？）王：叫念书。tɕiao˥˩niæ̃˥ʂʮ˥˩.黄：念书咧。niæ̃˥ʂʮ˥lie˨.（呃，你该念书了！）黄：嗯，你该念书咧都。ə̃˥˩,ni˥kæᴇ˥˩niæ̃˥ʂʮ˥lie˨tou˥.（念书还有一种别的意思吧？[端起书本]我这个是不叫……呃，这样叫……叫不叫念书？）黄：那也叫念书。nei˥˩æ˥tɕiao˥niæ̃˥ʂʮ˥.（还是叫读书，这样？）黄：念书咧。niæ̃˥ʂʮ˥lie˨.王：念书。niæ̃˥ʂʮ˥˩.（都叫念书？）黄&王：嗯。ŋ̍˥˩.（噢，就说我去到学校读书也叫念书？）黄：嗯。ŋ̍˥.（我在家里这个拿着课本儿这么这么看，也叫……也叫念书？）王：念书。niæ̃˥ʂʮ˥˩.黄：也叫念书嘛。ie˥tɕiao˥niæ̃˥ʂʮ˥ma˨.

上课

（八点钟学校正式那叫……那叫什么？正式的那是……）黄：晚上？væ̃˥ʂaŋ˥˩?（不。早上。）王：不是八点咧就上课吗？pu˩˧sɿ˥˩pa˥˩tiæ̃˥lie˨tɕiou˥ʂaŋ˥kʰə˥ma˨?

学杂费

（这个过去你们就说要交……念书要不要交学费这个？）王：交咧。tɕiao˥lie˨.黄：交咧么。学费么。tɕiao˥liem˨.ɕyo˩˧fei˥muo˨.（你们念书的时候当时是交多少钱？）黄：五毛钱。vu˥maо˩˧tɕʰiæ̃˩˧.王：我们念书那时候是交一块半钱。ŋuo˥mən˨niæ̃˥ʂʮ˥nə˥sɿ˩˧xou˥˩sɿ˥˩tɕiao˥˩i˥˩kʰuæᴇ˥pæ̃˥˩tɕʰiæ̃˩˧.黄：一块半的，五毛的。i˥˩kʰuæᴇ˥pæ̃˥ti˨,vu˥mao˩˧ti˨.

王：啊，小……ɑɭ,ɕiɑɔ˥……黄：碎的交五毛嘛。suei꜒tiꜗtɕiɑɔ˥˩vu˥mɑɔ˩mɑ꜒.王：小学那时候是开始交五毛。ɕiɑɔ˥ɕye˩nei꜒sʅ˩xou˧sʅ˧kʰæᴇ˥˩sʅ˥tɕiɑɔ˥˩vu˥mɑɔ˩˩.黄：小……小学五毛，最后咱们初中高中生一块半钱。ɕi……ɕiɑɔ˥ɕye˩vu˥mɑɔ˩,tsuei˧xou˧tʂɑ˩mən˧tʂʰʮ˥ tʂuon˥kɑɔ˥tʂuon˥sən˥i˥kʰuæᴇ˥pæ̃˧tɕʰiæ̃˩.王：一块半钱。i˥kʰuæᴇ˥pæ̃˧tɕʰiæ̃˩.（噢，那，这个，就是学费吧？）黄：就是学费。学生……tɕiou˧sʅ˧ɕyo˩fei˧.ɕyo˩sən˥……王：就是学费么。tɕiou˧sʅ˧ɕyo˩fei˧muoꜗ.（那课本这些东西呢？）王：课本儿那不叫你掏钱。kʰə˧pə̃r˥nə˧pu˩tɕiɑɔ˧ni˥tʰɑɔ˥tɕʰiæ̃˩.黄：那不交。nə˧pu˩tɕiɑɔ˥.（那叫什么呢？）黄：不掏钱，我们那会儿不掏钱。现……pu˩tʰɑɔ˥tɕʰiæ̃˩,ŋuo˥mənꜗnei˧xuər˧pu˩tʰɑɔ˥tɕʰiæ̃˩.ɕiæ̃˧……王：那个时候是上面拨。nei˧kə˧sʅ˩xou˧sʅ˧ʂɑŋ˧miæ̃˧puo˥.黄：现……最……最后这个现在这个解决书本儿费么。ɕi……ts……tsuei˧xou˧tʂə˧kə˧ ɕiæ̃˧tsæᴇ˧tʂə˧kə˧tɕie˥tɕyo˥ʂʮ˥pə̃r˥fei˧muoꜗ.（有没有什么杂费这些东西？班……）黄：有嘛。iou˥mɑꜗ.王：有学杂费咧么。iou˥ɕyo˩tsɑ˩fei˧liemꜗ.黄：有学杂费咧么。iou˥ɕyo˩tsɑ˩fei˧lieꜗmuoꜗ.（还有什么班费这种东西有吗？）王：有。班费有。iou˥.pæ̃˥fei˧iou˥.黄：有嘛。班里是指一指……班费是指一个班级一个班级收取这个钱。iou˥mɑꜗ.pæ̃˥li˥sʅ˧tsʅ˥i˥tsʅ˥……pæ̃˥fei˧sʅ˧tsʅ˥i˥kə˧pæ̃˥tɕi˥i˥kə˧pæ̃˥tɕi˥ʂou˥tɕʰy˥tʂə˧kə˧tɕʰiæ̃˩.（噢。）王：学杂费学校收去了。ɕyo˩tsɑ˩fei˧ɕyo˩ɕiɑɔ˧ʂou˥tɕʰi˧ləꜗ.黄：嗯。ŋ̍˩.王：还有个勤工俭学费么。xæᴇ˩iou˥kə˧tɕʰiŋ˩kuoŋ˥tɕiæ̃˥ɕyo˩fei˧muoꜗ.

前排后排

（头上第一排叫什么？）黄：也叫……叫前排，啊？ie˥tɕiɑɔ˧……tɕʰiɑɔ˧tɕʰiæ̃˩pʰæᴇ˩,ɑɭ?王：前排。tɕʰiæ̃˩pʰæᴇ˩.（那后排是指什么？）黄：最后后头，那一个排桌。tsuei˧xou˧xou˧tʰouꜗ,nei˧i˥kə˧pʰæᴇ˩tʂuo˥.王：最后后儿那排。tsuei˧xou˧xour˧nei˧pʰæᴇ˩.（呃，最后一排说不说？）黄：说咧。这个可说咧。最后一排是咧。ʂuo˥lieꜗ.tʂə˧kə˧kʰə˥ʂuo˥lieꜗ.tsuei˧xou˧i˥pʰæᴇ˩sʅ˧lieꜗ.（那个呢，第一排怎么说？叫一排还是第一排？）王&黄：第一排。ti˧i˥pʰæᴇ˩.

木黑板

（那过去……现在黑板都是镶在墙上，还有的过去是挂一个木头的。）王：挂一个木牌。kuɑ˧i˥kə˧mu˥pʰæᴇ˩.黄：木……木黑板么。mu˥……mu˥xei˥pæ̃˥muoꜗ.王：木黑板。mu˥xei˥pæ̃˥.（叫不叫黑牌子？）王：不叫黑牌，叫木黑板。pu˩tɕiɑɔ˧xei˥pʰæᴇ˩,tɕiɑɔ˧mu˥xei˥pæ̃˥.黄：不叫黑牌，叫木……木板，黑板。pu˩tɕiɑɔ˧xei˥pʰæᴇ˩,tɕiɑɔ˧mu˥……mu˥pæ̃˥,xei˥pæ̃˥.

粉锭子

（写字儿的那个玩意儿叫什么？）黄&王：粉笔。fəŋ˥pi˥.（一直叫粉笔吗？）黄&王：嗯。ŋ̍˩.（没有别的说法？）黄&王：没有。mei˩iou˥.（什么什么白煤，有没有这种？）黄：没有。mei˩iou˥.（什么粉锭儿？）黄：有粉锭子咧。iou˥fəŋ˥tiŋ˧tsʅꜗlieꜗ.王：噢，有叫粉锭子咧。ɑɔ˧,iou˥tɕiɑɔ˧fəŋ˥tiŋ˧tsʅꜗlieꜗ.黄：粉锭子最古老了。fəŋ˥tiŋ˧tsʅꜗtsuei˧ku˥lɑɔ˥ləꜗ.王：粉锭子最古老。fəŋ˥tiŋ˧tsʅꜗtsuei˧ku˥lɑɔ˥.黄：粉笔都是新的。粉锭子这是最古老，原始的说法叫粉锭子。fəŋ˥pi˥tou˥sʅ˧ɕiŋ˥tiꜗ.fəŋ˥tiŋ˧tsʅꜗtʂə˧sʅ˧tsuei˧ku˥lɑɔ˥,yæ̃˩sʅ˥tiꜗʂuo˥fɑ˥(tɕ)iɑɔ˧fəŋ˥tiŋ˧tsʅꜗ.

牌擦子

（写完字，老师就把那玩意儿擦掉，那个……）黄：板擦㖿。黑板儿擦㖿。pæ̃˥˧˦tsʰɑ˥˧m̩·˨.xei˥˧˨pæ̃r˥˧˦tsʰɑ˥˧m̩·˨.（黑板擦？）王：牌擦。pʰæᴇ˨˦˨tsʰɑ˥˧.黄&王：牌擦子。pʰæᴇ˨˦˨tsʰɑ˥˧tsɿ·˨.

小黑板

（有的过去他没有那个，就是……学生没有纸啊，就拿个石头板子，在上头写的有没有？）黄：小黑板儿么。ɕiɑɔ˥˧xei˥˧˨pæ̃r˥˧˦muo·˨王：那，那黑……有哩么，咱们那个时候就拿那……nɑ˧˥,nɑ˧xei˥˩˦m……iou˥˧li·˨muo·˨,tsɑ˨˦məŋ˦nɑ˧˥kə˧˨sɿ˨˦˨xou˧˥tɕiou˧˨nɑ˨˦˨næᴇ˧……黄：嗯，都一人一个小石……ə̃˧,tou˥˧˨i˥˧˨ʐəŋ˨˦˦i˥˧˨kə˧˨ɕiɑɔ˥˧ʂʅ˨˦˨……王：呃，小黑板了，再是那么小木棒儿了。再那数……数目……开始学数数儿，拿那个小木棒儿，截下那……ə˨,ɕiɑɔ˥˧xei˥˧˨pæ̃˥˧lə·˨,tsæᴇ˧˨sɿ˧˨nə˧muo˦ɕiɑɔ˥˧mu˥˧˨pɑ̃r˧˥˩lə·˨.tsæᴇ˧˨nə˧˨ʂʮ˥˧……ʂʮ˧˥mu˥˧˨……kʰæᴇ˥˧˨sɿ˥˧˦ɕyo˨˦ʂʮ˥˧ʂʮər˧,nɑ˨˦˨nə˧kə˧ɕiɑɔ˥˧mu˥˧˨pɑ̃r˧,tɕie˨˦˨xɑ˧næᴇ˧˨……（嗯，小木棒，那你怎么能够在上面写下字呢？）王：那小木棒就是数数儿用，拿啊数数儿用。nə˧˨ɕiɑɔ˥˧mu˥˧˨pɑŋ˧tɕiou˧˨sɿ˧˨ʂʮ˥˧ʂʮər˧yoŋ˧˨,nɑ˨˦˨æ˦ʂʮ˥˧ʂʮər˧yoŋ˧˨.黄：哎，小木棒是数数儿用的，做算术用的。小黑板的话，那就是，一人背那么一个。æᴇ˨,ɕiɑɔ˥˧mu˥˧˨pɑŋ˧sɿ˧ʂʮ˥˧ʂʮər˧yoŋ˧˨ti·˨,tsuo˧˨suæ̃˧˥˩ʂʮ˧yoŋ˧˨ti·˨.ɕiɑɔ˥˧xei˥˧˨pæ̃˥˧ti·˨xuɑ˧˨,nei˧tɕiou˧sɿ˧˨,i˥˧˨ʐəŋ˨˦pei˥˧nə˧muo˦i˥˧˨kə˧˨.（纸比较贵了，可能当时也没买的。）王&黄：啊。ɑ˨.（嗯，小木板儿？）王：啊。ɑ̃˨.黄：啊。那个小木板。ɑ˨.nə˧˨kə˧˨ɕiɑɔ˥˧mu˥˧˨pæ̃˥˧˨.（拿什么写呢？）黄：那上头欸，有时候拿粉锭子写咧，有时候拿土圪拉都写咧。nei˧˥ʂɑŋ˧tʰou˦ei˨,iou˥˧˦sɿ˨˦˦xou˧nɑ˨˦˨fəŋ˥˧tiŋ˧˥˩tsɿ·˨ɕie˥˧˨lie˦,iou˥˧sɿ˨˦˦xou˧nɑ˨˦˦tʰu˥˧kɑ˥˧lɑ·˨tou˥˧˨ɕie˥˧˨lie·˨.（拿土写？）黄：啊。ɑ˨.王：土圪……土圪垯。tʰu˥˧˨kə˥˧˦……tʰu˥˧˨kə˥˧tɑ·˨.（那个，那个，那个叫什么？那个板子是什么做的？）王：木头做。mu˥˧tʰou·˨tsuo˧˨.黄：木头做的。咱们这里离木头……又这么……又离树……木头多。mu˥˧tʰou·˨tsuo˧˥ti·˨.tʂɑ˨˦məŋ˦tʂə˧˥li˥˧˨li˨˦˦mu˥˧tʰou·˨……iou˧tʂə˧˨muo·˨……iou˧˥li˨˦ʂʮ˧……mu˥˧˦tʰou·˨tuo˥˧˨.王：林区嘛，有木头烂么。liŋ˨˦tɕʰy˥˧mɑ·˨,iou˥˧˦mu˥˧tʰou·˨læ̃˧˥˩muo·˨.黄：林区嘛，呃都是木板儿。liŋ˨˦tɕʰy˥˧˨mɑ·˨,ə˧tou˥˩˦sɿ˧˨mu˥˧pæ̃r˥˧˨.（木头。上面涂黑漆吗？）黄：涂么。tʰu˨˦muo˦.（涂上黑漆？）黄&王：嗯。ə̃˨.（拿个土就能写字儿？）黄：啊，能写么。ɑ˧,nəŋ˨˦˨ɕie˥˧muo·˨.王：啊，拿土就能写。ɑ˨,nɑ˨˦tʰu˥˧tɕiou˧˨nəŋ˨˦ɕie˥˧˨.（那擦怎么擦呢？拿块抹布还是拿块什么东西？）黄：那还都是搞个毡毡子，卷个板擦擦。nei˧˥xɑ˨˦˨tou˥˧˦sɿ˧kɑɔ˥˧kə˧˨tʂæ̃˥˧tʂæ̃˥˧˨tsɿ·˨,tɕyæ̃˥˧kə˧˨pæ̃˥˧tsʰɑ˥˧˨tsʰɑ˥˧˨.王：这里面那就有的人，一年擀的有那毡面就……破毡片子，拿下一擦去。tʂə˧˥li˦miæ̃˧˨næᴇ˧tɕiou˧iou˥˧˦ti·˨ʐəŋ˨˦,i˥˧˨niæ̃˨˦kæ̃˥˧ti·˨iou˥˧˦nə˧tʂæ̃˥˧miæ̃˧tɕiou˧……pʰuo˧tʂæ̃˥˧˨pʰiæ̃˥˧tsɿ·˨,nɑ˨˦˨xɑ˧i˥˧tsʰɑ˥˧˨tɕʰi˧˨.（噢。就是，有没有用石板的？）黄：少得很。哎重的很么，重得很。ʂɑɔ˥˧tei˥˧˨xəŋ˥˧˨.æᴇ˥˧tʂuoŋ˧˥˩ti·˨xəŋ˥˧˨muo·˨,tʂuoŋ˧˥˩tei˥˧˨xəŋ˥˧˨.王：石板就没有得。兀拿来那把……打……又重……再么易打烂咧。ʂʅ˨˦˨pæ̃˥˧tɕiou˧˨mei˨˦iou˥˧tei˥˧˨.væᴇ˧˥nɑ˨˦læᴇ˨˦˦nə˧pɑ˥˧˦……tɑ˥˧˦……iou˧˥tʂuoŋ˧i……tsæᴇ˧muo˦i˧tɑ˥˧˦læ̃˧˥˩lie·˨.

课本儿

（这个课……书本儿你们是叫书本儿还是叫课本儿？）黄：叫课本儿咧。也叫书啊？tɕiɑɔ˧˨kʰə˧˥pə̃r˥˧˨lie·˨.ie˥˧˦tɕiɑɔ˧ʂʮ˥˧ɑ˨?（也叫书？）黄：语文书，或者算术书。y˥˧vəŋ˨˦ʂʮ˥˧˨,xuo˨˦˨tʂə˥˧˨suæ̃˧ʂʮ˧˥˩ʂʮ˥˧.

教本儿

（有教本儿这种说法没有？）黄：教本儿，我们那是指老师拿的那本儿书□叫教本儿。tɕiao˥˧pə̃r˥˩,ŋuo˥˩˧mən˧na˥˩sɿ˥˩tsɿ˥˩˧lao˥sɿ˥˩˧na˥˩ti˧nei˥˩pə̃r˥˩˧ʂʮ˥˩niæ̃˥˩˧tɕiao˥˩tɕiao˥˧pə̃r˥˩.王：□就叫教本儿。niæ̃˥˩˧tɕiou˥˩tɕiao˥˩tɕiao˥˧pə̃r˥˩.（它为什么叫教本儿呢？）王：□老师拿着咧，来教……来教你。niæ̃˥˩˧lao˥sɿ˥˩˧na˥˩tʂə˧lie˧,læᴇ˥˩˧tɕiao˥……læᴇ˥˩˧tɕiao˥ni˥˩.黄：老师拿着咧。那是□教书是跟我们教咧。lao˥sɿ˥˩˧na˥˩tʂə˧lie˧.næᴇ˥˩sɿ˥˩niæ̃˥˩˧tɕiao˥˩˧ʂʮ˥˩˧sɿ˥˩kən˥˩˧ŋuo˥mən˧tɕiao˥˩lie˧.（跟你的书是一样的吗？）王：跟我书是一样的么。kən˥˩ŋuo˥ʂʮ˥˩˧sɿ˥˩i˥˩iaŋ˥˩˧tim˧.黄：跟我们书是一样的。但是那□是教本儿么。kən˥˩ŋuo˥mən˧ʂʮ˥sɿ˥˩i˥˩iaŋ˥˩˧ti˧.tæ̃˥˩sɿ˥˩nei˥˩˧niæ̃˥˩sɿ˥˩tɕiao˥˩˧pə̃r˥muo˧.王：那是兀教本么。nei˥˩sɿ˥˩vei˥˩tɕiao˥˧pən˥muo˧.

笔记

（你们过去这个是……弄的时候，是不是也拿个笔记本儿这个？）黄：课堂笔记么咧，我记笔记咧么。kʰuo˥˩tʰaŋ˥˩˧pi˥˩tɕi˥˩muo˧lie˧,ŋə˥˩tɕi˥˩˧pi˥˩tɕi˥˩˧liem˧.（这个笔记，叫笔记还是叫笔记本儿？）黄&王：笔记本儿。pi˥˩tɕi˥˩pə̃r˥.（我记的那玩意儿叫什么呢？）王：你记的兀……ni˥tɕi˥˩tə˧væᴇ˥˩……（这上课的时候我……我……老师写什么，我就抄。）王：笔记么，那叫笔记么。pi˥˩tɕi˥˩˧muo˧,nei˥˩tɕiao˥˩pi˥˩tɕi˥˩˧muo˧.黄：笔记么。pi˥˩tɕi˥˩˧muo˧.（是叫……叫课堂笔记还是叫什么？）王：课堂笔……kʰə˥˩˧tʰaŋ˥˩˧pi˥˩……黄：课堂笔记呣。kʰə˥˩˧tʂʰaŋ˥˩˧pi˥˩tɕi˥˩m̩˧.（哎，你工作的时候也……也写点儿什么东西吧？）黄：啊，那就工作笔记了么。a˥˩,nei˥˩tsou˥˩kuoŋ˥tsuo˥˩pi˥˩tɕi˥˩ləm˧.王：那就是工作笔记。nei˥˩tsou˥˩sɿ˥˩kuoŋ˥tsuo˥˩pi˥˩tɕi˥˩.

家长通知书

（过去这个考试完了，我发一个那个叫什么东西，发给家长。上面写着那成绩。）王：那是家长通知书么。nei˥˩sɿ˥˩tɕia˥˩tʂaŋ˥˩˧tʰuoŋ˥˩tʂʅ˥˩˧ʂʮ˥muo˧.黄：通知书么。家长通知书么。tʰuoŋ˥˩tʂʅ˥˩˧ʂʮ˥muo˧.tɕia˥˩tʂaŋ˥˩˧tʰuoŋ˥˩tʂʅ˥˩˧ʂʮ˥muo˧.（是叫成绩单儿还是叫……）黄：噢，成绩单儿也能行，也叫家长通知书。ao˥˩,tʂʰəŋ˥˩tɕi˥˩˧tæ̃r˥ie˥˩nəŋ˧˥ɕiŋ˥˩,ie˥˩˧tɕiao˥˩tɕia˥˩tʂaŋ˥˩˧tʰuoŋ˥˩tʂʅ˥˩˧ʂʮ˥.王：一般□上面印的是家长通知书么，下面就有成绩单。i˥˩pæ̃˥niæ̃˥˩ʂaŋ˥˩miæ̃˥˩iŋ˥˩˧ti˧sɿ˥˩tɕia˥˩tʂaŋ˥tʰuoŋ˥˩tʂʅ˥˩˧ʂʮ˥muo˧,ɕia˥˩miæ̃˥˩tɕiou˥˩iou˥˩˧tʂʰəŋ˥˩tɕi˥˩˧tæ̃˥.黄：还有操行评语么那就。xæᴇ˥˩iou˥˩˧tsʰao˥˩ɕiŋ˧˥pʰiŋ˥˩y˥muo˧nei˥˩tɕiou˥˩.（成绩单儿说得多不多？）黄：不多。pu˥˩˧tuo˥.王：成绩单儿说的不多。tʂʰəŋ˥˩tɕi˥˩˧tæ̃r˥ʂuo˥˩˧ti˧pu˥˩˧tuo˥.

点名册

（老师他，考完了试，谁……谁得多少分儿都登上那个，那个本子叫什么？）黄：记分册么。tɕi˥˩fəŋ˥˩˧tsʰei˥muo˧.（你再说一下。）王：记……tɕi˥˩……黄：记分册呣。tɕi˥˩fəŋ˥˩˧tsʰə˥m̩˧.（那个呢，还有的是这个学生的名字啊什么东西这上面，那个叫什么呢？）黄：就那叫点名册嘛。tɕiou˥˩nei˥˩tɕiao˥˩tiæ̃˥miŋ˧˥tsʰə˥ma˧.王：点名册。tiæ̃˥miŋ˧˥tsʰei˥˩.（有没有叫花名册的？）王：没有。学校那叫点名册。muo˥˩iou˥˩.ɕyo˥˩ɕiao˥˩˧nei˥˩tɕiao˥˩tiæ̃˥miŋ˧˥tsʰei˥˩.黄：学校就点名册了。ɕyo˥˩ɕiao˥˩˧tɕiou˥˩tiæ̃˥miŋ˧˥tsʰə˥lə˧.（你们单位的呢？）王：单位叫花名册。tæ̃˥˩vei˥˩˧tɕiao˥˩xua˥˩miŋ˧˥tsʰei˥˩.黄：单位叫花名册。因为那个东西给你划出勤，学生那□每天点名，划你的兀出勤。tæ̃˥˩vei˥˩˧tɕiao˥˩xua˥˩miŋ˧˥tsʰə˥.iŋ˥˩vei˥˩˧nə˥˩kə˥˩tuoŋ˥˩ɕi˧kei˥˩ni˥˩xua˥˩tʂʰʮ˥˩˧tɕʰiŋ˥˩,ɕyo˥˩səŋ˥nei˥˩˧niæ̃˥˩mei˥tʰiæ̃˥˩tiæ̃˥miŋ˧˥,xua˥˩ni˥˩˧ti˧vei˥˩tʂʰʮ˥˩tɕʰiŋ˥˩.王：到校情……tao˥˩ɕiao˥˩tɕʰiŋ˥˩……黄：到校情况着咧么。

tɑɔ˥ɕiɑɔ˥tɕʰiŋ˩˧˩kʰuɑŋ˥˦tʂə˧liem˧.（平常是不是写操行等级的时候，都是用那个？）黄：啊，每天上课的时候，□都给你，按……按规定的话那，现在□每一节课□都点着咧，一天缺课几个课时，□就可能头起往反映。ɑ˧˩,mei˥˧tʰiæ̃˥˧˩ʂɑŋ˥kʰə˥ti˦sʅ˩˧˧xou˥,niæ̃˩˧˩tou˥˧˩kei˥˩ni˥˧˩,næ̃˥kə……næ̃˥kʰuei˥˧˩tiŋ˥˨ti˦xuɑ˥nei˥,ɕiæ̃˥tsæᴇ˥niæ̃˩˧˩mei˥˧i˥˧˩tɕie˥˧kʰuo˥˦niæ̃˩˧˩tou˥˧˩tiæ̃˥˧˩tʂə˧lie˧,i˥˧˩tʰiæ̃˥˧tɕʰyo˥˧˩kʰuo˥tɕi˥˧˧kə˥kʰuo˥sʅ˩˧,niæ̃˩˧˩tsou˥˩kʰuo˥˧nəŋ˩˧˧tʰou˩˧˩tɕʰie˥˧˩vɑŋ˥˧˩fæ̃˥˧˧iŋ˥.

钟

（这个开始上课了，叫上课还是叫什么？）黄：叫预备么。(tɕ)iɑɔ˥˩y˥˦pim˥˩.（上课是要先要打一道什么叫……叫那玩意儿？）黄：当，当。打一……铃子打一下，一下咧，兀一下一下慢慢敲。这就是预备钟么。tɑŋ˥˧,tɑŋ˥˧,tɑ˥˧i˥˧˩……liŋ˩˧˩tsʅ˦tɑ˥˧i˥˧˩ɕiɑ˥,i˥˧˩xɑ˥lie˧,vei˥˩i˥˧˩xɑ˥˦i˥˧˩xɑ˥mæ̃˥mæ̃˥tɕʰiɑɔ˥˧.tʂə˥˩tɕiou˥˩sʅ˥˩y˥˦pi˥tʂuoŋ˥˧muo˧.（预备钟？）黄：啊，预备钟么。打预备钟么。ɑ˧˩,y˥˦pi˥tʂuoŋ˥˧muo˧.tɑ˥˧˧y˥˦pi˥tʂuoŋ˥˧muo˧.王：打两下上课么。tɑ˥˧˧liɑŋ˥˧xɑ˥ʂɑŋ˥kʰə˥muo˧.黄：噢，打两下是上课么。ɑɔ˧˩,tɑ˥˧liɑŋ˥˧xɑ˥sʅ˥ʂɑŋ˥˨kʰə˥muo˧.王：打三下儿是上……tɑ˥˧˧sæ̃˥˧xɑr˥˩sʅ˥˩ʂɑŋ˥……黄：打三课……打三下。当当，上课，当当，上课。但是当当当，下课咧，当当当，下课了。tɑ˥˧˨sæ̃˥˧kʰə˥˧˩ɕi……tɑ˥˧˧sæ̃˥˧xɑ˥˩.tɑŋ˥tɑŋ˥,ʂɑŋ˥kʰə˥,tɑŋ˥tɑŋ˥,ʂɑŋ˥kʰə˥.tiæ̃˧˩（←tæ̃˥）ʂʅ˥˩tɑŋ˥tɑŋ˥tɑŋ˥,ɕiɑ˥kʰə˥lie˧,tɑŋ˥tɑŋ˥tɑŋ˥,ɕiɑ˥kʰə˥lə˧.（这是当——当——当。）王：预备。y˥˨pi˥.（噢。）王：这是预备。tʂə˥˩sʅ˥˩y˥pi˥.黄：预备你是一下一下敲。那就是预备钟。y˥pi˥ni˥˧˩sʅ˥˩i˥˧˩xɑ˥˦i˥˧˩xɑ˥tɕʰiɑɔ˥˧.nə˥˩tɕiou˥˩sʅ˥˩y˥˦pi˥tʂuoŋ˥˧.（就是当——当，这样的吗？）黄：那，这是预备钟。nə˥,tʂə˥˦sʅ˥˩y˥˦pi˥tʂuoŋ˥˧˩.王：这是预备么。tʂə˥˦sʅ˥˩y˥pi˥muo˧.黄：连住打两下，那就是上课钟。liæ̃˩˧˩tʂɥ˥˦tɑ˥˧˧liɑŋ˥˧xɑ˥˩,nei˥tɕiou˥sʅ˥ʂɑŋ˥kʰə˥tʂuoŋ˥˧˩.（当当，当当？）黄：啊。ɑ˧˩.（这叫上课钟还是什么？）王：啊，是……钟啊。上课钟。ɑ˥,ʂ……tʂuoŋ˥˧ɑ˧˩.ʂɑŋ˥kʰə˥tʂuoŋ˥˧˩.黄：连住，连住敲三下，那就是下课了。liæ̃˩˧˩tʂɥ˥,liæ̃˩˧˩tʂɥ˥tɕʰiɑɔ˥˧˩sæ̃˥˧xɑ˥˩,nei˥tɕiou˥˩sʅ˥˩ɕiɑ˥kʰə˥lə˧.王：过去是那么个。现在□是电铃。kuo˥˨tɕʰy˥˩sʅ˥nə˥muo˦kə˥˩.ɕiæ̃˥tsæᴇ˥˦niæ̃˩˧˩sʅ˥tiæ̃˥liŋ˩˧.黄：现在是电铃。响几遍也就对了么。ɕiæ̃˥tsæᴇ˥sʅ˥˩tiæ̃˥liŋ˩˧.ɕiɑŋ˥˧tɕi˥˧˧piæ̃˥æ˥˧tsou˥tuei˥˩ləm˧.

起立

（那个，老师叫是现在是上……是不是这还要喊一句？）王：喊起立。xæ̃˥˧˧tɕʰi˥˧li˥˧˩.黄：起立么。tɕʰi˥˧lim˥˧˩.（老师喊起立还是……）黄：学生喊咧。ɕyo˩˧˩səŋ˥˧xæ̃˥˧˩lie˧.王：学生喊。班长喊。ɕyo˩˧˩səŋ˥˧xæ̃˥˧˩.pæ̃˥˧˩tʂɑŋ˥˧xæ̃˥˧˩.（老师要喊什么呢？）黄：坐下。tsuo˥ɕiɑ˥˩.王：嗯，老师喊坐下么。ŋ̍˥,lɑɔ˥˧sʅ˥˧˩xæ̃˥˧tsuo˥˨ɕiɑm˥˩.（一……一进来他就，他也不说要上课了，这个……）王：不说呃话。pu˩˧˩ʂuo˥˧ə˥˧xuɑ˥˩.黄：不说那话。不说。老师呃……pu˩˧˩ʂuo˥˧nə˥xuɑ˥˩.pu˩˧˦ʂuo˥˧˩.lɑɔ˥˧sʅ˥˧˩ə˧˩……王：不说话，那就，老师一进……上讲台的时候，班长喊起立就。pu˩˧˧ʂuo˥˧˩xuɑ˥,nei˥tɕiou˥,lɑɔ˥˧sʅ˥˧˩i˥˧˩tɕiŋ˥tɕi……ʂɑŋ˥tɕiɑŋ˥˧tʰæᴇ˩˧˩ti˦sʅ˩˧˧xou˥,pæ̃˥˧˩tʂɑŋ˥˧xæ̃˥˧˧tɕʰi˥˧˧li˥˧tɕiou˥˩.黄：一进教室那有个班……有个，有个文体班长咧么，他就喊起立。i˥˧˩tɕiŋ˥tɕiɑɔ˥ʂʅ˥˧˩nei˥iou˥˧kə˥˩pæ̃˥˧˨……iou˥˧kə˥˩,iou˥˧kə˥˩vəŋ˩˧˩tʰi˥˧pæ̃˥˧˩tʂɑŋ˥˧lie˧muo˧,tʰɑ˥˧˧tsou˥xæ̃˥˧˧tɕʰi˥˧li˥˧˩.王：老师兀……老师……lɑɔ˥˧sʅ˥˧˩væᴇ˥……lɑɔ˥˧ʂ……（噢，也……老师也不说，哎，上课，这些学生说起立？）黄：不说。pu˩˧˦ʂuo˥˧˩.王：不说。pu˩˧˧ʂuo˥˧.（就是说老师一进来他就起立？）王：起立。老师说你坐下，这就坐下。tɕʰi˥˧li˥˧˩.lɑɔ˥˧sʅ˥˧˩ʂuo˥˧˩ni˥˧˩tsuo˥ɕiɑ˥˩,tʂə˥tɕiou˥tsuo˥ɕiɑ˥˩.黄：老师那一般进来，看一下。lɑɔ˥˧sʅ˥˧˧næᴇ˥i˥˧˨pæ̃˥˧˩tɕiŋ˥læᴇ˩˧˩,kʰæ̃˥i˥˧˧xɑ˥˩.王：现在□是，老师哎，一上课儿，□就喊起立都站下。老师说坐下，学生说

一句说啊“老师好”。ɕiæ̃˦˨tsæᴇ˥˩niæ̃˧˩˦sɿ˥,laɔ˥˧sɿ˥˨æᴇ˨,i˥˨ʂaŋ˥˨kʰər˥,niæ̃˧˩tɕiou˥xæ̃˥˧tɕʰi˥˧li˥˦to u˥˨tsæ̃˥(x)ɑ˥˨.laɔ˥˧sɿ˥˨ʂuo˥˨tsuo˥˦ɕiɑ˥˨,ɕye˧˩səŋ˥˧ʂuo˥˨i˥˨tɕy˥ʂuo˥˨ɑ˧laɔ˥˧sɿ˥˨xaɔ˥˦.（还要那个下课呢，要……要不要，要不要喊一声，还是……老师总要通知一下吧？那不能说老师还在讲着，你一听得钟你就咵就下课了。）黄：欸，那不希望咧。那□老师不说下课那个话……ei˩,nei˥˩pu˧˦ɕi˥˨vaŋ˥˨lie˧.nei˥niæ̃˧˩laɔ˥˧sɿ˥˨pu˧˦ʂuo˥˨ɕiɑ˥kʰə˥nə˥˨kə˥˨xuɑ˥˨……王：钟一响以后，老师□一把□那些教材啥望好一整理，就说“下课”一声，学生就吼的……tʂuoŋ˥˨i˥˨ɕiaŋ˥˧i˥˨xou˥,laɔ˥˧sɿ˥˨niæ̃˧˩i˥˨pa˥˨niæ̃˧næᴇ˥˩ɕie˥˦tɕiaɔ˥tsʰæᴇ˧sɑ˧vaŋ˥xaɔ˥˦i˥˨tʂəŋ˥˧li˥˦,tɕiou˥˨ʂuo˥˨ɕiɑ˥kʰə˥i˥˨ʂəŋ˥˨,ɕyo˧˩səŋ˥˧tɕiou˥xou˥˨ti˧……（要不要起立呢？）王：起立嘛。tɕʰi˥˧li˥˨mɑ˧.黄：起立咧么。tɕʰi˥˧li˥˨lie˧muo˧.（也要起立？）黄：啊，目送老师出教室就对了。ɑ˨,mu˥˨suoŋ˥laɔ˥˧sɿ˥˨tʂʰɥ˥˨tɕiaɔ˥˦ʂɿ˥˧tɕiou˥˨tuei˥˩lə˧.

考试

（学校里面考试有没有？）王：学校里面考试那也就是，□学校那黑板就会出出来了么。礼拜……礼拜几是哪一……哪一级，几点几分是哪一……级几考试咧。ɕyo˧˩ɕiaɔ˥li˥˧miæ̃˥˨kʰaɔ˥˧sɿ˥˦nei˥iɑ˥˨tɕiou˥sɿ˥,niæ̃˧˩ɕyo˧˩ɕiaɔ˥nə˥xei˥˨pæ̃˥˧tɕiou˥xuei˥tʂʰɥ˥˨tʂʰɥ˥˨læᴇ˧˩lə˧muo˧.li˥˦pæᴇ˥……li˥˦pæᴇ˥˨tɕi˥˧sɿ˥nɑ˥˧i˥˨……nɑ˥˧i˥˨tɕi˥˨,tɕi˥˨tiæ̃˥˦tɕi˥˧fəŋ˥˨sɿ˥˨nɑ˥˧i˥˨……tɕi˥˧kʰaɔ˥˧sɿ˥˨lie˧.（考试。有没有……还有没有别的什么说法？考试。）王：测验。tsʰei˥˨iæ̃˥.（测验？）王：嗯。测验。ŋ̍˨.tsʰə˥˨iæ̃˥.（欸，考试一个学期要考几次？）王：一个学期兀下来，兀考的次数多咧。一般，一般的话，就是考个中考。i˥˨kə˥ɕyo˧˩tɕʰi˥˦vu˥x ɑ˥læᴇ˧˦,væᴇ˥kʰaɔ˥tə˧tsʰɿ˥ʂɥ˥tuo˥lie˧.i˥˦pæ̃˥,i˥˦pæ̃˥tə˧xuɑ˥,tɕiou˥sɿ˥kʰaɔ˥kə˥˨tʂuoŋ˥˨kʰaɔ˥.黄：啊。哎，那你……ɑ˨.æᴇ˨,næᴇ˥˩ni˥˨……王：考个中期考试，再就是期末考试嘛。kʰɑ ɔ˥kə˥˨tʂuoŋ˥˦tɕʰi˥kʰaɔ˥˦sɿ˥,tsæᴇ˥tɕiou˥˩sɿ˥˨tɕʰi˥˦muo˥kʰaɔ˥˨sɿ˥˨mɑ˧.黄：啊。ɑ˨.（你们中期考试叫……叫期中考试还是叫什么考试？）王：叫期中考试。tɕiaɔ˥˨tɕʰi˥tʂuoŋ˥˨kʰaɔ˥˨sɿ˥˨.黄：期末，期中考试。tɕʰi˥˦muo˥˨,tɕʰi˥˦tʂuoŋ˥kʰaɔ˥˨sɿ˥˨.（还是叫中考？）王：叫期中考试。tɕiaɔ˥˨tɕʰi˥tʂuoŋ˥˨kʰaɔ˥sɿ˥˨.黄：期中考试。tɕʰi˥˦tʂuoŋ˥˨kʰaɔ˥sɿ˥˨.（学期末的呢？）王：期末考试。tɕʰi˥˦muo˥kʰaɔ˥˨sɿ˥˨.黄：期末考试。tɕʰi˥˦muo˥kʰaɔ˥˨sɿ˥˨.（小学升初中要不要考？）黄：考嘛。kʰaɔ˥mɑ˧.（那叫什么考试？）黄：升学考试嘛。ʂəŋ˥˨ɕyo˧kʰaɔ˥˨sɿ˥˨mɑ˧.王：升学考。小学有个毕业考试。ʂəŋ˥˨ɕyo˧kʰaɔ˥˨.ɕiaɔ˥ɕyo˧ iou˥kə˥˨pi˥˦nie˥kʰaɔ˥˨sɿ˥˨.黄：嗯，小学有个……ə̃˨,ɕiaɔ˥ɕyo˧˩iou˥kə˥˨……王：到初中去有个……嗯，升学考。taɔ˥tʂʰɥ˥˦tʂuoŋ˥tɕʰi˥iou˥kə˥˨……ŋ̍˨,ʂəŋ˥˨ɕyo˧kʰaɔ˥˨.黄：升学考试。ʂəŋ˥˨ɕyo˧kʰaɔ˥˨sɿ˥˨.（噢，毕业考试还在小学……）黄：在小学考姆。tsæᴇ˥ɕiaɔ˥ɕyo˧˩kaɔ˥m̩˧.王：这个小学么。tʂei˥kə˥˨ɕiaɔ˥ɕyo˧˩m̩˧.（升学考试在初中考？）黄：在初中考姆。tsæᴇ˥tʂʰɥ˥˦tʂuoŋ˥˦kʰaɔ˥˨m̩˧.（要考两次一个学校？）黄：啊。ɑ˨.王：考两次。kʰaɔ˥liaŋ˥tsʰɿ˥˨.（初中三年读完了，那……那个考试叫什么？）王：叫毕业。初中毕业怕是。tɕiaɔ˥˨pi˥nie˥˨.tʂʰɥ˥˦tʂuoŋ˥pi˥˦nie˥pʰɑ˥˨sɿ˥˨.黄：那叫统考了，咱们现在叫。叫统考咧。nei˥tɕiaɔ˥tʰuoŋ˥kʰaɔ˥lə˧,tʂɑ˧məŋ˥ɕiæ̃˥tsæᴇ˥tɕiaɔ˥˨.tɕiaɔ˥˨tʰuoŋ˥kʰaɔ˥˨lie˧.王：叫统考咧。tɕiaɔ˥˨tʰuoŋ˥kʰaɔ˥˨lie˧.黄：啊，全县统考。ɑ˨,tɕʰyæ̃˧˩ɕiæ̃˥tʰuoŋ˥kʰaɔ˥˨.（统考？）黄：啊。统考。ɑ˨.tʰuoŋ˥kʰaɔ˥˨.（叫不叫什么中考？）王：不叫中考。pu˧˨tɕiaɔ˥tʂuoŋ˥˨kʰaɔ˥˨.黄：不叫中考，就叫统考了。pu˧˨tɕiaɔ˥tʂuoŋ˥˨kʰaɔ˥˨,tsou˥tɕiaɔ˥tʰuoŋ˥kʰaɔ˥˨lə˧.（你考上了才能上……）王：得……分高咧。tei˥......fəŋ˥˦kaɔ˥˦lie˧.（分数高的才能上什么中专

呐。）黄：中……tʂuoŋ˨˩……（才能上什么大学啊。）黄：啊。ɑ˩.（有这……）黄：那你这个初中毕业这个考试来说，咱们这儿这还竞争大。那你，过去的话，欸，有这个欸统考里头的话，先参加小中……小中专预选试的，□考……考咧小中专咧。剩下这一部分人才统……才这个参加……næᴇ˥ni˥˧tʂə˥˩kə˥˩tʂʰɥ˧˥tʂuoŋ˧pi˧˥nie˧tʂə˥˩kə˥˩kʰɑɔ˧˦sɿ˥læᴇ˩˨ʂuo˧˩,tʂɑ˩mən˥tʂər˥tʂə˥xæᴇ˨˩tɕiŋ˥tʂəŋ˧˦tɑ˥˩.nei˥˩ni˧,kuo˥tɕʰy˥ti˩xuɑ˥˩,ei˩,iou˧tʂə˥˩kə˥˩ei˩tʰuoŋ˧kʰɑɔ˧li˧˩tʰou˥ti˩xuɑ˥˩,ɕiæ̃˧tsʰæ̃˧˦tɕiɑ˧˩ɕiɑɔ˧tʂuoŋ˧˩……ɕiɑɔ˧tʂuoŋ˧˦tʂuæ̃˧y˥tɕyæ̃˧˦sɿ˥˩ti˩,niæ̃˨˩kʰɑɔ˧˦……kʰɑɔ˧lie˩ɕiɑɔ˧tʂuoŋ˧˦tʂuæ̃˧lie˩.ʂəŋ˥˧ɕiɑ˥˩tʂei˥˧i˧˩pʰu˥fəŋ˥zʐəŋ˨˩tsʰæᴇ˨˩tʰuoŋ˧……tsʰæᴇ˨˩tʂə˥kə˥tsʰæ̃˧˩tɕiɑ˧˩……王：考高中，参加考……kʰɑɔ˧˦kɑɔ˧˦tʂuoŋ˧,tsʰæ̃˧tɕiɑ˧˩kʰɑɔ˧˩……黄：考高中部考试咧。kʰɑɔ˧˦kɑɔ˧˦tʂuoŋ˧pu˥kʰɑɔ˧˩sɿ˥˩lie˩.（噢。）黄：现在这个咱们，这里的体制不叫做统考了。ɕiæ̃˥tsæᴇ˥tʂə˥˩kə˥˩tʂɑ˩mən˥,tʂə˥li˧˩ti˩tʰi˧tʂɿ˥˩pu˨˩tɕiɑɔ˥tsuo˥tʰuoŋ˧kʰɑɔ˧lə˩.王：现在没得，现……啊，现在统考。现在没有小中专么。ɕiæ̃˥tsæᴇ˥mei˩tei˧˦,ɕ……ɑ˩,ɕiæ̃˥tsæᴇ˥tʰuoŋ˧kʰɑɔ˧˩.ɕiæ̃˥tsæᴇ˥mei˩iou˧˦ɕiɑɔ˧tʂuoŋ˧˦tʂuæ̃˧muo˩.黄：现在没有小中专考试了。ɕiæ̃˥tsæᴇ˥mei˩iou˧˦ɕiɑɔ˧tʂuoŋ˧˦tʂuæ̃˧kʰɑɔ˧˩sɿ˥˩lə˩.王：没有小中专考试。mei˨˩iou˧˦ɕiɑɔ˧tʂuoŋ˧˦tʂuæ̃˧kʰɑɔ˧˩sɿ˥˩.（小中专现在就……就是报名就可以上。）王：没有咧其实。mei˨˩iou˧lie˩tɕʰi˨˩ʂɿ˨˩.黄：啊，就可以上，就不存在考试。ɑ˩,tɕiou˥kʰə˧i˧˩ʂɑŋ˥˦,tɕiou˥˩pu˨˩tsʰuoŋ˨˩tsæᴇ˥˦kʰɑɔ˧sɿ˥˩.（高中毕业那个考试叫什么？最重要的。）黄：那就是，那，那，叫考大学咧。考大学那就是成人高考了么。nei˥˩tɕiou˥˩sɿ˥˩,nə˥,nei˥˦,tɕiɑɔ˥˩kʰɑɔ˧˦tɑ˥ɕyo˨˦lie˩.kʰɑɔ˧˩tɑ˥ɕyo˩nei˥tɕiou˥sɿ˥tʂʰəŋ˩zʐəŋ˨˦kɑɔ˧˩kʰɑɔ˧ləm˩.王：那就是高考哞。nei˥tɕiou˥sɿ˥kɑɔ˧˩kʰɑɔ˧m̩˩.黄：高考哞。kɑɔ˧˩kʰɑɔ˧m̩˩.王：参加高考哞。tʂʰæ̃˧˦tɕiɑ˧˦kɑɔ˧˩kʰɑɔ˧m̩˩.黄：参加高考咧么。tsʰæ̃˧˦tɕiɑ˧˩kɑɔ˧˩kʰɑɔ˧liem˩.（欸，你们这个高考跟成人高考有什么区别没有？）黄：一回事。i˧˩xuei˩sɿ˥.（是一回事？）王：嗯。ŋ̍˥.黄：啊，一回事。ɑ˧,i˧˩xuei˩sɿ˥.（不，成人高考是成人去考那个什么大学，你们这儿都不分的吗？）黄&王：不分。pu˨˦fəŋ˧˦.（就说，呃，比如说我们过去考试哈，7月7、8、9是高考。）黄：啊。ɑ˩.王：嗯。ŋ̍˩.（成人高考是在五月份。）黄：我们这儿这，多一半儿……ŋuo˧mən˩tʂər˥tʂə˥,tuo˧i˧˩pæ̃r˥……王：这儿没……没有成人……tʂər˥muo˧˩……muo˧˦iou˧tʂʰəŋ˨˩zʐəŋ˨˩……黄：没有成人高考，都是……muo˧˩iou˧tʂʰəŋ˨˩zʐəŋ˨˩kɑɔ˧˩kʰɑɔ˧˩,tou˧˦sɿ˥……（但是你们高考也叫成人高考？）王：啊。ɑ˩.黄：啊，也叫成人高考咧。ɑ˥,ie˧˦tɕiɑɔ˥˩tʂʰəŋ˨˩zʐəŋ˨˦kɑɔ˧˩kʰɑɔ˧lie˩.（大学考完了，有……有没有还有别的考试？考研究生啊。）王：大学考完就是没有咧么。tɑ˥ɕyo˨˩kʰɑɔ˧væ̃˩tɕiou˥˩sɿ˥˩mei˨˦iou˧˦liem˩.黄：读研的那些。tu˩iæ̃˨˩ti˩nei˥˩ɕie˧˩.王：嗯，考研，考研究生。考上研究生了念研究生，研究生，念毕业以后就考□兀硕士嘛。ŋ̍˩,kʰɑɔ˧iæ̃˨˩,kʰɑɔ˧iæ̃˨˩tɕiou˧səŋ˧˩.kʰɑɔ˧ʂɑŋ˥˩iæ̃˨˩tɕiou˧səŋ˧˦lə˩niæ̃˥iæ̃˨˩tɕiou˧səŋ˧˩,iæ̃˨˩tɕiou˧səŋ˧˦,niæ̃˥pi˧˦nie˧i˧˩xou˥tɕiou˥kʰɑɔ˧˦niæ̃˨˦væᴇ˥ʂuo˧˩sɿ˥mɑ˩.黄：博士，先读博士，后是硕……puo˧˩sɿ˥,ɕiæ̃˧tu˨˩puo˧˩sɿ˥˩,xou˥sɿ˥ʂuo˧˦……

号卷子

（你在考场上做的那个东西？卷子是还是什么？）黄：卷子么。tɕyæ̃˥tsɿ˩muo˥.王：卷子，你的卷子哞。tɕyæ̃˥tsɿ˩,ni˧˦ti˩tɕyæ̃˥˧tsɿ˩m̩˩.黄：有的叫卷子，有的叫考卷儿。iou˧ti˩tɕiɑɔ˥tɕyæ̃˥tsɿ˩,iou˧ti˩tɕiɑɔ˥kʰɑɔ˧˦tɕyæ̃r˥.（老师在这儿，卷子弄完了以后，这对呀错。）王：号作业么。xɑɔ˥tsuo˧˦nie˧muo˩.黄：号卷儿咧么。xɑɔ˥tɕyæ̃r˥liem˩.（啊？）黄：号卷子咧么。xɑɔ˥tɕyæ̃˥tsɿ˩liem˩.（叫什么？）黄：号卷儿。号么。xɑɔ˥tɕyæ̃r˥.xɑɔ˥muo˩.王：阅卷

儿。yo˦˩tɕyær˥.黄：阅卷也行，号卷子。yo˦˩tɕyæ̃˥æ˦˩ɕiŋ˩˧˩,xɑɔ˥tɕyæ̃˥tsɿ˧.王：号卷也行。xɑɔ˥˦tɕyæ̃˥˦æ˦˩ɕiŋ˩˧˩.（叫什么？号……）王：号卷。xɑɔ˥˦tɕyæ̃˥˩.黄：号卷子。xɑɔ˥tɕyæ̃˥tsɿ˦.王：或者是阅卷。xuei˩˧˩tʂə˥˧˧sɿ˥yo˦˩tɕyæ̃˥˩.黄：也叫阅卷。ie˥˧˧tɕiɑɔ˥yo˦˩tɕyæ̃˥.（哪种说得最……最普遍？）黄：最土的就是号卷了。tsuei˥tʰu˥˧ti˧tɕiou˥sɿ˥xɑɔ˥tɕyæ̃˥lə˧.王：是号卷咧。sɿ˥˩xɑɔ˥˦tɕyæ̃˥˩lie˧.（说不说看卷子？）黄：不说。pu˩˧˩ʂuo˦˩.（改卷子呢？）黄：改卷子或者……kæᴇ˥˧tɕyæ̃˥tsɿ˧xuo˩˧˩tʂə˥˧˧……王：改卷子也说。kæᴇ˥˧tɕyæ̃˥tsɿ˦ie˦˩ʂuo˦˩.

零鸡蛋

（考试一分都没得呢？）王：零。零。liŋ˩˧˧.liŋ˩˧˩.黄：零。liŋ˩˧˩.（叫零分还是零？）黄：考咧个零么。kʰɑɔ˥˧lie˧kə˥˩liŋ˩˧muo˧.（有没有什么呃比较有意思的说法？吃鸭蛋？）王：零鸡蛋么。liŋ˩˧tɕi˦˩tæ̃˥muo˧.黄：考……吃咧个鸭蛋么，考……考咧个……kʰɑɔ˥˧˧……tʂʰʅ˥˧lie˧kə˥˩ia˦˩tæ̃˥muo˧,kʰɑɔ˥˧˧……kʰɑɔ˥˧lie˧kə˥˩……（吃鸭蛋还是零鸡蛋？）王：零鸡蛋。liŋ˩˧tɕi˦˩tæ̃˥˦.黄：考咧个零鸡蛋儿么。kʰɑɔ˥˧lie˧kə˥˩liŋ˩˧tɕi˦˩tær˥muo˧.（也说吃鸭蛋？）黄&王：嗯。ŋ̍˩.

上线

（大学，比如说五百分的线，你……你上了五百分，你叫什么？）王：上线啦。ʂɑŋ˥ɕiæ̃˥la˥.黄：上线儿<u>啦么</u>。ʂɑŋ˥ɕiær˥lam˧.（说不说考上了？）王：啊，兀也说考上了。ɑ˩,væᴇ˥ie˥˧˧ʂuo˥˧˧kʰɑɔ˥˧ʂɑŋ˥˩lə˧.黄：也说考上了。有的说是……多一……现在这都，过去那都说是考上了，现在来，那就是上线儿了。ie˥˧ʂuo˦˩kʰɑɔ˥˧ʂɑŋ˥˩lə˧.iou˥˧˧ti˧sɿ˥˩……tuo˥˧i˦˩……ɕiæ̃˥tsæᴇ˥˦tʂə˥tou˥˧˧,kuo˥˦tɕʰy˥nei˥tou˦˩ʂuo˦˩sɿ˥˩kʰɑɔ˥˧ʂɑŋ˥˩lə˧,ɕiæ̃˥tsæᴇ˥læᴇ˩˧˩,nei˥tɕiou˥˩sɿ˥˩ʂɑŋ˥ɕiær˥lə˧.王：进线了。tɕiŋ˥ɕiæ̃˥lə˧.黄：进线了，或是上线了。tɕiŋ˥ɕiæ̃˥lə˧,xuei˩˧˩sɿ˥˩ʂɑŋ˥˦ɕiæ̃˥lə˧.（没考上呢？）王：那叫落选么。nei˥tɕiɑɔ˥luo˦˩ɕyæ̃˥˧muo˧.黄：落选……落榜了。兀个是这个……luo˦˩ɕy……luo˦˩pɑŋ˥˧lə˧.vei˥kə˥sɿ˥tʂə˥˩kə˥˩……（落榜了？）黄：落榜了。luo˦˩pɑŋ˥˧lə˧.

发喜报

（就是过去呀，这个清朝啊明朝那个时候，有一……有一帮子人这个就说你考上了举人，考上秀才，他会从那个县城里面跑到你家里来说，你谁谁谁某某老爷高中了，这这这个人叫什么？）黄：嘿呀，把那叫……啊，报喜咧嘛。xei˥˧ia˧,pa˦˩næᴇ˥tɕiɑɔ˥……ɑ˩,pɑɔ˥ɕi˥˧lie˧ma˧.（报喜的，你生儿子什么也叫报喜。这这这什么，有没有，过去听过这种说法没有？）黄：啊，咱们看老戏一工儿看咧。[笑]æ˩,tʂɑ˩˧məŋ˦kʰæ̃˥lɑɔ˥˧˧ɕi˥i˦˩kuõr˥˧kʰæ̃˥˦lie˥.（报子？）王：晓□叫……ɕiɑɔ˥˧niæ̃˩˧˩tɕiɑɔ˥˩……黄：晓把那个叫啥咧吵反正？ɕiɑɔ˥˧pa˦˩nei˥kə˥tɕiɑɔ˥sa˥˩lie˦sa˧fæ̃˦˩tʂəŋ˥?（反……不不，不清楚？）黄&王：嗯。ŋ̍˩.（现在没有这种人吧？）黄：没有。现在这……现在有也……有些过去前两年□还发喜报咧。嗯，谁家娃考上了。□考上清华咧话，那□早都给你发喜报咧啊。mei˩˧iou˦˩.ɕiæ̃˥˩tsæᴇ˥˦tʂə˥……ɕiæ̃˥tsæᴇ˥iou˥˧ie˦˩……iou˥˧ɕi˦˩kuo˥˦tɕʰy˥˩tɕʰiæ̃˩˧liɑŋ˥˧niæ̃˩˧˩niæ̃˩˧˩xæᴇ˩˧˩fa˦˩ɕi˥˧pɑɔ˥lie˧.ə̃˩,sei˩˧˩a˦va˩˧kʰɑɔ˥˧ʂɑŋ˥˩lə˧.niæ̃˩˧˩kʰɑɔ˥˧ʂɑŋ˥tɕʰiŋ˦˩xua˩˥lie˧xua˥,nei˥˦niæ̃˩˧˩tsɑɔ˥˧tou˦˩kei˥n̩˥˧˧fa˦˩ɕi˥˧pɑɔ˥lie˦a˧.（考上了，这个是不是他的家里还要打赏？）王：那□现在兀是……□现在兀，考上这录取通知书上面，底下□就有喜报，恭贺你，喜报嘛。nei˥niæ̃˩˧˩ɕiæ̃˥tsæᴇ˥væᴇ˥sɿ˥……niæ̃˩˧˩ɕiæ̃˥tsæᴇ˥væᴇ˥,kʰɑɔ˥˧ʂɑŋ˥˩tʂə˥lou˦˩tɕʰy˥˧tʰuoŋ˦˩tʂʅ˥˧˧ʂʯ˥˧ʂɑŋ˥miæ̃˥˩,ti˥˧xa˥niæ̃˩˧˩tɕiou˥iou˥˧˧ɕi˥˧pɑɔ˥,kuoŋ˦˩xuo˥˦ni˦˩,ɕi˥˧pɑɔ˥ma˧.（那这个送这个通知书，是

不是得要给点儿钱什么的？）黄：啥子？sa˧˩tsɿ˨?王：现在……ɕiæ̃˧tsæᴇ˧˥……黄：这除咧考上清……我们这儿这除咧噢考上清华或北大□给你发咧，再考上其他学校根本……tʂə˧˥tʂʰʯ˨˩lie˨kʰɑɔ˥ʂɑŋ˧˩tɕʰiŋ˥˧……ŋuo˥mən˨tʂər˧tʂə˧tʂʰʯ˨˩liaɔ˨kʰɑɔ˥ʂɑŋ˧˩tɕʰiŋ˥˩xuɑ˨˩xuo˨˩pei˥˩tɑ˧niæ̃˨˩kei˧ni˥˧fɑ˥lie˨,tsæᴇ˧kʰɑɔ˥ʂɑŋ˧˩tɕʰi˨˩tʰɑ˥˧ɕye˨˩ɕiaɔ˧˥kəŋ˥˩pəŋ˥……（这儿有考上清华、北大的没有？）黄：有么，县上就有咧。iou˥muo˨,ɕiæ̃˧ʂɑŋ˧tɕiou˧˩iou˥lie˨.王：有。iou˥.（县上有考上清华的？）黄&王：嗯。ə̃˩.黄：县一中也有考上清华北大……ɕiæ̃˧i˥˩tʂuoŋ˥æ˥˧iou˥˧kʰɑɔ˥˩ʂɑŋ˧˩tɕʰiŋ˥xuɑ˨˩pei˥˩tɑ˧……

毕业

（这个学生毕业了，说不说？）黄：毕业了。pi˥ie˥lə˨.（毕业了是吧？）黄：高中毕业了啊，是初中毕业了。kaɔ˥˧tʂuoŋ˥˩pi˥˧nie˥lə˨lɑ˨,sɿ˧˩tʂʰʯ˥tʂuoŋ˥˧pi˥˧nie˥lə˨.（毕业证书你们一般叫那玩意儿叫什么？）王：毕业证么。pi˥˩nie˥˩tʂəŋ˧muo˨.黄：毕业证儿么。pi˥ie˥˧tʂə̃r˧muo˨.（有没有叫文凭的？）黄：大学的□就叫，大专院校□叫文凭咧。tɑ˧˥ɕyo˨˩ti˨ niæ̃˨˩tɕiou˧tɕiaɔ˧,tɑ˧˥tʂuæ̃˥˩yæ̃˧ɕiaɔ˧niæ̃˨˩tɕiaɔ˧vəŋ˨pʰiŋ˨˩lie˨.王：一……叫文凭。i˥˩……tɕiaɔ˧vəŋ˨˩pʰiŋ˨˩.（中专叫……叫不叫？）王：中专不叫。tʂuoŋ˥˧tʂuæ̃˥pu˨˩tɕiaɔ˧.黄：中专□欸……那就是，他都是毕业证儿。tʂuoŋ˥˧tʂuæ̃˥niæ̃˨˧ei˧……nei˧tsou˧˩sɿ˧˩,tʰɑ˥tou˥˩sɿ˧˩pi˥˧ie˥˧tʂə̃r˧.王：毕业证。pi˥˩nie˥˩tʂəŋ˧.

结业

（有的他也没有毕业的，就是……）黄：肄业么。i˧ie˥muo˨.（你们就……肄业是很文的说法啦。你们这个老人家叫什么？没有通过毕业考试。）黄：没有通过毕业考试的那，咱们把那叫啥咧？学习期满咧啊？结业证。发结业证。mei˨iou˥˧tʰuoŋ˥˩kuo˧pi˥˧nie˥˧kʰɑɔ˥˩sɿ˧˩ti˨nei˧,tʂɑ˨mən˨pɑ˥˩nei˧tɕiaɔ˧sɑ˧˩lie˨?ɕye˨˧ɕi˨˧tɕʰi˨˩mæ̃˥lie˨ɑ˩?tɕie˥˧ie˥˩tʂəŋ˧.fɑ˥˩tɕie˥˧nie˥˩tʂəŋ˧.（结业证儿？）黄：啊，他没有毕业，□把那些……ɑ˩,tʰɑ˥mei˨iou˥˩pi˥˧nie˥,niæ̃˨˩pɑ˥˩nei˧ɕi˥˧……王：叫结业咧。tɕiaɔ˧˩tɕie˥nie˥˩lie˨.黄：跟老师学，学习结业了。kəŋ˥˩laɔ˥sɿ˥˩ɕye˨,ɕye˨˧ɕi˨˧tɕie˥˧nie˥lə˨.（结业？）黄：发结业证。fɑ˥˩tɕie˥˧ie˥˩tʂəŋ˧.

识字

（那我是到扫盲班我是识字还是认字？）黄：你是识……识字去了。ni˥sɿ˧˩ʂʅ˥˩……ʂʅ˥˩tsɿ˧tɕʰi˧˩lə˨.王：识字嘛。ʂʅ˥˩tsɿ˧mɑ˨.（说不说认字？我不识字，我不认字。）黄：也说咧么。ie˥ʂuo˥lie˨muo˨.王：也说。ie˥ʂuo˥.黄：嗯，我不认字姆。ŋ̍˩,ŋuo˥pu˨˩zəŋ˧tsɿ˧m̩˨.

复习、温习、预习、练习

1.（这个，快考试了，我也要看看书，这个叫什么？）黄：复习咧么。fu˥ɕi˨˩liem˨.（平常呢？老师教的东西在那儿。）黄：那就是……nei˧˩tɕiou˧˩sɿ˧˩……王：温……vəŋ˥……黄：温习一遍。vəŋ˥ɕi˨i˥˩piæ̃˧˩.王：温习嘛。vəŋ˥˩ɕi˨mɑ˨.（温习。有没有预习？）王：也有叫预习。ie˥iou˥˧tɕiaɔ˧y˧˥ɕi˨˩.黄：也有预习的。预习这个说法。预习一般是指，这个老师明天上这个课咧，你提前把这个看一看，这叫预习咧。温习是讲过咧以后，你从新再学一次。ie˥iou˥˧y˧ɕi˨˩ti˨.y˧ɕi˨˩tʂei˧kə˧ʂuo˥fɑ˥˩.y˧ɕi˨i˥˩pæ̃˥sɿ˧˩tsɿ˥,tʂə˧˩kə˧˩laɔ˥sɿ˥˩miŋ˨˩tʰiæ̃˥ʂɑŋ˧˥tʂə˧˩kə˧˩kʰə˧lie˧,ni˥tʰi˨tɕʰiæ̃˨pɑ˥˩tʂə˧kə˧kʰæ̃˧i˥˧kʰæ̃˧˩,tʂei˧tɕiaɔ˧y˧ɕi˨˩lie˨.vəŋ˥ɕi˨sɿ˧˩tɕiɑŋ˥kuo˧˥lie˨i˥˧xou˧,ni˥˧tsʰuoŋ˨ɕiŋ˥˧tsæᴇ˧ɕyo˨i˥tsʰɿ˧˩.

2.（练习是什么呢？）黄：练习那你老师布置下来的有些东西你要反复去做去咧，那就叫练习咧。liæ̃˧ɕi˨nei˧ni˥˧laɔ˥sɿ˥˩pu˧tʂɿ˧xɑ˧læᴇ˨˩ti˨iou˥ɕie˥˩tuoŋ˥ɕi˨ni˥˩iaɔ˧˩fæ̃˥fu˥˧tɕʰi˧tsuo˧

˦tɕʰi˧˩lie˧,nei˧tɕiou˧(tɕ)iaɔ˧liæ̃˧ɕi˨˩lie˧.

写毛笔字

（写毛笔字你们一般叫什么？）王：写毛笔那就叫写毛笔字。ɕie˥˩maɔ˨pi˥˩nei˧tɕiou˧tɕiaɔ˧ɕie˥maɔ˨pi˥˩tsɿ˧˩.黄：写毛笔字么。ɕie˥maɔ˨pi˥˩tsɿ˧muo˧.（说不说什么写大字啊什么？）黄：我们原先咧，我们原先就写大仿咧。ŋuo˥məŋ˧yæ̃˨ɕiæ̃˥˩lie˧,ŋuo˥məŋ˧yæ̃˨ɕiæ̃˥˦tɕiou˧ɕie˥˦ta˧faŋ˥lie˧.王：噢，写，原来我们也写大仿嘞。叫大仿。aɔ˩,ɕie˥,yæ̃˨˩læᴇ˨ŋuo˥˦məŋ˧lie˥˦ɕie˥˦ta˧˨faŋ˥lei˧.(tɕ)iaɔ˧˩ta˧faŋ˥.（就是描红吗？）黄&王：啊。a˩.黄：就是的么。我们……tɕiou˧˦sɿ˧˩tim˧.ŋuo˥məŋ˧……（他有的是拿……拿那个字帖放在一边儿，他就这么写。也叫大仿吗？）王：也叫大仿。æ˥tɕiaɔ˧ta˧faŋ˥˩.黄：也叫大仿。我们那会儿写一……多一半儿有格子的。æ˥tɕiaɔ˧ta˧faŋ˥˩.ŋuo˥məŋ˧nə˧xuər˧ɕie˥i˥˩……tuo˥i˥˩pæ̃r˧iou˥˦kə˥tsɿ˧ti˧.王：有格的。老师，老师出……iou˥˦kei˥ti˧.laɔ˥sɿ˥˩,laɔ˥sɿ˥˩tʂʰʮ˥……黄：老师给你出下格子，我们是照住那个……格子咧，描咧呣。laɔ˥sɿ˥˩kei˧˩ni˥˦tʂʰʮ˥xa˧˩kə˥tsɿ˧,ŋuo˥˩məŋ˧sɿ˧˩tʂaɔ˧˨tʂʰʮ˧nə˧kə……kə˥tsɿ˧lie˧,miaɔ˨lie˧m̩˧.（还有那种写，这写，还有些那个写小楷的有没有？写小字儿的？）黄：轧小字咧呣。ia˥˩ɕiaɔ˥tsɿ˧lie˧m̩˧.（叫什么？）黄：轧小字咧么。ia˥ɕiaɔ˥˦tsɿ˧˩liem˧.（ia˥是哪个ia˥）黄：纸……实际上是轧……呃，纸……我知有的叫填小字。tsɿ˥˩……ʂʅ˨˩tɕi˧˦ʂaŋ˧sɿ˧ia˥……ə˩,tsɿ˥˦……ŋuo˥˦tʂʅ˥˩iou˥ti˧tɕiaɔ˧tʰiæ̃˨˩ɕiaɔ˥tsɿ˧˩.王：有的叫兀填小字咧。iou˥ti˧tɕiaɔ˧væᴇ˧tʰiæ̃˨ɕiaɔ˥˩tsɿ˧˩lie˧.黄：我们把那叫轧小字咧。那个大字中间写下那个格格子，我们要到中间，拿小字笔把字要写上咧。ŋuo˥məŋ˧pa˥˩næᴇ˧tɕiaɔ˧ia˥ɕiaɔ˥˩tsɿ˧˩lie˧.nə˧˩kə˧˩ta˧tsɿ˧tʂuoŋ˥˩tɕiæ̃˥˨ɕie˥xa˧nə˧kə˧kə˥kə˥tsɿ˧,ŋuo˥˦məŋ˧iaɔ˧taɔ˧tʂuoŋ˥tɕiæ̃˥˩,na˨˩ɕiaɔ˥˦tsɿ˧pi˥˦pa˥˩tsɿ˧iaɔ˧˩ɕie˥ʂaŋ˧˩lie˧.（中间写上格子？）黄：嗯。ə̃˩.（写得很小叫轧小字儿？）黄：噢，轧小字。aɔ˩,ia˥ɕiaɔ˥tsɿ˧˩.（你再念一遍。）黄：轧小字么。ia˥˩ɕiaɔ˥tsɿm˧˩.（有那个本子，就是那个，照着那上面写的，那叫什么？）黄：字帖么。tsɿ˧˨tʰie˥muo˧.（字帖是写好了。有的就是那个在上面这个有个……有个空啊，你再这么填呐。你这叫什么？）王：那就刷大字么。nei˧tɕiou˧ʂua˥˩ta˧tsɿm˧.黄：哎不是。它还是那种写那些很小的么。他在街道上买下那种么。æᴇ˧pu˨˦sɿ˧.tʰa˥˦xa˨˩sɿ˧nei˧tʂuoŋ˥˦ɕie˥nei˧ɕi˥˩xəŋ˥˩ɕiaɔ˥tim˧.tʰa˥˩tsæᴇ˧kæᴇ˥˩taɔ˧ʂaŋ˧mæᴇ˥xa˧˩nei˧˦tʂuoŋ˥˩muo˧.（描红？）黄：描红咧呣。miaɔ˨xuoŋ˨˩lie˧m̩˧.（你们叫描红还是叫什么？）黄：哎呀，咱们把它叫描啥咧哕？咱们就没写过那。æᴇ˩ia˧,tsa˨məŋ˧pa˥tʰa˥˦tɕiaɔ˧miaɔ˨˩sa˧˨lie˧sa˧?tsa˨məŋ˧tsou˧˩muo˥˩ɕie˥kuo˧˩nə˧˩.王：没写过。mei˨ɕie˥kuo˧˩.（那个字，那那种东西，有没有叫字仿的？）黄：没有。mei˨˩iou˥˩.（影格子？）王：那也叫仿格么。nei˧ia˥˩tɕiaɔ˧faŋ˥˦kei˥muo˧.黄：仿格子也叫。faŋ˥kei˥˩tsɿ˧a˧tɕiaɔ˧˨.王：仿格子。faŋ˥˦kei˥tsɿ˧.（也是一上面有字的吗？）王：嗯。ə̃˩.黄：嗯，有字咧。ŋ̍˩,iou˥tsɿ˧lie˧.（你是写字儿写在那个线的中间还是怎么着？）黄：线的中格啊……ɕiæ̃˧tə˧tʂuoŋ˥˩kei˥a˧……王：写在中间，写中……方格的中间么。ɕie˥˦tsæᴇ˧tʂuoŋ˥˩tɕiæ̃˥˩,ɕie˥˦tʂuoŋ˥˦……faŋ˥˨kei˥ti˧tʂuoŋ˥˩tɕiæ̃˥˨muo˧.黄：嗯。ŋ̍˩.（还有的就是人家是写好了这些碑刻呀什么东西，这个东西叫什么？）王：那叫那字帖么。nə˧tɕiaɔ˧næᴇ˧tsɿ˧tʰie˥muo˧.

吃圈儿

（有的字儿写得好哇，老师一看写得好，给你画个圈儿。）黄：吃圈儿咧。tʂʰʅ˥˩tɕʰyæ̃r˥lie˧.王：那就是吃圈儿嘛。有的吃单圈，有的吃双圈。

nei˥tɕiou˥sʅ˥tʂʰʅ˥˧˩tɕʰyæ̃r˥˧ma˧.iou˥˧˩ti˧tʂʰʅ˥˧˩tæ̃˥˧tɕʰyæ̃˥˧˥,iou˥˧ti˧tʂʰʅ˥˧˩ʂuaŋ˥˧tɕʰyæ̃˥˧˩.（哦，吃单圈吃双圈有什么区别？）黄：它是偏旁儿么。tʰɑ˥˧sʅ˥˩pʰiæ̃˥˧˩pʰɑ̃r˩˧muo˧.王：哪一个……哪一个字写得特别好……ts……na˥˧i˥˧˩kə˥˩……na˥˧i˥˧˩kə˥tsʅ˥ɕie˥˧tə˧tʰei˥˧˩pie˩˧xɑɔ˥˧……黄：那个整个偏旁儿写的好……nei˥kə˥tsəŋ˥˧˧kə˥pʰiæ̃˥˧˩pʰɑ̃r˩˧ɕie˥˧ti˧xɑɔ˥˧˧……王：就给你，吃双圈儿，画两个圈。绕两回呀。tɕiou˥˩kei˥ni˥˧˧,tʂʰʅ˥˧˩ʂuaŋ˥˧tɕʰyæ̃r˥˧˩,xua˥liaŋ˥˧(k)ə˥˩tɕʰyæ̃˥˧˩.zɑɔ˥˧˧liaŋ˥˧xuei˩˧ia˧.黄：那个偏旁儿么，偏儿旁儿它是，就有……nei˥kə˥pʰiæ̃r˥˧˩pʰɑ̃r˩˧muo˧,pʰiæ̃r˥˧˩pʰɑ̃r˩˧tʰɑ˥˧˧sʅ˥,tsou˥˥iou˥˧˩……王：主要是你这个字写的，还认为可以，那就给你吃一个圈儿。tʂʮ˥˧˩iɑɔ˥˥sʅ˥ni˥˧˧tʂei˥kə˥˩tsʅ˥ɕie˥˧ti˧,xæᴇ˩˧˩zəŋ˥˥vei˩˧˧kʰə˥˧i˥˧˩,nə˥tɕiou˥kei˥ni˥˧˧tʂʰʅ˥˧i˥˧˩kə˥˥tɕʰyæ̃r˥˧˩.（就把这个字儿画一圈儿？）黄：嗯。ŋ̍˩.王：啊，把这个字圈了。ɑ˥,pɑ˥˧˩tʂə˥kə˥tsʅ˥tɕʰyæ̃˥˧lə˧.（偏旁写得好就是画两……）黄：画两个，两个……都是带部首的么。整个儿部首组成，两个部首组成一个字的话，他都，每个部首他都给你吃圈。xua˥˩liaŋ˥˧kə˥˩,liaŋ˥˧kə˥˩tʂ……tou˥˧˩sʅ˥˩tæᴇ˥pʰu˥ʂou˥˧ti˧muo˧.tʂəŋ˥˧˧kər˥pʰu˥ʂou˥˧˧tsʮ˥˧˩tʂʰəŋ˩˧,liaŋ˥˧kə˥˩pʰu˥ʂou˥˧˧tsʮ˥˧˩tʂʰəŋ˩˧i˥˧˧kə˥tsʅ˥ti˧xua˥˩,tʰɑ˥˧˩tou˥˧˩,mei˥˧kə˥˩pʰu˥ʂou˥˧˧tʰɑ˥˧˩tou˥˧˥kei˥ni˥˧˩tʂʰʅ˥˧tɕʰyæ̃˥˧˩.（整个字儿写得好就画一个大圈儿？）黄：画一个大圈儿。xua˥i˥˧˧kə˥ta˥tɕʰyæ̃r˥˧.（每个部首，比如说单立人儿，一个……一个一个什么字，这里画一个圈儿，这里画一个圈儿？两个这样，跟眼镜儿一样，跟眼镜儿一样的那种圈儿？）黄：啊。吃双圈儿么。那就很好呣。说明这，你这两个部首都写……这两个字组织……都写的好呣。ɑ˩.tʂʰʅ˥˧˩ʂuaŋ˥˧tɕʰyæ̃r˥˧˩muo˧.nei˥tsou˥xəŋ˥˧˩xɑɔ˥˧m̩˧.ʂuo˥˧˩miŋ˩˧˧tʂei˥,ni˥˧˧tʂei˥liaŋ˥˧kə˥˩pʰu˥ʂou˥˧˧tou˥˧˥ɕi……tʂə˥liaŋ˥˧kə˥˩tsʅ˥tsʮ˥˧tʂʅ……tou˥˧˥ɕie˥˧˩ti˧xɑɔ˥˧˩m̩˧.（那个吃单圈写得，是吃单圈的好还是吃双圈的好？）黄：双圈儿的好。ʂuaŋ˥˧tɕʰyæ̃r˥˧˩ti˧xɑɔ˥˧˧.王：双圈好。ʂuaŋ˥˧tɕʰyæ̃˥˧˩xɑɔ˥˧˧.

白字

（写的那个字儿呀，他不是……就说，写不出这个字来，写着个同音字。你们叫什么？）黄：那儿……注同音。写个同音字。nər˥˥……tʂʮ˥tʰuoŋ˩˧iŋ˥˧.ɕie˥˧kə˥˩tʰuoŋ˩˧iŋ˥˧˩tsʅ˥˩.（就写……写什么这这个欸，比如说这个，骗马的“骗”他不会写，写个扇子的“扇”。）王：那就是……是……都……nei˥˥tɕiou˥˩s……s……tou˥˧……黄：那是个白字么。na˥˩sʅ˥˩kə˥˩pei˩˧˩tsʅ˥muo˧.王：白字。pei˩˧tsʅ˥˩.（你这叫写白字还是……）黄：错别字么那就。别了，那个字别着咧。tsʰuo˥˩pie˩˧tsʅ˥muo˧nə˥˩tsou˥˩.pie˩˧lə˧,nə˥˩kə˥˩tsʅ˥˥pie˩˧˩tʂuo˥˧lie˧.王：别字。pie˩˧tsʅ˥˩.（别字就说你这个字儿根本就错了，嗯，还有的就说它字儿是……）黄：错是错么，错是错了。错你本身这个字，字对着咧，但是你是笔画少，丢笔撂点咧，这个字就错了。别字但是你就说是你比如，骗马的“骗”你写成“扇”字了，扇子的“扇”这个就就就……tsʰuo˥˥sʅ˥tsʰuo˥muo˧,tsʰuo˥sʅ˥˩tsʰuo˥lə˧.tsʰuo˥ni˥˧˧pəŋ˥˧ʂəŋ˥˧˩tʂə˥˩kə˥˩tsʅ˥,tsʅ˥˥tuei˥tʂə˧lie˧,tæ̃˥sʅ˥ni˥˧sʅ˥˩pi˥˧˩xua˥ʂɑɔ˥˧,tiou˥˧˥pi˥˧˩liɑɔ˥tiæ̃˥˧lie˧,tʂə˥kə˥tsʅ˥tɕiou˥tsʰuo˥lə˧.pie˩˧tsʅ˥tæ̃˥˥sʅ˥˩ni˥˧˧tsou˥˥ʂuo˥˧˩sʅ˥˩ni˥˧˧pi˥˧zʮ˩˧˩,ʂæ̃˥ma˥˧ti˧ʂæ̃˥ni˥˧˧ɕie˥˧tʂʰəŋ˩˧˩ʂæ̃˥tsʅ˥˩lə˧,ʂæ̃˥tsʅ˧ti˧ʂæ̃˥tʂə˥kə˥tɕiou˥tsou˥tsou˥˩……王：别字。pie˩˧tsʅ˥˩.黄：别着，字别着咧。pie˩˧tʂə˧,tsʅ˥pie˩˧˩tʂə˧lie˧.（噢，错字和别字不一样？）黄：是不一样。sʅ˥pu˩˧˧i˥˧˩iaŋ˥.王：错字就是缺笔少点着么。tsʰuo˥tsʅ˥tɕiou˥˩sʅ˥˩tɕʰyo˥˧˥pi˥˧˩ʂɑɔ˥˧˧tiæ̃˥˧tʂəm˧.黄：错字笔……缺笔少点就认不着。tsʰuo˥tsʅ˥pi˥˧˧……tʂʰuo˥˧˥（←tɕʰyo˥˧）pi˥˧˩ʂɑɔ˥˧˧tiæ̃˥˧˧tɕiou˥˩zəŋ˥˥pu˩˧˩tʂuo˩˧.王：别字的话就是同音。pie˩˧tsʅ˥ti˧xua˥tɕiou˥sʅ˥tʰuoŋ˩˧iŋ˥˧.（你比如说写，写个八，他……他一共这两笔，他这个丢了一笔。这个叫，这叫错字？）王：啊，这就叫错字呣。ɑ˩,tʂei˥˥tɕi ou˥tɕiao˥tsʰuo˥˩tsɿ˥˨mə̣˨.黄：啊，错字么。ɑ˨,tsʰuo˥˩tsɿ˥˨muo˨.王：别字的话就说是你，你骗马的“骗”写成扇子的“扇”咧，就成了别字。pie˨˩tsɿ˥ti˨xua˥tɕiou˥ʂuo˥˨sɿ˥˨ni˥˩,ni˥˩ʂæ̃˥m ɑ˥ti˨ʂæ̃˥ɕie˥tʂʰəŋ˨˩ʂæ̃˥tsɿ˨ti˨ʂæ̃˥lie˨,tɕiou˥tʂʰəŋ˨˩lə˨pie˨˩tsɿ˥˨.黄：……的扇了，你就错……别着咧么。……ti˨ʂæ̃˥lə˨,ni˥˩tsou˥tsʰuo˥˩……pie˨˩tʂuo˥˨lie˨muo˨.（那有的这个他不认识字，比如说凉快他……他就认识个京，他叫“京快”，这叫什么？这叫白字还叫什么？）黄：白字先生，那是别字先生。pei˨˩tsɿ˥ɕiæ̃˥səŋ˥˨,nə˥sɿ˥˨pie˨˩tsɿ˥ɕiæ̃˥˨səŋ˥˨.王：白字，嗯。pei˨˩tsɿ˥,ŋ̍˨.（有的，有没有说是这个，写错了，写……说明你这个字儿写错了，你们说……你们……）黄：欸有咧，有这说法。ei˥iou˥˨lie˨,iou˥˩tʂə˥ʂuo˥˨fɑ˥˨.（说写错了还是写瞎了？）王：写错了。ɕie˥tsʰuo˥˩lə˨.黄：写错了。ɕie˥tsʰuo˥lə˨.（没有说，噢？）黄：没说写瞎了。mei˨˩ʂuo˥˩ɕie˥xɑ˥˨l̩˨.王：你这个字写错了。ni˥˨tʂə˥kə˥tsɿ˥ɕie˥tsʰuo˥l̩˨.（还有的就是说你这个字啊，这这个少……这个缺笔少点的，你们这叫什么？叫掉字还是……）王：错字。tsʰuo˥tsɿ˥˨.黄：那就是错字。nə˥tɕiou˥˩sɿ˥˨tsʰuo˥tsɿ˥˨.（有没有什么掉字、落字的说法？）黄：没有。它是有些人，形容你这个是这个，事情单一的啊？mei˨˩iou˥˨.tʰɑ˥sɿ˥˨io u˥ɕie˥˨zəŋ˨,ɕiŋ˨˩yoŋ˨˩ni˥tʂə˥˨kə˥˨sɿ˥˨tʂə˥˨kə˥˨,sɿ˥tɕʰiŋ˨˩tæ̃˥˩i˥ti˨ɑ˨?王：那就说丢笔撂点。nə˥ ˨tɕiou˥˨ʂuo˥˨tiou˥˩pi˥˨liao˥tiæ̃˥˩.黄：说你写下，你丢笔撂点的。啊，有些地方那就是，这个字就错了，这丢笔撂点你那个，本来该多那一点子，那个“别字”的“别”字可能系口误，从后文看应该是指“白字”的“白”字你上头必须有那一撇哩，结果你把这一撇子撂了，这成了个扁曰的曰儿了。ʂuo˥˨ni˥˩ɕie˥xɑ˥˨,ni˥˩tiou˥˩pi˥˨liao˥tiæ̃˥ti˨.ɑ˨,iou˥ɕie˥˨ti˥fɑŋ˥˩nei˥tɕiou˥sɿ˥,tʂə˥˨kə˥˨ts ɿ˥tsou˥tsʰuo˥˩lə˨,tʂə˥˨tiou˥˩pi˥˨liao˥tiæ̃˥ni˥nei˥kə˥˨,pəŋ˥læᴇ˨˩kæᴇ˥˨tuo˥nei˥i˥˨tiæ̃˥tsɿ˨,nə˥kə˥pi e˨˩tsɿ˥˩ti˨pie˨˩tsɿ˥ni˥˩ʂɑŋ˥tʰou˨pi˥˩ɕy˥˩iou˥˩nei˥i˥˨pʰie˥li˨,tɕie˥˨kuo˥ni˥pɑ˥˨tʂei˥i˥˨pʰie˥tsɿ˨liao˥l ə˨,tʂə˥tʂʰəŋ˨˩lə˨kə˥piæ̃˥yo˥˨ti˨yor˥lə˨.（你这就叫错字？）黄：啊，错字了。ɑ˨,tsʰuo˥tsɿ˥˨lə˨.（没有说什么掉字、落字的说法？）王：啊，没有。ɑ˥,mei˨˩iou˥˨.（有填字和添字的这种说法？）王：掉字落字那就说，你一句话中间，你基本儿上是……tiao˥˩tsɿ˥luo˥tsɿ˥nei˥ tɕiou˥ʂuo˥˨,ni˥i˥˨tɕy˥xua˥˩tʂuoŋ˥˨tɕiæ̃˥˩,ni˥˩tɕi˥pə̃r˥˨ʂɑŋ˥sɿ˥……（嗯。）王：我们要好好儿学习哩，把这个……ŋuo˥mən˨iao˥xao˥xaor˥˩ɕye˨ɕi˨˩li˥,pɑ˥˨tʂə˥kə˥……（好字？）王：好字撇了，这就叫这个这掉字了。xao˥tsɿ˥˨pʰie˥lə˨,tʂə˥˩tɕiou˥tɕiao˥tʂə˥˨kə˥˨tʂə˥˨tiao˥tsɿ˥˨lə˨.（啊，中间掉了一个字？）黄：啊。ɑ˨.王：掉了一个字。这叫掉字。tiao˥lə˨i˥˨kə˥tsɿ˥˨.tʂə˥˨tɕiao˥˨tiao˥˩tsɿ˥˨.（嗯。那中间多出一个字儿的呢？）王：多出来一个字咋……没听说。tuo˥tʂʰɥ˥˩læᴇ˨˩i˥˩kə˥tsɿ˥tsɑ˥˩……muo˥˨tʰiŋ˥˨ʂuo˥.黄：没有，很少的这个是。muo˥˨io u˥,xəŋ˥ʂɑo˥ti˨tʂə˥˨kə˥˨sɿ˥˨.（有没有叫填字的，多一个字，叫填字？我们要好好学习，写成我们要好好学学习。）王：嗯。ə̃˨.黄：那都很少。nə˥˩tou˥˨xəŋ˥ʂɑo˥.（没……没有说添字？）黄：没有。mei˨˩iou˥˨.王：没有。mei˨˩iou˥˩.（写……写那个字儿，你说写别字儿还是……叫不叫写别字儿，比如说，骗马的骗写成这扇子的扇？）黄：没有。mei˨˩iou˥˨.王：没有。mei˨˩iou˥˩.黄：那只能，只能说是你字写别了。nə˥˨tsɿ˥˩nəŋ˨˩,tsɿ˥˨nəŋ˨˩ʂuo˥˨s ɿ˥˨ni˥˩tsɿ˥ɕie˥pie˨˩lə˨.（写别？）黄：只能说是你写别，啊？tsɿ˥˨nəŋ˨˩ʂuo˥˩ni˥˩ɕie˥pie˨˩,ɑ˥?王：嗯。ŋ̍˥.（写别了？）黄：啊，写别了。ɑ̃˥,ɕie˥pie˨˩lə˥.（不能说写别字儿？）黄：啊，不能说你写别字儿。ɑ˨,pu˨˩nəŋ˨˩ʂuo˥˨ɕie˥pie˨˩tsər˥.（写错字儿可不可以说？）黄：那也不可以说。你，只能说你写错了。欸你写错字儿那人绝……绝对不可能叫你把那个字往错……错里写去嘛。nei˥˩ia˥˨pu˨kʰə˥i˥˨ʂuo˥˨.ni˥˩,tsɿ˥˨nəŋ˨˩ʂuo˥˨ni˥˩ɕie˥tsʰuo˥˩lə˨.ei˨ni˥˩ɕie

˥tsʰuo˧tsər˧˩nə˧˩zəŋ˩˨tɕyo˩˨……tɕyo˩˨tuei˧˥pu˩˨kʰə˥˦nəŋ˨˦tɕiao˧˩ni˥pa˥˩nei˧kə˧tsɿ˧vaŋ˥˩tsʰ……tsʰuo˧li˥˦ɕie˥tɕʰi˧˩ma˧.

耳朵旁

（这，[提笔在纸上写字]这个是什么？）黄：刀。tao˥.王：这是个耳咧。tʂə˧˩sɿ˧˩kə˧˩ər˥lie˧.黄：呃，耳朵……这叫啥耳字啊叫？ə˧,ər˥tuo˧p……tʂei˧tɕiao˧sa˧ər˥tsɿ˧˩a˧tɕiao˧˥?（有一种是这样的。你比如说，有一种比如说“都”，它是这样的。）黄：嗯。ŋ̍˩.王：耳朵。ər˥tuo˧.（是这样的。）这是单耳旁嘛。那是耳朵旁。tʂə˧sɿ˧tæ̃˥ər˥˦pʰaŋ˨˦ma˧.nə˧sɿ˧ər˥tuo˧pʰaŋ˨˦.黄：这个叫个，这是我们叫耳朵旁。这个叫……啥子旁？tʂə˧kə˧tɕiao˧kə˧,tʂə˧˥sɿ˧˩ŋuo˥məŋ˧tɕiao˧ər˥tuo˧pʰaŋ˨˦.tʂə˧˩kə˧˥tɕiao˧……sa˧˥tsɿ˧pʰaŋ˨˦?王：这是单耳旁。tʂə˧˥sɿ˧˩tæ̃˥˩ər˥˩pʰaŋ˨˦.黄：单耳旁吗叫个啥子。tæ̃˥˩ər˥pʰaŋ˨˦ma˧tɕiao˧kə˧sa˧tsɿ˧.（这些……有有这样的就是说它中间不拐弯儿的，就直接下来的，跟个刀似的。）黄：嗯，叫单耳旁。ə̃˩,tɕiao˧˩tæ̃˥˩ər˥pʰaŋ˨˦.（这个叫单……这个叫……）黄：这是个单耳。tʂə˧˥sɿ˧kə˧tæ̃˥˩ər˥˩.（就说这个……）王：这是耳朵旁嘛。tʂə˧˩sɿ˧˩ər˥tuo˧pʰaŋ˨˦ma˧.黄：耳朵，这是耳朵旁。ər˥tuo˧,tʂə˧˩sɿ˧˩ər˥tuo˧pʰaŋ˨˦.（这是软的，这叫耳朵旁？）黄：啊，嗯。a˩,ə̃˩.王：嗯。ŋ̍˥.（放在这边儿的是不是也是耳朵旁？）王：还……xæɛ˨……黄：这□分了个左耳朵和右耳朵啊？tʂei˧˥niæ̃˨˦fəŋ˥lə˧kə˧tsuo˥ər˥tuo˧xuo˨˦iou˧ər˥tuo˧a˩?王：嗯，那还是耳朵。ŋ̍˩,nə˧xa˨˦sɿ˧ər˥tuo˧.（这叫左耳朵？）黄&王：嗯。ə̃˩.（这叫什么？）王：“除”那，耳朵旁。tʂʰʮ˨nə˧˩,ər˥tuo˧pʰaŋ˨˦.（你们是叫什么旁？）王：耳朵旁。ər˥tuo˧pʰaŋ˨˦.黄：呃就是左耳，左耳哞。ə˩tɕiou˧˩sɿ˧˩tsuo˥ər˥˩,tsuo˥ər˥m̩˧.（这边这个“都”呀？）黄：右耳朵么。iou˧˥ər˥˦tuo˧muo˧.（呃，这个分不分？）王：兀我记是个单耳旁么是咋哞个。væɛ˧˥ŋuo˥tɕi˧sɿ˧kə˧tæ̃˥ər˥˦pʰaŋ˨˦muo˧sɿ˧˩tsa˥m̩˧kə˧˩.

车车

（啊，[写走之儿]这个是什么东西？）黄&王：车车。tʂʰə˥tʂʰə˥˩.（就……就上面写什么什么“建”呐什么什么“进”呐。）黄：啊，对着，嗯，嗯。车车。a˩,tuei˧tʂə˧,ə̃˩,ə̃˩.tʂʰə˥tʂʰə˥˩.（噢，就走……走字底你们是车车？）黄：嗯。ə̃˩.王：这是车车，我们叫车车。tʂə˧sɿ˧tʂʰə˥tʂʰə˥˩,ŋuo˥məŋ˧tɕiao˧tʂʰə˥tʂʰə˥˩.（那这个呢？这写建设的建？这个叫什么？没有一点的。）黄：这个好像是没有啥区别啊？没有……tʂə˧˩kə˧xao˥˦ɕiaŋ˧sɿ˧mei˨iou˥sa˧tɕʰy˥pie˨˦a˧?mei˨˦iou˥˦……王：嗯。ŋ̍˩.（没有一点的是什么？）王：建字它也有一点嘛你，都是人的写的简化啊是那么写法，实际它还是个车车么。建设的建和那就……tɕiæ̃˧˩tsɿ˧˩tʰa˥˩ia˥iou˥˩i˥tiæ̃˥˩ma˧ni˥˩,tou˥˦sɿ˧zəŋ˨ti˧ɕie˥ti˧tɕiæ̃˥xua˧˥a˧sɿ˧nə˧muo˧ɕie˥˩fa˥˩,ʂɿ˨˦tɕi˧˥tʰa˥(x)a˨˩sɿ˧kə˧tʂʰə˥tʂʰə˥˩muo˧.tɕiæ̃˧tʂə˥ti˧tɕiæ̃˧xuo˨˩nə˧tsou˧……（你们那个就叫车车是吧？）黄：嗯。ŋ̍˩.王：我们叫做车车。ŋuo˥məŋ˧tɕiao˧tsuo˧tʂʰə˥tʂʰə˥˩.

补习班

（比如说这个暑假放……放两个，放两个月假。中间还有一段时间你要定期到学校去这个去一下，这个叫什么？）黄：那你是补习班咧，上补习班。nei˧ni˥˦sɿ˧pu˥˦ɕi˨pæ̃˥lie˧,ʂaŋ˧pu˥˦ɕi˨˩pæ̃˥.王：补课么，嗯。pu˥˩kʰə˧˥muo˧,ŋ̍˧.（不是到……就是定期去学校去一天。老师检查检查你的作业呀。）黄：没有。这这样没。没这……没个。muo˥˩iou˥˩.tʂə˧˥tʂə˧˥iaŋ˧˩mei˨.mei˨˦tʂə˧……mei˨˦kə˧˩.（没有这个返校这种说法？）黄：没有返校……mei˨iou˥fæ̃˥˩ɕiao˧……王：这么没得。tʂə˧˥muo˧mei˨tei˥˦.黄：除了办下补习班儿，你去上补习班儿，再没有得。tʂʰɥ˩˨˩liɑɔ˥˩pæ̃˦xɑ˦˨pu˥˩ɕi˩˧pæ̃r˥˩,ni˥˩˨˩tɕʰi˦˥˧ʂɑŋ˦pu˥˩˧ɕi˩˧pæ̃r˥˩,tsæᴇ˦mei˩˧iou˥˩te i˥˩˨˩.

普通话等级

黄：最近我今天早上看这个欸《朝闻快报》头起报道的话，今年从上海已经开始对汉语……汉语拼音的一个，汉语的，中华人民共和国这个国语进行考试了。tsuei˦tɕiŋ˦ŋuo˥˩˧tɕiŋ˥˩˨˩tʰiæ̃˥˩˨˩tsɑɔ˥˩ʂɑŋ˦˨kʰæ̃˦tʂə˦kə˦ei˨˩tʂɑɔ˥˩˨˩vəŋ˩˧kʰuæᴇ˦pɑɔ˦tʰou˩˨˩tɕʰie˥˩˨˩pɑɔ˦tɑɔ˦ti˧xuɑ˦˨,tɕiŋ˥˩˨˩niæ̃˩˧tsʰuoŋ˩˨˩ʂɑŋ˦xæᴇ˥˩˧i˥˩tɕiŋ˥˩˨˩kʰæᴇ˥˩˨˩sɿ˥˩˧tuei˦xæ̃˦y˥˩˧……xæ̃˦y˥˩˧pʰiŋ˥˩iŋ˥˩˨˩ti˨li˥˩˧kə˦,xæ̃˦y˥˩˨˩ti˨,tʂuoŋ˥˩˨˩xuɑ˩˨˩zəŋ˩˧miŋ˩˧˥kuoŋ˦˥˧xuo˩˧kuo˥˩˨˩tʂə˦kə˦kuo˥˩˨˩y˥˩tɕiŋ˦ɕiŋ˩˧kʰɑɔ˥˩˧sɿ˦lə˧.（啊，对对对。）嗯。ə̃˨˩.（很早……很早就在考试了。）就在考试了。认定你这个欸……那你马上，你考这个国语系，嗯，总……总起码也能考及格儿咧。tɕiou˦tsæᴇ˦kʰɑɔ˥˩sɿ˦lə˨.zəŋ˦˥˧tiŋ˦ni˥˩˧tʂə˦kə˦ei˨˩……nei˦ni˥˩mɑ˥˩˨˩ʂɑŋ˦˨,ni˥˩kʰɑɔ˥˩˨˩tʂə˦kə˦kuo˥˩˨˩y˥˩˧ɕi˦,n̩˦,tsuoŋ˥˩˧……tsuoŋ˥˩˧tɕʰi˥˩˧mɑ˥˩˧ie˥˩˨˩nəŋ˩˧kʰɑɔ˥˩˧tɕi˩˧kər˥˩lie˨.（嗯，那这个这个它……它那个是……是针对外国人的。）针对外国人的，啊？tʂəŋ˥˩˨˩tuei˦væᴇ˦kuo˥˩˨˩zəŋ˩˨˩ti˧,ɑ˨?（啊。）欸，我看他考试不是外国人啊。ei˩˧,ŋuo˥˩kʰæ̃˦tʰɑ˥˩˧kʰɑɔ˥˩sɿ˦pu˩˨˩sɿ˦væᴇ˦kuo˥˩˨˩zəŋ˩˨˩ɑ˨˩!（有日本人嘛。）欸，今天这个考场里头满是老……满是中国人考的啊。ei˩˧,tɕiŋ˥˩tʰiæ̃˥˩˨˩tʂə˦kə˦kʰɑɔ˥˩˧tʂʰɑŋ˥˩˧li˥˩˨˩tʰou˨mæ̃˥˩sɿ˦lɑɔ˥˩˧……mæ̃˥˩sɿ˦tʂuoŋ˥˩kuo˥˩˨˩zəŋ˩˧kʰɑɔ˥˩tiɑ˨.（噢，还有这样的啊？）噢，满是中国人考着咧啊。ɑɔ˨˩,mæ̃˥˩˧sɿ˦tʂuoŋ˥˩kuo˥˩˨˩zəŋ˩˨˩kʰɑɔ˥˩˧tʂə˧liɑ˨.（那我不知道这个东西。）他晓是对这些师范院里校的些教师……tʰɑ˥˩˧ɕiɑɔ˥˩˧sɿ˦tuei˦tʂei˦˨ɕie˥˩˨˩sɿ˥˩˨˩fæ̃˦yæ̃˦li˧ɕiɑɔ˦ti˨ɕie˥˩˨˩tɕiɑɔ˦sɿ˥˩˧……（噢，那……）必须达疑为"拿"之讹到资格证哩嘛。pi˥˩˧ɕy˥˩˧tɑ˩˨˩tɑɔ˦tsɿ˥˩kəŋ˨˩（←kə˥˩）tʂəŋ˦li˨mɑ˨.（那是汉语的水平。）汉语水平。必须你把你汉语水平等级资格证拿出来。我们这儿这考的是普通话，我们这里是这个欸教师欸有普通话等级咧。你普通话不过关，你这个教学就有问题。发不了证书这是个。xæ̃˦y˥˩˧ʂuei˥˩pʰiŋ˩˨˩.pi˥˩˧ɕy˥˩˧ni˥˩pɑ˥˩˨˩ni˥˩˧xæ̃˦y˥˩˧ʂuei˥˩pʰiŋ˩˨˩təŋ˥˩tɕi˥˩˨˩tsɿ˥˩kə˥˩˨˩tʂəŋ˦nɑ˩˨˩tʂʰɥ˥˩˨˩læᴇ˩˨˩.ŋuo˥˩məŋ˨tʂər˦˧tʂə˦kʰɑɔ˥˩ti˨sɿ˦˨pʰu˥˩tʰuoŋ˥˩˨˩xuɑ˦,ŋuo˥˩məŋ˨tʂə˦˧li˥˩˧sɿ˦tʂə˦kə˦ei˨˩tɕiɑɔ˦˥˧sɿ˥˩˨˩əʟiou˥˩˧pʰu˥˩tʰuoŋ˥˩˨˩xuɑ˦˥˧təŋ˥˩˧tɕi˥˩˧lie˨.ni˥˩˨˩pʰu˥˩tʰuoŋ˥˩˨˩xuɑ˦˥˧pu˩˨˩kuo˦kuæ̃˥˩,ni˥˩˧tʂə˦kə˦tɕiɑɔ˥˩˧ɕyo˩˧tsou˦iou˥˩˨˩vəŋ˦tʰi˩˨˩lie˨.fɑ˥˩˨˩pu˩˨˩liɑɔ˥˩˧tʂəŋ˦˧ʂɥ˥˩˨˩tʂə˦sɿ˦˨kə˦˨.

笔

（写字儿的这个笔呀，一般有哪些，哪些？）黄：那都最起码来说铅笔。nə˦˥˧tou˥˩˨˩tsuei˦tɕʰi˥˩mɑ˥˩læᴇ˩˨˩ʂuo˥˩˨˩tɕʰiæ̃˥˩pi˥˩˨˩.王：铅笔。油笔。tɕʰiæ̃˥˩pi˥˩˨˩.iou˩˧pi˥˩˨˩.黄：油笔。iou˩˧pi˥˩˨˩.（油笔是什么东西？）王：油笔叫圆珠笔么。iou˩˧pi˥˩tɕiɑɔ˦yæ̃˩˨˩tʂɥ˥˩pi˥˩˨˩muo˨.黄：圆珠笔是。yæ̃˩˨˩tʂʰɥ˥˩pi˥˩˨˩sɿ˦˨.（噢，你们这叫油笔？）王：油笔，嗯。iou˩˧pi˥˩˨˩,ə̃˨˩.黄：油笔么，嗯。iou˩˧pi˥˩muo˨,ə̃˨˩.（铅笔，这个大家都知道的。）黄：嗯。ə̃˨˩.王：大家都知道。tɑ˦tɕiɑ˥˩˧tou˥˩˧tʂɿ˥˩tɑɔ˦˨.（还有什么没有？）黄：钢笔它。kɑŋ˥˩pi˥˩tʰɑ˥˩˨˩.（钢笔。）黄：蘸笔么。tsæ̃˦pi˥˩muo˨.（噢，蘸水儿的那个叫蘸笔？）黄&王：啊，蘸笔。ɑ̃˨˩,tsæ̃˦˧pi˥˩˨˩.黄：下面就是毛笔么。ɕiɑ˦miæ̃˦tɕiou˦sɿ˦mɑɔ˩˧pi˥˩muo˨.（毛笔？）王：嗯。毛笔。还有小字笔么。ŋ̍˨˩,mɑɔ˩˧pi˥˩˨˩.xæᴇ˩˨˩iou˥˩˧ɕiɑɔ˥˩tsɿ˦pi˥˩˨˩muo˨.（小字笔是什么？）黄：毛笔里头分……分大楷儿和……mɑɔ˩˧pi˥˩li˥˩˧tʰou˧fəŋ˥˩˨˩……fəŋ˥˩˨˩tɑ˦˧kʰər˥˩xuo˩˧……王：毛笔里头它分欸……mɑɔ˩˧pi˥˩li˥˩˨˩tʰou˧tʰɑ˥˩˧fəŋ˥˩˧ei˦……黄：大楷……大楷儿、中楷儿、小楷儿嗯。tɑ˦kʰ……tɑ˦kʰər˥˩˨˩,tʂuoŋ˥˩˨˩kʰər˥˩˧,ɕiɑɔ˥˩kʰər˥˩˨˩m̩˨.王：小字笔咧。ɕiɑɔ˥˩tsɿ˦pi˥˩lie˨.（笔的这个，这个地方叫什么？）黄：笔杆儿。pi˥˩˨˩kæ̃r˥˩.王：笔杆儿嗯。pi˥˩˨˩kæ̃r˥˩m̩˨.（这个地方呢？）王：笔尖

儿。pi˥˩tɕiæ̃r˥.（像过去那个这个钢笔呀，它有的是金的那个尖子，怎么……）黄：铱金尖。i˥tɕiŋ˥˩tɕiæ̃˥˩.王：铱金尖。i˥˦tɕiŋ˥˩tɕiæ̃˥˩.黄：分铱金尖、赤金尖儿么。fəŋ˥˩i˥tɕiŋ˥˩tɕiæ̃˥,tʂʰʅ˥tɕiŋ˥tɕʰiæ̃r˥muo˧.（什么叫铱金尖、赤金尖？）黄：它那个上头就本来是，铱金尖它是指上面儿指……指前头那个头头，镀了那么一点点儿么。还有叫赤金尖儿的那。过去那个英雄钢笔，那个指拇奘的那个英雄钢笔，那个头头子那个欸，笔尖尖上那是带黄金的。tʰɑ˥˦nə˧kə˧ʂaŋ˧˥tʰou˧tɕiou˧pəŋ˥læᴇ˧˩sɿ˧˩,i˥tɕiŋ˥˩tɕiæ̃˥tʰɑ˥sɿ˧˩tsɿ˥˩ʂaŋ˧˥miæ̃r˧˩tsɿ˥˩ts……tsɿ˥tɕʰiæ̃˧˩tou˧nə˧kə˧tʰou˧˩tʰou˧˦,tu˧˥lə˧næᴇ˧muo˧i˥˥tiæ̃˥˩tiæ̃r˥muo˧.xæᴇ˧˩iou˥˦tɕiao˧tʂʰʅ˥tɕiŋ˥˩tɕiæ̃r˥ti˧nei˧˩.kuo˧tɕʰy˧nə˧kə˧iŋ˥ɕyoŋ˧˩kaŋ˥˥pi˥˩,nə˧˩kə˧˩tʂʅ˥˦mu˥˦tʂuaŋ˥˦ti˧nə˧˩kə˧˩iŋ˥ɕyoŋ˧˩kaŋ˥˥pi˥˩,nə˧kə˧tʰou˧˩tʰou˧˥tsɿ˧nə˧kə˧ei˩,pi˥˩tɕiæ̃˥tɕiæ̃˥˩ʂaŋ˧˩nei˧sɿ˧tæᴇ˧˩xuaŋ˧tɕiŋ˥ti˧.（啊，铱金尖贵还是那个……）黄：欸，黄欸，赤……赤金尖子贵么你。ei˧,xuaŋ˧ei˩,tʂʰ……tʂʰʅ˥tɕiŋ˥˩tɕiæ̃˥tsɿ˧kuei˧muo˧ni˥˦.王：赤金尖么。tʂʰʅ˥tɕiŋ˥˩tɕiæ̃˥muo˧.（铱金是哪个铱呀？）铱是这个单立人，过来个衣服的依么，铱金。i˥sɿ˧˩tʂə˧˩kə˧˩tæ̃˥˥li˥zəŋ˧˩,kuo˧læᴇ˧˦kə˧i˥fu˧ti˧i˥muo˧,i˥˦tɕiŋ˥˩.（那钢笔叫不叫水笔？）黄&王：叫水笔。tɕiao˧ʂuei˥˩pi˥˩.（钢笔这个还有一个拧上去的那个。）黄：帽儿么。钢笔帽儿么。maor˧muo˧.kaŋ˥˩pi˥˩maor˧muo˧.（笔帽儿？）黄：嗯。ŋ̍˩.王：嗯。笔帽儿。ŋ̍˩.pi˥˩maor˧.黄：毛笔里头，毛笔还有帽儿咧，它毛笔。mao˧pi˥li˥˩tʰou˧,mao˧pi˥xæᴇ˧iou˥maor˧lie˧,tʰɑ˥˩maor˧pi˥.（毛笔也有帽儿，也是笔帽儿吗？）黄：嗯？ə̃˧?王：那是塑料帽儿咧。过去是那……nei˧sɿ˧sɥ˧liao˧˥maor˧lie˧.kuo˧tɕʰy˧sɿ˧˩nə˧……黄：现在……过去是铜的啊。ɕiæ̃˧tsæᴇ˧……kuo˧tɕʰy˧sɿ˧˩tʰuoŋ˧˩tia˧.王：过去是那……kuo˧tɕʰy˧sɿ˧˩nə˧……黄：铜的铁的。tʰuoŋ˧˩ti˧tʰie˥ti˧.王：噢，过去是铜帽，铁，铜帽。ɑɔ˩,kuo˧tɕʰy˧sɿ˧tʰuoŋ˧mao˧˩,tʰie˥,tʰuoŋ˧mao˧˩.（这，也叫笔帽儿吗？）黄：笔帽儿，嗯。pi˥˩maor˧,ŋ̍˩.（那个这个叫笔尖儿，那毛笔的那个那些毛，那玩意儿叫什么东西？）黄：那还……nə˧xæᴇ˧˩……王：那下兀叫……nə˧˩xa˧væᴇ˧tɕiao˧˥……（那是这号……那是一个杆子，你……有的这个那个是人家做……做好了……）王：筒上去。tʰuoŋ˥ʂaŋ˧tɕʰy˧.黄：筒进去的它。tʰuoŋ˥tɕiŋ˧tɕʰi˧˥ti˧tʰɑ˥˩.（筒进去。那杆子可不值钱，但是人家好……好的这个毛笔就就指着那那些毛呢。）黄：就指那个欸。tɕiou˧˥tʂʅ˥nei˧˥kei˧˩.（那个那玩意儿叫什么，那些毛？）黄：毫。xɑɔ˧.（笔毫？）黄：笔头子叫毫嘛。pi˥˩tʰou˧tsɿ˧tɕiao˧xɑɔ˧ma˧.王：啊，叫毫。ɑ̃˥,tɕiao˧xɑɔ˧.黄：毫嘛。xɑɔ˧ma˧.（有没有叫笔头的？）黄：有叫笔头的。y˦（←iou˥）tɕiao˧pi˥˩tʰou˧˩ti˧.王：也有叫笔头的，也叫毫。ie˥iou˥˦tɕiao˧pi˥˩tʰou˧˩ti˧,ie˥˦tɕiao˧xɑɔ˧˩.（哪种说得多？）黄：笔头多么。笔头土么。毫就是这个知道的一点儿人把那叫毫咧。pi˥˩tʰou˧tuo˥muo˧.pi˥˩tʰou˧tʰu˥muo˧.xɑɔ˧tsou˧˩sɿ˧˥tʂə˧kə˧tʂʅ˥tao˧˩ti˧i˥˩tiæ̃r˥˦zəŋ˧˦pa˥˩næᴇ˧tɕiao˧xɑɔ˧lie˧.（笔尖子有没有叫笔舌头的？）黄：有，有舌头咧。水笔你必须有舌头。iou˥,iou˥ʂə˧˩tʰou˧lie˧.ʂuei˥pi˥˩ni˥˩pi˥˦ɕy˥˦iou˥˦ʂə˧˩tʰou˧.王：笔舌头那就是笔尖，水笔，水笔底下那个欸，尖子底下那个就叫个笔舌头。pi˥˩ʂə˧˩tʰou˧nei˧tɕiou˧sɿ˧pi˥˦tɕiæ̃˥˦,ʂuei˥pi˥˩,ʂuei˥pi˥˩ti˥xa˧˩nə˧kə˧ei˩,tɕiæ̃˥tsɿ˧ti˥xa˧nei˧kə˧tɕiou˧tɕiao˧˩kə˧˩pi˥ʂə˧˩tʰou˧.黄：这是……tʂei˧sɿ˧˩……（尖子下面这些东西？）黄：啊，那叫舌头么。ɑ˩,nei˧tɕiao˧ʂə˧˩tʰou˧muo˧.王：啊，那叫舌头。ɑ˩,nei˧tɕiao˧ʂə˧˩tʰou˧.（这个是……是这个斜下来那……那……）黄&王：啊，那叫舌头呣。ɑ˩,nei˧˥tɕiao˧ʂə˧˩tʰou˧m̩˧.（笔舌头？）王&黄：嗯。ŋ̍˩.（叫什么？）黄&王：笔舌头。pi˥˩ʂə˧˩tʰou˧.（你你再念一遍，黄老师。）黄：笔舌头呣。pi˥ʂə˧˩tʰou˧m̩˧.（这个这是蘸水笔。这钢笔里头还有个什么胆，那那个东

西……）王：那，那也叫那……nei˥,nei˥ɑ˥˧˩tɕiɑɔ˥nei˥……黄：肠子么。tʂʰɑŋ˨˦˨˩tsɿ˦muo˧.王：笔肠子嘛。pi˥˧˩tʂʰɑŋ˨˦˨˩tsɿ˦mɑ˧.黄：笔肠子么。pi˥˧˩tʂʰɑŋ˨˦˨˩tsɿ˦muo˧.（噢，它不叫笔胆儿，也不叫笔管儿。）黄：不叫。叫笔肠子咧么。pu˧˥tɕiɑɔ˥.tɕiɑɔ˥pi˥˧˧tʂʰɑŋ˨˦˨˩tsɿ˦liem˧.王：嗯，叫笔肠子。ŋ̍˩,tɕiɑɔ˥pi˥˧˧tʂʰɑŋ˧˥tsɿ˦.（它里头还有根儿那个芯吧，有一根儿那个塑料。）黄：吸管儿么。ɕi˥˧˩kuæ̃r˥˧muo˧.王：笔芯，那叫吸管儿。pi˥˧˩ɕiŋ˥˧,nei˥tɕiɑɔ˥ɕi˥˧˩kuæ̃r˥˧˧.（你们这里头，那外头那层橡皮你们就叫……）黄：叫皮肠子。tɕiɑɔ˥pʰi˧˥tʂʰɑŋ˨˦˨˩tsɿ˧.王：皮肠子咧么。pʰi˧˥tʂʰɑŋ˨˦˨˩tsɿ˦liem˧.（它有的时候外头还套一个那个什么东西。）黄：卡子。tɕʰiɑ˥˧tsɿ˧.（呃，卡子。）逮住捏咧么。那个一捏那个，有弹性那个咧么。tæᴇ˥˧˩tʂʯ˥˩nie˥˧lie˧muo˧.nə˥˩kə˥˩i˨˩˦nie˥˧nei˥˩kə˥˩,iou˥˧tʰæ̃˧˥ɕiŋ˥nə˥kə˥liem˦.王：笔卡子pi˥˧˩tɕʰiɑ˥˧tsɿ˧.（圆珠笔呀，它这个，你们叫油笔啦。）黄：嗯。ŋ̍˩.王：啊，叫油笔。ɑ̃˥,tɕiɑɔ˥˩iou˧˥pi˥˧˩.（这个写完了以后，我里头那个东西可以丢掉再换。）王：笔信么。pi˥˧˩ɕiŋ˥muo˧.黄：圆子笔信儿么。yæ̃˨˦˨˩tsɿ˥˧pi˥˧˩ɕiə̃r˥muo˧.（这个铅笔的呢？这中间这个。）铅。tɕʰiæ̃˥˧.（这个“铅”就是指的是铅笔的芯？）黄：啊，铅笔的芯芯。ɑ˥˧,tɕʰiæ̃˥˧pi˥˧˩ti˧ɕiŋ˥˧ɕiŋ˥˧˩.

（圆珠笔都叫油笔？有没有别的说法？）黄：才开始那几年，这多一半儿还都叫圆珠笔啊？tsʰæᴇ˧˥kʰæᴇ˥˧˩sɿ˥˧nei˥tɕi˥˧niæ̃˧˥,tʂə˥˩tuo˥˧i˥˧˩pæ̃r˥xɑ˨˦˨˩tou˥˧˧tɕiɑɔ˥yæ̃˨˦˨˩tʂʯ˥˧pi˥˧˧ɑ˩?王：欸，开始原来一直叫的油笔。ei˩,kʰæᴇ˥˧˩sɿ˥˧yæ̃˨˦˨˩læᴇ˧˥˥i˥˧˩tʂʅ˧˥˥tɕiɑɔ˥ti˦iou˧˥pi˥˧˩.黄&王：油笔。最后□把那叫圆珠笔。iou˧˥pi˥˧˩.tsuei˥xou˥niæ̃˨˦˨˩pɑ˥˧˩næᴇ˥tɕiɑɔ˥yæ̃˨˦˨˩tʂʯ˥˧pi˥˧˩.（开始叫油笔？）黄&王：嗯。ŋ̍˩.王：因为它那个油笔里头是，它是灌了是油墨。iŋ˥˧˩vei˥˧˥tʰɑ˥˧˧nə˥kə˥iou˧˥pi˥˧˩li˥˧tʰou˧sɿ˥,tʰɑ˥˧˧sɿ˥kuæ̃˥lə˦sɿ˥iou˧˥muo˨˦˨˩.（油墨？）王：油墨。iou˧˥muo˧˥˧.黄：油墨，啊？油笔。也称欸……iou˧˥˧muo˧˥˧,ɑ˩?iou˧˥pi˥˧˩.iɑ˥˧˧tʂʰəŋ˥˧˧ei˧˥……王：一叫人这个称油笔。i˥˧˩tɕiɑɔ˥zəŋ˧˥tʂə˥kə˥tʂʰəŋ˥˧iou˧˥pi˥˧˩.黄：嗯。ŋ̍˩.王：圆珠笔还是以后□晓咋么把那叫个圆珠笔了。yæ̃˨˦˨˩tʂʯ˥˧˧pi˥˧xɑ˨˦˨˩sɿ˥i˥˧xou˥˨˩˦niæ̃˨˦˨˩ɕiɑɔ˥˧˧tsɑ˥˧muo˧pɑ˥˧˩nei˥tɕiɑɔ˥kə˥yæ̃˨˦˨˩tʂʯ˥˧pi˥˧lə˧.黄：那个头那个顶顶是和那个的像。nə˥˩kə˥˩tʰou˨˦˨˩nə˥kə˥tiŋ˥˧tiŋ˥˧˧sɿ˥˩xə˧˥nə˥kə˥tə˦ɕiɑŋ˥˩.

墨

（那过去写……写毛笔字，你们一般用什么？用墨汁还是用什么？）黄：过去，我们写，才开始写毛笔字么，放磨墨咧。kuo˥˨˩˦tɕʰy˥,ŋuo˥˧məŋ˧ɕie˥˧,tsʰæᴇ˧˥kʰæᴇ˥˧˩sɿ˥˧˧ɕie˥˧mɑɔ˧˥˩pi˥˧˩tsɿ˥muo˧,fɑŋ˥muo˧˥mei˨˦˨˩lie˧.王：那叫砚台。nei˥tɕiɑɔ˥iæ̃˥˨˩˦tʰæᴇ˨˦˨˩.黄：砚台，拿砚台。要买咧，买下那墨锭子磨咧。iæ̃˥tʰæᴇ˨˦˨˩,nɑ˨˦˨˩iæ̃˥tʰæᴇ˨˦˨˩.iɑɔ˥mæᴇ˥˧˩lie˧,mæᴇ˥˧xɑ˥˩nə˥˩mei˧˥tiŋ˥˨˩˦tsɿ˧muo˧˥lie˦.王：那会儿是，墨，墨锭子。nə˥xuər˥sɿ˥,mei˧˥,mei˧˥tiŋ˥tsɿ˧.（墨锭子？）黄：啊。ɑ̃˥.王：嗯，墨锭子。在砚台上磨下，磨……ŋ̍˩,muo˧˥tiŋ˥tsɿ˧.tsæᴇ˥˩iæ̃˥tʰæᴇ˨˦˨˩ʂɑŋ˥˩muo˨˦˨˩xɑ˥,muo˧˥……黄：嗯，磨墨咧么。把水蘸上以后磨咧。ŋ̍˩,muo˧˥mei˧˥˧liem˦.pɑ˥˧˩ʂuei˥˧tsæ̃˥ʂɑŋ˥i˥˧˩xou˥˧˥muo˨˦˨˩lie˦.王：倒点水以后磨，磨，磨好些些。tɑɔ˥tiæ̃˥˧˧ʂuei˥˧i˥˧˩xou˥muo˧˥,muo˧˥,muo˧˥xɑɔ˥˧ɕie˥˧˩ɕie˥˧˩.黄：磨糊了以后，才能写咧。muo˧˥xu˨˦˨˩lə˦i˥˧˧xou˥,tsʰæᴇ˨˦˨˩nəŋ˧˥˧ɕie˥˧lie˧.王：砚台。iæ̃˥tʰæᴇ˨˦˨˩.（砚台？）王：嗯。ŋ̍˩.黄：砚台是，最后……到最后了，现在是早倒都有了墨……墨汁了，就是咱们这些。iæ̃˥tʰæᴇ˧˥˧sɿ˥,tsuei˥xou˥˨˩˦……tɑɔ˥tsuei˥xou˥lə˧,ɕiæ̃˥tsæᴇ˥sɿ˥tsɑɔ˥˧˧tɑɔ˥tou˥˧iou˥˧lə˧muo˧˥……muo˧˥tʂʅ˥˧lə˧,tsou˥˩sɿ˥˩tsɑ˧˥məŋ˥tʂə˥ɕie˥˧˧.（你们叫磨墨？有……有没有叫研墨的？）黄：欸，研墨么，啊？ei˩,iæ̃˧˥muo˧˥˥muo˧,ɑ˥?王：就是研墨。tɕiou˥˥sɿ˥˩iæ̃˧˥˧muo˨˦˨˩.（叫什么？）黄&王：研墨。iæ̃˧˥muo˨˦˨˩.（哪种说得最老？）黄：磨……这……我最土的话就是磨墨哩。muo……tʂə……

ŋuo˥˧˧tsuei˦˧tʰu˥˧ti˧xua˦tɕiou˦˨sɿ˦˨muo˩˧mei˩˧˩li˨.王：就是磨墨。tɕiou˦sɿ˦muo˩˧mei˩˧˩.黄：农村土话就是磨墨姆。luoŋ˩˧tsʰuoŋ˥˧tʰu˥˧xua˦tɕiou˦sɿ˦muo˩˧mei˩˧m̩˨.（这个墨弄好了叫什么？）黄：磨好了。muo˩˧˩xaɔ˥˧lə˧.王：磨好了。muo˩˧xaɔ˥˧lə˧.（当然这个，这个比啊砚台了，还有的这种方便的墨，因为砚台带来带去也不方便。）黄：墨盒儿，墨盒儿么。兀都是一般，头里咱……咱们最初用的是铜墨盒。那人家黄铜……muo˩˧xər˩˧,mei˩˧xər˩˧muo˨.væᴇ˦˥tou˥˧˩sɿ˦˨i˥˧pæ̃˥˧˩,tʰou˩˧˩li˥˧tsə……tʂɑ˩˧məŋ˧tsuei˦tʂʰʮ˥˧˩yoŋ˦ti˧sɿ˦tʰuoŋ˩˧mei˩˧˧xə˩˧˩.nə˦˨zəŋ˩˧tɕia˥˧˩xuaŋ˩˧tʰuoŋ˩˧……（铜的？）黄：红铜造下的。上头都带一定工艺的。到最后了就是发展到塑料，发展它那些塑料盒盒。xuoŋ˩˧tʰuoŋ˩˧tsaɔ˦xa˦ti˧.ʂaŋ˦tʰou˧tou˥˧˧tæᴇ˦i˥˧˩tiŋ˦kuoŋ˥˧˩i˦˥ti˧.taɔ˦˨tsuei˦xou˦˧lə˧tɕiou˦˨sɿ˦˨fa˥˧˩tʂæ̃˥˧˧taɔ˦suo˦liaɔ˦,fa˥˧˩tʂæ̃˥˧tʰa˥˧˩nei˦ɕie˥˧˩sʮ˦liaɔ˦xuo˩˧˩xuo˩˧˧.王：塑料的。sʮ˦liaɔ˦ti˧.（有墨汁这种？）黄：有么。iou˥˧muo˧.（有墨汁？）黄：啊，有墨汁了。ɑ˨˩,iou˥˧muo˩˧˩tʂʅ˥˧lə˧.（叫墨汁还是mei˩˧tʂʅ˥˧？）黄：墨汁。mei˩˧tʂʅ˥˧.（我蘸好了墨，这个磨好了墨，蘸一下，还要这样来一下。这叫什么？）黄：嗯。担笔。ŋ̍˨˩.tæ̃˦˧pi˥˧.王：嗯。担笔。ŋ̍˨˩.tæ̃˦pi˥˧˩.

（这个我们写字儿的那个墨水儿啊，有好几种呢。分哪些？不是不是那个墨……墨汁儿啊。钢笔的那个水有红……）黄：那有红墨水……红墨水儿，蓝墨水儿。nei˦˥iou˥˧˩xuoŋ˩˧muo˩˧˩ʂ……xuoŋ˩˧muo˩˧˩ʂuər˥˧,læ̃˩˧muo˩˧˩ʂuər˥˧.王：蓝墨……黑的，黑的。læ̃˩˧m……xei˥˧ti˧,xei˥˧ti˧.黄：黑的么。黑的就叫碳素了，碳素墨水儿，红墨……蓝……红蓝墨水儿，就是碳素墨……碳素墨水儿。xei˥˧tim˧.xei˥˧ti˧tɕiou˦˨tɕiaɔ˦˨tʰæ̃˦sʮ˦lə˧,tʰæ̃˦sʮ˦muo˩˧˩ʂuər˥˧,xuoŋ˩˧mə……l……xuoŋ˩˧læ̃˩˧mei˩˧˩ʂuər˥˧,tɕiou˦˨sɿ˦˨tʰæ̃˦sʮ˦mə……tʰæ̃˦sʮ˦mei˩˧˩ʂuər˥˧˩.（碳素墨水儿？）黄：嗯。三种颜色姆。ŋ̍˨˩.sæ̃˥˧tʂuoŋ˥˧iæ̃˩˧˩sei˥˧m̩˧.

（拿这个笔，这叫什么？）黄：蘸咧。tsæ̃˦lie˨.（叫蘸笔还是蘸水？）王：蘸笔。tsæ̃˦˧pi˥˧˩.黄：蘸姆。tsæ̃˦m̩˧.王：蘸笔。tsæ̃˦˧pi˥˧˩.（钢笔这么。）王：钢笔那吸咧，吸墨水么，吸水。kaŋ˥˧˧pi˥˧˩nei˦ɕi˥˧lie˧,ɕi˥˧˩mei˩˧˩ʂuei˥˧muo˧,ɕi˥˧˩ʂuei˥˧.（吸水，有没有说什么灌水儿的说法？）王：没有。mei˩˧iou˥˧˩.黄：没有。mei˩˧˧iou˥˧˩.（就是吸水儿？）黄&王：嗯。ŋ̍˨˩.黄：有叫……有打水儿这个说法咧，打一笔墨水。iou˥˧˩tɕiaɔ˦……iou˥˧˧ta˥˧ʂuər˥˧˩tʂei˦˨kə˦˨ʂuo˥˧fa˥˧˩lie˧,ta˥˧i˥˧˩pi˥˧mei˩˧˩ʂuei˥˧.（打了这是……这个管子你打一管子还是打一个什么？）黄：打一……打一笔么。ta˥˧˧i……ta˥˧i˥˧˩pi˥˧muo˧.王：打一……我们这儿叫打一笔墨水。ta˥˧i˥˧˩……ŋuo˥˧məŋ˧tʂər˦tɕiaɔ˦ta˥˧i˥˧˩pi˥˧mei˩˧˩ʂuei˥˧.黄：打一笔墨水么。打一……ta˥˧i˥˧˩pi˥˧mei˩˧˩ʂuei˥˧muo˧.ta˥˧˩i˥˧˩……（笔？）黄：啊。ɑ˨.王：嗯。ŋ̍˥˧.（打一笔？）黄&王：嗯。ŋ̍˨˩.

铅笔盒儿

（这个玩意儿叫什么？）黄：铅笔盒儿么。tɕʰiæ̃˥˧pi˥˧˩xər˩˧muo˨.（铅笔盒还是文具盒？）王：铅笔盒。tɕʰiæ̃˥˧pi˥˧˩xə˩˧˩.黄：最初叫铅笔盒儿咧，最后到现在才是个大了，盒盒越大了，叫成了文具盒儿了。tsuei˦tʂʰʮ˥˧˩tɕiaɔ˦˨tɕʰiæ̃˥˧pi˥˧˩xuor˩˧lie˧,tsuei˦xou˦taɔ˦˨ɕiæ̃˦tsæᴇ˦tsʰæᴇ˩˧˩sɿ˦˨kə˦˨ta˦˧lə˧,xuo˩˧˩xuo˩˧˥yo˥˧˩ta˦˧lə˧,tɕiaɔ˦tʂʰəŋ˩˧˩lə˨vəŋ˩˧˩tɕy˦˥xuor˩˧˩lə˨.（文具盒还是后……后来的？）黄：后来的有装……装的东西多了，啥都装进去了。过去那个铅笔盒儿，薄薄儿的一点点嘛。xou˦˧læᴇ˩˧˩ti˧iou˥˧˧tʂ……tʂuaŋ˥˧ti˧tuoŋ˥˧ɕi˧tuo˥˧lə˧,sa˦˧tou˥˧˩tʂuaŋ˥˧˩tɕiŋ˦tɕʰi˦lə˨.kuo˦tɕʰy˦nə˦˨kə˦˨tɕʰiæ̃˥˧pi˥˧˩xuor˩˧,puo˩˧puor˩˧˩ti˨i˥˧˩tiæ̃˥˧tiæ̃˥˧mɑ˧.

削笔刀刀儿、铅笔镟

（这个，铅笔盒儿里头那个，这种。）王：削铅笔那个刀。

ɕyo˥˩tɕʰiæ̃˥˩pi˥˩nei˥ka˥tao˥.黄：削……削笔刀刀儿㖏。ɕ……ɕyo˥˩pi˥˩tao˥taor˥˩m̩˩.（叫削笔刀刀？）黄&王：嗯。ŋ̍˩.王：削……ɕiao˥˩……（再怎么说？）王：削笔刀㖏。ɕyo˥˩pi˥˩tao˥˩m̩˩.黄：铅儿笔镟么。tɕʰyæ̃r˩（←tɕʰiæ̃˥）pi˥˩ɕyæ̃˥muo˩.王：铅笔镟。tɕʰiæ̃˥˩pi˥˩ɕyæ̃˥.（叫什么？）王：铅笔镟。tɕʰiæ̃˥˩pi˥˩ɕyæ̃˥.（这种的[指着手摇削笔器]你们叫什么呢？没见过？）黄：这个没没……这可是最后才出来的㖏。tʂei˥˩ka˥˩mei˩mei˩……tʂei˥˩kʰə˥sɿ˥˩tsuei˥xou˥tsʰæᴇ˩tʂʰɥ˩læᴇ˩ti˩m̩˩.王：没见过。这也是跟兀铅笔镟是一个辙。mei˩tɕiæ̃˥kuo˥.tʂə˥a˥˩sɿ˥˩kəŋ˥˩væᴇ˥tɕʰiæ̃˥˩pi˥˩ɕyæ̃˥sɿ˥i˥˩kə˥tʂə˩.黄：一个辙子。i˥˩kə˥tʂə˩tsɿ˩.

尺子、三角板儿、圆规、量角器

（这里头还有的放着一管儿这个，比如说这个长长的这个。）黄&王：尺子。tʂʰɿ˥tsɿ˩.黄：有的叫尺子，有的是三角板儿么。iou˥ti˩tɕiao˥tʂʰɿ˥tsɿ˩,iou˥ti˩sɿ˥˩sæ̃˥tɕiao˥˩pæ̃r˥muo˩.（噢，三角板儿？）黄：嗯。三角板儿，尺子。那这个文具……现在这个文具盒里头你买个，买上一套儿的话，里头有直尺，有欸三角板儿。ŋ̍˩.sæ̃˥tɕyo˥˩pæ̃r˥˩,tʂʰɿ˥tsɿ˩.næᴇ˥tʂə˥˩kə˥˩vəŋ˩tɕy……ɕiæ̃˥tsæᴇ˥tʂə˥˩kə˥˩vəŋ˩tɕy˥xuo˩li˥tʰou˩ni˥˩mæᴇ˥kə˥˩,mæᴇ˥ʂaŋ˥˩i˥˩tʰaor˥ti˩xua˥˩,li˥tʰou˩iou˥˩tʂɿ˩tʂʰɿ˥,iou˥ei˩sæ̃˥tɕyo˥˩pæ̃r˥.王：嗯。圆规，圆规。ŋ̍˩.yæ̃˩kuei˥,yæ̃˩kuei˥.黄：圆规。yæ̃˩kuei˥.（也有圆规？）黄：啊。量角器。a˩.liaŋ˩tɕiao˥˩tɕʰi˥.（量角器你们一般叫什么？）王：就叫量角器。tɕiou˥˩tɕiao˥˩liaŋ˩tɕyo˥˩tɕʰi˥˩.黄：就叫量角器么，啊？tɕiou˥tɕiao˥liaŋ˩tɕyo˥˩tɕʰi˥muo˩,a˥?

垫板儿

（写字儿的时候，考试的时候经常，就一张纸，他写得不是很顺畅，下面还要垫一块儿这个东西。那个那个东西叫什么？）黄：啊，那咱们，我们面都很少用这个东西反正。æ˩,nei˥tʂa˩məŋ˩,ŋuo˥məŋ˩miæ̃˥tou˥˩xəŋ˥ʂao˥yoŋ˥tʂə˥˩kə˥˩tuoŋ˥˩ɕi˩fæ̃˥˩tʂəŋ˥.（没有这种东西吗？）黄：啊，我们那都是衬一张纸就对了。a˩,ŋuo˥məŋ˩nei˥tou˥˩sɿ˥˩tsʰəŋ˥i˥˩tʂaŋ˥˩tsɿ˥tɕiou˥˩tuei˥lə˩.（衬一张纸？）黄：啊，怕洇过去的话，你就衬一张纸。a˩,pʰa˥iŋ˥kuo˥tɕʰi˥ti˩xua˥,ni˥˩tsou˥tsʰəŋ˥i˥˩tʂaŋ˥˩tsɿ˥˩.（不是，有的这个不是很……写起来不是很顺畅，这个木头桌子嗯它有纹理嘛。垫一个光光的那玩意儿，有没有？）黄：没有。mei˩iou˥.王：咱们上头那没有。tsa˩məŋ˩ʂaŋ˥tʰou˩na˥mei˩iou˥.黄：他们不用。我们都没有用过。tʰa˥məŋ˩pu˩yoŋ˥.ŋuo˥məŋ˩tou˥˩mei˩iou˥˩yoŋ˥kuo˥.王：现在也是没用啊。ɕiæ̃˥tsæᴇ˥æ˥˩sɿ˥˩mei˩yoŋ˥a˥.黄：现在都不用那东西这里。ɕiæ̃˥tsæᴇ˥tou˥˩pu˩yoŋ˥na˥tuoŋ˥˩ɕi˩tʂə˥li˥˩.（有没有说垫板这种东西？）黄：没有。这除咧我们这儿这……muo˥˩iou˥˩.tʂə˥tʂʰɥ˩lie˩ŋuo˥məŋ˩tʂər˥tʂə˥……王：现在欸过去，原来用那个垫板儿那就是开这号儿，开这号儿发票，会计……ɕiæ̃˥tsæᴇ˥ei˥kuo˥tɕʰy˥,yæ̃˩læᴇ˩yoŋ˥nə˥kə˥tiæ̃˥pæ̃r˥nei˥tɕiou˥sɿ˥kʰæᴇ˥˩tʂə˥xaor˥,kʰæᴇ˥˩tʂə˥xaor˥˩fa˥˩pʰiao˥,kʰuæᴇ˥tɕi˥……黄：开这个票据的话，□用垫板儿咧。kʰæᴇ˥˩tʂə˥kə˥˩pʰiao˥tɕy˥ti˩xua˥˩,niæ̃˩yoŋ˥tiæ̃˥pæ̃r˥˩lie˩.王：底下有个垫板儿咧。ti˥˩xa˥iou˥˩kə˥tiæ̃˥pæ̃r˥˩lie˩.（噢，那，那也叫垫……叫……）王：叫垫板儿。tɕiao˥tiæ̃˥pæ̃r˥˩.（开票用的？）黄&王：嗯。ŋ̍˩.黄：现在票据□本身就带有垫板儿咧。ɕiæ̃˥tsæᴇ˥pʰiao˥tɕy˥niæ̃˩pəŋ˥ʂəŋ˥˩tɕiou˥tæᴇ˥iou˥tiæ̃˥pæ̃r˥˩lie˩.（票据为什么要开个垫板呢？）黄：嗯。现在……ŋ̍˩.ɕiæ̃˥tsæᴇ˥……王：他们害怕，害怕洇的多了。tʰa˥˩məŋ˩xæᴇ˥pʰa˥,xæᴇ˥pʰa˥iŋ˥˩ti˩tuo˥lə˩.黄：他的洇的多了么，洇到其他上去了。tʰa˥˩ti˩iŋ˥ti˩tuo˥lə˩muo˩,yoŋ˥（←iŋ˥）tao˥tɕʰi˩tʰa˥ʂaŋ˥tɕʰi˥lə˩.

二四、文体娱乐

体育 / 游戏 / 娱乐 / 戏曲曲艺

（一）体育

体训队

（还一种就是说，这个学校里体育尖子呀，他组成这么个体校，来训练训练，平时参加那个。）黄：参加些……tsʰæ̃˨˦tɕia˥˧ɕie˨˩……（什么的什么平常也没有，这叫什么东西？）啥都没有。这还就是这个，这只能叫是培欸个应急的，参加哪一级运动会，把你临时抽去，体训队儿么。sa˥˧tou˥˨mei˨˦iou˥˩.tʂə˥˧xa˨˦tɕiou˥˧sɿ˥tʂə˥˩kə˥˩,tʂə˥˧tsɿ˥˩nəŋ˨˦tɕiɑɔ˥sɿ˥pʰei˨˦ei˩kə˥˩iŋ˥tɕi˥˩ti˧,tsʰæ̃˨˦tɕia˥˩na˥i˥˩tɕi˥˧yoŋ˥tuoŋ˥xuei˥˨,pa˥˩ni˥˧liŋ˨˦sɿ˨˦tʂʰou˥˩tɕʰi˥,tʰi˥˧ɕyoŋ˥tuər˥˧muo˧.（叫什么？）体训队么你。tʰi˥˧ɕyoŋ˥tuei˥muo˧ni˥˩.（体训队？）啊。它是有目的的嘛。你比如参加甘肃省五运会呀。a˩.tʰa˥˧sɿ˥iou˥˧mu˥ti˧ti˧ma˧.ni˥˩pi˥zʮ˨˦tsʰæ̃˨˦tɕia˥˩kæ̃˥ɕy˥˩səŋ˥˧vu˥yoŋ˥xuei˥˨ia˩.（嗯。）噢，全地……全庆阳市把你这些人，抽集起来以后，在那训练几个月，然后回来一比赛，一总结，你就回各……各回各单位儿去了。aɔ˩,tɕʰyæ̃˨˦ti˥……tɕʰyæ̃˨˦tɕʰiŋ˥iaŋ˨˦sɿ˥pa˥˩ni˥˧tʂə˥ɕie˥˧zəŋ˨˦,tʂʰou˥˧tɕi˨˦tɕʰi˥læᴇ˨˦i˥˩xou˥,tsæᴇ˥˩nə˥˩ɕyoŋ˥liæ̃˥tɕi˥˩kə˥yo˥˩,zæ̃˨˦xou˥xuei˨˦læᴇ˨˦i˥˩pi˥sæᴇ˥,i˥˩tsuoŋ˥tɕie˥˩,ni˥˧tsou˥xuei˨˦kə˥˧……kə˥˩xuei˨˦kə˥tæ̃˥˩vər˥˧tɕʰi˥˩lə˧.（嗯。）它是临时性的么。tʰa˥˧sɿ˥liŋ˨˦sɿ˨˦ɕiŋ˥˩tim˧.

做操

（这做的这个，这个叫什么？学生做的那个？）王：嗯。广播体操么，体操。ŋ̍˩,kuaŋ˥˧puo˥˩tʰi˥˧tsʰaɔ˥muo˧,tʰi˥tsʰaɔ˥˩.黄：做体……做操……做操咧么。tsuo˥˩tʰi˥˧……tsuo˥tsʰ……tsuo˥˨tsʰaɔ˥liem˧.黄：广播体操。kuaŋ˥puo˥˩tʰi˥tsʰaɔ˥˩.（叫广播体操？）黄：嗯。ŋ̍˩.（它跟那个电视里做的那种翻跟头啊那种东西不一样吧？）王：不一样。pu˨˦i˥˩iaŋ˥˩.黄：不一样。那是……那不一样。pu˨˦i˥˩iaŋ˥.nə˥˧sɿ˥˩……nə˥˧pu˨˦i˥˩iaŋ˥.（那叫什么呢？）黄：那叫体操咧。nei˥˧tɕiaɔ˥tʰi˥tsʰaɔ˥˩lie˧.（两个还不一样？）黄：不一样。广……广播操是国家统一规定……pu˨˦i˥˩iaŋ˥.kuaŋ˥˧……kuaŋ˥puo˥˩tsʰaɔ˥sɿ˥˩kuo˥tɕia˥˩tʰuoŋ˥i˥˩kuei˥˩tiŋ˥……王：学……学生做这是广播体操么他。ɕ……ɕye˨˦səŋ˥tsuo˥˩tʂə˥sɿ˥kuaŋ˥puo˥˩tʰi˥tsʰaɔ˥˩muo˧tʰa˥˩.黄：嗯。广播体操。ŋ̍˩.kuaŋ˥puo˥˩tʰi˥tsʰaɔ˥˩.（也叫广播操吗？）黄：嗯，也叫广播操。ŋ̍˩,ie˥tɕiaɔ˥kuaŋ˥puo˥˩tsʰaɔ˥.（[起身做动作]这个在，在，这是在干什么呢？）黄：活动身体咧么。xuo˨˦tuoŋ˥ʂəŋ˥˩tʰi˥liem˧.（不是不是，小学生跟着，跟着那个音乐，课……课中十……十点钟的时候开始，这是做体操呢，你们是怎么说？）黄：做课间操咧么。tsuo˥˩kʰə˥tɕiæ̃˨˦tsʰaɔ˥liem˧.（是tsuo˥操还是tsuo˥操？）王：做操。tsuo˥˧tsʰaɔ˥˩.黄：做，做操。tsuo˥˧,tsuo˥˨tsʰaɔ˥.（叫什么？）王：做操。tsuo˥˨tsʰaɔ˥.

赛跑

（你们也没有什么体育……赛跑啊什么都没有？）王：没有。mei˨˦iou˥˩.黄：没有。

体育项目这个，那这赛跑这些东西还是有咧，那体育项目里头还是有咧。mei˩˧˦iou˥˧˩.tʰi˥˧˦y˦ɕiaŋ˦mu˥˧˩tʂə˦˨kə˦˨,næᴇ˦tʂə˦sæᴇ˦˥pʰɑɔ˥˧tʂə˦˨ɕie˥˧˩tuoŋ˥˧ɕi·˧xɑ˩˧˨sɿ˦iou˥˧lie·˧,nə˦tʰi˥˧y˦ɕiaŋ˦˥mu˥˧˩li˥˧˩tʰou·˧xɑ˩˧˨sɿ˦˨iou˥˧lie·˧.（这都是在学校学的？）黄：啊，都是在学校里搞的。ɑ˨,tou˥˧˥sɿ˦tsæᴇ˦tɕye˩˧˨ɕiɑɔ˦˥˧li˥˧˩kɑɔ˥˧ti·˧.

乒乓儿球案子

（在哪上面打乒乓球呢？）黄：在乒乓儿球案子上打。tsæᴇ˦˨pʰiŋ˥˧pʰɑ̃r˥˧˩tɕʰiou˩˧næ̃˦tsɿ·˧ʂaŋ˦tɑ˥˧˩.（你们中间是不是要隔网啊还是……）王：隔网。有网子。kə˥˧˩vaŋ˥˧.iou˥˧vaŋ˥˧tsɿ·˧.
黄：那有乒乓儿球网子<u>咧么</u>。那有网子<u>咧么</u>。næᴇ˦iou˥˧˦pʰiŋ˥˧pʰɑ̃r˥˧˩tɕʰiou˩˧vaŋ˥˧tsɿ·˧liem·˧.næᴇ˦iou˥˧˦vaŋ˥˧tsɿ·˧liem·˧.（那案子什么做的呢？）黄：哎……案子一般就是木质的。æᴇ˥˧……næ̃˦˥tsɿ·˧i˥˧˥pæ̃˥˧tsou˦˨sɿ˦mu˥˧tʂʅ˥˧˩ti·˧.王：嗯，木头的。ŋ̍˥˧,mu˥˧tou·˧ti·˧.（小时候你们怎么做呢？）黄：我们小时候打都是木头的。现在这些娃娃打□是水泥台子。ŋuo˥˧məŋ·˧ɕiɑɔ˥˧sɿ˩˧˨xou˦tɑ˥˧˦tou˥˧˩sɿ˦mu˥˧tʰou·˧ti·˧.ɕiæ̃˦tsæᴇ˦tʂei˦˥˧ɕie˥˧˩vɑ˩˧˨vɑ˩˧˦tɑ˥˧niæ̃˩˧˨sɿ˦˨ʂuei˥˧ni˩˧tʰæᴇ˩˧˨tsɿ·˧.（我们小时候也是水……都是水泥台子吗这边？）王：我们那会儿上学那是桌。ŋuo˥˧məŋ·˧nə˦xuər˦ʂaŋ˦ɕyo˩˧nei˦˨sɿ˦˨tʂuo˥˧.黄：我们跳……小时候都是……ŋuo˥˧məŋ·˧tʰiɑɔ˦……ɕiɑɔ˥˧˦sɿ˩˧˨xou˦˨tou˥˧˥sɿ˦˨……王：大桌……tɑ˦˨tʂuo˥˧˦……黄：大乒乓球案子，那都是这。tɑ˦pʰiŋ˥˧pʰɑŋ˥˧˩tɕʰiou˩˧næ̃˦tsɿ·˧,næᴇ˦tou˥˧˥sɿ˦tʂə˦˨.（那可能你们这个木头多。）王：都……啊，木头多。tou˥˧˦……ɑ̃˨,mu˥˧tʰou·˧tuo˥˧.黄：木头多，都是用木头做下的。木头的弹性比快……这个水泥的弹性要好。mu˥˧tʰou·˧tuo˥˧˩,tou˥˧˦sɿ˦yoŋ˦˥mu˥˧tʰou·˧tsuo˦˥˧xɑ˦˨ti·˧.mu˥˧tʰou·˧ti·˧tʰæ̃˩˧ɕiŋ˦pi˥˧˩kʰuæᴇ˦˥˧……tʂə˦kə˦ʂuei˥˧ni˩˧˨ti·˧tʰæ̃˩˧˨ɕiŋ˦iɑɔ˦˥˧xɑɔ˥˧˩.

排球

（这个，那排球啊就是，你们打排球一般是几个人一组？排球打得多不多平常？）黄：平常欸，现在不是那么过于多啊反正？pʰiŋ˩˧tʂʰaŋ˩˧ei˦,ɕiæ̃˦tsæᴇ˦˥˧pu˩˧˨sɿ˦nə˦˥˧muo·˧kuo˦y˩˧˦tuo˥˧ɑ·˧fæ̃˥˧˩tʂəŋ˦˨?王：嗯。ŋ̍˨.（小时候呢？上学的时候。）黄：小时候啊，我们小时候都没有得，咱们到中学以后啊？ɕiɑɔ˥˧sɿ˩˧˨xou˦æ˧,ŋuo˥˧məŋ˧ɕiɑɔ˥˧sɿ˩˧˦xou˦˨tou˥˧˦mei˩˧iou˥˧˦tei˥˧˦,tsɑ˩˧məŋ˦tɑɔ˦tʂuoŋ˥˧˩ɕyo˩˧i˥˧˩xou˦ɑ·˧?王：没有得。到中学以后。mei˩˧˨iou˥˧tei˥˧˦.tɑɔ˦tʂuoŋ˥˧˩ɕyo˩˧i˥˧˩xou˦˥˧.黄：就……就有了排球了。排球那你一般的至少也得七个人。tsou˦i……tsou˦iou˥˧˦lə·˧pʰæᴇ˩˧˨tɕʰiou˩˧˥˧lə·˧.pʰæᴇ˩˧˨tɕʰiou˩˧˥˧nei˦˥˧ni˥˧˩i˥˧˩pæ̃r˥˧tə·˧tsɿ˦ʂɑɔ˥˧˩tei˥˧˩tɕʰi˥˧˩kə˦˨zəŋ˩˧˨.（一边儿还是？）黄：啊，一边儿都得六七个人。ɑ˨,i˥˧˩piæ̃r˥˧tou˥˧˦tsei˦˥（←tei˥˧）liou˥˧˦tɕʰi˥˧˩kə˦˥˧zəŋ˩˧˨.（有没有分什么前锋、后……后卫什么东西呢？）王：分<u>咧噢</u>。fəŋ˥˧˩liɑɔ˧.黄：那都分咧么。那你前排后排那你那都。nei˦˥˧tou˥˧˥fəŋ˥˧lie·˧muo·˧.ne˦ni˥˧˦tɕʰiæ̃˩˧pʰæᴇ˩˧˦xou˦pʰæᴇ˩˧˦nei˦ni˥˧˦nei˦˥˧tou˥˧˩.

篮球

1.（是排球打得多还是篮球打得多？）黄：篮球打的多姆。læ̃˩˧˨tɕʰiou˩˧˥˧tɑ˥˧˩ti·˧tuo˥˧m̩·˧.
王：篮球打的多。læ̃˩˧˨tɕʰiou˩˧˥˧tɑ˥˧˩ti·˧tuo˥˧˩.（篮球，篮球你们有些什么玩儿法，这个，怎么说，怎么弄的？）黄：打的……tɑ˥˧ti·˧……王：篮球那打的就是一个是联防，一个是……læ̃˩˧˨tɕʰiou˩˧˥˧nei˦tɑ˥˧ti·˧tɕiou˦˨sɿ˦˨i˥˧˩kə˦˥˧sɿ˦liæ̃˩˧faŋ˩˧,i˥˧˩kə˦˥˧sɿ˦˨……（叫什么？）王：联防。liæ̃˩˧faŋ˩˧.（联防？联防是什么，怎么回事呢？）王：联防那就是你这……liæ̃˩˧faŋ˩˧nei˦tɕiou˦sɿ˦˨ni˥˧˦tʂə˦……黄：防守人嘛。faŋ˩˧˨ʂou˥˧zəŋ˩˧˨ma·˧.王：五个人往后一退，联防就是五个人得要一……在一个圈儿么。联防，联防。vu˥˧˩kə˦˨zəŋ˩˧vaŋ˥˧˦xou˦i˥˧˦tʰ

uei˥,liæ̃˧˥faŋ˧˥tɕiou˥sɿ˥vu˥˧kə˥˩zəŋ˧˥tei˥˧˧iao˥i˥˧˩……tsæᴇ˥i˥˧˩kə˥tɕʰyæ̃r˥˧muo·˧.liæ̃˧˥faŋ˧˥,liæ̃˧˥faŋ˧˩.（还有什么呢？）黄：那，那个联防战术那就看是打盯人战……打盯人战术咧，还是打二与二联防咧。那他是个呃篮球术语上那些东西。那是指的是这个防守对方，来以后就被……打盯人战术就是，他们……对方五个人，咱们五个人，这五个人是……一个人包咧一个人嘛。nei˥,nei˥˩kə˥liæ̃˧˥faŋ˧˥tʂæ̃˥ʂʮ˥nei˥tɕiou˥kʰæ̃˥sɿ˥ta˥˧tiŋ˥˧˩zəŋ˧˥tʂæ̃……ta˥˧tiŋ˥˧˩zəŋ˧˥tʂæ̃˥ʂʮ˥lie·˧,xa˧˩sɿ˥ta˥˧ər˥y˥˧˩ər˥liæ̃˧˥faŋ˧˩lie·˧.nei˥tʰa˥˧sɿ˥kə˥ə˩læ̃˧˩tɕiou˧˩ʂʮ˥y˥˧ʂaŋ˥˩nei˥˩ɕie˥˧˩tuoŋ˥˧ɕi·˧.nə˥sɿ˥˩tsɿ˥ti·˧sɿ˥˩tʂə˥˩kə˥˩faŋ˧˩ʂou˥˧tuei˥faŋ˥˩,læᴇ˧˥i˥˧˩xou˥tsou˥pei˥……ta˥˧tiŋ˥˧˩zəŋ˧˥tʂæ̃˥ʂʮ˥tsou˥˩sɿ˥˩,tʰa˥˧məŋ·˧v……tuei˥faŋ˥˧vu˥˧kə˥˩zəŋ˧˩,tʂa˧˥məŋ·˧vu˥˧kə˥˩zəŋ˧˩,tʂə˥˩vu˥˧kə˥˩zəŋ˧˥sɿ˥ti……i˥˧˩kə˥zəŋ˧˥pao˥˧lie·˧i˥˧˩kə˥zəŋ˧˩ma·˧.（哦。）黄：啊，这是兀盯人战术么。再一个打二与二联防的话，那就是两个人一组，两个人一组，一夹击么，你往带球篮时，我两个人，就近的两个人，把你一挡，那就二与二联防。a˩,tʂə˥sɿ˥vei˥tiŋ˥˧˩zəŋ˧˥tʂæ̃˥ʂʮ˥muo·˧.tsæᴇ˥i˥˧kə˥ta˥˧ər˥y˥˧˩ər˥liæ̃˧˩faŋ˧˩ti·˧xua˥,nei˥tsou˥˩sɿ˥˩liaŋ˥˧kə˥˩zəŋ˧˥i˥˧˩tsʮ˥˧,liaŋ˥˧kə˥˩zəŋ˧˥i˥˧˩tsʮ˥˧,i˥˧˩tɕia˥˧tɕi˥˧muo·˧,ni˥˧vaŋ˥˧tæᴇ˥tɕʰiou˧˥læ̃˧˥sɿ˧˩,ŋuo˥˧liaŋ˥˧kə˥˩zəŋ˧˥,tɕiou˥tɕiŋ˥ti·˧liaŋ˥˧kə˥˩zəŋ˧˥,pa˥˧ni˥˧i˥˧˩taŋ˥˧,nei˥tɕiou˥˩ər˥y˥˧˩ər˥liæ̃˧˩faŋ˧˩.（噢，这样的。还有什么打法呢？你们一般上篮球是几个人一块儿打？）王：五个人。vu˥˧kə˥˩zəŋ˧˩.黄：那，五个人，那看乎是分人多人少咧嘛。nei˥,vu˥˧kə˥zəŋ˧˥,nei˥kʰæ̃˥xu˥˧ʂɿ˥˩fəŋ˥˧˩zəŋ˧˥tuo˥˧zəŋ˧˥ʂao˥˧lie·˧ma·˧.王：十个一……十个人为一个队么。ʂʮ˧˩kə˥i˥˧˩……ʂʮ˧˩kə˥zəŋ˧˥vei˧˥i˥˧˩kə˥tuei˥muo·˧.黄：十欸……一个队上……ʂʮ˧˥ei˩……i˥˧˩kə˥tuei˥ʂ……王：一次上五个人么。i˥˧˩tsʰɿ˥ʂaŋ˥vu˥˧kə˥˩zəŋ˧˥muo·˧.黄：一次上五个人么。i˥˧˩tsʰɿ˥ʂaŋ˥vu˥˧kə˥˩zəŋ˧˥muo·˧.王：中间可以换么。tʂuoŋ˥˧˩tɕiæ̃˥˧kʰə˥˧i˥˧˩xuæ̃˥muo·˧.黄：如果是人少咧的话……zʮ˧˩kuo˥˧sɿ˥˩zəŋ˧˥ʂao˥˧lie·˧tə·˧xua˥˩……（是……是不是两边儿都有都得有两个有两两个队的？）黄：啊，两个队么。a˩,liaŋ˥˧kə˥˩tuei˥muo·˧.王：啊，都是两个，都是两个队。a˥˧,tou˥˧˩sɿ˥˩liaŋ˥˧kə˥˩,tou˥˧sɿ˥liaŋ˥˧kə˥˩tuei˥.（那有时候人不够的话，就我们几个人玩儿……）黄：那我们打半场。nei˥ŋuo˥˧məŋ·˧ta˥˧pæ̃˥tʂʰaŋ˧˩.（打半场？）黄：打一个篮杆儿么。半场。那就是不过中线咧，只用了半块儿篮球场。ta˥˧i˥˧˩kə˥læ̃˧˩kæ̃r˥˧muo·˧.pæ̃˥tʂʰaŋ˧˩.nə˥˩tɕiou˥sɿ˥pu˧˩kuo˥tʂuoŋ˥˧˩ɕiæ̃˥lie·˧,tsɿ˥˩yoŋ˥lə·˧pæ̃˥kʰuər˥˧˩læ̃˧˥tɕʰiou˧˥tʂʰaŋ˧˥.（有……有没有说什么打前锋啊打后卫的这种？）王：有咧，篮球上就有咧。iou˥˧lie·˧,læ̃˧˩tɕʰiou˧˩ʂaŋ˥tɕiou˥iou˥˧lie·˧.黄：那有咧么。那前锋、后卫。nei˥iou˥˧lie·˧muo·˧.nei˥tɕʰiæ̃˧˥fəŋ˧˥,xou˥vei˥.王：前锋、后卫、中锋。tɕʰiæ̃˧˥fəŋ˧˥,xou˥vei˥,tʂuoŋ˥˧˩fəŋ˧˥.黄：哎，打中锋的。æᴇ˩,ta˥˧tʂuoŋ˥˧˩fəŋ˧˩ti˥.（[做投篮动作]这个叫什么？）黄：投篮儿么。tʰou˧˩læ̃r˧˥muo·˧.王：投球么。投篮儿么。tʰou˧˥tɕʰiou˧˩muo·˧,tʰou˧˩læ̃r˧˥muo·˧.（有没有叫……叫什么秀球的这种说法？听过没有？）黄：这个说咧么。秀球还有些咧。tʂə˥kə˥ʂuo˥˧lie·˧mə·˧.ɕiou˥tɕʰiou˧˥xa˧˥iou˥˧ɕie˥˧˩lie·˧.王：没有，啊，没有说秀球的么，有说投球的。mei˧˩iou˥˧,æ˥,mei˧˩iou˥˧ʂuo˥˧˩ɕiou˥tɕʰiou˧˩ti·˧muo·˧,iou˥˧ʂuo˥˧˩tʰou˧˩tɕʰiou˧˩ti·˧.黄：呃有投球咧。呃。ə˥iou˥˧tʰou˧˥tɕʰiou˧˩lie·˧.ə˩.（说投有没有说成秀的？）王：没有。mei˧˥iou˥˧.黄：没有。mei˧˥iou˥˧˩.（没有？）黄：嗯。ŋ̍˥˧.（打篮球还有些什么？这个，这个一边带着球一边跑，那个叫什么？）黄：运球咧。yoŋ˥tɕʰiou˧˩lie˥.王：那叫运球嘛。nə˥tɕiao˥yoŋ˥tɕʰiou˧˥ma·˧.黄：或者是叫带球上篮儿，或者是运球上篮儿。xuei˧˩tʂə˥˧sɿ˥tɕiao˥tæᴇ˥tɕʰiou˧˥ʂaŋ˥læ̃r˧˥,xuo˧˩tʂə˥˧sɿ˥˩yoŋ˥tɕʰiou˧˩ʂaŋ˥læ̃r˧˩.（还有这么弄一下呢？拿着……拿……）黄：背传嘛。pei˥tʂʰuæ̃˧˥ma·˧.（这叫背传？）王&黄：

嗯。ə̃l˩.（你们也弄过这种？）王：嗯。ə̃l˩.黄：啊，弄咧啊。æ˥,nuoŋ˧lie˧m̩˩.（还有这么弄一下。）王：啊，那是……a˩,nə˧sɿ˧……黄：捣地了。taɔ˥ti˧l˥ə˩.（这，这个，这个比如说这个人在这儿防守着呢。你好像打一下，他就接去，啪，一下弹到他那儿，弹到你那儿。）黄：捣咧，啊？taɔ˥lie˩,a˩?王：嗯，那，传球嘛。ŋ̍l˩,næᴇ˧,tʂʰuæ̃˩tɕʰiou˩ma˧.黄：传球着咧。tʂʰuæ̃˩tɕʰiou˩tʂə˧lie˩.（传球是这么传啦！）黄：嗯。ŋ̍l˩.（还……给你，迷惑你一下，比如说你是我的队员，你是另外一个队的，你在这儿就是，欸，欸，啪一打一……在你面前一打，你想抓它抓不住，它一弹弹到你手上去了。那叫什么呢？）黄：啊，那就是，还就是捣球咧嘛。al˩,na˧tɕiou˧sɿ˧,xa˩tɕiou˧sɿ˧taɔ˥tɕʰiou˩lie˧ma˩.（有没有这个在这个下面这么穿的玩儿球？）黄：这有咧么。打环儿环儿咧。掏球咧么那就是。tʂə˧iou˥lie˩muo˩.ta˥xuæ̃r˩xuæ̃r˩lie˧.tʰaɔ˥tɕʰiou˩lie˧muo˩nei˧tɕiou˧sɿ˧.王：那叫掏球么。nei˧tɕiaɔ˧tʰaɔ˥tɕʰiou˩muo˧.黄：掏咧么。tʰaɔ˥lie˩muo˩.（哪个tʰaɔ˥？）王：掏东西的掏。tʰaɔ˥tuoŋ˥ɕi˩ti˩tʰaɔ˥.黄：掏，掏东西。tʰaɔ˥,tʰaɔ˥tuoŋ˥ɕi˩.（噢，掏球是吧？）黄：嗯，掏球。ŋ̍l˩.tʰaɔ˥tɕʰiou˩.

2.（那个，[做动作]这样打的呢？）王：拍篮球啊。pʰei˥læ̃˩tɕʰiou˩m̩˩.黄：拍篮……拍篮球咧么。pʰei˥læ̃˩……pʰei˥læ̃˩tɕʰiou˩liem˧.（是拍篮球还是打篮球？）王：打篮球。ta˥læ̃˩tɕʰiou˩.黄：打篮球这个是啊？那个拍叫带球咧。那叫带球。ta˥læ̃˩tɕʰiou˩tʂei˧kə˧sɿ˧a˩?nə˧kə˧pʰei˥tɕiaɔ˧tæᴇ˧tɕʰiou˩lie˧.nə˧tɕiaɔ˧tæᴇ˧tɕʰiou˩.（噢，那叫带球？）黄：也叫运球啊？ie˥tɕiaɔ˧yoŋ˧tɕʰiou˩a˩?王：嗯。ŋ̍l˩.黄：运球上篮或者是带球上篮。yoŋ˧tɕʰiou˩ʂaŋ˧læ̃˩xuo˩tʂə˥sɿ˧tæᴇ˧tɕʰiou˩ʂaŋ˧læ̃˩.

足球

（这个足球是怎么怎么怎么玩儿呢？）黄：足球那就叫踢咧。tsɥ˥tɕʰiou˩næᴇ˧tɕiou˧tɕiaɔ˧tʰi˥lie˩.王：足球那就是脚踢咧么，不用手动么。tɕy˥tɕʰiou˩nei˧tɕiou˧sɿ˧tɕyo˥tʰi˥liem˩,pu˩yoŋ˧ʂou˥tuoŋ˧muo˩.（你们是足球还是tɕy˥球？土话。）王：我们土话叫足球。ŋuo˥məŋ˩tʰu˥xua˧tɕiaɔ˧tɕy˥tɕʰiou˩.黄：叫足球。tɕiaɔ˧tɕy˥tɕʰiou˩.（tɕy˥球？）黄&：嗯。ŋ̍l˩.（踢tɕy˥球？）王：啊。al˩.黄：啊，踢足球咧。al˩,tʰi˥tɕy˥tɕʰiou˩lie˧.

毛蛋

（那你们小时候这儿有没有什么体育活动？老人家那个过去没有这种现代化的体育活动的时候？）王：那个时候没啥球。nə˧kə˧sɿ˩xou˧mei˩sa˧tɕʰiou˩.黄：那会儿就最多，小时候有个毛蛋咧么。拿毛线缠下那蛋蛋，一打下跳的都都，跳不高高一点点。我记碎时候耍过那个毛蛋啊。nə˧xuər˧tsou˧tsuei˧tuo˥,ɕiaɔ˥sɿ˩xou˧iou˥kə˧maɔ˩tæ̃˧liem˩.na˩maɔ˩ɕiæ̃˧tʂʰæ̃˩xa˧nə˧tæ̃˧tæ̃l,i˥ta˥xa˧tʰiaɔ˧ti˩tou˥tou˥,tʰiaɔ˧pu˩kaɔ˥kaɔ˥i˥tiæ̃˥tiæ̃˥.ŋuo˥tɕi˧suei˧sɿ˩xou˧ʂua˥kuo˧nə˧kə˧maɔ˩tæ̃˧m̩˩.

软梯子

（还有一种这个跟个楼梯一样的那种，这么爬过去的那种那种杠子有没有？）王：那叫那软梯子么。他下兀……nei˧tɕiaɔ˧nei˧ʐuæ̃˥tʰi˥tsɿm˩.tʰa˥ɕia˧væᴇ˧……（不是软梯子，是硬的。）黄：硬的。它是……倒咧，拿手上往过倒咧那种。咱们这里没得。iŋ˧ti˩.tʰa˥sɿ˧t……taɔ˥lie˩,na˩ʂou˥ʂaŋ˧vaŋ˥kuo˧taɔ˥lie˩nei˧tʂuoŋ˥.tʂa˩məŋ˧tʂei˧li˥mei˩tei˥.王：咱们这儿没得。tsa˩məŋ˧tʂər˧mei˩tei˥.黄：有吊杆儿、爬绳，这咱们这地方都没有软梯子。iou˥tiaɔ˧kæ̃r˥,pa˩ʂəŋ˩,tʂei˧tʂam˩tʂei˧ti˧faŋ˥tou˥mei˩iou˥ʐuæ̃˥tʰi˥ts ɿ˩.（都……都没见过？）王：现在都有。ɕiæ̃˥tsæᴇ˥tou˥˩iou˥˩.黄：现在中学都有咧。ɕiæ̃˥tsæᴇ˥tʂuoŋ˥˩ɕyo˩tou˥˩iou˥˩lie˩.（就过去你们玩儿些，玩儿什么，就就上体……上体育课？）黄：过去很简单，呃，体，呃，体育课都简单得很。kuo˥˩tɕʰy˥xəŋ˥tɕiæ̃˥tæ̃˥˩,ə˩,tʰi˥,ə˩,tʰi˥y˥˩kʰə˥˩tou˥˩tɕiæ̃˥tæ̃˥˩tə˩xəŋ˥˩.

青蛙跳

（做那个，还有哪个叫什么，这个，这么，小时候这个这个，老师上课也这么叫，叫你跳的那。）黄：哎这有咧么。æᴇ˥tʂei˥iou˥˩lie˩muo˩.（这个叫什么呢？）王：那叫那叫……nei˥tɕiao˥nei˥tɕiao˥……（像青蛙那样的。）王：青蛙儿跳。tɕʰiŋ˥var˥˩tʰiao˥˩.黄：青蛙跳么。青蛙跳□是……是……也是……青蛙跳可是蹲起来跳的那种。tɕʰiŋ˥va˥˩tʰiao˥˩muo˩.tɕʰiŋ˥va˥˩tʰiao˥˩niæ̃˩s……s……ie˥sɿ˥ʂ……tɕʰiŋ˥va˥˩tʰiao˥˩kʰə˥˩sɿ˥˩tuoŋ˥˩tɕʰi˥læᴇ˩tʰiao˥˩ti˩nei˥tʂuoŋ˥˩.（手要背在背后吗）啊，手要背到背后的么。ɑ˩,ʂou˥iao˥pei˥˩tao˥pei˥xou˥tim˩.

跳远

（还有这个，跳远。跳远有……有的是冲刺的这么跳，还有种是这么跳。这个这分……你们那个时候也练不练？）黄：练嘛。liæ̃˥mɑ˩.（那个叫什么？跑两步，这么跳。）王：跑起来跳那是跳远嘛。pʰɑo˥tɕʰi˥læᴇ˩tʰiao˥nə˥sɿ˥tʰiao˥yæ̃˥mɑ˩.黄：起步跳远和原地跳远么。tɕʰi˥pu˥tʰiao˥˩yæ̃˥xuo˩yæ̃˩ti˥˩tʰiao˥˩yæ̃˥muo˩.王：欸是……原地跳……原地那叫跳高么。ei˥sɿ˥˩……yæ̃˩ti˥˩nei˥tɕiao˥tʰiao˥˩kao˥muo˩.黄：原地跳，也望……也走咧，嗯。yæ̃˩ti˥˩tʰiao˥˩,ie˥vaŋ˥……ie˥tsou˥lie˩,ə̃˩.王：他要……也要跳。tʰɑ˥˩iao˥˩……ie˥iao˥tʰiao˥.（就是你站着，你什么都不动，就看你这个弹跳能力有多高。）黄：嗯，就是的。ə̃˩,tɕiou˥˩sɿ˥˩ti˩.王：啊，那就是叫……ɑ˩,nei˥˩tɕiou˥sɿ˥tɕiao˥……（叫原地跳远？）黄：原地跳。yæ̃˩ti˥˩tʰiao˥˩.王：原地跳远。yæ̃˩ti˥˩tʰiao˥˩yæ̃˥˩.黄：跑步跳嘛。pʰɑo˥pu˥tʰiao˥˩mɑ˩.（是跑步跳还是起步跳？）王：原步跳。yæ̃˩pu˥˩tʰiao˥˩.黄：原地跳。yæ̃˩ti˥˩tʰiao˥.王：原地。yæ̃˩ti˥.黄：那带起步着咧嘛。nei˥tæᴇ˥˩tɕʰi˥pu˥tʂuo˥lie˩mɑ˩.（嗯？）黄：起步跳。tɕʰi˥pu˥˩tʰiao˥˩.（起步跳。）黄：噢，那就是跑一个一个一个冲刺的距离以后到跟前。踏踏板儿起跳。还有个三级跳咧。ɑo˩,næ˥tɕiou˥˩sɿ˥˩pʰɑo˥i˥˩kə˥˩i˥˩kə˥˩i˥˩kə˥˩tʂʰuoŋ˥˩tsʰɿ˥˩ti˩tɕy˥li˩i˥˩xou˥tao˥kəŋ˥tɕʰiæ̃˩.tʰɑ˩tʰɑ˩pæ̃r˥tɕʰi˥tʰiao˥˩.xæᴇ˩iou˥˩kə˥sæ̃˥tɕi˥˩tʰiao˥˩lie˩.（还有三级跳？）黄：嗯。跳远里头现在有个三级跳远。ə̃˩.tʰiao˥yæ̃˥li˥˩tʰou˩ɕiæ̃˥tsæᴇ˥iou˥˩kə˥sæ̃˥tɕi˥˩tʰiao˥yæ̃˥˩.（你们过去不玩儿？）黄：玩儿咧嘛。三级跳都玩儿咧嘛。væ̃r˩lie˩mɑ˩.sæ̃˥tɕi˥˩tʰiao˥tou˥˩væ̃r˩lie˩mɑ˩.

哑铃

（有没有这举起来？）黄：举重嘛。举……举……咱们这儿多一半儿都举的是哑铃，没有人搞多少正规的举重儿那……tɕy˥tʂuoŋ˥mɑ˩.tɕ……tɕy……tʂɑ˩məŋ˩tʂər˥tuo˥i˥˩pæ̃r˥tou˥˩tɕy˥ti˩sɿ˥ia˥liŋ˩,mei˩iou˥zəŋ˩kao˥tuo˥˩ʂao˥tʂəŋ˥kuei˥˩ti˩tɕy˥tʂuõr˥˩nei˥˩……（这是叫哑铃？）黄：嗯。ə̃˩.（就那个杠子，一根杠子……）黄：啊，两面儿穿两个铁砣那个。ɑ˩,liaŋ˥miæ̃r˥tʂʰuæ̃˥liaŋ˥kə˥˩tʰie˥˩tʰuo˩nei˥˩kə˥˩.（那叫哑铃，那还有这么大的，两个这么砣的，这么玩儿的那种。）黄：啊，那是……手上这种哑……手哑铃，还有，带杠子的哑铃。ɑ˩,nei˥s……ʂou˥ʂaŋ˥˩tʂei˥˩tʂuoŋ˥˩ia˥……ʂou˥ia˥liŋ˩,xæᴇ˩iou˥,tæᴇ˥kaŋ˥˩tsɿ˩ti˩ia˥liŋ˩.

洗澡

（你们这儿在水里头玩儿不玩儿？游泳啊什么东西？）王：游泳那就到河里边儿去

去……iou˨˩yoŋ˥˧nei˧˥tɕiou˧˥tao˧˥xə˨˩li˥˧piɐ̃r˥˧˩tɕʰi˧˥tɕʰi˧˥……黄：游泳，那到河里去玩儿去咧。iou˨˩˧yoŋ˥˧,nei˧˥tao˧˥xuo˨˩˧li˥˧tɕʰi˧˥˩vɐ̃r˨˩˧tɕʰi˧˥lie˧˥.（那叫什么呢？你们叫玩儿水……）黄：我们叫洗澡咧。ŋuo˥˧mən˧tɕiao˧˥ɕi˥˧tsao˥˧lie˧˩.王：我们叫洗澡。ŋuo˥˧mən˧tɕiao˧˥ɕi˥˧tsao˥˧.（呃，就是这个玩儿水这就叫洗澡？）王：嗯。ŋ̍˧˩.黄：啊，叫洗澡咧。a˧˥,tɕiao˧˥ɕi˥˧tsao˥˧lie˧˩.（哪怕是这个在河里游泳啊是怎么样？）黄：啊，那都……统称叫洗澡咧。a˧˩,nei˧˥tou˥˧s……tʰuoŋ˥˧tʂʰəŋ˥˧tɕiao˧˥ɕi˥˧tsao˥˧lie˧˩.（游水也叫洗澡？）王&黄：嗯。ŋ̍˧˩.（在河里面打……打打闹闹呢？）黄：打水仗咧么。我们那就是打水仗，你给我推水，我给你推水么。ta˥˧ʂuei˥˧˩tʂaŋ˧˥liem˧˩.ŋuo˥˧mən˧nə˧˥tɕiou˧˥sɿ˧˥˩ta˥˧ʂuei˥˧tʂaŋ˧˥,ni˥˧kei˧˥˩ŋuo˥˧tʰuei˥˧˩ʂuei˥˧,ŋuo˥˧kei˧˥ni˥˧tʰuei˥˧˩ʂuei˥˧muo˧˩.（打水仗？）黄：你像□们南方把那叫，钻水叫扎个猛子，我们就叫，咱们就叫钻水咧。ni˥˧ɕiaŋ˧˥niɛ̃˨˩˧mən˧nɛ̃˨˩˧faŋ˥˧pa˥˧˩næᴇ˧˥tɕiao˧˥,tsuɛ̃˥˧˩ʂuei˥˧tɕiao˧˥tsa˥˧˩kə˧˥mən˥˧tsɿ˧,ŋuo˥˧mən˧tɕiou˧˥tɕiao˧˥,tʂa˨˩mən˧tɕiou˧˥tɕiao˧˥tsuɛ̃˥˧˩ʂuei˥˧lie˧˩.王：钻水咧。tsuɛ̃˥˧˩ʂuei˥˧lie˧˩.（叫钻……啊！）王：钻水。tsuɛ̃˥˧ʂuei˥˧.黄：钻水姆。tsuɛ̃˥˧˩ʂuei˥˧m̩˧˩.（就是扎猛子你们叫钻水？）王：嗯。ŋ̍˧˩.黄：啊，钻水么。a˧˩,tsuɛ̃˥˧˩ʂuei˥˧muo˧˩.（这互相比……比赛，看谁游得快呢？有没有这种？）黄：也都很少都有反正。有是有咧啊？æ˥˧tou˥˧˩xəŋ˥˧ʂao˥˧tou˥˧˩iou˥˧fɛ̃˥˧˩tʂəŋ˧˥.iou˥˧sɿ˧˥iou˥˧lie˧la˧?王：反正河里面也有……fɛ̃˥˧˩tʂəŋ˧˥xuo˨˩li˥˧˩miɛ̃˧˥æ˥˧˩iou˥˧……黄：河也都……我们那河就那么……xuo˨˩ie˥˧tou˥˧……ŋuo˥˧mən˧nə˧˥xuo˨˩tɕiou˧˥nə˧˥muo˧˥……王：河也小得很那。xuo˨˩æ˥˧ɕiao˥˧tə˧xəŋ˥˧˩nə˧˥˩.黄：河也小，就那么点儿距离，还没走得你游的快到底儿了。xuo˨˩ie˥˧˩ɕiao˥˧,tɕiou˧˥nə˧˥muo˧tiɐ̃r˥˧˩tɕy˧˥li˨˩,xa˨˩˧ma˨˩tsou˥˧tei˥˧˩ni˥˧iou˨˩˧ti˧kʰuæᴇ˧˥˩tao˧˥tiər˥˧lə˧˩.

棋类

（玩这个……下棋呀，你们是叫下棋还是走棋还是什么东西？）黄：下棋咧。ɕia˧˥tɕʰi˨˩˧lie˧˥.（有些什么棋？你们一般儿玩儿的是什么棋？围棋下不下？）黄：围棋很少下，但也有咧。单位……vei˨˩tɕʰi˨˩xəŋ˥˧ʂao˥˧ɕia˧˥˩,tɛ̃˧˥æ˥˧iou˥˧lie˧˩.tɛ̃˥˧˩vei˧˥……王：围棋一般很少，都是跳棋和象棋么。vei˨˩tɕʰi˨˩i˥˧pɛ̃˥˧xəŋ˥˧ʂao˥˧˩,tou˥˧sɿ˧˥tʰiao˧˥tɕʰi˨˩xuo˨˩˧ɕiaŋ˧˥tɕʰi˨˩˧muo˧˩.黄：跳棋象棋，还有一种娃娃要的那跑马儿棋。tʰiao˧˥tɕʰi˨˩ɕiaŋ˧˥tɕʰi˨˩,xæᴇ˨˩˧iou˥˧i˥˧tʂuoŋ˥˧va˨˩˧va˨˩ʂua˥˧ti˧nə˧˥pʰao˥˧mar˥˧tɕʰi˨˩˧.（跳棋、象棋？）黄：嗯。ə̃˧˩.王：这儿就下跳棋。tʂər˧˥tɕiou˧˥ɕia˧˥tʰiao˧˥tɕʰi˨˩˧……（跑马棋？）黄：跑马棋，嗯。pʰao˥˧ma˥˧tɕʰi˨˩˧,ə̃˧˩.王：还有那军棋。xæᴇ˨˩˧iou˥˧nə˧˥tɕyoŋ˥˧tɕʰi˨˩˧.黄：噢，下军棋。ao˧˩,ɕia˧˥tɕyoŋ˥˧tɕʰi˨˩˧.（你们一般是……玩儿得最多的，从小到大是什么东西？）王：我们玩儿，大部分玩的是跳棋和象棋。ŋuo˥˧mən˧vɐ̃r˨˩,ta˧˥pu˧˥fəŋ˧˥vɛ̃˨˩ti˧sɿ˧˥tʰiao˧˥tɕʰi˨˩xuo˨˩˧ɕiaŋ˧˥tɕʰi˨˩˧.黄：跳棋和象棋多。tʰiao˧˥tɕʰi˨˩xuo˨˩ɕiaŋ˧˥tɕʰi˨˩˧tuo˥˧˩.（跳棋和象棋有些什么玩儿法呢？）黄：那都咿，推，象棋那都是……nei˧˥tou˥˧˩i˧˩,tʰuei˥˧˩,ɕiaŋ˧˥tɕʰi˨˩˧nei˧˥tou˥˧˩sɿ˧˥˩……王：象棋那就……ɕiaŋ˧˥tɕʰi˨˩nei˧˥tɕiou˧˥˩……黄：那都是按线路走哩，嗯。那都没啥推头。nei˧˥tou˥˧˩sɿ˧˥˩nɛ̃˧˥ɕiɛ̃˧˥lou˧˥tsou˥˧li˧˩,ə̃˧˩.nei˧˥tou˥˧˩mei˨˩sa˧˥˩tʰuei˥˧tʰou˧˩.

象棋

（这一个一个的这，这玩意儿叫什么？）黄：棋子儿么。tɕʰi˨˩˧tsər˥˧muo˧˩.（我这边儿，比如说我这边是红的，你这边是黑的，或是蓝的。这中间一条这个，这个“楚河汉界”，这叫……这玩意儿叫什么？）河么。xuo˨˩muo˧˩.王：河界么。xə˨˩˧tɕie˧˥muo˧˩.黄：河界么。xə˨˩˧tɕie˧˥muo˧˥.

（上面写着个“将”的那个棋子儿叫什么？）黄：老将么。lɑɔ˥˦ tɕiɑŋ˥ muo˧.（写着帅的呢？）黄：还叫老将嘛。xɑ˩˨ tɕiɑɔ˥ lɑɔ˥˦ tɕiɑŋ˥ mɑ˧.王：还叫老将。xæᴇ˩˨ tɕiɑɔ˥˦ lɑɔ˥˨ tɕiɑŋ˥˨.（都叫老将？）黄：嗯。ə̃˨.（不管是“将”还是……）王：有的叫老爷。iou˥˦ ti˧ tɕiɑɔ˥ lɑɔ˥ ie˩˨.黄：啊，叫，有的叫老爷。ɑ˨,tɕiɑɔ˥,iou˥˦ ti˧ tɕiɑɔ˥ lɑɔ˥ ie˩˨.（老爷和老将是一回事儿吗？）黄：一回事，嗯。i˥˨ xuei˩ sɿ˥,ə̃˨.（不管是将还是帅都是一样？）黄：嗯，都是一样。ə̃˨,tou˥˦ sɿ˥ i˥˦ iɑŋ˥.

（这个，跟将在一起的是兵还是卒？）王：士。sɿ˥.黄：士。sɿ˥.（不是。跟前面这，一排五个的？）王：噢，那叫卒。ɑɔ˨,nei˥ tɕiɑɔ˥ tsʮ˩˨.黄：那叫卒儿，卒儿。卒。nei˥ tɕiɑɔ˥ tsʮər˩˨,tsʮər˩˨.tsʮ˩˦.（我卒往前走一步叫什么？）王：啊。ɑ˨.黄：拱卒咧么。kuoŋ˥ tsʮ˩˨ lie˧ muo˧.王：拱卒。kuoŋ˥ tsʮ˩.（我这么走一步，卒，你从……从开始说。）黄：那要必须过了过了河的卒子可以左右拱。nei˥ iɑɔ˥ pi˥˦ ɕy˥˨ kuo˥ lə˧ kuo˥ lə˥ xuo˩˨ ti˧ tsʮ˩˦ tsɿ˧ kʰə˥ i˥˨ tsuo˥ iou˥˦ kuoŋ˥˨.王：可以踅走么。kʰə˥ i˥˨ ɕyo˩ tsou˥˨ muo˧.黄：可以踅走么。kʰə˥ i˥˨ ɕyo˩ tsou˥˨ muo˧.（叫什么？）王：踅走么。ɕyo˩ tsou˥˨ muo˧.黄：踅走么，可以走。那就是左右可以走了。但不不……不在河界那面你就不能。你只能……ɕyo˩ tsou˥˨ muo˧,kʰə˥ i˥˨ tsou˥.nə˥ tɕiou˥˦ sɿ˥ tsuo˥˦ iou˥ kʰə˥˨ i˥˨ tsou˥ lə˧.tæ˥ pu˩˨ pu˩˦ x……pu˩˨ tsæᴇ˥ xə˩˨ tɕie˥ nei˥ miæ˥˨ ni˥˨ tɕiou˥ pu˩˨ nəŋ˩.ni˥˨ tsɿ˥˨ nəŋ˩˦……（嗯，过了河以后。这个就叫叫过河了？）黄：啊。ɑ˨.（这个横着走叫踅走？）王：啊。ɑ˨.黄：啊。踅走呣。那过咧河就是……ɑ˨.ɕyo˩ tsou˥˨ m̩˧.nə˥ kuo˥ lie˧ xə˩ tɕiou˥˦ θɿ˥（←sɿ˥）……（哪……哪个字呢？）黄：踅，横……ɕyo˩,xəŋ˩……王：踅也就跟横着一个，横是一个……一……一个……一个意思嘛。ɕyo˩ ɑ˥ tɕiou˥˦ kəŋ˥˨ xəŋ˥ tʂə˧ i˥˨ kə˥˨,xəŋ˥ sɿ˥ i˥˨ kə˥˦……i˥˨……i˥˨ kə˥……i˥˨ kə˥ i˥˦ sɿ˧ mɑ˧.（就是横着走？）黄：嗯，横着的意思……ə̃˨,xəŋ˥ tʂə˧ ti˧ i˥ s……（这是……这个……这叫拱卒。兵呢，往前走呢？）黄：还是叫……还是叫拱卒咧。xɑ˩˨ sɿ˥˦ tɕiɑɔ˥ ŋu……xɑ˩˨ sɿ˥ tɕiɑɔ˥ kuoŋ˥˨ tsʮ˩˨ lie˧.王：兵那还是叫卒儿咧呣。piŋ˥ nei˥ xæᴇ˩˨ sɿ˥˦ tɕiɑɔ˥ tsʮər˩˨ lie˧ m̩˧.黄：还是叫卒儿哩。xɑ˩˨ sɿ˥ tɕiɑɔ˥ tsʮər˩˨ li˧.（兵也叫卒？）王：嗯。ə̃˨.（不叫……不说什么上兵，这么……这么不说？）黄：嗯，不。ə̃˥,pu˩˨.（就没有兵这个说法？）黄&王：没有兵这个说法。mei˩ iou˥˦ piŋ˥ tʂə˥ kə˥˨ ʂuo˥ fɑ˥˨.

（好，再下来，这两边都有一个。）王：炮。pʰɑɔ˥.黄：炮嘛，边卒嘛。pʰɑɔ˥ mɑ˧,piæ˥˨ tsʮ˩ mɑ˧.王：哎，那个炮么它是……æᴇ˩,nə˥ kə˥ pʰɑɔ˥ muo˧ tʰɑ˥˦ sɿ˥……（边卒是什么东西？）黄：边卒就说是河界两边都摆咧一……最靠边，摆了个卒儿着么。piæ˥ tsʮ˩ tɕiou˥˦ ʂuo˥˨ sɿ˥ xə˩˨ tɕie˥ liɑŋ˥˦ piæ˥ tou˥˨ pæᴇ˥ lie˧ i˥˨……tsuei˥ kʰɑɔ˥˦ piæ˥,pæᴇ˥ lə˧ kə˥ tsʮər˩˨ tʂə˥ muo˧.王：它现在是这马一个这么……tʰɑ˥ ɕiæ˥ tsæᴇ˥ ʂɿ˥˨ tʂei˥˦ mɑ˥˨ i˥˨ kə˥˨ tʂə˥˦ muo˧……（那是在车上面。我说，这个……这是一排那个，这这一个，这一个，这两个的。）黄：那是炮嘛。nə˥ sɿ˥ pʰɑɔ˥ mɑ˧.（炮？）黄：在中间……夹着咧么。tsæᴇ˥ tʂuoŋ˥˨ tɕiæ˥˦ tɕ……tɕiɑ˥ tʂə˧ lie m˧.（这个我上去，炮移到这儿来叫什么？）黄：那你走炮了么。nei˥ ni˥˦ tsou˥ pʰɑɔ˥ ləm˧.（叫不叫架炮？）王：不，叫走。pu˩˨,tɕiɑɔ˥ tsou˥.黄：不，就走咧。pu˩˨,tsou˥ tsou˥ lie˧.（这我有，这有一个，这是我要吃它，这是一个什么？叫不叫什么炮架子呢？）黄：那打……中间必须要有炮架子咧么。nei˥˦ tɑ˥˨……tʂuoŋ˥˨ tɕiæ˥˦ pi˥˦ ɕy˥˦ iɑɔ˥ iou˥˦ pʰɑɔ˥ tɕiɑ˥ tsɿ˧ liem˧.（这叫炮架子？）黄：啊，炮没有架子你打不上嘛你。ɑ˨,pʰɑɔ˥ mei˩ iou˥˦ tɕiɑ˥ tsɿ˧ ni˥˦ tɑ˥ pu˩˨ ʂɑŋ˥˦ mɑ˧ ni˥˨.王：炮架。pʰɑɔ˥ tɕiɑ˥.（你那炮，

是……炮是打还是什么东西？）王：打，炮是打咧。ta˥,pʰaɔ˧sɿ˧ta˥lie˧.黄：打嘛，怕是打了么。ta˥ma˧,pʰa˧sɿ˧ta˥ləm˧.（那么卒要是吃这个东西是叫……）黄：那叫拱了。nə˧tɕiaɔ˧kuoŋ˥lə˧.（我，这是一个东西，我，在这儿，我能把你，给拿掉。）黄：那叫拱掉了。nei˧tɕiaɔ˧kuoŋ˥tiaɔ˧lə˧.王：叫拱，嗯。tɕiaɔ˧kuoŋ˥,ə̃l.（拱掉了？）黄：拱咧，嗯，拱掉了。kuoŋ˥lie˧,ə̃l,kuoŋ˥tiaɔ˧lə˧.（呃，这卒是拱掉？）黄&王：嗯。ə̃l.（那马呢？）王：马踏。ma˥tʰa˩˧.黄：马踩了么。ma˥tsʰæᴇ˥ləm˧.王：马是给……ma˥sɿ˧kei˧……（马是踩了？）黄：踩了，或者是叫踏了㖿。tsʰæᴇ˥lə˧,xuei˩˧tʂə˥sɿ˧tɕiaɔ˧tʰa˩lə˧m˧.王：嗯，也……踩咧或者踏咧。ə̃l,ie˥……tsʰæᴇ˥lie˧xuo˩tʂə˥tʰa˩lie˧.黄：和踏么。踏是最土一点么。xuo˩tʰa˩muo˧.tʰa˩sɿ˧tsuei˧˥tʰu˥i˧tiæ˥muo˧.（噢，塔是还最……踏？）黄：噢，踏。aɔl,tʰa˩.王：踏东西的踏么。tʰa˩tuoŋ˥ɕi˧ti˧tʰa˩muo˧.黄：脚踏的踏。噢，就是那个踏。tɕyo˥tʰa˩ti˧tʰa˩.aɔ˥,tɕiou˧sɿ˧nə˧kə˧tʰa˩.

（这个，有什么规矩没有，走……走棋？马怎么走，象你……）黄：马走……马走斜路么你。ma˥tsou˥ɕi……ma˥tsou˥ɕie˩lou˧muo˧ni˥.（马走斜路？）黄：嗯。ə̃l.王：嗯。马有……马可走路可有有别腿咧么，没别……ŋ̍l.ma˥iou˥tɕʰi……ma˥kʰə˥tsou˥lou˧kʰə˥iou˥iou˥pie˩tʰuei˥liem˧,mei˩pie˩……（啊，不能别腿？）黄：嗯。ŋ̍l.王：嗯。别腿就不能走，不别腿就能走。ŋ̍l.pie˩tʰuei˥tɕiou˧pu˩nəŋ˩tsou˥,pu˩pie˩tʰuei˥tɕiou˧nəŋ˩tsou˥.（马走……马，叫马走斜路？）王：嗯。嗯。ŋ̍l.ŋ̍l.（象呢？）黄&王：象走的斜路。象、士、马都是斜路么。ɕiaŋ˧tsou˥ti˧ɕie˩lou˧.ɕiaŋ˧,sɿ˧,ma˥tou˥sɿ˧ɕie˩lou˧muo˧.王：嗯。ŋ̍l.（没有什么……）王：象它在它这个棋盘儿上就走的是个八字形么。ɕiaŋ˧tʰa˥tsæᴇ˧tʰa˥tʂə˧kə˧tɕʰi˩pʰæ̃r˩ʂaŋ˧(tɕ)iou˧tsou˥ti˧sɿ˧kə˧pa˥tsɿ˧ɕiŋ˩muo˧.（象也是斜路？）黄：嗯。啊，象是斜……əŋl.al,ɕiaŋ˧sɿ˧ɕie˩……（是也是斜路？）黄&王：嗯。ŋ̍l.（有没有什么马走日啊象走田呐这种说法？）王：没有。mei˩iou˥.黄：呃，是走的是，是走的田。əl,sɿ˧tsou˥ti˧sɿ˧,sɿ˧tsou˥ti˧tʰiæ̃˩.王：噢，是走的田。aɔl,sɿ˧tsou˥ti˧tʰiæ̃˩.黄：是走田。sɿ˧tsou˥tʰiæ̃˩.（不。马是这个两个格子加起来，跟个日一样，它走这个。象是四个格子加起来，它走这条线。）黄：嗯，就是的。ə̃l,tɕiou˧sɿ˧ti˧.（你没有说什么马走的日字，象走的田字？）王：嗯。ŋ̍l.黄：这没有这个说法，啊？tʂə˧mei˩iou˥tʂə˧kə˧ʂuo˥fa˥,a˧?王：没有，没有这个说法。muo˥iou˥,muo˥iou˥tʂə˧kə˧ʂuo˥fa˥.黄：嗯。ŋ̍l.王：按说起□就是马走日字。næ̃˧ʂuo˥tɕʰi˥niæ̃˩tɕiou˧sɿ˧ma˥tsou˥zɿ˥tsɿ˧.黄：嗯，马走的日字。ə̃l,ma˥tsou˥ti˧zɿ˥tsɿ˧.王：在咱们这□不说那个话么。tsæᴇ˧tsa˩məŋ˧tʂə˧niæ̃˩pu˩ʂuo˥nə˧kə˧xua˧muo˧.黄：不说兀话。pu˩ʂuo˥væᴇ˧xua˧.（不说这个话？）黄&王：嗯。ŋ̍l.

（那个，这是车啦。）黄：嗯。ŋ̍l.（我这车出来，你叫什么？）黄：出车。tʂʰʮ˥tɕy˥.王：那就叫出车么。nei˧tɕiou˧tɕiaɔ˧tʂʰʮ˥tɕy˥muo˧.黄：嗯。ŋ̍l.（这个马出来呢？）王：上马。ʂaŋ˧ma˥.黄：上马。ʂaŋ˧ma˥.（有说跳马的吗？）黄：有。iou˥.王：也有说跳马的。ie˥iou˥ʂuo˥tʰiaɔ˧ma˥ti˧.（一样的意思吗？）王：一样的意思。i˥liaŋ˧ti˧i˧sɿ˧.黄：一样的意思，嗯。i˥liaŋ˧ti˧i˧sɿ˧,ə̃l.（象呢？）黄：上象。ʂaŋ˧ɕiaŋ˧.王：象是飞象嘛。ɕiaŋ˧sɿ˧fei˥ɕiaŋ˧ma˧.黄：飞象，嗯。fei˥ɕiaŋ˧,ə̃l.（士呢？）王：士是飞士么。sɿ˧sɿ˧fei˥sɿ˧muo˧.黄：也叫划士，和士划起来。ie˥tɕiaɔ˧xua˩sɿ˧,xuo˩sɿ˧xua˩tɕʰi˥læᴇ˩.（嗯。这个到后来这个将啊，老将不得不动，动它了，这个这个走出来，这叫什么？）黄：出老爷么。tʂʰʮ˥laɔ˥ie˩muo˧.王：那就是出老爷么。nei˧tɕiou˧sɿ˧tʂʰʮ˥laɔ˥ie˩muo˧.

（这么四处走它它这叫出老爷吗？）黄：呣。m̩ʟ.王：啊，这叫出老爷。有的叫歪，歪老爷。ɑ˧,tsə˥ʟtɕiao˥ɺtʂʰɥ˧ʟlao˧ie˨ʟ.iou˧ti˦tɕiao˥væᴇ˧,væᴇ˧lao˧ie˨ʟ.黄：把老爷歪出来。然后……pɑ˧ʟlao˧ie˨ʟvæᴇ˧tʂʰɥ˧ʟlæᴇ˨ʟ.ʑæ̃˨ʟxou˥……（væᴇ˧也是出的意思吗？）黄：嗯。ə̃˧.（人可以不可以væᴇ˧出来？）黄：人就不可能歪出来。zəŋ˨tsou˥pu˨˦kʰə˧ʟnəŋ˨˦væᴇ˧tʂʰɥ˧ʟlæᴇ˨ʟ.（væᴇ˧是大概是什么意思？）黄：向左右可以自……向左右摆一下就叫歪出来。ɕiaŋ˥ʟtsuo˧˦iou˥kʰə˧i˧ʟtsɿ˥……ɕiaŋ˥ʟtsuo˧˦iou˥pæᴇ˧i˧ʟxɑ˥ʟtɕiou˥tɕiao˥væᴇ˧tʂʰɥ˧ʟlæᴇ˨ʟ.（噢。那个字单念怎么念呢？væᴇ˧还是væᴇ˥？）黄：歪。væᴇ˧.（跟这个，[在纸上写字]这个"歪"一样吗？）王：嗯。ə̃ʟ.黄：嗯，就是那个字。不正了。不在正堂上坐了么。ə̃˧,tɕiou˥sɿ˥nə˥kə˥tsɿ˥.pu˨ʟtʂəŋ˥lə˦.pu˨ʟtsæᴇ˥tʂəŋ˥tʰaŋ˨ʟʂaŋ˥tsuo˥˦ləm˦.

（这个象吃了一个呢？呃，不，将吃好了一个呢？叫不叫歪？）王：将咋么个。tɕiaŋ˥˦tsam˧kə˥.（将，比如说这个什么，什么东西走到我这儿来了，被将吃掉了。）王：那将它就不能吃人么。nə˥ʟtɕiaŋ˥˦tʰɑ˧˦tɕiou˥pu˨ʟnəŋ˨tʂʰʅ˧ʟʑəŋ˨ʟmuo˦.黄：哎，咋不能吃了？æᴇ˨,tsɑ˧˦pu˨ʟnəŋ˨tʂʰʅ˧ʟlə˦?王：将是在它……tɕiaŋ˥sɿ˥tsæᴇ˥tʰɑ˧……（怎么你……）王：在它这个范围内可以。tsæᴇ˥tʰɑ˧tʂə˥kə˥fæ̃˥vei˨ʟluei˥˦kʰə˧i˧ʟ.黄：在它一范内它就……tsæᴇ˥ʟtʰɑ˧i˧ʟfæ̃˥luei˥tʰɑ˧˦tsou˥……（在范围内吃掉。）威，那叫威。vei˧,nei˥ʟtɕiao˥vei˧.黄：威了么。vei˧ləm˦.（也是vei˧lie˦？）黄：噢，也是威了。ɑɔʟ,iɑ˧˦sɿ˥vei˧lə˦.（不是væᴇ˧了？）王：不是。威。pu˨ʟsɿ˥.vei˧.黄：不是歪了，那叫威了，老爷威了，啊。pu˨ʟsɿ˥væᴇ˧lə˦,nei˥tɕiao˥vei˧lə˦,lao˧ie˨vei˧lə˦,ɑ˦.（卒可不可以说vei˧卒？）王：不。pu˨ʟ.（进卒？）黄：这面多一半都叫拱卒咧。不叫。tʂei˥miæ̃˥tuo˧i˧ʟpæ̃˥tou˧ʟtɕiao˥kuoŋ˧tsɥ˨ʟlie˦.pu˨ʟtɕiao˥.（这是士有没有叫撑士的说法？）王：有咧，撑士。iou˧lie˦,tsʰəŋ˧ʟsɿ˥ʟ,tsʰəŋ˧ʟsɿ˥.黄：有咧么。把士撑起来呣。iou˧lie˦muo˦.pɑ˧ʟsɿ˥˦tsʰəŋ˧ʟtɕʰi˧ʟlæᴇ˨ʟm̩˦.（也有飞士？）黄：飞士。fei˧˦sɿ˥ʟ.王：也有飞士。ie˧˦iou˧˦fei˧sɿ˥ʟ.（划士？）黄：呃，划士，嗯。əʟ,xuɑ˨sɿ˥,ə̃ʟ.（哪个说得……是不是都一样？）王：一般是撑士说的多。i˧˦pæ̃˧sɿ˥ʟtsʰəŋ˧ʟsɿ˥ʂuo˧ʟti˦tuo˧.黄：都，撑……嗯。tou˧˦,tsʰ……ə̃ʟ.（有……有划象的说法没有？）王：有咧。iou˧lie˦.黄：有咧。iou˧lie˦.

2.（这个车啊出来你们叫什么？）黄：出车么。tʂʰɥ˧˦tɕy˧muo˦.（出车？）黄：嗯。ŋ̍ʟ.（你看炮是打，马是踩，象是踩。）黄：嗯。ŋ̍ʟ.（士要吃东西呢？）黄：划了呣。xuɑ˨ʟlə˦m̩˦.（士吃是士划了？）黄：啊。ɑʟ.王：士……划也行，士也行。s……xuɑ˨æ˧˦ɕiŋ˨˦,sɿ˥ie˧ʟɕiŋ˨ʟ.黄：也是士咧，也……有的叫士了，有的叫划了。ie˧ʟsɿ˥ʟsɿ˥˦lie˦,ie˧˦i……iou˧ti˦tɕiao˥sɿ˥lə˦,iou˧ti˦tɕiao˥xuɑ˨ʟlə˥.（sɿ˥？）黄：士了，嗯。sɿ˥lə˦,ə̃˥.（怎么写那个字？）黄：还是这个士。xɑ˨ʟsɿ˥˦tʂə˥kə˥sɿ˥.（噢，就士把东西士了？）王：嗯。ŋ̍˧.黄：啊，士了，嗯。ɑʟ,sɿ˥lə˦,ə̃ʟ.（士了就士吃了是吧？）黄：嗯。ŋ̍ʟ.（车呢？）黄：车叫吃了。tɕy˧tɕiao˥tʂʰʅ˧lə˦.（将呢？）黄：威了。vei˧lə˦.

（这是士出来了，我又回去了呢？）黄：收士么。ʂou˧ʟsɿ˥˦muo˦.（马出来又回去呢？）黄：回槽么。xuei˨tsʰɑɔ˨muo˦.（回槽？）王：回马能够说的。xuei˨ʟmɑ˧nəŋ˨ʟkou˥ʂuo˧ʟti˥.黄：回……噢，回马也能行，嗯。xuei˨˦……ɑɔʟ,xuei˨ʟmɑ˧æ˧˦nəŋ˨˦ɕiŋ˨ʟ,ŋ̍ʟ.王：回马。xuei˨ʟmɑ˧.（象回去呢？）王：回象么。xuei˨ʟɕiaŋ˥muo˦.（噢，回象？）黄：也叫收象反正。ie˧˦tɕiao˥ʂou˧ʟɕiaŋ˥fæ̃˧ʟtʂəŋ˥.（炮可不可以回去？）王：炮不……pʰɑɔ˥˦pu˨˦……黄：跑不存在。pʰɑɔ˥˦pu˨˦tsʰuoŋ˨ʟtsæᴇ˥ʟ.

（有这种什么上象，噢，上……上象的说法有没有？）黄：有咧么。iou˥˨lie˧muo˧.王：有咧。iou˥˨lie˧.（上象上士？）黄：噢。嗯。ɑɔ˥˨.ŋ̍˧˩.王：嗯，上象上士都有。ŋ̍˧˩,ʂɑŋ˧ɕiɑŋ˧ʂɑŋ˧sʅ˧tou˥˨iou˥˨˩.（下象……下象下士呢？）黄：这好像……tʂə˧˥xɑɔ˥˨˩ɕiɑŋ˧˩m……王：那就，有上象上士，有回象，有收象。næᴇ˧˩tɕiou˧˩,iou˥˨ʂɑŋ˧˦ɕiɑŋ˧ʂɑŋ˧sʅ˧,iou˥˨xuei˨˦ɕiɑŋ˧˩,iou˥˨ʂou˥˨ɕiɑŋ˧˩.黄：嗯，收象或者士。ə̃˧˩,ʂou˥˨˩ɕiɑŋ˧xuo˨˦˩tʂə˥˨˩sʅ˧˩.

跳马、卧槽

（有没有说这个跳马的说法？）黄&王：有咧。iou˥˨lie˧.（跳马？）黄：跳马。tʰiɑɔ˧mɑ˥˨˩.王：跳马，嗯。tʰiɑɔ˧mɑ˥˨,ə̃˧˩.（有说炮……炮打了你了，有说炮这个炮擂了你了，或炮翻了你了这种说法没有？）王：有，有翻了的。iou˥˨˦,iou˥˨˦fæ̃˥˨lə˧ti˧.黄：有翻了的。iou˥˨˦fæ̃˥˨lə˧ti˧.（这个马呀，可以这么吃，也可以这么吃。这么吃，有没有什么卧槽马呀什么这样这种？）黄：哎有咧么。æᴇ˥˨iou˥˨˩lie˧muo˧.王：有卧槽马咧。卧槽那就是马将着咧么，卧槽咧么。iou˥˨vuo˧tsʰɑɔ˨˦˩mɑ˥˨lie˧.vuo˧tsʰɑɔ˨˦nei˧tɕiou˧˩sʅ˧˩mɑ˥˨tɕiɑŋ˧˦tʂə˧liem˧,vuo˧tsʰɑɔ˨˦˩lie˧muo˧.黄：噢，有咧么。ɑɔ˧˩,iou˥˨lie˧muo˧.（叫什么？）王：马卧槽就叫要将咧么。mɑ˥˨vuo˧tsʰɑɔ˨˦tɕiou˧˩(tɕ)iɑɔ˧iɑɔ˧tɕiɑŋ˧˦lie˧muo˧.（要，要将这个老老将了是吧？）王&黄：嗯。ŋ̍˧˩.黄：卧槽咧么。vuo˧tsʰɑɔ˨˦˩lie˧muo˧.王：卧槽么。vuo˧tsʰɑɔ˨˦muo˧.（倒槽马呢？）王：没有倒……mei˨˦iou˥˨tɑɔ˥˨˩……黄：呃还是个叫……还是要将咧。ə˧xɑ˨˦˩sʅ˧kə˧tɕiɑɔ˧……xɑ˨˦˩sʅ˧˥iɑɔ˧tɕiɑŋ˧lie˧.（有说倒槽马吗？）王：没有说倒槽。ts……mei˨˦iou˥˨ʂuo˥˨˩tɑɔ˥˨tsʰɑɔ˨˦˩.（这个……）王：这就是卧槽要将么。卧槽马有。tʂə˧˩tɕiou˧˩sʅ˧˩vuo˧tsʰɑɔ˨˦iɑɔ˧˩tɕiɑŋ˧muo˧.vuo˧tsʰɑɔ˨˦mɑ˥˨iou˥˨˩.（这个转……这个转宫马这种说法没有？）王：没有。mei˨˦˩iou˥˨˩.黄：有背弓……哎，炮打背弓啊？iou˥˨˩pei˧˦kuoŋ˥˨˩……æᴇ˧,pʰɑɔ˧˦tɑ˥˨˦pei˧˦kuoŋ˥˨˩ɑ˧˩?王：嗯。ŋ̍˧˩.

连环马、马后炮

黄：马有连环马。mɑ˥˨iou˥˨˦liæ̃˨˦xuæ̃˨˦mɑ˥˨˩.（连环马？）黄：噢，有连环马。ɑɔ˧˩,iou˥˨˦liæ̃˨˦xuæ̃˨˦mɑ˥˨˩.王：嗯，有连环马。有马后炮。ŋ̍˧˩,iou˥˨˦liæ̃˨˦xuæ̃˨˦mɑ˥˨˩.iou˥˨˩mɑ˥˨xou˧pʰɑɔ˧.黄：马后炮。mɑ˥˨˦xou˧pʰɑɔ˧.（连环马，马后炮？）黄&王：嗯。ŋ̍˧˩.黄：欸，它是和马和炮组成了一个线嘎以后，形成一个战略部署了，主要是马在后，马在前咧，这炮在……ei˧,tʰɑ˥˨sʅ˧˩xuo˨˦˩mɑ˥˨xuo˨˦˩pʰɑɔ˧tsɥ˥˨tʂʰəŋ˨˦˩lə˧i˥˨˩kə˧ɕiæ̃˧kɑ˧i˥˨˩xou˧˩,ɕiŋ˨˦tʂʰəŋ˨˦i˥˨˩kə˧tʂæ̃˧˦lyo˥˨˩pu˧ʂɥ˥˨lə˧,tʂɥ˥˨˩iɑɔ˧˩sʅ˧˩mɑ˥˨tsæᴇ˧xou˧,mɑ˥˨tsæᴇ˧tɕʰiæ̃˨˦lie˧,tʂə˧pʰɑɔ˧tsæᴇ˧……王：马在头里，炮在后头哩。mɑ˥˨˦tsæᴇ˧tʰou˨˦˩li˥˨,pʰɑɔ˧tsæᴇ˧xou˧˦tʰou˧li˧.黄：炮在后头哩，马后炮么。pʰɑɔ˧tsæᴇ˧xou˧˦tʰou˧li˧,mɑ˥˨xou˧pʰɑɔ˧muo˧.王：有的叫马后背□子。iou˥˨ti˧tɕiɑɔ˧mɑ˥˨˦xou˧pei˥˨˩pɑɔ˥˨tsʅ˧.（马后背pɑɔ˥˨子？）王：啊，背□子。ɑ˧˩,pei˥˨˦pɑɔ˥˨tsʅ˧.（背吗？背起来的背吗？）王：啊。ɑ˧˩.（bǎo子是什么东西？）王：□子那就说是，把个炮就叫□子。pɑɔ˥˨tsʅ˧nei˧tɕiou˧˥ʂuo˥˨˦sʅ˧,pɑ˥˨˩kə˧pʰɑɔ˧˦tsou˧˩tɕiɑɔ˧pɑɔ˥˨tsʅ˧.（噢，炮也叫bǎo子？）王：嗯。ŋ̍˧˩.

连环炮、当头炮

（两个炮放在一块儿，这叫什么炮？打你这个，中间可能还有一个，我不管怎么我都能打着。）王：这叫连环炮么。tʂə˧˥tɕiɑɔ˧liæ̃˨˦xuæ̃˨˦pʰɑɔ˧˩muo˧.（有没有什么当头一炮，当头炮的说法？）王：有咧么。当头炮么，当头将么。iou˥˨lie˧muo˧.tɑŋ˥˨˩tʰou˨˦pʰɑɔ˧muo˧,tɑŋ˥˨˩tʰou˨˦tɕiɑŋ˧muo˧.（当头炮，还有当头将，当头将是什么东西呢？）王：当头将，那就说你的老爷上面或者有个象，或者有个炮，你那个炮就可以将么，当头。tɑŋ˥˨˩tʰou˨˦tɕiɑŋ˧,nei˧tɕ iou˥ʂuo˨˩˧ni˥˧ti˧lao˥˧ie˧˥ʂaŋ˥˧miæ̃˥˩xuo˧˥tʂə˥˧iou˥˧kə˥˩ɕiaŋ˥,xuo˧˥tʂə˥˧iou˥˧kə˥˩pʰɑɔ˥,ni˥˧nei˥˧kə˥˩pʰɑɔ˥tɕiou˥kʰə˥˧i˨˩˧tɕiaŋ˥muo˧,taŋ˨˩˧tʰou˧˥.

士角炮

（还有什么士角炮有没有？）王：士角炮有咧么。sɿ˥tɕyo˨˩˧pʰɑɔ˥iou˥˧liem˧.（士角炮是什么东西？）王：士角炮那也就是这个，炮就在这个士角儿，两个角上放着。士角炮。sɿ˥tɕiɑɔ˨˩˧pʰɑɔ˥nei˥ie˨˩˧tɕiou˥sɿ˥tʂə˥kə˥,pʰɑɔ˥tɕiou˥tsæᴇ˥tʂə˥kə˥sɿ˥tɕyor˥˧,liaŋ˥˧(k)ə˥˩tɕyo˥˧ʂaŋ˥˩faŋ˥˩tʂə˧.sɿ˥tɕyo˥˧pʰɑɔ˥.

双炮

（我们一般讲炮架子了，我这是个将，老将，我这个是打你老将。中间这个炮呢？这有两个炮一块儿垒在这儿。这个炮叫什么？）王：双炮么，双炮要将么。ʂuaŋ˨˩˧pʰɑɔ˥muo˧,ʂuaŋ˨˩˧pʰɑɔ˥iɑɔ˥tɕiaŋ˥muo˧.（双炮将？）王：嗯，双炮将。ŋ̍˥˧,ʂuaŋ˨˩˧pʰɑɔ˥tɕiaŋ˥˩.（这个是什么？中间这个叫不叫什么弹子炮啊或什么东西？）王：不叫。那就叫双炮将。pu˧˥tɕiɑɔ˥.nei˥tɕiou˥tɕiɑɔ˥ʂuaŋ˨˩˧pʰɑɔ˥tɕiaŋ˥˩.（有没……也没有什么重重炮的说法？）王：呃，也有咧，重炮儿将，也有。ə˩,ie˥˧iou˨˩˧lie˧,tʂʰuoŋ˧˥pʰɑɔr˥tɕiaŋ˥˩,ia˥˧iou˨˩˧.（重炮将？）王：啊，有双炮将。有的……有的叫重炮将。ɑ˩,iou˥˧ʂuaŋ˨˩˧pʰɑɔ˥tɕiaŋ˥.iou˥˧ti……iou˥˧ti˧tɕiɑɔ˥tʂʰuoŋ˧˥pʰɑɔ˥tɕiaŋ˥˩.

夹马当头

（夹马当头？）王：夹马当头有咧么。tɕia˨˩˧ma˥˧taŋ˨˩˧tʰou˧˥iou˥˧liem˧.（怎么……怎么个意思呢？）王：那就说是，当头一……炮要将着咧，夹个马，它就不将，将不成咧。nə˥˩tɕiou˥ʂuo˨˩˧sɿ˥,taŋ˨˩˧tʰou˧˥i˥˧……pʰɑɔ˥iɑɔ˥tɕiaŋ˥tʂə˧lie˧,tɕia˥˧kə˥˩ma˥˧,tʰa˥˧tɕiou˥pu˧˥tɕiaŋ˥,tɕiaŋ˥pu˧˥tʂʰəŋ˧˥lie˧.（噢。）王：噢。它这个跑中间隔两个，它就不能将咧。隔一个可以将，隔两个就不能。ɑɔ˩.tʰa˥˧tʂə˥kə˥pʰɑɔ˥tʂuoŋ˨˩˧tɕiæ̃˥˧kei˨˩˧liaŋ˥˧kə˥˩,tʰa˥˧tɕiou˥pu˧˥nəŋ˧˥tɕiaŋ˥lie˧.kei˨˩˧i˥˧kə˥kʰə˥˧i˥˧tɕiaŋ˥,kei˨˩˧liaŋ˥˧kə˥˩tɕiou˥pu˧˥nəŋ˧˥.

车坐中心

（欸，有没有什么车坐中心的说法？）王：有咧。车坐中心有咧。iou˥˧lie˧.tɕy˨˩˧tsuo˥tʂuoŋ˥˧ɕiŋ˥˧iou˥˧lie˧.（怎么，怎么那个呢？）王：车坐中心那也就说是你这个老将，直到下来这个，把士都杀光了，光丢下老将了，这个车一坐中心，再有一个车你就车坐中心你就毕了你就。把你将死了已经。tɕy˨˩˧tsuo˥tʂuoŋ˥˧ɕiŋ˥˧nei˥ia˨˩˧tɕiou˥ʂuo˨˩˧sɿ˥˩ni˥˧tʂə˥kə˥lɑɔ˥˧tɕiaŋ˥,tʂɿ˧˥tɑɔ˥ɕia˥˩læᴇ˧˥tʂə˥kə˥,pa˨˩˧sɿ˥tou˨˩˧sa˥˧kuaŋ˥˧lə˧,kuaŋ˥˧tiou˥˧xa˥˩lɑɔ˥˧tɕiaŋ˥lə˧,tʂə˥kə˥tɕy˥˧i˨˩˧tsuo˥tʂuoŋ˥˧ɕiŋ˨˩˧,tsæᴇ˥iou˥˧i˨˩˧kə˥˩tɕy˥˧ni˨˩˧tɕiou˥tɕy˨˩˧tsuo˥tʂuoŋ˥˧ɕiŋ˨˩˧ni˨˩˧tɕiou˥pi˥˧lə˧ni˨˩˧tɕiou˥.pa˨˩˧ni˥˧tɕiaŋ˥sɿ˨˩˧lə˧i˨˩˧tɕiŋ˥˧.（你就，你你将死了。）王：啊，把你就将死了。ɑ˩,pa˨˩˧ni˥˧tɕiou˥tɕiaŋ˥sɿ˨˩˧lə˧.

双车闹士

（双车闹士有没有？）王：双，我们这儿叫双车夺士么。ʂuaŋ˨˩˧,ŋuo˥˧məŋ˧tʂər˥tɕiɑɔ˥ʂuaŋ˥˧tɕy˥˧tuo˧˥sɿ˥muo˧.（双车夺士？）王：嗯。ŋ̍˩.（怎么，怎么个意思呢？）王：你比如这儿有，丢下这一个士咧。这面儿是老爷的话，你，这两个车，夺士，你老爷威不成么。双车夺士，那就把你……ni˥˧pi˥˧ʐʮ˥˧tʂər˥˧iou˥˧,tiou˨˩˧xa˥˩tʂei˥i˥˧kə˥sɿ˥lie˧.tʂə˥miær˥˩sɿ˥˩lɑɔ˥˧ie˧˥˩ti˧xua˥˩,ni˥˧,tʂə˥liaŋ˥˧kə˥˩tɕy˥˧,tuo˧˥sɿ˥,ni˥˧lɑɔ˥˧ie˧˥vei˥˧pu˧˥tʂʰəŋ˧˥muo˧.ʂuaŋ˥˧tɕy˥˧tuo˧˥sɿ˥,nei˥˩tɕiou˥pa˨˩˧ni˥˧……（你吃也吃不了？）王：啊，老爷你就吃不成□们，你……你哎这……ɑ˩,la ɔ˥ie˧˩˨ni˥˦tɕiou˦tʂʰʅ˥pu˧˩˨tʂʰəŋ˧˩˨niæ̃˧˩˨məŋ˨.ni˥˦……ni˥˦æᴇ˨tʂə˦……（我这是一个车，这是一个车，你这个士，你这个这个，我吃掉你的士，你都你你你这个都没办法，你个老爷只能起来？）王：只能起来。这就叫双车夺士。tsʅ˥˨nəŋ˧tɕʰi˥˥læᴇ˧˨.tʂə˦tɕiou˦tɕiɑɔ˦ʂuɑŋ˥˦tɕy˥˨tuo˧sʅ˦muo˨.（还有三车闹士的说法没有？）黄：咋来三个车了？tsɑ˥˨læᴇ˧˦sæ̃˥kə˦˨tɕy˥lə˨?王：没有，没有三个车。mei˧˨iou˥,mei˧˨iou˥˦sæ̃˥kə˦˨tɕy˥.

打背弓

（闷弓的说法有没有？）王：没有。mei˧˨iou˥˨.黄：打个闷弓么。tɑ˥˦kə˦məŋ˦˥kuoŋ˥˨muo˨.王：打啥闷弓？tɑ˥sɑ˦məŋ˦˨kuoŋ˥˨?（məŋ˦kuoŋ˨是什么东西呢？）黄：闷弓，咱们也不下去。我听见有，有打背弓的，还有打闷弓。məŋ˦kuoŋ˥˨,tʂɑ˧məŋ˦ɑ˥˦pu˧˨ɕiɑ˦tɕʰi˦.ŋuo˥tʰiŋ˥tɕiæ̃˦iou˥˨,iou˥˦tɑ˥˦pei˦kuoŋ˥˨ti˨,xæᴇ˧˨iou˥˦tɑ˥˦məŋ˦˥kuoŋ˥˨.王：那也叫打背弓么，不叫打闷弓。nei˦ɑ˥˨tɕiɑɔ˦tɑ˥˦pei˦˥kuoŋ˥˨muo˨,pu˧˨tɕiɑɔ˦tɑ˥˦məŋ˦˥kuoŋ˥˨.（tɑ˦pei˦kuoŋ˨是什么意思？）王：炮打背弓那就是呃，这儿有个炮可以打了打你这个士嘛。pʰɑɔ˦˥tɑ˥˦pei˦˥kuoŋ˥˨nei˦˨tɕiou˦˨sʅ˦˥əl,tʂər˦˥iou˥kə˦˨pʰɑɔ˦kʰə˥i˥˨tɑ˥˦lə˨tɑ˥˦ni˥˦tʂə˦˨kə˦˨sʅ˦mɑ˨.（嗯。）王：这比……比方这儿是个车，这儿是你，这儿是你的车，你的炮打他这个士的话咧，这就都，这叫打背弓么。tʂə˦pi˥˦……pi˥fɑŋ˥˨tʂər˦sʅ˦kə˦tɕy˥,tʂər˦sʅ˦ni˥˦,tʂər˦˥sʅ˦ni˥˦ti˨tɕy˥,ni˥ti˨pʰɑɔ˦tɑ˥tʰɑ˥tʂə˦˨kə˦˨sʅ˦ti˨xuɑ˦˨lie˨,tʂei˦tɕiou˦tou˥˦,tʂə˦˥tɕiɑɔ˦tɑ˥pei˦˥kuoŋ˥˨muo˨.（打完了他还没办法？）王：他还没办法。或者说是口兀，口这个炮打背弓，你这儿这，你这儿这有，有口一个车，还有一个象，口这打背弓的话来你，把你将死了，你还是个……tʰɑ˥xæᴇ˧˨mei˧pæ̃˦fɑ˥˨.xuo˧˨tʂə˥ʂuo˥˦sʅ˦niæ̃˧˨vu˦,niæ̃˧˨tʂə˦kə˦pʰɑɔ˦tɑ˥pei˦˥kuoŋ˥˨,ni˥˦tʂər˦˥tʂə˦˨,ni˥tʂər˦tʂə˦iou˥˦,iou˥˦niæ̃˧˨i˥˦kə˦tɕy˥,xæᴇ˧˨iou˥˦i˥kə˦˨ɕiɑŋ˦,niæ̃˧˨tʂə˦tɑ˥pei˦˥kuoŋ˥tə˨xuɑ˦læᴇ˧˦ni˥,pɑ˥ni˥tɕiɑŋ˦˥sʅ˥˨lə˨,ni˥xɑ˧˨sʅ˦kə˦……（对的？）王：该吃咧么。那叫打背……kæᴇ˥˦tʂʰʅ˥lie˨muo˨.nei˦˨tɕiɑɔ˦˥tɑ˥˨pei˦……（你，你还，你还得跑，你还得起来你。）王：啊，你还得要动个老爷咧。ɑ˨,ni˥xæᴇ˧˨tei˥˦iɑɔ˦tuoŋ˦(k)ə˦lɑɔ˥ie˧˨lie˨.

二车一错

王：我们这儿有个二车……有个……哎，有个二车……二车一错吗咋么个。ŋuo˥məŋ˨tʂər˦iou˥kə˦˨ər˦tɕy˥˨……iou˥kə˦……æᴇ˧,iou˥kə˦˨ər˦tɕy˥˨……ər˦tɕy˥˨i˥˨tsʰuo˦mɑ˨tsɑ˥muo˨kə˦˨.（二车一错儿？）王：嗯。二车一错，就说你这个老将在这儿这咧。口这面儿有个车，这面儿有个车。ə̃˥.ər˦tɕy˥i˥˨tsʰuo˦,tɕiou˦˨ʂuo˥˨ni˥˦tʂə˦kə˦lɑɔ˥tɕiɑŋ˦tsæᴇ˦tʂər˦tʂə˦lie˨.niæ̃˧˨tʂə˦˥mæ̃r˦iou˥˦kə˦tɕy˥,tʂə˦˥mæ̃r˦iou˥˦kə˦tɕy˥.（都是我的车吗？）王：都是你的车。然后的话口，这个车一定死，这个车再下来这里将，二车一错，依旧把你错死了，将死了。tou˥˦sʅ˦ni˥ti˨tɕy˥.ʐæ̃˧˨xou˦tə˨xuɑ˦˨niæ̃˧˨,tʂei˦˥kə˦tɕy˥i˥˨tiŋ˦sʅ˥,tʂei˦kə˦tɕy˥˨tsæᴇ˦˨xɑ˦læᴇ˧˦tʂə˦li˥˨tɕiɑŋ˦,ər˦tɕy˥˨i˥˨tsʰuo˦,i˥˨tɕiou˦pɑ˥˨ni˥˦tsʰuo˦sʅ˥˨lə˨,tɕiɑŋ˦sʅ˥˨lə˨.（二车……）二车一错。ər˦tɕy˥˦i˥˨tsʰuo˦.（一错？）王：嗯。错，就是错开的错。ŋ̍˨.tsʰuo˦,tɕiou˦˨sʅ˦˨tsʰuo˦kʰæᴇ˥ti˨tsʰuo˦.（一错是吧？）王：啊。ɑ˨.（二车一错。一错开……）王：啊。一错开。ɑ˨.i˥˨tsʰuo˦kʰæᴇ˥˨.（你就你就你就将死了？）王：你就将死。ni˥˦tɕiou˦tɕiɑŋ˦˥sʅ˥˨.

当头炮，马来跳

（还有些，打，下棋还有些什么术语？）黄：那就是甚么欸当头炮，马来跳么。nei˦tɕiou˦sʅ˦ʂəŋ˦muo˦ei˨tɑŋ˥˨tʰou˧pʰɑɔ˦,mɑ˥læᴇ˧tʰiɑɔ˦muo˨.王：噢，那就是……

ɑɔ˧˩,nei˥tɕiou˥sɿ˥……黄：你支个当头的话，人口给你支个当头，你必须把马上来。ni˥˧˧˩tsɿ˥˧ kə˥˧˩taŋ˥˧tʰou˨˩˨ti˧xuɑ˥,zəŋ˨˩˨niæ̃˩˧˧kei˥ni˥˧˧tsɿ˥˧kə˥˧˩taŋ˥˧tʰou˩˧,ni˥˧˧pi˥˦çy˥˧˧pa˥˧˩ma˥˧ʂaŋ˥læᴇ˨˩˨.王：当头炮，马来跳么。taŋ˥˧˩tʰou˩˧pʰɑɔ˥,ma˥˧læᴇ˨˩˨tʰiɑɔ˥muo˧.黄：你如果不上马，口就把你当头卒子给你敲。ni˥˧˧zʮ˨˩˨kuo˥˧˧pu˨˩˨ʂaŋ˥ma˥˧,niæ̃˨˩˨tɕiou˥pa˥˧˩ni˥˧˧taŋ˥˧˩tʰou˩˧tsʮ˨˩˨tsɿ˧kei˥ni˥˧˧tɕʰiɑɔ˥˧˩.

对车

王：再就是对车么。tsæᴇ˥tɕiou˥˧˩sɿ˥˧˩tuei˥tɕy˥˧muo˧.（什么叫对车呢？）王：对车，比个例子来说的话了，现在，我这个，这是我……我的车，这是我的马。我把马一上以后，把车拉过来，和你车两个对车。tuei˥˦tɕy˥˧,pi˥˧ŋə˧˩（←kə˥）li˥˦tsɿ˧læᴇ˩˧ʂuo˥˧˩tə˧xuɑ˥˧˩lə˥,çiæ̃˥˧˩tsæᴇ˥,ŋuo˥˧tʂə˥kə˥,tʂə˥˦sɿ˥ŋuo˥˧˧……ŋuo˥˧ti˧tɕy˥˧,tʂə˥sɿ˥ŋuo˥˧˧ti˧ma˥˧.ŋuo˥˧˧pa˥˧˩ma˥˧i˥˧˩ʂaŋ˥ i˥˧˩xou˥,pa˥˧˩tɕy˥˧la˥˧˩kuo˥læᴇ˨˩˨,xuo˩˧ni˥˧tɕy˥˧˩liaŋ˥˧˧(k)ə˥tuei˥tɕy˥˧.（就是……就是……就是拚了跟你？）王：噢，就跟你两个拚车咧。ɑɔ˧˩,tɕiou˥kəŋ˥˧˩ni˥˧˧liaŋ˥˧(k)ə˥˧˩pʰiŋ˥˧˧tɕy˥˧lie˧.（换一个？）王：啊。拚车的话，如果说你把我的车一吃，我……马回来把你的车一踩，这就叫对了车了。ɑ˧˩.pʰiŋ˥˧˧tɕy˥˧ti˧xuɑ˥,zʮ˨˩˨kuo˥˧ʂuo˥˧˩ni˥˧pa˥˧˩ŋuo˥˧ti˧tɕy˥˧i˥˧˩tʂʰʅ˥˧,ŋuo˥˧ p……ma˥˧xuei˨˩˨læᴇ˩˧˧pa˥˧˩ni˥˧˧tə˧tɕy˥˧˩i˥˧˩tsʰæᴇ˥˧,tʂə˥tɕiou˥tɕiɑɔ˥tuei˥˦lə˧tɕy˥˧lə˧.（噢。）王：啊，对车。ã˧˩,tuei˥˦tɕy˥˧.（也就是，也，炮也能对吗？炮这些，这些……）王：炮对不成。pʰɑɔ˥˦tuei˥pu˩˧˧tʂʰəŋ˨˩˨.黄：炮不行。炮必须是反……打个反攻，你能打反回去咧。pʰɑɔ˥pu˨˩˨çiŋ˨˩˨.pʰɑɔ˥pi˥˧˧çy˥˧˩sɿ˥˧˩fæ̃˥˧……tɑ˥˧kə˥˧˩fæ̃˥˧kuoŋ˥˧˩,ni˥˧˩nəŋ˨˩˨tɑ˥˧fæ̃˥˧˩xuei˨˩˨tɕʰi˥lie˥.（打反攻？）黄：嗯，打反攻你能打回去吃咧。你再。ə̃˧˩,tɑ˥˧fæ̃˥˧kuoŋ˥˧˩ni˥˧˩nəŋ˨˩˨tɑ˥˧xuei˨˩˨tɕʰi˥˧˩tʂʰʅ˥˧˩lie˧.ni˥˧˩tsæᴇ˥。

将死了

（有这什么这这个比如说走来走去，我这个将在这里，这个逼得你这个老帅呀没地方走了，你也走到这边来了，你也输了。这个这个叫什么？）王：将死了。tɕiaŋ˥sɿ˥˧˩lə˧.黄：将死了。tɕiaŋ˥sɿ˥˧lə˧.（这叫将死了？）黄：老爷和老爷见咧面那就叫，告……作揖，叫做啥咧？lɑɔ˥˧ie˨˩˨xuo˨˩˨lɑɔ˥˧ie˨˩˨tɕiæ̃˥lie˧miæ̃˥nei˥tɕiou˥˧˩tɕiɑɔ˥˧˩,kɑɔ˥˧˩……tsuo˥˦i˥˧,tɕiɑɔ˥tsʮ˥sɑ˥lie˧?王：那……nei˥˦……黄：老爷不能对面嘛。lɑɔ˥˧ie˨˩˨pu˨˩˨nəŋ˩˧tuei˥miæ̃˥ma˧.王：老爷不能对面么。那没有说法。lɑɔ˥˧ie˨˩˨pu˨˩˨nəŋ˩˧tuei˥miæ̃˥˦muo˧.nei˥˦mei˨˩˨iou˥˧ʂuo˥˧˩fa˥˧˩.（老爷对面那个怎么怎么死，这叫什么死？）王：那一般就说你这个老爷在这个位置上，口你的老爷出这个线上咧，我的老爷在这儿咧。现在你再一将，上不得上，过来吧就就老爷对面，那就，这就叫把你将死了。噢，那就叫将死咧。nei˥˧˩i˥˧˩pæ̃˥˧tɕiou˥ʂuo˥˧˩ni˥˧tʂə˥kə˥lɑɔ˥˧ie˨˩˨tsæᴇ˥ tʂə˥kə˥vei˥tʂʅ˥ʂaŋ˥˧˩,niæ̃˩˧ni˥˧ti˧lɑɔ˥˧ie˨˩˨tʂʰʮ˥˧˩tʂə˥˧˩kə˥˦çiæ̃˥ʂaŋ˥lie˧,ŋuo˥˧ti˧lɑɔ˥˧ie˨˩˨tsæᴇ˥˧˩tʂər˥˦lie˧.çiæ̃˥tsæᴇ˥ni˥˧tsæᴇ˥i˥˧˩tɕiaŋ˥,ʂaŋ˥˦pu˨˩˨tei˥˧˩ʂaŋ˥,kuo˥˦læᴇ˨˩˨pa˧tɕiou˥˧˩tɕiou˥lɑɔ˥˧ie˨˩˨tuei˥miæ̃˥,nei˥ ˦tɕiou˥,tʂə˥˦tɕiou˥tɕiɑɔ˥pa˥˧˩ni˥˧˧tɕiaŋ˥˦sɿ˥˧˩lə˧.ɑɔ˧˩,nə˥tɕiou˥tɕiɑɔ˥tɕiaŋ˥˦sɿ˥˧˩lie˧.（tɕiaŋ˥sɿ˧˩lie˧?）黄：嗯。ŋ̍˧˩.（就我这个，我这个，最后把你这个，搞得你这个最后没办法走了，你就说将了？还是将军才是叫将？）王：呃，将军。ə˧˩,tɕiaŋ˥tɕyoŋ˥˧.黄：将军。tɕiaŋ˥tɕyoŋ˥˧˩.（说……单说一个"将"不说？）黄：说咧么，将。ʂuo˥˧lie˧muo˧,tɕiaŋ˥.

和棋

（我们这个下棋呀，是下一盘棋还是下什么棋？）王：下一盘棋。çia˥i˥˧˩pʰæ̃˩˧˧tɕʰi˨˩˨.（这个下棋下到后来，我也将不死你，你也将不死我，这个……）王：那就是要和咧，和棋么。na˥˧˩tɕiou˥˦sɿ˥iɑɔ˥xuo˩˧lie˥,xuo˩˧tɕʰi˨˩˨muo˧.（叫不叫平棋？）王：也叫平棋，也叫和棋。ie˥tɕiaɔ˧pʰiŋ˩˥tɕʰi˩˥,ie˥tɕiaɔ˧xuo˩˥˧tɕʰi˩˥˨.（老人家讲哪个说得多？）王：老人家叫和棋。laɔ˥zəŋ˩˥˨tɕia˥tɕiaɔ˧xuo˩˥tɕʰi˩˥˨.

练武术

（这过去咱们这儿有，有这个练武……练武术的练家子么？）黄：没有，好像啊？mei˩˥˨iou˥,xaɔ˥˧ɕiaŋ˧a˧?王：咱们这儿是，过去，过去没有，过去□兀谁，嗞，嗯，那后圪崂兀黄呃……黄相文人名，未核实他们老庄那个边边上住下一个老婆，嗞，老婆晓兀，□们姓啥吵？我光听我老人人儿说咧。那个那个老婆子那一点点脚就武功好得很。tsa˩˥məŋ˧tʂər˧sɿ˧˨,kuo˧˥tɕʰy˧˨,kuo˧tɕʰy˧mei˩˥˨iou˥˨,kuo˧tɕʰy˧niæ̃˩˥˨væᴇ˧sei˩˥,s<˨,ŋ̍˨,(n)ə˧xou˧kə˥laɔ˨væᴇ˧xuaŋ˩˥ə˧……xuaŋ˩˥˨ɕiaŋ˧vəŋ˩˥tʰa˥˨məŋ˨laɔ˥tʂuaŋ˥˨nə˧˨kə˧piæ̃˥piæ̃˥˨ʂaŋ˧˨tʂʮ˧xa˧i˥˨kə˧laɔ˥pʰuo˩˥˨,s<˨,laɔ˥pʰuo˩˥˨ɕiaɔ˥˧væᴇ˧,niæ̃˩˥˨məŋ˧ɕiŋ˧sa˧˥sa˨?ŋuo˥kuaŋ˥˥tʰiŋ˥˨ŋuo˥˧laɔ˥zəŋ˩˥˨zə̃r˩˥˨ʂuo˥˨lie˨.nə˧˨kə˧˨nə˧kə˧laɔ˥pʰuo˩˥˨tsɿ˨nə˧˨i˥˨tiæ̃˥˧tiæ̃˥˧tɕyo˥tɕiou˧vu˥kuoŋ˥˨xaɔ˥tə˨xəŋ˥.（武功好得很？）黄：啊。a˨.（这这，就是练武术的都没有？）王：再，啊，练武……这，现在……tsæᴇ˧,a˨,liæ̃˧vu˥˨……tʂə˧˥,ɕiæ̃˧˨tsæᴇ˧……黄：没有。mei˩˥˨iou˥˧.王：到现在再没有练武术。taɔ˧ɕiæ̃˧tsæᴇ˧tsæᴇ˧mei˩˥iou˥liæ̃˧vu˥˧ʂʮ˧˨.

（那你们听过什么练武术的这个人没有？这不是听过这个练武术的这个什么说法没有？）王：没有。mei˩˥˨iou˥˨.（什么大洪拳小洪拳？）黄：那倒还有哩。nei˧˥taɔ˥˨xa˩˥˧iou˥li˨.（点穴什么东西？）王：那光是咱们一般就是看□兀……nei˧kuaŋ˥˥sɿ˧tsa˩˥məŋ˧i˥˨pæ̃˥(tɕ)iou˧sɿ˧kʰæ̃˧niæ̃˩˥˨væᴇ˧……（不，不是那个小说里什么这个说的啊，就是咱们这平常说的。）黄：那也有咧。我记，我们跟前那几个原先就说那，我们上头庄里兀老董，董广人名，未核实，会小洪拳，会这个小洪拳咧。næᴇ˧˥æ˥˧iou˥lie˨.ŋuo˥˧tɕi˧˨,ŋuo˥məŋ˨kəŋ˥tɕʰiæ̃˩˥˨nei˧tɕi˥˧kə˧yæ̃˩˥ɕiæ̃˥tsou˧ʂuo˥˨nə˧,ŋuo˥məŋ˨ʂaŋ˧tʰou˧tʂuaŋ˥˨li˥˨væᴇ˧laɔ˥˨tuoŋ˥,tuoŋ˥˧kuaŋ˥˧,xuei˧ɕiaɔ˥xuoŋ˩˥tɕʰyæ̃˩˥˨,xuei˧tʂə˧kə˧ɕiaɔ˥xuoŋ˩˥tɕʰyæ̃˩˥˨lie˨.王：那□，现在就说是你会小洪拳就说，在这个，拳路上有些啥说法……nei˧niæ̃˩˥˨,ɕiæ̃˧tsæᴇ˧tɕiou˧˥ʂuo˥˨sɿ˧˨ni˥˧xuei˧ɕiaɔ˥xuoŋ˩˥tɕʰyæ̃˩˥˧tɕiou˧ʂuo˥˨,tsæᴇ˧tʂə˧kə˧,tɕʰyæ̃˩˥˨lou˧˥ʂaŋ˧˨iou˥˨ɕie˥˨sa˧˥ʂuo˥fa˥˨……黄：那都没有啥说法。nei˧˥tou˥˨mei˩˥iou˥sa˧ʂuo˥fa˥˨.王：咱们没听见□说。tsa˩˥məŋ˧mei˩˥˧tʰiŋ˥˨tɕiæ̃˧niæ̃˩˥˨ʂuo˥.（没听见说过？）王：嗯。ŋ̍˨.（什么是单刀双枪啊什么？）黄：没有没有。那都没有得。mei˩˥iou˥mei˩˥˨iou˥˨.næᴇ˧˥tou˥˨mei˩˥iou˥tei˥˨.（就没见过这个东西？）王：没有见过。mei˩˥˨iou˥˧tɕiæ̃˧˥kuo˧˨.黄：没有见。这儿这很少有那些东西。mei˩˥iou˥tɕiæ̃˧.tʂər˧˥tʂə˧xəŋ˥ʂaɔ˥iou˥˧nei˧ɕie˥˨tuoŋ˥ɕi˨.（什么枪啊什么什么翻跟头，这都没有？）黄：没有。mei˩˥˨iou˥˨.王：应该说，在武术上，武功上都是南方，这个山东，河南这些，比较的多。iŋ˧˥kæᴇ˥˨ʂuə˥（←ʂuo˥）,tsæᴇ˧˨vu˥ʂʮ˧˥ʂaŋ˧˨,vu˥kuoŋ˥˨ʂaŋ˧˨tou˥˨sɿ˧næ̃˩˥˨faŋ˥,tʂə˧˨kə˧˨sæ̃˥tuoŋ˥˨,xə˩˥˨næ̃˩˥˧tʂə˧˥ɕie˥˨,pi˥˧(tɕ)iaɔ˧ti˨tuo˥˨.（欸，那你，你这种翻跟头你们知道不知道？有的后空翻，有前空翻，还有这个侧翻的这种。）王：那都没得。nə˧tou˥˧mei˩˥tei˥˨.黄：也都少得很么。你对……æ˥tou˥˨ʂaɔ˥tə˨xəŋ˥muo˨.ni˥tuei˧˥tɕi……（没有。三节棍呐，什么二节棍呐？）黄：没有。mæᴇ˩˥iou˥˨.王：没有。mei˩˥˨iou˥˧.

（二）游戏

踏软软

黄：娃娃我们娃娃小的时候就在这这地里去踏软软么，就在这个□泥里头踏软软咧么。va˨˦˦va˨˧ŋuo˥mən˧va˨˦˦va˨˧ɕiɑɔ˥ti˧sʅ˨˦xou˥tɕiou˥tsæᴇ˥tʂei˥tʂə˥ti˥li˥˦tɕʰy˥tʰɑ˨˧zʮæ̃˥˦zʮæ̃˥muo˧,tɕiou˥tsæᴇ˥tʂə˥kə˥næ̃˥ni˨˦li˥tʰou˧tʰɑ˨˧zʮæ̃˥˦zʮæ̃˥lie˧muo˧.（tʰɑ˧zʮæ̃˦zʮæ̃˥是什么东西？）噢，踏软软，那本来它你看着好像还硬硬儿的噢，你精脚精脚丫子上去跳一跳，它就……它就软咧么。水慢慢泛上来了。就是你说你再如果不动弹它就把你霱下去了。ɑɔ˦,tʰɑ˨zʮæ̃˥˦zʮæ̃˥.nə˥pəŋ˥læᴇ˨tʰɑ˥˧ni˥˧kʰæ̃˥tʂə˧xɑɔ˥˧ɕiɑŋ˥xæᴇ˨˦niŋ˥niə̃r˥ti˧lɑɔ˦,ni˥˧tɕiŋ˥tɕyo˥˦tɕiŋ˥tɕyo˥˦iɑ˥tsʅ˧ʂɑŋ˥tɕʰy˥tʰiɑɔ˥i˥˦tʰiɑɔ˥,tʰɑ˥˧tɕiou˥……tʰɑ˥˧tsou˥zʮæ̃˥lie˧muo˧.ʂuei˥mæ̃˥mæ̃˥fæ̃˥ʂɑŋ˥læᴇ˨˦lə˧.tsou˥˦sʅ˥˦ni˥ʂuo˥˦ni˥tsæᴇ˥zʮʯ˨˦kuo˥pu˨˦tuoŋ˥˧tʰæ̃˨˦tʰɑ˥˧tɕiou˥pɑ˥˦ni˥˧næ̃˥ɕiɑ˥˦tɕʰy˥˦lə˧.

藏猫猫猴儿

（那么这个平常的游戏都干些什么东西呢？）黄：游戏那过去兀儿……小的时候那玩儿那老鹰抓鸡玩儿来的。iou˨˦ɕi˥˦nei˥kuo˥tɕʰy˥vər……ɕiɑɔ˥ti˧sʅ˨˦xou˥nə˥vær̃˨nə˥lɑɔ˥iŋ˥˦tʂuɑ˥˦tɕi˥vær̃˨˦læᴇ˨˦ti˧.（老鹰抓鸡？）黄：啊，老鹰抓鸡。这个欸……ɑ˦,lɑɔ˥iŋ˥˦tʂuɑ˥˦tɕi˥.tʂə˥˦kə˥lei˦……王：丢手绢儿。tiou˥˦ʂou˥˧tɕyær̃˥˦.黄：丢手绢儿。tiou˥˦ʂou˥˧tɕyær̃˥˦.（还有什么呢？）黄：藏猫猫猴儿么。tsʰɑŋ˨mɑɔ˨˧mɑɔ˨˧xour˨muo˧.（藏猫……藏什么？）黄：藏猫猫猴儿。tsʰɑŋ˨mɑɔ˨˧mɑɔ˨˧xour˨.（哪个猫？）黄：是猫，猫的猫么。就是藏出来以后，相互之间不准你看，最后我藏上你来找咧么。sʅ˥˦mɑɔ˨,mɑɔ˨ti˧mɑɔ˨muo˧.tsou˥˦sʅ˥˦tsʰɑŋ˨tʂʰʯ˥læᴇ˨˦i˥˦xou˥˦,ɕiɑŋ˥˧xu˥tsʅ˥tɕiæ̃˥˦pu˨˦tʂuoŋ˥ni˥kʰæ̃˥,tsuei˥xou˥ŋuo˥tsʰɑŋ˨˦ʂɑŋ˥ni˥læᴇ˨tʂɑɔ˥liem˧.（藏猫猫猴儿还是活儿？）黄：猫猫猴儿。再一个就是那芝麻芝麻摇铃铃么。mɑɔ˨˧mɑɔ˨˧xour˨.tsæᴇ˥i˥˧kə˥tɕiou˥˦sʅ˥˦nə˥˦tsʅ˥mɑ˨˦tsʅ˥mɑ˨˦iɑɔ˨liŋ˨˦liŋ˨˦muo˧.（叫，怎么叫芝麻芝麻摇铃铃？）黄：就是你手……手逮着手。然后手掌拿着这个手心咧，再给你这儿这摇咧嘛。他摇着说着芝麻芝麻摇铃铃，谁笑谁门门嘛。tɕiou˥˦sʅ˥˦ni˥˧ʂou˥˧……ʂou˥˧tæᴇ˥˦tʂə˧ʂou˥.zæ̃˨˦xou˥ʂou˥tʂɑŋ˥˦nɑ˨tʂə˧tʂə˥kə˥ʂou˥˧ɕiŋ˥lie˧,tsæᴇ˥kei˥ni˥˧tʂər˥tʂə˥iɑɔ˨˦lie˥mɑ˧.tʰɑ˥˦iɑɔ˨˦tʂə˧ʂuo˥tʂə˧tsʅ˥mɑ˨˦tsʅ˥mɑ˨˦iɑɔ˨liŋ˨˦liŋ˨˦,sei˨˦ɕiɑɔ˥˦sei˨məŋ˨˦məŋ˥mɑ˧.（欸，这是……那句话怎么说的？）黄：芝麻芝麻摇铃铃么。tsʅ˥mɑ˨˦tsʅ˥mɑ˨˦iɑɔ˨liŋ˨˦liŋ˥muo˧.（芝麻芝麻……）黄：摇铃铃。iɑɔ˨˦liŋ˨˦liŋ˨˦.（摇铃铃？）黄：啊，谁笑谁门门。ɑ˦,sei˨˦ɕiɑɔ˥˦sei˨məŋ˨məŋ˥.（谁晓谁门门是什么意思？）黄：啊，谁笑谁门门。就是笑咧。ɑ˦,sei˨˦ɕiɑɔ˥˦sei˨məŋ˨məŋ˥.tsou˥˦sʅ˥˦ɕiɑɔ˥˦lie˧.（啊，谁笑？）黄：啊，谁笑谁门门。ɑ˦,sei˨ɕiɑɔ˥˦sei˨məŋ˨˦məŋ˧.（门门是什么东西？）黄：就把你撵进门□□……我们去藏嘛。tsou˥˦pɑ˥˦ni˥˧niæ̃˥tɕiŋ˥˦məŋ˨˦tʂʯ˥mu……ŋuo˥məŋ˧tɕʰi˥tsʰɑŋ˨mɑ˧.（就是捉迷藏吗？）黄：啊，就是捉迷藏嘛。ɑ˦,tɕiou˥˦sʅ˥˦tʂuo˥˧mi˨˧tsʰɑŋ˨˦mɑ˧.王：捉迷藏。tʂuo˥mi˨˧tsʰɑŋ˨˦.（捉迷藏和这个藏猫猫儿有……有什么区别没有？）黄：就是一回事。我们个这儿……tɕiou˥sʅ˥i˥˦xuei˨sʅ˥.ŋuo˥˧məŋ˥kə˥˦tʂər˥˦……王：一回事儿。反正就是……i˥˦xuei˨˧sər˥.fæ̃˥˧tʂəŋ˥tɕiou˥sʅ˥……黄：我们这个玩儿的最土的就叫……ŋuo˥məŋ˧tʂə˥kə˥vær̃˨ti˧tsuei˥tʰu˥ti˧tɕiou˥tɕiɑɔ˥……王：说法叫藏猫猫儿。ʂuo˥fɑ˥˦tɕiɑɔ˥tsʰɑŋ˨mɑɔ˨˦mɑɔr˨˦.黄：说法就是叫藏猫儿猫猴儿咧。ʂuo˥fɑ˥˦tɕiou˥sʅ˥tɕiɑɔ˥tsʰɑŋ˨mɑɔr˨˧mɑɔ˨˦xour˨lie˥.（老鹰抓小鸡它是……你

们这儿也是从小就开始玩儿是吧？）黄：那玩儿，那玩儿咧。nei˥˩vær˩˨,nei˥˩vær˨˩lie˧.

跳方

（还有些什么玩……玩法呢？）黄：丢手绢儿，藏猫猫猴儿，跳方么，啊？tiou˥˨ʂou˥tɕyær˥,tsʰaŋ˨maɔ˨˦maɔ˨˩xour˨,tʰiaɔ˥faŋ˥muo˧,a˧?王：嗯。ŋ̍˩.（跳……跳什么？）黄：跳方。tʰiaɔ˥faŋ˥˦.（方，方，方孔的方？）黄：跳是……它是……跳方，它是把这个地划成长方形的，然后划成一格儿一格儿的，撇那个砖头那个瓦块儿。然后，拿脚跳上以后，单脚跳的去踢那个咧。tʰiaɔ˥sɿ˥……tʰa˥˦sɿ˩……tʰiaɔ˥faŋ˥,tʰa˥˦sɿ˥pa˥˩tʂə˥kə˥ti˥xua˥tʂʰəŋ˨˩tʂʰaŋ˨faŋ˥˩ɕiŋ˨˩ti˧,zæ̃˨˩xou˥xua˥tʂʰəŋ˨˩i˥˩kər˥i˥˩kər˥ti˧,pʰie˥nə˥kə˥tʂuæ̃˥tʰou˧nə˥kə˥va˥˦kʰuər˥.zæ̃˨˩xou˥,na˨tɕiaɔ˥tʰiaɔ˥ʂaŋ˥i˥˩xou˥,tæ̃˥˦tɕyo˥tʰiaɔ˥ti˧tɕʰi˥tʰi˥nə˥kə˥lie˧.（噢，它前面是不是还有圆的，最前面那个？）王：最前面还有个圆咧。tsuei˥tɕʰiæ̃˨˩miæ̃˥˩xæᴇ˨˩iou˥˩kə˥yæ̃˨˩lie˧.黄：最前头有……有个圆圆哩么。划下那个咧么。跳方么。tsuei˥tɕʰiæ̃˨˩tʰou˧iou˥˦……iou˥˦kə˥yæ̃˨˩yæ̃˨˦li˧muo˧.xua˥xa˥˩nei˥kə˥liem˧.tʰiaɔ˥faŋ˥muo˧.

（这个什么，有没有什么纳方的这种玩儿法？纳方，占方，或者叫什么搭方？）黄：那就咱们就那娃娃那踢方咧，跳方咧，就是那个东西。nei˥˩tsou˥tsa˨mən˧tsou˥nei˥va˨˩va˨˦nei˥tʰi˥˩faŋ˥lie˧,tʰiaɔ˥faŋ˥lie˧,tɕiou˥˩sɿ˥˩nə˥˩kə˥˩tuoŋ˥˩ɕi˧.（跳方怎么跳呢？他的玩儿法是什么？）王：玩儿法那地下就划一个，长方形一格，这个前头带个圆形。跳，看谁跳的，跳的多咧么。你跳到圆形上你就跳完咧。vær˨˩fa˥nei˥ti˥xa˥tɕiou˥xua˥˩i˥˩kə˥˩,tʂʰaŋ˨faŋ˥˩ɕiŋ˨i˥˩kei˥,tʂei˥˩kə˥˩tɕʰiæ̃˨˩tʰou˧tæᴇ˥kə˥yæ̃˨ɕiŋ˨˩.tʰiaɔ˥,kʰæ̃˥sei˨tʰiaɔ˥ti˧,tʰiaɔ˥˩ti˧tuo˥liem˧.ni˥˦tʰiaɔ˥taɔ˥yæ̃˨ɕiŋ˨˩ʂaŋ˥ni˥˦tɕiou˥tʰiaɔ˥væ̃˨˩lie˧.（看谁跳得多？）王：嗯。ŋ̍˩.黄：嗯。ə̃˩.（那是得踢石头踢得……）黄：踢瓦片儿咧么。tʰi˥˩va˥˦pʰiær˥liem˧.王：踢个瓦，一个瓦片儿。tʰi˥˩kə˥va˥,i˥˩kə˥va˥˦pʰiær˥˩.黄：一个瓦片儿，那单脚跳咧姆。i˥˩kə˥va˥˦pʰiær˥˦,nə˥˩tæ̃˥˦tɕyo˥˩tʰiaɔ˥lie˧m̩˧.

抓子儿、掷子儿

黄：再一个就是这个，还有，欸，弹……掷子儿么。tsæᴇ˥i˥˦kə˥tɕiou˥sɿ˥tʂə˥˩kə˥,xæᴇ˨iou˥˦,ei˥,tʰæ̃˨˩……tʂɿ˥˩tsər˥muo˧.（叫什么？）黄：掷子儿。tʂɿ˥˩tsər˥.（tʂɿ˦tsər˥是什么呢？）王：抓子儿。tʂua˥tsər˥˩.黄：抓子儿，我们是。有的是抓子儿嘛。tʂua˥tsər˥˩,ŋuo˥mən˧sɿ˥˩.iou˥ti˧sɿ˥tʂua˥tsər˥˦ma˧.（嗯。）黄：五个子儿嘛。vu˥kʰə˥˩tsər˥ma˧.（啊？）黄：抓咧么，欸，这个呃，他儿，他那个儿，他……那都有术语咧么。那个抓，抓那个子儿甚么是那个，甚么打瓦罐，要抓三。tʂua˥lie˧muo˧,ei˩,tʂə˥kə˥ə˩,tʰar˥˦,tʰa˥˦nə˥kər˥,tʰa˥˦……nə˥˩tou˥˩iou˥˦ʂʮ˥˩y˥lie˧muo˧.nei˥kə˥tʂua˥˩,tʂua˥˩nə˥kə˥tsər˥ʂəŋ˥muo˧sɿ˥nə˥kə˥,ʂəŋ˥˩muo˧ta˥˦va˥˦kuæ̃˥,iaɔ˥tʂua˥˦sæ̃˥.（叫什么？）黄：打瓦罐，要抓三。ta˥˦va˥˦kuæ̃˥,iaɔ˥tʂua˥˦sæ̃˥.（打瓦……打瓦罐，要抓三？）黄：噢，三游行，抓二人么。aɔ˩,sæ̃˥˩iou˨ɕiŋ˨,tʂua˥˩ər˥zəŋ˨muo˧.（行是形状的形吗？）黄：啊。a˩.（抓二人？）黄：行，行动，行动的行。ɕiŋ˨,ɕiŋ˨˩tuoŋ˥,ɕiŋ˨˩tuoŋ˥ti˧ɕiŋ˨˩.（叫打瓦罐儿……）黄：要抓三么。iaɔ˥tʂua˥˦sæ̃˥muo˧.（要抓三？）黄：嗯。三游行。ə̃˩.sæ̃˥˩iou˨ɕiŋ˨.（三有行……）黄：抓二人。tʂua˥˩ər˥zəŋ˨.（还有什么呢？）黄：二人坐么。ər˥˩zəŋ˨tsuo˥muo˧.（二人……坐下来的坐吗？）黄：啊。二人坐么。a˩.ər˥zəŋ˨tsuo˥muo˧.（嗯。）黄：抓一个么。tʂua˥i˥˩kə˥muo˧.（抓一个？）黄：嗯，这五颗子儿你就抓完了么。ə̃˩,tʂə˥vu˥kʰə˥˩tsər˥ni˥tsou˥tʂua˥væ̃˨˩lə˧muo˧.（噢。你这个是是是这么丢起来就这么抓还是……）王：啊。丢起来抓。a˥.tiou˥˦tɕʰi˥læᴇ˨˩tʂua˥˩.黄：啊。丢

起来抓咧么。ɑ˥.tiou˥˩tɕʰi˥˩læᴇ˩˥tʂuɑ˥˩liem˩.（这个东西叫抓子儿？）黄：噢，抓子儿么。ɑɔ˩,tʂuɑ˥˩tsər˥muo˩.（还叫什么？叫掷子儿？）黄：掷子儿那是个啥，掷子儿那就说是，撒下来以后，兀……tʂʅ˥˩tsər˥nei˥sʅ˥kə˥sɑ˥,tʂʅ˥˩tsər˥nei˥tɕiou˥ʂuo˥˩sʅ˥,sɑ˥xɑ˥˩læᴇ˩˥i˥˩xou˥,və˥……王：撒下来以后，划个线，弹这……拿这个打那个。sɑ˥xɑ˥˩læᴇ˩˥i˥˩xou˥,xuɑ˥kə˥ɕiæ̃˥,tʰæ̃˩tʂei˥……nɑ˩tʂei˥kə˥tɑ˥˩nei˥kə˥.黄：划个线，拿……拿这个指头去弹这……打那个咧。xuɑ˥˩kə˥ɕiæ̃˥,nɑ˩……nɑ˩tʂə˥kə˥tsʅ˥tʰou˩tɕʰi˥tʰæ̃˩tʂə˥……tɑ˥˩nei˥kə˥lie˩.王：那叫弹子儿。nei˥tɕiaɔ˥tʰæ̃˩tsər˩.黄：弹子儿咧么，嗯。tʰæ̃˩tsər˥lie˩muo˩,ə̃˥.（弹子儿。）黄：嗯。ə̃˩.王：嗯。ŋ̍˩.（掷子，掷子的掷是哪个字？）黄：掷，掷是现在娃娃掷那个琉琉球，指那个玻璃琉琉球或者是，掷子儿也就是指的拿指头，拿这个指头弹。tʂʅ˥,tʂʅ˥sʅ˥ɕiæ̃˥tsæᴇ˥vɑ˩vɑ˩tʂʅ˥nei˥kə˥liou˩liou˩tɕʰiou˩,tsʅ˥nə˥kə˥puo˥li˩liou˩liou˩tɕʰiou˩xuei˩tʂə˥sʅ˥,tʂʅ˥tsər˥ie˥tɕiou˥sʅ˥tʂʅ˥ti˩nɑ˩tsʅ˥tʰou˩,nɑ˩tʂə˥kə˥tsʅ˥tʰou˩tʰæ̃˩.（是不是丢的意思？跟丢差不……）黄：嗯，就是，啊。ə̃˩,tɕiou˥sʅ˥,ɑ˩.

打冰牛、打猴儿

1. 黄：再一个就是打冰牛咧么，啊？tsæᴇ˥i˥kə˥tɕiou˥sʅ˥tɑ˥piŋ˥˩niou˩lie˩muo˩,ɑ˩?王：嗯。ŋ̍˩.（打什么？）打陀……实际上我们这儿叫打冰牛儿，实际上就是个陀螺。tɑ˥tʰuo˩……ʂʅ˩tɕi˥ʂɑŋ˥ŋuo˥məŋ˩tʂər˥tɕiaɔ˥tɑ˥piŋ˥˩niour˩,ʂʅ˩tɕi˥ʂɑŋ˥tɕiou˥sʅ˥kə˥tʰuo˩luo˩.（冰牛？）黄：冰牛儿。和陀螺是一个东西。piŋ˥˩niour˩.xuo˩tʰuo˩luo˩sʅ˥i˥kə˥tuoŋ˥ɕi˩.（就是，可以这么写么，写成那个，结冰的冰？）黄：啊，就是的。就是的。就是那个东西。ɑ˩,tɕiou˥sʅ˥ti˩.tɕiou˥sʅ˥ti˩.tɕiou˥sʅ˥nə˥kə˥tuoŋ˥ɕi˩.

2.（有没有什么这个击木头这种游戏？）黄：没有，啊？muo˥˩iou˥,ɑ˥?王：没得。mei˩tei˥˩.（没有啥？）王：在……在这儿就是有打猴儿。tsæᴇ˥n……tsæᴇ˥tʂər˥tɕiou˥sʅ˥iou˥˩tɑ˥xour˩.（打猴儿是什么？）黄：打猴儿就是咱们打冰牛咧。tɑ˥xour˩tɕiou˥sʅ˥tʂɑ˩məŋ˩tɑ˥piŋ˥˩niou˩lie˩.王：那就是在打冰牛咧噢。nə˥tɕiou˥sʅ˥tsæᴇ˥tɑ˥piŋ˥˩niou˩liaɔ˩.黄：啊，冰牛就叫猴儿。ɑ˩,piŋ˥˩niou˩tɕiou˥tɕiaɔ˥xour˩.（那打冰牛也叫打猴儿？）黄：噢，也叫打猴儿。ɑɔ˥,ie˥˩tɕiaɔ˥tɑ˥xour˩.王：也叫打猴儿。削下那么个圆……木头的，圆的，拿鞭子打咧。顺的转咧它。ie˥˩tɕiaɔ˥tɑ˥xour˩.ɕyo˥xɑ˥nə˥muo˩kə˥yæ̃˩……mu˥tʰou˩ti˩,yæ̃˩ti˩,nɑ˩piæ̃˥tsʅ˩tɑ˥lie˩.ʂuoŋ˥ti˩tʂuæ̃˥lie˩tʰɑ˥.黄：打猴儿，嗯。tɑ˥xour˩,ə̃˥.

翻交交

王：再就是两个人翻交交。tsæᴇ˥tɕiou˥sʅ˥liaŋ˥kə˥zəŋ˩fæ̃˥˩tɕiaɔ˥tɕiaɔ˥.黄：翻交交，啊？fæ̃˥˩tɕiaɔ˥tɕiaɔ˥,ɑ˩?王：噢，他……ɑɔ˥,tʰ……（就是拿根儿绳儿，这个……）黄：啊，他……ɑ˥,tʰɑ˥……王：哎，拿绳来翻，翻交交。æᴇ˥,nɑ˩ʂəŋ˩læᴇ˩˥fæ̃˥,fæ̃˥˩tɕiaɔ˥tɕiaɔ˥.（翻交交？）黄&王：嗯。ŋ̍˩.

斗鸡

黄：再个这儿么还有……还有斗鸡咧。tsæᴇ˥kə˥tʂər˥muo˩xæᴇ˩iou˥……xæᴇ˩iou˥˩tou˥tɕi˥lie˩.（斗鸡怎么斗呢？）王：斗鸡那就是……tou˥tɕi˥nei˥tɕiou˥sʅ˥……黄：是腿抱起来，单脚欿，拿这个磕前盖儿撞磕前盖儿么。sʅ˥tʰuei˥paɔ˥tɕʰi˥læᴇ˩,tæ̃˥˩tɕyo˥ei˩,nɑ˩tʂə˥kə˥kʰə˥tɕʰiæ̃˩kər˥tʂuaŋ˥kʰə˥tɕʰiæ̃˩kər˥muo˩.王：两个人，两个……liaŋ˥kə˥zəŋ˩,liaŋ˥kə˥……（就是抱起来这个脚的磕……磕膝盖？）黄：磕前盖儿，啊？kʰə˥˩tɕʰiæ̃˩kər˥,ɑ˩?王：啊，磕膝盖儿，两个人都牴咧么，看谁把谁牴出咧么。ɑ˩,kʰə˥˩tɕʰi˥

˪kər˥,liaŋ˥˨kə˥˪zəŋ˩˦tou˥˨˪ti˥˨lie˧muo˧,kʰæ̃˥sei˩˦pa˥˨˪sei˩˦ti˥˨˦tʂʰʮ˥˨liem˧.黄：斗咧么。tou˥liem˧.（这叫斗鸡。）黄：啊。谁把这个脚先放下来谁就输了。a˪.sei˩˦pa˥˨˪tʂə˥kə˥tɕiao˥˨ɕiæ̃˥˨˪faŋ˥ɕia˥læᴇ˩˦˪sei˩˦tɕiou˥tʂʮ˥˨lə˧.

猜宝

（欸，[做石头剪刀布的动作]这样的，这样的有没有？）黄：哎有咧么，猜宝咧么。æᴇ˥˨iou˥˨lie˧muo˧,tsʰæᴇ˥˨pao˥˨lie˧muo˧.（这叫猜宝？）黄：呃，猜宝姆。ə˪,tsʰæᴇ˥˨pao˥˨m̩˧.（就是这石头剪刀布你们叫猜宝？）黄：啊，石头，啊，猜宝。再一个就是，这和这个我们说下这个，手心手背，也是也是猜宝的一种。a˪,ʂʮ˩˦tʰou˧,a˪,tsʰæᴇ˥˨pao˥˨.tsæᴇ˥i˥˨˦kə˥tɕiou˥sʅ˥,tʂə˥xuo˩˦˪tʂə˥˪kə˥˪ŋuo˥˨məŋ˧ʂuo˥˨xa˥tʂə˥kə˥,ʂou˥˨ɕiŋ˥˨˪ʂou˥˨pei˥,ie˥˨˦sʅ˥ie˥˨sʅ˥˪tsʰæᴇ˥˨pao˥˨ti˧i˥˨tʂuoŋ˥˨˪.（这也叫猜宝？）黄：啊，也是猜宝。a˪,ie˥˨sʅ˥tsʰæᴇ˥˨pao˥˨˪.

抓阄、抓纸蛋蛋、抓豆豆儿

（像那个就是比如说啊决定哪个人去，嗯那个或者是什么那个呃拿那个纸啊，把它写写个写个写个字在上面，写那个，然后搓成坨，这样搞搞到是那个，里面写一个什么去或者是那个，然后每个人去抓一个。）黄：抓阄是，抓阄么。tʂua˥˨˪tɕiou˥˨sʅ˥˪,tʂua˥˨˪tɕiou˥˨muo˧.（抓阄？）嗯。抓阄。ŋ̍˪.tʂua˥˨˪tɕiou˥˨.（还有别的说法没有？）有叫抓阄，一个是叫这个，平常玩儿叫抓大头咧嘛。这个一般情况下那就说是这个，没有办法决定的情况下那就是大家抓。iou˥˨˪tɕiao˥tʂua˥˨˪tɕiou˥˨,i˥˨˪kə˥˦sʅ˥tɕiao˥tʂə˥kə˥,pʰiŋ˩˦tʂʰaŋ˩˦væ̃r˩˦tɕiao˥tʂua˥˨˪ta˥tʰou˩˦lie˧ma˧.tʂə˥kə˥i˥˨˦pæ̃˥˨tɕʰiŋ˩˦˪kʰuaŋ˥˦ɕia˥næ˥tɕiou˥ʂuo˥˨˪sʅ˥˪tʂə˥kə˥˦,mei˩˦˪iou˥˨˦pæ̃˥fa˥˨˦tɕyo˩˦˪tiŋ˥ti˧tɕʰiŋ˩˦˪kʰuaŋ˥ɕia˥næᴇ˥tsou˥sʅ˥ta˥tɕia˥˨˦tʂua˥˨.（说不说抓纸蛋？）这……那说咧，抓纸蛋蛋。最后是决定么是抓阄儿决定，或者是抓纸蛋蛋决定。tʂə……næᴇ˥˦ʂuo˥˨˪lie˧,tʂua˥˨˪tsʅ˥˨tæ̃˥tæ̃˧.tsuei˥xou˥sʅ˥tɕyo˩˦˪tiŋ˥muo˧sʅ˥˪tʂua˥˨˪tɕiour˥˨tɕyo˥˨˪tiŋ˥,xuo˩˦tʂə˥˨˪sʅ˥˪tʂua˥˨˪tsʅ˥˨tæ̃˥˦tæ̃˥˪tɕyo˥˨˪tiŋ˥.（还有抓别的东西没有？用……呃，那个代替这个纸的还有还可以用一些什么东西？）那抓豆豆儿姆。næᴇ˥tʂua˥˨˪tou˥tour˥m̩˧.（抓豆豆儿？）啊。a˪.（用黄豆啊？）猜豆么。tsʰæᴇ˥˨tou˥muo˧（彩豆儿？）猜豆么，啊。tsʰæᴇ˥˨tou˥muo˧,a˥.（那就要用暗的箱子是吧？）啊，用暗的么。a˥,yoŋ˥ŋæ̃˥˦tim˧.

石头剪子布

（用石头剪子布啊来比画？）黄：呃，那有咧嘛。石头剪子布嘛。ə˪,næᴇ˥˦iou˥˨lie˧ma˧.ʂʮ˩˦˪tʰou˧tɕiæ̃˥˨tsʅ˧pu˥ma˧.（叫石头剪子布还是叫什么？）石头剪子布。ʂʮ˩˦˪tʰou˧tɕiæ̃˥˨tsʅ˧pu˥.（这个整个这个行为动作，这统称什么东西？这是叫猜拳还是或者叫划拳还是叫什么？）不是的。这叫欸，我们把这个叫猜啥咧哕你看？我们这儿一个是猜……一个是手心手背，一个是石头剪子布。人多咧以后你比喻五六个人多的时，手心手背大家出嘛。就是哪个……pu˩˦˪sʅ˥ti˧.tʂə˥˦tɕiao˥ei˪,ŋuo˥˨məŋ˧pa˥˨˪tʂə˥kə˥tɕiao˥tsʰæᴇ˥˨sa˥˦lie˧sa˧ni˥˨˦kʰæ̃˥?ŋuo˥˨məŋ˧tʂər˥i˥˨˪kə˥˦sʅ˥tsʰæᴇ˥˨˦……i˥˨˪kə˥˦sʅ˥ʂou˥˨ɕiŋ˥˨˪ʂou˥˨˦pei˥,i˥˨˪kə˥˦sʅ˥ʂʮ˩˦˪tʰou˧tɕiæ̃˥˨tsʅ˧pu˥.zəŋ˩˦tuo˥˨lie˧i˥˨˪xou˥ni˥˨˪pi˥˨˦y˥vu˥˨liou˥˨˪kə˥˦zəŋ˩˦tuo˥˨˦ti˥sʅ˩˦,ʂou˥˨ɕiŋ˥˨˪ʂou˥˨pei˥ta˥tɕia˥˨˪tʂʰʮ˥˨ma˧.tsou˥˪sʅ˥˪na˥˨kə˥˪……（啊，就分出伙来了？）啊，分出伙咧噢。分到最后咧，剩下一两个人了，剩下两个人了，那就是石头剪子布才叫出来。a˪,fəŋ˥˨˪tʂʰʮ˥˨˪xuo˥˨liao˧.fəŋ˥˨˪tao˥tsuei˥xou˥lie˧,ʂəŋ˥xa˥˪i˥˨˪liaŋ˥˨kə˥zəŋ˩˦lə˧,ʂəŋ˥xa˥liaŋ˥˨kə˥˪zəŋ˩˦lə˧,næᴇ˥tɕiou˥˪sʅ˥˪ʂʮ˩˦˪tʰou˧tɕiæ̃˥˨tsʅ˧pu˥tsʰæᴇ˩˦˪tɕiao˥tʂʰʮ˥˨˪læᴇ˩˦.（嗯，那个叫什么？）猜，我们把这叫猜宝吃。tsʰæᴇ˥˨,ŋuo˥˨məŋ˧pa˥˨˪tʂə˥tɕiao˥tsʰæᴇ˥˨˦pao˥˨˦tʂʰʮ˥˨˪.（猜？）猜宝吃。tsʰæᴇ˥˨˦pao˥˨˦tʂʰʮ˥˨.（彩色的彩？）猜，猜，猜谜

语的猜。tsʰæᴇ˧˥,tsʰæᴇ˧˥,tsʰæᴇ˧˥mi˦˧y˧˥ti˨tsʰæᴇ˧˥.（猜？）噢。ɑɔ˦˥.（猜宝？）噢，猜宝，噢。ɑɔ˦˥,tsʰæᴇ˧˥pɑɔ˧˥,ɑɔ˦˥.（宝贝的宝是吧？）啊。ɑ˦˥.（吃？）嗯。ŋ̍˦˥.（吃掉的吃？）嗯。ŋ̍˦˥.（宝吃？）猜宝吃。tsʰæᴇ˧˥pɑɔ˧˥tʂʰʅ˧˥.（叫不叫出出出？）也叫兀，出出出也叫咧。不过不多就是了。ie˧˥tɕiɑɔ˦vei˦,tʂʰʯ˧˥tʂʰʯ˧˥tʂʰʯ˧˥ie˧˥tɕiɑɔ˦˥lie˨.pu˨˦kuo˦pu˨˦tuo˧˥tɕiou˦˥sʅ˦lə˦.（不多哈？）嗯。ŋ̍˦˥.（猜宝吃是吧？）嗯。ŋ̍˦˥.（这整个过程都叫猜宝吃啊？）呃。ə̃˦˥.（从……从黑白到那个？）啊，一直到最后叫出来一个人啊。ɑ˦˥,i˧˥tʂʰʅ˨˦tɑɔ˦tsuei˦xou˦tɕiɑɔ˦tʂʰʯ˧˥læᴇ˨˦i˧˥kə˦˥zəŋ˨˦ɑ˦˥.（好。[模仿“手心手背”的游戏]这个叫什么呢？这个？）这我还不懂。我太不耍这个。tʂə˦˥ŋuo˧˥xɑ˨˦pu˨˦tuoŋ˧˥.ŋuo˧˥tʰæᴇ˦pu˨˦ʂuɑ˧˥tʂə˦˥kə˦˥.（这个？）这，这手心手背我不知道咧。tʂə˦,tʂə˦˥ʂou˧˥ɕiŋ˧˥ʂou˧˥pei˦ŋuo˧˥pu˨˦tʂʅ˧˥tɑɔ˦˥lie˨.（手心手背？）啊，手心手背那就是，这手心，这手背嘛。ɑ˦˥,ʂou˧˥ɕiŋ˧˥ʂou˧˥pei˦næᴇ˦tɕiou˦sʅ˦,tʂə˦˥ʂou˧˥ɕiŋ˧˥,tʂei˦˥ʂou˧˥pei˦mɑ˦.（[横伸出食指和中指]这个这个呢？）啊。ɑ˦˥.（这个叫什么？）剪子嘛。这是剪子好像。tɕiæ̃˧˥tsʅ˨mɑ˨.tʂə˦˥sʅ˦tɕiæ̃˧˥tsʅ˨xɑɔ˧˥ɕiɑŋ˦.（[握紧拳头伸出]这个呢？）不知道。这些去娃娃这这……pu˨˦tʂʅ˧˥tɑɔ˦˥.tʂei˦ɕie˧˥tɕʰi˦vɑ˨˦vɑ˨˦tʂei˦tʂei˦……（这个，石头？）可能是石头吧。kʰə˧˥nəŋ˨˦sʅ˦tʂʅ˨˦tʰou˨pɑ˨.（这个就是石头吧？）呃。石头剪子噢。ə̃˦˥.ʂʅ˨˦tʰou˨tɕiæ̃˧˥tsʅ˨ɑɔ˦.（噢，这个是布！）布，对的。石头。石头剪子，石头剪子，布。pu˦,tuei˦ti˨.ʂʅ˨˦tʰou˨.ʂʅ˨˦tʰou˨tɕiæ̃˧˥tsʅ˨,ʂʅ˨˦tʰou˦tɕiæ̃˧˥tsʅ˨,pu˦.

吆鸡

1.（那你们这个叫什么呢？这个行酒令子的这个，这样的……）黄：划拳。xuɑ˨˦tɕʰyæ̃˨˦.王：吆鸡。叫吆鸡咧。iɑɔ˧˥tɕi˧˥.tɕiɑɔ˦iɑɔ˧˥tɕi˧˥lie˨.黄：吆鸡的也有，也叫，有些是这个……这个用这三个指头，那就是吆鸡咧。iɑɔ˧˥tɕi˧˥ti˨ie˧˥iou˧˥,ie˧˥tɕiɑɔ˦,iou˧˥ɕie˧˥sʅ˦tʂə˦kə˦tʂ……tʂei˦˥kə˦˥yoŋ˦tʂə˦sæ̃˧˥kə˦˥tsʅ˧˥tʰou˨,nə˦˥tɕiou˦sʅ˦iɑɔ˧˥tɕi˧˥lie˨.（用三个指头怎么玩儿呢？）王：就用这三个指头。tɕiou˦˥yoŋ˦tʂə˦˥sæ̃˧˥kə˦˥tsʅ˧˥tʰou˨.（拇指食指和……这一个小指？）黄：小指么，啊？ɕiɑɔ˧˥tsʅ˧˥muo˨,ɑ˨?王：还……啊，还是一个，转圈压。xɑ˨˦……ɑ˦˥,xɑ˨˦sʅ˦i˧˥kə˦,tʂuæ̃˦tɕʰyæ̃˧˥niɑ˦˥.黄：这一转圈子。tʂei˦i˧˥tʂuæ̃˦tɕʰyæ̃˧˥tsʅ˨.王：吆是把这五个指头都用上是，大压小么。iɑɔ˧˥sʅ˦pɑ˧˥tʂə˦vu˧˥kə˦˥tsʅ˧˥tʰou˨tou˧˥yoŋ˦ʂɑŋ˦sʅ˦,tɑ˦niɑ˦˥ɕiɑɔ˧˥muo˨.黄：大压小咧么。tɑ˦niɑ˦˥ɕiɑɔ˧˥liem˨.（你能不能比画比画怎么玩儿，你说一说？）王：我那玩儿一下儿你……ŋuo˧˥nə˦væ̃r˨i˧˥xɑr˦ni˧˥……黄：那还……nei˦xæᴇ˨˦……王：吆是大压小，这五个指头都用的话，那就是，这我就把他输……他就输了。iɑɔ˧˥sʅ˦tɑ˦niɑ˦˥ɕiɑɔ˧˥,tʂə˦vu˧˥kə˦˥tsʅ˧˥tʰou˨tou˧˥yoŋ˦ti˨xuɑ˦˥,næᴇ˦tɕiou˦sʅ˦,tʂə˦ŋuo˧˥tɕiou˦˥pɑ˧˥tʰɑ˧˥ʂʯ……tʰɑ˧˥tɕiou˦˥ʂʯ˧˥lə˨.（为什么呢？这小指头怎么还把它弄得……）王：这，这就是转圈圈子嘛。tʂə˦,tʂə˦tɕiou˦sʅ˦tʂuæ̃˦˥tɕʰyæ̃˧˥tɕʰyæ̃˧˥tsʅ˨mɑ˨.（噢。从大拇指一下转过来？）王：你……啊，这一个压这个，这一个压这个，压过来。ni˧˥tʂ……ɑ˦˥,tʂei˦˥i˧˥kə˦niɑ˦tʂei˦kə˦˥,tʂei˦˥i˧˥kə˦niɑ˦tʂei˦kə˦,niɑ˦kuo˦˥læᴇ˨˦.（大拇指压食指。）王：噢，这个小指嘛儿，可返回来压它了。这就转，循环着咧么。ɑɔ˦˥,tʂə˦˥kə˦ɕiɑɔ˧˥tsʅ˧˥mɑr˨,kʰə˧˥fæ̃˧˥xuei˨˦læᴇ˨˦niɑ˦˥tʰɑ˧˥lə˨.tʂə˦tɕiou˦tʂuæ̃˦,ɕyoŋ˨˦xuæ̃˨˦tʂə˦liem˨.（这叫摇鸡还是叫什么？）王：这叫……这叫……tʂə˦˥tɕiɑɔ˦˥……tʂə˦˥tɕiɑɔ˦……黄：大压小咧。tɑ˦˥niɑ˦˥ɕiɑɔ˧˥lie˨.王：大压小。tɑ˦˥niɑ˦˥ɕiɑɔ˧˥.（还有个摇鸡是什么东西？）王：吆鸡就是这三个么。iɑɔ˧˥tɕi˧˥tɕiou˦sʅ˦tʂə˦sæ̃˧˥kə˦˥muo˨.黄：只是这三个指头。tsʅ˧˥sʅ˦tʂə˦sæ̃˧˥kə˦˥tsʅ˧˥tʰou˨.王：这三个它还是一个压一个转着。tʂə˦sæ̃˧˥kə˦˥tʰɑ˧˥xɑ˨˦sʅ˦˥i˧˥kə˦˥niɑ˦i˧˥kə˦tʂuæ̃˦tʂə˨.（噢，拇指、食指和这

个？）黄：呃，呃。əɭ,əɭ.（也是一个压一个？）黄：呃。əɭ.王：啊，一个压一个，这还是吆，叫吆鸡呣。ɑɭ,iⅥkəⅠiɑⅠiⅥkəⅠ,tʂəⅠxɑⅠsɿⅠiɑɔⅥ,tɕiɑɔⅠiɑɔⅥtɕiⅥm̩.（怎么叫摇鸡呢？）王：我们这儿叫吆鸡。ŋuoⅥmənⅠtʂərⅠtɕiɑɔⅠiɑɔⅥtɕiⅥ.黄：那个因为它这个口令就是tʂʰ……æⅠ，tʂʰ……是这样来叫，吆鸡咧么。neiⅠkəⅠiŋⅥveiⅠtʰɑⅥtʂəⅠkəⅠkʰouⅥliŋⅠtɕiouⅠsɿⅠ,tʂʰ……æⅠ,tʂʰ……sɿⅠtʂəⅠiɑŋⅠlæᴇtɕiɑɔⅠ,iɑɔⅥtɕiⅥliemⅠ.王：吆鸡。iɑɔⅥtɕiⅥ.（摇是哪个摇呢？摇摇动动的摇啊？）黄：吆就是赶的意思。iɑɔⅥtɕiouⅠsɿⅠkæ̃ⅥtiⅠiⅠsɿⅠ.（啊？）黄：吆鸡呣。驱赶的意思。iɑɔⅥtɕiⅥm̩Ⅰ.tɕʰyⅥkæ̃ⅥtiⅠiⅠsɿⅠ.（噢，叫……就就是赶鸡那种是吧？）黄：噢，赶鸡的那个意思。ɑɔɭ,kæ̃ⅥtɕiⅥtiⅠneiⅠkəⅠiⅠsɿⅠ.（噢，就因为他嘴嘴巴，tʂʰ，tʂʰ，这么叫？）王：啊。ɑⅠ.黄：就是咧么。tɕiouⅠsɿⅠliemⅠ.（赶鸡那个字单念念什么，念iɑɔⅥ还是念iɑɔ⅄？）王：吆。iɑɔⅥ.黄：吆。iɑɔⅥ.

2. 黄：再一个，我们再一个再一个地方就是这个，吆鸡。tsæᴇⅠiⅥkəⅠ,ŋuoⅥmənⅠtsæᴇⅠiⅥkəⅠtsæᴇⅠiⅥkəⅠtiⅠfɑŋⅥtɕiouⅠsɿⅠtʂəⅠkəⅠ,iɑɔⅥtɕiⅥ.（吆鸡是什么？）吆鸡，打杠子。iɑɔⅥtɕiⅥ,tɑⅥkɑŋⅠtsɿⅠ.（啊，怎么弄呢？）吆鸡的话那这实际上就是……iɑɔⅥtɕiⅥtiⅠxuɑⅠnæᴇⅠtʂəⅠʂɿⅠtɕiⅠʂɑŋⅠtɕiouⅠsɿⅠ……（那是打麻将的时候还是什么？）不。还就是猜欸，猜酒令时期的。那这就是这欸一般用的就是，这个指头，这个指头。pu⅄.xɑⅠtɕiouⅠsɿⅠtsʰæᴇⅥeiⅠ,tsʰæᴇⅥtɕiouⅥliŋⅠsɿ⅄tɕʰieⅥtiⅠ.næᴇⅠtʂeiⅠtɕiouⅠsɿⅠtʂəⅠeiⅠiⅥpæ̃ⅥyoŋⅠtiⅠtɕiouⅠsɿⅠ,tʂeiⅠkəⅠtsɿⅥtʰouⅠ,tʂeiⅠkəⅠtsɿⅥtʰouⅠ.（嗯。）这三个指头。也叫大口升上。tʂəⅠsæ̃ⅥkəⅠtsɿⅥtʰouⅠ.ieⅥtɕiɑɔⅠtɑⅠniæ̃⅄ʂəŋⅥsɑŋⅠ.（噢，拇指、食指和那个小……）啊，小拇……小拇指啊。ɑɭ,ɕiɑɔⅥm……ɕiɑɔⅥmuⅥtsɿⅥɑɭ.（小指？）它是，大压……代这个压这个嘛。tʰɑⅥsɿⅠ,tɑⅠniɑ……tæᴇⅠtʂeiⅠkəⅠniɑⅠtʂeiⅠkəⅠmɑⅠ.（啊。）这个可压这个嘛，返回来这个可压这个嘛。tʂeiⅠkəⅠkʰəⅥniɑⅠtʂeiⅠkəⅠmɑⅠ,fæ̃Ⅵxuei⅄læᴇ⅄tʂeiⅠkəⅠkʰəⅥniɑⅠtʂeiⅠkəⅠmɑⅠ.（噢。）噢，也叫是欸猜虫咧。ɑɔɭ,ieⅥtɕiɑɔⅠsɿⅠeiⅠtsʰæᴇⅥtʂʰuoŋ⅄lieⅠ.（猜虫？）啊，就是两个。这是老爷，这是虫。ɑɭ,tsouⅠsɿⅠliɑŋⅥkəⅠ.tʂəⅠsɿⅠlɑɔⅥie⅄,tʂəⅠsɿⅠtʂʰuoŋ⅄.（大……大拇指是老爷？）大拇指是老爷，这是个虫。tɑⅠmuⅥtsɿⅥsɿⅠlɑɔⅥie⅄,tʂəⅠsɿⅠkəⅠtʂʰuoŋ⅄.（呃，小拇……小……小指就是虫？）啊。这是虫。ɑɭ.tʂəⅠsɿⅠtʂʰuoŋ⅄.（那这个呢？）这个口把这叫，杠子么。哎，二拇指叫啥咧吵？tʂəⅠkəⅠniæ̃⅄pɑⅥtʂəⅠtɕiɑɔⅠ,kɑŋⅠtsɿⅠmuoⅠ.æᴇⅥ,ərⅠmuⅥtsɿⅥtɕiɑɔⅠsɑⅠlieⅠsɑⅠ?（鸡？）嗯，那，噢，鸡。老爷吃鸡，虫……虫钻尻子。虫吃鸡……这个鸡可吃虫咧。ŋ̍Ⅰ,næᴇⅠ,ɑɔɭ,tɕiⅥ.lɑɔⅥie⅄tʂʰʅⅥtɕiⅥ,tʂʰuoŋ⅄……tʂʰuoŋ⅄tsuæ̃ⅥkouⅥtsɿⅠ.tʂʰuoŋ⅄tʂʰʅⅥtɕi……tʂəⅠkəⅠtɕiⅥkʰəⅥtʂʰʅⅥtʂʰuoŋ⅄lieⅠ.（噢。）它是一物降一物。再一个就说是这个打老虎杠子。这是三个，老虎，杠子，鸡。tʰɑⅥsɿⅠiⅥvuoⅥɕiɑŋ⅄iⅥvuoⅥ.tsæᴇⅠiⅥkəⅠtɕiouⅠʂuoⅥsɿⅠtʂəⅠkəⅠtɑⅥlɑɔⅥxuⅥkɑŋⅠtsɿⅠ.tʂəⅠsɿⅠsæ̃ⅥkəⅠ,lɑɔⅥxuⅥ,kɑŋⅠtsɿⅠ,tɕiⅥ.（嗯。）杠子打老虎，老虎吃鸡，呃老虎这个，老虎吃虫。虫返回来可口杠子咧。kɑŋⅠtsɿⅠtɑⅥlɑɔⅥxuⅥ,lɑɔⅥxuⅥtʂʰʅⅥtɕiⅥ,əɭlɑɔⅥxuⅥtʂəⅠkəⅠ,lɑɔⅥxuⅥtʂʰʅⅥtʂʰuoŋ⅄.tʂʰuoŋ⅄fæ̃Ⅵxuei⅄læᴇ⅄kʰəⅥtsæ̃ⅠkɑŋⅠtsɿⅠlieⅠ.

手心手背

（说那个，呃伸那个手心手背呀，叫不叫这个“伸儿伸儿伸儿”？）黄：我们不……这儿不带那个。光是……我们是光是，哎，猜宝吃，咱们猜宝吃。这就开始就是：手心手背。看谁出啥咧么。大家一起喊么。ŋuoⅥmənⅠpu⅄……tʂərⅠpu⅄tæᴇⅠnəⅠkəⅠ.kuɑŋⅥʂɿⅠ……ŋuoⅥmənⅠsɿⅠkuɑŋⅥsɿⅠ,æᴇⅠ,tsʰæᴇⅥpɑɔⅥtʂʰʅⅥ

˩,tsɑ˧˥˩mən˧tsʰæᴇ˥˧pɑɔ˥˧tʂʰʅ˥˩.tʂei˧˥˧tɕiou˧kʰæᴇ˥˩sʅ˥tɕiou˧˩sʅ˧˩:ʂou˥˩ɕiŋ˥˧ʂou˥˩pei˧˥˧.kʰæ̃˧sei˧˥tʂʰʮ˥sɑ˧liem˧.tɑ˧tɕiɑ˥˧i˥˩tɕʰi˥xæ̃˥˩muo˧.（怎么喊法？）手心手背。是看你谁出啥咧么。ʂou˥˩ɕiŋ˥˧ʂou˥˩pei˧˥˧.sʅ˧kʰæ̃˧ni˥˧sei˧˥tʂʰʮ˥sɑ˧liem˧.

摇碗碗

（[做摇色子的动作]那叫什么？喝酒啊，赌博的时候，咕嘟咕嘟咕，大开大开小。）王：噢，我们是……我们这儿□兀些过去……在耍赌头这就叫揭碗碗的，摇碗碗。在这个喝酒上，兀就叫掷色子咧。ɑɔ˩,ŋuo˥mən˧sʅ˧……ŋuo˥mən˧tʂər˧niæ̃˧˥væᴇ˧˥˧ɕi˥˩kuo˧˥tɕʰy˧˩ʂ……tsæᴇ˧ʂuɑ˥tu˥tʰou˧tʂei˧tɕiou˧tɕiɑɔ˧tɕie˥˩væ̃˥væ̃˥tə˧,iɑɔ˧˥˩væ̃˥væ̃˥˩.tsæᴇ˧tʂə˧kə˧xuo˥˩tɕiou˥ʂɑŋ˧˩,væᴇ˧tɕiou˧tɕiɑɔ˧tʂʅ˥˩sei˥tsʅ˧lie˧.（喝酒叫什么？）摇碗碗，摇宝。iɑɔ˧˥væ̃˥væ̃˥˩,iɑɔ˧˥pɑɔ˥.（摇宝？）呣。m̩˥.（喝酒叫什么呢？）喝酒叫掷色子咧。xə˥˩tɕiou˥tɕiɑɔ˧tʂʅ˥˩sei˥tsʅ˧lie˧.

酒令

1. 黄：这个喝酒的酒令头起就有一个咧嘛。你看咱们这三个人，你你看一下，这只有三个豆豆子，我拿出来以后叫你看，这两个手里都有咧。我手背到后头去，倒两下出来以后你要猜。tʂə˧kə˧xuo˥˩tɕiou˥ti˧tɕiou˥liŋ˧tʰou˧˥˩tɕʰie˥˧tɕiou˧iou˥˧i˥˧kə˧lie˧mɑ˧.ni˥˩kʰæ̃˧tʂɑ˧˥mən˧tʂə˧sæ̃˥kə˧˩zəŋ˧˥,ni˥˧ni˥˩kʰæ̃˧i˥˩ɕiɑ˧˩,tʂə˧tsʅ˥˩iou˥˧sæ̃˥kə˧˩tou˧tou˧tsʅ˧,ŋuo˥nɑ˧˥tʂʰʮ˥læᴇ˧˥˩i˥˩xou˧tɕiɑɔ˧ni˥kʰæ̃˧,tʂə˧liɑŋ˥kə˧˩ʂou˥li˥˩tou˥˧iou˥˧lie˧.ŋuo˥ʂou˥pei˧tɑɔ˧xou˧tʰou˧tɕʰi˧,tɑɔ˥liɑŋ˥xɑ˧˩tʂʰʮ˥˩læᴇ˧˥˧i˥˩xou˧ni˥iɑɔ˧tsʰæᴇ˥˩.（嗯，在哪个手上是吧？）噢，在哪个手上咧。或者是几个，这个手上几个，这个手上几个。ɑɔ˧,tsæᴇ˧nɑ˥˧kə˧ʂou˥˧ʂɑŋ˧˥˧lie˧.xuei˧˥˧tʂə˥˩sʅ˧˩tɕi˥kə˧,tʂə˧˥˧kə˧˥˧ʂou˥ʂɑŋ˧˩tɕi˥kə˧˩,tʂə˧kə˧ʂou˥˧ʂɑŋ˧tɕi˥kə˧˩.（噢，那叫猜什么？）猜豆儿么。tsʰæᴇ˥˩tour˧muo˧.（猜豆儿？）啊。ɑ̃˩.

2.（欸你们那个酒令怎么个它那个那个，划？划拳就怎么，这个酒令，怎么样？怎么搞？）黄：酒令那你看这是划的是兀啥号儿酒令咧嘛。tɕiou˥˧liŋ˧næᴇ˧ni˥kʰæ̃˧tʂei˧˩sʅ˧˩xuɑ˧˥˧ti˧sʅ˧vei˧sɑ˧˥˧xɑɔr˧˩tɕiou˥liŋ˧lie˧mɑ˧.（一般的你们这儿传统的酒令呢？本地酒令。）本地酒令那就是这个欸魁首……高升拳嘛。pəŋ˥ti˧tɕiou˥˧liŋ˧næᴇ˧˩tɕiou˧˩sʅ˧˩tʂə˧kə˧ei˩kʰuei˧˥˩ʂou˥……kɑɔ˥˧ʂəŋ˥tɕʰyæ̃˧˥˩mɑ˧.（高升拳？）啊，高升拳嘛。高升拳五魁嘛。ɑ˩,kɑɔ˥˧ʂəŋ˥tɕʰyæ̃˧˥˩mɑ˧.kɑɔ˥˧ʂəŋ˥tɕʰyæ̃˧˥vu˥kʰuei˧˥mɑ˧.（也叫五……高升拳也叫五魁还是……）哎，高升拳，这个欸，就是哥两儿好，哥两好嘛。æᴇ˧,kɑɔ˥˧ʂəŋ˥tɕʰyæ̃˧˥,tʂə˧kə˧ei˧,tɕiou˧˩sʅ˧˩kə˥˧liɑ̃r˥˩xɑɔ˥,kə˥˧liɑŋ˥˩xɑɔ˥mɑ˧.（一开始，欸，开始有一个开场吧？）一个开场就是这个欸，你比如喝欸，是是哥两好这个两好拳。那就是这个欸，必须要叫好么。这个好嘚就是叫你戴一个帽儿还是戴两……戴两个帽儿。就是，戴一个帽儿就是“弟兄们好”，这就完了。下面就是六六六，到七个八个咧，就这么个叫出来。如果是两个帽儿就是那，弟兄两哥们好……弟兄两哥们好，好就好，这就是两个帽儿上去了。再一个叫就说是这个你，高升拳的话，你必须头一个是这个……头一个叫就是高升高升，六，六个，七个七个，这下这就说是……这都是，这上头每叫一个他都有……有他的这个叫法咧嘛。i˥˩kə˧˥˧kʰæᴇ˥˩tʂʰɑŋ˥tɕiou˧˩sʅ˧˩tʂə˧kə˧ei˧,ni˥˧pi˥˧zʮ˧˥˧xə˥ei˧,sʅ˧sʅ˧˩kə˥˧liɑŋ˥˩xɑɔ˥tʂə˧˩kə˧˩liɑŋ˥xɑɔ˥tɕʰyæ̃˧˥˩.næᴇ˧tɕiou˧sʅ˧tʂə˧kə˧ei˧,pi˥ɕy˥˧iɑɔ˧tɕiɑɔ˧xɑɔ˥muo˧.tʂə˧˩kə˧˩xɑɔ˥m̩˧tɕiou˧˩sʅ˧˩tɕiɑɔ˧ni˥˧tæᴇ˧i˥˩kə˧˥˧mɑɔr˧xæᴇ˧˥˩sʅ˧˩tuæ̃˧（←tæᴇ˧）l……tæᴇ˧˥liɑŋ˥kə˧˩mɑɔr˧.tɕiou˧˩sʅ˧˩,tæᴇ˧˥˧i˥˩kə˧˥˧mɑɔr˧tɕiou˧˩sʅ˧˩ti˧ɕyoŋ˥˩məŋ˧xɑɔ˥,tʂei˧tɕiou˧væ̃˧˥lə˧.ɕiɑ˧miæ̃˧tɕiou˧˩sʅ˧˩liou˥liou˥˧liou˥,tɑɔ˧˩tɕʰi˥˩kə

˧˩pa˥˩kə˧˩lie˨,ʨiou˧ʦʂə˧muo˨kə˧ʨiao˧ʦʂʰʯ˥˩læᴇ˨˩.ʐʯ˨˦kuo˥˦sʅ˧liaŋ˥˩kə˧˩maɔr˧ʨiou˧sʅ˧nə˧,ti˧ɕyoŋ˥˩˦liaŋ˥˩kə˥˩məŋ˨xə……ti˧ɕyoŋ˥˦liaŋ˥˩kə˥˩məŋ˨xaɔ˥˩,xaɔ˥˩ʨiou˧xaɔ˥˩,ʦʂei˧˩ʨiou˧˩sʅ˧˩liaŋ˥˩kə˧maɔr˧ʦʂaŋ˧ʨʰi˧˥lə˨.ʦæᴇ˧i˥˦kə˧ʨiou˧˥ʂuo˥˩sʅ˧˩ʦʂə˧˩kə˧˩ni˥˦,kaɔ˥˦ʂəŋ˥˩ʨʰyæ̃˨˩ti˨xua˧,ni˥˩pi˥˦ɕy˥˦tʰou˨˩i˥˩kə˧˩sʅ˧ʦʂə˧kə˧……tʰou˨˩i˥˩kə˧˩ʨiao˧ʨiou˧˩sʅ˧˩kaɔ˥˦ʂəŋ˥˩kaɔ˥˩ʂəŋ˥˩,liou˥˩,liou˥˩kə˧˩,ʨʰi˥˩kə˧˩ʨʰi˥˩kə˧˩,ʦʂei˧xa˧ʦʂei˧ʦou˧ʂuo˥˦sʅ˧……ʦʂə˧˥tou˥˦sʅ˧,ʦʂə˧˥ʂaŋ˧˥tʰou˨mei˥˩ʨiao˧i˥˩kə˧tʰa˥˦tou˥˩iou˥˦……iou˥˦tʰa˥˦ti˨ʦʂə˧˩kə˧˩ʨiao˧˥fa˥˩lie˨ma˨.（这个一怎么叫法？）一比如是，一点点嘛，哥儿两好嘛，呃……两相好嘛，三桃园嘛。i˥˩pi˥˩ʐʯ˨˩sʅ˧˩,i˥˩ti˥˩tiæ̃˥˩tiæ̃˥˩ma˨,kər˥˦liaŋ˥˦xaɔ˥˩ma˨,ə˨ʐ……liaŋ˥˩ɕiaŋ˥˩xaɔ˥˩ma˨,sæ̃˥˩tʰaɔ˨˩yæ̃˨˩ma˨.（三什么？）三桃园么啊。四喜来财嘛。五魁首嘛。六六大顺嘛。钋七梅嘛。sæ̃˥˩tʰaɔ˨yæ̃˨muo˨a˨.sʅ˧ɕi˥˦læᴇ˨ʦʰæᴇ˨ma˨.vu˥˩kʰuei˨˩ʂou˥˩ma˨.liou˥˦liou˥˩ta˧ʂuoŋ˧ma˨.ʨʰiao˥˩ʨʰi˥˩mei˨ma˨.（巧七妹？）啊，钋七梅啊，七。a˩,ʨʰiao˥˩ʨʰi˥˩mei˨a˩,ʨʰi˥˩.（妹妹的妹吗？）噢，钋七梅，梅花的梅。aɔ˩,ʨʰiao˥˩ʨʰi˥˩mei˨,mei˨˩xua˥˩ti˨mei˨.（钋七梅？）啊，钋七梅嘛。a˩,ʨʰiao˥˩ʨʰi˥˩mei˨ma˨（这个，这个单人旁一个肖那个俏吗？）啊，就是的，钋七梅嘛。八八……八八八嘛。a˩,ʨiou˧sʅ˧˩ti˨,ʨʰiao˥˩ʨʰi˥˩mei˨ma˨.pa˥˦p……pa˥˩pa˥˦pa˥˩ma˨.（怎么了？）八八八。就是八个，叫八的话就是八八八嘛。pa˥˩pa˥˦pa˥˩.ʨiou˧˩sʅ˧˩pa˥˩kə˧˩,ʨiao˧pa˥˩ti˨xua˧˩ʨiou˧˩sʅ˧˩pa˥˩pa˥˦pa˥˩ma˨.（哪……哪几个字？八八八？）八八三个八嘛。pa˥˩pa˥˩sæ̃˥˩kə˧˩pa˥˩ma˨.（三个八呀？）噢，实际上就是发发发嘛。再么是，就是这个，九是个好酒嘛。aɔ˩,ʂʯ˨˩ʨi˧˥ʂaŋ˧ʨiou˧sʅ˧fa˥˩fa˥˦fa˥˩ma˨.ʦæᴇ˧muo˨sʅ˧,ʦou˧sʅ˧ʦʂə˧kə˧,ʨiou˥˩sʅ˧kə˧xaɔ˥˩ʨiou˥˩ma˨.（好酒啊？）噢，九是好酒十满堂嘛。这就把这个，这这这都给你叫完咧嘛。再一个就是这个螃蟹儿拳嘛。aɔ˩,ʨiou˥˩sʅ˧xaɔ˥˩ʨiou˥˩ʂʯ˨˩mæ̃˥˩tʰaŋ˨ma˨.ʦʂei˧ʨiou˧pa˥˩ʦʂə˧kə˧,ʦʂei˧ʦʂə˧ʦʂə˧tou˥˩kei˧ni˥˦ʨiao˧væ̃˨˩lie˨ma˨.ʦæᴇ˧i˥˩kə˧ʨiou˧sʅ˧ʦʂə˧˩kə˧˩pʰaŋ˨˩xər˧ʨʰyæ̃˨˩ma˨.（pʰaŋ˨xæᴇ˥˩？）呃儿，螃蟹拳。这他这……这个是，这个拳最……最难划了。他也就是这个一只螃蟹的话，他必须要拿一等出来么。八只脚，那你这个一只螃蟹八只脚。这只能……不能出错了。你出错了就得喝酒咧。两脚尖尖，这……两脚尖尖就成了这么个，两脚尖尖，这么大个壳。ər˩,pʰaŋ˨˩ɕie˥˩ʨʰyæ̃˨˩.ʦʂə˧˩tʰa˥˦ʦʂə……ʦʂə˧kə˧sʅ˧,ʦʂə˧˥kə˧˥ʨʰyæ̃˨ʦ……ʦuei˧næ̃˨˩xua˨lə˨.tʰa˥˩ie˥˦ʨiou˧sʅ˧ʦʂə˧˩kə˧˩i˥˦ʦʅ˥˩pʰaŋ˨˩ɕie˥˩ti˨xua˧,tʰa˥˦pi˥˦ɕy˥˦iao˧na˨˩i˥˩təŋ˥˦ʦʂʰʯ˥˩læᴇ˨˩muo˨.pa˥˩ʦʅ˥˩ʨyo˥˩,næᴇ˧ni˥˦ʦʂə˧˩kə˧˩i˥˦ʦʅ˥˦pʰaŋ˨˩ɕie˥˦pa˥˩ʦʅ˥˩ʨyo˥˩.ʦʂə˧ʦʅ˥˦nəŋ˨˦……pu˨˩nəŋ˨ʦʂʰʯ˥˩ʦʰuo˧˥lə˨.ni˥˩ʦʂʰʯ˥˩ʦʰuo˧˥lə˨ʨiou˧˥tei˥˩xuo˥˩ʨiou˥˩lie˨.liaŋ˥˦ʨyo˥˩ʨiæ̃˥˦ʨiæ̃˥˩,ʦʂ……liaŋ˥˦ʨyo˥˩ʨiæ̃˥˦ʨiæ̃˥˩ʦou˧ʦʂʰəŋ˨˩lə˨ʦʂə˧˥muo˨kə˧˩,liaŋ˥˦ʨyo˥˩ʨiæ̃˥˦ʨiæ̃˥˩,ʦʂə˧muo˨ta˧kə˧kʰuo˥˩.（这么大的壳儿？）噢，这么大的壳儿。这个这个把这个帽子说完以后，下面就是这个，魁五子手，六六六，啥么个这就是，下来是出数儿了。还有一个就是又有个拳，就是高老汉儿拳。aɔ˩,ʦʂə˧muo˨ta˧ti˨kʰər˥˩.ʦʂə˧˩kə˧˩ʦʂə˧kə˧pa˥˩ʦʂə˧kə˧maɔ˧˥ʦʅ˨ʂuo˥˩væ̃˨˩i˥˩xou˧,ɕia˧miæ̃˧ʨiou˧sʅ˧ʦʂə˧kə˧,kʰuei˨˦vu˥˦ʦʅ˨ʂou˥˩,liou˥˩liou˥˦liou˥˩,sa˧muo˨kə˧ʦʂei˧˥ʨiou˧˩sʅ˧˩,xa˧læᴇ˨˦sʅ˧ʦʂʰʯ˥˩ʂʯər˧˦lə˨.xæᴇ˨˩iou˥˦i˥˦kə˧ʨiou˧sʅ˧iou˧iou˥˩kə˧ʨʰyæ̃˨,ʨiou˧sʅ˧kaɔ˥˩laɔ˥˩xæ̃r˧ʨʰyæ̃˨˩.（高老汉？）高老汉儿拳，这个就是好像是带点唱的那个意思。他必须划那个：“一个高老汉儿哟哟，九十九咧嘛哟哟。”（《大生产》曲调）他就是这么个下来以后，既要把这个每……每一个拳出来以后，必须把这个“哟噢哟哟”唱上。你不唱，你就要喝酒咧。kaɔ˥˦laɔ˥˩xæ̃r˧ʨʰyæ̃˨˦,ʦʅ˩kə˧˥ʦou˧sʅ˧xaɔ˥˦ɕiaŋ˧sʅ˧tæᴇ˧tiæ̃˥˦ʦʂʰaŋ˧˥ti˨nə˧kə˧i˧sʅ˨.tʰa˥˦pi˥˦ɕy˥˩xua˨˦næᴇ˧kə˧:i˥˦kə˧kaɔ˥˦laɔ˥˦xæ̃r˧˩yo˧yo˧,ʨiou˥˩ʂʯ˨˦ʨiou˥˩lie˨ma˨iaɔ˩iaɔ˩.tʰa˥˩ʨiou˧˩sʅ˧˩ʦʂə˧˥muo˨kə˧˩xa˧læᴇ˨˦i˥˩xou˧,ʨi˧iao˧pa˥˩ʦʂə˧˩kə˧˩m……mei˥˩i˥˦kə˧ʨʰyæ̃˨ʦʂʰʯ˥˩læᴇ˨˩i˥˩

xou˥,pi˥˩˦ɕy˥˩˨pa˥˩˨tʂə˥kə˥iao˥˩ao·liao˥˩iao˨˩tʂʰaŋ˥ʂaŋ˥˨.ni˥˩˦pu˧˩˨tʂʰaŋ˥,ni˥˩˦tɕiou˥iao˥xuo˥˩˨tɕiou˥˩lie·l.（那后面怎么唱呢？后面接着来。）那就后边那是叫……你叫啥就唱啥了。næᴇ˥tsou˥˨xou˥˩˦piæ̃˥˩˦næᴇ˥˦sɿ˥˨tɕiao˥˩˦……ni˥˩˦tɕiao˥˩˦sa˥tɕiou˥tʂʰaŋ˥sa˥lə˨.（比……打个比方，那个……）六六顺呀嘛哟哟，最后是，把你拳叫住咧以后，他叫个六，他出了四个，你出来两个，就是把你叫住了。他“高老汉儿喝哩嘛哟哟”。liou˥˩liou˥˩˦ʂuoŋ˥ia·ma·liao˥iao˥,tsuei˥xou˥sɿ˥,pa˥˩˨ni˥˩˨tɕʰyæ̃˧˩tɕiao˥˩˦tʂʮ˥lie·li˥˩˨xou˥,tʰa˥˩˦tɕiao˥kə˥liou˥˩,tʰa˥˩˦tʂʰʮ˥lə·sɿ˥kə˥˨,ni˥˩˦tʂʰʮ˥˩˨læᴇ˧˩liaŋ˥˩kə˥˨,tɕiou˥sɿ˥pa˥˩˦ni˥˩˦tɕiao˥tʂʮ˥˨lə·l.tʰa˥˩˨kao˥˩lao˥˩xæ̃r˥xuo˥˩li·ma·liao˨˩iao˨˩.（xuo˥˩li·ma·l？）噢，喝哩嘛。就是把拳，把你叫住了。就是“高老汉儿喝哩嘛哟哟”。这时你就要喝酒了。这就是高老汉儿拳。再一个就是这个，还划广东拳。ao˨˩,xuo˥˩li·ma·l.tɕiou˥sɿ˥pa˥˩˨tɕʰyæ̃˧˩,pa˥˩˨ni˥˩tɕiao˥˩˦tʂʮ˥˩˨lə·l.tɕiou˥˩˨sɿ˥˩˨kao˥˩˦lao˥˩xæ̃r˥xuo˥˩li·ma·liao˨˩iao˨˩.tʂə˥sɿ˧˩˦ni˥˩˦tsou˥iao˥xuo˥˩˨tɕiou˥˩lə·l.tʂei˥˨tɕiou˥˨sɿ˥˨kao˥˩˦lao˥˩xæ̃r˥˩tɕʰyæ̃˧˩.tsæᴇ˥˩˦i˥˩kə˥tɕiou˥sɿ˥tʂə˥kə˥˨,xa˧˩xua˧˩˦kuaŋ˥˩tuoŋ˥˩˦tɕʰæ̃˧˩˨.（广东拳呐？）噢，广东拳。ao˨˩,kuaŋ˥˩tuoŋ˥˩˦tɕʰæ̃˧˩.（学……学来的还是过去就有的？）这好像是广……这是……这个拳最兴盛的时候也就是在八十年代之后。这个欸咿，它这就是这个，广东拳里头它就是三炮台。tʂə˥xao˥˩˦ɕiaŋ˥sɿ˥˨ku……tʂei˥˦z……tʂə˥˨kə˥˦tɕʰyæ̃˧˩tsuei˥ɕiŋ˥˩ʂəŋ˥ti·sɿ˧˩xou˥ie˥˩˨tɕiou˥sɿ˥tsæᴇ˥˨pa˥˩ʂʅ˧˩nie̞˧˩˨tæᴇ˥tsɿ˥˩˨xou˥˦.tʂə˥kə˥ei˥-i˥,tʰa˥˩tʂei˥tɕiou˥sɿ˥tʂə˥kə˥,kuaŋ˥˩tuoŋ˥˩˨tɕʰyæ̃˧˩li˥˩˨tʰou·tʰa˥˩˨tɕiou˥˨sɿ˥˨sæ̃˥˩˨pʰao˥˦tʰæᴇ˧˩˦.（三跑台？）啊，三炮台，幺点洞。三炮儿。a˨˩,sæ̃˥˩˨pʰao˥˦tʰæᴇ˧˩˦,iao˥˩˨tiæ̃˥˩tuoŋ˥˨.sæ̃˥˩˨pʰaor˥.（是哪个炮？跑步的跑？）大炮的炮。大炮的炮。ta˥pʰao˥ti·pʰao˥˨.ta˥pʰao˥ti·pʰao˥˨.（大炮的炮？）啊。三炮台，幺点洞，二红四……a˨.sæ̃˥˩˨pʰao˥tʰæᴇ˧˩˨,iao˥˩˨tiæ̃˥˩tuoŋ˥˨,ər˥xuoŋ˧˩s……（幺点洞是什么意思？）幺点洞就是这么个话。iao˥˩˨tiæ̃˥˩tuoŋ˥˨tɕiou˥sɿ˥tʂə˥muo·kə˥xua˥.（就是“一”？）哎不是的。三炮台，幺点洞，这是欸一嘛。æᴇ˥pu˧˩sɿ˥˦ti·l.sæ̃˥˩˨pʰao˥˦tʰæᴇ˧˩˦,iao˥˩˨tiæ̃˥˩tuoŋ˥˨,tʂə˥˦sɿ˥ei˥i˥˩ma·l.（这是开场是吧？）啊，这是开场嘛。二红，四喜，两广东。这个是帽子就完咧。下来以后是：魁五子手，两广东；点点子圆，两广东；魁魁，两广东；八个八个，两广东。每一下这个后头这个把把子必须把这个广东两个字带上。这叫广东拳嘛。下头，还有个灯篓拳。a˨˩,tʂə˥˨sɿ˥kʰæᴇ˥˩˨tʂʰaŋ˥˩ma·l.ər˥xuoŋ˧˩,sɿ˥ɕi˥˩,liaŋ˥˩kuaŋ˥˩tuoŋ˥˩˨.tʂə˥˨kə˥˨sɿ˥˨mao˥˩˦tsɿ·tɕiou˥væ̃˧˩lie˥.xa˥læᴇ˧˩˦i˥˩˨xou˥sɿ˥:kʰuei˧˩˦vu˥˩˨tsɿ·ʂou˥˩,liaŋ˥˩˨kuaŋ˥˩tuoŋ˥˩˨;tiæ̃˥˩tiæ̃˥˩tsɿ·yæ̃˧˩,liaŋ˥˩˨kuaŋ˥˩tuoŋ˥˩˨;kʰuei˧˩˦kʰuei˧˩˦,liaŋ˥˩˨kuaŋ˥˩tuoŋ˥˩˨;pa˥˩kə˥˨pa˥˩kə˥˨,liaŋ˥˩˦kuaŋ˥˩tuoŋ˥˩˨.mei˥˩i˥˩˨xa˥tʂə˥kə˥xou˥tʰou·tʂə˥kə˥˨pa˥pa˥˨tsɿ·pi˥˩˦ɕy˥˩˨pa˥˩˨tʂə˥kə˥kuaŋ˥˩tuoŋ˥˩˨liaŋ˥˩(k)ə·tsɿ˥˦tæᴇ˥ʂaŋ˥˨.tʂə˥tɕiao˥kuaŋ˥˩tuoŋ˥˩˨tɕʰyæ̃˧˩ma·l.xa˥tʰou·l,xæᴇ˧˩iou˥˩˦kə˥təŋ˥˩lou˥˩˨tɕʰyæ̃˧˩.（登楼？灯笼？）灯篓拳。təŋ˥˩lou˥˩˨tɕʰyæ̃˧˩.（灯篓？）啊，灯篓儿。这个是这个是反应，考验你这个大脑这个反应，急转弯儿咧。这就是等咧。大灯篓，喊“大灯篓”的一声你不能等大的，大的就小欸，小的就是大的。ŋa˨˩,təŋ˥˩lour˥˩˨.tʂə˥kə˥˦sɿ˥˨tʂə˥kə˥sɿ˥˨fæ̃˥˩˦iŋ˥,kʰao˥˩˦iæ̃˥ni˥˩˦tʂə˥˨kə˥˨ta˥nao˥˩tʂə˥˨kə˥˨fæ̃˥˩˦iŋ˥,tɕi˥˩˨tʂuæ̃˥˩˦væ̃r˥˩lie·l.tʂei˥tɕiou˥˨sɿ˥˨təŋ˥˩lie·l.ta˥təŋ˥˩lou˥˩˨,xæ̃˥˩ta˥tə˥˩ŋ˥˩lou˥˩˨ti·li˥˩˨ʂəŋ˥˩ni˥˩˦pu˧˩nəŋ˧˩təŋ˥˩ta˥ti·l,ta˥˩˦ti·tsou˥ɕiao˥˩ei˨,ɕiao˥˩ti·tɕiou˥sɿ˥ta˥ti·l.（噢。）喊大灯篓你必须等个小灯篓儿，小灯篓你必须等大篓，这话要快咧，越说越快，最后到得那个时候，你反应不过来了，一谁等错了谁就喝。这个，行酒令这个。再一个就说是这个，本地人么就是这个输咧以后，就是拳划输了以后就说是，你该……该喝就喝。陕北人就不。他就唱咧。唱这个欸，唱这个欸，用这个民歌是……这个啊信天游的方式以后，就像刘三姐儿那么个，那个那个那样的闹首。xæ̃˥˩˦ta˥təŋ˥˩lou˥˩ni˥˩˦pi˥˩˦ɕy˥˩˦təŋ˥˩kə˥˨ɕiao˥˩təŋ˥˩lour˥˩˨,ɕiao˥˩təŋ˥˩lou

˥˧꜖ni˥˧꜒pi˥˧꜒çy˥˧꜒təŋ˥˧꜒tɑ˥lou˥˧꜖,tʂə˥xuɑ˥iɑɔ˥꜖kʰuæᴇ˥lie˦,yo˥˧꜒ʂuo˥˧꜖yo˥˧꜖kʰuæᴇ˥,tsuei˥xou˥tɑɔ˥꜒tə˧nə˥kə˥sɿ˨˦꜖xou˥,ni˥˧꜒fæ̃˥˧꜒iŋ˥pu˨˦꜖kuo˥læᴇ˨˦꜖lə˦,i˥˧꜖sei˨˦təŋ˥˧tsʰuo˥lə˦sei˨˦꜖tɕiou˥꜒xuo˥˧꜖.tʂə˥kə˥,ɕiŋ˨˦꜖tɕiou˥˧liŋ˥tʂə˥꜖kə˥꜖.tsæᴇ˥i˥˧꜖kə˥tsou˥꜒ʂuo˥꜖sɿ˥tʂə˥kə˥,pəŋ˥˧ti˥ʐəŋ˨˦muo˦tsou˥꜖sɿ˥꜖tʂə˥꜖kə˥꜖ʂʮ˥˧lie˦i˥˧꜖xou˥,tsou˥꜖sɿ˥꜖tɕʰyæ̃˨˦xuɑ˨˦꜒ʂʮ˥˧lie˧i˥˧꜖xou˥tsou˥ʂuo˥˧꜒sɿ˥꜖,ni˥˧꜖kæᴇ˥˧꜒……kæᴇ˥˧꜒xuo˥˧tɕiou˥xuo˥˧꜖.ʂæ̃˥˧pei˥˧꜖ʐəŋ˨˦tsou˥pu˨˦꜒.tʰɑ˥˧꜒tɕiou˥tʂʰɑŋ˥lie˧.tʂʰɑŋ˥꜒tʂə˥꜖kə˥꜖ei꜖,tʂʰɑŋ˥꜒tʂə˥꜖kə˥꜖ei꜖,yoŋ˥tʂə˥kə˥miŋ˨˦kə˥˧s……tʂə˥kə˥æ˦ɕiŋ˥tʰiæ̃˥˧꜖iou˨˦ti˦fɑŋ˥˧꜒ʂʅ˥˧i˥˧꜖xou˥,tsou˥ɕiɑŋ˥liou˨˦sæ̃˥˧꜖tɕiər˥˧næᴇ˥muo˦kə˥,næᴇ˥kə˥næᴇ˥kə˥næᴇ˥꜒iɑŋ˥꜖ti˧nɑɔ˥ʂou˧.（怎么唱的？）那个，哎呀，这个我也唱起不来好像。næᴇ˥kə˥,æᴇ꜖iɑ˧,tʂə˥kə˥ŋuo˥˧ɑ˥˧꜖tʂʰɑŋ˥꜖tɕʰi˥˧pu˨˦꜖læᴇ˨˦xɑɔ˥˧꜒ɕiɑŋ˥.（稍微举……举一个例子怎么？）这个词儿好像还能举出来咧。词儿里头它就说是，什么出……什么方，方又方；什么圆，圆又圆。它就像刘三姐那个唱，对歌儿那个样子。他唱上句子，下边你就对。你对不上，你就喝酒。啊，这叫唱酒曲儿咧。tʂə˥kə˥tsʰər˨˦xɑɔ˥˧꜒ɕiɑŋ˥xæᴇ˨˦꜖nəŋ˨˦꜖tɕy˥˧꜒tʂʰʮ˥˧læᴇ˨˦꜖lie˧.tsʰər˨˦li˥˧tʰou˦tʰɑ˥˧꜒tɕiou˥ʂuo˥˧꜖sɿ˥,ʂʅ˨˦muo˦tʂʰʮ……ʂʅ˨˦muo˧fɑŋ˥˧,fɑŋ˥˧꜖iou˥fɑŋ˥˧;ʂʅ˨˦꜒muo˧yæ̃˨˦,yæ̃˨˦iou˥yæ̃˨˦.tʰɑ˥˧꜖tɕʰiou˥ɕiɑŋ˥liou˨˦sæ̃˥˧꜖tɕie˥˧nə˥kə˥tʂʰɑŋ˥,tuei˥kər˥˧nə˥kə˥iɑŋ˥tsɿ˧.tʰɑ˥˧tʂʰɑŋ˥ʂɑŋ˥tɕy˥꜖tsɿ˧,ɕiɑ˥piæ̃˥˧꜒ni˥˧tsou˥꜖tuei˥.ni˥˧꜒tuei˥pu˨˦꜖ʂɑŋ˥,ni˥˧꜖tsou˥꜖xuo˥˧꜖tɕiou˥˧.ɑ꜖,tʂei˥tɕiɑɔ˥tʂʰɑŋ˥tɕiou˥˧tɕyər˥˧꜖lie˧.（唱酒曲儿？）嗯。ŋ̍꜖.（那是陕北人这么的搞？）陕北人多，啊。本地人就是猜拳多。现在咧，现在到这儿这来就是这个，那，都嫌这个不文明，太吼的劲真大了。一般喝酒时不行酒令了。多一半就是这个，吹牛，就是咱们那天那个，吹牛，猜色子，再就是这个什么抬金花呀，哎咿，摇点子呀，就是这样搞开来。这样就说是一个，这一个房子里头，就有十桌子，谁都不……不影响谁。那划拳好光他，有一个桌子划拳，吼的山摇地动咧。ʂæ̃˥˧pei˥˧꜖ʐəŋ˨˦tuo˥˧꜖,ɑ꜖.pəŋ˥˧ti˥꜒ʐəŋ˨˦꜖tɕiou˥꜖sɿ˥꜖tsʰæᴇ˥˧tɕʰyæ̃˨˦tuo˥˧꜖.ɕiæ̃˥tsæᴇ˥lie˧,ɕiæ̃˥tsæᴇ˥tɑɔ˥tʂər˥tʂə˥læᴇ˨˦tɕiou˥sɿ˥tʂə˥kə˥,næᴇ˥꜖,tou˥˧꜖ɕiæ̃˨˦tʂə˥kə˥pu˨˦꜖vəŋ˨˦miŋ˨˦꜒,tʰæᴇ˥xou˥˧ti˧tɕiŋ˥tʂəŋ˥˧꜖tɑ˥lə˧.i˥˧꜒pæ̃˥˧xuo˥˧꜖tɕiou˥˧sɿ˨˦꜖pu˨˦꜖ɕiŋ˨˦tɕiou˥˧꜖liŋ˥lə˦.tuo˥˧i˥˧꜖pæ̃˥tɕiou˥꜖sɿ˥꜖tʂə˥kə˥,tʂʰuei˥˧꜖niou˨˦,tɕiou˥sɿ˥tʂɑ˨˦məŋ˦nei˥꜒tʰiæ̃˥˧꜖næᴇ˥kə˥,tʂʰuei˥˧꜖niou˨˦,tsʰæᴇ˥˧꜒sei˥˧tsɿ˧,tsæᴇ˥tɕiou˥꜖sɿ˥꜖tʂə˥kə˥ʂʅ˨˦꜒muo˦tʰæᴇ˨˦꜖tɕiŋ˥˧xuɑ˥˧꜒iɑ˦,æᴇ˥i˥,iɑɔ˨˦tiæ̃˥˧tsɿ˧iɑ˧,tɕiou˥꜖sɿ˥꜖tʂe˥꜒iɑŋ˥꜖kɑɔ˥˧꜒kʰæᴇ˥˧læᴇ˨˦꜖.tʂə˥꜒iɑŋ˥꜖tɕiou˥꜒ʂuo˥˧꜖sɿ˥꜖i˥˧꜖kə˥,tʂei˥꜒i˥˧꜖kə˥fɑŋ˨˦tsɿ˦li˥˧꜖tʰou˧,tsou˥iou˥˧꜒ʂʅ˨˦tʂuo˥˧tsɿ˧,sei˨˦tou˥˧꜖pu……pu˨˦꜖iŋ˥˧꜒ɕiɑŋ˥˧sei˨˦꜖.næᴇ˥xuɑ˨˦tɕʰyæ̃˨˦xɑɔ˥˧꜒kuɑŋ˥˧꜖tʰɑ˥˧꜖,iou˥˧i˥˧꜖kə˥tʂuo˥˧tsɿ˧xuɑ˨˦tɕʰyæ̃˨˦,xou˥˧ti˧sæ̃˥˧꜖iɑɔ˨˦ti˥tuoŋ˥꜒lie˧.

等指头

王：再是，再那一种就是划拳么。tsæᴇ˥sɿ˥,tsæᴇ˥nei˥꜒i˥˧꜖tʂuoŋ˥˧꜒tɕiou˥sɿ˥xuɑ˨˦tɕʰyæ̃˨˦꜖muo˧.（划拳？）黄：划拳那那就是有，有口语说上，那就是这个，实际上就是等指头咧么。我们这儿说土咧的话就是等指头儿。xuɑ˨˦tɕʰyæ̃˨˦nei˥nei˥tɕiou˥꜖sɿ˥꜖iou˥˧꜖,iou˥˧꜒kʰou˥˧y˥˧꜖ʂuo˥˧ʂɑŋ˥꜖,næᴇ˥tsou˥sɿ˥tʂə˥kə˥,ʂʅ˨˦꜖tɕi˥꜒ʂɑŋ˥꜖tɕiou˥꜖sɿ˥꜖təŋ˥˧꜒tsɿ˥˧tʰou˧liem˧.ŋuo˥˧məŋ˧tʂər˥ʂuo˥˧tʰu˥˧lie˧ti˧xuɑ˥꜒tɕiou˥꜖sɿ˥꜖təŋ˥˧tsɿ˥˧tʰour˧.（等指头？）黄：等指头就说是互相两个之间等这个数儿咧，斗数儿咧么。təŋ˥˧꜒tsɿ˥˧tʰou˧tɕiou˥ʂuo˥˧꜒sɿ˥xu˥꜒ɕiɑŋ˥˧꜖liɑŋ˥˧kə˥꜖tsɿ˥˧tɕiæ̃˥˧꜖təŋ˥˧tʂə˥꜖kə˥꜖ʂʮər˥꜒lie˧,tou˥ʂʮər˥꜒liem˧.王：噢，那就是等数儿咧，两个是斗数儿咧么。ɑɔ꜖,nei˥tɕiou˥sɿ˥꜖təŋ˥˧ʂʮər˥꜒lie˧,liɑŋ˥˧kə˥꜖ʂʅ˥꜖tou˥ʂʮər˥꜒liem˧.（灯是什么意思呢？）黄：等就说是，等的好像出的意思嘛。təŋ˥˧tɕiou˥꜒ʂuo˥˧꜖sɿ˥꜖,təŋ˥˧ti˧xɑɔ˥˧꜒ɕiɑŋ˥tʂʰʮ˥˧ti˧i˥sɿ˧mɑ˧.（出？）黄：啊，等的。ɑ꜖,təŋ˥˧ti˧.（təŋ˥˧还是təŋ˥？）王：等。təŋ˥˧.黄：等，等待的等么。təŋ˥˧,təŋ˥˧꜒tæᴇ˥ti˧təŋ˥˧muo˧.（这是怎……一般是怎么？一是叫什么，二是叫什么，三是叫什么，这有没有固定的说法？）王：

有，有说法。iou˥˩,iou˥ʂuo˥˩fa˥˩.（你总不可能一概说一、二，那是……）黄：那不得。nei˧˥pu˨˩tei˥˩.王：有叫一二，有的□要，呃，一……[伸大拇指]这叫一点。iou˥tɕiao˧i˥˩ə r˧,iou˥ti·niæ˨˩iao˧,ə˩,i˥˩ti……tʂə˧tɕiao˧i˥˩tiæ˥.黄：一点也……i˥˩tiæ˥ie˥˩……（一点是大拇指？）王：啊，六六大顺啊。ɑ˩,liou˥˧liou˥˩ta˧ʂuoŋ˧a·.（六六大顺是这个……出个六儿？）黄：嗯。ə̃˩.王：六六大顺那就说我……我出五个，他出一个就是六六大顺。liou˥˧liou˥˩ta˧ʂuoŋ˧nei˧tɕiou˧ʂuo˥˩ŋuo˥˧……ŋuo˥tʂʰʮ˥˩vu˥kə˧˩,tʰa˥tʂʰʮ˥˩i˥kə˧tɕiou˧˩sɿ˧˩liou˥˩liou˥˩ta˧ʂuoŋ˧˩.黄：啊。ɑ˩.（噢，两个人……）王：我出三个，他三个就是……ŋuo˥tʂʰʮ˥˩sæ̃˥kə˧˩,tʰa˥sæ̃˥˩kə˧tɕiou˧˩sɿ˧˩……（两个人加起来是吧？）王：两个人的……liaŋ˥kə˧˩zəŋ˨tə·……黄：加起来等于六。tɕia˥˩tɕʰi˥læᴇ˨˩təŋ˥˧y˨˧liou˥.王：噢，两个人加起来。aɔ˩,liaŋ˥kə˧˩zəŋ˨tɕia˥˩tɕʰi˥læᴇ˨˩.（那我一点是不是他什么都不出？）王：他都不出那就叫一点。tʰa˥˧tou˥˧pu˨˩tʂʰʮ˥nei˧tɕiou˧tɕiao˧i˥˩tiæ˥.黄：他都不出那你就赢了。tʰa˥˧tou˥˧pu˨˩tʂʰʮ˥ne i˧ni˥tsou˧iŋ˨˩lə˧.（是必须你喊的两个人加起来？）王：啊。ɑ˩.黄：噢，加起来呣。aɔ˩,tɕia˥˩tɕʰi˥læᴇ˨˩m̩·.王：二喜就是两个就叫二喜。ər˧ɕi˥tɕiou˧˩sɿ˧˩liaŋ˥kə˧˩tɕiou˧˩tɕia ɔ˧˩ər˧ɕi˥.（两个二喜是怎么出？）黄：噢，二喜子。aɔ˩,ər˧ɕi˥tsɿ·.王：二喜子这么。ər˧ɕi˥tsɿ·tʂə˧muo·.（噢，要把这个中指出出来，大拇指和中指？）王：嗯，嗯，嗯。ŋ̍˩,ə̃˩,ə̃˩.黄：啊。如果我出两个，他是出了个拳头，他没出，那我就赢了，我叫二喜子我就赢着咧。有的还叫三桃园。ɑ˩.zʮ˨˩kuo˥˧ŋuo˥tʂʰʮ˥˩liaŋ˥kə˧˩,tʰa˥sɿ˧˩tʂʰʮ˥lə·kə˧˩tɕʰyæ̃˨˩tʰ˧（←tʰou˧）,tʰa˥muo˥˩tʂʰʮ˥,nə˧ŋuo˥˧tsou˧˩iŋ˨˩lə˧,ŋuo˥˧tɕiao˧ər˧ɕi˥tsɿ·ŋuo˥tsou˧˩iŋ˨˩tʂə·li e·.iou˥ti·xæᴇ˨˧tɕiao˧sæ̃˥˩tʰaɔ˨yæ̃˨˩.（三桃园就是食……这个食指也弄出来？）王：哎哎，就这么个。æᴇ˧æᴇ˥,tɕiou˧˩tʂə˧˩muo·kə˧˩.黄：这三桃园的话，叫啥出啥，互相实际上就说是这个两个人的指头，两个人的指头加起来的数儿就是你……只要你叫准的……tʂə˧sæ̃˩（←sæ̃˥）tʰaɔ˨yæ̃˨˧ti·xua˧˩,tɕiao˧sa˧˩tʂʰʮ˥sa˧˩,xu˧ɕiaŋ˥˧ʂɿ˨˩tɕi˧˥ʂaŋ˧˩tsou˧˥ʂuo˥˩sɿ˧˩tʂə˧˩kə˧˩liaŋ˥kə˧˩zəŋ˨ti·tsɿ˥tʰou·,liaŋ˥kə˧˩zəŋ˨ti·tsɿ˥tʰou·tɕia˥˩tɕʰi˥læᴇ˨˩ti·ʂʮə r˧˧tɕiou˧˩sɿ˧˩ni˥˩......tsɿ˥˩iao˧˥ni˥˧tɕiao˧tʂuoŋ˥ti·……王：啊。ɑ˩.黄：那就叫数儿了。nei˧tɕiou˧tɕiao˧ʂʮər˧˩lə·.王：嗯。ŋ̍˩.（你就赢了？）王&黄：嗯。ŋ̍˩.王：那再一个九个的话咧，就说是我出来是……五个。nə˧˩tsæᴇ˧i˥˧kə˧tɕiou˥kə˧˩ti·xua˧˩lie·,tɕiou˧˩ʂuo˥˩sɿ˧˥ŋuo˥tʂʰʮ˥˩læᴇ˨˩sɿ……vu˥kə˧˩.黄：他出……tʰa˥tʂʰʮ˥˩s……王：他出四个，这是九九长寿。tʰa˥tʂʰʮ˥˩sɿ˧˥kə˧˩,tʂə˧˩sɿ˧˩tɕiou˥tɕiou˥tʂʰaŋ˨ʂou˧.黄：九九长寿。tɕiou˥˧tɕiou˥˧tʂʰaŋ˨ʂou˧.（噢。）王：八马双……pa˥˩ma˥ʂuaŋ˥˩……黄：八马双杯。pa˥˧ma˥ʂuaŋ˥˧pʰei˥.王：嗯。双……双杯。ŋ̍˩.ʂuaŋ˥˧……ʂuaŋ˥˧pʰei˥.（八马双配？）王&黄：啊。ɑ˩.黄：八马双杯。pa˥˧ma˥ʂuaŋ˥˩pʰei˥˧.王：带八马双杯的话，就说是，我，八马，我叫八马双杯以后，把你叫住以后，你就要，本身一杯的话，你就成两杯。tæᴇ˧pa˥˧ma˥ʂuaŋ˥˧pei˥tə·xua˧˩,tɕiou˧˥ʂuo˥˩sɿ˧,ŋuo˥˧,pa˥˧ma˥,ŋuo˥tɕiao˧pa˥˩ma˥ʂuaŋ˥˧pei˥i˥˩xou˧,pa˥˩ni˥tɕiao˧tʂʮ˧i˥˩xou˧,ni˥tɕio u˧iao˧,pəŋ˥ʂəŋ˥˩i˥˧pei˥(t)i·xua˧,ni˥˧tɕiou˧tʂʰəŋ˨˩liaŋ˥pei˥˩.黄：喝两……你得喝两杯酒了。xuo˥˩liaŋ˥……ni˥˧tei˥˧xuo˥˩liaŋ˥pʰei˥˩tɕiou˥lə·.王：呃，喝两杯。ə˩,xuo˥˩liaŋ˥pei˥˩.（噢，八马就双杯？）王：嗯。ŋ̍˩.黄：啊。ɑ˩.（就喝两杯？）黄：嗯。ə̃˩.王：啊。ɑ̃˩.黄：七釥。七釥梅花，那就说是这个……tɕʰi˥˩tɕʰiao˥.tɕʰi˥˩tɕʰiao˥mei˨xua˥˩,nei˧tɕiou˧ʂuo˥˧sɿ˧tʂə˧k ə˧……（七巧。七巧，七是怎么出呢？）王：七那就是……tɕʰi˥nei˧tɕiou˧sɿ˧……黄：我出来两个，他出来五个。ŋuo˥tʂʰʮ˥˩læᴇ˨˩liaŋ˥kə˧˩,tʰa˥tʂʰʮ˥˧læᴇ˨˧vu˥kə˧˩.王：我出了五个。

这就是七釥。ŋuo˥tʂʰʮ˥˦lə˥vu˥kə˧˩.tʂə˧˦tɕiou˧˩sɿ˧˩tɕʰi˥tɕʰiɑɔ˥˩.黄：这就叫……把你叫住了么。(tʂ)ə˧˦tsou˧tɕiɑɔ˧……pɑ˥˩ni˥˦tɕiɑɔ˧˦tʂʰʮ˧ləm˧.王：嗯。ŋ̍˩.（七巧？）黄：嗯。ə̃˩.王：七釥梅花。tɕʰi˥˩tɕʰiɑɔ˥mei˨xuɑ˥.黄：七釥梅花。tɕʰi˥˩tɕʰiɑɔ˥mei˨xuɑ˥˩.（叫……叫什么？）黄：七釥梅么。tɕʰi˥˩tɕʰiɑɔ˥mei˨muo˧.王：七釥梅花。tɕʰi˥˩tɕʰiɑɔ˥mei˨˩xuɑ˥.（梅花？）王：嗯。ə̃˩.黄：噢，梅花。ɑɔ˩,mei˨xuɑ˥.王：那就是这里面人多加了一点儿，那个好听，比较好听。nə˧tɕiou˧sɿ˧tʂə˧li˥miæ̃˧˩zəŋ˨tuo˥˦tɕiɑ˥lə˧i˥˩tiæ̃r˥˦,nə˧kə˧xɑɔ˥˦tʰiŋ˥,pi˥˩tɕiɑɔ˧xɑɔ˥˦tʰiŋ˥.黄：多加了一点，好听就是了，嗯。tuo˥˩tɕiɑ˥lə˧i˥˩tiæ̃˥˩,xɑɔ˥˦tʰiŋ˥(tɕ)iou˧sɿ˧˩lə˧,ə̃˩.（那我们说一点，有没有什么一点什么红红什么说法？一点叫什么呢？）王：这儿一点就叫一点儿么。tʂər˧˦i˥˩tiæ̃˥tɕiou˧tɕiɑɔ˧i˥˩tiæ̃r˥muo˧.黄：一点点，那个一点点儿么。i˥˩tiæ̃˥tiæ̃˥˦,nə˧kə˧i˥˦tiæ̃˥tiæ̃r˥˦muo˧.王：啊，一点点。ɑ˩,i˥˩tiæ̃˥tiæ̃˥˦.（一……一点点？）黄：它叫那个一点点，二喜，有这个，有这个……有的叫两个那还是叫哥儿两好，也叫上来，把你叫住咧。tʰɑ˥˩tɕiɑɔ˧nə˧kə˧i˥˩tiæ̃˥˦tiæ̃˥˦,ər˧ɕi˥˦,iou˥tʂə˧kə˧,iou˥tʂə˧kə˧xər……iou˥ti˧tɕiɑɔ˧˦liɑŋ˥kə˧˩nə˧xɑ˨˩sɿ˧tɕiɑɔ˧kər˥˦liɑŋ˥˩xɑɔ˥,ie˥˦tɕiɑɔ˧ʂɑŋ˧læᴇ˨˩,pɑ˥˩ni˥˦tɕiɑɔ˧tʂʮ˧lie˧.（二喜也说？）黄：二喜来财也说咧。ər˧ɕi˥˩læᴇ˨tsʰæᴇ˨iɑ˥˩ʂuo˥lie˧.（二喜来财？）黄：嗯。三桃……ə̃˧.sæ̃˥˩tʰɑɔ˨……王：三桃园。sæ̃˥˩tʰɑɔ˨yæ̃˨˦.黄：三桃园也叫咧。sæ̃˥tʰɑɔ˨yæ̃˨˦ie˥˦tɕiɑɔ˧˦lie˧.王：四季发。sɿ˧˩tɕi˧fɑ˥.黄：四季发。竖四个指头。sɿ˧tɕi˧fɑ˥.ʂʮ˧˩sɿ˧kə˧tsɿ˥tʰou˧.王：四季发财。sɿ˧tɕi˧fɑ˥˩tsʰæᴇ˨.黄：四季发财。sɿ˧tɕi˧fɑ˥˩tsʰæᴇ˨.（也说四季发财也说四季发？）黄：嗯。啊。ə̃˩.ɑ˧.王：嗯。ə̃˩.黄：五，五福临……vu˥,vu˥fu˨˩liŋ……王：五就是五魁首。vu˥tɕiou˧sɿ˧vu˥kʰuei˨˩ʂou˥.黄：五魁首。vu˥kʰuei˨˩ʂou˥.（五魁首？）黄：噢，五魁首。ɑɔ˩,vu˥kʰuei˨˩ʂou˥.王：六是六六大顺。liou˥sɿ˧˩liou˥˦liou˥˩tɑ˧ʂuoŋ˧.黄：六六大顺。liou˥˦liou˥˩tɑ˧ʂuoŋ˧.王：七是七是……tɕʰi˥sɿ˧˩tɕʰi˥˩sɿ˧˩……黄：七釥梅也叫咧。tɕʰi˥˩tɕʰiɑɔ˥mei˨iɑ˥˦tɕiɑɔ˧lie˧.王：七釥梅。嗯。八是，八马双杯。九是，哎，九九长寿。tɕʰi˥˩tɕʰiɑɔ˥mei˨.ə̃˩.pɑ˥sɿ˧,pɑ˥˩mɑ˥ʂuɑŋ˥˦pʰei˥.tɕiou˥sɿ˧,æᴇ˩,tɕiou˥tɕiou˥tʂʰɑŋ˨ʂou˧.黄：有时还叫，有的还叫九是个好酒。iou˥sɿ˨˩xɑ˨˩tɕiou˧（←tɕiɑɔ˧）,iou˥ti˧xɑ˨˩tɕiɑɔ˧tɕiou˥sɿ˧˩kə˧˩xɑɔ˥˦tɕiou˥˦.（九是个好酒？）王&黄：啊。嗯。ɑ˩.ŋ̍˩.（十呢？）黄：十满堂么。ʂɿ˨mæ̃˥tʰɑŋ˨muo˧.王：十满堂么。ʂɿ˨˩mæ̃˥tʰɑŋ˨muo˧.（十满堂是吧？）黄：嗯。这是咱们本身，本身，这儿这这个一般这个划拳么，这你，拳的这个多了。ŋ̍˩.tʂə˧˦sɿ˧˩tʂɑ˨məŋ˧pəŋ˥ʂəŋ˥˩,pəŋ˥ʂəŋ˥˩,tʂər˧˦tʂə˧tʂə˧˩kə˧˩i˥˦pæ̃˥tʂə˧˩kə˧˩xuɑ˨tɕʰyæ̃˨˦muo˧,tʂei˧ni˥˩,tɕʰyæ̃˨tə˧tʂə˧kə˧tuo˥lə˧.王：拳兀样式多。tɕʰyæ̃˨væᴇ˧iɑŋ˧ʂʅ˥tuo˥˩.黄：有时看你是划……划个欵两好拳哩，划是划这个魁……iou˥sɿ˨˩kʰæ̃˧ni˥˦sɿ˧˩kʰuɑ˦（←xuɑ˨）……xuɑ˨˦kə˧˩kʰei˩liɑŋ˥˩xɑɔ˥tɕʰyæ̃li˧,xuɑ˨˦sɿ˧˦xuɑ˨˦tʂə˧kə˧kʰuei˨……王：高升拳咧。kɑɔ˥˦ʂəŋ˥tɕʰyæ̃˨˦lie˧.黄：高升拳咧。kɑɔ˥˦ʂəŋ˥tɕʰyæ̃˨˩lie˧.（两好拳、高升拳有什么样……）王：两好拳就陕西口就划的，说是……liɑŋ˥˩xɑɔ˥tɕʰyæ̃˨tɕiou˧ʂæ̃˥ɕi˥˩niæ̃˨tɕiou˧xuɑ˨˦ti˧,ʂuo˥˩sɿ˧˩……黄：要戴帽儿咧么。iɑɔ˧tæᴇ˧˦mɑɔr˧˦liem˧.王：哥两好儿，哥两好儿，这是叫。你……kə˥˦liɑŋ˥˩xɑɔr˥,kə˥˦liɑŋ˥xɑɔr˥,tʂə˧˦ʂɿ˧tɕiɑɔ˧.n̩˥˦ts……黄：戴一个……tæᴇ˧˦i˥kə˧˩……王：戴……戴……嗯啊。tæᴇ˧……tæᴇ˧……ŋ̍˩ɑ˩.黄：戴一个帽儿那就是，哥两好。tæᴇ˧˦i˥kə˧˩mɑɔr˧nei˧˩tɕiou˧˩sɿ˧˩,kə˥˦liɑŋ˥˩xɑɔ˥.王：咱们这儿是高升拳就说，高升，高升，高升你就得出……出三个指头。tsɑ˨məŋ˧tʂər˧sɿ˧˩kɑɔ˥˦ʂəŋ˥tɕʰyæ̃˨tɕiou˧˩ʂuo˥˩,kɑɔ˥˦ʂəŋ˥,kɑɔ˥˦ʂəŋ˥,kɑɔ˥˦ʂəŋ˥ni˥˦tɕiou˧tei˥˦tʂʰʮ˥s……tʂʰʮ˥˩sæ̃˥˩kə˧˩tsɿ˥tʰou˧.黄：嗯。ə̃˩.王：叫高升

拳。tɕiaɔ˥˩kaɔ˥˦ʂəŋ˥˦tɕʰyæ̃˨˩.黄：那你，你要叫啥你要出啥咧。你……不出的话那你就叫连……连失带输，有时候你……nei˥˩ni˥˦,ni˥˦iaɔ˥tɕiaɔ˥˦sa˥ni˥˦iaɔ˥tʂʰʮ˥˦sa˥˩lie˧.ni˥˦pʰu……pu˨˩tʂʰʮ˥ti˧xuɑ˥næᴇ˥ni˥˦tɕiou˥tɕiaɔ˥liæ̃˨˩……liæ̃˨ʂʮ˥tæᴇ˥ʂʮ˥˩,iou˥sʅ˨˦xou˥ni……（你……你叫啥你出啥，那怎么能……能到那个呢？）王：那是你……由你心想。我儿……我现在他说，七釒梅花，我出了三个，那个碰他那。nei˥sʅ˥ni˥ɕi……iou˨ni˥ɕiŋ˥˩ɕiaŋ˥˦.ŋuor˥……ŋuo˥ɕiæ̃˥tsæᴇ˥tʰɑ˥˦ʂuo˥˦,tɕʰi˥˩tɕʰiaɔ˥mei˨˩xuɑ˥,ŋuo˥tʂʰʮ˥˩lə˧sæ̃˥kə˥˩,nə˥˩kə˥pʰəŋ˥tʰɑ˥nə˥˩.黄：我，嗯，碰了我这个四嘛。ŋuo˥˦,ŋ̍˩,pʰəŋ˥lə˧ŋuo˥tʂə˥˩kə˥˩sʅ˥ma˧.王：万一他，万一他出四个，他就输了么。væ̃˥i˥˦tʰɑ˥,væ̃˥i˥˦tʰɑ˥tʂʰʮ˥˩sʅ˥˦kə˥˩,tʰɑ˥tɕiou˥˩ʂʮ˥ləm˧.黄：我就输着咧。ŋuo˥tɕiou˥˩ʂʮ˥tʂə˧lie˧.王：万一他出来两个或者出三个，那就没有叫，没有……没有关系，继续划着么。væ̃˥i˥˦tʰɑ˥tʂʰʮ˥˩læᴇ˨˩liaŋ˥kə˥˩xuo˨˩tʂə˥tʂʰʮ˥˩sæ̃˥kə˥˩,nɑ˥tɕiou˥muo˥˩iou˥tɕiaɔ˥,muo˥˩iou……muo˥˩iou˥kuæ̃˥˩ɕi˥˦,tɕi˥ɕy˥xuɑ˨tʂə˧muo˧.黄：没有关系，继续出……划着咧。mei˨iou˥kuæ̃˥˩ɕi˥,tɕi˥ɕy˥tʂʰʮ˥˩……xuɑ˨˦tʂə˧lie˧.（可以继续划？）王&黄：啊。ɑ˧.王：只要你，你两个人划拳，你不管你是两个对方谁……谁叫下那个数字，这个……你都看着，能指头上只要这个数字一斗够，就说你……他□谁就赢了么。tsʅ˥˩iaɔ˥ni˥,ni˥˦liaŋ˥kə˥˩zəŋ˨xuɑ˨˦tɕʰyæ̃˨,ni˥pu˨˩kuæ̃˥ni˥sʅ˥liaŋ˥kə˥˩tuei˥˦faŋ˥˩sei˨tɕi……sei˨tɕiaɔ˥˦xɑ˥nə˥kə˥ʂʮ˥tsʅ˥,tʂə˥kə˥tsʅ……n̩˥˦tou˥˩kʰæ̃˥˦tʂə˧,nəŋ˨tsʅ˥tʰou˧ʂaŋ˥tsʅ˥˩iaɔ˥tʂə˥kə˥ʂʮ˥tsʅ˥˦i˥˩tou˥kou˥,tɕiou˥ʂuo˥˦n̩˥˦……tʰɑ˥˦niæ̃˨˩sei˨tsou˥˩iŋ˨˩lə˧muo˧.（两个数字，合适了叫斗够了？）王：啊，就……就够咧。ɑ˥,tɕiou˥˩……tɕiou˥˩kou˥lie˧.黄：啊，斗够了么。呃，等指头就等得那儿咧。ɑ˩,tou˥kou˥ləm˧.ə˩,təŋ˥tsʅ˥tʰou˧tɕiou˥˩təŋ˥tə˧nər˥˩lie˧.（噢，就这样。）黄：你像现在这个划这个拳，还里……拳里头甚么那那，灯篓拳。ni˥˦ɕiaŋ˥ɕiæ̃˥tsæᴇ˥˦tʂə˥˩kə˥˩xuɑ˨˦tʂə˥kə˥tɕʰyæ̃˨,xɑ˨˩li˥˦……tɕʰyæ̃˨li˥tʰou˧ʂəŋ˥muo˧næᴇ˥næᴇ˥,təŋ˥lou˧tɕʰyæ̃˨˩.（什么？）黄：灯篓拳。təŋ˥lou˧tɕʰyæ̃˨˩.（登……登楼拳？）黄：啊，灯篓拳。他这是上手……ɑ˩,təŋ˥lou˧tɕʰyæ̃˨˩.tʰɑ˥˦tʂə˥sʅ˥˩ʂaŋ˥ʂou˥˦……（上楼那意思吗？）黄：灯篓。təŋ˥lou˧.王：哎，红灯篓那个拳么。æᴇ˥,xuoŋ˨təŋ˥lou˧nei˥kə˥tɕʰyæ̃˨˩muo˧.黄：红灯篓的……灯篓，啊。xuoŋ˨təŋ˥lou˧ti˧l……təŋ˥lou˧,ɑ˧.（灯，噢，灯笼拳？）王：灯篓，啊。təŋ˥lou˧,ɑ˧.黄：灯篓拳。这个划着以后是这个，这是，这是噢，锻炼你这个大脑的这个能力，□这个应变能力咧。他讲那个是大灯篓。你拿手底下要等起来。大灯篓你就要等个小灯篓咧，就这么不大大那个。小灯篓你就必须等上个大灯篓。要说的要快。有些人是一说，一快以后就……təŋ˥lou˧tɕʰyæ̃˨˩.tʂə˥˩kə˥˩xuɑ˨˦tʂə˧i˥˦xou˥sʅ˥˩tʂə˥˩kə˥˩,tʂə˥sʅ˥,tʂə˥˩saɔ˩（←sʅ˥ɑɔ˧）,tuæ̃˥liæ̃˥ni˥tʂə˥˩kə˥˩tɑ˥naɔ˥ti˧tʂə˥˩kə˥˩nəŋ˨˩li˥˦,fu˥tʂə˥˩kə˥˩iŋ˥piæ̃˥nəŋ˨˩li˥lie˧.tʰɑ˥˦tɕiaŋ˥˦nə˥˩kə˥˩sʅ˥˩tɑ˥təŋ˥lou˧.ni˥˩nɑ˨˩ʂou˥ti˥˩xɑ˥iaɔ˥təŋ˥tɕʰi˥˩læᴇ˨˩.tɑ˥˦təŋ˥lou˧ni˥˦tsou˥iaɔ˥təŋ˥kə˥˩ɕiaɔ˥təŋ˥˩lou˧lie˧,tsou˥˩tʂə˥m̩˧pu˨˩tɑ˥tɑ˥nə˥˩kə˥˩.ɕiaɔ˥təŋ˥˩lou˧ni˥˦tsou˥pi˥˦ɕy˥təŋ˥ʂaŋ˥˩kə˥˩tɑ˥təŋ˥˦lou˧.iaɔ˥ʂuo˥ti˧iaɔ˥kʰuæᴇ˥.iou˥ɕie˥˩zəŋ˨sʅ˥˩i˥˦ʂuo˥,i˥˩kʰuæᴇ˥˩i˥˩xou˥(tɕ)iou˥……（你必须要跟他反？）王：啊。ɑ˩.黄：啊，必须要跟他反的。结果你做……做出来以后才是……你嘴里说出来的和你手上这个等的不一样，你就要喝酒咧。ɑ˩,pi˥˦ɕy˥iaɔ˥kəŋ˥˩tʰɑ˥˦fæ̃˥ti˧.tɕie˥˩kuo˥ni˥tsʅ˥˩……tsuo˥˩tʂʰʮ˥læᴇ˨˦i˥˩xou˥tsʰæᴇ˨˩ʂʅ˥mi……ni˥˦tsuei˥li˥˩ʂuo˥˩tʂʰʮ˥læᴇ˨˩ti˧xuo˨˩ni˥˦ʂou˥ʂaŋ˥˩tʂə˥˩kə˥˩təŋ˥ti˧pu˨˩i˥˩iaŋ˥,ni˥˦tsou˥iaɔ˥xuo˨˩tɕiou˥lie˧.（我说大的你必须要弄个小的是吧？）黄：啊，弄个小的咧么。ɑ˥,nuoŋ˥kə˥ɕiaɔ˥ti˧liem.（那我自己要弄不弄呢？）黄：那你自己说啥，你就要等啥。nei˥˩ni˥tsʅ˥tɕie˥˦ʂuo˥sa˥˩,ni˥˦tsou˥˩iaɔ˥təŋ˥sa˥˩.

王：那两个人都要等么。nei˧˥liaŋ˥˧kə˧˩zəŋ˧˩tou˥˧liao˧təŋ˥˧muo˧.黄：都要等咧么。我说啥，你都要等啥咧。tou˥˧liao˧˥təŋ˥˧lie˧muo˧.ŋuo˥ʂuo˥˦sa˧,ni˥˦tou˥˧liao˧təŋ˥sa˧˩lie˧.（比如说你说大灯笼你是摆小灯笼还是摆大灯笼？）黄：啊，我说大灯……你说……我说大灯篓，你赶快就要等个小的咧。ɑ˨˩,ŋuo˥ʂuo˥˩tɑ˧təŋ˥˩……ni˥ʂuo˥˩……ŋuo˥ʂuo˥˩tɑ˧təŋ˥˩lou˧,ni˥kæ̃˥˩kʰuæᴇ˧˥tsou˧iao˧təŋ˥kə˧˩ɕiao˥ti˧lie˧.（那比如说啊，比如说，我，你说大灯笼，我是……我要等个小的，你你等个大的？）黄：那是各人说，各人……各人说的各人等着咧，啊？nə˧ʂʅ˧kə˥zəŋ˧˩ʂuo˥,kə˥zəŋ˧˩ʂ……kə˥zəŋ˧˩ʂuo˥ti˧kə˥zəŋ˧˩təŋ˥tʂə˧lie˧,ɑ˨˩?王：啊。ɑ̃˨˩.黄：各人说各人等咧。kə˥zəŋ˧ʂuo˥kə˥zəŋ˧˩təŋ˥lie˧.（各人说各人……）黄：啊。ɑ˨˩.（你说……）黄：就是你嘴里说的和你手里等的要一……要相反咧。tɕiou˧˩sʅ˧˩ni˥tsuei˥li˥˩ʂuo˥ti˧xuo˧˩ni˥˦ʂou˥li˥˩təŋ˥ti˧iao˧˥i˥˩……iao˧ɕiaŋ˧˩fæ̃˥lie˧.（那我呢？）黄：你是欸那你随便么。自己各人说各人等着咧。ni˥sei˨˩（←sʅ˧ei˨˩）nə˧ni˥˦suei˧˩piæ̃˧muo˧.tsʅ˧˥tɕie˥˩kə˥zəŋ˧˩ʂuo˥kə˥zəŋ˧˩təŋ˥tʂə˧lie˧.（噢。啊。）黄：啊。还有甚么螃蟹儿。螃儿蟹儿拳还等哩，他要算数儿咧。ɑ˨˩.xæᴇ˧˩iou˥ʂəŋ˧muo˧pʰɑŋ˧˩xər˥tɕʰyæ̃˧˩.pʰɑ̃r˧˩xər˥tɕʰyæ̃˧˦xɑ˧təŋ˥li˧,tʰɑ˥˦iao˧suæ̃˧ʂɥər˧˥lie˧.王：螃蟹儿那还要，那指头你还要出够。pʰɑŋ˧˩xər˥nə˧xæᴇ˧˩iao˧,nə˧tsʅ˥tʰou˧ni˥˩xæᴇ˧iao˧˥tʂʰɥ˥˩kou˧˩.黄：噢，指头要出够咧。一只螃蟹几个脚，那□你就一工儿说咧。ɑɔ˨˩,tsʅ˥tʰou˧iao˧tʂʰɥ˥˩kou˧˥lie˧.i˥˩tʂʅ˥pʰɑŋ˧˩xər˥˦tɕi˥kə˥˩tɕyo˥,næᴇ˧niæ̃˧˦ni˥˦tsou˧i˥kuõr˥˦ʂuo˥lie˧.（怎么说的呢？）黄：一只……螃蟹儿四个脚，啊？i˥˦tʂʅ˥tɕʰia……pʰɑŋ˧˩xər˥˦sʅ˧kə˧tɕyo˥,ɑ˨˩?王：一只螃蟹八只脚嘛。i˥˦tʂʅ˥˦pʰɑŋ˧˩ɕiər˥˦pɑ˥tʂʅ˥˩tɕyo˥mɑ˧.黄：噢，一只螃蟹儿八只脚，两个……ɑɔ˨˩,i˥˦tʂʅ˥˩pʰɑŋ˧xər˥˦pɑ˥tʂʅ˥˩tɕyo˥,liaŋ˥(k)ə˧……王：两个……两个夹夹这么大个壳儿。liaŋ˥(k)ə˧˩……liaŋ˥(k)ə˧˩tɕia˥tɕia˥˩tʂə˧muo˧tɑ˧(k)ə˧kʰər˥.黄：这么大个壳，要还要等咧。tʂə˧muo˧tɑ˧(k)ə˧kʰə˥,iao˧xæᴇ˧iao˧təŋ˥lie˧.（噢。）王：啊。ɑ̃˨˩.黄：嗯。ə̃˨˩.（就说你比画叫təŋ˥？）黄：啊，等咧，嗯。ɑ˨˩,təŋ˥lie˧,ə̃˨˩.王：啊，比划也叫等咧。ɑ˨˩,pi˥xuɑ˧ie˥˩tɕiao˧təŋ˥lie.

三六九上庙

黄：三六九上庙你们玩儿过吗？sæ̃˥˩liou˥˩tɕiou˥ʂɑŋ˧miao˧ni˥məŋ˧væ̃r˧˩kuo˧mɑ˧?王：玩过么。væ̃˧˩kuo˧˥muo˧.黄：三六九上庙咧。那还是，出指头咧，等指头咧，啊？sæ̃˥˩liou˥˩tɕiou˥ʂɑŋ˧miao˧lie˧.nei˧˥xɑ˧˩sʅ˧,tʂʰɥ˥˩tsʅ˥tʰou˧lie˧,təŋ˥˦tsʅ˥tʰou˧lie˧,ɑ˨˩?王：嗯。ŋ̍˨˩.（三六九？）王：一四七，二五八。i˥˩sʅ˧˥tɕʰi˥˦,ər˧vu˥˦pɑ˥.黄：噢，三……ɑɔ˨˩,sæ̃˥……王：三六九。sæ̃˥˩liou˥˩tɕiou˥.黄：三六九。它是等于出指头咧。它还是划下一种东西。sæ̃˥˩liou˥˩tɕiou˥.tʰɑ˥˩sʅ˧˩təŋ˥y˧˦tʂʰɥ˥˩tsʅ˥tʰou˧lie˧.tʰɑ˥xɑ˧˩sʅ˧xuɑ˧xɑ˧˩i˥˩tʂuoŋ˥tuoŋ˥ɕi˧.（嗯。）黄：那，几个，四个人玩儿咧么，啊？næᴇ˧,tɕi˥kə˧˩,sʅ˧kə˧zəŋ˧væ̃r˧˩lie˧muo˧,ɑ˧?王：四个人。sʅ˧kə˧zəŋ˧.黄：四个人欸，一人以后你是出指头，出出来是几，你都走几咧。sʅ˧kə˧zəŋ˧ei˨˩,i˥˩zəŋ˧i˥˩xou˧ni˥˦sʅ˧tʂʰɥ˥˩tsʅ˥tʰou˧,tʂʰɥ˥˩tʂʰɥ˥læᴇ˧˩sʅ˧˩tɕi˥,ni˥˩tou˥˩tsou˥tɕi˥˩lie˧.（三六九。）黄：啊。ɑ˨˩.（后面是……）王：一四七。i˥˩sʅ˧tɕʰi˥.黄：一四七么。i˥˩sʅ˧tɕʰi˥muo˧.黄&王：二五八呣。ər˧˩vu˥˦pɑ˥m̩˧.（啊，就这么玩儿？）黄：啊。ɑ˨˩.王：嗯。ŋ̍˨˩.（这个整个，这个游戏名称就……名称叫什么？）黄：三六九上庙嘛，啊？sæ̃˥˩liou˥˩tɕiou˥ʂɑŋ˧miao˧mɑ˧,ɑ˧?王：那叫……啊。叫……nei˧tɕiao˧……ɑ˨˩.tɕiao˧……（上庙？）黄&王：嗯。ə̃˨˩.王：上庙。ʂɑŋ˧˩miao˧˩.

猜谜

（猜谜语这平常弄的吗？）王：谜语，猜谜语有的。mi˧˩˨y˥˧,tsʰæᴇ˥mi˧˩y˥iou˥˩ti˧. 黄：哎有咧么。猜谜语有咧么。民间也有，经常说哩。再一个……æᴇ˥iou˥˩lie˧muo˧. tsʰæᴇ˥mi˧˩y˥˩iou˥˩liem˧.miŋ˧tɕiæ˥˩ie˥˧iou˥˧,tɕiŋ˥˩tʂʰaŋ˧ʂuo˥˩li˧.tsæᴇ˥i˥˧kə˥……（我出一个谜语，你来猜，那叫什么东西？我出的这个谜语叫不叫出谜还是放谜这种说法？）王：你是出谜么，我们是猜谜么。ni˥sɿ˥tʂʰʮ˥mi˧˩muo˧,ŋuo˥məŋ˧sɿ˥tsʰæᴇ˥mi˧˩muo˧.黄：你出谜，我们猜谜的。ni˥˧tʂʰʮ˥mi˧,ŋuo˥məŋ˧tsʰæᴇ˥mi˧˩ti˧.

猜闷儿

（谜语还有什么别的说法没有？猜闷儿猜什么？）黄：有咧。猜闷儿这个说法有咧。猜闷儿好像是咱们这儿这那来下那些安徽人不些的。iou˥lie˧.tsʰæᴇ˥˧mɑ̃r˥tʂə˥kə˥ʂuo˥ fa˥˩iou˥lie˧.tsʰæᴇ˥˧mɑ̃r˥xaɔ˥˧ɕiaŋ˥sɿ˥tʂa˧məŋ˧tʂər˥tʂə˥nei˥˩læᴇ˧˩xa˥nei˥ɕie˥˧næ̃˥xuei˧˩zəŋ˧˩pu˧˩ɕi˥˧ti˧.（啊，安徽人说？）黄：啊，他说他猜个闷儿。a˩,tʰa˥˧ʂuo˥tʰa˥˩tsʰæᴇ˥kə˥˩mɑ̃r˥.（但是你们说不说呢？）王：人口猜闷儿也不是谜语。zəŋ˧niæ̃˧˩tsʰæᴇ˥˧mɑ̃r˥ia˥˩pu˧˩sɿ˥mi˧˩y˥˩.黄：哎呀，晓……晓那……æᴇ˥ia˧,ɕiaɔ˥……ɕiaɔ˥nə˥……王：也不是谜语。那这咱们那个，猜数儿咧么，猜闷儿咧。ie˥˩pu˧˩sɿ˥˧mi˧y˥˩.nei˥˩tʂə˥tsa˧məŋ˧næᴇ˥kə˥,tsʰæᴇ˥˩ʂʮ ər˥˧liem˧,tsʰæᴇ˥˧mɑ̃r˥lie˧.黄：晓那……ɕiaɔ˥nə˥……王：我看口们有些猜闷儿也就是拿的那……ŋuo˥˩kʰæ̃˥niæ̃˧məŋ˧iou˥ɕie˥˩tsʰæᴇ˥mɑ̃r˥ie˥˩tɕiou˥sɿ˥na˧ti˧næᴇ˥……黄：手背在后头啊。ʂou˥pei˥tsæᴇ˥˩xou˥tʰou˧la˧.王：火柴把把了，或者是里头手里捏啥出来叫你猜闷儿。你猜，你……你猜着咧，嗯，谁猜着就……那就兀有，就有坐庄的那么。人口对方猜着咧，你……你庄家喝么，他猜不着他喝么。xuo˥tsʰæᴇ˧˩pa˥pa˥lə˧,xuo˧˩tʂə˥sɿ˥li˥tʰou˧ʂou˥li˥˧nie˥sa˥˧tʂʰʮ˥læᴇ˧˩tɕiaɔ˥ni˥˧tsʰæᴇ˥˩mɑ̃r˥.ni˥˩tsʰæᴇ˥,ni˥˧……ni˥˧tsʰæᴇ˥tʂaɔ˧˩lie˥,ŋ˩,sei˧tsʰæᴇ˥tʂaɔ˧ ˧ts……nə˥tɕiou˥væᴇ˥iou˥˧,tsou˥˩iou˥˧tsuo˥˧tʂuaŋ˥ti˧nə˥˩muo˧.zəŋ˧˩niæ̃˧˧tuei˥faŋ˥˩tsʰæᴇ˥tʂaɔ˧˩lie˥,ni˥……ni˥˧tʂuaŋ˥tɕia˥˩xuo˥muo˧,tʰa˥˧tsʰæᴇ˥pu˧˩tʂaɔ˧tʰa˥xuo˥˩muo˧.（那就就说不……也不叫……你们这儿本地不叫猜闷儿？）黄：不叫。猜闷……我们这个猜闷儿和猜谜是两回事着咧。pu˧˦tɕiaɔ˥.tsʰæᴇ˥˧məŋ˥……ŋuo˥məŋ˧tʂə˥kə˥tsʰæᴇ˥mɑ̃r˥˧xuo˧˩tsʰæᴇ˥˧mi˧˧sɿ˥˩liaŋ˥xuei˧˩sɿ˥tʂə˧lie˧.

打麻将

（你们平常还有打麻将的吧？）黄：哎有咧么。æᴇ˥˧iou˥lie˧muo˧.王：有。iou˥.（那叫什么？）黄：那就打麻将。nə˥˦tɕiou˥ta˥ma˧˩tɕiaŋ˥.王：我们这儿就叫打麻将么。ŋuo˥ məŋ˧tʂər˥tɕiou˥tɕiaɔ˥ta˥ma˧˩tɕiaŋ˥muo˧.（你……你们俩会打不会打？）王：我……我会打。ŋuo˥˧……ŋuo˥xuei˥˩ta˥˩.黄：我太不打，你也会打。ŋuo˥tʰæᴇ˥pu˧˧ta˥˧,ni˥æ˥˩xuei˥˩ta˥˩.（那里头这个各种牌叫什么，有没有这么说的？）王：那有……有咧么。有清一色嘛。na˥iou˥˧……iou˥lie˧muo˧.iou˥tɕʰiŋ˥˩i˥sei˥ma˧.（清一色？）王：清一色。清七对。tɕʰiŋ˥˩i˥˧sə˥.tɕʰiŋ˥˧tɕʰi˥˩tuei˥˦.（清一色是什么样子的？）王：清一色就是说，不管……tɕʰiŋ˥˩i˥˧sei˥tɕiou˥sɿ˥ʂuo˥˩,pu˧˩kuæ̃˥……黄：是条子全部是条。sɿ˥tʰiaɔ˧˩tsɿ˥tɕʰyæ̃˧˩pu˥˦sɿ˥tʰiaɔ˧˦.王：条子是条，全是条子，万子全是条子，万子。tʰiaɔ˧˩tsɿ˥sɿ˥tʰiaɔ˧˦,tɕʰyæ̃˧sɿ˥tʰaɔ˧ ˧tsɿ˧,væ̃˥˧tsɿ˧tɕʰyæ̃˧sɿ˥˩tʰiaɔ˧˩tsɿ˧,væ̃˥tsɿ˧.黄：万子全部是万子。væ̃˥tsɿ˧tɕʰyæ̃˧˩pu˥˦sɿ˥˩væ̃˥tsɿ˧.王：饼子全是饼子。piŋ˥tsɿ˧tɕʰyæ̃˧sɿ˥piŋ˥tsɿ˧.（叫清……）王：这就叫清一色。tʂə˥tɕiou˥tɕiaɔ˥tɕʰiŋ˥˩i˥˩sei˥.黄：清一色。tɕʰiŋ˥˩i˥˩sə˥˩.（清七对呢？）王：清七对就是说

是你，跟前有六对子，有一个单的，那就是清七对成了。清七对。tɕʰiŋ˥˩˨tɕʰi˥˩˨tuei˥˧˩tɕiou˥˩˨sɿ˥˩˨ʂuo˥˩˨sɿ˥˩˨ni˥˩˧,kəŋ˥tɕʰiæ̃˩˦iou˥˧liou˥tuei˥tsɿ˧,iou˥i˥˩˨kə˥tæ̃˥ti˧,nei˥tɕiou˥˩˨sɿ˥˩˨tɕʰiŋ˥˧tɕʰi˥˧tuei˥tʂʰəŋ˩˦lə˧.tɕʰiŋ˥˩˨tɕʰi˥˩˨tuei˥.（也是清一色的？）王：也有清一色的，也有不清一色的。ia˥iou˥tɕʰiŋ˥˩˨i˥˩˨sei˥ti˧,ia˥˧iou˥˧pu˩˨tɕʰiŋ˥˩˨i˥˩˨sei˥ti˧.黄：也……不……不清一色的，嗯。ie˥……pu˩˨……pu˩˨tɕʰiŋ˥˩˨i˥˩˨sei˥ti˧,ə̃˩˨.（那叫清七对？）王：嗯。ŋ̍˩˨.黄：嗯。但必须都是对子，必须是十四对儿。ə̃˩˨.tæ̃˥pi˥˧ɕy˥˧tou˥˧sɿ˥tuei˥˧tsɿ˧,pi˥˧ɕy˥˩˨sɿ˥˩˨ʂɿ˩˨sɿ˥tuər˥.王：都是对对。tou˥˩˨sɿ˥˩˨tuei˥tuei˥.（还有呢？）王：再就是有打……tsæᴇ˥tɕiou˥˩˨sɿ˥˩˨iou˥˧ta˥……黄：门清么。məŋ˩˦tɕʰiŋ˥muo˧.王：有……有门清嘛。你你不吃牌，必……iou˥˧……iou˥˧məŋ˩˦tɕʰiŋ˥ma˧.ni˥˩˨ni˥˩˨pu˩˨tʂʰʅ˥pʰæᴇ˩˦,pi˥˩˨……黄：你不吃牌，不碰牌，我就全靠揭上来。ni˥˩˨pu˩˨tʂʰʅ˥pʰæᴇ˩˦,pu˩˨pʰəŋ˥pʰæᴇ˩˨,ŋuo˥˧tsou˥tɕʰyæ̃˩˨kʰɑɔ˥tɕie˥ʂɑŋ˥˩˨læᴇ˩˨.王：没吃没碰。muo˥˧tʂʰʅ˥muo˥˩˨pʰəŋ˥.（就靠自己摸出？）黄：啊，就靠自……ɑ˩˨,tɕiou˥˧kʰɑɔ˥˩˨tsɿ˥˩˨……王：啊，靠自己摸出来的就是门清么。ɑ˩˨,kʰɑɔ˥˩˨tsɿ˥tɕi˥˧muo˥tʂʰʯ˥˩˨læᴇ˩˧ti˧tɕiou˥sɿ˥məŋ˩˦tɕʰiŋ˥muo˧.（你和牌也是，摸出来的？）王：啊。ɑ˩˨.黄：啊。ŋɑ˩˨.（那……）黄：和牌你自己摸下的就等于炸了。xu˩˦pʰæᴇ˩˦ni˥˧tsɿ˥tɕie˥˧muo˥xɑ˥ti˧tɕiou˥təŋ˥˧y˩˧tsɑ˥˧lə˧.王：炸咧啊。别人，打出来，你就得和了。tsɑ˥˧lia˧.pie˩˨zəŋ˩˧,tɑ˥˧tʂʰʯ˥læᴇ˩˨,ni˥˩˨tɕiou˥tei˥˧xu˩˨lie˥.黄：别人给你打出来，你就和了。pie˩˨zəŋ˩˧kei˥ni˥tɑ˥˧tʂʰʯ˥læᴇ˩˨,ni˥˧tɕiou˥xu˩˨lə˥.（那自己摸下来叫自摸吗？）王：自摸。或者是扣儿。tsɿ˥muo˥˩˨.xuei˩˨tʂə˥˩˨sɿ˥˧kʰour˥˩˨.黄：自摸。tsɿ˥muo˥˩˨.（叫砸了是什么东西？）黄：炸了。就是你……tsɑ˥lə˧.tɕiou˥˩˨sɿ˥˩˨ni˥……王：炸了那就是你……tsɑ˥˧lə˧næᴇ˥tɕiou˥sɿ˥˩˨ni˥˧……黄：你比如我上来就是我停下那个口子是幺四饼，啊？ni˥˧pi˥˧zʯ˩˧ŋuo˥ʂɑŋ˥˧læᴇ˩˨tɕiou˥ʂʅ˥ŋuo˥tʰiŋ˩˨xɑ˥nə˥kə˥kʰou˥tsɿ˧sɿ˥˩˨iɑɔ˥˩˨sɿ˥piŋ˥,ɑ˧?王：嗯。ə̃˩˨.黄：但是我最后恰恰我揭上来那个牌，我揭了个幺饼或者是这个，揭咧一个四饼，我就炸了呣。tæ̃˥˩˨sɿ˥˩˨ŋuo˥tsuei˥xou˥tɕʰia˥tɕʰia˥˩˨ŋuo˥tɕie˥˩˨ʂɑŋ˥˧læᴇ˩˧nə˥kə˥pʰæᴇ˩˦,ŋuo˥˩˨tɕie˥lə˧kə˥iɑɔ˥˩˨piŋ˥xuo˩˧tʂə˥˩˨sɿ˥tʂə˥kə˥˩˨,tɕie˥lie˧i˥˧kə˥sɿ˥˧piŋ˥˩˨,ŋuo˥˧tɕiou˥tsɑ˥˧lə˧m̩˧.（就是和了？）王：啊，和咧噢。ɑ˥,xu˩˨liɑɔ˧.黄：啊。好咧噢。那就是炸咧已经。ɑ˩˨.xɑɔ˥˩˨liɑɔ˧.nei˥tɕiou˥sɿ˥tsɑ˥lie˧i˥˩˨tɕiŋ˥˩˨.王：这叫炸咧，不叫和咧。tʂei˥tɕiɑɔ˥tsɑ˥˧lie˧,pu˩˨tɕiɑɔ˥xu˩˨lie˥.黄：这叫炸咧。tʂei˥tɕiɑɔ˥tsɑ˥˧lie˧.王：这炸咧的话了就要你，你和咧的话是一个，你这一炸的话就是两个。tʂə˥tsɑ˥˧lie˧tə˧xuɑ˥˩˨lə˧tɕiou˥iɑɔ˥ni˥˧,ni˥xu˩˨lie˧ti˧xuɑ˥sɿ˥i˥kə˥˩˨,ni˥tʂei˥˧i˥˩˨tsɑ˥tə˧xuɑ˥˩˨tɕiou˥˩˨sɿ˥˩˨liɑŋ˥kə˥˩˨.黄：这都是两个牌牌。两个这里。tʂei˥˧tou˥˩˨sɿ˥˩˨liɑŋ˥kə˥˩˨pʰæᴇ˩˨pʰæᴇ˩˨.liɑŋ˥kə˥˩˨tʂei˥˧li˥˩˨.王：两块钱咧。嗯。liɑŋ˥kʰuæᴇ˥˩˨tɕʰiæ̃˩˨lie˧.ŋ̍˩˨.黄：两块钱咧。liɑŋ˥kʰuæᴇ˥˩˨tɕʰiæ̃˩˦lie˥.（跟自摸有什么区别没有？）王：跟自摸儿一样的。kəŋ˥˩˨tsɿ˥muor˥i˥˩˨iɑŋ˥˧ti˧.黄：一样的么。i˥˩˨iɑŋ˥˧tim˧.（tsɑ˥˧lia˧就是……）王：我们这儿叫炸咧。炸弹，叫炸弹。ŋuo˥məŋ˧tʂər˥tɕiɑɔ˥tsɑ˥˧lie˧.tsɑ˥tæ̃˥˧,tɕiɑɔ˥tsɑ˥tæ̃˥.（炸弹的炸？）黄：啊。ɑ˩˨.王：嗯。ŋ̍˩˨.（炸了？）王&黄：啊。ɑ˩˨.（就是自摸？）王&黄：嗯。ə̃˩˨.（这我吃人家牌叫，那就是那个，和了吧？）王：啊，你……你要是吃人家牌，那你就和咧噢。ɑ˩˨,ni˥˧……ni˥˧iɑɔ˥sɿ˥tʂʰʅ˥zəŋ˩˨tɕia˥˧pʰæᴇ˩˦,næᴇ˥ni˥˩˨tɕiou˥˧xu˩˨liɑɔ˥.黄：吃人家牌，你……你比如你打幺四……幺四饼和咧。tʂʰʅ˥zəŋ˩˨tɕia˥˧pʰæᴇ˩˨,ni˥˧……ni˥pi˥˧zʯ˩˧ni˥˧ta˥iɑɔ˥˩˨sɿ˥……iɑɔ˥˩˨sɿ˥piŋ˥˧xu˩˦lie˥.王：你停咧个，你停了个幺四条，对方……ni˥˩˨tʰiŋ˩˨lie˧kə˥˩˨,ni˥tʰiŋ˩˨lə˧kə˥iɑɔ˥˩˨sɿ˥tʰiɑɔ˩˦,tuei˥˧fɑŋ˥˩˨……黄：给你这……kei˥ni˥˧tʂei˥˩˨……王：我打了个幺……幺鸡或者四条下，那你就和咧呣。ŋuo˥ta˥lə˧kə˥iɑɔ……iɑɔ˥˧tɕi˥xuo˩˨tʂə˥sɿ˥tʰiɑɔ˩˦xɑ˥˩˨,nei˥ni˥˧tɕiou

˦xuʌ˩lie˧m̩˧˩.黄：和了么。xuʌ˩lə˧muo˧˩.王：叫……叫炸咧么。tɕiaɔ˥……tɕiaɔ˥tsa˦˨liem˧˩.（你这个好像说法跟人家不一……那个，一万一万的你们叫什么，叫万子还是叫什么？）黄：那叫万，叫万。nei˦˥tɕiaɔ˥˩væ̃˥˩,tɕiaɔ˥væ̃˥.王：一万噢，那就叫万咧么。i˦˩væ̃˦˥aɔ˩,nei˦˥tɕiou˦tɕiaɔ˥væ̃˥liem˧˩.（tɕiaɔ˥væ̃˥，不叫万子？）王：就叫一万，一万二万三万。tɕiou˦tɕiaɔ˥i˦˩væ̃˥,i˦˩væ̃˧ər˦˨væ̃˥˩sæ̃˦væ̃˥˩.黄：叫万。tɕiaɔ˥væ̃˥.（一万二万这，统称叫什么呢？）黄：叫……那就叫……tɕiaɔ˦˨……nei˦˥tɕiou˥˩tɕiaɔ˦˥……王：那就叫嗯万子哞。nei˦˥tɕiou˥˩tɕiaɔ˥ə̃˩væ̃˥tsɿ˧m̩˧˩.（叫万子？）黄&王：嗯。ŋ̍˩.王：带……带圈儿的那就叫饼子。tæᴇ˥……tæᴇ˥tɕʰyær˦ti˧nei˥tɕiou˥tɕiaɔ˥piŋ˦tsɿ˧.黄：饼子哞。piŋ˦tsɿ˧m̩˧˩.王：带竖……杠杠子那就叫条子么。tæᴇ˥ʂʮ……kaŋ˦˨kaŋ˥tsɿ˧næᴇ˥tɕiou˥(tɕ)iaɔ˥tʰiaɔ˩tsɿ˦muo˧˩.黄：条子么。tʰaɔ˩tsɿ˦muo˧˩.（条子？）黄：饼子。piŋ˦tsɿ˧.王：啊，条子饼子万子么。a˩,tʰiaɔ˩tsɿ˧piŋ˦tsɿ˧væ̃˦˨tsɿ˧muo˧.（就三种了？）王：啊，这……a˩,tʂei˦˥……黄：噢，原先那你有些麻将，我们这儿这这，打的现在叫端锅锅咧。aɔ˩,yæ̃˩ɕiæ̃˦˨nei˥ni˦˨iou˦ɕie˦˩maʌ˩tɕiaŋ˥,ŋuo˦məŋ˥tʂər˥tʂə˥tʂei˥,ta˦ti˧ɕiæ̃˥tsæᴇ˥tɕiaɔ˥tuæ̃˦˩kuo˦kuo˦˩lie˧.（端果果是什么？）黄：要不端锅锅那又分咧嘛。iaɔ˥puʌ˩tuæ̃˦˩kuo˦kuo˦˩nei˥iou˥fəŋ˦lie˧ma˧˩.王：那就，那就，砸锅嘛。nei˥˩tɕiou˥,nei˥tɕiou˥,tsaʌ˩kuo˦ma˧˩.黄：砸锅哞。tsaʌ˩kuo˦m̩˧˩.王：砸锅那就是……由人讲咧说是，或者五十块钱一锅，或者一百块钱一锅啊，或者是二百块钱一锅。tsaʌ˩kuo˦nei˥tɕiou˥sɿ˥tɕi……iouʌ˩zəŋ˩˦tɕiaŋ˦lie˧ʂuo˦˩sɿ˥˩,xuoʌ˩tsə˦˨vu˦ʂʅ˩kʰuæᴇ˦˨tɕʰiæ̃˩i˦˩kuo˦,xuoʌ˩tʂə˦˨i˦˨pei˦˩kʰuæᴇ˦˨tɕʰiæ̃˩i˦˩kuo˦a˧,xuoʌ˩tʂə˦˨sɿ˥ər˦˨pei˦˩kʰuæᴇ˦tɕʰiæ̃˩i˦˩kuo˦.（一kuo˦是什么东西？）黄：一锅就是一把麻将那。i˦˨kuo˦tɕiou˦˥sɿ˥˩i˦˩pa˦maʌ˩tɕiaŋ˦˥nei˥˩.王：一锅那就说是，那就是……i˦˨kuo˦nei˥tɕiou˥ʂuo˦˩sɿ˥,nei˥˩tɕiou˦˥sɿ˥……（就是，这个吃饭用的那个锅的锅吗？）王：哎不是。æᴇ˦puʌ˩sɿ˥.黄：哎不是那个锅。æᴇ˥puʌ˩sɿ˥˩nə˥kə˥kuo˦˩.王：那就说是这个麻将，打这一……这一局麻将就叫锅锅子。næᴇ˥˩tɕiou˦˥ʂuo˦˨sɿ˥tʂə˥kə˥maʌ˩tɕiaŋ˥,ta˦˨tʂei˦˥i˦˩……tʂei˦˥i˦˩tɕʰy˩maʌ˩tɕiaŋ˥tɕiou˥˩tɕiaɔ˥˩kuo˦kuo˦tsɿ˧.黄：这一锅锅……tʂei˥i˦˨kuo˦kuo˦˩m……王：你这五十块钱，你……你……你五了……五十块钱就是十个牌牌，一个牌牌就是五块钱。ni˦˨tʂə˥vu˦ʂʅ˩kʰuæᴇ˦˨tɕʰiæ̃˩,ni˦……ni˦……ni˦vu˦lə˧……vu˦ʂʅ˩kʰuæᴇ˦tɕʰiæ̃˩tɕiou˥sɿ˥ʂʅ˩kə˥pʰæᴇ˩pʰæᴇ˩˦,i˦˩kə˥pʰæᴇ˩pʰæᴇ˩˦tɕiou˥sɿ˥vu˦kʰuæᴇ˦˩tɕʰiæ̃˩tɕiou˥sɿ˥vu˦kʰuæᴇ˦˩tɕʰiæ̃˩.黄：五块钱了。vu˦kʰuæᴇ˦˩tɕʰiæ̃˩lə˧.（嗯？）黄：你把你这个……ni˦pa˦˩ni˦˨tʂə˥kə˥p……王：谁谁点和，谁……谁点和，谁给□掏钱。sei˩sei˩tiæ̃˦xu˩,sə……sei˩tiæ̃˦xu˩,sei˩kei˥˩niæ̃˩tʰaɔ˦˩tɕʰiæ̃˩.（对呀。）王：比若咱们三个打着咧，你，我停了个幺四条，你打了个幺鸡，我和咧，那你就给我牌牌，他不给。pi˦ʐuo˦˩tsaʌ˩məŋ˧sæ̃˦kə˥˩ta˦tʂə˧lie˧,ni˦,ŋuo˦tʰiŋ˩lə˧kə˥iaɔ˦˩sɿ˥tʰiaɔ˩,ni˦˨ta˦˨lə˧kə˥iaɔ˦˨tɕi˦˩,ŋuo˦xuʌ˩lie˧,nei˥ni˦tɕiou˥kei˥ŋuo˦˨pʰæᴇ˩pʰæᴇ˩,tʰa˦puʌ˩kei˥˩.（啊，对对。）黄：嗯。ə̃˩.王：这么个转，转转以后是……你十个……tʂə˥muo˧kə˥˩tʂuæ̃˥,tʂuæ̃˥tʂuæ̃˥i˦˨xou˥sɿ˥……ni˦ʂʅ˩kə˥……黄：你把牌牌儿输完咧。ni˦pa˦˩pʰæᴇ˩pʰər˩˦ʂʮ˦˩væ̃˩lie˧.王：你十个牌牌一输完，这一锅……ni˦ʂʅ˩kə˥pʰæᴇ˩pʰæᴇ˩˦i˦˩ʂʮ˦˩væ̃˩,tʂei˥i˦˩kuo˦……黄：这个锅就撤了。tʂə˥kə˥kuo˦tsou˥tʂʰə˦lə˧.王：这个锅就撤了。tʂə˥kə˥kuo˦tɕiou˥tʂʰə˦lə˧.（那叫tsaʌ˩kuo˦kuo˩？）王：啊，叫砸锅。a˩,tɕiaɔ˥˩tsaʌ˩kuo˦.黄：嗯，砸锅锅。ə̃˩,tsaʌ˩kuo˦kuo˦˩.（哪个果啊？）王：怕那也就咱们……pʰa˥˩na˦˥a˦˩tɕiou˦˥tsaʌ˩məŋ˧……黄：啊，吃饭的锅那个锅。a˩,tʂʰʅ˦˩fæ̃˦˨ti˧kuo˦nei˥˩kə˥˩kuo˦.王：吃饭锅那个锅。tʂʰʅ˦˩fæ̃˥kuo˦nei˥˩kə˥˩kuo˦.（噢，砸锅锅。）黄：金字旁儿，嗯。

tɕiŋ˥˧tsɿ˥˨˩pʰãr˨˦˨˩,ŋ̍˨˩.王：嗯。嗯。ŋ̍˨˩.ŋ̍˨˩.（这就是，就其实就是打完了一圈，这外头是这么说。）黄：嗯。ə̃˨˩.（就是把……我这个输，输完了这一圈就打完了，再来。）王：啊，再从……ɑ˨˩,tsæᴇ˥˥˧tsʰuoŋ˨˦˨˩……黄：再就是，嗯，就是你那五十块钱输完……tsæᴇ˥tɕiou˥sɿ˥,ə̃˨˩,tsou˥sɿ˥ni˥˧˦nə˥vu˥˧ʂɿ˨˦˦kʰuæᴇ˥˧˦tɕʰiæ̃˨˦ʂʮ˥˧væ̃˨˦˦……（春夏秋冬，还有什么？）黄：春夏秋冬……tʂʰuoŋ˥˧˥˧ɕiɑ˥˨˩tɕʰiou˥˧˨˩tuæ̃r˦（←tuoŋ˥˧）……（噢，春夏秋冬那个玩意儿叫什么？你们这叫花还……）黄：叫风。tɕiɑɔ˥˨˩fəŋ˥˧.王：那叫花子咧。næᴇ˥tɕiɑɔ˥xuɑ˥˧tsɿ˧lie˧.黄：花子，嗯。xuɑ˥˧tsɿ˧,ə̃˨˩.（花子？）王：嗯。ŋ̍˨˩.（一条，像个鸟一样的那，那玩意儿你们叫什么呢？）王：嗯。我们那……ŋ̍˨˩.ŋuom˥˧nei˥……黄：幺鸡。iɑɔ˥˧tɕi˧.王：我们这儿叫幺鸡咧。ŋuom˥˧tʂər˥tɕiɑɔ˥iɑɔ˥˧tɕi˥˧˨˩lie˧.（一筒你们叫什么？）王：幺筒么。iɑɔ˥˧˨˩tʰuoŋ˥˧muo˧.（叫一饼吗？）黄：也叫一饼。ie˥˧tɕiɑɔ˥i˥˧˨˩piŋ˥˧.王：也有叫一饼的，也有叫幺筒的。iɑ˥˧iou˥˧tɕiɑɔ˥i˥˧˨˩piŋ˥˧ti˧,iɑ˥˧iou˥˧tɕiɑɔ˥iɑɔ˥˧˨˩tʰuoŋ˥˧ti˧.（哪种说得最多？）王：幺筒多。iɑɔ˥˧˨˩tʰuoŋ˥˧tuo˥˧˨˩.（二饼有没有什么说法？比如说二饼是眼镜儿呀，一……一筒是肚脐眼儿啊，有这个说法吗？）黄：哎有咧，眼镜儿么。æᴇ˥˧iou˥˧˨˩lie˧,niæ̃˥˧tɕiə̃r˥muo˦.王：嗯，有。有……有的叫眼镜儿，有的叫奶罩儿。ə̃˨˩,iou˥˧˨˩.iou˥˧˨˩……iou˥˧ti˧tɕiɑɔ˥˥˧niæ̃˥˧tɕĩər˥,iou˥˧ti˧tɕiɑɔ˥næᴇ˥˧tsɑɔr˥.（一筒有没有什么说法呢？除了幺筒？）黄：毬蛋儿么。tɕʰiou˨˦˦tæ̃r˥muo˧.王：毬蛋儿么。tɕʰiou˨˦˨˩tæ̃r˥muo˧.（毬蛋？）黄：嗯。ə̃˨˩.（叫什么？）王：二条有时候□叫纸烟。ər˥tʰiɑɔ˨˦iou˥˧sɿ˨˦˨˩xou˥niæ̃˨˦˨˩tɕiɑɔ˥tsɿ˥˧˦iæ̃˥˧˨˩。（叫什么）黄：毬蛋儿。tɕʰiou˨˦˦tæ̃r˥.王：毬蛋儿。tɕʰiou˨˦˨˩tæ̃r˥.（那么其他的还有什么？除幺鸡，有没有什么别的说法？）王：那□幺鸡就就……叫……叫一鸡咧。næᴇ˥niæ̃˨˦˨˩iɑɔ˥˧˥˧tɕi˥˧tɕiou˥tɕiou˥i……tɕiɑɔ˥i……tɕiɑɔ˥i˥˧˥˧tɕi˥˧lie˧.黄：一鸡，嗯。i˥˧˦tɕi˥˧˨˩,ŋ̍˥˧.王：二条有时候□叫纸烟。ər˥tʰiɑɔ˨˦iou˥˧sɿ˨˦˨˩xou˥˨˩niæ̃˨˦˨˩tɕiɑɔ˥tsɿ˥˧iæ̃˥˧˨˩.（纸烟？）王：纸烟，就咱们抽的这个纸烟。tsɿ˥˧iæ̃˥˧˨˩,tɕiou˥tsɑ˨˦˨˩məŋ˦tʂʰou˥˧ti˧tʂə˥kə˥tsɿ˥˧iæ̃˥˧˨˩.（纸烟？）王：嗯。ŋ̍˨˩.（纸烟就是二条？）王：啊。ɑ̃˨˩.黄：嗯。有的还把那叫尿棍了吧？尿棍啥咧？ŋ̍˨˩.iou˥˧ti˦xɑ˨˦˨˩pɑ˥˧˦nə˥tɕiɑɔ˥niɑɔ˥kuoŋ˥lie˧pɑ˧?niɑɔ˥kuoŋ˥sɑ˥˨˩lie˧?（尿棍？）王：尿棍欸就是……尿棍也是。niɑɔ˥kuoŋ˥˥˧ei˥˧tɕiou˥sɿ˥……niɑɔ˥kuoŋ˥˥˧æ˥˧˨˩sɿ˥˨˩.黄：尿棍还是二条么。niɑɔ˥kuoŋ˥xɑ˨˦˨˩sɿ˥˥˧ər˥tʰiɑɔ˨˦˨˩muo˧.王：啊。ɑ̃˨˩.黄：嗯。ŋ̍˨˩.（尿棍？）黄：尿棍。niɑɔ˥kuoŋ˥.（怎么叫尿棍呢？）黄：欸，那些，那些人打麻将，那都胡叫咧。ei˨˩,nei˥˥˧ɕie˥˧˨˩,nei˥˥˧ɕie˥˧zəŋ˨˦˨˩tɑ˥˧mɑ˨˦˨˩tɕiɑŋ˥,nei˥tou˥˧˦xu˨˦tɕiɑɔ˥lie˧.王：那是，那胡叫咧那。nə˥˥˧sɿ˥˨˩,nə˥xu˨˦˨˩tɕiɑɔ˥˥˧lie˧nə˥˨˩.（这不是……这这有有有意思的这种东西。在你们这里这特别的说法。）王：啊。ɑ̃˨˩.（怎么尿……尿……）王：这地方不是有时……tʂə˥ti˥fɑŋ˥˧˨˩pu˨˦˨˩sɿ˥iou˥˧sɿ˨˦……（棍？）黄：嗯。ŋ̍˨˩.（棍子的棍吗？）黄：啊，棍子的棍。ɑ˨˩,kuoŋ˥tsɿ˦ti˧kuoŋ˥˨˩.王：棍子的棍嘛。这不是，这地方有时候经常这个人，做下那个茅缸里头，茅缸啊，你这个厕所里面儿，下面都要，撂了个缸，缸里边那你像那都人，大便的……kuoŋ˥tsɿ˦ti˧kuoŋ˥mɑ˧.tʂə˥pu˨˦˨˩sɿ˥˨˩,tʂə˥˥˧ti˥fɑŋ˥˧˦iou˥˧sɿ˨˦˨˩xou˥tɕiŋ˥˧˨˩tʂʰɑŋ˨˦tʂə˥kə˥˨˩zəŋ˨˦,tsʮ˥xɑ˥nə˥kə˥mɑɔ˨˦kɑŋ˥˧li˥˧˨˩tʰou˧,mɑɔ˨˦kɑŋ˥˧ɑ˨˩,n̩˥˧˨˩tʂə˥kə˥tsʰei˥˧˨˩suo˥˧li˥˧miæ̃r˥,ɕiɑ˥˥˧miæ̃˥˨˩tiɑɔ˥（←tou˥˧iɑɔ˥）,zʮ˥˧lə˧kə˥˨˩kɑŋ˥˧,kɑŋ˥˧li˥˧piæ̃˥˧˦nei˥ni˥˧˦ɕiɑŋ˥nei˥tou˥˧˨˩zəŋ˨˦,tɑ˥piæ̃˥ti˧……黄：他在那。tʰɑ˥˧˨˩tsæᴇ˥˥˧nə˥˨˩.王：小便，都在里头咧。以后就是放了个棍嘛，放了个尿棍。ɕiɑɔ˥˧piæ̃˥,tou˥˧˥˧tsæᴇ˥li˥˧tʰou˧lie˧.i˥˧˨˩xou˥tɕiou˥sɿ˥fɑŋ˥lə˧kə˥˨˩kuoŋ˥˥˧mɑ˧,fɑŋ˥lə˧kə˥˨˩niɑɔ˥kuoŋ˥.（噢。那叫尿棍？）王：啊，把那二条……ɑ˨˩,pɑ˥˧˨˩nə˥ər˥tʰiɑɔ……（有说扁担的没有？）王：扁担也有咧么。piæ̃˥˧tæ̃˥æ˥˧˨˩iou˥˧lie˧muo˧.黄：没……有说咧么。muo˥˧˥˧……iou˥˧ʂuo˥˧˨˩liem˧.王：咱们担水有个水担就叫扁担。tsɑ˨˦məŋ˦tæ̃˥˧˨˩ʂuei˥˧iou˥˧˨˩kə˥˨˩ʂuei˥˧tæ̃˥tɕiou˥tɕi ɑɔ˥piæ̃˥˩tæ̃˥˨.（不是，就说二条叫扁担。）王&黄：嗯，不说。m̩˥,pu˨˩ʂuo˥˩.（这个二……三条有没有说什么说法？）王：嗯。三条……嗯，三条欸，三条也叫个啥？ŋ̍˨. sæ̃˥˩˨tʰiɑɔ˨……ŋ̍˨,sæ̃˨˩tʰiɑɔ˨ei˨,sæ̃˥˩˨tʰiɑɔ˨ie˥˩˨tɕiɑɔ˥˩kə˥˨sɑ˥?黄：再好像还没有……tsæᴇ˥xɑɔ˥˩ɕiɑŋ˥xɑ˨˩mei˨˩iou˥˩……（裤头子？裤衩子？）王：啊，□叫裤衩儿就对着咧。ɑ˥˩,niæ̃˨˩tɕiɑɔ˥kʰu˥tsʰɑr˥˩tɕiou˥˨tuei˥tʂə˥lie˧.（说不说？）王：说咧。ʂuo˥˩lie˧.（你想想还有什么什么说法没有，各种各样的牌呀？）王：嗯，我看兀是……把九万也叫钩钩。把七条叫欸是高高山上一……红旗飘吗啥。ə̃˨,ŋuo˥˩kʰæ̃˥və˥˩sɿ……pɑ˥˨tɕiou˥˩væ̃˥ie˥˨tɕiɑɔ˥kou˥˩kou˥˨.pɑ˥˨tɕʰi˥˨tʰiɑɔ˨tɕiɑɔ˥ei˥˩sɿ˥˨kɑɔ˥˨kɑɔ˥˩sæ̃˥ʂɑŋ˥˨i˥˨……xuoŋ˨˩tɕʰi˨˩pʰiɑɔ˥mɑ˧sɑ˥˨.（这个，叫什么？）王：七条。tɕʰi˥˨tʰiɑɔ˨.（九万叫什么？）王：叫个钩钩。tɕiɑɔ˥kə˥kou˥˩kou˥˨.（屁股？）王：钩钩。就跟拿那个秤钩子咧。kou˥˩kou˥˨.tɕiou˥kəŋ˥˩nɑ˨nə˥kə˥tʂʰəŋ˥˩kou˥tsɿ˧lie˧.（七条是什么？）王：七条是高高山上红旗飘么。把那个三饼叫豆角咧，哈。tɕʰi˥˨tʰiɑɔ˨sɿ˥kɑɔ˥˨kɑɔ˥˩sæ̃˥ʂɑŋ˥˨xuoŋ˨tɕʰi˨˩pʰiɑɔ˥muo˧.pɑ˥˨nə˥kə˥sæ̃˥˨piŋ˥tɕiɑɔ˥tou˥˩tɕyo˥˨lie˧,xɑ˧.（还有把它……还有什么，什么东西？）王：五饼□叫的是那个四菜一汤。vu˥˨piŋ˥niæ̃˨tɕiɑɔ˥˩ti˧sɿ˥˨nə˥kə˥sɿ˥tsʰæᴇ˥i˥˩tʰɑŋ˥.（五饼叫做四菜一汤？）王：嗯。八饼叫黑棒嘛。ŋ̍˨. pɑ˥˨piŋ˥tɕiɑɔ˥xei˥˨pɑŋ˥˩mɑ˧.（怎么叫黑棒呢？）王：那它就是一欸……讲黑……太黑它。nei˥tʰɑ˥tɕiou˥sɿ˥i˥˨ei˨……tɕiɑŋ˥xei˥˨p……tʰæᴇ˥˩xei˥tʰɑ˥˨.（就……就是两条子，这四……四个四个嘛。）王：啊啊，啊。ɑ˥ɑ˨,ɑ˨.黄：啊。ɑ̃˨.王：叫黑棒咧。tɕiɑɔ˥xei˥˨pɑŋ˥˩lie˧.黄：婆娘啥呣？pʰuo˨˩niɑŋ˨˩sɑ˥˨m̩˧?王：婆娘是白板儿么。pʰuo˨˩niɑŋ˨˩sɿ˥˨pei˨˩pæ̃r˥muo˧.黄：白板么。啊？pei˨˩pæ̃˥muo˧ɑ˧?（婆娘叫，为什么婆娘叫白板呢？）黄：板子，哼哼哼。白板。pæ̃˥˩tsɿ˧,xə̃˥xə̃˥xə̃˥.pei˨˩pæ̃˥˩.王：□兀兀白板叫……噢，就叫女人。niæ̃˨˩væᴇ˥væᴇ˥pei˨˩pæ̃˥tɕiɑɔ˥……tɕi……tɕi……ɑɔ˨,tɕiou˥tɕiɑɔ˥˩ny˥zʐəŋ˨˩.黄：噢，叫女人也是白板。ɑɔ˨,tɕiɑɔ˥˩ny˥zʐəŋ˨˨ie˥sɿ˥˨pei˨pæ̃˥˨.（女……女人叫白板？）王：啊，再一个就是兀那个……叫个啥？把兀发字叫，发财叫那个，□叫兀……ɑ̃˨,tsæᴇ˥˩i˥˩kə˥tɕiou˥sɿ˥vei˥nei˥kə˥……tɕiɑɔ˥kə˥sɑ˥?pɑ˥˨væᴇ˥fɑ˥tsɿ˥˨tɕiɑɔ˥,fɑ˥˨tsʰæᴇ˨tɕiɑɔ˥nə˥˨kə˥,niæ̃˨˩tɕiɑɔ˥və˥……黄：毛发。mɑɔ˨˩fɑ˥.王：叫毛发，叫噢烫发……啊，几种叫法。tɕiɑɔ˥mɑɔ˨fɑ˥,tɕiɑɔ˥ɑɔ˨tʰɑŋ˥˩fɑ˥˨……æ̃˨,tɕi˥tʂuoŋ˥tɕiɑɔ˥fɑ˥˨.（毛发、烫发是什么东西？）黄：就是发财么。tɕiou˥sɿ˥fɑ˥tsʰæᴇ˨muo˥.（毛，[指指头发]这个这个？）黄：啊，就是那个。ɑ˥,tɕiou˥˨sɿ˥˨nə˥˨kə˥˨.（烫发是什么东西？）黄：还是都……还是讲发字。xɑ˨˩sɿ˥˩tou˥˨……xɑ˨˩sɿ˥˩tɕiɑŋ˥˩fɑ˥tsɿ˥˨.王：烫发那还是指的女人那个烫发头啊咧。tʰɑŋ˥˩fɑ˥nei˥xɑ˨˩sɿ˥˩tsɿ˥˩ti˧ny˥zʐəŋ˨˩nei˥kə˥tʰɑŋ˥˩fɑ˥˨tʰou˨˩ɑ˧lie˧.（都是发财？）黄：嗯。ŋ̍˥.王：嗯。南风□有时候叫难和。ŋ̍˨.næ̃˨˩fəŋ˥niæ̃˨˩iou˥˩sɿ˨˩xou˥tɕiɑɔ˥næ̃˨˩xu˨.（怎么怎么怎么这么说呢？）王：你看□打麻将也有时候□也把南风啊出去打一个难和。哼哼。ŋ̍˥˩kʰæ̃˥niæ̃˨˩tɑ˥mɑ˨˩tɕiɑŋ˥ie˥˨iou˥˩sɿ˨˩xou˥niæ̃˨˩ie˥˨pɑ˥˨næ̃˨˩fəŋ˥ɑ˧tʂʰɥ˥˨tɕʰi˥˨tɑ˥i˥˩kə˥næ̃˨˩xu˨˩.xə̃˨xə̃˨.（噢，和了的和吗？）王：啊。ɑ˨.（是不是打了南风这个就很难和啊？）黄：你晓叫，我也不打兀，不懂兀个东西。ŋ̍˥ɕiɑɔ˥tɕiɑɔ˥˨,ŋuo˥æ˥˨pu˨˩tɑ˥vei˥,pu˨˩tuoŋ˥vu˥kə˥tuoŋ˥˨ɕi˧.（你们这个摸着了，比如说四……这个，我摸着了这个三，就是，一套牌，一……一……一二三万，这叫这叫什么一副？是叫一……）王：一抹子，一副子。i˥˨muo˥tsɿ˧,i˥˨fu˥˩tsɿ˧.（i˨fu˥˩tsɿ˧是吧？）王：嗯。ŋ̍˨.黄：多一半叫抹子咧，啊？tuo˥i˥˨pæ̃˥tɕiɑɔ˥muo˥tsɿ˧lie˧,ɑ˧?王：噢，一抹子也。ɑɔ˨,i˥˨muo˥tsɿ˧liɑ˥.（一抹子？）黄：嗯。ŋ̍˨.王：啊，嗯。ɑ̃˨,ŋ̍˨.黄：有些还讲咋么个搭子不

够咧。iou˥˧ɕie˥˧˩xæᴇ˨˦˨tɕiɑŋ˥˧˧tsɑ˥˧˧muo˦kə˥tɑ˥˧tsɿ˧pu˨˦˨kou˥lie˦.王：搭子不够咧，那就说是欸那牌你，牌你必须要要够，嗯，三搭子牌咧么，三抹子牌咧姆。现在大部分说的抹子的。一抹子。tɑ˥˧tsɿ˧pu˨˦˨kou˥˦lie˧,nei˥tɕiou˥ʂuo˥˧˩sɿ˥ei˥nə˥pʰæᴇ˨˦ni˥˧˩,pʰæᴇ˨˦ni˥˧pi˥˧˦ɕy˥˧˧iɑɔ˥iɑɔ˥kou˥,ə̃˧˩,sæ̃˥˧tɑ˥˧˧tsɿ˦pʰæᴇ˨˦lie˦muo˧,sæ̃˥˧˩muo˥˧tsɿ˧pʰæᴇ˨˦lie˦m̩˧.ɕiæ̃˥tsæᴇ˥tɑ˥pu˥fəŋ˥ʂuo˥˧˩ti˧muo˥˧tsɿ˧ti˧.i˥˧˩muo˥˧tsɿ˧.（搭子也叫？）黄&王：嗯。ŋ̍˧˩.王：也叫搭子。ie˥˧˧tɕiɑɔ˥tɑ˥˧tsɿ˧.（这是这个我这两个两万，两个三万，这个两个两万叫什么？）黄：对子么。tuei˥tsɿm˧.王：那叫对子么。nə˥tɕiɑɔ˥tuei˥˦tsɿm˧.（还有一种，就是有三搭子、一对，就和了。七对和了。）王：那有一对将么。nə˥iou˥˧˧i˥˧˩tuei˥tɕiɑŋ˥muo˧.（还有什么？）黄：欸对将咧么，那有将咧么。ei˥tuei˥tɕiɑŋ˥lie˧muo˧,nei˥iou˥˧˧tɕiɑŋ˥liem˧.（叫什么对将？）王：嗯。那就是，打牌你不管是，麻将它要有，麻将麻将，要有一对将咧么。ŋ̍˧˩.nei˥tɕiou˥sɿ˥,tɑ˥˧pʰæᴇ˨˦ni˥˧pu˨˦˨kuæ̃˥˧sɿ˥,mɑ˨˦tɕiɑŋ˥tʰɑ˥˧˩iɑɔ˥iou˥˧˧,mɑ˨˦tɕiɑŋ˥mɑ˨˦˨tɕiɑŋ˥,iɑɔ˥iou˥˧˧i˥˧˩tuei˥tɕiɑŋ˥˦lie˧muo˧.（对将是什么东西？）王：那没有那个对将，你就打不成么。nə˥˩mei˨˦iou˥˧˧nə˥kə˥tuei˥tɕiɑŋ˥,ni˥˧˩tɕiou˥˩tɑ˥˧pu˨˦˨tʂʰəŋ˨˦˨muo˧.黄：和不了么。你没有将还咋咧吵？xu˨˦pu˨˦˨liɑɔ˥˧muo˧.ni˥˧˩mei˨˦iou˥˧tɕiɑŋ˥xɑ˨˦˨tsɑ˥˧lie˧sɑ˧?（将是什么东西呢？）黄：将，就是这个将，将帅的将嘛。啊，那个将字。tɕiɑŋ˥,tɕiou˥sɿ˥tʂə˥˩kə˥˩tɕiɑŋ˥,tɕiɑŋ˥ʂuæᴇ˥ti˧tɕiɑŋ˥mɑ˧.ɑ˧˩,nə˥kə˥tɕiɑŋ˥tsɿ˥˩.（将可以干什么用呢？）黄：那你打麻将没有将的话，那你这个，和不了牌嘛。nə˥˩ni˥˧tɑ˥˧mɑ˨˦˨tɕiɑŋ˥mei˨˦iou˥˧tɕiɑŋ˥ti˧xuɑ˥˩,nei˥ni˥˧˧tʂə˥˩kə˥˩,xu˨˦pu˨˦˨liɑɔ˥˧pʰæᴇ˨˦˨mɑ˧.王：麻将麻将，没有将你就打不成。mɑ˨˦˨tɕiɑŋ˥˧˥mɑ˨˦˨tɕiɑŋ˥,mei˨˦iou˥˧tɕiɑŋ˥ni˥˧˧tɕiou˥tɑ˥˧pu˨˦˨tʂʰəŋ˨˦˨.黄：没有将你就和不成么。mei˨˦iou˥˧tɕiɑŋ˥ni˥˧˩tɕiou˥˩xu˨˦pu˨˦˨tʂʰəŋ˨˦˨muo˧.王：那就是任意啥都可以做将，只要是对子。nei˥˩tɕiou˥˩sɿ˥˩zəŋ˥i˥sɑ˥˦tou˥˧˩kʰə˥˧i˥˧˩tsuo˥˩tɕiɑŋ˥,tsɿ˥˧˩iɑɔ˥˧˥sɿ˥i˥˧˩tuei˥˦tsɿ˧.（一对子，做将？它是什么？）黄&王：啊。ɑ˧˩.王：对子是将。tuei˥˦tsɿ˧sɿ˥˩tɕiɑŋ˥.（噢，一对啊，就是就是三套牌，最……另外一对那叫将？）黄&王：噢。那叫将。ɑɔ˧˩.nei˥˧˥tɕiɑɔ˥tɕiɑŋ˥.（但是这个我和七对的话，那任何一个那……那都叫对子？）王：噢，那都叫对子。ɑɔ˥˧,nə˥˧˥tou˥˧˩tɕiɑɔ˥˧˥tuei˥tsɿ˧.黄：那都叫对子咧。但是他们这个打这个砸锅锅那个，可有讲究咧。那你必须是二五八做将咧。nə˥˧˥tou˥˧˩tɕiɑɔ˥˧˥tuei˥tsɿ˧lie˧.tæ̃˥˩sɿ˥˩tʰɑ˥˧məŋ˧tʂə˥˩kə˥˩tɑ˥˧tʂə˥˩kə˥˩tsɑ˨˦kuo˥˧kuo˥˧˩nə˥˩kə˥˩,kʰə˥˧˩iou˥˧tɕiɑŋ˥˧tɕiou˥˧˩lie˧.nei˥˩ni˥˧˧pi˥˧˦ɕy˥˧˩sɿ˥˩ər˥vu˥˧˧pɑ˥˧tsuo˥˩tɕiɑŋ˥˧˥lie˧.王：啊。是二五八做将。ɑ˧˩.sɿ˥˩ər˥vu˥˧˧pɑ˥˧tsuo˥˩tɕiɑŋ˥˩.黄：二五八做将，其他就不能做将。ər˥vu˥˧˧pɑ˥˧tsuo˥˩tɕiɑŋ˥,tɕʰi˨˦˨tʰɑ˥˧tɕiou˥˩pu˨˦˨nəŋ˨˦tsuo˥˩tɕiɑŋ˥˩.（比如说我这有两个牌，你……我有两个三万，你突然打出个三万，我这个……）黄：碰了么。pʰəŋ˥˦ləm˧.王：可以碰。kʰə˥˧i˥˧˩pʰəŋ˥.（这叫碰？）王：嗯。ə̃˧˩.（我有三个三万呢？）王：有三个三万该打的个三万就杠么。iou˥˧˧sæ̃˥˧kə˥˩sæ̃˥˧˩væ̃˥kæᴇ˥˧˧tɑ˥˧ti˧kə˥˩sæ̃˥˧˩væ̃˥tɕiou˥kɑŋ˥˦muo˧.黄：杠咧。kɑŋ˥˦lie˧.（我摸一个，欸，我就和了，这叫什么？）王：那就叫是杠炸了么。nei˥tɕiou˥tɕiɑɔ˥tsɿ˥（←sɿ˥）kɑŋ˥tsɑ˥ləm˧.（杠炸了？）王：杠头开花么。kɑŋ˥tʰou˨˦kʰæᴇ˥˧˦xuɑ˥˧muo˧.（也叫杠头开花？）王：姆。m̩˧˩.（我有的是这个这个，我和的是这个，比如说我和的这个这个条啊，一四七、二五八这样的，有没有一对，又没有什么，又没有一对，也没有一抹子，这个叫什么，你们和？外头叫十三……十三不靠啊这个。）王：这儿不叫咧。tʂər˥pu˨˦˨tɕiɑɔ˥lie˧.黄：我们这儿这没有。ŋuo˥˧məŋ˦tʂər˥tʂə˥mei˨˦˧iou˥˧˩.（没有这种？）王：嗯。ŋ̍˧˩.（都必须是这个一抹子牌？）王：但是你要是和到，嗯，你说一……一二三四五六七条，再你还有……还有上一抹子，两抹

子,还有两抹子，你和的就是幺四七条。或者是，二，二三四五六七八，你就和的二五八条。是万子上，你和的二五八万，饼子上你和的二五八饼。tæ̃˥˩sɿ˥˩ni˥˦xuo˩tiɑo˥sɿ˥xu˩˩tɑo˥,ə̃˩,ni˦ʂuo˥˩i˥˩……i˥˩ər˥˩sæ̃˥˩sɿ˥vu˥˦liou˥˦tɕʰi˥tʰiɑo˩,tsæᴇ˥ni˥xæᴇ˩˩iou˥˦tɕi……xæᴇ˩˩iou˥ʂɑŋ˥˩i˥˩muo˥tsɿ˧,liɑŋ˥muo˥tsɿ˧,xæᴇ˩˩iou˥˦liɑŋ˥muo˥˩tsɿ˧,ni˥xu˩˩ti˧tɕiou˥˩sɿ˥˩iɑo˥˩sɿ˥tɕʰi˥˩tʰiɑo˩˩.xuo˩˩tʂə˥sɿ˥,ər˥,ər˥sæ̃˥˩sɿ˥vu˥˦liou˥˦tɕʰi˥˩pɑ˥,ni˥˦tɕiou˥xu˩˩ti˧ər˥vu˥˦pɑ˥tʰiɑo˩˩.sɿ˥˩væ̃˥˦tsɿ˧ʂɑŋ˥,ni˥xu˩˩ti˧ər˥vu˥pɑ˥˩væ̃˥,piŋ˥tsɿ˧ʂɑŋ˥ni˥˦xu˩˩ti˧ər˥vu˥pɑ˥˩piŋ˥˩.黄：那就看你停的口子多少咧。nə˥˩tɕiou˥˦kʰæ̃˥˩ni˥˦tʰiŋ˩˩ti˧kʰou˥tsɿ˧tuo˥˩ʂɑo˥˩lie˧.王：那就是看你口子咋停咧。停哩多少。nei˥tɕiou˥sɿ˥kʰæ̃˥˩ni˥kʰou˥tsɿ˧tsɑ˥tʰiŋ˩˩lie˧.tʰiŋ˩˩li˧tuo˥˩ʂɑo˥.（停的？）王：嗯。我们这儿这……ŋ̍˩.ŋuo˥mən˧tʂər˥tʂə˥……（停的是什么？）王：叫叫停口儿。tɕiɑo˥tɕiɑo˥tʰiŋ˩˩kʰour˥.（停口儿？）黄：嗯。就是你所有的抹子……ŋ̍˩.tɕiou˥˩sɿ˥˩ni˥ʂuo˥iou˥ti˧muo˥tsɿ˧……（是听？跟听这个一……是一样吗？）黄：停，停，停止的停。tʰiŋ˩,tʰiŋ˩,tʰiŋ˩˩tsɿ˥ti˧tʰiŋ˩˩.王：嗯。停，停止的停么。ŋ̍˥.tʰiŋ˩,tʰiŋ˩˩tsɿ˥ti˧tʰiŋ˩˩muo˧.黄：单立人儿过来那个停么。tæ̃˥˩li˥zʐ̩ər˩˩kuo˥˩læᴇ˩˩nə˥kə˥tʰiŋ˩˩muo˧.王：哎，对，停口儿。æᴇ˥,tuei˥˩,tʰiŋ˩kʰour˥.（停口儿？）黄：噢，停口儿么。停口是所有的抹子都成了，将都有了。ɑɔ˩,tʰiŋ˩˩kʰour˥muo˧.tʰiŋ˩˩kʰou˥sɿ˥˩ʂuo˥iou˥ti˧muo˥tsɿ˧tou˥˩tʂʰəŋ˩˩lə˧,tɕiɑŋ˥˦tou˥˩iou˥lə˧.王：嗯，就是缺……ŋ̍˩,tɕiou˥sɿ˥tɕʰye˥˩……黄：就是或者就短一张牌你这牌就和，啊？tɕiou˥˩sɿ˥˩xuei˩˦tʂə˥˩tɕiou˥tuæ̃˥i˥˦tʂɑŋ˥pʰæᴇ˩˦ni˥˦tʂə˥˩pʰæᴇ˩tɕiou˥xu˩,ɑ˧?（就短一张牌，我就我就等着？）黄：或炸或和。xuo˩˦tsɑ˥xuo˩˩xu˩˩.（欸，有的是……有的是那个什么，比如说二万三万，这个我短一个四万，这叫什么呢？）黄：那你就，这你就是停口了。nei˥˩ni˥tɕiou˥,tʂei˥ni˥tɕiou˥sɿ˥tʰiŋ˩kʰou˥˦lə˧.王：短个四万，那你就和四万咧么。tuæ̃˥˩kə˥˩sɿ˥væ̃˥,nei˥ni˥˦tɕiou˥xu˩sɿ˥˩væ̃˥˩lie m˧.黄：你就和四万么。ni˥˩tsou˥˩xu˩sɿ˥væ̃˥muo˧.（我有二万三万，我……我和一万也可以，和……和四万也可以？）黄&王：嗯。ə̃˩.（还有一种就是说我就有一三万，我只能和个二万。那个二万叫什么？）黄：夹张么。tɕiɑ˥tʂɑŋ˥˩muo˧.王：那叫夹二万么。nei˥tɕiɑo˥tɕiɑ˥˩ər˥væ̃˥muo˧.（tɕiɑ˥tʂɑŋ˩?）王：夹二万，或者是二五万。那就看你停下那是个夹张口吗是个二五万口子。tɕiɑ˥ər˥væ̃˥,xuo˩˩tʂə˥sɿ˥˩ər˥vu˥væ̃˥˩.nə˥˩tɕiou˥˩kʰæ̃˥ni˥˦tʰiŋ˩˩xɑ˥˦nei˥sɿ˥kə˥tɕiɑ˥tʂɑŋ˥˩kʰou˥mɑ˧sɿ˥kə˥ər˥˩vu˥væ̃˥˦kʰou˥˩tsɿ˧.（这，这种是不是，难和一点儿？）王：夹口，夹张口就难和嘛。tɕiɑ˥kʰou˥˦,tɕiɑ˥tʂɑŋ˥˩kʰou˥tɕiou˥næ̃˩xu˩˩mɑ˧.（夹张？）王：噢，你比若你和二五万的话儿你……ɑɔ˩,ni˥˦pi˥˦zʐuo˥˦ni˥˦xu˩ər˥vu˥væ̃˥ti˧xuɑr˥ni˥˦……客：夹张共有四张么你。你这和两面各……和儿……和儿兀有八张咧么。tɕiɑ˥tʂɑŋ˥˩kuoŋ˥˦iou˥˩sɿ˥tʂɑŋ˥˩muo˧ni˥˩.ni˥˩tʂə˥xu˩liɑŋ˥˩miæ̃˥˦kuo˥˩……xuər˩……xuər˩væᴇ˥iou˥˩pɑ˥tʂɑŋ˥˩liem˧.王：你，你这个比方说你和的是二五，一个三万，一个四万，你就和的是二五万。你一个三万，一个一万，那你就是和的夹儿和。ni˥˩,ni˥tʂə˥kə˥pi˥fɑŋ˥˩ʂuo˥˩ni˥xu˩˩ti˧sɿ˥ər˥vu˥˦,i˥˩kə˥sæ̃˥væ̃˥,i˥˩kə˥sɿ˥væ̃˥,ni˥˦tɕiou˥xu˩˩ti˧sɿ˥ər˥vu˥væ̃˥˩.ni˥˦i˥˩kə˥sæ̃˥væ̃˥,i˥˩kə˥i˥væ̃˥,nei˥ni˥˦tɕiou˥sɿ˥xu˩˩ti˧tɕiɑr˥xu˩˩.（噢。比如说这个我这个和了，我这可就就是短个一万或者四万，你放个四万，你这叫什么？你打个四万来，哎，让我和，你怎么样？）黄：放和了么。fɑŋ˥xu˩˩ləm˧.王：那叫放和么。nei˥tɕiɑo˥fɑŋ˥˦xu˩˩muo˧.（还有的是你在我……你在我前面儿，我这也和四万，你也和四万。）王：那叫截和么。nei˥tɕiɑo˥tɕie˩xu˩˩muo˧.（截和？）王：噢，那也□就截了么。ɑɔ˩,nei˥˦iɑ˥˩niæ̃˩˦tɕiou˥tɕie˩˩lə˧muo˧.（有没有说一炮双响的这种说法？你，你放个四万，两个人都……都和了？）

王：那不行。nei˦˥pu˧˩ɕiŋ˧˩.黄：哎没有。只能和一个。æᴇ˥˧mei˧˩iou˥˩.tsʅ˥˦nəŋ˧˦xu˧˦i˥˩kə˦˩.（只能和一个？）王：你，你像，两个人都和咧，你，比方是你放和，我们两个都和咧，这个这个你开两个人钱吗开一个人钱？你，必须是一个人和么。ni˥˩,ni˥˩ɕiaŋ˦,liaŋ˥˧kə˦˩zəŋ˧˦tou˥˩xu˧˩lie˧,ni˥˦,pi˥˧faŋ˥˩sʅ˦˩ni˥˧faŋ˦xu˧˦,ŋuo˥˧məŋ˧liaŋ˥˧(k)ə˦˩tou˥˩xu˧˩lie˧,tʂə˦kə˦tʂə˦kə˦ni˥˧kʰæᴇ˥˩liaŋ˥˧kə˦˩zəŋ˧˦tɕiæ̃˧˦ma˧kʰæᴇ˥˦i˥˩kə˦˩zəŋ˧˩tɕʰiæ̃˧˩?ni˥˦,pi˥˩ɕy˥˦sʅ˦i˥˩kə˦˩zəŋ˧˩xu˧˩muo˧.

打牌

（打纸牌，你们这个平常是怎么玩法？）王：那我们有……有打……有打盖哞。打百分儿么你。nei˦ŋuo˥˧məŋ˧iou˥˦t……iou˥˦ta˥……iou˥˦ta˥˧kæᴇ˦˥m̩˧.ta˥˦pei˥˩fə̃r˥˩muo˧ni˥˩.黄：打百分的。ta˥˦pei˥˩fəŋ˥˩ti˧.（打百分儿？）王&黄：嗯。ŋ̍˧˩.王：有打百分儿，有，捉老麻子。iou˥˦ta˥˦pei˥˩fə̃r˥˩,iou:˥,tʂuo˥˩lao˥˧ma˧˦tsʅ˧.（捉老麻子是什么东西？）王：捉老麻子那就是，咱们三个人打牌着咧，你把牌一出完，<u>我们</u>，把<u>我们</u>两个儿老麻子都捉住了。捉住我们的数……就看我们手上，我有五张牌，我就数……这就，你要给你掏五块钱。他有，八张牌，他掏八块钱。tʂuo˥˩lao˥˧ma˧˦tsʅ˥nei˦tɕiou˦sʅ˦,tsa˧˦məŋ˧sæ̃˥kə˦˩zəŋ˧˦ta˥pʰæᴇ˧˦tʂə˧lie˧,ni˥pa˥˩pʰæᴇ˧˦i˥˩tʂʰʯ˥˩væ̃˧˦,ŋuom˥,pa˥˩ŋuom˥liaŋ˥(k)ər˦˩lao˥˧ma˧˦tsʅ˧tou˥˩tʂuo˥tʂʯ˦˩lə˧.tʂuo˥tʂʯ˦˩ŋuo˥˧məŋ˧tə˧ʂʯ˥……tɕiou˦˩kʰæ̃˦˥ŋuo˥˧məŋ˧ʂou˥ʂaŋ˦,ŋuo˥iou˥˦vu˥tʂaŋ˥˩pʰæᴇ˧˩,ŋuo˥tɕiou˦ʂʯ……tʂə˦tɕiou˦,ni˥˩iao˦kei˦ni˥˦tʰao˥˩vu˥kʰuæᴇ˥˩tɕʰiæ̃˧˩.tʰa˥˦iou˥˦,pa˥tʂaŋ˥˩pʰæᴇ˧˦,tʰa˥˦tʰao˥˩pa˥kʰuæᴇ˥˩tɕiæ̃˧˩.（噢。）这就叫捉老麻子。tʂə˦˥tɕiou˦tɕiao˦tʂuo˥˩lao˥˧ma˧˦tsʅ˧.（有没有什么争上游啊这种说法？）王：有，有。iou˥,iou˥.黄：有嘛，争上游嘛。iou˥ma˧,tsəŋ˥˩ʂaŋ˦˥iou˧˦ma˧.（争上游也有？）王：嗯。ŋ̍˧˩.黄：争上游。上……tsəŋ˥˩ʂaŋ˦iou˧˦.ʂ……王：挑红四。tʰiao˥xuoŋ˧˦sʅ˦.黄：挑红四。tʰiao˥xuoŋ˧˦sʅ˦.（跳红四是什么？）黄：挖坑儿咧。va˥˦kʰə̃r˥lie˧.王：挑红四，那是挖坑儿咧。tʰiao˥xuoŋ˧˦sʅ˦,nei˦sʅ˦va˥˩kʰə̃r˥lie˧.（挖坑？）王：陕西人叫挑红四咧，咱们这儿叫挖坑咧。ʂæ̃˥ɕi˥˩zəŋ˧˦tɕiao˦tʰiao˥xuoŋ˧˦sʅ˦lie˧,tsa˧˦məŋ˧tʂər˦tɕiao˦va˥˦kʰəŋ˥lie˧.黄：甘肃人叫挖儿坑儿<u>咧么</u>。kæ̃˥ɕy˥˩zəŋ˧˩tɕiao˦˩var˥˦kʰə̃r˥liem˧.（挖坑？）黄：就是……挖坑就是不要王嘛。tsou˦˩sʅ˦˩……va˥˦kʰəŋ˥tsou˦sʅ˦pu˧˩iao˦vaŋ˧˦ma˧.（那……）黄：三最大嘛。sæ̃˥tsuei˦ta˦ma˧.（三最大？）王：三和二最大。sæ̃˥xuo˧˦ər˦tsuei˦˩ta˦˩.（噢。）王：三……sæ̃˥……黄：三二一么有。sæ̃˥˩ər˦i˥muo˧iou˥˦.（有没有什么斗地主这种这种这种……）王：有咧。iou˥lie˧.黄：有咧嘛。斗地主着兀……iou˥lie˧ma˧.tou˦ti˦˥tʂʯ˥˩tʂə˧və˦˩……（也……也是一种，也是一种……）王：也是一种玩儿法。ie˥sʅ˦i˥˦tʂuoŋ˥˦væ̃r˧˦fa˥˦.黄：玩儿法。væ̃r˧˦fa˥˩.（还有什么玩儿法吗？）黄：升级哞。ʂəŋ˥˦tɕi˥m̩˧.（升级？）黄：嗯。升级就是从这个二开始打起嘛。就和争上游的那个，争，升级就说是，欸，从二开始打起嘛。ə̃˧˩.ʂəŋ˥˦tɕi˥tɕiou˦sʅ˦tsʰuoŋ˧˩tʂə˦kə˦ər˦kʰæᴇ˥˩sʅ˥˦ta˥tɕʰi˥ma˧.tsou˦xuo˧˩tsəŋ˥˩ʂaŋ˦iou˧˦ti˧nə˦kə˦,tsəŋ˥˩,ʂəŋ˥˦tɕi˥tɕiou˦˥ʂuo˥˩sʅ˦˩,ei˧˩,tsʰuoŋ˧˩ər˦kʰæᴇ˥˩sʅ˥˦ta˥tɕʰi˥ma˧.王：那就是，那就打K，四个人打K，你讲下那个谁家升的快咧么。nei˦˩tɕiou˦sʅ˦˩,nei˦tɕiou˦ta˥kʰæᴇ:˥˩,sʅ˦kə˦zəŋ˧˦ta˥kʰæᴇ˥˦,ni˥˦tɕiaŋ˥xa˦˩nə˦kə˦sei˧˩tɕia˥ʂəŋ˥ti˧kʰuæᴇ˦˥lie˧muo˧.黄：啊。a˧˩.王：从一打成，打二；二打成，打三。tsʰuoŋ˧˦i˥˩ta˥˦tʂʰəŋ˧˦,ta˥˦ər˦;ər˦ta˥˦tʂʰəŋ˧˦,ta˥sæ̃˥.黄：最后一直打到K么。tsuei˦xou˦i˥˩tʂʰʅ˧˦ta˥tao˦˩kʰæᴇ˥muo˧.王：打到K么。ta˥tao˦˩kʰæᴇ˥muo˧.（还有这种斗点子的有没有？）王：斗点子那就是那那那钩鱼么……tou˦tiæ̃˥tsʅ˧nei˦tɕiou˦sʅ˦næᴇ˦næᴇ˦næᴇ˦kou˥˩y˧˦muo˧kʰ……黄：钩鱼么，呃。kou˥˩y˧˦muo˧,ə˧˩.（钩鱼？）黄：嗯。还有啥咧么。咱们这儿这还有那推十点儿半儿

咧。ə̃˩.xæᴇ˨˦˩iou˥˩sɑ˥lie˧muo˧.tʂɑ˨˦məŋ˧tʂər˥tʂə˥xæᴇ˨˦iou˥˩˧nei˥tʰuei˥˩ʂʅ˨˦˩tiæ̃r˥˩˧pæ̃r˥lie˧.王：啊，推十点半。ɑ˩,tʰuei˥˩ʂʅ˨˦˩tiæ̃˥˩˧pæ̃˥.（推十点半。）黄：嗯。ə̃˩.（怎么弄呢？）王：十点半那就说是，给你发牌，你这个，你这个牌，嗯，丁子[1]圈子[2]K，这都顶哩半点子。再就是从一到，从一到这个十，这都是算是，是几点就是几点。十点半儿就说是，给你一下发牌发了个九点，再又给你发咧一个，呃，钩子，这就是九点半，给你发个十点半，你发了个十，就再发下钩子咧，十点半这……这就……ʂʅ˨˦˩tiæ̃˥˩˧pæ̃˥nei˥tɕiou˥˩ʂuo˥˩˩sʅ˥,kei˥ni˥˩˧fɑ˥˩pʰæᴇ˨˦,ni˥˩˧tʂə˥kə˥,ni˥˩tʂə˥˩kə˥˩pʰæᴇ˨˦,ŋ̍˩,tiŋ˥˩tsʅ˧tɕʰyæ̃˥˩tsʅ˧kʰæᴇ˥˩,tʂə˥tou˥˩˦tiŋ˥˩li˧pæ̃˥˦tiæ̃˥˩˩tsʅ˧.tsæᴇ˥˦tɕiou˥sʅ˥tsʰuoŋ˨˦i˥˩tɑɔ˥,tsʰuoŋ˨˦i˥˩tɑɔ˥tʂə˥˩kə˥˩ʂʅ˨˦,tʂə˥tou˥˩˩sʅ˥suæ̃˥sʅ˥,sʅ˥tɕi˥˩˧tiæ̃˥˩tɕiou˥˩sʅ˥˩tɕi˥˩tiæ̃˥˩˩.ʂʅ˨˦˩tiæ̃˥˩pæ̃r˥tɕiou˥ʂuo˥˩˧sʅ˥,kei˥ni˥˩i˥˩˩xɑ˥˦fɑ˥˩pʰæᴇ˨˦fɑ˥˩˩lə˧kə˥˩tɕiou˥˩tiæ̃˥˩˩,tsæᴇ˥˦iou˥kei˥ni˥˩˧fɑ˥˩lie˧i˥˩˩kə˥˩,ə˩,kou˥˩tsʅ˧,tʂə˥tɕiou˥sʅ˥tɕiou˥˩˩tiæ̃˥˩˩pæ̃˥˩,kei˥˩ni˥˩˧fɑ˥˩kə˥˩ʂʅ˨˦tiæ̃˥˩˩pæ̃˥,ni˥˩˧fɑ˥˩lə˧kə˥˩ʂʅ˨˦,tɕiou˥˩tsæᴇ˥˩fɑ˥˩˩(x)ɑ˥˩kou˥˩tsʅ˧lie˧,ʂʅ˨˦˩tiæ̃˥˩pæ̃˥tʂə˥……tʂei˥tɕiou˥tʂ……黄：这最大了。tʂə˥˩tsuei˥tɑ˥lə˧.王：这就最大，这就你就赢咧。如果说你是，你发个，给你发了个三，发了个六，这应就九点子了。那咛再给你，到你点，再给你发，发了个四点子。tʂə˥˩tɕiou˥tsuei˥tɑ˥,tʂə˥˩tɕiou˥n˥˩˧tɕiou˥iŋ˨˦lie˧.zʮ˨˦˩kuo˥˩ʂuo˥˩˩ni˥˩θʅ˥（←sʅ）,ni˥˩fɑ˥˩˩kə˥˩,kei˥˩ni˥˩˧fɑ˥˩˩lə˧kə˥˩sæ̃˥˩,fɑ˥˩˩lə˧kə˥liou˥˩,tʂə˥iŋ˥˩tɕiou˥˩tɕiou˥˩tiæ̃˥˩˩tsʅ˧lə˧.nə˥˩kʰuɑ˥˩tsæᴇ˥kei˥ni˥˩,tɑɔ˥ni˥˩tiæ̃˥˩˩,tsæᴇ˥kei˥˩ni˥˩˩fɑ˥˩˧,fɑ˥˩lə˧kə˥˩sʅ˥tiæ̃˥˩˩tsʅ˧.黄：胀死了。tʂɑŋ˥sʅ˥˩˩lə˧.王：就是一十三，这就把你胀死了，你就输了。tɕiou˥˩˧sʅ˥i˥˩˩ʂʅ˨˦sæ̃˥˩,tʂə˥tɕiou˥pɑ˥˩˩ni˥˩˧tʂɑŋ˥˦sʅ˥˩˩lə˧,ni˥˩˧tɕiou˥ʂʮ˥˩lə˧.（胀死了。）王：这就叫十点半。tʂə˥tɕiou˥tɕiɑɔ˥ʂʅ˨˦˩tiæ̃˥˩pæ̃˥.黄：抬金花儿。tʰæᴇ˨˦˩tɕiŋ˥˩xuɑr˥˩˩.（抬金花？）王&黄：嗯。ŋ̍˩.（怎么弄呢？）王：抬金花儿那就采取……tʰæᴇ˨˦tɕiŋ˥˩xuɑr˥˩˧nei˥tɕiou˥tsʰæᴇ˥˩˩tɕʰy˥˩˧……黄：一个人三张牌嘛。i˥˩˩kə˥zəŋ˨˦sæ̃˥˩tʂɑŋ˥˩˩pʰæᴇ˨˦mɑ˧.王：一个……给你一个人发三张牌嘛。翻……然后你就是，耍钱开来你就压钱咧嘛。i˥˩˩kə˥˩……kei˥ni˥˩˧i˥˩˩kə˥zəŋ˨˦fɑ˥˩˩sæ̃˥˩tʂɑŋ˥˩˩pʰæᴇ˨˦mɑ˧.fæ̃˥˩˩f……zæ̃˨˦˩xou˥ni˥˩˩tɕiou˥sʅ˥,ʂuɑ˥˩tɕʰiæ̃˨˦˩kʰæᴇ˥˩læᴇ˨˦˩ni˥˩˧tɕiou˥niɑ˥˩tɕʰiæ̃˨˦˩lie˧mɑ˧.（嗯。）王：啊，你是……比方说是你蒙一……蒙一，看二，你蒙……我这儿这，我没看我牌，我牌在那儿扣着咧。我蒙了一块。他把他牌拿起来一看以后，他要上他就上两块。噢，你再也一看了，一上，你也上两块。这么个就是说是，最后牌翻起来就是，带枪，那就是带尖子，或者是你……你……这，翻起来，看点子谁大咧。我大唧，我就把你，我就把这哎，这里头兀钱我就赢走了。你大了，你就赢走了。但是是，三四五，这就是算算一个呃……ɑ˩,ni˥˩˧sʅ˥……pi˥˩fɑŋ˥˩˧ʂuo˥˩˧sʅ˥ni˥˩˧məŋ˥˩i˥˩˩……məŋ˥˩˦i˥˩,kʰæ̃˥˦ər˥,ni˥˩˧məŋ˥˩……ŋuo˥˩tʂər˥˦tʂə˥˩,ŋuo˥˩mei˨˦kʰæ̃˥ŋuo˥˩pʰæᴇ˨˦˩,ŋuo˥˩pʰæᴇ˨˦˧tsæᴇ˥nər˥kʰou˥˩tʂuo˥˩lie˧.ŋuo˥˩˧məŋ˥˩lə˧i˥˩˩kʰuæᴇ˥˩˧.tʰɑ˥˩pɑ˥˩˩tʰɑ˥˩pʰæᴇ˨˦nɑ˨˦˧tɕʰi˥˩læᴇ˨˦˩i˥˩˩kʰæ̃˥i˥˩˧xou˥,tʰɑ˥˩˧iɑɔ˥ʂɑŋ˥tʰɑ˥˩˧tɕiou˥ʂɑŋ˥liɑŋ˥˩kʰuæᴇ˥˩˩.ɑɔ˩,ni˥˩tsæᴇ˥iɑ˥˩i˥˩˩kʰæ̃˥lə˧,i˥˩˩ʂɑŋ˥˦,ni˥˩iɑ˥˩˧ʂɑŋ˥liɑŋ˥˩kʰuæᴇ˥˩˩.tʂə˥˦muo˧kə˥tɕiou˥˩sʅ˥˩ʂuo˥˩˩sʅ˥,tsuei˥xou˥pʰæᴇ˨˦fæ̃˥˩˩tɕʰi˥˩læᴇ˨˦˩tɕiou˥˩sʅ˥˩,tæᴇ˥˦tɕʰiɑŋ˥˩,nə˥tɕiou˥sʅ˥tæᴇ˥˦tɕiæ̃˥˩tsʅ˧,xuo˨˦˩tʂə˥˩˧sʅ˥ni˥˩˧……ni˥˩˧……tʂə˥˩˧,fæ̃˥˩˩tɕʰi˥˩læᴇ˨˦˩,kʰæ̃˥tiæ̃˥˩tsʅ˧sei˨˦˩tɑ˥lie˧.ŋuo˥˩tɑ˥lɑŋ˧,ŋuo˥˩tɕiou˥pɑ˥˩˩ni˥˩˧,ŋuo˥˩tɕiou˥pɑ˥˩˩tʂə˥æᴇ˥,tʂə˥li˥˩tʰou˧væᴇ˥tɕʰiæ̃˨˦ŋuo˥˩˧tsou˥iŋ˨˦˩tsou˥˩lə˧.ni˥˩tɑ˥lə˧,ni˥˩tɕiou˥˩iŋ˨˦˩tsou˥˩lə˧.tæ̃˥˩sʅ˥˦sʅ˥,sæ̃˥˩˩sʅ˥vu˥˩,tʂə˥tɕiou˥sʅ˥suæ̃˥suæ̃˥i˥˩˩kə˥ə˩……黄：顺子咧。ʂuoŋ˥tsʅ˧lie˧.王：顺子。ʂuoŋ˥tsʅ˧.（噢，有顺子？）王：噢，有顺子，有金花儿。ɑɔ˩,iou˥˩˧ʂuoŋ˥˦tsʅ˧,iou˥˩tɕiŋ˥˩xuɑr˥˩˩.黄：对子，金花儿。tuei˥˦tsʅ˧,tɕiŋ˥˩xuɑr˥˩˩.（tɕiŋ˥˩xuɑr˩是什

---

① 丁子：扑克牌中的J。

② 圈子：扑克牌中的Q。

么？）王：金花儿那就说是，呃，一门子啊，比若红桃儿。tɕiŋ˦xuar˦˨nei˥˧tɕiou˥˨ʂuo˦˨sɿ˥,ə˨,i˦˨məŋ˨˩tsɿ˥la˧,pi˦ʐuo˦˨xuoŋ˨˩tʰaɔr˨˩.（噢。）王：六七八，这也是算一……算一个金花儿。呃，丁圈K也算个金花儿。噢，十丁圈还算个金花儿。对子的话了，那就只，翻起来你不……你只要，三页牌里头有一对子，我是个对圈子，你是个对丁子，那我就赢咧。liou˦˨tɕʰi˦˦pa˦,tʂei˥ia˦sɿ˥˨suæ̃˥i˦˦……suæ̃˥i˦˦kə˥tɕiŋ˦xuar˦˨.ə˨,tiŋ˦˨tɕʰyæ̃˦˨kʰæɛ˦˦ie˦suæ̃˥kə˥tɕiŋ˦˨xuar˦˨.aɔ˨,ʂɿ˨˦tiŋ˦˦tɕʰyæ̃˦xa˨˩suæ̃˥kə˥tɕiŋ˦xuar˦˨.tuei˥˦tsɿ˧tə˧xua˥lə˧,næɛ˥tɕiou˥tsɿ˦˦,fæ̃˦˨tɕʰi˦læɛ˨˩ni˦pu˨˩……ni˦tsɿ˦˨iaɔ˥,sæ̃˦ie˦˨pʰæɛ˨˩li˦˦tʰou˧iou˦i˦˨tuei˥˦tsɿ˧,ŋuo˦sɿ˥˨kə˥˨tuei˥˦tɕʰyæ̃˦tsɿ˧,ni˦sɿ˥˨kə˥˨tuei˥˦tiŋ˦tsɿ˧,nə˥˨ŋuo˦tɕiou˥˨iŋ˨˩lie˧.（噢。）王：啊，就是这，这就是那，砸金花儿里头那就是那几种。a˨,tɕiou˥˨sɿ˥˨tʂə˥,tʂə˥˦tɕiou˥sɿ˥nə˥,tsa˨˩tɕiŋ˦xuar˦˨li˦tʰou˧nei˥tɕiou˥sɿ˥nei˥tɕi˦˦tʂuoŋ˦˨.（是不是跟那个电视里面“梭哈”是差不多的意思？）黄：没有见过电视。muo˦˨iou˦tɕiæ̃˥˦kuo˥˨tiæ̃˥˨sɿ˥˨.（电……电视里头那个电视里演那个什么，这个两个赌王在那儿赌牌，这个旁边儿有个发牌那种？）王：我比……不是的。ŋuo˦pi˦˨……pu˨˩sɿ˥˨ti˧.黄：不一样。不一样。不一样。pu˨˦i˦˦iaŋ˥.pu˨˦i˦˦iaŋ˥.pu˨˦i˦˦iaŋ˥.（不一样？）黄：不一样。pu˨˦i˦˨iaŋ˥˨.（还有点儿不一样？）黄：嗯。但是抬金……抬……这个挖坑坑和电视里那个玩儿的那个是一回事。ə̃˨.tæ̃˥sɿ˥tʰæɛ˨˩tɕiŋ……tʰæɛ˨˦……tʂə˥kə˥va˦˨kʰəŋ˦kʰəŋ˦˨xuo˨˩tiæ̃˥sɿ˥li˦˦nə˥˨kə˥˨væ̃r˨˩ti˧nei˥kə˥sɿ˥˨i˦˨xuei˨˩sɿ˥.（就是赌……赌博那种这个？）黄：呃。挖坑。ə˨.va˦˨kʰəŋ˦.（这个两个两个大，大，嗯，这个有钱人这个，这个这个……）黄：不一样。不一样。pu˨˦i˦˦iaŋ˥.pu˨˩i˦˨iaŋ˥˨.（玩儿五张牌，一看谁的谁的……）黄：不一样。我们只是三张牌。pu˨˦i˦˦iaŋ˥˨.ŋuo˦məŋ˧tʂɿ˦˨sɿ˥sæ̃˦tʂaŋ˦˨pʰæɛ˨˩.（嗯，三张牌？）黄：金花儿。tɕiŋ˦xuar˦˨.（抬金花儿是三张牌？）黄：嗯。ŋ̍˨.（那你们这个，这个叫什么？一你们叫什么？写个A的那个叫什么？）黄：尖子么。tɕiæ̃˦tsɿm˧.王：尖子。tɕiæ̃˦tsɿ˧.（二你叫什么呢？）王：二就叫二么。ər˥˧tɕiou˥˨tɕiaɔ˥˨ər˥muo˧.黄：二就叫二。ər˥˧tɕiou˥˨tɕiaɔ˥˨ər˥.（三呢？）黄：三兀都……兀都一朝一……从二三四五六七八九十这都一样。sæ̃˦væɛ˥˧tou˦˨……væɛ˥˧tou˦˨i˦˦tʂʰaɔ˨˦i˦˨……tsʰuoŋ˨˩ər˥sæ̃˦˨sɿ˥vu˦liou˦˨tɕʰi˦pa˦˨tɕiou˦ʂɿ˨˦tʂə˥˧tou˦˦i˦˨iaŋ˥.（呃，到后头呢？）黄：到后头那就是钩钩、圈子、老K么。taɔ˥xou˥˦tʰou˧næɛ˥tɕiou˥sɿ˥kou˦kou˦˨,tɕʰyæ̃˦tsɿ˧,laɔ˦˨kʰæɛ˦muo˧.（还有这个，像个梅花儿一样的，那个你们叫什么？）王：叫梅花儿么。tɕiaɔ˥mei˨˩xuar˦muo˧.（还有一个，这样方块儿的呢？）黄：方块儿么。faŋ˦˨kʰuər˦muo˧.王：方块儿。faŋ˦˨kʰuər˦.（方块儿还是方片儿？）王：方块儿。faŋ˦˨kʰuər˦.黄：红黑桃儿么，红桃儿黑桃儿。xuoŋ˨˩xei˦˨tʰaɔr˨˩muo˧,xuoŋ˨˩tʰaɔr˨˩xei˦˨tʰaɔr˨˩.王：再就是黑桃儿么。红桃儿，黑桃儿。tsæɛ˥tɕiou˥sɿ˥xei˦˨tʰaɔr˨˩muo˧.xuoŋ˨˩tʰaɔr˨˩,xei˦˨tʰaɔr˨˩.（这就四种牌了？）王&黄：嗯。ŋ̍˨.（这个，这个，叫方块儿。还有别的说法没有这个方块儿？）王：方块儿没有其他。faŋ˦˨kʰuər˦mei˨˩iou˦tɕʰi˨˩tʰa˦˨.黄：没有啥说法。mei˨˩iou˦sa˥˨ʂuo˦fa˦˨.王：方块儿那就是有时候□叫方片儿么。faŋ˦˨kʰuər˦nei˥tɕiou˥sɿ˥iou˦sɿ˨˩xou˥˨niæ̃˨˩tɕiaɔ˥faŋ˦˨pʰiæ̃r˦muo˧.（这个王呢？）王：王那就是大王、二王。vaŋ˨˩nei˥˨tɕiou˥˨sɿ˥˨ta˥vaŋ˨˩,ər˥vaŋ˨˩.黄：大王二王么。ta˥vaŋ˨˩ər˥˧vaŋ˨˩muo˧.（大王、二王？）王：嗯。ŋ̍˨.（叫不叫小王？）黄：也叫咧，小王儿也说。ie˦tɕiaɔ˥lie˧,ɕiaɔ˦vɑ̃r˨˩æ˦˦ʂuo˦˦.王：叫小王咧。tɕiaɔ˥ɕiaɔ˦vaŋ˨˩lie˧.（哪种说得最多？）王：二王说。ər˥˦vaŋ˨˩ʂuo˦˦.黄：二王说的多。ər˥˧vaŋ˨˦ʂuo˦˨ti˧tuo˦.（就是这个，你们这个什么钩啊，还有皮蛋呐，还有这个老K呀，加，加在一块儿你们叫什么？钩圈凯？）王：丁，我们叫那丁圈凯。tiŋ˦˨,

ŋuo˦mən˧tɕiɑɔ˥nə˥tiŋ˦tɕʰyæ̃˦˨kʰæᴇ˦˨.黄：丁，就叫叫丁圈凯咧。tiŋ˦˨,tɕiou˥tɕiɑɔ˥tɕiɑɔ˥tiŋ˦˧tɕʰyæ̃˦˨kʰæᴇ˦lie˧.（钉圈凯？）黄：嗯。ŋ̍˨.王：啊，兀个钩哩叫丁子，一般人说丁子。ɑ˨,vu˥˨kə˥kou˦li˧tɕiɑɔ˥tiŋ˦tsɿ˧,i˦˨pæ̃˦zən˧˨ʂuo˦˧tiŋ˦tsɿ˧.（钩子也叫丁子？）黄：嗯。ŋ̍˨.王：啊，叫丁子。大部分，大部可儿都叫丁子，不叫钩子。ɑ˨,tɕiɑɔ˥˧tiŋ˦tsɿ˧.tɑ˥pu˥fəŋ˥,tɑ˥pʰu˥˧kʰər˦˨tou˦˨tɕiɑɔ˥tiŋ˦tsɿ˧,pu˨˩tɕiɑɔ˥kou˦tsɿ˧.（这个打牌有没有什么钩蛋板的说法？）王：有，那就是打兀个三二一叫钩蛋板么。iou˦,næᴇ˥tɕiou˥sɿ˥tɑ˦vu˥kəːsæ̃˦˨ər˥i˦tɕiɑɔ˥kou˦˨tæ̃˥pæ̃˦muo˧.黄：那你打三二一，挖坑儿的话，那你就是钩蛋板。nei˥˨ni˦˨tɑ˦sæ̃˦˨ər˥i˦,vɑ˦˧kʰər˦ti˧xuɑ˥,næᴇ˥ni˦˧tɕiou˥˨sɿ˥˨kou˦˨tæᴇ˥（←tæ̃˥）pæ̃˦˧.王：嗯，钩蛋板。ə̃˦,kou˦˨tæ̃˥pæ̃˦˧.（打三二一挖坑？）黄&王：嗯。ŋ̍˨.王：叫钩蛋板。tɕiɑɔ˥kou˦˨tæ̃˥pæ̃˦˧.（这种玩儿法怎么玩儿呢？）黄：那很简单那就。nə˥˧xəŋ˦tɕiæ̃˦tæ̃˦˨nei˥tɕiou˥.王：那就三，还是三个人。nə˥tɕiou˥sæ̃˦˨,xɑ˨˩sɿ˥sæ̃˦kə˥˨zən˨˩.黄：三就……三个人，四个人都能打咧么。sæ̃˦tsou˥……sæ̃˦kə˥˨zən˨˩,sɿ˥kə˥zən˨˩tou˦˨nəŋ˨˩tɑ˦liem˧.王：四个人打那是成了跑得快咧姆。sɿ˥kə˥zən˨˩tɑ˦˧nei˥˧sɿ˥˨tʂʰəŋ˨˩lə˧pʰɑɔ˦tə˧kʰuæᴇ˥˧lie˧m̩˧.黄：嗯哼。ə̃˨xə̃˥.王：四个人打就是跑得快，三个人就是挖坑儿么。sɿ˥kə˥zən˨˩tɑ˦˧tɕiou˥sɿ˥pʰɑɔ˦tə˧kʰuæᴇ˥,sæ̃˦kə˥˨zən˨˩tɕiou˥˨sɿ˥˨vɑ˦˨kʰə̃r˦muo˧.黄：嗯。ŋ̍˨.（有没有什么打垮台的说法？）王：没有。mei˨˩iou˦˨.黄：没有。mei˨iou˦˧.（没有打垮台？）黄：嗯。ŋ̍˨.（什么吹牛，捉……捉娘娘这种说法呢？）黄：我们这儿有有有吹……ŋuo˦mən˧tʂər˥˧iou˦˧iou˦˧iou˦˧tʂʰuei˦˨……王：有吹牛咧。iou˦˧tʂʰuei˦˨niou˨lie˧.黄：有吹牛咧。iou˦tʂʰuei˦˨niou˨lie˧.王：嗯。ə̃˨.（吹牛怎么打呢？）王：吹牛那比方是，你拿一把牌，我……我欻往下一啪，往下一扣，我三个丁子。tʂʰuei˦˨niou˨nə˥pi˦fɑŋ˦˨sɿ˥˨,ni˦nɑ˨i˦˨pɑ˦pʰæᴇ˨,ŋuo˦˧……ŋuo˦ei˥vɑŋ˦˧xɑ˥i˦˨pʰiɑ˦,vɑŋ˦˧xɑ˥i˦˨kʰou˥˧,ŋuo˦˧sæ̃˦˨kə˥˨tiŋ˦tsɿ˧.黄：嗯，你相信啵？ə̃˨,ni˦˨ɕiɑŋ˦˨ɕiŋ˥˧puo˧?王：你相信不相信？一旦相信了，我可出……ni˦ɕiɑŋ˦˨ɕiŋ˥pu˨ɕiɑŋ˦˨ɕiŋ˥˨?i˦˧tæ̃˥ɕiɑŋ˦˨ɕiŋ˥˧lə˧,ŋuo˦kʰə˦˧tʂʰʮ˦˨……黄：我可是，我可……ŋuo˦kʰə˦˨sɿ˥,ŋuo˦kʰə˦˨……王：我这还可出三个丁子。ŋuo˦˨tʂə˥˧xɑ˨˩kʰə˦˧tʂʰʮ˦˨sæ̃˦˨kə˥˨tiŋ˦tsɿ˧.黄：我再加三个丁子进去。ŋuo˦˧tsæᴇ˥tɕiɑ˦˨sæ̃˦˨kə˥˨tiŋ˦tsɿ˧tɕiŋ˥˨tɕʰi˥˨.王：啊。这就说你头里那……ɑ˨.tʂə˥˧tɕiou˥ʂuo˦˧ni˦˨tʰou˨˩li˦nei˥……黄：这是吹的么。tʂə˥sɿ˥tʂʰuei˦ti˧muo˧.王：头里那三个丁子就吹牛已吹过去。tʰou˨˩li˦nei˥sæ̃˦˨kə˥˨tiŋ˦tsɿ˧tɕiou˥tʂʰuei˦˨niou˨i˦˨tʂʰuei˦kuo˥tɕʰi˥.黄：是假的。sɿ˥tɕiɑ˦ti˧.（假的？）黄：嗯。ə̃˨.王：假的，过去了。后面这三个丁子又好像真的了。tɕiɑ˦ti˧,kuo˥tɕʰi˥lə˧.xou˥˧miæ̃˥tʂə˥sæ̃˦˨kə˥˨tiŋ˦tsɿ˧iou˥xɑɔ˦˧ɕiɑŋ˥tʂəŋ˦ti˧lə˧.黄：吹牛。还有捉王八咧我们。tʂʰuei˦˨niou˨.xæᴇ˨˩iou˦˧tʂuo˦vɑŋ˨˩pɑ˦lie˧ŋuo˦mən˧.（捉王八？）黄：嗯。ə̃˨.（捉王八是什么呢？）黄&王：捉王八是配对对咧么。tʂuo˦˨vɑŋ˨˩pɑ˦sɿ˥pʰei˥tuei˥˧tuei˥˧lie˧muo˧.黄：它是这一桌牌里头把，把一个呃，留了一个王，留了一个八么。tʰɑ˦˧sɿ˥tʂə˥i˦˨tsuo˦pʰæᴇ˨˩li˦tʰou˧pɑ˦˨,pɑ˦˨i˦˨kə˥ək,liou˨˩lə˧i˦˨kə˥˨vɑŋ˨,liou˨˩lə˧i˦˨kə˥pɑ˦muo˧.王：那就是随便儿藏两张牌着咧。nei˥˨tɕiou˥sɿ˥suei˨˩pʰiær˥tsʰɑŋ˨liɑŋ˦tʂɑŋ˦˨pʰæᴇ˨tʂə˧lie˧.黄：啊，藏咧两张牌着哩。最后是出牌以后，配对对。ɑ˨,tsʰɑŋ˨˩lie˧liɑŋ˦tʂɑŋ˦˨pʰæᴇ˨tʂə˧li˧.tsuei˥xou˥sɿ˥tʂʰʮ˦pʰæᴇ˨i˦˨xou˥,pʰei˥tuei˥tuei˥.王：最后那……tsuei˥xou˥˧nə˥……黄：最后那个，你手里那个……tsuei˥xou˥nə˥˨kə˥˨,ni˦ʂou˦li˦˨nə˥kə˥……王：那，那两张单牌剩得谁……nei˥˨,nei˥˧liɑŋ˦tʂɑŋ˦˨tæ̃˦pʰæᴇ˨ʂəŋ˥tə˧sei˨˩……黄：两张单牌肯定是……liɑŋ˦tʂɑŋ˦˨tæ̃˦pʰæᴇ˨˩kʰəŋ˦˧tiŋ˥sɿ……王：剩得谁剩兀谁就输了。ʂəŋ˥˧tə˧sei˨ʂəŋ˥˧vu˥˨sei˨tɕiou˥ʂʮ˦lə˧.黄：剩得谁，谁就王儿八儿么。ʂəŋ˥tə˧sei˨,sei˨tɕiou˥˧vɑ̃r˨˩pɑr˦muo˧.王：啊，谁就王儿八儿。

ãɣ,seiʎtɕiouˉvãrʎʟparɣ˫.（噢。）王：王八。vaŋʎʟpaɣ.黄：赶毛驴儿咧还有。赶毛驴儿还是……kæ̃ɣmaɔʎlyərʎʟlie˧xæᴇʎʟiouɣʟ.kæ̃ɣmaɔʎlyərʎ˫xaʎʟsɿ˥ʟ……王：赶毛驴儿，弥竹竿，都有咧。kæ̃ɣmaɔʎlyərʎ,miʎtʂʯɣkæ̃ɣʟ,touɣʟiouɣlie˩.（赶毛驴儿？）黄&王：嗯。ŋ̍ʟ。（赶毛驴儿是怎么玩儿呢？）黄：还是配对对咧吧。xaʎʟsɿ˥ʟpʰei˧tuei˧tuei˧lie˧pa˩.（也是配对子？）黄：赶毛驴儿咋么弄着，我就忘记了。kæ̃ɣmaɔʎʟlyərʎtsaɣ˫muo˧nuoŋ˧tʂə˧,ŋuoɣʟtsou˥ʟvaŋ˧tɕi˧ʟlə˩.王：赶毛驴儿。再一个就是弥竹竿，弥竹竿那是望上，弥竹竿耍下就说是……你手里牌，我手里牌，往上，弥咧。□这底下放下短，有，短，这儿，这儿有个五，下面到四□上，我手里一个四，我往这儿一插。kæ̃ɣmaɔʎlyərʎ.tsæᴇ˥ʟiɣkə˥ʟtɕiou˧sɿ˧miʎtʂʯɣkæ̃ɣʟ,miʎtʂʯɣkæ̃ɣʟnei˧sɿ˥ʟvaŋ˧ʂaŋ˧,miʎtʂʯɣkæ̃ɣʟʂuaɣxa˥ʟtɕiou˧ʂuoɣʟsɿ˧m……niɣʂouɣliɣʟpʰæᴇʎ,ŋuoɣʂouɣliɣʟpʰæᴇʎ,vaŋɣ˫ʂaŋ˧,miʎlie˧.niæ̃ʎʟtʂə˧tiɣxa˥ʟfaŋ˧xa˥ʟtuæ̃ɣ,iouɣ˫,tuæ̃ɣ,tʂər˥ʟ,tʂər˥ʟiouɣ˫kə˧vuɣ,ɕia˥ʟmiæ̃˥ʟtaɔ˧sɿ˧tʂʰaŋʟʂaŋ˥ʟ,ŋuoɣʂouɣliɣiɣʟkə˧sɿ˧,ŋuoɣvaŋɣʟtʂər˧iɣʟtsʰaɣ.黄：嗯。ə̃ʟ.王：然后看你谁个手里是牌先完咧么。那就这样一个竹竿。你谁牌完……zæ̃ʎʟxou˧kʰæ̃˧niɣ˫seiʎʟkə˧ʂouɣliɣʟsɿ˥ʟpʰæᴇʎɕiæ̃ɣʟvæ̃ʎlie˧muo˩.nei˧tɕiou˧tʂə˧iaŋ˧iɣʟkə˥ʟtʂʯɣkæ̃ɣʟ.niɣʟseiʎpʰæᴇʎ˫væ̃……（迷猪……）黄：竿，啊。kæ̃rɣ,aɣ.王：弥竹竿。miʎʟtʂʯɣkæ̃ɣʟ.（怎么写呢？）黄：竹子的竹么，竿子的竿么。木字旁过去个欻……tʂʯɣtsɿ˩ti˩tʂʯɣmuo˩,kæ̃ɣtsɿ˩ti˩kæ̃ɣmuo˩.muɣtsɿ˥ʟpʰaŋʎʟkuo˧tɕʰi˧kə˥ʟeiʟ……（竹竿儿？）黄&王：嗯。ə̃ʟ.（miʎ是哪个miʎ？）黄：弥是连接的那个弥。miʎsɿ˧liæ̃ʎtɕieɣti˩nei˥ʟkə˥ʟmiʎʟ.（噢，把东……）王：弥就起的，起了个连接作用嘛。miʎtɕiou˧tɕʰiɣti˩,tɕʰiɣlə˩kə˥ʟliæ̃ʎtɕieɣtsuoɣʟyoŋ˧ma˩.黄：呃，连接作，连，起了个连接作用那个弥么。əʟ,liæ̃ʎʟtɕieɣtsuoɣʟ,liæ̃ʎʟ,tɕʰiɣlə˩kə˥ʟliæ̃ʎtɕieɣtsuoɣʟyoŋ˧nə˧kə˧miʎʟmuo˧.（连接的作用就叫miʎ？）黄&王：嗯。ə̃ʟ.（欻，这个缝miʎ一下叫不叫弥缝？）黄：也叫弥缝咧，弥缝。ieɣtɕiaɔ˧miʎ˫fəŋ˧lie˩,miʎ˫fəŋ˧.（弥竹竿儿？）王：嗯。ŋ̍ʟ.（就是中间缺一张牌，你就后面补上？）黄：噢，就弥，你就把那弥起来。aɔʟ,tsou˧miʎ˫,niɣ˫tsou˧paɣʟnə˥ʟmiʎʟtɕʰiɣlæᴇʎʟ.（游和？）黄：游和咱们这个地方少得很。iouʎxuʎtsaʎməŋ˧tʂə˧kə˧ti˧faŋɣʟʂaɔɣtə˩xəŋɣ˫.王：没有。muoɣʟiouɣʟ.黄：但是有这个东西咧。咱们叫梦和，有的叫游和。tæ̃˥ʟsɿ˧ʟiouɣtʂə˧kə˧tuoŋɣɕi˩lie˩.tsaʎməŋ˧tɕiaɔ˧məŋ˧xuʎ,iouɣti˧tɕiaɔ˧iouʎxuʎʟ.（那是干吗的呢？）黄：纸牌，还是一种纸牌。tsɿɣpʰæᴇʎʟ,xaʎsɿ˥ʟiɣ˫tʂuoŋɣ˫tsɿɣpʰæᴇʎʟ.王：那，那就是那是冲那个的耍那个梦和么。nei˥ʟ,nei˥ɣtɕiou˥ʟsɿ˥ʟnei˧sɿ˧tʂʰuoŋɣʟnə˧kə˧tə˩ʂuaɣnə˧kə˧məŋ˧xuʎmuo˧.黄：呃，梦和么。əʟ,məŋ˧xuʎmuo˧.（四川人玩儿的？）黄：啊，四川人玩儿。aʟ,sɿ˥ʟtʂʰuæ̃ɣ˫zəŋʎ˫væ̃rʎ.王：啊，四川人玩儿那。aʟ,sɿ˥ʟtʂʰuæ̃ɣʟzəŋʎʟvæ̃rʎnə˧.黄：陕北人也嘛，陕北……ʂæ̃ɣpeiɣʟzəŋʎieɣʟma˩,ʂæ̃ɣpeiɣʟ……王：那八十四张么。nə˧paɣʟʂɿʎʟsɿ˥ɣtʂaŋɣʟmuo˩.黄：噢，八十四张牌，陕北人也……也搞。那一搞起来，几天几夜都坐了。aɔ˧,paɣʂɿʎʟsɿ˥ʟtʂaŋɣʟpʰæᴇʎʟ,ʂæ̃ɣpeiɣʟzəŋʎieɣ˫k……ieɣʟkaɔɣʟ.nei˥ʟiɣʟkaɔɣtɕʰiɣlæᴇʎʟ,tɕiɣtʰiæ̃ɣʟtɕiɣ˫ie˧touɣʟtsou˧ʟlə˩.（叫碰和不叫？）王：不叫。puʎʟtɕiaɔ˧.黄：叫梦和咧。tɕiaɔ˧məŋ˧xuʎʟlie˩.（打红四呢？）王：打红四么，就是那挑红四。taɣʟxuoŋʎsɿ˧muo˧,tɕiou˧ʟsɿ˥ʟnei˧tʰiaɔɣxuoŋʎʟsɿ˧.黄：打红四就是这挑红四么，嗯。taɣxuoŋʎʟsɿ˧tɕiou˥ʟsɿ˥ʟtʂə˥ʟtʰiaɔɣxuoŋʎʟsɿ˧muo˩,əŋ˧.（打红四就是挑红四？）黄：嗯，也就是这个四先出咧么，红四先出，红四先叫么。ŋ̍ʟ,ieɣtɕiou˧sɿ˧tʂə˥ʟkə˥ʟsɿ˧ɕiæ̃ɣʟtʂʰʯɣlie˧muo˩,xuoŋʎʟsɿ˥ʟɕiæ̃ɣʟtʂʰʯɣ,xuoŋʎʟsɿ˥ʟɕiæ̃ɣʟtɕ

iɑɔ˥˧muo·˧.（就是红桃四吗？）黄：啊，红桃四么。ɑ˩,xuoŋ˨˦tʰɑɔ˨˦sɿ˥muo·˧.（谁谁谁出了红红四……）黄：谁揭到红四，谁先叫牌么。sei˨˦tɕie˥˧tɑɔ˥xuoŋ˨˦sɿ˥,sei˨˦ɕiæ̃˥˩tɕiɑɔ˥˦pʰæᴇ˨˦m uo·˧.王：谁先出牌，先出牌。sei˨˦ɕiæ̃˥˩tʂʰʮ˥˧pʰæᴇ˨˦,ɕiæ̃˥˧tʂʰʮ˥˧pʰæᴇ˨˦.黄：呃，先出牌嘛。ə˩,ɕiæ̃˥˧tʂʰʮ˥˧pʰæᴇ˨˦mɑ·˧.

（三）娱乐

耍狮子

（那耍社火的，平常那个……）黄：哎，那有。æᴇ˨˦,nei˥˦iou˥˩.（也……也有点儿武功的这种，什么耍狮子什么东西的。）王：嗯，耍社火那那过去耍过。那也那，狮子滚绣球。ŋ̍˩,ʂuɑ˥˧ʂə˥˧xuo˥˩nei˥nei˥kuo˥tɕʰy˥ʂuɑ˥˧kuo˥˩.nei˥iɑ˥˩nei˥,sɿ˥˩tsɿ·˧kuoŋ˥˧ɕiou˥tɕʰiou˨˦.黄：那是讲究是社火那，狮子里头是看是这个，一般打文狮子吗是打武狮子咧。nə˥˦sɿ˥tɕiɑŋ˥˧tɕiou˥˩sɿ˥˩ʂə˥˧xuo˥˩næᴇ˥,sɿ˥˧tsɿ·˧li˥˧tʰou·˧sɿ˥˩kʰæ̃˥sɿ˥˩tʂə˥˩kə˥˩,i˥˧pæ̃˥˩tɑ˥˧vəŋ˨˦sɿ˥˧tsɿ·˧mɑ·˧sɿ˥˩tɑ˥˧vu˥˧sɿ˥˩tsɿ·˧lie·˧.（呃，呃，讲讲看。）黄：这个武狮子那你是前头就是要要跳咧，要那个咧么。欸，前头有人引上打咧。一般那就有跳跃的动作了。tʂə˥kə˥vu˥˧sɿ˥˩tsɿ·˧nei˥ni˥˧sɿ˥tɕʰiæ̃˨˦tʰou·˧tɕiou˥˩sɿ˥˩iɑɔ˥iɑɔ˥tʰiɑɔ˥lie·˧,iɑɔ˥nə˥˩kə˥lie·˧muo·˧.ei˩,tɕʰiæ̃˨˦tʰou·˧iou˥˧zəŋ˨˦iŋ˥˧ʂɑŋ˥˩tɑ˥˧lie·˧.i˥˩pæ̃˥nei˥tsou˥˩iou˥˩tʰiɑɔ˥iɑɔ˥ti·˧tuoŋ˥tsuo˥˩lə·˧.（跳跃的动作？）黄：啊，文狮子一般情况下，太不跳跃么。ɑ˩,vəŋ˨˦sɿ˥˧tsɿ·˧i˥˩pæ̃˥tɕʰiŋ˨˦kʰuɑŋ˥ɕiɑ˥˩,tʰæᴇ˥pu˨˦tʰiɑɔ˥iɑɔ˥muo·˧.（它也不跳跃了？）黄：嗯。北方的狮子都是武狮子，南方的狮子是文狮子多一些。ŋ̍˩.pei˥˧fɑŋ˥˩ti·˧sɿ˥˧tsɿ·˧tou˥˧sɿ˥vu˥˧sɿ˥˩tsɿ·˧,næ̃˨˦fɑŋ˥˧ti·˧sɿ˥˧tsɿ·˧sɿ˥˩vəŋ˨˦sɿ˥˧tsɿ·˧tuo˥˧i˥˩ɕie˥˩.（你们这个玩儿，耍狮子有时，是耍狮子还是玩儿狮子？）黄：耍狮子咧。ʂuɑ˥˧sɿ˥˩tsɿ·˧lie·˧。（耍狮子有些什么玩儿法呢，就当……当……你们看到的？）王：一个是……我们这儿说那就是狮子测字么。i˥˩kə˥sɿ˥……ŋuo˥˧məŋ·˧tʂər˥ʂuo˥˧næᴇ˥tɕiou˥˩sɿ˥˩sɿ˥˧tsɿ·˧tsʰei˥˩tsɿ˥˦muo·˧.（狮子，猜字？）王：嗯。ə̃˩.（怎么怎么弄？）王：那也就是拿我们，过去□们老年人耍下狮子就是给你放一些凳子，然后你要你，看这是个啥字，你咋么个测这个字咧。□拆开。□那都有□的方法了。咱们不懂。nei˥ie˥˩tɕiou˥sɿ˥nɑ˨˦ŋuo˥˧məŋ·˧,kuo˥˧tɕʰy˥niæ̃˨˦məŋ·˧lɑɔ˥˧niæ̃˨˦zəŋ˨˦ʂuɑ˥˧(x)ɑ˥sɿ˥˩tsɿ·˧tɕiou˥˩sɿ˥˩kei˥ni˥˧fɑŋ˥i˥˩ɕie˥˩təŋ˥˧tsɿ·˧,zæ̃˨˦xou˥ni˥˧iɑɔ˥ni˥˧,kʰæ̃˥tʂə˥sɿ˥˩kə˥˩sɑ˥tsɿ˥,ni˥˧tsɑ˥˧muo·˧kə˥tsʰei˥˧tʂə˥˩kə˥˩tsɿ˥˧lie·˧.niæ̃˨˦tsʰei˥˩kʰæᴇ˥˧.niæ̃˨˦nei˥˦tou˥˩iou˥˧niæ̃˨˦tə·˧fɑŋ˥˧fɑ˥˩lə·˧.tsɑ˨˦məŋ·˧pu˨˦tuoŋ˥˧.（测字吧？）黄：测字，啊。三点水儿，过去这个则字，原则的则，测字么。tsʰə˥˧tsɿ˥,ɑ˩.sæ̃˥˩tiæ̃˥˧ʂuər˥˩,kuo˥tɕʰi˥tʂə˥˩kə˥˩tsə˥˧tsɿ˥˩,yæ̃˨˦tsə˥˧ti·˧tsə˥˧,tsʰə˥˩tsɿ˥muo·˧.（狮子？）黄：那□那个狮子，□舞……咱们这儿打狮子□是咋么个几马分鬃那咋么。nei˥˦niæ̃˨˦nə˥kə˥sɿ˥˧tsɿ·˧,niæ̃˨˦vu˥˧……tʂɑ˨˦məŋ·˧tʂər˥tɑ˥˧sɿ˥˧tsɿ·˧niæ̃˨˦sɿ˥˩tsɑ˥˧muo·˧kə˥˩tɕi˥˧mɑ˥˧fəŋ˥˧tsuoŋ˥˧næᴇ˥tsɑ˥˩muo·˧.（打狮子是什么呢？）王：那是你两个儿成了白马分鬃。nə˥˦sɿ˥˩ni˥˧liɑŋ˥˧kər˥˩tʂʰəŋ˨˦lə·˧pei˨˦mɑ˥˧fəŋ˥˧tʂuoŋ˥˧.黄：白马分鬃。pei˨˦mɑ˥˧fəŋ˥˧tsuoŋ˥˧.王：那是你两个。两个队上咧。nə˥sɿ˥ni˥˧liɑŋ˥˧kə˥˩.liɑŋ˥˩kə˥˩tuei˥˧ʂɑŋ˥˩lie·˧.黄：打狮子，我们这儿这个狮子就说是必须要有一个人领着咧么。tɑ˥˧sɿ˥˧tsɿ·˧,ŋuo˥˧məŋ·˧tʂər˥tʂə˥˩kə˥˩sɿ˥˧tsɿ·˧tɕiou˥ʂuo˥˩sɿ˥˩pi˥˧ɕy˥˧iɑɔ˥iou˥˧i˥˩kə˥zəŋ˨˦liŋ˥˧tʂə·˧lie·˧muo·˧.（领着？）王：噢，就有……ɑɔ˩,tɕiou˥iou˥˧……黄：啊，拿了个绣球么。ɑ˩,nɑ˨˦lə·˧kə˥ɕiou˥˧tɕʰiou˨˦muo·˧.王：拿了个绣球呣。nɑ˨˦lə·˧kə˥ɕiou˥˧tɕʰiou˨˦m̩·˧.黄：手里拿了个绣球。ʂou˥˧li˥˩nɑ˨˦lə·˧kə˥ɕiou˥tɕʰiou˨˦.（这个这个人这……这个人在打狮子？）黄：叫打狮子咧。ɑ˩,tɕiɑɔ˥tɑ˥˧sɿ˥˩tsɿ·˧lie·˧.（打吗？）黄：打么。tɑ˥˧muo·˧.（在打狮

子？）王：嗯。ə̃l˨.黄：实际上他那个打狮子就说是他把……ʂʅ˩˨tɕi˥ʂaŋ˥tʰɑ˨nə˥kə˥tɑ˨˦sʅ˨tsʅ˧tɕiou˥ʂuo˨˩sʅ˥˨tʰɑ˨pɑ˨˩……王：就指挥狮子，引的狮子。tɕiou˥tsʅ˨xuei˨˩sʅ˨˩tsʅ˧,iŋ˥ti˧sʅ˨˩tsʅ˧.黄：指挥他是欸，引导狮子动作的人叫打狮子的。tsʅ˨xuei˨˩tʰɑ˨˩sei˥（←sʅ˥ei˥）,iŋ˨tɑɔ˨˦sʅ˨tsʅ˧tuoŋ˥˦tsuo˨˩ti˧zəŋ˩tɕiɑɔ˥tɑ˨˦sʅ˨tsʅ˧tə˧.（前面那个人？）黄：啊，前面那个。ŋɑl˨,tɕʰiæ̃˩miæ̃˥˦nə˥kə˥˨.（耍，啊，这是这个这个叫打狮子的？）王：啊。ɑ̃˥.黄：啊，专门儿有个人领的，不在狮……不是穿狮子皮的这个人。ɑ˥,tʂuæ̃˨˩mə̃r˩iou˨kə˥zəŋ˩liŋ˨ti˧,pu˩tsæᴇ˥sʅ˨……pu˩sʅ˥tʂʰuæ̃˨˩sʅ˨tsʅ˧pʰi˩ti˧tʂei˥˨kə˥zəŋ˩˨.（穿狮子皮的这两个人怎么弄呢？）黄：他是耍狮子的。他在里边咧嘛，啊。tʰɑ˨sʅ˥ʂuɑ˨˦sʅ˨tsʅ˧ti˧.tʰɑ˨tsæᴇ˥li˨piæ̃˨˩lie˧mɑ˧,ɑ˧.（这个前头那个人呢？）黄：那就是引狮子的。nə˥tɕiou˥sʅ˥iŋ˨sʅ˨˩tsʅ˧ti˧.王：前头那个那那那就是抴狮子头么。tɕʰiæ̃˩tʰou˧nə˥kə˥nææ˥nææ˥nææ˥tɕiou˥sʅ˥tʂou˨sʅ˨tsʅ˧tʰou˩muo˧.（走狮子头？）王：啊。ɑl˨.黄：抴的狮子……tʂou˨ti˧sʅ˨tsʅ˧……王：后面那个人就是尾巴么。xou˥˦miæ̃˥nei˥kə˥zəŋ˩tɕiou˥sʅ˥vei˨pɑ˧muo˧.黄：尾巴么。vei˨pɑ˧muo˧.（tʂou˨狮子头还……）黄：抴，抴着咧么。tʂou˨,tʂou˨tʂə˧liem˧.（撤着？）黄：啊，抴着咧么。那是两个，那个狮子头在人拿两个手抴着咧么你。ɑl˨,tʂou˨tʂə˧liem˧.nə˥sʅ˥liaŋ˨kə˥˨,nə˥kə˥sʅ˨tsʅ˧tʰou˩tsæᴇ˥zəŋ˩nɑ˩liaŋ˨(k)ə˥˨ʂou˨tʂou˨tʂə˧lie˧muo˧ni˨˩.（后面，后头那个人是干嘛的？）黄：尾巴么。vei˨pɑ˧muo˧.（他叫尾巴？）黄：嗯。狮……我们这儿打狮子，他必须三个人嘛。前头有个引狮子的了么。拿个绣球以后是……ə̃l˨.sʅ˨……ŋuo˨məŋ˧tʂər˥tɑ˨˦sʅ˨tsʅ˧,tʰɑ˨˩pi˨˦ɕy˨˦sæ̃˨kə˥zəŋ˩mɑ˧.tɕʰiæ̃˩tʰou˧iou˨kə˥iŋ˨sʅ˨˩tsʅ˧ti˧lə˧muo˧.nɑ˩kə˥ɕiou˥tɕʰiou˩i˨˩xou˥sʅ˥……（这三个人一组？）黄：三个人一组。这个前头这个人就是欸，狮子的所有动作就是前头那个人给他引导着。叫他咋么个打，他就咋么个打咧。sæ̃˨kə˥zəŋ˩i˨˩tsu˨.tʂə˥kə˥tɕʰiæ̃˩tʰou˧tʂə˥kə˥zəŋ˩tɕiou˥sʅ˥ei˨˩,sʅ˨tsʅ˧ti˧ʂuo˨˦iou˨˦tuoŋ˥˦tsuo˨˩tɕiou˥sʅ˥tɕʰiæ̃˩tʰou˧nə˥kə˥zəŋ˩kei˥˨tʰɑ˨˦iŋ˨˦tɑɔ˨tʂə˧.tɕiɑɔ˥˦tʰɑ˨˦tsɑ˨m̩˧kə˥tɑ˨,tʰɑ˨˦tɕiou˥tsɑ˨m̩˧kə˥tɑ˨lie˧.

（那你们平常这个耍社火呀这些东西，怎么玩儿狮子？耍社火的时候又玩儿些什么东西？也他们这些人这也恐怕也有点这个功夫底子吧？要不然他……他也那上……登高上低的也……也弄不弄不了。）黄：那他有的，那都是互相，耍这个就是靠这个欸，前，打狮子的人的这个引导……引导。nei˥˦tʰɑ˨˩iou˨˩ti˧,nei˥tou˨˩sʅ˥xu˥ɕiaŋ˨˩,ʂuɑ˨˦tʂə˥kə˥˦tsou˥˨sʅ˥˨kʰɑɔ˥tʂə˥kə˥ei˨˩,tɕʰiæ̃˩˨,tɑ˨˦sʅ˨tsʅ˧ti˧zəŋ˩ti˧tʂə˥˨kə˥iŋ˨tɑɔ……iŋ˨˦tɑɔ˨.（嗯。）黄：再一个就是互相来……打狮子是个配合的动作。tsæᴇ˥i˨˦kə˥tɕiou˥sʅ˥xu˥ɕiaŋ˨læᴇ˩˨……tɑ˨˦sʅ˨tsʅ˧sʅ˥kə˥˨pʰei˥xuo˩˨ti˧tuoŋ˥˨tsuo˨˩.（啊。）黄：头和尾巴，你只要配合上来都可以。它是个登高呀，下低呀，这都是欸，靠前头的那个打狮子的给你引路。再一个这耍狮子的这两个人互相配合上，他就上去了。你比如上桌子的话，你这个抴狮子头的人，你就抴了个狮子头，你就，你往起来跳的话，你就啊……tʰou˩xuo˩vei˨pɑ˧,ni˨tsʅ˨˩iɑɔ˥pʰei˥xuo˩ʂaŋ˥læᴇ˩˨tou˨˩kʰə˨i˨˩.tʰɑ˨˦sʅ˥˨kə˥˨təŋ˨˦kɑɔ˨iɑ˧,ɕiɑ˥ti˨iɑ˧,tʂə˥tou˨˦sʅ˥ei˨˩,kʰɑɔ˥tɕʰiæ̃˩tʰou˧ti˧nei˥˨kə˥˨tɑ˨˦sʅ˨tsʅ˧ti˧kei˥ni˨˦iŋ˨lou˥.tsæᴇ˥i˨˩kə˥˨tʂə˥˨ʂuɑ˨˦sʅ˨tsʅ˧ti˧tʂə˥liaŋ˨kə˥zəŋ˩xu˥ɕiaŋ˨˩pʰei˥xuo˩ʂaŋ˥,tʰɑ˨˦tɕiou˥ʂaŋ˥tɕʰi˥lə˧.ni˨˩pi˨ʐʯ˩ʂaŋ˥˦tʂuo˨tsʅ˧ti˧xuɑ˥˨,ni˨˦tʂə˥kə˥tʂou˨˦sʅ˨tsʅ˧tʰou˩ti˧zəŋ˩,ni˨˦tsou˥tʂou˨lə˧kə˥˨sʅ˨tsʅ˧tʰou˩,ni˨˩tsou˥˨,ni˨vaŋ˨˩tɕʰi˨læᴇ˩˨tʰiɑɔ˥˦ti˧xuɑ˥˨,ni˨˦tsou˥ɑ˥……（后头有人啊！）黄：后头这个人嘛，往前一走呣，把你这个腰逮住，欸，一提，你不是跳上咧？xou˥˦tʰou˧tʂə˥kə˥zəŋ˩mɑ˧,vaŋ˨˩tɕʰiæ̃˩i˨˩tsou˨m̩˧,pɑ˨˩ni˨˦tʂə˥kə˥iɑɔ˨tæᴇ˨tʂʯ˥˨,ei˨,i˨˩tʰi˩,ni˨

˥pu˩˨sʅ˥tʰiɑɔ˥˨ʂɑŋ˥lie˧?（噢，必须要提着他的腰？）黄：噢，你一提腰。ɑɔ˨˩,ni˥i˥˨tʰi˩˧iɑɔ˥˧.（一提他就上去了？）黄：哎他噌一下，上去了。结果后头，他望上一走，顺便手手……一个手把头一挒住，再把你一拉，你也跟上上来。啊，这要互相配合上就就弄起来。æᴇ˥tʰɑ˥˧tsʰəŋ˥i˥˨xɑ˥˨,ʂɑŋ˥tɕʰi˥˨lə˧.tɕie˥˨kuo˥xou˥tʰou˧,tʰɑ˥vɑŋ˥˨ʂɑŋ˥˧i˥˨tsou˥,ʂuoŋ˥piæ̃˥ʂou˥˨ʂou˥˨……i˥˨kə˥ʂou˥pɑ˥˨tʰou˩˧i˥˨tʂou˥tʂʮ˥˨,tsæᴇ˥pɑ˥˨ni˥i˥˧lɑ˥,ni˥iɑ˥˨kəŋ˥˨ʂɑŋ˥ʂɑŋ˥læᴇ˩˨.ɑ˨˩,tʂə˥iɑɔ˥xu˥ɕiɑŋ˥˨pʰei˥xuo˩˧ʂɑŋ˥˧tɕiou˥tɕiou˥luoŋ˥tɕʰi˥˧læᴇ˩˨.

耍社火

（你们这个初……这个初一十五也也也玩儿……也耍社火吧？）黄：也……我们这儿耍社火好像初一十五一般都不耍。ie˥˨……ŋuo˥məŋ˧tʂər˥ʂuɑ˥ʂə˥xuo˥˧xɑɔ˥˧ɕiɑŋ˥tʂʰʮ˥˧i˥ʂʅ˩˨vu˥i˥˧pæ̃˥tou˥˨pu˩˨ʂuɑ˥.（什么时候耍呢？）黄：我们都是初……从初二三以后，慢慢就开始，出灯了就叫。ŋuo˥məŋ˧tou˥˧sʅ˥tʂʰʮ˥˨……tsʰuoŋ˩˨tʂʰʮ˥˨ər˥sæ̃˥i˥xou˥,mæ̃˥mæ̃˥tɕiou˥kʰæᴇ˥˨sʅ˥,tʂʰʮ˥˨təŋ˥lə˧tɕiou˥tɕiɑɔ˥˨.（出灯？）黄：嗯。ŋ̍˨.（就叫耍社火？）黄：嗯，就叫耍社火了。ŋ̍˥,tɕiou˥tɕiɑɔ˥ʂuɑ˥ʂə˥xuo˥˧lə˧.（有些什么玩儿法呢？）黄：那这里头一般情况下就是，舞狮子。nei˥tʂə˥li˥tʰou˧i˥˨pæ̃˥tɕʰiŋ˩˨kʰuɑŋ˥ɕiɑ˥tɕiou˥˦sʅ˥˨,vu˥˧sʅ˥tsʅ˧.（舞狮子？）黄：嗯。这就是这个欸，跑旱船。嗯，再就是这个踩高跷。ə̃˨.tʂei˥˨tɕiou˥˦sʅ˥˨tʂə˥˨kə˥˨ei˨,pʰɑɔ˥xæ̃˥tʂʰuæ̃˩˧.ə̃˨,tsæᴇ˥tɕiou˥˦sʅ˥tʂə˥kə˥tsʰæᴇ˥˧kɑɔ˥tɕʰiɑɔ˥˨.（舞狮子、跑旱船？）黄：嗯。ə̃˨.（踩高跷？）黄：嗯。再就是这个地故事。ŋ̍˨.tsæᴇ˥tɕiou˥sʅ˥˨tʂə˥˨kə˥˨ti˥˧ku˥˦sʅ˥˨.（什么？）黄：地故事。ti˥˧ku˥sʅ˥.（ti˦ku˨sʅ˨是什么东西？）黄：地故事，它这个东西就说是欸，也就是一种哑巴的这个表演形式。你比如它这个欸把一些事，戏剧……游西湖，它这地故……地故事里头，他可以游西湖。ti˥˦ku˥˦sʅ˥˨,tʰɑ˥˧tʂə˥kə˥tuoŋ˥ɕi˧tɕiou˥ʂuo˥˨sʅ˥ei˥,ie˥tɕiou˥sʅ˥i˥˨tʂuoŋ˥˧iɑ˥pɑ˧ti˧tʂə˥˨kə˥˨piɑɔ˥iæ̃˥ɕiŋ˩˧ʂʅ˥˨.ni˥˧pi˥˧zʮ˩˨tʰɑ˥˧tʂə˥kə˥ei˨pɑ˥˨i˥ɕie˥˧sʅ˥,ɕi˥tɕy˥……iou˩˧ɕi˥˨xu˩˧,tʰɑ˥˨tʂə˥ti˥ku……ti˥ku˥˨sʅ˥˨li˥˨tʰou˧,tʰɑ˥˨kʰə˥i˥˨iou˩˧ɕi˥˨xu˩˧.（iou˩˧ɕi˨xu˩˧?）黄：游西湖。这是就是秦腔，这个戏剧里头的一折子。iou˩˧ɕi˥˨xu˩˧.tʂə˥sʅ˥tɕiou˥sʅ˥tɕʰiŋ˩˧tɕʰiɑŋ˥,tʂə˥˨kə˥˨ɕi˥tɕy˥li˥tʰou˧ti˧i˥˨tʂə˥tsʅ˧.（啊。）黄：他用得社火上来。tʰɑ˥yoŋ˥˦tə˧ʂə˥xuo˥˨ʂɑŋ˥˨læᴇ˩.（游西湖？）黄：啊，游西湖。ɑ˨˩,iou˩˧ɕi˥xu˩˧.（就是白娘子游西湖？）黄：啊，白……白娘子。他有扮成白娘子，有扮成青白二蛇的，还有扮成许官人的，许仙的。这他把这些衣裳穿上以后就是，绕住场子走咧。实际上就是个啊……哑巴社火不说话。ɑ˨˩,pei˩˧ɕiɑ……pei˩˧niɑŋ˩˧tsʅ˧.tʰɑ˥˨iou˥˧pæ̃˥tʂʰəŋ˩˨pei˩˧niɑŋ˩˧tsʅ˧,iou˥˧pæ̃˥tʂʰəŋ˩˨tɕʰiŋ˥˨pei˩˧ər˥ʂə˩˨ti˧,xæᴇ˩˨iou˥˧pæ̃˥tʂʰəŋ˩˨ɕy˥˨kuæ̃˥zəŋ˩˨ti˧,ɕy˥˨ɕiæ̃˥ti˧.tʂə˥tʰɑ˥˧pɑ˥˨tʂə˥ɕie˥˧i˥ʂɑŋ˩˨tʂʰuæ̃˥ʂɑŋ˥˨i˥˨xou˥tɕiou˥sʅ˥,zɑɔ˥tʂʮ˥tʂʰɑŋ˥tsʅ˧tsou˥lie˧.ʂʅ˩˨tɕi˥ʂɑŋ˥tɕiou˥˦sʅ˥˨kə˥˨zɑ˥……iɑ˥pɑ˧ʂə˥xuo˥˨pu˩˨ʂuo˥˨xuɑ˥.王：哑巴。那就是哑巴故事么。iɑ˥pɑ˧.nei˥˧tɕiou˥˨sʅ˥iɑ˥pɑ˧ku˥sʅ˥˧muo˧.黄：叫……tɕiɑɔ˥……（许仙叫许官人？）黄：啊，许官人。就叫地故事。ɑ˨˩,ɕy˥˨kuæ̃˥zəŋ˩˨.tɕiou˥tɕiɑɔ˥ti˥˧ku˥˨sʅ˥˨.（地——古——诗？）黄：噢，地故事么，啊？ɑɔ˨˩,ti˥˧ku˥sʅ˥˨muo˧,ɑ˨?（怎么写，这几个字？）黄：地是土地的"地"嘛。故是故事的"故"嘛。地故事。ti˥˧sʅ˥˨tʰu˥tʰi˥ti˧ti˥mɑ˧.ku˥˧sʅ˥˨ku˥˧sʅ˥ti˧ku˥mɑ˧.ti˥˧ku˥sʅ˥˨.（就那个，打鼓的鼓？）黄：呃，地，故，故事的"故"嘛，这个"故"么。ə˨˩,ti˥˧,ku˥˧,ku˥˧sʅ˥˨ti˧ku˥˧mɑ˧,tʂə˥kə˥˦ku˥muo˧.王：讲故事那个。tɕiɑŋ˥˧ku˥˧sʅ˥˨nə˥˨kə˥˨.黄：呃，这是个……ə˨˩,tʂə˥˦sʅ˥˨kə˥˨……（噢，地故事？）黄：呃，地故事么。ə˥,ti˥˨ku˥sʅ˥˨muo˧.（就是哑，就是做哑剧？）黄：哑剧么，噢，这实际上就是一种哑剧么。这就你，你像《游西湖》呀，

甚么《关公保皇嫂》呀。ia˥˧tɕy˧˦muo˨,ɑɔ˨˩,tʂə˧˩ʂʅ˨˩˧tɕi˧˥ʂaŋ˧tɕiou˧sʅ˧i˥˩tʂuoŋ˥˧ia˥˧tɕy˧muo˨.tʂə˧˥tɕiou˧ni˥˧,ni˥˧ɕiaŋ˧iou˨˧ɕi˥˩xu˨˧ia˨,ʂəŋ˧˩muo˨kuæ̃˥kuoŋ˥˩paɔ˥xuaŋ˨˩saɔ˥ia˨.（噢。）黄：这些都，《杀四门》①呀，这都是把秦……把戏剧里头的一些武场面，不说话这些武……武场面然后用社火的形式耍起来，耍出来，嗯。再一个，还像这个欸，最后就是扭秧歌儿。tʂə˧ɕie˥˧tou˥˩,sa˥˩sʅ˧˥məŋ˨˩˧ia˨,tʂə˧tou˥˦sʅ˧pa˥˩tɕʰiŋ˨˩……pa˥˩ɕi˧tɕy˧li˥tʰou˨ti˨i˥˩ɕie˥˩vu˥tʂʰaŋ˥miæ̃˧˩,pu˨˧ʂuo˥˩xua˧˥tʂei˧˩ɕie˥˩vu˥˧……vu˥tʂʰaŋ˥miæ̃˧˩ʐæ̃˨˩xou˧yoŋ˧ʂə˧xuo˥˩ti˨ɕiŋ˨˩ʂʅ˥ʂua˥˧tɕʰi˥˩læᴇ˨˩,ʂua˥˧tʂʰʮ˥læᴇ˨˩,ə̃˨˩.tsæᴇ˧i˥˧kə˧,xa˨˩ɕiaŋ˧tʂə˧kə˧ei˨˩,tsuei˧xou˧tɕiou˧˩sʅ˧˩niou˥˧iaŋ˥kər˥˩.（扭秧歌儿？）黄：噢，扭秧歌儿。ɑɔ˨˩,niou˥˧iaŋ˥kər˥˩.（扭秧歌是不是谁都会扭？）黄：那很简……很简单。nei˧xəŋ˥˧tɕiæ̃˥˧……xəŋ˥˧tɕiæ̃˥tæ̃˥˩.王：那一般的人都会扭。那就是把他哎组织起来，就练一练，他们也很……nei˧i˥˧pæ̃˥ti˨tʂəŋ˨˧tou˥˦xuei˧niou˥.nei˧tɕiou˧sʅ˧pa˥˩tʰa˥˧æᴇ˧tsʮ˥tʂʅ˥˩tɕʰi˥læᴇ˨˩,tɕiou˧˩liæ̃˧˦i˥˩liæ̃˧˩,tʰa˥˩məŋ˨lie˥xəŋ˥……黄：组织起来以后，练一练。在这个里头以后就……tsʮ˥tʂʅ˥˩tɕʰi˥læᴇ˨˩i˥˩xou˧˩,liæ̃˧i˥˩liæ̃˧˩.tʂæᴇ˧tʂə˧kə˧li˥tʰou˨i˥xou˧˦tɕiou˧˩……王：里边那个大部分用些娃娃。li˥˧piæ̃˥˧nei˧˥kə˧˩ta˧pu˧fəŋ˧yoŋ˧˦ɕie˥˩va˨˩va˨˧.黄：娃娃。va˨˩va˨˧.（娃娃？）王：比较听话，嗯。pi˥˩tɕiaɔ˧tʰiŋ˥˧xua˧˥,ə̃˨˩.黄：再一个里头他这个欸，秧歌儿的这个，扭谁都会扭，但是在里头以后，要变换一些队形，变换一些花样的话那你要先给排练<u>咧么</u>。tsæᴇ˧˦i˥˧kə˧li˥tʰou˨tʰa˥tʂə˧kə˧ei˧,iaŋ˥kər˥˧ti˨tʂə˧kə˧,niou˥sei˨˧tou˥˩xuei˧niou˥,tæ̃˧sʅ˧tsæᴇ˧li˥tʰou˨iou˥（←i˥）xou˧,iaɔ˧˩piæ̃˧xuæ̃˧i˥˩ɕie˥˩tuei˧ɕiŋ˨˧,piæ̃˧xuæ̃˧i˥˩ɕie˥˧xua˥˩iaŋ˧˦ti˨xua˧˩nei˧ni˥˧iaɔ˧ɕiæ̃˥˩kei˧pʰæᴇ˨˩liæ̃˧liem˨.（它这个靠什么指挥呢？）黄：靠鼓。kʰɑɔ˧ku˥.（ku˥？）黄：呃。秧歌的那个欸节奏，它就是靠鼓来指挥。ə˨˩.iaŋ˥kə˥˩ti˨nə˧kə˧ei˧tɕie˥˩tsou˧˥,tʰa˥˩tɕiou˧˩sʅ˧˩kʰɑɔ˧ku˥læᴇ˨˩tsʅ˥xuei˨˩.（什么人敲鼓呢？）黄：那专门儿你有鼓锣班子，有打鼓的<u>咧么</u>。nei˧tʂuæ̃˥˩mə̃r˨˧ni˥˧iou˥˧ku˥˧luo˨˩pæ̃˥tsʅ˨,iou˥˧ta˥˧ku˥ti˨liem˨.（叫鼓锣班子？）黄：啊。ɑ˨˩.王：嗯。ŋ̍˨˩.（就是一……一对子的人是吧？）黄：嗯，那就要，那……ə̃˦,nei˧˥tsou˧iaɔ˧˩,nei˧……王：那是五个人咧。nə˧˩sʅ˧vu˥˩kə˧˩ʐəŋ˨˧lie˨.黄：是五个人一台么。打鼓的。sʅ˧vu˥˩kə˧˥ʐəŋ˨˩i˥˩tʰæᴇ˨˩muo˨.ta˥˧ku˥ti˨.（他……他那个鼓是挂在这儿还是这……这儿呢？）王：欸，大鼓。ei˦,ta˧ku˥˩.黄：欸，扭秧歌那个鼓大<u>了么</u>。那要大鼓咧。ei˦,niou˥˦iaŋ˥kə˥˩nə˧˩kə˧ku˥ta˧ləm˨.nei˧iaɔ˧ta˧˥ku˥˩lie˨.（大鼓？）黄：抬是……你至少要两个人抬咧你。tʰæᴇ˨˩s……ni˥˧tsʅ˧˦ʂaɔ˥iaɔ˧liaŋ˥kə˧˩ʐəŋ˨˧tʰæᴇ˨˩lie˨ni˥˩.（那是不是拿个架子架着，还是拿……）黄：拿架子架着咧嘛。na˨˩tɕia˧˦tsʅ˨tɕia˧tʂə˨lie˨ma˨.王：拿架子架咧嘛。na˨˩tɕia˧˦tsʅ˨tɕia˧lie˨ma˨.黄：在空……tsæᴇ˧˩kʰuoŋ˥……（那他怎么走呢，是拿个车推吗？）黄：拿人……两个人放手抬着哩。na˨˩ʐ……liaŋ˥kə˧˩ʐəŋ˨˧faŋ˧ʂou˥˧tʰæᴇ˨˩tʂə˨li˨.（抬着走？）黄：嗯，抬着走。ə̃˨˩,tʰæᴇ˨˩tʂə˨tsou˥˩.（有锣没有？）黄：有咧，锣，铰子，这都要有咧。iou˥lie˨,luo˨˧,tɕiaɔ˥tsʅ˨,tʂə˧tou˥˦iaɔ˧iou˥˩lie˨.王：镲。tsʰɑ˥.黄：镲，这都要有。tsʰɑ˥,tʂə˧tou˥˦iaɔ˧iou˥˩.（这有没有说，像陕北人那种挂着个腰鼓？）王：那叫腰鼓。nei˧˩tɕiaɔ˧iaɔ˥ku˥˧.黄：那是……那叫腰鼓子。nə˧˥sʅ˧˩……nə˧˥tɕiaɔ˧˩iaɔ˥ku˥˩tsʅ˨.王：那叫腰鼓。nə˧tɕiaɔ˧iaɔ˥˩ku˥.黄：那是他只能是打腰鼓子，耍社火的鼓，你腰鼓子声音多低的，能行？耍社火必须是大鼓么。nei˧˥sʅ˧tʰɑ˥tsʅ˥˩nəŋ˨˧sʅ˧˩ta˥˧iaɔ˥ku˥˩tsʅ˨,ʂua˥ʂə˧˦xuo˥˩ti˨ku˥˧,ni˥˧iaɔ˥ku˥˩tsʅ˨ʂəŋ˥iŋ˥˩tou˥˩ti˥ti˨,nəŋ˨˩ɕiŋ˨˩?ʂu

① 《杀四门》：秦腔折子戏。大致情节是南唐请妖道余洪为帅，困宋君臣于寿州。刘金定突围入城，自陈许婚高俊保事，赵匡胤欲试其勇，诓其出城见高；刘力杀四门，大败余洪。

ɑ˥˧ʂə˧˦xuo˥˩pi˧˥ɕy˥˩sɿ˥˩ta˧˦ku˥˩muo˩.（耍……耍社火必须是大鼓？）黄：ŋ̍˩.

春官

（这个，这个就是，这个弄社火，你是叫耍社火还是打社火还是什么什么社火？）黄：我们这儿……多一半是耍社火，啊？ŋuo˥˧məŋ˧tʂər˧ʂ……tuo˥˧i˥˩pæ̃˧sɿ˧ʂuɑ˥˧ʂə˧xuo˥˩,ɑ˩?王：耍社火。ʂuɑ˥˧ʂə˧xuo˥˩.黄：或者叫闹社火咧。xuei˩˥tʂə˥˩tɕiɑɔ˧nɑɔ˧ʂə˧xuo˥˩lie˩.（闹社火？）王：耍社火的。ʂuɑ˥˧ʂə˧xuo˥˩ti˩.黄：嗯，嗯，耍社火。ŋ̍˩,ŋ̍˩,ʂuɑ˥˧ʂə˧xuo˥˩.（也说闹社火？）黄：嗯。ŋ̍˩.（它都是正月里头搞的吗？）王：都是正月。tou˥˧sɿ˧tʂəŋ˥˧yo˥˩.黄：正月里，嗯。社火里头它最主要的前边儿还有一个人，叫春官。tʂəŋ˥˧yo˥˩li˥˩,ə̃˩.ʂə˧˦xuo˥˧i˥˧tʰou˩tʰɑ˥˩tsuei˧˦tʂʯ˥˧iɑɔ˧ti˧tɕʰiæ̃˩˥piær˥˧xæᴇ˩˥iou˥˧i˥˩kə˧zəŋ˩˥,tɕiɑɔ˧tʂʰuoŋ˥˧kuæ̃˥˩.（春官？）黄：嗯。ŋ̍˩.（怎么弄呢？）黄：春官儿这个人就说是每一个社火队里头来一个就说是，也叫喝彩的。tʂʰuoŋ˥˧kuær˥˧tʂə˧kə˧zəŋ˩tɕiou˧ʂuo˥˩sɿ˧mei˥˧i˥˩kə˧ʂə˧˦xuo˥˩tuei˧li˥˧tʰou˩læᴇ˩˥i˥˩kə˧tɕiou˧ʂuo˥˧sɿ˧,ie˥˧tɕiɑɔ˧xuo˥˩tsʰæᴇ˥˧ti˩.（喝彩的？）黄：啊，喝彩的。这个欸，这个喝彩的这个人么，就说社火队到这个哪个地方来以后，这个人么就要，见，随机应变，见啥说啥咧。说的都是吉祥的些话，和恭维的些话。ɑ˩,xə˥˩tsʰæᴇ˥˧ti˩.tʂə˧kə˧ei˧,tʂə˧kə˧xə˥˩tsʰæᴇ˥˧ti˩tʂə˧kə˧zəŋ˩˥muo˩,tɕiou˧ʂuo˥˩ʂə˧xuo˥˩tuei˧tɑɔ˧tʂə˧kə˧nɑ˥˧kə˧ti˧faŋ˥˧læᴇ˩˥i˥˩xou˧,tʂei˧kə˧zəŋ˩˥muo˩tɕiou˧iɑɔ˧,tɕiæ̃˧,suei˩˥tɕi˥˩iŋ˧piæ̃˧,tɕiæ̃˧sɑ˧ʂuo˥˧sɑ˧lie˩.ʂuo˥˧ti˩tou˥˧sɿ˧tɕi˥˩ɕiaŋ˩˥ti˩ɕie˥˩xuɑ˧,xuo˩˥kuoŋ˥˩vei˩˥ti˩ɕie˥˩xuɑ˧.（他有没有什么一套一套的词呢？）黄：当然有一套一套的词。taŋ˥˧zæ̃˩˥iou˥˧i˥˩tʰɑɔ˧i˥˩tʰɑɔ˧tə˩tsʰɿ˩˥.（有，能，能不能说一说这个他怎么说的？想得，想得到……）黄：那你就，他是根据哪个，到哪个地方以后就说是这个，说哪个地方。nei˧ni˥˧tɕiou˥˩,tʰɑ˥sɿ˥˩kəŋ˥˩tɕy˧nɑ˥(k)ə˥˩,tɑɔ˧˦nɑ˥˧kə˥˩ti˧˦faŋ˥˩i˥˧xou˧tɕiou˧ʂuo˥˩sɿ˥˩tʂə˧kə˥˩,ʂuo˥nɑ˥˧kə˥˩ti˧faŋ˥˩.（比如说到了王家来了，那一般说什么话？）黄：那就是你……他到这个院里来，有些人是根据□的这这个，房子这个建设这个格局啊，人□编成这个四六句子说下的。nei˧tɕiou˧sɿ˧n̩˥˧……tʰɑ˥˩tɑɔ˧˦tʂə˧kə˧yæ̃˧li˩læᴇ˩˥,iou˥˧ɕie˥˩zəŋ˩˥sɿ˥˩kəŋ˥˩tɕy˧˦niæ̃˩˥ti˩tʂə˧tʂə˧kə˧,faŋ˩˥tsɿ˩tʂə˧kə˧tɕiæ̃˧˦ʂə˥˧tʂə˧kə˧kə˥˩tɕʰy˩˥ɑ˩,zəŋ˩˥niæ̃˩˥piæ̃˥˧tʂʰəŋ˩˥tʂə˧kə˧sɿ˧liou˥˧tɕy˧tsɿ˩ʂuo˥xɑ˧ti˩.（都押韵吗？）黄：那……他一般情况下都是顺口溜式的那种。说咧，一般你像□文化水平高的一点这个人，人□在在韵辙上来说那就是都押韵着咧。嗯。næᴇ˧……tʰɑ˥˩i˧˦pæ̃˥˧tɕʰiŋ˩˥kʰuaŋ˧ɕiɑ˧tou˥˧sɿ˧ʂuoŋ˧kʰou˥˧liou˥˧ʂʅ˥˩ti˩nei˧˦tʂuoŋ˥˩.ʂuo˥˩lie˩,i˧˦pæ̃˥˧ni˥˧ɕiaŋ˧˦niæ̃˩˥vəŋ˩˥xuɑ˧ʂuei˥˧pʰiŋ˩˥kɑɔ˥˧ti˩i˥˩tiæ̃˥˧tʂə˧kə˧zəŋ˩˥,zəŋ˩˥niæ̃˩˥tsæᴇ˧tsæᴇ˧yoŋ˧tʂə˩˥ʂaŋ˧˦læᴇ˩˥ʂuo˥˧nə˧tsou˧sɿ˧tou˥˧iɑ˥˩yoŋ˧tʂə˩lie˩.ə̃˩.（他这个春官是不是还要化妆啊什么的？）黄：咱们这儿这都没有……不太化妆，一般□都化妆着。tʂɑ˩˥məŋ˧tʂər˧tʂə˧tou˥˩muo˥˧iou˥˧……pu˩˥tʰæᴇ˧˦xuɑ˧tʂuaŋ˥˧,i˧˦pæ̃˥˧niæ̃˩˥tou˥˩xuɑ˧tʂuaŋ˥˧tʂə˩.王：过去□化着咧。现在……kuo˧˦tɕʰy˧niæ̃˩˥xuɑ˧tʂə˧lie˩.ɕiæ̃˧tsæᴇ˧……黄：化妆□欸春官那那那都戴个礼帽儿。xuɑ˧tʂuaŋ˥˧niæ̃˩˥ei˧tʂʰuoŋ˥˧kuæ̃˥˩nei˧nei˧nə˧tou˥˩tæᴇ˧kə˧li˥˧mɑɔr˧.（礼帽儿？）黄：噢。ɑɔ˥˩.（有有有这个翅吗？）王：穿长袍。tʂʰuæ̃˥˩tʂʰaŋ˩˥pʰɑɔ˩˥.黄：穿个，有……啊，穿个那……有个带个翅儿那么个，端个了，穿个长，长马褂儿，手里拿个蝇刷子。tʂʰuæ̃˥˧kə˧˩,iou˥˩……ɑ˥,tʂʰuæ̃˥˧kə˧˩nə˧……iou˥˧kə˧˩tæᴇ˧kə˧tsʰər˧ti˧nə˧muo˧kə˧˩,tuæ̃˥˧kə˧˩lə˩,tʂʰuæ̃˥˧kə˧˩tʂʰaŋ˩˥,tʂʰaŋ˩˥ma˥˩kuar˧,ʂou˥˧li˥˩na˩˥kə˧iŋ˩˥ʂuɑ˥˧tsɿ˩.（噢，那个这个拂尘样的这个？）黄：啊，就这拂尘样这么拿上以后。ɑ˧,tsou˧tʂə˧fu˩˥tʂʰəŋ˩˥iaŋ˧tʂei˧muo˧nɑ˩˥ʂaŋ˧i˥˩xou˧.（蝇刷子是吧？）黄：噢，蝇刷子么。ɑɔ˥˩,iŋ˩˥ʂuɑ˥˧tsɿ˩muo˩.（那，然后他就这么走？）

黄：啊，他在头里走着哩么啊。他来以后把这……ŋa˩˨,tʰa˥tsæᴇ˥˨tʰou˩˨li˧tsou˥tʂə˧li˧muo˧a˨.tʰa˥læᴇ˨˩i˥˧xou˥pa˥˧tʂə˥……（他是不是把这个队引到哪儿了？）黄：噢，他就是个引的嘛。嗯。ɑɔ˨,tʰa˥tsou˥˨sʅ˥˨kə˥iŋ˥ti˧ma˧˨.õ˨.（引到哪儿就……就说什么东西？）黄：啊。见啥说啥么就是。ɑ˥.tɕiæ˥sa˥ʂuo˥sa˥˨muo˧tɕiou˥˨sʅ˨.（然后，当地是不是还，到人家家里还……人家是不是还给点儿钱呐什么东西？）黄：那当然咧么。到这儿就，到这院里来，嚷一下子院。nei˥˦taŋ˥˧zæ̃˨˧lie˧muo˧.tao˥˦tʂər˥tɕiou˥,tao˥tʂə˥yæ̃˥li˥˧læᴇ˨˩,zɑŋ˥i˥˨xa˥tsʅ˧yæ̃˥˦.

王：给钱，烟，水果，糖。kei˥tɕʰiæ̃˨˩,iæ̃˥,ʂuei˥˧kuo˥˧,tʰɑŋ˨˩.黄：烟，水果，糖，这些东西。iæ̃˥˨,ʂuei˥˧kuo˥˧,tʰɑŋ˨˩,tʂei˥˨ɕie˥˨tuoŋ˥˨ɕi˧.（有专门儿收这个东西的人吗？）黄：那专门……那每一个队里都有这么个人咧你。咱们这个地方都是，掂个包包一背。但是到平凉，到咱们甘肃的平凉这一带的话，那，要专门儿套个老牛车咧。nə˥˦tʂuæ̃˥˨m……nei˥mei˥i˥˨kə˥˨tuei˥li˥˧tou˥˨iou˥˧tʂə˥muo˧kə˥zəŋ˨˩lie˧ni˥˨.tsa˨˩məŋ˧tʂə˥kə˥ti˥faŋ˥˧tou˥˨sʅ˥˨,tiæ̃˥kə˥pao˥pao˥˨i˥˨pei˥.tæ̃˥sʅ˥tao˥pʰiŋ˨˩liaŋ˨˦,tao˥tʂa˨˩məŋ˧kæ̃˥ɕy˥˨ti˧pʰiŋ˨˩liaŋ˨˦tʂə˥i˥˨tæᴇ˥tə˧xua˥˨,nei˥˦,iao˥tʂuæ̃˥˨mɔ̃r˨˩tʰao˥kə˥lao˥niou˨˩tʂʰə˥lie˧.（啊，套个……）黄：那个老牛头起啊角喽头起绾的是红，然后上头春官头里走着。后头弄那么。再化装一个老汉儿，胡子戴上以后，拿个鞭子吆上以后，他收下那个东西都抱来在那个车上拉着咧。nə˥kə˥lao˥niou˨˩tʰou˨˩tɕʰie˥˧a˧tɕyo˥lou˧tʰou˨˩tɕʰie˥˧væ̃˥ti˧sʅ˥˨xuoŋ˨˩,zæ̃˨˩xou˥ʂaŋ˥tʰou˧tʂʰuoŋ˥kuæ̃˥˨tʰou˨˩li˥˧tsou˥tʂə˧.xou˥˦tʰou˧nuoŋ˥nə˥muo˧.tsæᴇ˥xua˥tʂuaŋ˥˨i˥˨kə˥lao˥xær˥˨,xu˨˩tsʅ˧tæᴇ˥ʂaŋ˥˨i˥˨xou˥,na˨˩kə˥piæ̃˥tsʅ˧iao˥ʂaŋ˥i˥˨xou˥,tʰa˥˧ʂou˥xa˥˨nə˥kə˥tuoŋ˥ɕi˧tou˥˧pao˥læᴇ˨˧tsæᴇ˥nə˥˨kə˥tʂʰə˥ʂaŋ˥˨la˥tʂə˧lie˧.（噢，到时候回家再分？）黄：到……回家再分。tə……xuei˨˩tɕia˥˧tsæᴇ˥fəŋ˥.（那这样的话，他们是不是还要放炮啊？）

王：放咧。faŋ˥˦lie˧.黄：放咧么。那到各家门上来都要放炮咧么。faŋ˥˦lie˧muo˧.nei˥tao˥kə˥˧tɕia˥məŋ˨˩ʂaŋ˥læᴇ˨˩tou˥˦iao˥faŋ˥pʰao˥liem˧.（先放炮？）黄：啊。你社火一来，锣鼓加急打了。一到这儿以后这个，欸，主人对……表示你的欢迎，那就是……放炮放花嘛。a˨.ni˥˧ʂə˥˦xuo˥˨i˥˨læᴇ˨˩,luo˨˩ku˥˧tɕia˥˨tɕi˥ta˥lə˧.i˥˧tao˥tʂər˥i˥˨xou˥tʂə˥kə˥˨,ei˨,tʂʯ˥zəŋ˨˩tuei˥……piao˥˧sʅ˥ni˥˧ti˧xuæ̃˥˨iŋ˨˩,nei˥˨tɕiou˥sʅ˥˨pʰ……faŋ˥pʰao˥faŋ˥xua˥ma˧.王：放炮。faŋ˥˨pʰao˥.

打连响、打花棍儿

黄：咱们这儿有打花棍儿的咧，啊？tʂa˨˩məŋ˧tʂər˥iou˥˧ta˥xua˥˨kuõr˥˦ti˧lie˧,a˨?（打花棍儿？）黄：嗯。ŋ̍˨.（怎么弄？）黄：是一人拿那么长个棍么。棍子染成那个花的。sʅ˥i˥˨zəŋ˨˩na˨˩nə˥muo˧tʂʰaŋ˨˩kə˥kuoŋ˥muo˧.kuoŋ˥tsʅ˧zæ̃˥tʂʰəŋ˨˩nə˥˨kə˥xua˥ti˧.王：那是连响么。nə˥sʅ˥liæ̃˨˩ɕiaŋ˥muo˧.黄：噢，打咧，打连响儿哩。ɑɔ˨,ta˥lie˧,ta˥liæ̃˨˩ɕiɑ̃r˥li˧.王：打连响儿么。ta˥liæ̃˨˩ɕiɑ̃r˥muo˧.黄：就是……tɕiou˥˦sʅ˥˨……（打连响？）黄：嗯儿。ə̃rl˨.（怎么打连响呢？）王：打连响那就是他那儿拿那个，棍子头头儿有，拴个铃铃子么。ta˥liæ̃˨˩ɕiaŋ˥nei˥tɕiou˥sʅ˥tʰa˥˧nər˥na˨˩nə˥kə˥,kuoŋ˥tsʅ˧tʰou˨˩tʰour˨˦iou˥˧,ʂuæ̃˥˨kə˥liŋ˨˩liŋ˨˦tsʅ˧muo˧.黄：拴个铃铃子，一工儿靠这个……各种动作。ʂuæ̃˥kə˥liŋ˨˩liŋ˨˦tsʅ˧,i˥˨kuõr˥kʰao˥˨tʂə˥kə˥tə……kə˥˨tʂuoŋ˥˧tuoŋ˥tsuo˥˨.王：一走以后在胳膊上，身上，腿上，脚上，打的主-欻-嚓。i˥˨tsou˥i˥˨xou˥tsæᴇ˥kə˥puo˧ʂaŋ˥,ʂəŋ˥ʂaŋ˥˨,tʰuei˥ʂaŋ˥˨,tɕyo˥ʂaŋ˥˨,ta˥ti˧tʂʯ˨-tʂʰua˥-tʂʰa˥.黄：打的那个响咧噢。欻嚓。ta˥ti˧nə˥˨kə˥˨ɕiaŋ˥liao˧.tʂʰua˥-tʂʰa˥.王：他是一直的呣。tʰa˥˧sʅ˥i˥˨tʂʅ˨˩ti˧m̩˧.黄：有节奏呃。iou˥tɕie˥˨tsou˥˦ə˧.（打连响？）王：嗯，打连响。ə̃˨,ta˥liæ̃˨˩ɕiaŋ˥.黄：噢，打连响儿呣。这个是……ɑɔ˨,ta˥liæ̃˨˩ɕiɑ̃r˥muo˧.tʂə˥kə˥sʅ˥……（连着响？）黄：嗯。打连响。这个响儿，打连响儿呣。还有个打花棍儿咧。打花棍儿是两头儿不……把那个棍染

成花的，一截儿……欸，各种颜色的。它这个响不是靠铃铃响咧。靠那个棍，互相之间磕的，哼哼儿。ɔ̃˩˨.ta˥˧liæ̃˨˩˨çiaŋ˥˧.tʂə˧kə˧tçiãr˥˩˨,ta˥˧liæ̃˨˩˨çiãr˥˧m̩˦.xæᴇ˨˩˨iou˥˧˦kə˧ta˥˧xua˥˩˨kuõr˧lie˦.ta˥˧xua˥˩˨kuõr˧sɿ˧liaŋ˥˧tʰour˨˩˧pu˨˩˨……pa˥˩˨nə˧kə˧kuoŋ˧zæ̃˥˧tʂʰəŋ˨˩˨xua˥˧ti˦,i˥˩˨tçiər˨˩˧xu……ei˧,kə˥˩˨tʂuoŋ˥˧iæ̃˨˩˨sei˥˧ti˦.tʰa˥˧tʂə˧kə˧çiaŋ˥˧pu˨˩˨sɿ˧kʰaɔ˧liŋ˨˩˨liŋ˨˩˧çiaŋ˥˩˨lie˦.kʰaɔ˧nə˧kə˧kuoŋ˧,xu˧˩˧çiaŋ˥˧˦tsɿ˥˧˦tçiæ̃˥˧˦kʰuo˥˧ti˦,kʰua˩˨kʰuar˩˨.（他自己拿吗？）黄：自己拿。一个人拿两根。tsɿ˧tçie˥˩˨na˨˩˨.i˥˩˨kə˧zəŋ˨˩˧na˨˩˨liaŋ˥˧kəŋ˥˩˨.（一个人拿两根儿的，啪啪啪啪啪这么打？）黄：嗯，啊，互相欸，自己自己打是可是互相之间也打姆。ŋ̍˩˨,a˩˨,xu˧˥˧çiaŋ˥˩˨ei˩˨,tsɿ˧tçie˥˩˨tsɿ˧˩˧tçie˥˩˨ta˥˧sɿ˧˩˨kʰə˥˩˨zɿ˩˨xu˧çiaŋ˥˩˨tsɿ˥˧tçiæ̃˥˩˨ie˥˧ta˥˩˨m̩˦.

跳舞

（有跳舞，他们跳舞不跳呢？平常，就是耍……耍社火的时候。）黄：哎跳咧么。æᴇ˥˧tʰiaɔ˧lie˦muo˦.王：跳咧，有舞蹈。tʰiaɔ˧lie˧,iou˥˧vu˥˧taɔ˥˩˨.黄：跳咧么。有舞蹈咧么。tʰiaɔ˧˩˧lie˦muo˦.iou˥˧vu˥˧taɔ˥˧liem˦.

踩高跷

1.（踩高跷是……一般都是绑在腿上这样踩吗？）黄：绑到腿上踩。paŋ˥˧taɔ˧tʰuei˥˧ʂaŋ˧tsʰæᴇ˥˩˨.（两根儿棍儿就这么踩？）黄：嗯。ɔ̃˩˨.（下面还是不是拿个什么？）王：拿个扇子有的。na˨˩˨kə˧ʂæ̃˧tsɿ˦iou˥˧ti˦.黄：那你是，他这个东西踩高跷不是单纯地为咧噢踩高跷。他就是扮成一定的哑巴剧。nei˧ni˥˧sɿ˧˩˨,tʰa˥˧˦tʂə˧kə˧tuoŋ˥˧çi˦tsʰæᴇ˥˧˦kaɔ˥˧tçʰiaɔ˥˩˨pu˨˩˨sɿ˧tæ̃˥˩˨tʂʰuoŋ˨˩˨ti˦vei˧liaɔ˦tsʰæᴇ˥˧˦kaɔ˥˧tçʰiaɔ˥˩˨.tʰa˥˧tsou˧˩˨sɿ˧˩˨pæ̃˧tʂʰəŋ˨˩˨i˥˧˦tiŋ˧ti˦ia˥˧pa˦tçy˧.王：穿衣服咧。tʂʰuæ̃˥˩˨i˥˧fu˨˩˨lie˦.黄：啊，穿的有衣裳咧。a˩˨,tʂʰuæ̃˥˧ti˦iou˥˧˦i˥˧ʂaŋ˨˩˨lie˦.

2.（那有的是你像踩高跷，还有这个我耍社火的那狮子，狮子上面还要倒立吧有的？上来以后，有的还……狮子还倒立呢！）黄：那都是耍咧么。啊，那就，那有咧。nei˧˩˧tou˥˩˨sɿ˧˩˨ʂua˥˧lie˦muo˦.a˩˨,nə˧tsou˧,nei˧˩˧iou˥˩˨lie˦.（那种狮子倒立叫什么？）黄：哎呀。那我们这儿里都不耍那，噢，那难度高的。我和他两个都是多……领上耍了多年社火的人，但是我们这儿这不搞那些武的。æᴇ˩˨ia˦.nei˧ŋuo˥˧məŋ˦tʂər˧li˥˧˦tou˥˧˦pu˨˩˧ʂua˥˧næᴇ˧,aɔ˨˩˧,næᴇ˧næ̃˨˩˨tu˧kaɔ˥˧ti˦.ŋuo˥˧xuo˨˩˨tʰa˥˧liaŋ˥˩˨kə˧˩˨tou˥˩˨sɿ˧tuo˥˧……liŋ˥˧ʂaŋ˧ʂua˥˧lə˦tuo˥˩˨niæ̃˨˩˧ʂə˧xuo˥˩˨ti˦zəŋ˨˩˨,tæ̃˧˩˨sɿ˧˩˨ŋuo˥˧məŋ˦tʂər˧tʂə˧pu˨˩˨kaɔ˥˧nə˧çie˥˧˦vu˥˧˦ti˦.

耍把戏

（呃，还有一种，比如说这耍社火，有没有变魔术的？）黄：没有。咱们这儿都没有。mei˨˩˧iou˥˧˦.tsa˨˩˧məŋ˦tʂər˧tou˥˩˨mei˨˩˨iou˥˩˨.（见过变魔术的吗？）黄：见过是见过，但是咱们这儿耍，好像没有这些人才。tçiæ̃˧˩˧kuo˧sɿ˧˩˨tçiæ̃˧kuo˧,tæ̃˧sɿ˧tʂa˨˩˧məŋ˦tʂər˧ʂua˥˧,xaɔ˥˧˦çiaŋ˧tou˥˩˨mei˨˩˧iou˥˧tʂə˧çie˥˧˦zəŋ˨˩˨tsʰæᴇ˨˩˨.王：咱们这儿人不会耍。tsa˨˩˧məŋ˦tʂər˧zəŋ˨˩˧pu˨˩˨xuei˧˩˧ʂua˥˧.黄：不会耍那些，嗯。pu˨˩˨xuei˧˩˧ʂua˥˩˨nei˧˩˨çie˥˩˨,ŋ̍˥˧.（我们过去，说耍魔术，这变魔术的这一般叫什么？）黄：我们把这那是叫耍把戏的，啊？ŋuo˥˧məŋ˦pa˥˩˨tʂə˧næᴇ˧sɿ˧˩˨tçiaɔ˧ʂua˥˧˦pa˥˧çi˧˩˨ti˦,a˦?王：啊。ã˥˧.（耍把戏？）王：嗯。ŋ̍˩˨.黄：耍把戏哩。ʂua˥˧pa˥˧çi˧˩˨li˦.（耍把戏包括那个杂技吗？）黄：包括杂技，嗯。杂技，魔术，这些都在里头。paɔ˥˧˦kʰuo˥˧˦tsa˨˩˨tçi˧,ɔ̃˩˨.tsa˨˩˨tçi˧,muo˨˩˨ʂɥ˧,tʂə˧çie˥˩˨tou˥˩˨tsæᴇ˧li˥˧tʰou˦.（都叫耍把戏？）黄：噢，叫耍把戏的。aɔ˧,tçiaɔ˧ʂua˥˧˦pa˥˧çi˧˩˨ti˦.（什么扔坛子这个……）黄：啊，都是，这都是叫耍把戏。a˧,tou˥˧sɿ˧˩˨,tʂə˧tou˥˩˨sɿ˧˩˨tçiaɔ˧ʂua˥˧pa˥˧çi˧˩˨.（过去还有这个带着个猴子到……到街……）黄：耍猴的嘛。ʂua˥˧xou˨˩˨ti˦ma˦.王：耍猴的

呣。ʂuɑ˥xou˨˩ti˧m̩˨.黄：哎，耍猴要钱的么那。æᴇ˩,ʂuɑ˥xou˨iɑɔ˧tɕʰiæ̃˨˩ti˧muo˨næᴇ˧˥.（现在好像这边见不到了哈？）王：噢，现在少得很。ɑɔ˧,ɕiæ̃˧tsæᴇ˧ʂɑɔ˥˧tə˧xəŋ˥˩.黄：没有喽，现在没喽。过去那个呃……muo˥˩iou˥lou˨,ɕiæ̃˧tsæᴇ˧mei˨lou˨.kuo˧˨tɕʰy˧nə˧kə˧ə˩……王：过去那多得很。kuo˧tɕʰy˧nei˧tuo˥˩tə˨xəŋ˥.黄：过去那个耍猴他是还有一定的的那个咧啊。猴子还要戴寿脸子咧。猴子出来，它出来以后这个，欸，把脸型，把这个……门面，啊？kuo˧˨tɕʰy˧nə˧kə˧ʂuɑ˥xou˨tʰɑ˥sʅ˧˩xæᴇ˨˩iou˥i˥˧tiŋ˧ti˧tə˨nə˧˩kə˧˩lie˧ɑ˨.xou˨˩tsʅ˧xæᴇ˨˩iɑɔ˧tæᴇ˧ʂou˧˨liæ̃˥tsʅ˨lie˨.xou˨˩tsʅ˧tʂʰʮ˥læᴇ˨˩,tʰɑ˥˧tʂʰʮ˥læᴇ˨˩i˥˧xou˧˥tʂə˧˩kə˧˩,ei˩,pɑ˥˩liæ̃˥ɕiŋ˨,pɑ˥˩tʂə˧kə˧m……məŋ˨˩miæ̃˧˥,ɑ˨?（啊，这个东西这蒙在顶上？）黄：啊，寿脸子蒙上以后。ɑ˩,ʂou˧˨liæ̃˥˩tsʅ˨məŋ˨˩ʂɑŋ˧˥i˥˩xou˧.（兽脸子？）黄：啊，寿脸子嘛。啊。ɑ˩,ʂou˧˨liæ̃˥tsʅ˨mɑ˨.ɑ˩.（就是野兽的兽？）黄：啊。把寿脸子戴上以后，出来以后，这个人拿锣锣敲上，人唱着咧。这个猴表演着咧嘛。这叫耍猴的。现在的这个耍猴的纯粹就……ɑ˩.pɑ˥˩ʂou˧liæ̃˥tsʅ˨tæᴇ˧ʂɑŋ˧i˥˩xou˧,tʂʰʮ˥læᴇ˨˩i˥˩xou˧,tʂə˧kə˧zʐəŋ˨nɑ˨˩luo˨˩luo˨˧tɕʰiɑɔ˥ʂɑŋ˧˩,zʐəŋ˨tʂʰɑŋ˧tʂə˧lie˨.tʂə˧˩kə˧˩xou˨piɑɔ˥iæ̃˥tʂə˨lie˨mɑ˨.tʂə˧tɕiɑɔ˧ʂuɑ˥xou˨˩ti˧.ɕiæ̃˧tsæᴇ˧tə˨tʂə˧kə˧ʂuɑ˥xou˨˩ti˧tsʰuoŋ˨˩tsʰuei˧˥tɕiou˧……王：光拉个猴，要钱哩。kuɑŋ˥˨lɑ˥kə˧˩xou˨,iɑɔ˧tɕʰiæ̃˨˩li˧.黄：噢，光拉啊猴，来说是，来，作个揖，翻个跟头，这就问你要个钱，没有钱了给个鸡蛋。就是这么个样子。现在耍猴也变了样咧嘛。不是过去那个耍猴。ɑɔ˩,kuɑŋ˥˨lɑ˥ɑ˨xou˨,læᴇ˨ʂuo˥˧sʅ˧˩,læᴇ˨,tsuo˥kə˧˩i˥,fæ̃˥kə˧˩kəŋ˥tʰou˨,tʂə˧tsou˧˩vəŋ˧ni˥˧iɑɔ˧kə˧˩tɕʰiæ̃˨˩,muo˥˩iou˥tɕʰiæ̃˨˩lə˧kei˧kə˧˩tɕi˥˩tæ̃˧.tɕiou˧˩sʅ˧˩tʂə˧˥muo˧kə˧˩iɑŋ˧˩tsʅ˨.ɕiæ̃˧tsæᴇ˧ʂuɑ˥xou˨ie˥˩piæ̃˧lə˧iɑŋ˧lie˨mɑ˨.pu˨˩sʅ˧˩kuo˧tɕʰy˧nə˧kə˧ʂuɑ˥xou˨˩.（他是不是还要敲锣什么的？）黄：那要敲锣咧么。nei˧˥iɑɔ˧tɕʰiɑɔ˥luo˨˩lie˧muo˨.王：嗯。ŋ̍˩.（还唱？）王：嗯。ŋ̍˥.黄：唱么。现在都不唱了。现在那都一般……tʂʰɑŋ˧muo˨.ɕiæ̃˧tsæᴇ˧tou˥˩pu˨˩tʂʰɑŋ˧˨lə˨.ɕiæ̃˧tsæᴇ˧nə˧tou˥i˥˩pæ̃˥˧……王：一般那个时候，耍猴的满河南人多。i˥˩pæ̃˥˧nə˧kə˧sʅ˨˩xou˧,ʂuɑ˥xou˨ti˧mæ̃˥xə˨˩næ̃˨˥zʐəŋ˨˩tuo˥˩.黄：满河南人和安徽人搞那个事哩。过去来还给你，唱一节子戏。那他最起码要有脸子……脸型戴上，面具一戴上以后，出来以后，它表演一个啥人。耍猴的这个人把锣锣敲上。他要唱咧。他唱着戏，这个猴表演咧。现在已经变咧形了。现在来，最多就给你，嗯，[学河南人的腔调]“给老乡敬个礼”。那就是说这么个话。或者[学河南人的腔调]“告个揖”，“翻个跟头儿”，就是这么个话。再就是问你要点钱，就走了。mæ̃˥xuo˨˩næ̃˨˥zʐəŋ˨˧xuo˨˧næ̃˥xuei˥˩zʐəŋ˨kɑɔ˥˧nə˧kə˧sʅ˧li˧.kuo˧˨tɕʰy˧læᴇ˨xɑ˨˩kei˧ni˥˧,tʂʰɑŋ˧i˥˧tɕie˥tsʅ˨ɕi˧.nei˧tʰɑ˥˧tsuei˧tɕʰi˥mɑ˥iɑɔ˧iou˥˧liæ̃˥tsʅ˨ʂ……liæ̃˥ɕiŋ˨tæᴇ˧ʂɑŋ˧,miæ̃˧tɕy˧i˥˩tæᴇ˧ʂɑŋ˧i˥˩xou˧,tʂʰʮ˥˩læᴇ˨˩i˥˩xou˧,tʰɑ˥˩piɑɔ˥iæ̃˥i˥˧kə˧sɑ˧zʐəŋ˨.ʂuɑ˥xou˨˩ti˧tʂə˧kə˧zʐəŋ˨pɑ˥˩luo˨˩luo˨˧tɕʰiɑɔ˥ʂɑŋ˧˩.tʰɑ˥iɑɔ˧˩tʂʰɑŋ˧lie˨.tʰɑ˥tʂʰɑŋ˧tʂuo˥˩ɕi˧,tʂə˧˩kə˧˩xou˨piɑɔ˥˧iæ̃˥lie˨.ɕiæ̃˧tsæᴇ˧i˥˩tɕiŋ˥˩piæ̃˧lie˧ɕiŋ˨˩lə˧.ɕiæ̃˧tsæᴇ˧læᴇ˨,tsuei˧˨tuo˥˩tɕiou˧˩kei˧ni˥˧,ə̃˩,kei˧lɑɔ˥˧ɕiɑŋ˥˨tɕiŋ˧˩kə˧˩li˥.nei˧tɕiou˧sʅ˧ʂuo˥˩tʂə˧muo˧(k)ə˧xuɑ˧˩.xuo˨˩tʂə˥kɑɔ˧˩kə˧˩i˥˨,fæ̃˥˩kə˧kəŋ˥˩tʰour˨˥,tɕiou˧sʅ˧tʂə˧muo˧kə˧xuɑ˧˩.tsæᴇ˧tɕiou˧sʅ˧vəŋ˧ni˥˧iɑɔ˧tiæ̃˥˩tɕʰiæ̃˨˩,tɕiou˧˩tsou˥lə˨.（他这个就说，这个猴子戴的这这个这个这个面具叫兽脸子？）王&黄：嗯。ŋ̍˩.（人表……表演的时候不是也要戴面具？）黄：叫面具嘛。tɕiɑɔ˧˩miæ̃˧tɕy˧mɑ˨.（那叫面具？）黄：嗯。ə̃˩.（老……老话儿叫什么？）黄：老话还就叫……lɑɔ˥xuɑ˧xɑ˨tɕiou˧tɕiɑɔ˧˩……（小……小孩儿现在还玩儿那个孙悟空啊猪八戒戴在脸上。）黄：还是叫……xɑ˨˩sʅ˧˥tɕiɑɔ˧……王：寿脸。ʂou˧liæ̃˥˩.黄：寿脸子。ʂou˧liæ̃˥˧tsʅ˨.（也叫兽脸子？）黄：嗯。ə̃˩.王：嗯。ŋ̍˩.（叫不叫戏……戏……）

黄：[看见调查人写在纸上的汉字“兽脸子”]这个“寿”可不是那么个“兽”了。那可不是野兽的“兽”了。□这个“寿”是，按这个“寿”叫着咧。tʂə˥kə˥ʂou˥kʰə˥puʌ˩sɿ˥nə˥muo˥kə˥ʂou˥lə.nei˥kʰə˥puʌ˩sɿ˥ieʂou˥ti.ʂou˥lə.niæ˩tʂə˥kə˥ʂou˥sɿ˥,næ˥tʂə˥kə˥ʂou˥tɕiao˥tʂə˥lie.（噢。）黄：[写字]噢，也寿脸子。是这个寿脸子。aɔ,ieʂou˥liæ˩tsɿ.sɿ˥tʂə˥kə˥ʂou˥liæ˩tsɿ.（是是这个长寿的“寿”？）黄：噢。长寿的“寿”。叫这个寿脸子可不是野兽的“兽”。aɔ.tʂʰaŋʌʂou˥ti.ʂou˥.tɕiao˥tʂə˥kə˥ʂou˥liæ˩tsɿ.kʰə˥puʌsɿ˥ieʂou˥ti.ʂou˥.（人戴的也是。不叫是不叫是不叫什么……）黄：不叫野兽的“兽”了这。puʌtɕiao˥ieʂou˥ti.ʂou˥lə.tʂei˥.（不叫戏脸子或者戏脸壳子？）黄：嗯，不。ə̃,puʌ.（没有这么说？）黄：嗯。ŋ̍.（人戴的也叫寿脸？）黄：嗯，寿脸子。ə̃,ʂou˥liæ˩tsɿ.（他人戴着也唱唱唱歌唱戏啊这个东西？）黄：啊。a.（有的是懒得化妆了，就戴个这个，他也就这么耍社火。）黄：我们耍社火，那还不能戴寿脸子上。那多一半儿都是，化妆起来弄咧。ŋuomən.ʂuaʂə˥xuo,nei˥xaʌpuʌnəŋʌtæᴇʂou˥liæ˩tsɿ.ʂaŋ.nə˥tuoi˩pær˥tou˩sɿ˥,xua˥tʂuaŋ˩tɕʰi˩læᴇʌnuoŋ˥lie.

炮

（炮有哪些哪哪哪些种呢？你们平常放的那些炮有哪些？）王：那就叫鞭炮么。nei˥tɕiou˥tɕiao˥piæ˩pʰao˥muo.黄：我们平常鞭放鞭放鞭炮嘛。ŋuomən.pʰiŋʌtʂʰaŋʌpiæ˩faŋ˥piæ˩faŋ˥piæ˩pʰao˥ma.（鞭炮？）王：嗯。ə̃.黄：花炮嘛。xua˩pʰao˥ma.（鞭炮、花炮？）黄：啊。再就是欸……a.tsæᴇ˥tɕiou˥sɿ˥ei……（花炮和鞭炮有什么区别没有？）王：花炮那放出那就竖上□，打……xua˩pʰao˥nə˥faŋ˥tʂʰʮ˩nei˥tɕiou˥ʂʮ˥ʂaŋ˥niæʌ,ta……黄：放它……它是像礼花，有有……faŋ˥tʰa……tʰasɿ˥ɕiaŋ˥lixua,iouiou……王：礼花样的么。lixuaiaŋ˥ti.muo.黄：礼花一样的。lixuai˩iaŋ˥ti.（就是焰火？）王：嗯。ŋ̍.黄：噢，焰火么。aɔ,iæ˥xuomuo.（礼花？噢。）黄：再一个就是有放那大炮，有的单响的，有双响的。tsæᴇ˥ikə˥tsou˥sɿ˥ioufaŋ˥nə˥ta˥pʰao˥,iouti.tæ˩ɕiaŋti.,iouʂuaŋ˩ɕiaŋti.（噢。花炮，还有大炮。有的时候，“噔……噹”上去……）黄：那叫双响炮。nə˥tɕiao˥ʂuaŋ˩ɕiaŋpʰao˥.王：那有双响咧么。双响。nei˥iouʂuaŋ˩ɕiaŋliem.ʂuaŋ˩ɕiaŋ.（双响炮？）黄：嗯。ə̃.王：嗯。ŋ̍.（这个放这个焰火你们叫什么？放花还是放什么？）黄：放花咧。嗯。faŋ˥xualie.ŋ̍.王：放花。faŋ˥xua.（放花？）王：嗯。ŋ̍.（还有很大很大那种那种炮，叫不叫什么雷子炮啊什么东西？）王：那就那那号儿炮咱们这儿很少。nei˥(tɕ)iou˥næᴇ˥næᴇ˥xaor˥pʰao˥tsamən.tʂər˥xəŋ˩ʂao.黄：少得很。ʂaotə.xəŋ.王：那都□城市里边放的。nə˥tou˩niæʌtʂʰəŋʌsɿ˥lipiæ˩faŋ˥ti.

（还有这个，啪，有有的小孩儿玩儿。）王：绊炮。pæ˥pʰao……黄：绊炮呣，嗯。pæ˥pʰao˥m̩.,ŋ̍.（就是……）黄：绊炮儿呣。pæ˥pʰaor˥m̩.王：叫绊炮。tɕiao˥pæ˥pʰao˥.（叫什么？）黄&王：绊炮儿。pæ˥pʰaor˥.（摔在地下，啪一下？）黄：摔倒啊，就是的，绊炮。ʂuæᴇtao˥a˥,tɕiou˥sɿ˥ti.,pæ˥pʰao˥.（一瓣两瓣的“瓣”吗？）黄：欸，不是那个“瓣”了。那就是，往下摔的那个绊。绊东西的绊。他是提手过去个啥子吵，你讲。ei˥,puʌsɿ˥nə˥kə˥pæ˥lə.nə˥tsou˥sɿ˥,vaŋɕia˥ʂuæᴇti.nə˥kə˥pæ˥.pæ˥tuoŋɕi.ti.pæ˥.tʰasɿ˥tʰiʌʂoukuo˥tɕʰi˥kə˥sa˥tsɿ˥sa.,nitɕiaŋ.（[写字]这样的“扮”？）黄：嗯，可以……这可……只能说是同音字，但是绝对不是这个字。ŋ̍,kʰəiɕ……tʂə˥kʰə……tsɿnəŋʌʂuosɿ˥tʰuoŋʌiŋtsɿ˥,tæ˥sɿ˥tɕyoʌtuei˥puʌ

˥sɿ˦tʂə˦kə˦tsɿ˧˩.（你们摔东西叫绊东西吗？还是……）黄：摔，咱们也有叫绊咧，啊？ʂuei˥˩,tsɑ˩˦mən˧lie˥˩iou˥˩tɕiao˦pæ̃˦lie˧˩,ɑ˧˩?王：嗯。ŋ̍˥˩.黄：把那东西……pɑ˥˩nə˦tuoŋ˥˩ɕi˧˩……（摔东西叫绊东西？）王&黄：嗯。ŋ̍˩˧.

洋火儿炮儿

（还有那种这个这个炮，也没有打……打火机，拿个拿个火柴在上面那，呲，就就就响？）黄：洋火儿炮儿嗬。iɑŋ˩˦xuor˥˩pʰɑor˦˧m̩˧˩.（叫洋火炮？）王&黄：嗯。ŋ̍˩˧.（还是叫什么擦炮这个这个什么？）黄：没有。多一半儿都叫洋火儿炮儿咧。muo˥˩iou˥˦.tuo˥˩i˥˩pær˦˥tou˥˩tɕiao˦iɑŋ˩˦xuor˥˩pʰɑor˦˧lie˧˩.

起火带炮

（有这个起火带炮的说法没有？）黄：有咧么。起火，放起火咧。iou˥˩lie˧˩muo˧˩.tɕʰi˥˩xuo˥˩,fɑŋ˦˥tɕʰi˥˩xuo˥˩lie˧˩.（起火是什么东西？）黄：起火是呈……带下那个转圈圈的那种。往上一……有些一旦，咱们把那，有的叫哨哨，有些往着一点就……嗞儿，一下上去，吧儿，响啊，起火带炮嗬。后头是个起火儿，拉一道红线线。tɕʰi˥˩xuo˥˩sɿ˦tʂʰəŋ˩˦……tæᴇ˦xɑ˦nə˦kə˦tʂuæ̃˦˥tɕʰyæ̃˥˩tɕʰyæ̃˥˩ti˧nei˦tʂuoŋ˥˩.vɑŋ˥˩ʂɑŋ˦˥i˥˩……iou˥˩ɕie˥˩i˥˩tæ̃˦,tsɑ˩˦mən˧pɑ˥˩nei˦,iou˥˩ti˧tɕiao˦sao˦sao˦˧,iou˥˩ɕie˥˩vɑŋ˥˩tʂuo˩˦i˥˩tiæ̃˥˩ts……sər˩˦,i˥˩xɑ˦ʂɑŋ˦tɕʰi˦,par˩˧,ɕiɑŋ˥˦ɑ˧,tɕʰi˥˩xuo˥˩tæᴇ˦pʰao˦m̩˧.xou˦tʰou˧sɿ˦kə˦tɕʰi˥˩xuor˥˩,lɑ˥˩i˥˩tao˦xuoŋ˩˦ɕiæ̃˦˥ɕiæ̃˦˧.（嗯。）黄：冒一点火焰，最后到空中，就爆了。嗯。mao˦i˥˩tiæ̃˥˩xuo˥˩iæ̃˦,tsuei˦xou˦tao˦kʰuoŋ˥˩tʂuoŋ˥˩,tɕiou˦pʰao˦˥lə˧.õ˩˧.（是不是跟根棍子一样？）黄：啊，后头带个尾巴儿么，带了个竹子这个，保持平衡着咧。ɑ˩˧,xou˦tʰou˧tæᴇ˦˥kə˦vei˥par˧muo˧,tæᴇ˦lə˧kə˦tʂʯ˥˩tsɿ˧tʂə˦kə˦˧,pao˥˩tʂʰʅ˩˦pʰiŋ˩˦xəŋ˩˦tʂə˧lie˧˩.（那个叫起火儿？）黄：啊，起火儿。ɑ˩˧,tɕʰi˥˩xuor˥˩.（就是冲天炮？）黄：噢，冲天儿炮儿嗬。ɑo˩˧,tʂʰuoŋ˥˩˦tʰiæ̃r˥˩pʰɑor˦m̩˧.

地老鼠

（还有一种是这个这个这个焰火啊，它点，一盘盘成这么这么大的，一点，呲，它在地上嘘，这么转着。）黄：地老鼠，有的……ti˦˥lao˥ʂʯ˥˩,iou˥˩ti˧……王：那也叫地老鼠。nei˦ɑ˥˩tɕiao˦ti˦˥lao˥ʂʯ˥˩.

炪花子

（还有就是点完了以后，哗，这么，这么耍的，有个焰火，就是一根儿，一根儿绳子似的。）王：那是娃娃耍下。那叫炪[①]花子。nə˦sɿ˦vɑ˩˦vɑ˦˥ʂuɑ˥xɑ˦˧.nə˦˧tɕiao˦tʂʰʯ˥xuɑ˥˩tsɿ˧.黄：炪花子，嗯。tʂʰʯ˥xuɑ˥˩tsɿ˧,ŋ̍˩˧.（tʂʰʯ˥花子？）王：嗯。ŋ̍˥˩.黄：炪花子，嗯。tʂʰʯ˥xuɑ˥˩tsɿ˧,ŋ̍˦.（怎么tʂʰʯ˥，tʂʰʯ˥花呢？tʂʰʯ˥花？）黄：炪花。tʂʰʯ˥fɑ˩˧（←xuɑ˥）.王：噢，我们那也叫炪花。ŋɑo˩˧,ŋuo˥mən˧nɑ˦ie˥˦tɕiao˦tʂʰʯ˥xuɑ˥˩.（怎么写呢前头那个？tʂʰʯ˥？）黄：炪。tʂʰʯ˥.（跟触电的触有……）王：炪捻子的炪么。tʂʰʯ˥niæ̃˥˩tsɿ˧ti˧tʂʰʯ˥muo˧.（哪个？）黄：炪。炪。tʂʰʯ˥.tʂʰʯ˥.（有没有同音字？你写个同音字给我。）黄：哎呀，那个同音字是个啥？æᴇ˩iɑ˧,nə˦kə˦tʰuoŋ˩˦iŋ˥˩tsɿ˦sɿ˦kə˦sɑ˦˧?（出来的出？）黄：炪……只能……只能是，只能说是出来的出。按这个同音字，但是也不准确好像啊。tʂʰʯ……tsɿ˥˦nə……tsɿ˥˦nəŋ˩˦sɿ˦˧,tsɿ˥˩nəŋ˩˦ʂuo˥˩sɿ˦˧tʂʰʯ˥læᴇ˩˧ti˧tʂʰʯ˥.næ̃˦tʂə˦kə˦tʰuoŋ˩˦iŋ˥˩tsɿ˦,tæ̃˦sɿ˦iɑ˥˦pu˩˧tʂuoŋ˥tɕʰyo˥˩xao˥ɕiɑŋ˦˧ɑ˧.（tʂʰʯ˥是什么意思呢？）

---

① 炪：烟花、爆竹被点着后迸发火光并作响。《广韵》丑律切："火光。"《集韵》敕律切："火声，一曰炪爩，烟貌。"

黄：烛就是把这个点着。tʂʰʮ˥˧tɕiou˥sɿ˥pa˥˧tʂə˥kə˥tiæ̃˥˧tʂuo˨˩.王：烛它就响咧，不……不……不响，光tʂʰ……tʂʰʮ˥˧tʰa˥˧tɕiou˥ɕiaŋ˥˧lie˧,pu˨˩……pu˨˥……pu˨˩ɕiaŋ˥˧,kuaŋ˥˧tʂʰ……黄：不响，光是ʂʮ̩ː……这么，啊，就是这个烛。pu˨˩ɕiaŋ˥˧,kuaŋ˥˧sɿ˥ʂʮ̩ː……tʂə˥muo˧,a˥,tɕiou˥sɿ˥tʂə˥kə˥tʂʰʮ˥˧.（噢，就是一个你……这个摹仿声音的这个？）黄：啊。a˨˩.王：啊，就叫烛。a˨˩,tɕiou˥tɕiao˥tʂʰʮ˥˧.

钻天猴儿

（你们那种什么起火炮，叫不叫什么钻天炮哇什么东西？）黄：钻天猴儿，有叫钻天猴儿的哞。tsuæ̃˥˧tʰiæ̃˥˧xour˨˩,iou˥˧tɕiao˥tsuæ̃˥˧tʰiæ̃˥˧xour˨˩ti˧m̩˧.（钻天猴儿？）黄：嗯。ŋ̍˨˩.（现在这个炮多了。你们过去玩儿的这个就是这街上买的这种焰火啊这个花呀有些什么什么东西？）黄：现在多咧怕，现在就多咧几个鱼雷式的那号儿，鱼雷式的炮。ɕiæ̃˥tsæᴇ˥tuo˥˧lie˧pʰa˥,ɕiæ̃˥tsæᴇ˥tɕiou˥tuo˥˧lie˧tɕi˥˧kə˥y˨˩luei˨˩ʂʅ˥˧ti˧nei˥xaor˥,y˨˩luei˨˩ʂʅ˥˧ti˧pʰao˥.

闪光雷

（过去你们看过没？就一根儿筒子，这个夜明珠啥，咚，上去一个，上去一个。）黄：闪光雷嘛。ʂæ̃˥˧kuaŋ˥˧luei˨˩ma˧.王：那叫闪光雷。nei˥tɕiao˥ʂæ̃˥˧kuaŋ˥˧luei˨˩.黄：噢，闪光雷嘛。ao˨˩,ʂæ̃˥˧kuaŋ˥˧luei˨˩ma˧.（还有一种就是，呲，一上去，哗哗哗，跟着，什么那样儿的那种。）黄：嗯。ŋ̍˨˩.王：那也把那叫那天女散花么。nei˥ia˥˧pa˥˧nei˥tɕiao˥nei˥tʰiæ̃˥˧ny˥˧sæ̃˥xua˥˧muo˧.黄：啊。a˨˩.（你们小时候也见过吗？）黄：那现在都卖的兀号咧。nei˥ɕiæ̃˥tsæᴇ˥tou˥˧mæᴇ˥ti˧vei˥xao˥lie˧.（还有一种这么点一下，就这么大，点一下，呲，吱，它也是有花儿的那种。不是那种那是那么大的，呲，上去的。点一下，呲，就上去。不高。）王：那晓□把这叫啥咧？nei˥ɕiao˥˧niæ̃˨˩pa˥˧tʂə˥tɕiao˥sa˥lie˧?黄：不知道叫啥花儿，反正那都有咧这几年。pu˨˩tʂʅ˥˧tao˥tɕiao˥sa˥xuar˥˧,fæ̃˥˧tʂəŋ˥nə˥tou˥˧iou˥˧lie˧tʂei˥tɕi˥˧niæ̃˨˩.（过去有没有？）王：过去……少得很。kuo˥tɕʰy˥ʂ……ʂao˥˧tə˧xəŋ˥˧.黄：过去还是很少。kuo˥tɕʰy˥xa˨˩ʂʅ˥xəŋ˥˧ʂao˥˧.

烛捻子

（我们比如说一个，一个一个一个炮哈，前头这这一点儿叫什么东西？）黄：炮捻子哞。pʰao˥niæ̃˥˧tsɿ˧m̩˧.（这个纸包的那玩意儿叫什么？）王：那就叫炮么。nei˥tɕiou˥tɕiao˥pʰao˥muo˧.（里头那些东西呢？）王：里头有兀……那就叫火药么。li˥˧tʰou˧iou˥˧væᴇ˥x……nei˥tɕiou˥tɕiao˥xuo˥˧yo˥˧muo˧.黄：嗯。ŋ̍˨˩.（这叫火药还是叫硝还是……）王&黄：火药。xuo˥˧yo˥˧.（有的这个炮是点了，呲，它不响。那叫什么炮？）王：烛捻子。tʂʰʮ˥˧niæ̃˨˩tsɿ˧.黄：烛捻子。土话叫烛捻子。tʂʰʮ˥˧niæ̃˨˩tsɿ˧.tʰu˥˧xua˥tɕiao˥tʂʰʮ˥˧niæ̃˨˩tsɿ˧.王：土话就叫烛捻。tʰu˥˧xua˥(tɕ)iou˥tɕiao˥tʂʰʮ˥˧niæ̃˥˧.（叫不叫哑炮什么的？）王：也叫哑炮咧。ie˥˧tɕiao˥ia˥˧pʰao˥lie˧.黄：也叫哑炮，多一半都叫烛捻子。ie˥˧tɕiao˥ya˥˧（←ia˥˧）pʰao˥,tuo˥˧i˥˧pæ̃˥tou˥˧tɕiao˥tʂʰʮ˥˧niæ̃˥˧tsɿ˧.王：对啊。我们把那叫烛捻。tuei˥aŋ˧.ŋuo˥˧məŋ˧pa˥˧næᴇ˥tɕiao˥tʂʰʮ˥˧niæ̃˨˩.黄：最土的话，我们把它叫烛捻子咧。tsuei˥tʰu˥˧ti˧xua˥,ŋuo˥˧məŋ˧pa˥˧tʰa˥˧tɕiao˥tʂʰʮ˥˧niæ̃˥˧tsɿ˧lie˧.（但这种炮，玩儿完了，这个不响，也不是说不不能玩儿，你，有时候把它这个撇断了，拿个火一点，呲，有的烧蚂蚁呀烧什么玩儿的有。）王：那就是，那是娃娃那么耍咧了么。nei˥tɕiou˥sɿ˥,nei˥sɿ˥va˨˩va˨˥nə˥muo˧ʂua˥˧lie˧lə˧muo˧.黄：叫烛咧么。tɕiao˥tʂʰʮ˥˧lie˧muo˧.王：叫烛咧。tɕiao˥tʂʰʮ˥˧lie˧.（就是tʂʰʮ˥˧？）黄：嗯。ŋ̍˨˩.

（四）戏曲曲艺

秦腔、眉胡、道情

1.（本地有些什么剧种？）黄：啥剧？sɑ˧˥tɕy˩˨？（地方戏曲的剧种？）噢嚎，兀就秦腔么。秦腔，眉胡儿。ɑɔ˨xɑɔ˧,væᴇ˧˥tɕiou˧tɕʰiŋ˧˩tɕʰiɑŋ˥˩muo˧˨.tɕʰiŋ˧˩tɕʰiɑŋ˥˨,mei˧˩xuər˧˩˨.（麦什……麦胡？）眉，眉毛的眉，眉胡。mi˧˩,mi˧˩mɑɔ˧˩˥ti˧mi˧˩,mi˧˩xu˧˩˨.（还有什么呢？）道情么。tɑɔ˧tɕʰiŋ˧˩˨muo˧˨.（道情。这边人喜欢听些什么东西？）秦腔啊是眉胡，道情，都喜欢听。tɕʰiŋ˧˩tɕʰiɑŋ˥˩ɑ˧sɿ˧mi˧˩˥xu˧˩˥,tɑɔ˧tɕʰiŋ˧˩˨,tou˥˩˥ɕi˥˩xuæ̃˥˩˨tʰiŋ˥˨.（就这几种了吗？）啊。ɑ˨.

2.（你们这儿是听秦腔听得多还是听什么听得多？）黄：呃是秦腔听……这里的主要流行的剧种就是这个欸秦腔嘛，再就是这个欸眉胡。ə˧sɿ˧tɕʰiŋ˧˩tɕʰiɑŋ˥˨tʰiŋ˥˩……tʂə˧li˥˨ti˧tʂʮ˥˩iɑɔ˧˥liou˧˩˥ɕiŋ˧˩˥ti˧tɕy˧tʂuoŋ˥˩˥tɕiou˧sɿ˧tʂə˧kə˧˨ei˨tɕʰiŋ˧˩tɕʰiɑŋ˥˩mɑ˧˨,tsæᴇ˧tɕiou˧sɿ˧tʂə˧kə˧ei˨mi˧˩˥xu˧˩˨.（mi˧˥xu˨是什么？）啊，眉胡，眉胡剧。眉胡剧就是……ɑ˨,mei˧˩xu˧˩˨,mei˧˩xu˧˩˨tɕy˧.mei˧˩xu˧˩˨tɕy˧tɕiou˧sɿ˧……（哪几个字啊？）眉是眼眉的眉。眉胡。眉胡。眼眉的眉嘛。眉胡。mei˧˩sɿ˧niæ̃˥˩mei˧˩˨ti˧mei˧˩˨.mi˧˩˥xu˧˩˨.mei˧˩˨xu˧˩˨.niæ̃˥˩mei˧˩ti˧mei˧˩mɑ˧˨.mei˧˩xu˧˩˨.（噢，眉胡！）噢，眉胡。ɑɔ˨,mei˧˩xu˧˩˨.（眉胡是一种剧是吗？）剧种，啊。tɕy˧tʂuoŋ˥˩,ɑ˨.（眉毛的“眉”啊？）噢，眉毛的“眉”。ɑɔ˨,mei˧˩mɑɔ˧˩˥ti˧mei˧˩˨.（是本地的还是……）本地的。pəŋ˥˩ti˧˥ti˧˨.（流行于庆阳地区还是流行在……）流行于庆阳地区，呃，陕西地带都有。liou˧˩ɕiŋ˧˩˨y˧˩˨tɕʰiŋ˧iɑŋ˧˩˨ti˧tɕʰy˥˨,ə˨,ʂæ̃˥˩ɕi˥˨ti˧tæᴇ˧tou˥˨iou˥˩.（mei˧˥xu˨？）眉胡，啊。mei˧˩˥xu˧˩˨,ɑ˨.（mi˧˩xu˨吧？）啊，眉胡。ɑ˨,mi˧˩˥xu˧˩˨.（mi˧˩呀？）眉么，啊，眉胡。有些人叫转悠的就讲眉胡剧，叫眉胡剧。再有一种剧种就是道情。mi˧˩˥muo˧˨,ɑ˨,mi˧˩˥xu˧˩˨.iou˥˩ɕie˥˨ʐəŋ˧˩tɕiɑɔ˧tʂuæ̃˧iou˥˨ti˧tɕiou˧tɕiɑŋ˥˩˥mei˧˩˥xu˧˩˨tɕy˧,tɕiɑɔ˧mi˧˩˥xu˧˩˨tɕy˧.tsæᴇ˧iou˥˩˥i˥˨tʂuoŋ˥˨tɕy˧tʂuoŋ˥˨tɕiou˧sɿ˧tɑɔ˧tɕʰiŋ˧˩˥.（tɑɔ˧tɕʰiŋ˨？）嗯。ə̃˨.（道情是吧？）道情，啊。道是道路的道。道……道情。tɑɔ˧tɕʰiŋ˧˩,ɑ˨.tɑɔ˧sɿ˧tɑɔ˧lou˧ti˧tɑɔ˧.tɑɔ˧……tɑɔ˧tɕʰiŋ˧˩.（tɑɔ˧tɕʰiŋ˧˩？）噢，道情。情……情况的情。ɑɔ˨,tɑɔ˧tɕʰiŋ˧˩˨.tɕʰiŋ˧˩……tɕʰiŋ˧˩kʰuɑŋ˧ti˧tɕʰiŋ˧˩˨.（陕西道情。就是“道”，“道地”的“道”。）这个东西，这两个……这两个都相当于眉胡和秦腔，接近于歌剧形式。tʂə˧˥kə˧˨tuoŋ˥˩ɕi˧,tʂə˧˥liɑŋ˥˩kə˧……tʂə˧liɑŋ˥˩kə˧˨tou˥˨ɕiɑŋ˥˩˥tɑŋ˥˩˥y˧˩˥mei˧˩˥xu˧˩˨xuo˧˩˨tɕʰiŋ˧˩tɕʰiɑŋ˥˩,tɕie˥˨tɕiŋ˧y˧˩˥kə˥˨tɕy˧ɕiŋ˧˩˨ʂʅ˥˩.（嗯。）噢。ɑɔ˨.（道情呢？）道情……道情更好听。道情。道情比这个……这东西是上……甘肃省这个道情剧团不是到中南海演咧个《枫落池》①吗？这都是全国有名的个剧种，《枫落池》。道情演出咧。……这个这是这甘肃重点就是咱们庆阳这一带就是这几个剧种多。像什么碗碗腔啊这些，那都是陕西的多，于咱……于咱们甘肃的太没有得。tɑɔ˧tɕʰiŋ˧˩˥……tɑɔ˧tɕʰiŋ˧˩˨kəŋ˧xɑɔ˥˩˨tʰiŋ˥˩.tɑɔ˧tɕʰiŋ˧˩˨.tɑɔ˧tɕʰiŋ˧˩pi˥˩tʂə˧kə˧……tʂə˧˥tuoŋ˥˩ɕi˧sɿ˧ʂɑŋ˧……kæ̃˥˩ɕy˥˨səŋ˥˩tʂə˧˨kə˧˨tɑɔ˧tɕʰiŋ˧˩˨tɕy˧tʰuæ̃˧˩pu˧˩˥sɿ˧tɑɔ˧tʂuoŋ˥˨næ̃˧˩xæᴇ˥˩iæ̃˥˩lie˧kə˧˨fəŋ˥˩luo˥˨tʂʰʅ˧˩mɑ˧?tʂə˧tou˥˩˥sɿ˧tɕʰyæ̃˧˩kuo˥˨iou˥˩miŋ˧˩˨ti˧kə˧tɕy˧tʂuoŋ˥˩˥,fəŋ˥˩luo˥˨tʂʰʅ˧˩.tɑɔ˧tɕʰiŋ˧˩˥iæ̃˥˩tʂʰʮ˥˨lie˧.……tʂə˧˨kə˧˨tʂə˧˥sɿ˧˨tʂə˧kæ̃˥˩ɕy˥˨tʂuoŋ˧tiæ̃˥˩tɕiou˧˨sɿ˧˨tsɑ˧˩˨məŋ˧tɕʰiŋ˧iɑŋ˧˩˨tʂei˧i˥˩˥tæᴇ˧tɕiou˧sɿ˧tʂə˧tɕi˥˩kə˧˨tɕy˧tʂuoŋ˥˩˥tuo˥˩.ɕiɑŋ˧ʂʅ˧˩˥muo˧væ̃˥˩væ̃˥˩tɕʰiɑŋ˥˩ɑ˨tʂə˧ɕie˥˩˥,næᴇ˧˥tou˥˨sɿ˧˨ʂæ̃˥˩ɕi˥˨ti˧tuo˥˨,y˧˩˥tsɑ……y˧˩˥tʂɑ˧˩˨məŋ˧kæ̃˥˩ɕy˥˨ti˧tʰæᴇ˧mei˧˩iou˥˩tei˥˨.

3.（当地有些什么戏曲？戏曲呀？）王：戏曲那，咱们这儿那就是个秦腔、眉胡。

---

①《枫落池》：甘肃省陇剧团排演的大型陇剧。1959年赴京汇报演出时，受到周总理的接见和高度评价。陇剧的前身是流传在甘肃环县环江地带的陇东道情。

ɕi˧tɕʰy˥˨nei˧,tsɑ˨˦mən˧tʂər˧nei˧tɕiou˧˨sɿ˧˨kə˧˨tɕʰiŋ˨˦tɕʰiaŋ˥˨,mi˨˦xu˨˦.黄：秦腔、眉胡。tɕʰiŋ˨˦tɕʰiaŋ˥˨,mi˨˦xu˨˦.王：陇剧。luoŋ˥˧tɕy˧˨.黄：陇剧。luoŋ˥˧tɕy˧.（陇剧也有？）王&黄：嗯。ŋ̍˨.王：甘肃陇剧出名着咧么。陕西的秦腔么。kæ̃˥˧ɕy˥˨luoŋ˥˧tɕy˧tʂʰʮ˥˨miŋ˨˦tʂə˧liem˨.ʂæ̃˥˧ɕi˥˨ti˧tɕʰiŋ˨˦tɕʰiaŋ˥˧muo˨.黄：陇剧，咱们这儿这的陇剧，咱们这儿把那陇剧叫道情咧么。唱道情。luoŋ˥˧tɕʰy˨（←tɕy˧）,tʂɑ˨˦mən˧tʂər˧tʂə˧tə˧luoŋ˥˧tɕy˧˨,tʂɑ˨˦mən˧tʂər˧pa˥˨nə˧luoŋ˥˧tɕy˧˨tɕiao˧tao˧˦tɕʰiŋ˨˦liem˨.tʂʰɑŋ˧tao˧˦tɕʰiŋ˨˦.王：现在你叫陇剧么，原来是道情。ɕiæ̃˧˨tsæᴇ˧˦ni˥˨tɕiao˧luoŋ˥˧tɕy˧˨muo˨,yæ̃˨˦læᴇ˨˦sɿ˧tao˧˦tɕʰiŋ˨˦.黄：陇剧。luoŋ˥˧tɕy˧.

4.（你们小时候听过他们说的是什么戏？）王：是秦腔。sɿ˧˨tɕʰiŋ˨˦tɕʰiaŋ˥˨.黄：小时候多一半儿听的是个秦腔。秦腔，眉胡儿，道情。ɕiao˥˧sɿ˨˦xou˧tuo˥˧i˥˨pæ̃r˧tʰiŋ˥˧ti˧tɕiou˧˨sɿ˧˨kə˧˨tɕʰiŋ˨˦tɕʰiaŋ˥˨.tɕʰiŋ˨˦tɕʰiaŋ˥˨,mi˨˦xuər˨˦,tao˧tɕʰiŋ˨˦.（噢。）道情现在都发展叫做陇剧了，过去实际上就是个道情。tao˧˦tɕʰiŋ˨˦ɕiæ̃˧tsæᴇ˧tou˥˨fa˥˨tʂæ̃˥˧tɕiao˧tsuo˧luoŋ˥˧tɕy˧lə˨,kuo˧tɕʰy˧ʂɿ˨˦tɕi˧˦ʂaŋ˧tɕiou˧sɿ˧˨kə˧˨tao˧tɕʰiŋ˨˦.

5.（陕北道情是这个，是这个什么东西？）黄：陕北道情……ʂæ̃˥˧pei˥˨tao˧tɕʰiŋ˨˦……王：那就是歌子，歌咧，唱歌儿咧。nei˧˨tɕiou˧sɿ˧kə˥˧tsɿ˨,kə˥˧lie˨,tʂʰaŋ˧˦kər˥˧lie˨.黄：陕北这个道……道情那都是过去信天游的一种曲种。ʂæ̃˥˧pei˥˨tʂə˧˨kə˧˨tao˧……tao˧tɕʰiŋ˨˦nei˧tou˥˨sɿ˧˨kuo˧˦tɕʰy˧˨ɕiŋ˧˦tʰiæ̃˥˨iou˨˦ti˧i˥˧tʂuoŋ˥˧tɕʰy˥˨tʂuoŋ˥˧.王：信天游的一种。ɕiŋ˧tʰiæ̃˥˨iou˨˦ti˧i˥˨tʂuoŋ˥˨.黄：嗯。ŋ̍˨.

木偶、皮影

（有没有地方戏……就是太白本地有没有唱什么小曲的这个东西？）黄：再还有木偶么。噢，都有那个皮影。tsæᴇ˧xæᴇ˨˦iou˥˧mu˥˨nou˥˧muo˨.ao˧,tou˥˧iou˥˧nə˧˨kə˧˨pʰi˨˦iŋ˥˧.（皮影？皮影也唱吗？）唱嘛。tʂʰaŋ˧˦ma˨.（是皮……太白本地的吗？）哎兀这些地方这些人要他起来他这些这几样剧他都能唱。æᴇ˨væᴇ˧˦tʂei˧ɕie˥˨ti˧˦faŋ˥˨tʂei˧ɕie˥˧zəŋ˨˦iao˧tʰa˥˨tɕʰi˥læᴇ˨˦tʰa˥˧tʂei˧ɕie˥˧tʂei˧tɕi˥˨iaŋ˧tɕy˧tʰa˥˧tou˥˦nəŋ˨˦tʂʰaŋ˧˨.（有木偶戏吗？）木偶戏，合水有，咱们这面还没有。mu˥˨ou˥˧ɕi˧,xuo˨˦ʂuei˥˧iou˥˨,tʂɑ˨˦mən˧tʂei˧miæ̃˧˨xa˨˦mei˨˦iou˥˧.（你们那个唱皮影戏的那些行头叫什么？）箱子。ɕiaŋ˥˧tsɿ˨.（就叫箱子？）嗯。ŋ̍˨.（包括……包括戴的穿的都叫箱子啊？）皮影那个东……戴的穿它都是刻下的。啊，它那个箱子就是指刻下的那一套娃，皮影这个娃娃这都叫箱子。pʰi˨˦iŋ˥˧nə˧˨kə˧˨tuoŋ˥˦……tæᴇ˧ti˧tʂʰuæ̃˥˧tʰa˥˧tou˥˦sɿ˧kʰə˥˧xa˧˨ti˨.ɑ˨,tʰa˥˧nə˧kə˧ɕiaŋ˥˧tsɿ˨tɕiou˧˨sɿ˧˨tsɿ˥˧kʰə˥˧xa˧˨ti˧nei˧i˥˨tʰao˧va˨˦,pʰi˨˦iŋ˥˧tʂə˧kə˧va˨˦va˨˦tʂei˧˦tou˥˦tɕiao˧ɕiaŋ˥˨tsɿ˨.（那……那个皮影娃娃叫什么？）那个欸皮影娃娃那个把那个……哎呀，行话那把那叫啥咧吵？我还说不来。nə˧kə˧ei˧pʰi˨˦iŋ˥˧va˨˦va˨˦nə˧kə˧pa˥˨nə˧kə˧……æᴇ˨ia˨,xaŋ˨˦xua˧næᴇ˧pa˥˨næᴇ˧tɕiao˧sa˧˦lie˨sa˨?ŋuo˥˧xa˨˦ʂuo˥pu˨˦læᴇ˨˦.

牛皮娃娃戏

（这个，还有些什么戏没有？包括什么木偶戏呀，皮影戏呀这些东西。）黄：皮影那有咧么。皮影。pʰi˨˦iŋ˥˧nei˧˦iou˥˨liem˨.pʰi˨˦iŋ˥˧.（皮影你们过去叫什么？）黄：咱们把那叫，牛皮娃娃戏噢？tʂam˨˦pa˥˨nə˧tɕiao˧,niou˨˦pʰi˨˦va˨˦va˨˦ɕi˧˨ao˨?王：皮娃娃戏。pʰi˨˦va˨˦va˨˦ɕi˧˨.黄：皮娃娃戏。pʰi˨˦va˨˦va˨˦ɕi˧˨.王：牛皮娃娃戏。niou˨˦pʰi˨˦va˨˦va˨˦ɕi˧˨.黄：牛皮娃娃戏。最古老的时候叫。niou˨˦pʰi˨˦va˨˦va˨˦ɕi˧˨.tsuei˧ku˥˧lao˥˧tə˨sɿ˨˦xou˧tɕiao˧.（牛皮娃娃戏？）王&黄：嗯。ŋ̍˨.（它是拿牛皮还是拿……）王：牛皮刻下。刻……niou˨˦pʰi˨˦kʰei˥˧xa˧˨.kʰei˥˧……黄：拿牛……拿牛皮刻下的。有的叫牛皮娃娃戏，有的叫

牛……牛皮灯影子。na˨˦ni……na˨˦niou˨˦pʰi˨˦kʰə˥˧xa˧˩ti˧.iou˥˧ti˧tɕiao˧niou˨˦pʰi˨˦va˨˦˩va˨˦ɕi˧˩,iou˥˧ti˧tɕiao˧niou˨˦……niou˨˦pʰi˨˦təŋ˥˧iŋ˥˧˩tsɿ˧.王：ŋ̍˩.（牛皮灯影子？）王：嗯。ŋ̍˩.黄：啊。ã˩.

拥葫芦戏

（还有什么戏没有？）王：还有那，拥葫芦戏么。xæᴇ˨˦˩iou˥˧næᴇ˧,tʂou˥˧xu˨˦˩lou˧ɕi˧˩muo˧.黄：拥葫芦是……tʂou˥˧xu˨˦˩lou˧sɿ……黄：拥葫芦戏就是拥下那娃娃，这么高点那娃娃，人哎，围起来以后，人在里面，看不见这个，看不见咱们这号儿人，光看那娃娃动弹咧。实……tʂou˥˧xu˨˦˩lou˧ɕi˧tɕiou˧˩sɿ˧˩tʂou˥˧xa˧˩nə˧va˨˦˩va˨˦,tʂə˧˩m̩˧kao˥˧tiæ̃˥˧nə˧va˨˦˩va˨˦,zəŋ˨˦æᴇ˧,vei˨˦tɕʰi˥˧læᴇ˨˦i˥˧˩xou˧,zəŋ˨˦tsæᴇ˧li˥˧miæ̃˧˩,kʰæ̃˧pu˨˦tɕiæ̃˧tʂə˧˩kə˧˩,kʰæ̃˧pu˨˦tɕiæ̃˧tsa˨˦məŋ˧tʂə˧˩xaor˧˩zəŋ˨˦,kuaŋ˥˧kʰæ̃˧nə˧va˨˦˩va˨˦tuoŋ˧tʰæ̃˨˦˩lie˧.ʂɿ……（就是木偶儿戏吧？）黄：嗯。ə̃˩.王：啊。a˩.黄：拥葫子。tʂou˥˧xou˧tsɿ˧.王：拥葫子戏。tʂou˥˧xu˧tsɿ˧ɕi˧˩.黄：嗯。ŋ̍˩.（就跟外头木偶戏是不是一……差不多？）黄：差不多一样。他那个人最后是靠那手指头儿。tsʰa˥˧pu˨˦˩tuo˥˧i˥˧iaŋ˧.tʰa˥˧nə˧kə˧zəŋ˨˦tsuei˧˦xou˧˩sɿ˧˩kʰao˧nə˧ʂou˥˧tsɿ˥˧tʰour˧.王：啊，手指上那线儿拉起走。a˩,ʂou˥˧tsɿ˥˧ʂaŋ˧nə˧ɕiær˧˦la˥˧tɕʰi˥˧tsou˥˧˩.黄：欸，拉着以后就……ei˧,la˥˧tʂə˧i˥˧˩xou˧tsou˧……（拉着就怎么弄怎么弄？）王：啊，啊。a˩,a˩.黄：啊，就是的。a˩,tɕiou˧sɿ˧ti˧.（叫，怎么，是什么葫芦？）王：拥葫芦戏。tʂou˥˧xu˨˦˩lou˧ɕi˧˩.黄：拥葫芦戏。tʂou˥˧xu˨˦˩lou˧ɕi˧˩.（搊起来的搊啊？）黄&王：啊，拥起来的拥。a˩,tʂou˥˧tɕʰi˥˧˩læᴇ˨˦˩ti˧tʂou˥˧˩.黄：拥葫子。tʂou˥˧xu˨˦˩tsɿ˧.（tʂou˥˧……）黄：拥葫子。tʂou˥˧xu˨˦˩tsɿ˧.（tsou˥˧葫子还是tsou˥˧葫芦？）王：拥葫芦戏。tʂou˥˧xu˨˦˩lou˧ɕi˧˩.（可不可以说tsou˥˧……tsou˩……搊葫子呢？tsou˥˧葫子？）黄：拥葫子也可以说是拥葫子。tʂou˥˧xu˨˦˩tsɿ˧lie˥˧kʰə˥˧i˥˧˩ʂuo˥˧˩sɿ˧˩tʂou˥˧xu˨˦˩tsɿ˧.（就是木偶戏？）黄：那，木偶戏。nə˧˩,mu˥˧ou˥˧ɕi˧˩.

豫剧

黄：这儿这有时候还……这现在来说，这，像作为太白来说，流行这个，欸，豫剧□也流行着咧。tʂər˧˦tʂə˧iou˥˧sɿ˨˦˩xou˧˦xæᴇ˨˦˩……tʂei˧ɕiæ̃˧˩tsæᴇ˧˦læᴇ˨˦˩ʂuo˥˧˩,tʂə˧,ɕiaŋ˧tsuo˥˧˩vei˨˦tʰæᴇ˧˦pei˨˦˩læᴇ˨˦˩ʂuo˥˧˩,liou˨˦ɕiŋ˨˦tʂei˧˩kə˧˩,ei˧,y˧˦tɕy˧niæ̃˨˦˩æ˥˧˩liou˨˦˩ɕiŋ˨˦˩tʂə˧lie˧.（流……豫剧是……什么时候它……）王：河南豫剧。xə˨˦˩næ̃˨˦y˧˩tɕy˧.黄：河南豫剧。xuo˨˦˩næ̃˨˦y˧tɕy˧.（是一直流行的还是后来带进来的？）王：后来它是……xou˧˦læᴇ˨˦˩tʰa˥˧˩sɿ˧……黄：哎呀，我这个都以前就有咧，这个东西豫剧啊。æᴇ˩ia˧,vuo˥˧˩tʂə˧˦kə˧tou˥˧˩i˥˧tɕʰiæ̃˨˦tsou˧˩iou˥˧lie˧,tʂə˧˩kə˧tuoŋ˥˧˩ɕi˧y˧˦tɕy˧˩a˧.王：豫剧兀就是呃河南戏，但是在咱们这儿就是兀河南人……y˧tɕy˧vei˧tɕiou˧sɿ˧˦ə˩xə˨˦˩næ̃˨˦ɕi˧˩,tæ̃˧sɿ˧tsæᴇ˧tsa˨˦məŋ˧tʂər˧tɕiou˧sɿ˧væᴇ˧xə˨˦˩næ̃˨˦zəŋ˨˦˩……黄：河南人也多得很，这儿流行这个豫剧着咧。xuo˨˦˩næ̃˨˦zəŋ˨˦ie˥˧tuo˥˧tə˧xəŋ˥˧˩,tʂər˧li ou˨˦ɕiŋ˨˦tʂə˧kə˧y˧tɕy˧tʂə˧lie˧.（叫，你们是叫豫剧还是叫什么东西？）王：叫豫剧，河南豫剧。tɕiao˧y˧˦tɕy˧˩,xə˨˦˩næ̃˨˦y˧˦tɕy˧˩.黄：叫豫剧咧。tɕiao˧y˧tɕy˧lie˧.（还是叫河……河南梆子什么的？）黄：也叫梆子戏咧。河南梆子。ie˥˧tɕiao˧paŋ˥˧tsɿ˧ɕi˧˩lie˧.xə˨˦˩næ̃˨˦paŋ˥˧tsɿ˧.（你们，你们叫梆子戏？）黄：嗯。ə̃˩.（老人家管这个叫什么？）黄：老人家叫梆子戏。现在人都把那叫豫剧咧。lao˥˧zəŋ˨˦˩tɕia˧tɕiao˧paŋ˥˧tsɿ˧ɕi˧˩.ɕiæ̃˧˩tsæᴇ˧˦zəŋ˨˦tou˥˧pa˥˧˩nə˧tɕiao˧y˧tɕy˧li e˧.王：叫豫剧。tɕiao˧y˧˦tɕy˧˩.

碗碗腔

黄：碗碗腔咱们这里也唱咧啊？væ̃˥˧væ̃˥˧tɕʰiaŋ˥˧˩tʂa˨˦məŋ˧tʂə˧˦li˥˧˩ie˥˧tʂʰaŋ˧lie˧a˧?王：碗碗腔咱们这儿……væ̃˥˧væ̃˥˧tɕʰiaŋ˥˧tsa˨˦məŋ˧tʂər˧……黄：不太多啊？pu˨˦˩tʰæᴇ˧tuo˥˧a˧?王：不

多。pu˨˩tuo˥˧.

老戏

（有没有什么大戏小戏的说法？或者是老戏什么的这种说法？）黄：这有说的咧么。tʂə˧˥iou˥˩ʂuo˥˩ti·lie·muo·˩.王：有说老戏的么。iou˥˩ʂuo˥˩lɑɔ˥˧ɕi˧˥tim·˩.黄：唱老戏的嘛。tʂʰɑŋ˧˦lɑɔ˥˧ɕi˧ti·mɑ·˩.（老戏是指什么东西？）王：老戏就秦腔。lɑɔ˥˧ɕi˧˥tɕiou˧˦tɕʰiŋ˨˩tɕʰiɑŋ˥˧.黄：老戏是传统型的这些。lɑɔ˥˧ɕi˧sʅ˧tʂʰuæ̃˨˩tʰuoŋ˥˧ɕiŋ˨˦ti·tʂei˧ɕie˥˩.王：传统型的兀，大型的兀就是兀秦腔咧。tʂʰuæ̃˨˩tʰuoŋ˥˧ɕiŋ˨˩ti·vææ˧,tɑ˧˦ɕiŋ˨˦ti·vææ˧tɕiou˧˥sʅ˧˥vææ˧˥tɕʰiŋ˨˦tɕʰiɑŋ˥˧lie·˩.黄：秦腔来的。这个它就是，讲历史，历史。tɕʰiŋ˨˦tɕʰiɑŋ˥˧læɛ˨˩ti·˩.tʂə˧˥kə˧˥tʰɑ˥˧tsou˧sʅ˧˥,tɕiɑŋ˥˧li˥˦sʅ˧˥,li˥˦sʅ˧˥.（它是指剧种，剧种还是指那个故事，情节？）黄：故事。ku˧˥sʅ˧˥.王：它是指的是，就像这秦腔一类都称老戏。tʰɑ˥˧sʅ˧˥tsʅ˥˧ti·sʅ˧,tɕiou˧˥ɕiɑŋ˧tʂei˧tɕʰiŋ˨˦tɕʰiɑŋ˥˧i˥˦luei˧tou˥˩tʂʰəŋ˥˧lɑɔ˥˧ɕi˧˥.（包括眉胡，那个道情，也叫老戏吗？）王：啊，叫老戏。ɑ˩,tɕiɑɔ˧lɑɔ˥˧ɕi˧˥.黄：老戏。它是这个那一个，正好这个戏里头……老戏它都是指是以历史题材编撰下这些。lɑɔ˥˧ɕi˧˥.tʰɑ˥˧sʅ˧tʂə˧kə˧nei˧i˥˩kə˧˦,tʂəŋ˧˦xɑɔ˥˩tʂə˧˥kə˧˥ɕi˧˦li˥˩tʰou·˩……lɑɔ˥˧ɕi˧tʰɑ˥˧tou˥˩sʅ˧˥tsʅ˥˧sʅ˧˥i˥˩li˥˦sʅ˧˥tʰi˨˦tsʰæɛ˨˦piæ̃˥˩tʂuæ̃˧˦xɑ˧tʂei˧ɕie˥˦.王：啊。ɑ˩.（从情……情节上来讲？）黄：啊，从情节上来讲。ɑ˩,tsʰuoŋ˨˩tɕʰiŋ˨˦tɕie˥˧ʂɑŋ˧˥læɛ˨˩tɕiɑŋ˥˧.（叫老戏？）黄：它穿戴的这个这个服装上，就不一样了。你像现在有些欸新戏的话那你像，它就是现代服装。tʰɑ˥˩tʂʰuæ̃˥˩tææ˧ti·tʂə˧kə˧fu˨˦tʂuɑŋ˥˧ʂɑŋ˧˥,tsou˧pu˨˦i˥˩iɑŋ˧lə·˩.ni˥˩ɕiɑŋ˧ɕiæ̃˧tsææ˧io u˥˧ɕie˥˩ei˩ɕiŋ˥˧ɕi˧ti·xuɑ˧˥næɛ˧ni˥˧ɕiɑŋ˧˥,tʰɑ˥˩tsou˧˥sʅ˧˥ɕiæ̃˧tææ˧fu˨˦tʂuɑŋ˥˧.王：那是现代服。nə˧˥sʅ˧˥ɕiæ̃˧tææ˧˦fu˨˩.（现代服装的那种？）黄：呣。小戏，大戏和小戏区分的话，那他也有这个，大戏是整本的，一戏有多少场的，个小戏一般就是那表演唱，一个单纯的故事情节，搞那么一节节子戏剧，就是小戏。m̩˩.ɕiɑɔ˥˧ɕi˧,tɑ˧ɕi˧xuo˨˩ɕiɑɔ˥˧ɕi˧tɕʰy˥˩fəŋ˥˧ti·xuɑ˧˥,nei˧˦tʰɑ˥˦ie˧iou˥˧tʂə˧˥kə˧˥,tɑ˧ɕi˧sʅ˧tʂəŋ˥˩pəŋ˥˧ti·˩,i˥˩ɕi˧iou˥˦tuo˥˩ʂɑɔ˥˦tʂʰɑŋ˥˧ti·˩,kə˧˥ɕiɑɔ˥˧ɕi˧i˥˦pæ̃˥˩tɕiou˧sʅ˧nə˧piɑɔ˥˦iæ̃˥˦tʂʰɑŋ˧,i˥˩kə˧tæ̃˥˩tʂʰuoŋ˨˦ti·ku˧sʅ˧˥tɕʰiŋ˨˦tɕie˥˩,kɑɔ˥˧nə˧˥muo·i˥˩tɕie˥˧tɕie˥˧tsʅ·ɕi˧tɕy˧,(tɕ)iou˧˥sʅ˧˥ɕiɑɔ˥˧ɕi˧˥.

三弦

（还……有没有别的，比如说戏曲啦，还有别的戏曲曲种没有？）黄：哎呀，咱们这是再……æɛ˩iɑ·˩,tsɑ˨˦məŋ·tʂə˧sʅ˧tsææ˧……王：是……是……咱们这儿再没有啥。s……s……tsɑ˨˦məŋ·tʂər˧tsææ˧mei˨˦iou˥˧sɑ˧˥.黄：再没有啥咧啊。tsææ˧˦mei˨˦iou˥˩sɑ˧lia·˩.（那有没有什么曲艺的，什么说唱啊，快板儿呀，这些东西？要饭的那个当当当，敲个敲个鼓他。）王：没有。没得。muo˥˧iou˥˩.mei˨˦tei˥˦.黄：没得，这里还没有那。mei˨˦tei˥˩,tʂei˧li˥˩xɑ˨˩mei˨˦iou˥˧nə˧˥.（我看陕北人拿个这个当当当这个。）王：三弦。sæ̃˥˧ɕiæ̃˨˩.黄：三弦，那是陕北说书嘛。sæ̃˥˩ɕiæ̃˨˦,nei˧˦sʅ˧˥ʂæ̃˥˧pei˥˩ʂuo˥˦ʂʯ˥˧mɑ·˩.王：说书的。ʂuo˥˦ʂʯ˥˧ti·˩.黄：那是在这个地方也有。多咧。那是这几年陕北人来住下以后。nə˧˥sʅ˧˥tʂææ˧tʂə˧kə˧ti˧fɑŋ˥˩ie˥˦iou˥˧.tuo˥˧lie·˩.nə˧˥sʅ˧˥tʂei˧˦tɕi˥˩niæ̃˨˦ʂæ̃˥˧pei˥˩ʐəŋ˨˦læɛ˨˦tʂʯ˧xɑ˧i˥˦xou˧.（过去有没有？）王：过去也有。kuo˧˦tɕʰy˧˥ie˥˦iou˥˦.黄：过去，也有，说书的，嗯，陕北说书。kuo˧˦tɕʰy˧,ie˥˦iou˥˦,ʂuo˥˩ʂʯ˥˧ti·˩,ə̃˩,ʂæ̃˥˧pei˥˩ʂuo˥˦ʂʯ˥˧.（陕北说书？）黄：嗯，他是……他是那个欸，陕北说书重点以说唱为主的。ə̃˩,tʰɑ˥˧sʅ˧……tʰɑ˥˧sʅ˧nə˧kə˧ei˩,ʂæ̃˥˧pei˥˩ʂuo˥˦ʂʯ˥˩tʂuoŋ˧tiæ̃˥˦i˥˦ʂuo˥˩tʂʰɑŋ˧˦vei˨˩tʂʯ˥˧ti·˩.（嗯。）黄：嗯。ŋ̍˩.（咱们本地有没有这种说唱的这种东西？除了戏，它就是一两个人来表……表演呢？）王：没得。mei˨˦tei˥˩.黄：没有。mei˨˦iou˥˩.（这儿什么都没有？）黄：

嗯，没有。ŋ̍˩,mei˩˧˧iou˥˧˩.

戏本子

（这个演戏啊，这个剧本你们一般叫什么？）黄：就叫剧本儿。tɕiou˥tɕiaɔ˥tɕy˥pə̃r˥˧˩.（就叫剧本儿？）啊。ɑ˩.（还是叫本子？）这个欸，最土的话叫戏本子。tʂə˥˩kə˥˦ei˥,tsuei˥t^{h}u˥˧ti·˧xua˥tɕiaɔ˥ɕi˥pəŋ˥˧tsɿ·˧.

箱子

（服装这些东西叫什么？服装啊，髯口啊，这个帽子啊，靴子啊，总得叫什么？那不能叫戏服吧这个？）黄：不叫。这个□总的把这个叫箱子。pu˩˧˩tɕiaɔ˥.tʂə˥kə˥niæ̃˩˧˩tsuoŋ˥˧ti·˧pa˥˧˩tʂə˥˦kə˥˦tɕiaɔ˥ɕiaŋ˥˧tsɿ·˧.（叫箱子？）黄：嗯，叫箱子。他……ŋ̍˩,tɕiaɔ˥ɕiaŋ˥˧tsɿ·˧.t^{h}ɑ˥˧˧……（就是，就是相……相当于北方的，其他地方的华北那边的行头？）黄：啊，行头。这个箱子么，它是这个欸所有剧团里头这些，你这个，他评价一个就说是这个演这一个剧，演这个剧团来唱的这个衣裳穿戴的新与旧啊，老百姓就讲究是这个箱子新来旧。ɑ˩,ɕiŋ˩˧˩t^{h}ou˩˧˦.tʂə˥˦kə˥˩ɕiaŋ˥˧tsɿ·˧muo·˧,t^{h}ɑ˥˧sɿ˥tʂə˥kə˥ei˩ʂuo˥˧iou˥˧tɕy˥t^{h}uæ̃˩˧li˥˧t^{h}ou·˧tʂei˥ɕie˥˧˩,ni˥˧˧tʂə˥kə˥,t^{h}ɑ˥˧p^{h}iŋ˩˧˩tɕiɑ˥˦i˥˧˩kə˥tɕiou˥˦ʂuo˥˧˩sɿ˥˩tʂə˥˩kə˥˩iæ̃˥˧tʂei˥i˥˧˩kə˥tɕy˥˨,iæ̃˥˧tʂə˥kə˥tɕy˥t^{h}uæ̃˩˧læᴇ˩˧˧tʂ^{h}ɑŋ˥ti·˧tʂə˥˩kə˥˩i˥˧ʂɑŋ·˧tʂ^{h}uæ̃˥˧˩tæᴇ˥ti·˧ɕiŋ˥˧y˥˧˧tɕiou˥˨ɑ·˧,lɑɔ˥˧pei˥˧˩ɕiŋ˥tsou˥˩tɕiɑŋ˥˧tɕiou˥˧˩sɿ˥˩tʂə˥kə˥ɕiɑŋ˥˧tsɿ·˧ɕiŋ˥˧læᴇ˩˧˩tɕiou˥˨.王：啊，箱子新的。ɑ˩,ɕiɑŋ˥˧tsɿ·˧ɕiŋ˥˧˩ti·˧.黄：那个箱子新旧，这就是指他的所有的服装都叫箱子。nə˥˩kə˥˩ɕiɑŋ˥˧tsɿ·˧ɕiŋ˥˧˩tɕiou˥,tʂə˥˦tɕiou˥˩sɿ˥˩tsɿ˥˧˧t^{h}ɑ˥˧˩ti·˧ʂuo˥˧iou˥˧ti·˧fu˩˧tʂuɑŋ˥˧tou˥˧˧tɕiɑɔ˥ɕiɑŋ˥˧tsɿ·˧.（所有的服装都叫箱子？）黄：啊，都叫箱子。ɑ˩,tou˥˧˨tɕiɑɔ˥ɕiɑŋ˥˧tsɿ·˧.（箱子新旧有什么区……分别没有？）黄：那……那有咧么。那你颜色好……n……nei˥˦iou˥˧˩lie·˧muo·˧.nei˥ni˥˧˧iæ̃˩˧˩sə˥˧xɑɔ˥˧˧……王：那颜……衣服穿起来不……不亮豁，你就是旧的了。nei˥˦iæ̃˩˧˩……i˥˧fu˩˧˩tʂ^{h}uæ̃˥˧˩tɕ^{h}i˥˧læᴇ˩˧˩pu˩˧˩lə……pu˩˧˩liɑŋ˥˨xuo·˧,ni˥˧˧tɕiou˥sɿ˥tɕiou˥˨ti·˧lə·˧.黄：不亮豁那你就是个旧箱子了么。pu˩˧˩liɑŋ˥˦xuo·˧nei˥ni˥˧˧tsou˥˩sɿ˥˩kə˥˩tɕiou˥ɕiɑŋ˥˧tsɿ·˧ləm·˧.（噢，叫旧箱子？）黄：噢，旧箱子和新箱。ɑɔ˩,tɕiou˥˨ɕiɑŋ˥˧tsɿ·˧xuo˩˧˩ɕiŋ˥˧ɕiɑŋ˥˧.（新箱子是什么呢？）黄：就是才买回来的那衣裳那个。tɕiou˥˩sɿ˥˩ts^{h}æᴇ˩˧mæᴇ˥˧xuei˩˧˩læᴇ˩˧˦ti·˧nei˥i˥˧ʂɑŋ·˧nei˥kə˥.王：新新子，才买回来那衣服。ɕiŋ˥˧ɕiŋ˥˧˧tsɿ·˧,ts^{h}æᴇ˩˧mæᴇ˥˧xuei˩˧˩læᴇ˩˧˧nə˥i˥˧fu·˧.黄：各种服饰了那那那这。那当儿好嘛，那就叫新箱子。kə˥˧˩tʂuoŋ˥˧fu˩˧ʂɿ˥˧lə·˧nei˥nei˥nei˥˦tʂə˥˩.nə˥tɑ̃r˥˨xɑɔ˥˧mɑ·˧,nə˥˩tɕiou˥˩tɕiɑɔ˥˩ɕiŋ˥˧ɕiɑŋ˥˧tsɿ·˧.（一般是新箱子好还是旧箱子好？）王：新的好。ɕiŋ˥˧ti·˧xɑɔ˥˧˩.黄：那新箱子好么你。nei˥˦ɕiŋ˥˧ɕiɑŋ˥˧˩tsɿ·˧xɑɔ˥˧muo·˧ni˥˧˩.（这这些这个箱子是戏班里头的还是这个演员，有有名的演……演员……）黄：嗯。ŋ̍˨.王：一般是戏班子里他们。i˥˧˩pæ̃˥˨sɿ˥ɕi˥pæ̃˥˧tsɿ·˧li˥˧˧t^{h}ɑ˥˧məŋ·˧.黄：这都是戏班子里头……戏班子里头的东西，演员你置不起啊！就像官……包文正①穿那么一身蟒袍的话，加上蟒袍玉带，从脚子到头顶上，戴官帽戴起来的话，那要几万块钱咧，那么一套箱子。那个是他是讲究是蟒和靠子，你这个文官出来，像薛仁贵，这个包兀……包公，他出来他是穿了个蟒啊？tʂə˥˦tou˥˧˩sɿ˥˩ɕi˥˨pæ̃˥˧tsɿ·˧li˥˧˧t^h……ɕi˥pæ̃˥˧tsɿ·˧li˥˧t^{h}ou·˧ti·˧tuoŋ˥˧˩ɕi·˧,iæ̃˥˧yæ̃˩˧˩ni˥˧˧tʂɿ˥pu˩˧˩tɕ^{h}i˥˧ɑ·˧!tɕiou˥ɕiɑŋ˥kuæ̃˥˧……pɑɔ˥˧məŋ·˧（←vəŋ˩˧）tʂəŋ˥˦tʂ^{h}uæ̃˥˧nə˥muo·˧i˥˧˩ʂəŋ˥˧˧mɑŋ˥˧p^{h}ɑɔ˩˧˩ti·˧xuɑ˥˩,tɕiɑ˥˧ʂɑŋ˥˨mɑŋ˥˧p^{h}ɑɔ˩˧y˥tæᴇ˥,ts^{h}uoŋ˩˧tɕyo˥˧tsɿ·˧tɑɔ˥t^{h}ou˩˧˩tiŋ˥˧ʂɑŋ˥˩,tæᴇ˥kuæ̃˥˧˩mɑɔ˥tæᴇ˥˨tɕ^{h}i˥˧læᴇ˩˧˩tə·˧xuɑ˥˩,nei˥iɑɔ˥tɕi˥˧˧væ̃˥˦k^{h}uæᴇ˥˧˩tɕ^{h}iæ̃˩˧˩lie·˧,nə˥muo·˧i˥˧˩t^{h}ɑɔ˥ɕiɑŋ˥˧tsɿ·˧.nə˥kə˥sɿ˥t^{h}ɑ˥˧sɿ˥˩tɕiɑŋ˥˧tɕiou˥˧˩sɿ˥˩mɑŋ˥˧xuo˩˧˩k^{h}ɑɔ˥tsɿ·˧,ni˥˧˩tʂə˥kə˥vəŋ˩˧kuæ̃˥˧tʂ^{h}ʮ˥˧læᴇ˩˧˩,ɕi

① 包文正：包公。

ɑŋ˥ɕie˥˩ʐəŋ˨˩kuei˥,tʂə˥˩kə˥˩pao˥˧˥vær˥……pao˥kuoŋ˥˩,tʰɑ˥˧tʂʰʮ˥lær˨˩tʰɑ˥˧sɿ˥tʂʰuæ˥lə˩kə˥˩ma ŋ˥ɑ˩?（嗯，穿蟒。）黄：穿着个蟒出来以后，他这个虽然瘦片片子，那……这他是还是那个的。如果是武官出来的话，你像薛平贵……薛……就像这个欸杨家将，杨六郎出来的话，他是武官咧，后头要背旗子咧嘛。tʂʰuæ˥tʂə˩kə˥˩maŋ˥tʂʰʮ˥lær˨˩i˥˩xou˥,tʰɑ˥˧tʂə˥kə˥s uei˥ʐæ˨˩sou˥pʰiæ˥pʰiæ˥tsɿ˩,nə˥˩……tʂə˥tʰɑ˥˩sɿ˥˩xɑ˨˩sɿ˥˩nə˥kə˥ti˩.ʐʮ˨˩kuo˥sɿ˥vu˥kuæ˥˩tʂʰ ʮ˥lær˨˩ti˩xuɑ˥,ni˥˧ɕiaŋ˥ɕye˥pʰiŋ˨˩k……ɕye˥˧……tɕiou˥ɕiaŋ˥tʂə˥kə˥ei˩iaŋ˨tɕia˥˧tɕiaŋ˥,iaŋ˨ liou˥laŋ˨˩tʂʰʮ˥lær˨˩tə˩xua˥,tʰɑ˥˧sɿ˥vu˥kuæ˥˩lie˩,xou˥tʰou˨˩iao˥pei˥tɕʰi˨˩tsɿ˩lie˩ma˩.（背旗子？）黄：背下这个旗子，后头还有靠咧嘛。pei˥xa˥˩tʂə˥kə˥tɕʰi˨˩tsɿ˩,xou˥tʰou˩xær˨˩iou ˥˧kʰao˥˩lie˩ma˩.（靠是指哪一部分？）黄：靠，它是指脊背上这一部分都是有个硬的咧么，啊？kʰao˥,tʰɑ˥˧sɿ˥tsɿ˥tɕi˥˩pei˥˩ʂaŋ˥˩tʂei˥i˥˩pʰu˥fəŋ˥tou˥˩sɿ˥iou˥˧kə˥niŋ˥˩ti˩lie˩muo˩,ɑ˩?（啊。）黄：要插那旗子。这是个硬框框子，壳郎子框着咧。那上来是拿带子在这脊背上扎着咧么。噢，有靠咧么。iao˥tsʰɑ˥˩næ˥˩tɕʰi˨˩tsɿ˩.tʂə˥˩sɿ˥˩kə˥˩niŋ˥kʰuaŋ˥kʰuaŋ˥˩tsɿ˩, kʰuo˥laŋ˩tsɿ˩kʰuaŋ˥tʂə˩lie˩.næ˥ʂaŋ˥˩lær˨˩sɿ˥˩na˨˩tær˥˩tsɿ˩tsær˥tʂə˥tɕi˥˩pei˥ʂaŋ˥tsa˥tʂə˩lie˩ muo˩.ao˩,iou˥˧kʰao˥˩lie˩muo˩.（有靠？）黄：嗯。ŋ̍˩.（那么这个就是服装里头哈，这箱子里头，这个玩意儿叫什么？胡子？）黄：啊，胡子么。ɑ˩,xu˨˩tsɿ˥muo˩.王：胡子么。xu˨˩tsɿ˥muo˩.黄：嗯。ŋ̍˩.（是叫胡子还是叫什么东西？有没有叫……）王：叫胡子。tɕiao˥xu˨˩tsɿ˩.黄：叫胡子么。tɕiao˥xu˨˩tsɿ˥muo˩.（叫不叫髯口啊这个东西？）黄&王：不叫。pu˨˩tɕiao˥.（就叫胡子？）黄&王：嗯。ŋ̍˩.黄：有的把那，噢，叫口条。这胡子□也叫口条咧。土话叫口条、iou˥ti˩pa˥˩næ˥,ao˥,tɕiao˥˩kʰou˥tʰiao˨˩.tʂə˥xu˨˩tsɿ˥niæ˨˩æ˥˧tɕiao˥ kʰou˥tʰiao˨˩lie˩.tʰu˥xua˥tɕiao˥kʰou˥tʰiao˨˩.

（这个呢？文官戴的这个有……有翅的那玩意儿叫什么那个？）黄：呃，纱帽，乌纱帽嘛。ə˩,sa˥˩mao˥˩,vu˥˩sa˥˩mao˥˩ma˩.（武将，武将戴的呢？）黄：武将……武将戴的那个欸……vu˥˧tɕ……vu˥tɕiaŋ˥tær˥ti˩nə˥kə˥ei˩……（硬，硬，硬硬的？）黄：盔嘛。kʰuei˥ma˩.（那叫盔？）黄：嗯。ŋ̍˩.（叫盔还是叫盔头？）黄：盔。kʰuei˥.（就叫盔？）黄：嗯。ŋ̍˩.

彩翎

（有的像吕布，他上面还竖两根这个野鸡毛，那玩意叫什么东西？）黄：□把那叫啥？彩翎吗啥？彩翎。niæ˨˩pa˥˩nei˥tɕiao˥sa˥?tsʰær˥liŋ˨ma˩sa˥˩?tsʰær˥liŋ˨.王：嗯，叫彩翎嘛。ŋ̍˩,tɕiao˥tsʰær˥liŋ˨ma˩.黄：彩翎。tsʰær˥liŋ˨˩.

靴子

（还有这个脚上穿的这个东西。）王：靴子。ɕyo˥tsɿ˩.黄：靴子呣。ɕyo˥tsɿ˩m̩˩.（不管男的女的都穿靴子吗？）黄：欸，那你那男的……ei˥,nei˥ni˥˩nei˥˩næ˨˩ti˩……王：嗯，女的不穿靴子么。男的穿。ŋ̍˩,ny˥ti˩pu˨˩tʂʰuæ˥˩ɕyo˥tsɿ˩muo˩.næ˨ti˩tʂʰæ˥˩.黄：女的不穿靴。男的，女的也有蹬靴子的咧。但是那那那你看是毡靴么啥么，嗯。ny˥ti˩pu˨˩tʂʰuæ˥ɕyo˥˩.næ˨˩ ti˩,ny˥ti˩ie˥iou˥˧təŋ˥ɕyo˥tsɿ˩ti˩lie˩.tæ˥sɿ˥næ˥nei˥nei˥ni˥kʰæ˥sɿ˥tʂæ˥ɕyo˥muo˩sa˥˩muo˩,ə̃˩.

玉带

（这些这些这些都，这扎的这个叫什么？）黄：玉带嘛。y˥tær˥ma˩.（这叫玉带？）黄：嗯。ə̃˩.王：嗯。ŋ̍˩.黄：蟒袍玉带么。那你是根……根据你的身份，嗯，来穿戴咧。不是所有的人，你是这个，你看这个虽然前头这个，嗯，你穿得前头这有一坨坨。有的□是……maŋ˥pʰaɔ˩˧y˦tæᴇ˦muo˧.nei˦˥ni˥sɿ˦˩kəŋ˥˩……kəŋ˥˩tɕy˦ni˥ti˧ʂəŋ˥fəŋ˦˩,ŋ̍˦,læᴇ˩˧tʂʰuæ̃˥˩tæᴇ˦lie˧.pu˩˧sɿ˦ʂuo˥iou˥ti˧ʐəŋ˩˧,ni˥sɿ˦tʂə˦kə˦,ni˥˧kʰæ̃˦tʂə˦kə˦suei˥ʐæ̃˩˧tɕʰiæ̃˩˧tʰou˧tʂə˦kə˦,ŋ̍˩,ni˥˧tʂʰuæ̃˥tə˧tɕʰiæ̃˩˧tʰou˧tʂə˦iou˥˩i˥˩tʰuo˩˧tʰuo˩˥.iou˥ti˧niæ̃˩˧sɿ˦˩……（这这一坨子叫什么东西？）黄：蟒么。maŋ˥muo˧.（绣着花的这个这个。）黄：啊。这你……你你看这有些地方，这个蟒前头以后□有的是龙凤，有的是二龙戏珠，这都是有下数的。那不是说欸……有些人是穿……ɑ˩.tʂə˦˥ni˥˩tsɿ……ni˥˧ni˥kʰæ̃˦˩tʂə˦˥iou˥ɕie˥˩ti˦faŋ˥˩,tʂə˦˩kə˦˩maŋ˥tɕʰiæ̃˩˧tʰou˧i˥˧xou˦niæ̃˩˧iou˥ti˧sɿ˦˩luoŋ˩˧fəŋ˦,iou˥ti˧sɿ˦ər˦luoŋ˩˧ɕi˦tʂʮ˥,tʂə˦˥tou˥˩sɿ˦˩iou˥˧xɑ˦˧ʂʮ˦˩ti˧.nə˦pu˩˧sɿ˦ʂuo˥ei˧……iou˥ɕie˥˩ʐəŋ˩˧sɿ˦˩tʂʰuæ̃˥˩……王：那有啥，扮演啥角色就穿啥衣裳么。nə˦iou˥˩sɑ˦,pæ̃˦iæ̃˥˧sɑ˦tɕye˥sə˥˩tɕiou˦˩tʂʰuæ̃˥˩sɑ˦˧i˥ʂaŋ˧muo˧.黄：扮演啥角色，你穿的就是啥么。你是皇宫里头带皇族的这类的这会儿你出来，你都是龙……兀你都是……二龙戏珠一类的咧。啊，女的□这是这个龙凤朝呈，呈祥着咧么，龙和凤么。pæ̃˦iæ̃˥˧sɑ˦˧tɕyo˥sei˥˩,ni˥˧tʂʰuæ̃˥˩ti˧tɕiou˦sɿ˦sɑ˦muo˧.ni˥˧sɿ˦xuaŋ˩˧kuoŋ˥li˥˧tʰou˧tæᴇ˦xuaŋ˩˧tsʰʮ˩˧ti˧tʂei˦luei˦ti˧tʂei˦xuər˦ni˥˧tʂʰʮ˥læᴇ˩˧,ni˥tou˥˩sɿ˦luoŋ˩˧……væᴇ˦˥ni˥˧tou˥˧sɿ˦……ər˦luoŋ˩˧ɕi˦tʂʮ˥i˥˩luei˦˥ti˧lie˧.ɑ˩,ny˥ti˧niæ̃˩˧tʂə˦sɿ˦tʂə˦˩kə˦˩luoŋ˩˧fəŋ˦tʂʰaɔ˩˧tʂʰəŋ˩˧,tʂʰəŋ˩˧ɕiaŋ˩˧tʂə˧liem˧,luoŋ˩˧xuo˩˧fəŋ˦muo˧.

（那还有的就说，这玩意儿它那个什么呢？这个衣服，男的女的这种衣服有没有特殊的叫法？有没有叫袄呀什么东西的？分不分呢？）黄：哎呀，那是……具体的戏服咱们都不太说起。æᴇ˩ia˧,nei˦˥ʂʅ……tɕy˦tʰi˥ti˧ɕi˦fu˩˧tsɑ˩˧məŋ˧tou˥˩pu˩˧tʰæᴇ˦ʂuo˥tɕʰi˥.王：具体的戏服咱们叫不上来么。tɕy˦tʰi˥ti˧ɕi˦fu˩tsɑ˩˧məŋ˧tɕiaɔ˦pu˩˧ʂaŋ˦˥læᴇ˩˧muo˧.（有的这个上面拿块布包着，那叫什么东西？老旦呐你看她还包着个头儿，那个叫……那块儿布叫什么？）黄：不叫个啥？pu˩˧tɕiaɔ˦kə˦sɑ˦˩?王：叫不上来那那。tɕiaɔ˦pu˩˧ʂaŋ˦læᴇ˩˧nə˦˩nə˦˩.黄：不叫裹头吗叫的啥？pu˩˧tɕiaɔ˦kuo˥tʰou˩˧mɑ˧tɕiaɔ˦ti˧sɑ˦˩?

纱帽翅儿

（还有好……我看到那个戏戏台里头，他这么耍这个帽子的。）王：纱帽翅儿么。sɑ˥˩maɔ˦tsʰər˦muo˧.黄：那是是纱帽翅儿么儿。nei˦sɿ˦˩sɿ˦˩sɑ˥maɔ˦˩tsʰər˦˥muor˧.（叫什么？）王：纱帽翅儿。sɑ˥˩maɔ˦tsʰər˦.黄：纱帽翅儿么。那头起，那他讲究是这个……sɑ˥˩maɔ˦tsʰər˦muo˧.nei˦˥tʰou˩˧tɕʰi˥˧,nei˦˥tʰɑ˥˩tɕiaŋ˥tɕiou˥˩sɿ˦˩tʂə˦˩kə˦˩……（还有个像吕布他他那个什么那个东西会竖起来的，有的。）王：那就是那咋……nei˦tɕiou˦sɿ˦˩nei˦tsɑ˥˩……（拿那有两根那个那个野鸡毛的这是这这他弄弄他这个毛可以竖起来的。）黄：这还都是这这就是讲究头上有就他一定的功。tʂei˦˥xɑ˩˧tou˥˧sɿ˦tʂei˦tʂei˦˥tɕiou˦˩sɿ˦˩tɕiaŋ˥tɕiou˥˩tʰou˩˧ʂaŋ˦˥iou˥˩tɕiou˦˩tʰɑ˥i˥˧tiŋ˦ti˧kuoŋ˥.王：那都是讲究他一个头上那个技术咧，那功。nə˦˥tou˥˩sɿ˦˩tɕiaŋ˥tɕiou˥˩tʰɑ˥i˥˩kə˦tʰou˩˧ʂaŋ˦˥nei˦˩kə˦˩tɕi˦ʂʮ˦lie˧,nə˦˩kuoŋ˥.黄：技术这个功，他掌握以后以后，他这个纱帽翅儿以后，他是这个，转的话他你看他这不……甚么那个着咧以后，他那个纱帽翅儿……tɕi˦ʂʮ˦tʂə˦˩kə˦˩kuoŋ˥,tʰɑ˥˩tʂaŋ˥vuo˥˩i˥˧xou˦i˥˩xou˦˩,tʰɑ˥˧tʂə˦˩kə˦˩sɑ˥˩maɔ˦tsʰər˦˥i˥˩xou˦,tʰɑ˥sɿ˦˩tʂə˦˩kə˦˩,tʂuæ̃˦˥ti˧xuɑ˦˩tʰɑ˥˧ni˥˧kʰæ̃˦tʰɑ˥˧tʂə˦pu˩˧ʂ……ʂəŋ˦muo˧nə˦kə˦tʂə˧lie˧i˥˧xou˦,tʰɑ˥˩nə˦˩kə˦˩sɑ˥˩maɔ˦tsʰər˦˥……王：他就靠这个脚跟儿咧。靠这个脚跟。tʰɑ˥˩tɕiou˦˩kʰaɔ˦tʂə˦kə˦tɕyo˥˧kə̃r˥lie˧.kʰaɔ˦tʂə˦kə˦tɕyo˥˧kəŋ˥.黄：他这个脚跟，他这个纱帽翅儿一面纱帽翅儿转咧。最后转转转，到最后以后，他是两个纱帽翅儿都这么个转咧。tʰɑ˥˩tʂə˦˩kə˦tɕyo˥˩kəŋ˥˧,tʰɑ˥˩tʂə˦˩kə˦˩sɑ˥˩maɔ˦tsʰər˦i˥˩miæ̃˦˥sɑ˥˩maɔ˦tsʰər˦tʂuæ̃˦˩lie˧.tsuei˦xou˦tʂuæ̃˦tʂuæ̃˦tʂuæ̃˦,taɔ˦tsuei˦xou ti˧˥˨˩xou˧˩,tʰa˥˧˩sɿ˧˩liaŋ˥˧kə˧˩sa˥˧˩maɔ˧˥tsʰər˧˥tou˥˩tʂə˧˥muo˨kə˧˩tʂuæ̃˧˩lie˨.王：那就是，全靠他脚跟上点就……nei˧˥tɕiou˧˥sɿ˧,tɕʰyæ̃˨˩kʰaɔ˧˥tʰa˥˧tɕyo˥˩kəŋ˥˧ʂaŋ˧˩tiæ̃˥tɕiou˧˩……黄：噢，在脚跟上点哩。有一个纱帽翅儿是向左转咧。但是有一个纱帽翅儿是它是向右转咧。aɔ˨˩,tsæᴇ˧˩tɕyo˥˩kəŋ˥˧ʂaŋ˧˩tiæ̃˥li˨.iou˥i˥˨˩kə˧˩sa˥˧˩maɔ˧˥tsʰər˧˥sɿ˧˥ɕiaŋ˧˥tsuo˥tʂuæ̃˧˩lie˨.tæ̃˧˩sɿ˧˩i ou˥i˥˨˩kə˧˩sa˥˧˩maɔ˧˥tsʰər˧˥sɿ˧˥tʰa˥˧sɿ˧˥ɕiaŋ˧˥iou˧˥tʂuæ̃˧˩lie˨.（噢。）黄：噢，这就是……讲究演……演员这个功底的这个薄厚咧么。aɔ˨˩,tʂei˧˥tɕiou˧˩sɿ˧˩tɕi……tɕiaŋ˥˧tɕiou˥˧iæ̃˥……iæ̃˥yæ̃˨˩tʂə˧˩kə˧˩kuoŋ˥˩ti˥ti˨tʂə˧˩kə˧˩puo˨xou˧liem˨.

马鞭

（那种骑马指在舞台上拿着马鞭做骑马的动作，手上拿的那个东西叫什么？）黄：马呣。ma˥m̩˨.王：马鞭。ma˥˧piæ̃˥˩.黄：马鞭。但实际上那就是代替那个马呣。ma˥piæ̃˥˩.tæ̃˧˩ʂɿ˨˩tɕi˧˥ʂaŋ˧ nə˧tɕiou˧˥sɿ˧˩tæᴇ˧tʰi˧nei˧˩kə˧ma˥m̩˨.王：它就代替那个马呣。tʰa˥˧tɕiou˧tæᴇ˧tʰi˧˥nei˧˩kə˧ma˥ m̩˨.黄：马么，啊。ma˥muo˨,a˨˩.

油彩

（抹在脸上那玩意儿叫什么东西？那些那个那个黏黏的这个。）黄：油彩么。iou˨˩tsʰæᴇ˥muo˨.王：油彩。iou˨˩tsʰæᴇ˥˧.（叫油彩？）王：嗯。ŋ̍˨˩.黄：戏剧油彩呣。ɕi˧tɕy˧iou˨˩tsʰæᴇ˥m̩˨.（一直都叫油彩？）王：嗯。ŋ̍˨˩.黄：嗯。ə̃˨˩.

弦乐

（就是这个一般唱……唱戏里头有哪些乐器？）王：唱乐器里头有板胡儿嘛，二胡嘛，啊，打琴嘛。tʂʰaŋ˧yo˥˩tɕʰi˧li˥tʰou˨iou˥˧pæ̃˥xuər˨˩ma˨,ər˧˩xu˨˩ma˨,a˧,ta˥tɕʰiŋ˨ma˨.黄：扬琴。iaŋ˨tɕʰiŋ˨.王：扬琴。iaŋ˨tɕʰiŋ˨˧.（噢，扬琴叫打琴？）王：叫打琴。tɕiaɔ˧ta˥tɕʰiŋ˨˩.（扬琴叫打琴？）王：嗯哼。ŋ̍˨˩xŋ̍˧.（还有什么东西呢？）黄：那板胡儿，高胡，二胡。nə˧˩pæ̃˥xur˨˩,kaɔ˥xu˨˩,ər˧xu˨˩.王：哪有高胡咧么？na˥iou˥˩kaɔ˥xu˨˩lie˨muo˨?黄：那，高胡那棒的么。næᴇ˧˩,kaɔ˥xu˨nə˧paŋ˧˥tim˨.王：呃，那也叫那大头嗡子。ə˨˩,nə˧˥ia˥ ˩tɕiaɔ˧nə˧ta˧tʰou˨vəŋ˥tsɿ˨.（大头嗡子？）王：嗯。ŋ̍˨˩.黄：嗯。哎也叫高……还有个高胡咧。ə̃˨˩.æᴇ˨ie˥tɕiaɔ˧kaɔ˥˧……xæᴇ˨˩iou˥kə˧kaɔ˥˩xu˨˩lie˨.王：那，剧团一般没见过。再就有一个大……大提琴嘛。nə˧,tɕy˧tʰuæ̃˨i˥pæ̃˥˩mei˨tɕiæ̃˧kuo˧˩.tsæᴇ˧tɕiou˧iou˥i˥˩kə˧˩ta˧……ta˧tʰi˨˩tɕʰiŋ˨ma˨.黄：大提琴。ta˧tʰi˨˧tɕʰiŋ˨˩.王：在地下墩下那么高咧嘛。tsæᴇ˧ti˧˥xa˧tuoŋ˥ xa˧˩nə˧muo˨kaɔ˥lie˨ma˨.（还……怎么还有大提琴呢？）黄：有咧。iou˥lie˨.王：嗯。再有个笛子嘛。ŋ̍˨˩.tsæᴇ˧iou˥˧kə˧˩ti˨˩tsɿ˥ma˨.黄：低音么。ti˥˧iŋ˥muo˨.王：那还是低音么。现在大头嗡子就叫，都兀低兀个，就兀个琴代替了。nə˧xa˨˩sɿ˧ti˥iŋ˥˩muo˨.ɕiæ̃˧tsæᴇ˧ta˧tʰou˨vəŋ˥ tsɿ˧tɕiou˧tɕiaɔ˧,tou˥˩væᴇ˧ti˥˩vu˧˥kə˧˩,tɕiou˧vu˧kə˧tɕʰiŋ˨tæᴇ˧tʰi˧˩lə˨.黄：嗯。ə̃˨˩.（大头嗡子用低……提琴代替？）黄：嗯。现在还有琵琶咧。ə̃˨˩.ɕiæ̃˧tsæᴇ˧xæᴇ˨˩iou˥˧pi˨˩pʰa˨lie˨.（还有琵琶？）王：啊，还有那么个小琵琶。a˨˩,xæᴇ˨˩iou˥˧nə˧muo˨kə˧˩ɕiaɔ˥pʰi˨˩pʰa˨.黄：欸有小琵琶。ei˧iou˥˧ɕiaɔ˥pʰi˨˩pʰa˨.（小琵琶？就是月琴吧？）黄：噢，月琴嘛。aɔ˨˩,yo˥˩tɕʰiŋ˨ma˨.王：啊，月琴。还有……a˨˩,yo˥˩tɕʰiŋ˨.xæᴇ˨˩iou˥˧……（噢，你们叫小琵琶？）黄&王：嗯。ŋ̍˨˩.王：还有兀笛子么。xæᴇ˨˩iou˥˧væᴇ˧ti˨˩tsɿ˥muo˨.黄：笛子。现在还有唢呐。ti˨˩tsɿ˥. ɕiæ̃˧tsæᴇ˧xæᴇ˨˩iou˥˧θuo˥（←suo˥）na˥˩.（有唢呐？）黄：呣。m̩˨˩.（过去有没有唢呐？）黄：现在过节，唱老戏离了唢呐不行嘛。ɕiæ̃˧tsæᴇ˧kuo˧˥tɕie˥˩,tʂʰaŋ˧laɔ˥˧ɕi˧li˨˩lə˨suo˥la˥˩pu˨ ˩ɕiŋ˨˩ma˨.王：这都有。tʂə˧tou˥˩iou˥.王：它兀上王以后要唢……tʰa˥˧væᴇ˧ʂaŋ˧vaŋ˨i˥xou˧ia ɔ˦suo˥˩˨……黄：上王那阵儿就是要靠唢呐往出走咧呣。这是弦……弦乐里头就是这么多东西。ʂaŋ˦vaŋ˨˦nei˦tʂə̃r˦tɕiou˦sɿ˦iao˦kʰao˦suo˥˩la˥˩vaŋ˥˩tʂʰɥ˥˩tsou˥˩lie˨m̩.tʂə˦sɿ˦ɕiæ̃˨˦……ɕiæ̃˨˦yo˥˩li˥˩tʰou.tɕiou˦sɿ˦tʂə˦muo.tuo˥˩tuoŋ˥˩ɕi.

（这个，击打乐器呢？）黄：击打乐器里头是有……tɕi˥˩ta˥˩yo˥˩tɕʰi˦li˥˩tʰou.sɿ˦iou˥˩……（哎，弦乐总共叫什么东西？叫文场我知道的。）黄：噢，文场面。弦乐总共就叫个啥咧？ɑɔ˦,vəŋ˨˦tʂʰɑŋ˥˩miæ̃˦.ɕiæ̃˨˦yo˥˩tsuoŋ˥˩kuoŋ˦tɕiou˦tɕiao˦kə˦sa˦lie.?（弦子还是什么东西？）黄：没个啥叫法。说不来。mei˨˦kə˦sa˦tɕiao˦fa˥˩.ʂuo˥˩pu˨˦læᴇ˨˩.王：没有。mei˨˩iou˥˩.（那你说弦子是指哪些东西？）黄：弦这就是，拉得响的这些东西，弹的响的这些，这都是弦乐里头的。嗯。ɕiæ̃˨˦tʂei˦tɕiou˦sɿ˦,la˥˩tə.ɕiaŋ˥˩ti.tʂə˦ɕie˥˩tuoŋ˥˩ɕi.,tʰæ̃˨˦ti.ɕiaŋ˥˩ti.tʂei˦ɕie˥˩,tʂei˦tou˥˩sɿ˦ɕiæ̃˨˦yo˥˩li˥˩tʰou.ti.ə̃.王：弦乐。ɕiæ̃˨˦yo˥˩.（就叫弦子？）黄：啊。ɑ˥˩.王：嗯。ŋ̍.

胡胡

黄：弦，这个叫……念……这儿都念ɕyæ̃˨˦。胡胡弦。ɕiæ̃˨˦,tʂei˦kə˦tɕiao˦ɕ……niæ̃˦……tʂər˦tou˥˩niæ̃˦ɕyæ̃˨˦.xu˨˩xu˨˦ɕyæ̃˨˦.（胡胡弦是什么东西？）拉的那个……la˥˩ti.nə˦kə˦……（啊，你二胡你们叫胡胡？）噢，胡胡。ɑɔ˨,xu˨˩xu˨˦.（胡胡就是指二胡？）二胡、板胡儿，这叫胡……土话就叫胡胡。ər˦xu˨˦,pæ̃˥˩xuər˨˦,tʂei˦tɕiao˦xu˨˩……tʰu˥˩xua˦tɕiou˦tɕiao˦xu˨˩xu˨˦.（叫xu˨xu˦？）xu˨˩xu˨˦，啊。xu˨˩xu˨˦,ɑ˨.（xu˨xu˦还是xu˨xu˦？）xu˨˩xu˨˦。拉胡胡的嘛。像那些拉二胡的，这个统称就叫拉胡胡的。xu˨˩xu˨˦.la˥˩xu˨˩xu˨˦ti.ma.ɕiaŋ˦na˦ɕie˥˩la˥˩ər˦xu˨˦ti.,tʂə˦kə˦tʰuoŋ˥˩tʂʰəŋ˥˩tɕiou˦tɕiao˦la˥˩xu˨˩xu˨˦ti.（xu˨xu˦？）嗯。əŋ˨.（不管大的小的都叫胡胡？）噢，都叫胡胡。这里头分了一个就是最大的一个有……兀叫个嗡子。ɑɔ˨,tou˥˩tɕiao˦xu˨˩xu˨˦.tʂə˦li˥˩tʰou.fəŋ˥˩lə.i˥˩kə˦tsou˦sɿ˦tsuei˦ta˦ti.i˥˩kə˦iou˥˩……vei˦tɕiao˦kə˦vəŋ˥˩tsɿ.（最大的叫嗡子？）噢，嗡子。它那个头大，发出来声音，发出来是……是一种闷的低音。嗡子。ɑɔ˨,vəŋ˥˩tsɿ.tʰa˥˩na˦kə˦tʰou˨˦ta˦,fa˥˩tʂʰɥ˥˩læᴇ˨˩ʂəŋ˥˩iŋ˥˩,fa˥˩tʂʰɥ˥˩læᴇ˨˩ʂɿ˦……sɿ˦i˥˩tʂuoŋ˥˩məŋ˦ti.ti˥˩iŋ˥˩.vəŋ˥˩tsɿ.（胡胡其实就是这个胡琴呐？）啊，胡琴一类的，嗯。ɑ˨,xu˨˩tɕʰiŋ˨˦i˥˩luei˦ti.,ə̃˨.（就是那……）胡琴。xu˨˩tɕʰiŋ˨˦.（vəŋ˥˩tsɿ？）嗡子。vəŋ˥˩tsɿ.（哪个vəŋ˥˩呢？）嗡。vəŋ˥˩.（"老翁"的"翁"？）嗯，翁。ə̃˨.vəŋ˥˩.（是这个吗？）呃就是这个闷的发出来这种。ə˨tɕiou˦sɿ˦tʂə˦kə˦məŋ˦tə.fa˥˩tʂʰɥ˥˩læᴇ˨˩tʂei˦tʂuoŋ˥˩.（一一样的声音？）一样的声音。i˥˩iaŋ˦ti.ʂəŋ˥˩iŋ˥˩.（不是，这个音是一样的吗？）一样的。i˥˩iaŋ˦ti.（vəŋ˥˩tsɿ？）噢，嗡子。ɑɔ˨,vəŋ˥˩tsɿ.（这是最大的那种胡琴？）呶，最大的那种胡琴。naɔ˨.tsuei˦ta˦ti.næᴇ˦tʂuoŋ˥˩xu˨˩tɕʰiŋ˨˩.（就是筒筒比较大的？）哎哟，筒筒是最大的那个。一般的都是这么大那筒筒。它这个筒子可以做到这么粗，这么长，那个拉出来声音是一个发出……æᴇ˥˩yo.,tʰuoŋ˥˩tʰuoŋ˥˩sɿ˦tsuei˦ta˦ti.næᴇ˦kə˦.i˥˩pæ̃˥˩ti.tou˥˩sɿ˦tʂəm˦ta˦nə˦tʰuoŋ˥˩tʰuoŋ˥˩.tʰa˥˩tʂə˦kə˦tʰuoŋ˥˩tsɿ.kʰə˥˩i˥˩tsuo˦tao˦tʂə˦muo.tʂuaŋ˥˩,tʂə˦muo.tʂʰɑŋ˨˦,nə˦kə˦la˥˩tʂʰɥ˥˩læᴇ˨˩ʂəŋ˥˩iŋ˥˩sɿ˦i˥˩kə˦fa˥˩tʂʰɥ˥˩……（那你是夹着它还是放在腿上弄呢？）还是放在腿上拉着咧。低沉的那个……xa˨˩sɿ˦faŋ˦tsæᴇ˦tʰuei˥˩ʂaŋ˦la˥˩tʂuo.lie.ti˥˩tʂʰəŋ˨˦ti.nə˦kə˦……（那还……除了这个嗡子还有一些什么样的这个胡？）板胡、二胡、嗡子，现在这些民间常用的就是这些个。pæ̃˥˩xu˨,ər˦xu˨,vəŋ˥˩tsɿ.ɕiæ̃˦tsæᴇ˦tʂei˦ɕie˥˩miŋ˨˦tɕiæ̃˥˩tʂʰɑŋ˨˩yoŋ˦ti.tɕiou˦sɿ˦tʂei˦ɕie˥˩kə˦.（板胡是叫什么？）板胡，板胡是唱秦腔的一种高音……高音胡

琴。pæ̃˥xu˨˩,pæ̃˥xu˨˩sʅ˥tʂʰɑŋ˥tɕʰiŋ˨˩tɕʰiɑŋ˥ti˧li˥˩tʂuoŋ˥˩kaɔ˥iŋ˥˩……kaɔ˥iŋ˥˩xu˨˦tɕʰiŋ˨˩.（二胡？）二胡都是属于中音的了。ər˥xu˨˩tou˥˩sʅ˥ʂʮ˥˧y˨˧tʂuoŋ˥iŋ˥˩ti˧lə˧.（嗡子？）嗡子。论……唱秦……秦腔……唱秦腔的话有板胡、二胡、嗡子，这就能唱了。vəŋ˥tsʅ˧.ly……tʂʰɑŋ˥tɕʰiŋ˨˩……tʂʰəŋ˨˦（←tɕʰiŋ˨˦）tɕʰiɑŋ˥……tʂʰɑŋ˥tɕʰiŋ˨˩tɕʰiɑŋ˥ti˧xuɑ˥˩iou˥˧pæ̃˥xu˨˩,ər˥xu˨˩,vəŋ˥tsʅ˧,tʂei˥tɕiou˥nəŋ˨˦tʂʰɑŋ˥lə˧.（三种啊？）噢，三种。ɑɔ˨˩,sæ̃˥tʂuoŋ˥˩.

击打乐器

（那这个呢，就是……）黄：武场面里头。vu˥tʂʰɑŋ˥˩miæ̃˥˩li˥tʰou˧.王：武场面里有……打板这么有个……vu˥tʂʰɑŋ˥˩miæ̃˥˩li˥iou˥˧……tɑ˥˧pæ̃˥tʂə˥˩muo˧iou˥kə˥……黄：边鼓。piæ̃˥ku˥˩.王：有个边鼓，有个，边鼓，有个，打，有个战鼓。iou˥˧kə˥piæ̃˥ku˥˩,iou˥kə˥,piæ̃˥ku˥˩,iou˥˧kə˥,tɑ˥˩,iou˥˧kə˥tʂæ̃˥˧ku˥˩.黄：嗯。ŋ̍˨˩.（战鼓？）黄：嗯。ŋ̍˨˩.王：啊，就打得嘣棱嘣棱的战鼓。啊，有一个呃，净。ɑ˥,tɕiou˥˩tɑ˥tə˧pəŋ˥ləŋ˥pəŋ˥ləŋ˥ti˧tʂæ̃˥˧ku˥˩.ŋɑ˨˩,iou˥i˥˩kə˥˧ə˨˩,tɕiŋ˥.黄：净。嗯。tɕiŋ˥.ŋ̍˨˩.（什么tɕiŋ˥是什么东西？）王：净就这么打那个锣叫净。tɕiŋ˥tɕiou˥tʂə˥muo˧tɑ˥nei˥kə˥luo˨˦tɕiɑɔ˥˩tɕiŋ˥˩.黄：锣。luo˨˦.（怎么写？）黄：净字咋写咧？tɕiŋ˥tsʅ˥tsɑ˥˩ɕie˥˩lie˧?（大，很大的那种挂起来的那种？）王：啊，挂起那。ɑ˥,kuɑ˥tɕʰi˥˧nə˥˩.黄：噢，挂起来那个锣一打。嗡。ɑɔ˨˩,kuɑ˥˧tɕʰi˥læᴇ˨˩nə˥kə˥luo˨˩i˥˧tɑ˥.vəŋ˥.（tʰɑŋ˥-ŋ̍˥-ŋ̍˨˩-ŋ̍˨˩?）黄：哎不。它打上不是那个……净不像那不像噔一声。嗡——嗯，这个声音，那个净。æᴇ˥˧pu˨˧.tʰɑ˥˩tɑ˥ʂɑŋ˥pu˨˩sʅ˥nə˥kə˥……tɕiŋ˥pu˨˩ɕiɑŋ˥˧nə˥˩pu˨˩ɕiɑŋ˥tʰɑŋ˥i˥˩ʂəŋ˥.vəŋ˥-ŋ̍˥,tʂə˥kə˥ʂəŋ˥˩iŋ˥˩,nə˥kə˥tɕiŋ˥˩.王：一打，嗡。i˥˩tɑ˥,vəŋ˥.（tɕiŋ˥？）黄&王：嗯。ŋ̍˨˩.（跟干净的“净”是音差不多？）黄&王：嗯。ə̃˨˩.王：净。tɕiŋ˥.（嗯。）王：再就是一个，有个水镲么。这么大个镲镲。tsæᴇ˥tɕiou˥sʅ˥˩i˥˩kə˥˩,iou˥kə˥˩ʂuei˥˧tsʰɑ˥muo˧.tʂə˥˩muo˧tɑ˥˩kə˥˩tsʰɑ˥tsʰɑ˧.黄：嗯。ŋ̍˨˩.（水镲？）黄&王：嗯。ŋ̍˨˩.王：再就有一个梆子。tsæᴇ˥tɕiou˥iou˥˧i˥˧kə˥pɑŋ˥tsʅ˧.（梆子？）黄：嗯。ŋ̍˨˩.王：啊。手里拿了一个，趄趄一个棍儿。这个棍儿打个嗒嗒儿梆子。ɑ̃˨˩.ʂou˥li˥˩nɑ˨˩lə˧i˥˩kə˥,ɕyo˨˩ɕyo˨˦i˥˩kə˥˩kuõr˥.tʂə˥kə˥kuõr˥tɑ˥kə˥˩tʰɑ˥tʰɑr˨˩pɑŋ˥tsʅ˧.黄：他……他有个，他有个边鼓，有个干鼓。tʰɑ˥˩……tʰɑ˥iou˥˧kə˥,tʰɑ˥˧iou˥˧kə˥piæ̃˥ku˥˩,iou˥˩kə˥˩kæ̃˥ku˥˩.（干鼓？）王：啊，还有干鼓。ɑ˨˩,xæᴇ˨˩iou˥˧kæ̃˥ku˥˩.黄&王：噢，边鼓，干鼓。ɑɔ˨˩,piæ̃˥ku˥˩,kæ̃˥ku˥˩.黄：耍板。ʂuɑ˥pæ̃˥˩.（耍板？）王：嗯。耍板就是手里打那个。ŋ̍˨˩.ʂuɑ˥pæ̃˥˩tɕiou˥sʅ˥ʂou˥li˥˩tɑ˥nə˥kə˥.黄：手里打那个啊。ʂou˥li˥˧tɑ˥nə˥kə˥ɑ˥.（打，打，打那黑黑……有的是黑的，有的是什么那……）黄：噢，颜……其他颜色那个。ɑɔ˥,iæ̃˨˩……tɕʰi˨˩tʰɑ˥iæ̃˨˩sei˥nə˥kə˥˩.王：黄的，嗯。xuɑŋ˨˩ti˥,ŋ̍˨˩.（木头做的？）黄：噢，这就是那个武场面里头，这是整个儿兀儿……整个儿剧场里总指挥就是这个人。ɑɔ˨˩,tʂə˥tsou˥sʅ˥nə˥kə˥vu˥tʂʰɑŋ˥miæ̃˥li˥˧tʰou˥,tʂei˥sʅ˥˩tʂəŋ˥kər˥vur˥……tʂəŋ˥kər˥tɕy˥tʂʰɑŋ˥li˥˩tsuoŋ˥tsʅ˥xuei˥˩tɕiou˥sʅ˥tʂə˥kə˥zəŋ˨˩.（耍板是，呃，那个干鼓是什么东西？）王：干鼓就这么大，打的拨琅琅琅。kæ̃˥ku˥˩tɕiou˥˩tʂə˥muo˧tɑ˥,tɑ˥ti˧pə˥lɑŋ˥lɑŋ˥lɑŋ˥.黄：干鼓是……这么大，里头，里头……击打的那个面积只有这么大大一点点。kæ̃˥ku˥˩sʅ˥tʂ……tʂə˥muo˧tɑ˥,li˥tʰou˧,li˥tʰou˧tʂ……tɕi˥˩tɑ˥tə˧nə˥kə˥miæ̃˥˧tɕi˥˩tsʅ˥˩iou˥tʂə˥muo˧tɑ˥tɑ˥i˥˩tiæ̃˥˩tiæ̃˥˧.（噢。干，干，干净的干？）黄：啊。ɑ˨˩.（东西干的干？）黄：啊。ɑ˨˩.（干鼓。）黄：它有个边……还有个边鼓是这么大的，它，一个是这么大个坨坨，一个是这么大个坨坨。打的声音不一样就是了。tʰɑ˥˩iou˥˩kə˥˩piæ̃˥……xæᴇ˨˩iou˥˧kə˥piæ̃˥ku˥˩sʅ˥˩tʂə˥˧muo˧tɑ˥˩tə˧,tʰɑ˥,i˥˩kə˥˧sʅ˥˩tʂə˥muo˧tɑ˥kə˥tʰuo˨˩tʰuo˨˦,i˥˩kə˥˧sʅ˥˩

tʂə˧muo˧ta˧(k)ə˧tʰuo˩˧tʰuo˩˥.ta˥˩ti˧ʂəŋ˥˩iŋ˥˩pu˩˧i˥˩liaŋ˧tɕiou˧sɿ˧˩lə˧.（哪个要响一点呢？）黄：打的一般……ta˥˩ti˧i˥˩pæ̃˥˩……王：大一点那个响。ta˧˥i˥˩tiæ̃˥˩nei˧kə˧ɕiaŋ˥˩.黄：大一点那个响。ta˧˥i˥˩tiæ̃˥˩nei˧kə˧ɕiaŋ˥˩.（大一点的要响一点？）黄：嗯。ŋ̍˩.

捽子

黄：有个捽子，还有个铃铛儿了。iou˥˩kə˧˩ʂuei˥˩tsɿ˧,xæᴇ˩˧iou˥˩kə˧liŋ˩˧tãr˥˩lə˧.（噢，水子是什么东西？）黄：捽子。两个铃铃么，打的哐儿哐儿响咧。ʂuei˥˩tsɿ˧.liaŋ˥˩kə˧˩liŋ˩˧liŋ˩˥muo˧,ta˥˩ti˧kʰuãr˥˩kʰuãr˧ɕiaŋ˥˩lie˧.（写这个，这个“水”可以吗？）黄：呃不是，打的意思，捽，捽子。ə˥pu˩˧sɿ˧,ta˥˩ti˧i˧˩sɿ˧,ʂuei˥˩,ʂuei˥˩tsɿ˧.（ʂuei˥˩就是ta˥˩？）黄：呃，是……呃。ə˩,ʂɿ˧˩……ə˥˩.（打的意思就是ʂuei˥˩？）黄：嗯。ə̃˩.（你们这是，这这叫ʂuei˥˩吗？[用笔敲桌子]）黄：呃不是。捽子它就必须是两个手打到一搭里碰击的那个声音啊。ə˧pu˩˧sɿ˧.ʂuei˥˩tsɿ˧tʰɑ˥˩tsou˧˩pi˥˩ɕy˥˩sɿ˧˩liaŋ˥˩kə˧˩ʂou˥˩ta˥˩tao˧i˥˩ta˥˩li˧pʰəŋ˧˥tɕi˥˩ti˧nə˧˩kə˧˩ʂəŋ˥˩iŋ˥˩ɑ˧.（[拍掌]我这样叫不叫ʂuei˥˩呢？）黄：那不。nə˧pu˩˧.（就是ʂuei˥˩子？）黄：嗯。ŋ̍.（跟这个流水的水音呢？）王：好像音子像。xao˥˩ɕiaŋ˧iŋ˥˩tsɿ˧ɕiaŋ˧.黄：音有点像反正。但是觉得还不是那么过于像反正。iŋ˥˩iou˥˩tiæ̃˥˩ɕiaŋ˧fæ̃˥˩tʂəŋ˧.tæ̃˧˩sɿ˧˩tɕyo˥˩tə˥˩xa˩˥pu˩˧sɿ˧nə˧˥muo˧kuo˧y˩˥ɕiaŋ˧fæ̃˥˩tʂəŋ˧.（跟……还是跟虽然的虽是一样的？）黄：嗯。ŋ̍˩.（是哪个音要像一点？）黄：虽……虽然的虽字比较像。s……suei˥˩ʐæ̃˩ti˧suei˥˩tsɿ˧˩pi˥˩tɕiao˧ɕiaŋ˧˩.（就是铃铛？）黄：嗯。ŋ̍˩.（两个手拿起来的铃铛？）王：一个手拿一个。i˥˩kə˧ʂou˥˩na˩i˥˩kə˧˩.黄：啊，两个手子挒，两个哎，一个手拿一个么，打的填……ɑ˩,liaŋ˥˩(k)ə˧˩ʂou˥˩tsɿ˧tʂou˥˩,liaŋ˥˩kə˧˩æᴇ˩,i˥˩kə˧ʂou˥˩na˩i˥˩kə˧˥muo˧,ta˥˩ti˧tʰiæ̃˩˧……（撞铃。）黄：它是所有乐器中间它起了个填……打击……前那个敛乐器补节奏的那个棍子咧么。tʰɑ˥˩sɿ˧ʂuo˥˩iou˥˩yo˥˩tɕʰi˧˥tʂuoŋ˥˩tɕiæ̃˥˩tʰɑ˥˩tɕʰi˥˩ə˧kə˧˩tʰiæ̃˩˧……ta˥˩tɕi˥˩tɕʰ……tɕʰiæ̃˩nə˧kə˧ei˩yo˥˩tɕʰi˧pu˥˩tɕie˥˩tsou˧ti˧nə˧kə˧kuoŋ˧˥tsɿ˧liem˧.

镲子

（有没有铙啊？）黄：有咧嘛。铙就是那个啥东西嘛。iou˥˩lie˧ma˧.nao˩tsou˧˩sɿ˧˩nə˧˩kə˧˩sa˧˥muoŋ˥˩（←tuoŋ˥˩）ɕi˧ma˧.王：那就那镲子呣。nə˧tɕiou˧nə˧tsʰɑ˥˩tsɿ˧m̩˧.黄：镲么，嗯。大些的那个镲子。tsʰɑ˥˩muo˧,ə̃˩.ta˧ɕie˥˩tə˧nə˧˩kə˧˩tsʰɑ˥˩tsɿ˧.（当！）黄：啊，就是咧么。ɑ˩,tɕiou˧˥sɿ˧˩liem˧.（噢，你们就叫镲子？）黄：嗯。水，他说的是水镲，水镲是……ə̃˩.ʂuei˥˩,tʰɑ˥˩ʂuo˥˩ti˧sɿ˧˩ʂuei˥˩tsʰɑ˥˩,ʂuei˥˩tsʰɑ˥˩sɿ˧˩……王：一般□……就他用的就是水镲，不是那铙。铙是那个大镲子么，拍的那……i˥˩pæ̃˥˩niæ̃˩˥tɕi……tɕiou˧tʰɑ˥˩yoŋ˧ti˧tɕiou˧sɿ˧ʂuei˥˩tsʰɑ˥˩,pu˩sɿ˧nei˧nao˩.nao˩sɿ˧nə˧kə˧ta˧tsʰɑ˥˩tsɿ˧muo˧,pʰei˥˩tə˧nə˧……黄：上头有个……ʂaŋ˧˥tʰou˧iou˥˩kə˧……王：大铙么。ta˧nao˩muo˧.黄：大铙。水镲。ta˧˥nao˩˧.ʂuei˥˩tsʰɑ˥˩.（ʂuei˥˩tsʰɑ˩就是小，小镲？）黄：小一点点儿，碗碗子小么。ɕiao˥˩i˥˩tiæ̃˥˩tiæ̃r˥˩,væ̃˥˩væ̃˥˩tsɿ˧ɕiao˥˩muo˧.王：噢，那铙，碗碗小么，有这么大大。ao˩,nə˧nao˩,væ̃˥˩væ̃˥˩ɕiao˥˩muo˧,iou˥˩tʂə˧˥muo˧ta˧ta˧.黄：碗碗小么，嗯。væ̃˥˩væ̃˥˩ɕiao˥˩muo˧,ə̃˩.（有的这个，这，中间那个那个包比较小，这旁边大的。）黄：就是水镲呣。tɕiou˧˥sɿ˧ʂuei˥˩tsʰɑ˥˩m̩˧.（那叫……还有的这个包比较大旁边小。）黄：那叫铙么。nə˧tɕiao˧lao˩muo˧.王：那叫铙。nə˧tɕiao˧ŋao˩.（叫什么？）黄&王：铙。ŋao˩.

手锣

（有锣没有？）黄：有咧。iou˥˩lie˧.（有锣？）黄：锣是……这多一半用的手锣啊？luo˩sɿ˧……tʂə˧˥tuo˥˩i˥˩pæ̃˧yoŋ˧ti˧ʂou˥˩luo˩˧ɑ˧?王：手锣。ʂou˥˩luo˩˧.（跟那个大的那那玩意

儿叫叫什么呢？咚咚那个？）王：那，那个叫净嘛。nei˥˩,nei˥ka˥tɕiao˥˩tɕiŋ˥˥ma˨.黄：净。嗯。tɕiŋ˥.ŋ̍˩.（不一样？）黄：不一样。pu˨˩i˥˩iaŋ˥˩.王：不一样。它这个锣是这么大大点点，拿上打，矼矼矼矼。pu˨˩i˥˩iaŋ˥.tʰa˥˩tʂə˥ka˥luo˨sɿ˥˩tʂə˥muo˨ta˥˩ta˥˩tiæ̃˥˩tiæ̃˥˩,na˨˩ʂaŋ˥ta˥,kaŋ˥kaŋ˥kaŋ˥kaŋ˥.黄：拿来噹噹噹噹噹儿。na˨˩læᴇ˨˩taŋ˥taŋ˥taŋ˥taŋ˥˩tãr˥.（那个……）黄：如果随着这，其他那个净一打，喷，那还这么个就出来。ʐʮ˨˩kuo˥˩ɕy˨˩tʂao˨tʂei˥,tɕʰi˨˩tʰa˥na˥ka˥tɕiŋ˥˩i˥˩ta˥,kuoːŋ˥,nei˥˩xa˨tʂə˥muo˨ka˥˩tsou˥˩tʂʰʮ˥læᴇ˨˩.（有号没有？）王：没有号。mei˨iou˥xao˥.黄：秦腔里头不用号。tɕʰiŋ˨tɕʰiaŋ˥li˥tʰou˨pu˨˩yoŋ˥xao˥˩.

哇呜子

1.（嗯，这个闷葫芦？）黄：有咧么。吹的一种乐器么。闷葫芦。用泥做成的么。iou˥lie˨muo˨.tʂʰuei˥ti˨li˥˩tʂuoŋ˥yo˥˩tɕʰi˥˥muo˨.maŋ˥xu˨˩lou˨.yoŋ˥ni˨tsuo˥˥tʂʰaŋ˨˩ti˨muo˨.（吹的乐器啊？）啊，闷葫芦儿。a˩,maŋ˥xu˨˩lour˨.（什么样子啊？）哎，这么大个东西，里头钻进眼眼，你打这么个一吁，一吹以后，一压它就发出音来咧噢。æᴇ˥,tʂə˥muo˨ta˥ka˥tuoŋ˥ɕi˨,li˥tʰou˨tsuæ̃˥tɕiŋ˥niæ̃˥niæ̃˥˩,ni˥ta˥˩tʂə˥muo˨ka˥i˥˩ɕy˥,i˨˩tʂʰuei˥i˥˩xou˥,i˥nia˥tʰa˥tsou˥fa˥˩tʂʰʮ˥iŋ˥læᴇ˨˩liao˩.（埙？）闷葫芦，也叫哇呜子。maŋ˥xu˨˩lou˨,ie˥˩tɕiao˥va˥vu˥˩tsɿ˨.（叫什么？）哇呜子。va˥vu˥˩tsɿ˨.（瓦屋子？）噢，哇呜子。ao˩,va˥vu˥˩tsɿ˨.（vu˥tsɿ˨是什么什么意思啊？）反正乐器叫……土名字叫哇呜子，也叫闷葫芦儿。fæ̃˥˩tʂaŋ˥yo˥˩tɕʰi˥tɕiao˥……tʰu˥miŋ˨˩tsɿ˥tɕiao˥va˥vu˥˩tsɿ˨,ie˥tɕiao˥maŋ˥xu˨˩lour˨.（va˥是不是这个瓦？）噢，哇呜子。ao˩,va˥vu˥tsɿ˨.（vu˥tsɿ˨是什么呢？）呜子，是哪个vu˥吵？vu˥tsɿ˨,sɿ˥na˥ka˥˩vu˥sa˨?（vu˥，哪个vu˥？）反正是一种土乐器么，最古老的一种土乐器，哇呜子。fæ̃˥˩tʂaŋ˥sɿ˥i˥tʂuoŋ˥tʰu˥yo˥˩tɕʰi˥muo˨,tsuei˥ku˥lao˥ti˨i˥˩tʂuoŋ˥tʰu˥yo˥˩tɕʰi˥,va˥vu˥˩tsɿ˨.（呜呜叫的那个呜是吧？）噢，呜，呜呜叫的那个呜，哇呜子。ao˩,vu˥,vu˥vu˥˩tɕiao˥ti˨na˥ka˥vu˥,va˥vu˥˩tsɿ˨.

2. 我们把这个人，不爱说话那个人，他大脑都很清楚，就是不说话，叫闷葫芦。ŋuo˥maŋ˨pa˥tʂə˥ka˥zəŋ˨,pu˨˩næᴇ˥ʂuo˥˩xua˥˥na˥˩ka˥˩zəŋ˨˩,tʰa˥˩ta˥nao˥tou˥˩xaŋ˥tɕʰiŋ˥tʂʰʮ˥˩,tɕiou˥sɿ˥pu˨˩ʂuo˥˩xua˥,tɕiao˥maŋ˥xu˨˩lou˨.

戏班子

（这整个剧团，过去叫戏班子吧？）王：过去叫戏班子。kuo˥tɕʰy˥tɕiao˥ɕi˥pæ̃˥tsɿ˨.黄：过去叫戏班子。kuo˥˥tɕʰy˥tɕiao˥ɕi˥pæ̃˥tsɿ˨.（现在叫剧团？）王&黄：现在叫剧团。ɕiæ̃˥tsæᴇ˥tɕiao˥tɕy˥tʰuæ̃˨˩.王：过去叫个戏班子。“文化大革命”把那叫文工团呐。kuo˥tɕʰy˥˩tɕiao˥ka˥ɕi˥pæ̃˥tsɿ˨.vaŋ˨˩xua˥ta˥kei˥˩miŋ˥pa˥˩na˥tɕiao˥vaŋ˨kuoŋ˥˩tʰuæ̃˨na˥.黄：啊，宣传队儿过去叫。a˩,ɕyæ̃˥˩tʂʰuæ̃˨tuər˥kuo˥tɕʰy˥˩tɕiao˥.

自乐班

王：那……再一个兀口把兀一种就叫那自乐班。na˥……tsæᴇ˥i˥ka˥˩va˥niæ̃˨˩pa˥˩væᴇ˥i˥˩tʂuoŋ˥tɕiou˥tɕiao˥na˥tsɿ˥luo˥pæ̃˥˩.黄：自乐班么。tsɿ˥luo˥˩pæ̃˥muo˨.（叫什么？）黄：自乐儿班。tsɿ˥luor˥˩pæ̃˥˩.王：自乐班。tsɿ˥luo˥˩pæ̃˥˩.（怎么写？）黄：自，自己的自么。tsɿ˥,tsɿ˥tɕie˥˩ti˨tsɿ˥muo˨.（直接的直？）王：快乐的乐。kʰuæᴇ˥luo˥˩ti˨luo˥.黄：快乐的乐么。kʰuæᴇ˥luo˥˩ti˨luo˥muo˨.王：自乐班儿。tsɿ˥luo˥˩pæ̃r˥.（班是什么？）黄：班儿嘛。自是这个“自”么[提笔写字]。pæ̃r˥ma˨.tsɿ˥sɿ˥tʂə˥ka˥tsɿ˥muo˨.王：班级的班。pæ̃˥tɕi˥ti˨pæ̃˥.黄：自乐。tsɿ˥luo˥˩.（自己的自？）黄：自，啊，自己的自。乐是自乐儿班儿么。tsɿ˥,a˩,tsɿ˥tɕie˥˩ti˨tsɿ˥˥.luo˥sɿ˥˩tsɿ˥luor˥˩pæ̃r˥muo˨.（噢，就是一些专门搞清唱的是吧？）王：

嗯。ŋ̍˨˩.黄：啊。ɑ˨˩.（这样人叫自乐班？）黄：嗯。ə̃˨˩.

唱堂会

黄：再一个你像他们这个，像那天你们见下那个儿的情况下的话，给人□过事做啥，再一个人□他们来这，□叫唱堂会咧么。tsæᴇ˧i˥˩kə˧˨ni˥˧ɕiaŋ˧tʰɑ˥˩məŋ˨tʂə˧˨kə˧˨,ɕiaŋ˧nei˧˥tʰiæ̃˥˩ni˥˩məŋ˨tɕiæ̃˧xɑ˧nə˧kər˧tə˨tɕʰiŋ˨˩kʰuɑŋ˧ɕiɑ˧ti˨xuɑ˧,kei˧˨zəŋ˨˩niæ̃˨˧kuo˧sɿ˧tsʮ˧sɑ˧,tsæᴇ˧i˥˧kə˧zəŋ˨niæ̃˨˩tʰɑ˥˩məŋ˨læᴇ˨˧tʂə˧˨,niæ̃˨˩tɕiɑɔ˧tʂʰɑŋ˧tʰɑŋ˨˩xuei˧liem˨.（唱堂会？）黄：啊，唱堂会咧么。ɑ˨˩,tʂʰɑŋ˧tʰɑŋ˨xuei˧liem˧.（过事是什么？就是家里有事，请他唱堂会，就叫过事是吧？）王：啊。ɑ˨˩.黄：啊，啊，过事咧么。他是……ɑ˨˩,ɑ˨˩,kuo˧sɿ˧liem˨.tʰɑ˥˩sɿ˧˨……（不管是红事白事都叫过事？）黄：啊，红……这都有咧么。ɑ˨˩,xuoŋ˨……tʂə˧˥tou˥˩iou˥˧liem˨.

老师、师傅

（这个整个儿戏班子里头他有一个，他也不可能也不演戏，但是他这这个演员呐，就像现在这导演一样的，跟……）黄：有导演咧嘛。iou˥˩tɑɔ˥˧iæ̃˥˩lie˨mɑ˨.（过去的叫什么呢？那个是……导演是新……）黄：老师。lɑɔ˥˩sɿ˥˩.（叫老师？）黄：过去他都叫老师咧。kuo˧˥tɕʰy˧tʰɑ˥˩tou˥˩tɕiɑɔ˧lɑɔ˥˩sɿ˥˩lie˨.（老师？）黄：嗯，叫……啊，老师或者叫师傅。ə̃˨˩,tɕiɑɔ˧……ɑ˨˩,lɑɔ˥˩sɿ˥˩xuo˨˧tʂə˥˩tɕiɑɔ˧˥sɿ˥˩fu˨.（师傅？）黄：嗯。ə̃˨˩.（他也，他可能演戏，有时候又不演。）黄：多一半儿……tuo˥˩i˥˩pæ̃r˧˦……（主要是，主要是指出你这个演的应该怎么演。）黄：啊，都是排戏做啥以后，和现在的导演是一个样，过去那就叫老师，或者是叫师傅。ɑ˨˧,tou˥˩sɿ˧˨pʰæᴇ˨˩ɕi˧tsʮ˧sɑ˧i˥˩xou˧,xuo˨˩ɕiæ̃˧˥tsæᴇ˧ti˨tɑɔ˥˩iæ̃˥˩sɿ˧˨i˥˩kə˧˦iɑŋ˧˨,kuo˧˥tɕʰy˧næᴇ˧tɕiou˧˨tɕiɑɔ˧lɑɔ˥˩sɿ˥˩,xuei˨˩tʂə˥˩sɿ˧˨tɕiɑɔ˧sɿ˥˩fu˨.

角色

（那你这个比如说这个唱戏哈，我们就，专门谈这个唱戏，这个戏曲班子里头有些什么角色呢？分配呢？有的专门演女的的，有的专门演老太太。）黄：那欸，那里头讲究是……nei˧˦ei˨˩,nei˧˦li˥˩tʰou˨tɕiɑŋ˥˧tɕiou˥˧sɿ˧˨……王：青旦花旦么。tɕʰiŋ˥˩tæ̃˧xuɑ˥˩tæ̃˧˥muo˨.黄：她就是……呃，这女的里头的，女的里头兀是花……青旦花旦。tʰɑ˥˧tsou˧sɿ˧……ə˨˩,tʂə˧˨ny˥˩ti˨li˥˩tʰou˨ti˨,ny˥˩ti˨li˥˩tʰou˨və˧sɿ˧xuɑ˥˩t……tɕʰiŋ˥˩tæ̃˧xuɑ˥˩tæ̃˧.（青旦。青旦是……和花旦有什么区别？）黄：花旦是年轻媳妇儿、女子这些么。xuɑ˥˩tæ̃˧˦sɿ˧˨niæ̃˨˧tɕʰiŋ˥˩ɕi˥˩fuər˧˨,ny˥˩tsɿ˨tʂə˧ɕie˥˧muo˨.王：青……啊，青旦就是那妆老婆子。tɕʰ……ɑ˨˩,tɕʰiŋ˥˩tæ̃˧˦tɕiou˧˨sɿ˧˨nə˧tʂuɑŋ˥˩lɑɔ˥˩pʰuo˨˩tsɿ˨.黄：妆老婆子，一般女的这就是……tʂuɑŋ˥˩lɑɔ˥˩pʰuo˨˩tsɿ˨,i˥˧pæ̃˥˧ny˥˩ti˨tʂə˧tɕiou˧˨sɿ˧˨……王：老旦么。lɑɔ˥˩tæ̃˧˥muo˨.黄：老旦。lɑɔ˥˩tæ̃˧.（噢，青旦就是老旦？）黄：青衣，噢，也有的叫青……青衣。就是老旦。这是一……tɕʰiŋ˥˩i˥˩,ɑɔ˨˩,ie˥˧iou˥˩ti˨tɕiɑɔ˧tɕʰiŋ˥˩……tɕʰiŋ˥˩˥i˨.tɕiou˧˨sɿ˧lɑɔ˥˩tæ̃˧˨.tʂə˧˨sɿ˧˨i˥˩……（那个，唱老太婆那个的叫什么呢？）王：那叫……那叫噢噢……nei˧˨tɕiɑɔ˧˨……nei˧tɕiɑɔ˧˦ɑɔ˨ɑɔ˨……黄：老旦么。她……她这个头上戴的这东西不一样，那就不一样了，就是老旦。有些……有些戴着个她那个彩……有些你，有些你像皇后那些出来的话，人□那都是，那还是的，那是还是旦角儿，但是那□就是……她就是这个嘞……还是一种旦角儿，嗯。青衣那号儿，实际上头上不戴东西么，不戴的这个欸装饰品么。lɑɔ˥˩tæ̃˧muo˧.tʰɑ……tʰɑ˥˩tʂə˧kə˧tʰou˨˩ʂɑŋ˧tæᴇ˧˥ti˨tʂə˧tuoŋ˥˩ɕi˨pu˨˩i˥˩iɑŋ˧,nei˧tɕiou˧pu˨˩i˥˩iɑŋ˧lə˨,tɕiou˧˨sɿ˧˨lɑɔ˥˩tæ̃˧˨.iou˥˩ɕie˥˩……iou˥˩ɕie˥˩tæᴇ˧˥tʂə˨kə˧˨tʰɑ˥˧nə˧˨kə˧˨tsʰæᴇ˥˩……iou˥˩ɕie˥˩ni˥˩,iou˥˩ɕie˥˧ni˥˧ɕiɑŋ˧xuɑŋ˨˩xou˧nei˧˨ɕie˥˩tʂʰʮ˥˩læᴇ˨˩ti˨xuɑ˧,zəŋ˨˩niæ̃˨˧nei˧˦tou˥˩sɿ˧˨,nei˧xɑ˨˩sɿ˧tə˨,nə˧sɿ˧xɑ˨˩sɿ˧˦tæ̃˧tɕyor˥˩,tæ̃˧sɿ˧nei˧˦niæ̃˨˩tɕiou˧˨sɿ˧˨……

tʰɑ˥˧˦tsou˧sɿ˧tʂə˧kə˧lei˧……xɑ˧˥˧sɿ˧˥i˥˧˨˩tʂuoŋ˥˧˨˩tæ̃˧˧˥tɕyor˥˧˨˩,ŋ̍˨˩.tɕʰiŋ˥˧i˥˧˦nei˧xɑɔr˧˨˩,ʂɿ˧˥˧tɕi˧˥ʂɑŋ˧˨˩tʰou˧˥˧ʂɑŋ˧˥pu˧˥˧tæᴇ˧tuoŋ˥˧ɕi˨muo˨,pu˧˥˧tæᴇ˧˧˥ti˨tʂə˧kə˧ei˨˩tʂuɑŋ˥˧ʂɿ˥˧˨˩pʰiŋ˥˧muo˨.（花旦呢？）黄：花旦那穿的衣裳欸比较华丽，而且这个欸，头上戴凤冠的。xuɑ˥˧˨˩tæ̃˧˥nei˧tʂʰuæ̃˥˧ti˨li˥˧ʂɑŋ˨lei˨˩pi˥˧˦tɕiɑɔ˧xuɑ˧˥˧li˧˥,ər˧˥tɕʰie˥˧˦tʂə˧kə˧ei˨˩,tʰou˧˥˧ʂɑŋ˧tæᴇ˧fəŋ˧kuæ̃˥˧ti˨.王：那你……那就是欸指的年轻么。nei˧ni˥˧˨˩……nei˧tɕiou˧sei˧tsɿ˥˧ti˨niæ̃˧˥tɕʰiŋ˥˧muo˨.黄：年轻的这些呣。niæ̃˧˥˧tɕʰiŋ˥˧ti˨tʂei˧˥ɕie˥˧˨˩m̩˨.（它有的这个，有的演那种媒婆儿这儿弄个痣，那个，还拿个手绢儿，那种……）黄：那是丑角儿呣。nə˧sɿ˧˨˩tʂʰou˥˧tɕyor˥˧˨˩m̩˨.王：那丑角儿。nə˧tʂʰou˥˧tɕyor˥˧˨˩.（那是丑角儿是吧？）黄：啊，丑角儿么，嗯。ɑ˨˩,tʂʰou˥˧tɕyor˥˧˨˩muo˨,ə̃˧.王：嗯。ŋ̍˥˧.（就叫丑角儿？）黄&王：嗯。ŋ̍˨˩.黄：男的里头就是……næ̃˧˥˧ti˨li˥˧˨˩tʰou˨tɕiou˧sɿ˧……（男的里头分不分？）黄：男的里头生旦净丑。那你，那都这都……næ̃˧˥˧ti˨li˥˧˨˩tʰou˨səŋ˥˧˨˩tæ̃˧tɕiŋ˧tʂʰou˥˧.nei˧ni˥˧˨˩,nə˧˨˩tou˥˧˨˩tʂə˧˥tou˥˧˨˩……（年，演那个年轻人的那个叫什么？不戴胡子那个。）黄：那是欸是……那，那□叫啥子咧？nə˧sɿ˧ei˧s……nei˧,nei˧˥niæ̃˧˥˧tɕiɑɔ˧sɑ˧tsɿ˨lie˨?（演那个年轻人的。）黄：相公的么啊？这……ɕiɑŋ˧kuoŋ˥˧˨˩ti˨muo˨ɑ˨?tʂei˧˥……王：噢，这就是相公。ɑɔ˨˩,tʂei˧˥tɕiou˧sɿ˧ɕiɑŋ˧˧˥kuoŋ˥˧˨˩?（就不知道叫什么说法？）黄：嗯。老的里头那，那□有叫大净。ŋ̍˨˩.lɑɔ˥˧ti˨li˥˧tʰou˨nei˧,nei˧niæ̃˧˥˧iou˥˧˦tɕiɑɔ˧tɑ˧tɕiŋ˧.（大净？）黄：嗯。大净指那，胡子黑茬茬那个，唱……唱声音苍茫茫的那种。ə̃˨˩.tɑ˧tɕiŋ˧tsɿ˥˧˨˩nei˧,xu˧˥˧tsɿ˨xei˥˧tsʰɑ˧˥˧tsʰɑ˧˥nə˧kə˧,tʂʰ……tʂʰɑŋ˧səŋ˥˧iŋ˥˧˨˩tsʰɑŋ˥˧mɑŋ˧˥mɑŋ˧˥ti˨nei˧tʂuoŋ˥˧˨˩.（还有什么什么什么角色呢？）黄：唱净的，唱生的。tʂʰɑŋ˧˧˥tɕiŋ˧ti˨,tʂʰɑŋ˧˧˥səŋ˥˧ti˨.（唱生的？）黄：嗯。ŋ̍˨˩.王：唱生那就那胡子生。tʂʰɑŋ˧˧˥səŋ˥˧nei˧tɕiou˧nə˧xu˧˥˧tsɿ˨səŋ˥˧˨˩.黄：胡子生。xu˧˥˧tsɿ˨səŋ˥˧˨˩.（生，胡子生？）黄：嗯。也把那个叫，叫啥咧吵你看？年轻的兀胡子叫……唱戏。ŋ̍˨˩.ia˥˧˨˩pa˥˧˨˩nə˧kə˧tɕiɑɔ˧,tɕiɑɔ˧sɑ˧˧˥lie˨sɑ˨ni˥˧˨˩kʰæ̃˧?niæ̃˧˥˧tɕʰiŋ˥˧ti˨væᴇ˧xu˧˥˧tsɿ˨tɕiɑɔ˧˨˩……tʂʰɑŋ˧ɕi˧.（胡子生有黑胡子有白胡子，分不分？）黄：那……那当咧么。nei˧……nei˧˥tɑŋ˧lie˨muo˨.（叫什么，有没有特殊的说法？）黄：这□太说咱都不懂这行。tʂə˧niæ̃˧˥˧tʰæᴇ˧˥ʂuo˥˧˨˩tsɑ˧˥tou˥˧˦pu˧˥˧tuoŋ˥˧tʂə˧xɑŋ˧˥˧.王：不懂□。pu˧˥˧tuoŋ˥˧niæ̃˧˥˧.黄：嗯。ŋ̍˨˩.（是吧？有什么须生啊小生这种说法没有？）黄：小生就是年轻的就是小……ɕiɑɔ˥˧səŋ˥˧˨˩tɕiou˧sɿ˧niæ̃˧˥tɕʰiŋ˥˧ti˨tɕiou˧˨˩sɿ˧˨˩ɕiɑɔ˥˧˦……王：小生就是年轻的，小生。ɕiɑɔ˥˧səŋ˥˧˨˩tɕiou˧˨˩sɿ˧˨˩niæ̃˧˥˧tɕʰiŋ˥˧ti˨,ɕiɑɔ˥˧səŋ˥˧˨˩.黄：年轻的就叫小生呣。须生那就是……老点的那个他……戴下胡子这就是须生。胡子，这个戏曲里头□又分黑胡子，这个欸白胡子，还有红胡子咧。niæ̃˧˥tɕʰiŋ˥˧ti˨tɕiou˧˨˩tɕiɑɔ˧˨˩ɕiɑɔ˥˧səŋ˥˧˨˩m̩˨.ɕy˥˧səŋ˥˧˦nei˧tɕiou˧sɿ˧tʂ……lɑɔ˥˧tiæ̃˥˧˨˩ti˨nei˧kə˧tʰɑ˥˧ʂ……tæᴇ˧˧˥xɑ˧˨˩xu˧˥tsɿ˨tʂə˧tɕiou˧sɿ˧ɕy˥˧səŋ˥˧˨˩.xu˧˥tsɿ˨,tʂə˧˧˥kə˧ɕi˧tɕʰy˧˨˩li˥˧tʰou˨niæ̃˧˥˧iou˧fəŋ˥˧xei˥˧xu˧˥˧tsɿ˨,tʂə˧kə˧ei˨˩pei˧˥xu˧˥tsɿ˨,xæᴇ˧˥iou˥˧˦xuoŋ˧˥xu˧˥˧tsɿ˨lie˨.（红胡子是什么人？什么人？）黄：红胡子一般都是讲那些些就说是这个脸上，根据脸型画出来以后，那就说是比较性情比较刚烈的那些人。xuoŋ˧˥xu˧˥tsɿ˨i˥˧˨˩pæ̃˥˧tou˥˧˨˩sɿ˧˨˩tɕiɑŋ˥˧nei˧˨˩ɕi˥˧˨˩ɕie˥˧˨˩tɕiou˧˨˩ʂuo˥˧˨˩sɿ˧˨˩tʂə˧˨˩kə˧˨˩liæ̃˥˧ʂɑŋ˨,kəŋ˥˧tɕy˧liæ̃˥˧ɕiŋ˧˥xuɑ˧tʂʰʮ˥˧˦læᴇ˧˥i˥˧˨˩xou˧˥,nei˧tɕiou˧ʂuo˧˦sɿ˧pi˥˧˨˩tɕiɑɔ˧˨˩ɕiŋ˧tɕʰiŋ˧˥pi˥˧˨˩tɕiɑɔ˧˨˩kɑŋ˥˧˦lie˥˧ti˨nei˧ɕie˥˧˦zəŋ˧˥˧.（一般都是净……净角戴红胡子？）黄：噢，净角咧。你像，昨天晚上甘肃台放的这个斩秦英，秦英就是花脸，胡……他那个花脸以红为主，他的胡子就是……ɑɔ˨˩,tɕiŋ˧˧˥tɕyo˨˩lie˨.ni˥˧ɕiɑŋ˧,tsuo˧˥˧tʰiæ̃˥˧˦væ̃˥˧ʂɑŋ˧kæ̃˥˧ɕy˥˧˨˩tʰæᴇ˧˥˧fɑŋ˧ti˨tʂə˧kə˧tsæ̃˥˧tɕʰiŋ˧˥iŋ˥˧,tɕʰiŋ˧˥iŋ˥˧tɕiou˧˨˩sɿ˧˨˩xuɑ˥˧˨˩liæ̃˥˧,xu……tʰɑ˥˧nə˧kə˧xuɑ˥˧˨˩liæ̃˥˧˦i˥˧˨˩xuoŋ˧˥vei˧˥˨˩tʂʮ˥˧,tʰɑ˥˧ti˨xu˧˥˧tsɿ˨tɕiou˧˨˩sɿ˧……（斩秦英是谁？）黄：秦英嘛。tɕʰiŋ˧˥iŋ˥˧ma˨.（秦英是谁？）王：

斩秦英。tsæ̃˥˧tɕʰiŋ˨˦iŋ˥˩.黄：秦英历史上这个欸一个那个，那是啥朝故事，清……清朝的吗啥朝故事，斩秦英。秦英不是把太子给你弄死了？tɕʰiŋ˨˦iŋ˥˩li˥˩sɿ˥˧ʂaŋ˧tʂə˧kə˧ei˩i˥˩kə˧˥nei˧˩kə˧˩,nə˧˩sɿ˧˩sa˧˥tʂʰɑɔ˨˩ku˧˥sɿ˧˩,tɕʰie……tɕʰiŋ˥˧tʂʰɑɔ˨˩ti˧ma˧sa˧tʂʰɑɔ˨˦ku˧sɿ˧,tsæ̃˥˧tɕʰiŋ˨˦iŋ˥˩.tɕʰiŋ˨˦iŋ˥˧pu˨˩sɿ˧pa˥˩tʰæᴇ˧˥tsɿ˥˩kei˧˩ni˥˩nuoŋ˧sɿ˥˧lə˧?（噢。）黄：最后……tsuei˧xou˧……王：甘肃台晚放秦腔了？kæ̃˥˧ɕy˥˩tʰæᴇ˨˩væ̃˥˧faŋ˧tɕʰiŋ˨˦tɕʰiaŋ˥˧lə˧?黄：甘肃台每天晚上，礼拜六晚上有个大戏台咧㑇。kæ̃˥˧ɕy˥˩tʰæᴇ˨˩mei˥˧tʰiæ̃˥˩væ̃˥˧ʂaŋ˧˩,li˥˧pæᴇ˧˩liou˥˧væ̃˥˧ʂaŋ˧˩iou˥˧kə˧ta˧ɕi˧˥tʰæᴇ˨˩lie˧m̩˧.（噢，有这样有……）黄：嗯。ŋ̍˥˧.（有花脸这种说法没有？）黄：有咧么，有花脸么。iou˥˧lie˧muo˧,iou˥˧xua˥˩liæ̃˥˧muo˧.王：有咧，唱花脸。iou˥˧lie˧,tʂʰaŋ˧xua˥˩liæ̃˥˧.（花脸和净……大净有区别没有？）黄：呃有咧么。ə˧iou˥˧lie˧muo˧.（呃，花脸……）王：花脸就是……xua˥˩liæ̃˥˧(tɕ)iou˧sɿ˧……黄：花脸一般都是有些这个欸……xua˥˩liæ̃˥˧i˥˩pæ̃˥˧tou˥˧sɿ˧iou˥˧ɕie˥˩tʂə˧kə˧ei˩……王：唱花脸那就跟现在这个电视剧上就是满是反面的角色就……花脸。tʂʰaŋ˧xua˥˩liæ̃˥˧nə˧tɕiou˧kəŋ˥˩ɕiæ̃˧tsæᴇ˧tʂə˧kə˧tiæ̃˧sɿ˧tɕy˧ʂaŋ˧˩tɕiou˧˩ʂɿ˧˩mæ̃˥˧sɿ˧˩fæ̃˥˧miæ̃˧˩ti˧tɕyo˥˩sei˥˩tɕiou˧……xua˥˩liæ̃˥˧.黄：反面角色㑇。嗯，花脸㑇。fæ̃˥˧miæ̃˧tɕyo˧sei˥˧m̩˧.ŋ̍˩,xua˥˩liæ̃˥˧m̩˧.（花脸？）王&黄：嗯。ŋ̍˩.王：大花脸。ta˧xua˥˩liæ̃˥˧.黄：一般儿正面角色那都是那脸型造的话他都是有……都画出正面儿人物咧。包公他为啥脸上要画这么个……i˥˩piæ̃r˧（←pæ̃r˥）tʂəŋ˧˥miæ̃˧˩tɕyo˥sei˥˩nə˧tou˥˩sɿ˧˩nei˧liæ̃˥ɕiŋ˨˦tsaɔ˧ti˧xua˧˩tʰa˥˩tou˥˩sɿ˧iou˥˧……tou˥˩xua˧˥tʂʰɥ˥˩tʂəŋ˧miæ̃r˧˩zəŋ˨˦vuo˥˧lie˧.paɔ˥kuoŋ˥˧tʰa˥˧vei˧sa˧˩liæ̃˥ʂaŋ˧˩iaɔ˧˩xua˧tʂə˧muo˧kə˧˩……（月牙儿？）黄：月牙咧，啊，他那个黑脸包公，画月牙，属，他是青脸。yo˥ia˨˩lie˧,a˩,tʰa˥˩nə˧˩kə˧˩xei˥˩liæ̃˥˧paɔ˥kuoŋ˥˩,xua˧˥yo˥˩ia˨˦,ʂɥ˥˩,tʰa˥˧sɿ˧tɕʰiŋ˥˩liæ̃˥˧.（有这个毛净的说法没有？）黄：毛净啊？不懂。这家伙这里，这戏曲上有的噢。maɔ˨˦tɕiŋ˧a˧?pu˨˩tuoŋ˥˩.tʂə˧tɕia˥˧xuo˧tʂə˧li˥˧,tʂə˧˥ɕi˧tɕʰy˥ʂaŋ˧iou˥taɔ˧.王：这个戏曲上有个……tʂə˧˩kə˧˩ɕi˧˥tɕʰy˥ʂaŋ˧iou˥kə˧˩……（这个，这个花脸跟那个，这里抹一笔白的那个那个那个，其他都不抹的那个人是……）黄：那这个鼻子抹成白的，这都是这些……nei˧˥tʂə˧kə˧pi˨˩tsɿ˧muo˥tʂʰəŋ˨˦pei˨˦ti˧,tʂə˧˥tou˥˩sɿ˧˩tʂei˧˥ɕie˥˩……王：那就是，那就叫那白脸奸臣。nei˧˩tɕiou˧˥ʂɿ˧,nei˧tɕiou˧˩tɕiaɔ˧nə˧pei˨˩liæ̃˥˧tɕiæ̃˥tʂʰəŋ˨˩.黄：白脸奸臣么，白脸奸臣，这个地方抹白的，或者是呃喜……pei˨˩liæ̃˥˧tɕiæ̃˥tʂʰəŋ˨˩muo˧,pei˨˩liæ̃˥˧tɕiæ̃˥tʂʰəŋ˨˩,tʂə˧˩kə˧˥ti˧faŋ˥˧muo˥pei˨˩ti˧,xuei˨˧tʂə˥sɿ˧˩ə˥ɕi˥˩……（其他……其他地方都不抹？）王：嗯。ŋ̍˩.黄：都不抹。有些地方他这个这个鼻梁杆子这么一抹。tou˥˧pu˨˩muo˥˧.iou˥ɕie˥˩ti˧faŋ˥˧tʰa˥˧tʂə˧kə˧tʂə˧kə˧pi˨˩liæ̃˧（←liaŋ˨）kæ̃˥tsɿ˧tʂə˧muo˧i˥˩muo˥.王：那那一个是奸臣，一个是耍欸耍……耍……nei˧˩nə˧˥i˥˩kə˧˥sɿ˧tɕiæ̃˥tʂʰəŋ˨˩,i˥˩kə˧˥sɿ˧ʂua˥ei˩ʂua˥˧……ʂua˥˧……黄：小丑么，丑角儿哩。ɕiaɔ˥˧tʂʰou˥muo˧,tʂʰou˥tɕyor˥˩li˧.王：小丑，丑角。ɕiaɔ˥˧tʂʰou˥,tʂʰou˥tɕyo˥˩.黄：丑角里头都抹着咧。tʂʰou˥tɕyo˥˩li˥tʰou˧tou˥˩muo˥˧tʂə˧lie˧.（叫白脸奸臣？）黄：嗯。白脸奸臣。再一个是丑角里头抹的有……打的有那号儿咧。ŋ̍˩.pei˨˩liæ̃˥˧tɕiæ̃˥tʂʰəŋ˨˩.tsæᴇ˧i˥˩kə˧sɿ˧tʂʰou˥tɕyo˥˩li˥tʰou˧muo˥ti˧iou˥˧……ta˥ti˧iou˥˧nei˧xaɔr˧˩lie˧.（有丑角儿是是吗？）黄：噢，脸谱里头就把他定死了。aɔ˩,liæ̃˥pʰu˥˧li˥˧tʰou˧tsou˧˩pa˥˩tʰa˥˧tiŋ˧sɿ˥˧lə˧.（有没有什么正旦那个旁旦什么这种说法？）黄：那有咧嘛。那你是这个欸，出来以后你这个，虽然是旦角，你出来了，那你比如，人□要，噢欸，娘娘出来，那就是正旦了。娘娘出来穿戴，那就是正旦。你其他出来这个，次要的那些角色，那你是，虽然你是旦角儿，那你就是偏旦么你。你正宫娘娘出来，□就是正旦角儿。你东宫和西宫那你就，虽然是旦角儿，你就是副

旦角儿了。那你和人口穿戴上，这个衣裳的颜色上和服饰上，头上戴的这东西就不一样么。nei˦˥iou˥˩lie˧mɑ˧.nei˦ni˥˧sɿ˦tʂə˦kə˦ei˨,tʂʰʮ˥˩læᴇ˧˥i˥˦xou˦ni˥˦tʂə˦˨kə˦˨,suei˥˧zæ̃˨˩sɿ˦˨tæ̃˦˥tɕyo˥˩,ni˥˦tʂʰʮ˥˩læᴇ˨˩lə˧,nei˦ni˥˦pi˥˧zʮ˨˩,zəŋ˨˩niæ̃˨˦iaɔ˦,aɔ˦ei˦,niaŋ˨˩niaŋ˨˦tʂʰʮ˥˩læᴇ˨˩,nei˦tɕiou˦˨sɿ˦˨tʂəŋ˦˥tæ̃˦˨lə˧.niaŋ˨˩niaŋ˨˦tʂʰʮ˥˩læᴇ˨˩tʂʰuæ̃˥˩tæᴇ˦,nei˦tɕiou˦˨sɿ˦˨tʂəŋ˦˥tæ̃˦˨.ni˥˦tɕʰi˨˩tʰɑ˥˦tʂʰʮ˥˩læᴇ˨˩tʂə˦˨kə˦˨,tsʰɿ˦iaɔ˦ti˧nei˦ɕie˥˦tɕyo˥sei˥˩,næᴇ˦ni˥sɿ˦˨,suei˥˧zæ̃˨˩ni˥sɿ˦˨tæ̃˦˥tɕyor˥˩,nei˦ni˥˦tɕiou˦˨sɿ˦˨pʰiæ̃˥˩tæ̃˦˥muo˧ni˥˩.ni˥˩tʂəŋ˦kuoŋ˥˩niaŋ˨˩niaŋ˨˦tʂʰʮ˥˩læᴇ˨˩,niæ̃˨˩tɕiou˦sɿ˦tʂəŋ˦tæ̃˦tɕyor˥˩.ni˥˩tuoŋ˥kuoŋ˥˦xuo˨˩ɕi˥kuoŋ˥˩nei˦ni˥˦tɕiou˦,suei˥˧zæ̃˨˩sɿ˦˨tæ̃˦˥tɕyor˥˩,ni˥˦tɕiou˦˨sɿ˦˨fu˦˥tæ̃˦tɕyor˥lə˧.nə˦ni˥˦xuo˨˩zəŋ˨˩niæ̃˨˦tʂʰuæ̃˥˩tæᴇ˦˥ʂaŋ˦,tʂə˦˨kə˦˨i˥ʂaŋ˧ti˧liæ̃˨˩sei˥ʂaŋ˦˨xuo˨˩fu˨ʂɿ˥ʂaŋ˦˨,tʰou˨˩ʂaŋ˦tæᴇ˦˥ti˧tʂə˦tuoŋ˥ɕi˧tɕiou˦˨pu˨˩i˥˩iaŋ˦muo˧.（这里抹白的，叫什么呢？就叫丑角儿还叫什么？）黄：丑角。再一个就是这个奸臣一类的。tʂʰou˥tɕyo˥˩.tsæᴇ˦i˥˩kə˦˨tɕiou˦sɿ˦tʂə˦˨kə˦˨tɕiæ̃˥tʂʰəŋ˨˩i˥˩luei˦ti˧.（有没有什么什么白眼……白眼窝儿的说法？）王：那……næᴇ˦˨……黄：有了么。iou˥˩ləm˧.（白眼窝是说什么呢？）黄：这都是呃在奸臣和丑角一类。tʂə˦˥tou˥˩sɿ˦ə˦tsæᴇ˦tɕiæ̃˥tʂʰəŋ˨˩xuo˨˩tʂʰou˥tɕyo˥˩i˥˩luei˦.（老人家这个就说，你们老人家讲戏呀这些或者当地人讲这个戏，戏里头有哪些哪些这个，这个行规呀，什么什么内容啊，你能不能说一说？你们两个。）王：啊，我都戏不懂。ɑ˨,ŋuo˥tou˥˦ɕi˦pu˨˩tuoŋ˥.黄：老年人讲那个东西都一般欸，戏这儿这那，老年他不过到几时来说，他就是一个一……一个就说这个欸，多一半儿就是个奸臣，和这个欸忠臣之分，再没有个啥好像。再就是丑角儿，妖婆子。laɔ˥niæ̃˨˩zəŋ˨˩tɕiaŋ˥˦nə˦kə˦tuoŋ˥ɕi˧tou˥i˥˩pæ̃˥ei˨,ɕi˦˥tʂər˦tʂə˦nei˦˨,laɔ˥niæ̃˨˩tʰɑ˥pu˨˩kuo˦taɔ˦˥tɕi˥sɿ˨˩læᴇ˨ʂuo˥˩,tʰɑ˥˩tsou˦˥sɿ˦i˥˩kə˦˥i˥˩……i˥˩kə˦tɕiou˦˥ʂuo˥˩tsə˦kə˦ei˨,tuo˥i˥˩pær˦tɕiou˦˨sɿ˦˨kə˦˨tɕiæ̃˥tʂʰəŋ˨˩,xuo˨˦tʂə˦kə˦ei˨tʂuoŋ˥tʂʰəŋ˨˩tsɿ˥fəŋ˥˩,tsæᴇ˦˥mei˦˨iou˥˦kə˦sa˦˨xaɔ˥˩ɕiaŋ˦˨.tsæᴇ˦tɕiou˦sɿ˦tʂʰou˥tɕyor˥˩,iaɔ˥pʰuo˨˩tsɿ˧.（妖婆子是什么东西？）黄：这个媒婆婆就在这个戏曲里，她是个妖婆子。tʂə˦kə˦mei˨˩pʰuo˨˥pʰuo˨˩tɕiou˦tsæᴇ˦tʂə˦kə˦ɕi˦tɕʰy˥˩li˥˩,tʰɑ˥˩sɿ˦˨kə˦˨iaɔ˥pʰuo˨˩tsɿ˧.（那这是角色了？）黄：噢，角色的，指的角色而言的。aɔ˨,tɕyo˥sə˥˩ti˧,tsɿ˥ti˧tɕyo˥sei˥˩ər˨˩iæ̃˨˩ti˧.（那么从这个剧本上来讲有……有些什么东西没有？有什么，比如说就就演一出的，还是连着演的一……一段故事的，从这个，从这个断桥一开始演呐演演，一直那台戏……）黄：那你是看，那就讲究是，看是讲本儿……讲是本子，本戏吗还是折子戏么。nei˦˥ni˥sɿ˦˨kʰæ̃˦˨,nei˦˥tɕiou˦˨tɕiaŋ˥tɕiou˥˩sɿ˦˨,kʰæ̃˦˨sɿ˦˨tɕiaŋ˥pə̃r˥˩……tɕiaŋ˥˦sɿ˦pəŋ˥tsɿ˧,pəŋ˥ɕi˦mɑ˧xɑ˨˩sɿ˦tʂə˥tsɿ˧ɕi˦˥muo˧.王：本戏呢吗还是折戏。pəŋ˥ɕi˦nə˦mɑ˧xɑ˨˦sɿ˦tʂə˥ɕi˦˨.（本戏，折子戏？）黄&王：啊。ɑ̃˨.王：本戏和折子戏。pəŋ˥ɕi˦xuo˨˩tʂə˥tsɿ˧ɕi˦˨.黄：啊。本戏和折子戏。你比如，欸，同样是个《三滴血》，《三滴血》这就是一个本戏。ɑ˨.pəŋ˥ɕi˦xuo˨˩tʂə˥tsɿ˧ɕi˦.ni˥˦pi˥˧zʮ˨˩,ei˦,tʰuoŋ˨˩iaŋ˦sɿ˦kə˦sæ̃˥˩tie˥˦ɕie˥,sæ̃˥˩tie˥˦ɕie˥tʂə˦tɕiou˦sɿ˦i˥˩kə˦pəŋ˥ɕi˦˨.（三碟仙是什么呢？）黄：啊，《三滴血》这就是一……秦腔的一个……ɑ˨,sæ̃˥˩tie˥˦ɕie˥tʂei˦tɕiou˦sɿ˦i˥˩……tɕʰiŋ˨˩tɕʰiaŋ˥ti˧i˥˩kə˦˨……（怎么写？还有那个《斩秦英》能不能都写一下？）黄：[写字]三滴，三滴血那是……三是这个三么，滴是这个滴嘛。sæ̃˥tie˥˩,sæ̃˥˩tie˥˦ɕie˥nei˦˥sɿ˦˨……sæ̃˥sɿ˦˨tʂə˦kə˦sæ̃˥muo˧,tie˥sɿ˦˨tʂə˦kə˦tie˥mɑ˧.（噢，三滴？）黄：啊。ɑ˨.（《三滴血》？）黄：啊。《三滴血》嘛。这是欸，这就这就讲了一个就说是这个，秦腔里头的一个，秦腔一个本戏。这就是这一，讲咧这个县官儿么就说是这个，县官儿在断案的时候是……ɑ˨.sæ̃˥˩ti˥˦ɕie˥mɑ˧.tʂə˦˥sɿ˦˨ei˨,tʂə˦˥tɕiou˦˨tʂə˦˥tɕiou˦˨tɕiaŋ˥lə˧i˥˩kə˦tɕiou˦ʂuo˥˩sɿ˦˨tʂə˦˨kə˦˨,tɕʰiŋ˨˩tɕʰiaŋ˥li˥˩tʰou˧ti˧i˥˩kə˦˨,tɕʰiŋ˨˩tɕʰiaŋ˥i˥˩kə˦pəŋ˥ɕi˦˨.tʂə˦tɕiou˦

˥sɿ˧˩tʂei˧˥i˥˩,tɕiɑŋ˥lie˧tʂə˧kə˧ɕiæ̃˧˦kuæ̃r˥muo˧tɕiou˧˥ʂuo˥˩sɿ˧tʂə˧kə˧,ɕiæ̃˧˦kuæ̃r˥˩tsæᴇ˧˩tuæ̃˧næ̃˧ti˧sɿ˨˩xou˧˥sɿ˧……王：滴血认亲么。tie˥˦ɕie˥˩zəŋ˧tɕʰiŋ˥muo˧.黄：噢，滴血认亲了。不分……不……ɑɔ˩,tie˥˦ɕie˥zəŋ˧˦tɕʰiŋ˥lə˧.pu˨fəŋ˥s……pu˨˧……王：不分冬夏么。pu˨fəŋ˥tuoŋ˥˩ɕiɑ˧˥muo˧.黄：不，不，不分冬夏，只是拿这个欸滴血这个古……古代案例的这个欸，传统的这个经验么来对待咧。就说是他三次滴血都错了么。噢，糊涂那……就是那书本知识和现实，不懂科学技术，来搞咧三次滴血认亲。结果把人口的是这个，净，真正是结的姻缘也给口拆散了，该……该拆散的拆散咧，不该拆散的他还拆散了。pu˨˧,pu˨˩,pu˨fəŋ˥tuoŋ˥˩ɕiɑ˧˥,tsɿ˥˦sɿ˧˩nɑ˨tʂə˧˩kə˧˩ei˩tie˥˦ɕie˥tʂə˧˩kə˧˩ku˥t……ku˥tæᴇ˧næ̃˧li˧ti˧tʂə˧kə˧ei˩,tʂʰuæ̃˨˩tʰuoŋ˥ti˧tʂə˧kə˧tɕiŋ˥˩iæ̃˧˥muo˧læᴇ˨tuei˧tæᴇ˧lie˧.tɕiou˧˩ʂuo˥˩sɿ˧˩tʰɑ˥sæ̃˥˩tsʰɿ˧˥tie˥˦ɕie˥tou˥˩tsʰuo˧˦lə˧muo˧.ɑɔ˩,xu˨˩tu˧nə˧……tsou˧sɿ˧nɑ˨ʂʮ˥˩pəŋ˥tʂɿ˥ʂɿ˥˩xuo˨˩ɕiæ̃˧ʂʮ˨,pu˨˩tuoŋ˥˧kʰə˥ɕye˨˩tɕi˧ʂʮ˧,læᴇ˨˩kɑɔ˥lie˧sæ̃˥˩tsʰɿ˧˥tie˥˦ɕie˥˩zəŋ˧˦tɕʰiŋ˥˩.tɕie˥˩kuo˥pɑ˥˩zəŋ˨niæ̃˨˥ti˧sɿ˧tʂə˧kə˧,tɕiŋ˧,tʂəŋ˥˩tʂəŋ˧sɿ˧˩tɕie˥˧ti˧liŋ˥yæ̃˨ie˥kei˧niæ̃˨˩tsʰei˥˩sæ̃˧lə˧,kæᴇ˥……kæᴇ˥tsʰei˥˩sæ̃˧ti˧tsʰei˥˩sæ̃˧lie˧,pu˨˩kæᴇ˥tsʰei˥˩sæ̃˧ti˧tʰɑ˥˧xɑ˨tsʰei˥˩sæ̃˧lə˧.（就是咱们平常这个当地喜欢看的一些，经常演的这些戏呀，有哪，有哪些品……哪些这个戏剧，剧目的名字呢？）黄：这《三滴血》就是一个嘛。tʂə˧˥sæ̃˥˩tie˥˦ɕie˥tɕiou˧sɿ˧i˥˩kə˧˥mɑ˧.（呃，《三滴血》。）黄：呃，《铡美案》嘛。ə˩,tsɑ˨mei˥˩næ̃˧mɑ˧.（《铡美案》？）黄：啊，《铡美案》嘛。《杨门女将》嘛。ɑ˩,tsɑ˨mei˥˩næ̃˧mɑ˧.iɑŋ˨məŋ˨˩ny˥˧tɕiɑŋ˧mɑ˧.（《杨门女将》？）黄：噢，《杨门女将》么。ɑɔ˩,iɑŋ˨məŋ˨˧ny˥˧tɕiɑŋ˧muo˧.（《杨门女将》是后来，后来才开始演的吧？）黄：哎，这都早得很了，《杨门女将》。æᴇ˦,tʂə˧˥tou˥˩tsɑɔ˥tə˧xəŋ˥lə˧,iɑŋ˨məŋ˨˧ny˥tɕiɑŋ˧˩.（《杨门女将》。还有呢？）黄：呃，《斩秦英》。ə˩,tsæ̃˥tɕʰiŋ˨iŋ˥.（《斩秦英》。秦英是怎么写的？）黄：[写字]秦是这个欸，姓秦的秦嘛。tɕʰiŋ˨sɿ˧tʂə˧kə˧ei˩,ɕiŋ˧tɕʰiŋ˨˩ti˧tɕʰiŋ˨mɑ˧.王：姓秦的秦。ɕiŋ˧tɕʰiŋ˨˩ti˧tɕʰiŋ˨˩.（嗯。英呢？）黄：啊，太是……英是这个英么。秦英，啊。ɑ˩,tʰæᴇ˧sɿ˧˩……iŋ˥sɿ˧˩tʂə˧˩kə˧iŋ˥muo˧.tɕʰiŋ˨iŋ˥,ɑ˧.（噢，英雄的英。嗯。）黄：秦英，啊。噢，秦英么。tɕʰiŋ˨iŋ˥,ɑ˧.ɑɔ˩,tɕʰiŋ˨iŋ˥muo˧.（这是说，就，这都是本戏吗？）黄：这都是本戏么。tʂə˧tou˥˩sɿ˧˩pəŋ˥ɕi˧˩muo˧.（就说，当地看的这个本戏？）黄：啊，甚么那抱宫闯……这个《抱宫闯斗》[①]呀，《狸猫换太子》呀。ɑ˩,ʂəŋ˧muo˧næᴇ˧˩pɑɔ˧˦kuoŋ˥˩tʂʰuɑŋ˥t……tʂə˧˩kə˧˩pɑɔ˧˦kuoŋ˥˩tʂʰuɑŋ˥˧tou˥iɑ˧,li˨mɑɔ˨xuæ̃˧tʰæᴇ˧˦tsɿ˥iɑ˧.（包公闯什么？）黄：抱……pɑɔ˧˦……王：抱……pɑɔ˧……黄：抱肚，呃哎，抱火斗啊？pɑɔ˧tu˥,ə˨æᴇ˧,pɑɔ˧xuo˥˧tou˥ɑ˧?王：抱火斗。pɑɔ˧xuo˥˧tou˥.黄：抱火斗。pɑɔ˧˦xuo˥˧tou˥.（包，包和斗？）黄：抱火斗。pɑɔ˧˦xuo˥tou˥˩.王：火斗。xuo˥tou˥.黄：火斗。这个是这个欸，一个斗，过去那个斗嘛。xuo˥tou˥.tʂə˧kə˧sɿ˧tʂə˧kə˧ei˩,i˥˩kə˧tou˥,kuo˧tɕʰy˧nə˧kə˧tou˥mɑ˧.王：一个忠臣嘛。i˥˩kə˧tʂuoŋ˥tʂʰəŋ˨˩mɑ˧.黄：一个忠臣嘛。i˥˩kə˧tʂuoŋ˥tʂʰəŋ˨˩mɑ˧.王：一个是为了害忠臣，把忠臣以后，那个火斗，就是个，一下烧红以后叫这个人抱上以后就放下。i˥˩kə˧sɿ˧vei˧lə˧xæᴇ˧tʂuoŋ˥tʂʰəŋ˨˩,pɑ˥˩tʂuoŋ˥tʂʰəŋ˨˩i˥˩xou˧,nə˧˩kə˧˩xuo˥˧tou˥,tɕiou˧sɿ˧kə˧,i˥˩xɑ˧ʂɑɔ˥˩xuoŋ˨i˥˩xou˧tɕiɑɔ˧˩tʂə˧kə˧zəŋ˨˩pɑɔ˧˦ʂɑŋ˧i˥˩xou˧tɕiou˧fɑŋ˧˩ɕiɑ˧˥.黄：抱到怀里咧么。pɑɔ˧tɑɔ˧xuæᴇ˨˩li˥liem˧.王：放手就烫坏咧么。fɑŋ˧˩ʂou˥tɕiou˧tʰɑŋ˧xuæᴇ˧˦liem˧.（怎么写

① 抱宫闯斗：实为《闯宫抱斗》，秦腔传统剧目。剧情大致是：纣王不仁，宠信妲己，残害忠良，枉杀无辜，大臣梅伯、杜辉闯宫进谏，纣王立斩杜辉，又以火柱烤死梅伯。妲己又与费仲设计，诬陷正宫姜后谋刺纣王，纣王又以火斗剜目之刑致死姜后。

这几个字呢？抱是抱起来的抱？）王：抱起来的抱么。paɔ˥tɕʰi˦˧læᴇ˨˩tə˩paɔ˥muo˧˩.黄：[写字]抱……抱是这个抱么。paɔ˥……paɔ˥sɿ˥tʂə˥kə˥paɔ˥muo˧˩.王：火么。xuo˧muo˧˩.黄：这个抱么。火，火，火是这个火……火。tʂə˥˩kə˥˦paɔ˥muo˧˩.xuo˧˩,xuo˧,xuo˧sɿ˥tʂə˥kə˥xuo……xuo˧.（大火的火？）王：嗯。ŋ̍˩.黄：斗是这个斗么。tou˧sɿ˥tʂə˥kə˥tou˧muo˧˩.（噢，一斗两斗的斗？抱火斗？）王：嗯。ŋ̍˩.黄：啊，抱火斗么，嗯。a˩,paɔ˥xuo˧˦tou˧muo˧˩,ə̃˩.（这，这都是，折子戏，这都是折子戏？）王：本戏。pəŋ˧ɕi˥˩.黄：这都是本戏。tʂə˥tou˧˩sɿ˥˩pəŋ˧ɕi˥˩.（本戏？）黄：啊。a˩.王：还有《十五贯》。xæᴇ˨˩iou˧˦ʂʅ˨˩vu˧˦kuæ̃˥.黄：《十五贯》呐嘛。ʂʅ˨˩vu˧˦kuæ̃˥na˧ma˧˩.（《十五贯》？）王：嗯。ŋ̍˩.黄：嗯。ə̃˩.（这是说说都是本戏。折子戏呢？）黄：这本戏，本戏这就多的焦锨着咧。现在这本戏的话是，随便给你说这么一二十个本戏都有咧。tʂə˥pəŋ˧ɕi˥˩,pəŋ˧ɕi˥tʂə˥tɕiou˥tuo˧ti˧tɕiaɔ˧ɕiæ̃˧˩tʂə˧lie˧˩.ɕiæ̃˥˩tsæᴇ˥˦tʂə˥pəŋ˧ɕi˥tə˧xua˥˩sɿ˥˩,suei˨˩piæ̃˥˦kei˥ni˧˦ʂuo˧˩tʂə˥muo˧i˧˩ər˥ʂʅ˨˦kə˥pəŋ˧ɕi˥˩tou˧˩iou˧lie˧˩.（一般就是唱的折子戏有什么呢？）黄：一般的折子戏咿，这是三对……《铡美案》头起的三对面。i˧˦pæ̃˧ti˧tʂə˧tsɿ˧ɕi˥i˩,tʂə˥sɿ˥sæ̃˧˩tuei˥……tsa˨mei˧˦næ̃˥tʰou˨˩tɕʰie˧˩ti˧sæ̃˧˩tuei˥miæ̃˥.（三对面？）黄：嗯。ə̃˩.（就是，就是这个秦香莲和那个谁？）黄：啊，和皇……和皇后娘娘这些这些三对面。或是欸，虎口岩。《三滴血》的虎口岩。a˩,xuo˨˦xuaŋ˨……xuo˨˦xuaŋ˨˩xou˥niaŋ˨˩niaŋ˨˦tʂə˥˩ɕie˧˩tʂe˥tɕie˩（←ɕie˧）sæ̃˧˩tuei˥miæ̃˥.xuo˨˥sɿ˥ei˥,xu˧˩kʰou˧iæ̃˨,sæ̃˧˩tie˧˦ɕie˧ti˧xu˧˩kʰou˧iæ̃˨.（虎……虎口岩？怎么写？）黄：[写字]虎是这个虎么。xu˧sɿ˥tʂə˥˩kə˥xu˧muo˧˩.王：老虎的虎么。laɔ˧xu˧˩ti˧xu˧muo˧˩.（啊，虎。）王：虎口呣。xu˧˦kʰou˧m̩˧˩.黄：虎口岩么。xu˧˦kʰou˧˦iæ̃˨muo˧˩.（岩石的岩？）黄：岩石的岩么，嗯。iæ̃˨ʂʅ˨˩ti˧iæ̃˨muo˧˩,ə̃˩.（嗯，还有呢？）王：《柜中缘》嘛。kuei˥tʂuoŋ˧˩yæ̃˨ma˧黄：《柜中缘》嘛。kuei˥tʂuoŋ˧˩yæ̃˨ma˧˩.（《柜中缘》？）黄：呃，《柜中缘》那是个小戏，不是大戏里头的一折子。ə˩,kuei˥˦tʂuoŋ˧˩yæ̃˨nei˥sɿ˥˩kə˥˩ɕiaɔ˧ɕi˥˩,pu˨˩sɿ˥˦ta˥ɕi˥˩li˧˩tʰou˧ti˧i˧˩tʂə˧tsɿ˧˩.（那是小戏，怎么……）黄：嗯，小戏。ə̃˩,ɕiaɔ˧ɕi˥˩.（也是经常演的？）黄：啊。a˩.（怎，怎么写呢那几个字？）黄：[写字]柜是这个柜么。kuei˥sɿ˥tʂə˥˩kə˥˦kuei˥muo˧˩.王：木柜的柜嘛。mu˧˩kuei˥˦ti˧kuei˥ma˧˩.黄：木柜的柜嘛。mu˧˩kuei˥˦ti˧kuei˥ma˧˩.王：柜，柜，中国的中嘛。kuei˥˦,kuei˥˦,tʂuoŋ˧kuei˧˩ti˧tʂuoŋ˧ma˧˩.黄：柜中。缘是这个缘分的缘。kuei˥˦tʂuoŋ˧˩.yæ̃˨sɿ˥tʂə˥kə˥yæ̃˨˩fəŋ˥˦ti˧yæ̃˨˩.王：缘分的缘么。yæ̃˨fəŋ˥˦ti˧yæ̃˨˩muo˧˩.（噢，《柜中缘》？）黄：噢，《柜中缘》么。aɔ˩,kuei˥tʂuoŋ˧˩yæ̃˨muo˧.（它是说什么故事呢？）黄：它是说是这个欸，姊妹两个。tʰa˧sɿ˥˩ʂuo˧sɿ˥tʂə˥˩kə˥˦ei˥,tsɿ˧mei˥˩liaŋ˧kə˥˩.王：它是……姊妹两个……tʰa˧sɿ˥˩……tsɿ˧mei˥liaŋ˧kə˥……黄：姊妹两个。有一个这个欸上京赶考的……tsɿ˧mei˥liaŋ˧kə˥.iou˧i˧˩kə˥tʂə˥kə˥ei˩ʂaŋ˥˦tɕiŋ˧˩kæ̃˧˩kʰaɔ˧ti˧……（上京赶考？）黄：一个上京赶考的这个书生，叫这个强盗一下子这个断起呣，没处藏起了。他最后回来以后是，他妹子没有办法么，就把这个……i˧˩kə˥˦ʂaŋ˥˦tɕiŋ˧˩kæ̃˧˩kʰaɔ˧ti˧tʂə˥kə˥ʂʮ˧səŋ˧˩,tɕiaɔ˥tʂə˥kə˥tɕʰiaŋ˨˩taɔ˥˦i˧˩xa˥tsɿ˧tʂə˥˩kə˥˩tuæ̃˥tɕʰie˧˩m̩˧˩,muo˧˩tʂʰʮ˥˩tsʰaŋ˨˩tɕʰi˧lə˧˩.tʰa˧˩tsuei˥xou˥xuei˨˩læᴇ˨˦i˧˦xou˥sɿ˥,tʰa˧˩mei˥˦tsɿ˧mei˨iou˧˦pæ̃˥fa˧muo˧˩,tsou˥pa˧˩tʂə˥kə˥……王：他妹子在门上做……做针线咧。tʰa˧˩mei˥tsɿ˧tsæᴇ˥məŋ˨˩ʂaŋ˥tsʮ˥……tsʮ˥tʂəŋ˧ɕiæ̃˥˩lie˧˩.黄：做针线着咧。tsʮ˥tʂəŋ˧ɕiæ̃˥tʂə˧lie˧˩.王：做针线。这个这个相公，跑来以后就，叫喊叫的话，救命咧。tsʮ˥tʂəŋ˧ɕiæ̃˥˩.tʂə˥kə˥tʂə˥kə˥ɕiaŋ˥kuoŋ˧˩,pʰaɔ˧læᴇ˨i˧˩xou˥tɕiou˥,tɕiaɔ˥˩xæ̃˧tɕiaɔ˥˩ti˧xua˥,tɕiou˥miŋ˥lie˧˩.黄：啊，救命咧。a˥,tɕiou˥miŋ˥lie˧˩.王：后面人追杀他咧。然后这个，他妹

子就把他欸给藏到屋里。藏到屋里，这些人来，来搜查咧啦，没办法就打柜里放他。xou˥ miæ̃˦zəŋ˩˧tʂuei˥˧˨˩sɑ˥˧tʰɑ˥˧˨˩lie·˧.zæ̃˩˧˨˩xou˥tʂə˥kə˥,tʰɑ˥˧˨˩mei˥˧˥tsɿ·˧tɕiou˥pɑ˥˧˨˩tʰɑ˥˧ei˥kei˥tsʰɑŋ˩˧˨˩tɑɔ˥vu˥˧li˥˧˨˩.tsʰɑŋ˩˧˨˩tɑɔ˥vu˥˧li˥˧˨˩,tʂə˥ɕie˥˧˨˩zəŋ˩˧læᴇ˩˧꜔,læᴇ˩˧sou˥˧tsʰɑ˩˧˨˩lie·˧lɑ·˧,muo˥˧˨˩pæ̃˥˧˥fɑ˥˧꜔(tɕ)iou˥˧˥˧tɑ˥˧˨˩kuei˥˧˥li˥˧˨˩fɑŋ˥˨˩tʰɑ˥˧.黄：把柜里装进去了。pɑ˥˧˨˩kuei˥˧˥li˥˧˨˩tʂuɑŋ˥˧˨˩tɕiŋ˥tɕʰi˥˨˩lə·˧.王：打她那柜子开开装到柜子里头咧。tɑ˥˧˨˩tʰɑ˥˧꜔nə˥kuei˥˧˥tsɿ·˧kʰæᴇ˥˧˨˩kʰæᴇ˥˧˨˩tʂuɑŋ˥˧˨˩tɑɔ˥˨˩kuei˥˧˥tsɿ·˧li˥˧˨˩tʰou·˧lie·˧.黄：嗯。最后她这个哥回来以后，说是这个，呃，发现地下有啥不合适，说是我走了，家里来谁了？她都说不承认，没有来谁。最后逼逼逼，逼他妹子没办法了，把这个柜揭开，把这个相公从这个柜子里弄出来。结果这个最后㑚他妹子也看上这个小伙子了，最后两个就成亲了。这就是《柜中缘》么。ŋ̍˨˩.tsuei˥xou˥tʰɑ˥˧˨˩tʂə˥kə˥kə˥˧xuei˩˧˨˩læᴇ˩˧꜔i˥˧˨˩xou˥,ʂuo˥˧꜔sɿ˥tʂə˥kə˥,ə·˧,fɑ˥˧˨˩ɕiæ̃˥ti˥xɑ˥iou˥˧sɑ˥pu˩˧˨˩xuo˩˧˨˩tʂʰʅ˥˧,ʂuo˥˧˨˩sɿ˥ŋuo˥˧tsou˥˧lə·˧,tɕiɑ˥˧li˥˧˨˩læᴇ˩˧sei˩˧˨˩lə·˧?tʰɑ˥˧˨˩tou˥˧˨˩ʂuo˥˧˨˩pu˩˧˨˩tʂʰəŋ˩˧˨˩zəŋ˥,mei˩˧iou˥˧læᴇ˩˧꜔sei˩˧˨˩.tsuei˥xou˥pi˥˧pi˥˧˨˩pi˥˧,pi˥˧tʰɑ˥˧˨˩mei˥tsɿ·˧muo˥˧˨˩pæ̃˥fɑ˥˧꜔lə·˧,pɑ˥˧˨˩tʂə˥kə˥kuei˥tɕie˥˧˨˩kʰæᴇ˥˧,pɑ˥˧˨˩tʂə˥kə˥ɕiɑŋ˥˧˥kuoŋ˥˧˨˩tsʰuoŋ˩˧˨˩tʂə˥kə˥kuei˥tsɿ·˧li˥˧˨˩nuoŋ˥˧˥tʂʰʯ˥˧læᴇ˩˧˨˩.tɕie˥˧˨˩kuo˥˧꜔tʂə˥kə˥tsuei˥xou˥m̩·˧tʰɑ˥˧˨˩mei˥˧˥tsɿ·˧ie˥˧꜔kʰæ̃˥˧˥ʂɑŋ˥tʂə˥kə˥ɕiɑɔ˥˧xuo˥˧˨˩tsɿ·˧lə·˧,tsuei˥xou˥liɑŋ˥˧kə˥˨˩tsou˥tʂʰəŋ˩˧tɕʰiŋ˥˧lə·˧.tʂə˥tɕiou˥sɿ˥kuei˥tʂuoŋ˥˧˨˩yæ̃˩˧muo·˧.

（就你们平常比如说，这个家里做酒啊什么，结婚呐，做寿哇这些东西，请来这个戏班子，一般都是唱什么戏？）黄：那是，根据欸你，根据啥情况咧。nei˥˧˥˧sɿ˥˨˩,kəŋ˥˧˨˩tɕy˥˧˥˧ei˨˩n̩˥˧꜔,kəŋ˥˧˨˩tɕy˥˧˥˧sɑ˥tɕʰiŋ˩˧˨˩kʰuɑŋ˥˧˥˧lie·˧.（比如说喜事儿是唱什么戏呢？）黄：欸喜……ei˥ɕi˥˧˨˩……王：《花亭相会》。xuɑ˥˧˨˩tʰiŋ˩˧ɕiɑŋ˥˧˨˩xuei˥˧˥.黄：《花亭相会》来的，彩楼……xuɑ˥˧tʰiŋ˩˧˨˩ɕiɑŋ˥˧˨˩xuei˥˧˥læᴇ˩˧˧˥˧ti·˧,tsʰæᴇ˥˧lou˩˧……（花……《花亭相会》？）黄：嗯。ə̃˥˧.王：嗯。ŋ̍˥˧.王：《花亭相会》。xuɑ˥˧tʰiŋ˩˧ɕiɑŋ˥˧˨˩xuei˥.黄：《彩楼配》。tsʰæᴇ˥˧lou˩˧pʰei˥.（《彩楼配》？）黄：啊。ɑ˨˩.（《彩楼配》是不是说……说谁的故事？）黄：《彩楼配》谁的？tsʰæᴇ˥˧lou˩˧˨˩pʰei˥sei˩˧˨˩ti·˧?王：薛仁贵的么。ɕie˥˧˨˩zəŋ˩˧˨˩kuei˥ti·˧muo·˧.黄：薛仁贵的么。ɕie˥˧˨˩zəŋ˩˧˨˩kuei˥tim·˧.（噢，《彩楼配》。还有什么呢？）王：王宝钏薛仁贵么那些。vɑŋ˩˧˨˩pɑɔ˥˧tʂʰuæ̃˥˧˨˩ɕie˥˧˨˩zəŋ˩˧kuei˥muo·˧nei˥˨˩ɕie˥˧˨˩.黄：嗯。ə̃˥.（薛平贵吧？）黄：薛平贵么。ɕyo˥˧˨˩pʰiŋ˩˧˨˩kuei˥muo·˧.王：薛平贵，嗯。ɕyo˥˧˨˩pʰiŋ˩˧˨˩kuei˥,ə̃˨˩.（还，还有还有谁吗？这是喜事了。）黄：这一般，呃，喜事里头这里头你像这《柜中缘》都可以唱嘛。嗯。tʂə˥˧˥˧i˥˧˨˩pæ̃˥˧,ə˨˩,ɕi˥˧sɿ˥li˥˧꜔tʰou·˧tʂə˥li˥˧˨˩tʰou·˧ni˥˧꜔ɕiɑŋ˥tʂə˥kuei˥tʂuoŋ˥˧˨˩yæ̃˩˧꜔tou˥˧˨˩kʰə˥˧˨˩i˥˧˨˩tʂʰɑŋ˥˨˩mɑ·˧.ə̃˨˩.（那要是碰上丧事呢？）王：丧事唱欸……sɑŋ˥˧˥˧sɿ˥˨˩tʂʰɑŋ˥˧˥ei˥……黄：丧事那，唱是《金沙滩》嘛。杨家将里头的《金沙滩》也演嘛。sɑŋ˥sɿ˥nei˥,tʂʰɑŋ˥sɿ˥tɕiŋ˥˧˨˩sɑ˥˧˥tʰæ̃˥˧mɑ·˧.iɑŋ˩˧˨˩tɕiɑ˥˧꜔tɕiɑŋ˥li˥˧꜔tʰou·˧ti·˧tɕiŋ˥˧˨˩sɑ˥˧˥tʰæ̃˥˧˨˩ie˥˧꜔iæ̃˥˧mɑ·˧.（呃，金沙滩。）王：再就是唱《刘备祭灵》么。tsæᴇ˥tɕiou˥sɿ˥tʂʰɑŋ˥liou˩˧˨˩pi˥tɕi˥liŋ˩˧muo·˧.黄：《刘备祭灵》。liou˩˧pi˥tɕi˥liŋ˩˧˨˩.（金……刘备祭灵？）黄：啊。ɑ˨˩.（这……说谁的故事？）黄：刘备祭那个谁了㑚谁，谁死了以后刘备祭着咧你看？liou˩˧pi˥tɕi˥nə˥kə˥sei˩˧˨˩lə·˧m̩·˧sei˩˧꜔,sei˩˧sɿ˥˧lə·˧li˥˧˨˩xou˥liou˩˧꜔pi˥tɕi˥tʂə·˧lie·˧ni˥˧˨˩kʰæ̃˥˧˥˧?（祭关公？）黄：呲，啊，刘备祭灵祭的谁吵你看？s˂,ɑ˨˩,liou˩˧꜔pi˥tɕi˥liŋ˩˧꜔tɕi˥ti·˧sei˩˧˨˩sɑ·˧ni˥˧˨˩kʰæ̃˥˨˩?（是三国里的刘备吗？）黄：啊，三国的刘备，刘备祭灵。ŋɑ˨˩,sæ̃˥˧kuo˥˧˨˩ti·˧liou˩˧˨˩pei˥,liou˩˧pei˥tɕi˥liŋ˩˧˨˩.（噢。）黄：这都是多一半儿唱的这些。还有《窦娥冤》的那，《窦娥冤》这些。tʂə˥˧˥˧tou˥˧꜔sɿ˥tuo˥˧i˥˧˨˩pær˥tʂʰɑŋ˥ti·˧tʂə˥˨˩ɕie˥˧˨˩.xæᴇ˩˧iou˥˧꜔tʂʰɑŋ˥tou˥ŋuo˩˧yæ̃˥˧ti·˧nə˥˨˩,tou˥ŋuo˩˧yæ̃˥˧tʂei˥˨˩ɕie˥˧꜔.（呃，唱《窦娥冤》。）黄：嗯。ə̃˨˩.（就是这个就是，这是戏……戏曲的这个剧目了，戏曲剧，戏曲里的这些个人物你们平常都，都经常这个生活

里面经常说说些，拿他来说事的有没有？）王：现在……ɕiæ̃˥tsæᴇ˥˩……黄：现在都不说了。过去经常说的是这个，一骂人你看你这个是，你是个曹操么。曹操过去在戏上不是一直是白脸奸臣咧？ɕiæ̃˥˨tsæᴇ˥˦tou˧˩pu˨˩ʂuo˧lə˨.kuo˥tɕʰy˥tɕiŋ˧˩tʂʰaŋ˨ʂuo˧ti˨sɿ˥tʂə˥kə˥,i˧˩ma˥zəŋ˨ni˧˦kʰæ̃˥ni˧tʂə˥˩kə˥˩sɿ˥˩,ni˧˦sɿ˥˩kə˥˩tsʰɑɔ˨˩tsʰɑɔ˧muo˨.tsʰɑɔ˨˩tsʰɑɔ˧kuo˥tɕʰy˥tsæᴇ˥ɕi˥ʂaŋ˥pu˨˩sɿ˥i˧˩tʂʅ˨˦sɿ˥pei˨˩liæ̃˧˦tɕiæ̃˧tʂʰəŋ˨˩lie˨?（说是，说骂他骂曹操？）黄：噢，骂曹操你指是个白脸奸臣。再一般多一半儿有《西游记》的这个上头，说的比较多么。ɑɔ˩,mɑ˥tsʰɑɔ˨˩tsʰɑɔ˧˦ni˧˦tsɿ˧˩sɿ˥kə˥pei˨˩liæ̃˧˦tɕiæ̃˧tʂʰəŋ˨˩.tsæᴇ˥˨i˧pæ̃˧˦tuo˧i˧˩pæ̃r˥iou˧˦ɕi˧˩iou˨˩tɕi˥˦ti˨tʂə˥˩kə˥˩ʂaŋ˥tʰou˨,ʂuo˧˩ti˨pi˧˩tɕiɑɔ˥˩tuo˧muo˨.（说，说别人怎么呢？）黄：啊，说把你，你是那，猪八戒如何长短。ɑ˩,ʂuo˧˩pɑ˧˩ni˧˦,ni˧sɿ˥nei˥,tʂʮ˧pɑ˧˩tɕie˥zʮ˨˩xuo˨˦tʂʰaŋ˨˩tuæ̃˧.（骂猪八戒是骂他是哪一方面呢？）黄：猪八戒一个骂他丑么。再一个他是好色么。tʂʮ˧˩pɑ˧˩tɕie˥i˧˩kə˥mɑ˥tʰɑ˧˦tʂʰou˧muo˨.tsæᴇ˥i˧˦kə˥tʰɑ˧˦sɿ˥xɑɔ˥˨sə˧muo˨.（好色？）黄：呃。ə˩.（还，还有什么什么那个呢？比如说这个女的很漂亮，说，说不说戏曲里面哪个人物？或者这个人很贤惠，说戏曲里的哪个人物来比喻她呢？）黄：那一般都说是这个欸，漂亮那有，一般那都是以贵妃来的，貂蝉来的，来，来比喻咧。nei˥˦i˧˩pæ̃˧tou˧˩ʂuo˧˩sɿ˥˩tʂə˥˩kə˥˦ei˩,pʰiɑɔ˥˨liaŋ˥˩nei˥iou˧˦,i˧˨pæ̃˧nei˥tou˧˦sɿ˥i˧˩kuei˥fei˧læᴇ˨˩ti˨,tiɑɔ˧tsʰæ̃˨˩læᴇ˨˩ti˨,læᴇ˨,læᴇ˨pi˧y˥lie˨.（这个人这个做事情很那个，有些什么优点，都拿戏曲的，过去他好像很多地方都拿戏曲里面的人物来，来套他呀，哎，这个这个人真是一个什么东西。有没有这个说法？）黄：这过去人就说那话那是，富贵莫学陈世美嘛。tʂə˥kuo˥˨tɕʰy˥zəŋ˨tɕiou˥ʂuo˧n ə˥˩xuɑ˥˩nə˥˩sɿ˥˩,fu˥kuei˥muo˥˩ɕyo˨tʂʰəŋ˨ʂʅ˥˩mei˧mɑ˨.（富贵莫学陈世美。嗯。）黄：啊。守贤如同王宝钏。ɑ˩.ʂou˧ɕiæ̃˨zʮ˨˩tʰuoŋ˨˦vɑŋ˨˩pɑɔ˧tʂʰuæ̃˧˩.（富贵莫学……）黄：陈世美么。tʂʰəŋ˨ʂʅ˥˩mei˧muo˨.（陈世美？）黄：嗯。ə̃˩.（什么？）黄：守贤如同王宝钏。ʂou˧ɕiæ̃˨zʮ˨˩tʰuoŋ˨˦vɑŋ˨˩pɑɔ˧tʂʰuæ̃˧˩.（守贤？）黄：嗯。贤惠的贤嘛。ə̃˩.ɕiæ̃˨˩xuei˥˦ti˨ɕiæ̃˨mɑ˨.（守住的守，是吧？）黄：啊。ɑ˥.（如同王宝钏？）黄：嗯。王宝钏住寒窑一十八年都不变心么你。ə̃˩.vɑŋ˨˩pɑɔ˧tʂʰuæ̃˧˩tʂʮ˥˦xæ̃˨iɑɔ˨˦i˧˩ʂʅ˨˦pɑ˧˩niæ̃˨tou˧˩pu˨˩piæ̃˥ɕiŋ˧muo˨ni˧.（这个薛……薛平贵、王宝钏这都经常说的人物？）黄：啊。ɑ˩.王：嗯。ŋ̍˧.（这个陈世美、秦香莲……）黄：啊，陈世美，秦香莲这些。啊，一……ɑ˩,tʂʰəŋ˨ʂʅ˥mei˧˦,tɕʰiŋ˨ɕiaŋ˧liæ̃˨˩tʂei˥˦ɕie˧˩.ɑ˥,i˧˩……（这个白娘子这些人说不说呢？）王：白娘子么没人说。pei˨niaŋ˨˦tsɿ˥muo˧˩zəŋ˨ʂuo˧˩.黄：白娘子一般都太没人比喻啥。pei˨ɕiaŋ˩（←niaŋ˨）tsɿ˥i˧˩pæ̃˧tou˧˩tʰæᴇ˥muo˧˩zəŋ˨˦pi˧˦y˥sɑ˥˩.（但是曹操这个刘备这些人也说？）王：嗯。ŋ̍˩.黄：嗯。经常有些娃娃哭着，他说你刘备哭荆州咧。你哭一哭，害人咧么你。ə̃˩.tɕiŋ˧˩tʂʰaŋ˨io u˧ɕie˧˩vɑ˨˩vɑ˨˦kʰu˧tʂə˨,tʰɑ˧˦ʂuo˧˩ni˧˩liou˨pi˥kʰu˧˩tɕiŋ˧tʂou˧˩lie˨.ni˧˩kʰu˧i˧˩kʰu˧,xæᴇ˥zəŋ˨˩lie˥muo˨ni˧˩.王：再一个就是兀个三娘教子么。tsæᴇ˥i˧kə˥˩tɕiou˥sɿ˥və˥kə˥sæ̃˧˩niaŋ˨tɕiɑɔ˥tsɿ˧muo˨.黄：啊，有按三娘教子来的那个。ɑ˩,iou˧˦næ̃˥˨sæ̃˧˩niaŋ˨tɕiɑɔ˥tsɿ˧læᴇ˨˩ti˨nə˥˩kə˥˩.王：嗯，三娘教子就是教育这个后代。ə̃˩,sæ̃˧˩niaŋ˨tɕiɑɔ˥tsɿ˧tɕiou˥˩sɿ˥˩tɕiɑɔ˥y˥tʂə˥˩kə˥˩xou˥tæᴇ˥.黄：啊，教育后代，要好好儿学习么。ɑ˩,tɕiɑɔ˥y˥xou˥tæᴇ˥,iɑɔ˥xɑɔ˧xɑɔr˧˩ɕyo˨ɕi˨muo˨.（这是，这是上学啊什么这，给他弄一弄？）黄：啊，这……ɑ˩,tʂə˥……王：啊，好好学。再一个就是，他母亲就是把他这个，三娘教子的话，就是教育子……子女就是，从小要，好好儿学，再一个就是要，人小的话就说是，左面尿湿挪右面，右面挪湿，呃，右面尿湿，睡到人身上，这就是教……教育这个后代的么。ɑ˩,xɑɔ˧xɑɔ˧˨ɕyo˨˦.tsæᴇ˥i˧˦kə

˦tɕiou˦sɿ˦,tʰɑ˥˧˨˩mu˥˧tɕʰiŋ˥˧˨˩tɕiou˦sɿ˦pɑ˥˧˨˩tʰɑ˥˧tʂə˦kə˦,sæ̃˥˧niɑŋ˩˧tɕiɑɔ˦tsɿ˥˧tə·˧xuɑ˦˨˩,tɕiou˦˨˩sɿ˦˨˩tɕiɑɔ˦y˦tsɿ˥˧꜔……tsɿ˥˧꜔ny˥˧tɕiou˦˨˩sɿ˦˨˩,tsʰuoŋ˩˧˨˩ɕiɑɔ˥˧iɑɔ˦,xɑɔ˥˧xɑɔr˥˧꜔ɕyo˩˧,tsæᴇ˦i˥˧kə˦˨˩tɕiou˦sɿ˦iɑɔ˦,zəŋ˩˧ɕiɑɔ˥˧tə·˧xuɑ˦tɕiou˦ʂuo˥˧˨˩sɿ˦˨˩,tsuo˥˧miæ̃˦niɑɔ˦ʂʅ˥˧nuo˩˧iou˦miæ̃˦˨˩,iou˦꜒꜔miæ̃˦˨˩nuo˩˧ʂʅ˥˧,ə˨˩,iou˦꜒꜔miæ̃˦˨˩niɑɔ˦ʂʅ˥˧˨˩,ʂuei˦tɑɔ˦zəŋ˩˧ʂəŋ˥˧ʂɑŋ˦˨˩,tʂə˦tɕiou˦sɿ˦tɕiɑɔ˦˨˩……tɕiɑɔ˦y˦tʂə˦˨˩kə˦˨˩xou˦tæᴇ˦꜒꜔ti·˧muo·˧.（左面儿尿湿了，要挪到右……右面儿？）王：挪右傍，右边儿。nuo˩˧iou˦pɑŋ˦˨˩,iou˦piæ̃r˥˧˨˩.黄：这就是母亲嘛。就是母亲在小……小着时候领娃娃的。tʂei˦tɕiou˦sɿ˦mu˥˧tɕʰiŋ˥˧˨˩mɑ·˧.tɕiou˦˨˩sɿ˦˨˩mu˥˧tɕʰiŋ˥˧꜔tsæᴇ˦ɕiɑɔ˥˧……ɕiɑɔ˥˧tʂɑɔ·˧sɿ˩˧˨˩xou˦liŋ˥˧vɑ˩˧˨˩vɑ˩˧꜔꜒ti·˧.王：右边儿尿湿，睡肚的，这就碎娃娃么。iou˦꜒꜔piæ̃r˥˧˨˩niɑɔ˦꜒꜔ʂʅ˥˧,ʂuei˦tu˦꜒꜔tə·˧,tʂə˦tɕiou˦suei˦vɑ˩˧˨˩vɑ˩˧꜔꜒muo·˧.黄：嗯。最后全部都尿湿了，没办法了，只好把你，放得身上。这就是讲咧这个就说是这个，母亲对孩子的这个……ə̃˨˩.tsuei˦xou˦tɕʰyæ̃˩˧˨˩pu˦꜔꜒tou˥˧˨˩niɑɔ˦ʂʅ˥˧lə·˧,mei˩˧pæ̃˦꜒꜔fɑ˥˧˨˩lə·˧,tʂʅ˥˧˨˩xɑɔ˥˧pɑ˥˧˨˩ni˥˧꜔,fɑŋ˦tə·˧ʂəŋ˥˧ʂɑŋ˦˨˩.tʂei˦tɕiou˦sɿ˦tɕiɑŋ˥˧lie·˧tʂə˦kə˦tɕiou˦ʂuo˥˧꜔sɿ˦tʂə˦kə˦˨˩,mu˥˧tɕʰiŋ˥˧˨˩tuei˦xæᴇ˩˧˨˩tsɿ·˧ti·˧tʂə˦˨˩kə˦˨˩……王：抚养。fu˥˧˨˩iɑŋ˥˧.黄：抚养上㕭。fu˥˧˨˩iɑŋ˥˧ʂɑŋ˦m̩·˧.（都是戏曲人物啊。）黄：嗯。ə̃˨˩.

（那么戏班子里头，有些什么，呃，什么分工没有？）黄：那戏班子里头那一……那个最起码来是那个欸分文武场面着咧嘛。nei˦꜔꜒ɕi˦pæ̃˥˧tsɿ·˧li˥˧tʰou·˧nei˦i˥˧˨˩……nə˦˨˩kə˦˨˩tsuei˦tɕʰi˥˧mɑ˥˧læᴇ˩˧˨˩sɿ˦nə˦kə˦ei˨˩fəŋ˥˧vəŋ˩˧˨˩vu˥˧꜔tʂʰɑŋ˥˧miæ̃˦꜔꜒tʂə·˧lie·˧mɑ·˧.（文武场？）黄：啊。文场子是兀弦乐这该就是文场么。武场那你就是这个打鼓的，打板的，这就是武场面。ɑ˨˩.vəŋ˩˧tsʰɑŋ˥˧tsɿ·˧sɿ˦væᴇ˦ɕiæ̃˩˧yo˥˧tʂei˦꜔꜒kæᴇ˥˧˨˩tɕiou˦꜔꜒sɿ˦vəŋ˩˧tʂʰɑŋ˥˧muo·˧.vu˥˧tʂʰɑŋ˥˧næᴇ˦ni˥˧꜔tɕiou˦sɿ˦tʂə˦˨˩kə˦˨˩tɑ˥˧ku˥˧ti·˧,tɑ˥˧pæ̃˥˧ti·˧,tʂə˦tɕiou˦sɿ˦vu˥˧tʂʰɑŋ˥˧˨˩miæ̃˦˨˩.（武场？）黄：嗯。ə̃˨˩.（有，这个一个戏班子有没有一个当头的？）王：有咧，有团长咧么。iou˥˧lie·˧,iou˥˧tʰuæ̃˩˧˨˩tʂɑŋ˥˧lie·˧muo·˧.黄：有咧么，那有团长咧么。iou˥˧lie·˧muo·˧,nei˦iou˥˧꜔tʰuæ̃˩˧˨˩tʂɑŋ˥˧lie·˧muo·˧.（叫团长？）黄：啊。ɑ˨˩.（一直叫团长还是叫什么？）黄：剧……剧团团长嘛。tɕy˦……tɕy˦tʰuæ̃˩˧tʰuæ̃˩˧˨˩tʂɑŋ˥˧mɑ·˧.（过去是有……）黄：过去的话，就不叫，就不叫团长了。kuo˦꜒꜔tɕʰy˦ti·˧xuɑ˦˨˩,tɕiou˦pu˩˧˨˩tɕiɑɔ˦,pu˩˧˨˩tɕiɑɔ˦tʰuæ̃˩˧˨˩tʂɑŋ˥˧lə˦.（团长是后来这个成立了剧团……）黄：后后后喊剧团。xou˦xou˦xou˦xæ̃˥˧꜔tɕy˦tʰuæ̃˩˧˨˩.（过去叫什么呢？老人家管那个叫什么？）黄：那晓□把那叫班主咧吗是叫啥头咧。nə˦ɕiɑɔ˥˧niæ̃˩˧˨˩pɑ˥˧˨˩nə˦tɕiɑɔ˦pæ̃˥˧˨˩tʂʮ˥˧lie·˧mɑ˦sɿ˦˨˩tɕiɑɔ˦sɑ˦꜔꜒tʰou˩˧˨˩lie·˧.（班头？）黄：班头啥反正。pæ̃˥˧tʰou˩˧sɑ˦꜔꜒fæ̃˥˧˨˩tʂəŋ˦.（反正搞不清楚现在？）黄&王：嗯。ŋ̍˨˩.

（那么文武场这个里头，比如说文场的。）黄：拉弦的㕭。带弦，弦乐么，啊。lɑ˥˧˨˩ɕiæ̃˩˧˨˩ti·˧m̩·˧.tæᴇ˦ɕiæ̃˩˧˨˩,ɕiæ̃˩˧yo˥˧muo·˧,ɑ˦.王：拉弦……乐队么。lɑ˥˧˨˩ɕiæ̃˩˧˨˩……yo˥˧˨˩tuei˦꜔꜒muo·˧.黄：乐队，嗯。yo˥˧˨˩tuei˦,ə̃˨˩.（这叫拉弦，那个人就叫拉弦的？）黄：嗯，弦乐么。ə̃˨˩,ɕiæ̃˩˧yo˥˧muo·˧.（拉弦的？）黄：嗯。ŋə̃˥˧.（还有这个弹月琴的人吗？）黄：那有咧嘛。这都在他……弦乐他都在这半……欸，左半块哩么；武场面他都在这个欸，击打，击打乐器它都在右半块，右场面。嗯。nei˦iou˥˧˨˩lie·˧mɑ·˧.tʂə˦꜔꜒tou˥˧˨˩tsæᴇ˦tʰɑ˥˧˨˩……ɕiæ̃˩˧yo˥˧˨˩tʰɑ˥˧꜔tou˥˧˨˩tsæᴇ˦tʂei˦꜒꜔pæ̃˦˨˩……ei˨˩,tsuo˥˧pɑ˨˩（←pæ̃˦）kʰuæᴇ˥˧꜔li·˧muo·˧;vu˥˧tʂʰɑŋ˥˧꜔miæ̃˦tʰɑ˥˧tou˥˧˨˩tsæᴇ˦꜔꜒tʂə˦˨˩kə˦˨˩ei˨˩,tɕi˥˧˨˩tɑ˥˧,tɕi˥˧˨˩tɑ˥˧ye˥˧˨˩tɕʰi˦tʰɑ˥˧꜔tou˥˧˨˩tsæᴇ˦iou˦꜔꜒pæ̃˦˨˩kʰuæᴇ˥˧˨˩,iou˦꜔꜒tʂʰɑŋ˥˧˨˩miæ̃˦˨˩.ŋ̍˨˩.（那么，这个比如说这个武场里头，这打鼓的有没有是这个，因为他打鼓，这个这个演员一做手势他就开始打。他敲两下，那个弦乐才拉起来。那打鼓的就算是指挥了，他叫什么？）黄：那是总指挥。那就是……nə˦꜔꜒sɿ˦˨˩tsuoŋ˥˧tsɿ˥˧xuei˥˧˨˩.nei˦꜔꜒tɕiou˦˨˩sɿ˦˨˩……王：那他总指挥。给那打板的那个么。nei˦tʰɑ˥˧꜔tsuoŋ˥˧tsɿ˥˧xuei˥˧˨˩.kei˦˨˩nei˦tɑ˥˧pæ̃˥˧ti·˧ne˦˨˩kə˦˨˩muo·˧.黄：打板的那个，打

板的那个欸，唱戏头起打那个就说是，打的最欢那个。这是主……整个剧场里头，包括演员，武场面里头，他一个是总指挥么。他那个槌槌子拿上以后，要……演员的一举一动，抬手起脚，都是看……看他的那个走着咧么。tɑ˥˧pæ̃˥˧ti˧nei˥kə˥,tɑ˥˧pæ̃˥˧ti˧nə˥kə˥ei˥,tʂʰɑŋ˥ɕi˥tʰou˧˥˩tɕʰie˥˧˧tɑ˥˧nə˥kə˥tɕiou˥˩ʂuo˥˧˩sɿ˥˩,tɑ˥˧˩ti˧tsuei˥˦xuæ̃˥˧nei˥˩kə˥˩.tʂə˥˦sɿ˥tʂʮ……tʂəŋ˥˧kə˥tɕy˥tʂʰɑŋ˥˧li˥˧˩tʰou˧,pɑɔ˥˧˦kʰuo˥˧˩iæ̃˥˧yæ̃˧˥˩,vu˥˧tʂʰɑŋ˥˧˧miæ̃˥˩li˥˧tʰou˧,tʰɑ˥˧i˥˧˩kə˥˦sɿ˥tsuoŋ˥˧tsɿ˥˧xuei˥˧˩muo˧.tʰɑ˥˧nə˥kə˥tʂʰuei˧˥˩tʂʰuei˧˥˦tsɿ˧nɑ˧˥˩ʂɑŋ˥i˥˧˩xou˥,iɑɔ˥˩……iæ̃˥˧yæ̃˧˥˩ti˧i˥˧˦tɕy˥˧i˥˧˩tuoŋ˥,tʰæᴇ˧˥˩ʂou˥˧˧tɕʰi˥˧˧tɕyo˥˧˩,tou˥˧˩sɿ˥kʰæ̃˥˦……kʰæ̃˥˩tʰɑ˥˧ti˧nə˥˩kə˥˩tsou˥˧tʂə˧liem˧.王：噢，他指挥一切咧么。ɑɔ˩,tʰɑ˥˧tsɿ˥˧xuei˥˧˩i˥˧˩tɕʰie˥˧lie˧muo˧.黄：他指挥一切着咧。tʰɑ˥˧tsɿ˥˧xuei˥˧˩i˥˧˩tɕʰie˥˧tʂə˧lie˧.（那么，这有没有一个比较尊敬的称呼称呼他呢？或者专门的称呼称呼他？那总指挥那总得有一个什么称呼称呼他吧？）黄：那把那叫啥咧？næᴇ˥pɑ˥˧˩nə˥tɕiɑɔ˥sɑ˥˦lie˧?（你不能叫人家不是打鼓的，你这是不尊敬他。）黄：那不是。næᴇ˥pu˧˥˩sɿ˥.（大概叫什么？）王：也没听见□叫啥反正。ɑ˥˧mei˧˥tʰiŋ˥˧˩tɕiæ̃˥˦niæ̃˧˥˩tɕiɑɔ˥sɑ˥˩fæ̃˥˧˩tʂəŋ˥˦.黄：没有具体叫啥，好像没有听说咧。mei˧˥iou˥˧˧tɕy˥tʰi˥˧˧tɕiɑɔ˥sɑ˥,xɑɔ˥˧˧ɕiɑŋ˥mei˧˥iou˥˧tʰiŋ˥˧˩ʂuo˥˧lie˧.（没有？）黄：呃。ə˩.（那是但是拉胡琴的也叫拉弦儿的？）黄：哎，拉弦那里头也有主弦和次弦儿咧。æᴇ˧˥,lɑ˥˧˩ɕiæ̃˧˥nei˥li˥˧tʰou˧lie˥˧˧iou˥˧˧tʂʮ˥˧ɕiæ̃˧˥˩xuo˧˥˧tsʰɿ˥ɕiæ̃r˧˥˩lie˧.（主弦、次弦？）黄：你比如唱秦腔的话，那板胡儿就是主。ni˥˧˧pi˥˧zʮ˧˥˩tʂʰɑŋ˥tɕʰiŋ˧˥tɕʰiɑŋ˥˧tə˧xuɑ˥,nə˥pæ̃˥˧xuər˧˥tɕiou˥˩sɿ˥˩tʂʮ˥˧.（噢，它是用板胡拉的？）黄：噢，用板胡儿拉的。唱京剧的话那京……ɑɔ˩,yoŋ˥pæ̃˥˧xuər˧˥lɑ˥˧˩ti˧.tʂʰɑŋ˥tɕiŋ˥˧˩tɕy˥˦ti˧xuɑ˥nei˥tɕiŋ˥˧˩……（京胡？）王：那要京胡。nei˥iɑɔ˥tɕiŋ˥˧˩xu˧˥˧.黄：那□欸京胡就是主，其他都是辅助乐器呣。nə˥niæ̃˧˥˧ei˥tɕiŋ˥˧˩xu˧˥tɕiou˥sɿ˥tʂʮ˥˧˩,tɕʰi˧˥˩tʰɑ˥˧tou˥˧˩sɿ˥˩fu˥˧˧tʂʮ˥˦yo˥˧˩tɕʰi˥˦m̩˧.

（有没有管服装的这些人？）黄：有咧么。iou˥˧lie˧muo˧.王：有咧，专门儿有。iou˥˧lie˧,tʂuæ̃˥˧˩mə̃r˧˥iou˥˧˩.（管服装的叫什么呢？）黄：专门儿有个管服装哩，后台么。tʂuæ̃˥˧˩mə̃r˧˥iou˥˧kə˥˩kuæ̃˥˧fu˧˥˩tʂuɑŋ˥˧li˧,xou˥tʰæᴇ˧˥˩muo˧.王：嗯。那□就是，□把那叫，管箱子的吧？ə̃˩.nei˥niæ̃˧˥˩tɕiou˥sɿ˥,niæ̃˧˥˩pɑ˥˧˩nə˥tɕiɑɔ˥,kuæ̃˥˧˧ɕiɑŋ˥˧tsɿ˧ti˧pɑ˧?黄：噢，管箱子的。ɑɔ˥,kuæ̃˥˧˧ɕiɑŋ˥˧tsɿ˧ti˧.（管箱子的？）王&黄：嗯。ŋ̍˩.王：那这服装，□演员脱下来，他还给□折的放好，要是……nei˥tʂei˥fu˧˥tʂuɑŋ˥˧,niæ̃˧˥˩iæ̃˥˧yæ̃˧˥˩tʰuo˥˧˩xɑ˥˦læᴇ˧˥˩,tʰɑ˥˧˧xæᴇ˧˥kei˥˦niæ̃˧˥˩tʂə˥˧ti˧fɑŋ˥xɑɔ˥˧,iɑɔ˥˩sɿ˥……黄：噢，你今天这个……唱哪一场戏……ɑɔ˩,ni˥˧˧tɕiŋ˥˧tʰiæ̃˥˧˩tʂə˥kə˥pʰ……tʂʰɑŋ˥nɑ˥˧i˥˧˩tʂʰɑŋ˥˧ɕi˥……王：□就给□哪一套衣服拿……niæ̃˧˥tɕiou˥kei˥niæ̃˧˥˩nɑ˥˧i˥˧˩tʰɑɔ˥i˥˧fu˧˥˩nɑ˧˥˩……黄：今天就要出哪一场戏呀，都要用哪些衣裳。戏一点以后，他这个管箱子他就把衣裳……服装，穿戴，他都要给你准备倭倮咧。tɕiŋ˥˧tʰiæ̃˥˧˩tsou˥iɑɔ˥˩tʂʰʮ˥˧˧nɑ˥˧i˥˧˩tʂʰɑŋ˥˧˦ɕi˥iɑ˧,tou˥˧˩iɑɔ˥yoŋ˥nɑ˥˧ɕie˥˧˩i˥˧ʂɑŋ˧.ɕi˥i˥˧˩tiæ̃˥˧i˥˧˩xou˥,tʰɑ˥˧˧tʂə˥kə˥kuæ̃˥˧˧ɕiɑŋ˥˧tsɿ˧tʰɑ˥˧˧tsou˥pɑ˥˧˩i˥˧ʂ……fu˧˥tʂuɑŋ˥˧,tʂʰuæ̃˥˧˩tæᴇ˥,tʰɑ˥˧tou˥˧˩iɑɔ˥kei˥ni˥˧˧tʂuoŋ˥˧˧pi˥vuo˥˧˦ie˥˧lie˧.（准备好了叫准备vuo˥˧˦ie˥˧了？）黄：噢，准备倭倮了。ɑɔ˩,tʂuoŋ˥˧˧pi˥vuo˥˧˩ie˥˧lə˧.

（有一种就是说，他也不演什么什么角色，千军万马嘛他他扮个当兵的，什么这个……）黄：吼娃娃。xou˥˧vɑ˧˥˩vɑ˧˥˩.王：那他，不是。nei˥˦tʰɑ˥˧,pu˧˥˩sɿ˥.黄：跑堂。pʰɑɔ˥˧tʰɑŋ˧˥˩.王：那他里头还有个哎……还有……nei˥˦tʰɑ˥˧li˥˧tʰou˧xæᴇ˧˥iou˥˧kə˥æᴇ˥……xæᴇ˧˥˩iou˥˧˧……（千军万马，他上台扮个当兵的。这个，呆会儿这个这个抬轿子，他又扮个抬轿子的。）王：里面有个拉后场的咧嘛。li˥˧miæ̃˥iou˥˧kə˥˩lɑ˥˧˩xou˥tʂʰɑŋ˧˥˩ti˧lie˧mɑ˧.黄：嗯，拉后场的……ə̃˥,lɑ˥˧˩xou˥tʂʰɑŋ˧˥ti˧……王：拉后场这个人就是，□唱哪一折子戏，给□往出摆的，拿个桌子，拿个凳子，再就是拉幕。la˥˩xou˩tʰaŋ˩˥tʂə˩kə˩zəŋ˩˥tɕiou˩sɿ˩,niæ̃˩˥tʂʰaŋ˩na˥˩i˥˩tʂə˥˩tsɿ˧ɕi˩,kei˩˥niæ̃˩˥vaŋ˥˦tʂʰɥ˥˩pæᴇ˥˩ti˧,na˩˥kə˩tʂuo˥˩tsɿ˧,na˩˥kə˩təŋ˩˦tsɿ˧,tsæᴇ˩tɕiou˩˥sɿ˩˥la˥˩mu˩˥.（剧务？）王：剧务，剧务。tɕy˩˥vu˩,tɕy˩vu˩.黄：噢，剧务么，啊。ɑɔ˩˥,tɕy˩vu˩muo˧,ɑ˩˥.（叫拉后场？）黄：啊。ŋɑ˩˥.（但是有没有说跑龙套这些东西呢？）黄：有哩嘛。跑龙套这儿这们，咱们把那把那叫吼娃娃。我们这儿把那叫吼娃娃。iou˥˩li˧ma˧.pʰɑɔ˥˩luoŋ˩˥tʰɑɔ˩tʂər˩˦tʂə˩məŋ˧,tʂɑ˩˥məŋ˧pɑ˥˩nə˩pɑ˥˩nə˩tɕiɑɔ˩xou˥˩vɑ˩˥vɑ˩˥.ŋuo˥˩məŋ˧tʂər˩pɑ˥˩nə˩tɕiɑɔ˩xou˥˩vɑ˩˥vɑ˩˥.（后面的后？）黄：啊，吼，啊。这些，这就是，哪瘩的都是，就是配角儿么，需要出来他……ɑ˩˥,xou˥˩,ɑ˩˥.tʂei˩˥ɕie˥˩,tʂə˩˥tɕiou˩˥sɿ˩˥,na˥˩ta˧tə˧tou˥˩sɿ˩˥,tsou˩sɿ˩pʰei˩˦tɕyor˥˩muo˧,ɕy˥˩iɑɔ˩tʂʰɥ˥˩læᴇ˩˥tʰɑ˥˩……（需要他就出来，不需要他就在后面干个活儿？）黄：噢，干个活儿，嗯。吼娃娃。ɑɔ˩˥,kæ̃˩kə˩xuor˩˥,ə̃˩˥.xou˥˩vɑ˩˥vɑ˩˥.

（那么，好，演戏，这个说，演戏这些演员叫不叫前台，这后面这些人叫后台的，有有没有这么说法？分工。）黄：欸有咧么。那□分工都明确着咧。ei˥˩iou˥˩lie˧muo˧.nə˩˥niæ̃˩˥fəŋ˥˦kuoŋ˥˩tou˥˩miŋ˩˥tɕʰyo˥˩tʂə˧lie˧.（这个叫前台，这个叫后台，说……说这帮人这么说，说不说？）王：嗯，说咧。ŋ̍˩˥,ʂuo˥˩lie˧.黄：啊，这是，农村现在都是把那叫前台、后台。你像城里演的话，人□这个演戏那□是这个，那有个舞台总监和舞台监理咧。总监那就，这个舞台总监的话，这个总监往这个地方一站以后，整个儿这个场……场面以后，今天演啥，人□安排着咧。舞台监理么，舞台监理你就负责谁出场，凡是穿穿戴戴，你舞台监理，你舞台监理管着咧。嗯。ɑ˩˥,tʂə˩˥sɿ˩,luoŋ˩˥tsʰuoŋ˥˩ɕiæ̃˩tsæᴇ˩tou˥˩sɿ˩˥pɑ˥˩næᴇ˩tɕiɑɔ˩tɕʰiæ̃˩˥tʰæᴇ˩˥,xou˩tʰæᴇ˩˥.ni˥˦ɕiɑŋ˩tʂʰəŋ˩˥li˥˩iæ̃˥˩ti˧xuɑ˩˥,zəŋ˩˥niæ̃˩˥tʂə˩kə˩iæ̃˥˩ɕi˩nei˩˥niæ̃˩˥sɿ˩tʂə˩kə˩,nə˩˥iou˥˦kə˩vu˥˩tʰæᴇ˩˥tsuoŋ˥˩tɕiæ̃˥˩xuo˩˥vu˥˩tʰæᴇ˩˥tɕiæ̃˥˩li˥˩lie˧.tsuoŋ˥˩tɕiæ̃˥˩nei˩tɕiou˩,tʂə˩˥kə˩vu˥˩tʰæᴇ˩˥tsuoŋ˥˩tɕiæ̃˥˩ti˧xuɑ˩,tʂə˩˥kə˩tsuoŋ˥˩tɕiæ̃˥˩vaŋ˥˩tʂə˩kə˩ti˩faŋ˥˩i˥˩tsæ̃˩i˥˩xou˩,tʂəŋ˥˩kər˩tʂə˩˥kə˩tʂʰaŋ……tʂʰaŋ˥˩miæ̃˩i˥˩xou˩,tɕiŋ˥˩tʰiæ̃˥˩iæ̃˥˩sa˩,zəŋ˩˥niæ̃˩˥næ̃˥˩pʰæᴇ˩˥tʂə˧lie˧.vu˥˩tʰæᴇ˩˥tɕiæ̃˥˩li˥˩muo˧,vu˥˩tʰæᴇ˩˥tɕiæ̃˥˩li˥˩ni˥˩tsou˩˥fu˩tsei˥˩sei˩˥tʂʰɥ˥˩tʂʰaŋ˥˩,fæ̃˩˥sɿ˩˥tʂʰuæ̃˥˩tʂʰuæ̃˥˩tæᴇ˩tæᴇ˩,ni˥˦vu˥˩tʰæᴇ˩˥tɕiæ̃˥˩li˥˩,ni˥˦vu˥˩tʰæᴇ˩˥tɕiæ̃˥˩li˥˩kuæ̃˥˩tʂə˧lie˧.ə̃˩˥.（这是舞台监理？）黄：啊，舞台监理么。和舞台总监姆。ɑ˩˥,vu˥˩tʰæᴇ˩˥tɕiæ̃˥˩li˥˩muo˧.xuo˩˥vu˥˩tʰæᴇ˩˥tsuoŋ˥˩tɕiæ̃˥˩m̩˧.

名角儿

（戏……戏班子里头有……有一两个或者一个非常有名的演员，四里八乡都知道这个人。）黄：那叫欸……咋名角儿么啊？nei˩˥tɕiɑɔ˩ei˩……tsɑ˥˩miŋ˩˥tɕyor˥˩muo˧ɑ˧?王：啊，那就是那名角儿。ɑ˩˥,nei˩tɕiou˩sɿ˩nei˩miŋ˩˥tɕyor˥˩.黄：名角儿。miŋ˩˥tɕyor˥˩.（像有的很多很……很年轻，她很多人这个捧啊，这……有的年轻的就想……这个当官的就想找她做小老婆，姨太太，或是人家有的有钱的人请她去吃个饭都是这引以为荣。）黄：呃花旦么，那花旦里头就……这两天，昨天晚上甘肃台放的那，欸，《斩秦英》，花亭……相会，那都是咱们个庆阳的兀……ə˥˩xuɑ˥˩tæ̃˩˥muo˧,nə˩xuɑ˥˩tæ̃˩li˥˩tʰou˩tɕiou˩……tʂə˩˥liaŋ˥˩tʰiæ̃˥˩,tsuo˩˥tʰiæ̃˥˦væ̃˥˩ʂaŋ˩kæ̃˥˩ɕy˥˩tʰæᴇ˩˥faŋ˩ti˧nei˩,ei˩˥,tsæ̃˥˩tɕʰiŋ˩˥iŋ˥˩,xuɑ˥˩tʰiŋ˩˥……ɕiaŋ˥˩xuei˩,nə˩˥tou˥˩sɿ˩tʂɑ˩˥məŋ˧kə˧tɕʰiŋ˩˦iaŋ˩˥ti˧vei˩˥……王：兀是每周几哩？甘肃台每周几？væᴇ˩˥sɿ˩˥mei˥˩tʂou˥˩tɕi˥˩li˧?kæ̃˥˩ɕy˥˩tʰæᴇ˩˥mei˥˩tʂou˥˩tɕi˥˩?黄：每，每周六晚上的。甘肃庆阳的那个著名演员邓红琴嘛。mei˥˦,mei˥˩tʂou˥˩liou˥˩væ̃˥˩ʂaŋ˩˥ti˧.kæ̃˥˩ɕy˥˩tɕʰiŋ˩˦iaŋ˩˥ti˧nə˩˥kə˩˥tʂɥ˩miŋ˩˥iæ̃˥˩yæ̃˩˥təŋ˩xuoŋ˩˥tɕʰiŋ˩˥ma˧.

吼娃娃

（这个给关公这个牵过来的那个那个小小的小孩儿叫什么？）王：那叫噢……neiˉ˧tɕiaɔ˥aɔ˩……黄：还是吼娃娃那叫他。xa˨˩˩sɿ˥xou˧va˨˩va˨˩neiˉ˧tɕiaɔ˥˧tʰa˧˩.（也是吼娃娃？）黄：嗯。ə̃˩.

启降、谢降

（那么，除了这些东西，戏班里头还有什么讲究没有？还有什么讲究没有？）黄：现在都多一半儿不说了，但是……过去这个按过去这个讲究来说咧，你这个哎，包括我们耍社火咧，那那那那他都……ɕiæ̃˥tsæᴇ˥tou˧˩tuo˧i˧˩pæ̃r˥˧pu˨˩ʂuo˧lə˩,tæ̃˥sɿ˥……kuo˥˧tɕʰy˥tʂə˥˩kə˥˩næ̃˥kuo˥˧tɕy˥tʂə˥˩kə˥˩tɕiaŋ˧tɕiou˧˩læᴇ˨˩ʂuo˧˩lie˩,ni˧˦tʂə˥kə˥æᴇ˥,paɔ˧˧kʰuo˧˦ŋuo˧məŋ˩ʂua˧ʂə˥˧xuo˧˩lie˩,næᴇ˥˩næᴇ˥˩næᴇ˥næᴇ˥˧tʰa˧tou˧˩……王：那就要拜……nə˥tou˧˩iaɔ˥pæᴇ˥……黄：他都要拜降咧。tʰa˧tou˧˩iaɔ˥pæᴇ˥tɕiaŋ˥˧lie˩.王：拜降一般是……pæᴇ˥tɕiaŋ˥i˧˩pæ̃˧sɿ˥˩……黄：那你这个唱戏之前，你比如我……会十天会，唱十天会，才唱十天会，头一天晚上，你必须有一折子神戏，你要启降咧么。nei˥˩ni˧tʂə˥˩kə˥˩tʂʰaŋ˥ɕi˥tsɿ˧tɕʰiæ̃˨,ni˧˦pi˧zʮ˨˩ŋuo˧tʂ……xuei˥ʂʮ˨˩tʰiæ̃˧xuei˥,tʂʰaŋ˥ʂʮ˨˩tʰiæ̃˧xuei˥,tsʰæᴇ˨tʂʰaŋ˥ʂʮ˨˩tʰiæ̃˧xuei˥,tʰou˨i˧tʰiæ̃˧˩væ̃˧ʂaŋ˥˩,ni˧˩pi˧˧ɕy˧˦iou˧i˧˩tʂə˧tsɿ˩ʂəŋ˨ɕi˥,ni˧˩iaɔ˥˩tɕʰi˧tɕiaŋ˥˧lie˩muo˩.王：嗯。ŋ̍˩.（启降是什么东西？）黄：噢，启降么，就说是你，你是这个说你这个……aɔ˩,tɕʰi˧tɕiaŋ˥muo˩,tsou˥˧suo˧˩sɿ˥˩ni˧,ni˧sɿ˥tʂə˥kə˥ʂuo˧ni˧tʂə˥˩kə˥˩……王：启降那个意思就跟拜佛咧么。tɕʰi˧tɕiaŋ˥˧nə˥˩kə˥˩i˥˧sɿ˥tɕiou˥kəŋ˧˦pæᴇ˥fuo˨˩lie˩muo˩.黄：噢，拜佛咧。你……aɔ˩,pæᴇ˥fuo˨˩lie˩.ni˧˦……王：那我这个……nei˥˩ŋuo˧tʂə˥kə˥s……黄：你……你这个戏曲上你是信仰的是谁，你就要给这个人烧纸去咧。烧纸、上香以后你就分明启降咧么。ni˧˦ɕ……ni˧tʂə˥kə˥ɕi˥tɕʰy˧˩ʂaŋ˥˩ni˧sɿ˥˩ɕiŋ˥iaŋ˧ti˩sɿ˥˩sei˨,ni˧˩tsou˥iaɔ˥kei˥˩tʂə˥kə˥zəŋ˨ʂaɔ˧˩tsɿ˧tɕʰi˥˩lie˩.ʂaɔ˧˩tsɿ˧˦,ʂaŋ˥˧ɕiaŋ˧i˧˩xou˥ni˧tsou˥˩fəŋ˧˩miŋ˨˦tɕʰi˧˦tɕiaŋ˥˧lə˩muo˩.王：启降有一个唱戏中间的话就说是……tɕʰi˧˩tɕiaŋ˥˧iou˧˩i˧˩kəŋ˥˩tʂʰaŋ˥ɕi˥tʂuoŋ˧˩tɕiæ̃˧˦ti˩xua˥˩tɕiou˥˩ʂuo˧˩sɿ˥……黄：保佑□你这个唱咧唱戏整个儿都平安无事嘛。paɔ˧iou˥niæ̃˨˩ni˧˦tʂə˥kə˥tʂʰaŋ˥lie˩tʂʰaŋ˥ɕi˥tʂəŋ˧kər˥tou˧˩pʰiŋ˨næ̃˧˩vu˨˩sɿ˥ma˩.王：平安无事。不要麻瘩。pʰiŋ˨næ̃˧˩vu˨˩sɿ˥.pu˨˩ʂua˧ma˨ta˧.黄：啊，不要麻瘩嘛。最后这十天戏上完，最后那一天晚上的话，你必须有个谢降咧么。a˩,pu˨˩ʂua˧ma˨˩ta˧ma˩.tsuei˥xou˥tʂə˥˩ʂʮ˨˩tʰiæ̃˧ɕi˥ʂaŋ˥væ̃˨˩,tsuei˥xou˥nei˥i˧˩tʰiæ̃˧˩væ̃˧ʂaŋ˥˩ti˩xua˥˩,ni˧˩pi˧˦ɕy˧˦iou˧˦kə˥ɕie˥tɕiaŋ˥liem˩.（谢降？）黄：噢，谢降。就把□这神请来，那你保佑了这多少天以后，最后人□完了，你要把人□送走咧么。我们耍社火都有都有启降和谢降说法。aɔ˩,ɕie˥tɕiaŋ˥.tsou˥˩pa˧˩niæ̃˨˩tʂə˥ʂəŋ˨tɕʰiŋ˧læᴇ˨,pa˧˩ni˧˦paɔ˧iou˥lə˩tʂə˥tuo˧˩ʂaɔ˧˩tʰiæ̃˧i˧˩xou˥,tsuei˥xou˥zəŋ˨˩niæ̃˨˦væ̃˨˩lə˥,ni˧˦iaɔ˥pa˧˩zəŋ˨˩niæ̃˨˦suoŋ˥˧tsou˧liem˩.ŋuo˧məŋ˩ʂua˧ʂə˥˧xuo˧˩tou˧˩iou˧˩tou˧˩iou˧˩tɕʰi˧tɕiaŋ˥xuo˨˩ɕie˥tɕiaŋ˥ʂuo˧˩fa˧˩.（启降、谢降？）黄：啊。这按传统的来说，迷信的这说法□就是这样。a˩.tʂə˥næ̃˥tʂʰuæ̃˨˩tʰuoŋ˧ti˩læᴇ˨ʂuo˧˩,mi˨˩ɕiŋ˥˧ti˩tʂei˥˧ʂuo˧fa˧˦niæ̃˨˩tɕiou˥sɿ˥˩tʂə˥˩iaŋ˥˩.

神戏

（那么一组这个折子戏加在一块儿能什么《铡美案》呐，什么《三国演义》啊，这些放在一块儿演，这样的东西，最后那个戏叫什么？）王：那就看你演哪几折子戏咧。你比若这，一般他就四折子戏，四折子戏要给你……呃，开头演一个，神戏。nei˥˧tɕiou˥kʰæ̃˥ni˧˦iæ̃˧˦na˧˦tɕi˧˦tʂə˧tsɿ˩ɕi˥˧lie˩.ni˧˩pi˧zuo˧˩tʂei˥˧,i˧˦pæ̃˧˩tʰa˧˦tɕiou˥sɿ˥˧tʂə˧˩tsɿ˩ɕi˥˩,sɿ˥tʂə˧˩tsɿ˩ɕi˥iaɔ˥kei˥˩ni˧˦……ə˥,kʰæᴇ˧˩tʰou˨iæ̃˧i˧˩kə˥,ʂəŋ˨ɕi˥˩.（叫什么？）王：神戏。ʂəŋ˨ɕi˥˩.

（ʂəŋ˨˩ɕi˨˩？）黄：嗯。ə̃˨˩.王：神戏兀……ʂəŋ˨˩ɕi˧vei˧……黄：《关公挑袍》就是神戏。kuæ̃˥˧kuoŋ˥˩tʰiaɔ˥pʰaɔ˨˩tɕiou˧˩sɿ˧˩ʂəŋ˨˩ɕi˧.王：啊，《关公挑袍》这就神戏。再下来给你演上个《花亭相[会]》。再就是演……a˥,kuæ̃˥kuoŋ˥˩tʰiaɔ˥pʰaɔ˨˩tʂə˧tɕiou˧ʂəŋ˨˩ɕi˧˩.tsæᴇ˧˥xa˧læᴇ˨˦kei˧˩ni˥˦iæ̃˥ʂaŋ˧˩kə˧˩xua˥tʰiŋ˨˩ɕiaŋ˥˩.tsæᴇ˧˥tɕiou˧˩sɿ˧˩iæ̃˥……（神戏？）黄：神戏，嗯。ʂəŋ˨˩ɕi˧,ə̃˨˩.王：啊，神戏。a˨˩,ʂəŋ˨˩ɕi˧˩.（神仙的神？）王&黄：啊。a˨˩.（到最后……最……）王：给你演够四折子戏。四折子戏，他一般下来就是三个来小时就对了。kei˧˩ni˥˩iæ̃˥˦kou˧sɿ˧˥tʂə˥tsɿ˧ɕi˧.sɿ˧˥tʂə˥˩tsɿ˧ɕi˧,tʰa˥i˥˩pæ̃˥xa˧læᴇ˨˦tɕiou˧˩sɿ˧˩sæ̃˥kə˧˩læᴇ˨˩ɕiaɔ˥˦sɿ˨˦tɕiou˧tuei˧˩lə˧.黄：啊。a˨˩.（有没有什么压轴戏，这种大轴戏的这种说法？）王：没有。mei˨˩iou˥˩.黄：没有。mei˨˩iou˥˩.（压场戏呀这种，就说一开始没有那个压场戏这种？）黄：一般唱折子戏那都是人□剧团的精华部分。i˥˧pæ̃˥tʂʰaŋ˧tʂə˥tsɿ˧ɕie˧˥nei˧tou˥˩sɿ˧˥zəŋ˨˩niæ̃˨˦tɕy˧˥tʰuæ̃˨˩ti˧tɕiŋ˥˧xua˨˥pu˧fəŋ˧.（噢。）黄：啊，那□给你专门儿把所有本戏里头，挑出来这么几个折子戏的话，那都是名演……a˨˩,nei˧˥niæ̃˨˩kei˧ni˥˦tʂuæ̃˥˩mə̃r˨pa˥˩ʂuo˥˦iou˥˦pəŋ˥ɕi˧˩li˥tʰou˧,tʰiaɔ˥˧tʂʰʮ˥læᴇ˨˩tʂə˧muo˧tɕi˥˦kə˧tʂə˥tsɿ˧ɕi˧ti˧xua˧˩,nei˧˥tou˥˩sɿ˧miŋ˨˩iæ̃˥……（嗯。）黄：欸，给你来，唱上这么几折子，那都是比较压轴的戏咧。ei˨˩,kei˧ni˥˦læᴇ˨˩,tʂʰaŋ˧ʂaŋ˧tʂə˧˩muo˧tɕi˥˦tʂə˥tsɿ˧,nei˧˥tou˥˩sɿ˧˩pi˥˦tɕiaɔ˧ia˧˥tʂou˨˩ti˧ɕi˧˩lie˧.

打开场

（咱们一般就是说，这个戏开场了，戏开场了，不是这个观众啊还没有坐下来，就是没安静下来，他这个本戏还没开始，前头还要演一段儿，那叫什么东西？演一段七七八八的东西。）黄：前奏嘛。tɕʰiæ̃˨˩tsou˧ma˧.王：嗯，嗯……ŋ̍˨˩,ŋ̍˨˩……（前奏是现在……）黄：序幕么，啊？ɕy˧mu˧muo˧,a˧?（现在……）王：那怕是……nei˧˥pʰa˧˥sɿ˧……（原……现在叫……现在叫前奏序幕，原先叫什么？叫开场戏还是叫什么东西？）王：就叫开场戏。tɕiou˧tɕiaɔ˧kʰæᴇ˥˩tʂʰaŋ˥˩ɕi˧˩.黄：打开，就叫打开场咧么。ta˥˩kʰæᴇ˥,tɕiou˧tɕiaɔ˧ta˥˦kʰæᴇ˥tʂʰaŋ˧lie˧muo˧.王：打开场咧。ta˥˦kʰæᴇ˥tʂʰaŋ˧lie˧.黄：打开场咧。ta˥˦kʰæᴇ˥tʂʰaŋ˧lie˧.（打开场？）黄：嗯。ə̃˨˩.（就是这个把观众这个吸引力全部……）王：啊，就集中来咧。a˧,tɕiou˧˩tɕi˨˦tʂuoŋ˥˩læᴇ˨˩lie˧.黄：才开始这个弦乐都太不拉么，就是光是这些武场面的那个，当……tsʰæᴇ˨˩kʰæᴇ˥˩sɿ˥tʂə˧kə˧ɕiæ̃˨˩yo˥tou˥˩tʰæᴇ˧pu˨˩la˥muo˧,tsou˧˩sɿ˧˩kuaŋ˥˧sɿ˧tʂə˧˩ɕie˥˩vu˥tʂʰaŋ˥miæ̃˧ti˧nei˧kə˧,taŋ˧……王：武场面来打的开场么。vu˥tʂʰaŋ˥miæ̃˧læᴇ˨˦ta˥ti˧kʰæᴇ˥˩tʂʰaŋ˥muo˧.黄：一打以后就是这个扩音扩出去以后这个，这慢慢以后，打上一气，击打一部分以后，最后□也有这个哎弦乐啊？弦乐也□作为部分曲子。i˥˩ta˥i˥˩xou˧tsou˧sɿ˧˩tʂə˧˩kə˧˩kʰuo˥˧iŋ˥˩kʰuo˥˩tʂʰʮ˥tɕʰi˧˩i˥˩xou˧˥tʂə˧˩kə˧˩,tʂə˧˩mæ̃˧mæ̃˧i˥˩xou˧˩,ta˥ʂaŋ˧i˥˩tɕʰi˧,tɕi˥˩ta˥i˥˩pʰu˧fəŋ˧i˥˩xou˧˩,tsuei˧xou˧niæ̃˨˩ie˥iou˥tʂə˧˩kə˧˩æᴇ˩ɕiæ̃˨˩yo˥˩a˧?ɕiæ̃˨˩yo˥˩ie˥˩niæ̃˨˩tsuo˥˦vei˨˦pu˧˩fəŋ˧tɕʰy˥tsɿ˧.（有没有说这个戏……在演这个折子戏或什么戏之前，唱一个，来一个小段儿？）黄：那一般不。有些是，有些剧本你比如戏短一点啊，剧本比较短一点，□加演一个折子戏，那是有的。næᴇ˧i˥˧pæ̃˥pu˨˩.iou˥ɕie˥˦sɿ˧,iou˥ɕie˥˩tɕy˧pəŋ˥˦ni˥˦pi˥zʮ˨˩ɕi˧˥tuæ̃˥i˥˩tiæ̃˥˩a˧,tɕy˧pəŋ˥˦pi˥tɕiaɔ˧˩tuæ̃˥i˥˩tiæ̃˥˩,niæ̃˨˩tɕia˥˩iæ̃˥i˥˩kə˧tʂə˥tsɿ˧ɕi˧,nei˧˥sɿ˧˩iou˥˩ti˧.王：嗯……ŋ̍˧……（之前他没有说……）黄：啊。a˨˩.王：之前，他就是这个唱戏开始的头一晚上……tsɿ˥tɕʰiæ̃˨,tʰa˥˩tɕiou˧sɿ˧tʂə˧˩kə˧˩tʂʰaŋ˧ɕi˧kʰæᴇ˥˩sɿ˥˦tə˧tʰou˨˩i˥˩væ̃˥ʂaŋ˧˩……（我比如说今……今天唱，唱什么什么戏，但前面呢

这个观众还没坐定那去，我前头半小时我唱一个什么小戏。小的小的小的戏目。）黄：嗯，那都不。ŋ̍˧˩,nei˥˦tou˧˩pu˨˦.王：那不。nei˥˦pu˨˦.黄：不。那一般除非是戏，既有比比较短……pu˨˦.nei˥˦i˥˨pæ̃˥˧tʂʰʯ˨˦fei˥˧sɿ˥˩ɕi˥,tɕi˥˨iou˥˧˧pi˧˩pi˧˩tɕiaɔ˥tuæ̃˥˧……王：他一般就……tʰɑ˧˩i˧˩pæ̃˥˧tɕiou˥……黄：□给你加演个折子戏。niæ̃˨˦kei˥˩ni˥˧˧tɕia˧˩iæ̃˥˧kə˥tʂə˥˧tsɿ·˧ɕi˥.

亮相

（还有个专门武打的那个那个人叫什么？）黄：那叫武……那是一般叫武生么。nei˥tɕiaɔ˥˨vu˥˧˧……nei˥˦sɿ˥˩i˥˧pæ̃˧˩tɕiaɔ˥vu˥˧səŋ˧˩muo·˧.（武生他上台以后啊，他是不是还要做一个这个叫什么？[做动作]）黄：亮相咧嘛。liɑŋ˥ɕiɑŋ˥lie·˥ma·˧.（做一个什么，拿一个什么东西呢？）黄：啊，他是……他必须出来他……所有秦腔剧里头，他就是一……一举一动以后……ɑ˧˩,tʰɑ˥˧sɿ˥……tʰɑ˥˧˧pi˥˨ɕy˥˧˧tʂʰʯ˥˧læᴇ˨˦tʰɑ˥˧˧……ʂuo˥˧iou˥˧˧tɕʰiŋ˨˦tɕʰiɑŋ˥˧tɕy˥li˧˩tʰou·˧,tʰɑ˥˧˧tsou˥˦sɿ˥˩i˧˩……i˥˨tɕy˥˧i˧˩tuoŋ˥i˧˩xou˥……王：有……有些他出来以后就是，在那儿说那几句，那就是意思就是自我介绍。iou˥˧˧……iou˥˧ɕie˧˩tʰɑ˥˧˧tʂʰʯ˥˧læᴇ˨˦i˧˩xou˥tɕiou˥sɿ˥,tsæᴇ˥nar˥ʂuo˥˧nei˥tɕi˥˧˧tɕy˥,nei˥˩tɕiou˥˩sɿ˥˩i˥˨sɿ·˧tɕiou˥˩sɿ˥˩tsɿ˥˩ŋuo˥˧˧tɕie˥˦ʂaɔ˨˦.（噢。）王：我这人在这个剧情里面我是……ŋuo˥˧tʂə˥˩zəŋ˨˦tsæᴇ˥tsə˥˦kə˥˩tɕy˥tɕʰiŋ˨˦li˥˧miæ̃˥ŋuo˥˧˧sɿ˥……（我叫什么名字，是哪里人。）王：啊，我担任哪个角色，你比让他担任的是，嗯，薛平贵我就是，最后他那会儿薛平贵一声，他就开始咧，就开始在这儿唱开。ɑ˧˩,ŋuo˥˧tæ̃˧˩zəŋ˥nɑ˥˧˧kə˥tɕyo˥˧se i˧˩,ni˧˩pi˥˧zɑŋ˥˩tʰɑ˥˧tæ̃˧˩zəŋ˥˦ti·˧sɿ˥,ə̃˧˩,ɕie˧˩pʰiŋ˨˦kuei˥ŋuo˥˧tɕiou˥˩sɿ˥˩,tsuei˥xou˥tʰɑ˥˧nə˥xuər˥ɕie˧˩pʰiŋ˨˦kuei˥i˧˩ʂəŋ˧˩,tʰɑ˥˧˧tɕiou˥kʰæᴇ˧˩sɿ˥˧˧lie·˧,tɕiou˥kʰæᴇ˧˩sɿ˥˧˧tsæᴇ˥tʂər˥tʂʰɑŋ˥kʰæᴇ˧˩.黄：嗯。他多一半儿是亮相，再一面是个……第一个是，出来他都，他一招一式，他都定型哩么。ŋ̍˧˩.tʰɑ˥˧˧tuo˥˧i˧˩pær˥˦sɿ˥˩liɑŋ˥ɕiɑŋ˥,tsæᴇ˥i˥˧˧miæ̃˥sɿ˥˩kə˥˩……ti˥i˧˩kə˥˩sɿ˥,tʂʰʯ˥˧læᴇ˨˦tʰɑ˥˧tou˧˩,tʰɑ˥˧i˥˨tʂaɔ˥˧i˥˨ʂɿ˥˧,tʰɑ˧˩tou˧˩tiŋ˥ɕiŋ˨˦li·˥muo·˧.

白口

（你像京剧那种的，他这个说的这个话，它它不是北京话，它就是那个口音，有时候它有冒出一句两句北京这样的那样的口音。像这种你们这个情况这个秦腔里面有没有呢？说的陕西话，有时候又冒出那当地话来。）王：也有咧，有咧么。ie˥˧iou˥˧lie·˧,iou˥˧lie·˥muo·˧.黄：那有咧么。哎有咧么随便。nei˥˦iou˥˧lie·˥muo·˧.æᴇ˥˧iou˧˩lie·˥muo·˥suei˨˦piæ̃˥˩.（那怎么，怎么说，有的小时候可能就说当地话，这些有当官的就说一些这个就是官话可能说，说陕西话，那像这样的这个怎么分，这是什么，这叫什么，那叫什么，什么什么叫韵白，这个京白韵白，这个北京话是这么说，你们怎么怎么分的呢？）王：咱们这儿不分。tʂa˨˦məŋ·˥tʂər˥pu˨˦fəŋ˧˩.黄：咱们把那就叫是这个道白，唱腔是唱腔，说话的叫道白么。tʂ ɑ˨˦məŋ·˥pa˧˩nə˥tɕiou˥tɕiaɔ˥sɿ˥tʂə˥˩kə˥˩taɔ˥pei˨˦,tʂʰɑŋ˥˨tɕʰiɑŋ˧˩sɿ˥˩tʂʰɑŋ˥˨tɕʰiɑŋ˧˩,ʂuo˧˩xua˥˦ti·˥tɕ iaɔ˥taɔ˥pei˨˦muo·˧.（唱腔叫道白？）黄：呃，唱腔叫唱腔咧。说的那个话么，不唱就那个说的那话叫道白么。ə˧˩,tʂʰɑŋ˥˨tɕʰiɑŋ˧˩tɕiaɔ˥tʂʰɑŋ˥˨tɕʰiɑŋ˥˧lie·˧.ʂuo˥˧ti·˥nə˥kə˥xua˥˨muo·˧,pu˨˦tʂʰɑ ŋ˥tɕiou˥˩nə˥˩kə˥˩ʂuo˥˧ti·˥nə˥xua˥tɕiaɔ˥˩taɔ˥pei˨˦muo·˧.（道白里头有的口音是，比如说是，一般的这种口音，有的这个，就说没文化的那些人，就是演那些小角色。那口音那是，就是当地那种口音。）黄：啊，那都无所谓。ɑ˧˩,nei˥˦tou˧˩vu˨˦ʂuo˥˧˧vei˥.（你们没有那个什么那个了？）黄：没有啥叫。mei˨˦iou˥˧sa˥˩tɕiaɔ˥.（不像京剧里头不是包公他就说的这个是是那个一般的京剧口音，但是小丑呢，他就说的是北京口音。这个你们情况有没有？）王：没有。mei˨˦iou˧˩.黄：没有。mei˨˦iou˧˩.（没有？）黄：没有，嗯。muo˥˧iou˥˧˧,ŋ̍˧˩.

（嗯。有这个白口的这种说法吗？）黄：嗯。白口这个说法有咧，啊？ŋ̍˪.pei˩˦kʰou˥˧tʂə˥kə˥ʂuo˥˧fa˥˧kiou˥˧lie˩,a˪?王：嗯。ŋ̍˪.（白口……白口是说什么呢？）黄：白口实际上就是这个在唱的中间夹下的那个话么。pei˩˦kʰou˥˧ʂʅ˩˦tɕi˥˦ʂaŋ˥˪tɕiou˥sʅ˥tʂə˥˪kə˥˪tsæᴇ˥˪tʂʰaŋ˥˧ti˩tʂuoŋ˥˧tɕiæ̃˥˧tɕia˥˧xa˥˪ti˩nei˥˪kə˥˪xua˥muo˩.王：说话咧么。ʂuo˥˧xua˥˧lie˩muo˩.黄：说下那个话。ʂuo˥˧xa˥˪nə˥kə˥xua˥.（说话，叫白口？）黄：啊，叫白口么。a˪,tɕiao˥pei˩˦kʰou˥˧muo˩.

陕西口音

（你们，你们这个演戏呀，就是，这个说这个话是跟当地的话是一样的还是什么话？）黄：基……最好儿是……tɕi˥˧……tsuei˥xaor˥˧ʂ……王：一般的，一般的口音都是学陕西口音。i˥˧pæ̃˥˧ti˩,i˥˧pæ̃˥˧ti˩kʰou˥˧iŋ˥˧tou˥˧sʅ˥ɕyo˩˦ʂæ̃˥˧ɕi˥˧kʰou˥˧iŋ˥˧.黄：都……都学陕西话。唱秦腔必须是陕西。tou˥˧……tou˥˧ɕyo˩˦ʂæ̃˥˧ɕi˥˧xua˥˪.tʂʰaŋ˥tɕʰiŋ˩˦tɕʰiaŋ˥˧pi˥˧ɕy˥˧sʅ˥˪ʂæ̃˥˧ɕi˥˧.王：因为……因为秦腔出，出在陕西，一般他大部分说下的口音出来……iŋ˥˧vei˥tʰ……iŋ˥˧vei˥tɕʰiŋ˩˦tɕʰiaŋ˥˧tʂʰʯ˥˧,tʂʰʯ˥˧tsæᴇ˥ʂæ̃˥˧ɕi˥˧,i˥˧pæ̃˥˧tʰa˥˧ta˥pu˥fəŋ˥ʂuo˥˧xa˥˪ti˩kʰou˥˧iŋ˥˧tʂʰʯ˥˧læᴇ˩˦……（都是陕西话？）王：陕西话。ʂæ̃˥˧ɕi˥˧xua˥˪.（是西安话还是哪儿话呢？）黄：不是地……不是地道儿的西安话。但是必须是陕西口音。pu˩˦sʅ˥ti˥tə……pu˩˦sʅ˥ti˥˪taor˥˪ti˩ɕi˥˧næ̃˥˧xua˥˪.tæ̃˥˪sʅ˥˪pi˥˧ɕy˥˧sʅ˥˪ʂæ̃˥˧ɕi˥˧kʰou˥˧iŋ˥˧.（陕西口音？）黄：嗯。这个秦腔陕西人，这用陕西口音唱出来的话，它就比较地道一点。ŋ̍˪.tʂə˥kə˥tɕʰiŋ˩˦tɕʰiaŋ˥˧ʂæ̃˥˧ɕi˥˧zəŋ˩˦,tʂə˥yoŋ˥ʂæ̃˥˧ɕi˥˧kʰou˥˧iŋ˥˧tʂʰaŋ˥˪tʂʰʯ˥˧læᴇ˩˦ti˩xua˥˪,tʰa˥˧tɕiou˥pi˥˧tɕiao˥ti˥˪tao˥˪i˥˧tiæ̃˥˧.王：好听。xao˥˧tʰiŋ˥˧.

吐字不清

（这个人说话吐……就是说念，念，念那个道白的时候，吐字不清楚，你说他叫什么？）黄：嗯，把那叫啥咧？əŋ˥,pa˥˧nə˥˪tɕiao˥sa˥lie˥?（口黏？说不说？）黄：不说好像。pu˩˦ʂuo˥˧xao˥˧ɕiaŋ˥.王：嗯。ŋ̍˪.黄：没有。mei˩˦iou˥˧.王：咱们这儿就说兀吐字不清，听不清。tsa˩˦məŋ˩tʂər˥tɕiou˥ʂuo˥˧væᴇ˥tʰu˥˧tsʅ˥pu˩˦tɕʰiŋ˥˧,tʰiŋ˥˧pu˩˦tɕʰiŋ˥˧.

过门儿

（拉之前，有没有说是唱一段儿之前要拉一个过门儿？）王：过门儿那那哪个戏都有过门儿。kuo˥mə̃r˩˦næᴇ˥næᴇ˥na˥˧kə˥˪ɕi˥tou˥˧iou˥˧kuo˥˪mə̃r˩˦.黄：那有咧么。哪个时候，那是啥戏它都要有过门儿咧么。nei˥˪iou˥˧lie˩muo˩.na˥˧kə˥˪sʅ˩˦xou˥,nə˥˪sʅ˥˪sa˥ɕi˥tʰa˥˧tou˥˧iao˥iou˥˧kuo˥mə̃r˩˦liem˩.（呃，这个演员呐，上台的时候，他是不是要念两句诗，还是直接就唱还是干吗？）王：嗯，那就直接唱。那下过门儿一拉，他就个人儿望这唱开。ŋ̍˪,nei˥tɕiou˥tʂʅ˩˦tɕie˥˧tʂʰaŋ˥˪.nei˥xa˥kuo˥mə̃r˩˦i˥˧la˥˧,tʰa˥˧tɕiou˥˪kə˥˪zə̃r˩˦vaŋ˥tʂə˥˪tʂʰaŋ˥kʰæᴇ˥˧.（有的是这个演员这个在后头叫一句，然后就上台，是不是……）王：那叫一句那就是叫板了么。nei˥˪tɕiao˥˪i˥˧tɕy˥nei˥tɕiou˥sʅ˥tɕiao˥˪pæ̃˥˧ləm˩.（有，你们这个演员是直接上台就唱，还是说这个，先先做一做什么动作再再……）黄：哎，那是根据剧情，根据剧情来定咧么你。æᴇ˪,nei˥˪sʅ˥˪kəŋ˥˧tɕy˥tɕy˥tɕʰiŋ˩˦,kəŋ˥˧tɕy˥tɕʰy˥tɕʰiŋ˩˦læᴇ˩˦tiŋ˥lie˩muo˩ni˥˧.王：那他，他比若你，噢，剧情一下，一叫板以后，口乐器一……一开始拉以后，他出去，或者是，做些其他动作，或者转一圈儿咧，或者是咋么个，到他那个，呃，叫下那个板那个欸，过门儿一完以后，到唱的时候他就开始就唱开了。nei˥˪tʰa˥,tʰa˥˧pi˥˧zuo˥˧ni˥˧,ao˪,tɕy˥tɕʰiŋ˩˦i˥˧xa˥,i˥˧tɕiao˥pæ̃˥˧i˥˧xou˥,niæ̃˩˦yo˥˧tɕʰi˥i˥˧kʰə……i˥˧kʰæᴇ˥˧sʅ˥˧la˥˧i˥˧xou˥,tʰa˥˧tʂʰʯ˥˧tɕʰi˥˪,xuo˩˦tʂə˥˧sʅ˥,tsuo˥˦ɕie˥˧tɕʰi˩˦tʰa˥˧tuoŋ˥˪tsuo˥˧,xuo˩˦tʂə˥˧tʂuæ̃˥˦i˥˧tɕʰyæ̃r˥˧lie˩,xuo˩˦tʂə˥˧sʅ˥˪tsa˥˧muo˩kə˥,tao˥˧tʰa˥˧nə˥kə˥,ə˪,tɕiao˥xa˥n ə˧kə˧pæ̃˥nə˧kə˧ei˧,kuo˧mə̃r˩˥i˥˩væ̃˩˥i˥˩xou˥,tao˧˩tʂʰaŋ˧˥tə˨sɿ˩˩xou˧tʰa˥˧tɕiou˧kʰæᴇ˥˩sɿ˥tɕiou˧˩tʂʰaŋ˧kʰæᴇ˥lə˨.黄：兀他一样么。那他又过来又是那么，他在这个走圆场，场子走完以后㗎……væᴇ˧˥tʰa˥˩i˥˩iaŋ˧muo˨.nei˧tʰa˥˩iou˧˥kuo˧˥læᴇ˩˩iou˧sɿ˧nə˧muo˨,tʰa˥˧tsæᴇ˧tʂə˧kə˧tsou˥yæ̃˩˩tʂʰaŋ˥,tʂʰaŋ˥tsɿ˨tsou˥væ̃˩˥i˥˩xou˧˩ou˧……（还要走圆场？）黄：啊，走圆场咧么。ɑ̃˩,tsou˥yæ̃˩˩tʂʰaŋ˥lie˨muo˨.（场子走完了他就干什么？）黄：啊，场子走完了以后，他那个乐器打到那个地方，欸，他就开始唱腔咧。ɑ˩,tʂʰaŋ˥tsɿ˨tsou˥væ̃˩lə˧i˥˩xou˧,tʰa˥˧nə˧kə˧yo˥˩tɕʰi˧˥ta˥˩tao˧nə˧kə˧ti˧faŋ˥˩,ei˩,tʰa˥˧tɕiou˧kʰæᴇ˥˩sɿ˥tʂʰaŋ˧˥tɕʰiaŋ˥lie˨.

吊板、起板

（那这个演员要开场了，他要做个手势还要还是要干什么呢？）黄：要吊板咧嘛。iao˧tiao˧˥pæ̃˥lie˨ma˨.（叫吊板？）啊，吊板么。ɑ˩,tiao˧˥pæ̃˥muo˨.（然后这个打鼓……打鼓的就敲一下，然后这就开始那个？）啊，嗯。一个是吊板，一个叫起板嘛。ɑ˩,ə̃˩.i˥˩kə˧θɿ˩（←sɿ˧）tiao˧˥pæ̃˥,i˥˩kə˧tɕiao˧tɕʰi˥pæ̃˥ma˨.（起板？）嗯。ŋ̍˩.

咬不住板

（这个演员唱得……这个演得好演演得不好，有哪些，有哪些这个呃说法没有？看哪里？）黄：那有了嘛。那你这个欸，你演员唱，你都是咬不住板，叫啥……nei˧˥iou˥˩lə˨ma˨.nei˧˥ni˥tʂə˧kə˧ei˧,ni˥˧iæ̃˥yæ̃˩tʂʰaŋ˧,ni˥tou˥˩sɿ˧˩niao˥pu˩˩tʂʮ˧pæ̃˥˧,tɕiao˧tʂa˧˥……（咬不住板？）啊，咬不住板，你的唱和□一起拉下这个乐器不配合，那你就唱下你就失败了么。再一个你是这个㖿，念，做，唱，打，这你都要配合上咧么你。啊，眼睛，这这整个儿表情你都要和……配合好咧，这些都能行咧。ɑ˩,iao˥pu˩˩tʂʮ˧pæ̃˥,ni˥ti˨tʂʰaŋ˧xuo˩˩niæ̃˩˩i˥˩tɕʰi˥˧la˥xa˧˩tʂə˧˩kə˧˩yo˥˩tɕʰi˧˥pu˩˩pʰei˧xuo˩,nei˧˩ni˥˩tsou˧˩tʂʰaŋ˧˥xa˧˩ni˥˩tsou˧˩ʂʅ˥˩pʰæᴇ˧ləm˨.tsæᴇ˧i˥˧kə˧ni˥sɿ˧tʂə˧kə˧m̩˨,niæ̃˧,tsuo˧˥,tʂʰaŋ˧,ta˥,tʂə˧˥ni˥˧tou˥˩iao˧pʰei˧xuo˩˩ʂaŋ˧˥lie˨muo˨ni˥˩.ɑ˩,niæ̃˥tɕiŋ˥˩,tʂei˧tʂei˧tʂəŋ˥˩kər˧piao˥tɕʰiŋ˩ni˥˩tou˥˩iao˧˥xuo˩˩……pʰei˧xuo˩xao˥lie˨,tʂei˧ɕie˥˧tou˥˩nəŋ˩ɕiŋ˩˩lie˨.

挣破膛

（这个挣破膛的这种说法有没有？）王：没有。mei˩˩iou˥˩.黄：秦腔多一半儿有挣破膛~头~。挣破膛就是唱的，吼的那个劲，吼那个大劲出来，那叫挣破膛咧么。tɕʰiŋ˩tɕʰiaŋ˥tuo˥i˥˩pæ̃r˧iou˥˧tsəŋ˧pʰuo˧sa˩.tsəŋ˧pʰuo˧sa˩tɕiou˧˩sɿ˧˩tʂʰaŋ˧ti˨,xou˥ti˨nə˧kə˧tɕiŋ˧,xou˥nə˧kə˧ta˧tɕiŋ˧tʂʰʮ˥læᴇ˩˩,næᴇ˧˥tɕiao˧tsəŋ˧pʰuo˧sa˩lie˨muo˨.

清唱

（这个还有的就说，比如说这这是这个那个前两天那个这不是戏班，他也没有没有这个化妆啊这么来唱，也有这个乐队这么唱，这叫什么？有什么彩唱清唱的说法没有？）黄：有清唱这个说法了，啊？iou˥tɕʰiŋ˥˩tʂʰaŋ˧˥tʂə˧˩kə˧˩ʂuo˥fa˥˩lə˨,ɑ˩?（清唱？）黄：嗯，有清唱。ə̃˩,iou˥tɕʰiŋ˥˩tʂʰaŋ˧.（就是不化妆的？）黄：不化妆。pu˩˩xua˧tʂuaŋ˥˩.王：嗯。ŋ̍˩.

术语

1.（还有的就说从马上这么翻下来，有的这个人家翻得好，人家也叫好好好好，那样的，那那那个动作，就是哗一下翻下来，把靴子底一亮，这这种这个有没有？）黄：那□都是舞台上这些术语，咱们把那都叫毬不来好。nei˧niæ̃˩˩tou˥˩sɿ˧vu˥tʰæᴇ˩˩ʂaŋ˧tʂə˧ɕie˥˧ʂʮ˧y˥˧,tsa˩məŋ˨pa˥˩næᴇ˧tou˥˧tɕiao˧tɕʰiou˩˩pu˩˩læᴇ˩xao˥.王：叫不来□。tɕiao˧pu˩˩læᴇ˩niæ̃˩˩.

2.（这有些演员比如说他唱腔，唱……唱的这个这个东西哈，嗓子不好。那叫什么嗓子？声音不怎么样。有的嗓子很好，那和和这个角色很配合，和他这个行当很配合，比如说……）黄：那就是实际上就是这个，咱们现在讲就是不投入嘛。nei˧˥tɕiou˧sɿ˧˨ʂʅ˨˩˨tɕi˧˥ʂaŋ˧tɕiou˧sɿ˧˨tʂə˧kə˧,tʂɑ˨˩˦məŋ˧ɕiæ̃˧tsæᴇ˧tɕiɑŋ˥˧tɕiou˧˨sɿ˧˨pu˨˩˨tʰou˨˩˦ʐʯ˥˧mɑ˧.（欸，也不是。就是他自己本身这个自然条件不行，这种的有没有？）黄：咱们这人把那叫啥咧吵？tʂɑ˨˩˦məŋ˧tʂər˧pɑ˥˧˨nə˧tɕiɑɔ˧sɑ˧lie˧sɑ˧?（有没有什么声尖呐声汪啊这种说法？）王：没有听见过。mei˨˩˦tʰiŋ˥˧˨tɕiæ̃˧kuo˧.黄：没有听见过他说这个。这都是些专业术语，咱们都……mei˨˩˦iou˥˧˦tʰiŋ˥˧˨tɕiæ̃˧kuo˧tʰɑ˥˧˦ʂuo˥˧˨tʂə˧˨kə˧˨.tʂə˧˥tou˥˧˨sɿ˧˨ɕie˥˧˨tʂuæ̃˥˧nie˥˧˨ʂʯ˧y˥˧˦,tsɑ˨˩˦məŋ˧tou˥˧˨……王：太不……tʰæᴇ˧˨pu˨˩˨……（不大说？）黄：不，啊？pu˨˩˨,ɑ˧?王：嗯。ŋ̍˨˩.

二五、动作行为

一般动作 / 心理活动 / 语言行为

（一）一般动作

张嘴

[调查人张开嘴叫发音人形容]黄：张嘴么。tʂɑŋ˥˧˩tsuei˥˧muo·˧.（说张口吗？）黄：嗯，不说这话啊？m̩˩,pu˧˥˧ʂuo˥˧tʂə˥˩xuɑ˥ɑ·˧?王：嗯。ŋ̍˩.黄：兀一般都是说张嘴。vei˥˧˥i˥˧˩pæ̃˥˧˩tou˥˧˦sʅ˥ʂuo˥˧˩tʂɑŋ˥˧˩tsuei˥˧.（但如果说比如说他他张张口闭口都是脏话，还是说脏……张嘴闭嘴都是脏话？）黄：我们这儿多一半都是不讲……ŋuo˥˧məŋ·˧tʂər˥tuo˥˧i˥˧˩pæ̃˥tou˥˧˩sʅ˥˩pu˧˥˩tɕiɑŋ˥˧˦……王：张嘴闭嘴。tʂɑŋ˥˧˩tsuei˥˧˦pi˥˦tsuei˥˧˩.黄：啊，开口闭口的有时候，你开口闭口都不说个人话好像。ɑ˩,kʰæᴇ˥˧˩kʰou˥˧˦pi˥kʰou˥˧˩ti·˧iou˥˧sʅ˧˥˩xou˥,ni˥˧˩kʰæᴇ˥˧˩kʰou˥˧˦pi˥kʰou˥˧˩tou˥˧˩pu˧˥˩ʂuo˥˧kə˥˩zʅəŋ˧˥xuɑ˥xɑɔ˥˧˩ɕiɑŋ˥˩.

闭嘴

（正在说话，讲你，不要说话了，嗯，叫你干吗？闭嘴还是……）黄：闭嘴。pi˥tsuei˥˧˦.王：闭嘴。pi˥tsuei˥˧˦.黄：噢，你闭嘴。ɑɔ˩,ni˥˧˦pi˥tsuei˥˧˦.（还是闭嘴……闭口还是什么东西？）黄：哎，那就说闭嘴咧，不说闭口的话。æᴇ˩,nei˥˧˥tsou˥˧˥ʂuo˥˧˩pi˥tsuei˥˧lie·˧,pu˧˥˩ʂuo˥˧˩pi˥kʰou˥˧ti·˧xuɑ˥˩.（说不说你闭着嘴？）王：嗯。ŋ̍˥˧.黄：不说，嗯。pu˧˥˧˥ʂuo˥˧˩,m̩˩.（啊？）王：说咧。ʂuo˥˧lie·˧.黄：说咧，兀倒说咧。ʂuo˥˧˩lie·˧,vei˥˧˥tɑɔ˥˩ʂuo˥˧˩lie·˧.（叫闭着嘴还是闭住嘴？）王：闭住嘴。pi˥˦tʂʯ˥˧˩tsuei˥˧˩.黄：闭住嘴。pi˥˦tʂʯ˥˧˩tsuei˥˧.（把这嘴巴合上，是叫合上嘴还是合口……合上口？）王：合上嘴。xə˧˥˩ʂɑŋ˥tsuei˥˧˩.

撅嘴

（撅嘴就是有点生气了，撅嘴？）黄&王：嗯。ŋ̍˩.（有没有说这个小孩儿撅着嘴还是牵……拴头驴呀还是怎么说法？）黄：呃说咧么。ə˥˧ʂuo˥˧˩liem·˧.（说什么？）黄：嘴撅得能拴几个……拴几个驴。tsuei˥˧tɕyo˥˧˦tə·˧nəŋ˧˥˩ʂuæ̃˥˧tɕi˥˧˦kə˥˧……ʂuæ̃˥˧˩tɕi˥˧kə˥˩ly˧˥.（嘴撅得……叫什么？）王：嘴撅得能拴几个驴。tsuei˥˧˩tɕyo˥˧˦tə·˧nəŋ˧˥ʂuæ̃˥˧˩tɕi˥˧˦kə˥y˧˥.（呃，拴几个驴。）黄：啊，有的还说你……你嘴撅得能挂两个油瓶子。ɑ˩,iou˥˧ti·˧xɑ˧˥˩ʂuo˥˧˩ni˥˧˦ts……ni˥˧˩tsuei˥˧tɕyo˥˧˦tə·˧nəŋ˧˥˩kuɑ˥liɑŋ˥˧(k)ə˥˩iou˧˥pʰiŋ˧˥˩tsʅ˧.（叫什么？）黄：你嘴撅的能挂两个油瓶子。ni˥˧˩tsuei˥˧tɕyo˥˧˦ti·˧nəŋ˧˥˩kuɑ˥liɑŋ˥˧kə˥˩iou˧˥pʰiŋ˧˥˩tsʅ˧.

嘴吹脸吊

（有的小孩儿受……有的人呐受了领导批评，或者是小孩儿受了父母批评，嘴巴也撅着，脸也板着，这叫什么东西呢？不高兴的样子。有没有说什么撅嘴板脸、呶嘴板脸的这种说法？类似的话有没有？）王：那……那说那个嘴吹脸吊。næᴇ˥˩……næᴇ˥ʂuo˥˧˩nə˥˩kə˥˩tsuei˥˧tʂʰuei˥˧˩liæ̃˥˧˦tiɑɔ˥˦.黄：啊，他这嘴吹脸吊的那。ɑ̃˥,t ʰɑ˥˧tʂə˥tsuei˥˧tʂʰuei˥˧˨liæ̃˥˧˦tiaɔ˥ti˧nei˦˨.（嘴垂……）黄：嗯，吹……ə̃˨,tʂʰ……王：嗯，嘴吹……ŋ̍˨,tsuei˥˧tʂʰuei˥˧˨……（垂下来的垂？）黄：吹，吹。tʂʰuei˥˧,tʂʰuei˥˧.王：呃，吹。嘴吹脸吊兀。ə˨,tʂʰuei˥˧.tsuei˥˧tʂʰuei˥˧˨liæ̃˥˧˦tiaɔ˥˦vææ˦˨.黄：嘴吹，嗯，嘴吹脸吊的。tsuei˥˧tʂʰuei˥˧˨,ə̃˨,tsuei˥˧tʂʰuei˥˧˨liæ̃˥˧˦tiaɔ˥˦ti˧.（liæ̃˥˧tiaɔ˥是什么东西？）王：脸吊咧。liæ̃˥˧tiaɔ˥lie˧.黄：脸，脸吊着咧，脸长了么就是。liæ̃˥˧,liæ̃˥˧tiaɔ˥tʂə˧lie˧,liæ̃˥˧tʂʰɑŋ˩˨lə˧muo˧tɕiou˥˦sɿ˦˨.（噢，嘴……噗，吹？）黄：嘴……啊，脸吊呣。tsuei˥˧……ɑ˨,liæ̃˥˧tiaɔ˥m̩˧.王：啊，嘴吹脸吊。ɑ˨,tsuei˥˧tʂʰuei˥˧˨liæ̃˥˧˦tiaɔ˥.（你再说句，也是那个话。）黄&王：嘴吹脸吊。tsuei˥˧tʂʰuei˥˧˨liæ̃˥˧˦tiaɔ˥.（一个一个说，欸是，黄老师你先说。）黄：嘴吹脸吊么。tsuei˥˧tʂʰuei˥˧˨liæ̃˥˧tiaɔ˥muo˧.（你呢？）王：嘴吹脸吊么。tsuei˥˧tʂʰuei˥˧˨liæ̃˥˧˦tiaɔ˥muo˧.

哭

（这有的人呐，这比如说这个哭，有的人[做抽泣状]……这叫什么？这是怎么回事？）王：伤心，这不伤心？ʂaŋ˥˧˨ɕiŋ˥˧˦,tʂə˥˦pu˩˨ʂaŋ˥˧˨ɕiŋ˥˧˨?黄：抽泣，哼。tʂʰou˥˧tɕʰi˥˧˨,xŋ̍˥˧.（哦，抽泣是那个呢！你们一般叫什么？）王：我兀一般说是哭的伤心的看他。ŋuo˥˧vææ˥i˥˧pæ̃˥˧˦ʂuo˥˧˨sɿ˥kʰu˥˧ti˧ʂaŋ˥˧˦ɕiŋ˥˧ti˧kʰæ̃˥tʰɑ˥˧.黄：我们把那……这是伤心的哭了。ŋuo˥˧məŋ˧pɑ˥˧˨nə˥tsɿ……tʂə˥sɿ˥ʂaŋ˥˧˦ɕiŋ˥˧ti˧kʰu˥˧˨lə˧.（有没有什么特殊的说法？专门的说法来说的？抽抽嗒嗒？）黄：这就是抽咧。抽的……抽抽嗒嗒的样。tʂei˥tɕiou˥˦sɿ˥˨tʂʰou˥˧lie˧.tʂʰou˥˧ti˧……tʂʰou˥˧tʂʰou˥˧˦tɑ˥˧˦tɑ˥ti˧liaŋ˥˦.（你们说不说，你们说这叫是，他是在这儿哭还是叫是在抽？）王：我们这一般就是一看见那么个欸说欸，兀哭的伤心的，看着他……ŋuo˥˧məŋ˧tʂə˥i˥˧pæ̃˥˧tɕiou˥sɿ˥i˥˧˨kʰæ̃˥tɕiæ̃˥nə˥˦muo˧kə˥˨ei˥ʂuo˥˧˨ei˥,və˥kʰu˥˧ti˧ʂaŋ˥˧˦ɕiŋ˥˧ti˧,kʰæ̃˥tʂə˧tʰɑ˥˧˨……（那哭得伤心，还有更厉害的喽，啊……那种。）黄：那不是伤心了。一那我们……nə˥˦pu˩˨sɿ˥˨ʂaŋ˥˧˨ɕiŋ˥˧lə˧.i˥˧˨nei˥ŋuo˥˧məŋ˧ʂ……王：那时候就那他是放声嚎。nei˥˦sɿ˩˨xou˥tsou˥nei˥˦tʰɑ˥˧˦sɿ˥faŋ˥ʂəŋ˥˧xaɔ˩˨.黄：放声大哭……放声大哭不一定他就是伤心。faŋ˥˦ʂəŋ˥˧˨tɑ˥kʰə……faŋ˥˦ʂəŋ˥˧˨tɑ˥kʰu˥˧pu˩˨i˥˧˨tiŋ˥tʰɑ˥˧˦tɕiou˥sɿ˥ʂaŋ˥˧˨ɕiŋ˥˧.王：啊。伤心下咧哭的更加厉害是。ɑ˨.ʂaŋ˥˧˦ɕiŋ˥˧xɑ˥lie˧kʰu˥˧ti˧kəŋ˥tɕiɑ˥˧˨li˥˦xææ˥˨sɿ˥˨.黄：伤心的人根本你就哭不出来。这就是一种哭法。ʂaŋ˥˧˨ɕiŋ˥˧ti˧ʐəŋ˩kəŋ˥˧˨pəŋ˥˧˦ni˥˧tsou˥˨kʰu˥˧pu˩˨tʂʰɥ˥˧læɛ˩˨.tʂə˥tɕiou˥sɿ˥˨i˥˧˨tʂuoŋ˥˧˦kʰu˥˧fɑ˥˧˨.（没事就"啊……"。）黄：哇哇大叫。那根本就是不伤心的哭法。vɑ˥˧˦vɑ˥˧˨tɑ˥tɕiaɔ˥.nei˥˦kəŋ˥˧˨pəŋ˥˧tsou˥˨sɿ˥˨pu˩˨ʂaŋ˥˧˨ɕiŋ˥˧ti˧kʰu˥˧fɑ˥˧˨.（那叫什么呢？）黄：那就是这个骇人的哭法。nei˥tɕiou˥sɿ˥˨tʂə˥˨kə˥˨xææ˥ʐəŋ˩˨ti˧kʰu˥˧˨fɑ˥˧˨.王：嚎咧么，那就叫是大声嚎。xaɔ˩lie˧muo˧,nei˥tɕiou˥tɕiaɔ˥sɿ˥tɑ˥ʂəŋ˥˧˦xaɔ˩.黄：嚎咧么那，干嚎咧么。xaɔ˩lie˧muo˧nə˥˨,kæ̃˥˧˨xaɔ˩˨lie˧muo˧.王：干嚎咧么。kæ̃˥˧˨xaɔ˩˨lie˧muo˧.（还有，还有一种就是说，这哭得已经上气不接下气了。你问他什么话[模仿哭述状]，你这样子是……这是什么呢？）黄：哈，这会儿他已经那个，嗯……xɑ˥˧,tʂə˥xuər˥˨tʰɑ˥˧˦i˥˧˨tɕiŋ˥˧˦nə˥kə˥,ŋ̍˨……王：那兀说不来。nɑ˥vɑ˥ʂuo˥˧pu˩˨læɛ˩˦.黄：那把他叫啥咧吵你看这？nei˥pɑ˥˧˨tʰɑ˥˧˦tɕiaɔ˥sɑ˥˦lie˧sɑ˧ni˥˧kʰæ̃˥˨tʂə˥˦?（没有一种什么……）黄：没有个啥固定的说法好像这个。mei˩iou˥˧kə˥sɑ˥ku˥tiŋ˥ti˧ʂuo˥˧fɑ˥˧˨xaɔ˥˧˨ɕiaŋ˥˨tʂə˥kə˥˨.（有没有哭得什么呵呵唠唠的说法？呵唠呵唠的？）黄：没有。mei˩˨iou˥˧˨.（类似这种说法呢？）黄：类似这种说法就是，我们这儿就是那，哎呀，哭得连气都上不来咧。luei˥˦sɿ˥tʂei˥tʂuoŋ˥˧˨ʂuo˥˧fɑ˥˧˨tɕiou˥sɿ˥,ŋuo˥˧məŋ˧tʂər˥tʂou˨（←tsou˥）sɿ˥˨nə˥,ææ˨iɑ˧,kʰu˥˧ti˧liæ̃˩˨tɕʰi˥tou˥˧˨ʂaŋ˥pu˩˨læɛ˩˨lie˧.

哭丧着脸

黄：有些个人，有些人可骂你他说，哭丧着个脸。iou˥˧ɕie˥˨˩kə˨˩zəŋ˩˧,iou˥˧ɕie˥˨˩zəŋ˩˧kʰə˥˧˩ma˧˥ni˥˧tʰɑ˥˧ʂuo˥˧,kʰu˥˨˩saŋ˧˥tʂə˨kə˧˩liæ̃˥˧.（哭丧着个脸？）黄：嗯，也就是不高兴么，有人骂了以后是。ə̃˨˩,ie˥˧tsou˧sɿ˧pu˩˧˩kɑɔ˥˨˩ɕiŋ˧˥muo˨,iou˥˨˩zəŋ˩˧ma˧lə˨i˥˨˩xou˧˥sɿ˧˩.王：哭丧着脸。kʰu˥˨˩saŋ˧˥tʂə˨liæ̃˥˧.

脸迈过去、转过脸去

（脸转过去说不说脸迈过去？）黄：也也有这个说法。脸迈过去。ie˥˧æ˥˧iou˥˧tʂə˧kə˧ʂuo˥˧fa˥˨˩.liæ̃˥˧mæᴇ˧kuo˧tɕʰi˧˩.（什么时候说这个话？）黄：有时候你别人个生气了，你给他说那个话，他根本不在意听你那个东西。他脸迈过去还看其他的东西。iou˥˧sɿ˩˧xou˧ni˥˧pie˩˧zəŋ˩˧kə˧˩səŋ˥˨˩tɕʰi˧lə˨,ni˥˧kei˧tʰɑ˥˧ʂuo˥˧nə˧˩kə˧˩xua˧,tʰɑ˥˧kəŋ˥˨˩pəŋ˥˧pu˩˧tsæᴇ˧i˧tʰiŋ˥˧ni˥˨˩nə˧˩kə˧˩tuoŋ˥˧ɕi˨.tʰɑ˥˨˩liæ̃˥˧mæᴇ˧kuo˧tɕʰi˧xɑ˩˧kʰæ̃˧tɕʰi˩˧tʰɑ˥˧ti˨tuoŋ˥˨˩ɕi˨.（叫什么？）黄：脸迈过去。liæ̃˥˧mæᴇ˧kuo˧tɕʰi˧˩.（说不说迈过脸去？）黄&王：不说。pu˩˧ʂuo˥˨˩.（就是脸迈过去？）黄：嗯。ə̃˨˩.王：有时候说，转过脸去。iou˥˧sɿ˩˧xou˧ʂuo˥˧,tʂuæ˥˧kuo˧˩liæ̃˥˨˩tɕʰi˧˩.黄：啊，有说转过脸去的。ɑ˨˩,iou˥˧ʂuo˥˨˩tʂuæ̃˥˧kuo˧liæ̃˥˧tɕʰi˧˩ti˨.

害羞

（这个说些什么事，这个人比较害羞，整个脸都，说不说脸红啊什么东西？）黄：害羞咧么。xæᴇ˧ɕiou˥˧liem˨.（说不说脸红了或者怎么样？）黄：哎说咧么。说你脸红啊，那是害羞咧。æᴇ˥˧ʂuo˥˧lie˨muo˨.ʂuo˥˧ni˥˧liæ̃˥˧xuoŋ˩˧æ˨,nə˧sɿ˧xæᴇ˧ɕiou˥˧lie˨.（脸红了。是……就是害羞的意思？）黄：啊。再一个就说是这个人脸皮儿薄么。ɑ˨˩.tsæᴇ˧i˥˧kə˧˩tɕiou˧ʂuo˥˧sɿ˧tʂə˧kə˧zəŋ˩˧liæ̃˥˧pʰiər˩˧pɑɔ˩˧muo˨.

变脸失色

（这个有个什么事情惊……吓得他这个脸上都怎么？）黄：变咧形了哞。piæ̃˧lie˨ɕiŋ˩˧lə˨m̩˨.（是变形了还是脸变白了？）黄：有时候说是个脸……iou˥˧sɿ˩˧xou˧ʂuo˥˨˩sɿ˧˩kə˧˩liæ̃˥˧……王：一般也说脸变色了么。i˥˨˩pæ̃˥˨˩ie˥˨˩ʂuo˥˨˩liæ̃˥˧piæ̃˧sei˥˧lə˨muo˨.黄：脸变咧色咧，或者是脸变的煞白的。liæ̃˥˧piæ̃˧lie˨sei˥˧lie˨,xuo˩˧tʂə˥˨˩sɿ˧˩liæ̃˧piæ̃˧ti˨ʂɑ˥˧pei˩˧ti˨.（说不说脸白了？）黄：这个好像也不，不说啊？tʂə˧˩kə˧˥xɑɔ˥˧ɕiaŋ˧a˥˧pu˩˧,pu˩˧ʂuo˥˧ɑ˨?王：不说，啊。pu˩˧ʂuo˥˧,ɑ˨˩.黄：光说是脸变咧色了。kuaŋ˥˧ʂuo˥˨˩sɿ˧liæ̃˥˧piæ̃˧lie˨sei˥˧lə˨.王：嗯。ŋ̍˨˩.黄：有些是话就说，你看，你一下变脸失色。iou˥˧ɕie˥˧ʂɿ˧xua˧tɕiou˧˩ʂuo˥˨˩,ni˥˧kʰæ̃˧,ni˥˧i˥˨˩xɑ˧˩piæ̃˧˥liæ̃˥˧ʂɿ˥˨˩sei˥˨˩.（叫什么？）黄：变脸失色的。piæ̃˧liæ̃˥˧ʂɿ˥˨˩sei˥˧ti˨.（变脸失色？）王：嗯。ŋ̍˨˩.黄：嗯。ə̃˨˩.

扭头捩怪

黄：有时候也骂你这个，捩头扭脖子的那号儿啥了。iou˥˧sɿ˩˧xou˧ia˥˧ma˧˥ni˥˧tʂə˧kə˧,lie˥˨˩tʰou˩˧niou˥˧puo˩˧tsɿ˧ti˨nə˧xɑɔr˧sɑ˧˩lə˨.王：那是扭头捩怪的。nei˧sɿ˧niou˥˧tʰou˩˧lie˥˨˩kuæᴇ˧˥ti˨.黄：啊，扭头捩怪的。ɑ˧,niou˥˧tʰou˩˧lie˥˨˩kuæᴇ˧ti˨.（扭头……）黄：嗯。ŋ̍˨˩.王：捩怪的。lie˥˨˩kuæᴇ˧˥ti˨.（lie˨˩是什么？这么扭是不是叫捩？）王：嗯。ə̃˨˩.黄：嗯。扭头捩怪嘛。ŋ̍˨˩.niou˥˧tʰou˩˧lie˥˨˩kuæᴇ˧ma˨.（是拐过来的拐吗？）黄：嗯。就是的。ə̃˥˧.tɕiou˧˩sɿ˧˩ti˨.王：怪物的怪。kuæᴇ˧˥vuo˥˨˩ti˨kuæᴇ˧.（什么？）黄：扭头捩怪。niou˥˧tʰou˩˧lie˥˨˩kuæᴇ˧˥.（哪个拐呀？）王：怪东西的怪，怪物的怪吧？kuæᴇ˧tuoŋ˥˧ɕi˨ti˨kuæᴇ˧,kuæᴇ˧vuo˥˧ti˨kuæᴇ˧pɑ˨?黄：怪……嗯。不是的。怪么。拐棍的拐，欸，怪物的怪，扭头捩怪的。kuæᴇ˧……ŋ̍˥˧.

pu˩˥sɿ˥ti˧.kuei˥˧muo˧.kuæᴇ˥kuoŋ˥˩ti˧kuæᴇ˥˦,ei˦,kuæᴇ˥˦vuo˥ti˧kuæᴇ˥,niou˥tʰou˩˩lie˥˩kuæᴇ˥˦ti˧.（拐……拐卧是哪个拐卧？）王：就说扭头捩怪的，你就像个怪物样的么。那就是个怪物的怪么。tɕiou˥˩ʂuo˥˩niou˥tʰou˩lie˥˩kuæᴇ˥˦ti˧,ni˥˩tɕiou˥ɕiaŋ˥(k)ə˥˩kuæᴇ˥˦vuo˥˩iaŋ˥˩ti˧muo˧.nə˥˩tɕiou˥sɿ˥kə˥kuæᴇ˥˦vuo˥˩ti˧kuæᴇ˥muo˧.（kuæᴇ˦vuo˥是什么东西？）黄：就是到人面前了，你这个就不是个正面的形象，你头一下扭扭下子，就是那个样子。不是正面看人的。tɕiou˥sɿ˥tao˥ʐəŋ˩miæ̃˥tɕʰiæ̃˩˩lə˧,ni˥˩tʂə˥˩kə˥˩tsou˥˩pu˩˩sɿ˥˩kə˥tʂəŋ˥˦miæ̃˥˩ti˧ɕiŋ˩˩ɕiaŋ˥,ni˥tʰou˩i˥˩xa˥niou˥niou˥˩xa˥tsɿ˧,tɕiou˥sɿ˥nə˥kə˥iaŋ˥tsɿ˧.pu˩˩sɿ˥˩tʂəŋ˥˦miæ̃˥˩kʰæ̃˥ʐəŋ˩˩ti˧.

掫、倨

（这个脸呐，有的人这个老师这个板着脸，比如说老师啊领导他不苟言笑，你说什么？这个脸老怎么着？）黄：掫的很。我们这儿土话就说，你看，再一个就……tʂou˥ti˧xəŋ˥˩.ŋuo˥˦məŋ˧tʂər˥tʰu˥xua˥tɕiou˥˩ʂuo˥˩,ni˥kʰæ̃˥,tsæᴇ˥i˥˦kə˥tsou˥……王：兀人掫的很。væᴇ˥ʐəŋ˩tʂou˥ti˧xəŋ˥˩.黄：你兀人掫的很。就是你……ni˥˩fæᴇ˥˦（←væᴇ˥）ʐəŋ˩tʂou˥ti˧xəŋ˥˩.tɕiou˥˦sɿ˥˩ni˥˩……（周的很？）黄：掫，嗯。tʂou˥,ə̃˩.（tʂou˥？）黄：掫的很啊。tʂou˥ti˧xəŋ˥˩a˧.（哪个tʂou˥？）王：就掫东西那个掫。tɕiou˥tʂou˥˦tuoŋ˥ɕi˧nei˥˩kə˥˩tʂou˥˦.黄：掫东西的掫还，啊，就说那还……tʂou˥˦tuoŋ˥ɕi˧ti˧tʂou˥xa˩˩,a˩,tɕiou˥ʂuo˥˦nei˥˦xa˩˩……（tʂou˥？）黄：掫，嗯。tʂou˥,ŋ̍˩.（跟姓周的周一样的音吗？）王：嗯。ŋ̍˩.黄：嗯。ŋ̍˥.（说不说这个脸板板着？）黄：哎不说这个话。但是现在把这个掫啊，哎，□可不叫掫了啊，他说倨[①]死鬼。他倨的够呛。æᴇ˥pu˩ʂuo˥˩tʂə˥kə˥xua˥˩.tæ̃˥˩sɿ˥˩ɕiæ̃˥tsæᴇ˥˦pa˥˩tʂə˥kə˥tʂou˥a˩,æᴇ˩,(n)iæ̃˩˩kʰə˥pu˩tɕiao˥tʂou˥lə˧a˧,tʰa˥ʂuo˥˦tɕy˥sɿ˥˩kuei˥˩.tʰa˥˦tɕy˥ti˧kou˥tɕʰiaŋ˥˩.（tɕy˥是哪个tɕy˥呀？）黄：这□，满足的足，足够的那足，呃。tʂə˥˦niæ̃˩˩,mæ̃˥tɕy˥˩ti˧tɕy˥˩,tɕy˥˩kou˥˦ti˧nə˥˩tɕy˥,ə˩.（满足的足？）黄：啊。倨。你说比方谁骂他个谁，你看是……a˩.tɕy˥.ni˥˩ʂuo˥˩pi˥˦faŋ˥sei˩ma˥tʰa˥˩kə˥˩sei˩,ni˥˩kʰæ̃˥sɿ˥……王：倨得很。tɕy˥tə˧xəŋ˥˩.黄：你看把你一下倨的咋啊！这就是欹，一般就说是这个人，目中无人的啊，一下子，当了屁大，呃当了屁大点儿官，你看把你倨的一下。ni˥˦kʰæ̃˥pa˥˩ni˥i˥˩xa˥tɕy˥ti˧tsa˥æ˧!tʂei˥˦tɕiou˥sɿ˥ei˥,i˥˦pæ̃˥tɕiou˥ʂuo˥˩sɿ˥˩tʂə˥˩kə˥ʐəŋ˩,mu˥tʂuoŋ˥˩vu˩ʐəŋ˩ti˧a˩,i˥˩xa˥tsɿ˧,taŋ˥lə˧suoŋ˩˩ta˥,ə˥taŋ˥lə˧pʰi˥ta˥tiær˥˦kuæ̃˥,ni˥˦kʰæ̃˥pa˥˩ni˥˦tɕy˥ti˧i˥˩xa˥.（说不说脸吊吊着？）王：那也吊这个话还太不说，啊？næᴇ˥ia˥˦tiao˥˦tʂə˥˩kə˥˩xua˥xa˩˩tʰæᴇ˥pu˩˩ʂuo˥,a˩?（不说？）王：嗯。那有时候那看兀这人不高兴了，就说你脸吊的咋的？ŋ̍˩.nei˥iou˥sɿ˩˩xou˥nə˥kʰæ̃˥væᴇ˥tʂə˥ʐəŋ˩pu˩˩kao˥˩ɕiŋ˥˦lə˧,tɕiou˥˩ʂuo˥˩ni˥˦liæ̃˥tiao˥ti˧tsa˥˩ti˧?黄：啊。a˩.（也说脸吊？）黄：也说咧，也说咧他。ie˥ʂuo˥˩lie˧,ie˥ʂuo˥˩lie˧tʰa˥.王：嗯。脸吊咋的？ŋ̍˩.liæ̃˥tiao˥ti˧tsa˥˩ti˧?（脸……）黄：你给，噢，你给谁吊脸咧嘛，啊。ni˥˩kei˥,ao˩,ni˥˦kei˥sei˩tiao˥liæ̃˥lie˧ma˧,a˩.王：嗯。脸吊的咋咧？ŋ̍˩.liæ̃˥tiao˥ti˧tsa˥˩lie˧?

迈白眼

（眼睛这么乱看的，说你……叫什么东西？）黄：一般就叫你左顾右盼嘛。i˥˦pæ̃˥tɕiou˥tɕiao˥ni˥˦tsuo˥ku˥iou˥pʰæ̃˥ma˧.（那是文词了！）黄：文词就是你了左顾右盼。再就说是这个，这个叫说啥咧？是叫啥？vəŋ˩tsʰɿ˩˦tɕiou˥sɿ˥ni˥˦lə˧tsuo˥ku˥iou˥pʰæ̃˥.tsæᴇ˥˦tɕiou˥ʂuo˥˦sɿ˥tʂə˥˩kə˥,tʂə˥kə˥tɕiao˥ʂuo˥˦sa˥lie˧?sɿ˥˩tɕiao˥˦sa˥˩?（有没有说迈眼的说法？）王：有的说，

① 倨：傲。《广韵》居御切："倨傲。"《集韵》另收居鱼切："傲也。《春秋传》：'直而不倨。'徐邈读。"

有说么。你迈白眼咧。iou˥˧ti˧˩ʂuo˥˩˨,iou˥˧ʂuo˥˩˨muo˧˩.ni˥˧mæᴇ˥peiᴧniæ̃˥˧lie˧˩.黄：嗯哼，你迈白眼咧就说是。əŋ˥˩xəŋ˨˩,ni˥˧mæᴇ˥peiᴧniæ̃˥˧lie˧˩tsou˥ʂuo˥˩˨sɿ˨˩.（迈白眼是什么，什么意思呢？）王：那就说你不注意，你是力不注……不集中咧，你是眼里迈白眼了。nə˨˩tɕiou˥ʂuo˥˩˨ni˥˧puᴧ˨tʂʮ˥li˥,ni˥˧sɿ˥li˥˧puᴧ˨tʂʮ˥……puᴧ˨tɕiᴧtʂuoŋ˥˧lie˧˩,ni˥˩sɿ˥˨niæ̃˥˧li˥˨mæᴇ˥peiᴧniæ̃˥˧lə˧˩.

睒

张先金：睒，就是不愿意瞅你的时候把你睒一眼，眼睛那么个一睒。啊。ʂæ̃ᴧ,tɕiou˥sɿ˥puᴧ˨yæ̃˥i˥tsʰou˥˧ni˥˨ti˧˩sɿᴧ˨xou˥˨pɑ˥˨ni˥˧ʂæ̃ᴧi˥˨niæ̃˥˨,niæ̃˥˧tɕiŋ˥˧nə˥muo˧˩kə˥i˥˨ʂæ̃ᴧ.ɑ˥˧.（还没有找到同音字吗？）啊，兀个字不知道咋么写的。ɑ˨˩,vu˥˨kə˥tsɿ˥puᴧ˨tʂʮ˥˨tɑɔ˥˨tsɑ˥˨muo˧˩ɕie˥˧ti˧˩.（你有没有相同的这个字？字音相同的。）我……他把我睒咧一眼。就是这么个。啊。ŋuo˥˨……tʰɑ˥˧pɑ˥˨ŋuo˥˧ʂæ̃ᴧlie˧˩i˥˨niæ̃˥˨.tɕiou˥˨sɿ˥˨tʂə˥muo˧˩kə˥˨.ɑ˥˧.

睁眼

（眼睛这么睁开是叫睁眼还是睁眼窝？）黄：睁眼咧。tsəŋ˥˨niæ̃˥˧lie˧˩.（有的这个人呐平常是比较懦弱，这个人家欺负他也不说，后来他这个有点觉悟了还是怎么样，人家怎么也……他有些这是该该说的地方要说，该做的事情要做，说不说这个人睁眼了？）黄：这还不说咧。不说睁眼这个话。tʂei˥xɑᴧ˨puᴧ˨ʂuo˥˧lie˧˩.puᴧʂuo˥˧tsəŋ˥˨iæ̃˥˧tʂə˥kə˥xuɑ˨˩.（那你说这个老天眼……老天爷睁眼了是什么意思呢？）黄：老天爷睁眼那只是一句祝福的话，好像就说是这个，我这么穷或者是啥，老天爷你就睁不开眼睛看住我。lɑɔ˥˧tʰiæ̃˥˨ieᴧtsəŋ˥˨niæ̃˥˧nei˥tsɿ˥˨sɿ˥˨i˥˨tɕy˥tʂʮ˥fu˥˨ti˧˩xuɑ˥,xɑɔ˥˧ɕiɑŋ˥tɕiou˥ʂuo˥˧sɿ˥tʂə˥˨kə˥˨,ŋuo˥˧tʂə˥muo˧˩tɕʰyoŋᴧxuoᴧ˨tʂə˥˨sɿ˥˨sɑ˥,lɑɔ˥˧tʰiæ̃˥˧ieᴧni˥˧tsou˥tsəŋ˥puᴧ˨kʰæᴇ˥˨niæ̃˥˧tɕiŋ˥˨kʰæ̃˥tʂʮ˥ŋuo˥˨.

吹胡子瞪眼

1.（[做瞪眼状]把眼睛这样？）黄：瞪下。təŋ˥xɑ˥˨.（这是瞪下？）黄&王：嗯。ŋ̍˨˩.（那是瞪，瞪眼不说？）王：啊，瞪眼，说瞪眼。ɑ̃˨˩,təŋ˥iæ̃˥,ʂuo˥təŋ˥iæ̃˥˨.黄：说瞪眼咧。ʂuo˥təŋ˥niæ̃˥˨lie˧˩.（有没有说这个人瞪眼这个凶凶的，说是这个吹……吹胡子瞪眼的这种说法？）黄：哎有说咧。æᴇ˥iou˥˨ʂuo˥lie˧˩.王：那有咧。吹胡子瞪眼说。nei˥iou˥lie˧˩.tʂʰuei˥xuᴧ˨tsɿ˧təŋ˥niæ̃˥˧ʂuo˥˨.黄：吹胡子瞪眼咧。tʂʰuei˥xuᴧ˨tsɿ˧təŋ˥niæ̃˥˧lie˧˩.（还有什么说法呢？除了吹胡子瞪眼还有什么说法？横眉竖眼？）黄：哎都说咧。æᴇ˥tou˥˨ʂuo˥lie˧˩.（这个土一点的说法？拿……那个脖子一亘，啊，眼睛一瞪，装得很凶的样子。）王：最土的那就说的你吹胡子瞪眼咧。tsuei˥tʰu˥ti˧nei˥tɕiou˥ʂuo˥˨tə˧ni˥˨tʂʰuei˥˨xuᴧtsɿ˧təŋ˥niæ̃˥lie˧˩.（就没有别的说法了？）王：嗯。ŋ̍˨˩.

2.（有没说话吹胡子瞪眼这种说法？）王：有。iou˥.黄：有咧。吹胡子瞪眼。iou˥lie˧˩.tʂʰuei˥xuᴧ˨tsɿ˧təŋ˥niæ̃˥˨.（这说什么东西呢？）黄：这是指一个人说话的这个表情。噢，是那个声音，啊？tʂə˥sɿ˥tsɿ˥i˥˨kə˥ʐəŋᴧʂuo˥˨xuɑ˥tə˧tʂə˥˨kə˥˨piɑɔ˥tɕʰiŋᴧ.ɑɔ˨˩,sɿ˥˨nə˥˨kə˥˨ʂəŋ˥iŋ˥˨,ɑ˥?王：不管欻是个啥事来的话，兀就……puᴧ˨kuæ̃˥ei˥sɿ˥˨kə˥˨sɑ˥sɿ˥læᴇᴧti˧xuɑ˥,væᴇ˥tɕiou˥……黄：到他跟前来的后头……tɑɔ˥tʰɑ˥kəŋ˥˨tɕʰiæ̃ᴧ˨læᴇᴧti˧xou˥˨tʰou˧˩……王：高一声，低一声，眼窝差……kɑɔ˥i˥˨ʂəŋ˥˧,ti˥i˥˨ʂəŋ˥˨,iæ̃˥vuo˥˨tsʰɑ˥……黄：高一声，低一声，眼窝掌的圆圆儿的给你掌那儿。kɑɔ˥i˥˨ʂəŋ˥˧,ti˥i˥˨ʂəŋ˥˨,niæ̃˥vuo˥˨tsʰəŋ˥ti˧yæ̃ᴧyæ̃rᴧti˧kei˥ni˥˧tsʰəŋ˥nɑr˥.王：眼睛掌下那号儿，你吹胡子瞪眼咧。niæ̃˥tɕiŋ˥˨tsʰəŋ˥xɑ˥nə˥xɑɔr˥,ni˥˧tʂʰuei˥xuᴧ˨tsɿ˧təŋ˥niæ̃˥lie˧˩.黄：啊。ɑ˨˩.（是说他是生气还是说他什么呢？）王：生气。səŋ˥˨tɕʰi˥.黄：生气么，啊，说话的这个声音和这个姿势么。səŋ˥˨tɕʰi˥muo˧,ɑ˨˩.ʂuo˥˨xuɑ

˥ti˧tʂə˥kə˥ʂəŋ˥iŋ˥˩xuo˨˩tʂə˥˩kə˥˩tsɿ˥˩ʂɿ˥˩muo˧.

挤眼儿、迈眼儿、鳖瞅蛋

（这个递一个眼色你们叫什么？）黄：挤个眼儿么。tɕi˥˩kə˥˩niæ̃r˥muo˧.（有没有说迈眼的说法？）黄：有咧么，啊？iou˥lie˧muo˧,ɑ˩?王：嗯。ŋ̍˩.（转眼，迈眼？）黄：迈眼儿。mæᴇ˥niæ̃r˥˧.（这个瞅眼，有没有说什么什么，鳖瞅蛋的说法？）黄：[笑]那说咧嘛。nei˥˧ʂuo˥lie˧mɑ˧.王：有咧么，鳖瞅蛋咧么。iou˥liem˧,pie˥˩tsʰou˥tæ̃˥liem˧.黄：鳖瞅蛋咧么。骂你就拿眼睛……形容你拿眼睛一下瞪住个人你就……pie˥˩tsʰou˥˧tæ̃˥lie˧muo˧. mɑ˥ni˥tsou˥nɑ˨˩niæ̃˥tɕiŋ˥˩……ɕiŋ˨˩yoŋ˨˧ni˥nɑ˨˩niæ̃˥tɕiŋ˥˩i˥˩xɑ˥təŋ˥tʂɿ˥kə˥zəŋ˨ni˥˩tsou˥˩……王：欸□□鳖瞅蛋咧嘛你这。ei˩niæ̃˨˩niæ̃˨˧pie˥˩tsʰou˥tæ̃˥˧lie˧mɑ˧ni˥˩tʂə˥˩.（噢，就这这是这么看着？）王：啊。ɑ˩.黄：嗯。噢，看着。ŋ̍˩.ɑɔ˩,kʰæ̃˥tʂə˧.

眼泪花花儿乱转

（眼……眼睛里头啊受了委屈，这个眼泪在眼窝儿里头这么打着转，叫什么？）王：眼……那叫眼泪花儿。niæ̃˥˩……nei˥tɕiɑɔ˥niæ̃˥˩luei˥˧xuɑr˥.黄：眼泪花花儿乱转咧。niæ̃˥˩ luei˥˩xuɑ˥xuɑr˥˩luæ̃˥tʂuæ̃˥lie˧.（眼泪花花什么？）黄：嗯，乱转咧么。ŋ̍˥,luæ̃˥tʂuæ̃˥liem˧.王：乱转咧。luæ̃˥tʂuæ̃˥˧lie˧.黄：但是没有掉下来么就是。tæ̃˥sɿ˥mei˨˩iou˥˧tiɑɔ˥xɑ˥˧læᴇ˨˩mu o˧tɕiou˥˩sɿ˥˩.

淌尿水儿

（唰，这怎么啦？）黄：满……眼泪流下来了。mæ̃˥˧……niæ̃˥luei˥liou˨ɕiɑ˥læᴇ˨˩lə˧.（是流眼泪还是眼泪……）王：淌眼泪。tʰɑŋ˥niæ̃˥luei˥˩.黄：淌……啊，淌字比较土一些。tʰɑŋ˥˩ni……ɑ˩,tʰɑŋ˥tsɿ˥˩pi˥˧tɕiɑɔ˥tʰu˥i˥˩ɕie˥˩.（有没有别的什么说法？）王：别的说法那……pie˨ti˧ʂuo˥˩fɑ˥˩nə˥……（开玩笑的说法。什么人，流什么，流油啦或者怎么样？）黄：没有。mei˨˩iou˥˧.（笑话他这个……）黄：哎嗨，那就是啥，骂人开来之后，你尿水子多得很。个尿水子淌下来了。æᴇ˩xæᴇ˥,næᴇ˥tɕiou˥˧sɿ˥sɑ˥˧,mɑ˥zəŋ˨˩kʰæᴇ˥læᴇ˨˩tsɿ˥˩xou˥, ni˥˧niɑɔ˥ʂuei˥tsɿ˧tuo˥tə˧xəŋ˥˩.kə˥˩niɑɔ˥ʂuei˥tsɿ˧tʰɑŋ˥xɑ˥læᴇ˨˩lə˧.（淌……淌尿水儿是吧？）黄：啊哈，你个尿水咋么多了？淌尿水儿咧。ɑ˥xɑ˥,ni˥˧kə˥niɑɔ˥ʂuei˥˧tsɑ˥˩muo˧tuo˥lə˧?tʰɑŋ ˥˧niɑɔ˥˧ʂuɑr˥˧lie˧.（就说小孩子？）黄：啊。ɑ˥.（还有女……妇女同志也……也有爱哭的这个？）黄：啊。就是。哎尿水子多得很那就。ɑ˥.tɕiou˥˧sɿ˥˩.æᴇ˥niɑɔ˥ʂuei˥˩tsɿ˧tuo˥˩tə˧xəŋ˥nei ˥˩tsou˥˩.

耷拉

（耳朵这么……）黄：耷拉了。tɑ˥(l)æ˧lə˧.（这样呢？狗这……）黄：吐舌……吐舌头咧么。tʰu˥ʂə˨˩l……tʰu˥ʂə˨˩tʰou˧liem˧.（是吐舌头还是耷拉个舌头？）黄：这叫吐舌头咧多一半儿啊？这吐舌头。tʂei˥tɕiɑɔ˥tʰu˥ʂə˨˩tʰou˧lie˧tuo˥i˥˩pæ̃r˥ɑ˧?tʂə˥˩tʰu˥ʂə˨˩tʰou˧.（狗，狗也叫这个，狗也叫吐舌头还是什么东西？）王：狗□兀叫耷拉舌头。kou˥niæ̃˨˩væᴇ˥˩tɕiɑɔ ˥tɑ˥lɑ˧ʂə˨˩tʰou˧.黄：啊。ɑ˩.（狗是耷拉舌头？）黄&王：嗯。ŋ̍˩.（人就叫吐舌头？）黄&王：嗯。ŋ̍˩.

你把你驴耳朵奓起来

（外头有什么声音，这么听，叫怎么听呢？你就你就这么听，叫什么呢？外头有什么声音。）王：那个听叫啥？旁听。nə˥kə˥tʰiŋ˥tɕiɑɔ˥sɑ˥˩?pʰɑŋ˨tʰiŋ˥.（还是支着耳朵听还是什么听？）黄：支着耳朵听。tsɿ˥tʂə˧ər˥tuo˧tʰiŋ˥˩.王：噢，支着耳朵听。

ɑɔ˧,tsɿ˥tʂə˩ər˥tuo˩tʰiŋ˥˩.黄：嗯。ŋ̍˩.（有没有说是支长耳朵听还是什么东西？）黄：啊，有咧你。æ˩,iou˥lie˩ni˥˩.王：就是有些人骂那话，你奓着耳朵听，那把你耳朵，奓，你奓着。tɕiou˧sɿ˧iou˥ɕie˥˩zəŋ˨mɑ˧nə˧xuɑ˧˩,ni˥tsɑ˧˥tʂə˩ər˥tuo˩tʰiŋ˥˩,nə˧pɑ˥˩ni˥˥ər˥tuo˩,tsɑ˧,ni˥˥tsɑ˧˥tʂə˩.黄：啊，把你耳朵奓着听。ɑ˩,pɑ˥˩ni˥˥ər˥tuo˩tsɑ˧˥tʂə˩tʰiŋ˥˩.（tsɑ˥？）黄：奓，奓起来的奓。tsɑ˧,tsɑ˧˥tɕʰi˥læᴇ˨˩ti˩tsɑ˧.王：奓起。tsɑ˧tɕʰi˥˩.（怎么tsɑ˧起来的tsɑ˧？哪个tsɑ˧？）王：哼，咱们这里说这个方……方言里头这个奓也不知道也是哪个奓。xə̃˩,tsɑ˨məŋ˩tʂə˧li˥˥ʂuo˥˩tʂə˧kə˧fɑŋ……fɑŋ˥˩iæ̃˨li˥˩tʰou˩tʂə˧kə˧tsɑ˧iɑ˥˥pu˨˩tʂɿ˥˩tɑɔ˧iɑ˥˩sɿ˧˩nɑ˥˩kə˧˩tsɑ˧˩.黄：方言里头就是个奓，啥。fɑŋ˥˩iæ̃˨li˥˩tʰou˩tɕiou˧˩sɿ˧˩kə˧˩tsɑ˧,sɑ˧˩.（有没有同音字？）黄：哎呀。这个奓和支起来是一个意思，但是咱们这个土话……[笑]这个土……方言就说是你是个奓起，你把你驴耳朵奓起来听吧。æᴇ˩iɑ˩.tʂə˧˩kə˧˩tsɑ˧˥xuo˨˩tsɿ˥tɕʰi˥læᴇ˨˩sɿ˧˩i˥˩kə˧˩i˧˥sɿ˩,tæ̃˧˩sɿ˧˩tʂɑ˨məŋ˩tʂə˧kə˧tʰu˥xu……tʂə˧kə˧tʰ……fɑŋ˥˩iæ̃˨tɕiou˧˩ʂuo˥˩sɿ˧˩ni˥˩sɿ˧˩kə˧˩tsɑ˧tɕʰie˥,ni˥˩pɑ˥˩ni˥˩y˨˩ər˥tuo˩tsɑ˧tɕʰi˥læᴇ˨˩tʰiŋ˥˩pɑ˩.王：呃。ə˩.黄：嗯。ŋ̍˩.（tsɑ˧还是tsɑ˥？）黄：奓。tsɑ˧.王：奓就是奓。就像奓着。tsɑ˧tɕiou˧˩sɿ˧˩tsɑ˧.tɕiou˧˩ɕiɑŋ˧˩tsɑ˧tʂə˩.（跟爆炸的炸有……音呢？）黄：不像。pu˨˩ɕiɑŋ˧.（找一个同音字。）黄：奓。tsɑ˧.（你不需要这个写，一个写那个字。）王：爆炸的炸，啊，怕就跟那……音差不多。爆炸的炸和榨油的榨。pɑɔ˧tsɑ˧ti˩tsɑ˧,æ˩,pʰɑ˧tɕiou˧kəŋ˥˩nə˧tsʰ……iŋ˥˩tsʰɑ˥˩pu˨˩tuo˥.pɑɔ˧tsɑ˧tə˩tsɑ˧xuo˨˩tsɑ˧iou˨˩ti˩tsɑ˧˩.黄：啊，可能是榨油的榨比较多点，奓起那个就。ɑ˩,kʰə˥˥nəŋ˨˥sɿ˧tsɑ˧iou˨˩ti˩tsɑ˧pi˥˥tɕiɑɔ˧tuo˥tiæ̃˥˩,tsɑ˧tɕʰi˥næᴇ˧˩kə˧˩tsou˧˩.（tsɑ˧起耳朵是吧？）王：嗯。你奓起耳朵来听……你奓起你驴耳朵听。就是骂人开了，就是你把你驴耳朵奓起来。ŋ̍˩.ni˥˩tsɑ˧tɕʰi˥˩ər˥˩tuo˩læᴇ˨˩tʰi……ni˥˩tsɑ˧tɕʰi˥˥ni˥˩y˨ər˥tuo˩tʰiŋ˥.tɕiou˧˩sɿ˧˩mɑ˧zəŋ˨˩kʰæᴇ˥lə˩,tɕiou˧˩sɿ˧˩ni˥pɑ˥˩ni˥y˨˩ər˥tuo˩tsɑ˧tɕʰi˥læᴇ˨˩.（就是你你伸长耳朵来听？）黄：啊。一般那个驴的个耳朵它不是都是这样奄拉着咧？他要骂你说驴耳朵奓起来，就是你这个驴把……驴耳朵奓起来，听清楚。ɑ̃˩.i˥˩pæ̃˥nə˧kə˧y˨ti˩kə˧ər˥tuo˩tʰɑ˥˥pu˨˩sɿ˧˩tou˥˥sɿ˧tʂə˧˥iɑŋ˧˩tɑ˥lɑ˩tʂə˩lie˩?tʰɑ˥˩iɑɔ˧mɑ˧ni˥˩ʂuo˥˩y˨ər˥tuo˩tsɑ˧tɕʰi˥˥læᴇ˨˥,tɕiou˧sɿ˧ni˥˥tʂə˧kə˧y˨pɑ˥˩……y˨ər˥tuo˩tsɑ˧tɕʰi˥læᴇ˨˩,tʰiŋ˥˩tɕʰiŋ˥tʂʰɥ˥˩.（是不是跟举差不多的意思？）黄：啊，就是的。ɑ˧,tɕiou˧˥sɿ˧˩ti˩.（[把手伸直]这是不是叫奓手？）黄：嗯，奓手，奓手呣。ə̃˩,tsɑ˧ʂou˥˩,tsɑ˧ʂou˥˥m̩˩.王：我们叫奓手怎样。ŋuo˥məŋ˩tɕiɑɔ˧˩tsɑ˧ʂou˥˥tsəŋ˥˩iɑŋ˧˩.黄：嗯。ŋ̍˩.（[抬起腿]这个呢？）黄：这叫抬腿哩。tʂei˧˥tɕiɑɔ˧tʰæᴇ˨˩tʰuei˥li˩.（不叫奓脚？）黄：不。pu˨˥.（没有说奓脚抬脚的说法？）黄：有说，有也奓脚。iou˥ʂuo˥˩,iou˥ye˦（←ie˥）tsɑ˧tɕiɑɔ˥˩.王：那有奓脚咧么。经（常）□也说你脚奓的，穿袜子啊你啊。næᴇ˧˥iou˥tsɑ˧tɕiɑɔ˥˩lie˩muo˩.tɕiŋ˥˩niæ̃˨ie˥ʂuo˥˩ni˥˥tɕyo˥tsɑ˧ti˩,tʂʰuæ̃˥˥vɑ˥tsɿ˩ɑ˩ni˥˩ɑ˩.黄：啊，奓脚奓手的啊？ɑ˥,tsɑ˧˥tɕyo˥˩tsɑ˧ʂou˥ti˩ɑ˩?王：啊。ɑ˩.

跐胳膊奓腿儿

（说你这个，这个人呐，在人家面前说话也不庄重，手脚乱比画。）王：那就指脚……nə˧˩tɕiou˧˩tsɿ˥tɕyo˥˩……黄：跐胳膊奓腿儿的么。tsʰɿ˥˥kə˥puo˩tsɑ˧tʰuər˥ti˩muo˩.王：那就指脚画手的。nə˧tɕiou˧tsɿ˥tɕyo˥˩xuɑ˧˥ʂou˥ti˩.黄：呃，指脚画手的，也说你这个人跐脚……跐胳膊奓腿儿的。ə˩,tsɿ˥tɕyo˥˩xuɑ˧ʂou˥ti˩,ie˥ʂuo˥˩ni˥˥tʂə˧kə˧zəŋ˨˥tsʰɿ˥˥tɕyo˥˩……tsʰɿ˥˥kə˥puo˩tsɑ˧tʰuər˥ti˩.（tsʰɿ˧？）黄：啊。ɑ˩.（tsʰɿ˧还是tsɿ˧？）黄：跐。tsʰɿ˥.（tsʰɿ˥？）黄：嗯。ə̃˩.（tsʰɿ˥就是伸的意思？）黄：啊。ɑ˩.王：啊。ɑ̃˩.（跟呲牙的呲差不多？）

黄：啊。差不多啊。跐胳膊奓腿儿的你。ɑ˨˩.tsʰɑ˦˨puʌ˨˩tuo˦ɑ˨.tsʰʅ˦˧kə˦puo˨tsɑ˥˦tʰuər˦ti˨ni˦˨.（这是这个这个人说话很不庄重，在人在领导面前拿手脚乱比画，这个很很不像个样子的这这种。你说……）王：指脚画手的。tsʅ˦tɕyo˦˨xuɑ˥ʂou˦ti˨.黄：啊。跐脚画手的。ɑ˨˩.tsʰʅ˦˦tɕyo˦˨xuɑ˥ʂou˦ti˨.（还有的这个比如说吵架或女同志指天骂地的，也是这么……也说他跐……跐胳膊奓腿儿吗？也这么……这比如说这个赌咒发誓啊，她在骂呢。）黄：那□有时候可叫指天画地的。nei˥˦niæ̃˦˩iou˦˧sʅ˦˩xou˥kʰə˦˨tɕiɑɔ˥tsʅ˦tʰiæ̃˦˨xuɑ˥ti˥ti˨.（指天画地？）黄：哈，指天画地哩。xɑ˦,tsʅ˦tʰiæ̃˦˨xuɑ˥ti˥li˨.（那跐胳膊奓腿儿一般是说什么呢？）黄：跐胳膊划腿儿，也，指是这个人说话开来，脚也动弹着咧，手也动弹着咧，就叫跐胳膊画腿儿咧。tsʰʅ˦˨kə˦puo˨xuɑ˥tʰuər˦˧,æ˦,tsʅ˦˨sʅ˥tʂə˥kə˥zəŋ˦˩ʂuo˦˨xuɑ˥kʰæᴇ˦˨læᴇ˦˩,tɕyo˦ie˦˧tuoŋ˥˦tʰæ̃˦˩tʂə˨lie˨,ʂou˦ie˦˧tuoŋ˥˦tʰæ̃˦˩tʂə˨lie˨,tɕiou˥˦tɕiɑɔ˥˨tsʰʅ˦˨kə˦puo˨xuɑ˥tʰuər˦lie˨.（呃。）黄：再一个有人还说你是，那个张牙舞爪的在人面前啊。说个话也张牙舞爪的。tsæᴇ˥i˦˧kə˥iou˦˧zəŋ˦˩xæᴇ˦˩ʂuo˦˧ni˦˧sʅ˥,nə˥kə˥tʂɑŋ˦˨iɑ˦˩vu˦˧tsɑɔ˦ti˨tsæᴇ˥zəŋ˦˩miæ̃˥tɕʰiæ̃˦˩ɑ˨.ʂuo˦kə˥˨xuɑ˥ie˦˨tʂɑŋ˦˨iɑ˦˩vu˦˧tsɑɔ˦ti˨.

丢开

（这个是比如说你个就抓紧了，你叫他干吗，你叫他怎么放开手，你说是丢手还是放手？还是撒手还是什么东西？）王：我们这儿叫丢手，丢开。ŋuo˦mən˨tʂər˥tɕiɑɔ˥tiou˦ʂou˦˨,tiou˦˨kʰæᴇ˦.（tiou˦ʂou˨？）黄：啊，你丢开。ɑ̃˥,ni˦˧tiou˦˨kʰæᴇ˦.王：丢开。tiou˦˧kʰæᴇ˦.（比如说你跟老婆打架或是跟跟谁打架，人人家抓住你这是……）黄：你丢……ni˦˧tiou˦˧……王：嗯，那，你丢开！ŋ̍˨˩,nə˥˨,ni˦˧tiou˦˨kʰæᴇ˦!（你要是再不丢开我就打人了！）王：啊，对。ɑ˥,tuei˥˨.黄：啊，你再不丢开我就打你。ɑ˨˩,ni˦˨tsæᴇ˥˦pu˦˩tiou˦˧kʰæᴇ˦˧ŋuo˦˧tɕiou˥tɑ˦ni˦˨.王：你再不丢开我就打人。ni˦˨tsæᴇ˥˦pu˦˩tiou˦˧kʰæᴇ˦ŋuo˦˧tɕiou˥tɑ˦zəŋ˦˩.

松开

（你这样，差不多咬着你。你警告他，叫他怎么样？）黄：你松开！ni˦suoŋ˦˧kʰæᴇ˦!（这叫松？）黄：嗯。ŋ̍˨˩.王：松开么，或者放开。suoŋ˦kʰæᴇ˦muo˨,xuo˦˩tʂə˦˧fɑŋ˥˧kʰæᴇ˦.黄：啊。松开的多。ɑ˨˩.suoŋ˦kʰæᴇ˦ti˨tuo˦˨.（拿手这个脚丢开？）黄：嗯。ŋ̍˨˩.王：啊。ɑ˨˩.（我拿牙咬着，我要嘴咬着你。）黄：那松开。nə˥suoŋ˦kʰæᴇ˦˨.（我也可能没咬着你的你的肉哈，咬着你的衣服，你警……你给……你警告他，你你不要乱来，你你怎么着？）王：松开。suoŋ˦˧kʰæᴇ˦.黄：松开么。suoŋ˦˧kʰæᴇ˦muo˨.

揲

（你再不松……你再不丢开或者再不松开，我要怎么样了？）黄：你再不松开，我可……我可揲你咧，跟你说。ni˦˨tsæᴇ˥pu˦˩suoŋ˦˧kʰæᴇ˦,ŋuo˦˧kʰə˦˨tə……ŋuo˦˧kʰə˦˨tie˦˩ni˦lie˨,kəŋ˦ni˦˨ʂuo˦˨.（叫什么？）王：叫揲你咧。tɕiɑɔ˥˨tie˦˩ni˦lie˨.黄：揲你就打你呀，跟你说。tie˦˩ni˦˧tsou˥tɑ˦ni˦˨iɑ˨˩,kəŋ˦˨ni˦˨ʂuo˦˨.（掂？）黄&王：揲。tie˦˩.（tie˦˩？）王：嗯。ŋ̍˨˩.黄：嗯。这是个土话么。ə̃˨˩.tʂə˥sʅ˥kə˥tʰu˦xuɑ˥muo˨.（揲你，就是打的意思？）黄：嗯。ŋ̍˨˩.王：噢，就是打的意思。ɑɔ˨˩,tɕiou˥sʅ˥tɑ˦ti˨i˥˨sʅ˨.（说你再不松开，我可就要动手了，说不说？你不要等我动手或警告他那小孩儿，不听话，你不要再闹了，再闹，我就要，说不说动……我就要动手了？）黄：哎这好像太不说啊，打人。æᴇ˨˩tʂə˥˦xɑɔ˦˧ɕiɑŋ˥tʰæᴇ˥˦pu˦˩ʂuo˦˨ɑ˨,tɑ˦˨zəŋ˦˩.王：我们这儿你不是在说你想挨打咧？ŋuo˦mən˨tʂər˥ni˦pu˦˩sʅ˥tsæᴇ˥ʂuo˦˨ni˦˧ɕi

aŋ˥næᴇ˨˩ta˥lie˧˦?黄：你想挨打了吧？你再不动他就打你。ni˥˧çiaŋ˥næᴇ˨˩ta˥lə˧pa˧˦?ni˥˩tsæᴇ˧˩pu˨˩tuoŋ˧˩tʰa˥˩tɕiou˧˩ta˥˩ni˥˩.

绺走了

（说这个，比如说这个什么东西，叫是顺走了还是偷走？）黄：绺[①]走了。liou˥tsou˥˧lə˧˦.（叫什么？）黄：绺。我们把这个贼，贼娃子也叫贼娃子，也叫绺娃子。liou˥.ŋuo˥məŋ˧pa˥˩tʂə˧kə˧tsei˨˩,tsei˨˩va˨˩tsɿ˧ie˥˧tɕiao˧tsei˨˩va˨˩tsɿ˧,ie˥˧tɕiao˧liou˥va˨˩tsɿ˧.王：啊。ã˩.（liou˥是哪个？liou˥还是溜？那个字儿怎么念？）黄：绺。绺娃子。liou˥.liou˥va˨˩tsɿ˧.（跟一二三四五六的六一样吗？）黄：那成了六娃子了，是个绺娃子。nə˧tʂʰəŋ˨˩lə˧liou˥va˨˩tsɿ˧lə˧,sɿ˧˩kə˧˩liou˥va˨˩tsɿ˧.（liou˧？）黄：嗯，绺和是偷是一个含义。ŋ̍˩,liou˥xuo˨˩sɿ˧˩tʰou˥sɿ˧i˥˧kə˧xæ̃˨˩i˧˩.王：是跟上柳树那个柳。sɿ˧˩kəŋ˥˧ʂaŋ˧liou˥˧ʂʯ˧˩nə˧kə˧liou˥˩.黄：柳。liou˥.（哪个，哪个liou˥是那个？怎么写的这？呃，不，这有没有同音字？）黄：柳。liou˥.王：柳树的柳啊同同着。liou˥˧ʂʯ˧˦ti˧liou˥˧æ˧tʰuoŋ˨˩tʰuoŋ˨˩tʂə˧.黄：柳树的柳是同音字。liou˥˧ʂʯ˧˩ti˧liou˥sɿ˧˩tʰuoŋ˨˩iŋ˥˩tsɿ˧˩.（跟柳树的柳是同音字？）黄：嗯。ŋ̍˩.（你们这个地很滑叫不叫溜？）黄：那不叫。滑就是滑。那我们这里可有个，嗯，冬天把滑……你们叫滑冰咧，我们叫溜冰。nə˧˩pu˨˩tɕiao˧.xua˨˩tɕiou˧˩sɿ˧˩xua˨˩.nə˧ŋuo˥məŋ˧tʂə˧˩li˧kʰə˥˩iou˥˧kə˧,ə̃˩,tuoŋ˧tʰiæ̃˥˩pa˥˩xua˨˩……ni˥məŋ˧tɕiao˧xua˨˩piŋ˥lie˧,ŋuo˥məŋ˧tɕiao˧liou˧piŋ˥˩.王：我们叫溜冰。ŋuo˥˩məŋ˧tɕiao˧liou˧piŋ˥˩.（也是这个字吗？）王：嗯。ŋ̍˩.黄：呃不是这个字了。ə˥pu˨˩sɿ˧tʂə˧kə˧tsɿ˧lə˧.王：绺和溜，溜还不是一个字。liou˥xuo˨˩liou˧˩,liou˧xa˨˩pu˨˩sɿ˧i˥˧kə˧tsɿ˧˩.黄：不是一个字。pu˨˩sɿ˧i˥˧kə˧˩tsɿ˧˩.（这个liou˦piŋ˩是哪个字？）黄：溜冰。liou˧piŋ˥.

啪流实委

（这个脚儿这么这么撒开着呢，把胯一撒，还是叫什么呢？）黄：你一下啪啦十开的，坐得那像是……ni˥i˥˩xa˧pʰia˥la˧ʂʯ˨˩kʰæᴇ˥ti˧,tsuo˧tə˧nə˧çiaŋ˧sɿ˧……（像个啥你看这是？）王：啪啪实委的。pʰia˥pʰia˥˩ʂʯ˨vei˥ti˧.黄：嗯，啪流啦哼，啪流实委的，那就是啪啪坐那儿。ə̃˩,pʰia˥liou˧˩la˧xə̃˧,pʰia˥liou˧˩ʂʯ˨˩vei˥ti˧,nei˧tɕiou˧sɿ˧pʰia˥˧pʰia˥˧tsuo˧˩nar˧˩.（叫……叫什么？）黄：啪流实委的。pʰia˥liou˧˩ʂʯ˨˩vei˥ti˧.（pʰia˥流？）黄：嗯。ə̃˩.（就是pʰia˥一下响的pʰia˥？）黄：嗯。ŋ̍˩.（流是什么流？）黄：流，二流子的流么。liou˧,ər˧liou˧tsɿ˧ti˧liou˧muo˧.（什么实委是什么东西？）王：啪流实委那就形容这个二流子样的。pʰia˥liou˧˩ʂʯ˨˩vei˥nei˧tɕiou˧çiŋ˨˩yoŋ˨˩tʂei˧˩kə˧˩ər˧liou˧tsɿ˧liaŋ˧˩ti˧.黄：就像个二流子。那个是，就是你没有个一……坐那儿都没有个正经的样子。tɕiou˧˩çiaŋ˧˩kə˧˩ər˧liou˧tsɿ˧.nə˧kə˧sɿ˧,tɕiou˧sɿ˧ni˥mei˨˩iou˥kə˧˩i˥˩……tsuo˧˦nar˧˩tou˥mei˨iou˥kə˧tʂəŋ˧tɕiŋ˥˧ti˧liaŋ˧tsɿ˧.

爪咬咬

（[做挠痒的动作]这个，这叫什么？）黄：爪咬咬。tsao˥˩niao˥niao˥˩.（叫什么？）黄：爪痒痒么。爪咬咬。tsao˥˧iaŋ˥˩iaŋ˥muo˧.tsao˥˩niao˥niao˥˩.（tsao˦还是……）黄：

① 绺：偷。旧时称剪断人家系钱包的带子或剪破人家衣衫以窃人钱财为“剪绺”或“翦绺”。清沈涛《瑟榭丛谈》卷下：“近世窃钩之徒窜身都市，潜于人丛中割取佩物，俗呼剪绺……京师则称为小李。”清冯桂芬《与李方赤太守书》：“北寺一带，夙为丐薮，翦绺、挖包、抢帽之事，日不绝闻。”或作“翦柳”。元无名氏《渔樵记》第二折：“由你写！或是跳墙蓦圈，翦柳搠包儿，做上马强盗，白昼抢夺，或是认道士，认和尚，养汉子，你则管写不妨事。”俗称扒手为“小绺”。徐珂《清稗类钞·爵秩·京城管理地面之官》：“街市小窃俗号小绺者，倘被其窃，苟鸣之官厅，三日之内，无不返者。”

爪。tsɑɔ˥˧.（哪个tsɑɔ˥˧？就是爪子的爪？）王：嗯。ŋ̍˥˧.黄：嗯。爪字，这好像是提手旁过去个叉字呣。叉带个虫吧，那个爪呣。ŋ̍˨˦.tsɑɔ˥˧tsɿ˧˦,tʂei˧˥xɑɔ˥˧˦ɕiɑŋ˧˥sɿ˧˥tʰi˨˩˦ʂou˥˧pʰɑŋ˨˩˦kuo˧˦˦tɕʰi˧˦kə˧˥tsʰɑ˥˧tsɿ˧˦m̩˧˨.tsʰɑ˥˧tæᴇ˧˦kə˧˦tʂʰuoŋ˨˩˦pɑ˧˨,nə˧˥kə˧˥tsɑɔ˥˧˦m̩˧˨.（那是搔。）黄：搔，噢，是爪。sɑɔ˥˧˨˦,ɑɔ˥˧,sɿ˧˦tsɑɔ˥˧.王：那是搔。nə˧˥sɿ˧˥sɑɔ˥˧.黄：那是搔，这是爪呣。nə˧˥sɿ˧˥sɑɔ˥˧,tʂə˧˥sɿ˧˥tsɑɔ˥˧m̩˧˨.（噢。）黄：爪咬咬，咱们叫爪咬咬，不叫爪痒痒，爪咬咬。tsɑɔ˥˧˦niɑɔ˥˧niɑɔ˥˧˨˦,tsɑ˨˩˦məŋ˧˨tɕiɑɔ˧˥tsɑɔ˥˧˨˦niɑɔ˥˧niɑɔ˥˧˨˦,pu˨˩˦tɕiɑɔ˧˥tsɑɔ˥˧˨˦iɑŋ˥˧iɑŋ˥˧˨˦,tsɑɔ˥˧˨˦niɑɔ˥˧niɑɔ˥˧˨˦.

弹

（猴子这么[摹仿猴子挠痒的动作]，这样的，你们叫什么？）王：弹。tʰæ̃˨˩˦.黄：弹咧么。tʰæ̃˨˩˦liem˧˨.（叫什么？）黄&王：弹。tʰæ̃˨˩˦.（就是这么tʰæ̃˨˩˦？）王：嗯。ŋ̍˨˦.黄：嗯。嗯。弹咧么。ə̃˨˦.ŋ̍˨˦.tʰæ̃˨˩˦liem˧˨.（它不是，它也是挠……挠痒痒啊。嗯，叫弹痒痒？）王：嗯。弹，嗯。ŋ̍˥˧.tʰæ̃˨˩˦,ə̃˥˧.（猴子？叫弹……）黄：我们多叫……这个弹痒痒那这不叫。ŋuo˥˧məŋ˧˨tuo˥˧tɕiɑɔ˧˥……tʂə˧˦kə˧˦tʰæ̃˨˩˦iɑŋ˥˧iɑŋ˥˧nə˧˦tʂə˧˦pu˨˩˦tɕiɑɔ˧˥.（弹毛还是什么东西？）黄：那个弹是叫咧。反正是这个……nə˧˦kə˧˥tʰæ̃˨˩˦sɿ˧˥tɕiɑɔ˧˥lie˧˨.fæ̃˥˧˨˦tʂəŋ˧˥sɿ˧˥tʂə˧˦kə˧˥……王：叫弹哩。tɕiɑɔ˧˥tʰæ̃˨˩˦li˧˨.黄：叫弹哩，但是这个……tɕiɑɔ˧˥tʰæ̃˨˩˦li˧˨,tæ̃˧˥sɿ˧˥tʂə˧˦kə˧˥……（就是跟……跟这个人这个方向相反的这种？）黄：噢，那叫弹哩。ɑɔ˨˦,nei˧˦tɕiɑɔ˧˥tʰæ̃˨˩˦li˧˨.

搊

1. 黄：搊，有这个说法。你比如说把这个啥，欸，掂这个东西，这是一件东西，我掂不动，你给我搊一下。你给我搊一下。tsʰou˥˧,iou˥˧tʂə˧˦kə˧˦ʂuo˥˧fɑ˥˧˨˦.ni˥˧˦pi˥˧˦zʮ˨˩˦ʂuo˥˧˦pɑ˥˧˨˦tʂə˧˦kə˧˦sɑ˧˥,ei˨˦,tiæ̃˥˧˨˦tʂə˧˦kə˧˦tuoŋ˥˧ɕi˧˨,tʂə˧˦sɿ˧˥i˥˧˨˦tɕiæ̃˧˥tuoŋ˥˧ɕi˧˨,ŋuo˥˧˦tiæ̃˥˧pu˨˩˦tuoŋ˧˥,ni˥˧˦kei˧˥ŋuo˥˧˦tsʰou˥˧i˥˧˨˦ɕiɑ˧˦.ni˥˧˨˦kei˧˦ŋuo˥˧˨˦tsʰou˥˧i˥˧˨˦ɕiɑ˧˦.（噢，我知道，这一袋子……）啊一袋……你……我掂不起来，你给我搊一下，我就掂起来了。搊一下。啊。ɑ˧˥,i˥˧˨˦tæᴇ˧˥……ni˥˧˦……ŋuo˥˧˦tiæ̃˥˧pu˨˩˦tɕʰi˥˧˦læᴇ˨˩˦,ni˥˧˦kei˧˦ŋuo˥˧˨˦tsʰou˥˧i˥˧˨˦ɕiɑ˧˦,ŋuo˥˧˦tsou˧˥tiæ̃˥˧˨˦tɕʰi˥˧læᴇ˨˩˦lə˧˨.tsʰou˥˧i˥˧˨˦ɕiɑ˧˦.ɑ˥˧.

2.（两个人这样，我这样叫叫做什么？你老人家这么……）王：叫扶。(tɕ)iɑɔ˧˥fu˨˩˦.（叫不叫搊？）嗯，不叫。叫扶，叫搀。ŋ̍˨˦,pu˨˩˦tɕiɑɔ˧˥.tɕiɑɔ˧˥fu˨˩˦,tɕiɑɔ˧˥tsʰæ̃˥˧.（tsʰæ̃˥˧？）嗯。ŋ̍˨˦.（有没有tsʰou˥˧的这种说法？）没有。一个是把你扶起来，再一个人把你搀起来。mei˨˩˦iou˥˧˨˦.i˥˧˨˦kə˧˥sɿ˧˥pɑ˥˧˨˦ni˥˧˦fu˨˩˦tɕʰi˥˧læᴇ˨˩˦,tsæᴇ˧˥i˥˧˨˦kə˧˦zəŋ˨˩˦pɑ˥˧˨˦ni˥˧˦tsʰæ̃˥˧tɕʰi˥˧læᴇ˨˩˦.（叫扶？）嗯。ŋ̍˨˦.（就没有听过tsʰou˥˧这个说法？）嗯，扶，搀。ə̃˨˦,fu˨˩˦,tsʰæ̃˥˧.（把这个扶起来又放下去叫扶起放下还是tsʰou˥˧起放下？）嗯，叫搊起放下。ŋ̍˨˦,tɕiɑɔ˧˥tsʰou˥˧˨˦tɕʰi˥˧fɑŋ˧˦xɑ˧˦.（啊，这叫tsʰou˨˦？）嗯。ŋ̍˨˦.（但是，这样不叫tsʰou˥˧？）你比方说这个……ni˥˧˨˦pi˥˧fɑŋ˥˧˨˦ʂuo˥˧˦tʂə˧˦kə˧˥……（单说tsʰou˥˧不说？）这个这个人啊有病了，睡下不得起来这个人说是把……这就是搊起放下。tʂə˧˦kə˧˥tʂə˧˦kə˧˥zəŋ˨˩˦ɑ˧˨iou˥˧˦piŋ˧˦lə˧˨,ʂuei˧˥xɑ˧˦pu˨˩˦tei˥˧˨˦tɕʰi˥˧læᴇ˨˩˦tʂə˧˦kə˧˥zəŋ˨˩˦ʂuo˥˧˨˦sɿ˧˦pɑ˥˧˨˦……tʂə˧˦tɕiou˧˦sɿ˧˦tsʰou˥˧˨˦tɕʰi˥˧fɑŋ˧˥xɑ˧˥.（怎么，怎么意思？）就说是欸，这个病人睡炕上不得……他不得动弹嘛。你把他要搊起来给他喝水，吃饭，再放下去，这就是搊起放下。tɕiou˧˥ʂuo˥˧˨˦sɿ˧˥ei˨˦,tʂə˧˦kə˧˦piŋ˧˦zəŋ˨˩˦ʂuei˧˦kʰɑŋ˧˦ʂɑŋ˧˦pu˨˩˦tə˥˧……tʰɑ˥˧˨˦pu˨˩˦tə˥˧˨˦tuoŋ˧˦tʰæ̃˨˩˦mɑ˧˨.ni˥˧˨˦pɑ˥˧˨˦tʰɑ˥˧iɑɔ˧˥tsʰou˥˧˨˦tɕʰi˥˧læᴇ˨˩˦kei˧˦tʰɑ˥˧xə˥˧˨˦ʂuei˥˧,tʂʰʅ˥˧˨˦fæ̃˧˥,tsæᴇ˧˥fɑŋ˧˥xɑ˧˦tɕʰi˧˦,tʂei˧˦tɕiou˧˦sɿ˧˦tsʰou˥˧˨˦tɕʰi˥˧fɑŋ˧˥xɑ˧˥.（搊起来跟扶起来是意思……有没有……）意思一……相……基本上相同着。i˧˦sɿ˧˨i˥˧˨˦……ɕ……tɕi˥˧˨˦pəŋ˥˧ʂɑŋ˧˦ɕiɑŋ˥˧˨˦tʰuoŋ˨˩˦tʂə˧˨.

3.（扶着你叫不叫搊起来？）张先金：啊？ɑ̃˥˧？（扶着你叫不叫搊起来？）啊，扶也叫搊起来。啊，啊，扶……把你扶起来。ɑ˨˦,fu˨˩˦ie˥˧tɕiɑɔ˧˥tsʰou˥˧tɕʰie˥˧˨˦læᴇ˨˩˦.ɑ˨˦,ɑ˨˦,fu˨˩˦……

paɥ˥niɥ˦fu˩˥tɕʰie˥˩læᴇ˩˥.（嗯。）呃，把你扶……扶起来。ə˩,pa˩˥niɥ˦fu˩˥tɕʰ……fu˩˥tɕʰie˥˩læᴇ˩˥.（嗯。）啊，搊……也有一部分人叫搊，也有一部分人叫扶起来。a˩,tsʰou˥˦……ie˥iou˥˦i˥˦pʰu˧fəŋ˧zəŋ˩˥tɕiaɔ˧˥tsʰou˥,ie˥iou˥i˥˦pʰu˧fəŋ˧zəŋ˩˥tɕiaɔ˧˥fu˩˥tɕʰie˥˩læᴇ˩˥.

系、绾

黄：“系”这个有人说咧。不过不多。不是那么普遍的咧。很少有人说。tɕi˧tʂə˧kə˧iou˥˦zəŋ˩˦ʂuo˥lie˨.pu˩˦kuo˥˩pu˩˥tuo˥˦.pu˩˩sɿ˧nə˧muo˨pʰu˥piæ̃˧˥ti˨lie˨.xəŋ˥ʂaɔ˥iou˥˦zəŋ˩˦ʂuo˥˩.（一般系什么呢？）系个扣儿，做啥咧。tɕi˧kə˧kʰour˧,tsɿ˧sa˧lie˧.（鞋带？）噢，鞋带，系了根。这都是系个……aɔ˩,ɕie˩˩tæᴇ˧,tɕi˧lə˨kəŋ˥˩.tʂə˧˥tou˥˩sɿ˧˩tɕi˧˥kə˧……（系个扣儿？）嗯，系个活扣儿，系个死扣儿。ə̃˩,tɕi˧kə˧xuo˩kʰour˧,tɕi˧kə˧sɿ˥kʰour˧˩.（这个打……打结讲这个打疙瘩还是系疙瘩还是什么？绾疙瘩？）也就是系个扣儿。它是绾个……那叫绾个疙瘩。ie˥˦tɕiou˧sɿ˧tɕi˧kə˧kʰour˧.tʰa˥˩sɿ˧˩væ̃˥kə˧……næᴇ˧tɕiaɔ˧væ̃˥kə˧kə˥ta˨.（活疙……活……活的那个疙瘩呢？）系……绾个活疙瘩，绾个死疙瘩。tɕi˧……væ̃˥kə˧xuo˩kə˥ta˨,væ̃˥kə˧sɿ˥kə˥ta˨.（就是跟那个活扣死扣是不是一样？）就是一回事，呃。一拉就能开了的就叫活扣儿，拉不开的叫死扣儿。tsou˧sɿ˧i˥˩xuei˩sɿ˧,ə˩.i˥˦la˥tsou˧nəŋ˩˩kʰæᴇ˥lə˨ti˨tɕiaɔ˧xuo˩kʰour˧,la˥pu˩˩kʰæᴇ˥ti˨tɕiaɔ˧sɿ˥kʰour˧˩.（呃，像那种这个猪蹄扣儿怎么说？）绾个猪蹄扣儿么。væ̃˥kə˧tʂɥ˥˩tʰi˩kʰour˧muo˨.（有这个说法吗？）噢，有个绾了猪蹄……有的就是绾个猪蹄扣儿，有的绾个猪蹄襀[①]子。aɔ˩,iou˥kə˧væ̃˥lə˨tʂɥ˥˩tʰi˩……iou˥ti˨tɕiou˧sɿ˧væ̃˥kə˧tʂɥ˥˩tʰi˩kʰour˧,iou˥ti˨væ̃˥kə˧tʂɥ˥˩tʰi˩kʰuei˧tsɿ˨.（猪蹄扣儿有什么有什么特点？）勒的紧么，不容易松。lei˥ti˨tɕiŋ˥muo˨,pu˩˥yoŋ˩i˧suoŋ˥.（那越……越挣扎越越越绑得紧，是吧？这种，啊？）越……越……越拽越紧么，噢。yo˥˦……yo˥˩……yo˥˩tʂuei˧yo˥˩tɕiŋ˥muo˨,aɔ˩.

掐

黄：两个指头这个叫掐唡。liaŋ˥kə˧tsɿ˥tʰou˨tʂə˧kə˧tɕiaɔ˧tɕʰia˥m̩˨.（两个指头。指头尖儿吗？）黄：两个指头尖儿这就是掐。liaŋ˥(k)ə˧tsɿ˥tʰou˨tɕiær˥tʂei˧tɕiou˧sɿ˧tɕʰia˥.王：这就这个么个儿这么个就叫掐。tʂei˧˩tɕiou˧tʂə˧˥muo˨kər˧tʂə˧˦muo˨kə˧tɕiou˧tɕiaɔ˧tɕʰia˥.（是拿指头肚子还是拿指头尖儿？）王：指头肚子。指头肚子。tsɿ˥˩tʰou˨tu˧˦tsɿ˨.tsɿ˥˩tʰou˨tu˧˦tsɿ˨.黄：指头尖……指头肚子和呃……和指甲么。tsɿ˥tʰou˨tɕiæ̃˥……tu˩（←tsɿ˥）tʰou˨tu˧˦tsɿ˨xuo˩˥ə˧……xuo˩˥tsɿ˥tɕia˥˩muo˨.

提、拽、抓、揪

（[揪住自己的耳朵]这个是……这叫什么？）王：提。提耳朵。tʰi˩˥.tʰi˩˥ər˥tuo˨.（不是不是！你……）黄：提，拽。tʰi˩,tʂuei˧.王：拽。tʂuei˧.（老……老师这个拉着你耳朵回去，回家去告状来的。）王：拽耳朵咧，拽住耳朵。tʂuei˧ər˥tuo˨lie˨,tʂuei˧˦tʂɥ˧ər˥tuo˨.黄：拽么。拽咧。tʂuei˧˦muo˨.tʂuei˧˦lie˨.（是拽耳……有说揪的吗？）黄：也说揪耳朵。揪，和拽。ie˥ʂuo˥˩tɕiou˥ər˥tuo˨.tɕiou˥,xuo˩˥tʂuei˧.王：也有说揪的，也有拽。说拽的多啊？ie˥iou˥˦ʂuo˥˩tɕiou˥ti˨,ie˥iou˥˩tʂuæᴇ˧.ʂuo˥˩tʂuei˧˦ti˨tuo˥a˨?黄：啊。a˩.（你说两个人，两个人打架，[揪住自己的头发]这样叫什么？）黄：这是抓住了么。tʂə˧sɿ˧tʂua˥tʂɥ˧˩ləm˨.王：啊。a˩.黄：叫抓。tɕiaɔ˧˩tʂua˥.（说不说揪……揪住你的？）黄：不，这是抓咧。pu˩,tʂə˧sɿ˧tʂua˥lie˨.王：我们说抓。ŋuo˥˩məŋ˨ʂuo˥˩tʂua˥.黄：我们说抓咧。

① 襀：《广韵》丘愧切，“纽也，俗作𦈣”。

ŋuo˥mən˧ʂuo˥˩tʂua˥lie˧.（什么情况下说揪？）黄：把这个头发一逮住叫揪咧。啊。pa˥˩tʂə˧kə˧tʰou˩˧fa˥i˥tæᴇ˥tʂʮ˧tɕiao˧tɕiou˥lie˧.a˩.王：啊。ã˧.黄：啊。a˧.（揪头发？）黄：啊。揪头发咧。a˩.tɕiou˥tʰou˩˧fa˥lie˧.

搬、挪

（我把这东西移到这边叫不叫，这么移过来是不叫不叫掂呢？载过来？）黄：那不。nə˧pu˩˧.王：我们那就叫搬过。ŋuo˥mən˧nei˧tɕiou˧tɕiao˧pæ̃˥kuo˧.黄：搬过来。我们这儿只能叫搬过来。不叫载咧。pæ̃˥kuo˧læᴇ˩˧.ŋuo˥mən˧tʂər˧tsɿ˥nən˩tɕiao˧pæ̃˥kuo˧læᴇ˩˧.pu˩˧tɕiao˧tsæᴇ˥lie˧.（你根本就弄不动它。慢慢就是这么移啊。比如说你这个这个比如说是一大缸，哎呀，移动……）王：挪。nuo˩.黄：我们那叫挪咧。ŋuo˥mən˧nei˧tɕiao˧nuo˩˧lie˧.王：挪。nuo˩.（他就是一点一点地……）王：一点一点地挪过来。i˥˩tiæ̃˥i˥˩tiæ̃˥ti˧nuo˩kuo˧læᴇ˩˧.黄：那就一点一点地挪嘛。nei˧tɕiou˧i˥˩tiæ̃˥i˥˩tiæ̃˥ti˧nuo˩ma˧.王：能抱动的，咱这儿喊抱兀儿去，叫搬过去。nəŋ˩pao˧tuoŋ˧ti˧,tsa˩˧tʂər˧xæ̃˥˩pao˧var˧tɕʰi˧,tɕiao˧pæ̃˥kuo˧tɕʰi˧.

搅、圪搅

（这个，这种搅和啊，你们一般叫什么？）黄：搅姆。tɕiao˥m̩˧.（有没有别的说法？）黄：这啊……tʂə˧æ˧……王：那就是搅东西的搅吗？nə˧tɕiou˧sɿ˧tɕiao˥tuoŋ˥ɕi˧ti˧tɕiao˥ma˧?黄：啊，搅。a˩,tɕiao˥.王：胡汤里搅吗？xu˩˧tʰaŋ˥li˥˩tɕiao˥ma˧?黄：啊。a˩.王：那就叫搅姆。nei˧tɕiou˧tɕiao˧tɕiao˥m̩˧.黄：就叫搅。tɕiou˧tɕiao˧tɕiao˥˩.（圪搅？）黄：圪搅这个话说咧。kə˥tɕiao˥˩tʂə˧kə˧xua˧ʂuo˥lie˧.王：圪搅也说咧。kə˥tɕiao˥ia˥ʂuo˥lie˧.黄：圪搅说咧。kə˥tɕiao˥ʂuo˥lie˧.（也是搅的意思吗？）王：啊。ã˩.黄：也是搅的意思。ie˥sɿ˧tɕiao˥ti˧i˧sɿ˧.（跟搅有什么区别没有？）黄：这都有点区别咧。tʂə˧tou˥˩iou˥tiæ̃˥˩tɕʰy˥˩pie˩˧lie˧.王：有点区……iou˥tiæ̃˥˩tɕʰy˥˩……（呃，区别在哪里？）黄：圪搅。搅，一般就说是顺……你这顺着一个方向，或者是那个。圪搅这话就多得很了。啥都说圪搅咧。你比如说是这个，你，你把这个啥钱是，圪搅日塌了，或者是啥啥么。就有捣乱的这个意思咧。这个叫的多。kə˥tɕiao˥˩.tɕiao˥,i˥pæ̃˥˩tɕiou˧ʂuo˥˩sɿ˧ʂ……ni˥tʂə˧suoŋ˧tʂə˧i˥kə˧faŋ˥˩ɕiaŋ˧,xuei˩˧tʂə˥˩sɿ˧nə˧kə˧.kə˥tɕiao˥˩tʂə˧xua˧tsou˧˩tuo˥tə˧xəŋ˥lə˧.sa˧tou˥˩ʂuo˥˩kə˥tɕiao˥˩lie˧.ni˥pi˥zʮ˩ʂuo˥sɿ˧tʂə˧kə˧,ni˥˩,ni˥pa˥˩tʂə˧kə˧sa˧tɕʰiæ̃˩˧sɿ˧˩,kə˥tɕiao˥˩zʅ˥tʰa˧lə˧,xuo˩˧tʂə˥˩sɿ˧˩sa˧sa˧˩muo˧.tɕiou˧iou˥taoo˥luæ̃˧ti˧tʂə˧kə˧i˧sɿ˧lie˧.tʂei˧kə˧tɕiao˧ti˧tuo˥˩.（就就有捣……捣乱的意思？）黄：啊。a˩.王：嗯。ŋ̍˩.（胡搅蛮缠？）黄：啊，胡搅，胡……a˩,xu˩˧tɕiao˥,xu˩˧tɕi……王：啊，圪搅好像是，你那那我这……咱们两个说话着咧，他在里头圪搅的人说不成。这就觉得这这这这……a˩,kə˥tɕiao˥˩xao˥˩ɕiaŋ˧ʂʅ˧,ni˥nei˧nei˧ŋuo˥tʂə˧˩ŋə……tsa˩mən˧liaŋ˥(k)ə˧˩ʂuo˥˩xua˧tʂə˧lie˧,tʰa˥tsæᴇ˧li˥tʰou˧kə˥tɕiao˥˩ti˧zəŋ˩ʂuo˥pu˩˧tʂʰəŋ˩˧.tʂei˧˩tɕiou˧˩tɕyo˥˩tə˧tʂei˧tʂei˧tʂei˧tʂei˧……黄：胡搅蛮缠的意思。xu˩˧tɕiao˥mæ̃˩tʂʰæ̃˩˧ti˧i˧˩sɿ˧.王：捣乱的这个……tao˥luæ̃˧ti˧tʂei˧˩kə˧˩……（捣乱？）黄：就是捣乱这个意思咧。tɕiou˧˩sɿ˧˩tao˥luæ̃˧tʂə˧˩kə˧˩i˧sɿ˧lie˧.王：捣乱的意思。tao˥luæ̃˧tə˧i˧˩sɿ˧.

钻鼻子窟窿儿

（[做抠鼻孔状]那，刚才你这这个叫什么呢？）黄：钻咧嘛，钻鼻孔咧。tsuæ̃˧lie˧ma˧,tsuæ̃˧pi˩˧kʰuoŋ˥lie˧.王：钻咧嘛。tsuæ̃˧lie˧ma˧.黄：钻咧。tsuæ̃˧lie˧.（噢，噢，这叫钻鼻孔？）王：嗯。ŋ̍˩.黄：啊。ã˩.（抠鼻子眼你们叫什么？）王：钻眼。tsuæ̃˧niæ̃˥.黄：叫钻。钻鼻子眼。tɕiɑɔ˧˩tsuæ̃˧.tsuæ̃˧pi˩˨˩tsɿ˧liæ̃˥˩.（叫……）黄：钻。tsuæ̃˧.王：钻。tsuæ̃˧.（就是那个钻子的钻吗？）王：嗯。ə̃˩.黄：呣。m̩˩.（一般这……这个动作叫什么呢？[做抠鼻子状]）黄：抠鼻子窟窿儿咧，也叫钻鼻子窟窿。有些是直接钻进去咧，那叫钻鼻子窟窿儿。kʰou˥pi˩˨tsɿ˧kʰu˥luõr˧lie˧,ie˥˧tɕiɑɔ˧tsuæ̃˧pi˨˩tsɿ˧kʰu˥luoŋ˧.iou˥ɕie˥˧sɿ˧tʂɿ˨tɕie˥˩tsuæ̃˧tɕiŋ˧tɕʰi˧˩lie˧,nei˧tɕiɑɔ˧tsuæ̃˧pi˨˩tsɿ˧kʰu˥luõr˧.（哪种说得最多？老人家一般说什么？）王：钻鼻子。tsuæ̃˧pi˨˩tsɿ˧.黄：钻着鼻那是。tsuæ̃˧tsə˧pi˨˩nei˧˩sɿ˧˩.

撫鼻

[调查人做擤鼻涕的动作，请发音人描述]黄：擤鼻么。ɕiŋ˥pi˨˩muo˧.王：擤鼻。ɕiŋ˥pi˨.（擤鼻还是擤鼻涕？）黄&王：擤鼻。ɕiŋ˥pi˨.（你们这个叫什么？）黄：鼻子呣。pi˨˩tsɿ˧m̩˧.（流下来那个水儿呢？）黄：鼻么。pi˨muo˧.王：叫鼻。tɕiɑɔ˧pi˨.（噢，流下那个水儿叫鼻？）黄&王：嗯。ŋ̍˩.（鼻涕就叫鼻？）黄：嗯。ŋ̍˩.王：啊，鼻涕，鼻涕叫鼻。ɑ˩,pi˨tʰi˧,pi˨tʰi˧˥tɕiɑɔ˧pi˨.（鼻涕还有清的浓的呢！你们叫……）黄：那□叫这个浓鼻子和清鼻，淌清……淌清鼻咧，或者是浓鼻子么。nei˧niæ̃˨˧tɕiɑɔ˧tʂə˧kə˧luoŋ˨pi˨˩tsɿ˧xuo˨˩tɕʰiŋ˥˩pi˨˩,tʰɑŋ˥tɕʰi……tʰɑŋ˥tɕʰiŋ˥˩pi˨lie˧,xuo˨˩tʂə˥˩sɿ˧˩luoŋ˨pi˨˧tsɿ˧muo˧.王：那叫……淌清鼻或者稠鼻子。nei˧tɕiɑɔ˧……tʰɑŋ˥tɕʰiŋ˥˩pi˨xuo˨˩tʂə˥˧tʂʰou˨pi˨˥tsɿ˧.黄：啊，稠鼻子，嗯。ɑ˩,tʂʰou˨pi˨˧tsɿ˧,ə̃˩.（那清鼻稠鼻？）王：啊，清鼻，稠鼻。ɑ˩,tɕʰiŋ˥pi˨,tʂʰou˨pi˨˩.黄：嗯。ə̃˩.

尿尿、提尿、把屎、提把

（我这个上厕所去这个一般叫什么？不管是大便也好，小便也好，那叫什么？）王：我们这儿是欸，小便叫尿尿，大便就叫把屎。ŋuo˥məŋ˧tʂər˧sɿ˧ei˧,ɕiɑɔ˥piæ̃˧tɕiɑɔ˧niɑɔ˧niɑɔ˧,tɑ˧piæ̃˧tɕiou˧˩tɕiɑɔ˧pɑ˥sɿ˥.（小便……小便叫尿尿？）王：啊。大便叫把屎。ɑ̃˥.tɑ˧piæ̃˧(tɕ)iɑɔ˧˩pɑ˥sɿ˥.（那那个呢，你给那个小孩儿这个叫什么？嘘。[做把尿状]）王：呃，呵，小孩儿那叫提尿么。ə˩,xə˧,ɕiɑɔ˥˩xər˨nə˧tɕiɑɔ˧tʰi˨˩niɑɔ˧muo˧.（叫提尿？）王：啊。ɑ˩.（屎呢？）王：屎那就叫把屎么。sɿ˥nei˧tɕiou˧tɕiɑɔ˧pɑ˥sɿ˥muo˧.黄：提把咧。tʰi˨˩pɑ˥lie˧.王：提把么。tʰi˨˩pɑ˥muo˧.（跟这个自己拉屎和跟别人这个给小孩儿把屎是一个意思？）王：一个意思。啊，兀城市里那些人这叫法咧叫拉屎咧啊，拉屎拉屎。i˥˩kə˧i˧˥sɿ˧.ɑ˩,væᴇ˧˥tʂʰəŋ˨˩sɿ˧˥li˥nə˧ɕie˥˩zəŋ˨tʂə˧tɕiɑɔ˧fɑ˥˩lie˧tɕiɑɔ˧lɑ˥˩sɿ˥lia˧,lɑ˥˩sɿ˥lɑ˥˩niɑɔ˧.（欸，拉……拉屎拉屎，欸，给小孩不叫把屎吗？）王：叫把屎么。tɕiɑɔ˧pɑ˥sɿ˥muo˧.黄：要叫把屎咧。iɑɔ˧tɕiɑɔ˧˩pɑ˥˩sɿ˥lie˧.王：提尿把屎呣。tʰi˨˩niɑɔ˧pɑ˥sɿ˥˩m̩˧.（自己，自己拉屎呢？）黄：你自己把去。ŋ̍˥˩tsɿ˧tɕie˥˩pɑ˥tɕʰi˧˩.王：就……就你自己把去。ts……tsou˧˩ni˥˩tsɿ˧˥tɕi˥˩pɑ˥tɕʰi˧˩.（两个字都是一样的？）王：啊。ɑ˩.黄：啊，一样的。ɑ˥,i˥˩iɑŋ˧ti˧.（就是这自己拉，自己这个上厕……上厕所，解大手，和给小孩解大手，都是把？）王：屎欸……啊，都叫把咧。sɿ˥ei˩……ɑ˩,tou˥˦(tɕ)iɑɔ˧pɑ˥lie˧.黄：嗯，都是把咧。ŋ̍˩,tou˥˦sɿ˧pɑ˥lie˧.（这个，有没有说得文雅一点是说什么呢？）黄：大便了么。tɑ˧˥piæ̃˧˦ləm˧.（我去大便还是我去洗……解手？）黄：我去大个便呣，解个大手儿呣。ŋuo˥˩tɕʰi˧tɑ˧˥kə˧˩piæ̃˧m̩˧,tɕie˥kə˧˩tɑ˧˦ʂour˥m̩˧.（解大手？）黄&王：嗯。ŋ̍˩.王：解大手，解小手。tɕie˥˩tɑ˧˩ʂou˥,tɕie˥˩ɕiɑɔ˥ʂou˥˩.（一般都说，解手说不说？）王：说咧。ʂuo˥˩lie˧.黄：解手说，嗯。tɕie˥ʂou˥ʂuo˥˩,ŋ̍˩.（那个呢，说不说大便，欸，小，尿尿说不说那个那个叫做什么，呃，小解？）黄：那也说咧，小解这个话也……小解一下。nei˧˥ia˥˩ʂuo˥lie˧,ɕiɑɔ˥tɕie

˦tʂə˧˩kə˧˩xua˧˩ie˦……ɕiaɔ˦tɕie˦i˦˩ɕia˧˩.（小解一下？）黄：嗯。那一工的说下我还放个水儿。ŋ̍˩.næᴇ˧i˦˩kuoŋ˦ti˨ʂuo˦˩xa˧˩ŋuo˦˩xa˨˩faŋ˧˩kə˧ʂuər˦.（噢，放水儿？）黄：啊，放水儿去啊。a˩,faŋ˧˩ʂuər˦tɕʰia˧˩.（那个大便有没有什么，还有什么说法没有？）黄：有的人说是骂人开来你就说你这个大便时间一长……iou˦ti˨zəŋ˨ʂuo˦˩sɿ˧˩ma˧zəŋ˨˩kʰæᴇ˦læᴇ˨˩ni˦˩tɕiou˧˩ʂuo˦˩ni˦˩tʂə˧˩kə˧˩ta˧piæ̃˧sɿ˨˩tɕiæ̃˦i˦˩tʂʰaŋ˨……（嗯，对。）黄：他就，骂你说你去把碌碡去了吗是把的啥去？tʰa˦˩tsou˧,ma˧ni˦˩ʂuo˦˩ni˦˩tɕʰi˧pa˦˩lou˦˩tʂʰɥ˨tɕʰi˧lə˨ma˨sɿ˧˩pa˦ti˨sa˧˩tɕʰi˧˩?王：啊。a˩.（什么？）黄：去把碌碡去了。tɕʰi˧˩pa˦˩lou˦˩tʂʰɥ˨tɕʰi˧˩lə˨.（碌碡是什么？噢呵呵……）黄：哼，哼哼。哼。xə̃˩,xə̃˦xə̃˧.xə̃˩.（就那磙子的是吧？）黄：哈哈，磙子。xa˦xa˧,kuoŋ˦tsɿ˨.王：啊。磙子。a˩.kuoŋ˦tsɿ˨.黄：形容你把那个拉石头。ɕiŋ˨˩yoŋ˨˩ni˦˩pa˦ne i˧˩kə˧˩la˦ʂɿ˨˩tʰou˨.（就相当于你是拉石头去了？）黄：啊哈是，拉石头去了，那么大，你个把那么大，工夫这么大时间。a˩xa˦sɿ˧˩,la˦ʂɿ˨˩tʰou˨tɕʰi˧˩lə˨,nə˧muo˨ta˧˩,n̩˦˩kə˧˩pa˦˩nei˧mu o˨ta˧,kuoŋ˦fu˨tʂə˧m̩˨ta˧sɿ˨˩tɕiæ̃˦.（一般的这个，不管是大便小便都，都得文雅一点解……说法就叫……）黄：就是解手咧。tɕiou˧˩sɿ˧˩tɕie˦ʂou˦lie˨.

弹嘣颅儿

（假如说这个那个有些小孩不听话，[做弹脑门状]拿这个……）黄：掐他。弹个……弹你个嘣颅儿。tɕʰia˦tʰa˦˩.tʰæ̃˨kə˧……tʰæ̃˨ni˦˩kə˧pəŋ˦lour˨˩.（弹什么？）弹嘣颅儿。拿指头弹是我给你弹两个嘣颅儿嘛。tʰæ̃˨pəŋ˦lour˨˩.na˨tsɿ˦tʰou˨tʰæ̃˨sɿ˧ŋuo˦˩kei˧ni˦˩tʰæ̃˨liaŋ˦˩kə˧p əŋ˦lour˨˩ma˨.

吃酸梨儿

黄：[弯曲中指和食指]拿这个……拿这个……拿这么一个打的话就叫吃两个酸梨儿。na˨˩tʂə˧kə˧……na˨tʂə˧kə˧……na˨˩tʂə˧muo˨i˦˩kə˧ta˦ti˨xua˧˩tɕiou˧tɕiaɔ˧tʂʰɿ˦˩liaŋ˦˩kə˧˩suæ̃˦˩liər˨.（吃什么？）吃酸梨儿，给你吃两个酸梨儿。tʂʰɿ˦˩suæ̃˦˩liər˨,kei˧ni˦˩tʂʰɿ˦liaŋ˦˩kə˧˩suæ̃˦˩liər˨.（就是用这个中指和食指……）噢，这个关节，敲脑……aɔ˧,tʂə˧kə˧kuæ̃˦tɕie˦˩,kʰaɔ˦˩naɔ˦……（特别是中指的这个关节来敲……敲击是吧啊？）啊，就是。a˦,tɕiou˧sɿ˧.

憋不住

（身上啊，内急。一般就是你们怎么说？）黄：尿憋的憋不住了。niaɔ˧pie˦ti˨pie˦˩pu˨˩tʂʰɥ˧˩lə˨.（叫什么？）尿憋的憋不住了。niaɔ˧pie˦ti˨pie˦˩pu˨˩tʂʰɥ˧˩lə˨.（内急是小……小便啦。）黄：啊。a˦.（大便呢？）尿憋……尿撑的憋不住了。sɿ˦pie˦˩……sɿ˦tsʰəŋ˦ti˨pie˦pu˨˩tʂɥ˧˩lə˨.（尿是尿憋得憋不住了。）啊。尿撑的憋不住了。a˩.sɿ˦˩tsʰəŋ˦ti˨pie˦pu˨˩tʂɥ˧˩lə˨.（那是一个是憋，一个是撑？）啊。a˩.（说很想上厕所说不说这个屎紧呐尿紧呐这种说法？）这都不说。tʂə˧˩tou˦˩pu˨ʂuo˦˩.（我这里很急，是……我是憋了，很憋还是很急？）这都是我们是尿胀的憋不住了。tʂə˧˩tou˦˩sɿ˧˩ŋuo˦məŋ˨sɿ˧˩niaɔ˧tʂaŋ˧˩ti˨pie˦pu˨˩tʂɥ˧˩lə˨.（尿胀的？）啊，尿胀的憋不住了。a˩,niaɔ˧tʂaŋ˧ti˨pie˦˩pu˨˩tʂʰɥ˧˩lə˨.（比……比如说你走在……走……走在路上，小孩子说我要撒尿或者我要……撒尿好办啦，我要拉屎，这个路上有的是不……不好拉啦，你就说，你你这个忍住了，去……去这个，到家里再说。你是叫他憋住还是忍住？）那都是你憋……那就是憋一会儿。nei˧˩tou˦˩sɿ˧˩ni˦˩pie˦……nei˧tɕiou˧sɿ˧pie˦i˦˩xuər˧˩.（你是叫憋尿憋尿还是忍尿忍尿？）黄：呃，憋尿憋尿咧。那不叫忍尿忍尿。ə˩,pie˦˩sɿ˦pie˦˩niaɔ˧lie˨.nə˧˩p u˨˩tɕiaɔ˧zəŋ˦sɿ˦˩zəŋ˦niaɔ˧˩.

弯腰、猫腰

（腰这么躬下去。）黄：嗯，弯腰。ŋ̍˨˩,vɛ̃˥˩iao˥˨.（还是猫腰？）黄：弯着个腰，有些叫是……也叫……也叫猫着个欸……vɛ̃˥˨tʂə˧kə˧iao˥,iou˥çie˥˨tɕiao˧sɿ˧˦……ie˥tɕiao˧˨……ie˥tɕiao˧˨mao˨˦tʂə˧kə˧ei˧……王：弯腰也就叫猫腰，猫着腰。vɛ̃˥iao˥˨ie˥tɕiou˧tɕiao˧mao˨˦iao˥˨,mao˨˦tʂə˧iao˥˨.（弯腰和猫腰有很大的区别吗？还是说有……稍微有点区别？）王：弯腰那是把腰弯下，猫腰就是，躬躬腰，猫猫下。vɛ̃˥iao˥nə˧sɿ˧pa˥˨iao˥vɛ̃˥˨xa˧,mao˨˦iao˥˨tɕiou˧sɿ˧,kuoŋ˥˨kuoŋ˥˦iao˥˨,mao˨˦mao˨˦xa˧˨.黄：勾就……kou˥tsou˧˨……（哪个弯的度……程度要高一些，大一些？）王：弯腰要程度大些。vɛ̃˥iao˥˦tɕiao˧（←iao˧）tʂʰəŋ˨˦tu˧ta˧˨çie˥˨.黄：弯腰程度大些。vɛ̃˥tɕiao˧（←iao˥）tʂʰəŋ˨˦tu˧˦ta˧˨çie˥˨.王：猫猫腰就是，稍微腰圈下，圈一点儿。mao˨˦mao˨˦iao˥˦tɕiou˧sɿ˧,sao˥˦vei˥˦iao˥˨tɕʰyɛ̃˥xa˧˨,tɕʰyɛ̃˥i˥˨tiɛ̃r˥˨.

伸腰、伸懒腰、展腰

（这个腰一伸[做伸腰状]，这叫什么？）黄：那也叫……有的叫挺胸哩，有的叫……抻……nei˧˦a˥˦tɕiao˧tʰ……iou˥ti˧tɕiao˧tʰiŋ˥˦çyoŋ˥li˧,iou˥ti˧tɕiao˧ʂ……tʂʰəŋ˥……（伸腰？）黄&王：伸腰。ʂəŋ˥iao˥.（伸腰还是抻腰？）黄：抻……tʂʰəŋ……王：伸腰。ʂəŋ˥iao˥˨.黄：伸腰。ʂəŋ˥iao˥˨.（有什么展腰的没有？）黄：有……有伸懒腰的那个说法咧。iou˥˦……iou˥ʂəŋ˥˨lɛ̃˥iao˥˨ti˧nei˧kə˧ʂuo˥fa˥˨lie˧.（伸懒腰是这样的，哎哟！）黄：哎哟！这个叫……æɛ˧iao˧!tʂei˧kə˧tɕiao˧……（这叫伸懒腰的？）王：啊。ɑ̃˨.黄：啊，伸懒腰。ɑ˥,ʂəŋ˥˨lɛ̃˥iao˥˨.（有说展腰的说法没有？）王：有叫展腰。iou˥tɕiao˧˨tʂɛ̃˥iao˥˨.黄：有……有咧。iou˥˨i……iou˥lie˧.（跟伸腰是……跟伸懒腰一样吗？）黄：那不一样。nə˧˦pu˨˦i˥˨iaŋ˧.王：不一样。pu˨˦i˥˨iaŋ˧.黄：嗯。ŋ̍˨.王：就是人坐着腰疼啥欸，往下一躺上，哎，让我展下腰。tɕiou˧˨sɿ˧˨zəŋ˨˦tsuo˧tʂə˧iao˥tʰəŋ˨˦sa˧˨ei˨,vaŋ˥˦xa˧i˥˨tʰaŋ˥ʂaŋ˧˨,æɛ˨,zaŋ˧˨ŋuo˥˦tʂɛ̃˥xa˧˦iao˥.（噢，躺着叫展腰？）王：啊。ɑ̃˨.

撑腰、垫腰

（这个后头，我们有人给他什么腰？有领导给他怎么腰，他在胡作非为。）黄：垫腰。tiɛ̃˧iao˥˨.（是垫腰还是撑腰？）黄：那你看有些啥，那有些是这个，给你帮忙说话的啊那就是撑腰咧。有些时候整你的话还是垫腰咧。nə˧ni˥˨kʰɛ̃˧˨iou˥çie˥˦sa˧˨,nei˧˨iou˥çie˥˦sɿ˧tʂə˧˨kə˧,kei˧˨ni˥paŋ˥˨maŋ˨˦ʂuo˥˨xua˧˦ti˧nei˧tɕiou˧sɿ˧tsʰəŋ˥iao˥˨lie˧.iou˥çie˥˦sɿ˨˦xou˧tʂəŋ˥ni˥˨ti˧xua˧˨xa˨˦sɿ˧˦tiɛ̃˧iao˥˨lie˧.王：啊。ɑ̃˥.（整你叫垫腰？）黄：噢，整你就叫垫腰咧，给你后头支个砖，把你整一下。ɑo˨,tʂəŋ˥ni˥tɕiou˧tɕiao˧tiɛ̃˧iao˥˨lie˧,kei˧ni˥˦xou˧tʰou˧tsɿ˥˦kə˧tʂuɛ̃˥,pa˥˨ni˥˦tʂəŋ˥i˥˨xa˧˨.（啊，故意整你叫垫腰？）黄：啊，叫垫腰咧。ɑ˨,tɕiao˧tiɛ̃˧˦iao˥lie˧.王：啊。垫腰。ɑ̃˥.tiɛ̃˧˦iao˥.（但是说，说支持你呢？）王：叫撑腰。tɕiao˧˨tsʰəŋ˥iao˥˨.黄：那叫撑腰咧，那给你撑腰咧。nei˧˨tɕiao˧˨tsʰəŋ˥˦iao˥lie˧,nə˧˦kei˧ni˥˦tsʰəŋ˥˨iao˥˨lie˧.

打饱嗝儿、打嗝嘟

[调查人做嗳气状]黄：打饱嗝儿。ta˥˦pao˥kər˥˨.（有两种。）黄：嗯。ŋ̍˨.王：嗝嘟，打嗝嘟。kə˥tou˧,ta˥˦kə˥tou˧.（就有的是这个……）黄：有是打嗝儿咧。iou˥˦sɿ˧ta˥˦kər˥lie˧.王：打嗝。ta˥kə˥˨.（吃饱了，嘿嘿，呃！）黄：那就打饱嗝儿么。nei˧tsou˧ta˥˦pao˥kər˥˨muo˧.（还有一种就是受了凉气了。）黄：打嗝儿。ta˥˨kər˥.王：打嗝。ta˥˦kə˥˦.黄：嗯。ŋ̍˨.（呃，呃，呃！）黄：嗝儿么，嗯。kər˥muo˧,ŋ̍˨.王：打嗝。ta˥˦kə˥˨.（那个，呃儿，呃儿，这叫什么呢？）黄：哎呀，那个……æɛ˨ia˧,nei˧kə˧……

王：兀一种是……væᴇ˥˦˥i˥˧˩tʂuoŋ˥˧sʅ˥……（这个吃饱了，呃儿，呃儿。）黄：那是饱嗝儿㖿。nə˥sʅ˥pɑɔ˥˧kər˥˧˩m̩˧.王：这那是打饱嗝儿。tʂei˥˩nei˥˦˥sʅ˥tɑ˥˧˩pɑɔ˥˧kər˥˧˩.（那种受了凉气，这个胃受了凉气，这个向里边吸气，那个声音都是特别高的，呃，呃儿！）王：讲那打嗝嘟咧。tɕiɑŋ˥˧˩nei˥˩tɑ˥˧˧kə˥˧tou˧lie˧.黄：打嗝儿么。tɑ˥˧˩kər˥˧muo˧.（打嗝还是打嗝嘟？）王：打嗝嘟咧。tɑ˥˧˧kə˥˧tou˧lie˧.（但这两个是可以分开的你们？）黄&王：嗯。ŋ̍˨˩.（都都一……都是……肯定是不一样的那个？）王：嗯。噢，打饱嗝儿，打嗝嘟。ŋ̍˨˩.ɑɔ˨˩,tɑ˥˧˧pɑɔ˥˧kər˥˧˩,tɑ˥˧˧kə˥˧tou˧.

踢、蹬

（比如说，这叫什么？[做踢腿状]）王：踢脚。tʰi˥˧˩tɕyo˥˧.黄：踢脚咧，踢一脚。tʰi˥˧˧tɕyo˥˧lie˧,tʰi˥˧i˥˧˩tɕiɑɔ˥˧.（这个拿拿拿脚这么往上抬叫踢啦。）黄：嗯。ə̃˨˩.王：嗯。ŋ̍˨˩.（比如说这个门在那儿，[做踹门状]我这样呢？）黄：嗯，这，这叫踹了，蹬咧。ŋ̍˨˩,tʂə˥˩,tʂə˥˦˥tɕiɑɔ˥tʂʰuæᴇ˥˦˥lə˧,təŋ˥˧lie˧.王：蹬，蹬。təŋ˥˧,təŋ˥˧.黄：我们脚蹬哩，啊。蹬哩是。ŋuo˥˧˩məŋ˧tɕiɑɔ˥təŋ˥˧li˧,ɑ˨˩.təŋ˥˧li˧sʅ˥˩.（这踹和蹬都说吗？）黄：踹不说。tʂʰuæᴇ˥˦˥pu˨˦˨ʂuo˥˧.王：踹不说，说蹬咧。tʂʰuæᴇ˥˦˥pu˨˦˨ʂuo˥˧˩,ʂuo˥˧˦təŋ˥˧lie˧.黄：一般是蹬的多。i˥˧˦pæ̃˥˧˧sʅ˥təŋ˥˧ti˧tuo˥˧.

蹴、圪蹴

[调查人做蹲下状]黄：蹲下。tuoŋ˥˧ɕiɑ˥˩.王：蹴[①]下，我们这儿叫蹴下。tɕiou˨˦˨xɑ˥˦˥,ŋuo˥˧məŋ˧tʂər˥tɕiɑɔ˥tɕiou˨˦˨xɑ˥˦˥.黄：蹴下，我们这叫蹴咧。tɕiou˨˦˨xɑ˥˦˥,ŋuo˥˧məŋ˧tɕiɑɔ˥tɕiou˨˦lie˧.（tɕiou˥˧˦还是tɕiou˨˩？）王：蹴。tɕiou˨˦.黄：蹴，嗯。tɕiou˨˦,ə̃˨˩.王：嗯。ŋ̍˨˩.黄：有些人说的，土一点话，你圪蹴下。iou˥˧ɕie˥˧˩zəŋ˨˦ʂuo˥˧ti˧,tʰu˥˧i˥˧˩tiæ̃˥˧˩xuɑ˥,ni˥˧˧kə˥˧tɕiou˨˦˨xɑ˥˩.

躟

（我踩这个东西，踩踏这个东西，比如说苗啊，踩，叫躟还是叫什么东西？）张先金：我们就是说是，比如这个场，打谷子的这个场，㖿，和这个院子，窑背上这一种土，虚得很，吆下牛来把这个躟一下，啊，吆些羊来把这个躟一下，啊，把这个躟瓷。ŋuo˥˧məŋ˧tɕiou˥sʅ˥ʂuo˥˧˩sʅ˥˩,pi˥˧zʮ˨˦˨tʂə˥kə˥tʂʰɑŋ˨˦,tɑ˥˧˧ku˥˧tsʅ˧ti˧tʂə˥˩kə˥˩tʂʰɑŋ˨˦,m̩˨˩,xuo˨˦tʂə˥kə˥yæ̃˥˦tsʅ˧,iɑɔ˨˦pei˥˦ʂɑŋ˥˩tʂei˥i˥˧˧tʂuoŋ˥˧˧tʰu˥˧,ɕy˥˧tei˥˧˩xəŋ˥˧,iɑɔ˥˧ɕiɑ˥niou˨˦læᴇ˨˦˧pɑ˥˧˩tʂə˥kə˥zɑŋ˥˧i˥˧˩xɑ˥˩,ɑ˨˩,iɑɔ˥˧ɕie˥˧˩iɑŋ˨˦læᴇ˨˦˨pɑ˥˧˩tʂə˥kə˥zɑŋ˥˧i˥˧˩xɑ˥˩,ɑ˨˩,pɑ˥˧˩tʂə˥kə˥zɑŋ˥˧tsʰʅ˨˦˨.

绊倒、栽倒

（走着这个，被人家这个，拿个腿儿或拿个绳儿给他弄一下，是……是怎么倒了？）黄：绊了一下。pæ̃˥˦lə˧i˥˧˩ɕiɑ˥˩.（自己这么倒了呢？）黄：绊倒了。pæ̃˥tɑɔ˥˧lə˧.（呃，不，别人给你使的那个叫绊了，自己不小心这个摔倒了。是跌倒了还是摔倒了？）王：栽倒了。tsæᴇ˥˧tɑɔ˥˧lə˧.黄：栽倒了，我们叫栽。tsæᴇ˥˧˩tɑɔ˥˧lə˧,ŋuo˥˧˩məŋ˧tɕiɑɔ˥tsæᴇ˥˧.王：我们叫栽倒了。ŋuo˥˧məŋ˧tɕiɑɔ˥tsæᴇ˥˧tɑɔ˥˧lə˧.（就走在路上自己没有……）黄：啊，自己……ɑ˨˩,tsʅ˥tɕie˥˧˩m……王：嗯，那就是栽倒了。ŋ̍˨˩,nei˥tɕiou˥sʅ˥tsæᴇ˥˧˩tɑɔ˥˧lə˧.黄：自己栽倒了。tsʅ˥tɕie˥˧˩tsæᴇ˥˧˩tɑɔ˥˧lə˧.（是tsæᴇ˥˧还是tsæᴇ˥？）黄：栽。栽。tsæᴇ˥˧.tsæᴇ˥˧.（噢，栽树的栽？）

① 蹴：蹲。文献中有“圪蹴”、“硌蹴”等，都是表示蹲的意思。如姚雪垠《长夜》二一：“他退后几步，抱着枪向墙根一圪蹴，无可奈何地摇摇头。”梁斌《播火记》四四：“朱老忠和这个游击小队，硌蹴在大坟顶上，看着北方贾湘农走去的地方，呆呆地出神。”太白方言今读阳平调，声母不送气，不合语音演变规律。语源待考。

王：嗯。ŋ̍˪.黄：嗯。ŋ̍˪.王：啊，兀是那……ɑ˪,və꜒sʅ꜒˦nei꜒˪……（栽跟头的栽？）王：噢，栽跟头的栽。ɑɔ˪,tsæᴇ˧˦kəŋ˧tʰou˧ti˧tsæᴇ˧˪.黄：啊，就是栽跟头的栽。ɑ˪,tɕiou꜒sʅ꜒tsæᴇ˧˪kəŋ˧tʰou˧ti˧tsæᴇ˧˪.

塌跤

（这个摔跤你们是叫跌……跌跤还是摔跤？）黄：我们叫绊跤。ŋuo˧mən˧tɕiɑɔ꜒pæ̃꜒tɕiɑɔ˧˪.王：叫绊跤咧。tɕiɑɔ꜒˪pæ̃꜒˦tɕiɑɔ˧˦lie˧.（绊跤？）黄：绊跤咧。pæ̃꜒tɕiɑɔ˧˪lie˧.（还有别的说法没有？）王：没有。mei˪˩iou˧˪.黄：也叫塌跤咧，也叫绊跤咧。ie˧˦tɕiɑɔ꜒tʰɑ˧tɕiɑɔ˧˪lie˧,ie˧˦tɕiɑɔ꜒pæ̃꜒tɕiɑɔ˧˪lie˧.（叫什么？）黄：塌。塌跤。tʰɑ˧.tʰɑ˧˪tɕiɑɔ˧.（一脚踏空了那种踏？）黄：塌跤咧么。tʰɑ˧˪tɕiɑɔ˧liem˧.王：啊，塌跤那是两个人，抱住往倒摔咧，那就叫塌跤咧。ɑ˪,tʰɑ˧˪tɕiɑɔ˧nə꜒˪sʅ꜒˪liɑŋ˧kə꜒˪zəŋ˩,pɑɔ꜒˦tʂʮ꜒vɑŋ˧˦tɑɔ˧˦ʂuæᴇ˧lie˧,nei꜒tɕiou꜒tɕiɑɔ꜒tʰɑ˧˦tɕiɑɔ˧lie˧.黄：两个人互相噢往倒摔咧，塌跤咧。liɑŋ˧kə꜒˪zəŋ˩xu꜒ɕiɑŋ˧ɑɔ˪vɑŋ˧˪tɑɔ˧˦ʂuæᴇ˧lie˧,tʰɑ˧˦tɕiɑɔ˧lie˧.（噢，tʰɑ˪tɕiɑɔ˧？）黄&王：嗯。ŋ̍˪.（抱……就是摔跤吧？）王：嗯。ŋ̍˪.黄：啊，就是摔跤呣。ŋɑ˪,tɕiou꜒˦sʅ꜒˪ʂuæ̃˧˦tɕiɑɔ˧m̩˧.（打架的摔跤？）黄：啊。ŋɑ˪.王：嗯。ŋ̍˪.（那是一种这个武术运动还是……还是打架呢？）黄：玩儿咧么。væ̃r˩lie˧muo˧.

跟头连前、头重脚轻、栽跤马趴

（走路走得很不稳呐这种，跌跌撞撞，你这叫什么？跟跟跄跄还是什么？）黄：走路走不稳？tsou˧˦lou꜒tsou˧pu˩˪vəŋ˧?（嗯。像喝醉了酒的一样。）黄：跟头连前的么啊？kəŋ˧tʰou˧liæ̃˩˪tɕʰiæ̃˩˦ti˧muo˧ɑ˧?王：啊，跟头连前。ɑ˧,kəŋ˧tʰou˧liæ̃˩˪tɕʰiæ̃˩˪.黄：跟头连前。再一个就是，头重脚轻的。kəŋ˧tʰou˧liæ̃˩˪tɕʰiæ̃˩˪.tsæᴇ꜒i˧kə꜒˪tɕiou꜒˪sʅ꜒˪,tʰou˩˪tʂuoŋ꜒tɕyo˧˪tɕʰiŋ˧ti˧.（头重脚轻？）黄：啊哈。ɑ˪xɑ˧.王：再就是栽跤马趴。tsæᴇ꜒tɕiou꜒sʅ꜒tsæᴇ˧tɕiɑɔ˧˪mɑ˧˪pʰɑ˧˪.黄：啊，栽跤马趴的。ɑ˪,tsæᴇ˧tɕiɑɔ˧˪mɑ˧˪pʰɑ˧ti˧.（你们这个比如说，头重脚轻有没有说脚底下像踩了棉花一样？）王：没有。mei˩˪iou˧˪.黄：没有这个说法。没有，这儿没有棉花。那这个话了这儿不说。mei˩iou˧˦tʂə꜒kə꜒ʂuo˧fɑ˧˪.mei˩iou˧˦,tʂər꜒mei˩iou˧miæ̃˩˪xuɑ˧˪.nə꜒˪tʂə꜒kə꜒xuɑ꜒lə˧tʂər꜒˦pu˩˪ʂuo˧˪.

倒栽葱、颠倒子下

（大头冲下这……这个摔下来，有没有叫什么东西？倒栽葱还是什么东西？）王：有叫倒栽……倒栽葱。iou˧tɕiɑɔ꜒tɑɔ꜒˦tsʰæᴇ˪（←tsæᴇ˧）……tɑɔ꜒˦tsæᴇ˧˪tsʰuoŋ˧˪.黄：有倒栽……倒栽葱的说法。有叫个颠倒子下了。倒栽葱这个说法，有一个是颠倒子下。iou˧tɑɔ꜒tsæᴇ˧˪……tɑɔ꜒tsæᴇ˧˪tsʰuoŋ˧ti˧ʂuo˧fɑ˧˪.iou˧tɕiɑɔ꜒kə꜒tiæ̃˧tɑɔ˧˦tsʅ˧xɑ꜒˪lə˧.tɑɔ꜒tsæᴇ˧˦tsʰuoŋ˧tʂə꜒kə꜒ʂuo˧fɑ˧˪,iou˧i˧˦kə꜒sʅ꜒tiæ̃˧tɑɔ˧˪tsʅ˧xɑ꜒˪.（颠倒子汉？）黄：嗯，颠倒子下。ɔ̃˪,tiæ̃˧tɑɔ˧˪tsʅ˧xɑ꜒˪.（就是这个汉子的汉吗？）黄：嗯。ŋ̍˪.王：下！颠倒子下。ɕiɑ꜒!tiæ̃˧tɑɔ˧˪tsʅ˧xɑ꜒˪.黄：颠倒子下。tiæ̃˧tɑɔ˧˪tsʅ˧ɕiɑ꜒˪.

马趴子、趴仆子

1.（这个摔跤的是头先着地，呃，嘴先着地，还吃了一嘴的泥，这叫什么？）黄：摔了个马趴子。ʂuæᴇ˧lə˧kə꜒mɑ˧pʰɑ˧˪tsʅ˧.（叫不叫什么狗吃屎啊嘴……）王：叫咧。tɕiɑɔ꜒lie꜒.黄：也说咧么。你摔了个狗吃屎。æ˧˦ʂuo˧lie˧muo˧.ni˧˦ʂuæᴇ˧lə˧kə꜒˪kou˧tʂʰʅ˧˪sʅ˧.（跟马趴子是一样的意思？）王：嗯。ŋ̍˧.黄：啊，一样的意思。ɑ˪,i˧˪iɑŋ꜒˦ti˧i꜒sʅ˧.

2.（这个……这这样趴的叫马趴？）黄：嗯。ŋ̍˪.王：马趴么。mɑ˧pʰɑ˧˪muo˧.（叫不叫趴仆？）王：趴仆叫咧。pʰa˥˩pʰu˥tɕiao˦lie˨.黄：趴仆子么。pʰa˥˩pʰu˥tsɿm˨.王：嗯。ŋ̍˩.（趴仆子跟马趴有什么区别没有？）黄：没有。mei˧˩iou˥.（仆倒的仆？）黄&王：嗯。ŋ̍˩.

仰板子

（[做仰面摔倒状]这么摔下去？）王：仰板。niaŋ˥pæ̃˥˩.黄：摔咧个仰板子。ʂuæᴇ˥lie˨ko˦˩niaŋ˥pæ̃˥˩tsɿ˨.（仰什么？）王：仰板。iaŋ˥pæ̃˥˩.黄：仰板子。iaŋ˥pæ̃˥˩tsɿ˨.（pæᴇ˥子？）王：板。pæ̃˥.黄：仰，仰板子。niaŋ˥˩,niaŋ˥pæ̃˥˧tsɿ˨.王：那就这个板，黑板的板么。nə˦˩tɕiou˦tʂə˦ko˦pæ̃˥,xei˥˩pæ̃˥ti˨pæ̃˥muo˨.

挑、拣

（这个我上去买，买什么，买菜啊买什么东西，我总得拿几个商品，我要买一两个，我拿几个来挑一个，这个这样，你们是叫什么东西？从中选一个好的你们是叫什么？）王：挑。tʰiao˥.黄：嗯，叫挑咧。ŋ̍˦,tɕiao˦˩tʰiao˥lie˨.（说不说拣？）王：不。就说挑一个。pu˧˩.tɕiou˦ʂuo˥˧tʰiao˥i˥˩ko˦˩.黄：不说拣。多一半儿挑一个。pu˧˧ʂuo˥˧tɕiæ̃˥˩.tuo˥i˥˩pær˦tʰiao˥i˥˩ko˦˩.（没有说拣一个，拣个好的？）王：没有。mei˧˩iou˥˧.黄：没，不。mei˧˧,pu˧˩.王：买东西兀你挑好的买姆。mæᴇ˥˧tuoŋ˥ɕi˨vei˦ni˥˧tʰiao˥˩xao˥ti˨mæᴇ˥m̩˨.（有没有说挑挑拣拣的这种？）黄：啊，挑挑拣拣。a˥,tʰiao˥tʰiao˥˧tɕiæ̃˥˧tɕiæ̃˥˧.王：嗯。ŋ̍˥.（那说？）王：嗯。ŋ̍˥.黄：那倒说咧。nei˦˧tao˦ʂuo˥lie˨.（那我就有一个那个了。我们买来的菜，叶子黄的，是老的，我都不要的这个。这个叫什么？）黄：那叫拣咧。nei˦˧tɕiao˦tɕiæ̃˥lie˨.（这叫拣？）黄：啊。a˥.王：嗯。ŋ̍˥.（菜就叫拣？）王：嗯。ŋ̍˩.黄：嗯。你把菜拣咧。ə̃˩.ni˥˩pa˥˩tsʰæᴇ˦˧tɕiæ̃˥lie˨.（不要的我都不要了。）王：嗯。ŋ̍˩.黄：啊。把好的挑出，把好的拣出来。a˩.pa˥˩xao˥ti˨tʰiao˥˩tʂʰʮ˥˩,pa˥˩xao˥ti˨tɕiæ̃˥tʂʰʮ˥˩læᴇ˧˩.（这跟挑的意思差不多吧？）黄：嗯。ə̃˩.王：一样的。i˥˩iaŋ˦ti˨.黄：一样的。i˥˩iaŋ˦ti˨.王：兀是一样。væᴇ˦sɿ˦i˥˩iaŋ˦.（但是只用在菜上面？）黄：嗯。ə̃˩.王：嗯。ŋ̍˩.（我买东西，比如说这个西瓜，这个，欸，这个。）王：我们去……挑下……挑好，挑熟瓜。ŋuo˥məŋ˨tɕʰy˦˩……tʰiao˥xa˦˩n……tʰiao˥˩xao˥,tʰiao˥˩ʂʮ˧˩kua˥˩.黄：我也可以调，我也挑的，我挑好的咧么。ŋuo˥ia˥˩kʰə˥˩i˥˩tiao˦,ŋuo˥a˥˧tʰiao˥ti˨,ŋuo˥˧tʰiao˥˩xao˥ti˨liem˨.

拉

（这个字，哎呀，写错了，[擦拭]这叫什么？）黄：擦。tsʰa˥.（那么这个字写错了，就圆珠笔写的那种。你像写……圆珠笔写错了，咵咵咵。）王：那，那叫拉咧。nei˦,nei˦tɕiao˦la˥lie˨.黄：拉……拉咧去。la˥˧……la˥lie˨tɕʰi˦˩.（划掉了叫拉了？）黄：嗯，拉咧去。ŋ̍˩,la˥lie˨tɕʰi˦˩.王：嗯，叫拉。ŋ̍˩,tɕiao˦˧la˥.（有的有的你是一行你杠一下可以，是吧？）王&黄：嗯。ŋ̍˩.（这一大，一大片，你去这杠太累了，你这个是不是打个叉再来，再来那个？）王：兀一种叫啥子？væᴇ˦˧i˥˩tʂuoŋ˥˩tɕiao˦sa˦˩tsɿ˨?（也叫拉吗？）王：那叫不要了。nə˦˩tɕiao˦pu˧˩iao˦˧lə˨.黄：不要了就框起来。呃是不要了。pu˧˩iao˦lə˨tɕiou˦˩kʰuaŋ˥tɕʰi˥˩læᴇ˧˩.ə˦sɿ˦pu˧˩iao˦lə˦.

丢了、跌了

1.（东西掉了呢？）王：我们这儿丢了。ŋuo˥məŋ˨tʂər˦tiou˥lə˨.（丢了还是跌了？）丢了也说咧是跌了也说咧。tiou˥lə˨lie˥ʂuo˥˩lie˨sɿ˦˩tie˥lə˨lie˥ʂuo˥˩lie˨.（哪个土？）丢了的话那就说这个东西丢了，寻不着了。跌了那就是跌得地下咧。tiou˥lə˨ti˨xua˦nei˦tɕiou˦ʂuo˥˩tʂə˦˩kə˦˧tuoŋ˥ɕi˨tiou˥lə˨,ɕiŋ˧pu˧˧tʂuo˧˩lə˨.tie˥lə˨næᴇ˦tɕiou˦sɿ˦tie˥tə˨ti˦˧xa˦˧lie˨.（我……我丢了

一百块钱是丢了还是跌了？）那就是丢了。næᴇ˦tɕiou˦sʅ˦tiou˥˩lə˨.

2.（东西呀，走在路上，回来才发现这东西，哦，没有了。这个是……）黄：丢了。tiou˥˩lə˨.王：忘咧。vaŋ˦˧lie˨.黄：忘了，或者是丢了。vaŋ˦˧lə˨,xuei˨˧tʂə˥˩sʅ˦˨tiou˥˩lə˨.（路上这个……）黄：旋拿的东西没了么？ɕyæ̃˦na˨˧ti˨tuoŋ˥˩ɕi˨muo˥˩ləm˨?（嗯。）黄：丢了。tiou˥˩lə˨.王：那就丢了。nə˦tɕiou˦tiou˥˩lə˨.（忘是什么呢？）王：忘了就是我把……这个……vaŋ˦˧lə˨tɕiou˦˨sʅ˦˨ŋuo˥˧pa˥˧ŋə……tʂə˦˨kə˦……（我在你们这儿拿的东西放你这儿？）王：噢，在咱们这儿，说你走的时候忘了。ɑɔ˨,tsæᴇ˦tsa˨˧məŋ˨tʂər˦,ʂuo˥˧ni˥˧tsou˥ti˨sʅ˨˧xou˦vaŋ˦˧lə˨.黄：噢，是……放你这儿忘了取了。ɑɔ˨,s……faŋ˦ni˥˩tʂər˦vaŋ˦˧lə˨tɕʰy˥˩lə˨.王：放……掉个咧，说忘了。faŋ˦ə……tiaɔ˦˧kə˦˨lie˨,ʂuo˥˩vaŋ˦˧lə˨.（但比……说不说掉了？）黄：不说掉。pu˨˧ʂuo˥˩tiaɔ˦.王：不说掉，掉了，就说是一个是忘了，一个是丢了。pu˨ʂuo˥˩tiaɔ˦,tiaɔ˦lə˦,tɕiou˦ʂuo˥˩sʅ˦i˥˩kə˦˧sʅ˦vaŋ˦˧lə˨,i˥˩kə˦sʅ˦tiou˥˩lə˨.（钱比如说这个揣了一百块钱，或是揣……揣了一万块钱揣在身上。）王：那就叫丢了。næᴇ˦tɕiou˦˨tɕiaɔ˦tiou˥˩lə˨.（这个在走在路上，噢，回来一看，哎哟，这钱没有了。）黄&王：丢了。tiou˥˩lə˨.（这是丢了？）黄&王：嗯。ŋ̍˥˩.（人呢？小孩子给走得……）王：小孩儿……也叫丢了。ɕiaɔ˥˩xər˨˧t……ie˥tɕiaɔ˦tiou˥˩lə˨.（老人……）黄：也叫走丢了的咧。丢了的。ie˥tɕiaɔ˦tsou˥tiou˥˩lə˨ti˨lie˨.tiou˥˩lə˨ti˨.

寻

（有……有的比如说你找他，找了他几次都没找到。那我跟你说，我是是我是什么我找了你多少次还是怎么说？还是我寻了你多少次还是什么？）黄：我都……那都是找咧你几回，都没找着你。嗯。ŋuo˥˩tou˥˧……nə˦˧tou˥˩sʅ˦˨tʂaɔ˥lie˨ni˥˧tɕi˥xuei˨˧,tou˥˩muo˥˩tʂaɔ˥tʂuo˨˧ni˥˩.ə̃˨.（说不说我寻得你紧呐，说不说这种说法？）黄&王：不说。pu˨˧ʂuo˥˩.黄：多一半儿说你这个人还难找得很，还寻不着还。tuo˥˩i˥˩pæ̃r˦ʂuo˥˧ni˥tʂə˦˨kə˦˨zəŋ˨˧xæᴇ˨˧næ̃˨˧tʂaɔ˥tə˨xəŋ˥˩,xa˨˧ɕiŋ˨˧pu˨˧tʂʰuo˨˧xa˨˧.

放、搁、撂

（东西，这个东西，我这叫什么？[做将东西放下的样子]）王：放下。faŋ˦˧ɕia˦˨.（放下？）王：放下。嗯，我们这儿叫放下咧。faŋ˦˧xa˦˨.ŋ̍˨,ŋuo˥məŋ˨tʂər˦tɕiaɔ˦faŋ˦˧xa˦˨lie˨.（这叫放？）黄：嗯。ŋ̍˨.（说不说搁？）王：搁下哩，搁下□是哪瘩人说？咱们这儿也有人说这个字。kə˥ɕia˦lie˨,kə˥ɕia˦niæ̃˨˧sʅ˦na˥ta˥˩zəŋ˨˧ʂuo˥˩?tsa˨˧məŋ˨tʂər˦ie˥iou˥˩zəŋ˨˧ʂuo˥˩tʂə˦kə˦tsʅ˦˨.黄：也有人说搁这个话咧。ie˥iou˥˧zəŋ˨˧ʂuo˥˩kə˥tʂə˦kə˦xua˦lie˨.（也有人说搁这个话？）黄：嗯。ŋ̍˨.（也说搁？）王：嗯。一般都叫放下。啊，就说你把这个东西，放哪瘩，或者有些人□说你把那东西搁那儿。ŋ̍˨.i˥˩pæ̃˥tou˥˧(tɕ)iaɔ˦faŋ˦˧ɕia˦˨.a˦,tɕiou˦˨ʂuo˥˩ni˥pa˥˩tʂə˦kə˦tuoŋ˥ɕi˨,faŋ˦na˥ta˨,xuei˨˧tʂə˥˩iou˥ɕie˥˩zəŋ˨˧niæ̃˨˧ʂuo˥˧ni˥pa˥˩nə˦tuoŋ˥ɕi˨kə˥nar˦˨.（这个放和搁有什么区别没有？）黄：没有。mei˨˧iou˥.王：没有区别。mei˨iou˥˧tɕʰy˥pie˨˧.黄：没有个区别。mei˨iou˥˧kə˦tɕʰy˥pie˨˧.（随便往地下一放呢？）黄：能行么。就是……nəŋ˨˧ɕiŋ˨˧muo˨.tɕiou˦˧sʅ˦˨……（也叫搁？）黄：噢也叫搁。ɑɔ˦ie˥˩tɕiaɔ˦˨kə˥.（叫不叫撂？）黄：不叫。pu˨˧tɕiaɔ˦.（说撂在那儿？）王：说撂的话也说咧。ʂuo˥˩liaɔ˦˧tə˨xua˦ie˥ʂuo˥˩lie˨.黄：欸，当地撂的这个话也说咧，你把人……ei˥,taŋ˥ti˦˨liaɔ˦˧ti˨tʂə˦kə˦xua˦ie˥˧ʂuo˥lie˨,ni˥˧pa˥˩zəŋ˨˧……王：随便给你比若坏了呃东西啊，你给我撂得兀儿。suei˨˧piæ̃˦kei˦ni˥˧pi˥˧zuo˥˧xuæᴇ˦˨lə˨ə˦tuoŋ˥ɕi˨æ˦,ni˥˧kei˦ŋuo˥˧liaɔ˦˧tə˨var˦

˧˩.（但不可能说给你搿得桌……这个这上头去吧？）王：啊，那不说。a˥˧˥,nə˥˦pu˩˧˩ʂuo˥˧˥˧˩.黄：那不说。nə˥˦pu˩˧˩ʂuo˥˧˥˧˩.（一般都搿在……随……随便搿一个地方？）黄：嗯。ə̃˧˩.王：啊，随便搿个地方，你给我搿下。a˧˩,suei˩˧˩˧˩piæ̃˥liao˥kə˥ti˥˧˩faŋ˥˧˥˧˩,ni˥˧˥kei˥˧˩ŋuo˥˧˥˧˩liao˥xa˥˧˩.（随便放一个地方叫搿了？）黄：嗯。ə̃˧˩.王：啊，叫搿下。a˧˩,tɕiao˥liao˥xa˥˧˩.（那搁和放还有什么区别没有？你放在地下叫不叫搁？还是说要在……放到上面才叫搁？）王：那就放上面儿就叫搁咧那。地下你就跟我搿下。nə˥˧˩tɕiou˥faŋ˥ʂaŋ˥˦miæ̃r˥˧˩tɕiou˥˧˩tɕiao˥kə˥˧˥lie˨nei˥˦.ti˥˦xa˥˧˩ni˥˧˥˧˩tɕiou˥˧˩kəŋ˥˧˥˧ŋuo˥˧˥˧liao˥xa˥˧˩.（但一般都叫放？）黄：嗯。ŋ̍˧˩.王：啊。a˧˩.（不管什么什么地……什么东西啊，都往一块儿子堆，你叫什么？）王：我们叫放了一块儿。ŋuo˥˧˥məŋ˨tɕiao˥faŋ˥lə˨i˥˧˥˧˩kʰuər˥˧˥.（有没有别的说法？）王：没有。再么了就说堆在一瘩里。muo˥˧˥˧˩iou˥˧˥.tsæᴇ˥muo˨lə˨tɕiou˥˧˩ʂuo˥˧˥˧˩tuei˥˧˥tsæᴇ˥˧˩i˥˧˥˧˩ta˥˧˥˧˩li˥˧˥.（把东西贮藏起来你们叫什么？）王：咋么个东西贮……tsa˥˧˥muo˨kə˥tuoŋ˥˧˥˧˩ɕi˨tʂʮ˥˦……（储藏起来。）王：贮藏起来？tʂʮ˥tsʰaŋ˩˧˩tɕʰi˥˧˥læᴇ˩˧˩˧˩?（嗯。）黄：嗯。ŋ̍˧˩.王：我们这儿一般那就说你放起来。ŋuo˥˧˥məŋ˨tʂər˥i˥˧˥˧˩pæ̃˥˧˥nei˥tɕiou˥ʂuo˥˧˥˧˩ni˥˧˥˧faŋ˥˦tɕʰi˥˧˥˧˩læᴇ˩˧˩˧˩.

掀、断

1.（把这个人呢赶出去你叫什么？）王：掀出去。ɕiæ̃˥˧˥tʂʰʮ˥˧˥tɕʰi˥˧˩.黄：掀出去。ɕiæ̃˥˧˥tʂʰʮ˥˧˥˧˩tɕʰi˥˧˩.（掀出去？）黄：嗯。ə̃˧˩.王：嗯。ŋ̍˧˩.（有什么撵出去的说法吗？）黄：掀出去。ɕiæ̃˥˧˥tʂʰʮ˥˧˥tɕʰi˥˧˩.王：再么就断出去。tsæᴇ˥muo˨tɕiou˥tuæ̃˥˦tʂʰʮ˥˧˥˧˩tɕʰi˥˧˩.黄：断出去。tuæ̃˥˦tʂʰʮ˥˧˥˧˩tɕʰi˥˧˩.王：我们那兀掀出去，断出去。ŋuo˥˧˥˧˩məŋ˨nə˥˧˩væᴇ˥ɕiæ̃˥˧˥tʂʰʮ˥˧˥˧˩tɕʰi˥˧˩,tuæ̃˥˦tʂʰʮ˥˧˥˧˩tɕʰi˥˧˩.黄：断出去。tuæ̃˥˦tʂʰʮ˥˧˥tɕʰi˥˧˩.（哪个tuæ̃˥？端出去？）黄：啊，断，断。赶跑的意思么。a˧˩,tuæ̃˥˦,tuæ̃˥.kæ̃˥˧˥pʰaɔ˥˧˥ti˨i˥˦sɿm˨.（说不说轰出去？）黄：轰出去也说咧。啊。xuoŋ˥˧˥tʂʰʮ˥˧˥˧˩tɕʰi˥æ˥˧˥˧ʂuo˥˧˥lie˨.a˧˩.王：轰出去也有这个说法。xuoŋ˥˧˥˧˩tʂʰʮ˥˧˥tɕʰi˥ie˥˧˥iou˥˧˥˧˩tʂə˥˧˩kə˥˧˩ʂuo˥˧˥˧˩fa˥˧˥˧˩.（轰出去和一般的掀出去、断出去有什么区别没有？）黄：欸呀，那都发怒咧，说是把这个人轰出去咧。那你已经，感觉到忍无可忍了，把他给轰出去。ei˧˩ia˨,nei˥˦tou˥˧˥˧˩fa˥˧˥˧˩nou˥˦lie˨,ʂuo˥˧˥˧sɿ˥˧˩pa˥˧˥˧˩tʂə˥kə˥zəŋ˩˧˩˧xuoŋ˥˧˥tʂʰʮ˥˧˥˧˩tɕʰi˥˧˩lie˨.nei˥˧˩ni˥˧˥˧i˥˧˥tɕiŋ˥˧˥˧,kæ̃˥˧˥˧tɕyo˥˧˥˧˩taɔ˥zəŋ˥˧˥vu˩˧˩˧˩kʰə˥˧˥˧zəŋ˥˧˥lə˨,pa˥˧˥˧˩tʰa˥˧˥˧kei˥xuoŋ˥˧˥tʂʰʮ˥˧˥˧˩tɕʰi˥˧˩.王：掀出去就是把他弄……ɕiæ̃˥˧˥tʂʰʮ˥˧˥˧˩tɕʰi˥˧˩tɕiou˥˧˩sɿ˥˧˩pa˥˧˥˧˩tʰa˥˧˥nuoŋ˥……黄：直接就是把这个都……人打房子里往出推哩。tʂɿ˩˧˩tɕie˥˧˥tsou˥sɿ˥pa˥˧˥˧˩tʂə˥kə˥tou˥˧˥˧˩……zəŋ˩˧˩ta˥˧˥˧˩faŋ˩˧˩˧˩tsɿ˨li˨vaŋ˥˧˥˧˩tʂʰʮ˥˧˥˧tʰuei˥˧˥li˨.王：嗯。ŋ̍˧˩.（但有的是，比如说这个小孩在这儿，哎去去去，别在这儿吵。这个叫什么呢？）王：撵走呣。niæ̃˥˧˥˧˩tsou˥˧˥m̩˨.黄：撵走呣。niæ̃˥˧˥tsou˥˧˥m̩˨.（这是撵走？）黄&王：嗯。ŋ̍˧˩.

2.（把它赶走，驱赶，有没有说断的？）张先金：呃，也说断。ə˥,ie˥˧˥ʂuo˥˧˥˧˩tuæ̃˥˧˩.（叫什么？）断。断跑了。tuæ̃˥.tuæ̃˥˦pʰaɔ˥˧˥˧˩lə˨.（再念一下。）断。tuæ̃˥.（什么情况下用断，什么情况下用……用赶？）你比如说这个牛跑到我地里吃……吃……去吃我玉米去了，我说：哎，谁一个把牛断一下！ni˥˧˥pi˥˧˥zʮ˩˧˩˧ʂuo˥˧˥˧tʂə˥kə˥niou˩˧˩pʰaɔ˩˧˩˧˩taɔ˥ŋuo˥˧˥˧ti˥˦li˥˧˥˧˩tʂɿ……tʂɿ……tɕʰi˥tʂʰɿ˥˧˥˧˩ŋuo˥˧˥˧y˥˦mi˥˧˥˧tɕʰi˥lə˨,ŋuo˥˧˥˧˩ʂuo˥˧˥˧˩:æᴇ˥˧˥,sei˩˧˩i˥˧˥kə˥pa˥˧˥˧˩niou˩˧˩tuæ̃˥i˥˧˥˧ɕia˥˧˩!（人可不说断走？）啊。a˧˩.（比如说你，你在做什么事情，孙子在这里吵，你说叫她把他赶走还是叫她，叫她把他把他断走，叫你爱人？）一……啊，这个嗯太不叫啥。说讨厌得很，你把……弄……弄走。啊。i˥˦……æ˧˩,tʂə˥˧˩kə˥˦n̩˨tʰæᴇ˥pu˩˧˩tɕiao˥sa˥.ʂuo˥˧˥˧˩tʰaɔ˥˧˥iæ̃˥tə˨xəŋ˥˧˥˧,ni˥˧˥pa˥˧˥˧˩n……nuoŋ˥……nuoŋ˥tsou˥˧˥.a˧˩.（比如说鸡在这里。）啊，也要把它断走。a˧˩,ie˥˧˥iao˥pa˥˧˥˧˩tʰa˥˧˥˨tuæ̃˥tsou˥˧˥˧.

3.（老人家我走了啊。）张先金母：坐嘛！tsuo˧ma˨！（嗯，好好好，我坐了很久了。）张母：忙去？maŋ˨˦tɕʰie˧？张妻原籍四川：过来玩！我还把人家断走了。kuo˧˦læᴇ˨˦˧væ̃˨˦˩！ŋuo˥˧xæᴇ˨˦˧pa˥˧˩zəŋ˨˦˩tɕia˥˧˧tuæ̃˧tsou˥˧lə˨.

啪开、劐开、劙开

（把这个剪开叫不叫衩开？）王：我们这儿叫啪开。ŋuo˥˧məŋ˨tʂər˧tɕiɑɔ˧pʰia˥˧kʰæᴇ˥˧˩.（pʰia˧还是pʰia˥˧？）啪，望开那么啪。pʰia˥˧,vaŋ˧kʰæᴇ˥˧˩nə˧muo˦pʰia˥˧.（比如说一块布，你牵着这头，我牵着这头，拉紧啦，呲。）啊，啊，对着。a˥˧,a˥˧,tuei˧˥tʂə˨.（这叫什么？这叫pʰia˥˧开？）这叫啪开，要叫剪开也一样咧么。tʂə˧˩tɕiɑɔ˧˩pʰia˥˧kʰæᴇ˥˧˩,iɑɔ˧tɕiɑɔ˧tɕiæ̃˥˧kʰæᴇ˥˧˩æ˥˧i˥˧˩iaŋ˧liem˨.（把它分离也不叫衩？）我们有时叫劐开，也……ŋuo˥˧məŋ˨iou˥˧˧sʅ˨˦˧tɕiɑɔ˧xuo˥˧kʰæᴇ˥˧˩,ie˥˧……（劐开？）嗯，把它劐两下。ə̃˩,pa˥˧˩tʰa˥˧˧xuo˥˧liaŋ˥˧˩ɕia˧˥.（劙开呢？）不叫劙开，叫劐开这。pu˨˦˩tɕiɑɔ˧li˨˦kʰæᴇ˥˧˩,tɕiɑɔ˧xuo˥˧kʰæᴇ˥˧˩tʂə˧˩.（劙开是什么意思呢？）劙开那就，那也是一样咧么。那你就，你比若把这个本子拿来，等会儿呲一劙开。这叫做劙开。li˨˦kʰæᴇ˥˧˧nei˧tɕiou˧,nei˧æ˥˧sʅ˧˩i˥˧˩iaŋ˧lie˨muo˨.nei˧ni˥˧˧tɕiou˧,ni˥˧˧pi˥˧˧ʐuo˥˧˧pa˥˧˩tʂə˧kə˧pəŋ˥˧tsʅ˨na˨˦læᴇ˨˦˩,təŋ˥˧xuər˧tsʰʅ˩i˥˧˩li˨˦kʰæᴇ˥˧˩.tʂei˧tɕiɑɔ˧tsuo˧li˨˦kʰæᴇ˥˧˩.

斗差

（把小块儿的东西就拼成什么东西……叫不叫斗差？）王：叫咧，叫斗差咧。tɕiɑɔ˧lie˨,tɕiɑɔ˧tou˧tsʰa˥˧˩lie˨.（是不是把东西这个拼起来叫斗啊？）那就……斗差那就说把这……把这东西这么个，对起来或是放得一块儿就叫斗差起来。nei˧˩tɕiou˧……tou˧˦tsʰa˥˧˩næᴇ˧tɕiou˧ʂuo˥˧˧pa˥˧˩tʂə˧……pa˥˧˩tʂə˧tuoŋ˥˧ɕi˨tʂə˧muo˦kə˧,tuei˧tɕʰi˥˧læᴇ˨˦˩xuo˨˦˧sʅ˧faŋ˧tə˦i˥˧˩kʰuər˥˧tɕiou˧tɕiɑɔ˧tou˧tsʰa˥˧˩tɕʰi˥˧læᴇ˨˦˩.

拈弄

（这个整理、调整叫不叫拈弄？）王：整理、调整就也说咧。就说拈弄咧。拈弄咧。tʂəŋ˥˧˧li˥˧˧tʰiɑɔ˨˦˩tʂəŋ˥˧tɕiou˧ie˥˧˧ʂuo˥˧lie˨.tɕiou˧˩ʂuo˥˧˩niæ̃˥˧luoŋ˧˩lie˨.niæ̃˥˧luoŋ˧˩lie˨.（是本地话吗？）本地话。我们这儿比方说是我这个……这个机子不合适咧，到修理部：嗨，你把这个给我拈弄看吵。pəŋ˥˧˧ti˧xua˧˩.ŋuo˥˧məŋ˨tʂər˧pi˥˧faŋ˥˧˩ʂuo˥˧˩sʅ˧˩ŋuo˥˧˧tʂə˧kə˧……tʂə˧˩kə˧˩tɕi˥˧tsʅ˨pu˨˦˩xuo˨˦˩tʂʰʅ˥˧lie˨,tɑɔ˧ɕiou˥˧˩li˥˧pu˧˩:xæᴇ˩,ni˥˧pa˥˧˩tʂə˧kə˧kei˧ŋuo˥˧˧niæ̃˥˧luoŋ˧˩kʰæ̃˧˩sa˨.（嗯，什么？）拈弄。niæ̃˥˧luoŋ˧˩.（是不是这个捻呐？这个叫不叫捻……捻一下？）这叫捏一下。拈一下就说你捏……捏上一逮，再那么个叫拈。tʂə˧tɕiɑɔ˧nie˥˧i˥˧˩xa˧˩.niæ̃˥˧˦i˥˧xa˧tɕiou˧ʂuo˥˧˩n̩˥˧˧nie˥˧……nie˥˧ʂaŋ˧˩i˥˧˩tæᴇ˥˧,tsæᴇ˧˦nə˧˩muo˨kə˧˩tɕiɑɔ˧niæ̃˥˧˦.（噢，拈弄？）嗯，拈弄一下。ə̃˩,niæ̃˥˧luoŋ˧˩i˥˧˩xa˧˩.

跐弹

（动弹叫不叫跐弹？）王：跐弹这个话儿听……有人这么个说咧。tsʰʅ˥˧˩tʰæ̃˨˦˧tʂə˧kə˧xuar˧tʰiŋ˥˧˩tʰ……iou˥˧zəŋ˨˦˧tʂə˧muo˦kə˧ʂuo˥˧lie˨.（什么意思呢？）跐弹就说你……你把个……坐到那儿你这个死人，你把那个跐弹一下么，动弹一下么是。tsʰʅ˥˧˩tʰæ̃˨˦˧tɕiou˧˩ʂuo˥˧˩ni˥˧……ni˥˧pa˥˧˩(k)ə˧……tsuo˧tɑɔ˧nar˧ni˥˧˧tʂə˧kə˧sʅ˥˧zəŋ˨˦,ni˥˧pa˥˧˩(n)ə˧kə˧tsʰʅ˨˦˩tʰæ̃˨˦˧i˥˧˩xa˧˩muo˨,tuoŋ˧˦tʰæ̃˨˦˩i˥˧˩xa˧˩muo˨sʅ˧˩.

等、比

（这比较，你们一般是叫比还是叫什么？）张先金：比。pi˥˧.（还是叫等？）

嗯，比……嗯？ə̃˧˨,pi˥˩……ə̃˨˦？（叫等不叫？）不叫等，叫比。pu˨˩˨tɕiao˧tuoŋ˥˩˨,tɕiao˧pi˥.（有没有说叫等……等什么东西？）呃，等。ə˧,təŋ˥.（呃。）也叫等，也叫比。ie˥˦tɕiao˧təŋ˥,ie˥tɕiao˧pi˥.（哪个说……你，你最喜欢说的是哪个？）等一下这高低。啊，比一下上下。这都有。təŋ˥i˥˦xa˧tʂə˧kao˥˨ti˥.ɑ˧˨,pi˥i˥˨xa˧˨ʂaŋ˧ɕia˧˨.tʂə˧˥tou˥˦iou˥˩.（东西重量呢？）比一下轻重。pi˥i˥˨xa˧tɕʰiŋ˥˨tʂuoŋ˧.（有说等一下重……轻重的吗？）等，这一般是比这个高低。təŋ˥,tsə˧i˥˨pæ̃˥sɿ˧˨pi˥tʂə˧˨kə˧˨kao˥˨ti˥ti˧.（高低长短？）啊，这叫等。ɑ˧˨,tʂei˧˨tɕiao˧˨təŋ˥.（这是叫等还是叫比？我，我放在桌上，筷子啦。）这叫等。tʂə˧˥tɕiao˧təŋ˥.（这叫等？）嗯。ŋ̍˧˨.（就是长短？）啊。ɑ˧˨.

拱起来、陷进去

（你那个东西啊鼓起来你们是叫凸出来还是什么呢？叫不叫凸？）黄：咱们不叫凸啊？咱们叫冒，冒起来了，或者是，冒起来了嘛是，也叫凸咧。tsɑ˨˩məŋ˧pu˨˩˨tɕiao˧tʰu˥ɑ˧?tsɑ˨˩məŋ˧tɕiao˧mao˧,mao˧tɕʰi˥˨læᴇ˨˩˨lə˧,xuei˨˩˦tʂə˥˨sɿ˧,mao˧tɕʰi˥˨læᴇ˨˩˨mɑ˧sɿ˧˨,ie˥tɕiao˧tʰu˥lie˧.（也叫凸？）黄：凸起来咧，嗯。tʰu˥tɕʰi˥˨læᴇ˨˩˨lie˧,ə̃˧˨.王：拱起来。kuoŋ˥˦tɕʰi˥˨læᴇ˨˩˨.黄：拱起，噢，拱起来了。kuoŋ˥˦tɕʰi˥˦,ɑɔ˧˨,kuoŋ˥˦tɕʰi˥˦læᴇ˨˩˨lə˧.（这是那个，有一，小小的一……一个小包啊，你说不说凸？）黄：不说。pu˨˩˦ʂuo˥˨.（就是拱，拱起来了？）黄：啊，拱起来了，噢，拱起来了。拱起个包。ɑ˧˨,kuoŋ˥tɕʰi˥˨læᴇ˨˩˨,ɑɔ˧˨,kuoŋ˥tɕʰi˥˨læᴇ˨˩˨lə˧.kuoŋ˥tɕʰi˥˨kə˧˨pao˥.（这陷进去了呢？）黄：那就是陷进去个窝儿。næᴇ˧tɕiou˧sɿ˧ɕiæ̃˧tɕiŋ˧tɕʰi˧˨kə˧˨vuor˥.（是洼下去了还是凹下去了？）黄：那不，不说，也不说凹，也不说啥，那就是陷进去了，或者是拱起来了。nə˧pu˨˩˨,pu˨˩ʂuo˥,ie˥˦pu˨˩˦ʂuo˥˨va˧,ie˥˦pu˨˩˦ʂuo˥˨sa˧,nə˧˨tsou˧˨sɿ˧˨ɕiæ̃˧˥tɕiŋ˧tɕʰi˧lə˧,xuei˨˩˦tʂə˥˨sɿ˧˨kuoŋ˥tɕʰi˥˦læᴇ˨˩˨lə˧.（就没有凹凸这种说法？）黄：啊，没有凹凸这个说法。ɑ˧˨,mei˨˩iou˥ɑo˧tʰu˥tʂə˧˨kə˧˨ʂuo˥fa˥˨.

（二）心理活动

听下了

（我知道这件事情我是说我知道了，还是说我明白了，还是说什么我晓得了？这种说法？）王：我知道了。ŋuo˥˦tʂɿ˥tao˧˨lə˧.黄：我知道了。ŋuo˥˦tʂɿ˥tao˧˨lə˧.（那相反的呢？）王：不知道。pu˨˩tʂɿ˥˨tao˧.黄：不知道。pu˨˩˦tʂɿ˥˦tao˧˨.（这个说吧你明白了吗？是说明白了还是懂了吗？这有些东西你不是很理解这个人的意思。人家给你这个细细地给你讲……讲了一下。）王：我们这那就说你听下啦么没有？ŋuom˥tʂə˧nei˧tɕiou˧˨ʂuo˥˨ni˥˨tʰiŋ˥xa˧la˧muo˧mei˨˩iou˥˨?黄：你听懂了没有。再一个是你听懂了吗？ni˥˨tʰiŋ˥˨tuoŋ˥lə˧mei˨˩iou˥˨.tsæᴇ˧i˥kə˧sɿ˧ni˥˦tʰiŋ˥˨tuoŋ˥lə˧mɑ˧?（听下了是什么意思呢？听下了大概什么意思？）黄：听下了指是问你把这个话听清楚了没有。tʰiŋ˥ɕia˧˨lə˧tsɿ˥˦sɿ˧vəŋ˧˥ni˥pa˥˨tʂə˧kə˧xua˧tʰiŋ˥tɕʰiŋ˥tʂʰɥ˥˨lə˧mei˨˩iou˥˨.王：你就听清楚了，记下了。ni˥˨(tɕ)iou˧tʰiŋ˥tɕʰiŋ˥˨tʂʰɥ˥lə˧,tɕi˧˦xa˧˨lə˧.（听清楚了叫听xa˥˩了？）王：嗯。ŋ̍˧˨.黄：嗯。再一个问你听懂啦吗没有。ə̃˧˨.tsæᴇ˧i˥˦kə˧vəŋ˧ni˥˦tʰiŋ˥˨tuoŋ˥la˧ma˧mei˨˩iou˥˨.王：陕北人就问你解下解不下？ʂæ̃˥pei˥˨zəŋ˨˩tɕiou˧və ŋ˧˨ni˥˦xæᴇ˧˦xa˧˨xæᴇ˧pu˨˩˦xa˧˨?黄：嗯。ŋ̍˥.（就没有说什么，你说：明白了吗？有说明白了吗这种说法没有？）黄：这都很少说，啊？tʂə˧˥tou˥˨xəŋ˥ʂao˥ʂuo˥˨,ɑ˧˨?王：嗯。很少。ŋ̍˧˨.

xəŋ˥ʂɑɔ˥˩.（懂了？）黄：嗯。你懂不懂？你懂不懂这个话说咧。ə̃˩.ni˥˩tuoŋ˥pu˧˩tuoŋ˥˩?ni˥˧tuoŋ˥pu˧˩tuoŋ˥tʂə˧˩kə˧˥xuɑ˧ʂuo˥˩lie˧.王：懂不懂你你哎？tuoŋ˥pu˧˩tuoŋ˥˩ni˥˩æᴇ˥?

箍住了

（把你这个整住了说不说"鼓住了"？）黄：这倒还说咧。这个啥事情把人……tʂə˧˥tɑɔ˧˩xɑ˧˩ʂuo˥lie˧.tʂə˧kə˧sɑ˧sɿ˧tɕʰiŋ˧˩pɑ˥˩zəŋ˧˩……王：那啥把人箍住了。nei˧ʂɑ˧pɑ˥˩zəŋ˧˩ku˥tʂʮ˧˩lə˧.黄：就叫你弄啥咧，你这个，你不会弄，这就叫箍住了。tɕiou˧˩tɕiɑɔ˧ni˥˧nuoŋ˧˥sɑ˧lie˧,ni˥˧tʂə˧kə˧,ni˥pu˧˩xuei˧nuoŋ˧,tʂə˧tɕiou˧tɕiɑɔ˧˩ku˥tʂʰʮ˧˩lə˧.王：把人箍住了。pɑ˥˩zəŋ˧˩ku˥tʂʮ˧˩lə˧.（不会弄？）黄：不会弄。pu˧˩xuei˧nuoŋ˧.（一道题目不会做，说不说鼓住了？）黄：啊，箍住了。ɑ˩,ku˥tʂʮ˧˩lə˧.王：也有人箍住。iɑ˥˩iou˥˩zəŋ˧˩ku˥tʂʮ˧˩.（就是难住了？）王：啊。ɑ˩.黄：啊。就是难住咧的意思。ɑ˩.tɕiou˧˥sɿ˧næ̃˧˥tʂʮ˧lie˧ti˧i˧˥sɿ˧.

灵醒

（这个突然是恍然大悟这种东西叫什么？"灵醒了"说不说？）黄：灵醒这个话还有咧啊？liŋ˧˩ɕiŋ˥tʂə˧kə˧xuɑ˧xæᴇ˧˩iou˥lie˧ɑ˧?王：嗯，灵醒了。ə̃˥,liŋ˧˩ɕiŋ˥lə˧.黄：灵醒了。liŋ˧˥ɕiŋ˥˧lə˧.（liŋ˩ɕiŋ˥是大概什么意思，你们这个？）黄：就是以前咋么个事情啥咧稀里糊涂，不咋么回事啊？tsou˧˩sɿ˧˩i˥˧tɕʰiæ̃˧tsɑ˥muo˧kə˧˩sɿ˧˥tɕʰiŋ˧˩sɑ˧lie˧ɕi˥li˧xu˧˩tʰu˧˩,pu˧tsɑ˥muo˧xuei˧sɿ˧˩ɑ˧?（嗯。）黄：别人给一说以后他，把这个事情搞清楚了就是他灵醒了。pie˧˥zəŋ˧˥kei˧i˥˩ʂuo˥i˥˩xou˧˥tʰɑ˥˩,pɑ˥˩tʂə˧kə˧sɿ˧tɕʰiŋ˧˩kɑɔ˥˧tɕʰiŋ˥tʂʰʮ˥˩lə˧tɕiou˧sɿ˧tʰɑ˥˧liŋ˧˩ɕiŋ˥lə˧.（还有没有什么别的意思？）黄：那晓……再一个就说是睡觉睡的胡里颠倒的啊？nei˧ɕiɑɔ˥˧……tsæᴇ˧˥i˥˧kə˧tsou˧˥ʂuo˥˩sɿ˧ʂuei˧tɕiɑɔ˧ʂuei˧ti˧xu˧li˧ti˧iæ̃˥˩tɑɔ˥˩ti˧lɑ˧?（嗯。）黄：最后这个，突然啥子一惊一下就灵醒了。tsuei˧xou˧tʂə˧˩kə˧˩,tʰu˥zæ̃˧˩sɑ˧tsɿ˧i˥˩tɕiŋ˥i˥˩xɑ˧tsou˧˩liŋ˧˩ɕiŋ˥lə˧.（就是惊醒了？）黄：噢，惊醒了。ɑɔ˧,tɕiŋ˥˩ɕiŋ˥lə˧.（有没有说这个事情很……很灵醒或是人很灵醒的？）黄：没有。muo˥˧iou˥˩.（说聪明啊，或者说这个东西做得很漂亮的。说灵醒的。）黄：这好像还没有，啊？tʂə˧˥xɑɔ˥˩ɕiɑŋ˧xɑ˧˩mei˧˩iou˥,ɑ˧?王：嗯。ŋ̍˥.

品摩

（这个揣测，你自……心里在这么揣测，有没有叫品摩的？比如说谁谁打电话给你，老王，来什么……来一下，你也不知道什么，哎呀，他在干吗呢？）王：嗯。我们这儿叫，那就叫猜测咧吧。ŋ̍˩.ŋuo˥mən˧tʂər˧tɕiɑɔ˧,næᴇ˧tɕiou˧tɕiɑɔ˧tsʰæᴇ˥tsʰə˥˩lie˧pɑ˧.（没有品摩这个说法吗？）没有。mei˧˩iou˥˩.（品摩。）品摩这个说法也有咧。pʰiŋ˥muo˧˩tʂə˧kə˧ʂuo˥fɑ˥˩æ˥iou˥˩lie˧.（品摩，品摩是什么意思呢？）品摩那就是估计咋哎……猜……估计是咋么个事。估计是叫做啥咧姆。品摩。pʰiŋ˥muo˧˥næᴇ˧tɕiou˧sɿ˧ku˥˩tɕi˧˩tsɑ˥˧æᴇ˧……tsʰæᴇ˥……ku˥tɕi˧˥sɿ˧˩tsɑ˥˩muo˧kə˧˩sɿ˧˩.ku˥tɕi˧˥sɿ˧tɕiɑɔ˧tsɿ˧sɑ˧lie˧m̩˧.pʰiŋ˥muo˧˩.

尺谋

1.（心里细细地这个筹划一下，这个事情该怎么做。你们是什么？是盘算一下，还是筹思一下，还是打算一下，还是什么样？）王：打算。tɑ˥suæ̃˧˩.黄：你仔细给咱们打算一下子。ni˥˧tsɿ˥˧ɕi˧kei˧tʂɑ˧˥məŋ˧tɑ˥suæ̃˧i˥˧xɑ˧tsɿ˧.（不说盘算吗？）王：不说。pu˧˩ʂuo˥˩.黄：不说。姆。pu˧˩ʂuo˥˩.m̩˩.（心里头啊……）黄：仔细地想一想。tsɿ˥˧ɕi˧ti˧ɕiɑŋ˥i˥˩ɕiɑŋ˥˩.（不说是筹划一下？）黄：不。pu˧˩.王：不说。pu˧˩ʂuo˥˩.（这个仔细地怎……怎么想说，想一下，说不说？）黄：那说咧么。你想一想。这个事咋弄啊？neiˀ˦ʂuoˀ˨lie˧muo˧.niˀ˨ɕiaŋˀ˨iˀ˨ɕiaŋˀ˨.tʂə˦kə˦sɿ˦tsa˨nuoŋ˦æ˨?王：这儿就说想一想。tʂər˦tɕiou˦ʂuoˀ˨ɕiaŋˀ˨iˀ˨ɕiaŋˀ˨.（有说那个思谋一下的么？）黄：没有。这儿可有些人可说有掂量嘎子啊？meiˀ˨iou˨.tʂər˦kʰə˨iou˨ɕie˨zəŋ˨kʰə˨ʂuo˨iou˨tiæ̃˨liaŋ˧ka˧tsɿ˧a˧?（掂量？）黄&王：嗯。ŋ̍˨.王：再一个就是你尺谋一下。tsæᴇ˦i˨kə˦tɕʰiou˦sɿ˦ni˨tʂʰʅ˨mu˨i˨xa˦.黄：你尺谋一下。你掂量一下。ni˨tʂʰʅ˨mu˨i˨ɕia˦.ni˨tiæ̃˨liaŋ˧i˨xa˦.（tʂʰʅ˨muo˧？）王：嗯。ŋ̍˨.（怎么，哪个tʂʰʅ？）黄：吃饭的吃。把它吃谋一下。tʂʰʅ˨fæ̃˦ti˧tʂʰʅ˨.pa˨tʰa˨tʂʰʅ˨mu˨i˨xa˦.（mu是……）黄：谋嘛。mu˨ma˦.王：谋兀是谋利……谋利那个谋。mu˨væᴇ˦sɿ˦mu˨li˦……mu˨li˦nə˦kə˦mu˨.黄：啊，谋利，兀言字旁儿过去个某字。a˨,mu˨li˦,vei˦iæ̃˨tsɿ˦pʰãr˨kuo˦tɕʰi˦kə˦mu˨tsɿ˦.（啊，谋！）黄：啊，谋，尺谋……a˨,mou˨,tʂʰʅ˨mou˨i……王：嗯，谋。ŋ̍˨.mou˨.（尺谋一下？）王：嗯。ə̃˨.黄：嗯。ə̃˨.王：这就是指人叫这个字音不同啊？tʂə˦tɕiou˦sɿ˦tsɿ˨zəŋ˨tɕiaɔ˦tʂə˦kə˦tsɿ˦iŋ˨pu˨tʰuoŋ˨a˧?黄：嗯。ŋ̍˨.

2.（有说尺谋着没有？）王：尺谋着这个话也有咧。tʂʰʅ˨mu˨tʂə˧tʂə˦kə˦xua˦æ˨iou˨lie˧.（尺谋是什么意思呢？）尺谋那就说是，你办这一……叫你办啊……你办这一件事，你尺谋你能办<u>咧噢</u>？能办了你就办，办不了的话你就不要办。就说要你尺谋着。tʂʰʅ˨mu˨næᴇ˦tɕiou˦ʂuo˨sɿ˦,ni˨pæ̃˦tʂei˦i˨……tɕiaɔ˦ni˨pæ̃˦æ˧tɕi……ni˨pæ̃˦tʂei˦i˨tɕiæ̃˦sɿ˦,ni˨tʂʰʅ˨mu˨ni˨nəŋ˨pæ̃˦liaɔ˧?nəŋ˨pæ̃˦liaɔ˨ni˨tɕiou˦pæ̃˦,pæ̃˦pu˨liaɔ˨tə˧xua˦ni˨tɕiou˦pu˨iaɔ˦pæ̃˦.tɕiou˦ʂuo˨iaɔ˦ni˨tʂʰʅ˨mu˨tʂə˧.

心偏着、偏向

（我偏袒哪一方说我是怎么的呢？）王：心偏着。ɕiŋ˨pʰiæ̃˨tʂə˧.黄：你心偏着咧，或者是我你偏向哪一个。ni˨ɕiŋ˨pʰiæ̃˨tʂə˧lie˧,xuo˨tʂə˨sɿ˦ŋuo˨ni˨pʰiæ̃˨ɕiaŋ˦na˨i˨kə˦.（是向着你还是偏着你？）王：心偏着。ɕiŋ˨pʰiæ̃˨tʂə˧.黄：你心偏着咧。你或者向哪呶。有时候也说你心偏着咧这个话了噢？ni˨ɕiŋ˨pʰiæ̃˨tʂə˧lie˧.ni˨xuo˨tʂə˨ɕiaŋ˦na˨naɔ˧.iou˨sɿ˨xou˦ia˨ʂuo˨ni˨ɕiŋ˨pʰiæ̃˨tʂə˧lie˧tʂə˦kə˦xua˦lə˧laɔ˦?王：嗯。ŋ̍˨.黄：你心偏着咧。ni˨ɕiŋ˨pʰiæ̃˨tʂə˧lie˧.（比如说我偏袒你，说，比如说这个书记偏袒他，你说是书记向着他，还是，说书记偏袒他？）黄：呃书记向着他咧。ə˨ʂʮ˨tɕi˦ɕiaŋ˦tʂuo˨tʰa˨lie˧.（有没有说偏的呢？）黄：有偏向他咧，只有说偏向他这个话咧。iou˨pʰiæ̃˨ɕiaŋ˦tʰa˨lie˧,tsɿ˨iou˨ʂuo˨pʰiæ̃˨ɕiaŋ˦tʰa˨tʂə˦kə˦xua˦lie˧.（有没有说，偏什么，爱什么的呢？）黄：没有。就是你偏向谁咧。muo˨iou˨.tsou˦sɿ˦ni˨pʰiæ̃˨ɕiaŋ˦sei˨lie˧.（说偏大的，爱碎的，当中夹个受罪的。）黄：嗯。这话倒有咧。说娃娃那话了，啊，你是偏大的，爱碎的，中间夹了个受罪的，这是有咧。ŋ̍˨.tʂə˦xua˦taɔ˦iou˨lie˧.ʂuo˨va˨va˨nə˦xua˦lə˧,a˦,ni˨sɿ˦pʰiæ̃˨ta˦ti˧,næᴇ˦tsuei˦ti˧,tʂuoŋ˨tɕiæ̃˨tɕia˨lə˧kə˦ʂou˦tsuei˦ti˧,tʂə˦sɿ˦iou˨lie˧.（再……再说一遍那……那个话。）黄：那就是，偏大的么，爱碎的，中间夹了个受罪<u>的么</u>。næᴇ˦tɕiou˨sɿ˦,pʰiæ̃˨ta˦ti˧muo˧,næᴇ˦tsuei˦ti˧,tʂuoŋ˨tɕiæ̃˨ɕia˨（←tɕia˨）lə˧kə˦ʂou˦tsuei˦tim˧.（偏大的……）黄：爱碎<u>的么</u>。næᴇ˦tsuei˦tim˧.（爱碎的……）黄：中间夹了个受罪<u>的么</u>。tʂuoŋ˨tɕiæ̃˨tɕia˨lə˧kə˦ʂou˦tsuei˦tim˧.

详端

（这个动脑子你们说不说？）王：说咧，动脑子说咧。ʂuo˨lie˧,tuoŋ˦naɔ˨tsɿ˧ʂuo˨lie˧.（怎么说的？）那就说是你这个，你做个啥事，你要动动脑子好好想一想咧。nei˦tɕiou˦

ʂuo˥˧˩˧sɿ˧ni˥˧꜓tʂə˧kə˧,ni˥˧˩˧tsʮ˧kə˧˩˧sa˧sɿ˧,ni˥˧꜓iaɔ˧tuoŋ˧˦tuoŋ˧˩˧naɔ˥˧tsɿ꜔xaɔ˥˧˩˧xaɔ˥˧˩˧ɕiaŋ˥˧i˥˧˩˧ɕiaŋ˥˧lie꜔.（你们这个动脑子还有什么别的说法没有？等我动个脑子还是等我想个方法反正什么东西？）那就是说，你动动脑子，再么你就是想想办法。nei˧tɕiou˧sɿ˧ʂuo˥˧˩˧,ni˥˧꜓tuoŋ˧tuoŋ˧naɔ˥˧tsɿ꜔,tsæᴇ˧˦muo꜔ni˥˧꜓tɕiou˧sɿ˧ɕiaŋ˥˧ɕiaŋ˥˧˩˧pæ̃˧˦fa˥˧˩˧.（说不说想方啊？）想方这个，想方子说得少。ɕiaŋ˥˧꜓faŋ˥˧tʂə˧˩˧kə˧˩˧,ɕiaŋ˥˧꜓faŋ˥˧tsɿ꜔ʂuo˥˧˩˧(t)ə꜔ʂaɔ˥˧˩˧.（听过没有呢？）听过。tʰiŋ˥˧kuo˧˩˧.（哪里是，当地人不说吗？）当地人不说。那也就是外地来下人说。taŋ˥˧˩˧ti˧꜓zəŋ˧˩puʎ˩˧ʂuo˥˧˩˧.nei˧a˥˧˩˧tɕiou˧sɿ˧væᴇ˧˦ti˧˩˧læᴇ˧˩˩˧xa˧zəŋ˧˩ʂuo˥˧˩˧.（想端呢？）详端那就说这个事，每，就说人给你说是，叫你给☐办一件事，你说我你，我你详端一下，看咋相姆。这个话也说咧，详端。ɕiaŋ˧˩tuæ̃˥˧˩˧nei˧tɕiou˧ʂuo˥˧˩˧tʂə˧˩˧kə˧sɿ˧,mei˥˧,tɕiou˧˩˧ʂuo˥˧˩˧zəŋ˧˩kei˧ni˥˧꜓ʂuo˥˧˩˧sɿ˧˩˧,tɕiaɔ˧˩˧ni˥˧kei˧ni æ̃˧˩pæ̃˧i˥˧˩˧tɕiæ̃˧sɿ˧,ni˥˧ʂuo˥˧˩˧ŋuo˥˧꜓ni˥˧꜓,ŋuo˥˧꜓ni˥˧꜓ɕiaŋ˧˩tuæ̃˥˧i˥˧˩˧xa˧˩˧,kʰæ̃˧tsa˥˧꜓ɕiaŋ˧m̩꜔.tʂə˧kə˧xua˧ia ˥˧ʂuo˥˧˩˧lie꜔,ɕiaŋ˧˩tuæ̃˥˧˩˧.（也是这个想，想东西的想吗？还是什么东西？）详端，那个就……ɕiaŋ˧˩tuæ̃˥˧˩˧,nə˧kə˧tɕiou˧ts……（还是这个，相看的相？断，还是什么东西？详端是什么意思呢？）详端，就说我你看，我你看。ɕiaŋ˧˩tuæ̃˥˧˩˧,tɕiou˧˩˧ʂuo˥˧˩˧ŋuo˥˧꜓ni˥˧꜓kʰæ̃˧,ŋuo˥˧꜓ni˥˧꜓kʰæ̃˧.（就是看？）啊，我你看这个事咋相。a˩˧,ŋuo˥˧꜓ni˥˧꜓kʰæ̃˧tʂə˧kə˧sɿ˧tsa˥˧˩˧ɕiaŋ˧˩˧.

断定

（料定，还是断定，这些话你说不说？）王：一般说断定咧，不说料定。i˥˧˩˧pæ̃˥˧ʂuo˥˧˩˧ tuæ̃˧꜓tiŋ˧˩˧lie꜔,puʎ˩˧ʂuo˥˧˩˧liaɔ˧꜓tiŋ˧˩˧.（就比如说他这个事情，呃，要做什么事情，后来失败回来。我早就……）断定你，这个事干不成。断定。tuæ̃˧tiŋ˧ni˥˧˩˧,tʂə˧˩˧kə˧˩˧sɿ˧꜓kæ̃˧puʎ˩˧tʂʰəŋ˧˩˩˧.tuæ̃˧tiŋ˧.（都说早就断定？）嗯。ŋ̍˩˧.（还是说我早就知道他这个事干不成还是什么东西？）啊。也有说这个。我早知……我知道你干不成兀个事。a˩˧.ie˥˧iou˥˧ʂuo˥˧˩˧tʂə˧˩˧kə˧˩˧.ŋuo˥˧꜓tsaɔ˥˧tʂʅ˥˧˩˧……ŋuo˥˧꜓tʂʅ˥˧tao˧˩˧ni˥˧꜓kæ̃˧puʎ˩˧tʂʰəŋ˧˩vu˧kə˧sɿ˧˩˧.（那个断定怎么说呢？）断定那兀就说是，就跟那个，就跟，就说是我知道你这……你这个事情弄不成。tuæ̃˧˦tiŋ˧˦nə˧væᴇ˧tɕiou˧˩˧ʂuo˥˧˩˧sɿ˧˩˧,tɕiou˧kəŋ˥˧꜓nə˧kə˧,tɕiou˧kəŋ˥˧꜓,tɕiou˧ʂuo˥˧˩˧sɿ˧˩˧ŋuo˥˧꜓tʂʅ˥˧˩˧tao˧꜓ni˥˧꜓tʂei˧……ni˥˧꜓tʂə˧kə˧sɿ˧tɕʰiŋ˧˩꜓nuoŋ˧˦puʎ˩˧tʂʰəŋ˧˩.

主意

（这个呢，这个人对这个事情啊，心里，你觉得他没事，其实他心里早就有了这个，怎么干怎么干他都知道。这，那你说这样干什么呢？他心里……对这件事情我怎么干都知……应该怎么干他心里早就知道怎么干了。你一般怎么说？）王：那我们一般说上就是，早先就有，有，有预谋哩么。na˧˩˧ŋuo˥˧məŋ꜔i˥˧꜓pæ̃˥˧ʂuo˥˧˩˧ʂaŋ˧tɕiou˧sɿ˧,tsaɔ˥˧ɕiæ̃˥˧˩˧tɕiou˧˩˧iou˥˧,iou˥˧,iou˥˧y˧mu˧˩˩˧li꜔muo꜔.（有预谋？）嗯。ə̃˧.（有预谋是坏的意思了。）嗯。ŋ̍˩˧.（呃，你比如说你干什么事情，你比如说这个去做什么事情，到底怎么干，你心里有那……别人可能都不知道。那难道是就说你也……你也有预谋的这个？）那就是那，那就是，那就是设想么，你这个人有设想嘛。nei˧˩˧tɕiou˧꜓sɿ˧nei˧,nei˧tɕiou˧꜓sɿ˧,nei˧˩˧tɕiou˧sɿ˧ʂə˥˧ɕiaŋ˥˧muo꜔,ni˥˧˩˧tʂə˧kə˧zəŋ˧˩iou˥˧꜓ʂə˥˧ɕiaŋ˥˧ma꜔.（说这个事啊，就是说你心里到底怎么做，早就有了打算，这个叫什么？说不说什么有主意没主意的时候？）噢，那一般那就是那……有主意嘛。aɔ˩˧,nei˧i˥˧˩˧pæ̃˥˧nei˧tɕiou˧sɿ˧˩˧nei˧s……iou˥˧꜓tʂʮ˥˧i꜔ma꜔.（在相反的方向呢？）没主意。muo˥˧tʂʮ˥˧˩˧i꜔.（这个做事情举棋不定这样叫叫什么？）指咋么个？tsɿ˥˧˩˧tsa˥˧muo꜔kə˧?（做事情举棋不定啊，这个到底怎么做他也不知道，是拿不准还是什么？）那就是那你，那就是拿不准么。nei˧tɕiou˧˩˧sɿ˧˩˧nei˧˩˧n̩˥˧꜓,nei˧tɕiou˧sɿ˧na˧˩puʎ˩˧tʂuoŋ˥˧muo꜔.（拿不准还是拿不定主意什么东西？）那一般就是说是你这个注意不定么，拿不定主意。nei˦i˨˩˦pæ̃˨˦tɕiou˦˥sɿ˦ʂuo˨˩˦s ɿ˦ni˨˩˦tʂə˦kə˦tʂʮ˨˦i˧pu˧˨tiŋ˦˨˩˦muo˧,na˧˥pu˧˥tiŋ˦tʂʮ˨˦i˧.（到底是主意不定还是……）主意不定。tʂʮ˨˦i˧pu˧˨tiŋ˦.

注意

（这个有一个坑，人家叫你这走在路上，哎，突然由于这个坑人家发现了。一般叫你这个要怎么样？）王：你往呃跳么。跳，跳过去。ni˨˩˦vaŋ˨˩˦ə˦tʰiao˦˥muo˧.tʰiao˦,tʰiao˦˥kuo˦˩tɕʰi˦˩.（还是说留神？说跳过去？）啊，跳过去。ɑ˨,tʰiao˦˥kuo˦˩tɕʰi˦˩.（见了就跳过去，不说，不说什么留神？）那就是说你，说是你注意。注意脚底下有坑。nei˦˩tɕiou˦˥sɿ˦˥ʂuo˨˩˦ni˨˩˦,ʂuo˨˩sɿ˦˩ni˨˩˦tʂʮ˦i˦˥.tʂʮ˦i˦tɕyo˨˩ti˨˦(x)ɑ˦iou˨˩˦kʰəŋ˨˦.（是说注意还是说留神的多呢？）欸说注意的多。ei˦ʂuo˨˩tʂʮ˦i˦˥ti˧tuo˨˩.（注意的多，老人家说什么？）老人家就说，说注意。lao˨˦zəŋ˧˨tɕia˨˩˦tɕiou˦ʂuo˨˩˦,ʂuo˨˩˦tʂʮ˦i˦.（说小心不说呢）说小心也说咧。ʂuo˨˩,ɕiao˨˦ɕiŋ˨˩ie˨˦ʂuo˨˩lie˧.

操心

（操心说不说呢？）王：操心说咧。tsʰao˨˩˦ɕiŋ˨˦ʂuo˨˩lie˧.（怎么说呢这个？）说你做个啥，做啥你操个心。ʂuo˨˩ni˨˩˦tsʮ˦kə˦sa˦,tsʮ˦sa˦ni˨˩˦tsʰao˨˩kə˦ɕiŋ˨˦.（小孩子这个这个这个什么？）你像我那院儿里住下这个，这个媳妇儿领了孩子，走往那儿，走时给我安顿，啊，叔叔你注意，你操心我娃着。操心我娃，害怕跑出去咧。ni˨˩tɕiaŋ˦ŋuo˨˩˦nə˦yæ̃r˦˨˩˦li˨˩tʂʮ˦xa˦tʂə˦kə˦,tʂə˦˩kə˦ɕi˨˦fuər˦˩liŋ˨˦lə˧xæᴇ˧˨tsɿ˧,tsou˨˦vaŋ˨˩nar˨˩,tsou˨˦sɿ˧˨kei˦ŋuo˨˩˦næ̃˨˩tuoŋ˦˩,ɑ˨,ʂʮ˨˩ʂʮ˨˩˦ni˨˩˦tʂʮ˦i˦,ni˨˩˦tsʰao˨˩˦ɕiŋ˨˩ŋuo˨˩˦va˧˨tʂuo˨˦.tsʰao˨˩˦ɕiŋ˨˦ŋuo˨˩˦va˧˥,xæᴇ˦pʰa˦pʰao˨˩˦tʂʰʮ˨˦tɕʰi˦˩lie˧.（噢。）嗯。操心。ŋ̍˨.tsʰao˨˩ɕiŋ˨˩.（就是，注意照看这个……）啊，注意照看。ɑ˨˦,tʂʮ˦i˦tʂao˦kʰæ̃˦˩.（叫操心？）嗯，叫操心。ŋ̍˨,tɕiao˦tsʰao˨˩ɕiŋ˨˦.（那为了这个小孩儿就读书不好哇，或者什么工作不好啊，你说不说，或者结了婚多……多是结了好几年婚都没生小孩儿，你说不说操心这种？）那……那……那不说操心。那有时候了那就说是，你把家里的东西操个心。nei˦˥p……nə˦˥……nə˦˥pu˧˨ʂuo˨˦tsʰao˨˩ɕiŋ˨˩.nə˦iou˨˦sɿ˧˨xou˦lə˧nə˦tɕiou˦ʂuo˨˩sɿ˦,ni˨˩pa˨˩tɕia˨˦li˧tə˧tuoŋ˨˦ɕi˧tsʰao˨˩kə˦˨˩˦ɕiŋ˨˩.（操心大概都是，注意照看、照顾的意思？）啊，注意照……注意把记……操心意思就说你把啥东西都看好。ɑ˨,tʂʮ˦i˧tʂao˦……tʂʮ˦i˦pa˨˩tɕi˦tɕi……tsʰao˨˩˦ɕiŋ˨˦i˦sɿ˧tɕiou˦ʂuo˨˩˦ni˨˩˦pa˨˩sa˦˨˩˦tuoŋ˨˦ɕi˧tou˨˩kʰæ̃˦xao˨˦.（噢，把家里东西看好？）啊。ɑ˨.（别的不说？）别的不说。pie˧˥ti˧pu˧˨ʂuo˨˩˦.（没有说这个什么，就说。嗯，说你为这个事情费心，说不说操心？）那，我们这人就说费心，不说操心。nei˦˥,ŋuo˨˦məŋ˧tʂər˦(tɕ)iou˦ʂuo˨˩fei˦˨˩˦ɕiŋ˨˩,pu˧˥ʂuo˨˩tsʰao˨˩˦ɕiŋ˨˩.（就是我……我为小孩的事情，老师为了学……学生的学习要操，操碎了，操碎了心，或者是怎么，这样的说什么？）那，那这兀样子也说咧。那就说是你这个，现在这就说是，操心那就是一般，在这屋里东西那些，小孩了这些都是，都说操心。nei˦,nei˦tʂə˦vei˦˥iaŋ˦˩tsɿ˧ia˨˩ʂuo˨˦lie˧.næᴇ˦˩tɕiou˦˥ʂuo˨˩sɿ˦˩ni˨˦tʂə˦kə˦,ɕiæ̃˦tsæᴇ˦tʂə˦tɕiou˦ʂuo˨˩sɿ˦˩,tsʰao˨˩˦ɕiŋ˨˦nei˦tɕiou˦˩sɿ˦˩i˨˩˦pæ̃˨˦,tʂæᴇ˦˩tʂə˦vu˨˦li˨˩tuoŋ˨˦ɕi˧næᴇ˦ɕie˨˩,ɕiao˨˦xæᴇ˧˨lə˧tʂə˦˩ɕie˨˩tou˨˩sɿ˦˩,tou˨˩˦ʂuo˨˩tsʰao˨˩˦ɕiŋ˨˦.（只是照顾。大概都是……老人家说的照顾的意思？）都是照顾咧，嗯，照啊照顾的意思。tou˨˩sɿ˦˩tʂao˦ku˦lie˧,ŋ̍˨,tʂao˦˥ɑ˧tʂao˦˨˩˦ku˦˩ti˧i˦˩sɿ˧.

念过

（就说，比如说你小孩儿在北京在成都，你老会想着他，你说这个是怎么样？是挂念他，还是什么念叨他，还是什么东西？）王：我们这儿里这就是挂念。ŋuo˦mən˧tʂər˥li˥˨tʂei˥tɕiou˥˨sɿ˥˨kuɑ˥niæ̃˥.（说不说念叨呢？）嗯，太不说念叨，一个人的话咧，一个人挂念，再就说人想得很。ŋ̍˨,tʰæᴇ˥pu˩˥ʂuo˦niæ̃˥tɑɔ˧,i˥˨kə˥zəŋ˩tə˧xuɑ˥˨lie˧,i˥˨kə˥˦zəŋ˩˨kuɑ˥niæ̃˥,tsæᴇ˥(tɕ)iou˥ʂuo˥˨zəŋ˩ɕiɑŋ˦tə˧xəŋ˥˨.（那比如说你的父亲母亲这个这个想想像这个小孩儿，就说是，哎呀，某某某某，谁谁谁，这个好久没来了，他到哪儿去了？经常这么问。）我们这儿叫念过咧。ŋuo˦mən˧tʂər˥tɕiɑɔ˥niæ̃˥˦kuo˥˦lie˧.（哪个kuo˨？）那就是，过……过……nei˥˨tɕiou˥˨sɿ˥˨,kuo˥l……kuo˥……（过来的过？）过来的过吧。念过。kuo˥˦læᴇ˩˨ti˧kuo˥˨pɑ˧.niæ̃˥˦kuo˥˨.（就是跟念叨的意思是一样的？）啊，跟念叨的意思是一样的，叫念过。ɑ˨,kəŋ˥˨niæ̃˥˦tɑɔ˧ti˧i˥˦sɿ˧sɿ˥˨i˥˨iɑŋ˥˦ti˧,tɕiɑɔ˥˨niæ̃˥˦kuo˥˨.（他也不知道你这个到底是到哪儿去了，也不……可能也知道有欸这个脑子也不是很清楚了这。）啊，它就是念过咧。嘴里一工儿念过咧。ɑ˨,tʰɑ˦˥tɕiou˥˨sɿ˥˨niæ̃˥kuo˥˨lie˧.tsuei˦li˥˨i˥˨kuõr˦niæ̃˥kuo˥˨lie˧.

放心

（那么儿子打电话回来，我在这边很好啊，你们要怎么样？我这边很好啊，你们不要……）王：不要挂念么。pu˩˨iɑɔ˥kuɑ˥niæ̃˥muo˧.（说不说你们，你们放心呐什么的？）王：啊，你们放心，兀说。ɑ˦,ni˦mən˧fɑŋ˥ɕiŋ˥˨,væᴇ˥ʂuo˦.（有，有没有说什么这个，你这个心呐，对这件事情老是，悬在这儿想着这个事情。说不说什么放心不下什么的说法？）王：说咧么。这个也说是……ʂuo˦liem˧.tʂə˥˨kə˥ie˦ʂuo˦sɿ˥˨……（还是放不下心？说哪种说得多一点？）王：就是放不下心。有的说那放心不下啊？ tɕiou˥sɿ˥fɑŋ˥pu˩˨ɕiɑ˥ɕiŋ˦.iou˦ti˧ʂuo˥˨nə˥fɑŋ˥ɕiŋ˥˨pu˩˨ɕiɑ˥ɑ˧?黄：啊。ɑ˨.王：嗯，有的那么说。ŋ̍˥,iou˦˨tə˧nə˥˦muo˧ʂuo˥˨.（哪种说得多一点？这平常。）黄：放不下心这个多咧。fɑŋ˥pu˩˨ɕiɑ˥ɕiŋ˦tʂə˥˨kə˥˨tuo˦˨lie˧.（说不说搁心不下或者什么？）王：不说。不说这个。pu˩˨ʂuo˦.pu˩˨ʂuo˥˨tʂə˥kə˥˨.（不放心，他一个人出去我不放心？）黄：嗯。ŋ̍˦.王：啊。就是的。ɑ˨.tɕiou˥sɿ˥ti˧.黄：嗯。ŋ̍˨.（你说不说呢？）王：说咧。ʂuo˦lie˧.黄：说咧。ʂuo˦lie˧.（怎么说呢？）王：那就说不放心么。nei˥˨tɕiou˥ʂuo˦˥pu˩˨fɑŋ˥ɕiŋ˦muo˧.黄：你一个人出去，我们不放心。ni˦i˥˨kə˥zəŋ˩˥tʂʰʮ˦tɕʰi˥˨,ŋuo˦mən˧pu˩˨fɑŋ˥˦ɕiŋ˦.

提不起放不下

黄：咱们这儿有提不起放不下这个说法咧。tʂɑ˩˨mən˧tʂər˥iou˦˥tʰi˩pu˩˨tɕʰi˦˥fɑŋ˥pu˩˨ɕiɑ˥˦tʂə˥kə˥ʂuo˦fɑ˥˨lie˧.（提不起放不下什么意思？）黄：嗯？ŋ̍˩?（提不起放不下什么意思？）王：就说这个事情处理……处理不了是……tɕiou˥˨ʂuo˥˨tʂə˥kə˥sɿ˥tɕʰiŋ˩˨tʂʰʮ˦li˦……tʂʰʮ˦li˦pu˩˨liɑɔ˦sɿ˥˨……黄：放弃还放……fɑŋ˥tɕʰi˥xɑ˩˨fɑŋ˥……王：放弃还放不下。fɑŋ˥tɕʰi˥xɑ˩˨fɑŋ˥˦pu˩˨xɑ˥.

盼

（这个比如说，小孩儿说了我十一要回来，我十月一号回来。那你从现在开始就就天天想着这什么时候回来。你这个这一一段的举动叫什么呢？心里的这种举动。是盼望啊还是什么东西？）黄：那这个时候就是个盼望，再就是这个，等待么。næᴇ˥˦tʂə˥kə˥sɿ˩˨xou˥tɕiou˥˦sɿ˥˨kə˥˨pʰæ̃˥vɑŋ˥,tsæᴇ˥tɕiou˥sɿ˥tʂə˥kə˥,təŋ˦tæᴇ˥muo˧.（最土，最土最土，说什么？）黄：最土的来说那就是这个……tsuei˥tʰu˦ti˧læᴇ˩ʂuo˥˨nei˥tsou˥˨sɿ˥˨tʂə˥˨kə˥……（盼着？）黄：啊，盼着么。ɑ˦,pʰæ̃˥˦tʂəm˧.王：盼你回来，等你回来么。pʰæ̃˥ni˦˨xuei˩˨læᴇ˩˥,təŋ˦ni˥˨xuei˩˨læᴇ˩˦muo˧.（什么盼星星盼月亮盼……）黄：啊，就是这个。ɑ̃˦,tɕiou˥sɿ˥tʂə˥˨kə˥˨.王：

啊，盼星星盼月亮，那这个不是？ɑ˥,pʰæ̃˥ɕiŋ˦ɕiŋ˦˩pʰæ˥yo˦liaŋ˦˩,nei˥tʂə˥kə˥pu˩˨sɿ˥？（盼星星盼月亮怎么说呢？）黄：盼星星，盼月亮。pʰæ̃˥˩ɕiŋ˦ɕiŋ˦˩,pʰæ̃˥˩yo˦liaŋ˦˩.（说不说有什么时候巴望你来？）王：不说。pu˩˨ʂuo˦.黄：不说这个话。pu˩˨ʂuo˦˩tʂə˥kə˥xua˥˩.（但有的人这个什么很讨厌，终于走了，你你会不会说，哎呀，我巴不得你走？）王：说，巴不得你走，说兀个人日眼的很。ʂuo˦,pa˦˩pu˩˨tei˦˩ni˦˩tsou˦,ʂuo˦˩vu˥kə˥zəŋ˩˨zʅ˦˩niæ̃˦ti˧xəŋ˦˩.黄：我们还是你盼不得你走咧。ŋuo˦məŋ˧xa˩˨sɿ˥ni˦˩pʰæ̃˥˩pu˩˨tei˦˩ni˦˩tsou˦lie˧.王：啊，盼不得你走。ɑ˩,pʰæ̃˥˩pu˩˨tei˦˩ni˦˩tsou˦˩.黄：盼不得你走。pʰæ̃˥˩pu˩˨tei˦˩ni˦˩tsou˦˩.（不说，呃，巴不得还说得少一点？）黄：不说。pu˩˨ʂuo˦˩.王：说的少。盼不得你走。ʂuo˦ti˧ʂao˦.pʰæ̃˥˩pu˩˨tei˦˩ni˦˩tsou˦˩.

记着、甘没忘

（你这个事情啊不要忘记，一般叫你这个事情你怎么样？）黄：你不要忘了。ni˦˩pu˩˨iao˥vaŋ˥lə˧.（你比如说啊，我明天约好十点钟。）黄：嗯。ŋ̍˩.（分手的时候你说，是说，你这个不要忘了十点钟啊什么事儿。）黄：啊，你不要忘记咧。ɑ˩,ni˦pu˩˨iao˥vaŋ˥˩tɕi˥˩lie˧.王：你不要忘咧。ni˦˩pu˩˨iao˥˩vaŋ˥lie˧.黄：你不要忘咧。ni˦˩pu˩˨iao˥vaŋ˥lie˧.（还……还是说你记着，十点钟，还是怎么说的？）王：我们这儿人，你不要忘了。ŋuo˦məŋ˧tʂər˥zəŋ˩,ni˦˩pu˩˨iao˥˩vaŋ˥˩lə˧.黄：你不要忘了十点钟咱们……他那个……ni˦˩pu˩˨iao˥vaŋ˥˩lə˧sɿ˩˨tiæ̃˦tʂuoŋ˦˩tʂa˩˨məŋ˧……tʰa˦nei˥˩kə˥˩……（不说，不说，你说，你记住，十点钟啊！有这么说的吗？）黄：不说这个。一般都说你不要忘了儿。pu˩˨ʂuo˦˩tʂə˥˩kə˥˩.i˦˩pæ̃˦tou˦˩ʂuo˦˩ni˦pu˩˨iao˥vaŋ˥lər˧.（有没有什么记住这种说法？记，记着，记住，记上？）黄：你记住这个话说咧。ni˦˩tɕi˥˩tʂʅ˥tʂə˥˩kə˥˩xua˥ʂuo˦lie˧.王：记住，记住，记住这个话说咧。tɕi˥˩tʂʅ˥,tɕi˥˩tʂʅ˥˩,tɕi˥˩tʂʅ˥˩tʂə˥kə˥xua˥ʂuo˦lie˧.（记住说？）王：嗯。ŋ̍˩.黄：呣。m̩˩.（记着不说？）王&黄：不说。pu˩˨ʂuo˦˩.（记下呢？）王：记下也太不说。tɕi˥˩ɕia˥æ˦˩tʰæᴇ˥pu˩˨ʂuo˦˩.黄：记下也太不说。就是记住，那常用这个东西。有，再一个说你记牢。tɕi˥˩ɕia˥æ˦˩tʰæᴇ˥˩pu˩˨ʂuo˦˩.tsou˥sɿ˥tɕi˥˩tʂʅ˥˩,nə˥tʂʰaŋ˩yoŋ˥tʂə˥˩kə˥˩tuoŋ˦˩ɕi˧.iou˦˩,tsæᴇ˥i˦˩kə˥˩ʂuo˦˩ni˦˩tɕi˥lao˩.（记牢？）王：啊。ŋa˩.黄：个话可说咧。你记牢，不要忘咧。kə˥xua˥kʰə˦˩ʂuo˦lie˧.ni˦˩tɕi˥lao˩,pu˩˨iao˥vaŋ˥lie˧.（这个人这个事情还没有忘记，没有……没忘了。你说，这个事情，这个事情是，怎么样？是我还记得，还是我还记住了，还是怎么？）黄：呃是你还记着了么？ə˦sɿ˥ni˦˩xæᴇ˩˨tɕi˥˩tʂə˧lə˧muo˧？（还记着？）黄：啊。ɑ˩.王：嗯。记着了么。ŋ̍˩.tɕi˥˩tʂə˧ləm˧.黄：嗯。甘没忘么。ŋ̍˩.kæ̃˦˩muo˦˩vaŋ˥˩muo˧.（kæ̃˩muo˩vaŋ˥˩是什么东西？）黄：啊。这就是个土话呣。甘没忘么。ɑ˩.tʂə˥tɕiou˥˩sɿ˥˩kə˥˩tʰu˦xua˥m̩˧.kæ̃˦˩muo˦˩vaŋ˥˩muo˧.王：啊，甘没忘么。ɑ˩,kæ̃˦˩muo˦˩vaŋ˥˩muo˧.（kæ̃˩muo˩vaŋ˥˩是什么东西？）黄：甘没忘就说是这个事情你该没有忘。kæ̃˦˩muo˦˩vaŋ˥˩tsou˥˩ʂuo˦˩sɿ˥˩tʂə˥˩kə˥˩sɿ˥tɕʰiŋ˩˨ni˦˩kæᴇ˦˩mei˩iou˦˩vaŋ˥.王：你该没忘么。ni˦˩kæᴇ˦˩mei˩vaŋ˥˩muo˧.黄：你该没有忘嘛。ni˦˩kæᴇ˦˩mei˩iou˦˩vaŋ˥˩ma˧.（敢？）黄：啊。ɑ˩.（敢莫忘？）黄：啊。也是……ɑ˩.ia˦sɿ˥˩……（就是勇敢的敢，敢不敢的敢，那个敢吗？）黄：啊不是的。这个甘是……它是土话。æ˥pu˩˨sɿ˥˩ti˧.tʂə˥kə˥kæ̃˦sɿ˥˩……tʰa˦˩sɿ˥˩tʰu˦xua˥.王：是不是这个干字啊？干净的干？sɿ˥pu˩˨sɿ˥tʂə˥kə˥kæ̃˦˩tsɿ˥˩ɑ˧?kæ̃˦tɕiŋ˥˩ti˧kæ̃˦˩？（心甘情愿的甘？）黄：心甘情愿的甘字，能……行。嗯。ɕiŋ˦kæ̃˦˩tɕʰiŋ˩˨yæ̃˥˩ti˧kæ̃˦tsɿ˥˩,nəŋ˩ɕ……ɕiŋ˩˨.ŋ̍˩.（甘莫忘？）黄&

王：嗯。ŋ̍˨˩.（就是不不不敢忘了是吧？）王：啊。ɑ˨˩.黄：啊。应该没忘么这个事。ɑ˨˩.iŋ˥kæᴇ˥˧˩mei˩˧vɑŋ˥˦muo˧tʂə˥kə˥sʅ˦˨.王：应该没忘么。iŋ˥kæᴇ˥˧˩mei˩˧vɑŋ˥˦muo˧.（你这个，这个事情哈，比如说什么什么事，你趁记着的时候你赶紧去找他要钱。说趁记着的时候，还是闻记着的时候，还是什么东西？）王：那就是趁记着的时候你赶快要。nə˦˨tɕiou˦˨sʅ˥tʂʰəŋ˥tɕi˥tʂə˧ti˧sʅ˩˧˩xou˥ni˥˧˧kæ̃˥˧˧kʰuæᴇ˥iɑɔ˥.黄：你趁记，啊，你趁着记着的时候你赶快要。ni˥˧˧tʂʰəŋ˥˦tɕi˥,ɑ˨˩,ni˥˧˧tʂʰəŋ˥˦tʂə˧tɕi˥tʂə˧ti˧sʅ˩˧˩xou˥ni˥˧˧kæ̃˥˧kʰuæᴇ˦˨iɑɔ˥.（这个事儿不记得了。）黄：忘了。我们这儿就是忘了。vɑŋ˥lə˧.ŋuo˥˧məŋ˦tʂər˥tɕiou˦˨sʅ˦˨vɑŋ˥˦lə˧.（有没有别的说法呢？）王：再没有别的。tsæᴇ˥mei˩˧iou˥˧pie˩˧˩ti˧.黄：再没有别的说法了。tsæᴇ˦˥mei˩˦iou˥˧˧pie˩˦ti˦ʂuo˥˧˩fɑ˥˧˩lə˧.（说不说记不得了或是不记得了？）黄：记不得了这个话可说咧，嗯。tɕi˥˦pu˩˧˩tei˥˧˧lə˦tʂə˥kə˥xuɑ˥kʰə˥˧˩ʂuo˥˧lie˧,ŋ̍˨˩.王：记不得了这个话也说咧。记不得咧啊。tɕi˥pu˩˦tei˥˧˧lə˦tʂə˥kə˥xuɑ˥ie˥˧˧ʂuo˥˧˩lie˧.tɕi˥pu˩˦tei˥˧˩liɑ˧.（这个，怎……这个大概在什么情况下用记不得了，什么时候用忘了这个？）王：就这个话说得，放了一向子以后，人来问说是呀，我给你说咧个啥话着咧，你记得不了？说啥，我记不得咧啊。tɕiou˦˨tʂə˥kə˥xuɑ˥ʂuo˥˧tə˥˦,fɑŋ˥lə˧i˥˧˩ɕiɑŋ˥tsʅ˦i˥˧˩xou˥,zəŋ˩˧læᴇ˩˦vəŋ˥˦ʂuo˥˧˩sʅ˦˨iɑ˦,ŋuo˥˧˧kei˥ni˥˧˧ʂuo˥˧lie˧kə˦˨sɑ˥xuɑ˥tʂə˧lie˧,ni˥˧˧tɕi˥tei˥˧˩pu˩˧˩lə˧?ʂuo˥˧˩ʂɑ˦˨,ŋuo˥˧tɕi˥pu˩˧˩tei˥˧˩liɑ˥.黄：可能……忘咧噢。这就是这么话。kʰə˥˧nəŋ˩˧˩……vɑŋ˥liɑɔ˧.tʂei˥tɕiou˦˨sʅ˦˨tʂə˦˨muo˧xuɑ˥.王：或者是记不得咧，或者就是忘咧，嗯。xuei˩˧˩tʂə˥˧˧sʅ˥tɕi˥pu˩˦tei˥˧˩lie˥,xuo˩˧˩tʂə˥˧˧tɕiou˥sʅ˥vɑŋ˥lie˧,ŋ̍˨˩.（像这种情况下是说记不得的说还是忘了的多呢？）王：记不得的说嘛。tɕi˥pu˩˧˩tei˥˧˩ti˦ʂuo˥˧˩mɑ˧.黄：噢，记不得的多哆它。ɑɔ˨˩,tɕi˥pu˩˧˩tə˥˧˩ti˦tuo˥˧m̩˧tʰɑ˥˧˩.（就说是，哎呀，某某老师，我，这什么时候，你教过我，老师说，哎呀……）黄：记不起了。那都那，那他就语气就只能是个记不起了，噢？tɕi˦˨pu˩˧˩tɕʰi˥˧lə˧.nə˥tou˥˧˩nei˦˥,nei˦˥tʰɑ˥˧tsou˦˨y˥˧tɕʰi˦˥tɕiou˥tsʅ˥˧˩nəŋ˩˦sʅ˦˨kə˦˨tɕi˥pu˩˧˩tɕʰi˥˧lə˧,ɑɔ˧?王：啊。ɑ˨˩.黄：我已经记不起咧噢。ŋuo˥˧i˥˧tɕiŋ˥˧˩tɕi˥pu˩˦tɕʰie˥˧liɑɔ˧.（有的学生啊，老师教什么，他老是记不住，你说这个，这个是，怎么办？是记不下还是记不住？）王：记不住。tɕi˥pu˩˧˩tʂʮ˥.黄：这，这是是记不住。tʂə˥,tʂə˦˥sʅ˦˨sʅ˦˨tɕi˥pu˩˧˩tʂʮ˥.（有没有说记不下的说法？）黄：没有。muo˥˧˧iou˥˧˩.（记下了，有没有这种说法呢？）黄：嗯，有这个咧。那是记下咧。ŋ̍˨˩,iou˥˧tʂə˥kə˥lie˧.nə˦˥sʅ˦˨tɕi˥ɕiɑ˦˥lie˧.（记下了还是记xɑ˥了？）黄：记下……记下了。tɕi˥ɕiɑ……tɕi˥xɑ˦˥lə˧.王：记下了。我们这儿就说记下。tɕi˥˦xɑ˦˥lə˧.ŋuo˥˧məŋ˧tʂər˥tɕiou˦˨ʂuo˥˧˩tɕi˥˦xɑ˦˥.黄：这儿这的土话就是记下了。tʂər˥˦tʂə˥tə˦tʰu˥˧xuɑ˦˨tɕiou˦˨sʅ˦˨tɕi˥˦xɑ˦˥lə˧.（是，大概是什么什么时候说记下了？）黄：比如老师问你说这个，我给你教下这个啥子你记，你记住没有？那……这儿这的娃娃给你答，你就是记下了。pi˥˧˩zʮ˩˧lɑɔ˥˧sʅ˥˧˩vəŋ˥ni˥˧˧ʂuo˥˧˩tʂə˦˨kə˥,ŋuo˥˧˧kei˥ni˥˧˧tɕiɑɔ˥˧xɑ˦˨tʂə˦˨kə˦˨sɑ˦˨tsʅ˧ni˥˧˧tɕi˥,ni˥˧˧tɕi˥˦tʂʮ˦˨mei˩˧˩iou˥˧˩?nə˥tʂʅ……tʂər˥tʂə˥ti˦vɑ˩˧˩vɑ˩˦kei˥ni˥˧˧tɑ˥˧˩,ni˥˧˩tɕiou˦˨sʅ˦˨tɕi˥xɑ˦˥lə˧.（那他老是记不住，他怎么怎么说呢？）黄：老是记不住？lɑɔ˥˧sʅ˦˨tɕi˥pu˩˧˩tʂʮ˥?（嗯。）黄：那只能是他不懂么。nə˥tsʅ˥˧˩nəŋ˩˦sʅ˥tʰɑ˥˧˩pu˩˧˩tuoŋ˥˧muo˧.（他也不是不懂啊，就是记不住的，说你这个这老是记住下，tɕi˥pu˧xɑ˥说不说呢？）黄：这个话么也……也就是个记不住。再问他还是，老是记不住这个话都不说好像。tʂə˦˨kə˦˥xuɑ˥muo˧ie˥˧˧……ie˥˧tɕiou˥sʅ˥kə˥tɕi˥pu˩˧˩tʂʮ˥.tsæᴇ˥vəŋ˥tʰɑ˥˧˩xɑ˩˧˩sʅ˥,lɑɔ˥˧sʅ˥tɕi˥pu˩˧˩tʂʮ˥tʂə˥kə˥xuɑ˥tou˥˧˩pu˩˧˩ʂuo˥˧xɑɔ˥˧˩ɕiɑŋ˦˨.王：嗯。ŋ̍˨˩.黄：嗯。ŋ̍˨˩.（本来你可能大概把这个事忘了，经过人家一些线索啊，噢，想起来，想起来了。这种情况下你是怎么说？）黄：想起来了。ɕiɑŋ˥˧tɕʰi˥˧˩læᴇ˩˧˩lə˧.（还是说记起来了？）王：一般是想起

了。i˥˩pæ̃˥˩sɿ˥˩ɕiaŋ˥˩tɕʰi˥˩lə˦.黄：想起了。ɕiaŋ˥˩tɕʰi˥˩lə˦.（不说记起来了？）王：噢，一提醒的话就想起了。ɑɔ˩,i˥˩tʰi˩˩ɕiŋ˥˩ti˦xua˥tɕiou˥˩ɕiaŋ˥˩tɕʰi˥˩lə˦.

眼热、不服气

（比如说，有的人呢，人家这个跟你，可能跟你的资历差不多。过去是一块儿玩儿的，但人家后来，怎么样有的什么机遇，比你过得好了，或怎么样升迁了什么东西，你这个心里有点不服气了。你是一般是说什么？妒嫉了他，说什么？）黄：这个咋说去咧？tʂə˥kə˥tsɑ˥˩ʂuo˥˩tɕʰi˥˩lie˦?（眼红？眼红说不说？）王：哎呀，眼红了这个话也说咧。æᴇ˥iɑ˦,niæ̃˥xuoŋ˩˩lə˦tʂə˥kə˥xuɑ˥ie˥˩ʂuo˥˩lie˦.王：眼热。niæ̃˥˩zə˥.黄：呃，眼热的很。ə˩,niæ̃˥zə˥˩ti˦xəŋ˥˩.（是眼……眼红说得多还是眼热说得多？）黄：这儿这是土话来说眼热多些。tʂər˥˩tʂə˥sɿ˥˩tʰu˥xuɑ˥læᴇ˩˩ʂuo˥˩niæ̃˥zə˥˩tuo˥˩ɕie˥˩.王：嗯。ŋ̍˩.黄：嗯。ŋ̍˩.（就大概就说是……忌妒？）黄：啊。眼热，你比如说是讲今天这两天这个拾蘑菇的啊？ɑ˩.niæ̃˥˩zə˥,ni˥˩pi˥˩zʅ˩˩ʂuo˥˩sɿ˥˩tɕiaŋ˥˩tɕiŋ˥tʰiæ̃˥˩tʂə˥liaŋ˥tʰiæ̃˥˩tʂə˥kə˥ʂʅ˩muo˩˩ku˥ti˦ɑ˦?（嗯。）黄：你看人口别人拾的多得很了，你就坐不住了，你就眼热的很。ni˥kʰæ̃˥zəŋ˩˩niæ̃˩˩pie˩zəŋ˩˩ʂʅ˩˩ti˦tuo˥tə˦xəŋ˥˩lə˦,ni˥tsou˥tsuo˥pu˩˩tʂʮ˥lə˦,ni˥˩tsou˥niæ̃˥˩zə˥˩ti˦xəŋ˥˩.王：眼热你这是。niæ̃˥˩zə˥ni˥˩tʂei˥sɿ˥.黄：这是这个用这个这话啊？tʂə˥sɿ˥tʂə˥kə˥˩yoŋ˥˩tʂə˥kə˥tʂei˥xuɑ˥ɑ˦?（同样一个摊子你摆在我旁边儿，他就这个卖得多，我这就卖得少。我卖的东西就跟他一样的。或者这个饭店，这个食堂，这……）王：一个……眼热，一个是……噢，就是眼热。i˥˩kə˥xə……niæ̃˥˩zə˥,i˥˩kə˥sɿ˥……ɑɔ˩,tɕiou˥˩sɿ˥˩niæ̃˥˩zə˥˩.（有没有说眼馋？）黄：没有。muo˥˩iou˥˩.王：没有。mei˩˩iou˥˩.（不服气？）黄：不服气这个话倒有咧。pu˩˩fu˩˩tɕʰi˥˩tʂə˥kə˥xuɑ˥tɑɔ˥iou˥˩lie˦.（也大概跟这意思……）王：一样的意思。i˥˩iaŋ˥˩ti˦i˥˩sɿ˦.黄：嗯，相同着咧，嗯。ŋ̍˥,ɕiaŋ˥˩tʰuoŋ˩tʂə˦lie˦,ŋ̍˩.（怎么说呢？）王：不服气。pu˩˩fu˩˩tɕʰi˥.

（忌妒呢？忌妒他。）黄：忌妒这可说咧。tɕi˥˩tu˥˩tʂə˥˩kʰə˥˩ʂuo˥˩lie˦.（嗯。）啊。看别人弄啥子，自己不服气，忌妒。ɑ˩.kʰæ̃˥pie˩˩zəŋ˩˩nuoŋ˥sɑ˥tsɿ˦,tsɿ˥˩tɕie˥˩pu˩˩fu˩˩tɕʰi˥,tɕi˥˩tu˥˩.（这是新……新说法还是老说法？）黄：这都是新说法了噢？tʂə˥˩tou˥˩sɿ˥˩ɕiŋ˥ʂuo˥˩fɑ˥˩lə˦lɑɔ˦?王：忌妒那就跟那个不服气是一样的。tɕi˥˩tu˥nei˥tɕiou˥kəŋ˥˩nə˥kə˥pu˩˩fu˩˩tɕʰi˥˩sɿ˥˩i˥˩iaŋ˥˩ti˦.黄：啊，不服气。和忌妒是一个词么。ɑ̃˩,pu˩˩fu˩˩tɕʰi˥.xuo˩˩tɕi˥˩tu˥˩sɿ˥i˥˩kə˥tsʰɿ˩muo˦.（老……老说法像这种事情一般说什么呢？）黄：不服气嘛。pu˩˩fu˩˩tɕʰi˥mɑ˦.王：不服气。pu˩˩fu˩˩tɕʰi˥.

六只眼

（眼红人家的，人家有利益啊，人家得了好处，他眼红。说不说六只眼了？）王：就是的。tɕiou˥sɿ˥˩ti˦.（啊？）就说六只眼咧。tɕiou˥ʂuo˥˩liou˥˩tʂʅ˥˩niæ̃˥lie˦.（怎么说呢？在什么情况下说这个话？）那就是人家干的事，他……比方就是挣钱，人家一个一年挣咧几万块钱，他就是六只眼咧。nei˥tɕiou˥sɿ˥zəŋ˩˩tɕiɑ˥kæ̃˥ti˦sɿ˥,tʰɑ˥˩……pi˥fɑŋ˥˩tɕiou˥sɿ˥tsəŋ˥tɕʰiæ̃˩,zəŋ˩˩tɕiɑ˥i˥˩kə˥i˥˩niæ̃˩tsəŋ˥˩lie˦tɕi˥væ̃˥kʰuæᴇ˥˩tɕʰiæ̃˩˩,tʰɑ˥˩tɕiou˥sɿ˥liou˥˩tʂʅ˥˩niæ̃˥lie˦.

日眼

（讨厌他。说讨厌一件事，讨厌一个人，你你一般怎么说？）王：日眼得很。zʅ˥˩niæ̃˥tə˦xəŋ˥˩.黄：日眼得很。你就把人日眼死了。zʅ˥˩niæ̃˥tə˦xəŋ˥˩.ni˥tsou˥pɑ˥˩zəŋ˩zʅ˥˩niæ̃˥sɿ˥˩lə˦.（就是讨厌他？）王：啊。ɑ̃˩.黄：呣。再一个就是见不得。m̩˩.tsæᴇ˥i˥˩kə˥tɕiou˥˩sɿ˥˩tɕiæ̃˥pu˩˩tei˥˩.（叫什么？）王：见不得。tɕiæ̃˥pu˩˩tei˥˩.黄：见不得你。

tɕiæ̃˥pu˩˧˧˩tei˥˧ni˥˧˧˩.（这比如说这个苍蝇飞过来飞过去，哎呀这东西，这个叫什么呢？）黄：讨厌㖼。我们这人叫讨厌的。tʰɑɔ˥˧iæ̃˥m̩˧.ŋuo˥˧məŋ˧tʂə˥zəŋ˩˧˧˩tɕiɑɔ˥tʰɑɔ˥˧iæ̃˥ti˧.（也说讨厌？）黄&王：嗯。ŋ̍˧˩.（不说这个日niæ̃？）黄：噢，苍蝇那噢一般不会说日眼咧。ɑɔ˧˩,tsʰɑŋ˥˧iŋ˩˧˧˩nə˥˧˥ɑɔ˥i˥˧˧pæ̃˥˧pu˩˧˧˩xuei˥˧˥ʂuo˥˧˧ʐʅ˥˧˧˩niæ̃˥˧lie˧.（烦人的，说不说？）黄：啊，烦人这个话说哩。烦的。ɑ˧˩,fæ̃˩˧zəŋ˩˧˧tʂə˥kə˥xuɑ˥ʂuo˥˧li˧.fæ̃˩˧˧˩ti˧.

看不惯

（忿不过呢，就是这个事情？忿不过我。）王：气不过。tɕʰi˥pu˩˧˧˩kuo˥˧˩.黄：气不过，啊？tɕʰi˥˧˥pu˩˧˧˩kuo˥,ɑ˧?（没有说什么这个气……呃，忿不过，我是挺身而出，拔刀相助的这种，看着那在气忿。）黄：没有。mei˩˧˧iou˥˧˧˩.（就气忿。）王：嗯，我们这儿就是……ŋ̍˧˩,ŋuo˥˧məŋ˧tʂər˥tɕiou˥sʅ˥˧˩……黄：我们这儿这是个看不惯。ŋuo˥˧məŋ˧tʂər˥tʂə˥sʅ˥˧˩kə˥˧˩kʰæ̃˥pu˩˧˧˩kuæ̃˥˧˥.（看不惯？）王：看不惯，或者气不过。kʰæ̃˥pu˩˧˧˩kuæ̃˥,xuo˩˧˧˩tʂə˥˧˧tɕʰi˥pu˩˧˧˩kuo˥.黄：气不过，啊。tɕʰi˥pu˩˧˧˩kuo˥,ɑ̃˧˩.（就比如说人家在这个，欺负一个什么人，你本身跟你一点关系都没有。）黄：那是看不惯了，或者是我，气不过，我拔刀相助咧么。nə˥sʅ˥kʰæ̃˥pu˩˧˧˩kuæ̃˥˧˥lə˧,xuei˩˧˧˩tʂə˥˧˧˩sʅ˥˧˩ŋuo˥˧˧,tɕʰi˥pu˩˧˧˩kuo˥,ŋuo˥˧˧pɑ˩˧tɑɔ˥˧ɕiɑŋ˥˧˧˩tʂʯ˥liem˧.（像这种行为叫什么？）黄：路见不平么你这是。lou˥tɕiæ̃˥pu˩˧pʰiŋ˩˧muo˧ni˥˧˧˩tʂə˥˧˩sʅ˥˧˩.（路见不平很……这个人很喜欢这，这个别人就说这喜欢多管闲事的。）黄：就是的。tɕiou˥˧˥sʅ˥˧˩ti˧.（一般的，比如说叫见义勇为了，还有什么东西？打抱不平？）王：那……这儿□就说那那那那路不平，众人修么。nei˥n……tʂər˥˧˥niæ̃˩˧˧˩tɕiou˥˧˥ʂuo˥˧˧˩nei˥nei˥nei˥nei˥˧˩lou˥pu˩˧˧˩pʰiŋ˩˧˧˩,tʂuoŋ˥zəŋ˩˧˧˩ɕiou˥˧muo˧.黄：嗯。ə̃˧˩.（有没有说是打抱不平的这种说法？）王：也有。ie˥˧iou˥˧˧˩.黄：有咧，也有这个说法，啊？多一半就是……iou˥˧lie˧,ie˥˧iou˥˧˧˩tʂə˥kə˥ʂuo˥˧˧˩fɑ˥˧˧˩,ɑ˥?tuo˥˧i˥˧˧˩pæ̃˥tɕiou˥˧˩sʅ˥˧˩……（路……路不平，什么修？）王：众人修。tʂuoŋ˥˧˥zəŋ˩˧˧ɕiou˥˧.黄：众人就修咧。tʂuoŋ˥˧˥zəŋ˩˧˧˩tɕiou˥ɕiou˥˧lie˧.王：就说你这个事情给人看不过，你让人家众人都来揖你。tɕiou˥˧˩ʂuo˥˧˧˩ni˥˧˧tʂə˥kə˥sʅ˥tɕʰiŋ˩˧˧˩kei˥˧˩zəŋ˩˧kʰæ̃˥pu˩˧˧˩kuo˥,ni˥˧˧zɑŋ˥zəŋ˩˧˧˩tɕiɑ˥˧˧˩tʂuoŋ˥˧˥zəŋ˩˧˧˩tou˥˧˧˩læᴇ˩˧˧˩tie˩˧ni˥˧˧˩.（有的人很喜欢这种见义勇为的，这种人是叫什么呢？跟大侠一样的。）黄：重义气么。哎，重义气还不是这个。tʂuoŋ˥i˥tɕʰi˥muo˧.æᴇ˥˧,tʂuoŋ˥i˥tɕʰi˥xɑ˩˧˧˩pu˩˧˧˩sʅ˥˧˥tʂə˥˧˩kə˥˧˩.（抱不平？）黄：好打抱不，好，好抱打不平那就是。xɑɔ˥tɑ˥˧˧pɑɔ˥pu˩˧˧˩,xɑɔ˥˧˥,xɑɔ˥pɑɔ˥tɑ˥˧˧pu˩˧˧˩pʰiŋ˩˧nei˥˧˩tɕiou˥˧˩sʅ˥˧˩.王：抱打不平。pɑɔ˥tɑ˥˧˧pu˩˧˧˩pʰiŋ˩˧.（抱打不平是吧？）黄：嗯。ə̃˧˩.王：嗯。ŋ̍˧˩.（是抱打不平还是打抱不平？）王：抱打不平。pɑɔ˥tɑ˥˧pu˩˧˧˩pʰiŋ˩˧˧˩.黄：抱打不平。pɑɔ˥tɑ˥˧pu˩˧˧˩pʰiŋ˩˧˧˩.

多嫌

（嫌弃叫什么？有叫多嫌的法……说法吗？）王：哎，你说嫌……嫌弃噢？æᴇ˧˩,ni˥˧ʂuo˥˧˧˩ɕiæ̃˩˧……ɕiæ̃˩˧˧˩tɕʰi˥˧˥ɑɔ˧?（嗯。）多嫌。tuo˥˧ɕiæ̃˩˧˧˩.（是什么意思呢？）多嫌那就说这个事情呃满……你比若这个家里我就养活一个老人，我要给……意思就说，对老人见不得的话，我一个多嫌的很是。tuo˥˧ɕiæ̃˩˧næᴇ˥tɕiou˥ʂuo˥˧˧˩tʂə˥˧˩kə˥˧˥sʅ˥tɕʰiŋ˩˧˧˩ə˥mæ̃˥˧˧˩……ni˥˧˧pi˥˧˧ʐuo˥˧˧tʂə˥kə˥tɕiɑ˥˧li˥˧˧˩ŋuo˥˧˧tɕiou˥iɑŋ˥˧xuo˩˧˧˩i˥˧˧˩kə˥˧˩lɑɔ˥˧zəŋ˩˧,ŋuo˥˧˧iɑɔ˥kei˥˧˩tʰi……i˥˧˥sʅ˧tɕiou˥ʂuo˥˧˧,tuei˥lɑɔ˥˧zəŋ˩˧˧˩tɕiæ̃˥pu˩˧˧˩tei˥˧˧˩ti˧xuɑ˥,ŋuo˥˧˧i˥˧˧˩kuo˥tuo˥˧ɕiæ̃˩˧˧˩ti˧xəŋ˥˧˧˩sʅ˥˧˩.

扭势、打气憋

1.（这个你又不高兴，但是你又不说话，沉默，来表示对这个不满。你叫什？有叫扭势的吗？）王：我们这儿扭势那就说是意思就说跟……我跟你两个争了几句，我扭下，扭下给你不……跟你再不说话，嗯，叫扭势咧。ŋuo˥˧məŋ·˧tʂər˥˨niou˥˧ʂʅ˥˦næᴇ˥tɕiou˥˦ʂuo˥˧˩sʅ˥˩i˥sʅ·˧tɕiou˥ʂuo˥˧˩kəŋ˥˧˩……ŋuo˥˧kəŋ˥˧˩ni˥˧˧liaŋ˥˧kə˥˩tsəŋ˥˧lə·˧tɕi˥˧˧tɕy˥,ŋuo˥˧˧niou˥˧xa˥˩,niou˥˧xa˥˩kei˥ni˥˧˧pu˨˩˩……kəŋ˥˧˩ni˥˧tsæᴇ˥pu˨˩˩ʂuo˥˧˩xua˥,n̩·˧,tɕiaɔ˥niou˥˧ʂʅ˥lie·˧.（噢，这个扭势，就是不说话了？）呣，不说话了你。m̩˥˧,pu˨˩˩ʂuo˥˧˩xua˥lə·˧ni˥˧˧.

2.（心里也有这个不痛快的。在心里怎么，是怄气还是什么什么气？憋气，还是什么东西？）王：生……生气。s……səŋ˥˧˩tɕʰi˥.黄：嗯，那还憋，那还不是生气咧。ŋ̍˩,na˥xa˨˩˩pie˥˧,na˥xa˨˩˩pu˨˩˧sʅ˥səŋ˥˧˩tɕʰi˥˦lie·˧.王：咱们这儿那人说把人气死了。tsa˨˩məŋ·˧tʂər˥nei˥zəŋ˨˩˧ʂuo˥˧pa˥˧˩zəŋ˨˩tɕʰi˥sʅ˥˧lə·˧.黄：嗯，把人气死了。ŋ̍˩,pa˥˧˩zəŋ˨˩tɕʰi˥sʅ˥˧˩lə·˧.（欸，比如说这个小孩子，父母骂了他了，叫他吃饭他也不吃饭。他跟父母这个，这个叫什么？）黄：那叫扭势咧么。nə˥tɕiaɔ˥niou˥˧ʂʅ˥˨lie·˧muo·˧.（叫什么？）黄：扭势咧么。niou˥˧ʂʅ˥˨lie·˧muo·˧.（扭？）黄：嗯。ŋ̍˩.（跟哪个字同音呢？）王：扭东西的扭。niou˥˧˧tuoŋ˥˧ɕi·˧ti·˧niou˥˧˧.黄：啊，扭扭捏捏的扭么。ɑ˩,niou˥˧niou˥˧˧nie˥˧nie˥˧˩ti·˧niou˥˧muo·˧.王：嗯。ŋ̍˩.（ʂʅ˨是什么ʂʅ˨？）黄：势，势力的势么。ʂʅ˥,ʂʅ˥li˥˧ti·˧ʂʅ˥muo·˧.黄：势的，势力的势么。ʂʅ˥ti·˧,ʂʅ˥li˥˧ti·˧ʂʅ˥˩muo·˧.（啊？）黄：势力的势。ʂʅ˥˨li˥˧ti·˧ʂʅ˥.王：势力的势么。ʂʅ˥li˥˧ti·˧ʂʅ˥muo·˧.黄：扭势嘛……形势的势么，噢，势，姿势的势。扭势咧么。niou˥˧ʂʅ˥ma·ʂ……ɕiŋ˨˩ʂʅ˥˦ti·˧ʂʅ˥˦muo·˧,aɔ˩,ʂʅ˥˦,tsʅ˥˧˩ʂʅ˥˦ti·˧ʂʅ˥˦.niou˥˧ʂʅ˥˨lie·˧muo·˧.（嗯，两兄弟吵了架，有互相不理的，这也是扭势吗？）黄：那就不扭势了。nə˥˦tɕiou˥˩pu˨˩˩niou˥˧ʂʅ˥lə·˧.（这叫什么呢？）王：那就叫憋气咧。nə˥tɕiou˥tɕiaɔ˥pie˥˧˩tɕʰi˥˦lie·˧.黄：憋气咧，是闹别扭咧。pie˥˧˩tɕʰi˥lie·˧,sʅ˥˩naɔ˥˨pie˥˧niou˥˧˩lie·˧.王：闹别扭。naɔ˥˨pie˥˧niou˥˧˩.（跟父母，跟……你即使年纪大了，不是小孩儿了，已经大了，跟父母这个比如说，呃，你觉得这个父母这个对兄弟姊妹几个人都不公道，也跟父母这个不对付呢，你一般都，也说憋气还是说扭势还是什么东西？）黄：那个不扭势咧噢，年纪大……nə˥˦kə˥˩pu˨˩˩niou˥˧ʂʅ˥liaɔ·˧,niæ̃˨˩˩tɕi˥ta˥……王：那就叫憋气哩。nə˥tɕiou˥tɕiaɔ˥pie˥˧˩tɕʰi˥li·˧.黄：呣。m̩˩.（那就叫憋气？）王：嗯。ŋ̍˩.黄：又叫打气憋咧。iou˥tɕiaɔ˥˩ta˥˧˧tɕʰi˥˨pie˥˧lie·˧.王：啊，打气……ɑ˩,ta˥˧˩tɕʰi˥˦……（打气憋？）黄：嗯。ŋ̍˩.王：嗯，打气憋。ŋ̍˩.ta˥˧˧tɕʰi˥˦pie˥˧˩.（就是赌气啦？）黄：嗯，赌气咧。ŋ̍˩,tu˥˧tɕʰi˥˨lie·˧.王：噢，赌气咧。aɔ˩,tu˥˧˧tɕʰi˥˦lie·˧.

谅解

（这种事情啊，呃，原先有误会，但后……然然后大家都这个互相……这叫原谅了还是谅解了还是怎么样呢？）黄：也都……这多一半儿还就是这个谅解咧啊？ie˥˧tou˥˧˩……tʂə˥tuo˥˧i˥˧˩pæ̃r˥xæᴇ˨˩˩tɕiou˥sʅ˥tʂə˥˩kə˥˩liaŋ˥˨tɕie˥˧lie·˧a·˧?王：嗯。ŋ̍˩.黄：多一半是这个事情，事情说清咧，大家都心里明白了。tuo˥˧i˥˧˧pæ̃˥sʅ˥tʂə˥kə˥sʅ˥tɕʰiŋ˨˩˩,sʅ˥tɕʰiŋ˨˩˩ʂuo˥˧˩tɕʰiŋ˥˧lie·˧,ta˥tɕia˥˧˧tou˥˧˩ɕiŋ˥˧li˥˧˩miŋ˨˩˩pei˨˩˦lə·˧.（噢。就谅解了？）黄：嗯，谅解了，呃。ə̃˩,liaŋ˥˨tɕie˥˧lə·˧,ə˩.（平常比如说这这种事情，哎，这小孩儿不会做事啊，你要原谅他或者说怎么样，你要多……说不说你包涵包涵？）黄：这个哎都太不说我们这儿这。tʂə˥kə˥æᴇ·˧tou˥˧˩tʰæᴇ˥pu˨˩˩ʂuo˥˧ŋuo˥˧məŋ·˧tʂər˥tʂə˥.王：这儿太不说包涵。tʂər˥˨tʰæᴇ˥pu˨˩˩ʂuo˥˧paɔ˥˧˩xæ̃˨˩˩.黄：就是娃娃兀都不懂事，你这，你不要和他计较了。tɕiou˥˩sʅ˥˩va˨˩˩va˨˩˧væᴇ˥tou˥˧˩pu˨˩˩tuoŋ˥˧˧sʅ˥,ni˥˧˩tʂə˥˩,ni˥˧˩pu˨˩˩iaɔ˥xuo˨˩˩tʰa˥˧tɕi˥tɕiaɔ˥˩lə·˧.（噢，不要和他计较？）黄：哟，不要和那娃娃一般，不要和娃娃一般见识，或者……不要和娃娃计较呃计较咧，呃。iaɔ˩,pu˨˩˩iaɔ˥xuo˨˩˩nə˥va˨˩˩va˨˩˦i˥˧˧pæ̃˥˧˩,pu˨˩˩iaɔ˥˦xuo˨˩˩va˨˩˩va˨˩˦i˥˧˨pæ̃˥˧˩tɕiæ̃˥ʂʅ˥˧˩,xuo˨˩˩tsə˥˧˧xei……pu˨˩˩iaɔ˥xuo˨˩˩va˨˩˩va˨˩˦tɕi˥tɕiaɔ˥ə·˧tɕi˥

tɕiɑɔ˥lie˧,ə˩.

看得起

1.（这个，我看得起你，一般说什么？）黄：这个话也就是个看得起啊？tʂə˥˩kə˥˦xuɑ˥æ˥˧˦tɕiou˥˩sɿ˥˩kə˥˩kʰæ̃˥tə˧tɕʰi˥˧ɑ˧?王：嗯。ŋ̍˩.（说不说能看起？）黄&王：不说。pu˨˩ʂuo˥˧˩.（能看……）王：看得起你。kʰæ̃˥tə˧tɕʰi˥˧ni˥˧˩.黄：我还看得起你这个人。你这个人还对着咧。ŋuo˥˧xɑ˨˩kʰæ̃˥tə˧tɕʰi˥˧ni˥˧˩tʂə˥˩kə˥˩zəŋ˨˩.ni˥˧˦tʂə˥˩kə˥zəŋ˨xɑ˨˩tuei˥˦tʂə˧lie˧.（再比如说这个你去这个舔这个比如县长的尻子。人家，人家说，人家县长还看得起你？还是说人家县长还能看上你？还是怎么说呢？）黄：那这个都是，一般都是讽刺的意思了，那就说是这个，呃就经常么骂的话，你尿泡尿把你照嘎子，你看你是个啥货嘛，你还去这个……找县长去了。nei˥tʂə˥˩kə˥˦tou˥˧sɿ˥˩,i˥˦pæ̃˥˧tou˥˧˩sɿ˥˩fəŋ˥˧tsʰɿ˥˦ti˧li˥sɿ˧lə˧,nei˥tɕiou˥ʂuo˥˦sɿ˥tʂə˥kə˥,ə˥tsou˥tɕiŋ˥˧˩tʂʰɑŋ˨muo˧mɑ˥tə˧xuɑ˥,ni˥˦niɑɔ˥pʰɑɔ˥˧˩niɑɔ˥pɑ˥˧˩ni˥˦tʂɑɔ˥˦kɑ˧tsɿ˧,ni˥˦kʰæ̃˥˩ni˥˧sɿ˥˩kə˥˩sɑ˥xuo˥mɑ˧,ni˥˩xɑ˨˩tɕʰi˥tʂə˥˩kə˥˦ʂ……tʂɑɔ˥˧ɕiæ̃˥tʂɑŋ˥˧tɕʰi˥˩lə˧.（niɑɔ˥什么把那照照？）黄：尿一泡尿。就说是你，你给地上尿上些尿，照个影影，把你看一下，你是个啥货嘛。niɑɔ˥i˥˧˩pʰɑɔ˥˧˩niɑɔ˥.tɕiou˥˩ʂuo˥˧˩sɿ˥˩ni˥˧,ni˥˧kei˥ti˥ʂɑŋ˥niɑɔ˥˦ʂɑŋ˥˩ɕie˥˧˩niɑɔ˥,zɑɔ˥（←tʂɑɔ˥）kə˥iŋ˥˧iŋ˥˧˩,pɑ˥˧˩ni˥˧kʰæ̃˥˦i˥˧˩xɑ˥˩,ni˥˧sɿ˥˩kə˥˩sɑ˥xuo˥mɑ˧.

2.（这个抬举别人叫什么？我看得起你才跟你……才跟你怎么样。你不要不识抬举。）黄：我看得起你。看……看得起。或者是这个，我看你个人还对着哩。这就是是土话。ŋuo˥˦kʰæ̃˥tei˥˦tɕʰi˥˧ni˥˧˩.kʰæ̃……kʰæ̃˥tei˥˦tɕʰi˥˧.xuei˨˦tʂə˥˧˩sɿ˥tʂə˥˩kə˥,ŋuo˥˧˩kʰæ̃˥ni˥˦kə˥˩zəŋ˨xɑ˨˩tuei˥˦tʂə˧li˧.tʂei˥tɕiou˥sɿ˥˩sɿ˥˩tʰu˥˧xuɑ˥˩.

感觉、觉得、感到

（这个东西呀，我也说不出什么道理来，反正从心里的这种感觉，就是怎么样。你是感觉呀，还是觉得呀，还是怎么？我觉得还是什么东西？）黄：不舒服。这就是，总是感觉不舒服着。pu˨˦ʂʮ˥˧fu˧.tʂə˥tsou˥˩sɿ˥,tsuoŋ˥˧sɿ˥˩kæ̃˥˧tɕyo˥˧˩pu˨˦ʂʮ˥˧˩fu˧tʂə˧.（你是说感觉还是觉得？）我总感觉到。ŋuo˥˧˩tsuoŋ˥˦kæ̃˥˧tɕyo˥˧˩tɑɔ˥.（感觉到？）呣，感觉到不舒服。m̩˩,kæ̃˥˧tɕyo˥˧˩tɑɔ˥pu˨˩ʂʮ˥˧fu˧.（不说觉得不舒服？）呣，不说这个话。m̩˩,pu˨˦ʂuo˥˦tʂə˥˩kə˥˩xuɑ˥.（那比如说，你这是心理活动。身上呢？身上这个不舒服，或是生病了，我是觉得觉得头疼还是觉得什么？还是感觉头疼？）我总觉的身……浑身不舒服。ŋuo˥˧˩tsuoŋ˥˦tɕyo˥˧ti˧ʂəŋ˥˧……xuoŋ˨˩ʂəŋ˥˧pu˨˩ʂʮ˥˧fu˧.（老人家像这种东西说什么呢？）老人家那就说是这个觉……还是觉的不舒服。lɑɔ˥˧zəŋ˨˩tɕiɑ˥˧˩nei˥tsou˥ʂuo˥˦sɿ˥tʂə˥kə˥tɕyo……xɑ˨˩sɿ˥tɕyo˥˧ti˧pu˨˩ʂʮ˥˧fu˧.（心里的活动呢？心里，本来可能什么事都没有，但你心里觉得这个，东西好还是不好。）那就好像是感到不舒服。nə˥tsou˥xɑɔ˥˦ɕiɑŋ˥xɑ˨˩sɿ˥kæ̃˥˦tɑɔ˥pu˨˩ʂʮ˥˧fu˧.（还是感到？）啊，感到。ɑ˩,kæ̃˥˧tɑɔ˥˩.（也是感觉吗？）嗯。ŋ̍˩.（叫什么？）感到不舒服，不是叫感觉。kæ̃˥˦tɑɔ˥pu˨˩ʂʮ˥˧fu˧,pu˨˩sɿ˥tɕiɑɔ˥kæ̃˥˧tɕyo˨˩.（噢，感到？）嗯，感到不舒服好像。ŋ̍˩,kæ̃˥˦tɑɔ˥pu˨˩ʂʮ˥˧fu˧xɑɔ˥˧ɕiɑŋ˥˩.（那感到感到好呢？就像贾宝玉见到林黛玉，什么也没看，他看一眼他就，他就从心里就这个……）还就是这个，那就叫感觉了，感觉，啊，觉得这个人不错。那就叫觉得这个人不错，这事印象上这个人还不错。xæᴇ˨˩tɕiou˥sɿ˥˩tʂə˥˩kə˥˩,nei˥˦tɕiou˥˩tɕiɑɔ˥˩kæ̃˥˧tɕyo˥˧˩lə˧,kæ̃˥˧tɕyo˥˧˩,ɑ˩,tɕyo˥˧tə˧tʂə˥kə˥zəŋ˨pu˨˩tsʰuo˥.nə˥tɕiou˥˩tɕiɑɔ˥˩tɕyo˥˧tei˥˧˩tʂə˥kə˥zəŋ˨pu˨˩tsʰuo˥,tʂə˥˩sɿ˥iŋ˥˦ɕiɑŋ˥ʂɑŋ˥˩tʂə˥kə˥zəŋ˨xæᴇ˨˩pu˨˩tsʰuo˥.（有没有说什么觉着的说法？我觉

着？）我觉得，他是觉得，不是我觉着。这儿这这些人，这儿这话么多一半儿就是我觉得如何。ŋuo˥˧˧tɕyo˥˧tei˥˧˩,tʰɑ˥˧˧sɿ˥tɕyo˥˧tei˥˧˩,pu˩˧˩sɿ˥ŋuo˥˧˧tɕyo˥˧tʂə˧.tʂər˥˥˧tʂə˥˩tʂei˥˥˧ɕie˥˧˩zəŋ˩˧˧,tʂər˥˥˧tʂə˥xuɑ˥muo˧tuo˥˧i˥˧˩pæ̃r˥tɕiou˥˩sɿ˥˩ŋuo˥˧˧tɕyo˥˧tei˥˧˩zʮ˩˧˩xuo˩˧˩.

自信自强

（有的人呐，他只相信自己，不相信别人，这个叫什么呢？）王：只相信别人，不相信自己……tʂɿ˥˧˩ɕiaŋ˥˧˩ɕiŋ˥˥˧pie˩˧˩zəŋ˩˧˧,pu˩˧˩ɕiaŋ˥˧˩ɕiŋ˥tsɿ˥˥˧tɕ……（只相信自己，不相信……）自己，不相信别人啊？tsɿ˥˥˧tɕi˥˧˩,pu˩˧˩ɕiaŋ˥˧˩ɕiŋ˥˥˧pie˩˧˩zəŋ˩˧˥˧ɑ˧?（嗯，嗯，这个叫什么呢？）嗯，只相信自己，不相信别人。是不是叫自信自强吧？ŋ̍˩,tsɿ˥˧˩ɕiaŋ˥˧˩ɕiŋ˥˩tsɿ˥tɕi˥˧˩,pu˩˧˩ɕiaŋ˥˧˩ɕiŋ˥pie˩˧˩zəŋ˩˧˧.sɿ˥˩pu˩˧˩sɿ˥˩tɕiaɔ˥˩tsɿ˥ɕiŋ˥tsɿ˥tɕʰiaŋ˩˧pa˧?（叫什么？）自信自强。tsɿ˥ɕiŋ˥tsɿ˥tɕʰiaŋ˩˧.（自信自强？）嗯。ŋ̍˩.（你们平常也这么说吗？）嗯。ŋ̍˩.（大概你，这个自信自强是个什么意思）自信自强，我就……我就相信我自己，我也……自己，我就能把这个事情弄到……能做好。我也不依靠你别人么。tsɿ˥ɕiŋ˥tsɿ˥tɕʰiaŋ˩˧,ŋuo˥˧tɕiou˥……ŋuo˥˧tɕiou˥ɕiaŋ˥˧˩ɕiŋ˥˥˧ŋuo˥˧˧tsɿ˥tɕi˥˧˩,ŋuo˥˧æ˥˧˩……tsɿ˥tɕi˥˧˧,ŋuo˥˧˧tɕiou˥nəŋ˩˧pa˥˧˩tʂə˥kə˥sɿ˥tɕʰiŋ˩˧˧nuoŋ˥taɔ˥……nəŋ˩˧˧tsuo˥˩xaɔ˥˧˧.ŋuo˥˧˧æ˥˧˩pu˩˧˩i˥˧˧kʰaɔ˥ni˥˧˧pie˩˧˩zəŋ˩˧˥˧muo˧.

心虚得很

（有些事情啊，做得心里发方……呃，这个发慌，害怕，你这个心里怎么样？是起毛还是发毛还是什么东西呢？）黄：按……我们这儿这来说出，那就说是这个心虚的很。næ̃˥ʂʮ……ŋuo˥˧məŋ˧tʂər˥tʂə˥læᴇ˩˧ʂuo˥˧tʂʰʮ˥˧˩,næᴇ˥tɕiou˥ʂuo˥˧˧sɿ˥tʂə˥kə˥ɕiŋ˥˧ɕy˥˧ti˧xəŋ˥˧˩.（心虚？）心虚。这个事么，总是感觉到这个事没做好，心里不……心里不踏实，或者是心虚么。ɕiŋ˥˧˩ɕy˥˧˩.tʂə˥˩kə˥sɿ˥˥˧muo˧,tsuoŋ˥˧sɿ˥˩kæ̃˥˧tɕyo˥˧˩taɔ˥tʂə˥kə˥sɿ˥muo˥˧tsuo˥˩xaɔ˥˧˩,ɕiŋ˥˧li˥˧˩p……ɕiŋ˥˧li˥˧˩pu˩˧tʰɑ˩˧˥˧ʂʮ˩˧˩,xuei˩˧˩tʂə˥˧˩sɿ˥˩ɕiŋ˥˧˧ɕy˥˧muo˧.

毛躁

（有没有说这个毛啊，心……心里，心里毛得很的说法？）黄：有这个，有个别人也说这个心里毛躁的很，嗯，那是发无聊，或者是毛躁。iou˥˧tʂə˥kə˥,iou˥˧kə˥pie˩˧˩zəŋ˩˧˧ie˥˧˧ʂuo˥˧tʂə˥˩kə˥˩ɕiŋ˥˧li˥˧˩maɔ˩˧˩tsaɔ˥ti˧xəŋ˥˧˩,ŋ̍˩,nə˥sɿ˥fɑ˥˧vu˩˧liaɔ˩˧,xuei˩˧˩tʂə˥˧˩sɿ˥˩maɔ˩˧˩tsaɔ˥.

吓

1.（吓了一跳呢？）黄：这有这，吓了一跳。你把人吓……这是这个吓了一跳，有的这么，这儿这这个常说的话，你把人吓死了，你把人吓死了。tʂə˥˥˧iou˥˧˩tʂə˥˩,ɕia˥lə˧i˥˧˩tʰiaɔ˥.ni˥˧pa˥˧˩zəŋ˩˧ɕia……tʂə˥sɿ˥˩tʂə˥˩kə˥˩ɕia˥lə˧i˥˧˩tʰiaɔ˥,iou˥˧ti˧tʂə˥˩muo˧,tʂər˥˥˧tʂə˥tʂə˥kə˥tʂʰaŋ˩˧ʂuo˥˧ti˧xua˥˥˧,ni˥˧pa˥˧˩zəŋ˩˧ɕia˥˥˧sɿ˥˧˩lə˧,ni˥˧pa˥˧˩zəŋ˩˧˧xa˥sɿ˥˧lə˧.（xa˥sɿ˥˧lie˧?）吓死了。xa˥sɿ˥˧lə˧.

2.（他一……一惊吓以后啊，整个人都瘫倒在地上了。那叫什么？）黄：我们这儿的话儿，吓死咧啊？ŋuo˥˧məŋ˧tʂər˥tə˧xuar˥,xa˥sɿ˥˧lie˧a˧?（吓死……）黄：吓死了也没用死但是。这是一句话。xa˥sɿ˥˧˧lə˧lie˥˧˧mei˩˧˩iou˥˧˧sɿ˥˧tæ̃˥sɿ˥.tʂə˥sɿ˥i˥˧˩tɕy˥˥˧xua˥.（比如说这个宣判，以为自己是判个几十……十多年就没事儿了，一听死刑，还要……还要剥夺政治权利终身，还要赔钱，马上就人就哼嚓一下就是站不住了。）王：瘫到地下。tʰæ̃˥˧taɔ˥ti˥ɕia˥.黄：瘫了。tʰæ̃˥˧lə˧.（tʰæ̃˥˧lə˧?）黄：嗯，我们叫瘫了。ŋ̍˥,ŋuo˥˧məŋ˧tɕiaɔ˥˩tʰæ̃˥˧lə˧.王：兀个人吓瘫了。vu˥˩kə˥˩zəŋ˩˧xa˥tʰæ̃˥˧lə˧.

懔

（害怕，叫不叫懔还是什么？）王：害怕那就说人看见那个蛇啊，猛打猛一下看那个蛇，哎哟，把人给懔[①]死了。xæᴇ˧˩pʰɑ˧˥næᴇ˧tɕiou˧ʂuo˥˧zəŋ˩kʰæ̃˧tɕiæ̃˧nə˧kə˧ʂə˩ɑ˨,məŋ˥˧tɑ˥˩məŋ˥˧i˥˩xɑ˧kʰæ̃˧nə˧kə˧ʂə˩,æᴇ˩yo˩,pɑ˥˩zəŋ˩kei˧liŋ˧sɿ˥˩lə˨.（就是突然这个……）噢，突然一下看见那个蛇，一下把人懔的，人不由得就就就打颤咧。ɑɔ˩,tʰu˥˧zæ̃˩˧i˥˧xɑ˧kʰæ̃˧tɕiæ̃˧nə˧kə˧ʂə˩,i˥˩xɑ˧pɑ˥˩zəŋ˩liŋ˧ti˨,zəŋ˩pu˩˩iou˩tei˥˩tɕiou˧tɕiou˧tɕiou˧tɑ˥˧tʂæ̃˧lie˨.（你走的时候突然冲出一个人来，你会……你会不会懔呢？）啊，噢，那就是咧吧。ɑ˥,ɑɔ˩,nei˧˥tɕiou˧˥sɿ˧˩lie˨pɑ˨.

诧生

（有的小孩你家里来了客人，欸，这个，快叫什么什么，他，他都……）黄：诧生咧么。tsʰɑ˧səŋ˥˩liem˨.王：那是诧……nə˧sɿ˧tsʰ……黄：诧生咧。tsʰɑ˧səŋ˥˩lie˨.王：我们这儿叫诧生，或者胆小。ŋuo˥məŋ˨tʂər˧tɕiɑɔ˧tsʰɑ˧səŋ˥,xuo˩˩tʂə˥˧tæ̃˥˧ɕiɑɔ˥.黄：胆小，或者是叫诧生。tæ̃˥ɕiɑɔ˥,xuei˩˩tʂə˥˩sɿ˧˩(tɕ)iɑɔ˧˩tsʰɑ˧˩səŋ˥˩.

（三）语言行为

打招呼

（比如说，我叫你做什么事情，你说你要去先，先跟这个，这个领导说一下。像这样的东西就说，这种事情土话怎么说？）王：你要给□打个招呼。ni˥˧iɑɔ˧kei˧niæ̃˩˩tɑ˥˧kə˧tʂɑɔ˥xu˨.黄：你要给□是打个招呼去咧。ni˥˧iɑɔ˧kei˧niæ̃˩˩sɿ˧˩tɑ˥˩kə˧˩tʂɑɔ˥xu˨tɕʰi˧˩lie˨.（还有别的说法没有？）黄：打个招呼。再一个就叫，基本上就是打……tɑ˥˩kə˧˩tʂɑɔ˥xu˨.tsæᴇ˧i˥˧kə˧tɕiou˧tɕiɑɔ˧,tɕi˥˩pəŋ˥ʂɑŋ˧tɕiou˧sɿ˧tɑ˥˧……王：再一个就是跟□商量。tsæᴇ˧i˥kə˧tɕiou˧sɿ˧kəŋ˥˧niæ̃˩˩ʂɑŋ˥liɑŋ˨.黄：噢，你跟□商量一下，或者是打个招呼。ɑɔ˩,ni˥˧kəŋ˥˩niæ̃˩˩ʂɑŋ˥liɑŋ˨i˥˩xɑ˧˩,xuo˩˩tʂə˥˩sɿ˧˩tɑ˥˧kə˧˩tʂɑɔ˥xu˨.

你听我给你说

（我告诉你一般是怎么说？）黄：我们这儿一到土……本地话了，你听我给你说啊！ŋuo˥məŋ˨tʂər˧˩i˥˩tɑɔ˧tʰu˥˧……pəŋ˥˧ti˧xuɑ˧˩lə˨,ni˥tʰiŋ˥˩ŋuo˥˧kei˧ni˥˧ʂuo˥ɑ˨!王：噢，你听我给你说下。ɑɔ˥,ni˥˩tʰiŋ˥˩ŋuo˥kei˧˩ni˥˩ʂuo˥xɑ˧˩.（你听我给你说？）黄：啊哈。ɑ˩xɑ˨.（再……怎么说的？）王：你听我给你说。ni˥˧tʰiŋ˥˩ŋuo˥˧kei˧ni˥˧ʂuo˥.黄：你听我给你说么。ni˥tʰiŋ˥˩ŋuo˥kei˧ni˥˧ʂuo˥muo˨.（说不说我给你说？）黄：我给你说这个话也说咧。ŋuo˥kei˧ni˥˧ʂuo˥˩tʂə˧˩kə˧˥xuɑ˧ie˥ʂuo˥˩lie˨.王：也说。ie˥ʂuo˥˩.（哪个说得最多呢？）王：你听我给你说一句话多么。ni˥tʰiŋ˥˩ŋuo˥kei˧ni˥˧ʂuo˥i˥˩tɕy˧˥xuɑ˧˩tuo˥˩muo˨.黄：你听你说么。ni˥tʰiŋ˥˩ni˥˧ʂuo˥muo˨.

把话说明咧

（两人啦这个之间有……有那个误会了什么，后来互相谅解了。这个怎么说？）黄：那就是把话说……话说明咧，或者是这个……nei˧tɕiou˧˥sɿ˧˩pɑ˥˩xuɑ˧ʂuo˥˧……xuɑ˧ʂuo˥˩miŋ˩˩lie˧,xuei˩˩tʂə˥˩sɿ˧˩tʂə˧˩kə˧˩……（话说明了？）黄：啊，把话说明咧。或者是，事情，事情搞清楚咧，这就是。ɑ̃˥,pɑ˥˩xuɑ˧˥ʂuo˥˩miŋ˩˩lie˧.xuei˩˧tʂə˥˩sɿ˧,sɿ˧tɕʰiŋ˩,sɿ˧tɕʰiŋ˩˩kɑɔ˥˧tɕʰiŋ˥tʂʰɥ˥˩lie˧,tʂei˧tɕiou˧sɿ˧.

① 懔：害怕。《广韵》力稔切：“敬也，畏也。”《集韵》力锦切：“惧貌。”太白方言今读去声。

像学

1. 黄：说。ʂuo˧˩.（你们ɕye˧˩还是ʂuo˧˩？）说。“你说这个事咋咧。”ʂue˧˩给成咧前塬话咧。宁县这面，这这合水，城里这面都是你ʂue˧˩。ʂuo˧˩.ni˧˩ʂuo˧˩꜖tʂə˦kə˦sɿ˦꜔tsɑ˧˩꜖lie·˧.ʂue˧˩kei˦tʂʰəŋ˨˦lie·˧tɕʰiæ̃˨˦yæ̃˨˦xuɑ˦lie·˧.niŋ˨˦꜖ɕiæ̃˦tʂei˦miæ̃˦꜖,tʂei˦tʂei˦xuo˨˦꜖ʂuei˧˩,tʂʰəŋ˨˦꜖li˧˩tʂei˦miæ̃˦tou˧˩꜖sɿ˦꜖ni˧˩꜔ʂue˧˩.（噢，ʂuo˧˩，你们是ʂuo˧˩？）咱们这面就是ni˧˩꜔ʂuo˧˩，那面你是ni˧˩꜔ʂue˧˩。这个但是这里有一句最土的话。它不是叫“说”咧。就说比如这一件事情咱们年轻人说的话，“你把这个事情给咱们说清楚”。老最老的些老年人说是“你把这个事咱们像学一遍”。tʂɑ˨˦məŋ·˦tʂei˦miæ̃˦tɕiou˦sɿ˦ni˧˩꜔ʂuo˧˩,næᴇ˦꜔miæ̃˦꜖ni˧˩꜔sɿ˦ni˧˩꜔ʂue˧˩.tʂə˦kə˦tæ̃˦sɿ˦tʂə˦꜓li˧˩꜖iou˧˩i˧˩꜖tɕy˦tsuei˦tʰu˧˩ti·˧xuɑ˦꜖.tʰɑ˧˩pu˨˦꜖sɿ˦tɕiɑɔ˦ʂuo˧˩lie·˧.tɕiou˦ʂuo˧˩꜔pi˧˩ʐʮ˨˦꜖tʂei˦i˧˩꜔tɕiæ̃˦sɿ˦tɕʰiŋ˨˦꜖tʂɑ˨˦məŋ·˦niæ̃˨˦tɕʰiŋ˧˩zəŋ˨˦꜖ʂuo˧˩ti·˧xuɑ˦꜖,ni˧˩pɑ˧˩꜖tʂə˦kə˦sɿ˦tɕʰiŋ˨˦꜖kei˦tʂɑ˨˦məŋ·˦ʂuo˧˩꜔tɕʰiŋ˧˩tʂʰʮ˧˩꜖.lɑɔ˧˩tsuei˦꜓lɑɔ˧˩ti·˧ɕie˧˩꜖lɑɔ˧˩niæ̃˨˦꜖zəŋ˨˦ʂuo˧˩꜔sɿ˦ni˧˩pɑ˧˩꜖tʂə˦kə˦sɿ˦tʂɑ˨˦꜖məŋ·˧ɕiɑŋ˦ɕyo˨˦꜖i˧˩꜖piæ̃˦꜖.（ɕiɑŋ˦ɕyo꜖，啊。）你把这个事像学一遍。ni˧˩꜔pɑ˧˩꜖tʂə˦kə˦sɿ˦ɕiɑŋ˦꜓ɕyo˨˦꜖i˧˩꜖piæ̃˦꜖.（上上午讲过了。）嗯，像学一遍。ə̃꜖,ɕiɑŋ˦꜓ɕyo˨˦꜖i˧˩꜖piæ̃˦꜖.

2. 黄：你把你说下这个话那个意思给我像学一遍。还是就是你把你……你你把你说下这个事情给我再说上一遍。这就是像学一遍。就是把那个经过你再我学的说上一遍就对了。ni˧˩꜔pɑ˧˩꜖ni˧˩꜔ʂuo˧˩xɑ˦꜖tʂə˦꜖kə˦꜖xuɑ˦꜓nə˦꜖kə˦꜖i˦꜓sɿ·˧kei˦꜖ŋuo˧˩꜔ɕiɑŋ˦꜓ɕyo˧˩꜖i˧˩꜖piæ̃˦꜖.xɑ˨˦꜖sɿ˦tɕiou˦sɿ˦ni˧˩pɑ˧˩꜖ni˧˩꜔tʂ……ni˧˩꜔ni˧˩꜔pɑ˧˩꜖ni˧˩꜔ʂuo˧˩xɑ˦꜖tʂə˦kə˦sɿ˦tɕʰiŋ˨˦꜖kei˦꜖ŋuo˧˩꜔tsæᴇ˦ʂuo˧˩ʂɑŋ˦꜖i˧˩꜖piæ̃˦꜖.tʂei˦tɕiou˦sɿ˦ɕiɑŋ˦꜓ɕyo˨˦꜖i˧˩꜖piæ̃˦꜖.tɕiou˦sɿ˦pɑ˧˩꜖nə˦꜔kə˦꜔tɕiŋ˧˩꜖kuo˦ni˧˩꜔tsæᴇ˦ŋuo˧˩꜔ɕyo˨˦꜖ti·˦ʂuo˧˩ʂɑŋ˦꜖i˧˩꜖piæ̃˦tsou˦tuei˦lə·˧.

谝

1.（比如说，两个人在这个聊天，或几个人在聊天，你们一般这个叫什么？）黄：谝干传。pʰiæ̃˧˩꜔kæ̃˧˩tʂʰuæ̃˨˦꜖.王：谝干传。pʰiæ̃˧˩꜔kæ̃˧˩tʂʰuæ̃˨˦꜖.（还有什么说法没有？）黄：谝干传。再一个是这个，一个是谝干传，再一种叫啥咧？叫……pʰiæ̃˧˩꜔kæ̃˧˩tʂʰuæ̃˨˦꜖.tsæᴇ˦i˧˩꜔kə˦sɿ˦꜖tʂə˦꜖kə˦꜖,i˧˩꜖kə˦sɿ˦pʰiæ̃˧˩꜔kæ̃˧˩꜖tʂʰuæ̃˨˦꜖,tsæᴇ˦i˧˩꜖tʂuoŋ˧˩꜖tɕiɑɔ˦sɑ˦lie·˧?tɕiɑɔ˦……王：拉话哞。lɑ˧˩꜔xuɑ˦m̩·˧.黄：拉话哩也说咧，那……也叫闲聊咧哞。lɑ˧˩꜔xuɑ˦li·˧lie˧˩꜔ʂuo˧˩꜖lie·˧,nei˦……ie˧˩tɕiɑɔ˦ɕiæ̃˨˦liɑɔ˨˦꜖lie·˦m̩·˧.（闲扯蛋？）王：闲谝。ɕiæ̃˨˦꜖pʰiæ̃˧˩.黄：闲谝咧么。ɕiæ̃˨˦꜖pʰiæ̃˧˩liem·˧.王：闲谝哩。ɕiæ̃˨˦꜖pʰiæ̃˧˩li·˧.

2.（闲扯淡有有没有这么说法？）黄：没有。mei˨˦꜔iou˧˩꜖.（闲着没事儿就就瞎瞎弄一些瞎说一……瞎说一气？）黄：那倒一般不说那个。欸，闲谝咧这个话有咧，就说闲来没事儿了，就一瘩里闲谝着咧。nei˦꜔tɑɔ˦꜖i˧˩꜓pæ̃˧˩꜖pu˨˦꜖ʂuo˧˩꜖nei˦꜖kə˦꜖.ei˦,ɕiæ̃˨˦pʰiæ̃˧˩lie·˧tʂə˦kə˦xuɑ˦iou˧˩lie·˧,tsou˦꜖suo˧˩꜖ɕiæ̃˨˦læᴇ˨˦꜔muo˧˩꜖sər˦꜓lə·˧,tsou˦i˧˩꜖tɑ˧˩li·˧ɕiæ̃˨˦pʰiæ̃˧˩tʂə·˧lie·˧.

3.（聊天儿你们叫什么？）王：谝……pʰiæ̃˧˩꜖……黄：聊天儿，我们叫谝干传。谝……liɑɔ˨˦tʰiæ̃r˧˩,ŋuo˧˩꜔məŋ·˧tɕiɑɔ˦꜖pʰiæ̃˧˩꜔kæ̃˧˩tʂʰuæ̃˨˦꜖.pʰiæ̃˧˩꜔ɕ……（还，还有什么？）黄：谝干传或者是……pʰiæ̃˧˩꜔kæ̃˧˩tʂʰuæ̃˨˦꜖xuo˨˦꜔tʂə˧˩꜖sɿ˦꜖……王：谝闲。pʰiæ̃˧˩ɕiæ̃˨˦.黄：谝闲或是谝干定子哞。pʰiæ̃˧˩꜔ɕiæ̃˨˦xuo˨˦꜖tʂə˧˩꜖pʰiæ̃˧˩kæ̃˧˩꜖tiŋ˦tsɿ·˦m̩·˧.（干定子什么东西？）王：嗯。ŋ̍˦.黄：嗯，闲话么反正是。谝干定子。ŋ̍꜖,ɕiæ̃˨˦꜖xuɑ˦muo·˧fæ̃˧˩꜖tʂəŋ˦sɿ˦.pʰiæ̃˧˩kæ̃˧˩꜖tiŋ˦tsɿ·˧.（干定子是不是屁股？还是什么呢？）黄：呃不是的。ə˧˩pu˨˦꜖sɿ˦ti·˧.王：嗯不是的。ə̃˧˩pu˨˦꜖sɿ˦ti·˧.黄：那不是的。干定子。nə˦꜔pu˨˦꜖sɿ˦꜖ti·˧.kæ̃˧˩꜖tiŋ˦tsɿ·˧.（干定子什么东西呢？）黄：嗯，就是这个，闲的没事干，蹴嗒互相了胡谝哩就是的，就是干定子么。ʔʰə̃꜖,tɕiou˦꜔sɿ˦tʂə˦kə˦,ɕiæ̃˨˦꜖ti·˦

muo˥˩ʂʅ˥kæ̃˥,tɕiou˩˧ta˨xu˥ɕiaŋ˥˩lə˨xu˩˧pʰiæ̃˥˩li˨tɕiou˥sʅ˥ti˦,tɕiou˥sʅ˥kæ̃˥˩tiŋ˥˧tsʅm˨.王：胡谝哩。xu˩˧pʰiæ̃˥˩li˨.（那个“定”是……是哪个字？）黄：哪个定字？na˥˩kə˥˩tiŋ˥tsʅ˥?王：是不下定决心那个定噢？sʅ˥˩pu˩˧ɕia˥tiŋ˥tɕye˥˧ɕiŋ˥˩nə˥kə˥tiŋ˥ɑɔ˨?黄：就是那个定噢？差不多。[门外传来汽车声]一定的定。tɕiou˥sʅ˥nə˥kə˥tiŋ˥ɑɔ˦?tsʰɑ˥˩pu˩˧tuo˥˩.i˥˧tiŋ˥ti˨tiŋ˥.

传闲话、学舌

（这个把别人说的话呀，又向这个另外，比如说把领导说的话又向别人去说一遍，或者把哪儿听到的话又向哪里说一遍，喜欢，喜欢去学人家的话。这个叫什么呢？呃，显得他很了不起。）王：这就叫么传闲话吧？tʂə˥˧tɕiou˥˩tɕiɑɔ˥muo˨tʂʰuæ̃˩˧ɕiæ̃˩˧xuɑ˥˧pɑ˨?黄：传闲话咧么就。再一个就是这个小道儿消息哞。tʂʰuæ̃˧ɕiæ̃˩˧xuɑ˥lie˨muo˨tsou˥˩.tsæᴇ˥i˥˧kə˥˩tsou˥sʅ˥tʂə˥˩kə˥˩ɕiɑɔ˥˧tɑɔr˥ɕiɑɔ˥˩ɕi˥˩m̩˨.王：嗯。ŋ̍˩.（也有的不……可能不是闲话了。比如说领导这种命令啊，他作为一个什么什么东西去，也出去，嗯，领导说了，咱们……怎么怎么样怎么样……）黄：学舌哩么。ɕyo˧ʂə˩˧li˨muo˨.

说闲话

（扯闲话说不说？）王：不说，扯闲……pu˩˧ʂuo˥˧,tʂʰə˥˩ɕiæ̃˧……黄：不……扯闲话是另外一回事了。pu……tʂʰə˥˩ɕiæ̃˩˧xuɑ˥˧sʅ˥˩liŋ˥væᴇ˥i˥˩xuei˩˧sʅ˥˩lə˨.（扯闲话是什么东西呢？）黄：扯闲话那就说是在……我在你跟前的事情到他跟前就说你的不是咧么，这就是闲话。tʂʰə˥˩ɕiæ̃˩˧xuɑ˥nei˥tɕiou˥˩ʂuo˥˩sʅ˥˩tsæᴇ˥……ŋuo˥˩tsæᴇ˥˩ni˥˩kəŋ˥˩tɕʰiæ̃˩˧ti˨sʅ˥tɕʰiŋ˩˧tɑɔ˥tʰɑ˥˩kəŋ˥˩tɕʰiæ̃˧tɕiou˥ʂuo˥˩ni˥˩ti˨pu˩˧sʅ˥˧liem˨,tʂə˥tɕiou˥sʅ˥ɕiæ̃˧xuɑ˥˩.（噢。扯闲话还是说闲话呢？）黄：噢，说闲话哞。ɑɔ˩,ʂuo˥˩ɕiæ̃˩˧xuɑ˥m̩˨.王：噢，那就是说闲话咧。ɑɔ˩,nei˥tɕiou˥sʅ˥ʂuo˥˩ɕiæ̃˩˧xuɑ˥˩lie˨.黄：嗯。ə̃˩.（就是说，在背后说人是吧？）黄：啊，在背后说人。ɑ˩,tsæᴇ˥˩pei˥xou˥ʂuo˥˩zəŋ˩˧.王：啊，背后就议……说人，议论人么。ɑ˩,pei˥xou˥tɕiou˥i˥˧……ʂuo˥˩zəŋ˧,i˥lyoŋ˥zəŋ˧muo˨.黄：嗯。ə̃˩.

拉老婆儿舌儿、扯老婆舌、嚼舌根子

1.（说人家闲话呢？）黄：嚼，说人的闲话那就是嚼舌，嚼舌么。tɕyo˩˧,ʂuo˥zəŋ˩˧ti˨ɕiæ̃˩˧xuɑ˥nei˥˩tɕiou˥˩sʅ˥˩tɕyo˧ʂə˩˧,tɕyo˧ʂə˧muo˨.（还有什么说法没有？）黄：嚼舌，再一个就是拉老婆儿舌儿么。tɕyo˧ʂə˩˧,tsæᴇ˥i˥˧kə˥tɕiou˥sʅ˥lɑ˥˩lɑɔ˥pʰuor˩˧ʂər˧muo˨.（拉什么舌？）黄：拉老婆儿舌儿。lɑ˥˩lɑɔ˥pʰuor˩˧ʂər˩˧.（拉老婆舌？）黄：嗯。这都是一般讲就，这些都说是，指些老婆在一起。ə̃˩.tʂə˥˧tou˥˩sʅ˥˩i˥˧pæ̃˥tɕiɑŋ˥tɕiou˥˩,tʂei˥˧ɕie˥˩tou˥˧ʂuo˥˩sʅ˥˩,tsʅ˥˩ɕie˥˩lɑɔ˥pʰuo˩˧tsæᴇ˥˩i˥˩tɕʰi˥˧.王：说闲话呢。ʂuo˥˩ɕiæ̃˩˧xuɑ˥nə˨.黄：说闲话的这些。ʂuo˥˩ɕiæ̃˩˧xuɑ˥˧ti˨tʂə˥˧ɕie˥˩.

2.（这个挑拨离间叫什么？）黄：挑拨离间那是说东道……我们这儿经常……就是说东道四的么。说东道四，再把那叫那个……tʰiɑɔ˥puo˥˩li˧tɕiæ̃˥næᴇ˥sʅ˥ʂuo˥˧tuoŋ˥˩tɑɔ˥……ŋuo˥məŋ˨tʂər˥tɕiŋ˥˩tʂʰɑŋ˧……tɕiou˥sʅ˥ʂuo˥˧tuoŋ˥˩tɑɔ˥sʅ˥ti˨muo˨.ʂuo˥˧tuoŋ˥˩tɑɔ˥sʅ˥,tsæᴇ˥pɑ˥˩næᴇ˥tɕiɑɔ˥nə˥kə˥……（说东道四也叫……）扯老婆舌么。tʂʰə˥lɑɔ˥pʰuo˩˧ʂə˧muo˨.（呃，本来你们两个关系好好的，我就说他……）那就叫扯嘛，那就是嚼老……扯老婆舌，有的叫那嚼舌根子咧。næᴇ˥tɕiou˥tɕiɑɔ˥tʂʰə˥˧mɑ˨,næᴇ˥tɕiou˥sʅ˥tɕyo˧lɑɔ˥……tʂʰə˥lɑɔ˥pʰuo˩˧ʂə˧,iou˥˧ti˨tɕiɑɔ˥˩næᴇ˥˩tɕyo˧ʂə˩˧kəŋ˥tsʅ˨lie˨.（这种人多不多？）多嘛。那……那女人都十个有九个都是那样。tuo˥mɑ˨.nə˥˩n……nə˥ny˥zəŋ˩˧tou˥˧ʂʅ˩˧kə˥iou˥˧tɕiou˥kə˥˩tou˥˩sʅ˥˩nə˥˩iɑŋ˥˦.

3.（私下里议论说……说坏话，比如四个小……四个小孩儿的这个爱人，媳妇儿，在私下里说这个婆婆，哪哪哪不好，这叫什么呢？）黄：那就是嚼舌根子咧么啊？背后说，传闲话咧么这就是。nei˥˩tɕiou˥˩sʅ˥˩tɕyo˨˩ʂə˨˦kəŋ˦˩tsʅ·lie·muo·a·?pei˥xou˥ʂuo˦˩,tʂʰuæ̃˨˩ɕiæ̃˨˩xua˥˧lie·muo·tʂə˥˩tɕiou˥˩sʅ˥˩.（有没有什么这个……）王：指鸡骂婆。tsʅ˦tɕi˦˩ma˥pʰuo˨˩.（叫什么？）黄：指鸡骂婆。那是欸那还不是指鸡骂婆。这个，嚼舌头根子咧那就是互相之间在背后你说我的不是咧，我说你的不是，这么个意思。tsʅ˦tɕi˦˩ma˥pʰuo˨˩.nei˥˦sei˩（←sʅ˥ei˩）nei˥˦xa˨˩pu˨˩sʅ˥tsʅ˦tɕi˦˩ma˥pʰuo˨˩.tʂə˥kə˥,tɕyo˨˩ʂə˨˩tʰou·kəŋ˦tsʅ·lie·nə˥tɕiou˥sʅ˥xu˥ɕiaŋ˦˩tsʅ˦tɕiæ̃˦˩tsæᴇ˥˩pei˥xou˥ni˦ʂuo˦˩ŋuo˦ti·pu˨˩sʅ˥lie˧,ŋuo˦ʂuo˦˩ni˦ti·pu˨˩sʅ˥,tʂə˥˦muo·kə˥˩i˥sʅ˧.

戳是非

（有没有什么“拉是非”的这种说法？）王：有，有叫戳是非咧。iou˦˨,iou˦˨tɕiao˥tʂʰuo˦sʅ˥˧fei˦lie·.黄：啊，有叫戳是非哩，不叫拉。a˩,iou˦˨tɕiao˥tʂʰuo˦sʅ˥˧fei˦li·,pu˨˩tɕiao˥la˦.（指指戳戳的戳？）王：嗯。ŋ̍˥.黄：啊。a˦.

胡扯蛋

（扯，那扯淡是什么意思呢？）王：扯淡那是骂人咧。tʂʰə˦˨tæ̃˥˦nə˥˩sʅ˥˩ma˥zəŋ˨˩lie˧.黄：扯淡那是骂人咧么你。tʂʰə˦˨tæ̃˥˦nə˥˩sʅ˥˩ma˥zəŋ˨˩lie˧muo·ni˦˩.（嗯。）黄：嗯。ŋ̍˩.王：那你就比方你，你说了我啥，我说你胡毬扯淡这个事。næᴇ˥ni˦˨tɕiou˥pi˦faŋ˦˩ni˦,ni˦˨ʂuo˦lə·ŋuo˦sa˥,ŋuo˦˨ʂuo˦˨ni˦xu˨˩tɕʰiou˨˦tʂʰə˦˩tæ̃˥tʂə˥˦kə˥˩sʅ˥˩.黄：嗯。ŋ̍˩.王：那是骂人咧。nei˥sʅ˥˩ma˥zəŋ˨˩lie˧.黄：就没那回事儿你胡扯淡咧跟你说。tsou˥mei˨˩nei˥xuei˨˩sər˥ni˦˨xu˨˩tʂʰə˦tæ̃˥lie·kəŋ˦˩ni˦˩ʂuo˦˩.

说漂亮话

王：你人……咱们这儿那说你你你是你就爱说个漂亮话啊？ni˦˩zəŋ˨˦……tsa˨˩məŋ·tʂər˥næᴇ˥ʂuo˦˩ni˦˨ni˦˨ni˦sʅ˥ni˦tɕiou˥næᴇ˥ʂuo˦kə˥˩pʰiao˥liaŋ˥˩xua˥a·?黄：啊。就说你能……你就光说这个，说个漂亮话。a˩.tsou˥˩ʂuo˦˩ni˦nəŋ˨˩k……ni˦tsou˥˩kuaŋ˦˧ʂuo˦˩tʂə˥˩kə˥˩,ʂuo˦˩kə˥˩pʰiao˥˧liaŋ˥˩xua˥˩.王：光知道说漂亮话。kuaŋ˦˧tʂʅ˦˩tao˥ʂuo˦˩pʰiao˥˦liaŋ˥˩xua˥.（说漂亮话？）王&黄：嗯。ŋ̍˩.（就是说这个是话说得好还是什么？）王：那就说一个是说漂亮话，一个说便宜话。nə˥tɕiou˥ʂuo˦˨i˦˩kə˥˦sʅ˥ʂuo˦˩pʰiao˥˧liaŋ˥xua˥,i˦˩kə˥˦ʂuo˦˨pʰiæ̃˨˩i˨˦xua˥˩.黄：噢。说漂亮话或者是说便宜话。ŋao˩.ʂuo˦˩pʰiao˥˧liaŋ˥xua˥xuei˨˦tʂə˦˩sʅ˥˩ʂuo˦pʰiæ̃˨˩i˨˦xua˥˩.

搊烘

（有搊烘这个说法没有？）黄：有这个说法。好像不是用得这个事情上。iou˦˨tʂə˥kə˥ʂuo˦fa˦˩.xao˦˨ɕiaŋ˥pu˨˩sʅ˥yoŋ˥˧tə·tʂə˥kə˥sʅ˥tɕʰiŋ˨˦ʂaŋ˥.（搊烘是什么意思呢？）搊烘说是本来你这个，你这个人这个事情做的，哎，这个一般化噢，但是我还跟你跟人说好话着咧，搊烘你咧啊。tsʰou˦xuoŋ˦˩ʂuo˦˩sʅ˥˩pəŋ˦˨læᴇ˨˦ni˦˨tʂə˥kə˥,ni˦tʂə˥kə˥zəŋ˨tʂə˥kə˥sʅ˥˧tɕʰiŋ˨˩tsʮ˥˧ti·,æᴇ˩,tʂə˥˩kə˥˩i˦˧pæ̃˦xua˥ao˩,tæ̃˥sʅ˥ŋuo˦xa˨˩kəŋ˦˨ni˦˨kəŋ˦zəŋ˨˩ʂuo˦˩xao˦xua˥tʂə·lie˧,tsʰou˦xuoŋ˦˩ni˦˩lie·a˧.（噢，我……就是你比如说你才考了六十分，哈哈，已经很好了。）太好了，你这次不进步了……进步的多了跟你说。tʰæᴇ˥˦xao˦˩lə˧,ni˦˩tʂei˥tsʰʅ˥pu˨˩tɕiŋ˥pu˥˩……tɕiŋ˥pu˥ti·tuo˦lə·kəŋ˦˩ni˦˩ʂuo˦˨.

开玩笑

（开玩笑呢？）黄：那就叫开玩笑咧。nei˥tɕiou˥tɕiao˥kʰæᴇ˦væ̃˨˩ɕiao˥lie˧.（有说说笑

没有？）说笑，说笑和开玩笑是两回事。ʂuo˥˩ɕiao˧,ʂuo˥˩ɕiao˧˥xuo˨˩kʰæᴇ˥vã˨˩ɕiao˧sɿ˧lian ˥xuei˨˩sɿ˧˩.（嗯，说笑和开玩笑？）嗯，是两回事了。嗯。ə̃˩,sɿ˧lianŋ˥xuei˨˩sɿ˧lə˩.ə̃˩.（说笑是大概什么意思呢？）那就是说个故事啊啥，逗的大家乐咧。næᴇ˧tɕiou˧sɿ˧ʂuo˥˩kə˧ku˧sɿ˧æ˩sa˧˩,tou˧ti˩ta˧tɕia˥lə˥lie˩.（那叫说笑是吗？）啊。开玩笑那是纯粹拿住一个人对象那就是这个，作为那个来那个的么。ɑ˩.kʰæᴇ˥˩vã˨ɕiao˧næᴇ˧sɿ˧tʂʰuoŋ˨tsuei˧na˨tʂʮ˧i˥˩kə˧zəŋ˨tuei˧ɕiaŋ˧næᴇ˧tɕiou˧sɿ˧tʂə˧kə˧,tsuo˥vei˨na˧kə˧læᴇ˨næᴇ˧kə˧tim˩.（作为取笑的工具？）啊，交予取笑的工具来剁你。ɑ˩,tɕiao˥˩y˧tɕʰy˥ɕiao˧ti˩kuoŋ˥˩tɕy˧læᴇ˨˩tuo˧ni˥.（噢，取笑对象来？）嗯。ŋ̍˩.

接下颏子

（有的人呐，就是人家在议论什么东西啊，他很喜欢问东问西，问什么事情，也要这个……）黄：这是咱们话的话，老是接……我们这儿这人说老是接下颏子咧。tʂə˧sɿ˧tʂa˨məŋ˩xua˧ti˩xua˧,lao˥sɿ˧tɕie˥˩ɕi……ŋuo˥məŋ˩tʂər˧tʂə˧zəŋ˨ʂuo˥˩lao˥sɿ˧tɕie˥˩ɕia˧kʰə˥tsɿ˩lie˩.王：啊。ã˩.黄：接人的下颏子咧。tɕie˥˩zəŋ˨˩ti˩ɕia˧kʰə˥tsɿ˩lie˩.（接下颏子？）黄：噢，人□正说话着，他就接住，人□的话没说完咧，他可接住说去了。再一个是，再一个是老打岔儿么。ɑɔ˩,zəŋ˨˩niæ˨tʂəŋ˧ʂuo˥˩xua˧tʂə˩,tʰa˥˩tɕiou˧tɕie˥tʂʮ˧˩,zəŋ˨˩niæ˨ti˩xua˧muo˥˩ʂuo˥væ˨˩lie˩,tʰa˥kʰə˥˩tɕie˥tʂʮ˧ʂuo˥tɕʰi˧˩lə˩.tʂæᴇ˧i˥kə˧sɿ˧,tsæᴇ˧i˥kə˧sɿ˧lao˥ta˥tsʰar˧muo˩.（老打岔？）黄：啊。ɑ˩.（就是打岔了？）王：打岔咧。ta˥tsʰa˧lie˩.黄：啊，打岔咧么。有的还说这个抢着说咧。ɑ˩,ta˥tsʰa˧liem˩.iou˥ti˩xa˨ʂuo˥tʂə˧kə˧tɕʰiaŋ˥tʂə˩ʂuo˥lie˩.（抢着说？）黄：嗯。ŋ̍˩.王：嗯，说是你，会说咧想的说咧，不会说咧抢的说了。ŋ̍˩,ʂuo˥˩sɿ˧ni˥,xuei˧ʂuo˥lie˩ɕiaŋ˥ti˩ʂuo˥lie˩,pu˨xuei˧ʂuo˥lie˩tɕʰiaŋ˥ti˩ʂuo˥lə˩.黄：抢的说了，嗯。tɕʰiaŋ˥ti˩ʂuo˥lə˩,ə̃˩.（会说的想着说。）王：想的说。ɕiaŋ˥ti˩ʂuo˥˩.黄：啊，不会说的你……ɑ˩,pu˨xuei˧ʂuo˥ti˩ni˥˩……王：会说的想着说，不会说的抢着说。xuei˧ʂuo˥˩ti˩ɕiaŋ˥tʂə˩ʂuo˥˩,pu˨xuei˧ʂuo˥ti˩tɕʰiaŋ˥tʂə˩ʂuo˥˩.黄：抢……啊。tɕʰiaŋ……ã˩.（咱们三个，咱们本来是不是，我再，我这个插个嘴也也是我说一句进来，你说不说这个这叫插嘴啊或者插话？）王：插嘴。tsʰa˥˩tsuei˥.黄：插嘴咧。tsʰa˥˩tsuei˥lie˩.

多嘴

（有没有说这个人好好……这个太多嘴了？）黄：啊一个嘴多得很。ɑ˥i˥kə˧tsuei˥tuo˥tə˩xəŋ˥˩.（嘴多得很？）黄：啊，你个嘴咋么多了？ɑ˩,ni˥kə˧tsuei˥tsa˥muo˩tuo˥lə˩?（说，没有什么多嘴的说法吗？）黄：有咧，多嘴这个话说咧。iou˥lie˩,tuo˥˩tsuei˥tʂə˧˩kə˧˩xua˧ʂuo˥˩lie˩.王：有咧，多嘴。iou˥lie˩,tuo˥˩tsuei˥.（多嘴是什么意思？）黄：多嘴……tuo˥˩tsuei˥……王：你人……你人咋这么多嘴了？ni˥zəŋ˨……ni˥zəŋ˨tsa˥tʂə˧muo˩tuo˥˩tsuei˥lə˩?黄：你咋么多嘴了，啊？ni˥tsa˥˩muo˩tuo˥˩tsuei˥lə˩,ɑ˩?（是什么意思呢？）黄：就是我们两人说话咧，与你有啥关系啊？你可多那么多嘴咋咧？tsou˧˩sɿ˧˩ŋuo˥məŋ˩liaŋ˥zəŋ˨˩ʂuo˥˩xua˧lie˩,y˥ni˥iou˥˩sa˧˩kuæ˥˩ɕia˩?ni˥kʰə˥˩tuo˥na˧muo˩tuo˥tsuei˥tsa˥˩lie˩?王：与你没有关系，你……你……y˥ni˥mei˨iou˥kuæ˥˩ɕi˧,ni˥˩……ni˥……

装不住话

（这个还有一种就是说，他知道什么事情啊，他是个大嘴巴，知道什么事情他都要跟人家说。或者说，知道一点东西，他有些什么东西，他就到人家去面前炫耀。）黄：装不住话嘛。tʂuaŋ˥pu˨˩tʂʮ˧xua˧ma˩.（有没有什么大嘴巴这种说法呢？）王：一般不说大……

i˥˩pæ̃˥˩pu˧˩ʂuo˥˩ta˧˥……黄："大嘴巴"这个说还没有，就是个装不住话。ta˧˩tsuei˥˩pa˧tʂə˧˥k ə˧ʂuo˥˩xa˧˩mei˧˩iou˥˩,tsou˧sɿ˧˥kə˧˥tʂuaŋ˥˩pu˧˩tʂɿ˧˥xua˧.王：这人口里装不住话。tʂə˧˥zəŋ˧˩kʰou ˥˩li˥˩tʂuaŋ˥˩pu˧˩tʂɿ˧˥xua˧.黄：再一个就是沉不住气，那就是那。tsæᴇ˧i˥˩kə˧˥tɕiou˧sɿ˧tʂʰəŋ˧˩p u˧˩tʂɿ˧tɕʰi˧,nei˧tɕiou˧˥sɿ˧˥nə˧˥.

嘴劲儿

（有的人啊，只会说不会干，这这种人叫什么？）王：嘴劲儿人。tsuei˥˩tɕiə̃r˧zəŋ˧˩.黄：嘴劲儿不好。tsuei˥˩tɕiə̃r˧˥pu˧˩xao˥˩.（叫什么？）王：嘴劲儿。tsuei˥˩tɕiə̃r˧˥.黄：嘴劲。tsuei˥˩tɕiŋ˧˥.王：嘴上劲大得很，不会干。tsuei˥˩ʂaŋ˧˥tɕiŋ˧ta˧tə˧xəŋ˥˩,pu˧˩xuei˧kæ̃˧.（嘴……）黄：嘴上的劲姆。tsuei˥˩ʂaŋ˧˥ti˧tɕiŋ˧˥m̩˧.王：嘴劲，嘴上的劲么。tsuei˥˩tɕiŋ˧˥,tsu ei˥˩ʂaŋ˧˥ti˧tɕiŋ˧muo˧.黄：这人只是嘴上的劲么。tʂə˧zəŋ˧˩tsɿ˥˩sɿ˧tsuei˥˩ʂaŋ˧˥ti˧tɕiŋ˧˥muo˧.（说不说什么耍……光会耍嘴皮子啊你这个人？）黄：噢，耍嘴皮子么。那也说咧么，啊？ao˧,ʂua˥˩tsuei˥˩pʰi˧˩tsɿ˧muo˧.nei˧˥æ˥˩ʂuo˥˩lie˧muo˧,a˧?王：那那也说咧。næᴇ˧˥næᴇ˧ia˥˩ʂuo˥˩lie˧.（是耍……耍嘴皮子还是耍嘴？）黄：耍嘴皮子姆。ʂua˥˩tsuei˥˩pʰi˧˩tsɿ˧m̩˧.王：耍嘴皮子咧。ʂua˥˩tsuei˥˩pʰi˧˩tsɿ˧lie˧.

急说强辩

（说这个人呐能言善辩，一般说他什么？怎么跟他辩也辩不倒他。）王：就是急说强辩么。tɕiou˧˥sɿ˧˥tɕi˥˩ʂuo˥˩tɕʰiaŋ˥˩piæ̃˧˥muo˧.黄：巧嘴学舌么。tɕʰiao˥˩tsuei˥˩ɕyo˧ʂə˧muo˧.（巧嘴学舌是他自己学的别人的，自己还是肚子里还有些东西的？）黄：嗯。ə̃˥˩.王：这个人，就是急嗯，急说强辩的意思。再一个是急说强辩么，再嘛就是那常有理么。tʂə˧k ə˧zəŋ˧˩,tɕiou˧sɿ˧tɕi˥˩ŋ̍˧˩,tɕi˥˩ʂuo˥˩tɕʰaŋ˥˩piæ̃˧˥tə˧i˧sɿ˧.tsæᴇ˧i˥˩kə˧sɿ˧tɕi˥˩ʂuo˥˩tɕʰiaŋ˥˩piæ̃˧˥muo˧,ts æᴇ˧ma˧tɕiou˧˥sɿ˧˥nə˧tʂʰaŋ˧˩iou˥˩li˥˩muo˧.（常有理？）黄：常有理，嗯。tʂʰaŋ˧˩iou˥˩li˥˩,ŋ̍˧˥.（什么理都是他的？）黄：嗯。ŋ̍˧˥.王：啊，他是常有理么。你就说不倒他咧。a˧˥,tʰa˥˩sɿ˧˥tʂʰaŋ˧˩iou˥˩li˥˩muo˧.ni˥˩tɕiou˧˥ʂuo˥˩pu˧˩tao˥˩tʰa˥˩lie˧.

胡缠滥磨

黄：这个咱们这里这个有这个胡传滥……胡缠滥磨这个事……话咧啊？tʂə˧˥kə˧˥tʂa˧˩ məŋ˧tʂə˧li˧tʂə˧˥kə˧˥iou˥˩tʂə˧kə˧xu˧˩tʂʰuæ̃˧˩læ̃˧……xu˧˩tʂʰæ̃˧˩læ̃˧muo˧˩tʂə˧˥kə˧˥sɿ˧˥……xua˧lie˧a˧?（胡缠滥磨是什么意思呢？）黄：那到领导跟前去，或者到那里跟前这个……nei˧˥tao˧l iŋ˥˩tao˥˩kəŋ˥˩tɕʰiæ̃˧˩tɕʰi˧,xuei˧˩tʂə˥˩tao˧nei˧li˧kəŋ˥˩tɕʰiæ̃˧˩tʂə˧˥kə˧˥……王：那也，那也叫胡搅蛮缠。nei˧˥ie˥˩,nei˧˥æ˥˩tɕiao˧xu˧˩tɕiao˥˩mæ̃˧˩tʂʰæ̃˧˩.黄：啊，胡搅蛮缠，也叫胡……叫胡搅蛮……胡搅蛮缠的啊？a˧˥,xu˧˩tɕiao˥˩mæ̃˧˩tʂʰæ̃˧˩,ie˥˩tɕiao˧xu˧˩……tɕiao˧˥xu˧˩tɕiao˥˩mæ̃˧˩……xu˧˩tɕiao˥˩mæ̃˧˩tʂʰæ̃˧˩tə˧a˧?王：在领导跟前去，跟领导……领导给他讲道理，他不听，他就是胡……胡说八道咧，你这人胡搅蛮缠。tsæᴇ˧˥liŋ˥˩tao˥˩kəŋ˥˩tɕʰiæ̃˧˩tɕʰi˧˥,kəŋ˥˩liŋ˥˩tao ˥˩……liŋ˥˩tao˥˩kei˧tʰa˥˩tɕiaŋ˥˩tao˧li˥˩,tʰa˥˩pu˧˩tʰiŋ˥˩,tʰa˥˩tɕiou˧˥sɿ˧˥xu……xu˧˩ʂuo˥˩pa˥˩tao˧lie˧,ni˥˩tʂə˧zəŋ˧˩xu˧˩tɕiao˥˩mæ̃˧˩tʂʰæ̃˧˥.黄：反正我是一直认为如何如何，你再讲那个，我又不听你那个。fæ̃˥˩tʂəŋ˧ŋuo˥˩sɿ˧i˥˩tʂɿ˧˩zəŋ˧vei˧˩zɿ˧˩xuo˧˩zɿ˧˩xuo˧˩,ni˥˩tsæᴇ˧tɕiaŋ˥˩nə˧˥kə˧˥,ŋuo˥˩iou˧p u˧˩tʰiŋ˥˩ni˥˩nə˧˥kə˧˥.（乱骂你，这个骂起来就是不，不知道轻重，这个连祖宗奶奶都骂上了这种。）王：骂人的话兀有咧么，也翻几辈儿人都有咧。ma˧zəŋ˧˩ti˧xua˧væᴇ˧iou˥˩lie˧m uo˧,ie˥˩fæ̃˥˩tɕi˧pər˧˥zəŋ˧˩tou˥˩iou˥˩lie˧.

嘟囔

（嘴巴里面，这个人，领导在说话，在批评他，嘴巴里面……这么。又不敢出声，这叫什么东西？）王：那就叫不服气么。nei˦˩tɕiou˦˩tɕiaɔ˦pu˨˩fu˨˩tɕʰi˦˥muo˧.（还是嘴巴里面在干什么？嘟嘟囔囔还是咕咕什么东西？）黄：嘟嘟囔囔的，嗯。一个就是不服就嘟囔着咧。tu˥tu˧naŋ˥naŋ˧ti˧,ə̃˩.i˥˩kə˦˥tɕiou˦˩sɿ˦˩pu˨˩fu˨tsou˦tu˥naŋ˧tʂə˧lie˧.（叫不叫咕囊？）王：不叫。pu˨˩tɕiaɔ˦.黄：叫，叫嘟囔咧。tɕiaɔ˦,tɕiaɔ˦˥tu˥naŋ˧lie˧.王：叫嘟囔。tɕiaɔ˦˩tu˥naŋ˧.

放慢气

（这个跟……就说你来我往啊，我说你一句，你就回我十句，像这样的东西叫什么？而且，说的都是往人家心窝子上戳。）黄：这把这叫啥咧？这叫……tʂə˦˥pa˥˩tʂə˦tɕiaɔ˦sa˦lie˧?tʂei˦tɕiaɔ˦……（没有什么？）黄：没有什么。mei˨iou˥ʂɿ˥muo˧.（有没有叫tiŋ˨的说法？）黄：嗯？ŋə̃˨?（tiŋ˨？）黄：顶。tiŋ˥.（有叫tiŋ˥的是吧？）黄：这都……没个啥说法。tʂə˦˥tou˥˧……mei˨kə˦˥sa˦ʂuo˥fa˥˩.（就用……用什么人家意想不到的一些生……生硬的语言呐，在旁边这么说一句，说得人家很难过的那种。我们外头就就叫打冷枪。你们这边叫什么？）黄：把这叫啥咧吵这些？pa˥˩tʂei˦tɕiaɔ˦sa˦˥lie˧sa˧tʂei˦ɕie˥˩?（顶冷门说不说？）黄：有时候叫顶趄棱兀也。iou˥sɿ˨˧xou˦tɕiaɔ˦tiŋ˥˩ɕyo˨ləŋ˨væᴇ˦˩ia˥˧.（顶趄棱？）黄：嗯。ŋ̍˩.王：抬杠顶趄棱嘛。tʰæᴇ˨˩kaŋ˦tiŋ˥˩ɕyo˨ləŋ˨ma˧.（指……指……）黄：有些人往往就是这么。你看那个坐得那儿不言喘。iou˥ɕie˥˩zəŋ˨vaŋ˥˧vaŋ˥˧tɕiou˦˩sɿ˦˩tʂə˦˩muo˧.ni˥kʰæ̃˦nə˦kə˦tsuo˦tə˧nar˦pu˨˩niæ̃˨˩tʂʰuæ̃˥.（嗯。）黄：他一言喘他说出来那个话就……tʰa˥i˥˧niæ̃˨˩tʂʰuæ̃˥˧tʰa˥ʂuo˥˩tʂʰɥ˥læᴇ˨˩nə˦kə˦xua˦tsou˦……（啊，对。）黄：不一样了。pu˨˩i˥˩iaŋ˦lə˧.（这个叫什么呢？）王：那些咱们兀就是一般叫……顶趄棱、抬杠么，放慢气嘛这叫。nei˦˥ɕie˥˧tsa˨məŋ˧væᴇ˦˥tɕiou˦˩sɿ˦˩i˥˩pæ̃˥˩tɕiaɔ˦……tiŋ˥˩ɕyo˨ləŋ˨,tʰæᴇ˨˩kaŋ˦muo˧,faŋ˦mæ̃˦tɕʰi˦ma˧tʂei˦˩tɕiaɔ˦˩.（叫放什……叫什么？）王：放慢气。faŋ˦mæ̃˦tɕʰi˦.黄：放慢气哩。faŋ˦mæ̃˦tɕʰi˦li˧.（faŋ˦什么气？）黄&王：放慢气。faŋ˦mæ̃˦tɕʰi˦˩.（好慢的慢吗？）王：嗯。ŋ̍˩.黄：啊，缓慢的慢。a˩,xuæ̃˥mæ̃˦ti˧mæ̃˦˩.（放慢气？）王：嗯。ŋ̍˦.黄：嗯。ŋ̍˩.（这是什么意思呢？）黄：他说下那话，本来，你说这个啥事情都，都能，弄啥都说好着咧。他出来给你说那一句话么，就说是，和你那个意思就恰恰相反着。tʰa˥ʂuo˥xa˦nə˦xua˦,pəŋ˥læᴇ˨˧,ni˥ʂuo˥˩tʂə˦kə˦sa˦sɿ˦tɕʰiŋ˨˩tou˥˩,tou˥˩nəŋ˨˩,nuoŋ˦sa˦tou˥˩ʂuo˥˩xaɔ˥tʂə˧lie˧.tʰa˥tʂʰɥ˥˩læᴇ˨˩kei˦ni˥˧ʂuo˥nei˦˩i˥˩tɕy˦˥xua˦muo˧,tsou˦˩ʂuo˥˩sɿ˦˩,xuo˨˩ni˥nə˦kə˦i˦˥sɿ˧tɕiou˦tɕʰia˥˧tɕʰia˥˧ɕiaŋ˥˩fæ̃˥tʂə˧.（还能不能说得通俗一点？）黄：放慢气。faŋ˦mæ̃˦tɕʰi˦.（或者举个例子说一下。）黄：就比如你像这两天□收那个，黄蘑菇，本来那黄蘑菇都相当好的收成，好着，那，他那个放慢气的说是：兀能吃啊？兀家伙里头，长了多少虫，长了多少蛆。啊，他就是那样跟你说。tɕiou˦˩pi˥zɥ˨˩ni˥ɕiaŋ˦tʂə˦liaŋ˥tʰiæ̃˥˩niæ̃˨ʂou˥nə˦kə˦,xuaŋ˨muo˨˩ku˥˩,pəŋ˥læᴇ˨nə˦xuaŋ˨muo˨˩ku˥tou˥˩ɕiaŋ˥˧taŋ˥˩xaɔ˥ti˧ʂou˥tʂʰəŋ˨˩,xaɔ˥tʂə˧,nei˦,tʰa˥nə˦kə˦˩faŋ˦mæ̃˦tɕʰi˦tə˧ʂuo˥˩sɿ˦˩:væᴇ˦˥nəŋ˨˩tʂʰɿ˥˩a˧?væᴇ˦tɕia˥xuo˧li˥˧tʰou˧,tʂaŋ˥˩lə˧tuo˥ʂaɔ˥˩tʂʰuoŋ˨,tʂaŋ˥lə˧tuo˥ʂaɔ˥˩tɕʰy˥.a˩,tʰa˥˩tsou˦˩sɿ˦˩nei˦iaŋ˦˩kəŋ˥˩ni˥˧ʂuo˥˩.（他故意给你弄？）黄：啊儿，故意给你捣乱。ar˩,ku˦i˦kei˦ni˥˩taɔ˥luæ̃˦˩.

唱反调儿

（还有那种故意赌气啊，你们一般说什么？）黄：唱反调儿咧么他。xaŋ˦（←tʂʰaŋ˦）fæ̃˥tiaɔr˦liem˧tʰa˥˩.（叫什么？）黄：唱……xaŋ˦……王：赌气呀？

tu˦˧tɕʰi˥˦ia˧?黄：呣。m̩˨˩.王：那是打气憋。nə˥sɿ˥ta˦˧tɕʰi˥˦pie˦˨.黄：打气憋呣。ta˦˧tɕʰi˥˦pie˦˧m̩˨˩.（kʰaŋ˥suæ̃˦˧tiar˥是什么意思？①）黄：就是我刚上说下那个。tɕiou˥˦sɿ˥ŋuo˦˧tɕiaŋ˦˧ʂaŋ˥ʂuo˦˧xa˥˨nə˥˨kə˥˨.（嗯？）黄：就像我刚才那说下，你说那个好，我偏说那个不好呣。tɕiou˥ɕiaŋ˥ŋuo˦˧tɕiaŋ˦˧tsʰæᴇ˨˦nə˥ʂuo˦˧xa˥,ni˦˧ʂuo˦˧nə˥kə˥xaɔ˦˧,ŋuo˦˧pʰiæ̃˦˧ʂuo˦˨nə˥kə˥pu˨˩xaɔ˦˧m̩˨˩.（这叫什么？）黄：唱反调儿呣。tʂʰaŋ˥fæ̃˦˧tiaor˥m̩˨˩.

揭底儿

（揭露这个，别人的隐私，你一般是什么？）黄：这就是……揭露隐私这个，我们那就叫揭底儿咧么，揭人的底咧么。tʂei˥˦tɕiou˥sɿ˥˨……tɕie˦˨lou˥iŋ˦˧sɿ˦˨tʂə˥˨kə˥˨,ŋuo˦˧məŋ˥nei˥tɕiou˥tɕiaɔ˥tɕie˦˨tiar˦˧liem˨˩,tɕie˦˨zəŋ˨˩ti˧ti˦˧liem˨˩.（有没有说“揭挑”的？）没有。就叫揭底儿。揭丑，或是揭底。mei˨˩iou˦˨.tɕiou˥tɕiaɔ˥tɕie˦˨tiar˦˧.tɕie˦˨tʂʰou˦˧,xuo˨˩sɿ˥˨tɕie˦˨ti˦˧.（揭丑？）嗯。那都是有些人的短处。有时候也叫揭短咧。ŋ̍˨˩.nə˥tou˦˨sɿ˥˨iou˦˧ɕie˦˨zəŋ˨˩ti˧tuæ̃˦˧tʂʰʮ˦˨.iou˦˧sɿ˨˩xou˥ia˦˧tɕiaɔ˥tɕie˦˨tuæ̃˦˧lie˨˩.（也叫揭短？）嗯。ŋ̍˨˩.

笑唤

（这个你做了什么事情，可能是丢了丑了，很多人都是都取笑你，这个叫什么呢？）王：丢人咧。tiou˦˨zəŋ˨˩lie˨˩.黄：丢人咧可。tiou˦˧zəŋ˨˩lie˧kʰə˦˨.（那别人取笑你叫什么？叫嘲笑还是叫什么？）黄：还是叫嘲笑咧。xa˨˩sɿ˥˦tɕiaɔ˥tʂʰaɔ˨˩ɕiaɔ˥lie˨˩.（是叫嘲笑还是笑话你呀还是什么？）黄：笑话。ɕiaɔ˥xua˥˨.王：笑唤你。ɕiaɔ˥˦xuæ̃˥˦ni˦˨.黄：笑话你。ɕiaɔ˥xua˥˨ni˦˨.王：笑唤你。ɕiaɔ˥˦xuæ̃˥˨ni˦˨.（叫什么？）王：笑唤你。ɕiaɔ˥˦xuæ̃˥˨ni˦˨.（笑唤你？）黄：啊。实际上笑唤就是笑话么。a˨˩.ʂʅ˨˩tɕi˥ʂaŋ˥ɕiaɔ˥˦xuæ̃˥˨tɕiou˥˨sɿ˥˨ɕiaɔ˥˦xua˥˦muo˨˩.（但是读起来跟那个呼唤的唤差不多的音是吧？）黄&王：嗯。ə̃˨˩.黄：再一个人就是，农村里说那话是，戳脊梁骨咧。tʂæᴇ˥i˦˧kə˥˨zəŋ˨tsou˥˨sɿ˥˨,luoŋ˨tʂʰuoŋ˦˨li˧ʂuo˦˧nə˥˨xua˥˦sɿ˥,tʂʰuo˦˨tɕi˦˨liaŋ˨˩ku˦˨lie˨˩.（噢，戳脊梁骨？）黄：嗯。ŋ̍˨˩.（那是骂你了。）黄：哎这……这就是你那个……明明是你那个是做的不合适，别人了在你后头杵杵弄弄的下是欸笑话，也就是……æᴇ˨˩tʂei˥……tʂei˥tɕiou˥˦sɿ˥˨ni˦˧nə˥˨kə˥˨py……miŋ˨miŋ˨sɿ˥ni˦˧nə˥kə˥sɿ˥tsuo˥˦ti˧pu˨˩xuo˨˦tʂʰʅ˦˧,pie˨zəŋ˨˦lə˧tsæᴇ˥ni˦˨xou˥˦tʰou˧tʂʰʮ˦˧tʂʰʮ˦˨nuoŋ˥nuoŋ˥ti˧xa˥sei˥（←sɿ˥ei˥）ɕiaɔ˥˦xua˥˨,ie˦˧tɕiou˥˦sɿ˥……（有，有的人也不是。他也可能是无心的，比如说，这个办了什么事情，他有的是做了很不对的，有的就是这穿的衣服穿得不好，这个帽子也戴得不好可能，欸，这个人呢硬是……你说你……）也这是笑话咧么。æ˦˧tʂei˥˦sɿ˥˨ɕiaɔ˥xua˥˦liem˨˩.

要挟

（比如说你做了什么事情，你这个把柄攥在人家手上，人家去要挟你，这是说……这个叫什么？）黄：嗯，这你就给□留话把儿了么那就是。ŋ̍˦˧,tʂei˥ni˦˧tsou˥kei˥niæ̃˨˩liou˨˩xua˥par˥˦ləm˧nə˥tɕiou˥sɿ˥.（如果是现在我是说我来要挟你呢？……这是讲，就是这在要挟他了。）黄：啊，要挟他了。a˨˩,iaɔ˦˨ɕie˨tʰa˦˧lə˨˩.（这种东西你叫什么？总有个话……）王：威胁么。vei˦˨ɕie˨muo˨˩.黄：威胁么。就说是仗势……再一个就是仗势欺人哩么。vei˦˨ɕie˨muo˨˩.tɕiou˥˨ʂuo˦˨sɿ˥˨tʂaŋ˥sɿ˥tɕʰ……tsæᴇ˥i˦˧kə˥tɕiou˥˦sɿ˥˨tʂaŋ˥sɿ˥tɕʰi˦˨zəŋ˨˩li˧muo˨˩.（仗势欺人？）嗯，仗势欺人是一个。这个还还不笑……不像。这好像是这个……ə̃˨˩,tʂaŋ˥ʂʅ˥tɕʰi˦˨zəŋ˨sɿ˥˨i˦˨kə˥˨.tʂə˥kə˥xa˨˩xa˨˩pu˨˩ɕiaɔ˥……pu˨˩ɕiaŋ˥˦.tʂə˥xaɔ˦˧ɕiaŋ˥sɿ˥tʂə˥kə˥……

① 黄志英当时在吃零食，调查人未听清，故有此问。

王：不像，这就是威胁么。pu˩˨ɕiaŋ˦˥,tʂə˦˨tɕiou˦sɿ˦vei˥˨ɕie˩muo˦˨.

瞎话

（这个话啦，有的是很好的话，对你好。有的是对你不好的话。你一般怎么分呢？好话歹话还是好话什么话？）黄：我们这就是好话瞎话，不说歹话，啊？好话瞎话。ŋuo˥mən˨tʂei˦˥tɕiou˦˨sɿ˦˨xao˥xua˦xa˥xua˦˨,pu˩˥ʂuo˥˦tæᴇ˥xua˦˨,a˦˨?xao˥xua˦xa˥˨xua˦.（说一些脏话你们一般说什么？）黄：我们就叫，酸话。ŋuo˥mən˨tɕiou˦˥tɕiao˦,suæ̃˥xua˦˨.（酸话？）黄：嗯。ŋ̍˨.（就是说得很粗俗的那种？）黄：啊。说酸话或者说……说骚话咧么。a˦.ʂuo˥˦suæ̃˥˨xua˦˥xuo˩˥tʂə˥˨ʂuo˥˦……ʂuo˥˦sao˥xua˦liem˨.（啊，骚话？）黄：呣。m̩˨.（骚话和酸话有什么区别没有？）黄：呃没啥区别。ə˥mei˩sa˦tɕʰy˥pie˩˨.（男的女的都能说吗？）黄：噢，男的女的……欸，女的也有……有些骚女人咧。她说……她说出来话也骚得很。ao˨,næ̃˩˨ti˨ny˥ti˨……ei˦,ny˥ti˨ie˥iou˥˦……iou˥ɕie˥˨sao˥˨ny˥zəŋ˩˨lie˨.tʰa˥ʂuo˥˨……tʰa˥˦ʂuo˥˨tʂʰʅ˥læᴇ˩˨xua˦˥ie˥˦sao˥tə˨xəŋ˥˨.（说不说什么，叫……叫做什么拐话？）黄：怪话儿，我们那就是叫怪话儿咧。kuæᴇ˦xuar˦˨,ŋuo˥mən˨nei˦tɕiou˦sɿ˦tɕiao˦kuæᴇ˦˥xuar˦˨lie˨.（kuæᴇ˥xua˨是什么东西？）黄：怪。就是这个字。kuæᴇ˦.tɕiou˦˨sɿ˦˨tʂə˦˨kə˦˥tsɿ˦˨.（奇怪的怪啊？）黄：啊，奇怪的怪嘛，说讲怪话儿咧么。a˨,tɕʰi˩˨kuæᴇ˦ti˨kuæᴇ˦ma˨,ʂuo˥˨tɕiaŋ˥kuæᴇ˦˥xuar˦˨liem˨.（那是是……噢，那是怪话儿？）黄：啊，怪话儿。a˨,kuæᴇ˦xuar˦˨.（有的人说是，你这个本来开张啊什么东西，你说一些这个，叫做什么呢？比如说你这个事情是刚……商……商店开张啦，这个“你什么时候倒闭了”，像这样的话，或是“哎呀，现在生意难做”。）那种不吉利的话。næᴇ˦˨tʂuoŋ˥˨pu˩˨tɕi˥li˦˨ti˨xua˦˨.（不吉利的是，晦气的话？）啊，不吉利，啊？晦气的话。a˨,pu˩˨tɕi˥li˦˨,a˦?xuei˦tɕʰi˦˥ti˨xua˦˨.（你还有一种什么？叫……叫做什么？一般，土话叫什么？）土话那就说是这个晦气的话。不吉利。tʰu˥xua˦˥nei˦tɕiou˦ʂuo˥˨sɿ˦tʂə˦˨kə˦˨xuei˦˥tɕʰi˦ti˨xua˦˨.pu˩˨tɕi˥li˦˨.（说些怪话呀，你们有……有什么说法没有？）讲怪话儿，你就是说咧。说怪话咧，这倒……tɕiaŋ˥kuæᴇ˦xuar˦,ni˥˨tsou˦˨sɿ˦˨ʂuo˥lie˨.ʂuo˥kuæᴇ˦xua˦lie˨,tʂə˦˥tao˦˨……（嗯。）嗯。ŋ̍˨.

撂过了

（这两个人，这个，谈崩了，一般说什么？）王：指撂过了。tʂɿ˥˨liao˦˥kuo˦˨lə˨.黄：咱们这里那就说是谈崩了。tsa˩mən˨tʂə˦˥li˨nei˦tɕiou˦ʂuo˥˨sɿ˦tʰæ̃˩pəŋ˥lə˨.王：就说撂过了。tɕiou˦ʂuo˥˨liao˦kuo˦˥lə˨.黄：也就说撂过了。ie˥tɕiou˦˨ʂuo˥˨liao˦kuo˦lə˨.（liao˥˧过了？）黄：嗯。ə̃˨.王：嗯。ŋ̍˨.（撂过了？）王：啊，撂过了。ã˨,liao˦˥kuo˦lə˦.黄：撂过了，嗯。liao˦kuo˦˨lə˨,ə̃˨.（就是撂下来那个撂？）黄：啊。a˨.王：啊，撂下来那个，撂过来。a˨,liao˦˥ɕia˦læᴇ˩na˦kə˦˨,liao˦˥kuo˦læᴇ˩˨.（就说法说得谈崩了叫撂过了？）黄&王：嗯。ŋ̍˨.（有没有说说……说日塌了？）王：也有说日塌咧，也有日塌了。ie˥iou˥ʂuo˥˦zʅ˥˨tʰa˥lie˨,ia˥iou˥zʅ˥˨tʰa˥lə˨.黄：呃呵日塌咧，说日塌了。ə˦xə˦zʅ˥tʰa˥˨lie˨,ʂuo˥˨zʅ˥tʰa˥˨lə˨.（是说日塌了还是说日囊了？）黄：说日塌咧。ʂuo˥˨zʅ˥tʰa˥˨lie˨.王：日塌咧。zʅ˥tʰa˥˨lie˨.

要魋头

（说这个人呐，言语中啊，语……言语中骂人一般说什么？说不说你这个人说话伤人呐或怎么样？）黄：唉，这说咧。你个人是这个，说话伤人得很。æᴇ˦,tʂə˦˥ʂuo˥lie˨.ni˥kə˦zəŋ˩˥sɿ˦tʂə˦˨kə˦˨,ʂuo˥˨xua˦ʂaŋ˥zəŋ˩˨tei˥xəŋ˥˨.（说不说你这个人说话都带把的？）嗯，这有咧，这个话说咧。你个人说话咋是一工儿带把把儿的。ŋ̍˨,tʂə˦˥iou˥lie˨,tʂə˦˨kə˦

˦xua˥ʂuo˥˩lie˨.ni˥˩kə˥tʐəŋ˨˦ʂuo˥˩xua˥tsa˥˩sɿ˥˩i˥˩kuõr˥˩tæᴇ˥pa˥˦par˩˨tə˨.（带把把？）嗯。给人寻魃头①，嗯这个，这就是我们说实话，你就是跟人要魃头咧。你说下这个话一工儿给人要魃头咧。ŋ̍˩˨.kei˥tʐəŋ˨˦ɕiŋ˨˩tɕʰi˥˩tʰou˨,ŋ̍˥tʂə˥˩kə˥,tʂei˥tɕiou˥˩sɿ˥˩ŋuo˥˩məŋ˨ʂuo˥˩ʂɿ˨˦xua˥˩,ni˥˩tsou˥˩sɿ˥˩kəŋ˥˩zəŋ˨˦iao˥tɕʰi˥˩tʰou˨lie˨.ni˥˩ʂuo˥˩xa˥˩tʂə˥kə˥xua˥i˥˩kuõr˥˩kei˥tʐəŋ˨˦iao˥tɕʰi˥˩tʰou˨lie˨.（tɕʰi˥˩tʰou˨是什么东西呀？）魃头就说是这个你说下这个话就是那个带把把儿的。tɕʰi˥˩tʰou˨tsou˥ʂuo˥˩sɿ˥tʂə˥kə˥ni˥˩ʂuo˥˩xa˥˩tʂə˥kə˥xua˥tɕiou˥sɿ˥nə˥˩kə˥˩tæᴇ˥pa˥˦par˩˨ti˨.（tɕʰi˥˩tʰou˨？）啊，魃头。就说是好像你故意给人寻事咧么一旦都。你说下这个话好像是给人要魃头咧。a˩˨,tɕʰi˥˩tʰou˨.tsou˥ʂuo˥˩sɿ˥˩xao˥˩ɕiaŋ˥ni˥˩ku˥i˥kei˥˦tʐəŋ˨˦ɕiŋ˨˦sɿ˥ie˨muo˨i˥˩tæ̃˥tou˥˩.ni˥˩ʂuo˥˩xa˥˩tʂə˥kə˥xua˥xao˥˩ɕiaŋ˥˩sɿ˥˩kei˥˩zəŋ˨˦iao˥tɕʰi˥˩tʰou˨lie˨.（iao˥tɕʰi˥˩tʰou˨？）嗯。ŋ̍˩˨.（哪个tɕʰi˥˩呀？）欺负的欺姆。tɕʰi˥˩fu˩˨ti˨tɕʰi˥˩m̩˨.（啊，欺负的欺？）啊，要魃头咧么。a˩˨,iao˥˦tɕʰi˥˩tʰou˨liem˨.

顶嘴、犟嘴

（还有这个老师批评你呀，他还反……反倒来，来说老师的不是。像这种情况他叫什么？）黄：强词夺理咧么他是。tɕʰiaŋ˥˩tsʰɿ˨˦tuo˨˩li˥˩lie˨muo˨tʰa˥˩sɿ˥˩.（强词夺理是另外一回事。）黄：另外一回事。这个就是这个……不服……这还……liŋ˥væᴇ˥i˥˩xuei˨˦sɿ˥˩.tʂə˥kə˥tsou˥sɿ˥tʂə˥kə˥……pu˨˦fu˨˩,tʂə˥˦xa˨˩……（叫不叫顶嘴啊什么东西？）黄：顶……哎那叫咧么，就是顶嘴嘛。tiŋ……æᴇ˦nei˥˦tɕiao˥liem˨,tɕiou˥sɿ˥tiŋ˥˩tsuei˥ma˨.王：叫顶嘴。tɕiao˥tiŋ˥˩tsuei˥˩.（这个顶嘴还有什么别的说法没有？想一想看？）黄：顶嘴……tiŋ˥˩tsuei˥……王：顶嘴……欸，咱们那儿说就是个顶嘴啊？tiŋ˥˩tsuei˥……ei˥,tsa˨˦məŋ˥˩nər˥ʂuo˥˩tɕiou˥sɿ˥kə˥˩tiŋ˥˩tsuei˥a˨?黄：嗯。ə̃˩˨.（那，还有一种犟嘴的说法是什么意思呢？）王：犟？tɕiaŋ˥?黄：咱们这个，咱们这儿这是一旦都是，你顶嘴咧，你还犟的还不行？tʂa˨˦məŋ˨tʂə˥kə˥,tʂa˨˦məŋ˨tʂər˥tʂə˥sɿ˥˩i˥˩tæ̃˥tou˥˩sɿ˥˩,ni˥˩tiŋ˥˩tsuei˥lie˨,ni˥˩xa˨˩tɕiaŋ˥ti˨xa˨˩pu˨˦ɕiŋ˨˩?王：啊。ã˩˨.黄：你还犟的做啥？噢，就说是，这个事情本来是你的不对，我说你着，你还犟的咋？ni˥˩xa˨˩tɕiaŋ˥ti˨tsɿ˥sa˩˨?ao˩˨,tsou˥˩ʂuo˥˩sɿ˥,tʂə˥kə˥sɿ˥tɕʰiŋ˨˦pəŋ˥˩læᴇ˨˦sɿ˥ni˥ti˨pu˨˩tuei˥,ŋuo˥˩ʂuo˥ni˥tʂə˨,ni˥˩xæᴇ˨˩tɕiaŋ˥ti˨tsa˥˩?（有没有犟嘴的说法呢？）王：有咧，犟嘴。iou˥˩lie˨,tɕiaŋ˥tsuei˥˩.黄：有了，有犟嘴这个说法。iou˥˩lə˨,iou˥˩tɕiaŋ˥tsuei˥˦tʂə˥˩kə˥˩ʂuo˥˩fa˥˩.（犟嘴和顶嘴有什么区别没有？）王：顶嘴那就是，跟人顶嘴。犟嘴的话就是，你给你给他说这个事咋么个做咧，他还就不……不，偏偏儿那么个做。他就跟你犟。tiŋ˥˩tsuei˥nə˥tɕiou˥sɿ˥,kəŋ˥˩zəŋ˨˦tiŋ˥˩tsuei˥.tɕiaŋ˥˦tsuei˥˦tə˨xua˥˩tɕiou˥sɿ˥,ni˥˩kei˥˩ni˥kei˥˩tʰa˥˩ʂuo˥˩tʂə˥kə˥sɿ˥tsa˥muo˨kə˥tsɿ˥lie˨,tʰa˥˩xa˨˩tɕiou˥˦pu˨˩pʰ……pu˨˩,pʰiæ̃˥˩pʰiæ̃r˥˩nə˥˦muo˨kə˥˩tsɿ˥.tʰa˥˦tɕiou˥kəŋ˥˦ni˥˦tɕiaŋ˥˩.（我就要呢！）黄：啊。a˩˨.王：啊。我就要那么个。我就按我的想法来了，我就跟你犟着，就是犟嘴。a˩˨.ŋuo˥˩tɕiou˥˩iao˥˦nə˥˩muo˨kə˥˩.ŋuo˥˩tɕiou˥næ̃˥˦ŋuo˥˩ti˨ɕiaŋ˥˩fa˥˩læᴇ˨˦lə˨,ŋuo˥tɕiou˥˩kəŋ˥˩ni˥˩tɕiaŋ˥˦tʂə˨,tɕiou˥˩sɿ˥˩tɕiaŋ˥˦tsuei˥.黄：顶嘴那是顶一半句的话，那可能是，再不说了。tiŋ˥˩tsuei˥nə˥sɿ˥tiŋ˥˩i˥˩pæ̃˥tɕy˥ti˨xua˥˩,næᴇ˥kʰə˥˩nəŋ˨˦sɿ˥˩,tsæᴇ˥pu˨˩ʂuo˥˩lə˨.

---

① 魃头：指受人言语中伤与挑衅。魃头本指旧时打鬼驱疫时扮神者所戴的面具，向人要魃头显然是对方难以接受的。李劼人《死水微澜》第五部分十三："蔡大嫂是罗哥的人，不比别的卖货，可以让他捡魃头。"原注："捡魃头，即捡便宜的意思。"捡便宜的意思与太白方言中的中伤、挑衅义当为同出一源的引申义。

顶趄棱

1.（有没有什么顶冷门门的说法？）黄：顶棱子，顶棱咧。tiŋ˥˩˨ləŋ˨˩˨tsɿ˥,tiŋ˥˩˨ləŋ˨˩˨lie˦.（顶棱是什么意思呢？）黄：顶棱那就是咱们，互相之间以后这个，闲谝咧，就说是那个……tiŋ˥˩˨ləŋ˨nei˦˥tɕiou˦sɿ˥tʂa˨˩˨məŋ˥,xu˦ɕiaŋ˥˩˨tsɿ˥tɕiæ̃˥˩˨i˥˧xou˦tsə˦˩˨kə˦˩,ɕiæ̃˨pʰiæ̃˥lie˦,tsou˦suo˥˧sɿ˦nei˦˩˨kə˦˩……王：那叫抬杠咧么那。nei˦˩˨tɕiaɔ˦tʰæᴇ˨˩˨kaŋ˦˩lie˦muo˦nə˦˩.黄：抬杠。tʰæᴇ˨˩˨kaŋ˦˩.（抬杠，抬杠你们叫顶棱？）王：抬杠就是……tʰæᴇ˨kaŋ˦˩tɕiou˦sɿ˦……黄：啊，顶趄棱咧嘛。ã˩,tiŋ˥˩˨ɕyo˨ləŋ˨˩˨lie˦ma˦.王：顶趄棱。tiŋ˥˩˨ɕyo˨ləŋ˨˩.（顶趄棱？）王：嗯。ŋ̍˩.黄：啊。ɑ˩.（横的？）黄：横的么，嗯。xəŋ˦ti˦muo˦,ə̃˩.王：嗯。ŋ̍˩.

2.（抬杠也说吗？）黄：说么，抬杠也说咧。ʂuo˥muo˦,tʰæᴇ˨˩˨kaŋ˦a˥ʂuo˥˩lie˦.王：抬杠也说。tʰæᴇ˨˩˨kaŋ˦æ˥ʂuo˥˩.（最老，最……最土最土，一般就像这种情况说什么？）王：最老那话就是抬杠么。tsuei˦laɔ˥nə˦xua˦tɕiou˦sɿ˦tʰæᴇ˨˩˨kaŋ˦muo˦.黄：抬杠呣。tʰæᴇ˨˧kaŋ˦m̩˦.（tiŋ˥ɕyo˨ləŋ˨是怎么回事呢？）黄：顶趄棱也是这，也老些了。tiŋ˥˩˨ɕyo˨ləŋ˨˧ie˥˩sɿ˦˩tʂə˦˩,ie˥laɔ˥ɕie˥˩lə˦.

顶崩子

（顶崩？）黄：顶崩子这有咧。tiŋ˥˧pəŋ˥tsɿ˦tʂə˦iou˥˩lie˦.（tiŋ˧pəŋ˥tsɿ˦是什么东西呢？）黄：顶崩子它是两个人在一瘩里是，反正是……是这个……tiŋ˥˧pəŋ˥tsɿ˦tʰɑ˥˧sɿ˦liɑŋ˥kə˦˩zəŋ˨tsæᴇ˦i˥˩tɑ˥li˦sɿ˦˩,fæ̃˥˩tʂəŋ˦˥sɿ˦……sɿ˦tʂə˦kə˦……王：那就是恼起不恼是好起不好那么个。那么个。nə˦tɕiou˦sɿ˦naɔ˥tɕʰi˥˩pu˨˩naɔ˥sɿ˦xaɔ˥tɕʰi˥˩pu˨˩xaɔ˥nə˦muo˦kə˦˩.nə˦muo˦kə˦.黄：恼起不恼，好起不好，反正是个，说下这个语言都比较尖刻一点。naɔ˥tɕʰi˥˩pu˨˩naɔ˥,xaɔ˥tɕʰi˥˩pu˨˩xaɔ˥,fæ̃˥˩tʂəŋ˦˥sɿ˦kə˦,ʂuo˥xa˦tʂə˦kə˦y˥iæ̃˨˧tou˥˧pi˥˧tɕiaɔ˦tɕiæ̃˥˧kʰə˥i˥˩tiæ̃˥˩.王：你，啊。ni˥,ɑ˩.（就是这个，互相这个，就是很……很刻薄的，互相言语上攻击？）黄：攻击咧。啊，啊，攻击。kuoŋ˥tɕi˥˩lie˦.ɑ˩,ɑ˩,kuoŋ˥tɕi˥˩.王：啊，口言语上攻击么。你……你说这……你说这么个，我就给你顶，我给你顶那么个，叫你……顶崩子。ɑ˩,xuoŋ˦iæ̃˨˩y˥ʂaŋ˦kuoŋ˥tɕi˥˩muo˦.ni˥……ni˥ʂuo˥˩tʂə……ni˥ʂuo˥˩tʂə˦˥muo˦kə˦˩,ŋuo˥tɕiou˦kei˦ni˥˧tiŋ˥˧,ŋuo˥(k)ei˦n̩˥˧tiŋ˥˧na˦muo˦kə˦˩,tɕiaɔ˦˩ni˥˩……tiŋ˥˧pəŋ˥tsɿ˦.

戳心窝子

（还有一种人，跟人家这个顶嘴啊是往狠了说，往，往人家心窝子上说，就专门揭人家短来说，其实恶语伤人的这种。这个叫什么呢？）黄：咱们这里一个就是叫揭短咧么。tʂa˨məŋ˦tʂə˦li˥˩i˥˩kə˦˥tɕiou˦sɿ˦tɕiaɔ˦tɕie˥˩tuæ̃˥lie˦muo˦.王：嗯。ŋ̍˥.（揭短？）王：嗯。ŋ̍˩.黄：嗯，揭短么。ə̃˩,tɕie˥˩tuæ̃˥muo˦.（还有什么呢？）黄：揭短。再一个叫那个……揭短，再叫个……再一个就是叫，有些人说你戳心窝子咧么。tɕie˥˩tuæ̃˥.tsæᴇ˦˥i˥˩kə˦tɕiaɔ˦nə˦kə˦……tɕie˥˩tuæ̃˥˧,tsæᴇ˦tɕiaɔ˦kə˦……tsæᴇ˦i˥˩kə˦˩tɕiou˦˩sɿ˦˩tɕiaɔ˦,iou˥ɕie˥˩zəŋ˨˧ʂuo˥˧ni˥˧tʂʰuo˥ɕiŋ˥˧vuo˥tsɿ˦liem˦.（戳心窝子？）啊。ɑ˩.

吱哇乱叫

黄：说话声音大，也叫做吱哇乱叫咧。ʂuo˥˩xua˦ʂəŋ˥iŋ˥˩ta˦,ie˥˧tɕiaɔ˦tsuo˦tsɿ˥va˥˩luæ̃˦tɕiaɔ˦lie˦.（吱哇乱叫？）你吱哇声咋么大咧噢？ni˥˧tsɿ˥va˥˩ʂəŋ˥tsa˥˩muo˦ta˦liaɔ˦?（噢，吱哇声？）呃，咋这么大么？ŋə˩,tsa˥˩tʂə˦˥muo˦ta˦muo˦?（咋这么大？）嗯。ŋ̍˩.

嚷仗

（两人吵架叫什么？）王：嚷仗么。zɑŋ˥tʂaŋ˦muo˦.黄：我们这儿叫吵架，或者是嚷仗咧。ŋuo˥˧məŋ꜔tʂər˥tɕiaɔ˥tsʰɑɔ˥˧˦tɕia˥,xuei˩˧˩tʂə˥˧˩sɿ˥˩ʐaŋ˥˧tʂaŋ˥lie꜓.王：嚷仗咧。ʐaŋ˥˧tʂaŋ˥lie꜔.
黄：嚷仗最土么。ʐaŋ˥˧tʂaŋ˥tsuei˥˦tʰu˥˧muo꜔.（还有什么别的说法没有？）王：嚷仗或者吵架么。ʐaŋ˥˧tʂaŋ˥xuo˩˧˩tʂə˥˧˦tsʰɑɔ˥˧tɕia˥muo꜔.黄：吵架，啊？tsʰɑɔ˥˧˦tɕia˥,ɑ˧˨?王：嗯。ŋ̍˧˨.（一般的这种呢拌嘴有没有？）黄：啊，那就吵，争了几句。ɑ˧˨,nei˥tɕiou˥tsʰɑɔ˥˧,tsəŋ˥˧lə꜔tɕi˥˧tɕy˥˩.
王：那就争，那叫争，那叫争吵么。nei˥tɕiou˥tsəŋ˥˧,nei˥tɕiɑɔ˥tsəŋ˥˧˩,nei˥tɕiɑɔ˥tsəŋ˥˧˩tsʰɑɔ˥˧muo꜔.黄：争吵，或者是争了几句。tsəŋ˥˧˩tsʰɑɔ˥˧,xuo˩˧˩tʂə˥˧˩sɿ˥˩tsəŋ˥˧lə꜔tɕi˥˧tɕy˥˩.

骂

（像这个妇女呀骂人的话一般有一些什么样的这个言语呀？）黄：妇女骂那个欸一……她说男人骂人人咧特地又是不一样。fu˥ny˥˧mɑ˥næᴇ˥kə˥ei˧˨i˥˧˦……tʰɑ˥˧˦ʂuo˥˧˦næ̃˩˧˩ʐəŋ˩˧˥mɑ˥ʐəŋ˩˧ʐəŋ˩˧˦lie꜓tʰə˥˧ti˥iou˥˩sɿ˥˩pu˩˧˩i˥˧˩iɑŋ˥.（啊，对呀！对，骂男人怎么骂法？）骂男人开来，那就是……是咋说咧？猛然一说下也就说不上了。mɑ˥næ̃˩˧˩ʐəŋ˩˧˦kʰæᴇ˥˧˩læᴇ˩˧,næᴇ˥tɕiou˥sɿ˥……sɿ˥˩tsɑ˥˧ʂuo˥˧lie꜔?məŋ˥˧ʐæ̃˩˧˩i˥˧˩ʂuo˥˧xɑ˥˦æ˥˧˦tsou˥ʂuo˥˧˩pu˩˧˩ʂɑŋ˥lə꜓.（一般你老婆骂你什么？）那她那一般情况下骂那都是……næᴇ˥˧˥tʰɑ˥˧˩næᴇ˥i˥˧˩pæ̃˥˧tɕʰiŋ˩˧˩kʰuɑŋ˥˧˥ɕia˥mɑ˥næᴇ˥tou˥˧sɿ˥……（隔壁的人，你隔壁的那老婆骂骂骂那个，怎么骂的？）老婆骂男人一般那用那你那怪种咧的，不是个东西来着，平常个这些都是叫骂一点了，不是太撒泼的那个。要是撒泼的那个那就愣骂咧那个。日娘叫老子她就骂咧。lɑɔ˥˧pʰuo˩˧˩mɑ˥næ̃˩˧˩ʐəŋ˩˧˦i˥˩˦pæ̃˥˧˩nə˥yoŋ˥nə˥ni˥˧˦nə˥kuæᴇ˥˦tʂuoŋ˥˧lie꜔ti꜔,pu˩˧˩sɿ˥kə˥tuoŋ˥˧ɕi꜔læᴇ˩˧˦tʂə꜓,pʰiŋ˩˧˩tʂʰɑŋ˩˧˩kə˥tʂei˥˧˥ɕie˥˧˩tou˥˧˩sɿ˥tɕiɑɔ˥mɑ˥i˥˩˦tiæ̃˥˧lə꜔,pu˩˧˩sɿ˥˩tʰæᴇ˥sɑ˥˩˦pʰuo˥˧ti꜔næᴇ˥kə˥.iɑɔ˥sɿ˥sɑ˥˩˦pʰuo˥˧ti꜔nei˥kə˥nei˥tsou˥ləŋ˥˧˥mɑ˥˩lie꜓nei˥kə˥.ʐɿ˥˧niɑŋ˩˧˩tɕiɑɔ˥lɑɔ˥˧tsɿ꜔tʰɑ˥˧˦tɕiou˥mɑ˥lie꜓.

（有没有说你捱呀这种说法？就说你想捱打你说你捱呀？）黄：你想捱啦是吗？这里这里说你想捱了是吗？ni˥˧˦ɕiɑŋ˥˧næᴇ˩˧læ꜓sɿ˥mɑ꜔?tʂei˥li˥˧˩tʂei˥˧˥li˥˧˩ʂuo˥˧˩ni˥˧ɕiɑŋ˥˧næᴇ˩˧lə꜓sɿ˥˧˥mɑ꜔?（叫什么？）你想捱，你想是，你是不是想捱了？ni˥˧˦ɕiɑŋ˥˧næᴇ˩˧,ni˥˧˦ɕiɑŋ˥˧˦sɿ˥,ni˥˧˦sɿ˥pu˩˧˦sɿ˥ɕiɑŋ˥˧næᴇ˩˧lə꜔?（想næᴇ˩˧了是什么意思呢？）兀是你想捱打了么，你就……və˥sɿ˥ni˥˧˦ɕiɑŋ˥˧næᴇ˩˧˩tɑ˥˧lə꜔muo꜔,ni˥˧˩tsou˥……（这个不……“打”字不说！就说个捱？）说噢，你想捱咧我看你是。ʂuo˥˧ɑɔ˧˨,ni˥˧ɕiɑŋ˥˧næᴇ˩˧˩lie꜓ŋuo˥˧˩kʰæ̃˥˧˥ni˥˧˩sɿ˥.（这一……这样的话是……一般是什么样的人说……说出来的？）这个多一半都是这个男人骂婆娘咧么你。tʂə˥kə˥tuo˥˧i˥˧˩pæ̃˥tou˥˧˩sɿ˥˧˥tʂə˥˩kə˥˩næ̃˩˧˩ʐəŋ˩˧˦mɑ˥pʰuo˩˧˩niɑŋ˩˧˥lie꜔muo꜔ni˥˧˩.（这个捱有没有这个……有没有有没有性骚扰的意思？）没有。muo˥˧˩iou˥˧˩.（别的男人骂……骂这个女人时说不说？骂骂骂的其他的女……不是自己的老婆，说不说“你想捱了”？）这都一般这号情况少。tʂei˥˧˥tou˥˧i˥˧˩pæ̃˥˩˦tʂei˥˧˥xɑɔ˥tɕʰiŋ˩˧˩kʰuɑŋ˥ʂɑɔ˥˧.（有没有这个父亲骂骂女儿也说“你想捱了”？）那没有。næᴇ˥˧˥mei˩˧˩iou˥˧˩.（为什么呢？）那你这个欸那骂他都有个人……骂人他都有个分寸。他就分男女，分老少他骂咧。næᴇ˥˧˥ni˥˧˩tʂə˥kə˥ei˧˨nei˥˧˥mɑ˥tʰɑ˥˧˩tou˥˧˩iou˥˧˩kə˥ʐəŋ˩˧……mɑ˥ʐəŋ˩˧˦tʰɑ˥˧˩tou˥˧˩iou˥˧kə˥˧˥fəŋ˥˧˦tsʰuoŋ˥.tʰɑ˥˧˦tɕiou˥fəŋ˥˧˩næ̃˩˧˩ny˥˧,fəŋ˥˩˦lɑɔ˥˧˦ʂɑɔ˥˧tʰɑ˥˧˩mɑ˥lie꜓.（那个骂女儿也有骂得很很很那个，女儿不听话那个骂得还很凶的。）哎，那他也不能骂这些话咧。æᴇ˧˨,nei˥˧˥tʰɑ˥˧iɑ˥˧˩pu˩˧˩nəŋ˩˧˦mɑ˥tʂei˥˧˥ɕie˥˧˩xuɑ˥lie꜔.

（你被长辈呀或领导训斥了一下，一……一顿，你们说什么？）黄：那这一般是说给□尅咧一顿。nə˥˧˥tʂə˥˩i˥˩˦pæ̃˥˧ʂɿ˥˩ʂuo˥˧˦kei˥niæ̃˩˧kʰei˥˧lie꜔i˥˧˩tuoŋ˥.（最……最……）掳咧了一顿，呃，叫□掳咧一顿。lou˥˧lie꜔i˥˧˩tuoŋ˥,ə˥,tɕiɑɔ˥˩niæ̃˩˧˦lou˥˧lie꜔i˥˧˩tuoŋ˥.（最土的？）最土的那就说是这个……tsuei˥tʰu˥˧ti꜔nei˥tɕiou˥ʂuo˥˧˦sɿ˥tʂə˥˩kə˥˩……（就是这“文化大革命”期

间被被这个生产队长骂了一顿。）欸也没个啥具体的说法，反正就是这个……ei˦˨ia˥˨mei˨˦ kə˧sa˧tɕy˧tʰi˥˨ti˨ʂuo˥˨fa˥˨,fæ̃˥˨tʂəŋ˧tsou˧sɿ˧tʂə˧kə˧……（有没有说捱了一头子？）捱了一头子这个话说着咧。næᴇ˨˦lə˧li˥˨tʰou˨˦tsɿ˧tʂə˧kə˧xua˧ʂuo˥˨tʂə˧lie˧.（这个是什么意思？）现在都是说，这叫□遭了，今儿叫□□了一顿。ɕiæ̃˧tsæᴇ˧tou˥˨sɿ˧ʂuo˥˨,tʂei˧˥tɕiao˧niæ̃˨˦tsao˥˨lə˧, tɕiɔ̃r˥˨tɕiao˧niæ̃˨˦yoŋ˥˨lə˨li˥˨tuoŋ˧.（啊？）叫□□了一顿。tɕiao˧niæ̃˨˦yoŋ˥˨lə˨li˥˨tuoŋ˧.（哪个yoŋ˥˨啊？）还是骂这么个意思么。xa˨˦sɿ˧ma˧tʂə˧muo˨(k)ə˧li˧sɿm˧.（捱咧一头子什么意思呢？）还是又是□批评咧一顿，或者给□骂咧一顿。xæᴇ˨˦sɿ˧iou˧sɿ˧niæ̃˨˦pʰi˥˨pʰiŋ˨˦lie˧li˥˨tuoŋ˧,xuei˨˦tʂə˥˨kei˧niæ̃˨˦ma˧lie˧li˥˨tuoŋ˧.

训

1.（一般的这个领导也好啊，这个长辈也好，就……还有老师这样，这训斥下面这个这个这一般叫什么？）王：叫批评。tɕiao˧pʰi˥˨pʰiŋ˨˦.黄：批评。pʰi˥˨pʰiŋ˨˦.（要不叫训你？）黄&王：也叫训咧。ie˥˨tɕiao˧ɕyoŋ˧lie˧.（还有什么说法？）王：把人训咧一顿。pa˥˨zəŋ˨˦ɕyoŋ˧lie˧li˥˨tuoŋ˧.黄：把你训一顿。就是把你批评咧一顿。pa˥˨ni˥˨ɕyoŋ˧˥i˥˨tuoŋ˧. tɕiou˧sɿ˧pa˥˨ni˥˨pʰi˥˨pʰiŋ˨˦lie˧li˥˨tuoŋ˧.（还有什么说法没有？）王：再没有可。tsæᴇ˧mei˨˦iou˥˨kʰə˥˨.（训打说不说？）黄：不说兀。训打，在这儿话都，我们这儿都太没有这个话。pu˨˦ʂuo˥˨vei˧.ɕyoŋ˧˥ta˥˨,tsæᴇ˧tʂər˧˥xua˧tou˥˨,ŋuo˥˨məŋ˧tʂər˧tou˥˨tʰæᴇ˧mei˨˦iou˥˨tʂə˧kə˧xua˧.王：训打太不说。ɕyoŋ˧˥ta˥˨tʰæᴇ˧pu˨˦ʂuo˥˨.

2.（这个训斥人呐，还有什么别的说法没有？）黄：训人。ɕyoŋ˧zəŋ˨˦.王：那就是骂人。nə˧˥tɕiou˧sɿ˧ma˧zəŋ˨˦.（有没有什么tʂʰua˥˨ʂə˥˨的说法？）黄：没有。mei˨˦iou˥˨.王：训了一顿，骂了一顿。ɕyoŋ˧lə˨li˥˨tuoŋ˧,ma˧lə˨li˥˨tuoŋ˧.黄：有些人儿，这儿这可有些人，现在有零儿巴人可说兀话咧，欻些咧啊。iou˥˨ɕie˥˨zə̃r˨˦,tʂər˧˥tʂə˧kʰə˥˨iou˥˨ɕie˥˨zəŋ˨˦,ɕiæ̃˧tsæᴇ˧iou˥˨liɔ̃r˨˦pa˨zəŋ˨˦kʰə˥˨ʂuo˥˨væᴇ˧˥xua˧lie˨,tʂʰua˥˨ɕie˨lie˨a˨?（噢，tʂʰua˥˨ɕie˨咧？）黄：啊，你把人，兀有些人，叫你，谁把人可被别人欻些了。a˨,ni˥˨pa˥˨zəŋ˨˦,væᴇ˧iou˥˨ɕie˥˨zəŋ˨˦,tɕiao˧ni˥˨,sei˨˦pa˥˨zəŋ˨˦kʰə˥˨pei˧pie˨˦zəŋ˨˦tʂʰua˥˨ɕie˨lə˨.（tʂʰua˧？）黄：噢，欻这就是个农村里个土话。呃一般就是……欻些。aɔ˨,tʂʰua˥˨tʂə˧˥tsou˧sɿ˧kə˧luoŋ˨˦tsʰuoŋ˥˨li˨kə˧tʰu˥˨xua˧ ˨.ə˧i˥˨pæ̃˥˨tɕiou˧sɿ˧tʂʰ……tʂʰua˥˨ɕie˨.（tʂʰua˥˨还是tʂʰua˧？）黄：欻。tʂʰua˥˨.王：可能它在往下欻的欻。kʰə˥˨nəŋ˨˦tʰa˥˨tsæᴇ˧vaŋ˥˨xa˧tʂʰua˥˨ti˨tʂʰua˥˨.黄：欻些了。tʂʰua˥˨ɕie˨lə˨.（你再念一下那个字。）黄：欻呣，欻些。又叫□欻些了一顿。tʂʰua˥˨m̩˨,tʂʰua˥˨ɕie˨.iou˧tɕiao˧niæ̃˨˦tʂʰua˥˨ɕie˨lə˨li˥˨tuoŋ˧.（往下抓叫tʂʰua˥˨？）黄&王：嗯。ŋ̍˨.（往下抓是不是……这个叫？[做双手往下拉东西状]）王：拽住往下欻……拉。tʂuei˧˥tʂʯ˧vaŋ˥˨xa˧tʂʰʯ……la˥˨.黄：嗯，往下拉……ŋ̍˨,vaŋ˥˨xa˧l……王：往下拉。vaŋ˥˨xa˧˥la˥˨.黄：往下拉咧，叫欻。vaŋ˥˨xa˧˥la˥˨lie˨,tɕiao˧tʂʰua˥˨.（拉什么东西呢？）王：啊，那这个人这个衣服我拽住往下欻咧么。a˨,nei˧tʂei˧kə˧zəŋ˨˦tʂə˧kə˧i˥˨fu˨ŋuo˥˨tʂuei˧˥tʂʯ˧vaŋ˥˨xa˧tʂʰua˥˨lie˨muo˨.（拽住往下……）黄：欻。tʂʰua˥˨.王：嗯。ŋ̍˨.

日囊

（有没有什么日囊……日囊的说法？）张先金：也有这个说法。ie˥˨iou˥˨tʂə˧kə˧ʂuo˥˨fa˥˨.（日囊是本地说不说？）这个欸人好像，也不存在本地和其他了儿。tʂə˧kə˧˥ei˨zəŋ˨˦xao˥˨ɕiaŋ˧,ie˥˨pu˨˦tsʰuoŋ˨˦tsæᴇ˧pəŋ˥˨ti˧xuo˨˦tɕʰi˨˦tʰa˥˨lər˨.（就你们……）有……有一些个人说，日囊。iou˥˨……iou˥˨i˥˨ɕie˥˨kə˧zəŋ˨˦ʂuo˥˨,zʅ˥˨naŋ˨˦.（日囊是什么意思呢？）就是说是人骂

人，把我……数说了一顿，叫日囊咧我一顿。有这个……tɕiou˥sɿ˥ʂuo˥˩sɿ˥˩ʐəŋ˨˦ma˥ʐəŋ˨˦,pa˥˧˩ŋuo˥˧˩……ʂʅ˥˧˩ʂuo˥˩lə˨li˥˩tuoŋ˥,tɕiao˥ʐʅ˥˩naŋ˨˦lie˨ŋuo˥˧˩li˥˩tuoŋ˥˩.iou˥˧˩tʂə˥kə˥x……（日囊。）我数说你，说你有些啥事儿做得不应该，啊，叫……啊哈，我今天弄咧个啥事情，还叫谁个把我日囊咧一顿。ŋuo˥˧˩ʂʅ˥ʂuo˥˩ni˥,ʂuo˥˩ni˥iou˥ɕie˥˩sa˥sər˥tsuo˥˧tə˨pu˨˦iŋ˥kæᴇ˥,ã˩,tɕiao˥……æ˩xæ˨,ŋuo˥˧˩tɕiŋ˥tʰiæ̃˥˩nuoŋ˥lie˨kə˥sa˥sɿ˥tɕʰiŋ˨˦,xæᴇ˨˦tɕiao˥sei˨˦kə˥pa˥˩ŋuo˥˧˩ʐʅ˥naŋ˨˦lie˨li˥˩tuoŋ˥.（日囊了一顿？）啊，有这个话。a˩,iou˥tʂə˥kə˥xua˥˩.

挨骂

（被骂的一方，你是说挨了骂了还是挨了什么东西呢？）黄：挨骂了么。næᴇ˨˦ma˥ləm˨.王：挨了骂了。næᴇ˨˦lə˨ma˥lə˨.（那被人家诀了呢？说不说挨诀了？）王：不说。pu˨˦ʂuo˥.黄：不说。pu˨˦ʂuo˥˩.王：那就说挨骂咧。把我骂咧一顿。næᴇ˥tɕiou˥˧ʂuo˥˩næᴇ˨˦ma˥lie˨.pa˥˩ŋuo˥˧˩ma˥˧lie˨li˥˩tuoŋ˥˩.（说被……被领导批评了一顿，你说，一般叫什么呢？土一点的什么说法？）王：土点的就叫训了一顿。tʰu˥tiæ̃˥˩ti˨tɕiou˥tɕiao˥ɕyoŋ˥lə˨li˥˩tuoŋ˥˩.黄：叫□训了一顿。这挨了骂了，这儿这土话都说是弄兀……一般儿说那话就是……tɕiao˥niæ̃˨˦ɕyoŋ˥lə˨li˥˩tuoŋ˥˩.tʂə˥næᴇ˨˦lə˨ma˥lə˨,tʂər˥tʂə˥tʰu˥xua˥tou˥˧ʂuo˥˩sɿ˥nuoŋ˥væᴇ˥……i˥˧pær˥ʂuo˥˧nə˥xua˥tɕiou˥sɿ˥……（叫什么呢？）黄：今儿他妈的，叫狗把我咬咧。tɕiə̃r˥tʰa˥˧ma˥˧ti˨,tɕiao˥kou˥pa˥˩ŋuo˥˩niao˥lie˨.（狗把我咬了？）哈。那就说是被人把人骂你……把你骂咧一顿，那就说是狗把你……狗把我咬了一嘴。ˀxa˥.nə˥tɕiou˥ʂuo˥˩sɿ˥pei˥zəŋ˨˦pa˥˩zəŋ˨˦ma˥ni˥˧……pa˥˩ni˥˧ma˥lie˨li˥˩tuoŋ˥˩,nei˥tɕiou˥ʂuo˥˩sɿ˥kou˥˧pa˥˩ni˥˩……kou˥pa˥˩ŋuo˥˩niao˥˧lə˨li˥˩tsuei˥˩.王：气得很。tɕʰi˥tə˨xəŋ˥˩.黄：啊，气得很。a˩,tɕʰi˥tei˥˧xəŋ˥˩.

诀人

（骂人说不说tɕyo˨人？）王：嗞，咱们这个地方不说诀咧，就是骂人。s˂,tsa˨˦mə ŋ˨tʂə˥kə˥ti˥faŋ˥˩pu˨˦ʂuo˥˧tɕyo˨˦lie˨,tɕiou˥sɿ˥˩ma˥zəŋ˨˦.黄：噢，太不说诀的这话，就是骂咧。ao˩,tʰæᴇ˥pu˨˦ʂuo˥tɕyo˨˦ti˨tʂə˥˩xua˥,tsou˥˧sɿ˥˩ma˥lie˨.（骂人是这个，一般到什么程度叫骂人？还有……还有更深的程度没有？）王：那就是撕破脸皮以后就叫骂开了嘛。nei˥tɕiou˥˩sɿ˥˩sɿ˥˩pʰuo˥liæ̃˥pʰi˨˦i˥˧xou˥tɕiou˥tɕiao˥ma˥kʰæᴇ˥˩lə˨ma˨.（还有的就是说，这个你不得好死呀，你怎样，那那样的叫……）黄：这都已经骂，这都是已经诀开了啦。tʂə˥˧tou˥˩i˥˧tɕiŋ˥˩ma˥,tʂə˥˧tou˥˧sɿ˥i˥tɕiŋ˥˩tɕyo˨˦kʰæᴇ˥˩lə˨la˨.王：这就是诀开人呐。tʂei˥˧tɕiou˥˧sɿ˥˩tɕyo˨˦kʰæᴇ˥zəŋ˨˦na˥.（这叫tɕyo˨人？）黄：啊，诀人咧。a˩,tɕyo˨˦zəŋ˨˦lie˨.（就是相当于诅咒的那种意思了？）王：啊，是那。a˥,sɿ˥nei˥.黄：啊，就是这个诅咒这个意思了，叫诀人。a˥,tɕiou˥˩sɿ˥˩tʂə˥˩kə˥˩tsʅ˥˧tʂou˥˧tʂei˥˩kə˥˩i˥sɿ˥lə˥,tɕiao˥tɕyo˨˦zəŋ˨˦.（这个tɕyo˨人是不是已经，很严重了？）黄：哎已经很严重咧，互相之间，撕破脸皮的骂开了了了。æᴇ˥i˥tɕiŋ˥˩xəŋ˥iæ̃˨˦tʂuoŋ˥˧lie˨,xu˥ɕiaŋ˥˩tsɿ˥tɕiæ̃˥˩,sɿ˥˩pʰuo˥liæ̃˥pʰi˨˦ti˨ma˥kʰæᴇ˥˩lə˨lə˨lə˨.王：挺严重了。互相……那就是骂开了，你恨不得把你一句一下咒死咧在我们这儿。tʰiŋ˥iæ̃˨˦tʂuoŋ˥lə˨.xu˥ɕiaŋ˥˩……nei˥˩tɕiou˥sɿ˥ma˥kʰæᴇ˥˩lə˨,ni˥˧xəŋ˥pu˨˦tei˥˩pa˥˩ni˥i˥˩tɕy˥i˥˩xa˥˩tʂou˥˧sɿ˥˩lie˨tsæᴇ˥˩ŋuo˥məŋ˨tʂər˥.（一般的骂人……骂人呢？）黄：一般的骂人，他一般不诀么。i˥˩pæ̃˥ti˨ma˥ʐəŋ˨˦,tʰa˥˩i˥˩pæ̃˥pu˨˦tɕyo˨˦muo˨.（噢。领导，这个，这个批评你，一般……）黄：欸绝对他不，他不会诀人的。ei˥tɕyo˨˦tuei˥tʰa˥pu˨˦,tʰa˥pu˨˦xuei˥tɕyo˨˦ʐəŋ˨˦ti˨.王：他不会你。tʰa˥˧pu˨˦xuei˥n̩˥˧.（嗯。）黄：嗯。ə̃˩.

胡诀乱骂

（骂人，你们叫什么呢？）黄：叫骂人。tɕiao˧ma˧zəŋ˩˩.（还有别的说法没有？）有的还叫诀人。iou˥ti˧xæᴇ˩˩tɕiao˧tɕyo˩zəŋ˩˧.（胡乱地骂人呢？胡乱地骂怎么说？）那叫乱骂咧么你。nə˧˩tɕiao˧˩luæ̃˧˥ma˧lie˧muo˧ni˥˩.（有没有说胡诀滥骂的？）有咧，有胡诀乱骂这个说法，啊。iou˥lie˩,iou˥xu˩tɕyo˩˧luæ̃˧ma˧tʂə˧˩kə˧˩ʂuo˥˩fa˥˩,a˧.（骂骂咧咧的这个人，有有的人嘴里不干不净，骂骂咧咧。一般说这个人怎么着？）呃没个啥说法好像。ə˥mei˩kə˧sa˧ʂuo˥fa˥˩xao˥˧ɕiaŋ˧.（这个妇女啊，那个一点点小事就在那里那个骂个不停，嗯也不知道骂谁，反正在那里乱骂一通。）哎，这……那有咧么。æᴇ˩,tʂei˧˥……nei˧˥iou˥lie˩muo˩.（说这个这个女的又在干吗了？）这都是这个女人在诀人咧，或者是这个可晓……晓在可骂谁咧，这个话。tʂei˧tou˥˩sɿ˧˩tʂei˧kə˧ny˥zəŋ˩˩tsæᴇ˧tɕyo˩zəŋ˩˩lie˧,xuei˩˧tʂə˥˩sɿ˧tʂə˧kə˧kʰə˥˩ɕiao˥……ɕiao˥˧tsæᴇ˧kʰə˥˩ma˧sei˩˩lie˧,tʂə˧kə˧xua˧˩.（噢，她不……不一定就是骂哪一个人。她反正就在那里乱骂一气。她这这时候就嘴巴不停。）唠唠叨叨的。lao˥lao˥˩tao˥tao˥˩ti˩.（唠叨不一定骂人呢！）嗯。全说是我们这儿就叫是你骂骂咧咧咧。ə̃˩.tɕʰyæ̃˩ʂuo˥sɿ˧˩ŋuo˥məŋ˧tʂər˧tɕiou˧tɕiao˧sɿ˧ni˥˩ma˧˥ma˧lie˥lie˥˩lie˩.（骂骂咧咧？）嗯。骂骂咧咧的。ŋ̍˩.ma˧˥ma˧lie˥lie˥˩ti˩.（不只是妇女了，男人也有这个毛……）噢，男人也有这个病。ao˩,næ̃˩zəŋ˩˧ie˥˩iou˥˩tʂə˧˩kə˧˩piŋ˧.（把它看成是个病啊？）啊。a˩.

指桑骂槐

（含沙射影地说，有没有什么说法？）黄：我们这叫指桑骂槐咧嘛。ŋuo˥məŋ˧tʂə˧tɕiao˧tsɿ˥saŋ˥˩ma˧xuæᴇ˩˩lie˧ma˩.（指桑骂槐？）指鸡……指桑骂槐，指鸡骂狗么。tsɿ˥tɕi˥˧……tsɿ˥saŋ˥˩ma˧xuæᴇ˩˧,tsɿ˥tɕi˥˩ma˧kou˥muo˩.（那就说骂这个说的是那个。）实际上就是骂的……实际来是骂这个。ʂɿ˩˩tɕi˧˥ʂaŋ˧˩tɕiou˧˥sɿ˧˩ma˧tə˩……ʂɿ˩˩tɕi˧˥læᴇ˩˧sɿ˧ma˧tʂei˧˥kə˧˩.（但是呢他有时候又是说好像是没有骂你，但实际上就在骂你。）就是骂你咧么，嗯。tɕiou˧˥sɿ˧˩ma˧ni˥lie˩muo˩,ə̃˩.

骂到像上了

（说到点子上去了，像你这个还有什么说法没有？有没有说叫……）王：说到像上了。ʂuo˥˩tao˧˩ɕiaŋ˧˥ʂaŋ˧˥lə˩.黄：骂得像上咧，或者是在理。ma˧tə˩ɕiaŋ˧˥ʂaŋ˧˩lie˩,xuo˩˩tʂə˥˩sɿ˧˩tsæᴇ˧˥li˥˩.王：说得像上了。ʂuo˥tə˩ɕiaŋ˧ʂaŋ˧˩lə˩.黄：说得像上了。再一个……ʂuo˥tə˩ɕiaŋ˧ʂaŋ˧˩lə˩.tsæᴇ˧i˥˩kə˧˩……（说到什么上了？）王：像上了。ɕiaŋ˧˥ʂaŋ˧˩lə˩.（ɕiaŋ˥是什么东西？）黄：就是你那个对象，你说的那个东西和那个事……恰巧相同着咧么，说得像上咧。tɕiou˧˩sɿ˧ni˥˩nə˧˩kə˧˩tuei˧ɕiaŋ˧,ni˥˧ʂuo˥ti˩nə˧kə˧tuoŋ˥ɕi˩xuo˩˩nə˧kə˧sɿ˧……tɕʰia˥tɕʰiao˥ɕiaŋ˥˩tʰuoŋ˩˩tʂə˧lie˩muo˩,ʂuo˥tə˩ɕiaŋ˧˥ʂaŋ˧˩lie˩.（相？）王：嗯。ŋ̍˩.黄：啊，象，形象的象么。……再就是骂得心子上咧噢。ŋa˩,ɕiaŋ˧,ɕiŋ˩˩ɕiaŋ˧˥ti˩ɕiaŋ˧˥muo˩.xu……tsæᴇ˧tɕiou˧sɿ˧ma˧tə˧ɕiŋ˥˩tsɿ˧ʂaŋ˧˩liao˩.（骂到什么？）黄：骂到心子上咧噢。ma˧tao˧ɕiŋ˥˩tsɿ˧ʂaŋ˧˩liao˩.（到心子上了？）王：嗯。ŋ̍˩.黄：啊。a˩.（[用手指心口]这个？）黄：呣。m̩˩.（再说一遍。）黄：骂到心子上咧噢。ma˧tao˧ɕiŋ˥˩tsɿ˧ʂaŋ˧˩liao˩.

咬耳朵

（这个互相耳朵靠着，这么说，这叫什么？）王：悄悄话。tɕʰiao˥tɕʰiao˥˩xua˧.黄：悄悄话。tɕʰiao˥tɕʰiao˥˩xua˧˩.（还是咬耳朵？还是打电话？有这种……）黄：这咬耳朵这个话有咧。咬耳朵，或者是悄悄话。tʂə˧˩niao˥˧ər˥tuo˩tʂə˧kə˧xua˧iou˥lie˩.niao˥ər˥tuo˩,xuo˩

˩tʂə˥˧˩sʅ˥˩tɕʰiɑɔ˥˧tɕʰiɑɔ˥˧˩xuɑ˥.（是悄悄话还是说悄悄话？）王：悄悄话。tɕʰiɑɔ˥˧tɕʰiɑɔ˥˧˩xuɑ˥.黄：悄悄话。tɕʰiɑɔ˥˧tɕʰiɑɔ˥˧˩xuɑ˥˩.（悄悄话就是在说悄悄话的意思吗？）王：啊。ã˥˩.黄：啊，呣。ã˥˧,m̩˩.（你举个例子看看！）黄：你比喻某一件事情，那就是不能大声说么。就是对住他的耳朵，他悄悄的把这个话说咧。ni˥˧˦pi˥˧˦y˥mu˥˧i˥˧˩tɕiæ̃˥sʅ˥tɕʰiŋ˩˧˩,nei˥˩tsou˥˩sʅ˥˩pu˩˧˩nəŋ˩˧tɑ˥˦ʂəŋ˥˧˦ʂuo˥˧muo˨.tsou˥˩sʅ˥˩tuei˥tʂʅ˥tʰɑ˥˧˦ti˨lər˥˧tuo˨,tʰɑ˥˧˩tɕʰiɑɔ˥˧˩tɕʰiɑɔ˥˧˩ti˨pɑ˥˧˦tʂə˥kə˥xuɑ˥ʂuo˥˧lie˨.（那一般说，我说，他们两在悄悄话还是说他们两在说悄悄话？）黄：他们两个在说悄悄话。tʰɑ˥˧˦məŋ˨liɑŋ˥˧(k)ə˥˩tsæᴇ˥ʂuo˥˧tɕʰiɑɔ˥˧˩tɕʰiɑɔ˥˧˩xuɑ˥˩.王：他们两个在说悄悄话。tʰɑ˥˧məŋ˨liɑŋ˥˧(k)ə˥˩tsæᴇ˥ʂuo˥˧tɕʰiɑɔ˥˧˩tɕʰiɑɔ˥˧˩xuɑ˥˩.（ʂuo˥˧悄悄话？）黄：嗯。ə̃˥˩.王：嗯，说悄悄话。ŋ̍˩,ʂuo˥˧tɕʰiɑɔ˥˧˩tɕʰiɑɔ˥˧˩xuɑ˥˩.（但咬耳朵也说？）黄：啊，咬耳朵，或者是嚼舌根子么。ɑ˩,niɑɔ˥˧ər˥˧tuo˨,xuei˩˧˦tʂə˥˧˩sʅ˥˩tɕyo˩˧ʂə˩˧kəŋ˥˧tsʅ˨muo˨.（嚼舌根子跟咬耳朵是一样的吗？）王：不一样。pu˩˧˩i˥˧˩iɑŋ˥.黄：嗯，那不一样了。那是说闲话咧，就叫嚼舌根子咧。ŋ̍˩,nə˥˦pu˩˧˩i˥˧˩iɑŋ˥lə˨.nei˥sʅ˥ʂuo˥˧ɕiæ̃˩˧˩xuɑ˥˧˦lie˨,tɕiou˥tɕiɑɔ˥tɕyo˩˧ʂə˩˧˩kəŋ˥˧tsʅ˨lie˨.

骗人

（这个叫什么糊弄你呀，有……说不说？）黄：糊弄，这个话也有时候说这个话咧。你糊弄人咧。xu˥˦luoŋ˥˩,tʂə˥kə˥xuɑ˥ie˥˧˦iou˥˧sʅ˩˧˩xou˥ʂuo˥˧tʂə˥kə˥xuɑ˥lie˨.ni˥˧xu˥nuoŋ˥zəŋ˩˧lie˨.（是不是本地话？）王：叫啥欸？tɕiɑɔ˥sɑ˥˩ei˨?黄：本地话的话就说你骗人咧。就是这个……pəŋ˥˧˦ti˥˧˦xuɑ˥ti˨xuɑ˥tɕiou˥ʂuo˥˧˩ni˥˧˦pʰiæ̃˥zəŋ˩˧˩lie˨.tɕiou˥˩sʅ˥˩tʂə˥kə˥……（骗人呢！）黄：噢，你就你骗人的。ɑɔ˩,ni˥˧tsou˥ni˥˧˦pʰiæ̃˥zəŋ˩˧˩ti˨.

哄

（还有些是善意的这种逼迫你。比如说这个看样子是是对你是逼迫，其实是为你好。）黄：这叫哄咧吧？tʂə˥tɕiɑɔ˥xuoŋ˥˧lie˨pɑ˨?（哄是骗啦。）黄：啊。ɑ˥.王：哄是谝咧么。xuoŋ˥˧sʅ˥˩pʰiæ̃˥liem˨.黄：那有些东西还是哄着。善意的哄着，还是要叫你把那个事做好咧么。nə˥˩iou˥˧ɕie˥˧˩tuoŋ˥˧ɕi˨xɑ˩˧˩sʅ˥xuoŋ˥˧tʂə˨.ʂæ̃˥i˥ti˨xuoŋ˥˧tʂə˨,xɑ˩˧˩sʅ˥iɑɔ˥tɕiɑɔ˥˩ni˥˧pɑ˥˧˩nei˥˩kə˥sʅ˥˦tsuo˥˩xɑɔ˥˧˩liem˨.

日弄、忽悠

1.（哄骗人呢？）黄：哄骗人，那也就是骗咧么你还就是个。xuoŋ˥˧pʰiæ̃˥zəŋ˩˧˩,nei˥˦æ˥˧˦tɕiou˥sʅ˥kə˥pʰiæ̃˥lie˨muo˨ni˥˧˩xɑ˩˧˩tsou˥sʅ˥kə˥.（有没有说日弄的说法？）日弄，这个话有咧么。日弄。日弄是个土话，日弄你。啊，你日弄……zʅ˥˧nuoŋ˥˩,tʂə˥kə˥xuɑ˥iou˥˧˩lie˨muo˨.zʅ˥˧nuoŋ˥˩.zʅ˥˧nuoŋ˥˩sʅ˥kə˥tʰu˥˧xuɑ˥,zʅ˥˧nuoŋ˥˩ni˥˧˩.ɑ˥,ni˥˧˦zʅ˥˧nuoŋ˥˩……（好，他假如说啊他骗了你。）你日弄我咧。ni˥˧˦zʅ˥˧nuoŋ˥ŋuo˥˧˩lie˨.（你就说你不要怎么样？）你不要日弄人我给你说。ni˥˧pu˩˧˩iɑɔ˥˦zʅ˥˧˦nuoŋ˥zəŋ˩˧ŋuo˥˧kei˥˩ni˥˧˩ʂuo˥˧˩.（日弄人？）嗯。ŋ̍˩.（还有别的讲法没有？）现在的话，你那不要忽悠了么。你忽悠谁？ɕiæ̃˥tsæᴇ˥ti˨xuɑ˥,ni˥˧nə˥pu˩˧˩iɑɔ˥xu˥˧iou˨ləm˨.ni˥˧˦xu˥˧iou˨sei˩˧˦?（嗯，那那是东北话。）嗯。ə̃˩.（这个他这个忽悠还不一定是东北话呢，你不要下结论呐！他他刚才那个刚才讲就是比那个赵本山那个还早些啊！/有这么早啊？）啊，忽悠兀早都有人说咧。æ˥˧,xu˥˧iou˨væᴇ˥tsɑɔ˥˧tou˥˧˩iou˥˧˩zəŋ˩˧ʂuo˥˧lie˨.（不能够不能够这样匆忙下结论呢！/忽悠早？大概什么时候？）哎呀，我记那……这个，这个忽悠，我们这儿这个忽悠，它是从原先那个糊弄人慢慢叫的糊弄糊弄，最后就慢慢成咧忽悠了。æᴇ˩iɑ˨,ŋuo˥˧˦tɕi˥˦næᴇ˥……tʂə˥kə˥,tʂə˥kə˥xu˥˧iou˨,ŋuo˥˧məŋ˨tʂər˥tʂə˥kə˥xu˥˧iou˨,tʰɑ˥˧˦sʅ˥tsʰuoŋ˩˧yuæ̃˩˧ɕiæ̃˥˧nə˥kə˥xu˥˦nuoŋ˥˩zəŋ˩˧mæ̃˥mæ̃˥tɕiɑɔ˥˩ti˨xu˥˦nuoŋ˥˩xu˥˦nuoŋ˥˩,tsuei˥xo u˥tsou˥mæ̃˥mæ̃˥tʂʰəŋ˨˩lie˧xu˥˧iou˧lə˥.（像以前老人家也说忽悠吗？）老人家多一半都说是你糊弄人咧。laɔ˥˧zəŋ˨˩tɕia˥˧tuo˥˧i˥˧pæ̃˥tou˥˧ʂuo˥˧sɿ˥˩ni˥˧xu˥˩nuoŋ˥˩zəŋ˨˩lie˧.（糊弄？）噢，糊弄人咧。到年轻这一代它就可成咧噢……可能忽悠开来了。ɑɔ˨˩,xu˥˩luoŋ˥˩zəŋ˨˩lie˧.taɔ˥niæ̃˨tɕʰiŋ˥˧tʂei˥i˥˧tæᴇ˥tʰɑ˥˧tsou˥kʰə˥˩tʂʰəŋ˨˩liaɔ˥……kʰə˥˩nəŋ˨˩xu˥˧iou˧kʰæᴇ˥˩læᴇ˨˩lə˥.（xu˥˧弄？）嗯。ŋ̍˨˩.（xu˥弄还是xu˥˧弄？）糊弄人咧。糊字还是忽悠的忽嘛。xu˥˩nuoŋ˥˩zəŋ˨˩lie˧.xu˥˩tsɿ˥xɑ˨˩sɿ˥xu˥˧iou˧ti˧xu˥˧mɑ˧.

2.（忽悠这个说法说不说？）黄：忽悠那都是现在的新词儿。以前我们这儿里都没有忽悠这个话。xu˥˧iou˧nei˥tou˥˩sɿ˥˩ɕiæ̃˥tsei˥ti˧ɕiŋ˥˧tsʰər˨˩.i˥˧tɕʰiæ̃˨ŋuo˥˧məŋ˧tʂər˥li˥˩tou˥˩mei˨˩iou˥˧xu˥˧iou˧tʂə˥kə˥xuɑ˥.王：[不停地笑]呵呵，哈哈，现在是新名词儿。呵。xə˥xə˥,xɑ˥˧xɑ˧,ɕiæ̃˥tsæᴇ˥sɿ˥ɕiŋ˥˧miŋ˨tsʰər˨˩.xə˥˧.黄：呃是个新话。这是，兀它是近几年赵本山忽悠开以后，才忽悠开来了。ə˥sɿ˥˩kə˥˩ɕiŋ˥˧xuɑ˥˩.tʂə˥˩sɿ˥˩,və˥˩tʰɑ˥˩sɿ˨˩tɕiŋ˥˩tɕi˥˩niæ̃˨tʂaɔ˥pəŋ˥˧sæ̃˥˩xu˥˧iou˧kʰæᴇ˥˧i˥˩xou˥˩,tsʰæᴇ˨˩xu˥˧iou˧kʰæᴇ˥˧læᴇ˨˩lə˧.

求告

（那一般求人怎么说呢？央求、告求，还是什么东西？）王：央求。iɑŋ˥˧tɕʰiou˨˩.黄：央求咧么。央求也有，再嘛是这个求告啊？这面是……iɑŋ˥˩tɕʰiou˨˩lie˧muo˧.iɑŋ˥˧tɕʰiou˨ie˥˧iou˥˩,tʂæᴇ˥˩mɑ˧sɿ˥˩tʂə˥˩kə˥˩tɕʰiou˨˩kaɔ˥ɑ˧?tʂei˥˩miæ̃˥˩sɿ˥˩……（求告？）王：嗯。ŋ̍˨˩.黄：嗯。ə̃˨˩.（老，老土话叫什么？）王：求告么。tɕʰiou˨˩kaɔ˥muo˧.黄：求告么。tɕʰiou˨˩kaɔ˥muo˧.（就是求，求的意思？）王：求咧。tɕʰiou˨˩lie˧.黄：嗯，哀求，求告么。ŋ̍˨˩,æᴇ˥˧tɕʰiou˨,tɕʰiou˨˩kaɔ˥muo˧.

告小头

（那个像……就是说到处去借钱这种叫什么？到处去借东西，借……你比如说这个小孩子考上大学了或怎么样，要学费，哎呀，几万块钱掏不出来，那你自己拿了一本，到处还去……这个叫什么呢？）王：那叫……那就是借钱么。nə˥˩tɕiaɔ˥……nei˥˩tɕiou˥˩sɿ˥˩tɕie˥tɕʰiæ̃˨˩muo˧.黄：借钱么。tɕie˥tɕʰiæ̃˨˩muo˧.（叫不叫告借或什么东西？）王：不叫告借。我们这儿就叫借钱咧。pu˨˩tɕiaɔ˥˩kaɔ˥tɕie˥˩.ŋuo˥˧məŋ˧tʂər˥tɕiou˥tɕiaɔ˥tɕie˥tɕʰiæ̃˨˩lie˧.黄：借钱咧。有些时候也有人说给人就是，真正逼的没有办法咧，也给人告小头子咧。tɕie˥tɕʰiæ̃˨˩lie˥.iou˥˧ɕie˥˩sɿ˨˩xou˥ie˥˧iou˥˩zəŋ˨ʂuo˥˩kei˥˩zəŋ˨tɕiou˥˩sɿ˥˩,tʂəŋ˥˩tʂəŋ˥pi˥ti˧mei˨iou˥˧pæ̃˥fɑ˥˩lie˥,ie˥˧kei˥˩zəŋ˨kaɔ˥ɕiaɔ˥˧tʰou˨˩tsɿ˧lie˧.王：嗯。ŋ̍˨˩.（叫什么？）黄：告小头子咧。kaɔ˥ɕiaɔ˥˧tʰou˧tsɿ˧lie˧.王：告小头。kaɔ˥ɕiaɔ˥˧tʰou˨˩.（kaɔ˥ɕiaɔ˨˩tʰou˨是什么东西？）黄：告小头。kaɔ˥ɕiaɔ˥˧tʰou˧.王：告小头，说好话么。kaɔ˥ɕiaɔ˥˧tʰou˧,ʂuo˥˩xaɔ˥˧xuɑ˥muo˧.黄：说好话嘛。ʂuo˥˩xaɔ˥˧xuɑ˥˩mɑ˧.（告小头？）王：嗯。ŋ̍˨˩.黄：啊。ɑ̃˨˩.（就是说好话？）王&黄：嗯。ŋ̍˨˩.黄：求告人咧么。tɕʰiou˨˩kaɔ˥˩zəŋ˨˩lie˧muo˧.

安顿

（有的是，比方你出去是，比如说这个谁谁你们家谁出去，你告诉他哎呀，你要注意什么注意什么这这，啊，你要小心呐，什么路上要怎么样，到了那儿要怎么样，这是……这一……这一个过程你们一般叫什么？父母怎么样？）黄：咱们这儿的土话就叫安顿咧么，啊？tʂɑ˨məŋ˧tʂər˥tə˧tʰu˥˧xuɑ˥tɕiou˥tɕiaɔ˥næ̃˥˧tuoŋ˥˩lie˧muo˧,ɑ˨˩?王：安顿，嗯。næ̃˥˧tuoŋ˥,ŋ̍˨˩.黄：给安顿兀个啥，你出去要做啥咧。kei˥næ̃˥˧tuoŋ˥vu˥kə˥sɑ˥˩,ni˥˩tʂʰʮ˥˧tɕʰi˥liaɔ˥tsʮ˥˩sɑ˥˩lie˧.（是嘱咐的意思吗？）黄：嘱咐的意思么。tʂʮ˥˧fu˥ti˧i˥sɿ˧muo˧.（没有什么叮……叮嘱这种话说吗？）黄：欸有咧。你叮了……ei˨iou˨lie˧.ni˨˩tiŋ˨lə……王：叮咛。tiŋ˨niŋ˧.黄：啊，叮咛咧，叫叮咛。ɑ˩,tiŋ˨niŋ˧lie˧,tɕiao˥˦tiŋ˨niŋ˧.王：那叫叮咛。nei˥tɕiao˥˦tiŋ˨niŋ˧.（跟安顿是一个意思么？）王：一个意思。i˨˩kə˥i˥˦sɿ˧.黄：一个意思。i˨˩kə˥i˥sɿ˧.（哪个说得多一点呢？）黄：叮咛多些。tiŋ˨niŋ˧tuo˨ɕie˧.

祈祷

（有的个祝神祷告的时候，他他也跟菩萨呀跟什么神鬼呀这么，这个是……）黄：那是祈祷咧么。nei˥sɿ˥tɕʰi˩˩tao˨liem˧.（也，一直叫……）黄：祈……祈……啊，祈求你是这个老天保佑我，神神保佑我如何长短，这是祈祷的意思。tɕʰ……tɕʰ……ɑ˩,tɕʰi˩˩tɕʰiou˩ni˨sɿ˥tʂə˥˩kə˥˩lao˨tʰiæ̃˨˩pao˨˦iou˥ŋuo˨˩,ʂəŋ˩˩ʂəŋ˩˩pao˨˦iou˥ŋuo˨ʐʮ˩˩xuo˩˦tʂʰɑŋ˩˩tuæ̃˨,tʂə˥sɿ˥tɕʰi˩˩tao˨ti˧i˥˩sɿ˧.（没，没有别的那个什么说法吗？）没有。mei˩˦iou˨˩.（就是……）求咧么，再一个是……tɕʰiou˩lie˧muo˧,tsæᴇ˥˥i˨˦kə˥sɿ˥……（就是求？）嗯。ə̃˥˩.

不言喘

（这个这个人不爱说话，你说什么？）黄：言贵得很。iæ̃˩kuei˥tei˨˦xəŋ˨˩.（说不说不说话这个人？他不说话，或是不言喘？）王：一般就说是话少。i˨˩pæ̃˨tɕiou˥˥ʂuo˨˩ʂɿ˥˩xuɑ˥ʂao˨.黄：话少些，或者是……言贵得很。xuɑ˥ʂao˨ɕie˨˩,xuei˩˦tʂə˨˦sɿ˥i……iæ̃˩kuei˥tei˨˦xəŋ˨˩.（有没有说pu˩niæ̃˩tʂʰuæ̃˩的说法？）黄：言喘这个话……niæ̃˩˩tʂʰuæ̃˨tʂə˥kə˥xuɑ˥……王：有有说咧。有说，这个娃娃不言……iou˨˦iou˨ʂuo˨˩lie˧.iou˨ʂuo˨˩,tʂə˥˩kə˥˥vɑ˩vɑ˩˦pu˩˩niæ̃˩……黄：有说这个话。有说咧。这娃一工儿不言不喘的。iou˨ʂuo˨˩tʂə˥˩kə˥˩xuɑ˥˩.iou˨ʂuo˨˩lie˧.tʂə˥vɑ˩i˨˩kuõr˨pu˩˩niæ̃˩pu˩˩tʂʰuæ̃˨˩ti˧.王：不言不喘的。pu˩˩niæ̃˩pu˩˩tʂʰuæ̃˨˩ti˧.（pu˩niæ̃˩tʂʰuæ̃˩？）黄：嗯，不言不喘。ŋ̍˩,pu˩˩niæ̃˩pu˩˩tʂʰuæ̃˨.（说不说不言语、不吱声？）黄：说不吱声这个话咧啊？ʂuo˨˦pu˩˦tsɿ˨˦ʂəŋ˨tʂə˥˩kə˥˩xuɑ˥lie˧ɑ˧?王：嗯。ŋ̍˩.黄：吱声。tsɿ˨˦ʂəŋ˨˦.（是不吱声还是不吭声呢？）黄：也有不吭声的话，也有不……ie˨iou˨pu˩˦kʰəŋ˨˦ʂəŋ˨ti˧xuɑ˥˩,ie˨iou˨pu˩˩……王：不吱……pu˩˩tsɿ˨˩……黄：不吱声的。pu˩˦tsɿ˨˦ʂəŋ˨ti˧.

嘴牢

（就说这人嘴巴很那个呢？适合做特务工作。）王：我们一般说，那就说兀个人这一般兀……有啥事太给人不说，嘴牢。ŋuo˨məŋ˧i˨˩pæ̃˨ʂuo˨˦,nei˥tɕiou˥ʂuo˨˦vu˥kə˥ʐəŋ˩tʂə˥i˨˩pæ̃˨væᴇ˥……iou˨˦sɑ˥sɿ˥tʰæᴇ˥kei˥ʐəŋ˩pu˩˦ʂuo˨˩,tsuei˨lao˩.

不招、撞不响

（问你啊，你也不说话。你这叫什么？）王。不招。pu˩˩tʂao˨˦.（哪个tʂao˦？）嗯。招识的招。ŋ̍˩.tʂao˨ʂʅ˧ti˧tʂao˨˩.（tʂao˨ʂʅ˧的tʂao˨？）嗯。我不招你，你问我，我不招你么。ŋ̍˩.ŋuo˨pu˩˩tʂao˨˦ni˨˩,ni˨˦vəŋ˥ŋuo˨˦,ŋuo˨˦pu˩˩tʂao˨˦ni˨˩muo˧.（有没有叫撞不响的说法？tʂʰuɑŋ˥pu˩˩ɕiɑŋ˨？）撞不响有咧。tʂʰuɑŋ˥pu˩˩ɕiɑŋ˨iou˨˩lie˧.（也是这这本地话吗？）嗯。说你这个人咋还不……撞不响？ŋ̍˨.ʂuo˨˩ni˨˦tʂə˥kə˥tsəŋ˩tsɑ˨xɑ˩˩p……tʂʰuɑŋ˥pu˩˩ɕiɑŋ˨?

找后账

（找后账？）黄：找后账这个……说法有咧。tsao˨˦xou˥tʂɑŋ˥˦tʂə˥˩kə˥˩f……ʂuo˨fɑ˨˩iou˨lie˧.（嗯？）找后账这个话有咧。tsao˨˦xou˥tʂɑŋ˥tʂə˥˩kə˥˩xuɑ˥iou˨lie˧.（找后账是什么东西呢？）欸就说是，以前，才开始办这个事情你不……你不言喘，事过了以后你这啥事都出来了。ei˩tɕiou˥˦ʂuo˨˦sɿ˥,i˨tɕʰiæ̃˩,tsʰæᴇ˩kʰæᴇ˨˩sɿ˨pæ̃˥tʂə˥˩kə˥˩sɿ˥tɕʰiŋ˩˩ni˨p u˨˦……ni˥˧pu˨˩niæ̃˨˩tʂʰuæ̃˥˦,sɿ˦kuo˦˨lə˧li˥˦xou˦ni˥˧tʂə˦˩sa˦sɿ˦tou˥˩tʂʰɥ˥˧læᴇ˨˩lə˧.（niæ̃˩tʂʰuæ̃˥˧是什么？）言喘就是你不说的意思。niæ̃˨˩tʂʰuæ̃˥˦tɕiou˦sɿ˦ni˥˦pu˨˩ʂuo˥˧ti˧li˦sɿ˧.（言喘？）噢，言喘，噢。ɑɔ˨,iæ̃˨˩tʂʰuæ̃˥˧,ɑɔ˦.

理、俅

（不理睬你呢？）黄：有时叫不理……不理你，有的是懒得理你。iou˥˧sɿ˨˦tɕiaɔ˦pu˨˦l……pu˨˩li˥˧ni˥˩,iou˥˧ti˧sɿ˦læ̃˥˧tei˥˩li˥˦ni˥˩.（这个理还可以用别的动词吗？）理，啊。li˥˧,ɑ˩.（讲什么这……你就别理他！）也可以，不理，不要理他。ie˥˧kʰə˥˩i˥˩,pu˨˩li˥˦,pu˨˩iaɔ˦li˥˧tʰɑ˥˩.（有没有说不睬你？）不理睬。有……有这个不理睬。不理你。懒得理你。好像再没有啥的。pu˨˩li˥˧tsʰæᴇ˥˧.iou˥˦……iou˥˦tʂə˦kə˦pu˨˩li˥˧tsʰæᴇ˥˧.pu˨˩li˥˧ni˥˩.læ̃˥˧tə˧li˥˧ni˥˩.xaɔ˥˧ɕiaŋ˦˩tsæᴇ˦˨mei˨˩iou˥˩sa˦˩ti˧.（不俅睬？）没有。muo˥˩iou˥˩.（说也不睬也不睬，就爱理不理的这种样子，你说不说？）这个话有咧。不……俅也不俅你睬也不睬。这我们这儿是，理都……理都……那就是理都懒得理你一下。tʂə˦˩kə˦˨xua˦iou˥˦lie˧.pu˨˨tɕʰi……tɕʰiou˥˧æ˥˩pu˨˩tɕʰiou˥˦ni˥˦tsʰæᴇ˥˦æ˥˦pu˨˦tsʰæᴇ˥˩.tʂə˦ŋuo˥˧məŋ˧tʂər˦˨sɿ˦,li˥˦tou˥˦……li˥˧tou˥˩……nə˦˩tɕiou˦˨sɿ˦li˥˧tou˥˩læ̃˥˦tə˧li˥˧ni˥˩i˥˩xa˦˩.（就是俅也不俅睬……）啊，俅也不俅你那个意思。ɑ˩,tɕʰiou˥˧æ˥˦pu˨˩tɕʰiou˥˦ni˥˩nə˦kə˦i˦sɿ˧.（俅也不俅你？）嗯。ŋ̍˩.（就……你再念一下那个。）俅也不俅你一下。tɕʰiou˥˧æ˥˦pu˨˩tɕʰiou˥˧ni˥˦i˥˩xa˦˩.（是什么意思呢大概？）就是那意思，我……我连看都懒得看你或者，嗯。tɕiou˦sɿ˦næᴇ˦i˦˨sɿ˧,ŋuo˥˦……ŋuo˥˦liæ̃˨˦kʰæ̃˦˨tou˥˦læ̃˥˧tei˥˩kʰæ̃˦ni˥˦xuei˨˦tʂə˥˩,ŋ̍˦.

不理不睬

（这有……有些人呐就是说，对你这事情这个爱理不理，你这是这怎么说呢？你问他什么事，他爱理不理。）王：那就是不理睬嘛。nə˦tɕiou˦˩sɿ˦˩pu˨˩li˥˦tsʰæᴇ˥˧ma˧.黄：不理不睬的或者是。pu˨˩li˥˧pu˨˩tsʰæᴇ˥˧ti˧xuei˨˩tʂə˥˩sɿ˦˩.（爱理不睬说不说？）黄：嗯，这个话好像，咱们这儿说不理不睬啊？ɑ̃˩,tʂə˦kə˦xua˦xaɔ˥˩ɕiaŋ˦˩,tʂa˨məŋ˧tʂər˦ʂuo˥˧pu˨˩li˥˧pu˨˩tsʰæᴇ˥˧ɑ˧?王：啊，不理不睬。ɑ̃˩,pu˨˩li˥˧pu˨˩tsʰæᴇ˥˧.黄：可……可不说□爱理不睬的。kʰ……kʰə˥˩pu˨˦ʂuo˥˧niæ̃˨˩næᴇ˦li˥˦pu˨˩tsʰæᴇ˥˧ti˧.

佯俅不睬

（有没有说佯俅不睬，佯俅不睬这种说法？）黄：有这个说法的嘞，佯俅不睬的。就是这个人，你看那跟谁那弄啥着咧，实际上那都是眼睛朝天着咧，根本把那个佯俅不睬的，就把那个事就没当做回事嘛。啊。iou˥˧tʂə˦kə˦ʂuo˥˧fa˥˩tə˧lei˧,iaŋ˨˦tɕʰiou˥˦pu˨˩tsʰæᴇ˥˧ti˧.tɕiou˦sɿ˦tʂə˦kə˦zəŋ˨,ni˥˩kʰæ̃˦næᴇ˦kəŋ˥˦sei˨˦nə˦nuoŋ˦sa˦tʂə˧lie˧,ʂɿ˨˩tɕi˦˨ʂaŋ˦næᴇ˦˨tou˥˩sɿ˦niæ̃˥˧tɕiŋ˥˩tʂʰaɔ˨tʰiæ̃˥˧tʂə˧lie˧,kəŋ˥˩pəŋ˥˧pa˥˩nə˦kə˦iaŋ˨˦tɕʰiou˥˩pu˨˩tsʰæᴇ˥˧ti˧,tsou˦pa˥˩næᴇ˦kə˦sɿ˦tsou˦˩muo˥˩taŋ˥˧tsɥ˦˩xuei˨˩sɿ˦ma˧.ɑ˩.（瞧不起人还是怎么的呢？）他也不是瞧不起人。就说是，叫他再跟那个地方弄啥事情去了，他也就那么丢掷下。佯俅不睬的，反正我也，叫我做啥我也不做，反正看我也不看，反正就是个，那闲逛着咧。tʰɑ˦a˥˦pu˨˩sɿ˦tɕʰiaɔ˨pu˨˩tɕʰi˥˦zəŋ˨.tɕiou˦ʂuo˥˧sɿ˦˩,tɕiaɔ˦˩tʰɑ˥˧tsæᴇ˦kəŋ˥˦næᴇ˦kə˦ti˦faŋ˥˩nuoŋ˦sa˦sɿ˦tɕʰiŋ˨˦tɕʰi˦˩lə˧,tʰɑ˥˦æ˥˦tsou˦nə˦˩muo˧tiou˥˧tʂɿ˦˩xa˦˩.iaŋ˨˩tɕʰiou˥˦pu˨˩tsʰæᴇ˥˧ti˧,fæ̃˥˩tʂəŋ˦˨ŋuo˥˧ia˥˩,tɕiaɔ˦ŋuo˥˦tsɥ˦˨sa˦ŋuo˥˧ia˥˩pu˨˩tsɥ˦˨,fæ̃˥˩tʂəŋ˦kʰæ̃˦ŋuo˥˧æ˥˩pu˨˩kʰæ̃˦˨,fæ̃˥˩tʂəŋ˦tɕiou˦sɿ˦kə˦,na˦ɕiæ̃˨˩kuaŋ˦tʂə˧lie˧.

没长耳朵

（有没有说耳顽的这种说法？）王：没有。mei˨˦iou˥˦.（耳朵啊，就是说，记不住。

你是……这个小孩你，跟你说了几……多少遍了，你就是记……你就是不听。说你耳朵怎么这么怎么样呢？）我们这儿有时候哷爱说的话了，爱说那个：“你那个没脑子了，你记不住？”ŋuo˥mən˧tʂər˥iou˥sɿ˨˦xou˥læᴇ˧næᴇ˥ʂuo˥tə˧xuɑ˥lə˥,næᴇ˥ʂuo˥˨nə˥kə˥:ni˥˦nə˥kə˥muo˥˨nɑɔ˥tsɿ˧lə˧,ni˥˦tɕi˥pu˨˦tʂʮ˥?（这两家人本来蛮好的，吵了架以后互相不理了。但小孩子他不知道，他又跑到人家家里去玩儿去了。那你当然不高兴了，说你这孩子怎么这样呢？你会怎么批评他们？）啊，咱们就说：你吧没长耳朵咧，你不听话？ɑ˨,tsɑ˨mən˧tɕiou˥ʂuo˥˨:ni˥pɑ˧muo˥˨tʂɑŋ˥˦ər˥tuo˧lie˧,ni˥˨pu˨˦tʰiŋ˥˨xuɑ˥?（没长耳朵？）嗯，你没长耳朵。ŋ̍˥,ni˥˨muo˥˨tʂɑŋ˥˦ər˥tuo˧.

聋屄单耳

（耳朵听不见的人呢？）黄：聋屄单耳的。指是聋屄单耳，是给你说下这个话，你这个不是你搬起耳朵听不下，而是给你说这个话，你把这个话不在意给你说咧。噢，把这……luoŋ˨pʰi˥tæ̃˥ər˥˨ti˧.tsɿ˥sɿ˥˨luoŋ˨pʰi˥˦tæ̃˥ər˥˦,sɿ˥kei˥ni˥˦ʂuo˥xɑ˥˨tʂə˥kə˥xuɑ˥,ni˥tʂə˥kə˥pu˨sɿ˥ni˥pæ̃˥tɕʰi˥˨ər˥tuo˧tʰiŋ˥pu˨xɑ˥˨,ər˨sɿ˥kei˥ni˥˦ʂuo˥tʂə˥˨kə˥˨xuɑ˥,ni˥pɑ˥˨tʂə˥kə˥xuɑ˥pu˨˦tsæᴇ˥i˥kei˥˨ni˥˨ʂuo˥lie˧.ɑɔ˨,pɑ˥˨tʂə˥……（单耳还是……）噢，单耳的。你就……聋屄单耳的，就说是……ɑɔ˨,tæ̃˥ər˥˨ti˧.ni˥˦tsou˥……luoŋ˨pʰi˥˨tæ̃˥ər˥ti˧,tsou˥ʂuo˥˦sɿ˥……（哪个pʰi˨呢？）女同志那个东西。单耳就是简单的单，单耳指你……你把这个……就把这个话不当一回事么你。ny˥tʰuoŋ˨tsɿ˥nə˥kə˥tuoŋ˥ɕi˧.tæ̃˥˨ər˥tsou˥˨sɿ˥˨tɕiæ̃˥tæ̃˥˨ti˧tæ̃˥,tæ̃˥˨ər˥tsɿ˥˨ni˥˨……ni˥pɑ˥˨tʂə˥kə˥……tsou˥pɑ˥˨tʂə˥kə˥xuɑ˥pu˨˦tɑŋ˥i˥˨xuei˨sɿ˥muo˧ni˥˨.

爱戴高帽子

（有些人呐你说他几句好话他就什么事都愿意干，这种人呢？）黄：这种人叫啥咧，这都说不上来。爱戴……这儿这就是……我们这儿把那叫是爱戴高帽子。也就是顺着他，你说他两句好的就是，给他两个帽子，高帽子戴上，那不知道啥咧。tʂə˥tʂuoŋ˥˨zən˨tɕiɑɔ˥sɑ˥˨lie˧,tʂə˥tou˥˨ʂuo˥pu˨ʂɑŋ˥læᴇ˨.næᴇ˥tæᴇ˥k……tʂər˥tʂə˥tɕiou˥sɿ˥˨……ŋuo˥mən˧tʂər˥pɑ˥˨næᴇ˥tɕiɑɔ˥sɿ˥næᴇ˥tæᴇ˥kɑɔ˥˨mɑɔ˥tsɿ˧.ie˥˦tɕiou˥sɿ˥ʂuoŋ˥tʂuo˥˦tʰɑ˥˦,ni˥ʂuo˥˦tʰɑ˥˦liɑŋ˥tɕy˥˨xɑɔ˥ti˧tɕiou˥sɿ˥˨,kei˥tʰɑ˥˦liɑŋ˥kə˥˨mɑɔ˥tsɿ˧,kɑɔ˥˨mɑɔ˥tsɿ˧tæᴇ˥ʂɑŋ˥,næᴇ˥pu˨tʂɿ˥˨tɑɔ˥sɑ˥˨lie˧.（那如果说他是个什么呢？）你说他是啥，他就是。ni˥˦ʂuo˥tʰɑ˥˨sɿ˥˨sɑ˥,tʰɑ˥˦tsou˥sɿ˥˨.

二六、位置

上头、底下

（你们这个，我老说这个上面儿下面儿啊，是……是跟着什么来……来区分的呢？）黄：高低么。kaɔ˥˧˧˩ti˥˧muo˧.（高低来区分的？）黄：啊。ã˧˩.王：嗯。哪个高就叫上头么，哪个低就叫底下呣。[1]ŋ̍˧˩.na˥˧˧˩kə˥kaɔ˥˧tɕiou˥tɕiaɔ˥ʂaŋ˥˧˥tʰou˧muo˧,na˥˧˧˩(k)ə˥ti˥˧tɕiou˥˧˩tɕiaɔ˥˧˩ti˥˧xa˥˧˩m̩˧.（高的地方，就是这条路上？）王&黄：嗯。ŋ̍˧˩.（那边是底下就就就河那边儿的，靠近……）王：那边儿是底下，这边儿是上头。nei˥˧˥piãr˥˧˧˥sɿ˥ti˥˧xa˥,tʂə˥pãr˧˥（←piãr˥˧）sɿ˥ʂaŋ˥tʰou˥.（这个是按高低来的。有没有按南北来？）黄：那没有。nə˥˧˥mei˨˦iou˥˧˧˩.王：没有按南北来的。mei˨˦iou˥˧næ̃˥næ̃˨˦pei˥˧˧˥læᴇ˨˦˧˩ti˧.

上首、下首

（有说什么上首、下首这种说法没有？）王：上首下首，也有这种说法。ʂaŋ˥ʂou˥˧˧˩ɕia˥˧˥ʂou˥˧,ie˥˧iou˥˧˧˩tʂei˥tʂuoŋ˥˧˧˥ʂuo˥˧fa˥˧˧˩.（也是指上头下头吗？）王：啊。ã˧˩.（还是……还是指别的什么东西？）王：上首下首，上首下首……ʂaŋ˥ʂou˥˧ɕia˥ʂou˧˩,ʂaŋ˥˧˥ʂou˥˧ɕia˥˧˥ʂou˥˧˧˩……黄：那就……那就是指地方，那不是上头下头了，那是指的这个……næᴇ˥tɕiou˥……næᴇ˥tɕiou˥˧˩sɿ˥˧˩tsɿ˥˧ti˥˧˥faŋ˧,nei˥˧˥pu˨˦sɿ˥˧˥ʂaŋ˥tʰou˧ɕia˥˧˥tʰou˧lə˧,nei˥sɿ˥tsɿ˥˧ti˧tʂə˥˧˩kə˥˧˩……（方位？）黄：呃，方位咧。ə˧˩,faŋ˥˧˧˩vei˥˧˥lie˧.

高头

（这个高头一般什么情况下用高头？）黄：这个东西，噢，这在那放着咧，在……在那个高头兀儿放着咧。tʂei˥kə˥tuoŋ˥˧ɕi˧,aɔ˧˩,tʂə˥˧˩tsæᴇ˥˧˩na˥faŋ˥tʂə˧lie˧,tsæᴇ˥k……tsæᴇ˥næᴇ˥kə˥˧˩kaɔ˥˧tʰou˧var˥faŋ˥tʂə˧lie˧.（那房子上面呢？）那就在房上咧。nə˥tɕiou˥tsæᴇ˥faŋ˨˦ʂaŋ˥lie˥.（讲不讲房子高头？）不讲。pu˨˦tɕiaŋ˥˧˧˩.

上上头

（比如说这有好……好几层啦，最上面那个叫什么？是最最上面还是最最最上面，还是……）黄：最上面的那。tsuei˥ʂaŋ˥miæ̃˥ti˧nei˥˧˩.（有没有叫什么上上头的，或者上头头？）黄：上上头这个话还说咧。ʂaŋ˥˧˥ʂaŋ˥tʰou˧tʂə˥kə˥xua˥xa˨˦ʂuo˥˧˧˩lie˧.王：上上头也说咧。ʂaŋ˥ʂaŋ˥˧˥tʰou˧lia˥˧˧˩ʂuo˥˧lie˧.（上头头说不说你？）王：上头头不说。ʂaŋ˥tʰou˨˦tʰou˨˦pu˨˦ʂuo˥˧˧˩.（最上面？）黄：嗯，最上面，或者是最上头。ŋ̍˧˩,tsuei˥ʂaŋ˥miæ̃˥˧˩,xuei˨˦tʂə˥˧˧˩sɿ˥˧˩tsuei˥ʂaŋ˥tʰou˧.（有说上上头的吗？）黄：有啊，也有说上上头的么。iou˥˧˧˥æ˧,ie˥˧iou˥˧ʂuo˥˧˧˩ʂaŋ˥ʂaŋ˥tʰou˧tim˧.（相反的呢？最下……）黄：最……tsuei˥……（最下面呢？）黄：最下面也说最底下，和最下头。tsuei˥ɕia˥miæ̃˥æ˥˧˧˩ʂuo˥˧˧˩tsuei˥ti˥˧ɕi

---

① 太白人依照地势高低区分上下，葫芦河谷为底下，往西太白街一带则为上头。

ɑ˧˧˩,xuo˩˧˧˩tsuei˧ɕia˧tʰou˨.（有没有说下下头？）黄：没有。mei˩˧˥iou˥˧˥.（你比如说这个，这这个这个山上住着好多人，他家住在哪儿？最高那个地方。）黄：最高那个地方咧。tsuei˧kaɔ˥˩nə˧kə˧˧˩ti˧˧˩faŋ˥˧˧˩lie˨.（这叫上上头吗？说不说上上头？）黄：最上头，或者是……上头。最上头的就是它们。tsuei˧ʂaŋ˧tʰou˦,xuo˩˧˧˩tʂə˥˧˧˩sɿ˧˧˩ʂ……ʂaŋ˧˧˥tʰou˨.tsuei˧ʂaŋ˧tʰou˨ti˨tɕiou˧˧˩sɿ˧˧˩tʰɑ˥˧˥məŋ˦.（说不说上上头那那家就是？）黄：说咧。ʂuo˥˩lie˨.（上上头？）黄：嗯。ŋ̍˧˩.（那最低洼处的住的那家呢？）黄：最底下就是他们。或者最下头。tsei˧ti˥˧ɕia˧˧˩tɕiou˧˧˩sɿ˧tʰɑ˥˩məŋ˨.xuo˩˧˥tʂə˥˧˧˩tsuei˧ɕia˧˧˥tʰou˨.（有说下下头的吗？）黄：没有。muo˥˧˥iou˥˧˧˩.

最上头、顶高头

（那个最上头。）黄：这有这说法咧。它是指某一个地方那就是最上头的那个地方……tʂei˧˧˥iou˥˧˥tʂei˧ʂuo˥˩fɑ˥˧˧˩lie˨.tʰɑ˥˧˧˩sɿ˧˧˩tsɿ˥˧mu˥˧i˥˧˧˩kə˧ti˧˧˥faŋ˥˧˥næᴇ˧tsou˧sɿ˧tsuei˧ʂaŋ˧tʰou˦ti˦næᴇ˧˧˩kə˧˧˥ti˧faŋ……（可不可以说上头头？）没有。mei˩˧˧˩iou˥˧˧˩.（上头头？）没有。兀不行。mei˩˧˧˩iou˥˧˧˩.væᴇ˧˧˥pu˩˧˧˩ɕiŋ˩˧˧˩.（顶高头？）顶高头可……可以说。tiŋ˥˧˥kaɔ˥˩tʰou˨kʰə˥˧˧˩……kʰə˥˧i˥˧˧˩ʂuo˥˧˧˩.（就是最上头？）啊，就是最上头。顶高头那都已经……它这个“顶”字就把它顶封了么。ɑ˧˩,tɕiou˧˧˩sɿ˧˧˩tsuei˧ʂaŋ˧tʰou˦.tiŋ˥˧˥kaɔ˥˩tʰou˨næᴇ˧˧˩tou˥˧˧˩i˥˧tɕiŋ˥˧˧˩……tʰɑ˥˧˥tʂə˧kə˧tiŋ˥˧tsɿ˧˧˩tsou˧pɑ˥˧˧˩tʰɑ˥˧˥tiŋ˥˧˥fəŋ˥˩ləm˨.

头起

（有说这个头起的说法没有？）黄：头起。tʰou˩˧˧˩tɕʰi˥˧.（最头上，地头起，炕头起，墙头起？）王：有咧。iou˥˧lie˨.黄：有咧。这个话有咧，头起。iou˥˧lie˨.tʂə˧kə˧xuɑ˧iou˥˧lie˨,tʰou˩˧˧˩tɕʰi˥˧˧˩.（是说什么，什么意思呢？）王：那还是是指的上面么。næᴇ˧xɑ˩˧˧˩sɿ˧ʂɿ˧tsɿ˥˧ti˨ʂaŋ˧˧˥miæ̃˧˧˥muo˨.（怎么，怎么，你打……）黄：头起就是上面的意思。tʰou˩˧˧˩tɕʰi˥˧tɕiou˧sɿ˧ʂaŋ˧˧˥miæ̃˧˧˩ti˨li˧sɿ˨.王：啊。ɑ̃˧˩.（打，打个比方，讲一讲，你，打个，举个例子啦。）王：你比若我这立柜头起，兀就是放下我那……ni˥˧˥pi˥˧˥ʐuo˥˧˥ŋuo˥˧˥tʂə˧kə˧li˥˧˧˩kʰuei˧˧˥tʰou˩˧˧˩tɕʰie˥˧˧˩,væᴇ˧˧˥tɕiou˧sɿ˧faŋ˧xɑ˧˧˩ŋuo˥˧˥nə˧˧˩……（这叫头起？）王：啊。ɑ˧˩.（桌子叫不叫头起？）王：桌子可不叫头起。桌子那就是没有兀高么。一般比……比较高一点东西说头起哟。tʂuo˥˧tsɿ˨kʰə˥˧˧˩pu˩˧tɕiaɔ˧tʰou˩˧˧˩tɕʰie˥˧˧˩.tʂuo˥˧tsɿ˨nei˧tɕiou˧sɿ˧mei˩˧iou˥˧˥væᴇ˧kaɔ˥˩muo˨.i˥˧˧˩pæ̃˥˩pi˥˧˧˩……pi˥˧˧˩tɕiaɔ˧kaɔ˥˩i˥˧˧˩tiæ̃˥˧˧˩tuoŋ˥˩ɕi˨ʂuo˥˧˥tʰou˩˧˧˩tɕʰie˥˧˧˩m̩˨.

墙头起

（墙头起？）黄：墙头起这个话可说咧。墙头起那……tɕʰiaŋ˩˧˥tʰou˩˧˧˩tɕʰi˥˧tʂə˧˧˩kə˧˧˥xuɑ˧kʰə˥˧˧˩ʂuo˥˩lie˨.tɕʰiaŋ˩˧˥tʰou˩˧˧˩tɕʰie˥˧nə˧˧˩……（怎么，什么情况下用这个墙头起？）像城墙样的，打下这个墙，垒下那个墙。哎，啥东西是墙头起放着了？ɕiaŋ˧tʂʰəŋ˩˧tɕʰiaŋ˩˧iaŋ˧ti˨,tɑ˥˧xɑ˧˧˩tʂə˧kə˧tɕʰiaŋ˩˧,luei˥˧xɑ˧˧˩nə˧kə˧tɕʰiaŋ˩˧.æᴇ˧,sɑ˧tuoŋ˥˩ɕi˨sɿ˧tɕʰiaŋ˩˧˧˩tʰou˩˧˥tɕʰie˥˧˧˩faŋ˧tʂə˦lə˨?（墙头起还是墙头前？）啊，墙……墙头起。ɑ˧˩,tɕʰiaŋ˩˧……tɕʰiaŋ˩˧˧˩tʰou˩˧˧˩tɕʰie˥˧.

地上、地下

1.（你讲啊，比如说啊这个，这个地上有双鞋，怎么讲？）黄：地上有双鞋嘛。ti˧ʂaŋ˧iou˥˧ʂuaŋ˥˧˧˩ɕie˩˧ma˨.（可以讲地下有双鞋吗？）哎不能。地上有双鞋。地下那就要埋到地底下去咧，地下咧。æᴇ˧˥pu˩˧˧˩nəŋ˩˧˧˩.ti˧˧˥ʂaŋ˧iou˥˧˧˩ʂuaŋ˥˩ɕie˩˧˧˩.ti˧ɕia˧næᴇ˧tsou˧iaɔ˧mæᴇ˩˧˧˩taɔ˧ti˧ti˥˧xɑ˧˧˩tɕʰi˧˧˩lie˨,ti˧˧˩ɕia˧lie˨.（这个，啊，这个地下好多泥巴怎么说？）这……这地面儿上好多稀……泥。tʂə˧˧˥……tʂə˧ti˧miæ̃r˧ʂaŋ˧xaɔ˥˧tuo˥˧˧˩ɕi……ni˩˧.（地面上？）噢，地面上咧，

你要分清楚。地面嘛。ɑɔ˨,ti˧miæ̃˧ʂaŋ˧˨lie˧,ni˦˥iɑɔ˧fəŋ˥˨tɕʰiŋ˥tʂʰʯ˥˨.ti˧miæ̃˧ma˧.（你不能讲地下？）啊，地下，地下那就要挖开看去了。ɑɔ˨,ti˧˨ɕia˧,ti˧ɕia˧næᴇ˧tsou˧iɑɔ˧va˥˨kʰæᴇ˥kʰæ̃˧˨tɕʰi˧˨lə˧.（我把它丢得地下？）那你只能是丢得地上。你不能丢得地下去。næᴇ˧ni˦˥tsɿ˥˨nəŋ˨˥sɿ˧˨tiou˥tə˧ti˧ʂaŋ˧˨.ni˥˨pu˨˩nəŋ˨tiou˥tə˧ti˧ɕia˧tɕʰi˧˥.（可以讲地底下吗？）地底下那就是，那个都是老深。ti˧ti˥ɕia˧næᴇ˧tɕiou˧sɿ˧,nə˧˨kə˧˥tou˥˨ʂɿ˧lɑɔ˥ʂəŋ˥˨.

2.（这个是叫地上还是叫地……地底下？）黄：地上。ti˧ʂaŋ˧˨.（有说地下的没有？）王：没有。mei˨˩iou˥˨.黄：那地下那你看啥。那你又比如说是有些是地下埋下啥。nə˧˨ti˧ɕia˧næᴇ˧ni˦˥kʰæ̃˧˨sa˧.næᴇ˧ni˦˥iou˧pi˥˨zʯ˨˩ʂuo˥˨sɿ˧˨iou˥ɕie˥˨sɿ˧˨ti˧ɕia˧mæᴇ˨˩xa˧˥sa˧˨.王：那咱们就说呃，咱们坐炕上呃就，嗯，哎，我鞋……往鞋拿了搁地下咧。nei˧tsa˨mə ŋ˧tɕiou˧ʂuo˥˨ə˨,tsa˨məŋ˧tsuo˧kʰaŋ˧ʂaŋ˧˨ə˧tsou˧,ŋ̍˨,æᴇ˨,ŋuo˥xæᴇ……vaŋ˦˥xæᴇ˨na˨˥lə˧kə˦˥ti˧˥xa˧˨lie˧.（噢，这叫地下？）黄：呃，地下。嗯。ə˧,ti˧ɕia˧˨.ə̃˨.王：啊，地下。a˨,ti˧˥xa˧˨.（其实就是地上？）黄：啊，地上，呃。a˨,ti˧˥ʂaŋ˧,ə˧.（但是我把这个东西……[做扔东西状]）黄：撇呃地上。pʰie˥ə˧ti˧˥ʂaŋ˧˨.（这叫撇在地上？）王&黄：啊。ã˨.（但是你如果坐在炕上？）黄：我鞋在地底下咧么我们在……ŋuo˥xæᴇ˨tsæᴇ˧ti˧ti˥˨ɕia˧˨liem˧ŋuo˥mə ŋ˧tsæᴇ˧……王：地下咧。ti˧˥xa˧˨lie˧.黄：在地下咧。tsæᴇ˧ti˧xa˧˨lie˧.王：地下。ti˧˥xa˧˨.（如果我站在这个地上，这是叫，我是站在地下还是站在地上？）黄：你在地上咧。ni˦˥tsæᴇ˧ti˧ʂaŋ˧˨lie˧.王：站在地……地上咧。tsæ̃˧tsæᴇ˧ti˧˥……ti˧˥ʂaŋ˧˥lie˧.（那比如说你们两个人是坐在炕上，你说你是站在地上还是站在地下？）王：站在地上。tsæ̃˧(ts)æᴇ˧ti˧˥ʂaŋ˧˨.黄：地上咧。ti˧ʂaŋ˧˨lie˧.（这叫地上？）王：嗯。ŋ̍˨.黄：嗯。ə̃˨.（那什么时候用地下、什么时候用地上呢？）王：地下那现在不过是人口说的这个现在是个，按现在的说法有这个，地下这个有这个“下”字咧，咱们原来一直叫地上，地上。ti˧˥ɕia˧nə˧ɕiæ̃˧tsæᴇ˧pu˨˩kuo˧˥sɿ˧zəŋ˨˩niæ̃˨˥ʂuo˥˨ti˧tʂə˧kə˧ɕiæ̃˧tsæᴇ˧sɿ˧kə˧,næ̃˧˥ɕiæ̃˧tsæᴇ˧˥ti˧ʂuo˥˨fa˥˨iou˥tʂə˧˨kə˧,ti˧ɕia˧tʂə˧kə˧iou˥tʂə˧kə˧ɕia˧˥tsɿ˧˨lie˧,tsa˨məŋ˧yæ̃˨læᴇ˨˥i˥˨tʂɿ˨˥tɕiɑɔ˧ti˧˥ʂaŋ˧˨,ti˧ʂaŋ˧˨.黄：啊，地上地上。a˨,ti˧ʂaŋ˧˨ti˧˥ʂaŋ˧˨.（就是坐在炕上的时候，你把这个鞋，丢的那叫地下？）黄&王：啊。ã˥.（这个时候说地下？）黄：啊。ã˨.王：嗯。ŋ̍˨.（它，其实都是一样的意思吧？）黄&王：一样的意思。i˥˨iaŋ˧˥ti˧i˧˥sɿ˧.黄：嗯。一样样的话。ə̃˨.i˥˨iaŋ˧˥iaŋ˧ti˧xua˧.（但有时候叫下，有时候叫上？）黄：啊。a˨.（是叫ti˦xa˥还是ti˦ɕ……ti˧……）黄&王：地下。ti˧xa˧˨.

碗尻儿

（好比讲这是一个，一……一个……一个碗，这个叫什么？这个里面。）黄：碗底底呣。væ̃˥ti˥ti˥˨m̩˧.（碗……碗底底？）黄&王：嗯。ŋ̍˨.黄：碗底底。væ̃˥˨ti˥ti˥˨.（碗的叫……）王：碗底。væ̃˥ti˥˦.黄：碗底儿。væ̃˥tiər˥.（væ̃˨tiər˥还……还有……）黄：过……最古老的就不叫碗底儿了。kuo˧˦……tsuei˧ku˥lɑɔ˥ti˧tɕiou˧pu˨tɕiɑɔ˧væ̃˥tiər˥˨lə˧.（那叫什么？）王：碗砣儿。碗底砣儿。碗砣儿或者碗尻尻。碗尻儿。væ̃˦˥tʰuor˨.væ̃˥˨ti˥tʰuor˨.væ̃˥tʰuor˨xuo˨˩tʂə˥˨væ̃˥kou˥˨kou˥.væ̃˥kour˥˦.（væ̃˥kour˦是指这个吗？碗的屁股？）黄：过去那个碗它底下都是……kuo˧tɕʰy˧nə˧kə˧væ̃˥tʰa˦˥ti˥xa˧˨tou˦˥sɿ˧……王：碗尻儿底下有那个砣砣子，人来端咧，逮，端住那碗尻儿。væ̃˥˨kour˥˦ti˥xa˧iou˦˥nə˧kə˧tʰuo˨˩tʰuo˨˥tsɿ˧,zəŋ˨læᴇ˨˩tuæ̃˥˨lie˧,tæᴇ˥,tuæ̃˥tʂʯ˧˨nə˧væ̃˥kour˥˦.黄：有，有个砣砣咧，手端那个地方。iou˥,iou˥kə˧tʰuo˨˩tʰuo˨˥lie˧,ʂou˦˥tuæ̃˥nə˧kə˧ti˧faŋ˥˨.（对对对，我知道。）黄：嗯，碗砣儿，碗砣砣，或者是

碗……碗底。ə̃˩,væ̃˥˧tʰuor˩˧,væ̃˥˧tʰuo˩˧˩tʰuo˩˧˥,xuei˩˧˩tʂə˥˧˩sɿ˦˩væ̃˥˧˧t……væ̃˥˧ti˥˧.（有……碗……碗尻尻是什么东西？）黄：碗尻儿。væ̃˥˧kour˥˧˩.王：碗尻儿。væ̃˥˧kour˥˧˦.黄：碗尻儿就是把上头打了以后，光剩那个底底就叫碗尻儿咧。væ̃˥˧kour˥˧˦tɕiou˦sɿ˦pa˥˧˩ʂaŋ˦tʰou˧ta˥˧lə˧li˥˧˩xou˦,kuaŋ˥˧˩ʂəŋ˦nə˦kə˦ti˥˧ti˥˧˩tɕiou˦tɕiɑɔ˦væ̃˥˧kour˥˧˩lie˧.（上头打了？）黄：噢，碗打咧，光留了个底底么，就碗尻儿么。ɑɔ˩,væ̃˥˧ta˥˧lie˧,kuaŋ˥˧˦liou˩˧˧lə˧kə˦ti˥˧ti˥˧˩muo˧,tɕiou˦væ̃˥˧kour˥˧˦muo˧.（那不就是没用了那个东西？）王：没用啦。mei˩˧˩yoŋ˦la˧.黄：啊哈。ɑ˦xa˧.（那叫væ̃˥˧kour˦？）黄&王：嗯。ŋ̍˩.（哪个钩啊？）黄：哎呀，那是哪个尻儿？æᴇ˥˧ia˧,nə˦˥sɿ˦na˥˧˩(k)ə˦˩kour˥˧˩?（kour˥˧还是kour˦？）王：尻儿。kour˥˧˦.黄：碗尻儿。væ̃˥˧kour˥˧˦.王：就这意思它那是个窝窝的么。tsou˦tʂə˦˩i˦˦sɿ˧tʰa˥˧˧nə˦sɿ˦kə˦vuo˥˧vuo˥˧˩ti˧muo˧.

碗底

（这个碗底，你从上面看啊，从上面往下看这个碗底。）黄：碗底么。væ̃˥˧ti˥˧muo˧.（碗底上还是碗底？）碗底。væ̃˥˧˩ti˥˧.（它是指……不是，这达……比如说这是一个碗，它不是这个地方，是上面这个底盘。）嗯，那就是碗底么。ŋ̍˩,nei˦tɕiou˦˥sɿ˦˩væ̃˥˧tim˥˧.（从从这个上面往下看。）噢，望下看就是碗……还是碗底么。ɑɔ˩,vaŋ˦ɕia˦˥kʰæ̃˦tɕiou˦˩sɿ˦˩væ̃˥˧˧……xa˩˧˩sɿ˦˥væ̃˥˧˩tim˥˧.（那下面呢？这个这个那个碗下面的那一部分。）那整个儿还叫碗底么。nei˦˥tʂəŋ˥˧˧kər˦xæᴇ˩˧˩tɕiɑɔ˦væ̃˥˧tim˥˧.（假如说碗……碗那个那个底面啊有有一有一个黄豆，怎么讲？）碗底下面有黄豆咧么。væ̃˥˧ti˥˧ɕia˦miæ̃˦˩iou˥˧˩xuaŋ˩˧˩tou˦lie˧muo˧.（好。如果是这个从……在里面，内……内面呢？）那就叫碗里有个黄豆咧。næᴇ˦˩tɕiou˦˩tɕiɑɔ˦˩væ̃˥˧li˥˧˩iou˥˧˧kə˦xuaŋ˩˧˩tou˦lie˧.（碗里？）啊。ɑ˩.（可以讲碗底上有个黄豆吗？）碗底上……碗底上有个黄豆，那也也能说的通反正。底下的话就是碗底下面咧。碗底就在碗底上头咧。væ̃˥˧ti˥˧ʂaŋ˦˩……væ̃˥˧ti˥˧ʂaŋ˦iou˥˧˧kə˦xuaŋ˩˧˩tou˦,næᴇ˦ia˥˧˩ie˥˧˧nəŋ˩˧ʂuo˥˧ti˧tʰuoŋ˥˧fæ̃˥˧˩tʂəŋ˦˥.ti˥˧xa˦˩ti˧xua˦˩tɕiou˦˩sɿ˦˩væ̃˥˧ti˥˧ɕia˦miæ̃˦˥lie˧.væ̃˥˧ti˥˧tɕiou˦˩tsæᴇ˦˩væ̃˥˧ti˥˧ʂaŋ˦˦tʰou˧lie˧.

锅底

（一个锅的下面呢？）王：锅底。kuo˥˧˩ti˥˧.黄：锅底么。kuo˥˧˩ti˥˧muo˧.（kuo˥˧ti˥˧是指这个锅的里面那个底还是外头那个有这个，那些东西呢？）王：外面那个也叫底么。væᴇ˦mi æ̃˦˩nə˦kə˦ie˥˧tɕiɑɔ˦˩ti˥˧muo˧.黄：外头那个也叫底咧是里边那还叫底咧。væᴇ˦tʰou˧nə˦kə˦ie˥˧˧tɕ iɑɔ˦ti˥˧lie˧sɿ˦˩li˥˧piæ̃˥˧˧nei˦xa˩˧tɕiɑɔ˦ti˥˧˩lie˧.（这都是一样的？）黄：一样的，嗯。i˥˧˩iaŋ˦ti˧,ŋ̍˩.

手下、手底下

1.（噢，比如说我手下有好多人呐。）黄：这都能说。我手下有多少人了。tʂei˦˥tou˥˧˩nəŋ˩˧˩ʂuo˥˧.ŋuo˥˧˩ʂou˥˧ɕia˦iou˥˧˩tuo˥˧ʂɑɔ˥˧˩zəŋ˩˧lə˧.（手底下呢？）手底下……ʂou˥˧˧ti˥˧ɕia˦……（可以讲我手底下有好多人吗？）这也能讲。这有些人那说他我……有些领导还是给人吹咧，咱们手底下这些人，如何长短。tʂei˦˥æ˥˧˧nəŋ˩˧˧tɕiaŋ˥˧˧.tʂei˦iou˥˧ɕie˥˧˩zəŋ˩˧næᴇ˦ʂuo˥˧˩tʰa˥˧˧ŋuo˥˧ʂ……iou˥˧ɕie˥˧˧liŋ˥˧˧tɑɔ˥˧xæᴇ˩˧˩sɿ˦kei˦˩zəŋ˩˧tʂʰuei˥˧lie˧,tsa˩˧məŋ˧ʂou˥˧˧ti˥˧xa˦tʂə˦ɕie˥˧˧zəŋ˩˧,zʮ˩˧˩xuo˩˧˧tʂʰaŋ˩˧˩tuæ̃˥˧.（呃，说你是他的部下，可以说我……我是他的手下吗？）那能行咧。我是他的手下，这能行。næᴇ˦˥nəŋ˩˧˩ɕiŋ˩˧˩lie˧.ŋuo˥˧sɿ˦tʰa˥˧˧ti˧ʂou˥˧ɕia˦˩,tʂei˦˥nəŋ˩˧ɕiŋ˩˧˩.

2.（这个，我手下有些什么人，你是领导，说不说我手底下有……有多少人呢？）王：这说咧。tʂə˦˥ʂuo˥˧lie˧.黄：这说咧。我手底下，或者我手下，有几个是谁啊。

tʂə˦˨˦ʂuo˥˧˧lie˧.ŋuo˥˧˧ʂou˥˧˧ti˥˧ɕia˦,xuo˨˦˨˩tʂə˥˧˨˩ŋuo˥˧˧ʂou˥˧ɕia˦˨˩,iou˥˧˧tɕi˥˧kə˦˨˩sʅ˦sei˨˦˨˩a˧.（ʂou˧ti˥˧ɕia˨˩还是ʂou˧ti˥˧xa˨˩？）黄：手底下。我手底下有几个人咧。ʂou˥˧˨˩ti˥˧ɕia˦˨˩.ŋuo˥˧˧ʂou˥˧ti˥˧ɕia˦iou˥˧˧tɕi˥˧kə˦˨˩zəŋ˨˦lie˧.（可以说ʂou˨˩ti˥˧xa˨˩，说ʂou˨˩ti˥˧xa˨˩的说不多吗？）黄：从一般语气上来说有时候这个……有时候这个就说出手底下了，有的说是手底下。tsʰuoŋ˨˦˨˩i˥˧˧pæ̃˥˧y˥˧tɕʰi˦ʂaŋ˦læᴇ˨˦˨˩ʂuo˥˧˨˩iou˥˧sʅ˨˦˨˩xou˦tʂə˦kə˦tʂ……iou˥˧sʅ˨˦˨˩xou˦tʂə˦kə˦tɕiou˦˨˩ʂuo˥˧tʂʰʮ˥˧˨˩ʂou˥˧ti˥˧ɕia˦˨˩lə˧,iou˥˧ti˧ʂuo˥˧˧sʅ˦ʂou˥˧˧ti˥˧xa˦˨˩.（老人家，就是，就是这个没什么文化的人说什么呢？）黄：手底下呣。ʂou˥˧˨˩ti˥˧xa˦˨˩m̩˧.王：手底下。ʂou˥˧ti˥˧xa˦˨˩.

眼皮底下、眼底下

1.（这个视线以内叫什么？就我看得着的地方。）黄：视线以内，这个咋说去了？是个……sʅ˦˨˩ɕiæ̃˦˨˦i˥˧luei˦,tʂə˦˨˦kə˦˨˦tsa˥˧˨˩ʂuo˥˧tɕʰi˦˨˩lə˧?sʅ˦kə˦……（眼窝下面儿？眼窝地下？）黄：嗯，没有这说法。ŋ̍˨˩,mei˨˦˧iou˥˧˧tʂə˦ʂuo˥˧fa˥˧˨˩.（眼皮下？）黄：我，咱们这儿多一半儿说我眼前噢？ŋuo˥˧˧,tʂa˨˦məŋ˧tʂər˦tuo˥˧i˥˧˨˩pæ̃r˦ʂuo˥˧˧ŋuo˥˧˧niæ̃˥˧tɕʰiæ̃˨˦ao˧?王：嗯。ə̃˨˩.（niæ̃˥˧tɕʰiæ̃˨˩。有没有说眼皮下的？）王：有咧。iou˥˧lie˧.黄：有咧。眼皮下。iou˥˧lie˧.niæ̃˥˧pʰi˨˦ɕia˦˨˩.（有没有说什么眼皮底下？）王：也说咧。ie˥˧˧ʂuo˥˧lie˧.黄：也说咧，眼，眼皮底下。ia˥˧˧ʂuo˥˧lie˧,niæ̃˥˧˧,niæ̃˥˧pʰi˨˦ti˥˧ɕia˦˨˩.（niæ̃˥˧pʰi˨˦ti˥˧ɕia˦还是niæ̃˥˧pʰi˨˦ti˥˧xa˨˩？）黄：眼皮底下。niæ̃˥˧pʰi˨˦ti˥˧ɕia˦˨˩.王：眼皮底下。niæ̃˥˧˧pʰi˨˦ti˥˧xa˦˨˩.

2.（说他在我的视线之内怎么说？）黄：那是那是能能说通咧。他在我的视线之内咧。nei˦˨˦sʅ˦nei˦˨˦sʅ˦˨˩nəŋ˨˦nəŋ˨˦ʂuo˥˧˨˩tʰuoŋ˥˧lie˧.tʰa˥˧˧tsæᴇ˦ŋuo˥˧˧ti˧sʅ˦˨˦ɕiæ̃˦tsʅ˥˧˧luei˦lie˧.（呃。还有有那个什么用到底下的这个说法吗？眼底下？）眼底下能说。niæ̃˥˧ti˥˧ɕia˦ia˥˧˨˩nəŋ˨˦ʂuo˥˧˧.（他在我的眼窝底下？）他在我的眼底下咧。眼窝底下那是这一点点子么你。tʰa˥˧˨˩tsæᴇ˦˨˩ŋuo˥˧ti˧niæ̃˥˧ti˥˧ɕia˦lie˧.niæ̃˥˧vuo˥˧˨˩ti˥˧xa˦næᴇ˦sʅ˦tʂei˦i˥˧tiæ̃˥˧˧tiæ̃˥˧˧tsʅ˧muo˧ni˥˧˧.（哼。啊，不能够……这个地方就是不能够说那个……）窝了。你只能说眼窝了。眼底下那指这个眼……你眼睛能看着的，平视下去那些地方都是眼底下。vuo˥˧lə˦.ni˥˧˧tsʅ˥˧˨˩nəŋ˨˦ʂuo˥˧˨˩niæ̃˥˧vuo˥˧˨˩lə˧.niæ̃˥˧ti˥˧ɕia˦˨˩næᴇ˦tsʅ˥˧˨˩tʂə˦˨˩kə˦˨˩niæ̃˥˧……ni˥˧˧niæ̃˥˧tɕiŋ˥˧˨˩nəŋ˨˦˨˩kʰæ̃˦tʂə˦ti˧,pʰiŋ˨˦sʅ˦xa˦tɕʰi˦nei˦˨˩ɕie˥˧˨˩ti˦faŋ˥˧˨˩tou˥˧sʅ˦˨˩niæ̃˥˧˧ti˥˧ɕia˦˨˩.（这个不算眼底下？）那鼻子疙瘩就在眼底下。næᴇ˦pi˨˦˨˩tsʅ˦kə˥˧ta˧tɕiou˦tsæᴇ˦niæ̃˥˧ti˥˧˨˩ɕia˦˨˩.（鼻子疙瘩也算眼底下？）那不咋是在眼底？næᴇ˦˨˦pu˨˦˧tsa˥˧˧sʅ˦tsæᴇ˦˨˩niæ̃˥˧˨˩ti˥˧˧?（那也看不见！）咋能看不着？你看不着你鼻子啊？tsa˥˧˨˩nəŋ˨˦˨˩kʰæ̃˦pu˨˦˧tʂuo˨˦˨˩?ni˥˧kʰæ̃˦pu˨˦˧tʂuo˨˦˨˩ni˥˧˧pi˨˦˨˩tsʅ˦a˧?（可以说眼皮底下吗？）眼皮底下，能行么。可以说的。niæ̃˥˧pʰi˨˦ti˥˧xa˦˨˩,nəŋ˨˦ɕiŋ˨˦˨˩muo˧.kʰə˥˧i˥˧ʂuo˥˧˨˩ti˧.（这个鼻子底下呢？）鼻子底下就是个嘴么反正。pi˨˦˨˩tsʅ˦ti˥˧ɕia˦tɕiou˦˨˩sʅ˦˨˩kə˦˨˩tsuei˥˧muo˧fæ̃˥˧˨˩tʂəŋ˦.

身底下、身子底下

1.（有说身子底下的吗？）黄：哎，说……说咧么。æᴇ˦,ʂ……ʂuo˥˧lie˧muo˧.（你说什么呢？）黄：你比如炕上睡着咧，上去欸把你身……你把身……把你身底下那个啥给我取一下。ni˥˧pi˥˧zʮ˨˦˨˩kʰaŋ˦ʂaŋ˦ʂuei˦tʂə˦lie˧,ʂaŋ˦˨˩tʂʰʮ˨˩（←tɕʰy˦）ei˦pa˥˧˨˩ni˥˧ʂəŋ˥˧˨˩……ni˥˧pa˥˧˨˩ʂ……pa˥˧˨˩ni˥˧ʂəŋ˥˧˨˩ti˥˧xa˦nə˦kə˦sa˦kei˦ŋuo˥˧˧tɕʰy˥˧i˥˧˨˩xa˦˨˩.（你比如说你是老……老大。下面还有几个弟弟妹妹。说不说我身底下还有几个弟弟妹妹？）王：说欸。ʂuo˥˧ei˧.黄：那说咧么。我身底下还有几个弟弟妹妹。nə˦ʂuo˥˧lie˧muo˧.ŋuo˥˧˨˩ʂəŋ˥˧˨˩ti˥˧ɕia˦xæᴇ˨˦˨˩iou˥˧tɕi˥˧kə˦˨˩ti˦ti˦mei˦mei˦.（还是说我下面还有几个弟弟妹妹？）这还都说咧。我下面还有几个弟弟么。tʂə˦˨˦xa˨˦˧tou˥˧˧ʂuo˥˧˨˩lie˧.ŋuo˥˧˨˩ɕia˦˧miæ̃˦xæᴇ˨˦˨˩iou˥˧˧tɕi˥˧kə˦˨˩ti˦ti˦muo˧.王：有都说咧，

下面也也说咧。iou˥˧꜔꜖tou˥˧꜔꜒ʂuo˥˧lie·˧,ɕiɑ˥miæ̃˥æ˥˧꜔꜖æ˥˧ʂuo˥˧꜔꜖lie·˧.黄：下面也说哩。底下也说哩。ɕiɑ˥miæ̃˥æ˥˧꜔꜖ʂuo˥˧li·˧.ti˥˧xɑ˥iɑ˥˧꜔ʂuo˥˧li·˧.（哦，也说我我，说我ti˥˧xɑ꜔꜖有几个弟弟妹妹？）黄：啊。ɑ˥.（说身底下有几个弟弟妹妹不说？）王：不说。pu˩˧꜔꜖ʂuo˥˧.黄：不说。pu˩˧꜒꜔ʂuo˥˧꜔꜖.

2.（这个身子底下？）黄：那都睡到床上来就有身子底下咧跟你说。nɑ˥꜒꜔tou˥˧꜔꜖ʂuei˥tɑɔ˥꜔꜖tʂʰuɑŋ˩˧꜔꜖ʂɑŋ˥꜒꜔læᴇ˩˧꜔tsou˥iou˥˧꜔ʂəŋ˥˧tsɿ·˧ti˥˧xɑ˥꜔꜖lie·˧kəŋ˥˧꜔꜖ni˥˧꜔꜖ʂuo˥˧꜔.（说有一个人啊，他家里父母……呃，母亲生的孩……小孩子很多啊，呃，他就是呃，他有五个，生了五个，啊，他是第四个，但是那个第五个没有成活。可不可以讲那个，他底下还有个……）还有个弟弟么。xæᴇ˩˧꜔꜖iou˥˧kə˥꜔꜖ti˥꜔꜒ti˥muo·˧.（他底下还有个兄……呃，身底下还有个弟弟，可以这么讲吗？）那这是不能行咧。他身底下那个必须是没领起的那一个。nei˥tʂei˥sɿ˥꜔꜖pu˩˧꜔꜖nəŋ˩˧ɕiŋ˩˧꜔꜖lie·˧.tʰɑ˥˧ʂəŋ˥˧꜔꜖ti˥˧ɕiɑ˥nə˥kə˥pi˥˧꜔꜒ɕy˥˧꜔꜖sɿ˥꜔꜖muo˥˧꜔꜖liŋ˥˧tɕʰi˥˧ti·˧nei˥꜒꜔i˥˧꜔꜖kə˥꜔꜖.（没领起的是吧？）嗯，那一个。下面说是就，那就是下面我还有个弟弟咧，但是就不能说是我身底下的那个。我身底下那就是他……生完他，再生下那个就是他身下的嘛。ə̃˥,nei˥꜒꜔i˥˧꜔꜖kə˥꜔꜖.ɕiɑ˥miæ̃˥ʂuo˥˧꜔sɿ˥tsou˥,næᴇ˥tɕiou˥sɿ˥꜔꜖ɕiɑ˥miæ̃˥ŋuo˥˧xæᴇ˩˧꜔꜖iou˥˧kə˥꜔꜖ti˥ti˥꜒꜔lie·˧,tæ̃˥sɿ˥tɕiou˥pu˩˧꜔꜖nəŋ˩˧꜔ʂuo˥˧꜔꜖sɿ˥꜔꜖ŋuo˥˧ʂəŋ˥˧꜔꜖ti˥˧xɑ˥꜔꜖ti·˧nei˥꜔꜖kə˥꜔꜖.ŋuo˥˧ʂəŋ˥˧꜔꜖ti˥˧xɑ˥næᴇ˥tɕiou˥꜔꜖sɿ˥꜔꜖tʰɑ……ʂəŋ˥˧꜔꜖væ̃˩˧tʰɑ˥˧꜔,tsæᴇ˥səŋ˥˧xɑ˥næᴇ˥kə˥tɕiou˥sɿ˥tʰɑ˥˧ʂəŋ˥˧꜔꜖xɑ˥꜔꜖ti·˧mɑ·˧.（紧接着的？）噢，紧接着那个是他身底下的。ɑɔ꜔꜖,tɕiŋ˥˧꜔tɕie˥˧tʂə·˧nə˥kə˥sɿ˥tʰɑ˥˧꜔ʂəŋ˥˧꜔꜖ti˥˧ɕiɑ˥ti·˧.（如果说那个那个没有养活的呢？）那就是搁了。我身底下那个是没……没领起么。næᴇ˥tɕiou˥꜔꜖sɿ˥꜔꜖liɑɔ˥꜒꜔lə·˧.ŋuo˥˧꜔꜖ʂəŋ˥˧꜔꜖ti˥˧xɑ˥nə˥kə˥sɿ˥꜔꜖muo˥˧꜔꜒……muo˥˧꜔꜖(l)iŋ˥˧꜔tɕʰi˥˧muo·˧.（是身底下？）啊，我身底下那个没领起么。ɑ꜔꜖,ŋuo˥˧ʂəŋ˥˧꜔꜖ti˥˧xɑ˥nə˥kə˥꜔꜖muo˥˧꜔꜖(l)iŋ˥˧꜔tɕʰiem˥˧.（呃，这个身底下不一定就是说没成活是吧？）啊。ɑ꜔꜖.（假如说他后面还有两个弟弟？）啊，还有我可是后面还有两个弟弟咧。ɑ꜔꜖,xæᴇ˩˧꜔꜖iou˥˧꜔ŋuo˥˧kʰə˥˧꜔꜖sɿ˥꜔꜖xou˥miæ̃˥xæᴇ˩˧꜔꜖iou˥˧꜔liɑŋ˥˧kə˥꜔꜖ti˥ti˥lie·˧.（身底下？）啊。ɑ꜔꜖.（可以讲我身底下还有两个弟弟吗？）可以，这可以讲。kʰə˥˧꜔i˥˧꜔,tʂə˥꜒꜔kʰə˥˧꜔i˥˧꜔tɕiɑŋ˥˧꜔꜖.（嗯。噢，就说不一定这个没成活啊？）嗯。ŋ̍˥˧.

房底下

（有这个房底下这个说法吗？）黄：房底下有这个说法。房底下。fɑŋ˩˧꜔꜖ti˥˧ɕiɑ˥iou˥˧tʂə˥꜔꜖kə˥꜔꜖ʂuo˥˧fɑ˥˧꜔꜖.fɑŋ˩˧꜔꜖ti˥˧ɕiɑ˥꜔꜖.（那是什么意思啊？）那是比如说个啥东西，那个东西在那儿放着咧。在兀那个房底下放着。næᴇ˥sɿ˥pi˥˧꜔꜖ʐʮ˩˧ʂuo˥˧꜔kə˥sɑ˥꜔꜒tuoŋ˥˧꜔꜖ɕi·˧,næᴇ˥kə˥tuoŋ˥˧ɕi·˧tsæᴇ˥nɑr˥fɑŋ˥tʂə·˧lie·˧.tsæᴇ˥væᴇ˥nɑ˥꜒꜔kə˥꜔꜖fɑŋ˩˧꜔꜖ti˥˧xɑ˥꜔꜖fɑŋ˥tʂə·˧.

树底下、树根底下、根下面

1.（这个树底下。）黄：树底下能行，可有这样说法。树下面也能说，树底下也能说。ʂʮ˥ti˥˧ɕiɑ˥nəŋ˩˧꜔꜖ɕiŋ˩˧꜔,kʰə˥˧iou˥˧꜔꜖tʂə˥iɑŋ˥ʂuo˥˧fɑ˥˧꜔꜖.ʂʮ˥ɕiɑ˥miæ̃˥iɑ˥˧꜔꜖nəŋ˩˧ʂuo˥˧꜔꜖,ʂʮ˥ti˥˧ɕiɑ˥iɑ˥˧꜔꜖nəŋ˩˧ʂuo˥˧꜔꜖.（树下面不是指那个里……土地的啊？）那不是的。那你是指的树的下面么，又不是土底下……地下嘛。nə˥꜒꜔pu˩˧꜔꜖sɿ˥ti·˧.nei˥ni˥˧sɿ˥tsɿ˥˧ti·˧sɿ˥꜔꜖ʂʮ˥ti·˧ɕiɑ˥miæ̃˥꜔꜖muo·˧,iou˥pu˩˧꜔꜖sɿ˥tʰu˥˧ti˥˧꜔꜖ɕiɑ……ti˥ɕiɑ˥꜔꜖mɑ·˧.

2.（这个树根底下呢？）黄：树根底下那就深了。ʂʮ˥kəŋ˥˧꜔ti˥˧xɑ˥næᴇ˥tsou˥꜔꜖ʂəŋ˥˧lə·˧.（可以讲根底下吗？）根底下那都是，要挖出来才说的起咧。kəŋ˥˧꜔꜖ti˥˧ɕiɑ˥næᴇ˥tou˥˧꜔꜖sɿ˥,iɑɔ˥vɑ˥˧꜔꜖tʂʰʮ˥˧læᴇ˩˧꜔꜖tsʰæᴇ˩˧꜔꜖ʂuo˥˧ti·˧tɕʰi˥˧꜔꜖lie·˧.（啊，挖出来还……）根底下，根底下，树根都在土底下埋着咧。你还现在是，你的前提，你的主意是根的……根么，根底下咧么，还在根底下放着咧嘛。kəŋ˥˧꜔꜖ti˥˧ɕiɑ˥꜔꜖,kəŋ˥˧꜔꜖ti˥˧ɕiɑ˥꜔꜖,ʂʮ˥꜒꜔kəŋ˥˧꜔꜖tou˥˧꜔꜖tsæᴇ˥tʰu˥˧ti˥˧xɑ˥꜔꜖mæᴇ˩˧꜔꜖tʂə·˧lie·˧.ni˥˧꜔xɑ˩˧꜔꜖ɕiæ̃˥ts æᴇ˥˩sɿ˥,ni˥˥ti˧tɕʰiæ̃˧˩tʰi˧˥,ni˥˥ti˥tʂʅ˥˥i˥˩sɿ˥˩kəŋ˥˩tə˧……kəŋ˥muo˧,kəŋ˥ti˥ɕia˥˩lie˧muo˧,xa˧˩tsæᴇ˥kəŋ˥˩ti˥xa˥˩faŋ˥tʂə˥lie˥ma˧.

3.（树的下面？）黄：树那……树那是树下面。ʂʅ˥næᴇ˥……ʂʅ˥nə˥˩zɿ˧（←sɿ˥）ʂʅ˥˥ɕia˥miæ̃˥˩.（树下面？）黄：噢，树底下。这也都说，那个话。ɑɔ˩,ʂʅ˥ti˥ɕia˥˩.tʂə˥˩æ˥˩tou˥˥ʂuo˥˩,nə˥kə˥xua˥˩.（有什么区别没有？）黄：没有。mei˧˩iou˥˩.王：它没有什么区别。就是一个意思么。tʰa˥˥mei˧˩iou˥ʂɿ˥˩muo˧tɕʰy˥pie˧˥.tɕiou˥˩sɿ˥˥i˥˩kə˥i˥˥sɿm˥.黄：就是一个意思么。tsou˥˩sɿ˥˥i˥˩kə˥˩i˥˥sɿ˧muo˧.（这是个树冠，我在地面上说是树底下还是树的……树……树下面？）黄：树底下，树底下么。ʂʅ˥ti˥ɕia˥˩,ʂʅ˥ti˥ɕia˥˩muo˧.（说树xa˥miæ̃˥没有？）黄：不说。pu˧˥ʂuo˥˩.（那我在树的，那个根的下面埋一个，埋些钱，你是说树……ʂʅ˩ti˥ɕia˩还是树下面？）黄：那在树底下埋着咧。nə˥tsæᴇ˥ʂʅ˥ti˥ɕia˥mæᴇ˧˩tʂə˧lie˧.（但是我在树的树冠下面，就是这个地上我放着一个什么东西，你是说树底下放着还是树下面放着？）黄：在树底下放着。tsæᴇ˥ʂʅ˥ti˥xa˥faŋ˥˩tʂə˧.王：树底下放着。ʂʅ˥ti˥xa˥˩faŋ˥˩tʂə˧.（噢，都说树底下？）黄：嗯。m̩˩.王：嗯。ŋ̍˩.（这根部的下面呢？）黄：哎就是根……根下面。æᴇ˥tɕiou˥˩sɿ˥˩kəŋ˥˥……kəŋ˥ɕia˥˩miæ̃˥˩.（kəŋ˥ɕia˩miæ̃˩？）黄：嗯。ŋ̍˩.（kəŋ˥xa˩miæ̃˩？）黄：噢，根下面。ŋɑɔ˩,kəŋ˥xa˥˩miæ̃˥˩.（说不说根……根底下？kəŋ˩ti˥xa˩？）黄：也说咧，根底下。ie˥˥ʂuo˥lie˧,kəŋ˥˩ti˥xa˥˩.王：也说这个。ie˥ʂuo˥tʂə˥˩kə˥˩.（kəŋ˩ti˥xa˩，有……有的，有的是在根的正的根下面，有的是在根的附近。）黄：那你就说是你兀个东西在，哎就在树……根的兀，跟前咧，或者是附近咧，你在兀儿挖去就对了。nei˥˥ni˥tɕiou˥˩ʂuo˥˩sɿ˥˩ni˥˥vu˥(k)ə˥tuoŋ˥ɕi˧tsæᴇ˥,ŋæᴇ˥tɕiou˥˩tsæᴇ˥˩ʂʅ……kəŋ˥ti˧və˥,kəŋ˥tɕʰiæ̃˧˩lie˧,xuo˧˥tʂə˥˩sɿ˥˩fu˥tɕiŋ˥lie˧,ni˥˩tsæᴇ˥˩var˥va˥tɕʰi˥˩tɕiou˥˩tuei˥lə˥.（你靠着这个根埋，有的是，挖到里面去，藏到那个根里头。）黄：那是根下面咧。nə˥˥sɿ˥kəŋ˥˩ɕia˥˥miæ̃˥˥lie˧.（说kəŋ˩ti˥xa˥吗？）黄：也说。ie˥ʂuo˥˩.

炕脚底下

（炕脚底下？）黄：炕脚底下，那这个话还倒能说。kʰaŋ˥tɕyo˥˩ti˥xa˥,næᴇ˥˥tʂei˥kə˥xua˥xa˧˩tao˥nəŋ˧˥ʂuo˥˩.（有这个说法啊？）有这个说法。iou˥˥tʂə˥kə˥ʂuo˥˩fa˥˥.（它到底指的是哪一块地方？）床底下这些地方都炕脚底下嘞。炕……tʂʰuaŋ˧˩ti˥xa˥tʂei˥ɕie˥˥ti˥˩faŋ˥˩tou˥˩kʰaŋ˥tɕyo˥˩ti˥xa˥˩lei˧.kʰaŋ˥……（炕……炕它不是砌那个吗？砌死了啦？）他是炕脚底下么是炕的这个，周围这个地方都是炕脚底么。tʰa˥˩sɿ˥˩kʰaŋ˥tɕyo˥˩ti˥ɕia˥˩muo˧sɿ˥˩kʰaŋ˥ti˧tʂə˥kə˥,tʂou˥˩vei˧˩tʂə˥kə˥ti˥faŋ˥˥tou˥˥sɿ˥˩kʰaŋ˥tɕyo˥˩ti˥muo˧.（噢，周围？不是指炕面底下是吧？）啊，不是炕……指炕面底下。a˩,pu˧˩sɿ˥˥kʰ……tsɿ˥˥kʰaŋ˥miæ̃˥˩ti˥˩ɕia˥.

以下、望下

（四十以下？）黄：有这个说法，四十以下。iou˥tʂə˥kə˥ʂuo˥fa˥˩,sɿ˥ʂʅ˧˥i˥˩ɕia˥.（可以讲往下吗？）那就是，这个往下是指具体的啥东西望下咧。个量是在这儿这。næᴇ˥tɕiou˥sɿ˥,tʂə˥kə˥vaŋ˥˥ɕia˥sɿ˥˩tsɿ˥˥tɕy˥tʰi˥ti˧sa˥tuoŋ˥ɕi˧vaŋ˥ɕia˥lie˧.kə˥˩liaŋ˥˥sɿ˥tsæᴇ˥tʂər˥tʂə˥.（你打个比方呢？）你比如是这个，往下那就是说，或者是这个三十斤往下，那就可能就是必须封顶子，三十斤把它封了。那那是一斤也是三十斤往下咧。ni˥˥pi˥˥zʅ˧˥sɿ˥tʂə˥˩kə˥,vaŋ˥˥ɕia˥næᴇ˥˩tɕiou˥˥sɿ˥˩ʂuo˥˥,xuei˧˥tʂə˥˩sɿ˥tʂə˥˩kə˥˩sæ̃˥ʂʅ˧˩tɕiŋ˥˥vaŋ˥˥ɕia˥,nei˥tɕiou˥kʰə˥˩nəŋ˧˩tsou˥˩sɿ˥pi˥˥ɕy˥˥fəŋ˥tiŋ˥tsɿ˥,sæ̃˥ʂʅ˧˩tɕiŋ˥pa˥˩tʰa˥˥fəŋ˥˥lə˧.nə˥nə˥˩sɿ˥˩i˥˩tɕiŋ˥ie˥sɿ˥˩sæ̃˥˩ʂʅ˧˩tɕiŋ˥vaŋ˥˥ɕia˥lie˧.

以内

（多少多少之内，比如说领导叫你去做什么事情，这个经费怎么花，一百块钱，不是，一千块钱之内，你可以……你可以决定。一千块之上你就，你就得请示领导了。你是说一……之内还是以内还是什么？）黄：那都，那还，这个话倒说咧。都说是，一百块钱以内啊，或者是一百块钱……一千块钱以内，这个你可以自由支配了，多了的话，要请示咧么。nə˧˥tou˥˩,nə˧˥xɑ˩˩,tʂə˧kə˧xuɑ˧tɑɔ˧ʂuo˥˩lie˩.tou˥˩ʂuo˥˩sɿ˧˩,i˥˧pei˥˩kʰuæᴇ˥˩tɕʰiæ̃˨˩i˥˩luei˧ɑ˩,xuo˨˩tʂə˥˩sɿ˧˩i˥˧pei˥˩kʰuæᴇ˥˩tɕʰiæ̃˨˩……i˥˩tɕʰiæ̃˥kʰuæᴇ˥˩tɕʰiæ̃˨i˥˩luei˧,tʂə˧˩kə˧˩ni˥˩kʰə˥i˥˩tsɿ˧˥iou˨tsɿ˥˩pʰei˧lə˩,tuo˥lə˩ti˩xuɑ˧,ni˥˩iɑɔ˧tɕʰiŋ˥˩sɿ˧lie˩muo˩.（老人家像这种东西说什么呢？）老人家说上，你最多，只能掏多少。lɑɔ˥ʐəŋ˨˩tɕiɑ˩ʂuo˥ʂɑŋ˧˥,ni˥˩tsuei˧˥tuo˥˩,tsɿ˥˩nəŋ˨tʰɑɔ˥tuo˥˩ʂɑɔ˥˩.（有没有说一千块钱以里的？）不说好像。pu˨˩ʂuo˥˩xɑɔ˥˩ɕiɑŋ˧˩.（时间上来呢？一个……一个月之内就能做完这个事情，或一天之内。）那就说一……那就说是一个月以内。nə˧˥tɕiou˥˩ʂuo˥˩i˥˩……nə˧tɕiou˧ʂuo˥˩sɿ˧˩i˥˩kə˧˥yo˥˩i˥˩luei˧.（以内？）啊，以内。ɑ˩,i˥˩luei˧.

里

（是往里走，还是往里进，还是怎么呢？）黄：往里走。噢，你往里走就是他们。vɑŋ˥˩li˥tsou˥˩.ɑɔ˩,ni˥˩vɑŋ˥˩li˥tsou˥˩tɕiou˧˩sɿ˧˩tʰɑ˥məŋ˩.（有没有说那个往进走？）那一……一般都太不说。往里走。nei˧˥i˥˩pei……i˥˩pæ̃˥˩tou˥˩tʰæᴇ˧pu˨ʂuo˥˩.vɑŋ˥˩li˥tsou˥˩.（说朝里走吗？）朝里走……也说。朝里走。tʂʰɑɔ˨li˥˩tsou˥˩i……ie˥ʂuo˥˩.tʂʰɑɔ˨li˥tsou˥˩.（哪种说得最土？）往里走，或者是朝里走，这都……多着往里走是，最土些。vɑŋ˥˩li˥tsou˥˩,xuo˨˩tʂə˥˩sɿ˧˩tʂʰɑɔ˨li˥tsou˥˩,tʂə˧tou˥˧……tuo˥tʂə˩vɑŋ˥˧li˥tsou˥˩sɿ˧˩,tsuei˧tʰu˥ɕie˥˩.

里首

（里头。）黄：里头，这有个，有这个说法。li˥tʰou˩,tʂei˧iou˥˩kə˧,iou˥˩tʂə˧kə˧ʂuo˥fɑ˥˩.（里头还有别的讲法没有？这个，杯子里头？）噢，杯子里头，杯子里头。ɑɔ˩,pei˥tsɿ˧li˥tʰou˩,pʰei˥tsɿ˩li˥˩tʰou˧.（里首？）里首这个话说咧。li˥ʂou˩tʂə˧kə˧xuɑ˧ʂuo˥lie˩.（杯子里首？）杯子里首……没有没有，这不再弄，不能指杯子咧。pʰei˥tsɿ˩li˥ʂou˩……mei˨˩iou˥˩mei˨˩iou˥˩,tʂə˧˥pu˨˩tsæᴇ˧nuoŋ˧,pu˨˩nəŋ˨tsɿ˥˩pʰei˥˩tsɿ˩lie˩.（你讲的里首是什么意思呢？）里首它就是站在外头就这个房里首。它就是指这一块儿地方就是咧。li˥ʂou˩tʰɑ˥˩tɕiou˧˩sɿ˧˩tsæ̃˧tsæᴇ˧væᴇ˧tʰou˩tɕiou˧˩tʂə˧˩kə˧˩fɑŋ˨li˥ʂou˩.tʰɑ˥˩tɕiou˧˩sɿ˧˩tsɿ˥tʂei˧i˥˩kʰuər˧˥ti˧fɑŋ˥˩tɕiou˧˩sɿ˧˩lie˩.（房里首？）啊，房里首。ɑ˩,fɑŋ˨li˥ʂou˩.（还有哪些可以加里首啊？）你这这个比如这个……ni˥˩tʂə˧˥tʂə˧˩kə˧˩pi˥˩ʐʯ˨˩tʂə˧˩kə˧˩……（车子里首？）啊，车子里首，这个，洞子里首，或者是这个，房里首这些，这都是可以叫。ŋɑ˩,tʂʰə˥tsɿ˩li˥ʂou˩,tʂə˧˩kə˧˩,tuoŋ˧tsɿ˩li˥ʂou˩,xuei˨˥tʂə˥˩sɿ˧tʂə˧kə˧,fɑŋ˨li˥ʂou˩tʂei˧˥ɕie˥˩,tʂei˧˥tou˥˩sɿ˧˥kʰə˥˩i˥˩tɕiɑɔ˧˩.（它是指空间比较大一点的还是这个呢？）啊，空间比较大一点的地方，呃。ɑ˩,kʰuoŋ˥tɕiæ̃˥˩pi˥˩tɕiɑɔ˧tɑ˧˥i˥˩tiæ̃˥˩tə˩ti˧fɑŋ˥˩,ə˥.（可以讲杯子里首吗？）不行。杯子里首有多大咧？杯子……pu˨˥ɕiŋ˨˩.pʰei˥tsɿ˩li˥˩ʂou˩iou˥˩tuo˥˩tɑ˧˥lie˩?pʰei˥tsɿ˩……

心里

（可以讲把它那个什么埋在心底这有这个说法吗？）黄：我们那兀就是埋到心里的，心里。ŋuo˥məŋ˩nə˧væᴇ˧˩tɕiou˧˩sɿ˧˩mæᴇ˨˩tɑɔ˧˥ɕiŋ˥˩li˥ti˩,ɕiŋ˥li˥˩.（心里？）呃儿，没没没心底。心没有底么。心哪有底咧？ər˩,mei˨mei˨mei˨ɕiŋ˥˩ti˥.ɕiŋ˥mei˨iou˥˩ti˥˩muo˩.

ɕiŋ˥na˥˩iou˥˩ti˥˩lie˨˩?

外首

（外首呢？）黄：外首也说么。væᴇ˧ʂou˨lie˥˩ʂuo˥muo˨˩.（用……你用外首说个句子看？）这个骡子是外首的嘛。tʂə˧˩kə˧˥luo˧˩tsɿ˨sɿ˧væᴇ˧ʂou˨ti˨ma˨˩.（骡子啊？）啊，套这一犋[①]牲口的话，两个牲口的话，这个牲口是外首的么，这个是里首的。ɑ˩˨,tʰɑɔ˧tʂə˧i˥˩tɕy˧tʂə ŋ˥˩kʰou˨ti˨xua˧˩,liaŋ˥kə˧˩səŋ˥˩kʰou˨ti˨xua˧˩,tʂə˧kə˧səŋ˥˩kʰou˨sɿ˧˩væᴇ˧ʂou˨tim˨,tʂei˧˩kə˧sɿ˧li˥ʂou˨ti˨.（那是驾车时候吧？）啊，就是套犁子的时候。ɑ˩˨,tɕiou˧˩sɿ˧˩tʰɑɔ˧li˧˩tsɿ˥ti˨sɿ˧˩xou˧.（套驴子的时候？）啊，套犁，揭地的时……ɑ˩˨,tʰɑɔ˧li˧˩,tɕie˥˩ti˧˥ti˨sɿ˧˩……（啊，犁子啊？）啊，套揭地的时候。你有时候套不合适它不会走。ɑ˩˨,tʰɑɔ˧tɕie˥˩ti˧˥ti˨sɿ˧˩xou˧.ni˥iou˥˩sɿ˧˩xou˧tʰɑɔ˧pu˧˩xuo˧˩tʂʰɿ˥˩tʰɑ˥pu˧˩xuei˧tsou˥.

外面

（可不可以说他站在房子外首？）黄：这个倒不能说。tʂə˧kə˧tɑɔ˥˩pu˧˩nəŋ˧ʂuo˥˩.（他站在那个窑……窑……窑洞的外面？）啊，站得窑洞的外面可以说。ɑ˩˨,tsæ̃˧tə˨liɑɔ˧˩tuoŋ˧ti˨væᴇ˧miæ̃˧˩kʰə˥˩i˥˩ʂuo˥.（可以说外面吗，外头吗他？）不可能说外头咧。pu˧˩kʰə˥˩nəŋ˧˩ʂuo˥˩væᴇ˧˥tʰou˨lie˨.（他站在外那个房子外头。）没有，它窑的……mei˧iou˥˩,tʰɑ˥iɑɔ˧ti˨……（外头也不能说啊？）噢，也不能说。他只能是在房子的外面。ɑɔ˧,ia˥˩pu˧˩nəŋ˧˩ʂuo˥˩.tʰɑ˥˩tsɿ˥˩nəŋ˧sɿ˧tsæᴇ˧faŋ˧˩tsɿ˨ti˨væᴇ˧miæ̃˧˩.（呃，外……外头谁在那里大声说话？怎么说？）那一般都说他是……谁在外面大声说话？他不会……感到它别扭么。你要说是，谁在……谁在外头大声说话咧？你听。nei˧˥i˥˩pæ̃˥tou˥˩ʂuo˥˩tʰɑ˥sɿ˧˩……ʂuei˧tsæᴇ˧væᴇ˧miæ̃˧ta˧səŋ˥˩ʂuo˥˩xua˧?tʰɑ˥˩pu˧˩xuei˧……kæ̃˥tɑɔ˧tʰɑ˥pie˧˩niou˥muo˨.ni˥iɑɔ˧ʂuo˥sɿ˧,sei˧ts……sei˧tsæᴇ˧væᴇ˧tʰou˨ta˧səŋ˥ʂuo˥xua˧˥lie˨?ni˥tʰiŋ˥˩.（可以说吗？）不可以说。pu˧˩kʰə˥˩i˥˩ʂuo˥.

里外

（里里外外，你们是……有……有没有叫里外的？）黄：啊，那有……有咧么，也叫里外。里，里里外外，或者是里外。ɑ˩˨,nə˧˥iou˥……iou˥lie˨muo˨,ie˥tɕiɑɔ˧li˥væᴇ˧.li˥,li˥li˥væᴇ˧væᴇ˧,xuo˧tʂə˥˩sɿ˧˩li˥væᴇ˧.（在什么时候，什么时候说里外呢？）那比如，有些时候那就说是这个……这个墙嘛，这个墙里外你都要跟我涂成白的，啊。nə˧pi˥ʐʯ˧,iou˥ɕie˥sɿ˧xou˧˥nə˧tɕiou˧ʂuo˥˩sɿ˧˩tʂə˧kə˧……tʂə˧˩kə˧˩tɕʰiaŋ˧ma˨,tʂə˧kə˧tɕʰiaŋ˧li˥væᴇ˧ni˥tou˥˩iɑɔ˧kəŋ˥˩ŋuo˥˩tʰu˧˩tʂʰəŋ˧pei˧ti˨,ɑ˩˨.

对面、面前、跟前

（他，站在我跟前？）黄：那真能说了。他在我对面儿站着咧。næᴇ˧˥tʂəŋ˥˩nəŋ˧ʂuo˥lə˨.tʰɑ˥tsæᴇ˧ŋuo˥tuei˧miæ̃r˧tsæ̃˧tʂə˨lie˨.（对面？）啊。就是面对面，他在我对面站是这……那就说是，他离我面前不远嘛。ɑɔ˩˨.tɕiou˧˩sɿ˧˩miæ̃˧tuei˧miæ̃˧˩,tʰɑ˥tsæᴇ˧˩ŋuo˥tuei˧miæ̃˧tsæ̃˧ʂɿ˧tʂei˧……næᴇ˧˩tɕiou˧ʂuo˥sɿ˧˩,tʰɑ˥˩li˧ŋuo˥miæ̃˧tɕʰiæ̃˧pu˧˩yæ̃˥ma˨.（有跟前这个说……这个说法没有？）有嘛，跟前。iou˥ma˨,kəŋ˥tɕʰiæ̃˧˩.（啊，你跟前有条蛇。）噢，你面前有条蛇。ɑɔ˩˨,ni˥miæ̃˧tɕʰiæ̃˧iou˥˩tʰiɑɔ˧ʂə˧˩.（面前？）嗯。再就是你……

---

① 犋：量词，为牵引犁、耙、车等农具的畜力单位。明徐光启《农政全书》卷六："假如一犋牛，总营得小亩三顷，每年一易，必须频种。"马烽、西戎《吕梁英雄传》第二十九回："当下就挑选好七犋牲口，编了两个组，决定第二天去突击抢种。"

你，这个你跟前有个，跟前有个蛇，那可能是，前头咧，也可以左右咧。如果是你面前有条蛇，那肯定不在左右了，就在你面前。ə̃˨˩.tʂæᴇ˥˨˩tɕiou˥˨˩sɿ˥˨˩n̩˥˧……ni˥˧˧,tʂə˥˨˩kə˥˨˩ni˥˧˧kəŋ˥˧tɕʰiæ̃˩˧iou˥˧˧kə˥,kəŋ˥˧tɕʰiæ̃˩˧iou˥˧kə˥˨˩ʂə˩˧,næᴇ˥kʰə˥˧˨˩nəŋ˩˧˧sɿ˥˨˩,tɕʰiæ̃˩˧˨˩tʰou˦lie˧,iɑ˥˧kʰə˥˧˧i˥˧˧tsuo˥˧˨˩iou˥˨˩lie˦.ʐʮ˩˧˨˩kuo˥˧˧sɿ˥ni˥˧˧miæ̃˥tɕʰiæ̃˩˧iou˥˧tʰiɑɔ˩˧˨˩ʂə˩˧˨˩,næᴇ˥kʰəŋ˥˧tiŋ˥pu˩˧˨˩tsæᴇ˥tsuo˥˧˧iou˥lə˦,tɕiou˥˥˦tsæᴇ˥ni˥˧˨˩miæ̃˥tɕʰiæ̃˩˧˨˩.（比如说这个我躺在这儿，一圈儿人围着我，说不说我跟前儿围了一大圈子人？）那能那能说咧。我跟……你跟前……跟前坐了一圈儿的人，或者围一圈儿的人。næᴇ˥˥˦nəŋ˩˧˨˩næᴇ˥˥˦nəŋ˩˧˨˩ʂuo˥˧˨˩lie˧.ŋuo˥˧˨˩kəŋ˥˧……ni˥˧˧kəŋ˥˧tɕʰi……kəŋ˥˧tɕʰiæ̃˩˧˨˩tsuo˥lie˦i˥˧˨˩tɕʰyæ̃r˥˧ti˧ʐəŋ˩˧˨˩,xuei˩˧˥˦tʂə˥˧˨˩vei˩˧i˥˧˨˩tɕyæ̃r˥˧ti˧ʐəŋ˩˧˧.（啊，这这这个这就是，就是也前后左右都包括了？）这前后左右都……都包括着咧。tʂə˥˨˩tɕʰiæ̃˩˧˨˩xou˥˥˦tsuo˥˧˧iou˥tou˥˧˧……tou˥˧˨˦pɑɔ˥˧˨˩kʰuo˥˧tʂə˧lie˧.

斜对面儿

黄：何西铭儿那个就讲我在何西铭儿的小学对面儿咧，斜对面儿咧，更精确地讲，何西铭儿在小学斜对面儿住着咧。xuo˩˧˨˩ɕi˥˧miə̃r˩˧næᴇ˥˥˦kə˥˨˩tɕiou˥tɕiɑŋ˥˧˧ŋuo˥˧˧tsæᴇ˥xuo˩˧˨˩ɕi˥˧miə̃r˩˧ti˦ɕiɑɔ˥˧ɕyo˩˧˨˩tuei˥miæ̃r˥lie˧,ɕie˩˧tuei˥miæ̃r˥lie˧,kəŋ˥tɕiŋ˥˧˨˩tɕʰyo˥˧ti˧tɕiɑŋ˥˧˨˩,xuo˩˧˨˩ɕi˥˧miə̃r˩˧˧tsæᴇ˥ɕiɑɔ˥˧ɕye˩˧˨˩ɕie˩˧˨˩tuei˥miæ̃r˥tʂʮ˥˨˩tʂə˧lie˧.（就这个左……附近呐，嗯……）我们附近有个兽医站咧。ŋuo˥˧məŋ˧fu˥tɕiŋ˥iou˥˧kə˥˨˩ʂou˥i˥˧˧tsæ̃˥lie˧.（可以讲附近？）噢。ŋɑɔ˥˧.（可以说我们左近有个兽医站吗？）我们斜对面有个兽医站。ŋuo˥˧məŋ˧ɕie˩˧tuei˥miæ̃˥iou˥˧˨˩kə˥˨˩ʂou˥i˥˧˧tsæ̃˥˨˩.（可以说左近吗？）不行。pu˩˧˥˦ɕiŋ˩˧˨˩.（我们左右有个……）呣……没有。不能这么个说。m̩˩˧……mei˩˧˨˩iou˥˧˨˩.pu˩˧˨˩nəŋ˩˧tʂə˥muo˦kə˥ʂuo˥˧˧.（不说哈？）我们对面儿有个兽医站。ŋuo˥˧məŋ˧tuei˥miæ̃r˥˥˦iou˥˧˨˩kə˥˨˩ʂou˥i˥˧˧tsæ̃˥.（对面？）或者我们附近有个兽医站，或者是我们斜对面儿有个兽医站，这就把具体的方位都指了。xuo˩˧˨˩tʂə˥˧˨˩ŋuo˥˧məŋ˦fu˥tɕiŋ˥iou˥˧˨˩kə˥˨˩ʂou˥˥˦i˥˧˨˩tsæ̃˥˨˩,xuo˩˧˧tʂə˥˧˨˩sɿ˥˨˩ŋuo˥˧məŋ˧ɕie˩˧tuei˥miæ̃r˥iou˥˧˨˩kə˥˨˩ʂou˥i˥˧˧tsæ̃˥,tʂei˥tɕiou˥pɑ˥˧˨˩tɕy˥tʰi˥˧ti˧fɑŋ˥˧˨˩vei˥tou˥˧˨˩tsɿ˥˧lə˧.

背后

（有话你当……当面儿说，不要背后说，说不说？）黄：呃说咧么。这是个常话，够讲。ə˥˧ʂuo˥˧˨˩lie˧muo˧.tʂə˥˥˦sɿ˥kə˥tʂʰɑŋ˩˧xuɑ˥˨˩,kou˥˥˦tɕiɑŋ˥˧˨˩.王：有话你说得桌面儿上。iou˥˧xuɑ˥ni˥˧˧ʂuo˥˧tə˧tʂuo˥˧˨˩miæ̃r˥˨˦ʂɑŋ˥˨˩.黄：啊。ɑ˨˩.王：你不要背后对人家说。ni˥˧˧pu˩˧˨˩iɑɔ˥pei˥˨˦xou˥˨˩tuei˥ʐəŋ˩˧˨˩tɕiɑ˥˧ʂuo˥˧˨˩.（噢，说，当面，背后，还是背地里？）黄：背后。有话你当面说，不要背后乱说了。pei˥xou˥.iou˥˧xuɑ˥ni˥˧˨˩tɑŋ˥˧˨˩miæ̃˥ʂuo˥˧˨˩,pu˩˧˨˩iɑɔ˥pei˥xou˥luæ̃˥ʂuo˥˧lə˧.（有没有说背地后，还是背……背地里说的？）王：背地里这个也说咧。pei˥ti˥li˥˧˨˩tʂə˥kə˥iɑ˥˧˨˩ʂuo˥˧lie˧.黄：背地里这也说……有这个话咧。pei˥ti˥˨˦li˥˧˨˩tʂə˥ie˥˧˧ʂuo……iou˥˧˧tʂə˥kə˥xuɑ˥lie˧.（哪一种说得，背……背后和背地里哪种说得最多？）王：背后说的多。pei˥˨˦xou˥ʂuo˥˧˨˩ti˧tuo˥˧.

前前后后

（前前后后？）黄：这话有咧，前前后后。tʂə˥˥˦xuɑ˥iou˥˧lie˧,tɕʰiæ̃˩˧tɕʰiæ̃˩˧˧xou˥˥˦xou˥.（它这个是指位置还是指时间？）这是指的时间的比较多一点嗯。tʂə˥sɿ˥tsɿ˥˧ti˧sɿ˩˧˨˩tɕiæ̃˥˧ti˧pi˥˧˧tɕiɑɔ˥tuo˥˧i˥˧˨˩tiæ̃˥˧˨˩ə̃˥˧.（指时间多一点是吧？）嗯。ə̃˨˩.（呃，这个山前前后后都种了……都都住满了人？）这不像这么。这都是，山的前前后后，这不像这么个说了。这和……这，它一般都修饰来说，山前山后都住的有人。tʂə˥˥˦pu˩˧˨˩ɕiɑŋ˥tʂə˥˨˩muo˦.tʂə˥˥˦tou˥˧˨˩sɿ˥˨˩,sæ̃˥˧ti˧tɕʰiæ̃˩˧tɕʰiæ̃˩˧˧xou˥xou˥,tʂə˥˥˦pu˩˧˨˩ɕiɑŋ˥tʂə˥˥˦muo˧kə˥˨˩ʂuo˥˧˨˩lə˧.tʂə˥xə……tʂə˥˥˦,tʰɑ˥˧˨˩i˥˧˨˩pæ̃˥˧tou˥˧˨˩ɕiou˥˧sɿ˥˧˨˩læᴇ˩˧˨˩ʂuo˥˧˧,sæ̃˥˧˨˩tɕʰiæ̃˩˧sæ̃˥˧˨˩xou˥tou˥˧˨˦tʂʮ˥ti˦iou˥˧˧ʐəŋ˩˧˨˩.（噢，山前山后？）噢，山前山后。

ɑɔ˨,sæ̃˥˧˨tɕ^{h}iæ̃˧˥sæ̃˥˧˨xou˥.

左面儿

（靠我左手边的。）黄：啊，靠我左手边，这话能说咧。ɑ˨,k^{h}ɑɔ˥ŋuo˥˧˧tsuo˥˧ʂou˥˧˨piæ̃˥˧˨,tʂə˥˨xuɑ˥˧˥nəŋ˧˥˨ʂuo˥˧lie˧.（给人介绍的……介绍的时候说？）啊，就是的，就可以这样说么。左面我左面是如何长短，我左边是咋么个。靠我的左手，这也能说。ɑ˨,tɕiou˥˨sɿ˥˨ti˧,tsou˥˨k^{h}ə˥˧i˥˧˨tʂə˥˧˥iɑŋ˥ʂuo˥˧˨muo˧.tsuo˥˧miæ̃˥ŋuo˥˧tsuo˥˧miæ̃˥sɿ˥ʐʮ˧˥˨xuo˧˥˨tʂ^{h}ɑŋ˧˥˨tuæ̃˥˧,ŋuo˥˧tsuo˥˧piæ̃˥˧˨sɿ˥tsɑ˥˧˨muo˧kə˥˨.k^{h}ɑɔ˥ŋuo˥˧ti˧tsuo˥˧ʂou˥˧,tʂei˥ie˥˧nəŋ˧˥˨ʂuo˥˧.（噢，靠我的左手？）啊。ɑ˨.（那手就不是这个“首”了嘛。）那就不是这个“首”。它必须是左面儿这个“手”么。næᴇ˥tɕiou˥pu˧˥˨sɿ˥tʂə˥kə˥ʂou˥˧˧.t^{h}ɑ˥˧pi˥˧˧ɕy˥˧˧sɿ˥tsuo˥˧miæ̃r˥˨tʂə˥˨kə˥˧˥ʂoum˥˧˨.

左右

1.（你们大概说两千左右是说是说两千来块钱还是更多呢？还是两千怎么？）黄：这个东西，两千左右，这可能是这个，也可能是不到两千块钱么。左右么。tʂə˥kə˥tuoŋ˥˧˨ɕi˥,liɑŋ˥˧tɕ^{h}iæ̃˥˧˨tsuo˥˧˧iou˥,tʂə˥k^{h}ə˥˧˨nəŋ˧˥sɿ˥tʂə˥kə˥,ie˥˧˧k^{h}ə˥˧˧nəŋ˧˥˧sɿ˥pu˧˥˨tɑɔ˥liɑŋ˥˧tɕ^{h}iæ̃˥˧˨k^{h}uæᴇ˥˧tɕ^{h}iæ̃˧˥˨muo˧.tsuo˥˧iou˥muo˧.（可多可少是吧？）可多可少么。k^{h}ə˥˧tuo˥˧˨k^{h}ə˥˧ʂɑɔ˥˧muo˧.（但是有没有什么限制呢？）没有。muo˥˧˧iou˥˧˨.（比如说一千五算不算两千左右？）一千五百块钱，那你按两千左右多钱？两千左□左上这个，那你左咧个一百二百也能行，左个五百还能行。i˥˧˨tɕ^{h}iæ̃˥˧˨vu˥˧pei˥˧˨k^{h}uæᴇ˥˧tɕ^{h}iæ̃˧˥˨,næᴇ˥˧˥ni˥˧˨æ̃˥liɑŋ˥˧tɕ^{h}iæ̃˥˧˨tsuo˥˧iou˥tuo˥˧˨tɕ^{h}iæ̃˧˥˧˥?liɑŋ˥˧tɕ^{h}iæ̃˥˧˨tsuo˥˧niæ̃˧˥˨tsuo˥˧ʂɑŋ˥tʂə˥kə˥,næᴇ˥ni˥˧˨tsuo˥˧lie˧kə˥˨i˥˧˨pei˥˧˨ər˥pei˥˧˨iɑ˥˧˨nəŋ˧˥˨ɕiŋ˧˥˨,tsuo˥˧kə˥˨vu˥˧pei˥˧˨xɑ˧˥˧nəŋ˧˥˨ɕiŋ˧˥˨.（这就……这就不好说了。两千左右这个左右还可以用别的来代替吗？别的词？）那可以用两千多少咧。næᴇ˥˧˥k^{h}ə˥˧˧i˥˧˧yoŋ˥liɑŋ˥˧tɕ^{h}iæ̃˥˧˨tuo˥˧˨ʂɑɔ˥˧lie.（两千上下？）噢，两千上下。ɑɔ˥,liɑŋ˥˧tɕ^{h}iæ̃˥˧˨sɑŋ˥ɕiɑ˥.（可以吗？）可以么。k^{h}ə˥˧i˥˧˨muo˧.（两千东西？）那不能行了。两千就没有东西。两千没有东西！næᴇ˥˧˥pu˧˥˨nəŋ˧˥˨ɕiŋ˧˥˨lə˧.liɑŋ˥˧tɕ^{h}iæ̃˥˧˧tsou˥mei˧˥iou˥˧˧tuoŋ˥˧˨ɕi˥˧˨.liɑŋ˥˧tɕ^{h}iæ̃˥˧˨mei˧˥iou˥˧tuoŋ˥˧˨ɕi˥˧!（不能……也不说两千南北？）那不行。næᴇ˥˧˥pu˧˥˨ɕiŋ˧˥˨.

2.（这个，这，这两个加起来，统称叫什么？）黄：左右么。tsuo˥˧iou˥muo˧.（欸，左右说不说，能不能概……概指眼前这些东西？）那不行么。那还有前后咧嗯。nə˥˧˥pu˧˥˨ɕiŋ˧˥˨muo˧.nə˥xæᴇ˧˥˨iou˥˧˧tɕ^{h}iæ̃˧˥˨xou˥lie˧m̩˧.（你比如说，我左右没什么东西。）那你只是，只是，你左右没得，只能是左傍和右傍嘛，那你前后还有咧么。nə˥˧˥ni˥˧˧tsɿ˥˧˨sɿ˥˨,tsɿ˥˧˧sɿ˥,ni˥˧˧tsuo˥˧˧iou˥mei˧˥˧tə˧,tsɿ˥˧˨nəŋ˧˥sɿ˥tsuo˥˧pɑŋ˥˨xuo˧˥˨iou˥˧˧pɑŋ˥˨mɑ˧,nei˥ni˥˧˧tɕ^{h}iæ̃˧˥˨xou˥˧˥xæᴇ˧˥˧iou˥˧˧liem˧.（左右是不是还有上下的意思？比如说，一个月左右？两个月左右？）这个话倒还有咧。一个月左右，或者是两个月左右。tʂə˥kə˥xuɑ˥tɑɔ˥xæᴇ˧˥˨iou˥˧lie˧.i˥˧˨kə˥yo˥˧tsuo˥˧˧iou˥,xuo˧˥˧tʂə˥˧˧sɿ˥liɑŋ˥˧kə˥˧˧yo˥˧˨tsuo˥˧˨iou˥˨.（你们说不说一个月上下，两个月说上下，或者说钱，一千块钱上……一千，一千上下，一万……是那个两万上下这样说的？）这都说，有这话咧。啊。tʂei˥˧˥tou˥˧˨ʂuo˥˧,iou˥˧tʂə˥˨xuɑ˥˨lie˧.ɑ˨.（老人家是说左右还是说上下的？）老人家多一半儿都说是左右多些。左右多些，嗯。lɑɔ˥˧ʐəŋ˧˥˨tɕiɑ˧tuo˥˧i˥˧˨pæ̃r˥tou˥˧˨ʂuo˥˧˨sɿ˥tsuo˥˧˧iou˥tuo˥˧ɕie˥˧˨.tsuo˥˧˧iou˥tuo˥˧˨ɕie˥˧˨,ŋ̍˨.

东西南北、东南西北

（好，这个东南西北怎么说？）黄：兀就是东南西……东、南、西、北。væᴇ˥˧˥tɕiou˥sɿ˥tuoŋ˥˧˨næ̃˧˥ɕi˥˧˧……tuoŋ˥˧,næ̃˧˥,ɕi˥˧,pei˥˧.（好。说这个到处，可不可以说东西南

北？我东西南北都有朋友。）那能行么。nə˧˥nəŋ˨˩ɕiŋ˨˩muo˧.（这个东西南北还是东南西北还是那什么别的说法？）这几个话咋么个都能说。东南西北，东西南北，这你把方位它指咧就对了，这是个方位词么。tʂei˧˥tɕi˥˧kə˧˩xua˧˥tsa˥˧muo˧kə˧˩tou˥˧˥nəŋ˨˦ʂuo˥˩.tuoŋ˥˩næ̃˨˦ɕi˥˧˥pei˥,tuoŋ˥˩ɕi˥˧næ̃˨˦pei˥,tʂei˧˥ni˥˧pa˥˩faŋ˥˩vei˧˥tʰa˥˧tsɿ˥˧lie˧tɕiou˧tuei˧lə˧,tʂə˧˥sɿ˧˩kə˧˩faŋ˥˩vei˧˥tsʰɿ˨˦muo˧.（都可以说？）都可以说。tou˥˧˥kʰə˥˧i˥˩ʂuo˥˩.（这个一耳光打得他不知道方向了，可不可以讲东……不知道……）不知……不知道东南西北咧。pu˨˩tʂɿ˥……pu˨˩tʂɿ˥˧tao˧˩tuoŋ˥˩næ̃˨˦ɕi˥˧pei˥˧lie˧.（不知道东南西北？）嗯。ə̃˥˩.（这个时候可不可以说东西南北？）那就不行咧。哎哟，那都别……是这个就你你这要打的他不知道东西南北。nei˧˥tsou˧pu˨˩ɕiŋ˨˩lie˧.æᴇ˥˧iao˧,næᴇ˧tou˥˧pie˨˦s……sɿ˧tʂə˧kə˧tsou˧˥ni˥˧ni˥˩tʂə˧˥iao˧˩ta˥˧ti˧tʰa˥˩pu˨˦tʂɿ˥˧tao˧tuoŋ˥˧˥ɕi˥˧næ̃˨˦pei˥.（到底是东西南北还是东南西北。）你这要打的他都不知道东西南北了，这也能行了。东南西北这都……都可以说。噢，反正是个，总的来说，他的这个唯一的目的就是，他不知道东西南北咧么，也不知道南北东西了么。哼。哼哼。哼。ni˥˩tʂə˧˥iao˧˩ta˥˧ti˧tʰa˥˧tou˥˩pu˨˦tʂɿ˥˧tao˧tuoŋ˥˧˥ɕi˥˧næ̃˨˦pei˥˧lə˧,tʂei˧˥a˥˩nəŋ˨˦ɕiŋ˨˩lə˧.tuoŋ˥˩næ̃˨˦ɕi˥˧pei˥˩tʂei˧tou˥˩p……tou˥˧˥kʰə˥˧i˥˩ʂuo˥˩.ao˥˩,fæ̃˥˩tsəŋ˧˥sɿ˧kə˧,tsuoŋ˥ti˧læᴇ˨˩ʂuo˥˩,tʰa˥˧ti˧tʂə˧˩kə˧˩vei˨˦i˥˧ti˧mu˥ti˧tɕiou˧sɿ˧˩,tʰa˥˩pu˨˩tʂɿ˥˩tao˧˥tuoŋ˥˩ɕi˥˩næ̃˨˦pei˥˩lie˧muo˧,æ˥˧pu˨˩tʂɿ˥˩tao˧næ̃˨˦pei˥˩tuoŋ˥˧˥ɕi˥˧ləm˧.xə̃˥.xə̃˥xə̃˥.xə̃˥˩.（到底一般哪一种说……它说起来顺口一点？）东西南北么。不知道东南西北咧，不知道东南西北。哼哼哼，哼哼哼。tuoŋ˥˧˥ɕi˥˧næ̃˨˦pei˥˧muo˧.pu˨˦tʂɿ˥˧tao˧tuoŋ˥˧˥ɕi˥˧næ̃˨˦pei˥lie˧,pu˨˩tʂɿ˥˩tao˧tuoŋ˥˩næ̃˨˦ɕi˥˧˥pei˥.xə̃˥˩xə̃˥˩xə̃˥˩,xə̃˧xə̃˧xə̃˧.

东头儿、最东头儿

1.（东边？）黄：东边可以说。tuoŋ˥pia˥˩kʰə˥˩i˥˩ʂuo˥˧.（还有别的讲法吗？）那就东边就是东边。næᴇ˧tɕiou˧tuoŋ˥piæ̃˥˩tɕiou˧˥sɿ˧˥tuoŋ˥˩piæ̃˥˩.（可以讲东头吗？）东头，也可以说，东头。tuoŋ˥tʰou˧,ie˥kʰə˥˩i˥˩ʂuo˥˩,tuoŋ˥tʰou˧.（这个东头是指东边还是东边的那个头上？）这是指东边着咧。东头。tʂə˧sɿ˧˩tsɿ˥˧tuoŋ˥piæ̃˥˩tʂə˧lie˧.tuoŋ˥tʰou˧.（东头就是东边？）噢，也就是东边。ao˥˩,ie˥˧tɕiou˧sɿ˧tuoŋ˥piæ̃˥˩.（村东头儿村西头？）啊。你是村西边村南边这。a˥˩.ni˥˩sɿ˧˩tsʰuoŋ˥ɕi˥piæ̃˥˩tsʰuoŋ˥˧næ̃˨˩piæ̃˥˧tʂə˧˩.（如果说一条马路这个是东西向的哈，我说这个这条马路的东边那个头上怎么讲，那顶上？）那就是村……那是村东头儿就对了。nə˧tɕiou˧sɿ˧˩tsʰuoŋ˥˧……nə˧˩sɿ˧˩tsʰuoŋ˥˩tuoŋ˥tʰour˨˦tɕiou˧tuei˧lə˧.（头儿？）这个路东……路东头儿。tʂə˧˩kə˧˩lou˧˥tuoŋ˥˩……lou˧tuoŋ˥˩tʰour˨˦.（噢，东头儿？）噢，东头儿，那就是把它在一起了。ao˧,tuoŋ˥˩tʰour˨˦,næᴇ˧tɕiou˧sɿ˧pa˥kʰa˥˧tsæᴇ˧i˥˩tɕʰi˥lə˧.（那个商店在最那边呢，你就说路……路东头儿？）最东头儿咧。它最东头儿就是咧。tsuei˧˥tuoŋ˥˩tʰour˨˩lie˧.tʰa˥˧tsuei˧˥tuoŋ˥˩tʰour˨˦tɕiou˧˩sɿ˧˩lie˧.（这个比如说这个这个东啊，这里是这里是东，好，这个店子正好就开在这个地方。）最东头儿咧么。tsuei˧tuoŋ˥˩tʰour˨˩liem˧.（可不可以就说东，东头儿？）东头儿也能行。东头那这一片就大了。这一头就这些……搞不好这个店都应该……你如果是最东头儿，那就把它都定死了。tuoŋ˨˩tʰour˨˦ia˥˩nəŋ˨˦ɕiŋ˨˩.tuoŋ˥˩tʰou˨˦næᴇ˧tʂei˧i˥˧pʰiæ̃˥tsou˧˩ta˧lə˧.tʂei˧i˥tʰou˨˩tsou˧tʂei˧ɕie˥˧……kao˥pu˨˩xao˥tʂə˧˩kə˧tiæ̃˧tou˥˩iŋ˧˥kæᴇ˥˩……ni˥˩ʐʮ˨˩kuo˥˧sɿ˧tsuei˧tuoŋ˥˩tʰour˨˦,næᴇ˧tsou˧pa˥˩tʰa˥˧tou˥˩tiŋ˧sɿ˥lə˧.（噢，加个最？）噢，最东头儿那就是靠着最东边那个，就是它，就是这个店就在那开着咧。ao˥˩,tsuei˧tuoŋ˥˩tʰour˨˦næᴇ˧tɕiou˧˩sɿ˧˩kʰao˧tʂə˧tsuei˧tuoŋ˥˩piæ̃˥˩næᴇ˧kə˧,tɕiou˧˩sɿ˧˩tʰa˥,tɕiou˧˩sɿ˧˩tʂə˧kə˧tiæ̃˧tɕiou˧tsæᴇ˧˩na˧˩kʰæᴇ˥tʂə˧li e˧.（哎你，你说东，东头，就是，就是随便东边哪个地方是吧？）啊，东头儿随便哪个地方。ɑ˩,tuoŋ˥˦tʰour˩˨suei˩˨piæ̃˧nə˥˩kə˩ti˧˦faŋ˥˩.

2.（有说东头儿的吗？）黄：有咧嘛。iou˥˩lie˧ma˧.（屋子的？）屋子的到……靠东头，或者是南……南……南头儿，这都说咧。vu˥˦tsɿ˧ti˧tɑɔ……kʰɑɔ˧˦tuoŋ˥˦tʰou˩˨,xuo˩˨tʂə˥˩sɿ˧˦næ̃˨……næ̃˨……næ̃˨tʰour˩˨,tʂə˧˦tou˥˩ʂuo˥˩lie˧.（西头也说？）嗯，西头也说。ŋ̍˥,ɕi˥tʰour˨æ˥ʂuo˥˦.（北头儿呢？）北头儿，也说嘛。pei˥˦tʰour˨,ie˥ʂuo˥˩ma˧.（最东头上那个，那个东西呢？）这也说咧么。那你问这个人住若是在哪儿住着咧。他在街道兀最东头儿哩。tʂə˧˦ia˥˩ʂuo˥lie˧muo˧.næᴇ˧˩ni˥˦vəŋ˧tʂə˧kə˧ʐəŋ˨tʂɥ˧ʐuo˥˦sɿ˧tsæᴇ˧nar˥tʂɥ˧˦tʂə˧lie˧.tʰɑ˥˦tsæᴇ˧tɕie˥˩tɑɔ˧və˧tsuei˧tuoŋ˥˩tʰour˩˨li˧.（有说东头头的说法没有？）没有。muo˥˦iou˥˩.（东边比较远的那个地方叫什么？）那就是最东边儿。næᴇ˧tɕiou˧sɿ˧tsuei˧tuoŋ˥piæ̃r˥˩.（啊，不是，还不到这么东边儿啦。比较远的那个地方，比如说这个，我去那个林站那边，这个是就是哪个，省界那个地方，那不……还不到最东头儿啦。）啊，那靠东边儿。ɑ˩,nə˧kʰɑɔ˧tuoŋ˥piæ̃r˥˩.（靠东边儿？）嗯，靠东边儿那面儿。ə̃˩,kʰɑɔ˧tuoŋ˥piæ̃r˥˩nei˧˦miæ̃r˧˩.（南头儿呢？）南头儿可说咧。næ̃˨tʰour˩kʰə˥˩ʂuo˥lie˧.（北头儿？）北头，呃，北头儿说哩。pei˥tʰou˧,ə˩,pei˥tʰour˨ʂuo˥li˧.（最北头呢那个东西呢？）呃都说咧。最北头儿，是谁在最北头儿住着咧。ə˥tou˥˩ʂuo˥lie˧.tsuei˧˦pei˥tʰour˨˦,sɿ˧sei˨tsæᴇ˧tsuei˧pei˥tʰour˩˨tʂɥ˧tʂə˧lie˧.

东半块

（那个北半块，南半块说不说？）黄：说哩。ʂuo˥li˧.（叫什么？）北傍块或者是南半块。pei˥paŋ˧kʰuæᴇ˥˦xuo˩˨tʂə˥˦sɿ˧næ̃˨pæ̃˧˩kʰuæᴇ˥˩.（半还是帮？）黄：傍，南傍块，北傍块。paŋ˧,næ̃˨paŋ˧kʰuæᴇ˥˩,pei˥paŋ˧kʰuæᴇ˥˩.（有没有同音字？）傍，没有个……嗯，怕就是臂膀的膀，“月”字过去一个“旁”字那个。呣，就是那。paŋ˧,mei˩˨iou˥kə˧s……ŋ̍˧,pʰɑ˧tɕiou˧sɿ˧pi˥˩paŋ˥ti˧paŋ˥,yo˥tsɿ˧kuo˧tɕʰi˧i˥˦kə˧pʰɑŋ˩˨tsɿ˧˦nə˧kə˧.m̩˥,tɕiou˧sɿ˧nə˧˩.（那一般说太阳是从，这是叫东边儿还是叫东膀块？）黄：东边儿。tuoŋ˥piæ̃r˥˩.（那东膀块是什么意思呢？）黄：哎有时候一些土话，说你门子在哪里，在东傍块咧。靠住东傍块，或者是靠住西傍块。但是你要问太阳从……从哪面升起，他就不可能说是太阳么从东傍块升起。那就是太阳从东里升起是西里落下去了。æᴇ˧iou˥sɿ˩˨xou˧i˥˩ɕie˥˩tʰu˥xuɑ˧,ʂuo˥˦ni˥˦məŋ˩tsɿ˧tsæᴇ˧nɑ˥li˥˩,tsæᴇ˧tuoŋ˥paŋ˧kʰuæᴇ˥˩lie˧.kʰɑɔ˧tʂɥ˧tuoŋ˥paŋ˧˩kʰuæᴇ˥˩,xuo˩˨tʂə˥˦sɿ˧kʰɑɔ˧tʂɥ˧ɕi˥paŋ˧˦kʰuæᴇ˥˩.tæ̃˧sɿ˧ni˥˦iɑɔ˧vəŋ˧tʰæᴇ˧iɑŋ˧tsʰuoŋ˩……tsʰuoŋ˩nɑ˥˦miæ̃˧ʂəŋ˥tɕʰi˥˩,tʰɑ˥˦tsou˧pu˩kʰə˥nəŋ˨ʂuo˥˩sɿ˧tʰæᴇ˧iɑŋ˧muo˧tsʰuoŋ˩tuoŋ˥paŋ˧kʰuæᴇ˥˩ʂəŋ˥˩tɕʰi˥˩.næᴇ˧tɕiou˧sɿ˧tʰæᴇ˧iɑŋ˧tsʰuoŋ˩tuoŋ˥li˧ʂəŋ˥˩tɕʰi˥˦sɿ˧ɕi˥li˧luo˥˩xɑ˧tɕʰi˧˦lə˧.

最西头儿、西头子

（那如果说这个西边的这个最……最西头这个地方呢？）黄：啊，最西头儿，不是西头儿。ɑ˧,tsuei˧ɕi˥tʰour˧,pu˩sɿ˧˩ɕi˥tʰour˧.（西头也可以表示，最那个……）也不……那就不是不是最了。西头子就是靠着西边儿，这个路的西头子这个地方，它不能说是最西头儿。ie˥˩pu˩……nə˧tsou˧pu˩sɿ˧pu˩sɿ˧tsuei˧lə˧.ɕi˥tʰou˧tsɿ˧tsou˧˩sɿ˧˩kʰɑɔ˧tʂə˧ɕi˥piæ̃r˥˩,tʂə˧˩kə˧˩lou˧ti˧ɕi˥tʰou˩˦tsɿ˧tʂə˧kə˧ti˧faŋ˥˩,tʰɑ˥˩pu˩nəŋ˨ʂuo˥˦sɿ˧tsuei˧ɕi˥tʰour˧.

南半拉儿、北半拉儿

（南半拉儿北半拉儿说不说？）黄：这个好像有些人可说咧。那你比如这个是一个，它指一……指某一件指某一个事，某一件东西他可以这样说。你比如这一条，这一条，这个大潭潭，大的大泉子，它可以就……它可以……tʂə˧˩kə˧˥xaɔ˥˧ɕiaŋ˧iou˨ɕie˥˩zəŋ˩˥kʰə˥˩ʂuo˥˧lie˧.næᴇ˧ni˥˧pi˥ʐʯ˩˥tʂə˧˩kə˧sʅ˧i˥˧kə˧,tʰɑ˥˩tsʅ˥˧i˥˧……tsʅ˥˧mu˥i˥˩tɕiæ̃˧tsʅ˥˧mu˥i˥˩kə˧sʅ˧,mu˥i˥˩tɕiæ̃˧tuoŋ˥ɕi˧tʰɑ˥˧kʰə˥˧i˥˧tʂə˧iaŋ˧ʂuo˥˩.ni˥˩pi˥ʐʯ˩˥tʂei˧i˥˧tʰiaɔ˩˥,tʂə˧i˥˩tʰiaɔ˩,tʂei˧kə˧ta˧tʰæ̃˩˩tʰæ̃˧,ta˧tə˧ta˧tɕʰyæ̃˩˩tsʅ˧,tʰɑ˥kʰə˥i˥˩tɕiou˧……tʰɑ˥kʰə˥˩i˥˩……（大圈子是什么意思？）就是一圈欸一个湖泊的的话，它就可以是南……南半拉儿，南半儿湖是……是这个欸北半儿湖，这它都可以说，南半拉，噢。tɕiou˧˥sʅ˧˩i˥˩tɕyæ̃˥ei˧i˥˧kə˧xu˩puo˥ti˧xua˧˩,tʰɑ˥˧tsou˧kʰə˥i˥˩sʅ˧˩næ̃˩……næ̃˩pæ̃˧lar˥,næ̃˩pæ̃r˧xu˩˩s……sʅ˧tʂə˧˩kə˧˩ei˧pei˥pæ̃r˧xu˩,tʂə˧˥tʰɑ˥˧tou˥˧kʰə˥˩i˥˩ʂuo˥,næ̃˩pæ̃˧˩la˥˧,ɑɔ˩.（你再说一遍。）你比如说南半儿拉，或者是北半儿拉，这都可以这样讲。ni˥˧pi˥˧ʐʯ˩˩ʂuo˥˩næ̃˩pæ̃r˧la˥˩,xuo˩˧tʂə˥˩sʅ˧pei˥pæ̃r˧la˥˩,tʂə˧tou˥˩kʰə˥˧i˥˧tʂei˧˥iaŋ˧˩tɕiaŋ˥˩.（半儿拉？）噢，半儿拉。它是指咧这个一半儿么。ɑɔ˩,pæ̃r˧la˥˩.tʰɑ˥˩sʅ˧˩tsʅ˥lie˧tʂə˧kə˧i˥˩pæ̃r˧˥muo˧.

东北角儿

（这四个角怎么说呢？）黄：东北角儿，西北角儿，或者是南北角儿。tuoŋ˥˧pei˥˧tɕyor˥,ɕi˥pei˥˩tɕyor˥,xuo˩˩tʂə˥˩sʅ˧˩næ̃˩pei˥˧tɕyor˥.（西北角儿和南北角儿有什么区别？）黄：那都是这个指，哪一个方向上咧。你比如，这个角它就是西北角儿么。nə˧˥tou˥˧sʅ˧tʂə˧˩kə˧˩tsʅ˥˧,na˥i˥˩kə˧˥faŋ˥˩ɕiaŋ˧ʂaŋ˧˥lie˧.ni˥˧pi˥˧ʐʯ˩,tʂə˧kə˧tɕyo˥tʰɑ˥tɕiou˧˩sʅ˧˩ɕi˥pei˥˩tɕyor˥muo˧.（这个西北角？）黄：啊。ɑ˩.王：嗯。ŋ̍˩.（那这个角呢？）黄：往这面走就成了南北角儿了。vaŋ˥˩tʂei˧˥miæ̃˧sou˥tɕiou˧tʂʰəŋ˩˩lə˧næ̃˩pei˥tɕyor˥˩lə˧.（南北角？）黄：嗯，南北角在这面咧。ŋ̍˩,næ̃˩pei˥tɕyo˥tsæᴇ˧tʂei˧˥miæ̃˧lie˧.（咱们就是，这个我现在也搞不清楚你这个，这个位置。打比……好比讲是个中国啦，这是北，这是个是这个这个这个叫哪儿？这是武汉吧！武汉在正中央，你在武汉，那个是，你这个，太白在武汉大概什么位置？）黄：在武汉的西北角儿咧么。tsæᴇ˧vu˥˧xæ̃˧ti˧ɕi˥pei˥tɕyor˥liem˧.（那这个台湾呢？）黄：在南北……到……兀它成了南北角儿上去了。tsæᴇ˧˩næ̃˩pei˥˩……taɔ˧˩……və˧˥tʰɑ˥˩tʂʰəŋ˩˩lə˧næ̃˩pei˥tɕyor˥ʂaŋ˧˩tɕʰi˧˩lə˧.（噢，东北，欸，噢，是……你们叫东南角叫是……那个南北角？）黄：噢，东南角儿给……哼，东南角儿。ɑɔ˩,tuoŋ˥˩næ̃˩tɕyor˥kei˧˩……xə̃˩,tuoŋ˥˩næ̃˩tɕyor˥˩.（你们，也说南北角吗？）黄：也说南北角儿。ie˥ʂuo˥˩næ̃˩pei˥tɕyor˥˩.（跟那个是一个方位吗？）黄：不是一个方位吧？pu˩˩sʅ˧i˥kə˧faŋ˥˩vei˧pa˧?（南北角是，应该是，哪个位置？）黄：这就，弄也把儿他弄……糊涂了。tʂei˧˥tɕiou˧˩,nuoŋ˧ia˥˧par˥˩tʰɑ˥˩nuoŋ˧……xu˩˩tu˧lə˧.（嗯，对呀，你这个要弄，说不定就是你们这儿独特的说法呢。）黄：西在那那儿，靠北的，正西的，偏北一点就叫西北角儿么。ɕi˥tsæᴇ˧nə˧˩nər˧˩,kʰaɔ˧˥pei˥ti˧,tʂəŋ˧˥ɕi˥ti˧,pʰiæ̃˥˧pei˥i˥˩tiæ̃˥tɕiou˧tɕiaɔ˧ɕi˥˧pei˥˧tɕyor˥muo˧.（正西，偏北一点？啊，那叫西北角，这是新疆啊这个就在西北角。啊。）黄：噢，啊，西北角上么。嗯。那你若是指，再往南偏一点的话那就成了那瘩咧。ɑɔ˩,ɑ˧,ɕi˥˧pei˥tɕiaɔ˥ʂaŋ˧˩muo˧.ə̃˩.nei˧ni˥˧ʐuo˥˧sʅ˧tsʅ˥˧,tsæᴇ˧vaŋ˥˧næ̃˩pʰiæ̃˥i˥˧tiæ̃˥˧ti˧xua˧nei˧tɕiou˧tʂʰəŋ˩˩lə˧na˧˥ta˧lie˧.（正北望南偏？）黄：啊。嗯，就说是正东，西，西边儿，放，呣，放南边下子那就是西南了呣。ɑ˩.əŋ˩,tɕiou˧ʂuo˥˩sʅ˧tʂəŋ˧tuoŋ˥,ɕi˥,ɕi˥piær˥˩,faŋ˧,m̩˧,faŋ˧næ̃˩pʰiæ̃˥xa˧˩tsʅ˧næᴇ˧tɕiou˧sʅ˧ɕi˥˩næ̃˩˩lə˧m̩˧.（呃，那是四川那边了？）黄：啊。ŋɑ˩.（四川那边就是西南了？）黄：呣。m̩˩.（四川呐，这个这个，甚至缅甸、印度那边叫西南了。）黄：啊。西南去了。ɑ˩.ɕi˥næ̃˩˩tɕʰi˧lə˧.（哈尔滨那边呢？）黄：那到……哈尔滨到北里去了。nə˧taɔ˧˩p……xɑ˥ər˥˩piŋ˥˧taɔ˧pei˥li˥˩tɕʰi˧˩lə˧.

（呃，又不是你的正北，你北边儿，再往上走，一……一直往上走那，那是陕北，再……再往上走那是蒙古了。）黄：嗯。这没个啥独特的说法。反正也都乱说哩我看那。ŋ̍˧˩.tʂə˧˥mei˩˧kə˧˥sɑ˧tu˩˧tʰei˥˧ti·ʂuo˥˧fɑ˥˧˩.fæ̃˥˧˩tʂəŋ˧æ˥˧˦tou˥˧˩luæ̃˧ʂuo˥˧li·vuo˥˧˩kʰæ̃˧˥nə˧˩.（乱说的？）黄：嗯。ŋ̍˧˩.（你也说南北角？）黄：嗯。ŋ̍˧˩.（南北？）黄：多一半儿有些人就是，靠东北……那半块儿，或者靠西，西北能偏一点，就是这么个。一般这里都不太那样分反正。tuo˥˧i˥˧˩pæ̃r˧iou˥˧ɕie˥˧˩zəŋ˩˧tsou˧˩sɿ˧˩,kʰɑɔ˧tuoŋ˥˧˦pei˥˧pə……nɑ˧pæ̃˧˩kʰuər˥˧˩,xuo˩˧tʂə˥˧˦kʰɑɔ˧ɕi˥˧,ɕi˥˧˩pei˥˧nəŋ˩˧pʰiæ̃˥˧i˥˧˩tiæ̃˥˧˩,tsou˧˩sɿ˧˩tʂə˧˥muo·kə˧˩.i˥˧˦pæ̃˥˧tʂei˧˥li˥˧˩tou˥˧˩pu˩˧tʰæᴇ˧˥nei˧iɑŋ˧˩fəŋ˥˧fæ̃˥˧˩tʂəŋ˧˩.（分得不清楚？）黄：分的不清楚。fəŋ˥˧ti·pu˩˧tɕʰiŋ˥˧tʂʰʮ˥˧˩.（你这个乡政府是朝什么方向的？）黄：乡政府，现在是座的，哎呀，它也不正乡政府。乡政府㖿……ɕiɑŋ˥˧˩tʂəŋ˧fu˥˧,ɕiæ̃˧tsæᴇ˧sɿ˧tsuo˧ti·,æᴇ˧˩iɑ·,tʰɑ˥˧˦æ˥˧˩pu˩˧tʂəŋ˧ɕiɑŋ˥˧˩tʂəŋ˧fu˥˧˩.ɕiɑŋ˥˧˩tʂəŋ˧fu˥˧˩m̩·……（那就以……这个太白中心小学吧。）黄：中心小学……tʂuoŋ˥˧˩ɕiŋ˥˧˩ɕiɑɔ˥˧ɕyo˩˧……（它是朝什么方向？）黄：现在的中心小学啊？ɕiæ̃˧tsæᴇ˧˦ti·tʂuoŋ˥˧˦ɕiŋ˥˧˦ɕiɑɔ˥˧ɕyo˩˧ɑ·?（啊，对对对那，就是原先老乡政府吧？）黄：老乡政府……lɑɔ˥˧ɕiɑŋ˥˧˩tʂəŋ˧fu˥˧……（它那个大门朝什么方向？）黄：偏南一……西南方向咧好像。pʰiæ̃˥˧næ̃˩˧i˥˧˩……ɕi˥˧˩næ̃˩˧fɑŋ˥˧˩ɕiɑŋ˧˥lie·xɑɔ˥˧˩ɕiɑŋ˧˩.（朝西南方向？）黄：啊，朝西南方向咧。ɑ˧˩,tʂʰɑɔ˩˧ɕi˥˧˩næ̃˩˧fɑŋ˥˧˩ɕiɑŋ˧˥lie·.（怎么会朝西南方向？）黄：嗯，没噢，不向西南。西在……西在这半块咧。它还是，那个还基本上是面向南着咧好像。嗯，面向南着哩那个。ŋ̍˧˩,muo˥˧˩ɑɔ·,pu˩˧ɕiɑŋ˧ɕi˥˧næ̃˩˧.ɕi˥˧tsæᴇ˧……ɕi˥˧tsæᴇ˧˩tʂei˧˦pæ̃˧˩kʰuæᴇ˥˧lie·.tʰɑ˥˧xɑ˩˧sɿ˧,nə˧kə˧xɑ˩˧tɕi˥˧˩pəŋ˥˧ʂɑŋ˧˩sɿ˧˩miæ̃˧ɕiɑŋ˧næ̃˩˧tʂə·lie·xɑɔ˥˧˩ɕiɑŋ˧˩.ə̃˧˩,miæ̃˧ɕiɑŋ˧næ̃˩˧tʂə·li·nə˧kə˧.（那个那这个太白林场是在它的什么位置？哪个角上？）黄：在东南上咧好像。tsæᴇ˧tuoŋ˥˧˩næ̃˩˧ʂɑŋ˧˥lie·xɑɔ˥˧˩ɕiɑŋ˧˩.（那这个，这个什么，叫做那个那个，你们那个修的那个土路在它那个哪个方向？就那些石窨子在它哪个方向？）黄：在它北傍块咧。tsæᴇ˧tʰɑ˥˧˦pei˥˧pɑŋ˧˩kʰuæᴇ˥˧lie·.（正北吗？）黄：它的……还不是正北。tʰɑ˥˧ti·……xɑ˩˧pu˩˧sɿ˧˥tʂəŋ˧pei˥˧˩.（是什么呢？）黄：它好像是向，[清嗓子]东北方向着咧好像。tʰɑ˥˧xɑɔ˥˧˦ɕiɑŋ˧sɿ˧ɕiɑŋ˧,tuoŋ˥˧˦pei˥˧fɑŋ˥˧˦ɕiɑŋ˧tʂə·lie·xɑɔ˥˧˩ɕiɑŋ˧˩.（那你们这个，这个叫什么那个，你们乡政府在它哪个方向？噢，不是乡政府，中学在它哪个方向？）黄：中学就在它的这个欸㖿，北傍块咧。tʂuoŋ˥˧˩ɕyo˩˧tɕiou˧tsæᴇ˧tʰɑ˥˧ti·tʂə˧kə˧ei·m̩·,pei˥˧pɑŋ˧kʰuæᴇ˥˧˩lie·.（北半块？）黄：西北方向上咧。ɕi˥˧˦pei˥˧fɑŋ˥˧˩ɕiɑŋ˧˥ʂɑŋ˧˩lie·.（那它这个，那个在它哪个方向上呢？这信用社是在它哪个方向？）黄：信用社在它对……信用社还不，还不正。哎呀，信用社都……西，西南上哩好像。ɕiŋ˧yoŋ˧ʂə˧tsæᴇ˧˩tʰɑ˥˧˩tuei˧˦……ɕiŋ˧yoŋ˧ʂə˧xɑ˩˧pu˩˧,xɑ˩˧pu˩˧tʂəŋ˧.æᴇ˧˩iɑ·,ɕiŋ˧yoŋ˧ʂə˧tou˥˧˦……ɕi˥˧˩,ɕi˥˧˩næ̃˩˧ʂɑŋ˧˥li·xɑɔ˥˧˩ɕiɑŋ˧˩.（西南上？）黄：嗯，方向是这么个着咧。ŋ̍˧˩,fɑŋ˥˧˩ɕiɑŋ˧sɿ˧tʂə˧˥m̩·kə˧˩tʂə·lie·.（那哪个地方在它的南北上，南北角上？）黄：哼，南北角，南北角就到这个岔子路口儿这儿。xə̃˧˩,næ̃˩˧pei˥˧˦tɕiɑɔ˥˧˦,næ̃˩˧pei˥˧˦tɕiɑɔ˥˧tɕiou˧tɑɔ˧tʂə˧kə˧tsʰɑ˧tsɿ·lou˧kʰour˥˧˦tʂər˧.（哪个岔子路口？）黄：嗯，靠住顺岔这么往上走，那个岔，欸，老医院那巷巷上，那个老小学那就怕就在它南北角儿。ŋ̍˥˧,kʰɑɔ˧tʂʮ˧˩ʂuoŋ˧tsʰɑ˧˥tʂə˧muo·vɑŋ˥˧˩ʂɑŋ˧tsou˥˧˦,nə˧˩kə˧˩tsʰɑ˧˥,ei˧˩,lɑɔ˥˧˦i˥˧˦yæ̃˧nə˧xɑŋ˧˥xɑŋ˧˩ʂɑŋ˧˩,nə˧˩kə˧˩lɑɔ˥˧ɕiɑɔ˥˧ɕyo˩˧nei˧tɕiou˧pʰɑ˧tɕiou˧tsæᴇ˧tʰɑ˥˧˦næ̃˩˧pei˥˧˦tɕyor˥˧˩.（它是个什么方位，南北角是一个？）黄：嗯，过去那个小学那个路是，是么个着咧？啊，兀搞不来，太白这个方向难弄得焦锹咧。ə̃˥˧,kuo˧˦tɕʰy˧nə˧kə˧ɕiɑɔ˥˧ɕyo˩˧nə˧kə˧lou˧˦sɿ˧,sɿ˧˩muo˥˧kə˧tʂə·lie·?æ˧˩,və˧˥kɑɔ˥˧pu˩˧læᴇ˩˧,tʰæᴇ˧pei˩˧tʂə˧kə˧fɑŋ˥˧˩ɕiɑŋ˧næ̃˩˧nuoŋ˧tə·tɕiɑɔ˥˧ɕiæ̃˥˧˩lie·.

拐角儿、旮旯儿、屹崂、屹旯

1.（这个，这个拐角儿那地方叫什么？）黄：就叫个拐角儿。墙角儿，或是墙拐角儿，嗯。tɕiou˦tɕiaɔ˦kə˦kuæᴇ˥˧tɕyor˥˧˩.tɕʰiaŋ˩˧tɕyor˥˧,xuo˩˧˦sɿ˦tɕʰiaŋ˩˧kuæᴇ˥˧tɕyor˥˧˩,ə̃˩.（嗯。还有别的讲法吗？）没有了。拐角儿它就是指一个地方么，拐角儿。mei˩˧˩iou˥˧˩lə˧.kuæᴇ˥˧tɕyor˥˧˦tʰɑ˥˧˦tɕiou˦˩sɿ˦˩tsɿ˥˧i˥˧˩kə˦˨ti˦faŋ˥˧muo˧,kuæᴇ˥˧tɕyor˥˧˩.（可以讲……旮旯吗？）旮旯……墙角儿，只能指墙角儿，或者是拐角儿。kɑ˥˧lɑ˧……tɕʰiaŋ˩˧tɕyor˥˧,tsɿ˥˧˩nəŋ˩˧tsɿ˥˧˦tɕʰiaŋ˩˧tɕyor˥˧,xuo˩˧˩tʂə˥˧˩sɿ˦˩kuæᴇ˥˧tɕyor˥˧˩.（嗯。）旮旯那就不一定是有墙。那个旮旯到处都有旮旯，那胡墼旮旯里头也有么。kɑ˥˧lɑ˧næᴇ˦tɕiou˦pu˩˧˩i˥˧˦tiŋ˦sɿ˦iou˥˧˦tɕʰiaŋ˩˧˩.nə˦˩kə˦˩kɑ˥˧lɑ˧taɔ˦tʂʰʮ˦˩tou˥˧˩iou˥˧˩kɑ˥˧˩lɑ˧,nɑ˦xu˩˧˩tɕi˥˧˦kɑ˥˧lɑ˧li˥˧˩tʰou˧iɑ˥˧˦iou˥˧muo˧.（kɑ˥˧lɑ˧？）噢，旮旯儿。ɑɔ˩,kɑ˥˧lar˧.（kɑ˥˧lɑ˧是角落的意思吗？）旮旯儿，可以是角落的意思，也不可以是角落的意思。那个胡墼旮旯儿那就不是角落儿。kɑ˥˧lar˧,kʰə˥˧i˥˧˦sɿ˦tɕiaɔ˥˧˩luo˥˧ti˧li˦sɿ˧,ie˥˧pu˩˧˩kʰə˥˧i˥˧˩sɿ˦tɕiaɔ˥˧˩luo˥˧˦ti˧li˦sɿ˧.næᴇ˦˩kə˦˩xu˩˧˩tɕi˥˧˦kɑ˥˧lar˧næᴇ˦tɕiou˦pu˩˧˩sɿ˦tɕiaɔ˥˧˩luor˥˧˦.（嗯，还有别的那个意思没有？）没有了。mei˩˧iou˥˧˦lə˧.（这kɑ˥˧lɑ˧这个意思到底怎么理解最准确呢？）胡墼旮旯儿那就说是，这个旮旯就是指这个东西放的这个欸，你像胡墼旮旯儿，旮旯它都是这个胡墼这个胡墼。它指这中间那些部位叫胡墼旮旯儿咧，这些地方。xu˩˧˩tɕi˥˧˦kɑ˥˧lar˧næᴇ˦tsou˦ʂuo˥˧˦sɿ˦,tʂə˦kə˦kɑ˥˧lɑ˧tɕiou˦sɿ˦tsɿ˥˧tʂə˦kə˦tuoŋ˥˧ɕi˧faŋ˦ti˧tʂə˦kə˦ei˩,ni˥˧˩ɕiaŋ˦xu˩˧˩tɕi˥˧˦kə˥˧lar˧,kɑ˥˧lɑ˧tʰɑ˥˧˦tsou˦˩sɿ˦˩tʂei˦˨kə˦xu˩˧˩tɕi˥˧˦tʂə˦kə˦xu˩˧˩tɕi˥˧˦.tʰɑ˥˧˩tsɿ˥˧˦tʂei˦tʂuoŋ˥˧˩tɕiæ̃˥˧˩nei˦ɕie˥˧˦pʰu˦vei˦tɕiaɔ˦xu˩˧˩tɕi˥˧kɑ˥˧˩lar˧lie˧,tʂei˦˨ɕie˥˧˩ti˦faŋ˥˧˦.（kɑ˥˧lɑ˧是那种……那个那种阴暗的地方吗？）旮旯，那怕不一定吧？那如果是角角儿，人□四川人说那话，[学四川人说话]角角垰垰，那就是指这些角儿，指人看不着的这些地方儿，那就是角角垰垰，它就是这个……kɑ˥˧lɑ˧,næᴇ˦˨pʰɑ˦pu˩˧˩i˥˧˩tiŋ˦˨pɑ˧?næᴇ˦ʐʮ˩˧˩kuo˥˧˦sɿ˦tɕyo˥˧tɕyor˥˧˩,ʐəŋ˩˧niæ̃˩˧˦sɿ˦tʂʰuæ̃˥˧ʐəŋ˩˧˩ʂuo˥˧nə˦xuɑ˦,tɕyo˥˧˩tɕyo˥˧˩kʰɑ˦˩kʰɑ˦,næᴇ˦tɕiou˦˩sɿ˦˩tsɿ˥˧tʂei˦ɕie˥˧˦tɕyo˥˧tɕyor˥˧˩,tsɿ˥˧ʐəŋ˩˧˩kʰæ̃˦pu˩˧˩tʂuo˩˧˩ti˧tʂei˦˩ɕie˥˧˩ti˦fɑ̃r˥˧˩,næᴇ˦tɕiɑu˦˩sɿ˦˨tɕyo˥˧˩tɕyo˥˧˩kʰɑ˦˩kʰɑ˦,tʰɑ˥˧tɕiou˦˩sɿ˦˩tʂə˦˩kə˦˩n……（你们可以说tɕyo˩tɕyo˩……tɕyo˩tɕyo˩kɑ˥˧lɑ˧吗？）我们不说。ŋuom˥˧pu˩˧˩ʂuo˥˧˩.

2.（屹崂说不说？就这个墙旮旯？）黄：屹崂说哩，有屹崂这个话哩。kə˥˧laɔ˧ʂuo˥˧li˧,iou˥˧˦kə˥˧laɔ˧tʂə˦kə˦xuɑ˦li˧.（就是角落的差不多的……）嗯，就是的。墙屹崂。ə̃˩,tsou˦sɿ˦ti˧.tɕʰiaŋ˩˧kə˥˧laɔ˧.（墙旮旯？就是说这个地方叫墙旮旯？）嗯。ŋ̍˩.（从外头那边算呢？）外头都不算。væᴇ˦˩tʰou˧tou˥˧˦pu˩˧˩suæ̃˦˩.（[用文具盒作比方]这是一个墙，这个地方指墙外角叫不叫墙kə˥˧laɔ˧？）那是墙角角。nə˦sɿ˦tɕʰiaŋ˩˧tɕyo˥˧tɕyo˥˧˩.（里头这个呢？）墙屹旯了那就叫。tɕʰiaŋ˩˧kə˥˧lɑ˧lə˧nɑ˦˩tɕiou˦˨tɕiaɔ˦˩.（是tɕʰiaŋ˩˧kə˥˧lɑ˧还是tɕʰiaŋ˩˧kə˥˧laɔ˧？）墙屹旯。tɕʰiaŋ˩˧kə˥˧lɑ˧.（kə˥˧laɔ˧呢？）屹旯。kə˥˧lɑ˧.（有说kə˥˧laɔ˧的没有？）没有。mei˩˧˦iou˥˧˩.

背圪崂儿、僻背地方

（偏僻的地方你们一般叫什么？把他拖到一个偏僻的地方打一顿。）黄：最土的话是背圪崂儿。tsuei˦tʰu˥˧ti˧xuɑ˦sɿ˦˩pei˦kə˥˧laɔr˧.王：背圪崂儿。pei˦kə˥˧laɔr˧.黄：拉背圪崂儿把他□咧一顿。再一个就说是拉到那没人处打去。lɑ˥˧pei˦kə˥˧laɔr˧pɑ˥˧˦tʰɑ˥˧˦pie˥˧lie˧i˥˧˩tuoŋ˦˩.tsæᴇ˦i˥˧˦kə˦tsou˦ʂuo˥˧˩sɿ˦˩lɑ˥˧taɔ˦nə˦muo˥˧˩ʐəŋ˩˧˩tʂʰʮ˦tɑ˥˧˩tɕʰi˦˩.（没人的地方那当然……那都都知道。）黄：呃哼，拿拉没人的地方打去。ə̃˩xə̃˦,nɑ˩˧lɑ˥˧mei˩˧ʐəŋ˩˧˦ti˧ti˦˩faŋ˥˧˩tɑ˥˧tɕʰi˦˩.（有没有叫僻背地方的说法？）黄：僻背地方有么。pʰi˥˧pei˦ti˦faŋ˥˧˩iou˥˧˩muo˧.王：僻背地方有咧。pʰi˥˧˩pei˦˨ti˦faŋ˥˧˦iou˥˧˩lie˧.黄：有这个，这有这个话咧。啊。iou˥˧tʂə˦kə˦,tʂə˦iou˥˧˩tʂə˦kə˦xuɑ˦

lie˧.al˩.（嗯。这跟这个背圪崂儿有什么区别没有？）王：一样的。i˥˩iaŋ˥ti˧.黄：一样的。嗯。i˥˩iaŋ˥ti˧.ŋ̍˩.黄：僻背地方。pʰi˥pei˥ti˩faŋ˥˩.王：僻背地方。pʰi˥˩pei˥˦ti˩˩faŋ˥˩.

墙角、墙脚脚

（有说叫拐角的吗？）黄：有咧么，拐角，墙拐角㖿。iou˥liem˧,kuæᴇ˥tɕyo˥˩,tɕʰiaŋ˩˦kuæᴇ˥tɕyo˥˩m̩˧.（墙拐角，也叫墙拐角也叫什么？）墙角。tɕʰiaŋ˩˦tɕyo˥.（tɕʰiaŋ˩tɕyo˥tɕyo˧是什么东西？）墙脚脚，你就像那个地方那就叫墙脚脚。tɕʰiaŋ˩tɕyo˥tɕyo˥˩,ni˥˦tsou˥ɕiaŋ˥˩nə˥ti˥faŋ˥˩nə˥tɕiou˥tɕiao˥tɕʰiaŋ˩tɕyo˥tɕyo˥˩.（是，只能说这下面这一部分，这个不能算？）嗯，墙脚脚㖿，就是指下面儿那一点儿。ŋ̍˩,tɕʰiaŋ˩tɕyo˥tɕyo˥˩m̩˧,tsou˥sɿ˥tsɿ˥ɕia˥˦miær˥nei˥i˥˦tiær˥˩.（这整个说不说墙角？）整个也说墙角么。有说，说㖿。tʂəŋ˥kə˥ie˥˦ʂuo˥tɕʰiaŋ˩tɕyo˥muo˧.iou˥˦ʂuo˥,ʂuo˥m̩˧.

墙缝、罅罅

1.（夹缝的那个地方，比如说两个房子中间夹一个，那，那就，也过不了人，什么也过不了，只能放点儿东西。）黄：墙缝么。tɕʰiaŋ˩fəŋ˥muo˧.（墙缝吗？可以走人的那个呢？两栋房子中间隔开。）黄：那叫过道儿了。nei˥˦tɕiao˥˩kuo˥taor˥lə˧.（叫xaŋ˥tsɿ˧不叫？）黄：叫……不叫巷子。这面儿多一半儿都叫过道儿。tɕiao˥˦……pu˩˩tɕiao˥xaŋ˥˦tsɿ˧.tʂei˥˦miær˥tuo˥i˥˩pær˥tou˥˩tɕiao˥kuo˥taor˥.（但是这个两个挨得很紧很紧呢？人也走不了，这个连……可能鸡可以走，狗可以走，大一点都不能走了。只能堆点什么柴草，柴……柴火呀，堆点这个扫把呀，堆点这个木头呀。这个地方叫什么？）王：罅罅[①]。xa˥˦xa˧.（这墙的叫xa˥xa˧？）王：嗯。ŋ̍˩.黄：嗯。罅罅。ŋ̍˩.xa˥˦xa˩.（两，两个山中间呢？也有没有，有没有xa˥xa˩？）王：山中间？sæ̃˥tʂuoŋ˥˩tɕiæ̃˥˩？（嗯。）黄：那就叫沟了喊。nə˥tɕiou˥tɕiao˥kou˥lə˧xæ̃˥.王：那就叫沟了。nə˥tɕiou˥tɕiao˥kou˥lə˧.

2.（那种比如说两边这个，这个，哎，夹，夹着这个地方，这一条夹缝，怎么讲？）黄：那就叫，夹缝或者是这个墙缝嘛。næᴇ˥˦tɕiou˥˩tɕiao˥,tɕia˥˩fəŋ˥xuei˩˦tʂə˥˩sɿ˥tɕiao˥tʂə˥kə˥tɕʰiaŋ˩fəŋ˥ma˧.（可以讲罅罅吗？）罅罅，也能讲。tɕʰia˥˦tɕʰia˧,ie˥nəŋ˩˩tɕiaŋ˥˩.（你举个例子看看什么罅罅？）这个桌子罅罅，你比如这两个桌子上这就是桌子罅罅。tʂə˥˩kə˥˩tʂuo˥tsɿ˧tɕʰia˥tɕʰia˧,ni˥˦pi˥˦ʐʮ˩˦tʂə˥lianŋ˥kə˥˩tʂuo˥tsɿ˧ʂaŋ˥tʂei˥˦tɕiou˥sɿ˥tʂuo˥tsɿ˧tɕʰia˥˩tɕʰia˧.（两个桌子中间？）两个桌子中间，一个中……桌子和墙这个地方这也桌子罅罅。liaŋ˥kə˥˩tʂuo˥tsɿ˧tʂuoŋ˥˩tɕiæ̃˥˩,i˥˩kə˥tʂuoŋ˥˦……tʂuo˥tsɿ˧xuo˩˩tɕʰiaŋ˩tʂə˥kə˥ti˥˦faŋ˥˩tʂei˥æ˥˦tʂuo˥˩tsɿ˧tɕʰia˥˩tɕʰia˧.（噢，就说是那种，夹缝处？）噢，夹缝处么，噢。ɑɔ˩,tɕia˥˩fəŋ˥˦tʂʰʮ˥˦muo˧,ɑɔ˩.（这个门缝处叫不叫tɕʰia˥tɕʰia˧呢？）那不叫。næᴇ˥pu˩˩tɕiao˥.（如果是两座高山，这个中间一条峡谷，可不可以讲山tɕʰia˥tɕʰia˧？）那么不叫了。那叫，那叫山峡，或者是山谷，山缝。nəm˥˦pu˩˩tɕiao˥lə˧.næᴇ˥tɕiao˥,næᴇ˥˦tɕiao˥sæ̃˥˩ɕia˩,xuei˩˦tʂə˥˩sɿ˥˩sæ̃˥˩ku˥,sæ̃˥˩fəŋ˥.（你们本地怎么说？）我们本地兀把就是叫，叫沟咧。ŋuo˥mən˧pəŋ˥˦ti˥˦væᴇ˥pa˥˩tɕiou˥sɿ˥tɕiao˥,tɕiao˥kou˥lie˧.（沟？）把两座山中间这叫沟。它是深一点，比较宽一点，那叫谷么，罅谷么。pa˥˩liaŋ˥tsuo˥sæ̃˥tʂuoŋ˥˩tɕiæ̃˥˦tʂə˥˩tɕiao˥kou˥.tʰa˥˦sɿ˥ʂəŋ˥i˥˩tiæ̃˥˩,pi˥˦tɕiao˥kʰuæ̃˥i˥˩tiæ̃˥˩,næᴇ˥tɕiao˥ku˥muo˧,tɕʰia˥˦ku˥muo˧.（这个叫不叫tɕʰia˥tɕʰia˧？）罅罅。这叫罅罅。这一带就叫罅罅。tɕʰia˥tɕʰia˧.tʂei˥˦tɕiao˥˩tɕʰia˥tɕʰia˧.tʂei˥˦i˥˩tæᴇ˥tsou˥˩tɕiao˥˩tɕʰia˥˦tɕʰia˧.

① 罅：《广韵》呼讶切：“孔罅。”唐韩愈《县斋有怀》诗：“湖波翻石车，岭石坼天罅。”有学者认为本字为“峡”，于音不合。

当中

（你们这个中间是说中间还是说当中？）王：当中。tɑŋ˥˧˧˥tʂuoŋ˥˧˧˩.黄：当中。tɑŋ˥˧˧˩tʂuoŋ˥˧.（也说中间吗？）王：中间也说咧。tʂuoŋ˥˧˧˩tɕiæ̃˥˧˧˥æ˥˧˧˥ʂuo˥˧lie·˧.黄：中嗯……说咧，嗯。tʂuoŋ˥˧ŋ̍……ʂuo˥˧lie·˧,ŋ̍˧˩.（从方位上说是……）王：当中。tɑŋ˥˧˧˥tʂuoŋ˥˧˧˩.（数字上呢？一个月，中间，还钱呢？）黄：一个月中，或者一个月中间。i˥˧˧˩kə˧˧˥yo˥˧˧˩tʂuoŋ˥˧,xuo˨˦˧˩tʂə˥˧˧˩i˥˧˧˩kə˧˧˥yo˥˧˧˥tʂuoŋ˥˧tɕiæ̃˥˧˧˩.（最当中的那个呢？当中可能是一段儿了，你比如说吃段儿鱼，我，当中这段儿，最当中的那一段儿。）黄：哎就是最当中了。æᴇ˧˩tɕiou˧˧˩sʅ˧˧˩tsuei˧tɑŋ˥˧˧˩tʂuoŋ˥˧˧˩lə·˧.

当心里

（呃，中间？他站在中间？）黄：这就是叫中间咧。tʂei˧˧˥tɕiou˧˧˩sʅ˧˧˩tɕiɑɔ˧tʂuoŋ˥˧tɕiæ̃˥˧˧˩lie·˧.（他可以说站在当中吗？）可以说。当中……kʰə˥˧i˥˧˧˩ʂuo˥˧˧˩.tɑŋ˥˧˧˥tʂuoŋ˥˧˧˥……（站在路中间还说站在路当中？）路当中，路中间都合适着咧。lou˧tɑŋ˥˧tʂuoŋ˥˧˧˩,lou˧tʂuoŋ˥˧tɕiæ̃˥˧˧˩tou˥˧˧˥xuo˨˦˧˩tʂʰʅ˥˧˧˩tʂə·˧lie·˧.（这个站在正中间呢？）那就更精确了么。næᴇ˧tɕiou˧˧˩kəŋ˧tɕiŋ˥˧˧˩tɕʰyo˥˧ləm·˧.（你们怎么讲？）他在正中间站着咧。tʰɑ˥˧˧˥tsæᴇ˧tʂəŋ˧tʂuoŋ˥˧tɕiæ̃˥˧˧˩tsæ̃˧tʂə·˧lie·˧.（还有更……更土的说法没有？你这个还好像还太文雅了。）他在当心里站着咧。tʰɑ˥˧˧˥tsæᴇ˧tɑŋ˥˧˧˩ɕiŋ˥˧li·˧tsæ̃˧˧˩tʂə·˧lie·˧.（当心？当心什么？）他在当心里站着咧。tʰɑ˥˧˧˥tsæᴇ˧tɑŋ˥˧˧˩ɕiŋ˥˧li·˧tsæ̃˧tʂə·˧lie·˧.（当心里？）啊。ɑ˧˩.（有个里欸？）嗯，他比如这一个欸，他这一个圆圈他在当心里站着咧。ə̃˧˩,tʰɑ˥˧˧˥pi˥˧˧˥ʐʮ˨˦˧˩tʂei˧˧˥i˥˧˧˩kə˧ei˧,tʰɑ˥˧˧˩tʂei˧i˥˧˧˩kə˧yæ̃˨˦tɕʰyæ̃˥˧tʰɑ˥˧˧˥tsæᴇ˧tɑŋ˥˧˧˩ɕiŋ˥˧li·˧tsæ̃˧tʂə·˧lie·˧.（就站在这个圆……圆心……圆心上？）噢，圆的这个圆心里站着咧。ɑɔ˧˩,yæ̃˨˦˧˩ti·˧tʂə˧˧˩kə˧˧˩yæ̃˨˦˧˩ɕiŋ˥˧li·˧tsæ̃˧tʂə·˧lie·˧.（可不可以讲当中中？当中中？）哎不能讲，当中中是个……啥概念了？æᴇ˥˧pu˨˦˧˩nəŋ˨˦tɕiɑŋ˥˧˧˥,tɑŋ˥˧˧˥tʂuoŋ˥˧tʂuoŋ˥˧˧˩sʅ˧kə˧s……sɑ˧˧˥kæᴇ˧niæ̃˧˧˥lə·˧?

半中腰

（这个正当中啊，叫不叫半中腰？）黄：不叫。pu˨˦˧˥tɕiɑɔ˧.（没有说半中腰的说法？）有半中腰的说法，但不是……不能指路。iou˥˧pæ̃˧tʂuoŋ˥˧˧˥iɑɔ˥˧ti·˧ʂuo˥˧fɑ˥˧˧˩,tæ̃˧pu˨˦˧˩sʅ˧……pu˨˦˧˩nəŋ˨˦tsʅ˥˧lou˧.（指什么呢？树？）树的半中腰，这个杯子的半中腰可以。ʂʮ˧ti·˧pæ̃˧tʂuoŋ˥˧˧˥iɑɔ˥˧˧˩,tʂə˧kə˧pʰei˥˧tsʅ·˧ti·˧pæ̃˧tʂuoŋ˥˧iɑɔ˥˧˧˩kʰə˥˧˧˩i˥˧˧˩.（竖起来的长方形的东西？）啊，啊，杯子的半中腰可以。树的半中腰也可以，指这个椽子的半中腰也……ɑ˧˩,ɑ˧˩,pʰei˥˧˧˩tsʅ·˧ti·˧pæ̃˧tʂuoŋ˥˧˧˥iɑɔ˥˧˧˩kʰə˥˧˧˥i˥˧˧˥.ʂʮ˧ti·˧pæ̃˧tʂuoŋ˥˧˧˥iɑɔ˥˧˧˩ie˥˧kʰə˥˧˧˩i˥˧˧˩,tsʅ˥˧˧˩tʂə˧kə˧tʂʰuæ̃˨˦tsʅ·˧ti·˧pæ̃˧tʂuoŋ˥˧˧˥iɑɔ˥˧˧˩ie˥˧˧˥……（就说纵向的是吧？）噢，纵向的，啊。ɑɔ˧˩,tsuoŋ˧ɕiɑŋ˧ti·˧,ɑ˧˩.（椽子？）立起来的椽子这个半中腰。li˥˧˧˩tɕʰi˥˧læᴇ˨˦˧˥ti·˧tʂʰuæ̃˨˦tsʅ·˧tʂə˧kə˧pæ̃˧tʂuoŋ˥˧˧˥iɑɔ˥˧˧˥.

边儿上

（比如说他，他就站在你旁边？）黄：这个话能说。他就在你旁边。tʂə˧kə˧xuɑ˧nəŋ˨˦ʂuo˥˧˧˩.tʰɑ˥˧˧˩tɕiou˧tsæᴇ˧ni˥˧˧˩pʰɑŋ˨˦piæ̃˥˧˧˥.（可不可以讲他就站在你一边？）这也可以。他就在你一边，这个都能讲。tʂei˧˧˥iɑ˥˧˧˩kʰə˥˧i˥˧˧˩.tʰɑ˥˧˧˩tɕiou˧˧˥tsæᴇ˧ni˥˧˧˩i˥˧piæ̃˥˧˧˩,tʂə˧kə˧tou˥˧˧˩nəŋ˨˦tɕiɑŋ˥˧.（呃，可以说一偏吗？）一偏？i˥˧˧˩pʰiæ̃˥˧?（嗯，他就站在你一偏。）那不行。næᴇ˧˧˥pu˨˦˧˩ɕiŋ˨˦˧˩.（不行？）嗯。他站在你的前头，或者是站你的后头，这都能行咧。ŋ̍˧˩.tʰɑ˥˧˧˥tsæ̃˧tsæᴇ˧ni˥˧ti·˧tɕʰiæ̃˨˦˧˩tʰou˧,xuei˨˦˧˥tʂə˥˧˧˩sʅ˧˧˩tsæ̃˧ni˥˧˧˥ti·˧xou˧tʰou·˧,tʂə˧˧˥tou˥˧˧˩nəŋ˨˦ɕiŋ˨˦˧˩lie·˧.（可以说他站在你边边吗？）那也不行。他在你边儿上能行咧。他在你边儿……næᴇ˧˧˩æ˥˧pu˨˦˧˩ɕiŋ˨˦˧˩.tʰɑ˥˧˧˥tsæᴇ˧ni˥˧˧˥piæ̃r˥˧ʂɑŋ˧˧˩nəŋ˨˦˧˩ɕiŋ˨˦˧˩lie·˧,tʰɑ˥˧˧˥tsæᴇ˧ni˥˧˧˥piæ̃r˥˧……

（piæ̃r˥saŋ˩？）啊，他在你边儿上呆着咧。a˩,tʰa˥˩tsæᴇ˧ni˥˩piæ̃r˥saŋ˧˩tæᴇ˥˩tʂə˧lie˧.

一边（儿）、一头（儿）

（好，说这个边上，你们怎么表示？）黄：边上。就是桌子的边，或者是场边，路边。piæ̃˥ʂaŋ˥˩.tɕiou˧˩sɿ˧˩tʂuo˥tsɿ˧ti˧piæ̃˥˩,xuo˩˩tʂə˥˩sɿ˧tʂʰaŋ˩piæ̃˥˩,lou˧piæ̃˥˩.（比如说地边上。）地边，这也能行嘛，噢，地边。ti˧piæ̃˥˩,ie˥˩nəŋ˩˩ɕiŋ˩˥ma˧,aɔ˩,ti˧piæ̃˥˩.（可不可以说地头起呢？）没有。mei˩˥iou˥˩.（炕头起？）炕头起。只能炕，就不能是起了。炕头儿。kʰaŋ˧tʰou˩˩tɕʰi˥˩.tsɿ˥˩nəŋ˩kʰaŋ˧,tsou˧pu˩˩nəŋ˩sɿ˧˩tɕʰie˥lə˧.kʰaŋ˧tʰour˩.（炕头？）或者是地头，这都能说。xuo˩˩tʂə˥˩sɿ˧˩ti˧˥tʰou˩˥,tʂə˧˥tou˥˩nəŋ˩˥ʂuo˥˩.（地头儿？）啊，你不能说是地头上、炕头上。a˩,ni˥˩pu˩˩nəŋ˩˥ʂuo˥˩sɿ˧˩ti˧tʰou˩˩ʂaŋ˧,kʰaŋ˧tʰou˩˩ʂaŋ˧.（地头是指上面吧？）不。pu˩.（地里面吧？）这是一块儿地，地头，地它这有个……到头儿这个地方了么，这就到头儿了。从这个地方开始，这就到地头儿了。tʂə˧˥sɿ˧˩i˥˩kʰuær˥˩ti˧,ti˧tʰou˩,ti˧tʰa˥˩tʂei˧˥iou˥˩kə˧˩tʰ……tao˧tʰour˩˩tʂə˧˥kə˧˩ti˧faŋ˥˩ləm˧.tʂei˧˥tɕiou˧˩tao˧tʰour˩˩lə˧.tsʰuoŋ˩˩tʂə˧kə˧ti˧faŋ˥˩kʰæᴇ˥˩sɿ˥˩,tʂei˧˥tɕiou˧tao˧ti˧tʰour˩˩lə˧.（如果……这是地头，那是地头，这个，这两边呢？叫不叫地头？）这还，那左……前后左右都有头儿咧嘛。tʂei˧˥xa˩˩,næᴇ˧˥tsuo˥˩……tɕʰiæ̃˩˩xou˧tsuo˥˩iou˧tou˥˩iou˥˩tʰour˩˩lie˧ma˧.（那，比如说这是一个炕，炕头是指，这是，前后左右都算炕头儿吗？）炕头那……兀□的……这儿这这个炕头□分了个上炕头和下炕头着咧。啊。kʰaŋ˧tʰour˩˩næᴇ˧˥……væᴇ˧˥niæ̃˩˥ti˧……tʂər˧˥tʂə˧tʂə˧˩kə˧˩kʰaŋ˧tʰou˩˥niæ̃˩˩fəŋ˥˩lə˧kə˧˩ʂaŋ˧˥kʰaŋ˧tʰou˩˥xuo˩˩xa˧kʰaŋ˧˩tʰour˩˩tʂə˧lie˧.a˩.（上炕头大概是指什么位置？）那照……锅头那儿那儿□就是上炕头嘛。锅头这面那就是下炕头，下炕头。næᴇ˧˩tʂao˧˥……kuo˥tʰou˧nar˧nar˧˩niæ̃˩˥tɕiou˧˩sɿ˧˩ʂaŋ˧˥kʰaŋ˧tʰou˩˩ma˧.kuo˥tʰou˧tʂei˧˥miæ̃˧næᴇ˧˩tɕiou˧˥sɿ˧˩ɕia˧˥kʰaŋ˧tʰou˩˩,xa˧kʰaŋ˧tʰou˩˩.（两边不叫不叫炕头吗？）两……两边不叫。liaŋ˥˩……liaŋ˥piæ̃˥˩pu˩˩tɕiao˧.（这个边上，我站在他边上。）没有这个话。mei˩iou˥tʂə˧˩kə˧˥xua˧˩.（有头起这个说法吗？）头起，都没有。tʰou˩˩tɕʰi˥,tou˥˩mei˩iou˥˩.（脚边上，脚头起？）没有。脚边儿还都……还倒有咧，脚边。mei˩˩iou˥˩.tɕyo˥˩piæ̃r˥xa˩˩tou˥˩……xa˩˩tao˧iou˥˩lie˧,tɕyo˥˩piæ̃˥.（脚边儿？）脚边嘛。tɕyo˥˩piæ̃˥ma˧.（这个边儿还还有别的讲法没有？）这好像都没有啥了吧？脚边。脚边儿它……tʂə˧xao˥˩ɕiaŋ˧˥tou˥˩mei˩iou˥˩sa˧lə˧pa˧?tɕyo˥˩piæ̃˥.tɕyo˥˩piæ̃r˥tʰa˥˩……（岸边儿呢？）岸边有哩。脚边儿这个话都太不说。næ̃˧piæ̃˥˩iou˥lie˧.tɕyo˥˩piæ̃r˥tʂə˧kə˧xua˧tou˥˩tʰæᴇ˧pu˩˩ʂuo˥.（身边儿？）身边儿有咧。ʂəŋ˥˩piæ̃˥iou˥lie˧.（身边还有别的讲法没有？）没有啥说法咧好……mei˩˩iou˥˩sa˧˩ʂuo˥fa˥˩lie˧xao˥˩……（好，像这个啊，这个边上呢？）桌边么。桌子边儿么。tʂuo˥˩piæ̃˥muo˧.tʂuo˥tsɿ˧piæ̃r˥muo˧.（这个。）嗯，桌子边么。ŋ̍˩,tʂuo˥˩tsɿ˧piæ̃˥muo˧.（床边上？）床边，桌边。tʂʰuaŋ˩piæ̃˥˩,tʂuo˥piæ̃˥˩.（可以说床头起吗？）没有，床头起没有。mei˩˩iou˥˩,tʂʰuaŋ˩tʰou˩˥tɕʰi˥˩mei˩˩iou˥˩.（床顶头?）没有。muo˥˩iou˥˩.

隔壁

（这个，这个小学附近，我家就住在那个小学附近？）黄：这能行咧。tʂə˧˥nəŋ˩˩ɕiŋ˩˩lie˧.（怎么说？）我家就在小学……就在小学隔壁住着咧么。ŋuo˥˩tɕia˥tɕiou˧˩tsæᴇ˧˩ɕiao˥ɕyo˩˩……tɕiou˧˩tsæᴇ˧˩ɕiao˥ɕyo˩˩kei˥˩pi˥tʂʮ˧tʂə˧liem˧.（隔壁？）噢，隔壁住着咧。aɔ˩,kə˥˩pi˥tʂʮ˧tʂə˧lie˧.（就是……比如说何西铭跟那个小学叫不叫隔壁呢？/不一定隔壁呀，他就是那个那个附近呐！）附近那就范围大咧嘛。能行咧么。fu˧tɕiŋ˧næᴇ˧˩tɕiou˧˩fæ̃˧˥vei˩˧ta˧lie˦ma˨˩.nəŋ˩˧ɕiŋ˩˥lie˦muo˨˩.（你们讲怎么讲？/也……也可以说隔壁吗？）啊，也可以说隔壁么。再返回来说我就在小学那一头儿住着咧。ɑ˨˩,ie˥˩kʰə˥˩i˥˩ʂuo˥˩kə˥˩pi˥˩muo˨.tsæᴇ˧fæ̃˥˩xuei˩˨˩læᴇ˩˥ʂuo˥˩ŋuo˥˩tɕiou˧tsæᴇ˧ɕiɑɔ˥˩ɕyo˩˨˩næᴇ˧i˥˩˨˩tʰour˩˧tʂʮ˧tʂə˨lie˨˩.（比如说我们这个地方和邮局，叫不叫……叫不叫隔壁？）叫隔壁嘛。tɕiɑɔ˧kə˥˩pi˥˩mɑ˨.（我们这儿和邮局隔得那么远还叫隔壁吗？）那还叫隔壁嘛，它毕竟是近处咧么。næᴇ˧xɑ˩˧tɕiɑɔ˧kə˥˩pi˥˩mɑ˨˩,tʰɑ˥˩pi˥˩tɕiŋ˧˥sɿ˧˩tɕiŋ˧˥tʂʰʮ˧˥liem˨˩.（哦。）

接头儿、接口儿、接茬儿处

（两根水管子铆在一块儿的那那那中间那……）王：接头儿嘛。tɕie˥˩tʰour˩˧mɑ˦.（那叫接头儿？）王：嗯。ŋ̍˧.黄：有的叫，咱们这儿多一半儿叫接茬儿哩。接茬儿，接茬儿处，两个东西接那个地方叫接茬儿咧。iou˥˩ti˨tɕiɑɔ˧,tsɑ˩˧məŋ˧tʂər˧tuo˥˩i˥˩pæ̃r˧tɕiɑɔ˧tɕie˥˩tsʰɑr˩˧li˧.tɕie˥˩tsʰɑr˩˧,tɕie˥˩tsʰɑr˩˧tʂʰʮ˧˩,liɑŋ˥˩kə˧˩tuoŋ˥˩ɕi˨tɕie˥˩nei˧kə˧ti˧fɑŋ˥˩tɕiɑɔ˧tɕie˥˩tsʰɑr˩˧lie˧.王：接茬处。tɕie˥˩tsʰɑr˩˧tʂʰʮ˧˩.黄：接茬儿处。tɕie˥˩tsʰɑr˩˧tʂʰʮ˧.（电线也是吗？）王：嗯。ŋ̍˨˩.黄：嗯，电线那就是接头儿了。ŋ̍˥˩,tiæ̃˧ɕiæ̃˧nei˧tɕiou˧sɿ˧tɕie˥˩tʰour˩˨˩lə˧.王：接头儿了。tɕie˥˩tʰour˩˨˩lə˧.黄：嗯。ə̃˨˩.（水管子呢？）黄：水管子也是接头儿。接口儿……接……接头儿，接口儿。ʂuei˥˩kuæ̃˥˩tsɿ˨lie˥˩sɿ˧tɕie˥˩tʰour˩˨˩.tɕie˥˩kʰour……tɕie˥˩ts……tɕie˥˩tʰour˩˧,tɕʰie˥˩kʰour˥˩.（接口儿是什么东西？）黄：水管子有有……互相之间有接口儿。ʂuei˥˩kuæ̃˥˩tsɿ˨iou˥˩iou……xu˧˥ɕiɑŋ˥˩tsɿ˥˩tɕiæ̃˥˩iou˥˩tɕie˥˩kʰour˥˩.（噢，那是接口儿。）黄：嗯。ŋ̍˨˩.

二七、代词

咱

（自称[拍胸脯]？）黄：我。ŋuo˥˧.（还有什么说法没有？）黄：自己呣。tsɿ˦tɕie˥˧꜔m̩·˧.（自己？）黄：我自己呣。ŋuo˥˧tsɿ˦tɕie˥˧꜖m̩·˧.（嗯，自己。）自个儿。tsɿ˦kər˦꜖.（自个儿？）自个儿，自己。本人。tsɿ˦kər˦꜖,tsɿ˦tɕi˥˧꜖.pəŋ˥˧ʐəŋ˩˧.（说不说tsɑ˩˧？）黄：咱说咧。咱。tsɑ˩˧ʂuo˥˧lie·˧.tsɑ˩˧.（咱这个词用得多不多？）黄：咱也不少。这个词还好像老用那个词，咱。tsɑ˩˧iɑ˥˧pu˩˧꜖ʂɑɔ˥˧꜔.tʂə˦kə˦tsʰɿ˩˧xɑ˩˧꜖xɑɔ˥˧꜔ɕiɑŋ˦lɑɔ˥˧yoŋ˦nei˦kə˦꜖tsʰɿ˩˧,tsɑ˩˧꜔.（在什么情况下说咱，什么情况下说我，有没有什么，你自己感觉有没有什么，什么不同没有？）黄：咱是有时候给人儿说话的时候，你比如说是咱咋咧。咱，我，咱。咱是咿用的不是那么广泛的。偶然用一下。有时候说的，顺口……tsɑ˩˧sɿ˦iou˥˧sɿ˩˧꜖xou˦kei˦ʐə̃r˩˧ʂuo˥˧꜖xuɑ˦ti꜔sɿ˩˧꜖xou˦,ni˥˧꜔pi˥˧꜔ʐʯ˩˧꜔ʂuo˥˧꜔sɿ˦tsɑ˩˧tsɑ˥˧꜖lie꜔.tsɑ˩˧꜔,ŋuo˥˧,tsɑ˩˧.tsɑ˩˧sɿ˦i꜖yoŋ˦꜒ti꜔pu˩˧꜖sɿ˦nə˦muo꜔kuɑŋ˥˧fæ̃˦꜒ti·˧.nou˥˧ʐæ̃˩˧꜖yoŋ˦i˥˧꜖xɑ˦꜖.iou˥˧sɿ˩˧꜖xou˦ʂuo˥˧ti·˧,ʂuoŋ˦꜖kʰou˥˧꜔……（也是……）黄：也……顺口就说成咱了。ie˥˧ʂ……ʂuoŋ˦kʰou˥˧꜔tsou˦꜖ʂuo˥˧tʂʰəŋ˩˧꜖tsɑ˩˧꜖lə·˧.

—们

（说我的、你的，说不说……有没有我们你们的意思？）黄：没有。muo˥˧iou˥˧꜖.（没有？）我的就是我单个儿的。们，我们那就是那人多了，我们的。ŋuo˥˧ti꜔tɕiou˦sɿ˦ŋuo˥˧tæ̃˥˧꜖kər˦ti·˧.məŋ˩˧,ŋuo˥˧məŋ·˧nə˦tsou˦sɿ˦nei˦ʐəŋ˩˧tuo˥˧lə·˧,ŋuo˥˧məŋ·˧ti·˧.

咱们、我们

（咱们跟我们有什么区别？）黄：咱们和我们嘎都是一个人么。咱是我自己么。咱们，我们。tsɑ˩˧məŋ꜔xuo˩˧꜖ŋuo˥˧məŋ·˧kɑ·˧tou˥˧꜖sɿ˦i˥˧꜖kə˦꜒ʐəŋ˩˧꜖muo·˧.tsɑ˩˧sɿ˦ŋuo˥˧꜔tsɿ˦tɕie˥˧muo·˧,tsɑ˩˧꜖məŋ꜔,ŋuo˥˧məŋ·˧.（是zán还是zá？）咱。咱们么。tsæ̃˩˧.tsɑ˩˧məŋ꜔muo·˧.（假如说啊，你跟另外一个人在讲话，假如说你这里还有几个人哈，如果说不包括你讲话的那个对象的，这个怎么说？）我们么。ŋuo˥˧məŋ·˧muo·˧.（如果包括了对方呢？）包括对方啊？我们，我们一块儿么。我们一起子咧是我们一块儿。pɑɔ˥˧꜒kʰuo˥˧tuei˦꜒fɑŋ˥˧꜖ɑ꜖?ŋuo˥˧məŋ·˧,ŋuo˥˧məŋ·˧i˥˧꜖kʰuər˥˧muo·˧.ŋuo˥˧məŋ·˧i˥˧꜖tɕʰi˥˧tsɿ·˧lie·˧sɿ˦ŋuo˥˧məŋ·˧i˥˧꜖kʰuər˥˧.（比如我们三个人吧。）我们三个人。ŋuo˥˧məŋ·˧sæ̃˥˧kə˦꜖ʐəŋ˩˧꜖.（你跟他要……你你跟他要走，你跟他要一块儿去。）呃，我们。ə˦,ŋuo˥˧məŋ·˧.（不……不带我去。）我们……咱们两个一块儿走。咱两一块儿走，噢，或者咱两一块儿去。ŋuo˥˧꜔məŋ꜔……tsɑ˩˧꜖məŋ꜔liɑŋ˥˧(k)ə˦꜖i˥˧꜖kʰuər˥˧tsou˥˧꜖.tsɑ˩˧liɑŋ˥˧꜖i˥˧꜖kʰuər˥˧tsou˥˧꜖,ɑɔ꜖,xuei˩˧꜖tʂə˥˧꜖tsɑ˩˧liɑŋ˥˧꜖i˥˧꜖kʰuər˥˧꜔tɕʰy˦.（不包括他？）不包括他。pu˩˧꜔pɑɔ˥˧꜔kʰuo˥˧꜖tʰɑ˥˧.（如果说我们三个一起去呢？）咱们三个一块儿走。tʂɑ˩˧məŋ꜔sæ̃˥˧kə˦꜖i˥˧꜖kʰuər˥˧tsou˥˧꜖.（也是咱们？）噢，咱们。ɑɔ˦,tsɑ˩˧꜖məŋ·˧.（好，不包括我们两个人，比如说一共有四个人去，不包括我们两个人，你是说我们还是咱们？你这里……）那是啥，咱……咱两个去，或

者是咱们，咱们两个去。næᴇ˦˩ʂʅ˦˩sa˦˨,tsa……tsa˨˩liaŋ˦˧ka˦˩tɕʰi˦,xuei˨˩˦tʂə˦˩ʂʅ˦˩tsa˨˩mən˦,tsa˨˩mən˦liaŋ˦˧kə˦˩tɕʰi˦˩.（这个不……这是我们两是听众，你说，这个你说的是你和别人的事儿。你是说我们还是咱们？）那是咱们么。nə˦ʂʅ˦tsa˨˩mən˦muo˧.（嗯？）咱们么。tsa˨˩mən˦muo˧.（这个比如说你和你爱人去，但是不包括我们两个人去，不包括我们两个。）我们两个去。ŋuo˦˧mən˦liaŋ˦˧(k)ə˦˩tɕʰi˦˩.（噢，是你和你爱人去，我……ŋuo˦˧们两个？）呃，我们两个去。ə˩,ŋuo˦˧mən˦liaŋ˦˩ka˦˩tɕʰi˦.（可不可以，可不可以说那个“咱们两个去”？）也可以说么，咱两个。咱们两个去么。ie˦˧kʰə˦˧i˦˩ʂuo˦˩muo˧,tsa˨˩liaŋ˦˧(k)ə˦˩.tsa˨˩mən˦liaŋ˦˧ka˦˩tɕʰi˦˩muo˧.（你爱人不在场，你爱人不在场。）不在场能行。我和我爱人去啊。pu˨˩tsæᴇ˦tʂʰaŋ˦˩nəŋ˨˩ɕiŋ˨.ŋuo˦˧xuo˨˩ŋuo˦˩næᴇ˦ʐəŋ˨˩tɕʰia˦˩.（比如说啊，我跟那个，我跟你讲，我是说，就说我们，我和他两个人去。我可以，可不可以说“咱们两个去”？我跟你讲，不是跟他讲。）那可以说么。næᴇ˦˩kʰə˦i˦˩ʂuom˦˩.（啊？）那可以说么。næᴇ˦˩kʰə˦i˦˩ʂuo˦˩muo˧.（啊，你在这里等着，咱们两个去。）能行么。nəŋ˨˩ɕiŋ˨˩muo˧.（你搞清楚啊！就说，我跟你讲，说我和他去，你在这里待着。我不可……可不可以讲，“你在这儿，你你在这儿等着我，咱们两个去”？我跟你讲！）那不行。næᴇ˦˩pu˨˩ɕiŋ˨˩.（不行吧？）哎不行。那是……æᴇ˦pu˨˩ɕiŋ˨˩.næᴇ˦˩ʂʅ˦˩……（这就对了！）那是那是……næᴇ˦˩ʂʅ˦næᴇ˦˩ʂʅ˦˩……（咱们就是说还是不包括这个说话的对象？）那是不……噢，那是不对了。næᴇ˦˩ʂʅ˦pu˨˩……ao˩,næᴇ˦˩ʂʅ˦pu˨˩tuei˦lə˦.

娃娃们

（孩子们你们一般土话怎么讲？）黄：孩子们。xæᴇ˨˩tsʅ˦mən˧.（孩子们都吃着呢！孩子们都有……都有饭吃，这个年头好哇，孩子们都有饭吃。你们是说娃们儿还是说什么？）最土的话就是娃娃们么。tsuei˦tʰu˦ti˧xua˦tɕiou˦ʂʅ˦va˨˩va˨˩mən˧muo˧.（说不说娃娃家？）不说。那就是，这一伙子娃娃，或者是这一群娃娃，嗯。这几个娃娃。pu˨˩ʂuo˦.næᴇ˦tɕiou˦ʂʅ˦˩,tʂei˦i˦˩xuo˦tsʅ˧va˨˩va˨˦,xuo˨˩tʂə˦˩ʂʅ˦˩tʂei˦i˦˩tɕʰyoŋ˨va˨˩va˨˦,ŋ̍˩.tʂei˦tɕi˦˩ka˦va˨˩va˨˦.

这些

（些呢？有好些个这个说法没有？）王：没有。mei˨˩iou˦˩.黄：没有。muo˦˩iou˦˩.（这些呢？）黄：“这些”倒还有咧。tʂə˦˩ɕie˦˦tao˦xæᴇ˨˦iou˦˩lie˧.（那些叫什么？）黄：“那些”也有咧，啊？na˦˩ɕie˦˦ia˦˦iou˦˦lie˦,a˦?王：嗯。ŋ̍˩.（有叫这ɕie˨的这种说法没有？）黄：没有。mei˨˩iou˦˩.（就这ɕie˦？）黄：这些……tʂə˦˩ɕie……王：这些。tʂə˦˩ɕie˦˩.黄：这些有咧。tʂə˦˩ɕie˦˦iou˦lie˧.王：这些那些有。tʂə˦˩ɕie˦˩na˦˩ɕie˦˩iou˦˦.黄：嗯。ə̃˩.（这ɕie˨呢？这ɕie˨那ɕie˨？）黄：这些那些。tʂə˦˩ɕie˦˩na˦˩ɕie˦˩.（没有ɕie˨这种？）黄：不是这ɕie˨可是。pu˨˦ʂʅ˦tʂə˦˩ɕie˨kʰə˦˩ʂʅ˦.（比如说，我给你这个钱哈，就这些钱啊？还有一种，我给那，给，给你几块钱，你说这些钱啊。有，有，还有这个几十……几，几百块钱，这个钱很多了，啊，这些钱啊？这有没有区别呢？都用这些吗？）王：都用这些。tou˦˨yoŋ˦tʂə˦˩ɕie˦˩.黄：嗯。ŋ̍˩.（你比如说，就这些钱，还是说就？）黄：就给你这些钱。tɕiou˦kei˦ni˦˦tʂei˦ɕie˦˦tɕʰiæ̃˨.王：就给你这些钱。tɕiou˦kei˦ni˦˦tʂei˦ɕie˦˦tɕʰiæ̃˨˩.（这是少啦！）黄：啊，少么。a˦,ʂao˦muo˧.（多呢？）黄：这些钱你都拿上。tʂei˦ɕie˦˦tɕʰiæ̃˨ni˦˩tou˦˦na˨˩ʂaŋ˦˩.（叫什么？）黄：这些钱你都拿上。tʂə˦˩ɕie˦˩tɕʰiæ̃˨˩ni˦˦tou˦˦na˨˩ʂaŋ˦˩.（我就给你几块钱呢？）黄：也就是这些钱么。ie˦tɕiou˦˩ʂʅ˦˩tʂə˦ɕie˦tɕʰiæ̃˨˩muo˧.（这些？）黄：我又不给你数数量么！ŋuo˦iou˦pu˨˩kei˦˩ni˦˦ʂɥ˦ʂɥ˦liaŋ˦muo˧!（呃，几千块钱给……给他的

话？）黄：也是这些嗯。我给你一块两块，还是“这些”。ie˥˧sɿ˥tʂə˥˦ɕie˥˩m̩˩.ŋuo˥kei˥ni˥˧i˥˩kʰuæᴇ˥˧lianŋ˥kʰuæᴇ˥˧,xa˩˨sɿ˥˦tʂə˥˩ɕie˥˩.

这么一点儿、这么多

（有没有这么说，比如给，给你，给，给你一千块钱的话，你说，比如说是觉得它少了，就这些钱啊？有没有这么说的？）黄：那我们就不是那么说啊。nei˥ŋuo˥m̩˩tsou˥˩pu˩˨sɿ˥nə˥muo˩ʂuo˥˩a˩.（嗯。）黄：就这么一点儿嗯？tɕiou˥tʂə˥muo˩i˥˩tiær˥m̩˩?（就这么一点儿？）黄：啊，就这些啊？a˩,tɕiou˥tʂə˥˩ɕi˥a˩?（啊，也说就这些？）黄：啊，就这些啊，或者就这一点儿。a˩,tɕiou˥tʂə˥˩ɕie˥a˩,xuei˩˨tʂə˥˩tɕiou˥tʂei˥i˥˧tiær˥˩.（那给了你十万呢，也说这些吗？可以说不说？）黄：给十万啊？ kei˥ʂʅ˩˨væ˥a˩?（呃。）那，那就，不那么个说了，可能那就。就这么多吧。nə˥,nə˥˦tsou˥˩,pu˩˨nə˥muo˩kə˥˩ʂuo˥lə˩,kʰə˥˩nəŋ˩˨nə˥tsou˥.tɕiou˥tʂə˥˩muo˩tuo˥pa˩.（不是。觉得很多啦，这个，甚至一十万一百万，你说是，说不说这些，这些啊？！有这么说的吗？）黄：那说咧嘛。不少啊！老多的咧么啊。你给的不少嘛。nei˥˦ʂuo˥lie˩ma˩.pu˩˨ʂaɔ˥a˩!laɔ˥tuo˥˩ti˩lie˩muo˩a˩.ni˥˩kei˥ti˩pu˩˨ʂaɔ˥ma˩.

这一阵儿

（现在叫什么？）黄：今儿嗯。把现在就叫今儿咧。tɕiə̃r˥m̩˩.pa˥˩ɕiæ̃˥tsæᴇ˥tɕiou˥tɕiaɔ˥tɕiə̃r˥lie˩.（有没有说是这会儿的？这这儿？）黄：这会儿，这一会儿啊？tʂə˥xuər˥˧,tʂei˥˦i˥˩xuər˥a˩?王：也说咧。ia˥˧ʂuo˥lie˩.黄：也说咧。嗯。ie˥˧ʂuo˥lie˩.m̩˩.（这阵子说不说？）黄：这一阵儿。我们不说这阵子，我们是这一阵儿。tʂei˥˦i˥˩tʂər˥˧.ŋuo˥m̩˩pu˩˨ʂuo˥˧tʂei˥˦tʂəŋ˥˧tsɿ˩,ŋuo˥məŋ˩sɿ˥˩tʂei˥˦i˥˩tʂə̃r˥˧.（有没有这如今的说法？）黄：不太说。pu˩˨tʰæᴇ˥ʂuo˥˩.王：这如今，太不说。tʂei˥zʮ˩˨tɕiŋ˥,tʰæᴇ˥pu˩˨ʂuo˥.黄：嗯，这不如今不太说。m̩˩,tʂə˥˦pu˩˨zʮ˩˨tɕiŋ˥pu˩˨tʰæᴇ˥˦ʂuo˥˩.

兀儿、兀儿里、兀兀儿、兀瘩、那瘩

1.（那叫什么？你叫那儿还是……）黄：那儿嗯。nar˥m̩˩.（叫那儿？）黄：兀儿。var˥.（var˥？）王：兀儿。var˥.黄：嗯，兀儿咧。ŋ̍˩,var˥lie˩.（比如说这个这个车子就，那叫var˥吧？）黄：兀儿里么。var˥lim˩.（那个山上呢？）黄：那就叫那瘩……那瘩……那瘩儿咧么。nei˥˦tɕiou˥tɕiaɔ˥na˥t……nəŋ˥t……nəŋ˥˧tar˩liem˩.（nəŋ˥˧tar˩？）黄：啊，那瘩儿，哈。[调查人笑]也叫兀儿。a˩,nəŋ˥˧tar˩,xæ˩.ie˥(tɕ)iaɔ˥var˥.（也叫var˥？）黄：嗯。ə̃˩.（有没有什么区别什么东西的？）黄：那都基本上没有啥区别了。nə˥˦tou˥˩tɕi˥˩pəŋ˥ʂaŋ˥mei˩iou˥sa˥tɕʰy˥pie˩˨lə˩.王：没有啥区别。mei˩iou˥sa˥tɕʰy˥pie˩˨.（nəŋ˥˧ta˩是，怎么回事？）王：那瘩。nei˥˧ta˩.黄：那瘩，那瘩。n̩˥˧ta˩,nə˥˧ta˩.王：那瘩。nei˥˧ta˩.（nei˥˧ta˩？）黄&王：啊。ã˩.（nei˥˧ta˩还是nəŋ˥˧ta˩？）黄：那就[笑]……nei˥˦tsou˥˩……王：一个是那瘩，一个是兀兀儿。i˥˩kə˥˦sɿ˥nei˥˦ta˩,i˥˩kə˥˦sɿ˥˩va˥var˥˩.黄：噢，兀兀儿。aɔ˩,va˥˦var˥˩.王：兀兀儿。va˥˦var˥˩.（vu˥ta˩和nəŋ˥˧ta˩有什么区别？）黄：没啥区别。那瘩和兀瘩就是一回事嗯。mei˩˨sa˥tɕʰy˥pie˩˨.n̩˥ta˩xuo˩˨vu˥ta˩tsou˥sɿ˥i˥˩xuei˩sɿ˥m̩˩.

2.（na˥i˩ta˩和var˥ta˩有什么区别？）黄：兀瘩和那瘩。哎都是一回事。vu˥ta˩xuo˩˨na˥˦ta˩.æ˥tou˥˩sɿ˥i˥˩xuei˩sɿ˥˩.王：一回事。i˥˩xuei˩sɿ˥˩.黄：都指的一个地方，啊？tou˥˩tsɿ˥ti˩i˥˩kə˥ti˥faŋ˥˩,a˩?王：嗯。ŋ̍˩.（一个地方都可以说兀瘩、那瘩？）黄：啊，兀瘩或者是那瘩。a˩,vu˥˧ta˩xuei˩˦tʂə˥˩sɿ˥˩na˥˦ta˩.（你比如说，这是凳子，那是这个车。）黄：兀儿是个凳子，兀瘩是个……var˥˧sɿ˥˩kə˥˩təŋ˥˧tsɿ˩,vu˥˧ta˩sɿ˥kə˥m……王：嘣嘣车。

pəŋ˥pəŋ˥tʂʰə˥˧.黄：嘣嘣车咽。pəŋ˥pəŋ˥tʂʰə˥˧m̩˧.（再前？）黄：再往兀瘩走是个，房么。tsæᴇ˥˦vɑŋ˥˧˧vu˥tɑ˦tsou˥˧sʅ˥kə˥,fɑŋ˨˦muo˦.（那是再往兀瘩走，你不要那个再往兀瘩，就直接说一个呢？）王：哼，再往兀瘩就说是又远了一截。xə̃˥,tsæᴇ˥˦vɑŋ˥˧˧vu˥tɑ˦tɕiou˥˩ʂuo˥˧˩sʅ˥iou˥yæ̃˥˧lə˧li˥˧˩tɕie˨˦˩.黄：又远了一点儿咽。iou˥yæ̃˥˧lə˧li˥˧˩tiæ̃r˥˧˩m̩˧.王：啊，他就根据这个距离的远近上说咧么这是。ɑ˩,tʰɑ˥˧˧tɕiou˥kəŋ˥˧˩tɕy˥˦tʂə˥kə˥tɕy˥li˨˦ti˦yæ̃˥˧tɕiŋ˥˦ʂɑŋ˥˩ʂuo˥˧lie˧muo˧tʂə˥sʅ˥.

3.（那里和兀……兀瘩有什么区别没有？）黄：没有。mei˨˦iou˥˧˧.（一点区别都没有吗？）那里……欸，有咧么。兀瘩那就是指一个方向，兀瘩。哪里还没有方向咧。nɑ˥li˥˧˧……ei˨˦,iou˥˧lie˧muo˧.vu˥˦tɑ˥˧˧næᴇ˥tsou˥sʅ˥tsʅ˥˧i˥˧˩kə˥˦fɑŋ˥˧˩ɕiɑŋ˥,vu˥˦tɑ˥˧˩.nɑ˥˧li˦xɑ˨˦˩mei˨˦iou˥˧fɑŋ˥˧˩ɕiɑŋ˥˦lie˧.（不是哪里啊，就是那边呢！）那边，那就和兀瘩是一样的。那边，我……我可是那边儿，我也可以指兀瘩咧。nɑ˥˦piæ̃˥˧˩,næᴇ˥˦tsou˥xuo˨˦˩vu˥˦tɑ˥˧˩sʅ˥˩i˥˧˩iɑŋ˥˦ti˧.nɑ˥piæ̃˥˧˩,ŋ……ŋuo˥˧˧kʰə˥˧˧sʅ˥nɑ˥˦piæ̃r˥˧˩,ŋuo˥˧˧iɑ˥˧˧kʰə˥˧˧i˥˧˧tsʅ˥˧˧vu˥˦tɑ˥˧˩lie˧.（有没有远近的差别？）没有。mei˨˦˩iou˥˧˩.（比如说兀瘩要比那……那……那里要近……近一点或怎么样？）这可以说。啊，那里比兀儿，比兀瘩的近一些。这可以说嘛。tʂə˥˦kʰə˥˧˩i˥˧˩ʂuo˥˧˩.ɑ˩,nɑ˥˦li˦pi˥˧˧vɑr˥˦,pi˥˧˩vu˥tɑ˥˧˧ti˧tɕiŋ˥˦i˥˧˩ɕie˥˧˩.tʂə˥˦kʰə˥˧˩i˥˧˩ʂuo˥˧mɑ˧.（可以说兀瘩比那里近一些吗？）啊。ɑ˩.（反过来呢？）反过来，那里比……比兀瘩远些么。fæ̃˥˧˩kuo˥˦læᴇ˨˦˧,nɑ˥˦li˧pi˥˧……pi˥˧˩vu˥tɑ˥˧˧yæ̃˥˧ɕie˥˧˩muo˧.（也可以说兀瘩比那里远一些？）也可以说么。那里比兀瘩远些噢。ie˥˧kʰə˥˧˩i˥˧˩ʂuo˥˧˩muo˧.nɑ˥˦li˥˧˧pi˥˧˧vu˥tɑ˥˧˧yæ̃˥˧ɕie˥˧˩ɑɔ˩.（兀瘩比那里远一些可以说吗？）可以说嘛。kʰə˥˧i˥˧˩ʂuo˥˧˩mɑ˧.（兀瘩比那里远一些。）兀瘩比那里远一点儿。vu˥tɑ˥˧˧pi˥˧nɑ˥li˥˧˩yæ̃˥˧i˥˧˩tiæ̃r˥˧˩.（可以这么说吗？）可以这么说。kʰə˥˧i˥˧˧tʂə˥˩muo˧ʂuo˥˧˩.（这个兀瘩老一些还是这个那里老一些？）兀瘩嘛。兀瘩土么。vu˥tɑ˥˧˩mɑ˧.vu˥tʰɑ˥˧˧tʰu˥˧muo˧.（就是，兀瘩就是那里？）啊。ɑ˩.（就，比如说这是一个很小的范围哈，这是这里，那里，兀瘩，是怎么……怎么来分？这是这里。）兀瘩有个录音机，这儿里有个，这里有个录音机咧么。兀儿……兀瘩有个，兀瘩有个……铅笔嘛。兀瘩有个……铅笔镟镟嘛。vu˥tɑ˥˧˧iou˥˧˩kə˥˩lou˥˧˩iŋ˥˧tɕi˥˧˩,tʂər˥li˥˧˧iou˥˧˧kə˥,tʂə˥˦li˥˧˩iou˥˧˩kə˥˩lou˥˧˩iŋ˥˧˧tɕi˥˧liem˧.vɑr˥˦……vu˥tɑ˥˧˧iou˥˧kə˥˩,vu˥tɑ˥˧˧iou˥˧˧kə˥tɕʰ……tɕʰiæ̃˥˧pi˥˧˩mɑ˧.vu˥tɑ˥˧˧iou˥˧˧kə˥tɕʰ……tɕʰiæ̃˥˧˩pi˥˧˩ɕyæ̃˥˦ɕyæ̃˥˩mɑ˧.（那个电灯杆子呢？）兀瘩还有个电灯杆子咧。vu˥˦tɑ˥˧˩xæᴇ˨˦˧iou˥˧˧kə˥tiæ̃˥təŋ˥˧˧kæ̃˥˧tsʅ˧lie˧.（还可以那个兀……兀瘩山上？）兀……兀瘩是个山嘛。vu˥t……vu˥tɑ˥˧˩sʅ˥˩kə˥˩sæ̃˥˧mɑ˧.（可以说太阳……太阳在兀瘩呢，可以说吗？）那可以嘛。太阳在兀儿咧，或者太阳在兀瘩咧。næᴇ˥˦kʰə˥˧i˥˧˩mɑ˧.tʰæᴇ˥iɑŋ˨˦˧tsæᴇ˥vɑr˥lie˧,xuo˨˦˥tʂə˥˧˩tʰæᴇ˥iɑŋ˨˦˧tsæᴇ˥vu˥tɑ˥˧˧lie˧.（vɑr˥li˧就是兀瘩？）啊。ŋɑ˩.（vɑr˥li˧？）噢，兀儿咧嘛。兀儿是……ɑɔ˩,vɑr˥lie˧mɑ˧.vɑr˥sʅ˥……（可以说这个，vɑr˥li˦是个热水瓶吗？）兀儿是个热水瓶嘛。vɑr˥sʅ˥˩kə˥˩ʐə˨˦˩ʂuei˥˧pʰiŋ˨˦mɑ˧.（vɑ˥li˦？）噢，兀儿里，兀儿里……ɑɔ˩,vɑr˥li˦,vɑr˥li˦……（兀儿里？）噢，兀儿有个热水瓶咧嘛。ɑɔ˩,vɑr˥iou˥˧˧kə˥ʐə˨˦˩ʂuei˥˧pʰiŋ˨˦lie˦mɑ˧.（就眼……眼面前也说vɑ˥li˧？）那兀儿……兀儿有嘛。我指咧我给你指咧个兀儿有个热水瓶咧么。nə˥˩vɑr˥……vɑr˥iou˥˧mɑ˧.ŋuo˥˧˩tsʅ˥˧lie˦ŋuo˥˧kei˥˩ni˥˧˧tsʅ˥˧lie˧kə˥˩vɑr˥iou˥˧˩kə˥˩ʐə˨˦˩ʂuei˥˧pʰiŋ˨˦˩liem˦.（这也是vɑr˥li˦吗？）噢，兀儿有……这儿里，那就是……跟前那这个是……这儿是个录音机嘛。ɑɔ˩,vɑr˥iou˥˧˧……tʂər˥˦li˥˧˩,nei˥˦tɕiou˥˩sʅ˥˩……kəŋ˥˧tɕʰiæ̃˨˦˧nei˥tʂei˥˩kə˥˩sʅ˥˩……tʂər˥sʅ˥kə˥lou˥˧˩iŋ˥˧˦tɕi˥˧˩mɑ˧.（够不着地方叫vɑr˥li˦？）这都能够着咧。兀儿有个热水瓶咧。tʂə˥˦tou˥˧˩nəŋ˨˦kou˥tʂə˧lie˧.vɑr˥iou˥˧˩kə˥˩ʐə˥˧˩ʂuei˥˧pʰiŋ˨˦˦lie˧.（那怎么怎么怎么分别兀儿里和这

里有什么区别呢？）那都实际上，这里和兀儿里实际上这有时候用的时候就这么用成这么个。nei˥˦tou˥˨ʂʅ˨˩tɕi˥˦ʂaŋ˥,tʂei˥˦li˥˨xuo˨˩var˥˧˥li˥˨ʂʅ˨˩tɕi˥˦ʂaŋ˥tʂə˥iou˥˧sʅ˨˩xou˥yoŋ˥ti˧sʅ˨˩xou˥tsou˥tʂə˥muo˧yoŋ˥˧˥tʂʰəŋ˨˩tʂə˥˨muo˧kə˥˦.（但是你身后这个热水瓶就是哪怕够得着也是兀儿里？）噢，兀儿有个热水瓶咧嘛。ao˨,var˥iou˥˨kə˥˨zə˥˨ʂuei˥˧pʰiŋ˨˩lie˧ma˧.（但是在这里，你不……你说不说兀儿里？）你没在我面前放着么是兀儿有个……兀儿这……你把兀儿那个欸铅笔镟子给我，我还可以说兀儿么。ni˥˧˥muo˥˧˥tsæᴇ˥ŋuo˥˧˥miæ̃˥˦tɕʰiæ̃˨˩faŋ˥tʂə˧muo˧sʅ˥var˥iou˥˧˥kə˥……var˥tʂei˥……ni˥˧pa˥˨var˥nei˥kə˥ei˨tɕʰiæ̃˥˧pi˥˨ɕyæ̃˥˧˥tsʅ˧kei˥˨ŋuo˥˨,ŋuo˥˧˥xa˨˩kʰə˥˧i˥˨ʂuo˥˨var˥˦muo˧.

4.（可以说这……这瘩那瘩吗？这瘩那瘩，到处都是）黄：<u>我们</u>这……这儿这好像是这里那里，到处都是咧。ŋuom˥˧tʂə˥……tʂər˥tʂə˥xao˥˧˥ɕiaŋ˥sʅ˥tʂei˥˦li˥˨na˥˦li˥˨,tao˥tʂʰʮ˥tou˥˨sʅ˥˦lie˧.（你看这个纸丢得这瘩那瘩，到处都是？）你看这纸，这儿丢的也是，兀儿丢的也是。ni˥˧˥kʰæ̃˥tʂei˥˧˥tsʅ˥˧˥,tʂər˥tiou˥˧ti˧lie˥˧˥sʅ˥,var˥tiou˥˨ti˧læ˥˧˥sʅ˥.（这儿、兀儿？）噢，这儿兀儿我都可说出了。这儿也是咧，兀儿也是咧，到处都……这儿也是咧，兀儿也是咧，到处都是<u>咧么</u>。ao˨,tʂər˥var˥ŋuo˥˨tou˥˨kʰə˥˨ʂuo˥˧tʂʰʮ˥˨lə˧.tʂər˥ia˥˨sʅ˥˨lie˧,var˥ia˥˨sʅ˥˨lie˧,tao˥tʂʰʮ˥tou˥˨……tʂər˥æ˥˨sʅ˥˦lie˧,var˥ia˥˨sʅ˥˦lie˧,tao˥tʂʰʮ˥˨tou˥˧˥sʅ˥˨liem˧.（很远很远说不说兀儿？）不说兀儿。pu˨˩ʂuo˥˨var˥.（旁边就说兀儿？）噢，旁边这就是兀儿么。ao˨,pʰaŋ˨˩piæ̃˥˧tʂei˥tɕiou˥sʅ˥var˥muo˧.（噢，比如说这是……这是个桌子，那是个窗帘子。兀儿是乡政府，可不可以说？）也不说去了好像。æ˥˧˥pu˨˩ʂuo˥˧tɕʰi˥˨lə˧xao˥˧˥ɕiaŋ˥.（这里就这儿？）嗯。ŋ̍˨.（那里叫兀儿？）嗯。ŋ̍˨.（可不……你你说这里。）这里，那里么。tʂə˥˦li˥˨,na˥˦li˥˨muo˧.（说不说这儿？）这儿，兀儿，说咧。这儿，兀儿。tʂə˥˧˥,var˥,ʂuo˥˧lie˧.tʂər˥˧˥,var˥.（nar˥说不说？那儿？）那……不说。说那儿咧，可不说那儿。na˥……pu˨˩ʂuo˥˨.ʂuo˥˨nar˥lie˧,kʰə˥˧pu˨˩ʂuo˥˨na˥ər˨˩.（叫什么？）那儿，我可说咧，这儿、兀儿、那儿我可说咧。nar˥,ŋuo˥˧kʰə˥˨ʂuo˥˧lie˧,tʂər˥,var˥,nar˥,ŋuo˥˧˥kʰə˥˨ʂuo˥˧lie˧.（这儿、兀儿、那儿有什么区别没有？）那咋能不区别嘛？这儿我是指这儿么，兀儿我就指个地方么，那里我就可指……那儿里我就可指到兀儿去了嘛。næᴇ˥˦tsa˥˨nəŋ˨˩˧pu˨˩˧tɕʰy˥˧pie˨˩ma˧?tʂər˥ŋuo˥˧˥sʅ˥tsʅ˥˧tʂər˥muo˧,var˥ŋuo˥˨tɕiou˥˨tsʅ˥˧kə˥ti˥faŋ˥˧˥muo˧,na˥li˥˧˥ŋuo˥˧˥tsou˥kʰə˥˨tsʅ……nar˥˦li˥˨ŋuo˥˧˥(tɕ)iou˥kʰə˥˨tsʅ˥˧tao˥var˥˧˥tɕʰi˥lə˧ma˧.（兀儿是更远一些是吧？）噢，兀儿里嘛，兀儿<u>咧么</u>。ao˨,var˥˦li˥˨ma˧,var˥liem˧.（跟……比那儿，那儿更更为更远是吧？）噢，那儿是兀儿<u>咧么</u>。那儿和兀儿可就……可以，可以也是同兀指一个方向咧。就是……ao˨,nar˥˦sʅ˥var˥liem˧.nar˥xuo˨˩var˥kʰə˥˨tɕiou˥˨p……kʰə˥˧˥i˥˨,kʰə˥˧i˥˨ia˥˧˥sʅ˥tʰuoŋ˨˩vu˥tsʅ˥˧i˥˨kə˥˦faŋ˥˨ɕiaŋ˥lie˧.tsou˥˨sʅ˥˨……（同指一件事情吗那个？）噢，同指一件事情么，那儿里嘛，兀儿里么。这儿那我就是指的跟前咧。ao˨,tʰuoŋ˨˩tsʅ˥˧i˥˨tɕiæ̃˥˦sʅ˥tɕʰiŋ˨˩muo˧,nar˥˦li˥˨ma˧,var˥li˥˨muo˧.tʂər˥næᴇ˥˦ŋuo˥˨tɕiou˥sʅ˥tsʅ˥˧ti˧kəŋ˥˧tɕʰiæ̃˨˩lie˧.（太阳，噢，这个月亮在那儿。）月亮在那儿里嘛。太阳在兀儿<u>咧么</u>。yo˥˧liaŋ˥tsæᴇ˥nar˥li˥˨ma˧.tʰæᴇ˥˦iaŋ˨˩˧tsæᴇ˥˨var˥liem˧.

5. 黄：你比如□给你指路咧，就问一下是："老大爷，走陕西，陕西在哪里？"他就给你说："兀儿里。"ni˥˧˥pi˥˧ʐʮ˨˩niæ̃˨˩kei˥ni˥˧˥tsʅ˥˧˥lou˥lie˧,tsou˥vəŋ˥i˥˧˥xa˥˨sʅ˥˨:lao˥˧˥ta˥ie˨˩,tsou˥˧˥ʂæ̃˥˧ɕi˥˨,sæ̃˥˧ɕi˥˧˥tsæᴇ˥nar˥˧˥li˥˨?tʰa˥˧tsou˥kei˥ni˥˧˥ʂuo˥˧˥:varː˥li˥˨.（噢，呵呵呵，拖长是吧？）噢，拖长，兀儿里，兀儿兀儿就是。ao˨,tʰuo˥˨tʂʰaŋ˨˩,vur˥li˥˨,vurː˥vurː˥tɕiou˥sʅ˥.（他要是问……问那个小学校在哪，他会他会说varː˥li˥˨吗？）小……论说<u>是欸</u>：

“老大爷，小学在哪里？” “那在兀儿里。” ɕiaɔ˥˧ɕ……lyoŋ˥ʂuo˥˧˩sei˥˧˩:laɔ˥˧˩ta˥˧ie˨˦˩,ɕiaɔ˥˧ɕyo˨˦˧tsæᴇ˥na˥˧li˥˧˩?næᴇ˥˦tsæᴇ˥var˥li˥˧˩.（噢，很远很远就叫一定要var:˥li˩？）嗯，那就是是音拖的长啊，兀儿里。ə̃˩,næᴇ˥tɕiou˥sɿ˥sɿ˥iŋ˥˧tʰuo˥˧ti˧tʂʰaŋ˨˦æ˧,vur˥li˥˧˩.（可不可以那个说var:˥var:˥li˥˧˩？）没有，不，没有这个说法。mei˨˦iou˥˧˧,pu˨˦˧,mei˨˦iou˥˧tʂə˥kə˥ʂuo˥˧˧fa˥˧˧.（但是音拖长了一定是很远吗？）啊，那不一定。那有些人这个口音不一样，那可“这是兀儿里”。ɑ˩,næᴇ˥˦pu˨˦˩i˥˧˧tiŋ˥˩.næᴇ˥iou˥˧ɕie˥˧˩zəŋ˨˦tʂə˥kə˥kʰou˥˧iŋ˥˧˩pu˨˦˩i˥˧˩iaŋ˥,næᴇ˥kʰə˥˧tʂə˥˩sɿ˥˩var˥li˥˧˩.（也可能是var˥li˩？）噢，兀儿里，他给你这么个跟你说咧。ɑɔ˩,var˥li˥˧˩,tʰɑ˥˧˩kei˥˩ni˥˧˩tʂə˥˦muo˧kə˥˩kəŋ˥˧ni˥˧˩ʂuo˥˧lie˧.（比如说这个他要指陕西省，他可不可以说，也可不可以也就说var˥li˥˧˩？）那兀儿里么，能行。具体跟你说兀儿里，也可以说兀儿里。nə˥var˥li˥˧˩muo˧,nəŋ˨˦˧ɕiŋ˨˦˩.tɕy˥tʰi˥˧˧kəŋ˥˧ni˥˧˩ʂuo˥˧˩var˥li˥˧˩,ie˥˧kʰə˥˧i˥˧˩ʂuo˥˧˩var:˥li˥˧˩.

6. 黄：这儿这本地人你要问路的话，有些人一般情况下，不可能给你争个东西。说是这个你比如说是“东关在哪里”，一个“过咧这个大桥就是东关”。它是你不明指，说：“东关咧？” “兀瘩咧。” 兀瘩。tʂər˥tʂə˥pəŋ˥˧ti˥zəŋ˨˦ni˥˧˧iaɔ˥vəŋ˥lou˥ti˧xua˥˩,iou˥˧ɕie˥˧zəŋ˨˦i˥˧˩pæ̃˥˧tɕʰiŋ˨˦˩kʰuaŋ˥˦ɕia˥˩,pu˨˦˩kʰə˥˧nəŋ˨˦kei˥ni˥˧˧tsəŋ˥˧˩kə˥˩tuoŋ˥˧ɕi˧.ʂuo˥˧˧sɿ˥tʂə˥kə˥ni˥˧pi˥˧zʮ˨˦˦ʂuo˥˧˩sɿ˥˩tuoŋ˥˧˧kuæ̃˥˧tsæᴇ˥˩na˥˧˩li˥˧˩,i˥˧˧kə˥kuo˥˧˩lie˧tʂə˥kə˥ta˥tɕʰiaɔ˨˦˧tɕiou˥˩sɿ˥˩tuoŋ˥˧˩kuæ̃˥˧˩.tʰɑ˥˧sɿ˥˩ni˥˧pu˨˦˩miŋ˨˦tsɿ˥˧˩,ʂuo˥˧˩:tuoŋ˥˧˧kuæ̃˥˧lie˧?vu˥˧˩ta˥˧lie˧.vu˥˧˩ta˥˧˩.（噢，他就是这么一指一下就算了？）噢，再一个就是:“多远么？” “不远。兀瘩就是咧。” ɑɔ˩,tsæᴇ˥i˥˧˧kə˥tsou˥˩sɿ˥˩:tuo˥˧˩yæ̃˥˧muo˧?pu˨˦˩yæ̃˥˧.vu˥˧˩ta˥˧˩tɕiou˥˦sɿ˥˩lie˧.

哪、那

冯：哪。哪个？na˥˧.na˥˧kə˥˩?（问别人哪个？）问别人是“哪个”。嗯，实际上咱们说，嗯：“你叫我走哪瘩去呀？”还是“哪”。还是“哪”。vəŋ˥˦pie˨˦zəŋ˨˦˧sɿ˥˩na˥˧kə˥˩.ə̃˥,sʅ˨˦˩tɕi˥˦ʂaŋ˥˩tsa˨˦məŋ˧ʂuo˥˧˩,ən˩:ni˥˧tɕiaɔ˥˧˩ŋuo˥˧tsou˥˧˧na˥˧ta˥˧˩tɕʰy˥˩ia˧?xa˨˦sɿ˥na˥˧.xa˨˦sɿ˥na˥˧.（“哪瘩”这个……那“哪瘩”这个“瘩”是什么意思？）哪瘩，嗯，我也不知道到底是这个“瘩”还是……na˥˧ta˧,ə̃˩,ŋə˥˧ia˥˧˩pu˨˦˩tʂʅ˥˧˩taɔ˥taɔ˥ti˥˧˧sɿ˥tʂei˥˦kə˥˩ta˥˧xæᴇ˨˦sɿ˥……（“回答”的“答”？答，答。）呃，还是“回答”的“答”，还是哪个“答”，反正……ə˩,xa˨˦sɿ˥xuei˨˦ta˨˦˩ti˧ta˨˦,xa˨˦sɿ˥na˥˧kə˥˩ta˨˦˩,fæ̃˥˧˩tʂəŋ˥˦……（分不清是哪个音？）嗯，分不清是哪个意思，哪个字。咱们这儿人常常就说“这瘩”、“兀瘩”。ŋ̍˥˧,fəŋ˥˧˩pu˨˦˧tɕʰiŋ˥˧˩sɿ˥˩na˥˧kə˥˩i˥˧˩sɿ˧,na˥˧kə˥˩tsɿ˥.tsa˨˦məŋ˧tʂər˥zəŋ˨˦tʂʰaŋ˨˦tʂʰaŋ˨˦˧tɕiou˥ʂuo˥˧˩tʂʅ˥ta˥˧˩,vu˥˧˩ta˥˧˩.（噢。）“这瘩”，嗯嗯呃，可以其实就是这里、那里。tʂʅ˥ta˥˧˩,n̩˩n̩˩ə˧,kʰə˥˧˧i˥tɕʰi˨˦˧ʂʅ˨˦˧tɕiou˥sɿ˥tʂei˥˦li˥˧˩,na˥˦li˥˧˩.（噢。）咱们那儿人土话就叫这瘩、兀瘩。tsa˨˦məŋ˧nar˥zəŋ˨˦tʰu˥˧xua˥˩tɕiou˥tɕiaɔ˥tʂʅ˥˧˩ta˥˧˩,vu˥˧˩ta˥˧˩.（tʂʅ˧˩ta˩？）这瘩。tʂʅ˥˧˩ta˥˧˩.（tʂʅ˧˩ta˩就是这里？）这里。这瘩，兀瘩。tʂei˥˦li˥˧˩.tʂʅ˥˧˩ta˥˧˩,vu˥˧˩ta˥˧˩.（vu˧˩ta˩？）噢，这瘩，兀瘩。ɑɔ˩,tʂʅ˥ta˥˧˩,vu˥ta˥˧˩.（vu˧˩ta˩就是那里？）那里。这瘩，兀瘩。na˥˦li˥˧˩.tʂʅ˥ta˥˧˩,vu˥ta˥˧˩.（那是哪里呢？）哪里是哪瘩。na˥˧li˥˧˩sɿ˥˩næᴇ˥˧˧˩ta˥˧˩.（næᴇ˧˩ta˩？）嗯，哪瘩。走哪瘩去啊？ə˩,næᴇ˥˧˧ta˥˧˩.tsou˥˧˩næᴇ˥˧˧˩ta˥˧tɕʰi˥˩a˧?（哪一个是不是……）哪一个是哪一个。哪一个。na˥˧i˥˧˩kə˥sɿ˥˩na˥˧i˥˧˩kə˧.na˥˧i˥˧˩kə˧.（噢。）哪一个。这还是个“哪”。na˥˧i˥˧˩kə˧.tʂə˥xa˨˦sɿ˥kə˥na˥˧˩.（音呢？）音就是na˥˧。土话念na˥˧。iŋ˥˧tɕiou˥sɿ˥na˥˧.tʰu˥˧xua˥niæ̃˥na˥˧.（[指着“那”字]跟这个字？）两个字一个读音。liaŋ˥˧˩kə˥tsɿ˥i˥˧˩kə˥˦tu˨˦iŋ˥˧˩.（一个读音？）嗯，这两个都念na˥˧。ŋ̍˥˧,tʂei˥˦liaŋ˥˧kə˥˩tou˥˧˩niæ̃˥na˥˧.（na˥还是na˥˧？）na˥˧，na˥˧。就问一声

呐：哪瘩？哪里？na˥,na˥,tɕiou˧vəŋ˧i˥˩ʂəŋ˥˩nə˧:na˥ta˥˩?na˥li˥˩?（还是上声啊。上声调。是上声吗？看看啊。这个字指“那”你怎么念？）na˥。na˥.（它还是降的呢。不是na˧欸，是na˥。[指着“那”字]这个呢？）na˥。还是na˥。na˥.xa˩˩sɿ˧na˥.（那“你到哪儿去”怎么说？）到啊瘩去啊？到哪里去啊？tao˧a˥ta˥˩tɕʰi˧˩a˩?tao˧na˥li˥˩tɕʰi˧˩a˩?（“哪瘩”就是等于næᴇ˥˧ta˩是吧？）“哪瘩”就是“哪里”，不是“哪一瘩”。“哪瘩”，就是“哪里”。na˥ta˥˩tɕiou˧˩sɿ˧˩na˥li˥˩,pu˩˩sɿ˧˩na˥i˥˩ta˥˩.na˥ta˥˩,tɕiou˧˩sɿ˧˩na˥li˥˩.（刚才不是讲了一个næᴇ˥˧ta˩吗？næᴇ˥˧ta˩。）那瘩。说：我走那瘩去啊。说：我走那瘩去啊。næᴇ˧˥˧ta˥˩.ʂuo˥˩:ŋuo˥tsou˥næᴇ˧˥˧ta˥˩tɕʰi˧˩a˩.ʂuo˥˩:ŋuo˥tsou˥næᴇ˧˥˧ta˥˩tɕʰi˧˩a˩.（næᴇ˥˧ta˩？）噢，næᴇ˥ta˥˩。ao˩,næᴇ˥ta˥˩.（næᴇ˥˧ta˩是哪里还是那里？）哪里。na˥li˥˩.（就是哪儿还是什么？）我走……举个例子说，用咱们土话说是“我走那瘩去啊”，就是走那个地方去。ŋuo˥˩tsou˥……tɕy˥˩kə˧˩li˧tsɿ˩ʂuo˥˩,yoŋ˧tsa˩məŋ˩tʰu˥xua˧˩ʂuo˥˩sɿ˧˩,ŋuo˥tsou˥næᴇ˧˥˧ta˥˩tɕʰi˧˩a˩,tɕiou˧˩sɿ˧˩tsou˥næᴇ˧˥kə˧˩ti˧fɑŋ˥˩tɕʰy˧.（指定的那个地方？）欸，指定的那个地方。ei˩,tsɿ˥tiŋ˧ti˩næᴇ˧kə˧ti˧fɑŋ˥˩.（那不是还有个吗vu˥˧ta˩吗？vu˥˧ta˩跟næᴇ˥˧ta˩有什么区别吗？）vu˧˥˧ta˥˩，就说个那是指说vu˧ta˥˩，这两个字可能就没有区别。vu˧˥˧ta˥˩,tɕiou˧˥ʂuo˥˩kə˧˩na˧ʂɿ˧tsɿ˥ʂuo˥˩vu˧ta˥˩,tʂə˧˥lian˥kə˧˩tsɿ˧kʰə˥˧nəŋ˩˧tɕiou˧mei˩iou˥tɕʰy˥pie˩˩.（有远近的区别吗？）说兀瘩，也说那瘩。ʂuo˥˩vu˧ta˥˩,ie˥ʂuo˥˩næᴇ˧ta˥˩.

哪里、哪瘩、啥地方、哪儿、阿瘩

1.（你们从什么地方来啊？）黄：你从哪里来？ni˥tsʰuoŋ˩˩na˥l˩læᴇ˩˩?（na˥li˩？）黄：嗯，从哪里来的？ŋ̍˩,tsʰuoŋ˩˩na˥li˩læᴇ˩˧ti˩?（有说啥地方的没有？）黄：也说咧。你是啥地方人？ie˥ʂuo˥lie˩.ni˥sɿ˧˩sa˧ti˧fɑŋ˥˧zəŋ˩?（还有什么最土的说法没有？）黄：你是哪儿的？哪儿的。ni˥˧sɿ˧nar˥˧ti˩?nar˥ti˩.（你们……就没有别的地方了？）黄：啊。就是哪儿。这个哪儿么那你就是，就是个土……最土的个话。a˩.tɕiou˧˩sɿ˧˩nar˥.tʂə˧˩kə˧nar˥muo˩nei˧ni˥˧tɕiou˧˩sɿ˧˩,tsou˧˥sɿ˧˩kə˧˩tʰu……tsuei˧tʰu˥tə˩kə˧˩xua˧.（有说阿瘩的吗？）黄：阿瘩这个话，嗯，不太多啊？你是阿瘩的？a˧ta˥tʂə˧˩kə˧˥xua˧,ŋ̍˩,pu˩˩tʰæᴇ˧tuo˥a˩?ni˥sɿ˧˩a˧˥ta˥ti˩?王：嗯？ŋ̍˥?黄：阿瘩。a˧ta˥˩.王：那咱们这儿问人说你是……nə˧tsa˩mən˩tʂər˧vəŋ˧zəŋ˩ʂuo˥˩ni˥sɿ˧……黄：你哪儿的么？n̩˥˩nar˥tim˩?王：哪瘩的？na˥˧ta˥˧ti˩?黄：噢，哪瘩的？ao˩,na˥ta˥˩ti˩?

2.（你们家住在什么地方？）黄：这都可……这可以说。tʂə˧˥tou˥˩kʰə˥˩……tʂə˧˥kʰə˥˩i˥˩ʂuo˥˩.（嗯，你们怎么说？）你在哪住着咧？ni˥˩tsæᴇ˧˩na˥tʂʮ˧˥tʂə˩lie˩?（哪儿？）噢，你们在哪，噢，你们在哪儿住着咧？ao˩,ni˥mən˩tsæᴇ˧na˥˧,ao˩,ni˥mən˩tsæᴇ˧nar˥tʂʮ˧tʂə˩lie˩?（说不说阿瘩？）那这个，有些人这个……næᴇ˧˥tʂə˧kə˧,iou˥ɕie˥˩zəŋ˩tʂə˧˩kə˧˩……（土话？）这个土话来说，阿瘩，阿瘩和……也有咧，你们家在阿瘩咧？tʂə˧˩kə˧˩tʰu˥xua˧læᴇ˩˩ʂuo˥˩,a˧ta˩, a˧˥ta˩xə……ie˥iou˥˩lie˩,ni˥˧mən˩tɕia˥˧tsæᴇ˧a˧˥ta˩lie˩?（阿瘩？你们家在阿瘩嘛？）噢，阿瘩住着咧。ao˩,a˧ta˩tʂʮ˧tʂə˩lie˩.（可以问你们家在啥地方？）也可以。你们家，你们在啥地方住着咧？ia˥kʰə˥i˥˩.ni˥˩mən˩tɕia˥˧,ni˥mən˩tsæᴇ˧˩sa˧ti˧fɑŋ˥˩tʂʮ˧tʂə˩lie˩?（啥地方？）噢，啥地方。ao˩,sa˧ti˧fɑŋ˥˧.（嗯。还有别的讲法没有？这样那个比较土一点的。）你们家是哪里的？ni˥˧mən˩tɕia˥sɿ˧˩na˥li˩ti˩?（在哪里？）啊，你们家在哪里？或者是你，是，说简单的，你们家在哪儿了？a˩,ni˥˧mən˩tɕia˥tsæᴇ˧˩na˥li˩?xuei˩˧tʂə˥˩sɿ˧ni˥˧,sɿ˧,ʂuo˥˩tɕiæ˥tæ˥˩ti˩,ni˥˧mən˩tɕi ɑ˦tsæᴇ˧˩nar˦la˧?

哪个、哪一个、谁、谁个

1.（你们说是谁还是说哪个？）黄：哪一个？哪一个，哪个。nɑ˦i˦˩kə˧?nɑ˦i˦˩kə˧˩,nɑ˦kə˧˩.王：哪个。nɑ˦kə˧˩.黄：哪个。nɑ˦kə˧˩.（说谁不说？）黄：谁也说咧啊？sei˩˧ie˦ʂuo˦˩lie˧ɑ˧?王：也说咧。ie˦ʂuo˦˩lie˧.黄：是个谁。sɿ˧kə˧sei˩˧.（[做敲门的动作]开门。）黄：呃，谁？ə˧,sei˩˧?王：啊，问谁。ɑ˩,vəŋ˧sei˩˧.黄：问谁。vəŋ˧sei˩˧˩.（是"哪个"说得多还是"谁"说得多呢？）王：兀，嗯，基本上都差不多。你有时候，你比若，你看不见人，人兀……□谁说谁，欸，有人叫你咧。谁叫我咧？这就是问谁。如果是看的见的时候是，他就说是，啊，哪个吗，哪个叫我咧？væᴇ˧˦,ŋ̍˩,tɕi˦˩pəŋ˦ʂɑŋ˧tou˦˩tsʰɑ˦˩pu˩˧tuo˦.ni˦˩iou˦sɿ˩˧xou˧,ni˦˩pi˦ʐuo˦˩,ni˦˩kʰæ̃˧pu˩˧tɕiæ̃˧zəŋ˩˧,zəŋ˩˧vu˧……niæ̃˩˧sei˩˧ʂuo˦˩sei˩˦,ei˩,iou˦zəŋ˩˧tɕiɑo˧˦ni˦lie˧.sei˩˧tɕiɑo˧ŋuo˦lie˧?tʂə˧˦tɕiou˧sɿ˧vəŋ˧sei˩˧.zʮ˩˧kuo˦sɿ˧kʰæ̃˧˦ti˧tɕiæ̃˧tə˧sɿ˩˧xou˧sɿ˧,tʰɑ˦˩tsou˧ʂuo˦˩sɿ˧˩,æ̃˦,nɑ˦kə˧˩mɑ˧,nɑ˦kə˧˩tɕiɑo˧ŋuo˦lie˧?（看见了就说nɑ˦kə˧˩？）黄：嗯。ə̃˦.王：看不见咧就问谁个。kʰæ̃˧pu˩˧tɕiæ̃˧˦lie˧tɕiou˧vəŋ˧ʂuei˩˧kə˧˦.（噢，也说谁个？）黄：啊，谁。谁嘛？谁嘛？ɑ̃˧,sei˩˧.sei˩˧mɑ˧?sei˩˧mɑ˧?（也说谁个是吧？）黄：啊，谁个嘛？或者是谁嘛。ɑ˩,sei˩˧kə˧˦mɑ˧?xuo˩˧tʂə˦˩sɿ˧sei˩˧mɑ˧.

2.（这是什么人呐？你怎么说？）黄：兀是你，兀是你，兀是个谁吗？və˧sɿ˧˩ni˦˩,və˧sɿ˧ni˦˩,və˧˦sɿ˧˩kə˧sei˩˧mɑ˧?王：兀你……və˧ni˦˩s……

3.（咣咣咣敲门你怎么问？）黄：谁？你谁嘛？sei˩˧?ni˦sei˩˧mɑ˧?（说不说谁个啊？）谁个。这个话也说咧嘛。sei˩˧kə˧˦.tʂə˧˦kə˧˦xuɑ˧iɑ˦˩ʂuo˦lie˧mɑ˧.（谁个还是谁个儿？）谁个。sei˩˧kə˧˦.（还有别的讲法没有？）那是……你谁嘛？næᴇ˧sɿ˧……ni˦sei˩˧mɑ˧?（还有呢？）我看下。你谁嘛？你一……你是哪一位嘛？ŋuo˦˩kʰæ̃˧xɑ˧.ni˦˩sei˩˧mɑ˧?nɑ˦˩i……ni˦sɿ˧˩nɑ˦i˦˩vei˧mɑ˧?（哪一位？）哪一位？nɑ˦i˦˩vei˧?（说不说哪个？）哪个这话说咧。你是哪个噢？这是四川话咧。说哪个成了四川话。你是哪个？nɑ˦kə˧tʂə˧xuɑ˧ʂuo˦˩lie˧.ni˦˩sɿ˧nɑ˦kɑo˩（←kə˧ɑo˧）?tʂei˧˦sɿ˧˩sɿ˧tʂʰuæ̃˦˩xuɑ˧˦lie˧.ʂuo˦˩nɑ˦kə˧˩tʂʰəŋ˩˧lə˧sɿ˧˦tʂʰuæ̃˦˩xuɑ˧˩.ni˦˩sɿ˧˩lɑ˦ko˧?

谁谁

（有没有谁谁谁的这……这种说法，谁谁的说法？我是谁谁的谁？）黄：这有时候还有说咧。我是谁谁的，我谁谁的兄弟，啥。tʂei˧˦iou˦˩sɿ˩˧xou˧xæᴇ˩˧iou˦˩ʂuo˦lie˧.ŋuo˦sɿ˧sei˩˧sei˩˧ti˧,ŋuo˦˩sei˩˧sei˩˧ti˧ɕyoŋ˦ti˧˩,sɑ˧˩.

谁谁谁

（某某人你有没有说谁谁谁的？有……口语里面有这么说土话？）黄：哎有咧。æᴇ˦iou˦lie˧.王：一般是说谁谁谁。i˦˩pæ̃˦sɿ˧ʂuo˦ʂuei˩˦ʂuei˩˦ʂuei˩˧.黄：谁谁谁。sei˩˧sei˩˦sei˩˧.（谁谁谁是大概什么意思呢？）黄：那一般就说是……nei˧i˦˩pæ̃˦tɕiou˧˦ʂuo˦˩sɿ˧˩……王：比喻了……pi˦˩y˧˦lə˧tɕʰ……黄：比喻。还有时候也不知道□名字，不说兀谁咋的。pi˦˩y˧.xæᴇ˩˧iou˦sɿ˩˧xou˧iɑ˦pu˩˧tʂɿ˦˩tɑo˧˦niæ̃˩˧miŋ˩˧tsɿ˧˦,pu˩˧ʂuo˦˩və˧sei˩˧tsɑ˦˩ti˧.

啥

1.（打电话，没听清楚，一般会怎么说？）黄：喂，你重说一遍么。你说个啥？vei˩˧,ni˦˩tʂʰuoŋ˩˧ʂuo˦i˦˩piæ̃˧muo˧.ni˦˩ʂuo˦kə˧˩sɑ˧?（你吃什……吃什么你怎么说？）你吃的啥？ni˦˩tʂʰʅ˦ti˧sɑ˧˩?

2.（改革开放以前我……我家啥啥没有？）黄：哎没有。那就是一句话，“改革开放以前，我家啥都没有”。æᴇ˦mei˨˦˩iou˥˧˩.næᴇ˥tsou˥˩sɿ˥˩i˥˧˩tɕy˥xuɑ˥,kæᴇ˥˧kə˥˧˩kʰæᴇ˥˧˩fɑŋ˥˦i˥˧˩tɕʰiæ̃˨˦˩,ŋuo˥˧tɕiɑ˥˧˩sɑ˥˦tou˥˧˩mei˨˦˩iou˥˧˩.（现在我们家呢？）啥都有了。sɑ˥˦tou˥˧˩iou˥˧lə·˧.（可不可以说啥啥都有？）没有这个说法。mei˨˦iou˥˧˦tʂə˥kə˥ʂuo˥˧fɑ˥˧˩.

3.（这个比如说，你算个啥呀你是……大概是什么意思？这是什么意思？）黄：就……就是看不起的意思。你算个啥嘛！tɕiou˥s……tɕiou˥˩sɿ˥˩kʰæ̃˥pu˨˦˩tɕʰi˥˧tə·i˥˩sɿ·˧.ni˥˧suæ̃˥kə˥sɑ˥˦mɑ·˧!（啥嘛？）噢，你算个啥嘛！那骂开来，“你算个毬？”就是一句话，把你肯定了。ɑɔ˩,ni˥˧suæ̃˥kə˥sɑ˥˦mɑ·˧!næᴇ˥˩mɑ˥kʰæᴇ˥˧˩læᴇ˨˦˦,ni˥˧˦suæ̃˥kə˥tɕʰiou˨˦?tsou˥˩sɿ˥˩i˥˧˩tɕy˥xuɑ˥˦,pɑ˥˧˩ni˥˧˦kʰəŋ˥˧tiŋ˥lə·˧.（你还你是比如人家说啥嘛，你……搞不清楚吧。能不能这么说呢？）你说下那啥嘛？ni˥˧˦ʂuo˥˧xɑ˥˩næᴇ˥sɑ˥˦mɑ·˧?（有没有，直接说，啥呀,你这这个搞不清楚状况就不要参加了嘛？）没有。那那你说下那啥嘛？你不知道就不说，不要说那事。mei˨˦˩iou˥˧.næᴇ˥˩næᴇ˥ni˥˧˦ʂuo˥˧xɑ˥˩nə˥sɑ˥˦mɑ·˧?ni˥˧˦pu˨˦˩tʂɿ˥˧tɑɔ˥˩tɕiou˥˩pu˨˦˩ʂuo˥˧,pu˨˦˩iɑɔ˥ʂuo˥˧næᴇ˥sɿ˥.（啥呀？）嗯。ə̃˩.（啥嘛，是啥嘛？）你说的啥嘛，啊。ni˥˧˦ʂuo˥˧ti·˧sɑ˥˦mɑ·˧,ɑ˩.（啥嘛还啥呀？）你说的啥嘛，不说啥呀这些。ni˥˧˦ʂuo˥˧ti·˧sɑ˥˦mɑ·˧,pu˨˦˩ʂuo˥˧˩sɑ˥iɑ·˧tʂei˥ɕie˥˧˩.

4.（有啥啥啥的这种说法没有？）黄：啥啥啊？这个好像还有人说这个话咧。啥啥的。sɑ˥sɑ˥ɑ·˧?tʂə˥kə˥xɑɔ˥˧ɕiɑŋ˥˩xæᴇ˨˦˩iou˥˧ʐəŋ˨˦ʂuo˥˧˩tʂə˥˩kə˥˩xuɑ˥lie·˧.sɑ˥sɑ˥ti·˧.（这个是什么意思呢？）黄：啥啥……说不来好像这个东西。sɑ˥sɑ˥……ʂuo˥˧˩pu˨˦˩læᴇ˨˦xɑɔ˥˧˦ɕiɑŋ˥tʂə˥kə˥tuoŋ˥˧˩ɕi·˧.（比如说，你们这是干什么呢？你一般怎么说？）王：干啥咧？kæ̃˥sɑ˥lie·˧?黄：你干啥着咧？n̩˥˧˦kæ̃˥˦sɑ˥tʂə·˧lie·˧?（干sɑ˥lie·˧还是干ʂɑ˨˦嘞？）王：干啥哩？kæ̃˥sɑ˥˦li·˧?黄：噢，你干啥着咧？ɑɔ˥,ni˥˧˦kæ̃˥sɑ˥tʂə·˧lie·˧?

5.（你是做什么工作的呢？）黄：你是干啥的？ni˥˧sɿ˥˩kæ̃˥sɑ˥˩ti·˧?王：干啥工作欸。kæ̃˥sɑ˥kuoŋ˥˧tsuo˥˧˩ei·˧.黄：干啥工作的，或者你是个干啥的嘛？kæ̃˥sɑ˥kuoŋ˥˧tsuo˥˧˩ti·˧,xuo˨˦˦tʂə˥˧˩ni˥˧sɿ˥kə˥˩kæ̃˥sɑ˥ti·˧mɑ·˧?

啥时间

1.（什么时候？你什么时候来？）黄：你甚么时候来的？ni˥˧˦ʂəŋ˥˦muo·˧sɿ˨˦˩xou˥læᴇ˨˦˦ti·˧?（还是几时来？）你几时来的？这也问咧么。ni˥˧˦tɕi˥˧sɿ˨˦˩læᴇ˨˦˩ti·˧?tʂei˥iɑ˥˧˦vəŋ˥˦lie·˧muo·˧.（说不说啥时间来？）不说。pu˨˦˦ʂuo˥˧˩.（你说“多久来的”？）那是……那是不能这么说了。你来多长时间了？næᴇ˥sɿ˥……næᴇ˥˦sɿ˥˩pu˨˦˩nəŋ˨˦tʂə˥˦muo·˧ʂuo˥˧˦lə·˧.ni˥˧læᴇ˨˦˦tuo˥˧˩tʂʰɑŋ˨˦sɿ˨˦˩tɕiæ̃˥˧lə·˧?（那你什么时候来呢？不说什么时候来的。你什么来？）兀可以问了。那都是这么，打电话，喂，你不是说你过来咧吗？你甚么时候过来？və˥˦kʰə˥˧i˥˧˩vəŋ˥˦lə·˧.næᴇ˥tou˥˧˩sɿ˥˩tʂei˥˦muo·˧,tɑ˥˧˩tiæ̃˥˩xuɑ˥˩,væᴇ˨˦,ni˥˧˦pu˨˦sɿ˥ʂuo˥˧˦ni˥˧˦kuo˥læᴇ˨˦˩lie·˧mɑ·˧?ni˥˧˦ʂəŋ˥˦muo·˧sɿ˨˦˦xou˥kuo˥læᴇ˨˦˩?（说不说你啥时间过来？）这也可以。你啥时间过来了吗？tʂei˥˦iɑ˥˧˩kʰə˥˧˩i˥˧˩.ni˥˧˦sɑ˥sɿ˨˦˩tɕiæ̃˥˧˦kuo˥læᴇ˨˦˦lə·˧mɑ·˧?（你，几时来？）你几时来？这都能说。ni˥˧˦tɕi˥˧sɿ˨˦˩læᴇ˨˦?tʂə˥˦tou˥˧˩nəŋ˨˦ʂuo˥˧˩.（啥时间？）噢，啥时间。ɑɔ˩,sɑ˥sɿ˨˦˩tɕiæ̃˥˧˦.（哪种说得最土？）你啥时间过来？ni˥˧˦sɑ˥sɿ˨˦˩tɕiæ̃˥˧˦kuo˥læᴇ˨˦˩?（最土？）嗯。ŋ̍˩.

2.（我什么时候该了你的钱了，你怎么问呢？）王：我啥时间该你钱咧？ŋuo˥˧˦sɑ˥˦sɿ˨˦˩tɕiæ̃˥˧˩kæᴇ˥˧˦ni˥˧˦tɕʰiæ̃˨˦˩lie·˧?（有没有叫多会儿该你的钱了？）“多会儿”那是前塬人说。tuo˥˧˩xuər˥˦nə˥sɿ˥tɕʰiæ̃˨˦yæ̃˨˦˩zəŋ˨˦˩ʂuo˥˧˩.（你什么时候来呀？）你啥时间来啊？ni˥˧˩sɑ˥˦sɿ˨˦˩tɕiæ̃˥˧˩læᴇ˨˦˩ɑ·˧?（还是几时来？）你啥时间来啊？ni˥˧˩sɑ˥˦sɿ˨˦˩tɕiæ̃˥˧˩læᴇ˨˦˩ɑ·˧?（有

说几时的吗？）也说咧。这儿这也说咧。你几时来呀？ie˦ʂuo˦˩lie˧.tʂər˥˦tʂə˥ie˦ʂuo˦˩lie˧.n̩˦˩tɕi˦sɿ˨˩læᴇ˨˩ia˧?（几时是……是谁说呢？老人家也说几时吗？）嗯，老人家一般说“你啥时间来咧”。现在说“你几时来啊”。ŋ̍˩,lao˦zəŋ˨˩tɕia˦i˦˧pæ̃˦ʂuo˦˩ni˦˥sa˥sɿ˨˩tɕiæ̃˦˩læᴇ˨˩lie˧.ɕiæ̃˥tsæᴇ˥˦ʂuo˦˥ni˦˥tɕi˦sɿ˨˩læᴇ˨˩a˧.

咋

（比如说我做了什么事情，那你要怎么样？……）黄：就是我把……我把个窑一挖咧，你把我咋么？你能咋嘛？tɕiou˥˩sɿ˥˩ŋuo˦pa˦˥……ŋuo˦pa˦˥kə˥iao˨˩i˦˥va˦lie˧,ni˦pa˦˩ŋuo˦tsam˦˩?ni˦nəŋ˨tsa˦˩ma˧?（ni˦nəŋ˨tsa˩?）噢，你能咋嘛？你想干啥嘛？你不叫我弄这个事，我把那个事弄来干啥？aɔ˩,ni˦nəŋ˨tsa˦˩ma˧?ni˦˩ɕiaŋ˦kæ̃˥˦sa˥˩ma˧?ni˦pu˨˩tɕiao˥ŋuo˦˥nuoŋ˥tʂə˥kə˥sɿ˥,ŋuo˦pa˦˩nə˥kə˥sɿ˥nuoŋ˥læᴇ˨˥kæ̃˥˦sa˥˩?

几个

1.（母子们呢？母亲和这些子……子女呢？）黄：那就是母子几个么。næᴇ˥˦tɕiou˥˩sɿ˥˩mu˦˥tsɿ˦˥tɕi˦kəm˥˩.（不说母子们？不说……）不说。pu˨˩ʂuo˦˩.（娘们们？）娘们儿几个这个话还说咧。niaŋ˨˩mər˧tɕi˦kə˥tʂə˥kə˥xua˥xa˨˩ʂuo˦˩lie˧.（那是指几个女同志还是指那个这个母亲跟孩子？）母亲和孩子，娘们几个咧。嗯，那是……mu˦tɕʰiŋ˦˩xə˨˩xæᴇ˨˩tsɿ˦,niaŋ˨məŋ˧tɕi˦˥kə˥lie˧.ə̃˩,nə˥˦sɿ˥˩……（如果说几个女人呢？）你……你有几个女儿？ni˦˥……ni˦˥iou˦˥tɕi˦kə˥ny˦ər˨˩?（不是噢。你们几个，就说有几个女人走在一起啊。“你们几个快点走”，怎么说？）你该……你们几个女的该快一点儿嘛！ni˦˩kæᴇ˦˩……ni˦məŋ˧tɕi˦˥kə˥ny˦ti˧kæᴇ˦˩kʰuæᴇ˥i˦˥tiær˦˩ma˧!（说不说你们几个娘们儿快走？）也说咧。你们几个娘们儿嘎走快些么！ie˦ʂuo˦˩lie˧.ni˦məŋ˧tɕi˦kə˥˩niaŋ˨mər˧ka˧tso˦u˦kʰuæᴇ˥˦ɕiem˦!（“娘们”，有没有这个不礼貌的这个意思？）没有。muo˦˥iou˦˩.（你说“你这个娘们儿”，可以这么说吗？）可以说么。你这个娘们儿。kʰə˦i˦˩ʂuo˦˩muo˧.ni˦tʂə˥˩kə˥˩niaŋ˨˩mər˧.（这会不会听……听了以后不高兴呢？）这都是不太好，语气不好嘛。tʂə˥˦tou˦˩sɿ˥˩pu˨˩tʰæᴇ˥˦xao˦˥,y˦˥tɕʰi˥˦pu˨˩xao˦ma˧.

2.（这个，哥儿几个你们说是弟兄们还是哥……那个兄弟们？）黄：这是社会上的个话，哥儿几个。tʂə˥˩sɿ˥˩ʂə˥xuei˥ʂaŋ˥˦ti˧kə˥˩xua˥,kər˦˩tɕi˦kə˥˩.（嗯。你们是怎么说呢？）我们要说是你们弟兄几个。这都是，这就是指的亲兄弟。弟兄们伙咧。如果，哥儿几个那都社会上的……ŋuo˦məŋ˧iao˥ʂuo˦˩sɿ˥˩ni˦məŋ˧ti˥ɕyoŋ˦˩tɕi˦kə˥˩.tʂə˥tou˦˩sɿ˥,tʂei˥˦tɕiou˥˩sɿ˥˩tsɿ˦ti˧tɕʰiŋ˦˩ɕyoŋ˦˩ti˥˦.ti˥˦ɕyoŋ˦˩məŋ˧xuo˦˩lie˧.zʮ˨˩kər（←kuo˦）,kər˦tɕi˦kə˥˩næᴇ˥tou˦˩ʂə˥xuei˥ʂaŋ˥ti˧……（那我不问这个字。他们弟兄几个人就是说……说不说“弟兄们”，还是说，弟兄们这个关系都很好，兄弟们关系都很好他们，他们兄弟们都关系都很好可以说吗？）可以说。kʰə˦i˦˩ʂuo˦˩.（他是说他们兄弟们还是说他们弟兄们？）他的……兄弟们也可以说，他们弟兄们也都可以说这个话。tʰa˦˥ti˧……ɕyoŋ˦ti˥məŋ˧ia˦˥kʰə˦i˦˩ʂuo˦˩,tʰam˦ti˥ɕyoŋ˦˩məŋ˧ia˦tou˦˩kʰə˦i˦˩ʂuo˦˩tʂə˥kə˥xua˥˩.

二八、形容词

好

（“好”这个，这个意思，用在不同的地方有什么，有些什么，不同的说法没有？）黄：这都没有啥区别了。tʂə˥˦tou˥˧˧mei˨˦iou˥˧sɑ˥tɕ^{h}y˥˧pie˨˦˩lə·˧.王：没有啥。mei˨˦iou˥˧˩sɑ˥˩.黄：嗯。ə̃˩.（没有什……没有什么……）王：“好”它用在啥地方都是一个意思嘛。xɑɔ˥˧t^{h}ɑ˥˧˩yoŋ˥tsæᴇ˥sɑ˥ti˥fɑŋ˥˧˧tou˥˧˩sɿ˥˩i˥˧˩kə˥˩i˥˦sɿ·˧mɑ·˧.

嫽

（这个好啊有没有说嫽先的，这个意思？）黄：嫽，那□就是……不是咱们这儿的，这不是我们这儿这个话，但是有人说咧。liɑɔ˨˦,nei˥niæ̃˨˦˩tsou˥sɿ˥……pu˨˦˩sɿ˥˦tʂɑ˨˦məŋ˦tʂər˥ti·˧,tʂə˥pu˨˦˩sɿ˥˩ŋuo˥˧məŋ·˧tʂər˥tʂə˥kə˥xuɑ˥,tæ̃˥sɿ˥iou˥˧zəŋ˨˦ʂuo˥˧lie·˧.王：陕西□说你嫽的太。ʂæ̃˥˧ɕi˥˧˩niæ̃˨˦˩ʂuo˥˧˩ni˥˧˩liɑɔ˨˦ti·˧t^{h}æᴇ˥˦.黄：嫽的太。再个欸长的嫽得……liɑɔ˨˦ti˦t^{h}æᴇ˥.tsæᴇ˥kə˥ei˩tʂɑŋ˥˧ti·˧liɑɔ˨˦tə……王：就是咱们这个好得很啊，你说要嫽得很。tɕiou˥˩sɿ˥˩tsɑ˨˦məŋ˦tʂə˥˩kə˥˩xɑɔ˥˧tə·˧xəŋ˥˧ɑ˩,ni˥˧˩ʂuo˥˧˧iɑɔ˥liɑɔ˨˦tə·˧xəŋ˥˧.黄：长，哎呀，长的嫽得很。tʂɑŋ˥˧,æᴇ˥˧˦iɑ·˧,tʂɑŋ˥˧ti·˧liɑɔ˨˦tə˦xəŋ˥˧˩.（就说嫽……这是陕西人说的？）王：嫽。liɑɔ˨˦.黄：啊，陕西人的话。ɑ˩,ʂæ̃˥˧ɕi˥˧˩zəŋ˨˦ti˦xuɑ˥˩.

能行

（欸，那你这个什么，我说这个事情可以吧？你说是可以还是行还是说什么东西？）黄：咱们这儿这来说是，“可以”这个话都太不说啊？tʂɑ˨˦məŋ˦tʂər˥tʂə˥læᴇ˨˦ʂuo˥˧˧sɿ˥,k^{h}ə˥˧i˥˧˩tʂə˥kə˥xuɑ˥tou˥˧˩t^{h}æᴇ˥pu˨˦˩ʂuo˥˧ɑ·˧?（嗯。）黄：能行，或者是行，嗯。nəŋ˨˦ɕiŋ˨˦,xuei˨˦˩tʂə˥˧˩sɿ˥˩ɕiŋ˨˦,ə̃˩.王：啊，能行。ɑ̃˩,nəŋ˨˦ɕiŋ˨˦˩.（说能成吗？）王：也说咧。ie˥˧˧ʂuo˥˧lie·˧.黄：也说咧，能成，能行，或者是行。ie˥˧˧ʂuo˥˧lie·˧,nəŋ˨˦tʂ^{h}əŋ˨˦˧,nəŋ˨˦ɕiŋ˨˦˧,xuo˨˦˩tʂə˥˧˩sɿ˥˩ɕiŋ˨˦.（哪个说得最多？最土的？）王：能……能行多啊？nəŋ˨˦……nəŋ˨˦ɕiŋ˨˦tuo˥˧ɑ·˧?黄：啊，能行。ɑ˩,nəŋ˨˦ɕiŋ˨˦˧.

不行

（质量不咋的，那个质量呢？）王：啊，那就是质量不行。ɑ˩,nə˥tɕiou˥sɿ˥tʂʅ˥˧˩liɑŋ˥˦pu˨˦˩ɕiŋ˨˦˩.黄：那就，那就不说坏咧啊。质量，质量不还好那就不说坏，那就是……nə˥˦tsou˥,nə˥˦tsou˥pu˨˦˩ʂuo˥˧˧xuæᴇ˥liɑ·˧.tʂʅ˥˧˩liɑŋ˥˦,tʂʅ˥˧˩liɑŋ˥˦pu˨˦˩xɑ˨˦˩xɑɔ˥˧nei˥˩tsou˥˩pu˨˦˩ʂuo˥˧˩xuæᴇ˥,nei˥tsou˥˩sɿ˥˩……王：不好。pu˨˦˩xɑɔ˥˧.（你买件衣服这个，穿两天就开衩儿了。）黄：那是质量不行。nə˥˦sɿ˥˩tʂʅ˥˧˩liɑŋ˥˦pu˨˦˩ɕiŋ˨˦˩.王：质量不行。tʂʅ˥˧˩liɑŋ˥˦pu˨˦˧ɕiŋ˨˦˧.黄：不行，或者是不好。pu˨˦˩ɕiŋ˨˦,xuei˨˦˩tʂə˥˧˩sɿ˥˩pu˨˦˩xɑɔ˥˧.（质量这都是后来出现的这个词了。你们过去你们，碰上这种情况怎么说？）黄：过去……kuo˥tɕ^{h}i˥……王：这东西不行。是啊？tʂə˥tuoŋ˥˧˧ɕi˦pu˨˦˩ɕiŋ˨˦.sɿ˥ɑ·˧?黄：噢，这东西不行。ɑɔ˩,tʂə˥tuoŋ˥˧˩ɕi·˧pu˨˦˩ɕiŋ˨˦.王：

这就是不行。tʂə˥tɕiou˥sɿ˥˩pu˨˩ɕiŋ˨.黄：或者是这个……xuo˨˦tʂə˥˦sɿ˥tʂə˥kə˥……王：不结实。pu˨˩tɕie˥ʂɿ˨˩.黄：不结实来的。pu˨˩tɕie˥ʂɿ˨˩læᴇ˨˦ti˧.（说xa˥不说呢？）黄：不。瞎。欸也说咧。质量瞎的很啊？pu˨˩.xa˥.ei˥ia˥˦ʂuo˥lie˧.tʂɿ˥˩liaŋ˥xa˥ti˧xəŋ˥˦a˧?王：嗯。ŋ̍˩.黄：质量不行。tʂɿ˥˩liaŋ˥pu˨˦ɕiŋ˨˩.王：最早……最早的话了，最早那咱们不说质量那个词。tsuei˥tsaɔ˥˦……tsuei˥˦tsaɔ˥ti˧xua˥˩lə˧,tsuei˥˦tsaɔ˥nə˥tsa˨mən˧pu˨ʂuo˥tʂɿ˥˩liaŋ˥˦nei˥(k)ə˥˩tsʰɿ˨˩.黄：啊。a˩.（啊，不……不说质量这两个字。一般说这……）黄：嗯，不说这两个字。呃东西瞎着哩。瞎，欸，也不说瞎，说……ɑ̃˩,pu˨˦ʂuo˥˦tʂə˥liaŋ˥(k)ə˥˩tsɿ˥.ə˥tuoŋ˥ɕi˧xa˥tʂuo˥˩li˧.xa˥,ei˩,ie˥pu˨˦ʂuo˥˦xa˥,ʂuo˥pɿ……（东西什么呢？）王：就说兀东西不行。tɕiou˥˩ʂuo˥˩væᴇ˥tuoŋ˥ɕi˧pu˨˩ɕiŋ˨.黄：那东西不行，或者是这个，不能用，或者是咋呣。但是不说瞎这个话好像。nə˥tuoŋ˥˩ɕi˧pu˨˩ɕiŋ˨,xuei˨˩tʂə˥˩sɿ˥tʂə˥˩kə˥˩,pu˨˩nəŋ˨˩yoŋ˥,xuei˨˩tʂə˥˩sɿ˥˩tsa˥˩m̩˧.tæ̃˥sɿ˥pu˨˩ʂuo˥˩xa˥tʂə˥kə˥xua˥xaɔ˥˦ɕiaŋ˥.（有粮食的质量也有不好的呀，棉花的质量也有不好的呀，饭菜的质量也有不好的，你们都说不行吗？有，有没有什么土话来说它？就过去也没有这些新名词的时候。）黄：好像也没有个啥说法，啊？xaɔ˥ɕiaŋ˥a˥˦mei˨iou˥kə˥˦sa˥ʂuo˥fa˥˩,a˥?王：没有啥说法，也就是，呣，不好。mei˨iou˥sa˥ʂuo˥fa˥˩,a˥˦tɕiou˥˦sɿ˥,m̩˩,pu˨˩xaɔ˥.（噢，只有这这个说法？）黄&王：嗯。ŋ̍˩.

不顶事

（说不说不顶事？）黄：不顶事这个话还倒还……pu˨˩tiŋ˥sɿ˥tʂə˥kə˥˩xua˥xa˨˩taɔ˥xa˨˩……王：嗯。ŋ̍˩.黄：嗯，不顶事，啊。ə̃˥,pu˨˦tiŋ˥˩sɿ˥,a˥.（这是什么意思呢？）黄：就是，你指望，指这个人给你弄啥去咧，结果兀根本就靠不住是，这是不顶事呣。tsou˥sɿ˥,ni˥˦tsɿ˥vaŋ˥,tsɿ˥tʂə˥kə˥zəŋ˨kei˥ni˥˦nuoŋ˥sa˥tɕʰi˥lie˧,tɕie˥˩kuo˥və˥˩kəŋ˥˩pəŋ˥tsou˥kʰaɔ˥pu˨˩tʂɿ˥˦sɿ˥,tʂə˥˩sɿ˥˩pu˨˩tiŋ˥sɿ˥˩m̩˧.

日塌

1.（这个把你整得好惨呢，那你怎么说呢？）黄：噢，我们这儿这是土些那话“兀你把人日塌[①]了么”好像。aɔ˩,ŋuo˥mən˧tʂər˥tʂə˥sɿ˥˩tʰu˥ɕie˥˩nə˥˩xua˥væᴇ˥ni˥˦pa˥˩zəŋ˨zɿ˥tʰa˧lə˧muo˧xaɔ˥˩ɕiaŋ˥.（“文化大革命”的时候被日塌了？）噢，你把人都弄日塌咧那阵儿。aɔ˩,ni˥˩pa˥˩zəŋ˨tou˥˦nuoŋ˥zɿ˥tʰa˧lie˧nei˥˦tʂə̃r˥˩.

2.（这件事情啊，一般都是坏事了，或什么不大好的事情败露了，被别人知道了。哎呀，这下糟糕了，你们一般说什么？烂包了，还是什么东西？露馅儿了？你们一般说什么？穿帮了还是什么东西？）黄：这个也不……不这么它。tʂə˥˩kə˥˦æ˧pu˨˩……pu˨˩tʂəm˥tʰa˥˩.（有没有这么一个什么什么说法？）黄：暴露了这个说的多些啊？paɔ˥lou˥˦lə˧tʂə˥˩kə˥˩ʂuo˥ti˧tuo˥ɕie˥˩a˧?王：嗯。ŋ̍˩.黄：暴露了这个话有咧。paɔ˥lou˥˦lə˧tʂə˥kə˥xua˥iou˥˩lie˧.（原先呢没有的时候说什么？）黄：一般儿这个事有说露馅儿了这个话。i˥˩pæ̃r˥tʂə˥kə˥sɿ˥iou˥ʂuo˥˩lou˥ɕiæ̃r˥lə˧tʂə˥˩kə˥˦xua˥˩.（日塌了是吧？）黄：日塌了这个话也说咧。那啥也日塌了，这事弄日塌咧。再一个就是这个……哎，你看我刚想的好好儿啥呣，忘毬了。想不起来了。哎嗨，才想咧个啥话吵？蛋炒炒了，忘毬咧。zɿ˥tʰa˧lə˧tʂə˥˩kə˥˦xua˥æ˥˩ʂuo˥lie˧.nə˥˩sa˥æ˥˦zɿ˥tʰa˧lə˧,tʂə˥sɿ˥nuoŋ˥zɿ˥tʰa˧lie˧.tsæᴇ˥i˥˦kə˥tɕiou˥sɿ˥tʂə˥kə˥……æᴇ˥,ni˥˦

① 日塌：糟蹋。“日”疑本出“入”。“入”，《广韵》人執切，文献中可用为詈词。元李直夫《虎头牌》第三折：“我来勾你，你倒打我，我入你老婆的心。”《水浒传》第七十五回：“鲁智深提着铁禅杖，高声叫骂：‘入娘撮鸟，忒杀是欺负人！’”

kʰæ̃˧ŋuo˦˥tɕiaŋ˥˦ɕiaŋ˦˥ti˧xaɔ˥xaɔr˥˩sa˧m̩˧,vaŋ˧˦tɕʰiou˨˩lə˨.ɕiaŋ˥˩pu˨˩tɕʰi˥˦læᴇ˨˩lə˧.æᴇ˩xæᴇ˩,tsʰæᴇ˨ɕiaŋ˥lie˨kə˧sa˧˦xua˧sa˧?tæ̃˧tsʰaɔ˦˥tsʰaɔ˦˥lə˧,vaŋ˧˦tɕʰiou˨˥lie˨.（这事情败露，完蛋了，什么什么东西。你一般说完蛋了你们一般怎么说？）王：不说完蛋。pu˨˩ʂuo˥vǣ˨˩tæ̃˧.黄：不说，不说完蛋。pu˨˦ʂuo˥,pu˨˥ʂuo˥˩væ̃˨˩tæ̃˧.（这个意思呢？）王：那说这个瞎了。这个事……这事□……nei˧ʂuo˦˥tʂə˧kə˧xa˥lə˨.tʂə˧˩kə˧˥sɿ˧……tʂə˧sɿ˧niæ̃˨˩……黄：这事瞎了。tʂə˧˩sɿ˧xa˥lə˨.

红火

（比如说这个街上很多人，这……这个你们一般说街上怎么样？）黄：我们就说是街上人多得很。ŋuo˥mən˧tsou˧ʂuo˦˥sɿ˧tɕie˥ʂaŋ˧˩zən˨tuo˥tə˨xən˥.王：人多的很。zən˨tuo˥ti˨xən˥˩.（说热闹这样的吗？）黄：也说咧。街上□热闹的，人多的。ie˦˥ʂuo˥lie˨.tɕie˥ʂaŋ˧˩niæ̃˨˩zə˥naɔ˨ti˨,zən˨tuo˥ti˨.（就热闹这个意思还有别的，那个话来表示吗？）黄：红火么。xuoŋ˨˩xuo˥muo˨.（街上红火？）黄：啊，街上也红火得。红火和热闹。a˩,tɕie˥ʂaŋ˧ia˦˥xuoŋ˨˩xuo˥tə˨.xuoŋ˨˩xuo˥xuo˨˩zə˥naɔ˨.（都是一个意思？）黄：嗯。ŋ̍˩.

浓、稠、密

1. 黄：浓。"浓浓"的"浓"。luoŋ˨.luoŋ˨luoŋ˨ti˧luoŋ˨˩.（这个你们说"浓"还是"稠"？）浓。也说"稠"咧。luoŋ˨.ie˥ʂuo˥˩tʂʰou˨˩lie˨.（也说"浓"？）啊，也说浓。但是看啥东西。那个稀饭熬的够稠的，稀饭稠。a˩,ie˥ʂuo˥˩luoŋ˨.tæ̃˧sɿ˧kʰæ̃˧sa˧˦tuoŋ˥ɕi˨.nə˧kə˧ɕi˥˩fæ̃˧˥naɔ˨ti˧kou˧tʂʰou˨˩ti˨,ɕi˥˩fæ̃˧tʂʰou˨˩.（你什么是"浓"呢？）浓的很就是这个欻水里头搅下啥东西搅得多了，浓得很。这个墨浓得很。luoŋ˨ti˧xən˥tsou˧sɿ˧tʂə˧kə˧ei˩ʂuei˥li˥˩tʰou˨tɕiaɔ˥xa˧sa˧tuoŋ˥˩ɕi˨tɕiaɔ˦˥tei˥˦tuo˥lə˨,luoŋ˨tei˥˩xən˥.tʂə˧kə˧mei˨luoŋ˨tei˥˩xən˥.（墨是吧？）啊，墨浓得很。a˩,muo˥luoŋ˨˩ti˧xən˥.（这个"稠"，"稠"可以指这种这个什么稀饭之类的吗？）啊，稀饭之类的，嗯。稀饭，米汤。aɔ˩,ɕi˥˩fæ̃˧tsɿ˥˩luei˧ti˨.ə̃˩.ɕi˥˩fæ̃˧,mi˥tʰaŋ˥˩.（那如果是比如说种的这个庄稼，那个……）也可以说"稠"哇。ie˥kʰə˥i˥ʂuo˥˩tʂʰou˨va˧.（也可以"稠"？）噢，太稠了么种的。aɔ˩,tʰæᴇ˧tʂʰou˨˩lə˧muo˨tʂuoŋ˧ti˧.（啊，还可以说什么，那个庄稼如果是那个？）就就这么个话了。多了就是太稠了。tɕiou˧tɕiou˧tʂə˧muo˨kə˧xua˧lə˨.tuo˥lə˨tɕiou˧sɿ˧˩tʰæᴇ˧tʂʰou˨˩lə˧.（人口呢？）人口不说稠。住的，它是住的可说稠咧。zən˨˩kʰou˥pu˨˩ʂuo˥tʂʰou˨˩.tʂʯ˧˦ti˨,tʰa˥˩sɿ˧˩tʂʯ˧˦ti˨kʰə˥˩ʂuo˥tʂʰou˨˩lie˨.（怎么说呢？）一户一户住的够稠的。i˥˩xu˧i˥˩xu˧tʂʯ˧ti˨kou˧˩tʂʰou˨˩ti˧.

2.（那相反的，很茂密呢？）黄：稠，我们……密，我们叫稠咧，不叫密。tʂʰou˨,ŋuo˥mən˨……mi˥,ŋuo˥mən˧tɕiaɔ˧tʂʰou˨lie˧,pu˨˩tɕiaɔ˧mi˥.（说头……有说头发扎实的没有？）没……不说。都是兀，□说兀头发长的密得很或者是。嗯。m……pu˨˦ʂuo˥˩.tou˦˥sɿ˧və˧,niæ̃˨˩ʂuo˦˥væᴇ˧˦tʰou˨˩fa˦˥tʂaŋ˥ti˨mi˥tə˨xən˥˩xuo˨˩tʂə˥sɿ˧˩.ə̃˩.

稀

（这个东西呀，比如说我这个人头发不多，你是说头发不多还是头发稀？）黄：头发稀姆。tʰou˨˩fa˦˥ɕi˥m̩˨.（苗也是这样的？禾……）王：啊，禾苗也说是稀，也说稀么。a˩,xə˨miaɔ˨˦ie˥ʂuo˥˩sɿ˧˩ɕi˦˥,ie˥ʂuo˥˩ɕi˥muo˨.（除了稀，还有别的讲法没有？）黄：稀。ɕi˥.（还有别的讲法没有？）黄：稀，就是不够，再一个就是不够苗儿。再就是这个……ɕi˥,tsou˧˩sɿ˧˩pu˨˩kou˧˥,tsæᴇ˧i˥kə˧˩tɕiou˧˩sɿ˧˩pu˨˩kou˧miaɔr˨.tsæᴇ˧tɕiou˧sɿ˧tʂə˧kə˧……（疏，说不说？）黄：不太说。不，不说这个疏。pu˨˦tʰæᴇ˧ʂuo˥˩.pu˨˦,pu˨˩ʂuo˥˩tʂə˧˩kə˧˩ʂʯ˥.

一样样的

（你看看这个东西就是，就……）王：说几样子。ʂuo˥˩tɕi˥iaŋ˥tsɿ˧.黄：说几样子。有时候是这个一样样同样的个话，用在不同的地方，那就说是语气也不同了。ʂuo˥˩tɕi˥˧iaŋ˥tsɿ˧.iou˥sɿ˨˩xou˥sɿ˥tʂə˥˩kə˥˩i˥˩iaŋ˥˧iaŋ˥˧ti˧kə˥˩xua˥,yoŋ˥tsæᴇ˥pu˨˩tʰuoŋ˨ti˧ti˥faŋ˥˩,næᴇ˥˩tsou˥˩ʂuo˥˩sɿ˥˩y˥tɕʰi˥æ˥˧pu˨˩tʰuoŋ˨˩lə˧.

浑囵

（你，你那个，就说你吃这个鸡蛋呐，是整个儿一个吃下去，你叫这个吃个什么鸡蛋？）黄：浑囵么。xuoŋ˨˩luoŋ˨˧muo˧.（叫浑囵还是……）黄：浑囵个儿么。xuoŋ˨˩luoŋ˨˧kər˥˩muo˧.（囫囵还是浑囵？）黄：浑囵。xuoŋ˨luoŋ˨˧.王：浑囵。xuoŋ˨luoŋ˨˧.（浑囵？）黄：嗯。ŋ̍˩.王：浑囵鸡蛋。xuoŋ˨luoŋ˨˧tɕi˥˩tæ̃˥.黄：浑囵鸡蛋么。xuoŋ˨luoŋ˨˧tɕi˥˩tæ̃˥muo˧.（浑鸡蛋，吃了个浑鸡蛋？）黄：呃说咧么。吃了个浑鸡蛋。ə˥ʂuo˥˩lie˧muo˧.tʂʰʅ˥lə˧kə˥xuoŋ˨tɕi˥˧tæ̃˥.（也就是整个儿的吃下去？）黄：啊，整个儿的。ɑ˩,tʂəŋ˥kər˥ti˧.（那这个一身你说不说浑身？）黄：浑身哞。xuoŋ˨ʂəŋ˥m̩˧.

唏哩呼噜

（你比如说这个东西很不稳固，这个椅子摇摇晃晃的，你们有没有什么什么话来说它？）王：唏哩呼噜。ɕi˥li˧xu˥˩lou˧.（呃？）王：唏哩呼噜。ɕi˥li˧xu˥˩lou˧.（怎么写呢？）王：呼噜，那就是表示它是动弹了嘛。xu˥lou˧,nə˥tɕiou˥sɿ˥piɑɔ˥˧sɿ˥tʰɑ˥˩sɿ˥˩tuoŋ˥˧tʰæ̃˨˩lə˧mɑ˧.黄：不稳当的意思。pu˨˩vəŋ˥taŋ˧ti˧i˥sɿ˧.王：嗯。ə̃˩.黄：一个就是摇摇晃晃的。i˥˩kə˥˧tɕiou˥sɿ˥iɑɔ˨iɑɔ˨˧xuɑŋ˥xuɑŋ˥ti˧.

早、迟

（说这个，这个比如说八点钟上班，你这个七点钟来了，你是叫早还是晚？）王：早。tsɑɔ˥˧.黄：早了么。tsɑɔ˥ləm˧.（tsɑɔ˥liɑ˧?）黄：哞，早到哞。m̩˩,tsɑɔ˥tɑɔ˥m̩˧.（九点钟来呢？）黄：迟了哞。tsʰʅ˨˩lə˥m̩˧.（说不说晚了？）王：不说。说说迟咧。pu˨˩ʂuo˥˩.ʂuo˥ʂuo˥˩tsʰʅ˨˩lie˥.黄：说迟咧多。也说来晚了咧啊？ʂuo˥˩tsʰʅ˨˩lie˥tuo˥˩.ie˥ʂuo˥˩læᴇ˨˩væ̃˥lə˧lie˧ɑ˥?王：嗯。ŋ̍˩.黄：来晚咧这个话也说咧反正。læᴇ˨˩væ̃˥lie˧tʂə˥kə˥xuɑ˥iɑ˥˧ʂuo˥lie˧fæ̃˥˩tʂəŋ˥˧.（但是少是吧？）黄：少些，嗯。ʂɑɔ˥ɕie˥˩,ŋ̍˩.

绌

（水果呐这种缺乏了水分那种东西，你看水果放久了以后，它表面都干了。）王：那叫绌[1]。nə˥tɕiɑɔ˥tʂʰʯ˥.黄：绌着咧。tʂʰʯ˥tʂə˧lie˥.（什么？）黄：绌了么。tʂʰʯ˥ləm˧.王：绌，绌了。绌绌子。tʂʰʯ˥,tʂʰʯ˥lə˧.tʂʰʯ˥tʂʰʯ˥˩tsɿ˧.（跟出来的出是一样的音吗？）王：嗯。ŋ̍˩.黄：嗯。也叫，有些人也把这个东西也叫蔫咧嘛。ŋ̍˩.ie˥tɕiɑɔ˥,iou˥ɕie˥˩zəŋ˨ie˥pɑ˥˩tʂə˥kə˥tuoŋ˥˩ɕi˧lie˥˧tɕiɑɔ˥niæ̃˥lie˧mɑ˧.（噢，蔫是知道。）黄：嗯。ŋ̍˩.王：蔫还知道咧。这咱们这儿叫绌了。niæ̃˥xɑ˨˩tʂʅ˥˩tɑɔ˥lie˥.tʂei˥tsɑ˨məŋ˧tʂər˥tɕiɑɔ˥tʂʰʯ˥lə˧.黄：绌了，啊。tʂʰʯ˥lə˧,ɑ˥.王：那苹果都绌了，还能……还给人卖钱咧。叫绌。nə˥pʰiŋ˨˧kuo˥˧tou˥˧tʂʰʯ˥lə˧,xɑ˨˩nəŋ˨˩……xɑ˨˩kei˥zəŋ˨mæᴇ˥tɕʰiæ̃˨˩lie˥.tɕiɑɔ˥tʂʰʯ˥.

大、小

（我这个，你比如说你是五十……五十六，你是五十四，你比他，你比他怎么，这个

① 绌：水果等干缩起绉。"绌"有屈缩义。《荀子·不苟》："君子能则宽容易直以开道人，不能则恭敬缚绌以畏事人。"杨倞注："谓自撙节贬损。"

两岁是多……多出两岁来，你是怎么……）王：我们说你大哞。ŋuo˦mən˧ʂuo˥˩ni˥˩ta˥m̩˧. 黄：大两岁。ta˥liaŋ˥˩suei˥˩.（大两岁？）黄：嗯。ŋ̍˩.王：大两岁。小两岁。ta˥˦liaŋ˥˩suei˥˩.ɕiao˦liaŋ˥˩suei˥˩.（我是，我是说，我比你大两岁还是你比我大两岁还是怎么说的？还是说你大我两岁还是怎么？）王：我比你大两岁。ŋuo˦pi˥˦ni˥˦ta˥˦liaŋ˥˩tsuei˥˩.（都说我比你大两岁？）黄：啊。a˩.王：嗯。反过来或者说我比你小两岁。ŋ̍˩.fæ̃˥˩kuo˥læᴇ˨˦xuo˨˩tʂə˦ʂuo˥˩ŋuo˥˦pi˥˦ni˥˦ɕiao˦liaŋ˥˩tsuei˥˩.

碎

（我比你小，说不说我比你碎？）黄：那不。不说这个话。没有这个话。nei˥˦pu˨˩.pu˨˩ʂuo˦tʂə˥kə˥xua˥.mei˨iou˦tʂə˥kə˥xua˥.（那是……什么时候这个小说碎呢？）黄：那娃娃叫碎娃娃咧。大人，一到大人的话，就稍微大些，就不说是这个碎了。nə˥˩va˨˩va˨˩lie˧.ta˥˦zəŋ˨˩,i˥˩tao˥˦ta˥˦zəŋ˨ti˧xua˥˩,tsou˥˩sao˥˦vei˥˦ta˥ɕie˥˦,tsou˥pu˨ʂuo˦ʂʅ˥˩tʂə˥kə˥suei˥lə˧.（这个，这是大碗，这个叫不叫碎碗呢？）黄：嗯。ə̃˩.王：嗯。ə̃˥.黄：碎碗，或者是小碗。suei˥væ̃˦,xuei˨˩tʂə˥˩sʅ˥˩ɕiao˦væ̃˥˩.（哪个说得最土？）黄：娃娃，在娃娃跟前说话那多一般儿都说是碎碗。va˨va˨˦,tsæᴇ˥˩va˨˩va˨˦kəŋ˦tɕʰiæ̃˨˩ʂuo˥˩xua˥˦nə˥˩tuo˦i˥˩pæ̃r˥tou˥˦ʂuo˥˦sʅ˥suei˥væ̃˥˩.王：碎碗。suei˥væ̃˥˩.黄：在大人跟前一般儿说就是小碗。tsæᴇ˥˩ta˥˦zəŋ˨˩kəŋ˦tɕʰiæ̃˨˩i˥˩pæ̃r˦ʂuo˥˩tɕiou˥˩sʅ˥˩ɕiao˦væ̃˥˩.

辙

（这个东西平了叫不叫辙了？砑辙了。砑平了路叫砑……砑辙了路？）王：砑辙。ia˥tʂə˨.黄：砑平咧。这个砑平咧以说……nia˥pʰiŋ˨˩lie˧.tʂə˥kə˥nia˥pʰiŋ˨˩lie˧li˦ʂuo……王：砑辙了也也也……ia˥tʂə˨lə˧lie˦ie˥˦ie˥˦……黄：砑辙了也说咧我们这儿这。砑辙了。ia˥tʂə˨lə˧lie˥˦ʂuo˦lie˧ŋuo˦mən˧tʂər˥tʂə˥.ia˥tʂə˨˩lə˧.（那比如说这个东西很……很烈，给它弄得老老实实了，说不说弄辙了？就说砑辙了？）黄：那不是。那我们把那就是你……很烈的个……东西你把那是叫驯乖咧。nə˥pu˨˩sʅ˥.nə˥ŋuo˦mən˧pa˥˩nə˥tsou˥sʅ˥ni˥˦……xəŋ˥˦lie˦ti˧kə˥ts……tuoŋ˦ɕi˧ni˥˦pa˥˩nə˥sʅ˥tɕiao˥ɕyoŋ˥kuæᴇ˦lə˧.（叫训乖了？）黄：就啥……噢，不说辙的话。但是有些东西可说不来啊。那用牲口你说是头一仗，头一天揭地不行，第二天你用嘎子辙了以后就好了。也说……也说辙了这个话咧。tɕiou˥˩sa……ao˥,pu˨ʂuo˦tʂə˨ti˧xua˥˩.tæ̃˥sʅ˥iou˦ɕie˥˩tuoŋ˦ɕi˧kʰə˥˩ʂuo˦pu˨˩læᴇ˨a˧.nə˥˩yoŋ˥səŋ˦kʰou˧ni˥˩ʂuo˥˩sʅ˥˩tʰou˨i˦tʂaŋ˥,tʰou˨i˦tʰiæ̃˥˦tɕie˥˩ti˥pu˨˦ɕiŋ˨˩,ti˥˩ər˥tʰiæ̃˥˦ni˥˩yoŋ˥ka˧tsʅ˧tʂə˨˩lə˧i˥˦xou˥tsou˥xao˥˩lə˧.ie˦ʂuo˥˦……ie˦ʂuo˥˩tʂə˨˩lə˧tʂə˥kə˥xua˥lie˧.（就是顺从……顺从了？）黄：噢，顺从了。ao˥,ʂuoŋ˥tsʰuoŋ˨˩lə˧.王：顺从了。ʂuoŋ˥tsʰuoŋ˨˩lə˧.（有辙顺这种说法没有？）黄：没有。mei˨˩iou˥˩.王：没有。muo˥˩iou˥˦.（没有辙顺这种说法？）黄：嗯。就说是辙了，这反正。用辙了或者是辙了。ŋ̍˩.tsou˥ʂuo˥˩sʅ˥˩tʂə˨lə˧,tʂə˥fæ̃˥˩tʂəŋ˥.yoŋ˥tʂə˨˩lə˧xuo˨˩tʂə˥˩sʅ˥˩tʂə˨˩lə˧.

閦、帊

（你比如说一块布啊，它织得很……很密的，还有种织得很稀的，你看它那个叫什么？）王：那就是一个是密，一个是閦[①]么。nə˥tɕiou˥sʅ˥i˥˩kə˥sʅ˥mi˦,i˥˩kə˥sʅ˥sa˥muo˧.黄：一个是密，一个是閦么。i˥˩kə˥sʅ˥mi˦,i˥˩kə˥sʅ˥sa˥muo˧.（sa˥是……）黄：閦是窟窿儿眼进的那种叫閦哞。sa˥sʅ˥kʰu˦luõr˨˩niæ̃˥˦tɕiŋ˥ti˧nei˥tʂuoŋ˥˩tɕiao˥˩sa

① 閦：《集韵》所稼切，“开也”。

˦m̩˨.（就是稀的意思？）黄：嗯。ŋ̍˨.（有没有说帊的？）王：帊[①]得很那就说那个那个布……pʰɑ˥tə˦xəŋ˥˧nei˦tɕiou˦˧ʂuo˥˨nei˦kə˦nei˦kə˦pu˦……黄：也有说帊的这个话咧。这帊和㓟还是两回事着了。ie˥iou˥˧ʂuo˥˧pɑ˥ti˨tʂə˦kə˦xuɑ˦lie˨.tʂə˦pʰɑ˥xuo˨˩sɑ˦xɑ˨˩sɿ˦˨liɑŋ˥xuei˨˧sɿ˦tʂə˦lə˨.王：两回事。帊……liɑŋ˥xuei˨˩sɿ˦˨.pʰɑ˥……（呃，怎么两回事？）黄：帊是这个欸那个……pʰɑ˥sɿ˦tʂə˦kə˦ei˦nə˦kə˦……王：帊是这个已经叫个那个……pʰɑ˥sɿ˦tʂə˦˨kə˦i˥tɕiŋ˥˧tɕiɑɔ˦kə˦nə˦kə˦……黄：很薄了，柔软得很。xəŋ˥puo˨˩lə˦,zou˨˩zuæ̃˥tə˨xəŋ˥˨.王：就这个你……布已经薄的捏咧，那兀成了帊的了。tɕiou˦˨tʂə˦kə˦ni˥˧……pu˦i˥tɕiŋ˥˨puo˨˩ti˨nie˥lie˨,nə˦vu˦tʂʰəŋ˨˩lə˨pʰɑ˥ti˨lə˨.黄：嗯。ŋ̍˨.王：一撕就烂。i˥˧sɿ˥tɕiou˦˨læ̃˦˧.黄：很薄，很那个……已经不结实咧叫帊得很。xəŋ˥puo˨,xəŋ˥nə˦kə˦……i˥˧tɕiŋ˥˧pu˨˩tɕie˥ʂʅ˨˩lie˨tɕiɑɔ˦pʰɑ˥tə˨xəŋ˥˨.（嗯。）王：嗯。ŋ̍˨.黄：㓟它是这个结实程度可能还有咧。sɑ˦tʰɑ˥˨sɿ˦tʂə˦˨kə˦˨tɕie˥ʂʅ˨˩tʂʰəŋ˨˩tu˦˧kʰə˥˧nəŋ˨˧xæᴇ˨˩iou˥lie˨.王：那个就是……nə˦kə˦tɕiou˦sɿ˦……黄：但是织的那个纬经间隙大得很。tæ̃˦sɿ˦tʰɑ˥˧tʂʅ˥ti˨nə˦kə˦vei˥˨tɕiŋ˥˧tɕiæ̃˦˧ɕi˥˨tɑ˦tə˨xəŋ˥˨.王：啊，有间隙。ɑ˨,iou˥˨tɕiæ̃˦˧ɕi˥˨.（噢，比如说那，一块纱叫sɑ˦得很？）黄：纱布嘛。sɑ˥˨pu˦mɑ˨.（嗯。比如说这个什么，这个蒙蒙蒙着头的那围巾它它可以看见。）王：看见亮。kʰæ̃˦tɕiæ̃˦liɑŋ˦.黄：看着亮，它这就叫㓟得很。kʰæ̃˦tʂuo˨˩liɑŋ˦,tʰɑ˥˧tʂei˦˧tɕiou˦tɕiɑɔ˦sɑ˦tə˨xəŋ˥˨.王：那就㓟得很。nə˦tɕiou˦sɑ˦tə˨xəŋ˥˨.（帊得很是……比如说我这个裤子骑车骑着骑得经常这个地方会磨破了。）王：那不叫帊么。nə˦pu˨˩tɕiɑɔ˦pʰɑ˥muo˨.（那不叫帊？）黄：嗯。ŋ̍˨.王：不叫帊。pu˨˩tɕiɑɔ˦pʰɑ˥˨.黄：那叫……nə˦˧tɕiɑɔ˦˨……（帊是织成的这种东西吗？）黄：啊。ɑ˨.（一织过……）黄：织……织成的，用过的，用欸……tʂʅ˥……tʂʅ˥tʂʰəŋ˨˩ti˨,yoŋ˦kuo˦ti˨,yoŋ˦e i˨……王：帊兀那就说是这个东西一动就烂了，叫帊。pʰɑ˥væᴇ˦˨nei˦tɕiou˦ʂuo˥˨sɿ˦tʂə˦˨kə˦tuoŋ˥ɕi˨i˥˨tuoŋ˦tɕiou˦læ̃˦˧lə˨,tɕiɑɔ˦˨pʰɑ˥.黄：已经用过性了已经这个东西叫帊它。i˥tɕiŋ˥˨yoŋ˦kuo˦ɕiŋ˦˧lə˨i˥˧tɕiŋ˥˧tʂə˦kə˦tuoŋ˥˧ɕi˨tɕiɑɔ˦pʰɑ˥tʰɑ˥˨.（用过的也叫……）黄：啊。叫帊咧。ɑ˨.tɕiɑɔ˦pʰɑ˥lie˨.（这个裤，这个地方磨得磨得磨得一抠它就破了。）王：嗯，就帊它。ŋ̍˨,tɕiou˦pʰɑ˥tʰɑ˥˨.（叫……叫帊？）黄：叫帊了啊。tɕiɑɔ˦pʰɑ˥lə˨lɑ˦.黄：嗯。ŋ̍˨.

呜里呜啦

（这种说话叽里咕噜你们一般叫什么呢？叽里咕噜还是什么？）黄：咱们这儿不叫叽里咕噜啊？tsɑ˨˩məŋ˨tʂər˦pu˨˩tɕiɑɔ˦tɕi˥li˨ku˥lu˨lɑ˨?（嗯。）就是你呜里呜啦的说些啥嘛。tɕiou˦˨sɿ˦˨ni˥˧vu˥li˨vu˥lɑ˨ti˨ʂuo˥ɕie˥˨sɑ˦˧mɑ˨.

紧巴

（你这个生活过得很紧张，入不敷出。一般这个叫什么呢？）王：贫困咧。pʰiŋ˨˩kʰuoŋ˦lie˨.黄：哎呀，咋么个话是捉肘见肘咧是？æᴇ˦iɑ˨,tsɑ˥muo˨kə˦˨xuɑ˦sɿ˦tʂuo˥˧tʂou˥tɕiæ̃˦tʂou˥lie˨sɿ˦˧?（说不说紧？）黄：说紧的很。说紧咧。说日子过得很紧巴。ʂuo˥˨tɕiŋ˥ti˨xəŋ˥˨.ʂuo˥˨tɕiŋ˥lie˨.ʂuo˥˨zʅ˥tsɿ˨kuo˦tə˨xəŋ˥˧tɕiŋ˥pɑ˨.王：说紧，是紧咧。ʂuo˥˨tɕiŋ˥,sɿ˦˨tɕiŋ˥lie˨.（紧巴？）黄：呃，紧张，噢？紧张，紧巴。ə˦,tɕiŋ˥tsɑŋ˥˨,ɑɔ˨?tɕiŋ˥tsɑŋ˥˨,tɕiŋ˥pɑ˨.（最土的说什么？）黄：紧张些。tɕiŋ˥tsɑŋ˥˨ɕie˥˨.王：紧……紧张。tɕiŋ˥˧……tɕiŋ˥tsɑŋ˥˨.（紧巴是什么时候，什么时候说的？）黄：紧巴，这些和，这都老……老土的。tɕiŋ˥pɑ˨,tʂei˦˧ɕie˥˧xuo˨˩,tʂei˦˧tou˥˧lɑɔ˥˧tʰ……lɑɔ˥˧tʰu˥ti˨.

① 帊：《集韵》披巴切，“残帛”。

落怜

（有略怜这个说法没有？）王：落怜。我们，我们这儿叫落怜。luo˥˩liæ̃˨˩˨.ŋuo˥˩˧mən˧˥，ŋuo˥˩mən˧tʂər˧˥tɕiaɔ˧˥luo˥˩liæ̃˨˩˨.黄：有落怜，落怜的很。这是……落怜得很，也就是这个光景过不到前头。iou˥˩˨luo˥˩liæ̃˨˩˨,luo˥˩liæ̃˨˩ti˧xən˥˩˧.tʂei˧˥ʂʅ……luo˥˩liæ̃˨˩˧tə˧xən˥˩˧,ie˥˩˧tɕiou˧˥sʅ˧˥tʂə˧˥˨kə˧˩˨kuaŋ˥˩tɕiŋ˥˩˨kuo˧˥pu˨˩taɔ˧˥tɕʰiæ̃˨˩˨tʰou˧.王：嗯，有落怜。ŋ̍˨˩,iou˥˩˨luo˥˩liæ̃˨˩˨.黄：啊，这有落怜。a˨˩,tʂei˧˥iou˥˩˧luo˥˩liæ̃˨˩˨.（光景过不到……）黄：这不是整个儿这个家里啥都……tʂə˧˥˨pu˨˩˧sʅ˧˥tʂəŋ˥˩kər˧˥tʂə˧˥kə˧˥tɕia˥˩li˥˩˨sa˧˥tou˥˩……王：过的穷穷，过的比较穷一穷，贫穷……kuo˧˥ti˧tɕʰyoŋ˨˩˨tɕʰyoŋ˨˩˧,kuo˧˥ti˧pi˥˩˨tɕiaɔ˧˥tɕʰyoŋ˨˩i˥˩˧tɕʰyoŋ˨˩,pʰiŋ˨˩tɕʰyoŋ˨˩……黄：贫穷一点儿，这个就叫落怜。pʰiŋ˨˩tɕʰyoŋ˨˩i˥˩tiæ̃r˥˩˨,tʂə˧˥kə˧˥tɕiou˧˥tɕiaɔ˧˥luo˥˩liæ̃˨˩˨.王：落怜。luo˥˩liæ̃˨˩˨.（那很麻烦是不是也叫落怜？）黄：麻烦不是的。那就不叫落怜。ma˨˩˨fæ̃˨˩˧pu˨˩˨sʅ˧˥ti˧.nə˧˥tɕiou˧˥pu˨˩˨tɕiaɔ˧˥luo˥˩liæ̃˨˩˨.（很费事呢？）黄：麻烦和费事欸，和费事，这在一瘩里。这可以是……是一个，是一个用意我们这儿。ma˨˩˨fæ̃˨˩˧xuo˨˩˨fei˧˥sʅ˧˥˨ei˨˩,xuo˨˩˨fei˧˥sʅ˧,tʂə˧˥˧tsæ˧˥i˥˩˨ta˥˩li˥˩˨.tʂə˧˥˧kʰə˥˩i˥˩˨sʅ˧˥˨……sʅ˧˥i˥˩˨kə˧,sʅ˧˥i˥˩˨kə˧˥yoŋ˧˥i˧ŋuo˥˩˨mən˧tʂər˧.（嗯。）黄：啊。但是和落怜，那是两回事着。a˨˩.tæ̃˧˥sʅ˧˥xuo˨˩luo˥˩liæ̃˨˩˨,nə˧˥sʅ˧˥liaŋ˥˩xuei˨˩˧sʅ˧˥˨tʂə˧.（你比如说这个，叫你做什么东西，你说不做，这个很落……落怜，说不说？）黄：我们那都说是，不做这个东西是，这就是麻烦得很。ŋuo˥˩mən˧nei˧˥tou˥˩˧ʂuo˥˩˨sʅ˧˥˨,pu˨˩tsuo˧˥tʂə˧˥˨kə˧˥tuoŋ˥˩˨ɕi˧sʅ˧˥˨,tʂei˧˥tɕiou˧˥˨sʅ˧˥˨ma˨˩˨fæ̃˨˩˧tə˧xən˥˩˨.王：那……我……nə˧˥˨……ŋuo˥˩……黄：我们我们这就是说在家里的话，就说是，这样事那样事都要人去做，把人一下落怜的。ŋuo˥˩mən˧ŋuo˥˩mən˧tʂə˧˥tɕiou˧˥sʅ˧˥ʂuo˥˩˨tsæ˧˥tɕia˥˩li˥˩˨tə˧xua˧˥˨,tɕiou˧˥ʂuo˥˩˨sʅ˧,tʂə˧˥˧iaŋ˧˥sʅ˧˥nei˧˥˧iaŋ˧˥˨sʅ˧˥tou˥˩˧iaɔ˧˥˧zəŋ˨˩˧tɕʰi˧˥tsuo˧˥˧,pa˥˩˨zəŋ˨˩i˥˩˨ɕia˧˥luo˥˩liæ̃˨˩˨ti˧.（那就是事多得很？）黄：那就是事多的很。nei˧˥tɕiou˧˥sʅ˧˥sʅ˧˥˧tuo˥˩ti˧xən˥˩˨.王：事多的很也叫落怜。sʅ˧˥˧tuo˥˩ti˧xən˥˩˧ie˥˩˧tɕiaɔ˧˥luo˥˩liæ̃˨˩˨.黄：啊，叫……叫落怜得很。a˨˩,tɕiaɔ˧˥……tɕiaɔ˧˥luo˥˩liæ̃˨˩˨tə˧xən˥˩.（跟这个，跟这个呃很麻烦是一个意思？）黄：嗯。ŋ̍ə̃˥˩.王：很麻烦是一个意思。xən˥˩ma˨˩˨fæ̃˨˩˧sʅ˧˥i˥˩˨kə˧˥˨i˧˥sʅ˧.（跟你说，你刚才说那个很紧张也叫落怜是什么意思呢？）黄：紧张啊，紧张不得了指个……tɕiŋ˥˩tsaŋ˥˩˧a˧,tɕiŋ˥˩tʂaŋ˥˩˨pu˨˩˧tə˧lə˧tsʅ˥˩˨kə˧˥……王：紧张那就说这，钱紧得很就说是这个。tɕiŋ˥˩tsaŋ˥˩˨nei˧˥˧tɕiou˧˥ʂuo˥˩tʂə˧˥˨,tɕʰiæ̃˨˩tɕiŋ˥˩tə˧xən˥˩˧tɕiou˧˥ʂuo˥˩˧sʅ˧˥tʂə˧˥kə˧.黄：钱紧得很也叫落怜。tɕʰiæ̃˨˩tɕiŋ˥˩tə˧xən˥˩˨ie˥˩tɕiaɔ˧˥luo˥˩liæ̃˨˩˨.王：也叫那。ie˥˩tɕiaɔ˧˥nə˧.黄：啊。a˨˩.（也是落怜？）王：嗯。ŋ̍˨˩.黄：啊，落怜。家里这个各方面，生活过不到人前头去啊，要吃的没吃的，要花的没花的，这也是可以说是落怜。a˨˩,luo˥˩liæ̃˨˩˨.tɕia˥˩li˥˩˧tʂə˧˥kə˧˥kə˥˩˧faŋ˥˩˨miæ̃˧,səŋ˥˩˨xuo˨˩kuo˧˥pu˨˩˨taɔ˧˥zəŋ˨˩tɕʰiæ̃˨˩˨tʰou˧tɕʰi˧˥a˨˩,iaɔ˧˥tʂʰʅ˥˩ti˧muo˥˩˨tʂʰʅ˥˩ti˧,iaɔ˧˥xua˥˩ti˧muo˥˩˨xua˥˩ti˧,tʂei˧˥ia˥˩˧sʅ˧˥kʰə˥˩i˥˩˨ʂuo˥˩˧sʅ˧˥luo˥˩liæ̃˨˩˨.（事情很繁琐也叫落怜？就很多？）王：啊。a˨˩.黄：噢，也叫落怜得很。嗯。aɔ˨˩,ie˥˩tɕiaɔ˧˥luo˥˩liæ̃˨˩tə˧xən˥˩˨.ŋ̍˨˩.（这个很拮据也叫落怜？）王：嗯。ŋ̍˨˩.黄：嗯。ə̃˨˩.

合适

（这个穿戴得合身，你说买件衣服有的人就是穿大穿小，他穿得很合身。）王：合适。xə˨˩˨ʂʅ˥˩.黄：我们叫合适的很。ŋuo˥˩˧mən˧tɕiaɔ˧˥xuo˨˩˨ʂʅ˥˩ti˧xən˥˩˨.王：我们叫合适。ŋuo˥˩˧mən˧tɕiaɔ˧˥xə˨˩˨ʂʅ˥˩.（合适得很？）王：嗯。ə̃˨˩.黄：嗯，穿成，看□穿着多合身或者合适。ə̃˨˩,tʂʰuæ̃˥˩tʂʰəŋ˨˩,kʰæ̃˧˥niæ̃˨˩˨tʂʰuæ̃˥˩tʂuo˥˩˨tuo˥˩˨xə˨˩ʂəŋ˥˩xuei˨˩˧tʂə˥˩˨sʅ˧˥˨xuo˨˩ʂʅ˥˩.（合身？）王：合适。xuo˨˩˨ʂʅ˥˩.黄：合身，或者是合身。xə˨˩ʂəŋ˥˩,xuo˨˩˨tʂə˥˩˨sʅ˧˥˨xuo˨˩ʂəŋ˥˩.王：合适，合身。

xuo˨˩ʂʅ˥˧,xuo˨˩ʂəŋ˥˧.

心疼

1.（小孩子长得很乖巧说不说心疼？）王：说咧，心疼说咧。ʂuo˥˧lie˧,ɕiŋ˥˧tʰəŋ˨˩ʂuo˥˧lie˧.（怎么怎么什么时候说？）这个娃娃长的很心疼。tʂə˧˥kə˧va˨˩va˨˩tʂaŋ˥˧ti˧xəŋ˥˧ɕiŋ˥˧tʰəŋ˨˩.（同情你说不说心疼？）同情也说心疼。tʰuoŋ˨˩tɕʰiŋ˨˩ie˥˧ʂuo˥˧ɕiŋ˥˧tʰəŋ˨˩.（爱惜这个东西。）不说。pu˨˩ʂuo˥˧.（比如说电视机不舍得开，说不说心疼东西？）说咧。心疼东西。比如我有个……我这个摩托车么，你谁要借的骑，我不给，我是心疼我这摩托车。ʂuo˥˧lie˧.ɕiŋ˥˧tʰəŋ˨˩tuoŋ˥˧ɕi˧.pi˥˧ʐʮ˨˩ŋuo˥˧iou˥˧kə˧……ŋuo˥˧tʂə˧kə˧muo˨˩tʰuo˥˧tʂʰə˥˧muo˧,ni˥˧sei˨˩iao˧tɕie˧ti˧tɕʰi˨˩,ŋuo˥˧pu˨˩kei˧,ŋuo˥˧sʅ˧ɕiŋ˥˧tʰəŋ˨˩ŋuo˥˧tʂə˧muo˨˩tʰuo˥˧tʂʰə˥˧.

2.（漂亮也可以说心疼是吧？）黄：欸不可以。ei˥˧pu˨˩kʰə˥˧i˥˧.（长的心疼？）长的心疼那是指娃娃。tʂaŋ˥˧ti˧ɕiŋ˥˧tʰəŋ˨˩nə˧sʅ˧tsʅ˥˧va˨˩va˨˩.（娃娃？）啊，娃娃长的心疼得很。a˨˩,va˨˩va˨˩tʂaŋ˥˧ti˧ɕiŋ˥˧tʰəŋ˨˩tə˧xəŋ˥˧.（长得可爱？）长的可爱。噢，心疼。tʂaŋ˥˧ti˧kʰə˥˧æᴇ˧.ao˨˩,ɕiŋ˥˧tʰəŋ˨˩.（心疼娃娃说……说什么意思呢？是是大概是什么意思呢？）心疼娃娃噢？ɕiŋ˥˧tʰəŋ˨˩va˨˩va˨˩ao˧?（嗯。）那就是爱的个意思么。nei˧tɕiou˧sʅ˧næᴇ˧ti˧kə˧i˧sʅ˧muo˧.（就是爱的意思？）嗯。ə̃˨˩.（心疼钱呢？）心疼钱那就舍不得花了。哼哼。哼哼。ɕiŋ˥˧tʰəŋ˨˩tɕʰiæ̃˨˩nei˧tsou˧ʂə˥˧pu˨˩tei˥˧xua˥˧lə˧.xə̃˧xə̃˧.xə̃˥˧xə̃˧.（比如说你这个要要看病要什么都舍不得花，这心疼钱。）心疼钱咧。那就舍不得花呣。ɕiŋ˥˧tʰəŋ˨˩tɕʰiæ̃˨˩lie˧.nei˧tsou˧ʂə˥˧pu˨˩tei˥˧xua˥˧m̩˧.

攒劲

1. 王：有说长的攒劲。iou˥˧ʂuo˥˧tʂaŋ˥˧ti˧tsæ̃˥˧tɕiŋ˧.黄：噢，长的攒劲的很，这个话可……ao˨˩,tʂaŋ˥˧ti˧tsæ̃˥˧tɕiŋ˧ti˧xəŋ˥˧,tʂə˧kə˧xua˧kʰə……（是你们这儿的？）黄：啊。a˨˩.（tsæ̃˥˧tɕiŋ˧是什么？）黄：攒劲。tsæ̃˥˧tɕiŋ˧.王：长的攒劲呣。tʂaŋ˥˧ti˧tsæ̃˥˧tɕiŋ˧m̩˧.（攒劲？）黄：啊，攒劲。呃人长的攒劲的很。呃和漂亮是一个意思。ã˨˩,tsæ̃˥˧tɕiŋ˧.ə˥˧zəŋ˨˩tʂaŋ˥˧ti˧tsæ̃˥˧tɕiŋ˧tə˧xəŋ˥˧.ə˥˧xuo˨˩pʰiao˧liaŋ˧sʅ˧i˥˧kə˧i˧sʅ˧.

2.（咱们说这个相貌这方面哈。）黄：嗯。ŋ̍˨˩.（女同志相貌长得好叫，叫kuæᴇ˥˧？）黄：嗯。乖。ŋ̍˥˧.kuæᴇ˥˧.王：还叫漂亮。xæᴇ˨˩tɕiao˧pʰiao˧liaŋ˧.（漂亮？）黄：乖，漂亮，攒劲呣。kuæᴇ˥˧,pʰiao˧liaŋ˧,tsæ̃˥˧tɕiŋ˧m̩˧.王：攒劲呣。tsæ̃˥˧tɕiŋ˧m̩˧.（这是女同志了。）黄：嗯。ŋ̍˨˩.（小孩儿呢？）黄：小孩儿那就是乖，长的心疼嘛。ɕiao˥˧xər˨˩nə˧tɕiou˧sʅ˧kuæᴇ˥˧,tʂaŋ˥˧ti˧ɕiŋ˥˧tʰəŋ˨˩ma˧.（男同志也有长得好的呀。长得，身体也，也比较高大这个人的面……面相也长得好。）黄：那就是攒劲。nei˧tɕiou˧sʅ˧tsæ̃˥˧tɕiŋ˧.（那是攒劲？）黄：啊，漂亮。a˨˩,pʰiao˧liaŋ˧.（他也不是那种漂亮。比较英俊吧就是。）王：英俊这个也说咧啊。iŋ˥˧tɕyoŋ˧tʂə˧kə˧ia˥˧ʂuo˥˧lia˧.黄：啊，英俊也说哩。a˥˧,iŋ˥˧tɕyoŋ˧ia˥˧ʂuo˥˧li˧.（但这英俊是后来的。你们过去说这个人怎么长得？）黄：欸呀，叫个啥咧把它叫？ei˥˧ia˧,tɕiao˧kə˧sa˧lie˧pa˥˧tʰa˥˧tɕiao˧?王：过去那会儿就说小伙儿长的攒劲得很。kuo˧tɕʰy˧nə˧xuər˧tɕiou˧ʂuo˥˧ɕiao˥˧xuor˥˧tʂaŋ˥˧ti˧tsæ̃˥˧tɕiŋ˧tei˥˧xəŋ˥˧.黄：就是个攒劲，嗯。tɕiou˧sʅ˧kə˧tsæ̃˥˧tɕiŋ˧,ŋ̍˥˧.（有没有说润的也说说法？）黄：没有。mei˨˩iou˥˧.王：没有。mei˨˩iou˥˧.（有说俏的这种说法没有？）黄：没有。muo˥˧iou˥˧.（精干说不说？）黄：精干这个话说咧。tɕiŋ˥˧kæ̃˧tʂə˧kə˧xua˧ʂuo˥˧lie˧.王：精干说咧。tɕiŋ˥˧kæ̃˧ʂuo˥˧lie˧.黄：精干说咧。那□长的

精干。tɕiŋ˧˩˩kæ̃˥˩ʂuo˧˩˩lie˩.næᴇ˥˩niæ̃˩˩tʂaŋ˧ti˩tɕiŋ˧˩˩kæ̃˥.（那跟那个一般的长得漂亮有什么区别没有？）黄：呃一回事。ə˧i˧˩xuei˩˥sɿ˥˩.王：一回事。i˧˩xue˩˥sɿ˥.黄：嗯，一回事。ə̃˧,i˧˩xuei˩˥sɿ˥˩.（长得漂亮也叫长得精干？）黄：啊。ã˥.王：啊。说女的的话，一般人说是挺漂亮，长的漂亮。男的话就说攒劲。ã˩.ʂuo˧˥ny˧ti˩(t)i˩xua˥,i˧˥pæ̃˧˥zəŋ˩ʂuo˧˥sɿ˥tʰiŋ˧pʰiao˥liaŋ˧˩,tʂaŋ˧ti˩pʰiao˥liaŋ˥.næ̃˩˩ti˩xua˥tɕiou˥˩ʂuo˧˩tsæ̃˧tɕiŋ˥.黄：啊。男……男的兀，攒劲，或者是精干的很你看□。a˩.næ̃˩˩……næ̃˩˩ti˩və˥,tsæ̃˧tɕiŋ˥,xuei˩˥tʂə˧˩sɿ˥˩tɕiŋ˧˩kæ̃˥˩ti˩xəŋ˧˥ni˧˩kʰæ̃˥˩niæ̃˩˩.

瞎

（那相反的方向，那长得这个……）黄：丑。tʂʰou˧.王：丑。tʂʰou˧.（还有什么说法没有？）王：丑八怪呣。tʂʰou˧˩pa˧˩kuæᴇ˥m̩˩.黄：啊，丑么，丑八怪么。再就是猪八戒呣。a˥,tʂʰou˧muo˩,tʂou˧pa˧˩kuæᴇ˥muo˩.tsæᴇ˥tɕiou˥sɿ˥tʂʮ˧pa˧˩tɕie˥m̩˩.（噢，是说这个人长得丑叫猪八戒？）黄：嗯。ə̃˩.（难看？）黄：长得难看这话也说咧。tʂaŋ˧tə˩næ̃˩˩kʰæ̃˥tʂə˥xua˥ie˧˩ʂuo˧˩lie˩.（就有没有什么很……很有意思的这种说法？）黄：现在人有些，现在有人可是把这，就是把人长的这个，脸上长的瞎好与啊，就是门脸子瞎好。ɕiæ̃˥tsæᴇ˥zəŋ˩˩iou˧ɕie˧˩,ɕiæ̃˥tsæᴇ˥iou˧zəŋ˩˩kʰə˧˩ʂɿ˥˩pa˧˩tʂə˥,tɕiou˥ʂɿ˥pa˧˩zəŋ˩tʂaŋ˧ti˩tʂə˥kə˥,liæ̃˧ʂaŋ˥˩tʂaŋ˧ti˩xa˧xao˧˥y˧a˩,tɕiou˥sɿ˥məŋ˩˩liæ̃˧tsɿ˩xa˧˥xao˧˩.（叫什么？）黄：门脸子。məŋ˩˩liæ̃˧tsɿ˩.（嗯，门脸子干吗？）黄：啊。就看你这个门脸子长的瞎与好咧。a˩.tsou˥kʰæ̃˥ni˧˥tʂə˥kə˥məŋ˩˩liæ̃˧tsɿ˩tʂaŋ˧ti˩xa˧y˧˩xao˧lie˩.（哈里有……）黄：瞎与好呣。xa˧y˧˩xao˧m̩˩.（哈又好是什么意思？）黄：就是是这个，倒是长的好还是长的不好嘛，丑吗是俊吗就是。tɕiou˥˩ʂɿ˥˩sɿ˥tʂə˥kə˥,tao˥sɿ˥tʂaŋ˧ti˩xao˧xa˩˩sɿ˥˩tʂaŋ˧ti˩pu˩˩xao˧ma˩,tʂʰou˧ma˩sɿ˥˩tɕyoŋ˥˩ma˩tɕiou˥˩sɿ˥˩.（门脸子长得……）黄：瞎与好呣。xa˧˩y˧˩xao˧m̩˩.（那是不说……人长得丑叫人长得xa˧说不说呢？）黄：长着是呃是……长的瞎嘛。呃说咧。tʂaŋ˧tʂə˩ʂɿ˥˩ə˧ʂ……tʂaŋ˧˥ti˩xa˧ma˩.ə˧ʂuo˧lie˩.

和气

（比如说问了什么事情，比如说到机关里办事，这个人这个态度也好，对你这个服……那个也也比较热情的这个，这叫……等于就是理睬了你了，你一般怎么说呢？）王：和气嘛。xə˩˩tɕʰi˥ma˩.黄：啊，别……这别人，这人比较和气么。a˩,pie˩˩……tʂə˥pie˩˩zəŋ˩˩,tʂə˥zəŋ˩˥pi˧˥tɕiao˥˩xə˩˩tɕʰi˥muo˩.王：比较和气。pi˧˩tɕiao˥˩xə˩˩tɕʰi˥.黄：嗯。ŋ̍˩.（有没有什么就说就说睬你，或者说这个招睬？）黄：没有。mei˩˥iou˧˩.（朝睬？）王：不。pu˩˩.黄：没有，兀说是这人□对咱们都接待的好，或者是这个，办事比较好的咧。mei˩iou˧˩.væᴇ˥˩ʂuo˧˥sɿ˥tʂə˥˩zəŋ˩niæ̃˩˩tuei˥tsa˩məŋ˩tou˧˩tɕie˧˩tæᴇ˥ti˩xao˧,xuei˩˩tʂə˧˩sɿ˥˩tʂə˥˩kə˥˩,pæ̃˥sɿ˥pi˧˥tɕiao˥˩xao˧ti˩lie˩.

灵

1.（这个人呢秉性或者是天……天性、天分很高，比较聪明，你一般说什么？）黄：我娃灵的很。ŋuo˧va˩liŋ˩˩ti˩xəŋ˧˩.（灵得很？）黄：咱们这儿里就是叫灵得很么，啊？tʂa˩məŋ˩tʂər˥li˩tɕiou˥˩sɿ˥˩tɕiao˥liŋ˩tə˩xəŋ˧˩muo˩,a˥?王：嗯。ŋ̍˩.黄：我娃□灵得很。ŋuo˧˥va˩˥niæ̃˩˩liŋ˩˩tei˧xəŋ˧˩.（说不说什么什么天性好或者是……那个什么好？）黄：那不叫天性好。这儿里都……多一半儿说兀娃□，灵。或者是天生的，兀□呃天……nei˥˩pu˩˩tɕiao˥tʰiæ̃˧˩ɕiŋ˥xao˧˩.tʂər˥˩li˩tou˧˩……tuo˧i˧˩pær˥ʂuo˧˩væᴇ˥˩va˩niæ̃˩˩,liŋ˩.xuei˩˥

tʂə˥˩sɿ˧˩tʰiæ̃˥˩səŋ˥˩ti˧,vei˧niæ̃˨˩ə˩tʰiæ̃˥˩s……王：天生的。兀□他有……还说天生的……tʰiæ̃˥˩səŋ˥˩ti˧.væᴇ˧niæ̃˨˩tʰɑ˥˩iou˥……xæᴇ˨˩ʂuo˥˩tʰiæ̃˥˩səŋ˥˩ti˧……黄：兀天生的，聪明得很。væᴇ˧tʰiæ̃˥˩səŋ˥˩ti˧,tsʰuoŋ˥˩miŋ˧tə˧xəŋ˥˩.

2.（这个小孩儿很聪明，一般说什么？）黄：聪明，小孩儿聪明，我们把这叫灵的很，呃娃咧……tsʰuoŋ˥˩miŋ˧,ɕiɑɔ˥˩xər˨˩tsʰuoŋ˥˩miŋ˧,ŋuo˥˩məŋ˧pɑ˥˩tʂə˧tɕiɑɔ˧liŋ˨˩ti˧xəŋ˥˩,ə˥˩vɑ˨˩lie˧……（灵？）黄：灵得很。liŋ˨˩tə˧xəŋ˥˩.（说不说机灵？）黄：机灵也说咧。tɕi˥˩liŋ˨˩iɑ˥˩ʂuo˥˩lie˧.王：机灵也说咧。tɕi˥˩liŋ˨˩iɑ˥˩ʂuo˥˩lie˧.（哪个要说得多一些？）王：灵说的多。liŋ˨˩ʂuo˥˩ti˧tuo˥.黄：灵说得一些多一……多些。liŋ˨˩ʂuo˥˩tə˧i˥˩ɕie˥˩tuo˥˩i˥˩……tuo˥ɕie˥˩.（有说灵巧的吗？）黄：也有说咧。女子娃□多一半儿就说兀灵巧嗨。ie˥iou˥˩ʂuo˥˩lie˧.ny˥tsɿ˧vɑ˨˩niæ̃˨˩tuo˥˩i˥˩pær˧tɕiou˧ʂuo˥˩væᴇ˧liŋ˨˩tɕʰiɑɔ˥m̩˧.（是说她手很灵巧还是指个，个，人很灵巧？）王：人很灵巧。ʐəŋ˨˩xəŋ˥˩liŋ˨˩tɕʰiɑɔ˥˩.黄：人，整个儿人都灵巧得很。ʐəŋ˨˩,tʂəŋ˥˩kər˧ʐəŋ˨˩tou˥˩liŋ˨˩tɕʰiɑɔ˥˩tə˧xəŋ˥˩.（也是灵……人很机灵？）王：嗯。ŋ̍˥˩.黄：啊，很机灵。ɑ˧,xəŋ˥˩tɕi˥˩liŋ˨˩.（但这个灵巧只能放在女……女同志身上吗？）黄：女娃娃身上这些。ny˥˩vɑ˨˩vɑ˨˩ʂəŋ˥˩ʂɑŋ˧tʂə˧ɕie˥˩.（噢，女孩儿身上？）黄：啊。ɑ˥.王：女孩儿身上。ny˥xər˨˩ʂəŋ˥˩ʂɑŋ˧˩.

心高

（他追求的目标很……很高远，你说这个人怎么样？好高骛远还是什么？）黄：嗯，这那个啥话来吵？眼高手低嘛。ŋ̍˥˩,tʂei˧nei˧kə˧sɑ˧xuɑ˧læᴇ˨˩sɑ˧?niæ̃˥kɑɔ˥˩ʂou˥˩ti˥mɑ˧.（说不说这个人心高？）黄：啊，心高的，眼睛高得很。ɑ˥˩,ɕiŋ˥kɑɔ˥˩ti˧,niæ̃˥tɕiŋ˥˩kɑɔ˥˩tə˧xəŋ˥˩.（眼高……）黄：心也高得很，但是本事他不大嗨。ɕiŋ˥ie˥˩kɑɔ˥˩tə˧xəŋ˥˩,tæ̃˧sɿ˧pəŋ˥sɿ˧˩tʰɑ˥˩pu˨˩tɑ˧m̩˧.（哎，但是有的人是，有的人他一……他这个目光远大，他可能还是奔那个去发展呢！）黄：嗯。ŋ̍˥˩.（你比如说人家这个说我要考上清华，结果他就真还……真的考上清华了。）黄：啊。ɑ˥˩.（那，那像这种的，你不能说他眼高吧？）黄：噢，那就……ɑɔ˥˩,nə˧˥tsou˧tə……（你不能说他心高吧？）王：心高。ɕiŋ˥kɑɔ˥˩.黄：这□把这叫咋咧么？tʂə˧˥niæ̃˨˩pɑ˥˩tʂə˧˥tɕiɑɔ˧tsɑ˥˩liem˧?（他有这个实力，但是人……）黄：啊，有这个实力的。□也……□也敢说，□也敢能做出来。ɑ˧,iou˥tʂə˧kə˧ʂɿ˨˩li˥ti˧.niæ̃˨˩æ˥˩……niæ̃˨˩æ˥˩kæ̃˥ʂuo˥˩,niæ̃˨˩æ˥˩kæ̃˥nəŋ˨˩tsuo˧˥tʂʰɥ˥˩læᴇ˨˩.王：那也就是心高。nei˧æ˥˩tɕiou˧sɿ˧ɕiŋ˥kɑɔ˥˩.

憨

（憨字就是不太聪明吧？）黄：不是的。这个人是这个，还是这有有时候也是个褒误读为“裹”义词，憨，说明这个人，老实，各方面做啥都老老实实的，噢，老老实的，那你也念憨。pu˨˩sɿ˧ti˧.tʂə˧kə˧ʐəŋ˨˩sɿ˧tʂei˧˥kə˧˩,xɑ˨˩sɿ˧tʂei˧iou˥iou˥sɿ˨˩xou˧iɑ˥sɿ˧˩kə˧˩kuo˥i˧tsʰɿ˨˩,xæ̃˥,ʂuo˥˩miŋ˨˩tʂə˧kə˧ʐəŋ˨˩,lɑɔ˥ʂɿ˨˩,kə˥˩fɑŋ˥˩miæ̃˧tsɥ˧sɑ˧tou˥˩lɑɔ˥lɑɔ˥˩ʂɿ˨˩ʂɿ˨˩ti˧,ɑɔ˨˩,lɑɔ˥lɑɔ˥˩ʂɿ˨˩ti˧,næᴇ˧ni˥ie˥˩niæ̃˧xæ̃˥.

结实

（身体的结实你们一般说什么，也说结实吗？）黄：一……说健康，也说结实。i……ʂuo˥˩tɕiæ̃˧˥kʰɑŋ˥˩,iɑ˥ʂuo˥˩tɕie˥ʂɿ˧.（也说结实？）黄：啊，再一个是这个，啥咧吵叫个？ɑ˥,tsæᴇ˧i˥˩kə˧sɿ˧tʂə˧kə˧,sɑ˧lie˧sɑ˧tɕiɑɔ˧kə˧?王：胖嗨，叫他胖嘛。pʰɑŋ˧m̩˧,tɕiɑɔ˧tʰɑ˥˩pʰɑŋ˧mɑ˧.黄：嗯，胖不是结实，胖兀人不见已结实。ŋ̍˥˩,pʰɑŋ˧pu˨˩sɿ˧tɕ ie˥˧ʂʅ˨,pʰaŋ˦væᴇ˦tʐəŋ˧˩pu˧˩tɕiæ̃˦˨i˥˦tɕie˥˧ʂʅ˨.（[拍胸脯]我壮得这个肉硬硬的，摸的都是硬硬的。）黄：那叫肌肉发达咧那叫。nə˦tɕiaɔ˦tɕi˥˩ʐou˦fa˥ta˧˩lie˨nei˦tɕiaɔ˦.（说你个身体真好、真结实说不说？）黄：说咧。你身体结实得很。ʂuo˥lie˨.ni˥ʂəŋ˥˩tʰi˥tɕie˥˩ʂʅ˨tə˨xəŋ˥.（还有别的说法没有？）黄：身体健康。ʂəŋ˥˩tʰi˥tɕiæ̃˦˨kʰaŋ˥˩.王：再也就说你啊，这个人身体好着么。tsæᴇ˦æ˨(tɕ)iou˦ʂuo˥˦ni˥æ˨,tʂə˦kə˦tʐəŋ˧ʂəŋ˥˩tʰi˥˦xaɔ˥tʂəm˨.黄：嗯，身体好，或者是身体健康，或者是结实。ŋ̍˩,ʂəŋ˥˩tʰi˥˦xaɔ˥,xuei˧˩tʂə˥˩sʅ˦˩ʂəŋ˥˩tʰi˥tɕiæ̃˦˨kʰaŋ˥˩,xuo˧˩tʂə˥˩sʅ˦˩tɕie˥ʂʅ˨.（这是说大……小孩子呢？也有身体那么好的。冬天也不怕冷，夏天也不怕热。也不怎么得病。）黄：那还是叫结实的叫……说的多。呃娃结实。nei˦˨xa˧˩sʅ˦˨tɕiaɔ˦tɕie˥ʂʅ˨ti˨tɕiaɔ˦……ʂuo˥ti˨tuo˥.ə˦va˧tɕie˥ʂʅ˨.

硬梆

（身体结实精干，有没有什么说法？）黄：那就是个强壮㑇。nei˦˨tɕiou˦sʅ˦kə˦˩tɕʰiaŋ˧˩tʂuaŋ˦m̩˨.（说硬梆不说？）黄：硬梆……niŋ˦˨paŋ˥˩……王：硬梆，□是说碎月娃子咧。这个碎月娃硬梆得很。niŋ˦˨paŋ˥˩,niæ̃˧˩sʅ˦ʂuo˥suei˦yo˥va˧˩tsʅ˨lie˨.tʂə˦kə˦suei˦yo˥va˧˩niŋ˦˨paŋ˥˩tə˨xəŋ˥˩.黄：说碎娃娃说硬梆咧。大人就没有说硬梆的了。ʂuo˥˩suei˦va˧˩va˧ʂuo˥˩niŋ˦˨paŋ˥˩lie˨.ta˦˨tʐəŋ˧˩tsou˦mei˧iou˥˦ʂuo˥˦niŋ˦paŋ˥˩ti˨lə˨.（哦，就说小孩子？）王：小孩子叫硬梆咧。ɕiaɔ˥xæᴇ˧tsʅ˨tɕiaɔ˦niŋ˦paŋ˥˩lie˨.黄：嗯。ə̃˩.（哪个梆啊？）王：膀子的膀。paŋ˥tsʅ˨ti˨paŋ˥˩.（膀子的膀？）王：嗯？ŋ̍˧?黄：噢，硬梆。怕不是那个膀子的膀吧？硬梆。aɔ˩,niŋ˦paŋ˥˩.pʰa˦pu˧˩sʅ˦˨nə˦˨kə˦˩paŋ˥˦tsʅ˨ti˨paŋ˥pa˨?niŋ˦˨paŋ˥˩.

康健

（有没有说“康健”？）黄：康健，这都太不说这边儿噢。kʰaŋ˥˩tɕʰiæ̃˦,tʂei˦˨tou˥˩tʰæᴇ˦pu˧˩ʂuo˥tʂei˦piær̃˥˩aɔ˥.（到这边儿不说？）嗯。ə̃˩.（有……听过没听过？）听过。是话都听过。tʰiŋ˥kuo˦˩.sʅ˦˩xua˦tou˥˩tʰiŋ˥kuo˦˩.（这是哪儿说的？）这好像是外头来这些人到咱们到咱们这地方。“端不康健？”tʂə˦xaɔ˥ɕiaŋ˦sʅ˦væᴇ˦˨tʰou˨læᴇ˧tʂei˦˨ɕie˥˩tʐəŋ˧taɔ˦tʂa˧məŋ˨taɔ˦tʂa˧məŋ˨tʂə˦ti˦˨faŋ˥˩.tuæ̃˥˩pu˧˦kʰaŋ˥tɕʰiæ̃˦˩?

精神、刚

（说我精……这个身体很好，说不说我很精神？）黄：说咧。我很精神。ʂuo˥lie˨.ŋuo˥˦xəŋ˥˦tɕiŋ˥ʂəŋ˧˩.（八十多了还……）黄：啊，很精神。a˦,xəŋ˥˦tɕiŋ˥˩ʂəŋ˧˩.（还是还很……）黄：还精神得很么。xæᴇ˧˩tɕiŋ˥ʂəŋ˧˩tə˨xəŋ˥muo˨.（说不说刚得很？）王：刚的很。kaŋ˥ti˨xəŋ˥˩.黄：欸刚咧么。这人老刚的很。ei˦kaŋ˥˦lie˨muo˨.tʂə˦tʐəŋ˧laɔ˥˦kaŋ˥ti˨xəŋ˥˩.王：叫刚么。tɕiaɔ˦kaŋ˥muo˨.黄：叫刚的很。tɕiaɔ˦kaŋ˥ti˨xəŋ˥˩.（刚才的那个刚？）王：嗯，刚。ŋ̍˩,kaŋ˥.黄：啊，哎老汉儿刚的。a˩,æᴇ˥laɔ˥xær̃˦˩kaŋ˥ti˨.（也是说身体好一……）黄：噢，也是身体好咧。aɔ˦,ie˥sʅ˦˩ʂəŋ˥˩tʰi˥˦xaɔ˥lie˨.

囊载

（舒服呢，有没有叫囊载的？）王：有咧。叫囊载。兀个人囊的很。我们这儿有个人囊得很。iou˥lie˨.tɕiaɔ˦naŋ˧˦tsæᴇ˨.vu˦˩kə˦tʐəŋ˧naŋ˧ti˨xəŋ˥˩.ŋuo˥məŋ˨tʂər˦iou˥˦kə˦tʐəŋ˧naŋ˧ti˨xəŋ˥˩.

松泛

（松泛？）王：松泛。suoŋ˥fæ̃˦˩.黄：松泛。suoŋ˥fæ̃˦˩.王：松泛还有这个话咧。suoŋ˥fæ̃˦xæᴇ˧iou˥˦tʂə˦˩kə˦˩xua˦lie˦.黄：松泛这个话还有咧。你比如你就是这个呢，做个啥啊？

suoŋ˦fæ̃˧˩tʂə˧kə˧xuɑ˧xæᴇ˨˦iou˦lie˧.ni˦˩pi˦˥ʐʅ˨˥ni˦tsou˧˩sʅ˧˩tʂə˧˩kə˧˥ə˧,tsʅ˧kə˧sɑ˧˩ɑ˧?王：说是欸，说是你今儿，兀一旦儿和你干啊子，干得累不累？还，还，这还松泛着咧。ʂuo˦˩sʅ˧˩e i˧,ʂuo˦˩sʅ˧˩ni˦˥tɕiə̃r˦,vei˧˥i˦˩tæ̃r˧˥xuo˨˦ni˦˩kæ̃˧æ˧tsʅ˧,kæ̃˧tə˧luei˧˦pu˨˩luei˧?xæᴇ˨˩,xæᴇ˨˥,tʂə˧xæᴇ˨˦ suoŋ˦fæ̃˧˩tʂə˧lie˧.

老实

（听话。）黄：听话，这个是，这个是，话说咧。tʰiŋ˦˩xuɑ˧˥,tʂə˧kə˧sʅ˧,tʂə˧˥kə˧˥sʅ˧,xu ɑ˧ʂuo˦˩lie˧.（有的男孩子是比较，比较，比较好玩儿呀，那个刚强的。有的是比较温柔的那种。那种男孩子叫叫什么呢？）我们把那一个就说是这个老实。太不说话这个，做啥都那个，现在就叫老实一些的娃娃。再一个就说是那个些好动些，那就是调皮么。ŋuo˦məŋ˧ pɑ˦˩nei˧˥i˦˩kə˧˥tɕiou˧˥ʂuo˦˩sʅ˧˩tʂə˧˩kə˧˩lɑɔ˦ʂʅ˧.tʰæᴇ˧˥pu˨˩ʂuo˦˩xuɑ˧tʂə˧˩kə˧˩,tsʅ˧sɑ˧tou˦˩nə˧˩k ə˧˩,ɕiæ̃˧tsæᴇ˧tɕiou˧tɕiɑɔ˧lɑɔ˦ʂʅ˧i˦˥ɕie˦˥ti˧vɑ˨˩vɑ˨˥.tsæᴇ˧i˦˥kə˧tsou˧ʂuo˦˩sʅ˧˩nə˧˩kə˧˩ɕie˦˩xɑɔ˧tuo ŋ˧˦ɕie˦˩,nei˧tɕiou˧sʅ˧tʰiɑɔ˨˦pʰi˨muo˧.

实诚

（他有的人他不是那么奸猾，做……做事情很诚实，这叫什么呢？）黄：我们这儿把那统称一个就是老实一点儿。ŋuo˦məŋ˧tʂər˧pɑ˦˩nə˧tʰuoŋ˦˩tʂʰəŋ˦i˦˩kə˧˥tɕi ou˧sʅ˧lɑɔ˦ʂʅ˧i˦˥tiæ̃r˦˩.（嗯。）兀个老实，再一个就是这个……再也没个啥说法。vu˧˩kə˧lɑɔ˦ʂʅ˧,tsæᴇ˧i˦˥kə˧tsou˧sʅ˧tʂə˧kə˧……tsæᴇ˧æ˦˩mei˨˦kə˧˥sɑ˧˩ʂuo˦fɑ˦˩.（有没有说实诚的？）实诚这个话倒还有人说咧。嗯。ʂʅ˨˩tʂʰəŋ˨˥tʂə˧kə˧xuɑ˧tɑɔ˧xæᴇ˨˦iou˦ʐəŋ˨˥ʂuo˦lie˧.ə̃˩.（叫什么？）实诚一点。ʂʅ˨˩tʂʰəŋ˨˥i˦˩tiæ̃˦˩.（这是说什么呢？）呃是，也说是诚实的很。再一个就是老实。ə˩sʅ˧˩,ie˦ʂuo˦˩sʅ˧˩tʂʰəŋ˨˦ʂʅ˨˩ti˧xəŋ˦˩.tsæᴇ˧i˦˥kə˧tɕiou˧˩sʅ˧˩lɑɔ˦ʂʅ˧.（诚实，那个和实诚哪个要土一点？）诚实比较土一点。tʂʰəŋ˨˥ʂʅ˨˥pi˦˥tɕiɑɔ˧tʰu˦i˦˩tiæ̃˦˩.（哦，诚实还要土一点？）嗯。ŋ̍˩.

刚巴硬周

（说这个人堂堂正正说不说刚巴硬正？）黄：刚巴硬周的我们说是。刚巴硬周，没有刚巴硬正的。kɑŋ˦pɑ˧niŋ˧tʂou˦ti˧ŋuo˦˥məŋ˧ʂuo˦˥sʅ˧.kɑŋ˦pɑ˧niŋ˧tʂou˦˩,mei˨iou˦˥kɑŋ˦pɑ˧iŋ˧˥tʂ əŋ˧˩ti˧.（什么意思呢？）刚巴硬……刚巴硬周的就说是不论做啥事情兀都是理直气壮的那个样子。kɑŋ˦pɑ˧ni……kɑŋ˦pɑ˧niŋ˧tʂou˦˩ti˧tɕiou˧˥ʂuo˦˩sʅ˧˩pu˨˩lyoŋ˧tsʅ˧sɑ˧sʅ˧tɕʰiŋ˨˩væᴇ˧tou˦˩ sʅ˧˩li˦tʂʅ˨˩tɕʰi˧tʂuɑŋ˧ti˧nə˧kə˧iɑŋ˧tsʅ˧.（堂堂正正的人说不说刚……硬正呢？）堂堂正正的人那就是，这儿这人就说，我是行的端走的正啊，那不怕你说也不怕你咋反正。我做事我都是这个行的端走的正，是刚巴硬周的。tʰɑŋ˨˦tʰɑŋ˨˦tʂəŋ˧tʂəŋ˧˥ti˧ʐəŋ˨˦nei˧tɕiou˧sʅ˧,tʂər˧tʂə˧ʐəŋ˨˦ tɕiou˧˥ʂuo˦˩,ŋuo˦˩sʅ˧˩ɕiŋ˨˩ti˧tuæ̃˦˩tsou˦ti˧tʂəŋ˧ɑ˩,nei˧pu˨˩pʰɑ˧ni˦˥ʂuo˦iɑ˦˥pu˨˩pʰɑ˧ni˦tsɑ˦˩fæ̃˦˩tʂə ŋ˧.ŋuo˦tsuo˧˩sʅ˧˥ŋuo˦tou˦˩sʅ˧˩tʂə˧kə˧ɕiŋ˨˩ti˧tuæ̃˦˩tsou˦ti˧tʂəŋ˧,sʅ˧kɑŋ˦pɑ˧niŋ˧tʂou˦ti˧.

地道

（这个东西很正宗啊，比如说拿过来茶叶，拿过来东西都是正宗的，比如瓷器是景德镇的，茶叶是哪里哪里的。你说这是什么东西？）黄：那都一个就是原汁原味儿的。再么就是正宗的。nə˧˥tou˦˥i˦˩kə˧˥tɕiou˧sʅ˧˩yæ̃˨˦tʂʅ˦˩yæ̃˨˦vər˧ti˧.tsæᴇ˧muo˧tɕiou˧sʅ˧tʂəŋ˧tsuoŋ˦ti˧.（有说地道的没有？）黄：地道这个话……ti˧˥tɑɔ˧˩tʂə˧kə˧xuɑ˧……王：地道不说。ti˧˥tɑɔ˧pu˨˥ʂuo˦˩.黄：太不说，反正这个啊。tʰæᴇ˧pu˨˩ʂuo˦,fæ̃˦˩tʂəŋ˧tʂə˧kə˧ɑ˧.（那有没有说，心……心不地道的，人不地道的？）黄：哎说咧嘛。你这个人不地道么你。弄啥，做事，反正是……æᴇ˥˧ʂuo˥˩lie˧ma˧.ni˥˧tʂə˥kə˥zəŋ˩˧pu˩˧ti˥˧tao˥muo˦ni˥˧.nuoŋ˥sa˥,tsʮ˥sɿ˥,fæ˥˧tʂəŋ˥˧sɿ˥˧……（货不说地道？）黄：货不说地道。xuo˥pu˩˧ʂuo˥˧ti˥tao˥˧.（但是人说地道？）黄：啊，人说地道咧。a˧,zəŋ˩˧ʂuo˥˧ti˥˧tao˥lie˧.（地道和不……人地道和人不地道有什么区别没有？）黄：你这个人不地道，说明你这个人就说是这个，也就说是你，做啥事情反正做事缺……有点缺德，办啥事情反正做事这个，给人最后留不下好的印象。ni˥˧tʂə˥kə˥zəŋ˩˧pu˩˧ti˥˧tao˥˧,ʂuo˥˧miŋ˩˧ni˥˧tʂə˥kə˥zəŋ˩˧tsou˥˧ʂuo˥˧sɿ˥˧tʂə˥˧kə˥˧,ie˥˧tɕiou˥ʂuo˥˧sɿ˥˧ni˥˧,tsʮ˥sa˥sɿ˥tɕʰiŋ˩˧fæ˥˧tʂəŋ˥˧tsuo˥˧sɿ˥˧tɕʰyo˥˧……iou˥tiæ˥˧tɕʰyo˥˧tei˥,pæ˥sa˥sɿ˥˧tɕʰiŋ˩˧fæ˥˧tʂəŋ˥tsuo˥˧sɿ˥˧tʂə˥˧kə˥˧,kei˥˧zəŋ˩˧tsuei˥xou˥liou˩˧pu˩˧xa˥xao˥ti˧iŋ˥ɕiaŋ˥.（那，这是不地道？）黄：嗯。ŋ̍˧.（地道呢？）黄：地道，那个这个人办啥地道着咧，那就是，靠得住嘛。弄啥，弄过的事情你就没有坍包儿的。ti˥˧tao˥˧,nei˥˧kə˥tʂə˥˧kə˥˧zəŋ˩˧pæ˥sa˥ti˥˧tao˥˧tʂə˧lie˧,nei˥˧tɕiou˥˧sɿ˥˧,kʰao˥tei˥˧tʂʮ˥ma˧.nuoŋ˥sa˥,nuoŋ˥kuo˥ti˧sɿ˥tɕʰiŋ˩˧ni˥˧tsou˥mei˩˧iou˥tʰæ˥˧paor˥ti˧.

蹇麻

（这个手脚很干净利落就把这个东西做好了，这种，这种人……）黄：麻利嘛。ma˩˧li˥ma˧.（还有什么说法没有。突然来了个汽车，有，一般的人都躲不开，他噌一下就，就躲开了。）王：利囊。li˥˧naŋ˧.黄：利囊，利索呣。li˥˧naŋ˧,li˥˧suo˧m̩˧.王：蹇麻。再一个人叫蹇麻。tɕiæ˥ma˩˧.tsæᴇ˥i˥˧kə˥˧zəŋ˩˧tɕiao˥tɕiæ˥ma˩˧.黄：再一个就是蹇麻。tsæᴇ˥i˥˧kə˥tɕiou˥˧sɿ˥˧tɕiæ˥ma˩˧.（哪个tɕiæ˦？）黄：蹇，这是个最土的个话。tɕiæ˥˧,tʂə˥˧sɿ˥kə˥tsuei˥tʰu˥ti˧kə˥xua˥.（tɕie˥还是tɕiæ˦？）黄：蹇，蹇。tɕiæ˥˧,tɕiæ˥.王：蹇。tɕiæ˥˧.（啊？）黄：蹇麻。tɕiæ˥ma˩˧.王：蹇麻就说速……就说……tɕiæ˥ma˩˧tɕiou˥ʂuo˥˧sʮ˥˧……tɕiou˥ʂuo˥˧……黄：速度快得很。sʮ˥˧tu˥˧kʰuæᴇ˥tə˧xəŋ˥˧.王：速度快的意思。蹇，就蹇。蹇麻。sʮ˥˧tu˥˧kʰuæᴇ˥ti˧i˥˧sɿ˧.tɕiæ˥˧,tsou˥tɕiæ˥.tɕiæ˥ma˩˧.黄：蹇麻。tɕiæ˥ma˩˧.王：蹇麻。tɕiæ˥ma˩˧.（有没有写个同音字给我？）黄：蹇……tɕiæ˥……王：是……sɿ˥……黄：蹇是个……蹇，我看那个哈，蹇是哪个蹇字咧？蹇，蹇麻的蹇字是哪个蹇几个？tɕiæ˥sɿ˥˧kə˥˧……tɕiæ˥,ŋuo˥kʰæ˥nə˥kə˥xa˥,tɕiæ˥sɿ˥na˥˧kə˥tɕiæ˥tsɿ˥˧lie˧?tɕiæ˥˧,tɕiæ˥ma˩˧ti˧tɕiæ˥˧tsɿ˥sɿ˥na˥kə˥˧tɕiæ˥˧vei˥˧kə˥˧?（就写个同音字就可以了。）黄：蹇它不可能是建设的建吧？tɕiæ˥tʰa˥˧pu˩˧kʰə˥˧nəŋ˩˧sɿ˥tɕiæ˥ʂə˥ti˧tɕiæ˥pa˧?王：哎不是。蹇，加减的减吧？æᴇ˥pu˩˧sɿ˥.tɕiæ˥˧,tɕia˥˧tɕiæ˥ti˧tɕiæ˥pa˧?黄：啊，加减的减，这个差不多。和这个同音字着咧。蹇。a˧,tɕia˥˧tɕiæ˥ti˧tɕiæ˥˧,tʂə˥kə˥tsʰa˥˧pu˩˧tuo˥˧.xuo˩˧tʂə˥˧kə˥˧tʰuoŋ˩˧iŋ˥˧tsɿ˥tʂə˧lie˧.tɕiæ˥.（有，它这个词一般用在什么地方？）黄：这都是一般用……形容快的意思呣。tʂə˥˧tou˥˧sɿ˥˧i˥˧pæ˥yoŋ˥˧……ɕiŋ˩˧yoŋ˩˧kʰuæᴇ˥ti˧i˥sɿ˧m̩˧.（形容快？）黄：嗯，快呣。ŋ̍˧,kʰuæᴇ˥m̩˧.（单独一个tɕiæ˥说不说呢？）黄：不说。pu˩˧ʂuo˥.（就是速度快？）黄：嗯，速度快。ə̃˧,sʮ˥˧tu˥˧kʰuæᴇ˥˧.（比一般的速度快都利索利……麻利要快的的吗？）黄：啊，比……啊，比这些都要快。a˧,pi˥˧……a˧,pi˥˧tʂei˥˧ɕie˥˧tou˥˧iao˥kʰuæᴇ˥˧.

精巴

（这个动作很敏捷，技术很娴熟，有没有说很简巴的？做木匠活很简巴。）黄：咱们这里有精巴这个说法咧，啊。没有简巴这个说法。精巴也……tʂa˩˧məŋ˥tʂə˥li˧iou˥˧tɕiŋ˥pa˧tʂə˥kə˥ʂuo˥fa˥˧lie˧,a˧.mei˩˧iou˥˧tɕiæ˥pa˧tʂə˥kə˥ʂuo˥fa˥˧.tɕiŋ˥pa˧ie……王：咋么个叫精巴？tsa˥muo˧kə˥tɕiao˥tɕiŋ˥pa˧?黄：精巴就是，这也是指哪个娃娃就说是这个比较聪明，弄啥很有眼色。把这个叫精巴咧。tɕiŋ˥pa˧tɕiou˥˧sɿ˥,tʂei˥˧æ˥˧sɿ˥tsɿ˥na˥kə˥va˩˧va˩˧tsou˥ʂuo

˥˧˧sɿ˦tʂə˦kə˦pi˥˧˧tɕiɑɔ˦tsʰuoŋ˥˧miŋ˩˧˩,nuoŋ˦sɑ˦˩xəŋ˥˧˧iou˥˧˧niæ̃˥˧sei˥˧˩.pɑ˥˧˩tʂə˦kə˦tɕiɑɔ˦tɕiŋ˥˧pɑ˧lie˧.（tɕiŋ˥˧pɑ˧？）黄：啊，精巴得很。ɑ˩,tɕiŋ˥˧pɑ˧tə˧xəŋ˥˧˧.（什么意思？）黄：精巴。tɕiŋ˥˧pɑ˧.（啊。）黄：就是指这个娃娃，做啥以后，看啥，弄啥以后就是，很机灵的那个样子，啊？tɕiou˦sɿ˦tsɿ˥˧tʂə˦kə˦vɑ˩˧˩vɑ˩˧˧,tsɥ˦sɑ˦i˥˧˩xou˦,kʰæ̃˦sɑ˦,nuoŋ˦˥sɑ˦i˥˧˩xou˦˥tsou˦sɿ˦,xəŋ˥˧˧tɕi˥˧liŋ˩˧˩ti˧nei˦kə˦iɑŋ˦tsɿ˧,ɑ˦?（啊。）黄：别的娃娃没有想到那个都，他都可以知道去把那个取来。pie˩˧˩ti˧vɑ˩˧˩vɑ˩˧˧mei˩˧˩iou˥˧˧ɕiɑŋ˥˧˧tɑɔ˦nə˦kə˦tou˥˧˧,tʰɑ˥˧tou˥˧˩kʰə˥˧i˥˧˩tʂɿ˥˧˩tɑɔ˦tɕʰi˦pɑ˥˧˩nə˦kə˦tɕʰy˥˧læᴇ˩˧.（就很聪明？）黄：啊，很聪明那个样子，精巴。ɑ˦,xəŋ˥˧˧tsʰuoŋ˥˧miŋ˩˧˩nə˦kə˦iɑŋ˦tsɿ˧,tɕiŋ˥˧pɑ˧.（哪个tɕiŋ˥˧啊？）黄：精明的精……精神的精嘛。tɕiŋ˥˧miŋ˩˧˩ti˧tɕi……tɕiŋ˥˧ʂəŋ˩˧˩ti˧tɕiŋ˥˧mɑ˧.

眼尖耳亮

（眼睛好呢？你都没看见，他都早看见你了。）黄：呃眼……呃眼睛亮得很。ə˥˧niæ̃˥˧˧……ə˥˧niæ̃˥˧tɕiŋ˥˧˩liɑŋ˦tə˧xəŋ˥˧˩.（是眼……眼睛亮还是眼睛尖？）王：眼睛尖也说咧，眼睛亮也……niæ̃˥˧˧tɕiŋ˥˧˧tɕiæ̃˥˧˧ie˥˧˧ʂuo˥˧˩lie˧,niæ̃˥˧˩tɕiŋ˥˧˩liɑŋ˦æ˥˧˩……黄：眼睛尖也说咧，眼睛亮也说咧。嗯。niæ̃˥˧tɕiŋ˥˧˩tɕiæ̃˥˧ie˥˧˧ʂuo˥˧lie˧,niæ̃˥˧tɕiŋ˥˧˩liɑŋ˦iɑ˥˧˩ʂuo˥˧˩lie˧.ŋ̍˥˩.（哪个……）黄：眼尖欸一点，这就是这个最常说的个土话。niæ̃˥˧˧tɕiæ̃˥˧ei˦i˥˧˩tiæ̃˥˧˩,tʂei˦tɕiou˦sɿ˦tʂə˦˩kə˦˩tsuei˦tʂʰɑŋ˩˧˩ʂuo˥˧ti˧kə˦˩tʰu˥˧xuɑ˦˩.（眼亮是什么呢？眼亮是后来来说的还是……）黄：啊，后来说这些。ɑ˩,xou˦læᴇ˩˧˧ʂuo˥˧tʂei˦˩ɕie˥˧˩.（你们，你们这个小时候说不说眼……眼亮？）王：嗯，不说，说眼尖得很。ŋ̍˦,pu˩˧ʂuo˥˧,ʂuo˥˧˩niæ̃˥˧˧tɕiæ̃˥˧tə˧xəŋ˥˧˩.黄：不说，呃都是你眼尖得很焦锨。pu˩˧˩ʂuo˥˧,ə˥˧tou˥˧˧sɿ˦ni˥˧˧niæ̃˥˧˧tɕiæ̃˥˧tə˧xəŋ˥˧˩tɕiɑɔ˥˧ɕiæ̃˥˧˩.（耳朵特别好使的这个人呢？）王：耳亮么。眼尖耳亮么。ər˥˧˧liɑŋ˦muo˧.niæ̃˥˧˩tɕiæ̃˥˧˩ər˥˧liɑŋ˦muo˧.（耳朵灵还是耳……）黄：耳朵也耳……哎呀，耳朵□也叫灵哩。耳朵灵得很。ər˥˧tuo˧lie˥˧˧ər˥˧tə……æᴇ˩iɑ˧,ər˥˧tuo˧niæ̃˩˧˧æ˥˧˧tɕiɑɔ˦liŋ˩˧˩li˧.ər˥˧tuo˧liŋ˩˧tə˧xəŋ˥˧˩.（耳亮，耳灵，你们一般说什么？就是土话。）王：一般说灵说是你，这个人是眼尖耳亮嘛。i˥˧˩pæ̃˥˧ʂuo˥˧˧liŋ˩˧ʂuo˥˧˩sɿ˦˩ni˥˧˧,tʂə˦kə˦zəŋ˩˧sɿ˦˩niæ̃˥˧tɕiæ̃˥˧˩ər˥˧˧liɑŋ˦mɑ˧.

爽快

（有说什么爽快的意思没有？）黄：爽快也说咧。爽快这个话也有。ʂuɑŋ˥˧kʰuæᴇ˦ie˥˧˧ʂuo˥˧˩lie˧.ʂuɑŋ˥˧kʰuæᴇ˦tʂə˦kə˦xuɑ˦æ˥˧˧iou˥˧˩.（爽快是什么意思呢？）王：爽快那与兀个，爽快与这个……ʂuɑŋ˥˧kʰuæᴇ˦nə˦˩y˥˧˩vu˦kə˦˥,ʂuɑŋ˥˧kʰuæᴇ˦y˥˧˧tʂə˦kə˦……黄：爽快与这个风……风吹无关系。那就是……ʂuɑŋ˥˧kʰuæᴇ˦˩y˥˧˧tʂə˦kə˦f……fəŋ˥˧tʂʰuei˥˧vu˩˧kuæ̃˥˧˩ɕi˧.nei˦˩tsou˦˥sɿ˦……王：呃，与风吹无关咧。ə˩,y˥˧˧fəŋ˥˧tʂʰuei˥˧vu˩˧kuæ̃˥˧lie˧.黄：是不是你人这个人办事做啥……ʂɿ˦pu˩˧˧ʂɿ˦ni˦zəŋ˩˧tʂə˦kə˦zəŋ˩˧pæ̃˦sɿ˦tsɥ˦sɑ˦˩……王：弄啥很爽快。nuoŋ˦sɑ˦xəŋ˥˧˧ʂuɑŋ˥˧kʰuæᴇ˦˩.黄：比较……比较干练一点儿，很爽快。pi˥˧˧tɕiɑɔ˦,pi˥˧˧tɕiɑɔ˦kæ̃˦˩liæ̃˦˥i˥˧˩tiær˥˧˩,xəŋ˥˧ʂuɑŋ˥˧kʰuæᴇ˦˩.

脚勤

（这，说这个人办事认真呢？有没有说脚勤的说法？）黄：没有。这还都没有。mei˩˧˩iou˥˧˧.tʂə˦xɑ˩˧tou˥˧˧mei˩˧˩iou˥˧˩.王：噢，说脚勤咧么。ɑɔ˦,ʂuo˥˧˩tɕyo˥˧˩tɕʰiŋ˩˧iou˥˧lie˧muo˧.黄：说脚勤，噢，说脚勤这个话有咧。ʂuo˥˧˩tɕyo˥˧˩tɕʰiŋ˩˧,ɑɔ˥˧,ʂuo˥˧˩tɕyo˥˧˩tɕʰiŋ˩˧tʂə˦˩kə˦˩xuɑ˦iou˥˧˩lie˧.王：啊，那这个人，这个人干，干工作脚勤得很，腿勤。ɑ˩,nə˦˩tʂə˦˩kə˦˥zəŋ˩˧˧,tʂə˦kə˦zəŋ˩˧kæ̃˦,kæ̃˦kuoŋ˥˧tsuo˥˧˩tɕyo˥˧tɕʰiŋ˩˧˩tə˧xəŋ˥˧˩,tʰuei˥˧tɕʰiŋ˩˧˩.黄：就还是，就是办事认真的这些。

tsou˧˥xæᴇ˨˩sɿ˧˥,tsou˧˨sɿ˧˨pæ̃˧sɿ˧ʐəŋ˧tʂəŋ˥ti·tʂei˧˨ɕie˥˨.（土话是说脚勤还是说腿勤？）黄：脚勤。tɕyo˥tɕʰiŋ˨˩.

周到

（这个人办这个，做事情、照顾人这个方面做过，照顾得很……很好，也说不说他有……做事圆范呢？）王：那不说。那就说你，你这个……nə˧pu˨˩ʂuo˥˨.nei˧tɕiou˧ʂuo˥˦ni˥˦,ni˥˦tʂə˧kə˧……（你比如说他照顾老人吧，各……各个方面都很体贴，很周到。）那就是这很周到么。nei˧tɕiou˧sɿ˧tʂə˧˥xəŋ˥tʂou˥˨tao˧˥muo·l.（就是周到？）周到。tʂou˥˨tao˧.（周到也平常也说还是还是最近才还是……）周到也有人一直说咧。这个人办事呃，照顾他老人照顾的很周到。tʂou˥˨tao˧˥ɑ˥˨iou˥˨ʐəŋ˩˥i˥˨tʂʅ˩ʂuo˥˨lie·l.tʂə˧kə˧ʐəŋ˩pæ̃˧sɿ˧ə·l,tʂao˧ku˧tʰɑ˥˦lao˥ʐəŋ˨˩tʂao˧ku˧ti·lxəŋ˥tʂou˥˨tao˧.

圆范

（把这个事情办得很天衣无缝，办得很好，你们说这个事情办得什么？是圆满还是什么？）王：办的漂亮。pæ̃˧ti·lpʰiao˧liaŋ˧.（办得漂亮？）嗯，有的办……有的说是，有，办的，你这个事情办的很圆范。ŋ̍˨,iou˥ti·lpæ̃……iou˥ti·lʂuo˥˨sɿ˧,iou˥,pæ̃˧˥ti·l,ni˥˦tʂə˧kə˧sɿ˧tɕʰiŋ˩˨pæ̃˧ti·lxəŋ˥yæ̃˨˩fæ̃˧˥.（这怎么怎么个意思呢它这？）就是这个事情办的很……很……很成功么。tɕiou˧sɿ˧tʂə˧kə˧sɿ˧tɕʰiŋ˨˩pæ̃˧ti·lxəŋ˥……xəŋ˥……xəŋ˥tʂʰəŋ˩kuoŋ˥muo·l.

称心

（这个事干得我很满意，我说怎么样？这个或者是什么找个对象我也很满意，很合意，你说是什么？事情结果或对方满意。）黄：咱们这……那一个就是很可心啊？非常满意。tʂɑ˩mən˧tʂə˧n……nə˧i˥˨kə˧˥tɕiou˧sɿ˧xəŋ˥˦kʰə˥˦ɕiŋ˥ɑ·l?fei˥tʂʰɑŋ˩mæ̃˥i˧.（可心？）黄：啊，可心。这个事弄的反正我比较可心。ɑ˨,kʰə˥ɕiŋ˥˨.tʂə˧kə˧sɿ˧nuoŋ˧ti·lfæ̃˥˨tʂəŋ˧ŋuo˥˨pi˥˦tɕiao˧kʰə˥˦ɕiŋ˥˨.（有说称心的没有？）黄：有，有称心咧。哎呀，称心如意姆。iou˥˨,iou˥tʂʰəŋ˧ɕiŋ˥lie·l.æᴇ˧ia·l,tʂʰəŋ˧˥ɕiŋ˥˨ʐʮ˨˩i˧m̩·l.（是称心说得多还是可心说得多？）黄：称心说的，称心说的多一点，嗯。tʂʰəŋ˧˥ɕiŋ˥˨ʂuo˥˨ti·l,tʂʰəŋ˧˥ɕiŋ˥˨ʂuo˥˨ti·ltuo˥i˥˨tiæ̃˥˨,ə̃˥.王：称心说的多。tʂʰəŋ˧ɕiŋ˥˨ʂuo˥˦ti·ltuo˥˦.（可心也说？）黄：嗯。ə̃˨.王：嗯。ŋ̍˨.

言贵、言鬫

（你有没有这个说话的时候啊，就是，这个言简意赅，说……说这个人叫言简的说法？）王：言鬫[1]。有言贵。iæ̃˩tsʰæ̃˩.iou˥˨iæ̃˨˩kuei˧.黄：有言鬫。又有言贵的说法。iou˥˨iæ̃˩tsʰæ̃˩.iou˧iou˥iæ̃˩kuei˧˥ti·lʂuo˥fɑ˥˨.（言贵是什么呢？）黄：言贵就就说是兀人说一句话不容易跟你说。啊，兀跟你……你是……iæ̃˩kuei˧tsou˧tsou˧ʂuo˥˨sɿ˧˨væᴇ˧˥ʐəŋ˩ʂuo˥i˥˨tɕy˧xua˧pu˨˩yoŋ˨˩i˧kəŋ˥˦ni˥˦ʂuo˥˨.ɑ˨,væᴇ˧kəŋ˥˦ni˥˦……ni˥sɿ˧˨……（金口难开？）王：啊。ɑ˥.黄：啊，金口难开得很。那你兀在那个个……嘴里想套出来一句话不容易。就是言贵得很。ɑ˧,tɕiŋ˥˨kʰou˥næ̃˨˩kʰæᴇ˥˦tə·lxəŋ˥˨.næᴇ˧ni˥vu˧tsæᴇ˧˨nə˧˥kə˧˥kə˧˨ts……tsuei˥li˥˦ɕiaŋ˥˦tʰao˧tʂʰʮ˥læᴇ˨˩i˥˨tɕy˧xua˧pu˨˩yoŋ˨˩i˧˨.tɕiou˧˨sɿ˧˨iæ̃˨˩kuei˧tə·lxəŋ˥˨.（欸，他是，是说他这个不愿意说话，看不起你还是说这个他能够保守秘密？）黄：能保守秘密。这个人

---

① 鬫：《广韵》锄衔切："刺也，《说文》曰断也，一曰剽也。"杨树达《积微居小学金石论丛·字义同源于语源同例证·释鑱》："盖锐谓之鬫，石针谓之鑱，砭刺谓之鬫，贯刺谓之鑱，以言伤人谓之谗，义一也。"引申可指言语刻薄，冷嘲热讽。明金銮《锁南枝·风情戏嘲》："闲言来嗑，野话儿鬫，偷嘴的猫儿分外馋。"《西游记》第六十一回："（玉面公主）跑进洞，叫出那牛王来。与老孙鬫言鬫语，嚷了一会，又与他交手，斗了有一个时辰。"

一般不轻易的话，就不发表意见。nəŋ⅄⅃paɔ˦˥ʂou˦˥mi˥˦mi˦˨.tʂə˥kə˥zəŋ⅄i˦˨pæ̃˦pu⅄⅃tɕʰiŋ˦˨i˥˦ti˧xua˥,tsou˥˨pu⅄fa˦˨piaɔ˦˥i˥tɕiæ̃˥˨.（那适合适……适合当特务的那种人。）王：嗯。ŋ̍˨.黄：啊，一般情况下不……不说话。ɑ̃˨,i˦˨pæ̃˦tɕʰiŋ⅄⅃kʰuaŋ˥˦ɕia˥pu⅄⅃f……pu⅄˦ʂuo˦˨xua˥˨.（那言劖是什么东西？）黄：言劖……iæ̃⅄tsʰæ̃⅄……王：言劖就说你说出这个话就，人说他……iæ̃⅄tsʰæ̃⅄tɕiou˥˨ʂuo˦˨ni˦ʂuo˦˨tʂʰʮ˦˨tʂə˥kə˥xua˥tɕiou˥˨,zəŋ⅄ʂuo˦˨tʰɑ˦˥……黄：呃分量还……ə˥fəŋ˥liaŋ˥xɑ⅄⅃……王：你这个说出来话冲倒墙咧，那就是那言劖得很。ni˦tʂə˥kə˥ʂuo˦˨tʂʰʮ˦˨læᴇ⅄⅃xua˥tʂʰuoŋ˥taɔ˦˥tɕʰiaŋ⅄⅃lie˧,nei˥tɕiou˥sʅ˥nei˥iæ̃⅄tsʰæ̃⅄⅃tə˧xəŋ˦˨.黄：一般说出来话分量老重咧跟你说。i˦˨pæ̃˦ʂuo˦˨tʂʰʮ˦læᴇ⅄⅃xua˥fəŋ˥˦liaŋ˥˨laɔ˦˥tʂuoŋ˥lie˧kəŋ˦˥ni˦˨ʂuo˦˨.王：分量重的很。fəŋ˥˦liaŋ˥tʂuoŋ˥ti˧xəŋ˦˨.黄：一般的，他要不说就不说，说咧出来有些话你有些人接受不了。i˦˨pæ̃˦tə˧,tʰɑ˦˥iaɔ˥pu⅄ʂuo˦tɕiou˥pu⅄⅃ʂuo˦,ʂuo˦lie˧tʂʰʮ˦læᴇ⅄⅃iou˦ɕie˦˨xua˥ni˦˥iou˦ɕie˦˨zəŋ⅄tɕie˦˨ʂou˥pu⅄⅃liaɔ˦˨.（接受不了？）王：嗯。ŋ̍˨.黄：嗯，言劖得很。ə̃˥,iæ̃⅄tsʰæ̃⅄⅃tə˧xəŋ˦˨.（他是不是就说伤你还是什么意思？）王：他那个言劖得很，就出来伤人咧嘛。tʰɑ˦˥nə˥kə˥iæ̃⅄tsʰæ̃⅄tə˧xəŋ˦˥,tɕiou˥tʂʰʮ˦læᴇ⅄⅃ʂaŋ˦˨zəŋ⅄⅃lie˧ma˧.黄：一般兀出来说话都……都伤人咧嘛。i˦˨pæ̃˦vu˥tʂʰʮ˦læᴇ⅄ʂuo˦˨xua˥tou˦……tou˦ʂaŋ˦˨zəŋ⅄⅃lie˧ma˧.王：更啥说了个你，你说出话，冲倒墙咧，那就是言劖得很。伤人咧么。kəŋ˥sa˥˦ʂuo˦˨lə˧kə˥ni˦˥,ni˦˥ʂuo˦˨tʂʰʮ˦˨xua˥,tʂʰuoŋ˥taɔ˦˥tɕʰiaŋ⅄lie˧,nei˥tɕiou˥˨sʅ˥˨iæ̃⅄tsʰæ̃⅄tə˧xəŋ˦˥.ʂaŋ˦˨zəŋ⅄⅃lie˧muo˧.

滑耍

（这个人呐比较滑稽，说起话来，办起事来，就跟那个喜剧演员一样的，那你们叫他什么？很逗还是很什么东西？）黄：活宝㖿。xuo⅄⅃paɔ˦m̩˧.王：活宝。xuo⅄⅃paɔ˦.（活宝是，是说这个人呐。）黄：啊，是说是这个人嘛。ɑ˨,sʅ˥ʂuo˦˥sʅ˥tʂə˥kə˥zəŋ⅄ma˧.（你说这个人，这个人很怎么样呢？）王：很活泼。xəŋ˦xuo⅄⅃puo˦.黄：很活泼。或者是这个哎，很滑耍。xəŋ˦xuo⅄puo˦.xuei⅄˥tʂə˦˥sʅ˥tʂə˥kə˥æᴇ˧,xəŋ˦xua⅄⅃ʂua˦.（活泼是……叫什么？）黄：滑耍。xua⅄ʂua˦.（滑耍是属于一种什么那个呢？）王：是利囊。sʅ˥li˥naŋ˧.黄：也就是欸说话做啥办事啊，都感……都比较利囊一点。都于说话啥风趣幽默㖿。ie˦˥tɕiou˥sʅ˥ei˨ʂuo˦˨xua˥tsʮ˥sa˥pæ̃˥sʅ˥˦ɑ˧,tou˦˥kæ̃˦˨……tou˦˨pi˦˥tɕiaɔ˥li˥˦naŋ˧i˦˥tiæ̃˦˨.tou˦˨y⅄˥ʂuo˦˨xua˥sa˥fəŋ˦tɕʰy˥˨iou˦muo˦˨m̩˧.（呃，说话风趣幽默。就是只要有他的地方，笑声就不断？）黄：啊，都笑声都不断。ɑ˨,tou˦˥ɕiaɔ˥ʂəŋ˦˨tou˦˨pu⅄⅃tuæ̃˥˨.（就是滑……）黄：嗯，滑耍㖿。ŋ̍˨,xua⅄⅃ʂua˦m̩˧.王：滑耍。xua⅄⅃ʂua˦˥.（这种很喜欢，就是，开玩笑，这个说起话来逗人笑的这种人是什么人呢？）王：有些人兀叫热闹人吧？iou˦ɕie˦˨zəŋ⅄væᴇ˥tɕiaɔ˥zə˦naɔ˥˨zəŋ⅄⅃pa˧?黄：啊，热闹人。ɑ˨,zə˦naɔ˥zəŋ⅄⅃.（怎么叫热……热闹人呢？）黄：反正这意思就说，只要有他在，这场面马上就不一样了。fæ̃˦tʂəŋ˥tʂə˥ɿ˥sʅ˧tɕiou˥˨ʂuo˦˨,tsʅ˦˨iaɔ˥iou˦˥tʰɑ˦tsæᴇ˥,tʂə˥tʂʰaŋ˦miæ̃˥ma˦ʂaŋ˥˨tɕiou˥˨pu⅄⅃i˦˨iaŋ˥lə˧.（没有别的说法了吗？）王：再有些说那人是机灵鬼儿嘛。tsæᴇ˥iou˦ɕie˦˨ʂuo˦˨na˥˨zəŋ⅄⅃sʅ˥tɕi˦˨liŋ⅄kuər˦ma˧.黄：机灵鬼儿啊？tɕi˦liŋ⅄kuər˦˥ɑ˧?王：嗯。ŋ̍˨.

干散、干束

（这个穿戴整齐有什么说法没有？）王：我们这儿人说你这个人干散的很。ŋuo˦məŋ˧tʂər˥zəŋ⅄ʂuo˦˨ni˦˥tʂə˥kə˥zəŋ⅄kæ̃˦˨sæ̃˦ti˧xəŋ˦˨.黄：嗯。ŋ̍˨.（穿得整整齐齐的。）王：啊，穿得整整齐齐，你干散，这个人干散得很。ɑ˨,tʂʰuæ̃˦tə˧tʂəŋ˦tʂəŋ˦˥tɕʰi⅄˥tɕʰi⅄˥,ni˦˥kæ̃˦˨sæ̃˦,tʂə˥

kə˥ʐəŋ˩˧kæ̃˥˧˩sæ̃˥˧tə·˧xəŋ˥˧˩.（怎么？什么叫kæ̃˩sæ̃˥˧？）王：干散。是不散东西的散。kæ̃˥˧˩sæ̃˥˧. sɿ˥pu˩˧˧sæ̃˥˧˧tuoŋ˥˧ɕi·˧ti·˧sæ̃˥˧˩?黄：嗯。ŋ̍˩.王：干散，干束啊？kæ̃˥˧˩sæ̃˥˧,kæ̃˥˧ʂɥ˥˧ɑ·˧?黄：嗯。干散，或者是叫干束。ŋ̍˩.kæ̃˥˧˩sæ̃˥˧˧,xuei˩˧˩tʂə˥˧˩sɿ˥˩tɕiɑɔ˥kæ̃˥˧ʂɥ˥˧˩.王：嗯。ŋ̍˩.（穿戴得很整齐叫……）黄：啊，叫干束得很。ɑ˩,tɕiɑɔ˥kæ̃˥˧ʂɥ˥˧˩tə·˧xəŋ˥˧˩.

能

（有些人呐，会做他又不做……不愿做，这样子叫不叫能？）黄：我们这儿也说你逞能。再一个就说你是个懒㞞，不动弹。ŋuo˥˧məŋ·˧tʂər˥æ˥˧ʂuo˥˧˩ni˥˧˧tʂʰəŋ˥˧nəŋ˩˧.tsæᴇ˥˦i˥˧k ə˥˩tɕiou˥ʂuo˥˧˩ni˥˧˧sɿ˥kə˥læ̃˥˧suoŋ˩˧,pu˩˧˩tuoŋ˥tʰæ̃˩˧˩.（这刚愎自用的人呢？就是……就说我，我就是我厉害，其他人都不厉害。叫不叫能？）那就叫能。nei˥tɕiou˥tɕiɑɔ˥nəŋ˩˧˩.（就是我厉害？）啊，你能得很。ɑ˩,ni˥˧˩nəŋ˩˧tə·˧xəŋ˥˧˩.（自己逞能是吧？）啊，自己逞能么。ɑ˩,tsɿ˥tɕi˥˧˩tʂʰəŋ˥˧˩nəŋ˩˧muo·˧.（能是说有本事还是说什么东西？还是说自己有本事还是……）那就□有本事，□……□可不想给你用。næᴇ˥tɕiou˥˧˥niæ̃˩˧iou˥˧˧pəŋ˥˧sɿ˥˩,niæ̃˩˧……niæ̃˩˧kʰə˥˧˧pu ˩˧˩ɕiɑŋ˥˧kei˥ni˥˧˧yoŋ˥˦.（噢。）就这么咧。tɕiou˥tʂə˥˩muo·˧lie·˧.

骚

1.（说这个女人呐这个比较风骚，你们说她骚还是说什么？）黄：这面就叫得多了。有些嘛他就是叫这个飘得很。一个就说是……现在这几年叫飘么。这个前几年么就说是这个拿不住么。tʂei˥miæ̃˥tɕiou˥tɕiɑɔ˥tei˥˧˩tuo˥˧lə·˧.iou˥˧ɕie˥˧˩mɑ·˧tʰɑ˥˧˧tɕiou˥sɿ˥tɕiɑɔ˥tʂə ˥kə˥pʰiɑɔ˥˧tei˥˧˩xəŋ˥˧˩.i˥˧˩kə˥tɕiou˥ʂuo˥˧˩sɿ˥˩……ɕiæ̃˥tsæᴇ˥tʂei˥tɕi˥˧˩niæ̃˩˧˩tɕiɑɔ˥pʰiɑɔ˥˧muo·˧.tʂə˥˩ kə˥˩tɕʰiæ̃˩˧tɕi˥˧˩niæ̃˩˧muo·˧tsou˥ʂuo˥˧˩sɿ˥˩tʂə˥˩kə˥˩nɑ˩˧pu˩˧˩tʂɥ˥˦muo·˧.（拿什么？）拿不住，你还……拿不住。她自己都拿不住么那样。再一个……再一个就是更土一点的话就说是他的婆娘骚。nɑ˩˧pu˩˧˩tʂɥ˥,ni˥˧xæᴇ˩˧˩……nɑ˩˧pu˩˧˩tʂɥ˥.tʰɑ˥˧˩tsɿ˥tɕie˥˧˩tou˥˧˩nɑ˩˧pu˩˧˩tʂɥ˥muo·˧nei˥˩liɑŋ ˥˩.tsæᴇ˥˦i˥˧˩kə˥……tsæᴇ˥˦i˥˧˩kə˥tsou˥sɿ˥kəŋ˥tʰu˥˧i˥˧˩tiæ̃˥˧˩ti·˧xuɑ˥tsou˥˩ʂuo˥˧˩sɿ˥˩tʰɑ˥˧˧tə·˧pʰuo˩˧˩nia ŋ˩˧˧sɑɔ˥˧.（噢，还是“骚”。）噢，他的婆娘骚。ɑɔ˩,tʰɑ˥˧˧tə·˧pʰuo˩˧˩niɑŋ˩˧˧sɑɔ˥˧.

2.（有的人这个爱说脏话，甚至在异性的身上乱抓。他这种不是很坏，你说这个人，有没有什么说法？）黄：骚。sɑɔ˥˧.（有说拐的吗？）黄：没有人说拐。我们那就是骂个……mei˩˧iou˥˧˧ʐəŋ˩˧˧ʂuo˥˧˩kuæᴇ˥˧.ŋuo˥˧məŋ·˧nei˥tɕiou˥sɿ˥mɑ˥kə˥……王：骂人骚货。mɑ˥ʐəŋ˩˧˧sɑɔ˥˧xuo˥.黄：骚货，或者是……sɑɔ˥˧xuo˥,xuo˩˧˩tʂə˥˧˩sɿ˥……（就比较好色但不见得是一个坏人。）黄：那就是个骚。我们把……nei˥˧˥tɕiou˥sɿ˥˩kə˥˩sɑɔ˥˧.ŋuo˥˧məŋ·˧pɑ˥˧˩……（就是个骚？）黄：啊，怕就叫骚咧。ɑ˩,pʰɑ˥tɕiou˥tɕiɑɔ˥sɑɔ˥˧lie·˧.（说一些这个挑逗的话，暧昧的话，甚至这种脏话你们一般叫什么？）黄：就是叫说骚话咧。tɕiou˥˧˥sɿ˥˧˥tɕiɑɔ˥ʂuo˥˧sɑɔ˥˧˩x uɑ˥lie·˧.（骚话？）王：嗯。ŋ̍˩黄：嗯，骚话呣。ə̃˩,sɑɔ˥˧˩xuɑ˥m̩·˧.

骚情

1.（有没有叫什么骚情的说法？）王：没有。mei˩˧˩iou˥˧.黄：骚情这说法，一般都太不说啊？sɑɔ˥˧˩tɕʰiŋ˩˧˥tʂə˥ʂuo˥˧fɑ·˧,i˥˧˩pæ̃˥˧tou˥˧˩tʰæᴇ˥pu˩˧˩ʂuo˥˧ɑ·˧?王：嗯。骚情那就是一般指这个男的，和这个女的坐那儿……ŋ̍˩.sɑɔ˥˦tɕʰiŋ˩˧˥nei˥tɕiou˥sɿ˥˩i˥˦pæ̃˥˧tsɿ˥˧tʂə˥kə˥næ̃˩˧˩ti·˧,xuo˩˧˩tʂə˥kə˥n y˥˧ti·˧tsuo˥nɑr˥˦……黄：女的两个人么。ny˥˧ti·˧liɑŋ˥˧kə˥˩ʐəŋ˩˧˩muo·˧.王：谝干传，骂，耍开来了，这个女的骂，你骚情得很你。pʰiæ̃˥˧˧kæ̃˥˧tʂʰuæ̃˩˧˩,mɑ˥,ʂuɑ˥˧kʰæᴇ˥˧˩læᴇ˩˧˩lə·˧,tʂə˥kə˥ny˥˧ti·˧mɑ ˥,ni˥˧sɑɔ˥˦tɕʰiŋ˩˧˥tə·˧xəŋ˥˧ni˥˧˩.（是什么意思呢？）黄：骚情就说是你这个[笑]话语子说的比较这个欸调情一点儿，就是叫你……这儿这人……sɑɔ˥˦tɕʰiŋ˩˧˥tɕiou˥˧˥ʂuo˥˧˩sɿ˥˩ni˥˧˧tʂə˥kə˥xuɑ˥y

˦tsɿ˧ʂuo˦ti˧pi˦˨tɕiao˥tʂə˥kə˥ei˩tʰiao˨tɕʰiŋ˨˦tiæ̃r˦˩,tsou˥sɿ˥tɕiao˥ni˦˩……tʂər˥tʂə˥zəŋ˨……（就是比较暧昧？）黄：啊，暧昧一点，就叫你骚情的，你那么骚情了。ɑ˩,æᴇ˥mei˥i˦˩tiæ̃˦˩,tɕiou˥tɕiao˥ni˦˨sao˦˨tɕʰiŋ˨˦ti˧,ni˦˨na˥˨muo˧sao˦˩tɕʰiŋ˨˦lə˧.王：嗯，你骚情。ŋ̍˩,ni˦˩sao˦˩tɕʰiŋ˨˦.（就是言语暧昧是吧？）王：嗯。ŋ̍˩.黄：啊。ɑ̃˩.

2.（这个人打情骂俏这个，比如说女的在街上打情骂俏叫什么？跟这个男人也骚一下，那个男人也弄一下。）王：啊，兀叫啥咧嘛？ŋɑ˥,væᴇ˥˦tɕiao˥sa˥lie˧ma˧?（骚情？）骚情。sao˦˨tɕʰiŋ˨˦.（sao˨tɕʰiŋ˦是这个意思吗？）那就说是……要说是比……骂着耍的话，见人……男的也骂耍，女的也骂耍。人说兀个……婆娘骚情，说最骚得很。nei˥tɕiou˥ʂuo˦˩sɿ˥˩……iao˥˨ʂuo˦˩sɿ˥˩pi˦˨……ma˥tʂə˧ʂua˦ti˧xua˥˩,tɕiæ̃˥zəŋ˨˩……næ̃˨˩ti˧lie˦˨ma˥ʂua˦˨,ny˦ti˧lie˦˨ma˥ʂua˦˨.zəŋ˨˨ʂuo˦˩vu˥˩kə˥˦n……pʰuo˨˩niaŋ˨˨sao˦˨tɕʰiŋ˨˦,ʂuo˦˩tsuei˥sao˦tə˧xəŋ˦˩.（叫什么？）最骚得很。骚情。tsuei˥sao˦tə˧xəŋ˦˩.sao˦˨tɕʰiŋ˨˦.

3. （这个，拍马屁？）黄：我们叫舔尻子。ŋuom˦tɕiao˥tʰiæ̃˦˨kou˦tsɿ˧.（讲不讲这个骚……这个骚……骚情？）拍马屁和骚情是两回事着咧。pʰei˦˩ma˦pʰi˥xuo˨˩sao˦˨tɕʰiŋ˨˦sɿ˥˩liaŋ˦xuei˨˩sɿ˥tʂə˧lie˧.（是吧？sao˩tɕʰiŋ˦是什么呢？）骚情兀是指你就是你这个，有时候你做欸某一件事情就好像是这个。做某一件事情来说的么，骚情的你是。sao˦˩tɕʰiŋ˨˦væᴇ˥sɿ˥tsɿ˦˨ni˦˨tɕiou˥˩sɿ˥ni˦˨tʂə˥kə˥,iou˦sɿ˨˩xou˥ni˦˨tsɥ˥ei˥mu˦i˦˩tɕiæ̃˥sɿ˥tɕʰiŋ˨˩tsou˥˩xao˦˨ɕiaŋ˥sɿ˥tʂə˥kə˥.tsɥ˥mu˦i˦˩tɕiæ̃˥sɿ˥tɕʰiŋ˨˩læᴇ˨ʂuo˦ti˧muo˧,sao˦˩tɕʰiŋ˨˦ti˧ni˦sɿ˥˩.（什么是……这怎么说呢？你你举个那个，说说说个句子看。）就是……做某……做某一件事情是某一个话，某一句话咋那下，骂的是，噢，你咋么骚情了。tɕiou˥sɿ˥……tsɥ˥mu˦……tsɥ˥mu˦i˦˩tɕiæ̃˥sɿ˥tɕʰiŋ˨˨sɿ˥˩mu˦i˦˩kə˥˩xua˥˨,mu˦i˦˩tɕy˥xua˥˨tsa˦˩næᴇ˥ɕia˥,ma˥ti˧sɿ˥,ao˥,ni˦˨tsa˦˩muo˧sao˦˩tɕʰiŋ˨˦lə˧.（是拍马屁的意思吗？）好像不是拍马屁的意思。xao˦˨ɕiaŋ˥pu˨˩sɿ˥˦pʰei˦˩ma˦pʰi˥˩ti˧i˥˩sɿ˧.（那它什么意思呢？）拍马屁是这个□都是说，给人说好话咧，就说是这个，顺……顺情说好话咧，人□说个事，它就夹尻子溜个他。这就说是这个有些人你做个啥，你本来在那儿，那个啥咧，他来把你戳一下，逗一下，噢。扰乱你的这个工作咧，就是……我们就把这个骂是骚情咧。pʰei˦˩ma˦pʰi˥sɿ˥tʂə˥kə˥niæ̃˨˦tou˦˨sɿ˥ʂuo˦,kei˥zəŋ˨ʂuo˦˩xao˦xua˥lie˧,tsou˥ʂuo˦˨sɿ˥tʂə˥kə˥,ʂuoŋ˥˨……ʂuoŋ˥tɕʰiŋ˨ʂuo˦˩xao˦˨xua˥lie˧,zəŋ˨niæ̃˨˦ʂuo˦kə˥sɿ˥,tʰɑ˦˨tɕiou˥tɕia˦˨kou˦tsɿ˧liou˥˦kə˥tʰɑ˦˩.tʂei˥˦tsou˥ʂuo˦˨sɿ˥tʂə˥kə˥iou˦ɕie˦˩zəŋ˨ni˦˨tsɥ˥kə˥sa˥,ni˦˩pəŋ˦læᴇ˨tsæᴇ˥˩nar˥,nə˥kə˥sa˥lie˧,tʰɑ˦læᴇ˨pa˦˩ni˦˨tʂʰuo˦i˦˩xa˥˩,tou˥i˦˩xa˥˩,ao˥.zao˦˨luæ̃˥ni˦˨ti˧tʂə˥kə˥kuoŋ˦tsuo˦˩lie˧,tɕiou˥sɿ˥……ŋuom˦˨tɕiou˥pa˦˨tʂə˥kə˥ma˥sɿ˥sao˦˩tɕʰiŋ˨˦lie˧.（就是，就是这个扰乱……）别人的工作或者是事情咧，就是骂骚情咧。pie˨˩zəŋ˨˨ti˧kuoŋ˦tsuo˦˩xuei˨˨tʂə˦˩sɿ˥sɿ˥tɕʰiŋ˨˩lie˧,tɕiou˥˩sɿ˥˩ma˥sao˦˩tɕʰiŋ˨˦lie˧.

猴脚猴手

（那个呢，就说这个人呐之间呐，打打闹闹，说说笑笑这种，有……也不是有没个正形，你一般怎么说他们？）王：打打闹闹？ta˦ta˦˩nao˥nao˥?黄：ə̃˩.（嗯。两个人这么互相哎嘻嘻打……这个打……打闹，打，也不是说这个，就是玩儿嘛这种。小孩儿啊，这个大人之间也有这种的。小孩之间叫什么？）黄：[自语]小孩儿把这个叫啥咧？呃……哼。ɕiao˦xər˨pa˦˩tʂə˥kə˥tɕiao˥sa˥lie˧?ə˥……xə̃˩.（有没有什么说法？掐猫动狗？）黄：没有好像这里。mei˨˩iou˦xao˦˨ɕiaŋ˥tʂə˥li˦˩.（就说打打闹闹吗一般？）黄：就是个打打闹闹，啊？再也没有个啥说法。tɕiou˥˦sɿ˥kə˥ta˦ta˦nao˥nao˥,ɑ˩?tsæᴇ˥˦æ˦˨mei˨iou˦kə˥˦sa

˧˩ʂuo˥˩fa˥˩.（你有的是小孩儿之间的，有是两个朋友之间的。还有的是这个有的男的和女的之间这个这个动手动脚这么玩儿的。）黄：再……tsʰæᴇ……王：那那兀猴脚猴……流手的。næᴇ˧˩næᴇ˧væᴇ˧xou˩˧tɕyo˥˩xou˩˩……liou˩˩ʂou˥˧ti˨˩.黄：猴脚……猴脚猴手的。xou˩˧tɕyo˥˩x……xou˩˧tɕyo˥xou˩˩ʂou˥˧ti˨˩.王：啊。ɑ˩.黄：有的是猴脚流手的。iou˥˧ti˨˩sɿ˧˩xou˩tɕyo˥liou˩˩ʂou˥˧ti˨˩.王：猴脚猴手的。xou˩˧tɕyo˥xou˩˩ʂou˥˧ti˨˩.黄：嗯。ŋ̍˩.（猴脚猴手说的是什么？）王：听说你不听听，一阵儿你走到人跟前，你再……tʰiŋ˥˧ʂuo˥˧ni˥˧pu˩˩tʰiŋ˥tʰiŋ˥,i˥˩tʂɚ˧˥ni˥˧tsou˥˧tɑɔ˧zəŋ˩kəŋ˥tɕʰiæ̃˩˩,ni˥˧tsæᴇ˧……客：咂咂哇哇。tsɑ˥tsɑ˨vɑ˥˩vɑ˨.王：咂咂哇哇。tsɑ˥˧tsɑ˨vɑ˥˩vɑ˨.（不管是男的女的都可以？）王：啊。ɑ̃˩.黄：啊，都这么说他。ɑ˩,tou˥˧tʂə˧˥muo˨ʂuo˥˩tʰɑ˥˩.（就是两个男的之间这么这么弄也叫猴手猴脚的？）黄：啊。ɑ˩.王：嗯。ə̃˩.（那有……有的这个男……男同志女同志之间要那个一点儿了。欸，要正经一点儿了。但是有的他也跟这个好朋友一样的，到人家身上乱掐呀这些这样的，或者打一下跑一下这样的呢？）黄：那就叫耍<u>咧么</u>，我们叫耍<u>咧么</u>。nei˧tɕiou˧tɕiɑɔ˧ʂuɑ˥liem˨,ŋuo˥˧məŋ˧tɕiɑɔ˧˩ʂuɑ˥liem˨.（两个人在耍？）黄：嗯，耍<u>下么</u>。ə̃˩,ʂuɑ˥xæm˨.（那个在玩儿，你们一般的玩儿也叫耍吗？）黄：一……玩儿我们也叫耍。我们把这个，那就是玩儿就是耍。i˥˩……vɚ˩ŋuo˥mən˨ie˥˩tɕiɑɔ˧˥ʂuɑ˥.ŋuo˥mən˨pɑ˥˩tʂə˧kə˧,nə˧˩tɕiou˧˩sɿ˧˩vɚ˩tɕiou˧˥sɿ˧ʂuɑ˥.

鬼流实气

（这个人行为很做作，一般怎么说？）黄：鬼流实气的么。kuei˥liou˩˥ʂʅ˩˩tɕʰi˧ti˨muo˨.（还有什么说法没有？）扭扭捏捏么。niou˥niou˥˧nie˥nie˥muo˨.（这个鬼流实气是怎么来的呢？）鬼流实气说你这个人做事又不太光明正大，噢，做啥以后是扭扭捏捏的，给人一个感觉是。kuei˥liou˩˩ʂʅ˩˩tɕʰi˧ʂuo˥˩ni˥tʂə˧kə˧zəŋ˩tsuo˧˩sɿ˧iou˧pu˩˩tʰæᴇ˧˥kuaŋ˥˩miŋ˩tʂəŋ˧tɑ˧,ɑɔ˧,tsʅ˧sɑ˧˥i˥˩xou˧sɿ˧niou˥niou˥˧nie˥nie˥ti˨,kei˧zəŋ˩i˥˧kə˧kæ̃˥tɕyo˥˩sɿ˧˩.（有没说这个这个人能拿，拿，说这个拿，说不说？）不说。pu˩˩ʂuo˥˩.（拧舞？）拧舞，拧舞那好像不太说，用不得这上头去。niŋ˩vu˥˩,niŋ˩vu˥nə˧˩xɑɔ˥˩ɕiaŋ˧pu˩˧tʰæᴇ˧ʂuo˥,yoŋ˧˩pu˩˥tə˨tʂə˧˥ʂaŋ˧˩tʰou˨tɕʰie˧˩.

狰

（这个人胆大很敢为叫不叫tsəŋ˥？）王：叫咧。狰得很，这个人狰得很。tɕiɑɔ˧lie˨.tsəŋ˥tə˨xəŋ˥˩,tʂə˧kə˧zəŋ˩tsəŋ˥tə˨xəŋ˥˩.（胆大？）嗯。末了我们这儿这院里住了个媳妇儿，一天……早上她黑咚咚走了，我们就说□狰得很，这个……这个媳妇儿狰得很。ŋ̍˩.muo˥˩lə˧ŋuo˥mən˨tʂɚ˧tʂei˧yæ̃˧li˥˩tʂʯ˧lə˧kə˧ɕi˥fuɚ˧˩,i˥˩tʰiæ̃˥˧x……tsɑɔ˥ʂaŋ˧˩tʰɑ˥˩xei˥tuoŋ˥˩tuoŋ˥˩tsou˥˧lə˧,ŋuo˥˧mən˨tɕiou˧ʂuo˥˧niæ̃˩tsəŋ˥tə˨xəŋ˥˩,tʂə˧kə˧……tʂə˧kə˧ɕi˥˩fuɚ˧tsəŋ˥˩tə˨xəŋ˥.

遗屎把尿

（有的人这个办事情拖拖拉拉，老是拿……举棋不定，做不……这个下不了决心呐，或者是拿不出主意。这个这样的人叫什么人？）黄：这号人人□人就说你办事拖拖拉拉的。tʂə˧˥xɑɔ˧˩zəŋ˩zəŋ˩˩niæ̃˩zəŋ˩tɕiou˧˩ʂuo˥˩ni˥˧pæ̃˧sɿ˧tʰuo˥tʰuo˥˩lɑ˥lɑ˥˩ti˨.（嗯。）没有决心。mei˩iou˥tɕyo˥˧ɕiŋ˥.（说不说什么撕不长扽不展这样的说法？）那是不欸，也有说兀种说法。那比方是这例子就说是你，给人，办这个事的把人钱拿去了，结果事也办不成，那么个拖拖拉拉给人撇不断。nə˧sɿ˧˥pu˩˩ei˧,ie˥iou˥ʂuo˥˩vei˧tʂuoŋ˥˩ʂuo˥fa˥˩.nə˧pi˥faŋ˥˩sɿ˧tʂei˧˩i˧˥tsɿ˨tɕiou˧˩ʂuo˥˩sɿ˧˩ni˥˧,kei˧˩zəŋ˩,pæ̃˧tʂə˧kə˧sɿ˧ti˨pɑ˥˩zəŋ˩tɕʰiæ̃˩nɑ˩˩tɕʰi˧˥lə˨,tɕie˥˩kuo˥˧sɿ˧ie˥˩

pæ̃˧pu˨˩˦tʂʰəŋ˨˩,nə˧muo˧kə˧tʰuo˥˧tʰuo˥˩la˥˩la˥˩kei˧zəŋ˨˦pʰie˥pu˨˩tuæ̃˧˥.（这叫什么呢？）拖拖拉拉。tʰuo˥tʰuo˥˩la˥˩la˥˩.（叫拖拖拉拉？）嗯。ə̃˩.（就说你这个人，还有的就说，他这个做事情啊，他喜欢拖拖拉拉，磨磨蹭蹭。你形容这个事情怎么……怎么弄？要形……）形容这个事叫拖拖的那……ɕiŋ˨˩zuoŋ˨˦tʂə˧kə˧sɿ˧(tɕ)iaɔ˧tʰuo˥˩tʰuo˥˩tə˧nei˧˥……（最后形容这个人呐，哎，你这个人真是……）你这个人，办事不干脆么，不利囊么。ni˥˦tʂə˧kə˧zəŋ˨˩,pæ̃˧sɿ˧pu˨˦kæ̃˥˩tsʰuei˧˥muo˧,pu˨˩li˧˥naŋ˧muo˧.（就没有一种是很土很土的说法来说它吗？）那□就是，我们这儿人爱说，你是遗屎把尿咧么。næɛ˧˥niæ̃˨˩tɕiou˧sɿ˧,ŋuo˥məŋ˧tʂər˧zəŋ˨˩næɛ˧˥ʂuo˥˩,ni˥˦sɿ˧i˨˩sɿ˥˦pa˥niaɔ˧liem˧.（叫什么？）遗屎把尿咧么。i˨˩sɿ˥˦pa˥niaɔ˧liem˧.（移死八……怎么怎么是什么意思呢大概？）嗯。遗屎把尿就说你把这个事情拖拖拉拉的，办起不办是，说你办了你不办，说你不办了是你可答应下，就这么个。遗屎把尿的。ə̃˩.i˨˩sɿ˥˦pa˥˦niaɔ˧˥tɕiou˧˩ʂuo˥˩ni˥˦pa˥˩tʂə˧kə˧sɿ˧tɕʰiŋ˨˦tʰuo˥˩tʰuo˥˩la˥˩la˥˩ti˧,pæ̃˧tɕʰi˥˦pu˨˩pæ̃˧˥sɿ˧,ʂuo˥˩ni˥pæ̃˧˥lə˧ni˥pu˨˩pæ̃˧,ʂuo˥˩ni˥pu˨˩pæ̃˧˥lə˧sɿ˧˩ni˥kʰə˥˩ta˥˩iŋ˧˥xa˧,tɕiou˧˩tʂə˧muo˧kə˧.i˨˩sɿ˥pa˥˩niaɔ˧ti˧.（怎么写？）遗那怕就是个转移的移吧？i˨˩nə˧pʰa˧tɕiou˧sɿ˧kə˧tʂuæ̃˥i˨˩ti˧i˨˩pa˧?（呃，移。）遗屎把尿么。i˨˩sɿ˥pa˥niaɔ˧muo˧。（屎？）嗯。ŋ̍˩.（把尿是什么东西？）把尿就是咱们那个把屎样的，把，尿。pa˥˦niaɔ˧tɕiou˧sɿ˧tsa˨˩məŋ˧nə˧kə˧pa˥sɿ˥iaŋ˧˩ti˧,pa˥˩,niaɔ˧.

巍扎不动

（有叫……有巍扎不动这种说法没有？）王：有咧。iou˥lie˧.（你们是什么意思？）就说你不管办个啥事来说，弄个……弄啥你都是推推辞辞不动弹，就是巍扎不动。tɕiou˧˩ʂuo˥˩ni˥˦pu˨˩kuæ̃˥pæ̃˧kə˧sa˧sɿ˧læɛ˨˩ʂuo˥˩,nuoŋ˧˥kə˧s……nuoŋ˧sa˧ni˥˩tou˥˩sɿ˧tʰuei˥˩tʰuei˥˩tsʰɿ˨˩tsʰɿ˨˩pu˨˩tuoŋ˧˥tʰæ̃˨˩,tɕiou˧sɿ˧vei˥tsa˥˩pu˨˩tuoŋ˧˩.（叫什么？）巍扎不动的。vei˥tsa˥˩pu˨˩tuoŋ˧ti˧.

猫儿柴草

（有说什么“猫儿柴草”的吗？）王：“猫儿柴草”有咧。maɔ˨˩ər˨˦tsʰæɛ˨˩tsʰaɔ˥˦iou˥lie˧.（叫什么？）说你这个弄啥事给他猫儿柴草的，弄的不整齐。ʂuo˥˩ni˥tʂə˧kə˧nuoŋ˧sa˧sɿ˧kei˧˩tʰa˥˩maɔ˨˩ər˨˦tsʰæɛ˨˩tsʰaɔ˥˩ti˧,nuoŋ˧ti˧pu˨˩tʂəŋ˥tɕʰi˨˩.（它什么意思大概是？嗯？）猫儿柴草的，那就说意思就说咋这个，这个心里好像没有数儿样的。maɔ˨˩ər˨˦tsʰæɛ˨˩tsʰaɔ˥˩ti˧,nei˧tɕiou˧˥ʂuo˥˩i˧˥sɿ˧tɕiou˧ʂuo˥˦tsa˥˩tʂə˧kə˧,tʂə˧kə˧ɕiŋ˥li˥˩xaɔ˥˦ɕiaŋ˧mei˨˩iou˥˦ʂuər˧˥iaŋ˧˩ti˧.（心里没数？）嗯。办这个啥事，想起这个事咋么个办咧，现在心里没得底……没得下数，就是猫儿柴草的。m̩˩.pæ̃˧tʂə˧kə˧sa˧sɿ˧,ɕiaŋ˥tɕʰi˥˩tʂə˧kə˧sɿ˧tsa˥muo˧kə˧pæ̃˧lie˧,ɕiæ̃˧tsæɛ˧ɕiŋ˥li˥˩mei˨˩tei˥˦ti……mei˨˩tei˥˦xa˧ʂʮ˧˩,tɕiou˧˩sɿ˧˩maɔ˨˩ər˨˦tsʰæɛ˨˩tsʰaɔ˥ti˧.

急抓急掳

（这个心里很着急呀，这个说或者忙啊，他心里着急，着急得，特别着急这种。）黄：心里特别着急，我们把这就是，就叫发无聊咧。ɕiŋ˥li˧tʰə˥˩pie˨˩tʂaɔ˥˩tɕi˥˩,ŋuo˥məŋ˧pa˥˩tʂə˧tɕiou˧sɿ˧,tɕiou˧tɕiaɔ˧fa˥˩vu˨˩liaɔ˨˩lie˧.（有没有说急抓急掳的说法？）这个话有人说咧。你一下急抓急掳的就……tʂə˧kə˧xua˧iou˥˦zəŋ˨˩ʂuo˥lie˧.ni˥i˥˩xa˧tɕi˥˦tʂua˥tɕi˥˩va˥ti˧tsou˧˩……（va˥是什么意思？）掳，和我们这个地方和这个爪就是同音字，同音着咧。同样的内容反正。va˥,xuo˨˩ŋuo˥məŋ˧tʂə˧kə˧ti˧faŋ˧xuo˨˩tʂə˧kə˧tsaɔ˥tsou˧˩sɿ˧˩tʰuoŋ˨˩iŋ˥tsɿ˧˩,tʰuoŋ˨˩iŋ˥tʂə˧

lie˧.tʰuoŋ˩˥iaŋ˥˦ti˧luei˥yoŋ˩˥fæ̃˥˩tʂəŋ˥.（是……跟这个"瓦"一样的音还是……）欸不是。掀，那和那个挖东西的挖，提手过去……ei˦puʌ˩sɿ˥˩.va˥,nə˥xuo˩˥nə˥kə˥va˥˩tuoŋ˥ɕi˧ti˧va˥,tʰi˩˥ʂou˥kuo˥tɕʰi˥……（青蛙的蛙呢？）不，呃都不……不……不是那个蛙。提手过去那个啊，噢，和这个"挖"字一个音。pu˩,ə˥˦tou˥˩pu˩˥……pu˩˥……pu˩˥sɿ˥˦nə˥kə˥va˥˩.tʰi˩˥ʂou˥kuo˥tɕʰi˥nə˥kə˥a˧,aɔ˥,xuo˩˥tʂə˥kə˥va˥sɿ˥˩i˥˩kə˥˦iŋ˥˩.（你们这样抓叫va˩吗？）兀不儿。掀，那就是……噢，还是像爪的一样，急抓急掀的。嗯。və˥˦pur˩˥.va˥,nei˥˩tɕiou˥˦sɿ˥……aɔ˥,(x)a˩˥sɿ˥˦ɕiaŋ˥tsaɔ˥ti˧i˥˩iaŋ˥˩,tɕi˥˦tʂua˥tɕi˥˦va˥ti˧.ŋ̍˩.（就说很着急这种？）嗯。急抓急掀的。嗯。再一个就是这个心急火燎的么。ŋ̍˩.tɕi˥˦tʂua˥tɕi˥˦va˥ti˧.ə̃˩.tsæᴇ˥i˥˦kə˥tɕiou˥sɿ˥tʂə˥kə˩ɕiŋ˥tɕi˥˦xuo˥liaɔ˥ti˧muo˧.（心急火燎？）嗯。心里的感觉就好像拿火烧你咧那个样子。ŋ̍˩.ɕiŋ˥˩i˧ti˧kæ̃˥tɕyo˥˩tɕiou˥xaɔ˥˦ɕiaŋ˥na˩xuo˥˦ʂaɔ˥ni˥˦lie˧nei˥kə˥iaŋ˥tsɿ˧.

遢遢

1.（遢遢？）黄：遢遢这个话说咧，遢遢。la˥tʰa˧tʂə˥kə˥xua˥ʂuo˥˩lie˧,la˥tʰa˧.（la˥tʰa˧是不是跟那个肮脏是一样的？）黄：那还不一样啊？ nei˥˦xa˩˥pu˩˥i˥˦iaŋ˥a˧?王：嗯。ŋ̍˩.黄：遢遢，遢遢形……遢遢这个人那形容的还多。la˥tʰa˧,la˥tʰa˧ɕi……la˥tʰa˧tʂə˥kə˥zəŋ˩˥nei˥ɕiŋ˩yoŋ˩ti˧xa˩tuo˥.王：啊，干事，穿衣，吃饭都遢遢。ã˩,kæ̃˥sɿ˥,tʂʰuæ̃˥˦i˥,tʂʰʅ˥˩fæ̃˥˦tou˥˩la˥˦tʰa˧.黄：干事，穿衣，做饭，做啥，弄下那个东西，就说是这个不干……你比如讲你抹个桌子啥你也给□没抹净，叫你穿个衣裳，把你那个衣裳，穿不到个样子。kæ̃˥sɿ˥,tʂʰuæ̃˥˦i˥,tsɥ˥fæ̃˥,tsɥ˥sa˥˦,nuoŋ˥xa˥˦nə˥kə˥tuoŋ˥ɕi˧,tsou˥ʂuo˥˦sɿ˥tʂə˥kə˥pu˩kæ̃˥……ni˥˦pi˥˦zʅ˩˥tɕiaŋ˥˩ni˥ma˥˩kə˥tʂuo˥tsɿ˧sa˥˦ni˥ie˥˦kei˥niæ̃˩˥muo˥˩ma˥˩tɕiŋ˥,tɕiaɔ˥˩ni˥˦tʂʰuæ̃˥kə˥˩i˥ʂaŋ˧,pa˥˩ni˥nə˥kə˥i˥ʂaŋ˧,tʂʰuæ̃˥pu˩˥taɔ˥kə˥iaŋ˥tsɿ˧.（皱皱的？）黄：啊，皱皱的。洗下那衣裳吧，脏妈妈的。这统称都是一个遢遢的。叫你把……房子里这啥收拾一下子，结果你把呃房子，啥都没摆到地方。你看你遢遢的个样子！遢遢就是不好的意思反正。a˩,tsou˥tsou˥ti˧.ɕi˥xa˥˩nei˥i˥ʂaŋ˧pa˧,tsaŋ˥ma˧ma˧ti˧.tʂə˥tʰuoŋ˥tʂʰəŋ˥˦tou˥˩sɿ˥˩i˥˩kə˥la˥tʰa˧.tɕiaɔ˥˩ni˥˦pa˥˦f……faŋ˩˥tsɿ˧li˥˦tʂə˥sa˥ʂou˥ʂʅ˧i˥˦xa˥tsɿ˧,tɕie˥˩kuo˥ni˥pa˥˩ə˥faŋ˩˥tsɿ˧,sa˥˦tou˥˩muo˥˩pæᴇ˥taɔ˥˩ti˥˦faŋ˥˩.ni˥˦kʰæ̃˥ni˥˦la˥tʰa˧ti˧kə˥˩iaŋ˥tsɿ˧!la˥tʰa˧tsou˥sɿ˥pu˩˥xaɔ˥ti˧i˥˦sɿ˧fæ̃˥˩tʂəŋ˥˦.

2. 王：咱们这儿就说遢遢得很。tsa˩˥məŋ˥tʂər˥(tɕ)iou˥ʂuo˥˩la˥tʰa˧tə˧xəŋ˥˩.黄：噢，有遢遢这个说法。aɔ˩,iou˥˦la˥tʰa˧tʂə˥kə˥ʂuo˥fa˥˩.（la˥tʰa˧是什么东西？）黄：遢遢就是你这个人一下子，穿戴也不讲究，衣裳脏毬的那个样子。la˥tʰa˧tɕiou˥sɿ˥ni˥˦tʂə˥kə˥zəŋ˩˥i˥˩xa˥tsɿ˧,tʂʰuæ̃˥˩tæᴇ˥ia˥˦pu˩˥tɕiaŋ˥tɕiou˥˩,i˥ʂaŋ˧tsaŋ˥tɕʰiou˩˥ti˧nə˥kə˥iaŋ˥tsɿ˧.（那，哦，那叫la˥tʰa˧。）黄：遢遢呃。la˥tʰa˧ə˧.

3.（说这个人很遢遢怎么说？）黄：遢遢。遢遢，我们把那就说你，一个就是欸窝囊。看你窝……把你这个人遢遢得很啊……la˥tʰa˧.la˥tʰa˧,ŋuo˥məŋ˧pa˥˩nə˥tɕiou˥ʂuo˥˦ni˥˦,i˥˩kə˥tɕiou˥sɿ˥ei˩vuo˥naŋ˧.kʰæ̃˥ni˥˦vuo……pa˥˩ni˥˦tʂə˥kə˥zəŋ˩˥la˥tʰa˧ti˧xəŋ˥a˧……（嗯。）这也可能就……叫是你……你这个，看你窝囊的那个样子！tʂei˥a˥˦kʰə˥˦nəŋ˩˥tɕiou˥……tɕiaɔ˥˩sɿ˥˩ni˥˦……ni˥˦tʂə˥kə˥,kʰæ̃˥ni˥˦vuo˥naŋ˧ti˧nə˥kə˥˩iaŋ˥˦tsɿ˧!（嗯。）再个嘛就说是"你个脏兮兮的你"。tsæᴇ˥kə˥ma˧tɕiou˥ʂuo˥˩sɿ˥˩ni˥˩kə˥tsaŋ˥ɕi˩ɕi˩ti˧ni˥˦.

4.（遢遢你们怎么说？就是脏啊，你身上。）王：遢遢那就说是从穿的到自己这屋里整个儿都是很脏就叫遢遢。la˥tʰa˧nei˥tɕiou˥ʂuo˥˩sɿ˥tsʰuoŋ˩˥tʂʰuæ̃˥ti˧taɔ˥tsɿ˥tɕi˥˦tʂə˥vu˥li˥˩tʂəŋ˥˩kər˥˦tou˥˩sɿ˥˩xəŋ˥˦tsaŋ˥tɕiou˥tɕiaɔ˥la˥tʰa˧.

胖、肥

（这个人呐，这个人体积很大，你说他干吗？）黄：那就是胖么。nei˥˩tɕiou˥˩sʅ˥˩pʰaŋ˥muo˨.王：胖呣。pʰaŋ˥m̩˨.（这有的人胖得很健康，那你叫他什么呢？壮，说不说？）黄：强壮。呃身体很壮。tɕʰiaŋ˨˩tʂuaŋ˥.ə˥ʂəŋ˥˩tʰi˥xəŋ˥˧tʂuaŋ˥.（说这个人壮。）黄：很壮实也是这个说法。xəŋ˥˧tʂuaŋ˥ʂʅ˨˩ie˥˩sʅ˥˩tʂə˥˩kə˥˩ʂuo˥fa˥˩.（有说单说壮的吗？）黄：单说壮的很少。tæ̃˥˧ʂuo˥˩tʂuaŋ˥ti˨xəŋ˥˧ʂaɔ˥˩.（但是有tʂuaŋ˥实是吧？）黄&王：嗯。ŋ̍˩.黄：壮实兀个。tʂuaŋ˥ʂʅ˨˩vu˥˩kə˥˩.（壮实？）黄：也有这个。有些人这个虽然……胖的很，但是他走路也不太方便，做事也不太那个方……啥，就把那就叫累赘咧么，啊？ie˥iou˥˧tʂə˥˩kə˥˩.iou˥ɕie˥˩zəŋ˨tʂə˥kə˥suei˥zæ̃˥˩……pʰaŋ˥ti˨xəŋ˥˩,tæ̃˥˩sʅ˥˩tʰa˥˧tsou˥lou˥˩ie˥pu˨˩tʰæᴇ˥faŋ˥˩piæ̃˥˩,tsʮ˥sʅ˥ie˥pu˨˩tʰæᴇ˥˩nə˥kə˥faŋ˥˩……sa˥,tɕiou˥pa˥˩nei˥tɕiou˥tɕiaɔ˥luei˥˩tʂuei˥˩lie˨muo˨,a˥?王：嗯。ŋ̍˩.（就是很臃肿了？）黄：啊，臃肿那个样，累赘的那样。a˩,yoŋ˥˩tʂuoŋ˥nə˥kə˥iaŋ˥,luei˥˩tʂuei˥˩ti˨nə˥kə˥iaŋ˥˩.（那上个厕所都不方便。）黄：噢，不……做啥都不方便，就叫累赘咧。aɔ˩,pu˨˩……tsʮ˥sa˥tou˥˩pu˨˩faŋ˥˩piæ̃˥,tɕiou˥tɕiaɔ˥luei˥˩tʂuei˥˩lie˨.（有肥，有说人这个肥的没有？）黄：啊呵，说咧么。æ˥xə˨,ʂuo˥lie˨muo˨.王：有……有咧么。i……iou˥lie˨muo˨.黄：啊，肥的个猪样的。æ˥,fei˨˩ti˨kə˥tʂʮ˥iaŋ˥˩ti˨.（但一般的都说胖？）黄：啊，一般的都说胖，胖，肥都是，都是个欸，一般人都是个贬义词了么。a˩,i˥˧pæ̃˥ti˨tou˥˩ʂuo˥˩pʰaŋ˥,pʰaŋ˥,fei˨tou˥˧sʅ˥˩,tou˥˧sʅ˥˩kə˥ei˩,i˥˧pæ̃˥zəŋ˨tou˥˩sʅ˥˩kə˥˩piæ̃˥i˥tsʰʅ˨˩lə˨muo˨.王：嗯，骂人开来，啊，骂人开来……ŋ̍˨,ma˥zəŋ˨˩kʰæᴇ˥læᴇ˨˩,ã˩,ma˥zəŋ˨˩kʰæᴇ˥læᴇ˨˩……黄：那人一般你听说肥的话，那你都骂□咧么你。nə˥˩zəŋ˨i˥˧pæ̃˥˧ni˥tʰiŋ˥˩ʂuo˥˩fei˨ti˨xua˥,nə˥˩ni˥˧tou˥˩ma˥˩niæ̃˨˩lie˨muo˨ni˥˩.王：说你肥得个猪样的你。ʂuo˥˩ni˥˧fei˨˩tə˥˧(k)ə˥tʂʮ˥iaŋ˥˩ti˨ni˥˩.黄：肥的个猪一样的么你。只有猪是称肥咧，人不可能肥么。fei˨˩ti˨kə˥tʂʮ˥i˥˩iaŋ˥ti˨muo˨ni˥˩.tsʅ˥˩iou˥˧tʂʮ˥sʅ˥˩tʂʰəŋ˥fei˨˧lie˥,zəŋ˨pu˨˩kʰə˥nəŋ˨fei˨˩muo˥.

瘤

1.（这个瘦呢？有叫瘦……）黄：叫瘦。tɕiaɔ˥sou˥.王：我们那叫瘦。ŋuo˥məŋ˨nə˥tɕiaɔ˥sou˥.（有什么说法没有？瘦掐着什么的是……）黄：有的叫瘦妈妈的。iou˥ti˨tɕiaɔ˥sou˥˧ma˥˩ma˥˩ti˨.（还有什么说法没有？）王：瘦妈妈，瘦条条。sou˥˧ma˥˩ma˥˩,sou˥˧tʰiaɔ˨˩tʰiaɔ˨˩.黄：有的还叫瘦猴儿。iou˥ti˨xa˨˩tɕiaɔ˥sou˥xour˨.（说有的小孩儿他不……从小不吃饭，哎呀，那瘦得不……不成了样子。你说这个叫什么？你看你这个孩子你看……叫什么？）黄：我们这儿这那个那都娃娃就不叫了。娃娃……你看这个娃一天不好好儿吃，你看这瘤[①]成啥了。ŋuo˥məŋ˨tʂər˥tʂə˥nə˥kə˥nə˥tou˥˩va˨˩va˨˩tsou˥pu˨˩tɕiaɔ˥lə˨.va˨˩va˨˧……ni˥kʰæ̃˥tʂə˥kə˥va˨i˥˧tʰiæ̃˥pu˨˩xaɔ˥xaɔr˥˧tʂʰʅ˥,ni˥˧kʰæ̃˥tʂei˥tɕʰyo˨tʂʰəŋ˨˩sa˥˩lə˨.（tɕʰyo˨？）黄：啊，瘤了。噢，是瘤的不行了。a˩,tɕʰyo˨˧lə˨.aɔ˩,sʅ˥˩tɕʰyo˨ti˨pu˨˩ɕiŋ˨˩lə˨.

2.（那这人，这个肥的反面……胖的反面呢这个人怎么样的？）王：那就瘦么。nə˥˩tɕiou˥˩sou˥muo˨.黄：瘦么。sou˥muo˨.（还有别的说法没有？）王：瘤。tɕʰyo˨.黄：瘤，啊。tɕʰyo˨,a˩.（tɕʰyo˥？）王：瘤，嗯。tɕʰyo˨,əŋ˩.黄：单薄。tæ̃˥puo˨˩.王：瘤。单薄tɕʰyo˨˧,tæ̃˥puo˨˩.（tɕʰyo˥叫……叫瘦是吧？）王：嗯。ŋ̍˩.（再念那个字呢？）王：瘤。

① 瘤：瘦。《广韵》其俱切："瘤，同臞"；"臞，瘠也"。汉应劭《风俗通·穷通·太傅汝南陈蕃》："昔子夏心战则瘤，道胜如肥。"

tɕʰyo˩.（那还有别的说法没有？）王：癯，单薄么。tɕʰyo˩˦,tæ̃˥puo˩˨muo˧.

拷

（肚子很饿，忍着这个饥饿，叫……有没有叫kʰɑɔ˥的？）张先金：拷，这个嗯有这个说法，就是说是，这一向生活不好，我拷的厉害。或这一向我都没有吃这个肉食一类的，把我拷的不行了。kʰɑɔ˥,tʂə˦kə˦n̩iou˥tʂə˦kə˦ʂuo˥fa˥˨,tɕiou˦sɿ˦ʂuo˥˨sɿ˦˨,tʂei˦i˥˨ɕiaŋ˦səŋ˥˨xuo˩pu˩˦xɑɔ˥˦,ŋuo˥˦kʰɑɔ˥ti˧li˦˥xæɛ˦˨.xuei˩˨tʂei˦i˥˨ɕiaŋ˦ŋuo˥tou˥˨mei˩iou˥tʂʰɿ˥˨tʂə˦kə˦zou˦sɿ˩˨i˥luei˦ti˧,pa˥˨ŋuo˥˦kʰɑɔ˥ti˧pu˩˨ɕiŋ˩˨lə˧.（你再念一下，我这个肚子很饿怎么呢？）啊，这几天把我拷的厉害了。ɑ˨,tʂei˦˥tɕi˥tʰiæ̃˥˨pa˥˨ŋuo˥˦kʰɑɔ˥ti˧li˦˥xæɛ˦˨lə˧.

茶、乏、蔫

1. 黄：有的……有些娃娃的……那个些，那个些好动些，身体好些，兀就是强壮些。再是这个瘦一点，那个他就是，娃茶的啊？iou˥ti˧ʂ……iou˥ɕie˥˨va˩va˩ti˧……nə˦˨kə˦˨ɕie˥,nə˦˨kə˦˨ɕie˥xɑɔ˦˥tuoŋ˦ɕie˥˨,ʂəŋ˥˨tʰi˥xɑɔ˥ɕie˥˨,væɛ˦˥tɕiou˦sɿ˦tɕʰiaŋ˩˨tʂuaŋ˦˥ɕie˥˨.tsæɛ˦sɿ˦tʂə˦˨kə˦˨sou˦i˥˨tiæ̃˥˨,nə˦kə˦tʰɑ˥˦tsou˦˥sɿ˦,va˩˨nie˩˨ti˧la˧?王：嗯。ŋ̍˨.（茶？）黄：茶，嗯。nie˩,ə̃˨.王：嗯。ŋ̍˨.黄：那娃你看兀一下茶的！nə˦˥va˩ni˥˦kʰæ̃˦væɛ˦˥i˥˨xa˦nie˩˨ti˧!（nie˨ti˧还是nie˩ti˧？）黄：茶，茶的。nie˩,nie˩ti˧.（就是……是身体瘦弱？）黄：身体不太……啊，瘦弱的这个。ʂəŋ˥˨tʰi˥pu˩˨tʰæɛ˦……ɑ˥,sou˦zuo˥˨ti˧tʂə˦˨kə˦˨.（大人能不能说茶？）黄：大人那叫乏[①]咧。ta˦˥zəŋ˩˦nei˦tɕiɑɔ˦fa˩˨lie˧.王：叫乏咧。(tɕ)iɑɔ˦fa˩˨lie˧.黄：叫乏。tɕiɑɔ˦fa˩.（就只有小孩儿叫茶？）黄：啊，娃，娃娃叫茶的很。ɑ˦,va˩˨,va˩va˩˥tɕiɑɔ˦nie˩ti˧xəŋ˥˨.王：娃娃叫茶咧。va˩˨va˩˥tɕiɑɔ˦nie˩lie˧.（身体不好？）黄：嗯，身体不好。ə̃˥,ʂəŋ˥˨tʰi˥pu˩˨xɑɔ˥˨.（大人叫什么？）黄：大人叫……乏。ta˦˥zəŋ˩˨tɕiɑɔ˦˥……fa˩.（也是身体不好的意思？）黄：噢，也是身体不好。ɑɔ˦,ia˥sɿ˦˨ʂəŋ˥˨tʰi˥pu˩˨xɑɔ˥.（就是个病……病秧……）黄：困，啊，身……身体就是乏，再一个就是困么。kʰuoŋ˦,ɑ˨,ʂəŋ˥˦……ʂəŋ˥˨tʰi˥tɕiou˦˨sɿ˦˨fa˩,tsæɛ˦i˥˨kə˦˨tɕiou˦sɿ˦˨kʰuoŋ˦muo˧.（哦，那是，那是说他的那个不好啦。就是有的人就是，男同志也跟林黛玉一样的那种，就像一个药罐子病秧子这种，你说也说他乏么？）黄：也说他，这多一半儿把那都叫，我们把那骂他叫乏驴。再么是这个欸，茶不嗒嗒的。蔫……ie˥ʂuo˥˨tʰɑ˥,tʂə˦˥tuo˥˨i˥˨pær˦˥pa˥˨nə˦tou˥˨tɕiɑɔ˦,ŋuo˥mən˧pa˥˨nə˦ma˦tʰɑ˥˦tɕiɑɔ˦fa˩y˩.tsæɛ˦muo˧sɿ˦tʂə˦kə˦ei˨,nie˩˦pu˩˨ta˥ta˧ti˧.niæ̃˥……王：蔫的。niæ̃˥ti˧.黄：喔喔，嗯，大人有些是把那叫蔫，蔫驴。vuo˨vuo˦,n̩˨,ta˦˥zəŋ˩iou˥ɕie˥˦ʂɿ˦pa˥˨nə˦tɕiɑɔ˦niæ̃˥,niæ̃˥ly˩.（蔫？）黄：噢，蔫。ɑɔ˨,niæ̃˥.

2.（很疲倦了说不说乏？）王：说。ʂuo˥.黄：哎说咧，乏了。æɛ˦ʂuo˥lie˧,fa˩lə˧.（乏？）王：嗯。ŋ̍˨.黄：乏了或者是困的不行。fa˩lə˧xuei˩˦tʂə˥˨sɿ˦˨kʰuoŋ˦ti˧pu˩˦ɕiŋ˩.（又说乏，又说……）黄：乏咧，呃，也说乏，也说困。fa˩lie˧,ə˦,ie˥˦ʂuo˥˦fa˩,ie˥˨ʂuo˥˨kʰuoŋ˦˨.王：说，也说累。ʂuo˥˨,ie˥˨ʂuo˥˨luei˦.黄：也说累，啊。再一个就是，更形容的说上是筋疲力尽么。ie˥˦ʂuo˥˨luei˦,ɑ˨.tsæɛ˦i˥˦kə˦tsou˦˨sɿ˦˥,kəŋ˦ɕiŋ˩˨yoŋ˩˦ti˧ʂuo˥ʂaŋ˦˨sɿ˦˨tɕiŋ˥˨pʰi˩li˥˦tɕiŋ˦muo˧.

费事

（这个很麻烦说不说很费事？）王：不说。pu˩˨ʂuo˥˨.黄：不说。pu˩˨ʂuo˥˨.（说……有费事这个说法没有？）黄：有费事这个说法。iou˥fei˦sɿ˦tʂə˦˨kə˦˨ʂuo˥˨fa˥˨.（费事

① 乏：疲倦、无力貌。《新五代史·唐臣传·周德威》："因其劳乏而乘之。"《三国演义》第四十回："此时各军走乏，都已饥饿。"《红楼梦》第十一回："我们今儿整坐了一日，也乏了。"

是什么意思呢？）黄：费事，咱们这儿这这个，我们这儿这个……费事是指娃娃。fei˧˥sɿ˥,tʂɑ˨˦mən˧tʂər˥tʂə˧tʂə˧˩kə˧˩,ŋuo˥˧mən˧tʂər˥tʂə˧kə˧s……fei˧˥sɿ˥sɿ˥˩tsɿ˥˧vɑ˨˩vɑ˨˥.王：指娃娃。tsɿ˥˧vɑ˨˩vɑ˨˥.黄：指那碎碎儿娃娃一旦都好动，就叫叫费事得很。费事的。tsɿ˥˧nə˧˩suei˥suər˧˦vɑ˨˩vɑ˨˥i˥˩tæ̃˥tou˥˩xɑɔ˥tuoŋ˥,tɕiou˥tɕiɑɔ˥tɕiɑɔ˥fei˧˥sɿ˥˩tə˧xəŋ˥˩.fei˧sɿ˥ti˧.（小孩儿调皮？）黄：啊，小孩儿调皮叫费事咧。ɑ˩,ɕiɑɔ˥xər˨t^hiɑɔ˨˩p^hi˨˥(tɕ)iɑɔ˥fei˧˥sɿ˥˩lie˧.王：费事咧。fei˧˥sɿ˥lie˧.

屣

（不顾脸面呐，有失体面，叫不叫屣？）王：噢，我们这儿叫你屣样子。ɑɔ˩,ŋuo˥mən˧tʂər˥(tɕ)iɑɔ˥ni˥˦suoŋ˨˩iɑŋ˧˦tsɿ˧.（屣是什么意思？）屣那就是说是那个河南人就说你个鸟人儿，那个样子啊。suoŋ˨næᴇ˥tɕiou˥ʂuo˥˩sɿ˥˩nə˥kə˥xə˨˩næ̃˨˥zəŋ˨tɕiou˥˩ʂuo˥˩ni˥˦kə˥tiɑɔ˥zə̃r˨,nə˥kə˥iɑŋ˥˩tsɿ˧lɑ˧.

捣屣

（比如说这个人很有本事但道德不上……品德上不大好，也说他日把欻人吗？）王：不说。那也是，那是捣屣。pu˨˩ʂuʮ（←ʂuo˥）.nei˧˥ɑ˥˦sɿ˥,nei˥sɿ˥tɑɔ˥suoŋ˨˩.黄：那是那……捣屣。再一个就说他是那……nei˧˥sɿ˥nə˥……tɑɔ˥suoŋ˨˩.tsæᴇ˥i˥˩kə˥tɕiou˧˥ʂuo˥˩t^hɑ˥˦sɿ˥˩nə˥……（tɑɔ˥什么？）王：捣屣。tɑɔ˥suoŋ˨.（哪个捣？）黄：捣蛋的捣。tɑɔ˥tæ̃˧˦ti˧tɑɔ˥.王：捣蛋的捣。tɑɔ˥tæ̃˥ti˧tɑɔ˥.（捣屣？）王：嗯，那个捣屣人。ŋ̍˩,nə˥kə˥tɑɔ˥suoŋ˨˩zəŋ˨˩.

淘神

（这个闹纠纷呐，叫不叫淘神？）王：叫咧，淘神。tɕiɑɔ˥lie˧,t^hɑɔ˨˩ʂəŋ˨˩.（你跟邻居闹纠纷叫淘神吗？）啊，跟人淘神着。我们这儿，再一个就是跟邻居或者是两口子打架咧，嚷仗咧，我们这儿说"兀都两口子淘神着咧"。ɑ˩,kəŋ˥˩zəŋ˨˩t^hɑɔ˨˩ʂəŋ˨tʂə˧.ŋuo˥mən˧tʂər˥,tsæᴇ˥i˥˦kə˥tɕiou˥sɿ˥kəŋ˥˩liŋ˨˩tɕy˥xuo˨˩tʂə˥sɿ˥˩liɑŋ˥k^hou˥tsɿ˧tɑ˥tɕiɑ˥lie˧,zɑŋ˥tʂɑŋ˧˦lie˧,ŋuo˥mən˧tʂər˥ʂuo˥˩væᴇ˥tou˥˦liɑŋ˥k^hou˥tsɿ˧t^hɑɔ˨ʂəŋ˨˩tʂə˥lie˧.（淘气说不说淘神？）淘气那就说这个小孩子淘气的很么那。也淘神。那是一个意思么还。t^hɑɔ˨tɕ^hi˥næᴇ˥tɕiou˥ʂuo˥˩tʂə˥kə˥ɕiɑɔ˥xæᴇ˨˩tsɿ˧t^hɑɔ˨tɕ^hi˥ti˧xəŋ˥˩muo˧næᴇ˥.ie˥t^hɑɔ˨ʂəŋ˨.næᴇ˥sɿ˥i˥˦kə˥i˧˥sɿ˧muo˧xɑ˨˩.（也……也说淘神吗？）也说淘神咧。ie˥ʂuo˥˩t^hɑɔ˨˩ʂəŋ˨˩lie˧.

日眼

（那讨人嫌，东西也好，事情也好，我嫌死了这种东西。）王：那怕叫日眼咧吧。nə˥p^hɑ˥tɕiɑɔ˥zʅ˥˩niæ̃˥lie˧pɑ˧.（有叫丧眼的吗？）也有叫丧眼的。丧眼是前塬儿人叫丧眼，咱们叫日眼得很。ie˥iou˥tɕiɑɔ˥sɑŋ˥˩niæ̃˥ti˧.sɑŋ˥˩niæ̃˥sɿ˥˩tɕ^hiæ̃˨yæ̃r˨˩zəŋ˨˩tɕiɑɔ˥sɑŋ˥˩niæ̃˥,tʂɑ˨mən˧tɕiɑɔ˥zʅ˥˩niæ̃˥tə˧xəŋ˥˩.

夯口

（有些东西它很难以启齿，你们叫什么？）王：难以启齿，羞的很，我们这儿叫羞的很。næ̃˨i˥˦tɕ^hi˥˦tʂ^hʅ˥,ɕiou˥ti˧xəŋ˥˩,ŋuo˥mən˧tʂər˥tɕiɑɔ˥ɕiou˥ti˧xəŋ˥˩.（有叫夯口的吗？）哎呀，也有叫夯口的咧。夯口的，一般农村人就把呃就说是害羞的，羞得很。æᴇ˩iɑ˧,ie˥iou˥tɕiɑɔ˥xɑŋ˥˩k^hou˥ti˧lie˧.xɑŋ˥˩k^hou˥ti˧,i˥˩pæ̃˥luoŋ˨ts^huoŋ˥zəŋ˨tɕiou˥pɑ˥˩ə˥(tɕ)iou˥˩ʂuo˥˦sɿ˥xæᴇ˥ɕiou˥ti˧,ɕiou˥tə˧xəŋ˥˩.（夯口是哪里人说呢？）夯口那现在就说是到□医院给去咧，有时候给现在说法，就说是人去那夯口咧，不好说。xɑŋ˥˩k^hou˥næᴇ˥ɕiæ̃˥tsæᴇ˥tɕiou˧˥ʂuo˥˩sɿ˥˩tɑɔ˥niæ̃˨˥i˥˦yæ̃˧˦kei˥˩tɕ^hi˧˦lie˧,iou˥sɿ˨˩xou˥kei˥˩ɕiæ̃˥tsæᴇ˧˦ʂuo˥˩fɑ˥˩,tɕiou˥˩ʂuo˥˩sɿ˥˩zəŋ˨tɕ^hi˥˩nə˥˩xɑŋ˥˩

kʰou˥˩lie˧,pu˧˩˨xaɔ˥˩˦ʂuo˥.（是你们这儿本身的说法还是外头传过来的？）外头传过来的，我们这儿就说羞的很。væᴇ˦tʰou˧tʂʰuæ̃˧˩kuo˦læᴇ˧˩˨ti˧˦.ŋuo˥mən˧tʂər˦tɕiou˦ʂuo˥˩˦ɕiou˥ti˧xən˥˩.

蛮

（说话难懂叫不叫蛮？）王：不叫。pu˧˩˨tɕiaɔ˦.黄：不叫。pu˧˩˦tɕiaɔ˦.（说这个人说话蛮得很。）黄：我们这儿这……我们这儿这个说话蛮，那就是说，说话说出来这个话不太好听。ŋuo˥mən˧tʂər˦tʂə˦……ŋuo˥mən˧tʂər˦tʂə˦˩˨kə˦˩˨ʂuo˥˩˨xua˦mæ̃˧˩,nei˦tɕiou˦˩˦sʅ˦˩˨ʂuo˥˩˦,ʂuo˥˩˨xua˦ʂuo˥tʂʰʮ˥˩˨læᴇ˧˩˨tʂə˦˩˨kə˦˩˨xua˦pu˧˩˨tʰæᴇ˦xaɔ˥˩˦tʰiŋ˥.王：不好听，叫蛮得很。pu˧˩˨xaɔ˥˩˦tʰiŋ˥,tɕiaɔ˦mæ̃˧˩tə˧xən˥˩.黄：倒蛮的很。taɔ˦mæ̃˧˩ti˧xən˥˩.（不讲理？）王：嗯。ŋ̍˧˩.黄：呣，也不是不讲理。他这个蛮么就说是这个欸，呃，就是这个在呣那……总之来说带这么个骚味儿的那些话，啊，蛮的。呃。m̩˧˩,ie˥pu˧˩˨sʅ˦pu˧˩˨tɕiaŋ˥˩˦li˥.tʰa˥tʂə˦kə˦mæ̃˧˩muo˧tɕiou˦ʂuo˥˩˦sʅ˦tʂə˦kə˦ei˦,ə˧˩,tɕiou˦˩˦sʅ˦tʂə˦kə˦tsæᴇ˦m̩˧nə˧˩……tsuoŋ˥tsʅ˥˩˦læᴇ˧˩˨ʂuo˥˩˨tæᴇ˦tʂə˦muo˧kə˧saɔ˥vər˦ti˧nei˦ɕie˥˩˦xua˦˩˨,a˦,mæ̃˧˩ti˧.ə˧˩.（就是说一些荤的东西？）黄：啊，说些荤的东西。a˧˩,ʂuo˥ɕie˥˩˦xuoŋ˥ti˧tuoŋ˥˩˨ɕi˧.

装腔作势

（装腔作势啊，说不说他很假？）黄：这个人说咧啊？装腔作势，你这人个……tʂə˦kə˦zəŋ˧˩ʂuo˥lie˧a˧?tʂuaŋ˥˩˦tɕʰiaŋ˥˩˨tsuo˥˩˨ʂʅ˦,ni˥tʂə˦˩˨zəŋ˧˩kə˦……王：说明你这个人很假。ʂuo˥˩˨miŋ˧˩ni˥tʂə˦kə˦zəŋ˧˩xəŋ˥tɕia˥.黄：你这个人假的很。ni˥˩˦tʂə˦kə˦zəŋ˧˩tɕia˥ti˧xəŋ˥˩.王：啊，你这个人假的很。ã˧˩,ni˥˩˦tʂə˦kə˦zəŋ˧˩tɕia˥ti˧xəŋ˥˩.（有没有什么这个成语啊或者俗语来说，说这个，这个装腔作势呢？）黄：想不起来是个啥子那个说法。ɕiaŋ˥pu˧˩˦tɕʰi˥læᴇ˧˩˦sʅ˦kə˦sa˦˩˨tsʅ˧nei˦kə˦ʂuo˥fa˥˩.王：装腔作势是。tʂuaŋ˥˩˨tɕʰiaŋ˥˩˨tsuo˥˩˨ʂʅ˦˩˦sʅ˦˩.黄：装腔作势这也对着咧。tʂuaŋ˥˩˦tɕʰiaŋ˥˩˨tsuo˥˩˨ʂʅ˦tʂə˦æ˥˩˦tuei˦˩˦tʂə˧lie˧.

闲贱

（有的人呐这个手很……咋不好说就是，到哪儿他弄到哪儿，他弄过的东西，东西就坏了。你说这个人手，他是手贱呐还是手什么东西？破坏力极强他的东西。）王：那就说手贱得很。nə˦˩˨tɕiou˦˩˨ʂuo˥ʂou˥tɕiæ̃˦tə˧xəŋ˥˩.黄：手贱。爪子，你那……骂人开来你是爪子长。ʂou˥tɕiæ̃˦.tʂua˥tsʅ˧,ni˥˩˨nə˦˩……ma˦zəŋ˧˩kʰæᴇ˥læᴇ˧˩ni˥˩˨sʅ˦tʂua˥tsʅ˧tʂʰaŋ˧˩.（爪子长？）黄：嗯。ə̃˧˩.王：骂人，骂娃你闲贱得很咋的。ma˦zəŋ˧˩,ma˦va˧˩ni˥˩˦xæ̃˧˩˨tɕiæ̃˦˩˦tə˧xəŋ˥˩˨tsa˥˩˨ti˧.黄：呃，闲贱。那是个土，最土的个话么。ə˧˩,xæ̃˧˩˨tɕiæ̃˦.nə˦˩˦sʅ˦˩˨kə˦˩˨tʰu˥˩˦,tsuei˦tʰu˥ti˧kə˦˩˨xua˦muo˧.（叫什么？）黄&王：闲贱。xæ̃˧˩˨tɕiæ̃˦.黄：欸他是见啥逗啥，实质……就，他到这个……ei˧˩tʰa˥˩˨sʅ˦˩˦tɕiæ̃˦sa˦˩˨tou˦sa˦˩,ʂʅ˧˩tʂ……tsou˦,tʰa˥taɔ˦tʂə˦kə˦li……（罕见是吧？）黄：闲。闲贱的很。xæ̃˧˩.xæ̃˧˩˨tɕiæ̃˦ti˧xəŋ˥˩.（哪个xæ̃˧˩？）黄：哎呀，这都是个土话。æᴇ˧˩ia˧,tʂei˦tou˥˩˨sʅ˦˩˨kə˦˩˨tʰu˥xua˦.王：就表示说你闲的很么。tɕiou˦piaɔ˥sʅ˦ʂuo˥˩˨ni˥ɕiæ̃˧˩ti˧xəŋ˥˩muo˧.黄：闲的很么。ɕiæ̃˧˩ti˧xəŋ˥˩muo˧.（闲是吧？）黄：啊，啊，闲，闲贱，就是这个土话用的，实际上是……a˦,a˧˩,ɕiæ̃˧˩,xæ̃˧˩tɕiæ̃˦,tɕiou˦sʅ˦tʂə˦˩˨kə˦˩˨tʰu˥xua˦yoŋ˦tə˦,ʂʅ˧˩tɕi˦˩˦ʂaŋ˦˩sʅ˦……

心黑、心重

（这个人贪心不足的，像这样的，你说他心怎么样？心贪还是心黑还是什么？）王：心黑。ɕiŋ˥˩˦xei˥.黄：心黑呣，这儿这都叫……心黑得很。ɕiŋ˥xei˥m̩˧,tʂər˦tʂə˦tou˥˩

tɕiaɔ˥n……ɕiŋ˥˨xei˥˨tə·˧xəŋ˥˨꜖.（有说心重的没有？）王：有。iou˥˧.黄：也有说心重得很。ie˥˧iou˥˧ʂuo˥˨꜖ɕiŋ˥˨꜖tʂuoŋ˥tə·˧xəŋ˥˨꜖.（也是说他贪心？）黄：啊，嗯。ɑ꜖,ŋ̍꜖.

心狠、心瞎、心毒

（那有说心狠的没有？）黄：心狠这个说法也有。ɕiŋ˥˨꜖xəŋ˥˧tʂə˥꜖kə˥꜖ʂuo˥˨fa·˧lie˥˧꜔iou˥˧꜔.（也是说贪心么？）黄：不，那心狠那个东西那那，那你看用到啥……啥地方去了。你对这个娃娃有时候这个，打骂上做啥，穿衣上都克扣娃娃，吃饭上，穿，吃饭上和穿衣上对娃娃都进行克扣。呃婆娘心狠的。再一个就是那心瞎的很，心狠，心……pu˩˧,nə˥꜖ɕiŋ˥˨꜖xəŋ˥˧nei˥kə˥tuoŋ˥˧ɕi·˧nei˥꜕꜓nei˥꜖,nei˥ni˥˧꜔kʰæ̃˥yoŋ˥꜖꜔taɔ˥sa˥fa……sa˥ti˥faŋ˥˧꜔tɕʰi˥lə·˧.ni˥˧꜔tuei˥tʂə˥꜖kə˥꜖va˩˧꜖va˩˧꜕꜓iou˥˧sɿ˩˧꜖xou˥tʂə˥kə˥,ta˥˧꜔ma˥ʂaŋ˥tsɥ˥꜕꜓sa˥꜖,tʂʰuæ̃˥˨꜖꜔i˥˧ʂaŋ˥꜖tou˥˨꜖kʰei˥˨꜖kʰou˥꜕꜓va˩˧꜖va˩˧꜔,tʂʰʅ˥˧fæ̃˥ʂaŋ˥꜖,tʂʰuæ̃˥˧,tʂʰʅ˥˨꜖fæ̃˥꜕꜓ʂaŋ˥xuo˩˧꜖tʂʰuæ̃˥˨꜖꜔i˥˨꜖ʂaŋ˥꜖tuei˥va˩˧꜖va˩˧꜕꜓tou˥˨꜖tɕiŋ˥ɕiŋ˩˧꜖kʰei˥˨꜖kʰou˥.ə˥˧pʰuo˩˧꜖niaŋ˩˧꜔ɕiŋ˥˨xəŋ˥˧ti·˧.tsæᴇ˥i˥˨꜔kə˥tɕiou˥꜖sɿ˥꜖nə˥ɕiŋ˥˨꜖xɑ˥˨ti·˧xəŋ˥˨꜖,ɕiŋ˥˨꜖xəŋ˥˨꜖,ɕ……（ɕiŋ꜖xɑ˥˨？）黄：噢，心瞎心狠呣。ɑɔ꜖,ɕiŋ˥˨꜖꜔xɑ˥˨ɕiŋ˥˨꜖xə˥˨（←xəŋ˥˨）m̩·˧.（就是心肠狠毒叫ɕiŋ꜖xɑ˥˨？）黄：啊，嗯，心瞎的很。ɑ꜖,ə̃꜖,ɕiŋ˥˨꜖xɑ˥˨ti·˧xəŋ˥˨꜖.（这个心瞎，ɕiŋ꜖xɑ˥˨不只是对自己家里人吧？）黄：噢，那对别人也心瞎的很。ɑɔ꜖,nə˥tuei˥pie˩˧꜖zəŋ˩˧꜕꜓ie˥˧꜖ɕiŋ˥˨꜖xɑ˥˨ti·˧xəŋ˥˨꜖.王：别人也瞎得很。pie˩˧꜖zəŋ˩˧꜕꜓ie˥˧꜖xɑ˥˧꜔tə·˧xəŋ˥˧꜔.（地主啊什么过去说这个……）黄：噢，那都是……ɑɔ꜖,nei˥꜕꜓tou˥˨꜖꜔sɿ˥ɕ……王：对任何人都那样。tuei˥zəŋ˥꜕꜓xuo˩˧꜖zəŋ˩˧꜖tou˥˨꜖nei˥꜖iaŋ˥꜖.（日本人说不说他心，ɕiŋ꜖xɑ˥˨？）黄：日本人那就心毒得很了，都不瞎了。zʅ˥˨꜖pəŋ˥˧zəŋ˩˧꜖næᴇ˥tsou˥ɕiŋ˥˨꜖tu˩˧tə·˧xəŋ˥˨꜖lə·˧,tou˥˨꜖pu˩˧꜖xɑ˥˨lə·˧.（噢，心毒。）黄：噢，心毒么。ɑɔ꜖,ɕiŋ˥˨꜖tu˩˧muo·˧.

艺短、心屈、短见

（有心短的说法吗？）黄：有艺短的说法咧，没有心……iou˥˧i˥꜖꜔tuæ̃˥˧ti·˧ʂuo˥˨fɑ˥˨꜖lie·˧,mei˩˧iou˥˧ɕiŋ……（艺短是什么意思？）王：那你是说那艺人的话了不……næᴇ˥꜖꜔ni˥˧sɿ˥ʂuo˥˨꜔nə˥i˥꜖꜔zəŋ˩˧꜖ti·˧xuɑ˥lə˥pu……黄：艺人，那你该是。i˥zəŋ˩˧꜖,næᴇ˥ni˥˧꜔kæᴇ˥˧sɿ˥.王：把他的手艺不……不给别人传，这叫艺短。pɑ˥˨꜖tʰɑ˥˨꜔ti·˧ʂou˥˧i˥꜖pu˩˧꜖……pu˩˧꜖kei˥꜕꜓pie˩˧꜖zəŋ˩˧꜔tʂʰuæ̃˩˧,tʂə˥tɕiɑɔ˥i˥tuæ̃˥˨꜔.黄：根本不，根本不往回来，再一个就说是给你，你就是看病弄啥，比如吹啥奏，给你弄啥的话都是留一手。kəŋ˥˨꜖pəŋ˥˧pu˩˧꜖,kəŋ˥˨꜖pəŋ˥˧pu˩˧꜔vɑŋ˥˧꜖xuei˩˧꜕꜓læᴇ˩˧꜖,tsæᴇ˥꜖꜔i˥˨kə˥꜖tsou˥꜕꜓ʂuo˥˨꜖sɿ˥꜖kei˥ni˥˨꜔,ni˥˨꜔tsou˥sɿ˥꜖kʰæ̃˥piŋ˥nuoŋ˥sɑ˥꜖,pi˥˧zɥ˩˧꜖tʂʰuei˥˨sɑ˥꜖tsou˥꜖,kei˥ni˥˧꜖nuoŋ˥sɑ˥ti·˧xuɑ˥꜖tou˥˨꜖sɿ˥꜖liou˩˧i˥˨ʂou˥˨꜖.王：嗯。ŋ̍꜖.（噢，叫艺短？）黄：啊，艺短的很。ɑ꜖,i˥꜖꜔tuæ̃˥˧ti·˧xəŋ˥˨꜖.（有心屈的说法没有？）王：有。iou˥˧꜔.黄：有咧么。iou˥˧liem·˧.王：心屈就说你……你做的个啥事，你明明儿你会咧，你不跟我……你不跟我说，我问你你就屈的个跟我说，你心屈得很。ɕiŋ˥˨꜖tɕʰy˥˨꜖tɕiou˥ʂuo˥˨꜔ni˥˧ts……ni˥˧tsɥ˥ti·˧kə˥sɑ˥sɿ˥,ni˥˧miŋ˩˧꜖miə̃r˩˧ni˥˧꜔xuei˥lie·˧,ni˥˧pu˩˧꜖kəŋ˥˨꜔ŋuo˥˨꜔s……ni˥˨꜖pu˩˧꜖kəŋ˥˨꜔ŋuo˥˨꜔ʂuo˥˨,ŋuo˥˧vəŋ˥ni˥˨꜔ni˥˨꜔tɕiou˥tɕʰy˥˨ti·˧kə˥꜖kəŋ˥˨꜔ŋuo˥˨꜔ʂuo˥˨,ni˥˨꜔ɕiŋ˥˨꜔tɕʰy˥˨tə·˧xəŋ˥˨꜖.（也跟那个艺……艺短的意思差不多？）王：差不多。tsʰɑ˥˨꜖pu˩˧꜖tuo˥˨.黄：差不多啊。tsʰɑ˥˨꜖pu˩˧꜖tuo˥˨꜖꜔ɑ̃꜖.（有短见这种说法吗？）黄：短见说有咧么。tuæ̃˥˧tɕiæ̃˥ʂuo˥˨꜖iou˥˧liem·˧.（也是说心屈的意思还是什么？）黄：嗯，你这个人短得很，短见得焦锨。ə̃˥˨,ni˥˨꜔tʂə˥kə˥zəŋ˩˧tuæ̃˥˧tə·˧xəŋ˥˨,tuæ̃˥˧tɕiæ̃˥ti·˧tɕiɑɔ˥˨ɕiæ̃˥˨꜖.

毬不顶

（形容这个人呐，或者一件事情啊，不好。一般说什么？不行，还是说什么？）黄：形容这个人不行，或者是，一般都说这个人不行，或说，兀人没办法共事。ɕiŋ˩˧꜔yoŋ˩˧꜔tʂə

˥kə˥ʐəŋ˩pu˨˦ɕiŋ˩,xuei˥˨tʂə˥˨sʅ˥˨,i˥˦pæ̃˥tou˥˨ʂuo˥˨tsə˥kə˥ʐəŋ˩pu˨˦ɕiŋ˩,xuo˨˦ʂuo˥˦,və˥ʐəŋ˨˦muo˥˨pæ̃˥˦fa˥˨kuoŋ˥sʅ˥.王：人品不好。ʐəŋ˨˦pʰiŋ˥pu˨˦xaə˥˨.黄：人品不好。ʐəŋ˨˦pʰiŋ˥pu˨˦xaə˥˨.（这是指这个……）黄：指一件儿……tsʅ˥˨i˥˨tɕiær˥……（这个人的道德那个……）黄：啊，道德……修养儿。a˨,taə˥tei˥˨ɕ……ɕiou˥˨iãr˥.（道德修养啥？）王：嗯。ŋ̍˨.黄：啊。a˨.（还有能力上头呢？）黄：呃人没本事。ə˥ʐəŋ˨˦muo˥˨pəŋ˥sʅ˥˨.（没本事？）黄：啊，没本事。a˨,mei˨˦pəŋ˥sʅ˥˨.（还有什么说法没有？）黄：没本事，再……土话就是没能耐哅。muo˥˨pəŋ˥sʅ˥˨,tsæᴇ˥ts……tʰu˥xua˥tɕiou˥sʅ˥muo˥˨nəŋ˨˦næᴇ˥˦m̩˧.（有说不中用的吗？）黄：不中用本地人太不说这个不中用的话。pu˨˦tʂuoŋ˥˨yoŋ˥pəŋ˥ti˥ʐəŋ˨˦tʰæᴇ˥pu˨˦ʂuo˥tʂə˥˨kə˥˨pu˨˦tʂuoŋ˥˦yoŋ˥˨ti˧xua˥˨.王：本地人不说。pəŋ˥ti˥˦ʐəŋ˨˦pu˨˦ʂuo˥˨.黄：嗯。ŋ̍˥.王：河南人说不中用。xə˨˦næ̃˨˦ʐəŋ˩ʂuo˥˨pu˨˦tʂuoŋ˥˨yoŋ˥.黄：嗯。ŋ̍˥.（就骂这个人没本事，有时候骂他，骂得狠了，说什么呢？）黄：你毬的个用都没有。ni˥˦tɕʰiou˩ti˧kə˥yoŋ˥tou˥˨mei˩iou˥˨.（叫什么？）黄：你毬的个用都没有。ni˥˦tɕʰiou˩ti˧kə˥yoŋ˥tou˥˦mei˨˦iou˥˨.王：再嘛就是毬不顶。tsæᴇ˥ma˧tɕiou˥sʅ˥tɕʰiou˨˦pu˨˦tiŋ˥.黄：毬不顶，或者你毬的个用都没有。tɕʰiou˩pu˨˦tiŋ˥,xuo˨˦tʂə˥˨ni˥tɕʰiou˩ti˧kə˥yoŋ˥tou˥˦mei˩iou˥˨.（你毬的个腚都……）王：毬不顶。tɕʰiou˩pu˨˦tiŋ˥.黄：毬……毬……毬不顶。tɕʰi……tɕʰiə……tɕʰiou˩pu˧tiŋ˥.（毬不腚是什么？哪个腚？）黄：呃是骂人这个话，哼。ə˥sʅ˥˨ma˥ʐəŋ˨˦tʂə˥kə˥xua˥,xə̃˧.王：就说你没本事哅。tɕiou˥ʂuo˥˦ni˥˦muo˥˨pəŋ˥sʅ˥˨m̩˧.黄：没本事哅。muo˥˨pəŋ˥sʅ˥˨m̩˧.（tiŋ˥？）黄：嗯。ə̃˨.（还说什么有……）黄：你毬的个用都没有。ni˥˨tɕʰiou˩ti˧kə˥yoŋ˥tou˥˦mei˨˦iou˥˨.（一毬的用还是你毬的用？）黄：一……毬的个用都没有。i……tɕʰiou˩ti˧kə˥yoŋ˥tou˥˨mei˨˦iou˥˨.（毬的个用都没有？）黄&王：啊。啊。a˨.

暮囊

1.（这个做事磨磨蹭蹭，你们说不说他这个人很蔫呐？）黄：也说他蔫啊？ie˥ʂuo˥˨tʰa˥˦niæ̃˥a˧?王：蔫，再么就是弄个啥磨磨腾腾。niæ̃˥,tsæᴇ˥muo˧tɕiou˥˨sʅ˥˨nuoŋ˥kə˥sa˥muo˩muo˨˦tʰəŋ˨˦tʰəŋ˨˦.黄：嗯，老慢。ə̃˨,laə˥˦mæ̃˥.（叫什么？老慢？）嗯。ə̃˨.（laə˦mæ̃˥是什么意思呢？）王：就是慢的很。tɕiou˥˨sʅ˥˨mæ̃˥ti˧xəŋ˥˨.黄：暮囊得很。mu˥naŋ˧tə˧xəŋ˥˨.王：暮囊。mu˥˦naŋ˧.黄：暮囊。mu˥˦naŋ˧.

2.（你比如说，有的女同志她是比较喜欢磨蹭的。比如说我们说好去干什么，干什么事情，哎呀，她起来又是梳妆又是那个，搞得你这个，你心里急得不得了，她好像不急一样的。你说这个人，这怎么样呢？）王：我们这儿人就说你太暮囊咧。ŋuo˥məŋ˧tsər˥ʐəŋ˨˦tɕiou˥˨ʂuo˥˨ni˥˦tʰæᴇ˥mu˥˨naŋ˩˦lie˧.（太暮囊？）嗯。ŋ̍˨.（你没有说，就说你你很急她都不急，她是……她这样，这样的东西。）那就是那么咧，你太暮囊咧，慢慢腾腾哩。nə˥tɕiou˥˨sʅ˥˨nə˥muo˧lie˧,ni˥˦tʰæᴇ˥mu˥naŋ˩˦lie˧,mæ̃˥˦mæ̃˥˨tʰəŋ˨˦tʰəŋ˨˦li˧.（慢慢腾腾？）啊，慢慢腾腾。a˨,mæ̃˥mæ̃˥˨tʰəŋ˨˦tʰəŋ˨˦.

3. 黄：这我当年还没来咧，也都来了。tʂei˥ŋuo˥taŋ˥niæ̃˨˦xa˩˦muo˥˨læᴇ˨˦lie˧,ie˥tou˥˨læᴇ˨˦lə˧.王：你暮囊毬子的，你还……你慢儿慢儿暮囊。ni˥mu˥˦naŋ˧tɕʰiou˨˦tsʅ˧ti˧,ni˥xa˨˦……ni˥˦mær˥mær˥mu˥˦naŋ˧.

品麻

（说架子大有没有说这个，这个“品麻”的说法？）黄：品麻的很这个话也说咧。pʰiŋ˥ma˨˦ti˧xəŋ˥˦tʂə˥kə˥xua˥ie˥ʂuo˥˨lie˧.王：也说。ie˥˦ʂuo˥.黄：噢，也说咧，品麻。ɑɔ˨˩,ie˥˧ʂuo˥˨lie˧,pʰiŋ˥˧mɑ˨˩.王：你这个人品麻的很。ni˥˧tʂə˧kə˧zəŋ˨˦pʰiŋ˥˧mɑ˨˩ti˧xəŋ˥˨.黄：啊，你这个人咋么品麻了？ɑ˨˩,ni˥˧tʂə˧˨kə˧˨zəŋ˨˦tsɑ˥˨muo˧pʰiŋ˥˧mɑ˨˩lə˧?（品麻说？）黄：嗯，架子大得很。õ˨˩,tɕiɑ˧tsɿ˧tɑ˧tə˧xəŋ˥˨.（品麻还有……还可以表示什么意思不可以？）王：品麻那就再就是就是你这个人做啥一直慢慢腾腾，慢的咧，暮囊得很。pʰiŋ˥˧mɑ˨˦næᴇ˧tɕiou˧tsæᴇ˧tɕiou˧sɿ˧tɕiou˧sɿ˧ni˥˧tʂə˧kə˧zəŋ˨˦tsɿ˧sɑ˧i˥˨tʂɿ˨˦mæ̃˧mæ̃˧˨tʰəŋ˨˩tʰəŋ˨˩,mæ̃˧ti˧lie˧,mu˧˦naŋ˧tə˧xəŋ˥˨.黄：也叫品麻咧。ie˥˧tɕiɑɔ˧pʰiŋ˥˧mɑ˨˩lie˧.王：也叫品麻咧。ie˥˧tɕiɑɔ˧pʰiŋ˥˧mɑ˨˩lie˧.（慢慢腾……）黄：架子大，噢，也把你叫品麻咧。tɕiɑ˧tsɿ˧tɑ˧,ɑɔ˨˩,ie˥˧pɑ˥˨ni˥˧tɕiɑɔ˧pʰiŋ˥˧mɑ˨˩lie˧.（就说慢慢腾腾也叫品麻？）王：嗯。õ˥˨.黄：嗯，嗯。ŋ̍˥˨,ŋ̍˨˩.

日八欻

（日八tsʰɑɔ˨˩，tʂʰuɑ˨˦，噢，日八tʂʰuɑ˥？）王：日八欻。zʅ˥˨pɑ˥˨tʂʰuɑ˥.黄：日八欻，这个话有咧。我们这儿人也骂人咧。你日八欻去。zʅ˥˨pɑ˥˨tʂʰuɑ˥,tʂə˧˨kə˧˦xuɑ˧iou˥lie˧.ŋuo˥məŋ˧tʂər˧zəŋ˨˦iɑ˥˧mɑ˧zəŋ˨˩lie˧.ni˥˧zʅ˥˨pɑ˥˨tʂʰuɑ˥tɕʰi˧˨.（嗯，这是什么？也是说不……不管用吗？）王：嗯。ŋ̍˨˩.黄：嗯，也是不管用。ŋ̍˨˩,ie˥sɿ˧pu˨˦kuæ̃˥˨yoŋ˧.（这个tsʰuɑ˥怎么……怎么写呢？）黄：日八欻。日八欻这也是个贬义词，是骂人的个兀……zʅ˥˧pɑ˥˨tʂʰuɑ˥.zʅ˥pɑ˥˨tʂʰuɑ˥tʂei˧˦ɑ˥˧sɿ˧kə˧piæ̃˥i˧tsʰʅ˨˩,sɿ˧mɑ˧zəŋ˨˩ti˧kə˧˨vei˧……（是那个tʂʰuɑ˥一下的tʂʰuɑ˥还是什么呢？）黄：欻，欻掉的欻。tʂʰuɑ˥,tʂʰuɑ˥tiɑɔ˧˦ti˧tʂʰuɑ˥.（这个人道德比较败坏，你说这个人干吗？的人你们叫什么）黄：道德比较败坏。这也就是我们这儿这也是，欸，也叫是坏人，也叫那，日八欻人。tɑɔ˧tə˥˨pi˥˨tɕiɑɔ˧pæᴇ˧˦xuæᴇ˧˨.tʂə˧˦æ˥˨tɕiou˧˨sɿ˧˦ŋuo˥məŋ˧tʂər˧tʂə˧ie˥˧sɿ˧,ei˨˩,ie˥tɕiɑɔ˧sɿ˧˨xuæᴇ˧zəŋ˨˩,ie˥tɕiɑɔ˧næᴇ˧,zʅ˥˨pɑ˥˨tʂʰuɑ˥zəŋ˨˩.（也是说这个道德败坏？）黄：噢，也是说你道道德败坏，日八欻人。ɑɔ˧,ie˥sɿ˧ʂuo˥˧ni˥˧tɑɔ˧tɑɔ˧tei˥˨pæᴇ˧˦xuæᴇ˧˨,zʅ˥˨pɑ˥˨tʂʰuɑ˥zəŋ˨˩.

没德、缺德

黄：啊，但是咧，本事有咧，但就是这个品德不好儿，这号儿人，那还是另外一个说法咧。ɑ˨˩,tæ̃˧˦sɿ˧˨lie˧,pəŋ˥sɿ˧iou˥lie˧,tæ̃˧˨tɕiou˧˦sɿ˧tʂə˧kə˧pʰiŋ˥tei˥˨pu˨˩xɑɔr˥,tʂə˧˦xɑɔr˧zəŋ˨˩,nei˧xɑ˨˩sɿ˧liŋ˧væᴇ˧i˥˨kə˧˨ʂuo˥fɑ˥˨lie˧.（缺德？还是什么？）黄：兀人没德。væᴇ˧˦zəŋ˨˦muo˥˨tei˥.（没德？）黄：啊，没德。只能说他没德。ɑ˨˩,mei˨˦tei˥.tsɿ˥˨nəŋ˨˦ʂuo˥˨tʰɑ˥muo˥˨tei˥.（那这个跟缺德有什么关，有什么，这个，差别没有？）黄：那还有点差别咧。缺德这个人就是，人骂这个缺德这个人那做事做啥，自己又没本事，弄啥还缺德得够呛。啊，这种人他是既然有才哩，但是没有德。那就是缺德。nei˧˦xɑ˨˩iou˥tiæ̃˥˨tsʰɑ˥pʰie˨˩lie˧.tɕʰyo˥˧tei˥tʂə˧kə˧zəŋ˨˦tɕiou˧˨sɿ˧˨,zəŋ˨˦mɑ˧tʂə˧kə˧tɕʰyo˥˧tei˥tʂə˧kə˧zəŋ˨˦nə˧tsɥ˧sɿ˧tsɥ˧sɑ˧,tsɿ˧tɕie˥˨iou˧muo˥˨pəŋ˥sɿ˧˨,nuoŋ˧sɑ˧xɑ˨˩tɕʰyo˥˨tei˥tə˧kou˧tɕʰiɑŋ˧.ɑ˧,tʂei˧tʂuoŋ˥˨zəŋ˨˦tʰɑ˥sɿ˧˨tɕi˧zæ̃˨˩iou˥tsʰæᴇ˨˩li˧,tæ̃˧sɿ˧muo˥˨iou˥˧tei˥.næᴇ˧tɕiou˧sɿ˧tɕʰyo˥˧tei˥.王：德行不好。tei˥ɕiŋ˧˨pu˨˩xɑɔ˥˨.

损阴德

（有损德的说法没有？）王：没有。muo˥˨iou˥˧.黄：有损阴德这个说法。iou˥˧suoŋ˥˧iŋ˥tə˥˧tʂə˧kə˧ʂuo˥fɑ˥˨.（损阴德？）黄：啊，你损阴德咧。就骂人开咧，你……你就损阴德咧。ɑ˨˩,ni˥˧ʂuoŋ˥˧iŋ˥tə˥˨lie˧.tsou˧mɑ˧zəŋ˨˩kʰæᴇ˥lie˧,ni˥˨……ni˥˨tɕiou˧suoŋ˥˧iŋ˥tei˥˨lie˧.

丧德

（有说丧德的吗？）王：有哩。iou˥li˧.黄：有咧么，丧德。你丧德咧么。

iou˥˧liem˧,saŋ˥˨˦tei˥˧˨˩.ni˥˧˧saŋ˥˨˦tei˥˧liem˧.（说什么踢脸丧德，有这种说法没有？）黄：没有。我们把……这多一半儿你……你丧德。mei˨˦˨˨˩iou˥˧˨˩.ŋuo˥˧məŋ˦pa˥˧˧……tʂə˥tuo˥˧i˥˧˨˩pæ̃r˥ni˥˧˧s……ni˥˧˧saŋ˥˨˦tei˥˧˨˩.王：我们在玩儿说你你丧德咧么。ŋuo˥˧məŋ˦tsæᴇ˥væ̃r˨˦˨ʂuo˥˧˨˩ni˥˧˨˩ni˥˧˧saŋ˥˨˦tei˥˧liem˧.（丧德跟缺德是不是一回事？）王：不是的。pu˨˦˨˨˩sʅ˥ti˦.黄：不是的。pu˨˦˨˨˩sʅ˥˦ti˧.王：丧德就说你这个人叫你，叫你干这个事咧，你干不了，你就干的，干咧个没名堂的话，你兀丧德哩你们干个事干不了。saŋ˥˨˦tei˥˧˨˩tɕiou˥ʂuo˥˧˨˩ni˥˧˧tʂə˥kə˥ʐəŋ˨˦˨˧tɕiɑɔ˥˨˩ni˥˧˧,tɕiɑɔ˥˨˩ni˥˧˧kæ̃˥tʂə˥kə˥sʅ˥lie˦,ni˥˧˧kæ̃˥pu˨˦˨˨˩liɑɔ˥˧,ni˥˧tɕiou˥˨˩kæ̃˥˨˦ti˦,kæ̃˥˨˦lie˧kə˥˨˩muo˥˧˨˩miŋ˨˦˨˨˩tʰɑ˥˨˩ni˥˧˧,tɕiɑɔ˥˨˩ni˥˧˧kæ̃˥tʂə˥kə˥sʅ˥lie˦,ŋ˨˦˨˥˦ti˧xuɑ˥˨˩,ni˥˧və˥saŋ˥˨˦tei˥˧li˧ni˥˧˧məŋ˦kæ̃˥(k)ə˥sʅ˥˨˩kæ̃˥˨˦pu˨˦˨˨˩liɑɔ˥˧˨˩.（干了没名堂？怎怎么怎么说的？）黄：就是一件事情叫你弄起来，你把那弄了个一塌糊涂么。你再不丧德了，你能弄个啥唡。就说是你不单这个事做不……没有弄好，给咧你一件事情，你把这个事情也没有做好。你连你兀人德都，都贴到里头去了。tsou˥˥˦sʅ˥˨˩i˥˧˨˩tɕiæ̃˥sʅ˥tɕʰiŋ˨˦˨˨˩tɕiɑɔ˥˨˦ni˥˧nuoŋ˥˨˦tɕʰi˥˧˨˩læᴇ˨˦˨,ni˥˧pɑ˥˧˨˩nə˥nuoŋ˥lə˧kə˥˨˩i˥˧˨˩tʰɑ˥˧xu˨˦˨˨˩tʰu˧muo˧.ni˥˧˧tsæᴇ˥pu˨˦˨˨˩saŋ˥˨˦tei˥˧lə˧,ni˥˧nəŋ˨˦˨nuoŋ˥kə˥sɑ˥˨˩m̩˧.tɕiou˥ʂuo˥˧˧sʅ˥ni˥˧pu˨˦˨˨˩tæ̃˥˧tʂə˥kə˥sʅ˥tsuo˥˥˦pu˨˦˨……muo˥˧˨˦iou˥˧nuoŋ˥xɑɔ˥˧˨˩,kei˥lie˦ni˥˧i˥˧˨˩tɕiæ̃˥˥˦sʅ˥tɕʰiŋ˨˦˨˧,ni˥˧pɑ˥˧˨˩tʂə˥kə˥sʅ˥tɕʰiŋ˨˦˨˥˦æ˥˧˨˩muo˥˧˨˦iou˥˧tsuo˥˨˩xɑɔ˥˧˧.ni˥˧liæ̃˨˦˨ni˥˧˧væᴇ˥ʐəŋ˨˦˨tei˥˧tou˥˧˨˩,tou˥˧˨˩tʰie˥˧tɑɔ˥˨˩li˥˧tʰou˧tɕʰi˥˨˩lə˧.（噢，不但没有做好，还那个。跟缺德还是两回事儿？）黄：嗯，嗯。ŋ̍˥˧,ə̃˥˧.

馊家家

（这个人很小气，说他什么？什么都舍不得。）王：小气？叫他小炉匠。ɕiɑɔ˥˧˧tɕʰi˥?tɕiɑɔ˥˨˩tʰɑ˥˧˨˩ɕiɑɔ˥˧lou˨˦˨˧tɕʰiɑŋ˥˨˩.黄：哎兀那和小炉匠还不是……æᴇ˥vu˥nə˥˥˦xuo˨˦˨˨˩ɕiɑɔ˥˧lou˨˦˨˧tɕiɑŋ˥xɑ˨˦˨˨˩pu˨˦˨˨˩sʅ˥˨˩……王：啥？sɑ˥˨˦?黄：小气得很。做啥子，啥东西在他跟前都是这个，小气。ɕiɑɔ˥˧tɕʰi˥tə˦xəŋ˥˧˨˩.tsɥ˥sɑ˥tsʅ˦,sɑ˥˨˦tuoŋ˥˧ɕi˧tsæᴇ˥˨˩tʰɑ˥˧kəŋ˥˧tɕʰiæ̃˨˦˨˨˩tou˥˧˨˩sʅ˥˥˦tʂə˥kə˥,ɕiɑɔ˥˧tɕʰi˥.（嗯，吝啬？）黄：吝啬，我们这儿这还不说吝啬。liŋ˥˨˦sə˥˧,ŋuo˥˧məŋ˧tʂər˥tʂə˥xɑ˨˦˨˨˩pu˨˦˨˥˦ʂuo˥˧˨˩liŋ˥sə˥˧˨˩.（你们说什么？）黄：啊就说是小，小家子气。ŋæ˥tsou˥˥˦ʂuo˥˧˨˩sʅ˥˨˩ɕiɑɔ˥˧,ɕiɑɔ˥˧tɕiɑ˥˧˨˩tsʅ˧tɕʰi˥˨˩.（啬？）黄：呃，小家子气。ə˨˩,ɕiɑɔ˥˧tɕiɑ˥˧˨˩tsʅ˧tɕʰi˥˨˩.（啬皮？）黄：啬家……馊家家。sei˥˧tɕiɑ˥˧˨˩tɕ……sou˥˧tɕiɑ˥˧˨˩tɕiɑ˥˧˨˩.王：啬家家，馊家家咧。sei˥˧tɕiɑ˥˧˨˩tɕiɑ˥˧˨˩,sou˥˧tɕiɑ˥˧˨˩tɕiɑ˥˧˨˩lie˧.黄：我们叫馊家家咧。智叟的叟，叟……馊家家。ŋuo˥˧məŋ˦tɕiɑɔ˥sou˥˧tɕiɑ˥˧˨˩tɕiɑ˥˧˨˩lie˧.tʂʅ˥sou˥˧˧ti˧sou˥˧˧,sou˥˧˧s……sou˥˧tɕiɑ˥˧˨˩tɕiɑ˥˧˨˩.（哪……哪个sou˥？）黄：这么个，底下里头这个……呃纽字底下个又字那个。智叟的叟唡。tʂə˥˨˦muo˦kə˥˨˩,ti˥˧xɑ˥˨˩li˥˧tʰou˧tʂə˥kə˥……ə˥niou˥˧tsʅ˥˨˩ti˥˧xɑ˥kə˥iou˥tsʅ˥˨˩n ə˥˨˩kə˥˨˩.tʂʅ˥sou˥˧˧ti˧sou˥˧˧m̩˦.王：一艘两艘那个。i˥˧˨˦sou˥˧˨˩liɑŋ˥˧sou˥˧nə˥˨˩kə˥˨˩.黄：还不是一艘两艘那个艘。xɑ˨˦˨˨˩pu˨˦˨˨˩sʅ˥˥˦i˥˧˧sou˥˧˧liɑŋ˥˧sou˥˧˨˩nə˥kə˥sou˥˧˨˩.（智叟是吧？）黄：嗯，叟。智叟的叟么。ŋ̍˨˩,sou˥˧.tʂʅ˥sou˥˧˧ti˧sou˥˧˧muo˧.（还是跟一艘两艘的艘是一样的音？）王：一样的音，嗯。i˥˧˨˩iɑŋ˥ti˦liŋ˥˧,ŋ̍˨˩.（是跟这个一艘船两艘船的艘一样的音还是……）黄：一艘……i˥˧˨˩sou˥˧……王：嗯，一样的音。ŋ̍˨˩,i˥˧˨˩iɑŋ˥ti˦liŋ˥˧.黄：一样的音，嗯。i˥˧˨˩iɑŋ˥ti˦liŋ˥˧,ŋ̍˨˩.（还是跟那个艘是一样的音？）黄：叟，智叟。愚公移山里个智叟，叟字，反正这个叟字我记就是这么个叟字唡。这里头……叟字。sou˥˧˧,tʂʅ˥sou˥˧˧.y˨˦˨kuoŋ˥˧i˨˦˨˨˩sæ̃˥˧˨˩li˥˧kə˥˨˩tʂʅ˥sou˥˧˧,sou˥tsʅ˥˨˩,fæ̃˥˧˨˩tʂəŋ˥tʂə˥kə˥sou˥˧˧tsʅ˥˨˩ŋuo˥˧tɕi˥tsou˥˨˩sʅ˥˨˩tʂə˥muo˦kə˥˨˩sou˥˧˧tsʅ˥˨˩m̩˧.tʂə˥li˥˧˧tʰou˧……sou˥˧˧tsʅ˥˨˩.（我说这个sou˥˧家家是哪个，跟哪个字一样的音。）黄：和这个字是一样的音。xuo˨˦˨˨˩tʂə˥kə˥tsʅ˥sʅ˥˨˩i˥˧˨˩iɑŋ˥ti˦liŋ˥˧˨˩.（跟这个一艘船两艘船的艘呢？）黄：不一样。是

这个叟。puʌ˫iɴ˫iaŋ˥˩.sʅ˥˩tʂə˥kə˥sou˥˩.（你再念一下那个馊家家的馊？）黄：馊家家。sou˥tɕia˥tɕia˥˩.（一艘船两艘船的艘呢？）黄：一艘船。i˥˩sou˥tʂʰuæ̃ʌ.（不是。那个饭馊了你们怎么说？）黄：那我们……㴗气了，我们叫㴗气了，不叫馊姆。nei˥ŋuo˥məŋ˧……sʅ˥tɕʰi˥˩lə˧,ŋuo˥məŋ˧tɕiaɔ˥sʅ˥tɕʰi˥˩lə˧,puʌ˩tɕiaɔ˥˧sou˥˧m̩˧.（烧火的烧你们怎么念呢？）黄：烧。ʂaɔ˥.（这个很涩的涩呢？）黄：涩。涩，我们念涩。sə˥.sei˥,ŋuo˥məŋ˧niæ̃˥sei˥.（啊，不不，就是搜家家你们怎么念？）黄：馊家家。sou˥tɕia˥˩tɕia˥˩.（[写"烧"字]这个呢？）黄：烧姆。ʂaɔ˥m̩˧.（[写"馊"字]这个？）黄：馊姆。sou˥m̩˧.（就说我想找一个同音的字来。）黄：嗯。哎呀。接近一点的就……我想起字是应该是这个字。但是好像和这个字比较接近。一艘两艘的艘啊？ŋ̍˩.æᴇ˥ia˧.tɕie˥˩tɕiŋ˥˧i˥tiæ̃˥˩ti˧tɕiou˥……ŋuo˥ɕiaŋ˥tɕʰi˥˩tsʅ˥sʅ˥˩iŋ˥kæᴇ˥˩sʅ˥˩tʂei˥kə˥˩tsʅ˥˩.tæ̃˥sʅ˥xaɔ˥˧ɕiaŋ˥xuoʌ˩tʂə˥kə˥tsʅ˥pi˥tɕiaɔ˥˩tɕie˥˩tɕiŋ˥.i˥˩sou˥˧liaŋ˥˧sou˥ti˧sou˥a˧?（音相近？）黄：啊，音相近，嗯。a˥,iŋ˥˧ɕiaŋ˥˩tɕiŋ˥,ŋ̍˩.

啬皮

（有没有说啬皮的？）黄：啬皮，有咧。有说啬皮这个意思，嗯。sei˥pʰiʌ,iou˥lie˧.iou˥ʂuo˥˩sei˥˩pʰiʌtʂə˥kə˥i˥sʅ˧,ŋ̍˩.（这是什么意思呢？）黄：还就是你这个敛……就小气鬼么。啥东西在你……东西到你跟前想望出来拿，那就不容易姆。xaʌ˩tɕiou˥˧sʅ˥ni˥˧tʂə˥kə˥ei˥ɕ……tɕiou˥˩ɕiaɔ˥tɕʰi˥kuei˥muo˧.sa˥tuoŋ˥˩ɕi˧tsæᴇ˥˧ni˥s……tuoŋ˥ɕi˧taɔ˥˧ni˥kəŋ˥˩tɕʰiæ̃ʌ˩ɕiaŋ˥vaŋ˥tʂʰʮ˥læᴇʌ˩naʌ,nə˥tsou˥puʌ˩yoŋʌ˩i˥m̩˧.（还有说什么说法没有？）黄：再没有啥了好像。tsæᴇ˥˧meiʌ˫iou˥˧sa˥˩lə˧xaɔ˥ɕiaŋ˥˩.（有说小气的吗？）黄：小气这个话也说哩。ɕiaɔ˥tɕʰi˥tʂə˥˧kə˥˩xua˥ie˥˧ʂuo˥li˧.（说这个人手紧说不说？）黄：说咧，啊？ʂuo˥lie˧,a˥?王：抠得紧么。kʰou˥tə˧tɕiŋ˥˩muo˧.黄：呃，抠，我们是就讲是抠的紧得很。ə˩,kʰou˥,ŋuo˥məŋ˧ʂʅ˥tsou˥˩tɕiaŋ˥˧sʅ˥kʰou˥ti˧tɕiŋ˥˧tə˧xəŋ˥˩.（有没有说这个叫皮薄的说法？）黄：皮薄得很这个话也说咧哈？pʰiʌpuoʌtə˧xəŋ˥tʂə˥kə˥xua˥æ˥˧ʂuo˥lie˧xa˥?王：也说咧。ie˥˧ʂuo˥lie˧.黄：也说咧。ie˥ʂuo˥˩lie˧.（这是说，是说他那个，小气还是说什么？）黄：还是他小气。xæᴇʌ˩sʅ˥˧tʰa˥˧ɕiaɔ˥tɕʰi˥˩.王：啊，那皮薄得很，那还是指他小气咧。a˥,nə˥pʰiʌ˩puoʌtə˧xəŋ˥˩,nə˥xaʌ˩sʅ˥tsʅ˥tʰa˥˩ɕiaɔ˥˧tɕʰi˥˩lie˥.

虚弱

（相反的呢？你这个是结实啦。你相反的体弱多病，三天两头要上一次医院的。）王：软弱。ʐuæ̃˥˧ʐuo˥.黄：软弱么。ʐuæ̃˥ʐuo˥˩muo˧.（软弱？）黄：嗯，软弱指一般……ə̃˩,ʐuæ̃˥ʐuo˥˩tsʅ˥i˥˩pæ̃˥˧i……王：虚弱，或者是虚弱。ɕy˥˧ʐuo˥,xueiʌ˩tʂə˥sʅ˥˩ɕy˥˧ʐuo˥.（有说软势的吗？）黄：没有这个。meiʌ˫iou˥˧tʂə˥kə˥.王：有虚弱。iou˥˩ɕy˥˧ʐuo˥.（身子弱？）王：嗯，虚弱。ŋ̍˩,ɕy˥ʐuo˥˩.黄：啊，只能说身子弱，这个话有咧。a˩,tsʅ˥˧nəŋʌ˫ʂuo˥˩ʂəŋ˥tsʅ˧ʐuo˥,tʂə˥˧kə˥˧xua˥iou˥˧lie˧.王：身子弱，虚弱兀你。ʂəŋ˥˩tsʅ˧ʐuo˥,ɕy˥˧ʐuo˥˩vei˥˧ni˥˩.黄：虚弱，嗯。ɕy˥˧ʐuo˥,ə̃˩.

歪

（这个东西是……恶，恶劣说不说væᴇ˥呢？）黄：恶劣？ ŋə˥˧lyo˥?（嗯。）黄：歪，恶劣和歪不是……不……不是一回事。væᴇ˥,ŋuo˥˧lyo˥xuoʌvæᴇ˥puʌ˩sʅ˥˧……puʌ˩……puʌ˩sʅ˥˧i˥˧xueiʌ˫sʅ˥.（væᴇ˥是什么意思呢？）王：歪是那那厉害得很，霸道得很。væᴇ˥sʅ˥˩nə˥nə˥li˥˧xæᴇ˥˧tə˧xəŋ˥˩,pa˥taɔ˥˧tə˧xəŋ˥˩.黄：歪和厉害是……在我们这儿这是一回事。væᴇ˥xuoʌ˩li˥˧xæᴇ˥sʅ˥˩……tsæᴇ˥˧ŋuo˥məŋ˧tʂər˥tʂə˥sʅ˥˩i˥˩xueiʌsʅ˥˩.（厉害，霸道？）黄：

啊，啊，霸道，歪，这是。ɑ˥,ɑ˪,pa˥taɔ˥,væᴇ˦,tʂə˥˦sʅ˥˪.（是væᴇ˦还是威？）黄&王：歪。væᴇ˦.（跟那个威，这个威力的威是一样的音吗？）黄：欸不一样了。ei˩pu˪˥i˦˪iaŋ˥lə˧.（威力的威是什么？）黄：威么。vei˦muo˧.（那个呢？）黄：歪。væᴇ˦.王：歪。væᴇ˦.黄：这能……只能是和不正两个在一瘩里。这个按这个歪，这个是同音字。tʂə˥˦nəŋ˩˧……tsʅ˦˪nəŋ˩˧sʅ˥xuo˩˧pu˪˥tʂəŋ˥˦liaŋ˦˪kə˥˪tsæᴇ˥i˦˪ta˦li˧.tʂə˥kə˥næ̃˥tʂə˥kə˥væᴇ˦,tʂə˥kə˥˦sʅ˥kə˥tʰuoŋ˩iŋ˦˧tsʅ˥˪.

劖祸

（就说人很厉害，叫væᴇ˦？）黄：嗯，嗯。再一个就是那那个劖祸哞。ə̃˪,ə̃˪.tsæᴇ˥i˦˧kə˥tɕiou˥sʅ˥nə˥nə˥kə˥tsʰæ̃˩˪xuo˥˦m̩˧.（叫什么？）黄：劖祸。tsʰæ̃˩˪xuo˥˦.（tsʰæ̃˪xuo˦是什么？）黄：劖祸也形容这个人做啥……tsʰæ̃˩˪xuo˥˦æ˦˪ɕiŋ˩yoŋ˩˧tʂə˥kə˥zəŋ˩˪tsɿ˥sa˥˪……王：就说你这个做事劖得很。tsou˥˪ʂuo˦ni˦˧tʂə˥kə˥tsɿ˥sʅ˥tsʰæ̃˩˪tei˦xəŋ˦˪.黄：做做啥，做事说话兀都老劖……呃劖祸得很。tsɿ˥tsɿ˥sa˥,tsɿ˥sʅ˥ʂuo˦˪xua˥væᴇ˥tou˦˩lao˦tsʰæ̃˩˪……ə˦tsʰæ̃˩˪xuo˥tə˧xəŋ˦˪.王：呃劖祸那就格外心黑，格外毒辣，又……都有一手样的。ə˥tsʰæ̃˩˪xuo˥˦nei˥tɕiou˥kə˦˪væᴇ˥ɕiŋ˦˧xei˦,kuo˦˧væᴇ˥tu˩la˦˪,iou˥……tou˦˩iou˦˪i˦˪ʂou˦iaŋ˥˦ti˧.黄：啊。ɑ˪.（毒辣？）黄：啊，毒辣，劖祸这都是。ɑ˥,tu˩la˦˪,tsʰæ̃˩˪xuo˥˦tʂə˥tou˦˪sʅ˥.（哪个xuo˦呢？）黄：劖祸。tsʰæ̃˩˪xuo˥˦.（xuo˦还是xuo˥？）黄：祸害的祸。xuo˥xæᴇ˥˪ti˧xuo˥.tsʰæ̃˩˪xuo˥˦.王：祸害的祸吗是烧火的火？xuo˥xæᴇ˥ti˧xuo˥ma˧sʅ˥ʂao˦˪xuo˦ti˧xuo˦˪?黄：劖祸。tsʰæ̃˩˪xuo˥˦.王：祸。xuo˥˦.黄：祸。xuo˥˦.王：劖祸。tsʰæ̃˩˪xuo˥˦.黄：劖祸祸。tsʰæ̃˩˪xuo˥˦xuo˥˪.（那个tsʰæ̃˪是哪个音，哪……哪个字呢？有没有同音字？）黄：劖。tsʰæ̃˩.（残忍的残？）黄：啊，劖眼的劖。ɑ˪,tsʰæ̃˩˪niæ̃˦ti˧tsʰæ̃˩˪.

慌慌

（狂妄这种人，很狂妄这，你一般有什么土……土话说什么？）黄：狂妄，土话把这个叫，有时候也把这叫疯子。kʰuaŋ˩˪vaŋ˥˦,tʰu˦xua˥pa˦˪tʂə˥kə˥tɕiao˥,iou˦sʅ˩˪xou˥a˦˧pa˦˪tʂə˥tɕiao˥fəŋ˦tsʅ˧.（疯子是疯子，狂啊，疯狂，狂妄，叫疯子？）黄：二杆子这里叫。ər˥˪kæ̃˦tsʅ˧tʂei˥li˦˪tɕiao˥˪.（他也不是，有点得意忘形了，他也不，也不傻呀。怎么叫二杆子呢？）黄：这种人叫这个……tʂei˥tʂuoŋ˦˪zəŋ˩tɕiao˥tʂə˥kə˥……（没有什么，有叫，有叫tʂaŋ˩的这种说法吗？tʂaŋ˩这个词听过没有？）黄：□这个词倒有咧。tʂaŋ˩tʂə˥kə˥tsʰʅ˩tao˥iou˦˪lie˧.（啊，这是什么意思呢？）黄：□的很这个人呃就是这个，说话做啥也都是三丈高两丈低的。tʂaŋ˩ti˧xəŋ˦˪tʂə˥kə˥zəŋ˩ə˧tsou˥sʅ˥tʂə˥kə˥˪,ʂuo˦˪xua˥˦tsɿ˥sa˥ie˦˪tou˦˪sʅ˥˪sæ̃˦˪tʂaŋ˥˦kao˦˪liaŋ˦tʂaŋ˥ti˦ti˧.（大概就说，解释解释这个tʂaŋ˩是什么意思。）黄：□这个就是这个呃……tʂaŋ˩tʂə˥kə˥tɕiou˥sʅ˥tʂə˥kə˥ə˪……王：那……那就是说话按不住板么。nə˥ʂ……nei˥tɕiou˥sʅ˥˪ʂuo˦˪xua˥næ̃˥pu˪˥tʂɿ˥pæ̃˦muo˧.（按不住板？）王：啊。ɑ˦.黄：啊，说话做事都是欸……ŋa˪,ʂuo˦˪xua˥tsɿ˥sʅ˥tou˦˧sʅ˥ei˪……王：按不住板么□就是。他忽一下说这个，他，他忽儿可说那个去了。□得很，啊？næ̃˥pu˪˥tʂɿ˥pæ̃˦muo˧niæ̃˩˪tɕiou˥sʅ˥.tʰa˦˧xu˦i˦˧xa˥ʂuo˦˪tʂei˥˦kə˥˪,tʰa˦˪,tʰa˦˧xuər˦kʰə˦˪ʂuo˦˪nei˥˦kə˥˪tɕʰi˥˪lə˧.tʂaŋ˩tə˧xəŋ˦˪,ɑ˪?（这叫tʂaŋ˩？）黄：嗯，□么。ə̃˪,tʂaŋ˩˧muo˧.（是不是有点好……好高骛远的意思？）黄：那倒还没有。nei˥˦tao˥˦xa˩˪mei˩˪iou˦˪.（那你能不能用，用一个什么词来，就说，来解释它呢？合，合适的一个词来，跟它意思差不多的。）黄：□这就是这个，这个□么就是好像是这个，说话，办事，都不按规律办好像。tʂaŋ˩tʂei˥tɕiou˥sʅ˥tʂə

˧kə˧,tʂə˧kə˧tʂaŋ˩muo˧tsou˧sɿ˧xaɔ˥˧ɕiaŋ˧˥sɿ˧tʂə˧kə˧,ʂuo˥˩xua˧˥,pæ̃˧sɿ˧,tou˥˩pu˩˩næ̃˧kuei˥˩ly˥˩pæ̃˧xaɔ˥˧ɕiaŋ˧.（不按规律来？）黄：啊，不按规律来。a˩,pu˩˩næ̃˧kuei˥˩ly˥˩læᴇ˥˩.（但他办得成办不成？）王：冒失得很，还能加上冒失的很。maɔ˧˥ʂɿ˥˩tə˧xəŋ˥˩,xa˩˩nəŋ˩˩tɕia˥˧ʂaŋ˧maɔ˧˥ʂɿ˥˩ti˧xəŋ˥˩.黄：冒失得很。也是冒失，但是这个不一定□把这个事办不成。呃有时候□把这事还能弄成，冒冒失失的。maɔ˧˥ʂɿ˥˧tə˧xəŋ˥˩.ie˥˧sɿ˧maɔ˧ʂɿ˥˩,tæ̃˧˥sɿ˧tʂə˧kə˧pu˩˩i˥˩tiŋ˧˥niæ̃˩˩pa˥˩tʂə˧kə˧sɿ˧˥pæ̃˧pu˩˧tʂʰəŋ˩˩.ə˧iou˥sɿ˩˧xou˧niæ̃˩˩pa˥˩tʂə˧sɿ˧˥xa˩˩nəŋ˩˩nuoŋ˧˥tʂʰəŋ˩˩,maɔ˧˥maɔ˧ʂɿ˥˩ʂɿ˥˩ti˧.（啊，有时候呢？大多数时，情况下呢？）黄：啊，大多数情况下还都办兀事办成了。反正就是这个做事，形容这个人□么就说是，说话做啥都是，办事都是冒冒失失。a˩,ta˧˥tuo˥ʂɿ˥˩tɕʰiŋ˩˩kʰuaŋ˧˥ɕia˧xa˩˩tou˥˩pæ̃˧və˧sɿ˧˥pæ̃˧tʂʰəŋ˩˩lə˧.fæ̃˥˩tʂəŋ˧˥tɕiou˧˥sɿ˧tʂə˧kə˧tsɿ˧sɿ˧,ɕiŋ˩zuoŋ˩˧tʂə˧kə˧zəŋ˩tʂaŋ˩muo˧tɕiou˧˥ʂuo˥˩sɿ˧˩,ʂuo˥˩xua˧tsɿ˧sa˧tou˥˩sɿ˧,pæ̃˧sɿ˧tou˥˩sɿ˧˩maɔ˧˥maɔ˧˩ʂɿ˥˩ʂɿ˥˩.（反正你看不惯？）黄：噢，你看不惯他你。aɔ˩,ni˥˩kʰæ̃˧pu˩˩kuæ̃˧˥tʰa˥˩n̩˧.王：我们看不惯。ŋuo˥məŋ˧kʰæ̃˧pu˩˧kuæ̃˧.黄：疯疯张张的这个样子。fəŋ˥fəŋ˥˩tʂaŋ˥tʂaŋ˥˩ti˧tʂə˧kə˧iaŋ˧tsɿ˧.（这，这种，这种tʂaŋ˩的人你们叫什么？冒冒失失这种，骂他叫什么？）王：没有……有些人把他叫慌慌。mei˩˩iou˥˧……iou˥ɕie˥˩zəŋ˩pa˥˩tʰa˥˧tɕiaɔ˧xuaŋ˥xuaŋ˥˩.黄：慌……啊，慌慌。xuaŋ˥˧……a˩,xuaŋ˥xuaŋ˥˩.（就，还有什么呢？）王：慌慌张张。xuaŋ˥xuaŋ˥˩tʂaŋ˥˩tʂaŋ˥˩.

没眉眼

（有muo˩……muo˩mi˩……muo˩mi˩niæ̃˥的说法没有？）王：噢，没眉眼的说法有咧。aɔ˩,muo˥˩mi˩˩niæ̃˥ti˧ʂuo˥˩fa˥˧iou˥lie˧.（啊？）有咧。没眉眼。iou˥lie˧.muo˥˩mi˩niæ̃˥.（muo˩mi˩niæ̃˥是什么意思？）就说你这个事情干的……啥事都干不成，你这么干的没眉眼么。tɕiou˧˩ʂuo˥˩ni˥˧tʂə˧kə˧sɿ˧tɕʰiŋ˩˧kæ̃˧ti˧s……s……sa˧sɿ˧tou˥˩kæ̃˧pu˩˩tʂʰəŋ˩,ni˥˧tʂəm˧kæ̃˧ti˧muo˥˩mi˩˩niæ̃˥muo˧.（噢，muo˩mi˩niæ̃˥。）啊，没有收获么。a˩,mei˩iou˥ʂou˥˩xuo˩˧muo˧.

没相、没事

（这个人没有本事，叫不叫muo˩ɕiaŋ˧？）王：叫咧，没相，兀人没相。tɕiaɔ˧lie˧,muo˥˩ɕiaŋ˧,væᴇ˧˥zəŋ˩muo˥˩ɕiaŋ˧.（不行，muo˩ɕiaŋ˧了，说不说？）嗯。啊，我不行，没相咧。ŋ̍˩.ŋa˥,ŋuo˥˩pu˩˩ɕiŋ˩,muo˥˩ɕiaŋ˧lie˧.（比如说这个人治不好了，了，说……说不……这么说说不说？）说咧。ʂuo˥lie˧.（有说没事的吗？muo˩sɿ˧？）没……有的也也有说没事咧。□□事没事咧。□个人没事咧。或者这个事没事咧。muo˥˩……iou˥˧ti˧ie˥˧ie˥iou˥ʂuo˥˩muo˥˩sɿ˧lie˧.və˧˥və˧˥sɿ˧˩muo˥˩sɿ˧lie˧.væᴇ˧kə˧zəŋ˩muo˥˩sɿ˧lie˧.xuo˩˩tʂə˥˩tʂə˧˩kə˧˩sɿ˧˥muo˥˩sɿ˧˩lie˧.（就死了？）嗯。õ˩.（muo˩sɿ˥了是是是好的意思还是坏的意思？）坏的意思么。xuæᴇ˧tə˧i˧sɿ˧muo˧.（不是说没事儿啦。啊，这比如说你这个病这个要死了，你说muo˩sɿ˥了是说这个人已经治好了，没事了，还是说要完了？）要治好了，没事了也是也能行咧，是说这个人这个病不怎么，不好咧么，不行咧，马上要死……要死咧，也说不行咧。iaɔ˧tʂɿ˧xaɔ˥lə˧,muo˥˩sɿ˧lə˧æ˥sɿ˧˩ie˥nəŋ˩˩ɕiŋ˩˩lie˧,sɿ˧˩ʂuo˥˩tʂə˧kə˧zəŋ˩tʂə˧kə˧piŋ˧pu˩˩tsəm˧,pu˩˩xaɔ˥liem˧,pu˩˩ɕiŋ˩˩lie˧,ma˥˧ʂaŋ˧iaɔ˧sɿ……iaɔ˧˥sɿ˥lie˧,ie˥ʂuo˥˩pu˩˩ɕiŋ˩˩lie˧.（也叫muo˩s……）没事咧。muo˥˧sɿ˧lie˧.

没下数

（这个人没有规矩说不说，说“你没下数”？）王：没下数，我们这儿说没下数。muo˥˩xa˧˥ʂɿ˥˩,ŋuo˥məŋ˧tʂər˧ʂuo˥˩muo˥˩xa˧˥ʂɿ˥˩.（结果说不说muo˩xa˥ʂɿ˩？哎呀，这个事情没有……）没有结果。mei˨˦˩iou˥˩˩tɕie˥˩˩kuo˥˧.（没有xa˥ʂʮ˩？）我们这儿不说兀个。就说没有下数那就说这个事情弄……办的没有……也……那就是没下数咧，就是没个……没结果的样子，意思是一样的。就说没下数。ŋuo˥˧məŋ˧tʂər˥pu˨˦ʂuo˥˩˩vu˥˩kə˥˩.tɕiou˥ʂuo˥˩˩muo˥˧˩iou˥˧xa˥ʂʮ˥˩nei˥tɕiou˥ʂuo˥˩˩tʂə˥kə˥sɿ˥tɕʰiŋ˨˦˩nuoŋ˥……pæ̃˥ti˧muo˥˩˩iou˥˧……ie˥˩˧……n……næᴇ˥tɕiou˥˩sɿ˥˩muo˥˩˩xa˥˨˦ʂʮ˥lie˧,tɕiou˥sɿ˥muo˥˩˩kə˥˩……muo˥˩˩tɕie˥˩˩kuo˥˧ti˧liaŋ˥tsɿ˧,i˥˨˦sɿ˧sɿ˥˩i˥˩˩iaŋ˥ti˧.tɕiou˥ʂuo˥˧˧muo˥˩˩xa˥ʂʮ˥.（你小孩子没规矩说不说他muo˩xa˥ʂʮ˥？）就是的，说没下数。tɕiou˥sɿ˥˩ti˧,ʂuo˥˧˧muo˥˩˩xa˥ʂʮ˥.

耳背、装聋卖傻

（耳朵不好使叫什么？）黄：叫聋子嘛。tɕiaɔ˥luoŋ˨˦˩tsɿ˧ma˧.（那是完全听不见了。）黄：嗯。ŋ̍˩.（跟你说话：“啊，你说什么？”）王：耳朵有点背。ər˥˧tuo˧iou˥˧tiæ̃˥˩˩pei˥.（嗯，那叫耳背？）王：耳背。ər˥˩˩pei˥˧˥.黄：耳背么，嗯。有些人还把那说是那是故意的。呃是装聋卖傻咧。ər˥˧pei˥muo˧,ŋ̍˩.iou˥˧ɕie˥˩˩zəŋ˨˦xa˨˦˧pa˥˩˩nə˥ʂuo˥˧˧sɿ˥nə˥sɿ˥ku˥i˥ti˧.ə˥sɿ˥tʂuaŋ˥˩˩luoŋ˨˦mæᴇ˥ʂa˥˧lie˧.（不是，但是人家有的老……老人这个年纪大了就耳，耳朵就不大……）王：耳背了。耳背那个是。ər˥˧pei˥lə˧.ər˥˧pei˥nə˥˩kə˥˩sɿ˥˩.黄：呃，呃，那是耳背了。有些年轻一点就是装聋……呃骂是那装聋卖傻咧。你说好话他听不着，你骂他，他敹小声他都听着了。ə˩,ə˩,nə˥˧˥sɿ˥ər˥˧pei˥lə˧.iou˥˧ɕie˥˩˩niæ̃˨˦˩tɕʰiŋ˥˧i˥˩˩tiæ̃˥˩˩tɕiou˥sɿ˥tʂuaŋ˥˩˩luoŋ˨˦……ə˩ma˥sɿ˥nə˥tʂuaŋ˥˩˩luoŋ˨˦mæᴇ˥ʂa˥˧lie˧.ni˥˧ʂuo˥˩˩xaɔ˥˧xua˥tʰɑ˥˧˧tʰiŋ˥˧pu˨˦˩tʂuo˨˦,ni˥˩˩ma˥˨˦tʰɑ˥˧˧,tʰɑ˥˧ei˩ɕiaɔ˥˧ʂəŋ˥˩˩tʰɑ˥˧tou˥˩˩tʰiŋ˥˧tʂuo˨˦˩lə˧.（这个，这个叫装聋卖傻？）黄：啊。ɑ˩.王：嗯。ŋ̍˩.（就说你说他好话他听不到？）黄：他听不着。你说他……你骂他，他听的可清楚咧。tʰɑ˥˩˩tʰiŋ˥˧pu˨˦˩tʂuo˨˦.ni˥˧ʂuo˥˩˩tʰɑ˥˧˧……ni˥˧ma˥tʰɑ˥˩˩,tʰɑ˥˧˧tʰiŋ˥˧ti˧kʰə˥˧tɕʰiŋ˥˩˩tʂʰʮ˥˩˩lie˧.

尻子沉

（有的人喜欢到别人家聊天，坐着就不走。就说这个人怎么的？）黄：咱们这儿叫，叫尻子沉的很么。tʂɑ˨˦məŋ˧tʂər˥tɕiaɔ˥,tɕiaɔ˥kou˥˧tsɿ˧tʂʰəŋ˨˦˩ti˧xəŋ˥˧muo˧.王：啊，尻子沉。ɑ˩,kou˥˧tsɿ˧tʂʰəŋ˨˦˩.（啊，尻子沉？）黄：啊，尻子沉的很。坐下就不走了反正。ɑ̃˩,kou˥˧tsɿ˧tʂʰəŋ˨˦˩ti˧xəŋ˥˩˩.tsuo˥xa˥tɕiou˥pu˨˦˩tsou˥˧lə˧fæ̃˥˩˩tʂəŋ˥˧˥.（还有别的说法没有？）王：大尻子，大尻子嘚。ta˥˨˦kou˥˧tsɿ˧,ta˥˨˦kou˥˧tsɿ˧m̩˧.黄：大尻子。ta˥˨˦kou˥˧tsɿ˧.（大尻子？）黄：啊，大尻……ɑ˩,ta˥˨˦kou˥˧……王：大尻子，尻子沉。ta˥˨˦kou˥˧tsɿ˧,kou˥˧tsɿ˧tʂʰəŋ˨˦.黄：尻子沉么。kou˥˧tsɿ˧tʂʰəŋ˨˦muo˧.

馋

（厉害而且贪婪这个事情，这个这种性格，说不说这个人很“残”？）黄：也说咧。这个话说咧。ie˥˧˧ʂuo˥˧lie˧.tʂə˥kə˥xua˥ʂuo˥˧lie˧.（这个“残”是什么意思呢？）黄：办事馋[1]，就是弄啥事情就……pæ̃˥sɿ˥tsʰæ̃˨˦˩,tsou˥˩sɿ˥˩nuoŋ˥˧˥sa˥sɿ˥tɕʰiŋ˨˦˧tsou˥˩……王：馋得很啊？tsʰæ̃˨˦tə˧xəŋ˥˩˩ɑ˧?黄：啊，不是说馋得很。弄上，弄上个啥东西，只给自……就想给自己就，先捞一疙瘩咧。ɑ˩,pu˨˦˩sɿ˥˧˥ʂuo˥˩˩tsʰæ̃˨˦tə˧xəŋ˥˧˧.nuoŋ˥˧˥ʂaŋ˥˩,nuoŋ˥˧˥ʂaŋ˥˩kə˥˩sa˥tuoŋ˥˩˩ɕi˧,tsɿ˥˩˩kei˥tsɿ˥……tɕiou˥ɕiaŋ˥˧˧kei˥tsɿ˥tɕie˥˩˩tsou˥,ɕiæ̃˥˩˩lou˥˧i˥˩˩kə˥˧ta˧lie˧.王：噢！aɔ˨˦!（就是贪？）黄：贪么，嗯。tʰæ̃˥˧muo˧,ŋ̍˩.王：贪，那就贪。tʰæ̃˥˧,nei˥tɕiou˥tʰæ̃˥˧.（说这个人很厉害说不说“残”？）黄：那叫歪得很。我们这儿叫歪。nei˥tɕiaɔ˥væᴇ˥˧tə˧xəŋ˥˩˩.

① 馋：贪羡、极想满足欲望。《广韵》士咸切：“不廉。”唐韩愈《酬司门卢四兄云夫院长望秋作》：“驰坑跨谷终未悔，为利而止真贪馋。”

ŋuo˥˧mən˧tʂər˧tɕiao˥væᴇ˥˧.

臊死人、羞死人

（这个羞死人你们一般说什么？）黄：臊死人嘛。sao˥sɿ˥˧˩zən˩˧ma˧.（臊死人？）王：嗯。ŋ˥.黄：嗯。你把人臊死咧，或者臊死人。ŋ˩.ni˥pa˥˩zən˧˥sao˥sɿ˥˩lie˧,xuo˧˩tʂə˥˩sao˥sɿ˥˩zən˧˩.（还有别的说法没有？）黄：再一个咱们也叫臊死人，也叫羞死人啊？tsæᴇ˥i˥kə˥˩tʂa˧˩mən˧lie˥˧tɕiao˥sao˥sɿ˥˩zən˧,ie˥˩tɕiao˥ɕiou˥˧sɿ˥˩zən˧a˧?王：嗯。ŋ˩.

麻、木

1.（有时候年纪大了呀，一刮风下雨或者天气不好，这手脚都是……）王：麻木咧。ma˧mu˥˧lie˧.黄：麻木了。ma˧mu˥˧lə˧.（是麻还是木？）王&黄：麻木。ma˧mu˥˩.（我是我是感觉到是麻，哎，我的手麻了。还是说我的手木了？）王：麻，那就是麻。ma˧,nei˥tɕiou˥sɿ˥ma˧.黄：麻了。ma˧˩lə˥.（有的时候你，你这个，就说，撞了一下这里，这感觉也是……）黄：把麻筋撞了。pa˥˩ma˧tɕiŋ˥˧tʂuaŋ˥lə˧.王：麻筋撞了嘛。ma˧tɕiŋ˥˧tʂuaŋ˥˩lə˧ma˧.（呃，这儿叫麻筋儿？）黄：噢儿，麻筋儿哟。撞住麻筋了。aor˩,ma˧tɕiə̃r˥˧m̩˧.tʂuaŋ˥tʂʯ˥ma˧˩tɕiŋ˥˧lə˧.（麻什么？）黄&王：麻筋。ma˧tɕiŋ˥˧.（摸了电也……那种感觉叫什么？）王：也叫麻。ie˥˧tɕiao˥ma˧.黄：也叫麻咧哟。ie˥˧tɕiao˥ma˧˥lie˧m̩˧.（那对的，吃那个花椒那个，这个感觉呢？）王：也麻。ie˥˧ma˧˩.黄：麻么。ma˧muo˧.

2.（那个木是什么感觉呢？）王：木就是说是，麻木就是肉掐上是不着疼，就说木。mu˥˧tɕiou˥sɿ˥ʂuo˥˩sɿ˥,ma˧mu˥˧tɕiou˥sɿ˥zou˥tɕʰia˥˧ʂaŋ˥˩sɿ˥pu˧˩tʂʰuo˧˩tʰəŋ˧,tɕiou˥˩ʂuo˥˩mu˥˩.（跟麻还不一样？）黄：不一样。pu˧˥i˥˩iaŋ˥˩.王：跟麻不一样。麻是说一工儿复欻……麻的。叫木的话那是……kəŋ˥˩ma˧pu˧˩i˥˩iaŋ˥.ma˧sɿ˥ʂuo˥˧i˥˩kuõr˥˧fu˥˧ei˥……ma˧˩ti˥.tɕiao˥˩mu˥˧ti˧xua˥nei˥sɿ˥……（就是表面上有点这个……）王：木的话在人，在人皮下嗯疼。mu˥˧ti˧xua˥tʂæᴇ˥zən˧,tʂæᴇ˥zən˧pʰi˧ɕia˥˩ŋ̍˥tʰəŋ˧˩.黄：啊，表面儿上有点，就像我这个腿，最近这两天这样子。这一只是这个麻辣辣的这个样子。但它不，也不木也不咋。a˩,piao˥miæ̃r˥ʂaŋ˥˩iou˥˧tiæ̃˥˧,tsou˥ɕiaŋ˥˧ŋuo˥˧tʂə˥˩kə˥˩tʰuei˥˧,tsuei˥tɕiŋ˥tʂə˥liaŋ˥˧tʰiæ̃˥˩tʂei˥iaŋ˥tsɿ˧.tʂei˥i˥˩tʂʅ˥˧sɿ˥tʂə˥kə˥ma˧˩la˥˧la˥˧ti˧tʂei˥kə˥iaŋ˥tsɿ˧.tæ̃˥tʰa˥pu˧˩,ie˥˧pu˧mu˥˧ie˥˩pu˧˥tsa˥˩.（如果是木那就是叫你动都动不了了。）王：啊。没有感觉咧。a˩.mei˧iou˥˧kæ̃˥˧tɕyo˥˩lie˧.黄：呃，动不了，那你没有反应了么皮肤，你就……ə˩,tuoŋ˥pu˧˩liao˥˩,nei˥ni˥˧mei˧˩iou˥˧fæ̃˥˧iŋ˥˧ləm˧pʰi˧˩fu˥˧,ni˥˧tsou˥tɕʰ……王：掐上不疼。tɕʰia˥˧ʂaŋ˥pu˧˩tʰəŋ˧.黄：木的话你拿手指头掐上都感觉不来疼么。mu˥˧ti˧xua˥˩ni˥˧na˧˩ʂou˥˧tsɿ˥˧tʰou˧tɕʰia˥˧ʂaŋ˥˩tou˥˩kæ̃˥˧tɕyo˥˩pu˧˩læᴇ˧˥tʰəŋ˧muo˧.（但总的加起来也叫麻木？）王：啊。麻木。a˩.ma˧mu˥˩.黄：噢，也叫麻木。ŋao˥,ie˥˧tɕiao˥ma˧mu˥˩.（这个感觉啊，这个人很迟钝，说不说这个人很木？）黄：那倒不说。这就是，我们这儿就是那个反应慢得很。nə˥˧tao˥pu˧˥ʂuo˥˩.tʂei˥tɕiou˥˩sɿ˥˩,ŋuo˥˧mən˧tʂər˥tsou˥˩sɿ˥˩nə˥˩kə˥˩fæ̃˥˧iŋ˥˧mæ̃˥tə˧xəŋ˥˩.

死怏怏的

1.（这个人这个，比如说这个动物也好，什么东西，精神不好。那个叫什么？萎靡不振的那种。）黄：叫你……欻呀……tɕiao˥ni……ei˥ia˧……（茶？）黄：蔫儿。niæ̃r˥˧.（蔫？）黄：嗯，蔫了。ə̃˩,niæ̃˥˧lə˧.（茶了还是蔫了？）黄：蔫了。niæ̃˥˧lə˧.王：啥？咋么个？sa˥?tsa˥˧m̩˧kə˥˧?黄：就是那欻啥东西……像狗这些啥子有咧病了，没精神了，是那个低头纳闷儿那个。tɕiou˦˨sɿ˦˨nei˦˥ei˨sa˦˧tuoŋ˥˨ɕi˧k……ɕiaŋ˦kou˥tʂə˦ɕie˥˧sa˦tsɿ˧iou˥lie˧ piŋ˦lə˧,muo˥˨tɕiŋ˥ʂəŋ˧˨lə˧,sɿ˦nə˦kə˦ti˥tʰou˧na˥˧mə̃r˦nei˦kə˦.王：噢？ɑɔ˧?黄：啊。这就是蔫咧。zɑ̃˨.tʂei˦tɕiou˦sɿ˦˧niæ̃˥lie˧.（是蔫了还是茶了？）王：嗯，咱们叫那死快肉气。ŋ̍˦,tʂa ˧məŋ˧tɕiao˦nə˦sɿ˥iaŋ˥˨zou˦˨tɕʰi˦˨.黄：死快快的啊？sɿ˥iaŋ˥˨iaŋ˥˨ti˧a˧?王：噢，死快快的。ɑɔ˨,sɿ˥iaŋ˥˨iaŋ˥˨ti˧.（死洋洋？）黄：啊。ŋa˦.（sɿ˥iaŋ˨iaŋ˨还是sɿ˥iaŋ˧iaŋ˧？）黄&王：死快快。sɿ˥iaŋ˥˨iaŋ˥˨.黄：说你死咧去，你还有一口气；这说你活着咧，在你可那个样子。ʂuo ˥˨ni˥˧sɿ˥lie˧tɕʰi˦,ni˥˧xæᴇ˧˨iou˥i˥˨kʰou˥tɕʰi˦;tʂə˦ʂuo˥˨ni˥xuo˧tʂə˧lie˧,tsæᴇ˦ni˥kʰə˥˨nə˦kə˦iaŋ˦tsɿ˧.（那你这个比如说你精神不好，你萎靡不振的，自己，人，叫什么呢？）黄：人那把那叫病快快的。zəŋ˧nə˦pa˥˨nei˦tɕiao˦piŋ˦˧iaŋ˥˨iaŋ˥˨ti˧.（没有，没有这个茶的说法？）王：嗯，懒洋……ŋ̍˨,læ̃˥iaŋ˧˨……黄：噢，懒，或者叫懒洋洋的。ɑɔ˨,læ̃˥,xuei˧˨tʂə˥˨tɕiao˦˨læ̃˥iaŋ˧˨ia ŋ˧˨ti˧.王：没有叫茶的。muo˥˧iou˥˧tɕiao˦nie˧˥ti˧.

2.（就是犯着个愁又没有办法，这个胆小，盼着个事情又……也没有办法，有没有叫死巴巴的？）王：死……有叫死巴巴，也有叫死快快的。兀个人瞅上你咋么……我们就说，在这儿说咧：欸，你咋那么死快快的？sɿ……iou˥tɕiao˦sɿ˥pa˥˨pa˥˨,ie˥iou˥tɕiao˦sɿ ˥iaŋ˥˨iaŋ˥˨ti˧.væᴇ˦kə˦zəŋ˧tsʰou˥˧ʂaŋ˦ni˥˧tsa˥˨muo˧……ŋuo˥məŋ˧tɕiou˦ʂuo˥˧,tsæᴇ˦tʂər˦ʂuo˥˨ lie˧:ei˨,ni˥tsa˥˨na˦˥muo˧sɿ˥iaŋ˥˨iaŋ˥˨ti˧?（死快快说得多是吧？）嗯。ŋ̍˨.（叫什么？）死快快。sɿ˥iaŋ˥˨iaŋ˥˨.（哪个iaŋ˨？）快了的快。iaŋ˥lə˧ti˧iaŋ˥.（哪个秧来的秧？）就说这个……这……这个花……这个花快了。我们……或者就是你……有叫死快快的，有叫蔫蔫的，死蔫蔫的。我也写不了快这个字。tɕiou˦˨ʂuo˥˨tʂə˦˨kə˦……tʂə˦……tʂə˦kə˦xua˥˧……tʂə˦kə˦xua˥iaŋ˥lə˧.ŋuo˥məŋ˧……xuo˧tʂə˥tsou˦˨sɿ˦˨n̩˥˧……iou˥˧tɕiao˦sɿ˥iaŋ˥˨iaŋ˥˨ti˧,iou˥˧tɕiao ˦niæ̃˥niæ̃˥˨ti˧,sɿ˥niæ̃˥˨niæ̃˥˨ti˧.ŋuo˥a˥˨ɕie˥pu˧˨liao˥iaŋ˥˨tʂə˦˨kə˦˨tsɿ˦˨.

奸

（那说，说不说奸臣的奸？平常你们说不说？）黄：说咧么。ʂuo˥lie m˧.（说这个人很奸，那是什么意思呢？）就是一……人这个弄啥，好像是这个，呃，和别人都想的不一样，就是骂是这个奸臣。做事弄啥他就有他自己的一套主意咧。和人老是尿不到一个壶里去。tsou˦˥sɿ˦i˥˧……mæᴇ……zəŋ˧tʂə˦kə˦nuoŋ˦sa˦,xao˥˧ɕiaŋ˦sɿ˦tʂə˦kə˦,əl,xuo˧˨pie˧˨zəŋ˧˥to u˥˧ɕiaŋ˥ti˧pu˧˨i˥˨iaŋ˦,tsou˦sɿ˦ma˦sɿ˦tʂə˦kə˦tɕiæ̃˥tʂʰəŋ˧˨.tsɿ˦sɿ˦nuoŋ˦sa˦tʰa˥˧tsou˦iou˥˧tʰa˥˧tsɿ˦˥ tɕie˥˨ti˧i˥˨tʰao˦tʂɥ˥˧i˦lie˧.xuo˧zəŋ˧˥lao˥sɿ˦˨niao˦pu˧˨tao˦i˥˧kə˦xu˧˨li˥tɕʰi˦˨.（这叫奸？）啊，叫奸哟。ŋa˦,tɕiao˦tɕiæ̃˥m̩˧.（我还没有太明白你……你这个当地这个说奸是什么意思。你再弄……说那个……）这个奸就说是这个，他弄啥事情时，本来是同样这个事情啊？tʂə˦ ˨kə˦tɕiæ̃˥tsou˦˥ʂuo˥˧sɿ˦tʂə˦kə˦,tʰa˥˧nuoŋ˦˥sa˦sɿ˦tɕʰiŋ˧˨sɿ˧˨,pəŋ˥læᴇ˧˥sɿ˦tʰuoŋ˧˨iaŋ˦˥tʂei˦˨kə˦˨sɿ˦ tɕʰiŋ˧˨a˧?（嗯。）你比如说是这个，这一个杯子的话，五毛钱一个。ni˥pi˥zɥ˧˥ʂuo˥˧sɿ˦tʂə ˦kə˦,tʂə˦˥i˥˨kə˦pʰei˥tsɿ˧ti˧xua˦˨,vu˥mao˧˨tɕʰiæ̃˧˥i˥˨kə˦˨.（啊。）本来他买下这个东西明明四毛钱，他给你都不说实话，永远都说是这个哎，那是五毛钱的杯子。奸得很。再一个弄啥事情，他和你老是想的都不一样跟你说。pəŋ˥læᴇ˧tʰa˥˧mæᴇ˥xa˦˨tʂə˦˨kə˦tuoŋ˥˨ɕi˧miŋ˧mi ŋ˧˥sɿ˦˥mao˧˨tɕʰiæ̃˧˨,tʰa˥˧kei˦ni˥˧tou˥˨pu˧ʂuo˥ʂɿ˧˨xua˦,yoŋ˥yæ̃˥tou˥˨ʂuo˥˨sɿ˦˨tʂə˦˨kə˦˨æᴇ˦,nə˦ ˥sɿ˦vu˥mao˧˨tɕʰiæ̃˧˨ti˧pʰei˥tsɿ˧.tɕiæ̃˥tə˧xəŋ˥˨.tsæᴇ˦˥i˥˧kə˦nuoŋ˦sa˦sɿ˦tɕʰiŋ˧˨,tʰa˥˧xuo˧˨ni˥˧lao˥sɿ˦ ɕiaŋ˥ti˧tou˥˨pu˧˨i˥˨iaŋ˦kəŋ˥˨ni˥˨ʂuo˥˨.（噢。）嗯。ɔ̃˨.（就叫奸？）嗯。ŋ̍˨.

贼鬼

（说这个人非常狡猾，说不说这个人鬼得很？）王：说咧，这个人鬼得很。ʂuo˥˧lie˧,tʂə˥kə˥zəŋ˩˧kuei˥˧tə˧xəŋ˥˧˩.（说非常鬼说……说不说这个贼鬼贼鬼的？）说贼鬼贼鬼的，就是那，鬼得很就叫那人前人话，鬼前鬼话。ʂuo˥˧˩tsei˩˧kuei˥˧tsei˩˧kuei˥˧ti˧,tɕiou˥˩sɿ˥˩nə˥,kuei˥˧tə˧xəŋ˥˧˧tɕiou˥tɕiɑɔ˥nə˥zəŋ˩˧tɕʰiæ̃˩˧zəŋ˩˧xuɑ˥,kuei˥˧tɕʰiæ̃˩˧˧kuei˥˧xuɑ˥˩.（叫……有贼鬼贼鬼这种说法没有？）有贼鬼贼鬼的说法。iou˥˧tsei˩˧kuei˥˧˧tsei˩˧kuei˥˧˧ti˧ʂuo˥˧fɑ˥˧˩.

老

（年纪很高了，欸，年纪很大了，说，比如说他很嫌这种老头，老人家了。说老得怎么样了？有没有这么说法？）黄：老不死<u>的么</u>。有的有的说是老不死的，有的是老的没人爱<u>的么</u>。lɑɔ˥˧pu˩˧˩sɿ˥˧tim˧.iou˥˧ti˧iou˥˧ti˧ʂuo˥˧˧sɿ˥lɑɔ˥˧pu˩˧˩sɿ˥˧ti˧,iou˥˧ti˧sɿ˥˩lɑɔ˥˧ti˧muo˥˧˩zəŋ˩˧˧næᴇ˥tim˧.王：没人见得的。muo˥˧˩zəŋ˩˧tɕiæ̃˥tei˥˧ti˧.黄：呃，老，老的没人见得的了。ʔʰə˩,lɑɔ˥˧˧,lɑɔ˥˧ti˧muo˥˧˩zəŋ˩˧tɕiæ̃˥tei˥˧ti˧lə˧.（是什么意思啊？）黄：没有人见得的咧，就是你这个人……muo˥˧˩iou˥˧zəŋ˩˧tɕiæ̃˥tei˥˧˩ti˧lie˧,tɕiou˥sɿ˥ni˥˧tʂə˥kə˥zəŋ˩˧……王：太老咧，年龄太大。tʰæᴇ˥lɑɔ˥˧lie˧,niæ̃˩˧˩liŋ˩˧˧tʰæᴇ˥˥˧tɑ˥˩.黄：年龄太大了，就是有时候就人……没有人能见得你了。niæ̃˩˧liŋ˩˧˧tʰæᴇ˥tɑ˥lə˧,tsou˥sɿ˥iou˥˧˧sɿ˩˧˩xou˥˩tsou˥˩zəŋ˩˧……mei˩˧iou˥˧zəŋ˩˧nəŋ˩˧˩tɕiæ̃˥˥˧tei˥˧˩ni˥˧˩lə˧.（见得还是什么？）黄：就是没有人……tɕiou˥˩sɿ˥˩mei˩˧iou˥˧zəŋ˩˧˧……王：没有人喜欢你。muo˥˧˩iou˥˧˧zəŋ˩˧˧ɕi˥˧xuæ̃˥˧˩ni˥˧˩.黄：没有人喜欢你的意思么，啊？mei˩˧iou˥˧˧zəŋ˩˧ɕi˥˧xuæ̃˥˧˩ni˥˧˧ti˧i˥sɿ˥muo˧,ɑ˩?王：ŋ̍˩.（喜欢就叫见得？）王：嗯。ŋ̍˩.黄：噢，见不得了呣。ɑɔ˩,tɕiæ̃˥pu˩˧˩tei˥˧˩lə˧m̩˧.王：嗯。ŋ̍˩.（见得？）黄：呃，见不得了呣。ə˩,tɕiæ̃˥pu˩˧˩tei˥˧˩lə˧m̩˧.（就是……就是这两个字吗？看见的见？得到的得？）黄：啊，啊，见不得。老得见不得咧。ɑ̃˥,ɑ˥,tɕiæ̃˥pu˩˧˧tei˥˧˩.lɑɔ˥˧tə˧tɕiæ̃˥pu˩˧˧tei˥˧˩lie˧.

薄、漂

（轻浮说什么？有没有说pʰiɑɔ˥˧的？）王：没有。mei˩˧˧iou˥˧˩.黄：薄的很。puo˩˧ti˧xəŋ˥˧˩.王：薄的很，我们这儿叫薄的很。puo˩˧ti˧xəŋ˥˧˩,ŋuo˥˧məŋ˧tʂər˥tɕiɑɔ˥puo˩˧ti˧xəŋ˥˧˩.黄：嗯。我们就是叫……轻浮就叫薄的很。ŋ̍˩.ŋuo˥˧məŋ˧tɕiou˥sɿ˥tɕiɑɔ˥……tɕʰiŋ˥˧fu˩˧tɕiou˥tɕiɑɔ˥puo˩˧ti˧xəŋ˥˧˩.（把持不住？）王：嗯。ŋ̍˩.黄：嗯，把持不住自己。薄的一下把你。ə̃˥,pɑ˥˧tʂʰʅ˩˧˩pu˩˧˧tʂʮ˥tsɿ˥tɕi˥˧˩.puo˩˧ti˧i˥˧˩xɑ˥pɑ˥˧˩ni˥˧˩.（有没有说浮的？）黄：浮这个话没有得。fu˩˧tʂə˥kə˥xuɑ˥mei˩˧iou˥˧tei˥˧˩.（没听过浮这个话？）黄：有叫……有的又叫漂的很了。iou˥˧tɕiɑɔ˥……iou˥˧ti˧iou˥tɕiɑɔ˥˥˧pʰiɑɔ˥˧ti˧xəŋ˥˧lə˧.（也是……pʰiɑɔ˥˧是什么意思呢？）黄：漂也就是你轻浮的够呛。浮的，弄啥，这个人看。pʰiɑɔ˥˧iɑ˥˧˧tɕiou˥sɿ˥ni˥˧˧tɕʰiŋ˥˧fu˩˧ti˧kou˥˥˧tɕʰiɑŋ˥˩.fu˩˧ti˧,nuoŋ˥sɑ˥,tʂə˥kə˥zəŋ˩˧kʰæ̃˥˩.（如果说这个人呐这个本事不怎……不……不怎么大，这有说不说他浮的？还是说漂的？功底不好。）黄：也是叫漂。ie˥˧sɿ˥tɕiɑɔ˥pʰiɑɔ˥˧.（也叫漂？）黄：呣。m̩˩.

难缠

（这个人很难说话。人家跟他说什么，他都是不好……不答……）黄：难缠嘛。næ̃˩˧tʂʰæ̃˩˧mɑ˧.（也不算难缠，你不去理他，这什么事儿都没有。）黄：嗯。ŋ̍˩.（他非常难说话。他答应的事到时候又反悔，这种人呢？或者说不……就是，不管你好说歹说，他就是不答应。）黄：一个是难……i˥˧˩kə˥sɿ˥næ̃˩˧……王：难受，咱们这儿叫难受的很。这人难受得很。næ̃˩˧ʂou˥,tsɑ˩˧məŋ˧tʂər˥tɕiɑɔ˥næ̃˩˧ʂou˥ti˧xəŋ˥˧˩.tʂə˥zəŋ˩˧˧næ̃˩˧˩ʂou˥tə˧xəŋ˥˧˩.黄：呃人难受或者是难缠。ə˥zəŋ˧˩næ̃˩˥ʂou˥xuo˧˩˥tʂə˥˩sɿ˥˩næ̃˧˩tʂʰæ̃˧˩.

猴

（有没有说这个人猴得很的说法？）黄：哎有咧。这个话有说的咧。有些人说话做啥噢，就是那个欸，经常说这个人猴得很。这个多一半指娃娃指的多些，你猴的很。æᴇ˥˩iou˥˩lie˧.tʂə˥˩kə˥˩xua˥iou˥˧ʂuo˥˩ti˧lie˧.iou˥˧çie˥˩zəŋ˧˩ʂuo˥˩xua˥tsɿ˥sa˥˩ao˩˥,tsou˥sɿ˥nə˥kə˥ei˥,tɕiŋ˥˩tʂʰaŋ˧˩ʂuo˥˩tʂə˥kə˥zəŋ˧˩xou˧˩tə˧xəŋ˥˩.tʂə˥kə˥˩tuo˥˩i˥˩pæ̃˥tsɿ˥˩va˧˩va˧˩tsɿ˥˩ti˧tuo˥˧çie˥˩,ni˥˧xou˧˩ti˧xəŋ˥˧.（说什……怎么？主要是说他在干吗呢？）王：就说他就是战胜那下……tɕiou˥ʂuo˥˧tʰa˥˧tɕiou˥sɿ˥tʂæ̃˥ʂəŋ˥næᴇ˥xa˥……黄：啊。是一老不识停。a˩˥.sɿ˥i˥˩lao˥˩pu˧˩ʂɿ˥˩tʰiŋ˧˩.王：不……不停。pu˧˩……pu˧˩tʰiŋ˧˩.黄：到哪瘩来以后就是爬上溜……爬高溜下的这个么，就把……tao˥na˥˩ta˥˩læᴇ˧˩i˥˩xou˥˩tɕiou˥˩sɿ˥˩pʰa˧˩ʂaŋ˥liou˥……pʰa˧˩kao˥˩liou˥çia˥˧ti˧tʂə˥˩kə˥˩muo˧,tɕiou˥˩pa˥˩……（i˩˥lao˥˩pu˩˥ʂɿ˥˩tɕʰiŋ˩˥是什么意思？）王：噢，一老不识闲。ao˩˥,i˥˩lao˥˩pu˧˩ʂɿ˥˩çiæ̃˧˩.黄：一不识闲。i˥˧pu˧˩ʂɿ˥˩çiæ̃˧˩.（啊？）黄：不识闲。pu˩˥ʂɿ˥˩çiæ̃˧˩.王：不识闲。pu˧˩ʂɿ˥˩çiæ̃˧˩.（怎么解释这个？）黄：就是是不停地在活动咧么。tɕiou˥sɿ˥sɿ˥˩pu˧˩tʰiŋ˧˩ti˧tsæᴇ˥xuo˧˩tuoŋ˥˧lie˧muo˧.王：不停地在活动着咧。那……pu˧˩tʰiŋ˧˩ti˧tsæᴇ˥xuo˧˩tuoŋ˥˧tʂə˧lie˧.næᴇ˥……（叫i˩˥lao˥˩pu˩˥ʂɿ˥˩çiæ̃˧˩？）黄：噢，不识闲么，啊。ao˩˥,pu˧˩ʂɿ˥˧çiæ̃˧˩muo˧,a˩˥.黄：啊，一不识闲。a˩˥,i˥˩pu˧˩ʂɿ˥˧çiæ̃˧˩.王：就说很……tɕiou˥ʂuo˥˧xəŋ˥˩……（i˩˥lao˥˩是什么东西？）黄：一老就是一直的意思咽。i˥˩lao˥˩tɕiou˥˧sɿ˥˩i˥˩tʂɿ˧˩ti˧i˥sɿ˧m̩˧.王：一直么。i˥˩tʂɿ˧˩muo˧.（一直叫i˩˥lao˥˩？）黄：一老，啊，一老不识闲。i˥˩lao˥˩,a˩˥,i˥˩lao˥˩pu˧˩ʂɿ˥˧çiæ̃˧˩.（那个年纪大的那个老吗？）黄：啊。a˥˩.（不，ʂɿ˥˧çiæ̃˧˩是什么？）黄：识，识闲就是不，不停地动弹的意思嘛。ʂɿ˥˧,ʂɿ˥˧çiæ̃˧˩tɕiou˥sɿ˥pu˩˥,pu˧˩tʰiŋ˧˩ti˧tuoŋ˥˧tʰæ̃˧˩ti˧i˥sɿ˧ma˥.（就不停地动弹？）黄&王：啊。a˥˩.王：这种就叫猴的很，嗯，猴。tʂei˥˧tʂuoŋ˥˧tɕiou˥tɕiao˥xou˧˩ti˧xəŋ˥˩,ŋ̍˥,xou˧˩.

精

（这比如说这个夏天呐，洗澡，我把衣服脱光了，这光着身子叫什么？）黄：精溜子么。tɕiŋ˥˩liou˥˧tsɿm˧.王：精溜子。tɕiŋ˥˩liou˥˧tsɿ˧.（那我穿着个裤衩或者是穿了个短裤呢？就光上身。）黄：那你是个精了个上身子。nei˥ni˥˧sɿ˥˩kə˥˩tɕiŋ˥˩lə˧kə˥˩ʂaŋ˥ʂəŋ˥˩tsɿ˧.（精上身子？）黄：啊，精上身子。a˩˥,tɕiŋ˥˩ʂaŋ˥˧ʂəŋ˥˩tsɿ˧.王：上身子精不是……ʂaŋ˥˧ʂəŋ˥˧tsɿ˧tɕiŋ˥˧pu˧˩sɿ˥˩……（精上身？）黄：啊，如果是你啥都……上身穿的有衣裳咧，但是你底下啥都没穿，我们叫精尻子。a˩˥,zɿ˧˩kuo˥˩sɿ˥˩ni˥˧sa˥˧tou˥˩……ʂaŋ˥˧səŋ˥˩tʂʰuæ̃˥˩ti˧liou˥˧i˥˩ʂaŋ˧lie˧,tæ̃˥˩sɿ˥˩ni˥˧ti˥˩xa˥˩sa˥˧tou˥˧muo˥˩tʂʰuæ̃˥˩,ŋuo˥˧məŋ˧tɕiao˥tɕiŋ˥˩kou˥˩tsɿ˧.（哦。不穿鞋呢？光了个脚。）王：精脚片儿。tɕiŋ˥˧tɕyo˥˧pʰiæ̃r˥˩.黄：精脚片儿么。tɕiŋ˥˧tɕyo˥˩pʰiæ̃r˥˩muo˧.

甜

（口味里头啊，吃的，盐放多了，这个东西就怎么样？）黄：咸了么。xæ̃˧˩ləm˧.（叫什么？）黄：咸，咸了。xæ̃˧˩,xæ̃˧˩lə˧.（盐放少了呢？）黄：甜的很。tʰiæ̃˧˩ti˧xəŋ˥˩.（盐放少怎么会甜呢？）黄：我们就说是这个，你是放的多了就咸了，放得少就甜得很。ŋuo˥˩məŋ˧tsou˥˧ʂuo˥˩sɿ˥tʂə˥kə˥,ni˥˩sɿ˥˩faŋ˥ti˧tuo˥˩lə˧tɕiou˥xæ̃˧˩lə˧,faŋ˥tə˧ʂao˥˩tɕiou˥tʰiæ̃˧˩tə˧xəŋ˥˩.（那我什么都不放呢，怎么还叫甜了呢？比如这个菜我不放盐，你说甜？）黄：那我们这儿这个口语就是兀个。nei˥ŋuo˥˩məŋ˧tʂər˥tʂə˥kə˥kʰou˥y˥˩tɕiou˥sɿ˥vu˥kə˥.王：我们这儿口语叫甜着。ŋuo˥məŋ˧tʂər˧kʰou˥y˥˨tɕiɑɔ˧tʰiæ̃˨˩tʂə˧.黄：呃你放的多了就，就咸了，放得少咧就是甜的。ə˧ni˥˦faŋ˧˥ti˧tuo˥lə˧tɕiou˧,tɕiou˧xæ̃˨˩lə˧,faŋ˧(t)ə˧ʂɑɔ˥lie˧tɕiou˧sɿ˧tʰiæ̃˨˩ti˧.（没有淡这个说法？）黄：不说淡这个话。pu˨˦ʂuo˥˨tæ̃˧tʂə˧kə˧xuɑ˧˨.王：不说淡。pu˨ʂuo˥˨tæ̃˧.（那我加了糖也叫甜了？）王：加糖也叫甜。tɕiɑ˥˨tʰɑŋ˨æ˥˦tɕiɑɔ˧tʰiæ̃˨˩.黄：那……那叫甜么。nei˧˨n……nei˧˥tɕiɑɔ˧tʰiæ̃˨˩muo˧.（那不加糖，就是白开水，嗯，不，也不咸，也不淡，也叫甜？）黄：呃是……那就是开水㖿。ə˥sɿ˧˨ts……nei˧˥tɕiou˧˨sɿ˧˨kʰæᴇ˥˨ʂuei˥m̩˧.（不，就跟白开水那样的，比如说那个是……炒菜，又不放酱油，又不放，又不放盐。）王：那就叫甜么。nei˧tɕiou˧tɕiɑɔ˧tʰiæ̃˨muo˧.黄：甜么。tʰiæ̃˨muo˧.（就是淡的意思？）黄：啊，就是淡的意思。ɑ˨,tɕiou˧sɿ˧tæ̃˧ti˧li˧sɿ˧.王：嗯，就淡的意思。ŋ̍˨,tɕiou˧tæ̃˧ti˧li˧sɿ˧.（那你们说这个咸水，甜水是不就是淡水的意思？）黄：啊，就是的，淡水的意思。ɑ˨,tɕiou˧˥sɿ˧˨ti˧,tæ̃˧ʂuei˥˨ti˧li˧˥sɿ˧.王：嗯。ŋ̍˨.（淡淡的饭说不说饭甜？）黄：这个饭没味儿，我们那就是。tʂə˧kə˧fæ̃˧muo˥˨vər˧˥,ŋuo˥˦məŋ˧nə˧tɕiou˧˨sɿ˧˨.（叫muo˨味？）黄：啊，叫没味儿哩。ɑ˨,tɕiɑɔ˧muo˥˨vər˧li˧.

闹

（味道很苦啊，有没有说闹的？）张先金：也有说苦，也有说把人闹[1]的。ie˥iou˥ʂuo˥˨kʰu˥,ie˥iou˥˦ʂuo˥˨pɑ˥˨zəŋ˨nɑɔ˧ti˧.（闹的？）啊。闹的就是说是毒……好像有毒一样的，苦的很。ɑ˨.nɑɔ˧˥ti˧tɕiou˧˨sɿ˧˨ʂuo˥˨sɿ˧˨tu˨˩……xɑɔ˥ɕiɑŋ˧iou˥tu˨˩i˥˨iɑŋ˧˥ti˧,kʰu˥ti˧xəŋ˥˨.

蜇

（还有什么气味没有？还有什么味道没有？味道里头？）黄：酸甜苦辣，涩㖿。suæ̃˥˨tʰiæ̃˨kʰu˥˦lɑ˥˨,sei˥m̩˧.（涩？）黄：涩，啊？sə˥,ɑ˧?（嗯。还有没有？）王：蜇。tʂə˥.黄：蜇。tʂə˥.（tʂə˥是什么东西呢？）王：这个东西，就像咱们那个，碱面子一下放的话你你，你放……揉到绵了，它不不不蜇不蜇，你在嘴里一尝蜇的。tʂə˧˨kə˧tuoŋ˥ɕi˧,tɕiou˧(ɕ)iɑŋ˧tsɑ˨məŋ˧nə˧kə˧,tɕiæ̃˥miæ̃˧tsɿ˧i˥˨xɑ˧faŋ˧tə˧xuɑ˧ni˥˦ni˥˦,ni˥˨f……zou˨˩tɑɔ˧˥miæ̃˨˩lə˧,tʰɑ˥˨pu˨pu˨˩pu˨˩tʂə˥˨pu˨˩tʂə˥,ni˥˦tsæᴇ˧tsuei˥li˥˨i˥˨ʂɑŋ˨tʂə˥ti˧.（蜇tʂə˥？）黄：蜇，啊？tʂə˥,ɑ˧?王：嗯，蜇。ŋ̍˨,tʂə˥.（欸，那个虫子叮了一下叫不叫tʂə˥？）王：呃叫，咬，我们这儿叫咬。ə˥tɕiɑɔ˧,niɑɔ˥,ŋuo˥məŋ˧tʂər˧tɕiɑɔ˧niɑɔ˥.黄：蜜蜂，蜜蜂那个咧就叫蜇哩。mi˥fəŋ˥˨,mi˥fəŋ˥˨nə˧kə˧lie˧tɕiou˧tɕiɑɔ˧tʂə˥li˧.王：蜇哩，啊？tʂə˥li˧,ɑ˨?黄：啊。ɑ˨.

绵

（有的你像那个，你吃的那个洋芋啊，咬一口那种淀粉很多，那种感觉是什么？）黄：绵么。miæ̃˨muo˧.（绵？）王&黄：嗯。ŋ̍˨.（绵还是面？）黄：绵么。miæ̃˨muo˧.（是绵是吧？）王&黄：嗯。ŋ̍˨.（没有说这个东西很面？）黄：嗯。很绵么。ŋ̍˨.xəŋ˥miæ̃˨muo˧.（苹……苹果呢？）黄：苹果有些，你苹果不脆咧也是那号儿绵苹果㖿。绵的㖿。pʰiŋ˨˥kuo˥iou˥ɕie˥˦,ni˥˨pʰiŋ˨˥kuo˥˦pu˨˩tsʰuei˧lie˧lie˥sɿ˧nə˧xɑər˧miæ̃˨pʰiŋ˨˩kuo˥m̩˧.miæ̃˨˩ti˧m̩˧.（还有什么是绵的？吃的？）黄：面瓜这些都是面的。干面干面的。miæ̃˧ku

① 闹：味道很苦且带毒性。古时称毒药为"闹子"。《白兔记》二本："如今拿三钱银子，去上角头搆调胡同丘生药家，买些巴豆，人言闹子，碾成一服，茶里不著饭里著，把这光棍药死了罢。"一般认为，"闹"此义源于"痨"。《广韵》郎到切："痨痢恶人。《说文》曰：'朝鲜谓饮药毒曰痨。'"这里的"毒"指药性酷烈，服用后有痛苦的感觉。毒，苦也。（见《广雅·释诂四》）《史记·留侯世家》："忠言逆耳利于行，毒药苦口利于病。""毒药"相当于"良药"，其味道很苦，药性猛烈，但作用大、见效快，故有"良药苦口"的说法。

ɑ˥˩tʂei˥ɕie˥˩˦tou˥˩˨sɿ˥˨miæ̃˥ti˧.kæ̃˥˩˦miæ̃˥kæ̃˥˩˨miæ̃˥ti˧.（那是面！）黄：嗯，面哞。ŋ̍˨,miæ̃˥m̩˧.（那是面。这到底是面还是绵呢？）王：绵么。miæ̃˩muo˧.黄：绵么。miæ̃˩muo˧.（面瓜那个东西呢？）黄：绵么。这和我们和这个和这个洋芋这个面都是一个面么，一个绵嘛。miæ̃˩muo˧.tʂei˥˦xuo˩˨ŋuo˥˩mən˧xuo˩˦tʂə˥kə˥xuo˩˦tʂə˥kə˥iaŋ˩˨y˥˦tʂə˥kə˥miæ̃˥tou˥˩˨sɿ˥˨i˥˩˨kə˥˦miæ̃˥muo˧,i˥˩˨kə˥˦miæ̃˩mɑ˧.（你到底这个感觉是绵还是面？）黄：绵。miæ̃˩.（miæ̃˩？）黄：嗯。ŋ̍˨.（那你这个，叫什么，南瓜。）黄：噢，南瓜哞。ɑɔ˥,næ̃˩˨kuɑ˥˩m̩˧.（有脆，脆，脆的南瓜，那叫什么？）黄：那，我们把这……我们这儿这这个一个就是……nei˥,ŋuo˥˩mən˧pɑ˥˩tʂə˥……ŋuo˥˩mən˧tʂər˥tʂə˥tʂə˥kə˥i˥˩˨kə˥˦tɕiou˥sɿ˥……王：脆的就叫是，就叫是……葫芦么就叫脆哞。咱们叫冬瓜，嗯。tsʰuei˥˦tə˧tɕiou˥tɕiɑɔ˥sɿ˥,tɕiou˥tɕiɑɔ˥sɿ˥˦……xu˩lou˧muo˧tɕiou˥tɕiɑɔ˥tsʰuei˥m̩˧.tsɑ˩mən˧tɕiɑɔ˥tuoŋ˥˩kuɑ˥˩˨,n̩˨.黄：叫冬瓜。tɕiɑɔ˥tuoŋ˥˩kuɑ˥˩˨.王：面瓜就是绵么。miæ̃˥˦kuɑ˥˩˨tɕiou˥sɿ˥miæ̃˩muo˧.黄：咱们那瓜那，面瓜啊指的……我们这儿里南瓜指两种，一种就是绵的，一种就是甜，甜南瓜不一定绵么。tʂɑ˩mən˧nə˥kuɑ˥˩nə˥˨,miæ̃˥˨kuɑ˥˩æ̃˥˩˦tsɿ˥˩˨ti˧……ŋuo˥˩mən˧tʂər˥li˥˩˨næ̃˩˨kuɑ˥˩tsɿ˥˩˨liaŋ˥˩˦tʂuoŋ˥˩˦,i˥˩˨tʂuoŋ˥˩tɕiou˥sɿ˥˨miæ̃˩ti˧,i˥˩˨tʂuoŋ˥˩tɕiou˥sɿ˥tʰiæ̃˩,tʰiæ̃˩˨miæ̃˨（←næ̃˩）kuɑ˥˩pu˩˨i˥˩˨tiŋ˥miæ̃˩muo˧.

顽

（又不酥又不脆，有没有说叫顽的？）王：有咧，顽得很那个。iou˥˩lie˧,væ̃˩tə˧xəŋ˥˩˦nei˥˦kə˥˨.黄：顽的很么。哎有咧么。væ̃˩ti˧xəŋ˥˩˨muo˧.æᴇ˥˩iou˥˩˨liem˧.（这是什么感，什么什么一种什么味道呢？）王：就说牛肉顽么，想吃……说是那个……顺口溜是个啥？是个……tɕiou˥˨ʂuo˥˩niou˩ʐou˥væ̃˩muo˧,ɕiaŋ˥˩tʂʰɿ˥˩……ʂuo˥˩sɿ˥nə˥kə˥s……ʂuoŋ˥kʰou˥˩˦liou˥˩sɿ˥˨kə˥˨sɑ˥?sɿ˥˨kə˥……（哎呀，这个顺口溜想想，怎么说的？）王：嗯。羊肉膻气，牛肉顽……ŋ̍˨.iaŋ˩ʐou˥ʂæ̃˥˩tɕʰi˥˨,niou˩ʐou˥væ̃˩……黄：呃，羊肉顽，想吃猪肉没有……əl,iaŋ˩˨ʐou˥væ̃˩,ɕiaŋ˥˩tʂʰɿ˥˩tʂʮ˥˩˨ʐou˥˦mei˩iou˥˩˨……王：想吃猪肉没有钱。ɕiaŋ˥˩tʂʰɿ˥˩tʂʮ˥˩˨ʐou˥˦muo˥˩˨iou˥˩tɕʰiæ̃˩.（这个顽是一种什么气味？）黄：不是个气味。pu˩˨sɿ˥kə˥tɕʰi˥˦vei˥˨.王：不是个气味。它是个顽。pu˩˨sɿ˥kə˥tɕʰi˥˦vei˥˨.tʰɑ˥˩˦sɿ˥kə˥væ̃˩.（味道？）黄：啊，不是一……它是指这个东西这个欸……ɑ˨,pu˩˨sɿ˥i˥˩˦……tʰɑ˥˩˦sɿ˥tsɿ˥˩tʂə˥˨kə˥˨tuoŋ˥˩ɕi˧tʂə˥kə˥ei˥……王：顽得很，咬不动么。væ̃˩tə˧xəŋ˥˩˨,niɑɔ˥˩pu˩˨tuoŋ˥˦muo˧.黄：的这个韧劲儿。ti˧tʂə˥kə˥zəŋ˥˦tɕiə̃r˥.王：嗯。ŋ̍˥˩.黄：顽。væ̃˩.（噢，很韧？）黄：啊，很韧，啊。ɑ˥,xəŋ˥˩˦zəŋ˥˦,ɑ˨.（就像那个南方人说很韧很韧？）黄：啊，很韧的那个，啊。ɑ˥,xəŋ˥˩˦zəŋ˥˦ti˧nə˥˨kə˥˨,ɑ˨.王：哎，对对对对对对。æᴇ˥˩,tuei˥tuei˥tuei˥˦tuei˥˨tuei˥˨tuei˥˨.（咬也咬不动？）黄：就是那个东西顽。tɕiou˥˦sɿ˥nə˥kə˥tuoŋ˥˩ɕi˧væ̃˩.

脆、酥

（脆的很。）黄：一个叫脆么，一个叫酥。i˥˩˨kə˥˦tɕiɑɔ˥tsʰuei˥muo˧,i˥˩˨kə˥tɕiɑɔ˥sʮ˥˩.（酥和脆有什么区别没有？）脆那你可一咬就……就走了么，一……可以别了咧。酥那话那你一……稍微一咬就烂了。还是有区别咧么。tsʰuei˥nei˥˦ni˥˩˦kʰə˥˩i˥˩˨niɑɔ˥˩tɕiou˥tsɿ˥……tɕiou˥tsou˥˩ləm˧,i˥˩˨……kʰə˥˩i˥˩˨pie˩lə˧lie˧.sʮ˥˩nə˥xuɑ˥nei˥ni˥˩˨i˥˩˨……sɑɔ˥˩˦vei˥˩˦i˥˩˨niɑɔ˥˩tɕiou˥læ̃˥˦lə˧.xɑ˩˨sɿ˥˦iou˥˩˦tɕʰy˥˩pie˩lie˧muo˧.

劲劲儿的

（这个咬起来很有嚼头，这个叫什么？这个味道。）黄：咬起来很……iɑɔ˥˩˨tɕʰi˥˩˨læᴇ˩˨xəŋ˥˩˦……（这个东西啊？你就像是那个什么什么糕啊，年糕这种东西，咬起来很有嚼头，韧性很大。）黄：这也没个啥说的。tʰə˥˧（←tʂə˧）ɑ˥˧mei˨˦kə˧sɑ˧ʂuo˥˧ti˨. 王：没有啥。mei˨˦iou˥˧sɑ˨˩.（叫不叫劲？）黄：不叫。pu˨˩tɕiɔ˧.王：劲？tɕiŋ˧?黄：没个……mei˨˦kə˧……王：那那有时候说是，这个你的，你们家这䜩……那还劲劲儿的。nei˧nei˧iou˥˧sʅ˨˦xou˧ʂuo˥˧sʅ˧,tʂə˧kə˧ni˥˧tə˧,ni˥mən˨tɕiɑ˥˩tʂə˧ʐæ̃˨˦……nei˧˥xɑ˨˩tɕiŋ˧tɕiə̃r˧˥ti˨.黄：啊，有说劲劲儿的。ɑ˧,iou˥ʂuo˥˧tɕiŋ˧tɕiə̃r˧ti˨.王：嗯。ŋ̍˨˩.

有筋丝

（馍劲得很说不说？）王：那就说……我们这儿馍劲得很就说馍有筋丝的。nə˧tɕiou˧ʂuo˥˧……ŋuo˥mən˨tʂər˧muo˨˦tɕiŋ˧tə˨xəŋ˥˩tɕiou˧˥ʂuo˥˩muo˨˦iou˥˧tɕiŋ˥sʅ˥˩ti˨.黄：有筋丝。iou˥˧tɕiŋ˥sʅ˥˩.王：嗯。ŋ̍˨˩.（tɕiŋ˥sʅ˨˩？）黄：啊，筋丝，啊？ɑ˨˩,tɕiŋ˥sʅ˥˩,ɑ˧?王：啊。ɑ̃˧.（筋丝是什么东西？）王：筋丝也就说馍这个顽顽儿的有劲欸。tɕiŋ˥sʅ˥˧ie˥˧tɕiou˧ʂuo˥˧muo˨˦tʂə˧kə˧væ̃˨˦væ̃r˨˦ti˨iou˥˧tɕiŋ˧ei˨.黄：嚼上啊很……很有嚼头的这个意思。tɕyo˨˩ʂɑŋ˧ɑ˨xə……xəŋ˥iou˥˧tɕyo˨˩tʰou˨ti˨tʂə˧˩kə˧˩i˧sʅ˨.王：嗯。ŋ̍˨˩.

䜩

（这个汤面和稀饭有黏性，你们说什么？）黄：䜩么。ʐæ̃˨˦muo˨.（说ʐæ̃˨˦还是糊？）黄：有的叫䜩，有的叫糊……黏……黏……糊。iou˥ti˨tɕiɔ˧ʐæ̃˨˦,iou˥ti˨tɕiɔ˧xu˨˩……xu˧……xu˧……xu˨˦.（糊？）黄：嗯。ə̃˨˩.（糊是什么东西呢？）黄：我们这儿这但是不叫这个。ŋuo˥mən˨tʂər˧tʂə˧tæ̃˧sʅ˧pu˨˩tɕiɔ˧tʂə˧kə˧.（叫什么？）黄：叫䜩。tɕiɔ˧˩lyæ̃˧.（叫什么？）黄：䜩。把米汤熬的，把这个，把……就说是把这个米汤啊，熬的䜩䜩儿的，就是黏黏儿的那个样子。lyæ̃˧.pɑ˥mi˥tʰɑŋ˥˩lɑɔ˨˩（←nɑɔ˨˦）ti˨,pɑ˥˩tʂə˧kə˧,pɑ˥˩……tɕiou˧ʂuo˥˩sʅ˧˩pɑ˥˩tʂə˧kə˧mi˥tʰɑŋ˥˩ɑ˨˩,nɑɔ˨˩ti˨lyæ̃˧lyæ̃r˧ti˨,tɕiou˧˩sʅ˧˩xu˧xuər˧ti˨nei˧kə˧iɑŋ˧tsʅ˨.（你再念一下那个字。）黄：䜩䜩儿的。lyæ̃˧lyæ̃r˧ti˨.（单独那个字。）黄：䜩。lyæ̃˧.（能拖长吗？）黄：䜩。lyæ̃ː˧.（这什么意思？）黄：这就是你说是，把这个米汤就说是熬的黏黏儿的那个样子，稠稠的，这个样子，那个咧，叫䜩䜩儿的。tʂə˧tɕiou˧sʅ˧ni˥ʂuo˥˧sʅ˧,pɑ˥˩tʂə˧kə˧mi˥tʰɑŋ˥˩tsou˧ʂuo˥˩sʅ˧˩nɑɔ˨˩ti˨xu˧xuər˧ti˨nə˧kə˧iɑŋ˧tsʅ˨.tʂʰou˨˦tʂʰou˨˩ti˨,tʂə˧kə˧iɑŋ˧tsʅ˧,nə˧kə˧lie˨,tɕiɔ˧˩lyæ̃˧lyæ̃r˧ti˨.（lyæ̃˧lyæ̃r˧ti˨?）黄：嗯，这是个土话呣。ə̃˨˩,tʂə˧sʅ˧˩kə˧˩tʰu˥xuɑ˧m̩˨.（就是这个稠，稠稠的这……）黄：嗯。ŋ̍˥.（稠……）黄：这可不是过于稠噢。就说是把这个米汤熬的黏……稍微糊一点啊，也不能说是清汤清水的那个样子。就是熬，熬这个粥啊，熬这个啥，熬稍微糊一点儿，就是哩，就是这儿这人说那个䜩䜩儿的。tʂei˧˥kʰə˥˩pu˨˩sʅ˧kuo˧y˨˦tʂʰou˨˦ɑɔ˨.tsou˧ʂuo˥˧sʅ˧pɑ˥˩tʂə˧kə˧mi˥tʰɑŋ˥˩nɑɔ˨˩ti˨xu˧……sɑɔ˥˧vei˥˧xu˨˦i˥˩tiæ̃˥˩ɑ˨,ie˥˩pu˨˩nəŋ˨˦ʂuo˥˧sʅ˧tɕʰiŋ˥tʰɑŋ˥˩tɕʰiŋ˥˩ʂuei˥ti˨nə˧kə˧iɑŋ˧tsʅ˨.tsou˧sʅ˧nɑɔ˨˦,nɑɔ˨˦tʂə˧kə˧tʂou˥æ˨,nɑɔ˨˦tʂə˧kə˧sɑ˧˩,nɑɔ˨˩sɑɔ˥˧vei˥˧xu˨˦i˥˩tiæ̃r˥˩,tɕiou˧˩sʅ˧˩li˨,tɕiou˧˩sʅ˧˩tʂər˧˥tʂə˧ʐəŋ˨˦ʂuo˥˩nə˧˩kə˧˩lyæ̃˧˥lyæ̃r˧˥ti˨.（熬得糊了它有什么那个呢？）黄：好喝么。xɑɔ˥˧xə˥muo˨.（噢！）黄：呣。m̩˨˩.（这个糊是不是有点儿焦味儿了还是什么东西？）黄：呃不……不能，不能有焦味儿。䜩䜩儿的，嗯，这个就说是，既不能像稀饭那样的黏，也不能像其他的粥那么太稀。介之于这两个中间的这么个䜩䜩儿的。əɣp……pu˨˩nəŋ˨˦,pu˨˩nəŋ˨˦iou˥tɕiɑɔ˥˩vər˨˩.lyæ̃˧lyæ̃r˧ti˨,ə̃˥,tʂə˧kə˧tɕiou˧ʂuo˥˩sʅ˧˩,tɕi˧˥pu˨˩nəŋ˨˦ɕiɑŋ˧ɕi˥˩fæ̃˧nei˧˥iɑŋ˧˩ti˨xu˧,ie˥pu˨˩nəŋ˨˦ɕiɑŋ˧tɕʰi˨˩tʰɑ˥ti˨tʂou˥nə˧mu o˨tʰæᴇ˧ɕi˥.tɕie˧tsʅ˥˧y˨˦tʂə˧liɑŋ˥(k)ə˧˩tʂuoŋ˥˩tɕiæ̃˥˧ti˨tʂə˧˩muo˨kə˧˩lyæ̃˧lyæ̃r˧ti˨.

寡汤寡水

（这个粥啊，或者水啊，这个味道很涩说不说寡？有没有寡？）黄：有这个。这个话倒说咧。iou˥˧tʂə˥kə˥.tʂə˥kə˥xua˥tɑɔ˥ʂuo˥˧lie˧.（嗯。）寡汤寡水的你熬下那个。kua˥˧tʰɑŋ˥˧˩kua˥˧ʂuei˥˧ti˧ni˥˧˩nɑɔ˨˦˩xa˥nei˥kə˥.（寡汤寡水是什么意思呢？）就说是你熬下这个东西，米也没有煮烂嘛，或者是其他糁糁都没有煮烂。也叫粒汤粒水的，寡汤寡水。tɕiou˥˩ʂuo˥˧˩sɿ˥ni˥˧˧nɑɔ˨˦˩xa˥tʂə˥kə˥tuoŋ˥˧ɕi˧,mi˥˧ia˥˧˧mei˨˦˩iou˥˧tʂʮ˥˧læ̃˥ma˧,xuo˨˦˩tʂə˥˧˩sɿ˥tɕʰi˨˦˩tʰɑ˥˧˧tʂəŋ˥˧tʂəŋ˥˧˩tou˥˧˩mei˨˦iou˥˧˧tʂʮ˥˧˧læ̃˥.ie˥˧˧tɕiɑɔ˥li˨˦tʰɑŋ˥˧˩li˨˦ʂuei˥˧ti˧,kua˥˧tʰɑŋ˥˧˩kua˥˧ʂuei˥˧˩.（粒汤粒水是什么东西？）粒汤粒水就说是这个纯粹没有煮烂嘛。就是汤是汤……呃，它是汤着咧，水还是水着咧，米还是米嘛。li˨˦tʰɑŋ˥˧˩li˨˦ʂuei˥˧tɕiou˥˥˦ʂuo˥˧˩sɿ˥tʂə˥kə˥tʂʰuoŋ˨˦˩tsʰuei˥˥˦mei˨˦˩iou˥˧˧tʂʮ˥˧læ̃˥ma˧.tɕiou˥˩sɿ˥˩tʰɑŋ˥˧sɿ˥tʰ……ə˥,tʰɑ˥˧sɿ˥˩tʰɑŋ˥˧tʂə˧lie˧,ʂuei˥˧xɑ˨˦˩sɿ˥ʂuei˥˧tʂə˧lie˧,mi˥˧xɑ˨˦˩sɿ˥mi˥˧mɑ˧.（就说这个水不好喝说不说寡呢？味道很涩啊。）也说哩，这面说是寡……寡的，不好喝。ie˥˧˧ʂuo˥˧li˧,tʂei˥miæ̃˥ʂuo˥˧˩sɿ˥kua˥˧……kua˥˧ti˧,pu˨˦˩xɑɔ˥˧xuo˥˧˩.（这个，就是泡这个什么茶叶都没味道？）噢，没味道。嗯。ɑɔ˥˧,mei˨˦vei˥tɑɔ˥˩.ŋ̍˥˩.

燃

（这个，面呐没有发好，它蒸出来的馍馍是不是很黏？）黄：我们叫燃。ŋuo˥˧məŋ˧tɕiɑɔ˥ʐæ̃˨˦.（叫ʐæ̃˨˦？）叫燃哩啊。这……馍馍，面没发好，燃咧姆。或者说是咧，有些……馍馍一燃么就……或者是没熟，或者就是这个，燃哩。就是这。tɕiɑɔ˥ʐæ̃˨˦˩li˧la˧.tʂə˥˦məŋ……muo˨˦˩muo˨˦˧,miæ̃˥mei˨˦fa˥˧˩xɑɔ˥˧,ʐæ̃˨˦˩lie˧m̩˧.xuei˨˦˥tʂə˥˧˩ʂuo˥˧˧sɿ˥lie˧,iou˥˧ɕie˥˧˩ʐ……muo˨˦˩muo˨˦˥i˥˧˩ʐæ̃˨˦muo˧tsou˥……xuei˨˦˥tʂə˥˧˩sɿ˥˩muo˥˧˩ʂʮ˨˦,xuei˨˦˥tʂə˥˧˩tɕiou˥sɿ˥tʂə˥˩kə˥˩,ʐæ̃˨˦˩li˧.tɕiou˥˩sɿ˥˩tʂə˥˩.

馊

（饭呢坏了你们叫什么？馒头变味儿了呢？）黄：变味儿了，也叫馊了。饭馊了。piæ̃˥vər˥lə˧,ie˥˧˧tɕiɑɔ˥sou˥lə˧.fæ̃˥sou˥lə˧.（嗯，单独一个字看看？）sou˥.（sou˥还是sou˥˧？）sou˥.（跟前面“搜查”的“搜”不一样吗？）有点一样。sou˥。iou˥˧tiæ̃˥˧˩i˥˧˩iɑŋ˥.sou˥.（你们这里饭……就是那个有……）不能吃了。pu˨˦˩nəŋ˨˦tʂʰʅ˥˧lə˧.（你们平时怎么说？碰到这种情况就说饭怎么样了？菜呀，这些东西？）哎呀，这，他的这个话的话……æᴇ˥˧ia˩,tʂei˥˩,tʰɑ˥˧tə˧tʂə˥kə˥˩xua˥˦tə˧xua˥˩……（有酸味儿了，不能吃了，不然就闹肚子？）买的馒头咿馍馍底下起来点咧就是起霉咧。mæᴇ˥˩tə˧mæ̃˨˦˩tʰou˨˦˥i˩muo˨˦˩muo˨˦˥ti˥˧˩xa˥˩tɕʰi˥˧læᴇ˥tiæ̃˥˧lə˧tɕiou˥sɿ˥tɕʰi˥˧mei˨˦˩lə˥.（他这个你……不是有点儿，就是整个味儿都变了。）呃，整个味儿都变了。ə˩,tʂəŋ˥˧kə˥˥vər˥tou˥˧˩piæ̃˥lə˧.（那不能吃啊！）还是变馊咧，变馊了。xæᴇ˨˦˩sɿ˥˥piæ̃˥sou˥lie˧,piæ̃˥sou˥lə˧.（sou˥lə˧？）嗯。ŋ̍˩.（sou˥lə˧还是sou˥˧lə˧？）馊了。变馊了。sou˥lə˧.piæ̃˥sou˥lə˧.（piæ̃˥sou˥lə˧？）嗯。ŋ̍˩.（单独的，我我这菜怎么了？“太馊了”怎么说？）太也是……变馊了已经。tʰæᴇ˥ia˥˧sɿ˥˥……piæ̃˥sou˥lə˧i˥˧tɕiŋ˥˧.（馒头馊了呢？）那是都起霉点儿。na˥sɿ˥tou˥˧˧tɕʰi˥˧mei˨˦˩tiær˥˧.（嘿嘿嘿，他这里这个气候可能……这个跟南方的馊不一样。）很少有。反正一般情况下都这个……xəŋ˥˧ʂɑɔ˥˧iou˥˧˩.fæ̃˥˧˩tʂəŋ˥˩i˥˧˧pæ̃˥˧˩tɕʰiŋ˨˦˩kʰuɑŋ˥˥ɕia˥tou˥˧˩tʂə˥kə˥……（菜坏不了？）啊。除非你放……夏天还可以，这冬季以后放好……就像这个口你放着天一般……a˩.tʂʰʮ˨˦fei˥˧ni˥˧˩fɑŋ˥……ɕia˥tʰiæ̃˥˧˩xæᴇ˨˦˩kʰə˥˧i˥,tʂə˥tuoŋ˥tɕi˥˥i˥˧˩xou˥˩fɑŋ˥xɑɔ˥˧……tɕiou˥ɕiɑŋ˥tʂei˥˥kə˥˩xɑŋ˨˦ni˥˧˧fɑŋ˥tʂə˧tʰiæ̃˥˧˩i˥˧pæ̃˥˧……（就夏天放得几天那个怎么样呢说是这个菜已经……呢？）那就是馊了。næᴇ˥tɕiou˥sɿ˥sou˥lə˧.（sou˥lə˧？）变馊了，嗯。再么就是兀粥吃不成了。坏了。piæ̃˥sou˥lə˧,ə̃˥˧.tsæᴇ˥muo˧tɕiou˥˩sɿ˥˩və˥tʂou˥˧˧tʂʰʮ˥˧pu˨˦˩tʂʰəŋ˨˦lə˧.xuæᴇ˥lə˧.（人很瘦怎么说？）瘦得很。sou˥tei˧xəŋ˥˧˩.（那那这两个字儿一样一样

的音吗？）这人口是……一个就是你这个你看你瘦成啥样子了，再一个么就是土话么，你看你这两天癯成啥样。tʂə˥ʐəŋ˨niæ̃˨˩sɿ˥˦……i˧˩ka˥tsou˥sɿ˥ni˧˦tʂə˥˩ka˥˩ni˧kʰæ̃˥˩ni˧˦sou˥tʂʰəŋ˨˩sa˥iaŋ˥tsɿ˩lə˩,tsæᴇ˥i˧˦ka˥muo˩tɕiou˥˩sɿ˥˩tʰu˧xua˥muo˩,ni˧˩kʰæ̃˥˦ni˧tʂə˥liaŋ˧tʰiæ̃˧˩tɕʰyo˨˦tʂʰəŋ˨˩ʂa˥iaŋ˥.（tɕʰyo˥？）癯，啊。tɕʰyo˨˦,ɑ˩.（tɕʰyo˨还是tɕʰyo˥？）tɕʰyo˥。tɕʰyo˥.（tɕʰyo˥？）嗯。ŋ̍˩.（我是问你这个“饭……饭馊了”和这个“人瘦”的“瘦”是一个音吗？）不一样。pu˨˦i˧˦iaŋ˥.（嗯，您念一下看？）看你瘦的。kʰæ̃˥ni˧˦sou˥ti˩.（啊，饭呢？）饭是……饭馊了。一样着咧。fæ̃˥sɿ˥˩……fæ̃˥sou˥lə˩.i˧˩iaŋ˥tʂə˧lie˩.

凘气

（一般这个鱼呀，当时炒的，当时做的很好吃。过了一天以后，你再弄一下，它就有点儿味道了。）王：臭哞。tʂʰou˥m̩˩.黄：嗯，凘气咧。ŋ̍˩,sɿ˧tɕʰi˥˩lie˩.王：凘气。sɿ˧tɕʰi˥˩.黄：我们叫凘气了。ŋuo˧˩məŋ˩tɕiao˥sɿ˧tɕʰi˥˩lə˩.（sɿ˧tɕʰi˩是什么东西？）黄：凘气就是变馊了那个意思。我们这儿这把馊，就叫是，叫凘气了。你这个米饭，早起做下的米饭没有吃完，放到下午，天热的话，本来你是普通话叫馊了，我们就叫凘气了。sɿ˧tɕʰi˥tɕiou˥sɿ˥˩piæ̃˥sou˥lə˩nə˥˩ka˥˩i˥sɿ˩.ŋuo˧məŋ˩tʂər˥tʂə˥pa˧˩sou˥,tɕiou˥tɕiao˥sɿ˥,tɕiao˥sɿ˧tɕʰi˥˩lə˩.ni˧˦tʂə˥ka˥mi˧fæ̃˥,tsao˧tɕʰie˧˩tsɿ˥xa˥ti˩mi˧fæ̃˥mei˨˩iou˧tʂʰʅ˧˩væ̃˨,faŋ˥tao˥ɕia˥vu˧˦,tʰiæ̃˧ʐə˧tə˩xua˥˩,pəŋ˧˩læᴇ˨ni˧˩sɿ˥˩pʰu˧tʰuoŋ˧˩xua˥tɕiao˥sou˥lə˩,ŋuo˧məŋ˩tɕiou˥tɕiao˥sɿ˧tɕʰi˥˩lə˩.（死气？）黄：啊，凘气了喊。ɑ˩,sɿ˧tɕʰi˥˩lə˩xæ̃˧˦.（死了的死？）黄：哎呀，还不是那个死。它是不是那个死？[笑] æᴇ˥ia˩,xa˨˩pu˨˩sɿ˥nə˥˦ka˥˩sɿ˧˦.tʰa˧˦sɿ˥˦pu˨˦sɿ˥nə˥ka˥sɿ˧˩?王：就是那个。tɕiou˥˩sɿ˥˦nə˥ka˥.黄：凘气，反正。sɿ˧tɕʰi˥,fæ̃˧˩tʂəŋ˥˦.（跟死了死一样的音吗？）黄：凘气。sɿ˧tɕʰi˥˩.（还是跟撕，撕纸的撕一样的？）黄：饲料的，欸，也不是饲料的饲吧？sɿ˧˩liao˥˦ti˥,ei˥,ia˧pu˨˩sɿ˥˦sɿ˧˩liao˥ti˩sɿ˧pa˩?（跟那个一根丝、两根丝的丝是一样的音，还是跟死了的死是一样的音？）黄：凘气，跟一根丝、两根丝的丝。sɿ˧tɕʰi˥˩,kəŋ˧˦i˧˩kəŋ˧˦sɿ˧,liaŋ˧kəŋ˧˩sɿ˧ti˩sɿ˧˩.王：嗯。ŋ̍˩.黄：嗯。ŋ̍˩.（是一样的音？）王：嗯。ŋ̍˩.黄：嗯。ŋ̍˩.

膻气、腥气、臊气

（有没有腥这个说法？）黄：有<u>咧么</u>。有<u>咧么</u>。iou˧liem˩.iou˧liem˩.（腥是，是什么味道呢？）黄：我们，咱们叫膻气咧啊？腥气。ŋuo˧˦məŋ˩,tsa˨˦məŋ˩tɕiao˥ʂæ̃˧tɕʰi˥˩lie˩a˩?ɕiŋ˧tɕʰi˥˩.王：叫腥气。tɕiao˥˩ɕiŋ˧tɕʰi˥˩.黄：腥气。ɕiŋ˧tɕʰi˥˩.（ɕiŋ˧tɕʰi˩？）黄：啊。一般的这个肉叫腥气，羊肉叫膻气咧。ɑ˩.i˧˩pæ̃˧ti˩tʂə˥ka˥ʐou˥tɕiao˥ɕiŋ˧tɕʰi˥˩,iaŋ˨ʐou˥tɕiao˥ʂæ̃˧tɕʰi˥˩lie˩.（羊肉叫膻，膻气？）黄：啊，膻……膻气。ɑ˩,ʂ……ʂæ̃˧tɕʰi˥˩.王：叫膻气。tɕiao˥ʂæ̃˧tɕʰi˥˩.（都是腥？）黄：都是腥，有的还……东西还叫臊气。tou˧˦sɿ˥ɕiŋ˧,iou˧ti˩xa˨˩……tuoŋ˧˦ɕi˩xa˨˩tɕiao˥sao˧tɕʰi˥˩.

爨

（这个味道啊，闻起来非常的……）黄：香。ɕiaŋ˧.（叫香？）黄：嗯。再一个是香，再一个我们这儿就叫爨[1]么。ŋ̍˩.tsæᴇ˥i˧˦ka˥sɿ˥ɕiaŋ˧,tsæᴇ˥i˧˦ka˥ŋuo˧məŋ˩tʂər˥tɕiou˥tɕiao˥tsʰuæ̃˥muo˩.（什么？）黄：爨么。tsʰuæ̃˥muo˩.王：爨。tsʰuæ̃˥.黄：呃味道爨的。ə˧vei˥˦tao˥˩tsʰuæ̃˥ti˩.（怎么叫爨呢？）黄：爨么。就是这么个，形容词。tsʰuæ̃˥muo˩.tɕiou˥˩

① 爨：香气浓郁。其本字可能是“窜”。“窜”有用药熏的意思。《史记·扁鹊仓公列传》：“臣意诊脉，曰：‘内寒，月事不下也。’即窜以药，旋下，病已。”司马贞索隐：“谓以熏熏之，故云。”香气浓郁义当由此引申而来。

ʂʅ˥˩tʂə˥˩muo˩kə˥,ɕiŋ˩yoŋ˧˩tsʰʅ˩.（也是说香吗？）王：嗯。ŋ̍˩.黄：也是说香。这个爨和香是一个字么。ie˥ʂʅ˥ʂuo˥˧ɕiaŋ˥.tʂə˥˩kə˥˩tsʰuæ̃˥xuo˧˩ɕiaŋ˥ʂʅ˥˩i˥˩kə˥tsʅ˥muo˩.（有一种香气啊，比如说像油香的味道，你这种味道，这种香叫什么呢？）黄：咱们这儿把那就叫爨香爨香的啊？tʂa˩məŋ˩tʂər˥pa˥˩nə˥tɕiou˥tɕiao˥˩tsʰuæ̃˥˩ɕiaŋ˥˩tsʰuæ̃˥˩ɕiaŋ˥˩ti˩a˩?王：嗯。ŋ̍˩.黄：兀两个字都并现。və˥liaŋ˥(k)ə˥˩tsʅ˥tou˥˩piŋ˥ɕiæ̃˥.（这个，就说这个很爨？）黄：啊，很窜又很香么你。爨香爨香的。a˩,xəŋ˥tsʰuæ̃˥iou˥˩xəŋ˥˩ɕiaŋ˥muo˩ni˥˩.tsʰuæ̃˥˩ɕiaŋ˥˩tsʰuæ̃˥˩ɕiaŋ˥˩ti˩.

冲鼻子

（那这种，这种味道很刺鼻，你们一般说什么？）黄：难闻的很，啊？næ̃˩vəŋ˧˩ti˩xəŋ˥˩,a˩?王：难闻。næ̃˧˩vəŋ˧˩.黄：我们叫难闻咧。ŋuo˥məŋ˩tɕiao˥næ̃˩vəŋ˧˩lie˩.（是，说不说呛鼻子还是刺鼻？）黄：哎有咧么。呛的不行。æᴇ˥iou˥lie˩muo˩.tɕʰiaŋ˥ti˩pu˧˩ɕiŋ˧˩.（tɕʰiaŋ˥？）黄：啊，也说呛咧。a˩,ie˥ʂuo˥˩tɕʰiaŋ˥lie˩.王：冲鼻子，有的叫冲鼻子。tʂʰuoŋ˥pi˧˩tsʅ˩,iou˥ti˩tɕiao˥tʂʰuoŋ˥pi˧˩tsʅ˩.黄：叫儿，有的叫儿，呛鼻子，有的叫冲鼻子咧。(tɕ)iaor˥,iou˥ti˩tɕiaor˥,tɕʰiaŋ˥pi˧˩tsʅ˥,iou˥ti˩tɕiao˥tʂʰuoŋ˥pi˧˩tsʅ˩lie˩.（tʂʰuoŋ˥还是tʂʰuoŋ˥？）黄：冲。tʂʰuoŋ˥.王：冲……冲。tʂʰuoŋ……tʂʰuoŋ˥.黄：三点水儿过去个，两点水儿过去个中字么，冲。sæ̃˥˩tiæ̃˥ʂuər˥kuo˥tɕʰi˥˩kə˥,liaŋ˥˩tiæ̃˥ʂuər˥kuo˥tɕʰi˥˩kə˥tʂuoŋ˥tsʅ˥˩muo˩,tʂʰuoŋ˥.

凉飕飕

（这个，夏天呐，那个风一吹过来感觉到……）黄：凉飕飕的。liaŋ˩sou˥sou˥˧ti˩.（是凉快还是凉飕飕的？）黄：感觉到凉快，我们咱们一般都说是凉飕飕的啊？kæ̃˥tɕyo˥˩tao˥liaŋ˧˩kʰuæᴇ˥˩,ŋuo˥məŋ˩tʂa˩məŋ˩i˥˩pæ̃˥tou˥˩ʂuo˥ʂʅ˥˩liaŋ˩sou˥sou˥˩ti˩a˩?王：嗯。ə̃˩.（没有凉快这个词吗？）王：有凉快这个词。iou˥liaŋ˧˩kʰuæᴇ˥tʂə˥kə˥tsʰʅ˧˩.黄：凉快这个词也说哩。liaŋ˧˩kʰuæᴇ˥˩tʂə˥kə˥tsʰʅ˩ie˥ʂuo˥li˩.

咬、蜇

（这个这个很痒啊，还有什么说法没有？）王：很咬。xəŋ˥˩niao˥.黄：很咬么，我们这儿叫咬咧，不叫痒。xəŋ˥niao˥muo˩,ŋuo˥məŋ˩tʂər˥tɕiao˥niao˥lie˩,pu˧˩tɕiao˥iaŋ˥.（你这样是不……是不是叫咬？就是破了皮了，拿把盐上去，这个叫什么呢？）黄：我们……拿点盐就是擦点盐，或者撒点盐。ŋuo˥məŋ˩tɕi……na˧˩tiæ̃˥iæ̃˧˩tɕiou˥ʂʅ˥tsʰa˥tiæ̃˥˩iæ̃˧˩,xuei˧˩tʂə˥˩sa˥tiæ̃˥˩iæ̃˩.（不是，你这比如说这个破了皮了。）黄：嗯。ə̃˩.（如果有点什么，遇到什么这个盐呐或者什么有刺激性的那种毛毛那个东西啊，哎呀，这个，疼得不得了，你说，你说这个感觉是什么？也说咬吗？）黄：那不，那就是疼。nə˥˩pu˧˩,nə˥˩tɕiou˥ʂʅ˥tʰəŋ˧˩.王：那就疼。nə˥tɕiou˥tʰəŋ˩.（它也不是疼啊。你比如说，你试过那种感觉没有？那个，比如说这个破了以后，撒个盐上头，那是一种……）黄：蜇[1]的，我们这那只能叫蜇咧。那个盐是撒到伤口了就是蜇的疼，蜇的疼咧姆。tʂə˥ti˩,ŋuo˥məŋ˩tʂə˥nə˥˩tsʅ˥˩nəŋ˩tɕiao˥tʂə˥lie˩.nə˥˩kə˥˩iæ̃˩ʂʅ˥˩sa˥˧tao˥ʂaŋ˥˩kʰou˥lə˥tɕiou˥ʂʅ˥tʂə˥ti˩tʰəŋ˩,tʂə˥ti˩tʰəŋ˩lie˩m̩˩.

烧、烫、烙

（这个东西很烫你们一般说什么？）黄：烧。ʂao˥.王：烧的很。ʂao˥ti˩xəŋ˥˩.（还有什么说法没有？）黄：烫……也说烫哩。tʰaŋ……ie˥ʂuo˥˩tʰaŋ˥li˩.（烫？）王：嗯。ŋ̍˩.

① 蜇：痛。《列子·杨朱》："昔人有美戎菽，甘枲茎芹萍子者，对乡豪称之。乡豪取而尝之，蜇于口，惨于腹。"殷敬顺释文："惨、蜇，痛也。"

黄：兀汤烫，烫手咧么。və˥˦tʰaŋ˥˧˧tʰaŋ˥,tʰaŋ˥ʂou˥˧liem˧.王：嗯。ŋ̍˩.黄：烧手或者烫手。ʂɑɔ˥˧˩ʂou˥˧xuo˩˧˩tʂə˥˧˩tʰaŋ˥ʂou˥˧˩.（你说，欸，这个真烫？）黄：呃，呃烫的。ə˥,ə˥˧tʰaŋ˥ti˧.王：嗯。真烫。ŋ̍˩.tʂəŋ˥˧˧tʰaŋ˥.黄：很烫。xəŋ˥˧tʰaŋ˥.（说不说烙得很？）黄：烙，那你看啥。那炕，炕烧热了，这个这个这个炕上，□就是烫的很么。luo˥˧,nei˥˦ni˥˧kʰæ̃˥sa˥.nei˥˩kʰaŋ˥,kʰaŋ˥ʂɑɔ˥˧˩zə˥˧lə˧,tʂə˥kə˥tʂə˥kə˥tʂə˥kə˥kʰaŋ˥ʂaŋ˥˩,niæ̃˩˧˧tɕiou˥sɿ˥tʰaŋ˥ti˧xəŋ˥˧˩muo˧.王：烙得很，烙得很。luo˥˧tə˧xəŋ˥˧˩,luo˥˧tə˧xəŋ˥˧˩.（还有什么地方说烙得很呢？）王：那也说锅也说烙得很。nei˥æ˥˧ʂuo˥˧˩kuo˥˧ia˥˧˧ʂuo˥˧˩luo˥˧tə˧xəŋ˥˧˩.黄：噢，锅也烫咧，也烙咧。ŋɑɔ˩,kuo˥˧ia˥˧˧tʰaŋ˥lie˧,ia˥˧˧luo˥˧lie˧.（但是，这个水一般说什么？）黄：水……水是烫咧么。ʂɿ……ʂuei˥˧sɿ˥tʰaŋ˥liem˧.王：烫咧么。tʰaŋ˥liem˧.黄：烫咧么。tʰaŋ˥liem˧.（说不说烧得很？）王：也说烧。ie˥˧ʂuo˥˧˧ʂɑɔ˥˧.黄：也说烧。ie˥˧ʂuo˥˧˧ʂɑɔ˥˧.（能不能说烙得很？）黄：不能说烙咧。pu˩˧˧nəŋ˩˧˧ʂuo˥˧˩luo˥˧lie˧.王：不能说烙咧。pu˩˧˩nəŋ˩˧˦ʂuo˥˧˧luo˥˧lie˧.黄：嗯。ŋ̍˩.

茵

（光线呐，你看那个有时候太阳光线很……很刺眼的那叫什么？）王：我们这儿就说，我们这儿就说刺眼咧。ŋuo˥˧məŋ˧tʂər˥tɕiou˥ʂuo˥˧˧,ŋuo˥˧məŋ˧tʂər˥tɕiou˥˩ʂuo˥˧˩tsʰɿ˥niæ̃˥˧lie˧.（有说xiū的吗？）没有。mei˩˧˩iou˥˧˩.（xiū、xiú、xiù？）噢，有茵，茵的很。ɑɔ˩,iou˥˧˧ɕiou˩˧,ɕiou˩˧ti˧xəŋ˥˧˩.（ɕiou˩˧ti˧xəŋ˩？）啊，就说你那在黑处，黑房子住……住上一……坐上一工，一下出去阳光，再把人眼睛茵的。ɑ˩,tɕiou˥ʂuo˥˧˧ni˥˧˧tsæᴇ˥xei˥˧tʂʰʮ˥,xei˥˧faŋ˩˧tsɿ˧tʂʮ˥……tʂʮ˥ʂaŋ˥˩i˥˧˩……tsuo˥ʂaŋ˥i˥˧˩kuoŋ˥˧,i˥˧˩xa˥tʂʰʮ˥˧tɕʰi˥˩iaŋ˩˧kuaŋ˥˧˩,tsæᴇ˥pa˥˧˩zəŋ˩˧niæ̃˥˧tɕiŋ˥˧˩ɕiou˩˧˩ti˧.

毛蓝

（有毛蓝这种说法没有？）王：有咧。iou˥˧lie˧.黄：有咧么。毛蓝么。iou˥˧liem˧.mɑɔ˩˧læ̃˩˧˧muo˧.（毛蓝和浅蓝有什么区别没有？）黄：毛蓝比天蓝……比天……比天蓝要……还深一截咧么是，比浅蓝要深咧么。mɑɔ˩˧læ̃˩˧˧pi˥˧˧tʰiæ̃˥˧læ̃˩˧˩……pi˥˧˧tʰi……pi˥˧˧tʰiæ̃˥˧læ̃˩˧˩iɑɔ˥ʂ……xɑ˩˧˩ʂəŋ˥˧i˥˧˩tɕie˩˧˦liem˧sɿ˥˩,pi˥˧˧tɕʰiæ̃˥˧læ̃˩˧iɑɔ˥ʂəŋ˥˧liem˧.（比天蓝呢？）黄：嗯，比天蓝可……可稍微……ə̃˥,pi˥˧˧tʰiæ̃˥˧læ̃˩˧˧kʰə˥˧˩……kʰə˥˧˩sɑɔ˥˧˧vei˥˧˧……王：绿点。liou˥˧tiæ̃˥˧˩.黄：可稍微那个一点。kʰə˥˧˩ʂɑɔ˥˧vei˥˧˧nə˥kə˥i˥˧˧tiæ̃˥˧˩.（浅还是淡呢？）黄：淡嘛。tæ̃˥mɑ˧.

雪青

（紫色你们叫什么？）黄：就叫紫色咧。tɕiou˥tɕiɑɔ˥tsɿ˥˧sə˥˧˩lie˧.（有没有叫雪青的？）黄：有叫……有叫雪青色咧。iou˥˧˧tɕiɑɔ˥……iou˥˧tɕiɑɔ˥ɕyo˥˧tɕʰiŋ˥˧˩sei˥˧˩lie˧.王：嗯。雪青有咧。ə̃˩.ɕyo˥˧tɕʰiŋ˥˧˩iou˥˧lie˧.黄：雪青。ɕyo˥˧tɕʰiŋ˥˧˩.（也说是紫色的吗？）黄：噢，也说紫色的。ɑɔ˥,ie˥˧ʂuo˥˧˧tsɿ˥˧sə˥˧˩ti˧.（两个是一回事？）黄：嗯。ə̃˩.王：不是一回事。pu˩˧˩sɿ˥˦i˥˧˧xuei˩˧sɿ˥˩.（不是一回……）王：雪青的比紫色……紫的淡么。ɕyo˥˧tɕʰiŋ˥˧˩ti˧pi˥˧˧tsɿ˥˧sɿ……tsɿ˥˧ti˧tæ̃˥˧muo˧.黄：淡么，噢，雪青比紫色要淡一点儿呣。tæ̃˥muo˧,ɑɔ˩,ɕyo˥˧tɕʰiŋ˥˧˩pi˥˧˧tsɿ˥˧sə˥˧˩iɑɔ˥tæ̃˥˧i˥˧˧tiær˥˧˩m̩˧.

香色

（那像那种棕色的东西，你们叫什么？比如说桐油漆出来的那种。）王：兀就叫棕色。vu˥˦tɕiou˥˩tɕiɑɔ˥tsuoŋ˥˧sei˥˧˩.黄：棕色的。tsuoŋ˥˧sei˥˧˩ti˧.（叫不叫香色呢？）

黄：也叫香色[①]。有香色这个说法。ie˦˩tɕiaɔ˧ɕiaŋ˦˩sə˥˩.iou˦˩ɕiaŋ˦˩˥sə˥˩tʂə˧˩kə˧˩ʂuo˦˩fa˥˩.（ɕiaŋ˦˩sə˩还是ɕiaŋ˦˩sei˩？）黄：香色。ɕiaŋ˦˩sei˥˩.王：香色就像兀种么。ɕiaŋ˦˩sei˥˩(tɕ)iou˧ɕiaŋ˧væᴇ˧˥tʂuoŋ˥˩muo˧.（这两个还不一样？）王：不一样啊？pu˥˩i˥˩iaŋ˧a˧?黄：呣。m̩˩.王：棕色和香色不一样嘛。tsuoŋ˦˩sei˥˩xuo˩˥ɕiaŋ˦˩sei˥˩pu˩˥i˥˩iaŋ˧ma˧.（是棕色浅还是香色浅呢？）王：香色浅么。ɕiaŋ˦˩sə˥˩tɕʰiæ̃˦˩˥muo˧.

青

（你们青和……青大概是什……一种什么颜色的？跟黑有什么区别没有？）黄：欸有咧嘛，青。ei˦˩iou˥˩lie˧ma˧,tɕʰiŋ˦˩.王：青没有黑……青淡么，没有黑的黑么。tɕʰiŋ˦˩mei˩iou˥˩xei˦˩……tɕʰiŋ˦˩tæ̃˧muo˧,mei˩iou˥˩xei˦˩ti˧xei˦˩muo˧.王：青淡么，黑……tɕʰiŋ˦˩tæ̃˧muo˧,xei˦˩……（哦，青……青要比黑要那个什么一点？）黄：呃，淡一点。ə˩,tæ̃˧˥i˦˩˥tiæ̃˥˩.王：呃，要淡一点。ə˧,iaɔ˧tæ̃˧˥i˦˩˥tiæ̃˥˩.

乌青乌青、黑青黑青

（有没有叫乌青乌青的这种说法？）王：有哩。iou˥˩li˧.（乌青是是一种什么呢？）有叫乌青乌青的，有叫黑青黑青。iou˥˩˥tɕiaɔ˧vu˦˩˥tɕʰiŋ˦˩vu˦˩˥tɕʰiŋ˥˩ti˧,iou˥˩˥tɕiaɔ˧xei˦˩˥tɕʰiŋ˦˩xei˦˩˥tɕʰiŋ˥˩ti˧.（嗯，这有什么区别没有？）说黑起不黑是青起不太青就叫黑青黑青。ʂuo˥˩xei˦˩tɕʰi˥˩pu˩˥xei˦˩sɿ˧tɕʰiŋ˦˩tɕʰi˥˩pu˩˥tʰæᴇ˧tɕʰiŋ˦˩tɕiou˧tɕiaɔ˧xei˦˩tɕʰiŋ˥˩xei˦˩tɕʰiŋ˥˩.（乌青呢？）乌青也是那个意思。vu˦˩˥tɕʰiŋ˦˩ie˦˩˥sɿ˧nei˧kə˧i˧sɿ˧.

濡

（那个路上啊这个道……道路很泥泞你们一般说什么？哎呀，下了雨以后这个道路，泥巴路这个很泥泞的。）王：濡的很。næ̃˧ti˧xəŋ˥˩.（烂得很？）濡得很，就是濡人脚咧，进去把人就濡住了，不得动。næ̃˧tə˧xəŋ˥˩,tɕiou˧sɿ˥˩næ̃˧zəŋ˩tɕyo˦˩lie˧,tɕiŋ˧tɕʰi˧pa˥˩zəŋ˩˥tɕiou˧næ̃˧tʂɥ˧lə˧,pu˩˥tei˥˩tuoŋ˧.（脚……næ̃˧大概是个什么意思？）我们这儿就说是濡得很，那个泥……这个路濡得很就是兀个泥一踏，就把人脚濡住，就鞋都拔掉了，拔不起来。ŋuo˦˩məŋ˧tʂər˧tɕiou˧˥ʂuo˥˩sɿ˧næ̃˧tə˧xəŋ˥˩,nə˧kə˧ni˩……tʂə˧kə˧lou˧næ̃˧tə˧xəŋ˥˩tɕiou˧sɿ˧væᴇ˧kə˧ni˩i˥˩tʰa˩,tɕiou˧pa˥˩zəŋ˩˥tɕyo˦˩næ̃˧˥tʂɥ˧˩,tsou˧˩ɕie˩tou˥˩pa˩˥tiaɔ˧lə˧,pa˩pu˩˥tɕʰi˦˩˥læᴇ˩˥.（很黏吗？是黏的意思吗？是……是粘起了，粘……粘……）噢，就是……就是繎……就是粘的很那个意思。aɔ˩,tɕiou˧sɿ˧……tɕiou˧sɿ˧zæ̃˩……tɕiou˧sɿ˧tʂæ̃˦˩ti˧xəŋ˦˩nə˧kə˧i˧sɿ˧.（粘起来的意思？）嗯。ə̃˩.（那有的不是这种，它是那种稀泥，深一脚浅一脚，那个也不……）那个可……啊。nə˧kə˧kʰə˥˩p……a˩.（你那种这就是……可能是很粘，这个把鞋……鞋的……黄泥？）嗯。ə̃˩.（有的不是啊。）有的那是水里面。有水那号就不繎，就不粘。iou˦˩ti˧nə˧sɿ˧ʂuei˦˩li˥˩miæ̃˧.iou˦˩˥ʂuei˦˩nə˧xaɔ˧tɕiou˧pu˩˥zæ̃˩,tɕiou˧pu˩˥tʂæ̃˦˩.（啊，对对对，有水的不叫zæ̃˩吧？）不叫繎。pu˩˥tɕiaɔ˧zæ̃˩˥.（这叫什么呢？）那就叫滑的很么。nə˧tɕiou˧˩tɕiaɔ˧xua˩ti˧xəŋ˥˩muo˧.（有的可能又是水……）又是泥，稀泥烂透么。iou˧˥sɿ˧˩ni˩,ɕi˦˩ni˩˥læ̃˧tʰou˧muo˧.（这路上这个……）嗯。ŋ̍˩.（啊，稀里哗啦的这种。）啊。稀泥烂透。a˩.ɕi˦˩ni˩˥læ̃˧tʰou˧.（叫稀泥什么？）稀泥烂透的。ɕi˦˩ni˩˥læ̃˧tʰou˧ti˧.（也是这个，刚才那个，这个næ̃˧吗？）嗯，那这就是指……那那满是那稀汤汤，有水，嗯。ə̃˩,nei˧tʂei˧˥tɕiou˧sɿ˧tsɿ˦˩mi……nei˧nei˧mæ̃˦˩sɿ˧nei˧ɕi˦˩tʰaŋ˦˩tʰaŋ˥˩,iou˦˩˥ʂuei˦˩,ŋ̍˩.

① 香色：指茶褐色。清昭梿《啸亭续录·香色定制》："国初定制，皇太子朝衣服饰皆用香色，例禁庶人服用。"

载

（这个在路上这个颠颠簸簸叫不叫……叫不叫tsæᴇ˥？）黄：载咧。tsæᴇ˥lie˧.（颠颠簸簸叫tsæᴇ˦？）王：嗯。ŋ̍˥.黄：载呣。tsæᴇ˥m̩˧.（tsæᴇ˥还是tsæᴇ˥？）王：载。tsæᴇ˥.黄：颠哩。也叫载，也叫颠。tiæ̃˥li˧.ie˥˦tɕiaɔ˥tsæᴇ˥,ie˥˦tɕiaɔ˥tiæ̃˥.王：载窝子的载。tsæᴇ˥vuo˥˩tsɿ˧ti˧tsæᴇ˥.黄：载窝子。这路上载的把人……高低不平，把人载的难受。tsæᴇ˥vuo˥˩tsɿ˧.tʂə˥˩lou˥ʂaŋ˥tsæᴇ˥ti˧pa˥˩zəŋ˩˦……kaɔ˥˦ti˥pu˩˨pʰiŋ˨,pa˥˩zəŋ˨tsæᴇ˥ti˧næ̃˩˨ʂou˥.王：再有就是墩咧。tsæᴇ˥iou˥˩tɕiou˥˩sɿ˥tuoŋ˥lie˧.黄：啊，墩。ɑ˩,tuoŋ˥.（tsæᴇ˥是什么东西？）黄：载就是上下颠簸的意思。载的，载窝子啊？tsæᴇ˥tɕiou˥sɿ˥ʂaŋ˥ɕia˥tiæ̃˥˩puo˥˦ti˧li˥˩sɿ˧.tsæᴇ˥ti˧,tsæᴇ˥vuo˥˩tsɿ˧a˥?（怎么念的那个字？）黄：载。tsæᴇ˥.（栽？）黄：嗯，载，嗯。ə̃˩,tsæᴇ˥,ə̃˩.（跟那个栽树的栽是一样的吗？栽，禾苗的栽？）黄：载……和载重的载是一个载，不和栽树的栽是……tsæᴇ˥˦tʂʮ……xuo˩˨tsæᴇ˥tʂuoŋ˥˦ti˧tsæᴇ˥sɿ˥˩i˥˩kə˥tsæᴇ˥,pu˩˨xuo˩˦tsæᴇ˥˦ʂʮ˥˩ti˧tsæᴇ˥˦sɿ˥˩……（载重汽车的载？）黄：啊，载，嗯。ɑ˩,tsæᴇ˥,ə̃˩.（就是颠来颠去？）黄：啊。ɑ̃˩.

二九、副词

刚

（说我这个刚来、刚走、刚好，你这个是说刚还是说什么？）王：嗯，刚来。ŋ̍˧˩,tɕiaŋ˥˧˧læɛ˩˧.黄：我们是刚来，或者……才来。或者是才来，才走。ŋuo˥˧məŋ·˧sɿ˥˧˩tɕiaŋ˥˧˩læɛ˩˧,xuei˩˧˥tʂə˥˧˩y……tsʰæɛ˩˧læɛ˩˧˧.xuei˩˧˥tʂə˥˧˩sɿ˥˧˩tsʰæɛ˩˧læɛ˩˧˧,tsʰæɛ˩˧˩tsou˥˧.（刚好呢？）黄：这个话说咧，刚好。tʂə˥kə˥xua˥ʂuo˥˧lie·˧,kaŋ˥˧˩xaɔ˥˧.王：嗯，刚好说这。ŋ̍˧˩,kaŋ˥˧˩xaɔ˥˧ʂuo˥˧˩tʂə˥˧˩.黄：刚好说咧。kaŋ˥˧˩xaɔ˥˧ʂuo˥˧˩lie·˧.（是刚好还是jiāng好？）黄：刚好。kaŋ˥˧˦xaɔ˥˧˩.王：刚好，或者刚合适。kaŋ˥˧˦xaɔ˥˧,xuo˩˧˩tʂə˥˧˧kaŋ˥˧˦xuo˩˧˩ʂʅ˥˧.黄：刚好或者刚合适。没有tɕiaŋ˨˦好的的话。kaŋ˥˧˦xaɔ˥˧xuo˩˧˩tʂə˥˧˩kaŋ˥˧˦xuo˩˧˩tʂʰʅ˥˧.mei˩˧iou˥˧tɕiaŋ˥˧˦xaɔ˥˧ti·˧tə·˧xua˥˧˩.

凑巧

（凑巧你们怎么说？恰巧。）黄：凑巧这个话倒有咧。凑巧。tsʰou˥˨˦tɕʰiaɔ˥˧tʂə˥kə˥xua˥taɔ˥iou˥˧lie·˧.tsʰou˥tɕʰiaɔ˥˧˧.（一般怎么，用在什么地方呢？）黄：我正找你去，凑巧你来了呣。ŋuo˥˧˧tʂəŋ˥tʂaɔ˥˧ni˥˧˩tɕʰie˥˧˩,tsʰou˥tɕʰiaɔ˥˧˧ni˥˧læɛ˩˧˩lə·˧m̩·˧.（那，那这个这个人，你到人家家里，人家不在，不在家呢？）黄：我找你去，你不在么。ŋuo˥˧˧tʂaɔ˥˧ni˥˧˩tɕʰi˥,ni˥˧pu˩˧˩tsæɛ˥muo·˧.（还是说不凑巧？）黄：这也有时候也说啊？tʂə˥ia˥˧˧iou˥˧sɿ˩˧˩xou˥ie˥˧˧ʂuo˥˧˧a·˧?王：嗯。ŋ̍˧˩.黄：我找你去咧，不凑巧才这个……你还走哪儿去了？ŋuo˥˧tʂaɔ˥˧ni˥˧˩tɕʰi˥lie·˧,pu˩˧˧tsʰou˥tɕʰiaɔ˥˧˧tsʰæɛ˩˧˩tʂə˥˧˩kə˥˧˩……ni˥˧xæɛ˩˧˩tsou˥˧na˥˧˩tɕʰi˥˧˩lə·˧?（有说这个恰巧的吗？）黄：这个还好是……恰巧这个话不多。tʂə˥˧˩kə˥˧˥xa˩˧˩xaɔ˥˧˩ʂʅ˥˧˩……tɕʰia˥˧˧tɕʰiaɔ˥˧tʂə˥˧˩kə˥˧˩xua˥˧˩pu˩˧˩tuo˥˧.（比如说我找书记、镇长，找到一个就可以，正好这两个人都在。）黄：正好儿两个人都在么。那恰好。tʂəŋ˥xaɔr˥˧˧liaŋ˥˧kə˥˧˩zʅəŋ˩˧tou˥˧˩tsæɛ˥muo·˧.nei˥tɕʰia˥˧xaɔ˥˧˩.（说正好还是凑巧两人都在？）黄：那是正好儿两个人都在。嗯，这儿就用的这个词比较多一点。nə˥˧˩sɿ˥˧˩tʂəŋ˥xaɔr˥˧liaŋ˥˧kə˥˧˩zʅəŋ˩˧tou˥˧˩tsæɛ˥˧˩.ə̃˧˩,tʂər˥tɕiou˥yoŋ˥ti·˧tʂə˥kə˥tsʰʅ˩˧pi˥˧˧tɕiaɔ˥tuo˥˧i˥˧˩tiæ̃˥˧˩.（不说，不说凑巧什么的？）黄：嗯。ə̃˧˩.（恰巧说不说？）王：不说。pu˩˧˧ʂuo˥˧˧.黄：不说。pu˩˧ʂuo˥˧˩.

旋

（边说话边干活。）王：谝干传。pʰiæ̃˥˧˧kæ̃˥˧tʂʰuæ̃˩˧˩.黄：谝做咧。那是旋干旋谝呣。pʰiæ̃˥˧tsɥ˥˧˩lie·˧.nə˥˧˥sɿ˥˧˩ɕyæ̃˥˨˦kæ̃˥ɕyæ̃˥˧˩pʰiæ̃˥˧m̩·˧.（叫什么？）王：谝干传。pʰiæ̃˥˧˧kæ̃˥˧tʂʰuæ̃˩˧˩.黄：谝。边干边谝着咧么。pʰiæ̃˥˧˧.piæ̃˥˧˩kæ̃˥piæ̃˥˧˩pʰiæ̃˥˧tʂə·˧liem·˧.

马上

（我打电话，你在路上了，你会怎么说？欸，你怎么还没到啊？你会怎么说？啊，我怎么就到了？）黄：哎，我马上就到了。æɛ˥,ŋuo˥˧ma˥˧ʂaŋ˥tɕiou˥taɔ˥˨˦lə˥.（马上？）嗯，我马上就到了，正……正往来走着嗫。ə̃˧˩,ŋuo˥˧˧ma˥˧ʂaŋ˥tɕiou˥taɔ˥lə·˧,tʂəŋ˥ts……tʂəŋ˥vaŋ˥˧˩læɛ˩˧tsou˥˧tʂə·˧nie·˧.（有没有说，还有什么说法没有？）快来的了。

kʰuæᴇ˧læᴇ˦˨ti˧lə˧.（快来的啦？）啊，走着咧嘛。a˨,tsou˥˧tʂə˧lie˧ma˧.（那个，有没有说我立地就来了？）我马上就来了。ŋuo˥˧ma˥ʂaŋ˧tɕiou˧læᴇ˦˨lə˧.

趁早

（有趁早这个说法没有？）王：有趁早咧。iou˥˧tʂʰəŋ˧tsaɔ˥˧lie˧.黄：有趁早这个说法。呣。iou˥˧tʂʰəŋ˧tsaɔ˥tʂə˧kə˧ʂuo˥fa˥˨.m̩˨.（还有说什么说法？赶紧走！）黄：赶紧走，或者是尽快走吧。尽快或说赶紧。kæ̃˥tɕiŋ˥tsou˥,xuo˦˨tʂə˥˨sʅ˧tɕiŋ˧˥kʰuæᴇ˧tsou˥pa˧.tɕiŋ˧kʰuæᴇ˧xuo˦˨ʂuo˥˨kæ̃˥˧tɕiŋ˥.（还有什么，什么东西没有？）王：有个趁早。iou˥˨kə˧˨tʂʰəŋ˧tsaɔ˥.黄：趁早。有趁早，或者有……有时候立马儿就走。tʂʰəŋ˧tsaɔ˥.iou˥˧tʂʰəŋ˧tsaɔ˥,xuo˦˨tʂə˥˨iou˥……iou˥sʅ˦˨xou˧˨li˥mar˥˨tɕiou˧tsou˥˧.（再说一遍！）黄：立马儿就走嘛。li˥˨mar˥tɕiou˧tsou˥ma˧.（有亭忙的说法吗？）黄：没有。mei˦˨iou˥˨.王：没有。mei˦iou˥˧.（放快呢？放快就走？）黄：没有。muo˥˨iou˥˨.王：赶快走。kæ̃˥kʰuæᴇ˧˨tsou˥˧.

一直

（这个腿啊，一直是疼着呢！多少年了！）王：经常疼。tɕiŋ˥˨tʂʰaŋ˦tʰəŋ˦˨.黄：我这个，我这个腿是经常疼咧。或者是也一直都，一直发麻咧，或者疼。有这个说法。ŋuo˥˧tʂə˧kə˧,ŋuo˥tʂə˧kə˧tʰuei˥sʅ˧˨tɕiŋ˥˨tʂʰaŋ˦tʰəŋ˦˨lie˧.xuo˦˥tʂə˥˨sʅ˧˨ie˥˧i˥˨tʂʅ˦tou˥˨,i˥˨tʂʅ˦fa˥˨ma˦lie˧,xuo˦˨tʂə˥˨tʰəŋ˦.iou˥tʂə˧kə˧ʂuo˥fa˥˨.（有说一直的？）王：嗯。ŋ̍˨.黄：啊，说有说一直的。也说……有时候是经常。a˨,ʂuo˥iou˥ʂuo˥˨i˥˨tʂʅ˦˨ti˧.ie˥ʂuo˥˨tɕ……iou˥sʅ˦xou˧sʅ˧tɕiŋ˥˨tʂʰaŋ˦.王：也有说经常的，经常疼。ie˥iou˥ʂuo˥˨tɕiŋ˥˨tʂʰaŋ˦ti˧,tɕiŋ˥˨tʂʰaŋ˦tʰəŋ˦˨.（他一直在叫，你说……）黄：嗯。他一直在……一直在叫着咧。ŋə̃˨.tʰa˥˨i˥˨tʂʅ˦tsæᴇ˧tɕi……i˥˨tʂʅ˦tsæᴇ˧tɕiaɔ˧tʂuo˥˧lie˧.（比如说那个欵，什么这小孩在哭啊，他从，从那个开始就一直在哭。）黄：一直在哭咧。i˥˨tʂʅ˦˥tsæᴇ˧kʰu˥lie˧.（一气儿，有没有呢？）黄：一气儿，我们这儿有个一口气啊，一口气把这个啥干……把这个啥干完或者是……i˥˨tɕʰiər˧,ŋuo˥mən˧tʂər˧iou˥˧kə˧i˥˨kʰou˥tɕʰi˧a˧,i˥˨kʰou˥tɕʰi˧pa˥˧tʂə˧kə˧sa˧kæ̃˧˨……pa˥˨tʂə˧kə˧sa˧˥kæ̃˧væ̃˦xuei˦˥tʂə˥˧sʅ˧……（那我这样的，到哪儿去，往哪儿走，你说一直走还是怎么说？）黄：一直走呣。i˥˨tʂʅ˦˥tsou˥˨m̩˧.（顺着这条路一直走？）黄：噢，你顺着这个路一直望前走就是太白饭店。aɔ˨,ni˥˧ʂuoŋ˧tʂə˧tʂə˧kə˧lou˧i˥˨tʂʅ˦˥vaŋ˧tɕʰiæ̃˦tsou˥˧tɕiou˧sʅ˧tʰæᴇ˧˥pei˦˨fæ̃˧tiæ̃˧.（像表示这种一直这种意思，还有别的说法没有？）黄：那就是一……一直望前走，或者是一直……望，望前看，或者啥。只是这么个，再没有啥。nə˧tɕiou˧sʅ˧˨i˥˧……i˥˨tʂʅ˦vaŋ˧tɕʰiæ̃˦tsou˥,xuo˦˨tʂə˥˨sʅ˧˨i˥tʂʅ˦˥v……vaŋ˧,vaŋ˧tɕʰiæ̃˦kʰæ̃˧,xuei˦˥tʂə˥˧sa˧˨.tsʅ˥˨sʅ˧˨tʂə˧muo˧kə˧˨,tsæᴇ˧mei˦˨iou˥sa˧˨.王：都在说一直么。tou˥˨tsæᴇ˧˨ʂuo˥˨i˥˨tʂʅ˦˥muo˧.

随时

（你九点钟上班。我说：我几点钟来找你合适？我九点钟上班，你到时说，你上班时间随时来都行，还是什么，怎么说呢？）黄：噢，到时候你随……几时来都可以。aɔ˨,taɔ˧sʅ˦˥xou˧ni˥suei˦˥……tɕi˥sʅ˦˨læᴇ˦tou˥˨kʰə˥i˥˨.（几时？）王：嗯。ŋ̍˧.黄：啊，几时来都可以。十点钟以后你不管几时来都行。ã˨,tɕi˥sʅ˦˨læᴇ˦tou˥˨kʰə˥i˥˨.ʂʅ˦˨tiæ̃˥tʂuoŋ˥˨i˥˧xou˧ni˥˧pu˦˨kuæ̃˥tɕi˥sʅ˦˨læᴇ˦tou˥ɕiŋ˦˨.（有随时这种说法没有？）黄：也有咧。随时……你随时来我都在咧。ie˥iou˥lie˧.suei˦˨sʅ˦˥……ni˥suei˦sʅ˦˥læᴇ˦˥ŋuo˥tou˥˨tsæᴇ˧lie˧.（随时这个说法有没有说这个说迟早，呃，迟早去都行？有这种说法没有？）黄：迟早这个也说咧，啊？tʂʰʅ˦˨tsaɔ˥tʂə˧kə˧ie˥˧ʂuo˥lie˧,a˧?王：也说咧。ie˥ʂuo˥˨lie˧.

黄：迟早都能行。tsʰʅ˨˩˨tsɑɔ˥tou˥˨nəŋ˨ɕiŋ˨˩.（哪种最土最土？）黄：随时就……土些么。suei˨sʅ˨˩˦tɕiou˧˨ts……tʰu˥ɕiem˧.（老人家一般都是……）黄：老人家说，你随时来都能行。lɑɔ˥zəŋ˨˩˦tɕia˥˦ʂuo˥˦,ni˥suei˨sʅ˨˩˦læᴇ˨˩˦tou˥˨nəŋ˨ɕiŋ˨˩.（迟早是什么时候说的？是哪些人在说呢？你迟早来都行。）王：迟早来兀过去也能行。tsʰʅ˨˩tsɑɔ˥læᴇ˨væᴇ˧˥kuo˧tɕʰy˧ia˥˦nəŋ˨ɕiŋ˨˩˦.黄：啊，一些老些，老一辈的人，和现在都……都……很普遍这个话。迟早来都行。ɑ˨,i˥˨ɕie˥˨lɑɔ˥ɕie˥˦,lɑɔ˥i˥˨pei˧ti˧zəŋ˨,xuo˨˩ɕiæ̃˧tsæᴇ˧tou˥˦……tou˥˦……xəŋ˥pʰu˥˦piæ̃˧˥tʂə˧˥kə˧˨xuɑ˧˨.tʂʰʅ˨˩tsɑɔ˥læᴇ˨tou˥ɕiŋ˨˩.

一旦

王：一旦这个事情也说咧啊？i˥˨tæ̃˧˦tʂə˧kə˧sʅ˧tɕʰiŋ˨˩˦ie˥ʂuo˥˨lie˧ɑ˧?黄：嗯。ŋ̍˨.（这说，怎么说呢？也是一块儿的意思吗？）王：一旦不是一块儿的意思。i˥˨tæ̃˧˥pu˨˩sʅ˧i˥˨kʰuər˥ti˧li˧sʅ˧.（是什么意思？）王：就说这个，就说这个事情一旦办成了，你也不要高兴啊。一……一旦办不成的话了，你也不要上气。tɕiou˧ʂuo˥˨tʂə˧kə˧,tɕiou˧˨ʂuo˥˨tʂə˧kə˧sʅ˧tɕʰiŋ˨˩i˥˨tæ̃˧pæ̃˧tʂʰəŋ˨˩liɑɔ˥,ni˥˦ia˥˦pu˨˩iɑɔ˧˦kɑɔ˥ɕiŋ˧ɑ˧.i˥˨……i˥˨tæ̃˧pæ̃˧pu˨˩tʂʰəŋ˨tə˧xuɑ˧˨lə˧,ni˥˦ia˥˦pu˨˩iɑɔ˧ʂɑŋ˧tɕʰi˧.

开始

（他开始着手干这个……这个事情，一般说什么？）黄：左撇子。tsuo˥pʰie˥˨tsʅ˧.王：啊，他说是着……一般开始着手干这个事情。æ˨,tʰɑ˥˦ʂuo˥˨sʅ˧tʂuo˨……i˥˦pæ̃˥˨kʰæᴇ˥˨sʅ˥˦tʂuo˨˩ʂou˥kæ̃˧tʂə˧˨kə˧˨sʅ˧tɕʰiŋ˨˩.黄：嗯。ŋ̍˨.王：那就叫开始么。nei˧tɕiou˧tɕiɑɔ˧kʰæᴇ˥˨sʅ˥˦muo˧.黄：嗯。ŋ̍˨.（嗯。）黄：开始。kʰæᴇ˥sʅ˥˦.

终于、总算、到底

（这个，比如说你，一件什么事情，这个希望它做完，老是做不完，这个，到……到后来做完了，你会怎么说呢？）黄：哎呀，你终于把个事弄完咧。æᴇ˧ia˧,ni˥tʂuoŋ˥˨y˨˩˦pa˥˦kə˧sʅ˧nuoŋ˧væ̃˨˩lie˧.（终于？）黄：啊，你终于把个事干完咧噢，好天！ɑ˨,ni˥tʂuoŋ˥˨y˨˩˦pa˥˦(k)ə˧sʅ˧kæ̃˧væ̃˨˩lie˧lɑɔ˨,xɑɔ˥˨tʰiæ̃˥˨!（有……可不可以说到底做完了？）黄：没有。muo˥˦iou˥˨.（到底这个话说不说呢？）黄：到底，嗯，终于把这个事干完了。有，也有这个话。你到底还把……把这事做弄咧啊。tɑɔ˧ti˥˦,ə̃˨,tʂuoŋ˥˨y˨˩˦pa˥˦tʂə˧kə˧sʅ˧kæ̃˧væ̃˨˩lə˧.iou˥,ie˥iou˥tʂə˧kə˧xuɑ˧.ni˥˦tɑɔ˧˦ti˥˨xɑ˨˩pa˥˨……pa˥˨tʂə˧sʅ˧tsuo˧˨nuoŋ˧˥lia˧.（总算做完了这事？）黄：啊，总算把这做完咧，嗯。ɑ˨,tsuoŋ˥suæ̃˧pa˥˨tʂə˧tsuo˧væ̃˨˩lie˧,ŋ̍˨.（那么，总算你们说不说呢？）黄：说咧。你总算把这个事干完了。ʂuo˥lie˧.ni˥˦tsuoŋ˥suæ̃˧pa˥˨tʂə˧kə˧sʅ˧kæ̃˧væ̃˨lə˧.（终于、到底、总算，哪一个说得最多？或者说，哪一个最土？）黄：到底，到底，土些。你到底把这个事弄完。tɑɔ˧ti˥˨,tɑɔ˧ti˥˦,tʰu˥ɕie˥˨.ni˥˨tɑɔ˧ti˥˦pa˥˨tʂə˧kə˧sʅ˧nuoŋ˧˥væ̃˨˩.（比如说，这个盼着他走，嗨呀，他终于走了！）黄：嗯。啊，你到底……你终于走了。ŋ̍˨.ɑ˨,ni˥˨tɑɔ˧˦ti˥˨s……ni˥tʂuoŋ˥˨y˨˩tsou˥˨lə˧.（他，哎呀，他终于走了，说不说？）黄：那也可以说是：哎呀，他，到底是走了。或者是终于走了。nei˧˥ia˥˦kʰə˥˦i˥˦ʂuo˥sʅ˧:æᴇ˨ia˧,tʰɑ˥,tɑɔ˧ti˥˦sʅ˧tsou˥lə˧. xuei˨˩tʂə˥˨sʅ˧˨tʂuoŋ˥˨y˨˩tsou˥˨lə˧.（到底还有什么意思没有？）黄：到底再没有啥意思了好像。tɑɔ˧ti˥˦tsæᴇ˧mei˨˩iou˥˨sa˧i˧sʅ˧lə˧xɑɔ˥˨ɕiɑŋ˧˨.（有没有说你到底知不知道这个事？）黄：那也有时候说这个话咧，啊？nei˧˥æ˥˦iou˥sʅ˨˩xou˧ʂuo˥tʂə˧kə˧xuɑ˧lie˧,ɑ˨?王：嗯。ŋ̍˨.黄：这都是……tʂə˧˥tou˥˨sʅ˧˨……（那你平常说到底知不知道这个意思，那你平常是说什……用什么词呢？）黄：你知道咧吧？这个事你……

ni˧˥tʂʅ˥˧tao˦lie˧pa˨?tʂə˦kə˦sʅ˦ni˧˥……王：你知道这个事咧么？ni˧˥tʂʅ˥˧tao˦˨tʂə˦kə˦sʅ˦lie˧muo˨? 黄：这个……这个事你知道不嘛？tʂə˦kə˦tə……tʂə˦kə˦sʅ˦ni˦tʂʅ˥˧tao˦˨pu˨˩ma˨?（一下要吃这个，一下要吃那个，你要吃哪个？还是说，你到底要吃什么呢？）黄：这话说咧。你到底吃不吃？你到底要吃啥咧？tʂə˦˥xua˦ʂuo˥˨lie˨.ni˧˥tao˦ti˧˥tʂʰʅ˥˨pu˨˩tʂʰʅ˥˨?ni˦tao˦ti˥˨iao˦tʂʰʅ˥sa˦˨lie˨?（有……可以用别的词来说没有？）王：你还想吃啥咧？ni˧˥xa˨˩ɕiaŋ˥tʂʰʅ˥˨sa˦˨lie˨? 黄：你还想吃啥？噢，对，你还想吃啥？ni˧˥xa˨˩ɕiaŋ˥tʂʰʅ˥˨sa˦˨?ao˨,tuei˦,ni˧˥xa˨˩ɕiaŋ˥tʂʰʅ˥˨sa˦˨?（还想吃啥？比如说，我一下要吃面，一下要吃包子，一下要吃……欸，要吃馍，一……一下要吃……要……要吃烤饼。）黄：那就要用到底咧。那你到底想吃啥咧？nei˦˥tɕiou˦iao˦yoŋ˦tao˦ti˥˨lie˨.næᴇ˦ni˧˥tao˦ti˥˨ɕiaŋ˥˨tʂʰʅ˥sa˦˨lie˨?（就是你，你弄这么多样，我……我知道给你做什么样好？）黄：啊，就是咧。你到底要吃啥咧？a˦,tɕiou˦˨sʅ˦˨lie˨. ni˥tao˦ti˧˥iao˦tʂʰʅ˥sa˦˨lie˨?（那我要说，你还想吃啥了，是……那是什么意思呢？）黄：那就是个问咧么。那都是气的招不住这个……疑问词了。你吃咧这么多，你还想吃啥？nei˦tsou˦sʅ˦˨kə˦˨vəŋ˦˥lie˧muo˨.nei˦tou˥˨sʅ˦˨tɕʰi˦ti˧tʂao˥pu˨˩tʂʅ˦tʂə˦kə˦v……ni˨˩vəŋ˦˥tsʰʅ˨˩lə˨.ni˧˥tʂʰʅ˥lie˧tʂə˦muo˧tuo˧˥,ni˧˥xæᴇ˨˩ɕiaŋ˥tʂʰʅ˥˨sa˦˨?

起先

（一般讲故事，你们说是原先，还是说早先，还是说什么东西？很久很久以前。）黄：那也说，也说是，有说是这个，很久以前，或者是很早……很早以前。那就是……nei˦˥æ˥˨ʂuo˥˨,ie˥ʂuo˥˨sʅ˦˨,iou˥ʂuo˧˥sʅ˦˨tʂə˦˨kə˦˨,xəŋ˥tɕiou˥i˥˨tɕʰiæ̃˨,xuei˨˩tʂə˥˨sʅ˦˨xəŋ˥tsao˥˨……xəŋ˥tsao˥i˥˨tɕʰiæ̃˨˩.nə˦˥tɕiou˦˨sʅ˦˨……（就一般的统统称，比如说你要讲一个故事了，讲一个什么牛郎织女的故事，那你们一般开头是说“很早”还是说“在早”？还是什么说？）王：那就是很早以前。nə˦˨tɕiou˦˨sʅ˦˨xəŋ˥tsao˥i˥˨tɕʰiæ̃˨.黄：很早以前，或者是这个……很早以前。xəŋ˥tsao˥i˥˨tɕʰiæ̃˨,xuei˨˥tʂə˥˨sʅ˦tʂə˦kə˦˨……xəŋ˥tsao˥i˥˨tɕʰiæ̃˨˩.（没有什么别的说法吗？）黄：没有咧。再一个是很久……很久以前，或者是很早以前。mei˨iou˥˨lie˨. tsæᴇ˦i˧˥kuo˦sʅ˦˨xəŋ˥tɕiou˥……xəŋ˥tɕiou˥i˥˨tɕʰiæ̃˨˩,xuei˨˩tʂə˥˨sʅ˦˨xəŋ˥tsao˥i˥˨tɕʰiæ̃˨˩.（就比如说原……原……别的地方人家有“早先”啊怎么样，“原来”啊怎么样。）黄：原来这个话我们也说咧。yæ̃˨læᴇ˨tʂə˦kə˦xua˦ŋuo˥məŋ˧lie˧˥ʂuo˥lie˨.（原先说不说呢？）黄：原先也说。yæ̃˨ɕiæ̃˥ie˥ʂuo˥˨.王：也说咧。ie˥ʂuo˥˨lie˨.（原先和原来有什么区别？）黄：这都没……基本上表达一个意思。tʂə˦˥tou˧˥m……tɕi˥˨pəŋ˥ʂaŋ˦˨piao˥ta˨i˥˨kə˦˨i˦sʅ˨.王：没有啥区别。muo˥˨iou˥sa˦tɕʰy˥pie˨˩.（起先呢？）黄：起先这个话倒说咧。tɕʰi˥ɕiæ̃˥˨tʂə˦˨kə˦˥xua˦tao˦ʂuo˥˨lie˨.（是什么意思呢？）黄：就说这个事才开始……tɕiou˦˨ʂuo˥˨tʂə˦˨kə˦sʅ˦tsʰæᴇ˨kʰæᴇ˥˨sʅ˧˥……王：就是起先我准备这个事咋么个做得成咧。tɕiou˦˨sʅ˦˨tɕʰi˥ɕiæ̃˥˨ŋuo˧˥tʂuoŋ˧˥pei˧˥tʂə˦kə˦sʅ˦tsa˥muo˧kə˦tsʅ˦tei˥˨tʂʰəŋ˨˩lie˧.黄：咋弄了。tsa˥nuoŋ˦lə˨.王：后头才可……xou˦tʰou˧tsʰæᴇ˨˩kʰə˥˨……黄：可变……kʰə˥˨piæ̃˦……王：没顾上去。muo˥˨ku˦ʂaŋ˦tɕʰi˦.黄：啊，没有顾上去，或者咋㑚。a˨,mei˨iou˧˥ku˦ʂaŋ˦tɕʰi˦,xuo˨˩tʂə˥tsa˥˨m̩˨.

一老

（好久，一直啊，这种东西，说你这个，哎呀，你好久不来了。说不说？）黄：这说咧。tʂə˦˥ʂuo˥˨lie˨.（好久不来了？）黄：你好……咱们这儿多一半儿说你好长时间没来咧。ni˧˥xao˥……tʂa˨məŋ˧tʂər˧tuo˥i˥˨pær˦ʂuo˧˥ni˧˥xao˥tʂʰaŋ˨sʅ˨˩tɕiæ̃˥muo˥˨læᴇ˨˩lie˧.（好长时间？）黄：嗯。ŋ̍˨.（“一直”说不说“一老”？“一老不来？”）王：说咧。“一老”

说。ʂuo˥˩lie˧.i˥˩laɔ˥ʂuo˥˩.黄：说咧。老年人可说这个话咧。ʂuo˥˩lie˧.laɔ˥niæ̃˧˩zəŋ˧˩kʰə˥˩ʂuo˥˩tʂə˥kə˥xuɑ˥˩lie˧.王：嗯，老年人一般用……ŋ̍˩,laɔ˥niæ̃˧˩zəŋ˧˩i˥pæ̃˥˩yoŋ˥˩……黄：一老咋都不来游一回？i˥˩laɔ˥tsɑ˥tou˥˩pu˧˩læᴇ˧iou˧i˥xuei˧˩？（老年人就说一老，不说一直吗？）王：不说"一直"。一说就"一老"。pu˧ʂuo˥i˥˩tʂʅ˧˥.i˥˩ʂuo˥tɕiou˥i˥laɔ˥.黄：不说一直。都是"一老"。pu˧˩ʂuo˥i˥˩tʂʅ˧˩.tou˥sʅ˥i˥˩laɔ˥.

一时三刻

（有时……一时三刻的说法没有？）黄：哎有咧，一时三刻。æᴇ˥iou˥˩lie˧,i˥sʅ˧sæ̃˥˩kʰə˥.王：有咧。iou˥lie˧.（i˥sʅ˩sæ̃˩kʰə˥还是i˥sʅ˩sæ̃˩kʰei˥？）王：噢，天那……天晴晴儿的才，一时三刻还都下开了雨了。ɑɔ˩,tʰiæ̃˥nə˥……tʰiæ̃˥tɕʰiŋ˧tɕʰiɔ̃r˧ti˧tsʰæᴇ˧˩,i˥˩sʅ˧sæ̃˥˩kʰei˥xɑ˧˩tou˥ɕiɑ˥kʰæᴇ˥˩lə˧y˥lə˧.黄：一时三刻都下开了。i˥˩sʅ˧˥sæ̃˥kʰei˥tou˥ɕiɑ˥kʰæᴇ˥˩lə˧.（一会儿？）黄：嗯。呃，一会儿这个意思。ə̃˩.ə˩,i˥˩xuər˥˧tʂə˥kə˥i˥sʅ˧.（一下子就……）黄：呃，一下子。ə˥,i˥˩ɕiɑ˥tsʅ˧.王：啊，一时三刻。ɑ̃˩,i˥˩sʅ˧˥sæ̃˥˩kʰei˥˩.

行

（说他，有时干一干，有时不干，说不说他这个行……行怎么样？）王：行干咧行不干。xɑŋ˧˩kæ̃˥lie˧xɑŋ˧˩pu˧˩kæ̃˥.黄：啊，行干咧行不干呣。ɑ˩,xɑŋ˧˩kæ̃˥lie˧xɑŋ˧pu˧˩kæ̃˥m̩˧.（就是有……一下子干，一下子不干？）黄：嗯。ŋ̍˩.王：啊。行干行不干ɑ˩.xɑŋ˧˩kæ̃˥xɑŋ˧˩pu˧˩kæ̃˥˩.

一下子

（突然间，猛然间，他怎么样。你怎么说？说说，突然站起来。猛然站起来了。）黄：这是。这是是一下子就……这儿这是土些那话，兀一下子就站起来了。tʂə˥sʅ˥.tʂə˥˧sʅ˥sʅ˥˩i˥˩xɑ˥tsʅ˧tɕiou˥……tʂər˥˧tʂə˥sʅ˥tʰu˥ɕie˥˩nei˥xuɑ˥,vei˥˧i˥˩xɑ˥tsʅ˧tsou˥tsæ̃˥tɕʰi˥læᴇ˧˩lə˧.（i˩xɑ˥tsʅ˧？）噢，或者是猛然间站起来，或者是突然站起来，这都说咧反正。ɑɔ˩,xuei˧˥tʂə˥˩sʅ˥˩məŋ˥zæ̃˧˩tɕiæ̃˥˩tsæ̃˥tɕʰi˥læᴇ˧˩,xuo˧˩tʂə˥˩sʅ˥˩tʰu˥zæ̃˧˩tsæ̃˥tɕʰi˥˩læᴇ˧˥,tʂə˥˧tou˥ʂuo˥lie˧fæ̃˥˩tʂəŋ˥.（i˩xɑ˥tsʅ˧？）呣，一……土一点的话么就是一下子就站起了。m̩˩,i˥˩ɕ……tʰu˥i˥˩tiæ̃˥˩ti˧xuɑ˥muo˧tɕiou˥tsʅ˥i˥˩xɑ˥tsʅ˧tsou˥tsæ̃˥tɕʰi˥˩lə˧.

弄了半天

（弄了半天这种说法说不说？）王：说咧。ʂuo˥lie˧.黄：说咧。ʂuo˥lie˧.（弄了半天，他是……他是谁。闹了半天，他怎么样，你怎么说呢？）黄：能说咧。nəŋ˧˥ʂuo˥˩lie˧.（你一般这个句子你造一个看看！）王：比如，有一个人，一个亲亲我认不得，弄……跟□儿一下给嚷起来，弄了半天，这还是个亲亲。pi˥˩zʅ˧˩,iou˥˩i˥˩kə˥zəŋ˧,i˥˩kə˥tɕʰiŋ˥tɕʰiŋ˥˩ŋuo˥zəŋ˧pu˧˩tei˥,nuoŋ˥……kəŋ˥˩niæ̃r˧i˥˩xɑ˥kei˥zɑŋ˥tɕʰi˥˩læᴇ˧˩,nuoŋ˥lə˧pæ̃˥tʰiæ̃˥˩,tʂei˥xɑ˧˩sʅ˥kə˥tɕʰiŋ˥tɕʰiŋ˥˩.

慢个溜溜地

（慢慢地呢？）黄：慢慢地。mæ̃˥mæ̃˥ti˧.（你本来说，这个，本来以为他不来了。他这种不知什么时候慢慢地又来了。你以后怎么说？说慢慢地还是说什么？）黄：那不。nə˥˧pu˧˩.（你说什么？）黄：我估计你不来了，结果是你还……慢个……我们这儿都是"你还慢个溜溜地来了"。ŋuo˥ku˥tɕi˥ni˥pu˧˩læᴇ˧˩lə˧,tɕie˥˩kuo˥sʅ˥ni˥xæᴇ˧˩……mæ̃˥˩kə˥……ŋuo˥mən˧tʂər˥tou˥˩sʅ˥ni˥xɑ˧˩mæ̃˥kə˥liou˥˩liou˥˩ti˧læᴇ˧˩lə˥.（什么流流？）黄：啊，溜溜。ɑ˥,liou˥liou˥˩.（溜溜还是流流？）黄：溜溜。慢个溜溜。

liou˥˧˥liou˥˧˧.mæ̃˥kə˥liou˥˧˧liou˥˧˩.（你能不能造个句子，或说件什么事，怎么用到这个慢个溜溜，怎么用？什么时候用到这个慢个溜溜？）黄：嗯。ŋ̍˩.王：那就是，我……我给你安好明天早上七点到这儿来干活咧，结果，七点多了，还不见你才慢溜溜才来了。nə˥˩tɕiou˥sɿ˥,ŋuo˥˧˧……ŋuo˥˧˧kei˥ni˥˧˧næ̃˥˧xɑɔ˥˧˩miŋ˨˦˩tʰiæ̃˥˧tsɑɔ˥˧ʂɑŋ˥˩tɕʰi˥˧˩tiæ̃˥˧tɑɔ˥(tʂ)ər˥˥˧læᴇ˨˦kæ̃˥xuo˨˦˩lie·˧,tɕie˥˧˩kuo˥˧˧,tɕʰi˥˧˩tiæ̃˥˧˧tuo˥˧lə·˧,xɑ˨˦˩pu˨˦˩tɕiæ̃˥ni˥˧tsʰæᴇ˨˦˩mæ̃˥liou˥˧˩liou˥˧˩tsʰæᴇ˨˦˩læᴇ˨˦˩lə·˧.

尽量

（这个事我给你尽可能去办，你们有没有什么说法？）黄：那就是我们就是这个尽量地给你给你办嘛。尽我的最大努力么，或者是尽量给你办。nə˥tɕiou˥˩sɿ˥˨˦ŋuo˥˧mən·˧tɕiou˥˩sɿ˥˩tʂə˥˩kə˥˩tɕiŋ˥˧˧liɑŋ˥ti·˧kei˥ni˥˧˧kei˥ni˥˧˧pæ̃˥mɑ·˧.tɕiŋ˥ŋuo˥˧ti·˧tsuei˥tɑ˥nou˥˧lie˥˧˩muo·˧,xuo˨˦˩tʂə˥˧˩sɿ˥˩tɕiŋ˥˧˧liɑŋ˥˨˦kei˥ni˥˧˧pæ̃˥˩.（有没有说是尽可喽办？）黄：没有。mei˨˦˩iou˥˧˩.王：我尽量地办。ŋuo˥˧tɕiŋ˥˧liɑŋ˥˨˦ti·˧pæ̃˥.黄：尽量地办，或者是尽可能……尽最大的力量给你办么。tɕiŋ˥˧liɑŋ˥˨˦ti·˧pæ̃˥,xuei˨˦˧tʂə˥˧˧sɿ˥tɕiŋ˥kʰə˥˧n……tɕiŋ˥tsuei˥tɑ˥ti·˧li˥˧˩liɑŋ˥kei˥ni˥˧˧pæ̃˥muo·˧.

光、钟

（有的人呐只吃菜，就不……这个吃饭的时候，只吃菜，不吃……不吃饭，你说他什么？）黄：我们那就是这……兀□啥？光吃菜啊？ŋuo˥˧mən·˧næᴇ˥tɕiou˥sɿ˥˩tʂə˥……væᴇ˥˥˧niæ̃˨˦˩sɑ˥?kuɑŋ˥˧˥tʂʰʅ˥˧˩tsʰæᴇ˥ɑ·˧?王：嗯。ŋ̍˩.黄：光吃菜，光是……咋咧。kuɑŋ˥˧˥tʂʰʅ˥˧˩tsʰæᴇ˥,kuɑŋ˥˧˩sɿ˥˩……tsɑ˥˧˩lie·˧.（说净吃菜不说？）王：不说。pu˨˦˩ʂuo˥˧.黄：不说。pu˨˦˩ʂuo˥˧˩.（只吃菜呢？）黄：也不。ie˥˧pu˨˦˩.王：再一个就是钟吃菜。tsæᴇ˥i˥˧˧kə˥tɕiou˥sɿ˥tʂuoŋ˥˧tʂʰʅ˥˧˩tsʰæᴇ˥˩.黄：噢，钟吃菜，或者是光吃菜。ɑɔ˩,tʂuoŋ˥˧tʂʰʅ˥˧˩tsʰæᴇ˥,xuei˨˦˩tʂə˥˧˩sɿ˥˩kuɑŋ˥˧˥tʂʰʅ˥˧˩tsʰæᴇ˥.（这个光吃菜和钟吃菜是一个意思吗？）王：一个意思。拖咧你钟吃菜，钟吃饭。i˥˧˩kə˥i˥˨˦sɿ·˧.tʰuo˥˧˩lie·˧ni˥˧˧tʂuoŋ˥˧tʂʰʅ˥˧˩tsʰæᴇ˥,tʂuoŋ˥˧tʂʰʅ˥˧˩fæ̃˥.（钟吃饭是不是说他连菜都不吃就这么个？）王：噢，光吃饭，钟吃饭咧。ɑɔ˩,kuɑŋ˥˧˥tʂʰʅ˥˧˩fæ̃˥,tʂuoŋ˥˧˩tʂʰʅ˥˧˩fæ̃˥lie·˧.

可能

（我说我要去找谁，哎呀，可能他不在家吧？你一般怎么说呢？）黄：他恐怕不在家吧？tʰɑ˥˧˩kʰuoŋ˥˧˧pʰɑ˥pu˨˦˩tsæᴇ˥tɕiɑ˥˧pɑ·˧?王：啊，我们这儿就说他恐怕不在家。ɑ˩,ŋuo˥˧mən·˧tʂər˥tɕiou˥ʂuo˥˧˩tʰɑ˥˧˧kʰuoŋ˥˧˧pʰɑ˥pu˨˦˩tsæᴇ˥tɕiɑ˥˧˩.黄：就说你恐怕不在家吧。tɕiou˥ʂuo˥˧˩ni˥˧˧kʰuoŋ˥˧˧pʰɑ˥pu˨˦˩tsæᴇ˥tɕiɑ˥˧pɑ·˧.（再说一遍！）黄：他恐怕不在家。tʰɑ˥˧˩kʰuoŋ˥˧˧pʰɑ˥pu˨˦˩tsæᴇ˥tɕiɑ˥˧.（可不可以说可能呢？）王：哎，也有人说咧。æᴇ˩,ie˥˧˧iou˥˧˧zəŋ˨˦ʂuo˥˧lie·˧.黄：也有咧。他可能不在。ie˥˧iou˥˧lie·˧.tʰɑ˥˧˧kʰə˥˧˩nəŋ˨˦pu˨˦˩tsæᴇ˥.王：有……可能，可能不在。iou˥˧˧……kʰə˥˧˧nəŋ˨˦˧,kʰə˥˧˧nəŋ˨˦˧pu˨˦˩tsæᴇ˥.（叫什么？）黄：可能不在。kʰə˥˧nəŋ˨˦pu˨˦˩tsæᴇ˥.王：可能不在家。kʰə˥˧˧nəŋ˨˦pu˨˦˩tsæᴇ˥tɕiɑ˥˧.黄：一个是可能不在，他有可能不在。有时候，加点修饰就是有可能不在。i˥˧˩kə˥˥˧sɿ˥kʰə˥˧nəŋ˨˦pu˨˦˩tsæᴇ˥,tʰɑ˥˧˧iou˥˧kʰə˥˧˩nəŋ˨˦pu˨˦˩tsæᴇ˥˩.iou˥˧sɿ˨˦˩xou˥,tɕiɑ˥˧tiæ̃˥˧˩ɕiou˥˧ʂʅ˥˧˩tɕiou˥˩sɿ˥˩iou˥˧kʰə˥˧˩nəŋ˨˦pu˨˦˩tsæᴇ˥.（明天也许要下雨，你一般，一般怎么会，会是怎么说？他明天也许会来，他明天……）黄：明天可能会下雨咧。可能，呃。miŋ˨˦˩tʰiæ̃˥˧kʰə˥˧˧nəŋ˨˦˧xuei˥ɕiɑ˥˨˦y˥˧lie·˧.kʰə˥˧˩nəŋ˨˦,ə˩.（可能？）黄：嗯。明天可能有雨咧。或者是明天可能……ə̃˩.miŋ˨˦˩tʰiæ̃˥˧˧kʰə˥˧˧nəŋ˨˦iou˥˧y˥˧lie·˧.xuo˨˦˧tʂə˥˧˧sɿ˥miŋ˨˦˩tʰiæ̃˥˧˧kʰə˥˧nəŋ˨˦˩……（说不说或许？）黄：不说。pu˨˦˧ʂuo˥˧˩.（兴许？）黄：兴许这个说法……ɕiŋ˥˧˩ɕy˥˧tʂə˥˩kə˥˩ʂuo˥˧fɑ˥˧˩……王：少呣。ʂɑɔ˥˧m̩·˧.黄：少的很，但是有也……也有这个说

法，兴许。ʂɑɔ˥˧ti˧xəŋ˥˧,tæ̃˦˧sɿ˦˧iou˥˧ie˥˧……ie˥˧iou˥˧tʂə˦˧kə˦˧ʂuo˥˧fɑ˥˧,ɕiŋ˥˧ɕy˥˧.（有说明天许的会下雨吗？许的？）黄：没有。muo˥˧iou˥˧.（就说可能？）黄：嗯，可能，或者是……ə̃˧,kʰə˥˧nəŋ˧,xuei˧tʂə˥˧sɿ˦……（那个老人家一般碰到这种情况，用什么呢？）黄：老人家一点半说就是这个，明儿怕有雨咧！lɑɔ˥˧zəŋ˧tɕiɑ˥˧i˥˧tiæ̃˥˧pæ̃˦˧ʂuo˥˧tsou˦sɿ˦tʂə˦kə˦,miə̃r˧pʰɑ˦iou˥˧y˥˧lie˧!（怕？）黄：噢。明儿怕有雨啊。或者是明儿怕下价。ɑɔ˧.miə̃r˧pʰɑ˦iou˥˧y˥˧ɑ˧.xuo˧tʂə˥˧sɿ˦miə̃r˧pʰɑ˦ɕiɑ˦tɕiɑ˧.（ɕiɑ˧tɕiɑ˧是什么意思？）黄：下价就说是个，语言助词，可能是下呀，或者是下价。ɕiɑ˦˧tɕiɑ˧tɕiou˦ʂuo˥˧sɿ˦kə˦,y˥˧iæ̃˧tʂʮ˦tsʰɿ˧,kʰə˥˧nəŋ˧sɿ˦ɕiɑ˦iɑ˧,xuei˧tʂə˥˧sɿ˦ɕiɑ˦tɕiɑ˧.（噢！）黄：掩点儿音么。tʰuo˥˧tiæ̃r˥˧iŋ˥˧muo˧.（这是指坏的方面，下雨不是什么好事。）黄：这也不是一……这也不可……不是啥坏事。这个下雨啊是个正常现象。如果是下的久了，那可能就说那人可能说：啊，明儿怕还……明儿可能还下呀。这就是个贬义词了。如果你说是好长时间久不下雨的话，啊，明儿怕下雨啊，那……这下就成了盼哩。期盼的意思了。tʂei˦˧iɑ˥˧pu˧sɿ˦i˥˧……tʂei˦˧iɑ˥˧pu˧kʰə˥˧……pu˧sɿ˦˧sɑ˦xuæɛ˦sɿ˦.tʂə˦kə˦ɕiɑ˦y˥˧ɑ˧sɿ˦kə˦tʂəŋ˦tʂʰɑŋ˧ɕiæ̃˦ɕiɑŋ˦.zʮ˧kuo˥˧sɿ˦ɕiɑ˦ti˧tɕiou˥˧lə˧,nei˦kʰə˥˧nəŋ˧tsou˦ʂuo˥˧nə˦zəŋ˧kʰə˥˧nəŋ˧ʂuo˥˧:ɑ˧,miə̃r˧pʰɑ˦xɑ˧ɕi……miə̃r˧kʰə˥˧nəŋ˧xɑ˧ɕiɑ˦iɑ˧.tʂei˦tɕiou˦sɿ˦kə˦piæ̃˥˧i˦tsʰɿ˧lə˧.zʮ˧kuo˥˧ni˥˧ʂuo˥˧sɿ˦xɑɔ˥˧tʂʰɑŋ˧sɿ˧tɕiæ̃˥˧tɕiou˥˧pu˧ɕiɑ˦y˥˧tə˧xuɑ˦,ɑ˧,miə̃r˧pʰɑ˦ɕiɑ˦y˥˧ɑ˧,nei˦……tʂei˦xɑ˦tɕiou˦tʂʰəŋ˧lə˧pʰæ̃˦li˧.tɕʰi˥˧pʰæ̃˦ti˧i˦sɿ˧lə˧.（比如说这个你盼了很久啊，说有一件什么好事儿，可能明天会……会到吧。可能是……这个是比较很好的事，你是说可能呢，还是怕呢？怕明天到？）黄：哎呀，我终于等到了。那个东西盼来咧。æɛ˧iɑ˧,ŋuo˥˧tʂuoŋ˥˧y˧təŋ˥˧tɑɔ˦lə˧.nə˦kə˦tuoŋ˥˧ɕi˧pʰæ̃˦læɛ˧lie˧.（你还没到呢！）黄：终于快到的了。tʂuoŋ˥˧y˧kʰuæɛ˦tɑɔ˦ti˧lə˧.（安慰自己！）黄：噢。ɑɔ˧.（还没到哇！）黄：但是终于快等到的了么。tæ̃˦sɿ˦tʂuoŋ˥˧y˧kʰuæɛ˦təŋ˥˧tɑɔ˦ti˧ləm˧.（那也许它不到呢？）黄：不到咧那就是……pu˧tɑɔ˦lie˧nei˦tɕiou˦sɿ˦……（也许它永远也不到呢？）黄：那就算了。那就是……nei˦tɕiou˦suæ̃˦lə˧.nei˦tɕiou˦sɿ˦……（你比如说这个你儿子说了这个十……十……十月一号回来，到了十月一号……）黄：他没有回来。tʰɑ˥˧mei˧iou˥˧xuei˧læɛ˧.（嗯，你会……或许他在路上吧？你会……你会说是谁怎么了？）黄：那就是个，在家里个等么，盼么。næɛ˦tɕiou˦sɿ˦kə˦,tsæɛ˦tɕiɑ˥˧li˥˧kə˦təŋ˥˧muo˧,pʰæ̃˦muo˧.（啊，是啊，你……你自己怎么安慰自己？）王：你说自己……自己想他，这阵儿可能……ni˥˧ʂuo˥˧tsɿ˦tɕi˥˧……tsɿ˦tɕi˥˧ɕiɑŋ˥˧tʰɑ˥˧,tʂei˦tʂə̃r˦kʰə˥˧nəŋ˧……黄：可能回来啊嘛。kʰə˥˧nəŋ˧xuei˧læɛ˧ɑ˧mɑ˧.王：可能回来啊。可能在路上走着咧。kʰə˥˧nəŋ˧xuei˧læɛ˧ɑ˧.kʰə˥˧nəŋ˧tsæɛ˦lou˦ʂɑŋ˦tsou˥˧tʂə˧lie˧.黄：可能是路上走着咧么。kʰə˥˧nəŋ˧sɿ˦lou˦ʂɑŋ˦tsou˥˧tʂə˧liem˧.（都是可能？）黄：嗯。ə̃˧.王：有可能。iou˥˧kʰə˥˧nəŋ˧.（没有许的说法？）黄：没有。mei˧iou˥˧.王：没有。mei˧iou˥˧.（比如说我们说，打个比方啊，这个呃，我说这这个八点钟开，这个咱们开始工作。哎呀，明天有事，这个欸要到九点钟才行，你一般怎么说？是非到九点钟不可还是怎么说呢？）黄：哎呀，明天可能儿……æɛ˧iɑ˧,miŋ˧tʰiæ̃˥˧kʰə˥˧nə̃r˧……王：大概在九点左右吧。tɑ˦kæɛ˦tsæɛ˦tɕiou˥˧tiæ̃˥˧tsuo˥˧iou˦pɑ˧.黄：可能就说是八点钟来不了了。到九点才能来嘛。kʰə˥˧nəŋ˧tɕiou˦ʂuo˥˧sɿ˦pɑ˥˧tiæ̃˥˧tʂuoŋ˥˧læɛ˧pu˧liɑɔ˥˧lə˧.tɑɔ˦tɕiou˥˧tiæ̃˥˧tsʰæɛ˧nəŋ˧læɛ˧mɑ˧.（还有别的说法没有？）黄：再一个就是这这这个，明天怕有事咧。可能到……到九点了。tsæɛ˦i˥˧kə˦tɕiou˦sɿ˦tʂə˦tʂə˦tʂə˦kə˦, miŋ˧˩tʰiæ̃˥˧pʰɑ˧iou˥˧sɿ˧˦lie˧.kʰə˥˩nəŋ˧˥tao˧······tao˧tɕiou˥˩tiæ̃˥˧lə˧.（你根本就是八点钟来不了，就得这九点钟以后才……）黄：嗯，嗯，八点钟有事咧，来不了了。ə̃˩,ə̃˧,pɑ˥˩tiæ̃˥˧tʂuoŋ˥˦iou˥˧sɿ˧˦lie˧,læᴇ˧˥pu˧˦liao˥˧lə˧.（呃，你比如说你们乡政府是九点半上班，我八点钟来，你说这个不行，我们这九点半才……）黄：呃，九点才开饭咧嘛。ə˧,tɕiou˥˩tiæ̃˥˧tsʰæᴇ˧˩kʰæᴇ˥˩fæ̃˧˦lie˧mɑ˧.（呃。你说不说非到九……九点半以后才行，说不说？）黄：那都不说那个话。næᴇ˧˦tou˥˩pu˧˩ʂuo˥˧nə˧kə˧xuɑ˧.

非得

（有没有什么非去不可的说法？非干不可的说法？这个事儿还……还非得你去。）王：非去不可说咧么。fei˥˩tɕʰy˧pu˧˩kʰə˥˧ʂuo˥˩liem˧.黄：呃，这非干不可，这话都有咧。ə˩,tʂə˧fei˥˩kæ̃˧pu˧˩kʰə˥˧,tʂə˧˦xuɑ˧tou˥˩iou˥˧lie˧.王：都有。tou˥˦iou˥˦.黄：嗯。ə̃˩.（呃，别人是搞不定，哎呀，非得你去不可。）黄：啊，非得你去不行。ɑ˧,fei˥˦tei˥˦ni˥˦tɕʰi˧pu˧˩ɕiŋ˧˩.（噢，是非得你去不行？）黄：啊，非……非得你去不行。ɑ˧,fei˥˦t······fei˥˦tei˥˦ni˥˦tɕʰi˧pu˧˦ɕiŋ˧˩.（不说不……不可？）黄：嗯，不行。或者是不可的是个话，太没有。这事非你不行。ə̃˩,pu˧˩ɕiŋ˧.xuei˧˩tʂə˥˩sɿ˧pu˧˩kʰə˥˧ti˧sɿ˧kə˧xuɑ˧,tʰæᴇ˧mei˧˩iou˥˩.tʂə˧sɿ˧fei˥˩ni˥pu˧˩ɕiŋ˧.

亏搭

（人家怎么……怎么这个伸出了援手，你感谢人家，应该是……你会怎么说呢？如果没有你啊会怎么样？你一般都怎么说？）黄：那就是说，一般都是说，这，这太感谢你咧。这事，没有你这就弄不成么。nei˧tɕiou˧˦sɿ˧˩ʂuo˥˩,i˥˦pæ̃˥tou˥˩sɿ˧˩ʂuo˥˦,tʂə˧,tʂə˧˦tʰæᴇ˧kæ̃˥˩ɕie˧˩ni˥˧lie˧.tʂə˧˦sɿ˧,mei˧iou˥˧ni˥˧tʂə˧tsou˧nuoŋ˧˦pu˧˩tʂʰəŋ˧˩muo˧.王：再么的说这个事情，亏搭你。tsæᴇ˧muo˧ti˧ʂuo˥˩tʂə˧˩kə˧˦sɿ˧tɕʰiŋ˧˦,kʰuei˥˧tɑ˥˩ni˥.黄：多亏你了。啊。tuo˥˦kʰuei˥˦ni˥˧lə˧.ɑ˩.（亏搭你？）黄：啊。ɑ˩.王：嗯，亏搭你。ŋ̍˩,kʰuei˥˧tɑ˥˩ni˥˦.（亏……噢，亏得你？）黄：啊。ɑ̃˩.王：嗯。ŋ̍˩.（说亏搭你多还是说多亏你多？）黄：多亏。tuo˥˦kʰuei˥˦.王：亏搭你多。kʰuei˥˧tɑ˥˩ni˥˦tuo˥.黄：亏搭你多。kʰuei˥˧tɑ˥˦ni˥˦tuo˥.（亏搭还是亏得？）黄：亏搭，这个事亏搭……亏搭有你咧，没有你这事就办不成。kʰuei˥˧tɑ˥˩,tʂə˧kə˧˦sɿ˧kʰuei˥˧tɑ˥˩······kʰuei˥˧tɑ˥˩iou˥˦ni˥˩lie˧,mei˧iou˥ni˥˧tʂə˧sɿ˧tsou˧pæ̃˧pu˧˦tʂʰəŋ˧.王：嗯，亏搭你，不是你事办不成。ŋ̍˩,kʰuei˥˧tɑ˥˩ni˥,pu˧˩sɿ˧ni˥sɿ˧pæ̃˧pu˧˦tʂʰəŋ˧˩.黄：再一个就是也是这个多亏你啊。tsæᴇ˧i˥˦kə˧tɕiou˧sɿ˧iɑ˥˩sɿ˧˩tʂə˧˩kə˧˩tuo˥˦kʰuei˥ni˥ɑ˩.王：嗯。ŋ̍˩.（呃，亏搭这个是，是不是说得，是比那个多亏说得这……）王：多下。tuo˥xɑ˧˩.（多？）黄：多些，啊？tuo˥ɕie˥˦,ɑ˧?王：嗯。ŋ̍˩.（老人家一般说什么？）王：老人家就说亏搭你。lɑo˥ʐəŋ˧˩tɕiɑ˥˦tɕiou˧ʂuo˥˦kʰuei˥˧tɑ˥˩ni˥˩.黄：它是多亏你了。tʰɑ˥˦sɿ˧tuo˥˦kʰuei˥˩ni˥˧lə˧.王：亏搭你。kʰuei˥˧tɑ˥˦ni˥˦.黄：嗯。ŋ̍˩.（有紧亏你的说法没有？）黄：没有。mei˧˩iou˥˩.（幸亏呢？）黄：幸亏这个话还说，有咧，也说咧。ɕiŋ˧˦kʰuei˥˦tʂə˧kə˧xuɑ˧xɑ˧˩ʂuo˥˦,iou˥lie˧,ie˥ʂuo˥˩lie˧.王：也说咧。嗯。ie˥ʂuo˥˩lie˧.ŋ̍˩.黄：这事幸亏有你了，没有你这事办不成。tʂə˧sɿ˧ɕiŋ˧kʰuei˥˦iou˥˦ni˥˩lə˧,mei˧iou˥ni˥tʂə˧sɿ˧pæ̃˧pu˧˦tʂʰəŋ˧.（但这种说法这个一直都有吗？就是，你们小时候就听过，就，就一直说吗？）黄：也都有说咧，这些，这话。æ˥tou˥˦iou˥˦ʂuo˥lie˧,tʂei˧˦ɕie˥˩,tʂə˧xuɑ˧˩.

一路

（一块儿去，你怎么说？一块儿来，一块儿去，一块儿干活。）黄：土一点的话是……一瘩里去，一瘩里来嘛。tʰu˥˧i˥˧˧tiæ̃˥˧˧tə˨xuɑ˥sɿ˥lə……i˥˧˨˩tɑ˥˧li˥˧˨˩tɕʰi˥˦˥,i˥˧˨˩tɑ˥˧li˥˧˨˩læᴇ˨˦mɑ˨.（我们两个人同路走，你们说……你是说我们两同路走还是怎么说？）黄：我们俩一路走。呃是……ŋuo˥˧˧məŋ˦liɑ˥˧˧i˥˧˨˩lou˥tsou˥˧˨˩.ə˥sɿ˥……王：说咱们俩一起……ʂuo˥˧˨˩tsɑ˨˦məŋ˦liɑ˥˧˨˩i˥˧˨˩tɕʰi˥˧˧……（i˨˩lou˥tsou˧？）黄：啊，或者是，我们一得……一块儿走啊？ɑ˥,xuo˨˦˨˩tʂə˥˧˨˩sɿ˥,ŋuo˥˧məŋ˨i˥˧˨˩tei˥˧……i˥˧˨˩kʰuər˥˧tsou˥˧˨˩ɑ˨?王：嗯。ŋ̍˨˩.（一路也可以？）黄：嗯，一路也可以，一块儿也可以。ə̃˨˩,i˥˧˨˩lou˥˦˥iɑ˥˧˧kʰə˥˧˧i˥˧˧,i˥˧˨˩kʰuər˥˧iɑ˥˧˧kʰə˥˧˧i˥˧˧.王：一块儿也可以。i˥˧˨˩kʰuər˥˧iɑ˥˧˨˩kʰə˥˧i˥˧˨˩.（哪种说得多一点呢？）黄：哎呀，最土的个话……æᴇ˥iɑ˨,tsuei˥˧˥tʰu˥˧ti˨kə˥˨˩xuɑ˥……王：就是一路走。tɕiou˥˨˩sɿ˥˨˩i˥˧˨˩lou˥˦˥tsou˥˧˨˩.黄：那，哎呀呀，咱们这儿那最土的还不是那个话。一瘩里走。呵。nə˥˧˥,æᴇ˥iɑ˦iɑ˦,tʂɑ˨˦məŋ˦tʂər˥nə˥tsuei˥tʰu˥˧ti˨xɑ˨˦˧pu˨˦˧sɿ˥nə˥kə˥xuɑ˥.i˥˧˨˩tɑ˥˧˨˩li˥˧tsou˥˧˨˩.xə˥˧.王：啊，一瘩里走。ɑ˨˩,i˥˧˨˩tɑ˥˧˨˩li˥˧tsou˥˧˨˩.黄：啊，咱们两个一瘩里走。这就是最土的兀话。一瘩里走。ɑ˨˩,tsɑ˨˦məŋ˦liɑŋ˥˧(k)ə˥˨˩i˥˧˨˩tɑ˥˧˨˩li˥˧tsou˥˧˨˩.tʂei˥˦˥tɕiou˥sɿ˥tsuei˥tʰu˥˧ti˨væᴇ˥˨˩xuɑ˥˨˩.i˥˧˨˩tɑ˥˧˨˩li˥˧tsou˥˧˨˩.（那我要，就说这个同路呢？我是一……同路来的，还是我们是说我们同路来的，还是说我们一路来的？）黄：我们一路来的。ŋuo˥˧məŋ˨i˥˧˨˩lou˥˦˥læᴇ˨˦˨˩ti˨.王：我们一瘩……一路来的，或者一瘩里来。ŋuo˥˧məŋ˨i˥˧˨˩tɑ˥˧˧˥……i˥˧˨˩lou˥˦˥læᴇ˨˦˧ti˦,xuo˨˦˨˩tʂə˥˧i˥˧˨˩tɑ˥˧˨˩li˥˧læᴇ˨˦˨˩.黄：……的，或者是一瘩里来的嘛。……ti˦,xuei˨˦˦˥tʂə˥˧˨˩sɿ˥˨˩i˥˧˨˩tɑ˥˧˨˩li˥˧læᴇ˨˦˨˩ti˨mɑ˨.王：一瘩里来的。i˥˧˨˩tɑ˥˧˧˥li˥˧læᴇ˨˦˨˩ti˨.（你去哪儿？我去富县。欸，我们正好同路。那你们怎么说？）黄：我们是一路么。ŋuo˥˧məŋ˦sɿ˥i˥˧˨˩lou˥˧˥muo˨.（一路？）黄：啊，一路。ɑ˨˩,i˥˧˨˩lou˥˧˥.（这个就说一路了？）黄：嗯。ə̃˨˩.

一瘩里

（合伙是做生意啦。比如说这个什么事情，哎，我们俩一起做，共同做。）黄：那就是一瘩里做。咱两个一瘩里弄，或者是一瘩里干么。nei˥˦˥tɕiou˥sɿ˥i˥˧˧tɑ˥˧li˥˧˨˩tsuo˥˨˩.tsɑ˨˦liɑŋ˥˧˨˩kə˥˨˩i˥˧˨˩tɑ˥˧li˥˧˨˩nuoŋ˥˨˩,xuo˨˦˦˥tʂə˥˧˨˩sɿ˥˨˩i˥˧˧tɑ˥˧li˥˧˨˩kæ̃˥muo˦.（你比如说你要做这个事情，我也要做这个事情，我们俩一块儿做，哎，共同做，但可能，呃，不是把这个资金投在一起，你做你的，我做我的，但是我们互相地照应。这也叫共同啊。）黄：那也共同。那都说是这个呃今儿拾……拾……拾……拾这个蘑菇咧，咱们一瘩里走么。nei˥˦˥iɑ˥˧˧kuoŋ˥tʰuoŋ˨˦˧.nei˥tou˥˧ʂuo˥˧˨˩sɿ˥tʂə˥kə˥ə˨˩tɕiə̃r˥˧˧ʂ……ʂɿ˨˦˨˩……ʂɿ˨˦˨˩……ʂɿ˨˦tʂə˥˨˩kə˥˨˩muo˨˦˨˩ku˥˧lie˨,tsɑ˨˦məŋ˦i˥˧˨˩tɑ˥˧li˥˧˨˩tsou˥˧muo˨.（一瘩里？）黄：噢，一瘩里走咧。都拾的是蘑菇，但是各儿卖各的着咧么。ɑə˨˩,i˥˧˨˩tɑ˥˧li˥˧˨˩tsou˥˧lie˨.tou˥˧˥ʂɿ˨˦˨˩ti˦sɿ˥muo˨˦˨˩ku˥˧˧,tæ̃˥sɿ˥kər˥˧mæᴇ˥kə˥˧˧ti˨tʂə˦lie˨muo˨.

故意

（故意，你们是怎么办，怎么说？老人家。）黄：故意。ku˥i˥.（故意是新词啦。）嗯。也有说故意的。你故意把这个事咋么个弄咧？ə̃˨˩.ie˥˧iou˥˧˧ʂuo˥˧˧ku˥i˥ti˨.ni˥˧˧ku˥i˥pɑ˥˧˨˩tʂə˥kə˥sɿ˥tsɑ˥˧˨˩muo˦kə˥nuoŋ˥lie˨?（嗯。）再一个就说是这个……tsæᴇ˥i˥˧kə˥˨˩tɕiou˥ʂuo˥˧˧sɿ˥tʂə˦kə˥……（成心？）你有意把这个事望……望日塌咧弄咧。故意，有的是叫有意。ni˥˧˧iou˥˧i˥pɑ˥˧˨˩tʂə˥kə˥sɿ˥vɑŋ˥……vɑŋ˥zʅ˥˧tʰɑ˥˧˨˩lie˨nuoŋ˥˦˥lie˨.ku˥i˥,iou˥˧ti˨sɿ˥˨˩tɕiɑɔ˥iou˥˧i˥˨˩.（说不说成心弄的？）成心，也有成心这个话。你成心把这个事望办……砸的办咧。tʂʰəŋ˨˦ɕiŋ˥˧,ie˥˧iou˥˧˧tʂʰəŋ˨˦ɕiŋ˥˧tʂə˥kə˥xuɑ˥.ni˥˧˧tʂʰəŋ˨˦ɕiŋ˥˧pɑ˥˧˨˩tʂə˥kə˥sɿ˥vɑŋ˥pæ̃˥……tsɑ˨˦ti˦pæ̃˥lie˦.（比如说，这个我不小心这弄了你一下，哎呀，对不起对不起对不起，我不是怎么的？）我不是故意的。ŋuo˥˧pu˨˦˧sɿ˥ku˥i˥ti˦.（就说我不是故意的？）啊，兀

不是故意的。ɑ˩,væᴇ˥pu˩˦sɿ˥˦ku˦i˦ti˧.（他最土最土的也说故意的？）啊，也不是故意的。这是我不小心把你碰咧一下。ɑ˩,ie˥pu˩˦sɿ˥˦ku˦i˦ti˧.tʂə˥˩sɿ˥˧ŋuo˥pu˩˦ɕiao˥ɕiŋ˥˩pa˥˩ni˥˩pʰəŋ˦li e˧i˥˩xa˥˩.

根本、压根儿

（这个事我压根儿不知道，你会怎么说？这个人，这个人我压根就不认识。）黄：这是这……呃，我根本就不认识。tʂə˥˩sɿ˥˩tʂə˥……ə˥,ŋuo˥kəŋ˥˩pəŋ˥tsou˦˩pu˩˦zəŋ˥˦ʂɿ˥˩.（根本？）黄：啊。ɑ˩.王：嗯。根本，或者是一直不认识。ŋ̍˩.kəŋ˥˩pəŋ˥,xuo˩˦tʂə˥sɿ˥˩i˥˩tʂɿ˩˦pu˩˦zəŋ˦ʂɿ˥˩.黄：哎人我一直都不认识。或者我根本就认……不认识。æᴇ˥zəŋ˩˦ŋuo˥˩i˥˩tʂɿ˩˦tou˥˩pu˩˦zəŋ˥˦ʂɿ˥˩.xuo˩˦tʂə˥˩ŋuo˥kəŋ˥˩pəŋ˥tsou˦˩zəŋ˥˧……pu˩˦zəŋ˥˦ʂɿ˥˩.（说不说就是不认识？就是不知道。）黄：那，那是这个压根儿不认识。这个话也说咧。这个压根儿就不认得嘛。这个事我压根儿就没干。nei˥˦,nə˥˦sɿ˥tʂə˥kə˥ia˥˧kə̃r˥pu˩˦zəŋ˥ʂɿ˥˩.tʂə˥kə˥xua˥ie˥ʂuo˥˩lie˧.tʂə˥˩kə˥˩ia˥˧kə̃r˥tsou˥pu˩˦zəŋ˥˦tei˥˩ma˧.tʂə˥kə˥sɿ˥ŋuo˥ia˥˧kə̃r˥tsou˥muo˥˩kæ̃˥.（说是，说根本的多，还是压根儿的多？）王：根本的多。kəŋ˥˩pəŋ˥ti˧tuo˥.黄：说根本的多些。ʂuo˥˩kəŋ˥˩pəŋ˥ti˧tuo˥ɕie˥˩.（压根儿是什么时候开始说的呢？）黄：压根儿，这也是个老话。ia˥˩kə̃r˥,tʂei˥˦ia˥sɿ˥kə˥lao˥xua˥˩.（也是个老话？）黄：嗯，压根儿。ŋ̍˩,ia˥kə̃r˥˩.

实在就是

（比如说这个菜，这个菜真是好吃啊。你们，你们会……会说什么？这个水真是好喝啊！你一般说什么？）王：就是好喝。tɕiou˥˦sɿ˥xao˥˩xuo˥˩.黄：就是好喝。tɕiou˥˦sɿ˥xao˥˩xuo˥˩.王：就是好喝。就是好吃。tɕiou˥sɿ˥xao˥˩xuo˥.tɕiou˥˦sɿ˥xao˥tʂʰɿ˥˩.（说不说实在好喝，实在好吃？）黄：那也说咧。nei˥˦ia˥˩ʂuo˥lie˧.王：那也说咧。nei˥ia˥˩ʂuo˥lie˧.黄：那真正好吃咧，那说啊也……兀菜□实在就是炒得好。næᴇ˥tʂəŋ˥˩tʂəŋ˥˦xao˥˩tʂʰɿ˥lie˧,nei˥˩ʂuo˥˩æ˧æ˥ʂ……væᴇ˥˦tsʰæᴇ˥niæ̃˩˦ʂɿ˩˦tsæᴇ˥tɕiou˥˦sɿ˥tsʰɑo˥tə˧xao˥˩.（噢，实在还要说一个就是？）王：嗯。ŋ̍˩.黄：啊。实在就是好。反正……这就有，修饰咧又加修饰咧。ɑ˩.ʂɿ˩tsæᴇ˥˦tɕiou˥sɿ˥xao˥˩.fæ̃˥˩tʂ……tʂə˥˦tsou˥iou˥˩,ɕiou˥ʂɿ˥˩lie˧iou˥tɕia˥˩ɕiou˥ʂɿ˥˩lie˧.（修饰，本身就说就，一般是说就是还说实在？）王：一般说就是好吃。i˥˩pæ̃˥ʂuo˥˩tɕiou˥˦sɿ˥xao˥tʂʰɿ˥˩.黄：一般都说是，这菜□就是好吃。i˥˩pæ̃˥tou˥˩ʂuo˥sɿ˥˩,tʂə˥˦tsʰæᴇ˥niæ̃˩˦tɕiou˥sɿ˥xao˥˩tʂʰɿ˥˩.王：嗯。ŋ̍˩.（嗯。）黄：啊，再就是这个……再给你说个了，兀□菜炒的实……实在就是……就是好。æ˩,tsæᴇ˥˦tɕiou˥sɿ˥tʂə˥kə˥……tsæᴇ˥kei˥ni˥˩ʂuo˥kə˥˩lə˧,væᴇ˥˦niæ̃˩˦tsʰæᴇ˥tsʰɑo˥ti˧ʂ……ʂɿ˩˦tsæᴇ˥˦tɕiou˥˩s……tɕiou˥sɿ˥xao˥˩.（噢。本身就"就是好"就是很好啦？）黄：啊，嗯。ɑ˩,ə̃˩.王：嗯。ŋ̍˩.（实在有……很很很好？）黄：啊，就是的。ɑ˥,tɕiou˥sɿ˥ti˧.王：啊，是。ɑ˥,sɿ˥.（可不可以说这个实在好？）黄：那可以嘛。nə˥kʰə˥i˥ma˧.（平……不是，平常有没有说，哎呀，这个菜实在好吃。）黄：能行咧么。nəŋ˩˦ɕiŋ˩˦liem˧.王：也说咧。ie˥˩ʂuo˥lie˧.黄：也说了。ie˥˩ʂuo˥˩lə˧.（它跟实在就是好有区别没有？）黄：那就有区别咧。nə˥tsou˥iou˥˩tɕʰy˥pie˩˦lie˧.（嗯。）黄：实在好吃，那个实在就是好。那就肯定了么。□就说明这个菜就是好嘛。ʂɿ˩tsæᴇ˥˦xao˥tʂʰɿ˥˩,nə˥kə˥ʂɿ˩˦tsæᴇ˥˦tɕiou˥sɿ˥xao˥˩.nə˥tsou˥kʰəŋ˥˩tiŋ˥˩lə˧muo˧.niæ̃˩˦tɕiou˥˩ʂuo˥˩miŋ˩˦tʂə˥kə˥tsʰæᴇ˥tɕiou˥sɿ˥xao˥ma˧.（比……实在就是好比那个实在好还要好一些？）王：嗯。ŋ̍˩.黄：那当然好一些嘛。nei˥˦taŋ˥˩zæ̃˩˦xao˥i˥˩ɕie˥˩ma˧.（那实在好和就是好哪一个好一些呢？）黄：这两个差不多一样。tʂə˥˦liaŋ˥(k)ə˥˩tsʰa˥˩pu˩˦tuo˥˩i˥˩iaŋ˥˩.王：这两

个差不多一样。tʂə˥˩liaŋ˥(k)ə˥˩tsʰɑ˥˧pu˧˩tuo˥˧i˥˧iaŋ˥.黄：啊，实在好，就是好。ɑ˩,ʂʅ˧˩tsæᴇ˥˩xɑɔ˥˧,tɕiou˥˩ʂʅ˥˩xɑɔ˥˩.（说不说这个菜真好吃？）黄：说咧嘛。ʂuo˥˩lie·lmɑ·l.王：也说。ie˥ʂuo˥˩.黄：也说嘛。ie˥ʂuo˥˩mɑ·l.（怎么说呢？）黄：这是个……这个菜真好……真好吃啊。tʂə˥sʅ˥kə……tʂə˥kə˥tsʰæᴇ˥tʂəŋ˥˩xɑɔ˥˧……tʂəŋ˥xɑɔ˥˩tʂʰʅ˥ɑ·l.（真好吃和就是好吃有……有区别没有？）黄：有咧嘛。iou˥lie·lmɑ·l.（嗯。）王："就是好吃"要比这个"真好吃"还要……tɕiou˥sʅ˥xɑɔ˥˧tʂʰʅ˥iɑɔ˥pi˥˩tʂə˥kə˥tʂəŋ˥˩xɑɔ˥˧tʂʰʅ˥xæᴇ˧˩iɑɔ˥……黄："真好吃"还好么。tʂəŋ˥˩xɑɔ˥tʂʰʅ˥˧xɑ˧˩xɑɔ˥muo·l.王：嗯。ŋ̍˩.（噢，比真好吃还要好？）黄：嗯。ŋ̍˩.王：就是好吃。tɕiou˥˩sʅ˥xɑɔ˥˩tʂʰʅ˥˩.（有说的确好吃的没有？）黄：也有咧。ie˥iou˥˩lie·l.王：这也有咧。tʂʅ˥˩ie˥iou˥˩lie·l.黄：也有咧。ie˥iou˥˩lie·l.王：这种方言也……也有咧。tʂə˥tʂuoŋ˥˧fɑŋ˥˩iæ̃˧˧ie˥tə……ie˥iou˥lie·l.黄：也……方言词也有咧。真好吃，啊。ie˥˧……fɑŋ˥˩iæ̃˧tsʰʅ˧˧ie˥iou˥˩lie·l.tʂəŋ˥˧xɑɔ˥˩tʂʰʅ˥,ɑ·l.（怎么说呢？）黄：这菜就的确好吃。tʂə˥tsʰæᴇ˥tɕiou˥ti˥˩tɕʰyo˥xɑɔ˥˩tʂʰʅ˥˩.（那跟这个真……真好和就是好有什么区别？）黄：那都差不多一样好。nə˥˩tou˥˩tsʰɑ˥˧pu˧˩tuo˥i˥˩iaŋ˥xɑɔ˥˩.王：再□还又说那个，啊，这个菜也不错。tsæᴇ˥niæ̃˧˧xæᴇ˧˩iou˥ʂuo˥˩nei˥˩kə˥,æ˩,tʂə˥kə˥tsʰæᴇ˥ɑ˥˩pu˧˩tsʰuo˥.（不错？）黄：啊。ɑ̃˩.王：不错。pu˧˩tsʰuo˥.（那比"真好吃"要……是不是要差一点儿？）王：嗯。ŋ̍˩.黄：那就差一点嘛。næᴇ˥tɕiou˥tsʰɑ˥i˥˩tiæ̃˥˩mɑ·l.（有没有说好吃得很的这种？）黄：说咧嘛。ʂuo˥lie·lmɑ·l.王：也有咧嘛。ie˥iou˥lie·lmɑ·l.黄：有，它有嘛。好吃得很。iou˥,tʰɑ˥˧iou˥mɑ·l.xɑɔ˥tʂʰʅ˥˩tə·lxəŋ˥˧.王：哼，哼，嗯嘶，嗯。xə̃˥,xə̃˩,ə̃˥s˂,ə̃˩.（那它比"实在就是好吃"……）黄：那都还……这会儿……næᴇ˥˩tou˥˧xɑ˧˩ts……tʂə˥˩xuər˥˩……王：错一点儿，错一点儿。tsʰuo˥i˥˧tiæ̃r˥˩,tsʰuo˥˩i˥tiæ̃r˥˩.黄：啊，错一点儿。ɑ˩,tsʰuo˥˩i˥tiæ̃r˥˩.（tsʰuo˩一点儿还是tsʰuo˥˩一点儿？）黄：错一点儿就是。tsʰuo˥i˥˧tiæ̃r˥˩tɕiou˥˩sʅ˥.王：错一点儿。tsʰuo˥i˥˧tiæ̃r˥˩.（嗯。）黄：嗯。ŋ̍˩.（比那个稍微还要……还要低……低一个档次？）黄&王：啊。ɑ˥.

焦鏉

（这个后果很严重说不说这个事叫焦鏉了？）王：呃，说咧，焦鏉来着。呃，谁谁弄了个啥事，这弄焦掀了。ə˥,ʂuo˥lie·l,tɕiɑɔ˥ɕiæ̃˥˩læᴇ˧˩tʂə·l.ə˥,sei˧sei˧nuoŋ˥lə·lkə˥˩sɑ˥sʅ˥,tʂə˥nuoŋ˥tɕiɑɔ˥ɕiæ̃˥˩lə·l.（程度深也说焦鏉吗？比如说这个雨很大，说不说雨下得焦鏉？）噢，就说那……说咧，兀个大的焦掀。ɑɔ˩,tɕiou˥ʂuo˥˧nei˥……ʂuo˥lie·l,vu˥kə˥tɑ˥ti·ltɕiɑɔ˥ɕiæ̃˥˩.

一共

（给你……给你五十，给你六十，这加起来一百一。你是说一共一百一，还是总共一百一，还是什么？）黄：一共一百一十块钱。也叫总共一百一十块钱。i˥˩kuoŋ˥˩i˥˧pei˥˩i˥˩ʂʅ˧˩kʰuæᴇ˥˩tɕʰiæ̃˧.ie˥tɕiɑɔ˥tsuoŋ˥kuoŋ˥i˥˩pei˥˩i˥˩ʂʅ˧˩kʰuæᴇ˥˧tɕʰiæ̃˧˩.（哪种说得最多一些？）王：一共一百一十块钱。i˥˩kuoŋ˥˩i˥˧pei˥˧i˥˧ʂʅ˧˧kʰuæᴇ˥˧tɕʰiæ̃˧˩.黄：一共一百一十块钱。i˥˩kuoŋ˥˩i˥˧pei˥˧i˥˩ʂʅ˧˩kʰuæᴇ˥tɕʰiæ̃˧˩.（还有别的说法没有？）黄：没有了再好像。muo˥˩iou˥lə·ltsæᴇ˥˩xɑɔ˥˩ɕiaŋ˥˩.（嗯？）黄：没了。muo˥lə·l.（有说统共的说法没有？）王：没有。mei˧iou˥˧.黄：没有。mei˧iou˥˧.王：没有。有说总共咧那。mei˧iou˥˧.iou˥˧ʂuo˥˩tsuoŋ˥kuoŋ˥lie·lnei˥˩.黄：有说总共这个话咧。iou˥˧ʂuo˥˩tsuoŋ˥kuoŋ˥tʂə˥kə˥xuɑ˥˩lie·l.王：嗯。ŋ̍˩.黄：总共。tsuoŋ˥kuoŋ˥.（满共呢？）王：满共也说。mæ̃˥˧kuoŋ˥ie˥ʂuo˥˩.黄：说咧，满共，嗯。ʂuo˥lie·l,mæ̃˥kuoŋ˥˧,ə̃˩.

净

（这个，比如说这个街上啊，全是人，你……你们会说什么？）黄：满街都是人。mæ̃˦˨tɕie˦˨tou˦˨sɿ˧zəŋ˨˦.（满街都是什么？）黄：噢，满街都是些人。ɑɔ˧,mæ̃˦˨tɕie˦tou˦˨sɿ˧˦ɕie˦˨zəŋ˨˦.（都是一种人呢？都是当兵的。）黄：啊，街上都是些当兵的。ɑ˨,kæᴇ˦ʂaŋ˧˨tou˦˨sɿ˧˨ɕie˦˨taŋ˦˨piŋ˦ti˨.（都是些？）黄：啊，都是些当兵的。再么了就是，兀都清一色儿的当兵的。ɑ˨,tou˦˨sɿ˧ɕie˦˨taŋ˦˨piŋ˦ti˨.tsæᴇ˧muo˨lə˨tɕiou˧sɿ˧,væᴇ˧˦tou˦˨tɕʰiŋ˦˨i˦˨sər˦ti˨taŋ˦˨piŋ˦ti˨.（净是些，说不说？）黄：这个说咧，净是些当兵的。tʂə˧˨kə˧˦ʂuo˦˨lie˨,tɕiŋ˧sɿ˧˨ɕie˦˨taŋ˦˨piŋ˦˨ti˨.

肯

（他经常来有没有说他肯来的？）黄：他肯来这个话说咧。肯来得很。兀他肯到这儿耍得很。tʰɑ˦˨kʰəŋ˦læᴇ˨tʂə˧kə˧xuɑ˧ʂuo˦˨lie˨.kʰəŋ˦læᴇ˨˦tə˨xəŋ˦.væᴇ˧tʰɑ˦˨kʰəŋ˦tɑɔ˧tʂər˧ʂuɑ˦tə˨xəŋ˦˨.

自不然

（就说，很自然的这种这个，我很自然，有没有叫"自不然"的说法？自不其然？）黄："自不然"这个话有咧，"自不其然"倒没有得。tsɿ˧pu˨˦zəŋ˨（←zæ̃˨）tʂə˧kə˧xuɑ˧iou˦˨lie˨,tsɿ˧pu˨˦tɕʰi˨˦zæ̃˨tɑɔ˧˨mei˨iou˦˨tei˦˨.（"自不然"是什么意思呢？）黄：自不然就说是兀……按这个事情发展的规律，它到最后都肯定都这么个乱嘛你还。自不然。tsɿ˧pu˨˦zæ̃˨tɕiou˧˨ʂuo˦˨sɿ˧˨və˧……næ̃˧tʂə˧kə˧sɿ˧˦tɕʰiŋ˨˦fɑ˦˨tʂæ̃˦ti˨kuei˦ly˦˨,tʰɑ˦˨tɑɔ˧tsuei˧xou˧tou˦˨kʰəŋ˦˨tiŋ˧˦tou˦˨tʂə˧˨muo˨kə˧˨nuæ̃˦（←luæ̃˧）mɑ˨ni˦˨xæᴇ˨˦.tsɿ˧pu˨˦zæ̃˨.（就是自然得很。）王：自然得很。tsɿ˧˦zæ̃˨˦tə˨xəŋ˦˨.黄：噢，就是自然得很。ɑɔ˧,tɕiou˧˦sɿ˧tsɿ˧˨zæ̃˨˦tə˨xəŋ˦˨.

实打实

（实打实？）黄：实打实的说法有咧。有，有这个说法。ʂʅ˨˦tɑ˦ʂʅ˨ti˨ʂuo˦˨fɑ˦˨iou˦lie˨.iou˦˨,iou˦˨tʂə˧kə˧ʂuo˦˨fɑ˦˨.（实打实是，你们是用在什么地方呢？）黄：实打实那就是……ʂʅ˨˦tɑ˦ʂʅ˨næᴇ˧tɕiou˧sɿ˧……王：就是在……过这个秤，你就是实打实的过一下。tɕiou˧sɿ˧tsæᴇ˧……kuo˧tʂə˧kə˧tʂʰəŋ˧˦,ni˦˨tɕiou˧sɿ˧ʂʅ˨˦tɑ˦ʂʅ˨ti˨kuo˧i˦˨xɑ˧˨.（叫什么？）王：就说是你……这……这……把这洋芋你给我过一下，你要实打实的过咧，不敢我报下虚数儿了。tɕiou˧ʂuo˦˨sɿ˧ni˦ṇ……tʂə˧……tʂə˧……pɑ˦˨tʂə˧iɑŋ˨˦y˧˦ni˦˨kei˧ŋuo˦˨kuo˧i˦˨xɑ˧˨,ni˦˨iɑɔ˧ʂʅ˨˦tɑ˦ʂʅ˨˦ti˨kuo˧lie˨,pu˨˦kæ̃˦ŋuo˦pɑɔ˧xɑ˧ɕy˦ʂuər˧˨lə˨.

再

（说……他如果不怎么样，有没有，有没有说他再要不来，或者再不来，我就不去的？）黄：那有，这话有咧。噢，他如果不来，或者他再不来。nei˧iou˦˨,tʂə˧xuɑ˧iou˦lie˨.ɑɔ˧,tʰɑ˦zɥ˨˦kuo˦pu˨˦læᴇ˨˦,xuo˨˦tʂə˦˨tʰɑ˦tsæᴇ˧pu˨˦læᴇ˨˦.（他就是……再不来，怎么样呢？）黄：我也不干咧，或者是做啥子。ŋuo˦æ˦˨pu˨˦kæ̃˧lie˧,xuei˨˦tʂə˦˨sɿ˧tsɥ˧sɑ˧tsɿ˧.王：我也不管咧。ŋuo˦æ˦˨pu˨˦kuæ̃˦˨lie˨（"再"还有什么意思没有？还有别的什么意思没有？）黄：再，再也没有啥意思咧好像。tsæᴇ˧,tsæᴇ˧ɑ˦mei˨iou˦sɑ˧i˧sɿ˧lie˨xɑɔ˦ɕiaŋ˧˨.（有没有第二次的意思？再说一遍，再说一遍？）黄：哪些倒有咧。啊，用到不同的地方那它肯定，重复的意思。nei˧˦ɕie˦˨tɑɔ˧iou˦˨lie˨.ɑ˨,yoŋ˧˦tɑɔ˧pu˨tʰuoŋ˨˦ti˨ti˧fɑŋ˦˨nei˧tʰɑ˦˨kʰəŋ˦tiŋ˧,tʂʰuoŋ˨˦fu˦ti˨i˧sɿ˨.

黑搭糊涂

（黑搭糊涂的说法呢？）黄：黑搭糊涂的这个话有咧。xei˥˧tɑ˩xu˨˩tu˩ti˩tʂə˩˨kə˩˥xuɑ˩iou˥˧lie˩.（嗯。）也就是稀里……我们这儿黑搭糊涂也就是稀里糊涂的那个意思啊。æ˥˧tɕiou˩˨sɿ˩˨ɕi˥˧li˩……ŋuo˥mən˩tʂər˩xei˥˧tɑ˩xu˨˩tu˩lie˥˧tɕiou˩sɿ˩ɕi˥˧li˩xu˨˩tu˩ti˩nə˩˨kə˩i˩˥sɿ˩ɑ˩.（脑……脑子不大，不明白就是……）啊。再一个就是糊里糊涂的反正。ɑ˨˩.tsæᴇ˩i˥˧kə˩tɕiou˩˨sɿ˩˨xu˨˩li˩xu˨˩tu˩ti˩fæ̃˥˨tʂəŋ˩˨.

贵贱、钱多少、瞎好

（你不论如何你给我办一办这个事情，你说你贵贱帮我办一办还是什么东西？）王：我们这儿说是你贵贱帮我把这事情办一下。ŋuo˥mən˩tʂər˩ʂuo˥˨sɿ˩˨ni˥kuei˩tɕʰiæ̃˩paŋ˥˧ŋuo˥pɑ˥˨tʂə˩sɿ˩tɕʰiŋ˨˩pæ̃˩i˥˧xɑ˩˨.（叫什么？）贵贱。kuei˩tɕiæ̃˩.（还有什么说法没有？）再一个就是钱多少么。钱多少把我个事情办下。tsæᴇ˩i˥˧kə˩tɕiou˩sɿ˩tɕʰiæ̃˨˩tuo˥˨ʂɑɔ˥muo˩.tɕʰiæ̃˨˩tuo˥˨ʂɑɔ˥pɑ˥˧ŋuo˥˧kə˩sɿ˩tɕʰiŋ˨˩pæ̃˩xɑ˩.（叫什么？）钱多少。tɕʰiæ̃˨˩tuo˥˨ʂɑɔ˥.（钱多少。）啊。ɑ˨˩.（怎么叫钱多少呢？）那意思就说你钱多少你都要把这个事情要办成咧。nei˩i˩˦sɿ˩tɕiou˩ʂuo˥˧ni˥˧tɕʰiæ̃˨˩tuo˥˨ʂɑɔ˥ni˥˧tou˥˧iɑɔ˩pɑ˥˧tʂə˩kə˩sɿ˩tɕʰiŋ˨˩iɑɔ˩pæ̃˩tʂʰəŋ˨˩lie˩.（有没有叫你xɑ˨˩xɑɔ˥帮我办一下的？）也叫咧。你瞎好我办一下也……也说咧。ie˥tɕiɑɔ˩lie˩.ni˥˨xɑ˥˨xɑɔ˥ŋuo˥˨pæ̃˩i˥˧xɑ˩˦ie˥tɕi……ie˥ʂuo˥˨lie˩.（叫什么？）瞎好。xɑ˥˨xɑɔ˥.（你再念一下我怎么把把你xɑ˥好帮我办一下？）你把这个事给我瞎好办一下了。ni˥pɑ˥˨tʂə˩kə˩sɿ˩kei˩ŋuo˥˧xɑ˥˨xɑɔ˥pæ̃˩i˥˧xɑ˩˨lə˩.

趄顺

（趄顺呢？）黄：趄顺这个话倒还说咧。趄顺。ɕyo˨˩ʂuoŋ˩tʂə˩˦kə˩˨xuɑ˩tɑɔ˩xɑ˨˩ʂuo˥lie˩.ɕyo˨˩ʂuoŋ˩.（趄顺是什么意思呢？）趄顺那就表示就是它是这个，弄啥事情，你不管再说啥，我是……反正这个事我总要弄啊。不管你长咧短咧，趄咧顺咧，我都……把这个事我就干。ɕyo˨˩ʂuoŋ˩˦nə˩˦tsou˩˨piɑɔ˥sɿ˩tɕiou˩sɿ˩tʰɑ˥˧sɿ˩tʂə˩kə˩,nuoŋ˩sɑ˩sɿ˩tɕʰiŋ˨˩,ni˥pu˨˩kuæ̃˥tsæᴇ˩ʂuo˥˨sɑ˩,ŋuo˥˧sɿ˩……fæ̃˥˨tʂəŋ˩tʂə˩kə˩sɿ˩˦ŋuo˥˨tsuoŋ˥˧iɑɔ˩nuoŋ˩æ˩.pu˨˩kuæ̃˥ni˥˧tʂʰɑŋ˨˩lie˩tuæ̃˥lie˩,ɕyo˨˩lie˩ʂuoŋ˩lie˩,ŋuo˥tou˥˨……pɑ˥˨tʂə˩kə˩sɿ˩ŋuo˥tsou˩˨kæ̃˩˨.（你举个例子造个句子看看？）比如是这个……这个菜，不管你给……给我卖呀……吗不给我卖，反正我趄顺总要买些菜咧。就是不攮劲你不给我卖，别人就还不给我卖反正？就是趄顺反正我就是要买菜咧么。pi˥ʐʮ˨˩sɿ˩˨tʂə˩kə˩……tʂə˩kə˩tsʰæᴇ˩,pu˨˩kuæ̃˥˧ni˥˧kei˩m……kei˩˦ŋuo˥mæᴇ˩iɑ˩……mɑ˩pu˨˩kei˩ŋuo˥˧mæᴇ˩,fæ̃˥˨tʂəŋ˥˧ŋuo˥˧ɕyo˨˩ʂuoŋ˩˦tsuoŋ˥˨iɑɔ˩mæᴇ˥ɕie˥˨tsʰæᴇ˩lie˩.tsou˩˨sɿ˩˨pu˨˩tsuæ̃˩tɕiŋ˩ni˥pu˨˩kei˩ŋuo˥˧mæᴇ˩,pie˨˩ʐəŋ˨˩tsou˩xɑ˨˩pu˨˩kei˩ŋuo˥˧mæᴇ˩fæ̃˥˨tʂəŋ˥˨?tsou˩˨sɿ˩˨ɕyo˨˩ʂuoŋ˩˦fæ̃˥tʂəŋ˩ŋuo˥˧tsou˩sɿ˩iɑɔ˩mæᴇ˥˧tsʰæᴇ˩˦lie˩muo˩.

长短

（长短这种话说不说？就说你长短要……要怎么样啊，你长短叫他怎么样。就千万……）王：说咧。ʂuo˥lie˩.黄：说咧。ʂuo˥lie˩.王：嗯。ŋ̍˩.（长短？）黄：嗯。ŋ̍˩.（这是什么意思呢？长短在这里是？）王：长短就是，也是尽快的意思啊？tʂʰɑŋ˨˩tuæ̃˥tɕiou˩˨sɿ˩˨,ie˥˧sɿ˩tɕiŋ˩kʰuæᴇ˩˦ti˩i˩sɿ˩ɑ˩?黄：那不是。nə˩pu˨˩sɿ˩˨.王：嗯？ə̃˦?黄：长短……tʂʰɑŋ˨˩tuæ̃˥˧……（你造个造……）黄：就是给人下话咧么。你长短把这个事给咱们弄咧就对了，啊。不管你采取啥方法啊，你就是长里短里，你把这个事给咱们干了就对了。tɕiou˩sɿ˩kei˩˨ʐəŋ˨˩ɕiɑ˩xuɑ˩lie˩muo˩.ni˥˧tʂʰɑŋ˨˩tuæ̃˥pɑ˥˨tʂə˩kə˩sɿ˩kei˩tsɑ˨˩mən˩nuoŋ˩˦lie

˨tɕiou˧tuei˧˨lə˧,ɑ˨˩.pu˦˨kuæ̃˥ni˥˦tsʰæᴇ˥tɕʰy˥˦sa˧faŋ˥˨fa˥æ˨,ni˥˨tɕiou˧˨sɿ˧˨tʂʰaŋ˦˨li˥˦tuæ̃˥li˥˨,ni˥˦pa˥˨tʂə˧kə˧sɿ˧kei˧tʂa˦˨məŋ˧kæ̃˧lə˧tɕiou˧tuei˧lə˨.（是不是长短，你千万的意思？跟千万还不一样？）黄：不一样。pu˦˥i˥˦iaŋ˧.王：不一样。pu˦˨i˥˨iaŋ˧.（不管你采取什……只要把这个事情……）黄：啊，只要你把这个事做咧，不……那就说是，只要你把这个事弄咧，不管你采取啥方法都能行。ŋa˨˩,tsɿ˥˨iaɔ˧ni˥pa˥˨tʂə˧kə˧sɿ˧tsɥ˧˨lie˨,pu˦˨……nei˧tɕiou˧˥ʂuo˥˨sɿ˧˨,tsɿ˥˨iaɔ˧ni˥pa˥˨tʂə˧kə˧sɿ˧nuoŋ˧lie˨,pu˦˨kuæ̃˥ni˥tsʰæᴇ˥˦tɕʰy˥˦sa˧˦faŋ˥fa˥˨tou˥˨nəŋ˦˨ɕiŋ˦˨.（噢，这“长短”？）黄：啊。ɑ˨˩.（这个和……这个趄顺有什么区别没有？）黄：没有。这两个是一……可以在……放得一瘩里用。mei˦iou˥˨.tʂə˧liaŋ˥˨kə˧˨sɿ˧i˥˦……kʰə˥˦i˥˦tsæᴇ˧……faŋ˧tə˧li˥˨ta˥li˥˨yoŋ˧˨.

怪不得

（这个，你们说这个怪不得，你们是说什么？）黄：也说咧，这个话，怪不得。ie˥ʂuo˥lie˨,tʂə˧kə˧xua˧˨,kuæᴇ˧˥pu˦˦tei˥˨.王：说啊。ʂuo˥a˨.黄：怪不得他咋这么个弄咧，兀原来是你们个亲亲。kuæᴇ˧˥pu˦˦tei˥˦tʰa˥˦tsa˥˨tʂə˧˥muo˨kə˧˨nuoŋ˧lie˧,væᴇ˧yæ̃˦læᴇ˦sɿ˧ni˥˦məŋ˧kə˧tɕʰiŋ˥tɕʰiŋ˥˨.

趄来

（办事不按……不按规矩。）黄：咱们这儿一般人把那不按规矩办事那些人就叫趄来咧，啊？tsa˦məŋ˧tʂər˧i˥˨pæ̃˥zəŋ˦˨pa˥˨næᴇ˧pu˦˨næ̃˧kuei˥tɕy˥˨pæ̃˧sɿ˧nei˧ɕie˥˦zəŋ˦tɕiou˧tɕiaɔ˧ɕyo˦læᴇ˦˨lie˨,ɑ˨˩?（趄来？胡来？）王：胡来咧。xu˦˨læᴇ˦˨lie˧.黄：胡来咧，或者是趄来。xu˦læᴇ˦˦lie˧,xuei˦˦tʂə˥˦sɿ˧ɕyo˦læᴇ˦˨.

端端

（我什么都干好了，单单就缺……缺一个什么东西。）王：我们那兀叫端端。ŋuo˥məŋ˨tʂər˧tməŋ˨nə˧və˧tɕiaɔ˧tuæ̃˥˨tuæ̃˥˦.黄：我们这儿这土话那就是端端就缺了个啥。ŋuo˥məŋ˨tʂər˧tʂə˧˨tʰu˥xua˧næᴇ˧tɕiou˧sɿ˧tuæ̃˥˨tuæ̃˥˦tɕiou˧˨tɕʰyo˥lə˨kə˧˨sa˧˨.王：啊。ɑ˨˩.（哪个端？）黄：啊。端是行的走，行的正，走的端。ɑ˨˩.tuæ̃˥sɿ˧˨ɕiŋ˦˨ti˧tsou˥,ɕiŋ˦˨ti˧tʂəŋ˧,tsou˥ti˨tuæ̃˥.王：端正的端。tuæ̃˥tʂəŋ˧ti˧tuæ̃˥.黄：端正的端。tuæ̃˥˨tʂəŋ˧ti˧tuæ̃˥˨.（比如说这个，我房子做什么都，都，都，砖呐瓦呀都弄好了，就缺一根大梁，你一般怎么，你要说这句话怎么说呢？）王：偏偏缺了个大梁。pʰiæ̃˥˨pʰiæ̃˥˦tɕʰyo˥˨lə˨kə˧˨ta˧liaŋ˦˦.（还是单……单单缺了个大梁？）王：这个就是偏偏就缺咧个……啊？tʂə˧˨kə˧˥tɕiou˧sɿ˧pʰiæ̃˥˨pʰiæ̃˥˦tɕiou˧tɕʰyo˥lie˨kə˧˨……ɑ˨?黄：哎呀，偏偏也可以说，再一个就说是，就缺个大梁了。æᴇ˧ia˧,pʰiæ̃˥˨pʰiæ̃˥˦ie˥˦kʰə˥i˥˨ʂuo˥˨,tsæᴇ˧i˥˦kə˧tɕiou˧ʂuo˥˦sɿ˧,tɕiou˧tɕʰyo˥˨kə˧˨ta˧˥liaŋ˦˨lə˨.王：嗯。ŋ̍˨˩.黄：嗯。ə̃˨˩.（“就”是吧？）黄：啊，就缺个大梁了。啥都准备好咧，就缺个大梁。ã˨˩,tɕiou˧˥tɕʰyo˥˨kə˧˨ta˧˥liaŋ˦˨lə˨.sa˧˥tou˥˦tʂuoŋ˥˦pi˧xaɔ˥lie˨,tɕiou˧tɕʰyo˥˨kə˧˨ta˧˥liaŋ˦˨.

一得很

（一般像这种是，他特别的怎么样你说怎么样？就说特别，还是说什么当地？）黄：当地那话那都说个他有钱的很啊。taŋ˥˨ti˧˥nə˧xua˧nə˧tou˥˦ʂuo˥˦kə˧tʰa˥˦iou˥˦tɕʰiæ̃˦˨ti˧xəŋ˥a˨.王：很有钱。xəŋ˥iou˥˦tɕʰiæ̃˦˦.黄：很有钱。或者是他有钱的很啊。兀人钱多得很啊。xəŋ˥iou˥˦tɕʰiæ̃˦.xuei˦˨tʂə˥˨sɿ˧˨tʰa˥˨iou˥˦tɕʰiæ̃˦˨ti˧xəŋ˥a˨.væᴇ˧˥zəŋ˦˦tɕʰiæ̃˦tuo˥tə˨xəŋ˥a˨.（特别厚呢？）黄：兀厚得很。væᴇ˧xou˧tə˧xəŋ˥.（特别硬呢？）黄：兀老硬的咧。væᴇ˧laɔ˥niŋ˧ti˧lie˨.（laɔ˥niŋ˧ti˨?）黄：啊，老硬的咧。或者是硬的很啊。老硬咧。老

硬的咧。ɑ˩˥,lɑɔ˥˧niŋ˧˩ti˨˩lie˨˩.xuei˨˩˥tʂə˥˧˥sɿ˧˩˥niŋ˧˩ti˨˩xəŋ˥˧ɑ˨˩.lɑɔ˥˧niŋ˧˩lie˨˩.lɑɔ˥˧niŋ˧˩ti˨˩lie˨˩.（特别厚说不说老厚？lɑɔ˥˧xou˧˩lie˨˩？）王：很厚。xəŋ˥˧xou˧˩˥.黄：老厚咧也说咧这个话。lɑɔ˥˧xou˧˩lie˨˩lie˥˧˥ʂuo˥˧lie˨˩tʂə˧˩˥kə˧˩˥xuɑ˧˩.（非常非常大说不说老大？）黄：大的很啊。tɑ˧˩ti˨˩xəŋ˥˧ɑ˨˩.（有个东西非常非常的薄，一碰就就坏，都不敢动，这个东西怎么薄的？是老厚……老薄的还是什么东西？）黄：呃，薄的很啊。ə˧˩,puo˨˩˥ti˨˩xəŋ˥˧ɑ˨˩.王：薄的很，薄的很。puo˨˩˥ti˨˩xəŋ˥˧˥,puo˨˩˥ti˨˩xəŋ˥˧.

论起来

（比如说谈……谈着什么，说起来，他还是我什么什么人呢！你是说说起来还是论起来？）黄：论起来。lyoŋ˧˩tɕʰi˥˧˥læᴇ˨˩˥.（叫什么？）王：论。lyoŋ˧˩.黄：论起。lyoŋ˧˩˥tɕʰi˥˧˥.（啊？）黄：论起来。lyoŋ˧˩tɕʰi˥˧˥læᴇ˨˩˥.王：论。lyoŋ˧˩.（lyoŋ˧˩？）黄&王：嗯。ŋ̍˨˩˥.王：理论的论。li˥˧˥lyoŋ˧˩ti˨˩lyoŋ˧˩.黄：论起来，我把你还叫啥咧。lyoŋ˧˩tɕʰi˥˧˥læᴇ˨˩˥,ŋuo˥˧pɑ˥˧˥ni˥˧˥xɑ˨˩˥tɕiɑɔ˧˩˥sɑ˧˩˥lie˨˩.

不值得

（不值得。）黄：这话也说咧。tʂə˧˩˥xuɑ˧˩ie˥˧˥ʂuo˥˧lie˨˩.王：也说咧。ie˥˧ʂuo˥˧˥lie˨˩.黄：嗯。ŋ̍˨˩˥.（土一点的有没有别的说法？他什么人，你不值得跟他那个。）黄：就是的，这话是这么个。tɕiou˧˩sɿ˧˩ti˨˩,tʂə˧˩˥xuɑ˧˩˥sɿ˧˩tʂə˧˩muo˨˩kə˧˩.（嗯，你，你这个土话怎么说呢？你比如说你在一个什么情况下，说到，用到不值得这个意思，你说什么话？）黄：嗯。讲起来……ŋ̍˥˧.tɕiɑŋ˥˧tɕʰi˥˧˥læᴇ˨˩˥……（用到这个意思你一般说什么？）王：不值得啊？pu˨˩˥tʂɿ˨˩˥tə˨˩ɑ˨˩?（嗯。你不值得跟他计较，你，你会怎么说？）王：不值得，那就说有个，我跟你两欸……你……你跟他两人这个，为……就是说个话或者是骂了几句，或是欸，某个事么，那就不值得和他两人闹么事咧。pu˨˩˥tʂɿ˨˩˥tə˨˩,nə˧˩tɕiou˧˩ʂuo˥˧˥iou˥˧kə˧˩,ŋuo˥˧˥kəŋ˥˧˥ni˥˧˥liɑŋ˥˧˥ei……ni˥˧……ni˥˧kəŋ˥˧˥tʰɑ˥˧liɑŋ˥˧zəŋ˨˩˥tʂə˧˩˥kə˧˩,vei˧˩ʂ……tɕiou˧˩sɿ˧˩ʂuo˥˧˥kə˧˩˥xuɑ˧˩xuo˨˩˥tʂə˥˧˥sɿ˧˩mɑ˧˩lə˨˩tɕi˥˧tɕy˧˩,xuo˨˩˥sei˩˥（←sɿ˧˩ei˨˩）,mu˥˧kə˧˩˥sɿ˧˩muo˨˩,nei˧˩tɕiou˧˩pu˨˩˥tʂɿ˨˩tei˥˧xuo˨˩˥tʰɑ˥˧˥liɑŋ˥˧zəŋ˨˩˥nɑɔ˧˩muo˨˩sɿ˧˩lie˨˩.（就这个意思你会，你们平常还有别的话来说它吗？）黄：我们有时候是说的“那些不值”。ŋuo˥˧məŋ˨˩iou˥˧sɿ˨˩˥xou˧˩sɿ˧˩ʂuo˥˧ti˨˩nə˧˩ɕie˥˧˥pu˨˩˥tʂɿ˨˩.（pu˩˥tʂɿ˨˩？）王：嗯。ŋ̍˨˩˥.黄：啊，不值。那和，和兀人闹……ɑ˧˩,pu˨˩˥tʂɿ˨˩.nə˧˩xuo˨˩˥,xuo˨˩və˧˩˥zəŋ˨˩nɑɔ˧˩˥……（不值，那是，那是，那比如说这个卖这个东西，这个说五块。哎，不值不值。说不说？）王：也说咧。ie˥˧ʂuo˥˧˥lie˨˩.黄：也说这个话。也说咧，嗯。ie˥˧ʂuo˥˧˥tʂə˧˩kə˧˩xuɑ˧˩.ie˥˧ʂuo˥˧˥lie˨˩,ə̃˧˩.（嗯，还有……）黄：就说是感觉，你兀人，人不行嘛。和你吵架兀就不值么。tsou˧˩ʂuo˥˧sɿ˧˩˥kæ̃˥˧tɕye˥˧˥,ni˥˧væᴇ˧˩zəŋ˨˩,zəŋ˨˩pu˨˩˥ɕiŋ˨˩˥mɑ˨˩.xuo˨˩˥ni˥˧tsʰɑɔ˥˧tɕiɑ˧˩væᴇ˧˩tsou˧˩pu˨˩˥tʂɿ˨˩muo˨˩.（不值？）黄：嗯。ŋ̍˨˩˥.（说不说划不着？）黄&王：也说咧。ie˥˧˥ʂuo˥˧lie˨˩.黄：划不着。嗯。xuɑ˨˩pu˨˩˥tʂuo˨˩˥.ŋ̍˨˩˥.（跟不值得是不是一个意思？）黄：一个意思，嗯。i˥˧˥kə˧˩ti˧˩˥sɿ˨˩,ə̃˨˩˥.（划不来呢？）黄：划不来有咧。xuɑ˨˩pu˨˩˥læᴇ˨˩iou˥˧˥lie˨˩.（也跟这个意思一样还是有别的意思？）王：嗯，一样。ŋ̍˧˩,i˥˧˥iɑŋ˧˩.王&黄：一样。i˥˧˥iɑŋ˧˩.

随便

（这个，比如说你，你叫我买，买，比如说你要上哪儿去买什么东西，你给我带点儿来。那你要买什么？买什么都可以。一般说什么呢？）黄：我们那都是你……ŋuo˥˧məŋ˨˩nə˧˩tou˥˧˥sɿ˧˩˥ni˥˧˥……王：捎点。sɑɔ˥˧tiæ̃˥˧˥.黄：你给我捎上一个啥。ni˥˧˥kei˧˩ŋuo˥˧˥sɑɔ˥˧ʂɑŋ˧˩˥i˥˧˥kə˧˩sɑ˧˩˥.（随便捎？）黄：啊，随便捎点啥。

a˩˨,suei˩˨˩pi㺠˥sao˥˧tiæ˥˧˩˨sa˥˩.（随便捎还是……还是什么呢？）黄：就说是：你买啥东西？说是：那买啥咧嘛？说：买个啥东西了？你……你看着办嘛，随便儿买点都行嘛。tsou˥ʂuo˥˧˦sɿ˥:ni˥˧˦mæᴇ˥˧sa˥˦tuoŋ˥˧˩ɕi˧˩?ʂuo˥˧˩sɿ˥˩:nə˥mæᴇ˥˧sa˥lie˥ma˧˩?ʂuo˥˧˦:mæᴇ˥˧kə˥˩sa˥˦tuoŋ˥˧ɕi˧˩lə˧˩?ni˥˧˦……ni˥˧kʰæ˥tʂə˧pæ˥ma˧˩,suei˩˨˩piær˥mæᴇ˥˧tiæ˥˧˩tou˥˧˩ɕiŋ˩˨ma˧˩.王：你看给我……给我捎回来。ni˥˧kʰæ˥kei˥˩ŋuo˥˧˦……kei˥˩ŋuo˥˧˦sao˥˧xuei˩˨˩læᴇ˩˨˩.（噢，也说随便？）黄：啊。ã˩˨.

业过

（勉强。）王：勉强？miæ˥˧˦tɕʰiaŋ˥˧?（嗯。有说业过的吗？nie˥˧kuo˩˨?）业过有人咧。nie˥˧kuo˥iou˥˧zəŋ˩˨˩lie˧˩.（nie˥˧kuo˩˨什么意思？）业过那就说你把这个事情搞……咱们业业过过的把这个事情搞住就对了。nie˥˧kuo˥nei˥˩tɕiou˥ʂuo˥˧˩ni˥˧˦pa˥˧˩tʂə˥kə˥sɿ˥tɕʰiŋ˩˨kao˥˧˦……tsa˩˨m əŋ˧nie˥˧nie˥˧˩kuo˥kuo˥ti˧pa˥˧˩tʂə˥kə˥sɿ˥tɕʰiŋ˩˨˩kao˥˧tʂɥ˥˩tɕiou˥tuei˥˩lə˧.（不是很好还是干吗？）啊，不是很好，能够就是个搞的个意思。业过。a˩˨,pu˩˨˩sɿ˥˩xəŋ˥˧xao˥˧,nəŋ˩˨kou˥tɕiou˥sɿ˥kə˥kao˥˧ti˧kə˥˩i˥˩sɿ˧.nie˥˧kuo˥˩.（就是随随便便弄一下？）啊，随便搞一下对了，业过。a˩˨,suei˩˨˩piæ˥kao˥˧i˥˧˩xa˥tuei˥˩lə˧,nie˥˧kuo˥˩.

搞的、搞搭嘎（子）、搞搭的

1.（稍微地弄一弄你是怎么说？）黄：稍稍的把那个弄一下。sao˥˧sao˥˧ti˧pa˥˧˩nə˥kə˥nuoŋ˥i˥˧˦xa˥˩.（sao˥˧sao˥˧ti˧?）黄：嗯。ə̃˩˨.（说不说搞着弄一下？）黄：没有。mei˩˨˦iou˥˧˦.王：搞的弄一下也说咧。kao˥˧ti˧nuoŋ˥i˥˧˦xa˥ie˥˧ʂuo˥˧˩lie˧.黄：搞的弄一下。或者稍稍弄一下。kao˥˧ti˧nuoŋ˥i˥˧˦xa˥˩.xuo˩˨˩tʂə˥˧˩sao˥˧sao˥˧nuoŋ˥i˥˧˦xa˥˩.王：搞的弄一下也能行。kao˥˧ti˧nuoŋ˥i˥˧˦xa˥ie˥˧nəŋ˩˨˩ɕiŋ˩˨˩.（还有稍……稍稍，叫什么？）黄：稍微弄一下。sao˥˧sao˥˧vei˥˧nuoŋ˥i˥˧˦xa˥˩.（稍微还是稍稍？）黄：稍稍弄一下也有咧，稍微弄一下也有。sao˥˧sao˥˧nuoŋ˥i˥˧˦xa˥˩ie˥˧iou˥˧˩lie˧,sao˥˧vei˥˧nuoŋ˥i˥˧˩xa˥˩ie˥˧iou˥˧˩.（还有个叫什么？搞的弄一下？）黄：啊，搞的弄一下。a˥,kao˥˧ti˧nuoŋ˥i˥˧˦xa˥.（哪一种老人家说得多？）王：老人家就说那搞的。lao˥˧zəŋ˩˨˩tɕia˥˧˦tɕiou˥ʂuo˥˧˩nə˥˩kao˥˧ti˧.黄：搞的弄一下这。kao˥˧ti˧nuoŋ˥i˥˧˦xa˥˩tʂə˥.王：你把个事，啥事搞的……搞的干一下。ni˥˧˦pa˥˧˩kə˥sɿ˥,sa˥˦sɿ˥kao˥˧ti˧k……kao˥˧ti˧kæ˥i˥˧˦xa˥˩.（噢，随便你干干就行？）黄：啊，就是咧。ŋa˥˧,tɕiou˥sɿ˥lie˥.王：啊，随便你搞一下。ŋa˩˨,suei˩˨˩piæ˥ni˥˧˩kao˥˧i˥˧˦ɕia˥.

2.（一般这种事情敷衍你一下，这叫什么？敷衍一下。也不是给你好好地这个对付。）黄：应付咧么。我们这儿那是搞的把你应付一下就对了。iŋ˥˦fu˥˩iem˧˩.ŋuo˥˧məŋ˧tʂər˥nə˥sɿ˥kao˥˧ti˧pa˥˧˩ni˥˧˩iŋ˥˦fu˥i˥˧˦xa˥tsou˥tuei˥˩lə˧.（有没有说什么撩的？）黄：撩好像也不说啊？就是应付一下。liao˩˨˩xao˥˧˩ɕiaŋ˥a˥˧˦pu˩˨˩ʂuo˥˧˦a˧?tsou˥˩sɿ˥˩iŋ˥fu˥˩i˥˧˩xa˥˩.（说搞呢？）王：那不说。nə˥˦pu˩˨˩ʂuo˥˧˩.黄：那不说，搞哩。搞哩这个话还说哩。咱们这儿了有些人，啊，搞搭嘎子，对了下给。也就是应付咧，搞搭嘎。nə˥˩pu˩˨˩ʂuo˥˧˩,kao˥˧li˧.kao˥˧li˧tʂə˥kə˥xua˥xa˩˨ʂuo˥˧li˧.tsa˩˨˦məŋ˧tʂər˥lə˧iou˥˧˩ɕie˥˧zəŋ˩˨˦,a˩˨,kao˥˧ta˧ka˧tsɿ˧,tuei˥lə˧xa˥kei˥˩.ie˥˧tɕiou˥sɿ˥iŋ˥fu˥lie˥,kao˥˧ta˧ka˧.（叫什么？kao˥˧ta˧ka˧tsɿ˧是什么？）黄：啊，搞搭嘎子。ã˩˨,kao˥˧ta˧ka˧tsɿ˧.（ta˧ka˧是什么东西？）黄：搭是个……这就是这个，叫语……语气助词儿好像就是个，搞搭咧。ta˥˧sɿ˥kə˥……tʂei˥˦tɕiou˥sɿ˥tʂə˥˩kə˩˨,(tɕ)iao˥˩y˥˧˦……y˥˧˦tɕʰi˥tʂɥ˥tsʰər˩˨xao˥˧˦ɕiaŋ˥tsou˥sɿ˥kə˥,kao˥˧ta˧lie˧.（ta˧ka˧没有意思，没有任何意思吗？）黄：没有……指任何意思。mei˩˨iou˥s……tsɿ˥˧˩zəŋ˥xə˩˨˩i˥sɿ˥.（有，有别的什么ta˧ka˧没有？）黄：没有。mei˩˨˦iou˥˧˩.（就是一个kao˥˧ta˧ka˧?）黄：啊，搞搭嘎对了。a˩˨,kao˥˧ta˧ka˧tuei˥˩lə˧.王：搞搭

嘎那就是指那哄的意思嘛。哄咧。kaɔ˥˧ta·˧ka·˧nei˦tɕiou˦sʅ˦tsʅ˥˧꜔꜖nə˦xuoŋ˥˧ti·˧i˦sʅ˧ma·˧.xuoŋ˥˧lie·˧.黄：哄咧么啊？xuoŋ˥˧lie·˧muo·˧a·˧?（就是敷衍？）黄：啊，敷衍咧么。再就，也就叫糊弄他咧么。ɑ꜔꜖,fu˥˧iæ̃˥˧꜔꜖liem·˧.tsæᴇ˦꜔꜖tɕiou˥,ie˥˧꜔tɕiou˦tɕiaɔ˦xu˦꜒꜔luoŋ·˧tʰɑ˥˧꜔꜖liem˧.

3.（把衣……衣……衣服随便洗洗，说不说瞎搞洗洗？）黄：没有。你搞搭的洗咧。有搞搭的洗这个话咧。啊。mei˩˧iou˥˧꜔꜖.ni˥˧꜔꜖kaɔ˥˧ta˥˧꜔꜖ti·˧ɕi˥˧lie·˧.iou˥˧꜔kaɔ˥˧ta˥˧꜔꜖ti·˧ɕi˥˧tʂə˦kə˦xua˦lie˧.ɑ꜔꜖.王：有搞搭的洗一下。iou˥˧꜔kaɔ˥˧ta˥˧꜔ti˧ɕi˥˧i˥˧꜔꜖xa˦꜔꜖.（这个随便弄弄，说不说，搞搭……搞搭弄弄都能成，说不说这个话呢？）黄：嗯，那……那不。那就是你随便的闹一闹，或者是这个……ŋ̍꜔꜖,nə˦꜔꜖……nə˦꜒꜔pu˩˧꜔꜖.nə˦tsou˦sʅ˦ni˥˧꜔suei˩˧piæ̃˦꜖꜔ti˧naɔ˦i˥˧꜔naɔ˦,xuei˩˧꜔꜖tʂə˥˧꜔꜖sʅ˦꜔꜖tʂə˦꜔꜖kə˦……（搞搭只用在什么地方？平常怎么用呢？）黄：搞搭的弄一下那就说是还是敷衍的，啊？kaɔ˥˧ta˥˧꜔ti˧nuoŋ˦i˥˧꜔xa˦nei˦tɕiou˦ʂuo˥˧꜔sʅ˦xa˩˧꜔꜖sʅ˦꜒꜔fu˥˧꜔iæ̃˩˧꜔꜖ti˧,ɑ꜔꜖?王：嗯。ŋ̍꜔꜖.黄：把那个事情不当一回事的。pa˥˧꜔꜖nə˦kə˦sʅ˦tɕʰiŋ˩˧꜔꜖pu˩˧꜔꜖taŋ˦i˥˧꜔xuei˩˧sʅ˦ti˧.（嗯？）黄：啊。你搞搭的把个事给办一下。或者是你搞搭的把那院扫一下。ɑ꜔꜖.ni˥˧꜔kaɔ˥˧ta˥˧꜔ti˧pa˥˧꜔꜖kə˦sʅ˦kei˦pæ̃˦i˥˧꜔xa˦꜔꜖.xuei˩˧꜔꜖tʂə˥˧꜔꜖sʅ˦ni˥˧꜔kaɔ˥˧ta˥˧꜔ti˧pa˥˧꜔꜖nei˦yæ̃˦saɔ˥˧i˥˧꜔꜖xa˦꜔꜖.（你还，你还叫他随便乱……随便扫一下，你不叫他那个，好好扫扫啊？）黄：那有时候有些东西为咧应付别人那就是搞搭的弄一下。næᴇ˦iou˥˧sʅ˩˧꜔꜖xou˦iou˥˧ɕie˥˧꜔꜖tuoŋ˥˧ɕi·˧vei˦lie˧iŋ˦fu˦pie˩˧tʐəŋ˩˧꜒꜔nə˦꜔꜖(tɕ)iou˦sʅ˦kaɔ˥˧ta˥˧꜔꜖ti·˧nuoŋ˦i˥˧꜔xa˦꜔꜖.（领导来检查了？）黄：啊。你不弄去不行嘛，弄……你是从心底里是你不想弄这个事。ŋɑ꜔꜖.ni˥˧꜔꜖pu˩˧꜔꜖nuoŋ˦tɕʰi˦pu˩˧꜔꜖ɕiŋ˩˧ma˧,nuoŋ˦……ni˥˧꜔sʅ˦tsʰuoŋ˩˧꜔꜖ɕiŋ˥˧꜔꜖ti˥˧li˥˧꜔꜖sʅ˦꜔꜖ni˥˧꜔pu˩˧꜔ɕiaŋ˥˧nuoŋ˦꜖꜔tʂə˦꜔꜖kə˦꜔꜖sʅ˦꜔꜖.

凑合

（将就，比如说这个东西哎呀不是很好，你就将就着过吧。你一般说什么？是将就了还是……）王：我们那就是凑合了。ŋuo˥˧məŋ·˧nə˦tɕiou˦sʅ˦tsʰou˦꜖꜔xuo˧lə·˧.黄：啊，凑合着来，凑合这搞吧。ɑ꜔꜖,tsʰou˦xuo˧tʂə·˧læᴇ˩˧,tsʰou˦xuo·˧tʂə·˧kaɔ˥˧pa·˧.王：凑合着过啊。tsʰou˦xuo·˧tʂə·˧kuo˦꜒꜔a·˧.（有没有说将就的说法呢？）黄：能将就，也有这说法啊。nəŋ˩˧tɕiaŋ˥˧tɕiou˦꜔꜖,ie˥˧iou˥˧tʂə˦ʂuo˥˧꜔fa˥˧꜔꜖a˧.王：能将就，也有也有这个说法。nəŋ˩˧tɕiaŋ˥˧tɕiou˦꜔꜖,ie˥˧iou˥˧ie˥˧iou˥˧tʂə˦꜔꜖kə˦꜔꜖ʂuo˥˧fa˥˧꜔꜖.

和和儿的

（这种，轻轻地呢？）黄：拍一下。pʰei˥˧i˥˧꜔꜖xa˦꜔꜖.（轻轻地，这个轻轻地你们怎么说？）黄：轻轻儿的么。tɕʰiŋ˥˧꜔꜖tɕʰiə̃r˥˧꜖꜔tim·˧.（还是和和的？）黄：和和儿的来……来一下是轻轻儿的一下。xuo˦xuor˦ti·˧lə……læᴇ˩˧i˥˧꜔xa˦sʅ˧tɕʰiŋ˥˧tɕʰiə̃r˥˧꜖꜔ti˧i˥˧꜔xa˦.王：啊，和和儿一下也……ɑ꜔꜖,xuo˦xuor˦i˥˧xa˦꜔꜖ie˥˧꜔……黄：和和儿一下，和和儿……摸一下。xuo˦xuor˦i˥˧xa˦꜔꜖,xuo˦xuor˦m……maɔ˥˧i˥˧꜔꜖xa˦꜔꜖.（比如说这个猫，这个狗，你说要动它。你轻轻地弄一下，要不然它动重了，它会咬你的。）王：说个……ʂuo˥˧꜔꜖kə˦……黄：你轻轻儿地拍一下它。ni˥˧꜔tɕʰiŋ˥˧꜔꜖tɕʰiə̃r˥˧꜔꜖ti˧pʰei˥˧i˥˧꜔xa˦tʰɑ˥˧꜔꜖.（你是轻轻地还是和和地？）王：和和儿地。xuo˦꜔꜖xuor˦ti·˧.黄：和和儿地。xuo˦xuor˦ti·˧.（哪种……叫什么？）王：和和儿。xuo˦꜔꜖xuor˦.黄：和和儿的土一点，和和儿哅。xuo˦xuor˦ti·˧tʰu˥˧i˥˧꜔꜖tiæ̃˥˧꜔꜖,xuo˦xuor˦m̩·˧.（这个也很土吗？）黄：嗯。ŋ̍꜔꜖.（你举个例子看看！）黄：你把个欸泥盆盆和和儿的搬起来。ni˥˧꜔pa˥˧꜔꜖kuo˦ei꜔꜖ni˩˧pʰəŋ˩˧꜔꜖pʰəŋ˩˧꜔xuo˦xuor˦ti·˧pæ̃˥˧꜔꜖tɕʰi˥˧læᴇ˩˧꜔꜖.（泥盆盆？）黄：啊。你搬的这……稍微一重，搬烂了么。你们呢和和儿的搬起来。ɑ꜔꜖.ni˥˧꜔pæ̃˥˧ti·˧tʂə……saɔ˥˧꜔vei˥˧꜔i˥˧꜔꜖tʂuoŋ˦,pæ̃˥˧꜔꜖læ̃˦꜒꜔ləm·˧.ni˥˧꜔məŋ·˧nə·˧xuo˦xuor˦ti˧pæ̃˥˧꜔꜖tɕʰi˥˧læᴇ˩˧꜔꜖.

不太、太不

1.（不太好看、不太好吃，你们说什么？）黄：那我们直接就说是不好吃。næᴇ˥ ŋuo˥˩mən·˧tʂʅ˨˩˦tɕie˥˩˦tɕiou˥˨ʂuo˥˩sʅ˥˨pu˨˩xaɔ˥˩˦tʂʰʅ˥˩.王：不好看。pu˨˩xaɔ˥˩kʰæ̃˥.黄：或者不是不好看。xuei˨˩tʂə˥˩pu˨˩sʅ˥˨pu˨˩xaɔ˥˩kʰæ̃˥.（不是不好看。说不太。）黄：不太，啊？pu˨˩tʰæᴇ˥,ɑ·˧?（不怎么，也不是说不好看，那是丑啦。）黄：嗯。ə̃˩.（我看也不怎么好看嘛。）黄：这话倒也说咧，啊？tʂə˥˨xuɑ˥taɔ˥æ˥˩˦ʂuo˥˩lie·˧,ɑ·˧?王：嗯。ŋ̍˩.（嗯。）黄：不太好看，不太好吃这都。pu˨˩tʰæᴇ˥xaɔ˥˩˦kʰæ̃˥,pu˨˩tʰæᴇ˥˨xaɔ˥˩˦tʂʰʅ˥˩˦tʂei˥˨tou˥˩.（你们说不太好吃还是太不好吃？）黄：不太好吃。pu˨˩tʰæᴇ˥˨xaɔ˥˩tʂʰʅ˥˩.（那太不好吃……好吃什么意思呢？）黄：太不好吃都不……太不说这个话好像啊？tʰæᴇ˥˩pu˨˩˦xaɔ˥˩˦tʂʰʅ˥˩˦tou˥˩˦pu……tʰæᴇ˥pu˨˩˦ʂuo˥˩tʂə˥˩kə˥˩xuɑ˥˩xaɔ˥˩˦ɕiaŋ˥ɑ˧?王：不太好……太不好吃，那就是指明那个是……那个就难吃得很啊。哎呀，兀太难吃了。pu˨˩tʰæᴇ˥xaɔ˥˩……tʰæᴇ˥˩pu˨˩xaɔ˥˩˦tʂʰʅ˥˩,næᴇ˥tɕiou˥˨sʅ˥tsʅ˥˩˦miŋ˨˩nə˥kə˥sʅ˥tɕ……nə˥kə˥tsou˥næ̃˨˩tʂʰʅ˥˩tə·˧xəŋ˥˩ɑ·˧.æᴇ˩iɑ·˧,væᴇ˥tʰæᴇ˥˨næ̃˨˩tʂʰʅ˥˩lə·˧.（哦，太不说是说不太……是……是说根本就不说还是说？）黄：太不说这个话好像不太说，或者是这个怎么回事的反正。tʰæᴇ˥pu˨˩˦ʂuo˥˩tʂə˥kə˥xuɑ˥xaɔ˥˩˦ɕiaŋ˥pu˨˩tʰæᴇ˥ʂuo˥˩,xuo˨˩˦tʂə˥˩˦sʅ˥tʂə˥kə˥tsəŋ˥˩˦muo·˧xuei˨˩sʅ˥ti·˧fæ̃˥˩tʂəŋ˥.王：呃就说□，比如说□，咱们这里，领导手底下干事的，那太不说咱们。ə˥tɕiou˥˨ʂuo˥˩niæ̃˨˩,pi˥˩zʅ˨˩ʂuo˥˩niæ̃˨˩,tsɑ˨˩məŋ·˧tʂə˥li˥˩˦,liŋ˥˩˦taɔ˥˩˦ʂou˥˩˦ti˥˩xɑ˥kæ̃˥sʅ˥ti·˧,nə˥tʰæᴇ˥pu˨˩˦ʂuo˥˩tsɑ˨˩məŋ·˧.（太不说咱们是什么什么？）黄：啊，就说是你这个工作干……干瞎干好……ɑ˩,tsou˥˨ʂuo˥˩sʅ˥˨ni˥˩˦tʂə˥kə˥kuoŋ˥˩tsuo˥˩kæ̃˥……kæ̃˥xɑ˥˩kæ̃˥xaɔ˥˩……王：干好，□太不说咱们。kæ̃˥xaɔ˥˩,niæ̃˨˩tʰæᴇ˥pu˨˩ʂuo˥˩tsɑ˨˩məŋ·˧.黄：呃太不言喘么，太不说你。ə˩tʰæᴇ˥pu˨˩˦niæ̃˨˩tʂʰuæ̃˥˩muo·˧,tʰæᴇ˥pu˨˩˦ʂuo˥˩ni˥˩.（就不太说你？）黄：啊，不太说你咧。ɑ̃˩,pu˨˩tʰæᴇ˥˨ʂuo˥˩ni˥˩lie·˧.（那太不好就是说……就是，是不太好还是说这个不怎么好呢？）王：那就是你不怎么好。nə˥tɕiou˥˨sʅ˥˨ni˥˩pu˨˩tsəŋ˥˩muo·˧xaɔ˥˩.黄：不怎么好反正。pu˨˩tsəŋ˥˩muo·˧xaɔ˥˩˦fæ̃˥˩tʂəŋ˥.王：不太好就是不怎么好。pu˨˩tʰæᴇ˥˩xaɔ˥˩tɕiou˥sʅ˥pu˨˩tsəŋ˥˩muo·˧xaɔ˥˩.（就是完全地不好？）王&黄：嗯。嗯。ŋ̍˩.黄：不太也不是完全都不好。反正都能凑……pu˨˩tʰæᴇ˥ie˥˩pu˨˩sʅ˥væ̃˨˩tɕʰyæ̃˨˩tou˥˩pu˨˩xaɔ˥˩.fæ̃˥˩tʂəŋ˥tou˥˩nəŋ˨˩tsʰou˥……王：不太好那就说能凑合。不太好。pu˨˩tʰæᴇ˥˨xaɔ˥˩˦nei˥tɕiou˥ʂuo˥˩nəŋ˨˩tsʰou˥˩xuo˨˩.pu˨˩tʰæᴇ˥˨xaɔ˥˩.黄：能凑合。nəŋ˨˩tsʰou˥˩xuo˨˩.（太不好呢？）黄：太不好的话那就是……那不行啊，那就是那……那这个……tʰæᴇ˥˨pu˨˩xaɔ˥˩tə·˧xuɑ˥˩næᴇ˥tɕiou˥˨sʅ˥˩……nə˥pu˨˩˦ɕiŋ˨˩ɑ·˧,næᴇ˥tɕiou˥˨sʅ˥næᴇ˥……nei˥˩tʂə˥kə˥……王：那就没事弄。nə˥tɕiou˥muo˥˩sʅ˥˨nuoŋ˥˩.黄：那就没事弄啊这事情。nə˥tsou˥muo˥˩sʅ˥˨nuoŋ˥ɑ·˧tʂə˥sʅ˥tɕʰiŋ˨˩.

2. 黄："太不用"就说是这东西不是那么经常都用这种东西噢，有时候用咧，有时候是不用它。tʰæᴇ˥pu˨˩yoŋ˥˨tɕiou˥˨ʂuo˥˩sʅ˥tʂə˥tuoŋ˥˩˦ɕi·˧pu˨˩sʅ˥nə˥˨muo·˧tɕiŋ˥˩tʂʰɑŋ˨˩tou˥˩˦yoŋ˥tʂei˥tʂuoŋ˥˩tuoŋ˥˩ɕi·˧laɔ˩,iou˥sʅ˨˩˦xou˥yoŋ˥lie˥,iou˥sʅ˨˩xou˥˩sʅ˥˨pu˨˩yoŋ˥tʰɑ˥˩.（不太用？）噢，不太用，噢。ɑɔ˩,pu˨˩tʰæᴇ˥yoŋ˥,ɑɔ˩.

三〇、介词

叫

（这个比如说这个杯子被我打烂了，你们一说是什么？让我打烂了还是……）王：被你打烂咧啊。pi˥˨ni˥˧ta˥˧læ̃˥lia˨.黄：呃杯子……杯子叫你打烂了。ə˩pei˥tsɿ˨……pei˥tsɿ˨tɕiaɔ˥˨ni˥˧ta˥læ̃˥lə˨.（叫还是交？）黄：叫。tɕiaɔ˥˦.王：叫。tɕiaɔ˥.黄：叫你打烂了。tɕiaɔ˥ni˥˧ta˥læ̃˥lə˨.（它要是被狗咬了呢？）黄：叫狗咬了。tɕiaɔ˥kou˥niaɔ˥˩lə˨.王：叫狗咬了。tɕiaɔ˥˨kou˥niaɔ˥˩lə˨.（被人打了一顿呢？）王：叫人打了。tɕiaɔ˥zəŋ˧˥ta˥lə˨.黄：叫人打啦。tɕiaɔ˥zəŋ˧˥ta˥la˨.（那你们说打了一顿还是打了……打了什么呢？）黄：那也可以说“打啦一顿”，“叫人打了”也能行嘛。nei˥ia˥˧kʰə˥i˥˩ʂuo˥˧ta˥la˨i˥˩tuoŋ˥,tɕiaɔ˥zəŋ˧˥ta˥lə˨ie˥nəŋ˧˧ɕiŋ˧˩ma˨.

对着

（对着，对着我笑，你说什么呢？）黄：对着你笑，也可以，也，也有这么说法。tuei˥tʂə˨ni˥˧ɕiaɔ˥,ie˥˩kʰə˥i˥˩,ie˥˧,ie˥iou˥˩tʂə˥muo˨ʂuo˥fa˥˩.（还有什么说法没有？）黄：面对你笑，或者是对着你笑。miæ̃˥tuei˥ni˥ɕiaɔ˥,xuo˧˩tʂə˥˩sɿ˥˩tuei˥tʂə˨ni˥˧ɕiaɔ˥.（有一个字的没有？）黄：没有。muo˥˧iou˥˧.（没有？）黄：没有，嗯。mei˧˥iou˥˩,ŋ̍˩.（肯定没有？）黄：嗯。对……ŋ̍˩.tuei˥……（不……不能说朝着我笑？）黄：也可以。朝着你笑，啊？朝着你笑，嗯。ie˥˧kʰə˥i˥˩.tʂʰaɔ˧˩tʂə˨ni˥˩ɕiaɔ˥,a˥?tʂʰaɔ˧˥tʂə˨ni˥˩ɕiaɔ˥,ŋ̍˥.（还有什么呢？）黄：对着你笑。tuei˥tʂə˨ni˥˩ɕiaɔ˥.（是朝着我笑还是朝我笑？）黄：朝你笑，朝着……tʂʰaɔ˧˥ni˥ɕiaɔ˥˩,tʂʰaɔ˧˩tʂə˨……（朝我笑？）黄：朝我笑。tʂʰaɔ˧˥ŋuo˥ɕiaɔ˥.（[作招手状]这个呢？）黄：招手么。tʂaɔ˥˩ʂou˥muo˨.（嗯，朝我招手还是……）黄：向我招手。ɕiaŋ˥ŋuo˥tʂaɔ˥˩ʂou˥˩.（向我招手？）黄：啊，向我招手咧。a˩,ɕiaŋ˥ŋuo˥˧tʂaɔ˥˩ʂou˥lie˨.（可以说对……朝我招手吗？）黄：也可以，朝你招手，或者是向你招手。ie˥kʰə˥i˥˩,tʂʰaɔ˧˥ni˥˧tʂaɔ˥˩ʂou˥,xuei˧˩tʂə˥˩sɿ˥˩ɕiaŋ˥ni˥˧tʂaɔ˥˩ʂou˥.（还可以说别的不说？）王：对你招手也……tuei˥ni˥˩tʂaɔ˥˧ʂou˥˧ie˥˧……黄：对这个呃，这都很少说反正，不常用。tuei˥˨tʂə˥˩kə˥˩ə˥,tʂə˥˦tou˥˩xəŋ˥˧ʂaɔ˥˧ʂuo˥fæ̃˥˩tʂəŋ˥,pu˧˩tʂʰaŋ˧˩yoŋ˥.

望

（你这个啊，往里走往外走是望里走还是……）黄：望里走。vaŋ˥li˥˧tsou˥˩.（啊？）望，望里走。说望。vaŋ˥,vaŋ˥li˥˧tsou˥˩.ʂuo˥˩vaŋ˥.（单念那个字呢？）望。vaŋ˥.（跟这个“望”是一样的音吗？[写“望”字]）望，一个音。嗯。vaŋ˥,i˥˩kə˥˦iŋ˥˩.ə̃˩.（还是这个来往的往啊？）来往的往。望，来往的往，望里走，或者望外走，不能是抬头望的望。læᴇ˧˩vaŋ˥ti˨vaŋ˥.vaŋ˥,læᴇ˧˩vaŋ˥ti˨vaŋ˥,vaŋ˥li˥tsou˥˩,xuo˧˩tʂə˥˩vaŋ˥væᴇ˥tsou˥˩,pu˧˩nəŋ˧˥sɿ˥tʰæᴇ˧˥tʰou˧˧vaŋ˥ti˨vaŋ˥.（但是念起来是，哪个字？念起来那个前头那个字儿？）望。vaŋ˥.

（跟抬头望的望一样的音？）一个样的音好像，嗯。i˨˩kə˥˩iaŋ˥ti˧liŋ˥˧xaɔ˥˧ɕiaŋ˥˩,ŋ̍˨˩.（是不是就是那个抬头望的望啊？）应该不是吧。咱们想起应该是，欸，单立……双立人那个“往”字，和“往来”的“往”字。iŋ˥kæᴇ˥˧pu˨˩sɿ˥˧pa˧.tʂa˨˩mən˧ɕiaŋ˥˧tɕʰi˥˧iŋ˥kæᴇ˥˧sɿ˥,ei˥,tæ̃˥˧li……ʂuaŋ˥˧li˥˧zəŋ˨˩nə˥kə˥vaŋ˥˧tsɿ˥˩,xuo˨˩vaŋ˥˧læᴇ˨˩ti˧vaŋ˥˧tsɿ˥˩.（意思上是跟那个差不多？）啊。ɑ˥˧.（音是那个，看，抬头望的望？）啊。ɑ˥˧.

到

1.（到哪去呢？）黄：你到哪去了？ni˥˧taɔ˥nɑ˥˧tɕʰi˥˩lə˧?（到哪去还是dān哪去？）黄：到。你到哪去了？taɔ˥.ni˥˧taɔ˥nɑ˥˧tɕʰi˥˩lə˧?（到还是到啊瘩、到哪瘩？）黄：到。到哪去啊？taɔ˥.taɔ˥nɑ˥˧tɕʰia˥˩?（说不说到啊瘩去？）黄：也说咧，这是个，有时候又就带这么个语气了。你到啊瘩去？ie˥˧ʂuo˥˧lie˧,tʂə˥sɿ˥kə˥,iou˥˧sɿ˨˩xou˥iou˥tɕiou˥˩tæᴇ˥tʂə˥˩muo˧kə˥y˥˧tɕʰi˥˩lə˧.n̩˥˧taɔ˥ɑ˥˧ta˧tɕʰie˥˩?王：你走哪瘩去？ni˥˧tsou˥˧nɑ˥˧ta˧tɕʰi˥˩?黄：你到哪去啊？到哪瘩去啊？n̩˥˧taɔ˥nɑ˥˧tɕʰia˥˩?taɔ˥ɑ˥˧ta˧tɕʰia˥˩?（有没有说往的？）王：“往”不说。vaŋ˥˧pu˨˩ʂuo˥˧.黄：太不说，反正你往……你往哪去，没有。tʰæᴇ˥pu˨˩ʂuo˥˧,fæ̃˥˧tʂəŋ˥˧ni˥˧vaŋ˥˧……ni˥˧vaŋ˥˧nɑ˥˧tɕʰie˥˩,mei˨˩iou˥˧.（往东去呢，这个可不可以说？）黄：那可以说。往东去或者往西去。nə˥˧kʰə˥˧i˥˧ʂuo˥˩.vaŋ˥˧tuoŋ˥˧tɕʰi˥xuo˨˩tʂə˥˧vaŋ˥˧ɕi˥˧tɕʰy˥˩.

2.（你问我们什么时候做完啦，这个事情，我说差不多到，到月底就做完了。你是说到月底还是差不多怎么就月底就完了？）王：到月底。taɔ˥yo˥˧ti˥˧.黄：到月底完或者是。taɔ˥yo˥˧ti˥˧væ̃˨˩xuei˨˩tʂə˥˧sɿ˥.（到月底是吗？）黄：嗯，到月底就完了。ŋ̍˨˩,taɔ˥yo˥˧ti˥˧tsou˥˩væ̃˨˩lə˧.（也是，都是“到”？）黄：嗯。到。ŋ̍˨˩,taɔ˥.

3.（是丢到地上还是丢在地上？）黄：丢到地下了。tiou˥˧taɔ˥˩ti˥xa˥lə˧.（丢到？）黄：啊，丢到地下了。ɑ̃˨˩,tiou˥˧taɔ˥˩ti˥xa˥˧lə˧.（是哪个字？）王：到字哟。taɔ˥˧tsɿ˥˩m̩˧.（到？）黄：嗯，到字。ə̃˨˩,taɔ˥tsɿ˥.王：丢到地下了。tiou˥˧taɔ˥ti˥˩xa˥˩lə˧.

投、投到

（比如说你这个说十点钟怎么样你来了。人家都已经做完了。你说你怎么不等我？等你来都怎么样了。说不说投你来？）王：也说咧。投你来……ie˥˧ʂuo˥˧lie˧.tʰou˨˩ni˥˧læᴇ˨……黄：说咧。投你来时欸我们都做完了呣。ʂuo˥˧lie˧.tʰou˨˩ni˥˧læᴇ˨˩sei˧ŋuo˥˧mən˧tou˥˧tsuo˥væ̃˨˩lə˧m̩˧.（叫怎么？）王：投。tʰou˨.黄：投。tʰou˨.（你造个句子看看！）王：我地里挖洋芋咧，投到……投到老黄来时欸，我都做……都挖来咧。ŋuo˥˧ti˥˧li˥˧va˥˧liaŋ˨˩y˥˧lie˧,tʰou˨˩taɔ˥……tʰou˨˩taɔ˥laɔ˥˧xuaŋ˨˩læᴇ˨˩sei˧,ŋuo˥˧tou˥˧tsɿ˥……tou˥˧va˥˧læᴇ˨˩lie˧.（说要……要说“投到”还是可以单说一个“投”？）黄：那……nei˥˧……王：那要投到。nei˥˧iaɔ˥tʰou˨˩taɔ˥.黄：那投到。nei˥tʰou˨˩taɔ˥.王：不单说一“投”。pu˨˩tæ̃˥˧ʂuo˥˧i˥˧tʰou˨˩.黄：单说一个“投”。tæ̃˥˧ʂuo˥˧i˥˧kə˥tʰou˨.（但如果说一个投他来呢？）黄：投他来。tʰou˨tʰɑ˥˧læᴇ˨˩.（投到还是投？）黄：投你来，或者是投他来，啊？tʰou˨ni˥˧læᴇ˨˩,xuei˨˩tʂə˥˧sɿ˥˩tʰou˨tʰɑ˥˧læᴇ˨˩,ɑ˥?王：嗯。ŋ̍˨˩.（啊，这就不要“到”？）黄：啊。ɑ˥.王：嗯。ŋ̍˨˩.

从、由

（你从哪儿来一般是怎么说？你是从哪儿来还是由哪儿来还是什么东西？）黄：你从哪里来？或者是你……由哪里来也说咧，啊？ni˥˧tsʰuoŋ˨˩nɑ˥˧l̩˨˩（←li˥˧）læᴇ˨˩?xuei˨˩tʂə˥˧sɿ˥˩ni˥˧……iou˨˩nɑ˥˧l̩˨˩（←li˥˧）læᴇ˨ie˥˧ʂuo˥˧lie˧,ɑ˥?王：嗯。ŋ̍˨˩.黄：你由哪里来的？ni˥˧iou˨˩nɑ˥˧l̩˨˩（←li˥˧）læᴇ˨ti˧?（有说齐哪儿来的吗？）黄：没有。你从哪里来的？

muo˧˩˧iou˧˨˩.ni˧˩˧tsʰuoŋ˨˦˨na˧˨˩（←li˧˩）læᴇ˨˦˨ti˧?

照

（怎么做啊？跟着他一样做你是说怎么，怎么，要要要说哪个哪个字呢？说照着我做还是什么做？跟着我做？）黄：你照着我的一……你照着我的这个做，或者是你……你看着我的这个做。ni˧˩˧tʂɑɔ˧˥tʂuo˧˩˧ŋuo˧˩ti˧li˧˩˧……ni˧˩˧tʂɑɔ˧˥tʂuo˧˩˧ŋuo˧˩ti˧tʂə˧kə˧tsuo˧˥˧,xuei˨˦˨tʂə˧˨˩sɿ˧˥ni˧˩˧……ni˧˩˧kʰæ̃˧˥tʂuo˧˨˩ŋuo˧˩ti˧tʂə˧kə˧tsuo˧˨.（跟着一样的，比如说裁缝嘛做衣服，说你要做什么样的，你怎么也说不清楚。到外头拿了个样子来。）王：你照这给我，照这个样子做下。n̩˧˩˧tʂɑɔ˧tʂə˧kei˧˥ŋuo˧˩,tʂɑɔ˧tʂə˧kə˧iaŋ˧tsɿ˧tsuo˧˥˧xɑ˧˨.黄：你照这个样子做。ni˧˩˧tʂɑɔ˧˥tʂə˧kə˧iaŋ˧tsɿ˧tsuo˧˥˧.

依、叫

（比如说，什么什么事情，哎呀这个事情让我来说啊，确实不怎的，这是叫我说还是让我说这是不怎的，还是依我说？）黄：这个都有啊？tʂə˧kə˧tou˧˨˩iou˧˩ɑ˧?王：嗯。ŋ̍˨˩.黄：这个事情咧依我说，或者这个事叫我说。tʂə˧˥˧kə˧˥˧sɿ˧tɕʰiŋ˨˦˨lie˧i˧˥ŋuo˧˩ʂuo˧˨˩,xuei˨˦˨tʂə˧˨˩tʂə˧kə˧sɿ˧˨tɕiɑɔ˧ŋuo˧˩˧ʂuo˧˨˩.（依和叫都说？）王：嗯。ŋ̍˨˩.黄：啊，都说。ɑ˨˩,tou˧˥ʂuo˧˨˩.（看呢？叫我看还是依我看？）黄：叫我看，也能行。嗯。tɕiɑɔ˧ŋuo˧˩kʰæ̃˧,ie˧˩nəŋ˨˦˧ɕiŋ˨˦˨.ŋ̍˨˩.

拿

（我用笔写字还是我拿笔写字？）王：拿笔写字。nɑ˨˦pi˧˩˧ɕie˧˨˩tsɿ˧˨.黄：我拿笔写字着。ŋuo˧˩˧nɑ˨˦pi˧˨˩ɕie˧˩˧tsɿ˧tʂə˧.（不是拿着的意思吧？就是使用的意思？）黄：嗯。ə̃˧˩.（[端起杯子做喝水状]这这……）王：拿，拿杯子喝水。nɑ˨˦,nɑ˨˦pʰei˧˩tsɿ˧xə˧˨˩ʂuei˧˩.黄：我拿杯子喝水咧。ŋuo˧˩˧nɑ˨˦pʰei˧˩tsɿ˧xə˧˨˩ʂuei˧˩lie˧.（这拿个这个这么叫什么？拿锄头锄地还是用锄头锄地？）黄：我拿锄子锄地里去咧。ŋuo˧˩nɑ˨˦tʂʰɥ˨˦˨tsɿ˧tʂʰɥ˨˦˨ti˧li˧tɕʰi˧lie˧.（就是用的意思？）黄：啊，就是用就是。ɑ˧˩,tɕiou˧˥˧sɿ˧yoŋ˧tɕiou˧sɿ˧.

给

（我帮你写信或者我替你写信，是我给你写信还是什么？我给你做饭还是我替你做饭还是我为你做饭还是什么东西？）王：我替你做饭。ŋuo˧˩˧tʰi˧ni˧˨˩tsuo˧˨fæ̃˧.黄：我替你做饭。或者是这个我帮你写信，我给你写信。ŋuo˧˩˧tʰi˧ni˧˨˩tsuo˧fæ̃˧.xuei˨˦˧tʂə˧˩˧sɿ˧tʂə˧kə˧ŋuo˧˩˧paŋ˧˩ni˧˩˧ɕie˧˩˧ɕiŋ˧,ŋuo˧˩kei˧ni˧˩˧ɕie˧˩ɕiŋ˧˨.（说我给你的多还是说什么？）黄：我给你。我帮你。ŋuo˧˩kei˧˥ni˧˨˩.ŋuo˧˩˧paŋ˧˩ni˧˨˩.（这样吧，比如说小孩子那个自己不会洗澡啦，你还不给，你还不帮小孩子洗澡还是我……你还不给小孩子洗澡？）黄：哎我……你给小孩……你咋给小孩子没洗澡？æᴇ˨˩ŋuo˧˩˧……ni˧˩˧kei˧ɕiɑɔ˧˩xæᴇ˨˦……ni˧˩tsɑ˧˨˩kei˧ɕiɑɔ˧˩xæᴇ˨˦˧tsɿ˧muo˧˨˩ɕi˧˩tsɑɔ˧˨˩?（给？）黄：啊，给，嗯。ŋɑ˨˩,kei˧˥˧,ə̃˨˩.（为大家做饭是说给大家做饭还是为大家做饭？）王：给大家做。kei˧˥˧tɑ˧tɕiɑ˧˩˧tsuo˧˨.黄：给大家做饭。kei˧˨tɑ˧˥˧tɕiɑ˧˨˩tsuo˧˨fæ̃˧˨.（这是用给？）王：嗯。ŋ̍˨˩.（有没有，有没有这种说法？叫你走开，还，还要说得像下命令一样。你给我滚！你给我走开！）黄：一般情况说你走开。或者是你……i˧˥pæ̃˧˩tɕʰiŋ˨˦˨kʰuaŋ˧ʂuo˧˩˧ni˧˩˧tsou˧˩kʰæᴇ˧˨˩.xuei˨˦˧tʂə˧˩˧sɿ˧n̩˧˨˩……王：你□开。ni˧˩˧lie˧kʰæᴇ˧˨˩.黄：你□开。ni˧˩˧lie˧kʰæᴇ˧˨˩.（走开还叫lie˧kʰæᴇ˨˩？）黄：啊，□。ɑ˨˩,lie˧.（就是离开的意思？）黄：啊。ɑ˨˩.（有没有加个“给我”这俩儿……两个字的？）王：没有。muo˧˨˩iou˧˩˧.（你给我滚？）黄：啊，有时候说这个话咧。给我……你给我滚！ɑ˨˩,iou˧˩sɿ˨˦˨xou˧ʂuo˧˩tʂə˧˨kə˧˨xuɑ˧li e˧.kei˧ŋuo˧˩˧……ni˧˩kei˧ŋuo˧˩˧kuoŋ˧˩!王：啊，有时候说：你给我滚开！ɑ˨˩,iou˧˩sɿ˨˦˨xou˧ʂuo˧˨˩:n i˨˩kei˧ŋuo˨˦kuoŋ˨˦kʰæᴇ˨!黄：你给我滚！ni˨˩kei˧ŋuo˨˦kuoŋ˨!（还有说你给我什么东西的没有？你给我写！都要给我站起来！）黄：那都，都有咧。这话还说咧。你给我……你给我做啥，你给我做个啥。nə˧˥tou˨˩,tou˨˩iou˨lie˦.tʂə˧˥xua˧xa˩˨ʂuo˨lie˦.ni˨kei˧ŋuo˨˦……ni˨˦kei˧ŋuo˨˦tsɿ˧sa˧,ni˨kei˧ŋuo˨˦tsɿ˧kə˧sa˧.

向、问

（我向你打听一下，或说向你怎么样，我向你借东西是向还是什么？还是给你借东西？）黄：向。我向你借个东西，啊？ɕiaŋ˧.ŋuo˨ɕiaŋ˧ni˨˦tɕie˧kə˧tuoŋ˨˩ɕi˦,a˨?（还是跟你借东西？）黄：我跟……ŋuo˨˦kəŋ˨……王：我……我们这儿人就说：我问你借个东西。ŋuo˨˦……ŋuo˨məŋ˦tʂər˧˦zəŋ˩˨tɕiou˧ʂuo˨˦:ŋuo˨˦vəŋ˧ni˨˦tɕie˧kə˧tuoŋ˨ɕi˦.黄：啊。我问你借个东西。a˩.ŋuo˨˦vəŋ˧˦ni˨˩tɕie˧kə˧tuoŋ˨ɕi˦.（说“跟不跟”多不多？我向你打听一下还是我问你打听一下还是……）黄：我向你打听。ŋuo˨˦ɕiaŋ˧˦ni˨˩ta˨˦tʰiŋ˨˩.（还是我跟你打听一下，还是我给你打听一下？）黄：这个我……“给”没有的。tʂə˧kə˧ŋuo˨……kei˧mei˩iou˨˦ti˦.王：“给”没有。kei˧˥muo˨˩iou˨˩.黄：我跟你打听，我向你打听，这话有。ŋuo˨˦kəŋ˨ni˨˦ta˨˦tʰiŋ˨˦,ŋuo˨˦ɕiaŋ˧˦ni˨˩ta˨˦tʰiŋ˨˩,tʂə˧˥xua˧iou˨˦.（哪一个，是跟说得……那个老年人说得多还是那个说得多呢？）黄：跟。kəŋ˨.（“问他借本书”可不可以说“在他跟前借本书”或者“在他借本书”？）黄：没有。我问你……找一……借一本书。或者是借你一本书看一下。muo˨˦iou˨˩.ŋuo˨˦vəŋ˧ni˨˦ɕi……tʂao˨i˨˩……tɕie˧i˨˦pəŋ˨˩ʂɿ˨.xuei˩˦tʂə˨˩sɿ˧tɕie˧ni˨˦i˨˩pəŋ˨˦ʂɿ˨kʰæ̃˧i˨˦xa˧˩.

和、跟

（我和你，是我跟你还是我同你？）黄：我和你。ŋuo˨xə˩˨ni˨˦.（说我跟你不说？）黄：我跟你也说咧。ŋuo˨kəŋ˨˩ni˨˦ie˨˦ʂuo˨lie˦.王：也说咧。ie˨˦ʂuo˨lie˦.黄：但是“我同你”这个话可不说。tæ̃˧sɿ˧ŋuo˨tʰuoŋ˩ni˨˩tʂə˧kə˧xua˧kʰə˨˩pu˩˥ʂuo˨˩.王：嗯。ŋ̍˩.（那我和你同岁怎么说？那我和你一样大。）黄：我和你一样大。或者咱们两个同岁的。ŋuo˨xuo˩˦ni˨˦i˨˩liaŋ˧ta˧.xuo˩˦tʂə˨˦tsa˩məŋ˦liaŋ˨(k)ə˧˩tʰuoŋ˩˨suei˧ti˦.（有说我跟你一样大的吗？）黄：有说的啊？iou˨ʂuo˨˩ti˦a˦?王：咱们两个一样大，啊。tsa˩məŋ˦liaŋ˨kə˧˩i˨˩iaŋ˧ta˧,ã˩.黄：我跟你同岁的。或者我跟你……ŋuo˨kəŋ˨˦ni˨˦tʰuoŋ˩˨suei˧˦ti˦.xuo˩˨tʂə˨˩ŋuo˨kəŋ˨˦ni˨˦……王：一样大。一年生的，一样大。这个话说咧。i˨˩iaŋ˧ta˧.i˨˩niæ̃˩səŋ˨ti˦,i˨˩iaŋ˧ta˧.tʂə˧˥kə˧˥xua˧ʂuo˨˩lie˦.

把

（这个，你们这个土豆叫洋芋啦。）王：嗯。ŋ̍˩.黄：□洋芋。ɕiŋ˦iaŋ˩˨y˧.（你们是说我……我们这个土豆叫洋芋还是我们这里把土豆叫洋芋？）王：我们这里把土呃把土豆儿叫洋芋咧。ŋuo˨məŋ˦tʂə˧li˨˦pa˨˩tʰu˨˩ə˦pa˨˩tʰu˨˩tour˧˥tɕiao˧iaŋ˩y˧lie˦.（“把”是吧？）黄：啊，把，啊呣。a˨,pa˨,am˩.王：把，呣。pa˨,m̩˩.（把。这个有没有说呢，你们那个烧柴一般用什么？）黄：木头。mu˨tʰou˦.（他如果是说，噢，木头。他有没有说什么把什么当……当作什么的这种说法的？我把天当床、地当被？）黄：哎说咧嘛。ŋæᴇ˨ʂuo˨˩lie˦ma˦.王：说咧。ʂuo˨lie˦.黄：说咧嘛。ʂuo˨lie˦ma˦.（你怎么说呢一般？还有什么就是……）黄：那你就有说是，有些人的话，我把你都当亲人哩待咧么。噢，我把你当我的亲儿子的看待着咧。nei˧ni˨tsou˧iou˨ʂuo˨˦sɿ˧,iou˨ɕie˨˩zəŋ˩tə˧xua˧,ŋuo˨pa˨˩ni˨˦tou˨˦taŋ˧tɕʰiŋ˨zəŋ˩˨li˦tæᴇ˧lie˧muo˦.ao˩,ŋuo˨pa˨˩ni˨taŋ˧ŋuo˨ti˦tɕʰiŋ˨ər˩tsɿ˧ti˦kʰæ̃˧tæᴇ˧tʂə˧lie˦.

从小、自小

（从小就能吃苦是说从小还是打小还是什么东西？）王：从小。tsʰuoŋ˧˥˧˨çiaɔ˥˧.黄：我从小……ŋuo˥˧˧tsʰuoŋ˧˥˧˨çiaɔ˥˧……（还有什么说法没有？从小还是从小儿？）黄&王：从小。tsʰuoŋ˧˥˧˨çiaɔ˥˧.（还有别的说法没有？）黄：这是我……我自小……tʂə˧˥˧sɿ˧ŋuo˥˧˧……ŋuo˥˧˧tsɿ˧çiaɔ˥˧……（自小？）王：嗯。ŋ̍˨.黄：啊，自小。ã˨,tsɿ˧˥çiaɔ˥˨.（从小和自小有什么区别没有？）黄：一回事。都是说的一个问题。i˥˨xuei˧˥˧sɿ˧.tou˥˨sɿ˧ʂuo˥˧ti˩i˥˨kə˧vəŋ˧tʰi˧˥˧˨.（你分别造几个句子看看！）黄：我从小就在太白长大的么。ŋuo˥˧˧tsʰuoŋ˧˥˧˨çiaɔ˥˧tçiou˧tsæᴇ˧tʰæᴇ˧pei˧˥˧˨tʂaŋ˥˧˧ta˧ti˩muo˩.（也说自小吗？）黄：啊，我自小也在太白生下的。a˧,ŋuo˥˧tsɿ˧çiaɔ˥˧˧ie˥˧˧tsæᴇ˧tʰæᴇ˧pei˧˥˧˧səŋ˥˧xa˧˨ti˩.（如果说他从小很能吃苦。）黄：它能行么。他从小就很吃苦么。他从小就很爱学习嘛。tʰa˥˧nəŋ˧˥˧˨çiŋ˧˥˧˨muo˩.tʰa˥˧tsʰuoŋ˧˥˧˨çiaɔ˥˧tçiou˧xəŋ˥˧tʂʰʅ˥˨kʰu˥˧muo˩.tʰa˥˧tsʰuoŋ˧˥˧˨çiaɔ˥˧tçiou˧xəŋ˥˧˧næᴇ˧çyo˧˥˧çi˧˥˧˨ma˩.（说自小吗？）黄：他自小就在这学校上学着了。tʰa˥˧˧tsɿ˧çiaɔ˥˧tçiou˧tsæᴇ˧tʂə˧çye˧˥˧˨çiaɔ˧˥ʂaŋ˧çyo˧˥˧˨tʂə˩lə˩.

三一、量词

一板布

（布呢？）黄：一尺、二尺。i˨˦tʂʰʅ˨,ər˥tʂʰʅ˨˩.王：一丈、两丈。i˨˩tʂaŋ˥,liaŋ˨tʂaŋ˥.黄：一丈、两丈。或者是一米两米。i˨˩tʂaŋ˥,liaŋ˨tʂaŋ˥.xuei˧˩tʂə˨˩sʅ˥˩i˨˩mi˨liaŋ˨mi˨.（过去我们自己家里纺的那个土布啊，它是弄好了以后就是这么一捆的，那个叫……）王：那叫一板么。nə˥˩tɕiaɔ˥i˨˩pæ̃˨muo˧.黄：一板么。i˨˩pæ̃˨muo˧.（一板是吧？）黄&王：呣。m̩˨.王：过去叫个一板布。现在那□叫一匹布。kuo˥˦tɕʰy˥˩tɕiaɔ˥kə˥i˨˩pæ̃˨pu˥˩.ɕiæ̃˥tsæᴇ˥nei˥niæ̃˧˩tɕiaɔ˥i˨˩pʰi˨pu˥˩.黄：噢，一板布，一匹布。aɔ˩,i˨˩pæ̃˨pu˥,i˨˦pʰi˨pu˥˩.王：嗯。ŋ̍˩.黄：□还……还叫一个布。蒙古布□……niæ̃˧˦xæᴇ˧˦……xæᴇ˧˩tɕiaɔ˥i˨˩kə˥˩pu˥˩.məŋ˧˩ku˨pu˥niæ̃˧˩……（啊，也说一个布？）黄：一个土布□也叫一个布咧。一个布那它就是一丈二吗是多长□就叫一个布。i˨˩kə˥˩tʰu˨pu˥niæ̃˧˩æ˨˦tɕiaɔ˥i˨˩kə˦pu˥˩lie˧.i˨˩kə˥˩pu˥nei˥tʰa˨tsou˥˩sʅ˥˩i˨˩tʂaŋ˥ər˥ma˧sʅ˥˩tuo˨˦tʂʰaŋ˧˦niæ̃˧˩tɕiou˥tɕiaɔ˥i˨˩kə˥˩pu˥˩.（就是土布？）王：嗯。ŋ̍˩.黄：啊，土布织下那个。a˩,tʰu˨pu˥tʂʅ˨xa˥˩nə˥kə˥˩.（它是不是有一定的长度啊？）黄：有一定的长度单位。iou˨i˨˦tiŋ˥ti˧tʂʰaŋ˧˩tu˥tæ̃˨˩vei˥.（有多……大概有多长呢？）黄：哎呀，过去那一……多一半儿都是丈二长的。æᴇ˥ia˧,kuo˥˦tɕʰy˥næᴇ˥˦i˨˩……tuo˨i˨˩pæ̃r˥tou˨˩sʅ˥˩tʂaŋ˥ər˥tʂʰaŋ˧˩ti˧.（丈二长的？）黄：嗯，一个布。有还有几丈长的那。ə̃˩,i˨˩kə˥˦pu˥.iou˨xa˧˩iou˨˦tɕi˨˦tʂaŋ˥tʂʰaŋ˧˩ti˧nə˥˩.（几丈？）黄：嗯。ə̃˩.王：丈二长的。两丈四长的。tʂaŋ˥ər˥tʂʰaŋ˧˩ti˧.liaŋ˨tʂaŋ˥sʅ˥˦tʂʰaŋ˧˩ti˧.黄：两丈四长的。这它都是有的有的有……liaŋ˨˦tʂaŋ˥sʅ˥˦tʂʰaŋ˧˩ti˧.tʂei˥˦tʰa˨˦tou˨˩sʅ˥iou˨˦ti˧iou˨˦ti˧iou˨……（它中间拿什么给它卷起来呢？还是就是这么折起来？）王：它中间有块儿板儿。tʰa˨˦tʂuoŋ˨˩tɕiæ̃˨˦iou˨˦kʰuər˨˦pæ̃r˨.黄：有的……有个拿个木头板板儿，有的拿个纸板儿卷着咧。iou˨ti˧……iou˨kə˥na˧˩kə˥mu˨tʰou˧pæ̃˨pæ̃r˨˩,iou˨ti˧na˧˩kə˥tsʅ˨pæ̃r˨˩tɕyæ̃˨tʂə˧lie˧.（那个板子有……大概有多宽呢？）王：有一拃宽。iou˨i˨˦tsa˨˦kʰuæ̃˨˩.黄：一拃宽么。i˨˦tsa˨˦kʰuæ̃˨˩muo˧.（一拃宽？）黄：嗯。ə̃˩.王：嗯。ŋ̍˨.黄：就是个，土布一……tɕiou˥sʅ˥˩kə˥˩,tʰu˨pu˥i˨˩……（土布大概……）黄：土布只有二尺二……二尺二的匹幅儿，八……二尺四，二尺八，二尺五这几个匹儿。它没超过一米的匹儿。除咧织下拿个床单长啊，宽也还是一米的。tʰu˨pu˥tsʅ˨˩iou˨ər˥tʂʰʅ˨˩ər˥tʂʰ……ər˥tʂʰʅ˨˩ər˥ti˧pʰie˨fuər˨˦,pa˨˦……ər˥tʂʰʅ˨˦sʅ˥,ər˥tʂʰʅ˨˩pa˨,ər˥tʂʰʅ˨˦vu˨tʂei˥˦tɕi˨˩kə˥pʰiər˨.tʰa˨mei˧˩tʂʰaɔ˨˩kuo˥i˨˩mi˨ti˧pʰiər˨.tʂʰʮ˧˩lie˧tʂʅ˨xa˥˩nə˥kə˥tʂʰuaŋ˧˩tæ̃˨tʂʰaŋ˧˩æ˧,kʰuæ̃˨ie˨˦xa˧˦sʅ˥i˨˩mi˨ti˧.（哦，你们这个幅度叫……这叫pʰiər˨？）黄：啊。a˨.王：嗯。ŋ̍˩.（这个叫……）黄：长度的话那就是长度。这个……这个宽的就叫……tʂʰaŋ˧˩tu˥ti˧xua˥˩nei˥tɕiou˥sʅ˥tʂʰaŋ˧˩tu˥.tʂə˥˦kə˥……tʂə˥˩kə˥˦kʰuæ̃˨˩ti˧tɕiou˥tɕiaɔ˥……王：宽度就叫匹。kʰuæ̃˨˩tu˥˦tɕiou˥tɕiaɔ˥pʰie˨.黄：宽度叫匹儿咧。kʰuæ̃˨˩tu˥˦tɕiaɔ˥pʰiər˨lie˧.（pʰiər˨？）

王：嗯。ŋ˩.黄：嗯。匹儿。ŋ˩.pʰiər˥.（是一片的片还是一匹的匹？）黄：匹儿。这个是个土话，一匹儿。匹儿长啊？pʰiər˥.tʂə˦kə˦sʅ˦kə˦tʰu˥xua˦,i˥˩pʰiər˥.pʰiər˥tʂʰaŋ˨a˩?王：嗯。ŋ˩.黄：一匹儿。i˥˩pʰiər˥.（可以写成这个吗？一片两片的片呢？啊不是，篇。）黄：篇，篇幅。布好像不叫篇幅。叫，土话把那叫匹儿哩。匹儿宽窄。pʰiæ̃˥,pʰiæ̃˥fu˥˩.pu˦xaɔ˥˧çiaŋ˦pu˨˩tɕiaɔ˦˥pʰiæ̃˥˧fu˥˩.tɕiaɔ˦,tʰu˥xua˦pa˥˩næᴇ˦tɕiaɔ˦pʰiər˥li˩.pʰiər˥kʰuæ̃˥˧tsei˥˩.（是不是这个一匹两匹的匹啊？）王：嗯。ŋ˩.黄：噢，这个系差不多，这个差不多，匹儿。aɔ˩,tʂə˦˥kə˦˥çi˦tsʰa˥˩pu˨˧tuo˥˩,tʂə˦kə˦˥tsʰa˥˩pu˨˧tuo˥˩,pʰiər˥.

一包水

（这个东西给他拿个纸弄起来，这叫多少？）黄：包起来。paɔ˥tɕʰi˥˩læᴇ˨˩.王：一包。i˥˩paɔ˥.（i˩paɔ˥？）王&黄：嗯。ŋ˩.（叫……叫多少？）王：叫一包。tɕiaɔ˦i˥˩paɔ˥.黄：一包儿。i˥paɔr˥˩.（有没有一包水的说法？）王：没有。mei˨iou˥˩.黄：那也包不住嘛。可能，不可能……næᴇ˦˩ia˥paɔ˥˩pu˨˩tʂʰʮ˦˥ma˩.kʰə˥˩nəŋ˨,pu˨˧kʰə˥˩nəŋ˨……王：水那啥包不住嘛。ʂuei˥nei˦sa˦paɔ˥pu˨˩tʂʮ˦ma˩.黄：不可能一包儿水么。pu˨˧kʰə˥˧nəŋ˨˧i˥˧paɔr˥˩ʂuei˥muo˩.（听过一包水的这种说法没有？）黄：没有。mei˨˩iou˥˩.王：没有。muo˥˩iou˥˩.黄：欸，有咧么。ei˧,iou˥lie˩muo˩.王：哪有？na˥iou˥˩?黄：谁谁谁那肚子里开开是一包儿水。嗯，那猪肚子里开开也有一包水。sei˨˧sei˨˧sei˨˧nə˦tu˦tsʅ˩li˥˧kʰæᴇ˥˧kʰæᴇ˥sʅ˦˩i˥˧paɔr˥ʂuei˥.ŋ˦,nə˦tʂʮ˥tu˦tsʅ˩li˥˧kʰæᴇ˥˧kʰæᴇ˥˧ie˥iou˥i˥˩paɔ˥˩ʂuei˥.（是是叫一包水是吧？）黄：啊，一包儿水，兀有咧。a˦,i˥˧paɔr˥˩ʂuei˥˧,vu˦˩iou˥lie˦.

一笔买卖

（如果做买卖呀，从头到尾，这叫是一个买卖，还是一次买卖，还叫什么买卖？）黄：那你看，那你是如果是做一次，那你就是一次买卖，做咧两次就是两次。næᴇ˦˥ni˥kʰæ̃˦,nei˦ni˥sʅ˦zʮ˨˩kuo˥˧sʅ˦tsuo˦˥i˥˩tsʰʅ˦,nei˦ni˥˧tɕiou˦sʅ˦i˥˩tsʰʅ˦mæᴇ˥mæᴇ˦,tsuo˦˥lie˩liaŋ˥tsʰʅ˦tɕiou˦˩sʅ˦˩liaŋ˥tsʰʅ˦˩.（还是说一笔买卖？）哎，一笔买卖也说嘛。呃，买了这一笔买卖我就买咧一个……都光卖杯子这一……这一笔买卖卖完了么。就是一笔买卖。æᴇ˦,i˥˧pi˥mæᴇ˥mæᴇ˦ia˥˧ʂuo˥˩ma˩.ə˦,mæᴇ˥lə˩tʂə˦i˥˧pi˥mæᴇ˥mæᴇ˦ŋuo˥˧tsou˦mæᴇ˥lie˩i˥˩kə……tou˥˩kuaŋ˥˧mæᴇ˦pʰei˥tsʅ˩tʂei˦i˥˧pʰei……tʂei˦i˥˩pi˥mæᴇ˥mæᴇ˦mæᴇ˦væ̃˨˩lə˩muo˩.tɕiou˦sʅ˦i˥˧pi˥mæᴇ˥mæᴇ˦˩.

一播

（一拨白菜有没有叫……呃，一窝白菜有没有叫一拨白菜的？）王：有咧。iou˥lie˩.黄：有咧。iou˥lie˩.（嗯。一拨白菜？）王：一播白菜，叫咧。i˥˧puo˥pei˨˩tsʰæᴇ˦,tɕiaɔ˦lie˦.黄：嗯。ŋ˩.（除了白菜叫一播，还有这么叫白……一播没有？）王：那也……树□也叫，也叫一播树咧哈？nei˦ia˥˧……ʂʮ˦˥niæ̃˨˩æ˥˧tɕiaɔ˦,ie˥˧tɕiaɔ˦i˥˧puo˥˩ʂʮ˦lie˩xa˩?黄：一播树，一播辣椒。i˥˩puo˥˩ʂʮ˦,i˥˧puo˥˧la˥tɕiaɔ˥˩.王：嗯。ŋ˩.黄：一播茄子。那就是单个儿的么这是。i˥˧puo˥˧tɕʰie˨˩tsʅ˩.n̩˦tsou˦sʅ˦tæ̃˥˩kər˦˥ti˩muo˩tʂə˦˩sʅ˦˩.（就单个的？）王：嗯。ŋ˩.黄：啊。a˩.（它是不是，它单个儿的是不是里头有分支呢？）王：没有。muo˥˩iou˥˩.黄：没有。mei˨˩iou˥˩.王：它就是这一个。tʰa˥˩tɕiou˦˩sʅ˦tʂei˦i˥˩kə˦.（就是插在这儿，这就叫一播？）黄：嗯。ŋ˩.王：啊。这就叫一……a˩.tʂei˦˥tɕiou˦tɕiaɔ˦i˥˧……（哪怕它就一……长一……长一个也叫一播？）王：啊。ŋa˥.黄：啊，一播姆。ŋa˦,i˥˧puo˥m̩˩.（就是一棵啦！）黄：啊，就是一棵。a˩,tɕiou˦˥sʅ˦˩i˥˩kʰə˥.王：啊，就是一棵的意思。

ɑ˧˩,tsou˥sɿ˥i˥˩˧˩kʰə˥˩ti˧li˥˧˩sɿ˥.（但是它肯定是指长在地里的叫一播？）黄：啊。ɑ˧˩.王：嗯。ŋ̍˧˩.（人可不可以叫一拨子人？）王：不一样嘛。pu˧˥˧˩i˥˩˧˩iaŋ˥˦ma˧.黄：呃不叫。兀不行。ə˦pu˧˥˧˩tɕiao˥˧˩.və˥˧˥pu˧˥˧˥ɕiŋ˧˥˧˩.

一串、一匣、一墩

（你们拿个鞭炮是按什么算的？）王：串。tʂʰuæ̃˥.黄：一串，那是一串儿。i˥˩˧˩tʂʰuæ̃˥,nə˥sɿ˥i˥˩˧˩tʂʰuæ̃r˥.（一串鞭还是一串……一串炮？）黄：一串鞭炮儿。i˥˩˦tʂʰuæ̃˥˧˥piæ̃˥˩˧˩pʰɑɔr˥.王：一串鞭炮。i˥˩˧˩tʂʰuæ̃˥piæ̃˥˩˧˩pʰɑɔ˥.（有没有说一匣鞭子的？一匣……）黄：有咧。iou˥˩lie˧.（一匣是多少？）黄：一……一匣有一百的，有五十的。i˥˩˧˩ɕi……i˥˩˧˩ɕia˧˥iou˥˩i˥˩˧˩pei˥˩ti˧,iou˥˩vu˥˩ʂʅ˧˥˧˩ti˥.（也叫一匣？）黄：嗯。ŋ̍˧˩.（它是不是拿什么东西包起来还是什么？）黄：就是包起来。tɕiou˥˧˩sɿ˥˧˩pɑɔ˥˩tɕʰi˥˩˧˩læᴇ˧˥˧˩.王：啊，匣就是那匣匣……那碎匣匣装着咧。把呃叫一匣子鞭炮儿嘛。ɑ˧˩,ɕia˧˥tɕiou˥sɿ˥nə˥ɕia˧˥˧˩ɕia˧˥˧˥tʂ……nə˥suei˥ɕia˧˥˧˩ɕia˧˥˧˥tʂuaŋ˥˩tʂə˧lie˧.pa˥˩˧˩ə˥tɕiɑɔ˥i˥˩˧˩ɕia˧˥tsɿ˧piæ̃˥˩˧˩pʰɑɔr˥ma˧.（拿盒子吗？）王：啊。ɑ˧˩.黄：有盒盒咧。iou˥˩˦xə˧˥˧˩xə˧˥˧˥lie˧.王：嗯。ŋ̍˧˩.（纸做的还是什么做的？）黄：嗯，纸做的。ə̃˧˩,tsɿ˥˩tsuo˥˧˩ti˧.王：纸做下的。tsɿ˥˩tsuo˥˧˩xa˥˧˩ti˧.（那也有那个拿个纸一类的包起来的呢？）黄：那是一串了。nə˥˧˥sɿ˥˧˩i˥˩˧˩tʂʰuæ̃˥lə˧.王：那串呣嘛。nə˥tʂʰuæ̃˥m̩˧ma˥.（那就叫一串？）黄：呣。也叫一墩。m̩˧˩.ia˥˩˦tɕiɑɔ˥i˥˩˧˩tuoŋ˥˩.（什么一tuoŋ˥˩？）黄：大，大盘子。ta˥,ta˥pʰæ̃˧˥˧˩tsɿ˧.（一……一大卷子的？）王：嗯。ŋ̍˧˩.黄：噢，那看是千字头咧，万字头咧么。ɑɔ˧˩,nei˥kʰæ̃˥sɿ˥tɕʰiæ̃˥˩tsɿ˥˧˩tʰou˧˥˧˩lie˥,væ̃˥tsɿ˥tʰou˧˥˧˩liem˥.（叫i˧˩tuoŋ˥˩？）黄：嗯。ŋ̍˧˩.（哪个tuoŋ˥˩啊？）王：一墩炮那也是说那双响炮单响那捆下这么大一坨一坨一墩一墩咧嘛。i˥˩˧˩tuoŋ˥˩pʰɑɔ˥næᴇ˥a˥˩˧˩sɿ˥ʂuo˥˩nei˥ʂuaŋ˥˩˧˩ɕiaŋ˥˩pʰɑɔ˥tæ̃˥˩˧˩ɕiaŋ˥˩nə˥kʰuoŋ˥˩xa˥tʂə˥muo˧ta˥i˥˩˧˩tʰuo˧˥i˥˩˧˩tʰuo˧˥˧˩i˥˩˧˩tuoŋ˥˩i˥˩˧˩tuoŋ˥˩˧˩lie˧ma˧.黄：嗯。鞭炮的话只要是碎鞭炮儿还都是……讲……说串了么。ə̃˧˩.piæ̃˥˩˧˩pʰɑɔ˥˦tə˧xua˥˧˩tsɿ˥˩˧˩iɑɔ˥˧˥sɿ˥suei˥piæ̃˥˩˧˩pʰɑɔr˥xa˧˥˧˩tou˥˩˦sɿ˥˧˩ʂ……tɕiaŋ˥˩……ʂuo˥˩˧˩tʂʰuæ̃˥lə˧muo˧.（大的叫i˧˩tuoŋ˥˩？）王：嗯。ŋ̍˧˩.黄：噢。ɑɔ˧˩.

一串儿、一嘟噜

（有叫一嘟噜葡萄的吗？）黄：也叫咧，一嘟噜。ie˥˩tɕiɑɔ˥lie˧,i˥˩˦tu˥˩lu˧.（就是一串的意思？）黄&王：嗯。ŋ̍˧˩.（老……是，这是老话还是什么话？）王：老话就是一串么。lɑɔ˥˩xua˥tɕiou˥sɿ˥i˥˩˧˩tʂʰuæ̃˥muo˧.黄：呃老话就是一串儿一串儿的。ə˥lɑɔ˥˩xua˥tɕiou˥sɿ˥i˥˩˧˩tʂʰuæ̃r˥i˥˩˧˩tʂʰuæ̃r˥ti˧.（你像这个洋芋弄起来很多的那个叫什么？）王：一□子。i˥˩˧˩tʂua˥tsɿ˧.黄：一□子。那叫以□一□的。一嘟噜葡萄，一□儿葡萄。i˥˩˧˩tʂua˥tsɿ˧.nei˥tɕiɑɔ˥i˥˩˧˩tʂua˥i˥˩˧˩tʂua˥ti˥.i˥˩˧˩tu˥˩lu˧pʰu˧˥˧˩tʰɑɔ˧˥˦,i˥˩˧˩tʂuar˥˧˥pʰu˧˥˧˩tʰɑɔ˧˥˦.（就这个这个这马铃薯啊，你从地里掏出来，它不是很多个吗？）黄：啊，一□嘛。ŋɑ˧˩,i˥˩˧˩tʂua˥ma˧.（那叫一……一tʂua˥？）黄&王：嗯。ŋ̍˧˩.（tʂua˥什么意思？弄……）黄：一□和一串儿是一回事嘛。i˥˩˧˩tʂua˥xuo˧˥˧˩i˥˩˧˩tʂʰuæ̃r˥sɿ˥i˥˩˦xuei˧˥sɿ˥ma˧.（嗯？）黄：一□和一嘟噜就是一回事，和……和一串儿还……i˥˩˧˩tʂua˥xuo˧˥˧˩i˥˩˧˩tu˥˩lu˧tsou˥sɿ˥i˥˩˧˩xuei˧˥sɿ˥˧˩,xuo˧˥˧˩……xuo˧˥˦i˥˩˧˩tʂʰuæ̃r˥˧˥xa˧˥˦……王：那是一回事。na˥˧˩sɿ˥i˥˩˧˩xuei˧˥sɿ˥.黄：还和一串儿还不一样。xa˧˥˧˩xuo˧˥˦i˥˩˧˩tʂʰuæ̃r˥˧˥xa˧˥˦pu˧˥˦i˥˩˧˩iaŋ˥.王：和一串儿不一样。一□和一嘟噜是一个……xuo˧˥˦i˥˩˦tʂʰuæ̃r˥˧˥pu˧˥˧˩i˥˩˧˩iaŋ˥˧˩.i˥˩˧˩tʂua˥xuo˧˥˦i˥˩˦tu˥˩lu˧sɿ˥i˥˩˧˩kə˥……黄：是一……是一个意思。sɿ˥i˥˩˦……sɿ˥i˥˩˧˩kə˥˧˥i˥˧˩sɿ˧.王：一个意思。i˥˩˧˩kə˥˧˥i˥sɿ˧.（一嘟噜是怎么……怎么回事呢？）黄：也是疙里疙瘩的结下那么一堆。ie˥˩˦sɿ˥ka˥˩li˧ka˥˩ta˥˩˦ti˧tɕie˥˩xa˥˧˩na˥muo˧i˥˩˧˩tuei˥˩.（这也

有，这也有，这有，这有，这有？）黄：哎，噢，乱七八糟的㖿。æᴇ˥,ɑɔ˪,luæ̃˥tɕʰi˥˩pa˥˩tsaɔ˥ti˧m̩˧.

一刀纸

（过去你们这个那个纸啊，买回来纸，这个，叫不叫一刀纸？）王：嗯，叫呃一刀，嗯。ə̃˥,tɕiaɔ˥ə˥i˥˩taɔ˥,ə̃˥.黄：叫呃一刀纸么。tɕiaɔ˥ə˥i˥˩taɔ˥˩tsɿ˥muo˧.（都是有多大一刀纸？）黄：兀晓有多少张吵？væᴇ˥˦ɕiaɔ˥˧iou˥˧tuo˥˩ʂaɔ˥tʂaŋ˥˩sa˧?王：一刀纸只就只有一百张么。i˥˩taɔ˥tsɿ˥˧tsɿ˥˧tsou˥tsɿ˥˧iou˥i˥˩pei˥tʂaŋ˥˩muo˧.黄：一百张，一百张纸一刀。i˥˩pei˥tʂaŋ˥˩,i˥˩pei˥tʂaŋ˥˩tsɿ˥i˥˩taɔ˥.（它为什么一刀一刀卖呢？）王：那，那就是……nei˥˩,nei˥tɕiou˥sɿ˥……黄：那它就是手工捞下那个麻纸它就是一百张纸一沓沓，一百张一沓沓，这么个设起来着。nei˥tʰɑ˥tsou˥˩sɿ˥˩ʂou˥kuoŋ˥˩laɔ˩˩xa˥nə˥kə˥ma˩˩tsɿ˥tʰɑ˥˧tɕiou˥sɿ˥i˥˩pei˥tʂaŋ˥tsɿ˥˩i˥˧tʰɑ˩˩tʰɑ˩˧,i˥˩pei˥tʂaŋ˥˩i˥˩tʰɑ˩˩tʰɑ˩˧,tʂə˥muo˧kə˥ʂə˥˩tɕʰie˥læᴇ˩˩tʂə˧.（它是割……切开了给你卖还是干吗？）黄：那不。nə˥˦pu˩.王：不切。pu˩˩tɕʰie˥.黄：过去那就是四四方方那么个欸那……那里头。kuo˥˦tɕʰy˥nei˥tɕiou˥sɿ˥sɿ˥sɿ˥˩faŋ˥faŋ˥˩nə˥muo˧kə˧ei˩ne i˥……nei˥˦li˥˩tʰou˧.（就叫就叫一刀？）王：嗯。ə̃˥.黄：噢，一刀，啊。ɑɔ˪,i˥˩taɔ˥,ɑ˪.（是不是它边缘都给切掉了呢？）黄：边……他捞起来就那么大。根本就没有切。piæ̃˥˩……tʰɑ˥laɔ˩˩tɕʰi˥læᴇ˩˩tɕiou˥nə˥muo˧ta˧.kəŋ˥˩pəŋ˥tsou˥mei˩iou˥˧tɕʰie˥.（没切？）黄：没切，啊。mei˩tɕʰie˥,ɑ˪.（那个边毛上的那个都都都看着毛……）黄：都是，都是毛的。嗯。tou˥˧sɿ˥,tou˥˧sɿ˥maɔ˩˩ti˧.ə̃˪.（你看的这就跟这个纸一样的有毛？）黄：噢，这都是切过的这号儿。ɑɔ˪,tʂei˥˦tou˥˩sɿ˥˩tɕʰie˥˩kuo˥˦ti˧tʂei˥xaɔr˥˩.（啊，这没切。）黄：啊。ɑ˥.（这个地方没切。）黄：啊。嗯。最古老的那个纸我们用的，我们小的时候学的写大楷的那个纸么，那就不用切。那就是手工捞起来就那个样子。ɑ˥.ə̃˥.tsuei˥ku˥laɔ˥ti˧nə˥kə˥tsɿ˥˧ŋuo˥məŋ˧yoŋ˥ti˧,ŋuo˥məŋ˧ɕiaɔ˥ti˧sɿ˩˧xou˥ɕyo˩ti˧ɕie˥˧ta˥kʰæᴇ˥ti˧nei˥kə˥tsɿ˥˧muo˧,nei˥tsou˥pu˩˩yoŋ˥˦tɕʰie˥˩.nei˥tɕiou˥˦sɿ˥˩ʂou˥kuoŋ˥˩laɔ˩˩tɕʰi˥læᴇ˩˩tɕiou˥nə˥kə˥iaŋ˥tsɿ˧.

一吊子肉

（说一吊子肉不说？）黄&王：说咧么。ʂuo˥liem˧.（一吊子肉是多少？）王：那没有大小。nə˥˦mei˩iou˥ta˥˩ɕiaɔ˥˩.黄：那没有大小了。一吊……nə˥˦mei˩iou˥˧ta˥ɕiaɔ˥˧lə˧.i˥˩tiaɔ˥……王：还有一线的，还有二线的。xæᴇ˩˩iou˥˩i˥˩ɕiæ̃˥˦ti˧,xæᴇ˩˩iou˥˩ər˥ɕiæ̃˥˩ti˧.黄：一吊子肉，他那个吊子肉是沿住那个欸肋巴噢。i˥˩tiaɔ˥˦tsɿ˧tʐou˥,tʰɑ˥˧nei˥kə˥tiaɔ˥˦tsɿ˧tʐou˥sɿ˥iæ̃˩˩tʂʮ˥nei˥kə˥lei˥pa˧aɔ˪.（嗯。）黄：和这个脊椎骨和肋巴这么个剁出来的。看是你就里头带这么几个肋巴咧。那就是大些，那就是吊子。如果是你顺常剁下，那就不为吊子了，那光是脊椎骨了。xuo˩˩tʂə˥kə˥tɕi˥˩tʂuei˥ku˥˩xuo˩˩lei˥pa˧tʂə˥˦muo˧kə˥˩tuo˥tʂʰʮ˥˧læᴇ˩˩ti˧.kʰæ̃˥˩sɿ˥˩ni˥tsou˥˩li˥tʰou˧tæᴇ˥tʂə˥muo˧tɕi˥kə˥˩lei˥pa˧lie˧.nei˥tɕiou˥sɿ˥˩ta˥ɕi˥˧,nei˥˦tɕiou˥˩sɿ˥˩tiaɔ˥tsɿ˧.ʐʮ˩˩kuo˥sɿ˥ni˥ʂuoŋ˥tʂʰaŋ˩tuo˥xa˥˩,nei˥tɕiou˥pu˩˩vei˩tiaɔ˥tsɿ˧lə˧,nə˥kuaŋ˥˧sɿ˥tɕi˥˩tʂuei˥ku˥˩lə˧.（从这脊椎劈开来，这一面，这一面，这叫什么？）黄：这叫块儿么。tʂə˥˦tɕiaɔ˥kʰuər˥muo˧.王：叫扇。tɕiaɔ˥˩ʂæ̃˥.黄：欸哟，一扇子，两扇子。ei˥iaɔ˧,i˥˩ʂæ̃˥tsɿ˧,liaŋ˥ʂæ̃˥tsɿ˧.王：一扇子。i˥˩ʂæ̃˥tsɿ˧.

一锭子砖

（砖呢，有没有说一锭子砖的？）王：有。iou˥.黄：哎，那摞的多咧，就是一锭子一锭子的。æᴇ˥,næᴇ˥˦luo˥ti˧tuo˥lie˧,tɕiou˥sɿ˥i˥˧tiŋ˥tsɿ˧i˥˩tiŋ˥tsɿ˧ti˧.（哦，一摞？）王：嗯。ŋ̍˪.

黄：啊，一摞摞起来那就叫一锭子。ɑ˪,i˦˪luo˧luo˧tɕʰi˦læᴇ˨˪nei˧tɕiou˧tɕiɑɔ˧i˦˪tiŋ˧tsɿ˨.王：那锭好的话，这一这一这一锭子是二百叶砖。næᴇ˧tiŋ˧˦xɑɔ˧ti˨xuɑ˧˪,tʂei˧i˦˪tʂei˧i˦˪tʂei˧i˦˪tiŋ˧tsɿ˨sɿ˧˪ər˧pei˦˪ie˦˪tʂuæ̃˦.王：二百叶子或者是五百叶子砖嘛。ər˧pei˦˪ie˦tsɿ˨xuei˨˦tʂə˦˪sɿ˧˪vu˦pei˦˪ie˦˪tsɿ˨tʂuæ̃˦mɑ˨.王：一锭砖。i˦˪tiŋ˧˦tʂuæ̃˦˪.（就是一大堆是吧？）黄：噢，一大堆么。ɑɔ˧,i˦˪tɑ˧tuei˦muo˨.（那这种一锭子砖是不是都要摞得平平的还是……）王：啊。ɑ˧.黄：那要摞整齐咧嘛。næᴇ˧˦iɑɔ˧luo˧tʂəŋ˦tɕʰi˨˪lie˨mɑ˨.王：摞整齐㖿。luo˧tʂəŋ˦tɕʰi˨˪m̩˨.（那也叫一摞了？）王：不叫一摞，叫一锭。pu˨˪tɕiɑɔ˧˦i˦˪luo˧,tɕiɑɔ˧i˦˪tiŋ˧.黄：不叫。一摞砖那就没有……pu˨˪tɕiɑɔ˧.i˦˪luo˧˦tʂuæ̃˦nei˧tsou˧mei˨˪iou˦……王：没有……muo˦˪iou˦……黄：摞一摞砖根本就没……没有个……luo˧i˦˪luo˧tʂuæ̃˦˪kəŋ˦˪pəŋ˦tsou˧muo˦˪……mei˨iou˦kə˧˪……王：那就没有数量限制了。那摞……nə˧tɕiou˧mei˨iou˦ʂɥ˧liɑŋ˧ɕiæ̃˧tʂɿ˧lə˧.næᴇ˧luo˧˪……黄：没有个数量限制。一锭子砖那□那一锭子，它是五百一摞咧，或者是二百五一摞咧，或者是一百一摞咧。mei˨iou˦kə˧˪ʂɥ˧liɑŋ˧˦ɕiæ̃˧˪tʂɿ˨˪.i˦˪tiŋ˧tsɿ˨tʂuæ̃˦nei˧˦niæ̃˨˪nei˧i˦˪tiŋ˧tsɿ˨,tʰɑ˦˪sɿ˧˪vu˦pei˨˪i˦˪luo˧lie˨,xuei˨˪tʂə˦˪sɿ˧˪ər˧pei˨˪vu˦i˦˪luo˧lie˨,xuo˨˪tʂə˦˪sɿ˧˪i˦pei˦i˦˪luo˧lie˨.

一栋房、一间房

（房呢？）王：一栋房。i˦˥tuoŋ˧˦fɑŋ˨˪.黄：一……一栋房。一间房，两间房。i˦˥……i˦˥tuoŋ˧˦fɑŋ˨˥.i˦˪tɕiæ̃˦fɑŋ˨,liɑŋ˦tɕiæ̃˦˪fɑŋ˨.（有说一座的没有？）王：也说咧。iɑ˦ʂuo˦lie˨.黄：也说咧么，一……ie˦ʂuo˦˥lie˨muo˨,i˦˪……（一座房和……有……有……和那个一栋房有区别没有？）黄：那没啥区别。nɑ˧˦mei˨sɑ˧tɕʰy˦pie˨˪.王：没有区别。mei˨iou˦tɕʰy˦˪pie˨˪.（跟一间房呢？）黄：和一间房那就有区别咧噢。一间那只有那么一间儿么。你一栋和一……一座那□就是几间房在一疙里。xuo˨˪i˦˪tɕiæ̃˦fɑŋ˨˥nei˧tɕiou˧iou˦˪tɕʰy˦pie˨˥liɑɔ˨.i˦˪tɕiæ̃˦˥nei˧tsɿ˦˪iou˦nə˧muo˨i˦˪tɕiæ̃r˦muo˨.ni˦˪i˦˪tuoŋ˧˦xuo˨˪i˦˪ts……i˦˪tsuo˧˦næᴇ˧niæ̃˨˪tsou˧sɿ˧tɕi˦tɕiæ̃˦˪fɑŋ˨˪tsæᴇ˧i˦˪tɑ˦li˦˪.

一封点心

（点心可不可以说一封一封的？）王：点封口误，当为"心"儿说咧，点心说咧。说的多。tiæ̃˦fə̃r˦˥ʂuo˦lie˨,tiæ̃˦ɕiŋ˦˥ʂuo˦lie˨.ʂuo˦ti˨tuo˦˪.黄：点心说咧。一封点心。也……个咧可说咧。tiæ̃˦ɕiŋ˦˪ʂuo˦lie˨.i˦˥fəŋ˦˥tiæ̃˦ɕiŋ˦˪.ie˦˥ʂɥ……kə˧lie˨kʰə˦˪ʂuo˦lie˨.王：嗯。ŋ̍˪.黄：一……一封点心，一盒点心，一斤点心。i˦˪……i˦˥fəŋ˦tiæ̃˦ɕiŋ˦˥,i˦˪xə˨tiæ̃˦ɕiŋ˦˪,i˦˪tɕiŋ˦tiæ̃˦ɕiŋ˦˪.（一封点心大概有……）黄：一包点心。i˦˥pɑɔ˦tiæ̃˦ɕiŋ˦˪.（一封点心大概有多少？）黄：一封那你看封多大咧。那有些……有些□是这个欸一斤一封的，有的□二斤的，还有五斤一封。i˦˥fəŋ˦næᴇ˧˦ni˦kʰæ̃˧fəŋ˦tuo˦˪tɑ˧ti˧lie˨.næᴇ˧iou˦ɕie˦˪……iou˦ɕie˦˥niæ̃˨˥sɿ˧tʂə˧kə˧ei˧i˦˥tɕiŋ˦i˦˥fəŋ˦ti˨,iou˦ti˨niæ̃˨˥ər˧tɕiŋ˦˥ti˧,xæᴇ˨iou˦˥vu˦tɕiŋ˦˪i˦˪fəŋ˦.王：嗯。ŋ̍˪.（这种封拿什么封啊？）黄：盒子㖿，包装起来的。xə˨˪tsɿ˦m̩˨,pɑɔ˦˥tʂuɑŋ˦tɕʰi˦˪læᴇ˨ti˧.（就是相当于一个大礼包是吧？）王：嗯。ŋ̍˪.黄：啊，这个礼包。过去那个人就没有这个盒子嘛。ɑ̃˪,tʂə˧kə˧li˦pɑɔ˦˪.kuo˧˦tɕʰy˧nə˧kə˧zəŋ˨tsou˧muo˦˪iou˦tʂə˧kə˧xə˨˪tsɿ˦mɑ˨.（呃。）王：拿纸包下的。nɑ˨˪tsɿ˦pɑɔ˦xɑ˧˪ti˨.黄：拿纸给你……拿纸给你包起来，然后中间放红纸。nɑ˨˪tsɿ˦kei˧ni˦˪……nɑ˨˪tsɿ˦kei˧ni˦˥pɑɔ˦˪tɕʰi˦læᴇ˨˪.zæ̃˨˪xou˧tʂuoŋ˦˪tɕiæ̃˦˪fɑŋ˧xuoŋ˨tsɿ˦.王：红纸褄个褄褄。xuoŋ˨tsɿ˦iɑɔ˧kə˧iɑɔ˧˦iɑɔ˧˪.黄：褄个褄子一缠。iɑɔ˧kə˧iɑɔ˧tsɿ˨i˦˪tʂʰæ̃˨.王：这叫一封。tʂei˧˦tɕiɑɔ˧i˦˪fəŋ˦.黄：有的缠个十字架，有的缠一道红纸。放……放……iou˦ti˨tʂʰæ̃˨˪kə˧ʂɿ˨tsɿ˧tɕiɑ˧,iou˦ti˨tʂʰæ̃˨i˦˪tɑɔ˧xuoŋ˨tsɿ˦.fɑŋ˧˪……fɑŋ˧……（iɑɔ˧kə˧iɑɔ˧tsɿ˨是什么东西？）

王：那就拿个……那个红纸缠上，是个……是个……是个礼节么。næᴇ˦tɕiou˦na˩˧˩kə˦……nə˦kə˦xuoŋ˩˧tsɿ˥˧tʂʰæ̃˩˧˩ʂaŋ˦˥,sɿ˦kə˦……sɿ˦kə˦……sɿ˦kə˦li˥˧tɕie˥˩muo˧.黄：这个欸……个……一个纸绺绺子，裁这个纸绺子把你一包，拉起来一糊，糊到一瘩里。有的是这个十字交加噢，缠一下，有的是缠一个，我们把这个叫褄子么。因为它在正中间，这一包礼包的中间缠着的，所以把它叫褄子么。tʂə˦kə˦ei˩……kə˦……i˥˩kə˦˩tsɿ˥˧liou˦˥liou˦˩tsɿ˧,tsʰæᴇ˩˧tʂə˦kə˦tsɿ˥˧liou˦tsɿ˧pa˥˩ni˥˧˥i˥˩paɔ˥˧,la˥˩tɕʰi˥˧læᴇ˩˧˩i˥˩xu˩˧,xu˩˧taɔ˦i˥˩ta˥˧˥li˧.iou˥˧ti˧sɿ˦tʂə˦kə˦ʂʅ˩˧tsɿ˦˥tɕiaɔ˥˩tɕia˥˧aɔ˩,tʂʰæ̃˩˧i˥˩xa˦˩,iou˥˧ti˧sɿ˦tʂʰæ̃˩˧i˥˩kə˦˥,ŋuom˥˧pa˥˩tʂə˦˥kə˦˥tɕiaɔ˦iaɔ˦tsɿm˧.iŋ˥˩vei˦˥tʰa˥˧˥tsæᴇ˦tʂəŋ˦˩tʂuoŋ˥˩tɕiæ̃˥˧˦,tʂei˦i˥˧˥paɔ˥˧˥li˥˧paɔ˥˩ti˧tʂuoŋ˥˩tɕiæ̃˥˧˦tʂʰæ̃˩˧tʂə˧ti˧,ʂuo˥˧i˥˧˥pa˥˩tʰa˥˧˥tɕiaɔ˦iaɔ˦tsɿ˧muo˧.（中间的这叫褄子？）黄：啊，褄子。a˦,iaɔ˦tsɿ˧.（它里头这个一封点心里头，它东西都是散的还是每个都包起来了？还是比如说一斤给你包呀包好这个各种各样的这个……）黄：那都是散的一般。nei˦˥tou˥˧˥sɿ˦sæ̃˥˧ti˧i˥˩pæ̃˥˩.（你比如说我，又有这个桃酥，又有蛋糕，都……都是散着放的还是……）王：都散的放那里。tou˥˧˦sæ̃˥˧tə˧faŋ˦na˦li˥˩.黄：都散放着咧。tou˥˧˦sæ̃˥˧faŋ˦tʂə˧lie˧.王：放好儿一包，包好的。faŋ˦xaɔr˥˧˥i˥˧˦paɔ˥˧,paɔ˥˧xaɔ˥˧˥ti˧.黄：嗯。ə̃˩.（这就叫一封？）黄：嗯。ŋ̍˩.（他也不给你分……分开了，像现在一样，大包装里头还小包装？）黄：哎没有。æᴇ˦˥muo˥˧˥iou˥˩.王：没有。muo˥˧˦iou˥˩.黄：没有。过去很是……过去他没有盒子，就放纸一包，然后中间加个褄褄，最后拿个绳绳给你一绑，你提上就对了。muo˥˧˥iou˥˩.kuo˦˥tɕʰy˦xəŋ˥˧sɿ˦……kuo˦˥tɕʰy˦tʰa˥˧mei˩˧˩iou˥˧xə˩˧˩tsɿ˧,tɕiou˦faŋ˦tsɿ˥˧i˥˧˦paɔ˥˧,zæ̃˩˧˩xou˦tʂuoŋ˥˩tɕiæ̃˥˧˦tɕia˥˧kə˦˩iaɔ˦iaɔ˦,tsuei˦xou˦na˩˧˩kə˦ʂəŋ˩˧˩ʂəŋ˩˧˥kei˦ni˥˧˥i˥˩paŋ˥˧,ni˥˧tʰi˩˧˩ʂaŋ˦tɕiou˦tuei˦˩lə˧.（他这个一般的纸是拿什么纸做，包……包点心的纸？）王：麻纸嘛。ma˩˧tsɿ˥˧ma˧.黄：麻纸呣。ma˩˧˩tsɿ˥˧m̩˧.王：白麻纸。pei˩˧˩ma˩˧˩tsɿ˥˧.黄：那种纸柔性好，一般不烂嘛。现在出下那都道林纸咧。nei˦˥tʂuoŋ˥˧˥tsɿ˥˧˥zou˩˧ɕiŋ˦xaɔ˥˩,i˥˧˦pæ̃˥˩pu˩˧˩læ̃˦˥ma˧.ɕiæ̃˦tsæᴇ˦tʂʰʮ˥˧xa˦˩nei˦tou˥˧˥taɔ˦liŋ˩˧tsɿ˥˧˥lie˧.

一副挂历

（那你像这个挂历，你们一般怎么称呼，怎么算的呢？）黄：有的叫挂历，有的叫……iou˥˧ti˧tɕiaɔ˦kua˦li˥˧˥,iou˥˧ti˧tɕiaɔ˦……（怎么算它？）怎么算？tsəŋ˥˩muo˧suæ̃˦˥?（嗯。你是买一副挂历还是买一张挂历？）嗯，买一副挂历么。那有些东西的话，那人口有些东西的话，在这儿十二个月底下就印出来着咧。那就买一张挂历，买一张日历画都对了么。呃。这你是你，它是月月分开的十二个月它就是一副么。ə̃˩,mæᴇ˥˧i˥˩fu˦kua˦˥li˥˧muo˧.nei˦˥iou˥˧ɕie˥˧˥tuoŋ˥˧ɕi˧ti˧xua˦,næᴇ˦zəŋ˩˧˩niæ̃˩˧˥iou˥˧ɕie˥˩tuoŋ˥˧ɕi˧ti˧xua˦,tsæᴇ˦tʂər˦ʂʅ˩˧˩ər˦˥kə˦yo˥˩ti˥˧xa˦˩tɕiou˦iŋ˦tʂʰʮ˥˧læᴇ˩˧˩tʂə˧lie˧.næᴇ˦tɕiou˦mæᴇ˥˧i˥˩tʂaŋ˥˧kua˦˩li˥˩,mæᴇ˥˧i˥˧˥tʂaŋ˥˧zʅ˥˩li˥˧xua˦tou˥˩tuei˦˩lə˧muo˧.ə˩.tʂei˦ni˥˩sɿ˦˩ni˥˧,tʰa˥˧sɿ˦˩yo˥˧˦yo˥˩fəŋ˥˧˦kʰæᴇ˥˧ti˧ʂʅ˩˧˩ər˦kə˦˥yo˥˧tʰa˥˧˥tɕiou˦˩sɿ˦˩i˥˩fu˦muo˧.

一付药

1.（药呢？）黄：嗯？ə̃˦˥?（那个中药一般是……）黄：那叫一付中药。nei˦tɕiaɔ˦i˥˩fu˦tʂuoŋ˥˧yo˥˩.（i˩fu˦还是i˩fu˥˧？）黄&王：一付。i˥˩fu˦.（fu˦？）黄：单立人，过来个寸字。tæ̃˥˩li˥˧zəŋ˩˧˩,kuo˦læᴇ˩˧˩kə˦˩tsʰuoŋ˦tsɿ˦˩.王：单立人和寸字么。tæ̃˥˩li˥˧zəŋ˩˧˩xə˩˧˩tsʰuoŋ˦tsɿ˦muo˧.（那现在那个药呢？）黄：一付也叫一剂。i˥˩fu˦˥ie˥˧˥tɕiaɔ˦i˥˩tɕi˦.王：嗯。ŋ̍˩.黄：一剂中药也是。剂和付它是一同……i˥˩tɕi˦˥tʂuoŋ˥˩yo˥˩ie˥˧sɿ˦.tɕi˦xuo˩˧˩fu˦tʰa˥˧sɿ˦i˥˧˥tʰuoŋ˩˧……（老……老年人说什么？）王：

老年人说的付。lɑɔ˥˧niæ̃˨˩˦zəŋ˨˦ʂuo˥˨ti˧fu˧.黄：嗯。付字多……付多姆。ŋ̍˨.fu˧tsɿ˧tuo……fu˧tuo˥˨m̩˧.（一剂是他医生说的？）黄&王：啊，医生说的。ɑ˨,i˥səŋ˥˨ʂuo˥˨ti˧.（现在那个药呢叫什么？）黄：那还是叫付。你抓了一付……我给你抓一付药。nei˧xɑ˨˩˦sɿ˧˥tɕiɑɔ˧fu˧.ni˥˧tʂuɑ˥lə˧i˥˨fu˧˥i……ŋuo˥˧kei˧ni˥˧tʂuɑ˥i˥˨fu˧˥yo˥˨.（现在的西药呢？）黄：西药那就是……ɕi˥iɑɔ˥˨næᴇ˧tɕiou˧sɿ˧……王：卖瓶儿嘛。mæᴇ˧pʰiɔ̃r˨˦mɑ˧.黄：嗯，那都是买的瓶儿。或者是买的盒儿。再……也有时候给你一说咧，我给你包些药姆。配些药姆。ŋ̍˧,næᴇ˧tou˥˨sɿ˧mæᴇ˥˧ti˧pʰiɔ̃r˨˦.xuo˨˩˦tʂə˥˧sɿ˧mæᴇ˥˧ti˧xər˨˦.tsæᴇ˧……ie˥iou˥sɿ˨˦xou˧kei˧ni˥˧i˥˧ʂuo˥lie˧,ŋuo˥˧kei˧ni˥˧pɑɔ˥ɕie˥˨yo˥˧m̩˧.pʰei˧˥ɕie˥˨yo˥˧m̩˧.（那个……那个片片你你是说吃吃几个药还是吃几粒药还是吃几片？）王：吃片儿。tʂʰʅ˥˨pʰiær˥.黄：吃几片儿嘛。tʂʰʅ˥˧tɕi˥˧pʰiær˥mɑ˧.王：几片儿或者几颗。tɕi˥˧pʰiær˥xuo˨˩˦tʂə˥˧tɕi˥˧kʰə˥.黄：几粒。tɕi˥li˨˦.王：嗯。ŋ̍˨.（都说？）黄&王：嗯。ŋ̍˨.

2.（这个“一剂药”这个讲不讲“剂”？）黄：这面太不……没有人讲“剂”字。这是讲是“一付药”。tʂei˧miæ̃˧tʰæᴇ˧pu˨˩˦……mei˨˦iou˥zəŋ˨˦tɕiɑŋ˥tɕi˧tsɿ˧.tʂə˧sɿ˧tɕiɑŋ˥˧sɿ˧˨i˥˨fu˧yo˥˨.

一个车

（那么车有没有叫一个车的说法？听过没有？）黄：很少有这个话。xəŋ˥ʂɑɔ˥iou˥˧tʂə˧kə˧xuɑ˧˨.王：嗯，少。一辆。ŋ̍˧,ʂɑɔ˥˧.i˥˧liɑŋ˥˨.黄：都是一辆一辆的。tou˥˧sɿ˧i˥˨liɑŋ˥i˥˨liɑŋ˥ti˧.（听过一个一个的说法没有？）王：听过。tʰiŋ˥kuo˧˨.黄：听过。tʰiŋ˥kuo˧˨.王：听过有时候说是，这些咱们那农村人有时候说是，兀兀谁家娶媳妇，□叫几个车？tʰiŋ˥˨kuo˧˨iou˥sɿ˨˦xou˧ʂuo˥˨sɿ˧,tʂei˧ɕi˥˧tsɑ˨˦məŋ˧næᴇ˧luoŋ˨˦tsʰuoŋ˥zəŋ˨˦iou˥sɿ˨˦xou˧ʂuo˥˨sɿ˧˨,væᴇ˧˨væᴇ˧˥sei˨˩˦tɕiɑ˥tɕʰy˥˧ɕi˥fu˧˨,niæ̃˨˩˦tɕiɑɔ˧tɕi˥kə˧tʂʰə˥˨?黄：几个车。tɕi˥kə˧tʂʰə˥˨.王：或者是三个咧，两个咧，也说咧。xuo˨˩˦tʂə˥˧sɿ˧sæ̃˥kə˧˨lie˧,liɑŋ˥kə˧˨lie˧,ie˥ʂuo˥lie˧.

一个鸡

（有说一个鸡两个鸡的说法没有？）黄：呃说咧么。一个鸡，一……ə˥ʂuo˥˨lie˧muo˧.i˥˨kə˧tɕi˥,i˥˧……王：说。你们家里几个鸡？ʂuo˥.ni˥˧məŋ˧tɕiɑ˥˧li˧tɕi˥kə˧tɕi˥˨?黄：你们家喂了几个鸡嘛？ni˥˧məŋ˧tɕiɑ˥˧vei˧lə˧tɕi˥kə˧tɕi˥mɑ˧?（是几个……说一只鸡还说一个……几个鸡？）黄：几个鸡。tɕi˥kə˧tɕi˥˨.王：用几个鸡。yoŋ˧tɕi˥kə˧tɕi˥˨.（不说一只鸡？）王：嗯。ŋ̍˨.黄：啊，不……一般不说几个……一只鸡。ɑ˧,p……i˥˧pæ̃˥pu˨˩˦ʂuo˥˨tɕi˥kə˧˨……i˥˨tʂʅ˥tɕi˥˨.

一个节目

（电视节目是按什么，按个儿算的还是按场算的？）黄：电视节目那□按集算着咧么。一集两集么。tiæ̃˧sɿ˧tɕie˥mu˥˧næᴇ˧niæ̃˨˩˦næ̃˧tɕi˨˦suæ̃˧tʂə˧liem˧.i˥˨tɕi˨˦liɑŋ˥tɕi˨˦muo˧.（怎么按季的？昨天晚上我看了一季电视节目？）黄：噢，昨天晚上我看了一……看了一两集。ɑɔ˨,tsuo˨˩˦tʰiæ̃˥˧væ̃˥ʂɑŋ˧ŋuo˥kʰæ̃˧lə˧i˥˨……kʰæ̃˧lə˧i˥˨liɑŋ˥tɕi˨˦.（噢，按集？）王：嗯。ŋ̍˨.黄：噢，按集……噢，按集么。ɑɔ˧,væ̃˧tɕi……ɑɔ˨,næ̃˧tɕi˨˦muo˧.（那这是说电视……电视剧啦？）王：啊。ɑ˥.黄：啊，电视剧么。ɑ˧,tiæ̃˧sɿ˧tɕy˧muo˧.（那，普通的电视节目，《新闻联播》呢？或者什么《焦点访谈》这样的呢？）黄：那我昨天晚上……nə˧ŋuo˥˧tsuo˨˩˦tʰiæ̃˥˧væ̃˥ʂɑŋ˧˨……王：那就是看的《焦点访谈》啊看的新闻啊你。nei˧tɕiou˧sɿ˧kʰæ̃˧ti˧tɕiɑɔ˥˨tiæ̃˥fɑŋ˥tʰæ̃˨˦æ˧kʰæ̃˧ti˧ɕiŋ˥˨vəŋ˨˦ɑ˧ni˥˧.黄：那都是看咧，看的《焦点

访谈》，或者是看的《新闻联播》嘛。nei˧˥tou˥˧sɿ˧kʰæ̃˧lie˧,kʰæ̃˧ti˧tɕiɑɔ˥˩tiæ̃˥fɑŋ˥˩tʰæ̃˩˧,xuei˩˧tʂə˥˩sɿ˧˩kʰæ̃˧ti˧ɕiŋ˥˩vəŋ˩˧liæ̃˩˧puo˥mɑ˧.王：噢。ɑɔ˥˩.（或者，不说我看的那个新闻还是，说我看的，我也记不起来是看的《焦点访谈》还是看的《新闻联播》，我看的那个节目，我说……）黄：那也说咧么。nei˧˥ia˥˧ʂuo˥lie˧muo˧.（是看的一个节目还是看的……）黄：我……ŋuo˥˧ts……（一《焦点访谈》节目？）黄：我看的是《焦点访谈》，或者是看的新闻。ŋuo˥˧kʰæ̃˧ti˧sɿ˧tɕiɑɔ˥˩tiæ̃˥fɑŋ˥tʰæ̃˩˧,xuei˩˧tʂə˥˩sɿ˧˩kʰæ̃˧ti˧ɕiŋ˥vəŋ˩˧.（那我也记不起来我看的那个新闻了，有一天晚上我看是什么东西？）黄：呃我那个新闻了㖿。那天晚上我看的新闻么。ə˧ŋuo˥nə˧kə˧ɕiŋ˥vəŋ˩˧lə˧m̩˧.nei˧tʰiæ̃˥˧væ̃˥ʂɑŋ˧˩ŋuo˥kʰæ̃˧ti˧ɕiŋ˥˩vəŋ˩˧muo˧.（那说我这个有好几个，好多节目，我，我，我弄了一些节目，你是算一……算一个节目，还是一只节目，还是怎么说呢？）王：一个节目。i˥˩kə˧˥tɕie˥˩mu˥˩.黄：一个节目。i˥˩kə˧˥tɕie˥mu˥˩.

一个客人

（客人呢？）黄：客人。kʰei˥zəŋ˩˧.（用什么来说呢？是一个客人还是两个客人？）黄：那就来几个客人就是几个客人。næᴇ˧tɕiou˧læᴇ˩˧tɕi˥˧kə˧kʰə˥zəŋ˩˧tɕiou˧sɿ˧tɕi˥˧kə˧kʰə˥zəŋ˩˧.（一个一个的？）黄：啊，一个客人还是两个客人。ɑ˥,i˥˩kə˧kʰə˥zəŋ˩˧xæᴇ˩˧sɿ˧liɑŋ˥(k)ə˧˩kʰə˥zəŋ˩˧.王：两个客人，三个客人。liɑŋ˥(k)ə˧˩kʰə˥˩zəŋ˩˧,sæ̃˥˩(k)ə˧kʰə˥zəŋ˩˧.黄：来咧两个客，来咧两个客人，或者三个客人。læᴇ˩˧lie˧liɑŋ˥(k)ə˧˩kʰə˥,læᴇ˩˧lie˧liɑŋ˥(k)ə˧˩kʰei˥zəŋ˩˧,xuei˩˧tʂə˥˧sæ̃˥kə˧˩kʰei˥zəŋ˩˧.

一个手

（有说一个手两个手的吗？）黄：哎说咧么。æᴇ˥ʂuo˥lie˧muo˧.王：说。ʂuo˥.黄：一个手，两个手。i˥˧kə˧ʂou˥˧,liɑŋ˥kə˧˩ʂou˥˩.（不说一只手吗？）黄：那也说么。nei˧ia˥˧ʂuo˥muo˧.王：也说咧。ie˥ʂuo˥˩lie˧.黄：一只手，两只手。一个手两个手。i˥˧tʂʅ˥˧ʂou˥˩,liɑŋ˥tʂʅ˥˧ʂou˥˩.i˥˧kə˧ʂou˥˧liɑŋ˥kə˧˩ʂou˥˩.王：那是过去叫一个手、两个手，现在就用……叫几只……一只两只手。nei˧sɿ˧kuo˧˥tɕʰy˧tɕiɑɔ˧iou˩（←i˥）kə˧ʂou˥˧,liɑŋ˥kə˧˩ʂou˥˩,ɕiæ̃˧tsæᴇ˧˥tɕiou˧yoŋ˧˩……tɕiɑɔ˧tɕi˥tʂʅ˥˩……i˥˩tʂʅ˥liɑŋ˥tʂʅ˥˩ʂou˥.（过去都叫一个手、两个手是吧？）王：嗯。ŋ̍˥.黄：呃。ə˧.

一个猪

（猪呢？）王：猪叫口。tʂʮ˥tɕiɑɔ˧kʰou˥.黄：一头嘛！i˥˩tʰou˩˧mɑ˧!王：一口！i˥˩kʰou˥!黄：一口猪，或者一头……也叫头咧么。一头猪。i˥˩kʰou˥tʂʮ˥˩,xuei˩˧tʂə˥i˥˩tʰou……ie˥tɕiɑɔ˧tʰou˩˧lie˧muo˧.i˥˩tʰou˩˧tʂʮ˥˩.王：嗯。ŋ̍˩.（可以说一个猪吗？）王：也可以。ie˥kʰə˥i˥˩.黄：也可以说么。你们家喂咧几个猪？我们家喂一个猪㖿。ie˥kʰə˥i˥ʂuo˥˧muo˧.ni˥məŋ˧tɕia˥˧vei˧lie˧tɕi˥˧kə˧tʂʮ˥˧?ŋuo˥˧məŋ˧tɕia˥˧vei˧i˥˩kə˧tʂʮ˥˩m̩˧.

一个砖

（砖呢？）黄：一块儿砖。i˥˩kʰuər˥tʂuæ̃˥˩.王：一块儿砖。i˥˩kʰuər˥tʂuæ̃˥˩.（有叫一个砖的吗？）王：也有叫一个砖。ie˥iou˥tɕiɑɔ˧i˥˩kə˧˥tʂuæ̃˥˩.黄：也叫一个砖的，嗯。少，多一半都叫一块儿。ie˥tɕiɑɔ˧i˥˩kə˧˥tʂuæ̃˥˩ti˧,ŋ̍˩.ʂɑɔ˥,tuo˥˧i˥˧pæ̃˧˥tou˥˩tɕiɑɔ˧i˥˩kʰuər˥.（一个砖是什么意思呢？什么时候说的？）黄：单个儿的就拿来一个。再就没有多的了。tæ̃˥˩kər˧˥ti˧tsou˧na˩˧læᴇ˩˧i˥˩kə˧.tsæᴇ˧tsou˧mei˩˧iou˥tuo˥˩ti˧lə˧.（用来打人的？）黄：啊。那等我来用来打人它也是一块儿砖。ɑ̃˥.nei˧təŋ˥˩ŋuo˥˩læᴇ˩˧yoŋ˧læᴇ˩˧tɑ˥zəŋ˩˧tʰɑ˥˧ia˥sɿ˧i˥˩kʰuər˥tʂuæ̃˥˩.（什么叫单个的拿来就叫一……一个砖呢？）黄：那反正都很少用"一个砖"。nə˧˥f æ̃˥˩tʂəŋ˦tou˥˩xəŋ˥ʂao˥yoŋ˦i˥˩kə˦˥tʂuæ̃˥˩.王：嗯。有时候人在高处上面儿坐着时吵，“你给我撂一个砖上来”。那就叫“一个”。ŋ̍˩.iou˥sɿ˩˧xou˦zəŋ˩˧tsæᴇ˦˥kao˥tʂʰʮ˥˩ʂaŋ˦miæ̃r˦luei˥t ʂə˧sɿ˩˧ʂa˧,ni˥kei˦vuo˥˧liao˦i˥˩kə˦tʂuæ̃˥ʂaŋ˦˩læᴇ˩˩.na˦tɕiou˦tɕiao˦i˥˩kə˦˥.（也就是一块砖的意思？）王：噢，也就是一块砖的意思。ao˦,ie˥tɕiou˦sɿ˦i˥˩kʰuæᴇ˥˧tʂuæ̃˥ti˧i˦sɿ˧.黄：一块砖。i˥˩kʰuæᴇ˥tʂuæ̃˥˧.

一根烟

（香烟呢？）王：一支。i˥˩tsɿ˥.黄：一支，一支。或者是一盒儿，一条。i˥˩tsɿ˥˩,i˥˧tsɿ˥.xuei˩˧tʂə˥˧sɿ˦i˥˩xuor˩,i˥˩tʰiao˩.王：一根儿。i˥˧kə̃r˥.（最，最普遍的叫什么？）黄：那你看说啥咧嘛。你是要是一盒儿哩，那就一盒儿香烟。næᴇ˦ni˥kʰæ̃tʂuo˥˩sa˦˥lie˧ma˧.ni˥˧sɿ˦iao˦sɿ˦i˥˩xuor˩li˧,nei˦tɕiou˦i˥˩xuor˩ɕiaŋ˥˩iæ̃˥˩.（噢，就是这么怎么……）黄：一根。i˥˧kəŋ˥.王：你给你给这么一支一支儿那就是一……一支，一根烟。ni˥˩kei˦ni˥˧kei˦tʂə˦muo˦i˥˩tsɿ˥˩i˥˩tsər˥nei˦tɕiou˦sɿ˦i˥˩……i˥˩tsɿ˥˩,i˥˧kəŋ˥iæ̃˥˩.黄：一根烟。i˥˧kəŋ˥iæ̃˥˩.（一支烟跟一根烟……）王：一样的。i˥˩iaŋ˦˥ti˧.黄：一样的嘛。i˥˩iaŋ˦˥ti˧ma˧.（什么……那个说得最多一些？）王：一根烟说的多。i˥˧kəŋ˥iæ̃˥˩ʂuo˥˩ti˧tuo˥.黄：给一根烟。kei˦i˥˧kəŋ˥iæ̃˥˩.

一咕嘟蒜

（这个蒜呐，有叫一轱辘蒜的没有？）王：一咕嘟。i˥˧ku˥tu˧.黄：一咕嘟。i˥˧ku˥tu˧.（i˧ku˥tu˧蒜是多大？）黄：一咕嘟蒜。那就是生长下那个欸东西。i˥˧ku˥tu˧suæ̃˦.nei˦˩tɕiou˦˥sɿ˦˩səŋ˥˩tʂaŋ˥xa˦nə˦kə˦ei˩tuoŋ˥ɕi˧.王：长下多大就是一……tʂaŋ˥xa˦tuo˥˧ta˦tɕiou˦sɿ˦i˥˩……黄：长下多大就多大。tʂaŋ˥xa˦tuo˥˩ta˦tɕiou˦˩tuo˥˩ta˦˥.（是一颗一颗的还是什么？）黄：那是是一攒攒，一堆堆呀。你像咱们吃那个白……白蒜，那叫一咕嘟。nə˦sɿ˦sɿ˦˩i˥˩tsʰuæ̃˩tsʰuæ̃˩˧,i˥˧tuei˥tuei˥˩ia˧.ni˥˧ɕiaŋ˦tʂa˩məŋ˧tʂʰʮ˥nə˦˩pei˩˩……pei˩˩suæ̃˦,nə˦tɕiao˦i˥˩ku˥tu˧.（是这样的？）黄：噢，这样大的嘛。ao˩,tʂə˦˥iaŋ˦ta˦ti˧ma˧.（这样大的叫一咕嘟？）黄：啊，一咕嘟么。那碎的也叫一咕嘟啊。a˩,i˥˩ku˥tu˧muo˧.nə˦suei˦˥ti˧lia˥tɕiao˦˩i˥˩ku˥tu˧a˧.王：[起身到厨房拿来蒜]这就是一咕嘟嘛。tʂə˦˥tɕiou˦sɿ˦i˥˩ku˥tu˧ma˧.（噢！）王：把这掰开就是一瓣儿么。pa˥˩tʂə˦˥pei˥˧kʰæᴇ˥tɕiou˦sɿ˦i˥˩pæ̃r˦˥muo˧.（噢，那叫一瓣儿？）黄&王：嗯。ŋ̍˩.

一轱辘线

（有说……有叫一轱辘线的没有？）黄：哎有咧么。那你有的是里头有东西咧么。一轱辘线么。æᴇ˦iou˥lie˧muo˧.næᴇ˦ni˥˧iou˥ti˧sɿ˦˩li˥tʰou˧iou˥˧tuoŋ˥ɕi˧lie˧muo˧.i˥˧ku˥lou˧ɕiæ̃˦˩muo˧.王：一轱辘那就咱们缝纫机里用兀就是一轱辘嘛。i˥˧ku˥lou˧nei˦tɕiou˦tsa˩məŋ˧fəŋ˩zəŋ˦tɕi˥li˥˩yoŋ˦væᴇ˦tɕiou˦˩sɿ˦i˥˩ku˥lou˧ma˧.（买回来的那个就这样？）黄：□都缠好的嘛。niæ̃˩˧tou˥˧tʂʰæ̃˩xao˥ti˧ma˧.（就叫一轱辘吗？）黄：噢，一轱辘么。ao˦,i˥˩ku˥lou˧muo˧.（[用手比画]就这么大的就叫？）啊，一轱辘姆。a˦,i˥˩ku˥lou˧m̩˧.

一挂大车

（大车。）黄：就是大车。tɕiou˦sɿ˦ta˦tʂʰə˥˩.（怎么算？一辆大车？）黄：一辆大车。i˥˧liaŋ˥˧ta˦tʂʰə˥.（说不说一挂子大车？）王：不说。pu˩˧ʂuo˥˧.黄：不说。pu˩˥ʂuo˥˩.（有什么东西算挂的吗？）黄：过去这个挂啊，咱们那会儿把呃把马车□叫咧。kuo˦˧tɕʰy˦tʂə˦˩kə˦˩kua˦˥a˧,tʂa˩məŋ˧nə˦xuər˦pa˥˧ə˦pa˥˩ma˥tʂʰə˥˧niæ̃˩˩tɕiao˦li˧.王：马车一挂车。ma˥tʂʰə˥˧i˥˩kua˦tʂʰə˥˩.黄：他叫马车叫一挂车。tʰa˥˩tɕiao˦˩ma˥tʂʰə˥˧tɕiao˦i˥˩kua˦tʂʰə˥˩.

（大车是……和马车有什么区别没有？）黄：那是农用的那个是……是……畜力车那就叫……nə˧sʅ˧luoŋ˩˧yoŋ˧ti˧nə˧kə˧sʅ˧……sʅ˧……ɕy˥li˥˩tʂʰə˥nei˧tɕiou˧tɕiaɔ˧……王：拿……拿牲口拉着，后头是把……na˩˧……na˩˧səŋ˥kʰou˧la˥tʂə˧,xou˧tʰou˧sʅ˧˥pa˥˩……黄：拿牲口拉的这种畜力车，那叫一挂，叫大车。噢，但是你说是机机……机械驱动的车，那就没有人叫挂了。na˩˧səŋ˥kʰou˧la˥ti˧tʂei˧tʂuoŋ˥˦ɕy˥li˥˦tʂʰə˥,nə˧˥tɕiaɔ˧i˥˩kua˧,tɕiaɔ˧ta˧tʂʰə˥˩.aɔ˩,tæ̃˧sʅ˧ni˥ʂuo˥˦sʅ˧tɕi˥˦tɕi˥˦……tɕi˥˩tɕie˧˥tɕʰy˥˩tuoŋ˧˥ti˧tʂʰə˥,nei˧tɕiou˧mei˩˧iou˥zəŋ˩˧tɕiaɔ˧kua˧lə˧.王：那就叫辆了。nə˧tɕiou˧˩tɕiaɔ˧liaŋ˥lə˧.黄：那就叫辆了。nə˧tɕiou˧tɕiaɔ˧liaŋ˥lə˧.（噢，对，我说的那个大车就是指那个。一挂大车是吧？）王：嗯。ŋ̍˩.黄：噢，一挂大车。aɔ˩,i˥˩kua˧˥ta˧tʂʰə˥˩.

一桄子线

（线呢？）黄：线缠下那个欸有一桄子么。ɕiæ̃˧tʂʰæ̃˩˧xa˧˥nə˧kə˧ei˧iou˥i˥˩kuaŋ˧tsʅ˧muo˧.（一桄子？）黄：噢，你买下就是一支儿一支儿的，或者是欸……小支儿，也有一……小支儿，一桄子。aɔ˩,ni˥mæᴇ˥˦xa˧˩tɕiou˧˩sʅ˧˩i˥tsər˥i˥˩tsər˥ti˧,xuei˩˧tʂə˥˩sei˧……ɕiaɔ˥tsər˥˩,ie˥˦iou˥˦i˥˩……ɕiaɔ˥tsər˥˩,i˥˩kuaŋ˧tsʅ˧.（一支一支的？）黄：一支一支的，那叫一小支儿。大些的那个就叫一桄子么。i˥˩tsʅ˥i˥˩tsʅ˥ti˧,nei˧tɕiaɔ˧i˥˩ɕiaɔ˥tsər˥.ta˧˥ɕie˥˦ti˧nei˧kə˧tɕiou˧tɕiaɔ˧i˥˩kuaŋ˧˥tsʅm˧.（这……）黄：噢，缠下那个，一桄子么。aɔ˧,tʂʰæ̃˩˧xa˧˥nə˧kə˧,i˥˩kuaŋ˧˥tsʅ˧muo˧.（毛线吗？）黄：毛……这啥线都有一桄子一桄子的咧。m……tʂə˧˥sa˧˥ɕiæ̃˧˩tou˥˦iou˥˦i˥˩kuaŋ˧˥tsʅ˧i˥˩kuaŋ˧˥tsʅ˧tə˧lie˧.（有多大？）黄：那里头有一斤的桄子，也有二斤的桄子么那个。nə˧li˥˦tʰou˧iou˥˦i˥˩tɕiŋ˥ti˧kuaŋ˧tsʅ˧,ie˥˦iou˥˦ər˧tɕiŋ˥˩ti˧kuaŋ˧tsʅ˧muo˧nei˧kə˧˩.（它里头是个什么东西？）黄：啥东西都没有得。sa˧˩tuoŋ˥ɕi˧tou˥˩mei˩˧iou˥tei˥˩.王：啥东西没有。sa˧tuoŋ˥ɕi˧mei˩˧iou˥˦.（它先是缠好了然后褪下来？）黄：没有，它就是这么个顺那个欸，它是从纺……纺织机上……机上往下来一抹，就这么个，就成那样子，一桄子。muo˥˦iou˥˦,tʰa˥˩tɕiou˧˦sʅ˧tʂə˧˥muo˧kə˧ʂuoŋ˧nə˧kə˧ei˩,tʰa˥sʅ˧˩tsʰuoŋ˩˧faŋ˥……faŋ˥tʂʅ˥˩tɕi˥ʂaŋ˧˩ʂ……tɕi˥ʂaŋ˧˩vaŋ˥˩xa˧læᴇ˩˧i˥˩ma˥,tɕiou˧tʂə˧muo˧kə˧,tɕiou˧tʂʰəŋ˩˧nə˧iaŋ˧tsʅ˧,i˥˩kuaŋ˧˥tsʅ˧.（那叫一桄子？）黄：一桄子。i˥˩kuaŋ˧tsʅ˧.

一架山

（山？）王：一座。i˥˩tsuo˧˥.黄：一座么。i˥˩tsuo˧˥muo˧.（有说一架山的吗？）黄：也说一架山咧。ie˥ʂuo˥˦i˥˩tɕia˧sæ̃˥˩lie˧.王：也有山咧。山……ie˥˦iou˥˦sæ̃˥lie˧.sæ̃˥……（一架山和一座山有区别吗？）王：一架山是指的说是……说是，哎哟，我……我上去，扳那个……拾蘑菇咧，跑咧一架山，那就说是，从这个山到……到那个山岖上。一座山那就是……i˥˩tɕia˧˥sæ̃˥˩sʅ˧˩tsʅ˥ti˧ʂuo˥˩sʅ˧……ʂuo˥˦sʅ˧,æᴇ˧iaɔ˧,ŋuo˥ʂ……ŋuo˥ʂaŋ˧˥tɕʰi˧,pæ̃˥˩nə˧kə˧……ʂʅ˩˧muo˩˧ku˥lie˧,pʰaɔ˥lie˧i˥˩tɕia˧sæ̃˥,nə˧tɕiou˧˥ʂuo˥˦sʅ˧,tsʰuoŋ˩˧tʂə˧kə˧sæ̃˥˩taɔ˧……taɔ˧nə˧kə˧sæ̃˥˩va˧ʂaŋ˧˩.i˥˩tsuo˧˥sæ̃˥˩nei˧tɕiou˧sʅ˧……（翻过去叫一架？）王：啊，啊。a˥,a˩.黄：嗯。ə̃˧.（这么翻过去叫一架？）王：啊。a˥.黄：啊。一座山那就是单独的那一种。a˩.i˥˩tsuo˧˥sæ̃˥nei˧tɕiou˧sʅ˧˩tæ̃˥˩tu˩˧ti˧nei˧i˥˩tʂuoŋ˥.王：一座山那就是这……单独的一座山。i˥˩tsuo˧˥sæ̃˥˩nei˧tɕiou˧sʅ˧tʂei˧……tæ̃˥˩tu˩˧ti˧i˥˩tsuo˧sæ̃˥˩.

一架玉米

（这个玉米呢？）黄：玉米，那……y˧˥mi˥˩,nə˧……王：那也就叫颗咧。几颗玉米。nei˧a˥˦tɕiou˧tɕiaɔ˧kʰə˥lie˧.tɕi˥kʰə˥˦y˧mi˥˦.黄：几颗。tɕi˥kʰuo˥.（有的呶，弄起来，弄

成……）黄：那挂下那玉米那□也叫玉……nə˥kua˥꜓xa˥꜔꜖nə˥y˥mi˥˧꜓nei˥꜒niæ̃˩˧꜔꜖æ˥˧꜓tɕiaɔ˥y˥……（一嘟噜？）黄：不叫一嘟噜子咧。pu˩˧꜔꜖tɕiaɔ˥i˥˧꜔꜖tu˥˧lu꜔tsʅ꜔lie꜔.（一tʂua˥？）黄：□叫一架玉米咧。都架里绑起来那么。niæ̃˩˧꜔꜖tɕiaɔ˥i˥˧꜔꜖tɕia˥y˥mi˥˧꜓lie꜔.tou˥˧꜔꜖tɕia˥li꜔paŋ˥˧꜓tɕʰi˥˧læᴇ˩˧꜔꜖nə˥muo꜔.（一架玉米？）黄：㕶。m̩꜔꜖.

一卷铁皮

（有说一卷铁皮的说法没有？）王：有。iou˥˧꜓.黄：有咧嘛。那，那要卷起来那□就是一……iou˥˧lie꜔ma꜔.nei˥꜔꜖,nei˥iaɔ˥tɕyæ̃˥˧tɕʰi˥˧læᴇ˩˧꜔꜖nei˥niæ̃˩˧꜓tɕiou˥sʅ˥i˥˧꜔꜖……王：那要大卷子那就是铁……nei˥iaɔ˥ta˥꜓tɕyæ̃˥˧tsʅ꜔nei˥tɕiou˥sʅ˥tʰie˥˧꜔꜖……黄：大卷子那就是一卷铁皮嘛。ta˥꜓tɕyæ̃˥˧tsʅ꜔nei˥tɕiou˥꜒sʅ˥꜔꜖i˥˧꜔꜖tɕyæ̃˥˧tʰie˥˧꜔꜖pʰi˩˧꜔꜖ma꜔.

一块儿、一条

（手巾，把那个毛巾你们叫什么？那个怎么算？）黄：那有……有的是，有的叫一块儿毛巾，有的还叫一条毛巾。nei˥iou˥˧……iou˥˧ti꜔sʅ˥,iou˥˧ti꜔tɕiaɔ˥i˥˧꜔꜖kʰuər˥˧maɔ˩˧tɕiŋ˥˧꜔꜖,iou˥˧ti꜔xa˩˧꜔꜖tɕiaɔ˥i˥˧꜔꜖tʰiaɔ˩˧maɔ˩˧꜔꜖tɕiŋ˥˧꜔꜖.（哪种说得土一些？）黄：这两个都差不多。tʂə˥liaŋ˥˧(k)ə˥꜔꜖tou˥˧꜓tsʰa˥˧꜔꜖pu˩˧꜔꜖tuo˥˧.王：都常说。tou˥˧꜔꜖tʂʰaŋ˩˧ʂuo˥˧.黄：都……都常说咧，一块儿和一条。tou˥˧꜓ʂ……tou˥˧꜓tʂʰaŋ˩˧꜔꜖ʂuo˥˧lie꜔,i˥˧꜔꜖kʰuər˥˧xuo˩˧꜓i˥˧꜓tʰiaɔ˩˧꜔꜖.（我如果把它打湿了，说一块儿还是说一条？）黄：那你看啥样的咧。那有些……毛巾，一条毛巾就是长的，长方形的。一块儿毛巾那□基本上就是正框……正方形的。nei˥ni˥˧kʰæ̃˥sa˥iaŋ˥ti꜔lie꜔.nei˥iou˥˧ɕie˥˧꜓ʂ……maɔ˩˧꜔꜖tɕiŋ˥˧,i˥˧꜔꜖tʰiaɔ˩˧maɔ˩˧꜔꜖tɕiŋ˥˧tɕiou˥꜒sʅ˥tʂʰaŋ˩˧꜔꜖ti꜔,tʂʰaŋ˩˧faŋ˥˧꜓ɕiŋ˩˧꜔꜖ti꜔.i˥˧꜔꜖kʰuər˥˧maɔ˩˧꜔꜖tɕiŋ˥˧nei˥꜒niæ̃˩˧꜓tɕi˥˧꜔꜖pəŋ˥˧ʂaŋ˥tsou˥sʅ˥tʂəŋ˥꜓kʰuaŋ˥˧꜔꜖……tʂəŋ˥faŋ˥˧꜔꜖ɕiŋ˩˧꜔꜖ti꜔.王：嗯。ŋ̍꜔꜖.（那是正方形的是吧？）王：嗯。ŋ̍꜔꜖.黄：嗯。正方形这是一……一块儿么。一条是长方形的。ŋ̍꜔꜖.tʂəŋ˥faŋ˥˧꜔꜖ɕiŋ˩˧꜔꜖tʂə˥sʅ˥i˥˧꜔꜖……i˥˧꜔꜖kʰuər˥˧muo꜔.i˥˧꜓tʰiaɔ˩˧sʅ˥tʂʰaŋ˩˧faŋ˥˧꜔꜖ɕiŋ˩˧꜔꜖ti꜔.

一来回、一趟

（来回你这叫什么？）黄：一来回嘛。i˥˧꜔꜖læᴇ˩˧꜔꜖xuei˩˧꜒ma꜔.（一来回还是一趟？）一来回。i˥˧꜔꜖læᴇ˩˧꜔꜖xuei˩˧꜒.（一趟说……）一……噢，你去，返回来，这就叫一来回。你光去，那就……不往回来走了，那就叫一趟。i˥˧꜓……aɔ˥,ni˥˧꜔꜖tɕʰi˥꜒,fæ̃˥˧꜔꜖xuei˩˧꜔꜖læᴇ˩˧꜒,tʂei˥tɕiou˥tɕiaɔ˥i˥˧꜔꜖læᴇ˩˧꜔꜖xuei˩˧꜒.ni˥˧kuaŋ˥˧꜔꜖tɕʰi˥꜒,næᴇ˥tɕiou˥……pu˩˧꜓vaŋ˥˧꜓xuei˩˧꜔꜖læᴇ˩˧꜓tsou˥˧lə꜔,nei˥tɕiou˥tɕiaɔ˥i˥˧꜔꜖tʰaŋ˥˧꜓.（有叫一回的没有？）也……也有叫咧么。一回么。走一回㕶。ia˥˧꜓……ie˥˧꜓iou˥˧tɕiaɔ˥lie꜔muo꜔.i˥˧꜔꜖xuei˩˧muo꜔.tsou˥˧i˥˧꜔꜖xuei˩˧꜔꜖m̩꜔.

一溜儿地

（有叫一溜儿地的没有？）黄：那也有咧么。一溜溜地，那不……不大……不大那一片儿就叫一溜儿地，长方形的那一溜儿地。这一块儿地，一片儿地。nei˥꜒æ˥˧iou˥˧lie꜔muo꜔.i˥˧꜔꜖liou˥꜒liou˥꜔꜖ti˥,nə˥pu˩˧꜔꜖……pu˩˧꜔꜖t……pu˩˧꜔꜖ta˥꜒nei˥꜒i˥˧꜔꜖pʰiæ̃r˥˧tɕiou˥tɕiaɔ˥i˥˧꜔꜖liour˥ti˥,tʂʰaŋ˩˧faŋ˥˧꜔꜖ɕiŋ˩˧꜔꜖ti꜔næᴇ˥i˥˧꜔꜖liour˥ti˥꜔꜖.tʂə˥꜔꜖i˥˧꜔꜖kʰuər˥˧ti˥,i˥˧꜔꜖pʰiæ̃r˥˧ti˥꜔꜖.（是溜还是绺？）溜。liou˥.

一摞胡墼

（一摞这个土坯子，你们说什么？一摞胡墼或者什么东西？）黄：这个倒叫咧，啊？tʂə˥꜔꜖kə˥꜒taɔ˥꜔꜖tɕiaɔ˥lie꜔,a꜔꜖?王：嗯。ŋ̍꜔꜖.黄：一摞胡墼，或者是一……一锭子胡墼。i˥˧꜔꜖luo˥xu˩˧tɕi˥˧,xuei˩˧꜒tʂə˥˧꜔꜖sʅ˥꜔꜖i˥˧꜔꜖……i˥˧꜔꜖tiŋ˥tsʅ꜔xu˩˧꜔꜖tɕi˥˧.王：嗯。ŋ̍꜔꜖.黄：打……ta˥˧……（土坯你们叫什么？土坯就叫胡墼吗？）黄：土墼子，我们叫。土坯也子叫咧，土墼子也叫咧。tʰu˥˧tɕi˥˧꜔꜖tsʅ꜔,ŋuo˥˧məŋ꜔tɕiaɔ˥.tʰu˥˧pʰei˥˧æ˥˧꜓tsʅ꜔tɕiaɔ˥꜓lie꜔,tʰu˥˧tɕi˥˧꜔꜖tsʅ꜔lie˥˧꜓tɕiaɔ˥lie꜔.王：嗯。ŋ̍꜔꜖.黄：

水墼子也叫咧。ʂuei˥˧tɕi˥˧tsɿ·lie˥˧tɕiao˧lie·l.（土墼子？）黄&王：嗯。ŋ̍˨˩.黄：拿……na˨˦……（tɕi˥还是tɕi˨？）黄：啊，墼……墼是基础的基哟。a˧,tɕi……tɕi˥˧sɿ˧˨tɕi˥˨tʂʰɥ˥˧ti·ltɕi˥˧m̩·l.（还叫水墼子是吧？）王：嗯。ŋ̍˨.黄：啊，水墼子哟。a˨,ʂuei˥˧tɕi˥tsɿ·lm̩·l.（那胡墼是什么东西？一摞胡墼？）黄：一摞胡墼。i˥˨luo˧xu˨˩tɕi˥.王：胡墼□就是过去那号儿拿那个模子打下那种，水打下的。xu˨˩tɕi˥˧niæ̃˨˩tɕiou˧sɿ˧kuo˧tɕʰy˧nə˧xaor˧na˨˦nə˧kə˧mu˨˦tsɿ·lta˥˧xa˧˨nei˧˨tʂuoŋ˥˨,ʂuei˥˧ta˥˧xa˧˨ti·l.黄：那土墼子，土墼子也是打下的。nə˧˨tʰu˥˧tɕi˥˨tsɿ·l,tʰu˥˧tɕi˥˨tsɿ·lie˥˧sɿ˧˨ta˥˧xa˧˨ti·l.王：这土墼子拓下的，水墼子……tʂə˧tʰu˥˧tɕi˥˨tsɿ·ltʰuo˥˧xa˧˨ti·l,ʂuei˥˧tɕi˥˨tsɿ·l……黄：呃，那水墼子是拓下的，欸……ə˨,nə˧˨ʂuei˥˧tɕi˥˨tsɿ·lsɿ˧tʰuo˥˧xa˧˨ti·l,ei˨……王：土墼子打下的。tʰu˥˧tɕi˥˨tsɿ·lta˥˧xa˧˨ti·l.黄：土墼子还是打下的，还是放……人放一定的模型，拿……拿上……拿这个槌……tʰu˥˧tɕi˥˨tsɿ·lxa˨˩sɿ˧ta˥˧xa˧˨ti·l,xa˨˩sɿ˧faŋ˧ʐ……ʐəŋ˨˦faŋ˧i˥˧tiŋ˧ti·lmuo˨˩ɕiŋ˨˦,na˨˦……na˨˦ʂaŋ˧……na˨˩tʂə˧kə˧tʂʰuei˨˦……（拿土倒进去？）黄：噢，拿槌子。ao˨,na˨˩tʂʰuei˨˦tsɿ·l.王：土倒进去，拿槌槌打闷槌。tʰu˥˨tao˧˦tɕiŋ˧˦tɕʰy˧,na˨˦tʂʰuei˨˩tʂʰuei˨˦ta˥˧məŋ˧tʂʰuei˨˦.黄：打咧，打瓷的么。ta˥˧lie·l,ta˥˧tsʰɿ˨˩ti·lmuo·l.（那水墼子呢？）王：水墼子是和下泥。ʂuei˥˧tɕi˥˨tsɿ·lsɿ˧˨xuo˧˦xa˧˨ni˨˦.黄：水墼子是把土和成泥。ʂuei˥˧tɕi˥˨tsɿ·lsɿ˧˨pa˥˨tʰu˥xuo˧˦tʂʰəŋ˨˩ni˨˦.王：拓下的。tʰuo˥xa˧˨ti·l.黄：放这个模子里头倒出来的。faŋ˧tʂə˧kə˧mu˨˩tsɿ˧li˥˨tʰou·ltao˧˦tʂʰɥ˥˨læᴇ˨˩ti·l.（噢。）黄：嗯。ŋ̍˨.（那个就不……不放水？）黄：不放水。pu˨˩faŋ˧ʂuei˥˨.王：嗯。ŋ̍˨.（那胡墼呢？）黄：胡墼也是打下的。胡墼……这个是个胡墼，再一个是，胡墼有时候统称这个，我们把这个你像崖上挖下来的圪垯噢。xu˨˩tɕi˥ie˥sɿ˧ta˥˧xa˧˨ti·l.xu˨˩tɕi˥……tʂə˧kə˧sɿ˧kə˧xu˨˩tɕi˥˦,tsæᴇ˧˦i˥kə˧˨sɿ˧,xu˨˩tɕi˥iou˥sɿ˨˦xou˧tʰuoŋ˥˨tʂʰəŋ˥tʂə˧kə˧,ŋuo˥məŋ·lpa˥˨tʂə˧kə˧ni˥˦ɕiaŋ˧næᴇ˨˩ʂaŋ˧˦va˥˨xa˧læᴇ˨˦ti·lkə˥ta˥˨ao˥.王：嗯。ŋ̍˨.（嗯。）黄：一圪垯一圪垯的黄土也叫胡墼咧。i˥˨kə˥ta˥˨i˥˨kə˥ta˥˨ti·lxuaŋ˨˩tʰu˥˦ie˥tɕiao˧xu˨˩tɕi˥lie·l.（一圪垯一圪垯的？）黄：嗯。ŋ̍˨.（它成形状不形？）王：不成。pu˨˩tʂʰəŋ˨˦.黄：不成一定的形状，反正就是疙里疙瘩的那号儿。pu˨˩tʂʰəŋ˨˦i˥˦tiŋ˧ti·lɕiŋ˨˩tʂuaŋ˧,fæ̃˥˨tʂəŋ˧˦tsou˧sɿ˧ka˥li·lka˥ta˥˨ti·lnei˧˦xaor˧˨.（也叫疙瘩？）王：嗯。ŋ̍˨.黄：嗯。胡墼圪垯哟。ə̃˨.xu˨˩tɕi˥˦kə˥ta˥˨m̩·l.（这一摞胡墼是什么意思呢？有没有什么说法呢？）黄：一摞胡墼，那就是打下的那个，就是放那个模子啊，把这石头掺在里头。i˥˨luo˧xu˨˩tɕi˥,nei˧tɕiou˧˦sɿ˧˨ta˥˧xa˧˨ti·lnei˧kə˧˨,tsou˧sɿ˧faŋ˧nə˧˨kə˧mu˨˩tsɿ·la˨,pa˥˨tʂə˧˨ʂɿ˥˨tʰou·ltsʰæ̃˥tsæᴇ˧˨li˥tʰou·l.王：打的一块儿块儿抱着摞起来。ta˥ti·li˥˨kʰuər˥˨kʰuər˥pao˧tʂə·lluo˧˦tɕʰi˥læᴇ˨˩.黄：放一个欸槌子把那个打下以后，然后都摞起来往干晒咧。摞成一定的形状咧，这就是一摞胡墼。faŋ˧i˥kə˧ei˧tʂʰuei˨˦tsɿ·lpa˥˨nə˧kə˧ta˥˧xa˧i˥˨xou˧,ʐæ̃˨˩xou˧tou˥˦luo˧tɕʰi˥læᴇ˨˩vaŋ˥˦kæ̃˥sæᴇ˧lie·l.luo˧tʂʰəŋ˨˦i˥˦tiŋ˧ti·lɕiŋ˨˩tʂuaŋ˧lie˧,tʂei˧tɕiou˧˨sɿ˧˨i˥˨luo˧xu˨˩tɕi˥.（一摞胡墼有没有……有没有数量限制的呢？）黄：那没有。那这一摞子可以摞几百，也可以摞几千啊。nə˧˦mei˨˦iou˥˨.næᴇ˧˦tʂei˧i˥˨luo˧tsɿ·lkʰə˥i˥˨luo˧tɕi˥pei˥˦,ia˥˦kʰə˥˦i˥˦luo˧tɕi˥˦tɕʰiæ̃˥a·l.

一码子柴

（一摞柴说不说？）黄：说咧么，一摞柴么。ʂuo˥lie·lmuo·l,i˥˨luo˧tsʰæᴇ˨˦muo·l.王：一摞柴说咧。过……过去□叫一码子柴。i˥˨luo˧tsʰæᴇ˨˦ʂuo˥lie·l.kuo˧……kuo˧˦tɕʰy˧niæ̃˨˦tɕiao˧i˥˨ma˥tsɿ·ltsʰæᴇ˨˩.黄：呃，一码子。ə˨,i˥˨ma˥tsɿ·l.（哪个码呀？）黄：最古老的就是叫码子。tsuei˧˦ku˥˦lao˥ti·ltɕiou˧sɿ˧tɕiao˧ma˥tsɿ·l.王：嗯。ŋ̍˨.（码起来的码？）王：啊。ã˥.黄：那这个，欸呀，石字过去个……姓马的马。nei˧tʂə˧kə˧,ei˧ia˧,ʂɿ˨˩tsɿ˧kuo˧tɕʰi˧kə˧m……

ɕiŋ˥ma˥˩ti˧ma˥˩.（一码子？）黄：嗯。ŋ̍˩˨.（一码子柴？）王&黄：嗯。ŋ̍˩˨.王：一码子柴那就是……i˥˩˨ma˥˩tsɿ˧tsʰæᴇ˩˨˦nei˥tɕiou˥sɿ˥……黄：欸呀。ei˥ia˧.王：五尺高，一丈……长。vu˥˩tʂʰʅ˥˩˨kaɔ˥˩,i˥˩˨tʂaŋ˥……tʂʰaŋ˩˦.黄：五尺高，一丈长嘛。vu˥˩tʂʰʅ˥˩˨kaɔ˥˩,i˥˩˨tʂaŋ˥tʂʰaŋ˩˦ma˧.王：叫一码子。tɕiaɔ˥i˥˩˨ma˥˩tsɿ˧.（宽呢？）黄：宽不限。kʰuæ̃˥˩pu˩˨˦ɕiæ̃˥.（宽不限？）王：嗯。ŋ̍˩˨.黄：嗯。ə̃˩˨.（那超过一丈可不可以呢？）黄：那也可以。nei˥˦a˥˩˨kʰə˥˩i˥˩˨.王：超过那就说一码半，那还是一……tʂʰaɔ˥˩˨kuo˥˦nei˥tɕiou˥ʂuo˥˩˦i˥˩˨ma˥˩pæ̃˥,nei˥xa˩˨˦sɿ˥i˥˩˨……黄：一码子半，一码子多咧事情就。i˥˩˨ma˥˩tsɿ˧pæ̃˥,i˥˩˨ma˥˩tsɿ˧tuo˥˩lie˧sɿ˥tɕʰiŋ˩˨˦tsou˥.（它必须在一丈以内，宽度？）王：嗯。ŋ̍˥˩.黄：啊，一丈以内。ɑ˥,i˥˩˨tʂaŋ˥i˥˩luei˥.王：嗯。ŋ̍˥˩.黄：那是农村这个简单的那么个计量。nə˥˦sɿ˥˩˨luoŋ˩˦tsʰuoŋ˥˩tʂə˥˩˨kə˥˩˨tɕiæ̃˥˩tæ̃˥˩˨ti˧nə˥muo˧kə˥tɕi˥liaŋ˥.

一门子人

（你比如说这个，这个一个家族里面，这个大……大儿子生的小孩子，这个叫什么？这是一家还是……这延续下来的，还是叫一支？）黄：哎都是家门，啊？æᴇ˥tou˥˩˨sɿ˥˩˨tɕia˥˩mən˩˦,ɑ˩˨?王：家门那是。tɕia˥˩˨mən˩˨˦nə˥˦sɿ˥.（你，你比如说，太爷生的，太爷下……下面有四个儿子。老大、老二、老三、老四，后面都生了很多，这……后来成了一个大家族，老大这个是叫一房还是一支还是一……一什么？这叫一房人呢还是叫一支人呢？）黄：哎不是。æᴇ˥˦pu˩˨˦sɿ˥˩˨.王：呃叫门。ə˩˨tɕiaɔ˥mən˩˦.黄：家门。我们叫欸一门。tɕia˥˩mən˩˨˦.ŋuo˥˩˨mən˧tɕiaɔ˥ei˩˨i˥˩˨mən˩˦.王：叫门。大门人。tɕiaɔ˥mən˩˦.ta˥˦mən˩˨˦zən˩˨˦.黄：一门人。i˥˩˨mən˩˦zən˩˨˦.王：大门的。二门的。ta˥˦mən˩˦ti˧.ər˥˦mən˩˦ti˧.黄：一门人。一门子人。i˥˩˨mən˩˦zən˩˨˦.i˥˩˨mən˩˨˦tsɿ˧zən˩˨˦.（一门人？）黄：嗯。ŋ̍˩˨.王：一门人。i˥˩˨mən˩˦zən˩˨˦.（就是一房……外头说一房人的意思？）黄：啊，一房。ɑ˥,i˥˩˨faŋ˩˨˦.王：噢。aɔ˩˨.（这全……这一门人也全是老大的这个……）王：啊。ɑ˥.黄：啊，就是的，一门的。ɑ˥,tɕiou˥sɿ˥ti˧,i˥˩˨mən˩˨˦ti˧.（老大的后代？）黄：啊，就是……□们是一门子么。ɑ˩˨,tɕiou˥˩˨sɿ˥……niæ̃˩˦mən˧sɿ˥i˥˩˨mən˩˨˦tsɿ˧muo˧.（可能那些老……老大什么都已经去……故于……老大老二都死掉了，但是他是，子孙叫一门，啊？）黄：啊，我们把那个叫的说是这个五服以内的。ɑ˩˨,ŋuo˥˩mən˧pa˥˩˨nə˥kə˥tɕiaɔ˥ti˧ʂuo˥˦sɿ˥tʂə˥˩˨kə˥˩˨vu˥˩fu˩˦i˥˩˦luei˥ti˧.（嗯。）黄：五服以内的。就是这五辈人，这一类的就是最亲的叫五服以内的。vu˥˩fu˩˦i˥˩˦luei˥ti˧.tɕiou˥˩˨sɿ˥˩˨tʂə˥vu˥˩pei˥zən˩˨˦,tʂei˥˦i˥˩˨luei˥ti˧tɕiou˥˩˨sɿ˥˩˨tsuei˥tɕʰiŋ˥˩ti˧tɕiaɔ˥˦vu˥˩fu˩˦i˥˩˦luei˥ti˧.（叫一门？）黄：啊，叫一门子。ɑ˩˨,tɕiaɔ˥˦i˥˩˨mən˩˦tsɿ˧.

一批麻

（一批麻是什么东西？）王：剥下来叫一批么。puo˥˩˨xa˥læᴇ˩˨˦(tɕ)iaɔ˥i˥˩˨pʰi˥˩muo˧.黄：麻你剥下以后，你从麻杆儿头起剥下来，它都不是欸……ma˩˦ni˥˩˦puo˥˩xa˥i˥˩˨xou˥,ni˥˩tsʰuoŋ˩˨˦ma˩˨˦kæ̃r˥˩tʰou˩˨˦tɕʰie˥˩˦puo˥˩˨xa˥læᴇ˩˦,tʰa˥˩tou˥˩˨pu˩˨˦sɿ˥ei˩˨……（一撮儿？）黄：呃，单个儿的那一批的话那就是一批么。ə˩˨,tæ̃˥˩˨kər˥˦ti˧nei˥i˥˩˨pʰi˥˩ti˧xua˥nei˥tɕiou˥˩˨sɿ˥˩˨i˥˩˨pʰi˥˩muo˧.

一畦

（有叫一畦一畦的说法没有？）黄：没有。我们这儿不叫，也……不做，也不做那个。稻田叫畦咧。muo˥˩˦iou˥˩˨.ŋuo˥˩mən˧tʂər˥pu˩˦tɕiaɔ˥,ie˥˩˨……pu˩˨˦tsɿ˥˦,ie˥˩pu˩˨˦tsɿ˥nə˥˩˨kə˥˩˨.tʰaɔ˥˩tʰiæ̃˩˦tɕiaɔ˥tɕʰi˩˨˦lie˧.王：稻田叫畦哩。一畦一畦。tʰaɔ˥˩tʰiæ̃˩˦tɕiaɔ˥˩˨tɕʰi˩˨˦li˧.i˥˩˨tɕʰi˩˨˦i˥˩˨tɕʰi˩˨˦.黄：那是做成一定的形状咧，这个叫畦。nə˥sɿ˥˩˨tsɿ˥tʂʰən˩˦i˥˩˨tiŋ˥ti˧ɕiŋ˩˨˦tʂuaŋ˥˦lie˧,tʂə˥kə˥tɕiaɔ˥tɕʰi˩˨.（种菜的呢？）黄：种菜的我们都……

tʂuoŋ˦˨tsʰæᴇ˦ti˩ŋuo˥məŋ˩tou˥˩……王：也叫菜畦子咧。ie˥tɕiaɔ˦tsʰæᴇ˦tɕʰi˩˥tsɿ˩lie˩.黄：也叫菜畦子。ie˥tɕiaɔ˦tsʰæᴇ˦tɕʰi˩˥tsɿ˩.

一气子

（一下做完你叫什么？一下跑了五百里，一下跑了五十里。）王：一下跑完了。i˥˩xa˦pʰaɔ˥væ̃˩˥lə˩.黄：呃，一下跑完。一下跑五十米，或者是一……ə˩,i˥˩xa˦˨pʰaɔ˥˩væ̃˩˥.i˥˩xa˦˨pʰaɔ˥˧vu˥ʂɿ˩˥mi˥˧,xuei˩˧tʂə˥˩sɿ˦i˥˧ɕi……王：一下。i˥˩xa˦.黄：一次跑五十米。i˥˩tsʰɿ˦˨pʰaɔ˥˧vu˥ʂɿ˩˥mi˥.（五十米？）黄：五十里。都有这个说……vu˥ʂɿ˩˥li˥.tou˥˧iou˥˧tʂə˦kə˦ʂuo……（还是说一口气？）黄：也可以说一口气跑了五……一口气跑五十里。ie˥kʰə˥i˥˩ʂuo˥˩i˥˩kʰou˥tɕʰi˦pʰaɔ˥˩lə˩vu˥˩……i˥˩kʰou˥tɕʰi˦pʰaɔ˥˧vu˥ʂɿ˩˥li˥˩.（i˩kʰou˥tɕʰi˦？）黄：那都不现实了。一口气，谁憋一口气可以跑五十里？nə˦tou˥˧pu˩˥ɕiæ̃˦˨ʂɿ˩˥lə˩.i˥˩kʰou˥tɕʰi˦,sei˩pie˥i˥˩kʰou˥tɕʰi˦kʰə˥i˥˧pʰaɔ˥˧vu˥˩ʂɿ˩˥li˥?（不，你就这么说，呃，一……一口气，噢，这一口气跑了十里吧，就，跑回家去了。气得……）黄：啊，就是的。这就是这个形容这个欸……ɑ˦,tɕiou˦˨sɿ˦˩ti˩.tʂə˦˨tɕiou˦sɿ˦˩tʂə˦˩kə˦˩ɕiŋ˩yoŋ˩tʂə˦kə˦ei˩……王：一口气跑回来了，一下跑回去了。也说么。i˥˩kʰou˥tɕʰi˦pʰaɔ˥˧xuei˩˥læᴇ˩˧lə˦,i˥˩xa˦˨pʰaɔ˥xuei˩˥tɕʰi˦lə˩.ie˥ʂuo˥˩muo˩.黄：啊，跑回，也急的很是这就是。ɑ˦,pʰaɔ˥xuei˩,ie˥tɕi˥˩ti˩xəŋ˥˩sɿ˦˩tʂə˦˨tɕiou˦˩sɿ˦˩.（也说一气子跑了五十里，跑了……跑了五……）王：那说咧。nə˦˨ʂuo˥˩lie˩.黄：那可以，一气子跑了五十里。nə˦˨kʰə˥˩i˥˩,i˥˩tɕʰi˦˨tsɿ˩pʰaɔ˥˧lə˩vu˥˧ʂɿ˩˨li˥˩.（哪种说得老一些呢？）黄：一气子，啊？i˥˩tɕʰi˦tsɿ˩,ɑ˩?王：嗯。ŋ̍˩.黄：这个老一些，一气子。tʂə˦kə˦laɔ˥i˥˩ɕie˥˩,i˥˩tɕʰi˦tsɿ˩.王：嗯。ŋ̍˩.（老人家都说……是说一气子还是什么？）黄：噢，一气子跑了五十里。aɔ˩,i˥˩tɕʰi˦tsɿ˩pʰaɔ˥˧lə˩vu˥˧ʂɿ˩˧li˥˩.

一跷

（往……我往前跨一步叫什么？）张先金：嗯？ə̃˨?（跨了一步，这有多长？有没有说叫跨了一跷的说法？）欸跨……啊，跨出咧一步，跨出咧一跷。ei˦kʰua˦lie……ɑ˩,kʰuɑ˦tʂʰʮ˥˧lie˩i˥˩pu˦,kʰuɑ˦tʂʰʮ˥˧lie˩i˥˩tɕʰiaɔ˥˩.（一tɕʰiaɔ˥还是一tɕʰiaɔ˦？）跷。tɕʰiaɔ˥.（很巧的巧吗？）两呃……呃，一步算两跷么。liaŋ˥ə˦……ə˩,i˥˩pu˦suæ̃˦liaŋ˥tɕʰiaɔ˥muo˩.（噢，一步两跷？）啊。ɑ˩.（两步多少呢？）两步就是一丈么。liaŋ˥pu˦tɕiou˦sɿ˦i˥˩tʂaŋ˦˨muo˩.（那就是一步是五尺？）啊，一跷二尺五么。两跷一步么，两步一丈么。ɑ˩,i˥˧tɕʰiaɔ˥˩ər˦tʂʰʅ˥˩vu˥muo˩.liaŋ˥tɕʰiaɔ˥i˥˩pu˦muo˩,liaŋ˥pu˦˨i˥˩tʂaŋ˦muo˩.

一扇门

（门呢？）黄：一扇门。门又分……i˥˩ʂæ̃˦məŋ˩˥.məŋ˩iou˦fəŋ˥˩……王：双扇、单扇。ʂuaŋ˥ʂæ̃˦˩,tæ̃˥ʂæ̃˦˩.黄：单扇门、双扇门。tæ̃˥˩ʂæ̃˦˨məŋ˩,ʂuaŋ˥˩ʂæ̃˦˨məŋ˩˥.（都叫一扇？）黄：啊。ɑ˩.王：那个双扇门那叫双扇。nə˦kə˦ʂuaŋ˥ʂæ̃˦məŋ˩˧nei˦tɕiaɔ˦ʂuaŋ˥ʂæ̃˦˩.黄：欸，双扇门那就是双扇门了。ei˨,ʂuaŋ˥˩ʂæ̃˦˨məŋ˩nei˦tɕiou˦sɿ˦ʂuaŋ˥˩ʂæ̃˦˨məŋ˩˥lə˩.（[指着大门]这这个这个叫两扇门？）王：啊。ɑ˩.黄：两扇门，啊。liaŋ˥ʂæ̃˦məŋ˩,ɑ˩.黄：有三扇门咧。iou˥˧sæ̃˥˩ʂæ̃˦˨məŋ˩˥lie˩.（旁边还有个开的？）黄：它不是的。它中间那个不开，啊。tʰɑ˥˩pu˩˥sɿ˦ti˩.tʰɑ˥˩tʂuoŋ˥˩tɕiæ̃˥˨nə˦kə˦pu˩˥kʰæᴇ˥,ɑ˩.王：嗯。ŋ̍˩.（啊，有个小门儿是吧？）黄：啊，有个小门子咧，嗯。ɑ˦,iou˥kə˦˩ɕiaɔ˥məŋ˩˧tsɿ˩lie˦,ə̃˦.

一身病

（生的病有没有说我一身的病？）黄：那有些人说他那个都……他浑身上下不适，兀□他一身的病他。nei˧iou˩ɕie˥˩zəŋ˩˦ʂuo˥˩˧tʰɑ˥˩˧nə˦˩kə˧˩tou˥˩……tʰɑ˥˩xuoŋ˩˦ʂəŋ˥˩ʂaŋ˦˩ɕia˧pu˨˩˦ʂʅ˥˩˩,vu˧˩niæ̃˨˩˦tʰɑ˥˩˧i˥˩˧ʂəŋ˥˩ti˧pɨŋ˧tʰɑ˥˩.王：一……□，啊，一身病么。浑身上下都疼咧，你得一身病。i˥˩……niæ̃˨˩˦,ɑ˧,i˥˩˧ʂəŋ˥˩˧piŋ˧muo˧.xuoŋ˩˦ʂəŋ˥˩˧ʂaŋ˦˩ɕia˧tou˥˩˧tʰəŋ˨˩˦lie˧,ni˥˩˧tə˥˩˧i˥˩˧ʂəŋ˥˩piŋ˧.黄：都疼咧，他一身的病。到处都有病咧反正。tou˥˩˧tʰəŋ˩˦lie˧,tʰɑ˥˩˧i˥˩˧ʂəŋ˥˩ti˧piŋ˧.taɔ˧tʂʰʯ˧tou˥˩iou˥piŋ˧lie˧fæ̃˥˩tʂəŋ˧.

一堂课

（好，上一节课、下一节课你们说不说？）黄：说咧么。ʂuo˥˩lie˧muo˧.王：说咧。ʂuo˥˩lie˧.（是叫上一节课还是上……上一堂课？）黄：上一堂课。ʂaŋ˧i˥˩tʰaŋ˩˦kʰə˧˩.王：上一节。ʂaŋ˧˦i˥˩tɕie˥˩.黄：或者上一节课。xuo˨˩˦tʂə˥˩ʂaŋ˧i˥˩tɕie˥˩kʰə˧˩.（老人……老……老人家讲什么呢？）黄：老人家一般都一……就是上一堂课么，啊？上一堂lɑɔ˥˩zəŋ˨˩˦tɕia˥˩˧i˥˩pæ̃˥tuo˥˩i˥˩……tɕiou˧˩sʅ˧˩ʂaŋ˧i˥˩tʰaŋ˩˦kʰə˧˩muo˧,ɑ˥˩?王：嗯。ŋ̍˩.黄：上一堂。ʂaŋ˧i˥˩tʰaŋ˨˩˦.（上堂课我们讲到什么，下……下节课我们还要讲什么东西。这个这个怎么……）王：这个也说咧。tʂə˧kə˧æ˥˩˧ʂuo˥˩lie˧.

一条板凳

（板凳呢？坐的那种小板凳。）王：一个板凳。i˥˩kə˧˦pæ̃˥˩təŋ˧˩.黄：一个板凳。i˥˩kə˧˩pæ̃˥˩təŋ˧˩.（如果两个板凳呢？）黄：两个板凳。liaŋ˥˩kə˧˩pæ̃˥˩təŋ˧˩.王：两个板凳。liaŋ˥˩kə˧pæ̃˥˩təŋ˧˩.（还是说两条板凳？）黄&王：两个板凳。liaŋ˥˩kə˧pæ̃˥˩təŋ˧˩.（有说……凳子有用"条"的吗？）黄：有咧嘛。iou˥˩lie˧ma˧.（什么呢？）王：一……长凳子就叫条。i˥˩……tʂʰaŋ˩˦təŋ˧tsʅ˧tɕiou˧tɕiaɔ˧tʰiaɔ˨˩.黄：长凳子就叫条凳嘛。一条板凳。tʂʰaŋ˩˦təŋ˧tsʅ˧tɕiou˧tɕiaɔ˧tʰiaɔ˨˩təŋ˧ma˧.i˥˩tʰiaɔ˩˦pæ̃˥˩təŋ˧˩.（也叫一条板凳？）王：嗯。ŋ̍˩.黄：啊，一条板凳。ɑ˧,i˥˩˧tʰiaɔ˩˦pæ̃˥˩təŋ˧˩.（板凳和长……长凳不同，有，有区别吗？）黄：板凳那是小的嘛。pæ̃˥˩təŋ˧nə˧sʅ˧ɕiaɔ˥˩ti˧ma˧.（嗯。）黄：长，那条凳子那就是长的么。tʂʰaŋ˩˦,nei˧tʰiaɔ˩˦təŋ˧tsʅ˧nei˧tɕiou˧˩sʅ˧˩tʂʰaŋ˨˩ti˧muo˧.王：那那长一点嘛。nei˧nei˧tʂʰaŋ˨˩˦i˥˩˧tiæ̃˥ma˧.（跟大食堂里头坐的那样？）黄：啊，二三尺长的那个呣。ɑ˩,ər˧sæ̃˥˩tʂʰʅ˥˩tʂʰaŋ˩˦ti˧nei˧kə˧m̩˧.

一吨

（油呢？这大的。）黄：一大桶。i˥˩ta˧tʰuoŋ˥˩.（还说一……）黄：一壶。i˥˩xu˨˩.王：还有一吨。xæɛ˩˦iou˥˩˧i˥˩tuoŋ˧.黄：一吨油。i˥˩tuoŋ˧˦iou˨˩.（一……一……一囤油怎么放得了呢？）黄：那你大罐里头放一吨油嘎随便儿放下。nei˧ni˥˩˧ta˧kuæ̃˧˦li˥˩tʰou˧faŋ˧i˥˩tuoŋ˧˦iou˨˩ka˧suei˨˩piær˧˦faŋ˧˩xa˧˩.（那大罐子有多大？）黄：噢，铁罐有装十几吨的那下你。ɑɔ˧,tʰie˥˩kuæ̃˧iou˥˩˧tʂuaŋ˥˩sʅ˨˩tɕi˥˩tuoŋ˧ti˧nei˧xa˧ni˥˩.（噢！）黄：呃加油站罐的话，一罐装三十几吨油。ə˩tɕia˥˩iou˨˩tsæ̃˧kuæ̃˧tə˧xua˧˩,i˥˩kuæ̃˧tʂuaŋ˥˩sæ̃˥sʅ˨˩tɕi˥˩tuoŋ˧iou˨˩.（就……那加油站的那种叫一囤？）黄：啊。ɑ̃˩.（过去老百姓家里有叫一囤油的一囤？）黄：没有。老百姓家里那就是这个……muo˥˩iou˥˩.lɑɔ˥˩pei˥˩ɕiŋ˧˦tɕia˥˩li˥˩˧nei˧tɕiou˧sʅ˧tʂei˧˩kə˧˩……王：那还叫……叫斤，一……几斤几斤。nei˧˦xa˨˩tɕiaɔ˧……tɕiaɔ˧tɕiŋ˥˩,i˥˩……tɕi˥˩tɕiŋ˥˩tɕi˥˩tɕiŋ˥˩.黄：几斤油，或者是这个一……一罐儿油，呃……一壶……老百姓家里那就是一壶，一罐儿。tɕi˥˩tɕiŋ˥˩iou˨˩,xuei˨˩˦tʂə˥˩˧sʅ˧tʂə˧kə˧i˥˩……i˥˩kuær˧˦iou˨˩,ə˩liou……z……i˥˩xu……lɑɔ˥˩pei˥˩ɕiŋ˧

tɕiɑ˥˩li˥˩ɭnei˦tɕiou˦sɿ˦i˥˩ɭxu˩˧,i˥˩ɭkuæ̃r˦˩.王：叫一壶油。tɕiɑɔ˦i˥˩ɭxu˩˧iou˨˩.（嗯。）黄：啊，一盆盆。ɑ̃˩˨,i˥˩ɭpʰəŋ˨˩pʰəŋ˨˩.

一碗、一杯、一盅

1.（酒可不可以说一碗酒啊？）黄：也说咧么。那倒……有些欸人喝酒是厉害，成碗的装那就一碗酒么。ie˥ʂuo˥˩lie˧muo˧.nei˦tɑɔ˦……iou˥ɕie˥˩ʐəŋ˩˧xuo˥˩tɕiou˥sɿ˦li˦xæᴇ˦,tʂʰəŋ˩˧væ̃˥ti˧tʂuɑŋ˥˦næᴇ˦tɕiou˦i˥˩væ̃˥tɕiou˥muo˧.

2.（酒呢？）黄：一杯酒么。i˥˦pʰei˥˦tɕiou˥muo˧.（还有我看到他拿这这么大那玩意儿装呢？叫多少酒？）王：那也是一杯呣。nei˦˩æ˥˦sɿ˦i˥˩pʰei˥˩m̩˧.黄：还是一杯一杯。还是一杯呣。xɑ˨˩sɿ˦˩i˥˩pei˥˩i˥˩pei˥˩.xɑ˩˧sɿ˦˩i˥˩pʰei˥m̩˧.（没有说一盅这种说法？）王：也有说一盅咧。ie˥iou˥˦ʂuo˥i˥˩tʂuoŋ˥lie˧.黄：也有一盅盅么。ie˥iou˥˦i˥˩tʂuoŋ˥tʂuoŋ˥˩muo˧.（iɭtʂuoŋ˥tʂuoŋɭ还是iɭtʂuoŋ˥？）黄&王：一盅。i˥˦tʂuoŋ˥.

一窝白菜

（有叫一窝白菜的说法没有？）黄：有叫咧。一窝白菜。iou˥tɕiɑɔ˦lie˧.i˥˦vuo˥pei˨˩tsʰæᴇ˦˩.王：一窝那就是他，我家栽了，栽了几窝白菜。i˥˦vuo˥nei˦˩tɕiou˦˩sɿ˦˩tʰɑ˥˦,ŋuo˥˦tɕiɑ˥˦tsæᴇ˥lə˧,tsæᴇ˥lə˧tɕi˥vuo˥˩pei˨˩tsʰæᴇ˦˩.黄：长了几个……这里长了些……长了几窝……tʂɑŋ˥lə˧tɕi˥kə˦……tʂə˦li˥˩tʂɑŋ˥lə˧ɕi……tʂɑŋ˥lə˧tɕi˥vuo˥˩i……王：几窝白菜。tɕi˥˦vuo˥pei˨˩tsʰæᴇ˦˩.黄：几窝白菜。或者是几……tɕi˥˦vuo˥pei˨˩tsʰæᴇ˦.xuei˩˦tʂə˥˩sɿ˦tɕi˥……（就……就是是几个根算几个？）黄：啊。是吧？ɑ˩˨.sɿ˦˩pɑ˧?王：啊。ɑ˦.黄：就是的。tɕiou˦sɿ˦˩ti˧.

一页儿席

（席子呢？）黄：席卖张吧？ɕi˩˧mæᴇ˦tʂɑŋ˥lə˧pɑ˧?王：啊，一张。ɑ˩˨,i˥˦tʂɑŋ˥˩.黄：一张席。i˥˦tʂɑŋ˥ɕi˩˦.（是卖张的还是……还是卖页的，叫一页席？）黄：叫一张席。tɕiɑɔ˦i˥˦tʂɑŋ˥ɕi˩˦.王：一张席，一页儿席也可以。i˥˦tʂɑŋ˥ɕi˩˧,i˥˦iər˥ɕi˩˧iɑ˥˦kʰə˥˦i˥˩.黄：啊，能行咧，一页儿席。ɑ˩˨,nəŋ˩˧ɕiŋ˩˦lie˧,i˥˦iər˥ɕi˨˩.（老人家说哪个？）黄：老人叫一页儿席咧。lɑɔ˥ʐəŋ˨˩tɕiɑɔ˦i˥˦iər˥ɕi˩˧lie˧.

一拃

（一拃多长是多少？是是……要伸直了不伸直？啊，拇指跟……食指还是和……）黄：这……只能是拇指和食……tʂei˦˩……tsɿ˥˩nəŋ˩˧sɿ˦mu˥tsɿ˥˩xuo˩˦ʂʅ˩˦……（拇指……）拇指和食指啊。mu˥tsɿ˥˩xuo˩˦ʂʅ˩˧tsɿ˥˩ɑ˩˨.（这么一比划就叫一拃？）呃，一拃，啊。一拃一般情况下只能拃五寸。ə˦,i˥˩tsɑ˥,ɑ˩˨.i˥˩tsɑ˥i˥˦pæ̃˥˩tɕʰiŋ˨˩kʰuɑŋ˦˩ɕiɑ˦tsɿ˥˦nəŋ˩˦tsɑ˥˦vu˥tsʰuoŋ˦˩.（五寸？）五寸远咧。vu˥tsʰuoŋ˦yæ̃˥˩lie˧.（如果是中间这个手指跟那个大拇指呢？这样呢？）那就是一大拃了。nei˦˩tɕiou˦sɿ˦i˥˩tɑ˦˩tsɑ˥˩lə˧.（[比划伸直拇指和小指后的距离]这样呢？有没有这样的？）那没有得。只是这个……这是一小拃只是五寸远咧。nə˦˩mei˩˧iou˥˩tei˥˩.tsɿ˥˦sɿ˦tʂə˦kə˦……tʂə˦˩sɿ˦˩i˥˩ɕiɑɔ˥tsɑ˥˦tsɿ˥˦sɿ˦vu˥tsʰuoŋ˦yæ̃˥lie˧.（一般这叫一拃？）噢，一拃。要是一大拃的话，那就必须用中指来拃。那就是六寸多了。ɑɔ˦,i˥˩tsɑ˥.iɑɔ˦sɿ˦i˥˩tɑ˦˩tsɑ˥˩tə˧xuɑ˦,nə˦tsou˦pi˥˦ɕy˥˦yoŋ˦tʂuoŋ˥tsɿ˥˩læᴇ˨˩tsɑ˥˩.næᴇ˦˩tsou˦sɿ˦liou˥˩tsʰuoŋ˦˩tuo˥lə˧.（[比划两臂伸直后的距离]噢。这这样呢？从这里到这里？）一膀，一膀。i˥˩pɑŋ˥,i˥˩pɑŋ˥˦.（臂膀的膀？）啊，噢，一膀。一膀子。ɑ˩˨,ɑɔ˥,i˥˩pɑŋ˥.i˥˩pɑŋ˥tsɿ˧.（一膀子。量步是不是都这么衡……）量步是……那是拿脚等咧。liɑŋ˨˩pu˦˩sɿ˦……

nə˥˦˥sɿ˥˩na˨˩˦tɕyo˥˧təŋ˥˧˩lie·.（拿脚怎么蹬啊？）拿脚跷的话，跷，拿这个走路的话，咱们走一下子，叫一跷。na˨˩˦˩tɕiaɔ˥˧tɕʰiaɔ˥˧ti·xua˥,tɕʰiaɔ˥˧˧,na˨˩˦˩tʂə˥kə˥tsou˥˧lou˥ti·xua˥˩,tʂa˨˩˦˩məŋ·tsou˥˧i˥˧˩ɕia˥˥˧tsɿ·,tɕiaɔ˥i˥˧˩tɕʰiaɔ˥˧.（一锹？）噢，一跷。aɔ˩,i˥˧˩tɕʰiaɔ˥˧.（这么铲的那个锹吗？）欸，啊……ei˨˩˦,a˥……（差不多音？）啊，指的音是那么个。a˥,tsɿ˥˧˧ti·iŋ˥˧sɿ˥˩nə˥muo·kə˥.（这么……这么……）这叫一跷啊。你再……tʂə˥˦˥tɕiaɔ˥i˥˧˩tɕʰiaɔ˥˧a˩.ni˥˧˧tsæᴇ˥˧s……（我比如说量个步，从这开始吧，从这儿开始，然后……）是一跷。sɿ˥i˥˧˩tɕʰiaɔ˥˧.（是到这儿还是到脚跟呢？）到……到脚跟这儿这。taɔ˥tɕi……taɔ˥tɕiaɔ˥˧˧kəŋ˥˧tʂər˥tʂə˥.（噢，这叫一跷？）一跷。i˥˧˧tɕʰiaɔ˥˧˩.（我再来一下儿？）到这儿这就……这就走咧一……这叫一步了。一步就是……一跷二尺五。taɔ˥tʂər˥tʂə˥tɕiou˥……tʂei˥tsou˥tsou˥˧lie·li……tʂə˥tɕiaɔ˥i˥˧˩pu˥lə·.i˥˧˩pu˥tɕiou˥˦˥sɿ˥˩……i˥˧˧tɕʰiaɔ˥˧˩ər˥tʂʰʅ˥˧˩vu˥˧.（一跷二尺五？）啊，一步就五尺了。a˩,i˥˧˩pu˥tsou˥vu˥˧tʂʰʅ˥˧˩lə·.（一步五尺？）噢，一拃是五寸。aɔ˩,i˥˧˧tsa˥˧sɿ˥vu˥˧tsʰuoŋ˥.（一拃五寸。还有什么你们用身体什么比划长度的那样？）这叫一膀子。tʂei˥tɕiaɔ˥i˥˧˩paŋ˥˧tsɿ·.（这叫一膀子啊？）啊，这就比划身……丈咧来……作为计量器来说就是这么个，几个地方就是计量。再一个量就是最……农村最土的一个，也常用的一个东西，一拳。a˩,tʂei˥tɕiou˥pi˥˧xuo˩（←xua˥）ʂəŋ˥˧˩……tʂaŋ˥lie·læᴇ˨˩˦˩liə̃……tsuo˥˧˩vei˨˩˦˩tɕi˥liaŋ˥tɕʰi˥˦˥læᴇ˨˩˦˩ʂuo˥˧˩tɕiou˥sɿ˥tʂʅ˥muo·kə˥,tɕi˥˧kə˥˩ti˥faŋ˥˧˩tɕiou˥˩sɿ˥˩tɕi˥liaŋ˨˩˦.tsæᴇ˥˦˥i˥˧˩kə˥˩liaŋ˨˩˦tsou˥˩sɿ˥˩tsuei˥……luoŋ˨˩˦tsʰuoŋ˥˧˩tsuei˥˧tʰu˥˧ti·i˥˧˩kə˥˩,ie˥˧tʂʰaŋ˨˩˦˩yoŋ˥ti·i˥˧˧kə˥tuoŋ˥˧ɕi·,i˥˧˩tɕʰyæ̃˨˩˦.（拿拳头量？）拿拳头量。na˨˩˦˩tɕʰyæ̃˨˩˦˩tʰou·liaŋ˨˩˦˩.（怎么量呢？）这是一拳，那个拳握住以后，拿个东西一缠……tʂei˥sɿ˥i˥˧˩tɕʰyæ̃˨˩˦,næᴇ˥kə˥tɕʰyæ̃˨˩˦vuo˥˧tʂʮ˥˩i˥˧˩xou˥,na˨˩˦˩kə˥tuoŋ˥˧ɕi·i˥˧˧tʂʰæ̃˨˩˦.（噢，缠着这个？）啊，缠一下一量……a˩,tʂʰæ̃˨˩˦i˥˧˧xa˥i˥˧˩liaŋ˨˩˦˧……（缠一下一般就是多少呢？）这都讲究说是这个，你，你这个穿袜子的大小，你把袜子拿来往这个上头一缠，脚后跟和脚尖尖，缠上刚合适，你穿上，和你脚的大小一模儿一样的。tʂə˥˦˥tou˥˧˩tɕiaŋ˥˧tɕiou˥˧˩ʂuo˥˧˧sɿ˥tʂə˥kə˥,ni˥˧,ni˥˧tʂə˥kə˥tʂʰuæ̃˥˧˧va˥˧tsɿ·ti·ta˥ɕiaɔ˥˧˧,ni˥˧˧pa˥˧˩va˥˧tsɿ·na˨˩˦læᴇ˨˩˦˧vaŋ˥˧˩tʂə˥kə˥ʂaŋ˥tʰou·i˥˧˩tʂʰæ̃˨˩˦,tɕiaɔ˥˧˩xou˥kəŋ˥˧xuo˨˩˦˩tɕiaɔ˥˧˧tɕiæ̃˥˧tɕiæ̃˥˧˩,tʂʰæ̃˨˩˦˩ʂaŋ˥kaŋ˥˧˧xuo˨˩˦˩tʂʰʅ˥˧,ni˥˧˧tʂʰuæ̃˥˧ʂaŋ˥˩,xuo˨˩˦˩ni˥˧tɕyo˥˧tə·ta˥ɕiaɔ˥˧˧i˥˧˩muor˨˩˦˦˥i˥˧˩iaŋ˥ti·.（袜筒它不算？）袜筒子不算，光算这个袜子。va˥˧˩tʰuoŋ˥˧tsɿ·pu˨˩˦˧suæ̃˥,kuaŋ˥˧˩suæ̃˥˦˥tʂə˥kə˥va˥˧tsɿ·.（噢，就这儿？）嗯，一拳。你不相信你自己买一个，买袜子，你试过一下。ə̃˩,i˥˧˩tɕʰyæ̃˨˩˦.ni˥˧pu˨˩˦˦˥ɕiaŋ˥˧˩ɕiŋ˥ni˥˧˧tsɿ˥˦˥tɕi˥˧˩mæᴇ˥˧i˥˧˩kə˥˩,mæᴇ˥˧va˥˧tsɿ·,ni˥˧˧sɿ˥kuo˥i˥˧˩ɕia˥˩.（买的袜子就是用这个一缠？）噢，一缠。aɔ˩,i˥˧˩tʂʰæ̃˨˩˦.（你的脚多大就拿……拿拳头一弄？）嗯，拳头一等就出来了。ə̃˩,tɕʰyæ̃˨˩˦˩tʰou·i˥˧˧təŋ˥˧˧tɕiou˥tʂʰʮ˥˧˩læᴇ˨˩˦˩lə·.

一畛子地

（这个地有没有叫一畛子地的说法？）黄：一畛子地有咧么。有咧嘛。i˥˧˧tʂəŋ˥˧tsɿ·ti˥iou˥˧liem·.iou˥˧lie·ma·.（一畛子地是多大的？）黄：一畛子地……i˥˧˧tʂəŋ˥˧tsɿ·ti˥……王：噢，一畛子地就是指的是，从这个地儿，从我这个，我这个院儿里头，从我这个门槛到前头，这就是一畛儿子长。就叫地畛子咧。aɔ˩,i˥˧˧tʂəŋ˥˧tsɿ·ti˥˦˥tɕiou˥˦˥sɿ˥˩tsɿ˥˧ti·sɿ˥,tsʰuoŋ˨˩˦tʂə˥kə˥tiər˥,tsʰuoŋ˨˩˦ŋuo˥˧tʂə˥kə˥,ŋuo˥˧tʂə˥kə˥yæ̃r˥li˥˧˩tʰou·,tsʰuoŋ˨˩˦ŋuo˥˧tʂə˥kə˥məŋ˨˩˦˩kʰæ̃˥˧taɔ˥tɕʰiæ̃˨˩˦˩tʰou·,tʂei˥tɕiou˥˩sɿ˥˩i˥˧˩tʂə̃r˥˧tsɿ·tʂʰaŋ˨˩˦.tɕiou˥tɕiaɔ˥ti˥˧˧tʂəŋ˥˧tsɿ·lie·.黄：啊。a˩.王：地的长度就叫地畛子咧。ti˥ti·tʂʰaŋ˨˩˦˩tu˥˧˧tɕiou˥tɕiaɔ˥ti˥tʂəŋ˥˧tsɿ·lie·.（有多长叫地畛子？）黄：啊。a˩.王：嗯。ŋ̍˩.（那我说一畛子地大概有多大呢？）王：那……那就不……那就根据片儿大咧。nə˥……nə˥˦˥tsou˥˩pu˨˩˦˩……nə˥˦˥tsou˥˩kəŋ˥˧˩tɕy˥pʰi æ̃r˥˧˦ta˥lie˧.黄：那就没下数了。根据你地片子大啦就地畛子长，地片小了地畛子短么。nə˥˧˦(tɕ)iou˥˩mei˨˦xa˥ʂʮ˥lə˧.kəŋ˧˩tɕy˥ni˧ti˥pʰiæ̃˥tsɿ˧ta˥la˥tɕiou˥˩ti˥tʂəŋ˧tsɿ˧tʂʰɑŋ˨˦,ti˥pʰiæ̃˧ɕiɑɔ˧lə˧ti˥tʂəŋ˧tsɿ˧tuæ̃˧muo˧.（但是一般都是算长度？）黄&王：啊。ɑ˩.王：畛子这算长度么。tʂəŋ˧tsɿ˧tʂei˥suæ̃˥tʂʰɑŋ˨˦tu˥˧˦muo˧.

一炷蜡

（像那个蜡呀，你买过来的那种。）黄：一根蜡呃。i˧˦kəŋ˧˦la˧ə˧.王：一根蜡。i˧˦kəŋ˧la˧.黄：一支蜡。i˧˦tsɿ˧la˧˩.王：一根，一支。i˧˦kəŋ˧,i˧˦tsɿ˧.黄：一炷。i˧˩tʂʮ˥˧˦.（哪个最土？）王：最土就是一根蜡。tsuei˥tʰu˧tɕiou˥sɿ˥i˧˩kəŋ˧la˧˩.黄：一根蜡。i˧˩kəŋ˧la˧˩.（i˩tʂʮ˧˦是什么东西？）黄：一炷么。那个蜡口也叫一炷蜡。i˧˩tʂʮ˥˧˦muo˧.nə˥kə˥la˧ni æ̃˨˦ie˧˦tɕiɑɔ˥i˧˩tʂʮ˥la˧˩.（香叫一炷啦。）黄：香叫一炷，蜡也……口也叫一炷咧么。ɕiɑŋ˧tɕiɑɔ˥i˧˦tʂʮ˥,la˧ie˧˩……niæ̃˨˦ie˧˦tɕiɑɔ˥i˧˩tʂʮ˥˧˦liem˧.

两只脚

（[伸出腿来指着脚]这个？）黄：一只脚。i˧˩tʂʅ˧˩tɕyo˧.王：一只脚么。i˧˩tʂʅ˧˩tɕyo˧muo˧.（两个加起来呢？）黄：两只脚。liɑŋ˧tʂʅ˧˩tɕyo˧˩.王：两只脚。liɑŋ˧tʂʅ˧˩tɕyo˧˩.（还是说一双脚？）黄：也说咧，一双脚。ie˧ʂuo˧˩lie˧,i˧˦ʂuɑŋ˧tɕyo˧˩.王：哎，一双脚不说么，一双鞋说咧么。æᴇ˨˦,i˧˩ʂuɑŋ˧tɕyo˧pu˨˩ʂuo˧muo˧,i˧˦ʂuɑŋ˧xæᴇ˨˦ʂuo˧˩lie˧muo˧.黄：啊，要一双鞋说咧，可不说一双脚。ɑ˩,i˧˩ʂuɑŋ˧xæᴇ˨˦ʂuo˧lie˧,kʰə˧˩pu˨˦ʂuo˧˦i˧˩ʂuɑŋ˧˦tɕyo˧.（一双腿说不说？）王：不说。pu˨˩ʂuo˧.黄：两条腿。liɑŋ˧tʰiɑɔ˨˦tʰuei˧˩.王：两条腿。liɑŋ˧tʰiɑɔ˨˦tʰuei˧.

哭一鼻子

（有说哭一鼻子的说法没有？）王：有咧么。iou˧liem˧.黄：哭一鼻子。kʰu˧i˧˦pi˨˦tsɿ˧.王：啊。ɑ̃˩.黄：有的还叫哭一场。iou˧ti˧xɑ˨˩tɕiɑɔ˥kʰu˧i˧˩tʂʰɑŋ˨˩.（哭一鼻子是什么意思呢？）黄：哭一鼻子那……kʰu˧i˧˩pi˨˦tsɿ˧nə˥……王：哭一鼻子就是这这今天晚儿晚儿口死咧个人，埋人咧，口们还哭的，把我也哄的……把我也惹的哭了一鼻子。kʰu˧i˧˩pi˨˦tsɿ˧tɕiou˥sɿ˥tʂə˥tʂə˥tɕiŋ˧tʰiæ̃˧˩væ̃r˧væ̃r˧niæ̃˨˦sɿ˧lie˧kə˥˩zəŋ˨˦,mæᴇ˨˦zəŋ˨˦lie˧,niæ̃˨˩məŋ˧xɑ˨˦kʰu˧ti˧,pɑ˧˩ŋuo˧iɑ˧˩xuoŋ˧ti˧……pɑ˧˩ŋuo˧ia˧zə˧ti˧kʰu˧lə˧i˧˩pi˨˦tsɿ˧.黄：哭了一鼻子。kʰu˧lə˧i˧˩pi˨˦tsɿ˧.王：啊。ɑ̃˩.（也是哭了一次的意思？）黄：啊，也是哭了一次的意思，嗯。ɑ˥,iɑ˧˦sɿ˥kʰu˧lə˧i˧˩tsʰɿ˥ti˧i˥sɿ˧,ə̃˥.王：啊。ɑ̃˩.（那，自己好好地哭了一顿，自己家里的事情，哭了一顿，一定要受了委屈，说了，说不说她哭了一鼻子呢？）黄：也说咧么。她哭了一鼻子。ie˧ʂuo˧lie˧muo˧.tʰɑ˧˦kʰu˧lə˧i˧˩pi˨˦tsɿ˧.

熬一餐

（有的药哇，它不是……它可以一……一次可以熬……这个弄多少遍的。头一遍的，二一……）黄：那就是熬几遍嘛。也叫熬几餐，也说熬几遍。næᴇ˥˧˦tɕiou˥˩sɿ˥˩nɑɔ˨˦tɕi˧piæ̃˥ma˧.ie˧tɕiɑɔ˥ŋɑɔ˨˦tɕi˧tsʰæ̃˧˩,ie˧˩ʂuo˧˩nɑɔ˨˦tɕi˧piæ̃˥.（第一……第一遍叫什么呢？）头遍药嘛。tʰou˨˩piæ̃˥˧˦yo˧˩ma˧.（头遍还是头餐？）头餐，头遍。tʰou˨˩tsʰæ̃˧,tʰou˨˩piæ̃˥.（头道？）没有叫道的。头餐是头遍么。mei˨˦iou˧tɕiɑɔ˥tɑɔ˥ti˧.tʰou˨˩tsʰæ̃˧sɿ˥˩tʰou˨˦piæ̃˥˧˦yo˧˩.（二遍呢？）没有这个说法了。都叫是……熬二餐咧，二餐三餐。mei˨˦iou˧tʂə˥kə˥ʂuo˧fɑ˧˩lə˧.tou˧˩tɕiɑɔ˥sɿ˥……nɑɔ˨˩ər˥tsʰæ̃˧lie˧,ər˥˧tsʰæ̃˧˩sæ̃˧tsʰæ̃˧˩.

洗一水

（那个那个洗衣服，就说你买的这个新衣服，洗一遍，洗一次，叫做洗一什么呢？）黄：那叫漂……我们把那叫……拿水里漂一下。nei˦tɕiɑɔ˥pʰiə……ŋuo˥˧mən˧pɑ˥˧˩næᴇ˦tɕiɑɔ˥……nɑ˧˩˨ʂuei˥˧li˥˧˩pʰiɑɔ˥˦i˥˧˩ɕiɑ˦˩.（洗一遍叫不叫洗一水？洗两水？）那就……那没……那叫咧。洗咧一水或者是两水。洗咧一次，那就说洗咧一遍。nei˦tɕiou˥……nei˦˧meiʎ˨……nei˦˧tɕiɑɔ˥lie˧.ɕi˥˧lie˧li˥˧˩ʂuei˥˧xuo˧˩˦tʂə˥˦sʅ˦liɑŋ˥˧ʂuei˥˧˩.ɕi˥˧lie˧li˥˧˩tsʰʅ˥,nei˦˩tɕiou˦˩ʂuo˥˧˩ɕi˥˧lie˧li˥˧˩piæ̃˦.（你们到底是讲讲洗一水还洗一次、洗一遍？）哎，洗……也叫洗了一水，也叫洗一遍。æᴇ˩,ɕ……ie˥˧tɕiɑɔ˥ɕi˥˧lə˧li˥˧˩ʂuei˥˧,ie˥˧tɕiɑɔ˦˩ɕi˥˧i˥˧˩piæ̃˦.（老人家呢？）老人家都叫洗一遍，洗一水。lɑɔ˥˧zəŋ˧˩˨tɕiɑ˥˧tou˥˧˩tɕiɑɔ˦˩ɕi˥˧i˥˧˩piæ̃˦,ɕi˥˧i˥˧˩ʂuei˥˧.

三二、数词等

一号、初一

（我们，这个普……普……这个，平常都说十月一日、十月二日。你们怎么说呢？）黄：那就是阳历来就是十月一号、十月二号。nei˦tɕiou˦sʅ˦iaŋ˨˦li˥˧læᴇ˨˦˨˩tɕiou˦sʅ˦ʂʅ˨˦˨˩yo˥˧˧i˥˧xaɔ˦˨˩,ʂʅ˨˦˨˩yo˥˧˧ər˦xaɔ˦˨˩.（叫号？）噢，号。那就是这个古历……阴历来讲是十月初一、初二了。aɔ˥˧,xaɔ˦.nə˦tɕiou˦sʅ˦tʂə˦kə˦ku˥˧li˥˧˨˩l……iŋ˥˧li˥˧˨˩læᴇ˨˦˨˩tɕiaŋ˥˧sʅ˦˨˩ʂʅ˨˦˨˩yo˥˧˧tʂʰʮ˥˧˨˦i˥˧˨˩,tʂʰʮ˥˧˨˩ər˦lə˨.（初一初二？）嗯。ŋ̍˨˩.（你算算这个，初一，初二，初三……）初四、初五。tʂʰʮ˥˧˨˩sʅ˦,tʂʰʮ˥˧˨˦vu˥˧.（一直到……）初六、初七、初八。初十。这就望下，这就是是十几了。tʂʰʮ˥˧˨˦liou˥˧,tʂʰʮ˥˧tɕʰi˥˧˨˩,tʂʰʮ˥˧pa˥˧˨˩.tʂʰʮ˥˧˨˩ʂʅ˨˦.tʂə˦tsou˦vaŋ˦xa˦,tʂei˦˥˧tɕiou˦˨˩sʅ˦˨˩ʂʅ˨˦˨˩tɕi˥˧lə˨.（是多少就多少？）啊，是多少就多少。a˨˩,sʅ˦˥˧tuo˥˧˨˩ʂaɔ˥˧tɕiou˦tuo˥˧˨˩ʂaɔ˥˧˨˩.

一来……二来……

（你们有没有什么一来怎么样，二来怎么样的说法？）黄：这个说咧。一来咋么个，二来咋么个，这个话倒有咧。tʂə˦kə˦ʂuo˥˧lie˨.i˥˧læᴇ˨˦˨˩tsa˥˧˧muo˧kə˦,ər˦læᴇ˨˦˨˩tsa˥˧˧muo˧kə˦,tʂə˦kə˦xua˦taɔ˦iou˥˧˨˩lie˨.（你说，就，就，说个……说个什么……）一来，二来，这个话倒经常有人说咧。i˥˧læᴇ˨˦,ər˦læᴇ˨˦˨˩,tʂə˦kə˦xua˦taɔ˦xæᴇ˨˦˨˩tɕiŋ˥˧˨˩tʂʰaŋ˨˦iou˥˧˨˩zəŋ˨˦ʂuo˥˧lie˨.（你举个例子呀！）一来……i˥˧læᴇ˨˦……（你比如说我叫你做事你不做，你肯定要举些这原因呢！）你比如，一来这个事情，你比如，一来你干这一件事就与我没有多大关系。我干也能行，不干也能行。我可为啥要给你弄咧事情？ni˥˧˧pi˥˧˧zʮ˨˦˧,i˥˧læᴇ˨˦˧tʂə˦kə˦sʅ˦tɕʰiŋ˨˦˨˩,ni˥˧pi˥˧zʮ˨˦˧,i˥˧læᴇ˨˦ni˥˧kæ̃˦tʂei˦i˥˧˧tɕiæ̃˦sʅ˦tɕiou˦y˥˧ŋuo˥˧mei˨˦iou˥˧tuo˥˧˨˩ta˦kuæ̃˥˧ɕi˨.ŋuo˥˧kæ̃˦æ˥˧˨˩nəŋ˨˦ɕiŋ˨˦˧,pu˨˦˨˩kæ̃˦æ˥˧˨˩nəŋ˨˦ɕiŋ˨˦˨˩.ŋuo˥˧kʰə˥˧˧vei˦sa˦iaɔ˦kei˦ni˥˧nuoŋ˦lie˨sʅ˦tɕʰiŋ˨˦˨˩?（你说了一，那肯定要说二吧？）啊，二来你就把这个事情干好了，对我有啥好处了？a˨˩,ər˦læᴇ˨˦˧ni˥˧tɕiou˦pa˥˧˨˩tʂə˦kə˦sʅ˦tɕʰiŋ˨˦˨˩kæ̃˦xaɔ˥˧lə˨,tuei˦ŋuo˥˧iou˥˧˨˩sa˦˨˦xaɔ˥˧˧tʂʰʮ˦lə˦?

头一个

（第一个你们还是叫什么东西？）黄：第一个就是第一个。你东西哪个那就是第一个就是。ti˦i˥˧˨˩kə˦˨˩tɕiou˦˨˩sʅ˦˨˩ti˦i˥˧˨˩kə˦˨˩.ni˥˧˨˩tuoŋ˥˧ɕi˨na˥˧kə˦nei˦tɕiou˦sʅ˦ti˦i˥˧˨˩kə˦˨˩tɕiou˦˨˩sʅ˦˨˩.（说不说头一个、二一个的说法？没有？）黄：这都太不说。tʂei˦tou˥˧˧tʰæᴇ˦pu˨˦ʂuo˥˧.王：头一个还是说。tʰou˨˦i˥˧˧kə˦xa˨˦˧sʅ˦ʂuo˥˧.黄：有时候些些娃娃□他是那个老大□是叫头……头一个。iou˥˧sʅ˨˦˨˩xou˦ɕie˥˧˧ɕie˥˧˨˩va˨˦˨˩va˨˦˥˧niæ̃˨˦˨˩tʰa˥˧˧sʅ˦nə˦kə˦laɔ˥˧ta˦niæ̃˨˦˧sʅ˦tɕiaɔ˦tʰou˨˦˨˩……tʰou˨˦i˥˧kə˦˨˩.

二十一块钱

（那么说，那个，我给你二十一块钱，你是说，我给你二一块钱还是给你什么？）黄：你给我二十一块钱。ni˥˧˧kei˦ŋuo˥˧˧ər˦ʂʅ˨˦˧i˥˧kʰuæᴇ˥˧˨˩tɕʰiæ̃˨˦˨˩.（啊，这个就得说那个？）黄：啊。ɑ˨˩.王：啊。这中间可有个十字欸哆。你数数儿中间没有那个十字嘛。ɑ˨˩.tʂei˧˥tʂuoŋ˥˨˩tɕiæ̃˥˨k^hə˥˧iou˥˧kə˧ʂʅ˨˩tsʅ˧˥ei˨˩m̩˧.ni˥˨˩ʂɥ˥ʂɥər˧˥tʂuoŋ˥˨˩tɕiæ̃˥˧mei˨˦iou˥nə˧kə˧ʂʅ˨˩tsʅ˧˥ma˧.（数数可以不说十字。）王&黄：嗯。ŋ̍˨˩.（但是算账的时候一定要？）王：算账啊说十的么。suæ̃˧tʂɑŋ˧˥ɑ˧ʂuo˥˧ʂʅ˨˩tim˧.黄：啊，你要一定要把这个十说出来。ɑ˧,ni˥˧iɑɔ˧i˥˨˩tiŋ˧iɑɔ˧pɑ˥˧tʂə˧kə˧ʂʅ˨˩ʂuo˥tʂ^hɥ˥˨˩læᴇ˨˩.

一千来块钱、一千多块钱

（一千来块钱和一千多块钱有什么区别没有？）黄：这没有多大区别。一千来块钱和一千多块钱这都……这都是个……后头都是个未知数儿么。tʂə˧˥mei˨˦iou˥tuo˥˨˩tɑ˧tɕ^hy˥pie˨˩.i˥˨tɕ^hiæ̃˥læᴇ˨˦k^huæᴇ˥tɕ^hiæ̃˨˦xuo˨˩i˥˨˩tɕ^hiæ̃˥tuo˥˨˩k^huæᴇ˥tɕ^hiæ̃˨˩tʂə˧tou˥˨……tʂə˧˥tou˥˨sʅ˧kə˧……xou˧˥t^hou˧tou˥˨sʅ˧˩kə˧˩vei˧tʂʅ˨˩ʂɥər˧muo˧.（九百九十块钱叫不叫一千块钱，一千来块钱？）九百九十可不叫。tɕiou˥pei˥˧tɕiou˥ʂʅ˨˩k^hə˥˧pu˨˦tɕiɑɔ˧˩.（不叫一千来块钱？）呃不叫。九百九十块钱，九百九十九块钱它就是九百九十九。ə˥pu˨˦tɕiɑɔ˧˩.tɕiou˥pei˥˨˩tɕiou˥ʂʅ˨˩k^huæᴇ˥tɕ^hiæ̃˨˩,tɕiou˥pei˥˨˩tɕiou˥ʂʅ˨˩tɕiou˥k^huæᴇ˥˨˩tɕ^hiæ̃˨˦t^hɑ˥˧tɕiou˧sʅ˧tɕiou˥˨˩pei˥tɕiou˥˨˩ʂʅ˨˦tɕiou˥˨˩.（不能叫一千来块钱？）不能叫一千来块钱。pu˨˦nəŋ˨˦tɕiɑɔ˧i˥˨˩tɕ^hiæ̃˥˨˩læᴇ˨˧k^huæᴇ˥˧tɕ^hiæ̃˨˩.（啊，九百九十九块钱都不能叫一千来块钱？）啊。ɑ˨˩.（那你二十来岁大概是什么呢？哪怕你就是十……十九岁。）十九岁你都不能叫二十来岁。你就是个十九岁。你是二十岁了，就可以叫二十来岁了。ʂʅ˨˩tɕiou˥suei˧ni˥tou˥˨˩pu˨˩nəŋ˨˦tɕiɑɔ˧ər˧ʂʅ˨˧læᴇ˨˩suei˧.ni˥˨˩tɕiou˧sʅ˧˩kə˧˩ʂʅ˨˩tɕiou˥suei˧˩.ni˥˨˩sʅ˧˩ər˧˥ʂʅ˨˩suei˧˩lə˧,tɕiou˧k^hə˥i˥˧tɕiɑɔ˧ər˧ʂʅ˨˧læᴇ˨˩suei˧˩lə˧.（二十多岁呢？）二十多岁，那也可能□是二十五岁，也可能是二十六岁。ər˧ʂʅ˨˧tuo˥suei˧,næᴇ˧iɑ˥˨˩k^hə˥˨˩nəŋ˨˦niæ̃˨˩sʅ˧ər˧ʂʅ˨˧vu˥suei˧˩,ie˥˧k^hə˥˧nəŋ˨˧sʅ˧ər˧ʂʅ˨˧liou˥suei˧˩.（我二十五岁叫不叫二十来岁呢？）叫二十来岁儿么。tɕiɑɔ˧ər˧˥ʂʅ˨˩læᴇ˨˩suər˧˥muo˧.（但是我二十岁叫不叫二十多岁呢？）也可以叫二十多岁。ie˥k^hə˥i˥˧tɕiɑɔ˧ər˧ʂʅ˨˧tuo˥suei˧˩.（也可以叫二十多岁？）那就可以就说多多少了么。我不多么，二十多。我刚是二十岁么，没有多下这个。nei˧˥tɕiou˧˩k^hə˥i˥˨˩tɕiou˧ʂuo˥˧tuo˥tuo˥˨˩ʂɑɔ˥lə˧muo˧.ŋuo˥˧pu˨˩tuo˥muo˧,ər˧ʂʅ˨˧tuo˥˨˩.ŋuo˥˧kɑŋ˥˨sʅ˧˩ər˧ʂʅ˨˧suei˧˥muo˧,muo˥˨iou˥˧tuo˥xɑ˧˩tʂə˧˩kə˧˩.

好几个

（有好几个的说法没有？）黄：有咧么。好几个人咧么。我们好几个人……iou˥lie˧muo˧.xɑɔ˥tɕi˥˧kə˧˥zəŋ˨˩lie˧muo˧.ŋuo˥məŋ˧xɑɔ˥tɕi˥kə˧zəŋ˨˧ʂ……（好几个是大概有多少？）那就没有下数了。好几个也可能十几个人咧。也可能一两个人也是好几个。nei˧˥tɕiou˧˩mei˨˦iou˥˧xɑ˧ʂɥ˧˩lə˧.xɑɔ˥tɕi˥kə˧iɑ˥k^hə˥˧nəŋ˨˧ʂʅ˨˩tɕi˥kə˧˩zəŋ˨˩lie˧.ie˥k^hə˥˨˩nəŋ˨˦i˥˨˩liɑŋ˥kə˧˩zəŋ˨˦ie˥sʅ˧xɑɔ˥tɕi˥˨˩kə˧˩.

三五回

（有说三五个、三五回的说法没有？）王：有咧。iou˥lie˧.黄：哎说……有咧么。三五个，三五回。æᴇ˧ʂ……iou˥liem˧.sæ̃˥˨˩vu˥˧kə˧,sæ̃˥˨˩vu˥xuei˨˩.（三五个、三五回是大概是多少？）黄：也就是三回……ie˥tɕiou˧sʅ˧sæ̃˥xuei˨˩……王：也……三回啊，或者五回。i……sæ̃˥xuei˨˩ɑ˧,xuo˨˩tʂə˥˨˩vu˥xuei˨˩.黄：三回啊，五回，四回，这都可能。sæ̃˥xuei˨˩æ˧,vu˥xuei˨˩,sʅ˧˥xuei˨˧,tʂə˧˥tou˥˧k^hə˥˨˩nəŋ˨˩.

百儿八千、万儿八千

（这个万八千的说法说不说？）黄：欸有说咧么。万儿八千的还，这是叫啥……

ei˥iou˥˩ʂuo˥lie˩muo˩.væ̃˧ər˩pa˥˩tɕʰiæ̃˥tə˩xa˨˩,tʂə˧sɿ˧tɕiao˧sa˧˩……（叫什么？）黄：万儿八千的。væ̃˧ər˩pa˥˩tɕʰiæ̃˥ti˩.（有……有没有百八千的说法？）黄：哎还是有咧，啊？æᴇ˥xæᴇ˨˩ʂɿ˧iou˥lie˩,a˩?王：有咧。iou˥lie˩.黄：百八千。pei˥pa˥˩tɕʰiæ̃˥˩.（百八千和万儿八千有什么区别没有？）黄：咿，那就百八千那你……那你就没有上万么。这个万儿八千的那都是这个……指是……呃，都过了万的么。i˩,nei˧˩tɕiou˧pei˥pa˥˩tɕʰiæ̃˥˩nei˧ni˥……nei˧ni˥˩tsou˧mei˨iou˥ʂaŋ˧væ̃˧muo˩.tʂə˧kə˧væ̃˧˩ər˩pa˥tɕʰiæ̃˥˩ti˩nei˧tou˥˩sɿ˧˩tʂə˧˩kə˧˩……tsɿ˥ʂɿ˧˩……ə˩,tou˥˩kuo˧˩lə˩væ̃˧˩tim˩.（百八千是几千块钱还是多少？还是说几百块钱？）王：也……ie˥˩……黄：也有几……也可能是……ie˥˩iou˥˩tɕi˥……ie˥˩kʰə˥˩nəŋ˨˩sɿ˧……王：也可能几百块，也可能几千块钱。ie˥˩kʰə˥˩nəŋ˨˩tɕi˥pei˥˩kʰuæᴇ˥tɕʰiæ̃˨,ie˥˩kʰə˥˩nəŋ˨˩tɕi˥tɕʰiæ̃˥˩kʰuæᴇ˥tɕʰiæ̃˨˩.黄：也可能是上……过了千了。ie˥kʰə˥nəŋ˨˩sɿ˧ʂaŋ˧……kuo˧lə˩tɕʰiæ̃˥lə˩.（是pei˥八千还是pei˥儿八千？）黄：百儿八千。pei˥ər˩pa˥˩tɕʰiæ̃˥˩.（pei˥儿八千？）黄：嗯。ŋ̍˩.（还加个儿是吧？）黄：嗯。ŋ̍˩.

成儿

（三十是一百的多少？）王：三分之一嘛。sæ̃˥˩fəŋ˥tsɿ˥˩i˥ma˩.黄：三分之一多一点儿。sæ̃˥˩fəŋ˥tsɿ˥˩i˥˩tuo˥i˥˩tiær˥˩.（还是说三成？）黄：也可以说三成儿。ie˥kʰə˥i˥˩ʂuo˥˩sæ̃˥˩tʂʰə̃r˨.（说不说三……这个八九成、十……这个一成两成的这种说法？）黄："成儿"在咱们这农村来说好像很少有人说。不多不多，不是那么大说。tʂʰə̃r˨tsæᴇ˧tʂa˨məŋ˩tʂei˧luoŋ˨tsʰuoŋ˥læᴇ˨˩ʂuo˥˩xao˥˩ɕiaŋ˧xəŋ˥ʂao˥iou˥˩zəŋ˨ʂuo˥˩.pu˨˩tuo˥˩pu˨˩tuo˥˩,pu˨˩sɿ˧nə˧muo˩ta˧˩ʂuo˥˩.（一成两成不说吗？）黄：少得……少得很反正。ʂao˥t……ʂao˥tə˩xəŋ˥fæ̃˥˩tʂəŋ˧˩.王：嗯。ŋ̍˥.黄：嗯。ŋ̍˩.

一五一十

（一五一十是什么意思？）王：一五一十那就是数数儿开来就说是是一五、一十、十五、二十。这么个数上去咧。i˥˩vu˥i˥˩ʂɿ˨nei˧tɕiou˧sɿ˧ʂʮ˥ʂʮər˧˩kʰæᴇ˥læᴇ˨˩tɕiou˧˩ʂuo˥˩sɿ˧˩sɿ˧˩i˥˩vu˥,i˥˩ʂɿ˨,ʂʮ˨vu˥,ər˧ʂʮ˨˩.tʂə˧˩muo˩kə˧˩ʂʮ˥ʂaŋ˧˩kʰə˧˩lie˩.（是吧？）黄：嗯。点东西的。ŋ̍˩.tiæ̃˥˩tuoŋ˥ɕi˩ti˩.王：点东西，数数儿么。tiæ̃˥˩tuoŋ˥ɕi˩,ʂʮ˥˩ʂʮər˧˩muo˩.黄：你数羊的话他就说是把这个羊……他就是往过东西，把这个一拨拉着，记五，再往后儿一十，十五，二十。他都是五个一数，五个一数哞。ni˥˩ʂʮ˥iaŋ˨ti˩xua˧tʰa˥˩tɕiou˧ʂuo˥˩sɿ˧˩pa˥˩tʂə˧kə˧iaŋ˨……tʰa˥˩tɕiou˧sɿ˧vaŋ˥˩kuo˧tuoŋ˥ɕi˩,pa˥˩tʂə˧kə˧i˥˩pu˥la˩tʂə˩,tɕi˧vu˥,tsæᴇ˧vaŋ˥˩xour˧i˥˩ʂɿ˨,ʂʮ˨vu˥,ər˧ʂʮ˨˩.tʰa˥˩tou˥˩sɿ˧˩vu˥kə˧˩i˥˩ʂʮ˥˩,vu˥kə˧˩i˥˩ʂʮ˥m̩˩.（有没有这个成语说一五一十的这种说法？）黄：有咧。iou˥lie˩.王：有咧。iou˥lie˩.黄：成语里头还有一五一十着咧。成语里头的一五一十可不是点数儿了。它这是个欸……成语里头的一五一十就是表示了个这个东西必须是准确的啊。五就是五，十就是十，不能弄虚作假，一五一十的。tʂʰəŋ˨y˥li˥tʰou˩xæᴇ˨iou˥i˥˩vu˥i˥˩ʂɿ˨tʂə˩lie˩.tʂʰəŋ˨˩y˥li˥tʰou˩ti˩i˥˩vu˥i˥˩ʂɿ˨kʰə˥˩pu˨˩sɿ˧tiæ̃˥ʂʮər˧˩lə˩.tʰa˥˩tʂə˧sɿ˧˩kə˧ei˩……tʂʰəŋ˨˩y˥li˥tʰou˩ti˩i˥˩vu˥i˥˩ʂɿ˨tɕiou˧˩sɿ˧˩piao˥sɿ˧lə˩kə˧tʂə˧kə˧tuoŋ˥ɕi˩pi˥ɕy˥˩sɿ˧tʂuoŋ˥tɕʰyo˥˩tia˩.vu˥tɕiou˧sɿ˧vu˥,ʂʮ˨tɕiou˧sɿ˧ʂʮ˨˩,pu˨nəŋ˨nuoŋ˧ɕy˥tsuo˥˩tɕia˥,i˥˩vu˥i˥˩ʂʮ˨˩ti˩.

二不跨五

（有没有二不挂五的说法？）黄：二不跨五有咧么。ər˧˩pu˨˩kʰua˧vu˥˩iou˥lie˩muo˩.（二不跨五什么意思？）王：说你做……你你做下这个东西，嗯，不规格儿，就是个二不跨五。ʂuo˥˧˩ni˥˧tsʅ˥……ni˥˧˦ni˥˧˦tsʅ˥xɑ˥tʂə˥kə˥tuoŋ˥˧ɕi˨,ŋ̍˩,pu˨˦kʰuei˥˧kər˥˧˩,tɕiou˥˩sʅ˥˩kə˥˩ər˥˨˦pu˨˦˩kʰuɑ˥˨˦vu˥˧.黄：不规格儿么，二不跨五嘛。pu˨˦kʰuei˥˧kər˥˧˩muo˨,ər˥˨˦pu˨˦˩kʰuɑ˥vu˥˧mɑ˨.（kʰuɑ˥vu˥˧还是挂五？）王：跨五。kʰuɑ˥˨˦vu˥˧.黄：跨五。二不跨五。kʰuɑ˥vu˥˧˩.ər˥pu˨˦˩kʰuɑ˥˨˦vu˥˧˩.（哪个kʰuɑ˥？）王：二不跨五。ər˥˨˦pu˨˦˩kʰuɑ˥vu˥˧.黄：跨。kʰuɑ˥.王：跨越的“跨”吧。kʰuɑ˥yo˥˧ti˨kʰuɑ˥pɑ˨.（“跨”是吧？）王：嗯。ŋ̍˩.黄：嗯。ə̃˩.（噢，做的东西不怎么的那样叫二不跨五？）黄：噢，不正规呃，就是很……不……很不成形状的个东西。ɑɔ˩,pu˨˦˩tʂəŋ˥kʰuei˥˧ə˨,tɕiou˥sʅ˥˩x……pu……xəŋ˥˧pu˨˦˩tʂʰəŋ˨˦ɕiŋ˨˦˩tʂuɑŋ˥˨˦ti˨kə˥˩tuoŋ˥˧˩ɕi˨.

三心二意

（有没有三心二意的说法？）黄：有咧姆。干事……这就是，这说明你这个噢，办事不专心嘛。iou˥˧lie˨m̩˨.kæ̃˥sʅ˥……tʂei˥˨˦˥tɕiou˥˩sʅ˥˩,tʂei˥ʂuo˥˧˩miŋ˨˦ni˥˧˦tʂə˥kə˥ɑɔ˨,pæ̃˥sʅ˥pu˨˦˩tʂuæ̃˥˧˨˦ɕiŋ˥˧mɑ˨.

三天两头儿、三番五次

（有的人呐，没事儿就来找你，没事儿就来找你。你说这个人怎么来找你？你烦都烦死了。）王：讨厌得很。tʰɑɔ˥˧˦iæ̃˥˨˦tə˨xəŋ˥˧˩.黄：讨厌……tʰɑɔ˥˧˦i……王：那人讨厌死了。nei˥zəŋ˨˦˦tʰɑɔ˥˧˦iæ̃˥˨˦sʅ˥˧˩lə˨.（是说三天两头来找你还是什么？）王：嗯，也说三天两头儿来找。ə̃˩,ie˥˧ʂuo˥˧˩sæ̃˥˧˩tʰiæ̃˥˧˩liɑŋ˥˧tʰour˨˦læᴇ˨˦˩tʂɑɔ˥˧.黄：也说三天两头来咧。再一个就是这个……ie˥˧ʂuo˥˧˩sæ̃˥˧tʰiæ̃˥˧˦liɑŋ˥˧˦tʰou˨˦˦læᴇ˨˦˦lie˥.tsæᴇ˥i˥˧˩kə˥tɕiou˥sʅ˥tʂə˥kə˥……（有说三天两后晌的说法没有？）黄：没有。这儿人还没有三……mei˨˦˦iou˥˧˩.tʂər˥zəŋ˨˦xæᴇ˨˦˩mei˨˦˥iou˥˧sæ̃˥˧˩……（有说三番五次的说法没有？）黄：三番五次倒有咧。sæ̃˥˧˨˦fæ̃˥˧˩vu˥˧˦tsʰʅ˥˨˦˥tɑɔ˥iou˥˧˩lie˨.（三番五次跟……跟三天两头有什么区别没有？）王：那没区别。nə˥mei˨˦tɕʰy˥˧˩pie˨˦˩.黄：哎呀，三番五次和三天两头还有区别咧。三番五次那就来的频繁的焦锹了，那一工儿来找你咧。三天两头儿那还是，那都是这个一……今天来咧明天来。那三番五次搞不好今儿一天都可以找你几回。æᴇ˩iɑ˨,sæ̃˥˧˨˦fæ̃˥˧˩vu˥˧˦tsʰʅ˥˨˦˥xuo˨˦˩sæ̃˥˧˨˦tʰiæ̃˥˧˦liɑŋ˥˧˦tʰou˨˦˦xæᴇ˨˦˩iou˥˧tɕʰy˥˧pie˨˦lie˥.sæ̃˥˧˨˦fæ̃˥˧˦vu˥˧˦tsʰʅ˥nei˥tsou˥læᴇ˨˦˩ti˨pʰiŋ˨˦˥fæ̃˨˦˩ti˨tɕiɑɔ˥˧ɕiæ̃˥˧˩lə˨,nei˥i˥˧˩kuõr˥˧læᴇ˨˦tʂɑɔ˥˧ni˥˧˩lie˨.sæ̃˥˧˦tʰiæ̃˥˧˦liɑŋ˥˧tʰour˨˦nei˥˨˦˥xɑ˨˦˩sʅ˥,nei˥˨˦˥tou˥˧˩sʅ˥tʂə˥kə˥i˥˧˩……tɕiŋ˥˧tʰiæ̃˥˧˩læᴇ˨˦˩lie˥miŋ˨˦˩tʰiæ̃˥˧læᴇ˨˦.nei˥˩sæ̃˥˧˨˦fæ̃˥˧˦vu˥˧˦tsʰʅ˥kɑɔ˥˧pu˨˦˩xɑɔ˥˧tɕiə̃r˥˧i˥˧˨˦tʰiæ̃˥˧tou˥˧˩kʰə˥˧˦i˥˧˦tʂɑɔ˥˧˦ni˥˧˦tɕi˥˧xuei˨˦.

三长两短

（三长两短这种说法说吗？）黄：有咧。三长两短儿。iou˥˧lie˨.sæ̃˥˧˩tʂʰɑŋ˨˦liɑŋ˥˧˦tæ̃r˦（←tuæ̃r˥˧）.（这说是，说些什么事情呢？）黄：三长两短，反正这个好像是个贬义词。sæ̃˥˧˩tʂʰɑŋ˨˦liɑŋ˥˧˦tuæ̃˥˧˦,fæ̃˥˧˩tʂəŋ˥tʂə˥˨˦˥kə˥xɑɔ˥˧˦ɕiɑŋ˥sʅ˥˩kə˥˩piæ̃˥˧i˥tsʰʅ˨˦˩.王：你说这个，这个三长两短，那就说的是那个长度嘛。你觉得有些，这东西是三长两短。ni˥˧˩ʂuo˥˧˦tʂə˥kə˥,tʂə˥˩kə˥˨˦˥sæ̃˥˧˩tʂʰɑŋ˨˦liɑŋ˥˧˦tuæ̃˥˧,nei˥tɕiou˥ʂuo˥˧ti˨sʅ˥nei˥kə˥tʂʰɑŋ˨˦tu˥˨˦mɑ˨.n̩˥˧˩tɕyo˥˧˩tə˨iou˥˧ɕi˥˧˩,tʂə˥tuoŋ˥˧ɕi˨sʅ˥sæ̃˥˧˩tʂʰɑŋ˨˦liɑŋ˥˧˩tuæ̃˥˧.（噢，说这个是三长两短？）王：啊。ɑ̃˩.黄：嗯。ŋ̍˩.（如果说你这个出了什么事，说不说出了个山……三长两短？）黄：嗯，那不可能。ŋ̍˩,nei˥˨˦˥pu˨˦˩kʰə˥˧nəŋ˨˦˩.（有个三长两短怎么办？）黄：啊，这个话也是这还有个三长两短，你叫我是嘛给你交代，给人□咋交代这个？ɑ˩,tʂə˥kə˥xuɑ˥ie˥˧˩sʅ˥˩tʂə˥˩xɑ˨˦˩iou˥˧kə˥˩sæ̃˥˧˩tʂʰɑŋ˨˦liɑŋ˥˧˦tuæ̃˥˧˦,ni˥˧˦tɕiɑɔ˥˧˩ŋuo˥˧sʅ˥mɑ˨kei˥˩ni˥˧˩tɕiɑɔ˥˧tæᴇ˥˩,kei˥zəŋ˨˦˩niæ̃˨˦˦tsɑ˥˧˦tɕiɑɔ˥˧tæᴇ˥˩tʂə˥˩kə˥?

三言两语

（说话很简洁有没有叫什么三言两语？）黄：有咧。三言两语嘚。iou˩lie˨. sæ̃˨˩iæ̃˩˨liaŋ˩˦y˩˦m̩˨.（怎么，怎么说呢你们这边？用在什么情况下？）三言两语。这是形容他这个欸，一……就是比如有些事情啊，你只靠三言两语把这个事情就根本就说不清。啊，那有些，必须是得好长时节，得好多话，才把这个问题能讲清楚咧。靠你三言两语，那根本就解决不了问题。sæ̃˨˩iæ̃˩˨liaŋ˩˦y˩˦.tʂə˥˦sɿ˥tɕiŋ˩˨yoŋ˩˦tʰa˩˦tʂə˥kə˥ei˨˩,i˨˩……tɕiou˥˦sɿ˥˨pi˩˨ʐʮ˩˦iou˩ɕie˨˩sɿ˥tɕʰiŋ˩˨a˨,ni˩˦tsɿ˩˦kʰaɔ˥˦sæ̃˨˩iæ̃˩˨liaŋ˩y˩pa˨˩tʂə˥kə˥sɿ˥tɕʰiŋ˩˨tsou˥kəŋ˨˩pəŋ˩tsou˥ʂuo˨˩pu˩˨tɕʰiŋ˨˩.a˨˩,nei˥iou˩ɕie˨˩,pi˩˦ɕy˨˩sɿ˥˨tei˨˩xaɔ˩tʂʰaŋ˩˨sɿ˩˨tɕie˩,tei˨˩xaɔ˩tuo˨˩xua˥,tsʰæᴇ˩˨pa˩tʂə˥kə˥vəŋ˥˦tʰi˩˨nəŋ˩˨tɕiaŋ˩tɕʰiŋ˨˩tʂʰʮ˨˩lie˨.kʰaɔ˥˨ni˩sæ̃˨˩iæ̃˩˨liaŋ˩y˩,nə˥kəŋ˨˩pəŋ˩tɕiou˥˨tɕie˩tɕyo˨˩pu˩˨liaɔ˩vəŋ˥tʰi˩˨.

三三两两

（三三两两这个说法在你们这儿什么意思？）黄：有咧。三三两两，那就是说明这个人走下这个欸人……来下这个人啊，三个一堆儿，两个一堆儿的，叫三三两两的。iou˩lie˨.sæ̃˨˦sæ̃˨˩liaŋ˩liaŋ˩,nei˥tɕiou˥sɿ˥ʂuo˨˩miŋ˩˨tʂə˥kə˥zəŋ˩˨tsou˩xa˥˨tʂə˥kə˥ei˨˩z̩……læᴇ˩˨xa˥˦tʂə˥˨kə˥˨zəŋ˩˨a˨,sæ̃˨kə˥˨i˨˩tuər˨,liaŋ˩kə˥i˨˩tuər˩ti˨,tɕiaɔ˥sæ̃˩sæ̃˨˩liaŋ˩liaŋ˩ti˨.

低三下四

（低三下四这个说法有没有？）黄：哎有咧。æᴇ˥iou˩lie˨.（这是说什么呢？）黄：那是求人干……给人□求人办事咧。给□就说是这个……nə˥sɿ˥tɕʰiou˩˨zəŋ˩˨kæ̃˥……kei˥zəŋ˨˩niæ̃˩˦tɕʰiou˩˨zəŋ˩˨pæ̃˥sɿ˥lie˨.kei˥˨niæ̃˩˦tsou˥ʂuo˩˦sɿ˥tʂə˥kə˥……王：低三下四么。ti˩˦sæ̃˨˩ɕia˥sɿ˥˨muo˨.黄：低三下四的给人□瞎话好……好……都给□说这些好话么，给人□是……叫低三下四的嘚。ti˩sæ̃˨˩ɕia˥sɿ˥ti˨kei˥zəŋ˩˦niæ̃˩˦xa˩xua˥x……xaɔ˩……tou˩˦kei˥niæ̃˩˨ʂuo˩tʂə˥˨ɕie˨˩xaɔ˩xua˥muo˨,kei˥zəŋ˩niæ̃˩˦sɿ˥˨……tɕiaɔ˥ti˩sæ̃˨˩ɕia˥sɿ˥˨ti˨m̩˨.

四零五散

（四零五散呢？）黄：四零五散有咧。sɿ˥liŋ˩˨vu˩sæ̃˩iou˨˩lie˨.王：四零五散有咧。sɿ˥liŋ˩˨vu˩sæ̃˩iou˨˩lie˨.（还是……还是五零四散？）王：四零五散。sɿ˥liŋ˩˨vu˩sæ̃˩.黄：四零五散，没有五零四散这个。sɿ˥liŋ˩˨vu˩sæ̃˨˩,mei˩˨iou˩vu˩liŋ˩˨sɿ˥˦sæ̃˨˩tʂei˥˨kə˥˨.（说什么东西呢四零五散是？）黄：四零……五散就说是这个整个儿这个一个东西，或者这些人，不是在一块儿的。都是这儿一坨儿，那儿一坨儿的，四零五散的，没有集中起来的那个样子。sɿ˥liŋ˩f……vu˩˦sæ̃˩˦tɕiou˥ʂuo˨˩sɿ˥tʂə˥kə˥tʂəŋ˩kər˥tʂə˥kə˥i˨˩kə˥tuoŋ˨ɕi˨,xuei˩˨tʂə˩tʂə˥ɕie˩˦zəŋ˩˨,pu˩˨sɿ˥˦tsæᴇ˥i˨˩kʰuər˩ti˨.tou˨˩sɿ˥tʂər˥˦i˨˩tʰuor˩˨,nar˥i˨˩tʰuor˩˨ti˨,sɿ˥liŋ˩˨vu˩sæ̃˩ti˨,mei˩˨iou˩tɕi˩˦tʂuoŋ˨˩tɕʰi˩læᴇ˩˨ti˨nə˥kə˥iaŋ˥tsɿ˨.

四平八稳

（四平八稳是什么意思呢？）黄：四平八稳就是那个稳搭的很。有……你有再大的个事情，反正我四平八稳坐得这个地方。是那……sɿ˥pʰiŋ˩˨pa˨˩vəŋ˩tsou˥sɿ˥nə˥kə˥vəŋ˩ta˨ti˨xəŋ˩˨.iou˩˦……ni˩iou˩tsæᴇ˥ta˥ti˨kə˥sɿ˥tɕʰiŋ˩˨,fæ̃˨˩tʂəŋ˥ŋuo˩sɿ˥pʰiŋ˩˦pa˨˩vəŋ˩tsuo˥tə˨tʂə˥kə˥ti˥faŋ˨˩.sɿ˥nə˥……（就这样的意思？）嗯。ə̃˨˩.

五花八门

（五花八门？）黄：有咧。五花八门这个说咧。iou˩lie˨.vu˩xua˩˦pa˨˩məŋ˩˨tʂə˥kə˥ʂuo˨˩lie˨.（这是说什么事情在你们这边？）黄：这就说是，比如一样的这个事情，啊，这个东西啊，各种各样的事情都有咧。五花八门的。啊。各种表现形式，各种结果都有，叫五花八门的。tʂei˥tɕiou˥ʂuo˥˧˧sʅ˥,pi˥˧zʅʎ˧i˥˧˩iaŋ˥˦ti˙˧tʂə˥kə˥sʅ˥tɕʰiŋʎ˧,a˥,tʂə˥˩kə˥˩tuoŋ˥˧ɕi·˧a·˧,kə˥˧˩tʂuoŋ˥˧kə˥˧˩iaŋ˥ti˙˧sʅ˥tɕʰiŋʎ˩tou˥˧˥iou˥˧lie·˧.vu˥˧xua˥˧˩pa˥˧˩məŋʎ˩ti˙˧.a˩.kə˥˧˩tʂuoŋ˥˧piao˥˧˧ɕiæ̃˥ɕiŋʎʂʅ˥˧˩,kə˥˧˩tʂuoŋ˥˧tɕie˥˧˩kuo˥˧tou˥˧˥iou˥˧˩,tɕiao˥vu˥˧xua˥˧˧pa˥˧˩məŋʎ˩ti·˧.

乱七八糟

（乱七八糟呢？）黄：有咧。iou˥˧lie·˧.王：也有咧。ie˥˧iou˥˧lie·˧.（这是在你们这边是什么意思呢？）黄：就是你……办啥事情，说啥话……tsou˥sʅ˥ni˥˧˧p……pæ̃˥sa˥sʅ˥tɕʰiŋʎ˩,ʂuo˥˧˩ʂa˥˦xua˥˥……王：教你跳……跳那个舞蹈咧，给你教下那个动作，你一下跳下那个乱七八糟的。tɕiao˥˧˩ni˥˧tʰiao˥……tʰiao˥nə˥kə˥vu˥˧tao˥˧lie·˧,kei˥ni˥˧˧tɕiao˥˧xa˥˩tʂə˥kə˥tuoŋ˥˥tsuo˥˧˩,ni˥˧i˥˧˩xa˥tʰiao˥˥xa˥˩nə˥kə˥luæ̃˥˥tɕʰi˥˧˩pa˥˧˩tsao˥˧˩ti·˧.

七拼八凑

（这个七拼八凑？）黄：七拼八凑这有咧嘛。啊，我叫你来写一篇文章咧，你东拉一句子，西拉一句子，七拼八凑的凑下那一篇文章，那就不像个东西呣。tɕʰi˥˧˩pʰiŋ˥˧pa˥˧˩tsʰou˥tʂei˥˦iou˥˧lie·˧ma·˧.a˩,ŋuo˥˧tɕiao˥˩ni˥˧læᴇʎ˧ɕie˥˧i˥˧˧pʰiæ̃˥˧vəŋʎ˩tʂaŋ˥˧lie˙˧,ni˥˧˧tuoŋ˥˧la˥˧i˥˧˩tɕy˥tsʅ˙˧,ɕi˥˧la˥˧˩i˥˧˩tɕy˥tsʅ˙˧,tɕʰi˥˧˩pʰiŋ˥˧pa˥˧˩tsʰou˥˦ti˙˧tsʰou˥xa˥nei˥i˥˧˩pʰiæ̃˥˧vəŋʎ˩tʂaŋ˥˧˧,nə˥tsou˥˧˧puʎ˩ɕiaŋ˥˥kə˥˩luoŋ˩ɕi˧（←tuoŋ˥˧ɕi·˧）m̩˙˧.

七嘴八舌

（七嘴八舌？）黄：这说咧。tʂei˥˦ʂuo˥˧˩lie·˧.王：七嘴八舌也说。tɕʰi˥˧˩tsuei˥˧pa˥˧˩ʂəʎie˥˧ʂuo˥˧˩.黄：嗯。ŋ̍˩.（这是说什么呢？）黄：这是你这个一个人这个说话……tʂə˥˦sʅ˥ni˥˧˧tʂə˥kə˥i˥˧˩kə˥zəŋʎtʂə˥kə˥ʂuo˥˧˩xua˥……王：在咱们三，咱们三个主要说咧。tsæᴇ˥tsaʎməŋ˙˧sæ̃˥˧˧,tsaʎməŋ˙˧sæ̃˥˧˧kə˥tʂʅ˥˧˩iao˥˦ʂuo˥˧˩lie·˧.黄：啊。a˩.王：你一说，他也说，我也说，七嘴八舌呣。ni˥˧i˥˧˩ʂuo˥˧,tʰa˥˧ia˥˧˩ʂuo˥˧˩,ŋuo˥˧ia˥˧˩ʂuo˥˧˩,tɕʰi˥˧˩tsuei˥˧pa˥˧˩ʂəʎ˧m̩˙˧.黄：你一说，你也说，我也说咧，多少人都在说话咧。七嘴八舌头的。ni˥˧i˥˧˩ʂuo˥˧˧,ni˥˧ie˥˧˩ʂuo˥˧˩,ŋuo˥˧æ˥˧˩ʂuo˥˧lie·˧,tuo˥˧ʂao˥˧˩zəŋʎtou˥˧˩tsæᴇ˥ʂuo˥˧˩xua˥lie˙˧.tɕʰi˥˧˩tsuei˥˧pa˥˧˩ʂəʎtʰou˙˧ti·˧.

戳七弄八

（戳七弄八说不说？）黄：哎说咧么。æᴇ˥˧ʂuo˥˧˩lie·˧muo·˧.（这是什么意思？）黄：挑拨离间咧么也是，戳七弄八，到这儿跟前说这么个，在他那跟前说那么个。啥事情都是他捣下的。tʰiao˥˧puo˥˧˧liʎtɕiæ̃˥˧lie·˧muo·˧ie˥˧˩sʅ˥˩,tʂʰuo˥˧˩tɕʰi˥˧nuoŋ˥pa˥˧˧,tao˥˩tʂər˥kəŋ˥˧tɕʰiæ̃ʎ˩ʂuo˥˧˩tʂə˥muo˙˧kə˥,tsæᴇ˥tʰa˥˧nə˥kəŋ˥˧tɕʰiæ̃ʎ˩ʂuo˥˧˩nə˥˦muo˙˧kə˥.sa˥sʅ˥tɕʰiŋʎ˧tou˥˧˩sʅ˥˩tʰa˥˧tao˥˧xa˥˩ti·˧.（这个叫，这个这个叫什么？）黄：戳七弄八<u>的么</u>。tʂʰuo˥˧˥tɕʰi˥˧˩nuoŋ˥pa˥˧˩tim·˧.王：挑拨离间嘛。tʰiao˥˧˩puo˥˧˩liʎtɕiæ̃˥˧ma·˧.黄：挑拨离间也能行。咬嘴学舌的。tʰiao˥˧puo˥˧˩liʎtɕiæ̃˥˧ie˥˧˩nəŋʎɕiŋʎ˩.niao˥˧˧tsuei˥˧˧ɕyoʎʂəʎti˙˧.

口诀

（那你说打……打算盘里头有些什么说法？）黄：打算盘那有口诀咧。ta˥˧˧suæ̃˥pʰæ̃ʎ˩nei˥iou˥˧˧kʰou˥˧tɕyo˥˧˩lie·˧.（有些什么口诀？）一上一，二上二，三下五……三下五去……一上一，二上二，三上三，这是……这……这就再不能儿……说那四下五去一，五……五下几，这就是，六，七，这都拿口诀要往出来背咧么。i˥˧˩ʂaŋ˥˦i˥˧˧,ər˥ʂaŋ˥ər˥,sæ̃˥˧˩ɕia˥vu˥˧˧……sæ̃˥˧˩ɕia˥vu˥˧˧tɕʰy……i˥˧˩ʂaŋ˥˦i˥˧˩,ər˥˦ʂaŋ˥ər˥,sæ̃˥˧˩ʂaŋ˥sæ̃˥˧,tʂə˥sʅ˥……tʂə˥……tʂə˥tsou˥tsæᴇ˥puʎ˩nə̃rʎ……ʂuo˥˧˩nə˥˩sʅ˥ɕia˥vu˥˧tɕʰy˥˥i˥˧˩,vu˥˧ɕ……vu˥˧ɕia˥tɕi˥˧˧,tʂei˥tɕiou˥sʅ˥˩,lio u˥˩,tɕ^{h}i˥˩,tʂei˧˦˥tou˥˩˨na˧˦˨k^{h}ou˥˧tɕyo˥˩˨iaɔ˧vaŋ˥˩˨tʂ^{h}ʮ˥˩læᴇ˧˦˨pei˧˦˦lie˧muo˧˩.（有什么三打五除二的说法没有？）哎有咧么。三打下五除二。æᴇ˥˧iou˥˧lie˧muo˧˩.sæ̃˥˩˨tia˧˩（←ta˥˧ɕia˧）vu˥˧tʂ^{h}ʮ˧˦˨ər˧.（是三打五除二还是三下五除二？）三下五除二。sæ̃˥˩˨ɕia˧˦˥vu˥˧tʂ^{h}ʮ˧˦˨ər˧.（隔五加……下加六的说法呢？）那成了欸除法了吧？nei˧˦˥tʂ^{h}əŋ˧˦˨lə˧lei˧tʂ^{h}ʮ˧˦˨fa˥˩lə˧pa˧˩?（啊，除法了？）除法里头的口诀。隔五下加六。tʂ^{h}ʮ˧˦˨fa˥˩li˥˩˨t^{h}ou˧ti˧k^{h}ou˥˧tɕyo˥˩˨.kə˥˩˨vu˥˧ɕia˧tɕia˥˩˦liou˥˩.（隔五下加六，说不这……说……这个形不形容这个关系很远叫隔五下加六？）这口是一个……比喻，咱们都不太清楚了。tʂə˧˦˥niæ̃˧˦˨sʅ˧˩˨i˥˩˨kə˧ʂ……pi˥˧y˧˦˥,tʂa˧˦mən˧tou˥˩˦pu˧˦˦t^{h}æᴇ˧tɕ^{h}iŋ˥˧tʂ^{h}ʮ˥˩˨ə˧˩.（就说……）撂过吧，我看都吃饭去了。liaɔ˧kuo˧˦˥pa˧˩,ŋuo˥˩˦k^{h}æ̃˧tou˥˩˦tʂ^{h}ʅ˥˩˨fæ̃˧˦˦tɕ^{h}ie˧˩˨lə˧.

三三、声音

扑通

（一个人，这个，掉到水里头去怎么啦？）黄：扑通[①]。pu˩tʰuoŋ˧˥.（pu˩tuoŋ˧˥还是pʰu˩tʰuoŋ˧˥？）扑通一下。pʰu˥˧tʰuoŋ˩i˥˧˩xa˥.（pʰu˥˧tʰuoŋ˩还是pu˩tuoŋ˧˥？）扑通一声。pʰu˥˧tʰuoŋ˩i˥˧˩ʂəŋ˥˧˩.（石头子儿呢？）石头撂就……石头，大石头撂到水里是一扑通一声。ʂʅ˧˥˩tʰou˦liaɔ˥˩tsou˥……ʂʅ˧˥˩tʰou˦,ta˥ʂʅ˧˥˦tʰou˦liaɔ˥taɔ˥ʂuei˥˧li˥˧˩sʅ˥˩i˥˧˩pu˩tuoŋ˧˥i˥˧˦ʂəŋ˥˧˦.（小石头呢？）小石头就没有声音。哼。ɕiaɔ˥˧ʂʅ˧˥˦tʰou˦tsou˥muo˥˧˦iou˥˧ʂəŋ˥˧˩iŋ˥˧˩.xə̃˥˧.

风的声音

1.（你，你们这个叫什么，这个风吹得嗞，它ʙ̥˩，这么翻的你们有没有什么声音说它？）黄：我们这儿这个风一般就是……带上哨哨的风就是那个，呜，呜，那么个风欸。ŋuo˥˧məŋ˧tʂər˥tʂə˥kə˥fəŋ˥˧i˥˧˦pæ̃˥˧˦tsou˥sʅ˥……tæᴇ˥˦ʂaŋ˥saɔ˥˦saɔ˥˩ti˧fəŋ˥˧˩tɕiou˥sʅ˥nei˥kə˥,vu˦,vu˦,nei˥muo˦kə˥fəŋ˥˧˩ei˧.（风吹纸的声音呢？这，这比如一本书在你……）哗的。xu̥ɑ̥ː˥ti̥˧.

2.（那刮大风的声音你们怎么说呢？）黄：咱们那刮大……我们这儿刮大风一个就是起……风都拉起哨子了，噢。tʂa˧˥məŋ˦nə˥kua˥˧˩ta……ŋuo˥˧məŋ˧tʂər˥kua˥˧˩ta˥˦fəŋ˥˧˩i˥˧˩kə˥tɕiou˥sʅ˥tɕʰi……fəŋ˥˧tou˥˧˩la˥˧˩tɕʰi˥˧saɔ˥˦tsʅ˧lə˧,aɔ˩.王：嗯。ŋ̍˩.（嗯。）黄：那是呜……呜儿呜儿的那种声音。nə˥˩sʅ˥˩vu……vur˧˥vur˧˥ti˦nei˥˩tʂuoŋ˥˧˩ʂəŋ˥˧iŋ˥˧˩.

雷的声音

（闷雷，天上打那个闷雷。）黄：闷雷，咱们我们这儿这那个雷有些有些磨……有些雷都像那个推磨雷，啊。məŋ˥luei˧˥,tsa˧˥məŋ˦ŋuo˥˧məŋ˧tʂər˥tʂə˥nə˥kə˥luei˧˥iou˥˧ɕie˥˧˩iou˥˧ɕie˥˧˩muo……iou˥˧ɕie˥˧˩luei˧˥tou˥˧˦ɕiaŋ˥nə˥kə˥tʰuei˥˧˩muo˥˦luei˧˥˩,a˩.（啊。）王：拉磨雷。la˥˧˩muo˥˦luei˧˥˩.黄：拉磨雷。它一股是那呼喽喽喽喽……就过去了好像。转好大的圈子那个样子。la˥˧˩muo˥˦luei˧˥˩.tʰa˥˧˦i˥˧˩ku˥˧sʅ˥˩nə˥˩xu˥lou˥lou˥lou˥lou˥……tsou˥kuo˥˩tɕʰi˥˩lə˧xaɔ˥˧˩ɕiaŋ˥˩.tʂuæ̃˥˦xaɔ˥˧ta˥ti˦tɕʰyæ̃˥˧tsʅ˧nə˥kə˥iaŋ˥tsʅ˧.（突然来一个大……那种那种雷呢？）王：炸雷。tsa˥luei˧˥˩.黄：咔嚓这一声。kʰɑ̥ʀ˩tsʰɑ̥ʀ˩tʂə˥˩i˥˧˩ʂəŋ˥˧.

蛐蛐的声音

（蛐蛐。听这个蛐蛐，人是怎……你们这儿的人怎么怎么说它叫的？）黄：哎呀，

① 扑通：象声词。形容重物落水等之声。元马致远《青衫泪》第二折：“今日扑通的缾坠井，支楞的琴断弦。”文献中亦作“噗嗵”。丁玲《给孩子们·胜利》：“瞭望台上的五个强盗正要动身，噗通一下都跌在河里去了。”该词在太白方言中发音时送气不太稳定，文献中也有类似的现象，如该词有时会变化为“噗咚”等。冯志《敌后武工队》：“他朝井里投了块砖，‘噗咚’一声，使他感到井水很深。”我们把太白方言中形容重物落水之类声音的象声词都写作“扑通”。

蛐蛐那个声音叫还学不来。是是那个黑蚂蚱么那个，黑的腿腿子，一斗蛐蛐那个，叫蝈蝈子，也叫蛐蛐。æᴇ˥ia˧,tɕʰy˥˩tɕʰy˥˩˧nə˥kə˥ʂəŋ˥˩iŋ˥˩˧tɕiao˥xa˩˧ɕyo˩pu˩˨læᴇ˩˧.sɿ˥sɿ˥˩nə˥xei˥˨ma˥tsa˥˩muo˧nei˥˨kə˥˨,xei˥ti˧tʰuei˥tʰuei˥˨tsɿ˧,i˥˨tou˥tɕʰy˥tɕʰy˥˨nei˥˨kə˥,tɕiao˥kuei˥kuei˥˨tsɿ˧,ie˥˩tɕiao˥tɕʰy˥tɕʰy˥˨.王：嗯，蛐蛐。那叫开来嘛欸，呲啦啦啦啦那么个声音。ə̃˥,tɕʰy˥tɕʰy˥˨.nə˥tɕiao˥kʰæᴇ˥˨læᴇ˩˧ma˧ei˥,tsʰɿ˨la˨la˨la˨la˨nə˥˩muo˧kə˥ʂəŋ˥˨iŋ˥˨.黄：嗯。ŋ̍˨.（就是嗞，它在灶上这个，ʙẙ˨ʙẙ˨，这样叫的。）黄：啊，就是的。ŋa˨,tɕiou˥˩sɿ˥˨ti˧.王：嗯。ə̃˨.

蝗虫的声音

（蝗虫？）黄：蝗虫一叫下就是呲啦啦啦啦啦那么声音啊。那蚂蚱哟。大那绿蚂蚱不些的。xuaŋ˩tʂʰuoŋ˩˧i˥˨tɕiao˥˩xa˥tɕiou˥sɿ˥tsʰɿ˨la˨la˨la˨la˨la˨nə˥muo˧ʂəŋ˥iŋ˥a˧.nə˥ma˥tsa˥˨m̩˧.ta˥næᴇ˥liou˥˨ma˥tsa˥˨pu˩˨ɕi˥˨ti˧.王：碎的是嚓儿嚓儿。suei˥ti˧sɿ˥tsʰar˥tsʰar˥.黄：噢，嚓儿嚓儿的那个声音。ao˨,tsʰar˥tsʰar˥ti˧nei˥kə˥ʂəŋ˥iŋ˥˨.（还有这个……）王：还有一种在树上叫唤了。咂咂咂咂了么。那个蝗虫。xæᴇ˩˨iou˥i˥˩tʂuoŋ˥˩tsæᴇ˥ʂʮ˥˩ʂaŋ˥˨tɕiao˥xuæ̃˥lə˧.tsa˩tsa˨tsa˥tsa˥lə˥muo˧.nei˥kə˥xuaŋ˩˨tʂʰuoŋ˩˨.黄：嗯。ŋ̍˨.

蛇的声音

（蛇，怎么……怎么……很快地走了呢？你……你……你们怎么叫……说这种声音？）王：蛇走路没声音。ʂə˩tsou˥˩lou˥˩muo˥˩ʂəŋ˥iŋ˥˨.黄：蛇走路没声音。ʂə˩tsou˥˩lou˥˩muo˥˩ʂəŋ˥iŋ˥˨.（不是，在草里面。）黄：嗖，草上飞，蛇在草上就像飞咧样的。嗖，一下就就……就基本上你都看不着了跟你说。so̤u̥˥,tsʰao˥ʂaŋ˥˩fei˥,ʂə˩tsæᴇ˥tsʰao˥ʂaŋ˥tɕiou˥ɕiaŋ˥fei˥lie˧liaŋ˥ti˧.sou˥,i˥˨xa˥tsou˥tɕiou˥……tɕiou˥tɕi˥˨pəŋ˥ʂaŋ˥ni˥˩tou˥˩kʰæ̃˥pu˩tʂʰuo˩lə˧kəŋ˥˩ni˥˨ʂuo˥˨.

斑鸠的声音

（斑鸠啊怎么叫？）黄：斑鸠是这个……斑鸠，斑鸠咋叫咧？可不是，不是姑姑等么？pæ̃˥tɕiou˥˩sɿ˥tʂə˥kə˥……pæ̃˥tɕiou˥˩,pæ̃˥tɕiou˥˩tsa˥˩tɕiao˥lie˧?kʰə˥˨pu˩sɿ˥,pu˩˨sɿ˥˩ku˥˩ku˥˩təŋ˥muo˧?王：不是姑姑等。pu˩sɿ˥˩ku˥˨ku˥˨təŋ˥.黄：斑鸠是这个……pæ̃˥tɕiou˥˩sɿ˥tʂə˥kə˥……王：斑鸠一直咋不听见叫唤？咱们这儿有的……pæ̃˥tɕiou˥˨i˥˨tʂʅ˩tsa˥˩pu˩tʰiŋ˥˨tɕiæ̃˥tɕiao˥xuæ̃˥˨?tsa˩məŋ˥tʂər˥iou˥ti˧……黄：啾，咕咕咕咕咕咕咕。咕咕咧。斑鸠一工儿咕咕，像鸽子样的。咕咕咕咕咕咕咕。ou˥,ku˥ku˥ku˥ku˥ku˥ku˥ku˥.ku˥ku˨lie˧.pæ̃˥tɕiou˥˨i˥˨kuõr˥˩ku˥ku˥,ɕiaŋ˥kə˥tsɿ˧liaŋ˥˨ti˧.ku˥ku˥ku˥ku˥ku˥ku˥ku˥.

呱蛋

（母鸡下蛋后的那种叫声呢？）王：那就是呱蛋呱蛋。nei˥tɕiou˥sɿ˥kua˨tæ̃˥˩kua˨tæ̃˥˨.黄：呱呱蛋么。呱呱呱呱蛋，我下了个蛋姆就是。kua˨kua˨tæ̃˥muo˧.kua˥kua˥kua˥kua˥tæ̃˥,ŋuo˥ɕia˥˩lə˧kə˥˨tæ̃˥m̩˧tsou˥sɿ˥.（叫什么？）黄：我下了个蛋姆，呱呱呱呱呱蛋，我下了个蛋姆。你吼觉得说着咧。哼。哼哼。ŋuo˥ɕia˥lə˧kə˥˨tæ̃˥m̩˧,kua˩kua˥kua˥kua˥kua˨tæ̃˥,ŋuo˥ɕia˥lə˧kə˥˨tæ̃˥m̩˧.ni˥˨xou˥tɕye˥˨tə˧ʂuo˥tʂə˧lie˧.xŋ̍˨.xə̃˥xə̃˥.王：哼哼。xə̃˥xə̃˨.黄：你不相信你来看姆。ni˥pu˩˨ɕiaŋ˥˨ɕiŋ˥ni˥læᴇ˩˨kʰæ̃˥m̩˥.

飞机的声音

（飞机呢？）黄：飞机那就是这个呜。飞机那声音多了。那你看是啥种飞机去咧。fei˥˩tɕi˥nə˥˨tɕiou˥˨sɿ˥˨tʂə˥˨kə˥˨vuː˩.fei˥˩tɕi˥nei˥ʂəŋ˥iŋ˥˨tuo˥lə˧.nei˥ni˥˩kʰæ̃˥sɿ˥sa˥˩tʂuoŋ˥˨fei˥˩tɕi˥tɕʰi˥˨lie˧.（直升飞机呢？）直升飞机、战斗机、轰炸机、民航机，它声音都不一

样。tʂʅ˧˥ʂəŋ˥˩fei˥˧tɕi˥˧,tʂæ̃˥tou˥tɕi˥˩,xuoŋ˥˩˧tsa˥tɕi˥˩˧,miŋ˧˥xaŋ˧˥tɕi˥˩,tʰa˥˩˧ʂəŋ˥˩iŋ˥˩˧tou˥˧pu˧˥˩i˥˩˧iaŋ˥˧.（呃，那你一般平常上怎么……）嗨呀，那都……那你现在那个……在十……在二十年前你叫我给你说，我都能说上来，学也能学上来咧。后来……xæᴇ˥˩ia˧,nei˥˦˥tou˥˩˧……nei˥ni˥˧ɕiæ̃˥tsæᴇ˥˧˦nə˥˦˥kə……tsæᴇ˥ʂʅ˧˥……tsæᴇ˥ər˥ʂʅ˧˥niæ̃˧˥tɕʰiæ̃˧˥ni˥˧tɕiao˥ŋuo˥˩kei˥ni˥˧ʂuo˥˩,ŋuo˥˧tou˥˩˥nəŋ˧˥˧ʂuo˥˩˧ʂaŋ˥læᴇ˧˥˧,ɕyo˧˥a˥˩˧nəŋ˧˥ɕyo˧˥ʂaŋ˥˧læᴇ˧˥lie˦.xou˥læᴇ˧˥˧……（现在学不来了？）现在把那都忘的光光的咧噢。那会儿在部队那要给口要讲课就专门儿讲这个，辨别这个各种机的这个声音。ɕiæ̃˥tsæᴇ˥pa˥˩˧nei˥tou˥˩˧vaŋ˥˦ti˧kuaŋ˥˩kuaŋ˥˩˧ti˦liao˧.nə˥xuər˥tsæᴇ˥pʰu˥tuei˥nei˥iao˥kei˥˧niæ̃˧˥˩iao˥tɕiaŋ˥˩kʰuo˥˦tɕiou˥tʂuæ̃˥˩˧mə̃r˧˥tɕiaŋ˥˩tʂei˥˧kə˥˧,piæ̃˥pie˧˥˧tʂə˥kə˥kə˥˩˧tʂuoŋ˥˧tɕi˥˩ti˧tʂə˥˧kə˥˧ʂəŋ˥˩iŋ˥˩˧.

笑声

（这个一般的老汉呐，中年的男子啊，他是怎么笑的呢？）黄：叫？tɕiao˥˦?（哈，笑！笑的声音。）笑这个声音咋说咧？ɕiao˥tʂə˥kə˥ʂəŋ˥˩iŋ˥˩˧tsa˥˩˧ʂuo˥˩˧lie˧?（是哈哈哈还是什么？）这个呃中年男子和老年男子这个都不分。有这个笑的是这个……笑那分多少？有的是这个皮笑肉不笑，有的是这个哈哈大笑。tʂə˥kə˥ə˧tʂuoŋ˥˩niæ̃˧˥˩næ̃˧˥˩tsʅ˦xuo˧˥˩la˥˩niæ̃˧˥˩næ̃˧˥˩tsʅ˦tʂə˥˧kə˥˦˥tou˥˩˧pu˧˥˩fəŋ˥˩.iou˥˩tʂə˥kə˥ɕiao˥ti˦sʅ˥tʂə˥kə˥……ɕiao˥nə˥˧fəŋ˥˩tuo˥˩˧ʂao˥˩?iou˥˩ti˦sʅ˥tʂə˥kə˥pʰi˧˥ɕiao˥ʐou˥pu˧˥˩ɕiao˥˧,iou˥˩ti˦sʅ˥tʂə˥kə˥xa˥˩xa˥˩˧ta˥ɕiao˥.（女同志可不可以哈哈大笑？）女同志一般情况下不会哈哈大笑。ny˥˩tʰuoŋ˧˥˩tsʅ˥i˥˦pæ̃˥˩tɕʰiŋ˧˥˩kʰuaŋ˥ɕia˥pu˧˥˩xuei˥xa˥˩xa˥˩˧ta˥ɕiao˥.（那叫怎么笑呢？）她欸……她都是这个欸小声的笑，或者是不张嘴的笑咧一般。tʰa˥˩ei˧˩……tʰa˥˩tou˥˩˥sʅ˥tʂə˥kə˥ei˥ɕiao˥˩ʂəŋ˥˩˧ti˧ɕiao˥,xuei˧˥˧tʂə˥˧sʅ˥pu˧˥˩tʂaŋ˥˩˧tsuei˥˩ti˧ɕiao˥˧lie˧i˥˩˧pæ̃˥˩.（那你们说她这种笑叫什么？嘿嘿笑还是呵呵笑？）她一般都是呵呵笑。tʰa˥˧i˥˧pæ̃˥˩tou˥˩˧sʅ˥˧xə˥˩xə˥˧ɕiao˥˧.（有说嘿嘿笑的这种……）也嘿嘿笑咧。ia˥˩˧xei˥˩xei˥˩˧ɕiao˥lie˧.（嘿嘿笑……）男的一般都是哈哈大笑嘛。næ̃˧˥˩ti˦i˥˦pæ̃˥˩tou˥˩˧sʅ˥˧xa˥˩xa˥˧ta˥ɕiao˥ma˧.（女同志呢？）女同志的话，那就是这个就是嘿嘿一笑。ny˥˩tʰuoŋ˧˥˩tsʅ˥ti˦xua˥,nei˥tɕiou˥sʅ˥tʂə˥˧kə˥˧tɕiou˥˧sʅ˥˧xei˥˩xei˥˩˧i˥˩˧ɕiao˥˧.（小孩儿可不可以哈哈笑？）小孩儿可以哈哈笑。小孩儿那一般就说是呱儿呱儿的都笑开来了。ɕiao˥˩xər˧˥kʰə˥˩˧i˥˩˧xa˥˩xa˥˩˧ɕiao˥˧.ɕiao˥˩xər˧˥nə˥i˥˩˧pæ̃˥˩tɕiou˥ʂuo˥˩˧sʅ˥kuar˥˩kuar˥˩ti˧tou˥˩˧ɕiao˥kʰæᴇ˥˧læᴇ˧˥˩lə˦.（有没有咱咱笑的说法？）没有。mei˧˥˩iou˥˧.（xæ˥xæ˥笑的呢？）有咧。这有咧，有这种笑法咧。iou˥˩lie˧.tʂə˥˦˥iou˥˩lie˧,iou˥˩tʂei˥tʂuoŋ˥˧ɕiao˥fa˥˩˧lie˧.（这是叫什么……这是什么人笑呢？）这好像就是娃娃一类的这种，这个笑。tʂə˥xao˥˧ɕiaŋ˥tɕiou˥sʅ˥va˧˥˩va˧˥˩i˥˩˧luei˥ti˦tʂei˥˦˥tʂuoŋ˥˩˧,tʂei˥˦˥kə˥˧ɕiao˥˧.

小便的声音

（小便的声音呢？有人学过没有？）黄：小便咋说？你们婆娘咋尿尿咧？ɕiao˥˩piæ̃˥tsa˥˩ʂuo˥˩˧?ni˥˩məŋ˧pʰuo˧˥˩niaŋ˧˥˧tsa˥˧niao˥niao˥lie˧?（不，男同志呢？就男同志。）王：那你天天尿咧，你不晓咋尿了？nei˥˦˥ni˥˩tʰiæ̃˥˩˧niao˥lie˦,ni˥˩˧pu˧˥˩ɕiao˥˧tsa˥˩niao˥lə˧?黄：男同志那是哗哗的尿了。næ̃˧˥tʰuoŋ˧˥˧tsʅ˥nə˥sʅ˥xua˥˩xua˥˩ti˧niao˥lə˦.（哗哗的。有没有tsu˥˩tsu˥˩的或ts^hu˥˩ts^hu˥˩的这种声音？）黄：那没有的。婆娘尿嘎子是这个唰一下后。nə˥˦˥mei˧˥˩iou˥˩˧ti˦.pʰuo˧˥˩niaŋ˧˥niao˥ka˦tsʅ˦sʅ˥tʂə˥kə˥ʂua˥˩i˥˩˧xa˥xou˥.

把尿的声音

（这个要……要把尿呢？）黄：嗯嗯。ə̃˧˩-ə̃˥.王：把尿我们没啥说法。pa˥˧sʅ˥˩ŋuo˥˩˧

məŋ˦mei˩˧sa˥ʂuo˥˩fa˥˩˨.黄：把尿那是哄娃娃了，那个是叫挣[①]咧么。讲他嗯嗯咧嘛。吃力咧嘛。pa˥˩sɿ˥˧nə˥sɿ˥xuoŋ˥˧va˩˨va˩˨lə˦,nə˥kə˥sɿ˥tɕiao˥tsəŋ˥˦lie˦muo˦.tɕiaŋ˥˩˨tʰa˥˩ə̃˨-ə̃˥˧lie˦ma˦.tʂʰʅ˥˩li˥˧lie˦ma˦.

敲烂菜刀

（像你们这个乡政府那食……食堂敲的那个钟怎么响呢？你们说怎么响的？）黄：我们哪有钟了？我们拿那个烂菜刀敲咧。ŋuo˥˧məŋ˦na˥˧iou˥˩˨tʂuoŋ˥˧lə˦?ŋuo˥˧məŋ˦na˩˧nə˥kə˥læ̃˥tsʰæᴇ˥tao˥˩˨tɕʰiao˥˧lie˦.（那叫什么呢？）哼哼哼。她那就乱打咧。哼哼哼。xə̃˥˧xə̃˥xə̃˨.tʰa˥˩nə˥˦tsou˥˩luæ̃˥ta˥˧lie˦.xə̃˥˧xə̃˨xə̃˨.（那没有什么声音的？）没有个啥声音。就是个铁击……金属击打的个声音。mei˩˦iou˥˩ka˥sa˥˩ʂəŋ˥˧iŋ˥˩˨.tsou˥sɿ˥kə˥tʰie˥˩tɕi˥˧……tɕiŋ˥˩ʂʮ˥tɕi˥˩ta˥˧ti˦kə˥ʂəŋ˥˧iŋ˥˩.

砂轮与铁器摩擦的声音

（这个砂轮磨那个铁器是……）黄：呲。tsʰ:ɿ̊˥ > ˨.（cī还是cì？）呲。tsʰɿ˥˩.（怎么念的？）呲。那个声音。tsʰ:ɿ̊˥ > ˨.nə˥kə˥ʂəŋ˥˧iŋ˥˩.（这个火，烙铁烧红了。放在肉上……）呲。tsʰ:ɿ̊˥ > ˨.（也是呲？）嗯。ə̃˨.（跟那个，跟那个呲一样吗？）那个声音就难，那个那磨……磨铁的那个声音更难听么，声音大么。这个声音小一点么。nə˥kə˥ʂəŋ˥˧iŋ˥˦tsou˥næ̃˩˧,nə˥kə˥˦nə˥muo……muo˩˧tʰie˥˧ti˦nə˥kə˥ʂəŋ˥˧iŋ˥˩kəŋ˥næ̃˩˧tʰiŋ˥˧muo˦,ʂəŋ˥˧iŋ˥˩ta˥muo˦.tʂə˥˩kə˥ʂəŋ˥˧iŋ˥˩ɕiao˥˧i˥˧tiæ̃˥˩muo˦.（你，有没有从声音上分……区别它的？）这个欸那……烙铁放得肉上，它有嗞嗞声音咧么，嗞。它有炼的那个声音咧么。tʂə˥kə˥ei˥nə……luo˥˧tʰie˥˩faŋ˥tə˦ʐou˥˦ʂaŋ˥˩,tʰa˥˩iou˥˩tsɿ˥˧tsɿ˨ʂəŋ˥˧iŋ˥˩lie˦muo˦,tsɿ:˨-˥.tʰa˥˩iou˥˩liæ̃˥˦ti˦nə˥kə˥ʂəŋ˥˧iŋ˥˩lie˦muo˦.（嗯。）这家伙，光是你要是光听着那个砂轮儿打的话是，呲儿，那个声音，尖的……尖的声音，大尖么。tʂə˥˦tɕia˥˦xuo˥˦,kuaŋ˥˩sɿ˥˩ni˥˧iao˥sɿ˥kuaŋ˥˦tʰiŋ˥˧tʂə˦nə˥kə˥sa˥˩luə̃r˩˧ta˥˦ti˦xua˥sɿ˥,tsʰəʀ:˥,nə˥kə˥ʂəŋ˥˧iŋ˥˩,tɕiæ̃˥˧ti˦……tɕiæ̃˥˧ti˦ʂəŋ˥˧iŋ˥˩,ta˥tɕiæ̃˥˧muo˦.

电锯的声音

（那电锯子锯板子呢？）黄：呃。呜，呃，那还不是的。电锯的声音兀都难听么都是些。ŋə˥˧.vu:˩˧-˥,ə˥,nə˥˦xa˩˨pu˩˨sɿ˥ti˦.tiæ̃˥tɕy˥ti˦ʂəŋ˥˧iŋ˥˩vei˥tou˥˦næ̃˩˧tʰiŋ˥˧muo˦tou˥˩sɿ˥˩ɕie˥˩.（有没有什么不……咕咕咕，还是呜？）那是这个手……油锯是这个……拿油锯锯的话，那是柴油……汽油油锯那号，□，□，□的。nei˥sɿ˥˩tʂə˥˩kə˥˩ʂou˥˧……iou˩˧tɕy˥sɿ˥tʂə˥kə˥……na˩˧iou˩˧tɕy˥tɕy˥tə˦xua˥,na˥sɿ˥tsʰæᴇ˩˧iou˩˧……tɕʰi˥iou˩˧iou˩˧tɕy˥na˥˩xao˥˩,tʮ˩˧-˥˧-˨,ʮ˩˧-˨,ʮ˩˧-˨ti˦.

铲锅伐锯驴叫唤

黄：那我们现在就说是这个，最难听的欸几种声音么那□都……民间有几……最难听的几种声音么就是这个铲锅、伐锯、驴叫唤，这就是最难听的。nə˥ŋuo˥˧məŋ˦ɕiæ̃˥ts æᴇ˥tɕiou˥˩ʂuo˥˩sɿ˥˩tʂə˥˩kə˥˩,tsuei˥næ̃˩˧tʰiŋ˥˧ti˦ei˥tɕi˥˦tʂuoŋ˥˦ʂəŋ˥˧iŋ˥˩muo˦næᴇ˥niæ̃˩˨tou˥˩……miŋ˩˧tɕiæ̃˥˩iou˥˦tɕi˥˦ti……tsuei˥næ̃˩˧tʰiŋ˥˧ti˦tɕi˥˦tʂuoŋ˥˦ʂəŋ˥˧iŋ˥˩muo˦tɕiou˥˩sɿ˥˩tʂə˥kə˥tsʰæ̃˥˦kuo˥˩,fa˩˧tɕy˥,y˩˧tɕiao˥xuæ̃˥,tʂei˥tɕiou˥˩sɿ˥˩tsuei˥˦næ̃˩˧tʰiŋ˥˧ti˦.（这几种声音是怎么……老百姓是怎么……怎么说它的呢？铲……铲锅的声音……）反正就是声音难听得很。铲锅，你拿个铲子在那个铁锅里头儿啥，狠劲铲，这个声音不好听么。伐锯。伐锯你知道吗？fæ̃˥˩tʂəŋ˥tso

① 挣：奋力、使劲（挤出）的意思。《醒世恒言·李玉英狱中讼冤》："焦氏挣下几点眼泪，说道：'苗全回来，说你有不好的消息。日夜想念。'"《字彙》侧进切。"挣"字此音义当来源于《集韵》侧进切、义为"竞也"的"争"。

u˧sɿ˥ʂəŋ˥iŋ˥˩næ̃˨˦tʰiŋ˥tei˥˩xəŋ˥˩.tsʰæ̃˥˦kuo˥,ni˥˦na˨˩kə˥tsʰæ̃˥tsɿ˧tsæᴇ˥nə˥kə˥tʰie˥˦kuo˥li˥˩tʰour˨˦sa˥˩,xəŋ˥tɕiŋ˥tsʰæ̃˥,tʂə˥kə˥ʂəŋ˥iŋ˥˩pu˨˩xao˥˦tʰiŋ˥muo˧.fa˨˦tɕy˥.fa˨˦tɕy˥ni˥˦tʂɿ˥tao˥ma˧?（嗯。）那个锯齿子拿那个齿“呲儿—呲儿”，这往过那，这个难听。再一个就是这个欸那个……那个毛驴子叫唤那声音不好听那个。这就是最难听的三种声音：铲锅伐锯驴叫唤哞。nə˥kə˥tɕy˥tsʰɿ˥tsɿ˧na˨˦nə˥kə˥tsʰɿ˥˦tsʰər˥—tsʰər˥,tʂə˥vaŋ˥˩kuo˥nə˥˩,tʂə˥˧kə˥˧næ̃˨˦tʰiŋ˥.tsæᴇ˥i˥˦kə˥tɕiou˥sɿ˥tʂə˥kə˥ei˩nə˥kə˥……nə˥kə˥mao˨˦ly˨˦tsɿ˧tɕiao˥xuæ̃˥˩nə˥˩ʂəŋ˥iŋ˥˩pu˨˦xao˥tʰiŋ˥˩nei˥˩kə˥.tʂei˥tɕiou˥sɿ˥tsuei˥næ̃˨˦tʰiŋ˥ti˧sæ̃˥˩tʂuoŋ˥˦ʂəŋ˥iŋ˥˩:tsʰæ̃˥kuo˥˩fa˨˩tɕy˥y˨˩tɕiao˥xuæ̃˥˧m̩˧.

打锣鼓那个点子

（打鼓呢？）黄：咚咚咚。tuoŋ˥tuoŋ˥tuoŋ˥.（敲锣呢？）咣咣咣。kuaŋ˥kuaŋ˥kuaŋ˥.（一般的锣，不是那种大锣。）嗯。大锣打的是嗡，嗡——嗡。ŋ̍˩.ta˥luo˨˦ta˥ti˧sɿ˥vəŋ˥-˩,vəŋ˥——vəŋ˩.（叫咣咣咣的。）噢，那是手锣是当儿当儿当儿。ao˩,nei˥sɿ˥ʂou˥luo˨˦sɿ˥˩tãr˦tãr˦tãr˦.（呃，手锣叫当当当？）呃，嗯。ə˩,ə̃˩.（这个是用槌子打鼓啦。）嗯。ŋ̍˩.（还用手掌打鼓的呢？）砰砰砰。pʰə˩pʰə˥pʰə˥.（pʰə˥pʰəŋ˥pʰə˥还是砰砰砰？）砰，砰，砰砰。就是这么个声音。pʰəŋ˩,pʰəŋ˥,pʰəŋ˩pʰəŋ˥.tɕiou˥˩sɿ˥˩tʂə˥muo˧kə˥ʂəŋ˥˩iŋ˥˩.（就是……你们一般说那个锣鼓经啊，不是有……有的念那个，打……打锣要念那个锣鼓经，咚起——咚起，你……你们是叫咚还是叫砰还是叫什么东西？）咚咚嚓嚓嚓，咚咚嚓嚓嚓。tuoŋ˥tuoŋ˥tsʰa˩tsʰa˩tsʰa˩,tuoŋ˥tuoŋ˥tsʰa˩tsʰa˩tsʰa˩.（嚓嚓嚓是什么东西？）镲镲就是这个铰子么。咚嚓咚嚓咚咚嚓，当儿。这如果是你像打这个，我们有个鼓打的，拿手锣儿打的话……tsʰa˥tsʰa˥˩tɕiou˥sɿ˥tʂə˥kə˥tɕiao˥tsɿm˧.tuoŋ˥tsʰa˩tuoŋ˥tsʰa˩tuoŋ˥tuoŋ˥tsʰa˩,tãr˦.tʂə˥ʐʮ˨˩kuo˥sɿ˥ni˥ɕiaŋ˥ta˥tʂə˥kə˥,ŋuo˥məŋ˧iou˥kə˥ku˥ta˥ti˧,na˨˦ʂou˥luor˨˦ta˥ti˧xua˥˩……（你是打……打一个……）打锣儿的话，我看那是……ta˥luor˨˦ti˧xua˥,ŋuo˥˦kʰæ̃˥nə˥sɿ˥……（打一段儿试试看！）当儿当儿，恰恰恰，当儿当儿，恰恰恰，当恰当恰当当恰，当儿当儿，恰恰恰。tãr˦tãr˦,tɕʰia˩tɕʰia˩tɕʰia˩,tãr˦tãr˦,tɕʰia˩tɕʰia˩tɕʰia˩,taŋ˦tɕʰia˩taŋ˦tɕʰia˩taŋ˦taŋ˦tɕʰia˩,tãr˦tãr˦,tɕʰia˩tɕʰia˩tɕʰia˩.（恰恰是什么东西？）恰恰恰就说是你，他是拿这个锣……tɕʰia˥tɕʰia˥tɕʰia˥tɕiou˥˩ʂuo˥˩sɿ˥˩ni˥˦,tʰa˥sɿ˥na˨˦tʂə˥kə˥luo˨……（嗯？）你拿那个锣把这个说是，“当”，那是“当儿”一下，恰恰恰。这个你这个拍恰恰这个人么就叫这嚓嚓嚓，嚓嚓嚓。当儿当儿，恰恰恰。他就……边打咧啊。ni˥˩na˨˦nə˥kə˥luo˨pa˥˩tʂə˥˩kə˥˩ʂuo˥˩sɿ˥,tã˥（←taŋ˥）,nə˥sɿ˥tãr˦i˥xa˥˩,tɕʰia˩tɕʰia˩tɕʰia˩.tʂə˥kə˥ni˥tʂə˥kə˥pʰei˥˦tɕʰia˥tɕʰia˥˩tʂə˥kə˥zəŋ˨˦muo˧tsou˥tɕiao˥tʂə˥tsʰa˥tsʰa˥tsʰa˥,tsʰa˥tsʰa˥tsʰa˩. tãr˦tãr˦,tɕʰia˩tɕʰia˩tɕʰia˩.tʰa˥˩tɕiou˥˩ts……piæ̃˥˦ta˥lia˧.（恰恰也就是镲镲？）噢，镲镲么啊。当嚓当嚓当当嚓。当儿当儿，嚓嚓嚓。当儿当儿，嚓嚓嚓。这就是打那个锣鼓那个点子。ao˩,tsʰa˥tsʰa˥˩muo˧a˧.taŋ˦tsʰa˩taŋ˦tsʰa˩taŋ˦taŋ˦tsʰa˩.tãr˦tãr˦,tsʰa˩tsʰa˩tsʰa˩.tãr˦tãr˦,tsʰa˩tsʰa˩tsʰa˩.tʂei˥tɕiou˥sɿ˥ta˥nə˥˩kə˥˩luo˨˩ku˥nə˥kə˥tiæ̃˥tsɿ˧.

吃面条儿的声音

（有的吃那个面，这叫什么声音？）王：吸的哞。ɕi˥ti˧m̩˧.黄：吸的响咧么。ɕi˥ti˧ɕiaŋ˥liem˧.王：吸的……吸的……ɕi˥ti˧……ɕi˥ti˧……黄：吸的嗞儿嗞儿的。ɕi˥ti˧tsər˥tsər˥ti˧.（就吃那个面？）黄：啊。ã˩.王：嗯。ŋ̍˥.黄：啊，就吃那面咧。一吸嗞儿一下，一吸嗞儿一下。a˩,tɕiou˥˧tʂʰʅ˥˩nə˥miæ̃˥˩lie˧.i˥˩ɕi˥˦tsər˥i˥˩xa˥,i˥˩ɕi˥˦tsər˥i˥˩xa˥˩.（还有的吃起那……[做大口吃面条儿的动作]）王：啊。ã˩.黄：就是的，嗯。tɕiou˥sɿ˥ti˧,ə̃˥.（那也叫嗞儿嗞儿的吗？）王：那叫吸溜叫吸溜的。nei˥tɕiao˥ɕi˥liou˧tɕiao˥ɕi˥liou˧ti˧.（这个嗞

儿说的就是吸面？）黄：啊，吸咧。ɑ˨˩,ɕi˥˧lie˧.

唤狗的声音

（叫狗呢？）黄：叫狗一直是叫kour˥˧-˥。再么就打哨哨就来了。tɕiɑɔ˥kou˥˧i˥˧˥tʂʅ˨˦sʅ˥tɕiɑɔ˥kour˥˧-˥.tsæᴇ˥muo˧tɕiou˥tɑ˥˧sɑɔ˥˧sɑɔ˥˨tɕiou˥læᴇ˨˦˩lə˧.（怎么打哨哨？）黄：[吹口哨]这么样它就来了。tʂə˥˧muo˧iɑŋ˥˨tʰɑ˥˧˥tɕiou˥læᴇ˨˦˩lə˧.（很远很远的，你是一般是打哨哨还是……）黄：一……一声哨子就打来了。i˥˧˥……i˥˧˦ʂəŋ˥˧˥sɑɔ˥tsʅ˧tɕiou˥tɑ˥˧læᴇ˨˦˩lə˧.（在近处的呢？）黄：近处一般你看是做啥咧。一般是一般是那个不做啥的话，那你叫的话，可以就是叫kour˥kour˥，这个狗就来了。如果是你打猎的话，那你就不能这么个叫了。tɕiŋ˥tʂʰʮ˥i˥˧˦pæ̃˥˧˨ni˥˧kʰæ̃˥sʅ˥˨tsʮ˥˧sɑ˥˨lie˧.i˥˧˥pæ̃˥˧˥sʅ˥i˥˧˦pæ̃˥˧sʅ˥nə˥kə˥pu˨˦˩tsʮ˥˧sɑ˥ti˧xuɑ˥˨,nei˥ni˥˧˥tɕiɑɔ˥ti˧xuɑ˥˨,kʰə˥˧i˥˧˨tɕiou˥˨sʅ˥˨tɕiɑɔ˥kour˥kour˥,tʂə˥kə˥kou˥˧tɕiou˥læᴇ˨˦˩lə˧.zʮ˨˦˩kuo˥˧˥sʅ˥ni˥˧˥tɑ˥˧˥lie˥˧tə˧xuɑ˥,næᴇ˥ni˥˧˥tsou˥pu˨˦˩nəŋ˨˦tʂə˥muo˧kə˥tɕiɑɔ˥˧˦lə˧.（你是怎么叫呢？）黄：一领出去打猎的话，那你一叫的话，一惊动，那就跑光了。i˥˧˨liŋ˥˧tʂʰʮ˥˧˥tɕʰy˥tɑ˥˧˥lie˥˧tə˧xuɑ˥˨,næᴇ˥ni˥˧˥i˥˧˨tɕiɑɔ˥tə˧xuɑ˥˨,i˥˧˦tɕiŋ˥˧tuoŋ˥˨,nə˥tsou˥pʰɑɔ˥˧kuɑŋ˥˧˨lə˧.（嗯。）黄：你一打哨哨它就来了。ni˥˧i˥˧˨tɑ˥˧˥sɑɔ˥sɑɔ˥˨tʰɑ˥˧˨tɕiou˥˦læᴇ˨˦˩lə˧.（是吧？）黄：嗯。ə̃˨˩.（有没……有没有就ts'ʮ̥˨˩ts'ʮ̥˨˩ts'ʮ̥˨˩ts'ʮ̥˥˧，这么过来的？）黄：也叫咧。ie˥˧tɕiɑɔ˥lie˧.（这是在什么地方？）王：那还是在跟前。nə˥˨xæᴇ˨˦sʅ˥tsæᴇ˥kəŋ˥˧tɕʰiæ̃˨˦˩.黄：啊，那在跟跟前咧。ɑ˨˩,nə˥tsæᴇ˥kəŋ˥˧kəŋ˥˧˨tɕʰiæ̃˨˦lie˧.（在跟跟前？）黄：啊，很近那，ts'ʮ̥˨˩ts'ʮ̥˥˧ts'ʮ̥˨˩ts'ʮ̥˨˩ts'ʮ̥˥˧。这样望来叫咧。你像远咧，特别是打猎出去，那根本不能说话那完咧可。ɑ˨˩,xəŋ˥˧tɕiŋ˥˧˦næᴇ˥,ts'ʮ̥˨˩ts'ʮ̥˥˧ts'ʮ̥˨˩ts'ʮ̥˨˩ts'ʮ̥˥˧.tʂə˥˦iɑŋ˥vɑŋ˥læᴇ˨˦tɕiɑɔ˥lie˥.ni˥˧ɕiɑŋ˥yæ̃˥˧lie˧,tʰei˨˦˩pʰie˨˦sʅ˥tɑ˥˧lie˥˧˨tʂʰʮ˥tɕʰi˥˨,nə˥kəŋ˥˧˨pəŋ˥˧pu˨˦˩nəŋ˨˦ʂuo˥˧˨xuɑ˥næᴇ˥væ̃˨˦lie˧kʰə˥˧˨.

驱赶狗鸡的声音

（那要是把它[意指狗]赶走呢？）黄：去。tɕʰẙ˥.（叫什么？）黄：去。tɕʰyə˥.（猪啊羊啊你们一般怎么赶呢？）黄：那都是都是……nə˥tou˥˧˦sʅ˥˦tou˥˧˥sʅ˥˧˦……王：他那是ʂʮ˥˧-ʂʮ˨˩。嗾。tʰɑ˥˧˥nə˥sʅ˥ʂʮ˥˧-ʂʮ˨˩.ʂou˥˧.黄：嗾。狗也……狗也叫咬的话……这个欸咬东西的话，嗾，嗾。ʂou˥˧.kou˥˧ie˥˧˥tɕi……kou˥˧ie˥˧˥tɕiɑɔ˥niɑɔ˥˧ti˧xuɑ˥s……tʂə˥˨kə˥˨ei˨niɑɔ˥˧˥tuoŋ˥˧ɕi˧ti˧xuɑ˥˨,ʂou˥˧, ʂou˥˧.（那我……我赶鸡呢？）黄：ʂʅ̥˨˩ʂʅ̥˥。ʂʅ̥˨˩ʂʅ̥˥.（没有叫xo˥˧ʂʅ̥˨˩xo˥˧ʂʅ̥˥的吗？）王：没有。mei˨˦iou˥˧˨.黄：不。我们这儿人不xɑɔ˥˧ʂʅ̥˨˩。pu˨˦.ŋuo˥˧məŋ˧tʂər˥zəŋ˨˦pu˨˦˩xɑɔ˥˧ʂʅ̥˨˩.（就是ʂʅ̥˨˩，就是怎么？）黄：ʂʅ̥˨˩，嗯。ʂʅ̥˨˩,ə̃˨˩.（他叫……）王：vu˨˦ʂʅ̥˨˩。vu˨˦ʂʅ̥˨˩.王&黄：vu˥ʂʅ̥˥。vu˥ʂʅ̥˥.（呜ʂʅ̥˨˩？）黄：vu˥ʂʅ̥˨˩，嗯。vu˥ʂʅ̥˨˩,ə̃˥˧.

呼唤鸽子的声音

（养过鸽子没有？）黄：哎呀，鸽子养过。æᴇ˨ia˧,kə˥˧tsʅ˧liɑŋ˥˧kuo˥˨.（怎么叫它过来，你养鸽子的时候？）黄：我们养都……呀，我只养过几天，再没有调可。ŋuo˥˧məŋ˧iɑŋ˥˧˥tou˥˧˥……iɑ˨˩,ŋuo˥˧tsʅ˥˧˥iɑŋ˥˧kə˨˩（←kuo˥）tɕi˥˧˥tʰiæ̃˥˧,tsæᴇ˥mei˨˦iou˥˧tʰiɑɔ˨˦˩kʰə˥˧˨.王：我看见肖家里个娃哎叫咕咕咕咕咕。□就来咧。ŋuo˥˧˥kʰæ̃˥˦tɕiæ̃˥˨ɕiɑɔ˥˧˨tɕiɑ˥˧li˥˧˥kə˥vɑ˨˦æᴇ˥tɕiɑɔ˥˨ku˥ku˥ku˥ku˥ku˥.niæ̃˨˦tsou˥læᴇ˨˦˩lie˥.（就来了是吧？）王：嗯。ŋ̍˨˩.黄：我们养下那鸽子那你不用拿，那是军鸽。你拿个红旗旗一扎，它都知道了。ŋuo˥˧məŋ˧iɑŋ˥˧xɑ˥næᴇ˥kə˥˧tsʅ˧næᴇ˥ni˥˧˥pu˨˦˩yoŋ˥nɑ˨˦,næᴇ˥sʅ˥˨tɕyoŋ˥˧kə˥˧˨.ni˥˧˨nɑ˨˦˩kə˥xuoŋ˨˦˩tɕʰi˨˦˩tɕʰi˨˦˥i˥˧˨tsɑ˥˧˨,tʰɑ˥˧˥tou˥˧˥tʂʅ˥˧˨tɑɔ˥˦lə˧.

喝令牲口的声音

（有叫掉的吗？叫牲口把屁股摆开的叫掉。）黄：跳。tʰiaɔ˥˦.（tʰiaɔ˦？）黄：跳。tʰiaɔ˥.王：跳那是绊住咧，打绊哩。tʰiaɔ˥nə˥sɿ˥pæ̃˥˦tʂʮ˥˩lie˧,ta˥pæ̃˥˦li˧.黄：嘚儿一跳。tər˩-tʰiaɔ˥˦.王：牲口搨……搨地那个绳，绊到腿底下了。səŋ˥kʰou˥˦tɕie˥˩……tɕie˥˩ti˥nei˥kə˥ʂəŋ˩,pæ̃˥taɔ˥˩tʰuei˥ti˥xa˥˩lə˧.黄：叫跳。tɕiaɔ˥tʰiaɔ˥˦.王：就要你跳，跳。tɕiou˥iaɔ˥ni˥˩tʰiaɔ˥˦,tʰiaɔ˥˦.（tʰiaɔ˦？）黄&王：嗯。ŋ̍˩.王：再嘛就是抬蹄抬蹄。tsæᴇ˥ma˧tɕiou˥sɿ˥tʰæᴇ˩tʰi˩˦tʰæᴇ˩tʰi˩.黄：啊，抬蹄。ã˩,tʰæᴇ˩tʰi˩.（把这个叫牲……比如说你在搨地的时候，怎么……怎么指挥牲口？）黄：要它望住站的话是“喔”。iaɔ˥˩tʰa˥˦vaŋ˥tʂʮ˥˦tsæ̃˥˦ti˧xua˥˩sɿ˥˩vuo˦.（这是叫它站到。）黄：嗯，站住了么。ə̃˩,tsæ̃˥tʂʮ˥lə˧muo˧.王：再一……叫它望……望外走，说“喔喔”。tsæᴇ˥i˥˩……tɕiaɔ˥˩tʰa˥˦vaŋ˥……vaŋ˥væᴇ˥tsou˥,ʂuo˥˩vuo˦vuo˦.黄：“喔喔”嘛。vuo˦vuo˦ma˧.王：这是往进来走，“喔喔喔喔”。tʂə˥sɿ˥˩vaŋ˥˦tɕiŋ˥˦læᴇ˩˩tsou˥,vuo˥vuo˥vuo˥vuo˥.（往外是指……指往往右首？）黄：往左……往右首走么。vaŋ˥˦tsuo˥……vaŋ˥˦iou˥˦ʂou˥˩tsou˥muo˧.王：往右，往右拐。vaŋ˥˦iou˥,vaŋ˥˦iou˥kuæᴇ˥˩.黄：喔喔，喔喔。vuo˦vuo˩,vuo˦vuo˥.（往右，往右，往……往右怎么说？）王：喔喔。vuo˦vuo˦.黄：喔喔。它就到往外是了。vuo˦vuo˦.tʰa˥˦tɕiou˥taɔ˥vaŋ˥˦væᴇ˥sɿ˥lə˧.（往左呢？）王：往左转那，喔喔噢喔。vaŋ˥˦tsuo˥tʂuæ̃˥nə˥˩,vuo˥vuo˥ou˥vuo˥.黄：欧喔欧。它叫得怀里来了。ou˥vuo˥ou˥.tʰa˥˦tɕiaɔ˥tə˧xuæᴇ˩l̩˥læᴇ˩˩lə˧.（往前走？）黄：嘚啾。tei:˥tɕʰiou˧.黄：嘚啾。tei˥tɕʰiou˧.（停下来！）黄：喔。vuo˦.（有叫它往后退的没有？）黄：捎。捎。它就退后了。saɔ˥.saɔ˥.tʰa˥˦tɕiou˥tʰuei˥xou˥lə˧.（也没有什么驾、吁这种说法吗？）黄：没有。咱们我们这儿人没有“驾”和“吁”那个说法。除咧喔喔吁吁啊，嘚啾，喔，它就站住了。这几种号子啊。mei˩iou˥˦.tʂa˩məŋ˧ŋuo˥məŋ˧tʂər˥zəŋ˩mei˩˩iou˥˦tɕia˥˦xuo˩y˩nei˥˩kə˥˩ʂuo˥fa˥˩.tʂʰʮ˩˩lie˧vuo˦vuo˦y˥y˥a˧,tei˥tɕʰiou˧,vuo˦,tʰa˥˦tɕiou˥tsæ̃˥tʂʮ˥˩lə˧.tʂei˥˦tɕi˥˩tʂuoŋ˥˩xaɔ˥tsɿ˧a˧.

三四、熟语

红萝卜调辣子——吃出没看出

（胡萝卜调辣子叫什么？）王：吃出看不出。tʂʰʅ˥˧tʂʰɥ˥˧˨kʰæ̃˥pu˧˥˧tʂʰɥ˥˧˨.（怎么一句话怎么说呢？）这就说是红萝卜调辣子，你吃出没看出么。tʂə˥tɕiou˥ʂuo˥˧˧sɿ˥xuoŋ˧˥luo˧˥˨pu˦tʰiɑɔ˧˥lɑ˥˧tsɿ˧,ni˥˧˨tʂʰʅ˥˧tʂʰɥ˥˧˨muo˥˧˨kʰæ̃˥˦tʂʰɥ˥˧˨muo˧.（什……什么意思呢这是？）那就说是，红萝卜调辣子，你……吃上辣得很，你们没看见，看不来辣子么，因为是红……红萝卜和辣子都是红的么。nei˥˨tɕiou˥ʂuo˥˧˨sɿ˥,xuoŋ˧˥luo˧˥˧pu˦tʰiɑɔ˧˥lɑ˥˧tsɿ˧,ni˥˧˧……tʂʰʅ˥˧ʂɑŋ˥˨lɑ˥˧tei˥˧˨xəŋ˥˧˧,ni˥˧˧məŋ˦muo˥˧˨kʰæ̃˥tɕiæ̃˥,kʰæ̃˥pu˧˥˨læᴇ˧˥lɑ˥˧tsɿ˧muo˧,iŋ˥˧˨vei˥sɿ˥xuoŋ˧˥˥……xuoŋ˧˥luo˧˥˨pu˦xuo˧˥˧lɑ˥˧tsɿ˧tou˥˧˨sɿ˥xuoŋ˧˥˨ti˦muo˧.

搂头墩了一扫帚——百眼眼都通了

（尻子上捅了一扫帚……）王：我们这儿是没说尻子上捅咧。是说搂头……搂头墩了一扫帚是百眼眼都通了。ŋuo˥˧məŋ˧tʂər˥ʂʅ˥mei˧˥ʂuo˥˧˨kou˥˧tsɿ˧ʂɑŋ˥tʰuoŋ˥˧˨lie˧. sɿ˥˨ʂuo˥˧˨lou˧˥tʰou˧˥……lou˧˥tʰou˧˥tuoŋ˥˧lə˧li˥˧˨sɑɔ˥˧˥tʂʰɥ˦sɿ˥pei˥˧˥niæ̃˥˧niæ̃˥˧˧tou˥˧˧tʰuoŋ˥˧lə˧.（搂头是什么？搂头？）啊，就在……搂……在这头上……啊，搂你头上墩了一扫帚，你百眼眼都通了儿。ɑ˨,tɕiou˥tsæᴇ˥……lou˧˥……tsæᴇ˥tʂə˥tʰou˧˥˨ʂɑŋ˥˦……ɑ˨,lou˧˥ni˥˧tʰou˧˥˨ʂɑŋ˥tuoŋ˥˧lə˧li˥˧˨sɑɔ˥˧˥tʂʰɥ˦,ni˥˧˧pei˥˧˥niæ̃˥˧niæ̃˥˧tou˥˧˨tʰuoŋ˥˧lər˧.（tuoŋ˥˧还是tʰuoŋ˨？）百眼眼通。pei˥˧˨niæ̃˥˧niæ̃˥˧˧tʰuoŋ˥˧.（搂头什么？）嗯，搂头捅了一扫帚。ŋ̍˨,lou˧˥tʰou˧˥tʰuoŋ˥˧lə˧li˥˧˨sɑɔ˥tʂʰɥ˧.（tuoŋ˥˧？）墩，嗯。tuoŋ˥˧,ŋ̍˨.（tuoŋ˥˧是什么意思？）墩就是意思在你头上墩了一下么。tuoŋ˥˧tɕiou˥sɿ˥i˥sɿ˦tsæᴇ˥ni˥˧˧tʰou˧˥ʂɑŋ˥tuoŋ˥˧lə˧li˥˧˨xɑ˥˨muo˧.（一扫帚？）嗯，百眼眼都通。ŋ̍˨,pei˥˧niæ̃˥˧niæ̃˥˧˨tou˥˧˨tʰuoŋ˥˧˨.

卤饼点豆腐——一物降一物

（比如说他这个人呐，喜欢吹牛，谁……天……好像天不怕地不怕，但一碰，碰到厉害的对手啊，他马上就软下来了。你说这个是干什么呢？）黄：这我们这儿就说那个话，那是“卤饼点豆腐——一物降一物”。tʂʰə˥˦（←tʂə˥）ŋuo˥˧məŋ˦tʂər˥tɕiou˥ʂuo˥˧˨nə˥˨kə˥˨xuɑ˥˨,nə˥sɿ˥lou˥˧piŋ˥˧˨tiæ̃˥˧˧tou˥fu˦,i˥˧˥vuo˥˧ɕiɑŋ˧˥i˥˧˧vuo˥˧˨mɑ˧.王：欺软怕硬。tɕʰi˥˧˨ʐuæ̃˥˧˧pʰɑ˥niŋ˥.黄：他也不欺软怕硬，反正他就是这个，你看他有些人吹得那，他到有些人跟前他都不吹咧。就是人称“卤饼点豆腐咧——一物降一物咧”。tʰɑ˥˧˧ie˥˧pu˧˥˨tɕʰi˥˧˨ʐuæ̃˥˧pʰɑ˥niŋ˥,fæ̃˥˧˨tʂəŋ˥tʰɑ˥˧˧tsou˥sɿ˥tʂə˥kə˥,ni˥˧˧kʰæ̃˥tʰɑ˥˧˧iou˥˧ɕie˥˧˨ʐəŋ˧˥tʂʰuei˥˧˧tə˦nə˥,tʰɑ˥˧˧tɑɔ˥iou˥˧ɕie˥˧˨ʐəŋ˧˥˨kəŋ˥˧˨tɕʰiæ̃˧˥˨tʰɑ˥˧˨tou˥˧˨pu˧˥˨tʂʰuei˥˧lie˧.tsou˥sɿ˥ʐəŋ˧˥tʂʰəŋ˥˧˧lou˥˧piŋ˥˧˨tiæ̃˥˧˧tou˥fu˦lie˧,i˥˧˥vuo˥˧˨ɕiɑŋ˧˥i˥˧˧vuo˥˧˨lie˧.

木锨摔火——焦锨咧

（木锨拆火……）王：“木锨摔火”我没听说过。mu˥˧ɕiæ̃˥˧˧tsʰei˥˧˨xuo˥˧ŋuo˥˧mei˧˥tʰiŋ˥˧ʂuo˥˧kuo˥˨.（有说木锨灾火……拆火——焦锨了，有这种说法没有？？）啊，有咧。木锨揀火——焦锨咧。æɭ,iouꜜlie.muɕiæ̃tsʰeixuo—tɕiaoɕiæ̃lie.（什么意思呢？）就是本身……木头就不能接啊火么。tɕiouʂʅpəŋʂəŋm……mutʰoutɕioupunəŋtɕieæxuomuo.（嗯。）你拿木锨一揀火，那不焦锨咧，烧焦了？ninamuɕiæ̃itsʰeixuo,nəputɕiaoɕiæ̃lie,ʂaotɕiaolə?（焦锨是什么意思？）焦锨，那就说是你，你你这个木……拿……揀火拿铁锨揀，你拿木锨揀，那就……那就焦锨了，那不是烧着咧？tɕiaoɕiæ̃,neitɕiouʂuosʅni,niniʈʂəkəm……na……tsʰeixuonatʰieɕiæ̃tsʰei,ninamuɕiæ̃tsʰei,neitsou……neitsoutɕiaoɕiæ̃lə,nəpusʅʂaotʂuolie?（噢。）嗯。õ.（揀火是什么？就是添火？）噢，就咱们就揀咱们那火子儿咧么，烧下那火子儿么。锨……木锨去揀。aoɭ,tɕioutsaməŋtɕioutsʰeitsaməŋnəxuotsərliemuo,ʂaoxanəxuotsərmuo.ɕ……muɕiæ̃tɕʰitsʰei.（铲是吧？）啊，铲。aɭ,tsʰæ̃.（是铲还是揀？）我们这儿叫揀咧。ŋuoməŋtʂərtɕiaotsʰeilie.

六月的狐子——顾皮咧吗顾毛咧

（六月的狐狸呢？）王：嗯，六……人说是六月的狐……狐狸是顾皮咧吗顾毛咧嘛。ŋ,l……zəŋʂuosʅliouyotixu……xulisʅkupʰilie makumaolie ma.（怎么说？）六月的狐子是顾皮咧吗顾毛咧嘛。liouyotixutsʅsʅkupʰilie makumaolie ma.（什么意思呢？）那就说意思就说我……我这个人，干……弄……跟你两个弄的话，呃就说是，跟你两个就是，今天我就……我跟你两个硬拼咧么，就跟兀六月狐子还顾皮咧吗顾毛咧？neitɕiouʂuoisʅtɕiouʂuoŋuo……ŋuotʂəkəzəŋ,kæ̃……nuoŋ……kəŋniliaŋ(k)ənuoŋtixua,əɭtɕiouʂuosʅ,kəŋniliaŋ(k)ətɕiousʅ,tɕiŋtʰiæ̃ŋuotɕiou……ŋuokəŋniliaŋkəniŋpʰiŋliemuo,tɕioukəŋvəliouyoxutsʅxakupʰiliemakumaolie?

六月的萝卜——少窖（教）着咧

（没有教养这个这个人，很顽皮很顽劣的这个人。）王：那也叫……老年人就把兀，说兀叫少教着咧么。六月的……六月……呃，六月的萝卜——少窖着。neiætɕiao……laoniæ̃zəŋtɕioupavæᴇ,ʂuovæᴇtɕiaoʂaotɕiaotʂəliemuo.liouyoti……liouyozʅ……əɭ,liouyotiluopu—ʂaotɕiaotʂə.（六月的萝卜怎么着？）少窖着咧。ʂaotɕiaotʂəlie.（为什么六月的萝卜少窖着呢？）六月萝卜都窖不成了么，就都……六月萝卜就窖不成，要坏了么。六月萝卜都坏了么。liouyoluoputoutɕiaoputʂʰəŋləmuo,tɕioutou……liouyoluoputɕioutɕiaoputʂʰəŋ,iaoxuæᴇləmuo.liouyoluoputouxuæᴇləmuo.（是什么？把它放起来还是干吗？）就是咱们在菜窖里面埋着咧。tɕiousʅtsaməŋtsæᴇtsʰæᴇtɕiaolimiæ̃mæᴇtʂəlie.

偏刃子斧头——你一面斫咧

（打架的时候啊，有有有那个拉偏架的，你们叫什么呢？）黄：那就是拉偏架的。说话说的话是这个……拉的话那都是呃是……一个就说是这个拉偏架咧。说话的话那就说是这个，你是，偏刃子斧头，你是个偏刃子斧头么，一面斫咧嘛。næᴇtɕiousʅlapʰiæ̃tɕiati.ʂuoxuaʂuotixuasʅtʂəkə……latixuanæᴇtousʅəs……ikətɕiouʂuosʅtʂəkəlapʰiæ̃tɕialie.ʂuoxuatixuanæᴇtɕiouʂuosʅtʂəkə,nisʅ,pʰiæ̃zəŋtsʅfutʰou,nisʅkəpʰiæ̃zəŋtsʅfutʰoumuo,imiæ̃tʂuoliema.（拉偏架？）噢，拉偏架么。再个是说偏理么，这就是偏刃

子。ɑɔ˩,la˥˩p^hiæ̃˥˩tɕia˥muo˩.tsæᴇ˥kə˥˩ʂuo˥˩p^hiæ̃˥˩li˥muo˩,tʂei˥˩tɕiou˥˩sɿ˥˩p^hiæ̃˥zəŋ˥˩tsɿ˩.（说偏理？）噢，偏刃子斧头你一面斫咧。ɑɔ˩,p^hiæ̃˥zəŋ˥˩tsɿ˩fu˥t^hou˩ni˥˩i˥˩miæ̃˥ʂuo˥˩lie˩。（有没有说打偏捶的说法？拉偏捶，打偏捶？）拉偏捶这个说话有咧。拉，你是个拉偏架的嘛。la˥˩p^hiæ̃˥tʂ^huei˩tʂə˥kə˥ʂuo˥xua˥iou˥lie˩.la˥˩,ni˥sɿ˥˩kə˥˩la˥˩p^hiæ̃˥tɕia˥ti˩ma˥.（拉偏架就是打……）拉偏架，噢，你就是拉偏捶咧。la˥˩p^hiæ̃˥tɕia˥,ɑɔ˩,ni˥˩tɕiou˥sɿ˥ la˥˩p^hiæ̃˥tʂ^huei˩lie˥.（拉偏捶说得多还是拉偏……拉偏架说……）拉偏架说的多么。la˥˩p^hiæ̃˥tɕia˥ʂuo˥˩ti˩tuo˥muo˩.

翻核桃倒枣儿——胡折腾

（有没有什么核桃倒枣的说法？）黄：啊，这个有这个话咧。æ˩,tʂə˥kə˥iou˥tʂə˥kə˥xua˥lie˥.（嗯。）黄：翻核桃……欸，翻核桃，咱们那就是翻核桃倒……翻核桃倒枣儿吗是咋么个话。fæ̃˥xə˩˥t^hɑɔ……ei˥,fæ̃˥xə˩˥t^hɑɔ˩˥,tʂa˩məŋ˩nei˥tɕiou˥sɿ˥f æ̃˥xə˩˥t^hɑɔ˩˥tɑɔ˥……fæ̃˥xə˩˥t^hɑɔ˩˥tɑɔ˥tsɑɔr˥ma˩sɿ˥˩tsa˥muo˩kə˥˩xua˥.王：嗯，翻核桃倒枣。ə̃˥,fæ̃˥xə˩˥t^hɑɔ˩˥tɑɔ˥tsɑɔ˥˩.（叫什么？）黄：翻核桃倒枣儿。fæ̃˥xə˩˥t^hɑɔ˩˥tɑɔ˥tsɑɔr˥.（这是说什么呢？）黄：胡折腾咧么那都是。xu˩tʂə˥t^həŋ˩˥lie˩muo˩nei˥˩tou˥˩sɿ˥˩.（胡折腾？）黄：啊。ɑ̃˩.

姊妹两个等戻——一模儿一样

（两个东西旗……旗鼓相当、情况相似，你们有……有什么说法没有？姐妹俩像样？）王：我们这儿……两个相似，咱们就说你姊妹两个等戻的，这一模儿一样的。ŋuo˥˩məŋ˩tʂər˥……liaŋ˥(k)ə˥˩ɕiaŋ˥˩sɿ˥˩,tsa˩məŋ˩tɕiou˥ʂuo˥˩ni˥˩tsɿ˥mei˥˩liaŋ˥kə˥˩təŋ˥˩p^hi˥ti˩,t ʂə˥i˥˩muor˩˥i˥˩iaŋ˥˩ti˩.黄：那是骂人的个话。nei˥˩sɿ˥ma˥zəŋ˩˥ti˩kə˥xua˥.王：那就形容那个事情是一……那它……是一样的嘛。nə˥tsou˥ɕiŋ˩˥yoŋ˩˥nə˥kə˥sɿ˥tɕ^hiŋ˩˥sɿ˥˩i˥˩……nə˥t^h……sɿ˥˩i˥˩iaŋ˥˩ti˩ma˩.（这叫什么呢？）王：姊妹两个等戻的。tsɿ˥mei˥˩liaŋ˥kə˥˩təŋ˥˩p^hi˥ti˩.（什么təŋ˥是什么意思？）王：等，等于，它比的意思嘛。təŋ˥,təŋ˥y˩,t^ha˥˩pi˥ti˩i˥sɿ˥ma˩.黄：等是比的意思。təŋ˥sɿ˥pi˥ti˩i˥sɿ˩.

脚把骨上别裂子——臭纹还不少

（用言语来欺负人，你一般，一般说什么？）王：那经常我们这儿人是爱说你那个脚把骨上别裂子咧，臭纹还不……不少。nei˥tɕiŋ˥˩tʂ^haŋ˩ŋuo˥məŋ˩tʂər˥zəŋ˩sɿ˥˩næᴇ˥ʂu o˥˩ni˥˩nə˥kə˥tɕyo˥˩pa˥ku˥ʂaŋ˥˩pie˥˩lie˥tsɿ˩lie˩,tʂ^hou˥vəŋ˩xa˩˥pu˩ʂ……pu˩ʂɑɔ˥˩.（怎怎怎么说的？）王：脚……就是个脚把骨上别裂子咧，你那臭纹还不少、tɕyo˥˩p……tɕiou˥˩ sɿ˥˩kə˥tɕyo˥˩pa˥˩ku˥ʂaŋ˥˩pie˥˩lie˥tsɿ˩lie˩,ni˥˩na˥˩ts^hou˥vəŋ˩xa˩˥pu˩ʂɑɔ˥.（tɕyo˥，脚的什么上面？）王：脚把骨。这叫脚把骨嘛。tɕyo˥˩pa˥˩ku˥˩.tʂə˥tɕiɑɔ˥tɕyo˥˩pa˥˩ku˥˩ma˩.（哪个地方？）王：就这个地方嘛。tɕiou˥tʂə˥˩kə˥˩ti˥faŋ˥ma˩.（是要脱掉鞋子吗？）王：啊。ɑ˥.（脚后跟的这块骨头？）王：啊，脚后跟这块骨头叫脚把骨嘛。脚把骨别裂子，你臭纹还不少下。ɑ˩,tɕyo˥˩xou˥˩kəŋ˥˩tʂei˥k^huæᴇ˥˩ku˥t^hou˩tɕiɑɔ˥tɕyo˥˩pa˥˩ku˥ma˩.tɕyo˥˩pa˥˩k ^hu˥˩pie˥˩lie˥tsɿ˩,ni˥˩tʂ^hou˥˩vəŋ˩xa˩pu˩ʂɑɔ˥˩xa˥.（脚，把？）王：嗯，把骨。ŋ̍˩,pa˥ku˥˩.（那个“把”？pa˥ku˩，骨头的骨？）王：把就……啊。pa˥tɕiou˥……ɑ˩.（“把”是哪个“把”？）王：把就是……代表就是最后面这东西么。pa˥tɕiou˥sɿ˥……tæᴇ˥piɑɔ˥˩tɕiou˥˩sɿ ˥˩tsuei˥xou˥˩miæ̃˥˩tʂə˥tuoŋ˥ɕi˩muo˩.客：把把。pa˥˩pa˥˩.（这是不是把把的这个把？）王：噢，把把咧。ɑɔ˩,pa˥˩pa˥˩lie˩.（脚把骨什么？）王：别裂子咧，臭纹还不少。pie˥˩lie˥tsɿ

˧lie˧,tʂʰou˥vəŋ˩˧xa˧˩pu˧˩ʂao˥˧.（pie˨˦lie˥˧tsɿ˧是什么东西呢？）王：别裂，咱们这儿的人……pie˥˦lie˥˩,tsa˩˧məŋ˧tʂər˥tə˧zəŋ˩˧……黄：就是这皱。tɕiou˥sɿ˥˩tʂə˥tɕyoŋ˥˧.王：这个，我们这儿嘛这个，冬天天一冷这个脚把骨上就这个肿个……tʂə˥˩kə˥,ŋuo˥məŋ˧tʂər˥ma˧tʂə˥kə˥,tuoŋ˥tʰiæ˥˩tʰiæ˥˩i˥˩ləŋ˥tʂə˥kə˥tɕyo˥˩pa˥˦ku˥ʂaŋ˥tɕiou˥tʂə˥kə˥tʂuoŋ˥˩kə˥……黄：皮肤裂口子咧么。pʰi˧˩fu˥lie˥˩kʰou˥tsɿ˧liem˧.王：皮肤咧就裂啊口子了，别啊口子了。pʰi˧˩fu˥lie˧tɕiou˥lie˥æ˧kʰou˥˩tsɿ˧lə˧,pie˥˦æ˧kʰou˥tsɿ˧lə˧.（pie˥还是pie˩˧？）黄：别。pie˥.（裂子就是裂开了？）黄：啊，裂开。ŋa˥,lie˥˩kʰæᴇ˥˩.王：啊，裂开了。ŋa˩,lie˥˦kʰæᴇ˥lə˧.（什么纹儿不少？）王：臭纹还不少。tʂʰou˥vəŋ˩˧(x)a˧˦pu˧˩ʂao˥˩.（皱纹还是臭纹？）黄：臭纹。tʂʰou˥vəŋ˩˧˩.王：臭纹还不少。tʂʰou˥˦vəŋ˩˧(x)a˧˦pu˧˦ʂao˥˩.（臭臭的那个很……）黄：啊。ŋa˥.王：啊。a˩.（这句话再……再说一……再说一遍。）黄：脚把骨别裂子么，臭纹不少么。歇后语么。tɕyo˥˩pa˥˦ku˥˩pie˥lie˥tsɿ˧muo˧,tʂʰou˥vəŋ˩˧pu˧˩ʂao˥muo˧.ɕie˥˩xou˥y˥muo˧.

寸草铡三刀，没料都上膘

（玉米杆儿那个这些那个马什么东西能吃烂吗？）黄：哎能咧嘛。它多一半儿……你把它铡下以后，现在有这个哎粉碎性铡草机的话，你粉下，都成了末末了，它吃的光光的。æᴇ˦nəŋ˧˩lie˧muo˧.tʰa˥˦tuo˥i˥˩pær˥……ni˥pa˥˩tʰa˥tsa˧˩xa˥i˥˩xou˥,ɕiæ˥tsæᴇ˥iou˥tʂə˥˩kə˥˩æᴇ˩fəŋ˥suei˥˦ɕiŋ˥˩tsa˧˩tsʰao˥˦tɕi˥tə˧xua˥,ni˥˦fəŋ˥xa˥˩,tou˥˦tʂʰəŋ˧˩lə˧muo˥muo˥˩lə˧,tʰa˥˦tʂʰʅ˥ti˧kuaŋ˥kuaŋ˥˩ti˧.（噢，还是要把它打碎？）呃，打碎给它。ə˩,ta˥suei˥˦kei˥tʰa˥˦.（这种一根一根的它吃不烂吧？）那叫吃……我们……人懒了就是可以嗯不拉，去抱上一……抱上一抱，撇在那个地方。它光把草外头点的草啊一吃，杆子它就不吃了。人□就是讲这个“寸草铡三刀，没料都上膘”咧。nei˥tɕiao˥tʂʰʅ……ŋuo˥məŋ˧……zəŋ˩˧læ˥lə˧tsou˥˩sɿ˥˩kʰə˥i˥˩n̩˩pu˧˩la˥˩,tɕʰy˥pao˥ʂaŋ˥i˥˩……pao˥ʂaŋ˥i˥˩pao˥,pʰie˥tsæᴇ˥nə˥kə˥ti˥faŋ˥˩.tʰa˥˦kuaŋ˥˦pa˥˩tsʰao˥˦væᴇ˥tʰou˧tiæ˥˦ti˧tsʰao˥a˧i˥˦tʂʰʅ˥˩,kæ˥tsɿ˧tʰa˥˦tɕiou˥pu˧˩tʂʰʅ˥˩lə˧.zəŋ˩˧niæ˧˦tɕiou˥sɿ˥tɕiaŋ˥˩tʂə˥kə˥˩tsʰuoŋ˥tsʰao˥˦tsa˩˧sæ˥˩tao˥,muo˥˩liao˥˦tou˥˩ʂaŋ˥piao˥lie˧.（噢。这个tsʰuoŋ˥tsʰao˦是什么？）寸草，就是一寸长的草。你拿铡子铡上三次的话，那就说明细……短得很了么。你就是……你给骡子，给这个牲口不上……不给加料的话，它吃咧都长膘啊。tsʰuoŋ˥˦tsʰao˥˩,tɕiou˥sɿ˥i˥˩tsʰuoŋ˥˦tʂʰaŋ˩˧ti˧tsʰao˥.ni˥˦na˧˩tsa˧˩tsɿ˧tsa˧˩ʂaŋ˥sæ˥tsʰɿ˥ti˧xua˥,nei˥tɕiou˥ʂuo˥˩miŋ˩˧ɕi……tuæ˥tei˥˩xəŋ˥lə˧muo˧.ni˥˦tsou˥sɿ˥……ni˥kei˥˦luo˧˩tsɿ˧,kei˥tʂə˥kə˥səŋ˥kʰou˧pu˧˩ʂaŋ˥……pu˧˩kei˥˦tɕia˥˩liao˥˦ti˧xua˥,tʰa˥˦tʂʰʅ˥lie˧tou˥˩tʂaŋ˥˦piao˥a˧.（噢，还是就说你要把它那个弄碎？）哎，要弄碎……碎咧么，啊。æᴇ˩,iao˥nuoŋ˥suei……suei˥˦lie˧muo˧,a˩.（噢。这就这这句话怎么……再说一遍看？）寸草铡三刀，不……无料也上膘。tsʰuoŋ˥tsʰao˥tsa˩˧sæ˥˦tao˥,pu˧˩……vu˧˩liao˥˦ie˥˩ʂaŋ˥˦piao˥.

嘴上没毛，说话不牢

（嘴，嘴的保密性差的人一般叫什么呢？）王：那一般叫烂嘴子。你啥子他都给你说出去了。nə˥i˥˩pæ˥tɕiao˥˩læ˥˦tsuei˥tsɿ˧.ni˥sa˥tsɿ˧tʰa˥˦tou˥˦kei˥ni˥˩ʂuo˥˩tʂʰʯ˥tɕʰi˥˩lə˧.（有不有说什么嘴……嘴不严呐嘴不什么的？）有的，有，也有说这个嘴不牢。iou˥˩ti˧,iou˥˦,ia˥iou˥ʂuo˥˦tʂə˥kə˥tsuei˥pu˧˩lao˩˧.（说不说他们嘴……嘴……嘴上没有把门儿的或者说嘴上什么东西？）那□有的有说那个嘴上没长毛，说话不牢。nei˥niæ˧˦iou˥ti˧iou˥ʂuo˥˩nə˥kə˥tsuei˥ʂaŋ˥muo˥˩tʂaŋ˥mao˩˧,ʂuo˥˩xua˥pu˧˩lao˩˧.（就有的人就，他就憋不住事情。你知道什么事情，你，跟你说了，啊，你要保密呀，过一会儿他就……）他就说出去了。那就说是嘴上没毛，这说话不牢。tʰɑ˥˧꜔tɕiou˥ʂuo˥˧꜖tʂʰʮ˥˧tɕʰi˥꜖lə·˧.nə˥꜖tɕiou˥꜒ʂuo˥˧꜖sʅ˥꜖tsuei˥˧ʂɑŋ˥muo˥˧꜖mɑɔ˨˦,tʂə˥꜖ʂuo˥˧꜖xuɑ˥꜒pu˨˦꜖lɑɔ˨˦.（噢，嘴上……）嘴上没毛，说话不牢。tsuei˥˧ʂɑŋ˥꜖muo˥˧꜖mɑɔ˨˦,ʂuo˥˧꜖xuɑ˥꜒pu˨˦꜖lɑɔ˨˦.

外家姓蔡，见啥都爱

（这人很贪婪呢？啥都要。抓个鸡他也要，抓个鸭他也要。）王：那我们这儿有时候人说……人说你是，那是这么个顺口溜说你“外家姓蔡，见啥都爱”。nə˥ŋuo˥˧məŋ·˧tʂər˥io u˥˧sʅ˨˦꜔xou˥zəŋ˨˦꜔ʂuo˥˧꜖……zəŋ˨˦ʂuo˥˧꜖ni˥˧꜔sʅ˥,næᴇ˥sʅ˥tʂə˥muo·˧kə˥ʂuoŋ˥kʰou˥˧liou˥˧ʂuo˥˧꜖ni˥˧꜖vei˥꜓(tɕ) iɑ˥˧꜖ɕiŋ˥tsʰæᴇ˥,tɕiæ̃˥sɑ˥tou˥˧꜖næᴇ˥.（讲什么？）说你“外家姓蔡，见啥都爱”。ʂuo˥˧꜖ni˥˧꜖vei˥꜓(tɕ)iɑ˥˧꜖ɕiŋ˥tsʰæᴇ˥,tɕiæ̃˥sɑ˥tou˥˧꜖næᴇ˥.（姓蔡？）啊。ɑ̃꜖.（为什么叫姓蔡呢？哪个蔡啊？）就是……这个蔡我估计这个蔡字是说的是个财。(tɕ)iou˥꜒sʅ˥꜖……tʂə˥kə˥tsʰæᴇ˥꜓ŋuo˥˧ku˥˧꜔tɕi˥tʂə˥kə˥tsʰæᴇ˥꜓tsʅ˥sʅ˥ʂuo˥˧ti·˧sʅ˥kə˥tsʰæᴇ˨˦.（噢。）可能是个财，人把这个音说变咧，就说成你是外家姓蔡的，本身说你“外家姓财，见啥都爱”。kʰə˥˧꜖nəŋ˨˦꜔sʅ˥kə˥tsʰæᴇ˨˦,zəŋ˨˦pɑ˥˧꜖tʂə˥kə˥iŋ˥˧ʂuo˥˧꜖piæ̃˥꜓lie·˧,(tɕ)iou˥ʂuo˥˧꜖tʂʰəŋ˨˦ni˥˧꜔sʅ˥꜖vei˥tɕiɑ˥˧꜖ɕiŋ˥tsʰæᴇ˥꜒ti·˧,pəŋ˥˧ʂəŋ˥˧꜔ʂuo˥˧꜔ni˥˧꜔vei˥tɕiɑ˥˧꜖ɕiŋ˥tsʰæᴇ˨˦,tɕiæ̃˥sɑ˥tou˥˧꜖næᴇ˥.

和稀泥，墁光墙

黄：有“和稀泥，墁光墙”这个说法。iou˥˧xuo˥ɕi˥˧꜖ni˨˦,mæ̃˥kuɑŋ˥˧꜖tɕʰiɑŋ˨˦tʂə˥kə˥ʂuo˥˧fɑ˥˧꜖.（是什么意思呢？）这就是你批评与自我批评里头说咧么，大意是这个，你是这个老好儿人嘛，你是不说他的那个……错误的严重性，光说你好他好咱们大家都好。就是这么个和稀泥，墁光墙么。泥它是和的稀了以后，它直接就可以拿手去抹，抹下那个墙也光光的。就是批评说你这个人就是滑头，你就是一工儿和稀泥，墁光墙。tʂei˥tɕiou˥꜖sʅ˥꜖ni˥˧꜖pʰi˥˧ pʰiŋ˨˦y˥˧꜔tsʅ˥ŋuo˥˧꜔pʰi˥˧pʰiŋ˨˦li˥˧꜔tʰou·˧ʂuo˥˧lie·˧muo·˧,tɑ˥꜓i˥꜒sʅ˥꜖tʂə˥kə˥,ni˥˧sʅ˥tʂə˥kə˥lɑɔ˥˧xɑɔr˥˧zəŋ˨˦mɑ·˧,ni˥˧꜔sʅ˥pu˨˦ʂuo˥˧tʰɑ˥˧ti·˧nə˥kə˥ʂ……tsʰuo˥vu˥ti·˧iæ̃˨˦꜖tʂuoŋ˥꜒ɕiŋ˥,kuɑŋ˥˧꜖ʂuo˥˧꜖ni˥˧xɑɔ˥˧꜖tʰɑ˥˧xɑɔ˥˧꜖tsɑ˨˦mə ŋ·˧tɑ˥tɕiɑ˥˧꜖tou˥˧꜓xɑɔ˥˧꜖.tɕiou˥꜖sʅ˥꜖tʂə˥꜒muo·˧kə˥꜖xuo˥꜓ɕi˥˧꜖ni˨˦,mæ̃˥kuɑŋ˥˧꜖tɕʰiɑŋ˨˦muo·˧.ni˨˦tʰɑ˥˧꜖sʅ˥꜖xu o˥꜓ti·˧ɕi˥˧lə·˧i˥˧꜖xou˥,tʰɑ˥˧꜖tʂʅ˨˦tɕie˥˧꜖tɕiou˥kʰə˥˧i˥˧꜖nɑ˨˦꜖ʂou˥˧tɕʰi˥꜖muo˥˧,muo˥˧xɑ˥꜖nə˥kə˥tɕʰiɑŋ˨˦ie˥˧꜖kuɑŋ˥˧ kuɑŋ˥˧꜖ti·˧.tsou˥꜖sʅ˥꜖pʰi˥˧pʰiŋ˨˦꜖ʂuo˥˧꜖ni˥˧tʂə˥꜖kə˥꜖zəŋ˨˦tsou˥꜖sʅ˥꜖kə˥꜖xuɑ˨˦tʰou˨˦,ni˥˧꜖tsou˥꜖sʅ˥꜖i˥˧꜓kuõr˥˧꜖ sʅ˥꜖xuo˥꜓ɕi˥˧꜖ni˨˦,mæ̃˥kuɑŋ˥˧꜖tɕʰiɑŋ˨˦꜖.

刁蒲城，野渭南，死不讲理的大荔县

（户县离这儿远吗？）黄：不远。pu˨˦꜖yæ̃˥˧.（陕西的户县？）嗯，不远，不远。ə̃꜖,pu˨˦꜖yæ̃˥˧,pu˨˦꜖yæ̃˥˧.（你觉得他那话……去过那地方没有？）说我们部队里当兵，我们班长就是户县人。ʂuo˥˧꜔ŋuo˥˧məŋ·˧pu˥tuei˥꜒li˥˧꜖tɑŋ˥˧꜓piŋ˥˧,ŋuo˥˧məŋ·˧p æ̃˥˧꜖tʂɑŋ˥˧tɕiou˥sʅ˥xu˥ɕiæ̃˥꜒zəŋ˨˦꜖.（你觉得他的话跟你的有有什么区别没有？）有区别。iou˥˧tɕʰy˥˧꜖pie˨˦꜖.（有区别？）嗯。ə̃꜖.（有些词他对得上对不上，他也说的土话，你说的土话？）那对不上。那有些土话那也土得很。陕西那个……刁蒲……刁蒲城，野渭南么，死不讲理的是大荔县么。陕西。nə˥꜒tuei˥pu˨˦꜖ʂɑŋ˥꜖.nə˥꜒iou˥˧ɕie˥˧꜖tʰu˥˧꜖xuɑ˥nə˥꜒iɑ˥˧ ꜖tʰu˥˧tə·˧xəŋ˥˧.ʂæ̃˥˧ɕi˥˧næᴇ˥꜖kə˥꜖……tiɑɔ˥˧pʰu˨˦꜖……tiɑɔ˥˧pʰu˨˦꜖tʂʰəŋ˨˦꜒,ie˥˧vei˥꜓næ̃˨˦꜖muo·˧,sʅ˥˧pu˨˦꜖ tɕiɑŋ˥˧li˥˧ti·˧sʅ˥꜖tɑ˥li˥ɕiæ̃˥muo·˧.ʂæ̃˥˧ɕi˥˧꜖.（是什么意思这是？）山蒲城，就是蒲城人这个说话山的，野得很啊。这个山蒲城，野渭南么。sæ̃˥˧pʰu˨˦꜖tʂʰəŋ˨˦꜒,tɕiou˥sʅ˥pʰu˨˦꜖tʂʰəŋ˨˦꜒zəŋ˨˦t ʂə˥kə˥ʂuo˥˧꜖xuɑ˥sæ̃˥˧ti·˧,ie˥˧tei·˧xəŋ˥˧ɑ꜖.tʂə˥꜖kə˥꜖sæ̃˥˧pʰu˨˦꜖tʂʰəŋ˨˦꜒,ie˥˧vei˥꜓næ̃˨˦꜖muo·˧.（嗯，野渭南？）欸，野渭南，渭南人都野的焦锨么。野……ei꜖,ie˥˧vei˥næ̃˨˦꜔,vei˥næ̃˨˦꜖zəŋ˨˦tou˥˧꜔ie˥˧ti

˧tɕiɑɔ˥ɕiæ̃˩˨muo˧.ie˥……（蒲城在哪儿？）啊，蒲城，刁蒲……刁蒲城，这个人都刁钻的焦锨。ɑ˩,pʰu˩˨tʂʰəŋ˨˦,tiɑɔ˥pʰu˩˨……tiɑɔ˥pʰu˩˨tʂʰəŋ˨˦,tʂə˧˦kə˧˦zəŋ˨tou˥˦tiɑɔ˥˦tsuæ̃˥ti˧tɕiɑɔ˥ɕiæ̃˥˩.（山西的蒲城？）甘……陕西的。kæ̃˥ie……ʂæ̃˥ɕi˥˩ti˧.（陕西的？）噢，陕西的蒲城。ɑɔ˩,ʂæ̃˥ɕi˥˩ti˧pʰu˩˨tʂʰəŋ˩˦.（这蒲城是哪儿啊？怎么写？）渭南欸是在那个时候……vei˧˦næ̃˩˨ei˧sɿ˧tsæᴇ˧nə˧kə˧sɿ˩˨xou˧……（蒲城我记得好像是……）商洛地区的吧。ʂɑŋ˥luo˥˩ti˧tɕʰy˥ti˧pɑ˧.（应该是属山西。/这两个蒲城……/三点水那个蒲嘛。/这个蒲啊？）嗯，蒲城，陕西的。陕西，今天它归归陕西。ə̃˩,pʰu˩˨tʂʰəŋ˨˦,ʂæ̃˥ɕi˥˩ti˧.ʂæ̃˥ɕi˥˩,tɕiŋ˥˦tʰiæ̃˥tʰɑ˥˩kuei˥kuei˥˦ʂæ̃˥ɕi˥˩.（是山西管的吗？）把……山蒲城，刁蒲城，野渭南，死不讲理的大荔县。大荔人你去……和大荔人没有……pɑ˥……sæ̃˥pʰu˩˨tʂʰəŋ˩˨,tiɑɔ˥pʰu˩˨tʂʰəŋ˩˦,ie˥˦vei˧næ̃˩˨,sɿ˥pu˩˨tɕiɑŋ˥li˥ti˧tɑ˧li˧ɕiæ̃˧˩.tɑ˧li˧zəŋ˨ni˥˩tɕʰi˧˦……xuo˩˨tɑ˧li˧zəŋ˨mei˨iou˥˦……（大荔是哪儿？）大荔县。tɑ˧li˧˩ɕiæ̃˧.（怎么写那两个字儿？我也快弄不清。）这是大荔么。大荔。tʂə˧sɿ˧tɑ˧li˧muo˧.tɑ˧li˧.（大荔县？）嗯，大荔县。əŋ˩,tɑ˧li˧˩ɕiæ̃˧.（大荔县。有这个县，有这个县吗？）嗯，县有么。这是大荔县。这家……兀兀人纯粹你不……ə̃˩,ɕiæ̃˧iou˥muo˧.tʂə˧sɿ˧tɑ˧li˧˩ɕiæ̃˧.tʂei˧˦tɕiɑ˥˩……væᴇ˧˦væᴇ˧˦zəŋ˨tʂʰuoŋ˩˨tsʰuei˧ni˥pu˩˨……（“大小”的“大”，“立即”的“立”？）呃，嗯，大荔。那纯粹都……ə˥,ŋ̍˩.tɑ˧li˧.næᴇ˧˦tʂʰuoŋ˩˨tsʰuei˧tou˥˩……（死不讲理？）不讲理。那和他那根本……你和他没有讲，讲不清的理。陕西人总的来说给人一个感觉，那家伙陕西警察那家伙那纯粹是……那个没耻么。拾掇你□随便儿这个动作。给你随便讲点事你……你……你来要二话都不敢说，你一说马上就……就那价钱是随便涨的那个是。pu˩˨tɕiɑŋ˥li˥˩.næᴇ˧xuo˩˨tʰɑ˥næᴇ˧kəŋ˥˦pəŋ˥˦……ni˥xuo˩˨tʰɑ˥mei˨iou˥˦tɕiɑŋ˥,tɕiɑŋ˥˩pu˩˨tɕʰiŋ˥ti˧ly˩（←li˥）.ʂæ̃˥ɕi˥˩zəŋ˨tsuoŋ˥ti˧læᴇ˨ʂuo˥˩kei˧zəŋ˨i˥˦kə˧kæ̃˥tɕyo˥˩,næᴇ˧˦tɕiɑ˥˩xuo˧ʂæ̃˥ɕi˥˩tɕiŋ˥tsʰɑ˥˩næᴇ˧tɕiɑ˥˩xuo˧næᴇ˧tʂʰuoŋ˩˨tsʰuei˧sɿ˧……nei˧kə˧muo˥˩tʂʰʅ˥muo˧.ʂʅ˩˨tuo˥ni˥niæ̃˨˦suei˩˨piæ̃r˧tʂei˧kə˧tuoŋ˧tsuo˥˩.kei˧˦ni˥suei˩˨piæ̃˧tɕiɑŋ˥tiæ̃˥˩sɿ˧ni˥˦……ni˥˦……ni˥˦læᴇ˨iɑɔ˧ər˧xuɑ˧tou˥˩pu˩˨kæ̃˥˩ʂuo˥,ni˥i˥˩ʂuo˥mɑ˥ʂɑŋ˧˩tsou˧˩……tɕiou˧˩næᴇ˧kə˧tɕiɑ˧˦tɕʰiæ̃˨˦sɿ˧suei˩˨piæ̃˧tʂɑŋ˥ti˧nei˧kə˧sɿ˧.（就是罚款，那是……）罚款那是……fɑ˩˨kʰuæ̃˥næᴇ˧˦sɿ˧……（他爱罚多少罚多少？）呃，要爱罚多少多少。你这个车噌往那儿一顿，□完了一走，摩托车只要站下，那罚款他噌就给你先搞五十块钱交他钱。你再理论，五十五，再么，六十。吵的工夫一大，十块十块都上来了。一工儿就驾驶他就给你坐上。不行不行马上来个车把你车子拖走了。你再追，你，执照一吊销，你就……拉的交警队里，你城管还有哪里的你都不要插手。ə˩,iɑɔ˧æᴇ˧˦fɑ˩˨tuo˥˩ʂɑɔ˥tuo˥˩ʂɑɔ˥.ni˥˦tʂə˧kə˧tʂʰə˥tsʰəŋ˥vɑŋ˥˩nɑr˧i˥˩tuoŋ˧,ɕiɑɔ˦væ̃˩˨lə˧i˥˩tsou˥,muo˨tʰuo˥˦tʂʰə˥tsɿ˥liɑɔ˧˦tsæ̃˧˦xɑ˧˩,nɑ˧fɑ˩˨kʰuæ̃˥tʰɑ˥˦tsʰəŋ˥tsou˧˩kei˧˦ni˥˦tɕʰiæ̃˩（←ɕiæ̃˥）kɑɔ˥˦vu˥ʂʅ˩˨kʰuæᴇ˥tɕʰiæ̃˨tɕiɑɔ˥tʰɑ˥˩tɕʰiæ̃˨.ni˥˦tsæᴇ˧li˥˩ləŋ˧,vu˥ʂʅ˩˨vu˥,tsæᴇ˧muo˧,liou˥ʂʅ˩.tsʰɑɔ˥ti˧kuoŋ˥fu˥˩i˥˩tɑ˧,ʂʅ˩˨kʰuæᴇ˥ʂʅ˩˨kʰuæᴇ˥tou˥˩ʂɑŋ˧læᴇ˩˨lə˧.i˥˦kuõr˥tɕiou˧˩tɕiɑ˧˦ʂʅ˥˩tʰɑ˥˩tɕiou˧kei˧˦ni˥˦tsuo˧˦ʂɑŋ˧˩.pu˩˨ɕiŋ˨pu˩˨ɕiŋ˨mɑ˥ʂɑŋ˧˩læᴇ˨kə˧tʂʰə˥˩pɑ˥˩ni˥˦tʂʰə˥tsɿ˧tʰuo˥tsou˥˩lə˧.ni˥˩tsæᴇ˧˦tʂuei˥˩,ni˥˩,tʂʅ˥˩tʂɑɔ˧i˥˩tiɑɔ˧ɕiɑɔ˥˩,ni˥tɕiou˧˩……lɑ˥ti˧tɕiɑɔ˥˩tɕiŋ˥tuei˧˦li˥˩,ni˥˩tʂʰəŋ˩˨kuæ̃˥xɑ˩˨iou˥˩nɑ˥˩li˥˦ti˧ni˥˦tou˥˦pu˩˨iɑɔ˧tsʰɑ˥sou˥˩.

毬大黏咧，屁大咧咧

黄：那么多的人你为啥不能叫吗？况且你领了几个人，那些人整天都睡大觉，你咋一回都不叫。那坐到那个地方你都不叫。嗯，乡上……哎，无所谓吵。其实我也不……我也不理他。他今年和我两个一贯儿打跤跤，我一直不理他。你找个……你说的轻咧噢，我不听说就是。啊，我就和你两个干。我不……兀家伙，就是毬大点黏……毬大黏咧，屁大咧咧，乖，那家伙撂下不识，不晓得他是甚。nə˧muo˧tuo˥˩ti˨ʐəŋ˨˩ni˥ ˦vei˧sa˧pu˨˩nəŋ˨˦tɕiao˧˩ma˧?kʰuaŋ˧tɕʰie˥˩ni˥liŋ˥lə˨tɕi˥kə˧˩ʐəŋ˨˦,nei˧ɕie˥ʐəŋ˨˦tʂəŋ˥tʰiæ˥˩tou˥˩ ʂuei˧ta˧tɕiao˧,ni˥tsa˥˩i˥˩xuei˨˦tou˥˩pu˨˩tɕiao˧˩.nə˧tsuo˧tao˧nə˧kə˧ti˧faŋ˥˩ni˥tou˥˩pu˨˩tɕiao˧. ə̃˨˩,ɕiaŋ˥ʂaŋ˧˩……æᴇ˨˩,vu˨˩ʂuo˥vei˧˥sa˨.tɕʰi˨˩ʂʅ˨˩ŋuo˥ia˥˦pu˨˩……ŋuo˥ia˥˦pu˨˩li˥tʰa˥˩.tʰa˥tɕiŋ ˥˩niæ˨˦xuo˨˩ŋuo˥liaŋ˥kə˧˩i˥˦kuæ̃r˧˩ta˥˦tɕiao˥˩tɕiao˥˩,ŋuo˥i˥˩tʂʅ˨˦pu˨˩li˥tʰa˥˩.ni˥˦tʂao˥˦kə˧…… ni˥ʂuo˥ti˨tɕʰiŋ˥liao˨,ŋuo˥˦pu˨˦tʰiŋ˥˦ʂuo˥tɕiou˧sʅ˧.a˨˩,ŋuo˥˦tsou˧xuo˨˩ni˥liaŋ˥kə˧˩kæ̃˧. ŋuo˥pu˨˩……væᴇ˧˥tɕia˥˩xuo˨,tsou˧sʅ˧tɕʰiou˨˩ta˧tiæ̃˥˩niæ̃˨˦……tɕʰiou˨˩ta˧niæ̃˨˦lie˧,pʰi˧ta˧lie˥˩lie ˥˩,kuæᴇ˥,næᴇ˧tɕia˥˩xuo˨liao˧˦xa˧pu˨˩ʂʅ˥,pu˨˩ɕiao˥tei˥˩tʰa˥˦sʅ˧ʂəŋ˧˥.

种了一撂子，收了一抱子，打了一帽子

（嗯这个收粮食讲不讲打粮食？今年收了多少粮讲不讲打了多少粮？）黄：哎这兀讲咧。今年收成还好，打咧多少。æᴇ˨˩tʂə˧væᴇ˧tɕiaŋ˥lie˨.tɕiŋ˥˩niæ̃˨˦ʂou˨˦tʂʰəŋ˨˩xa˨˩xao˥,ta˥lie ˨tuo˥˩ʂao˥.（老人家都是用打还是……）用打，打咧多少粮。他形容收成不好，他都有那个谚……那个民……民谣咧嘛。“种了一撂子”嘛。yoŋ˧ta˥,ta˥lie˨tuo˥˩ʂao˥liaŋ˨˩.tʰa˥˩ɕiŋ ˨˦yoŋ˨˦ʂou˥tʂʰəŋ˨˩pu˨˩xao˥,tʰa˥˩tuo˥˩iou˥˦nə˧kə˧iæ̃˧˦……næᴇ˧kə˧miŋ˨˩……miŋ˨˦iao˨˩lie˨ma˨. tʂuoŋ˧lə˨i˥˩liao˧tsʅ˨ma˨.（一撂子是什么东西？）就是，实际上就是，种咧噢一撂子就说是，实际上就是种了一季，他土话来说是就叫就叫“种了一撂子”。“收了一抱子”。tɕiou˧sʅ˧,ʂʅ˨˩tɕi˧˥ʂaŋ˧˩tɕiou˧sʅ˧,tʂuoŋ˧liao˨i˥˩liao˧tsʅ˨tɕiou˧˥ʂuo˥˩sʅ˧,ʂʅ˨˩tɕi˧˥ʂaŋ˧˩tɕio u˧sʅ˧tʂuoŋ˧lə˨i˥˩tɕi˧,tʰa˥˩tʰu˥xua˧læᴇ˨˦ʂuo˥˩sʅ˧˩tɕiou˧˥tɕiao˧tɕiou˧tɕiao˧tʂuoŋ˧˦lə˨i˥˩liao˧˦tsʅ˨. ʂou˥lə˨i˥˩pao˧˦tsʅ˨.（噢，收了一包子？）噢，打了一帽子。ao˨˩,ta˥lə˨i˥˩mao˧˦tsʅ˨.（收了一包子？）噢，收咧一抱子，打咧一帽子。ao˨˩,ʂou˥lie˨i˥˩pao˧˦tsʅ˨,ta˥lie˨i˥˩mao˧tsʅ˨.（包就是一包？）啊，就是，抱了这么一抱嘛。种咧噢好多……种咧噢好多地，结果是，种咧一撂子地，收咧一抱抱么，回来打咧，才打咧一帽帽。就说明这个歉收……a˨˩,tɕiou˧sʅ˧,pao˧˦lə ˨tʂə˧muo˨i˥˩pao˧˦ma˨.tʂuoŋ˧˦liao˨xao˥tuo˥˩……tʂuoŋ˧˦liao˨xao˥tuo˥˩ti˧˩,tɕie˥˩kuo˥sʅ˧˩,tʂuoŋ˧˦ lie˨i˥˩liao˧˦tsʅ˨ti˧,ʂou˥lie˨i˥˩pao˧˦pao˧˩muo˨,xuei˨˩læᴇ˨˦ta˥lie˨,tsʰæᴇ˨˩ta˥lie˨i˥˩mao˧˦mao˧˩.tsou ˧˩ʂuo˥˩miŋ˨˦tʂə˧˩kə˧˩tɕʰiæ̃˧ʂou˥……（mao˧˦mao˧˩是什么？）帽子。就是头上戴那个帽子啊。打了一帽子。啊，这就是说明歉收了么。mao˧tsʅ˨.tɕiou˧sʅ˧tʰou˨˩ʂaŋ˧tæᴇ˧nə˧kə˧mao˧˦tsʅ˨a˨˩. ta˥lie˨i˥˩mao˧˦tsʅ˨.a˧,tʂə˧tɕiou˧sʅ˧ʂuo˥˩miŋ˨˦tɕʰiæ̃˧ʂou˥lə˨muo˨.

七牛八马九羊头，十月里虎儿满山游

（有这么鼠一牛二什么什么这种说法没有？）王：没有。mei˨˦iou˥˦.黄：啊，兔……æ˨˩,tʰu˧˥……王：欸，有咧。ei˨˩,iou˥lie˨.黄：呃那是鼠一牛二，虎三兔四。呃……十二，十二相生。ə˨˩nei˧sʅ˧˩ʂʯ˥i˥˩niou˨˦˩ər˧,xu˥sæ̃˥˩tʰu˧sʅ˧.ə˨˩……ʂʅ˨˩ər˧,ʂʅ˨˩ər˧ɕiaŋ˥˦ʂəŋ˥˩. 王：七羊八马。tɕʰi˥˩iaŋ˨˦pa˥˩ma˥.黄：七……那是成了啥了。tɕʰi˥˩……nə˧˥sʅ˧˥tʂʰəŋ˨˩lə˨sa˧lə˨.王：那啥？nə˧˥sa˧?黄：那是说是那个犯月。七羊八马九羊头，十月虎儿满山游。nei˧˥sʅ˧˩ʂuo˥˩sʅ˧˩nə˧˩kə˧˩fæ̃˧˦yo˥˩.tɕʰi˥˩iaŋ˨˦pa˥˩ma˥˦tɕiou˥iaŋ˨˦tʰou˨˥,ʂʅ˨˩yo ˥˦xu˥ər˨˩mæ̃˥sæ̃˥˩iou˨˦.（呃犯……那个七羊八马是从哪里来的？是什么意思？）黄：他是这……这每一个十二相里头每一个动物，它就有一个犯月。tʰa˥sʅ˧˩tsə……tʂə˧mei˥i˥˩kə˧ ˩ʂʅ˨˩ər˧ɕiaŋ˧˦li˥˩tʰou˨mei˥i˥˩kə˧tuoŋ˧˦vuo˥˩,tʰa˥˦tsou˧iou˥i˥˩kə˧fæ̃˧˦yo˥˩.（七羊是什么东西

呢？）黄：七月里，七羊哎……七羊八马哎，羊就是这个犯月在七月里。马的犯月在八月里。九的羊的欸……七牛八马九羊头，十月里虎儿满山游。tɕʰi˥yo˥˩li˥˩,tɕʰi˥˩ciaŋ˩˦pa˥˩ma˥æᴇ˧,iaŋ˩˦tsou˥sɿ˥tsə˥kə˥fæ̃˥yo˥˩tsæᴇ˥tɕʰi˥yo˥˩li˥˩.ma˥ti˧fæ̃˥yo˥˩tsæᴇ˥pa˥yo˥˩li˥˩.tɕiou˥ti˧liaŋ˩˦ti˧lei˥……tɕʰi˥˩niou˩˦pa˥˩ma˥tɕiou˥iaŋ˩˦tʰou˩˦,ʂʅ˩˦yo˥li˥˩xu˥ər˩˦mæ̃˥sæ̃˥˩iou˩˦.（啊，你再再说说那个话。叫什么？七羊八马……）黄：九羊头么。tɕiou˥iaŋ˩˦tʰou˩˦muo˧.（七羊……）黄：八马。pa˥˩ma˥.（哎，七羊，这为什么九……九又有羊头了呢？）黄：七羊八马九羊……啊，说不上来。这个我……这个这我啥……这这……这东西有时候你还懵子把人懵住了。tɕʰi˥˩iaŋ˩˦pa˥˩ma˥tɕiou˥iaŋ˩˦……æ˩,ʂuo˥pu˩˦ʂaŋ˥læᴇ˩˦.tʂə˥kə˥ŋuo˥……tʂə˥kə˥tʂə˥ŋuo˥sa˥……tʂei˥tʂ……tʂei˥tuoŋ˥˩ɕi˧liou˥sɿ˩˦xou˥ni˥˩xa˩˦məŋ˥tsɿ˧pa˥˩zəŋ˩˦məŋ˥tʂʮ˥˩lə˧.（有这个打麻……）黄：有这个说……哎有这个说咧。它是每一个月……每一个动物，它都每……有一个犯月咧。iou˥tʂə˥kə˥ʂuo˥˩……æᴇ˥iou˥tʂə˥kə˥ʂuo˥lie˧.tʰa˥sɿ˥mei˥i˥˩kə˥y……mei˥i˥kə˥tuoŋ˥vuo˥˩,tʰa˥tou˥mei˥……iou˥i˥kə˥fæ̃˥yo˥˩lie˧.

油㼚倒了都不搊，火烧眉毛都不急

（有没有什么抄手不……不拾毛的说法？）王：没有。mei˩˦iou˥˩.黄：没有。muo˥˩iou˥.（筷子掉了他都不捡。）王：咱们……tsa˩˦məŋ˧……黄：我们那就是油……ŋuo˥məŋ˧nə˥tɕiou˥sɿ˥iou˩˦……王：咱们这儿就说那油㼚倒了都不搊。tsa˩˦məŋ˧tʂər˥tɕiou˥ʂuo˥˩nei˥iou˩˦xaŋ˩˦tao˥lə˧tou˥˩pu˩˦tsʰou˥.黄：油……油㼚倒了都不搊。iou˩˦……iou˩˦xaŋ˩˦tao˥lə˧tou˥˩pu˩˦tsʰou˥˩.（叫什么？）黄&王：油㼚倒了都不搊。iou˩˦xaŋ˩˦tao˥lə˧tou˥˩pu˩˦tsʰou˥.（xaŋ˩˦是什么东西？）黄：㼚是装油的个坛子么。xaŋ˩˦sɿ˥tʂuaŋ˥iou˩˦ti˧kə˥tʰæ̃˩˦tsɿ˧m̩˧.王：过去喊是这一个坛子么叫㼚么。油㼚。kuo˥tɕʰy˥xæ̃˥˩sɿ˥tʂei˥i˥kə˥tʰæ̃˩˦tsɿ˧muo˧tɕiao˥xaŋ˩˦muo˧.iou˩˦xaŋ˩˦.（油㼚？）黄&王：嗯。ŋ̍˩.（倒了？）黄：嗯。ŋ̍˩.王：都不搊。tou˥˩pu˩˦tsʰou˥.（都不搊？）黄&王：嗯。ŋ̍˩.黄：火烧眉毛都不急么。xuo˥ʂao˥˩mi˩˦mao˩˦tou˥˩pu˩˦tɕi˥muo˧.（火烧眉毛，怎么？）黄：都不急。性子凉到啥程度了？眉毛都火烧着了都不着急他。tou˥˩pu˩˦tɕi˥.ɕiŋ˥tsɿ˧liaŋ˩˦tao˥sa˥tʂʰəŋ˩˦tu˥lə˧?mi˩˦mao˩˦tou˥xuo˥ʂao˥˩tʂuo˩˦lə˧tou˥˩pu˩˦tʂao˩˦tɕi˥˩tʰa˥˩.

咬住个干屎橛，白面蒸馍都换不来

（有一种人呐，就是他喜欢这个跟人家说什么东西啊，他喜欢就是过去讲这揪其一点，不及其余。像这样的事，像这样的人你们叫什么？抓住一点就是不放。你跟他这么说也不行，那么说也不肯，也不行。）黄：得理不让人么。tei˥˩li˥pu˩˦zaŋ˥zəŋ˩˦muo˧.（得理不让人？）黄：啊，得理不让人。ã˩,tə˥li˥pu˩˦zaŋ˥zəŋ˩˦.王：再一个人骂兀说，你咬住个干屎橛，麦面蒸馍都换不来么就。哼哼。tsæᴇ˥i˥kə˥zəŋ˩˦ma˥væᴇ˥ʂuo˥˩,ni˥niao˥tʂʰʮ˥kə˥kæ̃˥˩sɿ˥tɕyo˩˦,mei˥˩miæ̃˥tʂəŋ˥muo˩˦tou˥˩xuæ̃˥pu˩˦læᴇ˩˦muo˧tɕiou˥.xə̃˩xə̃˥.（哎，这个这个这个是这叫怎么着？叫咬出个什么橛？）王：咬住个干屎橛儿。niao˥tʂʰʮ˥kə˥kæ̃˥˩sɿ˥tɕyor˩˦.（要出来个干死就……）黄：咬住干屎橛儿。niao˥tʂʮ˥kæ̃˥˩sɿ˥tɕyor˩˦.王：咬住干屎橛儿，麦面都……niao˥tʂʮ˥kæ̃˥˩sɿ˥tɕyor˩˦,mei˥˩miæ̃˥tou˥˩……（"干死绝"是什么什么东西？）王：就咱们个人……tɕiou˥tsa˩˦məŋ˧kə˥zəŋ˩˦……黄：大便那个屎嘛。ta˥piæ̃˥nə˥kə˥sɿ˥ma˧.王：大便下那个屎……不那干棒子嘛，干屎橛儿嘛。ta˥piæ̃˥xa˥nə˥kə˥sɿ˥p……pu˩˦nə˥kæ̃˥˩paŋ˥tsɿ˧ma˧,kæ̃˥˩sɿ˥tɕyor˩˦ma˧.（一根橛头的橛？）王：嗯。ŋ̍˩.黄：橛啊？木橛的橛。tɕyo˩˦a˥?mu˥˩tɕyo˩˦ti˧tɕyo˩˦.（咬住干屎橛什么？）王：白面蒸馍都换不来。

peiʎʟmiæ̃˥tʂəŋ˦muoʎʟtou˦ʟxuæ̃˥puʎʟlæɛʎʟ.（白面……）王：蒸馍。tʂəŋ˦muoʎʟ.（蒸馍……）王：都换不来。tou˦ʟxuæ̃˥puʎʟlæɛʎ.（都……换……不来。你能再说一遍吗？这整个话儿。）王：咬住干屎，咬住干屎橛儿，白面蒸馍都换不来。niao˦tʂʮ˥ʟkæ̃˦ʟsɿ˦ʟ,niao˦tʂʮ˥ʟkæ̃˦ʟsɿ˦tɕyorʎ,peiʎʟmiæ̃˥tʂəŋ˦muoʎʟtou˦ʟxuæ̃˥puʎ˦læɛʎʟ.（它就形容什么东西呢？形容这个人？）王：它就形容这个人，这个人就是弄事的话了，你，他说那个事咬住……tʰɑ˦tɕiou˥ʟɕiŋʎʟyoŋʎ˦tʂə˥kə˥zəŋʎ,tʂə˥kə˥zəŋʎtɕiou˥ʟsɿ˥ʟnuoŋ˥sɿ˥ti˧xuɑ˥ʟlə˧,ni˦˦,tʰɑ˦˦ʂuo˦ʟnə˥kə˥ʟsɿ˥niao˦tʂʮ˥……黄：爱讲死理嘛。næɛ˥tɕiaŋ˦˦sɿ˦li˦˦ma˧.王：啊。ɑʟ.黄：我认为那个事合适就是适合的。ŋuo˦zəŋ˥veiʎ˦nə˥kə˥sɿ˥xuoʎʟtʂʰʅ˦˦tɕiou˥sɿ˥xuoʎʟtʂʰʅ˦ti˧.王：啊。ɑʟ.黄：你别人再说的再好，那都……ni˦˦pieʎʟzəŋʎ˦tsæɛ˥ʂuo˦ʟti˧tsæɛ˥xɑɔ˦˦,nei˥ʟtou˦ʟ……王：你再说再好也都，你都不行。ni˦˦tsæɛ˥ʂuo˦ʟtsæɛ˥xɑɔ˦æ˦˦nouʟ（←tou˦）,ni˦˦tou˦˦pu˦˦ɕiŋʎʟ.（这是贬义的还是褒义的？）黄：贬义的。piæ̃˦i˥ti˧.

瘦狗鼻子尖，闻着稀屎跑得欢

（鼻子呢？这还，还没进你们家门儿呢，在院子里就闻到你们家在做什么东西了。）黄：呃鼻子尖的焦锨咧。ə˦piʎʟtsɿ˧tɕiæ̃˦ti˧tɕiao˦ɕiæ̃˦ʟlie˧.（鼻子尖？）王：嗯。ŋ̍ʟ.黄：嗯。ə̃ʟ.（也有这个鼻子不怎么的的这个，这着火呢，这烧着了，他，他都闻不着，他烧得臭了都闻不着。）王：那是叫……nə˥sɿ˥ʟtɕiao˥……黄：人把这个叫……zəŋʎʟpa˦ʟtʂə˥kə˥tɕiao˥……王：鼻子实嘛。piʎʟtsɿ˧ʂʅʎma˧.黄：有的把那叫嗅觉失灵吗是咋么个。这都是兀洋话咧。iou˦ti˧pa˦ʟnei˥tɕiao˥ɕiou˥˦tɕyo˦ʟʂʅʎʟliŋʎʟma˧sɿ˧tsa˦˦muo˧kə˥.tʂə˥˦tou˦ʟsɿ˥vei˥liaŋʎxua˥ʟlie˧.（啊。有没有说鼻子怎么样呢？）王：人骂说，你，你都，你，你……你是着火了，鼻……衣服都烧……布都烧着了，你都闻不着，你鼻子实着咧。那就是说你实着咧。zəŋʎʟma˥˦ʂuo˦˦,ni˦˦,ni˦tou˦ʟ,ni˦,ni˦s……ni˦sɿ˥ʟtʂuoʎxuo˦lə˧,p……i˦fu˧tou˦ʟʂ……pu˥tou˦ʟʂɑɔ˦ʟtʂuoʎʟlə˧,ni˦tou˦ʟvəŋʎpuʎ˦tʂʰuoʎ,ni˦˦piʎʟtsɿ˧ʂʅʎʟtʂuo˦lie˧.nei˥tɕiou˥ʟsɿ˥ʟʂuo˦ʟni˦ʂʅʎʟtʂuo˦lie˧.黄：鼻子实着咧。嗯。piʎʟtsɿ˧ʂʅʎʟtʂuo˦lie˧.ŋ̍ʟ.（实？）王：嗯。ə̃˥.黄：嗯。ŋ̍ʟ.（就是……）黄：闻不着的，啊……vəŋʎpuʎʟtʂuoʎʟti˧,a˥tʂ……（啊，这个实？）黄&王：嗯。ŋ̍ʟ.（很扎实的实？）黄&王：啊。ɑʟ.黄：再人常骂人的话你是，有些人虽说是这个，还没到□院里咧啊，就闻着□是做的啥好吃的咧。呃是经常骂你兀是瘦狗鼻子尖哅。tsæɛ˥zəŋʎtʂʰɑŋʎma˥zəŋʎ˦ti˧xua˥ʟni˦sɿ˥,iou˦ɕie˦˦zəŋʎ˦suei˦ʂuo˦˦sɿ˥˦tʂə˥ʟkə˥ʟ,xaʎʟmuo˦ʟtɑɔ˥˦niæ̃ʎʟyæ̃˥˦li˦ʟlie˧a˧,tsou˥vəŋʎʟtʂuo˦niæ̃ʎʟsɿ˥ʟtsuo˥˦ti˧sa˥xɑɔ˦˦tʂʰʅ˦ti˧lie˧.əʟsɿ˥ʟtɕiŋ˦ʟtʂʰɑŋʎma˥ni˦væɛ˥ʟsɿ˥ʟsou˥kou˦piʎʟtsɿ˧tɕiæ̃˦m̩˧.（瘦狗还……）黄：啊，瘦狗鼻子尖么。ɑʟ,sou˥kou˦piʎʟtsɿ˧tɕiæ̃˦muo˧.王：嗯，瘦狗，就是很瘦的。ŋ̍ʟ,sou˥kou˦˦,tɕiou˥ʟsɿ˥ʟxəŋ˦˦sou˥ti˧.黄：那狗瘦得很，但鼻子可尖得很。nə˥ʟkou˦sou˥˦tə˧xəŋ˦ʟ,tæ̃˥ʟpiʎʟtsɿ˧kʰə˦ʟtɕiæ̃˦tə˧xəŋ˦ʟ.王：瘦狗可鼻子尖。sou˥kou˦kʰə˦ʟpiʎʟtsɿ˧tɕiæ̃˦ʟ.（瘦狗鼻子尖？）王：嗯。ŋ̍ʟ.黄：嗯。ə̃ʟ.（有没有下句的？）黄：啊，你闻……闻着稀屎你都跑的欢。a˥,ni˦vəŋʎ˦……vəŋʎʟtʂuoʎ˦ɕi˦ʟsɿ˦ni˦ʟtou˦ʟpʰɑɔ˦˦ti˧xuæ̃˦.（瘦狗鼻子尖……）黄：鼻子尖，啊。piʎtsɿ˧tɕiæ̃˦,ɑʟ.（叫做闻着……）王：稀屎。ɕi˦ʟsɿ˦.黄：稀屎跑的欢哅。ɕi˦ʟsɿ˦pʰɑɔ˦ti˧xuæ̃˦m̩˧.（ɕiʟsɿ˦是什么事儿？）黄：稀屎么。"户"字底下一个"米"字哅，屎嘛。ɕi˦ʟsɿ˦muo˧.xu˥˦tsɿ˥ti˦xa˥ʟi˦ʟkə˥ʟmi˦tsɿ˥ʟm̩˧,sɿ˦ma˧.王：把屎的那个屎嘛。pa˦sɿ˦ti˧nei˥kə˥sɿ˦ma˧.黄：屎嘛。sɿ˦ma˧.（噢，屎……前面那个字是什么？）王：稀。ɕi˦.黄：稀嘛。ɕi˦ma˧.（稀屎是吧？）黄：啊，稀屎嘛。跑的欢哅。ɑʟ.ɕi˦ʟsɿ˦ma˧.pʰɑɔ˦ti˧xuæ̃˦m̩˧.（呃，你再，再，再，再说

一下。）黄：瘦狗鼻子尖么，闻着稀屎跑得欢呣。sou˥kou˥˧˧pi˩˧˩tsɿ·˧tɕiæ̃˥˧muo·˧,vəŋ˩˧˩tʂuo˩˧˧ɕi˥˧˩sɿ˥˧˧pʰɑɔ˥˧tə·˧xuæ̃˥˧m̩·˧.

七十八十，给咧个扎实

（这个你被人家，被人家臭骂了一顿有没有什么说法？哎，今天倒霉了……）黄：叫狗咬了一次。tɕiɑɔ˥˩kou˥˧niɑɔ˥˧lə·˧i˥˧˩tsʰɿ˥.（除了狗咬了还有什么东西？狠狠地弄了一下。有没有说七十八十，给咧个扎实？）黄：没有。mei˩˧˧iou˥˧˩.王：嗯，那有个说，七十八十给咧个扎实，呐？ŋ̍˩,nei˥iou˥˧kə˥˩ʂuo˥˧˩,tɕʰi˥˧˩ʂɿ˩˧˩pɑ˥˧ʂɿ˩˧˩kei˥˦lie·˧kə˥˩tsɑ˥˧ʂɿ˩˧˩,nɑ˩?黄：嗯，这儿有这个，话是有哩。ə̃˩,tʂər˥iou˥˧tʂə˥kə˥,xuɑ˥sɿ˥˩iou˥˧li·˧.王：话有，这个话有。xuɑ˥˦iou˥˧,tʂə˥kə˥xuɑ˥iou˥˧˩.黄：嗯。ŋ̍˩.（这说什么呢，你们这边？）黄：这就□给了个扎实。tʂei˥˦tɕiou˥˩niæ̃˩˧˩kei˥lə·˧kə˥˩tsɑ˥˧ʂɿ˩˧˩.王：嗯，那就说是，气急，人家把他骂的，一下子七十八十把人给咧个扎实。əŋ˩,nei˥˩tɕiou˥˦ʂuo˥˧˩sɿ˥,tɕʰi˥tɕi˥˧˩,zəŋ˩˧˩tɕiɑ˥˧pɑ˥˧˩tʰɑ˥˧mɑ˥˦ti·˧,i˥˧˩xɑ˥tsɿ·˧tɕʰi˥˧˩ʂɿ˩˧˩pɑ˥˧ʂɿ˩˧˩pɑ˥˧˩zəŋ˩˧kei˥lie·˧kə˥˩tsɑ˥˧ʂɿ˩˧˩.（大概什么，在什么情况下用这个东西？）王：兀就再比若我，我他那儿下去，问个啥去了，去，去，没问成，叫□把咱们给骂了一顿，把咱们，给咧个扎实一下就。væᴇ˥˦tɕiou˥tsæᴇ˥pi˥˧˩ʐuo˥˧˩ŋuo˥˧˧,ŋuo˥˧˧tʰɑ˥˧nɑr˥ɕiɑ˥˩tɕʰi˥,vəŋ˥˦ŋə˩（←kə˥）sɑ˥tɕʰi˥lə·˧,tɕʰi˥,tɕʰi˥,muo˥˧˩vəŋ˥tʂʰəŋ˩˧,tɕiɑɔ˥niæ̃˩˧˩pɑ˥˧˩tsɑ˩˧məŋ·˧kei˥mɑ˥˦lə·˧i˥˧˩tuoŋ˥,pɑ˥˧˩tsɑ˩˧məŋ·˧,kei˥˦lie·˧kə˥˩tsɑ˥˧ʂɿ˩˧˩i˥˧˩xɑ˥tɕiou˥˩.黄：就是拿话把咱们，几……一下子给，说的够呛。tɕiou˥˩ʂɿ˥˩nɑ˩˧˩xuɑ˥˦pɑ˥˧˩tsɑ˩˧˩məŋ·˧,tɕi……i˥˧˩xɑ˥tsɿ·˧kei˥,ʂuo˥˧ti·˧kou˥tɕʰiɑŋ˥.王：七十八十，给了个扎实。tɕʰi˥˧˩ʂɿ˩˧˩pɑ˥˧ʂɿ˩˧˩,kei˥˦lə·˧kə˥tsɑ˥˧ʂɿ˩˧˩.

屎怕尝，话怕详

1.（说是是说话是君子，详话是孙子？）王：嗯，这个说法也有哩。ŋ̍˩,tʂə˥˩kə˥ʂuo˥˧fɑ˥˧˩ie˥˧˧iou˥˧li·˧.（这什么意思呢？）那就说是，说，就说你说话不算数儿，这个详话这个人也不……人说他这个话那个，屎怕尝，话怕详么。nei˥tɕiou˥ʂuo˥˧˩sɿ˥,ʂuo˥˧˧,tɕiou˥ʂuo˥˧˧ni˥˧ʂuo˥˧˩xuɑ˥pu˩˧˩suæ̃˥ʂɥər˥,tʂə˥kə˥ɕiɑŋ˩˧xuɑ˥tʂə˥kə˥zəŋ˩˧ie˥˧pu˩˧˩……zəŋ˩˧ʂuo˥˧˩tʰɑ˥˧˧tʂə˥kə˥xuɑ˥nə˥kə˥,sɿ˥˧˧pʰɑ˥ʂɑŋ˩˧,xuɑ˥pʰɑ˥ɕiɑŋ˩˧muo·˧.（事怕伤，话怕详？）啊。屎怕尝，话怕详。ɑ˩.sɿ˥˧˧pʰɑ˥ʂɑŋ˩˧,xuɑ˥pʰɑ˥ɕiɑŋ˩˧.（这个ʂɑŋ˩˧这不是，ʂɑŋ˩˧是什么，呃，平常的常？）尝，尝，欸，尝是尝东西的，品尝的尝么。ʂɑŋ˩˧,ʂɑŋ˩˧,ei˥,ʂɑŋ˩˧sɿ˥ʂɑŋ˩˧tuoŋ˥˧ɕi·˧ti·˧,pʰiŋ˥˧ʂɑŋ˩˧ti·˧tʂʰɑŋ˩˧˩muo·˧.（事怕ʂɑŋ˩˧……）嗯，话怕详么。ŋ̍˩,xuɑ˥pʰɑ˥ɕiɑŋ˩˧muo·˧.（什么意思呢？）那就是说是这个，那屎根本就是，这个屎根本就尝不成么，就怕尝咧么。话的话了你就怕详么。你瞎话好……好……好……那个好话你可以详成瞎话咧。nei˥˩tɕiou˥˦sɿ˥˩ʂuo˥˧˩sɿ˥˧˩tʂə˥kə˥,nə˥˩sɿ˥˧kəŋ˥˧pəŋ˥˧˩tɕiou˥sɿ˥,tʂə˥˩kə˥˩sɿ˥˧kəŋ˥˧˩pəŋ˥˧tɕiou˥ʂɑŋ˩˧pu˩˧˩tʂʰɑŋ˩（←tʂʰəŋ˩˧）muo·˧,tɕiou˥pʰɑ˥˩ʂɑŋ˩˧lie·˧muo·˧.xuɑ˥ti·˧xuɑ˥lə·˧n̩˥˧˧tɕiou˥pʰɑ˥ɕiɑŋ˩˧˩muo·˧.ni˥˧xɑ˥˧˩xuɑ˥˦xɑɔ˥˧……xə……xə……nə˥kə˥xɑɔ˥˧xuɑ˥ni˥˧˧kʰə˥˧i˥˧˩ɕiɑŋ˩˧˩tʂʰəŋ˩˧˧xɑ˥˧xuɑ˥˩lie·˧.（就是自己这么瞎琢磨？）啊，你，瞎琢磨了，你胡想咧。ɑ˩,ni˥˧,ɕiɑ˥˧˦tʂuo˥˧muo·˧lə·˧,ni˥˧xu˩˧ɕiɑŋ˥˧lie·˧.

2.（详话是一个什么话？）黄：详话？ɕiɑŋ˩˧xuɑ˥˩?（嗯，什么什么屎怕尝话怕详啊刚才？）详话，那就说是一……一句话，你这个学……说来说出来这个话，你说过就……就撂过欸，感觉到没有意思。如果你把这个话再重上几遍……ɕiɑŋ˩˧xuɑ˥,nei˥tɕiou˥˦ʂuo˥˧˩sɿ˥˩i˥˧˩……i˥˧˩tɕy˥˦xuɑ˥,ni˥˧˧tʂə˥kə˥ɕyo˩˧˩……ʂuo˥˧˩læᴇ˩˧˧ʂuo˥˧˩tʂʰɥ˥˧læᴇ˩˧˩tʂə˥kə˥xuɑ˥,ni˥˧ʂuo˥˧˩kuo˥˦tsou˥˩……tsou˥˩liɑɔ˥˦kuo˥˩ei·˧,kæ̃˥˧tɕye˥˧˩tɑɔ˥mei˩˧iou˥˧i˥sɿ·˧.zɥ˩˧˩kuo˥˧ni˥˧pɑ˥˧˩tʂə˥kə˥xuɑ˥tsæᴇ˥tʂʰuoŋ˩˧˩ʂ ɑŋ˥˩tɕi˨˩piæ̃˧˩……（嗯。）那个话都出来了。意思就出来了。nei˥kə˥xuɑ˥tou˨˦tʂʰʮ˨læᴇ˧˩lə˩.i˥sɿ˥tɕiou˥˩tʂʰʮ˨læᴇ˧˩lə˩.（话中有味？）噢，话中就有了味儿咧啊。ɑɔ˩,xuɑ˥tʂuoŋ˨˩tsou˥˩iou˨lə˩vər˥lie˩ɑ˩.（可能是不是说者无心，听者有意？）噢，听者就有了意了。详，你把这个话仔细一端详以后，说你这个话就不对了。ɑɔ˩,tʰiŋ˨tʂə˨˩tsou˥iou˨lə˩i˥˨lə˩.ɕiɑŋ˧,ni˨˦pɑ˨˩tʂə˥kə˥xuɑ˥tsɿ˨˩ɕi˥˦i˨˩tuæ̃˨ɕiɑŋ˧˩i˨˦xou˥,ʂuo˨˩ni˨˦tʂə˥kə˥xuɑ˥tsou˥pu˧˩tuei˥lə˩.

朝前看，咱不如人；望后看，人还不如咱

（比如说我这日子过得不如谁谁谁的好，我这个都……你看。他说，呃，我比他强多了。我心里就满足了。像这个叫什么？）王：那就是那个人说话是，朝前看，咱不如人，望后看，人还……人还不如咱。nei˥tɕiou˥sɿ˥nə˥kə˥zəŋ˧ʂuo˨˩xuɑ˥˩sɿ˥˩,tʂʰɑɔ˧˩tɕʰiæ̃˧kʰæ̃˥,tsɑ˧pu˧˩zʮ˧˦zəŋ˧,vɑŋ˥xou˥kʰæ̃˥,zəŋ˧xɑ……zəŋ˧xæᴇ˧˩pu˧˩zʮ˧˩tsɑ˧˩.黄：嗯。ŋ̍˩.（噢，这么说的？）黄：嗯。ŋ̍˩.

人死咧七天，毬奓了八天

（噢！还什么毬七天八天的什么东西？那说什么意思？）黄：那是骂有些人是装大咧。装下那个啥，装下那个架子咧。nə˥sɿ˥mɑ˥iou˨ɕie˨˩zəŋ˧sɿ˥tʂuɑŋ˨tɑ˥lie˩.tʂuɑŋ˨xɑ˥nə˥kə˥sɑ˥˩,tʂuɑŋ˨xɑ˥nə˥kə˥tɕiɑ˥tsɿ˩lie˩.王：装咧。那你装你那个架子大以后，那你你装下那个样子，他说，你人死咧七天，毬奓了八天，你那个死毬装化的。tʂuɑŋ˨lie˩.nei˥ni˨˦tʂuɑŋ˨ni˨˩næᴇ˥(k)ə˥tɕiɑ˥tsɿ˩tɑ˥i˨˩xou˥,næᴇ˥ni˨˦ni˨˦tʂuɑŋ˨xɑ˥˩nə˥kə˥iɑŋ˥tsɿ˩,tʰɑ˨˩ʂuo˨˩,ni˨˦zəŋ˧sɿ˨lie˩tɕʰi˨tʰiæ̃˨˩,tɕʰiou˧tsɑ˥lə˩pɑ˨tʰiæ̃˨˩,ni˨˦nə˥kə˥sɿ˨tɕʰiou˧tʂuɑŋ˨xuɑŋ˩（←xuɑ˥）ti˩.黄：你个死毬装化的么。ni˨˦kə˥sɿ˨˦tɕʰiou˧tʂuɑŋ˨xuɑŋ˩（←xuɑ˥）ti˩muo˩.（叫做人死了七天……）黄：啊哈。ɑ˩xɑ˨.王：嗯。ə̃˥.黄：但是你毬还奓了八天。tæ̃˥sɿ˥ni˨tɕʰiou˧xɑ˧˩tsɑ˥lə˩pɑ˨tʰiæ̃˨˩.（什么叫毬奓了八天呢？）王：毬奓了八天，奓了咧。tɕʰiou˧˩tsɑ˥˨lə˩pɑ˨tʰiæ̃˨˩,tsɑ˥˨lə˩lie˩.（啊？）王：奓咧么。tsɑ˥˨lie˩muo˩.（噢！劄？）王：噢，奓。ɑɔ˥,tsɑ˥.黄：呃是……奓么。ə˥sɿ˥……tsɑ˥muo˩.（就是举了八天？）王：啊。ɑ˩.黄：啊哈。举了。死毬装化鬼[①]嘛你。ɑ˩xɑ˨.tɕy˨lə˩.sɿ˨tɕʰiou˧˩tʂuɑŋ˨xuɑŋ˩（←xuɑ˥）kuei˨mɑ˩ni˩.（死毬装潢鬼。装潢鬼是什么东西？）黄：哼，就是装一个大，哼哼，装化……装化鬼么。xə̃˨,tɕiou˥sɿ˥tʂʰuɑŋ˨（←tʂuɑŋ˨）i˨˦kə˥tɑ˥,xə̃˨xə̃˥,tʂʰuɑŋ˨（←tʂuɑŋ˨）xuɑŋ˩（←xuɑ˥）……tʂuɑŋ˨xuɑŋ˩（←xuɑ˥）kuei˨muo˩.（到底是什么呢？这个你要是写的，可定要弄清楚了。）王：装化鬼。tʂuɑŋ˨xuɑ˥kuei˨˩.黄：装化。tʂuɑŋ˨xuɑ˥˩.（装华？）黄：就是有事时过于做下那个架子叫人看咧么，你装化咧么。tɕiou˥˩sɿ˥˩iou˨˦sɿ˥ʂʮ˧˩kuo˥˨y˧˩tsʮ˥xɑ˥nə˥˩kə˥˩tɕiɑ˥˨tsɿ˩tɕiɑɔ˥zəŋ˧kʰæ̃˥˨liem˩,ni˨˩tʂuɑŋ˨xuɑŋ˩（←xuɑ˥）liem˩.（装潢是吧？）黄：噢，装化鬼哞。ɑɔ˩,tʂuɑŋ˨xuɑŋ˩（←xuɑ˥）kuei˨˩m̩˩.王：啊。啊。ɑ˩.ɑ˩.

给个筛子尿不满

王：咱们也有说给个筛子尿不满啊？tsɑ˧məŋ˩ɑ˨˦iou˨ʂuo˨˩kei˥˩kə˥˩sæᴇ˨tsɿ˩niɑɔ˥pu˧˩mæ̃˨ɑ˩?黄：啊……就是个说了，给你个筛筛你尿不满。ɑ˨……tɕiou˥˦sɿ˥˩kə˥˩ʂuo˨lə˩,kei˥˨ni˨kə˥˩sæᴇ˨sæᴇ˨˩ni˨˦niɑɔ˥pu˧˩mæ̃˨˩.王：给你个筛子尿不满。kei˥˨ni˨kə˥˩sæᴇ˨tsɿ˩niɑɔ˥pu˧˩mæ̃˨.（给你个……）黄：筛子哞。sæᴇ˨tsɿ˩m̩˩.王：筛子。sæᴇ˨tsɿ˩.（色子？）黄：嗯。筛子就像过去……ə̃˩.sæᴇ˨tsɿ˩tɕiou˥ɕiɑŋ˥kuo˥˨tɕʰy˥˩……（哦，筛子？）王：啊。ɑ˩.黄：啊。筛子

① 装化鬼：《黄陵县志》（西安地图出版社1995年版）第608页也有"装化鬼"条，义与此类似。太白方言发音类似"装潢鬼"，疑为"装化鬼"语流音变的结果。

哞。ɑ˩.sæᴇ˥˧tsɿ˧.m̩˧.王：筛子是尿不满。sæᴇ˥˧tsɿ˧sɿ˥˩niaɔ˦pu˨˩mæ̃˥˧.（你尿不满？）王：噢，这个筛子你就尿不满么。那窟窿漏着，你能尿满？哼哼哼。ɑɔ˩,tʂə˥˩kə˥˩sæᴇ˥˧tsɿ˧ni˥˩tɕiou˥˧niaɔ˦pu˨˩mæ̃˥˧muo˧.nə˦kʰuoŋ˥˧（←kʰu˥˧）luoŋ˧lou˥˧tʂə˧,ni˥˧nəŋ˨˧niaɔ˦mæ̃˥˩?xə̃˩xə̃˥˧xə̃˥.（这是说什么东西呢？在什么情况下说什么话呢？）黄：这实际上就是给……意思么就说是给下你这个事情你也是接受不了。啊。tʂə˥˧ʂʅ˨˩tɕi˥˧ʂaŋ˦tɕiou˦sɿ˥kei˥˧……i˥˧sɿ˧muo˧tsou˦ʂuo˥˧sɿ˥kei˥˧xɑ˦ni˥˧tʂə˥kə˦sɿ˦tɕʰiŋ˨˧ni˥˧iɑ˥˧sɿ˦tɕie˥˩ʂou˥˧pu˨˩liaɔ˥˩.ɑ˩.（也是骂得很难受的意思？）王：也是骂的难……iɑ˥˧sɿ˦mɑ˦ti˧næ̃˨˩……黄：啊，也是骂得难受的。[清嗓子]那都没深没浅给你骂下那话。ɑ̃˥˧,ie˥˧sɿ˥˩mɑ˦ti˧næ̃˨˩ʂou˥˧ti˧.nə˦tou˥˧muo˥˩ʂəŋ˥˧muo˥˩tɕʰiæ̃˥˧kei˦ni˥˧mɑ˦xɑ˦nə˦xuɑ˥˩.

针尖对麦芒

（铜锤遇见铁刷子的说法说不说？）黄：不说这。pu˨˧ʂuo˥˩tʂə˥˩.（这两个人这个性相当啊。）王：你是咱们这儿，咱们这儿说了个针尖对麦芒咧。ni˥˩sɿ˥˩tsɑ˨˩məŋ˧tʂər˦,tsɑ˨˩məŋ˧tʂər˦ʂuo˥˧lə˧kə˦tʂəŋ˥˩tɕiæ̃˥˩tuei˦mei˥˩vɑŋ˨˩lie˧.黄：噢，咱们可说是针尖对……对麦芒。ɑɔ˩,tsɑ˨˩məŋ˧kʰə˥˧ʂuo˥˧sɿ˥˩tʂəŋ˥˧tɕiæ̃˥˩tuei˦……tuei˦mei˥˩vɑŋ˨˩.王：我们说针尖对麦芒。ŋuo˥˧məŋ˧ʂuo˥˧tʂəŋ˥˩tɕiæ̃˥˩tuei˦mei˥˩vɑŋ˨˩.（针尖对什么？）黄：对麦芒。tuei˦mei˥˩vɑŋ˨˩.王：麦芒。咱们麦子头起不是爹下那个芒芒子。叫针尖对麦芒。mei˥˩vɑŋ˨˩.tsɑ˨˩məŋ˧mei˥˧tsɿ˧tʰou˨˩tɕʰie˥˧pu˨˧sɿ˦tsɑ˦xɑ˦nə˦kə˦vɑŋ˨˩vɑŋ˨˧tsɿ˧.tɕiaɔ˦tʂəŋ˥˩tɕiæ̃˥˩tuei˦mei˥˩vɑŋ˨˩.（这是说两个人这个都是那个强性……）黄：嗯，都是像……ŋ̍˥˧,tou˥˧sɿ˦ɕiaŋ˦……王：强性子相等嘛。tɕʰiaŋ˨˩ɕiŋ˦tsɿ˧ɕiaŋ˥˩təŋ˥˧mɑ˧.（还有一个性子急的一个性子慢的遇到了怎么办呢？）黄：这叫……tʂə˦tɕiaɔ˦……（一个硬的一个软的碰到一起了。）黄：这□叫它……卖啥的碰着个卖棉花的咋啦。这个咋么个说咧？我记□有这么个话咧。反正，一个就硬，一个就软。tʂə˦niæ̃˨˩tɕiaɔ˦tʰɑ˥˧……mæᴇ˦sɑ˦ti˧pʰəŋ˦tʂə˧kə˦mæᴇ˦miæ̃˨˩xuɑ˥˧ti˧tsɑ˥˩lɑ˧.tʂə˦kə˦tsɑ˥˧muo˧kə˦ʂuo˥˧lie˧?ŋuo˥˧tɕi˦niæ̃˨˧iou˥˧tʂə˦muo˧kə˦xuɑ˦lie˧.fæ̃˥˩tʂəŋ˦,i˥˩kə˦tsou˦niŋ˦,i˥˩kə˦tsou˦ʐuæ̃˥˧.（想得起来吗？）黄：想不起来了。ɕiaŋ˥˧pu˨˧tɕʰi˥˩læᴇ˨˩lə˧.

一勺扣一碗

（有说一勺一碗的说法没有？）黄：那有这个说咧。摭一勺倒一碗哞。nei˦iou˥˧tʂə˥˩kə˥˩ʂuo˥˧lie˧.vɑ˥˧i˥˩ʂuo˨˩taɔ˦i˥˩væ̃˥˧m̩˧.王：一勺扣一碗。i˥˩ʂuo˨˩kʰou˦i˥˩væ̃˥˧.黄：一勺扣一碗么。i˥˩ʂuo˨˩kʰou˦i˥˩væ̃˥˧muo˧.（这说什么东西？）王：这就比个例子说是我……我要……我们家，有一这个，有一个闺女一个儿……儿子啊，这个给儿子说媳妇，把女子给给他，说是一勺扣一碗。女子卖下的……女子要下这个财礼钱呀刚够儿媳妇娶……给娃娶媳妇要下的这个钱。tʂei˥˧tɕiou˦pi˥˧kə˥˩li˥˧tsɿ˧ʂuo˥˩sɿ˦ŋuo˥˧……ŋuo˥˧iaɔ˦……ŋuo˥˧məŋ˧tɕia˥˩,iou˥˧i˥˧tʂə˦kə˦,iou˥˧i˥˩kə˦kuei˥˧ny˥˧i˥˧kə˦ər˨˩……ər˨˩tsɿ˥˧ɑ˧,tʂə˦kə˦kei˦ər˨˩tsɿ˥˧ʂuo˥˧ɕi˥˧fu˥˩,pɑ˥˧ny˥˧tsɿ˧kei˥˧kei˥˩tʰɑ˥˩,ʂuo˥˩sɿ˦i˥˩ʂuo˨˩kʰou˦i˥˩væ̃˥˧.ny˥˧tsɿ˧mæᴇ˦xɑ˦ti˧……ny˥˧tsɿ˧iaɔ˦xɑ˦tʂə˦kə˦tsʰæᴇ˨˩li˥˧tɕʰiæ̃˨˩iɑ˧kɑŋ˥˧kou˦ər˨˩ɕi˥˧fu˥˩tɕʰy˥˧……kei˦vɑ˨˩tɕʰy˥˧ɕi˥˧fu˥˩iaɔ˦xɑ˦ti˧tʂə˦kə˦tɕʰiæ̃˨˩.王：就叫一勺扣一碗。tɕiou˦tɕiaɔ˦i˥˩ʂuo˨˩kʰou˦i˥˧væ̃˥˧.黄：一勺扣一碗么。i˥˩ʂuo˨˩kʰou˦i˥˩væ̃˥˧muo˧.

鞭杆和棍一样的

黄：一模儿一样，那就是鞭杆①和棍一样的么。鞭杆和棍一样么那它是。i˥˩muor˨˧i˥˩iaŋ˦,nei˦tɕiou˦sɿ˦piæ̃˥˧kæ̃˥˩xuo˨˩kuoŋ˥˧i˥˩iaŋ˦ti˧.piæ̃˥˧kæ̃˥˩xuo˨˩kuoŋ˥˧i˥˩iaŋ˦muo˧nei˦tʰ

① 杆：《集韵》居寒切，“僵木也”。

ɑ˥˧˩sɿ˥˩.（什么piæ̃˥˧kæ̃˩xə˩kuoŋ˥˨是什么东西？）黄：这就是……tʂei˥tɕiou˥sɿ˥……王：鞭杆就是细……细的……细鞭杆嘛。piæ̃˥˧kæ̃˥˧˩tɕiou˥˩sɿ˥˩çi˥˨……çi˥ti˧……çi˥piæ̃˥˧kæ̃˥˧˩mɑ˧.黄：就是一个棍。tɕiou˥sɿ˥i˥˧kə˥˩kuoŋ˥.王：和棍一样么。xuo˩˥˩kuoŋ˥˨i˥˧˩iɑŋ˥muo˧.黄：实际上……ʂʅ˩˥˩tɕi˥˦ʂɑŋ˥˩……王：实际叫棍，实际都叫棍。ʂʅ˩˥˩tɕi˥˦tɕiɑɔ˥kuoŋ˥˨,ʂʅ˩˥˩tɕi˥˦tou˥˨tɕiɑɔ˥kuoŋ˥.（扁担？）黄：鞭杆。鞭杆就是这么奘那个木头棒嘛。piæ̃˥˧kæ̃˥˧˩.piæ̃˥˧kæ̃˥˧˩tɕiou˥sɿ˥tʂə˥muo˧tʂuɑŋ˥˧˧nə˥kə˥mu˥˧tʰou˧pɑŋ˥˦mɑ˧.王：细，嗯。çi˥˦,ŋ̍˩.黄：都这么长一个，也叫鞭杆，也把那个叫棍。实际上你叫鞭杆也能行，叫棍也能行。实……都是一个东西嘛。tou˥˧˧tʂə˥muo˧tʂʰɑŋ˩˥i˥˧˩kə˥˩,ie˥˧˧tɕiɑɔ˥piæ̃˥˧kæ̃˥˧˩,ie˥˧pɑ˥˧˩nə˥kə˥tɕiɑɔ˥kuoŋ˥.ʂʅ˩˥˩tɕi˥˦ʂɑŋ˥ni˥˧tɕiɑɔ˥˨piæ̃˥˧kæ̃˥˧˧æ˥˧˧nəŋ˩˥çiŋ˩˥˧,tɕiɑɔ˥kuoŋ˥æ˥˧˩nəŋ˩˥çiŋ˩˥˩.ʂ……tou˥˧˧sɿ˥i˥˧˩kə˥tuoŋ˥˧çi˧mɑ˧.（东西很扁的扁吗？）黄：不是。呣。这个鞭字就是，欸，鞭子的鞭么。pu˩˥˩sɿ˥.m̩˩˥.tʂə˥˩kə˥piæ̃˥˧tsɿ˥˩tsou˥sɿ˥,ei˩˥,piæ̃˥˧tsɿ˧ti˧piæ̃˥˧muo˧.王：鞭杆叫。piæ̃˥˧kæ̃˥˧˩tɕiɑɔ˥˦.（噢，鞭杆？）黄：呃，鞭杆。ə˩,piæ̃˥˧kæ̃˥˧.王：和棍一样么。xə˩˥˧kuoŋ˥˨i˥˧˩iɑŋ˥˦muo˧.（和棍子的棍啥？）黄：啊。棍子的棍么。这是形容两个一模儿一样的东西么。ɑ˩,kuoŋ˥˨tsɿ˧ti˧kuoŋ˥muo˧.tʂə˥sɿ˥çiŋ˩˥˩yoŋ˩˥˧liɑŋ˥˧kə˥˩i˥˧˨muor˩˥˦i˥˧˩iɑŋ˥˨ti˧tuoŋ˥˧çi˧muo˧.

眼红尻子绿

（有“眼红尻子绿”的说法没有？）王：眼红尻子绿有咧么。niæ̃˥˧˧xuoŋ˩˥kou˥˧˩tsɿ˧ly˥˧iou˥˧lie˧muo˧.黄：有咧好像。iou˥˧lie˧xɑɔ˥˧˩çiɑŋ˥.（说什么呢这是？）黄：别人做啥以后你这个……pie˩˥˩ʐəŋ˩˥˧tsuo˥˦sɑ˥i˥˧˩xou˥ni˥˧˧tʂə˥kə˥……王：别人做啥哩……pie˩˥˩ʐəŋ˩˥˧tsuo˥˦sɑ˥li˧……黄：你眼……眼红那这是着。ni˥˧˧niæ̃˥˧……niæ̃˥˧xuoŋ˩˥˩nei˥˩tʂə˥˦sɿ˥˩tʂə˧.王：他也看见眼红咧，他就眼红尻子绿。他就跑来，他也眼来急。说他。tʰɑ˥˧ie˥˧˧kʰæ̃˥tɕiæ̃˥niæ̃˥˧xuoŋ˩˥˩lie˧,tʰɑ˥˧˧tsou˥niæ̃˥˧˧xuoŋ˩˥kou˥˧˧tsɿ˧ly˥˧.tʰɑ˥˧tɕiou˥pʰɑɔ˥˧˧læᴇ˩˥˧,tʰɑ˥˧ie˥˧˧niæ̃˥˧˧læᴇ˩˥tɕi˥˧˩.ʂuo˥˧˩tʰɑ˥˧˩.（就是红眼是吧？）黄&王：嗯，红眼。ə̃˩,xuoŋ˩˥˩iæ̃˥˧.（欸，为什么叫尻子绿呢？）黄：尻子绿。你把你尻子底下看一看嘛，你尻子……你是个啥人嘛！kou˥˧tsɿ˧ly˥˧.ni˥˧pɑ˥˧˩ni˥˧kou˥˧tsɿ˧ti˥˧xɑ˥˩kʰæ̃˥i˥˧˧kʰæ̃˥˩mɑ˧,ni˥˧˧kou˥˧z……ni˥˧sɿ˥˩kə˥˩sɑ˥ʐəŋ˩˥mɑ˧!

张捣李胡子

（有张捣李胡子的说法没有？）黄：这个说咧。张捣李胡子。tʂə˥kə˥ʂuo˥˧lie˧,tʂɑŋ˥˧˩tɑɔ˥˧˧li˥˧xu˩˥˩tsɿ˧.（这是说什么呢？）黄：哎呀，这是说啥咧吵这个话？张捣李胡子。反正这个话……æᴇ˥iɑ˧,tʂə˥sɿ˥ʂuo˥˧˩sɑ˥˨lie˧sɑ˧tʂə˥kə˥xuɑ˥˩?tʂɑŋ˥˧˩tɑɔ˥˧li˥˧xu˩˥˩tsɿ˧.fæ̃˥˧˩tʂəŋ˥tʂə˥kə˥xuɑ˥˩……王：张捣李胡子他们形容这个人捣得很，捣过来捣过去的，就是张捣李胡子。tʂɑŋ˥˧˩tɑɔ˥˧˧li˥˧˧xu˩˥˩tsɿ˧tʰɑ˥˧˧məŋ˧çiŋ˩˥yoŋ˩˥˧tʂə˥kə˥ʐəŋ˩˥tɑɔ˥˧tei˥˧˩xəŋ˥˧˩,tɑɔ˥˧kuo˥˥˨læᴇ˩˥˩tɑɔ˥˧˧kuo˥tɕʰi˥˦tə˧,tɕiou˥˩ʂʅ˥˩tʂɑŋ˥˧˩tɑɔ˥˧li˥˧xu˩˥˩tsɿ˧.（在什么情况下说这个话？）黄：是有点子骂啥可能是。你这个张捣李胡子的！sɿ˥˩iou˥˧tiæ̃˥˧˩tsɿ˧mɑ˥sɑ˥kʰə˥˧˩nəŋ˩˥sɿ˥.ni˥˧tʂə˥kə˥tʂɑŋ˥˧˨tɑɔ˥˧˧li˥˧xu˩˥˩tsɿ˧ti˧!王：再一……兀，这个张捣李胡子那就说是……比若你们两人做生意着咧，我跑你跟前这么一说，跑你跟前那么一说，弄你两个生意……做不成，这就……捣的这个人就说称呼你张捣李胡子，你捣啥咧吧？tsæᴇ˥i˥˧˩p……vu˥,tʂə˥kə˥˦tʂɑŋ˥˧˩tɑɔ˥˧li˥˧xu˩˥˩tsɿ˧nei˥tɕiou˥ʂuo˥˧˩sɿ˥……pi˥˧ʐuo˥˧˩ni˥˧˧məŋ˧liɑŋ˥˧˧ʐəŋ˩˥˧tsɿ˥səŋ˥˧i˥˩tʂə˧lie˧,ŋuo˥˧pʰɑɔ˥˧ni˥˧˧kəŋ˥˧tɕʰiæ̃˩˥˩tʂə˥muo˧i˥˧˩ʂuo˥˧˩,pʰɑɔ˥˧˧ni˥˧˧kəŋ˥˧tɕʰiæ̃˩˥˩nə˥˦muo˧i˥˧˩ʂuo˥˧˩,nuoŋ˥ni˥˧˧liɑŋ˥˧kə˥˩səŋ˥˧i˧p……tsuo˥˦pu˩˥˩tʂʰəŋ˩˥,tʂə˥˦tɕiou˥……tɑɔ˥˧ti˧tʂə˥kə˥ʐəŋ˩˥tɕiou˥ʂuo˥˧˩tʂʰəŋ˥˧xu˥˧˩ni˥˧tʂɑŋ˥˧˩tɑɔ˥˧li˥˧x uʌ˩˩tsɿ˧,ni˥˦taɔ˥sa˧˦lie˧pa˧?（哪个捣？）黄：捣乱的捣。taɔ˥˦luæ̃˧˦ti˧taɔ˥˦.王：捣乱的捣。taɔ˥˦luæ̃˧˦ti˧taɔ˥˦.

吃屎怕拱嘴

黄：头里那个啥，咱们那个吃屎不拱嘴说啥咧？tʰou˩˩li˥nə˧kə˧sa˧,tʂa˩məŋ˧nə˧kə˧tʂʰʅ˥˩sɿ˥pu˩˩kuoŋ˥˦tsuei˥ʂuo˥˩sa˧˩lie˧?王：吃屎怕拱嘴啊？tʂʰʅ˥˩sɿ˥˦pʰa˧kuoŋ˥˦tsuei˥a˧?黄：啊。哎，怕……a˩.æᴇ˥˧,pʰa˧……王：吃屎怕拱嘴。吃屎怕拱嘴那是说的就是，这个事情你想……你想……才干这个坏事还不想……tʂʰʅ˥˩sɿ˥pʰa˧kuoŋ˥˦tsuei˥.tʂʰʅ˥˩sɿ˥pʰa˧kuoŋ˥˦tsuei˥nei˧sɿ˧ʂuo˥˩ti˧tɕiou˧˦ʂʅ˧˩,tʂə˧˩kə˧sɿ˧tɕʰiŋ˩˩ni˥˦ɕiaŋ˥˦……ni˥˦ɕiaŋ˥˦……tsʰæᴇ˩kæ̃˧tʂə˧kə˧xuæᴇ˧sɿ˧xa˩˩pu˩˩ɕiaŋ˥˦……黄：还不想……还不想背这个……还不想背……xa˩˩pu˩˩ɕiaŋ˥……xa˩˩pu˩˩ɕiaŋ˥˦pei˥tʂə˧˩kə˧˩……xa˩˩pu˩ɕiaŋ˥pei˥˩……王：啊，还不想背这个名儿，就是吃屎怕拱嘴。a˩,xa˩˩pu˩˩ɕiaŋ˥˦pei˥tʂə˧kə˧miɑ̃r˩,tɕiou˧sɿ˧tʂʰʅ˥˩sɿ˥pʰa˧kuoŋ˥˦tsuei˥˦.黄：吃屎……拱嘴。tʂʰʅ˥˩sɿ˥……kuoŋ˥˦tsuei˥˦.（吃屎不拱嘴还是怕拱嘴？）黄：怕拱嘴。pʰa˧kuoŋ˥˩tsuei˥.王：吃屎怕拱嘴。tʂʰʅ˥˩sɿ˥˦pʰa˧kuoŋ˥˦tsuei˥.黄：就是你把屎吃了还怕嘴上糊上屎么。tɕiou˧˩sɿ˧˩ni˥pa˥˩sɿ˥tʂʰʅ˥˩lə˧xa˩˩pʰa˧tsuei˥ʂaŋ˧xu˩˩ʂaŋ˧sɿ˥muo˧.（kuoŋ˧嘴还是kuoŋ˥嘴）黄：拱嘴。kuoŋ˥˦tsuei˥˩.（哪个kuoŋ˧啊？）黄：提手旁过来个共字哟。tʰi˩˩ʂou˥pʰaŋ˩˩kuo˧læᴇ˩˦kə˧kuoŋ˧tsɿ˧m̩˧.王：吃屎怕……啊，怕拱嘴，对着咧。tʂʰʅ˥˩sɿ˥pʰa˧……a˩,pʰa˧kuoŋ˥˦tsuei˥,tuei˧tʂə˧lie˧.黄：嗯。ŋ̍˩.王：怕拱嘴那就说害怕拱到嘴上咧。pʰa˧kuoŋ˥tsuei˥˩nei˧tɕiou˧ʂuo˥˦xæᴇ˧pʰa˧kuoŋ˥taɔ˧˩tsuei˥ʂaŋ˧˩lie˧.黄：啊，就拱嘴就说是猪那个是喙咧么。a˩,tsou˧kuoŋ˥tsuei˥˩tɕiou˧˩ʂuo˥˩sɿ˧˩tʂʮ˥nə˧kə˧sɿ˧xuei˧˦liem˧.王：嗯。ŋ̍˥.黄：吃屎怕拱嘴么。tʂʰʅ˥˩sɿ˥pʰa˧kuoŋ˥˦tsuei˥muo˧.

做贼挖窟窿

（“做贼挖窟窿”的说法有没有？）黄：哎有咧。æᴇ˥iou˥˩lie˧.王：做贼挖窟窿有咧。tsuo˧tsei˩va˥˦kʰu˥luoŋ˩˩iou˥lie˧.黄：有咧。iou˥lie˧.（这说什么呢？什么意思呢，在你们这里？）黄：兀是做啥就是不地道哟。当贼的……当贼你这个一般偷东西都是从□墙上挖窟窿儿钻进来的。做贼挖窟窿，反正你都是干坏事的哟。væᴇ˧˦sɿ˧tsʮ˧sa˧tɕiou˧sɿ˧pu˩ti˧˦taɔ˧˩m̩˧.taŋ˥˩tsei˩ti˧……taŋ˥˩tsei˩ni˥˦tʂə˧kə˧i˥˦pæ̃˥tʰou˥˦tuoŋ˥ɕi˧tou˥˦sɿ˧tsʰuoŋ˩˩niæ̃˩˩tɕʰiaŋ˩˩ʂaŋ˧˦va˥˩kʰu˥luɑ̃r˩˩tsuæ̃˥tɕiŋ˧˩læᴇ˩˩ti˧.tsuo˧tsei˩va˥˩kʰu˥luoŋ˩˩,fæ̃˥˩tʂəŋ˧ni˥tou˥˩sɿ˧˩kæ̃˧xuæᴇ˧sɿ˧ti˧m̩˧.王：就是干坏事咧哟，不干正当事么。tɕiou˧˩sɿ˧˩kæ̃˧xuæᴇ˧sɿ˧lie˧m̩˧,pu˩˩kæ̃˧tʂəŋ˧˦taŋ˧˩sɿ˧muo˧.

热蒸馍现卖

（就刚得来的他就……刚……就马上就卖，有没有“旋做旋卖”或者“旋蒸旋卖”的这种说法？）黄：有说……有旋做旋卖这个说法咧。iou˥suo˥˩……iou˥ɕyæ̃˧˦tsuo˧˩ɕyæ̃˧mæᴇ˧tʂə˧˩kə˧˩ʂuo˥fa˥˩lie˧.（这说什么呢？）黄：那就说个简单的话就说是，他跟前，我刚跟他跟前听来的话……nə˧˦tsou˧ʂuo˥kə˧˩tɕiæ̃˥tæ̃˥˩ti˧xua˧˩tɕiou˧ʂuo˥˩sɿ˧,tʰa˥kəŋ˥˩tɕʰiæ̃˩,ŋuo˥kaŋ˥˦kəŋ˥˦tʰa˥˦kəŋ˥tɕʰiæ̃˩˩tʰiŋ˥læᴇ˩˩ti˧xua˧……（哈，马上就……）黄：马上转个圈圈我返回来可跟你学着咧，跟尔这个说着咧。ma˥ʂaŋ˧tʂuæ̃˧kə˧tɕʰyæ̃˥tɕʰyæ̃˥˩ŋuo˥fæ̃˥˩xuei˩˩læᴇ˩˦kʰə˥˩kəŋ˥˦ni˥ɕyo˩˩tʂə˧lie˧,kəŋ˥˩ni˥tʂə˧kə˧ʂuo˥tʂə˧lie˧.（就是迫不及待地……）黄：呃，迫不及待了，嗯。ə˧,pʰuo˥pu˩˩tɕi˩tæᴇ˧lə˧,ɑ̃˩.王：那是那……那是那热蒸馍现卖么。nei˧sɿ˧˩nə˧……nei˧sɿ˧nə˧ʐə˥˦tʂəŋ˥muo˩˩ɕiæ̃˧mæᴇ˧˦muo˧.黄：啊，热蒸馍现卖那。

ɑ˨˩,zə˥˦tʂəŋ˥˦muo˧˩˦ɕiæ̃˥mæᴇ˥nei˥˩.（叫什么？）王：热蒸馍现卖。zə˥˦tʂəŋ˥˦muo˧˩˦ɕiæ̃˥mæᴇ˥.

热闹处卖母猪

（有没有说什么“热闹处卖母猪”的这种说法？）黄：那不在这个上头。那和这个两回事。nei˥˧pu˧˨˩tsæᴇ˥tʂə˥kə˥ʂaŋ˥tʰou˧.næᴇ˥˧xuo˧˨˩tʂə˥kə˥liaŋ˥˦xuei˧˨˩sɿ˥.（呃，那是怎么呢？有这个说法是吧？）有这个说法，但是不……用不得这儿这去。iou˥˦tʂə˥kə˥ʂuo˥˦fɑ˥˨˩,tæ̃˥sɿ˥pu˧˨˩……yoŋ˥˧pu˧˨˩tə˥tʂər˥tʂə˥tɕʰi˥.（用……用在什么地方呢这儿？这个这个话这个说法怎么说的呢你们这边是？）就是和……一个是叫和事咧。这是你打架的话那就叫和事咧。拉架拉偏咧就是拉偏咧他。再一个你就是有些事……有……比如有些事情咧本来就够乱的啊。你来不制止，你还和事嘞，这就有些也叫，叫乱上加乱咧。tɕiou˥˨˩sɿ˥˨˩xu……i˥˨˩kə˥˧sɿ˥tɕiɑo˥xuo˥sɿ˥lie˧.tʂə˥˨˩sɿ˥˨˩ni˥˦tɑ˥˦tɕiɑ˥˦ti˧xuɑ˥næᴇ˥tɕiou˥tɕiɑo˥˨˩xuo˥sɿ˥lie˧.lɑ˥˨˩tɕiɑ˥lɑ˥˨˩pʰiæ̃˥˦lie˧tɕiou˥˨˩sɿ˥˨˩lɑ˥˨˩pʰiæ̃˥˦lie˧tʰɑ˥˨˩.tsæᴇ˥i˥˨˩kə˥˨˩ni˥˦tsou˥sɿ˥iou˥˦ɕie˥˨˩sɿ˥……iou˥˦……pi˥˦zʯ˧˦iou˥˦ɕie˥˨˩sɿ˥˦tɕʰiŋ˧˦lie˧pəŋ˥˦læᴇ˧˦tsou˥kou˥luæ̃˥ti˧lɑ˨˩.ni˥˦læᴇ˧˦pu˧˨˩tʂɿ˥tsɿ˥˦,ni˥˦xɑ˧˨˩xuo˥sɿ˥lei˧,tʂei˥tɕiou˥iou˥˦ɕie˥˨˩ie˥˦tɕiɑo˥,tɕiɑo˥luæ̃˥ʂɑŋ˥˨˩tɕiɑ˥˨˩luæ̃˥lie˧.（有没有这个“热闹处卖母猪”这种说法？）有咧，也有热闹处卖母猪这个说法。iou˥˦lie˧,ie˥˦iou˥˦zə˥˦nɑo˥˨˩tʂʰʯ˥˨˩mæᴇ˥mu˥˦tʂʯ˥˨˩tʂə˥˨˩kə˥˨˩ʂuo˥˦fɑ˥˨˩.（怎么，它，它是说什么东西呢？）这是就是这个本来这个场面就够乱的了，结果你来还……还把这个其他的事情还扯……还牵扯到一瘩里去，还把这个事情往大里和着。tʂə˥˨˩sɿ˥˨˩tɕiou˥sɿ˥tʂə˥kə˥pəŋ˥˦læᴇ˧˦tʂə˥˨˩kə˥˨˩tʂʰɑŋ˥˦miæ̃˥tsou˥˨˩kou˥luæ̃˥ti˧lə˧,tɕie˥˨˩kuo˥˦ni˥˦læᴇ˧˦xæᴇ˧˨˩……xɑ˧˦pɑ˥˨˩tʂə˥kə˥tɕʰi˧˨˩tʰɑ˥ti˧sɿ˥tɕʰiŋ˧˨˩xæᴇ˧˦tʂʰə˥˨˩……xɑ˧˦tɕʰiæ̃˥˦tʂʰə˥˨˩tɑo˥i˥˨˩tɑ˥˨˩li˧tɕʰi˥,xɑ˧˦pɑ˥˨˩tʂə˥kə˥sɿ˥tɕʰiŋ˧˨˩vɑŋ˥˨˩tɑ˥˧li˧xuo˥˨˩tʂə˧.（叫，这个这种说法叫什么？）啊儿，热闹处卖母猪咧。ɑr˨˩,zə˥˦nɑo˥˨˩tʂʰʯ˥˨˩mæᴇ˥mu˥˦tʂʯ˥˨˩lie˧.

三年都等你个闰腊月

黄：有的……有的这个骂的话是说你不要……我们这儿这有些人那个带……那个前头带个啥，你不要骚情。iou˥˦ti˧……iou˥˦ti˧tʂə˥kə˥mɑ˥tə˧xuɑ˥sɿ˥ʂuo˥˦ni˥˦pu˧˨˩iɑo˥……ŋuo˥˦məŋ˧tʂər˥tʂə˥iou˥˦ɕie˥˨˩zəŋ˧˦nə˥˨˩kə˥˨˩tæᴇ˥……nə˥kə˥tɕʰiæ̃˧˨˩tʰou˧tæᴇ˥kə˥sɑ˥,ni˥˦pu˧˨˩iɑo˥sɑo˥˨˩tɕʰiŋ˧˦.（叫什么？）不要骚情我跟你说。到时候非做死你不行！pu˧˨˩iɑo˥sɑo˥˨˩tɕʰiŋ˧˦ŋuo˥˦kəŋ˥˨˩ni˥˨˩ʂuo˥˨˩.tɑo˥sɿ˧˦xou˥fei˥˦tsɿ˥sɿ˥˦ni˥˦pu˧˦ɕiŋ˧˨˩!（叫什么？）做死你不行。tsɿ˥˧sɿ˥˨˩ni˥˦pu˧˨˩ɕiŋ˧˨˩.（就发狠了这种？）噢，我三年都等你个闰腊月咧。ɑɔ˨˩,ŋuo˥˨˩sæ̃˥˨˩niæ̃˧˦tou˥˦təŋ˥˦ni˥˨˩kə˥˨˩zʯoŋ˥lɑ˥˦yo˥˦lie˧.（叫什……什么？）三年我都等你个闰腊月咧。sæ̃˥˨˩niæ̃˧˦ŋuo˥˦tou˥˨˩təŋ˥˦ni˥˨˩kə˥˨˩zʯoŋ˥lɑ˥˨˩ye˥˦lie˧.（就是……就是要搞死你？）嗯。时间不到。你当我……你当我不做你噢？有时间我就非把你做死都不行！ɔ̃˨˩,sɿ˧˨˩tɕiæ̃˥˦pu˧˨˩tɑo˥.ni˥˨˩tɑŋ˥˦ŋuo˥˦……ni˥tɑŋ˥˨˩ŋuo˥˦pu˧˨˩tsɿ˥ni˥˦ɑo˧?iou˥˦sɿ˧˨˩tɕiæ̃˥˦ŋuo˥˦tsou˥fei˥˦pɑ˥˨˩ni˥˦tsɿ˥sɿ˥˦tou˥˦pu˧˦ɕiŋ˧˨˩!

舔肥尻子咬瘦毬

1.（拍马屁你们叫什么？）黄：舔尻子。tʰiæ̃˥˦kou˥˦tsɿ˧.（那这个，又拍穷……有钱人的马屁，又这个，看不起人家穷人，他叫什么？）王：嫌穷爱富么。这个噢？ɕiæ̃˧˨˩tɕʰyoŋ˧˨˩næᴇ˥fu˥˦muo˧.tʂə˥˨˩kə˥ɑo˥?黄：嗯。ŋ̍˨˩.（还有什么，什么说法没有？）黄：那就是原先咱们都说了么，那是那个，这个舔肥尻子咬瘦毬么。næᴇ˥tɕiou˥˧sɿ˥˨˩yæ̃˧˦ɕiɑŋ˨˩（←ɕiæ̃˥˦）tsɑ˧˨˩məŋ˧tou˥˨˩ʂuo˥˦lə˧muo˧,nə˥˨˩sɿ˥˨˩nə˥kə˥,tʂə˥˨˩kə˥˨˩tʰiæ̃˥˦fei˧˦kou˥˦tsɿ˧niɑo˥˦sou˥tɕʰiou˧˦muo˧.

2. 黄：再一个那个那那，再一个儿那就是那人说话，嫌贫爱富么。见不得穷人么那就说他。tsæᴇ˧i˥˩˦kə˧nei˧kə˧nei˧˥nei˧˩,tsæᴇ˧i˥˩˦kər˧nei˧tɕiou˧˩sʅ˧˩nei˧˩zəŋ˧˥ʂuo˥˩xua˧˩,ɕiæ̃˧˥pʰiŋ˧˥næᴇ˧fu˧muo˨.tɕiæ̃˧pu˨˩tei˥˩tɕʰyoŋ˧˥zəŋ˧˥muo˦nei˧˩tɕiou˧˩ʂuo˥˩tʰɑ˥˩.

3.（这个人这比如说这个心理上就是，看到富……这个富……这个人家有钱的，富贵的，他就，他就跟人家套近乎，跟着那个什么贫贱的这些人呢，他不但这个，不但看不起，而且有时候还害害别人。）王：嫌穷爱富么。ɕiæ̃˧˥tɕʰyoŋ˧˥ŋæᴇ˧fu˧˦muo˨.黄：呃，就是那嫌穷爱富么你。ə˧,tsou˧˩sʅ˧˩nə˧ɕiæ̃˧˥tɕʰyoŋ˧˦næᴇ˧fu˧muo˨ni˥˩.（还有什么说法没有？）黄：嗯哼，嫌那，嫌那，那叫个啥咧吵你看这么这就？ə̃˧xə̃˩,ɕiæ̃˨˩nə˧˩,ɕiæ̃˧˦nə˧,nə˧tɕiɑɔ˧kə˧sɑ˧˦lie˨sɑ˦ni˧kʰæ̃˧tʂə˧muo˦tʂə˧˩tɕiou˧˩?王：我一端我看来都叫兀是嫌穷爱富。再没有啥说法咧那个。ŋuo˥˩i˥˩tuæ̃˥˩ŋuo˥˩kʰæ̃˧læᴇ˨˩tou˥˦tɕiɑɔ˧væᴇ˧sʅ˧ɕiæ̃˧˥tɕʰyoŋ˨˩næᴇ˧fu˧.tsæᴇ˧mei˨˩iou˥˩sɑ˧˩ʂuo˥˩fɑ˥˩lie˨nɑ˧˩kə˧˩.（没有什么别的说……有俗……俗语说……说这个人怎么样呢？）黄：那就是舔肥尻子咬瘦毬嘛。nə˧˥tɕiou˧˩sʅ˧˩tʰiæ̃˥˩fei˨˩kou˥˩tsʅ˨niɑɔ˥˩sou˧tɕʰiou˨˩mɑ˨.客：嗯哼哼哈。ŋ̍˩xə̃˥˩xə̃˥˩xɑ˩.黄：哼哼，它是……xə̃˥˩xə̃˩,tʰɑ˥˦sʅ˧……客：俗语就是这么。sʮ˧˥y˥˩tɕiou˧sʅ˧tʂə˧˩muo˨.黄：俗语就是骂开了兀说……sʮ˧˥y˥˩˦tsou˧˩sʅ˧˩mɑ˧˩kʰæᴇ˥˩lə˦væᴇ˧ʂuo˥˩˦……客：哼哼，都骂开了。xə̃˥˩xə̃˩,tou˥˩mɑ˧˦kʰæᴇ˥˩lə˨.黄：你看你个舔肥尻子咬瘦毬个样子。ni˥˩kʰæ̃˧ni˥˩˦kə˧tʰiæ̃˥˩fei˨˩kou˥˩tsʅ˨niɑɔ˥˩sou˧tɕʰiou˨˩kə˧iɑŋ˧tsʅ˨.客：哼哼。xə̃˥˩xə̃˩.（舔肥尻子。）黄：嗯。ʔʰə̃˧.（咬瘦毬是吧？）黄：啊哈。ɑ˧ʔʰɑ˧.客：哼哼。骂开人啊那就。xə̃˥˩xə̃˩.mɑ˧kʰæᴇ˥˩˦zəŋ˨˩ɑ˦nei˧˩tɕiou˧˩.

树叶下来害怕我头挞咧

（这个人胆小怕事是什么呀？怎么骂他呢？）王：胆小鬼，那就说你树叶下来害怕我头挞咧。tæ̃˥˩ɕiɑɔ˥˩kuei˥˩,næᴇ˧tɕiou˧˥ʂuo˥˩ni˥˩ʂʮ˧˥ie˥˩xɑ˧læᴇ˨˩˦xæᴇ˧pʰɑ˧vuo˥˩tʰou˨˩tʰɑ˥˩lie˨.（叫什么？）树叶下来害……害怕……害怕树叶下来把头挞咧。ʂʮ˧˥ie˥˩xɑ˧læᴇ˨˩˦xæᴇ˧……xæᴇ˧pʰɑ˧……xæᴇ˧pʰɑ˧ʂʮ˧˥ie˥˩xɑ˧læᴇ˨˩˦pɑ˥˩tʰou˨˩tʰɑ˥˩lie˨.（树叶下来……）嗯，把头挞咧。ə̃˥˩,pɑ˥˩tʰou˨˩tʰɑ˥˩lie˨.（把头……挞了是什么意思？）嗯，那就说把你头挞一下。害怕把你头挞一下。ŋ̍˩,nə˧tɕiou˧ʂuo˥˩˦pɑ˥˩ni˥˩˦tʰou˨˩tʰɑ˥˩i˥˩xɑ˧˩.xæᴇ˧pʰɑ˧pɑ˥˩ni˥˩˦tʰou˨˩tʰɑ˥˩i˥˩xɑ˧˩.（打一下叫挞一下吗？）啊，啊。ɑ˧,ɑ˩.（这句话连起来怎么说的？）害怕树叶下来把头挞咧。xæᴇ˧pʰɑ˧ʂʮ˧˥ie˥˩xɑ˧læᴇ˨˩˦pɑ˥˩tʰou˨˩tʰɑ˥˩lie˨.

君子动口不动手

（那有没有说什么君子动口不动手的这种说法？）王：有咧。iou˥˩lie˨.黄：呃，有咧么。ə˩,iou˥˩lie˨muo˨.（这怎么说呢？）王：这就说是，咱两个，咱……咱们两个坐下，这就动口咧，你……不准你动手。你一动手的话，你就是君子动手……动嘴不动……呃，动口不动手么。tʂə˧˥tɕiou˧ʂuo˥˩sʅ˧,tsɑ˨˩liɑŋ˥˩˦(k)ə˧,tsɑ……tsɑ˨˩məŋ˦liɑŋ˥˩(k)ə˧˩tsuo˧˦xɑ˧˩,tʂei˧˩tɕiou˧˩tuoŋ˧kʰou˥˩lie˨,ni˥˩˦……pu˨˩tʂuoŋ˥˩ni˥˩tuoŋ˧ʂou˥˩.ni˥˩i˥˩tuoŋ˧ʂou˥˩tə˨xuɑ˧˩,ni˥˩˦tɕiou˧sʅ˧tɕyoŋ˥˩tsʅ˥˩˦tuoŋ˧ʂ……tuoŋ˧tsuei˥˩pu˨˩tuoŋ˧……ə˧,tuoŋ˧kʰou˥˩pu˨˩tuoŋ˧ʂou˥˩muo˨.

紧病慢大夫

（有这个紧病慢大夫这种说法儿没有？）黄：那有咧么。næᴇ˧˥iou˥˩lie˨muo˨.（说什么意思呢是？）病是再急……急的病，你不要着急了么。你还该咋么个看，你慢慢着咋么个看就对了，你着急啥？piŋ˧sʅ˧tsæᴇ˧tɕi˨˩……tɕi˨˩ti˦piŋ˧,ni˥˩˦pu˨˩iɑɔ˧tʂɑɔ˨˩˦tɕi˨˩lə˧muo˨.ni˥˩xæᴇ˨˩kæᴇ˥˩˦tsɑ˥˩muo˨kə˧˩kʰæ̃˧,ni˥˩˦mæ̃˧˦mæ̃˧˩tʂuo˥˩tsɑ˥˩muo˨kə˧˩kʰæ̃˧tɕiou˧tuei˧lə˧,ni˥˩tʂɑɔ˨˩tɕi˨˩sɑ˧˩?

三脚都踢不出来个屁

（老人家形容这个人不说话？）黄：性格嗯啥。ɕiŋ˥kə˥˩ŋ̍˥sa˥˦.（性格孤僻呀，不说话。）嗯。不吭不哈的。ŋ̍˩.pu˨˩kʰəŋ˥˩pu˨˩xa˥˩ti˧.（我怎么问呐他他都不回答，这样这样的，你们一般怎么说呢？）用土话来，三脚都踢不出来个屁么。yoŋ˥tʰu˥˩xua˥læᴇ˨˦,sæ̃˥˩tɕyo˥˩tou˥˩tʰi˥˦pu˨˦tʂʰʯ˥˩læᴇ˨˩kə˥˩pʰi˥muo˧.（你再说一遍。）三脚子踢不出来个屁嘛。形容这个人老实得是……又没得话。你总是把那个搭传。你踢个三脚，他连个屁都不放，跟你说。sæ̃˥˦tɕyo˥˩tsɿ˧tʰi˥˦pu˨˦tʂʰʯ˥˩læᴇ˨˩kə˥˩pʰi˥ma˧.ɕiŋ˨yoŋ˨˦tʂə˥kə˥ʐəŋ˨˩lao˥˩ʂʅ˨˩tə˧sɿ˥……iou˥˦mei˨˩tə˧xua˥˦.ni˥˩tsuoŋ˥˩sɿ˥˩pa˥˩nə˥kə˥ta˥˩tʂʰuæ̃˨˩.ni˥˦tʰi˥˩kə˥˩sæ̃˥˦tɕyo˥˩,tʰa˥˦liæ̃˨˩kə˥pʰi˥tou˥˩pu˨˩faŋ˥,kəŋ˥˦ni˥˩ʂuo˥˩.（有没有说是闷葫芦？）闷葫芦这话有咧。məŋ˥xu˨˩lou˧tʂə˥xua˥iou˥˩lie˧.（闷葫芦是指那种人吧？）嗯，指那种人。ŋ̍˩,tsɿ˥˩nei˥˦tʂuoŋ˥˩zəŋ˨.（不吭声这个意思怎么说？）不吭声，噢？pu˨˩kʰəŋ˥˩ʂəŋ˥˩,ao˩?（嗯。）不吭声的意思就是啥事情都……反正啥事情出来我都不表态。我就那么往那儿一蹴去。瞎咧好咧我都不说你那话。pu˨˦kʰəŋ˥˦ʂəŋ˥˩ti˧li˥˦sɿ˥tɕiou˥˩sɿ˥˩sa˥sɿ˥tɕʰiŋ˨˦tou˥˩……fæ̃˥˩tʂəŋ˥sa˥sɿ˥tɕʰiŋ˨˦tʂʰʯ˥˩læᴇ˨ŋuo˥˩tou˥˩pu˨˩piao˥˦tʰæᴇ˥.ŋuo˥˩tɕiou˥nə˥muo˧vaŋ˥˩nar˥i˥˩tɕiou˨˦tɕʰi˥.xa˥˩lie˧xao˥˩lie˧ŋuo˥˦tou˥˦pu˨˩ʂuo˥˩ni˥˩nə˥˩xua˥˦.（不言喘说不说？）不言喘说咧，这个是个土话。pu˨˩niæ̃˨˩tʂʰuæ̃˥˩ʂuo˥˩lie˧,tʂə˥kə˥sɿ˥˩kə˥˩tʰu˥˩xua˥˩.（叫什么？）不言……不言喘。pu˨˩niæ̃˨……pu˨˩iæ̃˨˩tʂʰuæ̃˥˩.（什么意思呢？）不言喘就说是任何意见都不发表。噢，我都是，我就往那儿一蹲嘛。兀就是，俗话说的那种老好儿人嘛。pu˨˩niæ̃˨˩tʂʰuæ̃˥˩tɕiou˥˩ʂuo˥˩sɿ˥ʐəŋ˥˦xuo˨i˥tɕiæ̃˥ŋuo˥˩tou˥˩pu˨˩fa˥˩piao˥˩.ŋao˩,ŋuo˥˩tou˥˦sɿ˥,ŋuo˥˩tɕiou˥vaŋ˥˩nar˥i˥˦tuoŋ˥˩ma˧.væᴇ˥˦tɕiou˥˩sɿ˥˦,sʯ˨˩xua˥˦ʂuo˥˩ti˧nei˥tʂuoŋ˥˦lao˥˩xaor˥˩zəŋ˨ma˧.（噢，他老好人叫不言喘？）嗯。那你瞎的好的与我无干么。ə̃˩.næᴇ˥ni˥˦xa˥˩ti˧xao˥˩ti˧y˥˦ŋuo˥˩vu˨kæ̃˥˩muo˧.

驴槽里跳出来个马嘴

（欸，骂骂这个人是你多嘴你怎么说？）黄：你驴槽里跳出来个马嘴么你。ni˥˩ly˨tsʰao˨˩li˥˦tsʰʅ˥˩tʂʯ˥˩læᴇ˨˩kə˥˩ma˥˩tsuei˥˩muo˧ni˥˩.（驴槽里刺……）驴槽里跳出来个马嘴么，驴你插不下来。ly˨tsʰao˨˩li˥˦tsʰʅ˥˩tʂʯ˥˩læᴇ˨˩kə˥˩ma˥˩tsuei˥˩muo˧,y˨ni˥˩tsʰa˥˦pu˨˩ɕia˥læᴇ˨˩.（刺是什么意思呢？）就是意思就是驴槽里砸咧个马嘴啊。tɕiou˥˩sɿ˥˩i˥sɿ˥tɕiou˥˩sɿ˥˩ly˨tsʰao˨˩li˥˦ts a˨˩lie˧kə˥ma˥˩tsuei˥˩a˧.（就冒出来的是吗？）噢，冒出来的那个意思。ao˩,mao˥˦tʂʰʯ˥˩læᴇ˨˦ti˧nə˥kə˥i˥sɿ˧.（刺出个……驴……再说一遍。）驴槽里跳出个马嘴么。ly˨tsʰao˨˩li˥tsʰʅ˥˩tʂʰʯ˥˩kə˥˩ma˥˩tsuei˥˩muo˧.

自己筐里没有烂桃

（他这种人，比如说，做了错事啊，这个做了什么事情，都是不会说是自己的错误，都是别人的错误。说这个人，你要说这个人这个这种特点叫什么？说一句话。）黄：这个是骂你是个……啊，这个话说的是……tʂə˥kə˥sɿ˥ma˥ni˥˦sɿ˥˩kə˥……a˥˩,tʂə˥kə˥xua˥ʂuo˥˦ti˧sɿ˥……（是不是，是不是说抱怨天，抱怨地，不抱怨自己？）呃，怨天……呃，那不是怨天尤……ə˩,yæ̃˥tʰiæ̃˥˦i……ə˩,nə˥˦pu˨˩sɿ˥yæ̃˥tʰiæ̃˥˩iou˨˦……（是是不是怪天怪地不怪自己，有没有这么说的？）没有这个说法。好像这儿这多一半儿都是这个，嗯，呃叫啥咧吵？民间形容那个都是……自己筐里没有烂桃嘛。mei˨iou˥˦tʂə˥kə˥ʂuo˥˩fa˥˩.xao˥˩ɕiaŋ˥˩tʂər˥tʂə˥tuo˥˩i˥˩pæ̃r˥tou˥˦sɿ˥tʂə˥kə˥,ə̃˥,ə˥tɕiao˥sa˥˦lie˧sa˧?miŋ˨tɕiæ̃˥˩ɕiŋ˨yoŋ˨nə˥kə˥tou˥˩sɿ˥˩ts……tsɿ˥tɕie˥˦kʰuaŋ˥li˥˩mei˨iou˥˩læ̃˥tʰao˨ma˧.（叫什么？）自己筐里的，就是卖的桃，就是举个简单的卖桃子的话，我跟前这个都，我这个筐里这桃都是好桃。tsɿ˥tɕie˥˧꜖kʰuaŋ˥˧li˥˧꜖ti꜔,tɕiou˥꜖sɿ˥꜖mæᴇ˥꜓ti꜔tʰɑɔ˩˧,tɕiou˥sɿ˥tɕy˥˧kə˥꜖tɕiæ̃˥˧tæ̃˥˧꜖ti꜔mæᴇ˥꜓tʰɑɔ˩˧꜖tsɿ꜒ti꜔xua˥꜖,ŋuo˥˧kəŋ˥˧tɕʰiæ̃˩˧꜖tʂə˥kə˥tou˥˧꜔,ŋuo˥˧tʂə˥kə˥kʰuaŋ˥˧li˥˧꜖tʂə˥tʰɑɔ˩˧tou˥˧꜔sɿ˥xɑɔ˥˧tʰɑɔ˩˧꜖.（你们叫这个，自己筐里……）啊，就是我做下那个事情没有……没有错的事情。ɑ꜖,tɕiou˥꜖sɿ˥꜖ŋuo˥˧tsʮ˥xɑ˥nə˥kə˥sɿ˥tɕʰiŋ˩˧꜖mei˩˧iou˥˧x……mei˩˧iou˥˧tsʰuo˥ti꜒sɿ˥tɕʰiŋ˩˧꜖.（你这个这个俗话叫什么？自己筐里什么？）没有烂桃。mei˩˧iou˥˧læ̃˥tʰɑɔ˩˧꜖.（整个一句话怎么说？）啊。这个整个一句话的就是这个，这也叫王婆儿卖瓜咧么，自卖自夸呣。ɑ꜖.tʂə˥kə˥tʂəŋ˥˧kə˥꜓i˥˧꜖tɕy˥꜓xuɑ˥ti꜒tɕiou˥sɿ˥tʂə˥kə˥,tʂə˥꜓æ˥˧꜔tɕiɑɔ˥vaŋ˩˧pʰuor˩˧꜔mæᴇ˥kuɑ˥˧liem꜔,tsɿ˥mæᴇ˥tsɿ˥kʰuɑ˥˧m̩꜔.

鼻子底下有大路

（比如说你这个，我叫你去干什么事，啊，我不认识，你说，你不长了嘴吗？你会不会说，你鼻子……鼻子下面不长了嘴吗？不会问吶？会这么说不说？）王：那兀有些人说兀儿鼻子底下有大路你不来问？nə˥væᴇ˥iou˥˧ɕie˥˧꜖zəŋ˩˧ʂuo˥˧꜔var˥pi˩˧꜖tsɿ꜒ti˥˧xɑ˥iou˥˧꜔tɑ˥lou˥ni˥˧꜖pu˩˧꜖læᴇ˩˧꜖vəŋ˥?黄：你问去嘛！ni˥˧꜖vəŋ˥꜓tɕʰi˥꜖mɑ꜔!（鼻子底下？）王：嗯。ŋ̍꜖.黄：啊儿。ar˥˧.（叫做鼻子底下有大路？）王&黄：嗯。ŋ̍꜖.（这怎么说的？鼻……）王：人说你出去给我弄啥去，说是我，还是你知道地方不是，我……我……我鼻子底下有大路哩，我不知道问？zəŋ˩˧ʂuo˥˧꜖ni˥˧꜔tʂʰʮ˥˧tɕʰi˥꜖kei˥ŋuo˥˧꜔nuoŋ˥꜓ʂɑ˥꜖tɕʰi˥꜖,ʂuo˥˧꜖sɿ˥ŋuo˥˧꜔,xɑ˩˧꜖sɿ˥ni˥˧tʂʅ˥˧꜖tɑɔ˥꜓ti˥fɑŋ˥˧꜖pu˩˧꜖ʂʅ˥꜖,ŋuo˥˧꜔……ŋuo˥˧꜔……ŋuo˥˧꜔pi˩˧tsɿ꜒ti˥˧xɑ˥꜖iou˥˧꜔tɑ˥lou˥li꜔,ŋuo˥˧꜖pu˩˧꜖tʂʅ˥˧꜖tɑɔ˥꜖vəŋ˥?

鞭打快牛

（有这种什么“鞭打快牛”的说法吗？）王：有咧。iou˥˧lie꜔.黄：有咧。鞭打快牛么。iou˥˧lie꜔.piæ̃˥˧꜖tɑ˥˧kʰuæᴇ˥niou˩˧꜔muo꜒.（是什么意思呢？）黄：这就说是，越是干的好的人，越还是敲打着咧嘛。tʂei˥tɕiou˥ʂuo˥˧꜔sɿ˥,yo˥˧꜓sɿ˥kæ̃˥ti꜒xɑɔ˥˧ti꜔zəŋ˩˧,yo˥˧꜓xɑ˩˧꜔sɿ˥tɕʰiɑɔ˥˧tɑ˥˧꜖tʂə꜔lie꜔mɑ꜔.王：越是干的好的人，他越挨批评着。yo˥˧꜓sɿ˥kæ̃˥ti꜒xɑɔ˥˧ti꜔zəŋ˩˧,tʰɑ˥˧꜖yo˥˧꜓næᴇ˩˧꜔pʰi˥˧pʰiŋ˩˧꜖tʂə꜔.黄：啊，越挨批评。那叫鞭打快牛么。ɑ꜖,yo˥˧꜔næᴇ˩˧꜖pʰi˥˧pʰiŋ˩˧꜖.nei˥tɕiɑɔ˥piæ̃˥˧꜖tɑ˥˧kʰuæᴇ˥niou˩˧꜔muo꜒.黄：鞭打的快牛呣。piæ̃˥˧꜖tɑ˥˧ti꜔kʰuæᴇ˥niou˩˧m̩꜒.（枪打出头鸟？）王：啊。ɑ꜖.黄：啊，噢，再就是……ɑ˥,ɑɔ꜖,tsæᴇ˥tɕiou˥꜖sɿ˥꜖……王：枪打出……tɕʰiɑŋ˥˧꜖tɑ˥˧tʂʰʮ˥˧꜖……黄：一个就是……再一个说法就是……i˥˧꜖kə˥꜓tɕiou˥sɿ˥……tsæᴇ˥i˥˧꜖kə˥꜖ʂuo˥˧fɑ˥˧꜖tɕiou˥꜖sɿ˥꜖……王：枪打出头鸟儿也行。tɕʰiɑŋ˥˧꜖tɑ˥˧tʂʰʮ˥˧꜖tʰou˩˧niɑɔr˥˧æ˥˧꜖ɕiŋ˩˧.黄：啊，打黑牛是惊……打黄牛是惊黑牛咧么。ɑ꜖,tɑ˥˧꜔xei˥˧niou˩˧sɿ˥tɕiŋ˥˧꜖……tɑ˥˧xuɑŋ˩˧niou˩˧꜔sɿ˥tɕiŋ˥˧꜖xei˥˧niou˩˧꜖liem꜔.（打黑牛，呃，打什么？）黄：打黄牛惊黑牛咧么。tɑ˥˧꜖xuɑŋ˩˧niou˩˧tɕiŋ˥˧꜖xei˥˧niou˩˧꜖liem꜔.

帮子长底子短

（有这个帮子长底子短的这个说法没有？）黄：有嘛。那是……它是指这个绱鞋咧么，绱不上去么。iou˥˧mɑ꜔.nə˥꜖sɿ˥꜖……tʰɑ˥˧꜔sɿ˥tsɿ˥˧tʂə˥꜖kə˥꜖ʂɑŋ˥xæᴇ˩˧꜖lie꜒muo꜔,ʂɑŋ˥꜓pu˩˧꜖ʂɑŋ˥tɕʰi˥꜖muo꜒.（绱……绱鞋绱不上去是吧？）嗯，就是帮子长了底子短儿么，绱不到上头去。ə̃꜖,tsou˥꜖sɿ˥꜖pɑŋ˥˧tsɿ꜔tʂʰɑŋ˩˧lə꜒ti˥˧tsɿ꜔tuæ̃r˥˧muo꜔,ʂɑŋ˥pu˩˧꜖tɑɔ˥ʂɑŋ˥tʰou꜒tɕʰi˥.（有没有说关于别人的优缺点也说帮子长底子短的？评论别人？）这也说咧。嗯。tʂei˥ie˥˧꜔ʂuo˥˧lie꜔.ŋ̍꜖.（也说？）嗯。ŋ̍꜖.（在什么情况怎么说呢？）这是评论一个……评论这个人么就是这个……你说他不行，其实他好像也还有长处，但是这个长处和短处都有嘛，帮子长底子短么。你这个人……这些人还……你还……还不能重用。啊，就是这个样子。tʂə˥sɿ˥pʰiŋ˧˥˧luoŋ˥i˥˧˨˩kə˥˥˦ʐ̩……pʰiŋ˧˥˧luoŋ˥tʂə˥kə˥ʐəŋ˧˥muo˧tsou˥sɿ˥tʂə˥kə˥……ni˥˧ʂuo˥˧˨˩tʰɑ˨˩˦pu˧˥˨˩ɕiŋ˧˥,tɕʰi˧˥˨˩ʂɿ˧˥˧tʰɑ˥˧˧xɑɔ˥˧˨˩ɕiaŋ˥˨˩ie˥˧xɑ˧˥˨˩iou˥˧tʂʰɑŋ˧˥tʂʰʮ˥˥˦,tæ̃˥sɿ˥tʂə˥˨˩kə˥˨˩tʂʰɑŋ˧˥tʂʰʮ˥˥˦xuo˧˥˨˩tuæ̃˥˧tʂʰʮ˥˨˩tou˨˩˦iou˥˧mɑ˩,pɑŋ˥˧˨˩tsɿ˧tʂʰɑŋ˧˥ti˥˧tsɿ˧tuæ̃˥˧muo˩.ni˥˧˨˩tʂə˥kə˥ʐəŋ˧˥……tʂei˥˥˦ɕie˥˧˨˩ʐəŋ˧˥xɑ˧˥˨˩……ni˥˧˨˩xɑ˧˥˧……xɑ˧˥˨˩pu˧˥˨˩nəŋ˧˥tʂuoŋ˥yoŋ˥.ɑ˨˩,tsou˥sɿ˥tʂə˥kə˥iaŋ˥tsɿ˩.

牛头不对马面

（两个人有矛盾一般说什么呢？）黄：哎有时候就叫了牛头不对马面兀两个人。æᴇ˥˧iou˥˧sɿ˧˥˨˩xou˥tsou˥tɕiaɔ˥lə˧niou˧˥tʰou˧˥˧pu˧˥˨˩tuei˥mɑ˥˧miæ̃˥vu˥liaŋ˥˧˨˩kə˥˨˩ʐəŋ˧˥˨˩.（还有别的说法没有？）哼去尿不到一个壶里去。xə̃˥tɕʰi˥niaɔ˥pu˧˥˨˩taɔ˥i˥˧kə˥˨˩xu˧˥˨˩li˥˧˨˩tɕʰi˥˨˩.

急的戴孝帽子去啊

（这个有的人这个着急了，急得跟什么一样的，你，这个你讽刺他，你一般说叫急什么了？）王：咱们这儿爱说把人急疯了。tsɑ˧˥˨˩məŋ˧tʂər˥næᴇ˥ʂuo˥˧˨˩pɑ˥˧˨˩ʐəŋ˧˥tɕi˧˥˨˩fəŋ˥˧lə˩.黄：噢，把人儿急疯了。ɑɔ˥,pɑ˥˧˨˩ʐə̃r˧˥tɕi˧˥˨˩fəŋ˥˧lə˩.（急疯了它还不算那种，就是有点取笑他。）王：就着急的咧嘛。tɕiou˥˨˩tʂuo˧˥tɕi˧˥˨˩ti˧lie˧mɑ˩.（有一种取笑的意思，贬义的这种。）黄：那就一般骂人开来是那有些人不是，说得急，你给急的戴孝帽子去？nei˥˥˦tsou˥˨˩i˥˧˨˩pæ̃˥˧mɑ˥ʐəŋ˧˥˨˩kʰæᴇ˥˧læᴇ˧˥˨˩sɿ˥˨˩nə˥iou˥˧ɕie˥˧˨˩ʐəŋ˧˥pu˧˥˨˩sɿ˥,ʂuo˥˧˨˩tə˧tɕi˧˥˨˩,ni˥˧kei˥˨˩tɕi˧˥˨˩ti˧tæᴇ˥ɕiaɔ˥maɔ˥˨˩tsɿ˧tɕʰi˥˨˩?（急得戴孝帽子？）黄：啊哈。ɑ˥xɑ˨˩.（没，没有什么什么这个，急，急怎么啦，急哼了，急屁了，还有什么东西，这种说法？）黄：哎有个，有骂你急疯了给你一下。你是一个是骂你急疯了，再骂人开来是你扑的咋去。你扑的给戴孝帽子去啊？æᴇ˨˩iou˥˧˧kə˥,iou˥˧mɑ˥ni˥˧˧tɕi˧˥˨˩fəŋ˥˧lə˧kei˥ni˥˧˧i˥˧˧xɑ˥˨˩.ni˥˧˧sɿ˥i˥˧˨˩kə˥sɿ˥mɑ˥ni˥˧˧tɕi˧˥˨˩fəŋ˥˧lə˩,tsæᴇ˥mɑ˥ʐəŋ˧˥˨˩kʰæᴇ˥˧læᴇ˧˥˨˩sɿ˥˨˩ni˥˧˧pʰu˥˧ti˧tsɑ˥˧˨˩tɕʰie˥˥˦.ni˥˧˧pʰu˥˧ti˧kei˥˨˩tæᴇ˥ɕiaɔ˥maɔ˥˥˦tsɿ˧tɕʰie˥˨˩ɑ˩?

瘦驴把硬屎

（有的人喜欢摆那个臭架子，你一般说什么呢？）黄：摆臭架子咧，我们把那叫，这个是人经常骂人那个话，那就说是这个欤，瘦驴把硬屎咧嘛。pæᴇ˥˧˧tʂʰou˥tɕiɑ˥tsɿ˧lie˩,ŋuo˥˧˧məŋ˧pɑ˥˧˨˩nə˥˥˦tɕiaɔ˥,tʂə˥kə˥sɿ˥ʐəŋ˧˥tɕiŋ˥˧˨˩tʂʰɑŋ˧˥mɑ˥ʐəŋ˧˥˨˩nə˥kə˥xuɑ˥,nei˥tɕiou˥˥˦ʂuo˥˧˨˩sɿ˥tʂə˥kə˥ei˥,sou˥y˧˥pɑ˥˧˧niŋ˥sɿ˥˧lie˧mɑ˩.（瘦……）黄：啊。瘦……ɑ˨˩.s……（瘦驴？）黄：啊。瘦驴把硬屎<u>咧么</u>。你把下把不下，你把架子就撑着咧。ɑ˨˩.sou˥ly˧˥pɑ˥˧niŋ˥sɿ˥˧˨˩liem˩.ni˥˧˧pɑ˥˧xɑ˥pɑ˥˧pu˧˥˨˩xɑ˥,ni˥˧˧pɑ˥˧˨˩tɕiɑ˥˨˩˦tsɿ˧tsou˥tsʰəŋ˥˧tʂə˧lie˩.（把硬屎？）黄：啊。ɑ˨˩.王：那□说那个人死<u>咧</u>七天，毬爹了八天那不是那？nei˥niæ̃˧˥˧ʂuo˥˧˧nei˥kə˥ʐəŋ˧˥sɿ˥˧liaɔ˧tɕʰi˥˧tʰiæ̃˥˧˨˩,tɕʰiou˧˥tsɑ˥lə˧pɑ˥˧tʰiæ̃˥˧˨˩nei˥pu˧˥˨˩sɿ˥nei˥?黄：那是骂那个装化鬼。nə˥˥˦sɿ˥˨˩mɑ˥nə˥kə˥tʂuaŋ˥˧xuaŋ˨˩（←xuɑ˥）kuei˥˧.王：装化鬼呀？tʂuaŋ˥˧xuaŋ˨˩（←xuɑ˥）kuei˥˧˧iɑ˧?黄：啊。ɑ˨˩.王：这是个……他刚说这啥<u>咧么</u>？tʂə˥sɿ˥kə˥……tʰɑ˥˧˧tɕiaŋ˨˩˦ʂuo˥˧˨˩tʂə˥˥˦sɑ˥liem˩?（把下把不下什么？）黄：架子就撑着咧。tɕiɑ˥˨˩˦tsɿ˧tsou˥tsʰəŋ˥˧tʂə˧lie˩.（再说一遍那个话！）黄：瘦驴把硬屎<u>咧么</u>，把下把不下，你架子就撑着咧。sou˥˨˩˦ly˧˥˧pɑ˥˧˧niŋ˥sɿ˥˧liem˩,pɑ˥˧˧ɕiɑ˥pɑ˥˧pu˧˥˨˩ɕiɑ˥,ni˥˧˨˩tɕiɑ˥˨˩˦tsɿ˧tsou˥˨˩tsʰəŋ˥˧tʂə˧lie˩.（都撑着还是就撑着？）黄：啊，都撑着<u>咧么</u>，就撑着<u>咧么</u>。这就是我们这儿这人骂那个啥咧，骂这些林场工人咧。ɑ˨˩,tou˨˩˦tsʰəŋ˥˧tʂə˧liem˩,tɕiou˥˨˩˦tsʰəŋ˥˧tʂə˧liem˩.tʂə˥˥˦tsou˥sɿ˥ŋuo˥˧məŋ˧tʂər˥tʂə˥ʐəŋ˧˥mɑ˥nə˥˨˩kə˥˨˩sɑ˥lie˧,mɑ˥tʂə˥ɕie˥˧˧liŋ˧˥˨˩tʂʰɑŋ˥˧˧kuoŋ˥˧ʐəŋ˧˥˨˩lie˩.（噢！）黄：说你看你是欤，你虽然巴了个，背咧个工人这个皮，你和我一样么。你还是个种地的么，滴啥了？你是个瘦驴么。你再兀，你再撑下架子，你还把还是个驴屎么你还。ʂuo˥˧˨˩ni˥˧kʰæ̃

˧ni˥˩˨sʅ˧ei˨,ni˥˩˧suei˥˩zæ̃˨˩˨pa˥˩lə˨kə˧˨,pei˥˩lie˨kə˧˨kuoŋ˥˩zəŋ˨˩˨tʂə˧kə˧pʰi˨˩,ni˥˩xuo˨˩˨ŋuo˥˩i˥˩˨iaŋ˧˦muo˨.ni˥˩xa˨˩sʅ˧˦kə˧˨tʂuoŋ˧ti˧ti˨muo˨,tie˥˩sa˧˨lə˨?ni˥˩sʅ˧˨kə˧˨sou˧y˨˩muo˨.ni˥˩tsæᴇ˧˨və˧,ni˥˩˧tsæᴇ˧tsʰəŋ˥˩xa˧˨tɕia˧˩tsʅ˨,ni˥˩xa˨˩˨pa˥˩xa˨˩˨sʅ˧kə˧ly˨˩sʅ˥˩muo˨ni˥˩xa˨˩˨.

尿尿搭笊篱

（他这人很节俭呢？）黄：很节俭，这儿这就是个，朴素一点也就叫……xəŋ˥˩tɕie˥˩˨tɕiæ̃˧˦,tʂər˧˩tʂə˧tɕiou˧sʅ˧kə˧,pʰu˥˩˧sʮ˧i˥˩˧tiæ̃˥˩˨ie˥˩˨tɕiou˧tɕiɑɔ˧……（叫朴素？）黄：这叫朴素。tʂə˧tɕiɑɔ˧pʰu˥˩sʮ˧.王：嗯。ŋ̍˨.（有叫细详的吗？）王：嗯。没有。ŋ̍˨.muo˥˩˧iou˥˩˧.黄：嗯。这儿这还有把那个，叫那，把那过日子细得很那些人讲……叫啥咧？咱们这儿有些人你看他啥都，做啥细的一下。ŋ̍˧.tʂər˧tʂə˧xæᴇ˨˩˨iou˥˩pa˥˩˨nə˧kə˧,tɕiɑɔ˧nə˧,pa˥˩˨nə˧kuo˧˩zʅ˥˩tsʅ˨ɕi˧tə˨xəŋ˥˩nei˧ɕie˥˩˧zəŋ˨˩˧tɕiaŋ˥˩˨……tɕiɑɔ˧sa˧lie˨?tʂa˨˩məŋ˨tʂər˧iou˥˩˧ɕie˥˩˧zəŋ˨˩ni˥˩˧kʰæ̃˧tʰa˥˩˧sa˧˩tou˥˩˧,tsʮ˧sa˧ɕi˧ti˨i˥˩˧xa˨˩˨.（没有说细的？）黄：嗯。ŋ̍˧.（日子过得节……节俭叫细？）王：嗯，尿尿搭笊篱那。ə̃˨,niɑɔ˧niɑɔ˧ta˥˩˨tsɑɔ˧˩li˨nə˧˨.黄：啊。ɑ̃˧.王：是不是啊？sʅ˧pu˨˩˧sʅ˧a˨?黄：就是的。tsou˧˦sʅ˧˨ti˨.王：过的细数得很就是尿尿搭笊篱那。kuo˧˩ti˨ɕi˧ʂʮ˧tə˨xəŋ˥˩˧tɕiou˧sʅ˧niɑɔ˧niɑɔ˧ta˥˩˨tsɑɔ˧lie˨nə˧˨.黄：啊。ɑ̃˨.（什……什么意思这是？）王：就说那那个光景子精打细算，过的细得很。tɕiou˧ʂuo˥˩˨nə˧nə˧kə˧kuaŋ˥˩tɕiŋ˥˩˨tsʅ˨tɕiŋ˥˩˨ta˥˩ɕi˧suæ̃˧,kuo˧ti˨ɕi˧tə˨xəŋ˥˩˨.（呃，对对对！）黄：啊。尿个尿把笊篱搭个，把个稠的接住，他怕稠的可搭……尿出去了那。ɑ̃˨.niɑɔ˧kə˧˨niɑɔ˧pa˥˩˨tsɑɔ˧li˨ta˥˩kə˧˨,pa˥˩˨kə˧˨tʂʰou˨˩˨ti˨tɕie˥˩˧tʂʮ˧,tʰa˥˩˧pʰa˧˨tʂʰou˨˩˨ti˨kʰə˥˩˨ta……niɑɔ˧tʂʰʮ˥˩˧tɕʰi˧lə˨nə˧˨.王：他叫个那……尿个尿搭笊篱咧，害怕把稠的尿出去了。tʰa˥˩˨tɕiɑɔ˧˩(k)ə˧˨nə˧……niɑɔ˧(k)ə˧˨niɑɔ˧ta˥˩˨tsɑɔ˧˩li˨lie˨,xæᴇ˧pʰa˧pa˥˩˨tʂʰou˨˩˨ti˨niɑɔ˧tʂʰʮ˥˩˧tɕʰi˧˨lə˨.（尿尿？）王：说你会过的人尿尿搭笊篱咧。ʂuo˥˩˨ni˥˩xuei˧kuo˧˩ti˨zəŋ˨˩˧niɑɔ˧niɑɔ˧ta˥˩˨tsɑɔ˧li˨lie˨.（尿尿打灶？）黄：啊。a˨.（打个灶还……还用尿来这个？）黄：哎……æᴇ˧……王：就是搭笊篱嘛。tɕiou˧sʅ˧ta˥˩˨tsɑɔ˧˩li˨ma˨.黄：就是尿尿，你尿尿的时候，撒尿的时候，要拿个笊篱，接着，不要怕把尿里头有稠的尿出去咧。tɕiou˧˨sʅ˧˨niɑɔ˧niɑɔ˧,ni˥˩niɑɔ˧niɑɔ˧ti˨sʅ˨˩˧xou˧,sa˥˩˨niɑɔ˧ti˨sʅ˨˩˧xou˧,iɑɔ˧na˨˩˨kə˧tsɑɔ˧˩li˨,tɕie˥˩tʂə˨,pu˨˩˨iɑɔ˧pʰa˧pa˥˩˨niɑɔ˧˩li˥˩tʰou˨iou˥˩˧tʂʰou˨˩˨ti˨niɑɔ˧tʂʰʮ˥˩˧tɕʰi˧lie˨.

三五、其他

我妈呢？

王女王贵宝的女儿：我妈呢？ŋuo˥˧˧˩ma˥˧nə˧?王：出去了。打猪草去了。tʂʰɥ˥˧tɕʰi˥˧˩lə˧.ta˥˧tʂɥ˥˧˧˩tsʰɑɔ˥˧tɕʰi˥˧˩lə˧.王女：呷，我还比你拾的多！ɕia˥˧,ŋuo˥˧xæᴇ˨˦˧˩pi˥˧˧ni˥˧˧ʂʅ˨˦˧˩ti˧tuo˥˧!王：哟，你们后头又还多啊？iaɔ˧˩,ni˥˧məŋ˧xou˥tʰou˧iou˥xɑ˨˦˧˩tuo˥˧ɑ˧?王女：我这拾兀九斤呃都我不得玩。他们跑……乱跑就……我哥啦？ŋuo˥˧˧tʂə˥ʂʅ˨˦˧˩væᴇ˥tɕiou˥˧tɕiŋ˥˧˧˩ə˧˩tou˥˧˧˩ŋuo˥˧˧˩pu˨˦˧˩tei˥˧˧˩væ̃˨˦.tʰɑ˥˧məŋ˧pʰɑɔ˥˧˧˩……luæ̃˥˨˦pʰɑɔ˥˧tɕiou˥……ŋuo˥˧˧˩kə˥˧˧˩lɑ˥?王：呃晓出哪去。ə˥˧ɕiɑɔ˥˧tʂʰɥ˥˧˧˩nɑ˥˧˧˩tɕʰi˥˧˩.

绪发没在吗？

客：绪发没在吗？ɕy˥fɑ˥˧muo˥˧˧˩tsæᴇ˥˨˦mɑ˧?张太白饭店老板的爷爷：在的。tsæᴇ˥ti˧.客：绪发？ɕy˥fɑ˥˧?张：在的。在的。tsæᴇ˥ti˧.tsæᴇ˥ti˧.客：他走啦？tʰɑ˥˧˧˩tsou˥˧lɑ˧?张：在上头，楼上去咧。你你问那个谁叫问儿张治国人名，未核实。tsæᴇ˥ʂɑŋ˥˨˦tʰou˧,lou˨˦˧˩ʂɑŋ˥˨˦tɕʰi˥lie˧.ni˥˧˧ni˥˧˧vəŋ˥nə˥˧˩kə˥˧˩sei˨˦˧˩tɕiɑɔ˥võr˥˧˩tʂɑŋ˥˧˧˩tʂʅ˥kuei˥˧.客：啊，是不到呃去啦？ɑ˨˦,sʅ˥pu˨˦˧tɑɔ˥˨˦ə˧˩tɕʰie˥˨˦lɑ˧?张：问我们孙子你知不知道咧。你问我都……我也不知道。vəŋ˥ŋuo˥˧məŋ˧suoŋ˥˧tsʅ˧ni˥˧˧˩tʂʅ˥˧˧pu˨˦˧tʂʅ˥˧˧˩tɑɔ˥lie˧.ni˥˧˧vəŋ˥ŋuo˥˧tou˥˧˧˩……ŋuo˥˧˧ɑ˧pu˨˦˧˩tʂʅ˥˧tɑɔ˥˧˩.

这是不你们车？

张太白饭店老板的爷爷：这是不你们车？tʂə˥sʅ˥pu˨˦˧ni˥˧məŋ˧tʂʰə˥˧˧˩?（啊？不是不是。）不是的啊？pu˨˦˧˩sʅ˥ti˧ɑ˧?（我们没没有没有车。我们坐火车来的。）你们在哪儿来了？ni˥˧məŋ˧tsæᴇ˥nɑr˥˧læᴇ˨˦˧˩lə˧?（南京。）你们到这里搞啥了？ni˥˧˧məŋ˧tɑɔ˥tʂə˥˨˦li˥˧˧˩kɑɔ˥˧sɑ˥lə˧?（调查。）

你们还得多长时间才能回家？

1. 张太白饭店老板的爷爷：你们这儿住的呃时间长了吧？ni˥˧məŋ˧tʂər˥tʂʰɥ˥˨˦ti˧lə˥sʅ˨˦˧˩tɕiæ̃˥˧tʂʰɑŋ˨˦ə˧pɑ˧?（呃，快半个月了。）就是从你们单位儿到这儿啊？tɕiou˥sʅ˥tsʰuoŋ˨˦ni˥˧˧məŋ˧tæ̃˥˧˧˩vər˥tɑɔ˥tʂər˥ɑ˧?（对对对。）还到哪里去啊？xɑ˨˦˧˩tɑɔ˥nɑ˥˧li˥˧˧˩tɕʰy˥ɑ˧?（啊，就在这儿了。我们来就是到这儿来调查的。）对。调查文物呀？tuei˥˨˦.tiɑɔ˥tsʰɑ˨˦˧˩vəŋ˨˦vuo˥˧iɑ˧?（嗯，调查这里这个太白的方言。就是太白说……太白人呐，这么多人怎么说话呀，这些东西。）对。呃。tuei˥˨˦.ə˥.

2. 张太白饭店老板的爷爷：你们还得多长时间才能回家？ni˥˧˧˩məŋ˧xɑ˨˦tei˥˧tuo˥˧˧tʂʰɑŋ˨˦sʅ˨˦˧˩tɕiæ̃˥˧tsʰæᴇ˨˦˧˩nəŋ˨˦˧˩xuei˨˦tɕiɑ˥˧˧˩?（我们啊？）嗯。õ˧˩.（过了“十一”以后。）十月一啊？ʂʅ˨˦˧˩yo˥˧i˥˧ɑ˧?（十月一号的那个国庆节以后。）啊，过……过了国庆节回？ɑ˧˩,kuo……kuo˥lə˧kuei˥˧˧˩tɕʰiŋ˥tɕie˥˧xuei˨˦?（嗯。）得几天咧啊。tei˥˧˧˩tɕi˥˧˧tʰiæ̃˥˧liɑ˧.（不，过了国庆节那个长假以后。）啊。ɑ˥.（国庆节不是还有个长假吗？）七天嘛。tɕʰi˥˧tʰiæ̃˥˧˧˩mɑ˧.（嗯？）啊，

过了长假再回去。ɑ˩,kuo˥lə˦tʂʰɑŋ˩˧˩tɕiɑ˥tsæᴇ˥xuei˩˧˩tɕʰy˥˦.（对对对。大概还有半个月。）啊。ɑ˩.

请假

1. 张海军：来了？læᴇ˩˧˩lə˦?某太白中学女教师：嗯。嗯，我想就请半天假。ə̃˥˧.ə̃˩,ŋuo˥˧˧ɕiɑŋ˥˧˧tɕiou˥˦tɕʰiŋ˥˧˧pæ̃˥tʰiæ̃˥˧˩tɕiɑ˥.张：那你课咋安排啊？nei˥ni˥˧˧kʰə˥tsɑ˥˧æ̃˥˧˧pʰæᴇ˩˧˩ɑ˨?某：改十点钟啦。kæᴇ˥˧ɕi˩（←ʂʅ˩˧）tiæ̃˥˧tʂuoŋ˥˧˩lɑ˨.张：今儿请假就准备回啊？tɕiə̃r˥˧tɕʰiŋ˥˧˧tɕiɑ˥tɕiou˥tʂuoŋ˥˧˧pei˥xuei˩˧˩ɑ˨?某：啊。ɑ˩.张：下午放学你能来得及嘛。ɕiɑ˥˧vu˥˧˩fɑŋ˥ɕyo˩˧ni˥˧˩nəŋ˩˧læᴇ˩˧tə˦tɕi˩˧˩mɑ˨.某：到外面没有车嘛。tɑɔ˥˩væᴇ˥miæ̃˥muo˥˧˩iou˥˧˧tʂʰə˥˧mɑ˨.张：有车呢。噢，你今儿回你嗯……iou˥˧tʂʰə˥˧˩nə˨.ɑɔ˩,ni˥˧˧tɕiə̃r˥˧˧xuei˩˧˩ni˥˧˧ŋ̍˨……某：啊。ɑ˩.张：从啥时候走啊？tsʰuoŋ˩˧˩sɑ˥˧sʅ˩˧˧xou˥tsou˥˧˧ɑ˦?某：到……能把第一节课一上。tɑɔ˥……nəŋ˩˧˦pɑ˥˧˩ti˥i˥˧tɕie˥˧˩kʰuo˥i˥˧˧ʂɑŋ˥.张：英语课上啦么？iŋ˥˧˩y˥˧kʰə˥˦ʂɑŋ˥˧lɑm˨?某：啊。下午那个没寻着，玩一玩才给咧。ɑ˩.ɕiɑ˥˧vu˥˧˧nə˥˩kə˥˦muo˥˧ɕiŋ˩˧˧tʂɑɔ˦,væ̃˩˧˩i˥˧˩væ̃˩˧˩tsʰæᴇ˩˧˩kei˥˩lie˨.张：下午上美术课唠？ɕiɑ˥vu˥˧˧ʂɑŋ˥mei˥˧˧ʂʯ˥kʰə˥˦lɑɔ˨?某：啊。ɑ˩.张：那你去去延长去。那行，啊，去。nei˥ni˥˧˧tɕʰi˥tɕʰi˥iæ̃˩˧˩tʂʰɑŋ˩˧˦tɕʰi˥˩.nei˥ɕiŋ˩˧˩,ɑ˩,tɕʰi˥˩.某：我把那㑚值周那钥匙交给谁个㑚？ŋuo˥˧pɑ˥˧˩nei˥m̩˩tʂʅ˩˧˩tʂou˥˧nə˥yo˥˧sʅ˨tɕiɑɔ˥˧˧kei˥sei˩˧˩kə˥˦m̩˨?张：噢，你这周还要值周咧，你还能走咧啊？那你跟欸你快咧，放学咧再走嘛。没事啊就明天走。你这周要值周咧么你。值周走的时候你给问一下高主任看咋办。那你值周着咧么你这一周。ɑɔ˩,ni˥˧˧tʂei˥tʂou˥˧˩xæᴇ˩˧˩iɑɔ˥tʂʅ˩˧˩tʂou˥˧lie˨,ni˥˧˧xæᴇ˩˧nəŋ˩˧tsou˥˧liɑ˦?nei˥ni˥˧˧kəŋ˥˧˩ei˩ni˥˧kʰuæᴇ˥lie˨,fɑŋ˥ɕyo˩˧lie˦tsæᴇ˥tsou˥˧mɑ˨.muo˥˧˩sʅ˥ɑ˦tɕiou˥miŋ˩˧tʰiæ̃˥˧˧tsou˥˧˩.ni˥˧˧tʂei˥˦tʂou˥˧˧iɑɔ˥tʂʅ˩˧˩tʂou˥˧lie˨muo˨ni˥˧˩.tʂʅ˩˧tʂou˥˧tsou˥˧ti˨sʅ˩˧˩xou˥ni˥˧˧kei˥vəŋ˥˩i˥˧xɑ˥˩kɑɔ˥˧˩tʂʯ˥˧˧zʅəŋ˥˦kʰæ̃˥˩tsɑ˥˧˩pæ̃˥˩.nei˥˩ni˥˧tʂʰʅ˩˧˩tʂou˥˧tʂə˨lie˨muo˨ni˥˧˩tʂei˥˦i˥˧tʂou˥˧˩.某：那明儿回去有事咧，□们，今儿回去咧。nə˥˦miə̃r˩˧xuei˩˧˩tɕʰi˥iou˥˧sʅ˥˩lie˦,niæ̃˩˧˦m̩˨,tɕiə̃r˥˧xuei˩˧˩tɕʰi˥˩lie˨.张：那你就要先问高主任看值周交给谁咧。啊？nə˥ni˥˧˧tɕiou˥iɑɔ˥ɕiæ̃˥˧˩vəŋ˥kɑɔ˥˧˩tʂʯ˥˧˧zʅəŋ˥kʰæ̃˥tʂʅ˩˧tʂou˥˧tɕiɑɔ˥˧˩kei˥˩sei˩˧˩lie˨.ɑ˩?某：哎呀，问那到你这儿写假条？æᴇ˩iɑ˨,vəŋ˥nɑ˥˦tɑɔ˥ni˥˧˩tʂər˥ɕie˥˧˧tɕiɑ˥tʰiɑɔ˩˧˩?张：啊，啊，先问高主任。ɑ˩,ɑ˩,ɕiæ̃˥˧˩vəŋ˥kɑɔ˥˧˩tʂʯ˥˧˩zʅəŋ˥˩.

2. 张海军：来了？læᴇ˩˧˩lə˨?某太白中学女教师：那谁叫我交给胡建明人名，未核实。nə˥˩ʂei˩˧˦tɕiɑɔ˥˩ŋuo˥˧tɕiɑɔ˥˧˧kei˥xu˩˧˩tɕiæ̃˥miŋ˩˧.张：假条写好了？tɕiɑ˥tʰiɑɔ˩˧˧ɕie˥˧˧xɑɔ˥˧˧lə˦?某：啊，还没写。ɑ˩,xɑ˩˧˦mei˩˧˩ɕie˥˧˧.张：那个你赶快写去。写……写了拿……拿来啊。nei˥kə˥ni˥˧˧kæ̃˥˧˩kʰuæᴇ˥˦ɕie˥˧˧tɕʰi˥.ɕie˥˧˧……ɕie˥˧lə˨nɑ˩˧˩x……nɑ˩˧˩læᴇ˩˧˩ɑ˩.某：嗯。ə̃˥˧.

没拷合适

某太白中学教师：弄啥咧？nuoŋ˥sɑ˥˧lie˦?张海军：嗯就是你南京大学□调查俺这方言哩。俺用方言说些这话咧。坐下么。əŋ˩tɕiou˥sʅ˥˩ni˥˧˧næ̃˩˧˩tɕiŋ˥˧tɑ˥ɕye˩˧˩niæ̃˩˧˩tiɑɔ˥tsʰɑ˩˧˩æ̃˩˧˩zʅə˥（←tʂə˥）fɑŋ˥˧iæ̃˩˧˩li˨.æ̃˩˧˩yoŋ˥fɑŋ˥˧˩iæ̃˩˧ʂuo˥˧ɕie˥˧˩tʂei˥xuɑ˥˧lie˦.tsuo˥xɑ˥muo˨.某：嗯，咱们那题□弄不合适么。弄上去，传上去那个历史、语文能打开咧，再的都打不开。我刚到周校长把那个呃拷到优盘儿里面去，呃把我个优盘儿也望开打，打不开，打开空白着咧。ŋ̍˩,tsɑ˩˧˩məŋ˨næᴇ˥tʰi˩˧niæ̃˩˧˩nuoŋ˥pu˩˧˧xuo˩˧˧tʂʰʅ˥˧muo˨.nuoŋ˥ʂɑŋ˥tɕʰi˥,tʂʰuæ̃˩˧˩ʂɑŋ˥tɕʰi˥nei˥kə˥li˥˧sʅ˥˧,y˥˧˧vəŋ˩˧nəŋ˩˧˩tɑ˥˧˧kʰæᴇ˥˧lie˨,tsæᴇ˥ti˦tou˥˧˩tɑ˥˧˧pu˩˧˩kʰæᴇ˥˧.ŋuo˥˧kɑŋ˥˧tɑɔ˥tʂou˥˧˩ɕiɑɔ˥tʂɑŋ˥˧˧pɑ˥˧˩nei˥kə˥ə˩kʰɑɔ˥˧tɑɔ˥˧iou˥˧pʰæ̃r˩˧li˥˧miæ̃˥˩kʰə˥˩,ə˩pɑ˥˧˩ŋuo˥˧˧kə˥iou˥˧pʰæ̃r˩˧ie˥˧vɑŋ˥kʰæᴇ˥˧˧tɑ˥˧,tɑ˥˧pu˩˧˩kʰæᴇ˥˧,tɑ˥˧˧kʰuoŋ˥˧pei˩˧˩tʂə˦lie˨.张：啥？sɑ˥?某：题。那纯粹不合适么。tʰi˩˧.nə˥tʂʰuoŋ˩˧˩tsʰue i˦pu˨˦xuo˨˦tʂʰʅ˥˧muo˧.张：那你在哪儿拷下的？nə˥˩ni˥˧tsæᴇ˥nar˥˧kʰɑɔ˥˧xɑ˥˩ti˧?某：我在那个校长那下。ŋuo˥˩tsæᴇ˥˩nə˥kə˥ɕiɑɔ˥tʂɑŋ˥˧nei˥xɑ˥˩.张：那他的这一截就拷的没拷合适。nə˥˩tʰɑ˥˧ti˧tʂei˥i˥˧tɕie˨˩tɕiou˥˩kʰɑɔ˥˧ti˧muo˥˩kʰɑɔ˥˧xuo˨˩tʂʰʅ˥˩.某：嗯？ə̃˨˦?张：那就是没拷合适么。nei˥˩tɕiou˥sʅ˥muo˥˩kʰɑɔ˥˧xuo˨˩tʂʰʅ˥˩muo˧.某：咋咧没拷合适？tsɑ˥˧lie˧muo˥˧kʰɑɔ˥˧xuo˨˩tʂʰʅ˥˩?张：咱们学校那个优盘儿有时候不合适么。拷下挂是挂了个。tsɑ˨˦məŋ˧ɕye˨˩ɕiɑɔ˥˦nə˥kə˥iou˥˧pʰæ̃r˨˦iou˥˧sʅ˨˦xou˥pu˨˩xuo˨˩tʂʰʅ˥˧muo˧.kʰɑɔ˥˧xɑ˥˩kuɑ˥˦sʅ˥˩kuɑ˥˩lə˧kə˥˩.某：空白的呣。kʰuoŋ˥˧pei˨˩ti˧m̩˧.张：嗯。ŋ̍˥˧.某：噢。ɑɔ˨˩.张：你到上面拷去。ni˥˧tɑɔ˥ʂɑŋ˥˦miæ̃˥˩kʰɑɔ˥˩tɕʰy˥˩.某：那上面，上面那……nə˥˩ʂɑŋ˥˦miæ̃˥˩,ʂɑŋ˥˦miæ̃˥˩næᴇ˥……张：要么你就是，拿你优盘儿拷重发去。iɑɔ˥˦muo˧ni˥˧tɕiou˥sʅ˥,nɑ˨˦ni˥˧iou˥˩pʰæ̃r˨˦kʰɑɔ˥˧tsʰuoŋ˨˦fɑ˥˧tɕʰi˥˩.某：啊，就是。ɑ˥˧,tsou˥˦sʅ˥˩.张：咱们学校那个优盘儿有时候拷下来嗯是空白，我光有个图标么。tsɑ˨˩məŋ˧ɕye˨˩ɕiɑɔ˥nə˥kə˥iou˥˧pʰæ̃r˨˩iou˥˧sʅ˨˦xou˥kʰɑɔ˥˧xɑ˥læᴇ˨˩ə̃˨˩sʅ˥kʰuoŋ˥pei˨˦,ŋuo˥˧kuɑŋ˥˧iou˥˧kə˥˩tʰu˨˩piɑɔ˥˧muo˧.某：啊。ɑ˨˩.张：另有试卷也没拷上么。liŋ˥iou˥˧ʂʅ˥tɕyæ̃˥ɑ˥˩muo˥˩kʰɑɔ˥˧ʂɑŋ˥muo˧.某：就是的，坏事儿咧。这个拷一个……现在历史和……tɕiou˥˦sʅ˥˩ti˧,xuæᴇ˥ʂər˥˦lie˧.tʂə˥˩kə˥kɑɔ˥˧i˥˧kə˥……ɕiæ̃˥tsæᴇ˥li˥˧sʅ˥˩xuo˨˩……张：你拿你的优盘儿拷去。拷去给发去。ni˥˧nɑ˨˦ni˥˧ti˧iou˥˧pʰæ̃r˨˦kʰɑɔ˥˧tɕʰi˥˩.kʰɑɔ˥˧tɕʰi˥˩kei˥fɑ˥˧tɕʰi˥˩.某：这是给……我不知道在哪儿放着了。tʂei˥ʂʅ˥kei˥˦n……ŋuo˥˧pu˨˩tʂʅ˥˧tɑɔ˥tsæᴇ˥nar˥˧fɑŋ˥˦tʂə˧lə˧.张：请李士凯人名，未核实的嘛。李士凯这钟上九一班。上课着。tɕʰiŋ˥˧li˥˧ʂʅ˥kʰæᴇ˥ti˧mɑ˧.li˥˧ʂʅ˥kʰæᴇ˥˧tʂei˥˦tʂuoŋ˥˩ʂɑŋ˥tɕiou˥˧i˥˧pæ̃˥˩.ʂɑŋ˥kʰə˥tʂə˧.某：哎，这我是快活动。æᴇ˥˦,tʂei˥ŋuo˥˧sʅ˥kʰuæᴇ˥xuo˨˩tuoŋ˥˦.张：那你就给打电话。nei˥ni˥˧tɕiou˥kei˥tɑ˥˧tiæ̃˥xuɑ˥.某：我打电话嘿□关机着咧。我打□……在你这儿是？ŋuo˥˧tɑ˥˧tiæ̃˥xuɑ˥xei˧niæ̃˨˩kuæ̃˥˩tɕi˥˧tʂə˧lie˧.ŋuo˥˧tɑ˥˧niæ̃˨˩……tsæᴇ˥ni˥˧tʂər˥˩sʅ˥˩?张：没有在这儿。mei˨˩iou˥˧tsæᴇ˥˩tʂər˥˩.某：没有在啊？mei˨˩iou˥˧tsæᴇ˥ɑ˧?张：呣。m̩˥˧.某：我寻去。ŋuo˥˧ɕiŋ˨˩tɕʰie˥.

生活咧现在好着

（平常你们这个生活还……还那个吧？）张太白饭店老板的爷爷：生活咧现在好着。啊。səŋ˥˧xuo˨˦lie˧ɕiæ̃˥tsæᴇ˥xɑɔ˥˧tʂə˧.ɑ˨˩.（原先怎么样？原先？）那合作化一过，这一……一……政策一开放的时节，呃，就是自己的，自己打粮，自己吃着咧，又没人管。□当然一……一年盖一年好嘛。哈哈。nə˥˦xuo˨˦tsuo˥˩xuɑ˥i˥˩kuo˥,tʂə˥i˥˩……i˥˩……tʂəŋ˥˦tsʰei˥˩i˥˩kʰæᴇ˥˩fɑŋ˥˦ti˧sʅ˨˩tɕie˥˩,ə˨˩,tɕiou˥˩sʅ˥˩tsʅ˥˦tɕi˥˩ti˧,tsʅ˥tɕi˥˧tɑ˥˧liɑŋ˨˦,tsʅ˥tɕi˥˧tʂʰʅ˥˧tʂɑɔ˥˩lie˧,iou˥muo˥˩zəŋ˨˦kuæ̃˥˧.niæ̃˨˩tɑŋ˥˩zæ̃˨˦i˥˧……i˥˩niæ̃˨˦kæᴇ˥i˥˧niæ̃˨˦xɑɔ˥˧mɑ˧.xæ˥˧xæ˩.（原先不行？）原先不行。原先合作化的时节，那□控制着咧噢。yæ̃˨˦ɕiæ̃˥˧pu˨˩ɕiŋ˨˩.yæ̃˨˦ɕiæ̃˨˦xuo˨˦tsuo˥˩xuɑ˥ti˧sʅ˨˦tɕie˥˧,nei˥ni æ̃˨˦kʰuoŋ˥˦tʂʅ˥˦tʂɑɔ˥˧liɑɔ˧.

说旅游

1. 黄：再一个水库那个路上建咧一个有个……陈家坡关上去有个莲……莲花山庄吗啥，有那个旅……休闲的那么个地方，那个地方有个人工水库。tsæᴇ˥i˥˧kə˥˩ʂuei˥˧kʰu˥˦nə˥kə˥lou˥˧ʂɑŋ˥˩tɕiæ̃˥lie˧i˥˧kə˥iou˥˧kə˥˩……tʂʰəŋ˨˩(tɕ)iɑ˥˧pʰuo˥˦kuæ̃˥˧ʂɑŋ˥tɕʰy˥iou˥˧kə˥˩luæ̃……liæ̃˨˩xuɑ˥˧sæ̃˥˦tʂuɑŋ˥˧mɑ˧sɑ˥˩,iou˥˧nə˥kə˥ly˥˩……ɕiou˥˩ɕiæ̃˨˩ti˧nə˥muo˧kə˧ti˥fɑŋ˥˩,nə˥˦kə˥˦i˥˩fɑŋ˥˩iou˥˧kə˥˩zəŋ˨˦kuoŋ˥˧ʂuei˥˩kʰu˥.（哪儿？往哪儿走？）望……望这……望这个洞子走。vɑŋ˥……vɑŋ˥tʂei˥˦……vɑŋ˥tʂə˥˦kə˥˦tuoŋ˥tsʅ˥tsou˥˩.（子午岭那旁边儿？）啊，子午岭里，洞子那边上。ɑ˩,tsʅ˥˩vu˥˧liŋ˥˩li˥˩,tuoŋ˥tsʅ˧nei˥piæ̃˥˧ʂɑŋ˥˩.（现在现在叫那个没没搞下

去了那个是吧？）呣。m̩˦˨.（也有人来休闲没有？）哎，那有时……有时候，地区那些领导领个小秘儿一起来倒是住咧，自己住一住嘛。前二年多得很，这二年都不行了。æᴇ˦˨,nei˦iou˥˧sɿ˨˦……iou˥˧sɿ˨˦˨xou˦,ti˦tɕʰy˥˧nei˦ɕie˥˧liŋ˥˧tao˥˧liŋ˥˧˨kə˦˨ɕiao˥˧miər˥˧i˥˧˨tɕʰi˥˧˨læᴇ˨˦tao˦sɿ˦tʂʮ˦lie˧,tsɿ˦tɕi˥˧tʂʮ˦i˥˧tʂʮ˦˨ma˧.tɕʰiæ˨˦ər˦niæ˨˦˨tuo˥˧tə˧xəŋ˥˧,tʂə˦ər˦niæ˨˦tou˥˧˨pu˨˦˨ɕiŋ˨˦˨lə˧.（你甘肃没搞起来啊！延安人家……）啊。ɑ˥˧.（是不是？）延安的旅游业当然。iæ˨˦˨æ˥˧ti˧ly˥˧˨iou˨˦ie˥˧˨taŋ˥˧˨zæ˨˦˨.（延安的情况那就不同了啦！它国家大力扶持啊。）啊，它那个红色旅游那家伙，全国这个哎红……红色教育基地那是。ɑ˦˨,tʰɑ˥˧nə˦˨kə˦˨xuoŋ˨˦sə˥˧˨ly˥˧˨iou˨˦næᴇ˦tɕia˥˧˨xuo˧,tɕʰyæ˨˦kuo˥˧˨tʂə˦kə˦æᴇ˦xuoŋ˨˦……xuoŋ˨˦sə˥˧˨tɕiao˦y˦tɕi˥˧˨ti˦˨nə˦˨sɿ˦˨.（就就是单位上组织去，主要大多数还是单位上组织。）嗯，就是咧。ŋ̍˥˧,tɕiou˦˨sɿ˦˨lie˧.（自自己去的很少。这延安那个地方啊，它自然环境并不是很好。）噢。ɑo˥˧.（你跟井冈山不一样，井冈山自然环境……）井冈……井冈山自然环境它还好咧。tɕiŋ˥˧kaŋ˥˧……tɕiŋ˥˧kaŋ˥˧sæ˥˧tsɿ˦zæ˨˦xuæ˨˦tɕiŋ˦tʰɑ˥˧xɑ˨˦˨xao˥˧lie˧.（那国家投入大。）敦煌没有去过吧，莫高窟？tuoŋ˥˧xuaŋ˨˦mei˨˦iou˥˧tɕʰy˦kuo˦pa˧,muo˦kao˥˧˨kʰu˥˧?（没有。离这儿远吗敦煌？）哎呀，离敦煌那边估下有一千多公里吧。æᴇ˨˦ia˧,li˨˦tuoŋ˥˧xuaŋ˨˦nei˦˨piæ˥˧˨ku˥˧xa˦˨iou˥˧i˥˧˨tɕʰiæ˥˧tuo˥˧˨kuoŋ˥˧˨li˦pa˧.（那就搞死人。/那除非是过去开会呀什么什么啊？/酒泉就在那敦煌边上吧？）酒泉离敦煌还有几百里路。我去转咧一圈儿，还没有进到洞里去。□□它……关闭着咧。tɕiou˥˧tɕʰyæ˨˦˨li˨˦tuoŋ˥˧xuaŋ˨˦˨xæᴇ˨˦iou˥˧tɕi˥˧pei˥˧li˥˧˨lou˦˨.ŋuo˥˧tɕʰy˦tʂuæ˦lie˧i˥˧˨tɕʰyær˥˧,xa˨˦˨mei˨˦iou˥˧tɕiŋ˦tao˦tuoŋ˦li˥˧˨tɕʰy˦.tʂʰʮ˦kʰuaŋ˥˧tʰɑ˥˧˨……kuæ˥˧˨pi˦tʂuo˥˧lie˧.（噢，没……没开放？）没有开放，就在外表看咧一下。mei˨˦iou˥˧kʰæᴇ˥˧˨faŋ˦,tsou˦tsæᴇ˦væᴇ˦˨piao˥˧kʰæ˦lie˧i˥˧˨xa˦˨.（其实这边石窟也不错。）啊。ɑ˦˨.（就破坏得太严重了。）就是的。你们没有时间。有时间去以后，到庆阳，庆阳那边有个百石窟，那也是国家级的。tɕiou˦sɿ˦ti˧.ni˥˧mən˧mei˨˦iou˥˧sɿ˨˦˨tɕiæ˥˧.iou˥˧sɿ˨˦˨tɕiæ˥˧tɕʰi˦i˥˧xou˦,tao˦tɕʰiŋ˦iaŋ˨˦˨,tɕʰiŋ˦iaŋ˨˦˨nei˦˨piæ˥˧iou˥˧kə˦pei˥˧ʂɿ˨˦˨kʰu˥˧,nə˦ia˥˧sɿ˦˨kuo˥˧tɕia˥˧˨tɕi˥˧ti˧.（哎，我们来的时候好像经过一个什么石窟。/那是属陕西。/是在陕西过来。从西安过来那会儿。/那不是，那是彬县什么的。）彬县怕……呣，水帘洞。piŋ˥˧˨ɕiæ˦pʰɑ˦˨……m̩˦˨,ʂuei˥˧liæ˨˦˨tuoŋ˦.（啊，对对对！）水帘洞。ʂuei˥˧liæ˨˦˨tuoŋ˦.（那是小型的了。）嗯。əŋ˥˧.（那口大，还说孙悟空在他那里。）啊。ɑ˥˧.（孙悟空怎么跑到那里了？）那西安这些兵兵马俑你们也没去么？næᴇ˦˨ɕi˥˧næ˥˧˨tʂei˦ɕie˥˧piŋ˥˧˨piŋ˥˧˨ma˥˧yoŋ˥˧ni˥˧mən˧ia˥˧˨muo˥˧˨tɕʰi˦˨muo˧?（没去过西安。就这一次是坐火车不知兰州还是到西安。后来一查到西安要近一点儿，才从西安那个。方向不熟，就被拉客的拉上了庆阳，到庆阳的汽车。啊，到西峰的汽车。）那这面过来，西安还是可以值的逛一逛么。好多地方还可以。næᴇ˦˨tʂei˦miæ˦kuo˦læᴇ˨˦,ɕi˥˧ŋæ˥˧˨xa˨˦˨sɿ˦kʰə˥˧i˥˧˨tʂʮ˨˦ti˧kuaŋ˦i˥˧˨kuaŋ˦muo˧.xao˥˧tuo˥˧ti˦faŋ˥˧˨xa˨˦˨kʰə˥˧i˥˧.（西安毕竟是古都哇。）呣。m̩˥˧.（从西安一直到这儿。）就是的。这二年还可以。前两年西安这个社会秩序就不安。tɕiou˦sɿ˦˨ti˧.tʂə˦ər˦niæ˨˦xa˨˦˨kʰə˥˧i˥˧˨.tɕʰiæ˨˦liaŋ˥˧niæ˨˦ɕi˥˧næ˥˧˨tʂə˦kə˦ʂə˦xuei˦tʂʮ˨˦ɕy˦tɕiou˦˨pu˨˦˨æ˥˧˨.（很乱啊？）呣。m̩˥˧.

2. 黄：去年的今天，我看，今天是二十九号。tɕʰy˦niæ˨˦ti˧tɕiŋ˥˧tʰiæ˥˧˨,ŋuo˥˧kʰæ˦˨,tɕiŋ˥˧tʰiæ˥˧˨sɿ˦˨ər˦ʂʮ˨˦tɕiou˥˧xao˦˨.（今天三十号。）今天三十号。在你们南京，今天正在南京。tɕiŋ˥˧tʰiæ˥˧˨sæ˥˧ʂʮ˨˦xao˦.tsæᴇ˦ni˥˧˨mən˧næ˨˦tɕiŋ˥˧,tɕiŋ˥˧tʰiæ˥˧tʂəŋ˦˨tsæᴇ˦˨næ˨˦tɕiŋ˥˧.（噢，去年这个时候去的，是吧？）到的南京，嗯。tao˦˨ti˧næ˨˦tɕiŋ˥˧,ə̃˦˨.（嗯。那你们穿这么多衣服过去那不……那不热死了？）去年我去就是没穿这个羊……没穿里头这个羊

毛衫。就穿这……还是这一身衣裳。就这一……tɕʰy˥niæ̃˧˩ŋuo˥˧tɕʰi˥tɕiou˥sɿ˥˩mei˧˥iou˥tʂʰuæ̃˥˩tʂə˥˩kə˥iaŋ˧……mei˧˥iou˥tʂʰuæ̃˥˩li˥˧tʰou˧tʂə˥kə˥iaŋ˧mao˧sæ̃˥.tsou˥tʂʰuæ̃˥˩tʂə˥……xa˧˩sɿ˥tʂei˥i˥˧ʂəŋ˥˧i˥ʂaŋ˧.tɕiou˥tʂə˥i˥˧……（去年暖和些是吧？）暖和的多么去年。不冷么。nuæ̃˥xuo˧ti˧tuo˥muo˧tɕʰy˥˧niæ̃˧.pu˧˩ləŋ˥muo˧.（今年冷一些啊？）嗯。我看，二十八号晚上走，二十九号又一天，二十九号，三十号早上，这阵儿还在……㖿，这阵儿在……ŋ̍˩.ŋuo˥kʰæ̃˥˩,ər˥˧ʂʅ˧˩pa˥xao˥˩væ̃˥ʂaŋ˥˩tsou˥,ər˥ʂʅ˧˥tɕiou˥xao˥˩iou˥˩i˥˩tʰiæ̃˥,ər˥ʂʅ˧˥tɕiou˥xao˥˩,sæ̃˥˩ʂʅ˧˩xao˥tsao˥ʂaŋ˥˩,tʂei˥tʂə̃r˥xæᴇ˧˩tsæᴇ˥……m̩˥,tʂei˥tʂə̃r˥tsæᴇ˥˧……（你们是到西安……）在南京哩。tsæᴇ˥˩næ̃˧˩tɕiŋ˥li˧.（你们是在西安上车嘛？）噢，从西安上车，到芜湖下车么。在安徽的芜湖。ɑɔ˧,tsʰuoŋ˧ɕi˥næ̃˥˩ʂaŋ˥tʂʰə˥˧,tao˥vu˧xu˧˥ɕia˥tʂʰə˥˧muo˧.tsæᴇ˥næ̃˥xuei˥˩ti˧vu˧xu˧.（噢，噢，你们是先到芜湖？）啊。ɑ˩.（对，就是坐的那一趟车，下午五点多钟六点钟的样子，乘这个车。）啊，五点多。第二天早上的这个欸六点多钟到芜湖下的车。然后坐这个欸杭州的这个旅游车，然后到上海么。噢，到南京。到南京去以后，上午到总统府去了嘛。上午在总统府玩儿着咧么，下午跑到这个欸中山陵去逛咧一圈儿，晚上到夫子庙咧么。ɑ˩,vu˥˧tiæ̃˥tuo˥˩.ti˥˩ər˥tʰiæ̃˥˩tsao˥ʂaŋ˥˩ti˧tʂə˥kə˥ei˩liou˥˩tiæ̃˥tuo˥˧tʂuoŋ˥˧tao˥vu˧xu˧˥ɕia˥ti˧tʂʰə˥˩,ʐæ̃˧˩xou˥tsuo˥tʂə˥kə˥ei˩xaŋ˧˩tʂou˥ti˧tʂə˥kə˥ly˥˩iou˧tʂʰə˥,ʐæ̃˧˩xou˥tao˥ʂaŋ˥xæᴇ˥muo˧.ɑɔ˥,tao˥næ̃˧˩tɕiŋ˥.tao˥næ̃˧˩tɕiŋ˥tɕʰi˥i˥˧xou˥,ʂaŋ˥˧vu˥˩tao˥˧tsuoŋ˥˩tʰuoŋ˥fu˥tɕʰi˥˩lə˧ma˧.ʂaŋ˥˧vu˥˧tsæᴇ˥tsuoŋ˥˩tʰuoŋ˥fu˥vær˧tʂə˧lie˧muo˧,ɕia˥˧vu˥˩pʰao˥tao˥tʂə˥kə˥ei˩tʂuoŋ˥˩sæ̃˥liŋ˧tɕʰi˥˩kuaŋ˥lie˧i˥˩tɕʰyær˥,væ̃˥ʂaŋ˥tao˥fu˥tsɿ˧miao˥˧lie˧muo˧.（夫子庙晚上应该还是比较热闹噢？）噢哟，那雨下的大的好天那。ɑɔ˧iɑɔ˧,nə˥˧y˥ɕia˥ti˧ta˥ti˧xao˥˩tʰiæ̃˥na˥.（噢，下大雨啊？）噢，雨下的大的焦锨。出去下的穿的皮鞋都全部把皮鞋搞湿了么，跑到夫子庙去买一双旅游鞋。噢，可他……像我们这个地方就是这个最贵四十块钱的鞋子，到夫子庙都是八十的，一百二的，一模儿一样的东西。ɑɔ˧,y˥˧ɕia˥ti˧ta˥ti˧tɕiao˥ɕiæ̃˥˩.tʂʰʮ˥tɕʰy˥˩ɕia˥˧ti˧tʂʰuæ̃˥tə˧pʰi˧˥xæᴇ˧˥to u˥˩tɕʰyæ̃˧˩pu˥˧pa˥˩pʰi˧˥xæᴇ˧˥kao˥˧ʂʅ˥ləm˧,pʰao˥tao˥˩fu˥tsɿ˧miao˥tɕʰi˥mæᴇ˥i˥˩ʂuaŋ˥ly˥˩iou˧ɕie˧.ɑɔ˧,kʰə˥˩tʰa˥˩……tɕʰiaŋ˥ŋuo˥məŋ˧tʂə˥kə˥ti˥faŋ˥˧tɕiou˥˧sɿ˥tʂə˥˩kə˥˩tsuei˥kuei˥sɿ˥ʂʅ˧˩kʰuæᴇ˥tɕʰiæ̃˧˩ti˧ɕie˧˩tsɿ˥,tao˥fu˥tsɿ˧miao˥tou˥˩sɿ˥pa˥ʂʅ˧˩ti˧,i˥˧pei˥˩ər˥ti˧,i˥˩muor˧˥i˥˩iaŋ˥ti˧tuoŋ˥ɕi˧.

3. 黄：去年我……过去的时候拿了好多的麻辣……麻辣食品，拿的酥油辣子上车。欸，板鸭是不是在南京吃的我记得好像。tɕʰy˥˧niæ̃˧vu……kuo˥˧tɕʰy˥˧ti˧sɿ˧˩xou˥na˧˩lə˧xao˥˩tuo˥˧tə˧ma˧la˥˧……ma˧la˥˧ʂʅ˧˥pʰiŋ˥˩,na˧˥tə˧sʮ˥iou˧la˥tsɿ˧ʂaŋ˥˧tʂʰə˥˧.ei˩,pæ̃˥ia˥˩sɿ˥pu˧sɿ˥tsæᴇ˥næ̃˧tɕiŋ˥˧tʂʰʅ˥ti˧ŋuo˥˧tɕi˥tə˧xao˥˩ɕiaŋ˥˩.（可能是。）好像……xao˥ɕiaŋ˥˩……（咸……盐水鸭嘛。）呃，盐水鸭嘛，南京那。ə˩,iæ̃˧ʂuei˥˩ia˥ma˧,næ̃˧tɕiŋ˥˧nə˥.

买房

黄：那现在干脆不买咧。小陈你干脆给你在西……杭州西湖……西湖边里买一块儿地方嘛。比那地方还强，那有山有水的。næᴇ˥˧ɕiæ̃˥˩tsæᴇ˥˧kæ̃˥˩tsʰuei˥˧pu˧˩mæᴇ˥lie˧.ɕiao˥˩tʂʰəŋ˧ni˥kæ̃˥˧tsʰuei˥kei˥ni˥˧tsæᴇ˥ɕ……xaŋ˧˩tʂou˥ɕi˥˩kʰu˧（←xu˧）……ɕi˥˩xu˧piæ̃˥li˥˧mæᴇ˥i˥˩kʰuər˥ti˥faŋ˥˧ma˧.pi˥˧nə˥ti˥faŋ˥˧xa˧˩tɕʰiaŋ˧˩,nə˥˩iou˥sæ̃˥˩iou˥ʂuei˥ti˧.（西……你知道杭州的房子有多贵吗？）黄：那不太贵。它比深圳和上海还贱么。nə˥˧pu˧˩tʰæᴇ˥˧kuei˥.tʰa˥˩pi˥ʂəŋ˥˩tʂəŋ˥xuo˧ʂaŋ˥xæᴇ˥xæᴇ˧˩tɕiæ̃˥muo˧.（杭州啊房子是全国最贵的之一啊，它比南京还贵呀！）黄：比南京还贵。啊。pi˥˧næ̃˧˩tɕiŋ˥xæᴇ˧˥kuei˥.ɑ˩.（钱塘江旁边的是一万多。）王：噢，杭州比那都比……ɑɔ˩,xaŋ˧˩tʂou˥pi˥˧nə˥˩tou˥˩pi˥˧……黄：杭州欸到钱塘江边里

的，还有在西湖边里，在雷峰塔……特峰口误，当为“别”在雷……雷峰塔区这个，别墅区的话，好咣当，那才说贵的话咧。xaŋ˩˧tʂou˥˩ei˩˨tao˥tɕʰiæ̃˨˧tʰaŋ˨˧tɕiaŋ˥˩piæ̃˥˩li˥˩˨ti˧,xæᴇ˩˧iou˥˩˧tsæᴇ˥ɕi˥˩˨xu˨˧piæ̃˥˩li˥˩˨,tsæᴇ˥luei˨˧fəŋ˨˧˧tʰɑ˥˩……tʰei˥˩˨fəŋ˨˧tsæᴇ˥luei……luei˨˧fəŋ˨˧tʰɑ˥˩tɕʰy˥˩tʂei˥˨kə˥˨,pie˩˧ʂʮ˥˥˩tɕʰy˥˩˨ti˧xuɑ˥˨,xɑɔ˥˩˧kuaŋ˨taŋ˨,nə˥tsʰæᴇ˨˧ʂuo˥˩˨kuei˥ti˧xuɑ˥lie˧.（你在别的地方干一个月，不吃不喝还能买一套……买一……买一平方米的房子，在杭州你干几个月才买一套……买一平方米。）黄：就是的。而且杭州市区的这个老百姓……根本杭州市区的房子他杭州本地人买不起，都是外地人买了。杭州市区的，杭州市内的那现在都向市郊里转移了。他根本买不起那房。啊，他那个期房，杭州的房，现在稍微贱一点的就该萧山区还可以。tɕiou˥sɿ˥ti˧.ər˩˧tɕʰie˥˩˧xaŋ˩˧tʂou˥˩sɿ˥tɕʰy˥˩ti˧tʂə˥˨kə˥˨lao˥˩pei˥˩˨ɕiŋ˥……kəŋ˥˩˨pəŋ˥˩xaŋ˩˧tʂou˥˩˧sɿ˥tɕʰy˥˩ti˧faŋ˩˧tsɿ˧tʰɑ˥˩˨xaŋ˩˧tʂou˥˩˧pəŋ˥˩ti˥zəŋ˩˧mæᴇ˥˩pu˩˧tɕʰie˥˩,tou˥˩˧sɿ˥˨væᴇ˥˥˩ti˥˨zəŋ˨˧mæᴇ˥˩˧lə˧.xaŋ˩˧tʂou˥˩sɿ˥tɕʰy˥˩ti˧,xaŋ˩˧tʂou˥˩sɿ˥luei˥˥˩ti˧nə˥ɕiæ̃˥tsæᴇ˥tou˥˩˨ɕiaŋ˥sɿ˥tɕiɑɔ˥˩li˥˩˨tʂuæ̃˥˩˨i˨˧lə˧.tʰɑ˥˩˨kəŋ˥˩˨pəŋ˥˩˧mæᴇ˥˩pu˩˧tɕʰi˥˩nə˥˨faŋ˩˨.æ˨,tʰɑ˥˩˧nə˥kə˥tɕʰi˩˧faŋ˨˧,xaŋ˩˧tʂou˥˩ti˧faŋ˨˧,ɕiæ̃˥tsæᴇ˥sɑɔ˥˩vei˥˩tɕiæ̃˥˩˧i˥˩˨tiæ̃˥˩˨ti˧tɕiou˥˥˩kæᴇ˥˩˨ɕiɑɔ˥˩sæ̃˥˩˨tɕʰy˥˩xɑ˨˧˧kʰə˥˩˧i˥˩˨.（你看他国家拿多少啊？首先拍……拍卖这个土地使用权，他就赚了一……一大笔。）黄：嗯。ŋ̍˨.（然后你卖了房子……）黄：跟他去……kəŋ˥˩˨tʰɑ˥˩tɕʰi˥˨……（他……他从那个房地产商那里收税。）黄：收契税嘛。ʂou˥˩˨tɕʰi˥˥˩ʂuei˥˩˧mɑ˧.（又收一大笔。然后你买主买了房子以后，他要……又要收这个什么。）黄：买主跟前收的是契税。mæᴇ˥˩tʂʮ˥˩˨kəŋ˥˩tɕʰiæ̃˩˧ʂou˥˩ti˧sɿ˥˨tɕʰi˥˨ʂuei˥.（对呀！）黄：呣。m̩˨.（那契税收得不低哟！）黄：不低么，契税不低么。pu˩˧ti˥˩muo˧,tɕʰi˥˨ʂuei˥˥˩pu˩˧ti˥˩muo˧.（他还有一个……那个就是……那个什么。呃，这个房屋的这个维……维护方面的这个，也是百分之几。）黄：国……买主他上了一个是这个国家这个土地使用税。还有那个啥是……上两个税。这个买家上那个契税。kuo˥˩……mæᴇ˥˩tʂʮ˥˩˨tʰɑ˥˩ʂaŋ˥˩˧lə˧li˥˩˧kə˥sɿ˥tʂə˥kə˥kuo˥˩tɕiɑ˥˩˧tʂə˥kə˥tʰu˥˩˧ti˥sɿ˥˩˧yoŋ˥˥˩ʂuei˥˨.xæᴇ˩˧iou˥˩nə˥kə˥sɑ˥sɿ˥……ʂaŋ˥liaŋ˥˩kə˥˨ʂuei˥˨.tʂə˥˨kə˥˨mæᴇ˥˩tɕiɑ˥˩˨ʂaŋ˥nə˥kə˥˨tɕʰi˥˨ʂuei˥.（他一个税，两个……呃，一个税一个费。）黄：一个费么，啊。i˥˩˨kə˥fei˥muo˧,ɑ˨.（这个费就是说房屋的这个维护……维护费。）黄：那是物业……物……物业部门收下的么。nə˥sɿ˥vuo˥˩ie˥˩˨……vuo˥˩˨……vuo˥˩ie˥˩˧pu˥məŋ˨˧ʂou˥˩˨xɑ˥˨ti˧muo˧.（不是。）黄：啊，不是物业收下那个啊？ɑ˨,pu˩˧sɿ˥˥˩vuo˥˩˧ie˥˩˨ʂou˥˩˨xɑ˥˨nə˥˨kə˥˨ɑ˧?（不是。物业它只能够就说在需要的时候它可以动用一部分这个钱，但是这个钱是国家统一收的。这两项加起来就说你的这个购房价格的百分之五。）黄：嗯。ŋ̍˨.（你买的一百万的房子那么你……它国家就收……收五万。）王：哎呀，现在再啥都好说。兀……关键这个买房子买不起。你指余颂辉毕业咧以后，把对象谈下。æᴇ˨iɑ˧,ɕiæ̃˥tsæᴇ˥tsæᴇ˥sɑ˥˩˧tou˥˩˨xɑɔ˥˩ʂuo˥˩˨.væᴇ˥˥˩……kuæ̃˥˩˨tɕiæ̃˥˥˩tʂə˥kə˥mæᴇ˥˩faŋ˨˧tsɿ˧mæᴇ˥˩˨pu˩˧tɕʰi˥˩˨.ni˥˩pi˥˩˧nie˥˩˨lie˧li˥˩˨xou˥,pɑ˥˩˨tuei˥˥˩ɕiaŋ˥˩˧tʰæ̃˩˧˧xɑ˥˨.（啊？）对象谈下。tuei˥ɕiaŋ˥tʰæ̃˩˧xɑ˥˨.（有老婆了。）你噢？ni˥˩˧ɑɔ˧?（嗯。）有了吗？iou˥˩lə˧mɑ˧?（有了。//他本来想到你们这儿找一个，但是没看……没看上。）哎□肯定不得这儿找么。□找下都是那……哎呀，不容易，不容易。æᴇ˥˩niæ̃˨˧kʰəŋ˥˩˨tiŋ˥˥˩pu˩˧tei˥˩˨tʂər˥tʂɑɔ˥˩muo˧.niæ̃˨˧tʂɑɔ˥˩xɑ˥tou˥˩˨sɿ˥næᴇ˥……æᴇ˥iɑ˧,pu˩˧yoŋ˩˧i˥˥˩,pu˩˧yoŋ˩˧i˥.

一家

1.（呃，称呼某个人，或者是提到某个人的时候，可不可以在姓后面加个“家”？比如说一个姓王的叫“王家”？）黄：这一般指哪一家人，那就说是……可以说是“王家”、“李家”、“张家”。tʂei˥i˥˧˨˦pæ̃˥˧˩tsʅ˥˧˦na˥˧˦i˥˧˩tɕia˥˧zəŋ˩˧˩,næᴇ˥tɕiou˥ʂuo˥˧˦sʅ˥……kʰə˥˧i˥˧˩ʂuo˥˧˦sʅ˥vaŋ˩˧˩tɕia˥˧˦,li˥˧tɕia˥˧˩,tʂaŋ˥˧tɕia˥˧˩.（可以指某个人吗？）某某一个人不，那就是“王……”，“姓王的”或者是“姓李的”，要搭个姓咧。mu˥˧mu˥˧˩i˥˧˩kə˥˨˦zəŋ˩˧pu˩˧˩,næᴇ˥tɕiou˥sʅ˥vaŋ˩˧˩……ɕiŋ˥vaŋ˩˧˩ti˧xuei˩˧˨˦tʂə˥˧˩sʅ˥ɕiŋ˥li˥˧ti˧,iɑɔ˥ta˥˧˩kə˥˩ɕiŋ˥˨˦lie˧.

2.（张家是指这个姓张这个家庭还是指……还是指什么东西？）黄：指就指的是姓张的这个家庭么。张家那就是指的□姓张的这个家庭。tsʅ˥˧tɕiou˥tsʅ˥˧ti˧sʅ˥˩ɕiŋ˥tʂaŋ˥˧ti˧tʂə˥˩kə˥˩tɕia˥˧tʰiŋ˩˧˩muo˧.tʂaŋ˥˧tɕia˥˧næᴇ˥tɕiou˥sʅ˥tsʅ˥˧ti˧niæ̃˩˧˩ɕiŋ˥tʂaŋ˥˧ti˧tʂə˥kə˥tɕia˥˧tʰiŋ˩˧˩.（说姓张的某人说不说这张家？）那不。姓张的某人那你是指的哪一个人么你。næᴇ˥˨˦pu˩˧˩.ɕiŋ˥tʂaŋ˥˧ti˧mu˥˧zəŋ˩˧næᴇ˥ni˥˧˩sʅ˥˩tsʅ˥˧ti˧na˥˧i˥˧˩kə˥˨˦zəŋ˩˧muo˧ni˥˧˩.（有没有什么猫家狗家的这种说法？）那□姓狗的有姓狗的，有姓猫的那就是猫家。næᴇ˥niæ̃˩˧˦ɕiŋ˥kou˥˧ti˧iou˥˧ɕiŋ˥kou˥˧ti˧,iou˥˧˦ɕiŋ˥mɑɔ˩˧˩ti˧næᴇ˥tɕiou˥sʅ˥mɑɔ˩˧tɕia˥˧˩.（噢呵呵。不是姓。是指这些动物们。）东西那就没有。那就是狗就是狗，猫就是猫，还有……哪有家么？tuoŋ˥˧ɕi˧næᴇ˥˨˦tsou˥˩mei˩˧iou˥˧˩.næᴇ˥tɕiou˥sʅ˥kuo˥˧（←kou˥˧）tɕiou˥˩sʅ˥˩kou˥˧,mɑɔ˩˧tɕiou˥sʅ˥mɑɔ˩˧,xæᴇ˩˧˩iou˥˧˦……na˥˧˦iou˥˧˦tɕia˥˧muo˧?（有没有什么桌子们呐，凳子们呐，这些？）没有没有。没有，绝对没有。mei˩˧iou˥˧mei˩˧˩iou˥˧˩.mei˩˧˩iou˥˧˩,tɕyo˩˧˩tuei˥˨˦mei˩˧˩iou˥˧˩.

3.（这个女同志……她丈夫的家里头叫什么？自己父母家什么？是叫婆家娘家还是这……）王：呃婆家娘家。ə˥pʰuo˩˧˩tɕia˥˧niaŋ˩˧tɕia˥˧.黄：那婆家娘家姆。nə˥˨˦pʰuo˩˧˩tɕia˥˧niaŋ˩˧tɕia˥˧m̩˧.（婆家是指什么呢？）黄：婆家是指你敛，你媳妇。pʰuo˩˧˩tɕia˥˧sʅ˥˩tsʅ˥˧ni˥˧ei˩,ni˥˧˦ɕi˥˧fu˥˩.王：婆家是，丈夫的……pʰuo˩˧˩tɕia˥˧sʅ˥,tʂaŋ˥˨˦fu˥˧˩ti˧……黄：丈夫的……这面叫婆……tʂaŋ˥˨˦fu˥˧˩ti˧……tʂei˥miæ̃˥tɕiɑɔ˥pʰuo˩˧˩……王：丈夫这面叫婆家嘛。tʂaŋ˥˨˦fu˥˧˦tʂei˥miæ̃˥tɕiɑɔ˥pʰuo˩˧˩tɕia˥˧ma˧.黄：婆家嘛。pʰuo˩˧˩tɕia˥˧ma˧.王：女的，女方那面儿它就叫娘家姆。ny˥˧ti˧,ny˥˧faŋ˥˧˦nei˥˨˦miæ̃r˥tʰa˥˧˦tɕiou˥tɕiɑɔ˥niaŋ˩˧˩tɕia˥˧m̩˧.黄：娘家姆。niaŋ˩˧˩tɕia˥˧m̩˧.

4.（那这个舅舅家里叫不叫舅家？）王：叫舅家。tɕiɑɔ˥˨˦tɕiou˥tɕia˥˧˩.黄：叫舅家姆。tɕiɑɔ˥tɕiou˥tɕia˥˧˩m̩˧.（姑姑家里呢？）王：姑家。ku˥˧tɕia˥˧˩.黄：姑家。ku˥˧tɕia˥˧˩.（叔叔家叫不叫叔家呢？）王：叔叔家我们这儿叫达哎……叫，叫达达咧。ʂɥ˥˧ʂɥ˧tɕia˥˧˦ŋuo˥˧məŋ˧tʂər˥tɕiɑɔ˥ta˩˧æᴇ˥……tɕiɑɔ˥,tɕiɑɔ˥ta˩˧˩ta˩˧˨˦lie˧.黄：达达家。ta˩˧˩ta˩˧˨˦tɕia˥˧˩.王：几达几达。tɕi˥˧ta˩˧tɕi˥˧ta˩˧.（那，舅家是指舅舅还是指舅舅的家？）黄：舅舅。tɕiou˥˨˦tɕiou˥˩.（就叫舅家？）黄：舅家，那就，那就是指舅舅的家了。舅舅那是指的本人嘛。tɕiou˥˨˦tɕia˥˧,nə˥˩tɕiou˥,nei˥tɕiou˥zʅ˩（←sʅ˥）tsʅ˥˧˦tɕiou˥tɕiou˥˩ti˧tɕia˥˧lə˧.tɕiou˥˨˦tɕiou˥˩nə˥sʅ˥tsʅ˥˧ti˧pəŋ˥˧zəŋ˩˧ma˧.（姑……姑家呢？）黄：姑，那你就是指这，姑，那你就是叫你姑咧。姑家，那就是指□们这个家庭了么。ku˥˧,nei˥ni˥˧˦tsou˥˩sʅ˥˩tsʅ˥˧tʂə˥,ku˥˧,næᴇ˥ni˥˧˦tɕiou˥sʅ˥tɕiɑɔ˥˨˦ni˥˧˩ku˥˧lie˧.ku˥˧tɕia˥˧˩,nei˥tɕiou˥sʅ˥tsʅ˥˧niæ̃˩˧˩məŋ˧tʂə˥kə˥tɕia˥˧tʰiŋ˩˧˩ləm˧.（有没有叫叔家、伯家的说法？）黄：我们没有这个叫法。我们那是除非就是他几爸家，兀他几达家。ŋuo˥˧məŋ˧mei˩˧˨˦iou˥˧˩tʂə˥kə˥tɕiɑɔ˥fa˥˧˩.ŋuo˥˧məŋ˧nei˥sʅ˥tʂʰɥ˩˧fei˥˧˦tɕiou˥˩sʅ˥tʰa˥˧˩tɕi˥˧pa˩˧æ˧,vei˥tʰa˥˧˩tɕi˥˧ta˩˧æ˧.

5.（说这个这个那个什么，张家、李家、王家，有没有说，这个姓王的人就叫他张……张家、李家、王家这种说法？还是姓黄的家里头？）黄：那有哩。张家，或者是李家、王家啊？nei˥˨˦iou˥˧˩li˧.tʂaŋ˥˧tɕia˥˧˩,xuei˩˧˩tʂə˥˧˩sʅ˥˩li˥˧tɕia˥˧˩,vaŋ˩˧tɕia˥˧˦a˧?王：嗯。ŋ̍˩.（他是说什么呢？）黄：那是以□的姓氏来代表他们这个家庭。nə˥sʅ˥i˥˧˦niæ̃˩˧˩ti˧ɕiŋ˥˨˦sʅ˥læᴇ˩˧˩t æᴇ˦piaɔ˥˧tʰa˥məŋ˧tʂə˦kə˦tɕia˥tʰiŋ˨˩.（整个家庭？）黄：嗯。ə̃˩.（还有说指张某人就叫张家，有这么说法没有？）王：兀有咧。væᴇ˦˥iou˥˩lie˧.黄：那有咧。nei˦˥iou˥˩lie˧.（这不是黄某某，哎呀，王家是……）黄：就是的。兀有咧。tɕiou˦sɿ˦˩ti˧.və˦˥iou˥˩lie˧.（就是指你这个人？）黄：嗯。指你这个人。ə̃˩.tsɿ˥ni˥˧tʂə˦kə˦zəŋ˨˩.（怎么说呢？你……）黄：你比如是……ni˥˧pi˥˩zʅʅ˨˥sɿ˦……（你，你，假……假……举一个例子看看！）黄：呃这都隔……隔壁子这就是陈……陈家，那就是指……叫陈家么。ə˦tʂə˦tou˥kei˥˩……kei˥˧pi˥tsɿ˧tʂei˦tɕiou˦sɿ˦tʂʰəŋ˨˩……tʂʰəŋ˨˩tɕia˥,næᴇ˦tɕiou˦sɿ˦˩tsɿ˥˧……tɕiaɔ˦tʂʰəŋ˨˩tɕia˥muo˧.（我是，我的意思是说，就指单个的人叫不叫某家。）黄：那不能叫咧。nə˦˥pu˨˩nəŋ˨tɕiaɔ˦lie˧.王：那不叫咧。nə˦˥pu˨˩tɕiaɔ˦lie˧.黄：呃不称为家。ə˥pu˨˩tʂʰəŋ˥˩vei˨tɕia˥.

6.（你像这个有什么连家砭呐什么这个，你们一般叫什么呢？）黄：连家砭儿么。liæ̃˨˩æ˦piæ̃r˥muo˧.（连儿……）黄：连家砭儿哞。liæ̃˨˩æ˦piæ̃r˥m̩˧.（那如果是牛家坡呢？）黄：牛车坡哞。niou˨˩tʂʰə˥pʰuo˥˩m̩˧.（牛车坡是吧？）黄：啊，牛车坡。a˩,niou˨˩tʂʰə˥˧pʰuo˥˩.（有……有什么这个，有什么王家庄你们一般怎么说呢？什么……你们有……这个这个地方带家的有什么东西？这个地名。）黄：那，上……上头有龚家沟门咧么。nei˦,ʂ……ʂaŋ˦tʰou˧iou˥˩kuoŋ˥tɕia˥˩kou˥˩məŋ˨˩lie˧muo˧.（有没有什么王阿庄这种说法，张阿庄这种说法？）黄：那有王庄，欸，有些地方有段家庄。nei˦iou˥vaŋ˨˩tʂuaŋ˥,ei˦,iou˥ɕie˥˩ti˦faŋ˥˩iou˥˧tuæ̃˦æ˧tʂuaŋ˥˩.（就是段家庄的意思？）黄：啊，段家庄的意思么。a˩,tuæ̃˦tɕia˥˧tʂuaŋ˥˩ti˧li˦sɿm˧.王：段家庄就是……兀有韩家庄哞。tuæ̃˦˥tɕia˥˩tʂuaŋ˥(tɕ)iou˦˩sɿ˦˩……væᴇ˦iou˥˧xæ̃˨˩tɕia˥tʂuaŋ˥˩m̩˧.黄：啊，韩家庄。a˩,xæ̃˨˩tɕia˥tʂuaŋ˥˩.王：啊，他走韩家庄上哞。高家庄。a˦,tʰa˥˩tsou˥xæ̃˨˩tɕia˥tʂuaŋ˥˩ʂaŋ˦˥m̩˧.kaɔ˥tɕia˥˩tʂuaŋ˥.黄：啊。ã˩.（那像这样的都叫啊还是叫呀？tuæ̃˦a˧tʂuaŋ˩还是tuæ̃˦……tuæ̃˦tɕia˩tʂuaŋ˩？）黄：段家庄。tuæ̃˦æ˧tʂuaŋ˥˩.（tuæ̃˦ia˥tʂuaŋ˩？）黄：啊，段家庄。a˩,tuæ̃˦˥æ˧tʂuaŋ˥˩.（韩家庄呢？）黄：韩家庄哞。xæ̃˨˩tɕia˥tʂuaŋ˥˩m̩˧.（还有个是高家庄。高家庄怎么说？）王：高家庄。kaɔ˥ia˧tʂuaŋ˥˩.黄：高家庄。kaɔ˥tɕia˥˩tʂuaŋ˥˩.

—的

（你的可不可以指你们？）黄：那这个可以说你的，就是你的；我的，就是我的。你们，那就是指几个人了，不是一个人。næᴇ˦˥tʂə˦kə˦kʰə˥i˥˩ʂuo˥˩ni˥ti˧,tɕiou˦sɿ˦ni˥ti˧;ŋuo˥ti˧,tɕiou˦˩sɿ˦˩ŋuo˥ti˧.ni˥məŋ˧,næᴇ˦˩tɕiou˦˩sɿ˦˩tsɿ˥tɕi˥kə˦zəŋ˨˩lə˧,pu˨˩sɿ˦˩i˥kə˦˩zəŋ˨˩.（你们几个可不可以说你的几个？）那不行。不能搭"的"字咧。"你们几个"，或者是"我们几个"，这可以。nə˦˥pu˨˩ɕiŋ˨˩.pu˨˧nəŋ˨˧ta˥˩ti˥sɿ˦lie˧.ni˥məŋ˧tɕi˥kə˦˩,xuo˨˩tʂə˥sɿ˦˩ŋuo˥məŋ˧tɕi˥kə˦˩,tʂə˦˥kʰə˥˩i˥˩.（可不可以说那是你们……呃，你的的，这是我的的？）那就是"这是我的"、"这是你的"。nei˦˥tsou˦˩sɿ˦˩tʂə˦˥sɿ˦ŋuo˥˩ti˧,tʂə˦sɿ˦ni˥ti˧.

—头

1.（这个事儿呀，我少不了你的甜头。）黄：我们那都一般少不了你的甜头，忘不了你。ŋuo˥məŋ˧næᴇ˦˩tou˥i˥˩pæ̃˥˩ʂaɔ˥pu˨˩liaɔ˥ni˥˧ti˧tʰiæ̃˨˩tʰou˧,vaŋ˦pu˨˩liaɔ˥˧ni˥˩.

2.（如果这个盐呐，它不是很好，说不说这个，就是，不咸你说不说这个盐是甜的？）黄：呃不说。那只说是这个盐，这个盐咸头不大。ə˥pu˨˧ʂuo˥˩.nə˦tsɿ˥ʂuo˥˩sɿ˦˩tʂə˦kə˦iæ̃˨,tʂə˦kə˦iæ̃˨xæ̃˨˩tʰou˧pu˨˩ta˦˩.王：嗯。ŋ̍˩.黄：啊，我们就是，说……说来都是这个盐没咸头，或者是咸头不大。ŋa˩,ŋuo˥məŋ˧tɕiou˦zʅ˩（←sɿ˦），ʂuo˥kʰ……ʂuo˥læᴇ˨˩tou˥˧sɿ˦tʂə˦˩kə

˧iæ̃˩˧muo˥˧˩xæ̃˩˧˩tʰou˧,xuei˩˧˩tʂə˥˧˩sɿ˧˩xæ̃˩˧˩tʰou˧pu˩˧˩tɑ˧.

3.（这个事儿还是有点干头的？）黄：嗯，有点干头咧。ə̃˧,iou˥˧tiæ̃˥˧˩kæ̃˧tʰou˧lie˧.（也说哈？）能弄，或者是。nəŋ˩˧˩nuoŋ˧,xuei˩˧˩tʂə˥˧˩sɿ˧˩.

4.（有没有说这这个这个东西有没有吃头，有没有看头？这种说法说不说？）王：有咧，有咧，这个咱们，有咧。iou˥˧lie˧,iou˥˧lie˧,tʂə˧˩kə˧˥tsɑ˩˧mən˧,iou˥˧lie˧.黄：有咧，啊？iou˥˧lie˧,ɑ˧?王：你比若吃是……你说咱们也可吃一下咧，吃麻籽咧，说："哎呀，没吃头。" ni˥˧˩pi˥˧˩zuo˥˧˩tʂʰʅ˥˧sɿ……ni˥˧ʂuo˥˧˩tsɑ˩˧mən˧iɑ˥˧˩kʰə˥˧˩tʂʰʅ˥˧i˥˧˩xɑ˧lie˧,tʂʰʅ˥˧mɑ˩˧˩tsɿ˥˧lie˧,ʂuo˥˧˩:æ˧iɑ˧,muo˥˧˩tʂʰʅ˥˧tʰou˧.黄：说看下，兀有个啥看头。ʂuo˥˧˩kʰæ̃˧˥xɑ˧,væ˧˥iou˥˧kə˧˩sɑ˧˩kʰæ̃˧tʰou˧.（说甜头说不说？）黄：甜头啊？tʰiæ̃˩˧˩tʰou˧ɑ˧?王：说咧。ʂuo˥˧lie˧.黄：啊，说哩。吃苦头儿，吃甜头儿，兀都有咧。æ˧,ʂuo˥˧li˧.tʂʰʅ˥˧˩kʰu˥˧tʰour˧,tʂʰʅ˥˧˩tʰiæ̃˩˧˩tʰour˧,və˧˥tou˥˧˩iou˥˧lie˧.

大头子

1.（比如说一些人这个做，这个做生意分红以后，有的人拿得多一些，有的人拿得少一些，拿得多一些叫拿了什么？）黄：拿了大头子了么。nɑ˩˧˩lə˧tɑ˧tʰou˩˧˥tsɿ˧lən˧.（tɑ˧˥tʰou˧˥tsɿ˧?）黄：嗯，大头子。ə̃˧˩,tɑ˧˥tʰou˩˧˥tsɿ˧.（小的那部分呢？）王：小头。ɕiɑɔ˥˧tʰou˧.黄：拿小头子。nɑ˩˧˩ɕiɑɔ˥˧tʰou˩˧˩tsɿ˧.（你大头子、小头子再说一遍好吗？）王：拿大头子，小头子。nɑ˩˧tɑ˧˥tʰou˩˧˥tsɿ˧,ɕiɑɔ˥˧tʰou˩˧˩tsɿ˧.

2.（公家拿大头，这个，个人拿小头。有没有这种说法？）黄：这个好像倒还有这这个说法。公家拿的大头，或者私人是拿的小头么。tʂə˧˩kə˧˥xɑɔ˥˧˩ɕiɑŋ˧tɑɔ˧xæ˩˧˩iou˥˧˩tʂei˧˥tʂei˧kə˧ʂuo˥˧˩fɑ˥˧˩.kuoŋ˥˧tɕiɑ˥˧˩nɑ˩˧ti˧tɑ˧tʰou˧,xuei˩˧˩tʂə˥˧˩sɿ˥˧˩zəŋ˩˧sɿ˧nɑ˩˧˩ti˧ɕiɑɔ˥˧tʰou˧muo˧.

后　记

语料的搜集和积累是方言研究的首要任务。丰富翔实、准确可靠的语料是研究方言的前提与基础。一直以来，汉语方言学界同道都试图摸索出一套方言调查的新方法，以打破传统的过度、单纯地依赖既有表格的调查模式。太白方言研究为我们创新方法提供了一个良好的契机。当然，创新并不意味着否定一切。因此，从一开始我们就确立了以传统调查方法为依托，以充分展开会话和大量实时录音为手段，以搜集丰富的会话语料为目标的调查模式。这种调查模式既能有效地发挥传统调查方法的优势，保证调查的全面性和高效性；又可以弥补传统调查方法的某些不足，获得许多机械地凭借表格进行调查所无法得到的语料。高质量的录音材料对于多角度的后续研究都是弥足珍贵的：它可以成为语音实验的分析对象，可以为词汇研究乃至方言词典的编纂提供支撑，更可以为语法研究奠定厚实的基础，社会语言学研究者可以从中获得大量方言接触、融合的实例，这些材料甚至还可以成为民俗民间文化、区域历史、行政管理等方面研究的对象。

我们的调查始于2007年5月。在多次实地调查过程中，我们积累的有效录音材料总计长达200多个小时。几年来，我们投入了大量的时间和精力对这些录音进行了整理，将其转化为书面文字，先用国际音标如实、完整地标注了方言读音，在此基础上再用汉字标出说话的内容。在整理工作基本完成的基础上，又对书面文字与全部的录音进行了反复细致的比对核实。这其中的艰辛非同一般，因为每整理或复核一遍录音，至少需要十倍于录音的时间。虽日复一日地忍受着严寒与酷暑、枯燥与单调、头晕与耳鸣、眼胀与臂麻、腰酸与背疼，但从调查对象的话语中、从语料的字里行间，时时能体验到以往调查研究方言时未曾经历的一些发现的快感。

由于经费有限，2010年我们萃取了语料中的一小部分，编为《太白方言会话语料集萃》，纳入江山语言学丛书第二期，由上海人民出版社出版。后来，我们得到国家社科基金重大项目——汉语方言自然口语变异有声数据库建设项目资助（批准号：12&ZD177），又承蒙澳门基金会和澳门科技大学“资助教师出版书籍计划”慷慨资助五万澳门元，作为《太白方言会话语料集萃》姊妹篇的《甘肃合水太白方言自然口语语料类编》一书才终于得以与读者们见面。

我们始终坚信，语言学可以称得上是社会科学中的“自然科学”，或者说是带有自然科学性质的社会科学。方言学作为语言学的重要分支更是如此。科学性是方言学研究的基本准则和操作原则。另一方面，语言是人类最重要的交际工具。交际功能是语言的最基本功能，也是语言产生、存在、发展和变化的依据。一种语言可以没有书面形式，但活的语言绝对不可以没有口头形式。口头形式是语言的最基本存在方式。会话语料理应成为语言研究最主要的也是最基本的研究对象。因此，在整个调查、录音和语料整理过程中，我们始终提醒自己要坚持科学性原则，力求客观地反映方言会话的原貌，保持其自然口语特征。尤其是在后期的调查中，我们扩大了调查范围，增加了调查对象，许多时候采用了围绕话题开展讨论的方式，邀请多位调查对象同时参与，有效地增强了调查对象话语的口语性色彩。在语料的萃取过程中，尽可能完整地反映和再现各个交际事件的全过程。

我们要感谢合水县政府办、县志办、县档案馆、县图书馆、县一中等单位的积极协助，感谢合水县委宣传部常务副部长李军海同志、政府办石磊同志、县志办党生泉同志、县图书馆馆长高仲选同志、合水县第一中学李景波老师和唐建武老师的无私帮助。感谢太白镇以王明亮同志为党委书记的领导班子对此项研究给予的倾力支持。感谢各位调查对象克服各种困难，甚至是忍受着病痛的折磨，对此项调查给予的理解和配合。

衷心感谢鲁国尧先生、张振兴先生、李开先生、邢向东先生、庄初升先生、顾黔先生等在太白方言调查研究、语料整理、成书出版过程中给予的指点、建议和帮助，也感谢澳门基金会和澳门科技大学“资助教师出版书籍计划”对本书出版的资助。由于作者水平有限，书中错误在所难免，祈请方家正之。

陈立中　余颂辉

2014年8月20日